第一册

高山 主编

二十四史

光明日报出版社

图书在版编目（CIP）数据

二十四史：全16册 / 高山主编. -- 北京：光明日报出版社，2016.4（2021.4重印）

ISBN 978-7-5194-0523-6

Ⅰ. ①二… Ⅱ. ①高… Ⅲ. ①中国历史－古代史－纪传体 Ⅳ. ①K204.1

中国版本图书馆CIP数据核字（2016）第078405号

二十四史

ERSHISISHI

主　　编：高　山

责任编辑：曹　杨　　　责任校对：傅泉泽

封面设计：余　微　　　责任印制：曹　诤

出版发行：光明日报出版社

地　　址：北京市西城区永安路106号，100050

电　　话：010-63169890（咨询），010-63131930（邮购）

传　　真：010-63131930

网　　址：http://book.gmw.cn

E－mail：caoyang@gmw.cn

法律顾问：北京市德恒律师事务所龚柳方律师

印　　刷：德富泰（唐山）印务有限公司

装　　订：德富泰（唐山）印务有限公司

本书如有破损、缺页、装订错误，请与本社联系调换，电话：010-63131930

开　　本：147mm×210mm　　　印　　张：202

字　　数：6100千字

版　　次：2016年4月第1版

印　　次：2021年4月第4次印刷

书　　号：ISBN 978-7-5194-0523-6

定　　价：880.00元（全16册）

前言

《二十四史》由二十四部史书组成，是中国古代史书中最有代表性的著作。它被历朝历代纳为正统史书，故又称为“正史”。它记叙的时间，从第一部《史记》记叙传说中的黄帝起，到最后一部《明史》记叙到明崇祯十七年（公元1644年）止，前后历时四千多年。共计三千二百一十三卷，约四千万字，用统一的纪传体形式编写。

二十四史包括西汉司马迁所著《史记》、东汉班固所著《汉书》、南朝范晔所著《后汉书》、西晋陈寿所著《三国志》、唐代房玄龄等人所著《晋书》、梁代沈约所著《宋书》、梁代萧子显所著《南齐书》、唐代姚思廉所著《梁书》《陈书》、北齐魏收所著《魏书》、唐代李百药所著《北齐书》、唐代令狐德棻等人所著《周书》、唐代魏徵等人所著《隋书》、唐代李延寿所著《南史》《北史》、后晋刘昫等人所著《旧唐书》、宋代欧阳修、宋祁所著《新唐书》、宋代薛居正等人所著《旧五代史》、宋代欧阳修所著《新五代史》、元代脱脱等人所著《宋史》《辽史》《金史》、明代宋濂等人所著《元史》、清代张廷玉等人所著《明史》。

书中记载了我国自上古洪荒时代至明代数千年的历史，展示了数十个王朝的兴衰变迁，是研究中国历史最具权威性的史料，也是考察我国周边国家历史的珍贵资料，堪称“中华文明的百科全书”。由于其内容的博大精深，《二十四史》不仅为研史之人所必读，而且被政治家、军事家、思想家、科学家、企业家奉为治国安邦、运筹帷幄、推陈出新、建功立业的宝典，也被有识之士视为修身治家、安身立命、为人处世的明镜。

伟大的政治家、思想家、军事家毛泽东一生酷爱读史，尤其钟爱《二十四史》，对其中许多篇章反复研读。1952年，工作人员为毛主席添置了一部清乾隆武英殿版的二十四史，从此，无论在京还是外出，无论健康还是生病，这部史书始终伴随着他。直到逝世之前，重病缠身的他还用颤抖的手在几册《晋书》的封面上分别记下了“1975.8”再阅、“1975.9 再阅”、“一九七五、八”等字样。

风雨春秋二十四载，毛泽东在日理万机之余，用顽强的毅力通读了这部历史长卷，有些史册和篇章还两遍、三遍、四遍地研读过。他在研读二十四史时，用不同颜色的笔写下了大量图画和批语。这些是毛泽东情感和思想的率直流露，是情怀不能自抑的感慨，是思绪如飞的激越，“五帝三皇神圣事，一篇读罢头飞雪”这或许就是毛泽东心境的最好写照。由此可见《二十四史》的地位。

本书不但在史学中的地位高，而且规模巨大、体系完备，对此后的纪传体史书影响也很深，历朝正史皆采用这种体裁撰写。随后，各代史官似乎也都继承了这种奇妙的轮回。二十四史中的各位主编史官们，有的在狱中身亡，有的在屡次被贬的失意中病逝，有的在御医的殷勤侍奉下安享了人生的最后时光。他们各自的境遇不同，人生轨迹也不一样，却无一不是有胆有谋、忧国忧民的国之栋梁。身为史官的他们见证了前人的辉煌和落魄，同时又认真为后世留下当前的真实记录，一笔一画细心斟酌的字句。

《二十四史》是中国史学对世界史学的重大贡献，是人类文化工程中的一个罕与其匹的奇迹。如此系列的浩大工程，这在全世界的史学发展史上是绝无仅有的。

《二十四史》版本很多，时代较近也较知名的有清武英殿本、张元济主持影印的百衲本以及陆费逵主持排印的《四部备要》本。近年来，更有各种各样的白话今译本、简体横排本等问世。不过，现今使用最多、流传最广、影响最大的，当数中华书局从 50 年代开始陆续点校出版、习惯上称为标点本的《二十四史》。该书自 1978 年全部出齐，至今已近 30 年，其间一再重印，对已发现的点校中的失误，续有订正，可以说日臻完善。中华书局版《二十四史》也并非完美无缺。自出版以来，有不少学者指出了其中存在的错误和问题。

本次出版，我们汇集文史学界数十位专家学者，按照新的体系对《二十四史》进行了一次全面整理。由于原“二十四史”卷帙庞大，内容丰富，既不适宜于现代人阅读之需要，而其价格不菲，藏之不易，故而欲做“二十四史”中的精华版图书。本次出版是在原“二十四史”旧版的基础上进行选编，分段，精心翻译而成的，从4000万字的“二十四史”中整理编撰出一部近600万字的《二十四史》，不说其编译工作量的大小，就单说该书内容的取舍从何下手，依据为何，这其中既要保证这二十四部史书部部有内容，又要保证所选内容篇篇是精华，全是一件件令人无从入手之事。

在编撰过程中，众多专家学者倾尽心力，集普及与研究，通俗与学术于一体。历时六年，《二十四史》终于完成，由光明日报出版社推出。至此，《二十四史》走出了可望而不可及的象牙塔。

本次出版共分十六册，涉及体裁“本纪”、“列传”、“志”、“世家”等内容，保证了二十四部史书的全貌，选取篇章皆是人们耳熟能详，脍炙人口、流传久远的名篇佳作：如《史记》中完璧归赵的蔺相如，抗匈名将李广，委身太子丹西刺秦王的荆轲，叱咤风云的项羽，豁达大度、不拘小节的刘邦等历史名人。这里，中华民族从遥远走来，几千年中撼人肺腑的征战变故、传奇人物、天文立法、农耕播撒都将一览无余，尽收眼底，他留给人们的不仅是历史阅读的快感，更是启迪和借鉴的双赢。正因为如此，我们才抱着极度的热忱，将《二十四史》中的精彩篇章奉献给大家。

由于篇幅的局限，在选编中，大家只得忍痛割爱，省去了表和各类典章制度专篇，如“食货志”、“河渠志”、“地理志”、“郡县志”等，选取内容多为人物传记类，难免有疏漏遗脱，望读者海涵指正。

中华民族五千年的文明在历史的河流中洗练，悠久的历史、传奇的人生，给后人留下了多少学习和思考的空间。一部二十四史道尽千古历史。作为中国史学主干的《二十四史》，全面展现了各个历史时期王朝家族、官僚体制、农业科学、手工经济、文化律法、税收制度等方方面面的情况，是当之无愧的中华文明百科全书。

目 录

史 记

史记

史

記

史记卷一

五帝本纪第一

黄帝者，少典之子，姓公孙，名曰轩辕。生而神灵，弱而能言，幼而徇齐，长而敦敏，成而聪明。

轩辕之时，神农氏世衰，诸侯相侵伐，暴虐百姓，而神农氏弗能征。于是轩辕乃习用干戈，以征不享，诸侯咸来宾从。而蚩尤最为暴，莫能伐。

炎帝欲侵陵诸侯，诸侯咸归轩辕。轩辕乃修德振兵，治五气，艺五种，抚万民，度四方，教熊、罴、貔、貅、貙、虎，以与炎帝战于阪泉之野，三战，然后得其志。

蚩尤作乱，不用帝命。于是黄帝乃征师诸侯，与蚩尤战于涿鹿之野，遂禽杀蚩尤。而诸侯咸尊轩辕为天子，(伐)〔代〕神农氏，是为黄帝。天下有不顺者，黄帝从而征之。平者去之。披山通道，未尝宁居。

东至于海，登丸山，及岱宗。西至于空桐，登鸡头。南至于江，登熊、湘。北逐荤粥，合符釜山，而邑于涿鹿之阿。迁徙往来无常处，以师兵为营卫。官名皆以云命，为云师。置左右大监，监于万国。万国和，而鬼神山川封禅与为多焉。获宝鼎，迎日推策。举风后、力牧、常先、大鸿以治民。顺天地之纪，幽明之占，死生之说，存亡之难。时播百谷草木，淳化鸟兽虫蛾，旁罗日月星辰水波土石金玉，劳勤心力耳目，节用水火材物。有土德之瑞，故号黄帝。

黄帝二十五子，其得姓者十四人。

黄帝居轩辕之丘，而娶于西陵之女，是为嫘祖。嫘祖为黄帝正妃，生二子，其后皆有天下：其一曰玄嚣，是为青阳，青阳降居江水；其二曰昌意，降居若水。昌意娶蜀山氏女，曰昌仆，生高阳。高阳有圣德焉。

黄帝崩，葬桥山。其孙昌意之子高阳立，是为帝颛顼也。

帝颛顼高阳者，黄帝之孙而昌意之子也。静渊以有谋，疏通而知事，养材以任地，载时以象天，依鬼神以制义，治气以教化，絜诚以祭祀。北至于幽陵，南至于交阯，西至于流沙，东至于蟠木。动静之物，大小之神，日月所照，莫不砥属。

帝颛顼生子曰穷蝉。

颛顼崩，而玄嚣之孙高辛立，是为帝喾。

帝喾高辛者，黄帝之曾孙也。高辛父曰蟜极，蟜极父曰玄嚣，玄嚣父曰黄帝。自玄嚣与蟜极，皆不得在位，至高辛即帝位。高辛于颛顼为族子。

高辛生而神灵，自言其名。普施利物，不于其身；聪以知远，明以察微。顺天之义，知民之急；仁而威，惠而信，修身而天下服。取地之财而节用之，抚教万民而利诲之，历日月而迎送之，明鬼神而敬事之。其色郁郁，其德嶷嶷。其动也时，其服也士。帝喾溉执中而遍天下，日月所照，风雨所至，莫不从服。

帝喾娶陈锋氏女，生放勋；娶娵訾氏女，生挚。帝喾崩，而挚代立。帝挚立，不善，而弟放勋立，是为帝尧。

帝尧者，放勋。其仁如天，其知如神；就之如日，望之如云；富而不骄，贵而不舒。黄收纯衣，彤车乘白马。能明驯德，以亲九族。九族既睦，便章百姓。百姓昭明，合和万国。

乃命羲、和，敬顺昊天，数法日月星辰，敬授民时。分命羲仲，居郁夷，曰旸谷，敬道日出，便程东作，日中，星鸟，以殷中春，其民析，鸟兽字微。申命羲叔，居南交，便程南为，敬致，日永，星火，以正中夏，其民因，鸟兽希革。申命和仲，居西土，曰昧谷，敬道日入，便程西成，夜中，星虚，以正中秋，其民夷易，鸟兽毛毨。申命和叔，居北方，曰幽都，便在伏物，日短，星昴，以正中冬，其民燠，鸟兽氄毛。岁三百六十六日，以闰月正四时。信饬百官，众功皆兴。

尧曰："谁可顺此事？"放齐曰："嗣子丹朱开明。"尧曰："吁！顽凶，不用。"尧又曰："谁可者？"驩兜曰："共工旁聚布功，可用。"尧曰："共工善言，其用僻，似恭漫天，不可。"尧又曰："嗟，四岳，汤汤洪水滔天，浩浩怀山襄陵，下民其忧，有能使治者？"皆曰鲧可。尧曰："鲧负命毁族，不可。"岳曰："异哉，试不可用而已。"尧于是听岳用鲧。九岁，功用不成。

尧曰："嗟！四岳：朕在位七十载，汝能庸命，践朕位？"岳应曰："鄙德忝帝位。"尧曰："悉举贵戚及疏远隐匿者。"众皆〔言〕于尧曰："有矜在民间，曰虞舜。"尧曰："然，朕闻之。其何如？"岳曰："盲者子。

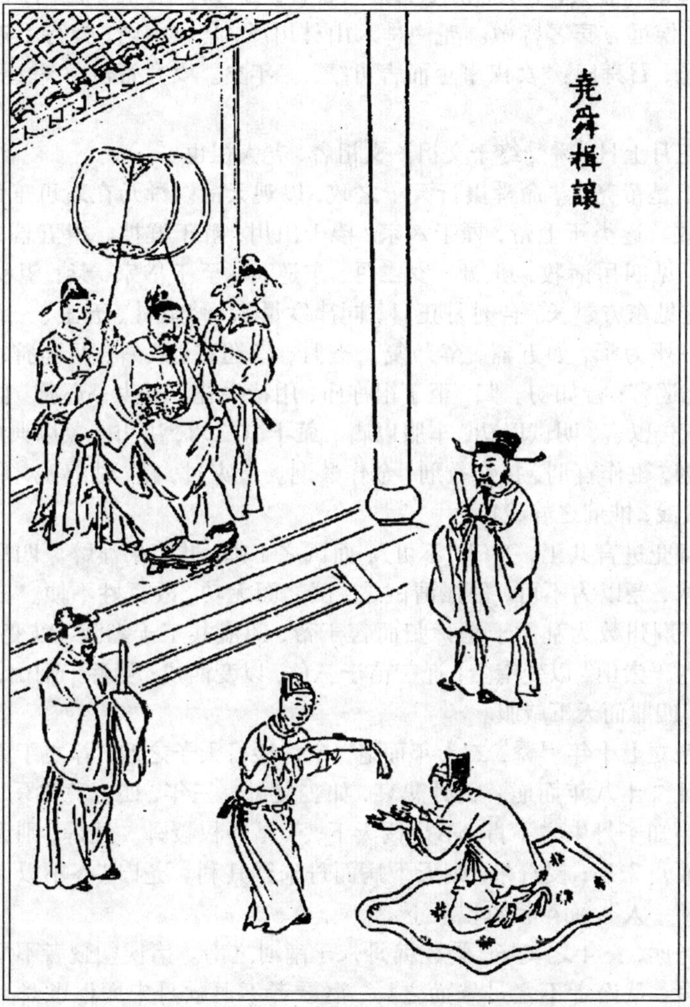

《二十一史通俗演义》版画之尧舜揖让图

父顽，母嚚，弟傲，能和以孝，烝烝治，不至奸。”尧曰：“吾其试哉。”于是尧妻之二女，观其德于二女。舜饬下二女于妫汭，如妇礼。尧善之，乃使舜慎和五典，五典能从；乃遍入百官，百官时序；宾于四门，四门穆穆，诸侯远方宾客皆敬。尧使舜入山林川泽，暴风雷雨，舜行不迷。尧以为圣，召舜曰：“女谋事至而言可绩，三年矣。女登帝位。”舜让于德，不怿。

正月上日，舜受终于文祖。文祖者，尧大祖也。

于是帝尧老，命舜摄行天子之政，以观天命。舜乃在璇玑玉衡，以齐七政。遂类于上帝，禋于六宗，望于山川，辩于群神。揖五瑞，择吉月日，见四岳诸牧，班瑞。岁二月，东巡狩，至于岱宗，祡；望秩于山川；遂见东方君长，合时月正日，同律度量衡，修五礼、五玉、三帛、二生、一死为挚，如五器，卒乃复。五月，南巡狩；八月，西巡狩；十一月，北巡狩；皆如初。归，至于祖祢庙，用特牛礼。五岁一巡狩，群后四朝，遍告以言，明试以功，车服以庸。肇十有二州，决川。象以典刑，流宥五刑，鞭作官刑，扑作教刑，金作赎刑。眚灾过，赦；怙终贼，刑。钦哉，钦哉，惟刑之静哉！

驩兜进言共工，尧曰“不可”，而试之工师，共工果淫辟。四岳举鲧治鸿水，尧以为不可，岳强请试之，试之而无功，故百姓不便。三苗在江淮、荆州数为乱。于是舜归而言于帝，请流共工于幽陵，以变北狄；放驩兜于崇山，以变南蛮；迁三苗于三危，以变西戎；殛鲧于羽山，以变东夷：四罪而天下咸服。

尧立七十年得舜，二十年而老，令舜摄行天子之政，荐之于天。尧辟位凡二十八年而崩。百姓悲哀，如丧父母。三年，四方莫举乐，以思尧。尧知子丹朱之不肖，不足授天下，于是乃权授舜。授舜，则天下得其利而丹朱病；授丹朱，则天下病而丹朱得其利。尧曰“终不以天下之病而利一人”，而卒授舜以天下。

尧崩，三年之丧毕，舜让辟丹朱于南河之南。诸侯朝觐者不之丹朱而之舜，狱讼者不之丹朱而之舜，讴歌者不讴歌丹朱而讴歌舜。舜曰“天也夫！”而后之中国践天子位焉，是为帝舜。

虞舜者，名曰重华。重华父曰瞽叟，瞽叟父曰桥牛，桥牛父曰句望，句望父曰敬康，敬康父曰穷蝉，穷蝉父曰帝颛顼，颛顼父曰昌意：以至舜七世矣。自从穷蝉以至帝舜，皆微为庶人。

舜父瞽叟盲，而舜母死，瞽叟更娶妻而生象，象傲。瞽叟爱后妻子，常欲杀舜，舜避逃；及有小过，则受罪。顺事父及后母与弟，日以笃谨，匪有懈。

舜，冀州之人也。舜耕历山，渔雷泽，陶河滨，作什器于寿丘，就时于负夏。舜父瞽叟顽，母嚚，弟象傲，皆欲杀舜。舜顺适不失子道，(兄弟孝慈)欲杀，不可得；即求，尝在侧。

舜年二十以孝闻，三十而帝尧问可用者，四岳咸荐虞舜：曰"可"。于是尧乃以二女妻舜，以观其内；使九男与处，以观其外。舜居妫汭，内行弥谨。尧二女不敢以贵骄事舜亲戚，甚有妇道。尧九男皆益笃。舜耕历山，历山之人皆让畔；渔雷泽，雷泽上人皆让居；陶河滨，河滨器皆不苦窳。一年而所居成聚，二年成邑，三年成都。

尧乃赐舜絺衣与琴，为筑仓廪，予牛羊。瞽叟尚复欲杀之，使舜上涂廪，瞽叟从下纵火焚廪。舜乃以两笠自捍而下，去，得不死。后瞽叟又使舜穿井，舜穿井为匿空旁出。舜既入深，瞽叟与象共下土实井，舜从匿空出，去。瞽叟、象喜，以舜为已死。象曰："本谋者象。"象与其父母分，于是曰："舜妻尧二女与琴，象取之；牛羊仓廪予父母。"象乃止舜宫居，鼓其琴。舜往见之，象鄂不怿，曰："我思舜正郁陶！"舜曰："然，尔其庶矣！"舜复事瞽叟爱弟弥谨。于是尧乃试舜五典百官，皆治。

昔高阳氏有才子八人，世得其利，谓之"八恺"。高辛氏有才子八人，世谓之"八元"。此十六族者，世济其美，不陨其名。至于尧，尧未能举。舜举八恺，使主后土，以揆百事，莫不时序。举八元，使布五教于四方，父义，母慈，兄友，弟恭，子孝，内平外成。

昔帝鸿氏有不才子，掩义隐贼，好行凶慝，天下谓之浑沌。少皞氏有不才子，毁信恶忠，崇饰恶言，天下谓之穷奇。颛顼氏有不才子，不可教训，不知话言，天下谓之梼杌。此三族世忧之。至于尧，尧未能去。缙云氏有不才子，贪于饮食，冒于货贿，天下谓之饕餮。天下恶之，比之三凶。

舜宾于四门，乃流四凶族，迁于四裔，以御螭魅。于是四门辟，言毋凶人也。

舜入于大麓，烈风雷雨不迷，尧乃知舜之足授天下。尧老，使舜摄行天子政，巡狩。舜得举用事二十年，而尧使摄政。摄政八年而尧崩。三年丧毕，让丹朱，天下归舜。而禹、皋陶、契、后稷、伯夷、夔、龙、倕、益、彭祖自尧时而皆举用，未有分职。于是舜乃至于文祖，谋于四岳，辟四门，明通四方耳目，命十二牧论帝德，行厚德，远佞人，则蛮夷率服。舜谓四岳曰："有能奋庸美尧之事者，使居官相事。"皆曰："伯禹为司空，可美帝功。"舜曰："嗟，然！禹，汝平水土，维是勉哉。"禹拜稽首，让于稷、契与皋陶。舜曰："然，往矣。"舜曰："弃，黎民始饥，汝后稷播时百谷。"舜曰："契，百姓不亲，五品不训，汝为司徒，而敬敷五教，在宽。"舜曰："皋陶，蛮夷猾夏，寇贼奸轨，汝作士，五刑有服，五服三就；五流有度，五度三居；维明能信。"舜曰："谁能驯予工？"皆曰垂可。于是以垂为共工。舜曰："谁能驯予上下草木鸟兽？"皆曰益可。于是以益为朕虞。益拜稽首，让于诸臣朱虎、熊罴。舜曰："往矣，汝谐。"遂以朱虎、熊罴为佐。舜曰："嗟！四岳，有能典朕三礼？"皆曰伯夷可。舜曰："嗟！伯夷，以汝为秩宗，夙夜维敬，直哉维静洁。"伯夷让夔、龙。舜曰："然。以夔为典乐，教稚子，直而温，宽而栗，刚而毋虐，简而毋傲；诗言意，歌长言，声依永，律和声，八音能谐，毋相夺伦，神人以和。"夔曰："於！予击石拊石，百兽率舞。"舜曰："龙，朕畏忌谗说殄伪，振惊朕众，命汝为纳言，夙夜出入朕命，惟信。"舜曰："嗟！女二十有二人，敬哉，惟时相天事。"三岁一考功，三考绌陟，远近众功咸兴。分北三苗。

此二十二人咸成厥功。皋陶为大理，平，民各伏得其实。伯夷主礼，上下咸让。倕主工师，百工致功。益主虞，山泽辟。弃主稷，百谷时茂。契主司徒，百姓亲和。龙主宾客，远人至。十二牧行而九州莫敢辟违。唯禹之功为大，披九山，通九泽，决九河，定九州，各以其职来贡，不失厥宜。方五千里，至于荒服。南抚交阯、北发，西戎、析枝、渠廋、氐、羌，北山戎、发、息慎、东长、鸟夷：四海之内，咸戴帝舜之功。

于是禹乃兴《九招》之乐，致异物，凤皇来翔。天下明德皆自虞帝始。

舜年二十以孝闻，年三十尧举之，年五十摄行天子事，年五十八尧崩，年六十一代尧践帝位。践帝位三十九年，南巡狩，崩于苍梧之野。葬于江南九疑，是为零陵。舜之践帝位，载天子旗，往朝父瞽叟，夔夔唯谨，如子道。封弟象为诸侯。舜子商均亦不肖，舜乃豫荐禹于天。十七年而崩。三年丧毕，禹亦乃让舜子，如舜让尧子。诸侯归之，然后禹践天子位。尧子丹朱，舜子商均，皆有疆土，以奉先祀；服其服，礼乐如之；以客见天子，天子弗臣，示不敢专也。

自黄帝至舜、禹，皆同姓而异其国号，以章明德。故黄帝为有熊，帝颛顼为高阳，帝喾为高辛，帝尧为陶唐，帝舜为有虞。帝禹为夏后而别氏，姓姒氏。契为商，姓子氏。弃为周，姓姬氏。

太史公曰："学者多称五帝，尚矣。然《尚书》独载尧以来，而百家言黄帝，其文不雅驯，荐绅先生难言之。孔子所传宰予问《五帝德》及《帝系姓》，儒者或不传。余尝西至空峒，北过涿鹿，东渐于海，南浮江淮矣，至长老皆各往往称黄帝、尧、舜之处，风教固殊焉，总之不离古文者近是。予观《春秋》《国语》，其发明《五帝德》《帝系姓》章矣，顾弟弗深考，其所表见皆不虚。《书》缺有间矣，其轶乃时时见于他说。非好学深思，心知其意，固难为浅见寡闻道也。余并论次，择其言尤雅者，故著为本纪书首。"

【译文】

黄帝是少典氏的子孙，姓公孙，名叫轩辕。他从生下来时就显得很有灵性，出生没多久就会说话；幼年时就思维敏捷，智慧过人；少年时期诚实勤奋，成年以后是非善恶的分辨能力很强。

轩辕时代，神农氏的领导力量日渐衰弱，各诸侯间互相攻伐，给百姓带来了深重灾难，而神农氏却没有力量平定动乱。于是，轩辕便开始习兵练武，去征讨那些发动战乱、不尊神农氏的诸侯，最终各诸侯纷纷归从。而蚩尤在各诸侯中最为凶暴，没有人能征服他。

炎帝也想侵略欺压诸侯，因此诸侯都归顺了轩辕。于是轩辕修德立业，加强国防；顺应四时节气变化，种植五谷；安抚民众，考察四方的国土；训练熊、罴、貔、貅、貙、虎等猛兽，在阪泉的郊野与炎帝交战，先后打了好几仗，才征服了炎帝，如愿得胜。蚩尤坚持叛乱，不听从黄帝的命令。于是黄帝征调诸侯军队，在涿鹿的郊野与蚩尤大战，终于擒获并杀死了蚩尤。这样，诸侯们都尊奉轩辕为天子，取代了神农氏，这就是黄帝。天下有不归顺的，黄帝就前去讨伐，平定一个地方之后就离开，一路上开山修路，从来没有过安闲的生活。

黄帝向东到过东海，登上过丸山和泰山；往西到过崆峒，登上过鸡头山；往南到过长江，登上过熊山、湘山；往北驱逐了荤粥部族，到釜山与诸侯合验了符契，曾在涿鹿山的山脚下建过都邑。黄帝四处迁徙，没有固定的住处，带兵走到哪里，就在哪里设置军营以自卫。黄帝手下所封官职都以“云”字命名，所以军队也号称“云”师。他设置了左右大监，由他们督察各诸侯国。当时，万国安定，天下和乐，因此黄帝也成为自古以来祭祀天地、鬼神、山川活动最多的人。黄帝曾获得上天赐予的宝鼎，他观测太阳的运行，用占卜的蓍草来推算历法，预知节气日辰；他任用风后、力牧、常先、大鸿四位大臣来治理民众。他顺应天地四时的规律，推测阴阳的变化；讲解生死的道理，论述存与亡的原因；按照季节播种百谷草木，驯养鸟兽蚕虫；测定日月星辰以定历法，收取土石金玉；教导民众做事要勤身劳力，有节度地使用水、木等各种资源。他做天子时，曾有土属性的祥瑞征兆出现。因土色黄，所以人们称他为黄帝。

黄帝有二十五个儿子，其中获得自己姓氏的有十四人。

黄帝曾居住在轩辕山，娶西陵国的女儿为妻，这就是嫘祖。嫘祖是黄帝的正妃，生有两个儿子，他们的后代都曾拥有天下。一个叫玄嚣，也就是青阳，他被封为诸侯，迁居在江水；另一个叫昌意，也被封为诸侯，迁居在若水。昌意娶了蜀山氏的女儿，名叫昌仆，生下高阳，高阳具有圣人的品德。黄帝死后，埋葬在桥山。他的孙子，也就是昌意的儿子高阳即帝位，这就是颛顼帝。

颛顼帝高阳，是昌意的儿子，黄帝的孙子。他沉静、稳练，且有智谋，通达而知事理。他因地制宜，种植各种庄稼，养殖各种牲畜，并根据天象推算四时节令以顺应自然，依顺鬼神以制定礼义，理顺四时五行之气以教化万民，洁净身心以祭祀鬼神。他北到过幽陵，南到过交阯，西到过流沙，东到过蟠木。所有动物植物，大神小神，凡是日月照临的地方，几乎全都平定了，没有不归服的。

颛顼帝的儿子叫穷蝉。颛顼帝死后，玄嚣的孙子高辛即位，就是帝喾。

帝喾高辛，是黄帝的曾孙。高辛的父亲是蟜极，蟜极的父亲是玄嚣，玄嚣的父亲是黄帝。玄嚣和蟜极都没有登上帝位，直到高辛时才登上帝位。高辛是颛顼的侄子。

高辛天生就很有灵气，一出生就能叫出自己的名字。他普遍施恩泽于众人却不及其自身。他耳聪目明，可以知晓未来久远的事情，可以洞察细微的事理。他顺应上天的旨意，了解民众之所急；仁德且威严，温和而守信，修养自身，天下归服。他收取土地上的物产，很节俭地使用；

他仁爱教化万民，把各种有益的事教给他们；他推算日月的运行然后以定节气时月，恭敬地迎送日月的出入；他明识鬼神，并慎重地加以信奉。他仪表堂堂，道德高尚；他行动合乎时宜，服用如同士人。帝喾治民，像雨水浇灌农田一样不分轻重，遍及天下，一视同仁，凡是日月照耀的地方、风雨所到的地方，没有人不顺从归服。

帝喾娶陈锋氏的女儿，生下了放勋；娶娵訾氏的女儿，生下挚。帝喾死后，由挚接替帝位。帝挚登基后，没有干出什么辉煌的政绩，于是他的弟弟放勋登位，就是帝尧。

帝尧，就是放勋。他仁德如青天，智慧如神明。接近他，就像接受太阳照耀一样温暖人心；仰望他，就像云彩一般气势覆润大地。他富有却不骄傲，尊贵而不放纵。他戴的是黄色的帽子，穿的是黑色衣裳，坐着红色的车子，用白马驾车。他尊敬有善德的人，使百姓九族相亲相爱。九族的人都和睦后，又去考察百官。百官政绩昭著，各方诸侯邦国都能和睦相处。

帝尧命令羲氏与和氏，按照上天的意旨，根据星辰的位次和日月的出没，制定历法，谨慎地教给民众从事生产的相关节令。另外命令羲仲，住在郁夷那个叫旸谷的地方，毕恭毕敬地迎接日出，分别按照节令安排春季的耕作。春分日，白昼与黑夜一样长，朱雀七宿中的星宿初昏时出现在正南方，依据此来确定仲春之时。此时，民众劳作分散，鸟兽交尾生育。

又命令羲叔住在南方的交阯，按照节令，谨慎地安排民众夏季的农活。夏至日，白昼最长，苍龙七宿中的心宿（又称大火）初昏时出现在正南方，依据此来确定仲夏之时。这时候，民众就居高处，鸟兽毛羽稀疏。又命令和仲，居住在西土，那地方叫作昧谷，毕恭毕敬地送太阳落下，有步骤地安排秋天的收获。秋分日，黑夜与白昼一样长，玄武七宿中的虚宿初昏时出现在正南方，据此来确定仲秋之时。这时候，民众移居平地，鸟兽再生新毛。又命令和叔，住在北方，那地方叫作幽都，认真安排好冬季的收藏。冬至日，白昼最短，白虎七宿中的昴宿初昏时出现在正南方，据此来确定仲冬之时。这时候，民众加穿衣服保暖，鸟兽长满细毛。一年有三百六十六天，通过设置闰月的办法来校正春夏秋冬四季变化。各守其职，是帝尧对百官真诚的告诫，于是各种事情都兴办起来了。

尧说：“谁可以继承我的这个事业？”放齐说：“你的儿子丹朱比较通达事理。”尧说：“哼！丹朱啊，他这个人太凶恶、愚顽，不能用。”尧又问道：“那么还有谁可以？”欢兜说：“共工广泛地聚集民众，做出了业绩，可以用。”尧说：“共工爱讲漂亮话，用心也不正，貌似恭敬，但却欺骗上天，不能用。”尧又问：“唉，四位诸侯啊，如今洪水滔天，浩浩荡荡，高山被包围了，丘陵也被漫上了，民众愁苦万分，谁可以去治理呢？”大家都说鲧可以。尧说：“鲧违背天命，毁败同族，不能用。”四位诸侯都说：“就任用他吧，试试不行，再把他撤掉。”尧因此便听从了四位诸侯的建议，任用了鲧。结果鲧治水九年，也没有取得成效。

尧说：“唉！四位诸侯啊，我在位都已经七十年了，你们之中有谁能顺应天命，接替我的帝位？”四位诸侯回答说：“我们的德行都很鄙陋，不敢对帝位有所玷污。”尧说：“那就从所有同姓异姓、远近大臣和隐居者当中推举吧。”

大家都对尧说：“在民间隐居着一个单身汉，叫虞舜。”尧说：“对，我听说过，他这个人怎么样？”四位诸侯回答说；“他是个盲人的儿子。他的父亲比较愚昧，母亲也很顽固，弟弟傲慢，而舜却仍恪尽孝悌之道，与他们和睦相处，以善感化他们，使他们不至于走向邪恶。”尧说：“那我就试试他吧。”于是尧把两个女儿嫁给了舜，从两个女儿身上观察他的德行。舜让她们放下尊贵之心住到妫汭河边的家中去，遵守为妇之道。尧认为这样做很好，就让舜试着担任司徒这一职，舜谨慎小心地理顺父义、母慈、兄友、弟恭、子孝这五种伦理道德，人民都遵从不违。尧又让他参与管理百官的事宜，百官的事因此变得有条不紊。让他主管接待工作，接待四方来宾，他使得四方来宾们心悦诚服，从远方来的诸侯宾客都对他恭恭敬敬。尧又派舜进入山野丛林视察大川草泽，刚好遇上暴风雷雨，舜也没有因此迷路误事。尧更认为他十分聪明，很有道德，把他叫来说道：“三年来，你做事周密，说了的话也都能做到。现在你就登临天子位吧。”舜推让说自己的德行还不够，不愿接受帝位。正月初一，舜在文祖庙接受了尧的禅让。文祖也就是尧的太祖。

这个时候，尧年事已高，让舜代理天子之政事，借以观察他做天子是否顺应符合天意。舜于是通过对北斗星的观测，来考察日、月和金、木、水、火、土五星的运行是否正常，然后又举行临时仪式祭告天帝，用把祭品放在火上烧的仪式祭祀天地四时，用遥祭的仪式祭祀名山大川，又普遍地祭祀了各路神祇。他收集起公、侯、伯、子、男五等侯爵所持的桓圭、信圭、躬圭、谷璧、蒲璧五种玉制符信，选择吉日良月，召见四方诸侯和各州州牧，重又颁发给他们。

二月，舜巡视东方，到泰山时，祭祀东岳用烧柴的仪式，祭祀各地的名山大川用遥祭的仪式。接着，他就召见东方各诸侯，协调校正四时节气、颁布了新的历法，统一音律和度量衡，修订了吉、凶、宾、军、嘉五种礼仪，规定了诸侯用的五种圭璧、三种彩缯，以及卿大夫用羊羔、大雁二种动物，士用死雉作为见面时的礼物。如果是圭璧等玉器，行礼完毕以后仍还给对方。五月，到南方巡视；八月，到西方巡视；十一月，到北方巡视，所有内容都与起初到东方巡视时一样。回来后，告祭祖庙与父庙，用了一头牛作祭品。从此以后，每过五年便巡视一次。在其间的四年中，各诸侯国君按时来京师朝见。舜向诸侯们普遍地陈述治国之道，根据业绩进行考察，根据功劳赐给不同的车马衣服。舜把天下划分为十二个州，疏浚河川。规定根据正常的刑罚来执法，用流放的方法宽减刺字、割鼻、断足、阉割、杀头五种刑罚，用鞭挞施刑作为官府犯罪者的惩罚，用戒尺惩罚学府中的违纪者，有些可用黄金来赎罪。由灾害而非人为造成过失的，给予赦免；怙恶不悛、坚持为害的一定要施以刑罚。谨慎啊，谨慎啊，可要审慎使用刑罚啊！

欢兜曾经举荐过共工，但尧说“不行”，而是试用他做工师。共工果然邪僻放纵。四方诸侯曾推举鲧去治理洪水，尧说“不行”，而四方诸侯硬说要试试看，最后试的结果是没有成效，所以百官都以为不适宜。三苗在江、淮流域及荆州一带作乱多次。这时舜巡视回来向尧帝报告，请求把共工流放到幽陵，以改变北狄的风俗；把欢兜流放到崇山，以改变南蛮的风俗；把三苗迁徙到三危山，以改变西戎的风俗；把鲧流放到羽山，以改变东夷的风俗。惩办了这四个罪人，天下人都悦服了。

尧在位七十年才得到舜，又经过二十年，由于年老衰弱而告退，让舜代行天子政务，并向上天推荐。尧在让出帝位二十八年后逝世。百姓哀痛悲伤，如同死了亲生父母一般。三年之内，四方各地没有人奏乐，为的是悼念帝尧。尧了解自己的儿子丹朱不贤，不值得把天下给他，因此才姑且试着让给舜。让给舜，天下人就都得到利益而只是对丹朱一人不利；如果传给丹朱，天下人就会遭殃而只有丹朱一人得到好处。尧说：“我毕竟不能使天下人受害而只让一人得利。”所以最终他还是把天下传给了舜。尧逝世后，三年服丧完毕，舜把帝位让给丹朱，自己到黄河的南岸躲了起来。诸侯前来朝觐时都不到丹朱那里去，却都到舜这里来；打官司的也不去找丹朱，却来找舜；歌颂功德的不去歌颂丹朱，却来歌颂舜。舜说："这是天意呀。"然后才到了京都，登上天子之位。这就是舜帝。

虞舜，名叫重华。重华的父亲是瞽叟，瞽叟的父亲是桥牛，桥牛的父亲是句望，句望的父亲是敬康，敬康的父亲是穷蝉，穷蝉的父亲是颛顼帝，颛顼的父亲是昌意：从昌意至舜是七代了。自从穷蝉为帝之后直到舜帝，中间几代地位低微，都为平民。

舜的父亲瞽叟是个盲人。舜的生母死后，瞽叟又续娶了一个妻子，并生下了象。象桀骜不驯。瞽叟喜欢后妻生的儿子，常常想把舜杀掉，但舜都躲过了；如果赶上有点小错儿，舜就会遭到重罚。舜很恭顺地侍奉父亲、后母及异母弟，一天比一天地忠诚谨慎，没有一点懈怠。

舜，是冀州人。他在历山耕过田，在雷泽打过鱼，在黄河岸边做过陶器，在寿丘做过各种家用物器，在负夏跑过买卖。舜的父亲瞽叟很愚昧，母亲也十分顽固，弟弟象桀骜不驯，他们都想将舜杀掉。舜却恭顺地行事，从不违背为子之道，友爱兄弟，孝顺父母。他们想杀掉他的时候，就找不到他；而有事要找他的时候，他又总是在身旁侍候着。

舜二十岁时，就因孝顺出了名。三十岁时，尧帝问谁能治理天下，四方诸侯全都推荐虞舜，说这个人可以。于是尧为了观察他在家的德行便把两个女儿嫁给了舜，并让九个儿子和他共处来观察他在外的为人。舜居住在妫汭岸边，他在家里做事更加谨慎。尧的两个女儿不敢因为自己出身高贵就傲慢地对待舜的亲属，很讲究为妇之道。尧的九个儿子也更加忠厚笃诚。舜在历山耕作，历山人都能互相推让地界；在雷泽捕鱼，雷泽的人都能推让便于捕鱼的位置；在黄河岸边制做陶器，那里就完全没有次品了。一年的时间，他住的地方就成为一个村落，两年就成为一个小城镇，三年就变成大都市了。见了这些，尧就赐给舜一套细葛布衣服，给他一把琴，为他建造仓库，还赐给他牛和羊。瞽叟却仍然想杀他，让舜登高去用泥土修补谷仓，瞽叟却在下面放火焚烧。舜用两个斗笠保护着自己，像长了翅膀一样跳下来，逃开了，才没有死。后来瞽叟又让舜挖井，舜挖井的时候，在侧壁凿出一条暗道通向外边。舜挖到深处，瞽叟和象一起往水井里倒土填埋，舜从井壁的暗道出去，又逃开了。瞽叟和象很高兴，以为舜已经死了。象说："最初出这个主意的是我。"象跟他的父母一起瓜分舜的财产，说："舜娶过来尧的两个女儿，还有尧赐给他的琴，我都要了。牛羊和谷仓都归父母吧。"象于是就住进舜的房间，弹着舜的琴。舜回来后去看望他。象惊愕万分，然后又装出闷闷不乐的样子说："我正在想念你呢，想得我好心闷啊！"舜说："是啊，你可真称得上兄弟呀！"舜还像以前一样待奉父母，友爱兄弟，而且更加恭谨。这样，尧才试用舜去理顺五种伦理道德和参与百官的事，他做得都非常不错。

从前高阳氏有八个富于才德的人，世人得到了许多他们的好处，称之为"八恺"，意思就是八个和善的人。高辛氏有八个富有才德的人，世人称之为"八元"，意思就是八个善良的人。这十六个家族的人，世世代代保持着其先人的美德，没有败坏过他们先人的名声。到尧的时候，尧并没有举用他们。舜举用了"八恺"的后代，将掌管土地的官职封给他们，让他们处理各种事务，他们都办得有条有理。舜又举用了"八元"的后代，让他们传布五教于四方，使得做父亲的有道义，做母亲的慈爱，做兄长的友善，做弟弟的恭谨，做儿子的孝顺，家庭和睦，邻里真诚。

从前帝鸿氏有个不成材的后代，包庇残贼，掩蔽仁义，喜欢行凶作恶，天下人称他为浑沌，说他野蛮不开化。少暤氏也有个不成材的后代，背信弃义，厌恶忠直，喜欢邪恶的言语，天下人称他为穷奇，意思是说他无比怪异。颛顼氏有个不成材的后代，不可调教，好话坏话都不懂，天下人称他为梼杌，意思是说他凶顽无比。这三族，世人都害怕。到尧的时候，尧没有把他们除掉。缙云氏有个不成材的后代，贪于饮食，图于财物，天下人称其为饕餮，意思是说他贪得无厌。天下人憎恨他，四凶就是把他与上面说的三凶并列在一起的统称。舜为敞开国门接待四方宾客，流放了这四个凶恶的家族，把他们赶到了边远地区，去抵御害人的妖魔。从此开放了国都四门，于是大家都说国内没有恶人了。

舜进入山林之时，就是碰上暴风雷雨也不会误事迷路。尧于是明白了凭着舜的才能是可以把天下传授给他的。尧年纪大了，便让舜代行天子之政，去巡视四方。舜被举用掌管政事二十年，尧让他代行天子的政务。代行政务八年，尧逝世了。服丧三年完毕，舜让位给丹朱，可是天下人都来归服舜。禹、皋陶、契、后稷、伯夷、夔、龙、倕、益、彭祖，从尧的时候就都得到举用，但一直没有职务。于是舜就到文祖庙，同四方诸侯商议，开放国都四门，听取四方意见，了解四方的情况。他让十二州牧发扬光大尧帝的功德，办有大德的事，疏远巧言谄媚的小人。这样，远方的外族就都会归服。

舜对四方诸侯说："谁能奋发努力，建立功业，光大帝尧的事业，辅佐我办事，应该授予他官职呢？"四方诸侯都说："伯禹为司空，可以光大帝尧的事业。"舜说："嗯，好！禹，你去负责平治水土，一定要努力办好啊！"禹跪地拜谢叩头，谦让给稷、契和皋陶。舜说："好了，去吧！"舜说："弃，黎民正在受饥挨饿，你负责农业，去教他们播种百谷吧。"舜说："契，百官不相亲爱，五伦不顺，你担任司徒，去谨慎地施行五伦教育，做好五伦教育，在于要宽厚。"舜又说："皋陶，蛮夷频繁侵扰中原，抢劫杀人，在我们的境内外作乱，你担任司法官，五刑要施用得当。根据罪行轻重，大罪在原野上执行，次罪在市、朝内执行，同族人犯罪送交甸师氏处理；五刑宽减为流放的，其流放的远近要有个规定，按罪行轻重分别流放到四境之外、九州之外和国都之外。只有公正严明，才能使人信服。"舜问："那么谁能管理我的各种工匠？"大家都说垂可以。于是任命垂为共工，作为各种工匠统领。舜又问："谁能管理我山林泽中的草木鸟兽？"大家都说益行。于是任命益为朕虞，作为山泽主管。益下拜叩头，推让给朱虎、熊罴。舜说："去吧，你行。"就让朱虎、熊罴做他的助手。舜说："喂，四方诸侯，有谁能替我主持天事、地事、人事三种祭祀？"大家都说伯夷可以。舜说："喂，伯夷，我任命你担任秩宗，主管祭祀，要肃穆清洁，要早晚虔敬，要正直。"伯夷推让给夔、龙。

舜说："那好，就任命夔为典乐，掌管音乐，教育贵族子弟，要正直而温和，宽厚而严厉，刚正却不暴虐，简捷却不傲慢。诗是表达内心情感的，歌是用延长音节来咏唱诗的，乐声的高低要与歌的内容相配合，还要用标准的音律来使乐声和谐。八种乐器的声音谐调一致，不要相互错乱侵扰，这样，就能通过音乐达到人与神相和的境界啦。"夔说："好，我敲打石磬轻重有节，各种禽兽都会跟着跳起舞来的。"舜说："龙，我非常憎恶那种灭绝道义的行为和诬陷他人的坏话，惊扰我的臣民。我任命你为纳言官，早晚传达我的旨命，报告下情，一定要诚实。"舜说："喂，你们二十二个人，要谨守职责，时时辅佐我做好上天交付的治国大事。"此后，功绩每三年考核一次，经过三次考核，升迁或贬黜均按照成绩。所以，不论远处近处，各种事情都振兴起来了。又根据归顺与否，分解了三苗部族。

这二十二人个个功成业就：担任大理的皋陶，掌管刑法，断案公正，人们都佩服他能按情据实断理；主持礼仪的伯夷，使得上上下下都能够礼让；担任工师的垂，主管百工，百工都能做好自己的工作；担任虞的益，主管山泽，山林湖泽都得到开发；担任稷的弃，主管农业，百谷按季节茂盛生长；担任司徒的契，主管教化，百姓都亲善和睦；主管接待宾客的龙，远方的诸侯都来朝贡。舜所置十二州牧做事，九州内的民众没有谁违抗。其中功劳最大的是禹，开通了九座大山，治理了九处湖泽，疏浚了九条河流，辟定了九州方界，各地都按照应缴纳的贡物前来进贡，没有不恰当的。五千里纵横的领域，都受到安抚，直到离京师最远的边荒地区。南远到交阯、北发，西远到戎、析枝、渠廋、氐、羌，北远到山戎、发、息慎，东远到长、鸟夷，四海之内，帝舜的功德被共同称颂。于是禹创制了歌颂舜的功德的《九招》乐曲，招来了祥瑞之物，凤凰也飞来，随乐声盘旋起舞。天下清明的德政都从虞舜帝开始。

舜因为孝顺在二十岁时就闻名天下，三十岁时被尧举用，五十岁时代理天子政务，五十八岁时尧逝世，六十一岁时接替尧登临天子之位。登基三十九年后，巡视南方时，在南方苍梧的郊野逝世，埋葬在长江南岸的九嶷山，这就是零陵。舜登临帝位之后，去给父亲瞽叟请安乘着有天子旗帜的车子，和悦恭敬，遵循为子之孝道。又在有鼻把弟弟象封为诸侯。舜的儿子商均不成材，舜就事先把禹推荐给上天。十七年后舜逝世。服丧三年完毕，禹也把帝位让给舜的儿子，就跟舜让给尧的儿子时的情形一样。但诸侯归服禹，这样，禹就登临了天子之位。尧的儿子丹朱、舜的儿子商均都享有封地，分别在唐和虞得，以此来奉祀祖先。禹还让他们穿自己家族的服饰，用自己家族的礼乐仪式。他们以客人的身份拜见天子，天子也不把他们当臣下对待，以表示不敢专擅帝位。

从黄帝到舜、禹，都是同姓，但却都立了不同的国号，为的是彰显各自光明的德业。所以，有熊是黄帝的号，高阳是帝颛顼的号，高辛是帝喾的号，陶唐是帝尧的号，有虞是帝舜的号，夏后是帝禹的号。后来帝禹改称姓氏，姓姒氏。契为商始祖，姓子氏。弃为周始祖，姓姬氏。

太史公说：五帝被很多学者们称述，五帝的年代已经很久远了。《尚书》只记载着尧以来的史实；而各家叙说黄帝，文字不典范且粗疏，士大夫们也很难说得清楚。孔子传下来的《宰予问五帝德》及《帝系姓》，读书人有的也没有传下来。我曾经往西到过崆峒，往北到过涿鹿，往东到过大海，往南渡过长江、淮水，到过的所有地方，那里的老前辈们往往都谈到他们各自所听说的黄帝、尧、舜的事迹，教化风俗也都不一样。总起来说，我认为那些与古文经籍记载相符的说法，接近事实。我研读了《春秋》《国语》，它们对《五帝德》《帝系姓》的阐发都很明确，只是人们不曾深入考求，其实它们的记述都不是虚妄之说。《尚书》已经残缺有好长时间了，但散轶的记载却常常可以从其他书中找到。如果不是深思好学，真正在心里领会了它们的意思，想要向那些见闻不广、学识浅薄、不学无术的人说明白，当然是困难的。我把这些材料加以评议编次，选择了那些言辞特别雅正的，著录下来，才写成这篇本纪，作为全书的开头。

史记卷二

夏本纪第二

夏禹，名曰文命。禹之父曰鲧，鲧之父曰帝颛顼，颛顼之父曰昌意，昌意之父曰黄帝。禹者，黄帝之玄孙而帝颛顼之孙也。禹之曾大父昌意及父鲧皆不得在帝位，为人臣。

当帝尧之时，鸿水滔天，浩浩怀山襄陵，下民其忧。尧求能治水者，群臣四岳皆曰鲧可。尧曰："鲧为人负命毁族，不可。"四岳曰："等之未有贤于鲧者，愿帝试之。"于是尧听四岳，用鲧治水。九年而水不息，功用不成。于是帝尧乃求人，更得舜。舜登用，摄行天子之政，巡狩；行视鲧之治水无状，乃殛鲧于羽山以死。天下皆以舜之诛为是。于是舜举鲧子禹，而使续鲧之业。

尧崩，帝舜问四岳曰："有能成美尧之事者使居官？"皆曰："伯禹为司空，可成美尧之功。"舜曰："嗟，然！"命禹："女平水土，维是勉之。"禹拜稽首，让于契、后稷、皋陶。舜曰："女其往视尔事矣。"

禹为人敏给克勤；其德不违，其仁可亲，其言可信；声为律，身为度，称以出，亹亹穆穆，为纲为纪。

禹乃遂与益、后稷奉帝命，命诸侯百姓兴人徒以傅土，行山表木，定高山大川。禹伤先人父鲧功之不成受诛，乃劳身焦思，居外十三年，过家门不敢入。薄衣食，致孝于鬼神；卑宫室，致费于沟淢；陆行乘车，水行乘船，泥行乘橇，山行乘檋。左准绳，右规矩，载四时，以开九州，通九道，陂九泽，度九山。令益予众庶稻，可种卑湿。命后稷予众庶难得之食。食少，调有馀相给，以均诸侯。禹乃行相地宜所有以贡，及山川之便利。

禹行自冀州始。

冀州：既载壶口，治梁及岐；既修太原，至于岳阳；覃怀致功，至于衡漳；其土白壤；赋上上错，田中中；常、卫既从，大陆既为；鸟夷皮服；夹右碣石，入于海。

济、河维沇州：九河既道，雷夏既泽，雍、沮会同，桑土既蚕，于是民得下丘居土；其土黑坟，草繇木条；田中下，赋贞，作十有三年乃同；其贡漆丝，其篚织文；浮于济、漯，通于河。

海岱维青州：堣夷既略，潍、淄既道；其土白坟，海滨广潟，厥田斥卤；田上下，赋中上；厥贡盐絺，海物维错，岱畎丝、枲、铅、松、怪石，莱夷为牧，其篚畲丝；浮于汶，通于济。

海岱及淮维徐州：淮、沂其治，蒙、羽其艺；大野既都，东原厎平；其土赤埴坟，草木渐包；其田上中，赋中中；贡维土五色，羽畎夏翟，峄阳孤桐，泗滨浮磬，淮夷蠙珠暨鱼，其篚玄纤缟。浮于淮、泗，通于河。

淮海维扬州：彭蠡既都，阳鸟所居；三江既入，震泽致定；竹箭既布，其草惟夭，草木惟乔，其土涂泥；田下下，赋下上上杂；贡金三品，瑶、琨、竹箭，齿、革、羽、旄；岛夷卉服；其篚织贝，其包橘、柚锡贡；均江海，通淮、泗。

荆及衡阳维荆州：江、汉朝宗于海。九江甚中，沱、涔已道，云土、梦为治；其土涂泥；田下中，赋上下；贡羽、旄、齿、革，金三品，杶、干、栝、柏，砺、砥、砮、丹，维箘簬、楛，三国致贡其名，包匦菁茅，其篚玄𫄸玑组，九江入赐大龟；浮于江、沱、涔、（于）汉，逾于洛，至于南河。

荆河惟豫州：伊、洛、瀍、涧既入于河，荥播既都，道荷泽，被明都；其土壤，下土坟垆；田中上，赋杂上中；贡漆、丝、絺、纻，其篚纤絮，锡贡磬错；浮于洛，达于河。

华阳黑水惟梁州：汶、嶓既艺，沱、涔既道，蔡、蒙旅平，和夷厎绩；其土青骊；田下上，赋下中三错。贡璆、铁、银、镂、砮、磬，熊、罴、狐、貍、织皮；西倾因桓是来，浮于潜，逾于沔，入于渭，乱于河。

黑水、西河惟雍州：弱水既西，泾属渭汭；漆、沮既从，沣水所同；荆、岐已旅，终南、敦物至于鸟鼠；原隰厎绩，至于都野；三危既度，三苗大序；其土黄壤；田上上，赋中下；贡璆、琳、琅玕；浮于积石，至于龙门西河，会于渭汭；织皮昆仑、析支、渠搜，西戎即序。

道九山：汧及岐至于荆山，逾于河；壶口、雷首至于太岳；砥柱、析城至于王屋；太行、常山至于碣石，入于海；西倾、朱圉、鸟鼠至于太华；熊耳、外方、桐柏至于负尾；道嶓冢，至于荆山；内方至于大别；汶山之阳至衡山，过九江，至于敷浅原。

道九川：弱水至于合黎，馀波入于流沙，道黑水，至于三危，入于南海，道河积石，至于龙门，南至华阴，东至砥柱，又东至于盟津，东过

《二十一史通俗演义》版画之夏禹治水图

洛汭，至于大邳，北过降水，至于大陆，北播为九河，同为逆河，入于海。嶓冢道漾，东流为汉，又东为苍浪之水，过三澨，入于大别，南入于江，东汇泽为彭蠡，东为北江，入于海。汶山道江，东别为沱，又东至于醴，过九江，至于东陵，东迤北会于汇，东为中江，入于海。道沇水，东为济，入于河，泆为荥，东出陶丘北，又东至于荷，又东北会于汶，又东北入于海。道淮自桐柏，东会于泗、沂，东入于海。道渭自鸟鼠同穴，东会于沣，又东北至于泾，东过漆、沮，入于河。道洛自熊耳，东北会于涧、瀍，又东会于伊，东北入于河。

于是九州攸同，四奥既居，九山刊旅，九川涤原，九泽既陂，四海会同。六府甚修，众土交正，致慎财赋，咸则三壤成赋。中国赐土姓："祗台德先，不距朕行。"

令天子之国以外五百里甸服：百里赋纳緫，二百里纳銍，三百里纳秸服，四百里粟，五百里米。甸服外五百里侯服：百里采，二百里任国，三百里诸侯。侯服外五百里绥服：三百里揆文教，二百里奋武卫。绥服外五百里要服：三百里夷，二百里蔡。要服外五百里荒服：三百里蛮，二百里流。

东渐于海，西被于流沙，朔、南暨：声教讫于四海。于是帝锡禹玄圭，以告成功于天下。天下于是太平治。

皋陶作士以理民。帝舜朝，禹、伯夷、皋陶相与语帝前。皋陶述其谋曰："信其道德，谋明辅和。"禹曰："然，如何？"皋陶曰："於！慎其身修，思长，敦序九族，众明高翼，近可远在已。"禹拜美言，曰："然。"皋陶曰："於！在知人，在安民。"禹曰："吁！皆若是，惟帝其难之。知人则智，能官人；能安民则惠，黎民怀之。能知能惠，何忧乎驩兜？何迁乎有苗？何畏乎巧言善色佞人？"皋陶曰："然，於！亦行有九德，亦言其有德。"乃言曰："始事事，宽而栗，柔而立，愿而共，治而敬，扰而毅，直而温，简而廉，刚而实，强而义，章其有常，吉哉。日宣三德，早夜翊明有家。日严振敬六德，亮采有国。翕受普施，九德咸事，俊乂在官，百吏肃谨。毋教邪淫奇谋。非其人居其官，是谓乱天事。天讨有罪，五刑五用哉。吾言底可行乎？"禹曰："女言致可绩行。"皋陶曰："余未有知，思赞道哉。"

帝舜谓禹曰："女亦昌言。"禹拜曰："於，予何言！予思日孳孳。"皋陶难禹曰："何谓孳孳？"禹曰："鸿水滔天，浩浩怀山襄陵，下民皆服于水。予陆行乘车，水行乘舟，泥行乘橇，山行乘檋，行山刊木。与益予众庶稻鲜食。以决九川致四海，浚畎浍致之川。与稷予众庶难得之食。食少，调有馀补不足，徙居。众民乃定，万国为治。”皋陶曰：“然，此而美也。”

禹曰：“於，帝！慎乃在位，安尔止。辅德，天下大应。清意以昭待上帝命，天其重命用休。”帝曰：“吁，臣哉，臣哉！臣作朕股肱耳目。予欲左右有民，女辅之。余欲观古人之象，日月星辰，作文绣服色，女明之；予欲闻六律五声八音，来始滑，以出入五言，女听。予即辟，女匡拂予。女无面谀，退而谤予。敬四辅臣。诸众谗嬖臣，君德诚施皆清矣。”禹曰：“然，帝即不时，布同善恶则毋功。”

帝曰：“毋若丹朱傲，维慢游是好，毋水舟行，朋淫于家，用绝其世。予不能顺是。”禹曰：“予（辛壬）娶涂山，〔辛壬〕癸甲，生启，予不子，以故能成水土功。辅成五服，至于五千里，州十二师，外薄四海，咸建五长，各道有功。苗顽不即功，帝其念哉。”帝曰：“道吾德，乃女功序之也。”

皋陶于是敬禹之德，令民皆则禹。不如言，刑从之。舜德大明。

于是夔行乐，祖考至，群后相让，鸟兽翔舞，《箫韶》九成，凤皇来仪，百兽率舞，百官信谐。帝用此作歌曰：“陟天之命，维时维几。”乃歌曰：“股肱喜哉！元首起哉！百工喜哉！”皋陶拜手稽首扬言曰：“念哉，率为兴事，慎乃宪，敬哉！”乃更为歌曰：“元首明哉！股肱良哉！庶事康哉！”舜又歌曰：“元首丛脞哉！股肱惰哉！万事堕哉！”帝拜曰：“然，往钦哉！”于是天下皆宗禹之明度数声乐，为山川神主。

帝舜荐禹于天，为嗣。十七年而帝舜崩。三年丧毕，禹辞辟舜之子商均于阳城。天下诸侯皆去商均而朝禹。禹于是遂即天子位，南面朝天下。国号曰夏后，姓姒氏。

帝禹立而举皋陶荐之，且授政焉，而皋陶卒。封皋陶之后于英、六，或在许。而后举益，任之政。

十年，帝禹东巡狩，至于会稽而崩。以天下授益。三年之丧毕，益让帝禹之子启，而辟居箕山之阳。禹子启贤，天下属意焉。及禹崩，虽授益，益之佐禹日浅，天下未洽，故诸侯皆去益而朝启，曰：“吾君帝禹之子也。”于是启遂即天子之位，是为夏后帝启。

夏后帝启，禹之子，其母涂山氏之女也。

有扈氏不服，启伐之，大战于甘。将战，作《甘誓》，乃召六卿申之。启曰："嗟！六事之人，予誓告女！有扈氏威侮五行，怠弃三正，天用剿绝其命。今予维共行天之罚。左不攻于左，右不攻于右，女不共命。御非其马之政，女不共命。用命，赏于祖；不用命，僇于社，予则帑僇汝。"遂灭有扈氏。天下咸朝。

夏后帝启崩，子帝太康立。帝太康失国，昆弟五人，须于洛汭，作《五子之歌》。

太康崩，弟仲康立，是为帝仲康。帝仲康时，羲、和湎淫，废时乱日。胤往征之，作《胤征》。

中康崩，子帝相立。帝相崩，子帝少康立。帝少康崩，子帝予立。帝予崩，子帝槐立。帝槐崩，子帝芒立。帝芒崩，子帝泄立。帝泄崩，子帝不降立。帝不降崩，弟帝扃立。帝扃崩，子帝廑立。帝廑崩，立帝不降之子孔甲，是为帝孔甲。

帝孔甲立，好方鬼神，事淫乱。夏后氏德衰，诸侯畔之。天降龙二，有雌雄，孔甲不能食，未得豢龙氏。陶唐既衰，其后有刘累，学扰龙于豢龙氏，以事孔甲。孔甲赐之姓曰御龙氏，受豕韦之后。龙一雌死，以食夏后。夏后使求，惧而迁去。

孔甲崩，子帝皋立。帝皋崩，子帝发立。帝发崩，子帝履癸立，是为桀。

帝桀之时，自孔甲以来而诸侯多畔夏，桀不务德而武伤百姓，百姓弗堪。乃召汤而囚之夏台，已而释之。汤修德，诸侯皆归汤，汤遂率兵以伐夏桀。桀走鸣条，遂放而死。桀谓人曰："吾悔不遂杀汤于夏台，使至此。"汤乃践天子位，代夏朝天下。汤封夏之后。至周封于杞也。

太史公曰：禹为姒姓，其后分封，用国为姓，故有夏后氏、有扈氏、有男氏、斟寻氏、彤城氏、褒氏、费氏、杞氏、缯氏、辛氏、冥氏、斟氏、戈氏。孔子正夏时，学者多传夏《小正》云。自虞、夏时，贡赋备矣。或言禹会诸侯江南计功而崩，因葬焉，命曰会稽。会稽者，会计也。

【译文】

夏后帝禹，名文命。他的父亲是鲧，祖父是颛顼，曾祖父是昌意，高祖父是黄帝。禹，是黄帝的玄孙，颛顼帝的孙子。禹的曾祖父昌意和父亲鲧都没有称帝位，而是做天子的大臣。

尧帝在位的时候，洪水泛滥，浩浩荡荡，包围了高山，漫上了丘陵，老百姓都为此非常忧愁。尧帝想寻找能够治理洪水的人，四方诸侯的群臣都说禹的父亲鲧可以。尧说："鲧这个人不遵守天命，毁败同族，不能任用。"四方诸侯都说："比较起来，其他大臣还没有哪位比他更强的，希望您让他试试。"于是尧就听从了四方诸侯的建议，起用鲧治理洪水。九年的时间过去了，洪水依旧泛滥不息，治水没有取得成效。这时尧帝想找继承帝位的人选，又得到了舜。舜被举用，代理天子的事务，他就开始到四方巡视。舜在巡视途中，看到鲧治理洪水没有取得功绩，就把他流放到羽山。结果鲧就死在了那里。天下人都认为舜对鲧的惩罚是合理的。于是舜又举用了鲧的儿子禹，让他来继续治水的事业。

尧帝过世以后，舜帝就询问四方诸侯说："有谁能继承尧帝的事业，让他担任官职呢？"大家都说："让禹当司空，可以继续尧帝的事业。"舜说："嗯，好！"因此，他命令禹："你去治理水土，要努力办好这件事啊！"禹叩头拜谢，谦让于契、后稷、皋陶。舜说："你还是快去办理你负责的工作吧！"

禹为人聪敏勤奋，能吃苦耐劳，而且遵守道德，和蔼可亲，言语诚信。他的声音合乎标准的音律，他的行为符合法度，凭着他的声音和躯体就可以校正音律的高低和尺度的长短。他勤勤恳恳，恭敬庄重，堪称官民的榜样。

禹接受了舜帝的任命，与益、后稷一起上任，命令诸侯百官发动那些被罚服劳役的罪人去开发九州土地。他一路上翻山越岭，竖立木桩作为标志，测定高山大川的状貌。禹为父亲鲧由于治水无功而受罚感到悲伤难过，所以他自己就不顾劳累，苦思冥想，在野外生活了十三年，几次从家门前路过都未曾跨进家门。他省吃俭用，恭敬鬼神。他居住的地方很简陋，因为把资财都用在了治理山河上。他在陆路上行走都是乘车，在水中都是乘船，在泥沼中行走就乘橇，在山路上行走就穿上带铁齿的鞋。他左手拿着准和绳，右手拿着规和矩，还携带着测四时定方向的仪器，开发九州土地，疏通了九条河道，修治九个大湖，测量九座大山。他让益给民众分发稻种，可以种植在低湿的土地上。又让后稷赈济难以温饱的民众。粮食匮乏时，就让一些地区把余粮调济给缺粮地区，以便使各诸侯国物品均衡。禹一边行进，一边考察各地的物产，以便确定应该向天子交纳多少贡赋为宜，而且还考察了各地的山川地形，以便弄清诸侯朝贡时交通是否便利。

禹的治水行动从冀州开始。在冀州先完成了壶口的工程，又治理好梁山和岐山。治理好太原地区，一直延伸到太岳山的南面。修治好覃怀之后，又继续修治衡水、漳水。这些地区的土质色白而松软，这里的赋税属上上，即第一等，有时也居第二等，田地属于中中，即第五等。常水、卫水疏通了，大陆泽也修治完毕。东北鸟夷部族的贡品是皮衣。其进贡路线是绕道碣石山向西，进入大海。

济水和黄河之间的地区就是沇州。这个地区的九条河都已经疏通了，雷夏蓄积成了一个大湖；雍水和沮水汇合后流入泽中，土地上种植了桑，养了蚕，所以民众都从山上搬下来定居在了平地上。沇州的土质发黑而且肥美，草长得很茂盛，树木高大。这里田地属中下，即第六等；赋税属下下，即第九等，经过十三年的治理后，才能和其他各州相同。这一地区进贡的物品主要是漆和丝，还有用竹筐盛着的有纹采的丝织品。进贡时经由济水、漯水，然后进入黄河。

大海至泰山一带是青州。在这个地区堣夷平治之后，淮水、淄水也得到了疏通。这里的土质色白而且肥美，海滨一带宽广含碱，田地多是盐碱地。田地属上下，即第三等；赋税属中上，即第四等。进贡的物品是盐和细葛布，有时也进贡一些海产品，还有泰山谷地生产的丝、大麻、铅、松木、奇异的石头。莱夷地区可以放牧。所以，那里进贡畜牧产品，还有用筐盛着用来作琴弦的柞蚕丝。进贡时，走水路，由汶水转入济水。

东起大海、北到泰山、南至淮水之间的地带就是徐州。经过治理淮水、沂水后，蒙山、羽山一带也可以种植庄稼了。大野成了一个蓄水湖，东原的积水已经退去。这里的土质呈现红色，带有粘性而且很肥美，草木生长得很茂盛。田地属上中，即第二等；赋税属中中，即第五等。进贡的物品是供天子祭祀用的五色土，羽山谷中野鸡的羽毛，峄山南面生长的可用以制琴瑟的桐木，泗水之滨可以制做石磬的石头，淮夷的珍珠和鱼类，还有用竹筐盛装的纤细洁净的黑白丝织品。进贡时，走水路通过淮水、泗水，然后转入黄河。

淮河与大海之间是扬州。这里彭蠡已经汇成了湖泊，成了鸿雁南归时的栖息地。松江、钱塘江、浦阳江在那里汇合入海，震泽地区也得到了安定和谐。竹林密布，野草茂盛，树木参天。此地的土质湿润。田地属下下，即第九等；赋税居于下上，即第七等，有时可居第六等。贡品是三色铜，瑶、琨等美玉和宝石，还有竹箭，以及象牙、皮革、羽毛、旄牛尾和用花草编结的岛夷人的服饰，以及用竹筐盛着的有贝形花纹的丝缎，有按照朝廷的要求进贡已经包好的橘子和柚子。这些贡品都通过大海、长江进入淮河、泗水。

荆山至衡山以南的地区是荆州。长江、汉水在这个地区汇合注入大海。长江的众多支流大都有其固定的河道，沱水、涔水已被疏通，云泽、梦泽通过治理也可以耕种了。这里的土质湿润，田地属下中，即第八等；赋税居上下，即第三等。向天子进贡的物品是羽毛、旄牛尾、象牙、皮革、三色铜，以及椿木、柘木、栝木、柏木，还有粗细磨石，可做箭头的砮石、丹砂，尤其是可做箭杆的竹子箘簬和楛木是荆州附近三个诸侯国进贡的最有名的特产，还有包裹好以后装在匣子里的供祭祀时滤酒用的青茅，有用竹筐盛装的彩色布帛，还有用来穿珠子的丝带。有时候依照朝廷的命令进贡九江出产的大龟。进贡时，沿着长江、沱水、涔水、汉水，转行一段陆路再进入洛水，然后到达南河。

荆州和黄河之间的地区是豫州。这里伊水、洛水、瀍水、涧水都已汇入黄河，荥播也汇成了一个湖泊，还疏浚了荷泽，修筑了明都泽的堤防。这里的土质松软肥沃，低地则是肥沃坚实的黑土。田地属中上，即第四等；赋税居上中，即第二等，有时居第一等。进贡漆、丝、细葛布、麻，以及用竹筐盛着的细丝棉，还有根据朝廷的命令进贡的磨磬的错石。贡品从洛水船运，直到黄河。

华山南面到黑水之间的地带是梁州。汶山、嶓冢山都已遍布植被，沱水、涔水也已经疏通，蔡山、蒙山的道路已经修好，和夷地区治水也获得成功。此地的土质是青黑色的，田地属下上，即第七等；赋税居下中，即第八等，有时也居第七等或第九等。贡品有美玉、铁、银、可以刻镂的硬铁、可以做箭头的砮石、可以制磬的磬石，以及熊、罴、狐狸。织皮族的贡品由西戎西倾山经桓水运出，再从潜水船运，进入沔水，然后走一段山路进入渭水，最后横渡黄河到达京城。

黑水与黄河西岸之间是雍州。弱水经治理后向西流去，泾水流入了渭水。漆水、沮水跟着也流入了渭水，还有沣水同样流入渭水。荆山、岐山的道路已经畅通，终南山、敦物山一直到鸟鼠山的道路已经完工。高原和低谷的治理工程都取得了成绩，治理范围到了都野泽一带。三危山地区可以居住了，三苗族也大都顺服。这里的土质色黄而且松软肥沃，田地属上上，即第一等；赋税居中下，即第六等。贡品是美玉和美石。进贡时从积石山下走水路，顺流到达龙门山间的西河，会集到渭水湾里。织皮族居住在昆仑山、析支山、渠搜山等地，那时西戎各国也归服了。

禹开通了九条山脉的道路：一条从汧山和岐山开始一直开到荆山，越过黄河；一条从壶口山、雷首山一直开到太岳山；一条从砥柱山、析城山一直开到王屋山；一条从太行山、常山一直开到碣石山，进入海中与水路接通；一条从西倾山、朱圉山、鸟鼠山一直开到太华山；一条从熊耳山、外方山、桐柏山一直开到负尾山；一条从嶓冢山一直开到荆山；一条从内方山一直开到大别山；一条从汶山的南面开到衡山，越过九江，最后到达敷浅原山。

疏导了九条河流：把弱水疏导至合黎，使弱水的下游注入沙漠。疏导黑水，经过三危山，流入南海。疏导黄河，经过积石山，到龙门山，向南到达华阴，然后东折经过砥柱山，又向东到盟津，再向东经过洛水入河口，直到大邳；转而向北经过降水，到大陆泽，再向北分为九条河，这九条河到达下游入海口河段又汇合为一条，叫作逆河，最后流入大海。开通嶓冢山用以疏导漾水，向东流的就是汉水，再向东流就是苍浪水，经过三澨水，流入大别山区，向南注入长江，再向东与彭蠡泽之水汇合再向东就是北江，流入大海。开通汶山用以疏导长江，向东分出的一支就是沱水，再往东到达醴水，通过九江，到达东陵，向东斜行北流，与彭蠡泽之水交汇，再向东流就是中江，最后进入大海。疏导沇水，向东流为济水，注入黄河，两水相汇，溢为荥泽湖，从陶丘北面向东流，继续向东到达荷泽，向东北与汶水汇合，再向北流入大海。从桐柏山开始疏导淮水，向东与泗水、沂水汇合，再向东流入大海。疏导渭水，从鸟鼠同穴山开始，向东流，汇合了沣水，再向东北流到达泾水，再往东流经过漆、沮二水，然后流入黄河。疏导洛水从熊耳山开始，向东北流汇合了涧水、瀍水以后，再向东流汇合了伊水，然后再向东北流入黄河。

所有的山川河流都治理好了，从此九州统一，四境之内都可以居住了，九州的名山都已做上标志可以通行了，九州的大川、水泽都已疏导畅通了，九州的大泽也都已筑了堤防，四海之内的诸侯都可以来京城会盟和朝觐，没有阻碍。金、木、水、火、土、谷六库的物资治理得很好，各方的土地美恶高下都评定出等级，能按照规定认真进贡纳税；赋税的等级都是根据三种不同的土壤等级来确定的。还在华夏境内九州之中分封诸侯，赐给土地，赐给姓氏，并说："我先敬业修德，使其感怀，这样，天下的人民就不会违背我的行政措施了。"

禹下令天子国都以外五百里的地区为甸服，也就是为天子服田役纳谷税的地区：紧靠王城百里以内要交纳收割的整棵庄稼，一百里至二百里以内要交纳禾穗，二百里至三百里以内要交纳谷粒，三百里至四百里以内要交纳粗米，四百里至五百里以内要交纳精米。甸服以外五百里的地区为侯服，即为天子侦察顺逆和服侍王命的地区：靠近甸服一百里以内是卿大夫的采邑，往外二百里以内为小的封国，再往外三百里以内为诸侯的封地。侯服以外五百里的地区为绥服，即受天子安抚、推行教化的地区：靠近侯服三百里以内视情况来施行礼法、文章教化，往外二百里以内要加强武装警戒，保卫天子。绥服以外五百里的地区为要服，即受天子约束服从天子政令的地区：靠近绥服三百里以内要接受教化，和平相处；往外二百里以内要遵守王法。要服以外五百里的地区称为荒服，即为天子守卫边远的荒远地区：靠近要服三百里以内居住的是蛮族，那里的人来去不受限制；再往外二百里以内可以随意居处，不受约束。

天子的声威教化，向东延伸到了大海，西到达了流沙泽，北及南都达到了四方荒远的边陲。于是舜帝为表彰禹治水有功而赐给他一块代表水色的黑色圭玉，向天下宣告治水成功。于是天下安定太平。

皋陶为刑狱长官治理民众。舜帝上朝，禹、伯夷、皋陶一块儿在舜帝面前谈话。皋陶申述他的意见说："遵循道德确定不移，就能做到谋略高明，臣下团结。"禹说："对，可要怎样做呢？"皋陶说："哦，要谨慎对待自身修养，要有长远打算，使上至高祖下至玄孙的同族人亲厚稳定。这样，众多有见识的人就都会努力辅佐你。由近处可以推及到远处，一定要从自身做起。"禹拜谢皋陶的善言，说："说得好。"皋陶说："哦，还有成就德业就在于能够了解人，能够安抚民众。"禹说："呵！都像这样，即使是尧帝恐怕也会感到困难的。能了解人就是明智，就能恰当地给人安排官职；能安抚民众就是仁惠，黎民百姓都会爱戴你。如果既能了解人，又能仁惠，还忧虑什么欢兜，何必流放有苗，何必害怕花言巧语伪善谄媚的小人呢？"皋陶说："对，唉！行事有九种品德，我谈谈那些品德吧。”他接着说道：“先从办事来检验，宽厚而又威严，温和而又坚定，诚实而又恭敬，有才能而又小心谨慎，善良而又刚毅，正直而又和气，平易而又有棱角，果断而又讲求实效，强有力而又讲道理，要重用那些具有九德的善士呀！能每日宣明三种品德，早晚谨行努力，卿大夫就能保有他的采邑。每日严肃地恭敬实行六种品德，认真辅佐王事，诸侯就可以保有他的封国。能全部具备这九种品德并普遍施行，就可以使有才德的人都居官任职，使所有的官吏都严肃认真地办理自己的政务。叫人们不要胡作非为，胡思乱想。如果让不适当的人居于官位，就叫作扰乱上天所命的大事。上天惩罚有罪的人，用五种刑罚处治犯有五种罪行的罪人。我讲的大抵可以行得通吧？”禹说：“你的话如果能实行，就能产生效果。”皋陶说：“我才智浅薄，只是希望有助于推行治天下之道。”

舜帝对禹说：“你也说说你的好意见吧。”禹作揖说：“唉，我说什么呢！我只想每天孜孜不息地做事。”皋陶追问道：“怎样才叫勤恳努力？”禹说：“洪水滔天，浩浩荡荡，包围了高山，漫上了丘陵，下民都遭受着洪水的威胁。我在陆地上行走乘车，在水中行走乘船，在泥沼中行走乘木橇，在山路上行走就穿上带铁齿的鞋，翻山越岭，竖立木桩，在山上做了标志。我和益一块儿，给黎民百姓稻粮和新鲜的肉食。疏导九条河道引入大海，又疏浚田间沟渠引入河道。我跟稷一道发给民众难得的口粮。粮食缺乏的时候，从粮食多的地方调配补充到粮食少的地方，或叫百姓迁居。民众安定下来了，各诸侯国也都治理好了。”皋陶说：“是啊，这些是你的巨大业绩。”

禹说：“啊，我的帝王！谨慎对待您的在位之臣，稳稳当当处理您的政务。辅佐的大臣有德行，天下人都会响应拥护您。您用清静之心奉行上帝的命令，上天会经常把美好的符瑞降临给您。”舜帝说：“唉，臣子啊，臣子啊！臣子是我的臂膀和耳目。我想帮助天下民众，你们要辅助我。我想观察古人的形象，观察日月星辰，制作不同花纹色彩的衣服，你们要了解清楚各种服装的等级。我想通过各地音乐的雅正与淫邪等来考察那里政教的情况，以便取舍各方的意见，你们要仔细地辨听。我的言行如有不正当的地方，你们要纠正我。你们不要当面奉承，回去之后却又指责我。我敬重前后左右辅佐大臣。至于那些搬弄是非的佞臣，只要君主的德政真正施行，他们就会被清除了。”禹说：“对。您如果不这样，好人坏人同时任用，那就不会成就大事。”

舜帝说：“你们不要学丹朱那样桀傲骄横，只喜欢怠惰放荡，在无水的陆地上行船，在家里聚众干淫乱之事，以致不能继承帝位。对这种人我决不听之任之。”禹说：“我娶涂山氏女儿为妻，四天后便离家去治水，生下儿子启，我也没回家抚育，因此才能使平治水土的工作取得成功。我帮助帝王设置了五服，范围达到五千里，每州用了三万劳力，一直开辟到四方荒远的边境，在每五个诸侯国中设立一个首领，他们各尽职守，都有功绩，只有三苗凶顽不遵职守，请您考虑吧。”舜帝说：“用我的德教来开导，那么凭你的工作就会使他们归顺的！”

皋陶敬重禹的功德，命令天下人都向禹学习。如不遵守命令，就施以刑罚。因此，舜的德教得到了大发扬。

这时，夔担任乐师，谱定乐曲，祖先亡灵降临了来欣赏，各诸侯国君相互礼让，鸟兽在宫殿周围飞翔起舞，《箫韶》乐曲演奏完九遍时，凤凰飞来聆听，群兽都来起舞，百官都能忠诚合谐相处。舜帝于是歌唱道：“奉行天命，施行德政，顺应天时，谨微慎行。”于是又歌唱起来：“大臣们欢乐尽忠啊，元首才能大有作为啊，百官的事业才能发达啊！”皋陶跪拜，先低头至手，又叩头至地，然后高声说道：“您可记住啊，要带头努力尽职，谨慎对待您的法度，认真办好各种事务！”于是也接着唱道：“元首英明啊，大臣才会贤能啊，事业才会健康发展啊！”又唱道：“天子胸中无大略啊，股肱大臣就懈怠啊，天下万事都败坏啊！”舜帝拜答说：“对，就照此努力去做吧！”从此天下都遵行禹所明确设立的法度，采用禹创制的乐曲，尊奉他为山川的神主，意思就是能代山川之神施行号令的帝王。

舜帝把禹推荐给上天，让他作为帝位的继承人。十七年之后，舜帝逝世。三年服丧完毕，禹在阳城推辞帝位让给舜的儿子商均。但天下诸侯都不去朝拜商均而来朝拜禹。禹这才继承天子位，南面接受天下诸侯的朝拜，国号为夏后，改姓为姒氏。

禹帝立为天子后，举用皋陶为帝位继承人，把他推荐给上天，并把国政授给他，但皋陶却去世了。禹分封皋陶的后代到英、六等地，有的分封在许。后来又举用了益，把国政授给他。

过了十年，禹帝到东方视察，到达会稽，在那里逝世，把天下传给益。服丧三年完毕，益又把帝位让给禹的儿子启，自己到箕山之南去隐居。禹的儿子启贤德，天下人心都归向于他。等到禹逝世后，虽传天下给益，但益辅佐禹的时间不长，天下臣民尚不拥戴他。所以，诸侯还是都离开益而去朝拜启，说："这是我们的君主禹帝的儿子啊。"于是启就继承了天子位，这就是夏后帝启。

夏后帝启，是禹的儿子，他的母亲是涂山氏的女儿。

启登临帝位后，有扈氏不来归从。启前往征伐，在甘地大战一场。战斗开始之前，启作了一篇誓辞叫作《甘誓》，召集来六军将领进行训诫。启说："唉！统率六军的人们，我向你们宣布誓言：有扈氏蔑视仁、义、礼、智、信五常的规范，背离天、地、人的正道，因此上天要断绝他的大命。如今我恭敬地执行上天对他的惩罚。车左的人不从左边进攻敌人，车右的人不从右边进攻敌人，便是你们不执行命令。驭手不能使车马阵列整齐，也是不服从命令。听从命令的，在祖宗面前赏赐你们；谁不听从命令，我便在神社面前杀掉谁，而且要把他们的家属收为奴婢。"于是消灭了有扈氏，天下诸侯都来朝拜。

夏后帝启逝世后，他的儿子帝太康继位。帝太康整天游玩打猎，不处理国事，结果被羿给放逐了，失去了国家。他的五个弟弟在洛水北岸等待他回国，作了《五子之歌》。

太康逝世后，他的弟弟中康继位，这就是中康帝。中康帝在位时，掌管天地四时的官吏羲氏、和氏沉湎于酒，把每年的四时节令都搞乱了。胤奉命前去征伐他，作了《胤征》。

中康逝世以后，他的儿子帝相继位。帝相逝世，儿子帝少康继位。帝少康逝世，儿子帝予继位。帝予逝世，儿子槐帝登位。槐帝逝世，儿子芒帝登位。芒帝逝世，儿子泄帝登位。泄帝逝世，儿子不降帝登位。帝不降逝世，弟弟帝扃继位。帝扃逝世，儿子帝廑继位。帝廑逝世，立帝不降的儿子孔甲为帝，这就是孔甲帝。孔甲帝登位后，喜欢方术，迷信鬼神，干淫乱的事情。夏后氏的威德日渐衰微，诸侯相继背叛了他。上天降下两条神龙，一雌一雄，孔甲不能饲养，也没有找到能够饲养的人。陶唐氏已经衰败，有个后代叫刘累，从会养龙的人那里学会了驯龙，就去侍奉孔甲。孔甲赐给他姓氏叫御龙氏，让他接受了豕韦后代的封地。后来那条雌龙死了，刘累偷偷做成肉酱拿来献给孔甲吃。夏后孔甲吃了以后，又派人去找刘累要肉酱，刘累害怕，只好逃走了。

孔甲逝世后，儿子帝皋继位。帝皋逝世后，儿子帝发继位。帝发逝世，儿子履癸帝登位，这就是夏桀。帝桀在位时，因为自从孔甲在位以来，诸侯就有很多相继叛离了夏，夏桀又不修德行而用武力伤害百官之族，百官不堪忍受。桀召来汤，把他囚禁在夏台，后来又放了他。汤修行德业，诸侯都来归附，汤就率兵去征讨夏桀。夏桀逃到鸣条，最后被放逐而死。夏桀对人说："我后悔在夏台没有把汤杀死，使我落到这种地步。"这样，汤就登上了天子之位，取代了夏朝，领有天下。汤把夏朝的后代封为诸侯，到周朝时，把他们封在杞地。

太史公说：禹是姒姓，他的后代被分封在各地，用国号作姓，所以有夏后氏、有扈氏、有男氏、斟寻氏、彤城氏、褒氏、费氏、杞氏、缯氏、辛氏、冥氏、斟戈氏。孔子校正夏朝的历书，所以很多学者们都传授《夏小正》。从舜、禹时代开始，进贡纳赋的制度就已经很完备了。有人说禹在长江以南召集诸侯，因为是在考核诸侯功绩时去世的，因此就葬在那里了，于是就把埋葬禹的苗山改名为会稽山。会稽就是会计（会合考核）的意思。

史记卷三

殷本纪第三

殷契，母曰简狄，有娀氏之女，为帝喾次妃。三人行浴，见玄鸟堕其卵，简狄取吞之，因孕，生契。

契长而佐禹治水有功。帝舜乃命契曰："百姓不亲，五品不训，汝为司徒而敬敷五教，五教在宽。"封于商，赐姓子氏。契兴于唐、虞、大禹之际，功业著于百姓，百姓以平。

契卒，子昭明立。昭明卒，子相土立。相土卒，子昌若立。昌若卒，子曹圉立。曹圉卒，子冥立。冥卒，子振立。振卒，子微立。微卒，子报丁立。报丁卒，子报乙立。报乙卒，子报丙立。报丙卒，子主壬立。主壬卒，子主癸立。主癸卒，子天乙立，是为成汤。

成汤，自契至汤八迁。汤始居亳，从先王居，作《帝诰》。

汤征诸侯。葛伯不祀，汤始伐之。汤曰："予有言：人视水见形，视民知治不。"伊尹曰："明哉！言能听，道乃进。君国子民为善者皆在王官。勉哉，勉哉！"汤曰："汝不能敬命，予大罚殛之，无有攸赦。"作《汤征》。

伊尹名阿衡。阿衡欲干汤而无由，乃为有莘氏媵臣，负鼎俎，以滋味说汤，致于王道。或曰，伊尹处士，汤使人聘迎之，五反，然后肯往从汤，言素王及九主之事。汤举任以国政。伊尹去汤适夏。既丑有夏，复归于亳。入自北门，遇女鸠、女房，作《女鸠》《女房》。

汤出，见野张网四面，祝曰："自天下四方皆入吾网。"汤曰："嘻，尽之矣！"乃去其三面，祝曰："欲左，左。欲右，右。不用命，乃入吾网。"诸侯闻之，曰："汤德至矣，及禽兽。"

当是时，夏桀为虐政淫荒，而诸侯昆吾氏为乱。汤乃兴师，率诸侯，伊尹从汤，汤自把钺以伐昆吾，遂伐桀。汤曰："格女众庶，来，女悉听朕言。匪台小子敢行举乱，有夏多罪，予维闻女众言夏氏有罪。予畏上帝，不敢不正。今夏多罪，天命殛之。今女有众，女曰'我君不恤我众，舍我啬事而割政'。女其曰'有罪，其奈何'？夏王率止众力，率夺夏国。

有众率怠不和，曰‘是日何时丧？予与女皆亡！’夏德若兹，今朕必往。尔尚及予一人致天之罚，予其大理女。女毋不信，朕不食言。女不从誓言，予则帑僇女，无有攸赦。”以告令师，作《汤誓》。于是汤曰“吾甚武”，号曰武王。

桀败于有娀之虚，桀奔于鸣条，夏师败绩。汤遂伐三嵏，俘厥宝玉，义伯、仲伯作《典宝》。汤既胜夏，欲迁其社，不可，作《夏社》。伊尹报，于是诸侯(必)〔毕〕服，汤乃践天子位，平定海内。

汤归至于泰卷(陶)，中垒作诰。既绌夏命，还亳，作《汤诰》：“维三月，王自至于东郊。告诸侯群后：‘毋不有功于民，勤力乃事。予乃大罚殛女，毋予怨。’曰：‘古禹、皋陶久劳于外，其有功乎民，民乃有安。东为江，北为济，西为河，南为淮，四渎已修，万民乃有居。后稷降播，农殖百谷。三公咸有功于民，故后有立。昔蚩尤与其大夫作乱百姓，帝乃弗予，有状。先王言不可不勉。’曰：‘不道，毋之在国，女毋我怨。’”以令诸侯。伊尹作《咸有一德》，咎单作《明居》。

汤乃改正朔，易服色，上白，朝会以昼。

汤崩，太子太丁未立而卒，于是乃立太丁之弟外丙，是为帝外丙。帝外丙即位三年，崩，立外丙之弟中壬，是为帝中壬。帝中壬即位四年，崩，伊尹乃立太丁之子太甲。

太甲，成汤適长孙也，是为帝太甲。帝太甲元年，伊尹作《伊训》，作《肆命》，作《徂后》。

帝太甲既立三年，不明，暴虐，不遵汤法，乱德，于是伊尹放之于桐宫。三年，伊尹摄行政当国，以朝诸侯。

帝太甲居桐宫三年，悔过自责，反善，于是伊尹乃迎帝太甲而授之政。帝太甲修德，诸侯咸归殷，百姓以宁。伊尹嘉之，乃作《太甲训》三篇，褒帝太甲，称太宗。

太宗崩，子沃丁立。帝沃丁之时，伊尹卒。既葬伊尹于亳，咎单遂训伊尹事，作《沃丁》。

沃丁崩，弟太庚立，是为帝太庚。帝太庚崩，子帝小甲立。帝小甲崩，弟雍己立，是为帝雍己。殷道衰，诸侯或不至。

帝雍己崩，弟太戊立，是为帝太戊。

帝太戊立，伊陟为相。亳有祥桑谷共生于朝，一暮大拱。帝太戊惧，问伊陟。伊陟曰：“臣闻妖不胜德，帝之政其有阙与？帝其修德。”

太戊从之，而祥桑枯死而去。伊陟赞言于巫咸。巫咸治王家有成，作《咸艾》，作《太戊》。帝太戊赞伊陟于庙，言弗臣，伊陟让，作《原命》。殷复兴，诸侯归之，故称中宗。

中宗崩，子帝仲丁立。帝仲丁迁于隞。河亶甲居相。祖乙迁于邢。帝仲丁崩，弟外壬立，是为帝外壬。《仲丁》书阙不具。帝外壬崩，弟河亶甲立，是为帝河亶甲。河亶甲时，殷复衰。

河亶甲崩，子帝祖乙立。帝祖乙立，殷复兴。巫贤任职。

祖乙崩，子帝祖辛立。帝祖辛崩，弟沃甲立，是为帝沃甲。帝沃甲崩，立沃甲兄祖辛之子祖丁，是为帝祖丁。帝祖丁崩，立弟沃甲之子南庚，是为帝南庚。帝南庚崩，立帝祖丁之子阳甲，是为帝阳甲。帝阳甲之时，殷衰。

自中丁以来，废適而更立诸弟子，弟子或争相代立，比九世，乱。于是诸侯莫朝。

帝阳甲崩，弟盘庚立，是为帝盘庚。

帝盘庚之时，殷已都河北，盘庚渡河南，复居成汤之故居，乃五迁，无定处。殷民咨胥皆怨，不欲徙。盘庚乃告谕诸侯大臣曰："昔高后成汤与尔之先祖俱定天下，法则可修。舍而弗勉，何以成德！"乃遂涉河南，治亳，行汤之政。然后百姓由宁，殷道复兴，诸侯来朝。以其遵成汤之德也。

帝盘庚崩，弟小辛立，是为帝小辛。

帝小辛立，殷复衰。百姓思盘庚，乃作《盘庚》三篇。

帝小辛崩，弟小乙立，是为帝小乙。帝小乙崩，子帝武丁立。

帝武丁即位，思复兴殷，而未得其佐。三年不言，政事决定于冢宰，以观国风。武丁夜梦得圣人，名曰说。以梦所见视群臣百吏，皆非也。于是乃使百工营求之野，得说于傅险中。是时说为胥靡，筑于傅险。见于武丁，武丁曰是也。得而与之语，果圣人，举以为相，殷国大治。故遂以傅险姓之，号曰傅说。

帝武丁祭成汤，明日，有飞雉登鼎耳而呴，武丁惧。祖己曰："王勿忧，先修政事。"祖己乃训王曰："惟天监下典厥义，降年有永有不永，非天夭民，中绝其命。民有不若德，不听罪，天既附命正厥德，乃曰其奈何。呜呼！王嗣敬民，罔非天，继常祀毋礼于弃道。"武丁修政行德，天下咸欢，殷道复兴。

帝武丁崩，子帝祖庚立。祖己嘉武丁之以祥雉为德，立其庙为高宗，遂作《高宗肜日》及《训》。

帝祖庚崩，弟祖甲立，是为帝甲。帝甲淫乱，殷复衰。

帝甲崩，子帝廪辛立。帝廪辛崩，弟庚丁立，是为帝庚丁。帝庚丁崩，子帝武乙立。殷复去亳，徙河北。

帝武乙无道，为偶人，谓之天神。与之博，令人为行。天神不胜，乃僇辱之。为革囊，盛血，仰而射之，命曰"射天"。

武乙猎于河、渭之间，暴雷，武乙震死。子帝太丁立。帝太丁崩，子帝乙立。帝乙立，殷益衰。

帝乙长子曰微子启，启母贱，不得嗣。少子辛，辛母正后，辛为嗣。帝乙崩，子辛立，是为帝辛，天下(为)〔谓〕之纣。

帝纣资辨捷疾，闻见甚敏；材力过人，手格猛兽。知足以距谏，言足以饰非；矜人臣以能，高天下以声，以为皆出己之下。好酒淫乐，嬖于妇人。爱妲己，妲己之言是从。于是使师涓作新淫声，北里之舞，靡靡之乐。厚赋税以实鹿台之钱，而盈巨桥之粟。益收狗马奇物，充仞宫室。益广沙丘苑台。多取野兽蜚鸟置其中。慢于鬼神。大聚乐戏于沙丘，以酒为池，悬肉为林，使男女倮相逐其间，为长夜之饮。百姓怨望而诸侯有畔者，于是纣乃重刑辟，有炮格之法。

以西伯昌、九侯、鄂侯为三公。九侯有好女，入之纣。九侯女不憙淫，纣怒，杀之，而醢九侯。鄂侯争之强，辨之疾，并脯鄂侯。西伯昌闻之，窃叹。崇侯虎知之，以告纣，纣囚西伯羑里。西伯之臣闳夭之徒，求美女奇物善马以献纣，纣乃赦西伯。

西伯出而献洛西之地，以请除炮格之刑。纣乃许之，赐弓矢斧钺，使得征伐，为西伯。而用费中为政。费中善谀，好利，殷人弗亲。纣又用恶来。恶来善毁谗，诸侯以此益疏。

西伯归，乃阴修德行善，诸侯多叛纣而往归西伯。西伯滋大，纣由是稍失权重。王子比干谏，弗听。商容贤者，百姓爱之，纣废之。及西伯伐饥国，灭之，纣之臣祖伊闻之而咎周，恐，奔告纣曰："天既讫我殷命，假人元龟，无敢知吉，非先王不相我后人，维王淫虐用自绝，故天弃我，不有安食，不虞知天性，不迪率典。今我民罔不欲丧，曰'天曷不降威，大命胡不至'？今王其奈何？"纣曰："我生不有命在天乎！"祖伊反，曰："纣不可谏矣。"

西伯既卒，周武王之东伐，至盟津，诸侯叛殷会周者八百。诸侯皆曰：“纣可伐矣。”武王曰：“尔未知天命。”乃复归。

纣愈淫乱不止。微子数谏不听，乃与太师、少师谋遂去。比干曰：“为人臣者，不得不以死争。”乃强谏纣。纣怒曰：“吾闻圣人心有七窍。”剖比干，观其心。箕子惧，乃详狂为奴，纣又囚之。殷之太师、少师乃持其祭乐器奔周。周武王于是遂率诸侯伐纣。纣亦发兵距之牧野。甲子日，纣兵败。纣走入，登鹿台，衣其宝玉衣，赴火而死。周武王遂斩纣头，悬之〔大〕白旗。杀妲己，释箕子之囚，封比干之墓，表商容之闾。封〔纣〕子武庚禄父，以续殷祀，令修行盘庚之政。殷民大说。于是周武王为天子。其后世贬帝号，号为王。而封殷后为诸侯，属周。

周武王崩，武庚与管叔、蔡叔作乱，成王命周公诛之，而立微子于宋，以续殷后焉。

太史公曰：“余以《颂》次契之事，自成汤以来，采于《书》《诗》。契为子姓，其后分封，以国为姓，有殷氏、来氏、宋氏、空桐氏、稚氏、北殷氏、目夷氏。孔子曰：殷路车为善，而色尚白。”

【译文】

殷的始祖是契，他的母亲叫简狄，是有娀氏的女儿，帝喾的次妃。有一天，简狄和两个伙伴到河里去洗澡，看见燕巢中掉下一只蛋，简狄就拣来吃了，于是就怀孕了，生下的孩子就是契。契长大成人后，帮助禹治水有功，舜帝于是命令契说：“现在老百姓们不相亲爱，父子、君臣、夫妇、长幼、朋友之间五伦关系不和顺，你去担任司徒，认真地来推行五伦关系的伦理道德教育，要本着宽厚的原则。”契被封在商地，赐姓子氏。契在唐尧、虞舜、夏禹的时代就兴起了，并且为百姓做了许多事情，功业昭著，百姓们因此得以安定。

契去世之后，他的儿子昭明继位。昭明去世后，其儿子相土继位。相土去世后，其儿子昌若继位。昌若去世后，其儿子曹圉继位。曹圉去世后，其儿子冥继位。冥去世后，其儿子振继位。振去世后，其儿子微继位。微去世后，其儿子报丁继位。报丁去世后，其儿子报乙继位。报乙去世后，其儿子报丙继位。报丙去世后，其儿子主壬继位。主壬去世后，其儿子主癸继位。主癸去世后，其儿子天乙继位。天乙就是成汤。

从契到成汤，曾经迁都八次。到成汤时建都于亳，这是为了追随先王帝喾，重回故地。成汤为此作了《帝诰》，向帝喾报告迁都的情况。

成汤在夏朝为方伯（一方诸侯之长），有权征讨邻近的诸侯。葛伯不祭祀鬼神，成汤首先征讨他。成汤说："我说过这样的话：人照一照水就能看出自己的形貌，看一看民众就可以知道国家治理得好不好。"伊尹说："英明啊！这些话如能听从，道德就会进步。国君治理国家就要爱护人民，做好事的人都会被任用。努力吧，努力吧！"成汤对葛伯说："你们不能敬顺天命，我就要重重地惩罚你们，绝不宽赦。"于是作了《汤征》，以记载这次征葛的情况。

伊尹名叫阿衡。阿衡想求见成汤但苦于没有渠道，于是就去给有莘氏做了陪嫁的奴仆，背负着饭锅砧板来见成汤，利用谈论烹调滋味的机会向成汤进言，劝说他应该实行王道政治。不过也有人说，伊尹原本是一位有德行有才华但又不肯做官的隐士，成汤曾派人去聘迎他，一共去了五趟，他才答应辅佐成汤。他向成汤讲述了远古帝王及九位君主的功绩，成汤于是重用了他，委任他管理国政。伊尹曾经一度离开成汤到夏桀那里，因为看到夏桀暴虐无道，所以又回到了商都亳。他从北门进城的时候，遇见了商汤的二位贤臣女鸠、女房，于是伊尹作了《女鸠》《女房》，以此来表达自己离开夏桀重回商都时的心境。

有一天，成汤外出游猎，看见田野里有人四面张起了罗网，张网的人祝祷说："从天上来的，从地下来的，从四方来的，都进入我的罗网吧！"成汤听了说："唉，这样就把禽兽全部一网打尽了啊！"于是他让人把罗网撤去三面，让张网的人祝祷说："想往左的，就往左。想往右的，就往右。不听从命令的，就进入我的罗网。"诸侯听到这件事，都说："汤的爱心到极点了，连禽兽都受到了他的恩泽。"

当时，夏桀却施行暴政、荒淫残暴，诸侯昆吾氏起来造反。于是成汤就举兵，率领诸侯，伊尹也随成汤前往。成汤亲自握着大斧指挥，先去讨伐昆吾氏，接着又去讨伐暴桀。成汤说："大家过来吧！到这儿来仔细听我的话：不是我本人擅自兴兵作乱，而是由于夏桀暴虐无道的恶行太多。我虽然也听到你们说了一些抱怨的话，可是夏桀有罪啊，我畏惧上天，不敢不讨伐他啊。如今夏桀犯下了那么多的罪行，是上天命令我来征伐他的。现在你们众人说：'我们的国君不体恤我们，抛开我们的农事不管，却要去征伐打仗。'你们或许还会问：'夏桀有罪，他究竟有怎么样的罪行？'夏王耗尽了夏国民众的力量，掠夺夏国民众的财富。

又加重剥削，掠光了夏国的资财。夏国的民众都消极怠惰，怨恨不和，他们说：‘这个太阳什么时候消失，我宁愿和你一起灭亡！’夏王的德行已经到了这般地步，现在我一定要去讨伐他！希望你们和我一起来奉行上天的旨意，我会重重地奖赏你们。你们要有信心，我绝不会说话不算数。如果你们违抗我的誓言，我就要惩罚你们，绝不饶恕！”成汤把这番话通告全军将士，这就是《汤誓》。当时成汤曾说“我很勇武”，于是自己号称武王。

夏桀在有娀氏的故地被打败，奔逃到鸣条，夏军就土崩瓦解了。成汤乘胜追击，进攻忠于夏桀的三嵏，缴获了他们的宝器珠玉，臣子义伯、仲伯写下了《典宝》。成汤战胜夏后，想迁移夏的神社，没有迁成，写下了《夏社》，说明夏社不可换的道理。伊尹向诸侯公布了这次大战的战绩，从此以后，诸侯全都听命归服。至此成汤登上天子之位，平定了天下。

成汤班师回朝，路过泰卷，中虺作了朝廷的诰命。汤废除了夏朝政令，回到亳，作了《汤诰》。《汤诰》记载：“三月的时候，商王亲自到国都的东郊，向诸侯国的各位君主宣布：‘你们对民众不能没有功劳，你们要努力办好你们的事情。不然，我就要重重地惩罚你们，到时候可不要怨恨我。’又说：‘过去大禹、皋陶长期在外奔劳，为老百姓做了许多的好事，民众因此得以安居乐业。当时他们在东面治理了长江，在北方治理了济河，在西面治理了黄河，在南方治理了淮河，这四条重要的河道治理好了，老百姓这才得以安心定居。后稷教导民众耕种五谷，民众才懂得种植各种庄稼。这三位古人都有功于人民，所以，他们的后代才得以封国祭祀祖宗。但也有相反的情况：从前蚩尤和他的大臣们在百姓中发动叛乱，上天就会惩罚他们，这样的事在历史上是有过的。先王的教诲，可不能不依教奉行啊！’又说：‘你们当中如果有人做出违背道义的事，就不许他回国再做诸侯，到那个时候你们可不要怪罪我。’”汤用这些话警诫各诸侯国的国君。这个时候，伊尹又作了一篇《咸有一德》，阐明君臣都应该有至高无上的道德；咎单作了《明居》，阐明人民应该遵守的规矩。

成汤临政之后，实行了新的历法，把夏历以寅月为岁首改成以丑月为岁首，又改变了器物服饰的色彩，崇尚白色，规定君臣在白天商议国事。

成汤逝世之后，因为太子太丁没能即位就早逝了，就立太丁的弟弟外丙为帝，这就是外丙帝。外丙即位刚三年，也过世了，于是又立外丙的弟弟中壬为帝，这就是中壬帝。中壬即位四年，也还是逝世了，伊尹就拥立太丁的儿子太甲为帝。太甲，就是成汤的嫡长孙，就是太甲帝。太甲元年，伊尹为了谏训太甲，作了《伊训》《肆命》《徂后》。

太甲在位三年后，也昏庸暴虐，不遵守汤王的礼法，败坏了德业。因此，伊尹就把他流放到埋葬汤王的桐宫。此后的三年里，伊尹代理政务，主持国事，朝会诸侯。

太甲在桐宫住了三年，悔过自新，断恶修善，于是伊尹又迎接他回到朝廷，把政权交还给了他。从此以后，太甲帝修养道德，诸侯都来归顺他，百姓的生活也因此得以安宁。伊尹很赞赏太甲帝知过能改，于是就作了《太甲训》三篇，歌颂帝太甲，称他为"太宗"。

太宗去世后，儿子沃丁即位。沃丁执政期间，伊尹去世了。伊尹被安葬在了亳地，咎单为了用伊尹的事迹教诲后世人，作了《沃丁》。

沃丁逝世后，其弟弟太庚即位，这就是太庚帝。太庚逝世后，儿子小甲即位；小甲帝逝世后，其弟弟雍己即位，这就是雍己帝。此时，殷朝的国势已经逐渐衰弱了，于是有的诸侯就不来朝拜了。

雍己逝世后，其弟太戊即位。这就是太戊帝。太戊任用伊陟为相。当时国都亳出现了桑树和楮树合生在一起的怪现象，一夜之间就长得有碗口那么粗。太戊帝很恐慌，于是就去向伊陟请教。伊陟对太戊帝说："我曾经听说，妖异不能战胜有德行的人，会不会是国家在政治上有什么失误啊？希望您进一步断恶修善。"太戊听从了伊陟的规谏，果然那棵怪树很快就枯死了。伊陟把这些话告诉了巫咸。巫咸治理朝政很有成绩，写下了《咸艾》和《太戊》，记载了巫咸治理朝政的功绩，颂扬了太戊帝纳谏改过的事迹。太戊帝在太庙中向祖先称赞伊陟，说不能把他像臣子一样对待。伊陟谦让推辞，因此写下了《原命》，目的是为了重新解释太戊之命。于是殷朝的国势再度兴盛，诸侯又来归顺。因此，称太戊帝为"中宗"。

中宗去世后，其儿子中丁继位。中丁迁都于隞邑。后来河亶甲又把都城迁到相邑，再后来祖乙又将都城迁至邢邑。中丁帝逝世后，其弟弟外壬即位，这就是外壬帝。这些事情《仲丁》上都有记载，但现已残佚不存。外壬帝过世后，其弟弟河亶甲即位，这就是帝河亶甲。河亶甲在位时，殷朝国势又一次出现衰弱。

河亶甲逝世后，其子祖乙即位。祖乙帝即位后，殷又复兴了。在此期间，巫贤也被委以重任。

祖乙死后，其子祖辛即位。祖辛帝逝世，其弟沃甲即位，这就是沃甲帝。沃甲死后，立沃甲的哥哥祖辛的儿子祖丁，这就是祖丁帝。祖丁死后，立弟弟沃甲的儿子南庚，这就是南庚帝。南庚帝死后，立祖丁帝的儿子阳甲，这就是阳甲帝。阳甲帝在位期间，殷朝的国势就逐渐衰弱了。

自中丁帝以来，不立嫡长子而改立诸弟兄及他们的儿子，诸弟兄和他们的儿子有时互相争夺继承权，造成了连续九代的混乱，于是诸侯不再来朝见了。

阳甲帝逝世后，其弟盘庚继位。盘庚即位之前，殷朝已经在黄河以北的奄地定都了，盘庚执政后，又迁到黄河以南的亳邑定都，重新又回到了成汤的故都。由于从汤到盘庚，这已经是第五次迁都了，总是没有一个固定的国都，所以殷朝的老百姓都怨声载道，不愿意再受迁都之苦了。盘庚见此情况，就告谕诸侯大臣说："从前，先王成汤与你们的祖先一起平定天下，他们定下的法度原则可以遵循。舍弃这些而不去努力实现，用什么来成就新的德政呢?"于是渡过黄河，南迁到亳邑，重新遵行成汤的礼法。从此以后老百姓们逐渐安定下来了，商朝的国势再一次兴盛起来了。由于盘庚奉行了成汤的德政，诸侯也纷纷前来朝拜了。

盘庚帝驾崩后，其弟小辛即位，这就是小辛帝。小辛执政期间，商朝又衰弱了。百姓们思念盘庚的时代，于是作了《盘庚》三篇。小辛帝逝世以后，其弟小乙即位，这就是小乙帝。

小乙帝逝世，其儿子武丁即位。武丁帝即位后，想复兴殷朝，但一直没有找到称职的辅佐大臣。他三年不谈政事，国家政事全由冢宰决定，藉此来观察国家的风气。有一天夜里他梦见一位圣人，名叫说。白天他按照梦中见到的相貌观察大臣和官吏，没有一个像说这个人的。于是派百官到民间去四处找寻，终于在傅险这个地方找到了说。这个时候，说正在傅险修路，官吏把说带来面见武丁，武丁说此人正是。找到说之后，武丁与他谈话，结果发现他果真是一位贤圣，于是就举用他担任国相，商朝得到了很好的治理。于是就用傅险这个地名来作说的姓，称他为傅说。

武丁祭祀成汤的第二天，有一只野鸡飞来站在鼎耳上鸣叫，武丁为此惊恐不安。祖己说："大王不必惊慌，先办好政事。"祖己进一步劝导武丁说："上天监督下民，以道义为标准，上天赐给人的寿命有长有短，不是上天使人的寿命夭折，而是人本身造恶断送了自己的生命。有的人不遵循道德，不改过自新，等到上天降下灾殃警戒他应该纠正自己的心行了，他才想起来说'怎么办'。唉，大王您继承王位，努力为老百姓谋福利，没有不符合天意的，还要继续按常规祭祀，不要信奉应该抛弃的无益之道！"武丁听了祖己的劝谏，修行德政，全国人民皆大欢喜，商朝的国势又兴盛了。

武丁逝世后，其子祖庚即位。祖己赞许武丁以野鸡鸣叫之事为转机开始推行德政，给他立庙，称为高宗，写下了《高宗肜日》和《高宗之训》。

祖庚逝世后，其弟祖甲即位，这就是甲帝。甲帝荒淫无道，商朝又一次衰落。

甲帝逝世，他的儿子廪辛即位。廪辛逝世，他的弟弟庚丁即位，这就是帝庚丁。庚丁逝世，他的儿子武乙即位，殷都又离开亳，迁到了黄河以北。

武乙惨无人道，曾经制作了一个木偶人，称它为天神，他与天神赌博，命令别人作评判。天神不能取胜，武乙便侮辱它。并且还制作了一个皮革的囊袋，里面盛满血，仰天射囊袋，说这是"射天"。有一次，武乙到黄河和渭河之间去打猎，突然天空中打雷，武乙被雷击死。武乙死后，其子太丁帝即位。太丁帝逝世，他的儿子帝乙即位，帝乙即位时，殷朝就更加衰落了。

帝乙的长子叫微子启。他的母亲地位低贱，所以启不能继承帝位。帝乙的小儿子叫辛，辛的母亲是王后，于是辛被立为继承人。帝乙驾崩后，其子辛即位，这就是帝辛，天下都称他为"纣"。

纣天资聪明，有口才，行动敏捷，接受能力很强，而且力气过人，能空手与猛兽格斗。他的才智足可以回绝臣下的谏劝，他的能言善辩足可以文过饰非。他凭着才能在大臣面前炫耀，凭着声威到处抬高自己，认为天下所有的人都比不上他。他嗜酒悖乱，放荡作乐，宠爱女人。他特别宠爱妲己，一切都听从妲己的。于是他让乐师涓创作了新的淫荡乐曲，鄙俗的舞蹈，靡靡之音。

他加重赋税来增加鹿台储存的钱币，充实钜桥储存的粮食。他尽力搜集马狗和奇异的玩物，堆满了宫室，又扩建沙丘的楼台园林，捕捉大量的飞鸟野兽，放置在里面。他不敬鬼神傲慢无礼。而且招来大批戏乐，聚集在沙丘，用酒当作池水，悬肉成林，叫男女赤身裸体，追逐戏闹，通宵达旦地寻欢饮酒。

纣如此荒淫暴虐，百姓们咒恨他，一些诸侯也背叛了他。于是他就加重刑罚，设置了炮烙酷刑，让人在涂满油的铜柱上行走，下面点燃炭火，爬不动了就掉在炭火里。他命西伯昌、九侯、鄂侯担任三公。九侯有一个美丽的女儿，献给了纣。九侯的女儿不喜欢淫荡，纣恼怒，杀死了她，并把九侯剁成肉酱。鄂侯极力强谏，激烈争辩，结果鄂侯也遭到了脯刑，被制成肉干。西伯昌听到这件事，暗地里叹息。崇侯虎得知，就向纣去告发，纣就把西伯囚禁在羑里。西伯的臣子闳夭等人，找来了一些美女、奇物、好马等献给纣王，纣王这才释放了西伯。西伯从监狱出来之后，把洛水以西的一片土地献给了纣王，恳求纣王废除炮烙之刑。纣答应了他，并赐给他弓矢斧钺，使他能够征伐其他诸侯，这样他就成了西部地区的诸侯之长，就是西伯。纣任用费仲掌管国家政事。费仲善于奉承，贪图财利，殷人就不亲近他了。纣又任用恶来，恶来善于毁谤，喜欢进献谗言，诸侯与纣王愈加疏远。

西伯回国，暗地里修养德行，推行善政，诸侯大多背叛纣而去归附西伯。西伯的势力更加强大，纣因此渐渐丧失了权势。王子比干规劝纣，纣拒绝劝告。商容是个有才德的人，百姓们爱戴他，纣却免除了他的职务。等到西伯攻打饥国并把它灭掉后，纣的大臣祖伊听说后既怨恨周国，又非常害怕，于是跑到纣那里去报告说："上天已经断绝了我们商朝的国运了。不管是让懂得吉凶的人来预测，还是用大龟占卜，都没有一点好的征兆。我想不是先王不庇佑我们后人，而是大王您太暴虐无道了，得罪上天，所以上天才抛弃我们，使我们不能安宁，而您既不回心转意去了解天意，而且还不遵循常法。如今我国人民没有不希望商朝早亡的，他们说：'为什么上天还不显示你的慈悲？为什么灭纣的命令还不到来？'如今大王您想怎么办呢？"纣说："我生下来就是做国君的命，这不就是奉行天命吗？"祖伊回来后说："纣已经无药可救了！"西伯昌驾崩后，周武王率军东征，当到达盟津时，诸侯背叛殷纣王而前来与武王会师的就有八百个诸侯国。诸侯们都说："讨伐纣的时候终于到来了！”周武王说：“你们不懂得天命。”于是又撤兵回国了。

纣王愈加荒淫暴虐，作恶不止。微子曾经劝谏多次，纣王充耳不闻，微子就和太师、少师商量，随后逃离了商朝。比干却说：“做人家臣子的，不能不以死来谏诤。”于是他就极力劝谏。纣王大怒，说：“我听说圣人的心有七个窍。”于是剖开比干的胸膛，挖出心来观看。箕子看到这种场景很恐惧，于是就假装疯癫给人家做奴隶。纣知道后又把箕子囚禁起来了。于是太师、少师拿着祭器、乐器，急急逃到周国。周武王见时机已到，就率领诸侯征讨殷纣王。纣王派出军队在牧野进行抵抗。周历二月初五甲子这一天，纣的军队溃败，慌乱中纣王逃进内城，登上鹿台，穿上他的宝玉衣，跳进火里自焚而死。周武王领兵进城，砍下纣王的头颅，挂在太白旗竿上示众。同时还处死了妲己，释放了被囚禁的箕子，修缮了比干的坟墓，表彰了商容的里巷。册封纣的儿子武庚禄父，让他承续殷的祭祀，并责令他施行盘庚的德政，殷的民众非常高兴。于是，周武王做了天子。因为后世人贬低帝这个称号，所以称为王。封殷的后代为诸侯，隶属于周。

周武王逝世后，武庚和管叔、蔡叔联合叛乱。周成王命周公旦诛杀他们，而把微子封在宋国，来延续殷的后代。

太史公说：“契的事迹，我是根据《诗经》中的《商颂》来编定的，自成汤以来的很多史料大多都是采自《尚书》和《诗经》。契为子姓，他的后代被分封到各国，于是就以国为姓了，有殷氏、来氏、宋氏、崆峒氏、稚氏、北殷氏、目夷氏等。孔子曾经说过，殷朝的车驾是很不错的，那个时代崇尚白色。”

史记卷四

周本纪第四

周后稷，名弃。其母有邰氏女，曰姜原。姜原为帝喾元妃。姜原出野，见巨人迹，心忻然说，欲践之，践之而身动如孕者。居期而生子，以为不祥，弃之隘巷，马牛过者皆辟不践；徙置之林中，适会山林多人，迁之而弃渠中冰上，飞鸟以其翼覆荐之。姜原以为神，遂收养长之。初欲弃之，因名曰弃。

弃为儿时，屹如巨人之志。其游戏，好种树麻、菽，麻、菽美。及为成人，遂好耕农，相地之宜，宜谷者稼穑焉，民皆法则之。帝尧闻之，举弃为农师，天下得其利，有功。帝舜曰："弃，黎民始饥，尔后稷播时百谷。"封弃于邰，号曰后稷，别姓姬氏。后稷之兴，在陶唐、虞、夏之际，皆有令德。

后稷卒，子不窋立。不窋末年，夏后氏政衰，去稷不务，不窋以失其官而奔戎狄之间。不窋卒，子鞠立。鞠卒，子公刘立。

公刘虽在戎狄之间，复修后稷之业，务耕种，行地宜，自漆、沮度渭，取材用，行者有资，居者有畜积，民赖其庆。百姓怀之，多徙而保归焉。周道之兴自此(后)〔始〕，故诗人歌乐思其德。公刘卒，子庆节立，国于豳。

庆节卒，子皇仆立。皇仆卒，子差弗立。差弗卒，子毁隃立。毁隃卒，子公非立。公非卒，子高圉立。高圉卒，子亚圉立。亚圉卒，子公叔祖类立。公叔祖类卒，子古公亶父立。

古公亶父复修后稷、公刘之业，积德行义，国人皆戴之。薰育戎狄攻之，欲得财物，予之。已复攻，欲得地与民。民皆怒，欲战。古公曰："有民立君，将以利之。今戎狄所为攻战，以吾地与民。民之在我，与其在彼，何异？民欲以我故战，杀人父子而君之，予不忍为。"乃与私属遂去豳，度漆、沮，逾梁山，止于岐下。豳人举国扶老携弱，尽复归古公于岐下。及他旁国，闻古公仁，亦多归之。于是古公乃贬戎狄之俗，而营筑城郭室屋，而邑别居之。作五官有司。民皆歌乐之，颂其德。

古公有长子曰太伯，次曰虞仲。太姜生少子季历，季历娶太任，皆贤妇人，生昌，有圣瑞。古公曰："我世当有兴者，其在昌乎？"长子太伯、虞仲知古公欲立季历以传昌，乃二人亡如荆蛮，文身断发，以让季历。

古公卒，季历立，是为公季。公季修古公遗道，笃于行义，诸侯顺之。

公季卒，子昌立，是为西伯。

西伯曰文王，遵后稷、公刘之业，则古公、公季之法，笃仁，敬老，慈少。礼下贤者，日中不暇食以待士，士以此多归之。伯夷、叔齐在孤竹，闻西伯善养老，盍往归之。太颠、闳夭、散宜生、鬻子、辛甲大夫之徒皆往归之。

崇侯虎谮西伯于殷纣曰："西伯积善累德，诸侯皆向之，将不利于帝。"帝纣乃囚西伯于羑里。闳夭之徒患之，乃求有莘氏美女、骊戎之文马、有熊九驷、他奇怪物，因殷嬖臣费仲而献之纣。纣大说，曰："此一物足以释西伯，况其多乎！"乃赦西伯，赐之弓矢斧钺，使西伯得征伐，曰："谮西伯者，崇侯虎也。"

西伯乃献洛西之地，以请纣去炮格之刑。纣许之。

西伯阴行善，诸侯皆来决平。于是虞、芮之人有狱不能决，乃如周。入界，耕者皆让畔，民俗皆让长。虞、芮之人未见西伯，皆惭，相谓曰："吾所争，周人所耻，何往为？只取辱耳。"遂还，俱让而去。诸侯闻之，曰："西伯盖受命之君"。

明年，伐犬戎。明年，伐密须。明年，败耆国。殷之祖伊闻之，惧，以告帝纣。纣曰："不有天命乎？是何能为？"明年，伐邗。明年，伐崇侯虎。而作丰邑，自岐下而徙都丰。

明年，西伯崩，太子发立，是为武王。

西伯盖即位五十年。其囚羑里，盖益《易》之八卦为六十四卦。诗人道西伯，盖受命之年称王而断虞、芮之讼。后十年而崩，谥为文王。改法度，制正朔矣。追尊古公为太王，公季为王季。盖王瑞自太王兴。

武王即位，太公望为师，周公旦为辅，召公、毕公之徒左右王，师修文王绪业。

九年，武王上祭于毕。东观兵，至于盟津。为文王木主，载以车，中军；武王自称太子发，言奉文王以伐，不敢自专。乃告司马、司徒、司空、诸节："齐栗，信哉！予无知，以先祖有德臣，小子受先功，毕立赏罚，以定其功。"遂兴师。师尚父号曰："总尔众庶，与尔舟楫，后至者斩。"武王渡河，中流，白鱼跃入王舟中，武王俯取以祭。既渡，有火自上覆于下，至于王屋，流为乌，其色赤，其声魄云。是时，诸侯不期而会盟津者八百诸侯。诸侯皆曰："纣可伐矣。"武王曰："女未知天命，未可也。"乃还师归。

居二年，闻纣昏乱暴虐滋甚，杀王子比干，囚箕子。太师疵、少师疆抱其乐器而奔周。于是武王遍告诸侯曰："殷有重罪，不可以不毕伐。"乃遵文王，遂率戎车三百乘，虎贲三千人，甲士四万五千人，以东伐纣。十一年十二月戊午，师毕渡盟津，诸侯咸会。曰："孳孳无怠！"武王乃作《太誓》，告于众庶："今殷王纣乃用其妇人之言，自绝于天，毁坏其三正，离逷其王父母弟，乃断弃其先祖之乐，乃为淫声，用变乱正声，怡说妇人。故今予发维共行天罚。勉哉夫子！不可再，不可三！"

二月甲子昧爽，武王朝至于商郊牧野，乃誓。武王左杖黄钺，右秉白旄，以麾。曰："远矣，西土之人！"武王曰："嗟！我有国冢君，司徒、司马、司空、亚旅、师氏，千夫长、百夫长，及庸、蜀、羌、髳、微、纑、彭、濮人，称尔戈，比尔干，立尔矛，予其誓。"王曰："古人有言：'牝鸡无晨。牝鸡之晨，惟家之索'。今殷王纣维妇人言是用，自弃其先祖肆祀不答，昏弃其家国，遗其王父母弟不用，乃维四方之多罪逋逃是崇是长，是信是使，俾暴虐于百姓，以奸轨于商国。今予发维共行天之罚。今日之事，不过六步七步，乃止齐焉，夫子勉哉！不过于四伐五伐六伐七伐，乃止齐焉，勉哉夫子！尚桓桓，如虎如罴，如豺如离，于商郊，不御克奔，以役西土，勉哉夫子！尔所不勉，其于尔身有戮。"誓已，诸侯兵会者车四千乘，陈师牧野。

帝纣闻武王来，亦发兵七十万人距武王。武王使师尚父与百夫致师，以大卒驰帝纣师。纣师虽众，皆无战之心，心欲武王亟入。纣师皆倒兵以战，以开武王。武王驰之，纣兵皆崩，畔纣。纣走，反入登于鹿台之上，蒙衣其珠玉，自燔于火而死。武王持大白旗以麾诸侯，诸侯毕拜武王，武王乃揖诸侯，诸侯毕从。武王至商国，商国百姓咸待于郊。于是武王使群臣告语商百姓曰："上天降休！"商人皆再拜稽首，武王亦答拜。遂入，至纣死所。武王自射之，三发而后下车，以轻剑击之，以黄钺斩纣头，县大白之旗。已而至纣之嬖妾二女，二女皆经自杀。武王又射三发，击以剑，斩以玄钺，县其头小白之旗。武王已乃出复军。

其明日，除道，修社及商纣宫。及期，百夫荷罕旗以先驱。武王弟叔振铎奉陈常车，周公旦把大钺，毕公把小钺，以夹武王。散宜生、太颠、闳夭皆执剑以卫武王。既入，立于社南大卒之，左右毕从。毛叔郑奉明水，卫康叔封布兹，召公奭赞采，师尚父牵牲。尹佚策祝曰："殷之末孙季纣，殄废先王明德，侮蔑神祇不祀，昏暴商邑百姓，其章显闻于天皇上帝。"于是武王再拜稽首，曰："膺更大命，革殷，受天明命。"武王又再拜稽首，乃出。

封商纣子禄父殷之馀民。武王为殷初定未集，乃使其弟管叔鲜、蔡叔度相禄父治殷。已而命召公释箕子之囚；命毕公释百姓之囚，表商容之闾。命南宫括散鹿台之财，发钜桥之粟，以振贫弱萌隶。命南宫括、史佚展九鼎宝玉。命闳夭封比干之墓；命宗祝享祠于军。乃罢兵西归。行狩，记政事，作《武成》。封诸侯，班赐宗彝，作《分殷之器物》。武王追思先圣王，乃褒封神农之后于焦，黄帝之后于祝，帝尧之后于蓟，帝舜之后于陈，大禹之后于杞。于是封功臣谋士，而师尚父为首封。封尚父于营丘，曰齐。封弟周公旦于曲阜，曰鲁；封召公奭于燕；封弟叔鲜于管，弟叔度于蔡。馀各以次受封。

武王征九牧之君，登豳之阜，以望商邑。武王至于周，自夜不寐。周公旦即王所，曰："曷为不寐？"王曰："告女：维天不飨殷，自发未生于今六十年，麋鹿在牧，蜚鸿满野。天不享殷，乃今有成。维天建殷，其登名民三百六十夫，不显亦不宾灭，以至今。我未定天保，何暇寐？"王曰："定天保，依天室，悉求夫恶，贬从殷王受。日夜劳来〔定〕我西土。我维显服，及德方明。自洛汭延于伊汭，居易毋固，其有夏之居。我南望三涂，北望岳鄙，顾詹有河，粤詹洛、伊，毋远天室。"营周居于洛邑而后去。纵马于华山之阳，放牛于桃林之虚；偃干戈，振兵释旅：示天下不复用也。

武王已克殷，后二年，问箕子殷所以亡。箕子不忍言殷恶，以存亡国宜告。武王亦丑，故问以天道。

武王病，天下未集，群公惧，穆卜，周公乃祓斋，自为质，欲代武王，武王有瘳。后而崩，太子诵代立，是为成王。

成王少，周初定天下，周公恐诸侯畔周，公乃摄行政当国。管叔、蔡叔群弟疑周公，与武庚作乱，畔周。周公奉成王命，伐诛武庚、管叔，放蔡叔，以微子开代殷后，国于宋。颇收殷馀民以封武王少弟，封为卫康叔。晋唐叔得嘉谷，献之成王，成王以归周公于兵所。周公受禾东土，鲁天子之命。

初，管、蔡叛周，周公讨之，三年而毕定，故初作《大诰》，次作《微子之命》，次《归禾》，次《康诰》《酒诰》《梓材》，其事在周公之篇。

周公行政七年，成王长，周公反政成王，北面就群臣之位。

成王在丰，使召公复营洛邑，如武王之意。周公复卜申视，卒营筑，居九鼎焉。曰："此天下之中，四方入贡道里均。"作《召诰》《洛诰》。

成王既迁殷遗民，周公以王命告，作《多士》《无佚》。

召公为保，周公为师，东伐淮夷，残奄，迁其君薄姑。成王自奄归，在宗周，作《多方》。

既绌殷命，袭淮夷，归在丰，作《周官》。兴正礼乐，度制于是改，而民和睦，颂声兴。

成王既伐东夷，息慎来贺，王赐荣伯，作《贿息慎之命》。

成王将崩，惧太子钊之不任，乃命召公、毕公率诸侯以相太子而立之。成王既崩，二公率诸侯，以太子钊见于先王庙，申告以文王、武王之所以为王业之不易，务在节俭，毋多欲，以笃信临之，作《顾命》。太子钊遂立，是为康王。

康王即位，遍告诸侯，宣告以文、武之业以申之，作《康诰》。故成康之际，天下安宁，刑错四十馀年不用。

康王命作策。毕公分居里，成周郊，作《毕命》。

康王卒，子昭王瑕立。昭王之时，王道微缺。昭王南巡狩不返，卒于江上。其卒不赴告，讳之也。立昭王子满，是为穆王。穆王即位，春秋已五十矣。王道衰微，穆王闵文、武之道缺，乃命伯冏申诫太仆国之政，作《冏命》。复宁。

穆王将征犬戎，祭公谋父谏曰："不可。先王耀德不观兵。夫兵戢而时动，动则威，观则玩，玩则无震。是故周文公之颂曰：'载戢干戈，载櫜弓矢，我求懿德，肆于时夏，允王保之。'先王之于民也，茂正其德而厚其性，阜其财求而利其器用，明利害之乡，以文修之，使之务利而辟害，怀德而畏威，故能保世以滋大。昔我先王世后稷，以服事虞、夏。及夏之衰也，弃稷不务，我先王不窋用失其官，而自窜于戎狄之间。不敢怠业，时序其德，遵修其绪，修其训典，朝夕恪勤，守以敦笃，奉以忠信。奕世载德，不忝前人。至于文王、武王，昭前之光明而加之以慈和，事神保民，无不欣喜。商王帝辛大恶于民，庶民不忍，欣载武王，以致戎于商牧。是故先王非务武也，勤恤民隐而除其害也。夫先王之制，邦内甸服，邦外侯服，侯卫宾服，夷蛮要服，戎翟荒服。甸服者祭，侯服者祀，宾服者享，要服者贡，荒服者王。日祭，月祀，时享，岁贡，终王。先王之顺祀也，有不祭则修意，有不祀则修言，有不享则修文，有不贡则修名，有不王则修德，序成而有不至则修刑。于是有刑不祭，伐不祀，征不享，让不贡，告不王。于是有刑罚之辟，有攻伐之兵，有征讨之备，有威让之命，有文告之辞。布令陈辞而有不至，则增修于德，无勤民于远。是以近无不听，远无不服。今自大毕、伯士之终也，犬戎氏以其职来王，天子曰'予必以不享征之，且观之兵'，无乃废先王之训，而王几顿乎！吾闻犬戎树敦，率旧德而守终纯，固其有以御我矣。"王遂征之，得四白狼、四白鹿以归。自是荒服者不至。

诸侯有不睦者，甫侯言于王，作修刑辟。王曰："吁，来！有国有土，告汝祥刑。在今尔安百姓，何择非其人，何敬非其刑，何居非其宜与？两造具备，师听五辞。五辞简信，正于五刑。五刑不简，正于五罚。五罚不服，正于五过。五过之疵，官狱内狱，阅实其罪，惟钧其过。五刑之疑有赦，五罚之疑有赦，其审克之。简信有众，惟讯有稽。无简不疑，共严天威。黥辟疑赦，其罚百率，阅实其罪。劓辟疑赦，其罚倍洒，阅实其罪。膑辟疑赦，其罚倍差，阅实其罪。宫辟疑赦，其罚五百率，阅实其罪。大辟疑赦，其罚千率，阅实其罪。墨罚之属千，劓罚之属千，膑罚之属五百，宫罚之属三百，大辟之罚其属二百：五刑之属三千。"命曰《甫刑》。

穆王立五十五年，崩，子共王繄扈立。

共王游于泾上，密康公从，有三女奔之。其母曰："必致之王。夫兽三为群，人三为众，女三为粲。王田不取群，公行不下众，王御不参一族。夫粲，美之物也。众以美物归女，而何德以堪之？王犹不堪，况尔之小丑乎！小丑备物，终必亡。"康公不献。一年，共王灭密。

共王崩，子懿王囏立。懿王之时，王室遂衰，诗人作刺。

懿王崩，共王弟辟方立，是为孝王。孝王崩，诸侯复立懿王太子燮，是为夷王。

夷王崩，子厉王胡立。厉王即位三十年，好利，近荣夷公。大夫芮

八骏巡游图。选自明·张居正《帝鉴图说》，讲述周穆王驾车巡游、不思返朝、荒废朝政之事。

良(正)〔夫〕谏厉王曰："王室其将卑乎？夫荣公好专利而不知大难。夫利，百物之所生也，天地之所载也，而有专之，其害多矣。天地百物皆将取焉，何可专也？所怒甚多，而不备大难。以是教王，王其能久乎？夫王人者，将导利而布之上下者也。使神人百物无不得极，犹日怵惕，惧怨之来也。故《颂》曰'思文后稷，克配彼天，立我蒸民，莫匪尔极'。《大雅》曰'陈锡载周'，是不布利而惧难乎？故能载周以至于今。今王学专利，其可乎？匹夫专利，犹谓之盗；王而行之，其归鲜矣。荣公若用，周必败也。"厉王不听，卒以荣公为卿士，用事。

王行暴虐侈傲，国人谤王。召公谏曰："民不堪命矣！"王怒，得卫巫，使监谤者，以告则杀之。其谤鲜矣。诸侯不朝。

三十四年，王益严，国人莫敢言，道路以目。厉王喜，告召公曰："吾能弭谤矣，乃不敢言。"召公曰："是障之也。防民之口，甚于防水。水壅而溃，伤人必多，民亦如之，是故为水者决之使导，为民者宣之使言。故天子听政，使公卿至于列士献诗，瞽献曲，史献书，师箴，瞍赋，矇诵，百工谏，庶人传语，近臣尽规，亲戚补察，瞽史教诲，耆艾修之，而后王斟酌焉，是以事行而不悖。民之有口也，犹土之有山川也，财用于是乎出；犹其有原隰衍沃也，衣食于是乎生。口之宣言也，善败于是乎兴。行善而备败，所以产财用衣食者也。夫民虑之于心而宣之于口，成而行之。若壅其口，其与能几何？"

王不听，于是国莫敢出言。三年，乃相与畔，袭厉王。厉王出奔于彘。

厉王太子静匿召公之家，国人闻之，乃围之。召公曰："昔吾骤谏王，王不从，以及此难也。今杀王太子，王其以我为仇而怼怒乎？夫事君者，险而不仇怼，怨而不怒，况事王乎！"乃以其子代王太子，太子竟得脱。

召公、周公二相行政，号曰"共和"。共和十四年，厉王死于彘。太子静长于召公家，二相乃共立之为王，是为宣王。宣王即位，二相辅之，修政，法文、武、成、康之遗风，诸侯复宗周。十二年，鲁武公来朝。

宣王不修籍于千亩，虢文公谏曰："不可。"王弗听。三十九年，战于千亩，王师败绩于姜氏之戎。

宣王既亡南国之师，乃料民于太原。仲山甫谏曰："民不可料也。"宣王不听，卒料民。

四十六年，宣王崩，子幽王宫湦立。

幽王二年，西周三川皆震。伯阳甫曰："周将亡矣。夫天地之气，不失其序；若过其序，民乱之也。阳伏而不能出，阴迫而不能蒸，于是有地震。今三川实震，是阳失其所而填阴也。阳失而在阴，原必塞；原塞，国必亡。夫水土演而民用也。土无所演，民乏财用，不亡何待？昔伊、洛竭而夏亡，河竭而商亡。今周德若二代之季矣，其川原又塞，塞必竭。夫国必依山川，山崩川竭，亡国之征也。川竭必山崩。若国亡不过十年，数之纪也。天之所弃，不过其纪。"是岁也，三川竭，岐山崩。

三年，幽王嬖爱褒姒，褒姒生子伯服，幽王欲废太子。太子母申侯女，而为后。后幽王得褒姒，爱之，欲废申后，并去太子宜臼，以褒姒为后，以伯服为太子。周太史伯阳读史记曰："周亡矣。"昔自夏后氏之衰也，有二神龙止于夏帝庭而言曰："余，褒之二君。"夏帝卜：杀之，与去之，与止之，莫吉。卜请其漦而藏之，乃吉。于是布币而策告之，龙亡而漦在，椟而去之。夏亡，传此器殷。殷亡，又传此器周。比三代，莫敢发之。至厉王之末，发而观之。漦流于庭，不可除。厉王使妇人裸而噪之，漦化为玄鼋，以入王后宫。后宫之童妾既龀而遭之，既笄而孕，无夫而生子，惧而弃之。宣王之时童女谣曰："檿弧箕服，实亡周国。"于是宣王闻之，有夫妇卖是器者，宣王使执而戮之。逃于道，而见乡者后宫童妾所弃妖子出于路者，闻其夜啼，哀而收之，夫妇遂亡，奔于褒。褒人有罪，请入童妾所弃女子者于王以赎罪。弃女子出于褒，是为褒姒。当幽王三年，王之后宫，见而爱之，生子伯服，竟废申后及太子，以褒姒为后，伯服为太子。太史伯阳曰："祸成矣，无可奈何！"

褒姒不好笑，幽王欲其笑万方，故不笑。幽王为烽燧、大鼓，有寇至则举烽火。诸侯悉至，至而无寇，褒姒乃大笑。幽王说之，为数举烽火。其后不信，诸侯益亦不至。

幽王以虢石父为卿，用事，国人皆怨。石父为人佞巧，善谀好利，王用之，又废申后，去太子也。申侯怒，与缯、西夷犬戎攻幽王。幽王举烽火征兵，兵莫至。遂杀幽王骊山下，虏褒姒，尽取周赂而去。于是诸侯乃即申侯而共立故幽王太子宜臼，是为平王，以奉周祀。

平王立，东迁于洛邑，辟戎寇。

平王之时，周室衰微，诸侯强并弱，齐、楚、秦、晋始大，政由方伯。

四十九年，鲁隐公即位。

五十一年，平王崩。太子洩父早死，立其子林，是为桓王。桓王，平王孙也。

桓王三年，郑庄公朝，桓王不礼。

五年，郑怨，与鲁易许田。许田，天子之用事太山田也。八年，鲁杀隐公，立桓公。

十三年，伐郑，郑射伤桓王，桓王去归。

二十三年，桓王崩，子庄王佗立。

庄王四年，周公黑肩欲杀庄王而立王子克。辛伯告王，王杀周公。王子克奔燕。

十五年，庄王崩，子釐王胡齐立。

釐王三年，齐桓公始霸。

五年，釐王崩，子惠王阆立。

惠王二年，初，庄王嬖姬姚，生子颓，颓有宠。及惠王即位，夺其大臣园以为囿，故大夫边伯等五人作乱，谋召燕、卫师，伐惠王。惠王奔温，已居郑之栎，立釐王弟颓为王，乐及遍舞。郑、虢君怒。

四年，郑与虢君伐杀王颓，复入惠王。惠王十年，赐齐桓公为伯。

二十五年，惠王崩，子襄王郑立。

襄王母早死，后母曰惠后。惠后生叔带，有宠于惠王，襄王畏之。三年，叔带与戎、翟谋伐襄王，襄王欲诛叔带，叔带奔齐。齐桓公使管仲平戎于周，使隰朋平戎于晋。王以上卿礼管仲。管仲辞曰："臣贱有司也，有天子之二守国、高在。若节春秋来承王命，何以礼焉？陪臣敢辞。"王曰："舅氏，余嘉乃勋，毋逆朕命。"管仲卒受下卿之礼而还。九年，齐桓公卒。十二年，叔带复归于周。

十三年，郑伐滑，王使游孙、伯服请滑，郑人囚之。郑文公怨惠王之入不与厉公爵，又怨襄王之与卫滑，故囚伯服。王怒，将以翟伐郑。富辰谏曰："凡我周之东徙，晋、郑焉依。子颓之乱，又郑之由定，今以小怨弃之！"王不听。十五年，王降翟师以伐郑。王德翟人，将以其女为后。富辰谏曰："平、桓、庄、惠皆受郑劳，王弃亲亲翟，不可从。"王不听。十六年，王绌翟后，翟人来诛，杀谭伯。富辰曰："吾数谏不从，如是不出，王以我为怼乎？"乃以其属死之。

初，惠后欲立王子带，故以党开翟人，翟人遂入周。襄王出奔郑，郑居王于汜。子带立为王，取襄王所绌翟后与居温。十七年，襄王告急于晋，晋文公纳王而诛叔带。襄王乃赐晋文公珪鬯弓矢，为伯，以河内地与晋。二十年，晋文公召襄王，襄王会之河阳、践土，诸侯毕朝，《书》讳曰“天王狩于河阳”。

二十四年，晋文公卒。

三十一年，秦穆公卒。

三十二年，襄王崩，子顷王壬臣立。

顷王六年，崩，子匡王班立。

匡王六年，崩，弟瑜立，是为定王。

定王元年，楚庄王伐陆浑之戎，次洛，使人问九鼎。王使王孙满应设以辞，楚兵乃去。十年，楚庄王围郑，郑伯降，已而复之。十六年，楚庄王卒。

二十一年，定王崩，子简王夷立。

简王十三年，晋杀其君厉公，迎子周于周，立为悼公。

十四年，简王崩，子灵王泄心立。

灵王二十四年，齐崔杼弑其君庄公。

二十七年，灵王崩，子景王贵立。

景王十八年，后太子圣而早卒。

二十年，景王爱子朝，欲立之，会崩，子丐之党与争立，国人立长子猛为王，子朝攻杀猛。猛为悼王。晋人攻子朝而立丐，是为敬王。

敬王元年，晋人入敬王，子朝自立，敬王不得入，居泽。四年，晋率诸侯入敬王于周，子朝为臣，诸侯城周。十六年，子朝之徒复作乱，敬王奔于晋。十七年，晋定公遂入敬王于周。

三十九年，齐田常杀其君简公。

四十一年，楚灭陈。孔子卒。

四十二年，敬王崩，子元王仁立。

元王八年，崩，子定王介立。

定王十六年，三晋灭智伯，分有其地。

二十八年，定王崩，长子去疾立，是为哀王。

哀王立三月，弟叔袭杀哀王而自立，是为思王。思王立五月，少弟嵬攻杀思王而自立，是为考王。此三王皆定王之子。

考王十五年，崩，子威烈王午立。

考王封其弟于河南，是为桓公，以续周公之官职。桓公卒，子威公代立。威公卒，子惠公代立，乃封其少子于巩以奉王，号东周惠公。

威烈王二十三年，九鼎震。命韩、魏、赵为诸侯。

二十四年，崩，子安王骄立。是岁盗杀楚声王。

安王立二十六年，崩，子烈王喜立。

烈王二年，周太史儋见秦献公曰："始周与秦国合而别，别五百载复合，合十七岁而霸王者出焉。"

十年，烈王崩，弟扁立，是为显王。

显王五年，贺秦献公，献公称伯。九年，致文武胙于秦孝公。二十五年，秦会诸侯于周。二十六年，周致伯于秦孝公。三十三年，贺秦惠王。三十五年，致文武胙于秦惠王。四十四年，秦惠王称王。其后诸侯皆为王。

四十八年，显王崩，子慎靓王定立。

慎靓王立六年，崩，子赧王延立。

王赧时东西周分治。王赧徙都西周。

西周武公之共太子死，有五庶子，毋適立。司马翦谓楚王曰："不如以地资公子咎，为请太子。"左成曰："不可，周不听，是公之知困而交疏于周也。不如请周君孰欲立，以微告翦，翦请令楚资之以地。"果立公子咎为太子。

八年，秦攻宜阳，楚救之。而楚以周为秦故，将伐之。苏代为周说楚王曰："何以周为秦之祸也？言周之为秦甚于楚者，欲令周入秦也，故谓'周秦'也。周知其不可解，必入于秦，此为秦取周之精者也。为王计者，周于秦因善之，不于秦亦言善之，以疏之于秦。周绝于秦，必入于郢矣。"

秦借道两周之间，将以伐韩，周恐借之畏于韩；不借畏于秦。史厌谓周君曰："何不令人谓韩公叔曰：'秦之敢绝周而伐韩者，信东周也。公何不与周地，发质使之楚'，秦必疑楚不信周，是韩不伐也。又谓秦曰：'韩强与周地，将以疑周于秦也，周不敢不受'。秦必无辞而令周不受，是受地于韩而听于秦。"

秦召西周君，西周君恶往，故令人谓韩王曰："秦召西周君，将以使攻王之南阳也，王何不出兵于南阳？周君将以为辞于秦。周君不入秦，秦必不敢逾河而攻南阳矣。"

东周与西周战，韩救西周。或为东周说韩王曰："西周故天子之国，多名器重宝。王案兵毋出，可以德东周，而西周之宝必可以尽矣。”

王赧谓成君。

楚围雍氏，韩征甲与粟于东周，东周君恐，召苏代而告之。代曰：“君何患于是。臣能使韩毋征甲与粟于周，又能为君得高都。”周君曰：“子苟能，请以国听子。”代见韩相国曰：“楚围雍氏，期三月也，今五月不能拔，是楚病也。今相国乃征甲与粟于周，是告楚病也。”韩相国曰：“善。使者已行矣。”代曰：“何不与周高都？”韩相国大怒曰：“吾毋征甲与粟于周亦已多矣，何故与周高都也？”代曰：“与周高都，是周折而入于韩也，秦闻之必大怒忿周，即不通周使，是以弊高都得完周也，曷为不与？”相国曰：“善。”果与周高都。

三十四年，苏厉谓周君曰：“秦破韩、魏，扑师武，北取赵蔺、离石者，皆白起也。是善用兵，又有天命。今又将兵出塞攻梁，梁破则周危矣。君何不令人说白起乎？曰：‘楚有养由基者，善射者也。去柳叶百步而射之，百发而百中之。左右观者数千人，皆曰善射。有一夫立其旁，曰：“善，可教射矣。”养由基怒，释弓搤剑，曰：“客安能教我射乎？”客曰：“非吾能教子支左诎右也。夫去柳叶百步而射之，百发而百中之，不以善息，少焉气衰力倦，弓拨矢钩，一发不中者，百发尽息。”今破韩、魏，扑师武，北取赵蔺、离石者，公之功多矣。今又将兵出塞，过两周，倍韩，攻梁，一举不得，前功尽弃。公不如称病而无出’。”

四十二年，秦破华阳约。马犯谓周君曰：“请令梁城周。”乃谓梁王曰：“周王病若死，则犯必死矣。犯请以九鼎自入于王，王受九鼎而图犯。”梁王曰：“善。”遂与之卒，言戍周。因谓秦王曰：“梁非戍周也，将伐周也。王试出兵境以观之。”秦果出兵。又谓梁王曰：“周王病甚矣，犯请后可而复之。今王使卒之周，诸侯皆生心，后举事且不信。不若令卒为周城，以匿事端。”梁王曰：“善。”遂使城周。

四十五年，周君之秦，客谓周冣曰：“公不若誉秦王之孝，因以应为太后养地，秦王必喜，是公有秦交。交善，周君必以为公功。交恶，劝周君入秦者必有罪矣。”秦攻周，而周冣谓秦王曰：“为王计者不攻周。攻周，实不足以利，声畏天下。天下以声畏秦，必东合于齐。兵弊于周，合天下于齐，则秦不王矣。天下欲弊秦，劝王攻周。秦与天下弊，则令不行矣。”

五十八年，三晋距秦。周令其相国之秦，以秦之轻也，还其行。

客谓相国曰："秦之轻重未可知也。秦欲知三国之情。公不如急见秦王曰'请为王听东方之变'，秦王必重公。重公，是秦重周，周以取秦也；齐重，则固有周聚以收齐，是周常不失重国之交也。"秦信周，发兵攻三晋。

五十九年，秦取韩阳城、负黍，西周恐，倍秦，与诸侯约从，将天下锐师出伊阙攻秦，令秦无得通阳城。秦昭王怒，使将军摎攻西周。西周君奔秦，顿首受罪，尽献其邑三十六，口三万。秦受其献，归其君于周。

周君、王赧卒。周民遂东亡。秦取九鼎宝器，而迁西周公于𢠸狐。后七岁，秦庄襄王灭东周。东、西周皆入于秦，周既不祀。

太史公曰：学者皆称周伐纣，居洛邑。综其实不然。武王营之，成王使召公卜居，居九鼎焉，而周复都丰、镐。至犬戎败幽王，周乃东徙于洛邑。所谓"周公葬于毕"，毕在镐东南杜中。秦灭周。汉兴九十有馀载，天子将封太山，东巡狩至河南，求周苗裔，封其后嘉三十里地，号曰周子南君，比列侯，以奉其先祭祀。

【译文】

周的始祖后稷，名叫弃。他的母亲是有邰氏部族的女儿，名叫姜原。姜原是帝喾的正妃。姜原到野外去，看见巨人的脚印，心里一阵喜欢，想去踩它，一踩上去便觉得腹中在动，好像怀孕似的。孩子出生后，姜原认为这孩子不吉祥，就把他扔到了一个窄巷里。但不论是马还是牛从他身边经过时都绕道而走，没有踩他。于是又把他扔进了树林。正赶上树林里人多，所以又挪了个地方，把他扔进了渠沟的冰上。当时有飞来的鸟用翅膀盖在他身上，垫在他身下。姜原觉得这太神奇了，于是又把他抱回来养大成人。由于起初想把他扔掉，因此就给他取名叫弃。

弃小时候，就很出众，有高远的伟人志向。游戏的时候，他喜欢种麻、豆之类的庄稼，种出来的麻、豆长得都很茂盛。到他成年后，自然就喜欢耕种，观察土地的特性，适宜种植谷物的就种庄稼，人民都仿效他。尧帝听说后，就举任弃担任农师的官，教给民众种植庄稼，天下都得到他的好处，他做出了很大成绩。舜帝说："弃，黎民百姓开始挨饿时，你担任了农师，播种了各种谷物。"把弃封在邰，以官为号，称后稷，另外以姬为姓。后稷的兴起，正在唐尧、虞舜、夏商的时代，这一族都有美好的德望。

后稷去世后，他的儿子不窋继位。不窋晚年的时候，夏后氏政治衰败，废弃农师，不再重视农业，不窋因此失去农师的官职，于是就流浪到戎狄地区，不窋死后，其子鞠继位。鞠死后，其子公刘继位。公刘虽然生活在戎狄地区，但依然从事后稷的事业，致力于农业，巡行考察土地适宜种什么，从漆水、沮水，渡过渭水，伐木以供使用，使出门的人都有旅费、居家的人都有积蓄。民众的生活大为改善。百姓都感念他，很多人前来归附他。周朝事业的兴盛就是从此开始的，所以，诗人们创歌谱乐来纪念他的丰功伟业。公刘去世后，其儿子庆节继位，在豳邑建立了国都。

庆节去世后，其儿子皇仆继位。皇仆去世后，其儿子差弗继位。差弗去世后，其儿子毁隃继位。毁隃去世后，其儿子公非继位。公非去世后，其儿子高圉继位。高圉去世后，其儿子亚圉继位。亚圉去世后，其儿子公叔祖类继位。公叔祖类去世后，其儿子古公亶父继位。古公亶父重修后稷、公刘的大业，积功累德，普施仁义，国人都很拥戴他。戎狄的薰育族来侵扰，想要夺取财物，古公亶父就主动给他们。后来又来侵扰，想要夺取土地和人口。人民都很愤怒，想奋起反击。古公说："人民立君长，是让他们得到好处。现在戎狄来攻战的目的，是要我们的土地和人民。人民在我这里，和在他们那里，有什么不同？人民如果因为我的缘故去打仗，以杀害他们的父亲和孩子来做他们的君王，我不忍心。"于是带领家人离开了豳地，渡过漆水、沮水，翻过梁山，来到岐山脚下居住。豳邑的全体人民都扶老携幼，又都跟着古公来到岐下。邻国的人民听说古公这么仁德，于是很多人前来归从他。于是古公就废除戎狄的风俗，营造城郭，建筑房舍，把民众分成邑落定居下来。又设立各种官职，来办理各种事务。人民都用诗歌赞美他，歌颂他的功德。

古公的长子叫太伯，次子叫虞仲。古公的妃子太姜生下小儿子季历，季历娶太任为妻，她也像太姜一样的贤惠。太任生昌，昌有圣贤的气象。古公说："我的后代应当有成大事的人，大概就应在昌身上吧！"长子太伯、次子虞仲明白古公的想法，古公想让季历继位以便传给昌。于是两人就一块逃到了南方荆、蛮之地，并随当地的习俗，在身上刺上花纹，剪掉了头发，以这样的方式把王位让给了季历。

古公去世以后，季历继位，这就是公季。公季继续实行古公的治国之道，努力施行仁义，诸侯因此都归顺他。

公季去世，其儿子昌继位，这就是西伯。西伯也就是后人尊称的周文王，他继承后稷、公刘的事业，效法古公、公季的风范，一心一意施行仁义，尊老爱幼。他礼贤下士，有时为了接待贤士，到了中午都顾不上吃饭。因此，有很多士人都归附他。伯夷、叔齐在孤竹国，听说西伯非常尊敬老人，于是两人就商量说何不投奔西伯呢？太颠、闳夭、散宜生、鬻子、辛甲大夫这些人都一起归附了西伯。

崇侯虎向殷纣说西伯的坏话，他说："西伯积德累功，诸侯都想追随他，这将对您不利呀！"于是纣王就把西伯囚禁在羑里。闳夭等人都很担心西伯，于是想方设法找来有莘氏的美女，还有骊戎地区出产的红鬃白身、目如黄金般的骏马，有熊国的三十六匹良马，还有其他一些珍奇宝物，通过殷纣的宠臣费仲而得以献给纣王。纣王非常高兴地说："有一件这样的东西就可以释放西伯了，何况这么多呢！"于是就释放了西伯，还赐给他弓箭斧钺，让他讨伐邻近的诸侯。纣王说："说西伯坏话的是崇侯虎啊！"西伯于是献上洛水以西之地，并请纣王废去炮烙等酷刑。纣答应了他。

西伯默默地做善事积阴功，诸侯都来请他裁决纠纷。当时，虞国和芮国的人发生了争执不能决断，就一块儿到周国来。当进入周国国境后，发现种田的人都互让田界，人们都有谦让长者的习惯。虞、芮两国发生争执的人，还没有见到西伯，就已经很惭愧了，于是都说："人家周国人正是以我们所争的为耻，我们还去找西伯做什么，只会自取其辱罢了。"于是各自回国，都把田地让出后离开了。诸侯们听了这件事，都说："西伯恐怕就是那承受天命的君王。"

第二年，西伯征伐犬戎。过了一年，征伐密须。再下一年，打败了耆国。商朝的祖伊听说了，非常害怕，于是把这些情况报告给了纣王。纣王说："不是有天命授我吗？他能做什么！"次年，西伯征伐邘。第三年，征伐崇侯虎。并且营建了丰邑，从岐下迁都到丰。又过了一年，西伯逝世，太子发继位，这就是周武王。

西伯在位大约有五十年。大概在被囚禁在羑里的时候，他把《易》的八卦演化至六十四卦。诗人称颂西伯，说西伯就是在裁决虞、芮两国争讼之事那年承受天命而称王的。十年后西伯逝世，谥号文王。他曾经改变过商朝的律法制度，制定了新历法，曾追尊古公为太王、公季为王季，大概王业的征兆就从太王开始了。

武王即位后，以太公望为太师，周公旦为辅相，召公、毕公等人在武王左右辅佐帮助，继续秉承着文王的事业。

第九年，武王在毕地祭祀文王，然后往东方去检阅军队，显示武力，到达了盟津。他制作了文王的牌位，用车子运载着，带在军中。武王自称太子发，是奉文王之命前来讨伐，不敢自己擅自作主。于是向司马、司徒、司空等受王命执符节的官员宣告："严肃谨慎，的确如此！我无知，靠着先祖留下的有德之臣，我继承祖先的功业，严格制定赏罚之法，以巩固先祖的功业。"于是发兵。师尚父向全军发布命令说："集合你们的兵众，把好船桨，落后的一律斩杀。"武王乘船渡河，船走到河中央，有一条白鱼跳进武王的船中，武王俯身抓起来用它祭天了。渡过河之后，有一团火从天而降，落到武王住的房子上，转动不停，最后变成一只乌鸦，赤红的颜色，发出魄魄的鸣声。这时候，诸侯们虽然未曾约定，却都会集到盟津，共有八百多个。诸侯都说："纣可以讨伐了！"武王说："你们不了解天命，现在还不行。"于是率领军队回去了。

过了两年，武王听说纣昏庸暴虐更加严重。王子比干也被杀了，箕子也被囚禁起来了，太师疵、少师强抱着乐器逃奔到了周国。于是武王告令全体诸侯说："殷王罪恶深重，不可以不讨伐了！"因此遵循文王的意愿，率领战车三百辆，勇士三千人，披甲战士四万五千人，向东前去讨伐纣王。十一年十二月戊午日，军队全部渡过盟津，诸侯都来会合。武王说："勤勉振作，不得懈怠！"武王作了《太誓》，向所有将兵宣告："如今殷王纣竟听信妇人之言，以致自取灭亡，破坏了天、地、人的正道，疏远他的亲族弟兄，又抛弃了他祖先传下的乐曲，竟然制作淫荡的音乐，毁坏了雅正之乐，以此来讨女人的欢心。因此，现在我姬发要恭敬地执行上天的惩罚。努力吧！战士们！一鼓作气，不可能有第二仗，更不可能有第三仗！"

二月甲子日的拂晓，武王很早就来到商郊牧野，举行誓师。武王左手拿着黄色大斧，右手拿着有旄牛尾做装饰的白色旗帜，用来指挥。"辛苦啦！西方来的将士们！"武王说，"啊！各国的君主，司徒、司马、司空，亚旅、师氏，千夫长、百夫长，以及庸、蜀、羌、茅、微、纑、彭、濮各族的人民，举起你们的戈，排好你们的盾，竖起你们的矛，我要宣誓了！"武王说："古人有句老话：'母鸡不啼鸣。母鸡啼鸣，家必败。'如今殷纣王只听信妇人之言，自己丢掉了先祖的祭祀，不回报祖先；昏乱地抛开宗族和国家，丢开同祖兄弟不用，却纠合四方罪恶多端的逃犯，抬举他们，尊重他们，信任他们，重用他们，让他们欺压百姓，在商国为非作歹。现在我太子发恭谨地执行上天的惩罚。今天作战，前进不超出六、七步，就停顿下来整齐队伍。努力吧！战士们！刺击过四五次、六七次，就停下来齐整队伍，努力吧，各位将士！希望大家威风勇武，像猛虎，像熊罴，像豺狼，像蛟龙。在商都郊外，不要阻挡和杀害逃阵投降的人，让他们为我西方之人服役。奋力吧，战士们！你们谁要是不努力，你们自身就将遭杀戮！"誓师完毕，前来会合的诸侯军队，共有战车四千辆，在牧野列阵。

纣王听说武王攻来了，也发兵七十万来抵抗武王。武王派太公望和百夫长向纣的军队挑战，然后率领拥有战车三百五十辆、士卒两万六千二百五十人、勇士三千人的大部队急驱冲进殷纣的军队。纣的军队虽然人多，但都没有与周军作战的心思，心里盼着武王赶快攻进来。他们都掉转兵器攻击殷纣的军队，给武王做了先导。武王急驱战车冲进来，纣的士兵全部崩溃，背叛了殷纣。纣王败逃，返回城中登上鹿台，穿上他的宝玉衣，投火自焚了。武王手持大白旗指挥诸侯，诸侯都向他行拜礼，武王也作揖还礼，诸侯全都跟着武王。武王来到商都，城中的百姓都在城郊迎候。于是武王派群臣告诉商的百姓说："上天赐福！"商都人全都拜谢，叩头至地，武王也向他们回拜行礼。

于是进入城中，来到纣自焚的地方。武王亲自发箭射纣的尸体，射了三箭然后走下战车，又用宝剑刺纣尸，用黄色大斧斩下了纣的头，悬挂在大白旗上。然后又到纣的两个宠妃的住所，这两位宠妃已经上吊自杀了。武王又向她们射了三箭，用剑刺击，用黑斧斩下她们的头，悬挂在小白旗上。武王做完这些才出城返回军中。

第二天，清除道路，整修祭祀土地和谷神的社坛及商纣的宫室。开始动工时，一百名壮汉扛着有几条飘带的云罕旗为武王在前面开道。武王的弟弟叔振铎恭敬地摆好常车，周公旦手持大斧，毕公手持小斧，站在武王两旁。散宜生、太颠、闳夭都手持宝剑护卫着武王。进了城，武王站在社坛南面大部队的左边，群臣跟在身后。毛叔郑捧着明月夜取的露水，卫康叔封铺好用公明草编的席子，召公奭献上了彩帛，师尚父牵来了供祭祀用的牲畜。尹佚朗读祝文祝祷说："殷的末代子孙季纣，暴弃先王的美德，玷污蔑视神明不去祭祀，对商城中的百姓昏乱暴虐，这些昭著的事实让皇天上帝都已知晓。”于是武王拜了两拜，叩头至地，说：“承受上天之命，革除殷朝政权，接受上天圣明的旨命。”武王又行再拜稽首之礼，然后退出。

武王把殷朝的遗民封给商纣的儿子禄父。武王因为殷地刚刚平定，还没有安定下来，就命令他的弟弟管叔鲜、蔡叔度辅佐禄父治理殷国。以后又命召公解除箕子的囚禁；又命令毕公释放了被囚禁的百姓，表彰商容的里巷，以褒扬他的德行；命南宫括把积聚在鹿台的钱财散发给人们，打开钜桥粮仓，分发粮食来赈济贫苦病弱的百姓；命令南宫括、史佚展示传国之宝九鼎和殷朝的宝玉；命令闳夭给比干的墓培土筑坟；命令主管祭祀的祝官在军中祭奠阵亡将士的亡灵，然后才撤兵回西方去。路上武王巡视各诸侯国，记录政事，写下了《武成》，宣告灭殷武功已成。封诸侯，分赐殷的宗庙祭器，作《分殷之器物》。武王怀念古代的圣王，就表彰并赐封神农氏的后代于焦国，赐封黄帝的后代于祝国，赐封尧帝的后代于蓟，赐封舜帝的后代于陈，赐封大禹的后代于杞。

然后分封功臣谋士，其中师尚父是第一个受封的。封太公望于营丘，国号为齐；封其弟周公旦于曲阜，国号为鲁；封召公奭于燕；封弟弟叔鲜于管，弟弟叔度于蔡。其他人分别依次受封。

武王召见九州的长官，登上豳城附近的土山，向着远方商朝的国都眺望。武王回到周都镐京，直到深夜不能安睡。周公旦来到武王的住处，问道：“为什么不睡？”王说：“我告诉你：上天不受殷的享祭，从我没出生的时候起到现在已经六十年了，郊外怪兽成群、害虫遍野。上天不保佑殷朝，才使我们取得了今天的成功。上天建立殷朝，曾经任用有名之士三百六十人，虽然说不上政绩显著，但也不至于灭亡，才使殷朝维持至今。我还没有得到上天的保佑，哪有时间睡觉？”武王又说：“我要确保周朝的国运不可改变，要靠近天帝的居室，要找出所有的恶人，惩罚他们，像对待殷王一样。我要日夜勤勉努力，确保我西方的安定，我要办好各种事情，直到功德之光照耀四方。从洛水的河湾到伊水的河湾，居住在平坦之处没有险隘，这是夏人居住的地方。我南望三涂，北望岳北，观察黄河，仔细察看了洛水、伊水地区，这里离天帝的居室不远，是建都的好地方。”于是对在洛邑修建周都进行了测量规划，然后才离去。他命令把马散放在华山之南，把牛散放到桃林的旷野；放下干戈，班师解散军队，向天下表示不再用兵。

武王战胜殷朝两年之后，向箕子询问殷朝灭亡的原因。箕子不忍心说殷朝的不好，就向武王讲述了国家存亡道理。武王也很尴尬，所以问他有关天道的事。

武王生了病。这时，天下还没有统一，王室大臣非常担心，虔诚地进行占卜；周公于是祓祀斋戒，自作替身，想代替武王去死，武王病有好转。后来武王逝世了，太子诵继承了王位，这就是成王。

成王年纪小，周又刚刚平定天下，周公担心诸侯背叛周朝，便代成王主持国家政事。管叔、蔡叔等弟兄怀疑周公欲篡位，联合武庚发动叛乱，背叛周朝。周公奉成王之命，讨伐处决了武庚、管叔，流放了蔡叔。他用微子开接续武庚作殷的后人，建都于宋。又将殷朝的全部遗民，封给武王的小弟弟封，让他做了卫康叔。晋唐叔得到一种二苗同穗的禾谷，献给成王。成王又把它赠给远在军营中的周公。周公在东方接受这些禾穗，宣布了天子的命令。起初，管叔、蔡叔背叛了周朝，周公前去讨伐，经过三年时间才彻底平定，所以先写下了《大诰》，向天下陈述东征讨伐叛逆的大道理；接着又写下了《微子之命》；再次写下了《归禾》《嘉禾》，记述和颂扬天子赠送嘉禾；写下《康诰》《酒诰》《梓材》，下令封康叔于殷，训诫他戒除嗜酒，教给他为政之道。那些事件的经过记载在《鲁周公世家》中。周公执政七年，成王长大了，周公把权力还给成王，从此面向北站在群臣行列之中。

成王住在丰邑，派召公再次营建洛邑，目的是为了遵循武王的遗旨。周公又进行占卜，反复察看地形，最后营建成功，把九鼎安放在那里。他说："这里是天下的中央，四方进贡路程相等。"在测量和营建洛邑的过程中，写下了《诏诰》《洛诰》。成王迁走殷的遗民后，周公以成王的名义宣告，作《多士》《无佚》。召公担任太保，周公担任太师，往东征伐淮夷，灭了奄国，把奄国国君迁徙到薄姑。成王从奄国回来，在宗周写下了《多方》，告诫天下诸侯。成王消灭了殷朝的残余势力，袭击了淮夷，回到丰邑，写下了《周官》。说明了周朝设官分职用人之法，重新规定了礼仪，谱制了音乐，改变了制度。从这时候起人民和睦，歌颂周的乐声四起。成王讨伐了东夷之后，息慎前来恭贺，成王命令荣伯写下了《贿息慎之命》。

成王临终，担心太子钊胜任不了国事，就命令召公、毕公率领诸侯辅佐太子登位。成王去世后，召公、毕公率诸侯，陪奉太子钊谒见先王宗庙，用文王、武王开创周朝王业的艰难反复告诫太子，要他一定力行节俭，戒除贪欲，专心办理国政，写下了《顾命》，要求大臣们辅佐关照太子钊。太子钊于是登位，这就是康王。康王即位，通告天下诸侯，向他们宣告文王、武王的业绩，反复加以说明，写下了《康诏》。所以成、康两王时期，天下安宁，刑罚弃置不用达四十多年。康王命人写作策书告诉毕公，按善恶划分村落让民众居住；划定周都郊外的境界，作为周都的屏卫。为此写下《毕命》，记录了毕公受命这件事。

康王逝世之后，儿子昭王瑕继位。昭王在位的时候，王道衰落了。昭王到南方巡视，没有回来，因为当地人憎恶他，给他一只用胶粘合的船，结果淹死在江中。他死的时候没有向诸侯报丧，是因为忌讳这件事。后来立了昭王的儿子满，这就是穆王。穆王继位时，已经五十岁了。国家的政治衰败，穆王痛惜文王、武王的王道政治遭到影响，于是就命令伯䍐反复告诫太仆，为了管好国事，写下了《䍐命》。这样，天下才又得以安定。

穆王打算去攻打犬戎，祭公谋父进谏道："去不得。先王都是以修养自己的德行来服人，而不只是炫耀武力。平时军队蓄积力量，等到必要时才动用武力，一出动就有威力。如果只是炫耀武力，对方就会漫不经心，漫不经心就没有人畏惧了。所以周公所作的颂说：'收起武力，藏起弓箭。求贤重美德，华夏都传遍，王业永保生机。'先王对于人民，勉励端正其道德，增厚其性情，增加其财物，改良其器物，让他们懂得'利'和'害'的道理，用礼法来教化他们，使他们用心致力于善事而避免做恶事，心怀德政而畏惧刑罚，所以才能保住先王的事业世代相承发扬光大。从前我们的先祖世代都是农师，替大舜、禹王办事。到夏朝衰弱的时候，废弃农事，我们的先王不窋因此失去官职，自己逃窜到戎狄之地。但对农事却不敢松懈，时时宣扬弃的德行，继续他的事业，修习他的教化法度，早晚恭谨努力，用敦厚笃实的态度来保持，用忠实诚信的态度来奉行。世代秉持先祖恩德，不玷污祖先。到了文王和武王时，光大前人的光辉，加上慈爱和睦，敬事神明保护人民，神民无不欢喜。商纣王对民众犯下了大罪恶，民众无法忍受，于是都一致拥戴武王，因此才发动了商郊牧野之争。因此可以说，先王并不崇尚武力，而是殚精竭虑地为民众的疾苦思考啊。先王的礼法规定：国都近郊五百里以内地区是甸服，甸服以外五百里的地区是侯服，侯服至卫服共二千五百里的地区总称为宾服，蛮夷地区为要服，戎狄地区为荒服。甸服地区要供日祭，即供给天子祭祀祖父、父亲的祭品；侯服地区要供月祀，即供给天子祭祀高祖、曾祖的祀品；宾服地区要供时享，即供给天子祭祀远祖的祭品；要服地区要供岁贡，即供给天子祭神的祭品；荒服地区要来朝见天子。祭祀祖父、父亲，每日一次；祭祀高祖、曾祖，每月一次；祭祀远祖，每季一次；祭神，每年一次；朝见天子，终生一次。先王留下这样的遗训：有不供日祭的，就检查自己的思想；有不供月祀的，就检查自己的言论；有不供时享的，就检查自己的法律制度；有不供岁贡的，就检查上下尊卑的名分；有不来朝见的，就检查仁义礼乐等教化。以上几点都依次检查完了，仍然有不来进献朝见的，就检查刑罚。因此有时就惩罚不祭的，攻伐不祀的，征讨不享的，谴责不贡的，告谕不来朝见的，于是也就有了惩罚的法律，有了攻伐的军队，有了征讨的装备，有了严厉谴责的命令，有了告谕的文辞。如果宣布了命令，发出了文告，仍有不来进献朝见的，就进一步检查自己的德行，而不是轻易地劳民远征。这样一来，不论是近是远，就没有不服、没有不归顺的了。如今自从大毕、伯士死后，犬戎各族按照荒服的职分前来朝见，而您却说‘我一定按不享的罪名征讨它，而且要向他们炫耀武力’，这恐怕是废弃了先王的教导，而您将要陷入困境了吧？我听说犬戎已经建立了敦厚的风尚，遵守祖先传下来的美德，始终如一地坚守终生入朝的职分，看来他们是有力量来和我们对抗的。”穆王还是征讨了犬戎，得到四只白狼和四只白鹿带回来。从这以后荒服地方的人不再来朝见了。

诸侯之间有不和睦的，大臣甫侯向穆王禀报，于是制定了刑法。穆王说：“喂，过来！有国土的诸侯，告诉你们要善于使用刑法。现在你们安抚百姓，应该选择什么呢？难道不是贤德的人才吗？应该严肃对待什么呢？难道不是刑法吗？应该怎样处理各种事务？难道不是应该量刑适度吗？原告和被告都到场了，法官要从五个方面听取口供和证据；五个方面的口供和证据检查核实后，可用五刑来定罪；如果五刑不合适，就用五罚来定罪；如果不够使用五刑的，就按照用钱赎罪的五种惩罚来判决；如果用五刑不当，就按照五种过失来判决。按照五种过失来判决，会产生流弊，这就是凭借权势，乘机报恩报怨，通过宫中受宠女子进行干预，行贿受贿，受人请托。遇有这类情况，即使是大官贵族，也要查清罪状，与犯罪的人一样判他们的罪。判五刑之罪如果有疑点，就减等按五罚处理；判五罚之罪如果有可疑之处，就减等按五过处理；一定要审核清楚。要在众人中加以核实，审讯的结果要与事实相符。如果没有确凿的证据就不要怀疑，应当共同敬畏上天，不要轻易用刑。要判刺面的墨刑而有疑点的，可以减罪，罚以黄铜六百两；但要认真核实，如果确实有罪，还应施刑。要判割鼻的劓刑而有疑点的，可以减罪，罚以黄铜一千二百两，比墨刑加倍；但也要认真核实，如果确实有罪，还应施刑。判挖掉膝盖骨的膑刑而有疑点的，可以减罪，罚以黄铜三千两，比劓刑加一倍半；但也要认真核实，如果确实有罪，还应施刑。判断绝生殖机能的宫刑而有疑点的，可以减罪，罚以黄铜三千六百两；但也要认真核实，如果确实有罪，还应施行。判杀头之刑大辟而有疑点的，可以减罪，罚以黄铜六千两；但也要认真核实，如果确实有罪，还应施行。五刑的条文，墨刑类有一千条，劓刑类有一千条，膑刑类有五百条，宫刑类有三百条，大辟类有二百条，五种刑罚类的共三千条。”这套刑法因为是甫侯提出来的，所以将此命名为《甫刑》。

穆王在位五十五年逝世，其子共王繄扈即位。共王出游到泾水边上，密康公跟随着，有三个女子来投奔密康公。密康公的母亲说：“你一定要把她们献给国王。野兽够三只就叫‘群’，人够三个就叫‘众’，美女够三人就叫‘粲’。君王田猎都不敢猎取太多的野兽，诸侯出行对众人也要谦恭有礼，君王娶嫔妃不娶同胞三姐妹。那三个女子都很美丽。那么多美人都投奔你，你有什么德行承受得起呢？君王尚且承受不起，更何况你这样的小人物呢？小人物而拥有宝物，最终准会灭亡。”密康公没有献出。过了一年，共王灭密。共王去世，其子懿王艰即位。懿王在位时，王室衰败，诗人作诗进行讥讽。

懿王逝世后，共王的弟弟辟方继位，就是孝王。孝王逝世后，诸侯又立懿王的太子燮，这就是夷王。

夷王逝世后，其子厉王胡继位。厉王即位三十年，贪好财利，亲近荣夷公。大夫芮良夫劝谏厉王说：“这样下去，恐怕王室会衰微的！荣公只喜欢独占财利，却不明白这样做的结果会有大灾祸。财利，是从各种事物中产生出来的，它是天地自然拥有的，只要有人想独占它，他就会受到深重的伤害。天地万物是人们都可以取用的，怎么可以独占呢？他触怒的人很多，却不防备大难。荣公用财利来引诱您，君王您难道能长久吗？做人君的人，应该是开发各种财物分发给上下群臣百姓。使神、人、万物都能得到所应得的一份，即使这样，还要每日小心警惕，恐怕招来怨恨呢。所以《颂》说：‘追念有文德的祖先后稷，能够配享上天，安定我众多百姓，无不合乎其天的准则。’《大雅》说：‘施恩布利以发展周国。’岂不正是通过广施财利来避免祸难来临吗？正因为如此，先王才能让周朝的事业一直延续到现在。而如今，现在王学的是独占财利，行吗？普通人独占财利，尚且称之为强盗。王这样行事，归附的人就很少了。荣公如果被重用，周朝肯定会被败亡的。”厉王不听规劝，依旧任用荣公做了卿士，负责执掌国政。

厉王残暴无德、骄傲放纵，老百姓都公开指责他的过失。召公进谏说：“人民忍受不了您的政令了！”厉王恼怒，从卫国找来一个巫师，让他去监视那些议论他的人，发现后就报告朝廷，立即杀掉。这样做的结果，议论的人是减少了，可是各地的诸侯不来朝拜了。厉王在位的第三十四年，厉王更加严苛。国人没有谁再敢开口说话，路上相见也只能互递眼色示意而已。厉王见此非常高兴，告诉召公说：“我能平息人们的非议，他们不敢讲话了。”召公说：“这只是把他们的嘴堵住了。堵住人们的嘴巴，要比堵住洪水更厉害。水蓄多了，一旦决口，受害的人一定会很多；不让民众有合理的言论，这和堵住洪水的道理也是一样的。因此，治水的人应该疏通河道，使水流畅通；领导全国人民，也应该放开他们，让他们畅所欲言。因此天子治理国政，应该让公卿以下直到列士都要献上诗篇，以此来讽喻朝政的得失。盲人乐师要献上反映民情的乐曲，史官要献上可供借鉴的史书，乐师之长要献箴戒之言；由一些盲乐师诵读公卿列士所献的诗，由另一些盲乐师诵读箴戒之言；百官可以直接进谏，老百姓可以把意愿通过合理的渠道传达到天子那里；近臣要进行规谏，同宗亲属要互相查找改正过失；乐师、太史要负责教化；师傅等年长者要经常告诫，然后由天子斟酌而行。这样，事情做起来才会顺当、没有错误。民众有嘴巴，就如同大地有山川，财货器用都是从这里生产出来；民众有嘴巴，又好像大地有饶田沃野，衣服粮食也是从这里生产出来的。民众把话从嘴里说出来了，政事哪些好、哪些坏也就可以从这里看出来了。好的就实行，坏的就防备，这个道理就跟大地出财物器用衣服粮食是一样的。民众心里想什么嘴里就说什么，心里考虑好了就去做。如果堵住他们的嘴巴，那能维持多久呢！”厉王不听劝阻。在这种情况下国都内没有人敢讲话。过了三年，竟一起叛乱，袭击厉王。厉王逃亡到彘。

厉王的太子静躲藏在召公的家里，国人听说后，就把召公家包围起来了。召公说："先前我劝谏君王多次，君王还是不听，以至于遭受这样大的灾祸。如果现在太子被人杀了，王大概会认为我和他对立而怨恨吧？侍奉国君的人，即使遇到危险也不应该怨恨；即使怨恨也不应该发怒，更何况侍奉天子呢？"于是就用自己的儿子代替了王太子，太子最后得免于难。

召公、周公二辅相共理朝政，号称"共和"。共和十四年，厉王在彘去世。太子静在召公家中长大，两位国相于是一起立他为王，这就是宣王。宣王登位之后，由二相辅佐，修明政事，师法文王、武王、成王、康王的遗风，诸侯又都尊奉周王室了。共和十二年，鲁武公来朝见。

宣王不遵籍礼，没有到千亩去耕种专供天子带头亲耕以示重农的籍田。虢文公劝谏说这样不行，宣王不听。共和三十九年，王的军队在千亩与姜氏之戎交战，大败。

宣王丧失了南方江、淮一带的军队后，就在太原清点人口以备征兵。仲山甫劝谏说："民户是不可以统计的。"宣王不听劝告，最终还是清点了。

共和四十六年，宣王驾崩，其子幽王宫涅继位。幽王二年，西周都城及其附近的泾水、渭水、洛水三条河所在的地区都发生了地震。伯阳甫说："周朝快要灭亡啦。天地间的阴阳之气，应该是有秩序的；如果破坏了秩序，那也是人为造成的。阳气沉伏在下，不能出来，阴气压迫着阳气使它不能上升，所以就会有地震出现。现在泾、渭、洛一带所发生的地震，这是阳气不得其所而被阴气镇伏。阳气失位而居于阴气的位置，水源必定会堵塞；水源堵塞，国家必然灭亡。土壤湿润人民才能利用。土地得不到滋润，人民就会财用缺乏，如果到了这种地步，国家不灭亡还等待什么！从前，伊水、洛水干涸夏朝就灭亡了；黄河枯竭商朝就灭亡了。如今周的气数也像夏、商两代末年一样了，河源的水流又被阻塞，水源被阻塞，河流必定要枯竭。一个国家的生存，一定要依赖于山川河流，如果高山崩塌、河川枯竭，这是亡国的征兆。河川枯竭了，高山就一定崩塌。这样看来，国家的灭亡用不了十年，因为十刚好是数字的一个循环。上天所要抛弃的，不会超过十年。"这一年，果然三川枯竭了、岐山崩塌了。

幽王三年，幽王宠爱褒姒。褒姒生的儿子叫伯服，幽王想废掉太子。太子的母亲是申侯的女儿，是幽王的王后。后来幽王得到褒姒，宠爱她，想废掉申后，并废掉太子宜臼，立褒姒为王后，立伯服为太子。周太史伯阳阅读历史典籍，感慨道："周朝就要灭亡啦。"从前夏后氏衰落时候，有两条神龙降临在夏帝的宫廷，说："我们是褒国的两个先君。"夏帝卜问究竟是杀掉它们还是赶走它们还是留下它们，都不吉利。于是就进行占卜，结果还是不吉利。又卜占，占卜的结果是将它们的唾液藏起来，结果才吉利。于是摆设出币帛祭物，书写简策，向二龙祈祷，二条龙就不见了，留下了唾液。夏王命令拿木匣子把龙的唾液收藏起来。夏朝亡国后，这个匣子传到了商朝，殷亡之后，又传到了周朝。连续三代，从来没有人敢把匣子打开。可是到了周厉王末年，打开匣子看了。龙的唾液流在殿堂上，无论如何也清扫不掉。于是周厉王命令一群女人，赤身裸体对着唾液大声呼叫。那唾液变成了一只黑色的大蜥蜴，爬进了厉王的后宫。后宫有一个小宫女，仅六七岁，刚刚换牙，碰了那只大蜥蜴，后来到了成年的时候竟然怀孕了，没有丈夫却生下了孩子，因此她非常恐惧，于是就把那孩子扔掉了。宣王时童女唱歌谣说："山桑做的弓，箕木做的箭囊，要灭掉周。"宣王听到了这首歌，有一对夫妻正好卖山桑弓和箕木制的箭袋，宣王命人去抓捕他们，想把他们杀掉。夫妇二人逃到大路上，发现了先前被小宫女扔掉的婴孩，听到她在深更半夜里啼哭，非常可怜，于是就收留了她。夫妇二人继续往前逃，逃到了褒国。后来褒国人得罪了周朝，就想把被小宫女扔掉的那个女孩献给厉王，以求赎罪。因为当初这个被扔掉的女孩是褒国献出，所以叫她褒姒。周幽王三年，幽王到后宫去，一见到这女子就非常喜爱，待她生下儿子伯服，最后把申后和太子都废掉了，让褒姒做了王后、伯服做了太子。太史伯阳感慨地说："灾祸已形成了，无可奈何！"

褒姒不爱笑，幽王为了博得她一笑，用了各种办法，褒姒仍然不笑。周幽王设置了烽火狼烟和大鼓，有敌人来侵犯就点燃烽火。周幽王为了让褒姒笑，点燃了烽火，诸侯见到烽火，全都赶来了。赶到之后，却不见有敌寇，褒姒看了果然哈哈大笑。幽王很高兴，为她多次点燃烽火。后来这烽火便失去了信用，诸侯们来的也越来越少了。

周幽王任用虢石父做卿，在国中执政，国人都对他不满意。虢石父为人能说会道，善于阿谀奉承又贪图财利，王却任用他。幽王又废掉了申后和太子。申侯很生气，联合缯国、犬戎一起攻打幽王。幽王点燃烽火召集诸侯的救兵。诸侯们再也没有人派救兵来了。幽王就被申侯杀死在骊山脚下，申侯俘虏了褒姒，把周的财宝都拿走了。于是诸侯们就和申侯一起拥立幽王从前的太子宜臼为王。也就是周平王，由周平王来继承周朝的祭祀。

周平王即位后，把国都迁到东都洛邑，以躲避犬戎。平王在位的时候，周王室衰落，各诸侯弱肉强食，齐国、楚国、秦国、晋国势力开始强大，一切政事都要由各方诸侯的首领来裁决。

平王四十九年，鲁隐公登位。

平王五十一年，周平王驾崩，而太子泄父也死得很早，立了他的儿子林，这就是桓王。桓王，就是周平王的孙子。

桓王三年，郑庄公前来朝见，桓王没有依礼接待郑庄公。五年，郑国由于怨恨桓王，于是就和鲁国调换了许地的田地。许地的田地，是天子祭祀泰山的专用田。八年，鲁人杀了隐公，拥立桓公。十三年，周桓王攻打郑国，郑国人祝聃射伤了桓王的肩膀，桓王就离开郑国回去了。

桓王二十三年，桓王去世，他的儿子庄王佗登位。庄王四年，周公黑肩想杀掉庄王拥立王子克。辛伯把这个消息报告给庄王，庄王杀掉周公，王子克逃往燕国。

十五年，周庄王去世。其儿子釐王胡齐登位。釐王三年，齐桓公开始称霸诸侯。

五年，釐王去世，其儿子惠王阆登位。惠王二年，起初，庄王宠爱姚姬，生下一子叫颓，很受宠爱。到惠王即位，夺其大臣的园林作自己的猎场，因此大夫边伯等五人作乱，商议着召集燕、卫的军队，讨伐惠王。惠王逃到温邑，后来就住在了郑国的栎邑。边伯等拥立釐王的弟弟颓为王。他们演奏各种舞乐，郑国和虢国的国君得知后很愤怒。四年，郑国和虢国一起发兵，杀死了周王颓，又把惠王护送回朝廷，惠王十年，赐封齐桓公为诸侯首领。

二十五年，惠王驾崩，其子襄王郑继位。襄王的母亲很早就去世了。继母就是惠后。惠后生了叔带，叔带很受惠王的宠爱，襄王不放心他。三年，叔带和戎国、翟国商议打算进攻襄王，襄王想要杀死叔带，于是叔带逃到了齐国。齐桓公派管仲去劝说戎国和周和解，派隰朋去劝说戎和晋和解。襄王用上卿的礼节来接待管仲。管仲辞谢道：“微臣身为下卿，不过是个卑贱的官吏，齐国还有天子您亲自任命的两位大臣上卿国氏、高氏在，如果国、高二卿届时在春、秋两季前来朝见天子，您将打算如何接见他们呢？微臣以天子和齐桓公的双重臣子的身份冒昧地辞谢了。”襄王说：“你是我舅父家的使臣，我欣赏你的政绩，请不要拒绝我的善意。”最终管仲还是接受了下卿的礼节，然后就回国了。九年，齐桓公去世。在十二年，叔带又回到了周朝。

十三年，郑国攻打滑国。周襄王派游孙、伯服为滑说情，郑国拘禁了这两个人。郑文公怨恨惠王，送给虢公酒器玉爵而不送给郑厉公，又怨恨襄王帮助卫国和滑国，所以拘禁了伯服。襄王很生气，想利用翟国军队去攻打郑国。富辰劝谏襄王说：“周东迁的时候，靠的是晋国和郑国的力量。子颓叛乱，又是依靠郑国得以平定，如今能因为一点小小的怨恨就抛弃它吗？”襄王不听劝阻。十五年，襄王派翟国的军队前去攻打郑国。襄王感激翟人，准备把翟王的女儿立为王后。富辰又劝谏说：“平王、桓王、庄王、惠王都曾受到郑国的好处，君王您抛开同姓之亲的郑国而去亲近翟国，这样做实在不可取。”襄王仍是不听。十六年，襄王废黜了翟后，翟人前来诛讨，杀死了周大夫谭伯。富辰说：“我屡次劝谏君王，君王都不听，如今到了这个局面，我若不出去迎战，君王可能会以为我在怨恨他吧！”于是就带领着他的属众出去与翟人作战，结果战死。

当初，惠后想立王子叔带为太子，所以派亲信给翟人做先导，翟人这才攻进了周都。襄王逃到郑国，郑国把他安置在氾邑。王子叔带立为王，娶了襄王废黜的翟后，和她一起住在温邑。十七年，襄王向晋国告急，晋文公把襄王护送回朝，杀死了叔带。襄王就赐给晋文公玉珪、香酒、弓箭，让他担任诸侯的首领，并把河内的地盘赐给晋国。二十年，晋文公召见襄王，襄王前往河阳、践土与他相会，诸侯都前去朝见，史书因避讳以臣召君这种事，就写成了“天王到河阳巡视”。

二十四年，晋文公逝世。

三十一年，秦缪公逝世。

三十二年，周襄王逝世。其儿子顷王壬臣继位。顷王六年，顷王逝世，其儿子匡王班登位。匡王六年，匡王逝世，他的弟弟瑜继位，这就是周定王。

定王元年，楚庄王征伐陆浑地方的戎族，军队驻扎在洛水边上，楚庄王派人询问九鼎的大小轻重，露出夺取天下之意。定王命王孙满用巧妙的辞令应付了楚庄王，楚兵这才离去。十年，楚庄王包围郑，郑伯出降，不久楚又恢复了郑国。十六年，楚庄王去世。

二十一年，定王逝世，其儿子简王夷登位。简王十三年，晋人杀了他们的国君厉公，从周迎回了子周，立为悼公。

十四年，简王驾崩，其子灵王泄心登位。灵王二十四年，齐国的崔杼杀了他们的国君庄公。

二十七年，灵王逝世，其儿子景王贵立。景王十八年，王后所生的太子虽精明通达却过早去世。二十年，景王宠爱子朝，打算立他为太子，恰好景王这时去世，子丐一伙人与子朝争立。国都的人立景王长子猛为王，子朝杀死猛。猛就是悼王。晋人攻打子朝扶立丐为王，这就是周敬王。

敬王元年，晋人护送敬王回朝。由于子朝已经自立为王，敬王不能进入国都，就居住在泽邑。四年，晋人率领诸侯护送敬王回周，子朝做了臣子，诸侯给周修筑都城。十六年，子朝一伙人再次作乱，敬王逃亡到晋。十七年，晋定公最终把敬王送回周。

三十九年，齐国田常杀了他们的国君简公。

四十一年，楚灭掉了陈国。孔子在这一年去世。

四十二年，周敬王驾崩，其子元王仁登位。元王八年，元王逝世，其儿子定王介登位。

定王十六年，韩、赵、魏三家消灭了智伯，瓜分其领地。

二十八年，定王逝世，其长子去疾登位，这就是哀王。哀王即位三个月，其弟弟叔袭击杀害哀王而自立为王，这就是思王。思王即位五个月，他的小弟弟嵬攻杀思王后自立为王，这就是考王。这三位都是定王的儿子。

考王十五年，考王逝世，其儿子威烈王午登位。

考王把他的弟弟封在河南，这就是桓公，让他承续周公这个官位职事。桓公死后，其儿子威公继任。威公去世，其子惠公继任，把他的幼子封在巩来侍奉周王，号为东周惠公。

威烈王二十三年，九鼎震动。这一年，周王命韩、魏、赵为诸侯。

二十四年，威烈王驾崩，其子安王骄继位。这一年，盗贼杀死了楚声王。

周安王在位二十六年后驾崩，其子烈王喜继位。烈王二年，周太史儋拜见秦献公说：“当初周王朝是与秦国合在一起的，后来又分开了；分开五百年后又合在一起了，合在一起十七年后就会有霸王出现。”

十年，周烈王驾崩，他的弟弟扁继位，这就是周显王。显王五年，祝贺秦献公，献公称霸。九年，显王将祭祀文王、武王的胙肉献给秦孝公。二十五年，秦王在周国与诸侯会盟。二十六年，周显王把诸侯之长方伯的名号赠送给了秦孝公。三十三年，向秦惠王祝贺。三十五年，又向秦惠王献上了祭祀文王、武王的胙肉。四十四年，秦惠王称王。从此以后，诸侯都各自称王了。

四十八年，周显王驾崩，其子慎靓王定继位。慎靓王在位六年后驾崩，其儿子赧王延继位。赧王在位时，东西周各自为政。赧王迁都到了西周。

西周武公的共太子死了，还有五个儿子都是庶出的，没有嫡子可以立为太子。司马翦对楚王说：“不如拿土地支持公子咎，为他谋求太子的地位。”左成说：“不行。如果我们用土地资助了公子咎，而周却不听我们的，这样您的主意就行不通了，与周的交情也疏远了。不如问问西周国君想立谁为接班人，让他们悄悄告诉司马翦，司马翦请楚用土地支持将要被立的人。”结果，西周真的立公子咎为太子。

八年，秦攻打宜阳，楚派兵去援救。而楚国以为周是帮助秦国，所以想攻打周。苏代为周游说楚王说：“为什么认为周亲近秦就是楚的祸害呢？说周亲近秦超过亲近楚的人，是想让周归并到秦，所以称为‘周秦’。周明白自己解脱不了了，就必会投向秦国，这真是帮助秦国取周的反间计呀。如今为大王考虑，周亲近秦我们对它好，不亲近秦也对它好，以使它和秦疏远。这样，才能让它与秦疏远。周与秦绝了交，就一定投向楚国郢都的。”

秦向东周和西周借道，想通过两周之间的地区来进攻韩国。周害怕借了会得罪韩国，但不借又会得罪秦国。史厌对周君说：“为何不派人去见韩公叔呢？就对韩公叔说：‘秦国敢越过周地去攻打韩国，这是由于信任东周不会袭击他。您为什么不贿赂周国，并派出人质前往楚国呢？’如此，秦国一定会质疑楚国，也不相信周国国君，同时也就不会进攻韩国了。然后您再派人去对秦国说：‘韩国非要送给我们土地，想以此来让秦国怀疑周国国君，周不敢不接受韩国的赠地。’秦国也就没有理由不让周国接受韩国的土地了，如此我们一方面得到了韩国的土地，另一方面又不得罪秦国了。”

秦国召见西周君，西周君不愿意去，就派人对韩王说：“秦召西周君，想让西周君攻打你的南阳，你何不出兵南阳？西周君将以此为理由不去秦国。周君不到秦国去，秦国就一定不敢渡河来攻打南阳了。”

东周和西周作战，韩国派兵援救西周。于是有人替东周游说韩王说：“西周是已故天子的国都，有许多珍贵的钟鼎和贵重的宝物。您如果按兵不动，既可以让东周感激您，又可以使您得到西周的宝物。”

周赧王告诉成君。楚国包围了韩国的雍氏，韩国向东周索要兵器、粮草，东周君很担忧，于是找来苏代把这事情告诉了他。苏代说：“您何必在这个问题上担心。臣能让韩不向东周征用甲胄和粮食，又能为您得到高都。”周君说：“你如果能办到，我可以把国政交给你。”苏代会见了韩相国公仲侈说：“楚国包围了雍氏，原来计划三个月攻下。如今五个月了，还攻不下来，这说明楚兵已经疲惫了。现在您向周要兵器粮草，就是向楚宣告您自己已经疲备了。”韩相国说：“对。可是使者已经派出去了。”苏代于是说：“为什么不把高都送给周呢？”韩相国非常生气，说：“我不向周要兵器粮草也就够可以了，为什么还要把高都送给周呢？”苏代说：“把高都送给周，这样周反过来投靠韩国，秦听说一定非常怨恨周，就会和周不再往来。这是用残破的高都换得完整的周，为什么不给呢？”韩相国说：“好。”果然把高都送给周了。

三十四年，苏厉对周君说：“秦国攻下了韩、魏，打败了魏将师武，往北攻取了赵的蔺、离石二县，这些都是白起的功劳。白起擅长用兵，又得到天命佑助。而今他又领兵出塞去进攻梁国，梁国如果被攻破，那么周国可就危险了。您为何不派人去游说白起呢？您可以说：‘楚国有位叫养由基的人，此人擅长射箭，离柳叶百步之外，可以百发百中。左右围观的人有好几千，都说他箭射得好。可是有一个汉子站在他的旁边，说：“好，可以教给他射箭了。”养由基很生气，扔掉弓，握住剑，说：“你有什么本事教我射箭呢？”那个人说：“并不是说我能教你怎么伸直左臂撑住弓身，怎样弯曲右臂拉开弓弦。一个人在百步之外射柳叶，百发百中，不知道见好就收，不久气力衰竭，弓歪矢曲，只要一发射不中，就前功尽弃了。”如今，您拿下了韩国、魏国，挫败了师武，往北攻下了赵国的蔺和离石二县，您的战功已经很大了。现在您又带兵出伊阙塞，穿过东西两周，越过韩国去攻打梁国，如果这一次打不胜，就会前功尽弃。您不如称病，不要出伊阙塞去攻打梁国了'。"

四十二年，秦国破坏了与魏国订立的华阳条约。大臣马犯对西周君说："请允许我去让梁国给周筑城。"他去对梁王说："周王因秦破华阳后可能伐周而急得要死。如果周王死去，我也一定活不成。我请求主动把九鼎，应进献给大王，大王得此九鼎，应为我设想一下。"梁王说："好啊。"于是给他一批士兵，声称是去保卫周。马犯又去对秦王说："梁并非是想保卫周，而是要攻打周。您可以派兵到国境去看看。"秦果然出兵。马犯又去对梁王说："周王病好了，九鼎的事没有办成，请您允许我以后找适当的机会再献九鼎吧。但是现在您已经派兵到周去了，诸侯都起了疑心，怀疑您要伐周，以后您办事将不会有人相信了。不如让那些士兵为周筑城，借此把诸侯怀疑您要伐周的事端盖住。"梁王说："好。"于是下令士兵给周筑城。

四十五年，西周君的说客到秦国对周最说："您不如称赞秦王孝顺，顺便建议把应地献给秦国作为太后的供养之地。秦王一定很高兴，这样您和秦国就建立了良好的交情。交情好了，周君会肯定这是您的功劳；交情不好，劝谏周君归附秦国的人一定会被处罚。"

秦国去攻打周国，周最对秦王说："如果为大王着想，那就不要去攻打周。攻打周，实在没有什么好处，可是天下人听到您的名声都会恐慌。天下人都因为秦攻打周的名声而害怕，一定会往东边去与齐国联合。您的军队在周打得疲惫了，又使天下都去与齐联合，这样秦国就称不了王、统一不了天下了。天下正希望使秦国疲惫呢，所以鼓励您去攻打周。如果秦国和诸侯都疲惫了，那样您的政命就不会通行于诸侯了。"

五十八年，韩、赵、魏三国与秦国相对抗。周派相国前往秦国，因为怕遭到秦国的轻视，走到半路就返回来了。有人对相国说："秦看轻你还是看重你尚未可知。秦很想了解韩、赵、魏三国的情况。你不如赶紧去见秦王，说'请允许我为王探听东方的变化'，秦王一定看重你。看重你，就是看重周，周可用这种办法取得秦的尊重；齐国看重周，这样周就取得了齐的尊重。这样周就能经常不中断和大国的交谊。"秦信任了周，就发兵去攻打韩、赵、魏三国。

五十九年，秦国攻取了韩国的阳城和负黍这两个地方。西周很恐惧，于是就疏远了秦国，并且和东方各诸侯联合起来，率领天下的精锐部队出伊阙塞去攻打秦国，使得秦国无法通往阳城。秦昭王很恼火，派将军摎攻打西周。西周君跑到秦国，叩头认罪，把全部三十六邑三万人口都献给了秦王。秦接受了西周君献的人口、土地，让他又回到西周去了。

周赧王驾崩后，西周的老百姓便逃向东周。秦夺取了周的九鼎和其他珍宝器物，又把西周公迁到惪狐。以后的七年里，秦庄襄王消灭了东周。从此东西周就全都归入秦国了，周朝的祭祀从此就断绝了。

太史公说："学者都说武王伐纣之后，定都洛邑。经综合考察，实际情况其实并不是这样的。武王营建了洛邑，成王又派召公去进行了占卜，并且还把九鼎安放在那里，而周都仍然是在丰邑、镐京。一直到犬戎打败了幽王，周都才东迁到洛邑。人们所说的'周公葬于毕'，毕在镐京东南的杜地中。秦国灭掉了周朝。汉朝建立九十多年以后，天子将要去泰山祭天。向东巡视到河南时，访求周的后代，把三十里的土地封给了周的后代嘉，号为周子南君，和其他列侯享有平等的待遇，让他供奉祭祀周朝的祖先。"

史记卷五

秦本纪第五

秦之先，帝颛顼之苗裔孙曰女脩。女脩织，玄鸟陨卵，女脩吞之，生子大业。大业取少典之子，曰女华。女华生大费，与禹平水土。已成，帝锡玄圭。禹受曰："非予能成，亦大费为辅。"帝舜曰："咨尔费，赞禹功，其赐尔皂游。尔后嗣将大出。"乃妻之姚姓之玉女。大费拜受，佐舜调驯鸟兽，鸟兽多驯服，是为伯翳。舜赐姓嬴氏。

大费生子二人：一曰大廉，实鸟俗氏；二曰若木，实费氏。其玄孙曰费昌。子孙或在中国，或在夷狄。

费昌当夏桀之时，去夏归商，为汤御，以败桀于鸣条。大廉玄孙曰孟戏、中衍，鸟身人言。帝太戊闻而卜之使御，吉，遂致使御而妻之。自太戊以下，中衍之后，遂世有功，以佐殷国，故嬴姓多显，遂为诸侯。其玄孙曰中潏，在西戎，保西垂。生蜚廉。

蜚廉生恶来。恶来有力，蜚廉善走，父子俱以材力事殷纣。周武王之伐纣，并杀恶来。是时蜚廉为纣石北方，还，无所报。为坛霍太山而报，得石棺，铭曰"帝令处父不与殷乱，赐尔石棺以华氏"。死，遂葬于霍太山。

蜚廉复有子曰季胜。季胜生孟增。孟增幸于周成王，是为宅皋狼。皋狼生衡父，衡父生造父。造父以善御幸于周穆王，得骥、温骊、骅駵、騄耳之驷，西巡狩，乐而忘归。徐偃王作乱，造父为穆王御，长驱归周，一日千里以救乱。穆王以赵城封造父，造父族由此为赵氏。

自蜚廉生季胜已下五世至造父，别居赵。赵衰其后也。

恶来革者，蜚廉子也，早死。有子曰女防。女防生旁皋，旁皋生太几，太几生大骆，大骆生非子。以造父之宠，皆蒙赵城，姓赵氏。

非子居犬丘，好马及畜，善养息之。犬丘人言之周孝王，孝王召使主马于汧、渭之间，马大蕃息。孝王欲以为大骆适嗣。申侯之女为大骆妻，生子成为適。申侯乃言孝王曰："昔我先郦山之女，为戎胥轩妻，生中潏，以亲故归周，保西垂，西垂以其故和睦。今我复与大骆妻，生適子成。申骆重婚，西戎皆服，所以为王。王其图之。”于是孝王曰：“昔伯翳为舜主畜，畜多息，故有土，赐姓嬴。今其后世亦为朕息马，朕其分土为附庸。”邑之秦，使复续嬴氏祀，号曰秦嬴。亦不废申侯之女子为骆適者，以和西戎。

秦嬴生秦侯。秦侯立十年，卒。生公伯。公伯立三年，卒。生秦仲。

秦仲立三年，周厉王无道，诸侯或叛之。西戎反王室，灭犬丘、大骆之族。周宣王即位，乃以秦仲为大夫，诛西戎。西戎杀秦仲。

秦仲立二十三年，死于戎。有子五人，其长者曰庄公。周宣王乃召庄公昆弟五人，与兵七千人，使伐西戎，破之。于是复予秦仲后，及其先大骆地犬丘并有之，为西垂大夫。

庄公居其故西犬丘，生子三人，其长男世父。世父曰：“戎杀我大父仲，我非杀戎王则不敢入邑。”遂将击戎，让其弟襄公，襄公为太子。

庄公立四十四年，卒，太子襄公代立。

襄公元年，以女弟缪嬴为丰王妻。

襄公二年，戎围犬丘，世父击之，为戎人所虏。岁馀，复归世父。

七年春，周幽王用褒姒废太子，立褒姒子为適，数欺诸侯，诸侯叛之。西戎犬戎与申侯伐周，杀幽王郦山下。而秦襄公将兵救周，战甚力，有功。周避犬戎难，东徙洛邑，襄公以兵送周平王。平王封襄公为诸侯，赐之岐以西之地。曰：“戎无道，侵夺我岐、丰之地，秦能攻逐戎，即有其地。”与誓，封爵之。襄公于是始国，与诸侯通使聘享之礼，乃用骝驹、黄牛、羝羊各三，祠上帝西畤。

十二年，伐戎而至岐，卒。生文公。

文公元年，居西垂宫。三年，文公以兵七百人东猎。四年，至汧、渭之会，曰：“昔周邑我先秦嬴于此，后卒获为诸侯。”乃卜居之，占曰吉，即营邑之。十年，初为鄜畤，用三牢。十三年，初有史以纪事，民多化者。十六年，文公以兵伐戎，戎败走。于是文公遂收周馀民有之，地至岐。岐以东献之周。十九年，得陈宝。二十年，法初有三族之罪。二十七年，伐南山大梓、丰大特。四十八年，文公太子卒，赐谥为竫公。竫公之长子为太子，是文公孙也。

五十年，文公卒，葬西山。竫公子立，是为宁公。

宁公二年，公徙居平阳。遣兵伐荡社。三年，与亳战，亳王奔戎，遂灭荡社。四年，鲁公子翚弑其君隐公。十二年，伐荡氏，取之。

宁公生十岁立，立十二年卒，葬西山。生子三人，长男武公为太子。武公弟德公，同母鲁姬子生出子。宁公卒，大庶长弗忌、威垒、三父废太子而立出子为君。

出子六年，三父等复共令人贼杀出子。出子生五岁立，立六年卒。三父等乃复立故太子武公。

武公元年，伐彭戏氏，至于华山下，居平阳封宫。三年，诛三父等而夷三族，以其杀出子也。郑高渠眯杀其君昭公。十年，伐邽、冀戎，初县之。十一年，初县杜、郑。灭小虢。

十三年，齐人管至父、连称等杀其君襄公而立公孙无知。晋灭霍、魏、耿。齐雍廪杀无知、管至父等而立齐桓公。齐、晋为强国。十九年，晋曲沃始为晋侯。齐桓公伯于鄄。

二十年，武公卒，葬雍平阳。初以人从死，从死者六十六人。有子一人，名曰白。白不立，封平阳。立其弟德公。

德公元年，初居雍城大郑宫。以牺三百牢祠鄜畤。卜居雍。后子孙饮马于河。梁伯、芮伯来朝。二年，初伏，以狗御蛊。德公生三十三岁而立，立二年卒。生子三人：长子宣公，中子成公，少子穆公。长子宣公立。

宣公元年，卫、燕伐周，出惠王，立王子颓。三年，郑伯、虢叔杀子颓而入惠王。四年，作密畤。与晋战河阳，胜之。

十二年，宣公卒。生子九人，莫立，立其弟成公。

成公元年，梁伯、芮伯来朝。齐桓公伐山戎，次于孤竹。

成公立四年卒。子七人，莫立，立其弟穆公。

穆公任好元年，自将伐茅津，胜之。四年，迎妇于晋，晋太子申生姊也。其岁，齐桓公伐楚，至邵陵。

五年，晋献公灭虞、虢，虏虞君与其大夫百里傒，以璧马赂于虞故也。既虏百里傒，以为秦穆公夫人媵于秦。百里傒亡秦走宛，楚鄙人执之。穆公闻百里傒贤，欲重赎之。恐楚人不与，乃使人谓楚曰："吾媵臣百里傒在焉，请以五羖羊皮赎之。"楚人遂许与之。当是时，百里傒年已七十馀。穆公释其囚，与语国事。谢曰："臣亡国之臣，何足问！"穆公曰："虞君不用子，故亡，非子罪也。"固问，语三日，穆公大说，授之国政，号曰五羖大夫。百里傒让曰："臣不及臣友蹇叔，蹇叔贤而世莫知。臣常游困于齐而乞食铚人，蹇叔收臣。臣因而欲事齐君无知，蹇叔止臣，臣得脱齐难，遂之周。周王子颓好牛，臣以养牛干之。及颓欲用臣，蹇叔止臣，臣去，得不诛。事虞君，蹇叔止臣，臣知虞君不用臣，臣诚私利禄爵，且留。再用其言，得脱；一不用，及虞君难：是以知其贤。”于是穆公使人厚币迎蹇叔，以为上大夫。

秋，穆公自将伐晋，战于河曲。晋骊姬作乱，太子申生死新城，重耳、夷吾出奔。

九年，齐桓公会诸侯于葵丘。

晋献公卒。立骊姬子奚齐，其臣李克杀奚齐。荀息立卓子，克又杀卓子及荀息。夷吾使人请秦，求入晋。于是穆公许之，使百里傒将兵送夷吾。夷吾谓曰："诚得立，请割晋之河西八城与秦。"及至，已立，而使丕郑谢秦，背约不与河西城，而杀李克。丕郑闻之，恐，因与穆公谋曰："晋人不欲夷吾，实欲重耳。今背秦约而杀李克，皆吕甥、郤芮之计也。愿君以利急召吕、郤，吕、郤至，则更入重耳便。"穆公许之，使人与丕郑归，召吕、郤。吕、郤等疑丕郑有间，乃言夷吾杀丕郑。丕郑子丕豹奔秦，说穆公曰："晋君无道，百姓不亲，可伐也。"穆公曰："百姓苟不便，何故能诛其大臣？能诛其大臣，此其调也。"不听，而阴用豹。

十二年，齐管仲、隰朋死。

晋旱，来请粟。丕豹说穆公勿与，因其饥而伐之。穆公问公孙支，支曰："饥穰，更事耳，不可不与。"问百里傒，傒曰："夷吾得罪于君，其百姓何罪？"于是用百里傒、公孙支言，卒与之粟。以船漕车转，自雍相望至绛。

十四年，秦饥，请粟于晋。晋君谋之群臣。虢射曰："因其饥伐之，可有大功。"晋君从之。十五年，兴兵将攻秦。穆公发兵，使丕豹将，自往击之。九月壬戌，与晋惠公夷吾合战于韩地。晋君弃其军，与秦争利，还而马鸷。穆公与麾下驰追之，不能得晋君，反为晋军所围。晋击穆公，穆公伤。于是岐下食善马者三百人驰冒晋军，晋军解围，遂脱穆公而反生得晋君。初，穆公亡善马，岐下野人共得而食之者三百馀人，吏逐得，欲法之。穆公曰："君子不以畜产害人。吾闻食善马肉不饮酒，伤人。"乃皆赐酒而赦之。三百人者闻秦击晋，皆求从，从而见穆公窘，亦皆推锋争死，以报食马之德。于是穆公虏晋君以归，令于国，"齐宿，吾将以晋君祠上帝"。周天子闻之，曰"晋我同姓"，为请晋君。夷吾姊亦为穆公夫人，夫人闻之，乃衰绖跣，曰："妾兄弟不能相救，以辱君

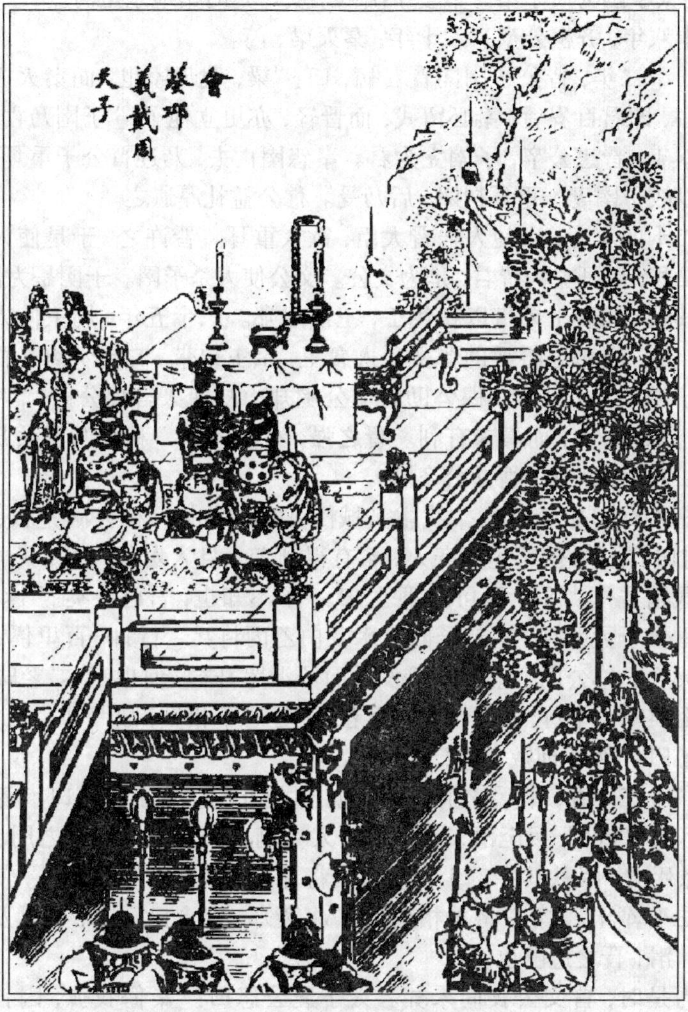

《东周列国志》版画之会葵丘义戴周天子图，讲齐桓公于葵丘大会诸侯，拥戴周天子之事。

命。”穆公曰：“我得晋君以为功，今天子为请，夫人是忧。”乃与晋君盟，许归之，更舍上舍，而馈之七牢。十一月，归晋君夷吾，夷吾献其河西地，使太子圉为质于秦。秦妻子圉以宗女。是时秦地东至河。

十八年，齐桓公卒。二十年，秦灭梁、芮。

二十二年，晋公子圉闻晋君病，曰：“梁，我母家也，而秦灭之。我兄弟多，即君百岁后，秦必留我，而晋轻，亦更立他子。”子圉乃亡归晋。二十三年，晋惠公卒，子圉立为君。秦怨圉亡去，乃迎晋公子重耳于楚，而妻以故子圉妻。重耳初谢，后乃受。穆公益礼厚遇之。

二十四年春，秦使人告晋大臣，欲入重耳。晋许之，于是使人送重耳。二月，重耳立为晋君，是为文公。文公使人杀子圉。子圉是为怀公。

其秋，周襄王弟带以翟伐王，王出居郑。二十五年，周王使人告难于晋、秦。秦穆公将兵助晋文公入襄王，杀王弟带。二十八年，晋文公败楚于城濮。三十年，穆公助晋文公围郑。郑使人言穆公曰：“亡郑厚晋，于晋而得矣，而秦未有利。晋之强，秦之忧也。”穆公乃罢兵归。晋亦罢。三十二年冬，晋文公卒。

郑人有卖郑于秦曰：“我主其城门，郑可袭也。”穆公问蹇叔、百里傒，对曰：“径数国千里而袭人，希有得利者。且人卖郑，庸知我国人不有以我情告郑者乎？不可。”穆公曰：“子不知也，吾已决矣。”遂发兵，使百里傒子孟明视、蹇叔子西乞术及白乙丙将兵。行日，百里傒、蹇叔二人哭之。穆公闻，怒曰：“孤发兵而子沮哭吾军，何也？”二老曰：“臣非敢沮君军。军行，臣子与往；臣老，迟还恐不相见，故哭耳。”二老退，谓其子曰：“汝军即败，必于殽阨矣。”。

三十三年春，秦兵遂东，更晋地，过周北门。周王孙满曰：“秦师无礼，不败何待！”兵至滑，郑贩卖贾人弦高，持十二牛将卖之周，见秦兵，恐死虏，因献其牛，曰：“闻大国将诛郑，郑君谨修守御备，使臣以牛十二劳军士。”秦三将军相谓曰：“将袭郑，郑今已觉之，往无及已。”灭滑。滑，晋之边邑也。

当是时，晋文公丧尚未葬。太子襄公怒曰：“秦侮我孤，因丧破我滑。”遂墨衰绖，发兵遮秦兵于殽，击之，大破秦军，无一人得脱者。虏秦三将以归。文公夫人，秦女也，为秦三囚将请曰：“穆公之怨此三人入于骨髓，愿令此三人归，令我君得自快烹之。”晋君许之，归秦三将。三将至，穆公素服郊迎，向三人哭曰：“孤以不用百里傒、蹇叔言以辱三子，三子何罪乎？子其悉心雪耻，毋怠。”遂复三人官秩如故，愈益厚之。

三十四年，楚太子商臣弑其父成王代立。

穆公于是复使孟明视等将兵伐晋，战于彭衙。秦不利，引兵归。

戎王使由余于秦。由余，其先晋人也，亡入戎，能晋言。闻穆公贤，故使由余观秦。秦穆公示以宫室、积聚。由余曰：“使鬼为之，则劳神矣。使人为之，亦苦民矣。”穆公怪之，问曰：“中国以诗书礼乐法度为政，然尚时乱，今戎夷无此，何以为治，不亦难乎？”由余笑曰：“此乃中国所以乱也。夫自上圣黄帝作为礼乐法度，身以先之，仅以小治。及其后世，日以骄淫。阻法度之威，以责督于下，下罢极则以仁义怨望于上，上下交争怨而相篡弑，至于灭宗，皆以此类也。夫戎夷不然。上含淳德以遇其下，下怀忠信以事其上，一国之政犹一身之治，不知所以治，此真圣人之治也。”于是穆公退而问内史廖曰：“孤闻邻国有圣人，敌国之忧也。今由余贤，寡人之害，将奈之何？”内史廖曰：“戎王处辟匿，未闻中国之声。君试遗其女乐，以夺其志；为由余请，以疏其间；留而莫遣，以失其期。戎王怪之，必疑由余。君臣有间，乃可虏也。且戎王好乐，必怠于政。”穆公曰：“善。”因与由余曲席而坐，传器而食，问其地形与其兵势尽詧。而后令内史廖以女乐二八遗戎王。戎王受而说之，终年不还。于是秦乃归由余。由余数谏不听，穆公又数使人间要由余，由余遂去降秦。穆公以客礼礼之，问伐戎之形。

三十六年，穆公复益厚孟明等，使将兵伐晋，渡河焚船，大败晋人，取王官及鄗，以报殽之役。晋人皆城守不敢出。于是穆公乃自茅津渡河，封殽中尸，为发丧，哭之三日。乃誓于军曰：“嗟，士卒！听，无哗，余誓告汝。古之人谋黄发番番，则无所过。以申思不用蹇叔、百里傒之谋，故作此誓，令后世以记余过。君子闻之，皆为垂涕，曰：“嗟乎！秦穆公之与人周也，卒得孟明之庆。”

三十七年，秦用由余谋伐戎王，益国十二，开地千里，遂霸西戎。天子使召公过贺穆公以金鼓。

三十九年，穆公卒，葬雍。从死者百七十七人，秦之良臣子舆氏三人名曰奄息、仲行、鍼虎，亦在从死之中。秦人哀之，为作歌《黄鸟》之诗。君子曰：“秦穆公广地益国，东服强晋，西霸戎夷，然不为诸侯盟主，亦宜哉。死而弃民，收其良臣而从死。且先王崩，尚犹遗德垂法，况夺之善人良臣百姓所哀者乎？是以知秦不能复东征也。”穆公子四十人，其太子罃代立，是为康公。

康公元年。往岁穆公之卒，晋襄公亦卒；襄公之弟名雍，秦出也，在秦。晋赵盾欲立之，使随会来迎雍，秦以兵送至令狐。晋立襄公子而反击秦师，秦师败，随会来奔。

二年，秦伐晋，（于）〔取〕武城，报令狐之役。四年，晋伐秦，取少梁。六年，秦伐晋，取羁马。战于河曲，大败晋军。晋人患随会在秦为乱，乃使魏雠馀详反，合谋会，诈而得会，会遂归晋。

康公立十二年卒，子共公立。

共公二年，晋赵穿弑其君灵公。三年，楚庄王强，北兵至洛，问周鼎。

共公立五年卒，子桓公立。

桓公三年，晋败我一将。十年，楚庄王服郑，北败晋兵于河上。当是之时，楚霸，为会盟合诸侯。二十四年，晋厉公初立，与秦桓公夹河而盟。归而秦倍盟，与翟合谋击晋。二十六年，晋率诸侯伐秦，秦军败走，追至泾而还。

桓公立二十七年卒，子景公立。

景公四年，晋栾书弑其君厉公。十五年，救郑，败晋兵于栎。是时晋悼公为盟主。十八年，晋悼公强，数会诸侯，率以伐秦，败秦军。秦军走，晋兵追之，遂渡泾，至棫林而还。二十七年，景公如晋，与平公盟，已而背之。三十六年，楚公子围弑其君而自立，是为灵王。景公母弟后子鍼有宠，景公母弟富，或谮之，恐诛，乃奔晋，车重千乘。晋平公曰："后子富如此，何以自亡？"对曰："秦公无道，畏诛，欲待其后世乃归。"三十九年，楚灵王强，会诸侯于申，为盟主，杀齐庆封。

景公立四十年卒，子哀公立。后子复来归秦。

哀公八年，楚公子弃疾弑灵王而自立，是为平王。十一年，楚平王来求秦女为太子建妻。至国，女好而自娶之。十五年，楚平王欲诛建，建亡；伍子胥奔吴。晋公室卑而六卿强，欲内相攻，是以久秦晋不相攻。三十一年，吴王阖闾与伍子胥伐楚，楚王亡奔随，吴遂入郢。楚大夫申包胥来告急，七日不食，日夜哭泣。于是秦乃发五百乘救楚，败吴师。吴师归，楚昭王乃得复入郢。

哀公立三十六年卒。太子夷公，夷公早死，不得立，立夷公子，是为惠公。

惠公元年，孔子行鲁相事。五年，晋卿中行、范氏反晋，晋使智氏、赵简子攻之，范、中行氏亡奔齐。

惠公立十年卒，子悼公立。

悼公二年，齐臣田乞弑其君孺子，立其兄阳生，为悼公。六年，吴败齐师。齐人弑悼公，立其子简公。九年，晋定公与吴王夫差盟，争长于黄池，卒先吴。吴强，陵中国。十二年，齐田常弑简公，立其弟平公，常相之。十三年，楚灭陈。

秦悼公立十四年卒，子厉共公立。孔子以悼公十二年卒。

厉共公二年，蜀人来赂。十六年，堑河旁。以兵二万伐大荔，取其王城。二十一年，初县频阳。晋取武成。二十四年，晋乱，杀智伯，分其国与赵、韩、魏。二十五年，智开与邑人来奔。三十三年，伐义渠，虏其王。

三十四年，日食。厉共公卒，子躁公立。

躁公二年，南郑反。十三年，义渠来伐，至渭南。

十四年，躁公卒，立其弟怀公。

怀公四年，庶长晁与大臣围怀公，怀公自杀。怀公太子曰昭子，早死，大臣乃立太子昭子之子，是为灵公。灵公，怀公孙也。

灵公六年，晋城少梁，秦击之。十三年，城籍姑。灵公卒，子献公不得立，立灵公季父悼子，是为简公。简公，昭〔子〕之弟而怀公子也。

简公六年，令吏初带剑。堑洛。城重泉。

十六年，卒，子惠公立。

惠公十二年，子出子生。十三年，伐蜀，取南郑。惠公卒，出子立。

出子二年，庶长改迎灵公之子献公于河西而立之。杀出子及其母，沉之渊旁。

秦以往者数易君，君臣乖乱，故晋复强，夺秦河西地。

献公元年，止从死。二年，城栎阳。四年正月庚寅，孝公生。十一年，周太史儋见献公曰："周故与秦国合而别，别五百岁复合，合七十七岁而霸王出。"十六年，桃冬花。十八年，雨金栎阳。二十一年，与晋战于石门，斩首六万，天子贺以黼黻。二十三年，与魏、晋战少梁，虏其将公孙痤。

二十四年，献公卒，子孝公立，年已二十一岁矣。

孝公元年，河山以东强国六，与齐威、楚宣、魏惠、燕悼、韩哀、赵成侯并。淮、泗之间小国十馀。楚、魏与秦接界。魏筑长城，自郑滨洛以北，有上郡。楚自汉中，南有巴、黔中。周室微，诸侯力政，争相并。秦僻在雍州，不与中国诸侯之会盟，夷翟遇之。孝公于是布惠，振孤寡，招战士，明功赏。下令国中曰："昔我穆公自岐、雍之间，修德行武，东平晋乱，以河为界，西霸戎翟，广地千里，天子致伯，诸侯毕贺，为后世开业，甚光美。会往者厉、躁、简公、出子之不宁，国家内忧，未遑外事，三晋攻夺我先君河西地，诸侯卑秦，丑莫大焉。献公即位，镇抚边境，徙治栎阳，且欲东伐，复穆公之故地，修穆公之政令。寡人思念先君之意，常痛于心。宾客群臣有能出奇计强秦者，吾且尊官，与之分土。"于是乃出兵东围陕城，西斩戎之王獂。卫鞅闻是令下，西入秦，因景监求见孝公。

二年，天子致胙。

三年，卫鞅说孝公变法修刑，内务耕稼，外劝战死之赏罚，孝公善之。甘龙、杜挚等弗然，相与争之。卒用鞅法，百姓苦之；居三年，百姓便之。乃拜鞅为左庶长。其事在《商君》语中。

七年，与魏惠王会杜平。八年，与魏战元里，有功。十年，卫鞅为大良造，将兵围魏安邑，降之。

十二年，作为咸阳，筑冀阙，秦徙都之。并诸小乡聚，集为大县，县一令，四十一县。为田开阡陌。东地渡洛。十四年，初为赋。十九年，天子致伯。二十年，诸侯毕贺。秦使公子少官率师会诸侯逢泽，朝天子。

二十一年，齐败魏马陵。

二十二年，卫鞅击魏，虏魏公子卬。封鞅为列侯，号商君。

二十四年，与晋战雁门，虏其将魏错。孝公卒，子惠文君立。是岁，诛卫鞅。鞅之初为秦施法，法不行，太子犯禁。鞅曰："法之不行，自于贵戚。君必欲行法，先于太子。太子不可黥，黥其傅师。"于是法大用，秦人治。及孝公卒，太子立，宗室多怨鞅，鞅亡，因以为反，而卒车裂以徇秦国。

惠文君元年，楚、韩、赵、蜀人来朝。二年，天子贺。三年，王冠。四年，天子致文武胙。齐、魏为王。

五年，阴晋人犀首为大良造。六年，魏纳阴晋，阴晋更名宁秦。七年，公子卬与魏战，虏其将龙贾，斩首八万。八年，魏纳河西地。九年，渡河，取汾阴、皮氏。与魏王会应。围焦，降之。十年，张仪相秦。魏纳上郡十五县。十一年，县义渠。归魏焦、曲沃。义渠君为臣。更名少梁曰夏阳。十二年，初腊。十三年四月戊午，魏君为王，韩亦为王。使张仪伐取陕，出其人与魏。

十四年，更为元年。二年，张仪与齐、楚大臣会齧桑。三年，韩、魏太子来朝。张仪相魏。五年，王游至北河。七年，乐池相秦。韩、赵、魏、燕、齐帅匈奴共攻秦。秦使庶长疾与战脩鱼，虏其将申差，败赵公子渴、韩太子奂，斩首八万二千。八年，张仪复相秦。九年，司马错伐蜀，灭之。伐取赵中都、西阳。十年，韩太子苍来质。伐取韩石章。伐败赵将泥。伐取义渠二十五城。十一年，樗里疾攻魏焦，降之。败韩岸门，斩首万，其将犀首走。公子通封于蜀。燕君让其臣子之。

十二年，王与梁王会临晋。庶长疾攻赵，虏赵将庄。张仪相楚。十三年，庶长章击楚于丹阳，虏其将屈匄，斩首八万；又攻楚汉中，取地六百里，置汉中郡。楚围雍氏，秦使庶长疾助韩而东攻齐，到满助魏攻燕。十四年，伐楚，取召陵。丹、犂臣，蜀相壮杀蜀侯来降。

惠王卒，子武王立。韩、魏、齐、楚、越皆宾从。

武王元年，与魏惠王会临晋。诛蜀相壮。张仪、魏章皆东出之魏。伐义渠、丹、犂。

二年，初置丞相，樗里疾、甘茂为左右丞相。张仪死于魏。三年，与韩襄王会临晋外。南公揭卒，樗里疾相韩。武王谓甘茂曰："寡人欲容车通三川，窥周室，死不恨矣。"其秋，使甘茂、庶长封伐宜阳。四年，拔宜阳，斩首六万。涉河，城武遂。魏太子来朝。武王有力好戏，力士任鄙、乌获、孟说皆至大官。王与孟说举鼎，绝膑。八月，武王死。族孟说。武王取魏女为后，无子。立异母弟，是为昭襄王。昭襄母楚人，姓芈氏，号宣太后。武王死时，昭襄王为质于燕，燕人送归，得立。

昭襄王元年，严君疾为相。甘茂出之魏。二年，彗星见。庶长壮与大臣、诸侯、公子为逆，皆诛，及惠文后皆不得良死。悼武王后出归魏。三年，王冠。与楚王会黄棘，与楚上庸。四年，取蒲阪。彗星见。五年，魏王来朝应亭，复与魏蒲阪。六年，蜀侯煇反，司马错定蜀。庶长奂伐楚，斩首二万。泾阳君质于齐。日食，昼晦。七年，拔新城。樗里子卒。八年，使将军芈戎攻楚，取新市。齐使章子，魏使公孙喜，韩使暴鸢共攻楚方城，取唐眜。赵破中山，其君亡，竟死齐。魏公子劲、韩公子长为诸侯。九年，孟尝君薛文来相秦。奂攻楚，取八城，杀其将景快。十年，楚怀王入朝秦，秦留之。薛文以金受免。楼缓为丞相。十一年，齐、韩、魏、赵、宋、中山五国共攻秦，至盐氏而还。秦与韩、魏河北及封陵以和。彗星见。楚怀王走之赵，赵不受，还之秦，即死，归葬。十二年，楼缓免，穰侯魏冉为相。予楚粟五万石。

十三年，向寿伐韩，取武始。左更白起攻新城。五大夫礼出亡奔魏。任鄙为汉中守。十四年，左更白起攻韩、魏于伊阙，斩首二十四万，虏公孙喜，拔五城。十五年，大良造白起攻魏，取垣，复予之。攻楚，取宛。十六年，左更错取轵及邓。冉免。封公子市宛，公子悝邓，魏冉陶，为诸侯。

十七年，城阳君入朝，及东周君来朝。秦以垣(为)〔易〕蒲阪、皮氏。王之宜阳。十八年，错攻垣、河雍，决桥取之。十九年，王为西帝，齐为东帝，皆复去之。吕礼来自归。齐破宋，宋王在魏，死温。任鄙卒。二十年，王之汉中，又之上郡、北河。二十一年，错攻魏河内。魏献安邑，秦出其人，募徙河东赐爵，赦罪人迁之。泾阳君封宛。二十二年，蒙武伐齐。河东为九县。与楚王会宛。与赵王会中阳。二十三年，尉斯离与三晋、燕伐齐，破之济西。王与魏王会宜阳，与韩王会新城。

二十四年，与楚王会鄢，又会穰。秦取魏安城，至大梁，燕、赵救之，秦军去。魏冉免相。二十五年，拔赵二城。与韩王会新城，与魏王会新明邑。二十六年，赦罪人迁之。穰侯冉复相。二十七年，错攻楚。赦罪人迁之南阳。白起攻赵，取代光狼城。又使司马错发陇西，因蜀攻楚黔中，拔之。二十八年，大良造白起攻楚，取鄢、邓，赦罪人迁之。二十九年，大良造白起攻楚，取郢为南郡，楚王走。周君来。王与楚王会襄陵。白起为武安君。三十年，蜀守若伐〔楚〕，取巫郡及江南为黔中郡。三十一年，白起伐魏，取两城。楚人反我江南。三十二年，相穰侯攻魏，至大梁，破暴鸢，斩首四万，鸢走，魏入三县请和。三十三年，客卿胡阳攻魏卷、蔡阳、长社，取之。击芒卯华阳，破之，斩首十五万。魏入南阳以和。三十四年，秦与魏、韩上庸地为一郡，南阳免臣迁居之。三十五年，佐韩、魏、楚伐燕。初置南阳郡。三十六年，客卿灶攻齐，取刚、寿，予穰侯。三十八年，中更胡阳攻赵阏与，不能取。四十年，悼太子死魏，归葬芷阳。四十一年夏，攻魏，取邢丘、怀。四十二年，安国君为太子。十月，宣太后薨，葬芷阳郦山。九月，穰侯出之陶。

四十三年，武安君白起攻韩，拔九城，斩首五万。四十四年，攻韩南郡，取之。四十五年，五大夫贲攻韩，取十城。叶阳君悝出之国，未至而死。四十七年，秦攻韩上党，上党降赵，秦因攻赵，赵发兵击秦，相距。秦使武安君白起击，大破赵于长平，四十馀万尽杀之。

四十八年十月，韩献垣雍。秦军分为三军。武安君归。王龁将伐赵武安、皮牢，拔之。司马梗北定太原，尽有韩上党。正月，兵罢，复守上党。其十月，五大夫陵攻赵邯郸。四十九年正月，益发卒佐陵。陵战不善，免，王龁代将。其十月，将军张唐攻魏，为蔡尉捐弗守，还斩之。

五十年十月，武安君白起有罪，为士伍，迁阴密。张唐攻郑，拔之。十二月，益发卒军汾城旁。武安君白起有罪，死。龁攻邯郸，不拔，去，还奔汾军二月馀。攻晋军，斩首六千，晋（楚）〔走〕流死河二万人。攻汾城，即从唐拔宁新中，宁新中更名安阳。初作河桥。

五十一年，将军摎攻韩，取阳城、负黍，斩首四万。攻赵，取二十馀县，首虏九万。西周君背秦，与诸侯约从，将天下锐兵出伊阙攻秦，令秦毋得通阳城。于是秦使将军摎攻西周。西周君走来自归，顿首受罪，尽献其邑三十六城，口三万。秦王受献，归其君于周。

五十二年，周民东亡，其器九鼎入秦。周初亡。

五十三年，天下来宾。魏后，秦使摎伐魏，取吴城。韩王入朝，魏委国听令。五十四年，王郊见上帝于雍。五十六年秋，昭襄王卒，子孝文王立。尊唐八子为唐太后，而合其葬于先王。韩王衰绖入吊祠，诸侯皆使其将相来吊祠，视丧事。

孝文王元年，赦罪人，修先王功臣，褒厚亲戚，弛苑囿。孝文王除丧，十月己亥即位，三日辛丑卒，子庄襄王立。

庄襄王元年，大赦罪人，修先王功臣，施德厚骨肉而布惠于民。东周君与诸侯谋秦，秦使相国吕不韦诛之，尽入其国。秦不绝其祀，以阳人地赐周君，奉其祭祀。使蒙骜伐韩，韩献成皋、巩。秦界至大梁，初置三川郡。二年，使蒙骜攻赵，定太原。三年，蒙骜攻魏高都、汲，拔之。攻赵榆次、新城、狼孟，取三十七城。四月日食。王龁攻上党。初置太原郡。魏将无忌率五国兵击秦，秦却于河外。蒙骜败，解而去。五月丙午，庄襄王卒，子政立，是为秦始皇帝。

秦王政立二十六年，初并天下为三十六郡，号为始皇帝。始皇帝五十一年而崩，子胡亥立，是为二世皇帝。三年，诸侯并起叛秦，赵高杀二世，立子婴。子婴立月馀，诸侯诛之，遂灭秦。其语在《始皇本纪》中。

太史公曰：秦之先为嬴姓，其后分封，以国为姓，有徐氏、郯氏、莒氏、终黎氏、运奄氏、菟裘氏、将梁氏、黄氏、江氏、脩鱼氏、白冥氏、蜚廉氏、秦氏。然秦以其先造父封赵城，为赵氏。

【译文】

秦国的祖先，是颛顼帝的后代孙女，名字叫女修。女修织布的时候，正巧有一只燕子产下一颗蛋，女修把它吞食了，于是就生下了一个儿子，取名大业。大业娶了少典部族的女儿，名叫女华。女华生下大费，大费辅助夏禹治理水土。治水成功后，舜帝为表彰禹的功劳，赐给他一块黑色的玉圭。禹接受了赏赐，说："治水不是我一个人的功劳，也有大费的帮助。"舜帝说："啊！大费，你帮助禹治水成功！我赏赐给你黑色的旌旗飘带。你的后代将会兴旺发达的。"于是把一个姓姚的贤德之女嫁给了他。大费拜谢舜帝并接受了赏赐，从此他就为舜帝驯养禽兽，禽兽大多都被驯服了。此人就是人们常说的柏翳，舜帝赐他嬴姓。

大费生了两个儿子，一个名叫大廉，就是鸟俗氏；另一个叫若木，就是费氏。若木的玄孙叫费昌，他的子孙有的居住在中原地区，有的居住在夷狄地区。费昌正处在夏桀王的时代，他离开夏国，归顺了商汤，给商汤驾车，在鸣条打败了夏桀。大廉的玄孙叫孟戏、中衍，身体长得很像鸟，但说人话。太戊帝听说后，想让他们给自己驾车。于是就去占卜吉凶，结果卦象显示的是吉利。于是把他们请来驾车，并且给他们娶了妻子。从太戊帝开始，中衍的后代子孙，每代辅佐殷国都有功劳，所以嬴姓的子孙大多都很显贵，后来终于成了诸侯。

中衍的玄孙叫作中潏，住在西戎族的地区，镇守西部边疆。中潏的儿子叫蜚廉。蜚廉的儿子叫恶来。恶来力气大，蜚廉善奔跑，父子俩都凭借才能和力气来侍奉商纣王。武王伐纣的时候，连同恶来也一并杀死了。当时，蜚廉为纣出使北方。等他回来时，纣王已经死了，没有地方禀报，于是便在霍太山筑起祭坛向纣王报告。在修祭坛的时候，挖掘到一具石棺，石棺上刻着："天帝命令你不要参与殷朝的动乱，现在赐给你一口石棺，用来光耀你的家族。"蜚廉死后，就埋葬在霍太山。蜚廉还有个儿子叫季胜。季胜的儿子叫孟增。孟增受到周成王的宠幸，他就是宅皋狼。皋狼的儿子叫衡父。衡父的儿子叫造父。造父因善于驾车得到周缪王的宠幸。周缪王获得了名叫骥、温骊、骅骝、騄耳的四匹骏马，于是便驾车到西方巡视，乐而忘返。缪王得到徐偃王乘机作乱的消息后，造父就给缪王驾车，夜以继日地赶回周都，日行千里，平定了叛乱。缪王把赵城封给造父，造父的族人从此就以赵为姓。自蜚廉生季胜以来经过五代延续到造父时，才另外分出来居住在赵城。春秋晋国大夫赵衰就是他的后代。恶来革也是蜚廉的儿子，但他死得较早。他有个儿子叫女防。女防生了旁皋，旁皋生了太几，太几生了大骆，大骆生了非子。由于造父受到周王的宠爱，他们都承蒙恩荫住在赵城，也以赵为姓。

非子居住在犬丘，喜好马匹和牲畜，而且还善于饲养繁殖。犬丘的人把非子的这个长处告诉了周孝王，于是孝王召见非子，派他在汧河、渭河一带管理马匹。马匹大量繁殖。孝王想让非子做大骆的继承人。当时申侯的女儿已经是大骆的妻子了，并且生了儿子成，成已经做了继承人。申侯就对孝王说："从前我的祖先是骊山那儿的女儿，她做了西戎族仲衍的曾孙胥轩的妻子，生了中潏。因为与周相亲而归附周朝，守卫西部边境，西部边境因此和睦太平。现在我又把女儿嫁给大骆为妻，生下成做继承人。申侯与大骆再次联姻，西戎族都归顺，这样，您才得以称王。希望您考虑一下吧。"于是孝王说："从前伯翳替舜主管牲畜，牲畜繁殖得很多，所以封给土地，赐给嬴姓。现在他的后代也替我繁殖马匹，我就分给他土地做一个附属国吧。"于是把秦地赐给非子作为封邑，让他接续嬴氏的祭祀，号称秦嬴。但也不废除申侯女儿生的儿子做大骆的继承人，以此来搞好与西戎的关系。

秦嬴生了秦侯。秦侯在位十年去世。秦侯生公伯。公伯在位三年去世。公伯生秦仲。

秦仲即位后的第三年，因为周厉王荒淫无道，有的诸侯就反叛了他。西戎也反叛周王朝，并乘机消灭了居住在犬丘的大骆一族。周宣王即位后，便派秦仲为大夫讨伐西戎。兵败后秦仲被西戎杀死了。秦仲在位二十三年，死在西戎。他有五个儿子，他的长子就是庄公。周宣王召见庄公兄弟五人，给他们七千人马，让他们讨伐西戎。等他们攻破了西戎后，周宣王再次赏赐秦仲的后代，包括他们祖先大骆的地盘犬丘都归他们所有，同时周宣王还任命他担任西垂大夫。

庄公居住在先人的故地西犬丘，生有三个儿子，长子叫世父。世父说："西戎杀了我祖父秦仲，我不杀死戎王就决不进入封邑。"于是率兵攻打西戎，而把自己的继承权让给了他的弟弟襄公。襄公做了太子。庄公执政四十四年后去世，太子襄公继位。襄公元年，他把妹妹缪嬴嫁给了西戎丰王。襄公二年，西戎包围犬丘，世父率兵反击，结果被西戎俘虏。过了一年多，西戎又送回世父。七年春天，周幽王因宠爱褒姒废黜太子，立褒姒的儿子做太子，并多次戏弄诸侯，诸侯反叛了他。西戎中的犬戎与申侯攻打周朝，在骊山下杀死幽王。此时秦襄公率兵营救周朝，奋勇作战，立了战功。周平王为了躲避犬戎，把都城向东迁到洛邑。襄公派兵一路护送周平王。于是周平王便封襄公为诸侯，并把岐山以西的土地赐给了襄公。平王说："西戎无道，侵夺了我们岐山、丰水的土地。秦国如果能打败西戎，那片土地就归秦国。"而且他们一起立下誓约，赐给襄公封地，授给襄公爵位。从这时候开始，秦国便成为了诸侯国，跟其他诸侯国互通使节，互致聘问献纳之礼。而且还用黑鬃赤马、黄牛、公羊各三头，在西畤祭祀上帝。十二年，秦国讨伐西戎。到达岐山后，秦襄公就去世了。襄公生文公。

文公元年，他住在西垂宫。三年，文公带着七百名士卒到东边去游猎。四年，他们到达汧、渭两河交汇的地方。文公说："从前，周朝把这里赐给了我的祖先秦嬴做封邑，后来我们获得封赏成了诸侯。"于是占卜这里是否适宜建都，占卜的结果显示吉利，于是便在这里营造起都邑。十年，开始建造祭祀天地的鄜畤，用牛、羊、猪三牲祭祀。十三年，开始设立史官记载国事，受到教化的百姓很多。十六年，文公举兵讨伐西戎，西戎败逃。于是文公就将周朝的遗民收归为己有，将地盘扩展到岐山，文公把岐山以东的土地献给了周天子。十九年，得到一块名叫"陈宝"的奇石。二十年，开始颁布诛灭三族的刑法。二十七年，砍伐南山的大梓树，梓树神变为大公牛逃入丰水。四十八年，文公的太子去世，赐谥号叫竫公。竫公的长子立为太子，他是文公的孙子。五十年，文公驾崩，埋葬在西山。竫公的儿子继位，这就是宁公。

宁公二年，宁公迁居到平阳，派遣军队征伐荡社。三年，与亳国交战，亳王逃奔西戎，于是灭掉荡社。四年，鲁公子翚杀死了他的君王隐公。十二年，秦国讨伐荡氏，并夺取了它。宁公年仅十岁便登位，在位十二年去世，葬在西山。他生了三个儿子：长子武公为太子；武公的弟弟德公，与武公是同母兄弟；宁公之妾鲁姬子生了出子。宁公去世后，大庶长弗忌、威垒和三父废掉太子，拥立出子为君主。出子六年，三父等人又共同让人暗杀了出子。出子出生五岁登位，在位六年去世。三父等人于是又拥立原来的太子武公。

武公元年，征伐彭戏氏，到了华山下，住在平阳的封宫里。三年，杀了三父等人，灭了他们的三族，因为他们杀了出子。郑国的高渠眯杀了他的君主昭公。十年，秦国攻打邽、冀两地的戎族，并开始在这些地方设县。十一年，开始把杜、郑两地设为县。灭掉了小虢。

十三年，齐国的管至父、连称等弑杀了他们的君主襄公，拥立公孙无知为君。晋国灭掉了霍、魏、耿三国。齐国雍廪杀死了公孙无知、管至父等人，拥立齐桓公为君。齐国、晋国成了当时的强国。

十九年，晋国的曲沃武公灭掉晋侯缗，开始做了晋侯。齐桓公在鄄地称霸。

二十年，秦武公去世，葬在雍县的平阳。这时开始用活人殉葬，此次给武公殉葬的多达六十六人。武公有个儿子，名叫白。白没有被立为国君，被封在平阳。武公的弟弟德公被立为国君。

德公元年，开始居住到雍城的大郑宫。并用牛、羊、猪各三百头在鄜畤祭祀天地。当初占卜居住在雍地是否吉利，占卜的卦象显示：后代子孙将到黄河边上去饮马。梁伯、芮伯来朝见。二年，开始在历法上规定伏日，杀狗来禳除热毒恶气。德公三十三岁登位，在位二年去世。他生了三个儿子：长子宣公，次子成公，少子穆公。长子宣公继位。

宣公元年，卫国、燕国攻打周王室，把惠王赶出朝廷，拥立王子颓为帝。三年，郑伯、虢叔杀王子颓并送惠王回朝。四年，修建密畤，与晋国在河阳交战，战胜了它。十二年，宣公去世。他生了九个儿子，没有一个继位，立了他的弟弟成公。

成公元年，梁伯、芮伯来秦国朝见。就在这一年，齐桓公征伐山戎，军队驻扎在孤竹。

成公在位四年后驾崩。他有七个儿子也都没有继位，而是立了成公的弟弟缪公。

缪公任好元年，他亲自率兵征伐茅津一带的戎人，取得了胜利。四年，缪公亲自从晋国迎娶夫人，她就是晋太子申生的姐姐。这年，齐桓公讨伐楚国，打到邵陵。

五年，晋献公灭了虞国和虢国，俘虏了虞君和他的大夫百里奚，这是由于事先晋献公送给虞君白玉和良马以借道伐虢，虞君答应了。晋献公俘虏了百里奚以后，把他当作秦缪公夫人的陪嫁奴仆送到秦国。百里奚逃离秦国跑到宛地，楚国边境的人捉住了他。缪公听说百里奚有才能，想用重金赎回他，但又担心楚国不给，就派人对楚王说："我的陪嫁小臣百里奚在你那里，请允许用五张黑公羊皮赎回他。"楚国就答应了，交出百里奚。在这时，百里奚已经七十多岁。缪公解除了对他的禁锢，跟他谈论国家大事。百里奚推辞说："我是亡国之臣，怎么值得您来询问呢！"缪公说："虞国国君不任用您，所以亡国了。这不是您的罪过。"缪公坚持询问。谈了三天，缪公非常高兴，把国家政事交给了他，号称五羖大夫。百里奚谦让说："我不如我的朋友蹇叔。蹇叔有才能而世人不知道。我曾经出外求官，在齐国陷入困境而向铚地人讨饭，蹇叔收留了我。我因而想侍奉齐国国君无知，蹇叔阻止了我，我得以躲过了齐国政变的那场灾难，于是到了周朝。周王子颓喜爱牛，我凭着养牛的本领求取禄位，颓想任用我时，蹇叔劝阻我，我离开了颓，才没有跟颓一起被杀；我侍奉虞君，蹇叔劝阻我。我知道虞君不会重用我，我实在是私心贪恋俸禄和官职，便暂时留下了。我两次听信蹇叔的话，得以逃脱灾祸；一次没有听信他的话，就遇上了虞君亡国的灾难。因此我了解他的才能。"于是缪公派人带着厚重的礼物去迎请蹇叔，让他当了上大夫。

秋天，缪公亲自带兵攻打晋国，在河曲与晋交战。晋国骊姬作乱，太子申生在新城自杀，重耳、夷吾出逃。

九年，齐桓公在葵丘与各路诸侯会盟。

晋献公去世。立骊姬的儿子奚齐，他的臣子里克杀了奚齐。荀息立卓子，里克又杀死了卓子和荀息。夷吾派人请秦国帮他回晋国。缪公答应了，派百里奚率兵去护送夷吾。夷吾对秦国人说："果真能够登位，愿割让晋国的河西八城给秦国。"等到他回到晋国登上了君位，却派丕郑去向秦国道歉，违背了诺言，不肯给秦国河西八座城，并且杀了里克。丕郑听说此事，十分害怕，就跟秦缪公商议说："晋国人不想要夷吾，实在想要重耳。如今夷吾背弃信约而且杀死里克，都是吕甥、郤芮的主意。希望您用利诱的办法赶紧召来吕甥、郤芮，吕、郤二人一来，那时再护送重耳回国就容易了。"缪公答应了他，就派人跟丕郑一起回晋国去叫吕甥、郤芮。吕、郤等人怀疑丕郑有诈谋，就报告夷吾，杀死了丕郑。丕郑的儿子丕豹逃奔到秦国，劝缪公说："晋国君主无道，百姓不亲附他，可以讨伐他了。”缪公说：“百官如果不拥护晋君，他们为什么能杀掉他们的大臣呢？能杀掉他们的大臣，这说明晋国是协调的。”缪公没有听从丕豹的计谋，但在暗中却重用他。

十二年，齐国的管仲、隰朋相继去世。

晋国大旱，于是派人向秦国请求援助粮食。丕豹劝说缪公不要给，要缪公利用晋国缺粮的时候去攻打它。缪公去问公孙支，公孙支说：“荒歉与丰收是交替出现的事，不可不给。”又问百里奚，百里奚说：“夷吾得罪了您，他的百姓有什么罪呢？”缪公采纳百里奚、公孙支的意见，最后还是给晋国粮食了。水路用船，陆路用车给晋国运去粮食，从雍都出发，源源不断地直到绛城。

十四年，秦国发生饥荒，请求晋国粮食援助。晋惠公就此事征求大臣们的意见。虢射说：“趁着秦国出现粮食危机的机会去攻伐它，可以大获成功。”晋君听从了他的意见。十五年，晋君发兵攻打秦国，缪公发兵抵抗，任命丕豹为将，亲自前往迎战。九月十三日，秦军与晋军在韩地交战。晋君抛下自己的部队独自往前冲，跟秦军争夺财物，回来的时候，驾车的战马陷到深泥里。缪公与部下纵马驱车追赶，没能抓到晋君，反而被晋军包围了。晋军攻击缪公，缪公受了伤。这时，曾在岐山下偷吃良马的三百多个人驱马冲入晋军，晋军撤掉包围，于是使缪公脱险而晋君反被活捉。当初，缪公丢失了一匹良马，岐山下的三百多个乡下人一块儿把它抓来吃掉了，官吏捕捉到他们，要加以处置。缪公说：“有道德的人不会因为牲畜而伤害人。我听说吃了良马肉不喝酒，会使人害病。”于是就赐酒给他们喝，并赦免了他们。这三百人听说秦君要去攻打晋国，都要求跟着去。在作战时，他们发现缪公被敌军包围，都高举兵器，争先死战，以报答吃马肉被赦免的恩德。于是缪公俘虏了晋君回到秦国，向全国发布命令：“大家斋戒独宿，我将要用晋君祭祀上帝。”周天子听说此事，说“晋君是我的同姓”，替晋君求情。夷吾的姐姐是秦缪公的夫人，她听到这件事，就穿上丧服，光着脚，说：“我不能挽救自己的兄弟，以致还得让君上下命令杀他，实在有辱于君上。”缪公说：“我俘获了晋君，以为是成就了一件大功，可是现在天子来求情，夫人也为此事而忧愁。”于是跟晋君订立盟约，答应让他回国，并给他换了上等的房舍住宿，送给他牛羊猪各七头，以诸侯之礼相待。十一月，送回晋君夷吾，夷吾献出河西的土地，派太子圉到秦国做人质。秦君把同宗的女儿嫁给圉。这时，秦国的领地东面已到达黄河。

十八年，齐桓公去世。二十年，秦国灭了梁、芮二国。

二十二年，晋公子圉听说晋君生病的消息，说："梁国是我母亲的娘家，已经被秦国灭掉了。我兄弟众多，如果父君百年后，秦国必定留住我，晋国也不会重视我，而改立其他公子。"于是公子圉逃离秦国，回到晋国。二十三年，晋惠公去世，公子圉登位做了国君。秦国怨恨公子圉逃走，便从楚国迎来晋公子重耳，并把圉原在秦国的妻子嫁给重耳。重耳开始谢绝，后来就接受了。缪公更加厚礼相待。二十四年春天，秦国派人告诉晋国大臣，要送重耳回国。晋国答应了，于是派人护送重耳回到晋国。二月，重耳登位成为晋君，这就是晋文公。晋文公派人杀死了圉。圉就是晋怀公。

这年秋天，周襄王的弟弟叔带，借助翟人的军队攻打襄王。襄王出逃，住在郑国。二十五年，周襄王派人向晋国、秦国通报祸乱。秦缪公带兵帮助晋文公护送襄王回朝，杀死襄王的弟弟叔带。二十八年，晋文公在城濮打败楚军。三十年，缪公帮助晋文公包围了郑国。郑国派人对缪公说："灭掉郑国，其结果是使晋国实力增强，这对晋国是有利的，而对秦国却无利。晋国强大了，就会成为秦国的忧患。"缪公便撤军回国。晋国也撤了军。三十二年冬，晋文公去世。

郑国有个人向秦国出卖郑国说："我掌管郑国的城门，可以来偷袭郑国。"缪公去问蹇叔、百里奚，两个人回答说："路经数国地界，到千里之外去袭击别人，很少有占便宜的。再说，既然有人能出卖郑国，怎么知道我国的人就没有把我们的实情告诉郑国呢？不能袭击郑国。"缪公说："你们不懂，我已经决定了。"于是发兵，派百里奚的儿子孟明视、蹇叔的儿子西乞术以及白乙丙带兵。出发的那天，百里奚、蹇叔二人对着军队痛哭。缪公听了，发怒说："我派兵出发，你们却拦着军队大哭，诅咒我军，这是为什么？"二位老人说："臣不敢阻拦军队，诅咒我军。部队要出发了，我俩的儿子在军队中也将前往；如今我们年岁已大，他们如果回来晚了，恐怕就见不着了，所以才哭。"二位老人退回来对他们的儿子说："你们的军队如果失败，一定会败在崤山的险要之处。"三十三年春天，秦国军队向东进发，穿过晋国，从周朝都城北门经过。周朝的王孙满看见了秦国的军队以后说："秦国的军队不懂规矩，不失败还能有什么结果！"军队开进到滑邑，郑国商人弦高带着十二头牛准备去周朝都城出卖，碰见了秦军。他害怕被秦军杀掉或俘虏，就献上他的牛，说："听说贵国将要惩罚郑国，郑君恭敬地做好了防备工作，派我用十二头牛慰劳贵国士兵。"秦国的三位将军一起商量说："我们要去袭击郑国，郑国现在已经知道了，去也袭击不成了。"于是秦军灭了滑邑。滑邑，是晋国的边境城邑。

当时，晋文公去世后还没有安葬。太子襄公愤怒地说："秦国欺侮我刚刚丧父，趁我办丧事的时候攻破我国的滑邑。"于是染黑了丧服，发兵在崤山堵截秦军，向秦军发起攻击，彻底打垮了秦军，使秦军没有一个人逃脱。晋军俘获了秦军三位将军返回都城。晋文公的夫人是秦缪公的女儿，她替秦国三位被俘的将军求情说："缪公对这三个人恨之入骨，希望您放他们回国，好让我国国君能亲自痛痛快快地煮掉他们。"晋襄公答应了她的请求，放回了秦国的三个将军。三位将军回到秦国，缪公穿着白衣服到郊外迎接，向三人哭着说："寡人因为没有听从百里奚、蹇叔的话，以致让你们三位受了屈辱，你们三位有什么罪呢？你们要拿出全部心力洗雪这个耻辱，不要松懈。"于是恢复三人的官职俸禄，更加重用他们。

三十四年，楚国太子商臣杀了他的父亲楚成王，接替了王位。

秦缪公这时候再次派孟明视等率兵攻打晋国，在彭衙交战。秦军作战不利，撤军返回。

戎王派由余出使秦国。由余，祖先是晋国人，逃亡到戎地，他还能说晋国方言。戎王听说缪公贤明，就派由余去观察秦国。秦缪公向他炫示了宫室和积蓄的财宝。由余说："这些东西如果让鬼神造出来，就是劳累了鬼神。如果让人造出来，也就苦了民众啊。"缪公觉得他的话奇怪，问道："中原各国借助诗书礼乐和法律处理政务，还不时地出现祸乱呢。现在戎族没有这些，用什么来治理国家，岂不很困难吗？"由余笑着说："这些正是中原各国发生祸乱的根源所在。自上古圣人黄帝创制了礼乐法度，并亲自带头贯彻执行，也只是实现了小的太平。到了后代，君主一天比一天骄奢淫逸，倚仗着法律制度的威严来要求和监督民众，民众感到疲惫了就怨恨君上，要求实行仁义。上下互相怨恨，篡夺屠杀，甚至灭绝宗族，都是由于礼乐法度这些东西啊。而戎族却不是这样。在上位者怀着淳厚的仁德来对待下面的臣民，臣民满怀忠信来侍奉君上，整个国家的政事就像一个人支配自己的身体一样，无须了解什么治理的方法。这才真正是圣人治理国家啊。”缪公退朝之后，就问内史王廖说：“我听说邻国有圣人，这将是敌对国的忧患。现在由余有才能，这是我们国家的祸害，我应该怎么办才好呢？”内史王廖说：“戎王地处偏僻，不曾听过中原地区的乐曲。您不妨试试送他歌舞伎女，借以改变他的心志。并且为由余向戎王请求延期返戎，以此来疏远他们君臣之间的关系；留下由余不送回，以使他错过回去的日期。戎王感到奇怪，一定会怀疑由余。君臣之间有嫌隙，就可以俘虏了。再说戎王喜欢上音乐，就一定没有心思处理国事了。”缪公说：“好。”于是缪公与由余座席相连而坐，互递杯盏一块儿吃喝，向由余询问戎地的地形和兵力，把情况了解得一清二楚，然后命令内史王廖送给戎王十六名歌伎。戎王接受，并且非常喜爱迷恋，整整一年不曾迁徙，更换草地，牛马死了一半。这时候，秦国才让由余回国。由余屡次进谏，戎王都不听从。缪公又多次派人暗中邀请由余，由余于是离开戎王投降秦国。缪公用接待客人的礼节接待他，询问攻打戎族的方式。

三十六年，缪公更加厚待孟明视等人，派他们率兵进攻晋国，渡过黄河就焚毁了船只，以示决死战斗。结果把晋军打得大败，夺取了王官和鄗地，血洗了殽山战役的耻。晋国军队都据城防守，不敢出战。于是缪公便从茅津渡过黄河，筑坟以埋葬从前在崤山战死的秦军士兵，给他们追悼发丧，为他们痛哭了三天。缪公就面对全军发誓说：“喂，将士们！你们听着，不要吵嚷，我向你们发誓。我要告诉你们，古人办事虚心听取老年人的意见，所以不会有什么过错。”缪公反复思考自己不采纳蹇叔、百里奚的计谋而造成的过失，因此发出这样的誓言，让后代记住自己的过失。君子们听说这件事，都为之落泪，说：“啊！秦缪公待人很周到啊，终于得到孟明视等人胜利的报答。”

三十七年，秦国采用由余的计谋攻打戎王，增加了十二个属国，开辟了千里疆土，终于称霸于西戎地区。周天子派召公过带着金鼓等军中指挥用的器物去向缪公表示祝贺。三十九年，缪公去世，葬在雍邑。陪葬的有一百七十七人，秦国的良臣子舆奄息、子舆仲行、子舆针虎也在陪葬者之中。秦国人为他们悲痛，并为此而作了一首题为《黄鸟》的诗。君子说：“秦缪公扩展疆土，增加属国，在东方征服了强大的晋国，在西方称霸了西戎，但是他没有成为诸侯的盟主，这也是理所当然的！因为他死了就置百姓于不顾，还拿他的良臣为自己殉葬。古代有德行的帝王驾崩以后还会遗留下好的风范和礼法，而他没有做到这些，更何况还夺走百姓所同情的好人、良臣呢？由此可以断定秦国不可能再东进了。”缪公的儿子有四十人，他的太子䓨接着登位，这就是康公。

康公元年。前一年，缪公去世的时候，晋襄公也去世了。晋襄公的弟弟叫雍，是秦国之女所生，住在秦国。晋卿赵盾想拥立他为君，派随会来接他，秦国派兵把雍护送到令狐。而晋国已立了襄公的儿子为君，反倒来攻打秦军。秦军战败，随会逃奔到秦国。二年，秦国攻打晋国，攻取了武城，报了令狐战役的仇恨。四年，晋国攻打秦国，攻取了少梁。六年，秦国攻打晋国，攻占了羁马。两军在河曲交战，把晋军打得大败。晋国人担心随会在秦国会给晋国造成灾难，就派魏仇余假装反晋而投降秦国，与随会相见，共谋归计。他设下圈套控制了随会，随会于是回到了晋国。康公在位二十年去世

共公二年，晋国的赵穿杀了他的君主灵公。三年，楚庄王强大起来，向北进兵，一直深入到洛邑，询问周朝传国之宝九鼎的大小轻重，图谋夺取周朝的政权。共公在位五年去世，儿子桓公即位。

桓公三年，晋军打败秦军，俘虏了秦国的将领赤。十年，楚庄王征服郑国，往北又在黄河岸上打败了晋军。就在这个时候，楚国称霸，召集各诸侯举行盟会。二十四年，晋厉公刚刚登位，与秦桓公隔着黄河相会订盟。订盟回来秦国就背弃盟约，与狄人一起谋划攻打晋国。二十六年，晋国率领诸侯攻打秦国，秦军败逃，晋军一直追赶到泾水边上才返回。桓公在位二十七年去世，儿子景公即位。

景公四年，晋国的栾书弑杀了自己的君主厉公。十五年，秦军救郑国，在栎邑打败晋军。这时候，晋悼公成为了各诸侯的盟主。十八年，晋悼公的势力强大起来了，屡次会合诸侯，率领他们攻打秦国，打败秦军。秦军逃跑，晋兵追赶他们，一直渡过泾水，到达棫林才返回。二十七年，秦景公到了晋国，与晋平公订立盟约，不久就背叛了盟约。三十六年，楚国公子围杀了他的君主自立为王，这就是楚灵王。秦景公的同母兄弟后子针得宠，而且富有。有人说坏话诬陷他，他害怕被杀，就逃奔到晋国，带着辎重车上千辆。晋平公说：“后子这样富足，为什么自己还要逃跑呢？”后子针回答说：“秦公无道，我恐惧被杀，想等到他的子孙继位后我再回去。”

三十九年，楚灵王的势力强盛，他与诸侯在申地会盟，自己做了盟

主，而且还杀死了齐国的庆封。景公在位四十年后驾崩，其儿子哀公继位。后子针又回到秦国。

哀公八年，楚国的公子弃疾弑杀了楚灵王而后自立为王，这就是楚平王。哀公十年，楚平王派人迎娶秦国女子做太子建的妻子。回到楚国，平王见女子漂亮，就自己娶了她。十五年，楚平王想杀死太子建，太子建逃到了郑国，伍子胥也逃到了吴国。晋国国君家族的权力削弱，范氏、中行氏、智氏、赵氏、韩氏、魏氏六个家族世代为晋卿，势力强大，想策动内战，因此好长时间秦、晋两国没有打仗。三十一年，吴王阖闾与伍子胥攻打楚国，楚王逃奔到随地，吴军便进入郢都。楚国大夫申包胥来秦国告急求救，七天不吃饭，日夜哭泣。于是秦国就派兵车五百辆去援救楚国，打败了吴国军队。吴军撤走了，楚昭王才得以重回郢都。哀公在位三十六年去世。太子叫夷公，早死，没能登位。于是大家拥立夷公的儿子继位，这就是惠公。

秦惠公元年，孔子代理鲁国宰相一职。五年，晋卿中行氏、范氏反叛晋国。晋君派智氏和赵简子讨伐他们，范氏、中行氏逃到齐国。惠公在位十年后驾崩，其子悼公继位。

悼公二年，齐国大臣田乞杀了他的国君孺子，立孺子的哥哥阳生为君，这就是齐悼公。六年，吴军打败齐军。齐国人杀死悼公，拥立他的儿子简公。九年，晋定公与吴王夫差在黄池会盟，争做盟主，最终是让吴王占了先。吴国强盛，欺凌中原各国。十二年，齐国的田常杀了简公立他的弟弟平公，田常做相国。十三年，楚国灭掉陈国。秦悼公在位十四年去世，儿子厉共公继位。孔子在悼公十二年去世。

厉共公二年，蜀人前来进献财物。十六年，在黄河旁挖掘壕沟。派兵两万去攻打大荔国，攻占了大荔王城邑。二十一年，开始把频阳设为县。晋国夺取武成。二十四年，晋国发生内乱，智伯被杀，把智伯的领地分给赵氏、韩氏、魏氏。二十五年，智开与同邑人来投奔秦国。三十三年，攻打义渠戎族，俘虏了戎王。三十四年，发生日食。厉共公去世，儿子躁公登位。

躁公二年，南郑邑反叛。十三年，义渠来攻打秦国，到了渭南。十四年，躁公去世，他的弟弟怀公继位。

怀公四年，庶长晁和大臣围攻怀公，怀公自杀。怀公太子名叫昭子，死得早，大臣们就拥立太子昭子的儿子为君，这就是灵公。灵公，是怀公的孙子。

灵公六年，晋国在少梁筑城，秦军攻打晋国。十三年，修筑籍姑城。灵公去世，其儿子献公没能继位，拥立灵公的叔父悼子，这就是简公。简公是昭子的弟弟，怀公的儿子。

简公六年，开始让官吏佩剑。在洛水边挖了壕沟，在重泉筑城。十六年，简公去世，其儿子惠公继位。

惠公十二年，他的儿子出子出生。十三年，攻打蜀国，夺回了南郑。惠公去世，他的儿子出子即位。

出子二年，庶长废掉出子，从河西迎接灵公的儿子献公回国，立他为君。献公杀死了出子和他的母亲，并将他们的尸体沉入深渊。秦国在以往的这段时间里频繁更换国君，导致君臣关系混乱，所以晋国的力量又强大起来了，夺去了秦国河西的土地。

献公元年，废止了殉葬的制度。二年，在栎阳筑城。四年正月庚寅日，孝公出生。十一年，周朝太史儋，拜见献公说："周朝原本与秦国同源流，后来秦国分出去，分开五百年又合为一体，合十七年后秦国有霸王出现。"十六年，桃树冬天开了花。十八年，栎阳上空下了黄金雨。二十一年，与晋国在石门打仗，斩杀晋军六万人，周天子赐礼服来祝贺。二十三年，与晋国在少梁交战，俘虏了魏将公孙痤。二十四年，献公去世，其儿子孝公登位。当时秦孝公已经二十一岁了。

孝公元年，黄河和殽山以东有六个强国，秦孝公与齐威王、楚宣王、魏惠王、燕悼侯、韩哀侯、赵成侯并立。淮河、泗水之间有十多个小国。楚国、魏国与秦国接壤。魏国修筑长城，从郑县开始沿洛河向北，直到上郡。楚国在汉中与秦接界，南部有巴郡、黔中。周王朝衰微，诸侯武力征伐，互相争夺兼并。秦国地处偏僻的雍州，不参加中原各国诸侯的盟会，诸侯们像对待夷狄一样对待秦国。孝公于是广施恩德，救济孤寡，招募战士，明确了论功行赏的法令，并向全国发布命令说："从前我们缪公在岐山、雍邑之间，修治德政，讲习武功，向东平定了晋国的内乱；以黄河为界，向西称霸戎狄，扩展土地千里，天子赐以霸主称号，诸侯各国都来朝贺，为后世开创了基业，甚为光大美好。但是就在前一段厉公、躁公、简公、出子的时候，接连几世不安宁，国家内有忧患，没有空暇顾及国外的事，结果晋国攻夺了我们先王河西的土地，诸侯也都看不起秦国，耻辱没有比这更大的了。献公即位，安定边境，迁都栎阳，并且想要东征，收复缪公时的原有疆土，重修缪公时的政令。我缅怀先君的遗志，心中常常感到悲痛。宾客和群臣中有谁能献出高明的计策，使秦国强盛起来，我将让他做高官，分封给他土地。”于是便出兵向东围攻陕城，向西杀了戎族的獂王。

卫鞅听说颁布了这个命令，就来到西方的秦国，通过景监求见孝公。

二年，周天子送来祭肉。

三年，卫鞅劝说孝公实行变法，制定刑罚，在国内致力于农耕，对外鼓励效死作战，给以各种奖罚。孝公认为这个办法很好，但甘龙、杜挚等人不同意，双方为此而争辩起来。孝公最终采用了卫鞅的办法，百姓感到劳苦。过了三年，百姓就感到适应了。于是孝公任命卫鞅担任左庶长。此事记载在《商君列传》里。

七年，孝公与魏惠王在杜平会盟。八年，秦国与魏国在元里交战，取得胜利。十年，卫鞅担任大良造，带兵包围了魏国的安邑，迫使它投降了。十二年，修建咸阳城，筑起了公布法令的门阙，秦国就迁都到咸阳。并且把各个小乡小村合并为大县，每县设县令一人，全国共有四十一个县。废除阡陌，开发田地，这时秦地向东已越过洛河。十四年，开始实行赋税制度。十九年，周天子封秦孝公为方伯，也就是让他做诸侯的霸主。二十年，诸侯全都向秦国表示祝贺。秦孝公派公子少官率领军队在逢泽与诸侯会盟，朝见天子。

二十一年，齐国在马陵打败魏国。

二十二年，卫鞅攻打魏国，俘虏了魏公子卬。秦孝公封卫鞅为列侯，号为商君。

二十四年，秦军与魏军在雁门作战，俘虏了魏国将军魏错。

秦孝公去世，其子惠文君继位。这一年，秦国发生政变，卫鞅被杀。卫鞅刚在秦国施行新法时，开始阻力极大，连太子都故意触犯禁令。卫鞅说：“法令行不通，根源在于国亲贵戚。国君果真想使变法成功，就要从太子这里开起。对太子不能用墨刑，就让他的师傅代受墨刑。”从此，法令顺利施行，秦国被治理得很好。等到孝公驾崩后，太子登位。秦国的宗室大多怨恨卫鞅，卫鞅被迫出逃，于是朝廷就给卫鞅定了反叛的罪名，最终卫鞅被五马分尸，在都城示众。

惠文君元年，楚国、韩国、赵国、蜀国派人来朝见。二年，周天子前来朝贺。三年，惠文君举行加冠礼。四年，周天子送来祭祀文王、武王的祭肉。齐国、魏国称王。

五年，阴晋人犀首任大良造。六年，魏国把阴晋城送给秦国，阴晋城改名为宁秦城。七年，公子卬与魏国作战，俘虏了魏国的将军龙贾，斩杀八万人。八年，魏国把河西之地送给秦国。九年，秦军渡过黄河，攻占了汾阴、皮氏。秦王与魏王在应邑会盟。秦军包围了焦城，使焦城归降了。十年，张仪任秦相。魏国献出上郡十五个县。十一年，在义渠设县。把焦城、曲沃归还给魏国，义渠国君称臣。把少梁改名为夏阳。十二年，效仿中原各国，初次举行腊祭。十三年，四月初四日，魏君称王，韩君也称王。秦君派张仪攻取陕县，把那里的居民赶出去交给魏国。

十四年，改为元年。二年，张仪与齐国、楚国的大臣在啮桑会盟。三年，韩国、魏国的太子前来朝见。张仪担任魏国国相。五年，惠文王巡游到北河地区。七年，乐池做了秦相。韩国、赵国、魏国、燕国、齐国带领匈奴一起进攻秦国。秦国派庶长疾与他们在修鱼交战，俘虏了韩国将军申差，打败了赵国的公子渴和韩国的太子奂，杀了八万二千人。八年，张仪重新任秦相。九年，司马错攻打蜀国，灭亡了蜀国。又攻取了赵国的中都和西阳。十年，韩国太子苍来做人质。攻占了韩国的石章县，打败了赵国的将军泥。攻占了义渠的二十五座城邑。十一年，樗里疾攻打魏国的焦城，迫使焦城投降。在岸门打败了韩军，斩杀一万人，韩军将军犀首逃跑。公子通被封为蜀侯。燕君把君位让给他的大臣子之。十二年，秦王与梁王在临晋会盟。庶长疾进攻赵国，俘虏了赵国将军庄。张仪任楚相。十三年，庶长章在丹阳攻打楚军，俘虏了楚将屈匄，斩杀了八万人；又攻入楚国的汉中，夺取了六百里土地，设置了汉中郡。楚军包围了韩国的雍氏，秦国派遣庶长疾帮助韩国向东攻打齐国，又派军队到满帮助魏国攻打燕国。十四年，攻打楚国，攻占了召陵。丹国、犁国向秦国称臣，蜀相陈壮杀死蜀侯投降秦国。

惠王去世，其儿子武王继位。韩国、魏国、齐国、楚国、赵国都归服秦国。

武王元年，武王与魏惠王在临晋会盟。杀了蜀相陈壮。张仪、魏章都离开秦国往东到魏国去了。秦军攻打义渠国、丹国、犁国。二年，开始设置丞相，樗里疾、甘茂任左右丞相。张仪死在魏国。三年，秦王与韩襄王在临晋城外会盟。南公揭去世，樗里疾担任韩相。武王对甘茂说：“我想在三川地区打通一条哪怕只能容车子通过的路，到洛阳去看一看周朝王室，即使死了也不遗憾了。”那年秋天，派甘茂和庶长封讨伐韩国的宜阳。四年，攻占了宜阳，杀了六万人。渡过黄河，在武遂筑城。魏国太子来朝见。秦武王有力气，喜好角力，所以大力士任鄙、乌获、孟说都做了大官。武王与孟说举鼎比力气，折断了膝盖骨。八月，武王去世。孟说被灭族。武王娶魏国女子为王后，没有儿子。立他的异母弟弟为王，这就是昭襄王。昭襄王的母亲是楚国人，姓芈，称为宣太后。武王死时，昭襄王在燕国做人质。燕国人送他回国，被立为秦王。

昭襄王元年，严君疾担任秦国相。甘茂离开秦国去了魏国。二年，彗星出现。庶长公子壮和大臣、诸侯、公子造反，全部都被杀了，牵连到惠文王后也没能善终。悼武王后离开秦国回魏国了。三年，昭襄王举行加冠礼，并与楚王在黄棘会盟，而且把上庸归还给了楚国。四年，攻占了魏国的蒲阪。彗星出现。五年，魏王来应亭朝见，秦国又把蒲阪交还给魏国。六年，蜀侯辉反叛，司马错平定蜀国。庶长奂攻打楚国，斩首二万。泾阳君到齐国做人质。发生日食，白天昏黑。

七年，攻占了新城。樗里子去世。八年，派将军芈戎攻打楚国，攻占了新市。齐国派章子，魏国派公孙喜，韩国派暴鸢，一块儿进攻楚国的方城，俘获唐眛。赵国攻破了中山国，中山国君出逃，最后死在齐国。魏公子劲、韩公子长被封为诸侯。九年，孟尝君薛文来秦国做丞相。庶长奂攻打楚国，攻取八座城池，杀死楚国将领景快。十年，楚怀王来秦朝见，秦国扣留了他。薛文因为金受在昭襄王面前说了坏话，被免了相职。楼缓担任了丞相。十一年，齐国、韩国、魏国、赵国、宋国、中山五国共同攻打秦国，军队一直打到盐氏才退了回去。秦国送给韩国、魏国黄河北边以及封陵的土地，与韩、魏讲和。这一年出现了彗星。楚怀王逃到赵国，赵国不敢收留，又把他送回到秦国，不久他就死了，秦国把他送回楚国安葬。十二年，楼缓免职，穰侯魏冉任丞相。秦国给楚国五万石粮食。

十三年，向寿进攻韩国，攻占了武始。左更白起攻打新城。五大夫吕礼出逃到魏国。任鄙担任汉中郡守。十四年，左更白起在伊阙攻打韩、魏联军，斩首二十四万人，俘虏了公孙喜，攻占五座城池。十五年，大良造白起攻打魏国，攻占了垣城，又还给了魏国。进攻楚国，攻占了宛城。十六年，左更司马错夺取轵城和邓城。魏冉被免职。公子市被封在宛，公子悝被封在邓，魏冉被封在陶，都成为了诸侯。十七年，城阳君来朝见，东周君也来朝见。秦国把垣城改为蒲阪、皮氏。秦王到了宜阳。十八年，司马错攻打垣、河雍，毁掉桥梁攻克。十九年，秦昭襄王称西帝，齐湣王称东帝，不久又都取消了帝号。吕礼从齐国回来自首。这年齐国攻破了宋国，宋王逃到魏国，死在了温县。同年秦国任鄙去世。二十年，秦王前往汉中巡游，又巡游到上郡、北河。二十一年，左更司马错进攻魏国河内，魏国献出了安邑。秦军赶走城中的魏国居民，然后招募秦国人迁到河东地区定居，并赐给爵位；又把被赦免的罪人迁到河东。将宛县封给了泾阳君。二十二年，蒙武攻打齐国。黄河以东设置九个县。秦王与楚王在宛城相会，与赵王在中阳相会。二十三年，都尉斯离与韩国、赵国、魏国及燕国一起进攻齐国，在济水西岸打败齐军。秦王与魏王在宜阳会盟，与韩王在新城会盟。二十四年，秦王与楚王在鄢城会盟，又在穰城会盟。秦国攻取魏国的安城，一直打到国都大梁。燕国、赵国援救魏国，秦军撤离。魏冉被免去丞相职务。二十五年，攻下赵国的两座城池。秦王与韩王在新城相会，与魏王在新明邑相会。二十六年，赦免罪人，把他们迁往穰城。穰侯魏冉恢复丞相职位。二十七年，左更司马错攻打楚国。秦赦免了罪犯并把他们迁往南阳。秦白起攻打赵国，夺取了代地的光狼城。秦国又派司马错从陇西出发，通过蜀地攻打并占领了楚国的黔中郡。二十八年，大良造白起进攻楚国，攻取了鄢城、邓城，并将赦免的罪人迁居那里。二十九年，大良造白起进攻楚国，攻占了楚国郢都，改称南郡，楚王逃跑了。同年周君来秦朝拜。秦王与楚王在襄陵会盟。白起被封为武安君。三十年，蜀守张若进攻楚国，夺取了巫郡及江南，在该地设置黔中郡。三十一年，白起攻打魏国，攻占了两座城。楚国人在江南被占地反秦。三十二年，丞相穰侯进攻魏国，一直攻到大梁，打败暴鸢，杀了四万人，暴鸢逃跑了，魏国割给秦国三个县请求讲和。三十三年，秦客卿胡伤进攻魏国的卷城、蔡、阳、长社，占领了这几个地方。秦军在华阳打败魏将芒卯，杀了十五万人。魏国把南阳送给秦国请求讲和。三十四年，秦国与魏国、韩国相安，把上庸作为一郡，让南阳降服的臣民迁居在这里。三十五年，帮助韩国、魏国、楚国攻打燕国，并设置南阳郡。三十六年，客卿灶攻打齐国，夺取刚、寿两地，赐给了穰侯。三十八年，中更胡伤进攻赵国的阏与，没有攻下。四十年，悼太子死在魏国，运回国后葬在芷阳。四十一年夏天，攻打魏国，攻占了邢丘、怀两地。四十二年，安国君被立为太子。十月，宣太后逝世，埋葬在芷阳郦山。九月，穰侯出都到陶。四十三年，武安君白起攻打韩国，攻下九座城，杀了五万人。四十四年，秦国进攻占了韩国的南阳。四十五年，五大夫贲攻打韩国，夺取十座城池。叶阳君悝出都前往封国，没有到达就死了。四十七年，秦国攻打韩国的上党，上党却投降了赵国，秦国因此出兵攻打赵国。赵国出兵反击秦军，两军相持不下。秦派武安君白起攻击赵国，在长平大败赵军，四十多万降卒全部被活埋。四十八年十月，韩国献出垣雍。秦军分为三军。武安君回国。王龁带兵攻打赵国的武安、皮牢，并攻占了它们。司马梗向北平定了太原，全部占有了韩国的上党。正月，军队停止战斗，驻守在上党。这年十月，五大夫陵进攻赵国的邯郸。四十九年正月，增加兵力帮助五大夫陵。陵作战不力，被免职，王龁替代他带兵。这年十月，将军张唐攻打魏国，蔡尉把防守的地盘丢了，张唐回来就斩了他。五十年十月，武安君白起犯了罪，被免职降为士兵，贬谪到阴密。张唐进攻郑，攻了下来。十二月，增派军队驻扎在汾城旁边。武安君白起有罪，自杀而死。王龁攻打邯郸，没打下来，撤军离去，返回投奔驻扎在汾城旁的军队。两个月以后，攻打晋军，杀了六千人，晋军和楚军因落水而死、漂流在黄河中的有两万多人。王龁再攻打汾城，随即跟从张唐攻占宁新中，并将宁新中改名安阳，首次在安阳的黄河上修建桥梁。

五十一年，将军摎进攻韩国，攻占了阳城、负黍，杀了四万人。秦国攻打赵国，攻占了二十多个县，斩获首级九万。西周君背叛秦国，与诸侯约定合纵，带领天下精锐部队出伊阙塞攻打秦国，使秦国不能通往阳城。秦国于是派将军摎进攻西周。西周君跑到秦国来自首，叩头认罪，愿意接受惩处，并全部献出他的三十六个城邑和三万人口。秦王接受了这些城邑和人口，让西周君回西周去了。五十二年，周朝国都的民众向东方逃亡，周朝的传国重器九鼎被运进秦国。周朝算是初步灭亡了。

五十三年，天下都归服秦国。魏国落在最后，秦国就派将军摎去讨伐魏国，攻占了吴城。韩王来朝见，魏王把国家托付给秦国，听从秦国命令。五十四年，秦王在雍城南郊祭祀上帝。五十六年秋天，昭襄王去世，其儿子孝文王登位。追尊生母唐八子为唐太后，与昭襄王合葬一处。韩王身穿孝服来吊唁祭奠，诸侯们都派他们的将相前来吊唁祭祀，参与丧事办理。

孝文王元年，秦国大赦罪人，重用先王的功臣，厚待宗族亲属，开放王家的园囿。孝文王服丧期满，十月初四即位，到十月初六日就过世了，其子庄襄王继位。

庄襄王元年，大量赦免罪犯，封赏先王的功臣，广施德惠，厚待宗亲族属，对民众施以恩泽。东周君与诸侯谋划进攻秦国，秦襄王派相国吕不韦前去讨伐东周君，全部兼并了东周的土地。但秦国并没有断绝周朝的祭祀，把阳人聚于一地赐给东周君，让其继续祭祀他的祖先。秦王派蒙骜进攻韩国，韩国献出成皋、巩县。秦国国界伸展到大梁，开始设置三川郡。二年，派蒙骜进攻赵国，平定了太原。蒙骜进攻魏国的高都、汲县，攻了下来。蒙骜又进攻赵国的榆次、新城、狼孟，攻占了三十七座城。四月间发生日食。三年，王龁攻打上党，开始设置太原郡。魏将无忌率五国的军队反击秦军，秦军退到黄河以南。蒙骜打了败仗，各诸侯军解散撤离了。五月二十六日，庄襄王去世，其儿子嬴政登位，这就是秦始皇。

秦王嬴政即位的第二十六年，才第一次统一了天下，将全国划分为三十六郡，秦王嬴政号称始皇帝。秦始皇五十一岁驾崩，他的儿子胡亥继位，这就是秦二世。

秦二世三年，各地的诸侯蜂拥起来反叛秦朝，于是臣子赵高杀死了秦二世，拥立子婴为秦王。子婴继位只有一个多月，就被项羽所杀，至此秦朝宣告灭亡。这些史实都记载在《始皇本纪》中。

太史公说：秦国的祖先姓嬴。他的后代子孙被分封到各地，各自以所在的封国名作为姓氏，有徐氏、郯氏、莒氏、终黎氏、运奄氏、菟裘氏、将梁氏、黄氏、江氏、修鱼氏、白冥氏、蜚廉氏、秦氏。而其中有一位祖先造父被封在赵城，所以秦朝以赵为姓。

史记卷六

秦始皇本纪第六

秦始皇帝者，秦庄襄王子也。庄襄王为秦质子于赵，见吕不韦姬，悦而取之，生始皇。以秦昭王四十八年正月生于邯郸。及生，名为政，姓赵氏。

年十三岁，庄襄王死，政代立为秦王。当是之时，秦地已并巴、蜀、汉中，越宛有郢，置南郡矣；北收上郡以东，有河东、太原、上党郡；东至荥阳，灭二周，置三川郡。吕不韦为相，封十万户，号曰文信侯。招致宾客游士，欲以并天下。李斯为舍人。蒙骜、王齮、麃公等为将军。王年少，初即位，委国事大臣。

晋阳反。元年，将军蒙骜击定之。二年，麃公将卒攻卷，斩首三万。三年，蒙骜攻韩，取十三城。王齮死，十月，将军蒙骜攻魏氏暘、有诡。岁大饥。四年，拔暘、有诡。三月，军罢。秦质子归自赵，赵太子出归国。十月庚寅，蝗虫从东方来，蔽天。天下疫。百姓内粟千石，拜爵一级。五年，将军骜攻魏，定酸枣、燕、虚、长平、雍丘、山阳城，皆拔之，取二十城。初置东郡。冬雷。六年，韩、魏、赵、卫、楚共击秦，取寿陵。秦出兵，五国兵罢。拔卫，迫东郡，其君角率其支属徙居野王，阻其山以保魏之河内。七年，彗星先出东方，见北方，五月见西方。将军骜死。以攻龙、孤、庆都，还兵攻汲。彗星复见西方十六日。夏太后死。八年，王弟长安君成蟜将军击赵，反，死屯留，军吏皆斩死，迁其民于临洮。将军壁死，卒屯留、蒲鶮反，戮其尸。河鱼大上，轻车重马东就食。嫪毐封为长信侯。予之山阳地，令毐居之。宫室车马衣服苑囿驰猎恣毐。事无小大皆决于毐。又以河西太原郡更为毐国。

九年，彗星见，或竟天。攻魏垣、蒲阳。四月，上宿雍。己酉，王冠，带剑。长信侯毐作乱而觉，矫王御玺及太后玺以发县卒及卫卒、官骑、戎翟君公、舍人，将欲攻蕲年宫为乱。王知之，令相国、昌平君、昌文君发卒攻毐。战咸阳，斩首数百。皆拜爵，及宦者皆在战中，亦拜爵一级。毐等败走。即令国中：有生得毐，赐钱百万；杀之，五十万。尽得毐等。卫尉竭、内史肆、佐弋竭、中大夫令齐等二十人皆枭首，车裂以徇，灭其宗。及其舍人，轻者为鬼薪。及夺爵迁蜀四千馀家，家房陵。四月寒冻，有死者。杨端和攻衍氏。彗星见西方，又见北方，从斗以南八十日。十年，相国吕不韦坐嫪毐免。桓齮为将军。齐、赵来置酒。齐人茅焦说秦王曰："秦方以天下为事，而大王有迁母太后之名，恐诸侯闻之，由此倍秦也。"秦王乃迎太后于雍而入咸阳，复居甘泉宫。

大索，逐客。李斯上书说，乃止逐客令。李斯因说秦王，请先取韩以恐他国，于是使斯下韩。韩王患之，与韩非谋弱秦。

大梁人尉缭来，说秦王曰："以秦之强，诸侯譬如郡县之君，臣但恐诸侯合从，翕而出不意，此乃智伯、夫差、湣王之所以亡也。愿大王毋爱财物，赂其豪臣，以乱其谋，不过亡三十万金，则诸侯可尽。"秦王从其计，见尉缭亢礼，衣服食饮与缭同。缭曰："秦王为人，蜂准，长目，挚鸟膺，豺声，少恩而虎狼心，居约易出人下，得志亦轻食人。我布衣，然见我常身自下我。诚使秦王得志于天下，天下皆为虏矣。不可与久游。"乃亡去。秦王觉，固止，以为秦国尉，卒用其计策。而李斯用事。

十一年，王翦、桓齮、杨端和攻邺，取九城。王翦攻阏与、橑杨，皆并为一军。翦将十八日，军归斗食以下，什推二人从军。取邺安阳，桓齮将。

十二年，文信侯不韦死，窃葬。其舍人临者：晋人也，逐出之；秦人，六百石以上夺爵，迁，五百石以下不临，迁，勿夺爵。自今以来，操国事不道如嫪毐、不韦者籍其门，视此。秋，复嫪毐舍人迁蜀者。当是之时，天下大旱，六月至八月，乃雨。

十三年，桓齮攻赵平阳，杀赵将扈辄，斩首十万。王之河南。正月，彗星见东方。十月，桓齮攻赵。十四年，攻赵军于平阳，取宜安，破之，杀其将军。桓齮定平阳、武城。韩非使秦，秦用李斯谋，留非，非死云阳。韩王请为臣。

十五年，大兴兵，一军至邺，一军至太原，取狼孟。地动。十六年九月，发卒受地韩南阳假守腾。初令男子书年。魏献地于秦。秦置丽邑。十七年，内史腾攻韩，得韩王安，尽纳其地，以其地为郡，命曰颍川。地动。华阳太后卒。民大饥。

十八年，大兴兵攻赵，王翦将上地，下井陉，端和将河内，羌瘣伐赵，端和围邯郸城。十九年，王翦、羌瘣尽定取赵地东阳，得赵王。引兵欲攻燕，屯中山。秦王之邯郸，诸尝与王生赵时母家有仇怨，皆坑之。秦王还，从太原、上郡归。始皇帝母太后崩。赵公子嘉率其宗数百人之代，自立为代王，东与燕合兵，军上谷。大饥。

二十年，燕太子丹患秦兵至国，恐，使荆轲刺秦王。秦王觉之，体解轲以徇，而使王翦、辛胜攻燕。燕、代发兵击秦军，秦军破燕易水之西。

二十一年，王贲攻蓟。乃益发卒诣王翦军，遂破燕太子军，取燕蓟城，得太子丹之首。燕王东收辽东而王之。王翦谢病老归。新郑反。昌平(军)〔君〕徙于郢。大雨雪，深二尺五寸。

二十二年，王贲攻魏，引河沟灌大梁，大梁城坏，其王请降，尽取其地。

二十三年，秦王复召王翦，强起之，使将击荆。取陈以南至平舆，虏荆王。秦王游至郢陈。荆将项燕立昌平君为荆王，反秦于淮南。二十四年，王翦、蒙武攻荆，破荆军，昌平君死，项燕遂自杀。

二十五年，大兴兵，使王贲将，攻燕辽东，得燕王喜。还攻代，虏代王嘉。王翦遂定荆江南地，降越君，置会稽郡。五月，天下大酺。

二十六年，齐王建与其相后胜发兵守其西界，不通秦。秦使将军王贲从燕南攻齐，得齐王建。

秦初并天下，令丞相、御史曰："异日韩王纳地效玺，请为藩臣，已而倍约，与赵、魏合从畔秦，故兴兵诛之，虏其王。寡人以为善，庶几息兵革。赵王使其相李牧来约盟，故归其质子。已而倍盟，反我太原，故兴兵诛之，得其王。赵公子嘉乃自立为代王，故举兵击灭之。魏王始约服入秦，已而与韩、赵谋袭秦，秦兵吏诛，遂破之。荆王献青阳以西，已而畔约，击我南郡，故发兵诛，得其王，遂定其荆地。燕王昏乱，其太子丹乃阴令荆轲为贼，兵吏诛，灭其国。齐王用后胜计，绝秦使，欲为乱，兵吏诛，虏其王，平齐地。寡人以眇眇之身，兴兵诛暴乱，赖宗庙之灵，六王咸伏其辜，天下大定。今名号不更，无以称成功、传后世。其议帝号。"

丞相绾、御史大夫劫、廷尉斯等皆曰："昔者五帝地方千里，其外侯服夷服诸侯或朝或否，天子不能制。今陛下兴义兵，诛残贼，平定天下，海内为郡县，法令由一统，自上古以来未尝有，五帝所不及。臣等谨与博士议曰：'古有天皇，有地皇，有泰皇，泰皇最贵。'臣等昧死上尊号，王为'泰皇'，命为'制'，令为'诏'，天子自称曰'朕'。"王曰："去

'泰'，著'皇'，采上古'帝'位号，号曰'皇帝'。他如议。"制曰："可。"追尊庄襄王为太上皇。制曰："朕闻太古有号毋谥，中古有号，死而以行为谥。如此，则子议父、臣议君也，甚无谓，朕弗取焉。自今已来，除谥法。朕为始皇帝。后世以计数，二世三世至于万世，传之无穷。"

始皇推终始五德之传，以为周得火德，秦代周德，从所不胜。方今水德之始，改年始，朝贺皆自十月朔。衣服旄旌节旗皆上黑。数以六为纪，符法冠皆六寸，而舆六尺，六尺为步，乘六马。更名河曰德水，以为水德之始。刚毅戾深，事皆决于法，刻削毋仁恩和义，然后合五德之数。于是急法，久者不赦。

丞相绾等言："诸侯初破，燕、齐、荆地远，不为置王，毋以填之。请立诸子，唯上幸许。"始皇下其议于群臣，群臣皆以为便。廷尉李斯议曰："周文、武所封子弟同姓甚众，然后属疏远，相攻击如仇雠，诸侯更相诛伐，周天子弗能禁止。今海内赖陛下神灵一统，皆为郡县，诸子功臣以公赋税重赏赐之，甚足易制。天下无异意，则安宁之术也。置诸侯不便。"始皇曰："天下共苦战斗不休，以有侯王。赖宗庙，天下初定，又复立国，是树兵也，而求其宁息，岂不难哉！廷尉议是。"

分天下以为三十六郡，郡置守、尉、监。更名民曰"黔首"。大酺。收天下兵，聚之咸阳，销以为钟鐻，金人十二，重各千石，置廷宫中。一法度衡石丈尺。车同轨。书同文字。地东至海暨朝鲜，西至临洮、羌中，南至北向户，北据河为塞，并阴山至辽东。徙天下豪富于咸阳十二万户。诸庙及章台、上林皆在渭南。秦每破诸侯，写放其宫室，作之咸阳北阪上，南临渭，自雍门以东至泾、渭，殿屋复道周阁相属。所得诸侯美人钟鼓，以充入之。

二十七年，始皇巡陇西、北地，出鸡头山，过回中。焉作信宫渭南。已，更命信宫为极庙，象天极。自极庙道通郦山，作甘泉前殿。筑甬道，自咸阳属之。是岁，赐爵一级。治驰道。

二十八年，始皇东行郡县，上邹峄山。立石，与鲁诸儒生议，刻石颂秦德，议封禅望祭山川之事。乃遂上泰山，立石，封，祠祀。下，风雨暴至，休于树下，因封其树为五大夫。禅梁父。刻所立石，其辞曰：

皇帝临位，作制明法，臣下修饬。二十有六年，初并天下，罔不宾服。亲巡远方黎民，登兹泰山，周览东极。从臣思迹，本原事业，祇诵功德。治道运行，诸产得宜，皆有法式。大义休明，垂于后世，顺承勿革。皇帝躬圣，既平天下，不懈于治。夙兴夜寐，建设长利，专隆教诲。训经宣达，远近毕理，咸承圣志。贵贱分明，男女礼顺，慎遵职事。昭隔内外，靡不清净，施于后嗣。化及无穷，遵奉遗诏，永承重戒。

于是乃并渤海以东，过黄、腄，穷成山，登之罘，立石颂秦德焉而去。

南登琅邪，大乐之，留三月。乃徙黔首三万户琅邪台下，复十二岁。作琅邪台，立石刻，颂秦德，明得意。曰：

维二十八年，皇帝作始，端平法度，万物之纪。以明人事，合同父子。圣智仁义，显白道理。东抚东土，以省卒士。事已大毕，乃临于海。皇帝之功，勤劳本事。上农除末，黔首是富。普天之下，抟心揖志。器械一量，同书文字。日月所照，舟舆所载，皆终其命，莫不得意。应时动事，是维皇帝。匡饬异俗，陵水经地。忧恤黔首，朝夕不懈。除疑定法，咸知所辟。方伯分职，诸治经易。举错必当，莫不如画。皇帝之明，临察四方。尊卑贵贱，不逾次行。奸邪不容，皆务贞良。细大尽力，莫敢怠荒。远迩辟隐，专务肃庄。端直敦忠，事业有常。皇帝之德，存定四极。诛乱除害，兴利致福。节事以时，诸产繁殖。黔首安宁，不用兵革。六亲相保，终无寇贼。欢欣奉教，尽知法式。六合之内，皇帝之土。西涉流沙，南尽北户。东有东海，北过大夏。人迹所至，无不臣者。功盖五帝，泽及牛马。莫不受德，各安其宇。

维秦王兼有天下，立名为皇帝，乃抚东土，至于琅邪。列侯武城侯王离、列侯通武侯王贲、伦侯建成侯赵亥、伦侯昌武侯成、伦侯武信侯冯毋择、丞相隗林、丞相王绾、卿李斯、卿王戊、五大夫赵婴、五大夫杨樛从，与议于海上。曰："古之帝者，地不过千里，诸侯各守其封域，或朝或否，相侵暴乱，残伐不止，犹刻金石，以自为纪。古之五帝三王，知教不同，法度不明，假威鬼神，以欺远方，实不称名，故不久长。其身未殁，诸侯倍叛，法令不行。今皇帝并一海内，以为郡县，天下和平。昭明宗庙，体道行德，尊号大成。群臣相与诵皇帝功德，刻于金石，以为表经。

既已，齐人徐市等上书，言海中有三神山，名曰蓬莱、方丈、瀛洲，仙人居之。请得斋戒，与童男女求之。于是遣徐市发童男女数千人，入海求仙人。

始皇还，过彭城，斋戒祷祠，欲出周鼎泗水。使千人没水求之，弗得。乃西南渡淮水，之衡山、南郡。浮江，至湘山祠。逢大风，几不得渡。上问博士曰："湘君何神？"博士对曰："闻之，尧女，舜之妻，而葬此。"于是始皇大怒，使刑徒三千人皆伐湘山树，赭其山。上自南郡由武关归。

二十九年，始皇东游。至阳武博狼沙中，为盗所惊。求弗得，乃令天下大索十日。

登之罘，刻石。其辞曰：

维二十九年，时在中春，阳和方起。皇帝东游，巡登之罘，临照于海。从臣嘉观，原念休烈，追诵本始。大圣作治，建定法度，显箸纲纪。外教诸侯，光施文惠，明以义理。六国回辟，贪戾无厌，虐杀不已。皇帝哀众，遂发讨师，奋扬武德。义诛信行，威燀旁达，莫不宾服。烹灭强暴，振救黔首，周定四极。普施明法，经纬天下，永为仪则。大矣哉！宇县之中，承顺圣意。群臣诵功，请刻于石，表垂于常式。

其东观曰：

维二十九年，皇帝春游，览省远方。逮于海隅，遂登之罘，昭临朝阳。观望广丽，从臣咸念，原道至明。圣法初兴，清理疆内，外诛暴强。武威旁畅，振动四极，禽灭六王。阐并天下，灾害绝息，永偃戎兵。皇帝明德，经理宇内，视听不怠。作立大义，昭设备器，咸有章旗。职臣遵分，各知所行，事无嫌疑。黔首改化，远迩同度，临古绝尤。常职既定，后嗣循业，长承圣治。群臣嘉德，祗诵圣烈，请刻之罘。

旋，遂之琅邪，道上党入。

三十年，无事。

三十一年十二月，更名腊曰"嘉平"。赐黔首里六石米、二羊。始皇为微行咸阳，与武士四人俱，夜出，逢盗兰池，见窘，武士击杀盗，关中大索二十日，米石千六百。

三十二年，始皇之碣石，使燕人卢生求羡门高誓。刻碣石门，坏城郭，决通堤防。其辞曰：

遂兴师旅，诛戮无道，为逆灭息。武殄暴逆，文复无罪，庶心咸服。惠论功劳，赏及牛马，恩肥土域。皇帝奋威，德并诸侯，初一泰平。堕坏城郭，决通川防，夷去险阻。地势既定，黎庶无繇，天下咸抚。男乐其畴，女修其业，事各有序。惠被诸产，久并来田，莫不安所。群臣诵烈，请刻此石，垂著仪矩。

因使韩终、侯公、石生求仙人不死之药。始皇巡北边，从上郡入。燕人卢生使入海还，以鬼神事，因奏录图书，曰："亡秦者胡也。"始皇乃使将军蒙恬发兵三十万人北击胡，略取河南地。

三十三年，发诸尝逋亡人、赘婿、贾人略取陆梁地，为桂林、象郡、南海，以適遣戍。西北斥逐匈奴。自榆中并河以东，属之阴山，以为三十四县，城河上为塞。又使蒙恬渡河取高阙、陶山、北假中，筑亭障以逐戎人。徙谪，实之初县。禁，不得祠。明星出西方。

三十四年，適治狱吏不直者，筑长城及南越地。

始皇置酒咸阳宫，博士七十人前为寿。仆射周青臣进颂曰："他时秦地不过千里，赖陛下神灵明圣，平定海内，放逐蛮夷，日月所照，莫不宾服。以诸侯为郡县，人人自安乐，无战争之患，传之万世，自上古不及陛下威德。"始皇悦。博士齐人淳于越进曰："臣闻殷、周之王千馀岁，封子弟功臣，自为枝辅。今陛下有海内，而子弟为匹夫，卒有田常、六卿之臣，无辅拂，何以相救哉？事不师古而能长久者，非所闻也。今青臣又面谀以重陛下之过，非忠臣。"

始皇下其议。丞相李斯曰："五帝不相复，三代不相袭，各以治，非其相反，时变异也。今陛下创大业，建万世之功，固非愚儒所知。且越言乃三代之事，何足法也？异时诸侯并争，厚招游学。今天下已定，法令出一，百姓当家则力农工，士则学习法令辟禁。今诸生不师今而学古，以非当世，惑乱黔首。丞相臣斯昧死言：古者天下散乱，莫之能一，是以诸侯并作，语皆道古以害今，饰虚言以乱实，人善其所私学，以非上之所建立。今皇帝并有天下，别黑白而定一尊。私学而相与非法教，人闻令下，则各以其学议之；入则心非，出则巷议，夸主以为名，异取以为高，率群下以造谤。如此弗禁，则主势降乎上，党与成乎下，禁之便。臣请史官非秦记皆烧之，非博士官所职，天下敢有藏《诗》《书》、百家语者，悉诣守、尉杂烧之。有敢偶语《诗》《书》者弃市，以古非今者族，吏见知不举者与同罪。令下三十日不烧，黥为城旦。所不去者，医药、卜筮、种树之书，若欲有学法令，以吏为师。"制曰："可。"

三十五年，除道，道九原抵云阳，堑山堙谷，直通之。于是始皇以为咸阳人多，先王之宫廷小，吾闻周文王都丰，武王都镐，丰、镐之间，帝王之都也。乃营作朝宫渭南上林苑中。先作前殿阿房，东西五百步，南北五十丈，上可以坐万人，下可以建五丈旗，周驰为阁道，自殿下直抵南山。表南山之颠以为阙。为复道，自阿房渡渭，属之咸阳，以象天极阁道绝汉抵营室也。阿房宫未成；成，欲更择令名名之。作宫阿房，故天下谓之阿房宫。隐宫徒刑者七十馀万人，乃分作阿房宫，或作丽山。发北山石椁，乃写蜀、荆地材皆至。关中计宫三百，关外四百馀。于是立石东海上朐界中，以为秦东门。因徙三万家丽邑，五万家云阳，皆复不事十岁。

卢生说始皇曰："臣等求芝奇药仙者，常弗遇，类物有害之者。方中人主时为微行以辟恶鬼，恶鬼辟，真人至。人主所居而人臣知之，则害于神。真人者，入水不濡，入火不爇，陵云气，与天地久长。今上治天下，未能恬倓。愿上所居宫毋令人知，然后不死之药殆可得也。"于是始皇曰："吾慕真人。"自谓"真人"，不称"朕"。乃令咸阳之旁二百里内，宫观二百七十，复道甬道相连，帷帐钟鼓美人充之，各案署不移徙。行所幸，有言其处者，罪死。

始皇帝幸梁山宫，从山上见丞相车骑众，弗善也。中人或告丞相，丞相后损车骑。始皇怒曰："此中人泄吾语。"案问莫服。当是时，诏捕诸时在旁者，皆杀之。自是后莫知行之所在。听事，群臣受决事，悉于咸阳宫。

侯生、卢生相与谋曰："始皇为人，天性刚戾自用，起诸侯，并天下，意得欲从，以为自古莫及己。专任狱吏，狱吏得亲幸。博士虽七十人，特备员，弗用。丞相诸大臣皆受成事，倚办于上。上乐以刑杀为威，天下畏罪持禄，莫敢尽忠。上不闻过而日骄，下慑伏谩欺以取容。秦法，不得兼方，不验，辄死。然候星气者至三百人，皆良士，畏忌讳谀，不敢端言其过。天下之事无小大皆决于上，上至以衡石量书，日夜有呈，不中呈不得休息。贪于权势至如此，未可为求仙药。"于是乃亡去。始皇闻亡，乃大怒曰："吾前收天下书不中用者尽去之，悉召文学方术士甚众，欲以兴太平，方士欲练以求奇药，今闻韩众去不报，徐市等费以巨万计，终不得药，徒奸利相告日闻。卢生等吾尊赐之甚厚，今乃诽谤我，以重吾不德也。诸生在咸阳者，吾使人廉问，或为妖言以乱黔首。"于是使御史悉案问诸生，诸生传相告引，乃自除犯禁者四百六十馀人，皆坑之咸阳，使天下知之，以惩后。益发谪徙边。始皇长子扶苏谏曰："天下初定，远方黔首未集，诸生皆诵法孔子，今上皆重法绳之，臣恐天下不安。唯上察之。"始皇怒，使扶苏北监蒙恬于上郡。

三十六年，荧惑守心。有坠星下东郡，至地为石，黔首或刻其石曰“始皇帝死而地分”。始皇闻之，遣御史逐问，莫服，尽取石旁居人诛之。因燔销其石。始皇不乐，使博士为仙真人诗，及行所游天下，传令乐人歌弦之。

秋，使者从关东夜过华阴平舒道，有人持璧遮使者曰：“为吾遗滈池君。”因言曰：“今年祖龙死。”使者问其故，因忽不见，置其璧去。使者奉璧具以闻。始皇默然良久，曰：“山鬼固不过知一岁事也。”退言曰：“祖龙者，人之先也。”使御府视璧，乃二十八年行渡江所沉璧也。于是始皇卜之，卦得游徙吉。迁北河榆中三万家。拜爵一级。

三十七年十月癸丑，始皇出游。左丞相斯从，右丞相去疾守。少子胡亥爱慕请从，上许之。十一月，行至云梦，望祀虞舜于九疑山。浮江下，观籍柯，渡海渚，过丹阳，至钱唐。临浙江，水波恶，乃西百二十里从狭中渡。上会稽，祭大禹，望于南海，而立石刻颂秦德。其文曰：

皇帝休烈，平一宇内，德惠修长。三十有七年，亲巡天下，周览远方。遂登会稽，宣省习俗，黔首斋庄。群臣诵功，本原事迹，追首高明。秦圣临国，始定刑名，显陈旧章。初平法式，审别职任，以立恒常。六王专倍，贪戾傲猛，率众自强。暴虐恣行，负力而骄，数动甲兵。阴通间使，以事合从，行为辟方。内饰诈谋，外来侵边，遂起祸殃。义威诛之，殄熄暴悖，乱贼灭亡。圣德广密，六合之中，被泽无疆。皇帝并宇，兼听万事，远近毕清。运理群物，考验事实，各载其名。贵贱并通，善否陈前，靡有隐情。饰省宣义，有子而嫁，倍死不贞。防隔内外，禁止淫泆，男女洁诚。夫为寄豭，杀之无罪，男秉义程。妻为逃嫁，子不得母，咸化廉清。大治濯俗，天下承风，蒙被休经。皆遵度轨，和安敦勉，莫不顺令。黔首修洁，人乐同则，嘉保太平。后敬奉法，常治无极，舆舟不倾。从臣诵烈，请刻此石，光垂休铭。

还，过吴，从江乘渡，并海上，北至琅邪。

方士徐市等人海求神药，数岁不得，费多，恐谴，乃诈曰：“蓬莱药可得，然常为大鲛鱼所苦，故不得至。愿请善射与俱，见则以连弩射之。”始皇梦与海神战，如人状。问占梦，博士曰：“水神不可见，以大鱼蛟龙为候。今上祷祠备谨，而有此恶神，当除去，而善神可至。”乃令入海者赍捕巨鱼具，而自以连弩候大鱼出射之。自琅邪北至荣成山，弗见。至之罘，见巨鱼，射杀一鱼，遂并海西。

至平原津而病。始皇恶言死，群臣莫敢言死事。上病益甚，乃为玺书赐公子扶苏曰："与丧会咸阳而葬。"书已封，在中车府令赵高行符玺事所，未授使者。七月丙寅，始皇崩于沙丘平台。丞相斯为上崩在外，恐诸公子及天下有变，乃秘之，不发丧。棺载辒凉车中，故幸宦者参乘，所至上食。百官奏事如故，宦者辄从辒凉车中可其奏事。独子胡亥、赵高及所幸宦者五六人知上死。赵高故尝教胡亥书及狱律令法事，胡亥私幸之。高乃与公子胡亥、丞相斯阴谋破去始皇所封书赐公子扶苏者，而更诈为丞相斯受始皇遗诏沙丘，立子胡亥为太子。更为书赐公子扶苏、蒙恬，数以罪，其赐死。语具在《李斯传》中。行，遂从井陉抵九原。会暑，上辒车臭，乃诏从官令车载一石鲍鱼，以乱其臭。

行从直道至咸阳，发丧。

太子胡亥袭位，为二世皇帝。九月，葬始皇郦山。

始皇初即位，穿治郦山。及并天下，天下徒送诣七十馀万人，穿三泉，下铜而致椁，宫观百官奇器珍怪徙臧满之。令匠作机弩矢，有所穿近者辄射之。以水银为百川江河大海，机相灌输，上具天文，下具地理。以人鱼膏为烛，度不灭者久之。二世曰："先帝后宫非有子者，出焉不宜。"皆令从死，死者甚众。葬既已下，或言工匠为机，藏皆知之，藏重即泄。大事毕，已藏，闭中羡，下外羡门，尽闭工匠藏者，无复出者。树草木以象山。

二世皇帝元年，年二十一。赵高为郎中令，任用事。二世下诏，增始皇寝庙牺牲及山川百祀之礼，令群臣议尊始皇庙。群臣皆顿首言曰："古者天子七庙，诸侯五，大夫三，虽万世世不轶毁。今始皇为极庙，四海之内皆献贡职，增牺牲，礼咸备，毋以加。先王庙或在西雍，或在咸阳。天子仪当独奉酌祠始皇庙。自襄公已下轶毁。所置凡七庙。群臣以礼进祠，以尊始皇庙为帝者祖庙。皇帝复自称'朕'。"

二世与赵高谋曰："朕年少，初即位，黔首未集附。先帝巡行郡县，以示强，威服海内。今晏然不巡行，即见弱，毋以臣畜天下。"春，二世东行郡县，李斯从。到碣石，并海，南至会稽，而尽刻始皇所立刻石石旁著大臣从者名，以章先帝成功盛德焉：

皇帝曰："金石刻尽始皇帝所为也。今袭号而金石刻辞不称始皇帝，其于久远也如后嗣为之者，不称成功盛德。"丞相臣斯、臣去疾、御史大夫臣德昧死言："臣请具刻诏书刻石，因明白矣。臣昧死请。"制曰：

“可。”遂至辽东而还。

于是二世乃遵用赵高，申法令。乃阴与赵高谋曰：“大臣不服，官吏尚强，及诸公子必与我争，为之奈何？”高曰：“臣固愿言而未敢也。先帝之大臣，皆天下累世名贵人也。积功劳世以相传久矣。今高素小贱，陛下幸称举，令在上位，管中事。大臣鞅鞅，特以貌从臣，其心实不服。今上出，不因此时案郡县守尉有罪者诛之，上以振威天下，下以除去上生平所不可者。今时不师文而决于武力，愿陛下遂从时毋疑，即群臣不及谋。明主收举馀民，贱者贵之，贫者富之，远者近之，则上下集而国安矣。”二世曰：“善。”乃行诛大臣及诸公子，以罪过连逮少近官三郎，无得立者，而六公子戮死于杜。公子将闾昆弟三人囚于内宫，议其罪独后。二世使使令将闾曰：“公子不臣，罪当死，吏致法焉。”将闾曰：“阙廷之礼，吾未尝敢不从宾赞也；廊庙之位，吾未尝敢失节也；受命应对，吾未尝敢失辞也。何谓不臣？愿闻罪而死。”使者曰：“臣不得与谋，奉书从事。”将闾乃仰天大呼天者三，曰：“天乎！吾无罪！”昆弟三人皆流涕拔剑自杀。宗室振恐。群臣谏者以为诽谤，大吏持禄取容，黔首振恐。

四月，二世还至咸阳，曰：“先帝为咸阳朝廷小，故营阿房宫。为室堂未就，会上崩，罢其作者，复土郦山。郦山事大毕，今释阿房宫弗就，则是章先帝举事过也。”复作阿房宫。外抚四夷，如始皇计。尽征其材士五万人为屯卫咸阳，令教射狗马禽兽。当食者多，度不足，下调郡县转输菽粟刍稿，皆令自赍粮食，咸阳三百里内不得食其谷。用法益刻深。

七月，戍卒陈胜等反故荆地，为“张楚”。胜自立为楚王，居陈，遣诸将徇地。山东郡县少年苦秦吏，皆杀其守尉令丞反，以应陈涉，相立为侯王，合从西乡，名为伐秦，不可胜数也。谒者使东方来，以反者闻二世。二世怒，下吏。后使者至，上问，对曰：“群盗，郡守尉方逐捕，今尽得，不足忧。”上悦。

武臣自立为赵王，魏咎为魏王，田儋为齐王。沛公起沛。项梁举兵会稽郡。

二年冬，陈涉所遣周章等将西至戏，兵数十万。二世大惊，与群臣谋曰：“奈何？”少府章邯曰：“盗已至，众强，今发近县不及矣。郦山徒多，请赦之，授兵以击之。”二世乃大赦天下，使章邯将，击破周章军而走，遂杀章曹阳。二世益遣长史司马欣、翳董佐章邯击盗，杀陈胜城父，破项梁定陶，灭魏咎临济。楚地盗名将已死，章邯乃北渡河，击赵王歇等于巨鹿。

赵高说二世曰："先帝临制天下久，故群臣不敢为非进邪说。今陛下富于春秋，初即位，奈何与公卿廷决事？事即有误，示群臣短也。天子称朕，固不闻声。"于是二世常居禁中，与高决诸事。其后公卿希得朝见。盗贼益多，而关中卒发东击盗者毋已。右丞相去疾、左丞相斯、将军冯劫进谏曰："关东群盗并起，秦发兵诛击，所杀亡甚众，然犹不止。盗多，皆以戍漕转作事苦，赋税大也。请且止阿房宫作者，减省四边戍转。"二世曰："吾闻之韩子曰：'尧舜采椽不刮，茅茨不剪，饭土塯，啜土形，虽监门之养，不觳于此。禹凿龙门，通大夏，决河亭水，放之海，身自持筑臿，胫毋毛，臣虏之劳不烈于此矣。'凡所为贵有天下者，得肆意极欲，主重明法，下不敢为非，以制御海内矣。夫虞、夏之主，贵为天子，亲处穷苦之实，以徇百姓，尚何于法？朕尊万乘，毋其实，吾欲造千乘之驾，万乘之属，充吾号名。且先帝起诸侯，兼天下，天下已定，外攘四夷以安边竟，作宫室以章得意，而君观先帝功业有绪。今朕即位二年之间，群盗并起，君不能禁，又欲罢先帝之所为，是上毋以报先帝，次不为朕尽忠力，何以在位？"下去疾、斯、劫吏，案责他罪。去疾、劫曰："将相不辱。"自杀。斯卒囚，就五刑。

三年，章邯等将其卒围巨鹿，楚上将军项羽将楚卒往救巨鹿。冬，赵高为丞相，竟案李斯杀之。夏，章邯等战数却，二世使人让邯，邯恐，使长史欣请事。赵高弗见，又弗信。欣恐，亡去，高使人捕追，不及。欣见邯曰："赵高用事于中，将军有功亦诛，无功亦诛。"项羽急击秦军，虏王离，邯等遂以兵降诸侯。

八月己亥，赵高欲为乱，恐群臣不听，乃先设验，持鹿献于二世，曰："马也。"二世笑曰："丞相误邪？谓鹿为马。"问左右，左右或默，或言"马"以阿顺赵高，或言"鹿"者。高因阴中诸言鹿者以法。后群臣皆畏高。

高前数言"关东盗毋能为也"，及项羽虏秦将王离等巨鹿下而前，章邯等军数却，上书请益助，燕、赵、齐、楚、韩、魏皆立为王，自关以东，大氐尽畔秦吏应诸侯，诸侯咸率其众西乡。沛公将数万人已屠武关，使人私于高。高恐二世怒，诛及其身，乃谢病不朝见。二世梦白虎啮其左骖马，杀之，心不乐，怪，问占梦。卜曰：“泾水为祟。”二世乃斋于望夷宫，欲祠泾，沉四白马。使使责让高以盗贼事。高惧，乃阴与其婿咸阳令阎乐、其弟赵成谋曰：“上不听谏，今事急，欲归祸于吾宗。吾欲易置上，更立公子婴。子婴仁俭，百姓皆载其言。”使郎中令为内应，诈为有大贼，令乐召吏发卒追，劫乐母置高舍。遣乐将吏卒千馀人至望夷宫殿门，缚卫令仆射，曰：“贼入此，何不止？”卫令曰：“周庐设卒甚谨，安得贼敢入宫？”乐遂斩卫令，直将吏入，行射，郎宦者大惊，或走或格，格者辄死，死者数十人。郎中令与乐俱入，射上幄坐帏。二世怒，召左右，左右皆惶扰不斗。旁有宦者一人，侍不敢去。二世入内，谓曰：“公何不早告我？乃至于此！”宦者曰：“臣不敢言，故得全。使臣早言，皆已诛，安得至今？”阎乐前即二世数曰：“足下骄恣，诛杀无道，天下共畔足下，足下其自为计。”二世曰：“丞相可得见否？”乐曰：“不可。”二世曰：“吾愿得一郡为王。”弗许。又曰：“愿为万户侯。”弗许。曰：“愿与妻子为黔首，比诸公子。”阎乐曰：“臣受命于丞相，为天下诛足下，足下虽多言，臣不敢报。”麾其兵进。二世自杀。

阎乐归报赵高，赵高乃悉召诸大臣公子，告以诛二世之状，曰：“秦故王国，始皇君天下，故称帝。今六国复自立，秦地益小，乃以空名为帝，不可。宜为王如故，便。”立二世之兄子公子婴为秦王。以黔首葬二世杜南宜春苑中。令子婴斋，当庙见，受王玺。斋五日，子婴与其子二人谋曰：“丞相高杀二世望夷宫，恐群臣诛之，乃详以义立我。我闻赵高乃与楚约，灭秦宗室而王关中。今使我斋见庙，此欲因庙中杀我。我称病不行，丞相必自来，来则杀之。”高使人请子婴数辈，子婴不行，高果自往，曰：“宗庙重事，王奈何不行？”子婴遂刺杀高于斋宫，三族高家以徇咸阳。

子婴为秦王四十六日，楚将沛公破秦军入武关，遂至灞上，使人约降子婴。子婴即系颈以组，白马素车，奉天子玺符，降轵道旁。沛公遂入咸阳，封宫室府库，还军灞上。

居月馀，诸侯兵至，项籍为从长，杀子婴及秦诸公子宗族。遂屠咸阳，烧其宫室，虏其子女，收其珍宝货财，诸侯共分之。灭秦之后，各分其地为三，名曰雍王、塞王、翟王，号曰三秦。项羽为西楚霸王，主命分天下王诸侯，秦竟灭矣。后五年，天下定于汉。

太史公曰：秦之先伯翳，尝有勋于唐虞之际，受土赐姓。及殷夏之间微散。至周之衰，秦兴，邑于西垂。自穆公以来，稍蚕食诸侯，竟成始皇。始皇自以为功过五帝，地广三王，而羞与之侔。善哉乎贾生推言之也！曰：

秦并兼诸侯山东三十馀郡，缮津关，据险塞，修甲兵而守之。然陈涉以戍卒散乱之众数百，奋臂大呼，不用弓戟之兵，锄耰白梃，望屋而食，横行天下。秦人阻险不守，关梁不阖，长戟不刺，强弩不射。楚师深入，战于鸿门，曾无藩篱之艰。于是山东大扰，诸侯并起，豪俊相立。秦使章邯将而东征，章邯因以三军之众要市于外，以谋其上。群臣之不信，可见于此矣。子婴立，遂不寤。藉使子婴有庸主之材，仅得中佐，山东虽乱，秦之地可全而有，宗庙之祀未当绝也。

秦地被山带河以为固，四塞之国也。自穆公以来，至于秦王，二十馀君，常为诸侯雄。岂世世贤哉？其势居然也。且天下尝同心并力而攻秦矣。当此之世，贤智并列，良将行其师，贤相通其谋，然困于阻险而不能进。秦乃延入战而为之开关，百万之徒逃北而遂坏。岂勇力智慧不足哉？形不利，势不便也。秦小邑并大城，守险塞而军，高垒毋战，闭关据阨，荷戟而守之。诸侯起于匹夫，以利合，非有素王之行也。其交未亲，其下未附，名为亡秦，其实利之也。彼见秦阻之难犯也，必退师。安土息民，以待其敝，收弱扶罢，以令大国之君，不患不得意于海内。贵为天子，富有天下，而身为禽者，其救败非也。

秦王足己不问，遂过而不变。二世受之，因而不改，暴虐以重祸。子婴孤立无亲，危弱无辅。三主惑而终身不悟，亡，不亦宜乎？当此时也，世非无深虑知化之士也，然所以不敢尽忠拂过者，秦俗多忌讳之禁，忠言未卒于口而身为戮没矣。故使天下之士，倾耳而听，重足而立，钳口而不言。是以三主失道，忠臣不敢谏，智士不敢谋，天下已乱，奸不上闻，岂不哀哉！先王知雍蔽之伤国也，故置公卿大夫士，以饰法设刑，而天下治。其强也，禁暴诛乱而天下服。其弱也，五伯征而诸侯从。其削也，内守外附而社稷存。故秦之盛也，繁法严刑而天下振；及其衰也，百姓怨望而海内畔矣。故周五序得其道，而千馀岁不绝。秦本末并失，故不长久。由此观之，安危之统相去远矣。野谚曰“前事之不忘，后事之师也”。是以君子为国，观之上古，验之当世，参以人事，察盛衰之理，审权势之宜，去就有序，变化有时，故旷日长久而社稷安矣。

秦孝公据殽、函之固，拥雍州之地，君臣固守而窥周室，有席卷天下、包举宇内、囊括四海之意，并吞八荒之心。当是时，商君佐之，内立法度，务耕织，修守战之备，外连衡而斗诸侯，于是秦人拱手而取西河之外。

孝公既没，惠王、武王蒙故业，因遗册，南兼汉中，西举巴、蜀，东割膏腴之地，收要害之郡。诸侯恐惧，会盟而谋弱秦，不爱珍器重宝肥美之地，以致天下之士，合从缔交，相与为一。当是时，齐有孟尝，赵有平原，楚有春申，魏有信陵，此四君者，皆明知而忠信，宽厚而爱人，尊贤重士，约从离衡，并韩、魏、燕、楚、齐、赵、宋、卫、中山之众。于是六国之士，有宁越、徐尚、苏秦、杜赫之属为之谋，齐明、周最、陈轸、昭滑、楼缓、翟景、苏厉、乐毅之徒通其意，吴起、孙膑、带佗、兒良、王廖、田忌、廉颇、赵奢之朋制其兵。常以十倍之地，百万之众，叩关而攻秦。秦人开关延敌，九国之师逡巡遁逃而不敢进。秦无亡矢遗镞之费，而天下诸侯已困矣。于是从散约解，争割地而奉秦。秦有馀力而制其敝，追亡逐北，伏尸百万，流血漂卤。因利乘便，宰割天下，分裂河山。强国请服，弱国入朝。延及孝文王、庄襄王，享国日浅，国家无事。

及至秦王，续六世之馀烈，振长策而御宇内，吞二周而亡诸侯，履至尊而制六合，执棰拊以鞭笞天下，威振四海。南取百越之地，以为桂林、象郡，百越之君俯首系颈，委命下吏。乃使蒙恬北筑长城而守藩篱，却匈奴七百馀里，胡人不敢南下而牧马，士不敢弯弓而报怨。于是废先王之道，焚百家之言，以愚黔首。堕名城，杀豪俊，收天下之兵聚之咸阳，销锋铸鐻，以为金人十二，以弱黔首之民。然后斩华为城，因河为津，据亿丈之城，临不测之溪以为固。良将劲弩守要害之处，信臣精卒陈利兵而谁何，天下以定。秦王之心，自以为关中之固，金城千里，子孙帝王万世之业也。

秦王既没，馀威振于殊俗。陈涉，瓮牖绳枢之子，甿隶之人，而迁徙之徒，才能不及中人，非有仲尼、墨翟之贤，陶朱、猗顿之富，蹑足行伍之间，而倔起什伯之中，率罢散之卒，将数百之众，而转攻秦。斩木为兵，揭竿为旗，天下云集响应，赢粮而景从。山东豪俊遂并起而亡秦族矣。

且夫天下非小弱也，雍州之地，殽、函之固自若也。陈涉之位，非尊于齐、楚、燕、赵、韩、魏、宋、卫、中山之君；锄耰棘矜，非铦于勾戟长铩也；適戍之众，非抗于九国之师；深谋远虑，行军用兵之道，非及

遣使求仙图。讲述秦始皇想长生不老，派徐福带童男童女入海寻找仙山，求长生不老药之事。

乡时之士也。然而成败异变，功业相反也。试使山东之国与陈涉度长絜大，比权量力，则不可同年而语矣。然秦以区区之地，千乘之权，招八州而朝同列，百有馀年矣。然后以六合为家，殽、函为宫，一夫作难而七庙堕，身死人手，为天下笑者，何也？仁义不施，而攻守之势异也。

秦并海内，兼诸侯，南面称帝，以养四海，天下之士斐然乡风，若是者何也？曰：近古之无王者久矣。周室卑微，五霸既殁，令不行于天下，是以诸侯力政，强侵弱，众暴寡，兵革不休，士民罢敝。今秦南面而王天下，是上有天子也。既元元之民冀得安其性命，莫不虚心而仰上。当此之时，守威定功，安危之本在于此矣。

秦王怀贪鄙之心，行自奋之智，不信功臣，不亲士民，废王道，立私权，禁文书而酷刑法，先诈力而后仁义，以暴虐为天下始。夫并兼者高诈力，安定者贵顺权，此言取与守不同术也。秦离战国而王天下，其道不易，其政不改，是其所以取之守之者〔无〕异也。孤独而有之，故其亡可立而待。借使秦王计上世之事，并殷周之迹，以制御其政，后虽有淫骄之主，而未有倾危之患也。故三王之建天下，名号显美，功业长久。

今秦二世立，天下莫不引领而观其政。夫寒者利桓褐而饥者甘糟糠，天下之嗷嗷，新主之资也。此言劳民之易为仁也。乡使二世有庸主之行，而任忠贤，臣主一心而忧海内之患，缟素而正先帝之过，裂地分民以封功臣之后，建国立君以礼天下，虚囹圄而免刑戮，除去收帑污秽之罪，使各反其乡里，发仓廪，散财币，以振孤独穷困之士，轻赋少事，以佐百姓之急，约法省刑以持其后，使天下之人皆得自新，更节修行，各慎其身，塞万民之望，而以威德与天下，天下集矣。即四海之内，皆欢然各自安乐其处，唯恐有变，虽有狡猾之民，无离上之心，则不轨之臣无以饰其智，而暴乱之奸止矣。二世不行此术，而重之以无道，坏宗庙与民，更始作阿房宫，繁刑严诛，吏治刻深，赏罚不当，赋敛无度，天下多事，吏弗能纪，百姓困穷而主弗收恤。然后奸伪并起，而上下相遁，蒙罪者众，刑戮相望于道，而天下苦之。自君卿以下至于众庶，人怀自危之心，亲处穷苦之实，咸不安其位，故易动也。是以陈涉不用汤、武之贤，不借公侯之尊，奋臂于大泽而天下响应者，其民危也。故先王见始终之变，知存亡之机，是以牧民之道，务在安之而已。天下虽有逆行之臣，必无响应之助矣。故曰"安民可与行义，而危民易与为非"，此之谓也。贵为天子，富有天下，身不免于戮杀者，正倾非也。是二世之过也。

襄公立，享国十二年。初为西畤。葬西垂。生文公。文公立，居西垂宫。五十年死，葬西垂。生静公。静公不享国而死。生宪公。宪公享国十二年，居西新邑。死，葬衙。生武公、德公、出子。出子享国六年，居西陵。庶长弗忌、威累、参父三人，率贼贼出子鄙衍，葬衙。武公立，武公享国二十年。居平阳封宫。葬宣阳聚东南。三庶长伏其罪。德公立。德公享国二年。居雍大郑宫。生宣公、成公、穆公。葬阳。初伏，以御蛊。宣公享国十二年。居阳宫。葬阳。初志闰月。成公享国四年。居雍之宫。葬阳。齐伐山戎、孤竹。穆公享国三十九年。天子致霸。葬雍。穆公学著人。生康公。康公享国十二年。居雍高寝。葬竘社，生共公。共公享国五年。居雍高寝。葬康公南。生桓公。桓公享国二十七年。居雍太寝。葬义里丘北。生景公。景公享国四十年。居雍高寝。葬丘里南。生毕公。毕公享国三十六年。葬车里北。生夷公。夷公不享国。死，葬左宫。生惠公。惠公享国十年。葬车里康景。生悼公。悼公享国十五年。葬僖公西。城雍。生刺龚公。刺龚公享国三十四年。葬入里。生躁公、怀公。其十年，彗星见。躁公享国十四年。居受寝。葬悼公南。其元年，彗星见。怀公从晋来。享国四年。葬栎圉氏。生灵公。诸臣围怀公，怀公自杀。肃灵公，昭子子也。居泾阳。享国十年。葬悼公西。生简公。简公从晋来。享国十五年。葬僖公西。生惠公。其七年，百姓初带剑。惠公享国十三年。葬陵圉。生出公。出公享国二年。出公自杀，葬雍。献公享国二十三年。葬嚣圉。生孝公。孝公享国二十四年。葬弟圉。生惠文王。其十三年，始都咸阳。惠文王享国二十七年。葬公陵。生悼武王。悼武王享国四年，葬永陵。昭襄王享国五十六年。葬茝阳。生孝文王。孝文王享国一年。葬寿陵。生庄襄王。庄襄王享国三年。葬茝阳。生始皇帝。吕不韦相。献公立七年，初行为市。十年，为户籍相伍。孝公立十六年。时桃李冬华。惠文王生十九年而立。立二年，初行钱。有新生婴儿曰“秦且王”。悼武王生十九年而立。立三年，渭水赤三日。昭襄王生十九年而立。立四年，初为田开阡陌。孝文王生五十三年而立。庄襄王生三十二年而立。立二年，取太原地。庄襄王元年，大赦，修先王功臣，施德厚骨肉，布惠于民。东周与诸侯谋秦，秦使相国不韦诛之，尽入其国。秦不绝其祀，以阳人地赐周君，奉其祭祀。始皇享国三十七年。葬郦邑。生二世皇帝。始皇生十三年而立。二世皇帝享国三年。葬宜春。赵高为丞相安武侯。二世生十二年而立。

右秦襄公至二世，六百一十岁。

孝明皇帝十七年十月十五日乙丑，曰：周历已移，仁不代母。秦直其位，吕政残虐。然以诸侯十三，并兼天下，极情纵欲，养育宗亲。三十七年，兵无所不加，制作政令，施于后王。盖得圣人之威，河神授图，据狼狐，蹈参伐，佐政驱除，距之称始皇。

始皇既殁，胡亥极愚，郦山未毕，复作阿房，以遂前策。云“凡所为贵有天下者，肆意极欲，大臣至欲罢先君所为”。诛斯、去疾，任用赵高。痛哉言乎！人头畜鸣。不威不伐恶，不笃不虚亡，距之不得留，残虐以促期，虽居形便之国，犹不得存。

子婴度次得嗣，冠玉冠，佩华绂，车黄屋，从百司，谒七庙。小人乘非位，莫不怳忽失守，偷安日日，独能长念却虑，父子作权，近取于户牖之间，竟诛猾臣，为君讨贼。高死之后，宾婚未得尽相劳，餐未及下咽，酒未及濡唇，楚兵已屠关中，真人翔灞上，素车婴组，奉其符玺，以归帝者。郑伯茅旌鸾刀，严王退舍。河决不可复壅，鱼烂不可复全。贾谊、司马迁曰：“向使婴有庸主之才，仅得中佐，山东虽乱，秦之地可全而有，宗庙之祀未当绝也。”秦之积衰，天下土崩瓦解，虽有周旦之材，无所复陈其巧，而以责一日之孤，误哉！俗传秦始皇起罪恶，胡亥极，得其理矣。复责小子，云秦地可全，所谓不通时变者也。纪季以酅，《春秋》不名。吾读《秦纪》，至于子婴车裂赵高，未尝不健其决，怜其志。婴死生之义备矣。

【译文】

秦始皇，是秦国庄襄王的儿子。庄襄王曾以秦昭王孙子的身份作为人质抵押在赵国，在那里看见吕不韦的妾，十分喜爱，就娶了她，生了始皇。秦始皇是秦昭王四十八年在邯郸出生的。出生后，起名叫政，姓赵。十三岁时，庄襄王死，赵政代立为秦王。当时，秦国已兼并了巴、蜀、汉中，越过宛占有了郢，设立了南郡；向北攻占了上郡以东，设有河东、太原、上党郡；东到荥阳，灭了东西周，设置三川郡。吕不韦为相国，分封十万户，号为文信侯。他招揽宾客游士，想借此吞并天下。李斯为吕不韦舍人；蒙骜、王龁、麃公等为将军。秦王年纪小，又刚刚即位，所以把国事都交给大臣们处理。

晋阳发生叛乱，始皇元年，将军蒙骜前去讨伐，平定了叛乱。二年，麃公率兵攻打卷邑，杀了三万人。三年蒙骜攻韩，夺取了十三座城。王龁死。十月，将军蒙骜攻打魏国畼、有诡。这年是大饥荒年。四年，攻取了畼邑、有诡。三月，停止进军。秦国人质从赵国返国，赵国太子也从秦国回赵。十月庚寅日，蝗虫从东方飞来，遮天蔽日。全国瘟疫流行。老百姓献上一千石粮食，授给爵位一级。五年，将军蒙骜攻打魏，酸枣、燕、虚、长平、雍丘、山阳城，全被攻克，夺取了二十座城，初步设置了东郡。冬天出现了打响雷的怪象。六年，韩国、魏国、赵国、卫国、楚国一起进攻秦国，攻占了寿陵邑。秦国派出军队，五国停止了进军。秦国攻下卫国，逼近东郡，卫君角率领他的宗族迁居到野王，凭借山势险阻，固守魏国的河内。七年，彗星先在东方出现，又出现在北方，五月时出现在西方。这年，将军蒙骜战死。蒙骜当时正攻打龙、孤、庆都等城，后回军攻打汲时战死。这时彗星又在西方出现了，长达十六天。不久夏太后死。八年，秦王弟长安君成蟜率领军队攻打赵国，在屯留造反了，结果他手下的军官都被杀死，那里的百姓被迁往临洮。前来讨伐成蟜的将军壁战死了，屯留人士蒲鹝又造反，结果战死，死后还遭到鞭戮尸体的酷刑。这年，黄河水灾，鱼大批漂上岸，人们乘车骑马到东方找食物吃。

嫪毐被封为长信侯，朝廷赐给他山阳的土地作为他的食邑。宫室、车马、衣服、园林、打猎都听凭嫪毐的意愿；事情无论大小全由嫪毐决定；又把河西太原郡改为嫪毐的封国。九年，彗星出现，横穿天空。秦国攻打魏国的垣、蒲阳。四月，秦王在雍留宿。己酉，秦王行冠礼，佩剑。长信侯嫪毐作乱被发觉，他冒用秦王印及太后印来征发京城军队及秦王卫队、官骑、戎翟首领及自己的家臣，想攻打蕲年宫。秦王得知后，命令相国昌平君、昌文君发兵攻击嫪毐。双方战于咸阳，秦军杀死数百人。对于有战功的，秦王都授给他们爵位，连同参战的宦官，也授给爵位一级。嫪毐等人战败逃走，秦王当即通令全国：如谁活捉到嫪毐，赐给赏钱一百万；杀掉他，赐给赏钱五十万。嫪毐等人全被捉到。卫尉竭、内史肆、佐弋竭、中大夫令齐等二十人都被斩首。嫪毐被车裂示众，灭了全族。他们的家臣，罪轻的罚为鬼薪劳役；还有四千余家被剥夺了官爵，迁徙到蜀郡，安置在房陵县。这个月虽属孟夏，但十分寒冷，竟然有冻死的人。秦派杨端和进攻衍氏邑。同时，彗星出现在西方，不久又出现在北方，从北斗星往南接连出现了八十天。十年，相国吕不韦因受嫪毐牵连而被罢官。桓齮为将军。齐国和赵国派来使臣祝贺，秦王摆酒款待他们。齐国人茅焦劝秦王说："秦正以夺取天下为己任，而大王却有了贬谪母太后的名声，恐怕让各诸侯知道了，他们会因此背叛秦国。"秦王于是把太后从雍地接回咸阳，仍然让她住在甘泉宫中。

秦国大规模地进行搜捕，并驱逐从各诸侯国来到秦国的所有宾客。李斯上书劝说，秦王才废止了逐客令。李斯借机劝说秦王，建议首先攻取韩国，以此来恐吓其他国家。于是秦王派李斯去降服韩国。韩王为此而担忧，就跟韩非谋划削弱秦国。大梁人尉缭来到秦国，劝说秦王道："凭着秦国这样强大，诸侯就像郡县的首脑，我只担心山东各国合纵，联合起来进行出其不意的袭击，这就是从前智伯、夫差、湣王所以灭亡的原因所在。希望大王不要吝惜财物，贿赂他们的大臣，以打乱他们的计谋，不过损失三十万金，诸侯们就能收拾殆尽了。"秦王听从了他的计谋，会见尉缭时以平等的礼节相待，自己穿的衣服和饮食也与尉缭一样。尉缭说："秦王这人，高鼻梁，长眼睛，挚鸟一样的胸部，豺狼般的声音，缺少仁爱而有虎狼之心；穷困时容易谦卑对人，得志时也能轻易地吞掉别人。我是平头百姓，可他见我时却常待以上宾之礼。如果真使秦王一统天下，天下人都将成为他的奴仆。我不能跟他长久交往。"于是准备逃走。秦王发觉后极力挽留，让他当秦国的最高军事长官，且全部采用了他的计谋。此时正是李斯执掌国政。

十一年，主将王翦、次将桓齮、末将杨端和三军并为一军攻打赵国邺邑，没有攻下，只夺取了九座城邑。于是王翦就另外去攻打阏与、橑杨。此时秦全国军马并为一军，由王翦统领。王翦统率全军的第十八天，让军中俸禄斗食以下的人，十人中推举二人留在军中，其他的回家。在夺取了邺、安阳后，由桓齮统领全军。十二年，文信侯吕不韦自杀身亡，被其宾客偷偷安葬在洛阳北芒山。对于他的家臣参加哭吊的，如是晋国人，就赶出国境；如是秦国人，俸禄在六百石以上的官吏剥夺爵位，流放到房陵；俸禄在五百石以下而未参与哭吊的，也流放到房陵，但不剥夺爵位。从此以后，主持国事却不行正道，像嫪毐、吕不韦一样的，全部依此处理，全家收为奴隶。这年秋季，赦免了流放到蜀地的嫪毐的家臣，他们可以返回原籍。当时，全国大旱，从六月起，一直到八月才开始下雨。

十三年，桓齮带兵攻打赵国平阳邑，杀了赵将扈辄，斩首十万人。秦王到河南一带巡视。正月，彗星在东方出现。十月，桓齮再次攻打赵国。十四年，秦军在平阳攻击赵军，攻占了宜安，打败了赵国军队，杀死了赵国的将军。桓齮平定了平阳、武城。韩非出使秦国，秦王采用李斯的计谋，扣留了韩非，韩非死在了云阳县。韩王只得向秦称臣。

十五年，秦国大举出兵，一支进攻邺县，一支进攻太原，并攻占了狼孟。这一年秦国又发生了地震。十六年九月，秦国派兵接收了韩国的南阳邑，任命内史腾为代理南阳太守。这一年，开始命令全国男子登记年龄。魏国献地给秦国。秦设置丽邑。十七年，内史腾去攻打韩国，擒获了韩王安，收取了他的全部土地，并在那里设置了郡，命名为颍川郡。这年又发生了地震。华阳太后去世。人民遭受了大饥荒。

十八年，秦大举兴兵攻赵，王翦统率上地的军队，攻占了井陉。杨端和率领河内的军队，与羌瘣攻打赵国，杨端和包围了邯郸城。十九年，王翦、羌瘣等完全占领了赵国东阳地区，擒获了赵王。秦国又出兵准备攻打燕国，驻军中山。秦王到了邯郸，凡是曾经与秦王在赵国出生时的母家有仇的，全部被活埋。秦王返回，经由太原、上郡回到都城。秦始皇的母太后去世。赵公子嘉率领他的宗族几百人到达代地，自立为代王，并向东与燕国的军队会合，驻扎在上谷郡。这一年秦国又发生了严重的大饥荒。

二十年，燕太子丹担心秦国军队打到燕国来，十分恐慌，派荆轲去刺杀秦王。秦王发现了，处荆轲以肢解之刑来示众，然后就派遣王翦、辛胜率军攻打燕国。燕、代发兵攻打秦军，秦军在易水西面打败了燕军。二十一年，秦王派王贲去攻打楚国。秦王增派援兵到王翦军队中去，终于打败了燕太子的军队，攻占了燕国的蓟城，得到了燕太子丹的首级。燕王向东逃到辽东并在那里称王。王翦因老病辞官回家。新郑反叛。昌平君被迁到郢城。这一年秦国下了大雪，雪厚二尺五寸。

二十二年，秦王派王贲去攻打魏国，引汴河的水灌大梁城。大梁城的城墙塌坏，魏王请求投降，秦军取得了魏国的全部土地。

二十三年，秦王再次诏令征召王翦，强行起用他，派他去攻打楚国。秦军攻占了陈县往南直到平舆县的土地，俘虏了楚王。秦王巡游来到郢都和陈县。楚将项燕立昌平君为楚王，在淮河以南反抗秦国。二十四年，王翦、蒙武去攻打楚国，大败楚军，昌平君战死，于是项燕就自杀了。

二十五年，秦国再次大举进兵，派王贲为将领，攻打燕国的辽东郡，俘获了燕王喜。回来时又进攻代国，俘虏了代王赵嘉。这时楚国长江以南一带也被王翦平定了，而且还降服了越族的首领，设置了会稽郡。五月，秦王下令特许天下之民欢聚饮宴。

二十六年，齐王田建和他的丞相后胜派军队驻守齐国西部边境，并和秦国断交。秦王派将军王贲经由燕国往南进攻齐国，俘获了齐王田建。

秦王刚统一天下，便命令丞相、御史说："从前韩王交出土地献上印玺，请求做守卫边境的臣子，不久又背弃誓约，与赵国、魏国联合反叛秦国，所以派兵去讨伐他们，俘虏了韩国的国王。寡人认为很好，现在战争差不多要停止了。赵王派其相国李牧来与秦国商定盟约，所以我们放回了做人质的赵太子。但不久他们又违背盟约，在太原反叛我，所以我发兵诛灭了它，俘虏了赵王。赵公子嘉竟然自立为代王，所以我就派兵去灭了赵国。魏王起初已约定归服秦，不久却与韩国、赵国合谋袭击秦国，所以我派兵前去讨伐，终于打败了他们。楚王已经献出青阳以西的地盘，不久也背弃誓约，袭击我南郡，所以我派兵去讨伐，俘获了楚国的国王，终于平定了楚地。燕王昏乱，其太子丹就暗中派荆轲做刺客。所以我发兵征讨，灭了燕国。齐王采纳后胜的计谋，断绝与秦通使，想作乱。秦官兵征讨，俘虏了齐王，平定了齐国一带。我凭着这个渺小之身，兴兵诛讨暴乱，靠的是祖宗的神灵。六国国王都按他们的罪过受到了应有的惩罚，天下安定了。现在不改换名号，就无法显示成功，名传后世。请商议确定帝号。"丞相王绾、御史大夫冯劫、廷尉李斯等都说："从前五帝的土地纵横各千里，外面还划分有侯服、夷服等地区。诸侯有的朝见，有的不朝见，天子不能控制。现在您兴正义之师，讨伐四方残贼之人，平定了天下，在全国设置郡县，法令归于一统，自上古以来不曾有这样的局面，五帝都不如您。我们恭谨地跟博士们商议说：'古代有天皇、有地皇、有泰皇，泰皇最尊贵。'我们这些臣子冒死罪献上尊号，王称为'泰皇'；发政令称为'制书'，下命令称为'诏书'，天子自称为'朕'。"秦王说："去掉'泰'字，留下'皇'字，采用上古'帝'的位号，称为'皇帝'，其他的就按你们议论的办。"于是在奏书上写道："可以。"追尊庄襄王为太上皇。又下令说："朕听说上古有帝号无谥号；

中古有帝号，死后根据生平事迹定谥号。这样的话，就等于是让儿子评议父亲，让臣子评议君主，很没有道理。朕不赞成这种做法。从今以后，废除谥号。我就称‘始皇帝’，后代就从我这儿开始，称二世、三世直到万世，永远相传，没有穷尽。”

秦始皇按照水、火、木、金、土五行相生相克、终始循环的原理进行推求，认为周朝占有火德的属性；秦德要取代周德，就必须取周朝的火德所抵不过的水德。当今是水德的开始，要更改岁首，朝贺都以十月初一为元旦。衣服、符节和旗帜的装饰都以黑色为贵。数目以六为单位，符、法冠都定为六寸，车厢宽六尺，六尺为一步，一车驾六马。把黄河改名为“德水”，以此来表示水德的开始。为政要刚毅严苛，一切事情都以法律为准绳，严厉而不讲仁爱、恩惠、和善、情义，这样才符合五德中水主阴的命数。于是施行严厉的刑罚，对犯罪者从不宽赦。

丞相王绾等进言说：“诸侯刚刚被打败，燕国、齐国、楚国地处偏远，不给它们设王，就无法镇抚那里。请封立各位皇子为王，希望皇上恩准。”始皇将这个建议下交群臣讨论，群臣都认为可行。廷尉李斯议论道：“周文王、周武王分封子弟和同姓亲属很多，可是他们的后代逐渐疏远了，互相攻击，就像仇人一样，诸侯之间彼此征战，周天子也无法阻止。现在天下依赖陛下神灵得到统一，都设置了郡县，皇子功臣都用国家赋税多多赏赐他们，很容易就控制了。天下没有异心，这就是安宁的办法啊。设置诸侯没有好处。”始皇说：“以前，天下人都苦于连年战争无止无休，就是因为有那些诸侯王。现在我倚仗祖宗的神灵，天下刚刚安定如果又设立诸侯国，这是在制造战争。想以此求得安宁，不是太难了吗？还是廷尉的意见对。”

于是把天下分为三十六郡，每郡都设置守、尉、监；对黎民百姓改称为“黔首”；下令全国特许聚饮以表示欢庆；收集天下的兵器，聚集到咸阳，熔化之后铸成大钟，又铸了十二个铜人，每个重达十二万斤，放置在宫廷里；统一法令和度量衡标准，统一车辆两轮间的宽度，书写使用统一的隶书；领土东到大海和朝鲜，西到临洮、羌中，南到北向户，北面占据黄河作为要塞，沿阴山直到辽东；迁徙天下富豪人家十二万户到咸阳居住。秦朝各代祖庙及章台宫、上林苑都在渭水南岸。秦国每灭掉一个诸侯，都按照该国宫室的样子，在咸阳北面的山坡上进行仿造，南边濒临渭水，从雍门以东直到泾水、渭水；殿屋间以天桥和回廊相连，把从诸侯那里得到的美人、钟鼓，都放在这些宫殿里面。

二十七年，秦始皇巡视陇西、北地，穿过鸡头山，路经回中。于是在渭水南面修建信宫，不久把信宫改名为极庙，象征北极星。从极庙开通道路直达骊山，又修建了甘泉前殿。修造两旁筑有夹墙的甬道，从咸阳一直连接到骊山。这一年，普遍赐给爵位一级，又修筑了供皇帝出行使用的大道。

二十八年，始皇到东方去巡视郡县，登上邹县峄山。在山上立了石碑，并跟鲁地儒生们商议，如何在石上刻写颂扬秦的德业；又商议在泰山祭天、在梁父山祭地和遥祭名山大川的事情。于是登上了泰山，立石刻碑，筑坛，祭天。下山时，突然刮风下雨，始皇在一棵树下休息，因此赐封那棵树为“五大夫”，随后又在梁父山举行祭地典礼，在石碑上镌刻铭文。文辞写道：

“皇帝登基即位，创立昌明法度，臣下端正谨慎。就在二十六年，天下归于一统，四方无不归顺。亲自巡视远方，登临这座泰山，遍览东部边疆。随臣思念往事，推究伟大事业的功勋，敬颂圣德。治世之道实施，各种产业得宜，一切法则大振，大义清明美善，传于后代子孙，永世承继不变。皇帝英明圣德，平定天下后，又不懈地治理国家。每日早起晚睡，思量建设长久基业，专心教化百姓。训民皆以常道，远近通达平治，圣意人人尊奉。贵贱分明，男女遵守各自的礼仪，慎守职责。明辨内外，无不清净，传于后世。教化所及无穷，定要遵从遗诏，重大告诫永世遵奉。”

于是就沿着渤海岸往东走，途经黄县、腄县，攀上成山的顶峰，又登上之罘山，树立石碑歌颂秦之功德，然后离去。

秦始皇又往南走登上了琅邪山，十分高兴，在那里停留了三个月。于是又迁移三万户到琅邪山下，免除他们十二年的赋税徭役。他又修筑了琅邪台，立石刻字，歌颂秦朝的功德，显示他统一天下的心满意足。碑文写道：

“二十六年，皇帝刚刚登基。端正一切法度，整治万物纲纪。彰明人事之宜，提倡父慈子孝。皇帝圣智仁义，宣明各种道理。亲临东土安抚，慰劳视察兵士。大事已毕，到了海边。皇帝之功，为大事操劳。重农抑商，百姓富足。普天之下，专心致志。统一度量，统一文字。日月照耀之处，车船所到之地，无不遵奉王命，人人得志满意。顺应四时行事，自有大秦皇帝。整顿恶劣习俗，跋山涉水千里。怜惜黎民百姓，日夜不肯歇息。除疑惑定法律，无人不守法纪。地方长官分职，各级官署治理，举措必求得当，无不公平整齐。皇帝圣明，巡察四方。尊卑贵贱，不逾等级。不容奸邪，务求贞良。大事小事尽力而为，不敢荒废怠慢。远近各处的偏僻隐蔽之地，都做到严肃庄重。正直敦厚忠诚，事业才能久长。皇帝大恩大德，四方均得安抚。诛除祸乱灾害。为国谋利造福。劳役不误农时，百业繁荣富足。黎民安居乐业，不再动用武力。六亲相保，始终没有盗贼。欢欣接受教诲，百姓都懂法制。天地四方，是皇帝的疆土。西边越过沙漠，南边到达北户。东边到达东海，北边越过大夏。人迹所到之处，无不称臣归服。功高盖过五帝，恩泽遍及马牛。无人不受其德，个个安居乐业。”

秦王统一天下，确立了皇帝的称号，亲临东土安抚百姓，到达琅邪。列侯武成侯王离、列侯通武侯王贲、伦侯建成侯赵亥、伦侯昌武侯成、伦侯武信侯冯毋择、丞相隗林、丞相王绾、卿李斯、卿王戊、五大夫赵婴、五大夫杨樛跟随，在海上一起议论皇帝的功德。都说：“古代帝王，土地不过千里，诸侯各自守住分封的地区，有的朝见、有的不朝见，互相攻伐，征战不休，还刻金石，铭记自家战功。古时的五帝三王，知识教育各不相同，法制不明，藉鬼神之威，欺骗远方，名不符实，所以不能长久。他们还未死，诸侯业已背叛，法令名存实亡。当今皇帝统一海内，全国设立郡县，天下安定太平。显明祖先宗庙，施行公道德政，皇帝尊号大成。群臣相与歌颂皇帝的功德，把颂辞刻在金石上，以此作为后世的榜样。”

事情完毕以后，齐地人徐市等上书，说大海之中有三座神山，名叫蓬莱、方丈、瀛洲，有仙人居住在那里。希望能斋戒沐浴，带领童男童女前往寻觅。于是就派徐市挑选童男童女几千人，入海求仙。

始皇从东方返回，路经彭城，斋戒祈祷，想要从泗水中打捞出那尊落水的周鼎。派一千多人潜水去找，没有找到。于是向西南渡过淮水，到了衡山、南郡。乘船顺江而下，来到湘山祠。遇上了大风，几乎不能渡河。皇上问博士说：“湘君是什么神？”博士回答说：“听说是尧的女儿，舜的妻子，埋葬在这里。”始皇非常生气，就派了三千服刑役的罪犯，把湘山上的树全部伐光，使整座山变得一片光秃秃的。皇上从南郡经由武关回到京城。

二十九年，始皇到东方去巡游。到达阳武县博浪沙的时候，被刺客所惊。始皇受了惊吓之后，下令捉拿刺客，但没有捉到，于是就命令全国大规模搜捕了十天。

始皇又登上之罘山，立碑刻石，其铭文如下：

“二十九年，正值仲春时节，阳气方兴。皇帝东巡，登上之罘，观赏大海汪洋。诸臣赞赏景物，追颂伟业初创。圣君治国，建定法制，明确纲纪。外教诸侯，用文德之光照耀他们，阐明义理。六国之君邪僻，贪利永无满足，虐杀不止疯狂。皇帝哀怜民众，发师前往征讨，武德奋扬大振。仗义讨伐，守信而行，威烈遍布四方，无不臣服。消灭强暴，拯救百姓，安定四方。明法普遍施行，天下治理安定，永为法则仪伦。伟大啊！普天之下，无不遵循圣上的意旨。群臣都在歌颂始皇的功德，并请求刻于石碑，表率千秋永不磨灭。”

在东观又刻了一段碑文，文辞写道：

“二十九年，皇帝春日出游，巡行来到远方。幸临东海之滨，登上之罘高山，观赏初升朝阳。遥望广阔绚丽，众臣推原思念，圣道灿烂辉煌。圣法刚刚实行，对内清理陋习，对外诛灭暴强。军威普扬，震动四方，擒灭六王。统一天下，灾害灭绝，永息兵革。皇帝明德，治理天下，博采众议，不知倦怠。创立大义，设置器物，完备周到，都有标识。大臣安守职分，都知各自事务，诸事皆无猜疑。百姓移风易俗，远近同一法度，终身守法不移。常规既定，后世遵循，永远奉行圣命。群臣赞美圣德，敬颂皇帝功业，请刻之罘之石。”

不久，始皇前往琅邪，经上党返西行入关。

三十年，没有发生什么重大事件。

三十一年十二月，因为一首民谣说“帝若学之（指的是仙）腊嘉平”，始皇有求仙之志，所以把腊月改名为“嘉平”。为此，赐给每个里巷（一百户）六石米、二只羊。秦始皇由四名武士陪着夜里出门，在兰池遇到了强盗。情势窘迫，武士们击杀了强盗，在关中大规模搜捕了二十天。当时米价涨至每石一千六百钱。

三十二年，始皇前往碣石山，派燕国人卢生访求仙人羡门、高誓。随即在碣石门刻写碑文。拆除城郭，决通堤防。刻文是：

“皇帝兴师用兵，诛灭无道之君，要把反叛平息。武力消灭暴徒，依法平反良民，民心全都归服。论功行赏众臣，惠泽施及牛马，皇恩遍布全国。皇帝振奋神威，以德兼并诸侯，天下统一太平。拆除城郭，决通河防，铲除险阻。地势已定，百姓没有徭役，天下安抚。男子高兴地务农，女子忙于家务，事各有序。皇恩覆盖百业，合力勤勉耕田，无不安居乐业。群臣敬颂伟业，敬请镌刻此石，留作后世楷模。”

于是派韩终、侯公、石生去寻求仙人不死之药。始皇巡视北部边界，经由上郡返回京城。燕国人卢生被派入海求仙回来了。为了鬼神的事，卢生献上了宣扬符命占验的图录之书，上面写道“灭亡秦朝的是胡”。始皇于是派将军蒙恬发兵三十万北上攻打胡人，夺取河套以南地区。

三十三年，征发那些曾经逃避徭役的犯人、倒插门的赘婿，以及商贩，去夺取南方的陆梁地区，在那设置桂林、象郡、南海三郡，派那些被贬谪的人去防守。在西北边又驱逐了匈奴，从榆中沿黄河往东，直到阴山，设置三十四个县，并沿黄河修筑长城作为要塞。又派蒙恬渡过黄河北取高阙、陶山、北假，并在这一带筑起堡垒以驱逐戎狄。迁移被贬谪的人，让他们充实新设置的郡县，并禁止这些地区的人祭祀天地鬼神。这一年彗星出现在西方。

三十四年，贬谪执法不正的官吏，他们中有的人被派去修筑长城，有的人去戍守南越地区。

秦始皇在咸阳宫摆设酒宴，七十位博士上前献酒颂祝寿辞。仆射周青臣走上前去颂扬说：“以前秦国土地不过千里，全靠陛下神灵明圣，平定天下，赶走蛮夷，日月照及之处，无不臣服。改诸侯国为郡县，人人安居乐业，没有战争的祸患，天下万代相传。自上古以来，没人比得上陛下的威德。”始皇十分高兴。博士齐人淳于越进言说：“我听说殷朝、周朝都统治天下一千多年，其所以如此是因为他们分封子弟功臣作为自己的屏障。如今陛下据有整个国家，而您的子弟却都是平民百姓，这样一旦以后出现像田常、六卿那样的叛臣，而陛下您孤立无援，靠谁来救援呢？凡事不师法古人而能长久的，还没有听说过。刚才周青臣又当面奉承，以致加重陛下的过失，这样的人绝不是忠臣。”

始皇把他们的意见下交群臣议论。丞相李斯说：“五帝的制度不是一代重复一代，夏、商、周的制度也不是一代因袭一代，可是都凭着各自的制度治理好了。这并不是他们故意要彼此相反，而是由于时代变了、情势不同了。现在陛下开创大业，建立了万代不朽的功业，本不是愚蠢的儒生所能理解的。而且淳于越说的是三代旧事，哪里值得效法呢？从前诸侯纷争，重金招徕游说之士。现在天下平定，法令出自陛下一人。百姓在家就应该致力于农工生产，读书人就应该学习法令刑禁。现在儒生们不学习今天的却要效法古代的，以此来诽谤当世，惑乱民心。丞相李斯冒死罪进言。古代天下分散紊乱，没人能统一，因此诸侯群起，议论都是称道古代，非难当今，粉饰虚夸，以淆乱真实，人人欣赏自己私下学的知识，来非议圣上确立的制度。当今皇帝已统一天下，分辨是非黑白，一切决定于至尊皇帝一人。可是私学却一起非议法令，致使人们一听说有命令下达，就各自根据自己所学加以议论，入朝就在心里指责，出朝就去街巷谈议，在君主面前夸耀自己以求取名利，追求奇异说法以抬高自己，在民众当中带头制造谣言。像这样却不禁止，在上面君主威势就会下降，在下面朋党的势力就会形成。臣以为禁止这些是合适的。我请求让史官把不是秦国的典籍全部焚毁；不是博士官所职掌，天下有敢收藏《诗经》《尚书》和诸子百家著作的，都要交给地方官员一起烧掉；有敢相互一起谈论《诗经》《尚书》的处死；借古非今的满门抄斩；官吏如果知道而不举报，以同罪论处；命令下达三十天仍不烧书的，受黥刑，发配边疆，白天防寇，夜晚筑城；留下来不烧毁的只有医药、占卜、种植之类的书；如果有人想要学习法令，就以官吏为师。"秦始皇批示说："可以。"

三十五年，开始修筑道路，经由九原一直修到云阳，削掉山峰填平河谷，笔直贯通。这时始皇认为咸阳人口多，嫌先王宫廷窄小，听说周文王建都在丰，武王建都在镐，丰、镐两城之间，才是帝王的都城所在。于是在渭水南岸上林苑中建造朝宫。先建前殿于阿房，东西五百步，南北五十丈，上面可坐下一万人，下面可竖起五丈高的旗子。四周架有天桥可供驰走，从宫殿之下一直通到南山。在南山的顶峰修建门阙作为标志。又修造天桥，从阿房跨过渭水，与咸阳连接起来，以象征天上的北极星、阁道跨过银河抵达营室星。阿房宫尚未建成，故暂时先以"阿房"称之，等完工后，再选择一个好名字给它命名。因为是在阿房修筑此宫，所以人们就称它为阿房宫。当时被征调前来修建的有受过宫刑、徒刑的七十多万人，他们中一半人修建阿房宫，一半人营建骊山。从北山开采来山石，从蜀地、荆地运来木料。关中共修建宫殿三百座，关外四百多座。于是在东海边朐山上立石，作为秦的东门。又把三万户迁到丽邑，五万户迁到云阳，凡是搬迁的免除他们十年的赋税和徭役。

卢生劝说始皇道："我们寻找灵芝、奇药和仙人，一直找不到，好像是有什么东西妨害了它们。我们心想，皇帝要经常秘密出行以便驱逐恶鬼，恶鬼避开了，神仙真人才会来到。皇上住的地方如果让臣子们知道，就会妨害神仙。真人，是入水不湿，入火不烧，腾云驾雾，和天地共长久的。现在皇上治理天下，没能做到清静无忧。希望皇上所住的宫室不要让别人知道，这样，不死之药或许能够得到。"于是始皇说："我羡慕真人，我就自号'真人'，不称'朕'了。"于是下令将咸阳四周二百里内的二百七十座宫观都用天桥、甬道相互连接起来；把帷帐、钟鼓和美人都安置在里边，全部按照所登记的位置不得移动。皇帝所到的地方，如有人说出去，就判死罪。有一次始皇帝到梁山宫，从山上望见丞相车马很多，觉得不好。宫中有人告知了丞相，丞相后来减少了车马。始皇知道后愤怒地说："这一定是宫中有人将我的话泄漏了出去。"他拷问身边的人，没有人认罪，于是他便下令将当时在场的所有人全部杀掉了。从此以后，再没有人知道皇帝的行踪。皇帝处理事务，群臣接受命令，一律在咸阳宫进行。

侯生、卢生一起商量说："始皇为人，天性粗暴凶狠、自以为是。他出身诸侯，兼并天下，诸事称心，为所欲为，认为从古到今没有人比得上他。他特别重用狱吏，狱吏得到宠幸。博士虽有七十人，只是凑数，并不任用。丞相和各位大臣都只是接受已经决定的命令，倚仗皇上办事。皇上喜欢用重刑、杀戮显示威严，官员们都怕获罪，都想保持住禄位，所以没有人敢真正竭诚尽忠。皇上听不到自己的过错，因而一天更比一天骄横。臣子们担心害怕，专事欺骗，屈从讨好。按照秦法，一人不能兼有两种方术，方术不灵验，立即处死。然而占卜星象云气以测吉凶的人多达三百，都是良士，却因为害怕获罪，只得避讳奉承，不敢正直地说出皇帝的过错。天下的事无论大小都由皇上决定，皇上甚至用秤来称量各种书写文件的竹简木简的重量，日夜都有定额，阅读达不到定额，就不能休息。他贪于权势到如此地步，咱们不能为他去找仙药。"于是就逃走了。始皇听说他们逃走了，就大怒道："我先前收缴了天下所有不适用的书都烧掉了，我征召了大批文章博学之士和有各种技艺的方术之士，是想任用他们振兴太平。这些方士想要炼造仙丹，寻求奇药，现在却听说韩众不辞而别，徐市等花费以亿计算，始终没找到奇药，只是每天听到他们互相告发非法牟利。我对卢生等人很尊重，赏赐也十分优厚，如今竟然诽谤我，企图以此加重我的无德。这些人在咸阳，我派人去查问过，有的人竟妖言惑众，扰乱民心。”于是派御史去一一审查。这些人辗转告发，一个供出一个。始皇亲自把他们从名籍上除名，一共四百六十多人，全部活埋在咸阳，以儆效尤。就在这一年里，始皇征发更多的流放人员去戍守边疆。他的长子扶苏进谏说：“天下刚刚平定，远方百姓还没有归附。儒生们诵读的都是孔子的书，他们都是以孔子为榜样为人处世。现在皇上一律用重刑来整治他们，我担心天下将会不安定，希望皇上明察。”始皇听了很生气，于是就派扶苏到北方的上郡，去给蒙恬做监军。

三十六年，火星侵入心宿，这种天象象征着帝王有灾。又有颗陨星坠落在东郡，落地后变为了石块。老百姓中有人在那块石头上刻了“始皇帝死而土地分”几个字。始皇听说后，派御史去逐个审问，没人承认。于是把住在石头旁的人全部捉拿杀掉了，又烧毁了那块石头。始皇不高兴，让博士作《仙真人诗》，等到巡行天下时，每到一处就传令乐师弹奏唱歌。秋天，使者从关东走夜路经过华阴平舒道，有人手持玉璧拦住使者说：“替我送给滈池君。”趁便说：“今年祖龙死。”使者问他原因，那人忽然不见了，只留下了玉璧在地上。使者捧着玉璧把情况都报告了皇上。始皇默然良久，说：“山里鬼怪不过只能预知一年内的事。”当时已是秋季，始皇说今年的日子已不多，这话未必能应验。到退朝时他又说：“祖龙是人的祖先。”故意把“祖”解释成祖先。祖先是已死去的人，因此“祖龙死”自然与他无关。始皇让御府察看那块玉璧，竟然是始皇二十八年出外巡视渡江时沉入江中的那块。于是始皇占卜，占得迁移吉利的一卦。迁移三万户到北河榆中地区，每户授爵位一级。

三十七年十月癸丑日，始皇外出巡游。左丞相李斯跟随着，右丞相冯去疾留守京城。少子胡亥想去巡游，要求跟随，皇上答应了他。十一月，到了云梦，向九嶷山方向遥祭虞舜。沿长江而下，观览籍柯，渡过海渚，经过丹阳，来到钱塘。到浙江边，水波汹涌，于是就向西走了一百二十里，从江面狭窄的地方渡过。而后登上会稽山，祭祀大禹，又遥望祭祀南海神。最后在会稽山立石刻写铭文，以歌颂秦王朝的功德。其文辞写道：

“皇帝功业伟大，统一平定天下，德惠深厚久长。三十七年，亲自巡行天下，遍游观览远方。登上会稽，考察习俗，百姓庄重。群臣颂功，推原事迹，追溯高明。秦朝圣王登位，创制刑法名称，阐述旧有规章。建立公平法则，审慎区分职责，确立永久纲纪。六王专横背理，贪暴凶傲，率众逞强。暴虐恣行，恃强骄狂，屡动干戈。暗中安置坐探，联合六国合纵，行为卑鄙猖狂。对内说谎狡诈，向外侵我边境，由此引起祸殃。仗义扬威诛讨，消灭凶暴叛逆，乱贼终于灭亡。圣德广博深厚，天地四海之内，恩泽覆盖无疆。皇帝统一天下，兼听万事，远方近处都已清静。驾驭万物，考核事实，各有名分，贵贱都很通达，善恶公开，没有隐情。治有过扬道义，有夫弃子而嫁，背夫不贞无情。以礼分别内外，禁止纵欲放荡，男女都应贞洁。丈夫在外淫乱，杀了没有罪过，男子须守礼法。妻子弃夫逃嫁，子不认她为母，风俗廉洁清正。治理荡涤恶俗，全民承受教化，天下沐浴新风。人人遵守规矩，和好安定互勉，无不顺从命令。百姓美善清洁，全都顺从国家法令，乐保天下太平。后人敬奉圣法，国家长治久安，永无倾覆之患。众臣歌颂功业，请求刻石作铭，让皇帝的光辉永垂后世。”

始皇返回，途经吴地，从江乘县渡江。沿海岸北上，到达琅邪。方士徐市等人入海寻求仙药，好几年也没找到，花费钱财很多，害怕遭受责罚，就欺骗说：“蓬莱仙药可以找到，但常被大鲛鱼所困扰，所以不能到达。请派擅长射箭的人跟我们一起去，见到鲛鱼就用连弩射它。”始皇做梦与海神交战，海神的形状好像人。请占梦的博士给圆梦，博士说：“水神本来是看不到的，它用大鱼蛟龙做侦探。现在皇上祭祀周到恭敬，却出现这种恶神，应当除掉它，然后真正的善神就可以找到了。”于是命令入海的人携带大型渔具，又自己拿着连弩等候大鱼出来射它。从琅邪向北直到荣成山，都不曾遇见。到达之罘的时候，中间遇见过大鱼，射死了一条。接着又沿海岸西行。

待行至平原县的黄河渡口时，始皇病了。始皇讨厌说“死”这个字，群臣没有敢说死的事情。皇帝病得更厉害了，就写了一封盖上御印的信给公子扶苏说：“回来参加丧事，在咸阳下葬。”信已封好了，放在掌管符玺的中车府令赵高那里，没有交给使者。七月丙寅日，始皇在沙丘平台逝世。丞相李斯认为皇帝在外地逝世，恐怕皇子们和各地乘机制造变故，就对此事严守秘密，不发布丧事消息。棺材放在辒凉车中，由始皇生前宠爱的宦官陪乘。每到一处，皇上进餐，及百官奏事依然如故。宦官就在辒凉车中降诏批签。只有胡亥、赵高和五六个曾受宠幸的宦官知道皇上死了。赵高过去曾教过胡亥学习法律，两人关系密切。因此赵高便与公子胡亥、丞相李斯秘密商量毁掉始皇赐给公子扶苏的那封信。于是诈称丞相李斯在沙丘受始皇遗诏，立皇子胡亥为太子。又写了一封信给公子扶苏、蒙恬，列举他们的罪状，赐命他们自杀。这些事的详细情况都记载在《李斯列传》里。接着又继续往前走，从井陉到达九原。这时正赶上暑天，装载皇上尸体的辒凉车中发出了臭味，于是李斯等人就下令随从官员让他们往车里装一石腌鱼，让人们分不清是尸臭还是鱼臭。

一路行进，从直道回到咸阳，方发布治丧的公告。皇太子继承皇位，就是二世皇帝。九月，把始皇葬在骊山。始皇刚即位时，就已开始建造骊山陵墓。到统一天下后，从全国各地征集来七十多万徒役，凿地三重泉水那么深，灌注铜水，填塞缝隙，再把外棺一一放进去。又在墓中修造宫观，设置百官位次，把珍奇器物、珍宝怪石等搬了进去，放得满满的。命令工匠制造了由机关操控的弓箭安装在地宫里，如有人一旦走近，就会自动发射，击杀来人。地宫里有用水银灌注成的百川、江河、大海，用机器递相灌注输送使之不停流动；顶壁装有天文图像，下面置有地理图形。用娃娃鱼的油脂做成火炬，估计很久不会熄灭。二世说："先帝后宫妃嫔，没有儿女的，不宜放她们出去。"于是就让这些人全部殉葬，死的人非常多。等到把始皇埋葬完毕，有人说，工匠为陵墓设置了这些机关，墓中都藏了哪些宝物，他们都是知道的。如果他们一旦泄漏机密，那就要坏大事。所以，当隆重的丧礼完毕后，宝物都已藏好，就把墓道中间的一道门先行关闭，接着又将外门关闭，工匠们全部被封闭在里边，再也没有一个人能活着出来。随后整个陵寝都栽种上花草树木，从外边看上去好像一座山。

秦二世元年，皇帝二十一岁，赵高为郎中令，执掌朝廷大权。秦二世下诏，增加始皇祠庙里祭祀的供品数量以及山川祭祀的礼仪规格。命令大臣们讨论如何对始皇庙表示更高的尊崇。大臣们都叩头进言道："古时候天子祭祀的祖先是七代，诸侯五代，大夫三代。如今始皇庙是至高无上的，即使是万世以后也不能废除。天下人都要给始皇庙进贡，增加祭祀用的祭品数量，礼仪完全具备，不能有比这个再高的。先王庙有的在西雍，有的在咸阳。天子按礼仪应单独捧酒祭祀始皇庙。自襄公以下的庙都废除。应该享受祭祀的七代祖先，由大臣们负责祭祀，推尊始皇庙为皇帝的始祖庙。皇帝仍自称为‘朕’。”

秦二世跟赵高商议说：“我年轻，刚即位，民心还未完全归顺。先帝巡视各郡县，以显示他的强大，以威势震服四海。我如果整天安然地住在皇宫而不出去巡游，会让人误会我软弱无能，无力统治天下。”于是在这年的春天，秦二世也东行巡视郡县，李斯随驾同行。到达碣石山，沿海南行到达会稽，在始皇所立的石碑上都刻上字，碑石旁都增刻上随从大臣的名字，以使先帝的功业盛德更加明显。

秦二世说：“这些金石碑刻全是始皇帝树立起来的。现在我承袭了皇帝名号，可是金石碑刻上不称始皇帝，以后年代久远了，就好像是后代子孙建造的，这样便不能彰显始皇的丰功伟业。”丞相李斯、冯去疾、御史大夫德冒死罪上奏说：“我们请求把诏书全文刻在山石上，这样就可以使后人分辨清楚了。为臣冒死请求。”于是秦二世批复说：“可以。”

接着又巡行到了辽东，而后返回国都。

这时候，秦二世就按照赵高的建议，申明法令。他暗中与赵高谋划说：“大臣们都不服从，官吏还很有势力，还有各位皇子一定要跟我争权，对这些我该怎么办呢？”赵高说：“我本想说却没敢开口。先帝的大臣，都是天下世代有名望的贵人，积累功劳，世代相传。微臣赵高生来卑贱，如今幸蒙陛下抬举，让我身居高位，管理宫廷事务。大臣们并不满意，只是表面上服从，实际上心里不服。现在皇上出巡，何不借此机会查办郡县守尉中的有罪者，把他们杀掉。这样，在上可以使皇上的威严震慑天下，在下可以除掉皇上一向所不满意的人。现在的时势不尚文治而取决于武力，希望陛下赶紧顺从时势，不要犹豫，赶在群臣来不及谋划之前。英明的君主收集举用那些被遗弃不用的人，让卑贱的显贵起来，让贫穷的富裕起来，让疏远的变得亲近，这样就能上下团结国家安定了。”二世说：“好！”于是便诛杀大臣和公子们，用各种罪名连续逮捕近侍小官，中郎、外郎、散郎，无一幸存，六个皇子被杀死在杜县。二世将闾昆兄弟三人囚禁在内宫，议定他们的罪状。秦二世派使者命令将闾说：“你们不尽臣道，应处死罪，狱吏来执法了。”将闾说：“宫廷的礼节，我从来不敢不听从掌管司仪的宾赞；朝廷的位次，我从来不敢有失礼节；奉命对答，我从来不敢说错话。怎么能说不尽臣道呢？希望能知道罪名再死。”使者说：“我不能和你讨论这些，只知道奉命行事。”于是将闾仰天大喊道：“天啊！我没有罪啊！”兄弟三人都流着眼泪拔剑自杀了。皇族的人都为之震惊恐慌。大臣们进谏的被认为是诽谤，大官们为保住禄位而屈从讨好，老百姓个个恐惧不已。

四月，秦二世回到咸阳，说："先帝认为咸阳的宫殿不够宽广，所以修建阿房宫，宫殿尚未建成，始皇就去世了，只得让修建的人停下来，人员都调到骊山去修陵墓。如今骊山修墓的工作已全部完毕，现在放下阿房宫而不把它建成，就是表明先帝办事有所失误。"于是又开始修建阿房宫。同时对外安抚四方的外族，遵循始皇的策略。于是又征召了身强力壮的兵丁五万人守卫咸阳，下令教习射箭。由于咸阳一带聚集的人数太多，粮食不够吃，于是就从下面各郡县征调粮食和饲料。而所有转运人员都必须自带干粮，不准吃咸阳三百里之内的粮食。整个国家的法令愈加严酷。

七月，戍卒陈胜等在原来的楚国之地造反，立国号为"张楚"，取张大楚国之意。陈胜自立为楚王，住在陈。他派将领四处去夺取地盘。崤山函谷关以东的各郡县，年轻人因为受尽秦朝官吏之苦，都杀掉了他们的郡守、郡尉、县令、县丞，起来造反，以响应陈胜，并在各地相继拥立侯王，联合起来向西进攻，都打着讨伐秦朝的旗号，人数多得数也数不清。秦二世的一个掌管传达通报的使者出使山东回来，把山东造反的情况报告了二世。二世发怒，把使者交狱吏治罪。以后的使者回来，皇上询问情况，就回答说："那不过是一群盗匪，郡守、郡尉正在追捕，现在全部抓获了，不值得担心。"秦二世听了很高兴。这时，武臣自立为赵王，魏咎自立为魏王，田儋自立为齐王，沛公在沛县起兵，项梁在会稽郡起兵。

秦二世二年的冬天，陈胜派遣的大将周章等将领西进到达戏水，兵力有几十万。二世大为吃惊，跟群臣商议说："怎么办？"少府章邯说："盗匪已经来了，人数多势力强，现在征发附近各县的军队是来不及了。骊山徒役很多，请赦免他们，给予他们兵器去迎击起义军。"二世于是大赦天下，派章邯带兵，把周章的军队打得落荒而逃，并在曹阳杀了周章。接着二世又增派长史司马欣、董翳去协助章邯攻打起义军，在城父杀死了陈胜。随后又在定陶打败了项梁，在临济消灭了魏咎。眼看着楚地的盗匪名将都已被灭，章邯就向北渡过黄河，到巨鹿攻打赵王歇等人。

赵高劝说二世道："先帝登位治理天下时间长，所以群臣不敢做非分之事，不敢进言异端邪说。现在陛下正年轻，刚登皇位，怎么能跟公卿在朝廷上议决大事呢？事情如果有错误，就让群臣看出了自己的弱点。天子称‘朕’，朕既然有征兆的意思，本来就是不让别人听到他的声音。”于是二世经常住在宫中，与赵高决定各种事情。这以后公卿们很少能见到秦二世，东方盗贼日益增多，而关中士兵也不断被征发去东方攻打盗贼。右丞相冯去疾、左丞相李斯、将军冯劫进谏道：“关东各路盗贼纷纷而起，朝廷派兵前去诛讨，被杀死的和逃跑的人很多，然而还不能平息。盗贼之所以多都是因为戍边、运输、劳作的事情太劳苦，赋税太重的缘故。请皇上暂停阿房宫的修建，减少戍边兵役和运输徭役。”二世说：“我曾听韩子说：‘尧、舜用柞木做椽子，都不进行砍削加工；用芦苇茅草盖屋顶，都不修剪；吃饭用瓦碗，喝水用瓦罐。即使是看门人的供养，也不会比这再俭薄了。禹开凿龙门，南通大夏，疏通黄河水，将其引入大海；他亲自手持杵和锹，小腿上的毛都磨光了，即使奴隶的劳苦，也不比这更厉害。’作为一个拥有天下的统治者，他应该为所欲为，享有一切。做君主重要的是申明法令，这样，下面的人不敢干坏事，就能统治天下了。虞、夏的君主，地位尊贵，做了天子，却身处穷苦境地，为百姓作出牺牲，那还要法令干什么？我被天下称为万乘之主，拥有万辆兵车，身居万乘之高位，却没有万乘的实际。我要建造千乘之车驾，设立万乘之徒属，让实际跟我的名号相一致。当初，我们的先帝起自诸侯，统一天下，对外排除四方外族以安定边境，对内修建宫室以显示自己的成功。你们都看到了，先帝的功业井然有序，而我才即位两年的时间，盗贼就蜂拥而起，你们不能制止，反而想把先帝所要做的事情停下来。这样做，对上不能报答先帝，其次也表明你们对我不肯尽忠效力，你们还凭什么居此高位呢？”于是把冯去疾、李斯、冯劫交由法官处置，审讯追究三人的其他罪过。冯去疾、冯劫说：“将相不能受侮辱。”于是便自杀了。而李斯则接受囚禁，受尽了各种刑罚。

秦二世三年，章邯等率兵包围了巨鹿，楚国上将军项羽率领楚兵前去援救巨鹿。这年冬天，赵高担任丞相，最终判决杀了李斯。夏天，章邯等作战多次败退，二世派人责备章邯，章邯害怕，派长史司马欣回咸阳请求指示。赵高不见他，也不给消息。司马欣害怕了，赶紧逃离。赵高派人去追，没有追到。司马欣见到章邯说：“赵高在朝廷总揽大权，将军您有功要被杀，无功也要被杀。”这时项羽加强了对秦军的进攻，俘虏了王离，章邯等人就率兵投降了项羽。八月十二日，赵高想要造反，但怕群臣不从，于是就先设下计谋进行试验。他带来一只鹿献给二世，说："这是一匹马。"二世笑着说："丞相搞错了，你把鹿当成了马。"赵高便问二世左右的大臣，左右大臣有的沉默，有的故意迎合赵高说是马，有的说是鹿。凡是当时说是鹿的，都被赵高在暗中假借法律陷害了。从此，大臣们都害怕赵高。

赵高以前曾多次说"关东的盗贼成不了什么气候"，但后来项羽在巨鹿城下俘虏了王离等人并继续前进，章邯等人的军队多次败退，上书请求增援，燕国、赵国、齐国、楚国、韩国、魏国都自立为王，从函谷关往东，大抵全部背叛了秦朝官吏而响应起义的诸侯，诸侯都率兵西进。沛公率数万人已经杀进了武关，派人与赵高秘密联系。赵高害怕二世发怒，招来杀身之祸，于是称病不朝见。二世做了个梦，梦见一只白虎咬死了他车驾的骖马。他为此心中不乐，觉得奇怪，就去问解梦的人。解梦人卜得卦辞说："泾水水神在作怪。"二世就在望夷宫斋戒，想要祭祀泾水水神，把四匹白马沉入泾水。二世派人以起义军日益逼近的事谴责赵高。赵高恐惧不安，就暗中跟他的女婿咸阳县令阎乐、他的弟弟赵成商量说："皇上不听劝告，现在事情紧急了，想嫁祸于我家。我想另立皇上，改立公子婴。子婴仁爱节俭，百姓都听他的话。"就安排郎中令做内应，谎称有大盗，命令阎乐召集官吏发兵追捕，又劫持了阎乐的母亲，安置到赵高府中当人质。赵高派阎乐带领官兵一千多人在望夷宫殿门前，捆绑了卫令仆射，喝问道："盗贼进了里面，为什么不阻止？"卫令说："皇宫周围警卫哨所都有卫兵防守，十分严密，盗贼怎么敢进入宫中？"阎乐就斩了卫令，带领官兵径直冲进去。他一边走一边射箭，宫中的郎官宦官大为吃惊，有的逃跑、有的反抗，反抗的就被杀死，被杀死的有几十人。郎中令和阎乐一同冲进去，用箭射中了二世的帷帐。二世发怒，召唤左右卫士，卫士们都惊恐不敢搏斗。身旁只有一宦官，侍奉二世不敢离开。二世进内室，对他说："你为什么不早告诉我，盗贼作乱竟然到了现在这种地步！"宦官说："为臣不敢说，才得以保住性命。如果早说，我们这班人早就都被您杀了，怎能活到今天？"阎乐走上前去历数二世的罪状说："你骄横放纵、随意杀人而不守天道，天下的人都背叛了你。怎么办你自己考虑吧！"二世说："我可以见见丞相吗？"阎乐说："不可以。"二世说："我希望得到一个郡，在那里做个王。"阎乐仍不答应。又说："我希望做个万户侯。"还是不答应。二世又说："我愿意带着妻子儿女去做平民百姓，跟诸公子一样。”阎乐说：“我是奉丞相之命，为天下人来诛杀你。现在你说这么多话，我不敢向丞相报告。”于是指挥士兵上前，二世只好自杀了。

阎乐回去禀报赵高，赵高就召来了所有的大臣和公子，把杀死二世的情况告诉了他们。赵高说：“秦国本来是个诸侯国，始皇统治了天下，所以称帝。现在六国又各自立了王，秦国地盘越来越小，竟然还凭着个空名称皇帝。这不合适，应像过去一样称王，才合适。”于是立二世哥哥的儿子子婴为秦王，按安葬百姓的规格把二世葬在杜南宜春苑中。赵高命子婴斋戒，到庙中参见祖先，接受秦王印玺。斋戒五天后，子婴跟他的两个儿子商议说：“丞相赵高在望夷宫杀了二世，害怕大臣们杀他，就假装依照道义立我为王。我听说赵高暗中与楚国约定，灭掉秦宗室后他在关中称王。现在让我斋戒，朝见宗庙，这是想趁着我在庙里把我杀掉。我称病不去，丞相一定会亲自来，他来后就杀了他。”赵高多次派人去请子婴，子婴推辞不去，赵高果然亲自来了，说：“国家大事，王为什么不去呢？”于是子婴乘机动手，在斋宫里杀了赵高，而后又下令杀死了赵高的三族，并拉着赵高的尸体在咸阳城里游街示众。

子婴做秦王四十六天，楚怀王的大将沛公刘邦已经打败秦军进入了武关，接着就到了灞上，派人去招降子婴。子婴用丝带系上脖子，驾着白车白马，捧着天子的印玺符节，在轵道亭旁投降。沛公于是进入咸阳，封好宫室府库，回去驻军灞上。过了一个多月，各起义诸侯的军队来到关中，项羽担任各军的首领。他杀了子婴和秦王室子弟及宗室的所有人。随后又屠戮咸阳，焚烧宫室，俘掳宫女，没收秦宫的珍宝财物，跟各路诸侯一起分了。灭秦之后，项羽把原来秦国的地盘分成三块，就是雍王、塞王、翟王，对关中地区号称“三秦”。项羽自称西楚霸王，主持分割天下，赐封各路起义军的首领为王，秦朝就这样被灭了。五年之后，刘邦统一了天下。

太史公说：秦朝的祖先伯翳，曾在唐尧、虞舜的时代立过功勋，被封给土地，受赐姓嬴。到夏末殷初，他们就衰微分散了。西周末年，秦国兴起，在西部边境建起了都城。缪公之后，秦国逐渐蚕食其他诸侯国，最终成就了始皇。始皇自以为功业比五帝伟大、地盘比三王宽广，于是便不愿意和他们并列。关于秦王朝兴亡的事情，贾生评论的话说得多好啊！他说：

秦始皇兼并统一了六国，在崤山以东设置了三十多个郡。他修筑边防，占据着险要地势，派精兵强将严加把守。然而陈涉凭着几百名散乱的戍卒，振臂一呼，不用弓箭矛戟等武器，只有锄把和木棍；没有给养，只能是看到哪有人家就到哪吃点，却纵横驰骋天下，所向无敌。秦朝却是险阻来不及防守，关卡桥梁来不及关闭，长戟来不及挥舞，强弓来不及发射。楚军深入，与秦军在鸿门交战，连篱笆一样的阻碍都不曾遇到。于是崤山以东大乱，诸侯纷纷起兵，豪杰相继立王。秦王派章邯率兵东征，章邯得此机会，就凭着三军的众多兵力，在外面跟诸侯相约，做交易，图谋他的主上。秦朝群臣之不可信，由此可见一斑。子婴继位为王，最终也不曾觉悟，假使子婴稍有一点才能，再有一个中等才智的帮手，那么崤山以东地区虽然混乱，而维持秦国本土的安全是可以的，宗庙的祭祀也不会断绝了。

秦国地势有高山阻隔，有黄河环绕，这形成了坚固的防御，是个四面都有险要关塞的国家。从缪公以来，直到秦王，二十多个国君，总能在诸侯中称雄。难道代代贤明吗？这是地势造成的呀！再说天下各国曾经同心合力进攻秦国。当时，各国贤人智士会聚，有良将指挥各国的军队，有贤相沟通彼此的计谋，然而被险阻困住不能前进，秦国就引诱诸侯进入秦国境内作战，为他们打开关塞，结果山东百万军队败逃崩溃。难道是勇气、力量、智慧不够吗？是地形不利，地势不便啊。秦国把小邑并为大城，在险要关塞驻军防守，把营垒筑得高高的而不轻易跟敌方作战，紧闭关门据守险塞，肩扛矛戟守卫在那里。诸侯们从匹夫起家，以利益相结合，没有远古明君的德行。他们结交不亲密，上下不齐心；他们名义上是要灭亡秦朝，实际上是想谋取私利。他们看见秦地险阻难以进犯，就自动退兵。如果他们能安定本土，让人民休养生息，等待秦的衰败，收纳弱小，扶助疲困，那么凭着能对大国发号施令的君主，就不用担心在天下实现不了自己的愿望了。子婴贵为天子，富有天下，最后却成了人家的俘虏，这是因为他们挽救败亡的策略不正确所导致的。

秦始皇自以为是，不听群臣的意见，错了也不求改变。秦二世沿袭了这种作风，因循不改，残暴苛虐以致加重了政治危机。子婴危境孤立，得不到亲人的帮助，却又柔弱而没有大臣辅佐。三位君主一生昏惑而不觉悟，秦朝难道不应该灭亡吗？这个时期，世上并非没有深谋远虑懂得形势变化的人士，然而他们所以不敢竭诚尽忠、匡正主上的过错，就是由于秦朝有许多禁规，忠言还没说完而自己就被处决了。所以天下之士只能侧着耳朵听，叠着双脚站立，闭上嘴巴不敢谏言。因此，三代君主迷失了路途，而忠臣不敢进谏言，智士不敢出主意；天下已经大乱，皇上还不知道，这难道不可悲吗？先王知道政路壅塞不通就会伤害国家，所以设置了公卿、大夫和士，来修订法律，设立刑罚，天下因而得到治理。当一个帝王的统治力量强大时，他可以亲自平定叛乱，使天下人心归顺；当一个帝王的统治力量薄弱时，由霸主代表帝王进行征讨，诸侯们也能够归顺；当一个帝王的统治力量削弱时，由于旧有的法令制度尚存，所以还能维持内外不发生叛乱，国家不亡。而秦朝则不然，在它统治强盛的时候，法令严酷，人民恐惧；当它衰微的时候，人心就开始愤怒，于是四海就开始动乱了。周朝的公、侯、伯、子、男五等爵位合乎治国根本大道，因而传国一千多年不断绝。而秦朝则是本末皆失，所以不能长久。由此看来，安定和危亡的治国理念相距太远了！俗话说“前事不忘，后事之师”，因此君子治理国家，应该研究历史，考察国情，并参照人情事理，从而了解兴盛衰亡的历史规律，最终决策出当前到底应该怎么做，做到取舍有序、变化适时。这样，才能保持国家长治久安。

秦孝公凭借崤山、函谷关地势的险要，拥有雍州的土地，君臣齐心，坚固本土的防守而觊觎周朝的政权。他们心怀席卷天下、包举宇内的意图，有着囊括四海、并吞八方的雄心。当时，商君辅佐他，内立法度，努力耕种纺织，整治作战守备；对外实行连衡，挑起诸侯之间的争斗，于是秦国毫不费力地夺取了黄河西岸的大片土地。

孝公死后，惠王、武王继承原有的基业，遵循孝公留下来的策略，向南兼并了汉中，向西夺得了巴、蜀，向东割取了肥沃的土地，并占据了一些险要的郡县。诸侯恐惧，联合起来商议，谋划削弱秦国，不吝惜珍贵的器物珍宝和肥美的土地，来招揽天下的人才，合纵结交，相互结成一体。在这个时候，齐国有孟尝君，赵国有平原君，楚国有春申君，魏国有信陵君，这四位君子，都贤明智慧而忠实可靠，宽厚爱人，尊贤重士，重用能人，他们结约合纵，拆散连衡，聚合起韩、魏、燕、楚、齐、赵、宋、卫、中山等国的众多军队。当时六国的士人有宁越、徐尚、苏秦、杜赫这些人为联盟谋划，有齐明、周最、陈轸、昭滑、楼缓、翟景、苏厉、乐毅这些人为他们沟通各国的意见，有吴起、孙膑、带佗、倪良、王廖、田忌、廉颇、赵奢这些人为他们统率军队。他们曾经用十倍于秦国的土地，百万的军队，闯过关隘攻打秦国。秦人开关迎敌，九国的军队徘徊观望，四散奔逃，不敢前进。秦国没有损失一根箭杆、一个箭头，而各国诸侯却已经被折腾得疲惫不堪了。于是东方的合纵联盟土崩瓦解，各国又继续争着割让地盘以侍奉秦国。这就使得秦国有余力乘他们困敝时制服他们，追逐败逃之敌，以致伏尸百万，血流可以漂起盾牌。秦国趁着有利的形势，控制了天下，切割诸侯土地，使得强国请求归服，弱国入秦朝拜。王位传到孝文王、庄襄王，他们在位的时间很短，国家也没有什么大事。

到了秦始皇，他继承了六代先人留下来的功业，举起长鞭驾驭各国，吞并了东周、西周，消灭了各诸侯，登临皇帝之位，统一了整个天下，用残酷的刑罚统治全国，声威震动四海。他又向南夺取了百越的土地，设置了桂林郡、象郡，使百越的君主俯首系颈，把性命交给秦国的狱吏。他派蒙恬在北方修筑长城，戍守边防，驱赶匈奴后退了七百多里，使匈奴人不敢南下牧马，六国之士不敢张弓报仇。于是他废除先王的法度，烧毁百家的著作，想以此愚弄百姓。他拆毁名城，杀戮豪杰，收缴天下兵器聚集到咸阳，熔铸成大钟和十二尊大铜人，以削弱百姓的反抗力量。然后他开辟华山筑成城堡，凭借黄河作为渡口，据守亿丈高城及深不可测的深渊作为坚固的防御。有良将强弩把守险关要塞，有忠诚的大臣及训练有素的部队手执锐器，谁人能奈我何？天下已经安定。秦始皇以为关中的坚固犹如铜墙铁壁一般，自以为帝王的万世基业，可以子子孙孙永远传承下去了。

秦始皇已经死了，但他的余威还震慑着整个社会。陈涉，只不过是个穷人家的儿子，也是个农民，被征服役的戍卒。论才能，他赶不上一般人，没有仲尼、墨翟的贤能，没有陶朱、猗顿的富有。他只是被发配劳役中的一员，一个只顾低头赶路的士卒头目。他带领着几百名疲劳而又杂乱无章的士卒，转掉矛头攻打秦朝。他们砍下树枝做武器，举起竹竿当旗帜，结果天下人云集响应，纷纷背负干粮，像影不离身一样跟随着他，于是崤山以东等地的豪杰都同时起兵，最终将秦王朝灭亡了。

当时秦朝的天下并没有比以前变小变弱，雍州的土地、崤山和函谷关的坚固，仍然像以前一样。陈涉的地位，比不上齐、楚、燕、赵、韩、魏、宋、卫、中山各国的国君那么尊贵，锄头木棍，不如钩戟、长矛锋利；流放守边的人众，不如九国的军队强大；深谋远虑、行军用兵的策略，不如以前的谋士高明，然而成功失败各不相同，功业成就完全相反。假使让崤山以东各国跟陈涉比比长短大小、量量权势实力，就不能同日而语了。然而秦国当年凭藉雍州这块小小的地盘，以一个诸侯的实力，控制了八州，使地位相等的诸侯来朝贡，已有一百多年了。后来秦统一了天下，以天下为家，以崤山和函谷关为宫殿，然而谁会想到一个普通人的带头发难，就使得秦之宗庙被毁、国家灭亡，皇子皇孙死在他人手中，让天下人耻笑，这是因为什么呢？这是因为秦不施行仁义，不懂得夺取天下跟守住天下的形势与策略是不同的啊！

秦始皇统一全国，兼并诸侯，临朝称帝，以此来治理天下，天下的士人如草随风一样纷纷归顺，为什么会这样呢？答案是：近古以来，已经很久没有统一天下的帝王了。自从周王室衰微，五霸相继死去以后，天子的命令不能通行天下，于是诸侯间凭借武力互相征伐，以强凌弱，以多欺少，战争连年不止，人民困苦无期。现在秦始皇统一天下，使天下有了天子。这样一来，那些可怜的百姓希望从此能过上安定的生活，因此没有谁不诚心景仰皇上的。在这种情况下，秦王朝应该保住权威，稳定功业，这是决定成败的关键所在。

秦始皇怀着一种贪婪自私的心思，常自以为是，一意孤行，不信任功臣，不亲近士民；抛弃仁政王道，只注重个人私权；焚毁圣贤典籍，实行严刑酷法；只重视凭借诡诈权势，把仁义道德抛在脑后，把严刑峻法作为治理天下的前提。实现兼并天下，往往需要重视谋略和实力；安定国家，往往需要重视顺时权变。这就是说，夺取天下和保有天下不能用同样的方法。秦国结束了战国时代，统一了天下，但它的方针没改，它的政策没变，也就是说它夺取天下和守护天下所用的方法没有变化。秦王孤身无辅却拥有天下，所以他的灭亡很快就来到了。假使秦王能够汲取前代的治国经验教训，顺着商、周的道路，来制定实行自己的政策，那么后代即使出现骄奢淫逸的君主，也不会马上就有亡国的忧患啊。夏、商、周三代就是因为懂得取天下与守天下的不同，所以他们才能够名扬四海、功业长久。

当今秦二世登上王位，普天之下没有人不伸长脖子盼着，希望他能改一改政策。寒冷的人穿上短袄就觉得温暖，饥饿的人吃上糟糠就觉得香甜，天下饥寒哀叫的百姓，正是新皇帝实施德政的好机会。这就是说劳苦的人民容易接受仁政。如果二世有一般君主的德行，任用忠贞贤能的人，君臣一心，为天下民众的苦难而忧心；丧服期间就改正先帝的过失；分地于民，封赏功臣的后代，封国立君以礼待天下贤士；释放牢狱里的犯人，宽缓刑罚，免除去连坐等杂乱的刑罚，让罪犯各自回到家乡，打开仓库，散发钱财，以赈济孤独穷困的士人；减轻赋税，减少劳役，帮助百姓解除急困；简化法律，减少刑罚，给犯罪人以把握以后的机会，使天下的人都能自新，改变节操，修养品行，各自谨慎地对待自身；满足万民的愿望，以威信仁德对待天下人，天下人就归附了。如果四海之内，民众都能安居乐业，他们就会厌恶发生变乱，即使有狡猾的百姓，也不会有背叛主上的心思，那么图谋不轨的臣子就无法掩饰他们的巧诈，而暴乱的奸谋也就止息了。二世不实行这种办法，反而比始皇更加暴虐无道，重新修建阿房宫，使刑罚更加繁多，杀戮更加严酷，官吏办事苛刻狠毒，赏罚不得当，赋税搜刮没有限度；国家的事务太多，官吏们都治理不过来；百姓穷困已极，而君主却不加收容救济。于是奸险欺诈之事纷起，上下互相欺骗，蒙受罪罚的人很多，道路上遭到刑戮的人前后相望，连绵不断，天下的人都陷入了苦难。自君侯公卿以下直到百姓，人人怀着自危的心理，都觉得自己处于危险的境地，都不安于其位，动乱自然而然就容易发生了。因此陈涉虽没有商汤、周武王那样的贤能，也没有公侯那样的尊贵，但是在大泽乡振臂一呼而天下响应，其原因就在于人民正处于危难之中。所以古代圣王能洞察开端与结局的变化，知道生存与灭亡的关键，因此统治人民的方法，就是专心致力于使他们安定罢了。这样，天下即使有叛逆的臣子，也一定得不到帮助的力量。所谓“处于安定状态的人民可以共同行仁义，处于危难之中的人民容易一起做坏事”，说的就是这个道理。秦二世贵为天子，拥有四海，而自身却不能免于被杀戮，就是由于没能及时拨乱反正。这就是秦二世最大的错误。

襄公即位，在位十二年。开始建造西畤。葬在西垂。生了文公。

文公即位，住在西垂宫。五十年后去世，葬在西垂。生了静公。

静公没有登位就死了。生了宪公。

宪公在位十二年，住在西新邑。死后葬在衙邑。生了儿子武公、德公和出子。

出子在位六年，住在西陵。庶长弗忌、威累、参父三人，率领贼人在鄗衍刺杀了出子，葬在衙邑。武公即位。

武公在位二十年。住在平阳封宫。死后葬在宣阳聚的东南。这期间三个庶长因罪伏法被诛杀。德公即位。

德公在位二年。住在雍县大郑宫。生了儿子宣公、成公、缪公，死后葬在阳邑。开始规定伏日，以抵御热毒邪气。

宣公在位十二年。住在阳宫。死后葬在阳邑。开始记载闰月。

成公在位四年，住在雍县的宫中。死后葬在阳邑。齐国讨伐山戎、孤竹。

缪公在位三十九年。天子承认他是诸侯的霸主。死后葬在雍县。缪公曾向宫中的侍卫人员学习。生了儿子康公。

康公在位十二年。住在雍邑高寝。葬在竘社。生了共公。

共公在位五年，住在雍邑高寝。葬在康公南面。生了桓公。

桓公在位二十七年。住在雍邑太寝。葬在义里丘的北边。生了景公。

景公在位四十年。住在雍邑高寝，葬在丘里南面。生了毕公。

毕公在位三十六年。葬在车里北面。生了夷公。

夷公没有登位。死后，葬在左宫。生了惠公。

惠公在位十年。葬在车里。生了悼公。

悼公在位十五年。死后葬在僖公墓地西面。这年在雍邑修筑了城墙。生了刺龚公。

刺龚公在位三十四年。葬在入里。生了躁公、怀公。在位的第十年，出现了彗星。

躁公在位十四年。住在受寝。死后葬在悼公墓地南面。躁公元年，彗星出现。

怀公从晋国回来继位。在位四年，死后葬在栎圉氏。生了儿子灵公。大臣们围攻怀公，怀公自杀。

肃灵公是昭子的儿子。住在泾阳。在位十年。葬在悼公墓的西面。生了简公。

简公是从晋国回来继位的。在位十五年。死后葬在僖公墓的西面。生了儿子惠公。简公在位的第七年，开始允许百姓佩带刀剑。

惠公在位十三年。死后葬在陵圉。生了出公。

出公在位二年。出公自杀，葬在雍。

献公在位二十三年。葬在嚣围。生了孝公。

孝公在位二十四年。葬在弟围。生了惠文王。其在位的第十三年，开始建都咸阳。

惠文王在位二十七年。葬在公陵。生了悼武王。

悼武王在位四年，葬在永陵。

昭襄王在位五十六年。葬在茝阳。生了孝文王。

孝文王在位一年。死后葬在寿陵。生了儿子庄襄王。

庄襄王在位三年。葬在茝阳。生始皇帝。吕不韦做相国。

献公在位第七年，开始设立集市。第十年，建立户籍制度，居民五户为一伍。

孝公在位第十六年，当时桃树、李树在冬天开花。

惠文王十九岁即位。即位第二年，开始发行钱币。有个新生婴儿说："秦国即将称王。"

悼武王十九岁即位。即位第三年，渭水连续红了三天。

昭襄王十九岁即位。登位第四年，开始开辟井田边界。

孝文王五十三岁时即位。

庄襄王三十二岁即位。即位后的第二年，攻取了赵国的太原。庄襄王元年，大赦天下，表彰先王时期的功臣，给予至亲恩惠，也给百姓恩惠。东周与诸侯策划攻打秦国，秦派相国吕不韦伐周，收缴了他们国中的一切。但秦国并没有断绝东周的祭祀，把阳人地区赐给了东周君，让他继续祭祀周朝的祖先。

始皇在位三十七年。葬在骊邑。生了二世皇帝。始皇十三岁即位。

二世皇帝在位三年。葬在宜春。赵高任丞相，封为安武侯。二世十二岁时即位。

以上是从秦襄公至二世，共六百一十年。

汉孝明皇帝十七年十月十五日，这一天是乙丑日，班固说：

周朝的命数已经过去，按照五德终始之道，仁义之情，儿子是不能代替母亲的。秦朝作为一个朝代排在五德终始里面，是不合适的，再加上秦始皇的政治十分暴虐无道。

然而他十三岁就当上了诸侯王，后来兼并六国统一天下，他既有放纵妄为的一面，却又养育了家族宗亲。三十七年间，他到处用兵，制定法律政令，传留给后代帝王。这大概是由于获得了圣人的神威，以及河神授予了象征帝王受命的河图，又占据着主弓矢的狼星、狐星之气和主征杀的参星、伐星之气，这一切帮助他兼并了诸侯国，一直到当上始皇帝。

秦始皇死后，胡亥极其愚蠢，骊山的陵寝还没有完成，就又重新修建阿房宫，以实现先王的计划，还说“对于拥有天下的人来说，最可贵的就是可以为所欲为，你们这些大臣们竟然要中断先帝想干的事情”。于是便杀了李斯、冯去疾，而任用赵高。二世的这话叫人多么痛心啊！有人就说：“他长着人的脑袋，却发出牲畜一样的叫声。如果他不逞淫威，人们就不会讨伐他的罪恶；如果他的罪恶不深重，就不至于国灭身亡。”直到帝位保不住了，残酷暴虐又加速了他的灭亡，即使秦朝占据着有利的地势，也无法改变亡国灭家的历史命运。

子婴越序继承了王位，他头戴王冠，身穿礼服，坐着帝王的车驾，带着满朝文武去朝拜祖庙。小人物登上本不属于他的高位，无不惶恐不安，心无主宰，每天苟且偷安。而子婴这个人却能谋虑长远，排除顾虑，跟他的儿子一起采取断然措施，在一屋之内就擒获了赵高，最终杀死奸臣，为先君诛讨了逆贼。赵高被诛杀以后，子婴还没来得及一一慰劳宾客亲属，饭还没来得及下咽，酒没来得及畅饮，反秦的军队就已经杀进了关中，真命天子已经来到了灞上。于是子婴只得驾着白马白车，脖颈上系着丝带，手捧符节玉玺，献给应该称帝的人，就如春秋时楚庄王侵郑，郑伯持祭祀用的礼器茅旌和鸾刀，使楚庄王退兵三十里一样。然而黄河开了口子就不能再堵住，鱼腐烂了就不能再复原。贾谊、司马迁说：“假使子婴有一般君主的才能，仅仅得到中等的辅佐之臣，崤山以东地区虽然混乱，秦国的地盘还是可以保全的，宗庙的祭祀也不会断绝。”他们不明白秦朝的灭亡是长期积累的结果，等到天下已经土崩瓦解时，即使有像周公那样的才能，也无回天之力。如果拿秦朝的灭亡来责备登位几天的子婴，实在是错误啊！民间相传，是秦始皇造成的罪恶，胡亥把它推到极点，这话说得是很客观的。贾谊、司马迁指责子婴，说什么“秦国土地可以保住”，这就是所谓的不识时务呀。纪季为保住宗庙，不得已把酅邑献给齐国，而《春秋》却肯定他的做法，对他不指名相称。我读《秦始皇本纪》，读到子婴车裂赵高这一段时，总是称赞他的果断、欣赏他的心志。子婴对待生死大义，已经是完美无缺了。

史记卷七

项羽本纪第七

项籍者，下相人也，字羽。初起时，年二十四。其季父项梁，梁父即楚将项燕，为秦将王翦所戮者也。项氏世世为楚将，封于项，故姓项氏。

项籍少时，学书不成，去学剑，又不成。项梁怒之。籍曰："书足以记名姓而已。剑一人敌，不足学，学万人敌。"于是项梁乃教籍兵法，籍大喜，略知其意，又不肯竟学。

项梁尝有栎阳逮，乃请蕲狱掾曹咎书抵栎阳狱掾司马欣，以故事得已。

项梁杀人，与籍避仇于吴中。吴中贤士大夫皆出项梁下，每吴中有大徭役及丧，项梁常为主办，阴以兵法部勒宾客及子弟，以是知其能。

秦始皇帝游会稽，渡浙江，梁与籍俱观。籍曰："彼可取而代也。"梁掩其口，曰："毋妄言，族矣！"梁以此奇籍。

籍长八尺馀，力能扛鼎，才气过人，虽吴中子弟皆已惮籍矣。

秦二世元年七月，陈涉等起大泽中。其九月，会稽守通谓梁曰："江西皆反，此亦天亡秦之时也。吾闻先即制人，后则为人所制。吾欲发兵，使公及桓楚将。"是时桓楚亡在泽中。梁曰："桓楚亡，人莫知其处，独籍知之耳。"梁乃出，诫籍持剑居外待。梁复入，与守坐，曰："请召籍，使受命召桓楚。"守曰："诺。"梁召籍入。须臾，梁眴籍曰："可行矣！"于是籍遂拔剑斩守头。项梁持守头，佩其印绶。门下大惊，扰乱，籍所击杀数十百人。一府中皆慑伏，莫敢起。梁乃召故所知豪吏，谕以所为起大事，遂举吴中兵。使人收下县，得精兵八千人。梁部署吴中豪杰为校尉、候、司马。有一人不得用，自言于梁。梁曰："前时某丧使公主某事，不能办，以此不任用公。"众乃皆伏。于是梁为会稽守，籍为裨将，徇下县。

广陵人召平于是为陈王徇广陵，未能下。闻陈王败走，秦兵又且至，乃渡江矫陈王命，拜梁为楚王上柱国。曰："江东已定，急引兵西击秦。”项梁乃以八千人渡江而西。闻陈婴已下东阳，使使与连和俱西。陈婴者，故东阳令史，居县中，素信谨，称为长者。东阳少年杀其令，相聚数千人，欲置长，无适用，乃请陈婴。婴谢不能，遂强立婴为长，县中从者得二万人。少年欲立婴便为王，异军苍头特起。陈婴母谓婴曰：“自我为汝家妇，未尝闻汝先古之有贵者。今暴得大名，不祥。不如有所属，事成犹得封侯，事败易以亡，非世所指名也。”婴乃不敢为王。谓其军吏曰：“项氏世世将家，有名于楚。今欲举大事，将非其人不可。我倚名族，亡秦必矣。”于是众从其言，以兵属项梁。项梁渡淮，黥布、蒲将军亦以兵属焉。凡六七万人，军下邳。

当是时，秦嘉已立景驹为楚王，军彭城东，欲距项梁。项梁谓军吏曰：“陈王先首事，战不利，未闻所在。今秦嘉倍陈王而立景驹，逆无道。”乃进兵击秦嘉。秦嘉军败走，追之至胡陵。嘉还战一日，嘉死，军降。景驹走，死梁地。项梁已并秦嘉军，军胡陵，将引军而西。章邯军至栗，项梁使别将朱鸡石、馀樊君与战。馀樊君死，朱鸡石军败，亡走胡陵。项梁乃引兵入薛，诛鸡石。

项梁前使项羽别攻襄城，襄城坚守不下。已拔，皆坑之。还报项梁。项梁闻陈王定死，召诸别将会薛计事。此时沛公亦起沛，往焉。

居鄛人范增，年七十，素居家，好奇计，往说项梁曰：“陈胜败固当。夫秦灭六国，楚最无罪。自怀王入秦不反，楚人怜之至今，故楚南公曰‘楚虽三户，亡秦必楚也’。今陈胜首事，不立楚后而自立，其势不长。今君起江东，楚蜂起之将皆争附君者，以君世世楚将，为能复立楚之后也。”于是项梁然其言，乃求楚怀王孙心民间，为人牧羊，立以为楚怀王，从民所望也。陈婴为楚上柱国，封五县，与怀王都盱眙。项梁自号为武信君。

居数月，引兵攻亢父，与齐田荣、司马龙且军救东阿，大破秦军于东阿。田荣即引兵归，逐其王假。假亡走楚。假相田角亡走赵。角弟田间故齐将，居赵不敢归。田荣立田儋子市为齐王。项梁已破东阿下军，遂追秦军。数使使趣齐兵，欲与俱西。田荣曰：“楚杀田假，赵杀田角、田间，乃发兵。”项梁曰：“田假为与国之王，穷来从我，不忍杀之。”赵亦不杀田角、田间以市于齐。齐遂不肯发兵助楚。

项梁使沛公及项羽别攻城阳，屠之。西破秦军濮阳东，秦兵收入濮阳。沛公、项羽乃攻定陶。定陶未下，去。西略地至雍丘，大破秦军，斩李由。还攻外黄，外黄未下。

项梁起东阿，西，比至定陶，再破秦军，项羽等又斩李由，益轻秦，有骄色。宋义乃谏项梁曰："战胜而将骄卒惰者败。今卒少惰矣，秦兵日益，臣为君畏之。"项梁弗听。乃使宋义使于齐。道遇齐使者高陵君显，曰："公将见武信君乎？"曰："然。"曰："臣论武信君军必败。公徐行既免死，疾行则及祸。"秦果悉起兵益章邯，击楚军，大破之定陶，项梁死。沛公、项羽去外黄攻陈留，陈留坚守，不能下。沛公、项羽相与谋曰："今项梁军破，士卒恐。"乃与吕臣军俱引兵而东。吕臣军彭城东，项羽军彭城西，沛公军砀。

章邯已破项梁军，则以为楚地兵不足忧，乃渡河击赵，大破之。当此时，赵歇为王，陈馀为将，张耳为相，皆走入巨鹿城。章邯令王离、涉间围巨鹿，章邯军其南，筑甬道而输之粟，陈馀为将，将卒数万人而军巨鹿之北，此所谓河北之军也。

楚兵已破于定陶，怀王恐，从盱眙之彭城，并项羽、吕臣军自将之。以吕臣为司徒，以其父吕青为令尹，以沛公为砀郡长，封为武安侯，将砀郡兵。

初，宋义所遇齐使者高陵君显在楚军，见楚王曰："宋义论武信君之军必败，居数日，军果败。兵未战而先见败征，此可谓知兵矣。"王召宋义与计事而大说之，因置以为上将军，项羽为鲁公，为次将，范增为末将，救赵，诸别将皆属宋义，号为卿子冠军。行至安阳，留四十六日不进。项羽曰："吾闻秦军围赵王巨鹿，疾引兵渡河，楚击其外，赵应其内，破秦军必矣。"宋义曰："不然。夫搏牛之虻不可以破虮虱。今秦攻赵，战胜则兵罢，我承其敝；不胜，则我引兵鼓行而西，必举秦矣。故不如先斗秦赵。夫被坚执锐，义不如公；坐而运策，公不如义。"因下令军中曰："猛如虎，很如羊，贪如狼，强不可使者，皆斩之。"乃遣其子宋襄相齐，身送之至无盐，饮酒高会。天寒大雨，士卒冻饥。项羽曰："将戮力而攻秦，久留不行。今岁饥民贫，士卒食芋菽，军无见粮，乃饮酒高会，不引兵渡河因赵食，与赵并力攻秦，乃曰'承其敝'。夫以秦之强，攻新造之赵，其势必举赵。赵举而秦强，何敝之承！且国兵新破，王坐不安席，埽境内而专属于将军，国家安危，在此一举。今不恤士卒而徇其私，非社稷之臣。"项羽晨朝上将军宋义，即其帐中斩宋义头，出令军中曰："宋义与齐谋反楚，楚王阴令羽诛之。"当是时，诸将皆慑服，莫敢枝梧。皆曰："首立楚者，将军家也。今将军诛乱。"乃相与共立羽为假上将军。使人追宋义子，及之齐，杀之。使桓楚报命于怀王。怀王因使项羽为上将军。当阳君、蒲将军皆属项羽。

项羽已杀卿子冠军，威震楚国，名闻诸侯。乃遣当阳君、蒲将军将卒二万渡河，救巨鹿。战少利，陈馀复请兵。项羽乃悉引兵渡河，皆沉船，破釜甑，烧庐舍，持三日粮，以示士卒必死，无一还心。于是至则围王离，与秦军遇，九战，绝其甬道，大破之，杀苏角，虏王离。涉间不降楚，自烧杀。

当是时，楚兵冠诸侯。诸侯军救巨鹿下者十馀壁，莫敢纵兵。及楚击秦，诸将皆从壁上观。楚战士无不一以当十。楚兵呼声动天，诸侯军无不人人惴恐。于是已破秦军，项羽召见诸侯将，入辕门，无不膝行而前，莫敢仰视。项羽由是始为诸侯上将军，诸侯皆属焉。

章邯军棘原，项羽军漳南，相持未战。秦军数却，二世使人让章邯。章邯恐，使长史欣请事。至咸阳，留司马门三日，赵高不见，有不信之心。长史欣恐，还走其军，不敢出故道。赵高果使人追之，不及。欣至军，报曰："赵高用事于中，下无可为者。今战能胜，高必疾妒吾功；战不能胜，不免于死。愿将军孰计之。"陈馀亦遗章邯书曰："白起为秦将，南征鄢郢，北坑马服，攻城略地，不可胜计，而竟赐死。蒙恬为秦将，北逐戎人，开榆中地数千里，竟斩阳周。何者？功多，秦不能尽封，因以法诛之。今将军为秦将三岁矣，所亡失以十万数，而诸侯并起，滋益多。彼赵高素谀日久，今事急，亦恐二世诛之，故欲以法诛将军以塞责，使人更代将军以脱其祸。夫将军居外久，多内郤，有功亦诛，无功亦诛。且天之亡秦，无愚智皆知之。今将军内不能直谏，外为亡国将，孤特独立而欲常存，岂不哀哉！将军何不还兵与诸侯为从，约共攻秦，分王其地，南面称孤。此孰与身伏鈇质，妻子为僇乎？"章邯狐疑，阴使候始成使项羽，欲约。约未成，项羽使蒲将军日夜引兵度三户，军漳南，与秦战，再破之。项羽悉引兵击秦军汙水上，大破之。

章邯使人见项羽，欲约。项羽召军吏谋曰："粮少，欲听其约。"军吏皆曰："善。"项羽乃与期洹水南殷虚上。已盟，章邯见项羽而流涕为言赵高。项羽乃立章邯为雍王，置楚军中。使长史欣为上将军，将秦军为前行。

到新安。诸侯吏卒异时故繇使屯戍过秦中，秦中吏卒遇之多无状，及秦军降诸侯，诸侯吏卒乘胜多奴虏使之，轻折辱秦吏卒。秦吏卒多窃言曰：“章将军等诈吾属降诸侯，今能入关破秦，大善；即不能，诸侯虏吾属而东，秦必尽诛吾父母妻子。”诸将微闻其计，以告项羽。项羽乃召黥布、蒲将军计曰：“秦吏卒尚众，其心不服，至关中不听，事必危，不如击杀之，而独与章邯、长史欣、都尉翳入秦。”于是楚军夜击坑秦卒二十馀万人新安城南。

行略定秦地。函谷关有兵守关，不得入。又闻沛公已破咸阳，项羽大怒，使当阳君等击关。项羽遂入，至于戏西。沛公军灞上，未得与项羽相见。沛公左司马曹无伤使人言于项羽曰：“沛公欲王关中，使子婴为相，珍宝尽有之。”项羽大怒，曰：“旦日飨士卒，为击破沛公军！”

当是时，项羽兵四十万，在新丰鸿门，沛公兵十万，在灞上。范增说项羽曰：“沛公居山东时，贪于财货，好美姬。今入关，财物无所取，妇女无所幸，此其志不在小。吾令人望其气，皆为龙虎，成五采，此天子气也。急击勿失。”

楚左尹项伯者，项羽季父也，素善留侯张良。张良是时从沛公，项伯乃夜驰之沛公军，私见张良，具告以事，欲呼张良与俱去。曰：“毋从俱死也。”张良曰：“臣为韩王送沛公，沛公今事有急，亡去不义，不可不语。”良乃入，具告沛公。沛公大惊，曰：“为之奈何？”张良曰：“谁为大王为此计者？”曰：“鲰生说我曰‘距关，毋内诸侯，秦地可尽王也’。故听之。”良曰：“料大王士卒足以当项王乎？”沛公默然，曰：“固不如也，且为之奈何？”张良曰：“请往谓项伯，言沛公不敢背项王也。”沛公曰：“君安与项伯有故？”张良曰：“秦时与臣游，项伯杀人，臣活之。今事有急，故幸来告良。”沛公曰：“孰与君少长？”良曰：“长于臣。”沛公曰：“君为我呼入，吾得兄事之。”张良出，要项伯。项伯即入见沛公。沛公奉卮酒为寿，约为婚姻，曰：“吾入关，秋豪不敢有所近，籍吏民，封府库，而待将军。所以遣将守关者，备他盗之出入与非常也。日夜望将军至，岂敢反乎！愿伯具言臣之不敢倍德也。”项伯许诺，谓沛公曰：“旦日不可不早自来谢项王。”沛公曰：“诺。”于是项伯复夜去，至军中，具以沛公言报项王。因言曰：“沛公不先破关中，公岂敢入乎？今人有大功而击之，不义也，不如因善遇之。”项王许诺。

沛公旦日从百馀骑来见项王。至鸿门，谢曰：“臣与将军戮力而攻秦，将军战河北，臣战河南，然不自意能先入关破秦，得复见将军于此。

今者有小人之言，令将军与臣有郤。”项王曰：“此沛公左司马曹无伤言之；不然，籍何以生此？”项王即日因留沛公与饮。项王、项伯东向坐，亚父南向坐。亚父者，范增也。沛公北向坐，张良西向侍。范增数目项王，举所佩玉玦以示之者三，项王默然不应。范增起，出召项庄，谓曰：“君王为人不忍，若入前为寿，寿毕，请以剑舞，因击沛公于坐，杀之。不者，若属皆且为所虏。”庄则入为寿。寿毕，曰：“君王与沛公饮，军中无以为乐，请以剑舞。”项王曰：“诺。”项庄拔剑起舞，项伯亦拔剑起舞，常以身翼蔽沛公，庄不得击。于是张良至军门，见樊哙。樊哙曰：“今日之事何如？”良曰：“甚急。今者项庄拔剑舞，其意常在沛公也。”哙曰：“此迫矣，臣请入，与之同命。”哙即带剑拥盾入军门。交戟之卫士欲止不内，樊哙侧其盾以撞，卫士仆地，哙遂入，披帷西向立，瞋目视项王，头发上指，目眦尽裂。项王按剑而跽曰：“客何为者？”张良曰：“沛公之参乘樊哙者也。”项王曰：“壮士！赐之卮酒。”则与斗卮酒。哙拜谢，起，立而饮之。项王曰：“赐之彘肩。”则与一生彘肩。樊哙覆其盾于地，加彘肩上，拔剑切而啖之。项王曰：“壮士，能复饮乎？”樊哙曰：“臣死且不避，卮酒安足辞！夫秦王有虎狼之心，杀人如不能举，刑人如恐不胜，天下皆叛之。怀王与诸将约曰‘先破秦入咸阳者王之’。今沛公先破秦入咸阳，豪毛不敢有所近，封闭宫室，还军灞上，以待大王来。故遣将守关者，备他盗出入与非常也。劳苦而功高如此，未有封侯之赏，而听细说，欲诛有功之人。此亡秦之续耳，窃为大王不取也。”项王未有以应，曰：“坐。”樊哙从良坐。坐须臾，沛公起如厕，因招樊哙出。

沛公已出，项王使都尉陈平召沛公。沛公曰：“今者出，未辞也，为之奈何？”樊哙曰：“大行不顾细谨，大礼不辞小让。如今人方为刀俎，我为鱼肉，何辞为？”于是遂去。乃令张良留谢。良问曰：“大王来何操？”曰：“我持白璧一双，欲献项王；玉斗一双，欲与亚父。会其怒，不敢献，公为我献之。”张良曰：“谨诺。”

当是时，项王军在鸿门下，沛公军在灞上，相去四十里。沛公则置车骑，脱身独骑，与樊哙、夏侯婴、靳强、纪信等四人持剑盾步走，从郦山下，道芷阳间行。沛公谓张良曰：“从此道至吾军，不过二十里耳。度我至军中，公乃入。”

沛公已去，间至军中。张良入谢，曰：“沛公不胜杯杓，不能辞，谨使臣良奉白璧一双，再拜献大王足下；玉斗一双，再拜奉大将军足下。”

项王曰:“沛公安在?”良曰:“闻大王有意督过之,脱身独去,已至军矣。”项王则受璧,置之坐上。亚父受玉斗,置之地,拔剑撞而破之,曰:“唉!竖子不足与谋。夺项王天下者,必沛公也,吾属今为之虏矣。”

沛公至军,立诛杀曹无伤。

居数日,项羽引兵西屠咸阳,杀秦降王子婴,烧秦宫室,火三月不灭。收其货宝妇女而东。人或说项王曰:“关中阻山河四塞,地肥饶,可都以霸。”项王见秦宫室皆以烧残破,又心怀思,欲东归,曰:“富贵不归故乡,如衣绣夜行,谁知之者!”说者曰:“人言楚人沐猴而冠耳,果然。”项王闻之,烹说者。

项王使人致命怀王。怀王曰:“如约。”乃尊怀王为义帝。

项王欲自王,先王诸将相。谓曰:“天下初发难时,假立诸侯后以伐秦。然身被坚执锐首事,暴露于野三年,灭秦定天下者,皆将相诸君与籍之力也。义帝虽无功,故当分其地而王之。”诸将皆曰:“善。”乃分天下,立诸将为侯王。

项王、范增疑沛公之有天下,业已讲解,又恶负约,恐诸侯叛之,乃阴谋曰:“巴、蜀道险,秦之迁人皆居蜀。”乃曰:“巴、蜀亦关中地也。”故立沛公为汉王,王巴、蜀、汉中,都南郑。而三分关中,王秦降将以距塞汉王。

项王乃立章邯为雍王,王咸阳以西,都废丘。长史欣者,故为栎阳狱掾,尝有德于项梁;都尉董翳者,本劝章邯降楚。故立司马欣为塞王,王咸阳以东至河,都栎阳;立董翳为翟王,王上郡,都高奴。徙魏王豹为西魏王,王河东,都平阳。瑕丘申阳者,张耳嬖臣也,先下河南郡,迎楚河上,故立申阳为河南王,都洛阳。韩王成因故都,都阳翟。赵将司马印定河内,数有功,故立印为殷王,王河内,都朝歌。徙赵王歇为代王。赵相张耳素贤,又从入关,故立耳为常山王,王赵地,都襄国。当阳君黥布为楚将,常冠军,故立布为九江王,都六。鄱君吴芮率百越佐诸侯,又从入关,故立芮为衡山王,都邾。义帝柱国共敖将兵击南郡,功多,因立敖为临江王,都江陵。徙燕王韩广为辽东王。燕将臧荼从楚救赵,因从入关,故立荼为燕王,都蓟。徙齐王田市为胶东王。齐将田都从共救赵,因从入关,故立都为齐王,都临菑。故秦所灭齐王建孙田安,项羽方渡河救赵,田安下济北数城,引其兵降项羽,故立安为济北王,都博阳。田荣者,数负项梁,又不肯将兵从楚击秦,以故不封。成安君陈馀弃将印去，不从入关，然素闻其贤，有功于赵，闻其在南皮，故因环封三县。番君将梅鋗功多，故封十万户侯。项王自立为西楚霸王，王九郡，都彭城。

汉之元年四月，诸侯罢戏下，各就国。

项王出之国，使人徙义帝，曰："古之帝者地方千里，必居上游。"乃使使徙义帝长沙郴县。趣义帝行。其群臣稍稍背叛之。乃阴令衡山、临江王击杀之江中。韩王成无军功，项王不使之国，与俱至彭城，废以为侯，已又杀之。臧荼之国，因逐韩广之辽东，广弗听，荼击杀广无终，并王其地。

田荣闻项羽徙齐王市胶东，而立齐将田都为齐王，乃大怒，不肯遣齐王之胶东。因以齐反，迎击田都。田都走楚。齐王市畏项王，乃亡之胶东就国。田荣怒，追击，杀之即墨。荣因自立为齐王，而西击杀济北王田安，并王三齐。荣与彭越将军印，令反梁地。陈馀阴使张同、夏说说齐王田荣曰："项羽为天下宰，不平。今尽王故王于丑地，而王其群臣诸将善地，逐其故主。赵王乃北居代。馀以为不可。闻大王起兵，且不听不义，愿大王资馀兵，请以击常山，以复赵王，请以国为扞蔽。"齐王许之，因遣兵之赵。陈馀悉发三县兵，与齐并力击常山，大破之。张耳走归汉。陈馀迎故赵王歇于代，反之赵。赵王因立陈馀为代王。

是时，汉还定三秦。

项羽闻汉王皆已并关中，且东，齐、赵叛之，大怒。乃以故吴令郑昌为韩王，以距汉。令萧公角等击彭越。彭越败萧公角等。汉使张良徇韩，乃遗项羽书曰："汉王失职，欲得关中，如约即止，不敢东。"又以齐、梁反书遗项王曰："齐欲与赵并灭楚。"楚以此故无西意，而北击齐。征兵九江王布。布称疾不往，使将将数千人行。项王由此怨布也。

汉之二年冬，项羽遂北至城阳，田荣亦将兵会战，田荣不胜，走至平原，平原民杀之。遂北烧夷齐城郭室屋，皆坑田荣降卒，系虏其老弱妇女。徇齐至北海，多所残灭，齐人相聚而叛之。于是田荣弟田横收齐亡卒，得数万人，反城阳。项王因留，连战未能下。

春，汉王部五诸侯兵，凡五十六万人，东伐楚。项王闻之，即令诸将击齐，而自以精兵三万人南从鲁出胡陵。四月，汉皆已入彭城，收其货宝美人，日置酒高会。项王乃西从萧，晨击汉军而东，至彭城，日中，大破汉军。汉军皆走，相随入谷、泗水，杀汉卒十馀万人。汉卒皆南走

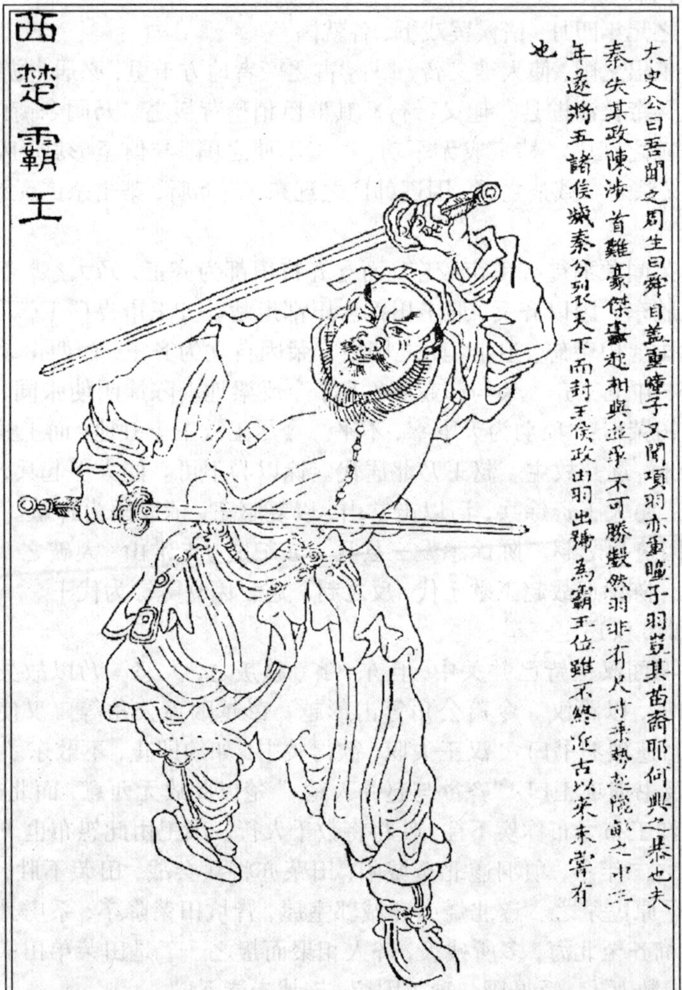

西楚霸王项羽像，出自清·上官周绘《晚笑堂画传》

山，楚又追击至灵壁东睢水上。汉军却，为楚所挤，多杀，汉卒十馀万人皆入睢水，睢水为之不流。围汉王三匝。于是大风从西北而起，折木发屋，扬沙石，窈冥昼晦，逢迎楚军。楚军大乱，坏散，而汉王乃得与数十骑遁去。欲过沛，收家室而西。楚亦使人追之沛，取汉王家。家皆亡，不与汉王相见。汉王道逢得孝惠、鲁元，乃载行。楚骑追汉王，汉王急，推堕孝惠、鲁元车下，滕公常下收载之。如是者三。曰："虽急不可以驱，奈何弃之？"于是遂得脱。求太公、吕后，不相遇。审食其从太公、吕后间行，求汉王，反遇楚军。楚军遂与归，报项王，项王常置军中。

是时吕后兄周吕侯为汉将兵居下邑，汉王间往从之，稍稍收其士卒。至荥阳，诸败军皆会。萧何亦发关中老弱未傅悉诣荥阳，复大振，楚起于彭城，常乘胜逐北，与汉战荥阳南京、索间，汉败楚，楚以故不能过荥阳而西。

项王之救彭城，追汉王至荥阳。田横亦得收齐，立田荣子广为齐王。汉王之败彭城，诸侯皆复与楚而背汉。汉军荥阳，筑甬道属之河，以取敖仓粟。

汉之三年，项王数侵夺汉甬道，汉王食乏，恐，请和，割荥阳以西为汉。项王欲听之。历阳侯范增曰："汉易与耳，今释弗取，后必悔之。"项王乃与范增急围荥阳。汉王患之，乃用陈平计间项王。项王使者来，为太牢具，举欲进之。见使者，详惊愕曰："吾以为亚父使者，乃反项王使者。"更持去，以恶食食项王使者。使者归报项王。项王乃疑范增与汉有私，稍夺之权。范增大怒，曰："天下事大定矣，君王自为之。愿赐骸骨归卒伍。"项王许之。行未至彭城，疽发背而死。

汉将纪信说汉王曰："事已急矣，请为王诳楚为王，王可以间出。"于是汉王夜出女子荥阳东门被甲二千人，楚兵四面击之。纪信乘黄屋车，傅左纛，曰："城中食尽，汉王降。"楚军皆呼万岁。汉王亦与数十骑从城西门出，走成皋。项王见纪信，问："汉王安在？"信曰："汉王已出矣。"项王烧杀纪信。

汉王使御史大夫周苛、枞公、魏豹守荥阳。周苛、枞公谋曰："反国之王，难与守城。"乃共杀魏豹。楚下荥阳城，生得周苛。项王谓周苛曰："为我将，我以公为上将军，封三万户。"周苛骂曰："若不趣降汉，汉今虏若，若非汉敌也。"项王怒，烹周苛，并杀枞公。

汉王之出荥阳，南走宛、叶，得九江王布，行收兵，复入保成皋。

汉之四年，项王进兵围成皋。汉王逃，独与滕公出成皋北门，渡河走脩武，从张耳、韩信军。诸将稍稍得出成皋，从汉王。楚遂拔成皋。欲西，汉使兵距之巩，令其不得西。是时，彭越渡河击楚东阿，杀楚将军薛公。项王乃自东击彭越。

汉王得淮阴侯兵，欲渡河南。郑忠说汉王，乃止，壁河内。使刘贾将兵佐彭越，烧楚积聚。项王东击破之，走彭越。汉王则引兵渡河，复取成皋，军广武，就敖仓食。

项王已定东海来西，与汉俱临广武而军，相守数月。

当此时，彭越数反梁地，绝楚粮食。项王患之，为高俎，置太公其上，告汉王曰："今不急下，吾烹太公。"汉王曰："吾与项羽俱北面受命怀王，曰'约为兄弟'，吾翁即若翁。必欲烹而翁，则幸分我一杯羹。"项王怒，欲杀之。项伯曰："天下事未可知，且为天下者不顾家，虽杀之无益，只益祸耳。"项王从之。

楚汉久相持未决，丁壮苦军旅，老弱罢转漕。项王谓汉王曰："天下匈匈数岁者，徒以吾两人耳，愿与汉王挑战决雌雄，毋徒苦天下之民父子为也。"汉王笑谢曰："吾宁斗智，不能斗力。"项王令壮士出挑战。汉有善骑射者楼烦，楚挑战三合，楼烦辄射杀之。项王大怒，乃自被甲持戟挑战。楼烦欲射之，项王瞋目叱之，楼烦目不敢视，手不敢发，遂走还入壁，不敢复出。汉王使人间问之，乃项王也。汉王大惊。于是项王乃即汉王相与临广武间而语。汉王数之，项王怒，欲一战。汉王不听，项王伏弩射中汉王。汉王伤，走入成皋。

项王闻淮阴侯已举河北，破齐、赵，且欲击楚，乃使龙且往击之。淮阴侯与战，骑将灌婴击之，大破楚军，杀龙且。韩信因自立为齐王。项王闻龙且军破，则恐，使盱台人武涉往说淮阴侯。淮阴侯弗听。是时，彭越复反，下梁地，绝楚粮。项王乃谓海春侯大司马曹咎等曰："谨守成皋，则汉欲挑战，慎勿与战，毋令得东而已。我十五日必诛彭越，定梁地，复从将军。"乃东行击陈留、外黄。

外黄不下。数日，已降，项王怒，悉令男子年十五已上诣城东，欲坑之。外黄令舍人儿年十三，往说项王曰："彭越强劫外黄，外黄恐，故且降，待大王。大王至，又皆坑之，百姓岂有归心？从此以东，梁地十馀城皆恐，莫肯下矣。"项王然其言，乃赦外黄当坑者。东至睢阳，闻之皆争下项王。

汉果数挑楚军战，楚军不出。使人辱之五六日，大司马怒，渡兵汜水。士卒半渡，汉击之，大破楚军，尽得楚国货赂。大司马咎、长史翳、塞王欣皆自刭汜水上。大司马咎者，故蕲狱掾，长史欣亦故栎阳狱吏，两人尝有德于项梁，是以项王信任之。当是时，项王在睢阳，闻海春侯军败，则引兵还。汉军方围钟离眛于荥阳东，项王至，汉军畏楚，尽走险阻。

是时，汉兵盛，食多，项王兵罢，食绝。汉遣陆贾说项王，请太公，项王弗听。汉王复使侯公往说项王，项王乃与汉约，中分天下。割鸿沟以西者为汉，鸿沟而东者为楚。项王许之。即归汉王父母妻子。军皆呼万岁。汉王乃封侯公为平国君。匿弗肯复见。曰："此天下辩士，所居倾国，故号为平国君。"

项王已约，乃引兵解而东归。

汉欲西归。张良、陈平说曰："汉有天下太半，而诸侯皆附之。楚兵罢，食尽，此天亡楚之时也，不如因其机而遂取之。今释弗击，此所谓'养虎自遗患'也。"汉王听之。

汉五年，汉王乃追项王至阳夏南，止军，与淮阴侯韩信、建成侯彭越期会而击楚军。至固陵，而信、越之兵不会。楚击汉军，大破之。汉王复入壁，深堑而自守。谓张子房曰："诸侯不从约，为之奈何？"对曰："楚兵且破，信、越未有分地，其不至固宜。君王能与共分天下，今可立致也。即不能，事未可知也。君王能自陈以东傅海，尽与韩信；睢阳以北至谷城，以与彭越。使各自为战，则楚易败也。"汉王曰："善。"于是乃发使者告韩信、彭越曰："并力击楚，楚破，自陈以东傅海与齐王，睢阳以北至谷城与彭相国。"使者至，韩信、彭越皆报曰："请今进兵。"韩信乃从齐往。刘贾军从寿春并行，屠城父。至垓下。大司马周殷叛楚，以舒屠六，举九江兵，随刘贾、彭越皆会垓下，诣项王。

项王军壁垓下，兵少食尽，汉军及诸侯兵围之数重。夜闻汉军四面皆楚歌，项王乃大惊曰："汉皆已得楚乎？是何楚人之多也！"项王则夜起，饮帐中。有美人名虞，常幸从；骏马名骓，常骑之。于是项王乃悲歌忼慨，自为诗曰："力拔山兮气盖世，时不利兮骓不逝。骓不逝兮可奈何，虞兮虞兮奈若何！"歌数阕，美人和之。项王泣数行下，左右皆泣，莫能仰视。

于是项王乃上马骑，麾下壮士骑从者八百馀人，直夜溃围南出，驰走。平明，汉军乃觉之，令骑将灌婴以五千骑追之。项王渡淮，骑能属者百馀人耳。项王至阴陵，迷失道，问一田父，田父绐曰“左”。左，乃陷大泽中。以故汉追及之。项王乃复引兵而东，至东城，乃有二十八骑。汉骑追者数千人。项王自度不得脱。谓其骑曰：“吾起兵至今八岁矣，身七十馀战，所当者破，所击者服，未尝败北，遂霸有天下。然今卒困于此，此天之亡我，非战之罪也。今日固决死，愿为诸君快战，必三胜之，为诸君溃围，斩将，刈旗，令诸君知天亡我，非战之罪也。”乃分其骑以为四队，四向。汉军围之数重。项王谓其骑曰：“吾为公取彼一将。”令四面骑驰下，期山东为三处。于是项王大呼驰下，汉军皆披靡，遂斩汉一将。是时，赤泉侯为骑将，追项王，项王瞋目而叱之，赤泉侯人马俱惊，辟易数里。与其骑会为三处。汉军不知项王所在，乃分军为三，复围之。项王乃驰，复斩汉一都尉，杀数十百人，复聚其骑，亡其两骑耳。乃谓其骑曰：“何如？”骑皆伏曰：“如大王言。”

于是项王乃欲东渡乌江。乌江亭长检船待，谓项王曰：“江东虽小，地方千里，众数十万人，亦足王也。愿大王急渡。今独臣有船，汉军至，无以渡。”项王笑曰：“天之亡我，我何渡为！且籍与江东子弟八千人渡江而西，今无一人还，纵江东父兄怜而王我，我何面目见之？纵彼不言，籍独不愧于心乎？”乃谓亭长曰：“吾知公长者。吾骑此马五岁，所当无敌，尝一日行千里，不忍杀之，以赐公。”乃令骑皆下马步行，持短兵接战。独籍所杀汉军数百人。项王身亦被十馀创，顾见汉骑司马吕马童，曰：“若非吾故人乎？”马童面之，指王翳曰：“此项王也。”项王乃曰：“吾闻汉购我头千金，邑万户，吾为汝德。”乃自刎而死。王翳取其头，馀骑相蹂践争项王，相杀者数十人。最其后，郎中骑杨喜，骑司马吕马童，郎中吕胜、杨武各得其一体。五人共会其体，皆是。〔故〕分其地为五：封吕马童为中水侯，封王翳为杜衍侯，封杨喜为赤泉侯，封杨武为吴防侯，封吕胜为涅阳侯。

项王已死，楚地皆降汉，独鲁不下。汉乃引天下兵欲屠之，为其守礼义，为主死节，乃持项王头视鲁，鲁父兄乃降。始，楚怀王初封项籍为鲁公，及其死，鲁最后下，故以鲁公礼葬项王谷城。汉王为发哀，泣之而去。

诸项氏枝属，汉王皆不诛。乃封项伯为射阳侯。桃侯、平皋侯、玄武侯皆项氏，赐姓刘氏。

太史公曰：吾闻之周生曰"舜目盖重瞳子"，又闻项羽亦重瞳子。羽岂其苗裔邪？何兴之暴也！夫秦失其政，陈涉首难，豪杰蜂起，相与并争，不可胜数。然羽非有尺寸，乘势起陇亩之中，三年，遂将五诸侯灭秦，分裂天下，而封王侯，政由羽出，号为"霸王"，位虽不终，近古以来未尝有也。及羽背关怀楚，放逐义帝而自立，怨王侯叛己，难矣。自矜功伐，奋其私智而不师古。谓霸王之业，欲以力征经营天下。五年卒亡其国，身死东城，尚不觉寤而不自责，过矣。乃引"天亡我，非用兵之罪也"，岂不谬哉！

【译文】

项籍，是下相人，字羽。刚参加起义的时候，他二十四岁。项梁是项羽的叔父，项燕是项梁的父亲，就是被秦将王翦所杀害的那位楚国大将。项家世世代代为楚国的大将，被封在项地，所以以项为姓。

项羽年轻的时候，学习文化知识没有学成，于是中途改学习剑术，也没有取得成就。项梁对他很是生气。项羽却说："写字，能够用来记姓名就可以了；剑术，也只能敌一个人，不值得学。我要学习能敌万人的本领。"看项羽这样，于是项梁就教项羽兵法，项羽非常高兴，可是刚刚懂得了一点儿兵法的皮毛，又不肯学到底了。项梁曾经因罪案受牵连，被栎阳县逮捕入狱，他就请蕲县狱掾曹咎写了说情信给栎阳狱掾司马欣，事情才得以了结。后来项梁又杀了人，为了躲避仇人，他和项羽一起逃到吴中郡。吴中郡虽有才能非凡的士大夫，但本事都比不上项梁。每当吴中郡有大规模的徭役或大的丧葬事宜时，项梁经常做主办人，并暗中用兵法部署、组织宾客和青年，借此来了解他们的才能。秦始皇巡游会稽郡渡浙江时，项梁和项羽一块儿去观看。项羽说："那个人，我可以取代他！"项梁急忙捂住他的嘴，说："不要胡说，要满门抄斩的！"但项梁却因此而感到项羽很不一般。项羽身高八尺有余，才气超过常人，力大能举鼎，即使是吴中当地的年轻人也都很惧怕他。

秦二世元年七月，陈涉等在大泽乡起义。同年九月，会稽郡守殷通对项梁说："大江以西目前全都造反了，这正是上天要灭亡秦朝的时候啊！我听说，做事情领先一步就能控制别人，落后一步就要被人控制。我打算起兵反秦，让您和桓楚统领军队。"当时桓楚正在草泽之中逃亡。项梁说："桓楚正在外逃亡，别人都不知道他的去处，只有项羽知道。"

于是项梁出去嘱咐项羽持剑在外面等候，然后又进来跟郡守殷通一起坐下，说："请让我把项羽叫进来，让他奉命去召桓楚。"郡守说："好吧！"项梁就把项羽叫进来了。没多久，项梁给项羽使了个眼色，说："可以行动了！"于是项羽拔出剑来斩下了郡守的头。项梁把郡守的头提在手里，郡守的官印挂在身上。郡守的部下大为惊慌，一片混乱，项羽一连杀了有一百来人。整个郡府上下都吓得趴在地，没有一个人敢起来。原先所熟悉的豪强官吏被项梁召集，向他们说明白起兵反秦的道理，于是就发动吴中之兵起义了。项梁派人去接收吴中郡下属的各县，共得到精兵八千人。又安排郡中的各豪杰，让他们分别担任校尉、候、司马。其中有一个人没有被任用，自己来找项梁诉说，项梁说："前些日子某家办丧事，我让你去做一件事，你没有办成，因此不能任用你。"众人听了都很佩服。于是项梁做了会稽郡守，项羽为副将，并让人到所占领下属各县去巡行。

此时，广陵人召平为陈王去巡行占领的广陵，广陵人没有归服。陈王兵败退走被召平听说，秦兵又快要到了，召平就渡过长江假托陈王的命令，拜项梁为楚王的上柱国。召平说："江东之地已经平定下来，赶紧带兵往西进攻秦。"项梁就带领八千人渡过长江向西进军。听说陈婴已经占据了东阳，项梁就派使者去东阳，想要同陈婴合兵西进。陈婴，原先是东阳县的令史，在县中一向诚实谨慎，人们称赞他是忠厚老实的人。东阳县的年轻人杀了县令，聚集了数千人，想推举出一位首领，没有找到合适的人选，就来请陈婴。陈婴借口说自己没有能力，他们就强行让陈婴当了首领，县中追随的人有两万。那帮年轻人想借机立陈婴为王，为了和其他的起义军相区别，用青巾裹头，以表示是新突起的一支起义军。陈婴的母亲对陈婴说："自从我做了你们陈家的媳妇，还从没听说你们陈家祖上有显贵之人，如今你突然有了这么大的名声，恐怕不是很好的征兆。依我说，不如去投奔其他有名望者，若起事成功了还可以封侯，起事失败了也容易逃脱，因为那样你就不是为世所指名注目的人了。"陈婴听了母亲的话，没敢称王。他对军吏们说："项氏在楚国是名门，世世代代做大将。现在我们要起义成大事，那就非得项家的人不可。我们归属了名门大族，灭亡秦朝就确定无疑了。"于是军众听从了他的话，都把军队归从于项梁。项梁渡过淮河向北进军，黥布、蒲将军也率部队归属项梁。这样，项梁的兵马总共有六七万，驻扎在下邳。

此时，秦嘉已经立景驹做了楚王，在彭城以东驻扎，准备阻挡项梁西进。项梁对将士们说："陈王最先起义，仗打得却不太顺利，不知道现在在哪里。现在秦嘉背叛了陈王而立景驹为楚王，这是大逆不道。"于是进军攻打秦嘉。秦嘉的军队战败而逃，项梁率兵追击，直追到胡陵。秦嘉又回过头来与项梁交战，打了一天，秦嘉战死，部队投降。景驹逃跑到梁地并死在那里。秦嘉的部队被项梁接收了，驻扎在胡陵，准备率军向西攻打秦。秦将章邯率军到达栗县，别将朱鸡石、余樊君被项梁派去迎战章邯。不想余樊君战死，朱鸡石战败，逃回胡陵。项梁于是便率领部队进入薛县，杀了朱鸡石。之前，项羽被项梁派去攻打襄城，襄城秦军坚守，不肯投降。襄城在被项羽攻下之后，项羽把那里的军民全部活埋了，然后回来向项梁报告。项梁听说陈王确实已死，便召集各路别将来薛县聚会，共议大事。这时，沛公也在沛县起兵，应召前往薛县参加了这次聚会。

范增是居鄛人，七十岁了，平常都在家隐居不仕。他喜好奇思妙想，琢磨奇计，他前来游说项梁说："陈胜失败，本来就是应该的。秦灭六国，楚国是最无罪的。自从被骗入秦的楚怀王没有返回，楚国人现在还在同情他；所以楚南公说'楚国即使只剩下三户人家，灭亡秦国的也一定是楚国'。如今陈胜起义，不立楚王室的后代却自立为王，其势运一定不会长久。现在您在江东起事，楚国有那么多如群蜂飞舞的将士，争着归顺于您，就是因为项氏世世代代做楚国大将，一定能重新立楚王室后代为王。"项梁听了感觉范增的话有道理，就到民间寻找楚怀王的嫡孙熊心。此时的熊心正在给别人放羊。项梁找到他以后，就袭用他祖父的谥号立他为楚怀王，这是为了顺应楚国民众的愿望。陈婴做楚国的上柱国，封给他五个县，辅佐怀王建都盱台。项梁自己号称武信君。

几个月后，项梁率兵先去攻打亢父，然后又和齐将田荣、司马龙且的军队一起去援救东阿，在东阿大败秦军。田荣立即率兵返回齐国，赶走了齐王假。假逃亡到了楚国，其宰相田角逃亡到了赵国。田间是田角的弟弟，他本来是齐国大将，住在赵国不敢回齐国来。田荣立田儋的儿子田市为齐王。项梁击破东阿附近的秦军以后，就去追击秦的败军。他多次派使者催促齐国发兵，想与齐军合兵西进。田荣说："楚国杀掉田假，赵国杀掉田角、田间，我才出兵。"项梁说："田假是我们盟国的王，走投无路才来追随我，我不忍心杀他。"赵国也不肯通过杀田角、田间来跟齐国做交易。齐国始终不肯发兵帮助楚军。沛公和项羽被项梁派去攻打城阳，屠戮了这个县。他们又向西进军，在濮阳以东打败了秦军。秦收拾败兵退入濮阳城。沛公、项羽然后又去攻打定陶。定陶没有打下，他们便离开定陶西进，沿路攻取城邑，直到雍丘，大败秦军，杀了李由。然后回过头来攻打外黄，但没有攻下。

项梁自东阿出发向西挺进，等来到定陶时，已两次打败秦军；项羽等又杀了李由，项梁因此更轻视秦军，骄傲的神态渐渐显露出来。宋义于是规谏项梁说："打了胜仗，将领就骄傲，士卒就怠惰，这样的军队必然要吃败仗。如今士卒有点怠惰了，而秦兵在一天天地增加，我有些替您担心啊！"项梁不听，却派宋义出使齐国。宋义在路上遇到了齐国的使者高陵君显，便问道："你是要去见武信君吧？"回答说："是的。"宋义说："依我看，失败的必定是武信君的军队。您要是慢点儿走就可以免于一死，如果走快了就会赶上灾难。"秦朝果然派兵增援章邯，并且发动了全部兵力，攻击楚军，大败楚军于定陶，项梁战死。沛公、项羽离开外黄去攻打陈留，陈留坚守，攻不下来。沛公和项羽一块儿商量说："现在项梁的军队被打败了，士卒都很恐惧。"就和吕臣的军队向东一起撤退。项羽的军队驻扎在彭城西边，沛公的军队驻扎在砀县，吕臣的军队驻扎在彭城东边。

章邯打败项梁军队不久，认为楚地的起义军不值得担心了，于是渡过黄河北进攻赵，大败赵军。这时候，赵歇为王，大将是陈余，国相是张耳，他们都逃进了巨鹿城。章邯命令王离、涉间包围了巨鹿，自己的军队驻扎在巨鹿南边，中间筑了条甬道相互连接，输送粮草。陈余作为赵国的大将，率领几万名士卒驻扎在巨鹿北边，这就是所谓的河北军。

定陶战败以后，楚怀王心里害怕，从盱台前往彭城，亲自统率并整合了项羽、吕臣的军队。他任命吕臣为司徒、吕臣的父亲吕青为令尹，任命沛公为砀郡长，封为武安侯，统率砀郡的军队。

之前，宋义在路上遇见的那位齐国使者高陵君显正在楚军中，他求见楚王说："宋义曾断言武信君的军队必定失败。果然，没过几天，就战败了。在军队还没有开始打仗的时候，就能事先看出失败的征兆，这可以称得上是懂得用兵了。"于是楚怀王便召见宋义，同他共商军中大事，由于非常欣赏他，所以任命他为上将军；项羽为鲁公，任次将；范增任末将，让他们一起去援救赵国。其他各路将领，都隶属于宋义，号称卿子冠军。部队开始进发，不久抵达安阳，停留足足四十六天不向前进。项羽说："我听说秦军在巨鹿城把赵王包围了，我们应该赶快率兵渡过黄河，楚军从外面攻打，赵军在里面接应，打垮秦军是确定无疑的。"宋义说："我认为并非如此。能叮咬大牛的牛虻却损伤不了小小的虮虱。如今秦国攻打赵国，打胜了，士卒也会筋疲力尽，我们就可以利用他们的疲惫；打不胜，我们就率领部队擂鼓西进，一定能歼灭秦军。所以，现在不如就先让秦、赵两方相斗。若论披坚甲执锐兵、勇战前线，我宋义比不上您；若论坐于军帐、运筹决策，您比不上我宋义。"于是通令全军："凶猛如虎，违逆如羊，贪婪如狼，恃强不听指挥的，一律斩杀。"又派儿子宋襄去齐国为相，并亲自送到无盐，备置酒筵，大会宾客。当时天气寒冷，下着大雨，士卒们一个个又冷又饿。项羽对将士说："我们大家本是想齐心合力攻打秦军，但其却久久停留不向前进。如今正赶上荒年，百姓贫困，芋艿掺豆子就是将士们吃的食物，军中没有存粮，他竟然置备酒筵，大会宾客，不渡河率领部队去从赵国取得粮食，跟赵合力攻秦，却说'利用秦军的疲惫'。凭着秦国那样强大的军事去攻打刚刚建起的赵国，那形势必定是秦国攻占赵国。赵国被攻占，秦国就更加强大，到那时，还怎么谈得上什么利用秦军的疲惫？再说，我们的军队刚刚打了败仗，怀王坐立不安，集中了境内全部兵卒粮饷交给上将军一个人，国家的安危，就在此一举了。可是上将军不体恤士卒，却派自己的儿子去齐国为相，谋取私利，这可不是国家真正的贤良之臣。"于是项羽便乘早晨去军帐中参见上将军宋义时，斩下了他的头，出来向军中发令说："宋义和齐国同谋反楚，楚王密令我处死他。"这时候，将领们都害怕和屈服于项羽，没有谁敢抗拒，都说："首先把楚国扶立起来的，是项将军家。如今叛逆之臣又是将军诛灭的。"于是大家一起立项羽为代理上将军。项羽派人去追赶宋义的儿子，追到齐国境内，把他杀了。项羽又派桓楚去向怀王报告。楚怀王听罢也倍感无奈，于是让项羽做了上将军，当阳君、蒲将军等都归属项羽。

项羽诛杀了卿子冠军，名扬诸侯，威震楚国。他首先派遣当阳君、蒲将军率领二万人渡过漳河，援救巨鹿。战争却只取得一些小的胜利，陈余又请求支援。项羽就率领所有军队渡过漳河，并把全部船只凿沉，砸破全部锅碗，烧毁了全部军帐，只带上三天的干粮，以此向士卒表示一定要决死战斗，绝无退还之心。部队到达前线，就包围了王离，随即与秦军交战。经过多次交战，阻断了秦军所筑甬道，大败秦军，苏角被杀，俘虏了王离。涉间拒不降楚，自焚而死。这时，楚军的英勇居诸侯之首，前来援救巨鹿的诸侯各军筑有十几座营垒，发兵出战的却一个也没有。到楚军攻击秦军时，他们都只在营垒中观望。楚军战士一以当十，士兵们杀声震天，诸侯军人人胆战心惊。项羽在打败秦军以后，诸侯将领被召见，当他们进入军门时，一个个都用膝盖跪着向前走，没有谁敢抬头仰视。自此，项羽真正成了诸侯的上将军，各路诸侯都隶属于他。

驻扎在棘原的是章邯的军队，驻扎在漳河南的是项羽的军队，两军对峙，相持未战。由于秦军屡屡退却，秦二世派人来责问章邯。章邯有些胆怯了，长史司马欣被派回朝廷去报告战况并请示。司马欣到了咸阳，被滞留在宫外的司马门三天，赵高竟不接见，好像有不信任的意思。长史司马欣非常害怕，急急忙忙奔回棘原军中，都没敢顺原路返回，赵高果然派人追赶，没有追上。司马欣回到军中，向章邯报告说："在朝廷中赵高独揽大权，下面的人不可能有什么作为。如今仗能打胜，我们的战功必定为赵高嫉妒；打不胜，我们必定一死。希望您认真考虑这一情况！"这时，陈余也给章邯写了封信，说："白起身为秦国大将，南征攻陷了楚都鄢郢，北征屠灭了马服君赵括的军队，打下的城池、夺取的土地，数也数不清，最后还是惨遭赐死。秦国大将蒙恬也是，北面赶跑了匈奴，在榆中开辟了几千里的土地，最终不也被杀害于阳周了么。这是什么原因呢？就是因为他们战功太多，秦朝廷对每个人都予以封赏是不可能的，所以就从法律上找借口杀死了他们。如今您做秦将已三年了，士卒伤亡损失以十万计，而各地诸侯一时兴起，且越来越多。那赵高一向阿谀奉承，时日已久。如今情况危急，他也担心秦二世杀他，所以想从法律上找借口，通过杀了将军来推卸罪责，让别人来代替他免去自己的灾祸。将军您在外时间长久，朝廷里跟您有隔阂的人就多，无论有功还是无功，都会被杀。而且，上天要灭秦，不论是智者还是愚者，谁都看出来了。现在将军您在内不能直言进谏，在外已成亡国之将，独自一个人支撑着却还想维持长久，难道不可悲吗？将军您不如率兵掉头回转，与诸侯联合起来，订立和约一起攻秦，共分秦地，各自为王，南面称孤。这跟身受刑诛、妻儿被杀相比，哪个合算呢？"章邯犹疑不决，便秘密派军候始成，到项羽那里去，想要订立和约。不料和约没有成功，项羽命令蒲将军日夜兼程，率兵渡过三户津，在漳河之南驻扎下来。蒲将军与秦军交战，再次将秦军击败。项羽率领全部官兵在污水攻击秦军，大败秦军。

章邯又派人去求见项羽，还是想订和约。项羽于是便召集军官们商议说："部队粮草已不多，我想答应他们订立和约。"军官们都说："好。"项羽就和章邯在洹水南岸的殷墟上约好日期会晤。订立了盟约，章邯见了项羽，情不自禁流下眼泪，向项羽痛述了赵高的种种劣行。项羽封章邯为雍王，在项羽的军中安置。司马欣被任命为上将军，统率秦军担当先头部队。

部队到了新安。诸侯军的官兵们之前曾经被征徭役，在边塞戍守。路过秦中时，秦中的很多官兵都不把他们当人看待。等到秦军投降后，诸侯军的官兵很多人就借着胜利的威势，也像对待奴隶一样地使唤他们，随意欺侮。秦军官兵私下很多人议论："章将军骗我们投降了诸侯军，如果能入关灭秦，那还不错；如果不能，诸侯军俘虏我们退回关东，秦朝廷必定会把我们的一家老小父母妻儿全部杀掉。"诸侯军将领们通过暗访得知秦军官兵的这些议论后，就向项羽报告。项羽便召集黥布、蒲将军商议道："秦军官兵数量很多，他们打心里不服，如果到了关中不听指挥，事情就麻烦了。不如把他们杀掉，只带章邯、长史司马欣、都尉董翳进入秦地。"于是楚军连夜把秦军二十余万人杀死埋在新安城南的坑中。

项羽带兵一路西行，准备夺取平定秦地。到达函谷关时，发现有士兵在关内把守，没能进去。又听说咸阳已经被沛公攻下了，项羽特别生气，就派当阳君等攻打函谷关。这样项羽才进了关，一直到戏水之西。当时，沛公的军队在灞上驻扎，没能跟项羽相见。沛公的左司马曹无伤派人告诉项羽说："沛公准备在关中称王，让秦王子婴为相，珍奇宝物都占为己有了。"项羽大为愤怒，说："明天准备酒食，好好犒劳士卒，我们要把沛公的部队打垮！"这时候，项羽有兵卒四十万，在新丰鸿门驻扎；沛公有兵卒十万，在灞上驻扎。范增劝项羽说："沛公住在山东的时候，贪图财货，宠爱美女。现在进了关，财物什么都不取，美女也没亲近一个。看这架势，他的志气可不小啊。我让人觇望他那边的云气，都呈现为龙虎之状，五颜六色，这是天子的瑞气呀。还望您尽快进攻，不要错失良机！"

项伯是楚国的左尹，他是项羽的叔父，一向跟留侯张良很要好。张良此时正跟随沛公。项伯驱马连夜跑到沛公军中，与张良私下会见，告诉了他全部事情，想叫张良跟他一起离开。项伯说："不要跟沛公一块儿送死啊。"张良说："我是为韩王来护送沛公的。沛公现在情况危急，我若逃走就太不义气了，不告诉他显得太不仗义了。"张良便进入军帐，把项伯的话全部告诉了沛公。沛公听了很是吃惊，说："这该怎么办呢？"张良说："派兵守关这个主意是谁给您出的？"沛公说："是一个浅陋小人劝我说：'守住函谷关，让诸侯军不要进来，您就可以占据整个秦地称王了。'所以我听了他的话。"张良说："您估计您的兵力敌得过项王吗？"沛公沉默不语，过了一会儿说："肯定是敌不过的。现在该怎么办呢？"张良说："那就让我前去告诉项伯，就说沛公是不敢背叛项王的。"沛公说："您怎么跟项伯有交情呢？"张良说："还是在秦朝的时候，我们就有交往。项伯曾经杀了人，我帮他免了死罪。现在情况危急，幸好他来告诉我。"沛公说："你们两人谁的年龄要大一些？"张良说："他比我大。"沛公说："您替我请他进来，我侍奉他要像对待兄长一样。"张良出去请项伯。项伯进来与沛公相见。沛公捧着酒杯，向项伯献酒祝寿，又定下了儿女婚姻。沛公说："我进入函谷关以后，连秋毫那样细小的东西都没有敢动，只是对官民的户口进行了登记，对各类仓库进行了查封，只等着项将军到来。我之所以派将守关，是为了防备意外的变故和其他盗贼窜入。我们日夜盼着项将军到来，哪里敢谋反啊！希望您详细转告项将军，我是绝不敢忘恩负义的。"项伯听后答应了，对沛公说："明天一定要早点来向项王道歉。"沛公说："好吧。"于是项伯又连夜离开，回到军营中，把沛公的话一一禀告了项王。接着又说："如果不是沛公先攻破关中，您怎么敢进关呢？如今人家有大功，您反而要攻打人家，这是不符合道义的，不如就此好好对待他。"项王答应了。

第二天大清早，沛公便带着一百多名侍从来见项王。到达鸿门，向项王赔罪说："我跟将军合力攻秦，将军在河北作战，我在河南作战。却没想到我能先攻破秦朝入关，能够在这里又见到您。现在是有小人说了什么坏话，才使得将军和我之间产生了隔阂。"项王说："是曹无伤，您的左司马说的。不然，我怎么会这样！"项王当日就让沛公留下一起喝酒。项王、项伯面朝东坐，亚父面朝南坐。亚父也就是范增。沛公面朝北坐，张良面朝西陪侍着。范增好多次给项王递眼色，又频繁举起身上佩戴的玉玦，向他示意早点动手杀了沛公。项王只是沉默着，并没有反应。范增起身出去，叫来项庄，对他说：“君王为人一向心肠太软，你进去上前祝寿献酒，然后请求舞剑，趁机刺向沛公，把他在坐席上杀死。否则的话，你们这班人都将成为人家的俘虏啦。”随后，项庄进来，上前献酒祝寿。祝酒完毕，对项王说：“君王和沛公饮酒，军营中可以娱乐的项目也没什么，就让我来舞剑助兴吧。”项王说：“那好。”项庄就拔剑起舞。项伯也拔剑起舞，用身体掩护沛公，项庄没有办法刺向沛公。见状，张良走到军门，找来樊哙。樊哙问道：“今天的事情如何？”张良说：“很危急！现在项庄在舞剑，他一直不停地在打沛公的主意呀！”樊哙说：“这么说很危险啦！让我进去，我要跟沛公同生死！”樊哙边说边带着宝剑、拿着盾牌就往军门里闯。交叉持戟的卫士想挡住不让他进去，樊哙侧过盾牌往前一撞，卫士们便扑倒在地。樊哙于是闯进军门，挑开帷帐面西而站，怒目圆睁直视项王，头发根根竖起，两边眼角都要睁裂开了。项王伸手握住宝剑，挺直身子，问：“这位客人是干什么的？”张良说：“这是沛公的护卫樊哙。”项王说：“真是位壮士！赐他一杯酒！”手下的人给他递上来一大杯酒。樊哙拜谢，起身站着喝了。项王说：“赐他一只猪肘！”一只生猪肘由手下的人递过来。樊哙把盾牌在地上反扣，把猪肘放在上面，拔出剑来边切边吃。项王说：“好一位壮士！还能再喝吗？”樊哙说：“我都不在乎死了，一杯酒又有什么可推辞的！想那秦王有虎狼之心，杀人如麻，恐杀人不完；给人加刑，好像唯恐用不尽，天下人都叛离了他。怀王和诸将曾经约定说‘先击败秦军进入咸阳，让他在关中为王’。如今沛公先击败秦军进入咸阳，连毫毛那么细小的财物都没敢动，封闭秦王宫室，把军队撤回到灞上，等待大王您的到来。特地派遣将士把守函谷关，目的是防备意外的变故和其他盗贼窜入。沛公这般劳苦功高，不但没有得到封侯的赏赐，您反而听信小人的谗言，要杀害有功之人。这只能是走秦朝灭亡的老路，我私下认为大王您不会采取这种做法！”一番话说得项王无话可答，只是嘴上说：“坐！坐！”樊哙便挨着张良坐下来。没多久，沛公起身上厕所，顺便把樊哙叫了出来。

沛公出来后，都尉陈平被项王派去叫沛公。沛公对樊哙说：“现在我出来，没有来得及告辞，你说如何是好？”樊哙说：“干大事不必太在乎小的礼节，讲大节没有必要躲避小的责备，如今人家就好比是刀子砧板，而我们好比是鱼是肉，还告辞干什么！”于是一行人便离开那里，让张良留下来向项王致歉。张良问:“大王带了什么礼物来的?”沛公说:“我准备献给项王一双白璧;准备献给亚父一对玉斗。正赶上他们发怒,没敢献上。您替我献上吧。”张良说:“遵命。”这个时候,项王部队驻扎在鸿门一带,沛公的部队驻扎在灞上,相距四十里。沛公扔下车马、侍从,脱身而走,他独自一人骑马,樊哙、靳强、夏侯婴、纪信等四人手持剑盾,徒步奔跑跟在后面,从骊山而下,顺着芷阳抄小路而行。沛公临行前对张良说:“从这条路到我们军营,不过二十里。估计我们到了军营,您就进去。”沛公等一行人离开鸿门,抄小路回到军营,张良进去致歉,说道:“沛公酒量有限,喝得多了点,不能跟大王告辞了。谨让臣下张良捧上白璧一双,献给大王足下;玉斗一对,献给大将军足下。”项王问道:“沛公在什么地方?”张良答道:“听说大王有责怪他的意思,他就脱身一个人走了,现在已经回到军营。”项王接过白璧,放在座位上;亚父接过玉斗,扔在地上,并拔出剑来砍碎,说:“唉!没法跟这班小子共谋大事。将来夺取项王天下的,一定是沛公了。我们这班人就要成为俘虏了!”沛公回到军中,立即杀了曹无伤。

过了几天,项羽带兵西进,屠戮咸阳城。秦降王子婴被杀,秦朝的宫室也被烧了,大火三个月都不熄灭;劫掠了秦朝的财宝、妇女,往东走了。有人劝项王说:“关中这块地方,有山河做屏障,四方都有要塞,土地肥沃,可以建都成就霸业。”但项王看到被火烧得残破不堪的秦朝宫室,又思念家乡想回去,就说:“富贵不回故乡,就像穿了锦绣衣裳而在黑夜中行走,别人谁知道呢?”那个劝项王的人说:“人说楚国人像是戴了帽子的猕猴,果真是这样。”项王听见这话,把那个人扔进锅里煮死了。

项王将破关入秦的情况派人向怀王禀报。怀王说:“就按以前约定的那样办。”于是一个徒具虚名的尊贵称号——义帝由项王给了怀王。项王打算自己称王,就先封手下诸将相为王,并对他们说:“当初天下发动起义时,诸侯的后代都暂立为王,为的是号召大家讨伐秦朝。然而真正身披坚甲,手持利兵,带头起义,风餐露宿,转战三年,推翻秦朝,平定天下的,都是靠各位将相和我项羽的力量啊。虽说义帝没有什么战功,但分给他土地让他做王,本来也是应该的。”诸将都说:“好。”于是就分封天下,立诸将为侯王。项羽、范增担心沛公据有天下,然而经鸿门之会已和解了,又不想违背当时的约定,以免引起其他诸侯的背叛,于是便暗中谋划道："巴、蜀两郡道路险阻，过去秦朝流放的人都在蜀地居住。"于是就对大家说："巴、蜀之地，现在也算关中的地盘。"因此就立沛公为汉王，统治巴、蜀、汉中之地，建都南郑。又把关中分为三块，封秦朝三名降将为王，以阻断汉王的东出之路。项王立章邯为雍王，统治咸阳以西的地区，建都废丘。长史司马欣，以前是栎阳狱掾，曾经对项梁有恩；都尉董翳，当初曾劝章邯投降楚军，因此，立司马欣为塞王，统治咸阳以东到黄河的地区，建都栎阳；立董翳为翟王，统治上郡，建都高奴。改立魏王豹为西魏王，统治河东，建都平阳。瑕丘申阳，本是张耳宠幸的大臣，曾先攻下了河南郡，在黄河岸边迎接楚军，所以立申阳为河南王，建都洛阳。韩王成仍居旧都，建都阳翟。赵将司马卬平定河内，屡有战功，因此立司马卬为殷王，统治河内，在朝歌建都。改立赵王歇为代王。赵相张耳一向贤能，又跟随项羽入关，因此张耳被立为常山王，统治赵地，建都襄国。当阳君黥布做楚将，在楚军中一直勇冠三军，因此立黥布为九江王，建都六县。鄱君吴芮率领百越将士协助诸侯们，又跟随项羽入关，因此吴芮被立为衡山王，建都邾县。义帝的柱国共敖率兵攻打南郡，战功多，因此共敖被立为临江王，建都江陵。燕王韩广改立为辽东王。燕将臧荼跟随楚军救赵，又随军入关，因此臧荼被立为燕王，建都蓟县。改立齐王田市为胶东王，齐将田都随楚军一起救赵，接着又随军入关，因此立田都为齐王，建都临淄。当初被秦朝灭亡的齐王田建的孙子田安，在项羽渡河救赵的时候，曾攻下济水之北的几座城池，率领他的军队投降了项羽，因此田安被立为济北王，建都博阳。田荣多次有背于项梁，又不肯率兵跟随楚军攻打秦军，因此不封。成安君陈余因与张耳抵牾抛弃将印而离去，也不跟随楚军入关，但他一向以贤能闻名，又对赵国有功，知道他在南皮，因此封南皮周围的三个县给他。鄱君吴芮的部将梅鋗战功颇多，因此封他为十万户侯。项王自立为西楚霸王，统治九个郡，在彭城建都。

汉元年四月，诸侯受封已毕，都从大将军的旗帜下解散，分别前往各自的封国。项王出了函谷关，来到自己的封国，派人去让义帝迁都，说："古时候帝王拥有的土地是纵横千里，而且一定要居住在河流的上游。"让使者把义帝迁徙到长沙郡的郴县去，且催促义帝马上起程。左右群臣见此，便渐渐叛离了项羽。于是项羽秘密派临江王、衡山王把义帝截杀在大江里。韩王成没有军功，项王没让他到封国去，带他一起到了彭城，废为侯，不久又杀了他。臧荼到了封国，就驱逐韩广去辽东，韩广不听从，被臧荼杀于无终，并把他的土地据为已有。

田荣听说项羽改封齐王市到胶东，而齐将田都被立为齐王，特别愤怒，不愿意把齐王迁往胶东，然后他就占据了齐地，起而反楚，迎头攻击田都。田都被迫逃往楚国。齐王市害怕项王，向胶东偷偷逃去，奔赴封国。田荣发怒，就一路追赶他，在即墨杀死了他。田荣于是自立为齐王，又向西进攻并把济北王田安杀死，三齐之地被他全部占据了。将军印被田荣授给彭越，让他在梁地反楚。陈余派张同、夏说私下劝齐王田荣说："天下事由项羽主持，不公道。现在以前的诸侯王都被封在坏地方，而他自己的群臣诸将都被封在好地方，原来的君主赵王也被驱逐了，让他往北到代地居住，我认为这样是不合适的。听说大王您已起兵反楚，而且不听从项羽的不义之命，希望大王您分一部分兵力接济我，让我去攻打常山，恢复赵王原有的地盘。我愿用我们的国土给你们齐国作屏障。"齐王答应了，就派兵赴赵。陈余发动三县全部兵力，跟齐军合力攻打常山，把常山王打得大败。张耳逃走后归附汉王。陈余把原赵王歇从代地接回赵国。赵王因此立陈余为代王。

这时，汉王刘邦率军返回关中，平定了三秦。项羽听说汉王已经兼并了关中，将要东进，赵国、齐国又都背叛了自己，特别生气。于是立以前的吴县令郑昌为韩王，派他抵挡汉军；命令萧公角等攻打彭越，但被彭越打败了。张良被汉王派去攻打韩地，并送给项王一封信说："汉王失去了做关中王的封职，所以想要得到关中，若能遵循以前的约定，就立即停下来，不敢再向东进。"又把齐、梁二地的反叛书送给项王，说："齐国想要跟赵国一起把楚国灭掉。"楚军因此就放弃了西进的打算，转向北去攻打齐国了。项王向九江王黥布征调部队。黥布推托有病，不肯亲自去，只派部将率领几千人前往。项王因此怨恨黥布。汉二年冬天，项羽到达城阳，田荣也带领部队来到了这里。双方决战，田荣被打败，逃到平原，被平原的百姓杀了。项羽于是北进，铲平了齐国的城墙，烧毁了齐国的房屋，田荣手下投降的士兵被全部活埋了，并掳掠了齐国的老弱妇女。项羽夺取齐地直到北海，许多地方被毁灭了，许多人被杀死了。于是齐国人便聚集起来，一起造反。这时候，齐军逃散的士卒共有几万人被田荣的弟弟田横聚集起来，在城阳举旗反击楚军。项王因此而被迫停下来，一连几次攻城阳都没有打下。

就在这一年春天，汉王统领五个诸侯国的五十六万兵马，向东进兵讨伐楚国。项王听到这个消息，就命令诸将攻打齐国，他自己率领精兵三万向南从鲁县穿过胡陵。四月，汉军都已进入彭城，抢掠了那里的宝物、美女，每天都大摆酒席宴会宾客。项王引兵西行奔向萧县。从早晨开始，一边向东推进，一边攻打汉军，打到彭城，已是中午时分，把汉军打得大败。汉军四处逃散，许多人被赶进了谷水、泗水。仅在这儿就有十多万汉兵被楚军杀死了。汉兵向南逃入山地，楚军乘胜追击到了灵壁东面的睢水边。汉军不得不后退，由于楚军的逼挤，被杀的人很多，十余万汉军士卒都掉进了睢水，睢水因此被堵塞得停止流动了。汉王被楚军里外围了三层。正在这个时候，西北方向刮起了狂风，摧折树木，掀毁房舍，飞沙走石，刮得昏天黑地，白天变成了黑夜，向着楚军迎面扑来。楚军大乱，队阵崩溃。而汉王才乘机得以带领几十名骑兵慌忙逃离战场。汉王原本来是想从沛县经过，接取家眷向西逃跑，正好楚军的追兵也到了沛县来抓汉王的家眷。只是汉王的家眷早已经逃散，没有跟汉王见面。在路上汉王遇见了孝惠帝和鲁元公主，就把他们带上车，一块儿西逃。一会儿，楚军的骑兵便追上来了，汉王心里大急，竟把孝惠帝、鲁元公主给推下车去了。滕公夏侯婴赶紧下车把他俩重新扶上车，这样推下扶上有好几次。滕公对汉王说："情况虽然危急，马也跑得不快，但是怎么能把他们扔掉呢？"就这样，姐弟俩才得以脱险。汉王等人到处寻找太公、吕后，没有找到。原来审食其跟随着太公、吕后抄小路逃走了，也在寻找汉王，没想到却偏偏碰上了楚军。楚军于是把他们带了回来，并向项羽报告。项羽一直把他们当作人质留置在军中。

此时，吕后的哥哥周吕侯率领着汉兵驻守在下邑，汉王顺小路去投奔他，并在那里渐渐地聚集了先前逃散的汉军士卒。等到了荥阳时，这里已会集了各路败军，关中没有载入兵役名册的老弱人丁也全部都被萧何带到了荥阳，汉军又重振威风。楚军从彭城出发，一路追击败逃的汉军，一直到荥阳南面的京邑、索邑一带，在这儿与汉军打了一仗。此战，汉军打败了楚军，楚军因此不能越过荥阳，再向西推进。

项羽去救援彭城，追赶刘邦到荥阳，这时齐地被田横收复，拥立田荣的儿子田广为齐王。汉王在彭城失败的时候，诸侯又都背叛了汉王而归附于楚。汉王在荥阳驻扎，筑起甬道连接黄河南岸，用以取得敖仓的粮食。汉三年，汉军的甬道多次受到项王的攻击，汉王的粮食匮乏，心里恐慌，请求讲和，条件是把荥阳以西的地盘划归汉王。

项王打算接受这个条件。历阳侯范增说："汉军现在容易对付了，如果不征服它而把它放走，以后一定会后悔的！"于是项王和范增立即包围了荥阳。汉王很担心，就用陈平的计策离间项王。项王的使者来了，汉王让人准备了特别丰盛的酒筵，端过来刚要进献，一见使者又装作惊愕的样子说道："我们以为是亚父的使者，没想到却是项王的使者。"又撤回酒筵，给项王的使者吃粗劣的饭食。使者回去向项王报告，项王竟真的怀疑范增和汉王有私情，渐渐地剥夺了他的权力。范增非常气愤，说："天下事大局已定，君王您自己看着办吧。希望您把这把老骨头赐还给我，让我回乡为民吧。"项王答应了他的请求。范增启程走了，还没走到彭城，由于背上毒疮发作而身亡。

汉将纪信给刘邦出主意说："形势危急，请让我假扮成大王去替您诓骗楚兵，您可以趁机逃走。"于是汉王从荥阳东门趁夜放出二千名身披铠甲的女子，楚兵立即从四面围拥上去。纪信乘坐着天子所乘的黄屋车，毛羽装饰的旗帜插在车辕横木左方，说："城中粮食已经吃光了，汉王出来投降了。"楚军一起欢呼万岁。汉王这时从城的西门带着几十名骑兵逃出，逃到成皋。项羽见到纪信，问道："汉王在哪儿？"纪信说："汉王已经出城了。"项羽把纪信烧死了。

汉王安排了御史大夫周苛、枞公、魏豹等把守荥阳。周苛、枞公商议道："魏豹是已经叛变过的君王，难以和他一块儿守城。"就一起杀了魏豹。楚军攻下荥阳城，活捉了周苛。项王对周苛说："给我做将军吧，封你为三万户侯，我任命你为上将军。"周苛骂道："你若不快快投降汉王，汉王就要俘虏你了。你不是汉王的对手。"项王发怒，下令烹煮了周苛，枞公也一块儿被杀了。

汉王逃出荥阳后，向南跑到宛县、叶县一带时，九江王黥布投降。于是他们边行进边收罗士兵，再次进入成皋驻守。汉四年，成皋被项王进兵包围。汉王逃走，一个人带着滕公从成皋北门而出，渡过黄河，逃向修武，投奔张耳、韩信的部队。诸将也陆续逃出成皋，追随汉王。成皋因此被楚军拿下，并打算向西挺进。汉王派兵在巩县一带设防抵抗，使楚军不能够继续向西开进。

这时，彭越渡过了黄河，攻打东阿的楚军，楚国将军薛公被杀。项王于是亲自率兵东进攻打彭越。汉王取得淮阴侯韩信的部队，准备渡过黄河南下。郑忠劝阻汉王，于是汉王停止南下，在黄河北岸修筑营垒驻扎了下来。汉王派刘贾率兵去增援彭越，烧毁了楚军的粮草辎重。项王继续向东，打败了刘贾，赶跑了彭越。这时汉王就率领部队渡过黄河，重新收复了成皋，在广武山扎营，就近取食敖仓的粮食。项王东击彭越，打败了刘贾，平定了东方，便又回过头来西进，在广武山东边扎下营来，隔着广武涧与汉军对峙，持续了好几个月。

就在这个时候，彭越率军往返梁地几次，断绝了楚军的粮食，项王为此深感忧虑。他做了一张高腿案板，把汉王父亲太公搁置在上面，向汉王宣告说："现在你如果不赶快投降，我就把太公煮了。"汉王回答说："当初我和你项羽作为臣子一块儿接受了怀王的命令，曾相约结为兄弟。这样说来，我的父亲也就是你的父亲。如果你一定要煮了你的父亲，希望你能分给我一杯肉汤。"项王听了大怒，要杀太公。项伯说："还不知道天下事怎么样，再说要夺天下的人是不会顾及家的，即使杀了他也不会有什么好处，只会增加祸患罢了。"项王听从了项伯的话。

楚、汉长久相持，胜负未分。长期的军旅生活让年轻人厌倦，水陆运输也致使老弱十分疲惫。于是项王对汉王说："天下纷纷乱乱好几年，只是因为我们两人的缘故。我希望跟汉王挑战，一决雌雄。再不要让老老小小的百姓白白地受苦了。"汉王笑着回绝说："我宁愿斗智，不能斗力。"项王让勇士出营挑战，汉军有善于骑射的楼烦，楚兵挑战好几次，楼烦每次都把他们射死。项王大怒，就披甲持戟亲自出营挑战。楼烦搭箭正要射，项王向他瞪大眼睛大吼一声，楼烦吓得眼睛不敢正视，两只手不敢放箭，转身逃回营垒，不敢再出来。汉王派人私下打听，才知道原来是项王。汉王大为吃惊。这时项王就向汉王那边靠近，站在广武涧东西两边互相对话。项王的罪状被汉王一桩一桩地列举了，项王很生气，要和汉王决战。汉王不答应，于是项王让预先埋伏的弓箭手射汉王。汉王受了伤，逃进了成皋城。

项王听说河北已经被淮阴侯韩信攻占，又打败了齐、赵两国，而且正准备向楚军进攻，就派龙且前去迎击。淮阴侯与龙且交战，汉骑将灌婴也赶来了，把楚军打得大败，龙且也被杀。趁此机会，韩信自立为齐王。项王听到龙且军败的消息，心里害怕了，派盱台人武涉前去游说淮阴侯，劝他联楚背汉，与楚汉三分天下。淮阴侯不听。这时候，彭越又返回攻占了梁地，断绝了楚军的粮食。项王对海春侯大司马曹咎等说：

“成皋你们要小心守住，如果汉军挑战，千万不要和他们交战，只要别让他们东进就行。十五天之内，我一定杀死彭越，平定梁地，再回来跟将军们会合。”于是项羽带兵向东进发，一路上攻打了陈留、外黄。

在攻打外黄时久攻不下。坚守了几天，外黄终于投降。项王很生气，命令把外黄十五岁以上的男子全部聚集到城东，要活埋他们。这时，外黄县令一个门客的儿子刚十三岁，他前去劝说项王，说：“外黄受彭越强力威胁，外黄人害怕，所以才姑且投降，为的是等待大王。如今大王来了，又要全部活埋他们，百姓哪儿还会有归附之心呢？从这儿往东，梁地十几个城邑的百姓都会很害怕，就没有人肯归附您了。”项王认为他说得对，就赦免了准备活埋的那些人。项王东进睢阳县，睢阳人听到这情况都争着归顺项王。

成皋的汉军果然几次向楚军挑战，楚军都没出来。汉军就派人去辱骂他们。接连五六天，大司马曹咎忍不住气恼，便派兵渡过汜水。士卒刚渡过一半，汉军便出击，大败楚军，楚军的全部物资被缴获。大司马曹咎、塞王司马欣、长史董翳等都在汜水边自刎而死。大司马曹咎，就是原来的蕲县狱掾，长史司马欣就是以前的栎阳狱吏，两个人对项梁都曾经有恩德，所以项王信任他们。这时候，项王在睢阳，听说海春侯的军队被打败了，就带兵往回赶。汉军当时正把楚将钟离昧包围在荥阳东边。项王赶到，汉军害怕楚军，全部逃入了附近的山地。

此时，汉军兵卒士气正盛、粮草充足，项王士卒疲惫、粮食告绝。汉王派陆贾去劝说项王，要求放回太公。项王不答应。汉王又派侯公去劝说项王，项王才跟汉王定约，平分天下，鸿沟以西的地方划归汉，鸿沟以东的地方划归楚。项王同意了，便马上放回了汉王的父亲与妻子，汉军官兵都呼喊万岁。汉王于是封侯公为平国君，但却避开他不肯再跟他见面，说：“这个人是天下的善辩之士，他待在哪国，就会使哪国倾覆，所以给他个称号叫平国君。”项王订约后，就带上队伍罢兵东归了。

汉王也想撤兵西归，陈平和张良劝他说：“我们已占据天下的大半，诸侯又都归附于汉。而楚军已兵疲粮尽，这正是上天亡楚之时，不如趁此机会索性把它消灭。如果现在放走项羽而不打他，这就是所谓的‘养虎为患’。”汉王听从了他们的建议。汉五年，汉王追赶项王到阳夏南边，部队在此驻扎下来，并和建成侯彭越、淮阴侯韩信约好会合日期，共同攻打楚军。汉军到达固陵，而韩信、彭越的部队没有如约来会合。

楚军攻打汉军，汉军被打得大败。汉王又逃回营垒，掘深壕沟坚守。汉王问张良道："诸侯不遵守约定，怎么办？"张良回答说："楚军快被打垮了，韩信和彭越还没有得到分封的地盘，所以，他们不来是很自然的。君王如果能和他们平分天下，就可以让他们立刻前来。如果不能，形势就很难预料了。君王如果把从陈县以东到海滨一带地方都给韩信，把睢阳以北到谷城的地方给彭越，使他们各自为自己而战，楚军就容易打败了。"汉王说："好。"于是派出使者告诉韩信、彭越，说："你们跟汉王合力击楚，打败楚军之后，从陈县往东至海滨一带地方给齐王，睢阳以北至谷城的地方给彭相国。"使者到达之后，韩信、彭越都说："我们今天就带兵出发。"于是韩信从齐地起行，刘贾的部队从寿春和他同时进发，沿途屠戮了城父县，到达了垓下。楚国大司马周殷叛离楚王，他率舒县的兵力屠戮了六县。又与九江兵力一起发动，随同刘贾、彭越一起先后会师在垓下，逼向项王。

项王的军队在垓下修筑了营垒，兵少粮尽，汉军及诸侯兵把他们团团包围了好几层。深夜，汉军在四面唱着楚地的歌，项王听到大为吃惊，说："难道汉已经完全取得了楚地？怎么楚国人这么多呢？"于是披衣起来，饮酒浇愁。有个美人名叫虞，一直受项王宠爱，陪在身边；有匹骏马名叫骓，一直由项王骑着。这时候，项王不禁慷慨悲歌，吟唱道："力量能拔山啊，英雄气概举世无双；时运不济呀，骓马不再往前闯！骓马不往前闯啊，可怎么办？虞姬呀虞姬，怎么安排你才妥善？"美人虞姬在一旁应和，项王唱了几遍。项王流下了一道道的眼泪，左右侍者也都跟着落泪，没有一个人能抬起头来看他。

于是项王骑上马，部下八百多壮士骑马跟在后面，趁夜突破重围，向南飞驰而逃。天快亮的时候，汉军才发觉，命令骑将灌婴带领五千骑兵去追赶。项王渡过淮河，部下只剩下一百多人还能跟上。项王到达阴陵，迷了路，去问一个农夫，农夫骗他说："向左边走。"项王带人向左，陷进了大沼泽地中。因此，汉兵追上了他们。项王又带着骑兵向东，到达东城，这时部下就只剩下了二十八人。汉军有几千骑兵追赶上来。项王自己估计不能逃脱了，对他的骑兵说："我带兵起义至今已经八年，亲自打了七十多仗，我所抵挡的敌人都被打垮，我所攻击的敌人无不降服，从来没有失败过，因而能够称霸，据有天下。可是如今终于被困在这里，这是上天要灭我，决不是作战的过错。今天肯定得决心死战了，我愿意为诸位痛痛快快地打一仗，一定胜它三回，给诸位冲破重围，斩杀汉将，砍倒军旗，让诸位知道的确是上天要灭亡我，决不是作战的过错。”于是把骑兵分成四队，面朝四个方向。汉军把他们包围成好几层。项王对骑兵们说：“我来给你们拿下一员汉将！”四面骑士奉命驰马飞奔而下，约定冲到山的东边，分作三处集合。于是项王高声呼喊着冲了下去，汉军像草木随风倒伏一样溃败了，一名汉将被项王杀掉了。这时，赤泉侯杨喜为汉军骑将，在后面追赶项王，项王瞪大眼睛呵叱他，赤泉侯连人带马都吓坏了，倒退了好几里。项王与他的骑兵在三处会合了。汉军不知项王的去向，就把部队分为三路，再次包围上来。项王驰马冲了上去，一名汉军都尉又被斩了，有百八十人被杀死，聚拢骑兵，仅仅损失了两个人。项王问骑兵们道：“怎么样？”骑兵们都敬服地说：“正像大王说的那样。”

此时，项王想向东渡过乌江。乌江亭长正停船靠岸等在那里，对项王说：“江东虽然小，但土地方圆有一千里，有几十万民众，也足够称王了。希望大王快快渡江。现在只有我这儿有船，汉军到了，没法渡过去。”项王笑了笑说：“上天要灭我，我还过乌江干什么！再说江东子弟有八千人和我渡江西征，如今没有一个人回来，纵然江东父老兄弟怜爱我让我做王，我又有什么脸面去见他们？即使他们不说什么，我项籍难道心中不惭愧吗？”于是对亭长说：“我知道您是位忠厚长者，我骑着这匹马征战了五年，所向无敌，曾经日行千里，我不忍心杀掉它，把它送给您吧。”命令骑兵都下马步行，与追兵手持短兵器交战。光项羽一个人就杀掉汉军几百人。项王身上也有十几处受伤。项王回头看见汉军的骑司马吕马童，说：“你不是我的老朋友吗？”吕马童这时才过去和项王打了个照面，于是指给王翳说：“这就是项王。”项王说：“我听说汉王用黄金千斤、封邑万户悬赏征求我的脑袋，我就把这份好处送你吧！”说完，自刎而死。项王的头被王翳拿下，项王的躯体被其他骑兵互相践踏争抢，由于互相争斗而被杀死的有几十人。最后，郎中骑将杨喜，骑司马吕马童，郎中吕胜、杨武各争得一段肢体。五人一起把肢体拼合在一起，能认出正好都是项羽的。所以刘邦把万户的土地分成五份，封杨喜为赤泉侯，封杨武为吴防侯，封吕马童为中水侯，封王翳为杜衍侯，封吕胜为涅阳侯。

项王已死，楚地人相继投降了汉王，只有鲁县仍不降服。汉王率领天下之兵想要屠戮鲁城，但考虑到他们恪守礼义，为了君主守节而不惜一死，就给鲁人看项王的头，鲁地父老这才投降。当初，项籍被楚怀王封为鲁公，等他死后，鲁县又最后投降。所以，刘邦按照鲁公这一封号的礼仪，把项羽安葬在谷城。刘邦亲自给他发丧，痛哭了一场后才离开。

项氏的各分系旁枝宗族，汉王都没有杀戮。他封项伯为射阳侯。桃侯、平皋侯、玄武侯都属于项氏，汉王赐姓刘。

太史公说：我听周生说舜的眼睛可能是两个瞳仁，又听说项羽也是两个瞳仁。项羽莫非是舜的后代吗？不然他为什么突然发迹啊？秦朝搞糟了它的政令，陈涉首先发难，各路豪杰蜂拥而起，我夺你争，数也数不清。然而项羽并非有些许权柄可以凭借，趁秦末大乱之势兴起于民间，只三年的时间，就率领原战国时的齐、魏、赵、韩、燕五国诸侯灭掉了秦朝，划分天下土地，封王封侯，政令全部都由项羽发出，自号为"霸王"，他的势位虽然没能长久保持，但近古以来像这样的人还没有过。至于项羽弃关中之地，思念楚国而建都彭城，放逐义帝，自立为王，而又埋怨诸侯背叛自己，想成大事可就难了。他自夸战功，个人的聪明竭力施展，却不肯师法古人，认为霸王的功业，是靠武力征伐诸侯统治天下。结果在五年间，他终于丢了国家，死在东城。但他却仍不觉醒，也不自责，实在是一个大错误。他竟然拿"是上天要灭我，不是我用兵的过错"这句话来自我解脱，难道不荒谬吗？

史记卷八

高祖本纪第八

高祖，沛丰邑中阳里人，姓刘氏，字季。父曰太公，母曰刘媪。其先刘媪尝息大泽之陂，梦与神遇。是时雷电晦冥，太公往视，则见蛟龙于其上。已而有身，遂产高祖。

高祖为人，隆准而龙颜，美须髯，左股有七十二黑子。仁而爱人，喜施，意豁如也。常有大度，不事家人生产作业。及壮，试为吏，为泗水亭长，廷中吏无所不狎侮。好酒及色。常从王媪、武负贳酒。醉卧，武负、王媪见其上常有龙，怪之。高祖每酤留饮，酒雠数倍。及见怪，岁竟，此两家常折券弃责。

高祖常繇咸阳，纵观，观秦皇帝，喟然太息曰："嗟乎，大丈夫当如此也！"

单父人吕公善沛令，避仇从之客，因家沛焉。沛中豪杰吏闻令有重客，皆往贺。萧何为主吏，主进，令诸大夫曰："进不满千钱，坐之堂下。"高祖为亭长，素易诸吏，乃绐为谒曰："贺钱万"，实不持一钱。谒入，吕公大惊，起，迎之门。吕公者，好相人，见高祖状貌，因重敬之，引入坐。萧何曰："刘季固多大言，少成事。"高祖因狎侮诸客，遂坐上坐，无所诎。酒阑，吕公因目固留高祖。高祖竟酒，后。吕公曰："臣少好相人，相人多矣，无如季相，愿季自爱。臣有息女，愿为季箕帚妾。"酒罢，吕媪怒吕公曰："公始常欲奇此女，与贵人。沛令善公，求之不与，何自妄许与刘季？"吕公曰："此非儿女子所知也。"卒与刘季。吕公女乃吕后也，生孝惠帝、鲁元公主。

高祖为亭长时，常告归之田。吕后与两子居田中耨，有一老父过请饮，吕后因餔之。老父相吕后曰："夫人天下贵人。"令相两子，见孝惠，曰："夫人所以贵者，乃此男也。"相鲁元，亦皆贵。老父已去，高祖适从旁舍来，吕后具言客有过，相我子母皆大贵。高祖问，曰："未远。"乃追及，问老父。老父曰："乡者夫人婴儿皆似君，君相贵不可言。"高祖乃谢曰："诚如父言，不敢忘德。"及高祖贵，遂不知老父处。

高祖为亭长，乃以竹皮为冠，令求盗之薛治之，时时冠之，及贵常冠，所谓“刘氏冠”乃是也。

高祖以亭长为县送徒郦山，徒多道亡。自度比至皆亡之，到丰西泽中，止饮，夜乃解纵所送徒。曰：“公等皆去，吾亦从此逝矣！”徒中壮士愿从者十馀人。

高祖被酒，夜径泽中，令一人行前。行前者还报曰：“前有大蛇当径，愿还。”高祖醉，曰：“壮士行，何畏！”乃前，拔剑击斩蛇。蛇遂分为两，径开。行数里，醉，因卧。后人来至蛇所，有一老妪夜哭。人问何哭，妪曰：“人杀吾子，故哭之。”人曰：“妪子何为见杀？”妪曰：“吾子，白帝子也，化为蛇，当道，今为赤帝子斩之，故哭。”人乃以妪为不诚，欲笞之，妪因忽不见。后人至，高祖觉。后人告高祖，高祖乃心独喜，自负。诸从者日益畏之。

秦始皇帝常曰“东南有天子气”，于是因东游以厌之。高祖即自疑，亡匿，隐于芒、砀山泽岩石之间。吕后与人俱求，常得之。高祖怪问之。吕后曰：“季所居上常有云气，故从往，常得季。”高祖心喜。沛中子弟或闻之，多欲附者矣。

秦二世元年秋，陈胜等起蕲，至陈而王，号为“张楚”。诸郡县皆多杀其长吏以应陈涉。沛令恐，欲以沛应涉。掾、主吏萧何、曹参乃曰：“君为秦吏，今欲背之，率沛子弟，恐不听。愿君召诸亡在外者，可得数百人，因劫众，众不敢不听。”乃令樊哙召刘季。刘季之众已数十百人矣。

于是樊哙从刘季来。沛令后悔，恐其有变，乃闭城城守。欲诛萧、曹。萧、曹恐，逾城保刘季。刘季乃书帛射城上，谓沛父老曰：“天下苦秦久矣。今父老虽为沛令守，诸侯并起，今屠沛。沛今共诛令，择子弟可立者立之，以应诸侯，则家室完。不然，父子俱屠，无为也。”父老乃率子弟共杀沛令，开城门迎刘季，欲以为沛令。刘季曰：“天下方扰，诸侯并起，今置将不善，壹败涂地。吾非敢自爱，恐能薄，不能完父兄子弟。此大事，愿更相推择可者。”萧、曹等皆文吏，自爱，恐事不就，后秦种族其家，尽让刘季。诸父老皆曰：“平生所闻刘季诸珍怪，当贵，且卜筮之，莫如刘季最吉。”于是刘季数让。众莫敢为，乃立季为沛公。祠黄帝，祭蚩尤于沛庭，而衅彭旗，帜皆赤。由所杀蛇白帝子，杀者赤帝子，故上赤。于是少年豪吏如萧、曹、樊哙等皆为收沛子弟二三千人，攻胡陵、方与，还守丰。

秦二世二年，陈涉之将周章军西至戏而还。燕、赵、齐、魏皆自立为王。项氏起吴。秦泗川监平将兵围丰，二日，出与战，破之。命雍齿守丰，引兵之薛。泗川守壮败于薛，走至戚，沛公左司马得泗川守壮，杀之。沛公还军亢父，至方与。

周市来攻方与，未战。陈王使魏人周市略地。周市使人谓雍齿曰："丰，故梁徙也。今魏地已定者数十城。齿今下魏，魏以齿为侯守丰。不下，且屠丰。"雍齿雅不欲属沛公，及魏招之，即反魏守丰。沛公引兵攻丰，不能取。沛公病，还之沛。

沛公怨雍齿与丰子弟叛之，闻东阳宁君、秦嘉立景驹为假王，在留，乃往从之，欲请兵以攻丰。是时秦将章邯从陈，别将司马𡰱将兵北定楚地，屠相，至砀。东阳宁君、沛公引兵西，与战萧西，不利。还收兵聚留，引兵攻砀，三日乃取砀。因收砀兵，得五六千人。攻下邑，拔之。还军丰。闻项梁在薛，从骑百馀往见之。项梁益沛公卒五千人，五大夫将十人。沛公还，引兵攻丰。

从项梁月馀，项羽已拔襄城还。项梁尽召别将居薛。闻陈王定死，因立楚后怀王孙心为楚王，治盱台。项梁号武信君。居数月，北攻亢父，救东阿，破秦军。齐军归，楚独追北，使沛公、项羽别攻城阳，屠之。军濮阳之东，与秦军战，破之。

秦军复振，守濮阳，环水。楚军去而攻定陶，定陶未下。沛公与项羽西略地至雍丘之下，与秦军战，大破之，斩李由。还攻外黄，外黄未下。

项梁再破秦军，有骄色。宋义谏，不听。秦益章邯兵，夜衔枚击项梁，大破之定陶，项梁死。沛公与项羽方攻陈留，闻项梁死，引兵与吕将军俱东。吕臣军彭城东，项羽军彭城西，沛公军砀。

章邯已破项梁军，则以为楚地兵不足忧，乃渡河北击赵，大破之。当是之时，赵歇为王，秦将王离围之巨鹿城，此所谓河北之军也。

秦二世三年，楚怀王见项梁军破，恐，徙盱台都彭城，并吕臣、项羽军自将之。以沛公为砀郡长，封为武安侯，将砀郡兵。封项羽为长安侯，号为鲁公。吕臣为司徒，其父吕青为令尹。

赵数请救，怀王乃以宋义为上将军，项羽为次将，范增为末将，北救赵。令沛公西略地入关。与诸将约，先入定关中者王之。

当是时，秦兵强，常乘胜逐北，诸将莫利先入关。独项羽怨秦破项梁军，奋，愿与沛公西入关。怀王诸老将皆曰：“项羽为人僄悍猾贼。项羽尝攻襄城，襄城无遗类，皆坑之，诸所过无不残灭。且楚数进取，前陈王、项梁皆败。不如更遣长者扶义而西，告谕秦父兄。秦父兄苦其主久矣，今诚得长者往，毋侵暴，宜可下。今项羽僄悍，今不可遣。独沛公素宽大长者，可遣。”卒不许项羽，而遣沛公西略地，收陈王、项梁散卒，乃道砀至成阳，与杠里秦军夹壁，破(魏)〔秦〕二军。楚军出兵击王离，大破之。

沛公引兵西，遇彭越昌邑，因与俱攻秦军，战不利。还至栗，遇刚武侯，夺其军，可四千馀人，并之。与魏将皇欣、魏申徒武蒲之军并攻昌邑，昌邑未拔。

西过高阳。郦食其谓监门曰：“诸将过此者多，吾视沛公大人长者。”乃求见说沛公。沛公方踞床，使两女子洗足。郦生不拜，长揖，曰：“足下必欲诛无道秦，不宜踞见长者。”于是沛公起，摄衣谢之，延上坐。食其说沛公袭陈留，得秦积粟。乃以郦食其为广野君，郦商为将，将陈留兵，与偕攻开封，开封未拔。西与秦将杨熊战白马，又战曲遇东，大破之。杨熊走之荥阳，二世使使者斩以徇。南攻颍阳，屠之。因张良遂略韩地轘辕。

当是时，赵别将司马卬方欲渡河入关，沛公乃北攻平阴，绝河津。南，战洛阳东，军不利，还至阳城，收军中马骑，与南阳守齮战犨东，破之。略南阳郡，南阳守齮走，保城守宛。沛公引兵过而西。张良谏曰：“沛公虽欲急入关，秦兵尚众，距险。今不下宛，宛从后击，强秦在前，此危道也。”于是沛公乃夜引兵从他道还，更旗帜，黎明，围宛城三匝。南阳守欲自刭。其舍人陈恢曰：“死未晚也。”乃逾城见沛公，曰：“臣闻足下约，先入咸阳者王之。今足下留守宛。宛，大郡之都也，连城数十，人民众，积蓄多，吏人自以为降必死，故皆坚守乘城。今足下尽日止攻，士死伤者必多；引兵去宛，宛必随足下后。足下前则失咸阳之约，后又有强宛之患。为足下计，莫若约降，封其守，因使止守，引其甲卒与之西。诸城未下者，闻声争开门而待，足下通行无所累。”沛公曰：“善。”乃以宛守为殷侯，封陈恢千户。引兵西，无不下者。至丹水，高武侯鳃、襄侯王陵降西陵。还攻胡阳，遇番君别将梅鋗，与皆，降析、郦。遣魏人宁昌使秦，使者未来。是时章邯已以军降项羽于赵矣。

初，项羽与宋义北救赵。及项羽杀宋义，代为上将军，诸将黥布皆属，破秦将王离军，降章邯，诸侯皆附。及赵高已杀二世，使人来，欲约分王关中。沛公以为诈，乃用张良计，使郦生、陆贾往说秦将，啖以利，因袭攻武关，破之。又与秦军战于蓝田南，益张疑兵旗帜，诸所过毋得掠卤。秦人憙，秦军解，因大破之。又战其北，大破之。乘胜，遂破之。

汉元年十月，沛公兵遂先诸侯至灞上。秦王子婴素车白马，系颈以组，封皇帝玺符节，降轵道旁。诸将或言诛秦王。沛公曰："始怀王遣我，固以能宽容；且人已服降，又杀之，不祥。"乃以秦王属吏，遂西入咸阳。欲止宫休舍，樊哙、张良谏，乃封秦重宝财物府库，还军灞上。召诸县父老豪杰曰："父老苦秦苛法久矣，诽谤者族，偶语者弃市。吾与诸侯约，先入关者王之，吾当王关中。与父老约，法三章耳：杀人者死，伤人及盗抵罪。馀悉除去秦法。诸吏人皆案堵如故。凡吾所以来，为父老除害，非有所侵暴，无恐！且吾所以还军灞上，待诸侯至而定约束耳。"乃使人与秦吏行县乡邑，告谕之。秦人大喜，争持牛羊酒食献飨军士。沛公又让不受，曰："仓粟多，非乏，不欲费人。"人又益喜，唯恐沛公不为秦王。

或说沛公曰："秦富十倍天下，地形强。今闻章邯降项羽，项羽乃号为雍王，王关中。今则来，沛公恐不得有此。可急使兵守函谷关，无内诸侯军，稍征关中兵以自益，距之。"沛公然其计，从之。

十一月中，项羽果率诸侯兵西，欲入关，关门闭。闻沛公已定关中，大怒，使黥布等攻破函谷关。

十二月中，遂至戏。沛公左司马曹无伤闻项王怒，欲攻沛公，使人言项羽曰："沛公欲王关中，令子婴为相，珍宝尽有之。"欲以求封。亚父劝项羽击沛公。方飨士，旦日合战。是时项羽兵四十万，号百万。沛公兵十万，号二十万，力不敌。会项伯欲活张良，夜往见良，因以文谕项羽，项羽乃止。沛公从百馀骑，驱之鸿门，见谢项羽。项羽曰："此沛公左司马曹无伤言之。不然，籍何以生此？"沛公以樊哙、张良故，得解归。归，立诛曹无伤。

项羽遂西，屠烧咸阳秦宫室，所过无不残破。秦人大失望，然恐，不敢不服耳。

项羽使人还报怀王。怀王曰："如约。"项羽怨怀王不肯令与沛公俱西入关，而北救赵，后夫下约。乃曰："怀王者，吾家项梁所立耳，非有

入关约法图，选自明·张居正《帝鉴图说》。公元前206年，刘邦带兵攻入咸阳，约法三章：杀人者死，伤人及盗抵罪。其余秦朝苛法，尽皆废除。

功伐，何以得主约！本定天下，诸将及籍也。”乃佯尊怀王为义帝，实不用其命。

正月，项羽自立为西楚霸王，王梁、楚地九郡，都彭城。负约，更立沛公为汉王，王巴、蜀、汉中，都南郑。三分关中，立秦三将：章邯为雍王，都废丘；司马欣为塞王，都栎阳；董翳为翟王，都高奴。楚将瑕丘申阳为河南王，都洛阳。赵将司马印为殷王，都朝歌。赵王歇徙王代。赵相张耳为常山王，都襄国。当阳君黥布为九江王，都六。怀王柱国共敖为临江王，都江陵。番君吴芮为衡山王，都邾。燕将臧荼为燕王，都蓟。故燕王韩广徙王辽东。广不听，臧荼攻杀之无终。封成安君陈馀河间三县，居南皮。封梅铜十万户。

四月，兵罢戏下，诸侯各就国。

汉王之国，项王使卒三万人从。楚与诸侯之慕从者数万人。从杜南入蚀中。去辄烧绝栈道，以备诸侯盗兵袭之，亦示项羽无东意。至南郑，诸将及士卒多道亡归，士卒皆歌思东归。韩信说汉王曰：“项羽王诸将之有功者，而王独居南郑，是迁也。军吏士卒皆山东之人也，日夜跂而望归，及其锋而用之，可以有大功。天下已定，人皆自宁，不可复用。不如决策东乡，争权天下。”

项羽出关，使人徙义帝。曰：“古之帝者地方千里，必居上游。”乃使使徙义帝长沙郴县，趣义帝行。群臣稍倍叛之。乃阴令衡山王、临江王击之，杀义帝江南。

项羽怨田荣，立齐将田都为齐王。田荣怒，因自立为齐王，杀田都而反楚，予彭越将军印，令反梁地。楚令萧公角击彭越，彭越大破之。陈馀怨项羽之弗王己也，令夏说说田荣，请兵击张耳。齐予陈馀兵，击破常山王张耳，张耳亡归汉。迎赵王歇于代，复立为赵王。赵王因立陈馀为代王。项羽大怒，北击齐。

八月，汉王用韩信之计，从故道还，袭雍王章邯。邯迎击汉陈仓，雍兵败，还走；止战好畤，又复败，走废丘。汉王遂定雍地，东至咸阳。别兵围雍王废丘，而遣诸将略定陇西、北地、上郡。令将军薛欧、王吸出武关，因王陵兵南阳，以迎太公、吕后于沛。楚闻之，发兵距之阳夏，不得前。令故吴令郑昌为韩王，距汉兵。

二年，汉王东略地。塞王欣、翟王翳、河南王申阳皆降。韩王昌不听，使韩信击破之。于是置陇西、北地、上郡、渭南、河上、中地郡；关外置河南郡。更立韩太尉信为韩王。诸将以万人若以一郡降者，封万户。缮治河上塞，诸故秦苑囿园池，皆令人得田之。正月，虏雍王弟章平。大赦罪人。

汉王之出关至陕，抚关外父老。还，张耳来见，汉王厚遇之。

二月，令除秦社稷，更立汉社稷。

三月，汉王从临晋渡，魏王豹将兵从。下河内，虏殷王，置河内郡。南渡平阴津，至洛阳。新城三老董公遮说汉王以义帝死故。汉王闻之，袒而大哭。遂为义帝发丧，临三日。发使者告诸侯曰："天下共立义帝，北面事之。今项羽放杀义帝于江南，大逆无道。寡人亲为发丧，诸侯皆缟素。悉发关内兵，收三河士，南浮江、汉以下，愿从诸侯王击楚之杀义帝者。"

是时项王北击齐，田荣与战城阳。田荣败，走平原，平原民杀之。齐皆降楚。楚因焚烧其城郭，系虏其子女。齐人叛之。田荣弟横立荣子广为齐王，齐王反楚城阳。项羽虽闻汉东，既已连齐兵，欲遂破之而击汉。汉王以故得劫五诸侯兵，遂入彭城。项羽闻之，乃引兵去齐，从鲁出胡陵，至萧，与汉大战彭城灵壁东睢水上，大破汉军，多杀士卒，睢水为之不流。乃取汉王父母妻子于沛，置之军中以为质。当是时，诸侯见楚强汉败，还皆去汉复为楚。塞王欣亡入楚。

吕后兄周吕侯为汉将兵，居下邑。汉王从之，稍收士卒，军砀。汉王乃西过梁地，至虞。使谒者随何之九江王布所，曰："公能令布举兵叛楚，项羽必留击之。得留数月，吾取天下必矣。"随何往说九江王布，布果背楚。楚使龙且往击之。

汉王之败彭城而西，行使人求家室，家室亦亡，不相得。败后乃独得孝惠，六月，立为太子，大赦罪人。令太子守栎阳，诸侯子在关中者皆集栎阳为卫。引水灌废丘，废丘降，章邯自杀。更名废丘为槐里。于是令祠官祀天地四方上帝山川，以时祀之。兴关内卒乘塞。

是时九江王布与龙且战，不胜，与随何间行归汉。汉王稍收士卒与诸将，及关中卒益出，是以兵大振荥阳，破楚京、索间。

三年，魏王豹谒归视亲疾，至即绝河津，反为楚。汉王使郦生说豹，豹不听。汉王遣将军韩信击，大破之，虏豹。遂定魏地，置三郡，曰河东、太原、上党。汉王乃令张耳与韩信遂东下井陉击赵，斩陈馀、赵王歇。其明年，立张耳为赵王。

汉王军荥阳南，筑甬道属之河，以取敖仓。与项羽相距岁馀。项羽数侵夺汉甬道，汉军乏食，遂围汉王。汉王请和，割荥阳以西者为汉。项王不听。汉王患之，乃用陈平之计，予陈平金四万斤，以间疏楚君臣。于是项羽乃疑亚父。亚父是时劝项羽遂下荥阳，及其见疑，乃怒，辞老，愿赐骸骨归卒伍。未至彭城而死。

汉军绝食，乃夜出女子东门二千馀人，被甲，楚因四面击之。将军纪信乃乘王驾，诈为汉王，诳楚，楚皆呼万岁，之城东观。以故汉王得与数十骑出西门遁。令御史大夫周苛、魏豹、枞公守荥阳。诸将卒不能从者，尽在城中。周苛、枞公相谓曰："反国之王，难与守城。"因杀魏豹。

汉王之出荥阳入关，收兵欲复东。袁生说汉王曰："汉与楚相距荥阳数岁，汉常困，愿君王出武关，项羽必引兵南走，王深壁，令荥阳、成皋间且得休。使韩信等辑河北赵地，连燕、齐，君王乃复走荥阳，未晚也。如此，则楚所备者多，力分，汉得休，复与之战，破楚必矣。"汉王从其计，出军宛、叶间，与黥布行收兵。

项羽闻汉王在宛，果引兵南。汉坚壁不与战。是时彭越渡睢水，与项声、薛公战下邳，彭越大破楚军。项羽乃引兵东击彭越。汉王亦引兵北军成皋。项羽已破走彭越，闻汉王复军成皋，乃复引兵西，拔荥阳，诛周苛、枞公，而虏韩王信，遂围成皋。

汉王跳，独与滕公共车出成皋玉门，北渡河，驰宿修武。自称使者，晨驰入张耳、韩信壁，而夺之军。乃使张耳北益收兵赵地，使韩信东击齐。汉王得韩信军，则复振。引兵临河，南飨军小脩武南，欲复战。郎中郑忠乃说止汉王，使高垒深堑，勿与战。汉王听其计，使卢绾、刘贾将卒二万人，骑数百，渡白马津，入楚地，与彭越复击破楚军燕郭西，遂复下梁地十馀城。

淮阴已受命东，未渡平原。汉王使郦生往说齐王田广，广叛楚，与汉和，共击项羽。韩信用蒯通计，遂袭破齐。齐王烹郦生，东走高密。项羽闻韩信已举河北兵破齐、赵，且欲击楚，则使龙且、周兰往击之。韩信与战，骑将灌婴击，大破楚军，杀龙且。齐王广奔彭越。当此时，彭越将兵居梁地，往来苦楚兵，绝其粮食。

四年，项羽乃谓海春侯大司马曹咎曰："谨守成皋。若汉挑战，慎勿与战，无令得东而已。我十五日必定梁地，复从将军。"乃行击陈留、外黄、睢阳，下之。汉果数挑楚军，楚军不出。使人辱之五六日，大司马怒，度兵汜水。士卒半渡，汉击之，大破楚军，尽得楚国金玉货赂。大司马咎、长史欣皆自刭汜水上。项羽至睢阳，闻海春侯破，乃引兵还。汉军方围钟离眜于荥阳东，项羽至，尽走险阻。

韩信已破齐，使人言曰："齐边楚，权轻，不为假王，恐不能安齐。"汉王欲攻之。留侯曰："不如因而立之，使自为守。"乃遣张良操印绶立韩信为齐王。

项羽闻龙且军破，则恐，使盱台人武涉往说韩信。韩信不听。

楚汉久相持未决，丁壮苦军旅，老弱罢转饷。汉王项羽相与临广武之间而语。项羽欲与汉王独身挑战。汉王数项羽曰："始与项羽俱受命怀王，曰先入定关中者王之，项羽负约，王我于蜀汉，罪一。项羽矫杀卿子冠军而自尊，罪二。项羽已救赵，当还报，而擅劫诸侯兵入关，罪三。怀王约入秦无暴掠，项羽烧秦宫室，掘始皇帝冢，私收其财物，罪四。又强杀秦降王子婴，罪五。诈坑秦子弟新安二十万，王其将，罪六。项羽皆王诸将善地，而徙逐故主，令臣下争叛逆，罪七。项羽出逐义帝彭城，自都之，夺韩王地，并王梁、楚，多自予，罪八。项羽使人阴弑义帝江南，罪九。夫为人臣而弑其主，杀已降，为政不平，主约不信，天下所不容，大逆无道，罪十也。吾以义兵从诸侯诛残贼，使刑馀罪人击杀项羽，何苦乃与公挑战！"项羽大怒，伏弩射中汉王。汉王伤胸，乃扪足曰："虏中吾指！"汉王病创，卧，张良强请汉王起行劳军，以安士卒，毋令楚乘胜于汉。汉王出行军，病甚，因驰入成皋。

病愈，西入关，至栎阳，存问父老，置酒。枭故塞王欣头栎阳市。留四日，复如军，军广武。关中兵益出。

当此时，彭越将兵居梁地，往来苦楚兵，绝其粮食。田横往从之。项羽数击彭越等，齐王信又进击楚。项羽恐，乃与汉王约，中分天下，割鸿沟而西者为汉，鸿沟而东者为楚。项王归汉王父母妻子，军中皆呼万岁，乃归而别去。

项羽解而东归。汉王欲引而西归，用留侯、陈平计，乃进兵追项羽，至阳夏南止军，与齐王信、建成侯彭越期会而击楚军。至固陵，不会。楚击汉军，大破之。汉王复入壁，深堑而守之。用张良计，于是韩信、彭越皆往。及刘贾入楚地，围寿春，汉王败固陵，乃使使者召大司马周殷举九江兵而迎之。武王行屠城父，随何、刘贾，齐、梁诸侯，皆大会垓下。立武王布为淮南王。

五年，高祖与诸侯兵共击楚军，与项羽决胜垓下。淮阴侯将三十万自当之。孔将军居左。费将军居右。皇帝在后。绛侯、柴将军在皇帝后。项羽之卒可十万。淮阴先合，不利，却。孔将军、费将军纵，楚兵不利。淮阴侯复乘之。大败垓下。项羽卒闻汉军之楚歌，以为汉尽得楚地，项羽乃败而走。是以兵大败。使骑将灌婴追杀项羽东城，斩首八万。遂略定楚地。鲁为楚坚守不下。汉王引诸侯兵北，示鲁父老项羽头，鲁乃降。遂以鲁公号葬项羽谷城。

还至定陶，驰入齐王壁，夺其军。

正月，诸侯及将相相与共请尊汉王为皇帝。汉王曰："吾闻帝贤者有也，空言虚语，非所守也，吾不敢当帝位。"群臣皆曰："大王起微细，诛暴逆，平定四海，有功者辄裂地而封为王侯。大王不尊号，皆疑不信。臣等以死守之。"汉王三让，不得已，曰："诸君必以为便，便国家。"甲午，乃即皇帝位汜水之阳。

皇帝曰义帝无后，齐王韩信习楚风俗，徙为楚王，都下邳。立建成侯彭越为梁王，都定陶。故韩王信为韩王，都阳翟。徙衡山王吴芮为长沙王，都临湘。番君之将梅鋗有功，从入武关，故德番君。淮南王布、燕王臧荼、赵王敖皆如故。

天下大定。高祖都洛阳，诸侯皆臣属。

故临江王驩为项羽，叛汉。令卢绾、刘贾围之，不下。数月而降，杀之洛阳。

五月，兵皆罢归家。诸侯子在关中者复之十二岁，其归者复之六岁，食之一岁。

高祖置酒洛阳南宫。高祖曰："列侯诸将无敢隐朕，皆言其情。吾所以有天下者何？项氏之所以失天下者何？"高起、王陵对曰："陛下慢而侮人，项羽仁而爱人。然陛下使人攻城略地，所降下者因以予之，与天下同利也。项羽妒贤嫉能，有功者害之，贤者疑之，战胜而不予人功，得地而不予人利，此所以失天下也。"高祖曰："公知其一，未知其二。夫运筹策帷帐之中，决胜于千里之外，吾不如子房。镇国家，抚百姓，给馈饷，不绝粮道，吾不如萧何。连百万之军，战必胜，攻必取，吾不如韩信。此三者，皆人杰也，吾能用之，此吾所以取天下也。项羽有一范增而不能用，此其所以为我擒也。"

高祖欲长都洛阳，齐人刘敬说，及留侯劝上人都关中，高祖是日驾，入都关中。六月，大赦天下。

十月，燕王臧荼反，攻下代地。高祖自将击之，得燕王臧荼。即立太尉卢绾为燕王。使丞相哙将兵攻代。

其秋，利几反，高祖自将兵击之，利几走。利几者，项氏之将。项氏败，利几为陈公，不随项羽，亡降高祖，高祖侯之颍川，高祖至洛阳，举通侯籍召之，而利几恐，故反。

六年．高祖五日一朝太公，如家人父子礼。太公家令说太公曰："天无二日，土无二王。今高祖虽子，人主也；太公虽父，人臣也。奈何令人主拜人臣！如此，则威重不行。"后高祖朝，太公拥篲，迎门却行。高祖大惊，下扶太公。太公曰："帝，人主也，奈何以我乱天下法！"于是高祖乃尊太公为太上皇。心善家令言，赐金五百斤。

十二月，人有上变事告楚王信谋反，上问左右，左右争欲击之。用陈平计，乃伪游云梦，会诸侯于陈，楚王信迎，即因执之。是日，大赦天下。田肯贺，因说高祖曰："陛下得韩信，又治秦中。秦，形胜之国，带河山之险，县隔千里，持戟百万，秦得百二焉。地势便利，其以下兵于诸侯，譬犹居高屋之上建瓴水也。夫齐，东有琅邪、即墨之饶，南有泰山之固，西有浊河之限，北有勃海之利，地方二千里，持戟百万，县隔千里之外，齐得十二焉。故此东西秦也，非亲子弟，莫可使王齐矣。"高祖曰："善。"赐黄金五百斤。

后十馀日，封韩信为淮阴侯，分其地为二国。高祖曰将军刘贾数有功，以为荆王，王淮东。弟交为楚王，王淮西。子肥为齐王，王七十馀城，民能齐言者皆属齐。乃论功，与诸列侯剖符行封。徙韩王信太原。

七年，匈奴攻韩王信马邑，信因与同谋反太原。白土曼丘臣、王黄立故赵将赵利为王以反，高祖自往击之。会天寒，士卒堕指者什二三，遂至平城。匈奴围我平城，七日而后罢去。令樊哙止，定代地。立兄刘仲为代王。

二月，高祖自平城过赵、洛阳，至长安。长乐宫成，丞相已下徙治长安。

八年，高祖东击韩王信馀反寇于东垣。

萧丞相营作未央宫，立东阙、北阙、前殿、武库、太仓。高祖还，见宫阙壮甚，怒，谓萧何曰："天下匈匈苦战数岁，成败未可知，是何治宫室过度也？”萧何曰：“天下方未定，故可因遂就宫室。且夫天子以四海为家，非壮丽无以重威，且无令后世有以加也。”高祖乃说。

高祖之东垣，过柏人，赵相贯高等谋弑高祖，高祖心动，因不留。代王刘仲弃国亡，自归洛阳，废以为合阳侯。

九年，赵相贯高等事发觉，夷三族。废赵王敖为宣平侯。是岁，徙贵族楚昭、屈、景、怀，齐田氏关中。

未央宫成。高祖大朝诸侯群臣，置酒未央前殿。高祖奉玉卮，起为太上皇寿，曰：“始大人常以臣无赖，不能治产业，不如仲力。今某之业所就孰与仲多？”殿上群臣皆呼万岁，大笑为乐。

十年十月，淮南王黥布、梁王彭越、燕王卢绾、荆王刘贾、楚王刘交、齐王刘肥、长沙王吴芮皆来朝长乐宫。春夏无事。

七月，太上皇崩栎阳宫。楚王、梁王皆来送葬。赦栎阳囚。更命郦邑曰新丰。

八月，赵相国陈豨反代地。上曰：“豨尝为吾使，甚有信。代地吾所急也，故封豨为列侯，以相国守代，今乃与王黄等劫掠代地！代地吏民非有罪也，其赦代吏民。”九月，上自东往击之。至邯郸，上喜曰：“豨不南据邯郸而阻漳水，吾知其无能为也。”闻豨将皆故贾人也，上曰：“吾知所以与之。”乃多以金啖豨将，豨将多降者。

十一年，高祖在邯郸诛豨等未毕，豨将侯敞将万馀人游行，王黄军曲逆，张春渡河击聊城。汉使将军郭蒙与齐将击，大破之。太尉周勃道太原入定代地。至马邑，马邑不下，即攻残之。

豨将赵利守东垣，高祖攻之，不下，月馀，卒骂高祖，高祖怒。城降，令出骂者斩之，不骂者原之。于是乃分赵山北，立子恒以为代王，都晋阳。

春，淮阴侯韩信谋反关中，夷三族。

夏，梁王彭越谋反，废，迁蜀；复欲反，遂夷三族。立子恢为梁王，子友为淮阳王。

秋七月，淮南王黥布反，东并荆王刘贾地，北渡淮，楚王交走入薛。高祖自往击之。立子长为淮南王。

十二年，十月，高祖已击布军会甀，布走，令别将追之。

高祖还归，过沛，留。置酒沛宫，悉召故人父老子弟纵酒，发沛中儿得百二十人，教之歌。酒酣，高祖击筑，自为歌诗曰：“大风起兮云飞扬，威加海内兮归故乡，安得猛士兮守四方！”令儿皆和习之。高祖乃起舞，慷慨伤怀，泣数行下。谓沛父兄曰：“游子悲故乡。吾虽都关中，万岁后吾魂魄犹乐思沛。且朕自沛公以诛暴逆，遂有天下，其以沛为朕汤沐邑，复其民，世世无有所与。”沛父兄诸母故人日乐饮极欢，道旧故为笑乐。十馀日，高祖欲去，沛父兄固请留高祖。高祖曰：“吾人众多，父兄不能给。”乃去。沛中空县皆之邑西献。高祖复留止，张饮三日。沛父兄皆顿首曰：“沛幸得复，丰未复，唯陛下哀怜之。”高祖曰：“丰吾所生长，极不忘耳，吾特为其以雍齿故反我为魏。”沛父兄固请，乃并复丰，比沛。于是拜沛侯刘濞为吴王。

汉将别击布军洮水南北，皆大破之，追，得斩布鄱阳。

樊哙别将兵定代，斩陈豨当城。

十一月，高祖自布军至长安。

十二月，高祖曰：“秦始皇帝、楚隐王、陈涉、魏安釐王、齐滑王、赵悼襄王皆绝无后，予守冢各十家，秦皇帝二十家，魏公子无忌五家。”赦代地吏民为陈豨、赵利所劫掠者，皆赦之。

陈豨降将言豨反时，燕王卢绾使人之豨所，与阴谋。上使辟阳侯迎绾，绾称病。辟阳侯归，具言绾反有端矣。二月，使樊哙、周勃将兵击燕王绾。赦燕吏民与反者。立皇子建为燕王。

高祖击布时，为流矢所中，行道病。病甚，吕后迎良医。医入见，高祖问医。医曰：“病可治。”于是高祖嫚骂之曰：“吾以布衣持三尺剑取天下，此非天命乎？命乃在天，虽扁鹊何益？”遂不使治病，赐金五十斤罢之。已而吕后问：“陛下百岁后，萧相国即死，令谁代之？”上曰：“曹参可。”问其次，上曰：“王陵可。然陵少戇，陈平可以助之。陈平智有馀，然难以独任。周勃重厚少文，然安刘氏者必勃也，可令为太尉。”吕后复问其次，上曰：“此后亦非而所知也。”

卢绾与数千骑居塞下候伺，幸上病愈自入谢。

四月甲辰，高祖崩长乐宫。四日不发丧。吕后与审食其谋曰：“诸将与帝为编户民，今北面为臣，此常怏怏，今乃事少主，非尽族，是天下不安。”人或闻之，语郦将军。郦将军往见审食其，曰：“吾闻帝已崩，四日不发丧，欲诛诸将。诚如此，天下危矣。陈平、灌婴将十万守荥阳，樊哙、周勃将二十万定燕、代，此闻帝崩，诸将皆诛，必连兵还乡以攻关中。大臣内叛，诸侯外反，亡可翘足而待也。”审食其入言之，乃以丁未发丧，大赦天下。

卢绾闻高祖崩，遂亡入匈奴。

丙寅，葬。己巳，立太子，至太上皇庙。群臣皆曰：“高祖起微细，拨乱世反之正，平定天下，为汉太祖，功最高。”上尊号为高皇帝。太子袭号为皇帝，孝惠帝也。令郡国诸侯各立高祖庙，以岁时祠。

及孝惠五年，思高祖之悲乐沛，以沛宫为高祖原庙。高祖所教歌儿百二十人，皆令为吹乐。后有缺，辄补之。

高帝八男。长，庶，齐悼惠王肥；次，孝惠，吕后子；次，戚夫人子赵隐王如意；次，代王恒，已立为孝文帝，薄太后子；次，梁王恢，吕太后时徙为赵共王；次，淮阳王友，吕太后时徙为赵幽王；次，淮南厉王长；次，燕王建。

太史公曰：夏之政忠。忠之敝，小人以野，故殷人承之以敬。敬之敝，小人以鬼，故周人承之以文。文之敝，小人以僿，故救僿莫若以忠。三王之道若循环，终而复始。周秦之间，可谓文敝矣。秦政不改，反酷刑法，岂不缪乎？故汉兴，承敝易变，使人不倦，得天统矣。朝以十月。车服黄屋左纛。葬长陵。

【译文】

高祖，是沛郡丰邑县中阳里人，姓刘，字季。人称他的父亲为刘太公，母亲为刘媪。高祖出生之前，刘媪曾经在大泽的岸边休息，梦中与神交合。当时雷鸣电闪、天昏地暗，太公正好前去看她，见到有蛟龙在她身上。不久，刘媪有了身孕，生下了高祖。

刘邦这个人，高鼻子，长着一副龙的容貌，一把漂亮的胡须，左腿上有七十二颗黑痣。他仁厚爱人，喜欢施舍助人，心胸豁达。他平素具有干大事业的气度，不干平常人家生产劳作的事。成年以后，他试着去考官，当了泗水亭这个地方的亭长。当地官署中的官吏，没有不被他捉弄的。他喜欢喝酒，好女色，常常到王媪、武负那里去赊酒喝，喝醉了躺倒就睡。武负、王媪看到他身上常有龙出现，觉得这个人很怪异。刘邦每次去买酒，留在店中畅饮，买酒的人就会增加，售出去的酒达到平常的几倍。由于出现了这种怪现象，到了年终，武负、王媪这两家就把刘邦记的账勾销了，不再向他讨账。

刘邦曾经到咸阳去服徭役。有一次，秦始皇出巡，允许人们随意观看。他看到了秦始皇，长叹一声说："唉，大丈夫就应该像这样！"

单父人吕公与沛县县令要好，为躲避仇人投奔到县令这里来作客，于是就在沛县安了家。沛中的豪杰、官吏们听说县令有贵客，都前往祝贺。萧何当时是县令的属官，掌管收礼事宜。他对那些送礼的宾客们说："送礼不满千金的，让他坐到堂下。"刘邦当时做亭长，平素就看不起这帮官吏，于是在进见的名帖上谎称"贺钱一万"，其实他一个钱也没带。名帖递进去了，吕公见了高祖大为吃惊，赶快起身，到门口去迎接他。吕公这个人，喜欢给人相面，看见高祖的相貌，就非常敬重他，把他领到堂上坐下。萧何说："刘季一向满口说大话，很少做成什么事。"刘邦就趁机戏弄那些宾客，干脆就坐到上座去，一点儿也不谦让。酒喝得尽兴了，吕公于是向刘邦递眼色，让他一定留下来。刘邦喝完了酒，就留在后面。吕公说："我从年轻的时候就喜欢给人相面，经我相过面的人多了，没有谁能比得上你刘季的面相，希望你好自珍爱。我有一个亲生女儿，愿意许给你做你的洒扫妻妾。"酒宴散了，吕媪对吕公大为恼火，说："你起初总是想让这个女儿出人头地，把她许配给个贵人。沛县县令跟你要好，想娶这个女儿你不同意，今天你为什么随随便便地就把她许给刘季了呢？"吕公说："这不是女人家所懂得的。"终于把女儿嫁给刘邦了。吕公的女儿就是吕后，生了孝惠帝和鲁元公主。

刘邦做亭长的时候，经常请假回家到田里去。有一次吕后和孩子正在田中除草，有一老汉从这里经过讨水喝，吕后让他喝了水，还拿饭给他吃。老汉给吕后相面说："夫人真是天下的贵人。"吕后又让他给两个孩子相面，他见了孝惠帝，说："夫人所以显贵，正是因为这个男孩子。"他又给鲁元相面，也同样是富贵面相。老汉走后，刘邦正巧从旁边的房舍走来，吕后就把刚才那老人经过此地，给他们看相，说他们母子都是富贵之相的情况，原原本本地告诉了刘邦。刘邦问这个人在哪，吕后说："还没走远。"于是刘邦就去追上了老汉，问他刚才的事，老汉说："刚才我看贵夫人及子女的面相都很像您，您的面相简直是贵不可言。"刘邦于是道谢说："如果真的像老人家所说，我决不会忘记你的恩德。"等到刘邦显贵的时候，最终却没有找到老汉。

刘邦做亭长时，常喜欢戴一顶用竹皮编成的帽子，这是他让掌管捕盗的差役到薛地去定制的。他经常戴着，到后来显贵后仍旧经常戴着。这就是人们所说的"刘氏冠"。

刘邦曾以亭长的身份，押送沛县的徒役去骊山，但有很多徒役在半路上就逃走了。刘邦估计，等到了骊山时徒役们也就逃光了。于是在走到丰西大泽中时，他让徒役们停下来饮酒休息；到了夜晚，他便把所有的役徒都放了。刘邦说："你们都逃命去吧，从此我也要远走高飞了！"徒役中有十多个壮士愿意跟随他一块儿走。刘邦乘着酒意，趁夜抄小路通过沼泽地，他让一个人在前边先走探路。探路的人回来报告说："前边有条大蛇挡在路上，还是回去罢。"刘邦醉意正浓，便说："好汉走路，有什么可怕的！"于是赶到前面，拔剑去斩大蛇，大蛇被斩成两截。道路畅通了，他继续往前走了几里。刘邦醉得厉害了，就躺倒在地上，后边的人来到斩蛇的地方，看见有一老妇在暗夜中哭泣。有人问她为什么哭，老妇人说："有人杀了我的孩子，我在为他哭泣。"那个人问："你的孩子为什么被杀呢?"老妇说："我的孩子是白帝之子，变化成蛇，挡在道路中间。如今被赤帝之子杀了，我就是为这个哭啊。"众人以为老妇人是在说谎，正要打她，老妇人却忽然不见了。后面的人赶上了刘邦。刘邦醒了，那些人把刚才的事告诉了他，他心中暗暗高兴，更加自负。那些追随他的人从此便渐渐地畏惧他了。

秦始皇曾常说"东南方向有象征天子的云气"，于是巡游东方，想借此把它压下去。刘邦怀疑自己带着这团云气，就逃走了，躲在芒山、砀山一带的深山湖泽之间。吕后和别人一起去找，常常能找到他。高祖觉得奇怪，便问她怎么能找到。吕后说："你所在的地方，上空常有一团云气，顺着找就常常能找到你。"高祖心里更加欢喜。沛县的年轻人中有人听说了这件事，因此许多人都愿意依附他。

秦二世元年的秋天，陈胜等在蕲县起义，打到陈地的时候自称为王，定国号为"张楚"。许多郡县的人都杀了他们的长官来响应陈涉。沛县的县令非常惊恐，也想率领沛县的人响应陈涉。于是狱掾曹参、主吏萧何说："您作为秦朝的官吏，现在想背叛秦朝，率领沛县的子弟起义，恐怕没有人会听从命令。希望您召回那些在外逃亡的人，大约可召集到几百人，用他们来胁迫众人，众人就不敢不听从命令了。"于是便派樊哙去叫刘邦。这时，刘邦的追随者已经有数十上百人了。

樊哙跟着刘邦一块儿回来了。沛县县令在樊哙走后就后悔了，害怕刘邦回来后会别有用心，就关闭城门，据守城池，不让刘邦进城，而且想要杀掉萧何、曹参。萧何、曹参害怕了，翻越城墙出来依附刘邦，以求得保护。于是刘邦用帛写了封信射到城上去，向沛县的父老百姓宣告说：“天下百姓为秦政所苦已经很久了。现在父老们虽然为沛令守城，但是各地诸侯全都起来了，现在很快就要屠戮到沛县。如果现在沛县父老一起把沛令杀掉，从年轻人中选择可以拥立的人立他为首领，来响应各地诸侯，那么你们的家室就可得到保全。不然的话，全县老少都要遭屠杀，那时就什么也做不成了。”于是沛县的父老率领县中子弟一起杀掉了沛令，打开城门迎接刘邦，想要让他当沛县县令。刘邦说：“如今正当乱世，诸侯纷纷起事，如果安排的将领人选不妥当，就将一败涂地。我不是顾惜自己的性命，只是怕自己能力小，不能保全父老兄弟。这是一件大事，希望大家一起推选出能胜任的人。”萧何、曹参等都是文官，都顾惜性命，害怕起事不成遭到满门抄斩之祸，极力地推选刘邦。城中的父老也都说：“平素听说了刘邦那么多的奇异之事，必当显贵，而且占卜没有谁比得上刘邦最吉利。”刘邦还是再三推让。众人没有敢当沛县县令的，就立刘邦做了沛公。于是刘邦在沛县祭祀黄帝和蚩尤，把牲血涂在战旗战鼓上，旗帜都用红色的。由于先前杀的那条蛇是白帝之子，而杀蛇那个人是赤帝之子，所以刘邦崇尚红色。那些年轻有为的官吏如萧何、曹参、樊哙等，为沛公招收了二三千的年轻人，带领他们一起攻打了胡陵、方与，然后退回驻守在丰邑。

秦二世二年，陈涉手下大将周章率军攻打到戏水，被章邯打败又退回去了。燕、赵、齐、魏各国都已自立为王，项梁、项羽也在吴县起兵。秦朝泗川郡监名叫平的率兵包围了丰邑。两天之后，沛公率众出城与秦军交战，打败了秦军。沛公命雍齿守卫丰邑，自己率领部队到薛县去。泗川郡守壮在薛县被刘邦打败，逃到戚县，被沛公的左司马曹无伤抓获杀掉了。沛公把军队撤到亢父，一直到方与，没有发生战斗。陈王胜派魏国人周市来夺取土地。周市派人告诉雍齿说：“丰邑，是过去魏国一度迁都过的地方。现在魏国已经收复了几十座城邑。你如果归降魏国，魏国就封你为侯驻守丰邑。如果不归降，我就要屠戮丰邑。”雍齿本来就不愿意归属于沛公，等到魏国来招降时，立刻就反叛了沛公，反过来为魏国守卫丰邑。刘邦带兵攻打丰邑，没有攻下。正好这时刘邦生病了，于是退兵回到沛县。刘邦怨恨雍齿和丰邑的子弟背叛他，又听说东阳县的宁君、秦嘉立景驹做了代理王，驻守在留县，于是前去投奔他，想向他借兵去攻打丰邑。正好这时秦朝将领章邯正在追击陈胜的军队，章邯的别将司马仁带兵向北平定楚地，屠戮了相县，到了砀县。东阳宁君和刘邦领兵向西，和司马枿交战于萧县西，战事失利。他们退回到留县收集兵卒，然后带兵攻打砀县，三天后将砀县攻了下来。于是刘邦收集砀县的兵卒，共得到五六千人。他又率兵攻打下邑，很快就攻了下来。随后刘邦退兵驻扎在丰邑城外。此时刘邦听说项梁在薛县，就带着一百多骑从前去拜见项梁。项梁给了刘邦五千士兵，五大夫级的将领十人。沛公带着他们回来后，再次带兵攻打丰邑。

沛公跟从项梁一个多月后，项羽已经攻下襄城回来了。项梁把各路将领全部召到薛县。听说陈王确实是死了，因而立楚国后代怀王的孙子熊心为楚王，建都盱台。项梁自称武信君。待了几个月，他们向北攻打亢父，援救东阿，击败了秦军。齐国军队回去了，只剩下楚军单独追击败逃之敌。项梁让沛公、项羽去攻打城阳，城阳被屠戮。刘邦等驻军于濮阳县城东，和秦军交战，打败了秦军。

秦军重新振作，坚守濮阳，在城周围引水防御。楚军撤退，转而攻打定陶，没有攻下。沛公和项羽又向西挺进，到了雍丘城下，和秦军交战，大败秦军，斩杀了秦将李由。接着他们掉头攻打外黄，没有攻下。

项梁两次打败秦军，开始露出骄傲的神色。宋义见后进谏劝说，项梁不听。秦朝给章邯增派了军队，趁着黑夜袭击项梁军队。为了防止喧哗，章邯让士兵口里都衔着一根横木棍，结果秦军在定陶大败项梁的军队，项梁战死。这时，沛公和项羽正在攻打陈留，听说项梁已死，就和吕臣一起率军向东撤退。吕臣的军队驻扎在彭城的东面，项羽的军队驻扎在彭城的西面，沛公的军队驻扎在砀县。

章邯打败了项梁的军队之后，就以为楚地的军队不值得担忧，于是渡过黄河，向北进攻赵国，大败赵军。这个时候，正是赵歇为赵王，秦将王离在巨鹿城包围了赵歇的军队，这就是所谓的“河北军”。

秦二世三年，楚怀王看到项梁军已被打败，害怕了，就把都城从盱台迁到彭城。他把吕臣、项羽的军队合在一起由自己亲自率领；任命沛公为砀郡太守，封为武安侯，统率砀郡的部队；封项羽为长安侯，号称鲁公；吕臣担任司徒，他的父亲吕青担任令尹。

赵国几次请求援救，怀王于是任命宋义为上将军，项羽为次将，范曾为末将，率兵向北进兵救赵。他又命令刘邦向西进军关中，并与众将约定，谁先进入函谷关平定关中，就让谁在关中做王。

当时，秦军强大，常常乘胜追击败逃之敌，众将中没有人认为先入关是有利的事。只有项羽恨秦军打败了项梁的军队，很激愤，愿意和刘邦一起西进入关。怀王手下的老将们都说："项羽这个人敏捷勇猛，却又奸猾狠毒。他曾经攻下襄城，那里的军民没有一个能活下来的，都被他活埋了。凡是他经过的地方，没有不被毁灭的。再说，楚军多次西进，如先前的陈王、项梁，都被打败了。这次不如改派个忠厚老实的人，实行仁义，率军西进，向秦地的父老兄弟讲明道理。秦地父老兄弟因为他们的君主暴虐而受苦已经很久了，现在如果真的能有位忠厚老实的长者前去，不实施暴政，应当是可以攻下的。项羽只是敏捷勇猛，不能派他去。现在只有沛公一向忠厚老实，可以派他去。"怀王听取了众人意见，最终没有答应项羽，而是派沛公率军西进。刘邦一路上收集了陈胜、项梁的众多散兵。沛公取道砀县到达成阳，与杠里的秦军对垒相持，结果击败了秦军的两支部队。此时楚军又出兵攻击王离，大败王离的军队。

刘邦率兵西进，在昌邑与彭越相遇，于是和他一起攻打秦军，战事不利。他们撤兵到栗县，正好又遇到了刚武侯。刘邦把他的军队夺了过来，大约有四千人，并入了自己的军队。他又与魏将皇欣、魏申徒武蒲的军队合力攻打昌邑，没有攻下。于是刘邦继续西进，经过高阳。当时郦食其负责看管高阳城门，他说："各路将领经过此地的多了，我看只有沛公才是个德行高尚且忠厚老实的人。"于是前去求见，游说刘邦。刘邦当时正叉开两腿坐在床上，让两个女子给他洗脚。郦食其见了并不叩拜，只是略微俯身作了个长揖，说："如果您一定要诛灭没有德政的暴秦，就不应该坐着接见长者。"于是刘邦站起身来，整理衣服，向他道歉，请他坐上座 。于是郦食其劝说刘邦袭击陈留，得到了秦军储存的大批粮食。刘邦于是封郦食其为广野君，任命他的弟弟郦商为将军，统率陈留的军队，和自己一起攻打开封，没有攻下。他继续西进，与秦将杨熊在白马打了一仗，又在曲遇东面打了一仗，大破秦军。杨熊逃到荥阳去了，秦二世派使者将他斩首示众。刘邦又转向南攻打颍阳，屠戮了颍阳。后因张良的关系，占领了韩国的轘辕险道。

这时候，赵国的别将司马卬正想渡过黄河，进入函谷关。刘邦就向北进攻平阴，截断了黄河渡口。接着刘邦又挥军南下，与秦军在洛阳东面交战，战事不利，只好退回到阳城。刘邦集中军中骑兵，在犨县东和南阳太守吕齮交战，大败秦军，攻取了南阳郡。南阳郡守吕齮逃跑，退守宛城。刘邦率兵绕过宛城西进，张良进谏说：“您虽然想赶快入关，但目前秦兵数量仍旧很多，又凭借险要地势进行抵抗。如果现在不攻下宛城，那么日后宛城的敌军从背后攻击，前面又有强大的秦军，这是一条危险的道啊。”于是沛公连夜率兵从另一条道返回，他们更换了旗帜，黎明时分，把宛城紧紧围住，围了好几层。南阳郡守想要自刎，他的门客陈恢说：“现在自刎还太早。”于是越过城墙求见沛公，说：“我听说您和诸侯约定，先攻入咸阳的就让他在那里做王。现在您却停下来攻打宛城。宛城是个大郡的都城，相连的城池有几十座，人民众多，积蓄充足。官民都认为投降肯定会被杀死，所以都决心据城坚守。现在您整天停在这里攻城，士兵伤亡必定很多；如果率军离去，宛城军队一定在后面追出。这样，您向西前进会错过先进咸阳在那里称王的约定，后退又有遭受宛城强大军队袭击的后患。所以为了您着想，倒不如我们约定条件，招降南阳太守。您可封赏南阳太守为侯，仍让他留守南阳，您率领宛城的士兵一起西进。那些还没有降服的城邑，听到了这个消息，一定会争着打开城门等候您。您就可以通行无阻地西进，不必担心什么了。”沛公说：“好！”于是封宛城郡守为殷侯，封给陈恢一千户。于是沛公率兵继续西进，所经过的城邑没有不降服的。到了丹水，高武侯戚鳃、襄阳侯王陵也在西陵归降了。沛公又回军攻打胡阳，遇到了鄱君的别将梅鋗，就跟他一起，攻下了析县和郦县。沛公派遣魏国人宁昌出使秦地，宁昌还没有回来，这时秦将章邯已经在赵地率军投降项羽了。

当初，项羽和宋义向北去救赵，项羽杀了宋义，代替他做了上将军，黥布等各路将领都归属了项羽；项羽打败了秦将王离的军队，降服了章邯，诸侯们都归附了项羽。赵高杀了秦二世之后，派人来求见刘邦，想和刘邦约定在关中划地称王。刘邦以为其中有诈，就用了张良的计策，派郦生、陆贾去游说秦将，并用财物进行引诱，乘他们松懈之机偷袭武关，大败秦军。接着又在蓝田南面与秦军交战。这时，刘邦增加了用以迷惑敌兵的旗帜，布下疑阵，又令全军所过之处，不得掳掠，使得秦地的人非常高兴，秦军也日益松懈，因此刘邦再次大败秦军。接着在蓝田的北面与秦军交战，又大败秦军。于是乘胜追击，终于彻底打败了秦军。

汉元年十月，刘邦的军队在各路诸侯中最先到达灞上。秦王子婴驾着白车白马，用丝绳系着脖子，封好皇帝的印信，在轵道旁向刘邦投降。将领们有的说应该杀掉秦王。刘邦说："当初怀王派我攻关中，就是认为我能宽厚容人；再说人家已经投降了，又杀掉人家，这么做不吉利。"于是把秦王交给主管官吏，自己向西进入了咸阳。刘邦进宫后就想留在秦宫中休息，樊哙、张良劝阻，刘邦这才下令把秦宫中的贵重宝器、财物和库府封好，然后退回来驻扎在灞上。刘邦召来关中各县的父老和有才德、名望的人，对他们说："父老乡亲们，你们苦于秦朝的苛虐法令已经很久了，过去批评朝政得失的要灭族、相聚谈话的要处死。我和诸侯们约定，谁先进入关中的就在这里做王，所以我应当成为关中王。现在我和父老们约定，今后国家大法只有三条：杀人者处死，伤人者和抢劫者依法治罪。秦朝其余的法令全部废除。所有的官吏和百姓依旧像往常一样，各居其位。总之，我到这里来，就是要为父老们除害，不会对你们有任何侵害，请不要害怕！再说，我所以把军队撤回灞上，是想等各路诸侯到来，共同制定一个规约。"随即派人和秦朝的官吏一起到各县、镇、乡村去巡视，向民众讲明情况。秦地的百姓都非常喜悦，争着送来牛羊酒食，慰劳士兵。沛公推让不肯接受，说："仓库里的粮食不少，并不缺乏，不想让大家破费。"人们更加高兴，唯恐沛公不做关中王。

有人游说沛公说："秦地的富足是其他地区的十倍，地理形势又好。现在听说章邯投降项羽，项羽给他的封号是雍王，让他在关中称王。如今要是他来了，沛公您恐怕就不能拥有这个地方了。您赶快派军队守住函谷关，不要让诸侯军进来。再逐步从关中征集兵卒，加强自己的实力，以便抵抗他们。"沛公认为他的话有道理，就依从了他的计策。十一月中旬，项羽果然率领诸侯军西进，想要进入函谷关，但发现关门紧闭着。项羽听说沛公已经平定了关中，非常恼火，就派黥布等攻克了函谷关。十二月中旬，项羽到达咸阳城东的戏亭。沛公的左司马曹无伤听说项羽发怒，想要攻打沛公，就派人去对项羽说："沛公要在关中称王，让秦王子婴做丞相，把秦宫所有的珍宝都据为己有。"曹无伤想借此求得项羽的封赏。亚父范增劝说项羽攻打沛公。项羽立即犒劳将士，准备次日和沛公会战。这时项羽的兵力有四十万，号称百万；沛公的兵力有十万，号称二十万，实力抵不过项羽。恰巧项伯想救张良，不想让他与沛公一起送死，于是连夜赶到沛公军营见张良，因而让刘邦有机会给项羽写了封信，使项羽改变了作战的想法。次日沛公带了百余名骑随来到鸿门，向项羽道歉。项羽说：“这是沛公的左司马曹无伤说的，不然我怎么会这样呢？”沛公因为樊哙、张良的帮助，得以安全脱身返回。回到军营后，刘邦立即杀了曹无伤。

项羽于是向西行进，一路屠杀，焚烧了咸阳城内的秦王朝宫室，所经过的地方，没有不遭毁灭的。秦地的人们对项羽非常失望，但又害怕，不敢不服从他。

项羽派人回去向怀王报告并请示。怀王说：“按原来约定的办。”项羽怨恨怀王当初不肯让他和沛公一起西进入关，却派他到北边去救赵，结果没能率先入关，落在了别人之后。他说：“怀王是我家叔父项梁拥立的，他没有什么功劳，凭什么能主持定约呢！平定天下的，本来就是各路将领和我项籍。”于是假意推尊怀王为义帝，实际上并不听从他的命令。

正月，项羽自立为西楚霸王，统治梁、楚两地的九个郡，建都彭城。又违背当初的约定，改立沛公为汉王，统治巴蜀、汉中之地，建都南郑。把关中分为三份，封给秦朝的三个降将：章邯为雍王，建都废丘；司马欣为塞王，建都栎阳；董翳为翟王，建都高奴。又封楚将瑕丘申阳为河南王，建都洛阳。封赵将司马卬为殷王，建都朝歌。把赵王歇改封到代地为代王。封赵相张耳为常山王，建都襄国。封当阳君黥布为九江王，建都六县。封怀王的柱国共敖为临江王，建都江陵。封番君吴芮为衡山王，建都邾县。封燕将臧荼为燕王，建都蓟县。把原燕王韩广改封到辽东为辽东王。韩广不听，臧荼于是率军去攻打他，并在无终把他杀了。项羽又把河间周围的三个县封给成安君陈余，让他住在南皮县。封给梅鋗十万户。

四月，各路诸侯从项羽的大将军旗帜下解散，回到各自的封地去。刘邦也前往封国，项羽只派了三万士兵随从他前往，而楚国和诸侯国中因为敬慕而跟随刘邦的另有几万人。刘邦从杜县往南进入蚀地的山谷中，一路上军队过去以后，便命人把在陡壁上架起的栈道全部烧掉，以防备诸侯或其他强盗偷袭，也是向项羽表示自己没有东出之意。到达南郑时，部将和士兵中有许多人在中途开小差逃回去了，留下的士兵们也唱着歌，想东归回乡。韩信劝说汉王道：“项羽封有功的部将，却偏偏让您到南郑来，分明是流放您。部队中的军官、士兵大都是崤山以东的人，他们日夜踮起脚跟东望，盼着回归故乡。如果您趁着这种心气极高的时候利用他们，可以建大功。如果等到天下平定以后，人们都安居乐业了，就再也用不上他们了。不如立即决策，率兵东进，与诸侯争夺天下。”

项羽出了函谷关后，派人让义帝迁都，并对义帝说：“古代帝王拥有方圆千里的土地，而且一定要居住在江河的上游。”派使者把义帝迁徙到长沙郡的郴县，催促他赶快起程。群臣见此，于是渐渐背叛了他。项羽就秘密命令衡山王、临江王去杀义帝，把义帝杀死在江南。项羽怨恨田荣，就封齐将田都为齐王。田荣很生气，就自立为齐王，杀掉田都，反叛楚王；又把将军印授给了彭越，让他在梁地反楚。楚派萧公角去攻打彭越，被彭越打得大败。陈余怨恨项羽不封自己为王，就派夏说去游说田荣，向他借兵攻打张耳。齐国给了陈余一些兵力，打败了常山王张耳。张耳逃走归附了汉王刘邦。陈余从代地把赵王歇接回赵国，重新立为赵王，赵王因此立陈余为代王。项羽大为恼怒，发兵亲自向北攻打齐国。

八月，汉王刘邦采用韩信的计策，按原路返回关中，袭击雍王章邯。章邯在陈仓迎击汉军，雍王的军队被打败，退兵逃走；在好畤停下来再战，又被打败，逃到废丘。刘邦于是平定了雍地。他向东挺进咸阳，率军在废丘包围了雍王，并派遣将领平定了陇西、北地、上郡；派将军薛欧、王吸带兵出武关，与驻守南阳的王陵会合，到沛县去接自己的父亲太公和妻子吕后。项羽听说后，派兵在阳夏阻截，汉军不能前进。项羽又封原吴县县令郑昌为韩王，让他带兵去抵抗汉军。

二年，汉王刘邦向东进攻，夺取土地，塞王司马欣、翟王董翳、河南王申阳都归降了。韩王昌不肯归降，刘邦派韩信打败了他。于是刘邦把攻占的土地设置为陇西、北地、上郡、渭南、河上、中地等郡；在关外设置了河南郡，改封韩国的太尉韩信为韩王。刘邦下令各路将领，凡是率领一万人或者献出一郡之地降汉的，封他为万户侯。他派人修筑河上郡的要塞，把原先秦朝供帝王游玩打猎的园林开放，允许人们去耕种。正月，俘虏了雍王的弟弟章平。刘邦对自己属地内的罪犯，进行大赦。

汉王刘邦出了武关到达陕县，抚慰关外的父老。回来后，张耳前来求见。刘邦厚待他。

二月，刘邦下令拆除了秦的社稷坛，改建汉的社稷坛。

三月，刘邦从临晋渡过黄河，魏王豹带兵跟随。刘邦攻下了河内，俘虏了殷王，设置了河内郡。刘邦又率军向南渡过平阴津，到达洛阳。新城县一位掌管教化的三老董公拦住了刘邦，向他说了义帝被杀的情况。刘邦听后，袒露左臂失声大哭。随即下令为义帝发丧，哭吊三天。刘邦又派使者通告各诸侯说："天下诸侯共同拥立义帝，称王事奉。如今项羽在江南放逐并杀害了义帝，这是大逆不道。我亲自为义帝发丧，诸侯也都应该穿白戴素。我将发动关中全部军队，聚集河南、河东、河内三郡的士兵，向南沿长江、汉水而下，我希望与诸侯王一起去打楚国那个杀害义帝的罪人！"

这时，项羽正在北方攻打齐国，田荣和他交战于城阳。田荣被打败，逃往平原，平原的民众杀了他。齐国各地都归降了楚国。楚军放火焚毁了齐国的城邑，掠走了齐人的子女。齐国人十分愤怒，又反叛了楚国。田荣的弟弟田横立田荣的儿子田广为齐王。齐王已在城阳举兵反楚。项羽虽然听说了刘邦已经到东方来了，但因为已经与齐军连续作战多日，就想在打败齐军之后再去迎击汉军。刘邦因此得以挟持常山王张耳、河南王申阳、韩王郑昌、魏王魏豹、殷王司马印等五诸侯的军队，攻入彭城。项羽闻讯，立即率兵离开齐国，从鲁县穿过胡陵到达萧县，与汉军在彭城灵壁以东的睢水上激战，大败汉军，杀得尸横遍野，以致睢水因此被阻塞不能畅流。项羽又派人从沛县掳来了刘邦的父母、妻子、儿女，把他们扣留在军中做人质。当时，诸侯们见楚军强大，刘邦被打败，又都背离了刘邦而投向楚王。塞王司马欣也逃归了楚国。

吕后的哥哥周吕侯当时正率领着刘邦的一路军队驻扎在下邑。刘邦便去投奔他，并逐渐收集逃散的士卒，驻扎在砀县。然后刘邦率军向西，经过梁地，到达虞县。刘邦派使者随何到九江王黥布那里去，说："您如果能说服黥布发兵反楚，项羽一定会暂停留在那里攻击黥布。只要项羽的军队停留几个月，我就一定能取得天下。"随何于是前往游说九江王黥布，黥布果然反叛了楚。项羽派龙且前去攻打黥布。

刘邦在彭城兵败向西撤退的时候，途中派人去寻找家人，家人都已逃走，没有找到他们。败退途中只找到了孝惠。六月，刘邦立孝惠为太子，大赦罪犯。他让太子守卫栎阳，并把在关中的各诸侯的儿子也都集中到栎阳来守卫。接着，他引水灌废丘，废丘降汉，章邯自杀。刘邦把废丘改名为槐里。于是刘邦命令掌管祭祀的官吏祭祀天地、四方、上帝、山川，并形成定制，以后按时祭祀。他又发动关内的士兵，前往边塞防守敌军。

当时九江王黥布正与龙且交战，失败了。黥布便跟随何一起抄小路潜行归附了刘邦。刘邦再次收拢了许多兵卒，其他各地将领及关中的军队也慢慢向荥阳聚拢，因而刘邦的军队声威大振，在京、索之间大败了楚军。

汉王三年，魏王豹请假回乡去探视生病的父母，一到魏国，就毁绝了黄河的渡口，反汉助楚。刘邦派郦食其去劝说魏豹，魏豹不听。于是刘邦派将军韩信前去攻打，把魏军打得大败，俘虏了魏豹，平定了魏地，并在那里设置了河东、太原、上党等三个郡。刘邦随即命令张耳与韩信率兵东下井陉，攻打赵国，杀了陈余和赵王歇。第二年，刘邦封张耳为赵王。

刘邦的军队驻扎在荥阳南面，修筑了一条甬道与黄河南岸相连接，以便取用敖仓的粮食。刘邦跟项羽互相对峙，持续了一年多。项羽多次夺取这条甬道，使刘邦军队粮食缺乏，最终项羽包围了刘邦。刘邦请求讲和，条件是把荥阳以西的地方划归为汉，项羽没有答应。刘邦为此而忧虑，于是采用陈平的计策，给了陈平黄金四万斤，用以离间项羽和范增君臣之间的关系。于是项羽便对亚父范增产生了怀疑。范增当时劝项羽前往攻取荥阳，当他遭到项羽猜疑后，非常愤怒，就托辞年老，希望项羽准许他告退回乡为民，结果还没有走到彭城就死了。

汉军粮草断绝，就趁夜把二千多名身披铠甲的女子放出东门，楚军从四面追赶围攻。这时将军纪信乘坐着刘邦的车驾，假扮成刘邦的样子诳骗楚军，假装向项羽投降。楚军见此一起高呼万岁，都到城东去观看，而刘邦因此得以带着几十名随从骑兵从西城门逃走了。出城之前刘邦命令御史大夫周苛、魏豹、枞公守卫荥阳。那些不能随从刘邦出城的将领和士兵，都留在城中，周苛、枞公商量说："魏豹是曾反叛过的侯国之王，难以和他一起守城。"于是把魏豹杀了。

刘邦逃出荥阳进入关中，聚集士兵准备再次东进。袁生游说刘邦说："我军与楚在荥阳相持不下好几年，我们常陷于不利的困境。希望大王您能够南出武关，项羽到时一定会率军南下。到时大王加高壁垒，不出战，让荥阳、成皋一带的军队得以休息。您可派韩信等去安抚河北赵地，把燕国、齐国连接起来，那时大王再兵进荥阳也不晚。这样，楚军就要多方防备，力量分散，而汉军得到了休整，再跟楚军作战，打败楚军就确定无疑了。”刘邦听从了他的计策，出兵宛县、叶县一带，与黥布一路行进、一路聚集人马。

项羽听说刘邦在宛县，果然率军南下。刘邦加固壁垒，不跟他交战。这时候，彭越渡过睢水，和项声、薛公在下邳交战，彭越大败楚军。于是项羽就率军东进去攻打彭越。刘邦同时也就率军北进，驻扎在成皋。项羽打跑了彭越，听说刘邦又驻进了成皋，就率军向西，攻下了荥阳，杀死了周苛、枞公，并且俘虏了韩王信，接着包围了成皋。

刘邦逃走了，只和滕公共乘一车从成皋北面的玉门逃出，往北渡过黄河，驰马跑到修武，并留宿在此。他自称是刘邦的使者，在第二天清晨闯入张耳、韩信的军营，夺了他们的军权。而后派张耳往北到赵地去大量招收兵卒，派韩信东进攻打齐国。刘邦取得了韩信的军队，重新振作起来。他率军南下临近了黄河，在小修武的南面犒劳部队，准备跟项羽再战。这时郎中郑忠劝阻刘邦，让他加深壕沟，增高壁垒坚守，不要跟楚军作战。刘邦听从了他的计谋，派卢绾、刘贾率步兵二万人、骑兵数百名，渡过白马津，进入楚地，跟彭越的军队一起在燕县城西再次打败了楚军，接着又攻下了梁地的十多座城池。

淮阴侯韩信已受命东进，还没有渡过平原津。这时，刘邦却暗中派郦食其前去游说齐王田广，田广叛楚，与汉和好，共同进攻项羽。但韩信还是采用了蒯通的计策，袭击并大败了齐军。齐王用大鼎把郦食其煮死，向东逃到高密。项羽听说韩信已率河北军攻占了齐国、赵国，且将要进攻楚国，就派龙且、周兰前去攻打韩信。韩信跟他们开战，骑将灌婴出击，大败楚军，杀了龙且。齐王田广投奔彭越。这时候，彭越带兵驻在梁地，往来袭击骚扰楚军，断绝了楚军的粮食供给。

汉王四年，项羽对海春侯大司马曹咎说：“请你们小心地守住成皋。如果汉军挑战，千万不要应战，只要别让他们东进就可以了。我在十五天之内一定能平定梁地，回头再跟将军们会合。”便率兵去攻打陈留、外黄、睢阳，所有城池都被攻下。这期间，汉军果然多次向楚军挑战，楚军都坚守不出。于是汉军便派人辱骂他们，接连骂了五六天。曹咎气愤之极，忍不住领兵横渡汜水应战。楚兵刚刚渡过一半，汉军便杀了出来，大败楚军，把楚国屯积的所有金玉财宝洗劫一空。大司马曹咎、长史司马欣都在汜水上自刎了。项羽到达睢阳，听说海春侯被打败，就率军赶回来。汉军这时正把钟离眜围困在荥阳东面，他们一见项羽到来，立刻全部跑到深山险要地带躲了起来。

韩信攻下齐国后，派人对刘邦说："齐国和楚国邻界，我的权力太小，如果不立个代理齐王，恐怕不能安定齐地。"刘邦听后想派兵攻打韩信。留侯张良劝说道："不如趁此机会立他为齐王，让他自己守住齐地。"于是刘邦派张良带着印信到齐国封韩信为齐王。

项羽听说龙且的军队被打败后，就害怕了，派盱台人武涉去游说韩信反汉。韩信没有同意。

楚汉两军久久相持不下，胜负未决，年轻人厌倦了长期的行军作战，老弱者由于运送粮饷也疲备不堪。于是刘邦和项羽隔着广武涧相互喊话。项羽要求与刘邦单独决一雌雄，刘邦则一项一项地列举项羽的罪状说："当初我和你项羽一同受怀王之命，说定了先入关中者在关中为王，你项羽违背了约定，让我在蜀汉为王，这是你的第一条罪状。你项羽假托怀王之命，杀了卿子冠军宋义，而自任上将军，这是你的第二条罪状。你项羽奉命援救了赵国，本应当回报怀王，而你项羽却擅自劫持诸侯的军队入关，这是你的第三条罪状。怀王当初约定入关后不准烧杀掳掠，你却焚毁秦朝宫室，挖了始皇帝坟墓，私自收取秦地的财物，这是你的第四条罪状。你强行杀掉已经投降的秦王子婴，这是你的第五条罪状。你采用欺诈手段在新安活埋了二十万秦兵，却封赏他们的降将，这是你的第六条罪状。你项羽把各诸侯的将领都封在好地方，却迁移赶走原来的诸侯王田市、赵歇、韩广等，使得他们的臣下为争王位而反叛，这是你的第七条罪状。你项羽把义帝赶出彭城，自己却在那里建都，又侵夺韩王的地盘，把梁、楚之地并在一起据为己有，这是你的第八条罪状。你项羽派人在江南秘密地杀了义帝，这是你的第九条罪状。你为人臣子却谋杀君主，杀害已经投降之人，你为政不公，不守信约，不容于天下，大逆不道，这是你的第十条罪状。如今我率领义兵和诸侯们来讨伐你这个残暴的罪人，只派那些受过刑的罪犯就可以收拾掉你项羽，又何必劳累我来跟你挑战呢？"项羽十分恼怒，令预先埋伏的弓箭手开弓射中了刘邦。刘邦被射伤了胸部，他却按着脚说："这个强盗射中了我的脚趾！"刘邦因受箭伤而病倒了，但张良却强请他起来出去巡行，慰劳部队，以便稳定军心，不让楚军乘胜利之机攻打汉军。刘邦出去巡视军营后，病情加重了，便立即赶回了成皋。

刘邦病愈后，西行入关，来到栎阳，慰问当地父老，摆设酒席，并杀了原塞王司马欣，把他的头悬挂在木杆上示众。刘邦在栎阳停留了四天，又回到军中，部队驻扎在广武。这时候，关中的军队出关参战的也增多了。

这时候，彭越带兵驻在梁地，往来袭击骚扰楚军，断绝了楚军的粮食供给。田横前往梁地依附他。项羽多次攻击彭越等人，齐王韩信又进兵攻打楚军。项羽害怕了，就跟刘邦约定，平分天下，鸿沟以西的地方划归汉，鸿沟以东的地方划归楚。项羽送回了刘邦的家属，汉军官兵一见都呼喊万岁，然后双方分别回营离去。

项羽罢兵回东方了，刘邦也想率军西归，后来采用张良、陈平的计策，乘楚军兵疲粮尽时，进兵追击项羽，一直追到阳夏南面才让部队停下来。刘邦曾和齐王韩信、建成侯彭越约定日期会合，共同攻击楚军，但当刘邦到达固陵时，韩信、彭越却没有来会合。楚军掉头迎击汉军，把汉军打得大败。刘邦逃回营垒，深挖壕堑，固守不出。后又采用张良的计策派使者封给韩信、彭越土地，于是韩信、彭越都来会合了。此前刘贾已率军进入楚地，围攻寿春，刘邦却在固陵打了败仗。于是他派人去召大司马周殷，让他出动九江军队去迎接武王黥布，行军途中屠戮了城父。然后随刘贾、齐梁各诸侯的军队一起会师垓下。刘邦封武王黥布为淮南王。

汉王五年，刘邦和诸侯军共同进攻楚军，与项羽在垓下决战。淮阴侯韩信率领三十万大军与楚军正面对阵，他的部将孔将军在左边，费将军在右边，刘邦领兵随后，绛侯周勃、柴将军跟在刘邦的后面。项羽的军队大约有十万。淮阴侯首先跟楚军交锋，没占到便宜，向后退却。孔将军、费将军从左右两边纵兵攻上去，楚军形势不妙，淮阴侯乘势再次从正面攻上去，大败楚军于垓下。项羽的士兵夜晚听到汉军唱起了楚地的歌谣，以为汉军已经占领了全部楚地，项羽才战败逃走，于是楚军因此全部崩溃。刘邦派骑将灌婴追杀项羽，一直追到东城，杀了八万楚兵，终于平定了楚地。这时只有鲁县人还在为项羽坚守，不肯降服，因为怀王当初封项羽为鲁公。刘邦于是率领诸侯军北上，把项羽的头给鲁县的父老们看，鲁人这才投降。于是，刘邦按照鲁公这一封号的礼仪，把项羽葬在谷城。然后回师定陶，他驱马驰入齐王韩信的军营，夺了韩信的兵权。

正月，诸侯及将相们共同尊请汉王刘邦为皇帝。刘邦说："我听说皇帝的尊号，贤能的人才能据有，空言虚语不是我所要的，我可承担不了皇帝的尊号。"大臣们都说："大王从平民起事，诛伐暴逆，平定四海，有功的分赏土地封为王侯，如果大王不称皇帝尊号，人们对大王的封赏就都不会相信。我们愿意以死相求。"汉王辞让再三，实在推辞不过了，才说："既然诸位认为这样合适，对国家有利，那我就听从吧。"甲午日，刘邦在汜水北面登临皇帝之位。

刘邦提到义帝没有后代，而齐王韩信熟悉楚地的风俗，就改封韩信为楚王，建都下邳；封建成侯彭越为梁王，建都定陶；原韩王信仍旧为韩王，建都阳翟；改封衡山王吴芮为长沙王，建都临湘。番君吴芮的部将梅鋗有功劳，曾经随汉军进入武关，所以刘邦感激吴芮。淮南王黥布、燕王臧荼、赵王张敖的封号都不改变。

天下已经全部平定了，刘邦把都城定在洛阳，各路诸侯都称臣归从于刘邦。原临江王共欢仍为项羽效忠，反对刘邦。刘邦派卢绾、刘贾包围了他，没有攻下。过了几个月共欢才投降，最后被处死在洛阳。

五月，士兵都被遣散回家了。各诸侯子弟留在关中护卫太子的，免除赋税徭役十二年；曾护卫过后又回封国去了的免除赋税徭役六年，另国家供养他们一年。

刘邦在洛阳南宫摆设酒宴。刘邦说："列侯和各位将领，你们不能瞒我，都要说真心话。我之所以能取得天下，是因为什么呢？项羽之所以失去天下，又是因为什么呢？"高起、王陵回答说："陛下傲慢而且好侮辱别人，项羽仁厚而且爱护别人。但是陛下派人攻打城池夺取土地，所攻下和降服的地方就分封给人们，跟天下人同享利益。而项羽却妒贤嫉能，有功的就忌妒人家，有才能的就怀疑人家，打了胜仗不给人家授功，夺得了土地不给人家利益，这就是他失去天下的原因。"高祖说："你们只知其一，不知其二。如果说运筹帷幄之中，决胜于千里之外，我比不上张子房；镇守国家，安抚百姓，供给粮饷，保证运粮道路不被阻断，我比不上萧何；统率百万大军，战则必胜，攻则必取，我比不上韩信。这三个人都是人中的俊杰，我能够重用他们，这就是我能够取得天下的原因所在。项羽虽然有一位范增却不重用，这就是他被我擒获的原因。"

刘邦打算长期定都洛阳，齐人刘敬劝说，还有留侯张良也劝说，让刘邦进入并定都关中。于是刘邦当天就起驾入关，到关中去建都。当年六月，刘邦大赦天下。

当年十月，燕王臧荼造反，攻占了代地。刘邦亲自率军前去讨代，擒获了燕王臧荼。当即刘邦封太尉卢绾为燕王，派丞相樊哙领兵去攻打代地。

这一年的秋天，利几造反，刘邦又亲自带兵去讨伐，利几败逃。利几原先是项羽的部将。项羽失败时，利几是陈县县令，没有跟随项羽，逃出归降了刘邦。刘邦把他封在颍川为侯。刘邦打败燕王臧荼回到洛阳后，召见全部在册的列侯，利几心里害怕，所以就造反了。

汉六年，高祖每五天朝拜太公一次，遵循一般人家父子相见的礼节。太公的管家劝说太公道："天上不会有两个太阳，地上不应有两个君主。当今皇上在家虽然是儿子，在天下却是万民之主；太公您在家虽然是父亲，对皇上却是臣子。怎么能够叫万民之主拜见他的臣子呢！这样做，皇帝的威严就不能遍行天下了。"后来刘邦再去朝见太公，太公就抱着扫帚，面对门口倒退着走。刘邦大为吃惊，急忙下车搀扶太公。太公说："皇上是万民之主，怎么能因为我而乱了天下的规矩呢？"于是刘邦就尊奉太公为太上皇，心里赞赏那个管家的话，赐给他五百斤黄金。

十二月，有人上书报告楚王韩信谋反作乱的事，刘邦向左右大臣询问对策，大臣们都争着想去征讨。最后刘邦采用了陈平的计策，假装去游览云梦泽，在陈县召见诸侯。楚王韩信来迎接。刘邦趁机拘捕了他。当天，刘邦宣布大赦天下。这时田肯前来祝贺，趁便劝说刘邦道："陛下抓住了韩信，又在关中建都。秦地是个形势险要之地，周围有山河环绕，与关东有千里长的疆界被山河阻隔。如果关东拥有百万军队，那么秦地只需兵力二万就可以抵挡住。秦地地势这样有利，如果对诸侯用兵，就好像从高屋檐角的瓦瓴往下流水一样，居高临下，势不可当。还有齐地，东有琅邪、即墨的富饶，南有泰山的险固，西有黄河的天险，北有渤海的地利。土地纵横各二千里，与诸侯的疆界被山水阻隔，超过千里，如果诸侯拥有百万军队，那么齐地只需二十万就可以抵挡住。所以说，齐地可以和秦地并称东秦和西秦。如果不是陛下的嫡亲子弟，其他人不可以派去做齐王。"刘邦听后说："很好。"赏给田肯黄金五百斤。

十多天以后，刘邦封韩信为淮阴侯，把他原来的封地分为两个侯国。刘邦认为将军刘贾屡次立功，就封他为荆王，统治淮水以东；又封他的弟弟刘交为楚王，统治淮水以西；封皇子刘肥为齐王，统辖七十多座城，凡是能说齐国话的老百姓都划属齐国。刘邦又评定功绩，进行封赏，与各列侯剖开封侯的符节，一半留在朝廷，一半交给受封者，以做凭证。让韩王信迁徙到太原郡。

汉七年，匈奴攻打韩王信治下的马邑，韩王信就与匈奴勾结在太原谋反。此时白土县人曼丘臣、王黄拥立前赵将赵利为王，也反叛朝廷。刘邦亲自率兵前往讨伐。当时正赶上天气寒冷，士兵们被冻掉手指的有十分之二三，最后赶到了平城。匈奴军队包围了平城，七天之后才撤围离去。刘邦让樊哙留下继续平定代地，封哥哥刘仲为代王。

汉七年二月，刘邦从平城出发，经过赵国、洛阳，抵达长安。长安的长乐宫已建成，于是刘邦让丞相萧何以下的官员们全都迁到长安来办公。

汉八年，汉高祖刘邦又率军东进，在东垣一带追击韩王信的残余部众。

当时丞相萧相何正主持未央宫的营建工作，已经建好了未央宫的东阙、北阙、前殿、武库、太仓。刘邦回来后，看到宫殿非常壮观，很生气，对萧何说："天下动荡纷乱，苦苦征战好几年，成败还不可确知，为什么要把宫殿修造得如此豪华壮美呢？"萧何说："正因为天下还没有安定，才可以利用这个时机建成宫殿。再说，天子以四海为家，宫殿不壮丽就无法树立天子的威严，而且也不能让后世超过呀。"高祖这才高兴起来。

刘邦到东垣去，经过柏人县，赵国丞相贯高等人图谋想要谋杀高祖。刘邦本想在柏人留宿，可是心里一动，想到"柏人"字音与"迫人"相同，就没有住在那里。代王刘仲在匈奴人的攻击下弃国逃亡，回到了洛阳，高祖刘邦废掉了他的王位，改封为合阳侯。

汉九年，赵国丞相贯高等人企图谋杀刘邦的事情被发觉。刘邦灭了他们的三族，废掉了赵王共敖的王位，改封为宣平侯。这一年，刘邦把原来楚国的贵族昭氏、屈氏、景氏、怀氏和原来齐国的贵族田氏等，全部迁到关中。

未央宫建成了。刘邦在未央宫前殿摆设酒宴，大会诸侯、群臣。刘邦捧着玉制酒杯，起身向太上皇献酒祝寿，说："当初您常以为我没有出息，无可倚仗，不会经营产业，比不上哥哥刘仲勤苦努力。可是现在我的产业和刘仲相比，谁的多呢？”殿上的群臣听了都高呼万岁，大笑取乐。

汉十年十月，淮南王黥布、梁王彭越、燕王卢绾、荆王刘贾、楚王刘交、齐王刘肥、长沙王吴芮都到长乐宫朝见高祖刘邦。这年春天和夏天国家太平无事。

这年七月，太上皇在栎阳宫去世。楚王、梁王都来送葬。刘邦赦免了栎阳的囚徒，把郦邑改名为新丰。

这年八月，赵国丞相陈豨在代地造反。刘邦说：“陈豨曾经给我做事，很有信用。代地我认为是很重要的地方，所以封陈豨为列侯，以相国的身份镇守代地。如今他竟然和王黄等人在代地造反！但是代地的官吏和百姓并没有罪，全都赦免他们。”九月，刘邦亲自率军往东，前去讨伐陈豨。到达邯郸，刘邦高兴地说：“陈豨没有占据邯郸并且把漳水隔断，我就知道他是个无能的人了。”又听说陈豨的部将以前都是做生意的人，说：“我知道应该怎么对付他了。”于是拿出了许多黄金去引诱陈豨的部将，很多人都投降了。

十一年，高祖在邯郸讨伐陈豨等人的战事还没有完毕，陈豨的部将侯敞带领一万多人在各地往来游击作战，王黄驻扎在曲逆，张春率军渡过黄河攻打聊城。刘邦派将军郭蒙和齐国的将领联合攻打他们，打得他们大败。太尉周勃从太原攻入，平定了代地。攻马邑时，马邑的叛军不肯降服，周勃就派军摧毁了马邑。

当时陈豨的部将赵利坚守东垣，刘邦率军攻打，久攻不下。攻了一个多月，东垣的士兵在城上辱骂刘邦，刘邦大怒。等到东垣被攻下后，刘邦下令把辱骂过自己的人找出来斩了，不曾辱骂自己的人就宽恕了他们。随后刘邦把赵国常山以北的地区划归代国，立皇子刘恒为代王，建都晋阳。

这年的春天，淮阴侯韩信在关中谋反，被刘邦夷灭三族。

夏天，梁王彭越谋反，刘邦废掉了他的王位，把他流放到蜀地；不久他又想谋反，被夷灭三族。接着刘邦立皇子刘恢为梁王，皇子刘友为淮阳王。

这年秋季七月，淮南王黥布造反，向东吞并了荆王刘贾的地盘，又北渡淮河，楚王刘交被迫逃到薛邑。汉高祖刘邦亲自率军前去讨伐，另立皇子刘长为淮南王。

十二年十月，高祖刘邦在会甀击败了黥布的军队。黥布逃走，高祖派别将继续追击。

高祖回京途中，路过沛县时停了下来。他在沛宫置备酒席，把过去的老朋友和他们的子弟都请来一起纵情畅饮。他从沛县儿童中挑选了一百二十人，教他们唱歌。酒喝得正痛快时，高祖自己弹击着筑琴，唱起了自己编的歌：“大风刮起来啊云彩飞扬，声威遍海内啊回归故乡，怎能得到猛士啊守卫四方！”并让儿童们跟着学唱。于是高祖起舞，他情绪激动，心中感伤，洒下了行行热泪。他对沛县的父老兄弟说：“远游的赤子总是思念着故乡。我虽然建都关中，但是将来死后我的魂魄还会思念故乡。而且我开始是以沛公的身份起兵讨伐暴逆，最终取得天下。我把沛县作为我的汤沐邑，免除沛县百姓的赋税徭役，世世代代不必纳税服役。”沛县的父老兄弟及同宗婶子、大娘、亲戚朋友天天快活饮酒，尽情欢宴，叙谈往事，取笑作乐。过了十多天，刘邦要走了，沛县父老坚决要高祖多留几日。高祖说：“我的随从人众太多，父兄们供应不起。”于是离开了沛县。这天，沛县城里全空了，百姓都赶到城西来向刘邦敬献礼物。见此情景，刘邦又停下来，搭起帐篷，痛饮了三天。沛县的父老兄弟都叩头请求说：“沛县有幸得以免除赋税徭役，丰邑却没有免除，希望陛下可怜他们。”高祖说：“丰邑是我生长的地方，我最不能忘记。只是当初丰邑人跟着雍齿反叛我而帮助魏王，我才这样的。”沛县父老兄弟仍旧坚决请求，高祖才答应把丰邑的赋税徭役也免除掉，跟沛县一样。于是封沛侯刘濞为吴王。

汉将军分别在洮水南北进击黥布，都大败了叛军，在追到鄱阳时抓获了黥布，并把他斩了。

樊哙另外带兵平定了代地，在当城杀了陈豨。

十一月，汉高祖刘邦从讨伐黥布的前线返回长安。十二月，高祖说：“秦始皇、楚隐王陈涉、魏安釐王、齐湣王、赵悼襄王等都没有后代，分别给予守墓人十户，给秦始皇二十户，给魏公子无忌五户。”代地的官吏、百姓，凡是被陈豨、赵利所劫持的，全部赦免。当时陈豨的降将说陈豨造反时，燕王卢绾曾经派人到陈豨那里跟他密谋。刘邦派辟阳侯审食其去宣召卢绾进京，卢绾推说有病不来。辟阳侯回来后，详细报告说，卢绾确实有谋反的迹象。这年二月，高祖派樊哙、周勃带兵讨伐燕王卢绾，赦免了燕地参与造反的官吏与百姓，立皇子刘建为燕王。

刘邦平定英布叛乱，班师途经沛县，召家乡父老会饮，于酒席之上唱《大风歌》。

汉高祖刘邦在讨伐黥布的时候，被飞箭射中，在回京的路上生了病。病得很厉害，吕后为他请来了一位好医生。医生进宫拜见，刘邦问医生病情如何。医生说："可以治好。"于是刘邦骂他说："我一个平民，手提三尺之剑，最终取得天下，这不是由于天命吗？人的命运决定于上天，纵然你是扁鹊，对我的病又有什么用处呢！"说完并不让他治病，赏给他五十斤黄金打发走了。不久，吕后问高祖："陛下百年之后，如果萧相国也死了，让谁来接替他做相国呢？"高祖说："曹参可以。"又问曹参以后的事，高祖说："王陵可以。不过他略显迂愚刚直，陈平可以帮助他。陈平智慧有余，然而难以独自担当重任。周勃深沉厚道，缺少文才，但是日后安定刘氏天下的一定是周勃，可以让他担任太尉。"吕后再问以后的事，高祖说："再以后的事，也不是你所能知道的了。"

这时卢绾带着几千骑兵在边境上等待机会，希望在高祖病愈以后，亲自到长安去请罪。

四月甲辰日，刘邦在长乐宫逝世。过了四天仍没有发布丧事的消息。吕后和审食其商量说："那些将领和皇帝以前同样都是平民百姓，后来北面称臣，他们因此常常流露出不满意、不服气的样子。现在又要侍奉年轻的新皇帝了，如果不全部族灭他们，天下就难以安定了。"有人听到了这个话，告诉了将军郦商。郦商去见审食其，说："我听说皇帝已驾崩四天了，你们至今还不发布丧事消息，而且想要杀掉所有的将领。如果你们真的这样做，天下可就危险了。现在陈平、灌婴率领十万大军镇守荥阳，樊哙、周勃率领二十万大军在燕地和代地作战，如果他们听说皇帝驾崩了，在朝诸将都遭杀戮，必定会把军队联合在一起，回过头来进攻关中。那时候大臣们在朝廷叛乱，诸侯们在外面造反，汉朝覆亡的日子很快就要来到了。"审食其进宫把这番话告诉了吕后，于是吕后就在二十八日发布了刘邦逝世的消息，同时宣布大赦天下。

卢绾听说刘邦驾崩的消息，就逃到匈奴去了。

这年五月十七日，刘邦葬在了长陵。二十日，太子刘盈来到太上皇庙朝拜，大臣们都说："高祖起事于平民，平治乱世，使之归于正道，平定了天下，是汉朝的开国皇帝，功劳最高。"于是献上尊号称刘邦为高皇帝。太子继承皇帝之号，这就是孝惠帝。孝惠帝下令，让各郡国诸侯分别建立高祖庙，每年按时祭祀。

到孝惠帝五年，皇上想到高祖生前思念和喜欢沛县，就把沛宫定为高祖的原庙；高祖所教唱歌的儿童一百二十人，都让他们在原庙奏乐唱歌，以后有了缺员，就随时加以补充。

高祖有八个儿子：庶出的长子是齐悼惠王刘肥；次子孝惠皇帝，是吕后的儿子；三子是戚夫人的儿子赵隐王如意；四子代王刘恒，后来被立为孝文皇帝，是薄太后的儿子；五子梁王刘恢，吕太后当政时被改封为赵共王；六子淮阳王刘友，吕太后时被改封为赵幽王；七子是淮南厉王刘长；八子是燕王刘建。

太史公说："夏朝的政治忠厚。忠厚的弊病是使得百姓粗野少礼，所以殷朝代之以恭敬。恭敬的弊病是使得百姓相信鬼神，所以周朝代之以礼仪。礼仪的弊病是使百姓不诚恳，所以要救治不诚恳的弊病，就没有什么比得上忠厚。由此看来，夏、殷、周三代开国君主的治国之道好像是循环轮转的，终而复始。至于周朝到秦朝之间，其弊病可以说就在于过分讲究礼仪了。秦朝的政治不但没有改变这种弊病，反而使刑法更加残酷，这难道不是大错特错吗？所以汉朝的兴起，前朝政治的弊端有所改变，使老百姓不至于倦怠，这是符合循环终始的天道的。规定每年十月诸侯王到京城朝见皇帝。车服有定制，皇帝的车子用黄缯做盖的里子，车横左边竖立毛羽制成的幢。安葬高祖于长陵。"

史记卷九

吕太后本纪第九

吕太后者，高祖微时妃也，生孝惠帝、女鲁元太后。及高祖为汉王，得定陶戚姬，爱幸，生赵隐王如意。孝惠为人仁弱，高祖以为“不类我”，常欲废太子，立戚姬子如意，“如意类我”。

戚姬幸，常从上之关东，日夜啼泣，欲立其子代太子。吕后年长，常留守，希见上，益疏。如意立为赵王后，几代太子者数矣。赖大臣争之，及留侯策，太子得毋废。

吕后为人刚毅，佐高祖定天下，所诛大臣多吕后力。吕后兄二人，皆为将。长兄周吕侯死事，封其子吕台为郦侯，子产为交侯。次兄吕释之为建成侯。

高祖十二年四月甲辰，崩长乐宫，太子袭号为帝。是时高祖八子：长男肥，孝惠兄也，异母，肥为齐王；馀皆孝惠弟，戚姬子如意为赵王，薄夫人子恒为代王，诸姬子子恢为梁王，子友为淮阳王，子长为淮南王，子建为燕王。高祖弟交为楚王，兄子濞为吴王。非刘氏功臣番君吴芮子臣为长沙王。

吕后最怨戚夫人及其子赵王，乃令永巷囚戚夫人，而召赵王。使者三反，赵相建平侯周昌谓使者曰：“高帝属臣赵王，赵王年少。窃闻太后怨戚夫人，欲召赵王并诛之，臣不敢遣王。王且亦病，不能奉诏。”吕后大怒，乃使人召赵相。赵相征至长安，乃使人复召赵王。王来，未到。孝惠帝慈仁，知太后怒，自迎赵王灞上，与入宫，自挟与赵王起居饮食。太后欲杀之，不得间。孝惠元年十二月，帝晨出射。赵王少，不能早起。太后闻其独居，使人持鸩饮之。犁明，孝惠还，赵王已死。于是乃徙淮阳王友为赵王。夏，诏赐郦侯父追谥为令武侯。太后遂断戚夫人手足，去眼煇耳，饮喑药，使居厕中，命曰“人彘”。居数日，乃召孝惠帝观人彘。孝惠见，问，乃知其戚夫人，乃大哭，因病，岁馀不能起。使人请太后曰：“此非人所为。臣为太后子，终不能治天下。”孝惠以此日饮为淫乐，不听政，故有病也。

二年，楚元王、齐悼惠王皆来朝。十月，孝惠与齐王燕饮太后前，孝惠以为齐王兄，置上坐，如家人之礼。太后怒，乃令酌两卮鸩，置前，令齐王起为寿。齐王起，孝惠亦起，取卮欲俱为寿。太后乃恐，自起泛孝惠卮。齐王怪之，因不敢饮，详醉去。问，知其鸩，齐王恐，自以为不得脱长安，忧。齐内史士说王曰："太后独有孝惠与鲁元公主。今王有七十馀城，而公主乃食数城。王诚以一郡上太后，为公主汤沐邑，太后必喜，王必无忧。"于是齐王乃上城阳之郡，尊公主为王太后。吕后喜，许之。乃置酒齐邸，乐饮，罢，归齐王。

三年，方筑长安城，四年就半，五年六年城就。诸侯来会。十月朝贺。

七年秋八月戊寅，孝惠帝崩。发丧，太后哭，泣不下。留侯子张辟彊为侍中，年十五，谓丞相曰："太后独有孝惠，今崩，哭不悲，君知其解乎？"丞相曰："何解？"辟彊曰："帝毋壮子，太后畏君等。君今请拜吕台、吕产、吕禄为将，将兵居南北军，及诸吕皆入宫，居中用事，如此则太后心安，君等幸得脱祸矣。"丞相乃如辟彊计。太后说，其哭乃哀。吕氏权由此起。乃大赦天下。九月辛丑，葬。太子即位为帝，谒高庙。

元年，号令一出太后。太后称制，议欲立诸吕为王，问右丞相王陵。王陵曰："高帝刑白马盟曰：'非刘氏而王，天下共击之。'今王吕氏，非约也。"太后不说。问左丞相陈平、绛侯周勃。勃等对曰："高帝定天下，王子弟，今太后称制，王昆弟诸吕，无所不可。"太后喜。罢朝，王陵让陈平、绛侯曰："始与高帝啑血盟，诸君不在邪？今高帝崩，太后女主，欲王吕氏，诸君纵欲阿意背约，何面目见高帝地下？"陈平、绛侯曰："于今面折廷争，臣不如君；夫全社稷，定刘氏之后，君亦不如臣。"王陵无以应之。

十一月，太后欲废王陵，乃拜为帝太傅，夺之相权。王陵遂病免归。乃以左丞相平为右丞相，以辟阳侯审食其为左丞相。左丞相不治事，令监宫中，如郎中令。食其故得幸太后，常用事，公卿皆因而决事。乃追尊郦侯父为悼武王，欲以王诸吕为渐。

四月，太后欲侯诸吕，乃先封高祖之功臣郎中令无择为博城侯。鲁元公主薨，赐谥为鲁元太后。子偃为鲁王。鲁王父，宣平侯张敖也。封齐悼惠王子章为朱虚侯，以吕禄女妻之。齐丞相寿为平定侯。少府延为梧侯。乃封吕种为沛侯，吕平为扶柳侯，张买为南宫侯。

太后欲王吕氏，先立孝惠后宫子彊为淮阳王，子不疑为常山王，子山为襄城侯，子朝为轵侯，子武为壶关侯。太后风大臣，大臣请立郦侯吕台为吕王，太后许之。建成康侯释之卒，嗣子有罪，废，立其弟吕禄为胡陵侯，续康侯后。二年，常山王薨，以其弟襄城侯山为常山王，更名义。十一月，吕王台薨，谥为肃王，太子嘉代立为王。三年，无事。四年，封吕媭为临光侯，吕他为俞侯，吕更始为赘其侯，吕忿为吕城侯，及诸侯丞相五人。

宣平侯女为孝惠皇后时，无子，详为有身，取美人子名之，杀其母，立所名子为太子。孝惠崩，太子立为帝。帝壮，或闻其母死，非真皇后子，乃出言曰："后安能杀吾母而名我？我未壮，壮即为变。"太后闻而患之，恐其为乱，乃幽之永巷中，言帝病甚，左右莫得见。太后曰："凡有天下治为万民命者，盖之如天，容之如地，上有欢心以安百姓，百姓欣然以事其上，欢欣交通而天下治。今皇帝病久不已，乃失惑惛乱，不能继嗣奉宗庙祭祀，不可属天下，其代之。"群臣皆顿首言："皇太后为天下齐民计，所以安宗庙社稷甚深。群臣顿首奉诏。"帝废位。太后幽杀之。五月丙辰，立常山王义为帝，更名曰弘。不称元年者，以太后制天下事也。以轵侯朝为常山王。置太尉官，绛侯勃为太尉。五年八月，淮阳王薨，以弟壶关侯武为淮阳王。

六年十月，太后曰吕王嘉居处骄恣，废之，以肃王台弟吕产为吕王。夏，赦天下。封齐悼惠王子兴居为东牟侯。

七年正月，太后召赵王友。友以诸吕女为后，弗爱，爱他姬，诸吕女妒，怒去，谗之于太后，诬以罪过，曰"吕氏安得王！太后百岁后，吾必击之。"太后怒，以故召赵王。赵王至，置邸不见，令卫围守之，弗与食。其群臣或窃馈，辄捕论之。赵王饿，乃歌曰："诸吕用事兮刘氏危，迫胁王侯兮强受我妃。我妃既妒兮诬我以恶，谗女乱国兮上曾不寤。我无忠臣兮何故弃国？自决中野兮苍天举直！于嗟不可悔兮宁早自财。为王而饿死兮谁者怜之！吕氏绝理兮托天报仇。"丁丑，赵王幽死，以民礼葬之长安民冢次。

己丑，日食，昼晦。太后恶之，心不乐，乃谓左右曰："此为我也。"

二月，徙梁王恢为赵王。吕王产徙为梁王。梁王不之国，为帝太傅。立皇子平昌侯太为吕王。更名梁曰吕，吕曰济川。太后女弟吕媭有女为营陵侯刘泽妻，泽为大将军。太后王诸吕，恐即崩后刘将军为害，乃以刘泽为琅邪王，以慰其心。

梁王恢之徙王赵，心怀不乐。太后以吕产女为赵王后。王后从官皆诸吕，擅权，微伺赵王。赵王不得自恣。王有所爱姬，王后使人鸩杀之。王乃为歌诗四章，令乐人歌之。王悲，六月即自杀。太后闻之，以为王用妇人弃宗庙礼，废其嗣。

宣平侯张敖卒，以子偃为鲁王，敖赐谥为鲁元王。

秋，太后使使告代王，欲徙王赵。代王谢，愿守代边。

太傅产、丞相平等言，武信侯吕禄上侯，位次第一，请立为赵王。太后许之。追尊禄父康侯为赵昭王。

九月，燕灵王建薨，有美人子，太后使人杀之，无后，国除。

八年十月，立吕肃王子东平侯吕通为燕王，封通弟吕庄为东平侯。

三月中，吕后祓，还过轵道，见物如苍犬，据高后掖，忽弗复见。卜之，云赵王如意为祟。高后遂病掖伤。

高后为外孙鲁元王偃年少，早失父母，孤弱，乃封张敖前姬两子，侈为新都侯，寿为乐昌侯，以辅鲁元王偃。及封中大谒者张释为建陵侯，吕荣为祝兹侯。诸中宦者令丞皆为关内侯，食邑五百户。

七月中，高后病甚，乃令赵王吕禄为上将军，军北军；吕王产居南军。吕太后诫产、禄曰："高帝已定天下，与大臣约，曰'非刘氏王者，天下共击之'。今吕氏王，大臣弗平。我即崩，帝年少，大臣恐为变。必据兵卫宫，慎毋送丧，毋为人所制。"辛巳，高后崩，遗诏赐诸侯王各千金，将相列侯郎吏皆以秩赐金。大赦天下。以吕王产为相国，以吕禄女为帝后。

高后已葬，以左丞相食其为帝太傅。

朱虚侯刘章有气力，东牟侯兴居其弟也，皆齐哀王弟，居长安。当是时，诸吕用事擅权，欲为乱，畏高帝故大臣绛、灌等，未敢发。朱虚侯妇，吕禄女，阴知其谋，恐见诛，乃阴令人告其兄齐王，欲令发兵西，诛诸吕而立。朱虚侯欲从中与大臣为应。齐王欲发兵，其相弗听。八月丙午，齐王欲使人诛相，相召平乃反，举兵欲围王，王因杀其相，遂发兵东，诈夺琅邪王兵，并将之而西，语在齐王语中。

齐王乃遗诸侯王书曰："高帝平定天下，王诸子弟，悼惠王王齐。悼惠王薨，孝惠帝使留侯良立臣为齐王。孝惠崩，高后用事，春秋高，听诸吕，擅废帝更立，又比杀三赵王，灭梁、赵、燕以王诸吕，分齐为四。

忠臣进谏，上惑乱弗听。今高后崩，而帝春秋富，未能治天下，固恃大臣诸侯。而诸吕又擅自尊官，聚兵严威，劫列侯忠臣，矫制以令天下，宗庙所以危。寡人率兵入诛不当为王者。”汉闻之，相国吕产等乃遣颍阴侯灌婴将兵击之。灌婴至荥阳，乃谋曰：“诸吕权兵关中，欲危刘氏而自立。今我破齐还报，此益吕氏之资也。”乃留屯荥阳，使使谕齐王及诸侯，与连和，以待吕氏变，共诛之。齐王闻之，乃还兵西界待约。

吕禄、吕产欲发乱关中，内惮绛侯、朱虚等，外畏齐、楚兵，又恐灌婴畔之，欲待灌婴兵与齐合而发，犹豫未决。当是时，济川王太、淮阳王武、常山王朝名为少帝弟，及鲁元王吕后外孙，皆年少未之国，居长安。赵王禄、梁王产各将兵居南北军，皆吕氏之人。列侯群臣莫自坚其命。

太尉绛侯勃不得入军中主兵。曲周侯郦商老病，其子寄与吕禄善。绛侯乃与丞相陈平谋，使人劫郦商，令其子寄往绐说吕禄曰：“高帝与吕后共定天下，刘氏所立九王，吕氏立三王，皆大臣之议，事已布告诸侯，诸侯皆以为宜。今太后崩，帝少，而足下佩赵王印，不急之国守藩，乃为上将，将兵留此，为大臣诸侯所疑。足下何不归将印，以兵属太尉？请梁王归相国印，与大臣盟而之国，齐兵必罢，大臣得安，足下高枕而王千里，此万世之利也。”吕禄信然其计，欲归将印，以兵属太尉。使人报吕产及诸吕老人，或以为便，或曰不便，计犹豫未有所决。吕禄信郦寄，时与出游猎。过其姑吕媭，媭大怒，曰：“若为将而弃军，吕氏今无处矣。”乃悉出珠玉宝器散堂下，曰：“毋为他人守也。”

左丞相食其免。

八月庚申旦，平阳侯窋行御史大夫事，见相国产计事。郎中令贾寿使从齐来，因数产曰：“王不早之国，今虽欲行，尚可得耶？”具以灌婴与齐楚合从，欲诛诸吕告产，乃趣产急入宫。平阳侯颇闻其语，乃驰告丞相、太尉。太尉欲入北军，不得入。襄平侯通尚符节，乃令持节矫内太尉北军。太尉复令郦寄与典客刘揭先说吕禄曰：“帝使太尉守北军，欲足下之国，急归将印辞去，不然，祸且起。”吕禄以为郦兄不欺己，遂解印属典客，而以兵授太尉。太尉将之入军门，行令军中曰：“为吕氏右袒，为刘氏左袒。”军中皆左袒为刘氏。太尉行至，将军吕禄亦已解上将印去，太尉遂将北军。

然尚有南军。平阳侯闻之，以吕产谋告丞相平，丞相平乃召朱虚侯佐太尉。太尉令朱虚侯监军门。令平阳侯告卫尉："毋入相国产殿门。"吕产不知吕禄已去北军，乃入未央宫，欲为乱，殿门弗得入，徘徊往来。平阳侯恐弗胜，驰语太尉。太尉尚恐不胜诸吕，未敢讼言诛之，乃遣朱虚侯谓曰："急入宫卫帝。"朱虚侯请卒，太尉予卒千馀人。入未央宫门，遂见产廷中。日铺时，遂击产。产走。天风大起，以故其从官乱，莫敢斗。逐产，杀之郎中府吏厕中。

朱虚侯已杀产，帝命谒者持节劳朱虚侯。朱虚侯欲夺节信，谒者不肯，朱虚侯则从与载，因节信驰走，斩长乐卫尉吕更始。还，驰入北军，报太尉。太尉起，拜贺朱虚侯曰："所患独吕产，今已诛，天下定矣。"遂遣人分部悉捕诸吕男女，无少长皆斩之。辛酉，捕斩吕禄，而笞杀吕媭。使人诛燕王吕通，而废鲁王偃。壬戌，以帝太傅食其复为左丞相。戊辰，徙济川王王梁，立赵幽王子遂为赵王。遣朱虚侯章以诛诸吕氏事告齐王，令罢兵。灌婴兵亦罢荥阳而归。

诸大臣相与阴谋曰："少帝及梁、淮阳、常山王，皆非真孝惠子也。吕后以计诈名他人子，杀其母，养后宫，令孝惠子之，立以为后，及诸王，以强吕氏。今皆已夷灭诸吕，而置所立，即长用事，吾属无类矣。不如视诸王最贤者立之。"或言："齐悼惠王高帝长子，今其適子为齐王，推本言之，高帝適长孙，可立也"。大臣皆曰："吕氏以外家恶而几危宗庙，乱功臣。今齐王母家驷，驷钧，恶人也，即立齐王，则复为吕氏。"欲立淮南王，以为少，母家又恶。乃曰："代王方今高帝见子，最长，仁孝宽厚。太后家薄氏谨良。且立长故顺，以仁孝闻于天下，便。"乃相与共阴使人召代王。代王使人辞谢。再反，然后乘六乘传。后九月晦日己酉，至长安，舍代邸。大臣皆往谒，奉天子玺上代王，共尊立为天子。代王数让，群臣固请，然后听。

东牟侯兴居曰："诛吕氏吾无功，请得除宫。"乃与太仆汝阴侯滕公入宫，前谓少帝曰："足下非刘氏，不当立。"乃顾麾左右执戟者掊兵罢去。有数人不肯去兵，宦者令张泽谕告，亦去兵。滕公乃召乘舆车载少帝出。少帝曰："欲将我安之乎？"滕公曰："出就舍。"舍少府。乃奉天子法驾，迎代王于邸。报曰："宫谨除。"代王即夕入未央宫。有谒者十人持戟卫端门，曰："天子在也，足下何为者而入？"代王乃谓太尉。太尉往谕。谒者十人皆掊兵而去。代王遂入而听政。夜，有司分部诛灭梁，淮阳、常山王及少帝于邸。

代王立为天子。二十三年崩，谥为孝文皇帝。

太史公曰：孝惠皇帝，高后之时，黎民得离战国之苦，君臣俱欲休息乎无为，故惠帝垂拱，高后女主称制，政不出房户，天下晏然。刑罚罕用，罪人是希。民务稼穑，衣食滋殖。

【译文】

吕太后，是高祖贫贱时娶的妻子，生了孝惠帝和鲁元太后。等到高祖做了汉王后，娶了定陶的戚姬，戚姬受到宠幸，生了赵隐王如意。孝惠帝为人仁惠柔弱，高祖认为不像自己，常想废掉他，改立戚姬的儿子如意为太子，因为如意像自己。戚姬得到宠爱，常跟随高祖到关东，她日夜啼哭，想要让自己的儿子取代孝惠帝做太子。吕后年纪大了，经常留守关中，很少见到高祖，越发被疏远了。如意被立为赵王之后，好几次险些取代了太子的地位，全靠大臣们的极力劝谏，特别是后来留侯张良给刘盈出了主意，太子才没被废黜。

吕后为人刚强坚毅，辅佐高祖平定天下，诛杀韩信、黥布、彭越等大臣也多有吕后之力。吕后的两个哥哥都做了刘邦的将领。大哥周吕侯吕泽死于战争，他的儿子吕台被封为郦侯，另一个儿子吕产被封为交侯；吕后的次兄吕释之被封为建成侯。

刘邦在他即位后的十二年四月二十五日，在长乐宫逝世，太子刘盈承袭帝号做了皇帝。当时高祖有八个儿子：长子刘肥是孝惠帝的哥哥，同父异母，被封为齐王；其余的都是孝惠帝的弟弟，戚夫人的儿子如意被封为赵王，薄夫人的儿子刘恒被封为代王，其他妃嫔生的儿子刘恢被封为梁王，刘友被封为淮阳王，刘长被封为淮南王，刘建被封为燕王。刘邦的弟弟刘交被封为楚王，刘邦哥哥的儿子刘濞被封为吴王。非刘氏的功臣原鄱县县令吴芮的儿子吴臣被封为长沙王。

吕后最怨恨戚夫人和她的儿子赵王。因此，刘邦一过世，她就命令永巷令把戚夫人囚禁起来，并下令召赵王进京。使者连去了三次，赵国丞相建平侯周昌对使者说："高祖把赵王托付给我，因为赵王年纪还小。听说太后怨恨戚夫人，想把赵王召去一起杀掉，我不敢让赵王去。况且赵王又有病，不能接受诏命。"吕后非常恼怒，就派人去召周昌。周昌被召到长安，吕后又派人去召赵王。赵王动身赴京，还在半路上。孝惠帝仁慈，知道太后发怒了，就亲自到灞上迎接赵王，跟他一起回到宫中，亲自保护，跟他同吃同睡。太后想要杀赵王，却得不到机会。孝惠元年十二月一天清晨，惠帝出去射箭。赵王年幼，不能早起。太后听说他独自在家，就派人强迫他喝下了有毒的鸩酒。等到惠帝回到宫中，赵王已经死了。于是吕后就调淮阳王刘友去做赵王。这年夏天，吕后下诏追谥郦侯吕台的父亲吕泽为令武侯。太后随即派人砍断戚夫人的手脚，挖去眼睛，熏聋耳朵，灌了哑药，扔到厕所里，称为“人彘”。过了几天，吕后特意叫孝惠帝来观看人彘。孝惠帝看了，问了以后才知道是戚夫人，于是大哭，从此病倒，一年多不能起身。惠帝派人请见太后说：“这不是人干的事情，我作为太后的儿子，再也不能作为皇帝来治理天下了。”孝惠帝从此终日饮酒作乐，放纵无度，不理朝政，所以身体健康每况愈下。

孝惠帝二年，楚元王刘交、齐悼惠王刘肥都进京来参加十月初一的朝贺。有一天，孝惠帝与刘肥在太后面前宴饮，孝惠帝因为刘肥是兄长，就按家人的礼节，请他坐上座。太后很气愤，就命人倒了两杯鸩酒，放在刘肥面前，让刘肥起身敬酒。刘肥站了起来，孝惠帝也站起来，端起酒杯要一起向太后祝酒。太后害怕了，自己站起来打翻了孝惠帝的酒杯。刘肥觉得奇怪，因而没敢喝这杯酒，就装醉离开了座席。事后打听，才知道那是毒酒，刘肥心里很害怕，认为不能从长安脱身了，非常焦虑。齐国的内史向刘肥献策说：“太后只有孝惠帝和鲁元公主。现在大王有七十多座城，而公主只有几座食邑。大王如果能把一个郡的封地献给太后，来做公主的汤沐邑，供公主收取赋税，太后一定高兴，您也就不必再担心了。”于是齐王刘肥就献上城阳郡，尊公主为自己的太后。吕后很高兴，接受下来。于是在刘肥在京城的官邸摆设酒宴，欢饮一番。酒宴结束，就让刘肥返回封地了。孝惠帝三年，开始修筑长安城，四年时完成了一半，经过孝惠帝五年、孝惠帝六年后全部竣工。孝惠帝七年，诸侯们都进京来参加十月初一的朝贺。

孝惠帝七年秋季八月十二日，孝惠帝驾崩。发丧那天，吕太后只是干哭，没有眼泪。留侯张良的儿子张辟强任侍中，只有十五岁，看到这种情况，就对丞相陈平说：“太后只有皇上这一个儿子，如今去世了，太后只是干哭而并不悲痛，您知道这是什么缘故吗？”陈平问：“什么缘故？”辟强说：“皇帝没有留下成年的儿子，太后担忧的是你们这班老臣。如果您请求太后拜吕台、吕产、吕禄为将军，统领两宫卫队南北二军，并请吕家的人都进入宫中，在朝廷里掌握重权，这样一来太后就会安心，你们这些老臣也就不会有什么危险了。”丞相采纳了张辟强的主意。果然太后很满意，这才哭得悲伤起来了。吕氏家族的势力就从这时开始逐渐强大起来了。接着吕后宣布大赦天下。九月初五日，安葬了孝惠帝。太子即位做了皇帝，到高祖庙举行祭祀典礼，向高祖禀告。少帝元年，国家一切的命令都由吕后下达。

太后行使皇帝的职权之后，召集大臣商议，打算立诸吕为王。先问右丞相王陵。王陵说：“高帝曾杀白马盟誓说‘不是刘氏而称王的，天下人一起攻打他’。现在如果封吕氏为王，是违背誓约的。”太后很不高兴。又问左丞相陈平和绛侯周勃。周勃等人回答：“高祖皇帝平定天下，封刘氏子弟为王；如今太后代行天子之职，封吕氏诸兄弟为王，没有什么不可以的。”太后很高兴，宣布退朝。王陵责备陈平、绛侯说：“当初跟高祖皇帝歃血盟誓时，你们难道不在场吗？现在高祖皇帝去世，太后是女主，想让吕氏称王，各位纵容她的私欲、迎合她的心愿，违背与高祖皇帝立下的誓约，将来还有什么脸面见高祖皇帝于黄泉之下呢？”陈平、周勃说：“如今在朝廷上当面反驳，据理诤谏，我们比不上您；而要保全大汉天下，安定刘氏后代，您又比不上我们。”王陵无话可答。十一月，太后想罢免王陵，就任命他做皇帝的太傅，夺了他的相权。王陵于是就称病免职回乡了。于是吕后就让左丞相陈平做了右丞相，让辟阳侯审食其做了左丞相。但审食其不做左丞相应做的事情，只是监督宫中事务，就像郎中令一样。审食其由于得到吕后的宠幸，所以真正掌权的丞相是他，朝廷大臣处理政务都要通过他来拍板。此时吕后又追尊郦侯吕台的父亲吕泽为悼武王，想以此为封诸吕为王做前期的铺垫。

四月，吕后准备封吕氏诸人为侯，就先封高祖的功臣郎中令冯无择为博城侯。当时鲁元公主去世，吕后赐她谥号为鲁元太后，封她的儿子张偃为鲁王。鲁王的父亲就是宣平侯张敖。同时又封齐悼惠王刘肥的儿子刘章为朱虚侯，把吕禄的女儿嫁给他为妻。封齐国的丞相齐寿为平定侯。封少府阳成延为梧侯。于是又封吕种为沛侯，封吕平为扶柳侯，封张买为南宫侯。

太后为了封吕氏诸人为王，就先封孝惠帝后宫妃子所生的儿子刘强为淮阳王、刘不疑为常山王、刘山为襄城侯、刘朝为轵侯、刘武为壶关侯。吕后又放出口风暗示大臣们，于是大臣们就顺着吕后的心思请求封郦侯吕台为吕王，太后批准了。这时建成康侯吕释之去世，而应该继承侯位的儿子因为犯罪而被废除侯爵，于是吕后改封吕释之的少子吕禄为胡陵侯，作为建成侯的继承者。二年，常山王刘不疑去世，于是吕后封他的弟弟襄城侯刘山为常山王，改名刘义。十一月，吕王吕台逝世，赐谥为肃王，他的儿子吕嘉即位为吕王。吕后三年，没有发生大事。吕后四年，吕后封自己的妹妹，也就是樊哙的妻子吕媭为临光侯，封吕他为俞侯、吕更始为赘其侯、吕忿为吕城侯，此外还封了五位吕姓人士去做诸侯国的丞相。

宣平侯张敖的女儿做孝惠皇后时，没有儿子，假装怀孕，抱来后宫妃子生的孩子说成是自己所生，并杀掉他的母亲，立他为太子。孝惠帝去世，太子即位称帝。皇帝成年后，偶然听说自己的母亲已死，自己不是皇后亲生的儿子，于是就发怨言说："太后怎么能杀死我的母亲却把我说成是自己的儿子呢？我还没有长大，长大后一定要报仇。"吕太后听说这件事以后很担心，害怕他将来作乱，就把他囚禁在永巷中，声称皇帝得了重病，左右大臣谁也见不到他。太后说："凡是拥有天下统治万民的人，都要像天一样覆盖万物，像地一样包容万物。皇帝有欢悦爱护之心安抚百姓，百姓就会欢欣喜悦地侍奉皇帝。这样上下欢悦欣喜，感情相通，天下就能太平。现在皇帝久病不愈，而且神志昏乱不清，不能继承帝位供奉宗庙祭祀了，因此不能把天下托付给他，应该找人代替他。"群臣都叩头说："皇太后为天下百姓考虑，对安定宗庙社稷考虑得很深远，我们恭敬从命。"于是废了皇帝的帝位，吕后又暗中杀了他。五月十一日，立常山王刘义为皇帝，改名叫刘弘。之所以没有改称元年，这是因为太后在掌握一切的职权。接着吕后改封轵侯刘朝为常山王。设置太尉的官职，绛侯周勃做了太尉。吕后五年八月，淮阳王刘强去世，他的弟弟壶关侯刘武继位淮阳王。吕后六年十月，吕后认为吕王吕嘉行为骄横恣纵，将其废掉，改封肃王吕台的弟弟吕产为吕王。同年夏，大赦天下。封齐悼惠王的儿子刘兴居为东牟侯。

吕后七年正月，吕后召赵王刘友进京。刘友的王后是吕氏人的女儿，刘友不喜欢她，而喜欢其他的姬妾。这个吕氏的女儿很嫉妒，恼怒之下离开了家，到太后那里说他的坏话，诬陷刘友有罪，说他曾说过："吕氏怎么能封王！太后百年之后，我一定收拾他们。"太后发怒，所以召回赵王。赵王到京后，太后把他安置在官邸里却不接见，并派护卫队围守着，不给他饭吃。群臣中有的偷偷给他送吃的，就被抓来问罪。赵王饿极了，就作了一首歌，唱道："诸吕朝中掌大权啊，刘氏江山实已危；以势胁迫诸王侯啊，强行嫁女为我妃。我妃嫉妒无比啊，竟然谗言诬我罪；谗女害人又乱国啊，不料皇上也被蒙昧。并非是我无忠臣啊，如今失国为哪般？途中自尽弃荒野啊，曲直是非天能辨。可惜悔之时已晚啊，宁愿及早入黄泉。为王却将饥饿死啊，无声无息有谁怜！吕氏天理已灭绝啊，祈望苍天报仇冤。"十八日，赵王刘友被囚禁而活活饿死了，死后按照平民的葬礼，被埋在长安的平民墓地中。

吕后七年正月三十日，发生日食，白昼变得跟黑夜一样。太后非常嫌恶，心中闷闷不乐，对左右的人说："这是因为我啊。"

吕后七年二月，吕后又下令改封梁王刘恢为赵王；吕王吕产被改封为梁王，但梁王没有去封国，留在京城担任皇帝的太傅。吕后又封孝惠帝的儿子平昌侯刘太为吕王，把梁国改名为吕国，原来的吕国改名为济川国。吕后的妹妹吕媭有个女儿是营陵侯刘泽的妻子，刘泽当时是国家的大将军。吕后封吕氏诸众为王，害怕自己死后刘泽起兵作乱，于是就封刘泽为琅邪王，想借此来安抚他的心。

梁王刘恢改封为赵王后，心里不高兴。吕后就把吕产的女儿嫁给赵王做王后。王后的随从官员都是吕家的人，专揽大权，暗中监视赵王，让赵王不能为所欲为。赵王有个宠爱的姬妾，王后指使人用毒酒毒死了她。为此赵王作了四首诗，让乐工们歌唱。赵王内心悲痛，仅仅六个月就自杀了。吕后听说此事，认为赵王为了妇人而背弃宗庙之礼，于是废除了他后代的王位继承权。

宣平侯张敖去世，他的儿子张偃被封为鲁王，张敖被赐给"鲁元王"的谥号。

这年秋天，吕后派使者告诉代王刘恒，想要改封他为赵王。刘恒辞谢了，表示愿意守卫边远的代国。

太傅吕产、丞相陈平等人向吕后进言，说武信侯吕禄是上侯，在列侯中排在第一位，请求立他为赵王。太后答应下来，又追尊吕禄父康侯为赵昭王。九月，燕灵王刘建去世，他有一个姬妾生的儿子，太后派人杀了他，绝了他的后代，封国被废除。吕后八年十月，立吕肃王的儿子东平侯吕通为燕王，封吕通的弟弟吕庄为东平侯。

三月中旬，吕后出外祭祀祈求免灾，回来路过轵道亭时，看到一个像黑狗似的怪物，撞了她的腋下一下，而后忽然又不见了。吕后让人占卜，卜者说是赵王刘如意在作祟。吕后从此腋下疼痛。

吕后因为外孙鲁元王张偃年幼，又早年死了父母，孤单势弱，于是就封张敖生前姬妾的两个儿子为侯，封张侈为新都侯、张寿为乐昌侯，来辅佐鲁元王张偃。又封中大谒者张释为建陵侯，封吕荣为祝兹侯。此外宫中宦官的一些头领也都封为关内侯，分封给他们每人食邑五百户。

吕后八年七月中旬，吕后病重，就任命赵王吕禄为上将军，统领北军；吕王吕产统领南军。吕后告诫吕禄、吕产说："高祖皇帝平定天下后，和大臣们盟约，说'不是刘氏而称王的，天下人要一起攻打他'。现在吕家的人被封为王，大臣们心中不平。我如果死了，皇帝年轻，大臣们恐怕要作乱。你们一定要掌握军队，护卫皇宫，千万不要去给我送丧，不要被那些人控制了。"八月初一日，吕后去世，留下遗嘱，赐给诸侯王每人一千金。将、相、列侯以及各郎官、吏役都按等级有赏赐。大赦天下。任命吕王吕产为相国，将吕禄的女儿嫁给皇帝为后。

吕后安葬以后，左丞相审食其做了皇帝的太傅。

朱虚侯刘章有气概有勇力，东牟侯刘兴居是他的弟弟。二人都是齐哀王刘襄的弟弟，住在长安。当时，吕氏当权专断，想发动叛乱，但害怕高祖帝原来的大臣绛侯、灌婴等人，所以没敢发动。朱虚侯的妻子是吕禄的女儿，因此她私下里了解到诸吕的阴谋。她怕自己被杀，就暗中派人告诉她的哥哥齐王刘襄，想要让他发兵西进，诛杀诸吕自立为帝；朱虚侯想在朝廷中和大臣们一起做内应。齐王想要发兵，他的丞相不答应。八月二十六日，齐王想派人诛杀丞相，丞相召平于是反叛，发兵想围攻齐王。齐王于是杀了丞相，接着发兵东征，用计夺取了琅邪王刘泽的兵权，然后率领两国军队一并杀向长安。这件事记载在《齐悼惠王世家》中。

齐王于是写信给各诸侯王说："高祖皇帝平定天下后，分封众子弟为王，悼惠王被封在齐国。悼惠王去世，孝惠帝派留侯张良立我为齐王。孝惠帝去世，高后掌权。她年纪大了，听从诸吕的意见，擅自废掉皇帝另立新主，又接连杀了三个赵王，灭掉了梁、赵、燕三个刘姓国家，把吕姓人员分封到那里为王，并把齐国一分为四。虽然有忠臣进言劝谏，可是高后被迷惑听不进去。如今高后逝世，而皇帝还很年轻，不能治理天下，本应依靠大臣、诸侯。但吕氏众人却擅自给自己加官，凭借手中军队的威势，劫持列侯和忠臣，假传皇令来号令天下，刘氏的宗庙因此陷入险境。我现在率兵入京，就是去杀不该为王的人。”朝廷听到这些消息后，相国吕产等人就派颍阴侯灌婴率军迎击齐王。灌婴来到荥阳，就和将士们商量说：“吕姓人在关中握有兵权，图谋颠覆刘氏，自立为帝。如果我打败齐国回去报告，就是给吕氏增了实力。”于是就把军队驻扎在荥阳，并派使者告知齐王及各国诸侯，打算与他们联合起来，等待吕氏发动叛乱，这样便好共同诛灭他们。齐王得知后，也率兵回到齐国的西部边界等候消息。

吕禄、吕产想在关中叛乱，但对内他们害怕绛侯、朱虚侯等人，对外他们又怕齐、楚的军队西进，现在又担心灌婴叛变，所以想等到灌婴的军队与齐王交战后再发动叛乱，因此一直犹豫不决。当时，济川王刘太、淮阳王刘武、常山王刘朝这些名义上的皇帝的弟弟，以及吕后的外孙鲁元王张偃，都因年纪太小而没有去自己的封国，都住在长安。赵王吕禄、梁王吕产分别统率南北二军，将领大多是吕姓之人。这使得列侯群臣们，一个个都觉得自身难保。

太尉绛侯周勃没有办法进入军营主持军务。曲周侯郦商年老有病，他儿子郦寄和吕禄要好。绛侯于是和丞相陈平商量，派人去胁迫郦商，让他的儿子郦寄前去欺骗吕禄说：“高祖皇帝和吕后共同平定天下，刘氏被立为王的九人，吕氏被立为王的三人，都是大臣们商议过的，此事已通告诸侯，诸侯都认为这样合适。现在太后已死，皇帝年轻，而足下佩带着赵王之印，不赶紧到封国去守卫边境，却以上将的身份带兵驻守这里，这会被大臣和诸侯怀疑的。您为什么不把将印归还给朝廷，把兵权交还给太尉周勃呢？您派人请梁王也归还相国印，和大臣们订立盟约，返回封国，这样齐国必然罢兵，大臣们也能心里踏实，您也可以在千里封国高枕无忧地做您的王了。这是有利于子孙万代的好事呀。”吕禄相信并赞同他的计策，想交出将印，把军权交给太尉。于是派人把这事告知吕产和吕家的老人们，他们中有人认为可行，有人认为不可行，一直拿不定主意。吕禄信任郦寄，常和他一起出外游猎。有一次他顺路到自己姑妈吕媭的府第去，吕媭大发雷霆，骂道：“你作为将军却放弃军权，我们吕家不久就要死无葬身之地了。”接着把所有的珠玉宝器都扔到院子里，说：“再也不用替别人保存这些玩艺儿了。”

不久，左丞相审食其被免职。

八月十日早晨，平阳侯曹窋代理御史大夫的职责，会见相国吕产，与他商议事情。当时正好郎中令贾寿从齐国出差回来，贾寿责备吕产说：“大王不早些去封国，现在即使想走，还走得了吗？”接着就把灌婴与齐楚联合，准备诛灭吕氏的事情全部告诉了吕产，催促吕产赶快进宫。平阳侯听到这些话，就骑马赶紧报告给丞相陈平和太尉周勃。周勃想进入北军，但没能进去。这时刚好是襄平侯纪通掌管皇帝印信，他让人手持皇上印信，假传皇帝圣旨，要让太尉进入北军。周勃又派郦寄和典客刘揭先去劝说吕禄，说：“皇帝让太尉掌管北军，想让您回封国，赶紧交出将印离开吧，不然的话，就要有灾祸了。”吕禄认为郦寄不会欺骗他，就解下将军印交给刘揭，把兵权交给了太尉周勃。周勃拿着将印进入军门，向全军下令：“拥护吕氏的袒露右臂，拥护刘氏的袒露左臂。”军中将士都袒露左臂，表示拥护刘氏。在周勃还没到达北军时，吕禄已经交出将军印离开了军营，于是周勃顺利接管了北军。

然而南军还在吕氏手里。平阳侯曹窋听到吕产的阴谋告诉了丞相陈平以后，陈平于是把朱虚侯刘章召来，让他协助太尉周勃。周勃派朱虚侯监守军门，同时命令曹窋通知未央宫卫尉：“不准放相国吕产进入殿门。”吕产不知道吕禄已经离开北军，就想进入未央宫，挟持皇上作乱，却没能进入殿门，只能在殿门前徘徊。平阳侯飞马将此告诉太尉。太尉也担心不能战胜吕氏，没敢明言要杀掉吕产，就对朱虚侯说：“你赶紧入宫保卫皇帝。”朱虚侯要求派兵，周勃给了他一千多人。朱虚侯进入未央宫，就看见吕产已在宫中。当时正是傍晚吃饭的时间，朱虚侯立刻攻打吕产，吕产逃跑。这时忽然一阵大风，把吕产的随从官员吹得人仰马翻，一片混乱，无人再敢抵抗。朱虚侯乘机率兵追赶吕产，最后把他杀死在郎中府的厕所里。

朱虚侯刘章杀掉吕产后，皇帝派使者手持符节前来慰劳朱虚侯。刘章想夺取符节，使者不给。于是刘章就跟使者同乘一辆车，凭藉使者手中符节快马奔驰，斩了长乐宫卫尉吕更始。然后跑回北军向周勃报告。周勃起身向朱虚侯拜贺说：“我们所担心的只有这个吕产，因为他身为相国，又掌握着南军。现在您已经把他杀了，刘氏天下就安定了。”于是派人分别将吕氏男女全部逮捕，不论老少全部杀掉。十一日，将吕禄抓获斩首，用鞭刑打死了吕媭。又派人杀了燕王吕通，并废掉了鲁王张偃。十二日，让皇帝太傅审食其重新担任左丞相。十八日，改封济川王刘太为梁王，立赵幽王的儿子刘遂为赵王。并派朱虚侯刘章把朝中诛杀吕氏的事告知了齐王，让他收兵。灌婴的军队也从荥阳撤了回来。

朝廷的大臣们聚在一起秘密商量，说：“少帝以及梁王刘太、淮阳王刘武、常山王刘朝，都不是孝惠皇帝真正的儿子。吕后用欺诈的手段，把别人的儿子抱来谎称是孝惠帝的儿子，杀掉他们的生母，养在后宫，让孝惠皇帝把他们认作自己的儿子，立为继承人或封为诸侯王，以加强吕氏的势力。现在已经把吕氏全部杀掉了，如果留着他们，等到他们长大后掌了权，我们这些人就要死无葬身之地了。不如现在挑选一位最贤明的诸侯王，立他为皇帝。”有人说：“齐悼惠王刘肥是高祖皇帝的长子，现在他的长子为齐王，从根儿上说，是高祖皇帝的嫡长孙，可以立为皇帝。”但大臣们都说：“吕氏以外戚的身份作恶，几乎使刘家天下毁灭，残害了功臣。现在齐王的外祖母家姓驷，驷钧是个恶人，如果立齐王为皇帝，那驷氏就会成为另一个吕氏。”有人提议立淮南王为帝，但觉得他年纪小，外祖母家又凶恶。于是最后大家说：“代王刘恒是高祖皇帝的儿子，也是年龄最大的，为人又仁孝宽厚。太后薄夫人的娘家也恭谨驯良。再说，拥立长子本来就名正言顺，而且代王又以仁爱孝顺闻名天下，立他为帝合适。”于是大家一致同意暗中派人去接代王。代王派人辞谢了。大家再次派人前去相请，代王才带着随从人员乘坐六匹马拉的驿车进了京。闰九月月末己酉日到达长安，住在代王京城中的府邸里。大臣们都前去拜见，把天子的玉玺呈献给代王，一起拥立他为帝。代王一再推辞，群臣坚决请求，最后代王才答应了。

东牟侯刘兴居说：“诛灭吕氏我没有功劳，请让我去清理皇宫。”就和太仆汝阴侯滕公夏侯婴一起入宫，来到少帝面前说：“您不是刘氏正统，不应立为皇帝。”于是回头挥手让少帝左右的卫士放下兵器出去。有几个人不肯听命，宦官首领张泽向他们说明情况，他们才放下兵器离开。滕公夏侯婴于是叫来车马，载着少帝向外走。少帝问：“你们要带我到哪儿去？”夏侯婴说：“出去找个地方住。”就让他住在少府。然后侍候着天子乘坐的法驾，到代王官邸迎接代王，向他报告：“皇宫已经清理干净了。”代王当天晚上进入未央宫。进宫门的时候，有十名内侍手持长戟守卫着正门，他们说：“天子还在里面，你是什么人想要进去？”刘恒就让太尉去向他们说明情况，这十个内侍听后也都放下兵器离去了。代王刘恒于是进入朝廷执掌朝政。当天夜里，主管部门的官员分别到各个官邸里杀掉了梁王、淮阳王、常山王和年幼的少帝。

代王被立为天子，在位二十三年去世，谥号为孝文皇帝。

太史公说：孝惠皇帝和吕后在位的时候，百姓刚刚脱离战争之苦，上下都想休养生息，清静无为。所以惠帝垂衣拱手、安闲无事，吕后以一个女人的身份行使皇帝职权，施政不出门户，天下却也安然无事。刑罚很少使用，犯罪的人也不多。老百姓致力于农业生产，家家丰衣足食。

史记卷十

孝文本纪第十

孝文皇帝，高祖中子也。高祖十一年春，已破陈豨军，定代地，立为代王，都中都。太后薄氏子。即位十七年，高后八年七月，高后崩。九月，诸吕吕产等欲为乱，以危刘氏，大臣共诛之，谋召立代王，事在《吕后》语中。

丞相陈平、太尉周勃等使人迎代王。代王问左右郎中令张武等，张武等议曰："汉大臣皆故高帝时大将，习兵，多谋诈，此其属意非止此也，特畏高帝、吕太后威耳。今已诛诸吕，新喋血京师，此以迎大王为名，实不可信。愿大王称疾毋往，以观其变。"中尉宋昌进曰："群臣之议皆非也。夫秦失其政，诸侯豪杰并起，人人自以为得之者以万数，然卒践天子之位者，刘氏也，天下绝望，一矣。高帝封王子弟，地犬牙相制，此所谓磐石之宗也，天下服其强，二矣。汉兴，除秦苛政，约法令，施德惠，人人自安，难动摇，三矣。夫以吕太后之严，立诸吕为三王，擅权专制，然而太尉以一节入北军，一呼士皆左袒，为刘氏，叛诸吕，卒以灭之。此乃天授，非人力也。今大臣虽欲为变，百姓弗为使，其党宁能专一邪？方今内有朱虚、东牟之亲，外畏吴、楚、淮南、琅邪、齐、代之强。方今高帝子独淮南王与大王，大王又长，贤圣仁孝闻于天下，故大臣因天下之心而欲迎立大王，大王勿疑也。"代王报太后计之，犹与未定。卜之龟，卦兆得大横。占曰："大横庚庚，余为天王，夏启以光。"代王曰："寡人固已为王矣，又何王？"卜人曰："所谓天王者乃天子。"于是代王乃遣太后弟薄昭往见绛侯，绛侯等具为昭言所以迎立王意。薄昭还报曰："信矣，毋可疑者。"代王乃笑谓宋昌曰："果如公言。"乃命宋昌参乘，张武等六人乘传诣长安。至高陵休止，而使宋昌先驰之长安观变。

昌至渭桥，丞相以下皆迎。宋昌还报。代王驰至渭桥，群臣拜谒称臣。代王下车拜。太尉勃进曰："愿请间言。"宋昌曰："所言公，公言之。所言私，王者不受私。"太尉乃跪上天子玺符。代王谢曰："至代邸而议之。”遂驰入代邸。群臣从至。丞相陈平、太尉周勃、大将军陈武、御史大夫张苍、宗正刘郢、朱虚侯刘章、东牟侯刘兴居、典客刘揭皆再拜言曰：“子弘等皆非孝惠帝子，不当奉宗庙。臣谨请与阴安侯、列侯顷王后与琅邪王、宗室、大臣、列侯、吏二千石议曰：‘大王高帝长子，宜为高帝嗣。’愿大王即天子位。”代王曰：“奉高帝宗庙，重事也。寡人不佞，不足以称宗庙。愿请楚王计宜者，寡人不敢当。”群臣皆伏固请。代王西乡让者三，南乡让者再。丞相平等皆曰：“臣伏计之，大王奉高帝宗庙最宜称，虽天下诸侯万民以为宜。臣等为宗庙社稷计，不敢忽。愿大王幸听臣等。臣谨奉天子玺符再拜上。”代王曰：“宗室将相王列侯以为莫宜寡人，寡人不敢辞。”遂即天子位。群臣以礼次侍。

乃使太仆婴与东牟侯兴居清宫，奉天子法驾，迎于代邸。皇帝即日夕入未央宫。乃夜拜宋昌为卫将军，镇抚南北军。以张武为郎中令，行殿中。还坐前殿。于是夜下诏书曰：“间者诸吕用事擅权，谋为大逆，欲以危刘氏宗庙，赖将相列侯宗室大臣诛之，皆伏其辜。朕初即位，其赦天下，赐民爵一级，女子百户牛酒，酺五日。”

孝文皇帝元年十月庚戌，徙立故琅邪王泽为燕王。

辛亥，皇帝即阼，谒高庙。右丞相平徙为左丞相，太尉勃为右丞相，大将军灌婴为太尉。诸吕所夺齐、楚故地，皆复与之。

壬子，遣车骑将军薄昭迎皇太后于代。皇帝曰：“吕产自置为相国，吕禄为上将军，擅矫遣灌将军婴将兵击齐，欲代刘氏，婴留荥阳弗击，与诸侯合谋以诛吕氏。吕产欲为不善，丞相陈平与太尉周勃谋夺吕产等军。朱虚侯刘章首先捕吕产等。太尉身率襄平侯通持节承诏入北军。典客刘揭身夺赵王吕禄印。益封太尉勃万户，赐金五千斤。丞相陈平、灌将军婴邑各三千户，金二千斤。朱虚侯刘章、襄平侯通、东牟侯刘兴居邑各二千户，金千斤。封典客揭为阳信侯，赐金千斤。

十二月，上曰：“法者，治之正也，所以禁暴而率善人也。今犯法已论，而使毋罪之父母妻子同产坐之，及为收帑，朕甚不取。其议之。”有司皆曰：“民不能自治，故为法以禁之。相坐坐收，所以累其心，使重犯法。所从来远矣，如故便。”上曰：“朕闻法正则民悫，罪当则民从。且夫牧民而导之善者，吏也。其既不能导，又以不正之法罪之，是反害于民为暴者也，何以禁之？朕未见其便，其熟计之。”有司皆曰：“陛下加大惠，德甚盛，非臣等所及也。请奉诏书，除收帑诸相坐律令。”

正月，有司言曰："早建太子，所以尊宗庙，请立太子。"上曰："朕既不德，上帝神明未歆享，天下人民未有嗛志。今纵不能博求天下贤圣有德之人而禅天下焉，而曰豫建太子，是重吾不德也，谓天下何？其安之。"有司曰："豫建太子，所以重宗庙社稷，不忘天下也。"上曰："楚王，季父也，春秋高，阅天下之义理多矣，明于国家之大体。吴王于朕，兄也，惠仁以好德。淮南王，弟也，秉德以陪朕。岂为不豫哉！诸侯王宗室昆弟有功臣，多贤及有德义者，若举有德以陪朕之不能终，是社稷之灵，天下之福也。今不选举焉，而曰必子，人其以朕为忘贤有德者而专于子，非所以忧天下也。朕甚不取也。"有司皆固请曰："古者殷、周有国，治安皆千馀岁，古之有天下者莫长焉，用此道也。立嗣必子，所从来远矣。高帝亲率士大夫，始平天下，建诸侯，为帝者太祖。诸侯王及列侯始受国者皆亦为其国祖。子孙继嗣，世世弗绝，天下之大义也，故高帝设之以抚海内。今释宜建而更选于诸侯及宗室，非高帝之志也。更议不宜。子某最长，纯厚慈仁，请建以为太子。"上乃许之。因赐天下民当代父后者爵各一级。封将军薄昭为轵侯。

三月，有司请立皇后。薄太后曰："诸侯皆同姓，立太子母为皇后。"皇后姓窦氏。上为立后故，赐天下鳏寡孤独穷困及年八十已上孤儿九岁已下布帛米肉各有数。

上从代来，初即位，施德惠，天下填抚，诸侯、四夷皆洽欢，乃循从代来功臣。上曰："方大臣之诛诸吕迎朕，朕狐疑，皆止朕，唯中尉宋昌劝朕，朕以得保奉宗庙。已尊昌为卫将军，其封昌为壮武侯。诸从朕六人，官皆至九卿。"

上曰："列侯从高帝入蜀、汉中者六十八人皆益封各三百户，故吏二千石以上从高帝颍川守尊等十人食邑六百户，淮阳守申徒嘉等十人五百户，卫尉定等十人四百户。封淮南王舅父赵兼为周阳侯，齐王舅父驷钧为清郭侯。"秋，封故常山丞相蔡兼为樊侯。

人或说右丞相曰："君本诛诸吕，迎代王，今又矜其功，受上赏，处尊位，祸且及身。"右丞相勃乃谢病免罢，左丞相平专为丞相。

二年十月，丞相平卒，复以绛侯勃为丞相。上曰："朕闻古者诸侯建国千馀岁，各守其地，以时入贡，民不劳苦，上下欢欣，靡有遗德。今列侯多居长安，邑远，吏卒给输费苦，而列侯亦无由教驯其民。其令列侯之国。为吏及诏所止者，遣太子。"

却千里马图。选自明·张居正《帝鉴图说》。讲述汉文帝时，有人进献千里马，汉文帝认为千里马非皇帝所宜用，拒而不受之事。

十一月晦，日有食之。十二月望，日又食。上曰：“朕闻之，天生蒸民，为之置君以养治之。人主不德，布政不均，则天示之以灾，以诫不治。乃十一月晦，日有食之，适见于天，灾孰大焉！朕获保宗庙，以微眇之身托于兆民君王之上，天下治乱，在朕一人，唯二三执政犹吾股肱也。朕下不能理育群生，上以累三光之明，其不德大矣。令至，其悉思朕之过失，及知见思之所不及，匄以告朕。及举贤良方正能直言极谏者，以匡朕之不逮。因各饬其任职，务省繇费以便民。朕既不能远德，故憪然念外人之有非，是以设备未息。今纵不能罢边屯戍，而又饬兵厚卫，其罢卫将军军。太仆见马遗财足，馀皆以给传置。”

正月，上曰：“农，天下之本，其开籍田，朕亲率耕，以给宗庙粢盛。”

三月，有司请立皇子为诸侯王。上曰：“赵幽王幽死，朕甚怜之，已立其长子遂为赵王。遂弟辟彊及齐悼惠王子朱虚侯章、东牟侯兴居有功，可王。”乃立赵幽王少子辟彊为河间王，以齐剧郡立朱虚侯为城阳王，立东牟侯为济北王，皇子武为代王，子参为太原王，子揖为梁王。

上曰：“古之治天下，朝有进善之旌，诽谤之木，所以通治道而来谏者。今法有诽谤妖言之罪，是使众臣不敢尽情，而上无由闻过失也。将何以来远方之贤良？其除之。民或祝诅上以相约结而后相谩，吏以为大逆，其有他言，而吏又以为诽谤。此细民之愚无知，抵死，朕甚不取。自今以来，有犯此者勿听治。”

九月，初与郡国守相为铜虎符、竹使符。

三年十月丁酉晦，日有食之。

十一月，上曰：“前日诏遣列侯之国，或辞未行。丞相朕之所重，其为朕率列侯之国。”绛侯勃免丞相就国，以太尉颍阴侯婴为丞相。罢太尉官，属丞相。

四月，城阳王章薨。淮南王长与从者魏敬杀辟阳侯审食其。

五月，匈奴入北地，居河南为寇。帝初幸甘泉。

六月，帝曰：“汉与匈奴约为昆弟，毋使害边境，所以输遗匈奴甚厚。今右贤王离其国，将众居河南降地，非常故，往来近塞，捕杀吏卒，驱保塞蛮夷，令不得居其故，陵轹边吏，入盗，甚敖无道，非约也。其发边吏骑八万五千诣高奴。”遣丞相颍阴侯灌婴击匈奴，匈奴去。发中尉材官属卫将军军长安。

辛卯，帝自甘泉之高奴，因幸太原，见故群臣，皆赐之。举功行赏，诸民里赐牛酒。复晋阳中都民三岁。留游太原十馀日。

济北王兴居闻帝之代，欲往击胡，乃反，发兵欲袭荥阳。于是诏罢丞相兵，遣棘蒲侯陈武为大将军，将十万往击之。祁侯贺为将军，军荥阳。七月辛亥，帝自太原至长安。乃诏有司曰："济北王背德反上，诖误吏民，为大逆。济北吏民兵未至先自定，及以军地邑降者，皆赦之，复官爵。与王兴居去来亦赦之。"八月，破济北军，虏其王。赦济北诸吏民与王反者。

六年，有司言淮南王长废先帝法，不听天子诏，居处毋度，出入拟于天子，擅为法令，与棘蒲侯太子奇谋反，遣人使闽越及匈奴，发其兵，欲以危宗庙社稷。群臣议，皆曰："长当弃市。"帝不忍致法于王，赦其罪，废勿王。群臣请处王蜀严道、邛都，帝许之。长未到处所，行病死，上怜之，后十六年，追尊淮南王长谥为厉王，立其子三人为淮南王、衡山王、庐江王。

十三年夏，上曰："盖闻天道，祸自怨起而福由德兴。百官之非，宜由朕躬。今秘祝之官移过于下，以彰吾之不德，朕甚不取。其除之。"

五月，齐太仓令淳于公有罪当刑，诏狱逮徙系长安。太仓公无男，有女五人。太仓公将行会逮，骂其女曰："生子不生男，有缓急非有益也！"其少女缇萦自伤泣，乃随其父至长安，上书曰："妾父为吏，齐中皆称其廉平，今坐法当刑。妾伤夫死者不可复生，刑者不可复属，虽复欲改过自新，其道无由也。妾愿没入为官婢，赎父刑罪，使得自新。"书奏天子，天子怜悲其意，乃下诏曰："盖闻有虞氏之时，画衣冠异章服以为僇，而民不犯。何则？至治也。今法有肉刑三，而奸不止，其咎安在？非乃朕德薄而教不明欤？吾甚自愧。故夫驯道不纯而愚民陷焉。《诗》曰：'恺悌君子，民之父母。'今人有过，教未施而刑加焉，或欲改行为善而道毋由也。朕甚怜之。夫刑至断肢体、刻肌肤，终身不息，何其楚痛而不德也，岂称为民父母之意哉！其除肉刑。"

上曰："农，天下之本，务莫大焉。今勤身从事而有租税之赋，是为本末者毋以异，其于劝农之道未备，其除田之租税。"

十四年冬，匈奴谋入边为寇，攻朝那塞，杀北地都尉卬。上乃遣三将军军陇西、北地、上郡。中尉周舍为卫将军，郎中令张武为车骑将军，军渭北，车千乘，骑卒十万。帝亲自劳军，勒兵申教令，赐军吏卒。帝欲自将击匈奴，群臣谏，皆不听。皇太后固要帝，帝乃止。于是以东阳侯张相如为大将军，成侯赤为内史，栾布为将军，击匈奴。匈奴遁走。

春，上曰："朕获执牺牲珪币以事上帝宗庙，十四年于今，历日县〔緜〕长，以不敏不明而久抚临天下，朕甚自愧。其广增诸祀墠场珪币。昔先王远施不求其报，望祀不祈其福，右贤左戚，先民后己，至明之极也。今吾闻祠官祝釐，皆归福朕躬，不为百姓，朕甚愧之。夫以朕不德，而躬享独美其福，百姓不与焉，是重吾不德。其令祠官致敬，毋有所祈。"

是时北平侯张苍为丞相，方明律历。鲁人公孙臣上书陈终始传五德事，言方今土德时，土德应黄龙见，当改正朔服色制度。天子下其事与丞相议。丞相推以为今水德，始明正十月上黑事，以为其言非是，请罢之。

十五年，黄龙见成纪，天子乃复召鲁公孙臣，以为博士，申明土德事。于是上乃下诏曰："有异物之神见于成纪，无害于民，岁以有年。朕亲郊祀上帝诸神。礼官议，毋讳以劳朕。"有司礼官皆曰："古者天子夏躬亲礼祀上帝于郊，故曰郊。"于是天子始幸雍，郊见五帝，以孟夏四月答礼焉。赵人新垣平以望气见，因说上设立渭阳五庙。欲出周鼎，当有玉英见。

十六年，上亲郊见渭阳五帝庙，亦以夏答礼而尚赤。

十七年，得玉杯，刻曰"人主延寿"。于是天子始更为元年，令天下大酺。其岁，新垣平事觉，夷三族。

后二年，上曰："朕既不明，不能远德，是以使方外之国或不宁息。夫四荒之外不安其生，封畿之内勤劳不处，二者之咎，皆自于朕之德薄而不能远达也。间者累年匈奴并暴边境，多杀吏民，边臣兵吏又不能谕吾内志，以重吾不德也。夫久结难连兵，中外之国将何以自宁？今朕夙兴夜寐，勤劳天下，忧苦万民，为之怛惕不安，未尝一日忘于心，故遣使者冠盖相望，结轶于道，以谕朕意于单于。今单于反古之道，计社稷之安，便万民之利，亲与朕俱弃细过，偕之大道，结兄弟之义，以全天下元元之民。和亲已定，始于今年。"

后六年冬，匈奴三万人入上郡，三万人入云中。以中大夫令勉为车骑将军，军飞狐；故楚相苏意为将军，军句注；将军张武屯北地；河内守周亚夫为将军，居细柳；宗正刘礼为将军，居灞上；祝兹侯军棘门。以备胡。数月，胡人去，亦罢。

天下旱、蝗，帝加惠：令诸侯毋入贡，弛山泽，减诸服御狗马，损郎吏员，发仓庾以振贫民，民得卖爵。

孝文帝从代来，即位二十三年，宫室苑囿狗马服御无所增益，有不便，辄弛以利民。尝欲作露台，召匠计之，直百金。上曰："百金，中民十家之产，吾奉先帝宫室，常恐羞之，何以台为？"上常衣绨衣，所幸慎夫人，令衣不得曳地，帏帐不得文绣，以示敦朴，为天下先。治霸陵，皆以瓦器，不得以金银铜锡为饰，不治坟，欲为省，毋烦民。南越王尉佗自立为武帝，然上召贵尉佗"兄弟"，以德报之，佗遂去帝称臣。与匈奴和亲，匈奴背约入盗，然令边备守，不发兵深入，恶烦苦百姓。吴王诈病不朝，就赐几杖。群臣如袁盎等称说虽切，常假借用之。群臣如张武等受赂遗金钱，觉，上乃发御府金钱赐之，以愧其心，弗下吏。专务以德化民，是以海内殷富，兴于礼义。

后七年六月己亥，帝崩于未央宫。遗诏曰："朕闻盖天下万物之萌生，靡不有死。死者天地之理，物之自然者，奚可甚哀！当今之时，世咸嘉生而恶死，厚葬以破业，重服以伤生，吾甚不取。且朕既不德，无以佐百姓。今崩，又使重服久临，以离寒暑之数，哀人之父子，伤长幼之志，损其饮食，绝鬼神之祭祀，以重吾不德也，谓天下何！朕获保宗庙，以眇眇之身托于天下君王之上，二十有馀年矣。赖天地之灵，社稷之福，方内安宁，靡有兵革。朕既不敏，常畏过行，以羞先帝之遗德；维年之久长，惧于不终。今乃幸以天年，得复供养于高庙，朕之不明与！嘉之，其奚哀悲之有！其令天下吏民，令到出临三日，皆释服，毋禁取妇、嫁女、祠祀、饮酒、食肉者。自当给丧事服临者，皆无践。绖带无过三寸，毋布车及兵器，毋发民男女哭临宫殿。宫殿中当临者，皆以旦夕各十五举声，礼毕罢。非旦夕临时，禁毋得擅哭。已下，服大红十五日，小红十四日，纤七日，释服。佗不在令中者，皆以此令比率从事。布告天下，使明知朕意。霸陵山川因其故，毋有所改。归夫人以下至少使。"令中尉亚夫为车骑将军，属国悍为将屯将军，郎中令武为复土将军，发近县见卒万六千人，发内史卒万五千人，藏郭穿复土属将军武。

乙巳，群臣皆顿首上尊号曰孝文皇帝。

太子即位于高庙，丁未，袭号曰皇帝。

孝景皇帝元年十月，制诏御史："盖闻古者祖有功而宗有德，制礼乐各有由。闻歌者，所以发德也；舞者，所以明功也。高庙酎，奏《武德》

《文始》《五行》之舞。孝惠庙酎，奏《文始》《五行》之舞。孝文皇帝临天下，通关梁，不异远方。除诽谤，去肉刑，赏赐长老，收恤孤独，以育群生。减嗜欲，不受献，不私其利也。罪人不帑，不诛无罪。除肉刑，出美人，重绝人之世。朕既不敏，不能识。此皆上古之所不及，而孝文皇帝亲行之。德厚侔天地，利泽施四海，靡不获福焉。明象乎日月，而庙乐不称，朕甚惧焉。其为孝文皇帝庙为《昭德》之舞，以明休德。然后祖宗之功德著于竹帛，施于万世，永永无穷，朕甚嘉之。其与丞相、列侯、中二千石、礼官具为礼仪奏。"丞相臣嘉等言："陛下永思孝道，立《昭德》之舞以明孝文皇帝之盛德，皆臣嘉等愚所不及。臣谨议：世功莫大于高皇帝，德莫盛于孝文皇帝，高皇庙宜为帝者太祖之庙，孝文皇帝庙宜为帝者太宗之庙。天子宜世世献祖宗之庙，郡国诸侯宜各为孝文皇帝立太宗之庙。诸侯王列侯使者侍祠天子，岁献祖宗之庙。请著之竹帛，宣布天下。"制曰："可。"

太史公曰：孔子言"必世然后仁。善人之治国百年，亦可以胜残去杀。"诚哉是言！汉兴，至孝文四十有馀载，德至盛也。廪廪乡改正服封禅矣，谦让未成于今。呜呼，岂不仁哉！

【译文】

孝文皇帝刘恒，是高祖皇帝的第四个儿子。高祖十一年春天，挫败了陈豨的叛军，平定了代地，刘恒被立为代王，把国都建在了中都这个地方。他是太后薄氏的儿子。在他做代王的第十七年，也就是吕后八年七月的时候，吕后去世。九月，吕氏家族的吕产等人企图发动叛乱，夺取刘氏天下，大臣们共同诛灭了吕氏家族，而且经商议一致同意拥立代王为帝，这件事情的详细情况记载在《吕太后本纪》中。

丞相陈平、太尉周勃等派人去迎接代王。代王就此事征求左右大臣和郎中令张武等人的意见。张武等人议论说："朝廷大臣都是过去高祖皇帝时的大将，善于用兵，谋略多而且诡诈。他们的本意不止只做个臣子，只是害怕高祖皇帝、吕太后的威势罢了。如今他们刚刚诛灭了吕氏，血染京城，此时来人名义上说是迎接大王，其实不可轻信。希望大王假托有病，不要前往，以便观察他们会有什么变化。"中尉宋昌进言说："众位大臣的议论都是错误的。当初秦朝政治混乱，诸侯豪杰纷纷起事，自以为能得天下的人数以万计，然而最终登上天子之位的是刘氏，天下的豪杰已经不再存有做皇帝的希望，这是第一点。高祖皇帝封刘姓子弟为王，封地间像犬牙一样相互交错、互为制约，这就是所说的像磐石一般坚固的宗族，天下人都叹服刘氏的强大，这是第二点。汉朝建立以后，废除了秦朝的苛虐政令，与民商定新的法令，对百姓施以恩德，人心安定，难以动摇，这是第三点。以吕太后的威势，封三名吕氏为王，独揽政权，独断专行，可是太尉凭着一个符节进入北军，一声呼唤，将士们就都袒露左臂，表示要辅佐刘氏而抛弃吕氏，最终消灭了吕氏。这是天意所授，而不是人力所能为。现在大臣们即使想要叛乱，百姓们也不会听他们使唤，他们的同党难道就能一心一意跟随他们吗？如今京城内有朱虚侯、东牟侯这样的亲族，外又担心吴、楚、淮南、琅邪、齐、代这些强大的诸侯。现在高祖皇帝的儿子就只有淮南王和大王您了。而大王您又年长，且以贤圣仁孝闻名天下，所以大臣们是根据天下人的心愿，想要迎立大王做皇帝。大王您不必怀疑。”代王向薄太后报告了这件事并商量对策，但还是犹豫不能决定。又用龟甲来进行占卜，得到的卦象是一条很大的横向裂纹。卜辞说：“大横预示着更替，我将做天王，像夏启那样，使父业光大发扬。”代王说：“我本来就是王了，还做什么王？”占卜的人说：“所谓天王就是天子。”于是代王就派薄太后的弟弟薄昭前往京城去见绛侯周勃，周勃等对薄昭详细说明了要迎立代王为帝的意图。薄昭回来报告说：“情况是真实的，可以相信，不用再怀疑了。”于是代王笑着对宋昌说：“果然像你所说的那样。”于是就让宋昌陪自己同乘一辆车，张武等六人也乘驿车随代王一同前往长安。他们到了距离京城不远的高陵县时停下来休息，派宋昌先驱车进入长安观察事态有无变化。

宋昌刚到渭桥，丞相以下的官员都来迎接。宋昌返回报告。代王驱车到了渭桥，群臣都来拜见称臣。代王也下车答拜群臣。太尉周勃上前说：“我有些事情想单独向大王禀报。”宋昌说：“你要说的如果是公事，就请公开说；如果是私事，在王位的人不受理私事。”周勃于是跪着献上天子的玺印符信。代王辞谢说：“等到了代王府邸再商议吧。”于是驱车进入代王官邸。群臣也跟着来了。丞相陈平、太尉周勃、大将军陈武、御史大夫张苍、宗正刘郢、朱虚侯刘章、东牟侯刘兴居、典客刘揭都上前行礼，拜了两拜，然后说：“皇子刘弘等都不是孝惠帝的儿子，不应该继承帝位。我们谨请阴安侯、列侯顷王后和琅邪王、宗室、大臣、列侯、二千石以上官吏一起商议说：‘大王如今是高祖皇帝最年长的儿子，最应该做高祖皇帝的继承人。’希望大王即天子之位。”代王说：“侍奉高祖皇帝宗庙，这是大事。我没有才能，胜任不了这侍奉宗庙的大事。希望你们与楚王等考虑合适的人选，我不敢当。”群臣都拜伏在地上，坚决请求代王为帝。代王面向西坐，在主人的位置推让了好几次，群臣将他扶上面南的君主位置，他又谦让了两次。丞相陈平等人都说：“我们再三考虑，认为大王侍奉高祖皇帝宗庙是最适宜的。即使让天下诸侯和百姓来考虑，也会认为大王是最适宜的。我们为国家宗庙社稷考虑，不敢草率。希望大王能听我们的意见。现在，请允许我们奉上天子的玉玺和符节。”代王说：“既然宗室、将相、诸王、列侯都认为没有比我更合适的人选，那我就不敢再推辞了。”于是，代王即位做了皇帝。

群臣按照朝廷礼仪依次站好了位。刘恒便派太仆夏侯婴与东牟侯刘兴居去清理皇宫。而后他们驾着天子乘坐的法驾，来代王府邸迎接刘恒。刘恒当天晚上就进入了未央宫。当天晚上刘恒便任命宋昌为卫将军，掌管南北军；任命张武为郎中令，在殿中巡行。然后他回到前殿坐朝，在当晚颁布诏书说：“近来吕氏众人擅权用事，独断专行，阴谋叛逆，企图夺取刘氏天下，全靠众位将军、相侯、宗室和大臣挫败了他们，使他们都受到了应有的惩罚。现在我刚刚即位，特大赦天下，赐给老百姓每家每人一级爵位，赐给无夫无子的女子每百户一头牛，十石酒，准许全国欢聚宴饮五天。”

孝文皇帝元年十月初六日，改封原琅邪王刘泽为燕王。

十月初七日，汉文帝正式即位，拜谒高祖庙。他改任右丞相陈平为左丞相，太尉周勃升任右丞相、大将军灌婴升任太尉。又将从前吕氏所剥夺的齐、楚等国的故地，全部归还给了各国。

十月初八日，文帝派车骑将军薄昭去代国迎接皇太后。文帝说：“吕产自任为相国，吕禄为上将军，擅自假托皇命派将军灌婴带兵攻打齐国，想要取代刘氏，而灌婴留驻在荥阳不发兵攻齐，并与诸侯共谋诛灭了吕氏；吕产图谋不轨，丞相陈平与太尉周勃谋划夺了吕产等人的兵权；朱虚侯刘章首先逮捕了吕产等人；太尉周勃亲自率领襄平侯纪通持节奉诏进入北军；典客刘揭亲自夺了赵王吕禄的将军印。为此，加封太尉周勃食邑万户，赏赐黄金五千斤；加封丞相陈平、将军灌婴食邑各增三千户，赐黄金二千斤；加封朱虚侯刘章、襄平侯纪通、东牟侯刘兴居食邑各增二千户，赐黄金一千斤；封典客刘揭为阳信侯，赐黄金一千斤。”

十二月，文帝下诏说：“法令，是治理国家的准绳，是用来制止暴行和引导人们向善的工具。现在犯法的人已经判罪，还要让他们无罪的父母、妻子、儿女及兄弟们连累治罪，还要被收为奴隶，我很不赞成这样做。希望你们再商议商议吧。”主管刑法的官员都说：“百姓们不能自治，所以需要制定法令来约束他们。无罪的亲属遭受连累，和犯人一起收捕判罪，是为了使他们心里有所顾忌，让他们不敢轻易犯法。这种做法由来已久，还是保持不变的好。”文帝说：“我听说法令公正百姓就忠厚，量刑正确百姓就心服。再说治理百姓引导他们向善，要靠官吏。如果官员既不能引导他们，又用不公正的法律来处罚他们，这是反过来加害于民，逼其造反的做法呀。这怎么能够管理百姓呢？我看不出这样做的好处。请你们再仔细地考虑。”主管官员听后都说：“陛下对百姓施加恩惠，功德无量，不是我们这些臣下所能做到的。我们谨遵皇命，废除一人犯法牵连全家的法令。”

正月，主管大臣进言说：“及早确立太子，是尊奉宗庙的一种保障。请皇上早日确立太子。”文帝说：“我已经够不贤德的了，上帝神明还没享受我的祭祀，天下的人民还没满意。现在即使我不能广求天下贤圣有德的人禅位于他，但说预先确立太子，这是加重我的无德呀。我将拿什么来向天下人交待呢？这事还是先放一放吧。”主管大臣又说：“预先确立太子，正是为了尊奉宗庙社稷，不忘天下的行为啊。”文帝说：“楚王是我的叔父，年纪大了，经历的事很多，懂得天下的事理，明白治国的大体；吴王是我的兄长，贤惠仁慈，甚爱美德；淮南王是我的弟弟，能守其才德以辅佐我，这难道不能加以考虑吗？诸侯王、宗室、兄弟和有功的大臣，很多都是有才能有德义的人，如果推举有德之人辅佐我所不能做好的事，这将是国家的幸运、天下人的福分。现在不去选拔举荐他们，却说一定要立太子，人们会认为我是个抛弃贤能有德的人而一心只想着儿子的人，不是个为天下人着想的人。我觉得这样做很不可取。”大臣们都坚决请求说：“古代殷、周立国，太平安定都达一千多年，古来享有天下的王朝没有比他们更长久的了，就是因为他们采取了立太子这个办法。确立继承人，一定要立儿子，这是由来已久的做法。高祖皇帝亲自率领众将士平定天下，封建诸侯，成为本朝皇帝的太祖。诸侯王和列侯最早接受封国的也成为各自封国的始祖。子孙继位，代代不绝，这是天下的大义，所以高祖皇帝设立了这种制度来安抚海内。现在您想放弃应该立为继承人的人选，而另从诸侯或宗室中选取，这就违背了高祖皇帝的愿望。另议他人是不妥当的。启是陛下您最年长的儿子，而且纯厚仁爱，请立他为继承人吧。”文帝这才同意了。于是下令给全国民众中应当继承父业的长子每人都晋爵一级。封皇舅薄昭为轵侯。

三月，主管大臣请求封立皇后。薄太后说：“皇帝的儿子都是同母所生，就立太子的母亲为皇后吧。”皇后姓窦。文帝因为立了皇后的缘故，赐给天下鳏寡孤独和穷困的人，以及年纪八十以上的老人和九岁以下的孤儿每人一定数量的布帛、米、肉。文帝由代国来到京城，即位不久，就对天下广施德惠，使各诸侯和周边远方部族得以安抚，大家都融洽欢乐，于是开始安抚和封赏从代国随同来京的功臣。文帝说：“当初大臣们杀掉吕氏众人迎我为帝，我有疑虑，大臣们都阻止我，只有中尉宋昌劝我来京，我因此得以承继帝位。之前我已经封宋昌为卫将军，现在再封他为壮武侯。其他随我进京的六个人，官职都升为九卿一级。”

文帝又说：“当年跟随高祖皇帝进入蜀郡和汉中的列侯六十八人，都加封食邑三百户；过去的二千石以上、跟随过高祖皇帝的官吏，如颍川郡守刘尊等十人各赐给食邑六百户，淮阳郡守申徒嘉等十人各加封食邑五百户，卫尉刘定等十人各加封食邑四百户。封淮南王舅父赵兼为周阳侯，封齐王舅父驷钧为清郭侯。”这年秋天，封原常山国的丞相蔡兼为樊侯。

有人劝告右丞相周勃说：“您是诛杀吕氏、迎立代王的主要策动者，可如今却自夸功劳，接受最高的赏赐，居于尊贵的地位，灾祸就要降临到您的头上了。”于是右丞相周勃就以生病为由而辞去了右丞相的职务，由左丞相陈平一个独任丞相之职。

文帝二年十月，丞相陈平去世，文帝重新起用绛侯周勃为丞相。文帝说：“我听说古代诸侯建立国家的有一千多个，各自守住自己的封地，按时进贡，百姓们不用劳苦，全国上下都很高兴，没有人做违背道德的事。如今列侯大多住在长安，距离各自的封地路途遥远，官吏士卒供应运输所需物资既浪费又辛苦，而列侯们也没有机会教导和管理封地内的百姓。现在我命令所有列侯回到各自的封国去，凡在朝廷任职及有诏令特别留下来的诸侯，也要派太子前往封地。”

十一月的最后一天，出现了日食。十二月十五日，又发生了日食。

因此文帝下诏说："我听说天生万民，为他们设置君主来抚育和治理他们。如果君主不贤德，执政不公平，那么上天就会降下灾祸警示他，来惩戒他治理不当。十一月的最后一天发生日食，上天谴责的灾异现象出现在天上，没有比这更严重的灾难了！我得以承继帝业，以渺小之躯依托于万民和诸侯王之上，天下的治和乱，都在于我一个人。那几位执政的大臣，就好比是我的左膀右臂。我对下不能很好地治理抚育众生，对上又牵累了日、月、星辰的光辉，以致发生日蚀，我的失德实在太严重了。诏令下达后，大家都要考虑我的过失，以及我的知识、见识和考虑问题的不足之处，希望你们务必告诉我。你们还要推举贤良方正及能直言极谏的人，来补正我的疏漏。因此官员们要检查和整顿好各自的职事，务必减少徭役和费用，以便利民众。我既然不能以恩德感化远方，所以很担心外族有侵略的野心，因此边疆的防务不能停息。现在既然不能撤除边塞的军队，又怎么能增加兵力来保卫我个人呢？所以我宣布撤销卫将军统辖的军队。太仆掌管的现有马匹，只需留下够用的数量就可以了，多余的都交给驿站。"

正月，文帝下诏说："农业，是国家的根本。应当开辟皇帝亲自耕种的籍田，我要亲自带头耕作，来供给宗庙祭祀用的谷物。"

三月，主管大臣建议封皇子们为诸侯王。文帝说："赵幽王被幽禁而死，我很可怜他，已经立他的长子刘遂为赵王。刘遂的弟弟辟强和齐悼惠王的儿子朱虚侯刘章、东牟侯刘兴居对国家有功，可以封他们为王。"于是封赵幽王的小儿子刘辟强为河间王，割出齐国的几个大郡封朱虚侯为城阳王，封东牟侯刘兴居为济北王，封皇子刘武为代王，封皇子刘参为太原王，封皇子刘揖为梁王。

文帝又下诏说："古人治理天下，在朝廷设置有进善言的旌旗和批评朝政的木牌，是为了开通治国之道，招徕进谏之人。现在法令中有诽谤朝廷妖言惑众的罪状，这使得大臣们不敢完全说真话，而皇帝也没有机会听到自己的过失。这样怎么能招来远方的贤良之人呢？应当废除这样的条文。百姓中有人一起诅咒皇帝而约定互相隐瞒，后来又负约而相互告发，官员们认为这是大逆不道；如果再说别的话，官吏们又认为是诽谤朝廷。这些实际上都是由于小民的愚昧无知而犯了死罪。我很不赞成这种做法。从今以后，再有类似情况，一律不予治罪。"

九月，首先把授兵权或调动军队的铜虎符和使臣出使所持的竹使符发给各封国丞相和各郡郡守。

汉文帝三年十月的月末，发生了日食。十一月，文帝下诏说：“前些时候我已经诏令列侯回到各自的封国，但有的人还是找借口没有离开。丞相是我所敬重的，希望丞相为其他列侯起个带头作用。”于是免去绛侯周勃的丞相职务，让他去了绛县封地。文帝任命太尉颍阴侯灌婴为丞相，同时废除了太尉这个官职，把太尉所掌的兵权并归到了丞相的职权中。

四月，城阳王刘章去世。淮南王刘长和他的随从魏敬杀了辟阳侯审食其。

五月，匈奴侵入北地郡，盘踞在河南一带做强盗。文帝初次幸临甘泉宫。六月，文帝下诏说：“汉朝和匈奴约为兄弟，为了不让它侵扰边境，所以送给匈奴的东西十分丰厚。现在匈奴的右贤王离开他们的本土，率众进驻早已归属汉朝的河南地区，没有任何正当理由，就出入往来于边塞地区，捕杀我官吏士卒，驱逐守卫边塞的少数民族，使他们不能在自己的居住地居住；欺凌我边防官吏，侵入内地抢劫我边民，十分傲慢，不讲道理，破坏了先前的协约。现在我派遣边防骑兵八万五千人进驻高奴，命丞相颍阴侯灌婴带兵攻打匈奴。”后来匈奴人不战而退。朝廷又征调中尉属下部分勇武的士卒归属于卫将军统领，驻扎在长安。

六月二十七日，文帝由甘泉北进至高奴，而后东转至太原，在那儿召见了原代国的大臣，对每个人都进行了赏赐。又按功劳大小给以封赏，赐给百姓牛肉和酒，同时免除了晋阳、中都两地百姓三年的赋税。文帝在太原停留、游历了十多天。

济北王刘兴居得知文帝到了代地，要前去攻打匈奴，于是趁势起兵造反，想率军袭击荥阳。文帝于是下诏招回丞相灌婴率领的军队，派棘蒲侯陈武做大将军，带领十万军队去攻打叛军。又任命祁侯缯贺为将军，驻扎在荥阳。七月十八日，文帝从太原回到长安。诏令有关大臣说：“济北王违背常德，反叛皇上，连累他的属官和百姓，这是大逆不道。济北的官吏和民众，凡是在朝廷大军到来之前就自己停止反叛活动的，以及率部投降或献出城邑出降的，一律赦免，官爵复原。那些开始曾与济北王兴居来往的人，也予以赦免。”八月，打败了济北王的军队，俘虏了济北王。于是文帝又下令赦免了跟随济北王造反的官吏、百姓。

汉文帝六年，主管大臣报告说淮南王刘长废弃先帝的法律，不听从皇帝的诏令，所居宫室超过了规定的限度，出入的仪仗仿照天子，擅自制定法令；和棘蒲侯太子陈奇密谋反叛，并派人出使闽越和匈奴，调用它们的军队，企图危害宗庙社稷。群臣商议，都说“刘长应当斩首示众”。文帝不忍心法办淮南王，便免了他的死罪，废了他的王位，不准再做诸侯王。群臣请求把淮南王流放到蜀严道、邛都，文帝答应了。刘长还没到达流放地，就病死在路上，文帝很是怜悯。十六年后，文帝追谥淮南王刘长为厉王，并封他的三个儿子刘安为淮南王、刘勃为衡山王、刘赐为庐江王。

十三年夏天，文帝下诏说：“我听说，祸患是由怨而起、福分是由德义而兴，这是自然的规律。百官的过错，应当由我一人承担。可是现在祭祀祈祷的时候都把过错推给下面的臣子，其结果是显扬了我的无德。对于这一点我很不赞成。应当取消这种做法。”

五月，齐国的太仓令淳于公犯了罪，应该受刑，朝廷下令让狱官逮捕他，把他押解到长安拘禁起来。太仓公没有儿子，有五个女儿。他被捕临行时，骂女儿们说：“生孩子不生儿子，有急事时一点用都没有！”他的小女儿缇萦伤心地哭了，就跟随父亲来到长安，向朝廷上书说：“我父亲做官，齐国人都称赞他廉洁公正，现在犯了法应当受刑罚。我哀伤的是，受了死刑的人不能再活过来，受了肉刑的人肢体断了不能再接起来，即使想改过自新，也没有办法了。我愿意到官府做奴婢，来替我父亲赎罪，使他能改过自新。”上书送到文帝那里，文帝怜悯缇萦的孝心，就下诏说：“我听说有虞氏的时候，只是在罪犯的衣帽上画上特别的图形或颜色，给罪犯穿上有特定标志的衣服，以此来羞辱他们，这样，民众就不犯法了。为什么这样呢？是因为当时政治极其清明。如今法令中有刺面、割鼻、断足三种肉刑，可是犯法的事仍然不能禁止，这种过失的原因何在？不就是因为我德义不厚而教化不明吗？我觉得很是惭愧。所以说教导的方法不对就会使愚昧的百姓犯罪。《诗经》上说‘平易近人的君子，有如保护和养育人民的父母’。现在有人犯了过错，官府没有对其进行教化就施加刑罚，有的人想改过修善也没有机会了。我很可怜他们。这些刑罚使人肢体断裂、肌肤毁坏，终身不能恢复，这是多么残酷而不仁道呀，这哪里有一点点为民父母的意思呢？应该立即废除肉刑。”

文帝又说：“农业是天下的根本，没有比这更重要的事情。如今农民辛勤地从事农业生产，却还要交纳租税，这样做会使务农的人和从事商业、手工业的人本末不分。这对鼓励老百姓从事农业生产不利，应当免除农田的租税。”

十四年冬天，匈奴谋划入侵汉地的边境进行劫掠，他们攻打了朝那塞，杀死了北地郡的都尉孙卬。文帝于是派遣了三个将军分别带兵驻扎在陇西、北地、上郡；又任命中尉周舍为卫将军，郎中令张武为车骑将军，率军驻扎在渭河以北地区，有兵车一千辆、骑兵十万人。文帝亲自慰劳军队，训练士兵，申明训令，奖赏全军将士。文帝想亲自带兵攻打匈奴，群臣进谏，都不听从。后来薄太后出面坚决要求文帝留下来，文帝这才作罢。于是任命东阳侯张相如为大将军，命成侯董赤为内史、栾布为将军，一同北击匈奴。匈奴被迫逃走了。

这年春天，文帝说：“我有幸得以执掌祭祀，以牺牲、玉帛来祭祀上天和宗庙以来，至今已经十四年，经历很长时间了。以我这样一个既不聪敏又不明智的人长久地治理天下，我深感惭愧。我准备扩大祭祀的埠场，增加祭祀所需玉帛数量。从前先王远施恩惠而不求回报，遥祭山川却不为自己祈福，他们尊重贤才而抑制亲戚，先民后己，圣明到了极点。现在我听说祭祀的官员向神明祈福时，都是祈求将福泽降到我一个人身上，而不为众多的黎民百姓，对此我感到非常惭愧。像我这样一个无德之人，却独自享受神灵的福佑，而百姓却不能与我共享，这就加重了我的无德。现在我命令主管祭祀的官员，从今以后只向神灵表达敬意，不要再为我一个人祈祷了。”

这时，北平侯张苍任丞相，刚刚制定了乐律和历法。鲁国人公孙臣上书讲述金木水火土五行相生相克的学说，并说现在正是土德时期，土德的验证是将有黄龙出现，国家应当更改历法、服色等各种制度。文帝把公孙臣的说法交给丞相张苍，让他去研究。张苍经过推算，认为现今是水德当行时期，应继续以十月作为岁首，应该崇尚黑色。他认为公孙臣的说法不对，希望文帝不要采纳他的建议。

十五年，有黄龙出现在成纪县，文帝又召来鲁国的公孙臣，任命他为博士，让他重新说明当今应为土德的道理。于是文帝下诏说：“有奇异的神物在成纪出现，对百姓没有伤害，今年会有好收成。我要亲自到郊外祭祀上帝和诸神。请礼官们商议这件事，不要因为怕我劳累而有什么隐讳。”主管大臣和礼官们都说：“古代天子夏天亲自到郊外去祭祀上帝，所以称为郊。”于是文帝第一次驾临雍，郊祭五帝，在孟夏四月举行了答礼。赵国人新垣平这时靠着望气之术得到文帝的召见，因此他劝说文帝在渭水北岸建五帝庙，并预言周朝的传国宝鼎将会出现，还会有奇异的美玉出现。

十六年，文帝亲自到渭水北岸五帝庙郊祭，也是在夏季举行了答谢上天恩德的祭典，因而崇尚红色。

十七年，文帝得到一个玉杯（这个玉杯实际是新垣平为欺骗文帝而派人献上的），上面刻有“人主延寿”四个字。于是文帝把这一年改为后元元年，下令准许天下百姓聚会畅饮。也就在这一年，新垣平弄虚作假的事情被发觉，随后被诛灭了三族。

后元二年（前 162 年），文帝下诏说：“我既不英明，也不能施恩德于远方，因此导致境外有些国家时常侵扰生事。四方荒远地区的百姓不能安定地生活，内地的百姓辛勤劳苦不能安居，这两件过失都是因为我的德行浅薄，不能施及远方。最近连续几年，匈奴都来为害边境，杀害了我许多官吏和百姓，边境的官员和将领又不能明白我的心意，以致加重了我的无德。长期这样兵灾相结、战火不断，中外各国又怎么能保持各自安宁？现在我起早睡晚，操劳国事，为万民忧虑，惶惶不安，未曾有一天心里不想着这些事情。因此我派出的使臣很多，前后车篷相望，路上车辙交错，为的就是让他们向单于说明我的意愿。现在单于已表示出友好相处的样子，考虑到国家的安定，顾及百姓的利益，愿意和我一起抛弃曾经的怨仇，一起走和平的大道，重新确立两国间兄弟般的友好关系，共同保护善良百姓的生命安全。和亲的盟约已经确定，从今年就开始。”

后元六年冬天，匈奴又有三万人侵入上郡，三万人侵入云中郡。文帝任命中大夫令勉为车骑将军，驻扎在飞狐口要塞；任命原楚国丞相苏意为将军，驻扎在句注山；命将军张武屯兵北地郡；任命河内太守周亚夫为将军，驻军细柳；任命宗正刘礼为将军，率军驻扎在灞上；命祝兹侯徐厉驻扎在棘门，以防备匈奴。几个月后，匈奴兵撤去，于是汉军也撤了回来。

这年天下干旱，发生蝗灾。文帝对全国施加恩惠，让诸侯不要向朝廷进贡，解除国家禁止民众开发山林湖泊的规定，减少宫中各种服饰、车驾和狗马等各项开销，裁减朝廷官吏人数，发放国家储备粮救济贫苦百性，允许老百姓买卖爵位。

孝文帝从代国来到京城，即位二十三年，宫室、苑囿、狗马、服饰、车驾等等都没有增加。一有不便于民的事，就立即放弃，以利于民。文帝曾想建造一座露台，召来工匠一计算，造价要上百斤黄金。文帝说："百斤黄金相当于十户中等人家的产业，我享有先帝的宫室，还常担心会辱没先帝，还建造高台干什么呢？"文帝平时常穿质地粗厚的丝织衣服；对所宠爱的慎夫人，穿衣裙也不准拖到地面；所用的帏帐不准绣彩色花纹，以此来表示俭朴，为天下人做出榜样。文帝规定，修建霸陵墓时都用瓦器，不许用金银铜锡做装饰，不在平地修坟，就是想要节省，不烦扰百姓。南越王尉佗自号为武帝，然而文帝只是把尉佗的兄弟召来给以高官厚禄，报之以德。尉佗于是取消了帝号，向汉朝称臣。文帝又与匈奴和亲，匈奴多次背弃盟约入境骚扰，文帝只是命令边境加强防守，不发兵深入匈奴讨伐，是怕烦扰和劳苦百姓。吴王刘濞谎称有病不来朝见，文帝就赐给他木几和手杖以示关怀，让他可以免去进京朝觐之礼。群臣中如袁盎等人进言说事，虽然直率尖锐，而文帝总是宽容采纳。群臣中像张武等人接受金钱贿赂，事情被发觉后，文帝就从御府中拿出钱来赏给他们，使他们内心羞愧，而不是交给司法部门处理。文帝一心致力于用道德感化臣民，因此使得四海富足、礼义兴盛。

后元七年六月初一日，文帝在未央宫逝世。他留下遗诏说："我听说天下万物从开始的时候，没有哪一种是不死的。死亡是天地间的自然规律，是天下万物的自然现象，怎么能够过分悲哀呢！当今世人都贪生怕死，不惜花费大量财物来安葬死者，以致倾家荡产；长期服丧以致损害身体。我认为此举很不可取。况且我很不贤德，没有什么可以帮助百姓的。现在去世了，又要让他们长期服丧痛哭，遭受严寒酷暑的折磨，使天下的父子为我悲哀，使天下的老幼心灵受到损害，减少饮食，中断对鬼神的祭祀，其结果是加重了我的无德。我怎么向天下人交待呢！我有幸承继帝业，以渺小之躯，凌驾于天下各诸侯王之上，已经二十多年了。靠着天地的神灵、社稷的福气，才使得国内安宁，没有战乱。我不聪敏，时常担心行为有过错，使先帝遗留下来的美德蒙受羞辱；年长月久之后，害怕不能善终。如今没想到能侥幸享尽天年，将被供奉在高庙里享受祭祀。我如此不贤明，却能有这样的结果，我认为很好，还有什么可悲哀的呢！现在诏令全国官吏和百姓，在听到我逝世的消息后，哭吊三日就都除去丧服，不要禁止娶妻、嫁女、祭祠、饮酒、吃肉这些事。应当参加丧事、服丧哭祭的人，也都不要穿斩衰服。系腰与缠头的麻带不要超过三寸宽，不要用白布包裹车驾和兵器，不要发动民间男女到宫殿来哭祭。宫殿中应当哭祭的人，都只要在早晚各哭十五声，行礼完毕就停止。不是早上和晚上哭祭的时间，不准擅自哭泣。下葬以后，按丧服制度应服丧九个月的大功只服十五日，应服丧五个月的小功只服十四日，应服丧三个月的缌麻只服七日，期满就脱去丧服。其他不在此令中的事宜，都参照此令办理。通告天下，让大家明白我的心愿。我在灞陵的墓地，山川保持原样，不要有所改变。后宫从夫人以下直至少使，全都遣送回家。”任命中尉周亚夫为车骑将军，属国徐悍为将屯将军，郎中令张武为复土将军，征调京城附近各县现役士卒一万六千人，又调集京城现役士卒一万五千人，负责护送棺椁、挖掘墓穴、填土埋葬等事务，归将军张武统一指挥。

六月初七日，文帝在灞陵下葬，群臣都伏地叩首，尊奉谥号为“孝文皇帝”。

太子刘启在高祖庙即位。六月初九日，承袭帝号称为皇帝。

孝景皇帝元年十月，下诏给御史说：“我听说古代帝王，有取天下之功的称为‘祖’，有治天下之德的称为‘宗’，祭祀不同的帝王应使用不同的礼乐，应各据其身份。我还听说唱歌是用来颂扬德行的，舞蹈是用来彰明功业的。向高祖皇帝庙献酒祭祀，应当演奏《武德》《文始》《五行》等歌舞。向孝惠帝庙献酒祭祀，应演奏《文始》《五行》等歌舞。孝文皇帝治理天下，开放了关卡桥梁，处处畅通无阻，边远地区也是一样；废除了诽谤的罪名，取消了肉刑；赏赐年老之人，收养孤独之人，以抚育万民；自己杜绝了各种嗜好，不受臣下进献的贡品，不求一己之私利；处治罪犯不株连家属，不诛罚无罪之人；废除宫刑，放出后宫女子，把使人绝后看成大事。我不聪敏，不能理解孝文皇帝的一切。这些都是古代帝王做不到的，而孝文皇帝亲自实行了。他的厚德可比天地，恩泽施于四海，没有谁没得到恩惠的；他的光辉如同日月，而祭祀时所用的歌舞却不相称，对此我心中非常不安。应当为孝文皇帝庙制作《昭德》舞，以显扬他的美德。然后将祖宗的功德载入史册，流传万代，永不没世，我很认同这种做法。你和丞相、列侯、中二千石的官吏、礼官们负责制定这项礼仪，上奏给我。”丞相申徒嘉等人听闻后说：“陛下始终想着孝亲之道，制作《昭德》之舞来显扬孝文皇帝的赫赫功德，这都是我们这些臣子愚钝而想不到的。我等谨认为，世上的功勋没有比高祖皇帝更大的，圣德没有比孝文皇帝更深厚的；高祖皇帝庙应当作为皇帝的太祖庙，孝文皇帝庙应该作为皇帝的太宗庙，后代天子应当世世代代供奉祭祀太祖和太宗之庙，各郡国诸侯也应当分别在各地为孝文皇帝建立太宗庙。朝廷祭祀时，诸侯王、列侯都要派使者来京随同天子祭祀，每年都要祭祀祖宗之庙。请皇上下令把这些规定写入法律条文之中，向天下公布。”景帝批示说：“可以。”

太史公评说道：孔子曾说“治理国家一定要经过三十年后才能实现仁政。善人治理国家，要经过上百年才能教化好残暴之人，免除刑杀”。这话千真万确啊。汉朝从建国一直到孝文皇帝，经过了四十多年，德政达到了鼎盛的阶段。按理孝文帝完全可以更改历法、服色，举行封禅大典了，但由于他总是谦让自己德行不够，以致时至今日也未完成。啊！这难道不是仁德的体现吗？

史记卷十一

孝景本纪第十一

孝景皇帝者，孝文之中子也。母窦太后。孝文在代时，前后有三男。及窦太后得幸，前后死，及三子更死，故孝景得立。

元年四月乙卯，赦天下。乙巳，赐民爵一级。五月，除田半租。为孝文立太宗庙。令群臣无朝贺。匈奴入代，与约和亲。

二年春，封故相国萧何孙係为武陵侯。男子二十而得傅。四月壬午，孝文太后崩。广川、长沙王皆之国。丞相申屠嘉卒。八月，以御史大夫开封侯陶青为丞相。彗星出东北。秋，衡山雨雹，大者五寸，深者二尺。荧惑逆行，守北辰。月出北辰间。岁星逆行天廷中。置南陵及内史、祋祤为县。

三年正月乙巳，赦天下。长星出西方。天火燔洛阳东宫大殿城室。吴王濞、楚王戊、赵王遂、胶西王卬、济南王辟光、菑川王贤、胶东王雄渠反，发兵西乡。天子为诛晁错，遣袁盎谕告，不止，遂西围梁。上乃遣大将军窦婴、太尉周亚夫将兵诛之。六月乙亥，赦亡军及楚元王子蓺等与谋反者。封大将军窦婴为魏其侯。立楚元王子平陆侯礼为楚王。立皇子端为胶西王，子胜为中山王。徙济北王志为菑川王，淮阳王馀为鲁王，汝南王非为江都王。齐王将庐、燕王嘉皆薨。

四年夏，立太子。立皇子彻为胶东王。六月甲戌，赦天下。后九月，更以弋阳为阳陵。复置津关，用传出入。冬，以赵国为邯郸郡。

五年三月，作阳陵、渭桥。五月，募徙阳陵，予钱二十万。江都大暴风从西方来，坏城十二丈。丁卯，封长公主子蟜为隆虑侯。徙广川王为赵王。

六年春，封中尉绾为建陵侯，江都丞相嘉为建平侯，陇西太守浑邪为平曲侯，赵丞相嘉为江陵侯，故将军布为鄃侯。梁、楚二王皆薨。后九月，伐驰道树，殖兰池。

七年冬，废栗太子为临江王。十二月晦，日有食之。春，免徒隶作阳陵者。丞相青免。二月乙巳，以太尉条侯周亚夫为丞相。四月乙巳，立胶东王太后为皇后。丁巳，立胶东王为太子，名彻。

中元年，封故御史大夫周苛孙平为绳侯，故御史大夫周昌孙左车为安阳侯。四月乙巳，赦天下，赐爵一级。除禁锢。地动。衡山、原都雨雹，大者尺八寸。

中二年二月，匈奴入燕，遂不和亲。三月，召临江王来，即死中尉府中。夏，立皇子越为广川王，子寄为胶东王。封四侯。九月甲戌，日食。

中三年冬，罢诸侯御史中丞。春，匈奴王二人率其徒来降，皆封为列侯。立皇子方乘为清河王。三月，彗星出西北。丞相周亚夫（死）〔免〕，以御史大夫桃侯刘舍为丞相。四月，地动。九月戊戌晦，日食。军东都门外。

中四年三月，置德阳宫。大蝗。秋，赦徒作阳陵者。

中五年夏，立皇子舜为常山王。封十侯。六月丁巳，赦天下，赐爵一级。天下大潦。更命诸侯丞相曰相。秋，地动。

中六年二月己卯，行幸雍，郊见五帝。三月，雨雹。四月，梁孝王、城阳共王、汝南王皆薨。立梁孝王子明为济川王，子彭离为济东王，子定为山阳王，子不识为济阴王。梁分为五。封四侯。更命廷尉为大理，将作少府为将作大匠，主爵中尉为都尉，长信詹事为长信少府，将行为大长秋，大行为行人，奉常为太常，典客为大行，治粟内史为大农。以大内为二千石，置左右内官，属大内。七月辛亥，日食。八月，匈奴入上郡。

后元年冬，更命中大夫〔令〕为卫尉。三月丁酉，赦天下，赐爵一级。中二千石、诸侯相爵右庶长。四月，大酺。五月丙戌，地动，其早食时复动。上庸地动二十二日，坏城垣。七月乙巳，日食。丞相刘舍免。八月壬辰，以御史大夫绾为丞相，封为建陵侯。

后二年正月，地一日三动。郅将军击匈奴。酺五日。令内史郡不得食马粟，没入县官。令徒隶衣七缕布。止马舂。为岁不登，禁天下食不造岁。省列侯遣之国。三月，匈奴入雁门。十月，租长陵田。大旱。衡山国、河东、云中郡民疫。

后三年十月，日月皆赤五日。十二月晦，雷。日如紫。五星逆行守太微。月贯天廷中。正月甲寅，皇太子冠。甲子，孝景皇帝崩。遗诏赐诸侯王以下至民为父后爵一级，天下户百钱。出宫人归其家，复无所与。太子即位，是为孝武皇帝。三月，封皇太后弟蚡为武安侯，弟胜为周阳侯。置阳陵。

太史公曰：汉兴，孝文施大德，天下怀安。至孝景，不复忧异姓，而晁错刻削诸侯，遂使七国俱起，合从而西乡。以诸侯太盛，而错为之不以渐也。及主父偃言之，而诸侯以弱，卒以安。安危之机，岂不以〔谋〕哉？

【译文】

孝景皇帝刘启，是孝文皇帝众儿子中居中出生的儿子。他的生母是窦太后。孝文帝在代国做王的时候，前一个王后生了三个儿子，等到窦太后受到文帝宠幸的时候，前一个王后已经去世，三个儿子也相继死亡，所以景帝得以即位。

景帝元年四月二十二日，大赦天下。乙巳日，诏令赐给民众每户户主爵位一级。五月，下诏给全国农民减去一半田租。同时下诏为孝文皇帝修建太宗庙，诏令群臣不必因为自己即位而上朝拜贺。这年，匈奴入侵代郡，朝廷又与匈奴签订和亲条约。

景帝二年春天，封原相国萧何的孙子萧系为武陵侯。规定男子满二十岁后得登记入册。四月二十五日，文帝的母亲薄太后去世。景帝的儿子广川王刘彭祖、长沙王刘发都回到各自的封国去了。这年，丞相申屠嘉去世。八月，景帝任命御史大夫开封侯陶青为丞相。这时，彗星在东北方向出现。秋天，衡山一带下了冰雹，大的直径有五寸，地上积得最厚的地方达两尺。这年火星逆向运行到了北极星所处的星空，不久月亮又出现北极星所在区域，木星也在太微垣区域向相反方向运行。就在这一年，皇帝还下诏将南陵和内史、祋祤升级为县。

景帝三年正月二十二日，大赦天下。这时有流星出现在西方，而天火烧掉了洛阳的东宫大殿和城楼。吴王刘濞、楚王刘戊、赵王刘遂、胶西王刘印、济南王辟光、菑川王刘贤、胶东王刘雄渠起兵造反，发兵杀向西来。景帝为平抚反叛的诸侯王，不得已而杀了御史大夫晁错，并派遣袁盎通告七国，但七国还是不听，继续西进，包围了梁国的都城睢阳。景帝于是派了大将军窦婴、太尉周亚夫率军讨伐，最后平定了叛乱。六月二十四日，景帝下诏赦免败逃的叛军和楚元王的儿子刘蓺等曾参与谋反的人，封大将军窦婴为魏其侯，改封楚元王的儿子平陆侯刘礼为楚王。另封皇子刘端为胶西王、皇子刘胜为中山王，改封济北王刘志为菑川王，改封淮阳王刘余为鲁王，改封汝南王刘非为江都王。同年，齐王刘将庐、燕王刘嘉相继去世。

景帝四年夏天，册立皇太子。立皇子刘彻为胶东王。六月二十九日，大赦天下。闰九月，把弋阳改名为阳陵。重新设置要塞、津渡关卡，出入要凭证件。同年冬天，撤销赵国改设邯郸郡。

景帝五年三月，开始修建阳陵和长安城东北的渭桥。同年五月，招募民众迁居阳陵县，凡是迁往阳陵的百姓，每户给钱二十万。这年从西边刮来的大风侵袭了江都县一带，摧毁城墙十二丈。五月二十八日，景帝封其姊长公主的儿子陈蟜为隆虑侯。同年改封广川王刘彭祖为赵王。

景帝六年春天，景帝封中尉卫绾为建陵侯，封江都王的丞相程嘉为建平侯，封陇西郡太守公孙浑邪为平曲侯，封赵国丞相苏嘉为江陵侯，封前将军栾布为鄃侯。同年，梁王刘武、楚王刘礼相继去世。同年闰九月，景帝下令砍伐驰道两旁的树木，并填平兰池。

景帝七年冬天，景帝废掉栗太子刘荣，封他为临江王。十一月的最后一天，发生了日食。春天，赦免了修建阳陵的刑徒和奴隶，丞相陶青被免职。二月十六日，任命太尉条侯周亚夫为丞相。四月十七日，立胶东王刘彻的母亲为皇后；四月二十九日，立胶东王刘彻为皇太子。

景帝中元元年，封前御史大夫周苛的孙子周平为绳侯，封前御史大夫周昌的孙子周左车为安阳侯。四月二十三日，大赦天下，赐给全国臣民的爵位每人升一级。这年废除了不准一些人进入官场从政的法令。同年发生了地震。衡山、原都一带都下了冰雹，最大的直径达到一尺八寸。

景帝中元二年二月，匈奴侵入燕地，朝廷因而断绝与匈奴和亲。三月，召来临江王到京受审，不久刘荣死在了中尉府中。同年夏天，封立皇子刘越为广川王，封立皇子刘寄为胶东王。另分封了四个列侯。九月三十日，发生日食。

景帝中元三年冬天，撤销诸侯国中御史中丞一职。同年春天，有两个匈奴王率领部下前来归降，都被封为列侯。封立皇子刘方乘为清河王。同年三月，在西北方的天空出现了彗星。丞相周亚夫被免职，任命御史大夫桃侯刘舍为丞相。同年四月，发生地震。九月三十日，发生日食。由于自然现象异常，于是在京城的东都门外部署了军队进行驻扎。

景帝中元四年三月，开始修建德阳宫。这年发生大蝗灾。秋天，赦免了修建阳陵的囚犯。

景帝中元五年夏天，封立皇子刘舜为常山王。又分封赐十人为列侯。六月二十九日，大赦天下，赐给民众每户户主爵位一级。这年全国涝灾严重。同时下令将诸侯国的丞相改称为相。同年秋天又发生地震。

景帝中元六年二月二十五日，景帝亲自西行到雍县，在雍县郊祭祀五帝。三月，天降冰雹。四月，梁孝王刘武、城阳共王刘喜、汝南王刘非都相继去世。于是立梁孝王的儿子刘明为济川王、刘彭离为济东王、刘定为山阳王、刘不识为济阴王，把原来的梁国分成了五个小国。封立了四个列侯。同时把廷尉这个官职改名为大理，把将作少府改名为将作大匠，把主爵中尉改称为都尉，把长信詹事改称为长信少府，把将行改称为大长秋，把大行改称为行人，把奉常改称为太常，把典客改称为大行，把治粟内史改称为大农。把主管京城仓库的大内定为二千石级的官员，设置左、右内官，归大内统领。七月二十九日，发生日食。八月，匈奴入侵上郡。

景帝后元元年冬天，把中大夫令改为卫尉。三月十九日，大赦天下，赐给民众每户户主爵位一级。中二千石级的官员和诸侯国的相赐给右庶长的爵位。四月，下令准许老百姓聚会饮酒。五月初九发生地震，吃早饭时又再次地震。上庸县的地震持续了二十二天，城墙被震毁。七月二十九日，发生日食。丞相刘舍被免职。八月壬辰日，任命御史大夫卫绾为丞相，封为建陵侯。

景帝后元二年正月，一天之内发生三次地震。景帝让郅都将军率军出击匈奴。朝廷又下令准许民众聚会饮酒五日。命令内史和各郡县不能用粮食喂马，否则由县官没收马匹。规定罪犯和奴隶只准许穿粗麻布衣服。禁止用马拉轮机舂米。由于这一年粮食收成不佳，不许天下出现粮食吃不到秋收时的情况。动员列侯不要住在京城，让他们回到自己的封国去。三月，匈奴入侵雁门郡。十月，把高祖长陵附近的官田租给农民耕种。这年大旱，衡山国、河东郡和云中郡都发生了瘟疫。

景帝后元三年十月，一连五天太阳和月亮都呈现红色。十二月的最后一天，忽然打雷，太阳变成了紫色。五大行星都开始逆转运行，逼近太微垣区域，月亮也从太微垣穿过。正月十七日，皇太子刘彻举行加冠礼。正月二十七日，孝景皇帝驾崩。临终前遗诏赐给诸侯王以下至百姓当中应该继承父业的人每人爵位一级，全国百姓每户赏赐一百钱。并把宫廷中的宫人遣散回家，而且免除其终身的赋税。太子即位，这就是孝武皇帝。三月，汉武帝封皇太后的弟弟田蚡为武安侯，田胜为周阳侯。把景帝安葬在阳陵。

太史公说：汉朝建立以来，到孝文皇帝时广施恩德，天下人民安居乐业。到了孝景帝即位时，不必再担心异姓诸侯王对朝廷的威胁，然而晁错还力主削夺同姓诸侯王的封地，终于导致吴、楚等七国起兵反叛，一同联合向西进攻朝廷。这是由于诸侯势力太强大，而晁错在处置时没有循序渐进太过急躁造成的。等到主父偃建议实施“推恩法”，才使诸侯王的势力渐渐变弱，国家最终也因此得以安定下来。由此可见，国家安危的关键，难道不是在于谋略运用得宜吗？

史记卷十二

孝武本纪第十二

孝武皇帝者，孝景中子也。母曰王太后。孝景四年，以皇子为胶东王。孝景七年，栗太子废为临江王，以胶东王为太子。孝景十六年崩，太子即位，为孝武皇帝。孝武皇帝初即位，尤敬鬼神之祀。

元年，汉兴已六十馀岁矣，天下乂安，荐绅之属皆望天子封禅改正度也。而上乡儒术，招贤良，赵绾、王臧等以文学为公卿，欲议古立明堂城南，以朝诸侯，草巡狩封禅改历服色事未就，会窦太后治黄老言，不好儒术，使人微得赵绾等奸利事，召案绾、臧，绾、臧自杀，诸所兴为者皆废。

后六年，窦太后崩。其明年，上征文学之士公孙弘等。

明年，上初至雍，郊见五畤。后常三岁一郊。是时上求神君，舍之上林中蹏氏观。神君者，长陵女子，以子死悲哀，故见神于先后宛若。宛若祠之其室，民多往祠。平原君往祠，其后子孙以尊显。及武帝即位，则厚礼置祠之内中，闻其言，不见其人云。

是时而李少君亦以祠灶、谷道、却老方见上，上尊之。少君者，故深泽侯入以主方。匿其年及所生长，常自谓七十，能使物却老。其游以方遍诸侯。无妻子。人闻其能使物及不死，更馈遗之，常馀金钱帛衣食。人皆以为不治产业而饶给，又不知其何所人，愈信，争事之。少君资好方，善为巧发奇中。尝从武安侯饮，坐中有年九十馀老人，少君乃言与其大父游射处，老人为儿时从其大父行，识其处，一坐尽惊。少君见上，上有故铜器，问少君，少君曰："此器齐桓公十年陈于柏寝。"已而案其刻，果齐桓公器。一宫尽骇，以少君为神，数百岁人也。

少君言于上曰："祠灶则致物，致物而丹沙可化为黄金，黄金成以为饮食器则益寿，益寿而海中蓬莱仙者可见，见之以封禅则不死，黄帝是也。臣尝游海上，见安期生，食巨枣，大如瓜。安期生仙者，通蓬莱中，合则见人，不合则隐。"于是天子始亲祠灶，而遣方士入海求蓬莱安期生之属，而事化丹沙诸药齐为黄金矣。

居久之，李少君病死。天子以为化去不死也，而使黄锤、史宽舒受其方。求蓬莱安期生莫能得，而海上燕、齐怪迂之方士多相效，更言神事矣。

亳人薄诱忌奏祠泰一方，曰："天神贵者泰一，泰一佐曰五帝。古者天子以春秋祭泰一东南郊，用太牢具，七日，为坛开八通之鬼道。"于是天子令太祝立其祠长安东南郊，常奉祠如忌方。其后人有上书，言"古者天子三年一用太牢具祠神三一：天一，地一，泰一"。天子许之，令太祝领祠之忌泰一坛上，如其方。后人复有上书，言"古者天子常以春秋解祠，祠黄帝用一枭破镜；冥羊用羊；祠马行用一青牡马；泰一、皋山山君、地长用牛；武夷君用干鱼；阴阳使者以一牛"。令祠官领之如其方，而祠于忌泰一坛旁。

其后，天子苑有白鹿，以其皮为币，以发瑞应，造白金焉。

其明年，郊雍，获一角兽，若麃然。有司曰："陛下肃祗郊祀，上帝报享，锡一角兽，盖麟云。"于是以荐五畤，畤加一牛以燎。赐诸侯白金，以风符应合于天地。

于是济北王以为天子且封禅，乃上书献泰山及其旁邑。天子受之，更以他县偿之。常山王有罪，迁，天子封其弟于真定，以续先王祀，而以常山为郡。然后五岳皆在天子之郡。

其明年，齐人少翁以鬼神方见上。上有所幸王夫人，夫人卒，少翁以方术盖夜致王夫人及灶鬼之貌云，天子自帷中望见焉。于是乃拜少翁为文成将军，赏赐甚多，以客礼礼之。文成言曰："上即欲与神通，宫室被服不象神，神物不至。"乃作画云气车，及各以胜日驾车辟恶鬼。又作甘泉宫，中为台室，画天、地、泰一诸神，而置祭具以致天神。居岁馀，其方益衰，神不至。乃为帛书以饭牛，详弗知也，言此牛腹中有奇。杀而视之，得书，书言甚怪，天子疑之。有识其手书，问之人，果伪书。于是诛文成将军而隐之。

其后则又作柏梁、铜柱、承露仙人掌之属矣。

文成死明年，天子病鼎湖甚，巫医无所不致，不愈。游水发根乃言曰："上郡有巫，病而鬼下之。"上召置祠之甘泉。及病，使人问神君。神君言曰："天子毋忧病。病少愈，强与我会甘泉。"于是病愈，遂幸甘泉，病良已。大赦天下，置寿宫神君，神君最贵者太一，其佐曰大禁、司命之属，皆从之。非可得见。闻其音，与人言等。时去时来，来则风肃

女巫出入图。选自明·张居正《帝鉴图说》，讲述汉武帝喜好神仙之道，致使女巫出入宫中。

然也。居室帷中。时昼言，然常以夜。天子祓，然后入。因巫为主人，关饮食。所欲者言行下，又置寿宫、北宫，张羽旗，设供具，以礼神君。神君所言，上使人受书其言，命之曰“画法”。其所语，世俗之所知也，毋绝殊者，而天子独喜。其事秘，世莫知也。

其后三年，有司言元宜以天瑞命，不宜以一二数。一元曰建元，二元以长星曰元光，三元以郊得一角兽曰元狩云。

其明年冬，天子郊雍，议曰：“今上帝朕亲郊，而后土毋祀，则礼不答也。”有司与太史公、祠官宽舒等议：“天地牲角茧栗。今陛下亲祀后土，后土宜于泽中圜丘为五坛，坛一黄犊太牢具，已祠尽瘗，而从祠衣上黄。”于是天子遂东，始立后土祠汾阴脽上，如宽舒等议。上亲望拜，如上帝礼。礼毕，天子遂至荥阳而还。过洛阳，下诏曰：“三代邈绝，远矣难存，其以三十里地封周后为周子南君，以奉先王祀焉。”是岁，天子始巡郡县，侵寻于泰山矣。

其春，乐成侯上书言栾大。栾大，胶东宫人，故尝与文成将军同师，已而为胶东王尚方。而乐成侯姊为康王后，毋子。康王死，他姬子立为王。而康后有淫行，与王不相中，相危以法。康后闻文成已死，而欲自媚于上，乃遣栾大因乐成侯求见言方。天子既诛文成，后悔恨其早死，惜其方不尽，及见栾大，大悦。大为人长美，言多方略，而敢为大言，处之不疑。大言曰：“臣尝往来海中，见安期、羡门之属。顾以为臣贱，不信臣。又以为康王诸侯耳，不足予方。臣数言康王，康王又不用臣。臣之师曰：‘黄金可成，而河决可塞，不死之药可得，仙人可致也。’臣恐效文成，则方士皆掩口，恶敢言方哉！”上曰：“文成食马肝死耳。子诚修其方，我何爱乎！”大曰：“臣师非有求人，人者求之。陛下必欲致之，则贵其使者，令有亲属，以客礼待之，勿卑，使各佩其信印，乃可使通言于神人。神人尚肯邪不邪？致尊其使，然后可致也。”于是上使先验小方。斗旗，旗自相触击。

是时上方忧河决，而黄金不就，乃拜大为五利将军。居月馀，得四金印，佩天士将军、地士将军、大通将军、天道将军印。制诏御史：“昔禹疏九江，决四渎。间者河溢皋陆，堤繇不息。朕临天下二十有八年，天若遗朕士而大通焉。《乾》称‘蜚龙’，‘鸿渐于般’，意庶几与焉。其以二千户封地士将军大为乐通侯。”赐列侯甲第，僮千人，乘舆斥车马帷帐器物以充其家。又以卫长公主妻之，赍金万斤，更名其邑曰当利公主。天子亲如五利之第。使者存问所给，连属于道。自大主将相以下，皆置酒其家，献遗之。于是天子又刻玉印曰“天道将军”，使使衣羽衣，夜立白茅上，五利将军亦衣羽衣，立白茅上受印，以示弗臣也。而佩“天道”者，且为天子道天神也。于是五利常夜祠其家，欲以下神。神未至而百鬼集矣，然颇能使之。其后治装行，东入海，求其师云。大见数月，佩六印，贵振天下，而海上燕、齐之间，莫不搤腕而自言有禁方，能神仙矣。

其夏六月中，汾阴巫锦为民祠魏脽后土营旁，见地如钩状，掊视得鼎。鼎大异于众鼎，文镂毋款识，怪之，言吏。吏告河东太守胜，胜以闻。天子使使验问巫锦得鼎无奸诈，乃以礼祠，迎鼎至甘泉，从行，上荐之。至中山，晏温，有黄云盖焉。有麃过，上自射之，因以祭云。至长安，公卿大夫皆议请尊宝鼎。天子曰：“间者河溢，岁数不登，故巡祭后土，祈为百姓育谷。今年丰庑未有报，鼎曷为出哉？”有司皆曰：“闻昔太帝兴神鼎一，一者一统，天地万物所系终也。黄帝作宝鼎三，象天地人也。禹收九牧之金，铸九鼎，皆尝鬺烹上帝鬼神。遭圣则兴，迁于夏、商。周德衰，宋之社亡，鼎乃沦伏而不见。《颂》云‘自堂徂基，自羊徂牛；鼐鼎及鼒，不虞不骜，胡考之休’。今鼎至甘泉，光润龙变，承休无疆。合兹中山，有黄白云降盖，若兽为符，路弓乘矢，集获坛下，报祠大飨。惟受命而帝者心知其意而合德焉。鼎宜见于祖祢，藏于帝廷，以合明应。”制曰：“可。”

入海求蓬莱者，言蓬莱不远，而不能至者，殆不见其气。上乃遣望气佐候其气云。

其秋，上幸雍，且郊。或曰“五帝，泰一之佐也，宜立泰一而上亲郊之”。上疑未定。齐人公孙卿曰：“今年得宝鼎，其冬辛巳朔旦冬至，与黄帝时等。”卿有札书曰：“黄帝得宝鼎宛朐，问于鬼臾区。区对曰：‘黄帝得宝鼎神策，是岁己酉朔旦冬至，得天之纪，终而复始。’于是黄帝迎日推策，后率二十岁得朔旦冬至，凡二十推，三百八十年，黄帝仙登于天。”卿因所忠欲奏之。所忠视其书不经，疑其妄书，谢曰：“宝鼎事已决矣，尚何以为！”卿因嬖人奏之。上大说，召问卿。对曰：“受此书申功，申功已死。”上曰：“申功何人也？”卿曰：“申功，齐人也。与安期生通，受黄帝言，无书，独有此鼎书。曰‘汉兴复当黄帝之时，汉之圣者在高祖之孙且曾孙也。宝鼎出而与神通，封禅。封禅七十二王，唯黄帝得上泰山封’。申功曰：‘汉主亦当上封，上封则能仙登天矣。黄帝时万诸侯，而神灵之封居七千。天下名山八，而三在蛮夷，五在中国。中国华山、首山、太室、泰山、东莱，此五山黄帝之所常游，与神会。黄帝且战且学仙。患百姓非其道，乃断斩非鬼神者。百馀岁然后得与神通。黄帝郊雍上帝，宿三月。鬼臾区号大鸿，死葬雍，故鸿冢是也。其后黄帝接万灵明廷，明廷者，甘泉也。所谓寒门者，谷口也。黄帝采首山铜，铸鼎于荆山下。鼎既成，有龙垂胡髯下迎黄帝。黄帝上骑，群臣后宫从上龙七十馀人，龙乃上去。馀小臣不得上，乃悉持龙髯，龙髯拔，堕黄帝之弓。百姓仰望黄帝既上天，乃抱其弓与龙胡髯号，故后世因名其处曰鼎湖，其弓曰乌号。'"于是天子曰："嗟乎！吾诚得如黄帝，吾视去妻子如脱躧耳。"乃拜卿为郎，东使候神于太室。

上遂郊雍，至陇西，西登空桐，幸甘泉。令祠官宽舒等具泰一祠坛，坛放薄忌泰一坛，坛三垓。五帝坛环居其下，各如其方，黄帝西南，除八通鬼道。泰一所用，如雍一畤物，而加醴枣脯之属，杀一犛牛以为俎豆牢具。而五帝独有俎豆醴进。其下四方地为餟，食群神从者及北斗云。已祠，胙馀皆燎之。其牛色白，鹿居其中，彘在鹿中，水而洎之。祭日以牛，祭月以羊彘特。泰一祝宰则衣紫及绣。五帝各如其色。日赤，月白。

十一月辛巳朔旦冬至，昧爽，天子始郊拜泰一。朝朝日，夕夕月，则揖；而见泰一如雍礼。其赞飨曰："天始以宝鼎神策授皇帝，朔而又朔，终而复始，皇帝敬拜见焉。"而衣上黄。其祠列火满坛旁，坛旁烹炊具。有司云"祠上有光焉"。公卿言"皇帝始郊见泰一云阳，有司奉瑄玉嘉牲荐飨。是夜有美光，及昼，黄气上属天"。太史公、祠官宽舒等曰："神灵之休，祐福兆祥，宜因此地光域立泰畤坛以明应。令太祝领，祀(秋)及腊间祠。三岁天子一郊见。"

其秋，为伐南越，告祷泰一，以牡荆画幡日月北斗登龙，以象天一三星，为泰一锋，名曰"灵旗"。为兵祷，则太史奉以指所伐国。而五利将军使不敢入海，之泰山祠。上使人微随验，实无所见。五利妄言见其师。其方尽，多不雠。上乃诛五利。

其冬，公孙卿候神河南，见仙人迹缑氏城上。有物若雉，往来城上。天子亲幸缑氏城视迹。问卿："得毋效文成、五利乎？"卿曰："仙者非有求人主，人主求之。其道非少宽假，神不来。言神事，事如迂诞，积以岁乃可致。"于是郡国各除道，缮治宫观名山神祠所，以望幸矣。

其年，既灭南越。上有嬖臣李延年以好音见。上善之，下公卿议，曰："民间祠尚有鼓舞之乐，今郊祠而无乐，岂称乎？"公卿曰："古者祀天地皆有乐，而神祇可得而礼。"或曰："泰帝使素女鼓五十弦瑟，悲，帝禁不止，故破其瑟为二十五弦。"于是塞南越，祷祠泰一、后土，始用乐舞，益召歌儿，作二十五弦及箜篌瑟自此起。

其来年冬，上议曰："古者先振兵泽旅，然后封禅。"乃遂北巡朔方，勒兵十馀万。还祭黄帝冢桥山，泽兵须如。上曰："吾闻黄帝不死，今有冢，何也？"或对曰："黄帝已仙上天，群臣葬其衣冠。"既至甘泉，为且用事泰山，先类祠泰一。

自得宝鼎，上与公卿诸生议封禅。封禅用希旷绝，莫知其仪礼，而群儒采封禅《尚书》《周官》《王制》之望祀射牛事。齐人丁公年九十馀，曰："封者，合不死之名也。秦皇帝不得上封。陛下必欲上，稍上即无风雨，遂上封矣。"上于是乃令诸儒习射牛，草封禅仪。数年，至且行。天子既闻公孙卿及方士之言，黄帝以上封禅，皆致怪物与神通，欲放黄帝以尝接神仙人蓬莱士，高世比德于九皇，而颇采儒术以文之。群儒既以不能辩明封禅事，又牵拘于《诗》《书》古文而不敢骋。上为封祠器示群儒，群儒或曰"不与古同"，徐偃又曰"太常诸生行礼不如鲁善"。周霸属图封事，于是上绌偃、霸，尽罢诸儒弗用。

三月，遂东幸缑氏，礼登中岳太室。从官在山下闻若有言"万岁"云。问上，上不言；问下，下不言。于是以三百户封太室奉祠，命曰崇高邑。东上泰山，山之草木叶未生，乃令人上石立之泰山颠。

上遂东巡海上，行礼祠八神。齐人之上疏言神怪奇方者以万数，然无验者。乃益发船，令言海中神山者数千人求蓬莱神人。公孙卿持节常先行候名山，至东莱，言夜见一人，长数丈，就之则不见，见其迹甚大，类禽兽云。群臣有言见一老父牵狗，言"吾欲见巨公"，已忽不见。上既见大迹，未信；及群臣有言老父，则大以为仙人也。宿留海上，与方士传车及间使求仙人以千数。

四月，还至奉高。上念诸儒及方士言封禅人人殊，不经，难施行。天子至梁父，礼祠地主。乙卯，令侍中儒者皮弁荐绅，射牛行事。封泰山下东方，如郊祠泰一之礼。封广丈二尺，高九尺，其下则有玉牒书，书祕。礼毕，天子独与侍中奉车子侯上泰山，亦有封。其事皆禁。明日，下阴道。丙辰，禅泰山下阯东北肃然山，如祭后土礼。天子皆亲拜见，衣上黄而尽用乐焉。江淮间一茅三脊为神藉。五色土益杂封。纵远方奇兽蜚禽及白雉诸物，颇以加祠。兕旄牛犀象之属弗用。皆至泰山然后去。封禅祠，其夜若有光，昼有白云起封中。

天子从封禅还，坐明堂，群臣更上寿。于是制诏御史："朕以眇眇之身承至尊，兢兢焉惧弗任。维德菲薄，不明于礼乐。修祀泰一，若有象景光，屑如有望，依依震于怪物，欲止不敢，遂登封泰山，至于梁父，而后禅肃然。自新，嘉与士大夫更始，赐民百户牛一酒十石，加年八十孤寡布帛二匹。复博、奉高、蛇丘、历城，毋出今年租税。其赦天下，如乙卯赦令。行所过毋有复作。事在二年前，皆勿听治。"又下诏曰："古者天子五载一巡狩，用事泰山，诸侯有朝宿地。其令诸侯各治邸泰山下。"

天子既已封禅泰山，既无风雨灾，而方士更言蓬莱诸神山若将可得，于是上欣然庶几遇之，乃复东至海上望，冀遇蓬莱焉。奉车子侯暴病，一日死，上乃遂去，并海上，北至碣石，巡自辽西，历北边至九原。五月，返至甘泉。有司言宝鼎出为元鼎，以今年为元封元年。

其秋，有星茀于东井。后十馀日，有星茀于三能。望气王朔言："候独见其星出如瓠，食顷复入焉。"有司言曰："陛下建汉家封禅，天其报德星云。"

其来年冬，郊雍五帝，还，拜祝祠泰一。赞飨曰："德星昭衍，厥维休祥。寿星仍出，渊耀光明。信星昭见，皇帝敬拜泰祝之飨。"

其春，公孙卿言见神人东莱山，若云"见天子"。天子于是幸缑氏城，拜卿为中大夫。遂至东莱，宿留之数日，毋所见，见大人迹。复遣方士求神怪采芝药以千数。是岁旱。于是天子既出毋名，乃祷万里沙，过祠泰山。还至瓠子，自临塞决河。留二日，沉祠而去。使二卿将卒塞决河。河徙二渠，复禹之故迹焉。

是时既灭南越，越人勇之乃言"越人俗信鬼，而其祠皆见鬼，数有效。昔东瓯王敬鬼，寿至百六十岁。后世谩怠，故衰耗"。乃令越巫立越祝祠，安台无坛，亦祠天神上帝百鬼，而以鸡卜。上信之，越祠鸡卜始用焉。

公孙卿曰："仙人可见，而上往常遽，以故不见。今陛下可为观，如缑氏城，置脯枣，神人宜可致。且仙人好楼居。"于是上令长安则作蜚廉桂观，甘泉则作益延寿观，使卿持节设具而候神人。乃作通天台，置祠具其下，将招来神仙之属。于是甘泉更置前殿，始广诸宫室。夏，有芝生殿防内中。天子为塞河，兴通天台，若有光云，乃下诏曰：“甘泉防生芝九茎，赦天下，毋有复作。”

其明年，伐朝鲜。夏，旱。公孙卿曰：“黄帝时封则天旱，干封三年。”上乃下诏曰：“天旱，意干封乎？其令天下尊祠灵星焉。”

其明年，上郊雍，通回中道，巡之。春至鸣泽，从西河归。

其明年冬，上巡南郡，至江陵而东。登礼灊之天柱山，号曰南岳。浮江，自寻阳出枞阳，过彭蠡，祀其名山川。北至琅邪，并海上。四月中，至奉高修封焉。

初，天子封泰山，泰山东北阯古时有明堂处，处险不敞。上欲治明堂奉高旁，未晓其制度。济南人公玉带上黄帝时明堂图。明堂图中有一殿，四面无壁，以茅盖，通水，圜宫垣为复道，上有楼，从西南入，命曰昆仑，天子从之入，以拜祠上帝焉。于是上令奉高作明堂汶上，如带图。及五年修封，则祠泰一、五帝于明堂上坐，令高皇帝祠坐对之。祠后土于下房，以二十太牢。天子从昆仑道入，始拜明堂如郊礼。礼毕，燎堂下。而上又上泰山，有祕祠其颠。而泰山下祠五帝，各如其方，黄帝并赤帝，而有司侍祠焉。泰山上举火，下悉应之。

其后二岁，十一月甲子朔旦冬至，推历者以本统。天子亲至泰山，以十一月甲子朔旦冬至日祠上帝明堂，（每）〔毋〕修封禅。其赞飨曰：“天增授皇帝泰元神策，周而复始。皇帝敬拜泰一。”东至海上，考入海及方士求神者，莫验，然益遣，冀遇之。

十一月乙酉，柏梁灾。十二月甲午朔，上亲禅高里，祠后土。临渤海，将以望祠蓬莱之属，冀至殊庭焉。

上还，以柏梁灾故，朝受计甘泉。公孙卿曰：“黄帝就青灵台，十二日烧，黄帝乃治明庭。明庭，甘泉也。”方士多言古帝王有都甘泉者。其后天子又朝诸侯甘泉，甘泉作诸侯邸。勇之乃曰：“越俗有火灾，复起屋必以大，用胜服之。”于是作建章宫，度为千门万户。前殿度高未央。其东则凤阙，高二十馀丈。其西则唐中，数十里虎圈。其北治大池，渐台高二十馀丈，名曰泰液池。中有蓬莱、方丈、瀛洲、壶梁，象海中神山龟鱼之属。其南有玉堂、璧门、大鸟之属。乃立神明台、井幹楼，度五十馀丈，辇道相属焉。

夏，汉改历，以正月为岁首，而色上黄，官名更印章以五字，因为太初元年。是岁，西伐大宛。蝗大起。丁夫人、洛阳虞初等以方祠诅匈奴、大宛焉。

其明年，有司言雍五畤无牢熟具，芬芳不备。乃命祠官进畤犊牢具，五色食所胜，而以木禺马代驹焉。独五帝用驹。行亲郊用驹，及诸名山川用驹者，悉以木禺马代。行过，乃用驹。他礼如故。

其明年，东巡海上，考神仙之属，未有验者。方士有言“黄帝时为五城十二楼，以候神人于执期，命曰迎年”。上许作之如方，名曰明年。上亲礼祠上帝，衣上黄焉。

公玉带曰：“黄帝时虽封泰山，然风后、封巨、岐伯令黄帝封东泰山、禅凡山合符，然后不死焉。”天子既令设祠具，至东泰山，东泰山卑小，不称其声，乃令祠官礼之，而不封禅焉。其后令带奉祠候神物。夏，遂还泰山，修五年之礼如前，而加禅祠石闾。石闾者，在泰山下阯南方，方士多言此仙人之闾也，故上亲禅焉。

其后五年，复至泰山修封，还过祭常山。

今天子所兴祠，泰一、后土，三年亲郊祠，建汉家封禅，五年一修封。薄忌泰一及三一、冥羊、马行、赤星，五，宽舒之祠官以岁时致礼。凡六祠，皆太祝领之。至如八神诸神，明年、凡山他名祠，行过则祀，去则已。方士所兴祠，各自主，其人终则已，祠官弗主。他祠皆如其故。今上封禅，其后十二岁而还，遍于五岳、四渎矣。而方士之候祠神人，入海求蓬莱，终无有验。而公孙卿之候神者，犹以大人迹为解，无其效。天子益怠厌方士之怪迂语矣，然终羁縻弗绝，冀遇其真。自此之后，方士言祠神者弥众，然其效可睹矣。

太史公曰：余从巡祭天地诸神名山川而封禅焉。入寿宫侍祠神语，究观方士祠官之言，于是退而论次自古以来用事于鬼神者，具见其表里。后有君子，得以览焉。至若俎豆珪币之详，献酬之礼，则有司存焉。

【译文】

孝武帝刘彻，是孝景帝排行居中的儿子。其母是王太后。孝景帝四年，刘彻被封为胶东王。孝景帝七年，栗太子刘荣被废，改封为临江王，改立胶东王刘彻为太子。孝景帝在位十六年驾崩，太子即位，这就是孝武皇帝。孝武皇帝刚即位时，特别重视对鬼神的祭祀。

孝武帝元年，汉朝建国已经六十多年了。此时天下太平安定，朝廷的大臣们都希望天子能够举行封禅大典，修改并确定历法、服饰等各种制度。而皇上崇尚儒家的学说，广招贤良，赵绾、王臧等人就是凭着出色的辞章修养而位列三公九卿的，他们商议想依照古代制度在长安城南为天子建立明堂，用来朝会诸侯。他们所草拟的天子巡狩、封禅和改换历法、服色制度的计划尚未完成，正遇上窦太后崇尚黄老学说，不喜欢儒家学术，于是派人私下里察访赵绾等人所干的非法谋利之类的事情，传讯审查赵绾、王臧，赵绾、王臧被迫自杀。于是武帝第一次兴起的“尊儒”便废止了。

六年后，窦太后去世。第二年，皇上征召贤良文学之士公孙弘等人。

一年后，汉武帝首次来到雍县，在雍县的五畤举行了祭祀五位天帝的仪式。以后通常每三年轮祭一次。这时候，雍县求得一位“神君”，供奉在上林苑中的氾氏观。这位“神君”，是长陵的一个女子，因为孩子死了，她也悲痛而死，显灵于她的妯娌宛若身上。宛若在家里供奉她，很多百姓也来祭祀她。战国时平原君曾去祭祀过她，后代子孙因此而地位尊贵、声名显赫。等到武帝即位，就用隆重的礼仪把“神君”请到宫里，用丰厚的礼品把她供奉起来，外人只能听见神君的说话声，但见不到她的真人。

当时李少君也因会祭灶致福、辟谷不食、长生不老的方术被汉武帝召见，汉武帝很敬重他。李少君是已故深泽侯推荐来主管方药之事的。他隐瞒了自己的年龄和出身经历等，经常自称七十岁了，能驱使鬼神，懂得长生不老之术。他靠方术遍游了诸侯各国。他没有妻子儿女。人们听说他能驱使鬼神并能使人长生不死，便纷纷赠送财礼给他，因此他常有多余的金钱、丝织品、衣服和食物。人们因他不经常劳作却很富有，又不知道他是什么地方的人，于是就越发相信他，争相侍奉他。李少君天生喜好方术，善于巧言揣测，常说中别人的隐私。他曾经到武安侯处宴饮，座中有位九十多岁的老人，李少君便谈起曾与他的祖父一起游玩打猎的地方。这位老人小时候跟从他的爷爷同行，认识这个地方。这让满座的宾客都惊讶不已。有一次，李少君拜见皇上，皇上有一件古铜器，便拿出来问李少君是否认识。李少君说：“这件铜器是齐桓公十年时陈放在柏寝台的。”过后皇帝仔细查验铜器上的铭文，果然是齐桓公时期的铜器。整个宫中的人都惊呆了，以为李少君是神仙，已经有几百岁了。

李少君对皇上说道：“祭祀灶神就能招来鬼神，招来鬼神后可以把丹沙炼成黄金；黄金炼成后，用它来打造饮食器具，使用后就能延年益寿；寿命长了，便可以见到东海蓬莱岛中的仙人；见到仙人后，再举行祭祀天地的典礼，便可长生不死。黄帝就是这样成仙的。我曾经在海上游历，见到过安期生，他给我枣吃，那枣儿像瓜一样大。安期生是仙人，他可往来于蓬莱仙境；与他性情投合他便见你，不投合他便躲起来不见。”于是汉武帝便开始亲自祭祀灶神，并派遣方术之士到东海访求蓬莱仙境和安期生之类的仙人，并开始研究用丹沙等各种药物炼制黄金的工作。

过了许久，李少君病死了。汉武帝以为他是成仙而并不是死了，便让黄锤县的文书官宽舒研究李少君的方术。那些派去寻求蓬莱岛、安期生的人，什么也没找到。但燕国、齐国沿海一带那些不地道的方士们却有许多人仿效李少君，纷纷前来谈论神仙之类的事情。

亳县人薄诱忌把祭祀泰一神的方法献给了汉武帝。他说：“天神当中最尊贵的是泰一神，泰一神的辅佐者是五帝。古代天子于春秋两季在东南郊祭祀泰一神，祭品用牛、羊、猪三牲各一头，共祭祀七天，祭坛上要开通八条供鬼神行走的通道。”于是汉武帝命令太祝在长安东南郊建立了泰一神祠，经常按照薄诱忌说的礼仪祭祀泰一神。那以后有人上书，说古时天子是每三年一次，用牛、羊、猪三牲祭祀“三一”神，即“天一”神、“地一”神和“泰一”神。汉武帝便应允了，命令由太祝负责，在薄诱忌建议建立的泰一坛上祭祀他们，依照薄诱忌所说的方式进行。后来又有人上书，说：“古时候天子经常在春秋两季举行除灾求福的解祠，祭祀黄帝时用一只枭鸟和一只獍兽；祭祀冥羊神时用羊；用一匹青色雄马祭祀马行神；用牛祭祀泰一神、皋山山君和地长神；用干鱼祭祀武夷山神；用一头牛祭祀阴阳使者。”汉武帝也都命令祠官按他说的方法进行祭祀，而祭祀的地方就在薄诱忌所奏请建立的泰一神坛旁边。

后来，因皇上的苑囿里有白鹿，有人就说用白鹿皮来制作货币，目的是为了促使上天发出祥瑞的征兆，这便是皇帝铸造“白金”的事。

第二年，汉武帝到雍县举行郊祀，猎获了一头独角兽，形状像狍子。主管官员说：“陛下恭敬虔诚地举行郊祀，上帝为了报答您的供享，赐给您这头独角兽，这大概就是麒麟吧。”于是把它进献给五畤，每畤的祭品外加一头牛，举行焚柴祭天的燎祭。同时还把“白金”赐给诸侯，向他们暗示这种吉祥的征兆是符合天意的。

这时济北王以为天子将要举行封禅大典，就上书愿献出泰山及其周围的封地。汉武帝接受了，另将其他县邑划给他作为抵偿。常山王犯了罪，被流放，汉武帝封他的弟弟刘平做了真定王，以延续对其祖先的祭祀，而把常山国改设为郡。这样一来，五岳之地就都在天子直辖的郡县之内了。

第二年，齐国人少翁凭借鬼神方术受到皇上的召见。汉武帝宠爱王夫人，此前不久王夫人去世了。据说少翁可以用方术在夜里使王夫人和灶神的形貌出现，汉武帝远远隔着帷幕看见了。于是便拜少翁为文成将军，赏赐了很多财物，用接待宾客的礼节接待他。文成将军说道："皇上如果想要跟神交往，而宫室、被服等用具却不像神用的，所以神不会降临。"于是汉武帝派人制作了画有各色云气的车子，并按五行相克的道理，在吉日分驾各色神车驱除恶鬼；又营建了甘泉宫，在宫中建起高台宫室，室内画着天、地和泰一等神，并放置了祭具以招徕天神。过了一年多，少翁的方术越发不灵验了，神仙总也不来。于是他就写了一份帛书让牛吞食入腹，却假装不知道这事，说这头牛的肚子里有怪异。汉武帝派人把牛杀了，发现了帛书，上面写着奇怪的话，汉武帝怀疑这件事。有人认得文成的笔迹，拿出一问，果然是少翁假造的。汉武帝于是杀了文成将军，并把此事隐瞒起来。

后来又建造了柏梁台、铜柱和承露仙人掌之类的（据说承露仙人掌中和着玉石粉末的露水，经常饮用可以长生不老）。

文成死后的第二年，汉武帝在鼎湖宫病得很重，巫医们什么法子都用了，却不见好转。有个叫发根的游士进言道："上郡有个巫师，他生病时鬼神能附在他的身上。"于是汉武帝让人把他召来，安置在甘泉宫。等到巫师有病的时候，汉武帝派人问附在巫师身上的神君。神君说道："天子不必为病担忧，等病情稍有好转，可勉强支撑着来甘泉宫与我相会。"于是汉武帝的病情减轻后，就亲自前往甘泉宫，果然完全好了。汉武帝大赦天下，修建寿宫供奉神君。寿宫神君这里最尊贵的神职人员称大夫，他的辅佐人员有大禁、司命之类的，他们都听命于神君。神灵附体大家是不可能看见的，只能通过神君听到他的声音，跟人的声音一样。神灵们时去时来，来的时候能听见沙沙的风声。神君住在室内的帷帐中，有时白天说话，但更多是在晚上。汉武帝见他前，先要在外举行净身的仪式后才进入寿宫。以巫师作为这里的主人，让他关照神君的饮食。神灵所说的话，由巫师传送下来。又把他们安置在寿宫、北宫，张挂羽旗，设置了祭祀的器具，以供奉神君。神君所说的话，皇上命人记录下来，称之为“画法”，意思是划一之法。其实，神君所说的都是一些世俗的东西，一般人都知道，没有什么特别的，可是汉武帝就是爱听。这些事情都是保密的，外面的人无法知晓。

又过了三年，主管官员启奏说，帝王的年号应该根据上天所降的祥兆来命名，不宜按一年、二年的顺序计算。第一个年号可以称为“建元”；第二个年号因为有长星出现，可称为“元光”；第三个年号，因为郊祀时得到了独角兽，应该称为“元狩”。

次年冬天，汉武帝到雍城举行郊祀，提出：“如今上帝由我亲自祭祀了，但地神后土却没有祭祀，这在礼节上是不周全的。”主管官员跟太史令司马谈、祠官宽舒等人商议道：“祭天地要有刚长出犄角的像刚破茧的蚕一样的小牛。如今陛下要亲自祭祀后土，就应该在湖中的土丘上建立五座圆形祭坛，每个祭坛用一头黄牛犊作太牢祭品，祭过以后全部埋掉，陪祭人员的衣服应该为黄色。”于是汉武帝就向东行，首次在汾阴丘上立了后土祠，是按宽舒等人的建议做的。他按照祭祀上帝的礼仪，亲自祭拜了地神。祭礼结束后，汉武帝经由荥阳回到了长安。途经洛阳时，他下诏说：“夏、商、周三代距今已很久远了，远到已难以找到他们的后代与封地。可以划出三十里的地方赐封周王的后代为‘周子南君’，以供奉他们的祖先。”同年，汉武帝开始外出巡视各郡县，以便逐渐靠近泰山。

这年春天，乐成侯丁义上书推荐栾大。栾大是胶东王刘寄宫中管日常生活事务的宫人。从前曾经跟文成将军同师学习，不久做了胶东王的药剂师。乐成侯的姐姐是胶东康王的王后，没有儿子。康王死了，其他姬妾的儿子被立为王。而康后有淫乱行为，与新王不合，彼此利用法律手段互相侵害。康后听说文成将军已死，想要自己去讨好皇上，就派栾大通过乐成侯求见皇上谈方术。汉武帝杀了文成将军，后又悔恨他死得太早，惋惜没有让他把方术全部拿出来，等到见了栾大，天子非常高兴。栾大这个人长得高大英俊，说话很有策略，而且敢说大话，说什么大话也不犹豫。他曾夸口说：“我曾经在海中往来，见到过安期生、羡门高那些仙人。但他们认为我地位低贱，不信任我。又认为康王只是个诸侯罢了，不配把神仙方术传给他。我屡次向康王进言，康王又不任用我。我的老师说：‘黄金可以炼成，而黄河决口可以堵塞，不死之药可以求得，神仙也是可以招来的。’我只怕像文成一样也遭杀身之祸，那么方士们就都要把嘴封上了，怎么还敢再谈方术的事呢！”皇上说：“文成只是误食马肝而死的。如果您对老师的方术真的有研究，我有什么舍不得的呢！”栾大说：“我的老师不是有求于人，而是只有别人来求他。陛下如果一定要想要招来神仙，那就要让神仙的使者地位更尊贵，让他有自己的家眷，用客礼来对待他，不要瞧不起他，要让他佩带各种信印，才可让他与神仙通话。神仙究竟肯来不肯来，尚在两可。总之，只有让神仙的使者极为尊贵，然后才有可能招来神仙。”于是汉武帝让他施个小方术验证一下，栾大就表演了斗棋，他（借用磁力）让棋子自行相互撞击。

当时汉武帝正在为黄河决口的事忧虑，而且炼黄金又没有成功，现在听栾大这么一说，就封栾大为“五利将军”。在这前后不到一个月的时间里，栾大就得到了四枚金印，身佩天士将军、地土将军、大通将军和天道将军四颗印信。皇上下诏书给御史：“从前夏禹疏浚九江，开决四渎。近来，泛滥的河水溢出淹没陆地，筑堤的劳役连续不断。我治理天下已经二十八年了，上天如果送给我一位方士，而栾大就可以上通天意了。《周易·乾卦》上说到‘飞龙’，《渐卦》提到‘鸿雁’，现在的栾大，也许就是这样的吧。应该以二千户的地方封地土将军栾大为乐通侯。”赐给他列侯等级的宅第和奴仆千人；还把皇上不用的车马和宫中的器物送给了他；又把卫长公主嫁给他，送给他黄金万斤，把他所住的城邑改名为当利公主邑；汉武帝还亲临五利将军的府第，派使者们前去慰问和所赐赠的物品更是络绎不绝。从皇上的姑姑大长公主到朝中将相以下，都置办酒食送到他家，献送殷勤。接着汉武帝又刻了一枚“天道将军”的玉印，派使者手持玉印，身着鸟羽制成的衣服，夜间站在白茅草上，五利将军也穿着鸟羽制成的衣服，站在白茅草上接受玉印，以表示受印者不是天子的臣下。佩带上“天道”之印，是要为天子引导天神降临的意思。于是五利将军常常夜间在家里祭祀众神，想求神仙下凡。结果神仙没来，却把各种鬼怪招来了，好在五利将军还能驱使这些鬼怪。后来他就整理行装外出，据说他是东行海上寻找他的老师去了。栾大被引见的几个月里，就佩上了六枚大印，尊贵之极震惊天下，使得沿海燕、齐地区的方士们无不握腕振奋，都说自己也有秘方，能通神仙。

这年夏季的六月中旬，一个叫锦的汾阴女巫师在魏脽后土祠旁为民众祭祀，看见地面裂开呈现出弯钩的形状，扒开土来看，得到一只鼎。这只鼎与其他的鼎大不相同，上面刻有花纹，但无铸刻的文字。巫师认为奇怪，就报告了当地官吏。当地官吏报告给了河东太守胜，胜又报告了朝廷。汉武帝派使者来检验并查问巫师锦得鼎的详情，得知此鼎并无虚假伪造，就用祭祀天地的礼仪，把鼎迎请到了甘泉宫。汉武帝随鼎而行，准备把它献给天帝。走到中山时，天气晴暖，一片黄云覆盖在头顶上空。此时正好有只麃子跑过，汉武帝亲自射死了它，因此把它用来做了祭品。回到长安以后，公卿大夫们都上书奏请皇上尊奉宝鼎的事。汉武帝说："近来黄河泛滥，一连几年收成不好，所以我才出巡郡县祭祀后土，祈求她为百姓滋育庄稼。今年五谷丰茂，还没有举行祭礼酬谢地神，这鼎为什么会出现呢？"

主管官员们都说："听说从前太帝太昊伏羲氏造了一只神鼎，表示一统，即天地万物最终要归结到神鼎上来。黄帝造了三只宝鼎，分别象征天、地、人。夏禹收集了九州的铜，铸成九只宝鼎，都曾经用来烹煮牲畜祭祀上帝和鬼神。遇到神明的君主，它们就出现。这样传到夏朝、商朝。到周末世德衰败，宋国祭祀土神的社坛也被毁灭，鼎就沦没隐伏而不再出现了。《诗经·周颂》中有诗说：'从堂上到庭阶下，有的献羊有的献牛；陈列着大鼎、小鼎，不哗不傲，极是恭敬，祈求健康长寿又多福。'如今鼎已迎到甘泉宫，它外表光彩夺目，变化神奇莫测，这意味着我们国家必将获得无穷无尽的吉祥。正好跟在中山有黄白色的云彩出现相合，黄云呈现兽形实为吉祥之兆，时逢麃子吉兽跑过，这些祥瑞征兆正好相符；还有在神坛下获得大弓和四箭，皇上以之射中麃子，用来祭祀，回报神灵的恩赐。只有承受天命称帝的人才能心知天意，并符合天帝的德行。这宝鼎应该先进献高祖庙，而后珍藏在甘泉宫上帝的殿廷，以便与上帝显示的祥瑞相适应。"皇上批示说："可以。"

去海上寻找蓬莱仙山的人说，蓬莱并不算远，可是总也不能到达，大概是因为看不到仙山的瑞气。汉武帝就派出善于望气的官员帮助他们观测云气。

这年秋天，汉武帝到了雍县，将要举行郊祀祭五帝。有人说："五帝是泰一神的辅佐，应该立泰一神坛，并由皇上亲自举行郊祀。"皇上犹豫未决。齐人公孙卿说："今年得到宝鼎，这年仲冬辛巳是初一交冬至节，这与黄帝造宝鼎时的节令相同。”公孙卿藏有一份书札，上面写着：“黄帝在宛县得到宝鼎，向鬼臾区询问此事。鬼臾区回答说：‘帝得宝鼎和神策时，这年己酉初一交冬至节，合天之道，就这样循环往复，周而复始。’于是黄帝观测太阳的运行来推算历法，以后大致每二十年就遇到朔日早晨交冬至，一共推算了二十次，共三百八十年，黄帝成仙，升天而去。”公孙卿想要通过所忠将这份书札上奏给汉武帝。所忠看木简上的话不合情理，怀疑他是胡言乱语，就推辞说：“宝鼎的事已经定下来了，还上奏干什么！”公孙卿又通过汉武帝所宠信的人上奏了。汉武帝非常高兴，就把公孙卿召来细问。公孙卿回答说：“我是从申功手中接受这块木简的，申功已经死了。”皇上问：“申功是什么人？”公孙卿说：“申功是齐人。他与安期生有交往，接受过黄帝的教诲，没留下其他书，只有这部关于鼎的书。书中说‘汉朝的兴盛又当与黄帝得鼎的时节相同。汉朝的圣人出在高祖的孙子或者曾孙。宝鼎出现了，就能与神仙相通，应该举行封禅。自古以来，举行过封禅大典的有七十二个王，只有黄帝能登上泰山祭天。’申功说：‘汉朝的君主也应当登上泰山祭天，能登上泰山祭天就能成仙升天了。黄帝时有上万个诸侯国，为祭祀神灵而建立的封国就占了七千。天下的名山有八座，其中三座在蛮夷境内，五座在中原地区。中原有华山、首山、太室山、泰山和东莱山，这五座山是黄帝经常游览，并与神仙相会的地方。黄帝一边作战一边学习仙道。他担忧百官非难他的仙道，就斩杀了那些诋毁鬼神的人。这样经过了一百多年，才与神仙相通了。黄帝当年在雍县郊祀上帝，住了三个月。鬼臾区别号叫大鸿，死后葬在雍县，鸿冢就是这么来的。这以后黄帝在明廷接见过上万的神仙。明廷，就是甘泉宫。所谓寒门，就是现在的谷口。黄帝开采首山的铜矿，在荆山脚下铸鼎。鼎铸成后，天上有条垂着长须的龙下来迎接黄帝。黄帝骑上龙背，群臣和后宫嫔妃跟着上去的有七十多人，龙便飞升离去。其余的小臣不能上去，就都抓住龙的须毛，龙须被拔断，黄帝的弓也落了下来。百姓们抬头望着黄帝升上天去，就抱着他的弓和龙须大声哭喊，所以后世把那个地方称作鼎湖，把那张弓称作乌号。’”汉武帝说：“啊！如果我真能像黄帝那样，那么我将离开妻子儿女只不过就像脱掉鞋子一样罢了。”于是任命公孙卿为郎官，派他东去太室山等候神仙。

接着汉武帝去雍县郊祀，又到了陇西，西行登上了崆峒山，然后回到甘泉宫。命祠官宽舒等人设置泰一神的祭坛。祭坛模仿薄诱忌所说的泰一坛的样式，坛分三层。五帝的祭坛环绕在泰一坛下，各自依照他们所属的方位，黄帝坛在西南方，修了八条供鬼神往来的通道。祭祀泰一神所用的供品，依照在雍县一畤的祭品备办，而外加甜酒、枣果和干肉等，还杀一头牦牛作为祭器中的牲牢。而五帝坛只进献牛羊等牲牢和甜酒，没有牦牛。祭坛下的四周，作为祭祀随从众神和北斗星的地方。祭祀完毕，将祭祀后剩余的酒肉等都用柴烧化。祭祀所用的牛是白色的，把鹿塞进牛的腹腔中，再把猪塞进鹿的腹腔中，然后放在水里浸泡。祭祀日神用牛，祭祀月神用羊或猪。祭祀泰一神的祝官穿紫色绣衣，祭祀五帝的祝官，其礼服颜色各自按照五帝所属的颜色，祭祀日神穿红衣，祭祀月神穿白衣。

十一月辛巳朔日早晨交冬至，这天刚刚拂晓，汉武帝就开始在郊外祭祀泰一神。早晨朝拜日神，傍晚祭祀月神，都是拱手肃拜；而祭拜泰一神则完全遵从在雍县郊祀的礼仪。司祭官员宣诵祝辞说："上天开始把宝鼎神策赐给皇帝，让他的天下月复一月，年复一年，终而复始，永无止息。皇帝在此恭敬拜见天神。"祭服崇尚黄色。祭坛上布满火炬，坛旁摆着烹饪用的器具。主管官员说："祠坛上方有光出现。"公卿大臣们说："司祭的官员手捧大玉璧和养了五年的壮牛进献众神。当夜有美丽的光彩出现，到了白天，有黄色云气上升，与天相连。"太史公和祠官宽舒等说："神灵所显示的美好气象，是保佑福禄、预兆吉祥的象征，应该在这神光所照的地域建立泰畤坛来回报上天。这座祭坛由太祝官主管，每年秋天和腊月间进行祭祀。皇帝每三年亲自郊祀一次。"

这年秋天，为讨伐南越，祭告了泰一神。用牡荆做幡旗杆，旗上画有日、月、北斗和腾空升起的龙，以象征天一三星。因为太一星在后，天一三星在前，所以把天一三星作为祭祀泰一神的先导旗帜，名叫"灵旗"。在为兵事祭告时，由太史官手持灵旗指向被伐国的方向。当时，被派去求仙的五利将军，不敢入海，到泰山去祭祀。汉武帝派人暗中跟随，查验他的行踪，得知他实际上什么也没有见到。五利将军胡说见到了他的老师，其实他的方术全部用尽了，也没见到有确实的应验。于是汉武帝就把他给杀了。

那年冬天，公孙卿在河南等候神仙，说是在缑氏城上看到了仙人的脚印，还有个像山鸡一样的神物，在城上来回走动。汉武帝亲自到缑氏城察看脚印。问公孙卿:“你该不是效法文成将军、五利将军吧?”公孙卿说:“仙人并非有求于皇帝,而是皇帝有求于仙人。求仙的方法,如果不是稍微宽限些时日,神仙是不会来的。谈起求神这种事,好像是迂腐荒诞的,其实只要积年累月就可以招来神仙。”于是普天之下的各郡各国都开始整修道路,修缮宫殿、观台以及名山大川的祠庙,以期待皇帝驾临。

这年,灭了南越之后,皇上有个宠臣李延年以优美的音乐来进见。汉武帝认为这件事很好,就把这事下交公卿们讨论,说:“民间祭祀还有鼓、舞和音乐。如今我举行郊祀却没有音乐,怎么相称呢?”公卿们说:“古时候祭祀天地都有音乐,而天地神灵才可能享受祭祀。”有人说:“泰帝让女神素女奏五十弦的瑟,由于声音悲切,泰帝禁受不住,所以把她的瑟改成二十五弦。”于是,在为平定南越而酬祭泰一、后土神时,开始采用音乐歌舞,并增加了歌舞乐队的规模。制作二十五根弦的瑟和箜篌就是从这时候开始的。

第二年冬天,皇上提议说:“古代帝王先要振兵止武,然后才进行封禅。”于是就北上巡视朔方郡,率兵十余万,回来时在桥山祭祀了黄帝的陵墓,在须如遣散了军队。皇上说:“我听说黄帝并没死,而现在却有陵墓,是怎么回事呢?”有人回答说:“黄帝成仙上天以后,群臣把他的衣帽埋葬在这里,所以有陵墓。”皇上到了甘泉宫后,为了要到泰山举行封禅,就先用祭天的仪式祭祀了泰一神。

自从得了宝鼎,汉武帝就跟公卿大臣及众儒生商议起封禅的事了。由于封禅大典很少举行,时间隔久了,已经失传,没有人了解它的礼仪,众儒生主张采用《尚书》《周官》《王制》中记载的天子射牛、望祀的仪式来进行。齐地人丁公已九十多岁了,他说:“登泰山祭天的‘封’应该是不死的意思。秦始皇中途遇雨被阻未能上山祭天。陛下一定要坚持上山,稍微上去一些就没有风雨了,就可上山祭天了。”汉武帝于是命令儒生们反复练习射牛,草拟封禅的礼仪。几年后,到了要实行的时候了。汉武帝听了公孙卿和方士的话,说是黄帝以前的帝王举行封禅,都招来了怪异之物而与神仙相通。于是想要仿效黄帝,也曾接待神仙的使者蓬莱方士,超脱于世俗之上,跟九皇比德,而且还在很大程度上采用儒术加以修饰。儒生们因为既不能明辨封禅的具体事宜,又受《诗经》《尚书》等古文经籍的束缚,所以不敢尽情施展他们的学问。汉武帝把封禅用的礼器拿给儒生们看，儒生们有的说“与古代的不相同”，徐偃又说“太常祠官们行礼不如古代鲁国的好”。就在这时候，周霸会聚群儒策划封禅事宜，汉武帝不耐烦了，于是就免去了徐偃、周霸等人的职务，罢黜这些儒生，再没有起用他们。

三月，汉武帝向东到了缑氏县，登上中岳的太室山祭祀。随从官员在山下听到好像有人喊“万岁”。问山上的人，说没有喊；问山下的人，也说没有喊。于是汉武帝封给太室山三百户以供祭祀，命名叫崇高邑。随后往东登上泰山。山上的草木还没长出叶子，汉武帝让人把石碑运上山，立在泰山顶峰。

接着汉武帝又东巡海上，行礼祭祀天主、地主、兵主、阴主、阳主、月主、日主和四时主八神。齐地人上书谈神仙精灵和奇异方术的数以万计，但没有一个灵验。汉武帝于是增派船只，命令那些讲述海中有神山的几千人去寻求蓬莱仙人。公孙卿经常手持符节，先到各山等候神仙。到东莱时，说夜间看见一个人，身高数丈，等靠近，却不见了。据说看到了他的脚印很大，类似禽兽的脚印。群臣中有人说曾经见到一位老翁牵着狗，说“我想要见天子”，一会儿又忽然不见了。汉武帝看见了大脚印后，不相信，等群臣中有人谈到老翁的事时，则深信那老翁就是仙人。因此，留住在海上，又让方士乘坐驿车，秘密派出了数以千计的使者四处去寻找仙人。

四月，返回到奉高。汉武帝想着儒生和方士们对封禅礼仪的说法各不相同，又缺乏古书记载，实在难以施行，于是他又到了梁父山，行礼祭祀地神。四月十九日，命令在宫中服侍的儒生头戴鹿皮帽子，身穿插笏板的官服，自己亲手射牛，举行典礼。又依照郊祀泰一神的礼仪，在泰山脚下的东方筑坛祭天。祭天的坛宽一丈二，高九尺，坛下放有封禅的文书，文书的内容隐秘，无人知晓。祭礼结束后，天子单独与侍中奉车都尉霍子侯登上泰山，举行了封禅典礼。这些事情都禁止泄露。第二天，顺着山北的道路下山。也就在同一天，即四月二十日，在泰山脚下东北方的肃然山，按照祭祀后土的礼仪辟场祭地。封禅中，天子都亲自拜祭，身穿黄色祭服，并都有音乐伴奏。祭坛上都用采自江淮一带的三棱灵茅作神垫，用代表五方的五色泥土混杂起来加在祭坛上，还放出从远方进贡来的奇异的飞禽走兽和白毛野鸡等动物，大大增加礼仪的隆重气氛。但没有用兕牛、旄牛、犀牛、大象之类的动物。在皇帝举行封禅的这段时间，每天夜晚都好像有光辉闪现，白天有白云从坛台中升起。

汉武帝封禅归来，坐在明堂上，群臣相继上前祝寿。这时汉武帝下诏令给御史：“我以卑微之身继承了至高无上的尊位，小心谨慎，担心不能胜任。自己德行微薄，对于礼乐制度不甚明了。祭泰一神时，天上像是有祥瑞之光，我心中不安，好像望见了什么，被这奇异景象所深深震撼，想中途停止而不敢，终于登上泰山而祭了天神；到了梁父山，然后在肃然山辟场祭地。我要完善自己，勉力与士大夫们一起重新开始。赐给民众每百户一头牛、十石酒，年过八十的老人和孤儿寡妇加赐布帛二匹。免除博县、奉高、蛇丘和历城等地的徭役，不用交纳今年租税。大赦天下，和乙卯年的大赦令一样。我巡行经过的地方不再执行复作这种刑律。凡在两年前所犯的事，都不再追究处理。”又下诏说：“古代的帝王每五年出巡一次，到泰山举行封禅的时候，诸侯在泰山下面都有朝拜的住所。现在我下令，各个诸侯可以在泰山下自行修建官邸。”

汉武帝在泰山封禅完毕，并未遇上风雨灾害，方士们又说蓬莱等神山好像就要找到了。于是汉武帝高兴地认为也许可以遇到它们，就又向东到海上眺望，希望能见到蓬莱神山。奉车都尉霍子侯突然生病，一天的工夫就死了。皇上于是就离去，沿海岸北上，向北抵达碣石山，又从辽西一带开始巡行，经北方边境到达九原县。五月，回到甘泉宫。这时有主管官员建议，既然那年有宝鼎出现，就把那年改号“元鼎”，那么今年举行了封禅大典，年号也应改为“元封元年”。

这年秋天，有彗星出现在东井星座附近，光芒四射。十几天后，彗星又出现在三台星座。有个叫王朔的懂得望气的人说：“我在观测中单独看到有一颗星星出现时像个葫芦，吃顿饭的工夫便又隐没了。”主管官员对汉武帝说：“陛下创建了汉家的封禅制度，上天感到欣慰，所以用这种祥瑞来回报您。”

第二年冬天，汉武帝到雍州祭祀五帝，回来后又拜祭了泰一神。赞礼官员的祝辞说：“德星光芒四射，象征美好吉祥。寿星相继出现，光辉遍照远方。信星明亮降福，皇帝敬拜诸神福泽无量。”

这年春天，公孙卿说在东莱山见到了仙人，那仙人好像是说了“想见天子”。于是汉武帝到了缑氏城，任命公孙卿为中大夫。随后来到东莱，停留了几天，没有看见什么，只看到巨人的脚印。他又派出数以千计的方士去寻找神仙奇物，采集灵芝仙药。这年天旱。汉武帝自己也

蒲轮征贤图。选自明·张居正《帝鉴图说》，讲述汉武帝喜好儒术、任用名儒之事。

觉得在这时出巡名义上不好，便前往万里沙求雨，经过泰山，再次祭拜。返回时到了瓠子口，亲自来到堵塞黄河决口的现场，停留了两天，沉白马于河中以祭河神，然后离去。另派二位将军率领士兵堵塞了黄河决口，把黄河分成两条河渠，恢复了大禹治水时的旧河道。

这时已经灭了南越，越人勇之向皇上进言说："越人有信鬼的习俗，而且他们祭祀时都能见到鬼，屡屡见效应。先前东瓯王敬鬼，寿数达到一百六十岁。后世的人怠慢了鬼，所以衰败下来。"汉武帝便命越地巫师建立越祠，只设台而没有祭坛，也祭祀天神、上帝、百鬼，并采用鸡卜的方法。汉武帝相信这些，越祠和鸡卜的方法从此就开始流行起来。

公孙卿说："仙人是可以见到的，而皇上去求仙的时候总是太仓促，因此见不到。如今陛下可以修建庙宇，如同缑氏城所建的一样，摆上干肉枣果之类的祭品，仙人应该是能够招来的。而且仙人喜欢住楼阁。"于是汉武帝下令在长安修建了蜚廉观和桂观，在甘泉修建了益延寿观，派公孙卿手持符节摆好祭品，等候仙人。又建造了通天台，在台下摆设了祭品，希望招来神仙之类。于是在甘泉宫又建了前殿，开始扩建各处宫室。夏天，有灵芝草在宫殿内长了出来。天子因为堵塞了黄河决口，兴建了通天台，天上仿佛出现了神光的瑞象，便下诏书说："甘泉宫殿房内生出了九株灵芝草，特此大赦天下，免除苦刑犯的劳役。"

第二年，征伐朝鲜。夏天，干旱。公孙卿说："黄帝时举行完封礼，天就会干旱，这是为了使封坛的土晾干，要连旱三年。"汉武帝就下诏书说："天旱，大概是为了使封坛的土干燥吧！应该让天下百姓尊祭主宰农业的灵星。"

第三年，汉武帝到雍县郊祀，打通了去回中的道路，然后到那里巡察。春天，到达鸣泽，再从西河返回长安。

转年冬天，汉武帝巡视南郡，到江陵后往东走。登上潜县的天柱山举行祭祀，号称其为"南岳"。然后乘船顺江而行，从浔阳穿过枞阳，又经过彭蠡泽，一路祭祀名山大川。再向北到达琅邪郡，沿海而上。四月中旬，到达奉高县，举行了封禅典礼。

当初，汉武帝在泰山举行封禅典礼时，在泰山脚下的东北山麓有古时明堂的旧址，那里地势危险，路不宽敞。汉武帝想在奉高旁边另建明堂，但不知道它的形式与规模。济南人公王带献上了黄帝时的明堂图。明堂图中有一座殿堂，四面没有墙壁，顶是用茅草盖的，殿堂周围有水沟围绕，环绕宫墙修有复道，上有走廊，从西南方向进入殿堂，命名叫昆仑道，天子由此走进殿堂，在那里拜祭上帝。于是汉武帝命令在奉高县的汶上，按照公王带的图样修建明堂。等到第五年再来举行封禅时，就把泰一神和五帝的神位居于上座进行祭祀，让高祖皇帝的神主灵位与他们相对。在下房祭祀后土神，以二十头牛作为祭牲。汉武帝从昆仑道进去，按郊祀的礼仪一样开始在明堂祭拜。祭礼完毕，再在堂下烧柴焚烧祭品。而后汉武帝又登上泰山，在山顶秘密举行了祭祀。随后又在泰山下祭祀五帝，按照他们各自所属的方位，只有黄帝和赤帝在一起，祭祀时由主管官员陪祭。祭祀时在泰山上点燃了许多火把，山下也点燃了许多火把呼应。

两年以后，十一月的朔日是甲子日，早晨交冬至，推算历法的人认为以这一天为推历的起点才是正统。汉武帝亲临泰山，在十一月初一甲子日这天早晨交冬至节时于明堂祭祀上帝。因为距上一次封禅不到五年，所以没有举行封禅典礼。祝辞说："皇上感念上天授予太初历法，使人生生世世得以周而复始，运用无穷。皇上谨拜谢泰一神。"之后，汉武帝又东到海上，考察那些到海上求仙的人和方士们，没有什么效验，但汉武帝还是增派了使者继续前往，希望能遇上神灵。

十一月乙酉日，柏梁台失火遭灾。十二月初一甲午日这天，汉武帝亲自到高里山祭祀后土神。又到了渤海，遥相拜祭蓬莱之类的仙山，希望能到达仙人所居住的异境。

汉武帝回京后，由于柏梁台遭灾焚毁了，就改在甘泉宫临朝接受各郡国上报计薄使臣的朝拜。公孙卿说："黄帝建成青灵台，十二天就被火烧了，黄帝便又建了明庭。明庭就是甘泉宫。"方士们大多说古代帝王有在甘泉建都的。这以后汉武帝又在甘泉宫接受诸侯朝见，并让诸侯在甘泉建造了官邸。越人勇之说："越地的风俗，发生火灾之后，再建的新房一定要比原来的大，用以制服灾殃。"于是汉武帝修建了建章宫，规模极大，有千门万户。它的前殿比未央宫高；东面是凤阙，高二十多丈；西面是唐中池，周围有数十里的虎圈；北面修了大水池，池中的渐台高二十多丈，池名叫作泰液池，池中有蓬莱、方丈、瀛洲和壶梁四座山，仿照海中仙山，还有用石头雕成的龟鱼之类；南面建有玉堂、壁门和大鸟雕像之类。还建了神明台、井干楼，都高达五十多丈，楼台之间有辇车道相互连接。

夏天，汉朝更改历法，以夏历正月作为一年的开始，官服崇尚黄色，官名印章改为五个字，所以就把这年定为太初元年。这年，汉朝西出征伐大宛。当时蝗灾严重。丁夫人和洛阳虞初等人用方术祭祀，祈求鬼神降祸于匈奴、大宛。

第二年，主管官员说，雍县五畤祭祀时没有烹煮过的熟牲等祭品，没有芬芳的香味。汉武帝于是命令祠官用熟牛犊作祭牲进献五畤；按五色相克的道理，选用各方天帝所制胜的毛色，并用木偶马代替壮马作祭品。只有在五月"尝驹"与皇上亲自进行郊祭时才用壮马。至于祭祀各名山大川该用壮马的，全都用木偶马代替。皇上出巡经过举行祭祀时用壮马，其他的礼仪照旧。

次年，汉武帝东巡海上，考察寻找神仙之类的事情，没有灵验的。有的方士说"黄帝时在执期建有五城十二楼，以便在这迎候神仙，命名为'迎年祠'"。汉武帝批准按他所说的建造五城十二楼，命各为"明年祠"。汉武帝穿着黄色礼服，亲自到那里行礼祭祀上帝。

公王带说："黄帝时虽然已在泰山筑坛祭天，然而风后，封钜、岐伯等人又要黄帝去东泰山筑坛祭天，到凡山辟场祭地，如两地所得符瑞相合，然后便可长生不死了。"汉武帝就命人准备祭品，来到东泰山，见东泰山矮小，与名称不相称，便令祠官进行祭祀，而不举行封禅大典。此后命公王带在那里供奉祭祀和迎候神灵。这年夏天，汉武帝返回泰山，同从前一样在泰山举行五年一度的封禅典礼，另外增加了在石闾山辟场祭地的仪式。石闾山在泰山的南面，很多方士说这里是仙人住的地方，所以皇上亲自在这里祭祀地神。

此后五年，汉武帝又到泰山行封禅大礼，返回途中祭祀了常山。

现在汉武帝所兴建的神祠，泰一祠和后土祠，每三年亲自郊祀一次；建立了汉朝的封禅制度，每五年举行一次封禅大典。薄诱忌建议设立的泰一祠及三一、冥羊、马行、赤星等五座神祠，由宽舒领导的祠官每年按时致祭。这五座神祠加上后土祠，总共六座神祠，都由太祝统管。至于像八神的各神祠，以及明年、凡山等其他有名的神祠，汉武帝路过时就祭祀，离开后就算了。方士们所兴建的神祠，由他们各自主持，本人死了就算完了，祠官不再主持。其他神祠全部依照原来的规定办。汉武帝举行封禅大典以来，十二年中所祭祀的神灵已遍及五岳、四渎。而方士们所说的迎候神仙，去海上寻求蓬莱仙岛，终究没有效验。

公孙卿等候神仙之类的方士，还是用巨人大脚印做托辞来辨解，也没有效验。这样，汉武帝越来越厌恶方士们怪诞迂阔的言辞了，然而却始终笼络着他们，不肯与他们断绝往来，总希望有一天能遇到真有方术的人。从此以后，方士们谈论祭神的更多，然而究竟结果怎样，也就可以想见了。

太史公说：我曾跟随皇上到处祭祀天地以及各种神灵和名山大川，也参加了封禅大典。我也曾进入寿宫里陪祭鬼神，听到过祝官的祷词，观察研究了方士和祠官们的言论，于是回来依次论述自古以来祭祀鬼神的活动，把这些活动的里外情形原原本本地展现出来，以便让后来的君子们，能比较清楚地看到这些过程。至于用什么祭器、供品，以及怎么样来上供、行礼等各种细节，各部门都著有具体的条文规定。

史记卷十三

三代世表第一

太史公曰：五帝、三代之记，尚矣。自殷以前诸侯不可得而谱，周以来乃颇可著。孔子因史文次《春秋》，纪元年，正时日月，盖其详哉。至于序《尚书》则略，无年月；或颇有，然多阙，不可录。故疑则传疑，盖其慎也。

余读谍记，黄帝以来皆有年数。稽其历谱谍终始五德之传，古文咸不同，乖异。夫子之弗论次其年月，岂虚哉！于是以《五帝系谍》《尚书》集世纪黄帝以来讫共和为《世表》。（上为《三代世表》前序文，原表从略，其它九表亦同。）

张夫子问褚先生曰：“《诗》言契、后稷皆无父而生。今案诸传记咸言有父，父皆黄帝子也，得无与《诗》谬乎？”

褚先生曰：“不然。《诗》言契生于卵，后稷人迹者，欲见其有天命精诚之意耳。鬼神不能自成，须人而生，奈何无父而生乎！一言有父，一言无父，信以传信，疑以传疑，故两言之。尧知契、稷皆贤人，天之所生，故封之契七十里，后十馀世至汤，王天下。尧知后稷子孙之后王也，故益封之百里，其后世且千岁，至文王而有天下。《诗传》曰：‘汤之先为契，无父而生。契母与姊妹浴于玄丘水，有燕衔卵堕之，契母得，故含之，误吞之，即生契。契生而贤，尧立为司徒，姓之曰子氏。子者兹；兹，益大也。诗人美而颂之曰“殷社芒芒，天命玄鸟，降而生商”。商者质，殷号也。文王之先为后稷，后稷亦无父而生。后稷母为姜嫄，出见大人迹而履践之，知于身，则生后稷。姜嫄以为无父，贱而弃之道中，牛羊避不践也。抱之山中，山者养之。又捐之大泽，鸟覆席食之。姜嫄怪之，于是知其天子，乃取长之。尧知其贤才，立以为大农，姓之曰姬氏。姬者，本也。诗人美而颂之曰“厥初生民”，深修益成，而道后稷之始也。’孔子曰：‘昔者尧命契为子氏，为有汤也。命后稷为姬氏，为有文王也。太王命季历，明天瑞也。太伯之吴，遂生源也。’天命难言，非圣人莫能见。舜、禹、契、后稷皆黄帝子孙也。黄帝策天命而治天下。德泽深后世，故其子孙皆复立为天子，是天之报有德也。人不知，以为汜从布衣匹夫起耳。夫布衣匹夫安能无故而起王天下乎？其有天命然。”

“黄帝后世何王天下之久远邪？”

曰：“《传》云天下之君王为万夫之黔首请赎民之命者帝，有福万世。黄帝是也。五政明则修礼义，因天时举兵征伐而利者王，有福千世。蜀王，黄帝后世也，至今在汉西南五千里，常来朝降，输献于汉，非以其先之有德，泽流后世邪？行道德岂可以忽乎哉！人君王者举而观之。汉大将军霍子孟名光者，亦黄帝后世也，此可为博闻远见者言，固难为浅闻者说也。何以言之？古诸侯以国为姓，霍者，国名也。武王封弟叔处于霍，后世晋献公灭霍公，后世为庶民，往来居平阳。平阳在河东，河东晋地，分为魏国。以《诗》言之，亦可为周世。周起后稷，后稷无父而生。以三代世传言之，后稷有父名高辛；高辛，黄帝曾孙。《皇帝终始传》曰：‘汉兴百有馀年，有人不短不长，出（自）〔白〕燕之乡，持天下之政，时有婴儿主，却行车。’霍将军者，本居平阳（自）〔白〕燕。臣为郎时，与方士考功会旗亭下，为臣言。岂不伟哉！”（上为《三代世表》后附录。）

【译文】

太史公说：五帝、三代的记载，已经很久远了。商朝以前，诸侯国的史事无法编排列举出来，周代以来的历史才略微可以著录。孔子依据历史文献编排《春秋》，以鲁国纪元年数为纲纪，订正四时日月，何其详尽啊！至于编排《尚书》则很简略，一般不计年月；有的稍微有一些，但大多都没有，不能著录。因此，有疑问无法确定的就继续保留疑问，这大概是谨慎的原因吧。

我阅读了记载远古帝王世系的牒记，从黄帝以来都有年数。考察那些年历、谱牒和讲述五德终始相承的书，古代文献的记载都有不同，甚至相互矛盾。孔夫子没有排列其年月，怎么会是没有原因的呢？于是，我根据《五帝系牒》《尚书》，汇集了黄帝以来到共和这一段历史，写成了《三代世表》。

（表格略）

张夫子问褚先生说：“《诗经》中说契、后稷都是没有父亲而生的。现在考察各传记的记载，都说他们有父亲，而且他们的父亲都是黄帝的后代，这不是与《诗经》的记载相违背吗？”

褚先生说：“不是这样的。《诗经》上讲契是由于他的母亲吞了鸟卵而出生，后稷是由于他的母亲踩上了大脚印而出生的，这是要证明他们体现了天命精诚的意思。鬼神是不能自己形成的，必须要依靠人来生成，没有父亲怎么会生子呢！一种说法认为他们有父亲，一种说法认为他们没有父亲，信者以传信，疑者以传疑，所以就有了这两种说法。尧知道契、后稷都是贤能的人，是上天生了他们，因而尧封给契七十里的封地，其后传了十余代到了汤，便称王于天下。尧知道后稷的子孙后世也要称王，于是加封后稷的封地达到一百里，他的后代经历了近千年，到了文王之时便据有了天下。《诗传》上说：‘汤的祖先是契，没有父亲就出生了。契的母亲和她的姊妹们在玄丘水洗澡，有只燕子嘴里衔着的卵掉了下来，契的母亲得到了，就含在嘴里，误把它吞了下去，于是就生了契。契天生贤能，尧任命他为司徒，赐他姓子。子，就是“兹”；兹，是日益强大的意思。诗人赞美称颂他说：“殷的国土广阔无边，上天命玄鸟生了商。”商是质朴的意思，是殷的称号。文王的祖先是后稷，后稷也是没有父亲就出生了。后稷的母亲是姜嫄，她外出时看见巨人的脚印并踏了上去，于是就感到自己怀孕了，以后就生下了后稷。姜嫄认为他没有父亲，就瞧不起他并把他遗弃在道路上，可是牛羊都躲避开而不去踩他。又把他抱到山中，山里的人见了便喂养他。又把他扔到大泽，飞鸟为他覆盖、铺垫、喂养。姜嫄感到很奇怪，于是便知道他是上天之子，就把他带了回来抚养成人。尧知道他是贤才，任命他为大农，赐给他姬的姓氏。姬，是“本”的意思。诗人赞美称颂他说“从他以来，抚育了万民”，又加深修炼更加有所成就，称道后稷是周朝的开始。’孔子说：‘从前尧赐契为子氏，是因为他的后代有个汤王。赐后稷为姬氏，是因为他的后代有个文王。太王任命季历为接班人，是为了表明上天的祥瑞所在。太伯到了吴地，成就了周人传衍不息的本源。’上天的旨意难以言说，不是圣人就不能明了。舜、禹、契、后稷都是黄帝的后代。黄帝秉承上天的期许而治理天下，他的德泽远远流传于后世，所以他的子孙都相继继位，这是上天报答有德行的人。人们不深知这个道理，以为他们都是从普通人兴起的。普通人怎能无缘无故兴起而统治天下呢？他们是有天命的人哪！”

张夫子又问：“黄帝的后代为何能称王天下这么长时间呢？”

褚先生说:“有记载说,天下的君王是百姓的首领,他们是为万民延续生命的人,他们能够称帝,福泽及于万世。黄帝就是这样的人。五政修明则礼义兴修,按照天时举兵征伐,而取得胜利的便称王,其福泽将流传千世。蜀王,是黄帝的子孙,至今在汉西南五千里的地方,经常来朝觐,敬献贡物给汉,这难道不是他的祖先有德行、福泽流传于后代的缘故吗?怎么可以忽视修道行德呢?作为统治天下的君王,都要树立德行来勉励自己。汉大将军霍子孟名叫霍光的,也是黄帝的后代。这件事只能和学识渊博的人说,实在难以对那些浅陋的人讲清楚。凭什么这样说呢?古代的诸侯以国为姓。霍是国家的名称。武王分封他的弟弟叔处到霍,后世晋献公灭掉霍公,他的后代变成了平民的身份,往来居住在平阳。平阳在河东,河东从前是属于晋国的地盘,后来划分给魏国了。按《诗经》所说,魏国也是周的子孙。周起源于后稷,后稷没有父亲就出生了。按三代世系相传的说法,后稷有父亲名叫高辛;高辛是黄帝的曾孙。《黄帝终始传》说:‘汉兴一百多年后,有个不矮不高的人,出生于白燕之乡,负责天下的政事。当时有一个幼小的皇帝,这个人能够使幼主的辇车退行。’霍将军本来居住在平阳白燕乡。我做郎官的时候,曾经和方士们考功时在旗亭下相会,他们对我这样说,难道他不是很伟大吗?”

史记卷十四

十二诸侯年表第二

太史公读《春秋历谱谍》，至周厉王，未尝不废书而叹也。曰："呜呼，师挚见之矣！纣为象箸而箕子唏。周道缺，诗人本之衽席，《关雎》作。仁义陵迟，《鹿鸣》刺焉。及至厉王，以恶闻其过，公卿惧诛而祸作，厉王遂奔于彘，乱自京师始，而共和行政焉。是后或力政，强乘弱，兴师不请天子。然挟王室之义，以讨伐为会盟主，政由五伯，诸侯恣行，淫侈不轨，贼臣篡子滋起矣。齐、晋、秦、楚其在成周微甚，封或百里或五十里。晋阻三河，齐负东海，楚介江淮，秦因雍州之固，四国迭兴，更为伯主，文、武所褒大封，皆威而服焉。是以孔子明王道，干七十馀君，莫能用，故西观周室，论史记旧闻，兴于鲁而次《春秋》，上记隐，下至哀之获麟，约其辞文，去其烦重，以制义法，王道备，人事浃。七十子之徒口受其传指，为有所刺讥褒讳挹损之文辞不可以书见也。鲁君子左丘明惧弟子人人异端，各安其意，失其真，故因孔子史记具论其语，成《左氏春秋》。铎椒为楚威王傅，为王不能尽观《春秋》，采取成败，卒四十章，为《铎氏微》。赵孝成王时，其相虞卿上采《春秋》，下观近势，亦著八篇，为《虞氏春秋》。吕不韦者，秦庄襄王相，亦上观尚古，删拾《春秋》，集六国时事，以为八览、六论、十二纪，为《吕氏春秋》。及如荀卿、孟子、公孙固、韩非之徒，各往往捃摭《春秋》之文以著书，不可胜纪。汉相张苍历谱五德，上大夫董仲舒推《春秋》义，颇著文焉。

太史公曰：儒者断其义，驰说者骋其辞，不务综其终始；历人取其年月，数家隆于神运，谱谍独记世谥，其辞略，欲一观诸要难。于是谱十二诸侯，自共和讫孔子，表见《春秋》《国语》学者所讥盛衰大指著于篇，为成学治古文者要删焉。

【译文】

太史公读《春秋历谱牒》，每当读到周厉王的事迹时，总是放下书为之感叹。他说：唉，师挚真是有见地啊！纣王用象牙筷子，箕子就因此而悲叹。周代的政道有所缺失，诗人以有感于帝后对朝政的作用，因而写成了《关雎》；仁义道德堕落衰败，就写了《鹿鸣》来讽喻。到了厉王，因为讨厌别人说自己的过失，公卿大臣们害怕遭到诛杀，因而先期作乱，于是厉王逃到了彘这个地方。祸乱从京师开始，于是造成了朝廷由周公、召公联合执政的局面。从此以后，有的诸侯国就使用武力互相征伐，强大的欺凌弱小的，出兵不再请示周天子。然后他们假借朝廷的名义来征讨别国，争当盟会的盟主，政令由五霸来操纵，诸侯们恣意行事，荒淫奢侈不遵法度，作乱篡权的臣子纷纷而起。齐、晋、秦、楚这些国家在成周之时非常弱小，封地有的百里、有的五十里。晋国依靠三河之阻，齐国背负东海，楚国以江、淮为界，秦国凭借雍州的险固，相继兴起，交替称霸，文王、武王所褒奖的大封国都震慑于他们的声威而臣服了。

因此孔子为了推展他的王道思想，求见了七十余国的君主，但都未被任用。所以孔子西行去查览周室的图籍，整理历史记载和旧日传闻，以鲁史为基础编成了《春秋》。该书上起鲁隐公元年，下至鲁哀公获麟之年为止，文字精炼、叙事简洁，从而树立了修史的榜样，使王道完备、人事关系和谐。他的七十多个学生接受了他亲口传授的大道思想，由于其中有讽喻、批评、褒扬、隐讳、贬抑、损伤的文辞，所以没能用书面形式表达出来。鲁国的君子左丘明担心孔子的弟子们各持己见，失去孔子原本的思想和境界，于是按照孔子编的史料详细地论述了他的言论，写成了《左氏春秋》。铎椒是楚威王的老师，因为楚王不能通读《春秋》，便采集了其中有关成败得失的历史教训作为内容，写成四十章，称为《铎氏微》。赵孝成王时，他的相国虞卿上采《春秋》的内容，下观近代的形势，也著成八篇，称为《虞氏春秋》。吕不韦是秦庄襄王的宰相，也上观远古历史，删改《春秋》，汇集六国的时事，而编辑成八览、六论、十二纪，定名为《吕氏春秋》。至于像荀卿、孟子、公孙固、韩非等人，也往往各自摘取《春秋》的文字来著书立说，这样的情况不可能全部一一记录下来。汉代丞相张苍以历谱的形式写成《终始五德传》，上大夫董仲舒推演《春秋》的微言大义，也著作了不少文章。

太史公评论说：儒家学者摘取《春秋》一书中的某些义理，游说者尽情发挥《春秋》书中的某些文辞，而不注重考察历史发展的始终；制定历法的人采取它的年月，术数家重视它的神运，研究谱牒的人只记录它的世系和谥号，他们的文字都很简略，想要从他们那里看到《春秋》的要旨是很困难的。我于是编次谱定了十二个诸侯国年表，上起共和，下讫孔子，用年表的方式，将研究《春秋》《国语》的学者们所探讨的盛衰要旨都阐述于本篇之内，为成就学业、研治古文的人提取纲要，删去了繁琐的内容。

（表格略）

史记卷十五

六国年表第三

大史公读《秦记》，至犬戎败幽王，周东徙洛邑，秦襄公始封为诸侯，作西畤用事上帝，僭端见矣。《礼》曰："天子祭天地，诸侯祭其域内名山大川。"今秦杂戎翟之俗，先暴戾，后仁义，位在藩臣而胪于郊祀，君子惧焉。及文公逾陇，攘夷狄，尊陈宝，营岐、雍之间，而穆公修政，东竟至河，则与齐桓、晋文中国侯伯侔矣。是后陪臣执政，大夫世禄，六卿擅晋权，征伐会盟，威重于诸侯。及田常杀简公而相齐国，诸侯晏然弗讨，海内争于战功矣。三国终之卒分晋，田和亦灭齐而有之，六国之盛自此始。务在强兵并敌，谋诈用而从横短长之说起。矫称蜂出，誓盟不信，虽置质剖符犹不能约束也。秦始小国僻远，诸夏宾之，比于戎翟，至献公之后常雄诸侯。论秦之德义不如鲁卫之暴戾者，量秦之兵不如三晋之强也，然卒并天下，非必险固便形势利也，盖若天所助焉。

或曰"东方，物所始生，西方，物之成孰"。夫作事者必于东南，收功实者常于西北。故禹兴于西羌，汤起于亳，周之王也以丰、镐伐殷，秦之帝用雍州兴，汉之兴自蜀汉。

秦既得意，烧天下《诗》《书》，诸侯史记尤甚，为其有所刺讥也。《诗》《书》所以复见者，多藏人家；而史记独藏周室，以故灭。惜哉，惜哉！独有《秦记》，又不载日月，其文略不具。然战国之权变亦有可颇采者，何必上古。秦取天下多暴，然世异变，成功大。传曰"法后王"，何也？以其近己而俗变相类，议卑而易行也。学者牵于所闻，见秦在帝位日浅，不察其终始，因举而笑之，不敢道，此与以耳食无异。悲夫！

余于是因《秦记》，踵《春秋》之后，起周元王，表六国时事，讫二世，凡二百七十年，著诸所闻兴坏之端。后有君子，以览观焉。

【译文】

太史公研读《秦记》，当读到犬戎部族杀死周幽王，周平王东迁洛邑，秦襄公因护驾有功被封为诸侯，就建造了西畤来侍奉天帝的时候，便感觉到秦国越位犯上的苗头已经显现出来了。因为《礼记》上说得很明白:“唯有天子才有祭祀天地的权力,诸侯只能祭祀本国区域内的名山大川。”当时秦国的民风习俗夹杂着西戎北狄的成分,重视暴力,轻视道德仁义,身处捍卫王室的臣属行列,却用天子的规格进行祭祀,凡是君子都对此感到很忧惧。等到秦文公越过陇山,驱逐戎狄,祭祀陈宝,在岐山到雍地这一带建立了国家;而秦穆公修明政治,把东部国境扩展到黄河西岸的时候,就与齐桓公、晋文公这些中原霸主势均力敌了。从这以后,各国的家臣开始执掌国政,大夫们世代保有自己的政治地位,当时晋国的六卿独揽大权,无论征伐还是会盟,威势都在诸侯之上。到田常杀掉齐简公而自任齐相的时候,诸侯却无动于衷不予讨伐。这标志着各国诸侯已经围绕着怎样保持本国的军事实力展开斗争了。最终韩赵魏三家瓜分了晋国,田和也灭掉了姜氏,将齐国据为己有,六国并立的局面由此形成了。此时诸侯们的首要之务在于壮大军事力量,兼并对方。在这样的历史背景下,权谋诈术空前泛滥,合纵连横的学说也相继兴起;各种谎言骗局相继上演,誓词盟约根本毫无诚意,即使以互派人质,剖符为凭,也还是不能互相制约。秦国起初只是一个偏远的小国,中原各国都排挤它,把它看作戎狄。但从秦献公开始,秦国就一直在诸侯中称雄。论起秦国的德义,连鲁卫两国中那些凶暴乖戾的君主都超过了它;论起秦国的兵力,它不如韩、赵、魏三国强大,可是最后却吞并了六国,统一了天下,这看起来好像不是因为秦国凭据天险、攻守方便、地理形势有利的缘故,而好像是上天在冥冥之中佑助着它。

有人说:“东方是万物开始萌生的地方,西方是万物最后成熟的地方。”由此看来,开创事业的人必定出现在东南,而最终获取胜利果实的人却在西北。所以大禹在西羌兴起,成汤从亳地发家,周人也是因为有丰镐作根据地讨伐殷商才得以建立王朝,秦国日益强大最终完成帝业是由于有雍州作为大本营,汉朝也是从巴蜀汉中开始兴盛的。

秦国统一天下后,就开始焚烧《诗经》《尚书》等儒家经典,而各国的国史被焚烧的更加厉害,这是因为书中有讽刺讥笑秦国的记载。《诗经》《尚书》之所以重新流传于世,是因为收藏的人家很多,而各国的国史专门收藏在周王室,所以就全被毁灭了。可惜啊!可惜啊!如今只有《秦纪》传下来,却又没注明日月,内容也简略不全。但是关于战国权谋和应急的对策也还是有很多可取之处的,为什么非要死守上古的那些教条呢？秦国夺取天下的手段尽管很残暴，但秦国能顺应时代的不同而采取相应的对策，因此获得了巨大的成功。有的典籍强调说要“效法后王”，这是为什么呢？因为后王距离自己近，当代民俗的变化也和后王那个时期差不多，道理讲起来浅显易懂，便于推行。一般的读书人局限于平常听到的那点东西。他们看见秦朝统治的时间很短暂，没有去考察秦国发展的全过程，就全都因此耻笑秦，而不评价它的可取之处。这和用耳朵来吃东西没有什么两样。真是可悲呀！

因此，我根据《秦纪》提供的资料，跟在孔子的《春秋》之后编成了这份年表。它上起周元王元年，列表编排了六国发生的大小事件；下至秦二世被杀，总计跨二百七十年，著述了我所闻知的各种兴起与衰亡的规律。后世若有君子，便可以阅读它。

（表格略）

史记卷十六

秦楚之际月表第四

太史公读秦、楚之际，曰：初作难，发于陈涉；虐戾灭秦，自项氏；拨乱除暴，平定海内，卒践帝祚，成于汉家。五年之间，号令三嬗，自生民以来，未始有受命若斯之亟也。

昔虞、夏之兴，积善累功数十年，德洽百姓，摄行政事，考之于天，然后在位。汤、武之王，乃由契、后稷修仁行义十馀世。不期而会孟津八百诸侯，犹以为未可，其后乃放弑。秦起襄公，章于文、穆、献、孝之后，稍以蚕食六国，百有馀载，至始皇乃能并冠带之伦。以德若彼，用力如此，盖一统若斯之难也。

秦既称帝，患兵革不休，以有诸侯也，于是无尺土之封，堕坏名城，销锋镝，锄豪桀，维万世之安。然王迹之兴，起于闾巷，合从讨伐，轶于三代，乡秦之禁，适足以资贤者为驱除难耳。故愤发其所为天下雄，安在无土不王。此乃传之所谓大圣乎？岂非天哉，岂非天哉！非大圣孰能当此受命而帝者乎？

【译文】

太史公在研读关于秦楚之际的历史时，说：最先起义发难的是陈涉；用暴力灭掉秦朝的是项羽；铲除祸乱，诛灭凶暴，平定天下，最终登上帝位、取得成功的却是刘邦。仅仅五年的时间，发号施令之人就变换了三次。自从有人类以来，帝王受天命的变换还没有如此之快的。

当初虞舜和夏禹兴起的时候，他们积累了长达几十年的善行和功劳，百姓都受到他们恩德的润泽；他们代行天子的职务，并且还要接受上天的考验，然后才能即位。商汤、武王登上天子之位，是从他们的先祖契、后稷开始就讲求仁政，实行德义，历经了十几代。到周武王时，未曾约定就有八百诸侯到孟津相会，但武王还认为伐纣的时机不到，继续回去修德。就这样又过了很久，商汤才放逐了夏桀，武王才杀了殷纣王。秦国自襄公时兴起，在文公、缪公时显示出强大的力量，到献公、孝公之后，逐步侵占六国的土地。经历了一百多年以后，到了始皇才兼并了六国，统一了天下。要像虞、夏、汤、武那样实行德治，像秦国这样使用武力，才能成功统一天下。由此可见，统一天下有多么不容易了！

秦始皇称帝之后，认为过去之所以连年战乱不休，是因为诸侯割据的缘故，于是他废除了分封制，而且摧毁了东方各地的城池，销毁刀箭，铲除各地的豪强势力，打算以此维持以后的长治久安。然而帝王的功业，兴起于民间，天下英雄豪杰互相联合讨伐暴秦，威势超过了夏商周三代。从前秦国的那些禁令，恰好帮助贤能之人排除了创业的障碍。因此，发愤有为而成为天下的英雄，怎么能说没有封地便不能成为帝王呢？这就是上天授帝位给他的那种所谓的大圣人吧！这难道不是天意吗？这难道不是天意吗！如果不是大圣人，谁能在这乱世中承受天命而成就帝业呢？

（表格略）

史记卷十七

汉兴以来诸侯王年表第五

太史公曰：殷以前尚矣。周封五等：公，侯，伯，子，男。然封伯禽、康叔于鲁、卫，地各四百里，亲亲之义，褒有德也；太公于齐，兼五侯地，尊勤劳也。武王、成、康所封数百，而同姓五十五，地上不过百里，下三十里，以辅卫王室。管、蔡、康叔、曹、郑，或过或损。厉、幽之后，王室缺，侯伯强国兴焉，天子微，弗能正。非德不纯，形势弱也。

汉兴，序二等。高祖末年，非刘氏而王者，若无功上所不置而侯者，天下共诛之。高祖子弟同姓为王者九国，唯独长沙异姓，而功臣侯者百有馀人。自雁门、太原以东至辽阳，为燕、代国；常山以南，大行左转，度河、济、阿、甄以东薄海，为齐、赵国；自陈以西，南至九疑，东带江、淮、谷、泗，薄会稽，为梁、楚、淮南、长沙国，皆外接于胡、越。而内地北距山以东尽诸侯地，大者或五六郡，连城数十，置百官宫观，僭于天子。汉独有三河、东郡、颍川、南阳，自江陵以西至蜀，北自云中至陇西，与内史凡十五郡，而公主列侯颇食邑其中。何者？天下初定，骨肉同姓少，故广强庶孽，以镇抚四海，用承卫天子也。

汉定百年之间，亲属益疏，诸侯或骄奢，忕邪臣计谋为淫乱，大者叛逆，小者不轨于法，以危其命，殒身亡国。天子观于上古，然后加惠，使诸侯得推恩分子弟国邑，故齐分为七，赵分为六，梁分为五，淮南分三，及天子支庶子为王，王子支庶为侯，百有馀焉。吴楚时，前后诸侯或以適削地，是以燕、代无北边郡，吴、淮南、长沙无南边郡，齐、赵、梁、楚支郡名山陂海咸纳于汉。诸侯稍微，大国不过十馀城，小侯不过数十里，上足以奉贡职，下足以供养祭祀，以蕃辅京师。而汉郡八九十，形错诸侯间，犬牙相临，秉其阨塞地利，强本干，弱枝叶之势，尊卑明而万事各得其所矣。

臣迁谨记高祖以来至太初诸侯，谱其下益损之时，令后世得览。形势虽强，要之以仁义为本。

【译文】

太史公说：殷朝以前的历史年代太久远了。周朝把封爵分为公、侯、伯、子、男五等。当时分别封伯禽于鲁、封康叔于卫，地域各为四百里，这一是因为宗族血缘关系亲密，二也是对有德之人的褒奖。把太公封于齐，让他享有五个侯爵那么多的封地，这是对勤劳者的尊崇。武王、成王、康王所封的诸侯有数百个，其中与周室同姓者有五十五个，他们的封地最大不超过百里，最小者只有三十里，用来辅卫王室。管、蔡、康、曹、郑这几个国家的封地，有的超过了爵位应得之数，有的则不足。厉王、幽王以后，王室逐渐衰微，诸侯国的势力逐渐兴盛起来，天子的力量弱小，不能控制他们。这并不是（周王）道德不纯厚，而是形势衰弱的缘故。

汉朝建国以后，把功臣封为王、侯两个等级。到了高祖晚年更是明确规定，不是刘氏而称王者，或没有功劳不是天子所封而称侯者，天下共同讨伐他。高祖的同姓子弟被封为王的有九人，唯独长沙王是异姓，而有功之臣被封为列侯的有一百多人。当时自雁门、太原以东至辽阳的国土，为燕国和代国；常山以南，太行以东，沿黄河、济水，以及阿、甄以东一直到海边，为齐国和赵国；从陈以西，南至九嶷山，东含江、淮、谷、泗，直到会稽，为梁国、楚国、淮南国、长沙国，这些国的外围都和胡、越接壤。而内地，从北部的太行山以东，都是诸侯王的封地。大的诸侯王国有五六个郡，数十个城，它们那里的政府建制以及宫殿的规模，有的甚至比天子的还要豪华盛大。汉朝廷只有河东、河西、河南、东郡、颍川、南阳，以及从江陵以西至蜀地，北从云中至陇西，加上内史共十五个郡，而公主列侯的食邑有不少也在其中。为什么会这样呢？是因为天下刚刚平定，皇帝的同胞兄弟较少，所以只有广泛分封庶子们为王，依靠他们镇抚四海、保卫天子。

汉朝平定天下一百多年后，诸侯王与天子的关系愈加疏远，有的诸侯王变得骄奢起来，习惯于听从奸邪之臣的话去做淫乱之事，严重的谋反叛逆，轻微的不守法度，结果危害到了自己的性命，不是身亡就是封国被撤销。天子参照了上古的制度，对诸侯们加赐恩惠，使诸侯们得以施恩惠于子弟，并分封给他们国邑。所以齐地被分成了七国，赵地被分为了六国，梁地被一分为五，淮南被分为三国，连同天子的旁支庶子被分封为王的、诸侯王的旁支庶子被分封为侯的，共有一百多个。自吴楚反叛时，有的诸侯王就因为犯罪而被削减了封地，因此燕、代等国失去了北部的郡，吴、淮南、长沙等国失去了南部的郡，齐、赵、梁、楚的支郡、名山、陂海也都被朝廷收回。这样一来，诸侯的势力就逐渐衰弱下来，大国不过十余城，小侯不过数十里的地盘，对上足以完成贡奉，对下足以维持自己的生活和祭祀先祖，能够藩卫京师。而这时汉王朝直辖的郡就有八九十个，交错在诸侯王国之间，犬牙相邻，控制着各险要的关塞，从而形成了主干强、枝丫弱的局面，使国家尊卑分明，而万事各得其所。

我这里记载了高祖以来至太初年间各诸侯王国的情况，用表格的方式排列了它们各自兴衰变化的时间，以供后人借鉴参考。现今国家实力虽然强大，但关键还是要以仁义作为施政的根本。

（表格略）

史记卷十八

高祖功臣侯者年表第六

太史公曰：古者人臣功有五品，以德立宗庙定社稷曰勋，以言曰劳，用力曰功，明其等曰伐，积日曰阅。封爵之誓曰："使河如带，泰山若厉，国以永宁，爰及苗裔。"始未尝不欲固其根本，而枝叶稍陵夷衰微也。

余读高祖侯功臣，察其首封，所以失之者，曰：异哉所闻！《书》曰"协和万国"，迁于夏商，或数千岁。盖周封八百，幽、厉之后，见于《春秋》。《尚书》有唐虞之侯伯，历三代千有馀载，自全以蕃卫天子，岂非笃于仁义，奉上法哉？汉兴，功臣受封者百有馀人。天下初定，故大城名都散亡，户口可得而数者十二三，是以大侯不过万家，小者五六百户。后数世，民咸归乡里，户益息，萧、曹、绛、灌之属或至四万，小侯自倍，富厚如之。子孙骄溢，忘其先，淫嬖。至太初百年之间，见侯五，馀皆坐法陨命亡国，耗矣。罔亦少密焉，然皆身无兢兢于当世之禁云。

居今之世，志古之道，所以自镜也，未必尽同。帝王者各殊礼而异务，要以成功为统纪，岂可绲乎？观所以得尊宠及所以废辱，亦当世得失之林也，何必旧闻？于是谨其终始，表其文，颇有所不尽本末；著其明，疑者阙之。后有君子，欲推而列之，得以览焉。

【译文】

太史公说：古时候把人臣的功劳分为五个等级，运用道德辅佐帝王建立宗庙，安定国家的，称为"勋"；运用巧妙的言论，解决上述问题的，称为"劳"；凭借武力取胜的，称为"功"；为国家建立秩序的，称为"伐"；只是靠熬日子坚持过来的，称为"阅"。高祖当时在封爵的誓词中说："要让黄河变得狭如衣带，泰山变得小如磨刀石；要使你们的封国永远安宁，并让子孙世世代代传承下去。"可见，最初高祖不是不想巩固诸侯们的根基，只是后来他们的后裔渐渐衰败弱小了。

我曾经阅读过高祖分封功臣时的档案资料，考察他们最初受封时的情况，以及后来丧失封地的原因，我不禁感慨：这与我以前所听说的情况真是太不一样了!《尚书·尧典》上就曾记载着“让各个诸侯国和睦相处”的说法,到了夏、商时代,有的国家已经建国几千年。周朝封侯八百,在幽王、厉王之后,《春秋》一书上还有关于他们的记载。《尚书》中有唐、虞时期的侯伯,经历夏、商、周三代一千多年,还能保持着封国,继续做天子的屏藩,这难道不是由于他们坚守仁义、尊奉天子的法规吗?汉朝兴起,受封的功臣有一百多人。当时天下刚刚平定,原有的大城名都的百姓都逃亡了,可以统计上来的户口数只有原来的十分之二三,所以大侯封邑不超过一万家,小侯封邑仅五六百户。后来过了几代,百姓都回到了故乡,封邑户数增加,萧何、曹参、绛侯周勃、灌婴之类的封邑或达到了四万户,小侯的户数也增加了一倍,富有程度也同样提高了。但是他们的后代子孙却越来越骄奢淫逸,忘记了先祖创业的艰难,只顾自己吃喝玩乐,胡作妄为。所以到太初年间,这不过才一百多年,现存的侯爵便只剩下五个,其余的都因犯法而丧身亡国,退出历史舞台了。当然,现在的法律比过去要更严厉,但主要还是他们自身不能够老老实实地遵守国家的法律。

生活在今天的时代,依旧应当学习古圣先贤的教诲,以此作为自己人生的一面镜子,但具体的做法可以因为时代的变化而不同。历代帝王各自都有不同的礼仪制度,有不同的追求,但总的说来还是要以国泰民安为目的,怎么可能一成不变呢?观察人臣得到尊宠和遭受废辱的原因,我们应当正视这些得与失的现实问题,何必一味单纯地读死书呢?于是我很谨慎地研究了他们兴衰的始末,用表格的形式把他们展示出来,其中确实还有一些不完善的地方;但我的做法是只记录确定无疑的,凡是我自己还不甚清楚的就暂时空着。如果有后人想要继续加以记述,可以参阅此表。

(表格略)

史记卷十九

惠景间侯者年表第七

太史公读列封至便侯，曰：有以也夫！长沙王者，著令甲，称其忠焉。昔高祖定天下，功臣非同姓疆土而王者八国。至孝惠时，唯独长沙全，禅五世，以无嗣绝，竟无过，为藩守职，信矣。故其泽流枝庶，毋功而侯者数人。及孝惠讫孝景间五十载，追修高祖时遗功臣，及从代来、吴楚之劳、诸侯子弟若肺腑、外国归义，封者九十有馀。咸表始终，当世仁义成功之著者也。

【译文】

太史公阅读有关列侯分封的档案资料，当读到长沙王的时候，便感慨地说道：真是事出有因啊！当初，长沙王被封为诸侯王，著录在法令的第一篇，他的忠诚受到称赞。当初高祖平定天下时，不是皇室同姓宗亲而受封为诸侯王的功臣共有八个人。等到高祖驾崩，孝惠帝继位的时候，只剩下长沙王能够保全自己的封国了，而且接连传承五世，最后由于没有后嗣继承才结束。他自始至终没有犯什么过错，作为国家的藩守尽心尽职，吴氏家族可以说是无可挑剔啊！所以他的德业能使旁系子孙也沾受恩惠，未立功勋而受封为列侯的就有数人。从孝惠帝到孝景帝其间的五十多年里，追录了高祖时遗漏未封的功臣、追随孝文帝从代国入继大统的旧臣、孝景帝时在平定吴楚七国之乱中功劳卓著的将相官员、身为皇室骨肉至亲的诸侯王子弟、前来投降归顺的外族首领等等为侯，先后受封的有九十多人。现在我把这些人受封的始末列表记载下来，这些都是当代比较突出的奉行仁义道德获得成功的人。

（表格略）

史记卷二十

建元以来侯者年表第八

太史公曰：匈奴绝和亲，攻当路塞；闽越擅伐，东瓯请降。二夷交侵，当盛汉之隆，以此知功臣受封侔于祖考矣。何者？自《诗》《书》称三代“戎狄是膺，荆荼是征”，齐桓越燕伐山戎，武灵王以区区赵服单于，秦穆用百里霸西戎，吴楚之君以诸侯役百越。况乃以中国一统，明天子在上，兼文武，席卷四海，内辑亿万之众，岂以晏然不为边境征伐哉！自是后，遂出师北讨强胡，南诛劲越，将卒以次封矣。

【译文】

太史公说：匈奴人破坏和亲条约，攻击我朝首当其冲的边塞要道；闽越人凭借武力擅自进攻东瓯，致使东瓯人请求内迁以寻求保护。这两支外夷一起侵扰边境，正是在我大汉最昌盛的时候，由此可以推知因此立功而受封的臣子之多，应当可以与高祖开国时相等了。为什么会这样呢？早在《诗经》《尚书》中就说过，夏、商、周三代“抵御抗击北方的戎狄，讨伐惩戒南方的荆舒”，东周时代的齐桓公曾越过燕国攻打山戎，赵武灵王凭着一个小小的赵国还曾打败过匈奴，秦缪公依靠百里奚的辅佐称霸西戎，吴、楚两国的国君以诸侯的身份而使百越乖乖称臣。何况是已经实现了大一统的中国，天子圣明，兼有文武之才，志在平定四方，使国内亿万民众都和睦相处、安居乐业，又怎么会面对外夷的侵扰而袖手旁观，不去进行讨伐以巩固边疆呢？从此以后，我大汉发兵北伐匈奴，南征百越，建立军功的将士们也都依次受封了。

（表格略）

史记卷二十一

建元以来王子侯者年表第九

制诏御史:"诸侯王或欲推私恩分子弟邑者,令各条上,朕且临定其号名。"

太史公曰:盛哉,天子之德!一人有庆,天下赖之。

【译文】

皇上下诏给御史大夫说:"请告诉诸侯们,凡有意愿想把自己封土分封给后代子孙的,让他们都把名单报上来,朕将亲自决定他们的名号。"

太史公说:天子之德多么隆盛啊!他一人做了好事,天下人都跟着享福。

(表格略)

史记卷二十二

汉兴以来将相名臣年表第十

(表前无序文,从缺。)

史记卷二十三

礼书第一

太史公曰：洋洋美德乎！宰制万物，役使群众，岂人力也哉？余至大行礼官，观三代损益，乃知缘人情而制礼，依人性而作仪，其所由来尚矣。

人道经纬万端，规矩无所不贯，诱讲以仁义，束缚以刑罚，故德厚者位尊，禄重者宠荣，所以总一海内而整齐万民也。人体安驾乘，为之金舆错衡以繁其饰；目好五色，为之黼黻文章以表其能；耳乐钟磬，为之调谐八音以荡其心；口甘五味，为之庶羞酸咸以致其美；情好珍善，为之琢磨圭璧以通其意。故大路越席，皮弁布裳，朱弦洞越，大羹玄酒，所以防其淫侈，救其雕敝。是以君臣朝廷尊卑贵贱之序，下及黎庶车舆衣服宫室饮食嫁娶丧祭之分，事有宜适，物有节文。仲尼曰："禘自既灌而往者，吾不欲观之矣。"

周衰，礼废乐坏，大小相逾，管仲之家，兼备三归。循法守正者见侮于世，奢溢僭差者谓之显荣。自子夏，门人之高弟也，犹云"出见纷华盛丽而说，入闻夫子之道而乐，二者心战，未能自决"，而况中庸以下，渐渍于失教，被服于成俗乎？孔子曰"必也正名"，于卫所居不合。仲尼没后，受业之徒沉湮而不举，或适齐、楚，或入河、海，岂不痛哉！

至秦有天下，悉内六国礼仪，采择其善，虽不合圣制，其尊君抑臣，朝廷济济，依古以来。

至于高祖，光有四海，叔孙通颇有所增益减损，大抵皆袭秦故。自天子称号下至佐僚及宫室官名，少所变改。孝文即位，有司议欲定仪礼。孝文好道家之学，以为繁礼饰貌，无益于治，躬化谓何耳，故罢去之。孝景时，御史大夫晁错明于世务刑名，数干谏孝景曰："诸侯藩辅，臣子一例，古今之制也。今大国专治异政，不禀京师，恐不可传后。"孝景用其计，而六国畔逆，以错首名，天子诛错以解难。事在袁盎语中。是后官者养交安禄而已，莫敢复议。

今上即位，招致儒术之士，令共定仪，十馀年不就。或言古者太平，万民和喜，瑞应辨至，乃采风俗，定制作。上闻之，制诏御史曰：“盖受命而王，各有所由兴，殊路而同归，谓因民而作，追俗为制也。议者咸称太古，百姓何望？汉亦一家之事，典法不传，谓子孙何？化隆者闳博，治浅者褊狭，可不勉与！”乃以太初之元改正朔，易服色，封太山，定宗庙百官之仪，以为典常，垂之于后云。

礼由人起。人生有欲，欲而不得则不能无忿，忿而无度量则争，争则乱。先王恶其乱，故制礼义以养人之欲，给人之求，使欲不穷于物，物不屈于欲，二者相待而长，是礼之所起也。故礼者，养也。稻粱五味，所以养口也；椒兰芬茝，所以养鼻也；钟鼓管弦，所以养耳也；刻镂文章，所以养目也；疏房床笫几席，所以养体也。故礼者，养也。

君子既得其养，又好其辨也。所谓辨者，贵贱有等，长少有差，贫富轻重皆有称也。故天子大路越席，所以养体也；侧载臭茝，所以养鼻也；前有错衡，所以养目也；和鸾之声，步中武象，骤中韶濩，所以养耳也；龙旂九斿，所以养信也；寝兕持虎，鲛韅弥龙，所以养威也。故大路之马，必信至教顺，然后乘之，所以养安也。孰知夫士出死要节之所以养生也，孰知夫轻费用之所以养财也，孰知夫恭敬辞让之所以养安也，孰知夫礼义文理之所以养情也。

人苟生之为见，若者必死；苟利之为见，若者必害；怠惰之为安，若者必危；情胜之为安，若者必灭。故圣人一之于礼义，则两得之矣；一之于情性，则两失之矣。故儒者将使人两得之者也，墨者将使人两失之者也。是儒墨之分。

治辨之极也，强固之本也，威行之道也，功名之总也。王公由之，所以一天下，臣诸侯也。弗由之，所以捐社稷也。故坚革利兵不足以为胜，高城深池不足以为固，严令繁刑不足以为威。由其道则行，不由其道则废。楚人鲛革犀兕，所以为甲，坚如金石；宛之巨铁施，钻如蜂虿，轻利剽遬，卒如熛风。然而兵殆于垂涉，唐昧死焉；庄蹻起，楚分而为四参。是岂无坚革利兵哉？其所以统之者非其道故也。汝、颍以为险，江、汉以为池，阻之以邓林，缘之以方城。然而秦师至鄢郢，举若振槁。是岂无固塞险阻哉？其所以统之者非其道故也。纣剖比干，囚箕子，为炮格，刑杀无辜，时臣下懔然，莫必其命。然而周师至，而令不行乎下，不能用其民。是岂令不严，刑不峻哉？其所以统之者非其道故也。

古者之兵，戈矛弓矢而已，然而敌国不待试而诎。城郭不集，沟池不掘，固塞不树，机变不张，然而国晏然不畏外而固者，无他故焉，明道而均分之，时使而诚爱之，则下应之如景响。有不由命者，然后俟之以刑，则民知罪矣。故刑一人而天下服。罪人不尤其上，知罪之在己也。是故刑罚省而威行如流，无他故焉，由其道故也。故由其道则行，不由其道则废。古者帝尧之治天下也，盖杀一人刑二人而天下治。传曰："威厉而不试，刑措而不用"。

天地者，生之本也。先祖者，类之本也。君师者，治之本也。无天地恶生？无先祖恶出？无君师恶治？三者偏亡，则无安人。故礼，上事天，下事地，尊先祖而隆君师，是礼之三本也。

故王者天太祖，诸侯不敢怀，大夫士有常宗，所以辨贵贱。贵贱治，得之本也。郊畤乎天子，社至乎诸侯，函及士大夫，所以辨尊者事尊，卑者事卑，宜巨者巨，宜小者小。故有天下者事七世，有一国者事五世，有五乘之地者事三世，有三乘之地者事二世，有特牲而食者不得立宗庙，所以辨积厚者流泽广，积薄者流泽狭也。

大飨上玄尊，俎上腥鱼，先大羹，贵食饮之本也。大飨上玄尊而用薄酒，食先黍稷而饭稻粱，祭哜先大羹而饱庶羞，贵本而亲用也。贵本之谓文，亲用之谓理。两者合而成文以归太一，是谓太隆。故尊之上玄尊也，俎之上腥鱼也，豆之上大羹，一也。利爵弗啐也，成事俎弗尝也，三侑之弗食也，大昏之未废齐也，大庙之未内尸也，始绝之未小敛，一也。大路之素帱也，郊之麻绕，丧服之先散麻，一也。三年哭之不反也，清庙之歌一倡而三叹，县一钟尚拊膈，朱弦而通越，一也。

凡礼始乎脱，成乎文，终乎税。故至备，情文俱尽；其次，情文代胜；其下，复情以归太一。天地以合，日月以明，四时以序，星辰以行，江河以流，万物以昌，好恶以节，喜怒以当。以为下则顺，以为上则明。

太史公曰：至矣哉！立隆以为极，而天下莫之能益损也。本末相顺，终始相应，至文有以辨，至察有以说。天下从之者治，不从者乱；从之者安，不从者危。小人不能则也。

礼之貌诚深矣，坚白同异之察，入焉而弱。其貌诚大矣，擅作典制褊陋之说，入焉而望。其貌诚高矣，暴慢恣睢，轻俗以为高之属，入焉而坠。故绳诚陈，则不可欺以曲直；衡诚县，则不可欺以轻重；规矩诚错，则不可欺以方员；君子审礼，则不可欺以诈伪。故绳者，直之至也；衡者，平之至也；规矩者，方员之至也；礼者，人道之极也。然而不法礼者不足礼，谓之无方之民；法礼足礼，谓之有方之士。礼之中，能思索，谓之能虑；能虑勿易，谓之能固。能虑能固，加好之焉，圣矣。天者，高之极也；地者，下之极也；日月者，明之极也；无穷者，广大之极也，圣人者，道之极也。

以财物为用，以贵贱为文，以多少为异，以隆杀为要。文貌繁，情欲省，礼之隆也。文貌省，情欲繁，礼之杀也。文貌情欲相为内外表里，并行而杂，礼之中流也。君子上致其隆，下尽其杀，而中处其中。步骤驰骋广骛不外，是以君子之性守宫庭也。人域是域，士君子也。外是，民也。于是中焉，房皇周浃，曲得其次序，圣人也。故厚者，礼之积也；大者，礼之广也；高者，礼之隆也；明者，礼之尽也。

【译文】

太史公说：礼的德行实在是太博大而盛美了！它统辖万物、役使众人，这怎么是人力所能做到的呢？我曾到大行礼官那里，阅读夏、商、周三代礼制增减变革的文献资料，才知道古人是按照人情来制定礼仪规范，依照人性来建立人们的行事规则，这是由来已久的事了。

做人的道理，千头万绪，但有条基本准则却始终贯穿其中，就是以仁义来诱导人们行事，并用刑罚来约束人们的行为。所以，道德高尚的人地位就尊贵；俸禄多的人享受荣耀恩宠，以此来统一天下人的意识，整肃大众的思想。人们乘坐车马，身体会感觉到舒适，于是因此将车装上金饰，在车辕横木上增添众多绚丽的饰品；眼睛爱看五彩美色，就在礼服上绣上各种花纹和色彩，使外表形态更美好；人的耳朵喜欢听钟磬等悦耳的声音，就调谐各种乐器的声音，来激荡人心；口舌喜欢品尝美味的食物，于是就烹调出各种或酸或咸的美味佳肴，以尽口味之美；人们喜爱各种珍贵、善美的器物，于是就以美玉制成圭璧，并加以琢磨，以顺人意。所以，在帝王乘坐的大路席上铺上蒲草；让人头戴皮帽身穿布裳；在瑟上装上红色丝弦，瑟底上通两孔；在祭祀大礼时不用五味的肉羹，而是以清水代酒作为上尊，以此来防止过分奢侈而导致败亡。所以，上至朝廷中的君臣尊卑贵贱等级秩序，下到老百姓的衣食住行、婚丧嫁娶的礼仪，每件事都要有恰当的规矩，每件器物的文饰都要有节制。孔子说：“鲁国的禘祭，第一次斟酒献尸主便次序颠倒，自那以后我不愿再观看下去了。”

周朝衰落后，礼乐制度遭到破坏，人们便不再遵守身份职位等级，彼此互相逾越。管仲之家，便建立了三归台，尽显奢侈。那些遵守法度、坚持正道的人，被世人欺侮；那些过度奢侈、僭越等级的人，被认为是显赫荣耀。尽管子夏是孔子门下优秀的学生，但他仍然说："出门见到纷纭华丽盛美的事物，就感到欣悦；回来听到夫子的学说，就觉得快乐。二种心理在内心反复斗争，久久不能做出决断。"更何况中等平庸以下的人，受不良教育的不断浸染，以致被不良社会习气俘获呢！孔子说："一定要先正其名分。"但孔子的理念和卫国的现况不合。孔子死后，受业门人便逐渐被埋没而未被举用，有的到了齐、楚，有的到了黄河、海滨一带，这岂不令人痛惜吗！

到秦国统一了天下，将六国礼仪制度全部收罗，选择其中好的留用，虽与古圣先贤的制度不合，却也尊君抑臣，使朝廷威仪庄严肃穆，这与古代传统还是相同的。到汉高祖拥有天下之后，叔孙通对前代礼仪作了一些增减删改，大体上是依据秦朝旧制；上自天子的称号，下到大小官吏、宫室、官名，很少有所变更。孝文帝即位后，政府有关部门建议，要重定礼仪制度。那时孝文帝喜爱道家学说，以为繁琐的礼节只能粉饰外表，无益于天下治乱；治国要亲自以身作则，教化于民，所以没有采纳。孝景帝时，御史大夫晁错通晓当世政务和刑名学说，多次劝谏景帝说："诸侯藩国，同样是天子的臣子，这是古今如一的制度。现在诸侯大国擅自专断，政令与中央相违，且不到京城来请示汇报，恐怕不能传法后世。"孝景帝采纳了他的计策，削弱诸侯，导致了六国叛乱。他们以诛晁错为名，景帝不得已杀了晁错，以解除时局的危难。此事详载于《袁盎晁错列传》中。自此以后，朝廷的官员只是用心结交朋友，安分守己地享用自己应得的俸禄而已，再也没有人敢谈论这件事了。

现在皇上（汉武帝）即位后，招纳罗致了熟悉儒学的人才，命他们共同制定礼仪制度，十几年也没能完成。有人说古代太平，百姓们和睦喜乐，吉祥的征兆纷纷降临，这才搜集风俗民情，制定礼仪。皇上听后，便向御史下诏书道："历朝受天命而为王的，虽然各有其兴盛的原因，但却都是殊途而同归，即因民心而起，按照民俗确定制度。如今议事的人都称道远古的礼制，那百姓还有什么指望？汉朝作为一个朝代、一段历史，如果没有自己的典法制度流传，如何向后世子孙解释和交代？治化隆盛的君主往往心胸博大闳深，目标远大；治绩平庸的君主往往心胸偏窄狭隘，成不了事业。我怎能不发奋上进呢！”于是，在太初元年改定历法，变换服色，封祭泰山，制定宗庙、百官的礼仪作为常用制度，以供后世垂法。

礼是由人的需要而产生的。人生来就有欲望，欲望得不到满足就会产生怨愤，怨愤不能节制就会与人发生争斗，发生争斗就会产生动乱。古代帝王厌恶国家动乱，于是才制定了礼仪来调节人们的欲望，供给人们的需求，使他们的欲望不执着于物质，物质也不会因欲望太盛而枯竭，二者相得益彰。这就是礼产生的端由。所以，礼就是养护的意思。稻粱等五味是养口的；椒兰香草是养鼻的；钟鼓及各种管弦乐器的音声是养耳的；雕刻纹饰是养目的；宽敞的房屋以及床笫几席是养身的。所以说礼就是养的意思。

君子欲望既得到滋养而满足，又喜欢等级上的区别。所谓辨，就是指贵贱有等级、长少有差别，贫富轻重都有相称的待遇。因此，天子乘坐座席上铺着蒲草的大车，是为了保养身体；天子出行，身旁放着香草，是为了养鼻；前面的车衡经过嵌错装饰，是为了养目；车动时，和铃与鸾铃声响，节奏缓和时如《武》《象》舞曲，急骤时如《韶》《濩》舞曲，是为了养耳。龙旗下，九旒低垂，是为了培养威信；战阵上，以兕牛皮为席，车上手握处雕成虎纹，用鲛鱼皮蒙马腹，雕龙文饰车轭，是为了培养威严；驾驭大车的马，之所以必须调教顺驯才能乘坐，是为了确保安全。谁能知道，士人出生入死、邀立名节，正是为了养护他们的生命？谁能知道，乐善好施反而是增加财富的道理？谁能知道谦恭辞让、循循多礼，是为了养护平安？谁能知道知书达礼、温文儒雅，是为了涵养性情？

人如果一意苟且求生，这样必定不能长生；如果一意苟且图利，这样必定会遭受其害；如果把懈怠和懒惰当作安逸，这样一定会招致危难；如果把恣情好胜当作快乐，这样一定会遭到毁灭。因此，圣人把性情统一于礼义之下，这样便能两全其美；如果把礼义统一于性情之下，那么两者都将齐失。所以儒家的学说可以使人得以两全其美，而墨家学说使人两者皆失。这是儒家与墨家的区别。

礼义是治理国家、辨别名分的最高准则；是使国家富强巩固的根本办法；是天子威行天下的唯一道途，是事业功名的整体表现。王公遵行礼义，所以能统一天下，臣服诸侯；如果不遵行，必会丢失社稷、国破家亡。所以，有坚实的铠甲、锋利的兵器不足以取胜；高峻的城墙、幽深的护城河不足以成为攻不破的防守；严酷的法令、繁多的刑罚不足以保持威严。遵循礼义办事，则事事成功；不遵循礼义办事，则事事皆废。楚人以鲛鱼革、犀牛皮、兕牛皮为衣甲，坚韧如同金石；用宛城制造的大铁矛，钻刺时锐利如蜂虿之尾；军队矫捷迅疾，士卒有如疾风骤雨般迅捷。然而最终仍兵败于垂涉，将军唐昧战死；庄蹻乘机起兵，楚国分而为四。这难道是楚国没有坚韧的铠甲和锋利的武器吗？不是的，是它的统治者不懂得礼义之道的缘故啊！楚国以汝水、颍水为险阻，以长江、汉水为沟池，以邓林与中原相阻隔，以方城山为边境，然而当秦军打来时，鄢郢就好像摇落枯叶般被轻易攻占。这难道是鄢郢没有坚固的要塞和艰险可守吗？是统驭的方法不对啊。殷纣王剖比干之心，囚禁箕子，制造了炮烙刑具，杀害无罪之人，当时的臣民慄然畏惧，生死不保。然而周的军队一到，纣的命令虽然下达，但下面却不执行，再也不能驱使他的百姓了。难道是他的命令不够严厉，刑罚不够残酷吗？不是的，是因为他的所作所为没有遵循礼法之道的缘故啊！

古代作战的兵器，不过是戈、矛和弓矢罢了。然而，尚未使用敌人就已经屈服了。不用修筑城墙，不用挖掘护城河，不用修建要塞，不用布置作战机动巧妙的器械，然而国家安定，不用担心外敌，坚固异常。没有其他原因，只不过是懂得礼义之道，对百姓分财能均，使民以时，并且诚信爱民，所以百姓听命就如同影子随形，如同响声相应。偶尔有不服从命令的，便以刑罚处治他，老百姓自然就知道错了。所以，一人受刑而天下皆服；犯罪的人不怨恨上级，因为他知道是自己咎由自取。所以刑罚虽然少且简单，但君王的威令却推行无阻。没有其他的原因，是遵循礼义之道的缘故。所以，遵行礼义之道，那么万事能成；不遵循此道，那么什么事也办不成。古时帝尧治理天下时，仅仅杀了一个鲧，流放了共工和欢兜，天下就大治了，正如古书所说的“威令虽然猛厉却不必行使，刑罚虽然设立了却不必使用”。

天地，是生命的根本；先祖，是种族的根本；君主和师长，是国家长治久安的根本。没有天地，怎么会有生命？没有先祖，哪来的我们？没有君主和师长，国家怎么治理？三者缺一，人民就不能安居乐业。所以，礼义对上奉侍天，对下奉侍地，尊祖而敬师，这是它的三个根本。

所以，帝王得以太祖配天而祭之，诸侯受命于王，不敢怀有配天的想法；大夫、士尊奉诸侯为自己的常宗，不敢祭先祖，以此来区别亲疏贵贱。亲疏贵贱有别，就得到礼的根本了。郊祭属于天子，社祭可以到诸侯一级，可延及到士大夫阶层，这是为了分辨出地位高的人侍侍尊贵的天帝，地位低的人侍奉低微的鬼神，应该大的就大，应该小的就小。所以，天子可以奉侍七世之祖，诸侯可以奉侍五世之祖，大夫可以奉侍三世之祖，士人可以侍奉二世之祖，庶人不得立宗庙祭祀。这样做的用意，是为了表现积德厚的恩泽流布广、德薄的流布狭的原则。

在太庙中举行合祭祖先的大礼时，特别重视酒樽中要盛满清水代酒，祭器中要装着生鱼，先上不加调味的肉汁，这是表示尊重祖先的原始饮食。举行祭祀祖先的大礼时，重视盛着清水的祭器的陈设，同时再进献些淡酒供祖先饮用。进献食物时先上黄米和谷子，而供奉祖先的则是米饭和精细的粮食。每月祭祀祖先时，先上没有调味的肉汁，再享用各种佳肴。这样做表示既尊崇祖宗的原始饮食，又表示那些精美食品是给祖先先享用的。贵本所用粗粮是礼仪的形式体现，亲用所献精粮美食是要合乎实际的生活。二者统一，而后形成礼仪制度，是归本于远古时代的简约质朴，这叫尽善尽美，是礼的最高境界。所以酒樽中以水代酒为上，礼器中以进献生鱼为上，高脚盘中以进献不加调味的肉汁为上，三者都是为了慎终追远、不忘根本。在祭物全部献上，祝官宣布大礼告成之前，代死人受祭的活人不可以饮食祭品，祭祀告成之后，代死人受祭的活人就不再尝俎器里的祭品了，三次劝食而不食，表示祭事完毕。婚礼时，尚未举行斋戒；在太庙祭祀时，代死人受祭的活人还未入庙；人刚去世还未举行小殓，这三者都是礼仪的开始，表示近古贵本，质朴而没有修饰。天子出行，乘的辂车用素净的车帷；天子冬天祭天时，要戴麻质的帽子；父母之丧，丧服的腰带要散垂着，这三者启示人要重视朴实无华。守三年之丧，恸哭失声而没有回环曲折的声调；演唱乐歌《清庙》时，一人领唱，只有三个人咏叹；奏乐时只悬挂一钟，崇尚中间填糠的皮制小鼓，弹奏带有红色的丝弦和底下两孔相通的琴瑟，三者都是表示音声要以平实质朴，崇尚本质。

大凡礼在最初时都是粗疏简略，以后便形成制度定下来，最后达到和悦人情世故的效果。所以，最完备的礼制，是人情与仪文形式都尽善尽美；其次是文胜于情或者情胜于文，二者相互交替；最次的是忽略礼仪形式，追寻人情的端由，以回归到远古时代质朴简约的形态。达到这种境界，能使天地合谐，日月清明，四时更迭有序，星辰运行正常，江河流动，万物昌盛，好恶有所节制，喜怒调节适宜。处在下位则和顺，处在上位则智慧贤明。

太史公说：已经尽善尽美了！如果建立完备的礼制作为人道的最高准则，那么天下就无人能随便增减它。礼义情文相符，首尾呼应，完备的仪文形式与最初的简约质朴相辅相成，完美的仪文形式足以区分长幼尊卑贵贱，细致入微的是非标准足以悦服人心。君子遵从礼制天下就能得到大治，相反就会招致动乱；遵从者得安定，不遵从者就会危亡。对于小人，礼制是不能约束他们的。

礼制的仪文形式实在深奥啊，“坚白”与“同异”理论的辨析，放入礼义中来细微比较，它们就会站不住脚。礼本身实在太博大了，那些擅自制作的典章制度，乃狭隘、浅陋的理论，与礼相比，就会自愧渺小，望尘莫及。礼的状貌实在是崇高啊，那些粗暴傲慢、自以为高大的人，进入到礼中就会自惭坠亡。所以说如果把墨线摆放在这里，就不能以曲直来欺骗了；如果把秤挂在这里，就不能以轻重来欺骗了；如果把规矩置放在这里，就不能以方圆来欺骗了；君子详察礼制，就不能以诡诈虚伪的东西来欺骗他了。因为，绳墨是直的标准，秤锤是轻重的标准，圆规和角尺是方圆的标准，礼则是人道的标准。因此，不遵守礼制，不重视礼制的人，被称为无道之人；守礼者才配以礼相待，被称为守礼之士。能得礼之中道，不偏不倚，又能事事思索，不违情理，叫做善于思考；善于思考而又不改变礼法，叫做信念坚定。善于思考又信念坚定，加上对礼的无比爱好，那就是圣人了。天是最高的地方，地是最低的地方，日月是最明亮的物体，无穷无尽是广大到了极点的意思，圣人则是礼义之道做到极点的人。

礼是以财物作为它的日用表现形式，以文彩作为区别贵贱的文饰，以数量多少作为区别上下等级的依据，以礼仪的丰简作为判定长幼尊卑贵贱的标准。仪节繁复、情欲平淡，这是礼仪隆重的表现；仪节减约、情欲繁多，这是礼仪减省的表现；仪文形式和人情互为表里，二者适中揉合，才是礼的正道。君子上能充分利用礼文的丰盛之美，下能充分体会礼文的简易之用，而中处处能符合正道之礼，缓急左右不失中和。所以说，君子的本性就是守中道，不偏激；能严格以礼义的范畴作为行动的规范，不管轻重缓急都守礼不离，因此君子守礼，就好像总是守着宫廷一样，不离不弃。能这样守护着礼的人，就是士君子；不能遵礼而行的，就是一般的平民百姓。处在礼的领域之中，既不像士君子那样拘泥，也不像平民百姓那样不守规矩，而是能深入全面地理解礼的规矩，随事曲直而变化，总是不失礼的次序，这样的人便是圣人。因此，圣人之所以德厚，就是学习礼仪长期积累的结果；圣人之所以伟大，是学习礼义广博的结果；圣人之所以道德高尚，是学习礼义修养深厚的结果；圣人之所以英明，是全面掌握了礼的结果。

史记卷二十四

乐书第二

太史公曰：余每读《虞书》，至于君臣相敕，维是几安，而股肱不良，万事堕坏，未尝不流涕也。成王作《颂》，推己惩艾，悲彼家难，可不谓战战恐惧，善守善终。君子不为约则修德，满则弃礼。佚能思初，安能维始，沐浴膏泽而歌咏勤苦，非大德谁能如斯！《传》曰"治定功成，礼乐乃兴"。海内人道益深，其德益至，所乐者益异。满而不损则溢，盈而不持则倾。凡作乐者，所以节乐。君子以谦退为礼，以损减为乐，乐其如此也。以为州异国殊，情习不同，故博采风俗，协比声律，以补短移化，助流政教。天子躬于明堂临观，而万民咸荡涤邪秽，斟酌饱满，以饰厥性。故云《雅》《颂》之音理而民正，嘄噭之声兴而士奋，郑、卫之曲动而心淫。及其调和谐合，鸟兽尽感，而况怀五常，含好恶，自然之势也？

治道亏缺而郑音兴起，封君世辟，名显邻州，争以相高。自仲尼不能与齐优遂容于鲁，虽退正乐以诱世，作五章以刺时，犹莫之化。陵迟以至六国，流沔沉佚，遂往不返，卒于丧身灭宗，并国于秦。

秦二世尤以为娱。丞相李斯进谏曰："放弃《诗》《书》，极意声色，祖伊所以惧也；轻积细过，恣心长夜，纣所以亡也。"赵高曰："五帝、三王乐各殊名，示不相袭。〔上自〕朝廷，下至人民，得以接欢喜，合殷勤。非此，和说不通，解泽不流，亦各一世之化，度时之乐，何必华山之騄耳而后行远乎！"二世然之。

高祖过沛，诗"三侯"之章，令小儿歌之。高祖崩，令沛得以四时歌舞宗庙。孝惠、孝文、孝景无所增更，于乐府习常肄旧而已。

至今上即位，作十九章，令侍中李延年次序其声，拜为协律都尉。通一经之士不能独知其辞，皆集会五经家，相与共讲习读之，乃能通知其意，多《尔雅》之文。

汉家常以正月上辛祠太一甘泉，以昏时夜祠，到明而终。常有流星经于祠坛上。使童男童女七十人俱歌。春歌《青阳》，夏歌《朱明》，秋歌《西皞》，冬歌《玄冥》。世多有，故不论。

又尝得神马渥洼水中，复次以为《太一之歌》。歌曲曰："太一贡兮天马下，沾赤汗兮沫流赭。骋容与兮跇万里，今安匹兮龙为友。"后伐大宛得千里马，马名蒲梢，次作以为歌。歌诗曰："天马来兮从西极，经万里兮归有德。承灵威兮降外国，涉流沙兮四夷服。"中尉汲黯进曰："凡王者作乐，上以承祖宗，下以化兆民。今陛下得马，诗以为歌，协于宗庙，先帝百姓岂能知其音耶？"上默然不说。丞相公孙弘曰："黯诽谤圣制，当族。"

凡音之起，由人心生也。人心之动，物使之然也。感于物而动，故形于声，声相应，故生变；变成方，谓之音；比音而乐之，及干戚羽旄，谓之乐也。乐者，音之所由生也，其本在人心感于物也。是故其哀心感者，其声噍以杀；其乐心感者，其声啴以缓；其喜心感者，其声发以散；其怒心感者，其声粗以厉；其敬心感者，其声直以廉；其爱心感者，其声和以柔。六者非性也，感于物而后动，是故先王慎所以感之。故礼以导其志，乐以和其声，政以壹其行，刑以防其奸。礼乐刑政，其极一也，所以同民心而出治道也。

凡音者，生人心者也。情动于中，故形于声，声成文谓之音。是故治世之音安以乐，其政和；乱世之音怨以怒，其政乖；亡国之音哀以思，其民困。声音之道，与政通矣。宫为君，商为臣，角为民，徵为事，羽为物。五者不乱，则无惉滞之音矣。宫乱则荒，其君骄；商乱则搥，其臣坏；角乱则忧，其民怨；徵乱则哀，其事勤；羽乱则危，其财匮。五者皆乱，迭相陵，谓之慢。如此则国之灭亡无日矣。郑、卫之音，乱世之音也，比于慢矣。桑间、濮上之音，亡国之音也，其政散，其民流，诬上行私而不可止。

凡音者，生于人心者也；乐者，通于伦理者也。是故知声而不知音者，禽兽是也；知音而不知乐者，众庶是也。唯君子为能知乐。是故审声以知音，审音以知乐，审乐以知政，而治道备矣。是故不知声者不可与言音，不知音者不可与言乐。知乐则几于礼矣。礼乐皆得，谓之有德。德者，得也。是故乐之隆，非极音也；食飨之礼，非极味也。清庙之瑟，朱弦而疏越，一倡而三叹，有遗音者矣。大飨之礼，尚玄酒而俎腥鱼，大羹不和，有遗味者矣。是故先王之制礼乐也，非以极口腹耳目之欲也，将以教民平好恶而反人道之正也。

人生而静，天之性也；感于物而动，性之颂也。物至知知，然后好恶形焉。好恶无节于内，知诱于外，不能反已，天理灭矣。夫物之感人无穷，而人之好恶无节，则是物至而人化物也。

人化物也者，灭天理而穷人欲者也。于是有悖逆诈伪之心，有淫佚作乱之事。是故强者胁弱，众者暴寡，知者诈愚，勇者苦怯，疾病不养，老幼孤寡不得其所，此大乱之道也。是故先王制礼乐，人为之节。衰麻哭泣，所以节丧纪也；钟鼓干戚，所以和安乐也；婚姻冠笄，所以别男女也；射乡食飨，所以正交接也。礼节民心，乐和民声，政以行之，刑以防之。礼乐刑政四达而不悖，则王道备矣。

乐者为同，礼者为异。同则相亲，异则相敬。乐胜则流，礼胜则离。合情饰貌者，礼乐之事也。礼义立，则贵贱等矣；乐文同，则上下和矣；好恶著，则贤不肖别矣；刑禁暴，爵举贤，则政均矣。仁以爱之，义以正之，如此则民治行矣。

乐由中出，礼自外作。乐由中出，故静；礼自外作，故文。大乐必易，大礼必简。乐至则无怨，礼至则不争。揖让而治天下者，礼乐之谓也。暴民不作，诸侯宾服，兵革不试，五刑不用，百姓无患，天子不怒，如此则乐达矣。合父子之亲，明长幼之序，以敬四海之内，天子如此，则礼行矣。

大乐与天地同和，大礼与天地同节。和，故百物不失；节，故祀天祭地。明则有礼乐，幽则有鬼神，如此则四海之内合敬同爱矣。礼者，殊事合敬者也；乐者，异文合爱者也。礼乐之情同，故明王以相沿也。故事与时并，名与功偕。故钟鼓管磬羽籥干戚，乐之器也；诎信俯仰级兆舒疾，乐之文也。簠簋俎豆制度文章，礼之器也；升降上下周旋裼袭，礼之文也。故知礼乐之情者能作，识礼乐之文者能述。作者之谓圣，述者之谓明。明圣者，述作之谓也。

乐者，天地之和也；礼者，天地之序也。和，故百物皆化；序，故群物皆别。乐由天作，礼以地制。过制则乱，过作则暴。明于天地，然后能兴礼乐也。论伦无患，乐之情也；欣喜欢爱，乐之容也。中正无邪，礼之质也；庄敬恭顺，礼之制也。若夫礼乐之施于金石，越于声音，用于宗庙社稷，事于山川鬼神，则此所以与民同也。

王者功成作乐，治定制礼。其功大者其乐备，其治辨者其礼具。干戚之舞，非备乐也；亨孰而祀，非达礼也。五帝殊时，不相沿乐；三王异世，不相袭礼。乐极则忧，礼粗则偏矣。及夫敦乐而无忧，礼备而不偏者，其唯大圣乎！天高地下，万物散殊，而礼制行也；流而不息，合同而化，而乐兴也。春作夏长，仁也；秋敛冬藏，义也。仁近于乐，义近于礼。乐者敦和，率神而从天；礼者辨宜，居鬼而从地。故圣人作乐以应天，作礼以配地。礼乐明备，天地官矣。

天尊地卑，君臣定矣。高卑已陈，贵贱位矣。动静有常，小大殊矣。方以类聚，物以群分，则性命不同矣。在天成象，在地成形，如此则礼者天地之别也。地气上跻，天气下降，阴阳相摩，天地相荡，鼓之以雷霆，奋之以风雨，动之以四时，暖之以日月，而百物化兴焉，如此则乐者天地之和也。

化不时则不生，男女无别则乱登，此天地之情也。及夫礼乐之极乎天而蟠乎地，行乎阴阳而通乎鬼神，穷高极远而测深厚，乐著太始而礼居成物。著不息者天也，著不动者地也。一动一静者，天地之间也。故圣人曰“礼云乐云”。

昔者舜作五弦之琴，以歌《南风》；夔始作乐，以赏诸侯。故天子之为乐也，以赏诸侯之有德者也。德盛而教尊，五谷时孰，然后赏之以乐。故其治民劳者，其舞行级远；其治民佚者，其舞行级短。故观其舞而知其德，闻其谥而知其行。《大章》，章之也；《咸池》，备也；《韶》，继也；《夏》，大也；殷周之乐尽也。

天地之道，寒暑不时则疾，风雨不节则饥。教者，民之寒暑也。教不时则伤世。事者，民之风雨也。事不节则无功。然则先王之为乐也，以法治也，善则行象德矣。夫豢豕为酒，非以为祸也，而狱讼益烦，则酒之流生祸也。是故先王因为酒礼：一献之礼，宾主百拜。终日饮酒而不得醉焉。此先王之所以备酒祸也。故酒食者，所以合欢也。

乐者，所以象德也；礼者，所以闭淫也。是故先王有大事，必有礼以哀之；有大福，必有礼以乐之。哀乐之分，皆以礼终。

乐也者，施也；礼也者，报也。乐，乐其所自生；而礼，反其所自始。乐章德，礼报情反始也。所谓大路者，天子之舆也；龙旗九旒，天子之旌也；青黑缘者，天子之葆龟也；从之以牛羊之群，则所以赠诸侯也。

乐也者，情之不可变者也；礼也者，理之不可易者也。乐统同，礼别异，礼乐之说贯乎人情矣。穷本知变，乐之情也；著诚去伪，礼之经也。礼乐顺天地之诚，达神明之德，降兴上下之神，而凝是精粗之体，领父子君臣之节。

是故大人举礼乐，则天地将为昭焉。天地欣合，阴阳相得，煦妪覆育万物，然后草木茂，区萌达，羽翮奋，角觡生，蛰虫昭苏，羽者妪伏，毛者孕鬻，胎生者不殰而卵生者不殈，则乐之道归焉耳。

乐者，非谓黄钟大吕弦歌干扬也，乐之末节也，故童者舞之；布筵席，陈樽俎，列笾豆，以升降为礼者，礼之末节也，故有司掌之。乐师辩乎声诗，故北面而弦；宗祝辩乎宗庙之礼，故后尸；商祝辩乎丧礼，故后主人。是故德成而上，艺成而下；行成而先，事成而后。是故先王有上有下，有先有后，然后可以有制于天下也。

乐者，圣人之所乐也，而可以善民心。其感人深，其风移俗易，故先王著其教焉。

夫人有血气心知之性，而无哀乐喜怒之常，应感起物而动，然后心术形焉。是故志微焦衰之音作，而民思忧；啴缓慢易繁文简节之音作，而民康乐；粗厉猛起奋末广贲之音作，而民刚毅；廉直经正庄诚之音作，而民肃敬；宽裕肉好顺成和动之音作，而民慈爱；流辟邪散狄成涤滥之音作，而民淫乱。

是故先王本之情性，稽之度数，制之礼义，合生气之和，道五常之行，使之阳而不散，阴而不密，刚气不怒，柔气不慑，四畅交于中而发作于外，皆安其位而不相夺也。然后立之学等，广其节奏，省其文采，以绳德厚也。类小大之称，比终始之序，以象事行，使亲疏贵贱长幼男女之理皆形见于乐。故曰"乐观其深矣"。

土敝则草木不长，水烦则鱼鳖不大，气衰则生物不育，世乱则礼废而乐淫。是故其声哀而不庄，乐而不安，慢易以犯节，流湎以忘本。广则容奸，狭则思欲，感涤荡之气而灭平和之德，是以君子贱之也。

凡奸声感人而逆气应之，逆气成象而淫乐兴焉。正声感人而顺气应之，顺气成象而和乐兴焉。倡和有应，回邪曲直各归其分，而万物之理以类相动也。

是故君子反情以和其志，比类以成其行，奸声乱色不留聪明，淫乐废礼不接于心术，惰慢邪辟之气不设于身体，使耳目鼻口心知百体皆由顺正，以行其义。然后发以声音，文以琴瑟，动以干戚，饰以羽旄，从以箫管，奋至德之光，动四气之和，以著万物之理。是故清明象天，广大

孔子访乐苌弘图，讲述孔子向乐师苌弘请教有关音乐知识之事。

象地，终始象四时，周旋象风雨；五色成文而不乱，八风从律而不奸，百度得数而有常；小大相成，终始相生，倡和清浊，代相为经。故乐行而伦清，耳目聪明，血气和平，移风易俗，天下皆宁。故曰“乐者，乐也”。君子乐得其道，小人乐得其欲。以道制欲，则乐而不乱；以欲忘道，则惑而不乐。是故君子反情以和其志，广乐以成其教，乐行而民乡方，可以观德矣。

德者，性之端也。乐者，德之华也。金石丝竹，乐之器也。诗，言其志也；歌，咏其声也；舞，动其容也。三者本乎心，然后乐气从之。是故情深而文明，气盛而化神，和顺积中而英华发外。唯乐不可以为伪。

乐者，心之动也；声者，乐之象也；文采节奏，声之饰也。君子动其本，乐其象，然后治其饰。是故先鼓以警戒，三步以见方，再始以著往，复乱以饬归，奋疾而不拔也，极幽而不隐。独乐其志，不厌其道；备举其道，不私其欲。是以情见而义立，乐终而德尊；君子以好善，小人以息过。故曰“生民之道，乐为大焉”。

君子曰“礼乐不可以斯须去身”。致乐以治心，则易直子谅之心油然生矣。易直子谅之心生则乐，乐则安，安则久，久则天，天则神。天则不言而信，神则不怒而威。致乐，以治心者也；致礼，以治躬者也。治躬则庄敬，庄敬则严威。心中斯须不和不乐，而鄙诈之心入之矣；外貌斯须不庄不敬，而慢易之心入之矣。故乐也者，动于内者也；礼也者，动于外者也。乐极和，礼极顺。内和而外顺，则民瞻其颜色而弗与争也，望其容貌而民不生易慢焉。德煇动乎内而民莫不承听，理发乎外而民莫不承顺，故曰“知礼乐之道，举而错之天下无难矣”。

乐也者，动于内者也；礼也者，动于外者也。故礼主其谦，乐主其盈。礼谦而进，以进为文；乐盈而反，以反为文。礼谦而不进则销；乐盈而不反则放。故礼有报而乐有反。礼得其报则乐，乐得其反则安。礼之报，乐之反，其义一也。

夫乐者，乐也，人情之所不能免也。乐必发诸声音，形于动静，人道也。声音动静，性术之变，尽于此矣。故人不能无乐，乐不能无形。形而不为道，不能无乱。先王恶其乱，故制《雅》《颂》之声以道之，使其声足以乐而不流，使其文足以纶而不息，使其曲直繁省廉肉节奏，足以感动人之善心而已矣，不使放心邪气得接焉，是先王立乐之方也。是故乐在宗庙之中，君臣上下同听之，则莫不和敬；在族长乡里之中，长幼同听之，则莫不和顺；在闺门之内，父子兄弟同听之，则莫不和亲。故乐者，审一以定和，比物以饰节，节奏合以成文。所以合和父子君臣，附亲万民也，是先王立乐之方也。故听其《雅》《颂》之声，志意得广焉；执其干戚，习其俯仰诎信，容貌得庄焉；行其缀兆，要其节奏，行列得正焉，进退得齐焉。故乐则天地之齐，中和之纪，人情之所不能免也。

夫乐者，先王之所以饰喜也；军旅铁钺者，先王之所以饰怒也。故先王之喜怒皆得其齐矣。喜则天下和之，怒则暴乱者畏之。先王之道礼乐可谓盛矣。

魏文侯问于子夏曰："吾端冕而听古乐则唯恐卧，听郑、卫之音则不知倦。敢问古乐之如彼，何也？新乐之如此，何也？"子夏答曰："今夫古乐，进旅而退旅，和正以广，弦匏笙簧合守拊鼓，始奏以文，止乱以武，治乱以相，讯疾以雅。君子於是语，於是道古，修身及家，平均天下：此古乐之发也。今夫新乐，进俯退俯，奸声以淫，溺而不止，及优侏儒，獶杂子女，不知父子，乐终不可以语，不可以道古：此新乐之发也。今君之所问者乐也，所好者音也。夫乐之与音，相近而不同。"

文侯曰："敢问如何？"子夏答曰："夫古者天地顺而四时当，民有德而五谷昌，疾疢不作而无祆祥，此之谓大当。然后圣人作为父子君臣以为之纪纲。纪纲既正，天下大定，天下大定，然后正六律，和五声，弦歌《诗颂》，此之谓德音。德音之谓乐。《诗》曰：'莫其德音，其德克明。克明克类，克长克君。王此大邦，克顺克俾。俾于文王，其德靡悔。既受帝祉，施于孙子。'此之谓也。今君之所好者，其溺音与？"

文侯曰："敢问溺音者何从出也？"子夏答曰："郑音好滥淫志，宋音燕女溺志，卫音趣数烦志，齐音骜辟骄志。四者皆淫于色而害于德，是以祭祀不用也。《诗》曰：'肃雍和鸣，先祖是听。'夫肃肃，敬也；雍雍，和也。夫敬以和，何事不行？为人君者，谨其所好恶而已矣。君好之则臣为之，上行之则民从之。《诗》曰'诱民孔易'，此之谓也。然后圣人作为鞉鼓椌楬埙篪。此六者，德音之音也。然后钟磬竽瑟以和之，干戚旄狄以舞之。此所以祭先王之庙也，所以献酬酳酢也，所以官序贵贱各得其宜也，此所以示后世有尊卑长幼序也。钟声铿，铿以立号，号以立横，横以立武。君子听钟声则思武臣。右声硁，硁以立别，别以致死。君子听磬声则思死封疆之臣。丝声哀，哀以立廉，廉以立志。君子听琴瑟之声则思志义之臣。竹声滥，滥以立会，会以聚众。君子听竽笙箫管之声则思畜聚之臣。鼙鼙之声欢，欢以立动，动以进众。君子听鼓鼙之声则思将帅之臣。君子之听音，非听其铿锵而已也，彼亦有所合之也。”

宾牟贾侍坐于孔子。孔子与之言，及乐，曰：“夫《武》之备戒之已久，何也？”

答曰：“病不得其众也。”

“永叹之，淫液之，何也？”

答曰：“恐不逮事也。”

“发扬蹈厉之已早，何也？”

答曰：“及时事也。”

“《武》坐致右宪左，何也？”

答曰：“非《武》坐也。”

“声淫及商，何也？”

答曰：“非《武》音也。”

子曰：“若非《武》音，则何音也？”

答曰：“有司失其传也。如非有司失其传，则武王之志荒矣。”

子曰：“唯丘之闻诸苌弘，亦若吾子之言是也。”

宾牟贾起，免席而请曰：“夫《武》之备戒之已久，则既闻命矣。敢问迟之迟而又久，何也？”

子曰：“居，吾语汝。夫乐者，象成者也。总干而山立，武王之事也；发扬蹈厉，太公之志也；武乱皆坐，周召之治也。且夫《武》，始而北出，再成而灭商，三成而南，四成而南国是疆，五成而分陕，周公左，召公右，六成复缀，以崇天子，夹振之而四伐，盛振威于中国也。分夹而进，事早济也。久立于缀，以待诸侯之至也。且夫女独未闻牧野之语乎？武王克殷反商，未及下车，而封黄帝之后于蓟，封帝尧之后于祝，封帝舜之后于陈；下车而封夏后氏之后于杞，封殷之后于宋，封王子比干之墓，释箕子之囚，使之行商容而复其位。庶民弛政，庶士倍禄。济河而西，马散华山之阳而弗复乘；牛散桃林之野而不复服；车甲弢而藏之府库而弗复用；倒载干戈，苞之以虎皮；将率之士，使为诸侯，名之曰“建橐”：然后天下知武王之不复用兵也。散军而郊射，左射《貍首》，右射《驺虞》，而贯革之射息也；稗冕搢笏，而虎贲之士税剑也；祀乎明堂，而民知孝；朝觐，然后诸侯知所以臣；耕藉，然后诸侯知所以敬。五者天下之大教也。食三老五更于太学，天子袒而割牲，执酱而馈，执爵而酳，冕而总干，所以教诸侯之悌也。若此，则周道四达，礼乐交通，则夫《武》之迟久，不亦宜乎？”

子贡见师乙而问焉，曰：“赐闻声歌各有宜也，如赐者宜何歌也？”师乙曰：“乙，贱工也，何足以问所宜。请诵其所闻，而吾子自执焉。宽而静，柔而正者，宜歌《颂》；广大而静，疏达而信者，宜歌《大雅》；恭俭而好礼者，宜歌《小雅》；正直清廉而谦者，宜歌《风》；肆直而慈爱者，宜歌《商》；温良而能断者，宜歌《齐》。夫歌者，直己而陈德，动己而天地应焉，四时和焉，星辰理焉，万物育焉。故《商》者，五帝之遗声也，商人志之，故谓之《商》；《齐》者，三代之遗声也，齐人志之，故谓之《齐》。明乎《商》之诗者，临事而屡断；明乎《齐》之诗者，见利而让也。临事而屡断，勇也；见利而让，义也。有勇有义，非歌孰能保此？故歌者，上如抗，下如队，曲如折，止如槁木，居中矩，句中钩，累累乎殷如贯珠。故歌之为言也，长言之也。说之，故言之；言之不足，故长言之；长言之不足，故嗟叹之；嗟叹之不足，故不知手之舞之足之蹈之。”《子贡问乐》。

凡音由于人心。天之与人有以相通，如景之象形，响之应声。故为善者天报之以福，为恶者天与之以殃，其自然者也。

故舜弹五弦之琴，歌《南风》之诗而天下治；纣为朝歌北鄙之音，身死国亡。舜之道何弘也？纣之道何隘也？夫《南风》之诗者，生长之音也，舜乐好之，乐与天地同意，得万国之欢心，故天下治也。夫朝歌者不时也，北者败也，鄙者陋也，纣乐好之，与万国殊心，诸侯不附，百姓不亲，天下畔之，故身死国亡。

而卫灵公之时，将之晋，至于濮水之上舍。夜半时闻鼓琴声，问左右，皆对曰“不闻”。乃召师涓曰：“吾闻鼓琴音，问左右，皆不闻。其状似鬼神，为我听而写之。”师涓曰：“诺。”因端坐援琴，听而写之。明日，曰：“臣得之矣，然未习也，请宿习之。”灵公曰：“可。”因复宿。明日，报曰：“习矣。”即去之晋，见晋平公。平公置酒于施惠之台。酒酣，灵公曰：“今者来，闻新声，请奏之。”平公曰：“可。”即令师涓坐师旷旁，援琴鼓之。未终，师旷抚而止之曰：“此亡国之声也，不可遂。”平公曰：“何道出？”师旷曰：“师延所作也。与纣为靡靡之乐，武王伐纣，师延东走，自投濮水之中，故闻此声必于濮水之上，先闻此声者国削。”平公曰：“寡人所好者音也，愿遂闻之。”师涓鼓而终之。

平公曰："音无此最悲乎？"师旷曰："有。"平公曰："可得闻乎？"师旷曰："君德义薄，不可以听之。"平公曰："寡人所好者音也，愿闻之。"师旷不得已，援琴而鼓之。一奏之，有玄鹤二八集乎廊门；再奏之，延颈而鸣，舒翼而舞。

平公大喜，起而为师旷寿。反坐，问曰："音无此最悲乎？"师旷曰："有。昔者黄帝以大合鬼神，今君德义薄，不足以听之。听之将败。"平公曰："寡人老矣，所好者音也，愿遂闻之。"师旷不得已，援琴而鼓之。一奏之，有白云从西北起；再奏之，大风至而雨随之，飞廊瓦，左右皆奔走。平公恐惧，伏于廊屋之间。晋国大旱，赤地三年。听者或吉或凶。夫乐不可妄兴也。

太史公曰：夫上古明王举乐者，非以娱心自乐，快意恣欲，将欲为治也。正教者皆始于音。音正而行正。故音乐者，所以动荡血脉，通流精神而和正心也。故宫动脾而和正圣，商动肺而和正义，角动肝而和正仁，徵动心而和正礼，羽动肾而和正智。故乐所以内辅正心而外异贵贱也；上以事宗庙，下以变化黎庶也。琴长八尺一寸，正度也。弦大者为宫，而居中央，君也。商张右傍，其馀大小相次，不失其次序，则君臣之位正矣。故闻宫音，使人温舒而广大；闻商音，使人方正而好义；闻角音，使人恻隐而爱人；闻徵音，使人乐善而好施；闻羽音，使人整齐而好礼。夫礼由外入，乐自内出。故君子不可须臾离礼，须臾离礼则暴慢之行穷外；不可须臾离乐，须臾离乐则奸邪之行穷内。故乐音者，君子之所养义也。夫古者，天子诸侯听钟磬未尝离于庭；卿大夫听琴瑟之音未尝离于前，所以养行义而防淫佚也。夫淫佚生于无礼，故圣王使人耳闻《雅》《颂》之音，目视威仪之礼，足行恭敬之容，口言仁义之道，故君子终日言而邪辟无由入也。

【译文】

太史公说："我每读《尚书·虞书》，读到有关君臣相互劝勉告诫，因而天下得到一些安宁，而股肱大臣行为不端，致使国家政权毁坏时，常常为之感慨落泪。周成王作《周颂》，责备自己的过失且引以为戒，为管叔、蔡叔的叛乱给国家带来的危难而悲伤，他难道不是个诚惶诚恐，小心谨慎，善于治国守成的君王吗？君子不会因为生活贫穷而去修养道德，不会因为生活富足就废弃礼仪。他们在闲逸时能记得当初的劳苦，在安定时能记得创始时的艰辛，在享受安乐的同时能够歌颂勤苦，赞美勤劳，不是有大德行的人有谁能够做到这样！古书上说“政治安定，大功告成，礼乐之事才会兴起”。天下人们的道德规范越是深入，人们道德修养的境界才会越高，人们追求的喜乐也就会更加不同。水满了而桶没有损坏自然就会外溢，器具满了而不扶持必然就会倾倒。凡是作乐的目的，就是要节制人们的欢乐。君子以谦逊退让为礼，以节制欢娱为乐，乐大约就是这样产生的。由于地域国情不同，人们性情习俗也有所差异，所以要博采各地风俗，与声律相协调，以补救彼此的缺陷，移易风化，辅助政教的推行。天子亲自到明堂观赏，万民也因为音乐的洗涤，清除掉各自邪恶污秽的积习，从中尽量吸收教益，使得精神饱满，让自己的情操得以修养。所以说《雅》《颂》这样的音乐得到传诵，那么民风就会纯正，激烈呼号的音声响起，士卒们就会振奋；同样，如果像郑、卫那样的靡靡之音响起，就会使人心生邪念。当乐声和谐协调时，连鸟兽都会受到感染，更何况是怀有好恶之心与五常之性的人呢？这是自然的趋势啊！

因为治国之道有缺陷，从而使得郑国的音乐兴起；那些世袭和分封的诸侯与君王，在相邻的国家声名显赫，他们争相抬高郑音的地位。孔子不能与齐国赠送的女优一起容于鲁国，虽然他退出了鲁国政界，整理了正乐以诱导世人，作了《五章》的歌曲来讥刺时弊，但仍不能教化和改变这种风气。这样逐渐衰落到了战国时代，东方六国的统治者都沉湎于安逸颓废的生活之中，不能回归正道，最终灭族亡身，被秦国吞并。

秦二世更加喜欢爱好声乐。丞相李斯因此进谏说：“放弃《诗经》《尚书》所载道理，醉心于女色和音乐，这是让殷代贤臣祖伊忧惧的事；不重视细小过失的积累，纵情于通宵宴饮，这是商纣灭亡的原因。”赵高却说：“五帝、三王的乐曲各有不同，表明彼此互不沿袭。而上自朝廷，下至人民，欢乐之情都能以此来交流，融洽彼此情意。非音乐上下和顺，欢悦不能相通，布施的恩泽不能传播，这也是一个时代有一个时代的教化，各有其适合时代要求的音乐，难道一定要有华山的骏马騄耳，然后才能远行吗？”秦二世赞同赵高的说法。

汉高祖平定淮南王黥布的叛乱后，回兵路过沛县时作了《大风歌》这首诗歌，让儿童们歌唱。汉高祖去世后，命沛县乐工四季在他的宗庙里歌唱舞蹈。孝惠帝、孝文帝、孝景帝时都没有改变，只是让乐工们经常在乐府里学习这些旧的乐章而已。

到当今皇上即位后，作了《郊祀歌》十九章，命侍中李延年依次配曲，并任命他为协律都尉。当时通晓一经的儒士们不能单独解释歌词的含意，直到把通晓“五经”的专家都集合起来，共同研读、讲习，才完全明白了歌词的含义，因为歌词中使用了许多古雅纯正的文字。

汉代朝廷常常于正月的第一个辛日，在甘泉宫祭祀泰一神，从黄昏时开始夜祀，一直到天亮才结束。当时，常常有流星从祭坛上方划空而过。祭祀时派七十个童男童女一起歌唱。春季唱《青阳》，夏季唱《朱明》，秋天唱《西暤》，冬天唱《玄冥》。这些歌词在社会上很流行，所以这里就不多说了。

另外，曾经在渥洼水中得到一匹神马，于是又编了一曲《泰一之歌》。歌曲说：“天马下凡，是泰一恩赐啊；流着赤汗啊吐着赭色唾沫。从容驰骋哟，已过万里；谁能和它匹敌哟，唯有龙能与它齐头奔走。”在后来征伐大宛时又得到了千里马，马名“蒲梢”，又为此编了首歌。歌词是：“天马来了哟，来自遥远的西边；经过了万里之路哟，归属于有德之人。依赖着神灵的威严哟，收降了域外之国；跨过流沙大漠哟，四夷臣服。”中尉汲黯进谏说：“大凡帝王制作乐歌，上是为了承继祖宗之德，下是用来教化亿万百姓。如今陛下得到一匹马，便作了诗来歌唱，还把它作为祭祖的郊祀歌，先帝和百姓又怎么能知道这音乐的意义？”皇上听后沉默了，很不高兴。丞相公孙弘说：“汲黯诽谤圣朝制度，罪当灭族。”

大凡“音”的起始，是由人心产生的。而人心的变动，又是由物引起的。人心由于受到外界事物的影响，所以表现为声音；声与声相应和，所以会发生变化；变化按照一定的方法、规律进行，就叫做音；将不同的音加以编排组合进行演奏，舞蹈再配上羽、干、旄、戚等道具，就叫做音乐了。所以说，乐是由音组合产生的，而其根本是因人心有感于物而造成的变动。因此，被物所感而产生哀痛的心情时，其声由高而低、由强而弱而且急促；当快乐的情绪被外物激发时，发出的声音就宽舒而和缓；当心生喜悦时，其声发扬而且轻散；当心生愤怒时，其声粗猛严厉；当崇敬的情绪被激发时，就会发出刚直而有棱角的声音；当心生爱意时，就会发出动听而柔和的声音。这六种情感并不是人具有的天性，而是人心因感于外物而发生的变化。所以，先王对外物的影响格外慎重。因此用礼义来诱导人们的意志，用音乐来调和人们的声音，用政令来统一人们的行动，用刑罚来防止奸邪的产生。礼乐刑政，它们最终的目的是相同的，都是为了统一民心而使天下得以大治。

只要是音，都是在人心中生成的。感情在心里激荡，表现为声；把片片段段的声组合变化为有一定结构的整体，便成了音。所以世道太平时的音中充满欢乐与安适，其政治必平和；乱世时候的音里充满了怨恨与愤怒，其政治必是倒行逆施的；走向灭亡的国家，其音乐悲哀而忧伤，表明人民困苦无望。声音的道理，是与政治相通的。五声中的宫好比是君，商好比是臣，角好比是民，徵好比是事，羽好比为物。如果这五音不乱，就不会有这些不和谐的音调了。五声废弃则因宫声乱，其国君必骄纵废政；臣下腐败，商音混乱就会流于邪僻；百姓多怨愤，角声乱五音谱成的乐曲基调忧愁；国多事，徵音乱则曲多哀伤；财物匮乏，羽音混乱就会流于倾危。五声如果全部不准确，相互冲突侵凌，便称为轻慢。这样的国家离灭亡也就不远了。郑国和卫国的音乐，是乱世之音，已经接近于轻忽怠慢。桑间、濮上的音声，就是亡国之音，其国政松散，人民逃亡流徙，臣子欺君犯上，各种徇私舞弊的情况，已经到了无法遏止的地步。

凡是音，都是在人心中产生的；乐，是与伦理相通的。所以懂得声而不懂得音的，那是禽兽；只知音而不知乐的，那是普通百姓。只有君子才懂得乐。所以可通过详细审察声来了解音，审察音进而懂得乐，审察乐进而懂得政治。这样，就能完全掌握治国之道了。因此，对不懂得声的人不能与他谈论音，对不懂得音的人不足以与他谈论乐。懂得乐的人就近于明礼了。礼和乐都懂的人，可以算是有德之人了。德，顾名思义，就是对礼和乐都有所心得。所以说大乐的隆盛，并不在于极尽音声的悦耳；宴享礼的隆盛，不在于佳肴的丰盛。周庙太乐中所用的瑟，只用朱红色的丝弦，二个通气孔在下，毫不起眼；演奏时一人唱三人和，形式单调简单，然而在乐声之外却寓意无穷，保留着先祖的“遗音”。宗庙大祭之礼，献上的是代替酒的清水、装在盘中的生鱼，以及不加调料的肉汁，这样，便保留了先祖的“遗味”。所以说先王制定礼乐的目的，并不是为了满足口腹耳目的嗜欲，而是要以此训诫百姓，使其有正确的好恶之心，恢复到正确的做人之道上来。

人出生时是好静的，这是人的天性；因感知外物而情感发生变动，这是天性的外部表现。用心智去感知所遇到的外界事物，于是便形成了好恶之情。好恶之情在内心得不到节制，心智便被外物所诱惑，不能恢复最初平静的天性，天性随之就会灭绝了。外物给人的感受无穷无尽，而人的好恶之情没有节制，人就会被身边的事物同化。人被外物所同化，就是指人的天性灭绝而欲望却得到放纵和极大的满足。于是人才有了狂悖、逆乱、欺诈、作假的念头，有了荒淫、佚乐、犯上作乱的事。因此强大的胁迫弱小的，人多的欺侮人少的，聪明的欺骗愚笨的，勇悍的折磨怯懦的，有疾病的人得不到奉养，老人、幼童、孤儿、寡母得不到安乐，这些是导致天下大乱的因素。所以先王要制定礼乐，使人对自己的欲望有所节制：披麻戴孝，为逝者哭泣等礼仪制度，是为了节制丧葬；钟鼓干戚等乐制，是为了调节人们欢乐的情绪；婚姻和冠笄制度，是为了使男女有别；射乡、食飨等宴饮礼节，是为了端正社会交往的风气。民心用礼节制，民气用乐调和，以政治来推行，用刑罚来防范。礼、乐、刑、政四者都能畅通而行却不相悖，那么先王的治国之道也就完备了。

沟通情感是乐的特性，区分等级差别是礼的特征。感情亲近会使人们互相亲爱，等级分明则会使人互相尊敬。过分偏重乐就会使人放纵，过分偏重礼就会使人疏远。和睦人之间的情感，整饬人们的行为，这便是礼和乐的功用。礼的精义得以实现，就会使贵贱有等级区分；乐调文采协同了，上下就会和睦；好恶有了分明的标准，好人与坏人就能区分清楚；用刑罚禁止强暴，以爵赏推举贤能，就会政事均平。以仁义爱人，通过义心纠正他们的过失，这样天下便可大治了。

乐是自人心中产生的，礼却是外加于人的。正因为乐自心出，所以它的特征之一是静；礼是外在行为的表现，所以其表现形式较为多彩。高尚的音乐必定平易近人，隆重的礼仪必定简约不繁。如果把乐做到了极致，人心必定无怨；把礼做到了极致，则人无所争。靠互相谦让的文德就能治理好天下，说的就是礼乐的功用。如果强暴之民不作乱，诸侯对天子恭敬臣服，甲兵不起，刑罚不用，百姓忧患亦无，天子没有怨怒，这就说明乐的功效得到发挥了。使父子亲睦，使长幼次序分明，使四海之内互相敬重，如果天子能做到这些，那么礼的功效就完全显露出来了。

伟大的音乐与天地同样能和谐万物，隆盛的礼义与天地同样能节制万物。和谐，才能使万物生长不失本性；节制，祭祀天地才有不同的仪式。人世间有进行教化的礼乐，而幽冥中则有护佑的鬼神，如果这样，天下的人们就能相互敬重、互相友爱了。礼，是要在各种场合下都做到相互尊敬；乐，则是不论采用何种形式，体现的是同样的爱心。礼和乐的作用是相同的，都是为了助成教化，所以圣明的君王都沿用礼乐。所以，礼乐之事要与时代相符，命名的礼乐要与社会功德相符。所以，钟、鼓、管、磬、羽、钥、干、戚，只是表演乐所用的器具；屈伸俯仰、或聚或散、或慢或快的各种舞姿，只是乐的形式。而簠、簋、俎、豆和各种礼仪制度，只是行礼的制度与规范；升降、上下、周旋、袒露或放下衣袖，是行礼的外在形式。所以懂得礼乐本质的人才能制作礼乐，懂得礼乐形式的人才能传授礼乐。能制定礼乐的人称为圣人，能记述和修习先王所作礼乐的人称为贤明之人。所谓贤明与圣哲，就是能述能作的意思。

乐，是因天地和谐而产生的；礼，是因天地的秩序而产生的。因为和谐，所以万物能化育生长；因为有序，所以万物都有了区别。乐是取法天万物平等的道理而制作的，礼是按照地有高下之分的道理而制定的。制礼失序，就会使尊卑上下混乱；过分作乐，就会导致放纵和暴乱。明白了天地的这些性质，才能制礼作乐。合乎伦理而有利于礼义，是乐的精神；使万物和乐欢欣，这是乐的功用。而使人中正无邪，是礼的实质；庄严，恭敬而又顺从，则是礼的形制。至于礼乐通过钟磬等来表现，借助声音来传播，在祭祀宗庙社稷和山川鬼神时使用，这从天子到众民都是一样的。

帝王在功业成就之后会制作乐，在国家安定后就会制定礼。功业成就大的，所制乐就更加完备；德政广的所作礼制也就会更具体。手持盾、斧的歌舞，不能算是完美的音乐；用煮熟的食物来祭祀，不能算是周全的礼仪。五帝在位时代不同，所作乐并未相互沿袭；三王不同世，所制礼也各自有别，互不相同。音乐太过泛滥，就容易产生忧患；礼仪太过粗疏，就会导致事情出现偏失。至于使乐敦厚且没有忧患，礼完备又没有纰漏的，难道不是只有大圣人才能如此吗？天高处在上，地低处在下，万物散布，互不相同，礼制因此得以制定并推行；万物流动，变化不息，相互融合而化为一体，乐于是因此而兴起。春生夏长，化育万物，这就是仁；秋收冬藏，敛藏决断，这就是义。仁德和乐的功效差不多，义道和礼的作用又类似。乐使人际关系敦厚和睦，尊神而服从于天；礼能分别贵贱，敬鬼而服从于地。所以圣人作乐来与天相应，制礼来与地相应。礼乐详细明了而完备了，天地也就各司其职了。

天尊贵，地卑贱，君臣就好像天地，这就确定了其地位高下。高和卑已显现了，贵与贱的名分也就能确定了。或动或静，各有常规；或大或小，各有区别。万物以同类的相聚，以不同类的分离，那么事物的天性、特点各不相同就可看出了。天下万物，在天上的显现光亮，在地上的形成形体，这样礼就成了天地间万物的界限和区别。地气上升，天气下降，阴阳互相摩擦，天地因此相互激荡，用雷霆鼓动生机，用风雨加快萌生，万物于是奋迅而出，并随四时而变动，日月的光泽再施以温暖，这样万物便化育生长起来。照这样说，乐就是天地万物间的和谐与协调。

化育时机不对，那么万物就不能产生；男女没有分别，祸乱就会产生，这是天地的自然情理和意志。至于礼乐，上达于天而下委于地，与阴阳并行，同鬼神相通，其影响像天空一样极高极远，如山川一样深厚，礼乐都能穷尽其情。万物始生的太始时期产生了乐，万物形成以后礼则产生。天是生而不停息者，地是生而不动者；动静相辅，是天地间的万物。礼乐便与这天地一样，所以圣人道："礼是多么深奥啊！乐是多么深奥啊！"

过去舜制作了五弦琴，弹着琴唱着《南风》的诗歌。于是他的乐官夔开始以作乐来赏赐诸侯。所以，天子作乐，是为了给予那些有德行的诸侯以赏赐。德行高尚而且教令威严，五谷依时而熟，这样的诸侯便可用音乐赏赐他。因此，使民劳苦的诸侯，乐队赏给的人数就少，舞者间的距离就远；使民安逸的诸侯，赏给的乐队的人数就多，舞者间的距离就近。所以，通过观察国君的乐舞，就可以知道他的德行如何，如同听到他的谥号就能知道他生前行为的善恶一样。《大章》，意思是表彰尧德行圣明；《咸池》，是说黄帝德政咸备，无有不及；《韶》，表示尧的功德舜能绍继；夏就是大，所以《夏》乐表示尧舜的功德禹能光大；殷乐《大濩》、周乐《大武》，也都是分别各自尽述其人事的。

天地的自然规律，寒暑不按时而至，便会产生疾病；风雨失去调节，就会产生饥荒。乐之教化，就同如百姓的寒暑一般，如不合时宜就会对世道有伤害。礼义的实施，对于人民来说就像风雨一样，如果没有节制就会没有功效。这样看来，先王作乐，是把乐作为用来治化的法则。好的乐舞，其行长短犹如治化之德的大小。就好像养猪酿酒，本来不是用来招惹祸患的，但为此打官司的却日益增多，这就是因为饮酒没有节制造成的。所以，先王就制定了饮酒的礼节制度，有献有酬，宾主百次互拜才敬酒一次，所以饮酒终日也不会醉倒，这是先王为防备饮酒造成祸端的办法。所以宴饮酒食，只是为了表示结交同乐而已。

乐，是德行的象征；礼，是防止行为过分放纵。所以先王遇有死丧大事，必有相应的礼来表示哀痛之情；遇有祈福喜庆祭祀等大事，必有相应的礼以遂顺其欢乐的心情。哀痛、欢乐的程度，都以礼的规定为准。

施予，是乐的性质；报答，是礼的性质。乐，是对自己心中所生欢乐的情感的表示；礼，是对施恩者的回报的表达。乐，可以彰显功德；礼，是报答恩情，并追思其原。被称为大路的，是天子乘坐的车；骄龙图绘、饰有九旒的旗子，是天子的旗帜；须髯青黑，用于占卜的宝龟，是天子之龟；还附有成群的牛羊，这些都是天子回报给来朝见的诸侯的礼品。

乐，表达的是人永恒不变的情感；礼，表现的是世事中不可移易的道理。乐表现的是人情中的共性部分，礼则是要区别人们之间的差异，礼和乐的道理是贯通于人情之中的。深得根本之源，且又能随时而变，是乐的内容特征；除去虚伪，提倡真诚，是礼的原则。礼乐表达天地的诚实之情，通达神明的恩德，感召天上地下的神祇，进而形成礼乐内在的精髓和外在的形式，统领父子君臣之间的大节。

所以，在上位的贤君明臣若能按礼乐行事，天地将为此而变得光明。天地之气欣然和合，阴阳相从不悖，温暖慈爱地生养抚育万物，于是草木茂盛，种子萌发，飞鸟奋飞，走兽生长，蛰虫复苏，禽卵孵化，兽畜孕育；胎生的不会流产，卵生的不会夭亡，这一切都要归功于乐啊！

乐，不是指黄钟大吕和弦歌舞蹈，这只是乐的末节，所以只命童子奏舞也就足够了；筵席摆设，酒樽俎几陈列，笾豆等礼器排好，进退拜揖，这些所谓的礼，也只是礼的末节，命典礼的职役掌管也就够了。乐师虽熟习声诗，但也仅知乐之技艺末节，所以只能处卑位演奏；宗祝只懂得宗庙祭祀的仪式，所以也只能处卑位，跟在神主“尸”的身后；商祝熟习丧礼，但非发丧之主，所以也只能跟在主人后面。所以掌握了礼乐本质的人处在上位，掌握礼乐技艺末节的人只能跟后面；品德高尚的人在前，通晓事务的人在后。因此，先王确立了上下先后的分别，然后才制礼作乐，颁行于天下。

乐，是圣人所喜欢的，它可以使民心向善。乐感人至深，可以移风易俗，所以先王明令以乐作为教育的内容之一。

人都有情感和理智的本性，却没有固定不变的喜怒哀乐等感情，人心受外物的感应而产生波动，然后便有了心术的邪正之分。所以意境微渺而节奏急促的音乐一起，人民就会感到忧虑；疏缓大度而富有文采、简易而有节制的音乐一奏，治下的百姓便觉得安乐；粗犷猛烈、奋发昂扬的音乐一奏，人民就会变得刚强坚毅；廉正不阿、庄重诚挚的音乐一奏，人民就会整肃端正，互相礼敬；宽裕圆润、谐和活泼的音乐一奏，人民就会慈爱亲睦；邪僻散漫、急促浮滥的音乐一奏，人民就会变得淫乱。

因此先王根据人的性情制作了乐，并以日月行度来考察乐律的长度，节制礼义制度，使与调和的阴阳二气相符合，引导五行的运行，使具阳刚之气的人不至于散漫，具阴柔性质的人不至于拘束；使刚强的人不暴怒，柔弱的人却不怯懦，使阴阳刚柔四种气质表现于行动之外而交融于心，各自相安不相凌夺。然后根据各人才质的差异分别学习音乐，逐步增加乐曲节奏方面的训练，研究乐舞的形式，从而衡量他们的仁德和忠厚。规范乐器的小大，使它们的声音高低与音律相称，次序与五音终始相合，并以此作为行事善恶的象征，使亲疏贵贱、长幼男女的关系都能体现在乐声之中。所以古语说："观乐可以体察深刻的意义。"

土壤瘠薄，那么草木就不能生长；水流湍急，那么鱼鳖就难以长大；阴阳之气衰微，那么万物就不能生长发育；社会混乱，那么礼义就会废弃，而音乐就会放荡。所以，这时的乐声便会悲哀而不庄重，逸乐而不安宁，漫涣不敬而且失去了节奏，流连沉湎而忘了乐的本质。缓慢的声调包容着奸伪，急促的声调挑动人的欲念，让人感受邪逆之气而灭失了平和的德行，因此君子鄙视这样的乐声。

凡是淫邪的音乐打动人，那么逆乱之气就会相应而生；逆乱之气形成了气候，那么淫声邪乐就会兴起。纯正的音调感染人时，与之相应的和顺正气就会产生；顺气形成了风气，又会促使和顺的乐声产生。这两种声音相互唱和呼应，才能使正邪曲直各得其所，而世间万物的道理也与这一样，是同类互相感应的。

所以身居上位的君子约束情性来和顺心志，比较善恶来成就自己的美善德行。奸邪淫乱的声色不使它们留存于耳朵和眼睛，放纵的音乐和衰败的礼制不使它们与心灵接触，怠惰、轻慢、邪辟的习气不使它们沾于身体，从而使耳、目、口、鼻、心智等身体的所有部分都依从"顺"和"正"，实现礼乐的真正意义。然后用声音来表达，用琴瑟来演奏，用干、戚来舞蹈，用羽旄来装饰，用箫管来伴奏，发扬天地至极恩德的光耀，以推动四时阴阳和顺之气，显明万物生发的道理。所以用清澈明朗的乐曲来表现天的晴朗，用宏大的乐曲来表现地的宽广；五音终始相接，如四时一样循环不止；舞姿婆娑，进退往复如风雨一般地周旋；乐器的五色错综成文却不杂乱，八音随乐律而变却不相互干扰，各种节奏得百刻之数，或长或短没有差失；声律的大小相辅相成，终与始循环相生，此唱彼和，清浊交错，循环更替，形成一定的规律。所以乐得以施行，就能使人伦理分明，不互相混淆；目明耳聪，不为恶声恶色所乱；血气平和，强暴止息；风俗移易，归于淳朴，天下皆得以乐享安宁。所以说“音乐就是让人快乐”。身居上位的君子为从乐中得到天下正道而欢乐，士庶人等为在乐中自己的私欲得到了满足而欢乐。如能用道德来克制欲望，就不至于迷乱且快乐；若因私欲而遗忘了道德，就会因真性惑乱而得不到真正的快乐。因此君子约束情性来使心志和顺，推广乐治来促成其教化。音乐得以推广，民心就可归于正道，其德化的成效就可以通过音乐而得以彰显了。

德，是人性的根本；乐，是道德外在的表现；金石丝竹，是音乐演奏的器具。诗，表达的是人的思想情感；歌，是用咏唱的声音来表达这种情感；舞蹈，是用肢体和表情来表现这种情感。志、声、容三者都发自人的内心，然后用诗、歌、舞表现出来。所以如果情感深厚，那么其艺术表现形式诗、乐、舞就会精彩而清明；如果能气势威盛，那么其外在表现形式就会变得出神入化；善美化成的和顺之气积于心中，那么发于身外的神采之美自然就表现出来了，只有音乐是不可能做假骗人的。

乐，是内心活动的外在表现；声，是乐的外部表现形式；结构的编排、节奏的变化，是对声音的加工与修饰。君子内心的本性被感动，于是通过演奏曲来表现这种感动，然后再通过舞蹈编排等来对乐声加以修饰，这就是乐。所以《武乐》开始时先击鼓让士兵警戒，先向前走三步表示表演即将开始，要有两次重复的开始，以此表明武王是第二次才正式出兵伐纣的。乐曲结束时要重整行列，表示伐纣后整军而归，动作迅疾而不凌乱，曲调精细幽深而不隐晦。可见乐表达了作者内心的意志，却又没有违背天地之道；既能全面推行天地正道，又没有放纵自己的私欲。因而通过乐既表达了情感，又使道义得到了确立；乐舞演奏完毕，而德义得到了尊显；君子观后因此更加好善，士庶人观后因此改过迁善。所以说：“治理百姓的方法，最重要的莫过于音乐教化了。”

君子说:“不可以让礼乐片刻离开自己。”追求用乐来治理人心，那么和易、正直、慈爱、诚信的心地就会油然而生。和易、正直、慈爱、诚信的心性产生了，内心就会感到快乐；心情快乐了，内心就会觉得安宁；内心安宁了，人就会长寿；人长寿了，就表明其言行符合天道；行为符合天道了，就会有如神灵通达一切。行为符合天道了，那么就能不用言语而诚信自生；能像神一样通达一切了，那么不用发怒而威严自生。学习乐，是用来治理人心的；学习礼，则是用来端正言行的。言行端正则容貌会庄重恭敬，容貌庄重恭敬就会产生威严；心中只要有片刻的不和乐，卑鄙欺诈之心就会乘虚而入；外貌只要有片刻的不庄重和不恭敬，轻慢随意之心就会乘虚而入。所以乐，是对人的内在感情起作用的；礼，则是对人的外在言行起作用的。乐是让人的内心达到最平和的状态，而礼则是为了让人的言行恭顺。内心平和而言行恭顺，那么百姓看到他的脸色就不会与他争，望见他的容貌就不会产生轻视怠慢之心。因乐而内心闪耀着道德的光辉，那么百姓便都会听从他；因礼言行举止都合理，那么百姓就都会顺服他。所以说:“懂得礼乐的道理，采用且行之于天下，那么就不会遇到难事了。”

乐，是影响人内在情感的；礼，是作用于人外在言行举止的。所以说礼让人谦抑，乐让人内心充实。礼注重谦让，因而需自我进取，并以进取为美德；乐注重内心充实，因而需自我节制，并以节制为美德。若礼只是让人一味谦让，而自己不奋力进取，就会使人意志消沉而难以实行；如果乐只是一味重视让人内心充实，不知自我节制，就会使人肆意放纵。所以，礼讲求礼尚往来，而乐也能让人相互影响。行礼得到回报，大家相亲相爱，心里因此会快乐；奏乐能影响一切，进而影响自己，心中便自然安宁了。礼的报答与乐的反馈，意义是一样的。

乐，就是快乐，是人情中不可缺少的。心中快乐自然就会发出歌咏等声音来表达，通过或动或静的舞蹈等动作表现出来，这是人的天性。人的声音、舞蹈，以及性情心理的变化，全都在这里表现出来了。所以，人不能没有快乐，有快乐就会有表达快乐的形式，有了表现形式而没有为它确定规范，必然会出乱子。先王因为讨厌这种混乱，所以制定了《雅》《颂》等音乐来引导，使其让人欢乐却不流于放纵，使它的乐章足以维系乐的美善不绝，使它的繁简曲直、表里节奏，足以让人的善心感发，而不让放纵之心和淫邪之气污染人的思想和心灵，这正是先王立乐的基本依据。所以乐在宗庙中演奏，君臣上下一同倾听，就没有不和顺恭敬的；在族长乡里演奏，长幼一起倾听，就没有不和睦顺从的；在家中演奏，父子兄弟听了，就没有不和睦相爱的。所以，作乐要注意音律与声调的统一，使之和谐，配合以金石匏木等乐器，再以各种节奏组合，形成优美的乐章，以此协调父子、君臣间的关系，使万民亲附，这就是先王制乐的基本道理。所以听了《雅》《颂》这类声乐后，人的志向、意气就会变得宽广；手持盾牌与大斧，演习俯仰屈伸等舞姿，人的容貌就会变得庄严；舞步踩在正确的位置，合着正确的节奏，则舞者的行列就会整齐，进退就会一致。所以说，乐是天地和谐的产物，是求得心中和美的纪纲，是人情所绝不可缺少的。

乐，是先王用来表示喜悦的；军队与刑具，是先王用来表示愤怒的。所以先王的喜怒，都能得到相应的体现。他高兴时，天下人与他一起高兴；他愤怒时，暴乱者便心生畏惧。先王的治国之道中，可以说礼乐被运用到了极致。

魏文侯问子夏道："我身穿礼服礼帽，恭敬地倾听古乐，却担心睡着了；我倾听郑卫之音，却不知道疲倦。请问为什么古乐会让人昏昏欲睡？而新乐却令人乐不知疲，这是什么原因？"

子夏回答说："现在的古乐，表演时舞者同进同退，整齐划一；声音谐和、雅正且气势宏广；一应管弦乐器如弦匏笙簧等都听拊鼓节制，表演以擂鼓开始，以鸣金铙结束，用相来理顺节奏，舞姿迅捷又雅而不俗。君子往往从这些方面发表议论评说古乐，谈论制乐时其所包含深层含意，进而达到修身、理家、平治天下的目的：这是古乐起到的作用。如今的新乐，曲折进退，表演者都是弯曲着身子，只求变幻而缺乏整齐，乐声淫邪，让人沉溺不能自拔，且有俳优和侏儒，表演时像猴子一样不分男女杂聚其间，父子间也不分尊卑。乐终之后不知道表达了些什么，且又不是称颂古代的事迹：这就是新乐的作用。现在虽然您所问的是乐，但所喜好的却是音。乐与音尽管相近，但却是不同的。"

文侯问："请问音与乐有什么不同呢？"

子夏回答说："古时天地顺行而四时有序，民众讲究道德而五谷丰盛，不生疾病，也没有凶灾，一切都适当其时，恰到好处，这被称为太平盛世。然后圣人制定了明确父子、君臣关系的纲纪法度。纲纪法度确立后，天下便真正安定了；天下安定了，后又考正'六律'，调和'五声'，弹唱《雅》和《颂》之声，此乃有德之音，有德之音才叫作乐。《诗经·大雅·皇矣》说：'王季肃静宁定的德音啊，其德行能光照四方；既能光照四方，便能施惠同类，能为人之师长，能为人之君王。如今做了大邦之王，能慈和服众能择善而从。到了文王时，他的德行毫不逊色。既受了上帝的赐福，便把它施于其子子孙孙。'这话说的就是这个意思。如今您所喜欢爱好的，难道不是那种让人沉溺难返的溺音吗？"

文侯又问道："请问这些溺音又是哪里来的呢？"

子夏说："郑国之音由于悖礼放荡而使人心志迷乱，宋国之音由于柔媚安逸而使人心志沉迷，卫国之音由于促速劳顿而使人心志烦劳，齐国之音由于傲慢邪僻而使人心志骄纵，这四种声音都因放荡而损害德行，所以祭祀时不能使用它们。《诗经·周颂·有瞽》说：'庄肃而和谐的声音，才是先祖喜欢听的声音。'肃肃，就是恭敬的意思；雍雍，就是和谐的意思。做事如果能恭敬且和谐，有什么事是不能成功的呢？作为百姓的君主，只要谨慎对待自己好恶态度就行了。君主喜好什么，臣子就会去做什么；上面如何做，百姓也就会如何去做。《诗经》上说'教导百姓十分容易'，就是这个意思。然后圣人便制作了鼗、鼓、椌、楬、埙、篪，这六种乐器音色质朴无华，都是属德音一类的音声。又制成钟、磬、竽、瑟等发声华美的乐器与它们相赞和，再用以干、戚、旄、羽等为道具的舞蹈来配合。这种乐舞，可以用来祭祀先王宗庙，可以用于主客之间的献酳酬酢，可以用来区分官职的大小与身份的贵贱，使得各得其宜，互不悖乱，以此向后世表明尊卑长幼的次序。钟的声音洪亮，因此钟声可作为警众的号令；号令威严，可使军士们英勇无畏；军士们英勇无畏，那么武事便可行了。所以，君子听到钟声就会想到英勇的武将。磬的声音硁直有力。声音硁直有力，便可以分辨节义，心怀节义的人就能杀身成仁了。所以，君子听到磬声就会想到那些为守护疆土而勇于献身的大臣。丝弦的声音悲哀，声音悲哀便可树立廉直的作风，作风廉直便可使人树立志向和节义。所以，君子听到琴瑟的声音就会想到那些有志而重义的大臣。竹类乐器的声音滥杂。声音滥杂便容易使人趋向会聚，有会聚之心，众多的事物就能被聚集起来。所以，君子听到竽笙箫管的声音就会想到爱惜百姓且善于汇聚民心的大臣。鼓鼙的声音喧嚣，听了就会使人意气冲动，意气冲动就会激励兵众奋进。所以，君子听到了鼓鼙的声音就会想到那些领军的将帅。所以，君子听音声，并不是只听它那金石和鸣的声音，乐声必定会与自己的心志有所契合，并促成相应的心志产生。”

宾牟贾陪孔子坐着，孔子便和他闲聊，说到了乐。孔子问：“《大武》乐开始的时候击鼓警众，持续的时间相比于其他的乐要长很多，这是什么原因？”

宾牟贾答道：“这是表示武王伐纣之初，担心自己得不到众诸侯的拥护，所以准备的时间比较长。”

孔子又问：“《大武》乐的歌声反复咏叹，声音绵长，这又是为什么？”

宾牟贾回答说：“这是因为武王心中有疑虑，害怕事情不能成功的缘故。”

孔子问：“一开始，舞蹈表演者便举袖顿足、气势威猛，但很快又结束，这是什么意思？”

宾牟贾说：“这表示要当机立断，时间到了就行动，勿错失良机。”

孔子又问：“《大武》乐的舞者坐的动作与别的舞不同，是右腿单膝着地，而左膝离地弯曲支撑身体，这又是为什么？”

宾牟贾答道：“这并不是《大武》乐原来所应有的动作。”

孔子又问：“歌声淫靡，表现出了有贪图商王政权的不好的目的。这是为什么？”

宾牟贾答道：“这并不是《大武》乐原来应有的曲调。”

孔子说：“如果这不是《大武》乐原有的曲调，那这又是什么曲调？”

宾牟贾答道：“掌管《大武》乐的机构已经失去了《大武》乐的传承。如果不是这样，那就只能说明武王的心志荒耄昏愦了。”

孔子道：“我以前曾听苌弘说过，他的话与您所说的差不多。”

宾牟贾起身，立于坐席之下，请教说：“《大武》乐击鼓警众，开始预备的时间很长，我所知也就这些。承蒙您所说，苌弘也这样解释，那就是真的了。但我不明白的是，舞者稍微迟些就是了，没想到竟拖得那样久。这是为什么？”

孔子道：“你先请坐，让我慢慢说给你听。乐，是形象地表现已发生过的事。如《大武》乐开始时，舞者手持盾牌像大山一样站立不动，这是表示武王正等候诸侯响应，准备出发讨伐纣王；《大武》舞一开始舞者就举袖顿足，气势威猛，这象征着指挥战斗的太公想一举灭商的决心；结束时，武事已毕，单膝跪地的舞者，象征周公、召公战后以文治国，使国家归于安定。另外,《大武》乐开始之初,舞者自南而北,象征北进朝歌;第二段曲,舞者的动作象征在灭商时的殊死决斗;第三段,则象征凯旋南归;第四段,则象征南方诸国皆归服,疆土列入版图;第五段,则象征分陕而治,周公居左,治陕以东;召公居右,治陕以西;第六段,舞者重又相缀成行,复归原位,表示对天子的崇敬。表演中,两人持铎振铃,夹立于舞者两侧,其他人则表演出兵四面讨伐的动作,向全国以示军威。舞者分队前进,振铎者夹立,表示战事将早日成功。舞者久立不动,是表示为了等待诸侯兵的到来。莫非你没有听说过武王在牧野誓师时说过的话吗?武王打败商纣以后,恢复了商初的政治。还没等正式登位,他就封黄帝的后人于蓟,封尧帝的后人于祝,封舜帝的后人于陈。即位后,他封夏禹的后人于杞,封殷汤的后人于宋;为殷代贤臣比干的坟墓添土,释放了被纣王囚禁的贤臣箕子,允许他行商礼,恢复他原来的官位;废除了殷纣王时对百姓的苛政,士人们的俸禄成倍增加;他渡过黄河,西行回到镐京,将战马散养于华山南坡,不再乘骑;将牛也散放于华山以东桃林的荒野,不再用它们来驮载战具军需;将战车、铠甲收藏于府库,从此不再使用;倒载干戈等兵器,使兵刃向内,并用虎皮包裹,以示止武息兵;立有战功的将帅为诸侯,称之为'建櫜'。从此以后,天下人都知道武王不再用兵了。于是武王遣散军队,行郊射求贤之礼,诸侯在东学宫习射,歌唱《狸首》的曲子,天子在西学宫习射,歌唱《驺虞》的曲子,而军中那种比武角力的足以贯穿革甲的射击也废除了;让士卒们穿着低等礼服礼帽,衣带上插着笏板,从此勇猛的武士解下了长剑,弃武从文;天子在明堂中祭祀先祖,百姓由此知道了孝道;规定在朝廷上须行朝觐之礼,诸侯们由此知道了如何为人臣子;天子亲自耕种籍田,然后诸侯由此知道了如何谨守自己的本分:这五项是教化天下最为重要的举措。另外在太学设立三老五更,奉养老人。天子亲自袒衣切割牲肉,端着肉酱,请三老五更进食;并亲自拿着酒杯,请三老五更饮酒洗漱;又头戴冠冕、执盾而舞,让老人们觉得快乐。做这些,都是为了教化诸侯,使他们懂得孝悌之道。这样,周朝的教化之道遍及四方,礼乐也随即传播天下。那么,《大武》乐的表演最初如此迟缓且久,不也是理所当然的吗?"

子贡见到乐官师乙,因而问道:"我听说不同禀赋的人,适合唱不同的歌。像我这样的人,不知适合唱什么样的歌呢?"

师乙说:“我只是个低贱的乐工，怎么有资格承您问适宜唱什么歌呢。但请允许我把自己所知道的说出来，然后由先生您自己选择唱什么歌吧。性情宽厚而平静、温和而正直的人，适合歌唱《颂》；心胸宽广而平和、豁达而守信的人适合唱《大雅》；为人恭谨、俭朴而又好礼的人适宜唱《小雅》；为人正直、清正廉洁而又谦虚的人适于唱《风》；性格恣肆爽直又心慈友爱的人适宜唱《商》；性格温顺、良善而又做事果断的人适合唱《齐》。唱歌，是为了抒发自己的心胸，表达自己品德的；它可以触动自己的真情，使天地受到感应，四时相和，星辰有序，万物得以生长。所以，《商》这首歌虽是五帝留传下来的，但由于是商朝人把它记述并传承了下来，所以叫做《商》；《齐》这首歌，是三代留传下来的，由齐国人记述下来，所以称为《齐》。真正懂得《商》这首诗歌含义的人，遇事往往能做出决断；懂得《齐》这首诗歌含义的人，往往能够见利让人。遇事能决断，是勇气的表现；见利能让人，是义气的表现。勇义俱备，除了用诗歌外还有什么能表现这样的品格呢？所以歌声高亢时如人扛举而上，声音低沉时似直坠而下，回旋时犹被弯折，静止时如同槁木，小曲如矩，大曲如钩，殷殷然就如落盘累珠。所以歌唱也是一种语言，是一种长声调的语言。有想说的东西，所以说话；如用言语还无法充分表达，便拖长声音来表达；如果仍不充分，便相续相和，反复吟唱；若这还不足以充分表达，于是人们就会不知不觉地手舞足蹈起来。”以上是子贡问乐的情况。

大凡“音”，都是由人的内心产生的，而天与人之间是可相互感应的，就像影子能反映出物体的形状、响声与应声相互应和一样。所以行善积德的人，天就以福回报他；行凶作恶的人，天就让他遭祸殃，这是很自然的事。

所以舜通过弹奏五弦琴，歌唱《南风》的诗篇，而使天下得到治理；纣王歌唱朝歌北部边鄙的乐曲，最后国灭身亡。舜的治国之道为什么宏大？纣王的治国之道为什么狭隘？那是因为《南风》的诗篇属于生长性的音乐，而舜喜好它，这种喜好与天地的意志一样，得到天下人的欢心，所以天下得到了治理。而朝歌是早晨的歌，是时间不长的歌；北就是败北，鄙就是鄙陋，纣王喜爱这样的音乐，与天下百姓的心意截然不同，诸侯不肯顺随他，老百姓也不愿与他亲近，天下人都背叛了他，所以国灭身亡。

而卫灵公在位的时候，有一次他到晋国去，到了濮水边时住在一个驿舍。半夜里，他突然听到有抚琴的声音，便问左右跟随的人，都回答说“没有听到”。于是召来乐官师涓，对他说：“我听到了抚琴的声音，问身边的从人，却都说没有听到。看样子是遇到了鬼神，你给我仔细听听，把曲子记下来。”师涓说：“好吧。”于是端坐下来，轻抚着琴，仔细倾听，并随手记录下来。第二天，他对卫灵公说：“我已把琴曲都记下来了，但还没有熟悉，请允许我再住一宿，熟习几遍。”卫灵公说：“可以。”于是又住了一宿。第二天，师涓对灵公说：“练习好了。”卫灵公便动身去晋国，见晋平公。晋平公在施惠台上摆了酒筵招待他。饮酒饮到酣畅的时候，卫灵公道：“我们这次来时，得了一首新曲子，请为您演奏以助酒兴。”晋平公道：“好。”即命师涓坐在晋国乐官师旷的身边，取琴弹奏。一曲还没奏完，师旷便甩袖制止说：“这是亡国之音，不要再奏了。”晋平公说：“为什么这样说？”师旷道：“这是师延作的曲子，是他为纣王作的靡靡之音。武王伐纣后，师延向东逃走，投濮水自杀，所以这首曲子必是得自濮水之上。先听到此曲的君主他的国家就要衰弱了。”晋平公说：“寡人所喜好的就是音乐，希望能够听完它。”于是师涓得以把它演奏完毕。

晋平公道：“没有比这更动人的曲子了吧？”师旷说：“有。”晋平公说：“可让我们听一听吗？”师旷说：“您的德义修养还不够深厚，不能听这首曲子。”晋平公说：“寡人所喜好的就是听音乐，希望能听到这首曲。”师旷不得已，便取琴弹奏起来。奏第一遍时，有十六只玄鹤飞聚在堂下的廊门前；弹第二遍时，这些玄鹤伸长了脖子呦呦地鸣叫起来，并随着琴声舒翅跳起舞来。

晋平公大喜，起身向师旷敬酒。返回座位后，晋平公问道：“没有比这更动人的曲子了吧？”师旷道：“有。过去黄帝合祭鬼神时奏的曲子比这更动人，只是您德义太薄，不适宜听罢了，听了恐有败亡之祸。”晋平公说：“寡人已这一把年纪了，喜好的只有听曲，希望能够听到它。”师旷没有办法，只得取琴弹奏。弹奏第一遍时，有白云出现在了西北边的天际；弹奏第二遍时，暴雨随着大风铺天盖地而至，廊瓦被刮得横飞，左右侍臣都四处惊慌奔走。晋平公惊恐万分，伏身躲在廊屋之间。随后晋国大旱三年，寸草不生。

听乐曲可能会吉祥，也可能会遇凶灾。所以，乐曲是不能随意演奏的。

太史公说：上古时期的明君圣王所以奏乐，并不是为了让自己心中欢娱而肆欲恣情，而是为用音乐来教化治理天下。端正教化都是从音乐开始的。音乐正，人们的言行自然就正。所以，音乐是用来振动人的血脉，交流精神，端正与调和人心的。因此，宫声可以使脾脏振动并调和、端正信德，商声可振动肺脏并调和、端正义德，角声可使肝脏振动并调和、端正仁德，徵声可以使心脏振动并调和、端正礼德，羽声可使肾脏振动并调和、端正智德。所以说，对内可以用乐来辅助修养性情，而对外可以用来区分贵贱；对上可用来侍奉宗庙，对下可用来教化黎民百姓。琴身长八尺一寸，这是标准的尺寸。宫弦是琴弦中最粗大的一根，位居所有弦的中央，象征着君主。放置在宫弦右侧的是商弦，其他各弦也都按粗细长短依次排列，井然有序。这样，君臣的位置也就端正了。所以听宫声，就会使人性情温和舒畅而胸怀宽广；听商声，就会使人品性端方正直而且好义；听角声，就会使人能够生出恻隐之心并且会关爱他人；听徵音，就会使人乐于行善且爱好施舍；听羽声，就会使人仪表端庄且爱好礼节。礼是由外部来规范人的行为，而乐却是从内心深处来抒发人的情感。所以君子不能片刻离开礼，片刻离开礼，凶暴轻慢的行为就会充分表现出来；不可片刻离开乐，片刻离开乐，大量奸邪的念头就会在心中不停涌动。所以音乐，是君子用来修义养性的。在古代，天子、诸侯听奏钟磬的乐声，从来不会离开演奏的庭院；卿大夫听抚琴瑟的乐声，从不离开演奏者的席前，这是为了修养行为道义，防止淫佚放荡行为的产生。淫佚放荡的产生是因为无礼。所以，贤君圣王会使人的耳朵只听《雅》《颂》之声，眼睛只看威仪的礼节，使仪容行止表现出恭敬的样子，口中只谈仁义的道理。所以，君子整天谈论仁义之道，而邪恶的念头也就没有机会入侵了。

史记卷二十五

律书第三

王者制事立法，物度轨则，壹禀于六律，六律为万事根本焉。

其于兵械尤所重，故云"望敌知吉凶，闻声效胜负"，百王不易之道也。

武王伐纣，吹律听声，推孟春以至于季冬，杀气相并，而音尚宫。同声相从，物之自然，何足怪哉？

兵者，圣人所以讨强暴，平乱世，夷险阻，救危殆。自含(血)〔齿〕戴角之兽见犯则校，而况于人怀好恶喜怒之气？喜则爱心生，怒则毒螫加，情性之理也。

昔黄帝有涿鹿之战，以定火灾；颛顼有共工之陈，以平水害；成汤有南巢之伐，以殄夏乱。递兴递废，胜者用事，所受于天也。

自是之后，名士迭兴，晋用咎犯，而齐用王子，吴用孙武，申明军约，赏罚必信，卒伯诸侯，兼列邦土，虽不及三代之诰誓，然身宠君尊，当世显扬，可不谓荣焉？岂与世儒闇于大较，不权轻重，猥云德化，不当用兵，大至君辱失守，小乃侵犯削弱，遂执不移等哉！故教笞不可废于家，刑罚不可捐于国，诛罚不可偃于天下。用之有巧拙，行之有逆顺耳。

夏桀、殷纣，手搏豺狼，足追四马，勇非微也；百战克胜，诸侯慑服，权非轻也。秦二世宿军无用之地，连兵于边陲，力非弱也；结怨匈奴，絓祸於越，势非寡也。及其威尽势极，闾巷之人为敌国，咎生穷武之不知足，甘得之心不息也。

高祖有天下，三边外畔，大国之王虽称蕃辅，臣节未尽。会高祖厌苦军事，亦有萧、张之谋，故偃武一休息，羁縻不备。

历至孝文即位，将军陈武等议曰："南越、朝鲜自全秦时内属为臣子，后且拥兵阻阨，选蠕观望。高祖时天下新定，人民小安，未可复兴兵。今陛下仁惠抚百姓，恩泽加海内，宜及士民乐用，征讨逆党，以一封疆。"孝文曰："朕能任衣冠，念不到此。会吕氏之乱，功臣宗室共不羞耻，误居正位，常战战慄慄，恐事之不终。且兵凶器，虽克所愿，动亦耗病，谓百姓远方何？又先帝知劳民不可烦，故不以为意。朕岂自谓能？今匈奴内侵，军吏无功，边民父子荷兵日久，朕常为动心伤痛，无日忘之。今未能销距，愿且坚边设候，结和通使，休宁北陲，为功多矣。且无议军。”故百姓无内外之徭，得息肩于田亩，天下殷富，粟至十馀钱，鸣鸡吠狗，烟火万里，可谓和乐者乎！

太史公曰：文帝时，会天下新去汤火，人民乐业，因其欲然，能不扰乱，故百姓遂安。自年六七十翁亦未尝至市井，游敖嬉戏如小儿状。孔子所称有德君子者邪！

书曰“七正”。二十八舍，律历，天所以通五行八正之气，天所以成孰万物也。舍者，日月所舍。舍者，舒气也。

不周风居西北，主杀生。东壁居不周风东，主辟生气而东之。至于营室，营室者，主营胎阳气而产之。东至于危。危，垝也。言阳气之(危)垝，故曰危。十月也。律中应钟。应钟者，阳气之应，不用事也。其于十二子为亥。亥者，该也。言阳气藏于下，故该也。

广莫风居北方。广莫者，言阳气在下，阴莫阳广大也，故曰广莫。东至于虚。虚者，能实能虚，言阳气冬则宛藏于虚，日冬至则一阴下藏，一阳上舒，故曰虚。东至于须女。言万物变动其所，阴阳气未相离，尚相如胥也，故曰须女。十一月也，律中黄钟。黄钟者，阳气踵黄泉而出也。其于十二子为子。子者，滋也；滋者，言万物滋于下也。其于十母为壬癸。壬之为言任也，言阳气任养万物于下也；癸之为言揆也，言万物可揆度，故曰癸。东至牵牛。牵牛者，言阳气牵引万物出之也。牛者，冒也，言地虽冻，能冒而生也。牛者，耕植种万物也。东至于建星。建星者，建诸生也。十二月也，律中大吕。大吕者，其于十二子为丑。丑者，纽也。言阳气在上未降，万物厄纽未敢出也。

条风居东北，主出万物。条之言条治万物而出之，故曰条风。南至于箕。箕者，言万物根棋，故曰箕。正月也，律中泰蔟。泰蔟者，言万物蔟生也，故曰泰蔟。其于十二子为寅。寅言万物始生螾然也，故曰寅。南至于尾，言万物始生如尾也。南至于心，言万物始生有华心也。南至于房。房者，言万物门户也，至于门则出矣。

明庶风居东方。明庶者，明众物尽出也。二月也，律中夹钟。夹钟者，言阴阳相夹厕也。其于十二子为卯。卯之为言茂也，言万物茂也。

正人學邪法
邪法悉從正
邪人學正法
正法俱歸邪

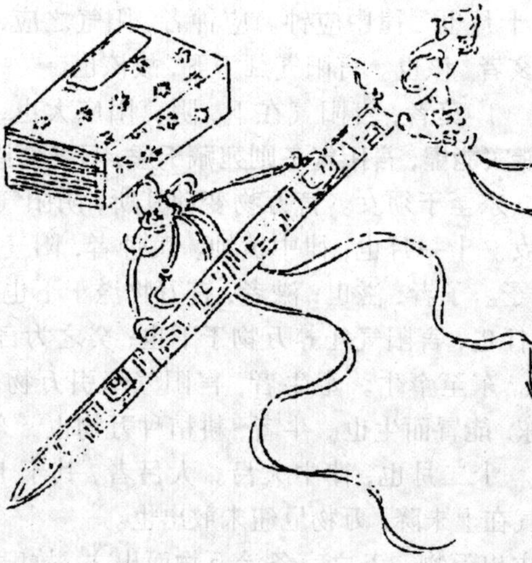

兵书与宝剑

其于十母为甲乙。甲者，言万物剖符甲而出也；乙者，言万物生轧轧也。南至于氐。氐者，言万物皆至也。南至于亢。亢者，言万物亢见也。南至于角。角者，言万物皆有枝格如角也。三月也，律中姑洗。姑洗者，言万物洗生。其于十二子为辰。辰者，言万物之蜄也。

清明风居东南维，主风吹万物而西之轸。轸者，言万物益大而轸轸然。西至于翼。翼者，言万物皆有羽翼也。四月也，律中仲吕。仲吕者，言万物尽旅而西行也。其于十二子为巳。巳者，言阳气之已尽也。西至于七星。七星者，阳数成于七，故曰七星。西至于张。张者，言万物皆张也，西至于注。注者，言万物之始衰，阳气下注，故曰注。五月也，律中蕤宾。蕤宾者，言阴气幼少，故曰蕤；痿阳不用事，故曰宾。

景风居南方。景者，言阳气道竟，故曰景风。其于十二子为午。午者，阴阳交，故曰午。其于十母为丙丁。丙者，言阳道著明，故曰丙；丁者，言万物之丁壮也，故曰丁。西至于弧。弧者，言万物之吴落且就死也。西至于狼。狼者，言万物可度量，断万物，故曰狼。

凉风居西南维，主地。地者，沈夺万物气也。六月也，律中林钟。林钟者，言万物就死气林林然。其于十二子为未。未者，言万物皆成，有滋味也。北至于罚。罚者，言万物气夺可伐也。北至于参。参言万物可参也，故曰参。七月也，律中夷则。夷则，言阴气之贼万物也。其于十二子为申。申者，言阴用事，申贼万物，故曰申。北至于浊。浊者，触也，言万物皆触死也，故曰浊。北至于留。留者，言阳气之稽留也，故曰留。八月也，律中南吕。南吕者，言阳气之旅入藏也。其于十二子为酉。酉者，万物之老也，故曰酉。

阊阖风居西方。阊者，倡也；阖者，藏也。言阳气道万物，阖黄泉也。其于十母为庚辛。庚者，言阴气庚万物，故曰庚；辛者，言万物之辛生，故曰辛。北至于胃。胃者，言阳气就藏，皆胃胃也。北至于娄。娄者，呼万物且内之也。北至于奎。奎者，主毒螫杀万物也，奎而藏之。九月也，律中无射。无射者，阴气盛用事，阳气无馀也，故曰无射。其于十二子为戌。戌者，言万物尽灭，故曰戌。律数：

九九八十一，以为宫。

三分去一，五十四，以为徵。

三分益一，七十二，以为商。

三分去一,四十八,以为羽。

三分益一,六十四,以为角。

黄钟:长八寸七分一,宫。

大吕:长七寸五分三分(一)〔二〕。

太蔟;长七寸(七)〔十〕分二,角。

夹钟:长六寸(一)〔七〕分三分一。

姑洗:长六寸(七)〔十〕分四,羽。

仲吕:长五寸九分三分二,徵。

蕤宾:长五寸六分三分(一)〔二〕。

林钟:长五寸(七)〔十〕分四,角。

夷则:长五寸(四分)三分二,商。

南吕:长四寸(七)〔十〕分八,徵。

无射:长四寸四分三分二。

应钟:长四寸二分三分二,羽。

生钟分:

子:一分。

丑:三分二。

寅:九分八。

卯:二十七分十六。

辰:八十一分六十四。

巳:二百四十三分一百二十八。

午:七百二十九分五百一十二。

未:二千一百八十七分一千二十四。

申:六千五百六十一分四千九十六。

酉:一万九千六百八十三分八千一百九十二。

戌:五万九千四十九分三万二千七百六十八。

亥:十七万七千一百四十七分六万五千五百三十六。

生黄钟术曰:以下生者,倍其实,三其法。以上生者,四其实,三其法。上九,商八,羽七,角六,宫五,徵九。置一而九。三之以为法。实如法。得长一寸。凡得九寸,命曰“黄钟之宫”。故曰音始于宫,穷于角;数始于一,终于十,成于三;气始于冬至,周而复生。

神生于无形,形于有,形然后数,形而成声,故曰神使气,气就形。形理如类有可类。或未形而未类，或同形而同类。类而可班，类而可识。圣人知天地识之别，故从有以至未有，以得细若气，微若声。然圣人因神而存之，虽妙必效情，核其华道者明矣。非有圣心以乘聪明，孰能（在）〔存〕天地之神而成形之情哉？神者，物受之而不能知及其去来，故圣人畏而欲存之。唯欲存之，神之亦存。其欲存之者，故莫贵焉。

太史公曰故璇玑玉衡以齐七政，即天地二十八宿。十母，十二子，钟律调自上古。建律运历造日度，可据而度也。合符节，通道德，即从斯之谓也。

【译文】

帝王决策重大事情，建立法令制度，确定万物的度量规则，都是以六律为基础。这是因为六律是万事万物的根本规律。

音律在兵法上显得尤为重要，所以有“观望敌军阵地上的云气便可预知出师的吉凶，听闻两军的战鼓声便可知道谁胜谁负”这样的说法，这是历代圣贤君王采用的方法。

周武王伐纣的时候，太师通过吹律管听声音而占卜吉凶，乐师们从初春之律一直吹到冬末之律，声音中充满杀气，且有吉祥的宫音相和。正义且将获胜的军队有吉祥的音律相随，这是事物自然的道理，有什么可奇怪的呢？

军队，是圣贤君主讨伐强暴，平定乱世，夷除险阻，挽救危局的工具。那些含齿戴角的兽类遇到外界的侵犯，尚且会全力反抗，何况是怀有好恶、喜怒之情的人呢？喜爱时就会有爱心产生，愤怒时就会以毒螫相加，这是人之常情，合乎情理。

过去黄帝发动了在涿鹿的决战，战胜了属火德的炎帝；颛顼与共工氏作战，平定了属水德的少昊氏造成的灾害；成汤在南巢发动了对夏桀的讨伐，结束了夏桀的祸乱。一个衰败了，一个兴起来，兴衰更迭，只有胜利者能统治天下，这是符合天道的自然规律。

从此之后，著名将士先后层出不穷，晋国任用咎犯为将，而齐国授军权于王子成父，吴国任用孙武为帅。他们颁布了明确的军法，赏罚依法而行，从而使他们的君主最终成为了诸侯霸主，吞并了别的小国来扩大自己的疆土，虽然比不上三代时期受诰誓封赏那样的荣耀，但同样是自身荣宠，君主尊显，名扬当世，能说不荣耀吗？怎么能和世上那些顽固且愚蠢的儒生相比？那些儒生不明了天下大势，不知衡量轻重，终日奢谈以德化世，一味反对用兵。结果重者使君主受辱，国土失守；轻者国家遭敌侵犯，国力削弱，而他们却仍坚持着老教条不变！所以管理家族的家法、家训不能废除，治理国家的刑罚不能废除，要想天下太平就不能不进行讨伐叛乱的战争，只不过用兵有巧有拙，战争有正义和非正义的而已。

夏桀与殷纣王都能赤手空拳与豺狼搏斗，徒步能追得上四匹马拉的车子，其勇力并不弱；他们曾百战百胜，使各诸侯害怕而臣服，权势并不轻。秦二世屯军于国边境，连兵于国边陲，力量不是不强；他北伐匈奴，南征越国，其兵势并不单薄。等到他们的威风使尽、势力盛极之时，闾巷中的平民百姓也成了毁灭他们的强大敌人。究其原因，就在于黩武穷兵而不知满足，贪婪之心没有停止之时。

汉高祖统一天下以后，外部有三面边境的外族威胁，国内的诸侯虽名义上是天子的辅佐，但实际上并没有尽到做臣子的义务。正是因为汉高祖厌烦了战事，同时又有萧何、张良的建议，所以汉高祖采取了对内休养生息政策，对外采用笼络的和平措施，而没有大规模的战争防备。

等到孝文帝即位后，将军陈武等建议说："南越、朝鲜自从秦朝统一时便内属为臣，后来才拥兵据险而守，蠢蠢伺机入侵。汉高祖时天下刚刚平定，人民稍稍安定，不能再次兴兵讨伐。如今陛下以仁惠抚治百姓，恩泽惠及四海，应该乘此时士民乐为陛下所用之机，率军征讨叛逆，以统一稳定边疆。"孝文帝说："朕自从孩提时起，就没有想过自己会登上帝位。正好碰上吕氏之乱，功臣和宗室都不以我出身微贱为耻，不恰当地让我登上了帝位。我经常战战兢兢，唯恐最终没有好结果。况且战争是凶险之事，纵然能达到目的，也必然会带来巨大的耗损和伤害，又怎么能让百姓抛家弃业远征他乡？再说先帝知道役使人民不可过繁，所以不把用兵的事放在心上，我又怎么能自以为有能呢？如今匈奴入侵，戍边将士御敌无功，边地百姓父子共同持枪上阵，这样的日子已经很久了。我时常为此感到不安和心痛，没有一天忘记。现在虽不能解除边患，我希望能够固守边关，多设斥候，派遣使者与对方缔盟结好，使北部边陲得到休息安宁，这样功劳就算很大了。暂时先不要议论战争的事情。"因此百姓没有了内外的徭役，得以休养生息而专心于农业生产，于是天下渐渐殷实富足起来，粮食每斗降至十余文钱，鸡鸣犬吠，家中升起的炊烟连绵万里，呈现了一片和乐的景象。

太史公说：文帝的时候，正值天下百姓刚从水火中摆脱出来，人民渴望安居乐业的生活，朝廷顺应老百姓的意愿，能够不扰乱民生，所以最终出现了天下太平的景象。就连六七十岁的老翁也未曾到过集市，他们天真淳朴得如同儿童们无忧无虑地嬉戏玩耍。这正是孔子所称道的有德君子的政治局面啊！

太史公还在本律书中阐述了日月五星、二十八舍和律历之间的对应关系。律历，是天用来通五行八正之气的，是天用来生长和养育万物的。舍，是日月在天宫运行所经历的星空区域。太阳运行到达不同的星宿，大地上就会出现相应的舒缓的气息。

不周风处西北方，主管杀生的事。东壁宿处在不周风的东面，主开辟生气而使之往东运行，到达营室。营室，是孕育阳气之地，再往东便到了危宿。危，就是毁灭的意思，是说阳气被毁，所以称为危。这三宿对应历法十月，在十二律中与应钟相应。应钟，是阳气的反应，但阳气这时还不能发挥作用。在十二地支中与亥相对应。亥，就是该的意思。这是说阳气还潜藏在地下，所以有阻隔。

广莫风来自北方。广莫，是说阳气在下，阴气没有阳气盛大，所以称为广莫。广莫风往东是虚宿。虚，是能实能虚的意思，是说阳气冬天蕴藏在虚宿，到冬至日就会有一部分阴气下藏，一部分阳气上升散发出来，所以称虚。再向东到达须女宿。这里是万物相互转化变幻之处，阴阳二气没有分离，它们还相互需要，所以称为须女。广莫风在历法中与十一月相对应，音律与黄钟相对应。黄钟，是阳气跟随地下水冒出地面的意思。在十二地支中与子相对应。子，就是滋的意思；滋，是说万物开始在地下生长。在十天干中与壬癸相对应。壬就是任，是说阳气在地下孕育万物；癸就是揆，说万物生长可以揆度日期，所以称为癸。须女向东便是牵牛宿。牵牛，是说阳气牵引万物由地而出。牛就是冒的意思，是说土地虽然封冻，但万物却能冒出地面而生长。牛，也指耕耘种植万物的意思。牵牛往东为建星宿。建星，是建立新生命的意思。与历法中的十二月相对应，音律与大吕相对应。大吕，与十二地支中的丑相对应。

条风处于东北方，主管万物的生发顺序。条的意思是说协调万物而使它们生长出来，所以称为条风。往南便是箕宿。箕宿，接近地面，象征万物的根基，所以称之为箕。条风与正月对应，音律与泰蔟相对应。泰蔟，是万物簇拥而生的意思，所以称为泰蔟。条风在十二地支中与寅对应。寅，是说万物刚生出时蓬勃的样子，所以称之为寅。箕宿向南到达尾宿，尾是说万物初生时像尾巴一样弯曲。尾宿向南到达心宿，心是说万物初生都有像花一般的顶心。心宿再向南便是房宿。房，像是万物的门户，到了门口便可出去了。

明庶风来自东方。明庶，是表示各种植物全都萌发出土了。明庶风与二月相应，音律与夹钟相对应。夹钟，是说阴气和阳气相互掺杂揉合。在十二地支中与卯相对应。卯就是茂，是说万物生长茂盛的样子。在十天干中与甲乙相对应。甲，是指万物破甲而出；乙，是说万物初生时经历的曲折。向南到达氐宿。氐的意思是说万物都已来到地面的意思。氐宿向南到达亢宿。亢，是说万物渐渐长高，长出地面之上。再往南是角宿。角，是说万物都长出枝叉，好像兽角一样。明庶风与三月相对应，在音律中与姑洗相对应。姑洗的意思是说万物新生，颜色光鲜如洗。在十二地支中与辰相对应。辰，意味着万物开始复苏。

清明风在东南方，主管风吹万物而向西发展。先到达轸宿。轸，是说万物生长得茂盛繁大。再向西为翼宿。翼，是说万物都有羽翼。它与历月的四月相应，在音律中对应中吕。中吕的意思是说万物长到了最鼎盛时期，开始走向衰老时期。在十二地支中与巳对应。巳的意思是说阳气将由盛而衰。再往西是七星宿。七星，因为阳气的数完成于七，所以称之为七星。再向西是张宿。张，是说万物都已张开。再向西便到了注宿。注，是说万物开始衰落，阳气下注，所以称为注。它与五月对应，在十二律中与蕤宾相应。蕤宾，是说阴气幼小，才开始生长，所以称为蕤；而阳气开始萎缩，不再发挥作用，所以称为宾。

景风处于南方。景，是说阳气运行到了尽头，所以称为景风。在十二地支中对应午。午是指阴阳二气相互交织的意思，所以称为午。在十天干中对应丙丁。丙，是说阳道显著明显，所以称丙；丁，是说万物已茁壮长成，所以称为丁。景风之西为弧宿。弧的意思是说万物凋落，且很快就会枯死了。狼宿也在景风的西边。狼，是说万物可以度量的意思，可判断万物之量，所以称狼。

凉风来自西南方，主管大地。地，就是侵夺断绝万物生气的意思。凉风与六月相应，音律属于林钟。林钟，说的是万物接近死亡，气象阴森的样子。在十二地支中对应未。未与味同音，是说万物都已长成，有滋有味了。狼星向北是罚宿。罚，是说万物之气断绝，可以采伐了。再向北是参宿。参，是说万物相互掺杂，所以称参。凉风对应七月，音律对应夷则。夷则，是说阴气残害万物。在十二地支中与申对应。申，是说阴气伸展，侵害万物，所以称之为申。再向北是浊宿。浊，是触的意思，是说万物与阴气接触而逐渐死亡，所以称之为浊。其向北是留宿。留，是说阳气仍留存着没有去尽，所以叫留。它与八月对应，音律与南吕相应。南吕，是说阳气运行进入藏所，将被收藏。对应十二地支中的酉。酉，是说万物已经成熟，开始衰老，所以名为酉。

阊阖风居于西方。阊，就是倡导之意；阖，就是收藏之意。是说阳气可倡导万物生发，现在却闭藏于黄泉之下无法发挥作用。它在十天干中对应庚辛。庚，是说阴气使万物变更，所以称之为庚；辛，是说万物生存艰辛，所以称为辛。由留宿向北是胃宿。胃，是说阳气被收藏，就像物品被收入仓库一样。胃宿向北是娄宿。娄，是招呼万物并加以收纳之意。娄宿向北是奎宿。奎，是用残酷手段毒杀万物，进而收藏其种子之意。阊阖风与九月相应，音律属无射。无射，是说阴气旺盛，占主导地位，而阳气收于地下，所以称之为无射。在十二地支中对应戌。戌，是说万物全都灭亡了，所以称为戌。

律数：九乘以九得八十一，这是宫声律数，以此长度管律可吹出宫声。将八十一分为三份，除去一份，余二份得五十四，这是徵声律数。将五十四分为三份，加上一份，得四份，为七十二，这是商声律数。把七十二分为三份，除去一份，余二份为四十八，这是羽声律数。将四十八分为三份，加上一份，得四份为六十四，这是角声律数。

黄钟的长度为八寸又七分之一寸，其声为宫。大吕的长度是七寸五又三分之二分。太蔟长为七寸二分，为角声。夹钟长六寸七又三分之一分。姑洗长六寸四分，为羽声。仲吕长五寸九又三分之二分，为徵声。蕤宾长五寸六又三分之二分。林钟长五寸四分，为角声。夷则长五寸零三分之二分，为商声。南吕长为四寸八分，为徵声。无射长四寸四又三分之二分，应钟长四寸二又三分之二分，为羽声。

生钟律数方法的运用：子律即黄钟律定为一分，丑律为三分之二分，寅律为九分之八分，卯律为二十七分之十六分，辰律为八十一分之六十四分，巳律为二百四十三分之一百二十八分，午律为七百二十九分之五百一十二分，未律为二千一百八十七分之一千零二十四分，申律为六千五百六十一分之四千零九十六分，酉律为一万九千六百八十三分之八千一百九十二分，戌律为五万九千零四十九分之三万二千七百六十八分，亥律为十七万七千一百四十七分之六万五千五百三十六分。

由黄钟产生十二律的方法：一个是下生法，即由长律管生短律管，将分子加倍，分母乘三；一个是上生法，即由短律管生长律管，将分子乘四、分母乘三。数字中最大的是九，音数为五，所以以宫为五；宫生徵，以徵为九；徵生商，以商为八；商生羽，以羽为七；羽生角，以角为六。以"生钟律数"中的黄钟大数十七万余为分子，另把一枚算筹放置在算盘上，用三去乘，一乘得三，再乘得九，依次乘下去，直乘到"生钟律数"中的酉数一万九千余。以每次乘得的数为分母，用分母除分子，得到一些长度为寸的数，直到得到九寸的数为止，将此数称为"黄钟之宫"。由此用"生黄钟术"得到其余各音，所以说五音是由宫声开始，角声结束的。而数由一开始，到十终止，变化则由三来完成。节气则由冬至开始，周而复始。

神是从虚无中产生的，形体则是在有形的物质中产生的；有了形体然后才有律数的产生，有了形体才有五声的产生，所以说神能运用气，而气依附于形体。形体神理可以通过类比进行分类。有的未有形体因而不可分类，有的形体相同因而属于同一类。万物可以分类，有类就能把它的特征表示出来加以识别。圣人知道天地并能分别万物，所以能从有推知未有。其能了解的细小之物可以是像气之类的物体，其轻微者如声之类。然而圣人可通过神来认识事物，因此事物虽然微妙，但必然会在情状中表现出来，确认了事物的外部如同花叶一般的特征，内部的本质特征也就明了了。假如没有圣人的智慧和聪明，谁能了解天地间的神秘规律和形体形成的情况呢？神存在于事物之中，却又不自知何时具有或何时会失去。所以圣人敬畏神却又希望神存在并显示出来。有了想让神存在的欲望，神才会存在。想要神存在，最好的办法就是信仰并尊重神。

太史公说：以璇玑玉衡观测日月五星的运转，可以知道这七政在二十八宿间的运行与季节的变化、方位是相应的。十天干、十二地支、钟律之间的关系，自上古时就开始调配了。订立乐律，推算历法，制定国家法律以及各种规章制度，事物就有依据可以度量了。如此建立的信任如同符节一样相合，才能树立共同遵守的道德规范，这都是从建立律历开始的。

史记卷二十六

历书第四

昔自在古，历建正作于孟春。于时冰泮发蛰，百草奋兴，秭鸩先滜。物乃岁具，生于东，次顺四时，卒于冬分。时鸡三号，卒明。抚十二节，卒于丑。日月成，故明也。明者孟也，幽者幼也，幽明者雌雄也。雌雄代兴，而顺至正之统也。日归于西，起明于东；月归于东，起明于西。正不率天，又不由人，则凡事易坏而难成矣。

王者易姓受命，必慎始初，改正朔，易服色，推本天元，顺承厥意。

太史公曰：神农以前尚矣。盖黄帝考定星历，建立五行，起消息，正闰馀，于是有天地神祇物类之官，是谓五官。各司其序，不相乱也。民是以能有信，神是以能有明德。民神异业，敬而不渎，故神降之嘉生。民以物享，灾祸不生，所求不匮。

少皞氏之衰也，九黎乱德，民神杂扰，不可放物，祸灾荐至，莫尽其气。颛顼受之，乃命南正重司天以属神，命火正黎司地以属民，使复旧常，无相侵渎。

其后三苗服九黎之德，故二官咸废所职，而闰馀乖次，孟陬殄灭，摄提无纪，历数失序。尧复遂重黎之后不忘旧者，使复典之，而立羲和之官。明时正度，则阴阳调，风雨节，茂气至，民无夭疫。年耆禅舜，申戒文祖，云“天之历数在尔躬”。舜亦以命禹。由是观之，王者所重也。

夏正以正月，殷正以十二月，周正以十一月。盖三王之正若循环，穷则反本。天下有道，则不失纪序；无道，则正朔不行于诸侯。

幽、厉之后，周室微，陪臣执政，史不记时，君不告朔。故畴人子弟分散，或在诸夏，或在夷狄，是以其禨祥废而不统。周襄王二十六年闰三月，而《春秋》非之。先王之正时也，履端于始，举正于中，归邪于终。履端于始，序则不愆；举正于中，民则不惑；归邪于终，事则不悖。

其后战国并争，在于强国禽敌，救急解纷而已，岂遑念斯哉！是时独有邹衍，明于五德之传，而散消息之分，以显诸侯。而亦因秦灭六国，兵戎极烦，又升至尊之日浅，未暇遑也。而亦颇推五胜，而自以为获水德之瑞，更名河曰“德水”，而正以十月，色上黑。然历度闰馀，未能睹其真也。

汉兴，高祖曰“北畤待我而起”，亦自以为获水德之瑞。虽明习历及张苍等，咸以为然。是时天下初定，方纲纪大基。高后女主，皆未遑，故袭秦正朔服色。

至孝文时，鲁人公孙臣以终始五德上书，言“汉得土德，宜更元，改正朔，易服色。当有瑞，瑞黄龙见”。事下丞相张苍，张苍亦学律历，以为非是，罢之。其后黄龙见成纪，张苍自黜，所欲论著不成。而新垣平以望气见，颇言正历服色事，贵幸，后作乱，故孝文帝废不复问。

至今上即位，招致方士唐都，分其天部；而巴落下闳运算转历，然后日辰之度与夏正同。乃改元，更官号，封泰山。因诏御史曰：“乃者，有司言星度之未定也，广延宣问，以理星度，未能詹也。盖闻昔者黄帝合而不死，名察度验，定清浊，起五部，建气物分数。然盖尚矣。书缺乐弛，朕甚闵焉。朕唯未能循明也。紬绩日分，率应水德之胜。今日顺夏至，黄钟为宫，林钟为徵，太蔟为商，南吕为羽，姑洗为角。自是以后，气复正，羽声复清，名复正变，以至子日当冬至，则阴阳离合之道行焉。十一月甲子朔旦冬至已詹，其更以七年为太初元年。年名‘焉逢摄提格’，月名‘毕聚’，日得甲子，夜半朔旦冬至。”

历术甲子篇：

太初元年，岁名“焉逢摄提格”，月名“毕聚”，日得甲子，夜半朔旦冬至。

正北

十二

无大馀，无小馀；

无大馀，无小馀；

焉逢摄提格。太初元年。

十二

大馀五十四，小馀三百四十八；

大馀五，小馀八；

端蒙单阏。二年。

闰十三

大馀四十八，小馀六百九十六；

大馀十，小馀十六；
游兆执徐。三年。
十二
大馀十二，小馀六百三；
大馀十五；小馀二十四；
强梧大荒落。四年。
十二
大馀七，小馀十一；
大馀二十一，无小馀；
徒维敦牂。天汉元年。
闰十三
大馀一，小馀三百五十九；
大馀二十六，小馀八；
祝犁协洽。二年。
十二
大馀二十五，小馀二百六十六；
大馀三十一，小馀十六；
商横涒滩。三年。
十二
大馀十九，小馀六百一十四；
大馀三十六，小馀二十四；
昭阳作鄂。四年。
闰十三
大馀十四，小馀二十二；
大馀四十二，无小馀；
横艾淹茂。太始元年。
十二
大馀三十七，小馀八百六十九；
大馀四十七，小馀八；
尚章大渊献。二年。
闰十三
大馀三十二，小馀二百七十七；

大馀五十二，小馀一十六；
焉逢困敦。三年。
十二
大馀五十六，小馀一百八十四；
大馀五十七，小馀二十四；
端蒙赤奋若。四年。
十二
大馀五十，小馀五百三十二；
大馀三，无小馀；
游兆摄提格。征和元年。
闰十三
大馀四十四，小馀八百八十；
大馀八，小馀八；
强梧单阏。二年。
十二
大馀八，小馀七百八十七；
大馀十三，小馀十六：
徒维执徐。三年。
十二
大馀三，小馀一百九十五；
大馀十八，小馀二十四；
祝犁大荒落。四年。
闰十三
大馀五十七，小馀五百四十三；
大馀二十四，无小馀；
商横敦牂。后元元年。
十二
大馀二十一，小馀四百五十；
大馀二十九，小馀八；
昭阳协洽。二年。
闰十三
大馀十五，小馀七百九十八；

大馀三十四，小馀十六；

横艾涒滩。始元元年。

正西

十二

大馀三十九，小馀七百五；

大馀三十九，小馀二十四；

尚章作噩。二年。

十二

大馀三十四，小馀一百一十三；

大馀四十五，无小馀；

焉逢淹茂。三年。

闰十三

大馀二十八，小馀四百六十一；

大馀五十，小馀八；

端蒙（困敦）〔大渊献〕。四年。

十二

大馀五十二，小馀三百六十八；

大馀五十五，小馀十六；

游兆困敦。五年。

十二

大馀四十六，小馀七百一十六；

无大馀，小馀二十四；

强梧赤奋若。六年。

闰十三

大馀四十一，小馀一百二十四；

大馀六，无小馀；

徒维摄提格。元凤元年。

十二

大馀五，小馀三十一，

大馀十一，小馀八；

祝犁单阏。二年。

十二

大馀五十九，小馀三百七十九；

大馀十六，小馀十六；

商横执徐。三年。

闰十三

大馀五十三，小馀七百二十七；

大馀二十一，小馀二十四；

昭阳大荒落。四年。

十二

大馀十七，小馀六百三十四；

大馀二十七，无小馀；

横艾敦牂。五年。

闰十三

大馀十二，小馀四十二；

大馀三十二，小馀八；

尚章汁洽。六年。

十二

大馀三十五，小馀八百八十九；

大馀三十七，小馀十六；

焉逢涒滩。元平元年。

十二

大馀三十，小馀二百九十七；

大馀四十二，小馀二十四；

端蒙作噩。本始元年。

闰十三

大馀二十四，小馀六百四十五；

大馀四十八，无小馀；

游兆淹茂。二年。

十二

大馀四十八，小馀五百五十二；

大馀五十三，小馀八；

强梧大渊献。三年。

十二

大馀四十二，小馀九百；
大馀五十八，小馀十六；
徒维困敦。四年。
闰十三
大馀三十七，小馀三百八；
大馀三，小馀二十四；
祝犁赤奋若。地节元年。
十二
大馀一，小馀二百一十五；
大馀九，无小馀；
商横摄提格。二年。
闰十三
大馀五十五，小馀五百六十三；
大馀十四，小馀八；
昭阳单阏。三年。
正南
十二
大馀十九，小馀四百七十；
大馀十九，小馀十六；
横艾执徐。四年。
十二
大馀十三，小馀八百一十八；
大馀二十四，小馀二十四；
尚章大荒落。元康元年。
闰十三
大馀八，小馀二百二十六；
大馀三十，无小馀；
焉逢敦牂。二年。
十二
大馀三十二，小馀一百三十三；
大馀三十五，小馀八；
端蒙协洽。三年。

十二
大馀二十六，小馀四百八十一；
大馀四十，小馀十六；
游兆涒滩。四年。
闰十三
大馀二十，小馀八百二十九；
大馀四十五，小馀二十四；
强梧作噩。神雀元年。
十二
大馀四十四，小馀七百三十六；
大馀五十一，无小馀；
徒维淹茂。二年。
十二
大馀三十九，小馀一百四十四；
大馀五十六，小馀八；
祝犁大渊献。三年。
闰十三
大馀三十三，小馀四百九十二；
大馀一，小馀十六；
商横困敦。四年。
十二
大馀五十七，小馀三百九十九；
大馀六，小馀二十四；
昭阳赤奋若。五凤元年。
闰十三
大馀五十一，小馀七百四十七；
大馀十二，无小馀；
横艾摄提格。二年。
十二
大馀十五，小馀六百五十四；
大馀十七，小馀八；
尚章单阏。三年。

十二
大馀十，小馀六十二；
大馀二十二，小馀十六；
焉逢执徐。四年。
闰十三
大馀四，小馀四百一十；
大馀二十七，小馀二十四；
端蒙大荒落。甘露元年。
十二
大馀二十八，小馀三百一十七；
大馀三十三，无小馀。
游兆敦牂。二年。
十二
大馀二十二，小馀六百六十五；
大馀三十八，小馀八；
强梧协洽。三年。
闰十三
大馀十七，小馀七十三；
大馀四十三，小馀十六；
徒维涒滩。四年。
十二
大馀四十，小馀九百二十；
大馀四十八，小馀二十四。
祝犁作噩。黄龙元年。
闰十三
大馀三十五，小馀三百二十八；
大馀五十四，无小馀；
商横淹茂。初元元年。
正东
十二
大馀五十九，小馀二百三十五；
大馀五十九，小馀八；

昭阳大渊献。二年。

十二

大馀五十三，小馀五百八十三；

大馀四，小馀十六；

横艾困敦。三年。

闰十三

大馀四十七，小馀九百三十一；

大馀九，小馀二十四。

尚章赤奋若。四年。

十二

大馀十一，小馀八百三十八；

大馀十五，无小馀；

焉逢摄提格。五年。

十二

大馀六，小馀二百四十六；

大馀二十，小馀八；

端蒙单阏。永光元年。

闰十三

无大馀，小馀五百九十四；

大馀二十五，小馀十六；

游兆执徐。二年。

十二

大馀二十四，小馀五百一；

大馀三十，小馀二十四；

强梧大荒落。三年。

十二

大馀十八，小馀八百四十九；

大馀三十六，无小馀；

徒维敦牂。四年。

闰十三

大馀十三，小馀二百五十七；

大馀四十一，小馀八；

祝犁协洽。五年。

十二

大馀三十七，小馀一百六十四；

大馀四十六，小馀十六；

商横涒滩。建昭元年。

闰十三

大馀三十一，小馀五百一十二；

大馀五十一，小馀二十四；

昭阳作噩。二年。

十二

大馀五十五，小馀四百一十九；

大馀五十七，无小馀；

横艾淹茂。三年。

十二

大馀四十九，小馀七百六十七；

大馀二，小馀八；

尚章大渊献。四年。

闰十三

大馀四十四，小馀一百七十五；

大馀七，小馀十六；

焉逢困敦。五年。

十二

大馀八，小馀八十二；

大馀十二，小馀二十四；

端蒙赤奋若。竟宁元年。

十二

大馀二，小馀四百三十；

大馀十八，无小馀；

游兆摄提格。建始元年。

闰十三

大馀五十六，小馀七百七十八；

大馀二十三，小馀八；

强梧单阏。二年。

十二

大馀二十，小馀六百八十五；

大馀二十八，小馀十六；

徒维执徐。三年。

闰十三

大馀十五，小馀九十三；

大馀三十三，小馀二十四；

祝犁大荒落。四年。

右《历书》，大馀者，日也。小馀者，月也。端（旃）蒙者，年名也。支：丑名赤奋若，寅名摄提格。干：丙名游兆。正北，冬至加子时；正西，加酉时；正南，加午时；正东，加卯时。

【译文】

上古时候，历法将孟春月作为正月。这时候，冰雪开始消溶，冬眠的动物开始苏醒，大地百草萌芽，杜鹃鸟在原野中最先啼鸣。万物生长随着岁时变换而循环：从春季开始，依次度过四季，止于冬。这时鸡叫三遍，天就亮了。节气经过了十二个月的变换，到了丑月即腊月便结束了。日月的交替运行，于是有了历法，有了正月的第一个黎明。明就是孟的意思，为阳；幽就是幼的意思，为阴；幽明是指雌雄，即阴阳。阴阳交替，四季循环，万物生长，形成了最完善的体系。太阳从西边落下，自东方升起；而新月先在西方露明，从东方隐于地下。为政如不遵循自然规律，又不顺应民心，那么任何事情都容易失败而难以成功。

帝王改朝换代，接受天命，必须谨慎地制定最初的政令，修订历法，改变朝服的颜色，推算历法的起始点，以顺应天地自然规律。

太史公说：神农以前的历法，年代太久远，就不说了。大概从黄帝开始，根据星体的运行制定历法，建立了五行运行的序列，确立了阴阳死生消长的规律，设置闰月来处理每年十二个月以外的剩余时间，于是有了分管天、地、神祇和其他物类的官员，称为五官。各自按相应的法则分管属于自己的事务，互不扰乱。百姓因此能够依时而作，神明因此得以按时享受祭祀而灵验。民与神各有所职，民众敬神而不亵渎，所以神就赐给人民好收成，民众用祭品献享给神，以致灾祸不生，生活所需永不匮乏。

少皞氏衰落后，九黎部族作乱，破坏了历法，民神不分，群类混淆，灾祸接连发生，没有人能尽享天年。颛顼即位后，便命重担任南正官职，负责历法和祭天等事宜；命火正黎主管有关地的事务，让民众依时进行农业生产劳作，恢复以前的秩序，不得亵渎神灵，人神互不侵扰。

后来三苗部族又像九黎部族一样扰乱了历法，所以重、黎二官都无法再履行自己的职责，没人编算历法，导致闰余失了次序，正月不在相应的节气，摄提星所指的方位也失了规律，整个历法秩序错乱。尧时重新任命天文世家重、黎二氏后人中能推算历法的人，让他们担任主管历法的官员，他们就是羲氏、和氏之官。此后，时节明确而历度又正确了，因此阴阳调和，风雨有节，出现了丰收的景象，百姓也没有夭殇疾疫。当尧年老把帝位禅让给舜的时候，在文祖庙中告诫舜，说“制定历法是事关社稷的大事，这个重任你要亲自担起来”。后来舜也用同样的话告诫禹。由此看来，历法是帝王们都很重视的。

夏历以正月为正月，殷历以夏历的十二月为正月，周历以夏历的十一月为正月。三代的历法岁首好像循环往复，首尾互相衔接。天下治理得好，历法就不会失去时序；治理得不好，那么诸侯就会各自为政，使用自己的历法，那么国家就会出现混乱。

幽王、厉王以后，周朝王室衰弱，各诸侯国卿大夫各自为政，史官记事不记时日，君王因历法混乱不一而不举行告朔礼，所以服务于王室的历算家纷纷离开四处流散，有的在华夏各国，有的去了夷狄地区，所以祝祷祭祀占卜的制度荒废而不能统一。周襄王二十六年鲁历将闰月设在三月，《春秋》书中认为这是不当的。先王制定历法，是先确定历元和年、月、日等开始的时刻，再由中气纠正十二月的位置，把剩余的时间作为闰月。开始的时刻既定，那么一年四时等秩序也就不会错误了；以中气纠正月位，那么百姓也就不会因节气混乱而迷惑；该加闰月之年年终置闰，那么依历办事就不会出现与节气不符的情况。

这以后，战国诸雄并争，各国只注重如何成为强国、战胜敌国，或是为盟友挽救危机，解决纠纷而已，哪有心思考虑编制历法的事！当时只有邹衍懂得历法，创建了五德循环学说，而且推行五行相胜、阴阳消长的理论，并因此而显名于诸侯。但也因秦国在吞灭六国时，战事非常频繁，统一全国后又由于时间太短，所以邹衍的理论没来得及在全国实行。但是秦时十分相信邹衍的理论，注重推求五行胜克，且自以为得到了五行中水德的祥瑞，因此把黄河改名为“德水”，以夏历十月为正月，崇尚黑色。然而历法的推算和闰月的设置等，因没有资料而不能确定是否正确。

汉朝兴起后，高祖说“北畤祀黑帝的事等待我来操办”，这也是自认为获得了水德的祥瑞。即便是精通历法的像张苍等人，也都这样认为。当时天下刚刚平定，正在着手建立国家的基本制度和纲纪，随后吕后主政，也都没有顾得上这些事，所以依旧沿袭了秦朝的历法和朝服的颜色。

到了孝文帝时，鲁人公孙臣上书陈述五德循环理论，说“汉朝得到的是土德，应该改变历元，更改历法，更换朝服的颜色。应当有土德的祥瑞出现，瑞应是黄龙出现”。文帝将此事交给丞相张苍处理。张苍也是学过律历的人，认为他说得不对，把事情搁置了起来。此后在成纪果然出现了黄龙，张苍因此引咎辞职，他准备制定汉历的相关论述也就胎死腹中了。而新垣平以善于望云气而被天子召见，他对皇上提出了改变律历和服色的建议，很得皇上信任，后来因为作乱，所以汉文帝便再也没有谈改变律历和服色的事。

直到现今皇上即位，招纳了方士唐都，让他观测和划分周天各部的星宿运行变化情况，而由巴郡的落下闳负责推算历法，他推算出来的日辰星度与夏历正好相符。于是皇上下诏改变历法纪元，更改官号，在泰山举行封禅大典。并因此诏告御史说：“过去，主管官员说二十八宿的度数没有测定，于是朕广泛征求和询问该怎样测定星度，但都未能得到满意的答复。听说以前黄帝所制定的历法，不但能使天象和季节完全吻合，从而可长久地使用，还弄清了天体的名称和运行轨迹，审定了音律的清浊，建立了表征时节五气运行的规律，明确了各节气与太阳位置度数变化的对应关系。然而这已经是很久远的事了。如今典籍缺少，礼乐废弛，朕深觉遗憾，只是朕无力将其补修完备。如今制定了新历法，各种编排都非常细致，运算日分，全都与能克制水德的土德相合。现在正当夏至，以黄钟为宫声，以林钟为徵声，以太蔟为商声，以南吕为羽声，以姑洗为角声。从此之后，节气重新得以校正，羽声重新清明了，节气名称等又都与实际吻合，以甲子日与冬至日相合作为历法的运算起点，那么阴阳交替便合乎规律。现在算得十一月甲子日夜半时是月朔冬至日，正好可以定元封七年为太初元年，年号为‘焉逢摄提格’，即甲寅年，月名为‘毕聚’，即正月，日期为甲子，夜半时既是朔日的开始，也是冬至之时。”

◎历术甲子篇

太初元年，年号为“焉逢摄提格”，月名是“毕聚”，这天是甲子日，夜半时为冬至节。

冬至在子时，方位为正北。

全年为十二个月，月朔没有大余，没有小余；冬至没有大余，没有小余；焉逢摄提格，即太初元年。

本年十二个月，月朔大余为五十四日，小余为三百四十八分；冬至大余为五日，小余为八分；端蒙单阏，即太初二年。

有闰月，全年为十三个月，月朔大余四十八日，小余六百九十六分；冬至大余十日，小余十六分；游兆执徐，即太初三年。

全年为十二个月，月朔大余十二日，小余六百零三分；冬至大余十五日，小余二十四分；强梧大荒落，即太初四年。

全年为十二个月，月朔大余七日，小余十一分；冬至大余二十一日，无小余；徒维敦牂，即天汉元年。

有闰月，全年为十三个月，月朔大余一日，小余三百五十九分；冬至大余二十六日，小余八分；祝犁协洽，即天汉二年。

全年为十二个月，月朔大余二十五日，小余二百六十六分；冬至大余三十一日，小余十六分；商横涒滩，即天汉三年。

全年为十二个月，月朔大余十九日，小余六百一十四分；冬至大余三十六日，小余二十四分；昭阳作鄂，即天汉四年。

有闰月，全年为十三个月，月朔大余十四日，小余二十二分；冬至大余四十二日，无小余；横艾淹茂，即太始元年。

全年为十二个月，月朔大余三十七日，小余八百六十九分；冬至大余四十七日，小余八分；尚章大渊献，即太始二年。

有闰月，全年为十三个月，月朔大余三十二日，小余二百七十七分；冬至大余五十二日，小余十六分；焉逢困敦，即太始三年。

全年为十二个月，月朔大余五十六日，小余一百八十四分；冬至大余五十七日，小余二十四分；端蒙赤奋若，即太始四年。

全年为十二个月，月朔大余五十日，小余五百三十二分；冬至大余三日，无小余；游兆摄提格，即征和元年。

有闰月，全年为十三个月，月朔大余四十四日，小余八百八十分；冬至大余八日，小余八分；强梧单阏，即征和二年。

全年为十二个月，月朔大余八日，小余七百八十七分；冬至大余十三日，小余十六分；徒维执徐，即征和三年。

全年为十二个月，月朔大余三日，小余一百九十五分；冬至大余十八日，小余二十四分；祝犁大芒落，即征和四年。

有闰月，全年为十三个月，月朔大余五十七日，小余五百四十三分；冬至大余二十四日，无小余；商横敦牂，即后元元年。

全年为十二个月，月朔大余二十一日，小余四百五十分；冬至大余二十九日，小余八分；昭阳协洽，即后元二年。

有闰月，全年为十三个月，月朔大余十五日，小余七百九十八分；冬至大余三十四日，小余十六分；横艾涒滩，即始元元年。

冬至在酉时，方位正西。

全年为十二个月，月朔大余三十九日，小余七百零五分；冬至大余三十九日，小余二十四分；尚章作噩，即始元二年。

全年为十二个月，月朔大余三十四日，小余一百一十三分；冬至大余四十五日，无小余；焉逢淹茂，即始元三年。

有闰月，全年为十三个月，月朔大余二十八日，小余四百六十一分；冬至大余五十日，小余八分；端蒙大渊献，即始元四年。

全年为十二个月，月朔大余五十二日，小余三百六十八分；冬至大余五十五日，小余十六分；游兆困敦，即始元五年。

全年为十二个月，月朔大余四十六日，小余七百一十六分；冬至无大余，小余二十四分；强梧赤奋若，即始元六年。

有闰月，全年为十三个月，月朔大余四十一日，小余一百二十四分；冬至大余六日，无小余；徒维摄提格，即元凤元年。

全年为十二个月，月朔大余五日，小余三十一分；冬至大余十一日，小余八分；祝犁单阏，即元凤二年。

全年为十二个月，月朔大余五十九日，小余三百七十九分；冬至大余十六日，小余十六分；商横执徐，即元凤三年。

有闰月，全年为十三个月，月朔大余五十三日，小余七百二十七分；冬至大余二十一日，小余二十四分；昭阳大荒落，即元凤四年。

全年为十二个月，月朔大余十七日，小余六百三十四分；冬至大余二十七日，无小余；横艾敦牂，即元凤五年。

有闰月，全年为十三个月，月朔大余十二日，小余四十二分；冬至大余三十二日，小余八分；尚章协洽，即元凤六年。

全年为十二个月，月朔大余三十五日，小余八百八十九分；冬至大余三十七日，小余十六分；焉逢涒滩，即元平元年。

全年为十二个月，月朔大余三十日，小余二百九十七分；冬至大余四十二日，小余二十四分；端蒙作噩，即本始元年。

有闰月，全年为十三个月，月朔大余二十四日，小余六百四十五分；冬至大余四十八日，无小余；游兆淹茂，即本始二年。

全年为十二个月，月朔大余四十八日，小余五百五十二分；冬至大余五十三日，小余八分；强梧大渊献，即本始三年。

全年为十二个月，月朔大余四十二日，小余九百分；冬至大余五十八日，小余十六分；徒维困敦，即本始四年。

有闰月，全年为十三个月，月朔大余三十七日，小余三百零八分；冬至大余三日，小余二十四分；祝犁赤奋若，即地节元年。

全年为十二个月，月朔大余一日，小余二百一十五分；冬至大余九日，无小余；商横摄提格，即地节二年。

有闰月，全年为十三个月，月朔大余五十五日，小余五百六十三分；冬至大余十四日，小余八分；昭阳单阏，即地节三年。

冬至在午时，方位为正南。

全年为十二个月，月朔大余十九日，小余四百七十分；冬至大余十九日，小余十六分；横艾执徐，即地节四年。

全年为十二个月，月朔大余十三日，小余八百一十八分；冬至大余二十四日，小余二十四分；尚章大荒落，即元康元年。

有闰月，全年为十三个月，月朔大余八日，小余二百二十六分；冬至大余三十日，无小余；焉逢敦牂，即元康二年。

全年为十二个月，月朔大余三十二日，小余一百三十三分；冬至大余三十五日，小余八分；端蒙协洽，即元康三年。

全年为十二个月，月朔大余二十六日，小余四百八十一分；冬至大余四十日，小余十六分；游兆涒滩，即元康四年。

有闰月，全年为十三个月，月朔大余二十日，小余八百二十九分；

冬至大余四十五日，小余二十四分；强梧作噩，即神爵元年。

全年为十二个月，月朔大余四十四日，小余七百三十六分；冬至大余五十一日，无小余；徒维淹茂，即神爵二年。

全年为十二个月，月朔大余三十九日，小余一百四十四分；冬至大余五十六日，小余八分；祝犁大渊献，即神爵三年。

有闰月，全年为十三个月，月朔大余三十三日，小余四百九十二分；冬至大余一日，小余十六分；商横困敦，即神爵四年。

全年为十二个月，月朔大余五十七日，小余三百九十九分；冬至大余六日，小余二十四分；昭阳赤奋若，即元凤元年。

有闰月，全年为十三个月，月朔大余五十一日，小余七百四十七分；冬至大余十二日，无小余；横艾摄提格，即元凤二年。

全年为十二个月，月朔大余十五日，小余六百五十四分；冬至大余十七日，小余八分；尚章单阏，即元凤三年。

有闰月，全年为十三月，月朔大余五十三月，小余七百二十七分；冬至大余二十一日，小余二十四分；昭阳大荒落，即元凤四年。

全年为十二个月，月朔大余十七日，小余六百三十四分；冬至大余二十七日，无小余；横艾敦牂，即元凤五年。

有闰月，全年为十三个月，月朔大余十二日，小余四十二分；冬至大余三十二日，小余八分；尚章汁洽，即元凤六年。

有闰月，全年为十三个月，月朔大余四日，小余四百一十分；冬至大余二十七日，小余二十四分；端蒙大荒落，即甘露元年。

全年为十二个月，月朔大余二十八日，小余三百一十七分；冬至大余三十三日，无小余；游兆敦牂，即甘露二年。

全年为十二个月，月朔大余二十二日，小余六百六十五分；冬至大余三十八日，小余八分；强梧协洽，即甘露三年。

有闰月，全年为十三个月，月朔大余十七日，小余七十三分；冬至大余四十三日，小余十六分；徒维涒滩，即甘露四年。

全年为十二个月，月朔大余四十日，小余九百二十分；冬至大余四十八日，小余二十四分；祝犁作噩，即黄龙元年。

有闰月，全年为十三个月，月朔大余三十五日，小余三百二十八分；冬至大余五十四日，无小余；商横淹茂，即初元元年。

冬至在卯时，方位正东。

全年为十二个月，月朔大余五十九日，小余二百三十五分；冬至大余五十九日，小余八分；昭阳大渊献，即初元二年。

全年为十二个月，月朔大余五十三日，小余五百八十三分；冬至大余四日，小余十六分；横艾困敦，即初元三年。

有闰月，全年为十三个月，月朔大余四十七日，小余九百三十一分；冬至大余九日，小余二十四分；尚章赤奋若，即初元四年。

全年为十二个月，月朔大余十一日，小余八百三十六分；冬至大余十五日，无小余；焉逢摄提格，即初元五年。

全年为十二个月，月朔大余六日，小余二百四十六分；冬至大余二十日，小余八分；端蒙单阏，即永光元年。

有闰月，全年为十三个月，月朔无大余，小余五百九十四分；冬至大余二十五日，小余十六分；游兆执徐，即永光二年。

全年为十二个月，月朔大余二十四日，小余五百零一分；冬至大余三十日，小余二十四分；强梧大荒落，即永光三年。

全年为十二个月，月朔大余十八日，小余八百四十九分；冬至大余三十六日，无小余；徒维敦牂，即永光四年。

有闰月，全年为十三个月，月朔大余十三日，小余二百五十七分；冬至大余四十一日，小余八分；祝犁协洽，即永光五年。

全年为十二个月，月朔大余三十七日，小余一百六十四分；冬至大余四十六日，小余十六分；商横涒滩，即建昭元年。

有闰月，全年为十三个月，月朔大余三十一日，小余五百一十二分；冬至大余五十一日，小余二十四分；昭阳作噩，即建昭二年。

全年为十二个月，月朔大余五十五日，小余四百一十九分；冬至大余五十七日，无小余；横艾淹茂，即建昭三年。

全年为十二个月，月朔大余四十九日，小余七百六十七分；冬至大余二日，小余八分；尚章大渊献，即建昭四年。

有闰月，全年为十三个月，月朔大余四十四日，小余一百七十五分；冬至大余七日，小余十六分；焉逢困敦，即建昭五年。

全年为十二个月，月朔大余八日，小余八十二分；冬至大余十二日，小余二十四分；端蒙赤奋若，即竟宁元年。

全年为十二个月，月朔大余二日，小余四百三十分；冬至大余十八日，无小余；游兆摄提格，即建始元年。

有闰月，全年为十三个月，月朔大余五十六日，小余七百七十八分；冬至大余二十三日，小余八分；强梧单阏，即建始二年。

全年为十二个月，月朔大余二十日，小余六百八十五分；冬至大余二十八日，小余十六分；徒维执徐，即建始三年。

有闰月，全年为十三个月，月朔大余十五日，小余九十三分；冬至大余三十三日，小余二十四分；祝犁大荒落，即建始四年。

以上历书中的专用名词解释如下：大余，第一个大余，是正月合朔干支序数去掉六十整数倍后余下的天数；第二个大余是正月冬至日干支序数去掉历年中六十整数倍后余下的整日数。小余，是剩余的日的分数的分子，分母是三十二。端蒙等，是年名，包括干支两部分。支：如丑名赤奋若，寅名摄提格等；干：如丙名游兆等。正北，是指冬至时太阳方位在正北，时刻在子时；正西，冬至时太阳方位在正西，时刻在酉时；正南，冬至时太阳方位在正南，时刻在午时；正东，冬至时太阳方位在正东，时刻在卯时。

史记卷二十七

天官书第五

中宫天极星，其一明者，太一常居也；旁三星，三公；或曰子属。后句四星，末大星，正妃；馀三星，后宫之属也。环之匡卫十二星，藩臣。皆曰紫宫。

前列直斗口三星，随北端兑，若见若不，曰阴德，或曰天一。紫宫左三星曰天枪，右五星曰天棓，后六星绝汉抵营室，曰阁道。

北斗七星。所谓"旋、玑、玉衡以齐七政"。杓携龙角，衡殷南斗，魁枕参首。用昏建者杓；杓，自华以西南。夜半建者衡；衡，殷中州河、济之间。平旦建者魁；魁，海岱以东北也。斗为帝车，运于中央，临制四乡。分阴阳，建四时，均五行，移节度，定诸纪，皆系于斗。

斗魁戴匡六星曰文昌宫：一曰上将，二曰次将，三曰贵相，四曰司命，五曰司中，六曰司禄。在斗魁中，贵人之牢。魁下六星，两两相比者，名曰三能。三能色齐，君臣和；不齐，为乖戾。辅星明近，辅臣亲强；斥小，疏弱。

杓端有两星：一内为矛，招摇；一外为盾，天锋。有句圜十五星，属杓，曰贱人之牢。其牢中星实则囚多，虚则开出。

天一、枪、棓、矛、盾动摇，角大，兵起。

东宫苍龙，房、心。心为明堂，大星天王，前后星子属。不欲直，直则天王失计。房为府，曰天驷。其阴，右骖。旁有两星曰衿；北一星曰舝。东北曲十二星曰旗。旗中四星曰天市；中六星曰市楼。市中星众者实；其虚则耗。房南众星曰骑官。

左角，李；右角，将。大角者，天王帝廷。其两旁各有三星，鼎足句之，曰摄提。摄提者，直斗杓所指，以建时节，故曰"摄提格"。亢为疏庙，主疾。其南北两大星，曰南门。氐为天根，主疫。

尾为九子，曰君臣；斥绝，不和。箕为敖客，曰口舌。

火犯守角，则有战。房、心，王者恶之也。

南宫朱鸟，权、衡。衡，太微，三光之廷。匡卫十二星，藩臣：西，将；东，相；南四星，执法；中，端门；门左右，掖门。门内六星，诸侯。其内五星，五帝坐。后聚一十五星蔚然，曰郎位；旁一大星，将位也。月、五星顺入，轨道，司其出，所守，天子所诛也。其逆入，若不轨道，以所犯命之；中坐，成形，皆群下从谋也。金、火尤甚。廷藩西有隋星五，曰少微，士大夫。权，轩辕。轩辕，黄龙体。前大星，女主象；旁小星，御者后宫属。月、五星守犯者，如衡占。

东井为水事。其西曲星曰钺。钺北，北河；南，南河；两河、天阙间为关梁。舆鬼，鬼祠事；中白者为质。火守南北河，兵起，谷不登。故德成衡，观成潢，伤成钺，祸成井，诛成质。

柳为鸟注，主木草。七星，颈，为员官，主急事。张，素，为厨，主觞客。翼为羽翮，主远客。

轸为车，主风。其旁有一小星，曰长沙，(星)星不欲明，明与四星等。若五星入轸中，兵大起。轸南众星曰天库楼，库有五车。车星角若益众，及不具，无处车马。

西宫咸池，日天五潢。五潢，五帝车舍。火入，旱；金，兵；水，水。中有三柱，柱不具，兵起。

奎曰封豕，为沟渎。娄为聚众。胃为天仓。其南众星曰廥积。

昴曰髦头，胡星也，为白衣会。毕日罕车，为边兵，主弋猎。其大星旁小星为附耳。附耳摇动，有谗乱臣在侧。昴、毕间为天街。其阴，阴国；阳，阳国。

参为白虎。三星直〔者〕，是为衡石。下有三星，兑，曰罚，为斩艾事。其外四星，左右肩股也。小三星隅置，曰觜觿，为虎首，主葆旅事。其南有四星，曰天厕。厕下一星，曰天矢。矢黄则吉；青、白、黑，凶。其西有句曲九星，三处罗：一曰天旗，二曰天苑，三曰九游。其东有大星曰狼。狼角变色，多盗贼。下有四星曰弧，直狼。狼比地有大星，曰南极老人。老人见，治安；不见，兵起。常以秋分时候之于南郊。

附耳入毕中，兵起。

北宫玄武，虚、危。危为盖屋；虚为哭泣之事。

其南有众星，曰羽林天军。军西为垒，或曰钺。旁有一大星为北落。北落若微亡，军星动角益希，及五星犯北落，入军，军起。火、金、水尤甚：火，军忧；水，〔水〕患；木、土，军吉。危东六星，两两相比，曰司空。

营室为清庙，曰离宫、阁道。汉中四星，曰天驷。旁一星，曰王良。王良策马，车骑满野。旁有八星，绝汉，曰天潢。天潢旁，江星。江星动，人涉水。

杵、臼四星，在危南。匏瓜，有青黑星守之，鱼盐贵。

南斗为庙，其北建星。建星者，旗也。牵牛为牺牲。其北河鼓。河鼓大星，上将；左右，左右将。婺女，其北织女。织女，天女孙也。

察日、月之行以揆岁星顺逆。曰东方木，主春，日甲乙。义失者，罚出岁星。岁星赢缩，以其舍命国。所在国不可伐，可以罚人。其趋舍而前曰赢，退舍曰缩。赢，其国有兵不复；缩，其国有忧，将亡，国倾败。其所在，五星皆从而聚于一舍，其下之国，可以义致天下。

以摄提格岁：岁阴左行在寅，岁星右转居丑。正月，与斗、牵牛晨出东方，名曰监德。色苍苍有光。其失次，有应见柳。岁早，水；晚，旱。

岁星出，东行十二度，百日而止。反逆行。逆行八度，百日，复东行。岁行三十度十六分度之七，率日行十二分度之一，十二岁而周天。出常东方，以晨；入于西方，用昏。

单阏岁：岁阴在卯，星居子。以二月与婺女、虚、危晨出，曰降入。大有光。其失次，有应见张。（名曰降入）其岁大水。

执徐岁：岁阴在辰，星居亥。以三月（居）与营室、东壁晨出，曰青章。青青甚章。其失次，有应见轸。（曰青章）岁早，旱；晚，水。

大荒骆岁：岁阴在巳，星居戌。以四月与奎、娄（胃昴）晨出，曰跰踵。熊熊赤色，有光。其失次，有应见亢。

敦牂岁：岁阴在午，星居酉。以五月与胃、昴、毕晨出，曰开明。炎炎有光。偃兵；唯利公王，不利治兵。其失次，有应见房。岁早，旱；晚，水。

叶洽岁：岁阴在未，星居申。以六月与觜觿、参晨出，曰长列。昭昭有光。利行兵，其失次，有应见箕。

涒滩岁：岁阴在申，星居未。以七月与东井、舆鬼晨出，曰大音。昭昭白。其失次，有应见牵牛。

作鄂岁：岁阴在酉，星居午。以八月与柳、七星、张晨出，曰（为）长王。作作有芒。国其昌，熟谷。其失次，有应见危。（曰大章）有旱而昌，有女丧，民疾。

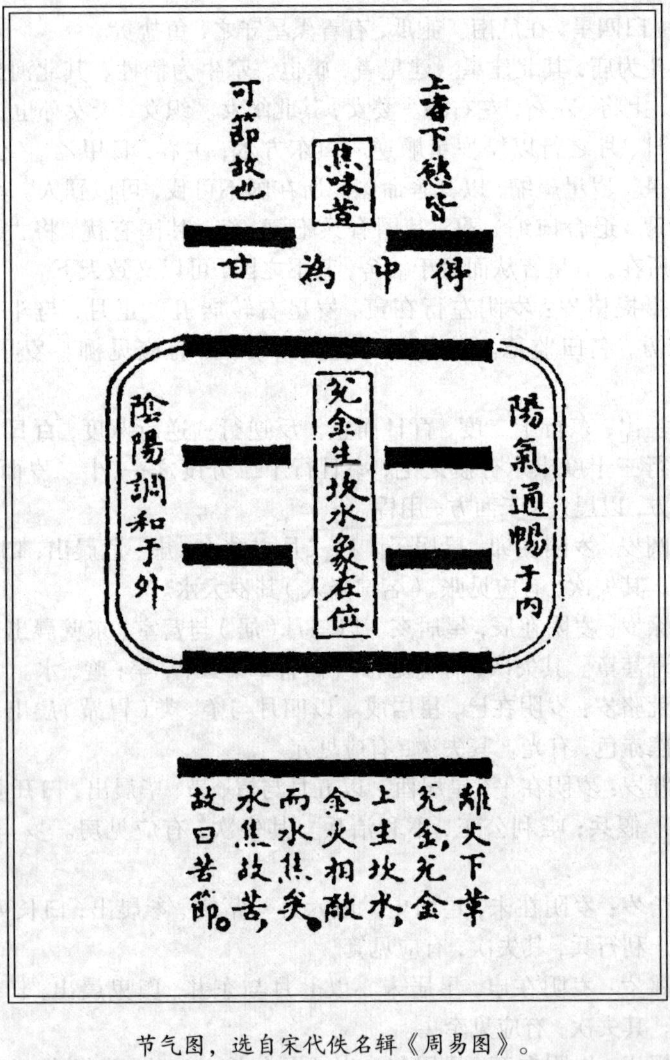

节气图，选自宋代佚名辑《周易图》。

阉茂岁：岁阴在戌，星居巳。以九月与翼、轸晨出，曰天睢。白色大明。其失次，有应见东壁。岁水，女丧。

大渊献岁：岁阴在亥，星居辰。以十月与角、亢晨出，曰大章。苍苍然，星若跃而阴出旦，是谓“正平”。起师旅，其率必武；其国有德，将有四海。其失次，有应见娄。

困敦岁：岁阴在子，星居卯。以十一月与氐、房、心晨出，曰天泉。玄色甚明。江池其昌，不利起兵。其失次，有应（在）〔见〕昴。

赤奋若岁：岁阴在丑，星居寅。以十二月与尾、箕晨出，曰天皓。黫然黑色甚明。其失次，有应见参。

当居不居，居之又左右摇，未当去去之，与他星会，其国凶。所居久，国有德厚。其角动，乍小乍大，若色数变，人主有忧。

其失次舍以下，进而东北，三月生天棓，长四（尺）（丈），末兑。进而东南，三月生彗星，长二丈，类彗。退而西北，三月生天欃，长四丈，末兑。退而西南，三月生天枪，长数丈，两头兑。谨视其所见之国，不可举事用兵。其出如浮如沉，其国有土功；如沉如浮，其野亡。色赤而有角，其所居国昌。迎角而战者，不胜。星色赤黄而沉，所居野大穰。色青白而赤灰，所居野有忧。岁星入月，其野有逐相；与太白斗，其野有破军。

岁星一曰摄提，曰重华，曰应星，曰纪星。营室为清庙，岁星庙也。

察刚气以处荧惑，曰南方火，主夏，曰丙、丁。礼失，罚出荧惑，荧惑失行是也。出则有兵，入则兵散。以其舍命国（荧惑）荧惑为勃乱，残贼、疾、丧、饥、兵。反道二舍以上，居之，三月有殃，五月受兵，七月半亡地，九月太半亡地。因与俱出入，国绝祀。居之，殃还至，虽大当小；久而至，当小反大。其南为丈夫〔丧〕，北为女子丧。若角动绕环之，及乍前乍后，左右，殃益大。与他星斗，光相逮，为害；不相逮，不害。五星皆从而聚于一舍，其下国可以礼致天下。

法，出东行十六舍而止；逆行二舍；六旬，复东行，自所止数十舍，十月而入西方；伏行五月，出东方。其出西方曰“反明”，主命者恶之。东行急，一日行一度半。

其行东、西、南、北疾也。兵各聚其下；用战，顺之胜，逆之败。荧惑从太白，军忧；离之，军却。出太白阴，有分军；行其阳，有偏将战。当其行，太白逮之，破军杀将。其人守犯太微、轩辕、营室，主命恶之。

心为明堂，荧惑庙也。谨候此。

历斗之会以定填星之位。曰中央土，主季夏，曰戊、己，黄帝，主德，女主象也。岁填一宿，其所居国吉。未当居而居，若已去而复还，还居之，其国得土；不，乃得女。若当居而不居，既已居之，又西东去，其国失土；不，乃失女；不可举事用兵。其居久，其国福厚；易，福薄。

其一名曰地侯，主岁。岁行十（二）〔三〕度百十二分度之五，日行二十八分度之一，二十八岁周天。其所居，五星皆从而聚于一舍，其下之国，可〔以〕重致天下。礼、德、义、杀、刑尽失，而填星乃为之动摇。

嬴，为王不宁；其缩，有军不复。填星，其色黄，（光）〔九〕芒，音曰黄钟宫。其失次上二三宿曰嬴，有主命不成；不，乃大水。失次下二三宿曰缩，有后戚，其岁不复；不，乃天裂若地动。

斗为文太室，填星庙，天子之星也。

木星与土合，为内乱，饥，主勿用，战败；水，则变谋而更事；火，为旱；金，为白衣会，若水。金在南〔曰〕牝牡，年谷熟。金在北，岁偏无。火与水合，为焠；与金合，为铄，为丧，皆不可举事；用兵，大败。土为忧，主孽卿；大饥，战败，为北军，军困，举事大败。土与水合，穰而拥阏。有覆军，其国不可举事。出，亡地；入，得地。金，为疾，为内兵，亡地。三星若合，其宿地国，外内有兵与丧，改立公王。四星合，兵丧并起，君子忧，小人流。五星合，是谓易行，有德，受庆，改立大人，掩有四方，子孙蕃昌；无德，受殃若亡。五星皆大，其事亦大；皆小，事亦小。

早出者为嬴，嬴者为客。晚出者为缩，缩者为主人。必有天应见于杓星。同舍为合，相凌为斗，七寸以内必之矣。

五星色白圜，为丧旱；赤圜，则中不平，为兵；青圜，为忧水；黑圜，为疾，多死；黄圜，则吉。赤角犯我城，黄角地之争，白角哭泣之声，青角有兵忧，黑角则水。（意）行穷兵之所终。五星同色，天下偃兵，百姓宁昌。春风秋雨，冬寒夏暑，动摇常以此。

填星出百二十日而逆西行，西行百二十日反东行。见三百三十日而入，入三十日复出东方。太岁在甲寅，镇星在东壁，故在营室。

察日行以处位太白。曰西方，秋，（司兵月行及天矢）日庚、辛，主杀。杀失者，罚出太白。太白失行，以其舍命国。其出行十八舍二百四十日而入。入东方，伏行十一舍百三十日；其入西方，伏行三舍十六日而出。当出不出，当入不入，是谓失舍，不有破军，必有国君之篡。

其纪上元，以摄提格之岁，与营室晨出东方，至角而入；与营室夕出西方，至角而入。与角晨出，入毕；与角夕出，入毕。与毕晨出，入箕；与毕夕出，入箕。与箕晨出，入柳；与箕夕出，入柳。与柳晨出，入营室；与柳夕出，入营室。凡出入东西各五，为八岁，二〔千九〕百二十日，复与营室晨出东方。其大率，岁一周天。其始出东方，行迟，率日半度，一百二十日，必逆行一二舍；上极而反，东行，行日一度半，一百二十日入。其庳，近日，曰明星，柔；高，远日，曰大嚣，刚。其始出西〔方〕，行疾，率日一度半，百二十日；上极而行迟，日半度，百二十日，旦入，必逆行一二舍而入。其庳，近日，曰大白，柔；高，远日，曰大相，刚。出以辰、戌，入以丑、未。

当出不出，未当入而入，天下偃兵，兵在外，入。未当出而出，当入而不入，〔天〕下起兵，有破国。其当期出也，其国昌。其出东为东，入东为北方；出西为西，入西为南方。所居久，其乡利；疾，其乡凶。

出西（逆行）至东，正西国吉。出东至西，正东国吉。其出不经天；经天，天下革政。

小以角动，兵起。始出大，后小，兵弱；出小，后大，兵强。出高，用兵深吉，浅凶；庳，浅吉，深凶。日方南，金居其南；日方北，金居其北，曰赢，侯王不宁，用兵进吉退凶。日方南，金居其北；日方北，金居其南，曰缩，侯王有忧，用兵退吉进凶。用兵象太白：太白行疾，疾行；迟，迟行。角，敢战。动摇躁，躁。圜以静，静。顺角所指，吉；反之，皆凶。出则出兵，入则入兵。赤角，有战；白角，有丧；黑圜角，忧，有水事；青圜小角，忧，有木事；黄圜和角，有土事，有年。其已出三日而复，有微入，入三日乃复盛出，是谓耎，其下国有军败将北。其已入三日又复微出，出三日而复盛入，其下国有忧；师有粮食兵革，遗人用之；卒虽众，将为人虏。其出西失行，外国败；其出东失行，中国败。其色大圜黄滜，可为好事；其圜大赤，兵盛不战。

太白白，比狼；赤，比心；黄，比参左肩；苍，比参右肩；黑，比奎大星。五星皆从太白而聚乎一舍，其下之国可以兵从天下。居实，有得也；居虚，无得也。行胜色，色胜位，有位胜无位，有色胜无色，行得尽胜之。出而留桑榆间，疾其下国。上而疾，未尽其日，过参天，疾其对国。上复下，下复上，有反将。其入月，将僇。金、木星合，光，其下战不合，兵虽起而不斗；合相毁，野有破军。出西方，昏而出阴，阴兵强；暮食出，小弱；夜半出，中弱；鸡鸣出，大弱。是谓阴陷于阳。其在东方，乘明而出阳，阳兵之强；鸡鸣出，小弱；夜半出，中弱；昏出，大弱。是谓阳陷于阴。太白伏也，以出兵，兵有殃。其出卯南，南胜北方；出卯北，北胜南方；正在卯，东国利。出酉北，北胜南方；出酉南，南胜北方；正在酉，西国胜。

其与列星相犯，小战；五星，大战。其相犯，太白出其南，南国败；出其北，北国败。行疾，武；不行，文。色白五芒，出早为月蚀，晚为天矢及彗星，将发其国。出东为德，举事左之迎之，吉。出西为刑，举事右之背之，吉。反之皆凶。太白光见景，战胜。昼见而经天，是谓争明，强国弱，小国强，女主昌。

亢为疏庙，太白庙也。太白，大臣也，其号上公。其他名殷星、太正、营星、观星、宫星、明星、大衰、大泽、终星、大相、天浩、序星、月纬。大司马位谨候此。

察日辰之会，以治辰星之位。曰北方水，太阴之精，主冬，日壬、癸。刑失者，罚出辰星，以其宿命国。

是正四时：仲春春分，夕出郊奎、娄、胃东五舍，为齐；仲夏夏至，夕出郊东井、舆鬼、柳东七舍，为楚；仲秋秋分，夕出郊角、亢、氐、房东四舍，为汉；仲冬冬至，晨出郊东方，与尾、箕、斗、牵牛俱西，为中国。其出入常以辰、戌、丑、未。

其早，为月蚀；晚，为彗星及天矢。其时宜效不效为失，追兵在外不战。一时不出，其时不和；四时不出，天下大饥。其当效而出也，色白，为旱；黄，为五谷熟；赤，为兵；黑，为水。出东方，大而白，有兵于外，解。常在东方，其赤，中国胜；其西而赤，外国利。无兵于外而赤，兵起。其与太白俱出东方，皆赤而角，外国大败，中国胜；其与太白俱出西方，皆赤而角，外国利。五星分天之中，积于东方，中国利；积于西方，外国用〔兵〕者利。五星皆从辰星而聚于一舍，其所舍之国可以法致天下。辰星不出，太白为客；其出，太白为主。出而与太白不相从，野虽有军，不战。出东方，太白出西方；若出西方，太白出东方，为格，野虽有兵不战。失其时而出，为当寒反温，当温反寒。当出不出，是谓击卒，兵大起。其入太白中而上出，破军杀将，客军胜；下出，客亡地。辰星来抵太白，太白不去，将死。正旗上出，破军杀将，客胜；下出，客亡地。视旗所指，以命破军。其绕环太白，若与斗，大战，客胜。兔过太白，间可械剑，小战，客胜。兔居太白前，军罢；出太白左，小战；摩太白，有数万人战，主人吏死；出太白右，去三尺，军急约战。青角，兵忧；黑角，水。赤，行穷兵之所终。

兔七命，曰小正、辰星、天欃、安周星、细爽、能星、钩星。其色黄而小，出而易处，天下之文变而不善矣。兔五色。青圜，忧；白圜，丧；赤圜，中不平；黑圜，吉。赤角，犯我城；黄角，地之争；白角，号泣之声。

其出东方，行四舍四十八日，其数二十日，而反入于东方；其出西方，行四舍四十八日，其数二十日，而反入于西方。其一候之营室、角、毕、箕、柳。出房、心间，地动。

辰星之色：春，青黄；夏，赤白；秋，青白，而岁熟；冬，黄而不明。即变其色，其时不昌。春不见，大风；秋则不实。夏不见，有六十日之旱，月蚀。秋不见，有兵；春则不生。冬不见，阴雨六十日，有流邑；夏则不长。

角、亢、氐，兖州。房、心，豫州。尾、箕，幽州。斗，江湖。牵牛、婺女，杨州。虚、危，青州。营室至东壁，并州。奎、娄、胃，徐州。昴、毕，冀州。觜觿、参，益州。东井、舆鬼，雍州。柳、七星、张，三河。翼、轸，荆州。

七星为员官，辰星庙，蛮夷星也。

两军相当，日晕。晕等，力钧；厚长大，有胜；薄短小，无胜。重抱，大破；无抱，为和；背，不和，为分离相去。直为自立，立侯王；指晕若曰杀将。负且戴，有喜。围在中，中胜；在外，外胜。青外赤中，以和相去；赤外青中，以恶相去。气晕，先至而后去，居军胜。先至先去，前利后病；后至后去，前病后利；后至先去，前后皆病，居(晕)〔军〕不胜。见而去，其发疾，虽胜无功。见半日以上，功大。白虹屈短，上下兑，有者下大流血。日晕，制胜，近期三十日，远期六十日。

其食，食所不利；复生，生所利；而食益尽，为主位。以其直及日所宿，加以日时，用命其国也。

月行中道，安宁和平。阴间，多水，阴事。外北三尺，阴星。北三尺，太阴，大水、兵。阳间，骄恣。阳星，多暴狱。太阳，大旱丧也。角、天门，十月为四月，十一月为五月，十二月为六月，水发，近三尺，远五尺。犯四辅，辅臣诛。行南、北河，以阴阳言，旱水兵丧。

月蚀岁星，其宿地，饥若亡。荧惑也乱，填星也下犯上，太白也强国以战败，辰星也女乱。食大角，主命者恶之；心，则为内贼乱也；列星，其宿地忧。

月食始日，五月者六，六月者五，五月复六，六月者一，而五月者凡五，百一十三月而复始。故月蚀，常也；日蚀，为不臧也。甲、乙，四海之外，日月不占。丙、丁，江、淮、海岱也。戊、己，中州、河、济也。庚、辛，华山以西。壬、癸，恒山以北。日蚀，国君；月蚀，将相当之。

国皇星，大而赤，状类南极。所出，其下起兵，兵强；其冲不利。

昭明星，大而白，无角，乍上乍下。所出国，起兵，多变。

五残星，出正东东方之野。其星状类辰星，去地可六丈。

大贼星，出正南南方之野。星去地可六丈，大而赤，数动，有光。

司危星，出正西西方之野。星去地可六丈，大而白，类太白。

岳汉星，出正北北方之野。星去地可六丈，大而赤，数动，察之中青。此四野星所出，出非其方，其下有兵，冲不利。

四填星，所出四隅，去地可四丈。

地维咸光，亦出四隅，去地可三丈，若月始出。所见，下有乱；乱者亡，有德者昌。

烛星，状如太白，其出也不行。见则灭。所烛者，城邑乱。

如星非星，如云非云，命曰归邪。归邪出，必有归国者。

星者，金之散气，本曰火。星众，国吉；少，则凶。

汉者，亦金之散气，其本曰水。汉，星多，多水；少，则旱。其大经也。

天鼓，有音如雷非雷，音在地而下及地。其所往者，兵发其下。

天狗，状如大奔星，有声，其下止地，类狗。所堕及炎火，望之如火光炎炎冲天。其下圜如数顷田处，上兑者则有黄色，千里破军杀将。

格泽星者，如炎火之状。黄白，起地而上。下大，上兑。其见也，不种而获；不有土功，必有大害。

蚩尤之旗，类彗而后曲，象旗。见则王者征伐四方。

旬始，出于北斗旁，状如雄鸡。其怒，青黑，象伏鳖。

枉矢，类大流星，蛇行而仓黑，望之如有毛羽然。

长庚，如一匹布著天。此星见，兵起。

星坠至地，则石也。河、济之间，时有坠星。

天精而见景星。景星者，德星也。其状无常，常出于有道之国。

凡望云气，仰而望之，三四百里；平望，在桑榆上，〔千〕馀(里)二千里；登高而望之，下属地者三千里。云气有兽居上者，胜。

自华以南，气下黑上赤。嵩高、三河之郊，气正赤。恒山之北，气下黑上青。勃、碣、海、岱之间，气皆黑。江、淮之间，气皆白。

徒气白。土功气黄。车气乍高乍下，往往而聚。骑气卑而布。卒气抟。前卑而后高者，疾；前方而(后)高(者兑)，〔后兑〕而卑者，却。其气平者其行徐。前高而后卑者，不止而反。气相遇者，卑胜高，兑胜方。气来卑而循车通者，不过三四日，去之五六里见。气来高七八尺者，不过五六日，去之十馀里见。气来高丈馀二丈者，不过三四十日，去之五六十里见。

稍云精白者，其将悍，其士怯。其大根而前绝远者，当战。青白，其前低者，战胜；其前赤而仰者，战不胜。阵云如立垣。杼云类杼。轴云抟两端兑。杓云如绳者，居前亘天，其半半天。其蛪者类阙旗故。钩云句曲。诸此云见，以五色合占。而泽抟密，其见动人，乃有占；兵必起，合斗其直。

王朔所侯，决于日旁。日旁云气，人主象。皆如其形以占。

故北夷之气如群畜穹闾，南夷之气类舟船幡旗。大水处，败军场，破国之虚，下有积钱，金宝之上，皆有气，不可不察。海旁蜃气象楼台；广野气成宫阙然。云气各象其山川人民所聚积。

故候息耗者，入国邑，视封疆田畴之正治，城廓室屋门户之润泽，次至车服畜产精华。实息者，吉；虚耗者，凶。

若烟非烟，若云非云，郁郁纷纷，萧索轮困，是谓卿云。卿云(见)，喜气也。若雾非雾，衣冠而不濡，见则其域被甲而趋。

(天)〔夫〕雷电、虾虹、辟历、夜明者，阳气之动者也，春夏则发，秋冬则藏，故候者无不司之。

天开县物，地动坼绝。山崩及徙，川塞溪垘，水澹(泽竭)地长，〔泽竭〕见象。城郭门闾，闺臬枯槁；宫庙邸第，人民所次。谣俗车服，观民饮食。五谷草木，观其所属。仓府厩库，四通之路。六畜禽兽，所产去就。鱼鳖鸟鼠，观其所指。鬼哭若呼，其人逢俉。化言诚然。

凡候岁美恶，谨候岁始。岁始或冬至日，产气始萌。腊明日，人众卒岁，一会饮食，发阳气，故曰初岁。正月旦，王者岁首；立春日，四时之卒始也。四始者，侯之日。

而汉魏鲜集腊明正月旦决八风。风从南方来，大旱；西南，小旱；西方，有兵；西北，戎菽为，小雨，趣兵；北方，为中岁；东北，为上岁；东方，大水；东南，民有疾疫，岁恶。故八风各与其冲对，课多者为胜。多胜少，久胜亟，疾胜徐。旦至食，为麦；食至日昳，为稷；昳至铺，为黍；铺至下铺，为菽；下铺至日入，为麻。欲终日有雨，有云，有风，有日。(日)当其时者，深而多实；无云有风日，当其时，浅而多实；有云风，无日，当其时，深而少实；有日，无云，不风，当其时者，稼有败。如食顷，小败；熟五斗米顷，大败。则风复起，有云，其稼复起。各以其时用云色占，种其所宜。其雨雪若寒，岁恶。

是日光明，听都邑人民之声。声宫，则岁善，吉；商，则有兵；徵，旱；羽，水；角，岁恶。

或从正月旦比数雨。率日食一升，至七升而极；过之，不占。数至十二日，日直其月，占水旱。为其环(城)〔域〕千里内占，则(其)为天下侯，竟正月。月所离列宿，日、风、云，占其国。然必察太岁所在。在金，穰；水，毁；木，饥；火，旱。此其大经也。

正月上甲，风从东方，宜蚕；风从西方，若旦黄云，恶。

冬至短极，县土炭，炭动，鹿解角，兰根出，泉水跃，略以知日至，要决晷景。岁星所在，五谷逢昌。其对为冲，岁乃有殃。

太史公曰：自初生民以来，世主曷尝不历日月星辰？及至五家、三代，绍而明之，内冠带，外夷狄，分中国为十有二州，仰则观象于天，俯则法类于地。天则有日月，地则有阴阳。天有五星，地有五行。天则有列宿，地则有州域。三光者，阴阳之精气本在地，而圣人统理之。

幽、厉以往，尚矣。所见天变，皆国殊窟穴，家占物怪，以合时应，其文图籍机祥不法。是以孔子论六经，纪异而说不书。至天道命，不传；传其人，不待告；告非其人，虽言不著。

昔之传天数者：高辛之前，重黎；于唐虞，羲、和；有夏，昆吾；殷商，巫咸；周室，史佚、苌弘；于宋，子韦；郑则裨灶；在齐，甘公；楚，唐眛；赵，尹皋；魏，石申。

夫天运，三十岁一小变，百年中变，五百载大变；三大变一纪，三纪而大备：此其大数也。为国者必贵三五。上下各千岁，然后天人之际续备。

太史公推古天变，未有可考于今者。盖略以春秋二百四十二年之间，日蚀三十六，彗星三见，宋襄公时星陨如雨。天子微，诸侯力政，五伯代兴，更为主命。自是之后，众暴寡，大并小。秦、楚、吴、越，夷狄也，为强伯。田氏篡齐，三家分晋，并为战国。争于攻取，兵革更起，城邑数屠，因以饥馑疾疫焦苦，臣主共忧患，其察机祥候星气尤急。近世十二诸侯七国相王，言从衡者继踵，而皋、唐、甘、石因时务论其书传，故其占验凌杂米盐。

二十八舍主十二州，斗秉兼之，所从来久矣。秦之疆也，候在太白，占于狼、弧。吴、楚之疆，候在荧惑，占于鸟衡。燕、齐之疆，候在辰星，占于虚、危。宋、郑之疆，候在岁星，占于房、心。晋之疆，亦候在辰星，占于参、罚。

及秦并吞三晋、燕、代，自河、山以南者中国。中国于四海内则在东南，为阳；阳则日、岁星、荧惑、填星；占于街南，毕主之。其西北则胡、貉、月氏诸衣旃裘引弓之民，为阴；阴则月、太白、辰星；占于街北，昴主之。故中国山川东北流，其维，首在陇、蜀，尾没于勃、碣。是以秦、晋好用兵，复占太白，太自主中国；而胡、貉数侵掠，独占辰星，辰星出入躁急，常主夷狄。其大经也。此更为客主人。荧惑为孛，外则理兵，内则理政。故曰"虽有明天子，必视荧惑所在"。诸侯更强，时灾异记，无可录者。

秦始皇之时，十五年彗星四见，久者八十日，长或竟天。其后秦遂以兵灭六王，并中国，外攘四夷，死人如乱麻。因以张楚并起，三十年之间兵相骀藉，不可胜数。自蚩尤以来，未尝若斯也。

项羽救巨鹿，枉矢西流，山东遂合从诸侯，西坑秦人，诛屠咸阳。

汉之兴，五星聚于东井。平城之围，月晕参、毕七重。诸吕作乱，日蚀，昼晦。吴楚七国叛逆，彗星数丈，天狗过梁野；及兵起，遂伏尸流血其下。元光、元狩，蚩尤之旗再见，长则半天。其后京师师四出，诛夷狄者数十年，而伐胡尤甚。越之亡，荧惑守斗；朝鲜之拔，星茀于河戒；兵征大宛，星茀招摇：此其荦荦大者。若至委曲小变，不可胜道。

由是观之，未有不先形见而应随之者也。

夫自汉之为天数者，星则唐都，气则王朔，占岁则魏鲜。故甘、石历五星法，唯独荧惑有反逆行；逆行所守，及他星逆行，日月薄蚀，皆以为占。

余观史记，考行事，百年之中，五星无出而不反逆行，反逆行，尝盛大而变色；日月薄蚀，行南北有时。此其大度也，故紫宫、房心、权衡、咸池、虚危列宿部星，此天之五官坐位也。为经，不移徙，大小有差，阔狭有常。水、火、金、木、填星，此五星者，天之五佐，为(经)纬，见伏有时，所过行赢缩有度。

日变修德，月变省刑，星变结和。凡天变，过度乃占。国君强大，有德者昌；弱小，饰诈者亡。太上修德，其次修政，其次修救，其次修禳，正下无之。夫常星之变希见，而三光之占亟用。日月晕适，云风，此天之客气，其发见亦有大运。然其与政事俯仰，最近(大)〔天〕人之符。此五者，天之感动。为天数者，必通三五。终始古今，深观时变，察其精粗，则天官备矣。

苍帝行德，天门为之开。赤帝行德，天牢为之空。黄帝行德，天夭为之起。风从西北来，必以庚、辛。一秋中五至，大赦；三至，小赦。白帝行德，以正月二十日、二十一日，月晕围，常大赦载，谓有太阳也。一曰：白帝行德，毕、昴为之围。围三暮，德乃成；不三暮及围不合，德不成。二曰：以辰围，不出其旬。黑帝行德，天关为之动。天行德，天子更立年；不德，风雨破石。三能、三衡者，天廷也。客星出天廷，有奇令。

【译文】

中宫的天极星，是其中最明亮的一颗，是太一天神的常位；天极星旁边的三颗小星象征着三公，有人说它们是太一神诸子的象征。天极星的后面是形如钩状的四颗勾星，其中最后一颗大星是正妃，其余三颗是后宫的侧妃嫔媵之类。环绕并护卫着中宫的有十二颗星，象征着文、武等诸臣。以上所有的星构成了中宫，统称为紫宫。

在紫宫前门口，有三颗星对着斗口，呈椭形。北端呈尖状的星，星光暗淡，若隐若现，叫作阴德星，又称为天一星。紫宫左方的三颗星，叫作天枪；右前方的五颗星叫天棓；后面横跨银河直达东壁宿和营室宿的六颗星，叫作阁道。

北斗七星，就是《尚书》中说的“璇、玑、玉衡以齐七政”的“七政”。北斗的斗杓与东宫七宿中的角宿相连，斗衡向南与南斗相对，斗魁星处于西方七宿中的参宿头顶上方。历法上，以黄昏时北斗斗杓所指十二辰方位的名称来命名该月月名的方法叫昏建，主华山及其西南方向的祸福吉凶；以夜半时斗衡所指方位命名该月月名的方法叫夜半建，其主黄河、济水之间的中原地区的祸福吉凶；以黎明时斗魁所指方位命名该月月名的方法叫平旦建，其主海、岱东北方向的祸福吉凶。北斗的形状如同天帝的车子，它在天极中央附近运行，因而钳制并主宰着四方地域的分野。区分阴阳，建明四时，平均五行，移易节度，确定十二辰纪的位置，这些全都要依靠北斗。

在斗魁星上方如筐般形状的六颗星，叫做文昌宫：六颗星的名称一是上将，二是次将，三是贵相，四是司命，五是司中，六是司禄。在四颗斗魁星中间，有星名贵人之牢。在斗魁星下方也有六颗星，每两两相邻，成三对，合称三能。三能星明暗颜色如果相同，则象征着君臣之间的关系和睦；如果不同，则表示君臣之间关系紧张。北斗旁的辅星明亮且靠近主星开阳，则表示辅佐的大臣权重且受信任；如果辅星距主星远而且暗小，则表示不受信任，辅佐的大臣权势弱小且与君王关系疏远。

北斗的杓尾末端有两颗星，靠近北斗的称为天矛，又名招摇；离北斗较远的称为盾星，又叫天锋。靠近斗杓有十五颗星，它们构成的形状上如勾，下如环，名叫贱人之牢。如果这些星看起来比较清晰，则象征着尘世中的囚犯多；如果看起来暗淡不清。则是囚犯得以开脱的征兆。

如果天一、天枪、天棓、天矛和盾星看上去在摇动，且星光的芒角大，这预示着世间战乱将起。

东宫形状看起来像苍龙，有房、心二星宿。心宿有如天王发布政令的明堂，其中最大的那颗为天王星，其前后各有一颗小的是子星。心宿的三颗星排列形状不宜在一条直线上，如在一条直线上则说明天王的政令失宜。房宿有如天王府，又名天驷。房宿以北是右骖星。旁边的两星叫衿星，衿星北边的一颗星叫辖星。房宿东北方向弯曲排列的十二颗星叫旗。旗中有四星名为天市，有六星名为市楼。天市中星数多，则说明世间富足殷实；星数少则说明国民虚贫。房宿以南有许多星，称为骑官星座。

角宿有二颗星，左边的叫李星，右边的叫将星。大角星很亮，有如天王的帝廷。在两旁各有三颗星，如勾状鼎足而立，叫做摄提。之所以称为摄提，是由于它们位于斗杓所指的方向之下，被斗杓所提携，以建明时节，所以又叫“摄提格”。亢宿的外观像庙宇的房顶，主管人间疾病。亢宿的南边，一南一北有二颗大星，名为南门。氐宿，是天的根柢，主管人间瘟疫等疾病。

尾宿星座的九颗星，是天帝九子，是君臣关系的象征；如各星之间相距很远，就说明君臣不和。箕宿为敖客，是天的口舌，也是口舌是非的表象。

如果火星运行并停在角宿附近，预示有战争将要发生；如果是停在房宿、心宿附近，则不利于帝王，这是当政者厌恶的星象。

南宫看起来像只朱雀，所以常以朱雀作为它的名称，包括权星和衡星。衡指的就是太微垣，是日、月、五星运行的宫廷。周围有十二颗星匡辅和守卫，都以藩臣命名：西边的称将；东边的叫相；南边的四颗星，名为执法，其中间的那两颗叫端门，端门左右两边的两颗叫掖门。门内有六颗星，象征诸侯，其中的五颗星名为五帝座。太微北聚集着十五颗星，星光明亮，名为郎位；郎位旁边有一颗大星，叫将位。月亮与五星自西而东顺入太微垣，如果循轨道运行，察看它们走过的路径，在某星旁停留，与该星对应的世间官员将会被天子杀掉。月亮与五星自东而西逆行进入太微垣，如果不循轨道运行，它们接近的星所对应的大臣就会有危险；若接近了中间的五帝座，表示祸福已定，已无法解除，是群下相从而谋，共同作乱的结果。尤其是金星、火星侵犯五帝座，后果更为严重。在太微垣西部藩卫星的西面，有五颗从上垂下的星，名为少微，象征士大夫。再往西是权，也就是轩辕座，其形体像一条黄龙。权前面那颗大星，是女主的象征，它旁边那些小星，代表后宫奉御妃嫔之属。月与五星运行或是停留在权附近，占卜的方法与衡一样。

东井宿，主与水有关的占卜事宜。在它的西面，有一颗呈弯曲形状的星名为钺。在钺的北面，有北河星座；钺的南面，有南河星座；在两河与天阙星之间，是三光所经的关梁。舆鬼宿，主管鬼神祭祀的事；舆鬼宿中有一颗白色雾状的星名为质星。如果是火星运行到并停留在南、北河附近，表示有兵祸将起，粮食歉收。所以说，从衡星座可看出帝王的德政，从潢星座可看出天子出巡的征兆，从钺星座可看出王者的伤败，祸乱的征兆表现在井星座，质星则表现诛杀。

柳宿是朱雀的嘴巴，主占草木事。星宿七星处于朱雀的颈部，像朱雀的咽喉一样，主要占卜紧急之事。张宿是朱雀的嗉囊，有如天廷的厨房，主要占卜宴客之事。朱雀的羽翮是翼宿，主占迎送远方来客之事。

轸宿的形状有如车辆，主管风。在它的旁边有一颗小星，名为长沙星；这颗星通常阴暗不明。如果它变得与轸宿的四颗星同样明亮，就会与五星进入轸宿之中一样，预示有大的战争将要发生。轸宿南面的众多星星都属于天库楼星座；天库楼星座中一些星组成了五车星。如果车星的芒角很多或是看不清车星，那就预示天下将出现兵车动乱，以致没有停放车马的地方。

西宫的中心在咸池，叫做天五潢。五潢星座，是五帝的车舍。如果火星进入五潢，将会有旱灾；如果是金星进入，那么会有兵灾；如果是水星进入，那么就会有水灾。五潢星座中还有分别由三颗星组成的三个柱星，当柱星看不清时，就表示有战争将会发生。

奎宿又叫封豕，主占有关沟渠的事。娄宿，主占聚众的事。胃宿主占卜仓廪的事，其南面的众多星构成了廥积星座。

昴宿也叫髦头，其周边有光雾相伴，主占丧事。毕宿又叫罕车，象征边防兵，主占狩猎等事。毕宿中最大的那颗星旁边，有一颗小星，名叫附耳；如果附耳星不停摇动，则表示有谗佞之臣在天子身边。在昴宿、毕宿之间两颗星叫天街，其中靠北的那颗叫阴国，是夷狄人国家的象征；靠南的那颗叫阳国，是华夏国家的象征。

参宿的形状如同一只白虎。其中三颗东西连成一条直线的星就像一杆秤，叫做衡石。在衡石的下面有三颗星，与它组成了一锐角，叫罚星，主要占卜有关斩杀的事。衡石外边有四颗星，分别是参宿的左右肩和左右股。在参宿上边略偏点的地方有排成三角形的三颗小星，名叫觜觿，如同参宿白虎的虎头，主要占卜军旅运输之事。参宿南边的四颗星，名为天厕。在天厕南边下方有一颗星，叫做天矢。矢星如果为黄色，则是吉兆；如果为青色、白色或黑色，则为凶兆。在参宿的西边有弯曲排列的九颗星，分别陈列在三处，第一处名为天旗，第二处名为天苑，第三处名为九游。在参宿的东边，有一颗大星叫狼星。如果狼星的芒角变色，则表示天下盗贼多。狼星的东南方有四颗星，叫弧，正对狼星。在狼星正南面与地平线相接处有一颗大星，名叫南极老人星。老人星出现，表明世道安宁；不出现，则表明将有战事发生；通常是秋分时的黎明，在城南郊等候老人星的出现。

如果附耳星进入毕宿中间，表示有战事兴起。

北宫的整体形状像龟，所以称为玄武，包括虚宿和危宿。危宿的形状像房屋的屋顶，主占盖房等事；虚宿主占丧事。

在虚、危二宿的南面，有一大群星，称为羽林天军星座。羽林天军的西部是垒星，也称为钺星。在钺星旁有一颗大星，名叫北落。如果北落星光暗淡甚至隐而不见，羽林天军众星摇动且芒角稀少，以及五星运行到北落附近，或进入于羽林天军，表示将有战事发生。如果火星、水星、金星运行进入羽林天军那就更为严重了。火星靠近，则不利于军队；如果水星进入，则表示将有水灾；但如果是木星或土星进入，则对军事有利。在危宿的东边有六颗星，每两颗并列成对，名叫司空。

营室宿就像天上的清庙，其中有离宫、阁道等星座。天汉之中有四颗星在营室以北，名为天驷，也就是天马的意思。在天驷旁边有一星座，名叫王良。如果王良策动天马，那么表示天下将有车马动乱的祸患。王良旁有八星，横跨在银河之上，叫做天潢星。在天潢星旁边有一颗星，名为江星。如果江星摇动，表示将有大水灾发生。

杵、臼等四颗星，位于危宿的南面。在天潢星座南边的匏瓜星旁，如果发现有青色或黑色的星停留在附近，则表示天下鱼盐的价格昂贵。

南斗宿是天帝的庙宇，它的北边是建星。建星，就像天庙前的旗帜。庙前祭祀的牺牲就是牵牛宿。牵牛宿的北面是河鼓宿。河鼓中的那颗大星，代表了天帝的大将；左右两边的小星，则代表了左右将。其东面是婺女宿，婺女宿的北边是织女星。织女，是天帝的孙女。

通过观察日、月的运行，以判断岁星的运行是否正常。岁星就是木星，主管东方，在五行为木，在四季主春，日期为甲乙。如国家有不义的行为，木星就会有天降惩罚的征兆。岁星有赢缩的变化，通常按它所在的星宿位置，对应地面上的国家，岁星所在星宿对应的国家，不能去进行征伐，但该国却可以去征伐别国。岁星实际位置超过了应处的运行位置到达下一星宿称为赢，没有到达应处的位置而落后一个星宿称为缩。如果发生了赢现象，所对应的国家将有兵事，但不会有灭亡的危险；如果发生了缩现象，所对应的国家将有忧患，国家会有倾败的危险。如果国家所对应的天区，出现了五星也都先后聚集到了这一宿的天象，那么这个国家就可以以义取天下。

在摄提格岁即寅年，这时岁阴从东向西在寅位运行，而岁星从西向东运行在丑位。正月时，岁星同斗宿、牵牛宿在天亮前一起出现在东方，叫做监德；其星色明亮且青苍。如果岁星运动失次，与它相应的征兆，应验在柳宿的对应国。岁星出现超前了，该国有水灾；岁星出现晚了，该国有旱灾。

岁星出现后，由西向东运行十二度，历时一百天后停止，然后向西开始逆行；逆行八度，也需要一百天，然后又再向东运行。一年共运行三十度又十六分之七度，平均每天运行十二分之一度，绕天空运行一周需要十二年。岁星出现时常在东方，时间为早晨；黄昏时候，消失在西方。

单阏岁的时候，岁阴出现在卯位，岁星处于子位。二月时，岁星与婺女、虚、危三宿一起在早晨时出现于东方，名为降入；星光明亮而且大。如果这时岁星失次运行，会有相应的征兆在张宿出现。这样的年份将有大水灾。

执徐岁的时候，岁阴出现于辰位，岁星位于亥位。在三月份时，岁星与营室、东壁二宿一起出现于早晨的东方，名为青章，其星光青苍而明亮。这时如果岁星运行失次，会有相应的征兆在轸宿出现。岁星若早出，轸宿对应的国家将会天旱；若晚出了，则轸宿对应的国家将会有水灾。

大荒骆岁的时候，岁阴在巳位，岁星在戌位。四月份时，岁星与奎、娄二宿一起出现在东方的早晨，名为跰踵，其星光呈赤色且有光芒。这时如果岁星运行失次，则会有相应的征兆在亢宿出现。

敦牂岁的时候，岁阴处午位，岁星在酉位。五月份时，岁星与胃、昴、毕三宿一起在早晨出现于东方，名为开明。其星炎炎有光。这一年应停止兵事，有利于帝王施政，不利于治军弄武。这时如果岁星失次，则会有相应的征兆在房宿出现。岁星出现早了，则房宿对应的国家将有旱灾；若出现晚了，该国则有水灾。

叶洽岁的时候，岁阴在未位，岁星在申位。六月份时，岁星在早晨与觜觽、参宿一起出现于东方，名为长列，其星体光亮灿烂。这一年有利于出兵战事。如果岁星这时运行失次，则会有相应的征兆在箕宿出现。

涒滩岁的时候，岁阴在申位，岁星在未位。七月份，在早晨时岁星与东井、舆鬼二宿一起出现于东方，名为大音。其星光呈白色且明亮。如果岁星这时运行失次，那么在牵牛宿对应的国度将会有征兆出现。

作鄂岁的时候，岁阴在酉位，岁星处午位。八月份时，岁星与柳宿、七星、张宿一起出现于东方的早晨，名为长王。其星光明亮且有芒角。这一年，其对应的国家将昌盛，且五谷丰收。八月时如果岁星运行失序，那么在危宿对应的国度将会有征兆出现。这时该国即使有旱灾，国运仍会昌隆；可能会有女主丧亡，而民众会有疾疫之苦。

阉茂岁的时候，岁阴在戌位，岁星在巳位。九月份时，岁星与翼、轸二宿一起出现在东方的早晨，名为天睢。其星光白色且大而亮。此时如果岁星运行失次，那么在东壁宿对应的国度将会有征兆出现。该国将会有水灾或女主丧亡之祸。

大渊献岁的时候，岁阴出现在亥位，岁星出现在辰位。十月份的早晨时，岁星与角宿、亢宿一起出现在东方，名为大章。其星光茫青苍，好像是突然从黎明前的黑暗中跃出似的，这就叫“正平”。这样的年份，其对应的国家如果兴兵伐敌，其将帅必然勇猛；该国也因为有德而将拥有四海，成为天下共主。此时如果岁星运行失序，那么在娄宿对应的国度将会有征兆出现。

困敦岁的时候：岁阴在子位，岁星在卯位。十一月份的早晨，岁星与氐宿、房宿、心宿一起出现在东方，名为天泉。其星光色黑但是很明亮。这样的年份，江、池等水产将获得丰收，但不利于起兵。此时如果岁星运行失序，那么在昴宿对应的国度将会有征兆出现。

赤奋若岁的时候，岁阴在丑位，岁星在寅位。十二月份的早晨，岁星与尾宿、箕宿一起出现在东方，名为天皓。其星光色黑且明亮。此时如果岁星运行失序，那么在参宿对应的国度将会有征兆出现。

岁星在运行过程中会出现停留，如果它在某处应当停留却没有停留，即使停留却又左右摇动，或者不该离开却又离开了，与其他星宿交会，那么该宿相对应的国家就会出现灾难。如果在某处停留得过久，那么说明相对应的国家德泽深厚。如果岁星的芒角摇动，或是忽大忽小，好像颜色总是在变，那么预示着该国的国君有忧患。

岁星失次运行超过一宿，往东北方向顺行，三个月后会出现在天棓星附近，它看上去长四丈，尾端尖锐；向东南方向顺行，三个月后会出现在彗星附近，它看上去长两丈，形状像彗星；往西北方向逆行，三个月后会出现在天欃星附近，它看上去长四丈，尾端尖锐；向西南方向逆行，三个月后会出现在天枪星附近，它看上去有几丈长，两头尖锐。与这些星宿相对应的国家要认真观察岁星的运行情况，当年不宜举办大事或出兵动武。如果岁星出现时看似向北上浮而实则向南下沉，那么它所出现的区域对应的国家可能会扩张领土；如果是看似向南下沉而实则向北上浮，那么其对应之国将会丧失边境领土。如果岁星颜色赤红且有芒角，那么其出现天域所对应的分野国必会昌盛；与该国作战是不会获胜的。如果岁星的颜色赤黄而浓重，那么其出现天域所对应的分野国定是五谷大熟，得大丰收。如果岁星的颜色为青白或赤灰，那么其出现天域所对应的分野国定有忧患。如果岁星隐于月亮之后，那么其出现天域所对应的分野国的宰相会被罢免；如果岁星与太白星相遇，那么其出现天域所对应的分野国的军事行动会失败。

岁星又叫摄提，又名重华、应星、纪星。前面所说的营室宿就是天上的清庙，指的就是岁星庙。

通过观察阳刚的气象来对荧惑星做出决断。荧惑在五方中属南方，五行属火，也就是火星，四时主夏，天干为丙丁。如果国家的行为失礼，荧惑星便会出现天降惩罚的征兆；荧惑就是行为不当的征兆。它若出现就会有战争，它若隐没战争就会停止。通常以荧惑所在的星宿占卜该星宿所对应分野国的吉凶。荧惑星的出现，往往预示着动乱的发生，如流寇、疾病、死丧、饥饿、战争等。荧惑星逆行超过两宿以上，停留在某宿，如果停留三个月，那么所停处相应的国度会有祸殃；如果停留五个月，该国将有外兵入侵；如果停留七个月，该国半数国土将丧失；如果停留九个月，该国国土将丧失大半；如果是从早到晚与停留处的星宿一起出没，那么该国便将灭亡了。荧惑星停留的地方，对应的分野国如果灾祸立刻降临，那么这种灾难看似大，其实小；如果灾祸迟迟才到，那么所受的祸殃将看似小，其实大。荧惑如果向南运行，是男子死亡的预示；如果是向北运行，则是女子死亡的预示。如果是荧惑的星光芒角动摇或是在原地旋转，以及忽前忽后、忽左忽右，那么祸殃就会更大。荧惑在运行中与其他星宿相遇，如果两者的星光亮度相差无几，那么就会有危害；如果两者的星光亮度相差悬殊，那么就不会有危害。如果五大行星相继聚集在同一星宿，那么该星宿对应的国度可以以礼号召天下。

荧惑运行的规律：早晨从东方出现后，自西向东顺行十六宿后停止，然后向西逆行二宿；约两个月后，再又向东顺行，经过数十宿后停止，大概十个月后日落前消逝于西方；在伏行五个月后，又在东方出现。如果它消失后又从西方出现，名为“反明”，这是分野国厌恶的天象。荧惑向东运行时速度很快，每天运行达到一度半。

荧惑向东、南、西、北四个方向的运行速度，都非常迅疾。当它运行到这四个方向的任何一个方位，该方位相应的地区都会有战事发生；如果发生战争，那么荧惑顺行时对应的分野国一方用兵必胜，逆行时对应的分野国一方用兵则必败。如果荧惑随着太白星而行，那么相应的分野国则有军事忧患；如果它离开太白星运行，那么军队会撤离。如果荧惑在太白星以北运行，那么表示会有偷袭的军队；如果是在太白星以南运行，则表示会有小的战事发生。当荧惑运行时，如果被太白星从后追上，那么预示着可能有军败将亡的事发生。荧惑星如果停留或者是侵犯太微垣、轩辕座、营室宿，那么对相应的分野国来说是最忌讳的事。心宿是指行政的明堂，而荧惑是执法的庙堂。仔细观察荧惑的情况，以断吉凶

通过历法中与南斗交会的年份，来判定填星的位置。按五行说法，填星属五方的中央，五行属土，即土星，主管夏末；天干属戊、己，是中央黄帝，主管道德，是女主的象征。土星每年行过一宿（绕恒星一周约二十八年），其停留处，对相应的分野国有利。如果在不该停留时而停留，或者已经离去却又返回来，且返回之后停留下来，那么预示着相应的分野国领土将会扩大，否则会得到女主。如果填星应该停留而不停留，及已停留却又很快向东或向西离去，那么相应的分野国会有丧失领土的灾祸，否则会丧失女主，不可以进行用兵大事。如果填星在某处停留得久，那么说明相应分野国的福气大；反之，说明该国的福气小。

填星，又名地侯，主要是掌管年岁的收成好坏。每年运行十三度又一百一十二分之五度，每日运行二十八分之一度，二十八年绕天空运行一周。如果填星停留在某一宿，而其他四星也都相从聚集于该宿，那么相对应的分野国可成为天下影响最大的国家。如果一个国家礼、德、义、杀、刑等全都失当，那么填星将会为此动摇不定。

如果填星运行出现赢的现象，则预示着相应分野国的君王将不得安

宁；如果填星运行出现缩的现象，则预示着相应分野国出征的战士不会返回。填星，其光为黄色，有九道光芒，与黄钟宫调相对应。如果填星运行失次超过二三宿称为赢，象征着对应国不能实行君主之命，否则该国有大水灾。若运行失次落后二三宿称为缩，预示着对应国王后有悲戚之事，这一年年阴阳不和，冬至阴不复，夏至阳不复，不然就会有天崩地裂的事发生。

斗宿是天上的文太室，是填星之庙，是占卜天子吉凶的星宿。

木星与土星会合，象征着对应国将发生内乱。饥荒，人君不可发动战争，否则必败；木星与水星会合，象征着谋事不终，半途而废；木星与火星会合，表示该国将有旱灾发生；木星与金星会合，表示该国将有死丧之事或者有水灾。金星在木星（岁星）南会合，被称为牝牡，是五谷丰收的征兆；金星在木星北会合，则表示该国将五谷歉收。火星与水星会合被称为焠，火星与金星会合被称为铄，都预示着将有丧事，该国不宜有重大举措，此时如果对敌用兵则将大败。火星与土星会合有忧患，表示有公卿为祸；国家将有大饥，战事失利，有败北与军队被困的危险，凡是行事都将遭遇失败。土星与水星会合，五谷虽然丰收却流通不畅，有全军覆灭的危险，相对应的国度不可以进行大事。土星与水星会合时两星都出现，该国将丧失国土；如果两星会合而隐入不见，那么该国将会获得土地。土星与金星会合，预示着疾病流行，国内有兵造反，该国将丧失国土。如果五星中有三星在某处会合，那么相对应的国度，外有敌国入侵，内有战乱兴起，造成丧亡，将改立君主；如果是四星会合，预示该国将兵丧并起，人君有忧患，而百姓将流离失所；如果是五星会合，这是要易世而行，将要改朝换代的征兆，有德的国家，有喜庆，改立的君主，将拥有天下，子孙后代蕃衍昌盛；无德的国家，将遭受祸殃乃至灭亡。五星都大而明亮，其预兆的事体也大；五星都小而暗淡，其预兆的事体也小。

赢是五星早于推算时间出现的称谓，有如来了客人。行星晚于推算时间出现，称为缩，有如主人送客在后。如果五星运行失次出现赢、缩，必定会有反应从北斗的杓星失常显示出来。行星同在一宿叫做合，处于相邻的两宿叫做斗，如果两者相近在七寸以内，必定会有征兆显现。

五星如果色白而体圆，预示着将有丧事和旱灾；如果色红而体圆，边沿和中部有不平的样子，预示将有战争；如果色青而体圆，预示着将有水患；如果色黑而体圆，预示着将有疾病发生，死亡的人多；如果色黄而体圆，则是吉利的征兆。五星如果有赤色芒角，预示有敌兵犯我城池；如果有黄色芒角，预示着将有争夺土地的战争；如果有白色芒角，预示着将有丧事；如果有青色芒角，预示着军队将有忧患；如果有黑色芒角，预示着将有水灾。它们的形状和颜色变化，预示着军事行动的最终结果。如果五星一色，预示着天下将兵戈息止，百姓昌盛安宁。春风秋雨，夏热冬寒，季节变换的征兆，常从这些天象表现出来。

填星出现以后，顺行一百二十天后开始向西逆行，再经过一百二十天重又向东顺行。在天空中出现三百三十天后隐入伏行，伏行三十天后又重新出现在东方。太岁在寅位的甲寅年，填星在东壁宿和营室宿。

通过对太阳运行的观察来判断太白星的位置。按照五行的说法，太白星位于五方中的西方，属秋，天干为庚、辛，主刑杀。如果刑杀不当，太白星就会出现惩罚的征兆。太白星如果运行失常，按照所经行的星宿可推断对应国家的凶吉。太白星出现后行经十八宿，但要经过二百四十日才隐没伏行。如果它从东方隐没伏行，需行经十一宿和一百三十天后才会出现在东方；如果它从西方隐没伏行，则需行经三宿和十六日后，才会重新出现。如果太白星应该出现却没有出现，或者应该隐没却没有隐没，这称为失舍。如果太白星失舍，那么相应的国度不是打败仗，就必定会有篡位的事件发生。

按上元历法，甲寅年时，太白星与营室宿会同时出现于东方的早晨，运行到角宿时隐没不见；然后会与营室宿在黄昏时一起出现于西方，运行至角宿时隐没不见。再又与角宿在晨时一起出现于东方，运行到毕宿时隐没；然后又与角宿在黄昏时一起出现于西方，运行到毕宿时隐没。再与毕宿在晨时一起出现于东方，行到箕宿时隐没；黄昏时又与毕宿一起出现于西方，运行到箕宿时隐没。再与箕宿在晨时一起出现于东方，运行到柳宿时隐没；然后黄昏时与箕宿一起出现于西方，运行到柳宿时隐没。晨时再与柳宿一起出现在东方，运行到营室宿时隐没；然后与柳宿在黄昏时同时出现于西方，运行到营室宿时隐没。凡出入东西方各五次，用时八年，共二千九百二十天，太白星又会重新与营室宿在晨时同时出现于东方。平均来说，其运行一周大约需要一年的时间。它初出东方的时候，运行较慢，每天大约行进半度，一百二十天以后，必然会逆行一二宿；到达极点后又反向东行，每天行一度半，经过一百二十天后隐没。星位最低时，距离太阳最近，称为“明星”，星光柔和发亮；星位最高时，距离太阳最远，称为“大嚣”，星光强烈而明亮。太白星初出西方的时候，运行较快，每天大约行一度半，经一百二十天，到达极点后运行变慢，每天行半度，经一百二十天以后，将要隐没前，必定逆行一二宿才会隐没。星位最低时，距离太阳最近，名为“大白”，星光柔和发亮；星位最高时，距离太阳最远，名为“大相”，星光强烈而明亮。太白星升出地平线的方位在辰位、戌位，没入地平线的方位在丑位、未位。

如果太白星应当出现时没有出现，不应当隐没时却隐没，预示着天下将干戈停息，在外的士兵，将返回本国；如果不应当出现却出现了，应当隐没却没有隐没，预示着天下将有战争发生，有国家会灭亡。如果太白星按期出现，那么相应的分野国必定会昌盛。太白星如果出现于东方则与东方国相对应，若入于东方则与北方国相对应；若出于西方则与西方国相对应，若入于西方则与南方国相对应。若在某处停留的时间很久，则该国将获吉利；相反，则该国会有凶灾。

如果太白星从西方出现向东方运行，那么正西方向的国家将会吉利。如果太白星从东方出现向西方运行，那么正东方向的国家将会吉利。太白星出现后，不会历经周天运行至任意天区，如果其历行周天了，预示着天下将会改朝换代。

太白星光的芒角只要稍微有动摇，就表示将有战乱发生。如果太白星刚开始出现时比较大，然后变小，则表示对应国兵力弱小；如果刚开始出现时星体小，然后变大，则表示对应国兵力强盛。如果出现时星位高，则表示用兵一方深入敌国吉利，否则便会有凶险；如果出现时星位低，则预示着用兵一方进入敌境浅便会吉利，深入则会凶险。太阳位置偏南而金星位于太阳南，或者太阳位置偏北而金星位于太阳北方，这种现象称为赢，预示着侯王将不得安宁，在军事上进兵吉利，退兵则凶。太阳位置偏南而金星在太阳以北，或者太阳位置偏北而金星在太阳以南，这种现象称为缩，预示侯王将有忧患，如正在用兵，则退兵吉利而进兵凶险。用兵者应该善于观察太白星的星象：如果太白星运行得快，则用兵应速战速决；若太白星运行缓慢，则用兵也应持重缓行，静以待变。若太白星有芒角，则士兵也会锋芒外露，敢于战斗。如果太白星躁动，那么兵也宜动。如果太白星圆且静，兵也宜静。顺着太白星芒角所指方向用兵，则吉利；逆着芒角方向用兵，则凶险。太白星出现时则可出兵，太白星隐没时则应收兵。如果太白星的芒角为赤色，则预示着将有战事发生；如果芒角为白色，预示着将有丧事发生；如果芒角色黑且钝，那么预示着国有忧患，或有水灾；如果芒角色青且小而钝，预示着国有忧患，或者有与木星相关的祸事；如果芒角色黄且平和而圆钝，预示着有与土星相关的事发生，年成好。若太白星已经出现三日而又稍微隐没，或者已经隐没三日又长时间出现，称作"耎"，那么对应国将会有军事失利、将军败北的事发生。如果太白星已隐没三日又稍有出现，或者已出现三日然后又长时间隐没，那么对应的国家将有忧患之事发生，要么是军队的粮食辎重，白白送给了敌军；要么是士卒众多，将军却被敌军俘虏。如果太白星从西方出现且运行失常，则预示着外国入侵者将失败；如果是从东方出现且运行失常，预示本国军队将失败。如果太白星圆且大，色黄而润泽，预示着将会有好事发生；如果其色赤而圆大，预示着该国军力虽强却无战争。

太白星色白时，说明它靠近天狼星；色赤时，说明它靠近心星；色黄时，说明它靠近参宿左肩上的参宿四星；色苍时，说明它与参宿右肩上的参宿五星相近；色黑时，说明它与奎宿中的亮星相近。当五星中的其他四星与大白星同聚于一宿时，其对应的分野国家可凭兵纵横天下。如果太白星停留的位置与推算位置一致，那么对应的国家将有所得；如果太白星所停留的位置与推算的不一致，那么其对应的国家将不会有收获。通过太白星来卜吉凶，通过太白星运行的状况来占卜胜过用其颜色来占卜，通过其颜色来占卜胜过用其所处方位来占卜，而有方位吉利的条件要胜于无方位吉利的条件，有颜色吉利的条件则胜于没有此条件者，但观察其运行来占卜胜过其他所有条件。如果太白星出现后迟迟停留于树梢之间，那么对应的国家将不利。如果其出现后快速向上运行，还没到一天就已超过了三分之一宿，则对于对应国的敌对国不利。如果太白星出现后忽下忽上，如此反复，预示着对应国将有将军会反叛。如果太白星出现后为月所掩，则预示对应国的将军会遭杀戮。如果金星与木星会合且明亮，对应的地区兵不相遇却有战争，即使出兵也不会发生战斗；如果会合后一星光芒掩盖了另一星，则预示双方将大战且一方大败。太白星从西方出现，时在昏时，属阴，西方也属阴，所以预示阴兵强盛；阴兵如果在晚饭时出动，兵力稍弱；如果在半夜时出动，兵力次弱；如果在鸡鸣时出动，兵力最弱，这叫做“阴陷于阳”。太白星出现在东方，时在黎明，属阳，东方也属阳，所以预示阳兵强盛；如果阳兵在鸡鸣时出动，兵力稍弱；如果在夜半时出动，兵力次弱；如果在黄昏时出动，兵力最弱，这叫做“阳陷于阴”。当太白星隐没地平线下伏行，这时候出兵则出兵方必有祸殃。太白星如果从东南方升起，预示着南方将战胜北方；如果从东北方升起，预示着北方将战胜南方；如果恰好从正东方升起，则对东方国家有利。太白星如果从西北方向升起，预示着北方将战胜南方；如果从西南方向升起，则预示着南方将胜过北方；如果恰好在正西方出现，则对西方国家有利。

如果太白星与众恒星相遇，则预示着有小规模战争将要发生；如果太白星与其他四大行星相聚，则预示有大战将要发生。相遇时，如果太白星出现在它们南面，则预示着南面的国家将会失败；如果太白星在它们北方出现，则预示着北方的国家将失败。如果其运行速度很快，则预示着对应国只有靠武力才能解决问题；如果其停留不行，则预示着对应国可通过协商解决问题。如果太白星色白且有五芒星角，又早于推算时间出现，则可能出现月食；如果晚于推算时间出现，则可能变成天夭星或彗星，将有灾祸应验在对应国。太白星从东方出现为德星，如果在其左方或正面方向举行祭礼，将吉；太白星从西方出现为刑星，如果在其右方或背向它举行祭礼，将吉。反之则都有凶险。如果太白星的星光能够见影，那么该国出战能胜。如果白天看见太白星从空中经过，称为“争明”，预示着强国将会变弱，弱国将会变强，女主势力将会昌盛。

亢宿是天神的外朝，也就是太白星的外朝。太白，象征着大臣，号为上公。它还有其他的名称，如殷星、太正、营星、观星、宫星、明星、大衰、大泽、终星、大相、天浩、序星、月纬等。大司马应认真研究这些以太白星占卜的规则。

通过观察太阳与星辰交会时的距离，来确定辰星的位置。按五行说法，辰星属北方，五行中属水，即水星，是太阴之精，掌管冬季，天干为壬、癸。如果一个国家刑罚失当，从辰星可看出对其惩罚的征兆，由辰星所在星宿的状况可判断其对应国的吉凶。

辰星可以确定四时季节：二月春分，黄昏时它出现于西郊外的奎、娄、胃以东五宿的范围，对应的分野为齐；五月夏至的黄昏，它出现于西郊外东井、舆鬼、柳以东七宿的范围，对应的分野为楚；八月秋分的黄昏，它出现于西郊外角、亢、氐、房以东四宿范围内，对应的分野为汉；十一月冬至，它清晨出现在东方的郊外，与尾宿、箕宿、南斗宿、牵牛宿一起向西运行，对应的分野为中原之国。辰星常常在辰、戌、丑、未四个方位之间出没。

辰星早于推算时间出现，将会出现月食；晚于推算时间出现，是彗星或其他妖星出现的征兆。辰星在应当出现时却没有出现，是失行的表现，外面虽有追兵却不会有战斗。它一季不出现，那么该季将会阴阳不和；如果四季不出，那么天下将会出现大饥荒。辰星在该出现的时间按时出现，星色发白，预示着有旱灾；星色发黄，则预示着五谷丰收；星色发红，则预示着将有战事发生；星色为黑，则预示着有水灾。辰星在东方出现，星光明亮且色白，预示有敌兵在外，但可得和解。辰星常在东方，星色赤，预示着中原国家可胜利；常在西方，星色赤，预示着对中原之外的国家有利。辰星色赤，预示着虽外无敌兵，但国内也将有兵起。辰星与太白星从东方出现，星色都是赤红且有芒角，预示着中原之外的国家将会大败，中原之国将获得胜利；若都从西方出现，星色赤红且有芒角，预示着对中原之外的国家有利。若将天空以子午位为中，五星聚集于子午位以东，则对中原国家有利，于子午位以西聚集，则对中原外国家用兵的一方有利。五星都随辰星聚于某一星舍，对应国可以法取天下。辰星不出现时，太白为客星；与辰星一起出现时，太白为主星，辰星为客星。辰星与太白星不在同一方位出现，预示郊外虽有敌兵而没有战斗。辰星出于东方，太白星出于西方，或者辰星出于西方，太白星出于东方，都称为格，预示着郊外有兵而没有战斗。辰星不按时出现，预示气候本应寒冷却反而温暖，应当温暖却反而寒冷。应当出现而不出现，称为“击卒”，预示着有大规模的战乱兴起。辰星进入太白星座且从太白星上边离去，则预示着将有军队被击破或将军被杀的大事发生，胜利的一方为客军；如果是从太白星的下边离开，则表示客军将失败，会丧失领土。辰星追及太白，太白仍停留不动，预示有将军死亡。辰星从旗星上出现，预示着将有破军杀将的事发生，客军胜利；如果从旗星下出现，预示着客军将失败，会丧失领土。观察辰星芒角所指方向，可以来判定军队失败的国家。如果辰星环绕太白，如同与太白相斗，预示有大战发生，客军得胜。辰星从太白星旁经过，二者距离约一剑宽，预示要发生小规模的战争，得胜为客军。辰星在太白星前，罢军休战；从太白星左方经过，有小战发生；与太白星光相触而过，则表示有数万人规模的战争发生，主人一方的官吏被杀；辰星从太白星右方经过，相距三尺，预示军情紧急，双方相约而战。辰星芒角青色，军队有忧患；芒角黑色，有水灾；芒角赤色且运行，败军即将覆灭。

兔星有七个名称，分别叫做小正、辰星、天欃、安周星、细爽、能星、钩星。如果它的星光色黄且小，又不按正常的方位出现时，那么表示天下有大的变化，预示不吉利。兔星有五色：青且圆预示忧患，白且圆预示丧事，赤且圆预示中有不平事，黑且圆则吉利。兔星芒角赤色预示有敌军来犯我城，芒角黄色预示有争夺土地的事发生，芒角白色预示有丧事，有号哭之声。

辰星从东方出现后，运行四宿，要经四十八日，其中快行二十日，然后从东方反方向没入地平线；辰星从西方出现后，运行四宿，要经过四十八日，其中二十日快行，然后自西方反方向没入地平线。可在营室、角宿、毕宿、箕宿、柳宿之中的某一宿旁观测辰星。如果辰星出现于房、心二宿之间，预示有地震发生。

辰星的颜色，在春季是青黄色；夏季，是赤白色；秋季，是青白色，预示年岁丰熟；在冬季，是黄色，星不明亮。如果某个季节颜色改变，则该季不得顺昌。若辰星春季不出现，则有大风，秋天作物将不会结实。若夏季不出现，则有六十天的旱灾，有月蚀发生。若秋季不出现，则有战争，春天作物不会萌发。若冬季不出现，则有阴雨六十天，有城邑将被大水冲毁，夏天作物不生长。

角、亢、氐三宿，以兖州为分野。房、心二宿，以豫州为分野。尾、箕二宿，以幽州为分野。南斗在江、湖地区。牵牛、婺女二宿，在扬州。虚、危二宿，以青州为分野。营室到东壁宿，在并州。奎、娄、胃三宿，以徐州为分野。昴、毕二宿，在冀州。觜觿、参二宿，以益州为分野。东井、舆鬼二宿，在雍州。柳、七星、张三宿，以三河地区为分野。翼、轸二宿，在荆州。

七星是员官的象征，是辰星的庙廷，是占卜蛮夷吉凶的星宿。

两军对阵时，有日晕发生，如果日晕各处大小厚薄相同，表示两军势均力敌；若某方肥厚长大，某方有获胜的希望；若某方薄而短小，该方必无胜利的希望。如果日有重抱，预示军队将大败。光晕向日为抱，抱晕出现，预示两军将主和；如果光晕背日，军不得和，但会相互退兵而去。如光晕直立日上，预示有自立事，指自立为侯王，也预示有破军杀将的事发生。日旁有负有戴，预示有喜庆事。若日晕外有芒，被围者胜；若晕内有芒，围敌者胜。日晕外圈青色而里圈为红色，表示双方将言和而去；外圈红色而里圈为青色，表示双方将怀愤而去。日旁气或日晕早出现晚消失，主军胜利；如早出现也早消失，则对主军开始有利，后来不利；如晚出现也晚消失，对主军开始不利，后来有利；如晚出现而早消失，前后对主军都不利，主军必不能胜；出现后很快消失了，虽胜不会有大功，半日以上出现的才有大功。白虹的形状短而弯曲，上下两端尖锐，预示在对应地区有大流血事件发生。通过日晕判定吉凶，应验的日期最近在三十日之内，最远在六十日之内。

有日食发生，预示着不吉利；日食后又发光，预示吉利；日全食，承担的吉凶者是君主，非全食的承担者为臣下。依据日食的方位，太阳所在位置，再加上日食的时间早晚，可以判定对应国的吉凶。

月亮运行在黄道附近，预示着世道的安宁与和平。运行在黄道以北，预示多雨水，有丑事。在黄道以北三尺有阴星，在阴星以南三尺之间为太阴道，月亮运行于太阴道预示有大水和兵事。同样，在中道以南三尺处有阳星，在阳星以北三尺之间为太阳道。月亮运行于黄道南，预示君主骄横恣肆；运行于阳星间，预示国中多以暴虐凶残治刑狱。运行于太阳道，预示将有大旱和丧事，如果是在十月，月亮在角宿和天门之间运行，来年四月将成灾；如果是在十一月，来年五月成灾；在十二月，来年六月成灾，灾是发大水，少则水三尺深，多则可达五尺深。月亮与任一颗房四星相犯，预示有辅佐大臣被诛杀。月亮在南河、北河附近运行，南河之北或北河之南对应的分野，将有旱水兵丧等祸事。

月掩蔽岁星，发生星蚀，预示着在对应的分野地区有饥荒或死亡发生。月蚀荧惑星，预示着世道混乱；月蚀填星，预示有臣下犯上作乱；月蚀太白星，则预示强国由于战争而衰败；月蚀辰星，则预示有女子作乱；月蚀大角星，则对于执掌命令的君主不利；月蚀心宿，则预示有内贼作乱；其他被蚀诸星，则预示有忧患在相应地区。

从月食开始的日子算起，每隔五个月发生的月食有六次，每隔六个月发生的月食有五次，再隔五个月发生的月食六次，然后隔六个月后又发生一次月食，再隔五个月发生一次月食的共五次，总计重复发生，历经一百一十三个月。所以说月蚀的发生是很平常的事；日蚀，才是不常见的。甲、乙主东方，海外是对应的地区，所以不由日月占吉凶。丙、丁主南方，江、淮、海岱是对应地区。戊、己主中央，中州、河、济一带是对应地区。庚、辛主西方，华山以西是对应地区。壬、癸主北方，恒山以北是对应地区。日蚀，由国君承当吉凶；月蚀，由将相承当吉凶。

国皇星，星光明亮且色红，形状似南极老人星。国皇星出现，预示着其对应的地区将有战乱兴起，且该国兵势强盛，对与它相对的一方很不利。

昭明星，星光明亮且色白，无芒角，忽上忽下。昭明星出现，预示着相应地区有兵祸兴起，且形势多变。

五残星，在正东方向出现，位于东方分野的地平线上空。状似辰星，高距地面约六丈。

大贼星，出现于正南方向分野国的地平线上空，高距地面约六丈，星光明亮且色红，时常移动，移动时有光芒。

司危星，出现于正西方向分野国的地平线上空。高距地面约六丈，星光明亮且色白，状似太白星。

狱汉星，出现于正北方向分野地区的地平线上空，高距地面约六丈，星光明亮且色红，时常移动，细观可发现星中略带青色。这四个方向分野出现的星，如果不在其应当出现的方向上出现，预示对应地区都有兵祸兴起，对于相冲位置对应的分野国不利。

四填星，在东北、西北、东南、西南等四隅地区出现，距地平线约四丈。

地维咸光星，也出现于上述的四隅地区，距地平线约三丈，星光朦胧，有如月亮刚出现时一般。其出现对应的地区定会有变乱；作乱的必定会灭亡，有德行者必会昌盛。

烛星，形状看起来像太白星，它出现后也不移动。出现不久便消失了，其照耀对应的地区，城邑将会有乱。

样子像星但又不是星，像云又不是云，这叫做“归邪”。如果出现归邪现象，预示着将有人归降国家。

星，是五行中的金气所成，本身是一团火。如果星星众多，那么对应的国家吉利；如果少，则凶险。

银河，也是由离散的金气所成，本身为水。银河中星数多，预示着地上多水；星数少，预示着地上水少，有旱灾，这是通过星占卜吉凶的大概情形。

天鼓，出现时声音如雷般大，但又不是雷，声音由地面传到地下。声音所往的方向，有兵兴起。

天狗，形状就像一颗大流星，伴有隆隆声，落在地上，形状像狗。它坠落的地方，远远望去火光炎炎，直冲天际。坠落的范围有数顷地方大小，上端尖锐处发黄光，预示着军队将奔袭千里，破军杀敌。

格泽星，形状像炎火，色黄白，从地平线升起，下面大而上端尖锐。如格泽星出现，即使不耕种也会有收获；如果不加强土木工程建设，必有大害。

蚩尤旗，形状像彗星，不同的是其后端弯曲，有如一面旗帜。蚩尤旗出现，表示有王者将征伐四方。

旬始星，出现于北斗星旁，形状像一只雄鸡。星怒时有芒角，为青黑色，形状变得像只伏鳖。

枉矢星，就像大流星一样，如蛇般弯弯曲曲地移动，且颜色苍黑，看上去就好像有羽毛一样。

长庚星，如同挂在天上的一匹布。此星出现，预示着将有兵祸兴起。

星星坠落在地后，则成了石头。在黄河、济水流域之间，经常有星石坠落。

天空晴朗且明亮时，常能见到景星。景星，也就是德星。它的形状并不固定，常常在治理得好的国家出现。

凡是观察云气占卜，如果只有仰面才能望见，所占距离不过三四百里范围；若平望过去，见树梢之间有云气在，则所占范围达二千里；若登高而望，方得见到云气与地相连，则所占范围为三千里。如果云气形状像兽类的，则所占吉利。

自华山以南，云气上为赤色下为黑色。野外嵩高山、三河一带，云气是正红色。恒山以北，云气上边为青色下边为黑色。渤海、碣石和海岱之间，云气都是黑色。江、淮之间，云气都是白色。

在征调军队的地方，云气为白色；在有土方工程的地方，云气为黄色。车战部队行走时产生的云气忽高忽低，有时还往一起聚；骑兵奔走时产生的云气，分布的面积较大但低矮；步卒行走时产生的云气，则要高一些、窄一些。云气后边高前边低，预示着奔行急，速度快；云气后边高前边方，预示着士卒精锐；云气矮且后端尖锐，预示着退却；云气平，预示着军行慢；云气后端低前端高，预示着不停地退却。二方相遇，云气低矮的一方胜，高的一方败；尖锐的一方胜，圆钝的一方败。敌气行疾低矮，若向我方移动，且是循车辙而来，不超过三四日，距我军五六里便可见敌踪。敌气高七八尺，不超过五六日，距我军十余里便可见敌踪。敌气高一丈多到二丈的，不超过三四十日且距我军五六十里便可见敌踪。

云气末梢呈亮白色的，表示对应国将军勇悍但士气衰弱。云气根底大而前方延伸得很远的，应当有战事发生。云气为青白色，且前端低矮者，战则能胜；前端色红而上仰的，战不能胜。兵阵形成的云气，就像直立的垣墙一样；杼云的形状像织布木梭一样；轴云抟直而上，尖锐两端。杓云就像细长的绳一样，横亘于天，其一半就有半个天空长；另一种如虹霓的形状，好像有缺损的旗子，所以边角尖锐。钩云，就像钩子一样弯曲。诸如以上云气出现后，需综合考察所具五色后占卜。只有云气润泽、抟成团而且密，出现后足以动人的，才可资占卜；以上云气预示有战事兴起，相应的云气呈现交战状态。

善望气者王朔，他所候望的云气都取自于太阳旁。日旁的云气与其他云气相比，有人主的气象。卜时按云气所成的形象直接判定吉凶。

所以，北方夷人所成的云气好像畜群与居住的毡包群，南方夷人所成的云气好像舟船和旗幡。凡有水灾的地方，败军的战场，破国的废墟，以及地下埋藏有积钱、金宝之地等都有云气，一定要仔细观察。海边的蜃气，会出现楼台一样的形状；广阔的原野上所成云气，像宫殿城阙一样。可见，各自所在地的山川人民聚积的气象与云气相同。

所以，占卜某国虚实的人，要到该国的城邑中去，观察是否平正治理其封疆、田畴，城郭房屋门户是否润泽，然后观察车辆、衣着、畜产等项是朴陋还是精华。殷实而繁息的，吉利；虚竭耗损的，凶险。

像烟但不是烟，像云但不是云，纷纷郁郁，萧索迷蒙，这样的云气称为卿云。卿云，是喜气化成。像雾但又不是雾，人在其中，衣冠不潮不湿，如果这样的云气出现，则表示域内人都将披甲趋走，有征战城守之事发生。

雷电、霞虹、霹雳、夜明等现象，是由于阳气发动而形成的。它们发生于春、夏二季，隐藏于秋、冬二季。所以，占卜的人都据此进行观测。

物象见于天开裂，裂缝是由于地震动而形成。山崩摧及泥石流动，堵塞了河川，崩壅了溪谷；水动荡、平地长出丘陵，涸竭了沼泽，都是吉凶的征兆。此外看城郭闾巷，观门及轴的枯槁；观宫室庙宇、官邸宅第，看普通人民所处的地位。观谣谚、风俗、车辆、衣着等，看百姓饮食的好坏。对五谷草木，首先是它们所属类别的观察。对仓廪、马厩、库藏等，首先对四周的交通道路观察。对六畜禽兽，重在观察它们的产地和用场；对鱼鳖鸟鼠，重在其居处的环境的观察。有鬼哭泣，似呼叫，人逢必有惊貌。万物都与此一般无二，表现必有怪异，所以可通过望气知吉凶。此虽俚俗传言，理实不虚。

凡要占候年岁收成的丰歉，岁始最重要。岁始或指冬至节，这一天开始产生阳气；或是指腊祭的第二天，腊祭是由于岁事已毕，众人在一起会餐，以引发阳气，所以这天也称为初岁；或是指正月初一的黎明，这是帝王历法的起始日。或指立春节，这是四季第一天的开始。以上四种岁始，都是候岁的重要日子。

而汉朝人魏鲜，判定当年的吉凶美恶，集中通过在腊祭的第二日与正月初一黎明时八方所起的风来判定。从南方来风，有大旱灾；从西南来风，有小旱；从西方来风，有战争；从西北方来风，黄豆的收成好，多小雨，促兵兴起；从北方来风，是中等年成；从东北来风，丰收年；从东方来风，有大水；从东南来风，百姓多疾病、时疫，年成不好。所以八风吉凶各与它们相对方向的风相比较，以多少、久亟、疾徐定胜负：多胜少，时间长久胜短暂，风速快疾胜舒缓。黎明到早饭之间的风与麦子收成相对应；早饭到日偏西之间与稷对应；日偏西到晚饭间与黍对应；晚饭后与豆对应，日入时与麻对应。最好的天气是终日有云、有风、有太阳，这样可保一年之间五谷丰收，没有灾害。占卜的方法是，在上述某时段中有风、有云、有太阳，对应的作物多实株深；无云、有风、有太阳，对应的作物多实而株浅（矮）；有云、有风，无太阳，对应的作物少结籽实只长秸杆；只有太阳、无云、无风，对应的作物有伤败且不得收获的。若一顿饭工夫无风、无云的时间，伤败小；若较长时间，相当于煮熟五斗米的工夫，伤败大。此后再有云、有风，那未被伤败的作物也重新恢复起来；另外还可以通过上所说各时段中的云气颜色，来占卜一年之中何种作物种植最为适宜。若有雨雪在岁首，天气寒冷，当年的年成不好。

若在岁首时天气晴朗，可由都城人民的声音来占卜一岁的吉凶。若是宫声，则年岁好，吉利；如是商声，则表示有兵事；是徵声，表示天旱少雨；为羽声，说明有水灾；为角声，表示年成很坏。

有时候可通过从正月初一开始数连续下雨日子的多少，来占卜年成好坏，按一日有雨百姓每人便可得当年一升口粮的比例预测收成，一直到收获七升为极限。超过七升后，不再占卜。若想自初一占卜到十二日，卜法又不相同，把每日与当年的月份相对应，用十二天的水旱灾情来占卜全年收成。若所占卜的地区方圆至千里，由于地域广大，应该按占卜天下的方法，整个正月卜尽。由正月之内，通过月所在位置，其经过某宿时，使用上述通过太阳、风、云占卜分野国的年成好坏和吉凶。但是，必须同时观察太岁的位置。太岁在金位，当年丰收；在水位，庄稼受毁损，收成不好；在木位，有饥荒；在火位，岁旱少雨。以上是占候风的大概情形。

正月的第一个甲日，如果多东风，适宜养蚕；多西风，且早上有黄云，那么当年收成不好。

冬至这一天白昼极短，可分别把土和炭悬挂在秤的两端使其平衡。随着冬至临近，气温不断变化，若悬挂炭的一端开始先仰起，鹿换新角，兰根生芽，泉水涌出，便能大概判定冬至这一天是否到来，但最终还要通过日晷测定日影长短，才能做出准确判断。与岁星所在辰次对应的地区，将五谷丰收，昌盛吉利；衡为相对的辰次的名称，与衡对应的地区则有灾殃。

太史公说：自从人类社会形成以来，世间君主何尝不推测日月星辰的运行来制定历法？直到五帝和夏商周三代时期，天体的运行规律和观测天象的重要性才被明确和发扬光大：冠带为内，夷狄为外，内外使有别，把中原划分为十二州，仰则对天上的星象进行观察，俯则对地面上的事物进行模仿、效法，然后知天上有日月，地上则有阴阳；天上有五星，地上则有五行；天上有列宿，地上则有州郡，一一相对应。天上的日、月、星三光，是地上的阴阳二气精华凝聚而成，三光之气以地为本原，所以圣人得以统一天地而加以治理。

周幽王、厉王以前，时日很遥远了。通过对天象变化的观察，各国所卜吉凶均不相同；各家占卜所取的物怪，也都是与当时情事相符合的，所以遗留下来的文字图书记载的吉祥征兆之类，也都不可取为法则。因此，孔子论述六经，虽记灾异，但有关灾异的理论却没有记载；至于天道性命之类，更不会传授。这是由于若传得其人，不待告而知之；若不得其人，虽告犹不能明的缘故。

往昔知天数而得传授的人，在高辛氏前，有重和黎；在唐、虞时期，有羲氏、和氏；在夏朝时期，为昆吾；殷商时期，有巫咸；周朝时期，有史佚、苌弘；列国时期，宋有子韦，郑有裨灶，齐有甘公，楚有唐眛，赵有尹皋，魏有石申。

天道运行，三十年一小变，一百年一中变，五百年一大变；每三次大变为一纪，三纪之中所有变化都将经历一遍，这是天道运行的大致规律。一个国家的君主必然重视三、五这两个数字，就是基于以上原因。经过上下各千年的变化，然后天人间的关系接续才能完备。

太史公推求古代天象的变化，发现没有今天可用来考证的资料。于是便以春秋二百四十二年之间的历史为例，据记载其间有三十六次日蚀，出现彗星三次，在宋襄公时出现一次如同降雨般的星体陨落。当时，天子微弱，政事由有力者诸侯主持，相继兴起五霸，天下的政令迭次更换。此后，人众多的对寡少者横施强暴，大国对小国加以兼并。秦、楚、吴、越诸国都是夷狄之国，也成了强有力的霸主。自田氏篡夺了齐国政权、韩、赵、魏三家分割晋国以后，进入战国时期。各国间竞相攻取掠夺，相继而起战争，城镇遭屡次屠灭，加上灾荒、疾疫与火焚所致的焦土之痛，各国君臣皆以此为忧患，所以当务之急便是观察祥瑞征兆、测候星气以预见吉凶。近世以来，十二诸侯、七国争相为王，倡言纵横的人接踵而至，何去何从，骤难判定。在这种情况下，皋、唐、甘、石等人，各自根据当时的事物来解释他们的占卜书籍，以致记载他们占验事的资料零杂琐屑，甚至小到米盐等事。

占卜以二十八宿分主十二州，而十二州由北斗兼主，自很久以前就是这样了。秦国疆域内的吉凶，由太白星候望，狼、弧星占卜。吴国、楚国疆域内的吉凶，由荧惑星候望，鸟衡星占卜。燕国、齐国疆域内的吉凶，由辰星候望，虚、危星占卜。宋国、郑国疆域内的吉凶，由岁星候望，房、心星占卜。晋国疆域内的吉凶，由辰星候望，参、罚星占卜。

到了秦国吞并三晋和燕、代地区以后，自华山与黄河以南的地区成为中原的中心。此地在四海内处东南方向，东南方属阳；阳则与日、岁星、荧惑、填星相对应；以天街星以南诸星作占，以毕宿为主。胡、貉、月氏等穿毡裘、以射猎为生的百姓在中原西北；西北为阴，阴则与月、太白、辰星相对应，以天街星以北诸星作占，以昴星为主。所以中原的山脉、河流的走向多是自西南向东北，山川的源头在陇蜀地区，而末尾在渤海、碣石一带消失。秦、晋好用兵，有夷狄风，复占太白星，而秦、晋为中原地。所以，中原不但占日、岁等星，还占太白星，太白星也主中原域内的祸福吉凶；而中国经常受胡、貉侵掠，只占辰星，因为辰星出入轻躁、疾速，类夷狄，所以常主夷狄人的吉凶，也是作占的通用原则。太白星与辰星更相为主客。荧惑星为悖乱，外占兵事，内占政事，所以文献有“虽然有明天子在位，也必须时常观察荧惑星的位置”的说法。诸侯变得更为强大，当时灾异等事的记述，没有可以采录的。

秦始皇在位时，十五年之间彗星出现了四次，时间长的存在达到八十多天，彗星大的，几乎横贯天空。后来，秦朝果然灭掉六国，统一天下，对外与四夷交战，死人枕藉，如同乱麻。因而有陈胜等人共同起兵，前后三十多年，士兵相互践踏致死的不计其数。从蚩尤以来，从没有如此残酷的。

项羽援救巨鹿时，枉矢星西流。此后，山东诸侯联兵，西行破秦，秦朝降兵被坑杀，咸阳城被屠灭。

汉朝兴起时，五星会聚于东井宿之中。汉高祖被匈奴兵围于平城时，在参、毕二宿附近，月晕多至七重。诸吕作乱时，发生了日食，虽是白昼但也黑暗无光。吴、楚等七国叛乱，有长达数丈的彗星出现，梁国郊野有天狗星经过。七国兵起以后，以至于梁国城下尸横血流。元光、元狩年间，两次出现蚩尤旗星，其长横过半个天空。以后四处出兵京城，与夷狄前后作战数十年，其中同胡人的战争最为激烈。越国灭亡的征兆，是荧惑星守于南斗；攻拔朝鲜的征兆，是彗星出现于南河、北河；出兵征讨大宛前，有彗星于招摇附近出现。以上是最为明显的例证。至于一些小的、较为间接的例证，更是数不胜数。由此可见，没有一件事不是先由天象表现出来，然后才在世间得以应验。

自汉初以来占卜天数最著名的人，观星的是唐都，望气的有王朔，卜岁的有魏鲜。甘德、石申的历法中用五星作占，不过他们认为只有荧惑星才有反行或称为逆行。所以，凡有荧惑星逆行所停留的地方，以及逆行的其他星，日与月的薄蚀等，都可以用来占卜。

我曾观看史书的记载，对历朝发生的事件进行考察，发现近百年间，五星出现以后没有一颗不逆行的。逆行的，常常看到星变大，颜色也有变化；发生日月薄蚀，与它们所处的南北相对位置有关，这与以前所知的不同。紫宫、房心、权衡、咸池、虚危等列宿部内的星宿，是天上五官的坐位，为经星，不迁徙移动，各有大小差别，各有宽窄常度；而水、火、金、木、填星，这是天上五官辅佐五颗星，为纬星，它们或出现或隐伏，皆有一定规律，赢或缩以及运行也都有确定的度数。

日有变化，预示应该修德；月有变化，预示应该减少刑罚；其他星有变，则应该结和人心。凡天体有变化，度数只要超过正常的就要占卜吉凶。一般是国君强大而且有德，则国家吉利；国君弱小而又诈诡文饰，则国家凶险。修德是一个国君对付天变最好的办法，然后是改革政事，再次就是要就事论事，有危事才加以挽救，又其次是禳除灾害对神行礼，最下者是不采取任何措施。普通经星的变化很少见，常常使用的是对日、月、五星等三光变化进行占卜。日晕、月晕、日月交食、云和风，这五种变化是过客，但它们的出现也都与天道规律有关。而它们与世间政事的关联，最接近于天向人预示降下吉凶的征兆或凭证。上述五种，都是天有所感而产生的变化。占卜天数的人，必须通晓日、月、星三光及五气的占卜，要了解古今终始状况，要深刻观察时事的变化，对它们的精粗质地进行研究。那么，作为一个掌管天文的官员来说，这样才可称得上是尽善尽美了。

东方苍帝行德政，天门为之打开，三光能从中间通行。南方赤帝行德政，天牢为之空虚。中央黄帝行德政，连天天星也会起变化。有风从西北方向来，必是在庚、辛日。整个秋季中，能有五次这种风，当有大赦；有三次这种风，有小赦。西方白帝行化施德，在来年春季正月二十日、二十一日若有月晕成围，当有大赦，是由于太阳寒水的影响太大，通过行赦以消阴气的缘故。另一种说法是，白帝行化施德，月晕包围毕宿、昴宿。如果包围三个晚上，功德才算完成；如果不足三个晚上，或者月晕有缺口，没有合围，便不能成功德。还有一种说法是，辰星被月晕围，时间不出旬日之间即会应验。北方黑帝施行德政，天关星为之动摇。上述五方天帝交替主政，天子为此将更改年号；若不能顺应变换行德政，必示警戒，有暴雨疾风，破石拔木。三能和三衡，是天帝的宫廷，天廷之中有客星出现，必产生奇异的政令。

第二册

高山　主编

二十四史

光明日报出版社

目录

史记

史记卷二十八

封禅书第六

自古受命帝王，曷尝不封禅？盖有无其应而用事者矣，未有睹符瑞见而不臻乎泰山者也。虽受命而功不至，至梁父矣而德不洽，洽矣而日有不暇给，是以即事用希。《传》曰："三年不为礼，礼必废；三年不为乐，乐必坏。"每世之隆，则封禅答焉，及衰而息。厥旷远者千有馀载，近者数百载，故其仪阙然堙灭，其详不可得而记闻云。

《尚书》曰，舜在璇玑玉衡，以齐七政。遂类于上帝，禋于六宗，望山川，遍群神。辑五瑞，择吉月日，见四岳诸牧，还瑞。岁二月，东巡狩，至于岱宗。岱宗，泰山也。柴，望秩于山川。遂觐东后。东后者，诸侯也。合时月正日，同律度量衡，修五礼，五玉三帛二牲一死贽。五月，巡狩至南岳。南岳，衡山也。八月，巡狩至西岳。西岳，华山也。十一月，巡狩至北岳。北岳，恒山也。皆如岱宗之礼。中岳，嵩高也。五载一巡狩。

禹遵之。后十四世，至帝孔甲，淫德好神，神渎，二龙去之。其后三世，汤伐桀，欲迁夏社，不可。作《夏社》。后八世，至帝太戊，有桑穀生于廷，一暮大拱，惧。伊陟曰："妖不胜德。"太戊修德，桑穀死。伊陟赞巫咸，巫咸之兴自此始。后十四世，帝武丁得傅说为相，殷复兴焉，称高宗。有雉登鼎耳雊，武丁惧。祖己曰："修德。"武丁从之，位以永宁。后五世，帝武乙慢神而震死。后三世，帝纣淫乱，武王伐之。由此观之，始未尝不肃祗，后稍怠慢也。

《周官》曰，冬日至，祀天于南郊，迎长日之至；夏日至，祭地祇。皆用乐舞，而神乃可得而礼也。天子祭天下名山大川，五岳视三公，四渎视诸侯，诸侯祭其疆内名山大川。四渎者，江、河、淮、济也。天子曰明堂、辟雍，诸侯曰泮宫。

周公既相成王，郊祀后稷以配天，宗祀文王于明堂以配上帝。自禹兴而修社祀，后稷稼穑，故有稷祠。郊社所从来尚矣。

自周克殷后十四世，世益衰，礼乐废，诸侯恣行，而幽王为犬戎所败，周东徙洛邑。秦襄公攻戎救周，始列为诸侯。秦襄公既侯，居西垂，自以为主少皞之神，作西畤，祠白帝，其牲用骝驹黄牛羝羊各一云。其后十六年，秦文公东猎汧、渭之间，卜居之而吉。文公梦黄蛇自天下属地，其口止于鄜衍。文公问史敦，敦曰："此上帝之征，君其祠之。"于是作鄜畤，用三牲郊祭白帝焉。

自未作鄜畤也，而雍旁故有吴阳武畤，雍东有好畤，皆废无祠。或曰："自古以雍州积高，神明之隩，故立畤郊上帝，诸神祠皆聚云。盖黄帝时尝用事，虽晚周亦郊焉。"其语不经见，缙绅者不道。

作鄜畤后九年，文公获若石云，于陈仓北阪城祠之。其神或岁不至，或岁数来，来也常以夜，光辉若流星，从东南来集于祠城，则若雄鸡，其声殷云，野鸡夜雊。以一牢祠，命曰陈宝。

作鄜畤后七十八年，秦德公既立，卜居雍，"后子孙饮马于河"，遂都雍。雍之诸祠自此兴。用三百牢于鄜畤。作伏祠，磔狗邑四门，以御蛊灾。

德公立二年卒，其后（六）〔四〕年，秦宣公作密畤于渭南，祭青帝。

其后十四年，秦穆公立，病卧五日不寤；寤，乃言梦见上帝，上帝命穆公平晋乱。史书而记，藏之府。而后世皆曰秦穆公上天。

秦穆公即位九年，齐桓公既霸，会诸侯于葵丘，而欲封禅。管仲曰："古者封泰山禅梁父者七十二家，而夷吾所记者十有二焉。昔无怀氏封泰山，禅云云；虙羲封泰山，禅云云；神农封泰山，禅云云；炎帝封泰山，禅云云；黄帝封泰山，禅亭亭；颛顼封泰山，禅云云；帝喾封泰山，禅云云；尧封泰山，禅云云；舜封泰山，禅云云；禹封泰山，禅会稽；汤封泰山，禅云云；周成王封泰山，禅社首：皆受命然后得封禅。"桓公曰："寡人北伐山戎，过孤竹；西伐大夏，涉流沙，束马悬车，上卑耳之山；南伐至召陵，登熊耳山以望江、汉。兵车之会三，而乘车之会六，九合诸侯，一匡天下，诸侯莫违我。昔三代受命，亦何以异乎？"于是管仲睹桓公不可穷以辞，因设之以事，曰："古之封禅，鄗上之黍，北里之禾，所以为盛；江淮之间，一茅三脊，所以为藉也。东海致比目之鱼，西海致比翼之鸟，然后物有不召而自至者十有五焉。今凤凰麒麟不来，嘉谷不生，而蓬蒿藜莠茂，鸱枭数至，而欲封禅，毋乃不可乎？"于是桓公乃止。是岁，秦穆公内晋君夷吾。其后三置晋国之君，平其乱。穆公立三十九年而卒。

其后百有馀年，而孔子论述六艺，传略言易姓而王，封泰山禅乎梁

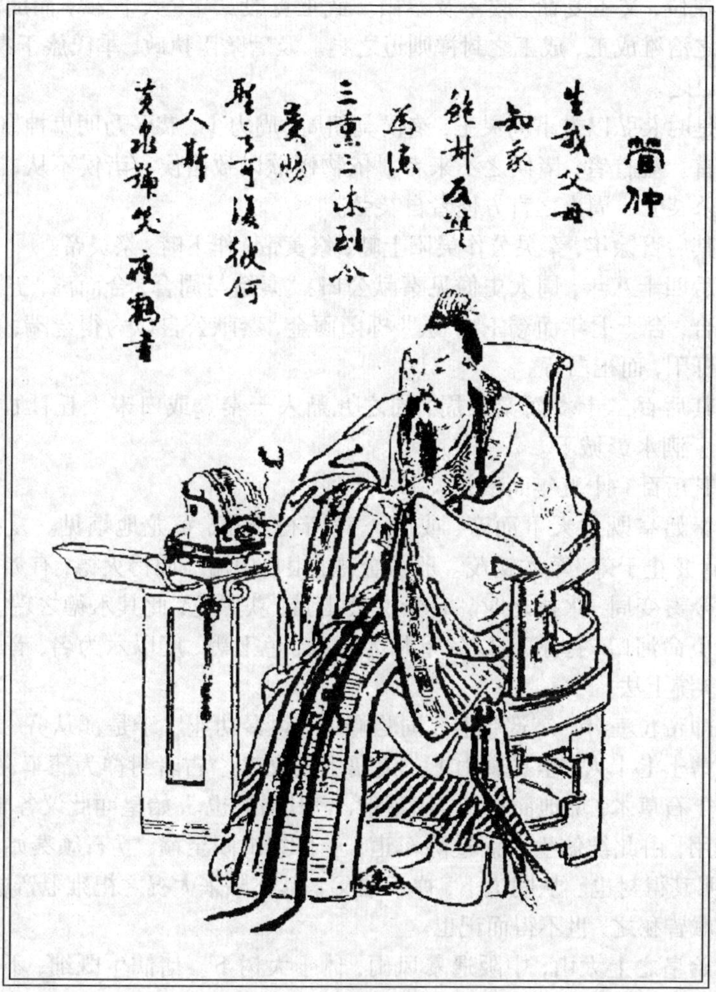

管仲像，春秋时期著名政治家。

父者七十馀王矣，其俎豆之礼不章，盖难言之。

或问禘之说，孔子曰："不知。知禘之说，其于天下也视其掌。"（诗）云纣在位，文王受命，政不及泰山。武王克殷二年，天下未宁而崩。爰周德之洽维成王，成王之封禅则近之矣。及后陪臣执政，季氏旅于泰山，仲尼讥之。

是时苌弘以方事周灵王，诸侯莫朝周；周力少，苌弘乃明鬼神事，设射貍首。貍首者，诸侯之不来者。依物怪欲以致诸侯。诸侯不从，而晋人执杀苌弘。周人之言方怪者自苌弘。

其后百馀年，秦灵公作吴阳上畤，祭黄帝；作下畤，祭炎帝。

后四十八年，周太史儋见秦献公曰："秦始与周合，合而离，五百岁当复合，合十七年而霸王出焉。"栎阳雨金，秦献公自以为得金瑞，故作畦畤栎阳，而祀白帝。

其后百二十岁而秦灭周，周之九鼎入于秦。或曰宋太丘社亡，而鼎没于泗水彭城下。

其后百一十五年而秦并天下。

秦始皇既并天下而帝，或曰："黄帝得土德，黄龙地螾见。夏得木德，青龙止于郊，草木畅茂。殷得金德，银自山溢。周得火德，有赤乌之符。今秦变周，水德之时。昔秦文公出猎，获黑龙，此其水德之瑞。"于是秦更命河曰"德水"，以冬十月为年首，色上黑，度以六为名，音上大吕，事统上法。

即帝位三年，东巡郡县，祠驺峄山，颂秦功业。于是征从齐、鲁之儒生博士七十人，至乎泰山下。诸儒生或议曰："古者封禅为蒲车，恶伤山之土石草木；埽地而祭，席用葅稭，言其易遵也。"始皇闻此议各乖异，难施用，由此绌儒生。而遂除车道，上自泰山阳至巅，立石颂秦始皇帝德，明其得封也。从阴道下，禅于梁父。其礼颇采太祝之祀雍上帝所用。而封藏皆秘之，世不得而记也。

始皇之上太山，中阪遇暴风雨，休于大树下。诸儒生既绌，不得与用于封事之礼，闻始皇遇风雨，则讥之。

于是始皇遂东游海上，行礼祠名山大川及八神，求仙人羡门之属。八神将自古而有之，或曰太公以来作之。齐所以为齐，以天齐也。其祀绝莫知起时。八神：一曰天主，祠天齐。天齐渊水，居临菑南郊山下者。二曰地主，祠太山梁父。盖天好阴，祠之必于高山之下，小山之上，命曰“畤”；地贵阳，祭之必于泽中圜丘云。三曰兵主，祠蚩尤。蚩尤在东平陆监乡，齐之西境也。四曰阴主，祠三山。五曰阳主，祠之罘，六曰月主，祠之莱山。皆在齐北，并勃海。七曰日主，祠成山。成山斗入海，最居齐东北隅，以迎日出云。八曰四时主，祠琅邪。琅邪在齐东方，盖岁之所始。皆各用一牢具祠，而巫祝所损益，珪币杂异焉。

自齐威、宣之时，驺子之徒论著终始五德之运，及秦帝而齐人奏之，故始皇采用之。而宋毋忌、正伯侨、充尚、羡门子高最后，皆燕人。为方仙道，形解销化，依于鬼神之事。驺衍以阴阳主运显于诸侯，而燕、齐海上之方士传其术不能通，然则怪迂阿谀苟合之徒自此兴，不可胜数也。

自威、宣、燕昭使人入海求蓬莱、方丈、瀛洲。此三神山者，其传在勃海中，去人不远；患且至，则船风引而去。盖尝有至者，诸仙人及不死之药皆在焉。其物禽兽尽白，而黄金银为宫阙。未至，望之如云；及到，三神山反居水下。临之，风辄引去，终莫能至云。世主莫不甘心焉。及至秦始皇并天下，至海上，则方士言之不可胜数。始皇自以为至海上而恐不及矣，使人乃赍童男女入海求之。船交海中，皆以风为解，曰未能至，望见之焉。其明年，始皇复游海上，至琅邪，过恒山，从上党归。后三年，游碣石，考入海方士，从上郡归。后五年，始皇南至湘山，遂登会稽，并海上，冀遇海中三神山之奇药，不得。还至沙丘，崩。

二世元年，东巡碣石，并海南，历太山，至会稽，皆礼祠之，而刻勒始皇所立石书旁，以章始皇之功德。其秋，诸侯畔秦。三年而二世弑死。

始皇封禅之后十二岁，秦亡。诸儒生疾秦焚《诗》《书》，诛僇文学，百姓怨其法，天下畔之，皆讹曰：“始皇上太山，为暴风雨所击，不得封禅。”此岂所谓无其德而用事者邪？

昔三代之（君）〔居〕皆在河、洛之间，故嵩高为中岳，而四岳各如其方，四渎咸在山东。至秦称帝，都咸阳，则五岳、四渎皆并在东方。自五帝以至秦，轶兴轶衰，名山大川或在诸侯，或在天子，其礼损益世殊，不可胜记。及秦并天下，令祠官所常奉天地名山大川鬼神可得而序也。

于是自殽以东，名山五，大川祠二。曰太室。太室，嵩高也。恒山，太山，会稽，湘山。水曰济，曰淮。春以脯酒为岁祠，因泮冻，秋涸冻，冬赛祷祠。其牲用牛犊各一牢，具珪币各异。

自华以西，名山七，名川四。曰华山，薄山。薄山者，襄山也。岳山，岐山，吴岳，鸿冢，渎山。渎山，蜀之汶山。水曰河，祠临晋；沔，祠汉中；湫渊，祠朝那；江水，祠蜀。亦春秋泮涸祷赛，如东方名山川；而牲牛犊牢，具珪币各异。而四大冢鸿、岐、吴、岳，皆有尝禾。

陈宝节来祠。其河加有尝醪。此皆在雍州之域，近天子之都，故加车一乘，骝驹四。

霸、产、长水、沣、涝、泾、渭皆非大川，以近咸阳，尽得比山川祠，而无诸加。

汧、洛二渊，鸣泽、蒲山、岳嵋山之属，为小山川，亦皆岁祷赛泮涸祠，礼不必同。

而雍有日、月、参、辰、南北斗、荧惑、太白、岁星、填星、二十八宿、风伯、雨师、四海、九臣、十四臣、诸布、诸严、诸逑之属，百有馀庙。西亦有数十祠。于湖有周天子祠。于下邽有天神。沣、滈有昭明、天子辟池。于（社）〔杜〕、亳有三社主之祠、寿星祠；而雍菅庙亦有杜主。杜主，故周之右将军，其在秦中，最小鬼之神者。各以岁时奉祠。

唯雍四畤上帝为尊，其光景动人民，唯陈宝。故雍四畤，春以为岁祷，因泮冻，秋涸冻，冬赛祠，五月尝驹，及四仲之月（祠若）月祠，〔若〕陈宝节来一祠。春夏用骍，秋冬用骝。畤驹四匹，木禺龙栾车一驷，木禺车马一驷，各如其帝色。黄犊羔各四，珪币各有数，皆生瘗埋，无俎豆之具。三年一郊。秦以冬十月为岁首，故常以十月上宿郊见，通权火，拜于咸阳之旁，而衣上白，其用如经祠云。西畤、畦畤，祠如其故，上不亲往。

诸此祠皆太祝常主，以岁时奉祠之。至如他名山川诸鬼及八神之属，上过则祠，去则已。郡县远方神祠者，民各自奉祠，不领于天子之祝官。祝官有秘祝，即有灾祥，辄祝祠移过于下。

汉兴。高祖之微时，尝杀大蛇。有物曰："蛇，白帝子也，而杀者赤帝子。"高祖初起，祷丰枌榆社。徇沛，为沛公，则祠蚩尤，衅鼓旗。遂以十月至灞上，与诸侯平咸阳，立为汉王。因以十月为年首，而色上赤。

二年，东击项籍而还，入关，问："故秦时上帝祠何帝也？"对曰："四帝，有白、青、黄、赤帝之祠。"高祖曰："吾闻天有五帝，而有四，何也？"莫知其说。于是高祖曰："吾知之矣，乃待我而具五也。"乃立黑帝祠，命曰北畤。有司进祠，上不亲往。悉召故秦祝官，复置太祝、太宰，如其故仪礼。因令县为公社。下诏曰："吾甚重祠而敬祭，今上帝之祭及山川诸神当祠者，各以其时礼祠之如故。"

后四岁，天下已定，诏御史，令丰谨治枌榆社，常以四时，春以羊彘祠之。令祝官立蚩尤之祠于长安。长安置祠祝官、女巫。其梁巫，祠天、地、天社、天水、房中、堂上之属；晋巫，祠五帝、东君、云中〔君〕、司命、巫社、巫〔祠〕、族人、先炊之属；秦巫，祠社主、巫保、族累之属；荆巫，祠堂下、巫先、司命、施糜之属；九天巫，祠九天。皆以岁时祠宫中。其河巫祠河于临晋，而南山巫祠南山秦中。秦中者，二世皇帝。各有时(月)〔日〕。

其后二岁，或日周兴而邑邰，立后稷之祠，至今血食天下。于是高祖制诏御史："其令郡国县立灵星祠，常以岁时祠以牛。"

高祖十年春，有司请令县常以春(三)〔二〕月及(时)腊祠社稷以羊豕，民里社各自财以祠。制曰："可。"

其后十八年，孝文帝即位。即位十三年，下诏曰："今秘祝移过于下，朕甚不取。自今除之。"

始名山大川在诸侯，诸侯祝各自奉祠，天子宫不领。及齐、淮南国废，令太祝尽以岁时致礼如故。是岁，制曰："朕即位十三年于今，赖宗庙之灵，社稷之福，方内艾安，民人靡疾。间者比年登，朕之不德，何以飨此？皆上帝诸神之赐也。盖闻古者飨其德必报其功，欲有增诸神祠，有司议增雍五畤路车各一乘，驾被具；西畤、畦畤禺车各一乘，禺马四匹，驾被具；其河、湫、汉水加玉各二；及诸祠，各增广坛场，珪币俎豆以差加之。而祝釐者归福于朕，百姓不与焉。自今祝致敬，毋有所祈。"

鲁人公孙臣上书曰："始秦得水德，今汉受之，推终始传，则汉当土德，土德之应黄龙见。宜改正朔，易服色，色上黄。"是时丞相张苍好律历，以为汉乃水德之始，故河决金堤，其符也。年始冬十月，色外黑内赤，与德相应。如公孙臣言，非也。罢之。后三岁，黄龙见成纪。文帝乃召公孙臣，拜为博士，与诸生草改历服色事。其夏，下诏曰："异物之神见于成纪，无害于民，岁以有年。朕祈郊上帝诸神，礼官议，无讳以劳朕。"有司皆曰："古者天子夏亲郊，祀上帝于郊，故曰郊"。于是夏四月，文帝始郊见雍五畤，祠衣皆上赤。

其明年，赵人新垣平以望气见上，言"长安东北有神气，成五采，若人冠絻焉。或曰东北神明之舍，西方神明之墓也。天瑞下，宜立祠上帝，以合符应"。于是作渭阳五帝庙，同宇，帝一殿，面各五门，各如其帝色。祠所用及仪亦如雍五畤。

夏四月，文帝亲拜霸、渭之会，以郊见渭阳五帝。五帝庙南临渭，北穿蒲池沟水，权火举而祠，若光辉然属天焉。于是贵平上大夫，赐累千金。而使博士诸生刺六经中作《王制》，谋议巡狩封禅事。

文帝出长（安）门，若见五人于道北，遂因其直北立五帝坛，祠以五牢具。

其明年，新垣平使人持玉杯，上书阙下献之。平言上曰："阙下有宝玉气来者。"已视之，果有献玉杯者，刻曰"人主延寿"。平又言"臣候日再中"。居顷之，日却复中。于是始更以十七年为元年，令天下大酺。

平言曰："周鼎亡在泗水中，今河溢通泗，臣望东北汾阴直有金宝气，意周鼎其出乎？兆见不迎则不至。"于是上使使治庙汾阴南，临河，欲祠出周鼎。

人有上书告新垣平所言气神事皆诈也。下平吏治，诛夷新垣平。自是之后，文帝怠于改正朔服色神明之事，而渭阳、长门五帝使祠官领，以时致礼，不往焉。

明年，匈奴数入边，兴兵守御。后岁少不登。

数年而孝景即位。十六年，祠官各以岁时祠如故，无有所兴，至今天子。

今天子初即位，尤敬鬼神之祀。

元年，汉兴已六十馀岁矣，天下艾安，搢绅之属皆望天子封禅改正度也，而上乡儒术，招贤良，赵绾、王臧等以文学为公卿，欲议古立明堂城南，以朝诸侯。草巡狩封禅改历服色事，未就。会窦太后治黄老言，不好儒术，使人微伺得赵绾等奸利事，召案绾、臧，绾、臧自杀，诸所兴〔为〕皆废。

后六年，窦太后崩。其明年，征文学之士公孙弘等。

明年，今上初至雍，郊见五畤。后常三岁一郊。是时上求神君，舍之上林中蹏氏观。神君者，长陵女子，以子死，见神于先后宛若。宛若祠之其室，民多往祠。平原君往祠，其后子孙以尊显。及今上即位，则厚礼置祠之内中。闻其言，不见其人云。

是时李少君亦以祠灶、谷道、却老方见上，上尊之。少君者，故深泽侯舍人，主方。匿其年及其生长，常自谓七十，能使物，却老。其游以方遍诸侯。无妻子。人闻其能使物及不死，更馈遗之，常馀金钱衣食。人皆以为不治生业而饶给，又不知其何所人，愈信，争事之。少君资好方，善为巧发奇中。尝从武安侯饮，坐中有九十馀老人，少君乃言与其大父游射处，老人为儿时从其大父，识其处，一坐尽惊。少君见上，上有故铜器，问少君。少君曰："此器齐桓公十年陈于柏寝。"已而案其刻，果齐桓公器，一宫尽骇，以为少君神，数百岁人也。

少君言上曰："祠灶则致物，致物而丹沙可化为黄金。黄金成，以为饮食器则益寿，益寿而海中蓬莱仙者乃可见，见之以封禅则不死，黄帝是也。臣尝游海上，见安期生，安期生食巨枣，大如瓜。安期生仙者，通蓬莱中，合则见人，不合则隐。"于是天子始亲祠灶，遣方士入海求蓬莱安期生之属，而事化丹沙诸药齐为黄金矣。

居久之，李少君病死，天子以为化去不死，而使黄锤、史宽舒受其方。求蓬莱安期生莫能得，而海上燕、齐怪迂之方士多更来言神事矣。

亳人谬忌奏祠太一方，曰："天神贵者太一，太一佐曰五帝。古者天子以春秋祭太一东南郊，用太牢，七日，为坛开八通之鬼道。"于是天子令太祝立其祠长安东南郊，常奉祠如忌方。其后，人有上书，言"古者天子三年壹用太牢祠神三一：天一、地一、太一"。天子许之，令太祝领祠之于忌太一坛上，如其方。后人复有上书，言"古者天子常以春解祠，祠黄帝用一枭破镜；冥羊用羊；祠马行用一青牡马；太一、泽山君地长用牛；武夷君用干鱼；阴阳使者以一牛"。令祠官领之如其方，而祠于忌太一坛旁。

其后，天子苑有白鹿，以其皮为币，以发瑞应，造白金焉。

其明年，郊雍，获一角兽，若麃然。有司曰："陛下肃祗郊祀，上帝报享，锡一角兽，盖麟云。"于是以荐五畤，畤加一牛以燎。锡诸侯白金，风符应合于天也。

于是济北王以为天子且封禅，乃上书献太山及其旁邑，天子以他县偿之。常山王有罪，迁，天子封其弟于真定，以续先王祀，而以常山为郡。然后五岳皆在天子之（邦）〔郡〕。

其明年，齐人少翁以鬼神方见上。上有所幸王夫人，夫人卒，少翁以方盖夜致王夫人及灶鬼之貌云，天子自帷中望见焉。于是乃拜少翁为文成将军，赏赐甚多，以客礼礼之。文成言曰："上即欲与神通，宫室被服非象神，神物不至。"乃作画云气车，及各以胜日驾车辟恶鬼。又作甘泉宫，中为台室，画天、地、太一诸鬼神，而置祭具以致天神。居岁馀，其方益衰，神不至。乃为帛书以饭牛，详不知，言曰此牛腹中有奇。杀视得书，书言甚怪，天子识其手书，问其人，果是伪书，于是诛文成将军，隐之。

其后则又作柏梁、铜柱、承露仙人掌之属矣。

文成死明年，天子病鼎湖甚，巫医无所不致，不愈。游水发根言上郡有巫，病而鬼神下之。上召置祠之甘泉。及病，使人问神君，神君言曰："天子无忧病，病少愈，强与我会甘泉。"于是病愈，遂起，幸甘泉，病良已。大赦，置酒寿宫神君。（寿宫）神君最贵者太一，其佐曰大禁、司命之属，皆从之。非可得见，闻其言，言与人音等。时去时来，来则风肃然。居室帷中。时昼言，然常以夜。天子祓，然后人。因巫为主人，关饮食，所以言，行下。又置寿宫、北宫，张羽旗，设供具，以礼神君。神君所言，上使人受书其言，命之曰"画法"。其所语，世俗之所知也，无绝殊者，而天子心独喜。其事秘，世莫知也。

其后三年，有司言"元"宜以天瑞命，不宜以一二数。一"元"曰"建"，二"元"以长星曰"光"，三"元"以郊得一角兽曰"狩"云。

其明年冬，天子郊雍，议曰："今上帝朕亲郊，而后土无祀，则礼不答也。"有司与太史公、祠官宽舒议："天地牲角茧栗。今陛下亲祠后土，后土宜于泽中圜丘为五坛，坛一黄犊太牢具，已祠尽瘗，而从祠衣上黄。"于是天子遂东，始立后土祠汾阴脽丘，如宽舒等议。上亲望拜，如上帝礼。礼毕，天子遂至荥阳而还。过洛阳，下诏曰："三代邈绝，远矣难存。其以三十里地封周后为周子南君，以奉其先祀焉。"是岁，天子始巡郡县，浸寻于泰山矣。

其春，乐成侯上书言栾大。栾大，胶东宫人，故尝与文成将军同师，已而为胶东王尚方。而乐成侯姊为康王后，无子。康王死，他姬子立为王。而康后有淫行，与王不相中，相危以法。康后闻文成已死，而欲自媚于上，乃遣栾大因乐成侯求见，言方。天子既诛文成，后悔其早死，惜其方不尽，及见栾大，大说。大为人长美，言多方略，而敢为大言，处之不疑。大言曰："臣常往来海中，见安期、羡门之属。顾以臣为贱，不信臣。又以为康王诸侯耳，不足与方。臣数言康王，康王又不用臣。臣之师曰：'黄金可成，而河决可塞，不死之药可得，仙人可致也。'然臣恐效文成，则方士皆奄口，恶敢言方哉！"上曰："文成食马肝死耳。子诚能修其方，我何爱乎！"大曰："臣师非有求人，人者求之。陛下必欲致之，则贵其使者，令有亲属，以客礼待之，勿卑，使各佩其信印，乃可使通言于神人，神人尚肯邪不邪。致尊其使，然后可致也。”于是上使验小方。斗棋，棋自相触击。

是时，上方忧河决，而黄金不就，乃拜大为五利将军。居月馀，得四印，佩天士将军、地士将军、大通将军印。制诏御史：“昔禹疏九江，决四渎。间者河溢皋陆，堤徭不息。朕临天下二十有八年，天若遗朕士而大通焉。乾称‘蜚龙’，‘鸿渐于般’，朕意庶几与焉。其以二千户封地士将军大为乐通侯。”赐列侯甲第，童千人。乘舆斥车马帷幄器物以充其家。又以卫长公主妻之，赍金万斤，更命其邑曰当利公主。天子亲如五利之第。使者存问供给相属于道。自大主将相以下，皆置酒其家，献遗之。于是天子又刻玉印曰“天道将军”，使使衣羽衣，夜立白茅上，五利将军亦衣羽衣，夜立白茅上受印，以示不臣也。而佩“天道”者，且为天子道天神也。于是五利常夜祠其家，欲以下神。神未至而百鬼集矣，然颇能使之。其后装治行东入海求其师云。大见数月，佩六印，贵震天下，而海上燕、齐之间，莫不扼腕而自言有禁方、能神仙矣。

其夏六月中，汾阴巫锦为民祠魏脽后土营旁，见地如钩状，掊视得鼎。鼎大异于众鼎，文镂无款识，怪之，言吏。吏告河东太守胜，胜以闻。天子使使验问巫得鼎无奸诈，乃以礼祠，迎鼎至甘泉，从行，上荐之。至中山，晏温，有黄云盖焉。有麃过，上自射之，因以祭云。至长安，公卿大人皆议请尊宝鼎。天子曰：“间者河溢，岁数不登，故巡祭后土，祈为百姓育谷。今岁丰庑未报，鼎曷为出哉？”有司皆曰：“闻昔泰帝兴神鼎一，一者壹统，天地万物所系终也。黄帝作宝鼎三，象天地人。禹收九牧之金，铸九鼎。皆尝亨鬺上帝鬼神。遭圣则兴，鼎迁于夏、商。周德衰，宋之社亡，鼎乃沦没，伏而不见。《颂》云‘自堂徂基，自羊徂牛；鼐鼎乃鼒，不吴不骜，胡考之休’。今鼎至甘泉，光闰龙变，承休无疆。合兹中山，有黄白云降盖，若兽为符，路弓乘矢，集获坛下，报祠大享。唯受命而帝者心知其意而合德焉。鼎宜见于祖祢，藏于帝廷，以合明应。”制曰：“可。”

入海求蓬莱者，言蓬莱不远，而不能至者，殆不见其气。上乃遣望气佐候其气云。

其秋，上幸雍，且郊。或曰“五帝，太一之佐也，宜立太一而上亲郊之”。上疑未定。齐人公孙卿曰：“今年得宝鼎，其冬辛巳朔旦冬至，与黄帝时等。”卿有札书曰：“黄帝得宝鼎宛朐，问于鬼臾区。鬼臾区对曰：

'黄帝得宝鼎神策，是岁己酉朔旦冬至，得天之纪，终而复始。'于是黄帝迎日推策，后率二十岁复朔旦冬至，凡二十推，三百八十年，黄帝仙登于天。"卿因所忠欲奏之。所忠视其书不经，疑其妄书，谢曰："宝鼎事已决矣，尚何以为！"卿因嬖人奏之。上大说，乃召问卿。对曰："受此书申公，申公已死。"上曰："申公何人也？"卿曰："申公，齐人。与安期生通，受黄帝言，无书，独有此鼎书。曰'汉兴复当黄帝之时'，曰'汉之圣者在高帝之孙且曾孙也，宝鼎出而与神通，封禅。封禅七十二王，唯黄帝得上泰山封'。申公曰：'汉主亦当上封，上封则能仙登天矣。黄帝时万诸侯，而神灵之封居七千。天下名山八，而三在蛮夷，五在中国。中国华山、首山、太室、太山、东莱，此五山，黄帝之所常游，与神会。黄帝且战且学仙。患百姓非其道者，乃断斩非鬼神者。百馀岁然后得与神通。黄帝郊雍上帝，宿三月。鬼臾区号大鸿，死葬雍，故鸿冢是也。其后黄帝接万灵明廷。明廷者，甘泉也。所谓寒门者，谷口也。黄帝采首山铜，铸鼎于荆山下。鼎既成，有龙垂胡髯下迎黄帝。黄帝上骑，群臣后宫从上者七十馀人，龙乃上去。馀小臣不得上，乃悉持龙髯，龙髯拔，堕，堕黄帝之弓。百姓仰望黄帝既上天，乃抱其弓与胡髯号，故后世因名其处曰鼎湖，其弓曰乌号。'"于是天子曰："嗟乎！吾诚得如黄帝，吾视去妻子如脱躧耳。"乃拜卿为郎，东使候神于太室。

上遂郊雍，至陇西，西登崆峒，幸甘泉。令祠官宽舒等具太一祠坛，祠坛放薄忌太一坛，坛三垓。五帝坛环居其下，各如其方，黄帝西南，除八通鬼道。太一，其所用如雍一畤物，而加醴枣脯之属，杀一狸牛以为俎豆牢具。而五帝独有俎豆醴进。其下四方地，为醊食群臣从者及北斗云。已祠，胙馀皆燎之。其牛色白，鹿居其中，彘在鹿中，水而洎之。祭日以牛，祭月以羊彘特。太一祝宰则衣紫及绣。五帝各如其色，日赤，月白。

十一月辛巳朔旦冬至，昧爽，天子始郊拜太一。朝朝日，夕夕月，则揖；而见太一如雍郊礼。其赞飨曰："天始以宝鼎神策授皇帝，朔而又朔，终而复始，皇帝敬拜见焉。"而衣上黄。其祠列火满坛，坛旁亨炊具。有司云"祠上有光焉"。公卿言"皇帝始郊见太一云阳，有司奉瑄玉嘉牲荐飨。是夜有美光，及昼，黄气上属天"。太史公、祠官宽舒等曰："神灵之休，祐福兆祥，宜因此地光域立太畤坛以明应。令太祝领，秋及腊间祠。三岁天子一郊见。"

其秋，为伐南越，告祷太一。以牡荆画幡日月北斗登龙，以象太一三星，为太一锋，命曰“灵旗”。为兵祷，则太史奉以指所伐国。

而五利将军使不敢入海，之太山祠。上使人随验，实毋所见。五利妄言见其师，其方尽，多不雠。上乃诛五利。

其冬，公孙卿候神河南，言见仙人迹缑氏城上，有物如雉，往来城上。天子亲幸缑氏城视迹。问卿：“得毋效文成、五利乎？”卿曰：“仙者非有求人主，人主者求之。其道非少宽假，神不来。言神事，事如迂诞，积以岁乃可致也”于是郡国各除道，缮治宫观名山神祠所，以望幸也。

其春，既灭南越，上有嬖臣李延年以好音见。上善之，下公卿议，曰：“民间祠尚有鼓舞乐，今郊祀而无乐，岂称乎？”公卿曰：“古者祠天地皆有乐，而神祇可得而礼。”或曰：“太帝使素女鼓五十弦瑟，悲，帝禁不止，故破其瑟为二十五弦。”于是赛南越，祷祠太一、后土，始用乐舞，益召歌儿，作二十五弦及空侯琴瑟自此起。

其来年冬，上议曰：“古者先振兵释旅，然后封禅。”乃遂北巡朔方，勒兵十馀万，还祭黄帝冢桥山，释兵须如。上曰：“吾闻黄帝不死，今有冢，何也？”或对曰：“皇帝已仙上天，群臣葬其衣冠。”既至甘泉，为且用事太山，先类祠太一。

自得宝鼎，上与公卿诸生议封禅。封禅用希旷绝，莫知其仪礼，而群儒采封禅《尚书》《周官》《王制》之望祀射牛事。齐人丁公年九十馀，曰：“封禅者，合不死之名也。秦皇帝不得上封。陛下必欲上，稍上即无风雨，遂上封矣。”上于是乃令诸儒习射牛，草封禅仪。数年，至且行。天子既闻公孙卿及方士之言，黄帝以上封禅，皆致怪物与神通，欲放黄帝以上接神仙人蓬莱士，高世比德于九皇，而颇采儒术以文之。群儒既已不能辨明封禅事，又牵拘于《诗》《书》古文而不能骋。上为封禅祠器示群儒，群儒或曰“不与古同”。徐偃又曰“太常诸生行礼不如鲁善”。周霸属图封禅事。于是上绌偃、霸，而尽罢诸儒不用。

三月，遂东幸缑氏，礼登中岳太室。从官在山下闻若有言“万岁”云。问上，上不言；问下，下不言。于是以三百户封太室奉祠，命曰“崇高邑”。东上太山，太山之草木叶未生，乃令人上石立之太山巅。

上遂东巡海上，行礼祠八神。齐人之上疏言神怪奇方者以万数，然无验者。乃益发船，令言海中神山者数千人求蓬莱神人。公孙卿持节常先行候名山，至东莱，言夜见大人，长数丈，就之则不见，见其迹甚大，类禽兽云。群臣有言见一老父牵狗，言"吾欲见巨公"，已忽不见。上即见大迹，未信，及群臣有言老父，则大以为仙人也。宿留海上，予方士传车及间使求仙人以千数。

四月，还至奉高。上念诸儒及方士言封禅人人殊，不经，难施行。天子至梁父，礼祠地主。乙卯，令侍中儒者皮弁荐绅，射牛行事。封太山下东方，如郊祠太一之礼。封广丈二尺，高九尺，其下则有玉牒书，书秘。礼毕，天子独与侍中奉车子侯上太山，亦有封。其事皆禁。明日，下阴道。丙辰，禅太山下阯东北肃然山，如祭后土礼。天子皆亲拜见，衣上黄而尽用乐焉。江淮间一茅三脊为神藉。五色土益杂封。纵远方奇兽蜚禽及白雉诸物，颇以加礼。兕牛犀象之属不用。皆至太山祭后土。封禅祠；其夜若有光，昼有白云起封中。

天子从禅还，坐明堂，群臣更上寿。于是制诏御史："朕以眇眇之身承至尊，兢兢焉惧不任。维德菲薄，不明于礼乐。修祠太一，若有象景光，屑如有望，震于怪物，欲止不敢，遂登封太山，至于梁父，而后禅肃然。自新，嘉与士大夫更始，赐民百户牛一酒十石，加年八十孤寡布帛二匹。复博、奉高、蛇丘、历城，无出今年租税。其大赦天下，如乙卯赦令。行所过毋有复作。事在二年前，皆勿听治。"又下诏曰："古者天子五载一巡狩，用事太山，诸侯有朝宿地。其令诸侯各治邸太山下。"

天子既已封泰山，无风雨灾，而方士更言蓬莱诸神若将可得，于是上欣然庶几遇之，乃复东至海上望，冀遇蓬莱焉。奉车子侯暴病，一日死。上乃遂去，并海上，北至碣石，巡自辽西，历北边至九原。五月，反至甘泉。有司言宝鼎出为元鼎，以今年为元封元年。

其秋，有星茀于东井。后十馀日，有星茀于三能。望气王朔言："候独见填星出如瓜，食顷复入焉。"有司皆曰："陛下建汉家封禅，天其报德星云。"

其来年冬，郊雍五帝。还，拜祝祠太一。赞飨曰："德星昭衍，厥维休祥。寿星仍出，渊耀光明。信星昭见，皇帝敬拜太祝之享。"

其春，公孙卿言见神人东莱山，若云"欲见天子"。天子于是幸缑氏城，拜卿为中大夫。遂至东莱，宿留之数日，无所见，见大人迹云。复遣方士求神怪、采芝药以千数。是岁旱。于是天子既出无名，乃祷万里沙，过祠太山。还至瓠子，自临塞决河。留二日，沉祠而去。使二卿将卒塞决河。徙二渠，复禹之故迹焉。

是时既灭两越，越人勇之乃言“越人俗鬼，而其祠皆见鬼，数有效。昔东瓯王敬鬼，寿百六十岁。后世怠慢，故衰耗”。乃令越巫立越祝祠，安台无坛，亦祠天神上帝百鬼，而以鸡卜。上信之，越祠鸡卜始用。

公孙卿曰：“仙人可见，而上往常遽，以故不见。今陛下可为观，如缑城，置脯枣，神人宜可致也。且仙人好楼居。”于是上令长安则作蜚廉桂观，甘泉则作益延寿观，使卿持节设具而候神人。乃作通天（茎）台，置祠具其下，将招来仙神人之属。于是甘泉更置前殿，始广诸宫室。夏，有芝生殿房内中。天子为塞河，兴通天台，若见有光云，乃下诏：“甘泉房中生芝九茎，赦天下，毋有复作。”

其明年，伐朝鲜。夏，旱。公孙卿曰：“黄帝时封则天旱，乾封三年。”上乃下诏曰：“天旱，意乾封乎？其令天下尊祠灵星焉。”

其明年，上郊雍，通回中道，巡之。春，至鸣泽，从西河归。

其明年冬，上巡南郡，至江陵而东。登礼灊之天柱山，号曰南岳。浮江，自寻阳出枞阳，过彭蠡，礼其名山川。北至琅邪，并海上。四月中，至奉高修封焉。

初，天子封太山，太山东北趾古时有明堂处，处险不敞。上欲治明堂奉高旁，未晓其制度。济南人公玉带上黄帝时明堂图。明堂图中有一殿，四面无壁，以茅盖，通水，圜宫垣，为复道，上有楼，从西南入，命曰昆仑。天子从之入，以拜祠上帝焉。于是上令奉高作明堂汶上，如带图。及五年修封，则祠太一、五帝于明堂上坐，令高皇帝祠坐对之。祠后土于下房，以二十太牢。天子从昆仑道入，始拜明堂如郊礼。礼毕，燎堂下。而上又上泰山，自有秘祠其巅。而太山下祠五帝，各如其方，黄帝并赤帝，而有司侍祠焉。山上举火，下悉应之。

其后二岁，十一月甲子朔旦冬至，推历者以本统。天子亲至太山，以十一月甲子朔旦冬至日祠上帝明堂，毋修封禅。其赞飨曰：“天增授皇帝太元神策，周而复始。皇帝敬拜太一。”东至海上，考入海及方士求神者，莫验，然益遣，冀遇之。

十一月乙酉，柏梁灾。十二月甲午朔，上亲禅高里，祠后土。临勃海，将以望祀蓬莱之属，冀至殊廷焉。

上还，以柏梁灾故，朝受计甘泉。公孙卿曰：“黄帝就青灵台，十二日烧，黄帝乃治明廷。明廷，甘泉也。”方士多言古帝王有都甘泉者。其后天子又朝诸侯甘泉，甘泉作诸侯邸。勇之乃曰：“越俗有火灾，复起屋必以大，用胜服之。”于是作建章宫，度为千门万户。前殿度高未央。其东则凤阙，高二十馀丈。其西则唐中，数十里虎圈。其北治大池，渐台高二十馀丈，命曰太液池，中有蓬莱、方丈、瀛洲、壶梁，象海中神山龟鱼之属。其南有玉堂、璧门、大鸟之属。乃立神明台、井幹楼，度五十丈，辇道相属焉。

夏，汉改历，以正月为岁首，而色上黄。官名更印章以五字，为太初元年。是岁，西伐大宛。蝗大起。丁夫人、洛阳虞初等以方祠诅匈奴、大宛焉。

其明年，有司上言雍五畤无牢熟具，芬芳不备。乃令祠官进畤犊牢具，色食所胜，而以木禺马代驹焉。独五月尝驹，行亲郊用驹及诸名山川用驹者，悉以木禺马代。行过，乃用驹。他礼如故。

其明年，东巡海上，考神仙之属，未有验者。方士有言“黄帝时为五城十二楼，以候神人于执期，命曰迎年”。上许，作之如方，命曰明年。上亲礼祠上帝焉。

公玉带曰：“黄帝时虽封泰山，然风后、封臣、岐伯令黄帝封东太山，禅凡山，合符，然后不死焉。”天子既令设祠具，至东太山，〔东〕太山卑小，不称其声，乃令祠官礼之，而不封禅焉。其后，令带奉祠候神物。夏，遂还太山，修五年之礼如前，而加以禅祠石闾。石闾者，在太山下阯南方，方士多言此仙人之闾也，故上亲禅焉。

其后五年，复至太山修封，还过祭恒山。

今天子所兴祠，太一、后土，三年亲郊祠，建汉家封禅，五年一修封。薄忌太一及三一、冥羊、马行、赤星，五，宽舒之祠官以岁时致礼。凡六祠，皆太祝领之。至如八神诸〔神〕，明年、凡山他名祠，行过则祠，行去则已。方士所兴祠，各自主，其人终则已，祠官不主。他祠皆如其故。今上封禅，其后十二岁而还遍于五岳四渎矣。而方士之候祠神人，入海求蓬莱，终无有验。而公孙卿之候神者，犹以大人之迹为解，无有效。天子益怠厌方士之怪迂语矣。然羁縻不绝，冀遇其真。自此之后，方士言神祠者弥众，然其效可睹矣。

太史公曰：余从巡祭天地诸神名山川而封禅焉。入寿宫侍祠神语，究观方士祠官之意，于是退而论次自古以来用事于鬼神者，具见其表里。后有君子，得以览焉。若至俎豆珪币之详，献酬之礼，则有司存。

【译文】

自古以来受天命成为帝王的人，谁不想去举行封禅大典？原来大多只是在没见到有吉兆祥瑞出现才忙着去行封禅礼，却从来没有过已经出现了封禅必需的吉兆和瑞应而不去泰山行封禅礼的。有的人虽然顺应天命当上了帝王，却未能成就治世的大功；有的人虽到了梁父，但道德却与封禅的盛举不相称；有的人虽道德和功业齐备了，但又来不及去行封禅大礼，以至于真正能到泰山举行封禅大礼的极少。古书记载说："三年不行礼，礼制必废；三年不举乐，乐必坏。"每逢盛世，帝王便举行封禅大礼以表示对上天的敬畏，感谢上天的庇护；衰世则停礼而不搞这项活动。这种典礼没有举行，远的已千年有余，近的也有数百年了，所以封禅的仪式缺少记载或已湮灭，详细的礼仪情形已无法流传于后世了。

《尚书》中说，舜用美玉制作了天文观测仪，以了解日、月、五星的运行情况。于是他祭祀上帝，祭祀六宗，遥望祭祀山川，一一拜祭地上群神。他收取各地诸侯所持瑞玉，挑选黄道吉日，会见四方的诸侯牧守，再将所得瑞玉归还给他们。当年二月，舜巡视东方，到达岱宗。岱宗，就是泰山。他在泰山焚烧柴薪举行祭祀，按顺序望祭山川之神。而后又觐见东后。东后，就是东方的诸侯。他调整四时与月、日的相对误差，统一声律与度量衡，修饬五礼以及五玉、三帛、二生、一死等不同等级人的贽见礼仪。五月，他巡察至南岳。南岳，就是衡山。八月，他巡察至西岳。西岳，就是华山。十一月，他巡察到至北岳。北岳，就是恒山。他对这些山的祭祀，全都与泰山的拜祭礼仪相同。中岳，就是嵩山，他每五年便来此巡察一次。

禹沿用了这样的巡察制度。直至第十四代后，也就是帝孔甲。孔甲喜欢神祀，但作风淫乱，亵渎了神灵，于是夏宫殿内的两条龙离开了。此后三世，汤伐夏桀后，想废掉夏祭社神的神坛，但没有合适的对象，于是就停止了，便让人作了名为《夏社》的文诰。此后八世，至太戊帝时，庭院中长出了一棵桑、谷二木合生的树，只一个晚上便长到拱把粗，太戊很是害怕。伊陟说："妖不胜德，邪不压正。"于是太戊便勤修自己的德行，行善政，桑谷合生树便自己枯死了。伊陟将此事告知了神职人员巫咸，巫咸便记录了《咸乂》四篇，从此巫咸等神职人员便开始兴起。此后十四世，帝武丁得到了傅说，任为相国，殷朝又重新兴盛了起来，武丁因此被称为"高宗"。武丁在位时，有只野鸡登上了鼎耳鸣叫，武丁因此非常害怕。贤臣祖己说:“修德就不用怕了。”武丁听从了他的建议,帝位得以长久稳固安宁。过了五世,帝武乙由于怠慢神灵,遇雷震而死。过了三世,帝纣淫乱,武王兴兵伐纣。由此看来,开国创业的帝王都对神祇肃敬有加,只是后代君主渐渐怠慢松懈了。

《周官》说,冬至那一天,君王要在都城南郊祭天,这是为了迎接夏至日的到来;夏至那一天,也要拜祭地祇。祭祀时都采用音乐、舞蹈的形式,这样神灵才可能接受祭祀者的礼敬。天子祭祀天下的名山大川,要视五岳如同礼待三公,视四渎如同礼待诸侯,诸侯只拜祭境内的名山大川。四渎,就是指长江、黄河、淮水、济水。天子祭天之地称为明堂、辟雍,诸侯祭祀之地称为泮宫。

周公因做了成王的相国,所以定下制度,郊祀时用后稷配天,宗庙祭祀时在明堂里祭祀文王以配上帝。从夏禹时期起便开始从事社神的祭祀,因后稷稼穑有功,所以增加了后稷的神祠,因此郊祭与社祭都有很悠久的历史了。

自周朝灭殷商以后到十四世,世道更加衰落,礼乐废弃,各诸侯恣意行事,而周幽王被犬戎战败后,周朝被迫东迁都城至洛邑。秦襄公攻打犬戎解救周危,因功劳大而位列诸侯。秦襄公既为诸侯,居住在西部边陲,自认为是少皞神的代表,作西畤祭祀白帝,祭品用马驹、黄牛、羝羊各一头。其后十六年,秦文公到汧、渭二水之间打猎,想在此居住下来,卜得吉兆。文公做梦梦见有一条黄蛇,身子从天上一直垂到地面,嘴巴一直伸到鄜城一带的田野中。文公把梦到的现象讲给史敦听,史敦说:“黄蛇是上帝的象征,请君祭祀它。”于是秦文公便建立了鄜畤,用三牲大礼郊祭白帝。

在建立鄜畤以前,雍城旁边本来有个吴阳武畤,雍城东边也有个好畤,都是废弃已久无人祭祀的地方。有人说:“自古以来,因为雍州地势高,多为神明聚居之处,所以立畤郊祀上帝,其他诸神的祠庙也就逐渐聚集到这里。大约黄帝时就有人在这祭祀,直到晚周时都还有人在这举行郊祭。”这些话不见于经典,有身份的大人也不会说。

作鄜畤之后九年,秦文公得到一块质地好像石头的东西,于是便在陈仓山北坡的城邑中把它供奉起来。其神灵有时一年也不会来,而有时一年之中却数次降临,多在夜晚降临,发出像流星般的光芒,从东南方向落入祠城中,样子像雄鸡一般,发出殷殷的鸣叫声,引得野鸡也纷纷夜啼。祭祀这位神灵时，用牛、羊、猪各一头，称其为“陈宝”。

作鄜畤后七十八年，秦德公即位，经占卜定居雍城，后世子孙把疆域一直扩展到黄河沿岸，占卜后便定都于雍城，雍城的许多祠庙都是在这段时期修建的。秦德公每次祭祀所用牲畜多达三百头，又作祭伏的祠庙。还在城邑四方磔裂狗，用来防御蛊灾的侵害。

德公在位二年而死。又过了四年，秦宣王在渭水南岸建造了密畤，用来祭祀青帝。

这以后的第十四年，秦缪公即位称帝。一次，他病卧五天不省人事；醒来后，就说梦见了上帝，上帝命缪公去平定晋国内乱。史官将此事记载下来收藏在内府。而后世都说，秦缪公曾去过天上。

秦缪公即位的第九年，齐桓公称霸，在葵丘召集诸侯会盟，想举行封禅活动。管仲说：“古时候在泰山、梁父举行封禅的共有七十二家，我知道的只有十二家。以前无怀氏封过泰山，禅过云云山；伏羲封过泰山，禅过云云山；神农封过泰山，禅过云云山；炎帝封过泰山，禅过云云山；彭帝封过泰山，禅过亭亭山；颛顼封过泰山，禅过云云山；帝俈封过泰山，禅过云云山；尧封过泰山，禅过云云山；舜封过泰山，禅过云云山；禹封过泰山，禅过会稽山；汤封过泰山，禅过云云山；周成王封过泰山，禅过社首山。他们都是受天命成为帝王以后才举行封禅的。”齐桓公说：“寡人向北征伐山戎，到过孤竹国；向西征伐大夏，远涉流沙，勒马停车，登上过卑耳山；向南征伐到达召陵，登上熊耳山眺望长江、汉水。为平乱伐叛等武事，共召集诸侯会兵三次；为政治、外交等文事，共集会了六次；前后共九次集会诸侯，一统天下，诸侯无一人敢违背于我。这与之前三代受天命成为帝王的人，又有什么不同之处呢？”于是管仲明白，对桓公不能用言辞来说服，因此想设置些不可能的事情来阻止他，便说道：“古时候封禅，需要用鄗上地区的黍米、北里地区的谷物来做祭天用的粢盛；要用生于江淮之间的三脊茅，来编织荐神用的席子；要有东海进贡的比目鱼，西海进贡的比翼鸟，然后还要有那些不召自至的十五种吉祥物才可以。如今却是什么祥瑞也没有，凤凰麒麟还未降临，嘉谷也没出现，而田野中的蓬蒿杂草却很茂盛，鸱枭等恶鸟也数次在朝堂出现。想要在这样的情况下举行封禅，是不是有点儿不太合适？”于是齐桓公便打消了封禅的念头。这一年，秦缪公送晋夷吾回国立为晋君。此后又三次为晋国立了君主，平定了晋国的内乱。缪公在位三十九年后去世。

此后又过了一百多年，有孔子论述了“六艺”。书传中曾简略地记述了七十多位因改姓而出现的新王封泰山禅梁父的活动，却未记载有关封禅俎豆之礼的情况，可能是难以说清的缘故吧。曾有人向孔子请教关于谛祭的礼仪，孔子说：“不知道。倘若知道谛祭的事，那天下的任何事都将如同观察自己的掌纹一样清楚。”《诗经》中说纣王在位，文王受天命后，他的政绩功业还不足去封泰山。武王在灭殷以后二年、天下尚未安宁就去世了。所以，周朝一直到成王时才说得上德政融洽，成王要封泰山才算得上合乎道理。不过，此后周王室衰弱，各诸侯国大臣执政，鲁国的季氏也去祭泰山，孔子曾嘲笑过这种事。

这一时期苌弘以方术效力于周灵王，因周王室衰弱，诸侯们不肯来朝见周王，所以苌弘明目张胆地搞起了鬼神活动，并设置了射狸首的迷信活动。狸首，代表那些不肯来朝见周王的诸侯，想凭借神怪的力量让诸侯来朝。诸侯没有听信这一套，晋国人就把苌弘抓了起来杀掉了。周朝人谈方术神怪就是从苌弘这时开始的。

此后又过了一百多年，秦灵公在吴阳建造了上畤，来祭祀黄帝；建造了下畤，用来祭祀炎帝。

此后四十八年，周朝太史儋朝见秦献公时说：“最早时秦与周是在一起的，后来分离了，五百年后应当重新联合，联合十七年后就会有霸王出现。”不久，秦朝都城栎阳下起了黄金雨，秦献公便因此认为是得到了五行中金的祥瑞，所以就在栎阳建造了畦畤来祭祀白帝。

此后又过了一百二十年，秦灭了周朝，周朝王权的象征九鼎，落入了秦国手中。而有人说宋国的太丘社坛被毁以后，九鼎便沉入了彭城下的泗水中。

又过了一百一十五年，秦国统一了天下。

秦始皇一统天下后称帝，有人说：“黄帝获得了五行中的土德，故有黄龙和大蚯蚓出现；夏朝有木德，所以有青龙降临在都城郊外，草木也长得格外茁壮茂盛；商朝有金德，所以从山中流出了银子；周朝有火德，所以有红色乌鸦这种祥瑞出现。如今秦朝改变了周朝天下，是得水德的时代。过去秦文公外出打猎，曾遇到过一条黑龙，这就是水德的吉祥物。”于是秦朝把黄河改名为“德水”，把冬季的十月作为每年的开端，崇尚黑色，尺度以六为数，音声崇尚大吕，政事推崇法令。

秦始皇即帝位的第三年，东出巡察郡县，在驺县峄山建祠祭祀，歌颂秦朝的功德伟业。于是从齐鲁之地征召了儒生、博士等七十人作为随从，一同来到泰山脚下。众儒生中有的人建议说："古时候封禅，帝王乘坐的车子要以蒲草把车轮包裹起来，是怕踩踏伤害了山上的土石草木；祭祀时要把地面打扫一遍，铺上用草、禾秸编制的席子，这说明古代祭祀是很容易办到的。"秦始皇听他们说的各不相同，并且与情理不合，难以实行，因此不用儒生。于是命人开山修路，从泰山南面一直到山顶。他立碑来歌颂自己的功德，表明他应该封禅的理由。然后他从泰山北面下山，在梁父山禅祭地神。封禅的仪式大多都是沿用在雍城祭祀上帝的仪式，但具体的封禅活动都很秘密，世人无法知晓，也无从记录。

秦始皇上泰山时，行至半山腰时正好遇到暴风雨，便在大树下避雨。众儒生因之前已经被贬退了，没能够参与封禅的礼仪，听说秦始皇在上山途中遭遇暴风雨，便乘机讥笑他。

封禅完毕后，秦始皇便继续东巡到海上，沿途中分别祭祀名山大川之神及八神，并寻求羡门高一类的仙人。八神名目自古以来就有，也有的人说是在姜太公之后创造出来的。齐国之所以名为齐，就是因为八神之一的天齐神的缘故。对天齐神的祭祀早已废绝，因而不知是从什么时候开始的。所谓"八神"，一是天主，在天齐祭祀，天齐是渊水之名，在临淄城南郊的山脚下。二是地主，在泰山下的梁父山祭祀。因为天神性喜阴，祭祀它就必须在高山的下面，小山的上面，祭祀之地称为畤；地神性喜阳，祭祀它就必须在低洼地区的圆丘上。三是兵主，在蚩尤山祭祀它。蚩尤祠在东平郡的陆监乡，属于齐国西境。四是阴主，在三山祭祀它。五是阳主，在之罘山祭祀它。六是月主，在莱山祭祀它。三山、之罘山、莱山均在齐国北部，临近渤海。七是日主，在成山祭祀它。成山绝壁回曲，入于海中，在齐东北部最边隅地区，据说是迎接日出的地方。八是四时主，在琅邪山祭祀它。琅邪在齐国东部，是一年四季开始的地方。祭祀八神时都要用牛、羊、猪各一头，只是巫祝的数目、圭币的名目与数目有所不同。

自齐威王、宣王的时候，驺衍等人便开始著书立说，论述五行五德的变化终始。到秦称帝后，有齐人拿这套理论上奏秦王，所以秦始皇采用了它。宋毋忌、正伯侨、充尚、羡门高等都是燕国人，他们采用道家神仙的法术，编说脱胎换骨、白日飞升的故事，大多依托鬼神等事。驺衍以阴阳交替、主宰命运的理论显名于诸侯，而燕齐地区海上的那些方士，因为对他们的法术理论不能通达，因此更多荒诞奇怪、阿谀奉迎、苟且求合的人便因此兴起，其人数之多不可胜计。

自齐威王、齐宣王、燕昭王开始，就不断派人出海寻找蓬莱、方丈、瀛州三座神山。这三座神山，据传都在渤海之中，路程虽不算远，但困难在于人将要接近山侧时，就会有海风吹引船只离山远去。据说曾有人到过那里，那里有许多仙人和长生不老的药。山上的东西和禽兽都是白色的，宫阙是用黄金和白银建造的。没到三山之前，其看起来有如一片白云；来到三山跟前后，三神山看起来反而在海水之下。想要登山时，却又被海风吹走，始终不能到达山上。世俗间的帝王们没有不钦羡的。秦始皇统一天下后，曾到海上游览，那些向他谈及此事的方士不计其数。秦始皇担心自己亲自到海上也找不到三神山，于是便派人带着童男童女先到海上寻找。船从海中回来，他们都以在海上遇到怪风不能到达为由，却又都说虽未到达，却确实看到了三神山。第二年，秦始皇重游海上，到了琅邪，回程时路过恒山，取道上党回到咸阳。三年后，他巡游碣石山，查问了被派遣出海寻找三神山的方士，然后从上郡返回京城。五年后，秦始皇南游到湘山，接着东行登上了会稽山，并来到海上，希望能寻得海上三神山中的长生不老药。结果未能如愿，返回的路上病死在沙丘宫。

二世元年，秦二世东出巡游到碣石山，并沿海南下，途经泰山，到达会稽，所到之处都按礼仪进行了祭祀，并且在始皇所立石碑上撰文纪事，来颂扬秦始皇的功德。这年秋天，各地诸侯纷纷起兵反叛秦朝。三年后，秦二世被赵高所杀。

始皇封禅之后十二年，秦朝灭亡。儒生们怨恨秦朝焚毁诗书，屠杀、侮辱文人学士，百姓们怨恨秦朝酷法，天下人因此都反叛秦朝。于是有讹传说："秦始皇上泰山，被暴风雨所阻，未能举行封禅大礼。"这不正是古人所说的不具备德行，却非要去进行封禅之礼的人吗？

过去夏、商、周三代都在河、洛二水之间建国，所以把嵩高山定为中岳，其他四岳按各自所在方位命名，而四渎都在崤山以东。秦始皇称帝后，建都咸阳，五岳、四渎都在都城东方。自五帝至秦以来，代代兴衰更替，名山大川或为诸侯掌握，或为天子掌管，祭祀的礼仪也有增有减，随时代不同而变化，不可一一记录。秦朝一统天下后，命令祠官要经常供奉天地和名山大川以及诸鬼神，从此才得以按次序一一记述下来。

从此知道，在崤山以东，要祭祀的名山有五座，大河有二条。五座名山首为太室山。太室山，就是嵩山。其次是恒山、泰山、会稽山、湘山。

两条河水名为济水、淮水。春季河水解冻时用干肉、酒醴祭祀，祈求丰收；秋季冰冻时也会举行祭祀，或是冬季酬谢神灵活动时也会举行祭祀。祭祀时各用牛犊一头，与牛犊相配的礼器以及圭币有所不同。

自华县以西，要祭祀的名山有七座，名川有四条。七座名山是华山、薄山。薄山，就是衰山。此外分别是岳山、岐山、吴岳、鸿冢山、渎山。渎山，就是蜀中的汶山。四条河水分别为黄河，在临晋祭祀它；沔水，在汉中祭祀它；湫渊，在朝那祭祀它；长江，在蜀中祭祀它。祭祀的时间也是在春天解冻、秋末结冰，或冬天举行酬谢神灵的时候，与祭祀东方名山大川相同。只是祭祀所用小牛的数量以及配用礼器和圭币等方面有所不同。此外祭祀鸿冢、岐冢、吴冢、岳冢这四大冢，除了用通常的祭品外，还要用新谷供神灵尝用。

陈宝神在其祭祀节时降临祠庙。祭祀河流时要增加新酿的酒供神灵尝用。以上这七山四川都在雍州地域以内，毗邻天子的都城，所以祭祀时除通常物品外，还可增加一辆车和四匹马驹。

灞水、浐水、长水、沣水、涝水、泾水、渭水都不算大川，但由于都邻近咸阳，因此都得以享有与名山大川相同的祭祀，只是没有加祭的其他祭品。

汧水、洛水二渊，与鸣泽、蒲山、岳山之类，都是小山川，也都在每年解冻或冰冻时举行祭祀，冬天也举行酬谢神灵的祭拜活动，但礼仪各不相同。

而雍州有日、月、参、辰、南北斗、荧惑星、太白星、岁星、填星、辰星、二十八宿、风神、雨神、四海神、九臣、十四臣、诸布、诸严、诸逑之类共计一百多个祠庙。秦旧都西县的祠庙也有数十座。在湖县有周天子祠，下邽有天神祠，沣县、滈县有昭明庙和天子辟池，在杜、亳二县有三座杜主祠和寿星庙；在雍城的菅庙中也有供奉杜主的。杜主，原是周朝的右将军，在秦中地区，是众小神庙中最灵验的庙宇。以上各种祠庙都按年岁、季节供奉和祭祀。

以上神灵中唯有雍州的四畤祭祀的神灵地位最尊，但最震撼人心的祭祀场面要数陈宝祠。所以雍州四畤的祭祀，在春季解冻时会举行岁祷，秋季河川封冻时会举行活动祭祀，冬季酬谢神灵时也会祭祀，五月时会增加向天神供奉马驹的祭祀活动，每季度的第二个月会举行月祀；而陈宝祠只有陈宝应节来临时才举行一次祭祀。对陈宝的祭祀，祭礼春夏季为红色的马，秋冬季为黑色鬃毛的红马。在四畤的祭祀，每次用四匹小马，外加由四匹木偶龙拉的木偶栾车一乘，四匹木偶马拉的木偶马车一乘，这些车辆的颜色与各帝祠对应的五方色相同；另外有黄牛犊和羔羊各四只，以及一定数量的圭币，牛、羊等都为活埋，没有俎豆等礼器。帝王每三年郊祭一次。秦把冬季的十月作为每年的开端，所以常在十月斋戒后郊祀上帝，祭祀的地方有烽火直达宫里，皇帝在咸阳宫旁拜祭，衣服都为白色，其他器具与平时祭祀相同。西畤、畦畤的祭祀与秦统一前相同，皇帝不必亲自前往。

这些祠庙都由太祝主持，每年按时举行祭祀。至于其他名山大川、诸鬼神灵以及八神之类，皇帝路过它们的祠庙时就举行祭祀，离开后便停祭。所属郡县以及边远地区的神祠，由百姓自发供奉祭祀，不归天子设置的祝官管辖。祝官中有一种秘祝，若遇有灾祸，每次祝祷祭祀时，会把灾难转移到臣民身上。

汉朝兴起了。汉高祖微贱时，曾经杀死过一条大蛇，有神物就化作人形说："这条蛇，是白帝的儿子，而杀死它的就是赤帝的儿子。"高祖起兵初时，曾于丰县的枌榆社坛为自己祈祷。攻下沛县后，做了沛公，于是祭祀蚩尤，用血把鼓、旗染成红色。最终在两年后的十月兵至灞上，与诸侯共同起兵平定咸阳，被立为汉王。因此就把十月作为一年的开端，并崇尚赤色。

高祖二年，刘邦向东攻打项籍，还兵关中后问："过去秦朝时祭祀的上帝是什么帝？"左右回答说："有四帝，设有白帝、青帝、黄帝、赤帝等祠庙。"高祖说："我听说天有五帝，却只有四庙，这是是什么原因呢？"没有谁能道出原因。于是高祖说："我知道了，这是为了让我来凑足五帝之数啊。"于是又修建了黑帝祠，命名为北畤；由负责的祝官主持祭祀，皇帝不必亲自前往祭拜。他把过去秦朝的祝官全部召来，重新设置了太祝、太宰，祭礼仪式还与以往相同。又命各县设置了公用社坛。高祖下诏书说："我很重视祠庙并敬重祭祀。如今上帝的祭祀以及山川诸神应该祭祀的，各自按往常礼仪按时进行祭祀。"

四年后，天下已经平定，高祖诏命御史，令丰县修葺枌榆社坛，按四时节令恭谨祭祀，春季用羊和猪祭祀。又令祝官在长安修建蚩尤祠。并在长安设置祠祝官、女巫。其中梁地的巫祝主要负责祭祀天、地、天社、天水、房中、堂上之类的神灵；晋地的巫祝负责祭祀五帝、东君、云中君、

汉高祖斩白蛇图

司命、巫社、巫祠、族人、先炊之类；秦地的巫祝主要负责祭祀社主、巫保、族累之类；荆地的巫祝负责祭祀堂下、巫先、司命、施糜之类；九天巫只负责祭祀九天。这些都是按年岁、季节在宫中祭祀。此外，他让河巫在临晋祭祀黄河，让南山巫负责祭祀南山和秦中。秦中，是祭祀二世皇帝的。祭祀各有定时。

此后二年，有人说周朝兴起后就修建了邰邑，设立了后稷庙，并且至今还受天下人祭祀。于是高祖诏令御史："下令各郡、各诸侯国和各县建立灵星庙，每年要按时用牛祭祀。"

汉高祖十年的春天，主管机构请求命各县常在春二月和腊月，用羊和猪祭祀土地神和谷神，民间里社百姓按情况自行集资祭祀。高祖批复说："可以。"

此后的第十八年，孝文帝即位。即位的第十三年，他下诏书说："如今的秘祝官把过失转移到臣民身上，我很不喜欢这样。从今日起，取消秘祝官。"

最初，凡在诸侯国境内的名山大川，由诸侯国的祝官自行供奉祭祀，天子的祝官不负责。后来废除了齐、淮南国后，孝文帝下令由太祝官负责这些名山大川的祭祀，并一律如往常一样按岁时进行。

这一年，孝文帝颁制诏书说："朕即位至今已十三年，仰仗宗庙的神灵、社稷的福报，境内得以安定，民众疾疫不生。其间连年丰收，朕的德行尚浅，为何能享受到这样的福泽？这都是上帝诸神的恩赐啊。听说古时候若享受了神的恩德，就必要报答它的功劳。所以，我想增加对诸神祭祀礼品的数量。主管机构建议，在雍州五畤各增加路车一乘，连同驾车以及车上各类装具；西畤、畦畤各增加木偶车一乘，木偶马各四匹，连同驾车和车上的各类装具；黄河、湫渊、汉水的祭祀各增加玉器二枚；其他祠庙全都扩大祭坛场地，圭币俎豆也按不同等级有所增加。而祝釐者把这些都归福于朕，百姓得不到好处。从今以后祝官只向神致礼，不得为了朕再对神有所祈求。"

鲁人公孙臣上书说："起初秦朝享受水的福德，现如今汉继承了秦的天下。如果按五德终始来推求，汉朝应当受土德，受土德的应验是出现黄龙。汉朝应该更改历法，改变服饰的颜色，以黄色为尊色。"当时丞相张苍喜好律历的学问，认为汉朝是水德的开始，黄河金堤决口便是水德的符兆，认为应当把上年十月作为一年的开端，颜色推崇外黑内赤，才能与水德相符合，文帝认为公孙臣的说法是错误的，于是公孙臣的上书就被否决了。没想到三年后，真有黄龙在成纪地区出现。于是文帝就召见公孙臣，封他为博士官，同诸儒生一起起草关于更改历法和服色的事宜。当年夏天，文帝颁下诏书说："今有异类神灵在成纪出现，对百姓不加伤害，相反每年得到了好收成。朕想要郊祀上帝和诸神，请相关官员商议一下具体事宜，不要因有所忌讳怕让朕劳累。"有关官员都说："古时候天子在夏季亲自郊祀，在郊外祭祀上帝，所以称为郊祀。"于是在夏季四月，文帝首次亲自到雍城的五畤祠进行郊祀，衣服都为赤色。

第二年，赵人新垣平因擅长观测云气得以朝见文帝，他说："长安城的东北方有神气出现，色呈五彩，形状像人的冠冕一样。有人说东北方是神明居住的地方，西方是神明的坟墓。如今东北方出现神气，是天降下的祥瑞，应该修建祠庙祭祀上帝，以便与这祥瑞相应合。"于是汉文帝就在渭水北岸修建了五帝庙，五帝同庙而居，每帝居一殿，庙的每一面有五个门，颜色也和殿内所祭五帝的五方色相同。祭祀所用的东西以及各种仪式也都与雍城的五畤相同。

夏季四月，文帝亲自在灞、渭二水交汇处以郊祀之礼祭祀渭阳五帝。五帝庙南临渭水，从庙北开渠引水进入蒲池。烽火点燃后，文帝开始祭祀，火光辉然就好像烧到了天上。于是封新垣平为上大夫，赏赐达千金之多。又命博士和诸官员搜集六经中相关资料编撰成《王制》，并商讨外出巡狩和封禅的事宜。

一次文帝出游到长门，在路上仿佛看到五人立在道路北面，于是在道路北面五人所立的地方建立了"五帝坛"，用五牢和相应的礼具祭祀他们。

第二年，新垣平让人捧着玉杯，到宫门前上书进献。新垣平在这之前预先对文帝说："有宝玉神气降临到了宫门前。"文帝便派人去点查各处进献给皇帝的礼物，果然发现有献玉杯的，上面刻着"人主延寿"四个字。新垣平又说："据为臣观测，太阳在一日之内将会出现两个中午。"过了不久，太阳过午以后，向东逆行，又再次出现一个中午。于是文帝把十七年改称为后元元年，让天下人都聚饮庆贺。

新垣平对文帝说："周鼎遗失在泗水之中，如今黄河水泛滥，流入泗水，臣遥望东北方汾阴地区有金宝之气，难道是周鼎要重新出现了吗？虽然已有征兆出现，若我们不去迎求，它还是不会来的。"于是文帝命人在汾阴南修了一座庙，临黄河而建，希望通过祭祀可以祈求周鼎出现。

有人上书揭发新垣平所说的种种望气，都是骗人的。于是文帝把新垣平交给司法官员审理，灭了新垣平全族。自此以后，文帝对于更改历法、服色，祭祀神明等事再也没有兴趣了，把渭阳、长门的五帝庙交给祭祀官员管辖，按时祭祀，自己不再亲自参与了。

第二年，匈奴多次侵入边境，汉朝发兵守卫。此后几年，收成略有减少。

数年后孝景帝即位，在位十六年，祠官如往常一样各自按照岁时祭祀，没有什么改变，一直到当今天子。

当今天子即位之初，就特别重视对鬼神的祭祀。

到汉武帝元年时，汉朝建国已经六十多年了，天下已大定，官绅等人都希望天子行封禅礼并改制历法、度数。但武帝心向儒术，他招揽贤良之士，赵绾、王臧等都以文学被任命为公卿大臣，并打算按古制在城南建立明堂，用来朝见诸侯。他们草拟了皇帝巡狩、封禅的礼仪制度和修正历法、服色等事项，但尚未完成。当时窦太后喜好黄老学说，不推崇儒术，便派人私下里搜集、暗察赵绾等人干过的违法之事，并将赵绾、王臧拘捕查办，赵绾、王臧自杀，他们主持兴办的各项事务也都随之废止。

此后第六年，窦太后去世。第二年，当今皇上征召文学之士公孙弘等人为官。

第二年，当今皇上初次到雍城五畤进行郊祀。此后经常每隔三年便到此郊祀一次。当时，皇上求得了一幅神君画像，供奉在上林苑中的氾氏观。这位神君，原是长陵一女子，因生子难产而死，后她附体在她妯娌宛若的身上并显灵。宛若把它供奉在家中，村中人听后都来她家里烧香祭拜。平原君也曾去祭祀，他的后世子孙也因此而位尊名显。到本朝天子即位后，就以隆重的礼节把“神君”请到宫中供奉起来。外人能听到神君的说话声，却看不到她的形象。

当时李少君曾因擅长祭灶、辟谷、长生不老等方术被皇上召见，受到皇帝的尊重。李少君，原来是深泽侯家的舍人，给人看病。他隐瞒了自己的真实年龄和经历，时常自称已七十多岁，能驱使鬼物，长生不老。他靠着自己的这种把戏遍游诸侯。他无妻无子。人们听说他能驱使鬼物并能使人长生不死，便经常是暗地里赠送给他一些礼物，因此他金钱衣食等时常有余。大家都以为他不干任何事却很富裕，加上又不知道他的来历出身，便对他就更加相信、更加崇拜。李少君天生喜欢方术，又善于察言观色，常能猜中人们的一些隐私。他曾经到武安侯家赴宴，宴席中遇到一位九十多岁的老人，于是李少君就与他谈论起自己与这位老人的祖父曾经一起游玩射猎的地方。这位老人年幼时曾与祖父住在一起，还能记起这些地方，宴会上所有的人对此都惊讶不已。一次，李少君去拜见当今皇上。皇上收藏有一件古铜器，便问李少君是否认识。李少君说："这件铜器是齐桓公十年时在柏寝台上的陈设品。"当今皇上仔细考察铜器上的铭文，果然是齐桓公时的器物，整个皇宫的人全都惊呆了，认为李少君是活神仙，是数百岁人了。

李少君对皇帝说："祭灶神能招来鬼神，招来鬼神后就能把丹砂炼成黄金，用提炼出来的黄金打造成饮食器具，使用后便能延年益寿。只有延年益寿后才能见到蓬莱山的仙人，见到仙人后再行封禅大礼就能长生不老了。黄帝就是一个例证。臣曾经在海上游历，见到了安期生，当时他拿一个像瓜一样大的枣给我吃。安期生是仙人，他经常往来于蓬莱山中，缘分合就与人相见，不合就隐而不见。"于是当今天子便亲自祭拜灶神，派遣方士远赴海上寻找安期生等仙人，并试着把丹砂提炼成黄金。

过了很久后，李少君病死。当今天子却认为他并没有死，而是羽化成仙了，因此命黄锤县史宽舒学习他的方术。那些派出去寻找蓬莱仙人的人未能找到安期生等仙人，但沿海地区燕齐等地那些怪诞、迂腐的方士们，从此一拨又一拨地不断前来朝廷向皇上讲述修炼神仙的事情。

亳县人谬忌向皇上进献祭祀太一神的方法，他说："天神之中唯有太一最为尊贵，太一神的辅佐者就是五帝。古时候天子会选择春秋两季在东南郊祭祀太一神，祭品用牛、羊、猪各一头，连续祭祀七天，神坛上设有八条供鬼神行走的通道。"于是当今天子命太祝在长安东南郊建造了祠庙，经常按谬忌说的方式供奉和祭祀。后来，有人上书说："古时候的天子，每三年一次用太牢祭祀三一神，就是天一、地一、太一。"皇上准了他的奏章，命太祝负责，在谬忌奏请修建的太一神坛上同时供奉三一神，按上书人所说的方法进行祭祀。此后又有人上书，说："古时候天子常在春季举行破除灾殃的祭祀。祭祀黄帝时用枭和破镜各一只；祭祀冥羊神用羊；祭祀马行神用一匹青色公马；祭祀太一、泽山君、地长用牛；祭祀武夷君则用干鱼；祭祀阴阳使者就用一头公牛。"于是皇上便命祠官负责，都按上书人说的办理，在太一神坛的旁边进行祭祀。

后来，当今天子苑中养有白鹿，有人便说用白鹿皮制作货币，可以引发祥瑞应验，于是便有了皇上制造"白金"的事。

第二年，皇上在雍城郊祭，猎获一只独角兽，样子很像麃。主管官员说："陛下一直虔恭地郊祀上帝，作为报答，上帝赐给陛下独角兽，这大概是麒麟吧。"于是把它献给了上帝，并令每畤的祭物中都增加一头牛，在燎火中焚祭。同时，还赐给诸侯白金，向他们暗示制造白金是与天意相合的。

于是济北王以为天子将要举行封禅大典了，就上书把泰山以及附近的城邑都献给了天子，天子赏给他其他县城作为补偿。常山王因有罪，被削除王爵，天子另封他的弟弟为真定王，可以继续保持对先王的祭祀，又把常山国改为郡。这样一来，五岳都在天子直接管辖的郡县之内了。

第二年，齐人少翁以能与鬼神相通的方术为由来见皇上。皇上曾有一位宠爱的妃嫔王夫人，王夫人死后，少翁说能用方术使王夫人和灶鬼的形貌在黑夜中重现，而天子隔着帷幕好像真看到了她。于是皇上就封少翁为文成将军，又赏赐他很多东西，以宾客之礼对待他。文成向皇帝进言说："皇上想要与神交往，但宫殿居室和衣服用具等都不像神仙用的，所以神不会降临。"于是皇上派人做了上面画着云气的车子，并且自己也每天改乘不同颜色的车以避恶鬼。又下令建造了甘泉宫，在宫中筑起高台，台上修建宫室，室内画着天、地、太一等鬼神像，并且摆上祭祀用具，想以此招来天神。过了一年多，文成将军的办法却愈发不灵了，天神也没有降临。于是他就在布帛上写了些字让牛吃到肚子里，自己却假装不知道，只是对皇上说这头牛肚子里好像有些古怪。于是皇上派人把牛杀了发现了布帛，上面写着一些奇奇怪怪的话。皇上觉得这上面的笔迹很熟悉，经过追查，发现果然是假造的，于是下令杀了文成将军，并把此事隐瞒下来。

此后又建造了柏梁殿、铜柱、承露仙人掌之类的建筑。

文成将军被处死后的第二年，天子在鼎湖宫病得很厉害，巫医们想尽了各种办法，却始终治不好。之前有个叫游水发根的人推荐说，上郡有一个巫师，得病后被鬼神附在身上，很灵验。皇上便召来巫师，安置在甘泉宫，称为神君。这一次得病，命人问神君有何吉凶出现。神君说道："天子不必为病忧心，等您病体稍愈，请振作精神与我在甘泉宫相会。"于是皇上病体稍愈，就起身驾幸甘泉宫，结果真的完全好了。为此皇上大赦天下，将神君迁到寿宫。寿宫中与神君最亲近的人叫大夫，辅佐他的叫大禁、司命之类，都听从他安排。人们虽看不到神君的样子，却能听到他的说话声，与人的声音相似。神君时来时去，来时风声肃然。神君住在室内帷帐中，偶尔白昼说话，不过更多是在夜间。天子要见他，必须先净身后才进入。通常是由巫祝来照顾和料理神君的生活、饮食。神君有什么想说的话，由巫祝传递到外面。皇上又派人在寿宫的北宫收拾了一套房子，在其中悬挂羽旗，布置供具，以礼敬神君。神君说的话，皇上让人记录下来，称为"画法"。他说的话，都是世俗人所知道的，没有什么特别不同之处，然而只有天子喜爱。因为事情很隐秘，世间无人知晓。

三年后，主管官员说，帝王的年号应该以天降的符瑞来命名，不应该按一元、二元等顺序数来命名。第一个年号称"建"；第二个年号因有长星出现，所以称为"光"，第三个年号因郊祀时得到一独角兽，所以应称为"狩"。

第二年冬天，天子到雍城进行郊祀，与人商议说："如今上帝由朕亲自祭祀，而后土却没有人祭祀，这于礼不合。"于是主管官员与太史令司马谈、祠官宽舒商议后进言说："祭祀天地时应该用刚长出牛角的小牛。如今陛下如果想要亲自祭祀后土，祭祀后土应选择到低洼地区修筑圆丘，在圆丘上设五个祭坛，每坛用一头小黄牛以及一猪一羊作为祭品，祭祀过后将它们全部埋掉，参加祭祀的人全部穿黄色的服帽。"于是皇上东行，首次在汾阴脽丘建起了后土祠，祭祀礼仪按宽舒等商议的结果执行。皇上亲自望空拜祭，与祭天帝的礼仪一样。祭祀结束后，皇上经荥阳回京。路过洛阳时，皇上下诏说："夏、商、周三代离现在太久远了，如今它们的封地也不存在了。可划出三十里的地区加封周王的后人为周子南君，用来供奉他们的祖先。"这一年，天子第一次东出巡察郡县，以便慢慢接近泰山。

这年春天，乐成侯上书推荐栾大。栾大，是胶东王刘贤的宫中侍应，早先曾与文成将军同门学习方术，后来做了胶东王宫中掌管药物配制的官员。乐成侯的姐姐是胶东康王的王后，没有儿子。康王死后，其他姬妾的儿子继承了王位。康后作风淫乱，又与新王合不来，双方互相明争暗斗。康后听说文成将军已死，想谄媚皇上，就派栾大通过乐成侯以擅长方术求见皇上。因为文成将军已被杀掉，皇上有点后悔他死得太早，可惜他的法术还没有全部传出来，于是见到栾大后很是高兴。栾大长得高大俊美，善于言谈，而且敢于说大话并且像是真有其事一样。他向皇上自吹说："臣经常往来于海中，会见安期生、羡门高等诸位仙人。他们因为臣的地位低贱，所以不相信臣的话。又认为康王只是一个诸侯，不足以把神仙方术授予他。臣曾数次向康王说起，康王又不重用臣。臣的师父曾说：'黄金可以炼成，黄河的决口可以堵塞，长生不死药可以得到，仙人也是可以请来的。'但是臣担心和文成将军的下场一样，那样就会使方士都掩口不言，谁还敢再谈方术呢！"皇帝说："文成将军是吃马肝毒死的。先生如果真有能修练成神仙的方术，我怎会吝惜爵禄等赏赐呢？"栾大说："臣的师父不是有求于人，而是人们有求于他。陛下若一定要请他来，就要让去请他的使者地位尊贵起来，让他有妻室家属，以宾客之礼待他，不要卑视他，让他佩带各种王侯将相印信，才能让他与神人通话。即便都这样做了，神人来与不来，尚不敢说。总之要尊崇求访神人的使者，才有可能招请神人降临。"于是皇上让他演示小方术，看有无应验。栾大便借助磁力演示了斗棋，棋子能自相撞击。

当时皇上正为黄河决口之事而忧虑，且炼砂成金之事也不成功，于是就封栾大为五利将军。过了一个多月，栾大得到了四颗官印，除了五利将军印之外，还得到天士将军、地士将军、大通将军印。皇上给御史颁诏说："以前大禹能够疏导九江，开通四渎。这些日子黄河泛滥，筑堤的徭役经久不息。朕在帝位二十八年，上天好像委派了贤士来辅佐我，而栾大就是其中之一。《乾》卦称'飞龙在天'，《鸿》卦又说'鸿渐于磐'，朕觉得栾大的境遇就是这个样子。请将二千户的封邑封地士将军栾大为乐通侯。"同时赐予栾大列侯宅第一所，僮仆千人；又将皇帝不用的乘骑用物给他布置新居；又把卫长公主嫁与他做妻子，赠送黄金万两为陪嫁，并把他住的城邑改名为当利公主邑。天子亲自驾临栾大家里作客，到他家里慰问、赐送物品的天子使者，络绎不绝。朝廷上自大长公主、下至将相，都到他家摆酒庆贺，馈赠贵重物品。当时天子又刻了一颗"天道将军"的玉印，命使者穿着羽衣，夜间站在白茅草的上面，把印赐给五利将军，五利将军也穿着羽衣，夜间站在白茅草上受印，以此表示不把栾大当臣子看待。而佩带"天道"将军印，这样做都是为了给天子引导天神。并且五利将军夜间时常在家中祭祀，欲请神仙降临。没想到天神没有请下来，倒把各种鬼怪请来了，然而好在五利善能驱使诸鬼。此后他收拾行装上路，东行入海，说是要去寻找他的师父。栾大在见到皇上以后的几个月里，就佩戴了六颗大印，其地位的尊贵震动天下，让海上的燕齐众方士，无不扼腕振奋，并都争着说自己有祝禁的方术，能够修炼成神仙。

这年夏天的六月中旬，汾阴一个名为锦的女巫在魏脽后土祠旁为民祭祀，见地面裂开，出现个像钩一样的东西，挖开来一看是一只鼎，尺寸很大，与那些普通鼎都不同，上面刻有花纹，却没有文字。她觉得奇怪，告诉了当地官吏。当地官吏上报给了河东太守胜，胜又上报了朝廷。天子立即派使者到现场查看并询问巫师得鼎的经过，确认中间没有奸诈之事，于是就按礼法祭祀，将鼎迎接到甘泉宫。皇上亲自参加了此事，并要将它献给上天。走到中山时，天空出现了一片黄云，氤氲缭绕如同车盖。此时恰好有一头麃子经过，皇上亲自射中了它，刚好用来做了祭鼎的牲礼。到长安以后，公卿大夫都商量请求尊奉宝鼎。天子说："最近以来，黄河泛滥，一连数年收成不好，所以朕才巡察郡县，祭祀后土，为百姓祈求能有好年成。今年丰收与否尚不可知，鼎为什么会出现呢？"一些官员都说："听说过去泰帝造了一只神鼎，一象征天下统一，是天地万物的最终归属。黄帝造了三个宝鼎，三象征天、地、人。禹收集九州的铜，铸成九鼎，象征九州，都曾经用来烹煮牺牲祭祀上帝和鬼神。逢遇圣主盛世，这些鼎就会出现，一直由夏代延续到了商代。周末世德衰败，宋国社坛被毁以后，鼎就沦没了，从此隐伏未再出现过。《诗经·周颂》中说'自堂内至于门槛外，有的献羊有的献牛；大鼎小鼎陈列，牲肥鼎洁，祭事绸缪，不喧哗不倨傲，恭敬又肃穆，神必降福，得享寿考，休美征候'。如今鼎已到甘泉宫，看它色泽光润，变化如神，朝廷必承无疆之福。这与行至中山时，有黄白云出现在宝鼎上空；还有麃兽这种符瑞出现，以及大弓和四支一套的箭，全部是在神坛下得到的，这全是上天对天子行祭祀大礼的回报。只有受天命而为帝的人才能心知其意而与天德相合。宝鼎应该献给高祖庙，藏于甘泉宫的帝王宫廷，以便与上帝显示的瑞应相合。"于是皇上下诏说："就这么办。"

那些到海中寻找蓬莱仙岛的人都说蓬莱仙岛路程不远，而总是不能到达的原因，大概是看不到仙山的云气。于是皇上便派遣了善于望气的人去帮助他们观测云气。

这年秋天，皇上驾临雍城准备郊祀。有人说："五帝，是太一神的辅佐，应该修建太一庙，由皇上亲自主持郊祀。"皇上犹豫未决。齐人公孙卿说："今年幸得宝鼎，冬季辛巳日十一月初一是冬至节，与黄帝时历象正好相合。"公孙卿收藏有一本札记，上面记载："黄帝在宛朐城曾得到宝鼎，向鬼臾区询问，鬼臾区回答说：'帝得到了宝鼎和神策，这一年己酉日的初一早晨是冬至，您得到天赐的历法，一年年周而复始，循环不止。’于是黄帝按日影用神策推算出，以后大约每二十年冬至会再次出现在初一的黎明时分，推算了二十次，第三百八十年，黄帝成仙归天而去。”公孙卿想通过皇上近臣所忠把此事上奏给皇上，所忠认为他的书荒诞不实，怀疑是他伪造的假书，便辞谢说：“宝鼎的事已经确定下来，还提这事干什么？”公孙卿又通过皇帝的私宠上奏，皇上听后很是高兴，就召问公孙卿，公孙卿回答说：“这本书原是申公传授与我的，如今申公已经去世。”皇上说：“申公是什么人？”公孙卿说：“申公，是齐人。与安期生有来往，他听说过许多黄帝的传说，没有别的记载，仅有这本关于鼎的书札。书札中说‘汉朝兴盛于黄帝时的年号重新出现的时候’；说‘汉朝的圣人会出现于高祖皇帝的孙和曾孙之中。宝鼎出现后就能与神相会，并行封禅礼。古来行封禅礼的共有七十二个帝王，唯有黄帝一人得以登上泰山顶行封祭礼’。申公说：‘汉朝皇帝也应当上泰山行封祭礼。若登上泰山封祭就能成仙登天了。黄帝时诸侯上万人，其中封地中神灵被封祭的有七千。天下的名山有八座，其中三座地处蛮夷境内，五座在中原地区。在中原地区的有华山、首山、太室、泰山、东莱山，这五座是黄帝经常游览并与神相会的地方。黄帝一边作战一边修炼仙道。他害怕百姓会对仙道有非议，就断然把非难鬼神的人杀掉。经过百余年的修炼后，便能与神仙往来了。黄帝在雍城郊祭上帝时，在那儿住了三个月。鬼臾区号称大鸿，死后葬在雍城，所以这就有了鸿冢。此后黄帝在明廷与万千神灵相见。明廷，就是甘泉山。黄帝成仙的地方在寒门，就是今天的谷口。黄帝采掘首山的铜矿，铸鼎于荆山脚下。鼎刚铸成，云端里便出现了一条龙，垂下长长的胡须来迎接黄帝。黄帝骑在龙背上，群臣以及后宫妃嫔随他登上龙背的有七十多人，龙便飞天而去。其余那些级别低的官员没有登上龙背，都抓住龙须不放手，龙须被拉断了，他们便从空中掉落下来，混乱中黄帝的弓也落了下来。百姓抬头望见黄帝慢慢飞天而去，于是抱着他失落的弓以及拉断的龙须哭号，所以后世把这个地方称为鼎湖，把弓称乌号。’”于是皇上说：“呀！我要是能像黄帝那样，就会把抛下妻子儿女看作像扔掉鞋子那般轻松。”于是封公孙卿为郎官，让他到东面太室山去迎候神仙。

皇上于是到雍城郊祀，之后来到陇西郡，又西行登上了崆峒山，而后回到甘泉宫。他命祠官宽舒等人筹建太一神的祭坛，祭坛仿照薄忌的太一坛建造，坛分三层。第一层是太一坛，五帝坛围绕在太一坛下，五帝各自所在方位与所主方位相同，只有主中央方位的黄帝位于西南方。太一坛的四面及四角共建造了八条鬼神通道。太一坛祭祀所用之物与雍城五畤中的各畤相同，不过增加了酒醴、枣和肉脯等，并宰杀了一头狸牛盛在礼器中。而五帝坛只有酒醴和俎豆供奉。最后一层坛是一块四方形地面，是用来供奉群神和北斗的地方。祭祀完毕，把剩余的胙肉都付之燎火。祭祀的牛为白色，宰杀好的鹿被塞入牛腹，而宰杀好的猪被塞入鹿腹中，然后一并放在釜中加水烹煮。祭日神的祭品用牛，祭月神用一只雄性的羊或猪。太一坛的祝宰穿着紫色和五彩绣花礼服，五帝坛祝宰的礼服则与各帝所主方位的颜色相同，日坛祝宰穿赤色礼服，月坛祝宰穿白色礼服。

十一月初一黎明冬至这一天，天刚拂晓，天子便开始拜祭太一神。然后在日出时祭祀日神，傍晚月出时祭祀月神，对此只揖而不跪；而祭祀太一神时和雍城郊祭的礼节相同。赞礼者念祝词说："上天如果把宝鼎神策授给皇帝，此后朔日一次接着一次，周而复始，永无穷尽，皇帝恭敬拜见天神。"所穿礼服都为黄色。祭祀时祭坛上到处燃着火把，祭坛旁边放着烹煮的炊具。主管官员说："祀坛上有光彩出现了。"公卿们说："黄帝当初在云阳郊祭，拜见太一神，主管官员手捧瑄玉与嘉牲，献给太一神享食。当夜就有很美的光辉出现，到天亮时，黄气上腾，与天相连。"太史公与祠官宽舒等说："这是神灵的美意，是它保佑并降福于人的吉兆祥瑞，应该在这些神光出现的地区修建太畤坛与这些祥瑞吉兆相呼应。令太祝主管此事，每年秋天和腊月间祭祀，皇上每隔三年郊祭一次。"

这年秋天，为了讨伐南越，皇上向太一神祷告祈求福泽庇佑。以牡荆为旗杆，旗上画了日月、北斗、飞龙等图案，象征着太一三星，当作太一锋旗，命名为"灵旗"。在出兵祷告时，由太史官手捧灵旗指向被伐的国家。五利将军作为使者不敢入海求仙，便到泰山来祭拜祈祷。皇上派人暗中跟随着他，检验其行为，发现他实际上什么神仙也没见到，五利却妄言说见到了他师父。他的方术已经用尽，但都没有应验，于是皇上杀掉了五利。

这年冬天，公孙卿在河南太室山迎候神仙，说在缑氏城上看到了仙人足迹，还发现个模样似山鸡般的东西，在城上来来往往。皇上亲自到缑氏城察看仙人足迹。他问公孙卿："莫非你想仿效文成、五利吗？"公孙卿说："仙人不是有求于皇帝，是皇帝求仙人。所以这事非得宽限时日，否则神是不会降临的。谈论神仙之事，好像是有些迂腐怪诞，但只有积以年岁才能等来神仙啊。”于是郡国各自清扫道路，修治宫殿、列观、名山、神庙等，希望皇上能够到来。

这年春天，灭掉南越后，有位受皇上宠爱的官员李延年，因为擅长音乐而常被皇上召见。皇上对他赞赏不已，便命公卿们商议，皇上说：“民间祠庙尚有鼓舞乐曲，如今郊祭时反而无乐曲，难道这相称吗？”公卿们说：“古时候祭祀天地都有乐舞，这样神祇才来享受祭祀。”还有人说：“太帝命素女奏五十弦的瑟，音调悲切，太帝让她停下而她却不能停止，所以太帝便把她的瑟从中破开成为两半，做成了二十五弦的瑟。”于是在庆祝灭掉南越及祷祭太一、后土神时开始使用乐舞，并扩增了歌乐的规模，二十五弦瑟和箜篌的制作也是从这时候开始的。

第二年冬天，皇上说：“古时候的君王，总是先撤除武备，再专力于农桑，然后才举行封禅礼。”于是皇上向北出行巡察朔方，他率军十多万，回来时在桥山祭拜了黄帝陵，到须如时遣散了军队。皇上说：“我听说黄帝没有死，如今却有黄帝冢，这是为什么？”有人回答说：“黄帝成仙飞升上天后，群臣把他的衣冠埋葬在这里，因此便有了黄帝冢。”回到甘泉宫后，因为不久就要到泰山举行封禅大礼，所以皇上用祭天的仪式先祭祀了太一神。

自从得到宝鼎以后，皇上便与公卿及儒生们商议封禅之事。封禅因为以往很少举行，相关资料已经灭绝，无人知道封禅的具体礼仪，众儒生便从《尚书》《周官》《王制》等书中摘引以往帝王封禅时望祭与射牛的仪式作为封禅的参考。齐人丁公年已九十多岁，他说：“封禅，就是合当不死的意思。秦始皇没有这种造化，没能够登上泰山山顶举行封禅大礼。陛下若一定上山，先上到一定高度看看。如果没有风雨，那就说明得到上天的允许了。陛下就可上山举行封禅大典了。”皇上于是命诸儒生练习射牛的礼仪，起草封禅的礼仪。数年以后，到了将快要出发进行封禅的日子。天子因为听了公孙卿以及方士的话，说黄帝之前的封禅，都招徕了吉祥之物，说明已可以与神灵相通，所以想仿照黄帝之前的帝王，希望见到神仙的使者蓬莱士人，以对世人表明自己的德行可与九皇相比，所以又引用儒家经典上的一些词句来作为文饰。众儒生因不能搞明白封禅的仪式，又纠缠拘泥于《诗经》《尚书》等古文的记载，不能发挥自己的想象。皇上亲自设计了一些封禅用的祭器给群儒看，有些儒者认为“与古时候不同”，博士徐偃也说“太常诸生演习的礼不如鲁礼好”，而周霸则打算另绘封禅礼图。于是皇上罢免了徐偃、周霸，且停止使用所有儒生。

三月，皇上一行东行到缑氏县，登上中岳太室山举行祭祀。随从官员在山下好像听到了呼喊“万岁”的声音。问山上的人，山上的人说没有喊过；问山下的人，山下的人也说没有喊过。于是皇上将三百户人家封为太室奉祠，把他们的居住区命名为崇高邑。然后他们继续东行去往泰山。那时候泰山上的草木还没有长出叶子，于是皇上命人将大石运上泰山顶峰，准备封禅时用。

皇上随即向东巡游到海上，行礼祭祀八神。上万齐人纷纷上书谈论神怪和奇异方术，却没有一个能应验的。皇上于是增调船只，让那些谈论海中有神山的几千人出海寻找蓬莱山的神人。这时公孙卿持天子符节走到队伍前面先行探视，在名山胜境恭候天子车驾。他到东莱后，说夜间看到了一个巨人，身高数丈，走近后却又不见了，只留下一个很大的足印，形状似禽兽的足印。群臣又有人说看到了一个老人牵着一条狗，说“我想见一见巨公”，说完便忽然不见踪影。皇上亲自察看了大足印，但不相信，到听群臣说起牵狗老人的事后，才深信这就是仙人了。皇上便特意在海上留宿以待仙人，准予方士乘坐驿车以来往报信，陆续派出求仙的人已有千数以上。

四月，皇上从海上归来回到奉高县。皇上认为众儒生和方士所说的封禅之事各不相同，荒诞不实，难以施行。于是他先到了梁父山，祭祀了地神。四月十九日，他命在内廷的儒生身着隆重的礼服，头戴皮弁，插笏垂绅，举行射牛的仪式。后又在泰山东面山脚下举行封土大礼，礼仪形式与郊祭太一神一样。所封土宽一丈二尺，高九尺，下面埋有玉牒书，书中内容隐秘无人知晓。行礼完毕后，天子只带着侍中奉车霍子侯登上了泰山，在山顶同样行了封土典礼，这些祭祀之事都禁止外传。第二天，皇上从泰山北坡下山。同天，即四月二十日，皇上在泰山脚下东北的肃然山上举行禅祭礼，仪式与祭祀后土相同。这些都是皇上亲自行叩拜礼。礼服都为黄色，并且用乐伴奏。祭祀用的草席都是江淮的三脊茅编织的，祭坛用五色土筑成。将远方进贡来的飞禽奇兽以及白山鸡等物放还山林，比起雍畤的祭祀礼数多有增加，但不用兕牛犀象之类。大家都到泰山下祭祀了后土。行封禅大典的地方，当夜仿佛有光出现，白天时有白云从封土中升起。

皇上从封禅之地回来后，来到明堂就坐，群臣轮番朝见道贺，恭祝天子圣寿无疆。于是皇帝下诏给御史大夫说：“朕以微小之身继承了至尊大位，终日战战兢兢，唯恐不能胜任。由于德行微薄，不明礼乐。祭祀太一神时，仿佛有霞光出现，又隐约看到一些奇怪事物，恐怕是因为怪物出现了，想停止行礼却又怕得罪神灵，于是强自登上泰山举行了封禅大典，又到梁父，之后又在肃然山举行了禅祭礼。欲从此自新，与士大夫一起重新开创一个新的局面，特赐给百姓每百户牛一头，酒十石，年过八十岁以上的孤寡老人赐赠布帛二匹。免除博县、奉高、蛇丘、历城四县的徭役和今年租税。大赦天下，具体细则与元朔三年的赦令相同。此次我所到之处的苦役全部赦免。凡二年以前所犯过失的人，都不再治罪。”又下诏说：“古时候天子每隔五年外出巡狩一次，到泰山举行封禅大典，诸侯在泰山下都有朝见留宿的住所。今命诸侯各自在泰山下自行构筑邸舍房屋。”

皇上封禅泰山后，没有遇到风雨之灾，因此方士们纷纷说蓬莱山诸神不久即可见到，皇上也欣然以为不久便能见到神仙，于是便再次东行到海上观望，希望能遇到蓬莱山诸神。奉车都尉霍子侯这时突然得了急病，只一天就死了。皇上这才离开，沿海而上，北行到碣石，从辽西开始巡察，途经北部边塞到达九原县。五月，返回到甘泉宫。主管官员提议，既然宝鼎这年出现，那么就把这年的年号改为“元鼎”，把今年改为元封元年。

这年秋天，有彗星出现在东井宿中。十多天后，又有彗星出现在三台星座附近。有个善于望气名叫王朔的人说：“我曾观测到填星出现时就像瓜一般大，约一顿饭的工夫便隐去不见了。”有关官员都说：“陛下创建了汉朝的封禅制度，所以上天便用德星这种祥瑞来回报您。”

第二年冬天，皇上到雍城郊祭五帝。回来后，又拜祝并祭祀了太一神。赞礼官念道：“德星普照四方，这是吉祥的征兆。寿星也出现了，渊耀光明。这些星宿像信符一样应时出现，为此皇上敬拜太祝以供神灵享食。”

这年春天，公孙卿说在东莱山见到了神人，隐约听到神人说“想要见天子”。于是皇上便来到缑氏城，封公孙卿为中大夫。随后来到东莱，住了数日，却什么也没看到，据说只见到了神人的足印。皇上又重派遣方士，寻访神仙、采掘灵芝，人数达千余人。这一年天旱，皇上想出游却找不到出游的理由，就借口说到万里沙祷神求雨，顺道再去祭祀泰山。回来时经过瓠子县，皇上亲自到黄河决口处，在那住了两天，祭祀河神后离去。他命上卿汲仁、郭昌二人率领兵卒堵塞黄河的决口，将黄河两条渠水移位，恢复了大禹时的旧河道。

当时已经灭掉了南越和东越，一个名为勇之的越人说："越人风俗迷信鬼神，他们祭祀时都能见到鬼，很是灵验。过去东瓯王因为敬鬼，活了一百六十岁。后世人逐渐怠慢鬼神，所以早早就衰老了。"于是皇上命越巫修建了越祝庙，只是有台而无坛，同样祭祀天神、上帝百鬼，却用鸡骨占卜吉凶。皇上极为相信这些，越祭和鸡骨占卜从此开始流传。

公孙卿说："仙人本来是可以看到的，但由于皇上来去匆忙，因此才没能看到。现在陛下可以建造一座楼观，像缑氏城楼一样，上面摆上肉脯、枣，神人应该可以到来。况且仙人都喜欢住在楼上。"于是皇上就在长安城建造了蜚廉观和桂观，在甘泉建造了益延寿观，让公孙卿持天子符节设置供品迎候神人。又建造了通天径台，台下设置祭祀礼具，想以此来招纳仙人、神人之属。于是在甘泉宫又建了前殿，并且开始扩建各处的宫殿。这年夏天，在甘泉殿的斋房中长出了灵芝草。接着皇上为黄河决口得以堵塞建了通天台，在建造过程中出现了祥瑞感应，皇上因此下诏说："甘泉宫房中长出一株九茎灵芝，这是祥瑞，所以天下大赦，免去苦役犯的刑罚。"

第二年，汉军出兵征伐朝鲜。这年夏季天旱。公孙卿说："黄帝时期只要举行封祭就会出现天旱，封土因此晒了三年。"皇上于是下诏说："天旱，难道是上天要晒干祭坛吗？我命令天下人都尊奉、祭祀主管降雨的灵星。"

第二年，皇上到雍城郊祭，修通了去回中的道路，到那里去巡察。春季，到达鸣泽，从西河县返回。

第二年冬天，皇上巡察南郡，到江陵后继续东行。登上灊县境内的天柱山，并在此行了祭礼，称其为南岳。之后乘船沿江而下，从浔阳起程，出枞阳，经过彭蠡湖，沿途祭拜了名山大河。再向北行至琅邪，并沿海路北上。四月中旬，到达泰山东南麓的奉高县，举行了祭天之礼。

起初，皇上在封禅泰山时，在泰山的东北方向有一处古时候的明堂旧址，周围地势凶险并且不宽敞。皇上想在奉高邑旁重新再修建一座明堂，却不知道该如何建造。济南人公王带献上了一幅黄帝时建造明堂的图样。在明堂图中，正中是一座大殿，四面无墙，用茅草覆顶，四周有水沟环绕。大殿四周有宫墙，其上建有一条空中通道，远远看去像一环形的楼阁。在环形通道的西南方有条进入大殿的路，称为昆仑道。天子从这里入大殿，拜祀上帝。于是皇上命奉高邑在汶水旁建造明堂，格局与公王带提供的明堂图样相同。每五年到此祭祀一次，祭祀时把太一神和五帝神位摆在明堂的正位，把高祖皇帝的灵位放在正座的对面。在明堂下层祭祀后土，用牛、羊、猪各二十头做祭品。天子从昆仑道进入大殿，像在雍州郊祀一样祭祀明堂。行礼毕，便在堂下点燃燎火焚烧祭品。随后皇上又登上泰山，在山顶又举行了一番外人不知的秘祭。然后在泰山下又祭祀了五帝，祭祀时按五帝各自方位进行，只有黄帝与赤帝是合并祭祀的，祭拜时都有主管官员辅助侍候。祭祀时山上燃有燎火，而山下各处也都举火相应。

二年以后，适逢十一月初一是甲子日，这天早晨为冬至节，推算历法的人把这一天作为新历法的开始。皇上为了表示对这一天的重视，亲自到了泰山，在这一天的早晨到明堂祭祀上帝，但没有行封禅礼。其赞礼的太祝说："上天增授给皇帝太初历法，周而复始，没有穷尽。皇帝敬拜太一神。"之后皇上东行到海上，询问那些入海访求神仙的方士和其他出海人，没有任何效果。但皇上没有停止，反而增派更多的人员出海寻访，希望能侥幸遇上神仙。

十一月二十八日，柏梁殿发生火灾。十二月甲午初一日，皇上亲自到高里封禅祭拜，祭祀后土。然后行至渤海岸边，想要望祭蓬莱山的仙人之属，希望自己也终有一日能到达仙人之境。

皇上回到京都，由于柏梁殿发生火灾的缘故，就改在甘泉宫接受其他郡国使者的朝见。公孙卿说："黄帝建造的青灵台，十二天就被火烧了，黄帝便修建了明廷。明廷，就是甘泉宫。"方士大都说古时的帝王有把都城建在甘泉的。其后皇上就在甘泉宫接见诸侯，并让诸侯在甘泉修建了邸舍。越人勇之建议说："越地的风俗是如果发生火灾之后，重建的屋子必须比原来的更大，用以镇住火灾。"于是皇上建造了建章宫，估计有千门万户，其前殿比未央宫还要高。建章宫东门为"凤阙"，高二十丈有余；西部则是"唐中宫"，有方圆数十里的虎圈；北面开凿了一个很大的池沼，池内建有二十多丈高的渐台，取名为"太液池"，池中还修建有近似于蓬莱、方丈、瀛洲、壶梁的岛屿，象征海中的神山龟鱼之类；南面建有玉堂、壁门等建筑以及大鸟的塑像。此外还有神明台、井干楼等建筑，高达五十多丈，相邻楼阁之间有辇道彼此相连。

夏季，汉朝改变历法，把每年正月作为一年的开端，在五色中崇尚黄色，官员的印章也都改为五字，这一年的年号改为太初元年。同年，汉军向西出兵讨伐大宛。这年发生了蝗灾。朝廷让方士丁夫人、洛阳的虞初等人用方术诅咒匈奴和大宛。

第二年，主管官员上书说，由于在雍城五畤没有把牲畜等祭品煮熟，所以祭祀时芬芳之味没能够齐备。于是皇上命祠官用煮熟的牺牲祭祀五畤，并依照五帝方位的颜色向它们进献其颜色相胜的供品，同时改用木偶代替生马驹。只有五月的尝驹祭以及在天子亲自行郊祀礼时才用生马驹。其他所有名山大川的祭祀，凡是用驹的也一律改用木偶马代替，只有天子出行路过该地祭祀时才用真驹。其他礼数不变。

第二年，皇上向东远行巡察到海上，考察方士们寻求神仙的事情，却没有一件事能应验的。有方士说："黄帝时曾建造了五座城邑十二座楼，在执期迎接、等候神人，称为迎年。"皇上马上按他所说的建造了一座楼台，称为"明年祠"，并且亲自前往行礼祭祀了上帝。

公王带说："黄帝时虽然封禅过泰山，但是他的大臣风后、封巨、岐伯等都还提议黄帝到东泰山祭天，到凡山祭地，以求与上帝显现的符瑞相合，这样才能长生不死。"皇上便命人准备了祭祀用具，到了东泰山。到了东泰山后发现东泰山很矮小，与名声不相符，就命祠官仅在此行礼，就没在这里封禅了。之后命公王带在这里主持祭祀，迎候神人。这年夏天，皇上回到泰山，像从前一样举行五年一次的封禅礼，另外还增加了在石闾山祭祀了地神。石闾山在泰山南麓，有许多方士说这里是仙人居住的门闾，所以皇上亲自前往禅祭。

至此过了五年，皇上又到泰山进行封禅，回来时路过并祭祀了恒山。

本朝天子新制定的祭礼，有太一、后土，每隔三年天子便亲自去郊祭一次；创建了汉家的封禅制度，每隔五年举行一次，皇上亲往；薄忌建议设立的太一祠以及三一、冥羊、马行、赤星等五处神祠，由宽舒负责的下属祀官按岁时祭祀；其他的六庙，都由太祝官管领。除此之外的八神等神庙，明年、凡山等名祠，若天子出行时路过则祭祀，离开后则停祭；由方士建议所建立的祠庙，均由建议者自己主持，此人死后祠庙便废弃，祠官不再过问。其他的祭祀都仍按旧例。当今天子自封禅开始以来的十二年间，五岳、四渎普遍都祭祀过。而方士们所说迎候并祭祀神人，以及出海寻求蓬莱山的事，最终也没有效验。像公孙卿那样的候神者，除了以神人的脚印来做辩解，再无其他效验。皇上因此对于方士们怪诞、迂阔的话越来越厌倦懈怠了，不过仍对他们加以笼络，也没有断绝往来，希望有一天能真正遇到神仙。从此以后，方士们上书谈论神仙和祭祀之事的就更多了，不过其效验如何，大家可以想见。

太史公说：我跟随天子巡祭天地诸神和名山大川，还参与了封禅大典；也曾进入寿宫行过祭祀礼，并恭候神君说话，研究并观察了方士祠官们的用意，于是坐下来依次分析论述了自古以来那些祭祀鬼神的礼仪情况，包括全部祭拜情形的表里内外，以便让后世的君子，得以观看浏览整个过程。至于祭祀中关于俎豆圭币等祭品的情况，以及献酬的仪式，在主管机构保存有详细的档案记载，本文就不再赘述了。

史记卷二十九

河渠书第七

《夏书》曰，禹抑鸿水十三年，过家不入门；陆行载车，水行载舟，泥行蹈毳，山行即桥；以别九州，随山浚川，任土作贡；通九道，陂九泽，度九山。然河灾衍溢，害中国也尤甚。唯是为务。故道河自积石历龙门，南到华阴，东下砥柱，及孟津、洛汭，至于大邳。于是禹以为河所从来者高，水湍悍，难以行平地，数为败，乃厮二渠以引其河。北载之高地，过降水，至于大陆，播为九河，同为逆河，入于勃海。九川既疏，九泽既洒，诸夏艾安，功施于三代。

自是之后，荥阳下引河东南为鸿沟，以通宋、郑、陈、蔡、曹、卫，与济、汝、淮、泗会。于楚，西方则通渠汉水、云梦之野，东方则通（鸿）〔邗〕沟江淮之间。于吴，则通渠三江、五湖。于齐，则通菑、济之间。于蜀，蜀守冰凿离碓，辟沫水之害，穿二江成都之中。此渠皆可行舟，有馀则用溉浸，百姓飨其利。至于所过，往往引其水益用溉田畤之渠，以万亿计，然莫足数也。

西门豹引漳水溉邺，以富魏之河内。

而韩闻秦之好兴事，欲罢之，毋令东伐，乃使水工郑国间说秦，令凿泾水自中山西邸瓠口为渠，并北山东注洛三百馀里，欲以溉田。中作而觉，秦欲杀郑国。郑国曰："始臣为间，然渠成亦秦之利也。"秦以为然，卒使就渠。渠就，用注填阏之水，溉泽卤之地四万馀顷，收皆亩一钟。于是关中为沃野，无凶年，秦以富强，卒并诸侯。因命曰郑国渠。

汉兴三十九年，孝文时河决酸枣，东溃金堤，于是东郡大兴卒塞之。

其后四十有馀年，今天子元光之中，而河决于瓠子，东南注巨野，通于淮、泗。于是天子使汲黯、郑当时兴人徒塞之，辄复坏。是时武安侯田蚡为丞相，其奉邑食鄃。鄃居河北，河决而南则鄃无水灾，邑收多。蚡言于上曰："江河之决皆天事，未易以人力为强塞，塞之未必应天。"而望气用数者亦以为然。于是天子久之不事复塞也。

是时郑当时为大农，言曰："异时关东漕粟从渭中上，度六月而罢，而漕水道九百馀里，时有难处。引渭穿渠起长安，并南山下，至河三百馀里，径，易漕，度可令三月罢；而渠下民田万馀顷，又可得以溉田：此损漕省卒，而益肥关中之地，得谷。”天子以为然，令齐人水工徐伯表，悉发卒数万人穿漕渠，三岁而通。通，以漕，大便利。其后漕稍多，而渠下之民颇得以溉田矣。

其后河东守番係言："漕从山东西，岁百馀万石，更砥柱之限，败亡甚多，而亦烦费。穿渠引汾溉皮氏、汾阴下，引河溉汾阴、蒲坂下，度可得五千顷。五千顷故尽河壖弃地，民茭牧其中耳，今溉田之，度可得谷二百万石以上。谷从渭上，与关中无异，而砥柱之东可无复漕。”天子以为然，发卒数万人作渠田。数岁，河移徙，渠不利，则田者不能偿种。久之，河东渠田废，予越人，令少府以为稍入。

其后，人有上书欲通褒斜道及漕事，下御史大夫张汤。汤问其事，因言："抵蜀从故道，故道多阪，回远。今穿褒斜道，少阪，近四百里；而褒水通沔，斜水通渭，皆可以行船漕。漕从南阳上沔入褒，褒之绝水至斜，间百馀里，以车转，从斜下下渭。如此，汉中之谷可致，山东从沔无限，便于砥柱之漕。且褒斜材木竹箭之饶，拟于巴蜀。”天子以为然，拜汤子卬为汉中守，发数万人作褒斜道五百馀里。道果便近，而水湍石，不可漕。

其后庄熊罴言："临晋民愿穿洛以溉重泉以东万馀顷故卤地。诚得水，可令亩十石。”于是为发卒万馀人穿渠，自徵引洛水至商颜山下。岸善崩，乃凿井，深者四十馀丈。往往为井，井下相通行水。水颓以绝商颜，东至山领十馀里间。井渠之生自此始。穿渠得龙骨，故名曰龙首渠。作之十馀岁，渠颇通，犹未得其饶。

自河决瓠子后二十馀岁，岁因以数不登，而梁、楚之地尤甚。天子既封禅巡祭山川，其明年，旱，乾封少雨。天子乃使汲仁、郭昌发卒数万人塞瓠子决。于是天子已用事万里沙，则还自临决河，沉白马玉璧于河，令群臣从官自将军已下皆负薪窴决河。是时东郡烧草，以故薪柴少，而下淇园之竹以为楗。

天子既临河决，悼功之不成，乃作歌曰："瓠子决兮将奈何？皓皓旰旰兮闾殚为河！殚为河兮地不得宁，功无已时兮吾山平。吾山平兮巨野溢，鱼沸郁兮柏冬日。延道弛兮离常流，蛟龙骋兮方远游。归旧川兮神哉沛，不封禅兮安知外！为我谓河伯兮何不仁，泛滥不止兮愁吾人？齧桑浮兮淮泗满，久不反兮水维缓。”一曰：“河汤汤兮激潺湲，北渡迂兮浚流难。搴长茭兮沉美玉，河伯许兮薪不属。薪不属兮卫人罪，烧萧条兮噫乎何以御水！颓林竹兮楗石灾，宣房塞兮万福来。”于是卒塞瓠子，筑宫其上，名曰宣房宫。而道河北行二渠，复禹旧迹。而梁、楚之地复宁，无水灾。

自是之后，用事者争言水利。朔方、西河、河西、酒泉皆引河及川谷以溉田；而关中辅渠、灵轵引堵水；汝南、九江引淮；东海引巨定；太山下引汶水。皆穿渠为溉田，各万馀顷。佗小渠披山通道者，不可胜言。然其著者在宣房。

太史公曰：余南登庐山，观禹疏九江，遂至于会稽太湟，上姑苏，望五湖；东窥洛汭、大邳，迎河，行淮、泗、济、漯、洛渠；西瞻蜀之岷山及离碓；北自龙门至于朔方。曰：甚哉，水之为利害也！余从负薪塞宣房，悲《瓠子》之诗而作《河渠书》。

【译文】

《夏书》记载：大禹治理洪水十三年，期间路过家门时也没有回家。在陆上行走靠坐车，从水路行走靠乘船，在泥路行走靠踏橇，山路行走则靠滑竿。他划分了九州，顺着山势疏通河道，并根据土地的肥瘠来决定贡赋多少。他开通了九州的道路，筑起了九州的泽岸，测度了九州山脉的走势。然而黄河泛滥成灾，给中原地区造成了很大危害。所以疏导黄河成了当务之急。所以他疏导黄河从积石经过龙门，向南到达华阴，东下到达砥柱，直至孟津、雒汭，到达大邳。大禹认为黄河之水来自高处，水流湍急，难以在大邳以东的平地经过，否则会常常出现溃堤，造成水灾，于是将黄河分流成二条以减小水势。一向北从地势较高的冀州地区流过，经降水，到达巨鹿泽，再向北分为九条大河入海，这些河因入海口有海水倒灌现象，因此被称为“逆河”，其最终流入渤海。所有河道经过疏通后，所有湖泊的堤岸也已经修筑完毕，中原地区出现了安定和平的局面，所以说大禹治水的功劳至高无上，并惠及夏、商、周三代。

从这以后，人们把荥阳附近的黄河引向东南，这便是鸿沟。鸿沟把宋、郑、陈、蔡、曹、卫各国连结起来，分别与济、汝、淮、泗诸水系交汇。在楚地，人们在西面开渠把汉水和云梦泽连接起来，而在东面的江淮之间则挖沟使之相通。吴地，人们在三江、五湖间开凿了河渠。齐地，人们在淄、济二水间开渠使之相连。在蜀地，蜀郡守李冰凿通了离碓，以避免沫水的危害，又在成都开通了郫、检两江。这些水道都可以通航，多余的水便用来灌溉农田，百姓得到了沟渠带来的好处。在这些主干渠道流经的地方，人们往往又开凿一些支渠来引水灌田，开凿的小渠道数以万计，这些就用不着讲了。

西门豹引漳水灌溉邺郡的农田，使魏国的河内地区变得富饶。

韩国听说秦国好兴建工程，便想以此消耗它的国力，使它无力对崤山以东诸国用兵。于是便命水利工匠郑国找机会游说秦王，提出把泾水从中山西到瓠口一段凿穿为渠，沿着北山向东三百多里注入洛水，想用来灌溉农田。渠道尚未完成时秦国发现了郑国的目的，便要杀郑国。郑国说："当初我的确是间谍，可是渠修成后对秦也是有利的。"秦国以为他说得对，最后命他继续把渠修成。渠成后，用淤积混浊的泾河水，灌溉了两岸四万多顷的低洼盐碱地，使亩产达到了一钟多。于是关中从此变成了沃野，没有荒年，秦国因此富强起来，最后并吞了诸侯各国，因而把此渠命名为郑国渠。

汉朝建立三十九年后，孝文帝时黄河在酸枣县境内决堤，向东冲溃了金堤，于是东郡动员了许多兵卒来堵塞决口。

此后过了四十多年，到了本朝天子的元光年间，黄河又在瓠子口决口，向东南流入巨野泽，将淮河、泗水连成一片。于是天子派汲黯、郑当时征调农夫前往堵塞，但往往刚堵好又被冲坏。这时武安侯田蚡为丞相，他的封邑在鄃县，而鄃县在黄河以北，黄河决口后水向南流，鄃县没有水灾，收成很好。所以田蚡对皇上说："江河决口都是天意，不是人力能强行堵塞的，人为堵塞未必合乎天意。"那些风水先生也都这样认为，于是皇上很长时间都没有再提堵塞黄河决口的事。

当时郑当时为大司农，他说："过去从关东向长安运粮都是从黄河西上进入渭水逆流而上，估计要用六个多月，而且水路全程长达九百多里，途中还常遇到难行的地方。如果从长安开渠引渭河水，沿南山而下，到黄河只有三百多里，是一条直道，容易行船，估计漕运三个月便可到达；而沿渠的农田有一万多顷，都得到灌溉。这样既可减少漕运时间，节省了人力，又使关中的土地更加肥沃，多收粮食。"天子认为他说得对，便让齐地的水利专家徐伯勘察标记，发动数万士卒开凿漕运渠道，三年后便完工了。渠道开通后，运送粮食因此大为方便。此后，运粮次数有所增加，而沿途的百姓也都得以引水灌溉农田。

后来，河东太守番系说：“从崤山以东用漕运输送粮米西行入关，每年有一百多万石，中途经过砥柱石这个狭窄之地时，常触石翻船，损失惨重，又很是麻烦。如果开渠引汾水灌溉皮氏、汾阴一带的土地，引黄河水灌溉汾阴、蒲坂一带的土地，估计有五千多顷的地可得到浇灌。这五千多顷地过去都是河边的荒地，百姓们在这里刈草放牧，如今加以灌溉耕种，估计可得粮食二百万石以上。这些粮食沿渭水运入长安，就与从关中运来的没什么不同，而从崤山以东经砥柱向长安的漕运便可停止了。”皇上认为他说得有道理，于是征发了几万民众开渠灌田。几年以后，黄河改道，所开之渠不起作用，收获的粮食还抵不上花费的种子。时间长了，黄河以东的渠田便荒废了，于是就把它分给了从越地迁来的百姓耕种，让少府可从中稍稍得到一点赋税收入。

后来有人上书，想打通褒、斜二水，并以其运送粮食，皇上将此事交给御史大夫张汤办理。张汤详细了解后向皇上说：“进入蜀地只能从故道走，故道多坡，盘回绕远。现今如果打通褒、斜二水，可少走山路，比走故道近四百里；而且褒水与沔水相通，斜水与渭水相通，都能通行漕船。漕粮从南阳上溯到沔水，进入褒水，从褒水的源头到斜水，其间有一百多里的旱路，可以用车转运，再用船顺斜水下行驶入渭水。这样，不但汉中的粮食可以运达，崤山以东的粮食从沔水运输也不会有障碍，比经砥柱漕运更方便。而且褒水斜水盛产木材竹箭，可与巴蜀相比。”皇上认为有理，便派张汤的儿子张卬为汉中郡守，征派几万人修褒斜道，长五百多里。修成后，路程果然比故道方便且近，但是水流湍急且多石，因此不能漕运。

后来庄熊罴又上书说：“临晋地区的老百姓想凿穿洛水，开凿水渠，用来灌溉重泉县以东原有的一万多顷盐碱地。如果这些地真的得到灌溉，可使亩产达到十石。”于是皇上下令调派一万多兵卒凿山开渠，自徵城引洛水到商颜山下。由于开凿的土岸容易塌方，于是改为沿流凿井，最深的深达四十多丈。沿途依次挖了很多井，井下水流相通。就这样，水从地下穿过了商颜山，一直流到东边十多里远的地方。所谓“井渠”就是从这产生的。由于开凿“井渠”时发现了龙骨，因此便将这条渠命名为“龙首渠”。开凿了十多年后，这条渠道总算是开通了，但是结果并未因此得到太大的实惠。

自从瓠子段的黄河决口后的二十多年以来，该地区的土地每年都因水涝没有好收成，梁楚一带更为严重。皇上在封禅泰山之后巡祭了天下名山大川，第二年，天旱少雨，传说是为使封土干燥。皇上便命汲仁、郭昌调发数万兵卒前往瓠子堵塞黄河决口。当时皇上在万里沙祭祀过神灵后，返回时便亲自到黄河决口处，把白马、玉璧沉入河中祭祀河神，命群臣及随从官员中将军以下都去背柴草填塞决口。当时东郡的百姓大多是以柴草为燃料，所以地面上的柴草不多，于是皇帝便下令砍伐淇园的竹子，编制成竹笼用来堵塞决口。

皇上既然亲自到了黄河决口处，看到黄河决口后的惨状，因此伤悼二十多年的堵塞决口未能成功，便作歌唱道："黄河在瓠子决口了啊，有何办法？浩浩荡荡的大水啊，让民居已尽为河。全都成了河泽啊，大地不得安宁；堵塞工程无休无止啊，吾山的山冈快要凿平。山冈已凿平了啊，巨野泽仍是水满外溢；鱼虾到处游荡啊，时节已迫近冬日。河道废弛啊，河水远离正道；蛟龙驰骋啊，正远游不归。让河水回到正道啊，河神的恩德将无限；若不是出来封禅啊，我怎能知道这些事！你们为我问问河伯水神啊，问它为什么这么不仁？河水泛滥不止啊，愁煞我的百姓。河水浸没了啮桑啊，淮水、泗水漫成一片；河水长期不归故道啊，唯愿水流稍缓些。"还有一首是："黄河之水浩浩荡荡啊，水流湍急；北面的河道迂远啊，疏通艰难。取长茭来堵决口啊，沉美玉来祭河神；河伯已经答应了啊，柴草却接济不上。柴草却接济不上啊，是卫人的罪；其烧完了柴薪啊，用什么来御水！砍掉淇园的竹林啊，编成竹笼去堵水；堵塞了决口啊，万福自然会来。"最后终于堵住了瓠子的决口，并在这段新堤上面建造了一座宫殿，称为"宣房宫"。又挖掘二条水渠把黄河水引向北行，恢复成了大禹时代的样子，使梁、楚地区重新获得安宁，不再有水患。

从此以后，负责河渠管理的官员都争相建议修筑水利。朔方、西河、河西、酒泉等地都引黄河以及川谷中的水灌溉农田；而关中的辅渠、灵轵渠则把当地的几条河水都引来了；汝南、九江地区则引来了淮河水；东海郡引来了钜定泽水；泰山周围地区则引入了汶水。各地都开渠来灌溉农田，分别达到一万多顷。其他的小渠以及开山修凿的水道，就多得没法说了。但工程及影响最大的还属堵塞黄河瓠子决口的一幕。

太史公说："向南我曾游历登上过庐山，看过大禹疏导的九江，随后向东南游历了会稽郡，登过姑苏台，在姑苏台上眺望五湖；向东我曾考察了洛汭、大邳，沿黄河逆流而上，巡视了淮水、泗水、济水、漯水和洛水各个渠道；向西我看了西蜀地区的岷山和离碓的水利工程；向北我从龙门一直游历到了朔方。为此，我深切感受到：水带给人类的益处或造成的危害实在是太大了！我曾跟随皇上背着柴草去堵塞宣房宫所在的黄河决口，有感于皇上所作的诗歌《瓠子》而写了这篇《河渠书》”。

史记卷三十

平准书第八

汉兴，接秦之弊，丈夫从军旅，老弱转粮饷，作业剧而财匮，自天子不能具钧驷，而将相或乘牛车，齐民无藏盖。于是为秦钱重难用，更令民铸钱，一黄金一斤，约法省禁。而不轨逐利之民，蓄积馀业以稽市物，物踊腾粜，米至石万钱，马一匹则百金。

天下已平，高祖乃令贾人不得衣丝乘车，重租税以困辱之。孝惠、高后时，为天下初定，复弛商贾之律。然市井之子孙亦不得仕宦为吏。量吏禄，度官用，以赋于民。而山川园池市井租税之入，自天子以至于封君汤沐邑，皆各为私奉养焉，不领于天下之经费。漕转山东粟，以给中都官，岁不过数十万石。

至孝文时，荚钱益多，轻，乃更铸四铢钱，其文为“半两”，令民纵得自铸钱。故吴，诸侯也，以即山铸钱，富埒天子，其后卒以叛逆。邓通，大夫也，以铸钱财过王者。故吴、邓氏钱布天下，而铸钱之禁生焉。

匈奴数侵盗北边，屯戍者多，边粟不足给食当食者，于是募民能输及转粟于边者拜爵，爵得至大庶长。

孝景时，上郡以西旱，亦复修卖爵令，而贱其价以招民；及徒复作，得输粟县官以除罪。益造苑马以广用，而宫室列观舆马益增修矣。

至今上即位数岁，汉兴七十馀年之间，国家无事，非遇水旱之灾，民则人给家足。都鄙廪庾皆满，而府库馀货财。京师之钱累巨万，贯朽而不可校。太仓之粟陈陈相因，充溢露积于外，至腐败不可食。众庶街巷有马，阡陌之间成群，而乘字牝者傧而不得聚会。守闾阎者食粱肉，为吏者长子孙，居官者以为姓号。故人人自爱而重犯法，先行义而后绌耻辱焉。当此之时，网疏而民富，役财骄溢，或至兼并豪党之徒，以武断于乡曲。宗室有土公卿大夫以下，争于奢侈，室庐舆服僭于上，无限度。物盛而衰，固其变也。

自是之后，严助、朱买臣等招来东瓯，事两越，江、淮之间萧然烦费矣。唐蒙、司马相如开路西南夷，凿山通道千馀里，以广巴蜀，巴蜀之民罢焉。彭吴贾灭朝鲜，置沧海之郡，则燕齐之间靡然发动。及王恢设谋马邑，匈奴绝和亲，侵扰北边，兵连而不解，天下苦其劳，而干戈日滋。行者赍，居者送，中外骚扰而相奉，百姓抚弊以巧法，财赂衰耗而不赡。入物者补官，出货者除罪，选举陵迟，廉耻相冒，武力进用，法严令具。兴利之臣自此始也。

其后汉将岁以数万骑出击胡，及车骑将军卫青取匈奴河南地，筑朔方。当是时，汉通西南夷道，作者数万人，千里负担馈粮，率十馀钟致一石，散币于邛僰以集之。数岁道不通，蛮夷因以数攻，吏发兵诛之。悉巴蜀租赋不足以更之，乃募豪民田南夷，入粟县官，而内受钱于都内。东至沧海之郡，人徒之费拟于南夷。又兴十馀万人筑卫朔方，转漕甚辽远，自山东咸被其劳，费数十百巨万，府库益虚。乃募民能入奴婢得以终身复，为郎增秩，及入羊为郎，始于此。

其后四年，而汉遣大将将六将军，军十馀万，击右贤王，获首虏万五千级。明年，大将军将六将军仍再出击胡，得首虏万九千级。捕斩首虏之士受赐黄金二十馀万斤，虏数万人皆得厚赏，衣食仰给县官；而汉军之士马死者十馀万，兵甲之财转漕之费不与焉。于是大农陈藏钱经耗，赋税既竭，犹不足以奉战士。有司言："天子曰'朕闻五帝之教不相复而治，禹、汤之法不同道而王，所由殊路，而建德一也。北边未安，朕甚悼之。日者，大将军攻匈奴，斩首虏万九千级，留蹛无所食。议令民得买爵及赎禁锢免减罪'。请置赏官，命曰武功爵。级十七万，凡值三十馀万金。诸买武功爵官首者试补吏，先除；千夫如五大夫；其有罪又减二等；爵得至乐卿。以显军功。"军功多用越等，大者封侯卿大夫，小者郎吏。吏道杂而多端，则官职耗废。

自公孙弘以《春秋》之义绳臣下取汉相，张汤用峻文决理为廷尉，于是见知之法生，而废格沮诽穷治之狱用矣。其明年，淮南、衡山、江都王谋反迹见，而公卿寻端治之，竟其党与，而坐死者数万人，长吏益惨急而法令明察。

当是之时，招尊方正贤良文学之士，或至公卿大夫。公孙弘以汉相，布被，食不重味，为天下先。然无益于俗，稍骛于功利矣。

其明年，骠骑仍再出击胡，获首四万。其秋，浑邪王率数万之众来降，于是汉发车二万乘迎之。既至，受赏，赐及有功之士。是岁费凡百馀巨万。

卫青钳徒论相图。卫青，西汉名将，曾七次出击匈奴，令匈奴闻风丧胆。

初，先是往十馀岁河决观，梁、楚之地固已数困，而缘河之郡堤塞河，辄决坏，费不可胜计。其后番係欲省底柱之漕，穿汾、河渠以为溉田，作者数万人；郑当时为渭漕渠回远，凿直渠自长安至华阴，作者数万人；朔方亦穿渠，作者数万人：各历二三期，功未就，费亦各巨万十数。

天子为伐胡，盛养马，马之来食长安者数万匹，卒牵掌者关中不足，乃调旁近郡。而胡降者皆衣食县官，县官不给，天子乃损膳，解乘舆驷，出御府禁藏以赡之。

其明年，山东被水灾，民多饥乏，于是天子遣使者虚郡国仓廥以振贫民。犹不足，又募豪富人相贷假。尚不能相救，乃徙贫民于关以西，及充朔方以南新秦中，七十馀万口，衣食皆仰给县官。数岁，假予产业，使者分部护之，冠盖相望。其费以亿计，不可胜数。于是县官大空。

而富商大贾或蹛财役贫，转毂百数，废居居邑，封君皆低首仰给。冶铸煮盐，财或累万金，而不佐国家之急，黎民重困。于是天子与公卿议，更钱造币以赡用，而摧浮淫并兼之徒。是时禁苑有白鹿而少府多银锡。自孝文更造四铢钱，至是岁四十馀年，从建元以来，用少，县官往往即多铜山而铸钱，民亦间盗铸钱，不可胜数。钱益多而轻，物益少而贵。有司言曰："古者皮币，诸侯以聘享。金有三等，黄金为上，白金为中，赤金为下。今半两钱法重四铢，而奸或盗摩钱里取镕，钱益轻薄而物贵，则远方用币烦费不省。"乃以白鹿皮方尺，缘以藻缋，为皮币，直四十万。王侯宗室朝觐聘享，必以皮币荐璧，然后得行。

又造银锡为白金，以为天用莫如龙，地用莫如马，才用莫如龟，故白金三品：其一曰重八两，圜之，其文龙，名曰"白选"，直三千；二曰重差小，方之，其文马，直五百；三曰复小，椭之，其文龟，直三百。令县官销半两钱，更铸三铢钱，文如其重；盗铸诸金钱罪皆死。而吏民之盗铸白金者不可胜数。

于是以东郭咸阳、孔仅为大农丞，领盐铁事；桑弘羊以计算用事，侍中。咸阳，齐之大煮盐；孔仅，南阳大冶，皆致生累千金，故郑当时进言之。弘羊，洛阳贾人子，以心计，年十三侍中。故三人言利事析秋豪矣。

法既益严，吏多废免。兵革数动，民多买复及五大夫，征发之士益鲜。于是除千夫五大夫为吏，不欲者出马。故吏皆(通)適令伐棘上林，作昆明池。

其明年，大将军、骠骑大出击胡，得首虏八九万级，赏赐五十万金，汉军马死者十馀万匹，转漕车甲之费不与焉。是时财匮，战士颇不得禄矣。

有司言三铢钱轻，易奸诈，乃更请诸郡国铸五铢钱，周郭其下，令不可磨取鋊焉。

大农上盐铁丞孔仅、咸阳言："山海，天地之藏也，皆宜属少府，陛下不私，以属大农佐赋。愿募民自给费，因官器作煮盐，官与牢盆。浮食奇民欲擅管山海之货，以致富羡，役利细民。其沮事之议，不可胜听。敢私铸铁器煮盐者，钛左趾，没入其器物。郡不出铁者，置小铁官，便属在所县。"使孔仅、东郭咸阳乘传举行天下盐铁，作官府，除故盐铁家富者为吏。吏道益杂不选而多贾人矣。

商贾以币之变，多积货逐利。于是公卿言："郡国颇被灾害，贫民无产业者，募徙广饶之地。陛下损膳省用，出禁钱以振元元，宽贷赋，而民不齐出于南亩，商贾滋众。贫者畜积无有，皆仰县官。异时算轺车贾人缗钱皆有差，请算如故。诸贾人末作贳贷买，居邑稽诸物，及商以取利者，虽无市籍，各以其物自占，率缗钱二千而一算。诸作有租及铸，率缗钱四千一算。非吏比者三老、北边骑士，轺车以一算；商贾人轺车二算；船五丈以上一算。匿不自占，占不悉，戍边一岁，没入缗钱。有能告者，以其半畀之。贾人有市籍者，及其家属，皆无得籍名田，以便农。敢犯令，没入田、僮。"

天子乃思卜式之言，召拜式为中郎，爵左庶长，赐田十顷，布告天下，使明知之。

初，卜式者，河南人也，以田畜为事。亲死，式有少弟，弟壮，式脱身出分，独取畜羊百馀，田宅财物尽予弟。式入山牧十馀岁，羊致千馀头，买田宅。而其弟尽破其业，式辄复分予弟者数矣。是时汉方数使将击匈奴，卜式上书，愿输家之半县官助边。天子使使问式："欲官乎？"式曰："臣少牧，不习仕宦，不愿也。"使问曰："家岂有冤，欲言事乎？"式曰："臣生与人无分争。式邑人贫者贷之，不善者教顺之，所居人皆从式，式何故见冤于人！无所欲言也。"使者曰："苟如此，子何欲而然？"式曰："天子诛匈奴，愚以为贤者宜死节于边，有财者宜输委，如此而匈奴可灭也。"使者具其言入以闻。天子以语丞相弘。弘曰："此非人情。不轨之臣，不可以为化而乱法，愿陛下勿许。"于是上久不报式，数岁，乃罢式。式归，复田牧。岁馀，会军数出，浑邪王等降，县官费众，仓府空。其明年，贫民大徙，皆仰给县官，无以尽赡。

卜式持钱二十万予河南守，以给徙民。河南上富人助贫人者籍，天子见卜式名，识之，曰："是固前而欲输其家半助边。"乃赐式外徭四百人，式又尽复予县官。是时富豪皆争匿财，唯式尤欲输之助费。天子于是以式终长者，故尊显以风百姓。

初，式不愿为郎，上曰："吾有羊上林中，欲令子牧之。"式乃拜为郎，布衣屩而牧羊。岁馀，羊肥息。上过，见其羊，善之。式曰："非独羊也，治民亦犹是也。以时起居，恶者辄斥去，毋令败群。"上以式为奇，拜为缑氏令试之，缑氏便之。迁为成皋令，将漕最。上以为式朴忠，拜为齐王太傅。

而孔仅之使天下铸作器，三年中拜为大农，列于九卿。而桑弘羊为大农丞，管诸会计事，稍稍置均输以通货物矣。

始令吏得入谷补官，郎至六百石。

自造白金五铢钱后五岁，赦吏民之坐盗铸金钱死者数十万人。其不发觉相杀者，不可胜计。赦自出者百馀万人。然不能半自出，天下大抵无虑皆铸金钱矣。犯者众，吏不能尽诛取，于是遣博士褚大、徐偃等分曹循行郡国，举兼并之徒守相为（吏）〔利〕者。而御史大夫张汤方隆贵用事，减宣、杜周等为中丞，义纵、尹齐、王温舒等用惨急刻深为九卿，而直指夏兰之属始出矣。

而大农颜异诛，初，异为济南亭长，以廉直稍迁至九卿。上与张汤既造白鹿皮币，问异，异曰："今王侯朝贺以苍璧，直数千，而其皮荐反四十万，本末不相称。"天子不说。张汤又与异有郤，及人有告异以它议，事下张汤治异，异与客语，客语初令下有不便者，异不应，微反唇。汤奏异当，九卿见令不便，不入言而腹诽，论死。自是之后，有腹诽之法（以此）〔比〕，而公卿大夫多谄谀取容矣。

天子既下缗钱令而尊卜式，百姓终莫分财佐县官，于是杨可告缗钱纵矣。

郡国多奸铸钱，钱多轻，而公卿请令京师铸钟官赤侧，一当五，赋官用非赤侧不得行。白金稍贱，民不宝用，县官以令禁之，无益。岁馀，白金终废不行。

是岁也，张汤死，而民不思。

其后二岁，赤侧钱贱，民巧法用之，不便，又废。于是悉禁郡国无铸钱，专令上林三官铸。钱既多，而令天下非三官钱不得行，诸郡国所前铸钱皆废销之，输其铜三官。而民之铸钱益少，计其费不能相当，唯真工大奸乃盗为之。

卜式相齐，而杨可告缗遍天下，中家以上大抵皆遇告。杜周治之，狱少反者。乃分遣御史廷尉正监分曹往，即治郡国缗钱，得民财物以亿计，奴婢以千万数，田大县数百顷，小县百馀顷，宅亦如之。于是商贾中家以上大率破，民偷甘食好衣，不事畜藏之产业，而县官有盐铁缗钱之故，用益饶矣。益广关，置左右辅。

初，大农管盐铁官布多，置水衡，欲以主盐铁；及杨可告缗钱，上林财物众，乃令水衡主上林。上林既充满，益广。是时越欲与汉用船战。（逐）〔遂〕乃大修昆明池，列观环之。治楼船，高十馀丈，旗帜加其上，甚壮。于是天子感之，乃作柏梁台，高数十丈。宫室之修，由此日丽。

乃分缗钱诸官，而水衡、少府、大农、太仆各置农官，往往即郡县比没入田田之。其没入奴婢，分诸苑养狗马禽兽，及与诸官。诸官益（新）〔杂〕置多，徒奴婢众，而下河漕度四百万石，及官自籴乃足。

所忠言："世家子弟富人或斗鸡走狗马，弋猎博戏，乱齐民。"乃征诸犯令，相引数千人，命曰"株送徒"。入财者得补郎，郎选衰矣。

是时山东被河灾，及岁不登数年，人或相食，方一二千里。天子怜之，诏曰："江南火耕火耨，令饥民得流就食江淮间，欲留，（之）〔留〕处。"遣使冠盖相属于道，护之，下巴蜀粟以振之。

其明年，天子始巡郡国。东度河，河东守不意行至，不办，自杀。行西逾陇，陇西守以行往卒，天子从官不得食，陇西守自杀。于是上北出萧关，从数万骑，猎新秦中，以勒边兵而归。新秦中或千里无亭徼，于是诛北地太守以下，而令民得畜牧边县，官假马母，三岁而归，及息什一，以除告缗，用充仞新秦中。

既得宝鼎，立后土、太一祠，公卿议封禅事，而天下郡国皆豫治道桥，缮故宫，及当驰道县，县治官储，设供具，而望以待幸。

其明年，南越反，西羌侵边为桀。于是天子为山东不赡，赦天下，因南方楼船卒二十馀万人击南越，数万人发三河以西骑击西羌，又数万人度河筑令居。初置张掖、酒泉郡，而上郡、朔方、西河、河西开田官，斥塞卒六十万人戍田之。中国缮道馈粮，远者三千，近者千馀里，皆仰给大农。边兵不足，乃发武库工官兵器以赡之。车骑马乏绝，县官钱少，买马难得，乃著令，令封君以下至三百石以上吏，以差出牝马天下亭，亭有畜牸马，岁课息。

齐相卜式上书曰："臣闻主忧臣辱。南越反，臣愿父子与齐习船者往死之。"天子下诏曰："卜式虽躬耕牧，不以为利，有馀辄助县官之用。今天下不幸有急，而式奋愿父子死之，虽未战，可谓义形于内。赐爵关内侯，金六十斤，田十顷。"布告天下，天下莫应。列侯以百数，皆莫求从军击羌、越。至酎，少府省金，而列侯坐酎金失侯者百馀人。乃拜式为御史大夫。

式既在位，见郡国多不便县官作盐铁，铁器苦恶，贾贵，或强令民卖买之。而船有算，商者少，物贵，乃因孔仅言船算事。上由是不悦卜式。

汉连兵三岁，诛羌，灭南越。番禺以西至蜀南者置初郡十七，且以其故俗治，毋赋税。南阳、汉中以往郡，各以地比给初郡吏卒奉食币物，传车马被具。而初郡时时小反，杀吏，汉发南方吏卒往诛之，间岁万馀人，费皆仰给大农。大农以均输调盐铁助赋，故能赡之。然兵所过县，为以訾给，毋乏而已，不敢言擅赋法矣。

其明年，元封元年，卜式贬秩为太子太傅。而桑弘羊为治粟都尉，领大农，尽代仅管天下盐铁。弘羊以诸官各自市，相与争，物故腾跃，而天下赋输或不偿其僦费，乃请置大农部丞数十人，分部主郡国。各往，往县置均输盐铁官，令远方各以其物贵时商贾所转贩者为赋，而相灌输。置平准于京师，都受天下委输。召工官治车诸器，皆仰给大农。大农之诸官尽笼天下之货物，贵即卖之，贱则买之。如此，富商大贾无所牟大利，则反本，而万物不得腾踊。故抑天下物，名曰"平准"。天子以为然，许之。于是天子北至朔方，东到太山，巡海上，并北边以归。所过赏赐，用帛百馀万匹，钱金以巨万计，皆取足大农。

弘羊又请令吏得入粟补官，及罪人赎罪。令民能入粟甘泉各有差，以复终身，不告缗。他郡国各输急处，而诸农各致粟，山东漕益岁六百万石。一岁之中，太仓、甘泉仓满。边馀谷诸物均输帛五百万匹。民不益赋而天下用饶。于是弘羊赐爵左庶长，黄金再百斤焉。

是岁小旱，上令官求雨。卜式言曰："县官当食租衣税而已，今弘羊令吏坐市列肆，贩物求利。亨弘羊，天乃雨。"

太史公曰：农工商交易之路通，而龟贝金钱刀布之币兴焉，所从来久远。自高辛氏之前尚矣，靡得而记云。故《书》道唐虞之际，《诗》述殷周之世，安宁则长庠序，先本绌末，以礼义防于利。事变多故而亦反是。是以物盛则衰，时极而转，一质一文，终始之变也。《禹贡》九州，各因其土地所宜，人民所多少而纳职焉。汤、武承弊易变，使民不倦，各兢兢所以为治，而稍陵迟衰微。齐桓公用管仲之谋，通轻重之权，徼山海之业，以朝诸侯，用区区之齐显成霸名。魏用李克，尽地力，为强君。自是之后，天下争于战国，贵诈力而贱仁义，先富有而后推让。故庶人之富者或累巨万，而贫者或不厌糟糠；有国强者或并群小以臣诸侯，而弱国或绝祀而灭世。以至于秦，卒并海内。虞、夏之币，金为三品：或黄，或白，或赤。或钱、或布、或刀、或龟贝。及至秦，中一国之币为（三）〔二〕等，黄金以溢名，为上币；铜钱识曰半两，重如其文，为下币。而珠玉、龟贝、银锡之属为器饰宝藏，不为币。然各随时而轻重无常。于是外攘夷狄，内兴功业，海内之士力耕不足粮饷，女子纺绩不足衣服。古者尝竭天下之资财以奉其上，犹自以为不足也。无异故云，事势之流，相激使然，曷足怪焉？

【译文】

汉朝兴起后，接收的是秦朝衰败的局面，国家的壮年男子大多从军参战，老弱之人都去运送粮饷，事务繁剧而财政越匮乏，天子连四匹同样毛色的马拉的车也没有，而且将相有的也只能乘坐牛车，平民百姓家里没有积蓄。当时因秦朝的钱太重不便流通使用，便命令老百姓另铸轻钱，黄金一锭重一斤，简约法令，省减禁条。那些不守法令、惟利是图的人，积聚财物囤积居奇，以致物价飞涨，米涨到每石一万钱，一匹马则要一百金。

天下平定之后，汉高祖便下命令，商人不能穿丝绸衣服，不许乘车，用加重租税的方式来抑制和羞辱他们。孝惠帝、高后执政时期，因为天下刚刚安定，便又放松了对商人的法律禁令，但是商人的子孙还是不能当官作吏。国家计算官吏的俸禄，估算政府的用度，来向百姓征收赋税。而山林、园囿、河川、陂地、市场租税的收入，从天子以下至各诸侯王的封邑收入都各自用作经费使用，不再自国家经费中领取了。经水道运输崤山以东的粮食来供给京都各官府，每年不过数十万石。

到了孝文帝的时候，榆荚钱越来越多，而且也越来越轻，于是改铸四铢钱，钱币面上的铸文是“半两”，命百姓可以随意私自铸钱。因此，吴国只是个诸侯国，但却凭借自己封邑内的铜之山铸钱，而可与天子比富，后来终于叛乱。邓通只是个大夫，也凭借私自铸钱，财产超过了王侯。由于吴国、邓氏钱币遍布天下，因此朝廷颁布了禁止私自铸钱的命令。

匈奴多次侵略北部边疆地区，边疆上戍守的军队非常多，边疆的粮食连最基本的供应都难以自足。于是便招募百姓，能向国家捐粮或将粮食运送到边疆的，封爵，最高可至大庶长。

孝景帝时期，上郡以西发生了旱灾，便又重新修定卖爵令，以降低爵位价钱来招徕百姓；那些由刑徒减刑为官役的，可以向官府缴纳粮食以免罪。增加苑囿养马让军用宽裕，而且宫殿、列观、车马等也大量增修。

到现在皇上（按：指汉武帝）即位几年后，汉朝自建立以来七十多年间，国家太平无大事，假若没有水旱灾害，老百姓便能够家家丰衣足食，各个郡县的粮仓都装满，府库中能够储存许多布帛等财物。京师积聚的钱币数以亿万，以至于穿钱的绳子朽烂掉了，无法计数。京师粮仓中的粮食陈粮积陈粮，都溢出了仓外，以至于腐烂不能吃了。普通的老百姓在街巷中也都有马匹，在田野中更是成群结队，以致乘母马的人受排斥不能在骑马的行列中。看守里巷的可以吃到膏粱肥肉，做官的人都很少会有调动，在任所就把子孙养大了。做官的久任其职，时间久了就用官名来作为自己的姓或号。因此，人人知道自爱，不会轻易犯法，他们崇尚行义而鄙弃做耻辱的事。在这时，法律宽疏，百姓富实，便有凭借财势骄傲放纵之人，有些人甚至兼并土地，豪富之徒，依仗威势武力在乡里横行。宗室有封地的自公卿大夫以下的人，争相奢侈，房屋、车马、服饰僭越等级，没有限度。凡事盛极则衰，这本来就是事物应有的变化。

从此之后，严助、朱买臣等人招徕东瓯，对两越地区用兵事，江淮之间一时骚乱并且大受损耗。唐蒙、司马相如开通通往西南夷的道路，为此凿山修路一千多里，以开拓巴蜀区域，巴蜀百姓因此疲惫不堪。彭吴开通了进入秽貊、朝鲜的道路，而且设置了沧海郡，燕齐之间一时纷纷都忙乱起来。等到王诙在马邑设计谋袭击匈奴后，匈奴断绝和亲关系，北部边疆不断受到侵扰，战争不断，没有止息，天下百姓苦于繁苛的劳役，但是战争还是与日俱增。出征之人需要自备衣食，留下来的人要去输送物资，中央和地方都骚动扰攘地来供应战争，百姓因贫穷，只能以狡诈之法来逃避法令，官府财物匮乏不堪。所以，向政府缴纳财物的能够做官，出钱财的可以除罪，选官制度遭受破坏，人人都不顾廉耻，勇武有力便能够被重用，命令也不断地繁琐严酷。谋利之臣从这时便开始出现。

后来，汉将每年率领数万骑兵出击胡人，到了车骑将军卫青的时候，夺取匈奴河套以南的土地，在那里修筑了朔方城。这时候，汉朝为打通西南夷的道路，动用数万人参加筑路，从千里之外肩扛担挑地来运送粮食，大约每十余钟运到的时候只剩下一石，又在邛、僰等邻近的地区散发钱财来征集粮食。一连数年道路都没修通，蛮夷多次乘机进犯，官府发兵诛杀他们。巴蜀地区全部的租税也不足以供应这些费用，于是招募豪民到南夷地区垦田，所收获的粮食都卖给当地县府，向京师国库领取钱款。向东到了沧海郡，人役等费用和南夷的基本相等。又征集数十万人修筑并守卫朔方郡，水陆运输的路程又相当遥远，自崤山以东都受到了这种劳役之苦，花费在数十万甚至到百万万，府库也更加地空虚。于是，招募能向政府输送奴婢的百姓，可以免除租赋徭役终身，原是"郎"的则增加他的品级，献羊的就能做郎官，这些也都是从这个时候开始的。

此后四年，汉朝派遣大将率领六位将军以及十多万军队，去攻打匈奴右贤王，杀死及俘获共计一万五千人。第二年，大将军率六将再次出击匈奴，斩杀一万九千人。赏赐捕获俘虏、斩敌首级的将士黄金二十余万斤，被虏的数万人也得到了厚赏，吃穿都由政府提供。而汉军将士、马匹死亡的有十余万，兵器甲帐等物的损失以及水陆运输的耗费并不算在内。于是，大司农分条陈述说，库存的旧钱已然用尽，新征收的赋税也已用完，依旧不能满足用来供应战士的需求。负责官员道："天子说：'我听说五帝的教化不相重复，但天下同样得到治理，禹、汤的治理方法不尽相同，但都能称王天下，他们走的道路不同，但是建立的德业是相同的。北部边境未得安宁，我非常难过。这些日子以来，大将军出击匈奴，斩首俘获一万九千人，拖延至今依然没有得到赏赐。你们商量一下，命百姓出钱买爵以及赎囚禁罪、减免罪名。'据此，请设置赏官，名为'武功爵'。每级价十七万钱，共值三十多万金。凡买武功爵官首一级的试用为候补官，可以优先录用；千夫一级与五大夫相当；有罪的买爵位减二等；买爵最高可至乐卿。以此来显示对军功的优待。"建军功的大多用越级提拔的办法，军功大的封侯或封卿大夫，军功小的或封为郎、吏。做官升官的途径越来越多且杂，管理的职责也就越来越虚滥荒废了。

自从公孙弘通过阐述《春秋》的道理绳治臣下从而获得汉朝丞相的职位，张汤通过峻文苛法审判案件当上了廷尉，于是产生了"见知之法"，而被认定为破坏、延滞、沮败以及诽谤法令的案件就多了起来。第二年，淮南王、衡山王、江都王谋反的事败露，公卿寻根究底审理此案，把他们的党羽一网打尽，因受牵连而死的有数万人之多，从此，官吏越加严酷，法令也越加苛细。

这个时候，朝廷招揽尊崇方正、贤良、文学等方面的士人，有的被提升为卿大夫。公孙弘以汉朝丞相的身份，却盖着布被，每顿饭也只吃一样菜，欲以此为天下人做榜样。但是，这些对当时的风气影响并不大，相反人们渐渐地更加以功利为务了。

第二年，骠骑将军又两次出击胡人，斩获四万级敌首。那年秋天，匈奴浑邪王率领数万人投降，于是，汉朝廷调遣二万辆车前去迎接。到了京城后，投降的人受到了赏赐，有功的将士也一并受了赏。这一年，花费总共达一百多万万钱。

起初，十数年前黄河在观县决口，梁、楚地区本来已经数次遭受水灾，沿河诸郡筑堤堵塞黄河，但每每重又堤坏河决，花费之多无法计算。此后番系想要节省砥柱的漕运，引汾水、黄河水来灌溉农田，参加开渠的达数万人；郑当时因为渭水漕运曲折而且路远，于是开凿了一条自长安到华阴的直渠，参加修渠的又有数万人，朔方郡也在开渠，参加开渠的也有数万人。各自都历时两三年，工程都还没有竣工，花费也都在数十万万钱。

天子为了讨伐胡人，大量养马，在长安饲养的就多达几万匹，关中饲养、照管马匹的士卒不够，便从附近郡县调发。而投降的胡人也都靠官府供给衣食，官府财力不足，天子于是就节省相关的膳食之费，除去自己的车马，从内廷仓库中拿出储藏来养活他们。

第二年，崤山以东遭受水灾，百姓们大多陷入饥饿乏困中，于是天子派使者取尽各郡国粮仓中的粮食赈济贫民。但仍然不够用，于是又征募豪富之家借粮食给贫民。依然还是不能解救他们，于是将贫民迁移到函谷关以西，或者迁移到朔方郡以南的新秦中部去居住，大约有七十余万人，都靠政府提供衣食。数年之内，政府提供给他们土地、农具等资产，派遣使者分别来管理他们，派遣出去的使者一批接着一批络绎不绝。所花费用数以亿计，不可计算。

当时国库空虚。然而那些富商大贾却趁机蓄积财物，役使贫民；赶着上百辆车到处贱买贵卖，就连诸侯王也都要伏首低眉向他们借钱物。他们中有的冶铸煮盐，有的积累到万金家财，但却不愿帮助国家，平民百姓日益贫困。于是，天子和公卿共同商议，计划铸造新的钱币以满足需求，并且趁此来打击那骄奢淫逸、兼并侵吞的工商业者。那时，皇帝苑囿中有的是白鹿，少府仓库当中有许多银锡。自从孝文帝铸造四铢钱以来已有四十多年，建元以来，国家由于缺乏用度，于是便前往产铜的山中去开矿造钱，民间也在乘机偷铸钱币，人数之多无从计算。这样，钱币越多就会越贬值，而东西越来越少越来越昂贵。有关官员于是上奏，说："古时候有一种皮币，是用于诸侯之间的赠送往来以及给天子上贡的。金有三等，最贵的是黄金，中等的是白金，最次的是红铜。现在，半两钱法定的重量是四铢，所以一些奸盗人就用磨钱的铜屑来另造钱币。于是，钱币就越来越轻而东西越来越贵，远方诸侯们用钱也很不方便。"于是，以一尺见方白鹿皮四周用彩线绣文，制成"皮币"，每一张值四十万钱，规定王侯宗室来朝觐天子时，都必须用"皮币"作衬垫进献玉璧，然后礼仪才能够进行。

又冶炼银锡造成"白金"。因为天上飞的没有什么能贵重过龙，地上跑的没有什么能够好过马，人所使用的东西没有什么能比龟更贵重，因此，把白金分作三个等级，第一等重八两，圆形，花纹为龙，命名"白选"，价值三千钱；第二等重量稍轻，方形，花纹为马，价值五百钱；第三等则又小些，椭圆形，花纹为龟，价值三百钱。命令各级县官销毁以前用的半两钱，改铸三铢钱，钱上所铸文字与其实际的重量等同。规定私自铸造钱币的人一律判处死罪，但是，依然有不可胜数的官吏和百姓私自铸造"白金"。

于是，汉武帝任命东郭咸阳、孔仅为大农丞，负责管理盐铁方面的事务；桑弘羊因为擅长理财而被任命为侍中。东郭咸阳，本是齐国煮盐的大商人，孔仅是南阳地区的冶铁大商人，他们都有上千金的产业，因此郑当时才向朝廷举荐了他们。桑弘羊是雒阳一个商人的儿子，因为善长心算，所以十三岁就做了侍中。因此，这三人商讨财利之事真算得上是精细入微、察见毫末了。

国家法律越来越严苛，很多官吏因为犯罪而被免官。再加上战争不断，老百姓花钱免除徭役或买官至"五大夫"的越来越多，这样政府可以征发的士卒也就越来越少了。于是，朝廷命令"千夫"、"五大夫"这一级的人充当吏役，不愿为吏的要向政府交纳马匹；凡是被罢免的官吏都责令其去上林苑砍柴，或者是去修昆明池。

第二年，大将军卫青、骠骑大将军霍去病又大规模出兵与胡人作战，捕获斩杀八九万人，赏赐有功将士花了五十万金，汉军光战马就死了有十几万匹，水路各种运输以及制造兵车衣甲的费用还没算在其中。国家财政当时非常匮乏，战士经常拿不到俸禄。

相关的官员说三铢钱的重量太轻，很容易伪造，于是便请允许各郡国铸造五铢钱，并且将钱的四周铸上厚边，这样就无法磨取铜屑了。

大农令将盐铁丞孔仅、东郭咸阳的话上奏给皇上说："山、海是天地赐给我们的大宝库，这些应该都属于少府管，陛下不据为私有，把它们交给大农令作为国家赋税的补充。希望国家招募百姓自备经费，使用官府提供的器具来煮盐，官府借给他们牢盆。以前有些商贾豪强，想要垄断山海的资源来谋取利益，奴役、渔利贫民百姓。他们阻挠盐铁官营的议论将听不胜听。我们建议今后胆敢私铸铁器和煮盐的，没收他们的器具，并且处以给其左脚铐上脚镣的刑罚。在那些不产铁的郡先设置小铁官，隶属于各自所在县管理。"于是，武帝派遣孔仅、东郭咸阳乘着驿车去巡察天下的盐铁事务，建立官府，任命以前经营盐铁的富家做官。做官的途径因此更加杂乱，选举制不再推行，因此官吏中有很多是商人。

商人借助钱币改铸的机会，囤积货物来谋取利润。于是，公卿上奏建议道："郡国受到严重的灾害，很多没有产业的贫民，可以征召到地多且富饶的地方去。陛下为此减少膳食、俭省费用，用内廷的钱来赈济百姓，宽减人们的赋税，但是百姓仍没有都到田亩中去耕作，而商人的数量却在日益增加。贫民没有什么积蓄，全都依赖官府赈济。从前轺车、商人的缗钱都要按不同的等级征收赋税，请允许依旧实行这样的政策。那些末作的商人赊借钱款，屯积居奇，赊贷买卖，以及依靠营商取利的人，即使是没有市籍，也要各自向官府汇报他们的货物、赀产总数，通常是依照本钱二千钱出一算。各种手工业以及冶铸业者也要缴纳租税，大约是四千钱一算。除了待遇与官吏相等同的人以及三老、北部边境的骑士之外，有轺车一辆就要出一算；商人轺车一辆出两算；船长五丈以上的也要出一算。有隐匿不报或者隐瞒不全报的，罚戍守边境一年，并且要没收全部资产。有能告发这些情况的，没收资产的一半将给予告发者。有市籍的商人以及其家属，都不准许占有田地，以保护农民的利益。谁敢违犯这些法令，就没收他的田地以及奴仆。"

这时，天子就又想起了卜式说过的话，于是就封他为中郎，封爵为左庶长，赏赐他农田十顷，并且还布告天下，让每个人都知道这件事情。

最初，卜式是河南人，以种田、养畜为业。父母去世的时候，他还有一个年少的弟弟。等弟弟长大成人后，卜式就与他分家单过，卜式只要了家里的百余头羊，田地、房屋以及其余的全部财产都留给了弟弟。卜式入山牧羊十多年，羊的数量增加到了一千多头，并且还置办了田地宅舍。可是他的弟弟却荡尽了所有家产，卜式又再次分一些财产给他的弟弟。这时候，汉朝正多次派遣将兵出击匈奴，卜式于是上书给皇帝，愿意把自己一半的家产捐献给国家，以支援边疆的战事。皇上便派遣使者问他："你想做官吗？"卜式说："我自小放牧，不知道怎么做官，不愿做官。"使者问："那您的家中是不是有什么冤屈，有话想对天子说吗？"卜式说："我生来从没有和什么人有过纷争，我的同邑人有贫穷的我便去救济，有不善良的我会去教导他让他驯良，我所住的地方人们都很顺从拥护我，我又怎会受人冤屈呢？我没有什么话想对天子申诉。"使者说："那么，既然如此，你捐给朝廷这么多资产，究竟是为何呢？"卜式说："天子讨伐匈奴，我认为有才略勇力的应该效死疆场，有钱财的应该捐献财物，这样，匈奴就能被灭掉了。"使者把卜式的话都禀报给了皇上。天子又把这些话转告给了丞相公孙弘。公孙弘说："这不合乎人情。朝廷不能让这些不守法度的人扰乱了国家的法度，希望陛下您不要准许他 。"于是，皇上很久都没有给卜式答复。多年之后，才通知卜式让他离开京城。卜式回家后，仍旧放牧种田。过了一年多，正赶上朝廷屡次出征，又加上浑邪王等来投降，官府花费巨大，仓廪府库空虚。第二年，大批贫民迁徙，全都靠官府供养，县府并没有力量全部负担起来。卜式拿着二十万钱送给河南太守，用来支援供给移民费用。之后，河南太守呈报当地的富人资助贫民的名单，天子看到上面卜式的名字，便想了起来，说道："这是前次要捐献自己一半的家产来支援边境战事的人。"于是，下令赐给卜式相当于四百人的劳役费，卜式很快又把它全都交给了国家。那时，其他的富豪人家都争抢着隐匿自己家产，唯有卜式总是向国家捐钱。因此，天子认为卜式是位有德行的人，让他尊荣显赫，以教化百姓。

最初，卜式不愿意当郎官。天子说："我的上林苑中也有羊，我想请你到那里替我放羊。"卜式这才答应做郎官，穿着草鞋布衣放羊。一年多后，羊群肥壮，又繁殖了很多。天子路过这里看到后，非常满意。卜式说："不仅仅是羊，治理百姓也是一样的道理。让他们按时劳动、休息，及时除掉不好的，不要让它败坏了一群羊。"天子认为卜式非常不一般，便封他为缑氏令来考验他，果然缑氏百姓认为他治理得很好。后来，升他为成皋令，结果那里的漕运成为全国最好的。天子以为卜式朴实忠厚，便任命他为"齐王太傅"。

而孔仅因为巡察、督导天下的铁器铸作，三年之内便调升为大农令，位列九卿。而桑弘羊担任大农丞，负责有关财政赋税计算方面的事务，这个时候国家已经开始设置均输官负责全国的货物流通了。

这时开始允许官吏向朝廷缴纳谷物来提高官秩，郎官最高的可以达到六百石。

自从开始铸造白金和五铢钱以来的五年里，赦免官吏和百姓当中因为私铸金钱被判处死罪的大概有十多万人。而那些应当被判处死罪却没有被发现的就数不胜数了。被赦免的自首者有一百多万人。然而，这还不到实际犯罪人数的一半，大概天下所有人都在私自盗铸钱币了。犯法的人太多，官吏不可能全部捕杀，于是派遣博士褚大、徐偃等人分路到各郡国进行巡察，揭发、举报那些兼并土地的人以及贪赃枉法谋取私利的郡守、国相。而御史大夫张汤这时正受宠当权，减宣、杜周等人担任御史中丞，义纵、尹齐、王温舒等人因为执法残酷严苛而被提升为九卿，于是直指夏兰这类人就开始出现了。

这时，大农令颜异被诛杀。起初，颜异在济南郡做亭长，因为廉洁正直慢慢升迁到九卿。天子与张汤造了白鹿皮币，询问颜异对此的看法，颜异说："现在王侯朝见天子是用苍璧做礼，其价值也不过数千钱，但是作为垫衬的皮币却值四十万，本末倒置，不相对称。"天子听了非常不高兴。又加上张汤和颜异平素还有一些过节，正好这时有人因为别的事告发颜异，此案交给张汤来审理。颜异和客人闲谈时，客人说到新的法令初颁时有一些弊端，颜异听了后没有回应，只是微微动了下嘴唇。于是，张汤上奏天子，说颜异身为九卿看到法令有不妥当的地方，不向朝廷直接进言，而只是在心里诽谤，罪该当死。从这以后，就出现了"腹诽"的法令，于是公卿大夫大多都是对天子谄媚、阿谀来力求自保了。

天子颁布"缗钱令"并尊崇、表彰了卜式之后，但是百姓们依然没有愿意拿出钱财来支援朝廷的，于是，杨可揭发他人隐瞒资产的"告缗"逐渐多了起来。

因为各个郡国铸钱大多都不守法，钱大多都比较轻，所以公卿们请求在京城依照钟官署造的钱来铸造一种"赤侧钱"，一个"赤侧钱"相当于五个旧钱，向官府缴纳赋税以及给官用的钱都必须使用"赤侧钱"。白金慢慢变得不值钱，百姓们也都不重视它了，官府下令禁止这一状况，但是没有太大的作用。一年多以后，"白金"最终还是被废止不用了。

这一年，张汤死了，但是没有一个百姓对他有怀念之情。

二年之后，“赤侧钱”又贬值了，老百姓用巧诈的方法来使用，对国家很不利，于是“赤侧钱”被废止不用。于是，朝廷便下令不准各郡国再铸钱，专门命令上林三官来铸造钱币。上林三官铸造的钱币流行起来之后，于是下令全国不是三官铸造的钱币禁止使用，各郡国以前铸造的钱币悉数作废销毁，熔炼出的铜都上交给上林三官。而且百姓当中私自铸钱的也慢慢减少，因为铸钱的花费远远大于钱币本身的价值，只有那些技艺精熟的大奸商才会私自盗铸。

卜式担任齐相，由杨可掀起的“告缗”就在全国推行起来，中产以上的人家几乎都被告发。相关案件都由杜周审理，很少能有被翻案的。于是，朝廷又派遣御史、廷尉、正监等官员分头出使各郡国受理“告缗”案件，没收所得的百姓钱物数以亿计，奴婢多达上千万，田产大县有数百顷，小县有上百余顷，没收的房产大约也有这么多。于是，中产以上的商人大都破产，老百姓也苟安于美衣美食，再没有人去省吃俭用蓄积财富了，而国家因为盐铁官营以及缗钱的缘故，财用也就日益宽裕起来。

这时，朝廷因为要扩大关中地域便把函谷关向东迁移，并且还设置了京都左右辅。

起初，大农令主管盐铁事务以来，相关官员众多，因此设置了水衡都尉，计划让他来主管全国的盐铁事务。等到杨可主持的“告缗”推行之后，上缴到上林苑的财物太多，于是就命水衡主管上林。上林苑被装满之后，就进行扩建。这时，越国正打算用船和汉朝交战，于是天子下令大修昆明池，池被排排的楼台亭宇环绕着。建造楼船，高达十丈多，上面插着飘扬的旗帜，非常壮观。天子因此动了心，又开始建造柏梁台，高达几十丈。宫殿的建造从此便越来越华丽了。

于是，国家又把“缗钱”的事务分给各个官府进行管理，而在水衡、少府、大农、太仆下都设置了农官，他们主要负责组织人员去刚被官府没收的土地上耕作，把没收来的奴婢分配到各苑去饲养狗马禽兽，或者分派给诸官府去服务。各个官府又设置了诸多官职，仆役、奴婢很多，而每年要从黄河漕运四百万石的粮食，外加各官府自己采购一些才够用。

所忠向皇上进言说：“一些世家子弟以及富人，不是斗鸡跑狗跑马，就是射猎赌博，严重扰乱了百姓的生活，败坏了民风。”于是，惩治所有犯法的人，命令他们揭发他人，受到牵连的人多达数千人，称为“株送徒”。

向朝廷捐献财物可以授郎官，所以选拔郎官的制度就越来越衰败了。

这时，崤山以东遭受水灾，接连数年都没有什么收成，方圆一两千里内，有人吃人的情况。天子很是同情，下诏书说："江南地区烧草为肥，引渠灌溉，利于生存，可以把灾民迁移到江淮地区生活，想长期留在那儿的，就让他们留在那儿。"朝廷派遣了很多的使者去管理此事，另外，还从巴、蜀地区运送粮食来赈济他们。

第二年，皇帝开始巡察各郡国。向东渡过黄河，河东太守因为没有想到天子会驾到，没有招待好，畏罪自杀。向西穿过陇山，陇西太守因为天子来得太过突然准备不足，甚至天子随从的官员都吃不上饭，陇西太守也自杀了。于是，天子向北出了萧关，随从有数万骑人马，在新秦中打猎，检阅那里的守边将士，然后回京。新秦中地区有的地方千里之内也没有设置亭障、关卡，于是下令杀了北地太守以下的官员，并命百姓在边境各县内畜牧，官府借给他们母马，三年之后归还，生下的小马每十匹上交政府一匹，而且废除了当地的"告缗令"，以此来充实新秦中地区。

皇帝获得宝鼎以后，修建了后土祠和太一祠，公卿们便开始讨论封禅事宜，而全国各地都在提前修桥铺路，原有的宫室也得到修缮，驰道经过的县，都准备好了各种接待天子的物品，准备好了各种器具，等待着天子驾临。

一年之后，南越反叛，西羌侵犯边境以逞凶暴。因为崤山以东收成不好，天子下令大赦天下，动用南方二十多万楼船军队攻打南越，征调三河以西的骑兵数万人进攻西羌，还征调数万人过黄河修筑令居。开始设置张掖、酒泉郡，而在上郡、朔方、西河、河西等地设置开田官，征调六十万人在这里戍守、垦田。朝廷缮治道路来运送粮食，路远的要三千里，近的也需一千多里，这些全都靠大农供给。边境的兵器不够，便用武库和工官的兵器来支援那里。车马不够，官府钱少，马很难买到，于是制定法令：命令封君以下到三百石以上的官吏，依据等级缴纳母马给天下驿亭，使每个驿亭都养有母马，政府据此每年征税。

齐相卜式上书："我听说国君有所忧愁，这是做臣下的耻辱。如今南越叛乱，我父子愿意同齐国善于操船的兵卒一起战死疆场。"天子下诏说："卜式以前虽然只是一个耕种放牧之人，但是并不以此求利，每当有了盈余就拿出来帮助、支援政府的用度。现在国家不幸有了急难，而卜式父子奋勇请愿死战，虽然还没参战，但可说是心中充满正义之念。赏赐他关内侯的爵位、六十斤黄金、十顷农田。”通告天下，但是天下并没有响应的。诸侯有数百名，但却都不要求从军去羌、越作战。于是，到酎祭宗庙的时候，少府检查酎金，列侯因为酎金不符规定而被削夺侯位的有一百多人。于是，任命卜式为御史大夫。

卜式上任后，见到很多郡国觉得盐铁官营多有不便，铁器质量差，价格还贵，有的还强迫百姓购买官府制造的铁器。而且船有算税，依靠船运输货物的商人较少，商品昂贵，于是通过孔仅上书反映船税的问题。从此天子不是很喜欢卜式了。

汉朝连续三年用兵打仗，征讨西羌，灭掉南越国，番禺以西到蜀南地区新设了十七个郡，并且按照原有的方式进行管理，免征赋税。南阳、汉中之间旧有的郡县各自就其地所供养新郡吏卒的粮食和钱物，以及驿车、驿马和相应的用具。而新郡经常还会发生小的反叛，杀死官吏，朝廷征调南方官兵前往讨伐，每隔一年就需动用万余人，都要依靠大农供给费用。大农用均输法配合各地盐铁所得辅助税收，方能供应充足。然而，军队路过的县，只是做到供给无缺而已，不敢奢谈遵守赋税的常规了。

第二年，即元封元年，卜式被贬为太子太傅。而桑弘羊任治粟都尉，并且兼任大农，完全取代孔仅管理天下的盐铁事务。桑弘羊察觉各地官府都自做买卖，互相竞争，因此物价上涨，而各地所缴赋税之物甚至还不够运输费用，于是奏请设立大农部丞数十名，分部掌管各个郡国的大农事务，各个郡县通常还分设均输、盐铁官，命边远地区都将他们那里的在其他地方价格最高容易被商人贩卖的货物作为赋税由均输官统一运输流通。在京城设置平准官吏，总受各地运输来的货物。招雇工官来制造车子以及各种相关器具，相关费用都由大农来供给。大农所属的各个机构完全掌握天下的货物，物贵时卖出，物贱时买入。这样一来，富商大贾无法从中牟取大利，就会反本务农，而物价忽涨忽落的现象就不容易出现。由于天下的物价受到抑制，所以称之为“平准”。天子认为桑弘羊说得很有道理，答应实施。于是，天子向北到朔方，向东到泰山，又巡视沿海以及北部边疆地区，然后返回京城。给所经过地方的赏赐，用去一百多万匹帛，钱、金以亿计，也都由大农来供给。

桑弘羊还奏请允许官吏缴纳粮食以补授官职，罪人可以纳粮来赎罪。命百姓们能运送粮食到甘泉宫仓库，达到一定数量的可以免除终身赋役，而且不受“告缗”的影响。各个郡县运送粮食到其他急需的地方，而各地的官府也都要给朝廷纳粮，这便使得山东漕运到京城的粮食数量一年之间增加六百万石。一年之间，太仓、甘泉宫的仓库都装满了粮食。边境地区也都有余粮和其他的物资，各均输官存储的布帛达五百万匹。百姓们不用增加赋税而国家的用度慢慢宽裕。于是，天子赐桑弘羊左庶长爵位、黄金二百斤。

这一年有小旱灾，天子令百官求雨。卜式上书说："政府应该依靠租税来维持吃穿等用度，如今桑弘羊让官吏都去市场买卖货物，赚钱求利，只有把桑弘羊烹了，天才会下雨。"

太史公说：农、工、商之间互相交流的路子畅通之后，龟、贝、金、钱、刀、布等货币就产生了。这是很久之前就已经出现的了，自高辛氏之前就已有，只是没有记载。所以《尚书》里讲到唐虞时代的事，《诗经》讲到殷周时代的事，天下太平就会重视学校教育，重本轻末，用礼义道德来限制物利；一旦天下多逢战乱情况就会颠倒过来。所以事物发展到鼎盛就会衰落，时代发展到极限也就会转变，时而重文采，时而重质朴，这是事物周而复始的循环。《禹贡》中记载的九州，各自根据当地所宜耕种之物、人民的多寡来缴纳贡赋。商汤和周武王继承前朝弊政加以改变，治理百姓不懈怠，各自都兢兢业业地治理国家，但是最终也都逐渐走向衰微。齐桓公采纳管仲的建议，统一货币平稳物价，开采山海一带的事业，使诸侯臣服于他，让不是很起眼的齐国成就霸业。魏国任用李克，充分地利用土地，魏文侯因此成为了强国之君。从此之后，各个国家经常发生战乱，看重阴谋诡计而轻视仁义道德，以富有为要务而不再讲求谦让。因此，百姓中富有的积蓄以亿计，而贫穷的连糟糠也吃不饱；诸侯国中强大的吞并小国而让诸侯称臣，弱小的有的甚至断绝祭祀而亡国。到秦朝，终于使用武力统一了天下。虞、夏时代的货币，金分三种：黄金、白银、赤铜；钱、布、刀、龟贝。直到秦朝，全国货币统一成两种：黄金是以溢为单位，为上币；还有一种为铜钱，上面刻着"半两"，重量与所刻文字相同，为下币。而珠玉、龟贝、银锡等只是作为器物、装饰、收藏，不作为货币流通使用。然而这些货币都随着时代的变化或轻或重。后来对外攘平夷狄，对内开展各种建设，以至于天下的百姓都去耕种仍然不能够满足粮饷供给，女子都去纺织也仍然不能足够供给衣物。古时候曾竭尽天下的财物来供奉朝廷，仍然感觉不够使用。这并没有其他缘故，都是因为事情的发展变化，相互间影响而造成的，这并没有什么可值得奇怪的。

史记卷三十一

吴太伯世家第一

吴太伯，太伯弟仲雍，皆周太王之子，而王季历之兄也。季历贤，而有圣子昌，太王欲立季历以及昌，于是太伯、仲雍二人乃奔荆蛮，文身断发，示不可用，以避季历。季历果立，是为王季，而昌为文王。太伯之奔荆蛮，自号勾吴，荆蛮义之，从而归之千馀家，立为吴太伯。

太伯卒，无子，弟仲雍立，是为吴仲雍。仲雍卒，子季简立。季简卒，子叔达立。叔达卒，子周章立。是时周武王克殷，求太伯、仲雍之后，得周章。周章已君吴，因而封之。乃封周章弟虞仲于周之北故夏虚，是为虞仲，列为诸侯。

周章卒，子熊遂立。熊遂卒，子柯相立。柯相卒，子彊鸠夷立。彊鸠夷卒，子馀桥疑吾立。馀桥疑吾卒，子柯卢立。柯卢卒，子周繇立。周繇卒，子屈羽立。屈羽卒，子夷吾立。夷吾卒，子禽处立。禽处卒，子转立。转卒，子颇高立。颇高卒，子句卑立。是时晋献公灭周北虞公，以开晋伐虢也。句卑卒，子去齐立。去齐卒，子寿梦立。寿梦立而吴始益大，称王。

自太伯作吴，五世而武王克殷，封其后为二：其一虞，在中国；其一吴，在夷蛮。十二世而晋灭中国之虞。中国之虞灭二世，而夷蛮之吴兴。大凡从太伯至寿梦十九世。

王寿梦二年，楚之亡大夫申公巫臣怨楚将子反而奔晋，自晋使吴，教吴用兵乘车，令其子为吴行人，吴于是始通于中国。吴伐楚。

十六年，楚共王伐吴，至衡山。

二十五年，王寿梦卒。

寿梦有子四人，长曰诸樊，次曰馀祭，次曰馀眛，次曰季札。季札贤，而寿梦欲立之，季札让不可，于是乃立长子诸樊，摄行事当国。

王诸樊元年。诸樊已除丧，让位季札。季札谢曰："曹宣公之卒也，诸侯与曹人不义曹君，将立子臧，子臧去之，以成曹君，君子曰'能守节矣'。君义嗣，谁敢干君！有国，非吾节也。札虽不材，愿附于子臧之义。”吴人固立季札，季札弃其室而耕，乃舍之。秋，吴伐楚，楚败我师。

四年，晋平公初立。

十三年，王诸樊卒，有命授弟馀祭。欲传以次，必致国于季札而止，以称先王寿梦之意，且嘉季札之义，兄弟皆欲致国，令以渐至焉。季札封于延陵，故号曰延陵季子。

王馀祭三年，齐相庆封有罪，自齐来奔吴。吴予庆封朱方之县，以为奉邑，以女妻之，富于在齐。

四年，吴使季札聘于鲁。请观周乐。为歌《周南》《召南》。曰：“美哉，始基之矣，犹未也，然勤而不怨。”歌《邶》《鄘》《卫》。曰：“美哉，渊乎，忧而不困者也。吾闻卫康叔、武公之德如是，是其《卫风》乎？”歌《王》。曰：“美哉，思而不惧，其周之东乎？”歌《郑》。曰：“其细已甚，民不堪也，是其先亡乎？”歌《齐》。曰：“美哉，泱泱乎大风也哉！表东海者，其太公乎？国未可量也。”歌《豳》。曰：“美哉，荡荡乎，乐而不淫，其周公之东乎？”歌《秦》。曰：“此之谓夏声。夫能夏则大，大之至也，其周之旧乎？”歌《魏》。曰：“美哉，沨沨乎，大而婉，俭而易行，以德辅此，则盟主也。”歌《唐》。曰：“思深哉，其有陶唐氏之遗风乎？不然，何忧之远也？非令德之后，谁能若是！”歌《陈》。曰：“国无主，其能久乎？”自《郐》以下，无讥焉。歌《小雅》。曰：“美哉，思而不贰，怨而不言，其周德之衰乎？犹有先王之遗民也。”歌《大雅》。曰：“广哉，熙熙乎，曲而有直体，其文王之德乎？”歌《颂》。曰：“至矣哉，直而不倨，曲而不诎，近而不逼，远而不携，迁而不淫，复而不厌，哀而不愁，乐而不荒，用而不匮，广而不宣，施而不费，取而不贪，处而不底，行而不流。五声和，八风平，节有度，守有序，盛德之所同也。”见舞《象箾》《南籥》者，曰：“美哉，犹有憾。”见舞《大武》，曰：“美哉，周之盛也其若此乎？”见舞《韶濩》者，曰：“圣人之弘也，犹有惭德，圣人之难也！”见舞《大夏》，曰：“美哉，勤而不德，非禹其谁能及之？”见舞《招箾》，曰：“德至矣哉，大矣，如天之无不焘也，如地之无不载也，虽甚盛德，无以加矣。观止矣，若有他乐，吾不敢观。”

去鲁，遂使齐。说晏平仲曰：“子速纳邑与政。无邑无政，乃免于难。齐国之政将有所归；未得所归，难未息也。”故晏子因陈桓子以纳政与邑，是以免于栾、高之难。

去齐，使于郑。见子产，如旧交。谓子产曰：“郑之执政侈，难将至矣，政必及子。子为政，慎以礼。不然，郑国将败。”

去郑，适卫。说蘧瑗、史狗、史鳝、公子荆、公叔发、公子朝曰：“卫多君子，未有患也。”

自卫如晋，将舍于宿，闻钟声，曰：“异哉！吾闻之，辩而不德，必加于戮。夫子获罪于君以在此，惧犹不足，而又可以畔乎？夫子之在此，犹燕之巢于幕也。君在殡而可以乐乎？”遂去之。文子闻之，终身不听琴瑟。

适晋，说赵文子、韩宣子、魏献子曰：“晋国其萃于三家乎！”将去，谓叔向曰：“吾子勉之！君侈而多良，大夫皆富，政将在三家。吾子直，必思自免于难。”

季札之初使，北过徐君。徐君好季札剑，口弗敢言。季札心知之，为使上国，未献。还至徐，徐君已死，于是乃解其宝剑，系之徐君冢树而去。从者曰：“徐君已死，尚谁予乎？”季子曰：“不然。始吾心已许之，岂以死倍吾心哉！”

七年，楚公子围弑其王夹敖而代立，是为灵王。

十年，楚灵王会诸侯而以伐吴之朱方，以诛齐庆封。吴亦攻楚，取三邑而去。

十一年，楚伐吴，至雩娄。

十二年，楚复来伐，次于乾溪，楚师败走。

十七年，王馀祭卒，弟馀昧立。

王馀昧二年，楚公子弃疾弑其君灵王代立焉。

四年，王馀昧卒，欲授弟季札。季札让，逃去。于是吴人曰：“先王有命，兄卒弟代立，必致季子。季子今逃位，则王馀昧后立，今卒，其子当代。”乃立王馀昧之子僚为王。

王僚二年，公子光伐楚，败而亡王舟。光惧，袭楚，复得王舟而还。

五年，楚之亡臣伍子胥来奔，公子光客之。公子光者，王诸樊之子也。常以为吾父兄弟四人，当传至季子。季子即不受国，光父先立。即不传季子，光当立。阴纳贤士，欲以袭王僚。

八年，吴使公子光伐楚，败楚师，迎楚故太子建母于居巢以归。因北伐，败陈、蔡之师。

九年，公子光伐楚，拔居巢、钟离。初，楚边邑卑梁氏之处女与吴边邑之女争桑，二女家怒相灭，两国边邑长闻之，怒而相攻，灭吴之边邑。吴王怒，故遂伐楚，取两都而去。

伍子胥之初奔吴，说吴王僚以伐楚之利。公子光曰："胥之父兄为僇于楚，欲自报其仇耳。未见其利。"于是伍员知光有他志，乃求勇士专诸，见之光。光喜，乃客伍子胥。子胥退而耕于野，以待专诸之事。

十二年冬，楚平王卒。

十三年春，吴欲因楚丧而伐之，使公子盖馀、烛庸以兵围楚之六、灊。使季札于晋，以观诸侯之变。楚发兵绝吴兵后，吴兵不得还。于是吴公子光曰："此时不可失也。"告专诸曰："不索何获！我真王嗣，当立，吾欲求之，季子虽至，不吾废也。"专诸曰："王僚可杀也。母老子弱，而两公子将兵攻楚，楚绝其路。方今吴外困于楚，而内空无骨鲠之臣，是无奈我何。"光曰："我身，子之身也。"四月丙子，光伏甲士于窟室，而谒王僚饮。王僚使兵陈于道，自王宫至光之家，门阶户席，皆王僚之亲也，人夹持铍。公子光详为足疾，入于窟室，使专诸置匕首于炙鱼之中以进食。手匕首刺王僚，铍交于匈，遂弑王僚。公子光竟立为王，是为吴王阖庐。阖庐乃以专诸子为卿。

季子至，曰："苟先君无废祀，民人无废主，社稷有奉，乃吾君也。吾敢谁怨乎？哀死事生，以待天命。非我生乱，立者从之，先人之道也。"复命，哭僚墓，复位而待。吴公子烛庸、盖馀二人将兵遇围于楚者，闻公子光弑王僚自立，乃以其兵降楚，楚封之于舒。

王阖庐元年，举伍子胥为行人而与谋国事。楚诛伯州犁，其孙伯嚭亡奔吴，吴以为大夫。

三年，吴王阖庐与子胥、伯嚭将兵伐楚，拔舒，杀吴亡将二公子。光谋欲入郢，将军孙武曰："民劳，未可，待之。"

四年，伐楚，取六与灊。五年，伐越，败之。

六年，楚使子常、囊瓦伐吴。迎而击之，大败楚军于豫章，取楚之居巢而还。

九年，吴王阖庐谓伍子胥、孙武曰："始子之言郢未可入，今果如何？"二子对曰："楚将子常贪，而唐、蔡皆怨之。王必欲大伐，必得唐、蔡乃可。"阖庐从之，悉兴师，与唐、蔡西伐楚，至于汉水。楚亦发兵拒吴，夹水陈。吴王阖庐弟夫槩欲战，阖庐弗许。夫槩曰："王已属臣兵，兵以利为上，尚何待焉？"遂以其部五千人袭冒楚，楚兵大败，走。于是吴王遂纵兵追之。比至郢，五战，楚五败。楚昭王亡出郢，奔郧。郧公弟欲弑昭王，昭王与郧公奔随。而吴兵遂入郢。子胥、伯嚭鞭平王之尸以报父仇。

十年春，越闻吴王之在郢，国空，乃伐吴。吴使别兵击越。楚告急秦，秦遣兵救楚击吴，吴师败。阖庐弟夫槩见秦越交败吴，吴王留楚不去，夫槩亡归吴而自立为吴王。阖庐闻之，乃引兵归，攻夫槩，夫槩败奔楚。楚昭王乃得以九月复入郢，而封夫槩于堂溪，为堂溪氏。

十一年，吴王使太子夫差伐楚，取番。楚恐而去郢徙鄀。

十五年，孔子相鲁。

十九年夏，吴伐越，越王句践迎击之檇李。越使死士挑战，三行造吴师，呼，自刭。吴师观之，越因伐吴，败之姑苏，伤吴王阖庐指，军却七里。吴王病伤而死。阖庐使立太子夫差，谓曰："尔（而）忘句践杀汝父乎？"对曰："不敢！"三年，乃报越。

王夫差元年，以大夫伯嚭为太宰。习战射，常以报越为志。

二年，吴王悉精兵以伐越，败之夫椒，报姑苏也。越王句践乃以甲兵五千人栖于会稽，使大夫种因吴太宰嚭而行成，请委国为臣妾。吴王将许之，伍子胥谏曰："昔有过氏杀斟灌以伐斟寻，灭夏后帝相。帝相之妃后缗方娠，逃于有仍，而生少康。少康为有仍牧正。有过又欲杀少康，少康奔有虞。有虞思夏德，于是妻之以二女而邑之于纶，有田一成，有众一旅。后遂收夏众，抚其官职。使人诱之，遂灭有过氏，复禹之绩，祀夏配天，不失旧物。今吴不如有过之强，而句践大于少康。今不因此而灭之，又将宽之，不亦难乎！且句践为人能辛苦，今不灭，后必悔之。"吴王不听，听太宰嚭，卒许越平，与盟而罢兵去。

七年，吴王夫差闻齐景公死而大臣争宠，新君弱，乃兴师北伐齐。子胥谏曰："越王句践食不重味，衣不重采，吊死问疾，且欲有所用其众。此人不死，必为吴患。今越在腹心疾而王不先，而务齐，不亦谬乎！"吴王不听，遂北伐齐，败齐师于艾陵。至缯，召鲁哀公而征百牢。季康子使子贡以周礼说太宰嚭，乃得止。因留略地于齐、鲁之南。

九年，为驺伐鲁，至，与鲁盟，乃去。

十年，因伐齐而归。

十一年，复北伐齐。

越王句践率其众以朝吴，厚献遗之，吴王喜。唯子胥惧，曰："是弃吴也。"谏曰："越在腹心，今得志于齐，犹石田，无所用。且《盘庚之诰》

有颠越勿遗，商之以兴。”吴王不听，使子胥于齐，子胥属其子于齐鲍氏，还报吴王。吴王闻之，大怒，赐子胥属镂之剑以死。将死，曰：“树吾墓上以梓，令可为器。抉吾眼置之吴东门，以观越之灭吴也。”

齐鲍氏弑齐悼氏。吴王闻之，哭于军门外三日，乃从海上攻齐。齐人败吴，吴王乃引兵归。

十三年，吴召鲁、卫之君会于橐皋。

十四年春，吴王北会诸侯于黄池，欲霸中国以全周室。六月（戊）〔丙〕子，越王句践伐吴。乙酉，越五千人与吴战。丙戌，虏吴太子友。丁亥，入吴。吴人告败于王夫差，夫差恶其闻也。或泄其语，吴王怒，斩七人于幕下。七月辛丑，吴王与晋定公争长。吴王曰：“于周室我为长。”晋定公曰：“于姬姓我为伯。”赵鞅怒，将伐吴，乃长晋定公。

吴王已盟，与晋别，欲伐宋。太宰嚭曰：“可胜而不能居也。”乃引兵归国。国亡太子，内空，王居外久，士皆罢敝，于是乃使厚币以与越平。

十五年，齐田常杀简公。

十八年，越益强。越王句践率兵（使）〔复〕伐败吴师于笠泽。楚灭陈。

二十年，越王句践复伐吴。

二十一年，遂围吴。

二十三年十一月丁卯，越败吴。越王句践欲迁吴王夫差于甬东，予百家居之。吴王曰：“孤老矣，不能事君王也。吾悔不用子胥之言，自令陷此。”遂自刭死。越王灭吴，诛太宰嚭，以为不忠，而归。

太史公曰：孔子言“太伯可谓至德矣，三以天下让，民无得而称焉”。余读《春秋》古文，乃知中国之虞与荆蛮勾吴兄弟也。延陵季子之仁心慕义无穷，见微而知清浊。呜呼，又何其闳览博物君子也！

【译文】

吴太伯和他的弟弟仲雍，都是周太王的儿子，周王季历的哥哥。季历德才兼备，还有一个德才出众的儿子昌，太王打算立季历为王，以便传位给昌，于是太伯、仲雍二人就逃往荆蛮，随当地习俗在身上刺满花纹、剪断头发，以示不能够再被任用，借以避让季历。后来季历果然被立为国君，就是王季，他的儿子昌就是周文王。太伯逃到荆蛮后，自称其部落为“句吴”。荆蛮百姓认为他很有节义，追随归顺他的有一千余家，拥立他为吴太伯。

太伯死后，没有儿子，他的弟弟仲雍即位，就是吴仲雍。仲雍死后，他的儿子季简继位。季简死后，他的儿子叔达继位。叔达死后，他的儿子周章继位。那时正值周武王战胜殷纣王，寻找太伯、仲雍的后代，找到了周章。周章已经是吴国国君了，因此周武王便正式封他为吴国国君。又把周章之弟虞仲封在周朝北边的夏都的故址，这便是虞仲，位列诸侯。

周章死后，他的儿子熊遂继位。熊遂死后，他的儿子柯相继位。柯相死后，他的儿子强鸠夷继位。强鸠夷死后，他的儿子余桥疑吾继位。余桥疑吾死后，他的儿子柯卢继位。柯卢死后，他的儿子周繇继位。周繇死后，他的儿子屈羽继位。屈羽死后，他的儿子夷吾继位。夷吾死后，他的儿子禽处继位。禽处死后，他的儿子转继位。转死后，他的儿子颇高继位。颇高死后，他的儿子句卑继位。这时晋献公灭掉了周北面的虞公，为晋国攻打虢国打通了道路。句卑死后，他的儿子去齐继位。去齐死后，他的儿子寿梦继位。寿梦继位后吴国日益强大，从此便自称为王。

从太伯建立吴国开始，到第五代时周武王灭掉殷朝，吴太伯的后代被分封在两个地方：其一是虞国，在中原地区；另一个是吴国，在夷蛮地带。到第十二代时晋国灭掉了中原地区的虞国。又过了两代，夷蛮地区的吴国兴盛起来。从太伯到寿梦总共传了十九代。

吴王寿梦继位后的第二年，楚国逃亡的大夫申公巫臣因与楚国大将子反结怨而逃到晋国，后又从晋出使吴国，教给吴国用兵之术和车战之法，让他的儿子做吴国的外交官。从此，吴国开始与中原各国交往。吴国在这一年派兵征伐楚国。寿梦十六年，楚共王出兵征伐吴国，一直打到吴国衡山。

吴王寿梦继位二十五年之后去世。寿梦有四个儿子，长子叫诸樊，次子叫馀祭，三子叫馀昧，四子叫季札。季札最有才能，寿梦便想立他为王，但季札避让不接受，于是只好仍让长子诸樊继位，总理诸事务，代理执掌国政。

吴王诸樊元年，服丧期满之后，他就把王位让给季札。季札推辞说：“曹宣公死后，各国诸侯和曹国的人们都认为新立的曹成公不义，想立子臧为曹君，子臧离开曹国，最终成全了曹成公做国君的愿望。人们都称赞子臧是个能遵守节义的人。作为长子您本就是理所当然的继承人，谁敢反对您呢！让我做国君，这不是我应有的节操。我虽无能，但是愿学习子臧那样的义举。”吴国人坚持要立季札，他就抛弃了家室财产去当了农民，吴人只好放弃。秋天，吴又征伐楚国，楚军打败了吴军。诸樊四年，晋平公继位。

诸樊在位十三年后去世，立遗嘱要将王位传给他的弟弟馀祭，目的是想按次序以兄传弟，最终还是要把王位传给季札，来满足先王寿梦的遗愿。而且因为他们几个兄弟也都赞赏季札让国的高风亮节，都想把国君之位传给他，想用这种渐进的方法达到目的。季札被封在延陵，因此人们称其为延陵季子。

吴王馀祭三年，齐国相庆封因获罪从齐国逃到吴国。吴王把朱方县赏赐给他作为奉邑，并把自己的女儿嫁给了他，结果庆封比原先在齐国还富有。

馀祭四年，吴国派季札到鲁国访问。到鲁国后，季札请求观赏周王室的音乐，乐工们为他演唱《周南》《召南》。季札说：“美啊，开始奠定基础了，还未达到完善的程度。但是可以看出百姓勤劳而无怨言。”乐工们又演唱《邶风》《鄘风》《卫风》。季札说：“美啊，深沉呐，虽遭坎坷但却不会陷于困顿颓唐。我听说卫康叔、卫武公的德行就是如此。这应该是《卫风》吧？”乐工们又演唱《王风》。季札说：“美啊，思虑但不恐惧，这应是周王室东迁以后的歌曲吧？”又演唱《郑风》。季札说：“太过琐碎了，人民将会难以忍受的，这个国家恐怕要率先灭亡吧？”又演唱《齐风》。季札说：“美啊，乐曲宏大深远，真有大国之风。堪为东海一方的表率，这不正是姜太公的国家吗？国家的前途无可限量啊！”又演唱《豳风》。季札说：“美啊，宽阔无边，欢快而又不过分，这应是周公东征的歌曲吧？”又演唱《秦风》。季札说：“这就是人们所说的夏声吧，能做夏声事业就能发展，且能发展到极点，这应是周室旧地的乐曲吧？”又演唱《魏风》。季札说：“美啊，婉转悠扬，洪亮柔和，朴实平易，如能施行德政，就能成为天下盟主。”又演唱《唐风》。季札说：“思虑深远啊，这是陶唐氏的遗韵吧？不然，怎能如此忧思深远呢？若不是具有美德之人的后代，谁能够做到这样！”又演唱《陈风》。季札说：“国家若无良君，能够长久得了吗？”《郐风》以后的乐曲，季札就没有再加以评论了。当乐师们演唱到《小雅》时，季札说：“美啊，满怀忧思但却无二心，虽有怨怒但不露于言表，这应是周德衰微时的乐曲吧？但还有先王的遗民之情啊。”又演唱《大雅》。季札说：“宏伟啊，如此和谐安乐，旋律曲折委婉但基调仍刚直强劲，这就是周文王美德的象征吧？”又演唱《颂》。季札说：“达到极致了。曲调刚直有力却不傲慢，旋律婉曲优美却不卑微，亲近却不紧迫，疏远却不离叛，节奏富于变化却不乱，回还反复却不会让人厌倦，虽哀伤却不愁苦，虽有欢乐却不荒淫，不断运用而不会匮乏，广博宏阔而又不自显，施恩但不会浪费，求取而不陷贪婪，静止而不拘滞，行进而不漫流。五声和谐，八音适度，节奏有度数，旋律有规则，圣德之人都是这个样子的。”季札观看了乐工表演的《象箾》《南籥》之舞，说：“很美啊，但仍有少许缺憾。”看到舞《大武》，说：“很美啊，周朝强盛的时候大概就像这样吧？”看到舞《韶濩》，说：“圣人之德大概就像这样恢弘吧，但还觉得有不足的地方，做圣人真是太难啊。”看到舞《大夏》，说：“很美啊，辛劳而不居功自傲，除了大禹还有谁能达到这种境界呢？”看到舞《招箾》，说：“品德之高已经达到顶点了，太伟大了，如上天覆盖万物，如大地无不承载，虽然再有好的圣德，也无以复加了。到这里可以停止了，即使还有其他的乐、舞，我也不敢再欣赏了。”

季札离开鲁国，出使到齐国。他劝晏婴说：“你快些交出你的封邑和政权。没有这些东西，你才能免于祸患。齐国的政权很快就要另有归属，在还没有改变之前，国家祸乱不会平息的。”因此，晏婴通过陈桓子交出了封邑与政权，所以在栾、高二氏相互攻杀的祸难中他才得以幸免。

季札离开齐国，又出使郑国。见到子产，就像见到了故人。他对子产说：“郑国执掌政权的人奢侈，灾难就要降临了，政权一定会落在您的身上。您当权之后，要谨慎小心，以礼治理国事。不然，郑国将要衰败！”离开郑国之后，季札又来到卫国。他非常欣赏蘧瑗、史狗、史鳍、公子荆、公叔发、公子朝这些人，他说：“卫国君子很多，因此国家不会有问题。”

从卫国到晋国，季札准备留宿在戚邑，听到鼓钟作乐之声，说：“奇怪！我听说有雄辩之才却无德行，那样只会招致灾祸。孙文子得罪卫君逃到这里，小心翼翼尚恐不够，还有心思玩乐吗？孙文子在这里，就如燕子将巢筑在帷幕之上那样危险。而且国君尚在棺中停殡未葬，难道可以作乐吗？”于是他赶紧离开戚邑。孙文子听说这事后，一辈子不再听音乐。

季札到晋国，很喜欢赵文子、韩宣子、魏献子，对他们说：“晋国政权将要集中到这三家吧。”他离开晋国时，对叔向说：“你要勉力而行啊！晋国国君奢纵，但良臣还有很多，大夫很富裕，政权将要落于韩、赵、魏三家手中。你为人正直，一定要思虑如何让自己免于祸患。”

季札开始出使时，北行路过徐国，拜访了徐国国君。徐君喜欢季札的宝剑，但嘴里没好意思说出来。季札心里明白徐君之意，但因还要去出使中原各国，因此没把宝剑送给徐君。出使归来时又经徐国，这时徐君已死，季札解下腰间的宝剑，挂在徐君坟前的树木之上方才离开。随从人员说：“徐君已死，那宝剑还留下来给谁呀？”季札说：“不能这样说，当初我在心里已答应了他，怎能因为徐君已死就违背我自己的意愿呢！”

吴王馀祭七年，楚国公子围杀死了楚王夹敖而自立为王，这便是灵王。馀祭十年，楚灵王与诸侯会盟，并率领诸侯征伐吴国朱方，出师理由是诛惩齐国乱臣庆封。同年，吴国也攻打楚国，占领楚国三个城邑后离开。馀祭十一年，楚国征伐吴国，一直打到雩娄。馀祭十二年，楚国再次征伐吴国，在乾溪驻军数日，结果被吴国打败。

馀祭十七年，吴王馀祭死去，其弟馀眛继位。馀眛二年，楚国的公子弃疾杀死楚灵王，自己代立为君。

馀眛四年，吴王馀眛死，想传位给弟弟季札。季札推让，便逃离了。于是吴人说：“先王有遗嘱，哥哥死后由弟弟继位，一定要传国给季札。季札现在逃走了，那吴王馀眛成为兄弟中最后一个当国君的人。现在他死了，他的儿子应代其为王。”于是立馀眛的儿子僚为吴王。

吴王僚二年，公子光率兵征伐楚国，打了败仗，把吴先王的船也丢了。公子光害怕因此获罪，就偷袭楚军，又夺回了王舟，返回吴国。

吴王僚五年，楚国流亡之臣伍子胥来到吴国，公子光以客礼接待他。公子光是王诸樊的儿子。他一直认为：“我父亲兄弟四人，（依次相传）现在应该传到季札。但季札现在不愿当国君，我父亲是最先被立为王的。既然季札不愿接受王位，那便应当传给我。”于是，他在暗中招纳贤士，准备刺杀吴王僚。

吴王僚八年，吴王派公子光再次征伐楚国，大败楚军，把原楚太子建之母从居巢接到吴国。他又乘势北伐，打败陈、蔡的军队。九年，公子光又征伐楚国，攻克居巢、钟离二城。当初，楚国边城卑梁氏有少女与吴国边城女子争抢桑叶，两个家族互相攻击。两国边邑的官长听说此事，也愤怒起来，互相攻杀，楚国边邑灭亡了吴国的边邑。吴王听到后非常生气，所以出兵伐楚，攻取居巢、钟离两个县城。

伍子胥刚到吴国时，就曾用伐楚的好处来劝说吴王僚攻打楚国。公子光说:“子胥的父、兄是被楚王杀害的,他劝您伐楚是为了报自己的私仇,对吴国并无好处。”伍子胥这才明白公子光别有目的,于是便找来了一个勇士专诸,介绍给公子光。公子光十分高兴,就用客礼对待伍子胥。伍子胥退居郊野耕作度日,暗中观察等待着专诸大事成功。

吴王僚十二年冬,楚平王去世。十三年春,吴王想乘着楚国治丧期间起兵伐楚,派公子盖馀、烛庸带兵包围楚国的六、灊二邑,派季札出使晋国,以观察中原诸侯的动静。谁知楚国派奇兵切断吴军后路,吴兵被阻不能回国。这时吴公子光说,“机不可失。”告诉专诸说:“没有追求就没有收获。我是真正的王位继承人,应当即位,我打算谋取王位。季札即使回国,也不会废掉我的。”专诸说:“杀死王僚的条件已经具备,国内只有他的老母幼子,而他两个弟弟率兵攻楚,被阻绝了归路。现在吴王境外被楚国所困扰,国内没有刚直忠诚之臣,他拿我们没什么办法。”公子光说:“我的身体,就是你的身体,祸福与共。”四月丙子日,公子光把甲士埋伏于地下室之中,然后请王僚来宴饮。王僚派兵列于道旁,从王宫到公子光之家,直至光家的大门、台阶、屋门、坐席旁,布满王僚的亲兵,人人手执利剑。王僚来到后,公子光假装脚疼,藏进了地下室,派专诸将匕首藏于烤全鱼的腹中,伪装上菜。专诸将鱼送至王僚前时,从鱼腹中取出匕首刺向王僚,左右卫士急用剑刺入专诸胸膛,但王僚已被杀死。公子光果真代立为吴王,就是吴王阖闾。阖闾任命专诸之子为卿。

季札回到吴国,说:“只要对先君的祭祀不废止,人民不至于没有国君,社稷之神得到奉祀,那就是我的国君。我敢怨责谁呢?我只有哀悼死者,侍奉生者,来对待天命安排。祸乱不是自己制造,就应听从新立之君,这是先人的原则啊。”于是季札到王僚的墓上,汇报了自己完成外交任务的经过,痛哭王僚一番,之后回到朝廷中等待新君之命。吴国公子盖馀、烛庸带兵在楚军围困之中,听说公子光杀死王僚自立为王,就带领军队投降了楚国,楚王把他们封在舒地。

吴王阖闾元年,任命伍子胥担任行人之官并参政议国事。楚王杀死了伯州犁,其孙伯嚭逃亡到吴国,吴王任命他为大夫。

三年,吴王阖闾与伍子胥、伯嚭领兵征伐楚国,攻取舒邑,杀了吴国逃亡的公子盖馀、烛庸。阖闾计划顺势进攻楚国都城郢,将军孙武劝告说:“军民征战已很劳顿,现在不能攻打郢都,要等待时机成熟。”四年,吴又伐楚,攻下六邑与灊邑。五年,吴伐越,打败越军。六年,楚国派子常囊瓦征伐吴国，吴军迎头痛击，在豫章大败楚军，攻下楚国居巢才班师回吴。

阖闾九年，吴王阖闾询问伍子胥和孙武说："当初你们说不能攻打郢都，现在情况如何？"二人回答说："楚国大将子常贪婪，唐国、蔡国都恨他。大王您如一定大举伐楚，必须联合唐、蔡二国才能成功。"阖闾听从他们的意见，出动全部军队，与唐国蔡国一道西进伐楚，来到了汉水边上。楚国也发兵抵拒，双方隔水列阵。吴王阖闾之弟夫概欲战，阖闾不许。夫概说："大王已把军队委托于我，作战要抓住有利时机才是上策，还等什么！"于是带领其部五千人突袭楚军，楚军大败奔逃。吴王纵兵追击。及至郢都，一共交战五次，楚兵五次被打败。楚昭王逃出郢都，跑到郧县。郧公之弟想杀死昭王，昭王又与郧公逃到随国。吴兵进入郢都。伍子胥、伯嚭从墓中挖出楚平王尸体加以鞭打，来报杀父之仇。

阖闾十年春，越王听说吴王兵驻郢都，国内空虚，举兵伐吴。吴国派另一支军队抗击越兵。楚国向秦国告急，秦国派兵救楚击吴，吴军败北。阖闾之弟夫概看到秦兵越兵同时打败吴兵，吴王又留在楚国不归，夫概就跑回吴国自立为吴王。阖闾闻知后，就领兵回吴，攻打夫概。夫概兵败逃往楚国。楚昭王才得以于九月返回郢都，而把夫概封在堂溪，就是堂溪氏。十一年，吴王命太子夫差伐楚，攻取番邑。楚王恐惧，把国都从郢迁到鄀。

十五年，孔子担任鲁国国相。

十九年夏，吴兵伐越，越王勾践带兵在槜李抗击。越兵派遣敢死队挑战，三次冲向吴阵，高呼口号，自杀于阵前。吴兵被这种奇怪的进攻方式惊呆了，放松了防备，越兵趁势攻击，在姑苏大败吴兵。吴王脚趾被越军击伤，军队退却七里。吴王因此伤重而死。临死前吴王阖闾命立太子夫差为王，对夫差说："你能忘记勾践杀死了你的父亲吗？"夫差回答说："不敢忘！"过了三年，吴终于报复了越国。

吴王夫差元年，任命大夫伯嚭为太宰。吴国坚持军事训练，一直心怀报复越国之志。二年，吴王出动全部精兵伐越，在夫椒大败越军，终于报了姑苏失败之仇。越王勾践只得带五千甲兵躲进会稽山，派出大夫文种通过吴国太宰伯嚭请求媾和，愿将越国作为吴国的奴仆之国。吴王想允许，伍子胥劝谏说："从前有过氏杀了斟灌氏又征伐斟寻氏，灭掉夏王帝相。帝相的妻子后缗正在怀孕，逃到有仍国生下少康。少康当了有仍国的牧正之官。有过氏又想杀死少康，少康逃到有虞国，有虞氏怀念夏之恩德，于是把两个女儿嫁给少康并封给他纶邑，当时少康只有方圆十里的土地，只有五百部下。但以后少康聚集夏之遗民，整顿官职制度，派人打入有过氏内部，终于消灭了有过氏，恢复了夏禹的业绩，祭祀时以夏祖配享天帝，夏代丢失的全部故物都收复如初。现在吴国不如当年有过氏那么强大，而勾践的实力大于当年的少康。现在不借此时机彻底消灭越国力量，反而又要宽恕他们，不是为以后找麻烦吗！而且勾践为人能坚韧吃苦，现在不消灭他，将来后悔不及。”吴王不听子胥之计，而听从太宰嚭之言，终与越国停战，两国订立和平盟约后，吴国撤军回国。

七年，吴王夫差听说齐景公死后大臣争夺权力，新立之君幼小无势，于是兴兵北伐齐国。伍子胥劝谏说：“越王勾践吃饭不设两样以上的菜肴，穿衣不用两种以上的颜色，吊唁死者，慰问病者，这是想利用民众伐吴报仇啊。勾践不死，必为吴国大患。现在越国是我国的心腹大患，您却不注重，反而把力量用于齐国，岂非大错特错！”吴王不听，北伐齐国，在艾陵大破齐兵。兵至缯邑，召见鲁哀公并索取百牢。季康子派子贡列举周礼来劝说太宰伯嚭，吴王才停止。于是吴王肆意略取齐、鲁两国南疆的土地。九年，吴国为驺国讨伐鲁国，到鲁国后，直到与鲁定盟后才离开。十年，吴王趁势伐齐而归。十一年，又一次北伐齐国。

越王勾践带领越国群臣朝拜吴王，献上丰厚贡礼，吴王大喜。只有伍子胥心中害怕，说：“他这是要灭掉吴国啊。”于是劝谏吴王说：“越国近在腹心之地，现在我国虽能战胜齐国，好比石头田地，没有用处。而且《盘庚之诰》说，乱妄之人只有消灭干净，商王朝才能兴旺。”吴王不听，派伍子胥出使齐国，伍子胥把自己的儿子托付给齐国鲍氏，然后只身回到吴国。吴王听说后大怒，赐给伍子胥属镂之剑，令其自杀。伍子胥临死时说：“你们在我坟上种上梓树，当它们生长到可以制器的时候吴国就要灭亡了。把我的眼睛挖出来放在吴都东门上，让我看到越国怎样灭掉吴国。”

齐国大夫鲍氏杀死齐悼公。吴王闻说，在军门外痛哭三日，乃从海上运兵攻齐。齐人打败吴军，吴王只得领兵回国。

十三年，吴王召集鲁、卫二国国君在橐皋盟会。

十四年春，吴王北上与诸侯会盟于黄池，想称霸中原保全周室。六月十一日，越王勾践伐吴。二十日，越兵五千人与吴兵交战。丙戌，俘获吴国太子友。二十二日，越军进入吴国。吴人向夫差报告失败的消息，吴王担心会盟的诸侯听到这个消息，怕有人泄露消息，于是将帐前七人斩杀了。七月初七，吴王与晋定公争夺盟主之位。吴王说："在周室宗族中我的祖先排行最大。"晋定公说："在姬姓诸国中只有我晋国当过霸主。"晋国大夫赵鞅发怒，准备攻击吴王，吴王这才让晋定公当了盟主。吴王盟会已毕，与晋定公分手，想伐宋国。太宰伯嚭说："你能打败宋国，但你不能留下来占有它。"于是领兵归国。吴国没有了太子，国内空虚，吴王在外很久，士卒疲惫，于是就派使者带上厚礼与越国媾和。

十五年，齐大夫田常杀死了齐简公。

十八年，越国更加强大。越王勾践率兵伐吴，大败吴兵于笠泽。楚国灭了陈国。

二十年，越王勾践再次伐吴。二十一年，越兵围困吴国。二十三年十一月二十七日，越国打败吴国。越王勾践想把吴王夫差流放甬东，给他百户人家，让他住在那里。吴王说："我老了，不能再侍奉越王。我后悔不听子胥之言，让自己沦落到这个地步。"于是自杀而死。越王灭掉吴国，杀死了太宰伯嚭，因为他不忠于主上，然后引兵归国。

太史公说：孔子说过"太伯的德行可以说是至高无上了，曾三度将天下让给季历，百姓都不知用什么言辞来称赞他才好"。我读《春秋》古文，才知道中原的虞国和荆蛮的句吴是兄弟啊。延陵季子的仁爱心怀，向慕道义终生不止，能够见微知著，辨别清浊。啊，又是多么见多识广、博学多知的君子啊！

史记卷三十二

齐太公世家第二

太公望吕尚者，东海上人。其先祖尝为四岳，佐禹平水土，甚有功。虞夏之际封于吕，或封于申，姓姜氏。夏商之时，申、吕或封枝庶子孙，或为庶人，尚其后苗裔也。本姓姜氏，从其封姓，故曰吕尚。

吕尚盖尝穷困，年老矣，以渔钓奸周西伯。西伯将出猎，卜之，曰“所获非龙非彲，非虎非罴；所获霸王之辅”。于是周西伯猎，果遇太公于渭之阳，与语大悦，曰：“自吾先君太公曰‘当有圣人适周，周以兴’。子真是邪？吾太公望子久矣。”故号之曰“太公望”，载与俱归，立为师。

或曰，太公博闻，尝事纣；纣无道，去之。游说诸侯，无所遇，而卒西归周西伯。或曰，吕尚处士，隐海滨，周西伯拘羑里，散宜生、闳夭素知而招吕尚。吕尚亦曰“吾闻西伯贤，又善养老，盍往焉”。三人者为西伯求美女奇物，献之于纣，以赎西伯。西伯得以出，反国。言吕尚所以事周虽异，然要之为文、武师。

周西伯昌之脱羑里归，与吕尚阴谋修德以倾商政，其事多兵权与奇计，故后世之言兵及周之阴权皆宗太公为本谋。周西伯政平，及断虞芮之讼，而诗人称西伯受命曰文王。伐崇、密须、犬夷，大作丰邑。天下三分，其二归周者，太公之谋计居多。

文王崩，武王即位。九年，欲修文王业，东伐，以观诸侯集否。师行，师尚父左杖黄钺，右把白旄以誓，曰：“苍兕苍兕，总尔众庶，与尔舟楫，后至者斩！”遂至盟津。诸侯不期而会者八百（诸侯）。诸侯皆曰：“纣可伐也。”武王曰：“未可。”还师，与太公作此《太誓》。

居二年，纣杀王子比干，囚箕子。武王将伐纣，卜龟兆，不吉，风雨暴至。群公尽惧，唯太公强之，劝武王，武王于是遂行。十一年正月甲子，誓于牧野，伐商纣。纣师败绩。纣反走，登鹿台，遂追斩纣。明日，武王立于社，群公奉明水，卫康叔封布采席，师尚父牵牲，史佚策祝，以告神讨纣之罪。散鹿台之钱，发巨桥之粟，以振贫民。封比干墓，释箕子囚。迁九鼎，修周政，与天下更始。师尚父谋居多。

于是武王已平商而王天下，封师尚父于齐营丘。东就国，道宿行迟。逆旅之人曰："吾闻时难得而易失。客寝甚安，殆非就国者也。"太公闻之，夜衣而行，黎明至国。莱侯来伐，与之争营丘。营丘边莱，莱人，夷也，会纣之乱而周初定，未能集远方，是以与太公争国。

太公至国，修政，因其俗，简其礼，通商工之业，便鱼盐之利，而人民多归齐，齐为大国。及周成王少时，管、蔡作乱，淮夷畔周，乃使召康公命太公曰："东至海，西至河，南至穆陵，北至无棣，五侯九伯，实得征之。"齐由此得征伐，为大国，都营丘。

盖太公之卒百有馀年，子丁公吕伋立。丁公卒，子乙公得立。乙公卒，子癸公慈母立。癸公卒，子哀公不辰立。

哀公时，纪侯谮之周，周烹哀公而立其弟静，是为胡公。胡公徙都薄姑，而当周夷王之时。

哀公之同母少弟山怨胡公，乃与其党率营丘人袭攻杀胡公而自立，是为献公。

献公元年，尽逐胡公子，因徙薄姑都，治临菑。九年，献公卒，子武公寿立。武公九年，周厉王出奔，居彘。十年，王室乱，大臣行政，号曰"共和"。二十四年，周宣王初立。

二十六年，武公卒，子厉公无忌立。厉公暴虐，故胡公子复入齐，齐人欲立之，乃与攻杀厉公。胡公子亦战死。齐人乃立厉公子赤为君，是为文公。而诛杀厉公者七十人。

文公十二年卒，子成公脱立。成公九年卒，子庄公购立。

庄公二十四年，犬戎杀幽王，周东徙洛。秦始列为诸侯。五十六年，晋弑其君昭侯。

六十四年，庄公卒，子釐公禄甫立。

釐公九年，鲁隐公初立。

十九年，鲁桓公弑其兄隐公而自立为君。

二十五年，北戎伐齐。郑使太子忽来救齐，齐欲妻之。忽曰："郑小齐大，非我敌。"遂辞之。

三十二年，釐公同母弟夷仲年死。其子曰公孙无知，釐公爱之，令其秩服奉养比太子。

三十三年，釐公卒，太子诸兒立，是为襄公。

襄公元年。始为太子时，尝与无知斗，及立，绌无知秩服，无知怨。

磻溪垂钓图，选自清·马骀《百将传图》，讲述周文王访求姜太公之事。

四年，鲁桓公与夫人如齐。齐襄公故尝私通鲁夫人。鲁夫人者，襄公女弟也，自釐公时嫁为鲁桓公妇，及桓公来而襄公复通焉。鲁桓公知之，怒夫人，夫人以告齐襄公。齐襄公与鲁君饮，醉之，使力士彭生抱上鲁君车，因拉杀鲁桓公，桓公下车则死矣。鲁人以为让，而齐襄公杀彭生以谢鲁。

八年，伐纪，纪迁去其邑。

十二年。初，襄公使连称、管至父戍葵丘，瓜时而往，及瓜而代。往戍一岁，卒瓜时而公弗为发代。或为请代，公弗许。故此二人怒，因公孙无知谋作乱。连称有从妹在公宫，无宠，使之间襄公，曰"事成以女为无知夫人"。冬十二月，襄公游姑棼，遂猎沛丘。见彘，从者曰"彭生"。公怒，射之，彘人立而啼。公惧，坠车伤足，失屦。反而鞭主屦者茀三百。茀出宫，而无知、连称、管至父等闻公伤，乃遂率其众袭宫。逢主屦茀，茀曰："且无入惊宫，惊宫未易入也。"无知弗信，茀示之创，乃信之。待宫外，令茀先入。茀先入，即匿襄公户间。良久，无知等恐，遂入宫。茀反与宫中及公之幸臣攻无知等，不胜，皆死。无知入宫，求公不得。或见人足于户间，发视，乃襄公，遂弑之，而无知自立为齐君。

桓公元年春，齐君无知游于雍林。雍林人尝有怨无知，及其往游，雍林人袭杀无知，告齐大夫曰："无知弑襄公自立，臣谨行诛。唯大夫更立公子之当立者，唯命是听。"

初，襄公之醉杀鲁桓公，通其夫人，杀诛数不当，淫于妇人，数欺大臣，群弟恐祸及，故次弟纠奔鲁。其母鲁女也，管仲、召忽傅之。次弟小白奔莒，鲍叔傅之。小白母，卫女也，有宠于釐公。小白自少好善大夫高傒。及雍林人杀无知，议立君，高、国先阴召小白于莒。鲁闻无知死，亦发兵送公子纠，而使管仲别将兵遮莒道，射中小白带钩。小白佯死，管仲使人驰报鲁。鲁送纠者行益迟，（代鲁）〔六日〕至齐，则小白已入，高傒立之，是为桓公。

桓公之中钩，佯死以误管仲，已而载温车中驰行，亦有高、国内应，故得先入立，发兵距鲁。秋，与鲁战于乾时，鲁兵败走，齐兵掩绝鲁归道。齐遗鲁书曰："子纠兄弟，弗忍诛，请鲁自杀之。召忽、管仲仇也，请得而甘心醢之。不然，将围鲁。"鲁人患之，遂杀子纠于笙渎。召忽自杀，管仲请囚。

桓公之立，发兵攻鲁，心欲杀管仲。鲍叔牙曰："臣幸得从君，君竟以立。君之尊，臣无以增君。君将治齐，即高傒与叔牙足也。君且欲霸王，非管夷吾不可。夷吾所居国国重，不可失也。”于是桓公从之。乃详为召管仲欲甘心，实欲用之。管仲知之，故请往。鲍叔牙迎受管仲，及堂阜而脱桎梏，斋祓而见桓公。桓公厚礼以为大夫，任政。

桓公既得管仲，与鲍叔、隰朋、高傒修齐国政，连五家之兵，设轻重鱼盐之利，以赡贫穷，禄贤能，齐人皆说。

二年，伐灭郯，郯子奔莒。初，桓公亡时，过郯，郯无礼，故伐之。

五年，伐鲁，鲁将师败。鲁庄公请献遂邑以平，桓公许，与鲁会柯而盟。鲁将盟，曹沫以匕首劫桓公于坛上，曰：“反鲁之侵地！”桓公许之。已而曹沫去匕首，北面就臣位。桓公后悔，欲无与鲁地而杀曹沫。管仲曰：“夫劫许之而倍信杀之，愈一小快耳，而弃信于诸侯，失天下之援，不可。”于是遂与曹沫三败所亡地于鲁。诸侯闻之，皆信齐而欲附焉。

七年，诸侯会桓公于甄，而桓公于是始霸焉。

十四年，陈厉公子完，号敬仲，来奔齐。齐桓公欲以为卿，让，于是以为工正。田成子常之祖也。

二十三年，山戎伐燕，燕告急于齐。齐桓公救燕，遂伐山戎，至于孤竹而还。燕庄公遂送桓公入齐境。桓公曰：“非天子，诸侯相送不出境，吾不可以无礼于燕。”于是分沟割燕君所至与燕，命燕君复修召公之政，纳贡于周，如成康之时。诸侯闻之，皆从齐。

二十七年。鲁湣公母曰哀姜，桓公女弟也。哀姜淫于鲁公子庆父，庆父弑湣公，哀姜欲立庆父，鲁人更立釐公。桓公召哀姜，杀之。

二十八年，卫文公有狄乱，告急于齐。齐率诸侯城楚丘而立卫君。

二十九年，桓公与夫人蔡姬戏船中，蔡姬习水，荡公，公惧，止之，不止，出船，怒，归蔡姬，弗绝。蔡亦怒，嫁其女。桓公闻而怒，兴师往伐。

三十年春，齐桓公率诸侯伐蔡，蔡溃。遂伐楚。楚成王兴师问曰：“何故涉吾地？”管仲对曰：“昔召康公命我先君太公曰：‘五侯九伯，若实征之，以夹辅周室。’赐我先君履，东至海，西至河，南至穆陵，北至无棣。楚贡包茅不入，王祭不共，是以来责。昭王南征不复，是以来问。”楚王曰：“贡之不入，有之，寡人罪也，敢不共乎！昭王之出不复，君其问之水滨。”齐师进次于陉。夏，楚王使屈完将兵扞齐，齐师退次召陵。

桓公矜屈完以其众。屈完曰："君以道则可；若不，则楚方城以为城，江、汉以为沟，君安能进乎？"乃与屈完盟而去。过陈，陈袁涛涂诈齐，令出东方，觉。秋，齐伐陈。是岁，晋杀太子申生。

三十五年夏，会诸侯于葵丘。周襄王使宰孔赐桓公文武胙、彤弓矢、大路，命无拜。桓公欲许之，管仲曰"不可"，乃下拜受赐。秋，复会诸侯于葵丘，益有骄色。周使宰孔会。诸侯颇有叛者。晋侯病，后，遇宰孔。宰孔曰："齐侯骄矣，弟无行。"从之。是岁，晋献公卒，李克杀奚齐、卓子，秦穆公以夫人入公子夷吾为晋君。桓公于是讨晋乱，至高梁，使隰朋立晋君，还。

是时周室微，唯齐、楚、秦、晋为强。晋初与会，献公死，国内乱。秦穆公辟远，不与中国会盟。楚成王初收荆蛮有之，夷狄自置。唯独齐为中国会盟，而桓公能宣其德，故诸侯宾会。于是桓公称曰："寡人南伐至召陵，望熊山；北伐山戎、离枝、孤竹；西伐大夏，涉流沙；束马悬车登太行，至卑耳山而还。诸侯莫违寡人。寡人兵车之会三，乘车之会六，九合诸侯，一匡天下。昔三代受命，有何以异于此乎？吾欲封泰山，禅梁父。"管仲固谏，不听；乃说桓公以远方珍怪物至乃得封，桓公乃止。

三十八年，周襄王弟带与戎、翟合谋伐周，齐使管仲平戎于周。周欲以上卿礼管仲，管仲顿首曰："臣陪臣，安敢！"三让，乃受下卿礼以见。

三十九年，周襄王弟带来奔齐。齐使仲孙请王，为带谢。襄王怒，弗听。

四十一年，秦穆公虏晋惠公，复归之。是岁，管仲、隰朋皆卒。管仲病，桓公问曰："群臣谁可相者？"管仲曰："知臣莫如君。"公曰："易牙如何？"对曰："杀子以适君，非人情，不可。"公曰："开方如何？"对曰："倍亲以适君，非人情，难近。"公曰："竖刁如何？"对曰："自宫以适君，非人情，难亲。"管仲死，而桓公不用管仲言，卒近用三子，三子专权。

四十二年，戎伐周，周告急齐，齐令诸侯各发卒戍周。是岁，晋公子重耳来，桓公妻之。

四十三年。初，齐桓公之夫人三，曰王姬、徐姬、蔡姬，皆无子。桓公好内，多内宠，如夫人者六人：长卫姬，生无诡；少卫姬，生惠公元；郑姬，生孝公昭；葛嬴，生昭公潘；密姬，生懿公商人；宋华子，生公子雍。桓公与管仲属孝公于宋襄公，以为太子。雍巫有宠于卫共姬，因宦者竖刁以厚献于桓公，亦有宠，桓公许之立无诡。管仲卒，五公子皆求立。冬十月乙亥，齐桓公卒。易牙入，与竖刁因内宠杀群吏，而立公子无诡为君。太子昭奔宋。

桓公病，五公子各树党争立。及桓公卒，遂相攻，以故宫中空，莫敢棺。桓公尸在床上六十七日，尸虫出于户。十二月乙亥，无诡立，乃棺赴。辛巳夜，敛殡。

桓公十有馀子，要其后立者五人：无诡立三月死，无谥；次孝公；次昭公；次懿公；次惠公。孝公元年三月，宋襄公率诸侯兵送齐太子昭而伐齐。齐人恐，杀其君无诡。齐人将立太子昭，四公子之徒攻太子，太子走宋，宋遂与齐人四公子战。五月，宋败齐四公子师而立太子昭，是为齐孝公。宋以桓公与管仲属之太子，故来征之。以乱故，八月乃葬齐桓公。

六年春，齐伐宋，以其不同盟于齐也。夏，宋襄公卒。

七年，晋文公立。

十年，孝公卒，孝公弟潘因卫公子开方杀孝公子而立潘，是为昭公。昭公，桓公子也，其母曰葛嬴。

昭公元年，晋文公败楚于城濮，而会诸侯践土，朝周，天子使晋称伯。

六年，翟侵齐。晋文公卒。秦兵败于殽。

十二年，秦穆公卒。

十九年五月，昭公卒，子舍立为齐君。舍之母无宠于昭公，国人莫畏。昭公之弟商人以桓公死争立而不得，阴交贤士，附爱百姓，百姓说。及昭公卒，子舍立，孤弱，即与众十月即墓上弑齐君舍，而商人自立，是为懿公。懿公，桓公子也，其母曰密姬。

懿公四年春。初，懿公为公子时，与丙戎之父猎，争获不胜，及即位，断丙戎父足，而使丙戎仆。庸职之妻好，公内之宫，使庸职骖乘。五月，懿公游于申池，二人浴，戏。职曰："断足子！"戎曰："夺妻者！"二人俱病此言，乃怨，谋与公游竹中，二人弑懿公车上，弃竹中而亡去。

懿公之立，骄，民不附。齐人废其子而迎公子元于卫，立之，是为惠公。惠公，桓公子也。其母卫女，曰少卫姬。避齐乱，故在卫。

惠公二年，长翟来，王子城父攻杀之，埋之于北门。晋赵穿弑其君灵公。

十年，惠公卒，子顷公无野立。初，崔杼有宠于惠公，惠公卒，高、国畏其逼也，逐之，崔杼奔卫。

顷公元年，楚庄王强，伐陈。

二年，围郑，郑伯降。已，复国郑伯。

六年春，晋使郤克于齐，齐使夫人帷中而观之。郤克上，夫人笑之。郤克曰："不是报，不复涉河！"归，请伐齐，晋侯弗许。齐使至晋，郤克执齐使者四人河内，杀之。

八年，晋伐齐，齐以公子彊质晋，晋兵去。

十年春，齐伐鲁、卫。鲁、卫大夫如晋请师，皆因郤克。晋使郤克以车八百乘为中军将，士燮将上军，栾书将下军，以救鲁、卫，伐齐。六月壬申，与齐侯兵合靡笄下。癸酉，陈于鞍。逢丑父为齐顷公右。顷公曰："驰之，破晋军会食。"射伤郤克，流血至履。克欲还入壁，其御曰："我始入，再伤，不敢言疾，恐惧士卒，愿子忍之。"遂复战。战，齐急，丑父恐齐侯得，乃易处，顷公为右，车絓于木而止。晋小将韩厥伏齐侯车前，曰"寡君使臣救鲁、卫"，戏之。丑父使顷公下取饮，因得亡脱去，入其军。晋郤克欲杀丑父，丑父曰："代君死而见僇，后人臣无忠其君者矣。"克舍之，丑父遂得亡归齐。于是晋军追齐至马陵。齐侯请以宝器谢，不听，必得笑克者萧桐叔子，令齐东亩。对曰："叔子，齐君母。齐君母亦犹晋君母，子安置之？且子以义伐而以暴为后，其可乎？"于是乃许，令反鲁、卫之侵地。

十一年，晋初置六卿，赏鞍之功。齐顷公朝晋，欲尊王晋景公，晋景公不敢受，乃归。归而顷公弛苑囿，薄赋敛，振孤问疾，虚积聚以救民，民亦大说。厚礼诸侯。竟顷公卒，百姓附，诸侯不犯。

十七年，顷公卒，子灵公环立。

灵公九年，晋栾书弑其君厉公。

十年，晋悼公伐齐，齐令公子光质晋。

十九年，立子光为太子，高厚傅之，令会诸侯盟于钟离。

二十七年，晋使中行献子伐齐。齐师败，灵公走入临菑。晏婴止灵公，灵公弗从。曰："君亦无勇矣！"晋兵遂围临菑，临菑城守不敢出，晋焚郭中而去。

二十八年。初，灵公取鲁女，生子光，以为太子。仲姬，戎姬。戎姬嬖，仲姬生子牙，属之戎姬。戎姬请以为太子，公许之。仲姬曰："不可。光之立，列于诸侯矣，今无故废之，君必悔之。"公曰："在我耳。"遂东太子光。使高厚傅牙为太子。灵公疾，崔杼迎故太子光而立之，是为庄公。庄公杀戎姬。五月壬辰，灵公卒，庄公即位，执太子牙于勾窦之丘，杀之。八月，崔杼杀高厚。晋闻齐乱，伐齐，至高唐。

庄公三年，晋大夫栾盈奔齐，庄公厚客待之。晏婴、田文子谏，公弗听。

四年，齐庄公使栾盈间入晋曲沃为内应，以兵随之，上太行，入孟门。栾盈败，齐兵还，取朝歌。

六年。初，棠公妻好，棠公死，崔杼取之。庄公通之，数如崔氏，以崔杼之冠赐人。侍者曰："不可。"崔杼怒，因其伐晋，欲与晋合谋袭齐，而不得间。庄公尝笞宦者贾举，贾举复侍，为崔杼间公以报怨。五月，莒子朝齐，齐子甲戌飨之。崔杼称病不视事。乙亥，公问崔杼病，遂从崔杼妻。崔杼妻入室，与崔杼自闭户不出。公拥柱而歌，宦者贾举遮公从官而入，闭门，崔杼之徒持兵从中起。公登台而请解，不许；请盟，不许；请自杀于庙，不许。皆曰："君之臣杼疾病，不能听命。近于公宫。陪臣争趣有淫者，不知二命。"公逾墙，射中公股，公反坠，遂弑之。晏婴立崔杼门外，曰："君为社稷死则死之，为社稷亡则亡之。若为己死己亡，非其私暱，谁敢任之！"开门而入，枕公尸而哭，三踊而出。人谓崔杼："必杀之。"崔杼曰："民之望也，舍之得民。"

丁丑，崔杼立庄公异母弟杵臼，是为景公。景公母，鲁叔孙宣伯女也。景公立，以崔杼为右相，庆封为左相。二相恐乱起，乃与国人盟曰："不与崔、庆者死！"晏子仰天曰："婴所不获唯忠于君利社稷者是从！"不肯盟。庆封欲杀晏子，崔杼曰："忠臣也，舍之。"齐太史书曰"崔杼弑庄公"，崔杼杀之。其弟复书，崔杼复杀之。少弟复书，崔杼乃舍之。

景公元年，初，崔杼生子成及彊，其母死，取东郭女，生明。东郭女使其前夫子无咎与其弟偃相崔氏。成有罪，二相急治之，立明为太子。成请老于崔（杼），崔杼许之，二相弗听，曰："崔，宗邑，不可。"成、彊怒，告庆封。庆封与崔杼有郤，欲其败也。成、彊杀无咎、偃于崔杼家，家皆奔亡。崔杼怒，无人，使一宦者御，见庆封。庆封曰："请为子诛之。"使崔杼仇卢蒲嫳攻崔氏，杀成、彊，尽灭崔氏，崔杼妇自杀。崔杼〔毋〕归，亦自杀。庆封为相国，专权。

三年十月，庆封出猎。初，庆封已杀崔杼，益骄，嗜酒好猎，不听政令。庆舍用政，已有内郤。田文子谓桓子曰："乱将作。"田、鲍、高、栾氏相与谋庆氏。庆舍发甲围庆封宫，四家徒共击破之。庆封还，不得入，奔鲁。齐人让鲁，封奔吴。吴与之朱方，聚其族而居之，富于在齐。其秋，齐人徙葬庄公，僇崔杼尸于市以说众。

九年，景公使晏婴之晋，与叔向私语曰："齐政卒归田氏。田氏虽无大德，以公权私，有德于民，民爱之。"

十二年，景公如晋，见平公，欲与伐燕。

十八年，公复如晋，见昭公。

二十六年，猎鲁郊，因入鲁，与晏婴俱问鲁礼。

三十一年，鲁昭公辟季氏难，奔齐。齐欲以千社封之，子家止昭公，昭公乃请齐伐鲁，取郓以居昭公。

三十二年，彗星见。景公坐柏寝，叹曰："堂堂，谁有此乎？"群臣皆泣，晏子笑。公怒，晏子曰："臣笑群臣谀甚。"景公曰："彗星出东北，当齐分野，寡人以为忧。"晏子曰："君高台深池，赋敛如弗得，刑罚恐弗胜，茀星将出，彗星何惧乎？"公日；"可禳否？"晏子曰："使神可祝而来，亦可禳而去也。百姓苦怨以万数，而君令一人禳之，安能胜众口乎？"是时景公好治宫室，聚狗马，奢侈，厚赋重刑，故晏子以此谏之。

四十二年，吴王阖闾伐楚，入郢。

四十七年，鲁阳虎攻其君，不胜，奔齐，请齐伐鲁。鲍子谏景公，乃囚阳虎。阳虎得亡，奔晋。

四十八年，与鲁定公好会夹谷。犁鉏曰："孔丘知礼而怯，请令莱人为乐，因执鲁君，可得志。"景公害孔丘相鲁，惧其霸，故从犁鉏之计。方会，进莱乐，孔子历阶上，使有司执莱人斩之，以礼让景公。景公惭，乃归鲁侵地以谢，而罢去。是岁，晏婴卒。

五十五年，范、中行反其君于晋，晋攻之急，来请粟。田乞欲为乱，树党于逆臣，说景公曰："范、中行数有德于齐，不可不救。"乃使乞救而输之粟。

五十八年夏，景公夫人燕姬適子死。景公宠妾芮姬生子荼，荼少，其母贱，无行。诸大夫恐其为嗣，乃言愿择诸子长贤者为太子。景公老，恶言嗣事，又爱荼母，欲立之，惮发之口，乃谓诸大夫曰："为乐耳，国何患无君乎？"秋，景公病，命国惠子、高昭子立少子荼为太子，逐群公子，迁之莱。景公卒，太子荼立，是为晏孺子。冬，未葬，而群公子畏诛，皆出亡。荼诸异母兄公子寿、驹、黔奔卫，公子驵、阳生奔鲁。莱人歌之曰："景公死乎弗与埋，三军事乎弗与谋，师乎师乎，胡党之乎？"

晏孺子元年春，田乞伪事高、国者，每朝，乞骖乘，言曰："子得君，大夫皆自危，欲谋作乱。"又谓诸大夫曰："高昭子可畏，及未发，先之。"大夫从之。六月，田乞、鲍牧乃与大夫以兵入公宫，攻高昭子。昭子闻之，与国惠子救公。公师败，田乞之徒追之，国惠子奔莒，遂反杀高昭子。晏圉奔鲁。八月，齐秉意兹、田乞败二相，乃使人之鲁召公子阳生。阳生至齐，私匿田乞家。十月戊子，田乞请诸大夫曰："常之母有鱼菽之祭，幸来会饮。"会饮，田乞盛阳生橐中，置坐中央，发橐出阳生，曰："此乃齐君矣！"大夫皆伏谒。将与大夫盟而立之，鲍牧醉，乞诬大夫曰："吾与鲍牧谋共立阳生。"鲍牧怒曰："子忘景公之命乎？"诸大夫相视欲悔，阳生前顿首曰："可则立之，否则已。"鲍牧恐祸起，乃复曰："皆景公子也，何为不可！"乃与盟，立阳生，是为悼公。悼公入宫，使人迁晏孺子于骀，杀之幕下，而逐孺子母芮子。芮子故贱而孺子少，故无权，国人轻之。

悼公元年，齐伐鲁，取讙、阐。初，阳生亡在鲁，季康子以其妹妻之。及归即位，使迎之。季姬与季鲂侯通，言其情，鲁弗敢与，故齐伐鲁，竟迎季姬。季姬嬖，齐复归鲁侵地。

鲍子与悼公有郤，不善。

四年，吴、鲁伐齐南方。鲍子弑悼公，赴于吴。吴王夫差哭于军门外三日，将从海入讨齐。齐人败之，吴师乃去。晋赵鞅伐齐，至赖而去。齐人共立悼公子壬，是为简公。

简公四年春。初，简公与父阳生俱在鲁也，监止有宠焉。及即位，使为政。田成子惮之，骤顾于朝。御鞅言简公曰："田、监不可并也，君其择焉。"弗听。子我夕，田逆杀人，逢之，遂捕以入。田氏方睦，使囚病而遗守囚者酒，醉而杀守者，得亡。子我盟诸田于陈宗。初，田豹欲为子我臣，使公孙言豹，豹有丧而止。后卒以为臣，幸于子我。子我谓曰："吾尽逐田氏而立女，可乎？"对曰："我远田氏矣。且其违者不过数人，何尽逐焉！"遂告田氏。子行曰："彼得君，弗先，必祸子。"子行舍于公宫。

夏五月壬申，成子兄弟四乘如公。子我在幄，出迎之，遂入，闭门。宦者御之，子行杀宦者。公与妇人饮酒于檀台，成子迁诸寝。公执戈将击之，太史子馀曰："非不利也，将除害也。"成子出舍于库，闻公犹怒，将出，曰："何所无君！"子行拔剑曰："需，事之贼也。谁非田宗？所不杀子者有如田宗。"乃止。子我归，属徒攻闱与大门，皆弗胜，乃出。田氏追之。丰丘人执子我以告，杀之郭关。成子将杀大陆子方，田逆请而免之。以公命取车于道，出雍门。田豹与之车，弗受，曰："逆为余请豹与余车，余有私焉。事子我而有私于其仇，何以见鲁、卫之士？"

庚辰，田常执简公于徐州。公曰："余早从御鞅言，不及此。"甲午，田常弑简公于徐州。田常乃立简公弟骜，是为平公。平公即位，田常相之，专齐之政，割齐安平以东为田氏封邑。

平公八年，越灭吴。二十五年卒，子宣公积立。

宣公五十一年卒，子康公贷立。田会反廪丘。

康公二年，韩、魏、赵始列为诸侯。十九年，田常曾孙田和始为诸侯，迁康公海滨。

二十六年，康公卒，吕氏遂绝其祀。田氏卒有齐国。为齐威王，强于天下。

太史公曰：吾适齐，自泰山属之琅邪，北被于海，膏壤二千里，其民阔达多匿知，其天性也。以太公之圣，建国本，桓公之盛，修善政，以为诸侯会盟，称伯，不亦宜乎？洋洋哉，固大国之风也！

【译文】

太公望吕尚，是东海边之人。他的先祖曾经担任过四岳之官，协助夏禹治理水土有大功。舜、禹时其后人有的被封在吕地，有的被封在申地，姓姜。夏、商两朝，申、吕有的封给旁支子孙，也有的后代成为平民，吕尚是他们的后代。吕尚本姓姜，用他的封地为姓，因此叫作吕尚。

吕尚曾经很贫困，年老时，借钓鱼的机会才见到了周西伯。西伯在一次外出狩猎之前，占卜了一卦，卦辞说："所得猎物不是龙也不是螭，不是虎也不是熊；所获得的乃是成就霸王之业的辅臣。"于是西伯出猎，果然在渭河的南岸碰到了太公。与太公相谈后西伯大喜，说："自我国先君太公就说过：'必有圣人来周，周会由此兴旺。'说的就是您吧？我们太公盼望您已经很久了。"所以称吕尚为"太公望"。二人一块儿乘车而归，吕尚被尊为太师。

有人说，太公博识多学，曾经侍奉过商纣王。商纣王无道，于是太公就离去了。他四处游说列国诸侯，但没有碰到知遇之君，最后西行归依了周西伯。有人说，吕尚是一个隐居不仕的隐士，隐居在海滨。周西伯被囚禁在羑里时，西伯的大臣散宜生、闳夭素闻吕尚的美名，因此去邀请他。吕尚也因“听闻西伯贤德，又向来尊重关心老年人，因而前往”，于是三人为西伯寻找美女珍宝，献给纣王，以赎取西伯。西伯因此得以释放回国。虽然对于吕尚归周的说法各不相同，但普遍都认为他是文王、武王的太师。

周西伯姬昌从羑里脱身回国后，私下与吕尚商议如何推行德政，以推翻商纣的政权。其中很多是用兵的谋略和奇计，所以后世在谈论用兵之道和周朝的隐秘权术之时，都遵法太公的基本谋略。周西伯为政清明，特别在明断虞、芮二国的国土争讼后，有诗人称其为膺受天命的文王。西伯在征讨了崇国、密须和犬夷后，大规模地建造丰邑。天下三分之二的诸侯都归向了周，这多数是出于太公的谋略。

文王去世后，武王即位。九年，武王想完成文王的大业，于是进行了一次东征商纣的演习，察看诸侯是否会响应。军队出征之际，太师尚父左手握黄钺，右手持白旄进行了誓师。他说：“苍兕，集合所有兵众，集结一切船只，迟到者斩首。”于是率兵到达盟津。各国诸侯不召自来有八百之众。诸侯都说：“可以征讨商纣了。”武王说：“还不行。”于是班师回朝，和太公写下了《太誓》。

两年后，商纣王杀害了王子比干，囚禁了箕子。武王准备征讨商纣，卜了一卦，龟兆显示不吉利，将会有风雨突降。群臣因此害怕，只有太公强劝武王出兵，武王于是率军出征。十一年正月甲子日，在牧野誓师，征讨商纣。商纣军队大败。商纣回身逃跑，登上鹿台，于是被追兵所杀。第二天，武王站在社坛之上，群臣手捧祭祀用的净水，卫康叔封铺上彩席，太师尚父牵着祭祀的牲畜，史官按照策书祷告，向神祇昭告纣王的罪行。武王散发商纣聚集在鹿台的钱币，发放商纣屯积在钜桥的粮食，用以赈济百姓；增高了比干的墓，释放了被囚禁的箕子；把象征天下最高权势的九鼎迁往周国，并修治周朝政务，与天下之人一起开创新时代。这些事大多是太师尚父的谋略。

这时武王已经平定了商纣，成为了天下之王，他把齐国营丘封给太师尚父。尚父便东去自己的封国，一路行止速度很慢。客舍中的人说：“我听说机会难得却容易失去。这位客人睡得如此安稳，估计不是去封国就任的吧。”太公听了此言，连夜穿衣上路，黎明就到达了齐国。当时莱侯正好带兵来犯，想与太公争抢营丘。营丘位于莱国边境。莱人是夷族，当时正值商纣之乱，而周朝又刚安定，无力安定远方，所以想和太公争夺国土。

太公到齐国后，修明政事，按当地习俗简化了礼仪，开放了工商业，发展渔业盐业的优势，因此人民多归附齐国，使齐国成为了大国。周成王年幼登基之时，管蔡叛变，淮夷也背叛了周朝，成王便派召康公对太公说："东到大海，西到黄河，南到穆陵，北到无棣，天下诸侯，如果有罪，你都可以征讨。"齐因此征讨各国，成为大国，定都营丘。

太公去世之时已一百多岁，其子丁公吕伋继位。丁公去世后，其子乙公继位。乙公去世后，其子癸公慈母继位。癸公去世后，其子哀公不辰继位。

哀公时，纪侯向周王污蔑哀公，周王用大鼎烹煮了哀公，然后立他的弟弟静为齐君，这就是胡公。胡公把都城迁到了薄姑，当时正值周夷王在位。

哀公的同母少弟山怨恨胡公，便与自己的党徒带领营丘人突袭杀死胡公自立为齐君，这就是献公。献公元年，献公把胡公所有的儿子驱逐出境，并因此把国都从薄姑迁到临淄。

九年，献公去世，其子武公寿继位。武公九年，周厉王逃亡，住在彘邑。武公十年，周王室发生内乱，由大臣们主持国事，号称"共和"。武公二十四年，周宣王即位。

武公二十六年，武公去世，其子厉公无忌即位。厉公凶残暴虐，所以胡公的儿子又回到齐国，齐人意立胡公之子为君，于是便一起攻杀了厉公。胡公之子也战死。齐人于是立厉公的儿子赤为齐君，这就是文公。文公即位后杀掉了七十多个攻杀厉公的人。

文公十二年死，其子成公脱即位。成公九年去世，其子庄公购即位。

庄公二十四年，犬戎击杀了周幽王，周王室被迫向东迁都到洛邑。秦国从此位列诸侯。五十六年，晋人杀掉了他们的国君晋昭侯。

六十四年，庄公去世，其子釐公禄甫即位。

釐公九年，鲁隐公登基即位。十九年，鲁桓公杀死自己的兄长隐公，自立为鲁君。

二十五年，北戎国攻打齐国。郑国派太子忽来援助齐国，齐釐公想把女儿嫁给他。太子忽说："郑国小齐国大，我不配。"于是婉拒了。

三十二年，釐公同母弟弟夷仲年去世。其子名叫公孙无知，釐公很是喜爱他，使他的待遇与太子一样。

三十三年，釐公去世，太子诸儿即位，这就是襄公。

襄公元年，襄公还是太子时，曾与公孙无知争斗，所以即位后，便降低了公孙无知的俸禄车马服饰级别，公孙无知因此心中怨恨。

四年，鲁桓公与夫人来到齐国。齐襄公过去曾与鲁夫人有奸情。鲁夫人是襄公的妹妹，在齐釐公时嫁给了鲁桓公。这次与鲁桓公来齐国，又与襄公私通。鲁桓公发现此事后，怒斥夫人，夫人把这事告诉了齐襄公。齐襄公与鲁桓公饮酒，将鲁桓公灌醉了，便派大力士彭生把鲁桓公抱上了车，趁机打断了桓公的肋骨杀死了他，当桓公被抬下车时已死掉了。鲁国人因此而责备齐国，齐襄公于是杀掉了彭生，以向鲁国谢罪。

八年，齐国攻打纪国，纪国被迫迁都避难。

十二年，起初，襄公派连称、管至父戍守葵丘，七月瓜熟的时候前往，约定第二年瓜熟时派人去替换他们。他们前去戍守了一年，瓜熟时期已过，但襄公仍未派人前去替换他们。有人向襄公提议派人前去替换他们，但襄公不同意。二人因此生气，便联合公孙无知策划叛乱。连称有个堂妹在襄公宫内，不被宠爱，就让她刺探襄公的情况，对她说事成后让她做无知的夫人。这年冬十二月，襄公去姑棼游玩，于是到沛丘打猎。打猎时见一头大猪，侍从说是“彭生”。襄公大怒，用箭射猪，大猪像人一样站立并哭啼。襄公惊惧，从车上掉了下来摔伤了脚，连鞋子也掉了。返回宫中后将管鞋的茀鞭打了三百下。茀因此离开了宫中。而无知、连称、管至父等人听说襄公受伤了，便率领徒众准备前往宫中偷袭襄公。途中正好遇上管鞋的茀，茀说：“先不要进去以免惊动宫中卫士，惊动了宫中卫士就不易攻进去了。”无知不信此话，茀让他验看自己的伤痕，这才相信。他们等在宫外，让茀先进去打探情况。茀先进去后，便马上将襄公藏在门后。过了好久，无知等人担心发生意外，便闯进宫去。茀反而和宫中卫士连同襄公的亲信之臣反攻无知等人，未能取胜，全部都战死了。无知进宫后，找不到襄公。有人见屋门下露出了一只脚，开门一看，原来正是襄公，于是杀死了襄公，而无知自立为齐君。

桓公元年春，齐君无知到雍林游玩。雍林人曾有怨恨无知的，等到无知去游玩时，雍林人袭击杀死了无知，并向齐国大夫通告说：“无知杀死了襄公自立为君，我已将他处死。请大夫们改立其他公子中可以即位的，我等一定服从命令。”

起初，襄公将鲁桓公灌醉杀掉，并与其夫人通奸，还屡次杀害不当杀的人，沉迷女色，多次欺骗大臣，他的众多兄弟担心被祸及，所以二弟公子纠逃往了鲁国，因他的母亲是鲁国诸侯之女，管仲、召忽随行协助他。三弟小白逃到了莒国，鲍叔牙随行协助他。小白的母亲是卫国诸侯之女，很得齐釐公宠幸。小白从小与齐国大夫高傒友好。雍林人杀死公子无知，商讨立新君之时，高氏、国氏便暗中抢先从莒国接回了小白。鲁国听闻无知已死后，也派兵护送公子纠回齐，并命管仲另带军队前往莒国通道阻拦公子小白回国。管仲一箭射中了小白衣带钩，小白躺地佯装死亡，管仲因此派人飞报鲁国，鲁国护送公子纠的部队因此也就放慢了行进速度，六天后才回到齐国，而这时小白已先到了齐国，高傒立其为君，这就是桓公。

桓公当时被射中衣带钩之后，装死骗过了管仲，然后躺在篷车里快速疾行，也因为高氏、国氏二大家族在国内策应，因此得以捷足先登，并发兵抵御鲁军。这年秋天，齐、鲁两国在乾时交战，鲁军败逃，齐军又断绝了鲁军的退路。齐桓公写信给鲁庄公说：“公子纠是我兄弟，我不忍亲手害他，请鲁国将他处死。召忽、管仲是我的仇人，请将他们活着交给我，我要把他们剁成肉酱才甘心。否则，齐军将围攻鲁国。”鲁庄公害怕，就在笙渎杀死了公子纠。召忽自杀而死，管仲甘愿被囚禁。桓公登基时派兵攻鲁，本想杀死管仲。鲍叔牙说：“我有幸得以跟从您，您终于当上了国君。您的地位尊贵，我已无法再协助您提高。您如果只想治理齐国，那么有高傒和我就够了。如果您想成就霸王之业，就非管夷吾不行。夷吾所治理的国家，其国必强，我们不能失去这个人才啊。”桓公听取了鲍叔牙的话。于是他假装要把管仲抓回来以报仇雪恨，实际是想任用他。管仲心里清楚，因此要求返齐。鲍叔牙迎接管仲，一到齐国境内的堂阜就将管仲的枷锁除去，让他斋戒沐浴后去见桓公。桓公厚礼以待，封管仲为大夫，主持齐国政务。

桓公得到管仲后，与鲍叔牙、隰朋、高傒一起治理齐国政事，实行以五家为基层单位的兵役制度，发展商业流通、渔业及盐业的优势，以所得钱财来赈济贫民，奖励贤能之才，齐国人人都欢欣不已。

二年，齐国消灭了郯国，郯国国君逃到了莒国。当初，齐桓公逃亡国外时，曾路过郯国，郯国国君对桓公无礼，所以才征讨它。

五年，齐国攻打鲁国，鲁军眼看就要失败。于是鲁庄公请求献出遂邑来讲和，齐桓公同意了，于是与鲁庄公在柯地会盟。就在两国将要盟誓之际，鲁将曹沫跳上祭坛用匕首挟持了齐桓公，说："请您归还所占领的鲁国土地！"桓公同意了。然后曹沫扔掉匕首，回到面向北方的臣子之位。桓公过后想反悔，不想归还侵占的鲁国领土，并要杀死曹沫。管仲说："如果被挟持时答应了人家的要求，然后又背弃诺言并杀死人家，这可满足于一时的快意，但却会在诸侯中失去诚信，这样也就会失去了天下人的支持，不能这样做。"桓公因此便把曹沫三次战败所丢的领土全部归还给了鲁国。各诸侯听说后，都认为齐国守信而愿意亲近。七年，各诸侯与齐恒公在甄地会盟，齐桓公从此成为天下霸主。

十四年，陈厉公的儿子陈完，号敬仲，逃到齐国。齐桓公想任命他为卿，他推让不肯；于是让他做了主管百工的工正。他就是田成子田常的先祖。

二十三年，山戎国侵略燕国，燕向齐国求救。齐桓公派兵救燕，于是出兵讨伐山戎，到达孤竹后才回师。燕庄公将齐桓公送入齐国边境。桓公因此说："除了天子，诸侯之间相送不出自己边境，我不能对燕侯无礼。"于是把燕庄公所走过的齐国领土用沟分开送给燕国，让燕君重新实行召公的政策，按时向周王室进贡，就像周成王、康王时代一样。各国诸侯听说后，都服从齐国。

二十七年，鲁湣公的母亲叫哀姜，是齐桓公的妹妹。哀姜与鲁公子庆父通奸，庆父杀害了鲁湣公，哀姜想要立庆父为国君，但鲁人改立了釐公。桓公把哀姜召回齐国，并杀掉了她。

二十八年，卫文公遭狄人攻击，于是向齐国求救。齐国率领诸侯在楚丘筑起了城墙，扶立了卫君。

二十九年，恒公与夫人蔡姬乘船戏水。蔡姬熟悉水性，故意摇晃船只颠簸桓公。桓公害怕，命她停止，蔡姬仍不停止，下船之后，桓公大怒，把蔡姬送回了娘家，但没有断绝婚姻关系。蔡国对此也十分气愤，就把蔡姬又嫁给了别人。桓公听说后怒不可遏，于是兴兵伐蔡。

三十年春，齐桓公率各诸侯讨伐蔡国，蔡军溃败。于是齐国又南伐楚国。楚成王兴兵来问："为何进入我的国土？"管仲回答说："过去召康公诏告我国先君太公：'五等诸侯，各地守官，你有权讨伐，以辅佐周室。'允许我先君讨伐的疆界，东至大海，西至黄河，南至穆陵，北至无棣。楚国应该进贡的包茅没有进贡，天子祭祀用品不全，所以我们来督责。昭王南征时死于南方没有回来，所以前来问罪。”楚王说：“没有进献贡品，这事确实有，这是我的罪过，今后不敢不进。至于说昭王南行没有返回，并没有在我楚国领土，请您到汉水边上去问罪。”齐军驻扎在陉地。这年夏天，楚王派屈完率兵抗齐，齐军退驻到召陵。桓公见屈完后向其炫耀自己兵多将广。屈完说：“您以道义来服人是可以的，否则，楚国将以方城山为城墙，以长江、汉水为护城河，您怎么能推进呢？”于是齐桓公便与屈完订立了盟约，而后率军返回了齐国。路过陈国时，陈国大夫袁涛涂欺骗桓公，让齐军走东面难行之路而不穿过陈国，被齐国发现了。这年秋天，齐国因此讨伐陈国。这一年，晋献公杀死了其太子申生。

三十五年夏，齐桓公与各诸侯在葵丘会盟。周襄王派宰孔赏赐给桓公祭祀文王武王的祭肉、丹彩装饰的弓箭、天子乘坐的车乘，并且特许桓公不必下拜谢恩。桓公本想同意，管仲却说“不可以”。于是桓公下拜接受了赏物。这年秋天，桓公又一次与各诸侯在葵丘会盟，慢慢地面上有了傲慢之色。周王派宰孔参加了会盟。各诸侯见桓公这样，有些人便有了叛心。晋献公因为病重，迟到了，正好遇上宰孔。宰孔说：“齐桓公傲慢了，您不必去了。”晋献公听了此言因此没有去参加盟会。这一年，晋献公去世，里克杀死了献公少子奚齐和卓子，秦穆公因为自己夫人是晋公子夷吾的姐姐，因此护送夷吾返回晋国即位。桓公因此讨伐晋国内乱，到达高梁，命隰朋立夷吾为晋国君，然后撤兵。

这时周朝王室衰微，天下只有齐、楚、秦、晋四国强大。晋国刚刚参加盟会，晋献公便死去了，国内混乱。秦穆公因地处偏远，不参加中原诸侯的会盟。楚成王刚刚将荆蛮之地占为己有，自认为是夷狄之邦。唯独齐国能够召集中原诸侯会盟，齐桓公又充分宣示了其盛德，因此各诸侯都宾服来会。齐桓公因此宣称：“寡人南征至召陵，望到了熊耳山；北征山戎、离枝、孤竹国；西伐大夏，远涉流沙；包缠马蹄，挂牢战车，登上了太行险道，直达卑耳山而归。诸侯没有违背寡人的。寡人三次召集军事会盟，六次和平会盟，九次与诸侯相会，一次匡正周天下。以前夏、商、周三代的开国天子，与这有什么不同呢！我想要封祭泰山，禅祭梁父山。”管仲力谏，桓公没有听；于是管仲便说封禅之礼要等远方的各种奇珍异物齐全了才能进行，桓公才作罢。

三十八年，周襄王的弟弟叔带与戎人、翟人共同谋划攻打周，齐国派管仲到周去平息戎、翟之乱。周天子想用上卿之礼来招待管仲，管仲叩头辞谢说:“我只是诸侯之臣,怎么敢受此礼遇!”再三推让后,管仲以下卿之礼拜见了天子。三十九年,周襄王的弟弟叔带逃到齐国。齐国派仲孙恳求周襄王,替叔带谢罪。周襄王很气愤,没有答应。

四十一年,秦穆公虏获了晋惠公,又放他回国了。这一年,管仲、隰朋都去世了。管仲病重之后,齐桓公问他:“您之后,群臣中谁可做相国?”管仲说:“了解臣子的莫过于君王您啊。”桓公说:“易牙这人怎么样?”管仲回答说:“他为迎合国君而杀死了自己的儿子,这不合人性,不能重用。”桓公问:“开方这人如何?”管仲回答说:“他为迎合国君而抛弃了双亲,这不合人性,不能亲近。”桓公说:“竖刁这人如何?”管仲回答说:“他阉割了自己来迎合国君,不合人情,这样的人不可相信。”管仲去世后,桓公没有听管仲的话,最后还是重用了这三人,三人因此专权。

四十二年,戎人侵犯周境,周王向齐国求救,齐国命各诸侯分别发兵保卫周王室。这一年,晋公子重耳到了齐国,齐桓公将本族之女嫁给了重耳。

四十三年。当初,齐桓公有三位夫人,分别是王姬、徐姬、蔡姬,都没有生儿子。桓公好色,有很多宠爱的妾,其中地位如同夫人的就有六个:长卫姬,生了无诡;少卫姬,生了惠公元;郑姬,生了孝公昭;葛嬴,生了昭公潘;密姬,生了懿公商人;宋华子,生了公子雍。齐桓公和管仲曾把孝公昭托付给宋襄公,立他为太子。雍巫受到长卫姬的宠爱,通过宦者竖刁给桓公送了厚礼,所以也受到桓公宠爱,桓公答应立无诡为太子。管仲去世后,五位公子都请求立为太子。这年冬天十月乙亥日,齐桓公去世。易牙进宫,与竖刁凭借宫内宠臣身份杀害诸大夫,而扶立公子无诡为齐君。太子昭逃到宋国。

桓公生病时,五个公子各自结党争立太子。到桓公去世后,他们便相互攻击,以致宫中无人,没人敢把桓公装殓入棺。桓公的尸体在床上放了六十七天,蛆虫爬满了尸体,甚至爬到了门外。十二月乙亥日,无诡登基,这才将桓公的尸体装棺并向各国报丧。辛巳日夜里,才为桓公穿衣入殓,停柩于灵堂。

桓公有十几个儿子,前后有五人曾登君位:无诡登基三个月后死去,没有谥号;然后是孝公;接着是昭公;再接下去是懿公;最后是惠公。孝公元年三月,宋襄公率诸侯军队送齐太子昭归国并讨伐齐国。齐人恐慌,因而杀死了君主无诡。齐人将要立太子昭为齐君时,其余四个公子的徒众又进攻太子，太子逃到宋国，宋国因此与齐国四公子的部队交战。五月，宋军战胜了四公子并扶立太子昭为君，就是齐孝公。宋国由于曾受桓公与管仲之托照顾太子，所以前来征讨。由于战乱，直到八月才安葬了齐桓公。

六年春，齐国征讨宋国，因为宋国没有参加在齐国的盟会。这年夏天，宋襄公死。七年，晋文公登基。

十年，孝公去世，孝公之弟潘让卫国公子开方杀害了孝公之子，因而得以立为齐君，这就是昭公。昭公是桓公的儿子，他的母亲名叫葛嬴。

昭公元年，晋文公在城濮打败了楚军，并在践土召集了诸侯盟会，朝拜周天子，天子让晋国当了诸侯的霸主。六年，翟人侵犯齐国。这年晋文公去世。秦兵在崤地被打败。十二年，秦穆公去世。

十九年五月，齐昭公去世，其子舍被立为齐君。舍的母亲不被昭公宠幸，因此齐国人都不怕他。昭公之弟商人因为桓公死后争夺君位失败，便暗中结交贤士，抚恤爱护百姓，因此得到百姓拥护。等到昭公去世后，其子舍继位，势孤力弱，这年十月，商人便与众党徒在昭公坟前杀死了舍，商人自立为君，这就是懿公。懿公，也是桓公的儿子，他的母亲名叫密姬。

懿公四年春，当初懿公还是公子的时候，有一次与丙戎的父亲一起打猎，相互争夺猎物而没有争到，等到即位以后，懿公便砍断了丙戎父亲的脚，又让丙戎为自己驾车。庸职的妻子美丽，懿公便将她抢入宫中，而让庸职做陪乘。五月，懿公在申池游乐，丙戎和庸职在洗澡，他们互相开玩笑。庸职称丙戎是“断脚人的儿子”，丙戎称庸职是“被人夺妻的丈夫”。两人都为这些话感到羞耻，因此都痛恨懿公。于是策划与懿公共同到竹林中游玩，二人在车上把懿公杀了，并把尸体抛在竹林中而逃走了。

懿公登基后，骄横无礼，因此百姓不拥护他。齐国人废黜了懿公之子而从卫国接回了公子元，立他为国君，就是惠公。惠公，是桓公之子。他的母亲是卫国之女，名叫少卫姬，因逃避齐国内战，所以逃到了卫国。

惠公二年，长翟攻打齐国，王子城父攻打并杀了他们的首领，把他埋在北门。这年，晋国大夫赵穿杀死了国君晋灵公。

十年，惠公去世，其子顷公无野即位。当初，崔杼曾得到惠公宠幸，等到惠公去世后，高氏、国氏担心受他威胁，便把崔杼驱逐出国，崔杼逃到了卫国。

顷公元年，楚庄王强大起来，征讨陈国；二年（前597年），围攻郑国，郑伯投降，后又让郑伯回国。

六年春，晋国派郤克出使齐国，齐君让夫人坐在帷幕中偷看。郤克上殿，夫人笑话他。郤克说："此辱不报，誓不再渡黄河！"归国后，恳求晋君伐齐，晋君没有答应。齐国使者到了晋国，郤克在河内捉住了齐国的四个使者，并全部杀了他们。八年，晋国征伐齐国，齐国让公子强到晋国做人质，晋军才离开。十年春，齐国征讨鲁国、卫国。鲁、卫二国大夫到晋国求救，都是通过郤克。晋国派郤克为中军之将，统率战车八百乘，士燮率领上军，栾书指挥下军，来救鲁、卫，征讨齐国。六月壬申日，晋军与齐军在靡笄山下交战。癸酉日，两军列阵于鞍地。逢丑父是齐顷公的车右武士。顷公说："前进，打败晋军后聚餐。"齐军射伤了郤克，血流到脚。郤克想撤回营垒，为他驾战车的驭手说："我从进入战斗后已两次受伤，不敢说疼痛，担心士卒因此恐惧，请您也忍痛继续战斗。"郤克又加入了战斗。战斗继续进行，齐军危急。逢丑父担心齐顷公被活捉，就与他交换了位置，顷公为车右武士，战车因绊在树上而抛锚了。晋国小将韩厥跪拜在齐顷公战车之前，说"我们晋君派我来援助鲁、卫"，这样来嘲笑顷公。丑父扮成顷公，让装成车右武士的顷公下车取水来喝，顷公借机得以逃脱，跑回了齐军阵中。晋国的郤克要杀丑父，丑父说："我替国君死而被杀戮，以后做臣子的就不会有忠于君主的了。"郤克赦免了他，丑父因此得以逃回齐军阵中。晋军追击齐军直到马陵。齐顷公请求用宝器谢罪，晋国没有答应，一定要得到耻笑郤克的萧桐叔子，还命令齐国把田垄统一改成东西方向，以便日后晋国兵车方便进入齐国。齐人答复说："萧桐叔子，是齐顷公的母亲。齐君的母亲就如同晋君的母亲一样，您如何处置她？而且您是以正义之师伐齐，最后却做出暴虐无礼之事，这难道可以吗？"于是郤克同意了齐顷公的请求，只让齐国归还了侵占鲁、卫二国的领土。

十一年，晋国开始设置六卿制，用以封赏在鞍地战争中立功的人员。齐顷公朝拜晋君，想用朝拜天子的礼节拜见晋景公，晋景公不敢接受，齐顷公于是回国了。回国后顷公开放自己游猎的园林，减轻了百姓赋税，并赈济孤寡，慰问残疾，把国家的积蓄拿出来解救百姓，百姓也十分高兴。齐顷公还送给诸侯大礼。直到齐顷公死后，百姓仍归附于齐，诸侯没有侵犯齐国的。

十七年，齐顷公去世，其子灵公环即位。

灵公九年，晋大夫栾书杀了国君晋厉公。十年，晋悼公攻打齐国，齐让公子光到晋国做人质。十九年，立公子光为太子，让高厚教导他，派他到钟离出席诸侯盟会。二十七年，晋国派中行献子攻打齐国。齐军惨败，灵公跑进临淄城。晏婴劝阻灵公，灵公没有听。晏子说："我们的国君没有勇气啊。"晋兵于是包围了临淄，齐人守在城内不敢出击，晋军焚烧了外城后离去。

二十八年，当初灵公娶了鲁国之女，生了儿子光，立为太子。后又娶了仲姬、戎姬。戎姬受宠幸，仲姬生了儿子牙，把他委托给戎姬抚养。戎姬请求立牙为太子，灵公答应了。仲姬说："不行。光立为太子，早就名列诸侯，现在无故废黜他，您肯定会后悔。"灵公说："废立都在于我。"于是把太子光迁往东部，让高厚辅助牙为太子。后来灵公患病，崔杼迎接原来的太子光立为国君，就是庄公。庄公杀掉了戎姬。五月壬辰日，灵公去世，庄公即位，在句窦丘抓住了太子牙并杀死了他。八月，崔杼杀死高厚。晋国得知齐国内乱，于是出兵讨伐齐国，军队到达了高唐。

庄公三年，晋国大夫栾盈逃到齐国，齐庄公以盛大客礼接待了他。晏婴、田文子谏阻，庄公不听。四年，齐庄公派栾盈偷偷潜入晋国曲沃做内应，齐国大军跟随其后，登上太行山，进入孟门关口。栾盈行迹败露，齐军回师，顺道攻占了朝歌城。

六年，当时，棠公的妻子很漂亮，棠公死后，崔杼娶了她。庄公又与她通奸，多次到崔杼家，还把崔杼的帽子赐给别人。庄公的随从说："不能这样。"崔杼十分恼怒，借庄公讨伐晋国的机会，想与晋国同谋袭击庄公，但却没有机会。庄公以前鞭打过宦官贾举，后来又任用贾举为内侍，贾举因此得以为崔杼寻找报仇的机会。五月，莒国的国君来朝拜齐君，齐庄公在甲戌日宴请了莒君。崔杼佯称有病没去上朝。乙亥日，庄公来看望崔杼的病情，接着追嬉崔杼的妻子。崔妻进入内室，与崔杼一起将屋门关上不出来，庄公在前堂抱柱唱歌。此时宦官贾举把庄公的侍从拦在外面，而自己进入了院子，将院门从里边关上。崔杼埋伏的徒众手持兵器一拥而上。庄公登上庭台请求和解，众人不同意；庄公又请求签订誓约，众人也不同意；庄公最后请求回到自己的祖庙去自杀，众人仍没有准许。大家说："国君的臣子崔杼病重，不能听您的吩咐。这里离宫廷很近，我们只管捉拿淫乱之人，没接到其他的命令。"庄公想跳墙逃跑，被人射中了大腿，坠在墙里，于是被杀了。晏婴站在崔杼府邸大门之外，说："如果国君为社稷而死，那么臣子应为他殉死；如果国君为社稷而逃亡，那么臣子应随他流亡。国君为了自己的私利而死或逃跑，除了他的宠臣，别人是不会为此殉死或逃亡的。"大门打开后，晏子进入院中，将庄公的尸体枕放在自己的大腿上抚尸而哭，起来后三次顿足以表哀痛，然后离开了。有人对崔杼说："一定杀死晏婴！"崔杼说："他深得众望，放了他，我们会获取民心。"

丁丑日，崔杼扶立庄公的异母弟弟杵臼为君，就是景公。景公的母亲，是鲁国大夫叔孙宣伯的女儿。景公登基后，以崔杼为右相，庆封为左相。二位国相担心国内动乱不稳，就同国人盟誓说："不附从崔杼、庆封的就要死！"晏子仰天长叹说："我做不到，我只跟随忠君利国的人！"不肯盟誓。庆封想杀晏子，崔杼说："他是忠臣，放了他。"齐太史在简策上记录说"崔杼杀庄公"，崔杼因此杀了太史。他的弟弟又写，崔杼又把他杀了。太史的小弟又写，崔杼于是放过了他。

景公元年，那时崔杼生了儿子成与强，他们的生母死了，崔杼又娶了东郭氏之女，生下了明。东郭氏女让她前夫的儿子无咎与她自己的弟弟东郭偃担任家相协助崔杼。崔成犯了过错，无咎和东郭偃两位家相马上严治成，把崔明立为太子。崔成请求到崔邑去养老，崔杼同意了，但二人不同意，说："崔邑是崔氏宗庙所在之地，崔成不能去。"崔成、崔强听后很愤怒，将此事告诉了庆封。庆封与崔杼有隔阂，希望崔氏败落。崔成、崔强在崔杼家中杀死了无咎、东郭偃，家人到处逃窜。崔杼大怒，但没有家人，只好让一个宦官为他驾车，去见庆封。庆封说："让我为您杀死崔成、崔强吧。"因此派崔杼的仇人卢蒲嫳进攻崔氏，杀死了崔成、崔强，灭掉了崔氏一族，崔杼之妻自杀。崔杼无家可归，也自杀。庆封当上相国，独自专权。

三年十月，庆封外出打猎。当初，庆封杀死崔杼以后变得越发骄横，喜欢喝酒打猎，不理政事。其子庆舍管理政务，父子间已有矛盾。田文子对田桓子说："内乱将起。"田、鲍、高、栾四家族共同谋划准备消灭庆氏。庆舍派出甲兵包围了庆封的宫室，四家族的徒众一起攻破了庆氏之家。庆封回来，不能进家，便逃跑到了鲁国。齐国责备鲁国，庆封又逃到吴国。吴国把朱方之地赏给庆封，庆封同族人居住在这儿，比在齐国时还富有。这年秋，齐国人移葬庄公，而把崔杼的尸体摆放在市场上示众，以泄民怨。

九年，景公派晏婴出使晋国，晏婴私下对叔向说："齐国的政权最终将归田氏。田氏虽然没有大的功劳，但能借公事施私恩，对百姓有恩德，人民拥护他。"十二年，景公到晋国，拜见晋平公，想一起攻打燕国。十八年，景公又到晋国，会见晋昭公。二十六年，景公到鲁国郊外打猎，顺道进入鲁国，与晏婴一起咨询鲁国的礼制。三十一年，鲁昭公因逃避季氏叛乱，逃亡至齐国。景公想将千社人家连同土地封给昭公，子家阻止了昭公，昭公于是请求齐国征讨鲁国，攻下了郓城，让昭公居住在那里。

三十二年，有彗星出现。景公坐在柏寝台上叹气说："富丽堂皇的亭台，最后落于谁手呢？"群臣黯然泪下。晏子反而笑起来，景公很生气。晏子说："我笑群臣太谄媚了。"景公说："彗星出现在东北天空，对应的正是齐国地域，寡人因此担忧。"晏子说："您修高台凿深池，担心赋税收得少，唯恐刑罚不严苛，最凶的茀星将要出现，彗星又有什么好怕的呢？"景公说："可以用祭祀和祷告消灾吗？"晏子说："如果祝祷可以让神明降临，那么祈禳也可以让它离去。百姓愁苦怨恨的数以万计，您让一个人去祈禳，怎么能胜得过众人的怨声呢？"当时景公喜欢修建宫室，聚养狗马，很是奢侈，税重而刑酷，晏子因此借机劝谏他。

四十二年，吴王阖闾攻打楚国，攻占了楚国国都郢。

四十七年，鲁国大夫阳虎围攻鲁君，失败了，逃跑到齐国，请求齐国攻打鲁国。鲍子谏止景公，景公于是囚禁了阳虎。阳虎逃跑了，逃到了晋国。

四十八年，景公同鲁定公在夹谷友好相会。犁鉏对景公说："孔丘深通礼仪但懦弱不刚，请您让莱人表演歌舞，借机捉住鲁君，可以让鲁满足我们的要求。"景公担忧孔子做鲁相，担心鲁国成就霸业，所以听从了犁鉏的计策。盟会时，齐国献上莱人乐舞，孔子快步登上台阶，命相关人员将莱人抓住斩首，并以礼仪责备景公。景公惭愧，便归还了侵占的鲁国领土来谢罪，然后离开了。这一年，婴晏去世。

五十五年，晋国大夫范氏、中行氏背叛他们的国君，晋君反攻得很猛烈，二氏到齐国借粮。田乞当时想叛乱，与叛臣结成党羽，因此劝景公说："范氏、中行氏屡次对齐国有恩，不可不救。"景公于是让田乞去援助并供给他们粮食。

五十八年夏，景公夫人燕姬的嫡子死了。景公的宠妾芮姬生了儿子荼，荼年幼，其母出身卑微，荼又行为不端，诸位大夫担心他成为太子，于是都说愿意在诸公子中选择年长贤德的人做太子。景公由于年老，厌恶提立太子的事，又宠爱荼的母亲，便想立荼为太子，但又怕群臣反对，不愿主动提及，就对大夫们说："及时行乐吧，还担心国家没有君主吗？"秋天，景公病重，命令国惠子、高昭子立幼子荼为太子，放逐了其他公子，将他们迁居到莱地。景公去世后，太子荼为国君，就是晏孺子。这年冬，齐景公还未下葬，其他公子担心被杀，都逃亡到国外。荼的异母兄弟寿、驹、黔逃到了卫国，公子驵、阳生逃到了鲁国。莱人因此歌唱道："景公死了不能举行葬礼，三军之事不能参与谋划。众公子的追随者呀，哪里是你们的归宿呢？"

晏孺子元年春，田乞假装侍奉高氏、国氏，每次田乞都作为陪乘陪二氏上朝，并说："您得到君王信任，诸大夫都人人自危，想图谋叛变。"然后又对诸大夫说："高昭子太可怕了，趁他还没开始加害我们前，我们先杀掉他。"大夫们听从了他的意见。六月，田乞、鲍牧与众大夫率兵攻入宫中，想攻打高昭子。高昭子听说后，与国惠子共同救援晏孺子。晏孺子兵败，田乞等人追赶，国惠子逃亡到莒国，于是田乞返回来杀了高昭子。晏圉逃到鲁国。八月，齐大夫秉意兹也逃到鲁国。田乞打败高、国二相后，就派人到鲁国迎回公子阳生。阳生到齐后，躲藏在田乞家中。十月戊子日，田乞邀请各位大夫说："田常的母亲今天在家操持了简单的祭祀，希望大家能光临饮几杯。"会餐饮酒时，田乞事先把阳生装在大口袋里，放在座席中间，然后解开袋口放出阳生，说："这是齐国的君主！"众大夫听了都跪拜在地。接着田乞想与众大夫宣誓，立阳生为君。这时鲍牧已喝醉了，田乞便蒙骗大家说："我和鲍牧准备立阳生为君。"鲍牧生气地说："您忘记景公立荼为君的遗嘱了吗？"众大夫面面相觑，想要反悔，这时阳生上前，叩头拜谢说："大家如果认为我具备当君王的条件就立我吧，要不就作罢。"鲍牧因为怕惹起祸端，便又说道："都是景公的儿子，有什么不可的。"就与众宣誓，立阳生为齐君，这就是齐悼公。悼公入宫后，派人将晏孺子流放到骀，并将他杀死在帐篷里；接着又驱逐了晏孺子的母亲芮子。芮子本来就出身卑微而孺子又幼小，所以无权势，国人都看不起他们。

悼公元年，齐国征伐鲁国，攻占了欢、阐二地。当初，阳生逃亡到鲁时，季康子将妹妹嫁给了他。阳生回国登基后，便派人来迎接妻子。他的妻子季姬与季鲂侯通奸，向家人说出了实情，鲁国不敢将季姬送到齐国，所以齐国讨伐鲁国，最终将季姬接回了齐国。季姬受到悼公宠幸，齐国便归还了占领的鲁国土地。

鲍子与悼公有矛盾，关系不和。四年，吴国、鲁国攻打齐国南部。鲍子杀掉了悼公，向吴国报丧。吴王夫差听闻后按礼节在军门外哭吊了三日，决定从海路进军讨伐齐国。齐军打败了吴军，吴军于是撤了回来。晋国的赵鞅率兵攻打齐国，打到赖地后才撤军。齐国人一致拥立悼公的儿子壬为齐君，这便是简公。

简公四年春，当初，齐简公和其父悼公都在鲁国，大夫监止受到宠幸。简公登基后，让监止掌管政务。田成子对此感到担忧，在上朝时总是警戒地回头看他。简公的仆御田鞅向简公进言说："田、监二人不能共存，您只能选择其中一个。"简公不听。监止一次晚朝时，正好碰见田逆杀了人，就把田逆抓了起来。田氏宗族这时特别团结，就让被囚禁的田逆假装病重，借机由家人探监时送酒给看守喝，看守醉后被杀死，田逆因此逃跑了。监止与田氏在田氏宗祠宣誓和解此事。当初，田豹想给监止当家臣，让大夫公孙转达田豹的意思，正逢田豹家里有丧事而中止。后来田豹还是做了监止的家臣，并且受到监止的宠幸。监止对田豹说："我把田氏全部驱赶走而让你当田氏之长，可以吗？"田豹回答说："我不过是田氏族中的疏远旁支而已，并且田氏族中不服从您的不过几个人，何必全都驱赶呢！"于是田豹将这一情况告知了田氏。子行说："他正得君主宠幸，如不先下手，你必遭其祸。"子行于是住在了简公宫中，以便接应。

夏五月十三日，田常兄弟乘四辆车去见简公。监止正在简公帏帐里，便出来迎接他们，他们一进去就把宫门关了。宦官们反抗他们，子行便将宦官们杀了。简公正在檀台上与妻妾喝酒，田成子把他们带到寝宫。简公拿起戈要刺田成子，太史子余说："他不是要谋杀您，而是要为您除害。"田成子出宫住进武库，听说简公还在生气，就准备逃走，并说："哪儿没有国君！"子行拔剑说："犹豫不决最是坏事。这儿的人谁不是田氏成员？你如果懦弱出逃不顾大家，我要不杀你，历代祖宗都不饶。"田成子这才留下。监止跑回家，聚集党众攻打宫门与王宫大门，都没有成功，就逃走了。田氏众人紧紧追赶。丰丘有人抓住了监止并报告了田氏，田氏便在郭门杀掉了监止。田成子要杀大陆子方，田逆为他求情才被豁免。大陆子方便以简公的名义在路上拦车，出了雍门。田豹曾给他车，他没有接受，说："田逆为我求情，田豹给我车辆，人家会认为我与田氏有私交。我是监止的家臣却与他的仇家有交往，有什么面目去见鲁、卫的士人呢？"

二十一日，田常在徐州抓住了简公。简公说："我要是早听从田鞅的话，也不会走到今天这个地步了。"二十四日，田常在徐州杀害了简公。田常于是拥立简公的弟弟骜为国君，这就是齐平公。平公登基后，田常辅佐他，掌控了齐国大权，将齐国安平以东的广大国土割给田氏作为封邑。

平公八年，越国消灭了吴国。二十五年，平公去世，其子宣公积继位。

宣公五十一年去世，其子康公贷继位。田会在廪丘谋反。

康公二年，韩、赵、魏成为诸侯。十九年，田常的曾孙田和被封为诸侯，把康公放逐到海滨。

二十六年，康公去世，吕氏的祭祀从此断绝。田氏最终占有了齐国，到齐威王时，称霸天下。

太史公说：我到齐国，从泰山山脉延伸出来的琅邪山，向北一直到大海，其沃土两千里，其人民心胸宽广而又深沉多智，他们的天性就是这样。依赖太公的圣明，奠定了立国根基；因为桓公的盛德，施行仁政，因此主持诸侯会盟，成为了天下霸主，这不是顺理成章吗？齐国盛大呀，这确实是大国风范啊！

史记卷三十三

鲁周公世家第三

周公旦者，周武王弟也。自文王在时，旦为子孝，笃仁，异于群子。及武王即位，旦常辅翼武王，用事居多。武王九年，东伐至盟津，周公辅行。十一年，伐纣，至牧野，周公佐武王，作《牧誓》。破殷，入商宫。已杀纣，周公把大钺，召公把小钺，以夹武王，衅社，告纣之罪于天及殷民。释箕子之囚。封纣子武庚禄父，使管叔、蔡叔傅之，以续殷祀。遍封功臣同姓戚者。封周公旦于少昊之虚曲阜，是为鲁公。周公不就封，留佐武王。

武王克殷二年，天下未集，武王有疾，不豫，群臣惧，太公、召公乃缪卜。周公曰："未可以戚我先王。"周公于是乃自以为质，设三坛，周公北面立，戴璧秉圭，告于太王、王季、文王。史策祝曰："惟尔元孙王发，勤劳阻疾。若尔三王是有负子之责于天，以旦代王发之身。旦巧能，多材多艺，能事鬼神。乃王发不如旦多材多艺，不能事鬼神。乃命于帝庭，敷佑四方，用能定汝子孙于下地，四方之民罔不敬畏。无坠天之降葆命，我先王亦永有所依归。今我其即命于元龟，尔之许我，我以其璧与圭归，以俟尔命。尔不许我，我乃屏璧与圭。"周公已令史策告太王、王季、文王，欲代武王发，于是乃即三王而卜。卜人皆曰吉，发书视之，信吉。周公喜，开籥，乃见书遇吉。周公入贺武王曰："王其无害。旦新受命三王，维长终是图，兹道能念予一人。"周公藏其策縢匮中，诫守者勿敢言。明日，武王有瘳。

其后武王既崩，成王少，在强葆之中。周公恐天下闻武王崩而畔，周公乃践阼代成王摄行政当国。管叔及其群弟流言于国曰："周公将不利于成王。"周公乃告太公望、召公奭曰："我之所以弗辟而摄行政者，恐天下畔周，无以告我先王太王、王季、文王。三王之忧劳天下久矣，于今而后成。武王早终，成王少，将以成周，我所以为之若此。"于是卒相成王，而使其子伯禽代就封于鲁。周公戒伯禽曰："我文王之子，武王之弟，成王之叔父，我于天下亦不贱矣。然我一沐三捉发，一饭三吐哺，起以待士，犹恐失天下之贤人。子之鲁，慎无以国骄人。”

管、蔡、武庚等果率淮夷而反。周公乃奉成王命，兴师东伐，作《大诰》。遂诛管叔，杀武庚，放蔡叔。收殷馀民，以封康叔于卫，封微子于宋，以奉殷祀，宁淮夷东土，二年而毕定。诸侯咸服宗周。

天降祉福，唐叔得禾，异母同颖，献之成王，成王命唐叔以馈周公于东土，作《馈禾》。周公既受命禾，嘉天子命，作《嘉禾》。东土以集，周公归报成王，乃为诗贻王，命之曰《鸱鸮》。王亦未敢（训）〔诮〕周公。

成王七年二月乙未，王朝步自周，至丰，使太保召公先之洛相土。其三月，周公往营成周洛邑，卜居焉，曰吉，遂国之。

成王长，能听政。于是周公乃还政于成王，成王临朝。周公之代成王治，南面倍依以朝诸侯。及七年后，还政成王，北面就臣位，匑匑如畏然。

初，成王少时，病，周公乃自揃其蚤沉之河，以祝于神曰：“王少未有识，奸神命者乃旦也。”亦藏其策于府。成王病有瘳。及成王用事，人或谮周公，周公奔楚。成王发府，见周公祷书，乃泣，反周公。

周公归，恐成王壮，治有所淫佚，乃作《多士》，作《毋逸》。《毋逸》称：“为人父母，为业至长久，子孙骄奢忘之，以亡其家，为人子可不慎乎！故昔在殷王中宗，严恭敬畏天命，自度治民，震惧不敢荒宁，故中宗飨国七十五年。其在高宗，久劳于外，为与小人，作其即位，乃有亮闇，三年不言，言乃欢，不敢荒宁，密靖殷国，至于小大无怨，故高宗飨国五十五年。其在祖甲，不义惟王，久为小人于外，知小人之依，能保施小民，不侮鳏寡，故祖甲飨国三十三年。”《多士》称曰：“自汤至于帝乙，无不率祀明德，帝无不配天者。在今后嗣王纣，诞淫厥佚，不顾天及民之从也。其民皆可诛。”（周多士）“文王日中昃不暇食，飨国五十年。”作此以诫成王。

成王在丰，天下已安，周之官政未次序，于是周公作《周官》，官别其宜。作《立政》，以便百姓。百姓说。

周公在丰，病，将没，曰：“必葬我成周，以明吾不敢离成王。”周公既卒，成王亦让，葬周公于毕，从文王，以明予小子不敢臣周公也。

周公卒后，秋未获，暴风雷雨，禾尽偃，大木尽拔。周国大恐。成王与大夫朝服以开金縢书，王乃得周公所自以为功代武王之说。二公及王乃问史百执事，史百执事曰：“信有，昔周公命我勿敢言。”成王执书以泣，曰："自今后其无缪卜乎！昔周公勤劳王家，惟予幼人弗及知。今天动威以彰周公之德，惟朕小子其迎，我国家礼亦宜之。"王出郊，天乃雨，反风，禾尽起。二公命国人，凡大木所偃，尽起而筑之。岁则大孰。于是成王乃命鲁得郊祭文王。鲁有天子礼乐者，以褒周公之德也。

周公卒，子伯禽固已前受封，是为鲁公。鲁公伯禽之初受封之鲁，三年而后报政周公。周公曰："何迟也？"伯禽曰："变其俗，革其礼，丧三年然后除之，故迟。"太公亦封于齐，五月而报政周公。周公曰："何疾也？"曰："吾简其君臣礼，从其俗为也。"及后闻伯禽报政迟，乃叹曰："呜呼，鲁后世其北面事齐矣！夫政不简不易，民不有近；平易近民，民必归之。"

伯禽即位之后，有管、蔡等反也，淮夷、徐戎亦并兴反。于是伯禽率师伐之于肸，作《肸誓》，曰："陈尔甲胄，无敢不善。无敢伤牿。马牛其风，臣妾逋逃，勿敢越逐，敬复之。无敢寇攘，逾墙垣。鲁人三郊三隧，峙尔刍茭、糗粮、桢干，无敢不逮。我甲戌筑而征徐戎，无敢不及，有大刑。"作此《肸誓》，遂平徐戎，定鲁。

鲁公伯禽卒，子考公酋立。考公四年卒，立弟熙，是谓炀公。炀公筑茅阙门。六年卒，子幽公宰立。幽公十四年，幽公弟沸杀幽公而自立，是为魏公。魏公五十年卒，子厉公擢立。厉公三十七年卒，鲁人立其弟具，是为献公。献公三十二年卒，子真公濞立。

真公十四年，周厉王无道，出奔彘，共和行政。二十九年，周宣王即位。

三十年，真公卒，弟敖立，是为武公。

武公九年春，武公与长子括、少子戏西朝周宣王。宣王爱戏，欲立戏为鲁太子。周之樊仲山父谏宣王曰："废长立少，不顺；不顺，必犯王命；犯王命，必诛之。故出令不可不顺也。令之不行，政之不立；行而不顺，民将弃上。夫下事上，少事长，所以为顺。今天子建诸侯，立其少，是教民逆也。若鲁从之，诸侯效之，王命将有所壅；若弗从而诛之，是自诛王命也。诛之亦失，不诛亦失，王其图之。"宣王弗听，卒立戏为鲁太子。夏，武公归而卒，戏立，是为懿公。

懿公九年，懿公兄括之子伯御与鲁人攻弑懿公，而立伯御为君。伯御即位十一年，周宣王伐鲁，杀其君伯御，而问鲁公子能道顺诸侯者，以为鲁后。樊穆仲曰："鲁懿公弟称，肃恭明神，敬事耆老；赋事行刑，必问于遗训而咨于固实；不干所问，不犯所(知)〔咨〕。”宣王曰：“然，能训治其民矣。”乃立称于夷宫，是为孝公。自是后，诸侯多畔王命。

孝公二十五年，诸侯畔周，犬戎杀幽王。秦始列为诸侯。

二十七年，孝公卒，子弗湟立，是为惠公。惠公三十年，晋人弑其君昭侯。四十五年，晋人又弑其君孝侯。

四十六年，惠公卒，长庶子息摄当国，行君事，是为隐公。初，惠公適夫人无子，公贱妾声子生子息。息长，为娶于宋。宋女至而好，惠公夺而自妻之，生子允，登宋女为夫人，以允为太子。及惠公卒，为允少故，鲁人共令息摄政，不言即位。

隐公五年，观渔于棠。

八年，与郑易天子之太山之邑祊及许田，君子讥之。

十一年冬，公子挥谄谓隐公曰：“百姓便君，君其遂立。吾请为君杀子允，君以我为相。”隐公曰：“有先君命。吾为允少，故摄代。今允长矣，吾方营菟裘之地而老焉，以授子允政。”挥惧子允闻而反诛之，乃反谮隐公于子允曰：“隐公欲遂立，去子，子其图之。请为子杀隐公。”子允许诺。十一月，隐公祭钟巫，齐于社圃，馆于蔿氏。挥使人弑隐公于蔿氏，而立子允为君，是为桓公。

桓公元年，郑以璧易天子之许田。二年，以宋之赂鼎入于太庙，君子讥之。

三年，使挥迎妇于齐，为夫人。六年，夫人生子，与桓公同日，故名曰同。同长，为太子。

十六年，会于曹，伐郑，入厉公。

十八年春，公将有行，遂与夫人如齐。申繻谏止，公不听，遂如齐。齐襄公通桓公夫人，公怒夫人，夫人以告齐侯。夏四月丙子，齐襄公飨公，公醉，使公子彭生抱鲁桓公，因命彭生折其胁，公死于车。鲁人告于齐曰：“寡君畏君之威，不敢宁居，来修好礼。礼成而不反，无所归咎，请得彭生以除丑于诸侯。”齐人杀彭生以说鲁。立太子同，是为庄公。庄公母夫人因留齐，不敢归鲁。

庄公五年冬，伐卫，内卫惠公。

八年，齐公子纠来奔。九年，鲁欲内子纠于齐，后桓公，桓公发兵击鲁，鲁急，杀子纠。召忽死。齐告鲁，生致管仲。鲁人施伯曰：“齐欲得管仲，非杀之也，将用之，用之则为鲁患。不如杀，以其尸与之。”庄公

《东周列国志》版画之鲁桓公夫妇入齐图，讲述鲁桓公与其妻文姜归齐，而文姜与其兄齐襄公有染，齐襄公定计使彭生杀了鲁桓公之事。

不听，遂囚管仲与齐。齐人相管仲。

十三年，鲁庄公与曹沫会齐桓公于柯，曹沫劫齐桓公，求鲁侵地。已盟而释桓公，桓公欲背约，管仲谏，卒归鲁侵地。

十五年，齐桓公始霸。二十三年，庄公如齐观社。

三十二年。初，庄公筑台临党氏，见孟女，说而爱之，许立为夫人，割臂以盟。孟女生子斑。斑长，说梁氏女，往观。圉人荦自墙外与梁氏女戏。斑怒，鞭荦。庄公闻之，曰："荦有力焉，遂杀之，是未可鞭而置也。"斑未得杀。会庄公有疾。庄公有三弟，长曰庆父，次曰叔牙，次曰季友。庄公取齐女为夫人，曰哀姜。哀姜无子。哀姜娣曰叔姜，生子开。庄公无適嗣，爱孟女，欲立其子斑。庄公病，而问嗣于弟叔牙。叔牙曰："一继一及，鲁之常也。庆父在，可为嗣，君何忧？"庄公患叔牙欲立庆父，退而问季友。季友曰："请以死立斑也。"庄公曰："曩者叔牙欲立庆父，奈何？"季友以庄公命命牙待于鍼巫氏，使鍼季劫饮叔牙以鸩，曰："饮此则有后奉祀；不然，死且无后。"牙遂饮鸩而死，鲁立其子为叔孙氏。八月癸亥，庄公卒，季友竟立子斑为君，如庄公命。侍丧，舍于党氏。

先时庆父与哀姜私通，欲立哀姜娣子开。及庄公卒而季友立斑，十月己未，庆父使圉人荦杀鲁公子斑于党氏。季友奔陈。庆父竟立庄公子开，是为湣公。

湣公二年，庆父与哀姜通益甚。哀姜与庆父谋杀湣公而立庆父。庆父使卜齮袭杀湣公于武闱。季友闻之，自陈与湣公弟申如邾，请鲁求内之。鲁人欲诛庆父。庆父恐，奔莒。于是季友奉子申入，立之，是为釐公。釐公亦庄公少子。哀姜恐，奔邾。季友以赂如莒求庆父，庆父归，使人杀庆父，庆父请奔，弗听，乃使大夫奚斯行哭而往。庆父闻奚斯音，乃自杀。齐桓公闻哀姜与庆父乱以危鲁，乃召之邾而杀之，以其尸归，戮之鲁。鲁釐公请而葬之。

季友母陈女，故亡在陈，陈故佐送季友及子申。季友之将生也，父鲁桓公使人卜之，曰："男也，其名曰'友'，间于两社，为公室辅。季友亡，则鲁不昌。"及生，有文在掌曰"友"，遂以名之，号为成季。其后为季氏，庆父后为孟氏也。

釐公元年，以汶阳鄪封季友。季友为相。

九年，晋李克杀其君奚齐、卓子。齐桓公率釐公讨晋乱，至高梁而还，立晋惠公。十七年，齐桓公卒。二十四年，晋文公即位。

三十三年，釐公卒，子兴立，是为文公。

文公元年，楚太子商臣弑其父成王，代立。三年，文公朝晋襄公。

十一年十月甲午，鲁败翟于鹹，获长翟乔如，富父终甥舂其喉，以戈杀之，埋其首于子驹之门，以命宣伯。

初，宋武公之世，鄋瞒伐宋，司徒皇父帅师御之，以败翟于长丘，获长翟缘斯。晋之灭路，获乔如弟棼如。齐惠公二年，鄋瞒伐齐，齐王子城父获其弟荣如，埋其首于北门。卫人获其季弟简如。鄋瞒由是遂亡。

十五年，季文子使于晋。

十八年二月，文公卒。文公有二妃：长妃齐女哀姜，生子恶及视；次妃敬嬴，嬖爱，生子俀。俀私事襄仲，襄仲欲立之，叔仲曰不可。襄仲请齐惠公，惠公新立，欲亲鲁，许之。冬十月，襄仲杀子恶及视而立俀，是为宣公。哀姜归齐，哭而过市，曰："天乎！襄仲为不道，杀适立庶！"市人皆哭，鲁人谓之"哀姜"。鲁由此公室卑，三桓强。

宣公俀十二年，楚庄王强，围郑。郑伯降，复国之。

十八年，宣公卒，子成公黑肱立，是为成公。季文子曰："使我杀适立庶失大援者，襄仲。"襄仲立宣公，公孙归父有宠。宣公欲去三桓，与晋谋伐三桓。会宣公卒，季文子怨之，归父奔齐。

成公二年春，齐伐取我隆。夏，公与晋郤克败齐顷公于鞍，齐复归我侵地。

四年，成公如晋，晋景公不敬鲁。鲁欲背晋合于楚，或谏，乃不。十年，成公如晋。晋景公卒，因留成公送葬，鲁讳之。十五年，始与吴王寿梦会钟离。

十六年，宣伯告晋，欲诛季文子。文子有义，晋人弗许。

十八年，成公卒，子午立，是为襄公。是时襄公三岁也。

襄公元年，晋立悼公。往年冬，晋栾书弑其君厉公。四年，襄公朝晋。

五年，季文子卒。家无衣帛之妾，厩无食粟之马，府无金玉，以相三君。君子曰："季文子廉忠矣。"

九年，与晋伐郑。晋悼公冠襄公于卫，季武子从，相行礼。

十一年，三桓氏分为三军。

十二年，朝晋。十六年，晋平公即位。二十一年，朝晋平公。

二十二年，孔丘生。

二十五年，齐崔杼弑其君庄公，立其弟景公。

二十九年，吴延陵季子使鲁，问周乐，尽知其意，鲁人敬焉。

三十一年六月，襄公卒。其九月，太子卒。鲁人立齐归之子裯为君，是为昭公。

昭公年十九，犹有童心。穆叔不欲立，曰："太子死，有母弟可立；不，即立长。年钧择贤，义钧则卜之。今裯非適嗣，且又居丧意不在戚而有喜色，若果立，必为季氏忧。"季武子弗听，卒立之。比及葬，三易衰。君子曰："是不终也。"

昭公三年，朝晋至河，晋平公谢还之，鲁耻焉。四年，楚灵王会诸侯于申，昭公称病不往。七年，季武子卒。八年，楚灵王就章华台，召昭公。昭公往贺，赐昭公宝器；已而悔，复诈取之。十二年，朝晋至河，晋平公谢还之。十三年，楚公子弃疾弑其君灵王，代立。十五年，朝晋，晋留之葬晋昭公，鲁耻之。二十年，齐景公与晏子狩竟，因入鲁问礼。二十一年，朝晋至河，晋谢还之。

二十五年春，鸜鹆来巢。师己曰："文、成之世童谣曰'鸜鹆来巢，公在乾侯。鸜鹆入处，公在外野'。"

季氏与郈氏斗鸡，季氏芥鸡羽，郈氏金距。季平子怒而侵郈氏，郈昭伯亦怒平子。臧昭伯之弟会伪谗臧氏，匿季氏，臧昭伯囚季氏人。季平子怒，囚臧氏老。臧、郈氏以难告昭公。昭公九月戊戌伐季氏，遂入。平子登台请曰："君以谗不察臣罪，诛之！"请迁沂上，弗许。请囚于鄪，弗许。请以五乘亡，弗许。子家驹曰："君其许之。政自季氏久矣，为徒者众，众将合谋。"弗听。郈氏曰："必杀之。"叔孙氏之臣戾谓其众曰："无季氏与有，孰利？"皆曰："无季氏是无叔孙氏。"戾曰："然，救季氏！"遂败公师。孟懿子闻叔孙氏胜，亦杀郈昭伯。郈昭伯为公使，故孟氏得之。三家共伐公，公遂奔。己亥，公至于齐。齐景公曰："请致千社待君。"子家曰："弃周公之业而臣于齐，可乎？"乃止。子家曰："齐景公无信，不如早之晋。"弗从。叔孙见公还，见平子，平子顿首。初欲迎昭公，孟孙、季孙后悔，乃止。

二十六年春，齐伐鲁，取郓而居昭公焉。夏，齐景公将内公，令无受鲁赂。申丰、汝贾许齐臣高龁、子将粟五千庾。子将言于齐侯曰："群臣不能事鲁君，有异焉。宋元公为鲁如晋，求内之，道卒。叔孙昭子求内其君，无病而死。不知天弃鲁乎？抑鲁君有罪于鬼神也？愿君且待。"齐景公从之。

二十八年，昭公如晋，求入。季平子私于晋六卿，六卿受季氏赂，谏晋君，晋君乃止，居昭公乾侯。二十九年，昭公如郓。齐景公使人赐昭公书，自谓“主君”。昭公耻之，怒而去乾侯。

三十一年，晋欲内昭公，召季平子。平子布衣跣行，因六卿谢罪。六卿为言曰：“晋欲内昭公，众不从。”晋人止。

三十二年，昭公卒于乾侯。鲁人共立昭公弟宋为君，是为定公。

定公立，赵简子问史墨曰：“季氏亡乎？”史墨对曰：“不亡。季友有大功于鲁，受鄪为上卿，至于文子、武子，世增其业。鲁文公卒，东门遂杀適立庶，鲁君于是失国政。政在季氏，于今四君矣。民不知君，何以得国！是以为君慎器与名，不可以假人。”

定公五年，季平子卒。阳虎私怒，囚季桓子，与盟，乃舍之。七年，齐伐我，取郓，以为鲁阳虎邑以从政。

八年，阳虎欲尽杀三桓適，而更立其所善庶子以代之；载季桓子将杀之，桓子诈而得脱。三桓共攻阳虎，阳虎居阳关。九年，鲁伐阳虎，阳虎奔齐，已而奔晋赵氏。

十年，定公与齐景公会于夹谷，孔子行相事。齐欲袭鲁君，孔子以礼历阶，诛齐淫乐，齐侯惧，乃止，归鲁侵地而谢过。

十二年，使仲由毁三桓城，收其甲兵。孟氏不肯堕城，伐之，不克而止。季桓子受齐女乐，孔子去。

十五年，定公卒，子将立，是为哀公。

哀公五年，齐景公卒。

六年，齐田乞弑其君孺子。

七年，吴王夫差强，伐齐，至缯，征百牢于鲁。季康子使子贡说吴王及太宰嚭，以礼诎之。吴王曰：“我文身，不足责礼。”乃止。

八年，吴为邹伐鲁，至城下，盟而去。齐伐我，取三邑。十年，伐齐南边。十一年，齐伐鲁，季氏用冉有有功，思孔子，孔子自卫归鲁。

十四年，齐田常弑其君简公于徐州。孔子请伐之，哀公不听。

十五年，使子服景伯、子贡为介，适齐，齐归我侵地。田常初相，欲亲诸侯。

十六年，孔子卒。

二十二年，越王勾践灭吴王夫差。

二十七年春，季康子卒。夏，哀公患三桓，将欲因诸侯以劫之，三桓亦患公作难，故君臣多间。公游于陵阪，遇孟武伯于衢，曰："请问余及死乎？"对曰："不知也。"公欲以越伐三桓。八月，哀公如陉氏。三桓攻公，公奔于卫，去，如邹，遂如越。国人迎哀公，复归，卒于有山氏。子宁立，是为悼公。

悼公之时，三桓胜，鲁如小侯，卑于三桓之家。

十三年，三晋灭智伯，分其地有之。

三十七年，悼公卒，子嘉立，是为元公。元公二十一年卒，子显立，是为穆公。穆公三十三年卒，子奋立，是为共公。共公二十二年卒，子屯立，是为康公。康公九年卒，子匽立，是为景公。景公二十九年卒，子叔立，是为平公。是时六国皆称王。

平公十二年，秦惠王卒。二十二年，平公卒，子贾立，是为文公。文公（七）〔元〕年，楚怀王死于秦。二十三年，文公卒，子雠立，是为顷公。

顷公二年，秦拔楚之郢，楚顷王东徙于陈。十九年，楚伐我，取徐州。二十四年，楚考烈王伐灭鲁。顷公亡，迁于下邑，为家人，鲁绝祀。顷公卒于柯。

鲁起周公，至顷公，凡三十四世。

太史公曰：余闻孔子称曰"甚矣鲁道之衰也！洙泗之间断如也。"观庆父及叔牙、闵公之际，何其乱也？隐、桓之事，襄仲杀適立庶，三家北面为臣，亲攻昭公，昭公以奔。至其揖让之礼则从矣，而行事何其戾也！

【译文】

周公旦，是周武王的弟弟。文王还在世时，旦作为儿子就特别孝顺，忠厚仁爱，超过了其他兄弟。到武王即位后，旦便经常辅佐武王，许多政务都是他在处理。武王九年时，亲自东征至盟津，周公随军陪同前往。十一年，武王率军征讨商纣王，进军到牧野，周公帮助武王发表了动员战斗的《牧誓》。周军攻破了殷都，闯进了殷王宫。在杀掉殷纣以后，周公手握大斧，召公手持小斧，两人一左一右陪伴武王，举行了祭社大礼，向上天与殷民昭告商纣王的罪状。武王把箕子从囚笼中释放了出来，又封纣的儿子武庚禄父为诸侯，命管叔、蔡叔在一旁监督他，以继承殷朝的祭祀。接着遍封功臣、同姓及亲戚。封周公于东方帝王少昊的故墟曲阜，这便是鲁公。周公没有去自己的封国，而是留在朝廷继续辅助武王。

武王灭殷纣后的第二年，天下尚未统一，武王得病了，身体不舒服，群臣恐惧，太公和召公于是虔诚地进行了占卜。周公说："这样还不可以让我先王动心。"于是周公以自身作为供品，设置了三个祭坛，自己面向神台站立，捧璧持圭，向太王、王季、文王的灵位祷告。命史官作册文祝告说："你们的子孙周王姬发，现劳累成疾。假如三位先王欠上天一个儿子，请让旦代替周王发吧。旦聪明能干，多才多艺，能侍奉鬼神。周王姬发不如旦心灵手巧，不会侍奉鬼神。但周王发秉受天命，要普济天下，并且他能让你们在人世的子孙过上稳定的生活，而且天下的人民也都敬畏他。不能使天赐宝运中途断绝，我们的先王也能因姬发在位而得以永享奉祀。现在我通过占卜的大龟听命于先王，你们如能同意我的要求，我将圭璧献上，听从你们的安排。你们若不同意，我就把圭璧收藏起来。"周公命史官作册文向太王、王季、文王祷告，要替代武王去死，然后到三王祭坛前占卜。卜人都说吉利，周公特别高兴，打开藏在柜中的占卜书察看，果然是吉象。周公便进宫向武王庆贺说："大王没有灾难，我刚收到三位先王命令，让您只需考虑如何保持周室天下的长久统治。这是上天让您考虑如何行使好天子之职。"周公把册文收进金丝缠束的柜中密藏，警告守柜者不许泄露。第二天，武王果然痊愈了。

后来武王逝世，成王年幼，还在襁褓之中。周公担心天下人因听说武王死了而背叛朝廷，便登位代替成王处理朝政，执掌国家大权。管叔和他的诸弟在国中散布流言说："周公将对成王不利。"周公就告诉太公望、召公奭说："我之所以不避嫌疑代理朝政，是担心天下人背叛周室，无法向我们的先王太王、王季、文王交代。三位先王为天下之业忧劳这么久，到现在才刚成功。武王早逝，成王年少，为了完成安定周朝的大业，我才这样做。"于是最终继续留下来辅佐成王，而命自己的长子伯禽代自己去了鲁国封邑。周公告诫伯禽说："我是文王的儿子、武王的弟弟、成王的叔父，我在国家中的地位不算低了。但是我却经常在洗一次头时要三次握起头发，吃一顿饭时要三次吐出正在口中的食物，起身来接待贤士，这样还怕失去天下的贤人。你去鲁国后，一定不要因为自己是国君而怠慢他人。"

管叔、蔡叔、武庚等人果然率领淮夷造反了。周公于是奉成王之令，率军东讨，出发前发表了《大诰》。最终诛杀了管叔，处死了武庚，放逐了蔡叔。后来将殷朝的遗民集中到卫地，封康叔为卫侯，封微子为宋侯，让他承续殷朝的祭祀。平定淮夷及东部其他地区，前后用了二年时间。从此，天下诸侯都归顺周王朝。

天降福瑞，唐叔得到二茎共生一穗的禾苗，将它贡献给成王，成王命唐叔将它送给正在东部征讨的周公，写了《馈禾》。周公接受后，赞颂天子之命，写了《嘉禾》。东方稳定后，周公回报成王，并作了首诗赠予成王，诗名为《鸱鸮》。成王不以为然，但也不敢责怪周公。

成王七年二月乙未日，成王在镐京拜谒武王庙，随后步行至丰京朝拜文王庙，命太保召公先行到洛邑考察地形。三月，周公去洛邑指导成周京城的营建工作，对洛邑是否适合建都进行了占卜，得象大吉，因此就以洛邑为国都。

成王长大，能够自己处理朝政了。于是周公就把政权交还给成王，成王开始临朝听政。过去周公代替成王治理天下时，面向南方，背靠绘有斧形图案的屏风，接受诸侯朝拜。七年之后，还政于成王，周公便面向北而立，站在臣子的位上，仍是一副小心恭敬、战战兢兢的样子。

当初，成王年幼，得了病，周公就剪下自己的指甲扔入河中，向河神祷告说："王年幼不懂事，触犯了神灵的是旦。"他把这祝告册文也藏于秘府。成王的病果然痊愈了。到成王当朝后，有人说周公坏话，周公逃到了楚国。后来成王打开秘密档案，发现了周公当年的祈祷册文，感动得泪流满面，便立即接回了周公。

周公回来后，担心成王年少气盛，治国中会有荒淫放荡的行为，就写了《多士》，又作了《毋逸》。《毋逸》中写道："做父母的，要经过长时期的创业才能成功，其子孙骄奢淫佚，忘掉了祖先的艰辛，以至于毁败了家业，做儿子的能不小心吗？所以过去殷王中宗，庄重恭敬地畏惧天命，治民时严以律己，兢兢业业不敢荒废事业、自图享乐，因此中宗享有君位七十五年之久。在殷高宗时，他长期在民间劳碌，与平民百姓一起生活，在他登基后，便遇上了丧事，三年没有说话，一发表言论便得到了臣民的拥戴。他不敢荒淫享乐，使殷国家安定，平民大臣都没有怨言，因此高宗得以享有国家五十五年。到了殷王祖甲，他觉得自己并非长子，不适合当王，因此长时间躲避于民间，深知人民需要，他能够保护并施德于民，不侮慢鳏寡孤独，所以祖甲拥有国家三十三年。"《多士》中写道："自汤到帝乙，无不遵循礼制祭祀，勉力修德，历代诸王都能上配天命。后来殷纣即位，其荒淫享乐，不顾天意民心，他的百姓都认为他该杀。""周文王每天忙到太阳偏西了还顾不上吃饭，因此享有君位五十年。”周公写了这些用来告诫成王。

成王居于丰都，那时天下虽已经安定，但周朝的官职制度尚未完善，于是周公写了《周官》，规定了百官职责；写了《立政》，以便百姓，百姓都很高兴。

周公在丰都，生病了，在临终前，他对身边人说：“一定要把我埋葬在成周，以表明我不会离开成王。”周公去世后，成王谦让地将周公葬在了毕原，意思是让他陪伴着文王，来表示成王不敢视周公为臣。

周公去世那年，正是秋天，庄稼还未收割，突然刮起了暴风，雷霆大作，庄稼全都倒伏在地，大树也被连根拔起。王都的人十分害怕。成王同众大夫穿好朝服打开用金丝封缄的祭神册文，看到了周公愿以己身替武王去死的祷文。太公、召公和成王因此问史官和有关人员，他们说：“确有此事，不过以前周公命令我们不许说出去。”成王手执册文而哭，说：“恐怕以后再也没有这样的祷文了！过去周公为王室如此辛劳，只是我年幼无知不理解。现在上天发威来彰显周公之德，我应设祭迎其神，这也符合我们国家的礼仪。”成王因此来到郊外，举行了郊祀，天下起了雨，而风向也反转了，倒伏的庄稼全部立起。太公、召公命令国人，凡倒下的大树都扶起，培实土基。当年获得了大丰收。于是成王特准鲁国可以在南郊祭祀文王。所以鲁国有一套天子使用的礼乐，是因为褒奖周公的品行而特别赏赐的。

周公去世，其长子伯禽之前本来已经受封，便是鲁公。鲁公伯禽当初受封到鲁国，三年过后才向周公汇报施政情况。周公说：“为什么这么晚呢？”伯禽说：“转变当地风俗，改变当地礼制，要等服丧三年除服之后才能看到成果，所以迟了。”当时太公受封于齐国，五个月后就向周公汇报了施政情况。周公说：“为什么会这么快？”太公说：“我简化了当地的君臣礼仪，一切顺从当地的风俗去做，所以如此快。”当听闻伯禽汇报政情迟缓的原因后，周公叹气说：“唉！鲁国以后将要成为齐国之臣了！为政不简约易行，百姓就不会亲近；统治者平易近人，百姓必然会归顺他。”

伯禽做鲁公之后，发生了管、蔡等反叛的事，淮夷、徐戎也一起兴兵造反。于是伯禽率军到肸邑征讨他们，写了《肸誓》，说：“准备你们的战甲和头盔，看谁敢不准备好。不许毁坏牛栏马圈。如果马牛走失、奴隶逃脱，军士不得擅离职守去抓捕，抓获别人的马、牛、奴隶要归还。不许劫掠侵扰，不许翻墙入室盗窃。鲁国西、南、北三方近郊和远郊的人，备办干草、干粮和木桩，不许缺少。我将在甲戌日修建工事征讨徐戎，不许届时不至，否则将处以极刑。”发布《肸誓》后，最终平息了徐戎之乱，安定了鲁国。

鲁公伯禽去世后，其子考公酋继位。考公四年后去世，立他的弟弟熙为君，这就是炀公。炀公修建了茅阙宫门。六年后炀公去世，其子幽公宰继位。幽公十四年，幽公的弟弟姬沸杀害了幽公，自立为君，就是魏公。魏公五十年后去世，其子厉公擢登基。厉公三十七年后去世，鲁人立他的弟弟具为君，这便是献公。献公三十二年后去世，其子真公濞继位。

真公十四年，周厉王当政无道，逃到了彘地，周公、召公共同执政。二十九年，周宣王即位。三十年，真公去世，他的弟弟敖继位，这就是武公。

武公九年春，武公和长子括、少子戏西行入都朝见周宣王。宣王喜爱戏，想立戏为鲁国太子。周大夫樊仲山父劝谏宣王说：“废弃长子而立少子，不符合礼制；不符合礼制，必然会触犯君王命令；触犯君王命令，必然会被诛杀。所以，发令不可以违背礼制。如果命令得不到执行，那么政令的威严就难以建立；如果命令被执行但不符合礼制，百姓将会背离主上。下级侍奉上级，年轻者服侍年长者，这才符合礼制。现在天子确立诸侯继承人，却立其少子为继承人，这是教百姓做不合礼制的事。如果鲁国遵从了您的命令，其他的诸侯也会效仿，那么先王的遗命必然会阻塞难行；如果鲁国因不遵从您的命令而遭受惩罚，您就等于是自己在违背先王的遗命。那时您惩罚鲁国有错，不惩罚鲁国也有错，请您认真考虑。”宣王没有听，最终立戏为鲁太子。这年夏天，武公回鲁国后去世，戏继位，这就是懿公。

懿公九年，懿公兄长括的儿子伯御和鲁国人刺杀了懿公，拥立伯御为鲁君。伯御在位十一年后，周宣王征伐鲁国，杀死了国君伯御，并询问鲁国公子中谁有能力管理国家，让他做鲁国国君。樊穆仲说：“鲁懿公的弟弟称，敬奉神灵庄重认真，且敬重长者；处理政务执行法规时，必定遵照先王的遗训和过去的经验，不违先王的遗训，不抵触正确经验。”宣王说：“好，这样就能教导和治理好民众了。”因此在夷宫立称为鲁君，就是孝公。从这以后，诸侯经常违抗王命。

孝公二十五年，诸侯背叛周室，犬戎人杀死了幽王。秦国自此被封为诸侯。二十七年，孝公去世，其子弗湟继位，这就是惠公。惠公三十年，晋人杀害了自己的国君昭侯。四十五年，晋人又杀害自己的国君孝侯。

四十六年，惠公去世，长庶子息代理朝政，执掌君权，这就是隐公。当初，惠公的正妻没有儿子，他的姬妾声子生了儿子息。息长大后，娶了个宋国女子。宋女来到鲁国后，惠公看她长得漂亮便夺过来做了自己的妻子，并生下了儿子允。惠公将宋女升为正妻，立允为太子。到惠公去世后，由于允太幼小，鲁人便推选息代理朝政，不说是即位。

隐公五年，到棠地观看捕鱼。八年，同郑国交换天子祭祀泰山的汤沐邑祊和许田，君子讥讽这件事。

十一年冬天，公子挥向隐公进谗言说："百姓认为您当国君对民有利，您就正式登基做国君吧。请允许我为您杀掉太子允，事成后请您让我当国相。"隐公说："先君有遗命。我因为允年幼，所以才代理国政。现在允已长大，我正想营造菟裘这个地方准备养老，再把国政交给子允。"公子挥担心子允听到自己的话而杀他，于是反过来向子允污蔑隐公，他对子允说："隐公想正式登基即位，将杀掉你，你要考虑此事。请让我为你杀死隐公。"子允答应了。十一月，隐公准备祭祀钟巫之神，在社圃斋戒，住在蔿氏家中。公子挥派人在蔿氏家杀害了隐公，而立子允为鲁君，这就是桓公。

桓公元年，郑国用玉璧换取了天子赏给鲁的封邑许田。二年，鲁君令把宋国赂送的鼎放入太庙，君子讥讽这件事。

三年，派公子挥到齐国迎娶齐国女子为夫人。六年，夫人生下了一子，因其生日与桓公相同，因此起名叫"同"。同长大后，被立为太子。十六年，桓公同诸侯在曹国盟会，攻打郑国，并将郑厉公送回国。

十八年春，桓公准备外出远行，便与夫人一起到齐国去。申繻上书劝阻，桓公没有听，最终还是去了齐国。齐襄公与桓公的夫人私通。桓公知道后很生夫人的气，夫人把此事告诉了齐侯。夏四月初十日，齐襄公宴请鲁桓公，桓公酒醉后，齐襄公命公子彭生抱住桓公，并趁机折断了桓公的肋骨，桓公死在了车中。鲁人告诉齐人说："我们国君敬畏您的威严，不敢安居，到齐国修订两国友好之盟。盟礼完成了而人却没有回来，我们不知该追究谁的罪责，只希望得到彭生，以消除在诸侯中产生的不好影响。"齐国人杀了彭生以安抚鲁国。鲁国人立太子同为君，这就是庄公。庄公的母亲因此留在了齐国，不敢回鲁国。

庄公五年冬，鲁国伐卫，送卫惠公回国执政。

八年冬，齐公子纠逃到了鲁国。九年，鲁国准备武力护送公子纠返齐国为君，但落后于齐桓公。齐桓公派兵攻打鲁国，鲁国危难，只能杀了公子纠。其臣召忽自杀而死。齐人告诉鲁国，说想要活捉管仲。鲁人施伯说："齐国想得到管仲，并不是想杀他，而是将要重用他，他被任用后必定会成为鲁国的大患。不如杀了管仲，把他的尸首给齐国。"庄公没有听，于是将管仲押送到齐。齐人任管仲为相。

十三年，鲁庄公和大夫曹沫在柯地与齐桓公会盟，曹沫挟持了齐桓公，索要鲁国被齐占领的土地，盟誓后才放了齐桓公。事后桓公想毁约，管仲谏止了他，最终归还了鲁国的被侵之地。十五年，齐桓公开始称霸于诸侯。二十三年，庄公到齐国观看社祭活动。

三十二年，当初，庄公修建一台子时曾到过党氏之家，见到了党氏之女孟任，十分喜欢，应允立她为夫人，他们割破胳膊订了誓约。孟女生了儿子斑。斑长大后，喜欢梁氏之女，前去她家看望她。养马人荦正好从墙外与梁氏之女嬉戏。斑见后很是恼怒，便用鞭子抽打了荦。庄公听说此事后说："荦很有膂力，应该杀掉他，这人不能打完后就放了他。"斑没来得及杀荦。正好庄公生病了。庄公有三个弟弟，长名庆父，次名叔牙，幼名季友。庄公娶了齐国女子为夫人，名叫哀姜。哀姜没有儿子，哀姜的妹妹叫叔姜，生了个儿子叫开。庄公正夫人没有儿子，又喜爱孟女，因此想立其子斑为太子。庄公生病后，向其弟叔牙询问谁可继承君位。叔牙说："父死子继，兄死弟及，这是鲁国的规矩。庆父还在，可为嗣君，您担心什么呢？"庄公担心叔牙想立庆父，叔牙退下后他又问季友。季友说："我誓死也要立斑为君主。"庄公曰："刚才叔牙想立庆父，如何是好？"季友就以庄公名义让叔牙在针巫氏家中待命，派针季逼迫叔牙喝毒酒，并对叔牙说："你喝了这个，可以不杀你的后人；不然，你死了，而且你的后人也将被杀死。"叔牙于是喝下毒酒而死，鲁国立叔牙的儿子为叔孙氏。八月初五日，庄公去世，季友最终扶立子斑为君，符合庄公的遗命。子斑因为有丧在身，住在党氏家中。

早先庆父与哀姜私通，他想立哀姜妹妹的儿子开为君。结果庄公去世后季友立斑为君，十月初二日，庆父派养马官荦在党氏家谋杀了鲁公子斑。季友逃到了陈国。庆父最终扶立庄公的儿子开为君，这就是湣公。

湣公二年，庆父与哀姜私通更加频繁。哀姜与庆父谋划，想杀死湣公后立庆父为鲁君。庆父派卜齮在武闱袭击谋杀了湣公。季友听说后，与湣公的弟弟申从陈国赶到邾国，请求鲁人接他们回国。鲁人想要杀庆父，庆父害怕，逃到了莒国。于是季友送子申回到鲁国，立他为君，这就是釐公。釐公也是庄公的小儿子。哀姜害怕，逃到了邾国。季友送给莒人礼物要求引渡庆父，庆父被送回，季友想要派人杀庆父。庆父请求放过他，让他流亡国外，季友没有同意，于是派了大夫奚斯哭着前去。庆父听到奚斯的哭声，心中清楚，便自杀了。齐桓公听到哀姜与庆父淫乱祸害鲁国，便从邾国将哀姜召了回来并杀了她，然后把她的尸体送回了鲁国，陈尸示众。鲁釐公恳请埋葬了哀姜。

季友的母亲是陈国女子，因此季友逃亡时去了陈国，陈国因此协助他，把他和子申送回了鲁国。季友即将出生时，桓公让人为他占卜，卜辞说："这是一个男孩，他的名叫作'友'，将来位于两社之间，将成为公室的重臣。季友去世后，鲁国将衰败。"到出生时，他手掌中的纹路形成"友"字，因此以友命名，取号叫成季。他的后人就是季氏，庆父的后人为孟氏。

釐公元年，把汶阳与鄪邑赏赐给季友。季友为鲁相。

九年，晋大夫里克杀害了国君奚齐、卓子。齐桓公率领鲁釐公一起讨伐晋国之乱，一直打到高梁才回师，拥立晋惠公为君。十七年，齐桓公去世。二十四年，晋文公即位。三十三年，釐公去世，其子兴继位，就是文公。

文公元年，楚国太子商臣杀害了自己的父亲成王，自立为君。三年，文公拜会晋襄公。

十一年十月甲午日，鲁人在咸打败了翟人，抓获了翟人首领乔如，鲁大夫富父终甥用戈刺乔如的咽喉，杀死了他，将乔如的头颅埋在子驹门，并以"乔如"二字为宣伯命名。

当初，宋武公在世时，鄋瞒攻打宋国，司徒皇父率军抵抗，在长丘击败了翟人，俘获了长翟首领缘斯。晋国消灭路国时，抓获了乔如的弟弟棼如。齐惠公二年，鄋瞒攻打齐，齐王子城父抓获了他的弟弟荣如，将他的首级埋在北门。卫人抓获了他的弟弟简如。鄋瞒自此最终灭亡了。

十五年，季文子出使晋国。

十八年二月，鲁文公去世。文公有两个妃子：长妃是齐女哀姜，生了儿子恶和视；次妃敬嬴，倍受文公宠爱，生有儿子倭。倭暗中拉拢襄仲，襄仲想立俀为君，叔仲说不可以。襄仲求助于齐惠公，因为齐惠公刚刚登基，想亲近鲁国，所以便答应了。这年冬季十月，襄仲杀害了恶与视，并立俀为鲁君，就是宣公。哀姜回到齐国，大哭着经过闹市，说："天哪！襄仲大逆不道，杀害了嫡子而立了庶子！"街市上的民众听了都跟着哭泣，鲁国人因此称她为"哀姜"。鲁国公室从此衰败，而"三桓"的势力日渐强大。

宣公俀十二年，楚庄王强盛，包围了郑国。郑伯投降，后来楚庄王又恢复了郑伯的国家。

十八年，宣公去世，他的儿子成公黑肱继位，就是成公。季文子说："让我国杀嫡立庶失去诸侯支持的，就是襄仲。"襄仲扶立宣公后，他的儿子公孙归父倍受宣公宠爱。宣公想除去三桓，便与晋国商量征讨三桓的事。不久宣公去世了，季文子痛恨公孙归父，公孙归父因此逃到齐国。

成公二年春，齐国侵占了鲁国的隆邑。这年夏天，成公与晋国大夫郤克联军在鞍地战胜了齐顷公的军队，齐国归还了侵占的鲁国土地。四年，成公去晋国，晋景公不敬重成公。成公想背叛晋国与楚国联盟，有人因此谏阻成公，这才作罢。十年，成公前往晋国。正好晋景公去世，晋人因此留成公送葬，鲁人忌讳谈这件事。十五年，鲁首次与吴王寿梦在钟离会盟。

十六年，宣伯告诉晋国，想让晋国杀季文子。因为季文子是讲道义的人，晋人没有同意。十八年，成公去世，他的儿子午继位，这就是襄公。这时襄公才三岁。

襄公元年，晋人拥立悼公为君。去年的冬天，晋国大夫栾书杀害了晋厉公。四年，襄公到晋国拜见晋悼公。

五年，季文子去世。家中妻妾没有人穿丝绸做的衣服，马棚中没有吃谷子的马匹，府中没有金银玉器，就这样连续担任了三代国君的相。有君子说："季文子真是廉洁忠诚啊！"九年，鲁国与晋国共同攻打郑国。晋悼公在卫国为襄公举行了加冠礼，季武子随从，辅助举行加冠礼仪式。

十一年，三桓将鲁国军队分成三支，各率一军。十二年，朝见晋君。十六年，晋平公即位。二十一年，朝见晋平公。二十二年，孔子出生。二十五年，齐国大夫崔杼杀害了齐庄公，立庄公的弟弟景公为齐君。

二十九年，吴国的延陵季子出使鲁国，有人向他求问周乐，他能全部解说其意，鲁人特别敬重他。

三十一年六月，襄公去世。这年九月，太子去世。鲁人立襄公夫人妹齐归的儿子裯为鲁君，这就是昭公。

昭公时年十九岁，还有些幼稚。穆叔不想立他，说：“太子去世，他的同母胞弟可立为君，如果没有同母胞弟，才立庶子中的长子。年龄相同的便选择有才能的，才能也相同则通过占卜来决定。现在裯不是嫡出，并且居丧期间不忧伤，反有喜色，如果真的立了他，必定成为季氏的忧患。”季武子不听，最终立裯为君。等到襄公安葬时，裯已更换了三件丧服。有君子说：“这人不得善终。”

昭公三年，昭公到黄河边朝见晋君，晋平公婉言谢绝，让昭公返回，鲁人以此感到耻辱。四年，楚灵王召集各诸侯到申地会盟，昭公称生病没有去。七年，季武子去世。八年，楚灵王建成章华台，召见昭公。昭公前往庆贺，灵王赏给昭公宝器；没多久便反悔，又将宝器骗了回去。十二年，昭公到黄河边朝见晋君，晋平公又推谢，让昭公返回。十三年，楚公子弃疾杀害了楚灵王，自立为楚王。十五年，昭公去朝见晋君，晋人留下他为晋昭公送葬，鲁人以此为耻。二十年，齐景公与晏子在国境巡狩，顺便到鲁国咨询礼制。二十一年，昭公至黄河朝见晋君，晋君辞谢，昭公返回。

二十五年春，有鸲鹆鸟到鲁国巢居。师己说：“文公和成公时有童谣说：‘鸲鹆来巢时，国君出居乾侯。鸲鹆来定居时，国君住在野外。’”

季氏与郈氏斗鸡，季平子给鸡穿上了护甲，郈昭伯则给鸡爪套上了金属套。季平子愤怒之下侵犯郈氏，郈氏也痛恨季平子。臧昭伯的弟弟臧会曾造假陷害臧氏，藏在季氏家里，臧昭伯因此拘捕了季氏家人。季平子大怒，便囚禁了臧氏的家臣。臧氏与郈氏便向昭公申诉。昭公于九月十一日讨伐季氏，攻入了季氏家中。季平子登台请求说：“君王您因听信谗言而没有了解情况，就来讨伐我，请允许我迁居到沂上。”昭公没有答应。季平子又请求将自己囚禁到鄪邑，仍不同意。季平子又恳请带五辆车流亡国外，昭公仍不同意。子家驹说：“国君您答应他吧。国家的政权被季氏掌控很长时间了，他的徒党众多，这些人将会联合起来对抗您。”昭公没有听。郈氏说：“一定杀了季平子。”叔孙氏家臣戾对他的党众说：“有季氏或没有季氏，哪种情况对我们有利？”大家都回答：“没有了季氏，叔孙氏也不会存在。”戾说：“对，大家援助季氏！”于是他们击败了昭公的军队。孟懿子听闻叔孙氏战胜，也杀掉了郈昭伯。郈昭伯正作为昭公的使节前往孟氏，因此孟氏抓住了他。孟孙、叔孙、季孙三家共同讨伐昭公，昭公于是只得逃跑出国。十二日，昭公到了齐国。齐景公说："请让我给你两万五千户人及土地。"子家说："放弃周公的大业而做齐国臣子，可以吗？"于是昭公没有接受。子家说："齐景公不讲诚信，不如早点去晋国。"昭公没有听从。叔孙会见昭公后回国，就去见季平子，平子叩头表示愧疚。开始时他们想迎回昭公，但孟孙、季孙后来又反悔了，于是只得作罢。

二十六年春天，齐国攻打鲁国，夺取了郓邑让鲁昭公居住。这年夏天，齐景公想武力护送昭公回国，命部下不得接受鲁国的礼物。鲁大夫申丰、汝贾承诺给齐大夫高龁、子将粟米八万斗。子将便向齐侯说："鲁国众臣不服从鲁君，有怪异现象出现。宋元公为了鲁昭公到晋国去求援，想帮助昭公回国，死于途中。叔孙昭子请求让鲁君回国，也无病而死。不知是上天抛弃了鲁君，还是鲁君得罪了鬼神？请您再等等看吧。"齐景公听从了他的意见。

二十八年，昭公前往晋国，请求晋国协助他回国。季平子私下行贿晋国的六卿，六卿收取了季氏的礼物，因此谏阻晋君，晋君于是不再坚持，只让昭公居住在乾侯。二十九年，昭公到郓邑。齐景公派人送给昭公一封信，信中自称为"主君"。昭公认为受了屈辱，一怒之下离开了乾侯。三十一年，晋君想协助昭公回鲁，召见季平子。季平子身穿布衣赤脚而行，通过六卿向晋君谢罪。六卿帮季平子求情说："晋国虽支持昭公，但鲁人不愿意。"晋君于是作罢。三十二年，昭公死于乾侯。鲁人共同立昭公的弟弟宋为国君，这就是定公。

定公登基时，赵简子问史墨说："季氏会灭亡吗？"史墨回答说："不会。季友为鲁国立过大功，受封于鄪，是国之上卿，至季文子、季武子时，累世扩大家业。鲁文公去世，东门遂杀嫡立庶，鲁君丧失了国家权力。政权掌握在季氏手中，至今已经历四代国君了。百姓不知道自己的国君，这样的国君如何能掌握国家！所以做国君的一定要慎重掌握政权和爵号，不可以交于别人。"

定公五年，季平子去世。阳虎为泄私愤，拘禁了季桓子，季桓子与他订立盟约后，才被释放。七年，齐国讨伐鲁国，攻占了郓邑，后又还给鲁国，作为阳虎的封邑，让他管理那里的政务。八年，阳虎想把三桓嫡子全部除掉，改立与他关系密切的庶子代替三桓；阳虎派车接季桓子想要杀死他，季桓子使用诈术得以脱身。三桓共同攻打阳虎，阳虎驻扎到阳关。九年，鲁军征讨阳虎，阳虎逃亡到了齐，后又投奔晋国的赵氏。

十年，定公与齐景公在夹谷会盟，孔子为鲁国相。齐人想偷袭定公，孔子按照礼仪一步一阶，拾阶而上，诛杀了齐国弹奏淫乐的人，齐侯恐慌，不敢轻举妄动，并且归还了鲁国被侵占的土地来谢罪。十二年，派仲由拆除了三桓的城墙，没收了他们的铠甲武器。孟氏不肯拆毁其城，定公发兵攻打，因没能攻下而作罢。季桓子接受了齐国送给他的女乐，孔子因此离开了鲁国。

十五年，定公去世，他的儿子将继位，就是哀公。哀公五年，齐景公去世。六年，齐大夫田乞杀害了国君齐孺子。

哀公七年，吴王夫差开始强大，他率兵攻打齐国，一直打到缯地，又向鲁国索要牛、羊、猪各一百头。季康子派子贡游说吴王和吴太宰伯嚭，用礼仪斥责他们。吴王说："我们是纹身的蛮夷之人，不懂得中原的礼仪。"于是不再向鲁国索要礼物。

八年，吴国因为邹国而攻打鲁国，到达鲁国城下后，与鲁国订立了盟约而离去。同年齐国攻打鲁国，占领了鲁国三座城邑。十年，鲁国进攻齐国的南部国境。十一年，齐国又攻打鲁国。季氏任用冉有，冉有立有战功，季氏因此怀念孔子，孔子从卫国返回鲁国。

十四年，齐国大夫田常在徐州杀害了齐简公。孔子请求哀公出兵讨伐田常，哀公不同意。十五年，哀公派子服景伯、子贡为使，出使齐国，齐国归还了所占鲁国领地。因为田常刚刚当上齐相，想亲睦各诸侯。十六年，孔子去世。

二十二年，越王勾践打败了吴王夫差并消灭了吴国。

二十七年春，季康子去世。这年夏天，哀公担心三桓势力太强，想借诸侯之力解除三桓武装，三桓也担心哀公发难，因此君臣之间的隔阂更深。一次哀公去陵阪游玩，在街上遇到孟武伯，哀公说："请问我能得到善终吗？"孟武伯回答说："不知道。"哀公想借助越国的力量征讨三桓。八月，哀公到陉氏家去。三桓攻打哀公，哀公逃到了卫国，然后又去了邹，最终到了越国。鲁人又接哀公回国，最后死在有山氏家中。他的儿子宁继位，这就是悼公。

悼公时代，三桓势力强大，鲁国君反而像小诸侯，比三桓地位还要低下。十三年，韩、赵、魏三家灭掉了智伯，瓜分了他的土地。

三十七年，悼公去世，其儿子嘉登基，这就是元公。元公二十一年逝世，其儿子显继位，这就是穆公。穆公三十三年去世，其儿子奋继位，就是共公 。共公二十二年去世，其儿子屯继位，这就是康公。康公九年去世，其儿子匽继位，这就是景公。景公二十九年去世，其儿子叔继位，这就是平公。此时有六国都称王了。

平公十二年，秦惠王去世。二十年，平公去世，其儿子贾继位，这就是文公。文公元年，楚怀王在秦国去世。二十三年，文公去世，其儿子雠继位，这就是顷公。

顷公二年，秦国攻占了楚国都城郢，楚顷王向东逃到了陈国。十九年，楚国攻打鲁国，夺取了徐州。二十四年，楚国考烈王消灭了鲁国。顷公逃跑，迁居到了下邑，成为平民百姓，鲁国的祭祀至此灭绝。顷公最后死于柯邑。

鲁国自周公至顷公，共计经历了三十四代。

太史公说：我曾听孔子说“鲁国的道德实在是太败落了！洙水与泗水之间的人们为了小事也会争论计较不休”。看看庆父、叔牙和湣公等在登基之时，鲁国是多么混乱！隐公、桓公交替之事，襄仲杀嫡立庶，孟孙、叔孙、季孙三家本是臣子，却亲自率兵攻打昭公，以致昭公逃亡他国。至于揖让的礼节他们还是遵循的，但实际上他们做事却又那么暴戾！

史记卷三十四

燕召公世家第四

召公奭与周同姓，姓姬氏。周武王之灭纣，封召公于北燕。

其在成王时，召公为三公。自陕以西，召公主之；自陕以东，周公主之。成王既幼，周公摄政，当国践祚，召公疑之，作《君奭》。《君奭》不说周公。周公乃称“汤时有伊尹，假于皇天；在太戊时，则有若伊陟、臣扈，假于上帝，巫咸治王家；在祖乙时，则有若巫贤；在武丁时，则有若甘般：率维兹有陈，保乂有殷”。于是召公乃说。

召公之治西方，甚得兆民和。召公巡行乡邑，有棠树，决狱政事其下，自侯伯至庶人各得其所，无失职者。召公卒，而民人思召公之政，怀棠树不敢伐，哥咏之，作《甘棠》之诗。

自召公已下九世至惠侯。燕惠侯当周厉王奔彘，共和之时。

惠侯卒，子釐侯立。是岁，周宣王初即位。釐侯二十一年，郑桓公初封于郑。三十六年，釐侯卒，子顷侯立。

顷侯二十年，周幽王淫乱，为犬戎所弑。秦始列为诸侯。

二十四年，顷侯卒，子哀侯立。哀侯二年卒，子郑侯立。郑侯三十六年卒，子穆侯立。

穆侯七年，而鲁隐公元年也。十八年卒，子宣侯立。宣侯十三年卒，子桓侯立。桓侯七年卒，子庄公立。

庄公十二年，齐桓公始霸。十六年，与宋、卫共伐周惠王，惠王出奔温，立惠王弟颓为周王。十七年，郑执燕仲父而内惠王于周。二十七年，山戎来侵我，齐桓公救燕，遂北伐山戎而还。燕君送齐桓公出境，桓公因割燕所至地予燕，使燕共贡天子，如成周时职；使燕复修召公之法。三十三年卒，子襄公立。

襄公二十六年，晋文公为践土之会，称伯。三十一年，秦师败于殽。三十七年，秦穆公卒。四十年，襄公卒，桓公立。

桓公十六年卒，宣公立。宣公十五年卒，昭公立。昭公十三年卒，武公立。是岁晋灭三郤大夫。

武公十九年卒，文公立。文公六年卒，懿公立。懿公元年，齐崔杼弑其君庄公。四年卒，子惠公立。

惠公元年，齐高止来奔。六年，惠公多宠姬，公欲去诸大夫而立宠姬宋，大夫共诛姬宋，惠公惧，奔齐。四年，齐高偃如晋，请共伐燕，入其君。晋平公许，与齐伐燕，入惠公。惠公至燕而死。燕立悼公。

悼公七年卒，共公立。共公五年卒，平公立。晋公室卑，六卿始强大。平公十八年，吴王阖闾破楚入郢。十九年卒，简公立。简公十二年卒，献公立。晋赵鞅围范、中行于朝歌。献公十二年，齐田常弑其君简公。十四年，孔子卒。二十八年，献公卒，孝公立。

孝公十二年，韩、魏、赵灭知伯，分其地，三晋强。

十五年，孝公卒，成公立。成公十六年卒，湣公立。湣公三十一年卒，釐公立。是岁，三晋列为诸侯。

釐公三十年，伐败齐于林营。釐公卒，桓公立。桓公十一年卒，文公立。是岁，秦献公卒。秦益强。

文公十九年，齐威王卒，二十八年，苏秦始来见，说文公。文公予车马金帛以至赵，赵肃侯用之。因约六国，为从长。秦惠王以其女为燕太子妇。

二十九年，文公卒，太子立，是为易王。

易王初立，齐宣王因燕丧伐我，取十城；苏秦说齐，使复归燕十城。十年，燕君为王。苏秦与燕文公夫人私通，惧诛，乃说王使齐为反间，欲以乱齐。易王立十二年卒，子燕哙立。

燕哙既立，齐人杀苏秦。苏秦之在燕，与其相子之为婚，而苏代与子之交。及苏秦死，而齐宣王复用苏代。燕哙三年，与楚、三晋攻秦，不胜而还。子之相燕，贵重，主断。苏代为齐使于燕，燕王问曰："齐王奚如？"对曰："必不霸。"燕王曰："何也？"对曰："不信其臣。"苏代欲以激燕王以尊子之也。于是燕王大信子之。子之因遗苏代百金，而听其所使。

鹿毛寿谓燕王："不如以国让相子之。人之谓尧贤者，以其让天下于许由，许由不受，有让天下之名而实不失天下。今王以国让于子之，子之必不敢受，是王与尧同行也。"燕王因属国于子之，子之大重。或曰："禹荐益，已而以启人为吏。及老，而以启人为不足任乎天下，传之于益。已而启与交党攻益，夺之。天下谓禹名传天下于益，已而实令启自取之。今王言属国于子之，而吏无非太子人者，是名属子之而实太子用事也。”王因收印自三百石吏已上而效之子之。子之南面行王事，而哙老，不听政，顾为臣，国事皆决于子之。

三年，国大乱，百姓恫恐。将军市被与太子平谋，将攻子之。诸将谓齐湣王曰：“因而赴之，破燕必矣。”齐王因令人谓燕太子平曰：“寡人闻太子之义，将废私而立公，饬君臣之义，明父子之位。寡人之国小，不足以为先后。虽然，则唯太子所以令之。”太子因要党聚众。将军市被围公宫，攻子之，不克。将军市被及百姓反攻太子平，将军市被死以徇。因构难数月，死者数万，众人恫恐，百姓离志。孟轲谓齐王曰：“今伐燕，此文、武之时，不可失也。”王因令章子将五都之兵，以因北地之众以伐燕。士卒不战，城门不闭，燕君哙死，齐大胜。

燕子之亡二年，而燕人共立太子平，是为燕昭王。

燕昭王于破燕之后即位，卑身厚币以招贤者。谓郭隗曰：“齐因孤之国乱而袭破燕，孤极知燕小力少，不足以报。然诚得贤士以共国，以雪先王之耻，孤之愿也。先生视可者，得身事之。”郭隗曰：“王必欲致士，先从隗始。况贤于隗者，岂远千里哉！”于是昭王为隗改筑宫而师事之。乐毅自魏往，邹衍自齐往，剧辛自赵往，士争趋燕。燕王吊死问孤，与百姓同甘苦。

二十八年，燕国殷富，士卒乐轶轻战。于是遂以乐毅为上将军，与秦、楚、三晋合谋以伐齐。齐兵败，湣王出亡于外。燕兵独追北，入至临淄，尽取齐宝，烧其宫室宗庙。齐城之不下者，独唯聊、莒、即墨，其馀皆属燕六岁。

昭王三十三年卒，子惠王立。

惠王为太子时，与乐毅有隙；及即位，疑毅，使骑劫代将。乐毅亡走赵。齐田单以即墨击败燕军，骑劫死，燕兵引归，齐悉复得其故城。湣王死于莒，乃立其子为襄王。

惠王七年卒。韩、魏、楚共伐燕。燕武成王立。

武成王七年，齐田单伐我，拔中阳。十三年，秦败赵于长平四十馀万。十四年，武成王卒，子孝王立。

孝王元年，秦围邯郸者解去。三年卒，子今王喜立。

今王喜四年，秦昭王卒。燕王命相栗腹约欢赵，以五百金为赵王酒。还报燕王曰：“赵王壮者皆死长平，其孤未壮，可伐也。”王召昌国君乐闲问之。对曰："赵四战之国，其民习兵，不可伐。"王曰："吾以五而伐一。"对曰："不可。"燕王怒。群臣皆以为可。卒起二军，车二千乘，栗腹将而攻鄗，卿秦攻代。唯独大夫将渠谓燕王曰："与人通关约交，以五百金饮人之王，使者报而反攻之，不祥，兵无成功。"燕王不听，自将偏军随之。将渠引燕王绶止之曰："王必无自往，往无成功。"王蹴之以足。将渠泣曰："臣非以自为，为王也！"燕军至宋子，赵使廉颇将，击破栗腹于鄗。破卿秦、乐（乘）〔间〕于代。乐间奔赵。廉颇逐之五百馀里，围其国。燕人请和，赵人不许，必令将渠处和。燕相将渠以处和，赵听将渠，解燕围。

六年，秦灭东（西）周，置三川郡。七年，秦拔赵榆次三十七城，秦置太原郡。九年，秦王政初即位。十年，赵使廉颇将攻繁阳，拔之。赵孝成王卒，悼襄王立。使乐乘代廉颇，廉颇不听，攻乐乘，乐乘走，廉颇奔大梁。十二年，赵使李牧攻燕，拔武遂、方城。剧辛故居赵，与庞煖善，已而亡走燕。燕见赵数困于秦，而廉颇去，令庞煖将也，欲因赵弊攻之。问剧辛，辛曰："庞煖易与耳。"燕使剧辛将击赵，赵使庞煖击之，取燕军二万，杀剧辛。秦拔魏二十城，置东郡。十九年，秦拔赵之邺九城。赵悼襄王卒。二十三年，太子丹质于秦，亡归燕。二十五年，秦虏灭韩王安，置颍川郡。二十七年，秦虏赵王迁，灭赵。赵公子嘉自立为代王。

燕见秦且灭六国，秦兵临易水，祸且至燕。太子丹阴养壮士二十人，使荆轲献督亢地图于秦，因袭刺秦王。秦王觉，杀轲，使将军王翦击燕。二十九年，秦攻拔我蓟，燕王亡，徙居辽东，斩丹以献秦。三十年，秦灭魏。

三十三年，秦拔辽东，虏燕王喜，卒灭燕。是岁，秦将王贲亦虏代王嘉。

太史公曰：召公奭可谓仁矣！甘棠且思之，况其人乎？燕（北）〔外〕迫蛮貉，内措齐、晋，崎岖强国之间，最为弱小，几灭者数矣。然社稷血食者八九百岁，于姬姓独后亡，岂非召公之烈耶！

【译文】

召公奭和周王族同姓，姓姬。周武王在灭掉商纣王后，把召公封在北燕。

在周成王的时候，召公位列三公：从陕地往西，由召公主管；自陕地以东，由周公主管。当成王还小的时候，由周公代为主持朝政，掌管国家大权。召公怀疑周公的作为，召公因此写了《君奭》一文，文中对周公很不满，于是周公说："商汤时有伊尹，治理国家功德感通了上天；太戊时，则有伊陟、臣扈这样的人，治理国家功德感通了上帝，并有巫咸治理王室；到祖乙时，就有像巫贤那样的人；到武丁时，就有像甘般那样的人：这些大臣都在自己的职位上各尽其能，使殷王朝得到了治理和安定。"召公听了这才高兴起来。

召公治理西部一带，很受广大民众的拥戴。召公到乡村城镇去巡察，村镇中有一棵棠树，他就在树下判决官司，处理政事。从侯爵、伯爵到百姓都得到了适当的安置，没有失业的。召公去世后，百姓怀念他的德政，珍爱着那棵棠树，不舍得砍伐，于是作了《甘棠》这首诗来歌咏它。

自召公以下，经过九代传到惠侯。燕惠侯在位时，正是周厉王逃跑到彘，周定公和召穆公共同执政的时候。

惠侯去世后，他的儿子釐侯即位。这一年，周宣王刚刚即位。釐侯二十一年，郑桓公方刚被分封于郑。三十六年，釐侯去世，他的儿子顷侯即位。

顷侯二十年，周幽王因为淫乱，被犬戎攻破国都所杀。秦国从这时起被封为诸侯。

二十四年，顷侯去世，他的儿子哀侯继位。哀侯第二年（前 765 年）便去世了，他的儿子郑侯继位。郑侯三十六年去世，他的儿子缪侯即位。

缪侯七年，正是鲁隐公元年。缪侯十八年去世，他的儿子宣侯登基。宣侯十三年去世，他的儿子桓侯即位。桓侯七年去世，他的儿子庄公继位。

庄公十二年，齐桓公开始称霸。十六年，庄公和宋国、卫国一起攻打周惠王，惠王逃到了温，他们拥立惠王的弟弟颓为周王。十七年，郑国拘捕了燕仲父，并把惠王接回到京城。二十七年，山戎侵犯燕国，齐桓公派兵来救援，率兵北上攻打了山戎，然后才回国。燕庄公恭送齐桓公出了国境，齐桓公用剑划沟把燕庄公所到的地方割让给燕国，让燕庄公和诸侯一道向天子进贡，就像周成王时的燕召公一样尽职；又让燕庄公重新遵循燕召公时实行的法度。三十三年，庄公去世，他的儿子襄公继位。

襄公二十六年，晋文公召集各诸侯在践土会盟，成为霸主。三十一年，秦国军队在崤山被晋军打败。三十七年，秦穆公去世。四十年，襄公去世，桓公登基。

桓公十六年去世，宣公即位。宣公十五年去世，昭公即位。昭公十三年去世，武公即位。这一年晋国诛灭了三位郤姓大夫。

武公在位十九年后去世，文公即位。文公在位六年后去世，懿公即位。懿公元年，齐国大夫崔杼杀死了齐庄公。四年懿公去世，他的儿子惠公继位。

惠公元年，齐国的高止前来投奔燕国。六年，惠公有许多宠姬，他打算废黜众大夫而立宠姬宋，大夫们一起诛杀了姬宋。惠公害怕，逃到了齐国。四年，齐国派高偃到晋国去，请求联合讨伐燕国，送燕惠公回国。晋平公答应了，和齐国一起讨伐燕国，把燕惠公送回了燕国。惠公刚到燕国时就去世了。燕国人立悼公为君。

悼公七年去世，共公继位。共公五年去世，平公继位。这时候晋国的君权变得衰弱，六卿开始变得强大起来。平公十八年，吴王阖闾攻入了楚国郢都。十九年平公去世，简公继位。简公十二年去世，献公继位。晋国的赵鞅把范氏、中行氏围困在朝歌。献公十二年，齐国的田常杀死了齐简公。十四年，孔子去世。二十八年，献公去世，孝公即位。

孝公十二年，韩、魏、赵三家灭掉了智伯，瓜分了他的封地，这三家开始变得强大起来。

十五年，孝公去世，成公继位。成公十六年去世，湣公继位。湣公三十一年去世，釐公即位。这一年，韩、赵、魏三国被列为诸侯。

釐公三十年，燕国在林营打败了齐国。这年釐公去世，桓公继位。桓公十一年去世，文公继位。这一年，秦献公去世，秦国变得更加强大。

文公十九年，齐威王去世。二十八年，苏秦初次来燕国拜见，并游说文公。文公赠给他车辆、马匹、黄金和绢帛，让他到赵国去，赵肃侯重用了他。苏秦因此邀请六国结成联盟共同抗秦，燕国因此成了联盟的领导者。此时秦惠王把女儿嫁给了燕太子做妻子。

二十九年，文公去世，太子即位，这就是易王。

易王刚刚即位，齐宣王因此趁着燕国给文公办丧事的机会来攻打燕国，攻占了十座城池；苏秦游说齐王，说服齐国把十座城池归还给了燕国。十年，燕国国君称王。苏秦和燕文公的夫人通奸，害怕被杀，于是游说易王派他出使齐国行反间计，想因此扰乱齐国。易王在位十二年后去世，他的儿子燕哙继位。

燕哙即位后，齐国人杀掉了苏秦。苏秦在燕国的时候，和国相子之结成了儿女亲家，而苏秦的弟弟苏代和子之也关系密切。等到苏秦死后，齐宣王又重用了苏代。燕王哙三年，燕国与楚国、韩、赵、魏一起攻打秦国，没有取胜便撤军回国了。当时子之为燕国的国相，位高权重，掌管国家大权。苏代作为齐国使臣出使燕国，燕王问他："齐王这个人怎么样？"苏代回答说："肯定不能称霸。"燕王问："为什么呢？"苏代回答说："因为他不信任自己的大臣。"苏代其实是想用这些话来刺激燕王，使他尊重子之。于是燕王更加信任子之。子之因此送给苏代黄金百镒，任他使用。

鹿毛寿对燕王说："您不如把国家让给国相子之吧。人们之所以说尧圣贤，是因为他把天下让给了许由，而许由没有接受，因此有了让天下的美名但实际上又没有失去天下。大王如果现在把国家让给子之，子之必定不敢接受，这样大王您就和尧有了同样的德行了。"燕王于是把国家托付给子之，子之的地位变得更加尊贵。有人对燕王说："大禹举荐了伯益，却任用启的人为官。等到大禹年老后，又认为启不足以担当天下重任，便把君位传给了伯益。不久，启就和同党攻打伯益，夺走了君位。天下人都说大禹名义上是把天下传给了伯益，而实际上是让启自己去夺回天下。现在大王说是把国家托付给了子之，但当官的却没有一个不是太子的臣子，这正是名义上把国家托付给子之，而实际上是由太子在执政啊。"燕王于是把俸禄三百石以上官吏的印信都收起来交给了子之。子之于是面向南行使王权，燕王哙因年老不再处理政务，反而成了臣子，国事都由子之处理。

三年后，燕国大乱，百官人人恐惧。将军市被和太子平谋划，准备攻打子之。齐国众将对齐湣王说："趁这个机会出兵燕国，一定能攻破燕国。"齐湣王因此派人对燕太子平说："我听说太子深明大义，将要废私立公，整顿君臣关系，明确父子位序。我的国家很小，不足以帮助您。虽然这样，我还是愿意听从太子的差遣。"太子平因此邀集党羽徒众，将军市被包围了王宫，攻打子之，没有成功。将军市被和百官又反过头来攻打太子平，结果将军市被战死，被陈尸示众。这样动乱了几个月，死去的人有好几万，大家都非常恐惧，百官们离心离德。孟轲对齐王说："现在去攻打燕国，这是周文王、武王讨伐纣那样的好时机，千万不能错失啊。"齐王于是命令章子率领五都的军队，并且集结北方边境的军队一起攻打燕国。

燕国的士兵不迎战，也不关闭城门，燕君哙被杀，齐军大胜。燕子之死后两年，燕国人共同拥立太子平为王，这就是燕昭王。

燕昭王是在燕国被攻破后登基的，他放下身份带着丰厚的礼物向社会招揽贤才。他对郭隗说："齐国趁我国内乱时攻破了燕国，我深知燕国国小力弱，不足以报复齐国。然而如果能得到贤士一起来治理国家，雪洗先王的耻辱，这是我的愿望啊。先生认为有这样合适的人才，我愿意亲自侍奉他。"郭隗说："大王如果想要得到贤士，那就先从我郭隗开始吧。如此那些比我贤能的人，难道还会因为距离千里之远而不来吗？"昭王于是给郭隗改建了住宅，并以老师礼节服侍他。不久乐毅从魏国来，邹衍从齐国来，剧辛从赵国来，贤士们争相投奔燕国。燕昭王祭吊死者，慰问孤寡，和百姓们同甘共苦。

二十八年，燕国变得殷实富足了，士兵都愿意出兵征战。燕王于是任命乐毅为上将军，与秦国、楚国以及赵、魏、韩等国合谋讨伐齐国。齐国战败，齐湣王逃往他国。燕军独自追击败军，攻入了齐都临淄，夺取了齐国所有的宝物，烧毁了齐国的宫室宗庙。齐国没有被攻下的城池，只剩下了聊城、莒城和即墨，其余的全部被燕国占领，达六年之久。

昭王三十三年去世，他的儿子惠王继位。

惠王在做太子时，与将军乐毅有隔阂；即位以后，他不信任乐毅，让骑劫取代乐毅为将军。乐毅因此投奔到赵国。齐国田单凭着即墨城的兵力，打败了燕军，骑劫战死，燕军撤退回国，齐国收复了原有的全部城池。齐湣王在莒去世，齐国人立他的儿子为襄王。

惠王七年去世，韩、魏、楚三国联合一起攻打燕国。燕武成王继位。

武成王七年，齐国田单征伐燕国，占领了中阳。十三年，秦国在长平打败了赵国的四十万大军。十四年，武成王去世，他的儿子孝王继位。

孝王元年，秦国围困邯郸的军队撤离。孝王三年去世，他的儿子燕王喜继位。

燕王喜四年，秦昭王去世。燕王派国相栗腹和赵国结盟，用五百金给赵王置酒祝寿。栗腹回国向燕王报告说："赵国的壮年人都战死在了长平，他们的孩子还没有长大，可以攻打赵国。"燕王召来昌国君乐闲询问此事。乐闲回答说："赵国是个四面受敌的国家，其百姓都熟悉战争，不可以攻打。"燕王说："我们是以五倍于他们的人去攻打他们。"乐闲还是回答说："不可以。"燕王听了很生气，这时众大臣都认为可以发兵攻打。

最后燕国派出两路大军，兵车二千辆，栗腹率领一路攻打鄗，卿秦率领一路攻打代。唯独大夫将渠对燕王说：“和人家互通了关卡，签订了盟约，还拿出五百金给人家君王祝酒，使者一回来就反过来进攻人家，这不吉祥，这次出战不会胜利。”燕王没有听，亲自率领侧翼部队随军出发。将渠拉住燕王的腰带阻止他说：“大王一定不要亲自前往，去了不会成功！”燕王用脚踢他。将渠哭泣说：“我不是为了自己，而是为了大王啊！”燕军到达宋子，赵国派廉颇为将，率军在鄗击败了栗腹。乐乘也在代打败了卿秦。乐间投奔到了赵国。廉颇率兵追击燕军，追出了五百多里，包围了燕国都城。燕王派人请求议和，赵国没有答应，一定要将渠出面主持议和。燕王便命将渠为国相，前去议和。赵国听从了将渠的话，撤除了对燕国的包围。

燕王喜六年，秦国灭掉了东周，设置了三川郡。七年，秦国攻占了赵国榆次等三十七座城，设置了太原郡。九年，秦王嬴政登基。十年，赵国派廉颇率军攻打魏国的繁阳，并攻占了它。这年赵孝成王去世，悼襄王继位。悼襄王派乐乘前去接替廉颇统兵，廉颇没听从命令，而是攻打乐乘，乐乘逃走了，廉颇也投奔了魏都大梁。十二年，赵国派李牧进攻燕国，攻占了武遂、方城。剧辛过去住在赵国时，和庞煖关系很密切，后来他逃到了燕国。燕王看到赵国屡次被秦兵围困，而且廉颇也离开了赵国，又让庞煖为将，因此想趁赵国疲惫时攻打它。燕王询问剧辛，剧辛说：“庞煖很好对付。”燕王就派剧辛率军攻赵，赵国派庞煖迎战，俘获了燕军两万人，杀掉了剧辛。这时秦国又攻占了魏国二十座城池，设置了东郡。十九年，秦国攻取了赵国的邺等九座城池。赵悼襄王去世。二十三年，燕太子丹被送到秦国做人质，他又逃回了燕国。二十五年，秦国俘虏了韩王安，灭掉了韩国，设置了颍川郡。二十七年，秦国俘虏了赵王迁，灭掉了赵国。赵国公子嘉自立为代王。

燕国见秦国即将要灭掉六国，且秦军已经到达了易水，即将威胁到燕国。燕太子丹私自养了二十名勇士，他派荆轲把督亢地区的地图献给秦王，并乘机刺杀秦王。秦王发觉了，杀死了荆轲，派将军王翦率军攻打燕国。二十九年，秦军攻占了燕国都城蓟，燕王逃走了，移居到了辽东，杀了太子丹并把他献给了秦国。三十年，秦国灭掉了魏国。

三十三年，秦军攻占了辽东，俘虏了燕王喜，最终灭掉了燕国。这一年，秦国将军王贲也俘虏了代王嘉。

太史公说：召公奭可称得上是有仁德的人了！那棵甘棠树，人们尚且怀念，何况是召公本人呢？燕国外受蛮貉等域外部族逼迫，内又与齐、晋等国领土相互交错，艰难地生存在强国之间，实力最为弱小，好几次都差点被灭掉。然而国家一直延续了八九百年，在姬姓封国中是最后灭亡的，这难道不是召公的功德吗？

史记卷三十五

管蔡世家第五

管叔鲜、蔡叔度者，周文王子而武王弟也。

武王同母兄弟十人。母曰太姒，文王正妃也。其长子曰伯邑考，次曰武王发，次曰管叔鲜，次曰周公旦，次曰蔡叔度，次曰曹叔振铎，次曰成叔武，次曰霍叔处，次曰康叔封，次曰冉季载。冉季载最少。同母兄弟十人，唯发、旦贤，左右辅文王，故文王舍伯邑考而以发为太子。及文王崩而发立，是为武王，伯邑考既已前卒矣。

武王已克殷纣，平天下，封功臣昆弟。于是封叔鲜于管，封叔度于蔡。二人相纣子武庚禄父，治殷遗民。封叔旦于鲁而相周，为周公。封叔振铎于曹，封叔武于成，封叔处于霍。康叔封、冉季载皆少，未得封。

武王既崩，成王少，周公旦专王室。管叔、蔡叔疑周公之为不利于成王，乃挟武庚以作乱。周公旦承成王命，伐诛武庚，杀管叔，而放蔡叔，迁之，与车十乘，徒七十人从。而分殷馀民为二：其一封微子启于宋，以续殷祀；其一封康叔为卫君，是为卫康叔。封季载于冉。冉季、康叔皆有驯行，于是周公举康叔为周司寇，冉季为周司空，以佐成王治，皆有令名于天下。

蔡叔度既迁而死，其子曰胡。胡乃改行，率德驯善。周公闻之，而举胡以为鲁卿士，鲁国治。于是周公言于成王，复封胡于蔡，以奉蔡叔之祀，是为蔡仲。馀五叔皆就国，无为天子吏者。

蔡仲卒，子蔡伯荒立。蔡伯荒卒，子宫侯立。宫侯卒，子厉侯立。厉侯卒，子武侯立。

武侯之时，周厉王失国，奔彘，共和行政，诸侯多叛周。

武侯卒，子夷侯立。夷侯十一年，周宣王即位。二十八年，夷侯卒，子釐侯所事立。

釐侯三十九年，周幽王为犬戎所杀，周室卑而东徙。秦始得列为诸侯。

四十八年，釐侯卒，子共侯兴立。共侯二年卒，子戴侯立。戴侯十年卒，子宣侯措父立。

宣侯二十八年，鲁隐公初立。三十五年，宣侯卒，子桓侯封人立。桓侯三年，鲁弑其君隐公。二十年，桓侯卒，弟哀侯献舞立。

哀侯十一年，初，哀侯娶陈，息侯亦娶陈。息夫人将归，过蔡，蔡侯不敬。息侯怒，请楚文王："来伐我，我求救于蔡，蔡必来，楚因击之，可以有功。"楚文王从之，虏蔡哀侯以归。哀侯留九岁，死于楚。凡立二十年卒。蔡人立其子肸，是为穆侯。

穆侯以其女弟为齐桓公夫人。十八年，齐桓公与蔡女戏船中，夫人荡舟，桓公止之，不止，公怒，归蔡女而不绝也。蔡侯怒，嫁其弟。齐桓公怒，伐蔡，蔡溃，遂虏穆侯，南至楚邵陵。已而诸侯为蔡谢齐，齐侯归蔡侯。二十九年，穆侯卒，子庄侯甲午立。

庄侯三年，齐桓公卒。十四年，晋文公败楚于城濮。二十年，楚太子商臣弑其父成王代立。二十五年，秦穆公卒。三十三年，楚庄王即位。三十四年，庄侯卒，子文侯申立。

文侯十四年，楚庄王伐陈，杀夏徵舒。十五年，楚围郑，郑降楚，楚复醳之。二十年，文侯卒，子景侯固立。

景侯元年，楚庄王卒。四十九年，景侯为太子般娶妇于楚，而景侯通焉。太子弑景侯而自立，是为灵侯。

灵侯二年，楚公子围弑其王郏敖而自立，为灵王。九年，陈司徒招弑其君哀公，楚使公子弃疾灭陈而有之。十二年，楚灵王以灵侯弑其父，诱蔡灵侯于申，伏甲，饮之醉而杀之，刑其士卒七十人。令公子弃疾围蔡。十一月，灭蔡。使弃疾为蔡公。

楚灭蔡三岁，楚公子弃疾弑其君灵王代立，为平王。平王乃求蔡景侯少子庐，立之，是为平侯。是年，楚亦复立陈。楚平王初立，欲亲诸侯，故复立陈、蔡后。

平侯九年卒，灵侯般之孙东国攻平侯子而自立，是为悼侯。悼侯父曰〔隐太子友〕。隐太子友者，灵侯之太子，平侯立而杀隐太子，故平侯卒而隐太子之子东国攻平侯子而代立，是为悼侯。悼侯三年卒，弟昭侯申立。

昭侯十年，朝楚昭王，持美裘二，献其一于昭王而自衣其一。楚相子常欲之，不与。子常谗蔡侯，留之楚三年。蔡侯知之，乃献其裘于子常；子常受之，乃言归蔡侯。蔡侯归而之晋，请与晋伐楚。

十三年春，与卫灵公会邵陵。蔡侯私于周苌弘，以求长于卫；卫使史鰌言康叔之功德，乃长卫。夏，为晋灭沈，楚怒，攻蔡。蔡昭侯使其子为质于吴，以共伐楚。冬，与吴王阖闾遂破楚，入郢。蔡怨子常，子常恐，奔郑。

十四年，吴去而楚昭王复国。

十六年，楚令尹为其民泣以谋蔡，蔡昭侯惧。

二十六年，孔子如蔡。楚昭王伐蔡，蔡恐，告急于吴。吴为蔡远，约迁以自近，易以相救；昭侯私许，不与大夫计。吴人来救蔡，因迁蔡于州来。

二十八年，昭侯将朝于吴，大夫恐其复迁，乃令贼利杀昭侯；已而诛贼利以解过，而立昭侯子朔，是为成侯。

成侯四年，宋灭曹。十年，齐田常弑其君简公。十三年，楚灭陈。十九年，成侯卒，子声侯产立。声侯十五年卒，子元侯立。元侯六年卒，子侯齐立。

侯齐四年，楚惠王灭蔡，蔡侯齐亡，蔡遂绝祀。后陈灭三十三年。

伯邑考，其后不知所封。武王发，其后为周，有本纪言。管叔鲜作乱，诛死，无后。周公旦，其后为鲁，有世家言。蔡叔度，其后为蔡，有世家言。曹叔振铎，其后为曹，有世家言。成叔武，其后世无所见。霍叔处，其后晋献公时灭霍。康叔封，其后为卫，有世家言。冉季载，其后世无所见。

太史公曰：管、蔡作乱，无足载者。然周武王崩，成王少，天下既疑，赖同母之弟成叔、冉季之属十人为辅拂，是以诸侯卒宗周，故附之世家言。

曹叔振铎者，周武王弟也。武王已克殷纣，封叔振铎于曹。

叔振铎卒，子太伯脾立。太伯卒，子仲君平立。仲君平卒，子宫伯侯立。宫伯侯卒。子孝伯云立。孝伯云卒，子夷伯喜立。

夷伯二十三年，周厉王奔于彘。

三十年卒，弟幽伯彊立。幽伯九年，弟苏杀幽伯代立，是为戴伯。戴伯元年，周宣王已立三岁。三十年，戴伯卒，子惠伯兕立。

惠伯二十五年，周幽王为犬戎所杀，因东徙，益卑，诸侯畔之。秦始列为诸侯。

三十六年，惠伯卒，子石甫立，其弟武杀之代立，是为穆公。穆公三

《东周列国志》版画之楚灵王挟诈灭陈蔡图，讲述楚灵王使诈于席间设伏擒蔡侯、灭蔡国之事。

年卒，子桓公终生立。

桓公三十五年，鲁隐公立。四十五年，鲁弑其君隐公。四十六年，宋华父督弑其君殇公，及孔父。五十五年，桓公卒，子庄公夕姑立。

庄公二十三年，齐桓公始霸。

三十一年，庄公卒，子釐公夷立。釐公九年卒，子昭公班立。昭公六年，齐桓公败蔡，遂至楚召陵。九年，昭公卒，子共公襄立。

共公十六年。初，晋公子重耳其亡过曹，曹君无礼，欲观其骿胁。釐负羁谏，不听，私善于重耳。二十一年，晋文公重耳伐曹，虏共公以归，令军毋入釐负羁之宗族闾。或说晋文公曰："昔齐桓公会诸侯，复异姓；今君囚曹君，灭同姓，何以令于诸侯？"晋乃复归共公。

二十五年，晋文公卒。三十五年，共公卒，子文公寿立。文公二十三年卒，子宣公彊立。宣公十七年卒，弟成公负刍立。

成公三年，晋厉公伐曹，虏成公以归，已复释之。五年，晋栾书、中行偃使程滑弑其君厉公。二十三年，成公卒，子武公胜立。

武公二十六年，楚公子弃疾弑其君灵王代立。二十七年，武公卒，子平公（顷）〔须〕立。平公四年卒，子悼公午立。是岁，宋、卫、陈、郑皆火。

悼公八年，宋景公立。九年，悼公朝于宋，宋囚之；曹立其弟野，是为声公。悼公死于宋，归葬。

声公五年，平公弟通弑声公代立，是为隐公。隐公四年，声公弟露弑隐公代立，是为靖公。靖公四年卒，子伯阳立。

伯阳三年，国人有梦众君子立于社宫，谋欲亡曹，曹叔振铎止之，请待公孙彊，许之。旦，求之曹，无此人。梦者戒其子曰："我亡，尔闻公孙彊为政，必去曹，无罹曹祸。"及伯阳即位，好田弋之事。六年，曹野人公孙彊亦好田弋，获白雁而献之，且言田弋之说，因访政事。伯阳大说之，有宠，使为司城，以听政。梦者之子乃亡去。

公孙彊言霸说于曹伯。十四年，曹伯从之，乃背晋干宋。宋景公伐之，晋人不救。十五年，宋灭曹，执曹伯阳及公孙彊以归而杀之。曹遂绝其祀。

太史公曰：余寻曹共公之不用僖负羁，乃乘轩者三百人，知唯德之不建。及振铎之梦，岂不欲引曹之祀者哉？如公孙彊不修厥政，叔铎之祀忽诸。

【译文】

管叔鲜和蔡叔度，都是周文王的儿子、周武王的弟弟。武王有一母同胞的兄弟十人。他们的母亲名叫太姒，是周文王的正妻。她的长子叫伯邑考，然后依次是武王姬发、管叔鲜、周公旦、蔡叔度、曹叔振铎、成叔武、霍叔处、康叔封、冉季载。冉季载最小。兄弟十人中，只有武王姬发和周公旦贤德，是文王的左膀右臂，所以文王舍弃了伯邑考而立姬发为太子。在文王去世后，太子姬发继位，就是武王。伯邑考在这以前已去世了。

武王打败了商纣王，平定了天下，便分封功臣和众多同姓兄弟。于是把叔鲜分封在管地，把叔度分封在蔡地，并且让二人辅助纣王之子武庚禄父，共同治理殷族遗民；把鲁地分封给叔旦，同时让叔旦担任周王朝的相国，称为周公；将叔振铎分封在曹地，叔武分封在成地，叔处分封在霍地。康叔封和冉季载因为年龄幼小，没有得到分封。

武王去世后，成王还很年幼，周公旦代为执掌国家大权。管叔和蔡叔怀疑周公这样做不利于成王，于是扶持武庚一起叛乱。周公旦奉成王命令征讨诛杀武庚，杀死了管叔，放逐了蔡叔，给了他十辆马车、随从七十人。又把商朝遗民分为两部分：一部分跟随微子启封在宋地，以延续殷人香火；另一部分随康叔分封在卫地，康叔为卫国君，这就是卫康叔。将季载分封在冉地。冉季、康叔都品德美善，所以周公举荐康叔为周王朝的司寇、冉季为司空，辅佐成王治理国家，他们的美誉都传颂于天下。

蔡叔度被放逐后不久便去世了。他的儿子叫胡，胡一改其父旧行，崇德向善。周公听说后，便举荐胡做了鲁国的卿士，鲁国因此得到了很好的治理。于是周公向成王提议，又把胡封在蔡地，来继承蔡叔的祭祀，这就是蔡仲。武王其他的五兄弟各自去了封地，没有在周朝廷做官的。

蔡仲去世，其儿子蔡伯荒继位。蔡伯荒去世，他的儿子宫侯继位。宫侯去世，他的儿子厉侯继位。厉侯去世，其子武侯继位。武侯时，周厉王失去了王位，逃到了彘地，由周公、召公共同执政，许多诸侯背叛了周朝。

武侯去世后，其子夷侯继位。夷侯十一年，周宣王即位。二十八年，夷侯去世，他的儿子釐侯所事继位。

釐侯三十九年，周幽王被犬戎人杀死，周王室衰败被迫东迁。秦国开始被封为诸侯。

四十八年，釐侯去世，他的儿子共侯兴继位。共侯二年去世，他的儿子戴侯继位。戴侯十年去世，他的儿子宣侯措父继位。

宣侯二十八年，鲁隐公登基。三十五年，宣侯去世，他的儿子桓侯封人继位。桓侯三年，鲁国人杀死了鲁隐公。二十年，桓侯去世，他的弟弟哀侯献舞继位。

哀侯十一年，当初哀侯娶了陈国女子为夫人，而息侯也娶了陈国女子为夫人。息侯夫人准备回国省亲，经过蔡国，哀侯对她不尊重。息侯因此发怒，他向楚文王请求说："您带兵来攻打我国，我向蔡国求救，蔡兵必来救援，楚国趁机攻打蔡国，必获胜利。"楚文王听从了他的计划，俘获了哀侯回到楚国。哀侯被扣留在楚国九年，最后死在了楚国。他在位共计二十年。蔡人拥立哀侯的儿子肸为国君，这就是缪侯。

缪侯将妹妹嫁给齐桓公做夫人。十八年，齐桓公和夫人蔡女乘船游玩，夫人使劲摇船，桓公让她停下来，她还是摇不停。桓公愤怒，把她送回娘家却并不断绝关系。蔡缪侯因此也很生气，便将妹妹又嫁给了别人。齐桓公大怒，出兵讨伐蔡国；蔡国大败，缪侯被抓，齐国向南打到了楚国的邵陵。后来各诸侯替蔡侯向齐桓公道歉，齐桓公才放蔡侯回国。二十九年，缪侯去世，他的儿子庄侯甲午继位。

庄侯三年，齐桓公去世。十四年，晋文公在城濮打败楚军。二十年，楚国太子商臣杀害了自己的父亲楚成王，取代他自立为王。二十五年，秦缪公去世。三十三年，楚庄王即位。三十四年，庄侯去世，他的儿子文侯继位。

文侯十四年，楚庄王攻打陈国，杀了夏徵舒。十五年，楚国围攻郑国，郑国投降，楚国又放了郑君。二十年，文侯去世，他的儿子景侯固继位。

景侯元年，楚庄王去世。四十九年，景侯给太子般娶了个楚国媳妇，景侯又与儿媳私通，太子杀了景侯自立为君，这就是灵侯。

灵侯二年，楚公子围杀害了国君郏敖自立为王，这就是楚灵王。九年，陈国的司徒招杀了陈哀公。楚国派公子弃疾灭掉了陈国。十二年，楚灵王借口蔡灵侯杀了自己的父亲，诱骗蔡灵侯到申地，预先埋伏了甲兵，设宴款待灵侯，趁灵侯醉酒后杀了他，跟随灵侯的七十名士兵也遭杀害。楚灵王又命公子弃疾围攻蔡国。这年十一月，楚国消灭了蔡国，委任公子弃疾做了蔡公。

楚灭掉蔡国三年后，楚国公子弃疾杀死了楚灵王而自立为王，这就是楚平王。平王找到蔡景侯的小儿子庐，立他为蔡国国君，这就是平侯。这一年，楚国也恢复了陈国。因为楚平王刚登基，想要亲近诸侯，因此才恢复陈国、蔡国后人的君位。

平侯九年去世，蔡灵侯般的孙子东国打败了平侯的儿子，自立为国君，这就是悼侯。悼侯的父亲是隐太子友。隐太子友本是灵侯时的太子，平侯登基后杀了隐太子。所以平侯死后，隐太子的儿子东国就攻击了平侯的儿子，自立为君，这就是悼侯。悼侯三年去世，他的弟弟昭侯申继位。

昭侯十年时，前去朝拜楚昭王，随身带了两件漂亮的皮衣，将一件献给了昭王，而另一件自己穿。楚国令尹子常想要一件，昭侯没有给。子常因此向楚昭王说昭侯的坏话，把昭侯扣留在楚国三年。后来蔡昭侯得知了原因，于是把自己的那件皮衣献给了子常；子常收下皮衣后，才向楚昭王提议放昭侯回国。蔡侯回国后赶到晋国，请求晋国一起攻打楚国。

十三年春天，昭侯与卫灵公在邵陵会盟。蔡侯私下请求周大夫苌弘把蔡国的位次排在卫国前面，卫国则派史鳝陈说卫康叔的功德，认为卫国的位次应该排在前面。这年夏天，蔡国为晋国消灭了沈国，楚王大怒，发兵攻打蔡国。蔡昭侯让自己的儿子到吴国去当人质，请吴国发兵共同抗击楚国。这年冬天，蔡侯与吴王阖闾攻入了楚都城郢。蔡侯怨恨子常，子常害怕，逃到了郑国。十四年，吴国撤军，楚昭王光复楚国。十六年，楚国令尹在楚国民众面前泣不成声，谋划讨伐蔡国，蔡昭侯听后很担心。二十六年，孔子去蔡国。楚昭王征讨蔡国，蔡侯恐慌，向吴国求救。吴王觉得蔡国都城离吴国太远，便让蔡侯自己将国都迁得离吴国近一点，以方便出兵相救；蔡昭侯私下同意了，没有与大夫商议。吴国出兵前来相救，便把蔡国都城迁到了州来。二十八年，昭侯准备去拜见吴王，大夫们担心他再次迁都，便指使一个名叫“利”的盗贼杀了昭侯，然后又杀死了利来开脱罪名，于是拥立昭侯的儿子朔为国君，这就是成侯。

成侯四年，宋国灭了曹国。十年，齐国的田常杀了齐简公。十三年，楚国消灭了陈国。十九年，成侯去世，他的儿子声侯产继位。声侯十五年去世，他的儿子元侯继位。元侯在位六年后去世，他的儿子侯齐继位。

侯齐四年，楚惠王灭掉了蔡国，侯齐逃往国外，蔡国的祭祀自此断绝。蔡国比陈国灭亡晚三十三年。

伯邑考，他的后人不知分封在什么地方。武王姬发的后人是周王，《本纪》有记载。管叔鲜因叛乱被杀，没有留下后代。周公旦，他的后人是鲁国君主，《世家》有记载。蔡叔度，他的后人是蔡国君主，《世家》有记载。曹叔振铎，他的后人是曹国君主，《世家》有记载。成叔武，他的后人下落无人知晓。霍叔处，他的后人分封在霍地，后被晋献公消灭。康叔封，他的后人是卫国君主，《世家》有记载。冉季载，他的后代世人不清楚。

太史公说：管叔、蔡叔作乱，没有什么值得记载的。但周武王死后，成王年幼，天下人都不相信周公，全仗同母兄弟成叔、冉季等十人辅佐，所以天下诸侯才共尊周室，因此我把他们的事情附记在《世家》里。

曹叔振铎，是周武王的弟弟。武王打败商纣后，将叔振铎分封在曹地。

叔振铎去世后，他的儿子太伯脾继位。太伯去世后，他的儿子仲君平继位。仲君平去世后，其子宫伯侯继位。宫伯侯去世后，其子孝伯云继位。孝伯云去世后，其子夷伯喜继位。

夷伯二十三年，周厉王逃往彘地。

夷伯三十年去世，他的弟弟幽伯强继位。幽伯九年，他的弟弟苏杀死幽伯自立为君，这就是戴伯。戴伯元年，周宣王已登基三年。戴伯三十年去世，他的儿子惠伯兕继位。

惠伯二十五年，周幽王被犬戎人所杀，周王室东迁，更加衰落，诸侯因此纷纷背叛。秦国这一年因救周有功被封为诸侯。

三十六年，惠伯去世，他的儿子石甫继位，他的弟弟武杀了石甫自立为君，这就是缪公。缪公三年去世，他的儿子桓公终生登基。

桓公三十五年，鲁隐公登基。四十五年，鲁人杀了自己的国君隐公。四十六年，宋国的华父督杀了宋殇公和大夫孔父。五十五年，桓公去世，他的儿子庄公夕姑继位。

庄公二十三时，齐桓公成为诸侯盟主，开始称霸天下。

三十一年，庄公去世，他的儿子釐公夷继位。釐公在位九年后去世，他的儿子昭公班登基。昭公六年，齐桓公打败蔡国，顺势攻到了楚国的邵陵。九年，昭公去世，他的儿子共公襄继位。

共公十六年，当初晋公子重耳逃亡时曾路过曹国，共公对待他不礼，甚至想看他的骈肋。曹国大夫釐负羁劝阻，共公不听，釐负羁只得私底下对重耳表示善意。二十一年，晋文公重耳讨伐曹国，把曹共公抓回了晋国，却命令军队不得骚扰釐负羁的宗族所居之地。有人劝晋文公说：“当年齐桓公与诸侯会盟，帮助异姓国家复国；现在您却拘禁了曹君，是灭同姓国家。这样以后怎能号令诸侯?”于是晋文公才放回了曹共公。

二十五年,晋文公去世。三十五年,曹共公去世,他的儿子文公寿继位。文公二十三年去世,他的儿子宣公强登基。宣公十七年去世,他的弟弟成公负刍继位。

成公三年,晋厉公攻打曹国,擒获了曹成公回国,不久又放回了他。五年,晋国大夫栾书、中行偃指使程滑杀死了晋厉公。二十三年,成公去世,他的儿子武公胜继位。武公二十六年,楚公子弃疾杀死了楚灵王自立为王。二十七年,武公去世,他的儿子平公须继位。平公四年去世,他的儿子悼公午登基。这一年,宋、卫、陈、郑四国都发生了火灾。

悼公八年,宋景公继位。九年,曹悼公去宋国朝会,被宋拘禁;曹人立悼公的弟弟野为君,这就是声公。悼公最终死在宋国,归葬于曹国。

声公五年,曹平公的弟弟通杀了声公自立为君,这就是隐公。隐公四年,曹声公的弟弟露杀了隐公自立为君,这就是靖公。靖公四年去世,他的儿子伯阳继位。

伯阳三年,曹国有个人梦见许多贵族君子站在土地庙里,商量着要灭掉曹国;曹叔振铎阻止了他们,让他们等待公孙强,众君子答应了曹叔振铎。天亮后,做梦者找遍了曹国,也没有找到公孙强这个人。做梦者就告诫自己的儿子:“我死以后,你如果听说是公孙强执掌朝政时,必须离开曹国,否则必遭祸端。”伯阳即位后,喜好射猎。六年,曹国的一个农夫公孙强也喜欢射猎,猎得白雁后献给了伯阳,且大谈射猎的道理,伯阳因此向他请教政事。伯阳听后非常高兴,特别宠爱公孙强,任命他做司城参与政务。做梦者的儿子得知后,于是逃离了曹国。

公孙强向曹伯述说称霸的主张。十四年,曹伯听从了公孙强的主张,于是叛离了晋国,并进犯宋国。宋景公派军攻打曹国,晋国没有来救援。十五年,宋国消灭曹国,将曹伯阳和公孙强抓回了宋国并处死,曹国因此灭亡。

太史公说:我通过探究曹共公不用贤人釐负羁,却让后宫三百美女乘坐轩车的事,知道共公不能树立德政。到曹叔振铎托梦于人时,这难道不是想延长曹国的祭祀吗?如果公孙强没有推行他的政策,曹叔振铎的祭祀香火也不会突然断绝。

史记卷三十六

陈杞世家第六

陈胡公满者，虞帝舜之后也。昔舜为庶人时，尧妻之二女，居于妫汭，其后因为氏姓，姓妫氏。舜已崩，传禹天下，而舜子商均为封国。夏后之时，或失或续。至于周武王克殷纣，乃复求舜后，得妫满，封之于陈，以奉帝舜祀，是为胡公。

胡公卒，子申公犀侯立。申公卒，弟相公皋羊立。相公卒，立申公子突，是为孝公。孝公卒，子慎公圉戎立。慎公当周厉王时。慎公卒，子幽公宁立。

幽公十二年，周厉王奔于彘。

二十三年，幽公卒。子釐公孝立。

釐公六年，周宣王即位。

三十六年，釐公卒，子武公灵立。武公十五年卒，子夷公说立。是岁，周幽王即位。

夷公三年卒，弟平公燮立。

平公七年，周幽王为犬戎所杀，周东徙。秦始列为诸侯。

二十三年，平公卒，子文公圉立。

文公元年，取蔡女，生子佗。十年，文公卒，长子桓公鲍立。

桓公二十三年，鲁隐公初立。二十六年，卫杀其君州吁。三十三年，鲁弑其君隐公。

三十八年正月甲戌己丑，桓公鲍卒。

桓公弟佗，其母蔡女，故蔡人为佗杀五父及桓公太子免而立佗，是为厉公。桓公病而乱作，国人分散，故再赴。

厉公二年，生子敬仲完。周太史过陈，陈厉公使以《周易》筮之，卦得“观”之“否”：“是为观国之光，利用宾于王。此其代陈有国乎？不在此，其在异国？非此其身，在其子孙。若在异国，必姜姓。姜姓，太岳之后。物莫能两大，陈衰，此其昌乎？”

厉公取蔡女，蔡女与蔡人乱，厉公数如蔡淫。七年，厉公所杀桓公太子免之三弟，长曰跃，中曰林，少曰杵臼，共令蔡人诱厉公以好女，与蔡人共杀厉公而立跃，是为利公。

利公者，桓公子也。利公立五月卒，立中弟林，是为庄公。庄公七年卒，少弟杵臼立，是为宣公。

宣公三年，楚武王卒，楚始强。

十七年，周惠王娶陈女为后。

二十一年，宣公后有嬖姬生子款，欲立之，乃杀其太子御寇。御寇素爱厉公子完，完惧祸及己，乃奔齐。齐桓公欲使陈完为卿，完曰："羁旅之臣，幸得免负檐，君之惠也。不敢当高位。"桓公使为工正。齐懿仲欲妻陈敬仲，卜之，占曰："是谓凤皇于飞，和鸣锵锵。有妫之后，将育于姜。五世其昌，并于正卿。八世之后，莫之与京。"

三十七年，齐桓公伐蔡，蔡败；南侵楚，至召陵，还，过陈。陈大夫辕涛涂恶其过陈，诈齐令出东道。东道恶，桓公怒，执陈辕涛涂。是岁，晋献公杀其太子申生。

四十五年，宣公卒，子款立，是为穆公。穆公五年，齐桓公卒。十六年，晋文公败楚师于城濮。是岁，穆公卒，子共公朔立。

共公六年，楚太子商臣弑其父成王代立，是为穆王。十一年，秦穆公卒。十八年，共公卒，子灵公平国立。

灵公元年，楚庄王即位。六年，楚伐陈。十年，陈及楚平。

十四年，灵公与其大夫孔宁、仪行父皆通于夏姬，衷其衣以戏于朝。泄冶谏曰："君臣淫乱，民何效焉？"灵公以告二子，二子请杀泄冶，公弗禁，遂杀泄冶。

十五年，灵公与二子饮于夏氏。公戏二子曰："徵舒似汝。"二子曰："亦似公。"徵舒怒。灵公罢酒出，徵舒伏弩厩门射杀灵公。孔宁、仪行父皆奔楚，灵公太子午奔晋。徵舒自立为陈侯。徵舒，故陈大夫也。夏姬，御叔之妻，舒之母也。

成公元年冬，楚庄王为夏徵舒杀灵公，率诸侯伐陈。谓陈曰："无惊，吾诛徵舒而已。"已诛徵舒，因县陈而有之，群臣毕贺。申叔时使于齐来还，独不贺。庄王问其故，对曰："鄙语有之，牵牛径人田，田主夺之牛。径则有罪矣，夺之牛，不亦甚乎？今王以徵舒为贼弑君，故征兵诸侯，以义伐之，已而取之，以利其地，则后何以令于天下！是以不贺。"庄王曰："善。"乃迎陈灵公太子午于晋而立之，复君陈如故，是为成公。

孔子读史记至楚复陈，曰："贤哉楚庄王，轻千乘之国而重一言。"

(二十)八年，楚庄王卒。二十九年，陈倍楚盟。三十年，楚共王伐陈。是岁，成公卒，子哀公弱立。楚以陈丧，罢兵去。

哀公三年，楚围陈。复释之。

二十八年，楚公子围弑其君郏敖自立，为灵王。

三十四年．初，哀公娶郑，长姬生悼太子师，少姬生偃。二嬖妾，长妾生留，少妾生胜。留有宠哀公，哀公属之其弟司徒招。哀公病，三月，招杀悼太子，立留为太子。哀公怒，欲诛招，招发兵围守哀公，哀公自经杀。招卒立留为陈君。四月，陈使使赴楚。楚灵王闻陈乱，乃杀陈使者，使公子弃疾发兵伐陈，陈君留奔郑。九月，楚围陈。十一月，灭陈。使弃疾为陈公。

招之杀悼太子也，太子之子名吴，出奔晋。晋平公问太史赵曰："陈遂亡乎？"对曰："陈，颛顼之族。陈氏得政于齐，乃卒亡。自幕至于瞽瞍，无违命。舜重之以明德。至于遂，世世守之。及胡公，周赐之姓，使祀虞帝。且盛德之后，必百世祀。虞之世未也，其在齐乎？"

楚灵王灭陈五岁，楚公子弃疾弑灵王代立，是为平王。平王初立，欲得和诸侯，乃求故陈悼太子师之子吴，立为陈侯，是为惠公。惠公立，探续哀公卒时年而为元，空籍五岁矣。

(七)〔十〕年，陈火。十五年，吴王僚使公子光伐陈，取胡、沈而去。二十八年，吴王阖闾与子胥败楚，入郢。是年，惠公卒，子怀公柳立。

怀公元年，吴破楚，在郢，召陈侯。陈侯欲往，大夫曰："吴新得意；楚王虽亡，与陈有故，不可倍。"怀公乃以疾谢吴。四年，吴复召怀公。怀公恐，如吴。吴怒其前不往，留之，因卒吴。陈乃立怀公之子越，是为湣公。

湣公六年，孔子适陈。吴王夫差伐陈，取三邑而去。十三年，吴复来伐陈，陈告急楚，楚昭王来救，军于城父，吴师去。是年，楚昭王卒于城父。时孔子在陈。

十五年，宋灭曹。

十六年，吴王夫差伐齐，败之艾陵，使人召陈侯。陈侯恐，如吴。楚伐陈。

二十一年，齐田常弑其君简公。

二十三年，楚之白公胜杀令尹子西、子綦，袭惠王。叶公攻败白公，白公自杀。

二十四年，楚惠王复国，以兵北伐，杀陈湣公，遂灭陈而有之。是岁，孔子卒。

杞东楼公者，夏后禹之后苗裔也。殷时或封或绝。厨武王克殷纣，求禹之后，得东楼公，封之于杞，以奉夏后氏祀。

东楼公生西楼公，西楼公生题公，题公生谋娶公。谋娶公当周厉王时。谋娶公生武公。

武公立四十七年卒，子靖公立。靖公二十三年卒，子共公立。共公八年卒，子德公立。德公十八年卒，弟桓公姑容立。桓公十七年卒，子孝公匄立。孝公十七年卒，弟文公益姑立。文公十四年卒，弟平公郁立。平公十八年卒，子悼公成立。悼公十二年卒，子隐公乞立。七月，隐公弟遂弑隐公自立，是为釐公。釐公十九年卒，子湣公维立。

湣公十五年，楚惠王灭陈。十六年，湣公弟阏路弑湣公代立，是为哀公。

哀公立十年卒，湣公子敕立，是为出公。出公十二年卒，子简公春立。立一年，楚惠王之四十四年，灭杞。杞后陈亡三十四年。

杞小微，其事不足称述。

舜之后，周武王封之陈，至楚惠王灭之，有世家言。禹之后，周武王封之杞，楚惠主灭之，有世家言。契之后为殷，殷有本纪言。殷破，周封其后于宋，齐湣王灭之，有世家言。后稷之后为周，秦昭王灭之，有本纪言。皋陶之后，或封英、六，楚穆王灭之，无谱。伯夷之后，至周武王复封于齐，曰太公望，陈氏灭之，有世家言。伯翳之后，至周平王时封为秦，项羽灭之，有本纪言。垂、益、夔、龙，其后不知所封，不见也。右十一人者，皆唐虞之际名有功德臣也；其五人之后皆至帝王，馀乃为显诸侯。滕、薛、驺，夏、殷、周之间封也，小，不足齿列，弗论也。

周武王时，侯伯尚千馀人。及幽、厉之后，诸侯力攻相并。江、黄、胡、沈之属，不可胜数，故弗采著于传(上)〔云〕。

太史公曰：舜之德可谓至矣！禅位于夏，而后世血食者历三代。及楚灭陈，而田常得政于齐，卒为建国，百世不绝，苗裔兹兹，有土者不乏焉。至禹，于周则杞，微甚，不足数也。楚惠王灭杞，其后越王勾践兴。

【译文】

陈胡公满，是虞帝舜的后代。过去舜还是平民时，尧帝把自己的两个女儿嫁给了他，住在妫汭，他的后代因此就以这个地方名作为姓氏，姓妫。舜去世后，将天下传给了禹，而舜的儿子商均被封为诸侯，建立了诸侯国。夏朝时，舜后人的侯位断断续续。到了周武王战胜殷纣后，才重新寻找舜的后人，找到了妫满，将他封在陈国，来供奉帝舜的祭祀，这就是陈胡公。

胡公死后，他的儿子申公犀侯继位。申公死后，他的弟弟相公皋羊继位。相公死后，国人立申公的儿子突为君，这就是孝公。孝公死后，他的儿子慎公圉戎继位。慎公在位时正是周厉王时期。慎公死后，他的儿子幽公宁继位。

幽公二十年时，周厉王逃到彘地。

二十三年时，幽公去世，他的儿子釐公孝继位。釐公六年，周宣王即位。三十六年，釐公去世，他的儿子武公灵继位。武公十五年去世，他的儿子夷公说继位。这一年，周幽王即位。夷公三年时去世，他的弟弟平公燮继位。平公七年，周幽王被犬戎人杀死，周王朝首都东迁至洛邑。秦国被封为诸侯国。

二十三年时，平公逝世，他的儿子文公圉继位。

文公元年时，娶了蔡国女子为妻，生下了儿子佗。十年，文公去世，他的长子桓公鲍继位。

桓公二十三年，鲁隐公即位。二十六年，卫人杀死了卫君州吁。三十三年，鲁人杀死了鲁隐公。

三十八年正月甲戌己丑日，桓公鲍去世。桓公的弟弟佗的母亲，因为是蔡国女子，蔡国人因此为佗杀了五父和桓公太子免，而立佗为国君，这就是厉公。桓公病重，国内大乱，国人四处逃散，所以两次发布讣告。

厉公二年时，生下了儿子敬仲完。正好周太史路过陈国，陈厉公让他用《周易》为儿子卜卦，获得的卦象由《观》卦变《否》卦，卦爻的意思是："这可以看到国家的荣光，对做天子的宾客有好处。这是他会取代陈国而自己据有国家吧？不是在陈国，是在别的国家吧？这事不在他本人的身上发生，而是在他的子孙后代身上发生。如果是发生在别国，一定是在姜姓国家。姜姓，因为是太岳的后代。事物不能同时在两个方面强大，可能要等到陈国衰亡后，他的后代才会昌盛吧？"

厉公娶了蔡国之女，蔡女与一蔡国人通奸，厉公也多次到蔡国淫乐。七年，被厉公所杀的桓公太子免的三个兄弟，大的叫跃，中间的叫林，最小的叫杵臼，一起让蔡人用美女勾引厉公，然后与蔡人一起杀掉了厉公，拥立跃为国君，这就是利公。利公是桓公的儿子。利公即位五个月就去世了，弟弟林继位，这就是庄公。庄公七年时去世，小弟弟杵臼继位，这就是宣公。

宣公三年，楚武王去世，楚国开始强大起来。十七年，周惠王娶陈君之女为王后。

二十一年，宣公后来有一个宠妃生了个儿子款，宣公想立他为太子，就杀了原太子御寇。御寇一直喜欢厉公的儿子陈完，陈完害怕受牵连，便逃到了齐国。齐桓公想任用陈完做卿，陈完说："我是寄居在外的臣子，有幸能免受劳役之苦，就已是您给了我恩惠，我不敢担任高官。"桓公让他做了工正之官。齐懿仲想把自己的女儿嫁给陈敬仲，先算了一卦，卦上说："这好比是凤凰双飞，鸣声相和，清脆有力。妫姓的后人，会在姜姓之国繁育昌盛。五代以后就能发达，地位与正卿一样。八代以后，就无人能与之相比了。"

三十七年，齐桓公征讨蔡国，蔡国战败；齐军趁势入侵楚国，向南直至召陵，返回时经过了陈国。陈国大夫辕涛涂不想让齐军经过陈国境内，便欺骗齐军说由东路沿海岸返回齐国更好。东面的道路险恶难走，齐桓公明白真相后很是生气，把辕涛涂抓了起来。这一年，晋献公杀死了自己的太子申生。

四十五年，宣公去世，他的儿子款继位，这就是缪公。缪公五年，齐桓公去世。十六年，晋文公在城濮打败了楚军。这一年，陈缪公去世，他的儿子共公朔继位。共公六年，楚国太子商臣杀了自己的父亲楚成王自立称王，这就是楚缪王。十一年，秦缪公去世。十八年，共公去世，儿子灵公平国继位。

灵公元年，楚庄王即位。六年，楚国攻打陈国。十年，陈国与楚国讲和。

十四年，灵公与大夫孔宁、仪行父都与夏姬通奸，他们贴身穿着夏姬的衣服在朝中嬉戏。大夫泄冶劝谏说："君臣如此淫乱，让国民如何学习？"灵公将这话告诉了孔宁、仪行父两人，二人请求杀死泄冶，灵公没有制止他们，二人于是杀死了泄冶。十五年，灵公与孔宁、仪行父在夏姬家饮酒。灵公与两人开玩笑说："夏徵舒长得和你们很像。"二人也说：

“他长得也很像您。”夏徵舒听了很愤怒。灵公喝完酒出来，徵舒在马棚门口埋伏用弓箭射杀了灵公。孔宁、仪行父吓得逃到了楚国，灵公太子午也逃到了晋国。夏徵舒自立为陈侯。夏徵舒，以前陈国的大夫。夏姬，是御叔的妻子，夏徵舒的母亲。

陈成公元年冬天，楚庄王以夏徵舒杀死了陈灵公为借口，率领诸侯讨伐陈国。他对陈国人说：“不要害怕，我只是来诛杀夏徵舒而已。”但是在杀了夏徵舒后，顺势将陈国作为楚国的一个县而强占了，楚国群臣因此都向楚庄王道贺。这时申叔时从齐国出使回来，只他一人没有表示祝贺。楚庄王问他缘故，他回答说：“常言有说，牵牛践踏了他人的田地，而田地的主人则把牛抢过去占为己有。践踏了他人的田地虽然有罪，但因此就抢夺了别人的牛，不也很过分吗？现在大王认为夏徵舒杀害了自己的君王不义，因此征集诸侯军队，以申张正义之名讨伐夏徵舒，接着却贪图人家的土地，把陈国占为己有，那么今后还如何号令天下呢！所以我不恭贺。”楚庄王听后说：“说得好！”于是把陈灵公的太子妫午从晋国接回来，立为陈君，像过去一样治理陈国，这就是陈成公。孔子在读史书时看到楚国恢复陈国主权一段，说：“楚庄王真是贤德啊。他轻视千乘之国而重视一句合乎道义的话。”

八年，楚庄王去世。二十九年，陈国背弃与楚国的盟约。三十年，楚共王讨伐陈国。这一年，陈成公去世，他的儿子哀公弱继位。楚王因陈国有丧事，撤军回国。

哀公三年，楚军围攻陈国，然后又解除了包围。二十八年，楚国公子围杀死楚王郏敖自立为王，这就是楚灵王。

三十四年，当初哀公娶了郑国女子为妻，长姬生了悼太子师，少姬生了偃。哀公还有两名宠妾，长妾生了留，少妾生了胜。哀公最喜欢留，将他托付给自己的弟弟司徒招照顾。哀公生病了，这年三月，司徒招杀了悼太子，立留为太子。哀公非常生气，想要杀司徒招，司徒招发兵囚禁了哀公，哀公自缢而死。司徒招最终还是立了留为国君。四月，陈国派使臣去楚国报丧。楚灵王听说陈国内乱，便杀死了陈国使者，派公子弃疾率军讨伐陈国，陈君留逃往了郑国。九月，楚军包围了陈。十一月，灭掉了陈国。楚灵王命楚公子弃疾为陈公。

司徒招杀死悼太子后，悼太子的儿子吴逃到了晋国。晋平公问太史赵说：“陈国终于要灭亡了吗？”太史赵答道：“陈国是颛顼的后代。等陈氏取得齐国政权以后，陈国才算是最终灭亡。陈国祖先从幕到瞽瞍，从没有违背天命。舜又增加了美德。一直到遂，世世代代都恪守其道。到了胡公后，周天子赐给他姓，让他祭祀舜帝。况且具有大功德的人，必定能享受百代的祭祀。虞舜享有的祭祀还不到百代之数，大概会在齐国继续享祀吧？”

楚灵王灭陈后的第五年，楚国公子弃疾杀了楚灵王，自立为王，这就是楚平王。楚平王刚刚即位，想亲睦各诸侯，于是便找到原陈国悼太子师的儿子吴，立他为陈侯，这就是陈惠公。惠公即位后，追溯到哀公逝世那年为惠公元年，陈国君位间断了五年。

十年，陈国发生了火灾。十五年，吴王僚派公子光讨伐陈国，攻占了胡、沈两地后回国。二十八年，吴王阖闾和伍子胥打败了楚国进入郢都。这一年，陈惠公死，他的儿子怀公柳继位。

怀公元年，吴王攻占楚国后，驻扎在郢都，在此召见陈怀公。怀公准备前往，有大夫劝道：“吴王最近志得意满，不过楚王虽然逃亡，但与陈国有旧交，我们不能背叛楚国。”怀公就以身体有病为由推辞了。四年，吴王又召见怀公。怀公心里害怕，只好前往吴国。吴王气愤怀公上次不来，扣留了他，最终死在了吴国。陈国人于是拥立怀公的儿子越为国君，这就是湣公。

湣公六年，孔子来到了陈国。吴王夫差讨伐陈国，攻占了三座城邑后离去。十三年，吴国又来攻打陈国，陈国向楚国告急求援，楚昭王率军前来援救，驻扎在城父，吴军撤兵离去。这一年，楚昭王在城父去世。当时孔子还在陈国。十五年，宋国灭掉了曹国。十六年，吴王夫差北上讨伐齐国，在艾陵打败了齐军，他又派人召见陈侯。湣公害怕，前往吴国。楚国因此讨伐陈国。二十一年，齐国大夫田常杀死了齐简公。二十三年，楚国的白公胜杀死了令尹子西和子綦，并攻击楚惠王。楚国叶公击败了白公胜，白公胜自杀身亡。

二十四年，楚惠王恢复了国土，举兵北伐，杀死了陈湣公，最终灭掉了陈国并占为己有。这一年，孔子去世。

杞国的东楼公，是夏朝大禹的后代子孙。商朝时其封国断断续续。周武王打败殷纣王后，寻求禹的后代，找到了东楼公，将他分封在杞地，让他供奉夏禹的祭祀。

东楼公生了个儿子西楼公，西楼公生了个儿子题公，题公生了个儿子谋娶公。谋娶公时正是周厉王时代。谋娶公生了儿子武公。武公在位四十七年后去世，他的儿子靖公继位。靖公在位二十三年后去世，他的儿子共公继位。共公在位八年去世，他的儿子德公继位。德公在位十八年去世，他的弟弟桓公姑容继位。桓公在位十七年后去世，他的儿子孝公匄继位。孝公在位十七年后去世，他的弟弟文公益姑继位。文公在位十四年后去世，他的弟弟平公郁继位。平公在位十八年后去世，他的儿子悼公成继位。悼公十二年去世，他的儿子隐公乞继位。这年七月，隐公的弟弟遂杀了隐公自立为君，这就是釐公。釐公在位十九年后去世，他的儿子湣公维继位。湣公十五年，楚惠王灭掉了陈国。十六年，湣公的弟弟阏路杀了湣公自立为君，这就是哀公。哀公在位十年后去世，湣公的儿子敕继位，这就是出公。出公在位十二年后去世，他的儿子简公春继位。即位一年后，也就是楚惠王之四十四年，楚国灭掉了杞国。杞国比陈国晚灭亡三十四年。杞国弱小，其他的事不值得称述。

舜的后人，周武王将其分封在陈，到楚惠王时被灭掉，《世家》有记载。禹的后代，周武王将其分封在杞，被楚惠王灭掉了，在《世家》中有记载。契的后代是殷商王族，在《本纪》中有记载。殷朝灭亡后，周朝将其后代分封在宋，后来被齐湣王灭掉了，在《世家》中有记载。后稷的后代是周朝王族，后来被秦昭王灭掉了，在《本纪》中有记载。皋陶的后代，有的被封在英、六这些地方，被楚穆王灭掉了，没有书谱记载。伯夷的后人，在周武王时又被封在齐，叫做太公望，被陈氏灭了，在《世家》中有记载。垂、益、夔、龙，他们的后代不知道所封的地方，没有见过记载。以上十一个人，都是尧、舜时著名的有功德之臣；其中五人的后人都当过帝王，其他的则是著名诸侯。滕、薛、驺，是在夏、商、周三代时所封的侯国，很小，不足挂齿，就不加论述了。

周武王时，受封为侯为伯的还有一千多人。等到周幽王、周厉王之后，诸侯之间相互争斗相互吞并。像江、黄、胡、沈之类的小国，不计其数，所以就不采录了。

太史公曰：舜的德行可以说是达到极点了！他禅位给夏，而后代享受的祭祀经历了夏、商、周三个朝代。陈国被楚灭掉之后，田常又夺取了齐国的政权，最终建立了国家，祭祀仍世代不绝，子孙昌盛，被分封赐地的人不少。至于禹，他的后代在周时是杞国之君，很弱小，不值得一说。楚惠王灭掉杞后，禹的后人越王勾践又振兴了起来。

史记卷三十七

卫康叔世家第七

卫康叔名封，周武王同母少弟也。其次尚有冉季，冉季最少。

武王已克殷纣，复以殷馀民封纣子武庚禄父，比诸侯，以奉其先祀勿绝。为武庚未集，恐其有贼心，武王乃令其弟管叔、蔡叔傅相武庚禄父，以和其民。武王既崩，成王少，周公旦代成王治，当国。管叔、蔡叔疑周公，乃与武庚禄父作乱，欲攻成周。周公旦以成王命兴师伐殷，杀武庚禄父、管叔，放蔡叔，以武庚殷馀民封康叔为卫君，居河、淇间故商墟。

周公旦惧康叔齿少，乃申告康叔曰："必求殷之贤人君子长者，问其先殷所以兴，所以亡，而务爱民。"告以纣所以亡者以淫于酒，酒之失，妇人是用，故纣之乱自此始。为《梓材》，示君子可法则。故谓之《康诰》《酒诰》《梓材》以命之。康叔之国，既以此命，能和集其民，民大说。

成王长，用事，举康叔为周司寇，赐卫宝祭器，以章有德。

康叔卒，子康伯代立。康伯卒，子考伯立。考伯卒，子嗣伯立。嗣伯卒，子庫伯立。庫伯卒，子靖伯立。靖伯卒，子贞伯立。贞伯卒，子顷侯立。

顷侯厚赂周夷王，夷王命卫为侯。顷侯立十二年卒，子釐侯立。

釐侯十三年，周厉王出奔于彘，共和行政焉。二十八年，周宣王立。

四十二年，釐侯卒，太子共伯馀立为君。共伯弟和有宠于釐侯，多予之赂；和以其赂赂士，以袭攻共伯于墓上，共伯入釐侯羡自杀。卫人因葬之釐侯旁，谥曰共伯，而立和为卫侯，是为武公。

武公即位，修康叔之政，百姓和集。四十二年，犬戎杀周幽王，武公将兵往佐周平戎，甚有功，周平王命武公为公。五十五年，卒，子庄公扬立。

庄公五年，取齐女为夫人，好而无子。又取陈女为夫人，生子，早死。陈女女弟亦幸于庄公，而生子完。完母死，庄公令夫人齐女子之，立为太子。庄公有宠妾，生子州吁。十八年，州吁长，好兵，庄公使将。石碏谏庄公曰："庶子好兵，使将，乱自此起。"不听。

二十三年，庄公卒，太子完立，是为桓公。

桓公二年，弟州吁骄奢，桓公绌之，州吁出奔。十三年，郑伯弟段攻其兄，不胜，亡，而州吁求与之友。十六年，州吁收聚卫亡人以袭杀桓公，州吁自立为卫君。为郑伯弟段欲伐郑，请宋、陈、蔡与俱，三国皆许州吁。州吁新立，好兵，弑桓公，卫人皆不爱。石碏乃因桓公母家于陈，详为善州吁。至郑郊，石碏与陈侯共谋，使右宰丑进食，因杀州吁于濮，而迎桓公弟晋于邢而立之，是为宣公。

宣公七年，鲁弑其君隐公。九年，宋督弑其君殇公，及孔父。十年，晋曲沃庄伯弑其君哀侯。

十八年。初，宣公爱夫人夷姜，夷姜生子伋，以为太子，而令右公子傅之。右公子为太子取齐女，未入室，而宣公见所欲为太子妇者好，说而自取之，更为太子取他女。宣公得齐女，生子寿、子朔，令左公子傅之。太子伋母死，宣公正夫人与朔共谗恶太子伋。宣公自以其夺太子妻也，心恶太子，欲废之。及闻其恶，大怒，乃使太子伋于齐而令盗遮界上杀之。与太子白旄，而告界盗见持白旄者杀之。且行，子朔之兄寿，太子异母弟也，知朔之恶太子而君欲杀之，乃谓太子曰："界盗见太子白旄，即杀太子，太子可毋行。"太子曰："逆父命求生，不可。"遂行。寿见太子不止，乃盗其白旄而先驰至界。界盗见其验，即杀之。寿已死，而太子伋又至，谓盗曰："所当杀乃我也。"盗并杀太子伋，以报宣公。宣公乃以子朔为太子。

十九年，宣公卒，太子朔立，是为惠公。

左右公子不平朔之立也。惠公四年，左右公子怨惠公之谗杀前太子伋而代立，乃作乱，攻惠公，立太子伋之弟黔牟为君，惠公奔齐。

卫君黔牟立八年，齐襄公率诸侯奉王命共伐卫，纳卫惠公，诛左右公子。卫君黔牟奔于周，惠公复立。惠公立三年而亡，亡八年夏入，与前通年凡十三年矣。

二十五年，惠公怨周之容舍黔牟，与燕伐周。周惠王奔温，卫、燕立惠王弟颓为王。二十九年，郑复纳惠王。三十一年，惠公卒，子懿公赤立。

懿公即位，好鹤，淫乐奢侈。九年，翟伐卫，卫懿公欲发兵，兵或畔。大臣言曰："君好鹤，鹤可令击翟。"〔翟〕于是遂入，杀懿公。

懿公之立也，百姓大臣皆不服。自懿公父惠公朔之谗杀太子伋代立，至于懿公，常欲败之，卒灭惠公之后而更立黔牟之弟昭伯顽之子申为君，是为戴公。

戴公申元年卒。齐桓公以卫数乱，乃率诸侯伐翟，为卫筑楚丘，立戴公弟燬为卫君，是为文公。文公以乱故奔齐，齐人入之。

初，翟杀懿公也，卫人怜之，思复立宣公前死太子伋之后，伋子又死，而代伋死者子寿又无子。太子伋同母弟二人：其一曰黔牟，黔牟尝代惠公为君，八年复去；其二曰昭伯。昭伯、黔牟皆已前死，故立昭伯子申为戴公。戴公卒，复立其弟燬，为文公。

文公初立，轻赋平罪，身自劳，与百姓同苦，以收卫民。

十六年，晋公子重耳过，无礼。十七年，齐桓公卒。二十五年，文公卒，子成公郑立。

成公三年，晋欲假道于卫救宋，成公不许。晋更从南河度，救宋。征师于卫，卫大夫欲许，成公不肯。大夫元咺攻成公，成公出奔。晋文公重耳伐卫，分其地予宋，讨前过无礼及不救宋患也。卫成公遂出奔陈。二岁，如周求入，与晋文公会。晋使人鸩卫成公，成公私于周主鸩，令薄，得不死。已而周为请晋文公，卒入之卫，而诛元咺，卫君瑕出奔。

七年，晋文公卒。十二年，成公朝晋襄公。十四年，秦穆公卒。二十六年，齐邴歜弑其君懿公。三十五年，成公卒，子穆公遬立。

穆公二年，楚庄王伐陈，杀夏徵舒。三年，楚庄王围郑，郑降，复释之。十一年，孙良夫救鲁伐齐，复得侵地。穆公卒，子定公臧立。定公十二年卒，子献公衎立。

献公十三年，公令师曹教宫妾鼓琴，妾不善，曹笞之。妾以幸恶曹于公，公亦笞曹三百。十八年，献公戒孙文子、宁惠子食，皆往。日旰不召，而去射鸿于囿。二子从之，公不释射服与之言。二子怒，如宿。孙文子子数侍公饮，使师曹歌《巧言》之卒章。师曹又怒公之尝笞三百，乃歌之，欲以怒孙文子，报卫献公。文子语蘧伯玉，伯玉曰："臣不知也。"遂攻出献公，献公奔齐，齐置卫献公于聚邑。孙文子、宁惠子共立定公弟秋为卫君，是为殇公。

殇公秋立，封孙文子林父于宿。

十二年，宁喜与孙林父争宠相恶，殇公使宁喜攻孙林父。林父奔晋，复求入故卫献公。献公在齐，齐景公闻之，与卫献公如晋求入。晋为伐卫，诱与盟。卫殇公会晋平公，平公执殇公与宁喜而复入卫献公。献公亡在外十二年而入。

献公后元年，诛宁喜。

三年，吴延陵季子使过卫，见蘧伯玉、史鳝，曰："卫多君子，其国无故。"过宿，孙林父为击磬，曰；"不乐，音大悲，使卫乱乃此矣。"是年，献公卒，子襄公恶立。

襄公六年，楚灵王会诸侯，襄公称病不往。

九年，襄公卒。初，襄公有贱妾，幸之，有身，梦有人谓曰："我康叔也，令若子必有卫，名而子曰'元'。"妾怪之，问孔成子。成子曰："康叔者，卫祖也。"及生子，男也，以告襄公。襄公曰："天所置也。"名之曰元。襄公夫人无子，于是乃立元为嗣，是为灵公。

灵公五年，朝晋昭公。六年，楚公子弃疾弑灵王自立，为平王。十一年，火。

三十八年，孔子来，禄之如鲁。后有隙，孔子去。后复来。

三十九年，太子蒯聩与灵公夫人南子有恶，欲杀南子。蒯聩与其徒戏阳遬谋，朝，使杀夫人。戏阳后悔，不果。蒯聩数目之，夫人觉之，惧，呼曰："太子欲杀我！"灵公怒，太子蒯聩奔宋，已而之晋赵氏。

四十二年春，灵公游于郊，令子郢仆。郢，灵公少子也，字子南。灵公怨太子出奔，谓郢曰："我将立若为后。"郢对曰："郢不足以辱社稷，君更图之。"夏，灵公卒，夫子命子郢为太子，曰："此灵公命也。"郢曰："亡人太子蒯聩之子辄在也，不敢当。"于是卫乃以辄为君，是为出公。

六月乙酉，赵简子欲入蒯聩，乃令阳虎诈命卫十馀人衰绖归，简子送蒯聩。卫人闻之，发兵击蒯聩。蒯聩不得入，入宿而保，卫人亦罢兵。

出公辄四年，齐田乞弑其君孺子。八年，齐鲍子弑其君悼公。孔子自陈入卫。九年，孔文子问兵于仲尼，仲尼不对。其后鲁迎仲尼，仲尼反鲁。

十二年。初，孔圉文子取太子蒯聩之姊，生悝。孔氏之竖浑良夫美好，孔文子卒，良夫通于悝母。太子在宿，悝母使良夫于太子。太子与良夫言曰："苟能入我国，报子以乘轩，免子三死，毋所与。"与之盟，许以悝母为妻。闰月，良夫与太子入，舍孔氏之外圃。昏，二人蒙衣而乘，宦者罗御，如孔氏。孔氏之老栾宁问之，称姻妾以告。遂入，适伯姬氏。既食，悝母杖戈而先，太子与五人介，舆猳从之。伯姬劫悝于厕，强盟之，遂劫以登台。栾宁将饮酒，炙未熟，闻乱，使告仲由。召护驾乘车，行爵食炙，奉出公辄奔鲁。

仲由将入，遇子羔将出，曰："门已闭矣。"子路曰："吾姑至矣。"子羔曰："不及，莫践其难。"子路曰："食焉不辟其难。"子羔遂出。子路入，及门，公孙敢阖门，曰："毋入为也！"子路曰："是公孙也？求利而逃其难。由不然，利其禄，必救其患。"有使者出，子路乃得入。曰："太子焉用孔悝？虽杀之，必或继之。"且曰："太子无勇。若燔台，必舍孔叔。"太子闻之，惧，下石乞、盂黡敌子路，以戈击之，割缨。子路曰："君子死，冠不免。"结缨而死。孔子闻卫乱，曰："嗟乎！柴也其来乎？由也其死矣。"孔悝竟立太子蒯聩，是为庄公。

庄公蒯聩者，出公父也，居外，怨大夫莫迎立。元年即位，欲尽诛大臣，曰："寡人居外久矣，子亦尝闻之乎？"群臣欲作乱，乃止。

二年，鲁孔丘卒。

三年，庄公上城，见戎州。曰："戎虏何为是？"戎州病之。十月，戎州告赵简子，简子围卫。十一月，庄公出奔，卫人立公子斑师为卫君。齐伐卫，虏斑师，更立公子起为卫君。

卫君起元年，卫石曼尃逐其君起，起奔齐。卫出公辄自齐复归立。初，出公立十二年亡，亡在外四年复入。出公后元年，赏从亡者。立二十一年卒。出公季父黔攻出公子而自立，是为悼公。

悼公五年卒，子敬公弗立。敬公十九年卒，子昭公纠立。是时三晋强，卫如小侯，属之。

昭公六年，公子亹弑之代立，是为怀公。怀公十一年，公子颓弑怀公而代立，是为慎公。慎公父，公子适；适父，敬公也。

慎公四十二年卒，子声公训立。声公十一年卒，子成侯遬立。

成侯十一年，公孙鞅入秦。十六年，卫更贬号曰侯。

二十九年，成侯卒，子平侯立。平侯八年卒，子嗣君立。

嗣君五年，更贬号曰君，独有濮阳。四十二年卒，子怀君立。

怀君三十一年，朝魏，魏囚杀怀君。魏更立嗣君弟，是为元君。元君为魏婿，故魏立之。

元君十四年，秦拔魏东地，秦初置东郡，更徙卫野王县，而并濮阳为东郡。

二十五年，元君卒，子君角立。

君角九年，秦并天下，立为始皇帝。

二十一年，二世废君角为庶人，卫绝祀。

太史公曰：余读世家言，至于宣公之太子以妇见诛，弟寿争死以相让，此与晋太子申生不敢明骊姬之过同，俱恶伤父之志。然卒死亡，何其悲也！或父子相杀，兄弟相灭，亦独何哉？

【译文】

卫康叔的名字叫封，是周武王的同母弟弟，他还有一个弟弟名叫冉季，年龄最小。

周武王灭了纣王后，又把商朝的遗民封给了纣王的儿子武庚禄父，地位等同于诸侯，以便让他们的先祖世代得享奉祀。因为武庚没有完全归顺，武王担心他有反叛之心，便安排自己的弟弟管叔、蔡叔做他的师傅和国相来辅佐他，使百姓安定。武王去世后，成王年幼。周公旦便暂代成王治理国事，执掌国政。管叔、蔡叔怀疑周公旦的用心，便与武庚禄父发动叛乱，想攻打成周。周公旦奉成王的命令率军讨伐叛乱的殷民，杀死了武庚禄父和管叔，放逐了蔡叔，把殷朝的遗民封给康叔，封康叔为卫国君主，居住在黄河与淇水之间原来商的旧都殷墟。

周公旦担心康叔年轻，便反复告诫康叔说："你一定要找殷朝那些有才德、有威望、有经验的人，向他们询问殷朝所以兴衰、成败的原因，并且一定要关心爱护自己的百姓。"又告诫康叔纣王灭亡是因为他一味饮酒作乐，沉湎于女色，所以纣王时的混乱就是从这时开始的。周公旦还撰写了《梓材》，当作治国者效法的法则。所以，这些又被称为《康诰》《酒诰》《梓材》。康叔的国家，因为使用了这些法典，因此得以和睦与安定，国民都非常高兴。

成王长大成人后，亲自掌管了国政，他任命康叔为周朝的司寇，赐给卫国许多宝器祭器，以此来表彰他的德行。

康叔去世后，他的儿子康伯继位。康伯去世后，儿子考伯继位。考伯去世后，其儿子嗣伯被立为国君。嗣伯去世后，其儿子寁伯继位。寁伯去世后，他的儿子靖伯继位。靖伯去世后，他的儿子贞伯继位。贞伯去世后，他的儿子顷侯继位。

因顷侯用厚礼贿赂周夷王，周夷王将卫封为侯爵。顷侯在位十二年后去世，他的儿子釐侯继位。

釐侯十三年时，周厉王逃跑到彘地，由召公和周公共同执掌国政，号为"周召共和"。釐侯二十八年时，周宣王登基。

釐侯在位四十二年后去世，太子共伯余继位。共伯的弟弟和曾很受釐侯宠爱，赐给了他很多财物；和便用这些财物收买武士，在釐侯的墓地偷袭共伯余，共伯被逼逃入釐侯的墓道而自杀。卫人便把共伯埋葬在釐侯的墓旁，谥为共伯，而立和为卫侯，这就是武公。

武公即位后，重新执行康叔的政令，百姓和乐安定。四十二年，犬戎人杀死了周幽王，武公亲自率军辅佐周天子平定犬戎之乱，建了大功，周平王因此赐武公为公。在位五十五年后，武公去世，他的儿子庄公扬继位。

庄公五年时，娶了齐国的女子为夫人，齐女貌美但没能生子。庄公便又娶了陈国女子为妻子，陈女生了个儿子，但夭折了。陈女的妹妹也受庄公宠爱，生了儿子完。完的母亲死后，庄公让齐女抚养完，并立完为太子。庄公还有个宠妾，生了个儿子叫州吁。庄公十八年时，州吁长成大人，喜好军事，庄公便任他为将领。上卿石碏向庄公进谏说："妾生的儿子喜好军事，您又让他做将领，祸乱将从此开始。"庄公没有听取他的意见。二十三年，庄公去世，太子完继位，这就是桓公。

桓公二年，桓公的弟弟州吁骄奢淫逸，桓公罢免了他，州吁逃到了国外。十三年，郑伯的弟弟段攻击兄长，没能成功，逃走了，而州吁便请求与他结交为友。十六年，州吁纠集逃亡的卫国人偷袭杀害了桓公，州吁自立为君。因为郑伯的弟弟段想要攻打郑国，州吁请求宋、陈、蔡三国共同讨伐郑国，三国答应了州吁。州吁刚即位，又爱好战争、杀了桓公，卫国人都不喜欢他。石碏因为桓公母亲的娘家在陈国，便假装与州吁友善。当卫国军队到了郑国郊外时，石碏与陈侯共同商量计策，派右宰丑向州吁进献食品，并趁机在濮杀掉了州吁，而从邢地把桓公的弟弟晋接回来立为国君，这就是宣公。

宣公七年，鲁人杀死了鲁隐公。九年，宋督杀了自己的国君宋殇公和大夫孔父。十年，晋国曲沃庄伯杀了晋哀侯。

十八年，当初宣公宠幸夫人夷姜，她生了个儿子伋，被立为太子。宣公派右公子做他的师傅。右公子为太子娶了个齐国女子，齐女还没有和伋成亲，宣公看见了，他见齐国女子长得好看，很是喜欢，便自己娶了这个女子，而另为太子娶了个女子。宣公娶了齐女后，齐女生下了儿子子寿、子朔，宣公派左公子做他们的师傅。太子伋的母亲逝世后，宣公的正夫人与子朔在宣公面前说太子伋的坏话。宣公因自己抢夺了太子的妻子，心中不喜欢太子，想把他废掉。现在又听到有人说太子的坏话，大怒，便令太子伋出使齐国，而暗中派刺客在边境上截杀他。宣公给了太子白旄，而告诉在边境上的刺客说只要见到手持白旄符节的人就把他杀掉。太子伋将要动身时，子朔的哥哥子寿，也就是太子的异母弟，知道子朔憎恨太子而君王也想除掉太子，便对太子说："边境上的刺客只要见到太子手拿白旄，便会杀了你，太子不要去！"太子说："违抗父命而保全自己，这不可以。"于是毅然前往。子寿见太子不听劝，便偷了他的白旄符节先赶到了边境。刺客见到事先说好的标志，就杀了他。子寿被杀后，太子伋也赶到了，对刺客说："你们要杀的应当是我！"刺客于是便又杀了太子伋，然后回去报告了宣公。宣公于是便立子朔做了太子。十九年，宣公去世，太子朔继位，这就是惠公。

左右两公子对朔成为国君感到气愤不平。惠公四年，左右两公子因怨恨惠公中伤并谋杀了太子伋而自立为君，因此发动叛乱，率人攻打惠公，立太子伋的弟弟黔牟为国君，惠公逃亡到了齐国。

卫君黔牟八年时，齐襄公奉周天子之命率领各诸侯讨伐卫国，送卫惠公回国，杀死了左右公子。卫君黔牟逃到了周，惠公再次登上君位。惠公成为国君后三年逃亡，逃亡八年后再次回国，前后共计十三年。

二十五年，惠公怨恨周接纳安顿黔牟，便与燕国一起讨伐周。周惠王逃到了温，卫、燕一起立惠王弟弟颓为王。二十九年，郑国又护送惠王回周。三十一年，卫惠公去世，他的儿子懿公赤继位。

懿公即位后，喜欢养鹤，奢侈淫逸。九年，翟人攻打卫国，卫懿公出兵抵御，但有些士兵背叛了他。大臣们说："君王喜欢鹤，可派鹤去抗击翟人！"翟人于是攻入了卫国，杀死了懿公。

懿公成为国君，百姓和大臣们都不信服。自懿公的父亲惠公朔谗言杀害了太子伋自立为君到懿公，百姓和大臣们常想着推翻他们，最终他们灭了惠公的后人，而改立黔牟的弟弟昭伯顽的儿子申为国君，这就是戴公。

戴公申在登基的第一年便去世了。齐桓公因卫国多次动乱，于是率领诸侯讨伐翟人，为卫国修建了楚丘城，立戴公的弟弟毁为卫国国君，这就是文公。文公因卫动乱而逃往齐国，齐人又把他送回了卫国。

当初，翟人杀死懿公后，卫人可怜他，想再立以前被宣公谋害的太子伋的后代为君，但伋的儿子已去世了，而代伋赴死的子寿又没有儿子。太子伋有两个同母弟弟：一个叫黔牟，黔牟曾代替惠公成为国君，八年后被惠公赶出了卫国；另一个叫昭伯。昭伯、黔牟都已经去世了，所以卫人立了昭伯的儿子申为戴公，戴公去世后，卫人又立他的弟弟毁为文公。

文公刚刚即位，就减轻了百姓的赋税，断案公平，并亲自劳作，与百姓同甘共苦，以此以来收服百姓。

十六年，晋公子重耳逃亡时经过卫国，文公没有礼待他。十七年，齐桓公去世。在位二十五年后文公去世，他的儿子成公郑继位。

成公三年，晋国想从卫国借道救援宋国，成公没有同意。晋国便改道向南渡过黄河，救了宋国。晋国想在卫国征兵，卫国大夫想答应，但成公不同意。大夫元咺率人攻打成公，成公逃到了国外。晋文公重耳讨伐卫国，并将卫国的土地分给了宋国，因以前他过卫国时卫君对他无礼，而成公又不许他借道卫国救宋。卫成公最后逃到了陈国。两年后，成公向周天子请求协助回国，与晋文公盟会。晋派人想用毒酒害死成公，成公买通了周王室下毒的人，让他少下些毒，得以活命。不久周王向晋文公替成公求情，成公最终得以回到卫国，杀死了元咺，卫君瑕逃往了国外。七年，晋文公去世。十二年，成公朝见了晋襄公。十四年，秦穆公去世。二十六年，齐邴歜杀死了齐懿公。三十五年，成公去世，他的儿子穆公遬继位。

穆公二年，楚庄王讨伐陈国，杀死了夏徵舒。三年，楚庄王围攻郑国，郑君投降了，后来楚庄王又放了他。十一年，孙良夫为救鲁国而攻打齐国，再次夺回了被侵占的领地。穆公去世后，他的儿子定公臧继位。定公在位十二年后逝世，他的儿子献公衎继位。

献公十三年时，他让乐师曹教宫女弹琴，宫女弹得不好，曹鞭打了宫女。宫女因受献公宠幸，便向献公说曹的坏话，献公也鞭打了曹三百下。十八年时，献公告诉孙文子、宁惠子一起前来进餐，两人都来了。但天很晚了献公还没有请他们，而是到园林中射大雁。两人只好跟着，献公没有脱射服就跟他们谈话，两人因此很生气，便去了宿邑。孙文子的儿子多次陪献公喝酒，献公让乐师曹唱《小雅·巧言》的最后一章。乐师曹还记恨献公以前曾鞭打了他三百下，于是唱了这章诗，想以此来激怒孙文子，报复卫献公。文子向卫大夫蘧伯玉请教这件事，蘧伯玉说："我不清楚。"于是孙文子赶跑了献公。献公逃到了齐国，齐国把他安置在聚邑。孙文子、宁惠子共同拥立定公的弟弟秋为君，这就是殇公。

殇公秋即位后，将孙文子林父封在宿地。十二年，宁喜同孙林父因争宠而相互争斗，殇公派宁喜攻打孙林父。孙林父逃到了晋国，又请求晋国护送卫献公回国。当时献公在齐国，齐景公听说此事后，与卫献公一起到晋国请求晋国协助卫献公回国。晋国为了攻打卫国，便诱使卫国与晋结盟。卫殇公前去会见晋平公，平公扣押了殇公与宁喜，而将卫献公送回了卫国。献公逃亡在外十二年后再次回国为君。

献公后元年，杀掉了宁喜。

三年，吴国延陵季子出使经过卫国，拜访了蘧伯玉和史鳅，他说："卫国的君子多，国家不会有什么事。"他经过宿地时，孙林父为他击磬，他听后说："不开心，乐声太过悲哀，使卫国混乱的就是这个！"这一年，献公去世，他的儿子襄公恶继位。

襄公六年，楚灵王召集各诸侯会盟，襄公推托有病没有去。

九年，襄公去世。当初，襄公有个地位低下的小妾，很受宠爱，有了身孕后，梦见有人对她说："我是康叔，一定会让你的儿子成为卫君，给你儿子取名'元'。"妾醒后很诧异，便询问孔成子。孔成子说："康叔，是卫国的祖先。"等到孩子出生后，果然是个男孩，小妾便将这个梦告诉了襄公。襄公说："这是上天的安排！"便给男孩取名元。襄公的夫人没有生儿子，于是便立元为太子，这就是灵公。

五年，灵公前往拜见了晋昭公。六年，楚公子弃疾杀了楚灵王自立为王，便是楚平王。十一年，卫国发生了火灾。

三十八年，孔子周游到了卫国，灵公给了他在鲁国时一样的俸禄。后来孔子与灵公之间产生了矛盾，便离开了。不久又返回了卫国。

三十九年，太子蒯聩同灵公夫人南子有仇，想杀了南子。蒯聩与他的家臣戏阳遬商量，朝会时，让他杀了南子。后来戏阳后悔，没有动手。蒯聩几次使眼色暗示他，被南子发现了，她十分害怕，大声呼叫说："太子想要杀我！"灵公大怒，太子蒯聩逃往了宋国，不久又投奔了晋国赵氏。

四十二年春，灵公去郊外游玩，让子郢驾车。郢，是灵公的小儿子，字子南。灵公记恨太子逃跑，便对郢说："我将要立你为太子。"郢回答道："郢不能够承担这个重任而使国家辱没，您再考虑其他人吧！"这年夏天，灵公去世，夫人让子郢为太子，说："这是灵公的命令！"郢答道："逃亡的太子蒯聩的儿子辄还在，我不敢担此重任。"于是卫人便立辄为国君，这便是出公。

六月十七日，赵简子想送蒯聩回国，便让阳虎派十多个人扮成卫国人身着丧服来接卫太子蒯聩回国，简子陪同护送。卫国人听说后，派军队攻打蒯聩。蒯聩没能入城，便进入宿地自保，卫人也停止了攻击。

出公辄四年，齐国的田乞杀了国君孺子。八年，齐鲍子杀了国君齐悼公。

孔子从陈国来到卫国。九年，孔文子向孔子请教军事，孔子没有答复。之后，鲁国派人来接孔子，孔子返回了鲁国。

十二年，当时孔圉文子娶了太子蒯聩的姐姐，生了悝。孔文子的仆人浑良夫英俊潇洒，孔文子逝世后，浑良夫与悝的母亲私通。太子蒯聩在宿地时，悝的母亲便让浑良夫来到太子这里。太子对浑良夫说："如果你能帮助我回国，我将让你做大夫，免除你的三次死罪，没别的可给了。"于是二人订立了盟约，太子还答应将悝的亲母给浑良夫做妻子。闰月，浑良夫与太子进了城，暂住孔府的外园。傍晚，两人身着妇人衣服，蒙着头巾坐上了车，由宦人罗驾车，到孔家去。孔氏的家臣栾宁上前询问，他们自称是姻戚家的侍妾。于是他们顺利进入孔家，到了伯姬的住所。饭后，孔悝的母亲手持长戈当先而行，太子与五人身披甲胄，抬着猪随后而行。伯姬把孔悝逼到了墙角，强迫他订立了盟约，并挟持他登上高台。栾宁正准备饮酒，肉还没烤熟，就听说了变乱，便派人告诉了子路。召护驾着车，一边喝着酒一边吃着烤肉，护送着出公辄逃往了鲁国。

子路听到报告后，刚要进入孔宅，便遇到子羔刚从孔家逃出。子羔说："门已经关闭了。"子路说："我且先去看看。"子羔说："来不及了，不要去招惹灾祸了。"子路说："享受了他的俸禄，怎么能看他受难不救。"子羔于是逃走了。子路进去来到门前，公孙敢关上大门，说："不要进去了！"子路说："你是公孙敢吧？拿别人的利禄却逃避危难。我不这样，享用了人家的俸禄，一定要挽救人家的危难。"这时正好有使者出来，子路才得以进入。子路说："太子怎么用得上孔悝帮忙呢？即使你杀了他，也一定有人接替他。"又说："太子缺乏勇气。如果火烧高台，一定会放了孔叔。"太子听了，很是担心，让石乞、盂黡下台阻挡子路，用戈击打他，砍掉了子路的帽缨。子路说："君子就是死，也不能让帽子掉到地上。"将帽缨绑好后便死去。孔子听说卫国的变乱后说："唉！子羔会回来吗？可是子路却死了。"孔悝最后同意立太子蒯聩为君，这就是庄公。

庄公蒯聩，是出公的父亲，逃亡在外时，记恨大夫没迎立他为国君。元年即位后，他想杀死所有的大臣，他说："我在外很长时间了，你们也曾经听说了吧?”大臣们想发动叛乱,庄公这才停了下来。

二年,鲁国的孔子逝世。

三年,庄公登上城墙,望着戎州,说:“戎州人为什么要修建城邑?”戎州人听了他的话十分担心。这年十月,戎州人将这事告诉了赵简子,简子出兵包围了卫。十一月,庄公逃亡到国外,卫人立公子斑师为国君。齐国出兵攻打卫国,俘虏了斑师,又改立公子起为国君。

卫君起元年,卫石曼尃驱逐了起,起逃到了齐国。卫出公辄从齐国返回重登君位。那时,出公登基十二年后逃亡,在外四年后重新返回。出公后元年,赏赐了跟他一起逃亡的人。出公前后执政二十一年后去世,他的叔父黔赶走了出公的儿子而自立为君,这就是悼公。

悼公五年去世,他的儿子敬公弗继位。敬公在位十九年后去世,他的儿子昭公纠继位。这时韩、赵、魏三晋开始强大起来,卫国就像小诸侯,从属于赵国。

昭公六年,公子亹杀了昭公自立为君,这就是怀公。怀公十一年,公子颓杀了怀公自立为君,这就是慎公。慎公的父亲,就是公子适;公子适的父亲,便是敬公。慎公在位四十二年后去世,他的儿子声公训继位。十一年,声公去世,他的儿子成侯遬继位。

成侯十一年,公孙鞅来到秦国。十六年,卫被贬爵号为侯。

二十九年,成侯去世,他的儿子平侯继位。平侯在位八年后去世,他的儿子嗣君继位。

嗣君即位五年后,又被贬爵号为君,只剩下了濮阳一地。

四十二年,嗣君去世,他的儿子怀君继位。怀君三十一年时前往魏国朝拜,魏国囚禁并杀死了怀君。魏改立嗣君的弟弟为君,这便是元君。元君是魏国的女婿,因此魏国立他为君。元君十四年时,秦国攻占了魏国东部,秦国开始在这一带设置了东郡,又把卫君迁徙到野王县,而把濮阳并入东郡。二十五年,元君逝世,他的儿子君角继位。

君角九年时,秦国吞并了天下,嬴政自称为始皇帝。二十一年,秦二世将君角废黜为平民,卫国的祭祀完全断绝。

太史公说:我读《世家》,读到卫宣公的太子因为女人而被杀,弟弟子寿却与太子争着去死,这与晋太子申生不敢言明骊姬的过错一样,都是担心伤了父亲的心。但是最终都死了,这是多么可悲啊!有的父子相互残杀,兄弟相互毁灭,这又是为了什么呢?

史记卷三十八

宋微子世家第八

微子开者，殷帝乙之首子而纣之庶兄也。纣既立，不明，淫乱于政，微子数谏，纣不听。及祖伊以周西伯昌之修德，灭阢国，惧祸至，以告纣。纣曰："我生不有命在天乎？是何能为！"于是微子度纣终不可谏，欲死之，及去，未能自决，乃问于太师、少师，曰："殷不有治政，不治四方。我祖遂陈于上，纣沉湎于酒，妇人是用，乱败汤德于下。殷既小大好草窃奸宄，卿士师师非度，皆有罪辜，乃无维获，小民乃并兴，相为敌仇。今殷其典丧！若涉水无津涯。殷遂丧，越至于今。"曰："太师，少师，我其发出往？吾家保于丧？今女无故告，予颠跻，如之何其？"太师若曰："王子，天笃下灾亡殷国，乃毋畏畏，不用老长。今殷民乃陋淫神祇之祀。今诚得治国，国治身死不恨。为死，终不得治，不如去。"遂亡。

箕子者，纣亲戚也。纣始为象箸，箕子叹曰："彼为象箸，必为玉杯；为杯，则必思远方珍怪之物而御之矣。舆马宫室之渐自此始，不可振也。"纣为淫泆，箕子谏，不听。人或曰："可以去矣。"箕子曰："为人臣谏不听而去，是彰君之恶而自说于民，吾不忍为也。"乃被发佯狂而为奴。遂隐而鼓琴以自悲，故传之曰《箕子操》。

王子比干者，亦纣之亲戚也。见箕子谏不听而为奴，则曰："君有过而不以死争，则百姓何辜！"乃直言谏纣。纣怒，曰："吾闻圣人之心有七窍，信有诸乎？"乃遂杀王子比干，刳视其心。

微子曰："父子有骨肉，而臣主以义属。故父有过，子三谏不听，则随而号之；人臣三谏不听，则其义可以去矣。"于是太师、少师乃劝微子去，遂行。

周武王伐纣克殷，微子乃持其祭器造于军门，肉袒面缚，左牵羊，右把茅，膝行而前以告。于是武王乃释微子，复其位如故。

武王封纣子武庚禄父以续殷祀，使管叔、蔡叔傅相之。

武王既克殷，访问箕子。

武王曰："於乎！维天阴定下民，相和其居，我不知其常伦所序。"

箕子对曰："在昔鲧堙鸿水，汩陈其五行，帝乃震怒，不从鸿范九等，常伦所斁。鲧则殛死，禹乃嗣兴。天乃锡禹鸿范九等，常伦所序。"

"初一曰五行；二曰五事；三曰八政；四曰五纪；五曰皇极；六曰三德；七曰稽疑；八曰庶徵；九曰向用五福，畏用六极。"

"五行：一曰水，二曰火，三曰木，四曰金，五曰土。水曰润下，火曰炎上，木曰曲直，金曰从革，土曰稼穑。润下作咸，炎上作苦，曲直作酸，从革作辛，稼穑作甘。"

"五事：一曰貌，二曰言，三曰视，四曰听，五曰思。貌曰恭，言曰从，视曰明，听曰聪，思曰睿。恭作肃，从作治，明作智，聪作谋，睿作圣。"

"八政：一曰食，二曰货，三曰祀，四曰司空，五曰司徒，六曰司寇，七曰宾，八曰师。"

"五纪：一曰岁，二曰月，三曰日，四曰星辰，五曰历数。"

"皇极：皇建其有极，敛时五福，用傅锡其庶民，维时其庶民于女极，锡女保极。凡厥庶民，毋有淫朋，人毋有比德，维皇作极。凡厥庶民，有猷有为有守，女则念之，不协于极，不离于咎，皇则受之。而安而色，曰予所好德，女则锡之福。时人斯其维皇之极。毋侮鳏寡而畏高明。人之有能有为，使羞其行，而国其昌。凡厥正人，既富方穀。女不能使有好于而家，时人斯其辜。于其毋好，女虽锡之福，其作女用咎。毋偏毋颇，遵王之义。毋有作好，遵王之道。毋有作恶，遵王之路。毋偏毋党，王道荡荡。毋党毋偏，王道平平。毋反毋侧，王道正直。会其有极，归其有极。曰王极之傅言，是夷是训，于帝其顺。凡厥庶民，极之傅言，是顺是行，以近天子之光。曰天子作民父母，以为天下王。"

"三德：一曰正直，二曰刚克，三曰柔克。平康正直，强不友刚克，内友柔克，沉渐刚克，高明柔克。维辟作福，维辟作威，维辟玉食。臣无有作福作威玉食；臣有作福作威玉食，其害于而家，凶于而国。人用侧颇辟，民用僭忒。"

"稽疑：择建立卜筮人。乃命卜筮，曰雨，曰济，曰涕，曰雾，曰克，曰贞，曰悔，凡七。卜五，占之用二，衍贠。立时人为卜筮，三人占则从二人之言。女则有大疑，谋及女心，谋及卿士，谋及庶人，谋及卜筮。女则从，龟从，筮从，卿士从，庶民从，是之谓大同，而身其康强，而子孙其逢吉。女则从，龟从，筮从，卿士逆，庶民逆，吉。卿士从，龟从，筮从，女则逆，庶民逆，吉。庶民从，龟从，筮从，女则逆，卿士逆，吉。女则从，龟从，筮逆，卿士逆，庶民逆，作内吉，作外凶。龟筮共违于人，用静吉，用作凶。”

“庶徵：曰雨，曰阳，曰奥，曰寒，曰风，曰时。五者来备，各以其序，庶草繁庑。一极备，凶。一极亡，凶。曰休徵：曰肃，时雨若；曰治，时旸若；曰知，时奥若；曰谋，时寒若；曰圣，时风若。曰咎徵：曰狂，常雨若；曰僭，常旸若；曰舒，常奥若；曰急，常寒若；曰雺，常风若。王眚维岁，卿士维月，师尹维日。岁日月时毋易，百谷用成，治用明，畯民用章，家用平康。日月岁时既易，百谷用不成，治用昏不明，畯民用微，家用不宁。庶民维星，星有好风，星有好雨。日月之行，有冬有夏。月之从星，则以风雨。”

“五福：一曰寿，二曰富，三曰康宁，四曰攸好德，五曰考终命。”

“六极：一曰凶短折，二曰疾，三曰忧，四曰贫，五曰恶，六曰弱。”

于是武王乃封箕子于朝鲜而不臣也。

其后箕子朝周，过故殷虚，感宫室毁坏，生禾黍，箕子伤之，欲哭则不可，欲泣为其近妇人，乃作《麦秀之诗》以歌咏之。其诗曰：“麦秀渐渐兮，禾黍油油。彼狡僮兮，不与我好兮！”所谓狡童者，纣也。殷民闻之，皆为流涕。

武王崩，成王少，周公旦代行政当国。管、蔡疑之，乃与武庚作乱，欲袭成王、周公。周公既承成王命诛武庚，杀管叔，放蔡叔，乃命微子开代殷后，奉其先祀，作《微子之命》以申之，国于宋。微子故能仁贤，乃代武庚，故殷之馀民甚戴爱之。

微子开卒，立其弟衍，是为微仲。微仲卒，子宋公稽立。宋公稽卒，子丁公申立。丁公申卒，子湣公共立。湣公共卒，弟炀公熙立。炀公即位，湣公子鲋祀弑炀公而自立，曰“我当立”，是为厉公。厉公卒，子釐公举立。

釐公十七年，周厉王出奔彘。

二十八年，釐公卒，子惠公覸立。

惠公四年，周宣王即位。

三十年，惠公卒，子哀公立。哀公元年卒，子戴公立。

戴公二十九年，周幽王为犬戎所杀，秦始列为诸侯。

三十四年，戴公卒，子武公司空立。武公生女为鲁惠公夫人，生鲁桓公。十八年，武公卒，子宣公力立。宣公有太子与夷。

十九年，宣公病，让其弟和，曰："父死子继，兄死弟及，天下通义也。我其立和。"和亦三让而受之。宣公卒，弟和立，是为穆公。

穆公九年，病，召大司马孔父谓曰："先君宣公舍太子与夷而立我，我不敢忘。我死，必立与夷也。"孔父曰："群臣皆愿立公子冯。"穆公曰："毋立冯，吾不可以负宣公。"于是穆公使冯出居于郑。八月庚辰，穆公卒，兄宣公子与夷立，是为殇公。君子闻之，曰："宋宣公可谓知人矣，立其弟以成义，然卒其子复享之。"

殇公元年，卫公子州吁弑其君完自立，欲得诸侯，使告于宋曰："冯在郑，必为乱，可与我伐之。"宋许之，与伐郑，至东门而还。

二年，郑伐宋，以报东门之役。其后诸侯数来侵伐。

九年，大司马孔父嘉妻好，出，道遇太宰华督，督说，目而观之。督利孔父妻，乃使人宣言国中曰："殇公即位十年耳，而十一战，民苦不堪，皆孔父为之，我且杀孔父以宁民。"是岁，鲁弑其君隐公。

十年，华督攻杀孔父，取其妻。殇公怒，遂弑殇公，而迎穆公子冯于郑而立之，是为庄公。

庄公元年，华督为相。九年，执郑之祭仲，要以立突为郑君。祭仲许，竟立突。十九年，庄公卒，子湣公捷立。

湣公七年，齐桓公即位。九年，宋水，鲁使臧文仲往吊水。湣公自罪曰："寡人以不能事鬼神，政不修，故水。"臧文仲善此言。此言乃公子子鱼教湣公也。

十年夏，宋伐鲁，战于乘丘，鲁生虏宋南宫万。宋人请万，万归宋。十一年秋，湣公与南宫万猎，因博争行，湣公怒，辱之曰："始吾敬若；今若，鲁虏也。"万有力，病此言，遂以局杀湣公于蒙泽。大夫仇牧闻之，以兵造公门。万搏牧，牧齿著门阖死。因杀太宰华督，乃更立公子游为君。诸公子奔萧，公子御说奔亳。万弟南宫牛将兵围亳。冬，萧及宋之诸公子共击杀南宫牛，弑宋新君游而立湣公弟御说，是为桓公。宋万奔陈。宋人请以赂陈。陈人使妇人饮之醇酒，以革裹之，归宋。宋人醢万也。

桓公二年，诸侯伐宋，至郊而去。三年，齐桓公始霸。二十三年，迎卫公子燬于齐，立之，是为卫文公。文公女弟为桓公夫人。秦穆公即位。三十（五）年，桓公病，太子兹甫让其庶兄目夷为嗣。桓公义太子意，竟不听。三十一年春，桓公卒，太子兹甫立，是为襄公。以其庶兄目夷为相。未葬，而齐桓公会诸侯于葵丘，襄公往会。

《东周列国志》版画之立新君华督行赂图，讲述宋国华督谋杀宋殇公，另立新君，为防诸侯干涉，行贿于各诸侯国之事。

襄公七年，宋地陨星如雨，与雨偕下；六鶂退蜚，风疾也。

八年，齐桓公卒，宋欲为盟会。十二年春，宋襄公为鹿上之盟，以求诸侯于楚，楚人许之。公子目夷谏曰："小国争盟，祸也。"不听。秋，诸侯会宋公盟于盂。目夷曰："祸其在此乎？君欲已甚，何以堪之！"于是楚执宋襄公以伐宋。冬，会于亳，以释宋公。子鱼曰："祸犹未也。"十三年夏，宋伐郑。子鱼曰："祸在此矣。"秋，楚伐宋以救郑。襄公将战，子鱼谏曰："天之弃商久矣，不可。"冬十一月，襄公与楚成王战于泓。楚人未济，目夷曰："彼众我寡，及其未济击之。"公不听，已济未陈，又曰："可击。"公曰："待其已陈。"陈成，宋人击之。宋师大败，襄公伤股。国人皆怨公。公曰："君子不困人于厄，不鼓不成列。"子鱼曰："兵以胜为功，何常言与！必如公言，即奴事之耳，又何战为！"

楚成王已救郑，郑享之；去而取郑二姬以归。叔瞻曰："成王无礼，其不没乎？为礼卒于无别，有以知其不遂霸也。"

是年，晋公子重耳过宋，襄公以伤于楚，欲得晋援，厚礼重耳以马二十乘。

十四年夏，襄公病伤于泓而竟卒，子成公王臣立。

成公元年，晋文公即位。三年，倍楚盟亲晋，以有德于文公也。四年，楚成王伐宋，宋告急于晋。五年，晋文公救宋，楚兵去。九年，晋文公卒。十一年，楚太子商臣弑其父成王代立。十六年，秦穆公卒。

十七年，成公卒。成公弟御杀太子及大司马公孙固而自立为君。宋人共杀君御而立成公少子杵臼，是为昭公。

昭公四年，宋败长翟缘斯于长丘。七年，楚庄王即位。

九年，昭公无道，国人不附。昭公弟鲍革贤而下士。先，襄公夫人欲通于公子鲍，不可，乃助之施于国，因大夫华元为右师。昭公出猎，夫人王姬使卫伯攻杀昭公杵臼。弟鲍革立，是为文公。

文公元年，晋率诸侯伐宋，责以弑君。闻文公定立，乃去。二年，昭公子因文公母弟须与武、穆、戴、庄、桓之族为乱，文公尽诛之，出武、穆之族。

四年春，（郑）〔楚〕命（楚）〔郑〕伐宋。宋使华元将。郑败宋，囚华元。华元之将战，杀羊以食士，其御羊羹不及，故怨，驰入郑军，故宋师败，得囚华元。宋以兵车百乘文马四百匹赎华元。未尽入，华元亡归宋。

十四年，楚庄王围郑。郑伯降楚，楚复释之。

十六年，楚使过宋，宋有前仇，执楚使。九月，楚庄王围宋。十七年，楚以围宋五月不解，宋城中急，无食，华元乃夜私见楚将子反。子反告庄王，王问："城中何如？"曰："析骨而炊，易子而食。"庄王曰："诚哉言！我军亦有二日粮。"以信故，遂罢兵去。

二十二年，文公卒，子共公瑕立。始厚葬。君子讥华元不臣矣。

共公九年，华元善楚将子重，又善晋将栾书，两盟晋、楚。十三年，共公卒。华元为右师，鱼石为左师。司马唐山攻杀太子肥，欲杀华元，华元奔晋，鱼石止之，至河乃还，诛唐山。乃立共公少子成，是为平公。

平公三年，楚共王拔宋之彭城，以封宋左师鱼石。四年，诸侯共诛鱼石，而归彭城于宋。三十年，楚公子围弑其君自立，为灵王。四十四年，平公卒，子元公佐立。

元公三年，楚公子弃疾弑灵王自立，为平王。八年，宋火。十年，元公毋信，诈杀诸公子，大夫华、向氏作乱。楚平王太子建来奔，见诸华氏相攻乱，建去如郑。

十五年，元公为鲁昭公避季氏居外，为之求入鲁，行道卒，子景公头曼立。

景公十六年，鲁阳虎来奔，已复去。二十五年，孔子过宋，宋司马桓魋恶之，欲杀孔子，孔子微服去。三十年，曹倍宋，又倍晋，宋伐曹，晋不救，遂灭曹有之。

三十六年，齐田常弑简公。

三十七年，楚惠王灭陈。荧惑守心。心，宋之分野也。景公忧之。司星子韦曰："可移于相。"景公曰："相，吾之股肱。"曰："可移于民。"景公曰："君者待民。"曰："可移于岁。"景公曰："岁饥民困，吾谁为君！"子韦曰："天高听卑。君有君人之言三，荧惑宜有动。"于是候之，果徙三度。

六十四年，景公卒。宋公子特攻杀太子而自立，是为昭公。昭公者，元公之曾庶孙也。昭公父公孙纠，纠父公子褍秦，褍秦即元公少子也。景公杀昭公父纠，故昭公怨，杀太子而自立。

昭公四十七年卒，子悼公购由立。悼公八年卒，子休公田立。休公田二十三年卒，子辟公辟兵立。辟公三年卒，子剔成立。剔成四十一年，剔成弟偃攻袭剔成，剔成败，奔齐，偃自立为宋君。

君偃十一年，自立为王。东败齐，取五城；南败楚，取地三百里；西败魏军。乃与齐、魏为敌国。盛血以韦囊，县而射之，命曰"射天"。淫于酒、妇人。群臣谏者辄射之。于是诸侯皆曰"'桀宋'。宋其复为纣所为，不可不诛。"告齐伐宋。王偃立四十七年，齐湣王与魏、楚伐宋，杀王偃，遂灭宋而三分其地。

太史公曰：孔子称："微子去之，箕子为之奴，比干谏而死，殷有三仁焉。"《春秋》讥宋之乱自宣公废太子而立弟，国以不宁者十世。襄公之时，修行仁义，欲为盟主。其大夫正考父美之，故追道契、汤、高宗殷所以兴，作《商颂》。襄公既败于泓，而君子或以为多。伤中国阙礼义，褒之也，宋襄之有礼让也。

【译文】

微子开，是商朝帝乙的长子，帝纣的同父异母兄弟。纣王登基后，政治昏庸，国政败坏，骄奢淫逸，微子多次进谏，纣王都听不进。等到祖伊因为周西伯姬昌修行德政，灭了阢国后，担心灾祸降临，便将这事报告给纣王。纣王却说："我生来有命，难道不是在天吗？他能把我怎么样？"微子因此猜想纣王是怎么都劝说不了，便打算以死报国。离开纣王后，他又犹豫不决，便去请教太师和少师说："殷朝已经没有清明的政治，不能治理天下。我们的先人在过去取得了很多成就，但纣王现在却沉溺于酒，唯妇人之言是从，扰乱败坏了成汤的德政。殷朝上下大大小小都成了草野盗贼，作奸犯法。王朝的卿士也相互效仿，不守法度，使得人人都有罪过，他们的爵禄都无法维持下去。百姓见此，便也纷纷效仿，四处作乱，相互为敌。现在殷朝已丧失了国典，如同乘船渡河却找不到靠岸的地方。殷朝的灭亡，就在现在了。"微子又说："太师，少师，我是逃亡外地呢，还是留下来保护家园使它免遭灭亡？你们现在不告诫我，如果我陷于不义，那么该怎么办呢？"太师说："王子啊，上天降下灾祸要灭亡殷朝，殷纣却不畏天威，又不听取长者的意见。如今，殷朝的臣民竟然敢亵渎天地神灵。现在如果留下来真能够治理好国家，那么即便自己死了也没有遗恨了。如果死了而国家又得不到治理，那还不如远走他乡。"微子听后，最终离开了殷朝。

箕子，是纣王的亲戚。纣王最初制作象牙筷时，箕子就哀叹说："他现在制作象牙筷，以后一定会制作玉杯；制作了玉杯，便一定会想着把别处的稀世珍宝拿来自己享用。追求车马、宫室的奢侈豪华也必定会从这里开始，国家肯定无法振兴了。"纣王的生活奢淫无度，箕子劝谏，纣王不听。有人对箕子说："可以离开了。"箕子说："做臣子的向君主进谏而君主没有采纳，臣子便因此而离开，这是宣扬君主的恶行而自己博悦于百姓，我不忍心这样做。"于是箕子披头散发、假装疯癫而做了奴隶。最终隐居不出，只能借弹琴来抒发自己内心的伤悲，后世将他弹奏的曲子称为《箕子操》。

王子比干，也是纣王的亲戚。他看到箕子进谏，因纣王不听而去做了奴隶，便说："臣子见君主有过失而不能用死直言相劝，那么百姓有什么罪过而要遭受灾祸呢！"于是就直言进谏纣王。纣王大怒说："我听说圣人的心有七个窍，真是这样吗？"于是就诛杀了比干，并挖出了他的心来验看。

微子说："父子是骨肉之情，而君臣是忠义之属。所以如果父亲有过，儿子多次劝谏不听，便应号哭继续进谏；人臣如果多次劝谏而君主不听，那么从义理上讲人臣可以离开。"于是太师、少师就奉劝微子离开，微子便离开了。

周武王讨伐纣王、战胜殷朝后，微子便手握祭器来到了武王的军门，袒露上身，两手绑在背后，左边派人牵着羊，右边派人拿着茅，跪在地上前行求告武王。于是武王就给他解开了绳子，恢复了他以前的爵位。

武王封了纣王的儿子武庚禄父，让他来承续殷朝的祭祀，并派管叔、蔡叔作为师傅和国相来辅助他。

武王灭亡了殷朝后，便去拜访箕子。

武王说："唉！上天默默地庇护着黎民百姓，让他们安居乐业，我却不懂得管理百姓的常理次序。"

箕子回答说："过去鲧治理洪水用堵塞的办法，扰乱了五行规律，上天因此大怒。他没有按九类大法来治国，天道伦常从此败坏。鲧被处死后，禹便代他继续治水。上天赐给禹九种天道大法，天道伦常因此有了顺序。

"这九种大法，第一叫五行，第二叫五事，第三叫八政，第四叫五纪，第五叫皇极，第六叫三德，第七叫稽疑，第八叫庶征，第九是赐福运用五福，让人畏惧用六极。

"五行，一是水，二是火，三是木，四是金，五是土。水向下滋润世间万物，火向上燃烧升腾，木可以弯曲可以变直，金可以销熔变形，土可耕种收获。向下滋润的水有咸味，向上燃烧的火有苦味，可曲可直的木有酸味，可以熔铸变形的金有辣味，种植收获的百谷有甜味。

“五事，一是仪容，二是言语，三是观察，四是倾听，五是思考。仪容应该严肃恭敬，言语应该符合道理，观察要清晰细致，倾听要聪敏以明辨是非，思考要周密而达事理。仪表恭敬，百姓就严肃；言语有理让人信服，国家就能治理；观察细致便能明察秋毫，不会轻易受骗；听闻聪敏，便能做出正确的谋断；思维通达，便能成就圣功。

“八政，一是粮食生产，二是手工业和商业贸易，三是祭祀，四是内务民政，五是教化，六是司法，七是外交事务，八是军事。

“五种纪时方法，一是年，二是月，三是日，四是星辰，五是历法。

“君王的法则：天子的政权应该建立法则，集聚了五福，将五福布施给自己的臣民，臣民们便会拥护天子建立的法则，天子也能要求臣民遵守这些法则。凡是臣民都不可以结党营私，人们不得相互勾结，这样就会维护天子制定的最高法则。臣民中，有些人有计谋有作为有操守，你可以考虑让他们为天子办事。有些臣民的作为有时与你的法则不符，但只要没有达到犯罪程度，你就要容忍他们。如果有人谦恭地说‘我喜欢美德’，你就赐给他爵禄。这样，人们便会遵循你的准则。不虐待那些鳏寡孤独、无依无靠的人，敬畏那些高贵显明的人。对有能力有作为的人，你应当让他们施展才能，这样国家就会繁荣昌盛。凡是那些正直的人，都应让他们有爵禄，使他们富贵。如果你不能让官吏为国家作出贡献，这些人就会因此埋怨。对于那些不喜欢你制定的法则的人，你虽然给予他们幸福，他们也会让你的国家犯错。你不要有任何的偏颇，应遵循君王的法则办事。你不要有个人的好恶，应遵循君王的道路前进。你不要作恶，要遵循君王的正路。你不要有偏私，不要私结朋党，那么，圣王的道路就会宽广。不结党，不偏私，圣王的道路就会平坦。你不要违反王道，不要偏离准则，圣王的道路就正直。大家都按君王的法则办事，那么臣民们就都遵循君王的原则。这就是天子至高无上的统治法则，大家应当遵守，以天子的法则为常法、为教训，这也就符合上帝的意旨了。只要是臣民，都应当遵守天子宣布的法则，按照这个原则办事，以接近天子的光辉。所以说，天子应当像做百姓的父母一样，成为天下臣民的君王。

“三德，一是以正直的方式治国，二是以刚强来取胜，三是以柔和来取胜。要想让天下平安，必须采用正直的手段，对那些强硬不友善的人就应该用刚硬的态度来对待；对那些友好的人就应采用柔和态度来对待；对乱臣贼子，就一定要强硬；对高明君子，就一定要柔和。只有国君才能授人以爵禄，只有国君才能掌管刑罚，只有国君才能享受美食。臣子无权授人爵禄，无权主持刑罚，无权享受美食。假使臣子也能授人爵禄，也能主持刑罚，也能享有美食，就会给你的王室带来灾难，给你的国家带来祸害。人们就会因此背离王道，百姓就会因此犯上作乱。

“解决疑难的方法，是选择擅长卜筮的人。命令他们进行卜筮，卜筮的预兆有的像下雨，有的像雨后初晴，有的像云气连绵，有的像雾气蒙蒙，有的兆象阴阳交错，有的明正，有的隐晦，共有七种占卜方法。前五种用龟甲占卜，后两种用蓍草占卜，对复杂多变的卦象，都要进行推演研究。任用这些人卜筮，如果是三个人占卜，则相信两个人的结果。你如果遇到重大的疑难问题，需要先独自深思，然后再与大臣商量、与百姓商量，最后才用卜筮来决定。自己赞成，龟卜赞成，草占赞成，大臣赞成，百姓赞成，这就叫大同。你本人的身体会健康强壮，子孙也将大吉大利。你自己赞成，龟卜赞成，草占赞成，但大臣不赞成，百姓不赞成，这就是吉。大臣赞成，龟卜赞成，草占赞成，你不赞成，百姓不赞成，这也是吉。百姓赞成，龟卜赞成，草占赞成，你不赞成，大臣不赞成，这还是吉。你赞成，龟卜赞成，草占不赞成，大臣不赞成，百姓不赞成，在境内办事就会吉，在境外办事就会有凶险。龟卜、草占与人们的意见都相悖，静守就会吉利，行动就会有危险。

“各种预兆，分别是雨、晴、暖、寒、风。如果这五种自然现象都齐全，并能按一定规律出现，各种草木庄稼就会旺盛。如果其中一种过多发生，就会收成不好；如果一种现象缺少了，同样也会歉收。美好的征兆表现是，天子谦恭，天就会及时下雨；天子政务清明，阳光就会充裕；天子英明，温暖就会准时到来；天子深谋远虑，寒冷就会应时而生；天子通达，风就会准时而至。各种凶恶的预兆是，天子狂妄，降水就会过多；天子犯了过错，天就会大旱；天子贪图享乐，天气就会久旱不雨；天子暴虐急躁，天就会久寒不暖；天子昏暗不明，大风就刮个不止。天子决策有了失误，将影响整年；大臣管理有了过失，就会影响一整月；官吏办事出了过错，就会影响一整天。年、月、日、时都没有异样，百谷就会生长旺盛，政治就会清明，贤能的人就会得到重用，国家就会安定平稳。相反，年、月、日、时如果出现了异样，庄稼就会长不好，政治就会昏暗，贤能的人就会受到排挤，国家就会动乱。百姓就像星辰，有的星辰爱好风，有的星辰爱好雨。日月按规律运行，便有了冬天、夏天。月亮如果跟从星辰运行，那么就会刮风下雨。

“五种幸福，一是长寿，二是富有，三是健康安宁，四是遵行美德，五是长寿善终。六种灾祸，一是早死，二是多病，三是多愁，四是贫穷，五是丑陋，六是懦弱。”

武王听后就将箕子封到了朝鲜，没有让他做周的臣民。

后来箕子去拜见周王时，经过原来的商都殷墟，感伤宫室毁坏坍塌，禾苗乱长。箕子为此十分伤心，想大哭一场却又觉得不合适，想小声哭泣却又觉得像女人，于是触景生情作了《麦秀》这首诗，诗中说：“麦芒吐穗啊，禾苗茂盛。那个俏美的少年啊，不跟我好啊！”所说的少年，就是纣王。殷的遗民听了这首诗，都为之伤心哭泣。

武王去世后，成王年幼，由周公旦代理执掌国政。管叔、蔡叔怀疑周公旦，就与武庚作乱，想要攻打成王、周公。周公奉成王的命令诛灭了武庚，杀了管叔，流放了蔡叔，便让微子开为殷人后裔，承续殷商的祭祀。并作了《微子之命》告诫他，让他在宋地建国。微子原本就仁义贤能，代替武庚后，殷的遗民十分拥护他。

微子开逝世后，宋人立他的弟弟衍为国君，这就是微仲。微仲逝世后，其儿子宋公稽继位。宋公稽逝世后，他的儿子丁公申继位。丁公申去世后，他的儿子湣公共继位。湣公共去世后，他的弟弟炀公熙继位。炀公即位后，湣公的儿子鲋祀杀死了炀公自立为君，并说“应当我继位”，这就是厉公。厉公逝世后，他的儿子釐公举继位。

釐公十七年，周厉王逃亡到彘地。

二十八年，釐公逝世，他的儿子惠公瑒继位。惠公四年，周宣王即位。三十年，惠公逝世，他的儿子哀公继位。哀公于元年逝世，他的儿子戴公继位。戴公二十九年，周幽王被犬戎人所杀，秦国因功从此被列为诸侯。

三十四年，戴公逝世，他的儿子武公司空继位。武公生了个女儿做了鲁惠公的夫人，生下了鲁桓公。十八年，武公逝世，他的儿子宣公力继位。

宣公的太子名叫与夷。十九年，宣公生病了，把君位让给了弟弟和，说：“父亲死了儿子继位，哥哥死了弟弟继位，这是天下的通义。我要立和为国君。”和多次推让，最终接受了。宣公逝世后，弟弟和继位，这就是穆公。

穆公于九年时，得了重病，便召来大司马孔父，对他说：“先君宣公舍弃了太子与夷而把君位让给我，我永生不能忘记。我死后，必须立与夷为国君。”孔父却说：“大臣们都希望立公子冯为君！”穆公说：“不要立冯，我绝不能辜负宣公。”于是穆公让冯离开到郑国居住。八月庚辰日，穆公去世，其兄长宣公的儿子与夷继位，这就是殇公。君子听说这事后说：“宋宣公可以说是知人善任了，立自己的弟弟为君保全了道义，然而最终自己的儿子也还是享有了国家。”

殇公元年，卫公子州吁谋害了自己的国君完自立为君，他想得到诸侯的支持，便派人告诉宋殇公说：“冯在郑国，肯定会成为祸患，你可以和我共同讨伐他。”宋殇公答应了，便和卫一起攻打郑国，到郑国东门后便退兵了。第二年，郑国讨伐宋国，以报东门战役的仇恨。此后，诸侯多次侵犯宋国。

九年时，有一天大司马孔父美貌的妻子外出，在路上遇到了太宰华督。华督很是喜欢她，目不转睛地盯住她看。华督想霸占孔父的妻子，便让人在国中宣扬说：“殇公即位十年，竟然发动了十一次战争，黎民苦不堪言，这都是孔父的过错，我要杀了孔父以让百姓安定。”这一年，鲁人杀自己的国君隐公。十年，华督杀了孔父，夺取了他的妻子。殇公大怒，于是华督又杀害了殇公，而从郑国接回穆公儿子冯并立他为国君，这就是庄公。

庄公元年，华督为国相。九年，囚禁了郑国的祭仲，要挟他立突做郑国国君。祭仲同意了，最终立突为郑君。十九年，庄公去世，他的儿子湣公捷继位。

湣公七年，齐桓公即位。九年，宋国遭遇洪灾，鲁国让臧文仲到宋国慰问，湣公自责说：“由于我不懂事奉鬼神，政治不清明，所以发生了水灾。”臧文仲认为这话说得很对。这话其实是公子子鱼教给湣公的。

十年夏季，宋国讨伐鲁国，双方在乘丘交战，鲁国活捉了宋国南宫万。宋人请求释放南宫万，南宫万得以回到宋国。十一年秋季，湣公与南宫万外出狩猎，因为下棋争道，湣公很气愤，侮辱了他，说：“开始我敬重你，但是现在你只不过是鲁国的一个俘虏。”南宫万勇武有力，记恨湣公的话，于是抓起棋盘把湣公杀死在了蒙泽。大夫仇牧听说这件事后，携带武器来到湣公的宫门。南宫万迎击仇牧，使仇牧的门齿撞到了门板上死了。南宫万趁机又杀了太宰华督，就改立公子游为国君。各位公子逃亡到了萧邑，公子御说逃亡到亳邑。南宫万的弟弟南宫牛率军包围了亳邑。

冬天，萧邑的大夫和宋国逃亡的各公子联合击杀了南宫牛，并杀死了新立的国君公子游，而立湣公弟弟御说为君，这就是桓公。南宫万逃到了陈国。宋国贿赂了陈国请求送回南宫万。陈国人便使美人计用酒灌醉了南宫万，用皮革把他包上，送回了宋国。宋国人把南宫万剁成了肉酱。

桓公二年，诸侯讨伐宋国，打到宋都郊外就撤离了。三年，齐桓公开始称霸。二十三年，卫国从齐国接回了公子毁，并立他为国君，这就是卫文公。卫文公的妹妹是宋桓公的妻子。这一年，秦穆公登基。三十年，宋桓公病重，太子兹甫将嗣君之位让给自己的庶兄目夷。桓公虽然认为太子的意愿合乎道义，但最后没有同意。三十一年春，桓公逝世，太子兹甫继位，这就是宋襄公。襄公让自己的哥哥目夷做国相。桓公还没有安葬时，齐桓公在葵丘会见各国诸侯，襄公前往赴会。

襄公七年，宋地上空陨星如雨，和雨一同降下；六只鹢鸟倒退着飞行，因为风太大了。

八年，齐桓公去世，宋国想召集各诸侯会盟。十二年春季，宋襄公想在鹿上召集各诸侯会盟，请求楚国向各诸侯提出要求，楚国答应了。公子目夷进谏说："小国争当盟首，是灾祸。"襄公没有听。这年秋，各诸侯在盂地与宋襄公聚会结盟。目夷说："灾祸就在此吗？国君的私欲太过分了，怎么能承受得了呢！"果然楚国抓住了宋襄公以讨伐宋国。这年冬，各诸侯再次在亳聚会，请楚释放宋公。子鱼说："灾祸还没有结束呢。"十三年夏天，宋国讨伐郑国。子鱼说："灾难就在这里了。"秋天时，楚国讨伐宋国以援助郑国。襄公即将出战，子鱼上书劝谏说："上天抛弃商很久了，不可以战。"冬季的十一月，襄公与楚成王在泓水作战。楚军还没有渡过河时，目夷就劝说："对方兵多我方兵少，要趁他们还没完全渡过河时攻打他们。"襄公没有听从目夷的意见。等到楚军渡完河还没有排列阵势时，目夷又建议："可以攻打了。"襄公却说："等他们摆好阵势再攻。"楚军摆好了阵势，宋军才出战。结果宋军大败，襄公大腿受伤。宋国人都怨恨襄公。襄公辩解说："君子不乘人之危，不能攻打未列阵的军队。"子鱼说："打仗以取胜为功绩，怎么能以常理来论呢！如果真按襄公说的做，就直接做奴隶服侍别人算了，又何必还要打仗呢？"

楚成王救了郑国后，郑国人设宴热情招待了他。楚成王离开时娶了郑君的两个女儿回国。叔瞻说："成王这样无礼，他能寿终正寝吗？受了别人的礼遇却不讲男女之别，从这里就能知道他绝对不能成就霸业了。"

这一年，晋公子重耳路过宋国，襄公因为被楚国打伤，想得到晋国援助，因此以厚礼以待重耳，赠送给他八十匹马。

十四年夏天，襄公最后因为泓水之战时的腿伤而死，他的儿子成公王臣继位。

成公元年，晋文公即位。三年，宋国背叛楚国盟约与晋国交好，因为宋国曾对文公有过恩惠。四年，楚成王讨伐宋国，宋国向晋国求援。五年，晋文公发兵援助宋国，楚军撤离。九年，晋文公去世。十一年，楚太子商臣杀死了父亲楚成王自立为君。十六年，秦缪公去世。

十七年，成公去世。他的弟弟御杀死了太子与大司马公孙固而自立为君。宋人一起杀死了国君御，拥立成公的小儿子杵臼为君，这就是昭公。

昭公四年，宋在长丘打败了长翟缘斯。七年，楚庄王即位。

九年，因昭公昏庸无道，国民不拥护他。昭公的弟弟鲍革贤良又能礼遇下士。以前，襄公夫人想与公子鲍私通，被拒绝，于是便帮助鲍在国内布施恩惠，利用大夫华元的关系让鲍担任了右师。一次昭公出去打猎，夫人王姬便派卫伯杀死了昭公杵臼。昭公的弟弟鲍革继位，这就是文公。

文公元年，晋国率领诸侯讨伐宋国，责问宋人杀死国君之事。但知道文公稳定了政局被立为国君后，就退兵了。二年，昭公的儿子凭借文公的同母弟弟须的关系，联合武公、缪公、戴公、庄公、桓公后代作乱，被文公全部诛杀，文公赶跑武公、缪公后人。

四年春季，楚让郑国讨伐宋国。宋国派华元为将抵抗，被郑国打败，华元被囚禁。华元战前曾经杀羊犒赏士兵，他的车夫因没有吃到羊肉汤，所以十分怨恨，便驾着车跑到了郑军中，导致宋军失败，而华元被囚禁。宋国用一百辆兵车、四百匹良马赎回了华元。这些东西还没有全部给郑国，华元就跑了回来。

十四年，楚庄王包围了郑国。郑伯投降了楚国，楚国又放他回去了。

十六年，楚国使者路过宋国，宋国因与楚有前仇，就拘捕了楚国使者。这年九月，楚庄王包围了宋都。十七年，楚军围困宋都长达五个月仍未撤军，宋都城内告急，无粮可吃，华元便在一天夜里暗中与楚国将领子反会见。子反向楚庄王汇报。庄王问："宋城中如何？"子反回答："城内人劈开人骨当柴来烧饭，交换幼子来充饥。"庄王说："这话是真的呀！我军也只有两天的口粮了。"因为讲求信义，楚国便撤兵离开了。

二十二年，文公逝世，他的儿子共公瑕继位。宋国第一次实行厚葬。

君子嘲笑华元做事不符合大臣的职责。

共公十年，华元与楚将子重交好，又与晋将栾书友好，与晋、楚都结了盟约。十三年，共公逝世。当时华元为右师，鱼石为左师。司马唐山杀死了太子肥，又准备杀死华元，华元想逃往晋国，鱼石阻止他，到了黄河边又返回了宋，杀死了唐山。于是立共公的小儿子成为君，这就是平公。

平公三年，楚共王攻占了宋国的彭城，把彭城封给了宋国的左师鱼石。四年，各诸侯一起杀死了鱼石，将彭城交还给了宋国。三十五年，楚公子围杀死自己的国君自立为王，这就是灵王。四十四年，平公逝世，他的儿子元公佐继位。

元公三年，楚公子弃疾杀死了君楚灵王，自立为平王。八年，宋国发生火灾。十年，元公不讲信誉，耍诈杀死了其他的公子。大夫华氏、向氏谋反作乱。楚平王的太子建逃到了宋国，看见华氏等人相互攻击，便离开宋国跑到了郑国。十五年，鲁昭公为躲避季氏在外居住，为让他回到鲁国，元公便替他四处奔走求情，最后在死半路上，他的儿子景公头曼继位。

景公十六年，鲁国的阳虎前来投奔，后又离开了。二十五年，孔子经过宋国，宋国司马桓魋厌恶他，想要杀死孔子，孔子换上了平民服装逃离了宋国。三十年，曹国背叛了宋国，又背叛了晋国。宋国讨伐曹国，晋国没有去救援，于是宋国灭亡并占据了曹国。三十六年，齐国的田常杀害了齐简公。

三十七年，楚惠王消灭了陈国，火星占据了心宿区。心宿区是宋国的分野，景公因此很担心。司星子韦说："可以把灾祸转移到相国身上。"景公说："不行，国相就像是我的手足。"子韦又说："可以转移到百姓身上。"景公说："也不行，国君倚仗的是百姓。"子韦又说："可以转到年岁收成上。"景公说："如果年成歉收，百姓因此贫困，谁还会支持我做国君！"子韦说："天虽高远，却能听到下界细小的声音。您说了这三句国君应当说的话，火星应该会移动了。"于是详细观测了火星一段时间，火星果然移动了三度。

六十四年，景公逝世。宋公子特杀死了太子自立为君，这就是昭公。昭公，是元公的曾庶孙。昭公的父亲是公孙纠，纠的父亲是公子褍秦，褍秦就是元公的小儿子。因为景公杀了昭公的父亲公孙纠，所以昭公怀恨杀死了太子自立为君。

昭公在位四十七年后去世，他的儿子悼公购由继位。悼公在位八年后逝世，他的儿子休公田继位。休公田在位二十三年后去世，他的儿子辟公辟兵继位。辟公在位三年后逝世，他的儿子剔成继位。剔成在位的四十一年，他的弟弟偃率人攻打剔成，剔成败逃齐国，偃自立为宋国国君。

君偃十一年时，自立称王。在东面战胜了齐国，占领了五座城；在南面打败了楚国，夺取了三百里地；在西面战胜了魏国，因此与齐、魏成为了敌国。君偃用皮袋盛着血，悬挂起来，然后朝皮袋射箭，称之为“射天”。君偃还沉迷于酒色。大臣中只要是向他劝谏的，都被他射死了。于是诸侯们都称他为“桀宋”。“宋君偃又犯下了与他先祖纣王同样的过错，不可不杀。”各诸侯请求齐国讨伐宋国。王偃在位的四十七年，齐湣王与魏国、楚国一起征讨宋国，杀死了王偃，最后灭了宋国，瓜分了宋地。

太史公说：孔子说过“微子走了，箕子当了奴隶，比干因劝谏而被杀，殷朝有三位仁人了”。《春秋》嘲讽宋国的混乱是从宣公废掉太子而立自己的弟弟为君开始的，国家因此不安定长达十代之久。襄公时，修行仁义，想做盟主。他的大夫正考父赞扬他，所以追述契、汤、高宗时代的政绩和殷朝兴盛的原因，作了《商颂》。宋襄公在泓水打了败仗之后，有的君子认为他值得表扬，这是因为当时中原地区的国家缺少礼节，所以表彰他，因为宋襄公具有礼让的精神。

史记卷三十九

晋世家第九

晋唐叔虞者，周武王子而成王弟。初，武王与叔虞母会时，梦天谓武王曰："余命女生子，名虞，余与之唐。"及生子，文在其手曰"虞"，故遂因命之曰虞。

武王崩，成王立，唐有乱，周公诛灭唐。成王与叔虞戏，削桐叶为珪以与叔虞，曰："以此封若。"史佚因请择日立叔虞。成王曰："吾与之戏耳。"史佚曰："天子无戏言。言则史书之，礼成之，乐歌之。"于是遂封叔虞于唐。唐在河、汾之东，方百里，故曰唐叔虞。姓姬氏，字子于。

唐叔子燮，是为晋侯。晋侯子宁族，是为武侯。武侯之子服人，是为成侯。成侯子福，是为厉侯。厉侯之子宜臼，是为靖侯。靖侯已来，年纪可推。自唐叔至靖侯五世，无其年数。

靖侯十七年，周厉王迷惑暴虐，国人作乱，厉王出奔于彘，大臣行政，故曰"共和"。

十八年，靖侯卒，子釐侯司徒立。

釐侯十四年，周宣王初立。

十八年，釐侯卒，子献侯籍立。献侯十一年卒，子穆侯费王立。

穆侯四年，取齐女姜氏为夫人。七年，伐条。生太子仇。十年，伐千亩，有功。生少子，名曰成师。晋人师服曰："异哉，君之命子也！太子曰仇，仇者雠也。少子曰成师，成师大号，成之者也。名，自命也；物，自定也。今適庶名反逆，此后晋其能毋乱乎？"

二十七年，穆侯卒，弟殇叔自立，太子仇出奔。殇叔三年，周宣王崩。四年，穆侯太子仇率其徒袭殇叔而立，是为文侯。

文侯十年，周幽王无道，犬戎杀幽王，周东徙。而秦襄公始列为诸侯。

三十五年，文侯仇卒，子昭侯伯立。

昭侯元年，封文侯弟成师于曲沃。曲沃邑大于翼。翼，晋君都邑也。成师封曲沃，号为桓叔。靖侯庶孙栾宾相桓叔。桓叔是时年五十八矣，好德，晋国之众皆附焉。君子曰："晋之乱其在曲沃矣。末大于本而得民心，不乱何待！"

七年，晋大臣潘父弑其君昭侯而迎曲沃桓叔。桓叔欲入晋，晋人发兵攻桓叔。桓叔败，还归曲沃。晋人共立昭侯子平为君，是为孝侯；诛潘父。

孝侯八年，曲沃桓叔卒，子鱓代桓叔，是为曲沃庄伯。孝侯十五年，曲沃庄伯弑其君晋孝侯于翼。晋人攻曲沃庄伯，庄伯复入曲沃。晋人复立孝侯子郄为君，是为鄂侯。

鄂侯二年，鲁隐公初立。

鄂侯六年卒。曲沃庄伯闻晋〔鄂〕侯卒，乃兴兵伐晋。周平王使虢公将兵伐曲沃庄伯，庄伯走保曲沃。晋人共立鄂侯子光，是为哀侯。

哀侯二年，曲沃庄伯卒，子称代庄伯立，是为曲沃武公。哀侯六年，鲁弑其君隐公。哀侯八年，晋侵陉廷。陉廷与曲沃武公谋，九年，伐晋于汾旁，虏哀侯。晋人乃立哀侯子小子为君，是为小子侯。

小子元年，曲沃武公使韩万杀所虏晋哀侯。曲沃益强，晋无如之何。

晋小子之四年，曲沃武公诱召晋小子杀之。周桓王使虢仲伐曲沃武公，武公入于曲沃。乃立晋哀侯弟缗为晋侯。

晋侯缗四年，宋执郑祭仲而立突为郑君。晋侯十九年，齐人管至父弑其君襄公。

晋侯二十八年，齐桓公始霸。曲沃武公伐晋侯缗，灭之，尽以其宝器赂献于周釐王。釐王命曲沃武公为晋君，列为诸侯。于是尽并晋地而有之。

曲沃武公已即位三十七年矣，更号曰晋武公。晋武公始都晋国，前即位曲沃，通年三十八年。

武公称者，先晋穆侯曾孙也，曲沃桓叔孙也。桓叔者，始封曲沃。武公，庄伯子也。自桓叔初封曲沃以至武公灭晋也，凡六十七岁，而卒代晋为诸侯。武公代晋二岁，卒。与曲沃通年即位凡三十九年而卒。子献公诡诸立。

献公元年，周惠王弟穨攻惠王，惠王出奔，居郑之栎邑。

五年，伐骊戎，得骊姬、骊姬弟，俱爱幸之。

八年，士蒍说公曰："故晋之群公子多，不诛，乱且起。"乃使尽杀诸公子，而城聚都之，命曰绛，始都绛。九年，晋群公子既亡奔虢，虢以其故再伐晋，弗克。十年，晋欲伐虢，士蒍曰：“且待其乱。”

十二年，骊姬生奚齐。献公有意废太子，乃曰：“曲沃吾先祖宗庙所在，而蒲边秦，屈边翟，不使诸子居之，我惧焉。”于是使太子申生居曲沃，公子重耳居蒲，公子夷吾居屈。献公与骊姬子奚齐居绛。晋国以此知太子不立也。太子申生，其母齐桓公女也，曰齐姜，早死。申生同母女弟为秦穆公夫人。重耳母，翟之狐氏女也。夷吾母，重耳母女弟也。献公子八人，而太子申生、重耳、夷吾皆有贤行。及得骊姬，乃远此三子。

十六年，晋献公作二军。公将上军，太子申生将下军，赵夙御戎，毕万为右，伐灭霍，灭魏，灭耿。还，为太子城曲沃，赐赵夙耿，赐毕万魏，以为大夫。士蒍曰：“太子不得立矣。分之都城，而位以卿，先为之极，又安得立！不如逃之，无使罪至。为吴太伯，不亦可乎，犹有令名。”太子不从。卜偃曰：“毕万之后必大。万，盈数也；魏，大名也。以是始赏，天开之矣。天子曰兆民，诸侯曰万民，今命之大，以从盈数，其必有众。”初，毕万卜仕于晋国，遇“屯”之“比”。辛廖占之曰：“吉。屯固比入，吉孰大焉！其后必蕃昌”。

十七年，晋侯使太子申生伐东山。李克谏献公曰：“太子奉冢祀社稷之粢盛，以朝夕视君膳者也，故曰冢子。君行则守，有守则从，从曰抚军，守曰监国，古之制也。夫率师，专行谋也；誓军旅，君与国政之所图也：非太子之事也。师在制命而已，禀命则不威，专命则不孝，故君之嗣適不可以帅师。君失其官，率师不威，将安用之？”公曰：“寡人有子，未知其太子谁立。”李克不对而退，见太子，太子曰：“吾其废乎？”李克曰：“太子勉之！教以军旅，不共是惧，何故废乎？且子惧不孝，毋惧不得立。修己而不责人，则免于难。”太子帅师，公衣之偏衣，佩之金玦。李克谢病，不从太子。太子遂伐东山。

十九年，献公曰：“始吾先君庄伯、武公之诛晋乱，而虢常助晋伐我，又匿晋亡公子，果为乱，弗诛，后遗子孙忧。”乃使荀息以屈产之乘假道于虞。虞假道，遂伐虢，取其下阳以归。

献公私谓骊姬曰：“吾欲废太子，以奚齐代之。”骊姬泣曰：“太子之立，诸侯皆已知之，而数将兵，百姓附之，奈何以贱妾之故废適立庶？君必行之，妾自杀也。”骊姬详誉太子，而阴令人谮恶太子，而欲立其子。

二十一年，骊姬谓太子曰：“君梦见齐姜，太子速祭曲沃，归釐于君。”太子于是祭其母齐姜于曲沃，上其荐胙于献公。献公时出猎，置胙于宫中。骊姬使人置毒药胙中。居二日，献公从猎来还，宰人上胙献公，献公欲飨之。骊姬从旁止之，曰："胙所从来远，宜试之。"祭地，地坟；与犬，犬死；与小臣，小臣死。骊姬泣曰："太子何忍也，其父而欲弑代之，况他人乎？且君老矣，旦暮之人，曾不能待而欲弑之！"谓献公曰："太子所以然者，不过以妾及奚齐之故。妾愿子母辟之他国，若早自杀，毋徒使母子为太子所鱼肉也。始君欲废之，妾犹恨之；至于今，妾殊自失于此。"太子闻之，奔新城。献公怒，乃诛其傅杜原款。或谓太子曰："为此药者乃骊姬也，太子何不自辞明之？"太子曰："吾君老矣，非骊姬，寝不安，食不甘。即辞之，君且怒之，不可。"或谓太子曰："可奔他国。"太子曰："被此恶名以出，人谁内我？我自杀耳。"十二月戊申，申生自杀于新城。

此时重耳、夷吾来朝。人或告骊姬曰："二公子怨骊姬谮杀太子。"骊姬恐，因谮二公子："申生之药胙，二公子知之。"二子闻之，恐，重耳走蒲，夷吾走屈，保其城，自备守。初，献公使士蒍为二公子筑蒲、屈城弗就。夷吾以告公，公怒士蒍。士蒍谢曰："边城少寇，安用之？"退而歌曰："狐裘蒙茸，一国三公，吾谁适从！"卒就城。及申生死，二子亦归保其城。

二十二年，献公怒二子不辞而去，果有谋矣，乃使兵伐蒲。蒲人之宦者勃鞮命重耳促自杀。重耳逾垣，宦者追斩其衣祛。重耳遂奔翟。使人伐屈，屈城守，不可下。

是岁也，晋复假道于虞以伐虢。虞之大夫宫之奇谏虞君曰："晋不可假道也，是且灭虞。"虞君曰："晋我同姓，不宜伐我。"宫之奇曰："太伯、虞仲，太王之子也。太伯亡去，是以不嗣。虢仲、虢叔，王季之子也，为文王卿士，其记勋在王室，藏于盟府。将虢是灭，何爱于虞？且虞之亲能亲于桓、庄之族乎？桓、庄之族何罪，尽灭之。虞之与虢，唇之与齿，唇亡则齿寒。"虞公不听，遂许晋。宫之奇以其族去虞。其冬，晋灭虢，虢公丑奔周。还，袭灭虞，虏虞公及其大夫井伯百里奚，以媵秦穆姬，而修虞祀。荀息牵曩所遗虞屈产之乘马奉之献公，献公笑曰："马则吾马，齿亦老矣！"

二十三年，献公遂发贾华等伐屈，屈溃。夷吾将奔翟。冀芮曰："不可，重耳已在矣，今往，晋必移兵伐翟，翟畏晋，祸且及，不如走梁。梁近于秦，秦强，吾君百岁后可以求入焉。"遂奔梁。二十五年，晋伐翟，翟以重耳故，亦击晋于齧桑，晋兵解而去。

当此时，晋强，西有河西，与秦接境，北边翟，东至河内。

骊姬弟生悼子。

二十六年夏，齐桓公大会诸侯于葵丘。晋献公病，行后，未至，逢周之宰孔。宰孔曰："齐桓公益骄，不务德而务远略，诸侯弗平。君弟毋会，毋如晋何。"献公亦病，复还归。病甚，乃谓荀息曰："吾以奚齐为后，年少，诸大臣不服，恐乱起，子能立之乎？"荀息曰："能。"献公曰："何以为验？"对曰："使死者复生，生者不惭，为之验。"于是遂属奚齐于荀息。荀息为相，主国政。

秋九月，献公卒。李克、邳郑欲内重耳，以三公子之徒作乱，谓荀息曰："三怨将起，秦、晋辅之，子将何如？"荀息曰："吾不可负先君言。"十月，李克杀奚齐于丧次。献公未葬也。荀息将死之，或曰不如立奚齐弟悼子而傅之，荀息立悼子而葬献公。十一月，李克弑悼子于朝，荀息死之。君子曰："《诗》所谓'白珪之玷，犹可磨也，斯言之玷，不可为也'，其荀息之谓乎！不负其言。"初，献公将伐骊戎，卜曰"齿牙为祸"。及破骊戎，获骊姬，爱之，竟以乱晋。

李克等已杀奚齐、悼子，使人迎公子重耳于翟，欲立之。重耳谢曰："负父之命出奔，父死不得修人子之礼侍丧，重耳何敢入！大夫其更立他子。"还报李克，李克使迎夷吾于梁。夷吾欲往，吕省、郤芮曰："内犹有公子可立者而外求，难信。计非之秦，辅强国之威以入，恐危。"乃使郤芮厚赂秦，约曰："即得入，请以晋河西之地与秦。"乃遗李克书曰："诚得立，请遂封子于汾阳之邑。"秦穆公乃发兵送夷吾于晋。齐桓公闻晋内乱，亦率诸侯如晋。秦兵与夷吾亦至晋，齐乃使隰朋会秦俱入夷吾，立为晋君，是为惠公。齐桓公至晋之高梁而还归。

惠公夷吾元年，使邳郑谢秦曰："始夷吾以河西地许君，今幸得入立，大臣曰：'地者先君之地，君亡在外，何以得擅许秦者？'寡人争之，弗能得，故谢秦。"亦不与李克汾阳邑，而夺之权。四月，周襄王使周公忌父会齐、秦大夫共礼晋惠公。惠公以重耳在外，畏李克为变，赐李克死，谓曰："微里子，寡人不得立。虽然，子亦杀二君一大夫，为子君者不亦难乎？"李克对曰："不有所废，君何以兴？欲诛之，其无辞乎？乃言为此！臣闻命矣。"遂伏剑而死。于是邳郑使谢秦未还，故不及难。

晋君改葬恭太子申生。秋，狐突之下国，遇申生，申生与载而告之曰:“夷吾无礼,余得请于帝,将以晋与秦,秦将祀余。”狐突对曰:“臣闻神不食非其宗,君其祀毋乃绝乎?君其图之。”申生曰:“诺,吾将复请帝。后十日,新城西偏将有巫者见我焉。”许之,遂不见。及期而往,复见,申生告之曰:“帝许罚有罪矣,弊于韩。”儿乃谣曰:“恭太子更葬矣,后十四年,晋亦不昌,昌乃在兄。”

邳郑使秦,闻李克诛,乃说秦穆公曰:“吕省、郤称、冀芮实为不从。若重赂与谋,出晋君,入重耳,事必就。”秦穆公许之,使人与归报晋,厚赂三子。三子曰:“币厚言甘,此必邳郑卖我于秦。”遂杀邳郑及李克、邳郑之党七舆大夫。邳郑子豹奔秦,言伐晋,穆公弗听。

惠公之立,倍秦地及李克,诛七舆大夫,国人不附。

二年,周使召公过礼晋惠公,惠公礼倨,召公讥之。

四年,晋饥,乞籴于秦。穆公问百里奚,百里奚曰:“天灾流行,国家代有,救灾恤邻,国之道也。与之。”邳郑子豹曰:“伐之。”穆公曰:“其君是恶,其民何罪!”卒与粟,自雍属绛。

五年,秦饥,请籴于晋。晋君谋之,庆郑曰:“以秦得立,已而倍其地约。晋饥而秦贷我,今秦饥请籴,与之何疑?而谋之!”虢射曰:“往年天以晋赐秦,秦弗知取而贷我。今天以秦赐晋,晋其可以逆天乎?遂伐之。”惠公用虢射谋,不与秦粟,而发兵且伐秦。秦大怒,亦发兵伐晋。

六年春,秦穆公将兵伐晋。晋惠公谓庆郑曰:“秦师深矣,奈何?”郑曰:“秦内君,君倍其赂;晋饥秦输粟,秦饥而晋倍之,乃欲因其饥伐之,其深不亦宜乎!”晋卜御右,庆郑皆吉。公曰:“郑不孙。”乃更令步阳御戎,家仆徒为右,进兵。

九月壬戌,秦穆公、晋惠公合战韩原。惠公马鸷不行,秦兵至,公窘,召庆郑为御。郑曰:“不用卜,败,不亦当乎!”遂去。更令梁繇靡御,虢射为右,辂秦穆公。穆公壮士冒败晋军,晋军败,遂失秦穆公。反获晋公以归。秦将以祀上帝。晋君姊为穆公夫人,衰绖涕泣。公曰:“得晋侯将以为乐,今乃如此。且吾闻箕子见唐叔之初封,曰‘其后必当大矣’,晋庸可灭乎!”乃与晋侯盟王城而许之归。晋侯亦使吕省等报国人曰:“孤虽得归,毋面目见社稷,卜日立子圉。”晋人闻之,皆哭。秦穆公问吕省:“晋国和乎?”对曰:“不和。小人惧失君亡亲,不惮立子圉,曰‘必报仇,宁事戎狄’。其君子则爱君而知罪,以待秦命,曰:‘必报德’。有此二故,不和。”于是秦穆公更舍晋惠公,馈之七牢。十一月,归晋侯。

晋侯至国，诛庆郑，修政教。谋曰："重耳在外，诸侯多利内之。"欲使之杀重耳于狄。重耳闻之，如齐。

八年，使太子圉质秦。初，惠公亡在梁，梁伯以其女妻之，生一男一女。梁伯卜之，男为人臣，女为人妾，故名男为圉，女为妾。

十年，秦灭梁。梁伯好土功，治城沟，民力罢怨，其众数相惊，曰"秦寇至"，民恐惑，秦竟灭之。

十三年，晋惠公病，内有数子。太子圉曰："吾母家在梁，梁今秦灭之，我外轻于秦而内无援于国。君即不起，病大夫轻，更立他公子。"乃谋与其妻俱亡归。秦女曰："子一国太子，辱在此。秦使婢子侍，以固子之心。子亡矣，我不从子，亦不敢言。"子圉遂亡归晋。十四年九月，惠公卒，太子圉立，是为怀公。

子圉之亡，秦怨之，乃求公子重耳，欲内之。子圉之立，畏秦之伐也，乃令国中诸从重耳亡者与期，期尽不到者尽灭其家。狐突之子毛及偃从重耳在秦，弗肯召。怀公怒，囚狐突。突曰："臣子事重耳有年数矣，今召之，是教之反君也，何以教之？"怀公卒杀狐突。秦穆公乃发兵送内重耳，使人告栾、郤之党为内应，杀怀公于高梁，入重耳。重耳立，是为文公。

晋文公重耳，晋献公之子也。自少好士，年十七，有贤士五人：曰赵衰；狐偃咎犯，文公舅也；贾佗；先轸；魏武子。自献公为太子时，重耳固已成人矣。献公即位，重耳年二十一。献公十三年，以骊姬故，重耳备蒲城守秦。献公二十一年，献公杀太子申生，骊姬谗之，恐，不辞献公而守蒲城。献公二十二年，献公使宦者履鞮趣杀重耳。重耳逾垣，宦者逐斩其衣袪。重耳遂奔狄。狄，其母国也。是时重耳年四十三。从此五士，其馀不名者数十人，至狄。

狄伐咎如，得二女。以长女妻重耳，生伯鯈、叔刘；以少女妻赵衰，生盾。居狄五岁而晋献公卒，李克已杀奚齐、悼子，乃使人迎，欲立重耳。重耳畏杀，因固谢，不敢入。已而晋更迎其弟夷吾立之，是为惠公。惠公七年，畏重耳，乃使宦者履鞮与壮士欲杀重耳。重耳闻之，乃谋赵衰等曰："始吾奔狄，非以为可用兴，以近易通，故且休足。休足久矣，固愿徙之大国。夫齐桓公好善，志在霸王，收恤诸侯。今闻管仲、隰朋死，此亦欲得贤佐，盍往乎？"于是遂行。重耳谓其妻曰："待我二十五年不来，乃嫁。"其妻笑曰："犁二十五年，吾冢上柏大矣。虽然，妾待子。”重耳居狄凡十二年而去。

过卫，卫文公不礼。去，过五鹿，饥而从野人乞食，野人盛土器中进之。重耳怒。赵衰曰：“土者，有土也，君其拜受之。”

至齐，齐桓公厚礼，而以宗女妻之，有马十二乘，重耳安之。重耳至齐二岁而桓公卒，会竖刁等为内乱，齐孝公之立，诸侯兵数至。留齐凡五岁。重耳爱齐女，毋去心。赵衰、咎犯乃于桑下谋行。齐女侍者在桑上闻之，以告其主。其主乃杀侍者，劝重耳趣行。重耳曰：“人生安乐，孰知其他！必死于此，不能去。”齐女曰：“子一国公子，穷而来此，数士者以子为命。子不疾反国，报劳臣，而怀女德，窃为子羞之。且不求，何时得功？”乃与赵衰等谋，醉重耳，载以行。行远而觉，重耳大怒，引戈欲杀咎犯。咎犯曰：“杀臣成子，偃之愿也。”重耳曰：“事不成，我食舅氏之肉。”咎犯曰：“事不成，犯肉腥臊，何足食！”乃止。遂行。

过曹，曹共公不礼，欲观重耳骈胁。曹大夫釐负羁曰：“晋公子贤，又同姓，穷来过我，奈何不礼！”共公不从其谋。负羁乃私遗重耳食，置璧其下。重耳受其食，还其璧。

去，过宋。宋襄公新困兵于楚，伤于泓，闻重耳贤，乃以国礼礼于重耳。宋司马公孙固善于咎犯，曰：“宋小国新困，不足以求入，更之大国。”乃去。

过郑，郑文公弗礼。郑叔瞻谏其君曰：“晋公子贤，而其从者皆国相；且又同姓，郑之出自厉王，而晋之出自武王。”郑君曰：“诸侯亡公子过此者众，安可尽礼！”叔瞻曰：“君不礼，不如杀之，且后为国患。”郑君不听。重耳去。

之楚，楚成王以適诸侯礼待之，重耳谢不敢当。赵衰曰：“子亡在外十馀年，小国轻子，况大国乎？今楚大国而固遇子，子其毋让，此天开子也。”遂以客礼见之。成王厚遇重耳，重耳甚卑。成王曰：“子即反国，何以报寡人？”重耳目：“羽毛齿角玉帛，君王所馀，未知所以报。”王曰：“虽然，何以报不穀？”重耳曰：“即不得已，与君王以兵车会平原广泽，请辟王三舍。”楚将子玉怒目：“王遇晋公子至厚，今重耳言不孙，请杀之。”成王曰：“晋公子贤而困于外久，从者皆国器，此天所置，庸可杀乎？且言何以易之！”居楚数月，而晋太子圉亡秦，秦怨之；闻重耳在楚，乃召之。成王曰：“楚远，更数国乃至晋。秦晋接境，秦君贤，子其勉行！”厚送重耳。

重耳至秦，穆公以宗女五人妻重耳，故子圉妻与往。重耳不欲受，司空季子曰："其国且伐，况其故妻乎！且受以结秦亲而求入，子乃拘小礼，忘大丑乎！"遂受。穆公大欢，与重耳饮。赵衰歌《黍苗》诗，穆公曰："知子欲急反国矣。"赵衰与重耳下，再拜曰："孤臣之仰君，如百谷之望时雨。"

是时晋惠公十四年秋。惠公以九月卒，子圉立。十一月，葬惠公。十二月，晋国大夫栾、郤等闻重耳在秦，皆阴来劝重耳、赵衰等反国，为内应甚众。于是秦穆公乃发兵与重耳归晋。晋闻秦兵来，亦发兵拒之。然皆阴知公子重耳入也。唯惠公之故贵臣吕、郤之属不欲立重耳。重耳出亡凡十九岁而得入，时年六十二矣，晋人多附焉。

文公元年春，秦送重耳至河。咎犯曰："臣从周君旋天下，过亦多矣。臣犹知之，况于君乎？请从此去矣。"重耳曰："若反国，所不与子犯共者，河伯视之！"乃投璧河中，以与子犯盟。是时介子推从，在船中，乃笑曰："天实开公子，而子犯以为己功而要市于君，固足羞也。吾不忍与同位。"乃自隐。渡河，秦兵围令狐。晋军于庐柳。

二月辛丑，咎犯与秦晋大夫盟于郇。壬寅，重耳入于晋师。丙午，入于曲沃。丁未，朝于武宫，即位为晋君，是为文公。群臣皆往。怀公圉奔高梁。戊申，使人杀怀公。

怀公故大臣吕省、郤芮本不附文公，文公立，恐诛，乃欲与其徒谋烧公宫，杀文公。文公不知。始尝欲杀文公宦者履鞮知其谋，欲以告文公，解前罪，求见文公。文公不见，使人让曰："蒲城之事，女斩予祛。其后我从狄君猎，女为惠公来求杀我。惠公与女期三日至，而女一日至，何速也？女其念之。"宦者曰："臣刀锯之馀，不敢以二心事君倍主，故得罪于君。君已反国，其毋蒲、翟乎？且管仲射钩，桓公以霸。今刑馀之人以事告而君不见，祸又且及矣。"于是见之。遂以吕、郤等告文公。文公欲召吕、郤，吕、郤等党多，文公恐初入国，国人卖己，乃为微行，会秦穆公于王城，国人莫知。三月己丑，吕、郤等果反，焚公宫，不得文公。文公之卫徒与战，吕、郤等引兵欲奔，秦穆公诱吕、郤等，杀之河上。晋国复而文公得归。夏，迎夫人于秦，秦所与文公妻者卒为夫人。秦送三千人为卫，以备晋乱。

文公修政，施惠百姓。赏从亡者及功臣，大者封邑，小者尊爵。未尽行赏，周襄王以弟带难出居郑地，来告急晋。晋初定，欲发兵，恐他乱起，是以赏从亡，未至隐者介子推。推亦不言禄，禄亦不及。推曰："献公子九人，唯君在矣。惠、怀无亲，外内弃之；天未绝晋，必将有主，主晋祀者，非君而谁？天实开之，二三子以为己力，不亦诬乎？窃人之财，犹曰是盗，况贪天之功以为己力乎？下冒其罪，上赏其奸，上下相蒙，难与处矣！"其母曰："盍亦求之，以死谁怼？"推曰："尤而效之，罪有甚焉。且出怨言，不食其禄。"母曰："亦使知之，若何？"对曰："言，身之文也；身欲隐，安用文之？文之，是求显也。"其母曰："能如此乎？与女偕隐。"至死不复见。

介子推从者怜之，乃悬书宫门曰："龙欲上天，五蛇为辅。龙已升云，四蛇各入其宇，一蛇独怨，终不见处所。"文公出，见其书，曰："此介子推也。吾方忧王室，未图其功。"使人召之，则亡。遂求所在，闻其入绵上山中。于是文公环绵上山中而封之，以为介推田，号曰介山，"以记吾过，且旌善人"。

从亡贱臣壶叔曰："君三行赏，赏不及臣，敢请罪。"文公报曰："夫导我以仁义，防我以德惠，此受上赏。辅我以行，卒以成立，此受次赏。矢石之难，汗马之劳，此复受次赏。若以力事我而无补吾缺者，此〔复〕受次赏。三赏之后，故且及子。"晋人闻之，皆说。

二年春，秦军河上，将入王。赵衰曰："求霸莫如入王尊周，周晋同姓，晋不先入王，后秦入之，毋以令于天下。方今尊王，晋之资也。"三月甲辰，晋乃发兵至阳樊，围温，入襄王于周。四月，杀王弟带。周襄王赐晋河内阳樊之地。

四年，楚成王及诸侯围宋，宋公孙固如晋告急。先轸曰："报施定霸，于今在矣。"狐偃曰："楚新得曹而初婚于卫，若伐曹、卫，楚必救之，则宋免矣。"于是晋作三军。赵衰举郤縠将中军，郤臻佐之。使狐偃将上军，狐毛佐之，命赵衰为卿。栾枝将下军，先轸佐之。荀林父御戎，魏犨为右。往伐。冬十二月，晋兵先下山东，而以原封赵衰。

五年春，晋文公欲伐曹，假道于卫，卫人弗许。还自河南度，侵曹，伐卫。正月，取五鹿。二月，晋侯、齐侯盟于敛盂。卫侯请盟晋，晋人不许。卫侯欲与楚，国人不欲，故出其君以说晋。卫侯居襄牛，公子买守卫。楚救卫，不卒。晋侯围曹。三月丙午，晋师入曹，数之以其不用釐负羁言，而用美女乘轩者三百人也。令军毋入釐负羁宗家以报德。楚围宋，宋复告急晋。文公欲救则攻楚，为楚尝有德，不欲伐也；欲释宋，宋

《东周列国志》版画之晋文公伐卫破曹图

又尝有德于晋。患之。先轸曰:"执曹伯,分曹、卫地以与宋,楚急曹、卫,其势宜释宋。"于是文公从之,而楚成王乃引兵归。

楚将子玉曰:"王遇晋至厚,今知楚急曹、卫而故伐之,是轻王。"王曰:"晋侯亡在外十九年,困日久矣,果得反国,险阸尽知之,能用其民,天之所开,不可当。"子玉请曰:"非敢必有功,愿以间执谗慝之口也。"楚王怒,少与之兵。于是子玉使宛春告晋:"请复卫侯而封曹,臣亦释宋。"咎犯曰:"子玉无礼矣,君取一,臣取二,勿许。"先轸曰:"定人之谓礼。楚一言定三国,子一言而亡之,我则毋礼。不许楚,是弃宋也。不如私许曹、卫以诱之,执宛春以怒楚,既战而后图之。"晋侯乃囚宛春于卫,且私许复曹、卫。曹、卫告绝于楚。楚得臣怒,击晋师,晋师退。军吏曰:"为何退?"文公曰:"昔在楚,约退三舍,可倍乎!"楚师欲去,得臣不肯。

四月戊辰,宋公、齐将、秦将与晋侯次城濮。己巳,与楚兵合战,楚兵败,得臣收馀兵去。甲午,晋师还至衡雍。作王宫于践土。

初,郑助楚,楚败,惧,使人请盟晋侯。晋侯与郑伯盟。

五月丁未,献楚俘于周,驷介百乘,徒兵千。天子使王子虎命晋侯为伯,赐大辂,彤弓矢百,旅弓矢千,秬鬯一卣,珪瓒,虎贲三百人。晋侯三辞,然后稽首受之。周作《晋文侯命》:"王若曰:父义和,丕显文、武,能慎明德,昭登于上,布闻在下,维时上帝集厥命于文、武。恤朕身,继予一人永其在位。"于是晋文公称伯。癸亥,王子虎盟诸侯于王庭。

晋焚楚军,火数日不息,文公叹。左右曰:"胜楚而君犹忧,何?"文公曰:"吾闻能战胜安者唯圣人,是以惧。且子玉犹在,庸可喜乎!"子玉之败而归,楚成王怒其不用其言,贪与晋战,让责子玉,子玉自杀。晋文公曰:"我击其外,楚诛其内,内外相应。"于是乃喜。

六月,晋人复入卫侯。壬午,晋(侯〕度河北归国。行赏,狐偃为首。或曰:"城濮之事,先轸之谋。"文公曰:"城濮之事,偃说我毋失信。先轸曰'军事胜为右',吾用之以胜。然此一时之说,偃言万世之功,奈何以一时之利而加万世功乎?是以先之。"

冬,晋侯会诸侯于温,欲率之朝周。力未能,恐其有畔者,乃使人言周襄王狩于河阳。壬申,遂率诸侯朝王于践土。孔子读史记至文公,曰"诸侯无召王"。"王狩河阳"者,《春秋》讳之也。

丁丑,诸侯围许。曹伯臣或说晋侯曰:"齐桓公合诸侯而国异姓,今君为会而灭同姓。曹，叔振铎之后；晋，唐叔之后。合诸侯而灭兄弟，非礼。”晋侯说，复曹伯。

于是晋始作三行。荀林父将中行，先縠将右行，先蔑将左行。

七年，晋文公、秦穆公共围郑，以其无礼于文公亡过时，及城濮时郑助楚也。围郑，欲得叔瞻。叔瞻闻之，自杀。郑持叔瞻告晋。晋曰：“必得郑君而甘心焉。”郑恐，乃间令使谓秦穆公曰：“亡郑厚晋，于晋得矣，而秦未为利。君何不解郑，得为东道交？”秦伯说，罢兵。晋亦罢兵。

九年冬，晋文公卒，子襄公欢立。

是岁郑伯亦卒。郑人或卖其国于秦，秦穆公发兵往袭郑。十二月，秦兵过我郊。

襄公元年春，秦师过周，无礼，王孙满讥之。兵至滑，郑贾人弦高将市于周，遇之，以十二牛劳秦师。秦师惊而还，灭滑而去。

晋先轸曰：“秦伯不用蹇叔，反其众心，此可击。”栾枝曰：“未报先君施于秦，击之，不可。”先轸曰：“秦侮吾孤，伐吾同姓，何德之报？”遂击之。襄公墨衰绖。

四月，败秦师于殽，虏秦三将孟明视、西乞秫、白乙丙以归。遂墨以葬文公。

文公夫人秦女，谓襄公曰：“秦欲得其三将戮之。”公许，遣之。先轸闻之，谓襄公曰：“患生矣。”轸乃追秦将。秦将渡河，已在船中，顿首谢，卒不反。

后三年，秦果使孟明伐晋，报殽之败，取晋汪以归。

四年，秦穆公大兴兵伐我，渡河，取王官，封殽尸而去。晋恐，不敢出，遂城守。五年，晋伐秦，取新城，报王官役也。

六年，赵衰成子、栾贞子、咎季子犯、霍伯皆卒。赵盾代赵衰执政。

七年八月，襄公卒。太子夷皋少，晋人以难故，欲立长君。赵盾曰：“立襄公弟雍。好善而长，先君爱之；且近于秦，秦故好也。立善则固，事长则顺，奉爱则孝，结旧好则安。”贾季曰：“不如其弟乐。辰嬴嬖于二君，立其子，民必安之。”赵盾曰：“辰嬴贱，班在九人下，其子何震之有！且为二君嬖，淫也。为先君子，不能求大而出在小国，僻也。母淫子僻，无威；陈小而远，无援。将何可乎！”使士会如秦迎公子雍。贾季亦使人召公子乐于陈。赵盾废贾季，以其杀阳处父。十月，葬襄公。十一月，贾季奔翟。是岁，秦穆公亦卒。

灵公元年四月，秦康公曰："昔文公之入也无卫，故有吕、郤之患。"乃多与公子雍卫。太子母缪嬴日夜抱太子以号泣于朝，曰："先君何罪？其嗣亦何罪？舍適而外求君，将安置此？"出朝，则抱以适赵盾所，顿首曰："先君奉此子而属之子，曰'此子材，吾受其赐；不材，吾怨子'。今君卒，言犹在耳，而弃之，若何？"赵盾与诸大夫皆患缪嬴，且畏诛，乃背所迎而立太子夷皋，是为灵公。发兵以距秦送公子雍者。赵盾为将，往击秦，败之令狐。先蔑、随会亡奔秦。秋，齐、宋、卫、郑、曹、许君皆会赵盾，盟于扈，以灵公初立故也。

四年，伐秦，取少梁。秦亦取晋之郩。

六年，秦康公伐晋，取羁马。晋侯怒，使赵盾、赵穿、郤缺击秦，大战河曲，赵穿最有功。

七年，晋六卿患随会之在秦，常为晋乱，乃详令魏寿馀反晋降秦。秦使随会之魏，因执会以归晋。

八年，周顷王崩，公卿争权，故不赴。晋使赵盾以车八百乘平周乱而立匡王。是年，楚庄王初即位。十二年，齐人弑其君懿公。

十四年，灵公壮，侈，厚敛以雕墙，从台上弹人，观其避丸也。宰夫胹熊蹯不熟，灵公怒，杀宰夫，使妇人持其尸出弃之。过朝，赵盾、随会前数谏，不听；已又见死人手，二人前谏。随会先谏，不听。灵公患之，使鉏麑刺赵盾。盾闺门开，居处节，鉏麑退，叹曰："杀忠臣，弃君命，罪一也。"遂触树而死。

初，盾常田首山，见桑下有饿人。饿人，示眯明也。盾与之食，食其半。问其故，曰："宦三年，未知母之存不，愿遗母。"盾义之，益与之饭肉。已而为晋宰夫，赵盾弗复知也。九月，晋灵公饮赵盾酒，伏甲将攻盾。公宰示眯明知之，恐盾醉不能起，而进曰："君赐臣，觞三行，可以罢。"欲以去赵盾，令先，毋及难。盾既去，灵公伏士未会，先纵啮狗名敖。明为盾搏杀狗。盾曰："弃人用狗，虽猛何为。"然不知明之为阴德也。已而灵公纵伏士出逐赵盾，示眯明反击灵公之伏士，伏士不能进，而竟脱盾。盾问其故，曰："我桑下饿人。"问其名，弗告。明亦因亡去。

盾遂奔，未出晋境。乙丑，盾昆弟将军赵穿袭杀灵公于桃园而迎赵盾。赵盾素贵，得民和；灵公少，侈，民不附，故为弑易。盾复位。晋太史董狐书曰"赵盾弑其君"，以视于朝。盾曰："弑者赵穿，我无罪。"太史曰："子为正卿，而亡不出境，反不诛国乱，非子而谁？"孔子闻之，曰："董狐，古之良史也，书法不隐。宣子，良大夫也，为法受恶。惜也，出疆乃免。"

赵盾使赵穿迎襄公弟黑臀于周而立之，是为成公。

成公者，文公少子，其母周女也。壬申，朝于武宫。

成公元年，赐赵氏为公族。伐郑，郑倍晋故也。三年，郑伯初立，附晋而弃楚。楚怒，伐郑，晋往救之。

六年，伐秦，虏秦将赤。

七年，成公与楚庄王争强，会诸侯于扈。陈畏楚，不会。晋使中行桓子伐陈，因救郑，与楚战，败楚师。是年，成公卒，子景公据立。

景公元年春，陈大夫夏徵舒弑其君灵公。二年，楚庄王伐陈，诛徵舒。

三年，楚庄王围郑，郑告急晋。晋使荀林父将中军，随会将上军，赵朔将下军，郤克、栾书、先縠、韩厥、巩朔佐之。六月，至河，闻楚已服郑，郑伯肉袒与盟而去，荀林父欲还。先縠曰："凡来救郑，不至不可，将率离心。"卒度河。楚已服郑，欲饮马于河为名而去。楚与晋军大战。郑新附楚，畏之，反助楚攻晋。晋军败，走河，争度，船中人指甚众。楚虏我将智䓨。归而林父曰："臣为督将，军败当诛，请死。"景公欲许之，随会曰："昔文公之与楚战城濮，成王归杀子玉，而文公乃喜。今楚已败我师，又诛其将，是助楚杀仇也。"乃止。

四年，先縠以首计而败晋军河上，恐诛，乃奔翟，与翟谋伐晋。晋觉，乃族縠。縠，先轸子也。

五年，伐郑，为助楚故也。是时楚庄王强，以挫晋兵河上也。

六年，楚伐宋，宋来告急晋，晋欲救之，伯宗谋曰："楚，天方开之，不可当。"乃使解扬绐为救宋。郑人执与楚，楚厚赐，使反其言，令宋急下。解扬绐许之，卒致晋君言。楚欲杀之，或谏，乃归解扬。

七年，晋使随会灭赤狄。

八年，使郤克于齐，齐顷公母从楼上观而笑之。所以然者，郤克偻，而鲁使蹇，卫使眇，故齐亦令人如之以导客。郤克怒，归至河上，曰："不报齐者，河伯视之！"至国，请君，欲伐齐。景公问知其故，曰："子之怨，安足以烦国！"弗听。魏文子请老休，辟郤克，克执政。

九年，楚庄王卒。晋伐齐，齐使太子彊为质于晋，晋兵罢。

十一年春，齐伐鲁，取隆。鲁告急卫，卫以鲁皆因郤克告急于晋。

〔晋〕乃使郤克、栾书、韩厥以兵车八百乘与鲁、卫共伐齐。夏，与顷公战于鞍，伤困顷公。顷公乃与其右易位，下取饮，以得脱去。齐师败走，晋追北至齐。顷公献宝器以求平，不听。郤克曰："必得萧桐(姪)〔叔〕子为质。"齐使曰："萧桐(姪)〔叔〕子，顷公母；顷公母犹晋君母，奈何必得之？不义。请复战。"晋乃许与平而去。

楚申公巫臣盗夏姬以奔晋，晋以巫臣为邢大夫。

十二年冬，齐顷公如晋，欲上尊晋景公为王，景公让不敢。晋始作六(卿)〔军〕，韩厥、巩朔、赵穿、荀骓、赵括、赵旃皆为卿。智罃自楚归。

十三年，鲁成公朝晋，晋弗敬，鲁怒，去，倍晋。晋伐郑，取氾。

十四年，梁山崩。问伯宗，伯宗以为不足怪也。

十六年，楚将子反怨巫臣，灭其族。巫臣怒，遗子反书曰："必令子罢于奔命！"乃请使吴，令其子为吴行人，教吴乘车用兵。吴晋始通，约伐楚。

十七年，诛赵同、赵括，族灭之。韩厥曰："赵衰、赵盾之功岂可忘乎？奈何绝祀！"乃复令赵庶子武为赵后，复与之邑。

十九年夏，景公病，立其太子寿曼为君，是为厉公。后月馀，景公卒。

厉公元年，初立，欲和诸侯，与秦桓公夹河而盟。归而秦倍盟，与翟谋伐晋。

三年，使吕相让秦，因与诸侯伐秦，至泾，败秦于麻隧，虏其将成差。

五年，三郤谗伯宗，杀之。伯宗以好直谏得此祸，国人以是不附厉公。

六年春，郑倍晋与楚盟，晋怒。栾书曰："不可以当吾世而失诸侯。"乃发兵。厉公自将，五月，度河。闻楚兵来救，范文子请公欲还。郤至曰："发兵诛逆，见强辟之，无以令诸侯。"遂与战。癸巳，射中楚共王目，楚兵败于鄢陵。子反收馀兵，拊循，欲复战，晋患之。共王召子反，其侍者竖阳穀进酒，子反醉，不能见。王怒，让子反，子反死。王遂引兵归。晋由此威诸侯，欲以令天下求霸。

厉公多外嬖姬，归，欲尽去群大夫而立诸姬兄弟。宠姬兄曰胥童，尝与郤至有怨，及栾书又怨郤至不用其计而遂败楚，乃使人间谢楚。楚来诈厉公曰："鄢陵之战，实至召楚，欲作乱，内子周立之。会与国不具，是以事不成。"厉公告栾书，栾书曰："其殆有矣！愿公试使人之周微考之。"果使郤至于周。栾书又使公子周见郤至，郤至不知见卖也。厉公验之，信然，遂怨郤至，欲杀之。

八年，厉公猎，与姬饮，郤至杀豕奉进，宦者夺之。郤至射杀宦者。公怒，曰："季子欺予！"将诛三郤，未发也。郤锜攻公，曰："我虽死，公亦病矣。"郤至曰："信不反君，智不害民，勇不作乱。失此三者，谁与我？我死耳！"十二月壬午，公令胥童以兵八百人袭攻杀三郤。胥童因以劫栾书、中行偃于朝，曰："不杀二子，患必及公。"公曰："一旦杀三卿，寡人不忍益也。"对曰："人将忍君。"公弗听，谢栾书等以诛郤氏罪："大夫复位。"二子顿首曰："幸甚幸甚！"公使胥童为卿。闰月乙卯，厉公游匠骊氏，栾书、中行偃以其党袭捕厉公，囚之。杀胥童，而使人迎公子周于周而立之，是为悼公。

悼公元年正月庚申，栾书、中行偃弑厉公，葬之以一乘车。厉公囚六日死，死十日庚午，智罃迎公子周来，至绛，刑鸡与大夫盟而立之，是为悼公。辛巳，朝武宫。二月乙酉，即位。

悼公周者，其大父捷，晋襄公少子也，不得立，号为桓叔，桓叔最爱。桓叔生惠伯谈，谈生悼公周。周之立，年十四矣。悼公曰："大父、父皆不得立而辟难于周，客死焉。寡人自以疏远，毋几为君。今大夫不忘文、襄之意而惠立桓叔之后，赖宗庙大夫之灵，得奉晋祀，岂敢不战乎？大夫其亦佐寡人！"于是逐不臣者七人，修旧功，施德惠，收文公入时功臣后。秋，伐郑，郑师败，遂至陈。

三年，晋会诸侯。悼公问群臣可用者，祁傒举解狐。解狐，傒之仇。复问，举其子祁午。君子曰："祁傒可谓不党矣！外举不隐仇，内举不隐子。"方会诸侯，悼公弟杨干乱行，魏绛戮其仆。悼公怒，或谏公，公卒贤绛，任之政，使和戎，戎大亲附。

十一年，悼公曰："自吾用魏绛，九合诸侯，和戎、翟，魏子之力也。"赐之乐，三让乃受之。冬，秦取我栎。

十四年，晋使六卿率诸侯伐秦，度泾，大败秦军，至棫林而去。

十五年，悼公问治国于师旷。师旷曰："惟仁义为本。"冬，悼公卒，子平公彪立。

平公元年，伐齐，齐灵公与战靡下，齐师败走。晏婴曰："君亦毋勇，何不止战，遂去！"晋追，遂围临菑，尽烧屠其郭中。东至胶，南至沂，齐皆城守，晋乃引兵归。

六年，鲁襄公朝晋。晋栾逞有罪，奔齐。八年，齐庄公微遣栾逞于曲沃，以兵随之。齐兵上太行，栾逞从曲沃中反，袭入绛。〔绛〕不戒，平公欲自杀，范献子止公，以其徒击逞，逞败走曲沃。曲沃攻逞，逞死，遂灭栾氏宗。逞者，栾书孙也。其入绛，与魏氏谋。齐庄公闻逞败，乃还，取晋之朝歌去，以报临菑之役也。

十年，齐崔杼弑其君庄公。晋因齐乱，伐败齐于高唐去，报太行之役也。

十四年，吴延陵季子来使，与赵文子、韩宣子、魏献子语，曰："晋国之政，卒归此三家矣。"

十九年，齐使晏婴如晋，与叔向语。叔向曰："晋，季世也，公厚赋为台池而不恤政，政在私门，其可久乎！"晏子然之。

二十二年，伐燕。二十六年，平公卒，子昭公夷立。

昭公六年卒。六卿强，公室卑。子顷公去疾立。

顷公六年，周景王崩，王子争立。晋六卿平王室乱，立敬王。

九年，鲁季氏逐其君昭公，昭公居乾侯。

十一年，卫、宋使使请晋纳鲁君。季平子私赂范献子，献子受之，乃谓晋君曰："季氏无罪。"不果入鲁君。

十二年，晋之宗家祁傒孙、叔向子相恶于君。六卿欲弱公室，乃遂以法尽灭其族，而分其邑为十县，各令其子为大夫。晋益弱，六卿皆大。

十四年，顷公卒，子定公午立。

定公十一年，鲁阳虎奔晋，赵鞅简子舍之。

十二年，孔子相鲁。

十五年，赵鞅使邯郸大夫午，不信，欲杀午，午与中行寅、范吉射亲攻赵鞅，鞅走保晋阳。定公围晋阳。荀栎、韩不信、魏侈与范、中行为仇，乃移兵伐范、中行。范、中行反，晋君击之，败范、中行。范、中行走朝歌，保之。韩、魏为赵鞅谢晋君，乃赦赵鞅，复位。

二十二年，晋败范、中行氏，二子奔齐。

三十年，定公与吴王夫差会黄池，争长，赵鞅时从，卒长吴。

三十一年，齐田常弑其君简公，而立简公弟骜为平公。三十三年，孔子卒。

三十七年，定公卒，子出公凿立。

出公十七年，知伯与赵、韩、魏共分范、中行地以为邑。出公怒，告齐、鲁，欲以伐四卿。四卿恐，遂反攻出公。出公奔齐，道死。故知伯乃立昭公曾孙骄为晋君，是为哀公。

哀公大父雍，晋昭公少子也，号为戴子。戴子生忌。忌善知伯，早死，故知伯欲尽并晋，未敢，乃立忌子骄为君。当是时，晋国政皆决知伯，晋哀公不得有所制。知伯遂有范、中行地，最强。

哀公四年，赵襄子、韩康子、魏桓子共杀知伯，尽并其地。

十八年，哀公卒，子幽公柳立。

幽公之时，晋畏，反朝韩、赵、魏之君。独有绛、曲沃，馀皆入三晋。

十五年，魏文侯初立。十八年，幽公淫妇人，夜窃出邑中，盗杀幽公。魏文侯以兵诛晋乱，立幽公子止，是为烈公。

烈公十九年，周威烈王赐赵、韩、魏皆命为诸侯。

二十七年，烈公卒，子孝公颀立。孝公九年，魏武侯初立，袭邯郸，不胜而去。十七年，孝公卒，子静公俱酒立。是岁，齐威王元年也。

静公二年，魏武侯、韩哀侯、赵敬侯灭晋后而三分其地。静公迁为家人，晋绝不祀。

太史公曰：晋文公，古所谓明君也，亡居外十九年，至困约，及即位而行赏，尚忘介子推，况骄主乎？灵公既弑，其后成、景致严，至厉，大刻，大夫惧诛，祸作。悼公以后日衰，六卿专权。故君道之御其臣下，固不易哉！

【译文】

晋国的唐叔虞，是周武王的儿子，周成王的弟弟。当初，周武王与叔虞的母亲交会时，其母梦见上天对周武王说："我让你生个儿子，名叫虞，我把唐赏给他。"待到叔虞的母亲生下孩子后，孩子的手掌纹路果真有个"虞"字，因此就给孩子取名为虞。

武王去世后，成王即位，唐国发生了叛乱，周公率兵灭了唐。一天，周成王和叔虞玩游戏，成王把一片桐树叶削成圭形送给叔虞，说："用这个分封你。"史佚于是请求选择一个吉日封叔虞为诸侯。周成王说："我和他只是玩游戏呢！"史佚说："天子无戏言。说了史官便要如实记载下来，按礼完成它，并奏乐咏颂它。"于是周成王就把唐地封给叔虞。唐地在黄河、汾河的东边，只有方圆百里的范围，因此又叫他唐叔虞。他本来姓姬，字子于。

唐叔的儿子燮，便是晋侯。晋侯的儿子宁族，就是武侯。武侯的儿子服人，就是成侯。成侯的儿子福，就是厉侯。厉侯的儿子宜臼，就是靖侯。靖侯以后，有年代可以推断。从唐叔到靖侯五代时，没有年代记载。

靖侯十七年，因周厉王凶暴狂虐，国人叛乱，厉王逃到了彘，由大臣周公、召公共同主持政务，所以叫“周召共和”。

十八年，靖侯去世，他的儿子釐侯司徒继位。釐侯十四年时，周宣王即位。十八年时，釐侯去世，他的儿子献侯籍继位。献侯在位十一年后逝世，他的儿子穆侯费王继位。

穆侯继位的第四年，娶了齐国女子姜氏为夫人。七年，穆侯讨伐条地。这年夫人生了太子仇。十年，讨伐千亩，建立了功绩。这年穆侯又生了小儿子，取名叫成师。晋人师服说：“君王给孩子取的名字，真奇怪呀！太子叫仇，仇是怨恨的意思。小儿子却叫成师，成师是大名号，是成功的意思。称呼，可由自己来决定，但事物往往由其本质来决定。现在，嫡子与庶子取的名字正相反，这以后晋能不乱吗？”

二十七年，穆侯逝世，他的弟弟殇叔自立为君，太子仇逃亡。殇叔三年，周宣王去世。四年，穆侯的太子仇率领党徒袭击了殇叔自立为君，这就是文侯。

文侯十年，周幽王荒淫无道，被犬戎人杀死了，周王室被迫东迁。秦襄公因功开始被列为诸侯。

三十五年，文侯仇去世，他的儿子昭侯伯继位。

昭侯元年时，把文侯的弟弟成师封在曲沃。曲沃城比翼城要大。翼城，是晋国的都城。成师封在曲沃，被称为桓叔。靖侯的庶孙栾宾辅助桓叔。桓叔当时已经58岁了，崇尚美德，晋国的百姓都顺服他。有君子说：“晋国的动乱就在曲沃呀。末梢比根还要大，并且赢得了民心，不乱还等什么！”

七年，晋国大臣潘父杀了国君昭侯，而准备迎立曲沃的桓叔。桓叔也准备去晋都，但晋人发兵攻打桓叔。桓叔大败，又回到了曲沃。晋人共同立昭侯的儿子平为国君，这就是孝侯。孝侯杀死了潘父。

孝侯八年时，曲沃桓叔去世，他的儿子鳝接替桓叔，这就是曲沃庄伯。孝侯十五年时，曲沃庄伯在翼城杀了国君晋孝侯。晋人攻打曲沃庄伯，庄伯再次回到曲沃。晋人又立孝侯的儿子郄为国君，这就是鄂侯。

鄂侯二年时，鲁隐公刚即位。

鄂侯于六年去世。曲沃庄伯听说晋鄂侯去世后，便兴兵讨伐晋都。周平王派虢公率领军队讨伐曲沃庄伯，庄伯逃回了曲沃防守。晋人共同立鄂侯的儿子光为国君，这就是哀侯。

哀侯二年时曲沃庄伯去世，他的儿子称接替了庄伯，这就是曲沃武公。哀侯六年，鲁人杀了自己的国君隐公。哀侯八年，晋国侵犯陉廷。陉廷人和曲沃武公一起谋划，九年时，他们在汾河畔攻打晋军，俘虏了哀侯。晋人于是立哀侯的儿子小子为国君，这就是小子侯。

小子元年，曲沃武公派韩万杀死了被抓的晋哀侯。曲沃更加强大了，但晋国对它没有办法。

晋小子在位的第四年，曲沃武公诱骗晋小子并杀死了他。周桓王派虢仲讨伐曲沃武公，武公逃回曲沃，于是立晋哀侯的弟弟缗为晋侯。

晋侯缗四年，宋国抓了郑国的祭仲而逼他立突为郑国国君。晋侯十九年（前688年），齐人管至父杀了自己的国君齐襄公。

晋侯二十八年，齐桓公开始称霸。这年曲沃武公攻打晋侯缗，灭了晋，并把晋国所有的宝器献给了周釐王。釐王便委任曲沃武公为晋君，封为诸侯，于是武公吞并了整个晋国的土地。

曲沃武公在位三十七年后，才改号为晋武公。晋武公此时才迁到晋国都城，加上以前在曲沃即位的时间，总计在位三十八年。

武公称，是先君晋穆侯的曾孙、曲沃桓叔的孙子。桓叔，是最先被封于曲沃的。武公，是庄伯的儿子。从桓叔开始被封在曲沃到武公消灭晋国，共六十七年，而最终替代晋国成为了诸侯。武公取代晋君两年后逝世，加上在曲沃的时间，去世时总计在位三十九年。他的儿子献公诡诸继位。

献公元年，周惠王的弟弟颓攻打惠王，惠王出逃，住在郑国的栎邑。

五年，晋献公征讨骊戎，得到骊姬及骊姬的妹妹，对她们都很宠爱。

八年，晋大夫士蒍劝献公说："过去的晋国还有很多公子，不杀死他们将会产生祸乱。"于是献公派人去杀死所有原晋国的公子，并且在聚地修筑城邑，命名为绛，开始定都绛城。九年，原晋国的众多公子已逃到了虢，虢因此再次讨伐晋国，但未能取胜。十年年，晋想攻打虢，士蒍说："先等它内部自乱吧！"

十二年，骊姬生下了奚齐。献公想要废掉太子，就说："曲沃是我们先祖的宗庙所在，而蒲地靠近秦国，屈地邻近翟人，如果不让众位儿子去镇守这地方，我很担忧。"于是派太子申生去驻守曲沃，公子重耳驻守蒲，公子夷吾驻守屈。献公和骊姬的儿子奚齐就驻守在绛。晋国人因此知道太子将不能继位了。太子申生的母亲是齐桓公的女儿，叫齐姜，很早就逝世了。申生同母的妹妹是秦穆公的夫人。重耳的母亲是翟人狐氏的女儿。夷吾的母亲是重耳母亲的妹妹。献公总共有八个儿子，而太子申生、重耳、夷吾都贤能，品德高尚。在得到骊姬后，献公便疏远了这三个儿子。

十六年，晋献公建立了两路大军。献公统领上军，太子申生统率下军，赵夙为献公驾御战车，毕万出任车右，相继攻打并消灭了霍、魏、耿。班师回国后，献公给太子在曲沃筑城，把耿地赐给了赵夙，把魏地赐给了毕万，让他们担任卿大夫。士蔿说："太子已经不能立为国君了。分给他先君的都城，享有卿的爵位，事先把太子的禄位提高到极点，又如何能再为君呢！太子不如逃走，免得大祸临头。像吴太伯那样，不也可以吗？那样还能落得个好名声。"太子没有听从。掌卜的大夫郭偃说："毕万的后人一定会壮大。万，是个满数；魏，又是个大的名字。把魏犒赏给毕万，是上天佑护他吧。天子有兆民，诸侯有万民，今天封给的国名是大名，人名又是满数，说明他肯定会有众多的人。"当初，毕万在晋国占卜自己的官运，遇到由《屯卦》演成了《比卦》。辛廖解释道："这是吉兆，《屯卦》象征坚固，《比卦》象征进入，没有比这更吉利的了。他的后人一定繁荣强盛。"

十七年，晋侯派太子申生征讨东山。里克劝谏献公说："太子是供奉宗庙祭祀、社稷祭品和早晚照看国君膳食的人，所以叫冢子。国君要外出，太子就应留守，有人代为留守，太子就跟随国君，跟随国君叫抚军，留守叫监国，这是古代的制度。统率军队，必须要谋划决断；发号施令，是国君与正卿的专职，这不是太子的事情。统率军队在于控制命令，太子受命于国君则没有威严，如果独断专行又会不孝，所以国君的继位者不可以统率军队。这样国君没有了任命官职的准则，统帅也没有了威严，又要如何用他呢？"献公说："我有几个儿子，还不知道立谁为太子。"里克没有回答便退了出来，去见太子。太子问："我就要被废掉了吗？"里克说："太子努力吧，让您统领下军，担心的应该是不能完成任务，为什么废掉您呢？况且您担心的是不孝，不应担心能不能继位。注意自身修养，不去责难别人，就可以免除灾难。"太子指挥军队，献公让他穿上左右两色的衣服，戴上金玦。里克推说有病，没有跟随太子。太子于是出发征讨东山。

十九年，献公说："过去我们的先君庄伯、武公平息晋国战乱时，虢国常常帮助晋国攻打我们，又藏匿了晋国逃跑的公子，如今果真作乱。不去讨伐，将会给子孙留下后患。"于是派荀息驾着屈地产的驷马向虞借道。虞同意了借道，晋便讨伐虢国，攻下了下阳后才退兵回国。

献公私下对骊姬说："我想废掉太子，让奚齐替代他。"骊姬听后哭着说："申生被立为太子，诸侯们都已经知道了，而且他多次统率军队，百姓都归顺他，为什么要因为我而废掉嫡长子而立庶子？如果你这样做，我就自杀。"骊姬假装赞扬太子，但暗中却让人毁谤太子，想立自己的儿子为太子。

二十一年，骊姬对太子说："君王梦见齐姜了，太子应马上去曲沃祭祀母亲，回来后把胙肉献给君王。"于是太子赶往曲沃去祭祀母亲，回晋都后，把胙肉奉献给献公。献公当时出去打猎了，太子便把胙肉留在宫中。骊姬让人将毒药放在胙肉里。过了两天，献公打猎回朝，厨师把胙肉献给献公，献公正要享用，骊姬从旁阻止说："胙肉来自远方，应尝尝它。"厨师把肉汤倒在地上，地面凸了起来；厨师把胙肉丢给狗吃，狗吃后立即死了；厨师把胙肉给太监吃，太监也死了。骊姬哭着说："太子怎能这么凶残呢？连自己的父亲都想杀死而好接替其位，况且其他人呢？何况您已经年老了，已经有早没晚的人了，太子竟然迫不及待地想要杀死您！"骊姬又对献公说："太子之所以这样做，不过是因为我和奚齐的原因。我们母子愿意躲到他国，或是早早自杀，不要让我母子俩白白被太子当作鱼肉宰割。当初您说想废掉他，我还反对您；到了现在，我才明白我大错特错了。"太子听到这事后，逃到新城。献公非常生气，便杀死了太子的老师杜原款。有人对太子说："把毒药放到胙肉里的就是骊姬，太子怎么不去国君面前说清楚呢？"太子说："我父亲年纪大了，没有骊姬将会睡不安稳、饮食无味。如果我去说明白了，父亲将会对骊姬很气愤。不能这样。"又有人对太子说："那你逃到其他国家去吧。"太子说："带着这个罪名逃亡，谁能接受我呢？我自杀算了。"十二月二十一日，申生在新城自杀身亡。

此时重耳、夷吾来朝见国君。有人告诉骊姬说："这两位公子怨你诬陷杀死了太子。"骊姬十分恐慌，因此又诬陷二人说："申生把毒药放到胙肉中，两位公子事先都知道。"重耳、夷吾听到这消息后，很担心，于是重耳逃到了蒲，夷吾逃到了屈，各保城池，自我防卫。当初，献公让士蔿给两位公子建设蒲、屈城墙，没有修完。夷吾把这事报告了献公，献公对士蔿很生气。士蔿谢罪说："边城寇贼少，修城墙有什么用呢？"士蔿退下后唱歌道："狐皮袄的毛蓬松，一个国家有三个主，我将听谁的呢？"最后建好了城。等到申生去世后，两位公子也就各自回去防守自己的城池了。

二十二年，献公对两位公子不辞而别十分生气，认为他们真的有阴谋，就派军队征讨蒲城。蒲城有个叫履鞮的宦官让重耳尽快自杀。重耳翻越城墙逃走了，履鞮追赶，割下了重耳的衣袖。重耳逃到了翟。献公又派人讨伐屈，屈城人全力防守，没有被攻下。

这一年，晋国又向虞国借道讨伐虢国。虞国大夫宫之奇劝谏虞君说："不能借道给晋国，这样晋国会灭掉虞国。"虞君说："晋国与我同姓，应当不会攻打我国。"宫之奇说："太伯、虞仲都是太王的儿子，太伯逃跑，所以不能继承王位。虢仲、虢叔都是王季的儿子，是文王的大臣，他们的功勋都在王室中有记载，收藏在掌握盟约的官员手中。如今想要灭掉虢国，又怎么会爱惜虞国？何况晋国亲近虞国，能胜过亲近桓叔、庄伯的家族吗？桓叔、庄伯家族有什么罪过，晋君竟然全部杀害了他们？虞国与虢国的关系，就好像是唇与齿的关系，唇亡齿寒。"虞君没有听宫之奇的劝谏，于是同意了晋国的要求。宫之奇带着整个家族离开了虞国。这年冬天，晋国灭了虢国，虢公丑逃亡到了周京城。晋军返回时，偷袭灭了虞国，俘虏了虞公和他的大夫井伯、百里奚，把他作为献公女儿秦穆姬的陪嫁，并派人重修虞国的祭祀。荀息牵回了献公过去送给虞君的屈产的名马，将它们献给了献公，献公笑道："马还是我的马，只是老了啊！"

二十三年，献公派贾华等人进攻屈城，屈城溃败。夷吾打算逃往翟。冀芮说："不行，重耳已经在那里了。如果你今天也去，晋国肯定会攻打翟，翟害怕晋，大祸就会降临。不如逃往梁国，梁国接近秦国，且秦国强大，我们国君去世后，你就可以请求秦国帮助你回国。"于是，夷吾逃到了梁国。二十五年，晋国进攻翟国，翟国为重耳的原因，也从啮桑反攻晋国，结果晋军退兵离去。

这个时候，晋国强盛，向西占有河西，与秦国接壤；北边与翟国相邻，东边到达河内。

骊姬的妹妹生下了悼子。

二十六年夏季，齐桓公在葵丘与诸侯会盟。晋献公因病去得晚，还没到达葵丘时，碰到了周朝的宰孔。宰孔说："齐桓公越来越骄横了，不修行德政却想远征，诸侯们心中都不平。您还是不要去了，齐桓公不会对晋国怎么样。"加上有病，献公听了便返回了晋国。没多久，献公病重，就对荀息说："我让奚齐继承王位，但是他还年幼，大臣们都不服，恐怕会起乱子，你能扶立他吗？"荀息说："能。"献公说："用什么来保证？"荀息回答说："即使您死而复生也不会后悔，而活着的我也不会感到惭愧，用这作凭证。”于是，献公把奚齐交付给荀息。荀息做国相，掌管国家政务。这年秋季九月时，献公去世。里克、邳郑想接回重耳，利用三位公子的党徒作乱，并对荀息说：“三个方面的怨恨就要起来，外有秦国、内有晋国百姓帮助他们，你打算怎么办？”荀息说：“我不能辜负对先君的承诺。”十月，里克在守丧之处杀死了奚齐，此时献公还没安葬。荀息准备自杀，有人对他说不如立奚齐的弟弟悼子为君并辅佐他。荀息便立悼子为君，并埋葬了献公。十一月，里克在朝堂上杀死了悼子，荀息也自杀了。有君子说：“《诗经》所说的‘白圭有了斑点，还可以磨亮；话要是说错了，就不能挽救了’，这说的不就是荀息吗？荀息没有违背自己的诺言。”当初，献公准备征讨骊戎时，龟卜时说“谗言为害”。等到战胜了骊戎，得到了骊姬，献公十分宠幸她，最终因此扰乱了晋国。

里克等人杀了奚齐、悼子后，派人到翟国迎接公子重耳，准备立他为君。重耳辞谢说：“违背父命逃离晋国，父亲去世后又不能尽儿子的丧事之礼，我怎么敢回国！请大夫还是改立其他人吧。”派去的人回来禀告里克，里克派人去梁国迎接夷吾。夷吾准备回晋，吕省、郤芮劝道：“国内还有公子可以继位，却到国外来找，难以让人相信。估计不去求助秦国，借助强国的势力回晋国，恐怕会很危险。”夷吾于是便让郤芮用厚礼贿赂秦国，约定说：“如果我能回到晋国为君，愿把晋国河西的地方送给秦国。”夷吾写信给里克说：“假使我真能即位，请让我把汾阳之城封给您。”秦缪公于是派军护送夷吾回到了晋国。齐桓公听说晋国内战，也率领诸侯来到晋国。秦军和夷吾此时也到达了晋国，齐国就让隰朋会同秦军一起送夷吾回晋国，立他为晋君，这就是惠公。齐桓公到达晋国的高梁时便返回了齐国。

惠公夷吾在元年时，派邳郑向秦国道歉说：“那时我许诺把河西的地给您，现在有幸回国成了国君。大臣们说：‘土地是先王留下来的，你逃亡在外，凭什么擅自许给秦国呢？’我极力争取也无用，因此来向秦道歉。”同时也没有把汾阳城封给里克，反而夺了他的大权。这年四月，周襄王让周公忌父约会齐国、秦国大夫，一块儿为晋惠公登基举行典礼。惠公因重耳逃亡在外，担心里克发动叛乱，便赐里克死，并对他说：“没有你里克，我不可能被立为国君。即使这样，你也杀死了两位国君和一位大夫，做你的国君不也太难了吗？”里克回答说：“前面的没有被废掉，你又怎么能兴起？想杀死我，难道还找不到借口吗？你竟然说出这种话！下臣遵命就是了。”于是便拔剑自杀了。而这时邳郑却因为出使秦国道歉还没回来，所以没碰上这场灾难。

晋君按礼节改葬了太子申生。这年秋季，狐突到了陪都曲沃，碰到申生的鬼魂，申生让他一起乘车并对他说：“夷吾无礼，我要向天帝请求，将整个晋国送给秦国，秦国将会祭祀我。”狐突回答说：“我听说神是不享用不是自己宗族的祭祀的。您的祭祀不是断绝了吗？您要仔细考虑考虑！”申生说：“好吧，我将再次请示天帝。十天后，在新城西边会有巫人显现我。”狐突答应了申生，申生就不见了。等到狐突按期赶往新城西，果然又见到了申生，申生告诉他说：“天帝已同意我惩罚罪人了，他会在韩原大败。”于是儿童们唱起了歌谣说：“恭太子改葬了，以后十四年，晋国不会昌盛了，昌盛的人是他兄长。”

邳郑出使秦国，听说里克被杀了，就对秦缪公说：“吕省、郤称、冀芮的确不愿意以河西贿赂秦国。如果能够重礼贿赂他们，与他们商量，赶走晋君，送重耳回晋为君，事情肯定能成功。”秦缪公同意了他的意见，派人和他一同回晋国，用厚财贿赂了吕省、郤称、冀芮三人。三人说：“财多话甜，肯定是邳郑将我们出卖给了秦国。”于是三人杀了邳郑，以及里克、邳郑的党众七舆大夫。邳郑的儿子豹逃到了秦国，请求秦攻打晋国，缪公没有同意。

惠公继位后，背弃了给秦国土地及封里克的诺言，又杀死了七舆大夫，晋国人都不顺服。二年，周王派召公按礼制见晋惠公，惠公傲慢无礼，召公讥笑了他。

四年，晋国出现了饥荒，向秦购买粮食。缪公因此咨询百里奚，百里奚说：“天灾盛行，各国都可能出现，救助灾难，周济邻国，这是国家的道义。应当帮助晋国。”邳郑的儿子豹却说：“攻打晋国。”缪公说：“晋君确实有罪，但晋国百姓有什么罪？”最终卖给了晋国粮食，运粮的车队从秦都雍到晋绛一路源源不断。

五年，秦国出现了饥荒，向晋国请求购买粮食。晋君与大臣们商量此事，庆郑说：“君王依靠秦国得以即位，后来我们又违背了给秦地的诺言。晋国发生饥荒而秦国卖给了我们粮食。今天秦国出现了饥荒，请求我们卖给他们粮食，这有什么疑问吗？还需要商议？”虢射说：“去年上天把晋国赠给了秦国，秦国不知道夺取晋国，反而卖给了我们粮食。今天，上天又把秦国赠给了晋国，我们难道也要违背天意吗？应该攻打秦国。”

惠公便采纳了虢射的建议，没有卖给秦国粮食，反而派兵攻打秦国。秦侯大怒，也发兵攻打晋国。

六年的春天，秦缪公率军讨伐晋国。晋惠公对庆郑说："秦军已深入到我国境内，该怎么办？"庆郑说："秦国护送您回国，您却背弃约定不给秦地；晋国发生饥荒时秦国立即运来粮食救助我们，而秦国出现饥荒时晋国不但不加援助，反而想借机攻打人家，今天秦军深入国境不也是应该的吗？"晋惠公占卜驾车与车右的人选，二者庆郑得的都是吉卦。惠公说："庆郑不归从。"就改让步阳驾车，家仆徒为车右，向秦军进攻。九月十三日，秦缪公、晋惠公在韩原交战。惠公的马陷在泥里跑不动了，秦兵赶来了，惠公十分困窘，叫庆郑来驾车。庆郑说："不照占卜去做，失败不也是应当的吗？"说完便离开了。惠公改派梁繇靡驾车，虢射为车右，迎击秦缪公。缪公的勇士冒死战胜了晋军，晋军大败，秦军抓获晋惠公带回秦国，准备杀死晋惠公来祭祀上天。晋惠公的姐姐是缪公夫人，她身穿丧服哭泣哀求。缪公说："抓获了晋侯应该是高兴的事，现在你竟悲痛起来。况且我听说箕子在唐叔刚受封时，说过'他的后人一定会繁荣强大'，晋国怎么会灭亡呢？"于是，与晋侯在王城签订盟约后，缪公同意让惠公返回晋国。惠公也派吕省等人回去向国人说："我虽然得以返回晋国，但也没有脸面重见百姓，选个吉日让子圉继位吧！"晋人听了这些话，都伤心地哭了。秦缪公问吕省："晋国人团结吗？"吕省回答说："不团结。老百姓害怕失去国君、牺牲父母，不怕立子圉为君，都说'一定要报仇，宁可侍奉戎、狄'。但是那些君子却很拥护国君，知道他有罪，正等待秦送国君回去，他们说'一定要报答秦国对晋国的恩德'。因为这两种情形，所以晋国不团结。"于是秦缪公给晋惠公更换了住处，按诸侯礼节馈赠给晋惠公七牢。这年十一月，秦送回了晋惠公。晋惠公返回晋国后，杀死了庆郑，重新修整政务。他与大臣们商量说："重耳在外，诸侯大多想送他回国而因此获利。"于是想派人到狄杀重耳。重耳听到消息，跑到了齐国。

八年，晋惠公让太子圉到秦做人质。当初，惠公逃亡到梁国时，梁伯把自己的女儿嫁给了他，生下了一男一女。梁伯替他们占卜，男孩是做臣的命，女孩是做妾的命，因此给男孩取名为圉，给女孩取名为妾。

十年，秦国灭掉了梁国。梁伯喜欢大兴土木，修筑城池沟堑，百姓因此疲惫不堪，怨声载道，数次相互惊吓说"秦国的强盗来了"，百姓太过害怕，梁最终被秦国灭亡了。

十三年，晋惠公病了，他生有几个儿子。太子圉说："我母亲家在梁国，现在梁国被秦灭掉了，我外被秦国蔑视，内又没有援助。君王现在病重卧床不起，我担心晋国大夫轻看我而改立其他公子为太子。"于是太子圉与妻子商议一起逃回去。妻子秦女说："您是一国的太子，在此受了污辱。秦君让我照顾您，为的是稳住您的心。您逃走吧，我不跟随您，但也不敢张扬出去。"太子圉于是跑回了晋国。十四年九月，晋惠公逝世，太子圉继位，这就是怀公。

太子圉逃跑后，秦缪公十分气愤，就寻找公子重耳，想送他回国为君。太子圉即位后，担忧秦国来攻打。于是他命令国内跟随重耳逃亡在外的人必须按期归晋，逾期未归的将被灭族。狐突的儿子狐毛和狐偃都跟随重耳在秦国，狐突不愿意让他们回来。怀公很生气，囚禁了狐突。狐突说："我的儿子侍奉重耳有许多年了，您现在命令他回来，这是让他们背叛自己的主子，我用什么来教导说服他们呢？"怀公最后杀死了狐突。秦缪公于是派军队护送重耳回晋国，派人先通知栾枝、郤縠的党徒作内应，在高梁杀死了怀公，迎回了重耳。重耳登基，这就是文公。

晋文公重耳，是晋献公的儿子。从小就喜好结交士人，十七岁时就有五个贤士跟随他，这五人分别是赵衰；狐偃咎犯，这是文公的舅舅；贾佗；先轸；魏武子。自献公做太子时，重耳就已是成人了。献公即位时，重耳二十一岁。献公十三年，由于骊姬的缘故，重耳驻守蒲城防备秦国。二十一年时，献公逼死了太子申生，骊姬又进谗言中伤重耳，重耳担心，因此不向献公辞别就逃回了蒲城据守。献公二十二年，献公让太监履鞮赶快杀了重耳。重耳翻墙逃走了，履鞮追上割掉了他的衣袖。重耳最后逃到了狄。狄国，是重耳母亲的祖国。当时重耳已四十三岁。自此后追随他的五位贤士，另外有不知名的几十人，都到了狄国。

狄国征讨咎如时，抓获了两位女子，把年长的女子嫁给了重耳，生下了伯儵、叔刘；把年少的嫁给了赵衰，生下了盾。重耳在狄生活了五年后晋献公就去世了，里克已杀死了奚齐、悼子，便让人来接重耳回国，想拥立他。重耳担心被杀，因此坚决谢绝了，不敢回晋。后来，晋国又迎重耳的弟弟夷吾回国并拥立他为君，这就是惠公。七年时，惠公因担心重耳，就让太监履鞮带着勇士想杀掉重耳。重耳听到消息后，就与赵衰等人谋划说："我当初逃到狄，不是因为狄国可以帮助我，而是因为路途近且容易往来，所以暂时在此歇脚。休息的时间久了，本来就想迁到大国去。齐桓公喜欢行善，有志称霸，体恤诸侯。现在听说管仲、隰朋已去世了，齐也想寻找贤能之人辅佐，为什么不前往呢？”于是重耳就出发了。离开时重耳对妻子说：“你等我二十五年，如果我没有回来，你就改嫁吧。”妻子笑着回答：“等你二十五年，那时我坟上的柏树都长大了。尽管如此，我还是等着你。”重耳离开时已在狄国生活了十二年。

重耳路过卫国，卫文公不以礼相待。离开后，经过五鹿时，他因饥饿而向郊野的村民讨饭，郊野的村民将土放在容器中送给他们。重耳很生气。赵衰说：“送给您土，象征着您将拥有土地，您应该行礼拜谢而接受它。”

到了齐国，齐桓公厚礼款待了重耳，还把同宗的一个少女嫁给了重耳，送给他八十匹马，重耳因此感到很知足。重耳到齐国两年后齐桓公去世，正赶上竖刁等人发动内乱，齐孝公继位，诸侯的军队多次来侵犯。重耳在齐国待了五年。重耳宠爱在齐国娶的妻子，没有离开齐国的想法。赵衰、咎犯有一天就在一棵桑树下商议离开齐国的事。重耳妻子的侍女在桑树上听到了他们的谈话，回屋后告诉了夫人。夫人便杀死了侍女，劝告重耳赶快离开。重耳说：“人生来就是要安逸享乐的，没必要管其他的事！我要老死在这，不能离开。”妻子说：“您是一国的公子，因为没办法了才到了这里，几位贤士都跟随听命于您。您不尽快回国，报答劳苦的臣子，却迷恋女色，我为你感到羞愧。您现在不去追求，什么时候才能成功呢？”她便和赵衰等人谋划，灌醉了重耳，用车拉着他离开了齐国。走了很长的路后重耳才醒来，他很生气，拿起戈来要杀咎犯。咎犯说：“杀死我成就您，是我的愿望。”重耳说：“事情要是失败了，我就吃了舅父的肉。”咎犯说：“事情没有成功，我的肉又腥又臊，哪值得吃！”于是重耳平息了愤怒，继续赶路。

经过曹国时，曹共公对重耳无礼，想偷看重耳并生的肋骨。曹国大夫釐负羁说：“晋公子贤能，和我们又是同姓，穷困中经过我国，为什么不以礼相待？”共公没有听从他的劝告。负羁就私下赠送给重耳食物，并将一块璧玉放在食物下面。重耳接受了食物，把璧玉还给负羁。

重耳离开曹国，路过宋国。宋襄公刚刚被楚军打败，在泓水受伤，听说重耳贤明，就按国礼招待了重耳。宋国司马公孙固与咎犯要好，说：“宋国是小国，又刚陷入困境，没有能力帮助你们回国，请改往大国吧。”重耳一行便又离开了宋国。

经过郑国时，郑文公对重耳一行无礼。郑大夫叔瞻劝告国君说："晋公子贤明，他的随从都是国家的栋梁之才，而且他和我们又同姓。郑国的祖先是厉王，晋国的祖先是武王。"郑国国君说："从诸侯国中逃亡的公子路过我国的太多了，怎么可能都以礼相待呢！"叔瞻说："您如果不能以礼相待，还不如杀了他，免得以后成为咱们的祸患。"郑国君没有听从。

重耳离开郑国到了楚国，楚成王以对待诸侯的礼节款待了他，重耳辞谢不敢接受。赵衰说："您逃亡在外已经十几年了，小国都蔑视你，何况大国呢？如今楚是大国却坚持厚待你，你不要推辞，这是上天在保佑您。"重耳于是按诸侯的礼节会见了楚成王。成王以厚礼招待了重耳，重耳很是谦恭。成王说："您以后回国即位后，如何报答我？"重耳说："珍禽异兽、珠玉绸绢，都是君王多余的东西，我不知道还有什么可以回报君王。"成王说："虽然如此，到底用什么来回报我呢？"重耳说："如果万不得已，在平原湖沼与君王兵戎相遇，请允许我为王退避三舍。"楚国大将子玉气愤地说："君王厚礼对待晋公子，现在重耳却出言不善，请让我杀了他。"成王说："晋公子贤德且被困在外面太久了，跟随他的人都是国家的大器，这是上天安排的，怎么能杀了他呢？何况他不这样说的话又该怎样说呢？"在楚住了几个月，而晋国的太子圉从秦国逃回了晋，秦国痛恨他。听说重耳住在楚国，便邀请重耳去秦国。成王说："楚国太远了，要路过好几个国家才能到达晋国。秦国与晋国接壤，秦君很贤明，您还是努力去秦国吧！"馈赠了很多礼物给重耳。

重耳到了秦国，秦缪公把同宗的五个女子嫁给重耳，原公子圉的妻子也在当中。重耳不想接纳公子圉的妻子，司空季子说："他的国家尚且要去攻打，何况他原来的妻子呢！而且您接受她是与秦国结成联姻以便返回晋国。您这是拘泥于小礼节，而忘了大耻啊！"重耳于是接受了。秦缪公特别兴奋，与重耳饮酒。赵衰读了《黍苗》一诗。秦缪公说："知道你们想马上返回晋国了。"赵衰与重耳离开座位，再次拜谢说："我们这些孤臣仰望君王您，就好像百谷祈望知时节的好雨啊。"当时是晋惠公十四年的秋季。惠公于当年九月去世，子圉登基。十一月，安葬了惠公。十二月，晋国大夫栾枝、郤縠等人听说重耳在秦国，都暗中来劝重耳、赵衰等人回国，作内应的人很多。于是秦缪公就派军护送重耳回晋国。晋国听说秦军来了，也派出军队来抵抗。但私下都知道公子重耳要回来了。只有惠公的旧大臣吕甥、郤芮之流不愿让重耳为君。重耳流亡在外十九年后最终返回了晋国，这时已经六十二岁了，晋人大多都归顺了他。

文公元年春天，秦军护送重耳到达黄河岸边。咎犯说：“我跟随您周游天下，犯的过错很多。我自己都明白，何况您呢？请让我从此离开吧。”重耳说：“如果我回到晋国后，不与您同心共事，请河伯见证！”于是就把玉璧扔到黄河中，与子犯盟誓。那时介子推也跟随着重耳，正在船中，他听了就笑道：“的确上天在保佑公子，可子犯却认为是自己的功劳并以此向君王邀赏，太丢人了。我不愿和他共事。”说完自己隐蔽起来渡过了黄河。秦军包围了令狐，晋军在庐柳驻扎。二月辛丑日，咎犯与秦晋大夫在郇城会盟。壬寅日，重耳进入晋军中。丙午日，进入曲沃。丁未日，重耳到武宫朝拜，即位为晋君，这就是文公。大臣们都赶往曲沃。怀公圉逃往了高梁。戊申日，重耳派人杀死了怀公。

怀公的旧臣吕省、郤芮原本不想归附文公，文公即位后，害怕被杀，便和自己的党徒阴谋放火烧掉文公居住的宫殿，想杀死文公。文公对此毫无知觉。以前曾经想杀死文公的太监履鞮知道了这个阴谋，想把这个阴谋告诉文公，以便抵消以前的罪过，便去求见文公。文公拒绝见他，派人责骂他说：“蒲城的事，你砍掉了我的衣袖。后来我跟着狄君去打猎，你为惠公前来追杀我。惠公与你约好三天到达，而你竟然一天就赶到，为什么这么快呢？你好好想想吧。”履鞮说：“我是受过宫刑的人，不敢用二心侍奉国君、背叛主人，所以得罪了您。您已经回国，莫非就没有蒲、翟这种反对您的事了吗？何况，管仲射中齐桓公的带钩，桓公却凭着管仲得以称霸。今天我这个罪人有事想告诉您，您却不见，灾难又将降临到您头上了啊。”于是文公接见了他，他便把吕省、郤芮等人的阴谋告诉了文公。文公想召见吕、郤，但吕、郤等党徒很多，文公担心刚刚回国，国人可能会出卖自己，就乔装打扮隐藏了身份，在王城会见了秦缪公，国人都不知道。三月己丑日，吕、郤等人果然谋反，烧毁了文公居住的宫殿，却没找到文公。文公的士兵与他们交战，吕、郤等想率军逃跑，秦缪公便引诱吕、郤等人，在黄河畔杀死了他们，晋国恢复平静，文公才返回。这年夏天，文公从秦国接回夫人，秦国嫁给文公的妻子最终成为了夫人。秦国还赠送了三千人做卫兵，以防备晋国再次内乱。

文公推行善政，对百姓布施恩德。他封赏跟随自己逃亡的人员和有功的大臣，功大的封给城邑，功小的封给爵位。还没有来得及赏赐完毕，周襄王因弟弟王子带发难而逃到了郑国，于是派人来向晋国求救。晋国刚刚稳定，想派兵去援救，又担心国内发生动乱，因此犒赏追随文公逃亡的人，遗忘了隐藏起来的介子推。介子推也没有要求俸禄，俸禄也没有给他。介子推说：“献公有九个儿子，只有国君还活着。惠公、怀公没有亲信，国内外都唾骂他们；上天还没有让晋国灭亡，肯定要有君主，主持晋国祭祀的人除了国君还有谁呢？上天的确在护佑您，但是那些追随您的人却以为是自己的功劳，不是骗人吗？偷了别人的财物，还可以说是盗贼，况且将天的功劳据为自己的功劳呢？臣下遮盖他们的罪责，君主奖赏他们的奸佞，上下互相欺骗，我难以与他们相处啊！”介子推的母亲说：“你为什么不去请求赏赐呢，死了怨谁？”介子推说：“我憎恨他们却又去效仿他们，罪过就更大了。况且我已经说出了怨言，不会去吃他的俸禄。”母亲说：“让文公明白真相，怎么样？”介子推说：“言语是人身外的装饰，身体都想藏匿起来了，还要装饰干什么？如果装饰自己，那是为了让人知道自己。”介子推的母亲说：“真是这样吗？让我和你一起隐居吧。”母子俩到死都没有再露面。

介子推的随从很怜悯他，就在宫门口挂上一幅字，上面写着：“龙想上天，需要五条蛇辅佐。龙已升入云霄，四条蛇各自进了自己的殿堂，只有一条蛇独自哀怨，最终没有找到它的去处。”文公出宫时，看到了这幅字，说：“这是介子推。我正为王室之事忧虑，还没能考虑他的功绩。”于是派人去叫介子推，但介子推已隐藏起来。文公就打听介子推的住所，打听到他进了绵上山中。于是文公把整座绵上山圈起来封给介子推，当作他的封地，又起名叫介山，并说：“以此来记住我的过失，而且表彰善人。”

跟随文公逃亡的仆人壶叔说：“您三次犒赏功臣都没有提到我，请问我有什么罪过？”文公说：“用仁义教导我，用德惠来防备我犯过，这应受到上等犒赏。用行动来辅佐我，终于使我成就功业，这应受到次等赐赏。在战场上冒着弓箭的危险奋勇杀敌，给我立下汗马功劳，这应受到再次等的赏赐。如果只是用劳力侍奉我，而没有弥补我的过错，这也应受到再次一等的赏赐。这三次犒赏完了，就会轮到你。”晋国人听了文公的话，都很高兴。

二年的春季，秦军驻扎在黄河边，将要护送周王回京。赵衰说：“要想成就霸业，不如护送周王回京，尊敬王室。周、晋同一个姓，晋国不抢先护送周王回京，反而落在秦国后边，就没法号令天下。如今敬重王室，是晋称霸的资本。”三月甲辰日，晋国派兵到了阳樊，包围了温，护送周襄王回到了周都。四月，杀了襄王的弟弟王子带。周襄王把河内阳樊的土地赏赐给了晋国。

四年，楚成王和诸侯包围了宋国，宋国公孙固赶到晋国求救。先轸说："报答宋襄公赠马之恩，稳固晋国霸业，就在现在了。"狐偃说："楚国刚刚占领了曹国，而且刚与卫国结姻，假如进攻曹、卫，楚国一定会派兵救援，那么宋国就可以得到解救了。"于是晋国建立了三支军队。赵衰推荐郤縠统领中军，郤臻协助他；派狐偃统率上军，狐毛协助他，赵衰被命为卿；栾枝统率下军，先轸辅佐他；荀林父驾御战车，魏犨为车右护卫，前往征讨曹、卫。这年冬季十二月，晋军首先攻占了太行山以东地区，将原邑封给赵衰。

五年的春天，晋文公准备攻打曹国，向卫国借路，卫国人没有答应。晋军只好迂回向南渡过黄河，进攻曹国，征讨卫国。正月，晋军攻占了五鹿。二月，晋侯、齐侯在敛盂结盟。卫侯请求与晋联盟，晋国没有同意。卫侯想与楚国结盟，国人反对，便赶走了卫侯来讨好晋国。卫侯住在襄牛，公子买守卫卫国。楚国前往救援卫国，没有成功。晋军包围了曹国。三月丙午日，晋军攻入曹都，列举了曹君的罪行，指责曹君不听釐负羁的话，却让三百个美女乘坐大夫用的车子。文公命令军队不准进入釐负羁宗族的境内，以报答他的恩德。楚国包围了宋国，宋再次向晋国求救。文公想救援宋国就得进攻楚国，但楚国曾对他有恩，文公不想攻打楚国；想放弃救援宋国，可宋国又曾经对晋国有恩，文公为此进退两难、举棋不定。先轸进谏说："抓住曹伯，把曹、卫的土地分给宋国，楚国急于救曹国、卫国，那楚国势必会解除对宋国的包围。"于是文公采纳了他的意见，而楚成王果真率兵回国了。

楚国大将子玉说："成王对晋侯很是优厚，现在文公知道楚国急于救援曹国、卫国而故意攻打它们，这是蔑视君王。"成王说："晋侯逃亡在外十九年，受困的时间太久了，终于返回晋国，他知道世间的艰难险阻，因此能正确对待百姓，这是上天在护佑他，不可阻挡。"子玉请战，说："不敢说肯定能建功立业，只求借出战来堵塞进谗之人的嘴。"楚王很生气，只给了他很少的军队。于是子玉让宛春转告晋国："请求恢复卫侯的地位，把土地还给曹国，我也解除对宋国的包围。"咎犯说："子玉无礼啊，给君王的只是解除对宋国的包围一项，而他作为臣子却得到两项，不能同意。"先轸说："安定人心叫做礼。楚国的一句话却稳定了三个国家，您一句话却消灭了它们，我们才是无礼啊。不答应楚国，这是抛弃宋国。不如私下同意恢复曹国、卫国以便引诱他，然后扣押宛春来激怒楚国，视战争的情况再作打算。”晋侯于是把宛春囚禁在卫国，并私下答应恢复曹国、卫国。曹、卫两国派使者宣布与楚国绝交。楚将得臣很气愤，率军攻打晋军，文公让晋军后退。有军官问：“为什么撤军？”文公说：“过去我在楚国时，立约说过交战时会退避三舍，怎么可以违背誓约呢？”楚军也想撤退，得臣不愿意。四月初二日，宋公、齐将、秦将与晋侯驻扎在城濮。初三日，他们与楚军交战，楚军大败，得臣带着残兵撤离。二十八日，晋军返回到衡雍，在践土为周襄王修筑了王宫。

当初，郑国曾帮助楚国，现在楚国失败了，郑国很担心，派人请求与晋侯结盟。晋侯与郑伯订立了盟约。

五月丁未日，晋文公将楚国俘虏贡献给周王，共有披甲的驷马战车一百辆、一千多名步兵。周王让王子虎任命晋侯为诸侯之长，赐赏给晋侯大辂车，红色大弓一副，红色箭矢百支，黑色弓十副，黑色箭千支，香酒一坛，另有玉制的印信和三百名勇士。晋侯多次推辞，最后才叩头接受了。周王作了《晋文侯命》：“王说：叔父以仁义团结了诸侯，彰显了伟大的文王、武王，能够谨慎地修养美好的德行，感动了上天，传颂于百姓，因此上天降下帝王的功业给文王、武王。您关心我，让我继承祖先的事业，永远保持王位。”于是晋文公称霸，癸亥日，王子虎在王宫与诸侯结盟。

晋国烧毁了楚军营地，大火几天都没有熄灭，文公为此感叹。大臣们说：“打赢了楚国，您还发愁，这是为什么？”文公说：“我听说打了胜仗而能心安的只有圣人，我因此害怕。况且子玉还活着，有什么可以高兴的呢？”子玉大败而回，楚成王恼怒他不听自己的话，只顾与晋交战，因此责备子玉，子玉自杀身亡。晋文公说：“我在外部攻击楚军，楚王在内部诛杀大将，内外呼应。”于是这才面露悦色。

六月，晋人又恢复卫侯的地位。壬午日，晋侯渡过黄河从北边回国。封赏有功人员，狐偃属头功。有人说：“城濮的战役，是先轸的谋略。”文公说：“城濮的战役，狐偃劝我不要失信。先轸说‘打仗以胜利为重’，我听了先轸的话取胜了。但是这话只有利于一时，而狐偃的话却可建立千秋万代的功绩，怎么能把一时的利益看得比万代的功业还重呢？因此狐偃应得首功。”

这年冬天，晋侯在温与诸侯会盟，想带领他们朝拜周王。晋侯担心力量不够强大，恐怕有诸侯背叛，就派人转告周襄王到河阳打猎。壬申日，晋侯便率诸侯到践土朝拜襄王。孔子读到史书中记录文公的地方时，说有“诸侯无权召唤天子”、“天子到河阳打猎”的记录，《春秋》这样记载是想隐瞒这事。

丁丑日，诸侯包围了许国。曹伯的大臣中有人劝晋侯说：“齐桓公会合诸侯而扶持异姓国家，今天您联合诸侯却是消灭同姓国家。曹国，是叔振铎的后代；晋国，是唐叔的后代。会合诸侯国来消灭兄弟国家，这不合礼。”晋侯听了很高兴，恢复了曹伯的地位。

这时晋国开始设立了左行、中行、右行三支军队。荀林父统领中行军，先縠统领右行军，先蔑统领左行军。

七年，晋文公、秦缪公一起围攻郑国，理由是郑国当年对逃亡路过的文公无礼，而且在城濮之战中郑国又帮助楚国。包围郑国后，文公想抓住叔瞻。叔瞻知道后，自杀了。郑国人带着叔瞻尸体告诉晋君。晋君却说：“一定得到郑君才罢休。”郑国害怕，就暗中派使者对秦缪公说：“消灭了郑国等于增强了晋国，对晋来说是有利的，而秦国却没得到好处。您为何不放弃对郑国的进攻，使郑国成为您东边的朋友呢？”秦缪公听了很高兴，便撤军了。晋军随后也撤退了。

九年的冬季，晋文公去世，他的儿子襄公欢继位。这一年郑伯也去世了。

郑国有人欲将自己的国家出卖给秦国，秦缪公因此率军偷袭郑国。这年十二月，秦军经过晋国郊外。襄公元年的春天，秦军经过周朝境内，对天子无礼，王孙满讥讽秦国。秦军到滑国后，正好郑国富商弦高准备去周京城做生意，路上遇到了秦军，便用十二头牛犒劳秦军。秦军因此大惊而回，顺路灭掉了滑国后离去。

晋国的先轸说：“秦伯不用蹇叔的谋略，违反了民意，此时可以进攻它。”栾枝说：“还没有报答秦对先君的恩德就攻打它，不可以。”先轸说：“秦国欺侮我君刚刚丧父，攻打我们的同姓国，有什么恩德可报？”于是率军进攻秦国。襄公将丧服涂成了黑色。四月，晋军在崤打败了秦军，抓获了秦国的孟明视、西乞术、白乙丙三员大将后回国。于是晋襄公穿着黑色丧服安葬了文公。文公的夫人是秦国女子，对襄公说：“秦君想要得到他的三员大将而杀死他们。”襄公答应了，便送回了三员大将。先轸听说后，对襄公说：“祸患从此将要产生了。”先轸便去追赶三员秦将。三员大将准备渡过黄河，已经到了船上，看到先轸后磕头道谢，最终没有返回。

三年后，秦国果真派孟明视攻打晋国，以报崤之战失败之仇，占领了晋国汪地后撤兵。四年，秦缪公大肆兴兵进攻晋国，渡过黄河，占领了王官，在崤山为阵亡的将士修筑了坟墓才离去。晋人害怕，不敢再出战，便坚守城池。五年，晋国进攻秦国，夺取了新城，报了王官大败的仇。

六年，赵衰成子、栾贞子、咎季子犯、霍伯都去世了。赵盾代替赵衰掌管政务。

七年的八月，襄公去世。太子夷皋还年幼。晋人因为多次经历战难，想立年纪大的人为君。赵盾说："立襄公弟弟雍。雍喜欢善行且年龄大，先君又喜欢他；而且他与秦国亲近，秦本来是我们的友善邻国。立善人为君国家就稳定，侍奉年长的人国家就和顺，侍奉先君喜欢的人是孝顺，与老朋友结交就能安定。"贾季说："雍不如他弟弟乐。辰嬴被两位国君喜欢，立她的儿子，百姓一定放心。"赵盾说："辰嬴地位卑微，在九个妃妾中处下位，她的儿子能有什么威望？何况她被两位国君宠爱，这是淫乱。作为先君的儿子，不能投奔大国而出居小国，这是鄙陋。母亲淫乱而儿子鄙陋，没有威严；陈国是小国且远离晋国，得不到援助，这怎么可以呢？"于是让士会到秦国去迎接公子雍。贾季也让人到陈国去召公子乐。赵盾废除贾季的职位，因为贾季杀害了阳处父。十月，晋国安葬了襄公。十一月，贾季逃到了翟国。这一年，秦缪公也去世了。

灵公元年四月，秦康公说："过去文公回晋国时没有护卫，因此发生了吕、郤的祸患。"于是给了公子雍很多卫兵。太子的母亲缪嬴日夜抱着太子到朝廷上哭诉说："先君有什么罪过？他的继承人有什么罪过？你们舍弃嫡子而到国外去找君主，打算如何安置太子？"缪嬴出了朝廷，就抱着太子来到赵盾的居所，磕头说："先君把这个孩子托付给您，曾说'这孩子成了材，我就是受了您的恩赐；不成材，我就会痛恨你'。现在国君去世了，话还在耳边，您就废除了他，为什么？"赵盾和各位大臣都害怕缪嬴，又害怕被杀，于是背弃了迎接的人而立太子夷皋为君，这就是灵公。同时派军抵抗护送公子雍的秦军。赵盾为将军，率兵攻打秦，在令狐打败了秦军。先蔑、随会逃到秦国。这年秋，齐、宋、卫、郑、曹、许国的国君都拜见了赵盾，并在扈结盟，因为灵公刚刚即位的缘故。

四年，晋国攻打秦国，夺取了少梁，秦也攻占了晋国的郩。六年，秦康公率军攻打晋国，夺取了羁马。晋侯很生气，派赵盾、赵穿、郤缺进攻秦军，双方在河曲展开大战，赵穿立了大功。七年，晋国的六卿担心随会在秦国会经常造成晋国的内乱，于是假装让魏寿余反叛晋国投降秦国。秦国派随会去魏国，魏寿余趁机捉住了随会带回了晋国。

八年，周顷王去世，公卿们争夺权势，所以没有发布讣告。晋国派赵盾率八百辆战车平息了周朝内乱而扶立了匡王。这一年，楚庄王刚即位。十二年，齐国人杀了国君齐懿公。

十四年，灵公长大成人了，他生活奢侈，征收重税来修饰宫墙。他从高台上用弹丸弹人，看人们躲避弹丸的样子来取乐。厨师没把熊掌煮烂，灵公因此很生气，杀死了厨师，并让妇人抬着厨师的尸首出去抛弃，从朝廷上经过。赵盾、随会以前多次劝谏，灵公不听；此处又看见死人的手，于是两人又前去劝谏。随会先去劝说，灵公不听。灵公害怕他们，便让鉏麑去行刺赵盾。赵盾家中居室的门开着，住处极其简陋，鉏麑因此退了出来并感叹说："杀死忠臣，违抗君王的命令，都是一样的罪。"于是撞树自杀身亡。

当初，赵盾经常去首山打猎，曾见到桑树下有个饿汉。这个饿汉叫示眯明。赵盾给了他一些食物，他只吃了一半。赵盾问他原因，示眯明说："我做大臣的奴隶已三年了，不知母亲是否还活着，想把剩下的一半留给母亲。"赵盾认为他是个义士，就多给了他一些饭、肉。过了不久，示眯明做了晋君的厨师，但赵盾却不知道这事。九月，晋灵公请赵盾喝酒，埋伏了士兵想杀死他。示眯明知道了这个消息，担心赵盾喝醉后不能起身，因此上前劝说赵盾："君王赏赐臣下喝酒，进酒三遍就可以结束了。"想让赵盾走，让他走在前面，使其免于遭难。赵盾已经离开了，灵公埋伏的士兵还没有集合好，就先放出了一条叫敖的恶狗。示眯明替赵盾徒手打死了狗。赵盾说："不用人而用狗，即使凶猛又有什么用呢！"然而不知道这是示眯明在暗中报答他呢。不久灵公命令伏兵追赶赵盾，示眯明反击灵公的伏兵，伏兵不能前进，而最后赵盾逃脱了。赵盾问示眯明为什么要救自己，示眯明说："我就是桑树下那个饿汉。"赵盾询问他的名字，他没有说。示眯明也因此逃走了。

赵盾最终逃掉了，但还没有出晋国国境。乙丑日，赵盾的弟弟将军赵穿在桃园杀死了灵公而接回了赵盾。赵盾一向受人尊重，甚得民心。灵公年纪不大，又奢移，百姓不归附他，所以杀死他也比较容易。赵盾又恢复了原来的官位。晋国的太史董狐写道："赵盾杀死了自己的国君。"在朝廷上传给大家看。赵盾说："杀国君的是赵穿，我没罪。"太史说："你是正卿，你逃跑了但没有逃出晋国，回来后也没有诛杀叛乱的人，不是你是谁呢？"后来孔子听到了这件事，他说："董狐是古代杰出的史官，他能据法直书而毫不隐瞒。宣子是杰出的大夫，为遵守法制而宁愿承担坏名。可惜呀，如果赵盾逃出国境，就能免除罪名了。"

赵盾让赵穿将襄公的弟弟黑臀从周京城接回，立为国君，这就是成公。

成公，是文公的小儿子，他的母亲是周王室女子。壬申日，成公到武宫祭拜祖宗即位。

成公于元年，封赵氏为公族大夫。这年又讨伐郑国，因为郑国背叛了晋国。三年，郑伯刚刚即位，郑国归附晋国而背叛了楚国。楚王因此大怒，讨伐郑国，晋国发兵前往救援。

六年，晋国进攻秦国，掳获了秦国将军赤。

七年，晋成公和楚庄王争夺霸权，在扈邑与诸侯会盟。陈国害怕楚国，没有参加盟会。晋国派中行桓子攻打陈国，趁机救援郑国，与楚军交战，打败了楚军。这一年，成公去世，他的儿子景公据继位。

景公元年的春天，陈国大夫夏徵舒杀了自己的国君灵公。二年，楚庄王讨伐陈国，杀了夏徵舒。

三年，楚庄王包围了郑国，郑国向晋国求援。晋国派荀林父率领中军，随会率领上军，赵朔率领下军，郤克、栾书、先縠、韩厥、巩朔协助前往救援。六月，晋军到达黄河边。听说楚国已迫使郑国投降了，郑伯赤着上身与楚国结盟后楚军就撤退了，荀林父因此便想班师回晋。先縠说："我们是来救援郑国的，不到郑国不行，要不将帅会离心。"晋军最终渡过了黄河。楚国已经降服了郑国，想以黄河水饮马以显示威名后再离开。于是楚军与晋军大战。郑国刚归附楚国，害怕楚国，反而帮助楚军攻打晋军。晋军大败，退到黄河边，士兵争船渡河，船中有很多被砍下来的手指。楚军抓获了晋军大将智䓨。晋军返回晋国后，荀林父说："我是统帅，战争失败了我应当被诛杀，请求赐死。"晋景公想答应他。随会说："过去文公与楚国在城濮大战，楚成王回到楚国后杀了大将子玉，而文公才开心。现在楚军已经打败了我军，我们又杀死自己的将军，这是帮助楚国杀死它的敌人啊。"晋景公听了后阻止了荀林父。

四年，先縠由于首先提出与楚军交战而使晋军在黄河边打了败仗，担心被杀，于是逃亡到翟国，与翟国商议攻打晋国。晋国发现后，灭了先縠的整个家族。先縠，是先轸的儿子。

五年，晋国讨伐郑国，因为它援助楚军攻打晋军。当时楚庄王很强盛，因此在黄河边打败了晋军。

六年，楚国讨伐宋国，宋国向晋国求救，晋国想前去援救。伯宗建议说："楚国，上天正护佑着它，不能阻拦。"于是晋国派解扬假称救援宋国。郑国人抓住了解扬把他交给了楚国，楚国赐给了他很多财物，让他到宋国说反话，让宋国尽快投降。解扬假装答应了，终于将晋君的话转告给了宋国君臣。楚国想杀了他，有人劝阻，楚国才放了解扬。

七年，晋国派随会消灭了赤狄。

八年，晋国派郤克出使齐国。齐顷公的母亲从楼上观看并嘲笑他们。之所以这样，是因为郤克驼背，而鲁国的使者跛足，卫国的使者一只眼瞎了，因此，齐国也派同样的残疾人去接待宾客。郤克很气愤，回国走到黄河边时发誓说："不报复齐国，河伯来作证！"郤克返回晋国后，向晋君请求攻打齐国。晋景公询问进攻的理由后，说："你有怨气，怎么能够烦扰国家呢？"晋君没有听。魏文子由于年迈要求辞职，推荐了郤克，郤克执掌国家政权。

九年，楚庄王去世。晋国讨伐齐国，齐国派太子强到晋国做人质，晋军才退兵。

十一年的春天，齐国攻打鲁国，夺取了隆。鲁国向卫国求援。卫国和鲁国都通过郤克向晋国求援。晋国就派郤克、栾书、韩厥率八百辆战车和鲁国、卫国共同攻打齐国。这年夏季，晋国与齐顷公在鞍交战，齐顷公受伤被困。齐顷公便与他的护右交换了座位，下车去找水喝，从而得以逃脱。齐军惨败而逃，晋军追赶败兵一直达到齐都。齐顷公献上宝器求和，晋国不同意。郤克说："一定要得到萧桐侄子作为人质。"齐国使者说："萧桐侄子，是顷公的母亲。顷公的母亲就如同晋君的母亲，为何一定要得到她呢？你们太不讲信义了，请求再战。"晋国这才同意与齐讲和而离开。

楚国的申公巫臣偷娶了夏姬，逃到了晋国，晋君拜巫臣为邢邑大夫。

十二年的冬天，齐顷公到了晋国，想尊称晋景公为王，景公推辞不敢。晋国开始建立了六军，韩厥、巩朔、赵穿、荀骓、赵括、赵旃都担当大臣。智罃也从楚国回到了晋国。

十三年，鲁成公拜见晋君，晋君很不礼貌，鲁君气愤地离开了，背叛了晋国。这年晋国攻打了郑国，夺取了氾。

十四年，梁山出现了山崩。晋君咨询伯宗，伯宗认为不值得大惊小怪。

十六年，楚国大将子反痛恨巫臣，灭巫臣的整个家族。巫臣很是气愤，给子反写信说："一定让你疲于奔命！"于是请求出使吴国，派自己的儿子主管吴国的外交，教吴国士兵乘车打仗的方法。吴、晋两国开始往来，约定攻打楚国。

十七年，晋国杀死了赵同、赵括，并灭了他们的家族。韩厥说："怎么能忘了赵衰、赵盾的功劳呢？竟然断绝了他们的香火！"于是，晋君又让赵氏庶子赵武作为赵氏后代，又封给他城邑。

十九年的夏天，景公病重，立太子寿曼为国君，这就是厉公。一个多月后，景公去世。

厉公元年，因刚刚继位，想与诸侯交好，便与秦桓公隔着黄河订立了盟约。回国后秦国就背弃了盟约，和翟商量进攻晋国。三年，晋国派吕相责备秦国，借机与诸侯攻打秦国。晋军到了泾水，在麻隧打败了秦军，俘虏了秦国大将成差。

五年，郤锜、郤犨、郤至毁谤伯宗，晋君听后杀了伯宗。伯宗是因为喜好直言劝谏才招来灾祸，百姓因此不再信任厉公。

六年的春天，郑国背弃晋国与楚国结盟，晋君十分生气。栾书说："不可以在我们这一代失去诸侯。"于是发兵攻打郑国。厉公亲自率领军队，五月时渡过黄河。听说楚国派军来救援郑国，范文子请求厉公撤兵。郤至说："派军讨伐逆贼，遇到了强敌就躲避，将无法对诸侯发号施令。"于是，晋军与楚军交战。癸巳日，晋兵射中了楚共王的眼睛，楚军在鄢陵大败。子反聚集残兵，整顿好后想再与晋军交战，晋国很担忧。楚共王召见子反，子反的佣人竖阳谷向他敬酒，子反喝醉了，不能前去朝拜共王。共王很生气，责备子反，子反自杀。楚共王于是带兵回楚国了。晋国因此威震诸侯，想号令天下，求得霸主地位。

厉公有许多宠幸的姬妾，回国后，想免除全部大臣的职务而任用宠姬的兄弟。有个宠姬的哥哥叫胥童，曾与郤至有怨仇，再加上栾书又抱怨郤至不使用自己的计谋竟也打败了楚军，就暗中派人与楚国勾结。楚国派人蒙骗厉公说："鄢陵一战，实际上是郤至叫楚国来的，郤至想作乱，迎立子周为晋君。恰好盟国没有到齐，所以事情未成功。"厉公将此告诉栾书。栾书说:“可能有这种情况,希望您试着派人到周京城暗地考察一下。”厉公果然派郤至到周京城。栾书又让公子周接见郤至,郤至不知道自己已经被出卖。厉公暗中验证这件事,认为确实是这样,于是憎恨郤至,想杀了他。八年,厉公外出打猎,与宠姬饮酒,郤至杀了猪奉献给厉公,被太监将猪夺去,郤至射死了太监。厉公很气愤,说:“季子欺侮我!”打算杀掉三郤,还没有动手。郤锜想先杀了厉公,说:“即使我死了,国君也会遭难。”郤至说:“讲诚信就不能背叛君主;想有智慧就不能迫害百姓;勇猛就不能挑起乱子。失去了这三种美德,谁会归顺我们?我死了算了。”十二月壬午日,厉公让胥童率领八百名士兵偷袭攻杀三郤。胥童借机在朝廷上挟持了栾书、中行偃,说:“不杀死这两个人,灾难一定落到国君您头上。”厉公说:“一个早晨就杀死了三位卿士,我不忍心再多杀人了。”胥童答复说:“但别人可将忍心杀死你。”厉公不听,向栾书赔礼说只是想惩罚郤氏的罪过,并说:“请大夫们恢复原职。”两人磕头说:“很幸运,很幸运!”厉公让胥童出任大臣。闰月乙卯日,厉公到匠骊氏家去游玩,栾书、中行偃让他们的党羽偷袭逮捕了厉公,并囚禁起来,杀死了胥童,并派人从周京城接回了公子周,立他为君,这就是晋悼公。

悼公元年正月庚申日,栾书、中行偃杀了厉公,只用一辆车陪葬了他。厉公被囚禁了六天后遭杀害,去世十天后的庚午日,智罃迎接公子周回晋,到了绛,刑鸡和大夫盟誓拥立公子周,这就是悼公。辛巳日,公子周到武宫祭拜。二月乙酉日,公子周即位。

悼公周,他的祖父捷是晋襄公的小儿子,没能继位,号称桓叔,桓叔最受宠爱。桓叔生下惠伯谈,谈生下悼公周。周继位时已十四岁。悼公说:“祖父、父亲都没能继位而避难于周,客死在那儿。我自认为已经远离了,从未想过能当晋君。现在大夫们不忘文公、襄公的意愿而施惠,拥立桓叔的后代,全凭借祖宗和大夫们的威灵,得以继承晋国的祭祀,难道敢不兢兢业业吗?大夫们也应该协助我!”于是驱赶了不尽职的七个大臣,修整祖宗旧业,向百姓布施恩惠,慰问文公回晋时各位功臣的后人。这年秋天,讨伐郑国。郑军大败,于是又进攻陈国。

三年,晋国会见诸侯。悼公向大臣们咨询可以任用的人,祁傒推荐解狐。解狐是祁傒的仇人。悼公又问还有谁,祁傒又推荐自己的儿子祁午。君子说:“祁傒应当算作不偏私了。在外举荐不避仇人,在内荐不避儿子。”正在会见诸侯时,悼公的弟弟杨干乱了军阵,魏绛杀了他的驾车人。悼公很气愤，有人劝谏悼公，悼公终于认为绛很有贤德，任用他掌管政务，派他与戎讲和，戎终于亲近晋国。十一年，悼公说："从我任用魏绛以来，九次会合诸侯，与戎、翟和解了，这全是魏子的功劳。"悼公送给他乐队，他再三推辞后才接受下来。这年冬季，秦国攻取了晋国的栎。

十四年，晋国派六卿统领诸侯们讨伐秦国，渡过泾河，把秦军打得惨败，直到棫林才离开。

十五年，悼公向师旷咨询治国的道理。师旷说："只有仁义才是根本。"这年冬天，悼公去世，他的儿子平公彪登基。

平公元年，晋国攻打齐国，齐灵公与晋军在靡下交战。齐军败逃。晏婴说："国君没有勇气，为什么不停止打仗？"于是离去了。晋军穷追不舍，包围了临淄，焚烧了外城的房屋而杀光了外城的军民。晋军东到胶水，南到沂水，齐军都死守城池不出，晋国才退兵离去。

六年，鲁襄公拜见晋君。晋栾逞犯了罪，逃到齐国。八年，齐庄公暗中派栾逞潜入曲沃，又派军跟着他。齐军上了太行山，栾逞在曲沃内造反，偷袭了绛城。绛城毫无戒备，平公想自刎，范献子阻止了平公，派自己的家兵抵抗栾逞，栾逞被打败逃到了曲沃。曲沃人进攻栾逞，栾逞被杀死，曲沃人于是灭了栾逞的宗族。栾逞，是栾书的孙子。他进入绛时，与魏氏商议过。齐庄公听说栾逞惨败，就返回了，攻占了晋国的朝歌后离去，为的是报临淄一战之仇。

十年，齐国的崔抒杀害自己的国君庄公。晋国趁齐国内乱，在高唐打败齐军离去，目的是报太行一战之仇。

十四年，吴国延陵季子出使晋国，期间与赵文子、韩宣子、魏献子会谈，事后说："晋国的政权，最后要落在这三家手中。"

十九年，齐国派晏婴出使晋国，晏婴与叔向会谈。叔向说："晋国处于末世了。平公征收重税修建池台楼阁却不理朝政，政务落在私家门下，这难道可以持久吗？"晏子表示认同。

二十二年，晋国攻打燕国。二十六年，平公去世，他的儿子昭公夷即位。

昭公于六年去世。晋国六卿强盛，公室衰弱。昭公的儿子顷公去疾继位。

顷公六年，周景王去世，诸公子争夺王位。晋国六卿平定了周王室的内乱，拥立敬王。

九年，鲁季氏驱赶了自己的君王昭公，昭公住在乾侯。十一年，卫国、宋国派使者请求晋国送鲁君回国。季平子暗地里贿赂了范献子，献子接受了贿赂，他对晋君说："季氏没有错。"最后没有送鲁君回国。

十二年，晋国公族祁傒的孙子，叔向的儿子，在晋君面前相互指责。六卿想削弱国君的势力，便按照刑法灭了他们的家族，并把他们的封邑划分为十个县，各自让自己的儿子去做大夫。晋君势力更加弱小，六卿都强盛起来。

十四年，顷公去世，他的儿子定公午继位。

定公十一年，鲁国的阳虎逃到晋国，赵鞅简子收留了他。十二年，孔子当了鲁国的国相。

十五年，赵鞅让邯郸大夫午将卫国进贡的五百户还后迁居晋阳，大夫午答应后又不讲信用，赵鞅因此想杀死午，午和中行寅、范吉射亲自率兵进攻赵鞅，赵鞅逃到晋阳防守。定公围困了晋阳。荀栎、韩不信、魏侈与范吉射、中行寅有仇，就调军队攻打范吉射、中行寅。范吉射、中行寅叛变，晋军攻打他们，打败了范吉射、中行寅。范吉射、中行寅逃到朝歌，据城自保。韩不信、魏侈替赵鞅向晋君赔礼，于是晋君赦免了赵鞅，恢复了他的官职。

二十二年，晋国战胜了范吉射、中行氏，两人逃往了齐国。

三十年，定公与吴王夫差在黄池会盟，争当盟主，赵鞅当时跟随晋君，终于让吴王做了盟主。

三十一年，齐国田常杀了自己的国君简公，立简公的弟弟骜为平公。三十三年，孔子逝世。

三十七年，定公去世，他的儿子出公凿继位。

出公十七年，智伯与赵鞅、韩不信、魏侈一块儿分割了范吉射、中行寅的领地。出公很气愤，求告齐国、鲁国，想趁机讨伐四卿。四卿很慌恐，于是反击出公。出公逃亡齐国，在半途上去世。所以智伯就立昭公的曾孙骄做了晋君，这就是哀公。

哀公的祖父雍，是晋昭公的小儿子，号叫戴子。戴子生了忌。忌与智伯关系紧密，但早死，因此智伯想吞并晋国，没敢动，就立了忌的儿子骄做晋君。那时，晋国的政务全部由智伯决定，晋哀公不能执掌朝政。于是，智伯占据了范吉射、中行寅的领地，在六卿中最强大。

哀公四年，赵襄子、韩康子、魏桓子共同杀死了智伯，吞并了他的全部领地。

十八年，哀公去世，他的儿子幽公柳继位。

幽公执政时，晋君由于衰弱而害怕卿大夫，反而朝拜韩、赵、魏。晋君只占有绛、曲沃，剩下的土地都并入了三晋。

十五年，魏文侯刚继位。十八年，幽公强奸了妇女，夜间私自出城，被强盗杀死。魏文侯派兵平定了晋国的内战，立幽公儿子止为君，这就是烈公。

烈公十九年，周威烈王赏封赵、韩、魏，封他们为诸侯。

二十七年，烈公去世，他的儿子孝公颀继位。孝公九年，魏武侯刚即位，偷袭了邯郸，未能取胜便退兵了。十七年，孝公去世，他的儿子静公俱酒继位。这一年是齐威王元年。

静公二年，魏武侯、韩哀侯、赵敬侯消灭了晋国并瓜分晋地。静公成为平民百姓，晋国祭祀从此断绝。

太史公说：晋文公是古代所说的圣明君主，逃亡在外十九年，相当贫困，到即位时论功行赏，还忘掉了介子推，何况骄奢的君主呢？灵公被害后，成公、景公极为严酷，到了厉公更加苛刻，大夫害怕被杀，祸乱从此开始发生。悼公以后晋国日益衰弱，六卿专掌朝政。因此国君驾驭自己的臣民，向来就不容易啊！

史记卷四十

楚世家第十

楚之先祖出自帝颛顼高阳。高阳者，黄帝之孙，昌意之子也。高阳生称，称生卷章，卷章生重黎。重黎为帝喾高辛居火正，甚有功，能光融天下，帝喾命曰祝融。共工氏作乱，帝喾使重黎诛之而不尽。帝乃以庚寅日诛重黎，而以其弟吴回为重黎后，复居火正，为祝融。

吴回生陆终。陆终生子六人，坼剖而产焉。其长一曰昆吾；二曰参胡；三曰彭祖；四曰会人；五曰曹姓；六曰季连，芈姓，楚其后也。昆吾氏，夏之时尝为侯伯，桀之时汤灭之。彭祖氏，殷之时尝为侯伯，殷之末世灭彭祖氏。季连生附沮，附沮生穴熊。其后中微，或在中国，或在蛮夷，弗能纪其世。

周文王之时，季连之苗裔曰鬻熊。鬻熊子事文王，早卒。其子曰熊丽。熊丽生熊狂，熊狂生熊绎。

熊绎当周成王之时，举文、武勤劳之后嗣，而封熊绎子楚蛮，封以子男之田，姓芈氏，居丹阳。楚子熊绎与鲁公伯禽、卫康叔子牟、晋侯燮、齐太公子吕伋俱事成王。

熊绎生熊艾，熊艾生熊䵣，熊䵣生熊胜。熊胜以弟熊杨为后。熊杨生熊渠。熊渠生子三人。

当周夷王之时，王室微，诸侯或不朝，相伐。熊渠甚得江汉间民和，乃兴兵伐庸、杨粤，至于鄂。熊渠曰：“我蛮夷也，不与中国之号谥。”乃立其长子康为句亶王，中子红为鄂王，少子执疵为越章王，皆在江上楚蛮之地。及周厉王之时，暴虐，熊渠畏其伐楚，亦去其王。

後为熊毋康，毋康早死。熊渠卒，子熊挚红立。挚红卒，其弟弑而代立，曰熊延。熊延生熊勇。

熊勇六年，而周人作乱，攻厉王，厉王出奔彘。熊勇十年，卒，弟熊严为后。

熊严十年，卒。有子四人，长子伯霜，中子仲雪，次子叔堪，少子季徇。熊严卒，长子伯霜代立，是为熊霜。

熊霜元年，周宣王初立。熊霜六年，卒，三弟争立。仲雪死；叔堪亡，避难于濮；而少弟季徇立，是为熊徇。熊徇十六年，郑桓公初封于郑。二十二年，熊徇卒，子熊咢立。熊咢九年，卒，子熊仪立，是为若敖。

若敖二十年，周幽王为犬戎所弑，周东徙，而秦襄公始列为诸侯。

二十七年，若敖卒，子熊坎立，是为霄敖。霄敖六年，卒，子熊眴立，是为蚡冒。蚡冒十三年，晋始乱，以曲沃之故。蚡冒十七年，卒。蚡冒弟熊通弑蚡冒子而代立，是为楚武王。

武王十七年，晋之曲沃庄伯弑主国晋孝侯。十九年，郑伯弟段作乱。二十一年，郑侵天子之田。二十三年，卫弑其君桓公。二十九年，鲁弑其君隐公。三十一年，宋太宰华督弑其君殇公。

三十五年，楚伐随。随曰："我无罪。"楚曰："我蛮夷也。今诸侯皆为叛相侵或相杀。我有敝甲，欲以观中国之政，请王室尊吾号。"随人为之周，请尊楚，王室不听，还报〔楚〕。三十七年，楚熊通怒曰："吾先鬻熊，文王之师也，早终。成王举我先公，乃以子男田令居楚，蛮夷皆率服，而王不加位，我自尊耳！"乃自立为武王，与随人盟而去。于是始开濮地而有之。

五十一年，周召随侯，数以立楚为王。楚怒，以随背己，伐随。武王卒师中而兵罢。子文王熊赀立，始都郢。

文王二年，伐申过邓，邓人曰"楚王易取"，邓侯不许也。六年，伐蔡，虏蔡哀侯以归，已而释之。楚强，陵江汉间小国，小国皆畏之。十一年，齐桓公始霸，楚亦始大。

十二年，伐邓，灭之。十三年，卒，子熊囏立，是为杜敖。杜敖五年，欲杀其弟熊恽，恽奔随，与随袭弑杜敖代立，是为成王。

成王恽元年，初即位，布德施惠，结旧好于诸侯。使人献天子，天子赐胙，曰："镇尔南方夷越之乱，无侵中国。"于是楚地千里。

十六年，齐桓公以兵侵楚，至陉山。楚成王使将军屈完以兵御之，与桓公盟。桓公数以周之赋不入王室，楚许之，乃去。

十八年，成王以兵北伐许，许君肉袒谢，乃释之。二十二年，伐黄。二十六年，灭英。

三十三年，宋襄公欲为盟会，召楚。楚王怒曰："召我，我将好往袭辱之。"遂行，至盂，遂执辱宋公，已而归之。

三十四年，郑文公南朝楚。楚成王北伐宋，败之泓，射伤宋襄公，襄公遂病创死。

三十五年，晋公子重耳过〔楚〕，成王以诸侯客礼飨，而厚送之于秦。

三十九年，鲁僖公来请兵以伐齐，楚使申侯将兵伐齐，取穀，置齐桓公子雍焉。齐桓公七子皆奔楚，楚尽以为上大夫。灭夔，夔不祀祝融、鬻熊故也。

夏，伐宋，宋告急于晋，晋救宋，成王罢归。将军子玉请战，成王曰："重耳亡居外久，卒得反国，天之所开，不可当。"子玉固请，乃与之少师而去。晋果败子玉于城濮。成王怒，诛子玉。

四十六年。初，成王将以商臣为太子，语令尹子上。子上曰："君之齿未也，而又多内宠，绌乃乱也。楚国之举常在少者。且商臣蜂目而豺声，忍人也，不可立也。"王不听，立之。后又欲立子职而绌太子商臣。商臣闻而未审也，告其傅潘崇曰："何以得其实？"崇曰："飨王之宠姬江芈而勿敬也。"商臣从之。江芈怒曰："宜乎王之欲杀若而立职也。"商臣告潘崇曰："信矣。"崇曰："能事之乎？"曰："不能。""能亡去乎？"曰："不能。""能行大事乎？"曰："能。"冬十月，商臣以宫卫兵围成王。成王请食熊蹯而死，不听。丁未，成王自绞杀。商臣代立，是为穆王。

穆王立，以其太子宫予潘崇，使为太师，掌国事。穆王三年，灭江。四年，灭六、蓼。六、蓼，皋陶之后。八年，伐陈。十二年，卒。子庄王侣立。

庄王即位三年，不出号令，日夜为乐，令国中曰："有敢谏者死无赦！"伍举入谏。庄王左抱郑姬，右抱越女，坐钟鼓之间。伍举曰："愿有进隐。"曰："有鸟在于阜，三年不蜚不鸣，是何鸟也？"庄王曰："三年不蜚，蜚将冲天；三年不鸣，鸣将惊人。举退矣，吾知之矣。"居数月，淫益甚。大夫苏从乃入谏。王曰："若不闻令乎？"对曰："杀身以明君，臣之愿也。"于是乃罢淫乐，听政，所诛者数百人，所进者数百人，任伍举、苏从以政，国人大说。是岁灭庸。六年，伐宋，获五百乘。

八年，伐陆浑戎，遂至洛，观兵于周郊。周定王使王孙满劳楚王。楚王问鼎小大轻重，对曰："在德不在鼎。"庄王曰："子无阻九鼎！楚国折钩之喙，足以为九鼎。"王孙满曰："呜呼！君王其忘之乎？昔虞夏之盛，远方皆至，贡金九枚，铸鼎象物，百物而为之备，使民知神奸。桀有乱德，鼎迁于殷，载祀六百。殷纣暴虐，鼎迁于周。德之休明，虽小必重；其奸回昏乱，虽大必轻。昔成王定鼎于郏鄏，卜世三十，卜年七百，天所命也。周德虽衰，天命未改。鼎之轻重，未可问也。”楚王乃归。

九年，相若敖氏。人或谗之王，恐诛，反攻王，王击灭若敖氏之族。十三年，灭舒。

十六年，伐陈，杀夏徵舒。徵舒弑其君，故诛之也。已破陈，即县之。群臣皆贺，申叔时使齐来，不贺。王问，对曰：“鄙语曰：牵牛径人田，田主取其牛。径者则不直矣，取之牛，不亦甚乎？且王以陈之乱而率诸侯伐之，以义伐之而贪其县，亦何以复令于天下！”庄王乃复国陈后。

十七年春，楚庄王围郑，三月，克之。入自皇门，郑伯肉袒牵羊以逆，曰：“孤不天，不能事君，君用怀怒，以及敝邑，孤之罪也。敢不惟命是听！宾之南海，若以臣妾赐诸侯，亦唯命是听。若君不忘厉、宣、桓、武，不绝其社稷，使改事君，孤之愿也，非所敢望也。敢布腹心。”楚群臣曰：“王勿许。”庄王曰：“其君能下人，必能信用其民，庸可绝乎！”庄王自手旗，左右麾军，引兵去三十里而舍，遂许之平。潘尪入盟，子良出质。夏六月，晋救郑，与楚战，大败晋师河上，遂至衡雍而归。

二十年，围宋，以杀楚使也。围宋五月，城中食尽，易子而食，析骨而炊。宋华元出告以情，庄王曰：“君子哉！”遂罢兵去。

二十三年，庄王卒，子共王审立。

共王十六年，晋伐郑。郑告急，共王救郑。与晋兵战鄢陵，晋败楚，射中共王目。共王召将军子反。子反嗜酒，从者竖阳穀进酒，醉。王怒，射杀子反，遂罢兵归。

三十一年，共王卒，子康王招立。康王立十五年卒，子员立，是为郏敖。

康王宠弟公子围、子比、子皙、弃疾。郏敖三年，以其季父康王弟公子围为令尹，主兵事。四年，围使郑，道闻王疾而还。十二月己酉，围入问王疾，绞而弑之，遂杀其子莫及平夏。使使赴于郑。伍举问曰：“谁为后？”对曰：“寡大夫围。”伍举更曰：“共王之子围为长。”子比奔晋，而围立，是为灵王。

灵王三年六月，楚使使告晋，欲会诸侯。诸侯皆会楚于申。伍举曰：“昔夏启有钧台之飨，商汤有景亳之命，周武王有盟津之誓，成王有岐阳之蒐，康王有丰宫之朝，穆王有涂山之会，齐桓有召陵之师，晋文有践土之盟，君其何用？”灵王曰：“用桓公。”时郑子产在焉。于是晋、宋、鲁、卫不往。灵王已盟，有骄色。伍举曰：“桀为有仍之会，有缗叛之。纣为黎山之会，东夷叛之。幽王为太室之盟，戎、翟叛之。君其慎终！”

《东周列国志》版画之华元登床劫子反图，讲述宋楚交战，宋国人华元乘夜混入楚营，劫持楚军主帅子侧请和之事。

七月，楚以诸侯兵伐吴，围朱方。八月，克之，囚庆封，灭其族。以封徇，曰："无效齐庆封弑其君而弱其孤，以盟诸大夫！"封反曰："莫如楚共王庶子围弑其君兄之子员而代之立！"于是灵王使（弃）疾杀之。

七年，就章华台，下令内亡人实之。

八年，使公子弃疾将兵灭陈。十年，召蔡侯，醉而杀之，使弃疾定蔡，因为陈蔡公。

十一年，伐徐以恐吴。灵王次于乾谿以待之。王曰："齐、晋、鲁、卫，其封皆受宝器，我独不。今吾使使周求鼎以为分，其予我乎？"析父对曰："其予君王哉！昔我先王熊绎辟在荆山，荜露蓝蒌以处草莽，跋涉山林以事天子，唯是桃弧棘矢以共王事。齐，王舅也；晋及鲁、卫，王母弟也。楚是以无分而彼皆有。周今与四国服事君王，将唯命是从，岂敢爱鼎？"灵王曰："昔我皇祖伯父昆吾旧许是宅，今郑人贪其田，不我予，今我求之，其予我乎？"对曰："周不爱鼎，郑安敢爱田？"灵王曰："昔诸侯远我而畏晋，今吾大城陈、蔡、不羹，赋皆千乘，诸侯畏我乎？"对曰："畏哉！"灵王喜曰："析父善言古事焉。"

十二年春，楚灵王乐乾谿，不能去也。国人苦役。初，灵王会兵于申，僇越大夫常寿过，杀蔡大夫观起。起子从亡在吴，乃劝吴王伐楚，为间越大夫常寿过而作乱，为吴间。使矫公子弃疾命召公子比于晋，至蔡，与吴、越兵欲袭蔡。令公子比见弃疾，与盟于邓。遂入杀灵王太子禄，立子比为王，公子子皙为令尹，弃疾为司马。先除王宫，观从从师于乾谿，令楚众曰："国有王矣。先归，复爵邑田室；后者，迁之。"楚众皆溃，去灵王而归。

灵王闻太子禄之死也，自投车下，而曰："人之爱子亦如是乎？"侍者曰："甚是。"王曰："余杀人之子多矣，能无及此乎？"右尹曰："请待于郊以听国人。"王曰："众怒不可犯。"曰："且入大县而乞师于诸侯。"王曰："皆叛矣。"又曰："且奔诸侯以听大国之虑。"王曰："大福不再，只取辱耳。"于是王乘舟将欲入鄢。右尹度王不用其计，惧俱死，亦去王亡。

灵王于是独傍徨山中，野人莫敢入王。王行遇其故涓人，谓曰："为我求食，我已不食三日矣。"涓人曰："新王下法，有敢饷王从王者，罪及三族。且又无所得食。"王因枕其股而卧。涓人又以土自代，逃去。王觉而弗见，遂饥不能起。芋尹申无宇之子申亥曰："吾父再犯王命，王弗诛，恩孰大焉！"乃求王，遇王饥于釐泽，奉之以归。夏五月癸丑，王死申亥家，申亥以二女从死，并葬之。

是时楚国虽已立比为王，畏灵王复来，又不闻灵王死，故观从谓初王比曰："不杀弃疾，虽得国，犹受祸。"王曰："余不忍。"从曰："人将忍王。"王不听，乃去。弃疾归，国人每夜惊，曰："灵王入矣！"乙卯夜，弃疾使船人从江上走呼曰："灵王至矣！"国人愈惊。又使曼成然告初王比及令尹子晳曰："王至矣！国人将杀君，司马将至矣！君早自图，无取辱焉。众怒如水火，不可救也。"初王及子晳遂自杀。丙辰，弃疾即位为王，改名熊居，是为平王。

平王以诈弑两王而自立，恐国人及诸侯叛之，乃施惠百姓。复陈、蔡之地而立其后如故，归郑之侵地。存恤国中，修政教。吴以楚乱故，获五率以归。平王谓观从："恣尔所欲。"欲为卜尹，王许之。

初，共王有宠子五人，无適立，乃望祭群神，请神决之，使主社稷，而阴与巴姬埋璧于室内，召五〔公〕子斋而入。康王跨之，灵王肘加之，子比、子晳皆远之。平王幼，抱入再而拜，压纽。故康王以长立，至其子失之；围为灵王，及身而弑；子比为王十馀日；子晳不得立，又俱诛。四子皆绝无后。唯独弃疾后立，为平王，竟续楚祀，如其神符。

初，子比自晋归，韩宣子问叔向曰："子比其济乎？"对曰："不就。"宣子曰："同恶相求，如市贾焉，何为不就？"对曰："无与同好，谁与同恶？取国有五难：有宠无人，一也；有人无主，二也；有主无谋，三也；有谋而无民，四也；有民而无德，五也。子比在晋十三年矣，晋、楚之从不闻通者，可谓无人矣；族尽亲叛，可谓无主矣；无衅而动，可谓无谋矣；为羁终世，可谓无民矣；亡无爱征，可谓无德矣。王虐而不忌，子比涉五难以弑君，谁能济之！有楚国者，其弃疾乎？君陈、蔡，方城外属焉。苛慝不作，盗贼伏隐，私欲不违，民无怨心。先神命之，国民信之。芈姓有乱，必季实立，楚之常也。子比之官，则右尹也；数其贵宠，则庶子也；以神所命，则又远之；民无怀焉，将何以立？"宣子曰："齐桓、晋文不亦是乎？"对曰："齐桓，卫姬之子也，有宠于釐公。有鲍叔牙、宾须无、隰朋以为辅，有莒、卫以为外主，有高、国以为内主，从善如流，施惠不倦。有国，不亦宜乎？昔我文公，狐季姬之子也，有宠于献公，好学不倦。生十七年，有士五人，有先大夫子馀、子犯以为腹心，有魏犨、贾佗以为股肱，有齐、宋、秦、楚以为外主，有栾、郤、狐、先以为内主。亡十九年，守志弥笃。惠、怀弃民，民从而与之。故文公有国，不亦宜乎？

子比无施于民，无援于外。去晋，晋不送；归楚，楚不迎。何以有国！”子比果不终焉，卒立者弃疾，如叔向言也。

平王二年，使费无忌如秦为太子建取妇。妇好，来，未至，无忌先归，说平王曰：“秦女好，可自娶，为太子更求。”平王听之，卒自娶秦女，生熊珍。更为太子娶。是时伍奢为太子太傅，无忌为少傅。无忌无宠于太子，常谗恶太子建。建时年十五矣，其母蔡女也，无宠于王，王稍益疏外建也。

六年，使太子建居城父，守边。无忌又日夜谗太子建于王曰：“自无忌入秦女，太子怨，亦不能无望于王，王少自备焉。且太子居城父，擅兵，外交诸侯，且欲入矣。”平王召其傅伍奢责之。伍奢知无忌谗，乃曰：“王奈何以小臣疏骨肉？”无忌曰：“今不制，后悔也。”于是王遂囚伍奢。（而召其二子而告以免父死。）乃令司马奋扬召太子建，欲诛之。太子闻之，亡奔宋。

无忌曰：“伍奢有二子，不杀者，为楚国患。盍以免其父召之，必至。”于是王使使谓奢：“能致二子则生，不能将死。”奢曰：“尚至，胥不至。”王曰：“何也？”奢曰：“尚之为人，廉，死节，慈孝而仁，闻召而免父，必至，不顾其死。胥之为人，智而好谋，勇而矜功，知来必死，必不来。然为楚国忧者必此子。”于是王使人召之，曰：“来，吾免尔父。”伍尚谓伍胥曰：“闻父免而莫奔，不孝也；父戮莫报，无谋也；度能任事，智也。子其行矣，我其归死。”伍尚遂归。伍胥弯弓属矢，出见使者，曰：“父有罪，何以召其子为？”将射，使者还走。遂出奔吴。伍奢闻之，曰：“胥亡，楚国危哉！”楚人遂杀伍奢及尚。

十年，楚太子建母在居巢，开吴。吴使公子光伐楚，遂败陈、蔡，取太子建母而去。楚恐，城郢。

初，吴之边邑卑梁与楚边邑钟离小童争桑，两家交怒相攻，灭卑梁人。卑梁大夫怒，发邑兵攻钟离。楚王闻之，怒，发国兵灭卑梁。吴王闻之，大怒，亦发兵，使公子光因建母家攻楚，遂灭钟离、居巢。楚乃恐而城郢。

十三年，平王卒。将军子常曰：“太子珍少，且其母乃前太子建所当娶也。”欲立令尹子西。子西，平王之庶弟也，有义。子西曰：“国有常法，更立则乱，言之则致诛。”乃立太子珍，是为昭王。

昭王元年，楚众不说费无忌，以其谗亡太子建，杀伍奢子父与郤宛。

宛之宗姓伯氏子嚭及子胥皆奔吴，吴兵数侵楚，楚人怨无忌甚。楚令尹子常诛无忌以说众，众乃喜。

四年，吴三公子奔楚，楚封之以扞吴。五年，吴伐取楚之六、潜。

七年，楚使子常伐吴，吴大败楚于豫章。

十年冬，吴王阖闾、伍子胥、伯嚭与唐、蔡俱伐楚，楚大败，吴兵遂入郢，辱平王之墓，以伍子胥故也。吴兵之来，楚使子常以兵迎之，夹汉水阵。吴伐败子常，子常亡奔郑。楚兵奔，吴乘胜逐之，五战及郢。己卯，昭王出奔。庚辰，吴人入郢。

昭王亡也，至云梦，云梦不知其王也，射伤王。王走郧。郧公之弟怀曰："平王杀吾父，今我杀其子，不亦可乎？"郧公止之，然恐其弑昭王，乃与王出奔随。吴王闻昭王往，即进击随，谓随人曰："周之子孙封于江汉之间者，楚尽灭之。"欲杀昭王。王从臣子綦乃深匿王，自以为王，谓随人曰："以我予吴。"随人卜予吴，不吉，乃谢吴王曰："昭王亡，不在随。"吴请入自索之，随不听，吴亦罢去。

昭王之出郢也，使申包胥请救于秦。秦以车五百乘救楚，楚亦收馀散兵，与秦击吴。十一年六月，败吴于稷。会吴王弟夫概见吴王兵伤败，乃亡归，自立为王。阖闾闻之，引兵去楚，归击夫概。夫概败，奔楚，楚封之堂溪，号为堂溪氏。楚昭王灭唐。九月，归入郢。

十二年，吴复伐楚，取番。楚恐，去郢北徙，都鄀。

十六年，孔子相鲁。二十年，楚灭顿，灭胡。二十一年，吴王阖闾伐越。越王勾践射伤吴王，遂死。吴由此怨越而不西伐楚。

二十七年春，吴伐陈，楚昭王救之，军城父。十月，昭王病于军中，有赤云如鸟，夹日而蜚。昭王问周太史，太史曰："是害于楚王，然可移于将相。"将相闻是言，乃请自以身祷于神。昭王曰："将相，孤之股肱也，今移祸，庸去是身乎！"弗听。卜而河为祟，大夫请祷河。昭王曰："自吾先王受封，望不过江、汉，而河非所获罪也。"止不许。孔子在陈，闻是言，曰："楚昭王通大道矣，其不失国，宜哉！"

昭王病甚，乃召诸公子大夫曰："孤不佞，再辱楚国之师，今乃得以天寿终，孤之幸也。"让其弟公子申为王，不可。又让次弟公子结，亦不可。乃又让次弟公子闾，五让，乃后许为王。将战，庚寅，昭王卒于军中。子闾曰："王病甚，舍其子让群臣，臣所以许王，以广王意也。今君王卒，臣岂敢忘君王之意乎！"乃与子西、子綦谋，伏师闭涂，迎越女之子章立之，是为惠王。然后罢兵归，葬昭王。

惠王二年，子西召故平王太子建之子胜于吴，以为巢大夫，号曰白公。白公好兵而下士，欲报仇。六年，白公请兵令尹子西伐郑。初，白公父建亡在郑，郑杀之，自公走亡吴，子西复召之，故以此怨郑，欲伐之。子西许而未为发兵。

八年，晋伐郑，郑告急楚，楚使子西救郑，受赂而去。白公胜怒，乃遂与勇力死士石乞等袭杀令尹子西、子綦于朝，因劫惠王，置之高府，欲弑之。惠王从者屈固负王亡走昭王夫人宫。白公自立为王。月馀，会叶公来救楚，楚惠王之徒与共攻白公，杀之。惠王乃复位。是岁也，灭陈而县之。

十三年，吴王夫差强，陵齐、晋，来伐楚。十六，越灭吴。四十二年，楚灭蔡。四十四年，楚灭杞，与秦平。是时越已灭吴而不能正江、淮北；楚东侵，广地至泗上。

五十七年，惠王卒，子简王中立。简王元年，北伐灭莒。八年，魏文侯、韩武子、赵桓子始列为诸侯。

二十四年，简王卒，子声王当立。声王六年，盗杀声王，子悼王熊疑立。悼王二年，三晋来伐楚，至乘丘而还。四年，楚伐周。郑杀子阳。九年，伐韩，取负黍。十一年，三晋伐楚，败我大梁、榆关。楚厚赂秦，与之平。二十一年，悼王卒，子肃王臧立。

肃王四年，蜀伐楚，取兹方。于是楚为扞关以距之。十年，魏取我鲁阳。十一年，肃王卒，无子，立其弟熊良夫，是为宣王。

宣王六年，周天子贺秦献公。秦始复强，而三晋益大，魏惠王、齐威王尤强。三十年，秦封卫鞅于商，南侵楚。是年，宣王卒，子威王熊商立。

威王六年，周显王致文、武胙于秦惠王。

七年，齐孟尝君父田婴欺楚，楚威王伐齐，败之于徐州，而令齐必逐田婴。田婴恐，张丑伪谓楚王曰："王所以战胜于徐州者，田盼子不用也。盼子者，有功于国，而百姓为之用。婴子弗善而用申纪。申纪者，大臣不附，百姓不为用，故王胜之也。今王逐婴子，婴子逐，盼子必用矣。复搏其士卒以与王遇，必不便于王矣。"楚王因弗逐也。

十一年，威王卒，子怀王熊槐立。魏闻楚丧，伐楚，取我陉山。

怀王元年，张仪始相秦惠王。四年，秦惠王初称王。

六年，楚使柱国昭阳将兵而攻魏，破之于襄陵，得八邑。又移兵而攻齐，齐王患之。陈轸适为秦使齐，齐王曰："为之奈何？"陈轸曰："王勿忧，请令罢之。"即往见昭阳军中，曰："愿闻楚国之法，破军杀将者何以贵之？"昭阳曰："其官为上柱国，封上爵执珪。"陈轸曰："其有贵于此者乎？"昭阳曰："令尹。"陈轸曰："今君已为令尹矣，此国冠之上。臣请得譬之。人有遗其舍人一卮酒者，舍人相谓曰：'数人饮此，不足以遍，请遂画地为蛇，蛇先成者独饮之。'一人曰：'吾蛇先成。'举酒而起，曰：'吾能为之足。'及其为之足，而后成人夺之酒而饮之，曰：'蛇固无足，今为之足：是非蛇也。'今君相楚而攻魏，破军杀将，功莫大焉，冠之上不可以加矣。今又移兵而攻齐，攻齐胜之，官爵不加于此；攻之不胜，身死爵夺，有毁于楚：此为蛇为足之说也。不若引兵而去以德齐，此持满之术也。"昭阳曰："善。"引兵而去。

燕、韩君初称王。秦使张仪为楚、齐、魏相会，盟啮桑。

十一年，苏秦约从山东六国共攻秦，楚怀王为从长。至函谷关，秦出兵击六国，六国兵皆引而归，齐独后。十二年，齐湣王伐败赵、魏军，秦亦伐败韩，与齐争长。

十六年，秦欲伐齐，而楚与齐从亲。秦惠王患之，乃宣言张仪免相，使张仪南见楚王，谓楚王曰："敝邑之王所甚说者无先大王，虽仪之所甚愿为门阑之厮者亦无先大王。敝邑之王所甚憎者无先齐王，虽仪之所甚憎者亦无先齐王。而大王和之，是以敝邑之王不得事王，而令仪亦不得为门阑之厮也。王为仪闭关而绝齐，今使使者从仪西取故秦所分楚商於之地方六百里，如是则齐弱矣。是北弱齐，西德于秦，私商於以为富，此一计而三利俱至也。"怀王大悦，乃置相玺于张仪，日与置酒，宣言"吾复得吾商於之地"。群臣皆贺，而陈轸独吊。怀王曰："何故？"陈轸对曰："秦之所为重王者，以王之有齐也。今地未可得而齐交先绝，是楚孤也。夫秦又何重孤国哉，必轻楚矣。且先出地而后绝齐，则秦计不为。先绝齐而后责地，则必见欺于张仪。见欺于张仪，则王必怨之。怨之，是西起秦患，北绝齐交。西起秦患，北绝齐交，则两国之兵必至。臣故吊。"楚王弗听，因使一将军西受封地。

张仪至秦，详醉坠车，称病不出三月，地不可得。楚王曰："仪以吾绝齐为尚薄邪？"乃使勇士宋遗北辱齐王。齐王大怒，折楚符而合于秦。秦齐交合，张仪乃起朝，谓楚将军曰："子何不受地？从某至某，广袤六里。"楚将军曰："臣之所以见命者六百里，不闻六里。"即以归报怀王。

怀王大怒，兴师将伐秦。陈轸又曰："伐秦非计也。不如因赂之一名都，与之伐齐，是我亡于秦，取偿于齐也，吾国尚可全。今王已绝于齐而责欺于秦，是吾合秦齐之交而来天下之兵也，国必大伤矣。"楚王不听，遂绝和于秦，发兵西攻秦。秦亦发兵击之。

十七年春，与秦战丹阳，秦大败我军，斩甲士八万，虏我大将军屈匄、裨将军逢侯丑等七十馀人，遂取汉中之郡。楚怀王大怒，乃悉国兵复袭秦。战于蓝田，大败楚军。韩、魏闻楚之困，乃南袭楚，至于邓。楚闻，乃引兵归。

十八年，秦使使约复与楚亲，分汉中之半以和楚。楚王曰："愿得张仪，不愿得地。"张仪闻之，请之楚。秦王曰："楚且甘心于子，奈何？"张仪曰："臣善其左右靳尚，靳尚又能得事于楚王幸姬郑袖，袖所言无不从者。且仪以前使负楚以商於之约，今秦楚大战，有恶，臣非面自谢楚不解。且大王在，楚不宜敢取仪。诚杀仪以便国，臣之愿也。"仪遂使楚。

至，怀王不见，因而囚张仪，欲杀之，仪私于靳尚，靳尚为请怀王曰："拘张仪，秦王必怒。天下见楚无秦，必轻王矣。"又谓夫人郑袖曰："秦王甚爱张仪，而王欲杀之，今将以上庸之地六县赂楚，以美人聘楚王，以宫中善歌者为之媵。楚王重地，秦女必贵，而夫人必斥矣。夫人不若言而出之。"郑袖卒言张仪于王而出之。仪出，怀王因善遇仪，仪因说楚王以叛从约而与秦合亲，约婚姻。张仪已去，屈原使从齐来，谏王曰："何不诛张仪？"怀王悔，使人追仪，弗及。是岁，秦惠王卒。

二十年，齐湣王欲为从长，恶楚之与秦合，乃使使遗楚王书曰："寡人患楚之不察于尊名也。今秦惠王死，武王立，张仪走魏，樗里疾、公孙衍用，而楚事秦。夫樗里疾善乎韩，而公孙衍善乎魏；楚必事秦，韩、魏恐，必因二人求合于秦，则燕、赵亦宜事秦。四国争事秦，则楚为郡县矣。王何不与寡人并力收韩、魏、燕、赵，与为从而尊周室，以案兵息民，令于天下？莫敢不乐听，则王名成矣。王率诸侯并伐，破秦必矣。王取武关、蜀、汉之地，私吴、越之富而擅江海之利，韩、魏割上党，西薄函谷，则楚之强百万也。且王欺于张仪，亡地汉中，兵锉蓝田，天下莫不代王怀怒。今乃欲先事秦！愿大王孰计之。"

楚王业已欲和于秦，见齐王书，犹豫不决，下其议群臣。群臣或言和秦，或曰听齐。昭雎曰："王虽东取地于越，不足以刷耻；必且取地于秦，而后足以刷耻于诸侯。王不如深善齐、韩以重樗里疾，如是则王得韩、齐之重以求地矣。秦破韩宜阳，而韩犹复事秦者，以先王墓在平阳，而秦之武遂去之七十里，以故尤畏秦。不然，秦攻三川，赵攻上党，楚攻河外，韩必亡。楚之救韩，不能使韩不亡，然存韩者楚也。韩已得武遂于秦，以河山为塞，所报德莫如楚厚，臣以为其事王必疾。齐之所信于韩者，以韩公子眛为齐相也。韩已得武遂于秦，王甚善之，使之以齐、韩重樗里疾，疾得齐、韩之重，其主弗敢弃疾也。今又益之以楚之重，樗里子必言秦，复与楚之侵地矣。”于是怀王许之，竟不合秦，而合齐以善韩。

二十四年，倍齐而合秦。秦昭王初立，乃厚赂于楚。楚往迎妇。二十五年，怀王入与秦昭王盟，约于黄棘。秦复与楚上庸。二十六年，齐、韩、魏为楚负其从亲而合于秦，三国共伐楚。楚使太子入质于秦而请救。秦乃遣客卿通将兵救楚，三国引兵去。

二十七年，秦大夫有私与楚太子斗，楚太子杀之而亡归。二十八年，秦乃与齐、韩、魏共攻楚，杀楚将唐眛，取我重丘而去。二十九年，秦复攻楚，大破楚，楚军死者二万，杀我将军景缺。怀王恐，乃使太子为质于齐以求平。

三十年，秦复伐楚，取八城。秦昭王遗楚王书曰：“始寡人与王约为弟兄，盟于黄棘，太子为质，至欢也。太子陵杀寡人之重臣，不谢而亡去，寡人诚不胜怒，使兵侵君王之边。今闻君王乃令太子质于齐以求平。寡人与楚接境壤界，故为婚姻，所从相亲久矣。而今秦楚不欢，则无以令诸侯。寡人愿与君王会武关，面相约，结盟而去，寡人之愿也。敢以闻下执事。”

楚怀王见秦王书，患之。欲往，恐见欺；无往，恐秦怒。昭睢曰：“王毋行，而发兵自守耳。秦虎狼，不可信，有并诸侯之心。”怀王子子兰劝王行，曰：“奈何绝秦之欢心！”于是往会秦昭王。昭王诈令一将军伏兵武关，号为秦王。楚王至，则闭武关，遂与西至咸阳，朝章台，如蕃臣，不与亢礼。楚怀王大怒，悔不用昭子言。秦因留楚王，要以割巫、黔中之郡。楚王欲盟，秦欲先得地。楚王怒曰：“秦诈我，而又强要我以地！”不复许秦。秦因留之。

楚大臣患之，乃相与谋曰：“吾王在秦不得还，要以割地，而太子为质于齐，齐、秦合谋，则楚无国矣。”乃欲立怀王子在国者。昭睢曰：“王与太子俱困于诸侯，而今又倍王命而立其庶子，不宜。”乃诈赴于齐，齐湣王谓其相曰：“不若留太子以求楚之淮北。”相曰：“不可，郢中立王，是吾抱空质而行不义于天下也。”或曰：“不然。郢中立王，因与其新王市曰‘予我下东国，吾为王杀太子；不然，将与三国共立之’，然则东国必可得矣。”齐王卒用其相计而归楚太子。太子横至，立为王，是为顷襄王。乃告于秦曰：“赖社稷神灵，国有王矣。”

顷襄王横元年。秦要怀王不可得地，楚立王以应秦，秦昭王怒，发兵出武关攻楚，大败楚军，斩首五万，取析十五城而去。

二年，楚怀王亡逃归，秦觉之，遮楚道，怀王恐，乃从间道走赵以求归。赵主父在代，其子惠王初立，行王事，恐，不敢入楚王。楚王欲走魏，秦追至，遂与秦使复之秦。怀王遂发病。

顷襄王三年，怀王卒于秦，秦归其丧于楚。楚人皆怜之，如悲亲戚。诸侯由是不直秦。秦楚绝。

六年，秦使白起伐韩于伊阙，大胜，斩首二十四万。秦乃遗楚王书曰：“楚倍秦，秦且率诸侯伐楚，争一旦之命。愿王之饬士卒，得一乐战。”楚顷襄王患之，乃谋复与秦平。七年，楚迎妇于秦，秦楚复平。

十一年，齐、秦各自称为帝；月馀，复归帝为王。

十四年，楚顷襄王与秦昭王好会于宛，结和亲。十五年，楚王与秦、三晋、燕共伐齐，取淮北。十六年，与秦昭王好会于鄢。其秋，复与秦王会穰。

十八年，楚人有好以弱弓微缴加归雁之上者，顷襄王闻，召而问之。对曰：“小臣之好射鶀雁，罗鸗，小矢之发也，何足为大王道也。且称楚之大，因大王之贤，所弋非直此也。昔者三王以弋道德，五霸以弋战国。故秦、魏、燕、赵者，鶀雁也；齐、鲁、韩、卫者，青首也；驺、费、郯、邳者，罗鸗也。外其馀则不足射者。见鸟六双，以王何取？王何不以圣人为弓，以勇士为缴，时张而射之？此六双者，可得而囊载也。其乐非特朝夕之乐也，其获非特凫雁之实也。王朝张弓而射魏之大梁之南，加其右臂而径属之于韩，则中国之路绝而上蔡之郡坏矣。还射圉之东，解魏左肘而外击定陶，则魏之东外弃而大宋、方与二郡者举矣。且魏断二臂，颠越矣；膺击郯国，大梁可得而有也。王綪缴兰台，饮马西河，定魏大梁，此一发之乐也。若王之于弋诚好而不厌，则出宝弓，碆新缴，射噣鸟于东海，还盖长城以为防，朝射东莒，夕发浿丘，夜加即墨，顾据午道，则长城之东收而太山之北举矣。西结境于赵而北达于燕，三国布䎱，则从不待约而可成也。北游目于燕之辽东而南登望于越之会稽，此再发之乐也。若夫泗上十二诸侯，左萦而右拂之，可一旦而尽也。今秦破韩以为长忧，得列城而不敢守也；伐魏而无功，击赵〔而〕顾病，则秦魏之勇力屈矣，楚之故地汉中、析、郦可得而复有也。王出宝弓，碆新缴，涉鄳塞，而待秦之倦也，山东、河内可得而一也。劳民休众，南面称王矣。故曰秦为大鸟，负海内而处，东面而立，左臂据赵之西南，右臂傅楚鄢郢，膺击韩魏，垂头中国，处既形便，势有地利，奋翼鼓翄，方三千里，则秦未可得独招而夜射也。"欲以激怒襄王，故对以此言。襄王因召与语，遂言曰："夫先王为秦所欺而客死于外，怨莫大焉。今以匹夫有怨，尚有报万乘，白公、子胥是也。今楚之地方五千里，带甲百万，犹足以踊跃中野也，而坐受困，臣窃为大王弗取也。"于是顷襄王遣使于诸侯，复为从，欲以伐秦。秦闻之，发兵来伐楚。

楚欲与齐、韩连和伐秦，因欲图周。周王赧使武公谓楚相昭子曰："三国以兵割周郊地以便输，而南器以尊楚，臣以为不然。夫弑共主，臣世君，大国不亲；以众胁寡，小国不附。大国不亲，小国不附，不可以致名实。名实不得，不足以伤民。夫有图周之声，非所以为号也。"昭子曰："乃图周则无之。虽然，周何故不可图也？"对曰："军不五不攻，城不十不围。夫一周为二十晋，公之所知也。韩尝以二十万之众辱于晋之城下，锐士死，中士伤，而晋不拔。公之无百韩以图周，此天下之所知也。夫怨结于两周以塞驺、鲁之心，交绝于齐，声失天下，其为事危矣。夫危两周以厚三川，方城之外必为韩弱矣。何以知其然也？西周之地，绝长补短，不过百里。名为天下共主，裂其地不足以肥国，得其众不足以劲兵。虽无攻之，名为弑君。然而好事之君，喜攻之臣，发号用兵，未尝不以周为终始。是何也？见祭器在焉，欲器之至而忘弑君之乱。今韩以器之在楚，臣恐天下以器仇楚也。臣请譬之。夫虎肉臊，其兵利身，人犹攻之也。若使泽中之麋蒙虎之皮，人之攻之必万于虎矣。裂楚之地，足以肥国；诎楚之名，足以尊主。今子将以欲诛残天下之共主，居三代之传器，吞三翮六翼，以高世主，非贪而何？《周书》曰'欲起无先'，故器南则兵至矣。"于是楚计辍不行。

十九年，秦伐楚，楚军败，割上庸、汉北地予秦。二十年，秦将白起拔我西陵。二十一年，秦将白起遂拔我郢，烧先王墓夷陵。楚襄王兵散，遂不复战，东北保于陈城。二十二年，秦复拔我巫、黔中郡。

二十三年，襄王乃收东地兵，得十馀万，复西取秦所拔我江旁十五邑以为郡，距秦。二十七年，使三万人助三晋伐燕。复与秦平，而入太子为质于秦。楚使左徒侍太子于秦。

三十六年，顷襄王病，太子亡归。秋，顷襄王卒，太子熊元代立，是为考烈王。考烈王以左徒为令尹，封以吴，号春申君。

考烈王元年，纳州于秦以平。是时楚益弱。六年，秦围邯郸，赵告急楚，楚遣将军景阳救赵。七年，至新中。秦兵去。十二年，秦昭王卒，楚王使春申君吊祠于秦。十六年，秦庄襄王卒，秦王赵政立。二十二年，与诸侯共伐秦，不利而去。楚东徙都寿春，命曰郢。

二十五年，考烈王卒，子幽王悍立。李园杀春申君。幽王三年，秦、魏伐楚。秦相吕不韦卒。九年，秦灭韩。十年，幽王卒，同母弟犹代立，是为哀王。

哀王立二月馀，哀王庶兄负刍之徒袭杀哀王而立负刍为王。是岁，秦虏赵王迁。

王负刍元年，燕太子丹使荆轲刺秦王。二年，秦使将军伐楚，大破楚军，亡十馀城。三年，秦灭魏。四年，秦将王翦破我军于蕲，而杀将军项燕。五年，秦将王翦、蒙武遂破楚国，虏楚王负刍，灭楚（名）为（楚）郡云。

太史公曰：楚灵王方会诸侯于申，诛齐庆封，作章华台，求周九鼎之时，志小天下；及饿死于申亥之家，为天下笑。操行之不得，悲夫！势之于人也，可不慎与？弃疾以乱立，嬖淫秦女，甚乎哉，几再亡国！

【译文】

楚国的祖先源于颛顼帝高阳。高阳，是黄帝的孙子，昌意的儿子。高阳生下了称，称生下了卷章，卷章生下了重黎。重黎是帝喾高辛氏的火正，立了很多功劳，能让天下光明遍照，帝喾赏赐给他祝融的称号。共工氏发动了叛乱，帝喾让重黎去诛杀作乱之人，但没有杀尽。帝喾便在庚寅日诛杀了重黎，让他的弟弟吴回接替重黎，也担任火正，仍称之为祝融。

吴回生了陆终。陆终有六个儿子，都是剖腹而生。老大叫昆吾，老二叫参胡，老三叫彭祖，老四叫会人，老五叫曹姓，老六叫季连。季连姓芈，楚国王族是他的后人。昆吾在夏朝时曾是侯伯，桀时被汤灭了。彭祖在商朝时曾是侯伯，商朝末年时被灭。季连生下了附沮，附沮生下了穴熊。他的后人中途衰落。有的在中原，有的在蛮夷，史书没有记载他们的世系。

周文王时，季连有支苗裔后代叫鬻熊。鬻熊像儿子一样侍奉文王，早死。他的儿子叫熊丽，生了熊狂，熊狂生了熊绎。

熊绎生长在周成王时代，成王重用文王、武王时功臣的后代，因此把熊绎封在楚蛮，封给他子男爵位的田地，姓芈，住在丹阳。楚子熊绎与鲁公伯禽、卫康叔子牟、晋侯燮、齐太公子吕伋一起侍奉成王。

熊绎生了熊艾，熊艾生了熊䵣，熊䵣生下了熊胜。熊胜让弟弟熊杨做了继承者。熊杨生下了熊渠。

熊渠生有三个儿子。周夷王时，周王室开始衰落，有的诸侯不再朝觐天子，有的诸侯互相攻伐。熊渠很得长江、汉水一带民众的拥护，于是出兵攻打庸、杨粤，一直打到鄂地。熊渠说："我们是蛮夷人，没有必要采用中原各国的名称谥号。"于是他就封自己的长子康为句亶王，二儿子红为鄂王，小儿子执疵为越章王，都在长江沿岸的楚蛮地区。到周厉王时，其性格暴躁狂虐，熊渠担心他来攻打楚国，也就去掉了自己的王号。

熊渠的继承人为长子熊毋康，毋康早死。熊渠去世后，次子熊挚红继位。挚红死了，被他的弟弟杀害取而代之，这就是熊延。熊延生下了熊勇。

熊勇六年，周人发起叛乱，攻打厉王，厉王逃亡到彘。熊勇在位十年后去世，他的弟弟熊严继位。

熊严在位十年后去世。他有四个儿子，长子伯霜，老二仲雪，老三叫叔堪，老四叫季徇。熊严去世后，长子伯霜继位，这就是熊霜。

熊霜元年，周宣王即位。熊霜在位六年后去世，三个弟弟争夺王位。仲雪因此死了；叔堪逃亡，逃到了濮避难，小弟弟季徇继位，这就是熊徇。熊徇十六年，郑桓公被封到郑。二十二年，熊徇去世，他的儿子熊咢继位。熊咢在位九年后去世，他的儿子熊仪继位，这就是若敖。

若敖二十年，周幽王被犬戎人所杀，周王室被迫东迁，秦襄公因功被封为诸侯。

二十七年，若敖去世，他的儿子熊坎继位，这就是霄敖。霄敖于六年后去世，他的儿子熊眴继位，这就是蚡冒。蚡冒十三年，晋国发生内乱，曲沃庄伯发动叛乱。蚡冒十七年时去世。蚡冒的弟弟熊通杀死了蚡冒的儿子自立为王，这就是楚武王。

武王十七年，晋国曲沃庄伯杀害了国君晋孝侯。十九年，郑伯的弟弟段发动内战。二十一年，郑国侵占了周天子的田地。二十三年，卫国人杀害了国君卫桓公。二十九年，鲁国人杀害了国君鲁隐公。三十一年，宋国太宰华督杀害了国君宋殇公。

三十五年，楚国进攻随国。随国君说："我没有罪啊。"楚王说："我是蛮夷之人。今天诸侯们都背叛了周王室，有的相互侵伐。我有军队，想以此参与中原的政事，请周王室封赐我名号。"随国人代他向周王室请求尊号，周王室不同意，随国人回来报告给了楚熊通。三十七年，楚熊通愤怒地说："我的祖先鬻熊，是文王的老师，很早就去世了。周成王提拔我的先公，竟只赏赐了子男爵位的田地，让他住在楚地，蛮夷部族都顺服了，但是周王却不加封爵位，我只好自称尊号了！"于是他自称武王，和随国人订立盟约后撤离。这样楚国开始开发濮地并一直占有它。

五十一年，周王召见随侯，责备他让楚国君称王。楚武王很气愤，认为随侯背叛了自己，于是进攻随国。武王在行军路上病死，于是楚军才撤离。武王的儿子文王熊赀继位，并将郢作为都城。

文王二年，楚国讨伐申国时经过邓，邓人说"很容易抓住楚王"。邓侯没有答应。六年，楚国攻打蔡国，俘虏了蔡哀侯回国，没多久又释放了他。楚国逐渐变得强盛，常欺凌长江、汉水一带的小国，小国都很害怕楚国。十一年（前 679 年），齐桓公开始称霸，楚国也逐渐强大。

十二年，楚国攻打邓国，并消灭了它。十三年，文王去世，他的儿子熊坚继位，这就是堵敖。堵敖五年，想杀死自己的弟弟熊恽，熊恽逃往了随国，与随人偷袭并杀死了堵敖自立为王，这就是成王。

成王恽元年，刚刚即位便向百姓布施恩德，与诸侯恢复以前的友好关系。派人向天子朝贡，天子赏赐给他祭祀的胙肉，说："请镇抚你们南方夷越地区的战乱，不要侵犯中原。"于是楚国地域面积扩大到千里。

十六年，齐桓公派军入侵楚国，一直打到陉山。楚成王让将军屈完率军抵御，与桓公结盟。桓公谴责楚成王不向周王室供奉贡品，楚成王答应了他的要求后齐才撤军。

十八年，成王派兵北进攻打许国，许国国君袒露胳膊请罪，楚成王便释放了他。二十二年，楚国进攻黄国。二十六年，楚国灭了英国（偃姓古国）。

三十三年，宋襄公想要与诸侯会盟，召集楚国。楚王生气地说："叫我去，我将以友好的姿态前往然后趁机羞辱他。"于是楚王率兵到了盂，抓住并侮辱了宋襄公，不久后放他回去了。三十四年，郑文公南下拜见楚王。楚成王北进讨伐宋国，在泓水大胜宋军，射伤了宋襄公，襄公后来因伤而死。

三十五年，晋公子重耳路过楚国，成王以接待诸侯的礼节款待了重耳，并厚赠重耳礼物送他到了秦国。

三十九年，鲁僖公向楚国请求出兵一起讨伐齐国，楚国派申侯率军攻打齐国，夺取了谷邑，把齐桓公的儿子雍安顿在这里。齐桓公的七个儿子都逃到了楚国，楚国全部拜他们为上大夫。楚国消灭了夔，因为夔国不祭祀祝融、鬻熊。

这年夏天，楚国讨伐宋国，宋国向晋国求救，晋国出兵救援宋国，楚成王只好作罢撤军回国。将军子玉请求再战，成王说："重耳逃亡在外多年，最终才得以回到晋国，这是上天在护佑他，不能阻挡。"子玉坚持请战，于是楚成王只给了他小股军队就离开了。晋国果真在城濮大败子玉。楚成王很气愤，逼死了子玉。

四十六年，当初成王准备立商臣为太子，并告诉了令尹子上。子上说："国君你还年轻，又有很多宠爱的妻妾，假如立了太子又废弃便会出乱子。楚国立的太子常常是年少的。况且商臣眼睛像毒蜂声音像豺狼，是个残暴的人，不宜立为太子。"楚王没有听，立了商臣为太子。后来楚王又想立儿子职为太子而废黜商臣。商臣听后未经证实，便告诉自己的老师潘崇并问："要怎样才能获得真实的情况？"潘崇说："盛情招待成王的宠姬江芈，不过不要尊敬她。"商臣遵从了他的谋略。江芈生气地说："大王想废黜你而立职为太子是对的。"商臣告诉潘崇说："确定了。"潘崇问："您能侍奉职为君吗？"商臣回答："不能！"又问："你愿意逃离吗？"商臣又回答："不愿。""能干大事吗？"商臣回答道："能。"这年冬季十月，商臣率宫廷侍卫包围了成王，成王请求吃过熊掌后再死，商臣不同意。丁未这一天，成王上吊自杀。商臣自立为王，这就是穆王。

穆王继位后，将自己的太子宫赏赐给潘崇，让他做太师，掌管国家政务。穆王三年，楚国消灭了江国。四年，楚国消灭了六国、蓼国。六国、蓼国的国君都是皋陶的后裔。八年，楚攻打陈国。十二年，穆王去世。他的儿子庄王侣继位。

庄王继位三年，没有发布过任何政令，日夜寻欢作乐，还命令国人说："有敢进谏的一律问斩！"伍举入宫进谏。庄王左手抱着郑姬，右手搂着越女，坐在歌舞乐人中间。伍举说："希望能给您讲一个故事。"然后说："有只鸟落在土山上，三年不飞不鸣，这是什么鸟呢？"庄王说："三年不飞，一飞则冲天；三年不鸣，一鸣则惊人。你下去吧，我明白你的意思了。"过了几个月，庄王变得更加放纵骄淫。大夫苏从便入宫进谏。楚庄王说：

“你没有听到我的命令吗？”苏从回答说：“舍身而能使您贤明，这是我的夙愿。”楚王于是就不再放纵作乐，开始处理政务，杀死了几百个罪人，擢升了几百个有功之臣，重用伍举、苏从掌管政务，全国上下十分高兴。这一年楚国灭亡了庸国。六年，楚国攻打宋国，缴获了五百辆战车。

八年，楚国攻打陆浑戎，后来到达洛阳，在周都郊外阅兵。周定王派王孙满犒劳楚王。楚王向王孙满询问鼎的轻重大小，王孙满回答说：“治理国家在于德行而不在于宝鼎。”庄王说：“你不要倚仗九鼎！楚国只要用折断的戟尖，就可以铸成九鼎。”王孙满说：“啊呀！君王难道忘了吗？过去虞夏强盛时，边远的国家都来朝贡，让九州的长官进贡金属，铸成九鼎，将全国山川物产，各种怪异之物都绘在鼎上，好让百姓知道各种怪异为害的情形。桀道德败坏，将鼎迁到殷朝，殷持续了六百年。殷纣王残暴无道，鼎因此又被周朝取得。假如天子德行高尚，鼎虽很小却会重得移不动；如果天子昏庸无德，鼎即使再重也会容易移动。过去，周成王把九鼎安放在郏鄏，占卜显示可以传世三十代，建国七百年，这是上天的意旨。现在周王室虽然略有衰败，但上天的意旨很难改变。问鼎的轻重，确实不可以啊。”楚王这才撤军回国。

九年，楚庄王以若敖氏为国相。有人在庄王面前中伤若敖氏，他担心被杀，反而因此攻击庄王，庄王灭了若敖氏整个家族。十三年，楚国消灭了舒国。

十六年，楚国攻打陈国，杀死夏徵舒。因为夏徵舒杀死了自己的国君，所以楚国杀死了他。攻下陈国后，楚国将它划为自己的一个县。群臣都祝贺胜利，只有申叔时刚从齐国出使归来没有向庄王庆贺。庄王问他原因，他回答道：“常言说，牵着牛笔直地走到人家田里践踏庄稼，田的主人便抢占了牛。牵牛走入人家田里践踏庄稼的确不对，但抢走牛不也太过分了吗？况且庄王您是因为陈国内乱才率领诸侯攻打它，以有理攻打它，却又贪婪强占为自己的一个县，这以后还怎么号令天下呢！”庄王于是又恢复了陈国后裔的地位。

十七年春天，楚庄王包围了郑国，三个月后攻占了它。从皇门进入郑都，郑伯脱了上衣，露出胳膊，牵着羊欢迎庄王，说：“我不为上天所保佑，不能侍奉您，您因此生气，来到我国，这是我的错误。我怎敢不听命！您把我丢到南海去吧，或者把我当奴隶赏赐给诸侯，我也听命。如果您还没忘记周厉王、宣王、郑桓公、郑武公，不想断绝他们的祭祀，就让我侍奉您吧，这是我的愿望，但我不敢有这样的奢望。只是大胆地向您表白内心的真实想法。”楚国的大臣们都说：“君王不要同意他。”庄王说：“郑君能这样谦逊，就一定能取信于自己的百姓，怎么可以断绝他的祭祀呢？”说完，庄王亲自掌军旗，左右的人指挥军队，率军退后三十里驻扎，最后同意与郑国讲和。郑国大夫潘尪前来签订盟约，子良到楚国做人质。这年夏季六月，晋国救援郑国，与楚军大战，楚军在黄河边上大败晋军，最后一直打到衡雍才回国。

二十年，楚军包围了宋都，因为宋国杀死了楚国使者。围困了宋都五个多月，宋都城内的粮食都吃光了，人们被迫互换孩子而食，劈开人骨当作柴来烧饭。宋国的华元出城向楚军讲明实情。庄王说：“这是君子啊！”于是撤军离去。

二十三年，庄王去世，他的儿子共王审继位。

共王十六年，晋国攻打郑国。郑国向楚国求援，共王出兵援助郑国。楚军与晋军在鄢陵恶战，晋军打败了楚军，并射中了共王的眼睛。共王传唤将军子反。子反喜欢喝酒，他的随从竖阳谷向子反劝酒，子反因此酩酊大醉。共王很生气，射死了子反，最后撤军回国。

三十一年，共王去世，他的儿子康王招继位。康王在位十五年后去世，他的儿子员继位，这就是郏敖。

康王喜欢弟弟公子围、子比、子皙和弃疾。郏敖三年时，派自己的叔父、康王弟弟公子围做令尹，掌管军事。四年，公子围出使郑国，中途听说楚王生病就返回了楚国。十二月己酉这一日，公子围进宫打听楚王病情，竟用帽带勒死了楚王，又杀了楚王的儿子莫和平夏。他派使者到郑国报丧。伍举询问使者道：“怎么回答谁将继位？”使者回答：“寡大夫公子围。”伍举纠正说：“共王的儿子公子围为长。”子比逃到了晋国，公子围继位，这便是灵王。

灵王三年六月，楚国让使者通知晋国，想与诸侯盟会。诸侯都到楚国的申邑聚会。伍举说：“以前夏启有钧台宴飨，商汤有景亳诰命，周武王有盟津誓师，成王有岐阳会猎，康王有丰宫朝觐，穆王有涂山聚会，齐桓公有召陵会师，晋文公有践土之盟，您打算使用哪种仪式？”灵王说：“使用齐桓公的方式。”当时郑国的子产在场，当时晋、宋、鲁、卫没有参与申之会。灵王与诸侯签订盟约后，面露骄色。伍举说：“桀举行了有仍之会，有缗反叛了他。纣王举行了黎山之会，东夷背叛了他。幽王举行了太室之盟，戎、翟都叛变了。您要慎重考虑结局呀！”

这年七月，楚国率诸侯军讨伐吴国，包围了朱方。八月，攻下了朱方，囚禁了庆封，灭了庆封的家族。楚国将庆封示众说：“大家不要效仿齐国的庆封杀死自己的国君，欺侮自己的幼君，以此来挟制各位大夫与自己盟誓。”庆封反唇相讥说：“不要效仿楚共王的庶出之子围谋杀了自己的国君哥哥的儿子员而替代他为君！”灵王因此派人马上杀掉了庆封。

七年，灵王建造了章华台，下令让逃亡的人在里面服役。

八年，楚王派公子弃疾率军消灭了陈国。十年，楚王召来蔡侯，灌醉后杀死了他。又派弃疾平定了蔡国，并命他为陈蔡公。

十一年，楚王进攻徐国以恐吓吴国。灵王驻扎在乾溪等待伐徐的消息。灵王说：“齐、晋、鲁、卫，他们受封时都接受了宝器，唯独我国没有。现在我派人到周要求把鼎给我们楚作为分封的宝器，周王室能给我吗？”析父回答说：“他会给君王的！过去我们的先王熊绎在偏远的荆山，乘坐简单的车子，身穿褴褛衣衫，居住在草莽地区，跋山涉水侍奉天子，曾把桃木弓、棘枝箭贡献给周王室。齐国君是周王的舅舅；晋和鲁、卫国君是周王同母弟弟。因此，他们都有宝器，只有楚国没有。周王室今天和那四个国家都侍奉您，对您都唯命是从，怎么敢吝惜鼎呢？”灵王说：“过去，我们远祖伯父昆吾住在以前的许国，现在郑国人贪婪地占有了那块地而不给我。现在我去讨回来，他们会给我吗？”析父回答说：“周王室都不吝惜鼎，郑国怎么敢舍不得田呢？”灵王又说：“过去诸侯们都认为我国地处偏远而害怕晋国，现在我增强和加固陈、蔡、不羹的城池，那里都备有一千辆战车，诸侯们会惧怕我吗？”析父回答说：“肯定会怕呀！”灵王兴奋地说：“析父很熟悉过去的历史啊！”

十二年的春天，楚灵王在乾溪游玩，不愿意离开。当时百姓们都苦于沉重的徭役。最初，灵王在申与诸侯会盟时，曾凌辱了越国大夫常寿过，杀死了蔡国大夫观起。观起的儿子观从逃到了吴国，他劝吴王攻打楚国，挑拨越国大夫常寿过，要他挑起内乱，做吴国的间谍；他又派人假借公子弃疾的命令从晋国召回公子比，到了蔡国，想与吴国、越国军队偷袭蔡国；安排公子比会见了弃疾，还在邓与弃疾结了盟。于是，潜入宫中杀死了灵王的太子禄，拥立子比为楚王，委任公子子皙为令尹、弃疾为司马。先除掉了王宫后，观从又率领军队到乾溪，向楚国官兵说：“楚国已经重新立新王了。先返回国都的，会恢复他们的爵位、封邑、田地和房屋。后返回的统统流放。”楚国官兵听后都逃散了，离开灵王返回了国都。

灵王听到太子禄被害的消息，竟然失神跌倒在车下，说：“别人也如此爱自己的儿子吗？”侍者说：“还要胜过您。”灵王说：“我杀别人的儿子也太多了，能不落到这般田地吗？”右尹说：“请您到国都郊外听从国人的处置吧。”灵王说：“民众的怒气不可冒犯。”右尹说：“暂时到大县避一避，再向诸侯们请兵吧。”灵王说：“诸侯们都会叛变我的。”右尹又说：“暂时逃到诸侯国听听大国国君的建议。”灵王说：“大福不能再次降临，只不过是自取侮辱罢了。”于是灵王计划乘船进入鄢城。右尹估计灵王决不会听从自己的建议，害怕与灵王一块儿被杀，也离开灵王逃命去了。

灵王于是一个人独自徘徊山中，村民们没人敢收容灵王。灵王在途中曾遇见了过去在宫里的涓人，便对他说：“你帮我找口饭吃吧，我已经饿了三天了。”涓人说：“新王刚刚下达诏令，有敢给您送饭且与您一起逃亡的诛灭三族，再说我也无处寻食。”灵王便头枕涓人大腿睡下。涓人用土块代替将自己的腿抽出来逃走了。灵王醒后找不见涓人，饿得连坐起来都不能。芋尹申无宇的儿子申亥说：“我的父亲以前两次触犯王法，灵王都赦免了他，恩德没有比这更大的了！”于是他四处寻找灵王，终于在釐泽找到饿昏的灵王，陪着灵王一直到自己的家中。夏季五月癸丑这一日，灵王在申亥家去世，申亥让两个女子殉葬，并安葬了灵王。

当时楚国虽然已经立公子比为王，但担心灵王返回，又没有听到灵王死亡的消息，所以观从对新王子比说：“您不杀死弃疾，就是拥有了整个国家也会多灾多难。”新王说：“我不忍心害他。”观从说：“可别人忍心杀你啊。”新王听不进去，观从就离去了。弃疾回到国都后，都城的人每到夜里都很害怕，说：“灵王进城了。”乙卯日那天夜间，弃疾让撑船的人在长江岸边奔走呼号说：“灵王来了！”都城的人们更加害怕。弃疾又让曼成然告知新王子比和令尹子皙说：“灵王到了！都城的人就要杀死你们，司马将要来到了！您赶快想个办法吧，不要自取其辱。众人的怒火就像洪水与大火，那是无法解救的。”新王和子皙就自杀了。丙辰日，弃疾即位为王，更名为熊居，这就是平王。

平王用欺诈的手段杀死两个君王而自立，因此担心国内百姓和诸侯背叛自己，就对百姓布施恩惠。归还陈、蔡两国的领地，并让两国原来国君的后代像从前一样，归还了侵占的郑国领地。抚恤安慰国内的百姓，修明政务。吴国趁楚国内乱时，抓获了楚国的五位将帅回国。平王对观从说:“满足你的愿望。”观从想做卜尹,平王答应了他。

当初,共王有五个喜爱的儿子,没有嫡子可立,就遥祭山川诸神,请求神灵决断继承人,让他负责国事。共王暗中与巴姬在祖庙里埋了块玉璧,叫五位公子斋戒后进入祖庙。康王跨璧而过,灵王的手肘放在玉璧上,子比、子皙都离玉璧很远。平王年幼,旁人抱着他跪在璧玉上行礼,正好压在了璧玉的襻上。因此,康王因为年长即位了,君位传到他的儿子便失去;公子围做了灵王,结果被害;子比只做了十几天君王,子皙未能即位,又都被害。这四个公子都继绝后代了,只有弃疾最后继位,就是平王,终于承续了楚国的祭祀,这和神灵所预兆的全部符合。

当初,子比从晋国回国,韩宣子问叔向:“子比会成功吗?”叔向答道:“不会成功。”宣子说:“楚国人和子比都讨厌楚王而想立新君,就如商人想谋利一样,怎么能不成功呢?”叔向答道:“谁跟子比交好,谁跟子比共仇恨呢?夺取王位有五难:有宠爱的可惜无贤才,是一难;有贤才却没有国内支持力量的响应,是二难;有支持力量却没有长远谋划是三难;有长远谋划却无人民拥戴,是四难;有人民拥戴却无德行,是五难。子比在晋国十三年了,没听说晋国楚国跟着他的人有学识渊博的,可以说他没有贤才了;家族尽丧,亲人背离,可以说他没有支持的力量了;没有可乘之机却贸然妄动,可以说他没有长远的计划;一辈子羁旅在外,可以说他没有人民的拥戴了;逃亡在外,国内人却没有爱戴他的迹象,应当说他没有德行了。灵王暴虐,无所顾忌,应当说是自取灭亡,子比五难具备,竟敢杀死国君,谁能帮助他呢?拥有楚国的,或许是弃疾吧?弃疾统治陈地、蔡地,方城山为外属。在他统治的地方没有任何邪恶民生,盗贼隐遁,不敢妄动,他决不因个人的想法去违背民心,因此百姓毫无怨言。祖先神灵护佑他,人民相信他。芈氏发生内乱,排行在末位的一定继位,这是楚国的常例。子比的官位,不过是右尹;论他的贵宠,不过是个庶子;与神灵的意旨,却又差得很远;百姓不想念他,他将凭什么继位呢?”宣子说:“齐桓公、晋文公不也是这样的吗?”叔向答道:“齐桓公是卫姬的儿子,被釐公所喜爱。有鲍叔牙、宾须无、隰朋的帮助,有莒国、卫国作外援,有高氏、国氏作内应。他听从正确意见像流水一样,对百姓不倦怠地布施恩惠。他拥有君位,不也应该吗?以前我们文公是狐季姬的儿子,被献公宠爱。他好学不厌。年仅十七岁,就结识五位贤才,有先大夫子全、子犯作心腹,有魏犨、贾佗作左右臂膀,有齐国、宋国、秦国、楚国作援助,有栾、郤、狐、先作内应。文公亡命十九年，返国的志向特别坚定。因惠公、怀公丧失民心，百姓都互相跟随心向文公，这样，文公享有国家，不也应该吗？子比没有什么可以给百姓的，又得不到外部援助，离开晋国时，晋国人不护送；返回楚国，楚国人不欢迎。靠什么享有国家呢！”子比当王果然没有长久，最终登基的是弃疾，就像叔向所预言的一样。

平王二年，命令费无忌到秦国为太子建娶妻。这个女子美貌过人，还没到达楚都时，无忌先一步赶回，鼓动平王：“秦国女子倾国倾城貌，您可自己留下，另为太子再寻一位。”平王听从了无忌的劝说，最后自己娶了秦女，生下熊珍。又为太子娶了其他女子。当时伍奢是太子的太傅，无忌是少傅。太子不喜爱无忌，无忌经常诽谤太子建。太子建当时十五岁，他的母亲是蔡国女子，也不被平王宠爱，平王慢慢地更加疏远太子建了。

六年，平王让太子建住在城父，保卫边界。无忌又日夜在平王跟前中伤太子建说：“就因我把秦国女子安排到您的后宫，太子便特别怨恨我，亦不可能对您没有怨气，您也要略加戒备啊。何况太子住在城父，专揽兵权，对外结交诸侯，而且时时想打进国都。”平王便把太傅伍奢叫来责骂一番。伍奢心知这是无忌中伤的结果，就说：“君王您为什么因为一个小人而疏离亲生骨肉呢？”无忌说：“今天不制服伍奢，后悔就迟了。”于是平王就囚禁了伍奢。让司马奋扬召太子建回来，计划杀死太子。太子听到消息，逃到了宋国。

无忌说：“伍奢有两个儿子，不杀死他们就会成为楚国的祸害。为什么不以豁免他们父亲的死罪为条件把他们召来，这样他们肯定回楚。”于是，平王让使者对伍奢说：“能把你的两个儿子召回，你就可以保命，否则必处死。”伍奢说：“伍尚为人正直老实，敢为节义而死，慈爱孝悌忠义，听说回楚可以豁免父亲的死罪，肯定回来，不顾惜自己的性命。伍胥为人聪慧而有谋略，勇猛而好功，知道回来肯定必死无疑，便肯定不会回来。可是，成为楚国未来忧患的必定是这个儿子。”于是，平王派人去叫他们，说：“你们回楚国，我就免除你们父亲的死罪。”伍尚对伍胥说：“听到父亲可以免死但不回去，那是不孝；父亲被害，做儿子的如不想方设法报仇，那是无谋略；估计能力去办成大事，那才是智慧。你快走吧，我将回楚国一死了之。”伍尚就回楚国了。伍胥拿起弓箭，走出屋子去见使者，说：“父亲有罪，怎么要叫儿子回去呢？”说完，将拉弓射击使者，使者掉头就逃，伍胥便逃到了吴国。伍奢听到这个讯息后说：“伍胥跑了，楚国危险了。”楚国就杀害了伍奢和伍尚。

十年，楚国太子建的母亲住在居巢，偷偷与吴国有来往。吴国派公子光攻打楚国，战胜了陈国、蔡国军队，带走太子建的母亲。楚国很担心，加强了郢都的防守。先前，吴国的边城卑梁和楚国的边城钟离有两个小孩争夺桑树，两家由此发生争吵互相攻打，钟离人杀死了卑梁人。卑梁大夫很气愤，指派城里的守军攻打钟离。楚王听到后也很气愤，派军占据了卑梁。吴王听后大怒，也派出军队，让公子光以太子建母亲家在楚国为由而攻打楚国，一举攻下了钟离、居巢。楚国十分害怕，便又加固了郢都的防御。

十三年，平王去世。将军子常说：“太子珍还年幼，况且他的母亲就是以前太子建应当娶的。”打算立令尹子西为王。子西是平王庶出的弟弟，却很仁义。子西说：“国家有固定的法则，改立其他王就会内乱，议论这件事就要招来杀身之祸。”于是楚国拥立太子珍，这就是昭王。

昭王元年，楚国众人讨厌费无忌，因为是他的中伤使太子建逃亡，并且他又杀害了伍奢父子和郤宛。郤宛的同宗伯氏的儿子嚭和子胥都逃亡到了吴国，吴军数次侵伐楚国，楚国人更加憎恨无忌了。楚国令尹子常为取得大家的欢心杀死了无忌，大家这才高兴。

四年，吴国的三位公子逃亡到楚国，楚国赐封给他们土地用以抵抗吴国。五年，吴国攻打并攻下了楚国的六、潜。七年，楚国派子常攻打吴国，吴军在豫章打败了楚军。

十年的冬天，吴王阖闾、伍子胥、伯嚭和唐国、蔡国共同攻打楚国，楚国大败，吴军于是进入郢都，挖平王墓污辱平王尸体，由于伍子胥的缘故。吴军侵来，楚国派子常率军迎战，两军隔着汉水摆开阵势。吴军打败子常军，子常逃亡到郑国。楚军溃散，吴军乘胜追逐楚军，五次交战后，吴军兵临郢都。己卯日，昭王逃跑。庚辰日，吴军挺进郢城。

昭王逃亡到了云梦。云梦人不知道他是昭王，射伤了他。昭王又逃亡到郧国。郧公的弟弟怀说：“平王杀害了我们的父亲，今天我杀死他的儿子，不是也可以吗？”郧公阻拦怀，可是又担忧怀杀了昭王，就和昭王逃到随国。吴王听说昭王赴随，立即进攻随国，对随人说：“被封到长江、汉水之间的周王室的后代们，都被楚国消灭了。”随君想杀害昭王。昭王的随从子綦就让昭王隐藏到非常秘密的地方，然后自称是昭王，对随人说：“把我送给吴王吧。”随人便占卜将昭王交给吴国这件事，不吉利，于是，向吴王推托说："昭王逃跑了，早就不在随国了。"吴王要求派人进入随国寻找昭王，随人不同意，吴王只好率军离开了。

昭王逃出郢都时，曾经派申鲍胥向秦国去请求援助。秦国派了五百辆战车救助楚国，楚国也聚集残余士兵，和秦军一块儿反击吴军。十一年六月，在稷战胜吴军。正好吴王的弟弟夫概见吴王的士兵伤残败退，于是逃回到吴国自立为王。阖闾听到这个消息，立即率兵撤离楚国，回国攻打夫概。夫概失败，逃亡到楚国，楚国把他封在堂溪，号为堂溪氏。

楚昭王灭亡了唐国。九月，昭王回到了郢都。十二年，吴国又攻击楚国，攻下了番。楚王很担忧，便离开了郢城，并把都城迁移到北边的鄀。

十六年，孔子做了鲁国宰相。二十年，楚国消灭了顿国、胡国。二十一年，吴王阖闾攻打越国。越王勾践射伤了吴王，吴王因此死亡。吴国由此怨恨越国而不再攻打楚国。

二十七年的春季，吴国攻打陈国，楚昭王援救陈国，驻军在城父。十月，昭王病倒在军中。天空有红色云霞像鸟一样，围绕太阳飞翔。昭王向周太史咨询吉凶，太史说："这对楚王不利，可是能够把灾祸移到将相身上。"将相听到这句话，就央求向神祷告，自己替代昭王，昭王说："将相就像我的手足，今天把灾祸移到手足上，难道能够免除我的病吗？"昭王不答应。占卜病因，认为是黄河在作怪。大夫们请求祭祷河神。昭王说："自从我们先王受封后，遥祭的大川不过是长江、汉水，黄河神我们没有得罪过。"昭王没有同意大夫们的请求。孔子在陈国，听到这些话，说："楚昭王深明大义啊。他没有失去国家，太应该了！"

昭王病重，便召来各位公子大夫说："我不才，多次让楚军受辱，今天竟然得以寿终正寝，是我的幸运。"昭王推荐自己的大弟公子申做楚王，公子申不同意。又让二弟公子结为君，结也不同意。于是又推让三弟公子闾，子闾多次推辞不掉，最后只得答应做楚王。楚军将要与吴军交战，庚寅这一日，昭王在军中去世。子闾说："昭王病重时，放弃让自己的儿子继位，却推让大臣们做王，我所以同意昭王，是用来安慰昭王的心意的，当今昭王去世，我怎么敢忘掉君王的一片好心呢？"于是与子西、子綦商议，秘密派出军队堵塞道路，迎接越女的儿子章回来为王，这就是惠王。然后撤军回国，安葬了昭王。

惠王二年，子西将平王太子建的儿子胜从吴国叫来，封他为巢县大夫，号曰白公。白公爱好军事而且能礼遇士人，想为父亲报仇。六年，白公向令尹子西要求出兵讨伐郑国。当初，白公的父亲太子建逃到郑国，被郑国人杀害，白公只好逃到吴国，子西又叫他来，所以白公仇视郑国，想攻打郑国。子西同意了，但没给他军队。八年，晋国攻打郑国，郑国向楚国求救，楚国派子西救助郑国，子西接受了郑的贿赂后离开了郑国。白公很气愤，于是率赴死勇士石乞等人在朝堂上偷袭杀死了令尹子西、子綦，并趁机劫持了惠王，把他关押在高府，想杀死他。惠王的随从屈固背着惠王逃跑到昭王夫人的宫殿。白公自己继位做了楚王。一个月后，恰巧叶公来援助楚国，楚惠王手下的人和叶公一起攻击白公，杀死了他。惠王又恢复王位。这一年，楚国消灭了陈国并将其地划为楚国的一个县。

十三年，吴王夫差强盛起来，打败了齐国、晋国，又来攻打楚国。十六年，越国消灭吴国。四十二年，楚国消灭蔡国。四十四年，楚国消灭杞国。这年楚国与秦国讲和。这时越国已消灭了吴国，但是没能统一长江、淮北地区。楚国向东进攻，把地盘扩大到了泗水一带。

五十七年，惠王去世，他的儿子简王中继位。

简王元年，向北攻打并消灭了莒国。八年，魏文侯、韩武子、赵桓子成为诸侯。

二十四年，简王去世。他的儿子声王当继位。声王六年，声王被强盗杀害，他的儿子悼王熊疑继位。悼王二年，三晋攻打楚国，一直打到乘丘才返回。四年，楚国攻打周朝。郑国杀死了子阳。九年，楚国攻打韩国，夺取了负黍。十一年，三晋攻打楚国，在大梁、榆关打败了楚军。楚国给秦国送了大礼，与秦议和。二十一年，悼王去世，他的儿子肃王臧继位。

肃王四年，蜀国攻打楚国，攻占了兹方。楚国因此建造了捍关来抵抗蜀军。十年，魏国攻占鲁阳。十一年，肃王去世，他没有儿子，楚人便立他的弟弟熊良夫为王，这就是宣王。

宣王六年，周天子庆贺秦献公。秦开始又强盛起来，可是三晋更加强大，魏惠王、齐威王尤其强大。三十年，秦国把卫鞅封在商，他率军向南侵犯楚国。当年，宣王去世，他的儿子威王熊商继位。

威王六年，周显王将祭祀文王、武王的胙肉送给秦惠王。

七年，齐国孟尝君的父亲田婴欺诈楚国，楚成王因此攻打齐国，在徐州大败齐军，并要挟齐国必须驱逐田婴。田婴恐慌了，张丑假装对楚王说："大王之所以在徐州战胜了，是因为齐王没重用田盼子。盼子为齐国立了功，百姓们也听从他。田婴无能而任用申纪。申纪这个人，大臣们都不拥戴他，百姓也不服从他，所以楚王您才战胜了齐军。今天楚王要驱赶婴子。婴子被赶走了，齐王肯定会重用盼子。这样齐王就会整顿军队再来与您打仗了，这对您肯定没有好处。”楚王便不再提出驱赶田婴的要求。

十一年，威王去世，他的儿子怀王熊槐继位。魏国听说楚国有国丧，就来攻打楚国，夺取了陉山。

怀王元年，张仪开始出任秦惠王的国相。四年，秦惠王称王。

六年，楚国派柱国将军昭阳率军攻打魏国，在襄陵战胜了魏军，夺取了魏国的八个城邑。楚国又派兵攻打齐国，齐王十分害怕，陈轸正好作为秦使出使齐国，齐王说：“怎么对付楚国？”陈轸说：“君王不要害怕，请您同意我让他撤军。”于是陈轸立即到楚军中去会见昭阳，说：“我想听听楚国的军功法，战胜敌军杀死敌将的有功之臣，将赏赐什么？”昭阳说：“给予上柱国将军的官职，封给上等爵位，让他手拿圭玉。”陈轸说：“楚国还有比这个更尊贵的赏赐吗？”昭阳说：“令尹。”陈轸说：“今天您已经当上了令尹，这是楚国最高的官职。我请您同意我打个比方。有人送给自己的舍人们一杯酒，舍人们说：‘几个人喝这杯酒，不够喝的。请大家在地上画一条蛇，谁先画成就让谁喝这杯酒。’一个人说：‘我先画好了。’举起酒杯站起身又道：‘我能给蛇添上足。’待到他为蛇画好足时，在他后面画好蛇的人夺过他的酒一饮而尽，说：‘蛇本无足，今天你替它画上足，这就不是蛇了。’今天您身为楚相，去攻打魏国，战胜了魏军并杀死了魏将，没有比这再大的功劳了，但是官职爵禄不可能再增加；假使打不胜，您将要殉命丢爵，给楚国造成不好的影响，这就是画蛇添足。您不如率军返楚对齐施恩施德，这就是永在高位的策略啊！”昭阳说：“好吧！”于是领军离开了齐国。

燕、韩国国君正式称王。秦国派张仪与楚、齐、魏会晤，在啮桑订立盟约。

十一年，苏秦与山东六国商定合纵一块儿攻打秦国，楚怀王为纵长。大军打到函谷关，秦国出兵迎战，六国军都先后撤军，其中齐军在最后。十二年，齐湣王打败赵、魏联军，秦国也打败韩军，与齐国争当首领。

十六年，秦国想攻打齐国，可是楚国正和齐国合纵亲善，秦惠王担忧这种情况，就扬言免除张仪的国相职务，让张仪去会见楚王，对楚王说：“我国君王最喜欢的无非是楚王您，就是我特别希望做看门小厮的主人，也无过于大王；我国君王最讨厌的无过于齐王，即使我最讨厌的也无过于齐王。但是大王您却与他关系密切，所以我国君王不能侍奉您，这让我也不能为您当看门小厮了。如果楚王能为我关闭关口与齐国绝交，那么今天您就派使者跟我去秦国要回秦夺取的楚国的商於方圆六百里的土地。这样，齐国势力就会削弱了。您便可以北方削弱齐国，西方对秦有恩惠，并增加了商於六百里土地的财富，这真可称得上是一箭三雕了。”怀王特别高兴，于是把国相的玉玺送给张仪，每天为他大摆酒宴，宣称“我又拿回我的商於了”。大臣们都庆祝，只有陈轸表示伤痛。怀王说：“为什么？”陈轸回答说：“秦国所以看重君王您，那是由于您与齐王友好亲善。今天还未得到商於之地就先与齐国断交，这是孤立楚国的方法。秦国又为什么要看重孤立无援的我国呢？一定会轻视楚国的。如果秦国先交出商於，而后我们再与齐绝交，这样，秦国的计谋就无效了。如果我们先与齐断交，而后再去索取商於，那我们一定会被张仪所蒙骗。您如果被张仪所蒙骗，一定怨恨他。怨恨他，就等于在西边会引起秦国的担忧，北边又断绝了齐国的友好。西边有秦的担心，北边又与齐断交，那么韩、魏两国的军队肯定会来攻打我国。所以我伤痛。”楚王没有听陈轸的建议，于是派一位将军到秦国去接收商於了。

张仪回到秦国，装做醉酒摔倒在车下，声称生病，三个月没有露面，楚国也不能得到商於之地。楚王说：“难道张仪认为我与齐的断交还不够彻底吗？”于是又派勇士宋遗到北边去大骂齐王。齐王很愤怒，折断楚国的符节与秦国交好了。秦齐联盟完毕，张仪才上朝，对楚国将军说：“你怎么还没有接收土地呢？从某处到某处，方圆有六里呢。”楚国将军说：“我奉命来接收的是六百里，没听说六里。”马上返楚向怀王汇报。怀王十分愤怒，将要派军攻打秦国。陈轸又说：“讨伐秦不是上策。不如趁机用一座名城贿赂秦国，联合秦国攻打齐国，这就能把从秦国丢弃掉的，又从齐国补偿过来了。这样，我国还可保全。当今，您已与齐国断交，又兴师追究秦国欺诈之罪，这就等于我们因秦齐友好而引来天下的大军，我国肯定会受到很大的伤害啊。”楚王仍没有听从陈轸的意见，于是又与秦国绝交，派军向西边攻打秦国。秦国也派军迎击楚军。

十七年的春季，楚军在丹阳与秦军大战，秦军大败楚军，斩杀了楚军八万名士兵，抓获楚国大将军屈匄、偏将军逢侯丑等七十多人，又侵占了汉中的各郡县。楚怀王十分生气，就调集国内全部兵力又一次偷袭秦国。两军在蓝田交战，楚军又大败。韩国、魏国听说楚国受困，就都南下偷袭楚国，一直打到邓。楚国听到消息后，就领兵撤离了秦国。

十八年，秦国派出使者又与楚商定亲善，还把汉中的一半地盘还给楚以求和解。楚王说："想得到张仪，不想得到土地。"张仪听到楚王的话，要求赴楚。秦王说："楚王正想抓住你才满足呢，怎么办？"张仪说："我与楚王的大臣靳尚友好，靳尚又很受楚王宠爱的夫人郑袖的信任，楚王对郑袖言听计从，况且我以前出使楚国时背弃了割商于给楚的约定，今天秦楚交战有了怨恨，我不亲自去向楚国道歉就不能消除怨恨。再说大王您健在，楚国也不敢把我如何。果真楚国杀死我，只要对秦国有利，也正是臣子的意愿。"张仪于是出使楚国了。

张仪到达楚国后，怀王不见他，并逮捕了张仪，想要杀了他。张仪暗中买通靳尚，靳尚替他向怀王请求说："您抓捕张仪，秦王肯定生气。天下诸侯看到楚国失去了秦国的友好，必定轻视您。"靳尚又对怀王夫人郑袖说："秦王特别喜欢张仪，不过楚王想杀死他，现在秦王将要用上庸的六个县贿赂楚国，将美人送给楚王，把宫中善于歌舞的美女送给大王做侍女。楚王看重地盘，秦女也一定得到楚王的宠爱，那么夫人肯定受排斥了。夫人不如在楚王面前说句好话释放张仪算了。"郑袖最后在楚王面前替张仪说情，释放了张仪。张仪被释放后，怀王很客气地招待了张仪，张仪又借机劝说楚王背弃合纵盟约，与秦国联合亲善，相约两国结为婚姻。张仪离开楚国后，屈原刚从齐国出使回来，进谏怀王说："怎么不杀死张仪？"怀王这才后悔，派人去追赶张仪，已经来不及了。这一年，秦惠王去世。

二十年，齐湣王想做合纵领导，厌恶楚国与秦国的联合，就派使者给楚王一封信道："我担忧楚王不曾考虑尊贵的称号。今天秦惠王去世了，武王继位，张仪逃到魏国，武王委任樗里疾、公孙衍，但是楚国还是服从秦国。樗里疾与韩国友好，公孙衍与魏国亲善，楚国肯定服从秦国，韩国、魏国就恐惧，一定会借这两个人的力量与秦国联合，那么燕国、赵国也服从秦国。四国争着服从秦国，那么楚国就成了秦国的一个郡县了。楚王为什么不与我协力收服韩、魏、燕、赵，和他们联合一起尊崇周王室，以便按兵养民，号令天下？天下没有人敢不愿意听从您的，您也将功成名就了。那时，楚王统领诸侯共同讨伐秦国，一定能打败秦国。楚王您就可以夺下武关、蜀、汉地区，占有吴国、越国的财富，独享长江、东海的利益，韩国、魏国割给您上党，西部靠近函谷关，那么楚国将比现在强盛百万倍。况且大王您被张仪欺骗，丢失汉中地，大军在蓝田受挫，天下人没有不替您怀愤怒的。今天您竟想先服从秦国！望您认真想想吧。”

楚王正想与秦国合纵，见到齐王的书信，犹豫不决，交给群臣们讨论。大臣们有的说与秦联合，有的说听从齐国的建议。昭睢说：“君王尽管从东边的越国得到地盘，但不足以雪耻。您不如与齐国、韩国深交以抬高樗里疾的权力，这样，您才能得到韩国、齐国的帮助夺回地盘。秦国在宜阳战胜韩国，可是韩国还服从秦国，是因为先祖墓在平阳，秦国的武遂距平阳只有七十里，所以韩国尤其害怕秦国。否则，秦国攻打三川，赵国攻打上党，楚国攻打黄河外，韩肯定灭亡。楚国救助韩国，也不能让韩免遭灾祸，可是名义上保存韩国的确是楚国。韩国已从秦国夺得武遂，依靠黄河、西山屏障，它所要报答恩惠的都不如楚国厚，我认为韩国一定要急切服从楚王。齐国之所以信任韩国，是因为韩公子眛是齐国国相。韩国已从秦国夺得武遂，大王再好好和善它，使它依靠齐国、韩国的力量抬高樗里疾的地位，樗里疾得到齐国、韩国的支持，他的主人就不敢丢弃他了。今天楚国又可以协助他，樗里疾一定向秦王说情，把侵占楚国的领土归还楚国。”于是怀王同意了，最终没有与秦联合，而联合齐国并与韩国友好。

二十四年，楚国背弃齐国联合秦国。秦昭王刚继位，就用厚礼贿赂楚国。楚国去秦国迎娶女子。二十五年，怀王赴秦与秦昭王签订盟约，在黄棘定约。秦王把楚国上庸归还楚国。二十六年，齐国、韩国、魏国由于楚国背弃了合纵亲善而与秦国联合，三国联合攻打楚国。楚国让太子到秦国当人质请求援助。秦国就派客卿通率军救助楚国，三国这才领兵离开了。

二十七年，秦国一位大夫暗地里与楚太子斗殴，楚太子杀死了他逃往楚国。二十八年，秦国就和齐国、韩国、魏国一块儿攻打楚国，杀死楚国大将唐昧，攻打了楚国重丘离去。二十九年，秦又攻打楚国，把楚军打得大败，杀死楚兵两万，杀死楚国将军景缺。怀王害怕，就派太子到齐国当人质求得和解。三十年，秦国又攻打楚国，占领了八座城市。秦昭王给楚王一封国书说：“当初我和您结拜为兄弟，在黄棘盟约，太子当人质，关系十分和谐。太子杀死我的要臣，竟不道歉就逃走了，我确实愤怒之至，便派军入侵您的边境。今天听说您让太子到齐国做人质以求和解。我国和楚国邻近接壤，本来就结成了亲家，互相亲善友好很长时间了。如今秦楚关系恶化，就无法号令诸侯。我希望和您在武关相会并订立盟约，这是我的愿望。我冒昧地告诉您这个野心。”楚怀王看到秦王的信，很担忧。想赴会，又担心上当；想不去，又担心秦王发怒。昭睢说：“君王不要前去，应该派军队加固边境的防守啊。秦国乃是虎狼之国，不能轻信，他有吞并诸侯的野心。”怀王的儿子子兰劝怀王前往，说：“为什么绝断与秦王的友好？”于是怀王去会见秦昭王。楚王刚到，秦兵就关闭了武关，于是胁迫怀王到咸阳，秦王在章台会见怀王，对待怀王就像对待附属国的臣子一般，不用平等的礼仪。楚怀王大怒，后悔没听昭睢的劝告。秦王扣留了楚王，挟持楚国割让巫、黔中的郡县给秦国。楚王想只订盟约，秦王想先得到地盘。楚王气愤地说：“秦国欺骗我，又强迫要挟我割让地盘！”没有再答应秦王。秦王因此扣留了楚王。

楚国大臣特别担忧，互相商议说：“我们的君王留在秦不能回来，秦王胁迫我们割地，太子又在齐国做人质。假使齐国、秦国共同谋划，那么楚国就要灭亡了。”于是想拥立在国内的怀王的儿子。昭睢说：“君王与太子都在诸侯国被困，今天又违背君王的命令另立庶子，那是不合适的。”于是欺骗齐国，派使者到齐国报丧。齐湣王对国相说：“不如扣押太子以便求取楚国的淮北。”国相说：“不行，郢中假使立了君王，我们就空留人质并在天下人跟前做出不义的事了。”有人说：“不对。郢中假使立了君王，正好借机和新王做笔交易说：‘您给我们下东国，我们就替您杀掉太子，要不，将和秦、韩、魏三国联合拥立太子。’这样，下东国一定就到手了。”齐王最后采用国相的计策送回了楚国太子。太子横回楚后，被立为君王，这就是顷襄王。于是楚人通知秦国说：“凭借社稷的神灵，我国有君王了。”

顷襄王横元年，秦国胁迫怀王却没得到地盘，楚国立了君王对付秦国，秦昭王很生气，派军从武关进攻楚国，楚军大败，杀死了五万楚国士兵，占领了析邑等十五座城才离开。二年，楚怀王逃走了，秦国发现后，封锁了通往楚国的道路，怀王害怕，就从小路到赵国借道回楚。赵主父在代，他的儿子惠王刚刚继位，代行赵王的职事，胆子小，不敢收留楚王。楚王想跑到魏国，秦兵追上了他，楚王只好同秦国使者又回到秦国。这时，怀王生病了。顷襄王三年，怀王在秦国逝世。秦国把他的灵柩送回楚国。楚国人都哀怜怀王，像悲悼自己的父母兄弟一样。诸侯们因此看到秦国的不是。秦楚断交。

六年，秦国派白起进攻韩国，在伊阙获大胜，杀死韩国二十四万官兵。秦王写一封国书给楚王说：“楚国背叛了秦国，秦国将率领诸侯军攻打楚国，决一雌雄。希望您重整军队，痛痛快快打一场。”楚国顷襄王很害怕，便打算再跟秦国讲和。七年，楚国派迎者从秦迎来王后，秦、楚两国又和好了。

十一年，齐王秦王各自称帝，一月后，又把帝改为王。

十四年，楚顷襄王与秦昭王在宛友好相聚，议和联姻。十五年，楚国和秦国、韩国、赵国、魏国一块儿攻打齐国，占领了淮北。十六年，楚王与秦昭王在鄢友好相聚。那年秋季，又和秦王在穰相聚。

十八年，楚国有一位爱好用微弓细绳射中北归大雁的人，顷襄王知道后，把他叫来咨询射中的经验。他回答说：“我爱好射小雁、小鸟，这是小箭的作用，怎么值得向大王说呢？何况凭着楚国广袤的土地，依靠大王的贤明，所射中的绝非仅仅是这些小雁、小鸟。过去三王射取道德的荣誉，五霸射杀好战之国。所以，秦、魏、燕、赵是小雁；齐、鲁、韩、卫是小野鸭；邹、费、郯、邳是小鸟。其他的就不值得去射了。看见这六双小鸟，您如何射中呢？您为什么不用圣人作弓，以勇士作箭，把握时机张弓去射取呢？那么，这六双小鸟，您就可以用口袋装回宫了。这种快乐绝非一朝一夕的欢乐，这种收获也并非野鸭小雁一类猎物。您早上张开弓箭去射击魏国大梁南部，射伤它的右臂直接牵动韩国，因此中原地区的通路就断绝了，上蔡各郡县就不战自败了。转身再射击圉的东面，砍断了魏国的左臂，再向外射击定陶，那么魏国东部就丢弃了，大宋、方与两个郡县就占领了。况且魏国被砍断左膀右臂，就会斜倒坠落；正面进攻郯国，就能夺取并占有大梁。您在兰台收拢弓箭，在西河饮马，稳定了魏国的大梁，这是第一次射箭的快乐。如果您对于射箭确实喜好不厌倦，那就拿出宝弓，换上石制箭头和新绳，去东海射杀有钩喙的大鸟，返回来重新修筑长城作为防线，早上射取东莒，晚上射取浿丘，夜里占领即墨，转身占据午道，那么就能得到长城的东边，泰山的北边也就占领了。西边与赵国邻近，北边达到燕，这样，楚、赵、燕三国就像鸟张开翅膀，不需要盟约就形成了合纵。您到北边可以游览燕国的辽东，到南边可以登山遥望越国的会稽，这就是二次射箭的快乐。至于泗上的十二国诸侯，左手牵引，右手拍打，就可以在一个早上占领它们。现在秦国占领韩国，实际成了长久的忧患，因为秦国夺取韩国许多城却不能据守；秦国攻打魏国没有功效，打击赵国反而又担心，那么秦魏的勇气力量用尽了，原本楚国失去的汉中、析、郦便能复得归为己有了。楚王您拿出宝弓，换上石制箭头和新绳，到达鄳塞，等到秦国疲倦，就可以得到山东、河内，让楚国完整。这样，就能犒劳百姓、休养士兵，您就能面向南称王了。所以说，秦国是只大鸟，背靠大陆居住，面向东方屹立，左面接近赵国的西南，右面紧邻楚国的鄢、郢，正面对着韩国、魏国，妄想独吞中原，它的地位处于优势，地势又有利，展翅翱翔，周围三千里，可见秦国不可能单独缚住而一夜射得了。”此人想以这激怒顷襄王，所以用这些话回答楚王。顷襄王果然又叫他来详谈，于是他就说：“先王被秦国蒙骗，客死在外国，仇恨没有比这再大的了。现在，一个平民有仇恨，还要向国君复仇，这就是白公、伍子胥。当今，楚国方圆五千里，拥有百万大军，原本足以驰骋于千里原野，但却坐以待毙，我以为大王不会这样做。”于是，顷襄王派使者出使诸侯国，重新约定联纵，以便攻打秦国。秦听到这个消息，派军来攻打楚国。

楚国想和齐国、韩国联合攻打秦国，借机算计周朝。周王赧派武公对楚国宰相昭子说：“三国使用武力来瓜分周都郊野以便于运输，并向南输送宝器尊崇楚王，我认为不对。杀诸侯共同敬奉的君王，让世代相传的君王做臣民，大国肯定不亲近它。凭借人多威胁力单势薄的周室，小国一定不服从它。大国不亲近，小国不服从，既不可以获得威名，又不可以获得实利。威名实利都不能得到，就不应该动用武力去伤害黎民。如果有图谋周朝的名声，就无法向诸侯发布命令。”昭子说：“算计周朝是无中生有。即使如此，周朝为什么不能图谋呢？”武公回答道：“不拥有五倍于敌的军力不发起进攻，不拥有十倍于守敌的兵力不能围城。一个周朝相当于二十个晋国，您是明白的。韩国曾经出动二十万兵力包围晋国城邑，但最后遭受耻辱，精兵强将战死，普通士兵受伤，晋城也没被攻占。您未拥有百倍于韩的兵力却图谋周朝，这是天下人都知道的。您与两周结下了仇恨，伤害了礼仪之邦邹鲁人的心，与齐国绝交，在天下失掉名声，您这样做很危险了。您伤害两周是增强韩国的实力，方城以外肯定会被韩所侵夺。如何知道这种结局呢？西周的地盘，截长补短，方圆不过一百里。西周名誉上是天下诸侯共同尊奉的君主，实际上全部占有它的土地也不足以让国家强大，全部占有它的百姓也不足以提升军力。即使不进攻它，名誉上还是杀害君主。可是好事的君主、喜功的臣子，发布命令使用兵力，未尝不始终把矛头指向周朝。这是什么原因呢？因为他们看见祭器在周，想拥有祭器却利令智昏忘记杀害君主的罪名。现在，韩国要把祭器搬到楚国，我担忧天下人因为祭器仇恨楚国。我给您举个例子。虎肉腥臊，它的爪牙有利于防身，人们还抓捕它呢。如果让大泽中的麋鹿披上老虎皮，人们抓捕它一定比抓捕虎容易万倍。占有楚国领地，足以使国家强盛；谴责楚国的名声，足以使君主尊贵。今天，您将要诛杀天下诸侯共同尊奉的君王，占据三代传下来的宝器，独吞九鼎，傲视所有的君王，这不是贪婪是什么？《周书》上说的‘要想在政治上起家，不要首先倡乱’，所以祭器若南移到楚国，大军就会接踵而来。”于是楚国放弃了原先的计划。

十九年，秦国攻打楚国，楚军惨败，割让上庸、汉北给秦国。二十年，秦国大将白起占领了楚国的西陵。二十一年，秦国大将白起又占领了楚国的郢，焚毁了先王墓夷陵。楚顷襄王的军队溃散了，不能再战，退到东北部死守在陈城。二十二年，秦国又攻占了楚国的巫郡、黔中郡。

二十三年，顷襄王集合东部的士兵，共有十多万，又向西攻占秦国攻下的长江畔的十五座城池，将其划为郡县，抵抗秦国。二十七年，楚派三万人协助三晋攻打燕国。楚又向秦国求和，让太子到秦国当人质。楚国让左徒到秦国侍奉太子。

三十六年，顷襄王生病了，太子跑回楚国。这年秋天，顷襄王去世，太子熊元继位，这是考烈王。考烈王委任左徒为令尹，把吴封给他，号称春申君。

考烈王元年，把一个州给了秦希望与秦讲和。这时楚国更加衰败。

六年，秦国围困了邯郸，赵国向楚国求救，楚国派遣将军景阳救助赵国。七年，楚国打到新中。秦军离去。十二年，秦昭王去世，楚王让春申君到秦国吊唁。十六年，秦庄襄王去世，秦王赵政继位。二十二年，楚国与诸侯国共同攻打秦国，形势不利而撤退了。楚国向东迁都到寿春，命名为郢。

二十五年，考烈王去世，其儿子幽王悍继位。李园杀死了春申君。幽王三年，秦国、魏国攻打楚国。秦国宰相吕不韦去世。九年，秦国灭了韩国。十年，幽王去世，同母弟犹继位，这是哀王。哀王继位两个多月，哀王的哥哥负刍的党徒袭击杀害了哀王，拥立负刍做楚王。这一年，秦国抓获了赵王迁。

王负刍元年，燕太子丹派荆轲行刺秦王。二年，秦国派将军攻打楚国，大败楚军，占领了十多座城池。三年，秦国消灭了魏国。四年，秦国大将军王翦在蕲战胜楚军，斩杀将军项燕。

五年，秦国大将王翦、蒙武攻占楚都，俘虏了楚王负刍，消灭了楚国，在楚地设立三个郡县。

太史公说：当楚灵王在申联合诸侯，杀死齐庆封，修建章华台，索取周王室九鼎的时候，他志向高远，把天下都看得很小；待到在申亥家饿死时，却被天下人所耻笑。没有操守、品德，实在可悲！人们对权势，能不小心吗？弃疾以制造内乱而继位，宠幸秦国女子，也太出格了，差点再度让国家灭亡！

史记卷四十一

越王勾践世家第十一

越王勾践，其先禹之苗裔，而夏后帝少康之庶子也。封于会稽，以奉守禹之祀。文身断发，披草莱而邑焉。后二十馀世，至于允常。允常之时，与吴王阖庐战而相怨伐。允常卒，子勾践立，是为越王。

元年，吴王阖庐闻允常死，乃兴师伐越。越王勾践使死士挑战，三行，至吴陈，呼而自刭。吴师观之，越因袭击吴师，吴师败于槜李，射伤吴王阖庐。阖庐且死，告其子夫差曰："必毋忘越。"

三年，勾践闻吴王夫差日夜勒兵，且以报越，越欲先吴未发往伐之。范蠡谏曰："不可。臣闻兵者凶器也，战者逆德也，争者事之末也。阴谋逆德，好用凶器，试身于所末，上帝禁之，行者不利。"越王曰："吾已决之矣。"遂兴师。吴王闻之，悉发精兵击越，败之夫椒。越王乃以馀兵五千人保栖于会稽。吴王追而围之。

越王谓范蠡曰："以不听子故至于此，为之奈何？"蠡对曰："持满者与天，定倾者与人，节事者以地。卑辞厚礼以遗之，不许，而身与之市。"勾践曰："诺。"乃令大夫种行成于吴，膝行顿首曰："君王亡臣勾践使陪臣种敢告下执事：勾践请为臣，妻为妾。"吴王将许之，子胥言于吴王曰："天以越赐吴，勿许也。"种还，以报勾践。勾践欲杀妻子，燔宝器，触战以死。种止勾践曰："夫吴太宰嚭贪，可诱以利，请间行言之。"于是勾践乃以美女宝器令种间献吴太宰嚭。嚭受，乃见大夫种于吴王。种顿首言曰："愿大王赦勾践之罪，尽入其宝器。不幸不赦，勾践将尽杀其妻子，燔其宝器，悉五千人触战，必有当也。"嚭因说吴王曰："越以服为臣，若将赦之，此国之利也。"吴王将许之。子胥进谏曰："今不灭越，后必悔之。勾践贤君，种、蠡良臣，若反国，将为乱。"吴王弗听，卒赦越，罢兵而归。

勾践之困会稽也，喟然叹曰："吾终于此乎？"种曰："汤系夏台，文王囚羑里，晋重耳奔翟，齐小白奔莒，其卒王霸。由是观之，何遽不为福乎？"

《东周列国志》版画之栖会稽文种通宰嚭图，讲述春秋时期吴越争霸，开始时越王句践被夫差打败，越国几乎灭亡，越王使大夫文种厚赂吴国太宰伯嚭，使吴王没有灭掉越国之事。

吴既赦越，越王勾践反国，乃苦身焦思，置胆于坐，坐卧即仰胆，饮食亦尝胆也，曰："女忘会稽之耻邪？"身自耕作，夫人自织，食不加肉，衣不重采，折节下贤人，厚遇宾客，振贫吊死，与百姓同其劳。欲使范蠡治国政，蠡对曰："兵甲之事，种不如蠡；镇抚国家，亲附百姓，蠡不如种。"于是举国政属大夫种，而使范蠡与大夫柘稽行成，为质于吴。二岁而吴归蠡。

勾践自会稽归七年，拊循其士民，欲用以报吴。大夫逢同谏曰："国新流亡，今乃复殷给，缮饰备利，吴必惧，惧则难必至。且鸷鸟之击也，必匿其形。今夫吴兵加齐、晋，怨深于楚、越，名高天下，实害周室，德少而功多，必淫自矜。为越计，莫若结齐，亲楚，附晋，以厚吴。吴之志广，必轻战。是我连其权，三国伐之，越承其弊，可克也。"勾践曰："善。"

居二年，吴王将伐齐。子胥谏曰："未可。臣闻勾践食不重味，与百姓同苦乐。此人不死，必为国患。吴有越，腹心之疾，齐与吴，疥瘲瘫也。愿王释齐，先越。"吴王弗听，遂伐齐，败之艾陵，虏齐高、国以归。让子胥。子胥曰："王毋喜！"王怒，子胥欲自杀，王闻而止之。越大夫种曰："臣观吴王政骄矣，请试尝之贷粟，以卜其事。"请贷，吴王欲与，子胥谏勿与，王遂与之，越乃私喜。子胥言曰："王不听谏，后三年吴其墟乎！"太宰嚭闻之，乃数与子胥争越议，因谗子胥曰："伍员貌忠而实忍人，其父兄不顾，安能顾王？王前欲伐齐，员强谏，已而有功，用是反怨王。王不备伍员，员必为乱。"与逢同共谋，谗之王。王始不从，乃使子胥于齐，闻其托子于鲍氏，王乃大怒，曰："伍员果欺寡人！"役反，使人赐子胥属镂剑以自杀。子胥大笑曰："我令而父霸，我又立若，若初欲分吴国半予我，我不受，已，今若反以谗诛我。嗟乎，嗟乎，一人固不能独立！"报使者曰："必取吾眼置吴东门，以观越兵入也！"于是吴任嚭政。

居三年，勾践召范蠡曰："吴已杀子胥，导谀者众，可乎？"对曰："未可。"

至明年春，吴王北会诸侯于黄池，吴国精兵从王，惟独老弱与太子留守。勾践复问范蠡，蠡曰："可矣。"乃发习流二千〔人〕，教士四万人，君子六千人，诸御千人，伐吴。吴师败，遂杀吴太子。吴告急于王，王方会诸侯于黄池，惧天下闻之，乃秘之。吴王已盟黄池，乃使人厚礼以请成越。越自度亦未能灭吴，乃与吴平。

其后四年，越复伐吴，吴士民罢弊，轻锐尽死于齐、晋。而越大破吴，因而留围之三年，吴师败，越遂复栖吴王于姑苏之山。吴王使公孙雄肉袒膝行而前，请成越王曰：“孤臣夫差敢布腹心，异日尝得罪于会稽，夫差不敢逆命，得与君王成以归。今君王举玉趾而诛孤臣，孤臣惟命是听，意者亦欲如会稽之赦孤臣之罪乎？”勾践不忍，欲许之。范蠡曰：“会稽之事，天以越赐吴，吴不取。今天以吴赐越，越其可逆天乎？且夫君王早朝晏罢，非为吴邪？谋之二十二年，一旦而弃之，可乎？且夫天与弗取，反受其咎。‘伐柯者其则不远’，君忘会稽之厄乎？”勾践曰：“吾欲听子言，吾不忍其使者。”范蠡乃鼓进兵，曰：“王已属政于执事，使者去，不者且得罪。”吴使者泣而去。勾践怜之，乃使人谓吴王曰：“吾置王甬东，君百家。”吴王谢曰：“吾老矣，不能事君王！”遂自杀。乃蔽其面，曰：“吾无面以见子胥也！”越王乃葬吴王而诛太宰嚭。

勾践已平吴，乃以兵北渡淮，与齐、晋诸侯会于徐州，致贡于周。周元王使人赐勾践胙，命为伯。勾践已去，渡淮南，以淮上地与楚，归吴所侵宋地于宋，与鲁泗东方百里。当是时，越兵横行于江、淮东，诸侯毕贺，号称霸王。

范蠡遂去，自齐遗大夫种书曰：“蜚鸟尽，良弓藏；狡兔死，走狗烹。越王为人长颈鸟喙，可与共患难，不可与共乐。子何不去？”种见书，称病不朝。人或谗种且作乱，越王乃赐种剑，曰：“子教寡人伐吴七术，寡人用其三而败吴，其四在子，子为我从先王试之。”种遂自杀。

勾践卒，子王鼫與立。王鼫與卒，子王不寿立。王不寿卒，子王翁立。王翁卒，子王翳立。王翳卒，子王之侯立。王之侯卒，子王无彊立。

王无彊时，越兴师北伐齐，西伐楚，与中国争强。当楚威王之时，越北伐齐，齐威王使人说越王曰：“越不伐楚，大不王，小不伯。图越之所为不伐楚者，为不得晋也。韩、魏固不攻楚。韩之攻楚，覆其军，杀其将，则叶、阳翟危；魏亦覆其军，杀其将，则陈、上蔡不安。故二晋之事越也，不至于覆军杀将，马汗之力不效。所重于得晋者何也？”越王曰：“所求于晋者，不至顿刃接兵，而况于攻城围邑乎？愿魏以聚大梁之下，愿齐之试兵南阳莒地，以聚常、郯之境，则方城之外不南，淮、泗之间不东，商、於、析、郦、宗胡之地，夏路以左，不足以备秦，江南、泗上不足以待越矣。则齐、秦、韩、魏得志于楚也，是二晋不战而分地，不耕而获之。不此之为，而顿刃于河山之间以为齐、秦用，所待者如此其失计，奈何其以此王也！”齐使者曰：“幸也越之不亡也！吾不贵其用智之如目，见豪毛而不见其睫也。今王知晋之失计，而不自知越之过，是目论也。王所待于晋者，非其马汗之力也，又非可与合军连和也，将待之以分楚众也。今楚众已分，何待于晋？”越王曰：“奈何？”曰：“楚三大夫张九军，北围曲沃、於中，以至无假之关者三千七百里，景翠之军北聚鲁、齐、南阳，分有大此者乎？且王之所求者，斗晋楚也；晋楚不斗，越兵不起，是知二五而不知十也。此时不攻楚，臣以是知越大不王，小不伯。复雠、庞、长沙，楚之粟也；竟泽陵，楚之材也。越窥兵通无假之关，此四邑者不上贡事于郢矣。臣闻之，图王不王，其敝可以伯。然而不伯者，王道失也。故愿大王之转攻楚也。”

于是越遂释齐而伐楚。楚威王兴兵而伐之，大败越，杀王无彊，尽取故吴地至浙江，北破齐于徐州。而越以此散，诸族子争立，或为王，或为君，滨于江南海上，服朝于楚。

后七世，至闽君摇，佐诸侯平秦。汉高帝复以摇为越王，以奉越后。东越，闽君，皆其后也。

范蠡事越王勾践，既苦身戮力，与勾践深谋二十馀年，竟灭吴，报会稽之耻，北渡兵于淮以临齐、晋，号令中国，以尊周室，勾践以霸，而范蠡称上将军。还反国，范蠡以为大名之下，难以久居，且勾践为人可与同患，难与处安，为书辞勾践曰：“臣闻主忧臣劳，主辱臣死。昔者君王辱于会稽，所以不死，为此事也。今既以雪耻，臣请从会稽之诛。”勾践曰：“孤将与子分国而有之。不然，将加诛于子。”范蠡曰：“君行令，臣行意。”乃装其轻宝珠玉，自与其私徒属乘舟浮海以行，终不反。于是勾践表会稽山以为范蠡奉邑。

范蠡浮海出齐，变姓名，自谓鸱夷子皮，耕于海畔，苦身戮力，父子治产，居无几何，致产数千万。齐人闻其贤，以为相。范蠡喟然叹曰：“居家则致千金，居官则至卿相，此布衣之极也。久受尊名，不祥。”乃归相印，尽散其财，以分与知友乡党，而怀其重宝，间行以去，止于陶，以为此天下之中，交易有无之路通，为生可以致富矣。于是自谓陶朱公。复约要父子耕畜，废居，候时转物，逐什一之利。居无何，则致资累巨万。天下称陶朱公。

朱公居陶，生少子。少子及壮，而朱公中男杀人，囚于楚。朱公曰：“杀人而死，职也。然吾闻千金之子不死于市。”告其少子往视之。乃装黄金千溢，置褐器中，载以一牛车，且遣其少子。朱公长男固请欲行，朱公不听。长男曰："家有长子曰家督，今弟有罪，大人不遣，乃遣少弟，是吾不肖。"欲自杀。其母为言曰："今遣少子，未必能生中子也，而先空亡长男，奈何？"朱公不得已而遣长子，为一封书遗故所善庄生，曰："至则进千金于庄生所，听其所为，慎无与争事。"长男既行，亦自私赍数百金。

至楚，庄生家负郭，披藜藋到门，居甚贫。然长男发书进千金，如其父言。庄生曰："可疾去矣，慎毋留！即弟出，勿问所以然。"长男既去，不过庄生而私留，以其私赍献遗楚国贵人用事者。

庄生虽居穷阎，然以廉直闻于国，自楚王以下皆师尊之。及朱公进金，非有意受也，欲以成事后复归之以为信耳。故金至，谓其妇曰："此朱公之金。有如病不宿诫，后复归，勿动。"而朱公长男不知其意，以为殊无短长也。

庄生间时入见楚王，言"某星宿某，此则害于楚。"楚王素信庄生，曰："今为奈何？"庄生曰："独以德为可以除之。"楚王曰："生休矣，寡人将行之。"王乃使使者封三钱之府。楚贵人惊告朱公长男曰："王且赦。"曰："何以也？"曰："每王且赦，常封三钱之府。昨暮王使使封之。"朱公长男以为赦，弟固当出也，重千金虚弃庄生，无所为也，乃复见庄生。庄生惊曰："若不去邪？"长男曰："固未也。初为事弟，弟今议自赦，故辞生去。"庄生知其意欲复得其金，曰："若自入室取金。"长男即自入室取金持去，独自欢幸。

庄生羞为儿子所卖，乃入见楚王曰："臣前言某星事，王言欲以修德报之。今臣出，道路皆言陶之富人朱公之子杀人囚楚，其家多持金钱赂王左右，故王非能恤楚国而赦，乃以朱公子故也。"楚王大怒曰："寡人虽不德耳，奈何以朱公之子故而施惠乎！"令论杀朱公子。明日，遂下赦令。朱公长男竟持其弟丧归。

至，其母及邑人尽哀之，惟朱公独笑，曰："吾固知必杀其弟也！彼非不爱其弟，顾有所不能忍者也。是少与我俱，见苦，为生难，故重弃财。至如少弟者，生而见我富，乘坚驱良逐狡兔，岂知财所从来，故轻弃之，非所惜吝。前日吾所为欲遣少子，固为其能弃财故也。而长者不能，故卒以杀其弟，事之理也，无足悲者。吾日夜固以望其丧之来也。"

故范蠡三徙，成名于天下，非苟去而已，所止必成名。卒老死于陶，故世传曰陶朱公。

太史公曰：禹之功大矣，渐九川，定九州，至于今诸夏艾安。及苗裔勾践，苦身焦思，终灭强吴，北观兵中国，以尊周室，号称霸王。勾践可不谓贤哉！盖有禹之遗烈焉。范蠡三迁皆有荣名，名垂后世。臣主若此，欲毋显，得乎？

【译文】

越王勾践，他的祖先是夏禹的后裔，夏后帝少康的庶出之子。被封在会稽，恭敬地供奉着夏禹的祭祀。他们在身上刺上花纹，剪短自己的头发，在封地铲除杂草，并修筑城邑。经历了二十多代以后，传到了允常。允常在位的时候，与吴王阖闾产生怨恨，经常互相攻伐。允常死后，他的儿子勾践即位，也就是越王。

越王勾践元年，吴王阖闾听说允常去世了，就兴兵讨伐越国。越王勾践派遣不惧死的勇士向吴军挑战，勇士们排成三行，到吴军阵地前，高呼着自刎身亡。吴兵看得目瞪口呆，越军趁其不备袭击了吴军，吴军在檇李大败，越军还射伤了吴王阖闾。阖闾在弥留之际告诫他的儿子夫差说："一定不能忘记越国。"

三年，勾践听说吴王夫差日夜操练士兵，想要报越国一箭之仇，于是想在吴国发兵前先行发兵去攻打它。范蠡进谏说："不行，我听说兵器是凶器，兴起战争是背德的事情，争先攻击是事情中最下等的。阴谋去做背德的事，又喜爱使用凶器，亲身参与下等事，定会遭到天帝的反对，这样做一定会不利于行。"越王说："我已经决定了。"于是举兵进军吴国。吴王听说这个消息，动用所有精锐部队迎击越军，在夫椒大败越军。越王只好携五千名残兵败将退守会稽。吴王乘胜追击，包围了会稽。

越王对范蠡说："只因没听从您的劝告才落到如此地步，接下来我该怎么办呢？"范蠡回答说："能够完全保住功业的人，必定效法天道的盈而不溢；能够平定倾覆的人，一定懂得人道的崇尚谦卑；能够节制事理的人，就会遵循地道而因地制宜。现在，您要谦卑有礼地派人将厚礼赠送给吴王，他若不应允，您就要亲自前往，并表示愿意侍奉他左右，还把自身也抵押给吴国。"勾践说："好吧！"于是派大夫文种前去吴国求和，文种跪拜在地上，用膝盖前行，叩头说："您的亡国臣民勾践让我大胆地告诉大王您：勾践请您允许他做您的奴仆，允许他的妻子做您的侍妾。"吴王刚要答应文种，伍子胥对吴王说："上天把越国赏赐给吴国，不要答应他。"文种回越后，将实情汇报给勾践。勾践想杀死妻子儿女，烧掉宝器，带领余兵跟越国决一死战。文种劝阻勾践说:“吴国的太宰伯嚭十分贪婪,可以用重利诱惑他,请您允许我暗中去吴国跟他通融。”于是勾践赐给文种美女珠宝玉器,让他带去献给吴太宰伯嚭。伯嚭欣然接受,于是就引见大夫文种给吴王。文种叩头说:“希望大王赦免勾践的罪过,越国将倾尽所有宝器送给您。如果不幸得不到赦免,勾践将杀死他全部的妻子儿女,焚烧宝器,率领他的五千名士兵与您决一死战,您也将付出相当大的代价。”太宰嚭借机劝说吴王:“越王已经臣服,愿意做您的臣子,如果赦免了他,这是对我国有利啊。”吴王又要答应文种,子胥又进谏说:“今天不灭越国,日后您定会后悔。勾践是贤明的君主,大夫文种、范蠡都是贤能的臣子,倘若他们能够返回越国,必将作乱,后患无穷。”吴王不听子胥的劝告,终于执意赦免了越王,就此罢兵,撤军回国。

当勾践被困于会稽之时,黯然叹息道:“我的一生就将这样了结了吗?”文种说:“商汤被困在夏台,周文王被囚在羑里,晋国重耳逃到翟,齐国小白逃到莒,他们最终都称王称霸。由此看来,我们现在的处境何尝不是一种福分呢?”

吴王赦免了越王,越王勾践回到自己的国家,就深思熟虑,苦心经营,把苦胆挂在座位上,坐卧就能仰头尝尝苦胆,连吃饭时也可以尝尝苦胆。还说:“你忘记会稽的耻辱了吗?”平时他亲身耕作,夫人亲手织布,吃饭从未有荤菜,从不穿华丽的衣服,能委曲求全,对贤人彬彬有礼,对宾客热情诚恳,救济穷人,悼慰死者,与百姓共同劳作。越王想让范蠡管理国家政务,范蠡回答说:“用兵打仗这种事,文种比不上我;镇定安抚国家,让百姓亲近归附,我比不上文种。”于是越王就把国家政务交给大夫文种管理,让范蠡和大夫柘稽求和,到吴国去当人质。两年后吴国才让范蠡回国。

勾践自会稽回国后七年时间内,一直在安抚自己的士兵百姓,想用他们去吴国报仇。大夫逢同进谏说:“国家刚刚流亡,今天才又殷实富裕,假如我们整顿军备,吴国一定惧怕,它惧怕,灾难必然降临。况且,凶猛的大鸟袭击目标时,一定会先把自己隐藏起来。现在,吴军将士集结在齐、晋两国国境上,跟楚、越两国又有深仇大恨,在天下虽名声显赫,实际危害周王室。吴缺乏道德而功劳不少,必定骄横狂妄。为越国着想,不如结交齐国,亲近楚国,归附于晋国,厚待吴国。吴国志向高远,一定会轻视战争,这样我们就可以联络其他三国的势力,让三国攻打吴国,越国便可趁它疲惫之时攻克它了。”勾践说：“很好。”

过了两年，吴王准备讨伐齐国。伍子胥进谏说：“不行。我听说勾践平时吃饭从来不吃两样菜，与百姓同甘共苦。这个人不死，一定是我们国家的忧患。越国对于吴国，是心腹之患，而齐对吴来说，就像一块疥癣。希望君王放弃攻齐，先伐越国。”吴王不听，后来还是出兵攻打齐国，并在艾陵大败齐军，俘虏了齐国的高、国氏回国。吴王责备子胥，子胥说：“您不要太高兴！”吴王很生气，子胥想自杀，吴王听到后制止了他。越国大夫文种说：“我发现吴王当政太过骄横，请允许我向他借粮，以试探一下吴王对越国的态度。”文种向吴王请求借粮。吴王准备借给他，子胥劝谏不要借，吴王后来还是借了，越王暗中欣喜。子胥说：“君王您不听我的劝谏，再过三年，吴国将成为一片废墟！”太宰嚭听到这话后，就多次与子胥争论对付越国的计策，借机诽谤子胥说：“伍员虽然表面上忠厚，实际却很残忍，他连自己的父兄都不顾惜，怎么能顾惜君王呢？君王您上次准备攻打齐国，伍员强烈劝谏，后来您作战有功，他反而因此怨恨您。您若不防备他，他一定会作乱的。”伯嚭还和逢共同谋划，经常在吴王面前诽谤子胥。吴王开始并不听信谗言，于是就派子胥出使齐国，听说子胥把儿子委托给鲍氏，吴王才大怒，说：“伍员果真在欺骗我，想要造反！”子胥出使齐国回来以后，吴王就派人赐了一把属镂剑让他自杀。子胥大笑道：“我辅佐你的父亲称霸，又拥立你为王，你当初想与我平分吴国，我都没有接受，事隔不久，今天你反而因谗言杀害我。唉，唉，你一个人绝对不能独自立国！”子胥告诉使者说：“我死后一定取出我的眼睛挂在吴国都城东门上，以便我能亲眼看到越军进入。”于是吴王重用嚭执掌国政。

过了三年，勾践召见范蠡说：“吴王已经杀死了伍子胥，逢迎献媚阿谀奉承的人很多，现在可以攻打吴国了吗？”范蠡回答说：“不行。”

第二年春天，吴王去北方的黄池会见诸侯，吴国的精锐部队全都随他赴会了，只剩老弱残兵和太子留守在吴都。勾践又问范蠡是否可以进攻吴国。范蠡说：“可以了。”于是派出两千名熟悉水战的士兵，四万名训练有素的士兵，受过良好教育、地位较高的近卫军六千人，各类军官一千人，讨伐吴国。越军大败吴军，还杀死了吴国的太子。吴国使者向吴王告急，吴王正在黄池会见诸侯，怕天下所有人都听到吴国惨败的消息，就严守秘密。吴王在黄池与诸侯订立盟约以后，就派人带上厚礼请求与越国讲和。越王估计自己也不能灭亡吴国，就与吴国讲和了。

在后来的四年里，越国又攻打吴国。吴国军民疲惫不堪，精锐士兵都死于和齐、晋的战斗中。后来越军大败吴军，因而包围吴都三年，吴军失败，越军就又把吴王围困在姑苏山上。吴王派公孙雄脱去上衣露出胳膊跪着前去，向越王请求讲和说："您孤立无助的臣子夫差冒昧地表露自己的心愿，以前曾在会稽得罪于您，我不敢违背您的命令，若能与您讲和，我们就撤军回去。今天您抬玉足前来惩罚孤臣，我对您的命令一定听从，但我私下希望能像会稽山对您那样赦免我的罪过吧！"勾践不忍心，准备答应他的要求。范蠡说："会稽的事，是上天把越国赐给吴国的，吴国不要。现在是上天把吴国赐给越国，越国难道可以违背天命吗？再说君王早上朝晚罢朝，不就是因为吴国吗？筹谋伐吴已二十二年，一旦放弃，行吗？且上天赐予的您却不要，那反而是会受到处罚的。'用斧头砍伐木材做斧柄，斧柄的样子就在身边。'君王您难道忘记会稽的苦难了吗？"勾践说："我想听从您的建议，但我对他的使者感到不忍心。"范蠡就鸣鼓进军，说："君王已把政务委托给我，吴国使者赶快离去，否则就要对不起你了。"吴国使者伤心地哭着走了。勾践怜悯他，就派人告诉吴王说："我把您安置到甬东！统治一百家。"吴王推辞说："我已经老了，不能侍奉您了！"说完便自杀了，同时还遮住自己的面孔说："我没脸面见到子胥啊！"越王安葬了吴王，杀死了太宰嚭。

勾践平定吴国以后，就出兵向北渡过黄河，与齐、晋诸侯在徐州会合，向周王室进献贡品。周元王派人赏赐胙肉给勾践，称他为"伯"。勾践离开徐州后，渡过淮河南下，把淮河流域给了楚国，把吴国曾经侵占宋国的土地还给宋国，把泗水以东方圆百里的土地给了鲁国。当时，越军在长江、淮河以东畅行无阻，诸侯们都来庆贺，越王号称霸王。

范蠡后来离开了越国，从齐国给大夫文种发来一封信，信中说："飞鸟被射尽后，良弓就会被藏起来了；狡兔一死，狗就被主人煮着吃了。越王这个人长脖子，尖嘴巴，只可以与之共患难，不可以跟他共享乐，你为什么还不离去呢？"文种看过信后，声称有病不再上朝。有人中伤文种说他要作乱，越王赐给文种一把剑说："你教给我攻伐吴国的七条计策，我只采用三条就打败了吴国，另外四条还在你那里，你替我到先王面前试试那四条吧！"文种于是自杀身亡。

勾践逝世后，其儿子王鼫与即位。王鼫与逝世后，其儿子王不寿即位。王不寿逝世后，其儿子王翁即位。王翁逝世后，其儿子王翳即位。王翳逝世后，其儿子王之侯即位，王之侯逝世后，其儿子王无强即位。

王无强在位之时，越国出兵向北攻打齐国，向西攻打楚国，与中原各国争霸。楚威王的时候，越国攻打齐国，齐威王派人劝越王说：“越国不攻打楚国，从大处说不能称王，从小处说不能称霸。估计越国之所以不攻楚国，是因为没有韩、魏两国的支持。韩、魏本来就不会攻打楚国。韩国如果攻打楚国，它的军队就会覆灭，将领就会被杀，那么叶、阳翟就会处于危境；魏国攻打楚国也是一样的结果，军队覆灭、将领被杀，那么陈、上蔡就不得安宁。所以韩、魏侍奉越国，就不至于军队覆灭、将领被杀，也不会立下汗马之劳，您为什么重视得到韩、魏的支持呢？”越王说：“我所要求韩魏的，并非是与楚军短兵相接，何况攻城围邑呢？我只是希望魏军聚集在大梁城下，齐军在南阳、莒地练兵，这样把常、郯边界聚结在一起，那么方城以外的楚军不再南下，淮、泗之间的楚军不再向东，商、于、析、郦、宗胡等地即中原，夏路西部地区的楚军不足以防备秦国，江南、泗上的楚军不足以抵御越国。那么，齐、秦、韩、魏四国就可以在楚国实现自己的愿望，这样，韩、魏不用作战就能扩大疆土，不用耕种就能收获。而现在韩魏并没有这样做，却在黄河、华山之间互相攻伐，从而被齐国和秦国所利用。所期待的韩魏如此失于谋划，怎么能依靠他们称王呢！”齐国使者说：“越国没有灭亡真是太庆幸了！我不看重他们使用智谋，因为那智谋就好像眼睛一样，虽然能看见毫毛却看不见自己的睫毛。如今君王您都知道韩魏失策了，却不知道越国自己的过错，这就像刚才我说的能看见毫毛却看不见自己睫毛的眼睛了。君王所期望于韩魏的，并非是他们的汗马功劳，也不是与他们联合，而是分散楚军的兵力。如今，楚军兵力已经分散了，何必有求于韩魏呢？”越王说：“那该怎么办呢？”使者说：“楚国三个大夫已分率所有军队，向北包围了曲沃、于中，直到无假关，战线总长为三千七百里，景翠的军队聚结到北部的鲁国、齐国、南阳，兵力还能有比这更分散的吗？况且君王所希望的是使晋、楚争斗；晋、楚不斗，越国不出兵，这就只知其一不知其二了。这时不攻打楚国，我由此判断越王从大处说不想称王，从小处说不想称霸。再说，仇、庞、长沙是楚国的粮食盛产地，竟泽陵是楚国的木材盛产地。越国如果能出兵打通无假关，这四个地方将不能再向郢都进献粮食、木材了。我听说过，图谋称王却不能称王，还可以称霸。然而不能称霸的，王道也就彻底丧失了。所以希望大王您可以转去攻打楚国。”

于是越国就放弃齐国，转而攻打楚国。楚威王出兵迎击，大败越军，杀死无强，把原来吴国一直到浙江的土地全部攻下，北边在徐州大败齐军。越国从此分崩离析，各族子弟们竞争权位，有的称王，有的称君，居住在长江南部的沿海，服服帖帖地向楚国朝贡。

七代后，君位传到闽君摇，他辅佐诸侯推翻了秦朝。汉高帝又封摇做了越王，继续承继越国的奉祀。东越、闽君都是越国的后代。

范蠡侍奉越王勾践的时候，辛苦惨淡、勤奋不懈，与勾践运筹帷幄二十多年，最终消灭吴国，一洗会稽之败的耻辱。越军向北进军淮河，兵临齐、晋边境，号令中原各国，尊崇周室，勾践借此称霸，范蠡做了上将军。回国后，范蠡认为盛名之下，难以长久，况且勾践的为人，可与之同患难，难与他共享安乐，于是写信辞别勾践说："我听说，君王忧愁臣子就应该劳苦，君主受辱臣子就该死。以前您在会稽受辱，我之所以未死，就是为了报仇雪恨。如今既然已经雪耻，臣请求您对于会稽之事赐我以死罪。"勾践说："我将和你平分越国。否则，就要加罪于你。"范蠡说："君主可以发布这样的命令，臣子仍依从自己的意趣。"于是他收拾了细软珠宝，与随从从海上乘船离去，再未返回越国，勾践为表彰范蠡把会稽山作为他的封邑。

范蠡渡海来到了齐国，更名改姓，自称"鸱夷子皮"，在海边耕作，艰苦奋斗，父子合力治理产业。没过多久，积累财产就达到几十万。齐人听说他贤能，让他做了国相。范蠡叹息道："居家置业就积累千金财产，做官就达到卿相高位，这是平民百姓能达到的极致了。长久享受尊贵的名号，这是不吉祥的。"于是归还了相印，全部散尽了自己的家产，送给知音好友同乡邻里，携带着贵重财宝，秘密离开了，到陶地住下来。他认为这里是天下的中心，交易买卖的道路非常通畅，在这里经营生意可以发财致富。于是自称陶朱公。又约定好父子都要耕种畜牧，买进卖出都等待时机，以获得十分之一的利润。没过多久，家资又积累到万万。天下人都称赞陶朱公。

朱公住在陶地时，生了小儿子。小儿子刚成人，朱公的二儿子杀了人，被楚国关押起来。朱公说："杀人者抵命，这是常理。可是我听说家有千金的儿子不会在闹市中被杀。"于是派小儿子去探望二儿子。他打点好一千镒黄金，装在麻袋中，用一辆牛车载运。将要派小儿子出发时，朱公的长子坚决请求去，朱公不同意。长子说："家里的长子叫家督，现在弟弟犯了罪，父亲您不派长子去，却派小弟弟去，这说明我不肖啊。”说完准备自杀。他的母亲又替他说：“现在派小儿子去，未必能救出二儿子的命，却先白白失去了大儿子，这怎么能行？”朱公不得已，就派了长子，写了一封信要大儿子送给故友庄生，说：“到楚国后，要把千金送到庄生家，一切听从他去办理，千万不要与他发生争执。”长子走时，又私自携带几百镒黄金。

长子到达楚国，看见庄生家靠近楚都外城，拨开野草才能到达庄生家门，居住条件十分贫穷。可是长子还是送上父亲的信，向庄生进献了千金，如他父亲所说。庄生说：“你赶快离去，千万不要留在此地！等弟弟释放后，不要问原因。”长子离去，不再探望庄生，但私自留在了楚国，把自己携带的黄金送给了楚国主事的达官贵人。

庄生虽然住在穷乡陋巷，但由于廉洁正直闻名于楚国，从楚王以下都尊奉他为老师。朱公献上黄金，他并非有心收下，只是想事成之后再归还给人家来表示自己的信用。所以黄金送来后，他对妻子说：“这是朱公的钱财，以后再还给朱公，但什么时候还却还不知道，就如同自己哪一天生病也不能事先知道一样，千万不要动用。”但朱公长子不知庄生的意思，以为财产送给庄生不会起什么作用。

庄生趁自己方便时入宫拜见楚王，说：“某星宿移到某处，这将对楚国有危害。”楚王平时就非常相信庄生，就问：“现在该怎么办？”庄生说：“只有实行仁义道德才可以免除灾害。”楚王说：“您不用多说了，我会实施。”于是楚王派使者查封贮藏三钱的仓库。楚国的达官贵人吃惊地告诉朱公长子说：“楚王将要实行大赦了。”长子问：“如何见得？”贵人说：“每当楚王大赦时，常常先查封贮藏三钱的仓库。昨晚楚王已派使者查封了。”朱公长子认为既然大赦，弟弟自然可以释放了，一千镒黄金等于白白扔在庄生处，没起到作用，于是又去见庄生。庄生惊奇地问：“你没离开吗？”长子说：“一直没离开。当初我为弟弟一事来，今天楚国正商议大赦，弟弟自然就会得到释放，所以我特意来向您告辞。”庄生知道他的意思是想拿回黄金，说：“你自己到房间里去取黄金吧。”大儿子便入室取走黄金离开，私下非常庆幸。

庄生被小儿辈出卖深感羞耻，就又入宫拜见楚王说：“我上次所说的某星宿的事，您说要实行仁义来免除。现在，我在外面听路人都说陶地富翁朱公的儿子杀人后被楚囚禁，他家大儿子拿出很多金钱贿赂您左右的人，所以君王并非体恤楚国人而实行大赦，却是因为朱公儿子的缘故。”楚王大怒道：“我虽然无德，怎么会因为朱公的儿子布施恩惠呢！”就下令先杀掉朱公儿子，第二天才下达赦免的诏令。朱公长子最后携带弟弟尸体回家了。

回到家后，他的母亲和乡邻们都非常悲痛，只有朱公笑着说：“我本来就知道长子一定救不了弟弟！他不是不爱自己的弟弟，只是有所不能忍心放弃的。他小时候就与我生活在一起，受过各种苦，知道生活的艰难，所以把钱财看得很重，不愿意轻易放弃。至于小弟弟呢，一生下来就看到我很富有，乘坐上等车，驾着千里马去打猎，哪里知道钱财是怎么得来的，所以把钱财看得极轻，弃之也毫不吝惜。原来我打算让小儿子去，本就是因为他舍得弃财，但长子做不到，所以终于害了弟弟，合乎事理，不值得悲痛。我本来日日夜夜盼的就是二儿子的尸首送回来。”范蠡曾经三次搬家，驰名天下，他并非随意离开，但只要到哪就一定会成名。最后老死在陶地，所以世人相传叫他陶朱公。

太史公说：夏禹的功劳很大了，疏导了九条大河，安定了九州大地，一直到今天，整个九州都相安无事。到了他的后裔勾践，辛苦劳作，深谋远虑，最终灭掉了强大的吴国，向北进军中原，尊奉周室，号称霸王。勾践算不上贤能吗？这大概也有夏禹的遗风吧。范蠡三次搬家都留下荣耀的名声，永垂后世。臣子君主能做到这样，想不显赫可能吗？

史记卷四十二

郑世家第十二

郑桓公友者，周厉王少子而宣王庶弟也。宣王立二十二年，友初封于郑。封三十三岁，百姓皆便，爱之。幽王以为司徒，和集周民，周民皆说。河、洛之间，人便思之。为司徒一岁，幽王以褒后故，王室治多邪，诸侯或畔之。于是桓公问太史伯曰："王室多故，予安逃死乎？"太史伯对曰："独洛之东土，河、济之南可居。"公曰："何以？"对曰："地近虢、郐，虢、郐之君贪而好利，百姓不附。今公为司徒，民皆爱公，公诚请居之，虢、郐之君见公方用事，轻分公地。公诚居之，虢、郐之民皆公之民也。"公曰："吾欲南之江上，何如？"对曰："昔祝融为高辛氏火正，其功大矣，而其于周未有兴者，楚其后也。周衰，楚必兴。兴，非郑之利也。"公曰："吾欲居西方，何如？"对曰："其民贪而好利，难久居。"公曰："周衰，何国兴者？"对曰："齐、秦、晋、楚乎？夫齐，姜姓，伯夷之后也，伯夷佐尧典礼。秦，嬴姓，伯翳之后也，伯翳佐舜怀柔百物。及楚之先，皆尝有功于天下。而周武王克纣后，成王封叔虞于唐，其地阻险，以此有德，与周衰并，亦必兴矣。"桓公曰："善。"于是卒言王，东徙其民洛东，而虢、郐果献十邑，竟国之。

二岁，犬戎杀幽王于骊山下，并杀桓公。郑人共立其子掘突，是为武公。

武公十年，娶申侯女为夫人，曰武姜。生太子寤生，生之难，及生，夫人弗爱。后生少子叔段，段生易，夫人爱之。二十七年，武公疾。夫人请公，欲立段为太子，公弗听。是岁，武公卒，寤生立，是为庄公。

庄公元年，封弟段于京，号太叔。祭仲曰："京大于国，非所以封庶也。"庄公曰："武姜欲之，我弗敢夺也。"段至京，缮治甲兵，与其母武姜谋袭郑。二十二年，段果袭郑，武姜为内应。庄公发兵伐段，段走。伐京，京人畔段，段出走鄢。鄢溃，段出奔共。于是庄公迁其母武姜于城颍，誓言曰："不至黄泉，毋相见也。"居岁馀，已悔，思母。颍谷之考叔有献于公，公赐食。考叔曰："臣有母，请君食赐臣母。"庄公曰："我甚思母，恶负盟，奈何？”考叔曰：“穿地至黄泉，则相见矣。”于是遂从之，见母。

二十四年，宋穆公卒，公子冯奔郑。郑侵周地，取禾。二十五年，卫州吁弑其君桓公自立，与宋伐郑，以冯故也。二十七年，始朝周桓王。桓王怒其取禾，弗礼也。二十九年，庄公怒周弗礼，与鲁易祊、许田。三十三年，宋杀孔父。三十七年，庄公不朝周，周桓王率陈、蔡、虢、卫伐郑。庄公与祭仲、高渠弥发兵自救，王师大败。祝聸射中王臂。祝聸请从之，郑伯止之，曰：“犯长且难之，况敢陵天子乎？”乃止。夜令祭仲问王疾。

三十八年，北戎伐齐，齐使求救，郑遣太子忽将兵救齐。齐釐公欲妻之，忽谢曰：“我小国，非齐敌也。”时祭仲与俱，劝使取之，曰：“君多内宠，太子无大援将不立，三公子皆君也。”所谓三公子者，太子忽，其弟突，次弟子亹也。

四十三年，郑庄公卒。初，祭仲甚有宠于庄公，庄公使为卿；公使娶邓女，生太子忽，故祭仲立之，是为昭公。

庄公又娶宋雍氏女，生厉公突。雍氏有宠于宋。宋庄公闻祭仲之立忽，乃使人诱召祭仲而执之，曰：“不立突，将死。”亦执突以求赂焉。祭仲许宋，与宋盟。以突归，立之。昭公忽闻祭仲以宋要立其弟突，九月(辛)〔丁〕亥，忽出奔卫。己亥，突至郑，立，是为厉公。

厉公四年，祭仲专国政。厉公患之，阴使其婿雍纠欲杀祭仲。纠妻，祭仲女也，知之，谓其母曰：“父与夫孰亲？”母曰：“父一而已，人尽夫也。”女乃告祭仲，祭仲反杀雍纠，戮之于市。厉公无奈祭仲何，怒纠，曰：“谋及妇人，死固宜哉！”夏，厉公出居边邑栎。祭仲迎昭公忽，六月乙亥，复入郑，即位。

秋，郑厉公突因栎人杀其大夫单伯，遂居之。诸侯闻厉公出奔，伐郑，弗克而去。宋颇予厉公兵，自守于栎，郑以故亦不伐栎。

昭公二年。自昭公为太子时，父庄公欲以高渠弥为卿，太子忽恶之，庄公弗听，卒用渠弥为卿。及昭公即位，惧其杀己，冬十月辛卯，渠弥与昭公出猎，射杀昭公于野。祭仲与渠弥不敢入厉公，乃更立昭公弟子亹为君，是为子亹也。无谥号。

子亹元年七月，齐襄公会诸侯于首止，郑子亹往会，高渠弥相，从，祭仲称疾不行。所以然者，子亹自齐襄公为公子之时，尝会斗，相仇，及会诸侯，祭仲请子亹无行。子亹曰："齐强，而厉公居栎，即不往，是率诸侯伐我，内厉公。我不如往，往何遽必辱，且又何至是！"卒行。于是祭仲恐齐并杀之，故称疾。子亹至，不谢齐侯，齐侯怒，遂伏甲而杀子亹。高渠弥亡归，归与祭仲谋，召子亹弟公子婴于陈而立之，是为郑子。是岁，齐襄公使彭生醉拉杀鲁桓公。

郑子八年，齐人管至父等作乱，弑其君襄公。十二年，宋人长万弑其君湣公。郑祭仲死。

十四年，故郑亡厉公突在栎者使人诱劫郑大夫甫瑕，要以求入。瑕曰："舍我，我为君杀郑子而入君。"厉公与盟，乃舍之。六月甲子，瑕杀郑子及其二子而迎厉公突，突自栎复入即位。

初，内蛇与外蛇斗于郑南门中，内蛇死。居六年，厉公果复入。入而让其伯父原曰："我亡国外居，伯父无意入我，亦甚矣。"原曰："事君无二心，人臣之职也。原知罪矣。"遂自杀。厉公于是谓甫瑕曰："子之事君有二心矣。"遂诛之。瑕曰："重德不报，诚然哉！"

厉公突后元年，齐桓公始霸。五年，燕、卫与周惠王弟颓伐王，王出奔温，立弟颓为王。六年，惠王告急郑，厉公发兵击周王子颓，弗胜，于是与周惠王归，王居于栎。七年春，郑厉公与虢叔袭杀王子颓而入惠王于周。

秋，厉公卒，子文公踕立。厉公初立四岁；亡居栎，居栎十七岁；复入，立七岁。与亡凡二十八年。

文公十七年，齐桓公以兵破蔡，遂伐楚，至召陵。

二十四年，文公之贱妾曰燕姞，梦天与之兰，曰："余为伯鯈。余，尔祖也。以是为而子，兰有国香。"以梦告文公，文公幸之，而予之草兰为符。遂生子，名曰兰。

三十六年，晋公子重耳过，文公弗礼。文公弟叔詹曰："重耳贤，且又同姓，穷而过君，不可无礼。"文公曰："诸侯亡公子过者多矣，安能尽礼之！"詹曰："君如弗礼，遂杀之；弗杀，使即反国，为郑忧矣。"文公弗听。

三十七年春，晋公子重耳反国，立，是为文公。秋，郑入滑，滑听命，已而反与卫，于是郑伐滑。周襄王使伯犕请滑。郑文公怨惠王之亡在栎，而文公父厉公入之，而惠王不赐厉公爵禄，又怨襄王之与卫滑，故不听襄王请而囚伯犕。王怒，与翟人伐郑，弗克。冬，翟攻伐襄王，襄王出奔郑，郑文公居王于氾。三十八年，晋文公入襄王成周。

四十一年，助楚击晋。自晋文公之过无礼，故背晋助楚。四十三年，晋文公与秦穆公共围郑，讨其助楚攻晋者及文公过时之无礼也。

初，郑文公有三夫人，宠子五人，皆以罪早死。公怒，溉逐群公子。子兰奔晋，从晋文公围郑。时兰事晋文公甚谨，爱幸之，乃私于晋，以求入郑为太子。晋于是欲得叔詹为僇。郑文公恐，不敢谓叔詹言。詹闻，言于郑君曰："臣谓君，君不听臣，晋卒为患。然晋所以围郑，以詹。詹死而赦郑国，詹之愿也。"乃自杀。郑人以詹尸与晋。晋文公曰："必欲一见郑君，辱之而去。"郑人患之。乃使人私于秦曰："破郑益晋，非秦之利也。"秦兵罢。晋文公欲入兰为太子，以告郑。郑大夫石癸曰："吾闻姞姓乃后稷之元妃，其后当有兴者。子兰母，其后也。且夫人子尽已死，馀庶子无如兰贤。今围急，晋以为请，利孰大焉！"遂许晋，与盟，而卒立子兰为太子，晋兵乃罢去。

四十五年，文公卒，子兰立，是为穆公。

穆公元年春，秦穆公使三将将兵欲袭郑，至滑，逢郑贾人弦高诈以十二牛劳军，故秦兵不至而还，晋败之于崤。初，往年郑文公之卒也，郑司城缯贺以郑情卖之，秦兵故来。

三年，郑发兵从晋伐秦，败秦兵于汪。

往年楚太子商臣弑其父成王代立。二十一年，与宋华元伐郑。华元杀羊食士，不与其御羊斟，怒以驰郑，郑囚华元。宋赎华元，元亦亡去。晋使赵穿以兵伐郑。

二十二年，郑穆公卒，子夷立，是为灵公。

灵公元年春，楚献鼋于灵公。子家、子公将朝灵公，子公之食指动，谓子家曰："佗日指动，必食异物。"及入，见灵公进鼋羹，子公笑曰："果然！"灵公问其笑故，具告灵公。灵公召之，独弗予羹。子公怒，染其指，尝之而出。公怒，欲杀子公。子公与子家谋先。夏，弑灵公。郑人欲立灵公弟去疾，去疾让曰："必以贤，则去疾不肖；必以顺，则公子坚长。"坚者，灵公庶弟，去疾之兄也。于是乃立子坚，是为襄公。

襄公立，将尽去缪氏。缪氏者，杀灵公子公之族家也。去疾曰："必去缪氏，我将去之。"乃止。皆以为大夫。

襄公元年，楚怒郑受宋赂纵华元，伐郑。郑背楚，与晋亲。五年，楚复伐郑，晋来救之。六年，子家卒，国人复逐其族，以其弑灵公也。

七年，郑与晋盟鄢陵。

八年，楚庄王以郑与晋盟，来伐，围郑三月，郑以城降楚。楚王入自皇门，郑襄公肉袒掔羊以迎，曰："孤不能事边邑，使君王怀怒以及弊邑，孤之罪也。敢不惟命是听。君王迁之江南，及以赐诸侯，亦惟命是听。若君王不忘厉、宣王，桓、武公，哀不忍绝其社稷，锡不毛之地，使复得改事君王，孤之愿也，然非所敢望也。敢布腹心，惟命是听。"庄王为却三十里而后舍。楚群臣曰："自郢至此，士大夫亦久劳矣。今得国舍之，何如？"庄王曰："所为伐，伐不服也。今已服，尚何求乎？"卒去。晋闻楚之伐郑，发兵救郑。其来持两端，故迟；比至河，楚兵已去。晋将率或欲渡，或（从）〔欲〕还，卒渡河。庄王闻，还击晋。郑反助楚，大破晋军于河上。

十年，晋来伐郑，以其反晋而亲楚也。

十一年，楚庄王伐宋，宋告急于晋。晋景公欲发兵救宋，伯宗谏晋君曰："天方开楚，未可伐也。"乃求壮士得霍人解扬，字子虎，诓楚，令宋毋降。过郑，郑与楚亲，乃执解扬而献楚。楚王厚赐与约，使反其言，令宋趣降，三要乃许。于是楚登解扬楼车，令呼宋。遂负楚约而致其晋君命曰："晋方悉国兵以救宋，宋虽急，慎毋降楚，晋兵今至矣！"楚庄王大怒，将杀之。解扬曰："君能制命为义，臣能承命为信。受吾君命以出，有死无陨。"庄王曰："若之许我，已而背之，其信安在？"解扬曰："所以许王，欲以成吾君命也。"将死，顾谓楚军曰："为人臣毋忘尽忠得死者！"楚王诸弟皆谏王赦之，于是赦解扬使归。晋爵之为上卿。

十八年，襄公卒，子悼公𣳾立。

悼公元年，鄦公恶郑于楚，悼公使弟睔于楚自讼。讼不直，楚囚睔。于是郑悼公来与晋平，遂亲。睔私于楚子反，子反言归睔于郑。

二年，楚伐郑，晋兵来救。是岁，悼公卒，立其弟睔，是为成公。

成公三年，楚共王曰"郑成公孤有德焉"，使人来与盟。成公私与盟。秋，成公朝晋，晋曰"郑私平于楚"，执之，使栾书伐郑。

四年春，郑患晋围，公子如乃立成公庶兄𦈡为君。其四月，晋闻郑立君，乃归成公。郑人闻成公归，亦杀君𦈡，迎成公。晋兵去。

十年，背晋盟，盟于楚。晋厉公怒，发兵伐郑。楚共王救郑。晋楚战鄢陵，楚兵败，晋射伤楚共王目，俱罢而去。

十三年，晋悼公伐郑，兵于洧上。郑城守，晋亦去。

十四年，成公卒，子恽立。是为釐公。

釐公五年，郑相子驷朝釐公，釐公不礼。子驷怒，使厨人药杀釐公，赴诸侯曰“釐公暴病卒”。立釐公子嘉，嘉时年五岁，是为简公。

简公元年，诸公子谋欲诛相子驷，子驷觉之，反尽诛诸公子。二年，晋伐郑，郑与盟，晋去。冬，又与楚盟。子驷畏诛，故两亲晋、楚。三年，相子驷欲自立为君，公子子孔使尉止杀相子驷而代之。子孔又欲自立，子产曰：“子驷为不可，诛之，今又效之，是乱无时息也。”于是子孔从之而相郑简公。

四年，晋怒郑与楚盟，伐郑，郑与盟。楚共王救郑，败晋兵。简公欲与晋平，楚又囚郑使者。

十二年，简公怒相子孔专国权，诛之，而以子产为卿。十九年，简公如晋请卫君还，而封子产以六邑。子产让，受其三邑。

二十二年，吴使延陵季子于郑，见子产如旧交，谓子产曰：“郑之执政者侈，难将至，政将及子。子为政，必以礼；不然，郑将败。”子产厚遇季子。

二十三年，诸公子争宠相杀，又欲杀子产。公子或谏曰：“子产仁人，郑所以存者子产也，勿杀！”乃止。

二十五年，郑使子产于晋，问平公疾。平公曰：“卜而曰实沉、台骀为祟，史官莫知，敢问？”对曰：“高辛氏有二子，长曰阏伯，季曰实沉，居旷林，不相能也，日操干戈以相征伐。后帝弗臧，迁阏伯于商丘，主辰，商人是因，故辰为商星。迁实沉于大夏，主参，唐人是因，服事夏、商，其季世曰唐叔虞。当武王邑姜方娠大叔，梦帝谓己：‘余命而子曰虞，乃与之唐，属之参而蕃育其子孙。’及生，有文在其掌曰‘虞’，遂以命之。及成王灭唐而国大叔焉。故参为晋星。由是观之，则实沉，参神也。昔金天氏有裔子曰昧，为玄冥师，生允格、台骀。台骀能业其官，宣汾、洮，障大泽，以处太原。帝用嘉之，国之汾川。沈、姒、蓐、黄实守其祀。今晋主汾川而灭之。由是观之，则台骀，汾、洮神也。然是二者不害君身。山川之神，则水旱之灾禜之；日月星辰之神，则雪霜风雨不时禜之；若君疾，饮食哀乐女色所生也。”平公及叔向曰：“善，博物君子也！”厚为之礼于子产。

二十七年夏，郑简公朝晋。冬，畏楚灵王之强，又朝楚，子产从。二十八年，郑君病，使子产会诸侯，与楚灵王盟于申，诛齐庆封。

三十六年，简公卒，子定公宁立。秋，定公朝晋昭公。

定公元年，楚公子弃疾弑其君灵王而自立，为平王。欲行德诸侯，归灵王所侵郑地于郑。四年，晋昭公卒，其六卿强，公室卑。子产谓韩宣子曰："为政必以德，毋忘所以立。"

六年，郑火，公欲禳之。子产曰："不如修德。"

八年，楚太子建来奔。十年，太子建与晋谋袭郑。郑杀建，建子胜奔吴。

十一年，定公如晋。晋与郑谋，诛周乱臣，入敬王于周。

十三年，定公卒，子献公虿立。献公十三年卒，子声公胜立。当是时，晋六卿强，侵夺郑，郑遂弱。

声公五年，郑相子产卒，郑人皆哭泣，悲之如亡亲戚。子产者，郑成公少子也。为人仁，爱人，事君忠厚。孔子尝过郑，与子产如兄弟云。及闻子产死，孔子为泣曰："古之遗爱也。"（兄事子产。）

八年，晋范、中行氏反晋，告急于郑，郑救之。晋伐郑，败郑军于铁。

十四年，宋景公灭曹，二十年，齐田常弑其君简公，而常相于齐。二十二年，楚惠王灭陈。孔子卒。三十六年，晋知伯伐郑，取九邑。

三十七年，声公卒，子哀公易立。

哀公八年，郑人弑哀公而立声公弟丑，是为共公。

共公三年，〔三〕晋灭知伯。三十一年，共公卒，子幽公已立。

幽公元年，韩武子伐郑，杀幽公。郑人立幽公弟骀，是为缟公。

缟公十五年，韩景侯伐郑，取雍丘。郑城京。十六年，郑伐韩，败韩兵于负黍。二十年，韩、赵、魏列为诸侯。二十三年，郑围韩之阳翟。

二十五年，郑君杀其相子阳。二十七年，子阳之党共弑缟公骀而立幽公弟乙为君，是为郑君。

郑君乙立二年，郑负黍反，复归韩。十一年，韩伐郑，取阳城。二十一年，韩哀侯灭郑，并其国。

太史公曰：语有之，"以权利合者，权利尽而交疏"，甫瑕是也。甫瑕虽以劫杀郑子内厉公，厉公终背而杀之，此与晋之李克何异？守节如荀息，身死而不能存奚齐。变所从来，亦多故矣！

【译文】

郑桓公友，是周厉王的小儿子，也就是周宣王的弟弟。宣王即位二十二年，友才被封到郑地，一直过了三十三年，百姓都爱戴他。幽王任命他为司徒。他促进周朝百姓和睦相处，百姓都十分高兴，黄河、洛水流域的人们都思念他。在他做司徒一年的时候，幽王因宠爱褒姒，废弃政事于不顾，周王室的统治问题很多，有些诸侯背叛了他。于是桓公询问太史伯说："如今王室灾难深重，我怎么才能死里逃生呢？"太史伯回答说："只有洛水以东、黄河以南可以安居。"桓公问："为什么？"太史伯回答说："那一带邻近虢国、郐国，虢、郐的国君既贪婪又喜欢占小便宜，百姓不顺从他们。如今，您是司徒，百姓都爱戴您，您如果真的请求到那里去，虢国、郐国国君看到您正当权，轻易就会把土地分给您。您如果真的住在那里，虢国、郐国的百姓就都是您的百姓了。"桓公说："我想住在南边的长江流域，怎么样？"太史伯回答说："过去祝融替高辛氏掌管火，功劳甚大，然而他在周朝没有兴盛繁荣，楚国就是他的后代。周王室衰弱，楚国一定兴盛。楚国如果兴盛，对郑国绝对没有好处。"桓公说；"我想住在西方，怎么样？"太史伯回答说："那里的百姓既贪婪又好利，很难让人在那里长久居住。"桓公说："周王室衰弱，哪国将兴盛呢？"太史伯回答说："齐、秦、晋、楚吧？齐国，姓姜，是伯夷的后代，伯夷曾辅佐尧掌管礼仪制度。秦国，姓嬴，是伯翳的后代，伯翳曾辅佐舜使很多部落顺服。至于楚国的祖先，也曾为天下人建立了功业。周武王战胜纣王后，成王把唐封给叔虞，那里地势险阻，他们凭借德行立国。等到周室衰弱，晋国也一定能兴盛了。"桓公说："好吧。"于是立马请示幽王，把他的百姓迁移到洛水东部，虢、郐国的国君果然献出十座城邑，他最终建立了郑国。

二年，犬戎在骊山下杀死了幽王，同时也杀死了桓公。郑人拥立了桓公的儿子掘突，称为武公。

武公在十年的时候，娶了申侯的女儿做夫人，叫武姜。生下太子寤生，生的时候难产，出生后，夫人不喜欢寤生。后来武姜又生下小儿子叔段，生段时是顺产，夫人十分喜爱他。二十七年，武公生病了，夫人请求武公立叔段为太子，武公没有答应。当年，武公逝世，寤生即位，这就是庄公。

庄公元年，把他的弟弟叔段封到京城，号称太叔。祭仲说："京城比国都大，不可以封给弟弟。"庄公说："武姜想这样，我不敢反对。"叔段到了京城，整顿军备，与他的母亲武姜图谋袭击郑都。二十二年，叔段果然袭击郑都，武姜做内应。庄公派军攻打叔段，叔段逃跑了。庄公攻打京城，京城百姓都背叛了叔段，叔段无奈逃跑到鄢。鄢邑的百姓溃逃了，叔段不得已逃亡到共国。于是庄公把他的母亲武姜迁到城颍去，并发誓说："不到黄泉，不再相见。"过了一年多，庄公后悔曾经说过的话，很想念母亲。颍谷的考叔向庄公献礼，庄公赐给他食物。考叔说："我还有母亲，请您把食物赐给我的母亲吧。"庄公说："我很想念我的母亲，但又不想违背誓言，怎么办呢？"考叔说："挖条地道到有泉水处，你们母子就可见面了。"于是庄公依照他的办法，终于见到了母亲。

二十四年，宋缪公逝世，公子冯逃到郑国。郑国侵占周室田地，攫取了粮食。二十五年，卫国州吁杀死了自己的国君桓公立自己为国君，与宋国一起讨伐郑国，就是因为郑国接纳了公子冯的缘故。二十七年，郑君才朝拜周桓王，桓王对郑攫取粮食一事很生气，没有按礼仪接待他。二十九年，庄公怒于周桓王没有按礼仪接待自己，故意用祊与鲁国交换了靠近许国的田地。三十三年宋国杀死了孔父。三十七年，庄公不朝拜周桓王，周桓王率领陈、蔡、虢、卫国一起攻打郑国。庄公和祭仲、高渠弥出兵反击，桓王的军队大败，祝聸射中了桓王的手臂。祝聸请求追击桓王，郑庄公阻止他说："侵犯长者尚且要遭到责难，何况欺辱天子呢？"于是停止追击。庄公深夜里派祭仲去询问桓王的箭伤。

三十八年，北方戎族军队讨伐齐国，齐国派遣使者向郑国求援，郑国派太子忽带兵救援齐国。齐釐公想把女儿嫁给太子忽。忽辞谢说："我国是个小国，和齐这样的大国不相匹配。"当时，祭仲与太子在一起，规劝太子答应娶亲，说："我们国君有很多宠爱的姬妾，太子得不到大国的援助将不能即位，三位公子都可以成为国君。"祭仲所说的三位公子，就是太子忽、他的弟弟突，以及小弟弟子亹。

四十三年，郑庄公逝世。当初，祭仲很受庄公宠信，庄公让他做上卿，并派他为自己迎娶了邓国美女，生下太子忽，所以祭仲立忽为君，这就是昭公。

庄公还娶了宋国的雍氏女子，生下厉公突。雍氏很受宋庄公宠爱。宋庄公听说祭仲拥立忽为国君，就派人把祭仲骗来逮捕了他，威胁他说："如果不立突为国君，就处死你。"同时还逮捕了突以求取贿赂。祭仲就答应了宋国，并与宋国国君立下盟誓。他准备带着突回国，拥立突为国君。昭公忽听说祭仲因宋国的要挟准备拥立自己的弟弟突为国君，九月丁亥日，他逃到了卫国。己亥日，突回到郑都即位，这就是厉公。

厉公四年，祭仲专权。厉公担心此事，暗中指使祭仲的女婿雍纠准备杀死祭仲。雍纠的妻子，也就是祭仲的女儿，知道了此事，她问母亲："父亲与丈夫谁更亲？"母亲说："父亲只有一个，丈夫却可以有很多选择！"祭仲的女儿就把此事告诉了祭仲，祭仲反而杀死了雍纠，暴其尸于闹市。厉公对祭仲无可奈何，对雍纠却很生气，说："与妇人商量，死了也活该！"夏天的时候，厉公被赶到边界的栎邑居住。祭仲迎回了昭公忽，六月乙亥日，忽又回到郑都即国君位了。

秋天的时候，郑厉公依靠栎人杀死了栎邑大夫单伯，于是在那里定居。诸侯们听说厉公逃跑了，就来讨伐郑国，没有战胜就离去了。宋国赠给厉公很多军队，让他自己在栎邑坚守防备，郑国因此也不再讨伐栎邑。

昭公二年，在昭公做太子之时，父亲庄公就想让高渠弥做上卿，太子忽不喜欢他，庄公不听，最后还是让渠弥做了上卿。等到昭公即位，渠弥害怕昭公会杀他，冬天十月辛卯日，渠弥与昭公出外打猎，在郊外射杀了昭公。祭仲与渠弥不敢迎立厉公，便改立昭公的弟弟子亹做国君，就称作子亹，没有谥号。

子亹元年七月，齐襄公在首止会合诸侯，郑子亹前去赴会，高渠弥辅佐，跟随子亹一起去，祭仲说自己有病没去。祭仲这样做的原因是，在齐襄公还是公子的时候，子亹曾与他争斗过，结下仇怨，等到诸侯相会时，祭仲请求子亹不要去。子亹回答说："齐国强大，况且厉公又住在栎，如果我不去，齐就会率领诸侯讨伐我们，并将厉公迎回来。我不如前往，去了怎么会一定受辱呢，而且，也不一定会落到你想的那步田地吧！"于是子亹还是去了。祭仲担心齐国会将子亹和他的随从一起杀死，所以借口有病没去。子亹到了以后，对以前的事没有向齐侯道歉，齐侯很生气，于是设下伏兵杀死了子亹。高渠弥逃回了郑国，回来以后与祭仲商议，把子亹的弟弟公子婴从陈国请了回来并立为国君，这就是郑子。这一年，齐襄公让彭生趁鲁桓公酒醉时打折其肋骨将其杀死。

郑子八年，齐国管至父等人作乱，将自己的国君齐襄公杀死。十二年，宋国人长万杀死国君湣公。郑国祭仲去世。

十四年，以前和郑厉公突一起逃亡在栎的人派人使诈劫持了郑国大夫甫假，并要挟他帮助厉公回国都。甫假说："你放了我，我替你杀死郑子让你回去。"厉公与他订立盟约，就放了他。六月甲子日，甫假杀死了郑子和他的两个儿子，并迎接厉公突回来，突从栎又重新回来即位。从前，城内有一条蛇与城外一条蛇在郑都南门争斗，城内的蛇死去。过了六年，厉公果然又回来了。厉公回来后责备自己的伯父原说：“我失去了国家居住在都外，伯父您却不想着接我回来，也太过分了。”原说：“侍奉国君不能有二心，这是做臣子的本分。我愿意领罪。”说完就自杀了。于是厉公又对甫假说：“你侍奉国君有二心。”于是也杀了他。甫假说：“对郑子的大德不去回报，应该是我这样的下场啊！”

厉公突回国复位后元年，齐桓公开始称霸。

五年，燕国、卫国与周惠王的弟弟颓联合起来一起讨伐周惠王，周惠王逃到温，他的弟弟颓即位称王。六年，惠王向郑国告急，厉公出兵攻打周王子颓，没有打胜，于是和周惠王一起撤回郑国，让惠王住在栎。七年春天，郑厉公和虢叔一起袭击王子颓，将其杀死，将惠王送回周都。

秋天，厉公去世，他的儿子文公踕即位。厉公才即位四年，就逃亡到栎居住了，住了十七年后，又重新回到郑都，在位七年，与逃亡的时间加起来一共二十八年。文公十七年，齐桓公率领军队打败蔡国，后来又攻打楚国，一直打到召陵。

二十四年，文公的一个侍妾名叫燕吉，有一天梦到上天赐予她一株兰草说：“我是伯儵，是你的祖先。用它做你的儿子，兰草有浓烈醇正的香气。”燕吉把这个梦告诉了文公，文公便临幸了她，还赠她兰草作为凭证。后来燕吉生一儿子，取名为兰。

三十六年，晋公子重耳路过郑国，郑文公没有按礼节接待他。文公的弟弟叔詹说：“重耳是贤德之人，又和我们是同姓，他穷困的时候路过您这里，您不能对他无礼。”文公说：“诸侯中逃亡的公子路过这里有很多，我怎么可能都按礼节接待呢！”叔詹说：“您如果不能按礼节接待他，就杀了他；不杀，如果让他以后回到国内，就是郑国的忧患了。”文公没有听从叔詹的意见。

三十七年春天，晋公子重耳返回晋国，即位为君，就是晋文公。这年秋天，郑国攻入滑国，滑国本来听从郑国命令，后来，滑国反而和卫国亲近起来，于是郑国攻打滑国。周襄王派伯犕去替滑国说情，郑文公怨恨惠王逃到栎时，是文公的父亲厉公保护他回朝复位的，但惠王却没有赏赐厉公爵位俸禄，又怨恨襄王亲近卫国、滑国，所以文公不听从襄王的说情反而将伯犕囚禁了起来。襄王十分生气，与翟人一起讨伐郑国，失败。冬天的时候，翟人攻打周襄王，襄王逃到郑国，郑文公让周襄王居住在氾地。三十八年，晋文公护送周襄王回到周都。

四十一年，郑国帮助楚国攻打晋国。郑国自从当年晋文公路过时，没有按照礼节待他，就开始背叛晋国帮助楚国。四十三年，晋文公与秦缪公联合包围了郑国，讨伐他帮助楚国攻打晋国，以及文公路过郑国时的无礼之罪。当初，郑文公有三位夫人、五个宠爱的儿子，都因罪早死。郑文公很生气，把各位公子都赶走了。子兰逃到晋国，随晋文公一起包围郑都。当时子兰侍奉晋文公十分恭敬，晋文公很宠信他。他在晋暗中活动，想回郑国做太子。晋国这时想得到叔詹并将其杀死。郑文公很害怕，不敢告诉叔詹，叔詹听说后，对郑君说："我告诉过您，您却不听，晋国果然成为我国的忧患了。然而晋国包围郑的原因在我，如果我死了能够使郑国赦免，我心甘情愿。"于是叔詹就自杀了。郑人把叔詹的尸首送到晋国。晋文公说："我一定要见一下郑君，侮辱他以后再离去。"郑人非常担心，就派人私下对秦国说："打败郑国对晋国有好处，但对秦国却没有好处。"秦军撤去。晋文公准备送子兰到郑国做太子，借机通报了郑国。郑国大夫石癸说："我听说吉姓是后稷的元配，她的后裔应当很兴旺，子兰的母亲就是她的后裔。况且夫人的儿子都已不在世了，剩下的儿子都不如兰贤能。如今晋国包围郑，形势急迫，晋国请求子兰回郑，这个条件当然好了！"于是郑国答应了晋国，与晋国订立盟约，当子兰被立为太子后，晋军才撤走。

四十五年，郑文公去世，子兰即位，称为缪公。

缪公元年春天，秦缪公派三位将军领兵攻打郑国，到了滑国，遇到郑国的商人弦高，弦高骗他们说是奉郑君之命用十二头牛来犒劳秦军的，所以秦军还没到郑国边境就直接回国了，晋军在崤打败了秦军。当年，郑文公去世时，郑国都城的卫戍官缯贺把郑国的内情出卖给秦国，所以秦军才来攻打郑国。三年，郑国派兵和晋国一起攻打秦国，在汪打败秦军。

缪公二年的时候，楚国的太子商臣杀死他的父亲成王即位。二十一年，楚国与宋国华元一起攻打郑国。华元宰羊犒劳士兵们，却不给为他驾车的人羊斟吃，羊斟很生气，把车赶到郑军阵中，郑国囚禁了华元，宋国欲赎回华元，但他已经逃走。晋国派赵穿领兵攻打郑国。

二十二年，郑缪公去世，他的儿子夷即位，就是灵公。

灵公元年春天，楚国拿鼋去进献给灵公。子家、子公即将朝拜灵公，子公的食指颤动了一下，对子家说："我的手指颤动，肯定要到吃珍异的食物。"入宫后，看见灵公正在进食鼋汤，子公笑着说："果然如此。"灵公问他为什么笑，子公就把具体情况告诉了灵公。灵公叫他过去，却唯独不给他喝汤，子公很生气，把手指放在汤里蘸了一下，尝完就出了宫。灵公很生气，要杀子公，子公与子家谋划应该先下手。夏天，他们杀了灵公。郑人想立灵公的弟弟去疾，去疾谦让说："一定要有贤能的人即位，而我并没有才能；一定要按长幼顺序即位，那么公子坚比我年长。"坚是灵公的弟弟，去疾的哥哥。于是子坚即位，就是襄公。

襄公一即位，就准备把缪氏家族斩尽杀绝。缪氏，是杀死了灵公，子公的家族。去疾说："如果一定要杀尽缪氏家族，我就离开郑国。"襄公这才停止，并将缪氏都任命为大夫。

襄公元年，楚国对于郑国接受了宋国贿赂释放华元这件事很生气，于是攻打郑国。郑国背叛了楚国，亲近晋国。五年，楚国又攻打郑国，晋国前来救援。六年，子家去世，郑都的人们因为他杀死了灵公，又将他的家族赶走了。

七年，郑国与晋国在鄢陵结盟。八年，楚庄王以郑国与晋国结盟为缘由，来攻打郑国，包围郑都三个月，郑国献出国都向楚国投降。楚王从皇门进入郑都，郑襄公脱去上衣露出胳膊牵着羊来迎接楚王，说："我不能在边城侍奉您，让您心怀怒气来到我国国都，这是我的罪过。我不敢不唯命是听。您就是把我流放到江南，把郑赐给诸侯，我也听从您的命令。如果君王您还记得周厉王、周宣王、郑桓公、郑武公，可怜他们，不忍心断绝他们的祭祀，您就赐予我不毛之地，使我能够重新侍奉您，这也是我的愿望，然而我也不敢有所希望。只是冒昧表露我的真心，对您将唯命是听。"庄王让军队退后三十里驻扎下来。楚国的大臣们说："我们从郢攻打到这里，将士们辛苦了这么久。现在都已经得到的国家又放弃，为什么？"庄王说："我们之所以讨伐，是为了讨伐那些不驯服的国君。如今他已服从于我们，还求什么呢？"后来楚军就撤走了。晋国听说楚国攻打郑国，派军救援郑国。出发时，因为意见不统一，来迟了，军队才刚到黄河边，楚军已经撤离。晋国将士有的想过河追击，有的想班师回国，最后渡过黄河边。庄王听说后，回来攻打晋军。郑国反而帮助楚国，在黄河上大败晋军。十年，晋国来攻打郑国，因为它背叛晋而亲近楚国。

十一年，楚庄王攻打宋国，宋国向晋国求救。晋景公想派军救援宋国，伯宗劝谏晋君说："上天正帮助楚国，不能攻打。"晋国于是找了一位壮士，霍国人解扬，字子虎。晋国让他欺骗楚国，叫宋国不要投降。解扬路过郑国时，郑国亲近楚国，就逮捕解扬献给了楚国。楚王赐给解扬一份厚礼并与他约定，让他说反话，告诉宋国赶快投降，解扬经过多次要挟后才勉强答应。于是楚王让解扬登上观望敌军的巢车，让他向宋军喊话。解扬违背了与楚王的约定，传达了晋君给他的命令，大声喊："晋国正在聚集全国的军队赶来援救宋国，宋国虽然形势紧迫，但千万不要投降楚国，晋国的军队马上就要到了！"楚王听后非常生气，准备杀了解扬。解扬说："国君以发布命令为本分，臣民以执行命令为信用。我接受我国君王的命令出来执行，宁死也不能让君命受损。"庄王说："你已经答应了我，然后又背叛，你的信用在哪儿呢？"解扬说："我之所以答应您，是想用来完成我们君王的命令。"解扬将要受刑时，回头对楚军说："做人臣的不要忘记因为竭尽忠诚而死去的人！"楚王的弟弟们都向楚王进谏赦免解扬，于是楚王赦免了他，让他回到晋国。晋国封他为上卿。

十八年，襄公去世，他的儿子悼公渍即位。

悼公元年，许灵公到楚国中伤郑国，悼公派他的弟弟睔去楚国为自己申辩。睔申辩没有成功，反而被楚国囚禁了起来。于是郑悼公到晋讲和，两国言归于好。睔私下与楚国子反有交情，子反说情把睔放回郑国。

二年，楚国讨伐郑国，晋军前来救助。这一年，悼公去世，他的弟弟睔被立为国君，就是成公。

成公三年，楚共王说"我对郑成公是有恩德的"，便派人来郑与其结盟，成公暗中与楚国结盟。这年秋天，成公去朝拜晋厉公，晋说"郑国暗中与楚讲和了"，拘捕了成公，派栾书攻打郑国。四年春天，郑国担心晋国来包围，公子如便立了成公的哥哥繻做国君。当年四月，晋国听说郑国已经立了新君，就放成公回国了。郑人听说成公回来，又杀死了国君繻，迎接成公回来。晋军就撤走了。

十年，郑国背叛与晋国的盟约，与楚国结盟。晋厉公十分生气，派兵讨伐郑国。楚共王援救郑国。晋楚在鄢陵交战，楚军失败，晋军射伤了楚共王的眼睛，双方都停战离去。十三年，晋悼公攻打郑国，驻军在洧上。郑军据城防守，晋军也离去了。

十四年，成公去世，其儿子恽即位，这就是釐公。

釐公五年，郑国国相子驷来朝拜釐公，釐公没有按礼节对待他。子驷十分生气，让厨师下毒药杀了釐公，向诸侯们报丧说"釐公得了急病去世"，并立釐公的儿子嘉为国君，嘉那时候五岁，这就是简公。

简公元年，公子们密谋想杀死国相子驷，子驷察觉了，反而把这些公子们都杀死了。二年，晋国讨伐郑国，郑国与晋国结盟，晋军撤离。冬天，郑国又与楚国结盟。子驷害怕被杀，所以和晋、楚都亲近。三年，宰相子驷想自立为国君，公子子孔指使尉止杀死宰相子驷并让尉止代替了他做宰相。子孔也想自立为国君。子产说："子驷想自立为国君是不行的，所以你杀了他，如今你又仿效他，这样内乱就没有平息之时了。"于是子孔听从他的意见，做郑简公的国相。

四年，晋国因为郑国与楚国结盟之事非常生气，就攻打郑国，郑国又与晋国结盟。楚共王救援郑国，打败了晋军。郑简公想和晋国讲和，楚国又囚禁了郑国派来的使者。

十二年，简公对国相子孔专揽大权十分愤慨，杀了子孔，让子产做了上卿。十九年，简公去晋国替卫君说情让他回国，并给子产六个邑的封地。子产辞让，只接受了三个邑。二十二年，吴国派延陵季子到郑国，季子与子产一见如故，对子产说："郑国执政的人大多奢侈，灾难就要到来，大权将落到你手中。你如果当政，一定要以礼治国；否则，郑国就会败落。"子产对季子厚礼相待。二十三年，各位公子为了争得宠信互相残杀，又想杀死子产。有公子进谏说："子产是仁爱之人，郑国之所以能生存下来就是因为子产，不要杀他！"公子们才罢手。

二十五年，郑国派子产到晋国，询问平公的病情。平公说："占卜后说是实沈、台骀作祟，史官也不了解他们，冒昧地问一下他们是什么神？"子产回答说："高辛氏有两个儿子，大儿子叫阏伯，二儿子叫实沈，居住在大森林里，却不能相容，每天拿着兵器互相征伐，尧帝不喜欢他们，把阏伯迁到商丘，主持祭祀辰星，商人因此沿袭下来，所以辰星就被称为商星。把实沈迁到大夏，主持祭祀参星，唐人因此沿袭下来，服侍夏朝、商朝，唐的末世君主叫唐叔虞。当武王夫人邑姜正怀着大叔的时候，曾梦见天帝对她说：'我给你的儿子取名叫虞，就把唐封给他，委托他祭祀参星，在那里繁育后代。'等到大叔出生以后，他手掌心的纹理就像'虞'字，于是就用虞命名了。等到周成王灭了唐以后，就把唐封给了大叔。所以参星就是晋国的星宿。从这可以看出，实沈是参星神。过去金天氏有个后代叫昧，做水官长，生了允格、台骀两个儿子。台骀能继承前辈的官职，疏通了汾水、洮水，并在大泽修筑了堤防，住在太原。颛顼帝因此嘉奖了他，并把汾水封给他。沈、姒、蓐、黄国实际掌管着他的祭祀。如今晋国统治汾水流域，灭了周围的国家。由此看来，台骀就是汾水、洮水神。然而这两位神灵都不会危害您的身体，山河神，应该在发生水旱灾时祭祀，而日月星辰神，应该在雪霜风雨不按时令来到时祭祀；您如今身体有病，应该是饮食哀乐女色所造成的。”平公及叔向称赞说：“对，您真不愧为是知识渊博的君子！”并送给子产丰厚的礼物。

二十七年夏天，郑简公朝拜晋国。冬天，郑国畏惧楚灵王强大，又朝拜楚国，子产跟着一起去。二十八年，郑君生了病，派子产会见诸侯，在申地与楚灵王订立盟约，楚王杀死了齐国庆封。

三十六年，简公去世，他的儿子定公宁即位。当年秋天，定公朝拜了晋昭公。

定公元年，楚国公子弃疾杀死楚国国君灵王自立为君，就是平王。平王想施恩德于诸侯，就把灵王曾经侵占郑国的土地还给了郑国。

四年，晋昭公去世，晋国的六卿强盛起来，国家力量相对就减弱了。子产对韩宣子说：“当政一定要凭仁义道德，不要忘记政权是为什么确立的。”

六年，郑国发生火灾，定公想祭祀消灾。子产说：“不如施行德政。”

八年，楚太子建逃亡到郑国。十年，太子建与晋国密谋偷袭郑国。郑国杀死了太子建，太子建的儿子胜逃到吴国。

十一年，定公到了晋国。晋与郑商议，杀死周王室作乱的臣子，送敬王回周。

十三年，定公去世，他的儿子献公虿即位。献公十三年去世，儿子声公胜即位。就在这时候，晋国六卿非常强盛，侵夺郑国领土，于是郑国就衰落了。

声公五年，郑国的国相子产去世了，郑国人都为他哭泣，就如同自己的亲人去世一样悲伤。子产是郑成公的小儿子。他为人仁慈、关爱他人，侍奉君王忠诚老实。孔子以前曾经经过郑国，与子产就像兄弟一样。等到听说子产去世了，孔子悲哭道：“子产的仁爱，真是古代的遗风啊！”

八年，晋国的范氏、中行氏背叛晋国，向郑国求救，郑国救助了他们。晋国攻打郑国，在铁打败郑军。

十四年，宋景公灭亡了曹国。二十年，齐国田常杀了国君简公，做了齐国国相。二十二年，楚惠王灭亡了陈国。这一年孔子去世。三十六年，晋国智伯攻打郑国，攻取九个城邑。

三十七年，声公去世，其儿子哀公易即位。哀公八年，郑人杀死哀公立了声公的弟弟丑为国君，就是共公。共公三年，三晋消灭了智伯。三十一年，共公去世，其儿子幽公即位。幽公元年，韩武子攻打郑国，杀死幽公。郑人立幽公的弟弟骀做国君，就是繻公。

繻公十五年，韩景侯攻打郑国，夺下雍丘。郑国修筑了京城。

十六年，郑国攻打韩国，在负黍大败韩军。二十年，韩、赵、魏一起被列为诸侯国。二十三年，郑国包围了韩国的阳翟。

二十五年，郑国国君杀死了国相子阳。二十七年，子阳的党羽一起杀死了繻公骀，立了幽公的弟弟乙为国君，这就是郑君。郑君乙即位后第二年，被郑国占领的负黍地区的人造反，使负黍重新回归韩国。十一年，韩国讨伐郑国，攻取了阳城。

二十一年，韩哀侯灭了郑国，吞并了郑国领土。

太史公说：有句俗话说，“因权势和利害使关系密切的，当权势和利害终止的时候，关系也就疏远了”，甫瑕就是这样。甫瑕虽然靠劫持杀死郑子，迎接厉公回国，但厉公最终还是背弃了他，并把他杀了，这与晋国的里克有什么区别呢？而像荀息那样坚守节操，死了也不能保住奚齐。所以说，变故的产生，也是有很多原因的呀！

史记卷四十三

赵世家第十三

赵氏之先，与秦共祖。至中衍，为帝大戊御。其后世蜚廉有子二人，而命其一子曰恶来，事纣，为周所杀，其后为秦。恶来弟曰季胜，其后为赵。

季胜生孟增。孟增幸于周成王，是为宅皋狼。皋狼生衡父，衡父生造父。造父幸于周穆王。造父取骥之乘匹，与桃林盗骊、骅骝、绿耳，献之穆王。穆王使造父御，西巡狩，见西王母，乐之忘归。而徐偃王反，穆王日驰千里马，攻徐偃王，大破之。乃赐造父以赵城，由此为赵氏。

自造父已下六世至奄父，曰公仲，周宣王时伐戎，为御。及千亩战，奄父脱宣王。奄父生叔带。叔带之时，周幽王无道，去周如晋，事晋文侯，始建赵氏于晋国。

自叔带以下，赵宗益兴，五世而（生）〔至〕赵夙。

赵夙，晋献公之十六年伐霍、魏、耿，而赵夙为将伐霍，霍公求奔齐。晋大旱，卜之，曰“霍太山为祟”。使赵夙召霍君于齐，复之，以奉霍太山之祀，晋复穰。晋献公赐赵夙耿。

夙生共孟，当鲁闵公之元年也。共孟生赵衰，字子馀。

赵衰卜事晋献公及诸公子，莫吉；卜事公子重耳，吉，即事重耳。重耳以骊姬之乱亡奔翟，赵衰从。翟伐廧咎如，得二女，翟以其少女妻重耳，长女妻赵衰而生盾。初，重耳在晋时，赵衰妻亦生赵同、赵括、赵婴齐。赵衰从重耳出亡，凡十九年，得反国。重耳为晋文公，赵衰为原大夫，居原，任国政。文公所以反国及霸，多赵衰计策，语在晋事中。

赵衰既反晋，晋之妻固要迎翟妻，而以其子盾为適嗣，晋妻三子皆下事之。晋襄公之六年，而赵衰卒，谥为成季。

赵盾代成季任国政二年而晋襄公卒，太子夷皋年少。盾为国多难，欲立襄公弟雍。雍时在秦，使使迎之。太子母日夜啼泣，顿首谓赵盾曰：“先君何罪，释其適子而更求君？”赵盾患之，恐其宗与大夫袭诛之，乃遂立太子，是为灵公，发兵距所迎襄公弟于秦者。灵公既立，赵盾益

《东周列国志》版画之赵盾背秦立灵公图，讲述晋国大臣赵盾立晋灵公之事。

专国政。

灵公立十四年，益骄。赵盾骤谏，灵公弗听。及食熊蹯，胹不熟，杀宰人，持其尸出，赵盾见之。灵公由此惧，欲杀盾。盾素仁爱人，尝所食桑下饿人反扞救盾，盾以得亡。未出境，而赵穿弑灵公而立襄公弟黑臀，是为成公。赵盾复反，任国政。君子讥盾"为正卿，亡不出境，反不讨贼"，故太史书曰"赵盾弑其君"。晋景公时而赵盾卒，谥为宣孟，子朔嗣。

赵朔，晋景公之三年，朔为晋将下军救郑，与楚庄王战河上。朔娶晋成公姊为夫人。

晋景公之三年，大夫屠岸贾欲诛赵氏。初，赵盾在时，梦见叔带持要而哭，甚悲；已而笑，拊手且歌。盾卜之，兆绝而后好。赵史援占之，曰："此梦甚恶，非君之身，乃君之子，然亦君之咎。至孙，赵将世益衰。"屠岸贾者，始有宠于灵公，及至于景公而贾为司寇，将作难，乃治灵公之贼以致赵盾，遍告诸将曰："盾虽不知，犹为贼首。以臣弑君，子孙在朝，何以惩罪？请诛之。"韩厥曰："灵公遇贼，赵盾在外，吾先君以为无罪，故不诛。今诸君将诛其后，是非先君之意。而今妄诛，妄诛谓之乱。臣有大事而君不闻，是无君也。"屠岸贾不听。韩厥告赵朔趣亡，朔不肯，曰："子必不绝赵祀，朔死不恨。"韩厥许诺，称疾不出。贾不请而擅与诸将攻赵氏于下宫，杀赵朔、赵同、赵括、赵婴齐，皆灭其族。

赵朔妻成公姊，有遗腹，走公宫匿。赵朔客曰公孙杵臼，杵臼谓朔友人程婴曰："胡不死？"程婴曰："朔之妇有遗腹，若幸而男，吾奉之；即女也，吾徐死耳。"居无何，而朔妇免身，生男。屠岸贾闻之，索于宫中。夫人置儿绔中，祝曰："赵宗灭乎，若号；即不灭，若无声。"及索，儿竟无声。已脱，程婴谓公孙杵臼曰："今一索不得，后必且复索之，奈何？"公孙杵臼曰："立孤与死孰难？"程婴曰："死易，立孤难耳。"公孙杵臼曰："赵氏先君遇子厚，子强为其难者，吾为其易者，请先死。"乃二人谋取他人婴儿负之，衣以文葆，匿山中。程婴出，谬谓诸将军曰："婴不肖，不能立赵孤。谁能与我千金，吾告赵氏孤处。"诸将皆喜，许之，发师随程婴攻公孙杵臼。杵臼谬曰："小人哉程婴！昔下宫之难不能死，与我谋匿赵氏孤儿，今又卖我。纵不能立，而忍卖之乎？"抱儿呼曰："天乎天乎！赵氏孤儿何罪？请活之，独杀杵臼可也。"诸将不许，遂杀杵臼与孤儿。诸将以为赵氏孤儿良已死，皆喜。然赵氏真孤乃反在，程婴卒与俱匿山中。

居十五年，晋景公疾，卜之，大业之后不遂者为祟。景公问韩厥，厥知赵孤在，乃曰："大业之后在晋绝祀者，其赵氏乎？夫自中衍者皆嬴姓也。中衍人面鸟噣，降佐殷帝大戊及周天子，皆有明德。下及幽、厉无道，而叔带去周适晋，事先君文侯，至于成公，世有立功，未尝绝祀。今吾君独灭赵宗，国人哀之，故见龟策。唯君图之。"景公问："赵尚有后子孙乎？"韩厥具以实告。于是景公乃与韩厥谋立赵孤儿，召而匿之宫中。诸将入问疾，景公因韩厥之众以胁诸将而见赵孤。赵孤名曰武。诸将不得已，乃曰："昔下宫之难，屠岸贾为之，矫以君命，并命群臣。非然，孰敢作难！微君之疾，群臣固且请立赵后。今君有命，群臣之愿也。"于是召赵武、程婴遍拜诸将，遂反与程婴、赵武攻屠岸贾，灭其族。复与赵武田邑如故。

及赵武冠，为成人，程婴乃辞诸大夫，谓赵武曰："昔下宫之难，皆能死。我非不能死，我思立赵氏之后。今赵武既立，为成人，复故位，我将下报赵宣孟与公孙杵臼。"赵武啼泣顿首固请，曰："武愿苦筋骨以报子至死，而子忍去我死乎！"程婴曰："不可。彼以我为能成事，故先我死；今我不报，是以我事为不成。"遂自杀。赵武服齐衰三年，为之祭邑，春秋祠之，世世勿绝。

赵氏复位十一年，而晋厉公杀其大夫三郤。栾书畏及，乃遂弑其君厉公，更立襄公曾孙周，是为悼公。晋由此大夫稍强。

赵武续赵宗二十七年，晋平公立。平公十二年，而赵武为正卿。十三年，吴延陵季子使于晋，曰："晋国之政卒归于赵武子、韩宣子、魏献子之后矣。"赵武死，谥为文子。

文子生景叔。景叔之时，齐景公使晏婴于晋，晏婴与晋叔向语。婴曰："齐之政后卒归田氏。"叔向亦曰："晋国之政将归六卿。六卿侈矣，而吾君不能恤也。"

赵景叔卒，生赵鞅，是为简子。

赵简子在位，晋顷公之九年，简子将合诸侯戍于周。其明年，入周敬王于周，辟弟子朝之故也。

晋顷公之十二年，六卿以法诛公族祁氏、羊舌氏，分其邑为十县，六卿各令其族为之大夫。晋公室由此益弱。

后十三年，鲁贼臣阳虎来奔，赵简子受赂，厚遇之。

赵简子疾，五日不知人，大夫皆惧。医扁鹊视之，出，董安于问，扁鹊曰："血脉治也，而何怪！在昔秦穆公尝如此，七日而寤。寤之日，告公孙支与子舆曰：'我之帝所甚乐。吾所以久者，适有学也。帝告我："晋国将大乱，五世不安；其后将霸，未老而死；霸者之子且令而国男女无别。"'公孙支书而藏之，秦谶于是出矣。献公之乱，文公之霸，而襄公败秦师于殽而归纵淫，此子之所闻。今主君之疾与之同，不出三日疾必间，间必有言也。"

居二日半，简子寤。语大夫曰："我之帝所甚乐，与百神游于钧天，广乐九奏万舞，不类三代之乐，其声动人心。有一熊欲来援我，帝命我射之，中熊，熊死。又有一罴来，我又射之，中罴，罴死。帝甚喜，赐我二笥，皆有副。吾见儿在帝侧，帝属我以翟犬，曰：'及而子之壮也，以赐之。'帝告我：'晋国且世衰，七世而亡，嬴姓将大败周人于范魁之西，而亦不能有也。今余思虞舜之勋，适余将以其胄女孟姚配而七世之孙。'"董安于受言而书藏之。以扁鹊言告简子，简子赐扁鹊田四万亩。

他日，简子出，有人当道，辟之不去，从者怒，将刃之。当道者曰："吾欲有谒于主君。"从者以闻。简子召之，曰："譆，吾有所见子晰也。"当道者曰："屏左右，愿有谒。"简子屏人。当道者曰："主君之疾，臣在帝侧。"简子曰："然，有之。子之见我，我何为？"当道者曰："帝令主君射熊与罴，皆死。"简子曰："是，且何也？"当道者曰："晋国且有大难，主君首之。帝令主君灭二卿，夫熊与罴皆其祖也。"简子曰："帝赐我二笥，皆有副，何也？"当道者曰："主君之子将克二国于翟，皆子姓也。"简子曰："吾见儿在帝侧，帝属我一翟犬，曰'及而子之长以赐之'。夫儿何谓以赐翟犬？"当道者曰："儿，主君之子也。翟犬者，代之先也。主君之子且必有代。及主君之后嗣，且有革政而胡服，并二国于翟。"简子问其姓而延之以官，当道者曰："臣野人，致帝命耳。"遂不见。简子书藏之府。

异日，姑布子卿见简子，简子遍召诸子相之。子卿曰："无为将军者。"简子曰："赵氏其灭乎？"子卿曰："吾尝见一子于路，殆君之子也。"简子召子毋恤。毋恤至，则子卿起曰："此真将军矣！"简子曰："此其母贱，翟婢也，奚道贵哉？"子卿曰："天所授，虽贱必贵。"自是之后，简子尽召诸子与语，毋恤最贤。简子乃告诸子曰："吾藏宝符于常山上，先得者赏。"诸子驰之常山上，求，无所得。毋恤还，曰："已得符矣。"简子曰："奏之。"毋恤曰："从常山上临代，代可取也。"简子于是知毋恤果贤，乃废太子伯鲁，而以毋恤为太子。

后二年，晋定公之十四年，范、中行作乱。明年春，简子谓邯郸大夫午曰："归我卫士五百家，吾将置之晋阳。"午许诺，归而其父兄不听，倍言。赵鞅捕午，囚之晋阳。乃告邯郸人曰："我私有诛午也，诸君欲谁立？"遂杀午。赵稷、涉宾以邯郸反。晋君使籍秦围邯郸。荀寅、范吉射与午善，不肯助秦而谋作乱，董安于知之。十月，范、中行氏伐赵鞅，鞅奔晋阳，晋人围之。范吉射、荀寅仇人魏襄等谋逐荀寅，以梁婴父代之；逐吉射，以范皋绎代之。荀跞言于晋侯曰："君命大臣，始乱者死。今三臣始乱而独逐鞅，用刑不均。请皆逐之。"十一月，荀栎、韩不佞、魏哆奉公命以伐范、中行氏，不克。范、中行氏反伐公，公击之，范、中行败走。丁未，二子奔朝歌。韩、魏以赵氏为请。十二月辛未，赵鞅入绛，盟于公宫。

其明年，知伯文子谓赵鞅曰："范、中行虽信为乱，安于发之，是安于与谋也。晋国有法，始乱者死。夫二子已伏罪而安于独在。"赵鞅患之。安于曰："臣死，赵氏定，晋国宁，吾死晚矣。"遂自杀。赵氏以告知伯，然后赵氏宁。

孔子闻赵简子不请晋君而执邯郸午，保晋阳，故书《春秋》曰"赵鞅以晋阳畔"。

赵简子有臣曰周舍，好直谏。周舍死，简子每听朝，常不悦，大夫请罪，简子曰："大夫无罪。吾闻千羊之皮不如一狐之腋。诸大夫朝，徒闻唯唯，不闻周舍之鄂鄂，是以忧也。"简子由此能附赵邑而怀晋人。

晋定公十八年，赵简子围范、中行于朝歌，中行文子奔邯郸。明年，卫灵公卒。简子与阳虎送卫太子蒯聩于卫，卫不内，居戚。

晋定公二十一年，简子拔邯郸，中行文子奔柏人。简子又围柏人，中行文子、范昭子遂奔齐。赵竟有邯郸、柏人。范、中行馀邑入于晋。赵名晋卿，实专晋权，奉邑侔于诸侯。

晋定公三十年，定公与吴王夫差争长于黄池，赵简子从晋定公，卒长吴。定公三十七年卒，而简子除三年之丧，期而已。是岁，越王勾践灭吴。

晋出公十一年，知伯伐郑。赵简子疾，使太子毋恤将而围郑。知伯醉，以酒灌击毋恤。毋恤群臣请死之。毋恤曰："君所以置毋恤，为能忍询。”然亦愠知伯。知伯归，因谓简子，使废毋恤，简子不听。毋恤由此怨知伯。

晋出公十七年，简子卒，太子毋恤代立，是为襄子。

赵襄子元年，越围吴。襄子降丧食，使楚隆问吴王。

襄子姊前为代王夫人。简子既葬，未除服，北登夏屋，请代王。使厨人操铜枓以食代王及从者，行斟，阴令宰人各以枓击杀代王及从官，遂兴兵平代地。其姊闻之，泣而呼天，摩笄自杀。代人怜之，所死地名之为摩笄之山。遂以代封伯鲁子周为代成君。伯鲁者，襄子兄，故太子。太子早死，故封其子。

襄子立四年，知伯与赵、韩、魏尽分其范、中行故地。晋出公怒，告齐、鲁，欲以伐四卿。四卿恐，遂共攻出公。出公奔齐，道死。知伯乃立昭公曾孙骄，是为晋懿公。知伯益骄，请地韩、魏，韩、魏与之；请地赵，赵不与，以其围郑之辱。知伯怒，遂率韩、魏攻赵。赵襄子惧，乃奔保晋阳。

原过从，后，至于王泽，见三人，自带以上可见，自带以下不可见。与原过竹二节，莫通，曰：“为我以是遗赵毋恤。”原过既至，以告襄子。襄子齐三日，亲自剖竹，有朱书曰：“赵毋恤，余霍泰山山阳侯天使也。三月丙戌，余将使女反灭知氏。女亦立我百邑，余将赐女林胡之地。至于后世，且有伉王，赤黑，龙面而鸟噣，鬓麋髭髯，大膺大胸，修下而冯，左衽界乘，奄有河宗，至于休溷诸貉，南伐晋别，北灭黑姑。”襄子再拜，受三神之令。

三国攻晋阳，岁馀，引汾水灌其城，城不浸者三版。城中悬釜而炊，易子而食。群臣皆有外心，礼益慢，唯高共不敢失礼。襄子惧，乃夜使相张孟同私于韩、魏。韩、魏与合谋，以三月丙戌，三国反灭知氏，共分其地。于是襄子行赏，高共为上。张孟同曰：“晋阳之难，唯共无功。”襄子曰：“方晋阳急，群臣皆懈，惟共不敢失人臣礼，是以先之。”于是赵北有代，南并知氏，强于韩、魏。遂祠三神于百邑，使原过主霍泰山祠祀。

其后娶空同氏，生五子。襄子为伯鲁之不立也，不肯立子，且必欲传位与伯鲁子代成君。成君先死，乃取代成君子浣立为太子。襄子立三十三年卒，浣立，是为献侯。

献侯少即位，治中牟。襄子弟桓子逐献侯，自立于代，一年卒。国人曰桓子立非襄子意，乃共杀其子而复迎立献侯。

十年，中山武公初立。十三年，城平邑。十五年，献侯卒，子烈侯籍立。

烈侯元年，魏文侯伐中山，使太子击守之。六年，魏、韩、赵皆相立为诸侯。追尊献子为献侯。

烈侯好音，谓相国公仲连曰："寡人有爱，可以贵之乎？"公仲曰："富之可，贵之则否。"烈侯曰："然夫？郑歌者枪、石二人，吾赐之田，人万亩！"公仲曰："诺。"不与。居一月，烈侯从代来，问歌者田。公仲曰："求，未有可者。"有顷，烈侯复问。公仲终不与，乃称疾不朝。番吾君自代来，谓公仲曰："君实好善，而未知所持。今公仲相赵，于今四年，亦有进士乎？"公仲曰："未也。"番吾君曰："牛畜、荀欣、徐越皆可。"公仲乃进三人。及朝，烈侯复问："歌者田何如？"公仲曰："方使择其善者。"牛畜侍烈侯以仁义，约以王道，烈侯逌然。明日，荀欣侍以选练举贤，任官使能。明日，徐越侍以节材俭用，察度功德。所与无不充，君说。烈侯使使谓相国曰："歌者之田且止。"官牛畜为师，荀欣为中尉，徐越为内史，赐相国衣二袭。

九年，烈侯卒，弟武公立。武公十三年卒，赵复立烈侯太子章，是为敬侯。是岁，魏文侯卒。

敬侯元年，武公子朝作乱，不克，出奔魏。赵始都邯郸。

二年，败齐于灵丘。三年，救魏于廪丘，大败齐人。四年，魏败我兔台。筑刚平以侵卫。五年，齐、魏为卫攻赵，取我刚平。六年，借兵于楚，伐魏，取棘蒲。八年，拔魏黄城。九年，伐齐。齐伐燕，赵救燕。十年，与中山战于房子。

十一年，魏、韩、赵共灭晋，分其地。伐中山，又战于中人。十二年，敬侯卒，子成侯种立。

成侯元年，公子胜与成侯争立，为乱。二年六月，雨雪。三年，大戊午为相。伐卫，取乡邑七十三。魏败我蔺。四年，与秦战高安，败之。五年，伐齐于鄄。魏败我怀。攻郑，败之，以与韩，韩与我长子。六年，中山筑长城。伐魏，败湪泽，围魏惠王。七年，侵齐，至长城。与韩攻周。八年，与韩分周以为两。九年，与齐战阿下。十年，攻卫，取甄。十一年，秦攻魏，赵救之石阿。十二年，秦攻魏少梁，赵救之。十三年，秦献公使庶长国伐魏少梁，虏其太子痤。魏败我浍，取皮牢。成侯与韩昭侯遇上党。十四年，与韩攻秦。十五年，助魏攻齐。

十六年，与韩、魏分晋，封晋君以端氏。

十七年，成侯与魏惠王遇葛孽。十九年，与齐、宋会平陆，与燕会阿。二十年，魏献荣椽，因以为檀台。二十一年，魏围我邯郸。二十二年，魏惠王拔我邯郸，齐亦败魏于桂陵。二十四年，魏归我邯郸，与魏盟漳水上。秦攻我蔺。二十五年，成侯卒。公子緤与太子肃侯争立，緤败，亡奔韩。

肃侯元年，夺晋君端氏，徙处屯留。二年，与魏惠王遇于阴晋。三年，公子范袭邯郸，不胜而死。四年，朝天子。六年，攻齐，拔高唐。七年，公子刻攻魏首垣。十一年，秦孝公使商君伐魏，虏其将公子卬。赵伐魏。十二年，秦孝公卒。商君死。十五年，起寿陵。魏惠王卒。

十六年，肃侯游大陵，出于鹿门，大戊午扣马曰："耕事方急，一日不作，百日不食。"肃侯下车谢。

十七年，围魏黄，不克。筑长城。

十八年，齐、魏伐我，我决河水灌之，兵去。二十二年，张仪相秦。赵疵与秦战，败，秦杀疵河西，取我蔺、离石。二十三年，韩举与齐、魏战，死于桑丘。

二十四年，肃侯卒。秦、楚、燕、齐、魏出锐师各万人来会葬。子武灵王立。

武灵王元年，阳文君赵豹相。梁襄王与太子嗣、韩宣王与太子仓来朝信宫。武灵王少，未能听政，博闻师三人，左右司过三人。及听政，先问先王贵臣肥义，加其秩；国三老年八十，月致其礼。

三年，城鄗。四年，与韩会于区鼠。五年，娶韩女为夫人。

八年，韩击秦，不胜而去。五国相王，赵独否，曰："无其实，敢处其名乎！"令国人谓己曰"君"。

九年，与韩、魏共击秦。秦败我，斩首八万级。齐败我观泽。十年，秦取我中都及西阳。齐破燕。燕相子之为君，君反为臣。十一年，王召公子职于韩，立以为燕王，使乐池送之。十三年，秦拔我蔺，虏将军赵庄。楚、魏王来，过邯郸。十四年，赵何攻魏。

十六年，秦惠王卒。王游大陵。他日，王梦见处女鼓琴而歌诗曰："美人荧荧兮，颜若苕之荣。命乎命乎，曾无我嬴！"异日，王饮酒乐，数言所梦，想见其状。吴广闻之，因夫人而内其女娃嬴。孟姚也。孟姚甚有宠于王，是为惠后。

十七年，王出九门，为野台，以望齐、中山之境。

十八年，秦武王与孟说举龙文赤鼎，绝膑而死。赵王使代相赵固迎公子稷于燕，送归，立为秦王，是为昭王。

十九年春正月，大朝信宫。召肥义与议天下，五日而毕。王北略中山之地，至于房子，遂之代，北至无穷，西至河，登黄华之上。召楼缓谋曰："我先王因世之变，以长南藩之地，属阻漳、滏之险，立长城，又取蔺、郭狼，败林人于荏，而功未遂。今中山在我腹心，北有燕，东有胡，西有林胡、楼烦、秦、韩之边，而无强兵之救，是亡社稷，奈何？夫有高世之名，必有遗俗之累。吾欲胡服。"楼缓曰："善。"群臣皆不欲。

于是肥义侍，王曰："简、襄主之烈，计胡、翟之利。为人臣者，宠有孝悌长幼顺明之节，通有补民益主之业，此两者臣之分也。今吾欲继襄主之迹，开于胡、翟之乡，而卒世不见也。为敌弱，用力少而功多，可以毋尽百姓之劳，而序往古之勋。夫有高世之功者，负遗俗之累；有独智之虑者，任骜民之怨。今吾将胡服骑射以教百姓，而世必议寡人，奈何？"肥义曰："臣闻疑事无功，疑行无名。王既定负遗俗之虑，殆无顾天下之议矣。夫论至德者不和于俗，成大功者不谋于众。昔者舜舞有苗，禹袒裸国，非以养欲而乐志也，务以论德而约功也。愚者闇成事，智者睹未形，则王何疑焉？"王曰："吾不疑胡服也，吾恐天下笑我也。狂夫之乐，智者哀焉；愚者所笑，贤者察焉。世有顺我者，胡服之功未可知也。虽驱世以笑我，胡地中山吾必有之。"于是遂胡服矣。

使王緤告公子成曰："寡人胡服，将以朝也，亦欲叔服之。家听于亲而国听于君，古今之公行也。子不反亲，臣不逆君，兄弟之通义也。今寡人作教易服而叔不服，吾恐天下议之也。制国有常，利民为本；从政有经，令行为上。明德先论于贱，而行政先信于贵。今胡服之意，非以养欲而乐志也；事有所止而功有所出，事成功立，然后善也。今寡人恐叔之逆从政之经，以辅叔之议。且寡人闻之，事利国者行无邪，因贵戚者名不累，故愿慕公叔之义，以成胡服之功。使緤谒之叔，请服焉。"公子成再拜稽首曰："臣固闻王之胡服也。臣不佞，寝疾，未能趋走以滋进也。王命之，臣敢对，因竭其愚忠。曰：臣闻中国者，盖聪明徇智之所居也，万物财用之所聚也，贤圣之所教也，仁义之所施也，《诗》《书》礼乐之所用也，异敏技能之所试也，远方之所观赴也，蛮夷之所义行也。今王舍此而袭远方之服，变古之教，易古之道，逆人之心，而佛学者，离中国，故臣愿王图之也。”使者以报。王曰：“吾固闻叔之疾也，我将自往请之。”

王遂往之公子成家，因自请之，曰：“夫服者，所以便用也；礼者，所以便事也。圣人观乡而顺宜，因事而制礼，所以利其民而厚其国也。夫剪发文身，错臂左衽，瓯越之民也。黑齿雕题，却冠秫绌，大吴之国也。故礼服莫同，其便一也。乡异而用变，事异而礼易。是以圣人果可以利其国，不一其用；果可以便其事，不同其礼。儒者一师而俗异，中国同礼而教离，况于山谷之便乎？故去就之变，智者不能一；远近之服，贤圣不能同。穷乡多异，曲学多辩。不知而不疑，异于己而不非者，公焉而众求尽善也。今叔之所言者俗也，吾所言者所以制俗也。吾国东有河、薄洛之水，与齐、中山同之，无舟楫之用。自常山以至代、上党，东有燕、东胡之境，而西有楼烦、秦、韩之边，今无骑射之备。故寡人无舟楫之用，夹水居之民，将何以守河、薄洛之水？变服骑射，以备燕、三胡、秦、韩之边？且昔者简主不塞晋阳以及上党，而襄主并戎取代以攘诸胡，此愚智所明也。先时中山负齐之强兵，侵暴吾地，系累吾民，引水围鄗，微社稷之神灵，则鄗几于不守也。先王丑之，而怨未能报也。今骑射之备，近可以便上党之形，而远可以报中山之怨。而叔顺中国之俗以逆简、襄之意，恶变服之名以忘鄗事之丑，非寡人之所望也。”公子成再拜稽首，曰：“臣愚，不达于王之义，敢道世俗之闻，臣之罪也。今王将继简、襄之意以顺先王之志，臣敢不听命乎！”再拜稽首。乃赐胡服。明日，服而朝。于是始出胡服令也。

赵文、赵造、周祒、赵俊皆谏止王毋胡服，如故法便。王曰：“先王不同俗，何古之法？帝王不相袭，何礼之循？虙戏、神农教而不诛，黄帝、尧、舜诛而不怒。及至三王，随时制法，因事制礼。法度制令各顺其宜，衣服器械各便其用。故礼也不必一道，而便国不必古。圣人之兴也不相袭而王，夏、殷之衰也不易礼而灭。然则反古未可非，而循礼未足多也。且服奇者志淫，则是邹、鲁无奇行也；俗辟者民易，则是吴、越无秀士也。且圣人利身谓之服，便事谓之礼。夫进退之节，衣服之制者，所以齐常民也，非所以论贤者也。故齐民与俗流，贤者与变俱。故谚曰‘以书御者不尽马之情，以古制今者不达事之变’。循法之功，不足以高世；法古之学，不足以制今。子不及也。”遂服胡招骑射。

二十年，王略中山地，至宁葭；西略胡地，至榆中。林胡王献马。

归，使楼缓之秦，仇液之韩，王贲之楚，富丁之魏，赵爵之齐。代相赵固主胡，致其兵。

二十一年，攻中山。赵袑为右军，许钧为左军，公子章为中军，王并将之。牛翦将车骑，赵希并将胡、代。赵与之陉，合军曲阳，攻取丹丘、华阳、鸱之塞。王军取鄗、石邑、封龙、东垣。中山献四邑和，王许之，罢兵。二十三年，攻中山。二十五年，惠后卒。使周袑胡服傅王子何。二十六年，复攻中山，攘地北至燕、代，西至云中、九原。

二十七年五月戊申，大朝于东宫，传国，立王子何以为王。王庙见礼毕，出临朝。大夫悉为臣，肥义为相国，并傅王。是为惠文王。惠文王，惠后吴娃子也。武灵王自号为主父。

主父欲令子主治国，而身胡服将士大夫西北略胡地，而欲从云中、九原直南袭秦，于是诈自为使者入秦。秦昭王不知，已而怪其状甚伟，非人臣之度，使人逐之，而主父驰已脱关矣。审问之，乃主父也。秦人大惊。主父所以入秦者，欲自略地形，因观秦王之为人也。

惠文王二年，主父行新地，遂出代，西遇楼烦王于西河而致其兵。

三年，灭中山，迁其王于肤施。起灵寿，北地方从，代道大通。还归，行赏，大赦，置酒酺五日，封长子章为代安阳君。章素侈，心不服其弟所立。主父又使田不礼相章也。

李兑谓肥义曰："公子章强壮而志骄，党众而欲大，殆有私乎？田不礼之为人也，忍杀而骄。二人相得，必有谋阴贼起，一出身侥幸。夫小人有欲，轻虑浅谋，徒见其利而不顾其害，同类相推，俱入祸门。以吾观之，必不久矣。子任重而势大，乱之所始，祸之所集也，子必先患。仁者爱万物而智者备祸于未形，不仁不智，何以为国？子奚不称疾毋出，传政于公子成？毋为怨府，毋为祸梯。"肥义曰："不可。昔者主父以王属义也，曰：'毋变而度，毋异而虑，坚守一心，以殁而世。'义再拜受命而籍之。今畏不礼之难而忘吾籍，变孰大焉。进受严命，退而不全，负孰甚焉。变负之臣，不容于刑。谚曰'死者复生，生者不愧'。吾言已在前矣，吾欲全吾言，安得全吾身！且夫贞臣也难至而节见，忠臣也累至而行明。子则有赐而忠我矣，虽然，吾有语在前者也，终不敢失。"李兑曰："诺，子勉之矣！吾见子已今年耳。"涕泣而出。李兑数见公子成，以备田不礼之事。

异日，肥义谓信期曰："公子与田不礼甚可忧也。其于义也声善而实恶，此为人也不子不臣。吾闻之也，奸臣在朝，国之残也：谗臣在中，主之蠹也。此人贪而欲大，内得主而外为暴。矫令为慢，以擅一旦之命，不难为也，祸且逮国。今吾忧之，夜而忘寐，饥而忘食。盗贼出入不可不备。自今以来，若有召王者必见吾面，我将先以身当之，无故而王乃入。”信期曰：“善哉，吾得闻此也！”

四年，朝群臣，安阳君亦来朝。主父令王听朝，而自从旁观窥群臣宗室之礼。见其长子章傫然也，反北面为臣，诎于其弟，心怜之，于是乃欲分赵而王章于代，计未决而辍。

主父及王游沙丘，异宫，公子章即以其徒以田不礼作乱，诈以主父令召王。肥义先入，杀之。高信即与王战。公子成与李兑自国至，乃起四邑之兵入距难，杀公子章及田不礼，灭其党贼而定王室。公子成为相，号安平君，李兑为司寇。公子章之败，往走主父，主父开之，成、兑因围主父宫。公子章死，公子成、李兑谋曰：“以章故围主父，即解兵，吾属夷矣。”乃遂围主父。令宫中人“后出者夷”，宫中人悉出。主父欲出不得，又不得食，探爵鷇而食之，三月馀而饿死沙丘宫。主父定死，乃发丧赴诸侯。

是时王少，成、兑专政，畏诛，故围主父。主父初以长子章为太子，后得吴娃，爱之，为不出者数岁，生子何，乃废太子章而立何为王。吴娃死，爱弛，怜故太子，欲两王之，犹豫未决，故乱起，以至父子俱死，为天下笑，岂不痛乎！

主父死惠文王立立。五年，与燕鄚、易。八年，城南行唐。九年，赵梁将，与齐合军攻韩，至鲁关下。及十年，秦自置为西帝。十一年，董叔与魏氏伐宋，得河阳于魏。秦取梗阳。十二年，赵梁将攻齐。十三年，韩徐为将，攻齐。公主死。十四年，相国乐毅将赵、秦、韩、魏、燕攻齐，取灵丘，与秦会中阳。十五年，燕昭王来见。赵与韩、魏、秦共击齐，齐王败走，燕独深入，取临菑。

十六年，秦复与赵数击齐，齐人患之。苏厉为齐遗赵王书曰：

臣闻古之贤君，其德行非布于海内也，教顺非洽于民人也，祭祀时享非数常于鬼神也。甘露降，时雨至，年谷丰孰，民不疾疫，众人善之，然而贤主图之。

今足下之贤行功力，非数加于秦也；怨毒积怒，非素深于齐也。秦赵与国，以强征兵于韩，秦诚爱赵乎？其实憎齐乎？物之甚者，贤主察之。秦非爱赵而憎齐也，欲亡韩而吞二周，故以齐啖天下。恐事之不合，故出兵以劫魏、赵。恐天下畏己也，故出质以为信。恐天下亟反也，故征兵于韩以威之。声以德与国，实而伐空韩，臣以秦计为必出于此。夫物固有势异而患同者，楚久伐而中山亡，今齐久伐而韩必亡。破齐，王与六国分其利也。亡韩，秦独擅之。收二周，西取祭器，秦独私之。赋田计功，王之获利孰与秦多？

说士之计曰："韩亡三川，魏亡晋国，市朝未变而祸已及矣。"燕尽齐之北地，去沙丘、巨鹿敛三百里，韩之上党去邯郸百里，燕、秦谋王之河山，间三百里而通矣。秦之上郡近挺关，至于榆中者千五百里，秦以三郡攻王之上党，羊肠之西，句注之南非王有已。逾句注，斩常山而守之，三百里而通于燕，代马胡犬不东下，昆山之玉不出，此三宝者亦非王有已。王久伐齐，从强秦攻韩，其祸必至于此。愿王孰虑之。

且齐之所以伐者，以事王也；天下属行，以谋王也。燕秦之约成而兵出有日矣。五国三分王之地，齐倍五国之约而殉王之患，西兵以禁强秦，秦废帝请服，反高平、根柔于魏，反巠分、先俞于赵。齐之事王，宜为上佼，而今乃抵罪，臣恐天下后事王者之不敢自必也。愿王孰计之也。

今王毋与天下攻齐，天下必以王为义。齐抱社稷而厚事王，天下必尽重王义。王以天下善秦，秦暴，王以天下禁之，是一世之名宠制于王也。

于是赵乃辍，谢秦不击齐。

王与燕王遇。廉颇将，攻齐昔阳，取之。

十七年，乐毅将赵师攻魏伯阳。而秦怨赵不与己击齐，伐赵，拔我两城。十八年，秦拔我石城。王再之卫东阳，决河水，伐魏氏。大潦，漳水出。魏冉来相赵。十九年，秦（败）〔取〕我二城。赵与魏伯阳。赵奢将，攻齐麦丘，取之。二十年，廉颇将，攻齐。王与秦昭王遇西河外。

二十一年，赵徙漳水武平西。二十二年，大疫。置公子丹为太子。

二十三年，楼昌将，攻魏几，不能取。十二月，廉颇将，攻几，取之。二十四年，廉颇将，攻魏房子，拔之，因城而还。又攻安阳，取之。二十五年，燕周将，攻昌城、高唐，取之。与魏共击秦。秦将白起破我华阳，得一将军。二十六年，取东胡欧代地。

二十七年，徙漳水武平南。封赵豹为平阳君。河水出，大潦。

二十八年，蔺相如伐齐，至平邑。罢城北九门大城。燕将成安君公孙操弑其王。二十九年，秦韩相攻，而围阏与。赵使赵奢将，击秦，大破秦军阏与下，赐号为马服君。

三十三年，惠文王卒，太子丹立，是为孝成王。

孝成王元年，秦伐我，拔三城。赵王新立，太后用事，秦急攻之。赵氏求救于齐，齐曰："必以长安君为质，兵乃出。"太后不肯，大臣强谏。太后明谓左右曰："复言长安君为质者，老妇必唾其面。"左师触龙言愿见太后，太后盛气而胥之。入，徐趋而坐，自谢曰："老臣病足，曾不能疾走，不得见久矣。窃自恕，而恐太后体之有所苦也，故愿望见太后。"太后曰："老妇恃辇而行(耳)。"曰："食得毋衰乎？"曰："恃粥耳。"曰："老臣间者殊不欲食，乃强步，日三四里，少益嗜食，和于身也。"太后曰："老妇不能。"太后不和之色少解。左师公曰："老臣贱息舒祺最少，不肖，而臣衰，窃怜爱之，愿得补黑衣之缺以卫王宫，昧死以闻。"太后曰："敬诺。年几何矣？"对曰："十五岁矣。虽少，愿及未填沟壑而托之。"太后曰："丈夫亦爱怜少子乎？"对曰："甚于妇人。"太后笑曰："妇人异甚。"对曰："老臣窃以为媪之爱燕后贤于长安君。"太后曰："君过矣，不若长安君之甚。"左师公曰："父母爱子，则为之计深远。媪之送燕后也，持其踵，为之泣，念其远也，亦哀之矣。已行，非不思也，祭祀则祝之曰'必勿使反'，岂非计长久，为子孙相继为王也哉？"太后曰："然。"左师公曰："今三世以前，至于赵主之子孙为侯者，其继有在者乎？"曰："无有。"曰："微独赵，诸侯有在者乎？"曰："老妇不闻也。"曰："此其近者祸及其身，远者及其子孙。岂人主之子侯则不善哉？位尊而无功，奉厚而无劳，而挟重器多也。今媪尊长安君之位，而封之以膏腴之地，多与之重器，而不及今令有功于国，一旦山陵崩，长安君何以自托于赵？老臣以媪为长安君之计短也，故以为爱之不若燕后。"太后曰："诺，恣君之所使之。"于是为长安君约车百乘，质于齐，齐兵乃出。

子义闻之，曰："人主之子，骨肉之亲也，犹不能持无功之尊，无劳之奉，而守金玉之重也，而况于予乎？"

齐安平君田单将赵师而攻燕中阳，拔之。又攻韩注人，拔之。二年，惠文后卒，田单为相。

四年，王梦衣偏裻之衣，乘飞龙上天，不至而坠，见金玉之积如山。明日，王召筮史敢占之，曰："梦衣偏裻之衣者，残也。乘飞龙上天不至而坠者，有气而无实也。见金玉之积如山者，忧也。"

后三日，韩氏上党守冯亭使者至，曰："韩不能守上党，入之于秦。

其吏民皆安为赵，不欲为秦。有城市邑十七，愿再拜入之赵，财王所以赐吏民。”王大喜，召平阳君豹告之曰：“冯亭入城市邑十七，受之何如？”对曰：“圣人甚祸无故之利。”王曰：“人怀吾德，何谓无故乎？”对曰：“夫秦蚕食韩氏地，中绝不令相通，固自以为坐而受上党之地也。韩氏所以不入于秦者，欲嫁其祸于赵也。秦服其劳而赵受其利，虽强大不能得之于小弱，小弱顾能得之于强大乎？岂可谓非无故之利哉！且夫秦以牛田之水通粮，蚕食上乘倍战者，裂上国之地，其政行，不可与为难，必勿受也。”王曰：“今发百万之军而攻，逾年历岁未得一城也。今以城市邑十七币吾国，此大利也。”

赵豹出，王召平原君与赵禹而告之。对曰：“发百万之军而攻，逾岁未得一城，今坐受城市邑十七，此大利，不可失也。”王曰：“善。”乃令赵胜受地，告冯亭曰：“敝国使者臣胜，敝国君使胜致命，以万户都三封太守，千户都三封县令，皆世世为侯，吏民皆益爵三级，吏民能相安，皆赐之六金。”冯亭垂涕不见使者，曰：“吾不处三不义也：为主守地，不能死固，不义一矣；入之秦。不听主令，不义二矣；卖主地而食之，不义三矣。”赵遂发兵取上党。廉颇将军军长平。

七（年）〔月〕，廉颇免而赵括代将。秦人围赵括，赵括以〔死〕，军降，卒四十馀万皆坑之。王悔不听赵豹之计，故有长平之祸焉。

王还，不听秦，秦围邯郸。武垣令傅豹、王容、苏射率燕众反燕地。赵以灵丘封楚相春申君。

八年，平原君如楚请救。还，楚来救，及魏公子无忌亦来救，秦围邯郸乃解。

十年，燕攻昌壮，五月拔之。赵将乐乘、庆舍攻秦信梁军，破之。太子死。而秦攻西周，拔之。徒父祺出。十一年，城元氏，县上原。武阳君郑安平死，收其地。十二年，邯郸廥烧。十四年，平原君赵胜死。

十五年，以尉文封相国廉颇为信平君。燕王令丞相栗腹约欢，以五百金为赵王酒，还归，报燕王曰：“赵氏壮者皆死长平，其孤未壮，可伐也。”王召昌国君乐闲而问之。对曰：“赵，四战之国也，其民习兵，伐之不可。”王曰：“吾以众伐寡，二而伐一，可乎？”对曰：“不可。”王曰：“吾即以五而伐一，可乎？”对曰：“不可。”燕王大怒，群臣皆以为可。燕卒起二军，车二千乘，栗腹将而攻鄗，卿秦将而攻代。廉颇为赵将，破杀栗腹，虏卿秦、乐间。

十六年，廉颇围燕。以乐乘为武襄君。十七年，假相大将武襄君攻燕，围其国。十八年，延陵钧率师从相国信平君助魏攻燕。秦拔我榆次三十七城。十九年，赵与燕易土：以龙兑、汾门、临乐与燕；燕以葛、武阳、平舒与赵。

二十年，秦王政初立，秦拔我晋阳。

二十一年，孝成王卒。廉颇将，攻繁阳，取之。使乐乘代之，廉颇攻乐乘，乐乘走，廉颇亡入魏。子偃立，是为悼襄王。

悼襄王元年，大备魏。欲通平邑、中牟之道，不成。

二年，李牧将，攻燕，拔武遂、方城。秦召春平君，因而留之。泄钧为之谓文信侯曰："春平君者，赵王甚爱之而郎中妒之，故相与谋曰'春平君入秦，秦必留之'，故相与谋而内之秦也。今君留之，是绝赵而郎中之计中也。君不如遣春平君而留平都。春平君者言行信于王，王必厚割赵而赎平都。"文信侯曰："善。"因遣之。城韩皋。

三年，庞煖将，攻燕，禽其将剧辛。四年，庞煖将赵、楚、魏、燕之锐师攻秦蕞，不拔；移攻齐，取饶安。五年，傅抵将，居平邑；庆舍将东阳河外师，守河梁。六年，封长安君以饶。魏与赵邺。

九年，赵攻燕，取貍阳城。兵未罢，秦攻邺，拔之。悼襄王卒，子幽穆王迁立。

幽穆王迁元年，城柏人。二年，秦攻武城，扈辄率师救之，军败，死焉。

三年，秦攻赤丽、宜安，李牧率师与战肥下，却之。封牧为武安君。四年，秦攻番吾，李牧与之战，却之。

五年，代地大动，自乐徐以西，北至平阴，台屋墙垣太半坏，地坼东西百三十步。六年，大饥，民讹言曰："赵为号，秦为笑。以为不信，视地之生毛。"

七年，秦人攻赵，赵大将李牧、将军司马尚将，击之。李牧诛，司马尚免，赵怱及齐将颜聚代之。赵怱军破，颜聚亡去。以王迁降。

八年十月，邯郸为秦。

太史公曰：吾闻冯王孙曰："赵王迁，其母倡也，嬖于悼襄王。悼襄王废適子嘉而立迁。迁素无行，信谗，故诛其良将李牧，用郭开。"岂不谬哉！秦既虏迁，赵之亡大夫共立嘉为王。王代六岁，秦进兵破嘉，遂灭赵以为郡。

【译文】

赵氏很早的时候和秦人是同一个祖先。到了中衍这一代，他为殷帝大戊驾车。他的后代蜚廉有两个儿子，其中一个儿子叫恶来，侍奉纣王，被周人杀死，他的后代成为秦人。恶来的弟弟名叫季胜，他的后代成为赵人。

季胜生了孟增。孟增得宠于周成王，就是宅皋狼。皋狼生了衡父，衡父生了造父。造父很受周缪王宠信。造父选取了骏马乘匹，并与在桃林得到的马盗骊、骅骝、绿耳等一起献给缪王。缪王派造父驾车，到西方巡视，见到了西王母，快乐得忘记了回去。后来徐偃王发动叛乱，缪王乘坐马车，日行千里，攻打徐偃王，彻底打败了他。于是把赵城赐给造父，从此造父后代就成为赵氏。

从造父开始往下相传六代到了奄父，字公仲，周宣王曾经攻打戎人，他给宣王驾车。在千亩作战的时候，奄父护送宣王脱险。奄父生了叔带。叔带正处于周幽王荒淫无道的时候，他就离开周王朝来到晋国，侍奉晋文侯，在晋国开始建立了赵氏家族。

从叔带开始往下，赵氏宗族日益兴旺，又过五代传到了赵夙。

晋献公十六年，晋国攻打霍、魏、耿三国，赵夙就是讨伐霍国的将军。霍公求逃到了齐国。晋国大旱，占卜说："是霍太山的山神作怪。"派赵夙去齐国召回霍国国君，恢复他的国君地位，让他主持霍太山的祭祀，晋国又得到丰收。晋献公把耿地赐给赵夙。

赵夙生了共孟，当年正好是鲁湣公元年。共孟生了赵衰，字子余。

赵衰对侍奉晋献公和侍奉几位公子都进行了占卜，结果都不吉利。对侍奉公子重耳占卜时，结果很好，于是他就去侍奉重耳。重耳因为骊姬之乱逃亡到翟，赵衰一直跟随在他身边。翟人讨伐廧咎如，得到两名女子。翟君就把年少的女子送给重耳做妻子，而年长的就送给赵衰为妻，后来生下赵盾。当初，重耳在晋国之时，赵衰的元配妻子已经生了赵同、赵括、赵婴齐。赵衰跟随重耳逃亡出国，一共十九年，才得以返回晋国。重耳做了晋文公，任命赵衰为原大夫，住在原城，主持国家政事。晋文公之所以能够重新返回晋国并成为霸主，大多都是赵衰的计策，这些事都记在《晋世家》里。

赵衰回到晋国以后，原来在晋国的妻子坚决要求把他在翟娶的妻子迎接回来，并让她生的儿子赵盾做正宗继承人，而让自己的三个儿子居下位侍奉他。晋襄公六年，赵衰去世，谥号是成季。赵盾继承成季主持国政两年，晋襄公就去世了，太子夷皋年纪还比较小。赵盾由于国家多难，想立襄公的弟弟雍为国君。雍当时在秦国，赵盾就派使者去接他回来。太子的母亲日夜啼哭，叩头对赵盾说："先君有什么罪过，为何要抛弃他的嫡子而另找国君呢？"赵盾担心此事，恐怕她的宗亲和大夫们一起袭击并杀死自己，于是就立了太子为国君，这就是晋灵公，并派兵拦截去秦国迎接襄公弟弟的人。灵公即位之后，赵盾更加独揽国家政事。

灵公即位十四年，日益骄纵。赵盾多次进谏，灵公不听。一次吃熊掌，因为没有煮熟，就把膳食官给杀了，尸体被抬出去的时候，恰好被赵盾看到。灵公因此害怕，想要杀掉赵盾。赵盾平日里待人宽厚慈爱，他以前曾给一个饿倒在桑树之下的人送过食物，这个人回身掩护救了赵盾，赵盾才得以逃走。还没出国，赵穿就杀死了灵公，立襄公的弟弟黑臀为君，这就是晋成公。赵盾就又回来了，继续主持国政。君子讥讽赵盾"身为正卿，逃亡还没有出国境就回来，返回来也不诛讨逆贼"，所以史官记载说"赵盾杀了他的国君"。晋景公的时候赵盾去世，谥号是宣孟，他的儿子赵朔承袭爵位。

晋景公三年，晋国任命赵朔率领军队去援救郑国，与楚庄王在黄河边交战。赵朔娶了晋成公的姐姐为夫人。

景公三年，大夫屠岸贾想要诛杀赵氏家族。当初，赵盾还在世的时候，做梦梦到叔带抱着他的腰痛哭，特别伤心；后来又大笑，还拍着手唱歌。赵盾为此进行占卜，龟甲上烧出的裂纹中断，后来却又好了。赵国的史官援判断说："这个梦特别不好，并非应验在您的身上，而是在您儿子身上，然而却还是由于您的过错。到您孙子那一代，赵氏家族将日益衰落。"屠岸贾一直很受灵公的宠信，到景公的时候做了司寇。他将要发难，就先惩治杀灵公的逆贼以便能够牵连出赵盾，同时遍告诸位将领说："赵盾虽然并不知情，但仍然是逆贼的首领。臣子杀害了国君，可他的子孙却还在朝为官，还用什么来惩治罪人？请各位诛杀他们。"韩厥说："灵公遭到逆贼杀害的时候，赵盾还在外地，我们的先君认为他无罪，所以没有杀他。如今各位将领想要诛杀他的后人，这并非先君的意愿而是如今你们随意滥杀，随意滥杀就是作乱。做臣子的有大事却不告诉国君，这就是目无君主。"屠岸贾不听。韩厥告诉了赵朔并让他赶快逃跑。赵朔不肯，他说："您一定不要让赵氏的香火断绝，我死而无憾。"韩厥答应了他的要求，谎称有病不出门。屠岸贾没有请示国君就擅自和将领们一起在下宫攻袭赵氏，杀死了赵朔、赵同、赵括、赵婴齐，并且灭绝了他们整个家族。

赵朔的妻子是成公的姐姐，当时还有身孕，逃到景公宫里躲了起来。赵朔的一位门客名叫公孙杵臼，杵臼问赵朔的朋友程婴说："你为什么不死？"程婴回答说："赵朔的妻子有身孕，如果有幸生下男孩，我就奉养他；如果是女孩，我再慢慢死去。"没过多久，赵朔的妻子分娩，生下了一个男孩。屠岸贾听说以后，到宫中搜查。赵朔的妻子把婴儿放在裤子里，祈祷说："赵氏宗族若真要灭绝，你就大哭；如果不会灭绝，你就不要出声。"等到屠岸贾来搜查的时候，婴儿竟然没有出声。脱险以后，程婴对公孙杵臼说："今天一次搜查没有找到，以后一定还会再来搜查的，到时候怎么办呢？"公孙杵臼说："扶立遗孤和死哪件事更难？"程婴说："死这件事容易，扶立遗孤却很难啊。"公孙杵臼说："赵氏的先君待您不薄，您就去做那件难的事情吧；而我去做那件容易的，让我先死吧！"于是两人设法得到别人家的婴儿背在身上，并给他包上漂亮的小花被，藏到深山里。程婴从山里出来，欺骗各位将军说："我程婴没出息，不能扶养赵氏孤儿，谁能给我千两黄金，我就告诉他赵氏孤儿的藏身之地。"将军们都很高兴，答应了他，然后派兵跟随程婴去攻打公孙杵臼。杵臼假意说："程婴，你真是个小人哪！当初下宫之难你不能随赵氏去死，跟我商量要一起隐藏赵氏孤儿，如今你却出卖我。就算你不能抚养赵氏孤儿，又怎么忍心出卖他呢！"他抱着婴儿大叫道："天哪！天哪！赵氏孤儿有什么罪？请你们让他活下来，只杀我杵臼吧。"将军们不答应，于是杀了杵臼和赵氏孤儿。将军们都以为赵氏孤儿确实已经被杀死，都很高兴。然而真的赵氏孤儿反而还活着，程婴后来和他一起隐藏在深山中。

过了十五年，有一次晋景公生病，占卜的结果说是因为有大功业人的子孙后代不顺利导致。景公问韩厥，韩厥知道赵氏孤儿还在世，便说："有大功业人的后代如今在晋国断绝香火的，不就是赵氏吗？从中衍往后都姓嬴。中衍人面鸟嘴，来到人世辅佐殷帝太戊，其子孙后代一直辅佐周天子，都有美好的德行。后来到厉王、幽王时昏庸无道，叔带就离开周王朝到了晋国，侍奉先君文侯，一直到成公，世代都建立了功业，从未断绝过香火。如今您却单单灭了赵氏宗族，晋国人都为他们感到悲哀，所以在占卜时卦象就显示出来了。希望您仔细考虑考虑吧！"景公问道："赵氏还有后代子孙吗？"韩厥把实际情况都告诉了景公。于是景公就与韩厥商量立赵氏孤儿，后来把他召到宫中并藏起来。各位将军进宫探望景公病情的时候，景公靠着韩厥的众多随从迫使将军们同赵氏孤儿见面。赵氏孤儿名叫赵武。将军们不得已，只好说："当初下宫事变，都是屠岸贾谋划的，他假传君王命令，并且向群臣发令，要不是这样的话，谁敢发动变乱呢！如果不是因为您有病，我们这些大臣本来就要向您请示立赵氏的后代了。现在您有这样的命令，正好实现群臣的心愿啊！"当时就让赵武、程婴一一拜谢各位将军，将军们又反过来与程婴、赵武一起攻打屠岸贾，诛灭了他的家族。景公又把赵氏以前的封地赐给赵武。

到赵武行了加冠礼，已经长大成人的时候，程婴就拜别了各位大夫，对赵武说："当初下宫事变，人人都能随赵氏赴难。我并非不能去死，只是想扶立赵氏的后代。现在赵武你已经承袭祖业，长大成人，恢复了原来的爵位，我就要到地下去告诉赵宣孟和公孙杵臼了。"赵武啼哭叩头，坚持请求说："我宁愿受筋骨之苦，也要报答您一直到死，难道您忍心离开我去死吗？"程婴说："不行。他们都认为我能完成这件大事，所以死在我的前面；如今事情完成，而我不去告诉他们，他们就会以为我没有完成任务。"于是就自杀了。赵武为他守孝三年，给他安排了祭祀的地方，春秋祭祀，世代不绝。

赵氏恢复爵位十一年后，晋厉公杀了三位郤氏大夫。栾书害怕牵连到自己，于是就杀了他的国君厉公，改立襄公的曾孙周为国君，这就是晋悼公。晋国从此以后大夫的势力逐渐强盛起来。

赵武承续赵氏宗族的爵位二十七年后，晋平公即位。平公十二年，赵武做了正卿。十三年，吴国的延陵季子出使晋国，他说："晋国的政权最后要落到赵武子、韩宣子、魏献子这些人的后代手里啊。"赵武死后，谥号是文子。

文子生了景叔。景叔的时候，齐景公派晏婴出使晋国，晏婴与晋国的叔向交谈。晏婴说："齐国的政权以后最终要落到田氏手里。"叔向也说："晋国的政权将会落到六卿的手里。六卿现在骄奢放纵，可是我们的国君却考虑不到这方面。"

赵景叔去世，生下儿子赵鞅，就是赵简子。

晋顷公九年，赵简子在位，简子会合诸侯驻守在周境之内。第二年，送周敬王回周朝，之前周敬王是因为他的弟弟子朝躲避在外。

晋顷公十二年，六卿依照法令诛杀了国君的宗族祁氏和羊舌氏，并把他们的封地分为十个县，六卿让他们的族人分别去那里做大夫。晋国公室从此更加衰弱。

又过了十三年，鲁国的乱臣阳虎逃亡到晋国来，赵简子收了他的贿赂，厚待了他。

赵简子生病，五天不省人事，大夫们都很害怕。医生扁鹊来看他，看完以后出来，董安于询问病情，扁鹊说："他的血脉平和，你们何必大惊小怪！以前秦缪公也有过这种情况，七天才醒过来。醒来那天，对公孙支和子舆说：'我去了天帝那里，很快乐。之所以停留这么久，是因为我正好在受教。天帝告诉我：晋国将要发生大乱，五世之内都不得安宁；他们的后代将称霸，没有年老就死去，霸王的儿子将要让晋国男女混杂。'公孙支把这番话写下来并保存好，秦缪公的预言这时就传出来了。献公时的混乱，文公时的称霸，襄公时在崤山大败秦军，回去后就纵容淫乱，这些您应该都听说过。如今你们君主的病与秦缪公一样，不超过三天病就会好转，好转之后一定有话要讲。"

过了两天半，简子醒过来了。他对大夫们说："我到了天帝那里，十分快乐，与百神一起在钧天游览。多次听到宏伟的乐曲演奏，还看到了成千上万种舞蹈，那乐声与夏、商、周三代的音乐都不一样，非常动人心魄。有一头熊要来抓我，天帝让我射它，一箭射出去正中熊身，熊死了。又有一只罴过来，我又射它，射中了它，罴也死了。天帝非常高兴，赐给我两个竹箱，并且都有相配的小箱。我看到一个小孩在天帝旁边，天帝又给我一只翟犬，说：'等你的儿子长大，把这只犬送给他。'天帝告诉我：'晋国就要逐渐衰落了，再过七代就会灭亡，嬴姓的人将在范魁的西边大败周人，但你们却不能占有那里。现在我追念虞舜的功勋，到时我会把他的后代之女孟姚嫁给你的第七代孙子。'"董安于听了这番话就把它写下来并保存好。他把扁鹊之前说的话告诉简子，简子赐给扁鹊四万亩田地。

有一天，简子外出，有人拦在路中间，赶也赶不走，简子的随从很生气，想要杀了他。拦路的人说："我有事要拜见主君。"随从把此事禀告简子，简子叫他过来，说："嘻！我曾经清楚地看见过你呀。"拦路人说："让您左右的侍从都退下，我有事禀告您。"简子让随从们都退下。拦路人说："您生病的时候，我正在天帝身边。"简子说："对，有这件事。你见到我的时候，我在做什么？"拦路人说："天帝让您射熊和罴，都被您射死了。"简子说："对，然而这是什么意思呢？"拦路人说："晋国将有大难，您是为首的。天帝让您灭掉两位上卿，熊和罴就是他们的祖先。”简子说：“天帝赐给我两个竹箱，且都配有小箱，这是为何？”拦路人说：“您的儿子将在翟攻打两个小国，他们都是子姓。”简子说：“我看到一个小孩在天帝身边，天帝还赐予我一只翟犬，并说：‘等你的儿子长大了把这只犬送给他。’那个小孩和送翟犬有什么关系呢？"拦路人说：”那个小孩就是您的儿子，翟犬是代国的祖先。您的儿子以后一定会占有代国。到您的后代，会有政令的变革，并且要穿胡人的服装，在翟吞并两国。"简子问他的姓想要聘他做官。拦路人说：“我是乡野之人，只是来传达天帝的旨意罢了。”说完就不见了。简子写下了这番话并把它保存在秘府里。

又有一天，姑布子卿来拜见简子，简子把儿子们都叫来让他帮儿子们看相。子卿说：“没有可以当将军的。”简子说：“赵氏难道要灭亡了吗？”子卿说：“我曾在路上看到一个孩子，大概也是您的儿子吧！”简子叫儿子毋恤过来。毋恤一到，子卿就站起来说：“这才是真正的将军呀！”简子说：“这孩子的母亲卑贱，是从翟来的婢女，怎么说他尊贵呢？”子卿说：“这是上天所赐予的，即使他现在卑贱以后也定能显贵。”从此以后简子经常把儿子们都叫来一起交谈，毋恤表现最好。简子有一次告诉他的儿子们说：“我把宝符藏在常山之上，谁先找到了有赏。”儿子们赶快跑到常山上去找，什么也没找到。毋恤回来后说：“已经找到宝符了。”简子说：“你说吧。”毋恤说：“从常山上往下可以看到代国，代国可以夺取过来。”简子由此知道毋恤果然是贤才。于是废了太子伯鲁，立毋恤为太子。

在这之后两年，晋定公十四年，范氏、中行氏作乱造反。第二年春天，简子对邯郸大夫赵午说：“把卫国的五百户士民还给我，我想把他们安置到晋阳。”赵午答应了，回去后他的父兄不同意，于是就违背了诺言。赵鞅逮捕了赵午，把他囚禁在晋阳，并告诉邯郸人说：“我想私下杀了赵午，各位想立谁为君王？”后来杀了赵午。赵午之子赵稷和家臣涉宾凭借邯郸的力量反叛。晋国国君派籍秦包围邯郸。荀寅、范吉射都和赵午友好，不肯帮助籍秦反而和赵午一起谋划叛乱，董安于知道了此事。十月，范氏和中行氏一起讨伐赵鞅，赵鞅逃到晋阳，晋人包围了晋阳。范吉射、荀寅的仇人魏襄等筹谋驱逐荀寅，想以梁婴父取代他；驱逐范吉射，让范皋绎代替他。荀栎对晋君说：“先君曾命令大臣，领头叛乱的要处死。如今三位大臣领头作乱，却只驱逐赵鞅，这样处罚并不公平，请把他们全都驱逐出去。”十一月，荀栎、韩不佞、魏哆奉国君的命令讨伐范氏、中行氏，却没有取胜。范氏、中行氏反过来攻打定公，定公还击，范氏、中行氏失败逃跑。丁未这天，他们二人逃到朝歌。韩不佞、魏哆为赵鞅求情。十二月辛未这天，赵鞅来到绛城，在定公宫中盟誓。第二年，智伯文子对赵鞅说："范氏、中行氏虽然确实作乱，但是是从董安于开始作乱的，这件事是董安于参与策划的。晋国有这样的法令，开始作乱的要处死。如今这两个人都已经受到处罚，而唯独董安于还在。"赵鞅担心此事。董安于说："我死了，赵氏可以安定，晋国也能安宁，我死得太晚了。"于是就自杀了。赵鞅告诉了智伯这件事，此后赵氏安宁了。

孔子听说赵简子不请示晋君就逮捕了邯郸大夫赵午，保守晋阳，所以在《春秋》中记载说："赵鞅凭借晋阳叛乱。"

赵简子有个家臣名叫周舍，喜欢直言进谏。周舍死后，简子每当上朝的时候，经常不高兴，大夫们向他请罪。简子说："你们没有罪。我听说一千张羊皮也不如一只狐的腋下皮毛。各位大夫们上朝，我只听到恭敬顺从的应答声，听不到周舍那样的争辩之声了，这才是我忧虑的呀。"简子因此能使赵地的人顺从，并使晋人也归向他。

晋定公十八年，赵简子将范吉射和中行寅包围在朝歌，中行寅逃奔到邯郸。第二年，卫灵公去世了。简子和阳虎把卫太子蒯聩送回卫国，卫国不接纳，卫太子只好住到戚城。

晋定公二十一年，赵简子攻入邯郸，中行文子逃到柏人。简子又包围了柏人，中行文子和范昭子又逃到齐国。赵氏最终攻占了邯郸、柏人。范氏、中行氏剩余的领地都给了晋国。赵简子名义上是晋国的上卿，实际上独揽晋国政权，他的封地和诸侯等同。

晋定公三十年，定公与吴王夫差在黄池争做盟主，赵简子当时跟随在晋定公身边，最终吴王当了盟主。定公三十七年去世，简子免除了守丧三年的礼节，只守了一年就结束了。这一年，越王勾践灭了吴国。

晋出公十一年，智伯攻打郑国。赵简子生病了，派太子毋恤为将军率兵包围郑国。智伯喝醉了，用酒强灌毋恤并打他。随从毋恤的大臣们都要求处死智伯。毋恤说："君王之所以让我做太子，是因为我能够忍受屈辱。"但他也还是怨恨智伯的。智伯回去后，把这件事告诉简子，让他废了毋恤，简子不听。毋恤从此更加怨恨智伯。

晋出公十七年，赵简子去世，太子毋恤继位，这就是赵襄子。

赵襄子元年，越国包围吴国。襄子降低了守丧的饮食标准，派楚隆去慰问吴王。

襄子的姐姐以前是代王的夫人。简子安葬以后，丧期还没过，襄子就到北边登上夏屋山，请来代王，让厨师拿着铜勺请代王和他的随从进餐，斟酒时，暗中让膳食官各自用铜勺打死代王和他的随从官员，然后发兵平定了代地。他的姐姐听说后，哭天喊地，磨尖簪子自杀了。代国人同情她，把她自杀的地方称为摩笄山。襄子把代地封给伯鲁的儿子赵周，让他做代君。伯鲁是襄子的哥哥，以前的太子。这时候太子早已去世，所以就封给了他的儿子。

襄子即位四年后，智伯和赵、韩、魏一起瓜分了范氏、中行氏原来所有的领地。晋出公大怒，告诉齐国、鲁国，想让他们一起讨伐四卿。四卿害怕了，于是一起攻打晋出公。出公逃往齐国，死在路上。智伯立了昭公的曾孙骄为君王，这就是晋懿公。后来智伯日益骄横，让韩、魏两家割让领地给他，韩、魏给了他。他又要求赵氏割地，赵氏不给，因为以前在包围郑国时智伯曾侮辱过他。智伯很生气，于是率领韩、魏两家攻打赵氏。赵襄子害怕，就逃奔退守在晋阳。

襄子逃跑时，原过跟随襄子，落在后边，到了王泽，他看见三个人，但腰带以上的部分还可以看见，从腰带以下就看不见了。他们给了原过一根两节的竹棍，中间不通，说："你替我们把这竹棍送给赵毋恤。"原过到了晋阳以后，把此事告诉襄子。襄子斋戒三天，亲自剖开竹棍，里边有朱红的字写道："赵毋恤，我们是霍泰山山阳侯天使。三月丙戌日，我们想派你回去灭掉智氏。你也要为我们在百邑立庙，我们将赐给你林胡的土地。到你的后代，将有一位勇健的国王，皮肤红黑，龙脸鸟嘴，鬓眉相连，髭髯络腮，宽胸大腹，下体修长，上体壮大，左衣襟，披甲乘马。将整个占有黄河中游一带，直到休溷地区的各部貉人，往南进攻晋国的其他城邑，往北灭掉黑姑。"襄子拜了两拜，接受了三位神人的旨令。

三个国家攻打晋阳，打了一年多以后，引来汾水淹灌都城，城墙只剩下三版高没有被淹到。晋阳城里的人都把锅吊起来做饭，互相交换子女吃掉。大臣们都有了外心，礼节越来越怠慢，唯有高共不敢失去礼节。襄子害怕，于是夜里派丞相张孟同与韩、魏暗中结交。韩、魏与赵一起谋划，三月丙戌这一天，三国反过来灭了智氏，共同瓜分了智氏的土地。因此襄子进行封赏，高共受上等封赏。张孟同说："晋阳有难的时候，只有高共没有功劳。"襄子说："在晋阳危急的时候，所有大臣都很怠慢，只有高共不敢有失臣子的礼节，因此他要先受封赏。”当时赵在北方占有代地，南边并吞了智氏，比韩、魏强大。于是给三神在百邑立了庙进行祭祀，派原过主持霍泰山神庙的祭祀。

后来襄子娶空同氏为妻，生了五个儿子。襄子因为伯鲁还没有继位，不肯将自己的儿子立为太子，并且一定要传位给伯鲁的儿子代成君。成君先死了，襄子就将代成君的儿子赵浣立为太子。襄子在位三十三年去世，赵浣即位，这就是献侯。献侯很年轻的时候就即位了，首府设在中牟。

襄子的弟弟桓子将献侯驱逐出去，在代地立自己为侯，一年后去世。赵国人都说桓子即位并非襄子的意愿，就一起杀了他的儿子，又迎回献侯即位。

献侯十年，中山国武公刚刚即位。十三年，在平邑筑城。十五年，献侯逝世，儿子赵籍即位，为烈侯。

烈侯元年，魏文侯讨伐中山国，派太子魏击驻守。六年，魏、韩、赵都立为诸侯，赵籍追尊献子为献侯。

烈侯喜欢音乐，对相国公仲连说：“我有喜爱的人，可以让他尊贵起来吗？”公仲说：“使他富有可以，使他尊贵就不可以。”烈侯说：“好吧。郑国的歌手枪和石两个人，我要赐给他们田地，每人一万亩。”公仲说：“遵命。”但是公仲没有给。过了一个月，烈侯从代地回来，问起给歌手赐田的事，公仲说：“正在找，还没有合适的。”不久，烈侯又问，公仲还是没有给，于是就谎称有病不去上朝。番吾君从代地来，对公仲说：“国君其实喜欢善政，却不知怎样实行。如今公仲您做赵国的宰相，已经有四年了，期间曾推荐过什么人才吗？”公仲说：“没有。”番吾君说：“牛畜、荀欣、徐越这三个人都可以。”公仲就推荐了这三个人。到上朝的时候，烈侯又问：“赐予歌手田地的事怎么样了？”公仲说：“正派人挑选最好的田地。”牛畜侍奉烈侯时建议实行仁义，用王道约束自己，烈侯态度宽和。第二天，荀欣侍奉，建议精选起用贤才，任命官吏要使用能干的人。第三天，徐越侍奉，建议节约财物，俭省用度，考察评估官吏们的功绩德行。他们所讲的道理没有不充分的，国君很高兴。烈侯就派人告诉相国说：“给歌手赐田的事暂时停止吧。”任命牛畜为师、荀欣为中尉、徐越为内史，赐给相国两套衣服。

九年，烈侯逝世，他的弟弟武公即位。武公在位十三年逝世，赵国又让烈侯太子赵章即位，这就是赵敬侯。这一年，魏文侯去世。

敬侯元年，武公的儿子赵朝作乱，没有成功，后逃奔魏国。赵国开始把邯郸作为都城。

敬侯二年，赵军在灵丘打败齐军。三年，在廪丘救援魏国，大败齐军。四年，魏军在兔台打败赵军。赵修筑刚平城以便攻打卫国。五年，齐、魏两国帮助卫国攻打赵国，又夺回刚平。六年，向楚国借兵攻打魏国，夺取了棘蒲。八年，攻下魏国的黄城。九年，讨伐齐国。齐国攻打燕国，赵军援救燕国。十年，赵国与中山国在房子县交战。

敬侯十一年，魏、韩、赵一起灭了晋国，瓜分了晋国土地。赵国讨伐中山国，又在中人地区交战。十二年，敬侯去世，他的儿子成侯赵种即位。

成侯元年，公子赵胜与成侯争夺君王之位，发动了叛乱。二年六月，天下雪。三年，太戊午任相国。赵国讨伐卫国，夺取七十三处乡邑。魏国在蔺打败赵军。四年，赵军在高安与秦军交战，打败了秦军。五年，在鄄城讨伐齐军。魏军在怀地打败赵军。赵军攻打郑国，并打败了郑国，把占领的郑地给了韩国，韩国把长子县给了赵国。六年，中山国修筑长城。赵军讨伐魏国，在涿泽将其打败，包围了魏惠王。七年，进军齐国，打到了齐长城。赵国联合韩国攻打周。八年，和韩国一起把周一分为二。九年，在阿城之下与齐国交战。十年，进攻卫国，夺取甄城。十一年，秦国进攻魏国，赵军在石阿救援。十二年，秦军进攻魏国的少梁，赵军援救了魏国。十三年，秦献公派庶长国领兵攻打魏国的少梁，俘虏了魏国太子和公孙痤。魏军在浍水地区打败赵军，夺取了皮牢。成侯与韩昭侯在上党相遇。十四年，赵与韩联合攻打秦国。十五年，赵国帮助魏国攻齐。

十六年，赵国与韩、魏两国一起瓜分晋国。把端氏县封给晋君。

十七年，成侯与魏惠王在葛孽相遇。十九年，赵国与齐国、宋国在平陆会见结盟，与燕国在西阿会盟。二十年，魏国进献了上等的木椽，于是赵国用这些木椽修建了檀台。二十一年，魏军包围了赵国的邯郸。二十二年，魏惠王攻下赵国的邯郸，齐军也在桂陵打败了魏军。二十四年，魏国把邯郸归还给赵国，赵国与魏国在漳水之滨结盟。秦军进攻赵国的蔺城。二十五年，成侯去世。公子绁与太子肃侯争夺君位，赵绁失败，逃奔到韩国。

肃侯元年，赵国夺取晋君的端氏县，把晋君迁到屯留。二年，肃侯与魏惠王在阴晋相遇。三年，公子赵范袭击邯郸，还没胜利就死了。四年，肃侯朝拜周天子。六年，赵国进攻齐国，夺下高唐。七年，公子赵刻攻打魏国的首垣。十一年，秦孝公派商鞅讨伐魏国，俘虏了魏国将军公子卬。赵国讨伐魏国。十二年，秦孝公去世，商鞅去世。十五年，开始兴建寿陵。魏惠王去世。

十六年，肃侯游览大陵，从鹿门出去，宰相太戊午牵住马说："如今正当农事繁忙，一天不耕作，一百天没有饭吃。"肃侯听了立即下车认错。

十七年，赵军包围魏国的黄城，没有攻下。修筑长城。

十八年，齐、魏联合攻打赵国，赵国用黄河之水淹灌敌军，敌军退去。二十二年，张仪任秦国宰相。赵疵与秦军交战，失败了，秦军在河西杀死赵疵，夺取了赵国的蔺和离石。二十三年，韩举与齐军、魏军作战，在桑丘战死。

二十四年，肃侯去世。秦、楚、燕、齐、魏各派出精兵一万人来参加葬礼。其儿子武灵王即位。

武灵王元年，阳文君赵豹任赵国宰相。梁襄王和太子嗣、韩宣王和太子仓到信宫来朝贺。武灵王年纪小，还不能处理政事，设有博闻师三人，左右司过官三人。等到武灵王处理朝政的时候，首先问先王的贵臣肥义，并给他增加品级和俸禄；国中八十岁以上的德高老人，每月都给他们送礼。

武灵王三年，修筑鄗城。四年，与韩王在区鼠会见。五年，娶韩国宗亲之女为夫人。

八年，韩国攻打秦国，没有胜利就退去了。五国互相称王，只有赵国不称王，赵君说："没有这个实力，怎敢处在这个名分上呢！"让赵国人都称他为"君"。

九年，与韩、魏一起攻打秦国，秦军打败赵军，斩杀了八万人。齐国在观泽打败了赵军。十年，秦军夺取赵国的中都和西阳。齐国打败了燕国，燕国的宰相子之做了国君，原来的国君反而做了臣子。十一年，武灵王把燕国公子职从韩国召来，立他为燕王，并派乐池护送他回到燕国。十三年，秦军攻下赵国的蔺城，俘虏了将军赵庄。楚王、魏王来赵国，经过邯郸。十四年，赵何攻打魏国。

十六年，秦惠王去世。武灵王游览大陵。有一天，武灵王梦见一位少女弹琴唱诗，说："美人光彩艳丽啊，容貌好像苕花。命运啊，命运啊，竟然无人知我娃嬴!”又一天，武灵王饮酒很高兴，屡次说到他所做的梦，想象着梦中见到的少女的美貌。吴广听说后，通过夫人把他的女儿娃嬴送入宫中。这就是孟姚。孟姚特别受武灵王的宠爱，她就是惠后。

十七年，武灵王去九门，修筑野台，以便瞭望齐国和中山国的边境。

十八年，秦武王和孟说举龙纹赤鼎，折断膝盖骨死了。赵王派代相赵固去燕国迎接秦公子稷，送他回国，并立为秦国国君，这就是秦昭王。

十九年春天正月，赵王在信宫举行盛大朝会，召见肥义一同探讨天下大事，五天才结束。武灵王到北边巡视中山国的领地，到了房子县，又去了代地，北到无穷，西到黄河，登上黄华山顶。召见楼缓商议说：“我们先王顺应时世的变化，做了南边领地的君长，连接了漳水、滏水的险阻，修筑长城，攻取蔺城、郭狼，在荏地打败了林胡人，然而功业并没有完成。如今中山国在我们腹心，北面是燕国，东面是东胡，西面是林胡、楼烦、秦国、韩国的边界，然而没有强大兵力的救援，这样下去国家就要灭亡了，怎么办呢？想要取得高出世人的功名，必定要受到背离习俗的牵累。我要穿胡人的服装。”楼缓说：“很好。”群臣们都不愿意。

当时肥义在旁侍奉，武灵王说：“简子、襄子的功业，就在于考虑到了胡、翟的利益。做臣子的，受宠时应明孝悌、知长幼、顺从明理的礼节，通达时世建立既善待百姓又有利于君王的功业，这两方面是做臣子的分内之事呀。如今我想继承襄主的事业，开拓胡人、翟人所住之地，可是找遍世间也没有见到这样的贤臣。为了削弱敌人，用较少的兵力而收到更多的功效，可以不耗尽百姓的力气，而继续两位先主的勋业。一个人要建立过高的功业，就要承受背弃习俗的牵累；一个有独特智谋的人，就要听任傲慢民众的埋怨。如今我要穿胡人衣服骑马射箭，并来教化百姓，可是世人一定要议论我，怎么办呢？”肥义说：“我听说做事犹疑就不会成功，行动犹豫就不会成名。您既然决定承受背弃风俗的责难，那就无需顾虑天下的议论了。追求最高德行的人不附和世俗，成就最大功业的人不会找凡夫俗子商议。以前舜用舞蹈感化三苗，禹脱去上衣去裸国，他们并非为了满足欲望和愉悦心志，而是必须用这种方法宣扬德政并取得成功。愚蠢的人事情成功了还不能明白，聪明人在事情尚无迹象的时候就能看清未来发展，君主您还有什么可疑虑的呢！”武灵王说：“穿胡服我没有疑虑，我恐怕天下之人嘲笑我。无知之人的快乐，也就是聪明人的悲哀；愚蠢的人所讥笑的事，贤人却能看得清。世上有顺从我的人，穿胡服的功效是不可估量的。即便所有世人都来嘲笑我，胡地和中山国我也一定要占有。”于是就穿起了胡服。

武灵王派王绁告诉公子成说：“我穿胡服，将要这样上朝，我也希望叔父您能穿上胡服。家里的事情要听从双亲，国家的事情就要听从国君，这是古今公认的行为准则。子女不能反对双亲，臣子不能违背君主，这是兄弟们通用的礼仪道德。如今我制定政令，改变服装，可是叔父您要不穿，我恐怕天下人会议论纷纷。治国有常规，要以利民为根本；处理政事有原则，听从命令最重要。宣传德政要先从平民开始，而推行政令就要先让贵族信从。如今穿胡服的目的，并非是为了满足我自己的欲望和愉悦心志；事情要做到了，功业才能完成。事情完成了，功业建立了，然后才算是妥善。如今我怕叔父违背了处理政事的原则，因此来帮助叔父考虑。况且我听说过，做有利于国家的事，行为不会偏邪；依靠贵戚的人，名义不会受损害。所以我愿仰慕叔父的忠义，来成就改变胡服的功绩。我派王绁来拜见叔父，请您穿上胡服。”公子成再拜叩头说：“我本来就已听说了君王穿胡服的事，老臣不才，卧病在床，不能为君王奔走效力多多进言。大王命令我，我斗胆回答，以此尽我的愚忠。我听说中原的国家是聪明智慧的人居住的地方，是万物财用聚集的地方，是圣贤进行教化的地方，是仁义可以施行的地方，是诗书礼乐可以发挥作用的地方，是各种技艺才能可以施展的地方，是远方之人愿来观览投奔的地方，是蛮夷乐于效法的地方。如今大王抛弃了这些而穿起远方的服装，变更了古来的教化，改易了古人的道义，违反众人的心意，背弃学者之教晦，背离中原风俗，所以我希望大王仔细考虑这件事。”使者回去禀报之后。武灵王说：“我本来听说叔父有病，我要亲自去请求他。”

武灵王于是前往公子成家中，亲自请求他，说：“衣服是为了便于穿用的，礼仪是为了便于行事的。圣人观察乡俗而顺应风俗，根据实际情况制定礼仪，所以可以利民富国。剪掉头发，身上刺上花纹，臂膀上绘画，衣襟开在左边，这是瓯越百姓的习俗。染黑牙齿，额上刺花，戴鱼皮帽子，穿粗针大线的衣服，这是吴国之地的习俗。所以礼制服装各地不同，而它的作用却是一致的，都是为了便利。地方不同使用起来就会有变化，情况不同礼制也会更改。因此圣人认为如果可以利国，方法不必一致；如果可以便于行事，礼制不必相同。儒者从相同的师者继承而习俗有别，中原礼仪相同但教化却互相有别，何况是为了偏远地区的方便呢？所以进退取舍的变化，聪明人也不能一致；远近地区的服饰，圣贤也不能使其相同。穷乡僻壤风俗多异，学识浅陋却多诡辩。不了解的事不去怀疑，与自己的意见不同而不去非议的人，才会公正地听取众人意见以求都能妥善地解决问题。如今叔父所说的是习俗，我所说的是为了驾驭习俗。我国东有黄河、薄洛津，与齐国、中山国一样。东边是燕国、东胡的国境，西边有楼烦、秦国、韩国的边界，如今没有骑射的装备。所以如果没有舟船可以使用，住在河两岸的百姓，将用什么守住黄河、薄洛之水呢？改变服装、练习骑射，就是为了防守同燕、三胡、秦、韩的边界。况且从前简子不在晋阳以及上党设置要塞，就是为了让襄子吞并戎地、攻取代国以便赶跑胡人，这是愚人和智者都能明白的。从前中山国依靠齐国的强大兵力，侵犯践踏我们的领地，虏掠我国百姓，引黄河之水围困鄗城，如果不是社稷神灵保佑，鄗城几乎就要失守了。先王以此为耻，然而此仇却还没报。如今穿上骑射的装备，从近的说可以使上党的地势更为有利，从远的说可以报中山国之仇。然而叔父却顺从中原的习俗，违背简主、襄主的遗志，厌恶改变服装的虚名而忘记鄗城的耻辱，这不是我所希望看到的。”公子成叩头拜了两拜说：“老臣愚钝，没能理解大王的深意，竟斗胆说出世俗的见解，这是我的罪过。如今大王要继承简主、襄主的遗志，顺从先王的意愿，我怎敢不听从大王您的命令呢！”公子成叩头拜了两拜。于是武灵王赐给他胡服。第二天，公子成穿着胡服上朝。这时武灵王才开始发布改穿胡服的命令。

赵文、赵造、周袑、赵俊都来劝谏武灵王不要穿胡服，依照以前的习俗更适宜。武灵王说：“先王的习俗也有不同，哪种习俗可以仿效？帝王们不互相因袭，哪种礼制可以遵循？伏羲神农重视教化，不使用诛罚；黄帝、尧、舜实行刑罚，但不残暴。到了夏、商、周三王，随着时代的变化来制定法令，根据实际情况来制定礼仪制度。法规政令都顺应实际需要，衣服器械都便于使用。所以礼仪不必只用一种方式，而便利国家也不必效仿古代。圣人的兴起并不互相因袭却能统一天下，夏、殷的衰败并没有因为不改变礼制就没有走向灭亡。那么，违背古制没有什么可非议的，遵循旧礼并不值得称道。如果说穿着奇特的人心志浮荡，那么邹、鲁一带就不会有奇特技能的人了；习俗怪异的地方百姓都轻率，那么吴、越一带也就不会有出众的人才了。况且圣人认为，只要有利于身体的都可以叫做衣服，只要方便行事的都可以称为礼制。况且进退的礼节、衣服的制度，都是为了统一平民百姓，并不是为了评论贤人。所以平民总是和旧俗相伴，贤人与变革同在。所以有古话这样说：'按照书本赶车的人可能不知晓马的性情，用古人的制度来约束今世的人不通晓事物的变化。'遵循古法的功效，不可能高出世俗；效仿古代的学说，不足以治理今世。你们不懂这个道理啊！"最终还是推行胡服并招募士兵练习骑射。

二十年，武灵王巡察中山国地势，到达宁葭；向西巡察胡人地势，到达榆中。林胡王进献马匹。回来后，武灵王派楼缓出使秦国，派仇液出使韩国、王贲去楚国、富丁去魏国、赵爵去齐国，并让代地的宰相赵固掌管胡地，招募胡地士兵。

二十一年，赵国攻打中山国。赵袑率领右军，许钧率领左军，公子章率领中军，武灵王统率三军，牛翦率领战车和骑兵，赵希一并率领胡地与代地的军队。赵希与诸军通过隘口，到曲阳会师，攻取了丹丘、华阳、鸱上关塞。武灵王率军夺取了鄗城、石邑、封龙、东垣。中山国献出四座城池要求停战，武灵王答应了他，收兵。二十三年，又进攻中山国。二十五年，惠后去世。武灵王派周袑穿胡服辅佐教导王子赵何。二十六年，赵国再次进攻中山国，夺取的土地北至燕、代一带，西至云中、九原。

二十七年五月戊申日，灵王在东宫举行盛大朝会，武灵王传位，将王子赵何立为新君。新王到祖庙行礼以后，出来上朝。大夫全都封为大臣，肥义封为相国，并且辅佐新王。这就是惠文王。也就是惠后吴娃的儿子。武灵王自称为主父。

主父想让儿子自主治国，而自己穿上胡服率领士大夫到西北巡视胡地，并想从云中、九原一直向南袭击秦国，于是他亲自乔装成使者进入秦国。秦昭王不知道，等他走后惊怪他的状貌特别魁伟，不像人臣的气度，派人追赶，可是主父已经飞马奔出秦国的关口。昭王仔细询问，才知道是主父。秦人非常惊恐。主父之所以要去秦国，是想亲自察看秦国的地形，并趁机观察秦王的为人。

惠文王二年，主父巡视新占领的土地，经过代地，在西河与楼烦王相会，并征收了他的士兵。

三年，灭中山国，把它的国王迁到肤施县。开始建灵寿城，北方地区自此从属于赵国，通往代地的道路变得十分通畅。主父回来以后，论功行赏，实行大赦，设酒宴欢聚五天，将长子赵章封为代地的安阳君。赵章向来放纵，一直对弟弟被立为君王这件事感到心中不服。主父又派田不礼辅佐赵章。

李兑告诉肥义说："公子章身强力壮并且心志放纵，党羽很多，野心较大，恐怕会有私心吧！田不礼的为人，也是残忍并且傲慢的。他们两个人互相投合，一定会有密谋叛乱的事情发生，一旦叛乱就希望侥幸成功。如果小人有了野心，考虑事情就会比较轻率，对事情的规划也会比较浅薄，只看到利益却不会顾及以后的危害，同谋的人互相怂恿，到时就会一起闯入祸乱之门。依我看，这种事一定过不了多久就会发生了。您肩负重任并且手握大权，将会是动乱的开始，灾祸的集中之地，您必定最先受到伤害。仁慈之人博爱万物，智者防患于未然，不仁不智，还拿什么来治理国家？您何不说自己有病不能上朝，把政事交给公子成处理呢？这样就不会成为怨恨汇集的地方，祸乱发生的阶梯。"肥义说："不行。当初主父把新王托付给我，说：'不要变更你的法度，不要改变你的心志，坚持岗位，一心一意，至死不变。'我接受主父的命令并记载下来。现在因为害怕田不礼作乱而忘记我曾记载的主父的命令，什么罪过比变节更大呢！在朝时接受了庄严的命令，退朝后却不能全心全意去实施，什么错误比背叛更严重呢！变节负心的臣子，刑罚是不会宽容的。古话说'死去的人如果能够重新活过来，而现在还活着的人应在他面前不致感到惭愧'。我已经有言在先，就一定会全心全意去实现我的诺言，怎能只为了保全我的身体呢！况且如果是坚贞之臣，当灾难临头时节操就会显现，忠良之臣当遇到牵累时行事必须鲜明。您已对我赐教并给我忠告。尽管如此，我因为有言在先，始终不敢违背自己的承诺。"李兑说："好吧，您勉力而行吧！我估计只有今年能看到您了。"说完就痛哭流涕而去。李兑因为防范田不礼作乱之事，去拜见公子成好几次。

有一天，肥义对信期说："公子章和田不礼令人十分担忧。他们嘴上说得好听而实际上却很坏，他们为人不孝不忠。我听说，如果有奸佞之臣在朝执政，将是国家的祸害；如果有谗言之臣在宫中服侍，将会是君主的蛀虫。这种人不仅贪婪，野心也很大，在宫内得到君主的宠爱，在外边就会胡作非为。假传王命傲慢无礼，如果有一天擅自发出命令，也是不难做到的，那么祸害将会危及整个国家。如今我担心此事，夜里经常睡不着觉，饥饿时经常忘记吃饭。对盗贼的出没不可不防备。从今以后，如果有人请求拜见君王一定要先来见我，我要先用自身来抵挡，确保没有变故才让君王进来。"信期说："我能听到这样的话真是太好了！"

四年，群臣前来朝拜，安阳君也来了。主父让新王主持朝拜，他自己从一旁暗中观察群臣和王室宗亲的礼仪。他看到长子赵章颓丧的样子，反倒向北称臣，屈身在弟弟面前，顿生怜悯之心，当时就想把赵国一分为二，让赵章在代国称王，后来这个打算还没有决定就中止了。

主父和惠文王到沙丘游览，住在不同的宫室。公子章就依靠他的党徒和田不礼一起叛乱，假传主父命令说要召见惠文王。肥义先去，被杀死了。高信马上与惠文王一起作战。公子成和李兑从国都赶过来，调集四地的军队前来平定这场变乱，杀死了公子章和田不礼，消灭了他们的党徒，安定了王室。后来公子成被任命为宰相，封号为安平君，李兑被任命为司寇。公子章被打败的时候，逃到了主父那里，主父收留了他，因此公子成和李兑包围了主父的宫室。公子章死后，公子成和李兑商量说："由于赵章的缘故我们包围了主父的宫室，就算现在撤兵，我们也是要被灭族的啊！"于是就继续包围主父宫室，命令宫中的人"最后出来的人将被灭族"，宫里的人全都出来了。主父想出却出不来，又没有食物，只好去掏雏鸟充饥，三个多月以后被饿死在沙丘宫里。公子成和李兑确定主父死了以后，才告诉诸侯。

当时惠文王年龄小，公子成和李兑两人专政，他们害怕被杀，所以包围主父。主父最初立了长子赵章为太子，后来得到吴娃，非常宠爱她，因此好几年都住在吴娃宫中，吴娃生下儿子赵何后，主父就废了太子章改立赵何为太子。吴娃死后，对赵何的爱也随之消减，又怜悯原来的太子，想让两个儿子并立为王，犹豫不决，所以当变乱发生之后，导致父子一同死去，被天下人嘲笑，怎不令人痛惜呢！

五年，赵国把鄚、易两地送给燕国。八年，修筑南行唐城。九年，赵梁率兵，联合齐军一起攻打韩国，直到鲁关之下。到了十年的时候，秦国自称为西帝。十一年，董叔和魏氏一起讨伐宋国，在魏国得到河阳。秦国夺取梗阳。十二年，赵梁率兵攻打齐国。十三年，韩徐率兵，进攻齐国。公主去世。十四年，燕国宰相乐毅统率赵、秦、韩、魏、燕五国联军攻打齐国，夺下灵丘。在中阳会见秦王。十五年，燕昭王来拜见赵王。赵国与韩、魏、秦联合一起攻打齐国，齐王败逃，燕军孤军深入，攻下临淄城。

十六年，秦国又多次与赵国一起进攻齐国，齐国人非常忧虑。苏厉为齐王写信给赵王，说：

我听说古代的贤君，他们的德行并非遍布于海内各地，教化也并非普及到所有的百姓，四时祭祀的供品也不是经常让祖先享用。甘露普降，下雨及时，五谷得到丰收，百姓不生疫病，众人都对此赞颂，然而贤主却要深思。

如今您的贤德和功劳，并非经常都施行在秦国；积蓄的怨恨和怒气，也并非向来就对齐国特别深。秦赵两国联合，强使韩国出兵，秦国真是爱惜赵国吗？还是真的恨齐国？事情如果太过分，贤主就应该察觉到。秦国并非爱赵国也并非恨齐国，而是想要灭亡韩国从而吞并东、西二周，故意以齐国为诱饵吸引天下。又担心事情不能成功，所以才出兵胁迫魏国和赵国。又担心天下都惧怕它，所以派出人质以便得到信任。恐怕天下各国很快就要一起反对它了，所以在韩国征兵以示威信。表面上说是对韩国有好处，实际上是要攻伐空虚的韩国，我认为秦国的计谋一定是从这方面考虑的。本来事情的形势就有所不同，然而祸患都是一样的，楚国长期受到讨伐而中山国灭亡了，如今齐国长期被攻伐而韩国也一定会灭亡的。攻破齐国，大王您和六国一同瓜分利益。灭亡了韩国，秦国就会单独占有它。占领二周，往西可以得到天子祭祀用的礼器，秦国独吞私占。授给田地要计算一下功利，大王您得到的利益与秦国相比谁的更多呢？

游说之士议论说："韩国失去三川，魏国失去晋地，朝廷还没变化灾难就已经到来了。燕国占领齐国北部所有的土地之后，离沙丘、巨鹿就少了三百里，韩国的上党离邯郸只有一百里，燕国、秦国共同筹划准备夺取赵国的河山，经小路三百里就可通达。秦国的上郡靠近挺关，到达榆中有一千五百里，秦国凭借三郡进攻赵国的上党，羊肠坂以西、句注山以南就不再是大王您的领地了。越过句注山，截断常山并驻守在那里，仅三百里路就可通往燕国，代地的兵马、胡地的良犬从此就不再东入赵国，昆山之玉也不再运至赵国，这三种宝物也就不再为大王所有了。大王长期攻打齐国，跟随在强秦的后面进攻韩国，最终祸患定会达到这种地步。希望大王您能仔细考虑。

"况且齐国之所以被讨伐，就是因为它侍奉了大王；各国军队联合起来，就是为了图谋祸害大王。如果燕、秦两国的盟约达成的话，那出兵的日子也就不远了。五国想把赵国的土地一分为三，齐国背弃了五国盟约牺牲自己只为解除赵国之祸，向西进兵抑制强秦，使秦国废除帝号请求屈服，把巠分、先俞还给赵国。齐国侍奉大王，应该说是最好的交情了，如今却让齐国服罪，我担心以后侍奉大王的国家不敢那么坚决了。希望大王好好考虑一下。

“假如现在大王不与各国一起进攻齐国，天下各国一定认为大王主持正义，齐国将捧着江山社稷尽心侍奉大王，天下各国一定都会敬重大王的正义。到那时大王就可以带领各国同秦国友好相交，如果秦国强暴，大王就可以带领各国抑制它，这样，一世的荣耀名誉都在大王您的掌握之中。”于是赵国退兵，谢绝了秦国，不再进攻齐国。

惠文王与燕王相会。廉颇领兵，进攻齐国的昔阳，一举拿下。

惠文王十七年，乐毅率领赵军攻打魏国的伯阳。秦王怨恨赵国不和他一起攻打齐国，就征伐赵国，夺取了赵国的两座城。十八年，秦军攻下赵国的石城。赵王再次到卫地的东阳，引决黄河水，讨伐魏国。大水成灾，漳水泛滥。魏冉来赵国任宰相。十九年，秦军又夺取了赵国两座城。赵国把伯阳还给魏国。赵奢领兵，攻打齐国的麦丘，夺取了麦丘。

二十年，廉颇率兵，攻打齐国。赵王在西河之外与秦昭王相会。

二十一年，赵国把漳水的水道改在武平的西边。二十二年，瘟疫泛滥。立公子丹为太子。

二十三年，楼昌率领军队，攻打魏国的几邑，没有攻下。十二月，廉颇又一次领兵，进攻几邑，占领了它。二十四年，廉颇带兵，进攻魏国的房子，夺下它，并筑起城墙才回去。又进攻安阳，又夺下了。二十五年，燕周领兵，进攻昌城、高唐，都胜利了。赵国与魏国联合攻打秦国，秦国大将白起在华阳打败赵军，俘虏赵国一名将领。二十六年，赵国夺回被东胡胁迫叛离的代地。

二十七年，赵国又把漳水的水道改往武平以南。封赵豹为平阳君。黄河泛滥，大水成灾。

二十八年，蔺相如攻打齐国，打到平邑。停止修建北边九门县的大城。燕国将领成安君和公孙操杀死燕国君王。二十九年，秦、韩联合攻赵，包围了阏与。赵国派赵奢率领军队，反击秦军，在阏与城下大败秦军，赵王赐给赵奢马服君的封号。

三十三年，惠文王去世，太子丹即位，这就是孝成王。

孝成王元年，秦国攻打赵国，夺取了三座城。新王刚刚即位，太后掌权，秦国加紧进攻。赵国向齐国请求救援，齐王说：“一定要让长安君来做人质，齐国才会出兵。”太后不答应，大臣极力进谏。太后很明确地告诉左右大臣说:“如果有人再来说让长安君去当人质的,老妇我一定要唾他的脸。”左师触龙说请求拜见太后,太后怒气冲冲地等着他。触龙进宫,慢慢地迈着小碎步过去坐下,自己告罪说:“我的脚有毛病,不能走快了,所以很久都没来拜见您了。我私下里常常宽恕自己,但又担心太后的身体有什么不舒服,所以一直希望能来看望太后。”太后说:“我现在依靠车辇行动。”触龙说:“饮食没有减少吧?”太后说:“就靠喝粥罢了。”触龙说:“老臣我近来也没有食欲,就勉强散散步,每天走上三四里,多少能增加点食欲,身体也舒适一些。”太后说:“老妇我办不到。”太后的怒气也稍稍缓和了些。左师公触龙说:“我的儿子舒祺年龄最小,没什么出息,然而我已经老了,心里很疼爱他,希望他能补上黑衣卫士的空缺来保卫王宫,我冒着死罪向您禀告。”太后说:“好吧!多大年纪了?”触龙回答说:“十五岁了。虽然还年轻,但希望在我还没入土的时候可以把他托付给您。”太后说:“你们男人也疼爱小儿子吗?”触龙回答说:“比你们女人更疼爱。”太后笑着说:“妇人爱得更厉害。”触龙说:“老臣私下里认为您疼爱燕后胜过长安君。”太后说:“您错了,比长安君差太多了。”左师公说:“父母如果疼爱子女,就会为他们做长远打算。您送燕后远嫁的时候,握着她的脚后跟,为她哭泣,想到她要去那么远的地方,也是很可怜她呀。等她走了以后,并不是不想念她,可在祭祀的时候却祷告说‘千万不要让她回来’,这难道不是为她的长远打算,希望她的子子孙孙都能继承王位吗?”太后说:“是啊。”左师公说:“从现在算起到三代以前,直到赵国每位君主的子孙被封侯的时候,他们的封地、封号还有保留到今天的吗?”太后说:“没有了。”左师公说:“不单赵国,各国诸侯子孙后代的封地、封号还有存在的吗?”太后说:“老妇没听说过。”左师公说:“这就是时间短的当代即遭祸被废,时间长的也只能传到二代、三代。难道君主的子孙被封侯就变坏了吗?只是因为这样一来,他们的地位尊贵但没有功劳,俸禄优厚却没有功绩,而拥有贵重的宝物又太多。如今您让长安君的地位尊贵了,又封给他肥沃的土地,给他许多贵重的宝物,却不趁现在让他为国立功,一旦有一天您辞别人世,那长安君还能凭借什么在赵国立身?老臣觉得您为长安君打算得不够长远,所以认为您疼爱他不如疼爱燕后。”太后说:“好吧,任凭您派他到哪里去吧!”于是为长安君准备了一百辆车,去齐国做人质,齐国这才出兵。

赵国贤人子义听说后,说:“君主的儿子,也是骨肉之亲,尚且不能依靠没有功勋的尊位，以及没有功劳的俸禄，来保住金玉之类的贵重宝物，更何况是我们这些普通人呢？”

齐国的安平君田单率领赵国军队进攻燕国的中阳，夺取了中阳。又进攻韩国的注人，也胜利了。二年，惠文后去世。田单被封为宰相。

四年，孝成王做梦梦到自己穿着两种颜色的衣服，乘飞龙到天上去，还没到天上就坠落下来，看见金玉堆积如山。第二天，孝成王召见筮史官敢来占卜，说：“梦见穿两色衣服，表示残缺。乘飞龙上天还没到就坠落下来，表示有气势但没有实力。看见金玉堆积如山，表示忧患。”

在这之后三天，韩国驻守上党的将领冯亭派使者到赵国，说：“韩国已不能守住上党，就要被并入秦国。那里的官吏百姓都愿意归顺赵国，而不愿归顺秦国。上党有城邑十七个，希望重新归顺赵国，大王怎样向官吏百姓施恩，请您裁决。”孝成王很高兴，召见平阳君赵豹并告诉他说：“冯亭向赵国进献十七城，接受它怎样？”赵豹回答说：“圣人认为无缘无故的利益就是大祸。”孝成王说：“人们都被我的恩德感召，怎么说是没有缘故呢？”赵豹回答说：“秦国侵吞韩国的土地，我们从当中断绝，不让两边相通，自以为可以白白得到上党的土地。韩国之所以不归顺秦国，是想要嫁祸于赵国。秦国付出了辛劳而赵国却白白得利，即使是强大的国家也不能随意从弱小的国家那里得利，难道弱小的国家反倒能从强大的国家那里得利吗？这怎能说不是无缘无故得来的利益呢！况且秦国利用牛田的水道运粮蚕食韩国，用最好的战车准备作战，分割韩国的土地，它的政令已经施行，不能和它为敌，一定不要接受。”孝成王说：“如今就算出动百万大军进攻，一年半载也得不到一座城。现在有人送给我们十七座城邑，这可是大利呀！”

赵豹走后，孝成王召见平原君和赵禹，并把这件事告诉他们。他们回答说：“出动百万大军进攻，过一年也得不到一座城，如今白白地得到十七座城邑，这么大的利益，不能丢掉。”孝成王说：“好。”于是派赵胜去接收土地。赵胜告诉冯亭说：“我是赵国的使者赵胜，我们君主派我前来传达命令，封赐万户的城邑三座给太守，封赐千户的城邑三座给各县县令，以后世代都为侯，官吏百姓全部晋爵三级，官吏百姓能平安相处，都赏赐黄金六斤。”冯亭流下眼泪不见使者，他说：“我不能处于三不义的境地：替君主守护国土，却不能拼死固守，这是一不义；把上党归属秦国，我却不听君主的命令，这是二不义；出卖君主的土地而得到封赏，这是三不义。”赵国于是发兵占领上党。廉颇领兵进驻长平。

七月，廉颇被罢免，赵括代替他领兵。秦军包围赵括的军队，赵括率军投降，四十多万士兵都被坑杀。孝成王后悔没听取赵豹的意见，因此导致长平的灾难。

孝成王返回都城，不答应秦国的要求，秦军包围邯郸。这时燕国的武垣县令傅豹和王容、苏射率领吏民投降赵国。赵国把灵丘封给楚国宰相春申君。

八年，平原君到楚国请求救援。回国后，楚军前来救助，魏国公子无忌也赶来救援，秦国才解除了对邯郸的包围。

十年，燕军攻打昌壮，五月攻取。赵国派乐乘、庆舍率军进攻秦国信梁的军队，并将其打败。赵国太子去世。秦国进攻西周，并占领了那里。徒父祺领兵出境。十一年，筑建元氏城，设为上原县。武阳君郑安平去世，赵国收回他的封地。十二年，邯郸的草料库被烧毁。十四年，平原君赵胜去世。

十五年，赵王把尉文封给宰相廉颇，封号为信平君。燕王派丞相栗腹来与赵国交好，送五百金为赵王祝酒。栗腹回国后报告燕王说：“赵国的壮丁都死在长平了，他们的孩子还都没长大，可以去进攻它。”燕王召见昌国君乐间并询问他的意见。乐间回答说：“赵国是四面受敌的国家，他们的百姓都受过军事训练，不能进攻它。”燕王说：“我们以多攻少，两个打一个，可以吗？”回答道：“不可以。”燕王说：“那我就用五个去打一个，可以吗？”回答说：“不可以。”燕王很生气。所有的大臣都认为可以出兵。燕国最终派出两支军队、两千辆战车，由栗腹率领进攻鄗城，卿秦领兵攻打代地。廉颇率领赵国军队，打败并杀死栗腹，俘虏了卿秦、乐间。

十六年，廉颇包围燕国都城。封乐乘为武襄君。十七年，武襄君领兵进攻燕国，包围了它的国都。十八年，延陵钧率领军队跟随相国信平君一起帮助魏国攻打燕国。秦军攻下赵国榆次地区的三十七座城。十九年，赵国和燕国交换国土：赵国把龙兑、汾门、临乐给燕国；燕国把葛城、武阳、平舒给赵国。

二十年，秦王政即位。秦军攻占赵国的晋阳。

二十一年，孝成王去世。廉颇领兵，攻占繁阳。赵王派乐乘接替廉颇，廉颇攻打乐乘，乐乘逃跑，廉颇逃亡到魏国。孝成王的儿子赵偃即位，这就是悼襄王。

悼襄王元年，赵国送大礼与魏国交好，想把通往魏国平邑和中牟的道路修好，没有成功。

二年，李牧率军，攻打燕国，夺取了武遂、方城。秦王召见赵太子春平君，借故把他扣留了。秦国说客泄钧因为这件事对文信侯吕不韦说："春平君，很受赵王的喜爱，然而郎中们却忌妒他，所以那些郎中们互相商议说：'春平君去秦国，秦国一定会扣留他。'于是他们一起商量着把春平君送到秦国。如今君王您扣留他，是和赵国断绝关系，而中了那些郎中的奸计。您不如送春平君回去，而扣下副使平都侯。春平君的言行受赵王的信任，赵王一定会割让许多土地来赎回平都。"文信侯说："好。"于是送回春平君。赵国在韩皋筑城。

三年，庞暖率军，攻打燕国，俘虏了燕国的将领剧辛。四年，庞暖统率赵、楚、魏、燕四国的精兵，进攻秦国的蕞，没有攻克。后又移兵攻打齐国，夺取了饶安。五年，傅抵领兵，驻扎在平邑；庆舍率领东阳及河外的军队，守卫黄河的桥梁。六年，把饶安封给长安君。魏国把邺送给赵国。

九年，赵国攻打燕国，夺取了狸阳城。士兵还没有回到赵国，秦军就来攻打邺，并攻下了此地。悼襄王去世，他的儿子幽缪王赵迁即位。

幽缪王赵迁元年，赵国在柏人筑城。二年，秦军进攻武城，扈辄率兵救援，扈辄的军队被打败，扈辄战死。

三年，秦军进攻赤丽、宜安，李牧率领军队在肥城下与秦军交战，击退秦军。赵王封李牧为武安君。四年，秦军又进攻番吾，李牧与之作战，击退秦军。

五年，代地发生大地震，从乐徐往西，北到平阴，大半楼台、房屋、墙垣都被毁坏了，地面裂开东西宽一百三十步的深沟。六年，发生大饥荒，百姓中传出民谣说："赵人大哭，秦人大笑。如果不相信，请看田里长不长苗。"

七年，秦军攻打赵国，赵国大将李牧和将军司马尚率领军队反击秦军。李牧被杀，司马尚被免职，赵匆和齐国将军颜聚替代他们。赵匆兵败，颜聚逃跑。因此赵王迁投降。

八年十月，邯郸归属秦国。

太史公说：我听冯王孙说："赵王迁的母亲是歌女，深受悼襄王宠爱。

悼襄王废了嫡子赵嘉而立赵迁为太子。赵迁向来行为不端，又听信谗言，所以诛杀了良将李牧，重用郭开。”这难道不荒唐吗！秦国俘虏赵迁之后，赵国逃亡的大夫们一同扶立赵嘉为王，在代地称王六年。秦国出兵攻破赵嘉，最终灭了赵国，把它改为郡。

史记卷四十四

魏世家第十四

魏之先，毕公高之后也。毕公高与周同姓。武王之伐纣，而高封于毕，于是为毕姓。其后绝封，为庶人，或在中国，或在夷狄。其苗裔曰毕万，事晋献公。

献公之十六年，赵夙为御，毕万为右，以伐霍、耿、魏，灭之。以耿封赵夙，以魏封毕万，为大夫。卜偃曰："毕万之后必大矣。万，满数也；魏，大名也。以是始赏，天开之矣。天子曰兆民，诸侯曰万民。今命之大，以从满数，其必有众。"初，毕万卜事晋，遇"屯"之"比"。辛廖占之，曰："吉。屯固比入，吉孰大焉，其必蕃昌。"

毕万封十一年，晋献公卒，四子争更立，晋乱。而毕万之世弥大，从其国名为魏氏。生武子。魏武子以魏诸子事晋公子重耳。晋献公之二十一年，武子从重耳出亡。十九年反，重耳立为晋文公，而令魏武子袭魏氏之后封，列为大夫，治于魏。生悼子。

魏悼子徙治霍。生魏绛。

魏绛事晋悼公。悼公三年，会诸侯。悼公弟杨干乱行，魏绛僇辱杨干。悼公怒曰："合诸侯以为荣，今辱吾弟！"将诛魏绛。或说悼公，悼公止。卒任魏绛政，使和戎、翟，戎、翟亲附。悼公之十一年，曰："自吾用魏绛，八年之中，九合诸侯，戎、翟和，子之力也。"赐之乐，三让，然后受之。徙治安邑。魏绛卒，谥为昭子。生魏嬴。嬴生魏献子。

献子事晋昭公。昭公卒而六卿强，公室卑。

晋顷公之十二年，韩宣子老，魏献子为国政。晋宗室祁氏、羊舌氏相恶，六卿诛之，尽取其邑为十县，六卿各令其子为之大夫。献子与赵简子、中行文子、范献子并为晋卿。

其后十四岁而孔子相鲁。后四岁，赵简子以晋阳之乱也，而与韩、魏共攻范、中行氏。

魏献子生魏侈。魏侈与赵鞅共攻范、中行氏。

魏侈之孙曰魏桓子，与韩康子、赵襄子共伐灭知伯，分其地。

桓子之孙曰文侯都。魏文侯元年，秦灵公之元年也。与韩武子、赵桓子、周威王同时。

六年，城少梁。十三年，使子击围繁、庞，出其民。十六年，伐秦，筑临晋元里。

十七年，伐中山，使子击守之，赵仓唐傅之。子击逢文侯之师田子方于朝歌，引车避，下谒。田子方不为礼。子击因问曰："富贵者骄人乎？且贫贱者骄人乎？"子方曰："亦贫贱者骄人耳。夫诸侯而骄人则失其国，大夫而骄人则失其家。贫贱者，行不合，言不用，则去之楚、越，若脱躧然，奈何其同之哉！"子击不怿而去。西攻秦，至郑而还，筑雒阴、合阳。

二十二年，魏、赵、韩列为诸侯。

二十四年，秦伐我，至阳狐。

二十五年，子击生子罃。

文侯受子夏经艺，客段干木，过其闾，未尝不轼也。秦尝欲伐魏，或曰："魏君贤人是礼，国人称仁，上下和合，未可图也。"文侯由此得誉于诸侯。

任西门豹守邺，而河内称治。

魏文侯谓李克曰："先生尝教寡人曰'家贫则思良妻，国乱则思良相'。今所置非成则璜，二子何如？"李克对曰："臣闻之，卑不谋尊，疏不谋戚。臣在阙门之外，不敢当命。"文侯曰："先生临事勿让。"李克曰："君不察故也。居视其所亲，富视其所与，达视其所举，穷视其所不为，贫视其所不取，五者足以定之矣，何待克哉！"文侯曰："先生就舍，寡人之相定矣。"

李克趋而出，过翟璜之家。翟璜曰："今者闻君召先生而卜相，果谁为之？"李克曰："魏成子为相矣。"翟璜忿然作色曰："以耳目之所睹记，臣何负于魏成子？西河之守，臣之所进也。君内以邺为忧，臣进西门豹。君谋欲伐中山，臣进乐羊。中山已拔，无使守之，臣进先生。君之子无傅，臣进屈侯鲋。臣何以负于魏成子！"李克曰："且子之言克于子之君者，岂将比周以求大官哉？君问而置相'非成则璜，二子何如'。克对曰：'君不察故也。居视其所亲，富视其所与，达视其所举，穷视其所不为，贫视其所不取，五者足以定之矣，何待克哉！'是以知魏成子之为相也。且子安得与魏成子比乎？魏成子以食禄千钟，什九在外，什一在内，是以东得卜子夏、田子方、段干木。此三人者，君皆师之。子之所进五人者，君皆臣之。子恶得与魏成子比也？”翟璜逡巡再拜曰：“璜，鄙人也，失对，愿卒为弟子。”

二十六年，虢山崩，壅河。

三十二年，伐郑。城酸枣。败秦于注。三十五年，齐伐取我襄陵。三十六年，秦侵我阴晋。

三十八年，伐秦，败我武下，得其将识。是岁，文侯卒，子击立，是为武侯。

魏武侯元年，赵敬侯初立，公子朔为乱，不胜，奔魏，与魏袭邯郸，魏败而去。二年，城安邑、王垣。七年，伐齐，至桑丘。九年，翟败我于浍。使吴起伐齐，至灵丘。齐威王初立。

十一年，与韩、赵三分晋地，灭其后。

十三年，秦献公县栎阳。十五年，败赵北蔺。

十六年，伐楚，取鲁阳。武侯卒，子罃立，是为惠王。

惠王元年。初，武侯卒也，子罃与公中缓争为太子。公孙颀自宋入赵，自赵入韩，谓韩懿侯曰：“魏罃与公中缓争为太子，君亦闻之乎？今魏罃得王错，挟上党，固半国也。因而除之，破魏必矣，不可失也。”懿侯说，乃与赵成侯合军并兵以伐魏，战于浊泽，魏氏大败，魏君（为）〔围〕。赵谓韩曰：“除魏君，立公中缓，割地而退，我且利。”韩曰：“不可。杀魏君，人必曰暴；割地而退，人必曰贪。不如两分之。魏分为两，不强于宋、卫，则我终无魏之患矣。”赵不听。韩不说，以其少卒夜去。惠王之所以身不死，国不分者，二家谋不和也。若从一家之谋，则魏必分矣。故曰“君终无適子，其国可破也”。

二年，魏败韩于马陵，败赵于怀。三年，齐败我观。五年，与韩会宅阳。城武堵。为秦所败。六年，伐取宋仪台。九年，伐败韩于浍。与秦战少梁，虏我将公孙痤，取庞。秦献公卒，子孝公立。

十年，伐取赵皮牢。彗星见。十二年，星昼坠，有声。十四年，与赵会鄗。十五年，鲁、卫、宋、郑君来朝。十六年，与秦孝公会（社）〔杜〕平。侵宋黄池，宋复取之。

十七年，与秦战元里，秦取我少梁。围赵邯郸，十八年，拔邯郸。赵请救于齐，齐使田忌、孙膑救赵，败魏桂陵。

十九年，诸侯围我襄陵。筑长城，塞固阳。

二十年，归赵邯郸，与盟漳水上。二十一年，与秦会彤。赵成侯卒。二十八年，齐威王卒。中山君相魏。

三十年，魏伐赵，赵告急齐。齐宣王用孙子计，救赵击魏。魏遂大兴师，使庞涓将，而令太子申为上将军。过外黄，外黄徐子谓太子曰："臣有百战百胜之术。"太子曰："可得闻乎？"客曰："固愿效之。"曰："太子自将攻齐，大胜并莒，则富不过有魏，贵不益为王。若战不胜齐，则万世无魏矣。此臣之百战百胜之术也。"太子曰："诺，请必从公之言而还矣。"客曰："太子虽欲还，不得矣。彼劝太子战攻，欲啜汁者众。太子虽欲还，恐不得矣。"太子因欲还，其御曰："将出而还，与北同。"太子果与齐人战，败于马陵。齐虏魏太子申，杀将军涓，军遂大破。

三十一年，秦、赵、齐共伐我，秦将商君诈我将军公子卬而袭夺其军，破之。秦用商君，东地至河，而齐、赵数破我，安邑近秦，于是徙治大梁。以公子赫为太子。

三十三年，秦孝公卒，商君亡秦归魏，魏怒，不入。三十五年，与齐宣王会平阿南。

惠王数（败）〔被〕于军旅，卑礼厚币以招贤者。邹衍、淳于髡、孟轲皆至梁。梁惠王曰："寡人不佞，兵三折于外，太子虏，上将死，国以空虚，以羞先君宗庙社稷，寡人甚丑之。叟不远千里，辱幸至弊邑之廷，将何以利吾国？"孟轲曰："君不可以言利若是。夫君欲利则大夫欲利，大夫欲利则庶人欲利，上下争利，国则危矣。为人君，仁义而已矣，何以利为！"

三十六年，复与齐王会甄。是岁，惠王卒，子襄王立。

襄王元年，与诸侯会徐州，相王也。追尊父惠王为王。

五年，秦败我龙贾军四万五千于雕阴，围我焦、曲沃。予秦河西之地。六年，与秦会应。秦取我汾阴、皮氏、焦。魏伐楚，败之陉山。七年，魏尽入上郡于秦。秦降我蒲阳。八年，秦归我焦、曲沃。

十二年，楚败我襄陵。诸侯执政与秦相张仪会齧桑。十三年，张仪相魏。魏有女子化为丈夫。秦取我曲沃、平周。

十六年，襄王卒，子哀王立。张仪复归秦。

哀王元年，五国共攻秦，不胜而去。

二年，齐败我观津。五年，秦使樗里子伐取我曲沃，走犀首岸门。六年，秦（求）〔来〕立公子政为太子。与秦会临晋。七年，攻齐。与秦伐燕。

马陵伏弩图，选自清·马骀《百将传图》，讲述孙膑设伏于马陵道，射死魏将庞涓之事。

八年，伐卫，拔列城二。卫君患之。如耳见卫君曰："请罢魏兵，免成陵君可乎？"卫君曰："先生果能，孤请世世以卫事先生。"如耳见成陵君曰："昔者魏伐赵，断羊肠，拔阏与，约斩赵，赵分而为二，所以不亡者，魏为从主也。今卫已迫亡，将西请事于秦。与其以奉释卫，不如以魏释卫，卫之德魏必终无穷。"成陵君曰："诺。"如耳见魏王曰："臣有谒于卫。卫故周室之别也，其称小国，多宝器。今国迫于难而宝器不出者，其心以为攻卫释卫不以王为主，故宝器虽出必不入于王也。臣窃料之，先言释卫者必受卫者也。"如耳出，成陵君入，以其言见魏王。魏王听其说，罢其兵；免成陵君，终身不见。

九年，与秦王会临晋。张仪、魏章皆归于魏。魏相田需死，楚害张仪、犀首、薛公。楚相昭鱼谓苏代曰："田需死，吾恐张仪、犀首、薛公有一人相魏者也。"代曰："然相者欲谁而君便之？"昭鱼曰："吾欲太子之自相也。"代曰："请为君北，必相之。"昭鱼曰："奈何？"对曰："君其为梁王，代请说君。"昭鱼曰："奈何？"对曰："代也从楚来，昭鱼甚忧，曰：'田需死，吾恐张仪、犀首、薛公有一人相魏者也。'代曰：'梁王，长主也，必不相张仪。张仪相，必右秦而左魏。犀首相，必右韩而左魏。薛公相，必右齐而左魏。梁王，长主也，必不便也。'王曰：'然则寡人孰相？'代曰：'莫若太子之自相。太子之自相，是三人者皆以太子为非常相也，皆将务以其国事魏，欲得丞相玺也。以魏之强，而三万乘之国辅之，魏必安矣。故曰莫若太子之自相也。'"遂北见梁王，以此告之。太子果相魏。

十年，张仪死。十一年，与秦武王会应。十二年，太子朝于秦。秦来伐我皮氏，未拔而解。十四年，秦来归武王后。十六年，秦拔我蒲反、晋阳、封陵。十七年，与秦会临晋。秦予我蒲反。十八年，与秦伐楚。二十一年，与齐、韩共败秦军函谷。

二十三年，秦复予我河外及封陵为和。哀王卒，子昭王立。

昭王元年，秦拔我襄城。二年，与秦战，我不利。三年，佐韩攻秦，秦将白起败我军伊阙二十四万。六年，予秦河东地方四百里。芒卯以诈重。七年，秦拔我城大小六十一。八年，秦昭王为西帝，齐湣王为东帝。月馀，皆复称王归帝。九年，秦拔我新垣、曲阳之城。

十年，齐灭宋，宋王死我温。十二年，与秦、赵、韩、燕共伐齐，败之济西，湣王出亡。燕独入临菑。与秦王会西周。十三年，秦拔我安城。

兵到大梁，去。十八年，秦拔郢，楚王徙陈。

十九年，昭王卒，子安釐王立。

安釐王元年，秦拔我两城。二年，又拔我二城，军大梁下，韩来救，予秦温以和。三年，秦拔我四城，斩首四万。四年，秦破我及韩、赵，杀十五万人，走我将芒卯。魏将段干子请予秦南阳以和。苏代谓魏王曰："欲玺者段干子也，欲地者秦也。今王使欲地者制玺，使欲玺者制地，魏氏地不尽则不知已。且夫以地事秦，譬犹抱薪救火，薪不尽，火不灭。"王曰："是则然也。虽然，事始已行，不可更矣。"对曰："王独不见夫博之所以贵枭者，便则食，不便则止矣。今王曰'事始已行，不可更'，是何王之用智不如用枭也？"

九年，秦拔我怀。十年，秦太子外质于魏死。

十一年，秦拔我郪丘。

秦昭王谓左右曰："今时韩、魏与始孰强？"对曰："不如始强。"王曰："今时如耳、魏齐与孟尝、芒卯孰贤？"对曰："不如。"王曰："以孟尝、芒卯之贤，率强韩、魏以攻秦，犹无奈寡人何也。今以无能之如耳、魏齐而率弱韩、魏以伐秦，其无奈寡人何亦明矣。？左右皆曰："甚然。"中旗冯琴对曰："王之料天下过矣。当晋六卿之时，知氏最强，灭范、中行，又率韩、魏之兵以围赵襄子于晋阳，决晋水以灌晋阳之城，不湛者三版。知伯行水，魏桓子御，韩康子为参乘。知伯曰：'吾始不知水之可以亡人之国也，乃今知之。'汾水可以灌安邑，绛水可以灌平阳。魏桓子肘韩康子，韩康子履魏桓子，肘足接于车上，而知氏地分，身死国亡，为天下笑。今秦兵虽强，不能过知氏；韩、魏虽弱，尚贤其在晋阳之下也。此方其用肘足之时也，愿王之必勿易也！"于是秦王恐。

齐、楚相约而攻魏，魏使人求救于秦，冠盖相望也，而秦救不至。魏人有唐雎者，年九十馀矣，谓魏王曰："老臣请西说秦王，令兵先臣出。"魏王再拜，遂约车而遣之。唐雎到，入见秦王。秦王曰："丈人芒然乃远至此，甚苦矣！夫魏之来求救数矣，寡人知魏之急已。"唐雎对曰："大王已知魏之急而救不发者，臣窃以为用策之臣无任矣。夫魏，一万乘之国也，然所以西面而事秦，称东藩，受冠带，祠春秋者，以秦之强足以为与也。今齐、楚之兵已合于魏郊矣，而秦救不发，亦将赖其未急也。使之大急，彼且割地而约从，王尚何救焉？必待其急而救之，是失一东藩之魏而强二敌之齐、楚，则王何利焉？"于是秦昭王遽为发兵救魏。魏氏复定。

赵使人谓魏王曰："为我杀范痤，吾请献七十里之地。"魏王曰："诺。"使吏捕之，围而未杀。痤因上屋骑危，谓使者曰："与其以死痤市，不如以生痤市。有如痤死，赵不予王地，则王将奈何？故不若与先定割地，然后杀痤。"魏王曰："善。"痤因上书信陵君曰："痤，故魏之免相也，赵以地杀痤而魏王听之，有如强秦亦将袭赵之欲，则君且奈何？"信陵君言于王而出之。

魏王以秦救之故，欲亲秦而伐韩，以求故地。无忌谓魏王曰：

秦与戎翟同俗，有虎狼之心，贪戾好利无信，不识礼义德行。苟有利焉，不顾亲戚兄弟，若禽兽耳，此天下之所识也，非有所施厚积德也。故太后母也，而以忧死；穰侯舅也，功莫大焉，而竟逐之；两弟无罪，而再夺之国。此于亲戚若此，而况于仇雠之国乎？今王与秦共伐韩而益近秦患，臣甚惑之。而王不识则不明，群臣莫以闻则不忠。

今韩氏以一女子奉一弱主，内有大乱，外交强秦、魏之兵，王以为不亡乎？韩亡，秦有郑地，与大梁邻，王以为安乎？王欲得故地，今负强秦之亲，王以为利乎？

秦非无事之国也，韩亡之后必将更事，更事必就易与利，就易与利必不伐楚与赵矣。是何也？夫越山逾河，绝韩上党而攻强赵，是复阏与之事，秦必不为也。若道河内，倍邺、朝歌，绝漳滏水，与赵兵决于邯郸之郊，是知伯之祸也，秦又不敢。伐楚，道涉（山）谷，行三千里，而攻冥阸之塞，所行甚远，所攻甚难，秦又不为也。若道河外，倍大梁，右（蔡左）〔上蔡〕、召陵，与楚兵决于陈郊，秦又不敢。故曰秦必不伐楚与赵矣，又不攻卫与齐矣。夫韩亡之后，兵出之日，非魏无攻已。

秦固有怀、茅、邢丘，城垝津以临河内，河内共、汲必危；有郑地，得垣雍，决荧泽水灌大梁，大梁必亡。王之使者出，过而恶安陵氏于秦，秦之欲诛之久矣。秦叶阳、昆阳与舞阳邻，听使者之恶之，随安陵氏而亡之，绕舞阳之北，以东临许，南国必危，国无害（已）〔乎〕？

夫憎韩不爱安陵氏可也，夫不患秦之不爱南国非也。异日者，秦在河西晋，国去梁千里，有河山以阑之，有周、韩以间之。从林乡军以至于今，秦七攻魏，五入囿中，边城尽拔，文台堕，垂都焚，林木伐，麋鹿尽，而国继以围。又长驱梁北，东至陶、卫之郊，北至平监。所亡于秦者，山南山北，河外河内，大县数十，名都数百。秦乃在河西晋，去梁千里，而祸若是矣。又况于使秦无韩，有郑地，无河山而阑之，无周、韩而间之，去大梁百里，祸必由此矣。

异日者，从之不成也，楚、魏疑而韩不可得也。今韩受兵三年，秦桡之以讲，识亡不听，投质于赵，请为天下雁行顿刃，楚、赵必集兵，皆识秦之欲无穷也，非尽亡天下之国而臣海内，必不休矣。是故臣愿以从事王，王速受楚、赵之约，(赵)〔而〕挟韩之质以存韩，而求故地，韩必效之。此士民不劳而故地得，其功多于与秦共伐韩，而又与强秦邻之祸也。

夫存韩安魏而利天下，此亦王之天时已。通韩上党于共、宁，使道安成，出入赋之，是魏重质韩以其上党也。今有其赋，足以富国，韩必德魏爱魏重魏畏魏，韩必不敢反魏，是韩则魏之县也。魏得韩以为县卫、大梁、河外必安矣。今不存韩，二周、安陵必危，楚、赵大破，卫、齐甚畏，天下，西乡而驰秦入朝而为臣不久矣。

二十年，秦围邯郸，信陵君无忌矫夺将军晋鄙兵以救赵，赵得全。无忌因留赵。二十六年，秦昭王卒。

三十年，无忌归魏，率五国兵攻秦，败之河外，走蒙骜。魏太子增质于秦，秦怒，欲囚魏太子增。或为增谓秦王曰："公孙喜固谓魏相曰'请以魏疾击秦，秦王怒，必囚增。魏王又怒，击秦，秦必伤'。今王囚增，是喜之计中也。故不若贵增而合魏，以疑之于齐、韩。"秦乃止增。三十一年，秦王政初立。

三十四年，安釐王卒，太子增立，是为景湣王。信陵君无忌卒。

景湣王元年，秦拔我二十城，以为秦东郡。二年，秦拔我朝歌。卫徙野王。三年，秦拔我汲。五年，秦拔我垣、蒲阳、衍。十五年，景湣王卒，子王假立。

王假元年，燕太子丹使荆轲刺秦王，秦王觉之。三年，秦灌大梁，虏王假，遂灭魏以为郡县。

太史公曰：吾适故大梁之墟，墟中人曰："秦之破梁，引河沟而灌大梁，三月城坏，王请降，遂灭魏。"说者皆曰魏以不用信陵君故，国削弱至于亡，余以为不然。天方令秦平海内，其业未成，魏虽得阿衡之佐，曷益乎？

【译文】

魏氏家族的祖先是毕公高的后代。毕公高原本和周天子是同姓。武王伐纣之后，高被封在毕地，所以就以毕为姓。他的后代中断了爵位，变成了平民，有的留在中原，有的流落到夷狄。他的后代中有个叫毕万的，侍奉晋献公。

晋献公十六年，赵夙为晋君驾车，毕万为车右护卫，去攻打霍、耿、魏，并将这几个地方都占据了。献公把耿地封给赵夙，把魏地封给毕万，他们两人都做了大夫。主管占卜的卜偃说："毕万的后代子孙一定很兴旺。'万'是满数；'魏'是高大的意思。用这样的名称封赏，这是上天对他的赞许和帮助。天子所统治的叫做兆民，诸侯所统治的叫做万民。如今封他的名称是大，后边又跟着满数，他以后一定会拥有很多民众。"当初，毕万为侍奉晋君这件事占卜吉凶，得到屯卦后又变为比卦。辛廖推断说："好。屯卦象征坚固，比卦象征进入，还有什么比这个更吉利的呢？将来必定会繁盛兴旺。"

毕万得到封赏后第十一年，晋献公去世，他的四个儿子争夺君位，晋国发生内乱。而毕万的子孙更加兴旺了，并随他们的国名称为魏氏。毕万生了武子。魏武子以魏氏诸子的身份侍奉晋公子重耳。晋献公二十一年，魏武子跟随重耳一起流亡在外，十九年后返回晋国，重耳即位为晋文公，就让魏武子承袭魏氏的封爵，并把他加封到了大夫的地位，他的官府设在魏邑。魏武子生了悼子。

魏悼子把官府迁到了霍邑。他生了魏绛。

魏绛侍奉晋悼公。悼公三年，晋悼公会见各位诸侯。悼公的弟弟杨干搞乱队列，魏绛杀了杨干的仆人羞辱他。悼公生气地说："会合诸侯这件事是大家的荣耀，如今你却羞辱我的弟弟！"将要诛杀魏绛。有人劝说悼公，悼公才停止。后来又任用魏绛掌管政事，派他去同戎、狄交好，戎、狄从此亲附晋国。悼公十一年，悼公说："自从我任用了魏绛之后，八年期间，九次会合诸侯，戎、狄都与我们和睦相处，这全靠您的努力呀！"就赐给魏绛乐器和乐队，魏绛再三辞让，然后才接受。魏绛把官府迁到安邑。魏绛去世后，谥号是昭子。他生了魏嬴，魏嬴生了魏献子。

魏献子侍奉晋昭公。昭公去世后，晋国的六卿强盛起来，公室逐渐衰败下去。

晋顷公十二年，韩宣子告老，魏献子掌管国政。晋室宗族祁氏和羊舌氏互相诽谤，六卿把他们诛杀了，收回他们的全部封地重新划分为十个县，并派他们的儿子分别去这十县担任大夫。魏献子与赵简子、中行文子、范献子一同担任晋国的上卿。

在这之后十四年，孔子在鲁国任代理宰相。又过了四年，赵简子由于晋阳之乱，联合了韩氏、魏氏一起攻打范氏和中行氏。魏献子生了魏侈，魏侈跟随赵鞅一起讨伐范氏和中行氏。

魏侈的孙子是魏桓子，他和韩康子、赵襄子一起攻打消灭了智伯，并瓜分了他的领地。

桓子的孙子是文侯魏都。魏文侯元年，也正好是秦灵公元年，魏文侯跟韩武子、赵桓子、周威王生活在一个时代。

文侯六年，魏文侯在少梁筑城。十三年，魏文侯派子击率兵围攻繁和庞两地，并将那里的百姓迁出。十六年，进攻秦国，在临晋、元里筑城。

文侯十七年，打败了中山国，派子击驻守在那里，并派赵仓唐去辅佐他。子击在朝歌遇到了文侯的老师田子方，于是停车让路，下车拜见。然而田子方却没有还礼。子击就问他说："是富贵的人对人比较傲慢还是贫贱的人对人比较傲慢呢？"田子方说："也就是贫贱的人对人傲慢罢了。诸侯如果对人傲慢就会失去他的封地，大夫如果对人傲慢就会失去他的家。贫贱的人，如果行为不相投合，意见不被采纳，可以离开这里到楚国、越国去，只不过跟脱掉草鞋一样，怎么能和富贵的人相同呢！"子击很不高兴地离开了。向西进攻秦国，到郑国就回来了，在雒阴、合阳筑城。

文侯二十二年，魏国、赵国、韩国都被封为诸侯。

文侯二十四年，秦军进攻魏国，打到了阳狐。

文侯二十五年，子击生子罃。

文侯拜子夏为老师学习经书，用对待宾客的礼仪对待段干木，经过他的乡里，没有一次不凭轼敬礼的。秦国曾经想要攻打魏国。有人说："魏君特别敬重贤人，魏国人都称赞他的仁德，上下和谐同心，不能对他有什么企图。"文侯因此得到诸侯的赞誉。

文侯任命西门豹为邺郡郡守，因而河内清平安定。

魏文侯对李克说："先生曾经教导我说：'家里贫困就想娶得贤妻，国家混乱就想任用贤相。'如今要任命宰相，不是成子就是翟璜，他们两个人您看怎么样？"李克回答说："我听说，卑贱的人不替尊贵的人出谋划策，关系疏远的人不替亲近的人出谋划策。我的职责在宫门以外，不敢承担这个使命。"文侯说："先生对此事就不要推辞了。"李克说："这是您没有考察的缘故。平时看他亲近哪些人，富有时看他结交哪些人，显贵时看他推荐哪些人，不得志时看他不做哪些事，贫苦时看他不要哪些东西，根据这五条就足以决定谁当宰相了，又哪里需要等我李克来发表意见呢！”文侯说：“先生回家吧，宰相的人选我已经定了。”李克快步走出去，到翟璜家中拜访。翟璜说：“听说君主今天为选择宰相召见先生，结果是任命谁为宰相呢？”李克说：“魏成子当宰相了。”翟璜很生气，脸色都变了，说：“就凭您的所见所闻，我哪一点比魏成子差？西河的守将是我推荐的。君主对国内最忧虑的是邺郡，我推荐了西门豹。君主谋划要进攻中山国，我推荐了乐羊。中山攻灭以后，没有人可以派去镇守，我推荐了先生您。君主的儿子没有师傅，我推荐了屈侯鲋。我哪一点比魏成子差！”李克说：“您向君主推荐我的目的，难道就是为了结党营私来谋求做大官吗？君主询问安排宰相一事，说‘不是成子就是翟璜，这两个人怎么样？’我回答说：‘这是您不没有考察的原因。平时看他亲近哪些人，富有时看他结交哪些人，显贵时看他推荐哪些人，不得志时看他不做哪些事，贫苦时看他不要哪些东西。根据这五条就足以决定了，又有哪里需要问我李克呢？’因此就知道魏成子要做宰相了。您怎么能跟魏成子相比呢？魏成子有千钟俸禄，其中十分之九都用在外边，十分之一用在家里，还从东方聘请来了卜子夏、田子方、段干木。这三个人，君主都奉他们为老师。您所推荐的那五个人，君主都任他们为臣子。您怎么能跟魏成子相比呢？”翟璜迟疑徘徊后拜了两拜说：“我翟璜是个浅薄的人，说话不太得当，我愿终身做您的弟子。”

文侯二十六年，虢山塌陷，堵塞了黄河。

文侯三十二年，魏军进攻郑国，在酸枣筑城。魏军在注城打败了秦军。三十五年，齐军夺取了魏国的襄陵。三十六年，秦军进攻侵占了魏国的阴晋。

文侯三十八年，魏军攻打秦国，在武下被秦军打败，魏军俘虏了秦军将领识。当年，文侯去世，子击即位，这就是武侯。

魏武侯元年，赵敬侯刚刚即位，公子朔发起叛乱，失败，逃亡到魏国，联合魏军一起进攻邯郸，魏军失败后撤离。

武侯二年，在安邑、王垣筑城。

武侯七年，魏军讨伐齐国，一直打到桑丘。九年，翟人在浍水打败魏军。魏侯派吴起率领军队进攻齐国，打到了灵丘。齐威王刚刚即位。

武侯十一年，魏与韩、赵三国一起瓜分了晋国领土，并消灭了晋室后代。

武侯十三年，秦献公将都城迁往栎阳。十五年，魏军在北蔺打败赵军。

武侯十六年，魏军攻打楚国，攻下了鲁阳，武侯去世，子罃即位，这就是惠王。

魏惠王元年。当初，在武侯去世的时候，子罃和公中缓互相争夺太子之位。公孙颀从宋国到赵国，又从赵国到韩国，告诉韩懿侯说："魏罃与公中缓争夺太子的位置，您应该也听说这件事了吧？如今魏罃有大臣王错的辅佐，挟持上党，本来就相当于拥有半个魏国了。如果能趁这个机会除掉他，就一定可以打败魏国，这么好的机会不可失去。"懿侯听后十分高兴，就联合赵成侯一起出兵攻打魏国，与魏军在浊泽交战，魏国大败，魏君被围困。赵成侯对韩懿侯说："杀死魏君，辅助公中缓即位，让魏国割地给我们，我们再退兵，这样对我们有利。"韩侯说："不能这样。如果除掉魏君，人们一定会指责我们太过残暴，让魏国割地再退兵，人们一定会指责我们太过贪婪。不如把魏国一分为二，这样魏国就变成两个国家，就不会比宋国、卫国的势力还强，我们以后就再也不用担心魏国了。"赵成侯不听取韩懿侯的意见。韩懿侯很不高兴，就带领自己精锐部队连夜回去了。魏惠王之所以没有死，魏国也没有被分裂成两个国家，正是由于韩、赵两家的意见没有达成一致，如果当初能够听从其中一家的意见，那么魏国就一定被分裂了。所以说"君主去世后如果没有嫡子可以继承王位，那么这个国家就可能会被攻破"。

魏惠王二年，魏军在马陵打败了韩军，在怀邑打败了赵军。三年，齐军在观城打败了魏军。五年，魏王与韩侯在宅阳相会。在武堵筑城。魏军被秦军打败。六年，魏军攻打宋国，占领了宋国的仪台。九年，魏军在浍水进攻韩军，并打败了韩军。魏军与秦军在少梁交战，秦军俘虏了魏国的将领公孙痤，并占领了庞城。秦献公去世，他的儿子孝公即位。

惠王十年，魏军进攻赵国的皮牢，占领了它。彗星出现。十二年，白天坠落一个陨星，发出很大声响。

惠王十四年，与赵侯在鄗邑相会。十五年，鲁、卫、宋、郑的君主都来朝见魏惠王。十六年，魏惠王与秦孝公在杜平相会。魏国攻占了宋国的黄池，后来又被宋国夺了回去。

惠王十七年，魏军与秦军在元里交战，秦军夺取了魏国的少梁。魏军包围赵国的邯郸。十八年，魏军攻占了邯郸。赵国向齐国请求救援，齐国派田忌、孙膑前去救援赵国，在桂陵大败魏军。

惠王十九年，诸侯联军包围了魏国的襄陵。魏国修筑长城，在固阳筑建关塞。

惠王二十年，魏国把邯郸还给了赵国，魏王与赵侯在漳水之滨见面签订盟约。二十一年，与秦君在彤地相会。赵成侯去世。二十八年，齐威王去世。中山君当上了魏国的丞相。

惠王三十年，魏国出兵讨伐赵国，赵国向齐国求救。齐宣王采用孙膑的计策，进攻魏国援救赵国。于是魏国派出重兵，并让庞涓率领，让太子申做上将军，进攻齐国。魏国大军路过外黄的时候，外黄的徐子告诉太子申说："我有一种可以让您百战百胜的方法。"太子说："我可以听听吗？"徐子说："本来就是打算告诉您的。"他接着说："太子亲自率兵攻打齐国，就算大获胜利并占领莒地，那么再富有也不过就是拥有魏国，再尊贵也不过就是做魏王。然而如果不能打败齐国，那就会子孙后代都得不到魏国了。这就是我的百战百胜的方法。"太子申说："这样呀，那我一定听从您的意见返回国去。"徐子说："太子就算想回去，也回不去了。那些劝太子您攻打齐国的人，大多数都是想趁机从中得到利益。太子虽然想回去，恐怕也已经不可能了。"太子还是想回去，帮他驾车的人说："将军率领军队刚刚出来就又返回，这和打败仗的结果是一样的。"太子申只好与齐军作战，在马陵被齐军打败。齐军俘虏了魏国的太子申，杀死了魏国将领庞涓，魏军最终大败。

惠王三十一年，秦、赵、齐三国联合一起进攻魏国，秦国将领商鞅欺骗魏国将军公子卬，从而袭击夺取了他的军队，打败了魏军。秦国任用商鞅，秦国的领土东部边界都到了黄河，同时齐国、赵国也多次打败魏国，魏国的安邑距离秦国太近，于是魏国迁都到大梁。公子赫被立为太子。

惠王三十三年，秦孝公去世，商鞅逃出秦国来投靠魏国，魏人恼怒，没有接纳他。三十五年，魏惠王与齐宣王相会在平阳的南边。

惠王在军事上屡次失败，于是用谦恭的礼节和优厚的待遇来招纳贤人，邹衍、淳于髡、孟轲都来到魏国的都城大梁。惠王说："我没有才能，军队曾几次在国外被打败，太子被俘虏，上将战死，国内因而变得空虚，因此也使祖先的宗庙社稷蒙受羞辱，我对此感到十分愧疚。老先生们不远千里，屈尊亲临我们魏国的朝廷，准备用什么方法使我国得利呢？"孟轲说："君王您不可以这样谈论利益。如果君主想得到利益，那么大夫也想获得利益；大夫想获得利益，那么百姓更想获得利益，从上至下都来争相追逐利益，那个整个国家就危险了。作为一国君主，实行仁义就够了，为什么还要追逐利益呢？”

惠王三十六年，与齐王在甄邑再次相会。当年，惠王去世，他的儿子襄王即位。

襄王元年，魏王在徐州与诸侯相会，互相尊称为王。襄王把他的父亲惠王也追尊为王。

襄王五年，秦军在雕阴打败了魏国由龙贾率领的军队四万五千人，包围了魏国的焦城和曲沃。魏国把河西之地割让给秦国。

襄王六年，魏王与秦王在应城相会。秦军占领了魏国的汾阴、皮氏和焦城。魏军攻打楚国，在陉山将楚军打败。

七年，魏国把整个上郡都割让给了秦国。秦军攻取了魏国的蒲阳。八年，秦国又把焦城、曲沃还给魏国。

襄王十二年，楚军在襄陵打败魏军。各诸侯国派执政大臣与秦国的丞相张仪在啮桑相会。十三年，张仪到魏国担任宰相。魏国有个女子变成了男子。秦军攻取了魏国的曲沃、平周。

襄王十六年，襄王去世，他的儿子哀王即位。张仪又从魏国回到秦国。

哀王元年，五国联合起来派兵攻打秦国，没有取胜，撤兵而去。

哀王二年，齐军在观津打败魏军。五年，秦国派樗里子率军攻打并占领了魏国的曲沃，在岸门赶跑了犀首公孙衍。六年，秦国派使者前来魏国，辅助立魏公子政为太子。魏王与秦王在临晋相会。七年，魏国攻打齐国，并联合秦军一起攻打燕国。

哀王八年，魏国派兵攻打卫国，占领了两座城邑。卫国国君很担心，如耳去拜见卫君，说：“我请求去劝说魏国收兵，并免除成陵君的职务，可以吗？”卫君说：“先生如果真的可以做到这一点，我愿意世世代代以卫国侍奉先生。”如耳去拜见成陵君，说道：“以前魏国攻打赵国，断绝羊肠坂，占领阏与，准备割裂赵国，把它一分为二，然而赵国没有灭亡，那是因为魏国是合纵的盟主。如今卫国已经快要灭亡了，它准备向西方请求去侍奉秦国。与其等秦国前来救助卫国，还不如现在由魏国来放弃攻打卫国，这样，卫国将一定会永远感激魏国的恩德。”成陵君说：“的确是这样。”如耳又去拜见魏王说：“我曾去拜见了卫国君主。卫国本来就是周王室的一个分支，它虽然称自己是小国，但却拥有很多宝器。如今卫国处于危难的境地，可是宝器却还没有献给大王您，是因为他们心里认为对卫国是进攻还是宽释都不是由大王您决定的，所以就算有一天他们献出宝器来也一定不会落到大王您的手里。臣私下里猜测，最先建议宽释卫国的人，一定是接受了卫国贿赂的人。”如耳出去后，成陵君进来，听从如耳的意见去拜见魏王。魏王采纳了他的意见，撤回了魏军，免去了成陵君的职位，终身不再见他。

哀王九年，魏王与秦王在临晋相会。张仪、魏章都归顺了魏国。魏国的丞相田需去世了，楚国害怕张仪、犀首、薛公。楚国宰相昭鱼对苏代说：“田需死了，我担心张仪、犀首、薛公他们三人中就要有一人担任魏国的宰相了。”苏代说：“那么谁做宰相对您有利呢？”昭鱼说：“我想让魏国太子亲自做宰相。”苏代说：“我愿意为您北上去魏国，一定可以让他做宰相。”昭鱼说：“你怎么做？”苏代回答说：“您假装为梁王，请允许我劝说梁王。”昭鱼说：“你要怎么说呢？”苏代回答说：“我苏代从楚国前来，楚国宰相昭鱼非常担忧，他说：‘田需去世以后，恐怕张仪、犀首、薛公这三人中就要有一人成为魏国宰相了。’我说：‘梁王是一位贤君，一定不会让张仪他们担任魏国的宰相。假如张仪担任宰相，一定会偏向秦国，不辅佐魏国。如果犀首做了宰相，就一定会偏向韩国，从而不帮助魏国。如果薛公做了宰相，也同样一定会偏向齐国，不帮助魏国。梁王是一位贤君，也当然一定知道这样会对魏国不利。’梁王会说：‘这样的话，我应该让谁做宰相呢？’我说：‘不如让太子亲自做宰相。如果太子亲自做宰相，那么张仪他们三人肯定都会认为太子不可能长期担任宰相，于是就都努力让他们原来的国家全心全意地侍奉魏国，想借此得到丞相的地位。这样凭借魏国的强大，再加上三个大国的辅助，魏国一定会长久安定的。所以说不如让太子亲自做宰相。’”于是北上去魏国拜见梁王，并把这些话告诉他。魏国果然让太子做了宰相。

十年，张仪去世。十一年，魏哀王与秦武王在应城相会。十二年，魏太子到秦国朝拜。秦国派兵前来攻打魏国的皮氏，没有攻下，后来撤兵回去了。十四年，秦国送武王后回魏国。十六年，秦军占领了魏国的蒲反、阳晋和封陵。十七年，魏王与秦王在临晋相会。秦国把蒲反还给魏国。十八年，魏国联合秦国一起进攻楚国。二十一年，魏军联合齐军、韩军一起攻打秦军，在函谷关大败秦军。

哀王二十三年，秦国与魏国讲和，把河外之地以及封陵还给魏国。哀王去世，他的儿子昭王继承王位。

昭王元年，秦军占领了魏国的襄城。二年，魏军与秦军交战，魏军失败。三年，魏国帮助韩国攻打秦国，秦国将领白起在伊阙打败了魏国和韩国的军队二十四万人。六年，魏国把河东四百里土地让给秦国。芒卯因为擅长使用诡诈之计被魏国重用。七年，秦军攻占魏国城池大小共六十一座。八年，秦昭王称为西帝，齐湣王称为东帝，过了一个多月，又都重新称王取消了帝号。九年，秦军攻占了魏国的两座城新垣和曲阳。

十年，齐国灭了宋国，宋王在魏国的温邑去世。十二年，魏国与秦、赵、韩、燕联合共同攻打齐国，并在济西大败齐军，齐湣王逃出齐国。燕国孤军深入，攻入临淄。魏王与秦王在西周相会。

十三年，秦军夺取魏国的安城。军队已经到了大梁，又退去了。十八年，秦军攻占了楚国的都城郢都，楚王将都城迁往陈地。

十九年，昭王去世，他的儿子安釐王即位。

安釐王元年，秦军攻取魏国的两座城。二年，又占领两座城，军队抵达大梁城下，韩国派兵前来救助，把温邑让给秦国，来请求与秦国讲和。三年，秦军占领魏国四座城，斩杀四万人。四年，秦军打败魏军和韩军、赵军，一共杀死了十五万人，赶跑了魏国将领芒卯。魏国将领段干子请求把南阳让给秦国与秦国求和。苏代告诉魏王："想升官的人是段干子，想得到土地的人是秦王。如今大王让想得土地的人控制官印，让想升官的人控制土地，魏国的土地不被送光就不会了结。况且拿土地去侍奉秦国，就如同抱着干柴去救火，柴不烧完，火也不会灭。"魏王说："事情的确是这样，尽管如此，可是事情已经开始实行，不能更改了。"苏代回答说："大王只是没有理解博弈的人为什么特别看重枭子，那是因为对自己有利就可以吃掉对方的子，对自己无利就可以停下来。如今大王却说'事情已经开始实行，不能更改了'，大王使用智谋怎么还不如博弈的人用枭呢？"

安釐王九年，秦军夺取魏国的怀邑，十年，在魏国做人质的秦国太子去世。十一年，秦军攻占魏国的郪丘。

秦昭王告诉左右服侍的大臣们说："现在的韩、魏与早期的韩、魏相比，哪个更强呢？"回答说："现在不如以前强。"秦王说："如今的如耳、魏齐和当初的孟尝君、芒卯相比，谁更有才华？"回答说："如耳、魏齐比不上孟尝君和芒卯。"秦王说："当初有孟尝君和芒卯这样的贤人，率领韩、魏的强兵来进攻秦国，还没能把秦国怎么样。如今靠如耳和魏齐率领疲弱的韩、魏军队来攻打秦国，他们当然也更不可能把秦国怎么样。”大臣们都说：“当然是这样的。”中旗却靠在琴的旁边回答说：“大王您对天下形势的估计不对。以前晋国六卿掌权的时候，智氏实力最强，消灭了范氏和中行氏，还率领韩、魏两国的军队在晋阳包围了赵襄子，并引晋水淹灌晋阳城，晋阳城都被淹得只剩下三版高。智伯巡察水势，魏桓子驾车，韩康子随从在车旁。智伯说：‘我原本都不知道水还可以灭亡别人的国家，今天才知道。’汾水可以淹没魏都安邑，绛水可以淹没韩都平阳。魏桓子用臂肘碰了一下韩康子，韩康子也用脚碰了一下魏桓子，在车上就这样用肘和脚暗中一示意，结果就瓜分了智氏的土地，智伯死了，国家也灭亡了，还被天下人所嘲笑。现在秦兵虽然比较强大，但并不能超过智氏；韩、魏虽然较弱，但总比当初在晋阳城下的时候要好很多。现在正是他们暗中联合的时候，希望大王不要把形势看得太简单了！”于是秦王有些惊恐。

齐国和楚国联合起来攻打魏国，魏国派人到秦国请求救援，不断派去使者，然而秦国的救兵却始终没来。魏国有个叫唐雎的人，都已经九十多岁了，告诉魏王说：“老臣愿意去西方游说秦王，一定让秦国的军队在我离开秦国返回之前就出发。”魏王拜了两拜，立马就准备好车辆派他前去。唐雎到了秦国以后，入宫拜见秦王。秦王说：“老人家舟车劳顿不远千里来到秦国，真是太辛苦了！魏国已经多次派人来求救，我知道魏国的困难了。”唐雎回答说：“大王您既然已经知道魏国如今形势危急却还不派兵前去救援，我私下以为是出谋划策之臣没有尽力的缘故。魏国，那可是拥有万辆战车的大国，之所以向西侍奉秦国，称为秦国的东方藩属，接受秦国赐给的衣冠，每逢春秋都向秦国恭送祭品，主要是因为秦国的强大足以值得结交。如今齐、楚的军队已经在魏都的郊外会合了，可是秦国还不派兵救援，主要是认为魏国形势还不太危急吧。假如真的到了特别危急的时候，那魏国就会割地并加入合纵盟约，大王您还去救什么呢？如果秦国一定要等到魏国十分危急的时候才去救它，这样就会失去东方一个作为藩属的魏国，同时还增强了齐和楚两个敌国的势力，那么大王您又能得到什么好处呢？”于是秦昭王马上派兵前去援救魏国，魏国恢复了安定。

赵国派使者告诉魏王说：“如果您能够帮我杀了范痤，我们愿意献出七十里土地给魏国。”魏王说：“好。”于是魏王派官吏去逮捕范痤，包围了他还没有将他杀掉的时候，范痤爬上了屋顶骑在屋脊上，告诉使者说：

“与其杀了我用死的范痤去作交易，还不如用活的范痤去做交易。假如今天您杀了我范痤，而赵国却不给大王您土地了，大王您该怎么办呢？所以不如先让赵国划定割让的土地，然后再杀我。”魏王说：“对。”范痤后来写信给信陵君说：“范痤是过去被魏国罢免的宰相，赵国用割地为条件让魏王杀我，而魏王听从了，如果强大的秦国也效仿赵国的办法对待您，那么您将怎么办？”信陵君向魏王进谏之后，放了范痤。

魏王因为秦国曾经援救魏国的缘故，想要亲近秦国、进攻韩国，来收回以前的失地。信陵君无忌对魏王说：“秦人和狄戎有着一样的习俗，都有如虎狼一般的心肠，贪婪凶狠，追求利益又不讲信用，不懂得礼义德行。如果对自己有利，就算亲戚兄弟也不会顾及，好像禽兽一样，天下人都知道这一点，他们从未有过施恩积德的行为。太后本是秦王的母亲，都因此忧虑而死，穰侯是秦王的舅父，功劳再也没有比他更大的，却被驱逐出去了；秦王的两个弟弟都未曾犯过过错，却一再被削夺封地。秦国对待亲戚兄弟都是这样，何况对仇敌之国呢？现在大王您想联合秦国一起攻打韩国，这样只会更加接近秦国这样祸患之国，我对此感到十分不解。大王如果不能看出这个事实就是不明，但如果群臣没有来向您奏闻此理就是不忠。

“如今韩国倚仗一个女人辅佐一个幼弱的君主，国内已经有了大乱，对外还要与强秦以及魏国的军队交战，大王以为它能不灭亡吗？韩国灭亡以后，秦国占领原来郑国的土地，紧邻着大梁，大王以为魏国就可以安宁吗？大王想夺回失地，就要依靠和强秦亲近，大王以为这对您会有利吗？

“秦国并不是一个不生事端的国家，韩国灭亡后，一定会再找麻烦，这样就一定要找容易的和对秦国有利的目标，相对容易和有利的目标就一定不去攻打楚国和赵国。这是为什么呢？如果翻山过河，穿过韩国的上党去攻打强大的赵国，这就会重复阏与曾经的失败，秦国不可能这样做。如果穿过河内，背向邺城和朝歌，横渡漳水、滏水，在邯郸郊外与赵军交战，这就会遇到像当初智伯那样的灾祸，秦国又不敢这样做。进攻楚国，要从涉谷通过，行军三千里，去攻打冥阨关塞，军队需要走的路太远，所要攻打的地方也太艰难，秦国也不可能这样做。如果取道河外，背向大梁，右边是上蔡、召陵，在陈城郊外与楚军交战，秦国又不敢这样做。所以说秦国一定不会进攻楚国和赵国，当然也就更不会进攻卫国和齐国了。

“那么韩国灭亡之后，秦国想要出兵的时候，除去魏国就没有可以进攻的了。秦国本来就占有了怀邑、茅邑、邢丘，如果通过在垝津筑城向河内靠近，那河内的共城、汲邑就面临危险；秦国又占据着郑国原来的土地，依靠垣雍城，决开荧泽之水，水淹大梁，大梁必定失陷。大王派使者去秦国已成过失，而又在秦国诽谤安陵氏，秦国想灭掉它已经很久了。秦国的叶阳、昆阳靠近魏国的舞阳，听任使臣诽谤安陵氏，放任安陵氏被灭亡，秦军就会绕过舞阳北边，从东边逼近许地，这样南方一定陷入危难，魏国会不遭受危害吗?

"如果只是憎恶韩国、不喜爱安陵氏，这是可以的，然而不担心秦国不图谋南方那就错了。当初，秦国在河西晋国故地，离大梁有千里之远，中间还有黄河以及高山阻挡，并且还有周与韩把它间隔开。自从林乡一战到现在，秦国在这期间已经七次攻打魏国，五次攻入囿中，边境城邑都被秦军攻占，文台被毁，垂都被烧，林木都被砍伐，麋鹿都被猎尽，接着国都被围。秦军又长期驻扎在大梁以北，向东打到陶、卫两城的郊外，向北打到平监。丧失给秦国的土地，从山南到山北，从河外到河内，一共有几十个大县、几百个名都。当初秦国还在河西晋国故地，距离大梁还有一千里的时候，祸患就已经如此厉害了。更何况是让秦国灭了韩国，占据郑国故地之后，这样就没有黄河大山阻拦它，也没有周和韩间隔它，距离大梁只有一百里那么远，大祸也一定会由此开始。

"当初，合纵没有成功，主要在于楚、魏两国互相猜疑，而韩国又不可能参加盟约。如今韩国已经连续三年遭受战乱，秦国曾使它屈从，与其讲和，韩国知道即将灭亡没有听从，反而送人质到赵国，表示愿做天下诸侯的先锋与秦国决一死战。楚国、赵国必定联合它们的军队，它们都知道秦国的欲望是无穷的，如果不完全消灭天下的诸侯国，使海内之民都臣服于秦国，秦国是不可能罢休的。所以臣希望能用合纵的主张报效大王，大王您应该尽快接受楚国和赵国的盟约，挟持韩国的人质，并保全韩国，然后向韩国索要故地，韩国一定会还给我们。这样做不需要军民承受战争之苦就可收回旧地，比起和秦国一起去进攻韩国收到的成效更多，还不用担心与强秦为邻的祸害。

"保存韩国、安定魏国，对天下形势有利，这也是上天赐给大王您的良好机遇。如果开通共城、宁邑到韩国上党的道路，并使它通过安成，从这里进出的商人都要向您纳税，那就相当于魏国又把韩国的上党作为抵押。有了这些税收足以使我们的国家富足。韩国也肯定会感激魏国、爱戴魏国、尊崇魏国、惧怕魏国，从而也不敢反叛魏国，这样，韩国就成为魏国的郡县了。魏国有了韩国这样一个郡县，卫、大梁、河外相对也就能安定了。如果现在不保存韩国，东西二周以及安陵之地就会处于困境，接着楚国、赵国就会大败，卫国、齐国害怕，天下诸侯都向西奔赴去朝拜秦国向秦国称臣的日子也就不远了。”

安釐王二十年，秦军包围邯郸，信陵君无忌假传魏国君王的命令带领将军晋鄙的军队去救援赵国，赵国得以保全，因此无忌也留在了赵国。二十六年，秦昭王去世。

安釐王三十年，无忌又回到了魏国，率领五国联军攻打秦国，在河外将秦军打败，赶跑了秦军将领蒙骜。当时魏国太子增在秦国做人质，秦王很生气，准备将魏太子增囚禁起来。有人替太子增求情，对秦王说：“公孙喜曾经对魏国丞相说过：‘如果魏军加快攻打秦国，秦王一生气，肯定要囚禁太子增。这样魏王同样就会生气，再继续攻打秦国，秦国就一定会再去伤害太子增。’如今大王要是囚禁了太子增，正好让公孙喜的计谋得逞。所以不如厚待太子增，同时与魏国交好，从而让齐国和韩国去猜疑魏国。”秦王因此就打消了囚禁太子增的念头。

安釐王三十一年，秦王政即位。

安釐王三十四年，安釐王去世，太子增即位，这就是景湣王。信陵君无忌去世。

景湣王元年，秦军攻占魏国二十座城，并将这些城设为秦国的东郡。二年，秦军占领魏国的朝歌。卫国迁到野王。三年，秦军攻下魏国的汲邑。五年，秦军夺取了魏国的垣地、蒲阳、衍邑。十五年，景湣王去世，他的儿子魏王假即位。

魏王假元年，燕国太子丹派荆轲前去秦国刺杀秦王，被秦王发觉。

魏王假三年，秦军水淹大梁，俘虏了魏王假，灭了魏国，将其设为秦国的一个郡县。

太史公说：我曾经去过大梁以前的城址，那里的人说：“秦军之所以能够攻破大梁，主要在于引来鸿沟之水淹灌大梁，被淹三个月后整座城都被毁坏了，魏王只好请求投降，于是就灭亡了魏国。”议论的人都说，由于魏王不重用信陵君的缘故，国家才被削弱以至于最终被灭亡。我不这样认为。天意要让秦国平定海内，它的功业还没有完成，就算魏国有伊尹一样的贤臣辅佐，又有什么用呢？

史记卷四十五

韩世家第十五

韩之先与周同姓，姓姬氏。其后苗裔事晋，得封于韩原，曰韩武子。武子后三世有韩厥，从封姓为韩氏。

韩厥，晋景公之三年，晋司寇屠岸贾将作乱，诛灵公之贼赵盾，赵盾已死矣，欲诛其子赵朔，韩厥止贾，贾不听。厥告赵朔，令亡。朔曰："子必能不绝赵祀，死不恨矣。"韩厥许之。及贾诛赵氏，厥称疾不出。程婴、公孙杵臼之藏赵孤赵武也，厥知之。

景公十一年，厥与郤克将兵八百乘伐齐，败齐顷公于鞍，获逢丑父。于是晋作六卿，而韩厥在一卿之位，号为献子。

晋景公十七年，病，卜大业之不遂者为祟。韩厥称赵成季之功，今后无祀，以感景公。景公问曰："尚有世乎？"厥于是言赵武，而复与故赵氏田邑，续赵氏祀。

晋悼公之(十)〔七〕年，韩献子老。献子卒，子宣子代。宣子徙居州。

晋平公十四年，吴季札使晋，曰："晋国之政卒归于韩、魏、赵矣。"

晋顷公十二年，韩宣子与赵、魏共分祁氏、羊舌氏十县。晋定公十五年，宣子与赵简子侵伐范、中行氏。宣子卒，子贞子代立。贞子徙居平阳。

贞子卒，子简子代。简子卒，子庄子代。庄子卒，子康子代。康子与赵襄子、魏桓子共败知伯，分其地，地益大，大于诸侯。

康子卒，子武子代。武子二年，伐郑，杀其君幽公。十六年，武子卒，子景侯虔立。

景侯虔元年，伐郑，取雍丘。二年，郑败我负黍。

六年，与赵、魏俱得列为诸侯。

九年，郑围我阳翟。景侯卒，子列侯取立。

列侯三年，聂政杀韩相侠累。九年，秦伐我宜阳，取六邑。十三年，列侯卒，子文侯立。是岁魏文侯卒。

文侯二年，伐郑，取阳城。伐宋，到彭城，执宋君。七年，伐齐，至桑丘。郑反晋。九年，伐齐，至灵丘。十年，文侯卒，子哀侯立。

哀侯元年，与赵、魏分晋国。二年，灭郑，因徙都郑。

六年，韩严弑其君哀侯，而子懿侯立。

懿侯二年，魏败我马陵。五年，与魏惠王会宅阳。九年，魏败我浍。十二年，懿侯卒，子昭侯立。

昭侯元年，秦败我西山。二年，宋取我黄池。魏取朱。六年，伐东周，取陵观、邢丘。八年，申不害相韩，修术行道，国内以治，诸侯不来侵伐。十年，韩姬弑其君悼公。十一年，昭侯如秦。二十二年，申不害死。二十四年，秦来拔我宜阳。

二十五年，旱，作高门。屈宜臼曰："昭侯不出此门。何也？不时。吾所谓时者，非时日也，人固有利不利时。昭侯尝利矣，不作高门。往年秦拔宜阳，今年旱，昭侯不以此时恤民之急，而顾益奢，此谓'时绌举赢'。"二十六年，高门成，昭侯卒，果不出此门。子宣惠王立。

宣惠王五年，张仪相秦，八年，魏败我将韩举。十一年，君号为王。与赵会区鼠。十四年，秦伐败我鄢。

十六年，秦败我脩鱼，虏得韩将鲠、申差于浊泽。韩氏急，公仲谓韩王曰："与国非可恃也，今秦之欲伐楚久矣，主不如因张仪为和于秦，赂以一名都，具甲，与之南伐楚，此以一易二之计也。"韩王曰："善。"乃警公仲之行，将西购于秦。楚王闻之大恐，召陈轸告之。陈轸曰："秦之欲伐楚久矣，今又得韩之名都一而具甲，秦、韩并兵而伐楚，此秦所祷祀而求也。今已得之矣，楚国必伐矣。王听臣为之警四境之内，起师言救韩，命战车满道路，发信臣，多其车，重其币，使信王之救己也。纵韩不能听我，韩必德王也，必不为雁行以来，是秦、韩不和也，兵虽至，楚不大病也。为能听我绝和于秦，秦必大怒，以厚怨韩。韩之南交楚，必轻秦；轻秦，其应秦必不敬：是因秦、韩之兵而免楚国之患也。"楚王曰："善。"乃警四境之内，兴师言救韩。命战车满道路，发信臣，多其车，重其币。谓韩王曰："不穀国虽小，已悉发之矣。愿大国遂肆志于秦，不穀将以楚殉韩。"韩王闻之大说，乃止公仲之行。公仲曰："不可。夫以实伐我者秦也，以虚名救我者楚也。王恃楚之虚名，而轻绝强秦之敌，王必为天下大笑。且楚韩非兄弟之国也，又非素约而谋伐秦也。已有伐形，因发兵言救韩，此必陈轸之谋也。且王已使人报于秦矣，今不行，是欺秦也。

夫轻欺强秦而信楚之谋臣，恐王必悔之。”韩王不听，遂绝于秦。秦因大怒，益甲伐韩。大战，楚救不至韩。十九年，大破我岸门。太子仓质于秦以和。

二十一年，与秦共攻楚，败楚将屈丐，斩首八万于丹阳。是岁，宣惠王卒，太子仓立，是为襄王。

襄王四年，与秦武王会临晋。其秋，秦使甘茂攻我宜阳。五年，秦拔我宜阳，斩首六万。秦武王卒。六年，秦复与我武遂。九年，秦复取我武遂。十年，太子婴朝秦而归。十一年，秦伐我，取穰。与秦伐楚，败楚将唐昧。

十二年，太子婴死。公子咎、公子虮虱争为太子。时虮虱质于楚。苏代谓韩咎曰：“虮虱亡在楚，楚王欲内之甚。今楚兵十馀万在方城之外，公何不令楚王筑万室之都雍氏之旁。韩必起兵以救之，公必将矣。公因以韩、楚之兵奉虮虱而内之，其听公必矣，必以楚、韩封公也。”韩咎从其计。

楚围雍氏，韩求救于秦。秦未为发，使公孙昧入韩。公仲曰：“子以秦为且救韩乎？”对曰：“秦王之言曰‘请道南郑、蓝田，出兵于楚以待公’，殆不合矣。”公仲曰：“子以为果乎？”对曰：“秦王必祖张仪之故智。”楚威王攻梁也，张仪谓秦王曰：‘与楚攻魏，魏折而入于楚，韩固其与国也，是秦孤也。不如出兵以到之，魏楚大战，秦取西河之外以归。’今其状阳言与韩，其实阴善楚。公待秦而到，必轻与楚战。楚阴得秦之不用也，必易与公相支也。公战而胜楚，遂与公乘楚，施三川而归。公战不胜楚，楚塞三川守之，公不能救也。窃为公患之。司马庚三反于郢，甘茂与昭鱼遇于商於，其言收玺，实类有约也。”公仲恐，曰：“然则奈何？”曰：“公必先韩而后秦，先身而后张仪。公不如亟以国合于齐、楚，齐、楚必委国于公。公之所恶者张仪也，其实犹不无秦也。”于是楚解雍氏围。

苏代又谓秦太后弟芈戎曰：“公孙伯婴恐秦、楚之内虮虱也，公何不为韩求质〔子〕于楚？楚王听入质子于韩，则公叔伯婴知秦、楚之不以虮虱为事，必以韩合于秦、楚。秦、楚挟韩以窘魏，魏氏不敢合于齐，是齐孤也。公又为秦求质子于楚，楚不听，怨结于韩。韩挟齐、魏以围楚，楚必重公。公挟秦、楚之重以积德于韩，公叔伯婴必以国待公。”于是虮虱竟不得归韩。韩立咎为太子。齐、魏王来。

十四年，与齐、魏王共击秦，至函谷而军焉。十六年，秦与我河外及武遂。襄王卒，太子咎立，是为釐王。

釐王三年，使公孙喜率周、魏攻秦。秦败我二十四万，虏喜伊阙。五年，秦拔我宛。六年，与秦武遂地二百里。十年，秦败我师于夏山。十二年，与秦昭王会西周而佐秦攻齐。齐败，湣王出亡。十四年，与秦会两周间。二十一年，使暴鸢救魏，为秦所败，鸢走开封。

二十三年，赵、魏攻我华阳。韩告急于秦，秦不救。韩相国谓陈筮曰："事急，愿公虽病，为一宿之行。"陈筮见穰侯。穰侯曰："事急乎？故使公来。"陈筮曰："未急也。"穰侯怒曰："是可以为公之主使乎？夫冠盖相望，告敝邑甚急，公来言未急，何也？"陈筮曰："彼韩急则将变而佗从，以未急，故复来耳。"穰侯曰："公无见王，请今发兵救韩。"八日而至，败赵、魏于华阳之下。是岁，釐王卒，子桓惠王立。

桓惠王元年，伐燕。九年，秦拔我陉，城汾旁。十年，秦击我于太行，我上党郡守以上党郡降赵。十四年，秦拔赵上党，杀马服子卒四十馀万于长平。十七年，秦拔我阳城、负黍。二十二年，秦昭王卒。二十四年，秦拔我城皋、荥阳。二十六年，秦悉拔我上党。二十九年，秦拔我十三城。三十四年，桓惠王卒，子王安立。

王安五年，秦攻韩，韩急，使韩非使秦，秦留非，因杀之。

九年，秦虏王安，尽入其地，为颍川郡。韩遂亡。

太史公曰：韩厥之感晋景公，绍赵孤之子武，以成程婴、公孙杵臼之义，此天下之阴德也。韩氏之功，于晋未睹其大者也。然与赵、魏终为诸侯十馀世，宜乎哉！

【译文】

韩国的祖先与周天子的姓相同，都姓姬氏。后来因为它的后代侍奉晋国，被封在韩原，所以称为韩武子。韩武子之后三代有了韩厥，他即以封地为姓，称为韩氏。

晋景公三年，晋国司寇屠岸贾准备叛乱，诛杀了灵公时候的贼臣赵盾。赵盾死后，还要杀掉他的儿子赵朔。韩厥想阻止屠岸贾，屠岸贾不听。韩厥就去告诉赵朔，让他逃走。赵朔说："您一定可以保证赵氏的后代不会断绝，我死后也就没有遗恨了。"韩厥答应了他。等到屠岸贾诛灭赵氏的时候，韩厥谎称自己生病不出家门。程婴、公孙杵臼把赵氏孤儿赵武藏了起来，韩厥也知道这件事情。

晋景公十一年，韩厥和郤克率领八百辆战车的兵力前去攻打齐国，在鞍地打败了齐顷公，并俘虏了逢丑父。当时，晋国设置了六卿，韩厥为其中一卿，称为献子。

晋景公十七年，景公生病，占卜说是有大功业的人因后代子孙不顺心在作怪。韩厥就赞扬赵成季曾经的功劳，但如今却没有人接续香火，想以此感动景公。景公问他："他的后代还有在世的吗？"韩厥于是就说起赵武，景公就又赐予赵武以前赵氏的封地，让他继承赵氏的香火。

晋悼公七年，韩献子告老。献子去世后，他的儿子宣子继承爵位。宣子后来迁徙到居州。

晋平公十四年，吴国的季札出使到晋国，他说："晋国的政权最终要被韩、魏、赵三家夺去。"晋顷公十二年，韩宣子和赵、魏两家一起瓜分了祁氏、羊舌氏的十个县。晋定公十五年，韩宣子和赵简子一起讨伐范氏、中行氏。宣子去世，他的儿子贞子继承爵位。贞子迁居到平阳。

韩贞子去世，他的儿子简子继承爵位。韩简子去世，他的儿子庄子继承爵位。韩庄子去世，他的儿子康子继承爵位。韩康子和赵襄子、魏桓子一起打败了智伯，将他的领地瓜分，这时他们三家的领地就更大了，已经超过了诸侯。

韩康子去世后，他的儿子武子继承爵位。武子二年，进攻郑国，杀死了郑国国君郑幽公。十六年，韩武子去世，他的儿子景侯即位。

韩景侯虔元年，攻打郑国，夺取雍丘。二年，郑国在负黍打败韩国。

景侯六年，韩与赵、魏一起被列为诸侯国。

景侯九年，郑国包围韩国的阳翟。景侯去世，他的儿子列侯韩取即位。

列侯三年，聂政杀死了韩国的国相侠累。九年，秦国攻打韩国的宜阳，攻占了六座城池。十三年，列侯去世，他的儿子文侯即位。当年魏文侯也去世了。

韩文侯二年，韩国讨伐郑国，攻取了阳城。进攻宋国，一直打到彭城，俘虏了宋国的君主。七年，讨伐齐国，一直打到桑丘。郑国被叛了晋国。九年，韩国讨伐齐国，打到灵丘。十年，韩文侯去世，他的儿子哀侯即位。

韩哀侯元年，韩与赵、魏三家一起瓜分了晋国。二年，韩国灭了郑国，因此把都城迁到了新郑。

哀侯六年，韩严杀死了韩国国君哀侯，哀侯的儿子懿侯即位。

懿侯二年，魏军在马陵攻破韩军。五年，韩侯在宅阳与魏惠王相会。九年，魏军在浍水打败韩军。十二年，懿侯去世，他的儿子昭侯即位。

韩昭侯元年，秦军在西山攻破韩军。二年，宋国攻占了韩国的黄池。魏国占领了韩国的朱邑。六年，韩军攻打东周，占领了陵观、邢丘地区。

昭侯八年，申不害被任命为韩国宰相，运用权术，施行法道，国内得以安定，各诸侯国不敢前来侵犯。

昭侯十年，韩姬杀死了晋悼公。十一年，昭侯去了秦国。二十二年，申不害去世。二十四年，秦军攻占韩国的宜阳。

昭侯二十五年，韩国发生旱灾，昭侯修建高大的城门。屈宜臼说："昭侯出不了这座门。为什么呢？因为不合时宜。我所说的时，并不是时间，人本来就有顺利或不顺利的时候。昭侯以前顺利的时候，没见他修建过高门。去年秦国攻占了宜阳，今年国内又发生旱灾，昭侯这时不去体恤民众的急难，进行救助，反倒是更加奢侈了，这就叫做'衰败的时候却做奢侈的事情'。"二十六年，高门修成，昭侯去世，果然没能出这座门。他的儿子宣惠王即位。

宣惠王五年，张仪被任命为秦国宰相。八年，魏军打败了韩国将军韩举。十一年，君主改称为王。与赵王在区鼠相会。十四年，秦军攻打韩国，在鄢陵打败韩军。

宣惠王十六年，秦军在修鱼将韩军打败，在浊泽地区俘虏了韩国将领鲼、申差。韩国形势危急，宰相公仲对韩王说："盟国是靠不住的。如今秦国早就想攻打楚国了，大王不如通过张仪向秦王求和，送给它一座名城，并准备好盔甲武器，联合秦军一起向南攻打楚国，这是可以用失去一个来换取二得的计策。"韩王说："好。"于是为公仲的行动做好准备，要西行与秦国讲和。楚王听说后十分惊恐，召见陈轸告诉他这件事情。陈轸说："秦国早就想攻伐楚国，如今又得到韩国的一座名城，和韩国准备好盔甲武器，秦韩联合出兵攻打楚国，这是秦国求之不得的事情，现在既然得到了，楚国一定会受到侵略。大王听我的意见，全国加强戒备，并派军队说是援救韩国，让战车布满道路，然后派出使臣，配备多辆战车，带上厚礼，让韩国相信大王是真的为了援救他们。就算韩王不听我们的意见还要与秦言和，韩国也一定会感激大王的恩德，更不会出兵前来攻打楚国，这样秦韩就会出现意见不和，等到军队攻打过来，也不会给楚国造成多大危害。假如韩国能够听从我们的意见，停止向秦求和，秦国一定会因此大怒，加深对韩国的怨恨；韩国来南方与楚国结交，就一定会轻视秦国，这样，他在应酬秦国时就一定不会很尊重地对待秦国：这就是利用秦韩之间的矛盾从而免除楚国的祸患。”楚王说：“很好！”于是在国内加强警戒，并派兵说是要救援韩国，让战车布满道路，派出使臣，配备很多车辆，带着厚礼去韩国拜见韩王。楚国使者对韩王说：“楚国虽然比较小，但我们把军队都派来。希望韩国可以没有顾虑地同秦国作战，我们国君命令楚军为韩国死战到底。”韩王听了非常高兴，于是就停止了公仲到秦国议和的行动。公仲说：“大王不可以这样做，秦国是以它的实力在侵犯我们，而楚国只是用虚名来救援我们。大王依靠楚国的虚名，就这样轻易地和强敌秦国绝交，您一定会被天下人耻笑。况且楚韩并非邦交之国，又不是一直有盟约共同讨伐秦国。只是我们有了联秦攻楚的迹象，楚国才说发兵救韩，这一定是陈轸的计谋。况且大王已经派使者去秦国通报我们的打算了，现在又不这样做，这是在欺骗秦国。如果轻易欺骗强秦，听信楚国的谋臣，恐怕大王今后是要后悔的。”韩王不听，还是和秦国断了交。秦国因而大发雷霆，增加兵力攻打韩国，两国大战，可楚国的救兵却一直没到。十九年，秦军在岸门大败韩军。韩国无奈只好派太子仓去做人质，向秦国求和。

宣惠五二十一年，韩国联合秦国一起攻打楚国，将楚国将领屈丐打败，在丹阳斩杀了八万楚军。当年，宣惠王去世，太子仓即位，这就是襄王。

襄王四年，在临晋和秦武王会见。这一年秋天，秦国派甘茂率兵攻打韩国的宜阳。五年，秦军攻下宜阳，斩杀韩军六万人。秦武王去世。六年，秦国把武遂又还给了韩国。九年，秦军再一次攻占了韩国的武遂。十年，韩国太子婴去秦国拜见秦王后回国。十一年，秦军进攻韩国，夺取了穰邑。韩国和秦国联合出兵进攻楚国，打败了楚将唐昧。

襄王十二年，太子婴去世。公子咎和公子虮虱争夺太子之位。当时虮虱在楚国做人质。苏代对韩咎说：“虮虱如今流亡在楚国，楚王很想送他回国。现在十几万楚军驻扎在方城山的北边，您为什么不让楚国在雍氏城的旁边建起一座万户的城邑，这样，韩王一定会派兵去救雍氏，您就是统帅。这样您就可以凭借韩楚两国的军队拥戴虮虱，接他回韩国，将来他肯定会完全听从于您，也会把楚韩边境封给您。”韩咎听从了他的意见。

楚军包围雍氏，韩国请求秦国前来援救。秦国没有发兵，派公孙昧来到韩国。公仲问公孙昧说："您认为秦国会来援救韩国吗？"公孙昧回答说："秦王是这样说的：'我们秦国准备从南郑、蓝田出兵，到楚国等待您的军队。'我觉得大概不能会合。"公仲说："您以为真的会是这样的吗？"公孙昧回答说："秦王一定是想采用以前张仪的计谋。当初楚威王攻打魏国的时候，张仪对秦王说：'秦国和楚国一起攻打魏国，魏国一旦失败就会倒向楚国，韩国原本和魏国就是盟国，这样，秦国就孤立了。我们不如出兵迷惑他们，让魏国和楚国交战，秦军就可以占领西河以外的土地后再回来。'现在秦王的样子从表面上看是同韩国结盟，实际却是暗中同楚国交好。您若认为秦国援军会到来，必定会轻率地同楚军交战。楚国暗中已经知道秦军不会援救韩国，也一定会与您对抗。如果您可以战胜楚国，秦国就会和您共同凌驾于楚国之上，在三川地区炫耀后威风归去。但如果这一仗您没能战胜楚国，楚国阻塞三川据守，您也就不能得救了。我私下里很是为您担忧呀。秦人司马庚曾经三次往返于郢都，秦国宰相甘茂和楚国宰相昭鱼在商于相会，表面上说是要收回攻韩楚军的印信，其实双方像是有什么密谋。"公仲惊恐地说："那该怎么办呢？"公孙昧说："您一定要先从韩国自身考虑，然后考虑秦国是否会派兵前来救援，先想好自救的方法，然后再考虑如何去应付张仪这种计谋。您不如尽快让韩国同齐楚两国联合，齐楚必定会把国事托付给您管理。您所厌恶的只是张仪所提出的欺诈的计谋，其实还是不可以无视秦国的呀！"于是楚国解除了对雍氏的围困。

苏代又对秦太后的弟弟芈戎说："公叔伯婴唯恐秦国和楚国把虮虱送回韩国，您为什么不到楚国替韩国请求放回人质虮虱呢？楚国如果答应，公叔伯婴就会知道秦楚两国并不重视虮虱的事，一定会让韩国与秦楚联合。秦楚就能凭借韩国使魏国受困，魏国不敢同齐国联合，这样，齐国就孤立了。然后您再替秦国请求楚国把虮虱送到秦国，楚国如果不答应，就会与韩国结怨。韩国肯定会依靠齐国和魏国的力量去围困楚国，楚国一定会尊重您。您依靠秦国和楚国的尊重向韩国施以恩德，公叔伯婴一定会拿整个国家来侍奉您。"因此虮虱最终也未能回到韩国。韩国把公子咎立为太子。齐王、魏王到韩国来。

襄王十四年，韩国与齐、魏两国联合一起派兵进攻秦国，到了函谷关就在那里驻军。十六年，秦国还给韩国河外之地和武遂。襄王去世，太子咎即位，这就是釐王。

釐王三年，派公孙喜率领韩国与周、魏的联军攻打秦国。秦国大败韩军二十四万人，在伊阙俘虏了公孙喜。五年，秦军占领韩国的宛城。六年，韩国把武遂一带的二百里土地让给秦国。十年，秦军在夏山攻破韩军。十二年，韩釐王与秦昭王在西周相会，并帮助秦国进攻齐国。齐国被打败，齐湣王逃亡在外。十四年，韩王与秦王在两周之间相会。二十一年，派暴鸢救援魏国，被秦军打败，暴鸢逃到开封。

釐王二十三年，赵、魏两国联合攻打韩国的华阳。韩国向秦国求救，秦国没有来援救。韩国相国对陈筮说："形势急迫，您虽然有病在身，还是希望您能够连夜到秦国去。"陈筮到秦先去拜见了穰侯魏冉。穰侯说："事情特别紧迫吧？所以才派你来。"陈筮说："还不是很急呀。"穰侯不高兴，说道："如果真是这样，您的君主能派您来出使秦国吗？你们的使臣来来往往好几个了，都是来向我们求救的，您来了却说还不是很急，为什么？"陈筮说："韩国如果真的十分危急，就会改变策略去投靠其他国家了，因为还没到十分危急的时候，所以我又来了。"穰侯说："您不用去见秦王了，现在我就派兵前去救援韩国。"过了八天，秦军赶到，在华阳山下打败了赵军和魏军。同一年，釐王去世，他的儿子桓惠王即位。

桓惠王元年，韩军攻打燕国。九年，秦军占领了韩国的陉城，并在汾水旁筑城。十年，秦军在太行山攻打韩军，韩国的上党郡守献出上党郡向赵国投降。十四年，秦军攻占了赵国的上党，在长平杀死了马服君之子赵括率领的军队四十万人。十七年，秦军占领了韩国的阳城、负黍。二十二年，秦昭王去世。二十四年，秦军夺取韩国的城皋、荥阳。

二十六年，秦军占领了韩国整个上党地区。二十九年，秦军攻下韩国的十三座城。

三十四年，桓惠王去世，他的儿子韩王安即位。

韩王安五年，秦国攻打韩国，韩国形势十分危急，韩王派韩非出使秦国，秦国把韩非留下，后来将他杀了。

九年，秦军俘虏了韩王安，占领了韩国所有的领地，将其设为颍州郡。韩国就灭亡了。

太史公说：韩厥感动了晋景公，帮助赵氏孤儿赵武重新继承赵氏的爵位，从而成全了程婴和公孙杵臼的大义，这是天下少有的功德啊。韩氏的功德，在晋国没能看出来有多大，然而，最终却和赵氏、魏氏一样，做了十几代诸侯，这是很应该的呀！

史记卷四十六

田敬仲完世家第十六

陈完者，陈厉公佗之子也。完生，周太史过陈，陈厉公使卜完，卦得观之否："是为观国之光，利用宾于王。此其代陈有国乎？不在此而在异国乎？非此其身也，在其子孙。若在异国，必姜姓。姜姓，四岳之后。物莫能两大，陈衰，此其昌乎？"

厉公者，陈文公少子也，其母蔡女。文公卒，厉公兄鲍立，是为桓公。桓公与佗异母。及桓公病，蔡人为佗杀桓公鲍及太子免而立佗，为厉公。厉公既立，娶蔡女。蔡女淫于蔡人，数归，厉公亦数如蔡。桓公之少子林怨厉公杀其父与兄，乃令蔡人诱厉公而杀之。林自立，是为庄公。故陈完不得立，为陈大夫。厉公之杀，以淫出国，故《春秋》曰"蔡人杀陈佗"，罪之也。

庄公卒，立弟杵臼，是为宣公。宣公〔二〕十一年，杀其太子御寇。御寇与完相爱，恐祸及己，完故奔齐。齐桓公欲使为卿，辞曰："羁旅之臣幸得免负檐，君之惠也，不敢当高位。"桓公使为工正。齐懿仲欲妻完，卜之，占曰："是谓凤皇于蜚，和鸣锵锵。有妫之后，将育于姜。五世其昌，并于正卿。八世之后，莫之与京。"卒妻完。完之奔齐，齐桓公立十四年矣。

完卒，谥为敬仲。仲生稚孟夷。敬仲之如齐，以陈字为田氏。

田稚孟夷生湣孟庄，田湣孟庄生文子须无。田文子事齐庄公。晋之大夫栾逞作乱于晋，来奔齐，齐庄公厚客之。晏婴与田文子谏，庄公弗听。

文子卒，生桓子无宇。田桓子无宇有力，事齐庄公，甚有宠。

无宇卒，生武子开与釐子乞。田釐子乞事齐景公为大夫，其收赋税于民以小斗受之，其(粟)〔禀〕予民以大斗，行阴德于民，而景公弗禁。由此田氏得齐众心，宗族益强，民思田氏。晏子数谏景公，景公弗听。已而使于晋，与叔向私语曰："齐国之政其卒归于田氏矣。"

晏婴卒后，范、中行氏反晋。晋攻之急，范、中行请粟于齐。田乞欲为乱，树党于诸侯，乃说景公曰："范、中行数有德于齐，齐不可不救。"齐使田乞救之而输之粟。

景公太子死，后有宠姬曰芮子，生子荼。景公病，命其相国惠子与高昭子以子荼为太子。景公卒，两相高、国立荼，是为晏孺子。而田乞不说，欲立景公佗子阳生。阳生素与乞欢。晏孺子之立也，阳生奔鲁。田乞伪事高昭子、国惠子者，每朝代参乘，言曰："始诸大夫不欲立孺子。孺子既立，君相之，大夫皆自危，谋作乱。"又绐大夫曰："高昭子可畏也，及未发先之。"诸大夫从之。田乞、鲍牧与大夫以兵入公室，攻高昭子。昭子闻之，与国惠子救公。公师败。田乞之众追国惠子，惠子奔莒，遂反杀高昭子。晏（孺子）〔圉〕奔鲁。

田乞使人之鲁，迎阳生。阳生至齐，匿田乞家。请诸大夫曰："常之母有鱼菽之祭，幸而来会饮。"会饮田氏。田乞盛阳生橐中，置坐中央。发橐，出阳生，曰："此乃齐君矣。"大夫皆伏谒。将盟立之，田乞诬曰："吾与鲍牧谋共立阳生也。"鲍牧怒曰："大夫忘景公之命乎？"诸大夫欲悔，阳生乃顿首曰："可则立之，不可则已。"鲍牧恐祸及己，乃复曰："皆景公之子，何为不可！"遂立阳生于田乞之家，是为悼公。乃使人迁晏孺子于骀，而杀孺子荼。悼公既立，田乞为相，专齐政。

四年，田乞卒，子常代立，是为田成子。

鲍牧与齐悼公有郄，弑悼公。齐人共立其子壬，是为简公。田常成子与监止俱为左右相，相简公。田常心害监止，监止幸于简公，权弗能去。于是田常复修釐子之政，以大斗出贷，以小斗收。齐人歌之曰："妪乎采芑，归乎田成子！"齐大夫朝，御鞅谏简公曰："田、监不可并也，君其择焉。"君弗听。

子我者，监止之宗人也，常与田氏有郤。田氏疏族田豹事子我有宠。子我曰："吾欲尽灭田氏適，以豹代田氏宗。"豹曰："臣于田氏疏矣。"不听。已而豹谓田氏曰："子我将诛田氏，田氏弗先，祸及矣。"子我舍公宫，田常兄弟四人乘如公宫，欲杀子我。子我闭门。简公与妇人饮檀台，将欲击田常。太史子馀曰："田常非敢为乱，将除害。"简公乃止。田常出，闻简公怒，恐诛，将出亡。田子行曰："需，事之贼也。"田常于是击子我。子我率其徒攻田氏，不胜，出亡。田氏之徒追杀子我及监止。

简公出奔，田氏之徒追执简公于徐州。简公曰："早从御鞅之言，不及此难。"田氏之徒恐简公复立而诛己，遂杀简公。简公立四年而杀。于是田常立简公弟骜，是为平公。平公即位，田常为相。

田常既杀简公，惧诸侯共诛己，乃尽归鲁、卫侵地，西约晋、韩、魏、赵氏，南通吴、越之使，修功行赏，亲于百姓，以故齐复定。

田常言于齐平公曰："德施人之所欲，君其行之；刑罚人之所恶，臣请行之。"行之五年，齐国之政皆归田常。田常于是尽诛鲍、晏、监止及公族之强者，而割齐自安平以东至琅邪，自为封邑。封邑大于平公之所食。

田常乃选齐国中女子长七尺以上为后宫，后宫以百数，而使宾客舍人出入后宫者不禁。及田常卒，有七十馀男。

田常卒，子襄子盘代立，相齐。常谥为成子。

田襄子既相齐宣公，三晋杀知伯，分其地。襄子使其兄弟宗人尽为齐都邑大夫，与三晋通使，且以有齐国。

襄子卒，子庄子白立。田庄子相齐宣公。宣公四十三年，伐晋，毁黄城，围阳狐。明年，伐鲁、葛及安陵。明年，取鲁之一城。

庄子卒，子太公和立。田太公相齐宣公。宣公四十八年，取鲁之郕。明年，宣公与郑人会西城。伐卫，取毌丘。宣公五十一年卒，田会自廪丘反。

宣公卒，子康公贷立。贷立十四年，淫于酒、妇人，不听政。太公乃迁康公于海上，食一城，以奉其先祀。明年，鲁败齐平陆。

三年，太公与魏文侯会浊泽，求为诸侯。魏文侯乃使使言周天子及诸侯，请立齐相田和为诸侯。周天子许之。康公之十九年，田和立为齐侯，列为周室，纪元年。

齐侯太公和立二年，和卒，子桓公午立。桓公午五年，秦、魏攻韩，韩求救于齐。齐桓公召大臣而谋曰："早救之孰与晚救之？"驺忌曰："不若勿救。"段干朋曰："不救，则韩且折而入于魏，不若救之。"田臣思曰："过矣君之谋也！秦、魏攻韩，楚、赵必救之，是天以燕予齐也。"桓公曰："善。"乃阴告韩使者而遣之。韩自以为得齐之救，因与秦、魏战。楚、赵闻之，果起兵而救之。齐因起兵袭燕国，取桑丘。

六年，救卫。桓公卒，子威王因齐立。是岁，故齐康公卒，绝无后，奉邑皆入田氏。

齐威王元年，三晋因齐丧来伐我灵丘。三年，三晋灭晋后而分其地。六年，鲁伐我，入阳关。晋伐我，至博陵。七年，卫伐我，取薛陵。九年，赵伐我，取甄。

威王初即位以来，不治，委政卿大夫，九年之间，诸侯并伐，国人不治。于是威王召即墨大夫而语之曰：“自子之居即墨也，毁言日至。然吾使人视即墨，田野辟，民人给，官无留事，东方以宁。是子不事吾左右以求誉也。”封之万家。召阿大夫语曰：“自子之守阿，誉言日闻。然使使视阿，田野不辟，民贫苦。昔日赵攻甄，子弗能救。卫取薛陵，子弗知。是子以币厚吾左右以求誉也。”是日，烹阿大夫，及左右尝誉者皆并烹之。遂起兵西击赵、卫，败魏于浊泽而围惠王。惠王请献观以和解，赵人归我长城。于是齐国震惧，人人不敢饰非，务尽其诚，齐国大治。诸侯闻之，莫敢致兵于齐二十馀年。

驺忌子以鼓琴见威王，威王说而舍之右室。须臾，王鼓琴，驺忌子推户入曰：“善哉鼓琴！”王勃然不说，去琴按剑曰：“夫子见容未察，何以知其善也？”驺忌子曰：“夫大弦浊以春温者，君也；小弦廉折以清者，相也；攫之深，醳之愉者，政令也；钧谐以鸣，大小相益，回邪而不相害者，四时也。吾是以知其善也。”王曰：“善语音。”驺忌子曰：“何独语音，夫治国家而弭人民皆在其中。”王又勃然不说曰：“若夫语五音之纪，信未有如夫子者也。若夫治国家而弭人民，又何为乎丝桐之间？”驺忌子曰：“夫大弦浊以春温者，君也；小弦廉折以清者，相也；攫之深而舍之愉者，政令也；钧谐以鸣，大小相益，回邪而不相害者，四时也。夫复而不乱者，所以治昌也；连而径者，所以存亡也。故曰琴音调而天下治。夫治国家而弭人民者，无若乎五音者。”王曰：“善。”

驺忌子见三月而受相印。淳于髡见之曰：“善说哉！髡有愚志，愿陈诸前。”驺忌子曰：“谨受教。”淳于髡曰：“得全全昌，失全全亡。”驺忌子曰：“谨受令，请谨毋离前。”淳于髡曰：“狶膏棘轴，所以为滑也，然而不能运方穿。”驺忌子曰：“谨受令，请谨事左右。”淳于髡曰：“弓胶昔幹，所以为合也，然而不能傅合疏罅。”驺忌子曰：“谨受令，请谨自附于万民。”淳于髡曰：“狐裘虽弊，不可补以黄狗之皮。”驺忌子曰：“谨受令，请谨择君子，毋杂小人其间。”淳于髡曰：“大车不较，不能载其常任；琴瑟不较，不能成其五音。”驺忌子曰：“谨受令，请谨修法律而督奸吏。”淳于髡说，毕，趋出，至门，而面其仆曰：“是人者，吾语之微言五，其应我若响之应声，是人必封不久矣。”居期年，封以下邳，号曰成侯。

威王二十三年，与赵王会平陆。二十四年，与魏王会田于郊。魏王问曰：“王亦有宝乎？”威王曰：“无有。”梁王曰：“若寡人国小也，尚有径寸之珠照车前后各十二乘者十枚，奈何以万乘之国而无宝乎？”威王曰：“寡人之所以为宝与王异。吾臣有檀子者，使守南城，则楚人不敢为寇东取，泗上十二诸侯皆来朝。吾臣有肦子者，使守高唐，则赵人不敢东渔于河。吾吏有黔夫者，使守徐州，则燕人祭北门，赵人祭西门，徙而从者七千馀家。吾臣有种首者，使备盗贼，则道不拾遗。将以照千里，岂特十二乘哉！”梁惠王惭，不怿而去。

二十六年，魏惠王围邯郸，赵求救于齐。齐威王召大臣而谋曰：“救赵孰与勿救？”驺忌子曰：“不如勿救。”段干朋曰：“不救则不义，且不利。”威王曰：“何也？”对曰：“夫魏氏并邯郸，其于齐何利哉？且夫救赵而军其郊，是赵不伐而魏全也。故不如南攻襄陵以弊魏，邯郸拔而乘魏之弊。”威王从其计。

其后成侯驺忌与田忌不善，公孙阅谓成侯忌曰：“公何不谋伐魏，田忌必将。战胜有功，则公之谋中也；战不胜，非前死则后北，而命在公矣。”于是成侯言威王，使田忌南攻襄陵。十月，邯郸拔，齐因起兵击魏，大败之桂陵。于是齐最强于诸侯，自称为王，以令天下。三十三年，杀其大夫牟辛。

三十五年，公孙阅又谓成侯忌曰：“公何不令人操十金卜于市，曰‘我田忌之人也。吾三战而三胜，声威天下。欲为大事，亦吉乎不吉乎’？”卜者出，因令人捕为之卜者，验其辞于王之所。田忌闻之，因遂率其徒袭攻临淄，求成侯，不胜而奔。

三十六年，威王卒，子宣王辟彊立。

宣王元年，秦用商鞅。周致伯于秦孝公。

二年，魏伐赵。赵与韩亲，共击魏。赵不利，战于南梁。宣王召田忌复故位。韩氏请救于齐，宣王召大臣而谋曰：“早救孰与晚救？”驺忌子曰：“不如勿救。”田忌曰：“弗救，则韩且折而入于魏，不如早救之。”孙子曰：“夫韩、魏之兵未弊而救之，是吾代韩受魏之兵，顾反听命于韩也。且魏有破国之志，韩见亡，必东面而诉于齐矣。吾因深结韩之亲而晚承魏之弊，则可重利而得尊名也。”宣王曰：“善。”乃阴告韩之使者而遣之。

韩因恃齐，五战不胜，而东委国于齐。齐因起兵，使田忌、田婴将，孙子为（帅）〔师〕，救韩、赵以击魏，大败之马陵，杀其将庞涓，虏魏太子申。其后三晋之王皆因田婴朝齐王于博望，盟而去。

七年，与魏王会平阿南。明年，复会甄。魏惠王卒。明年，与魏襄

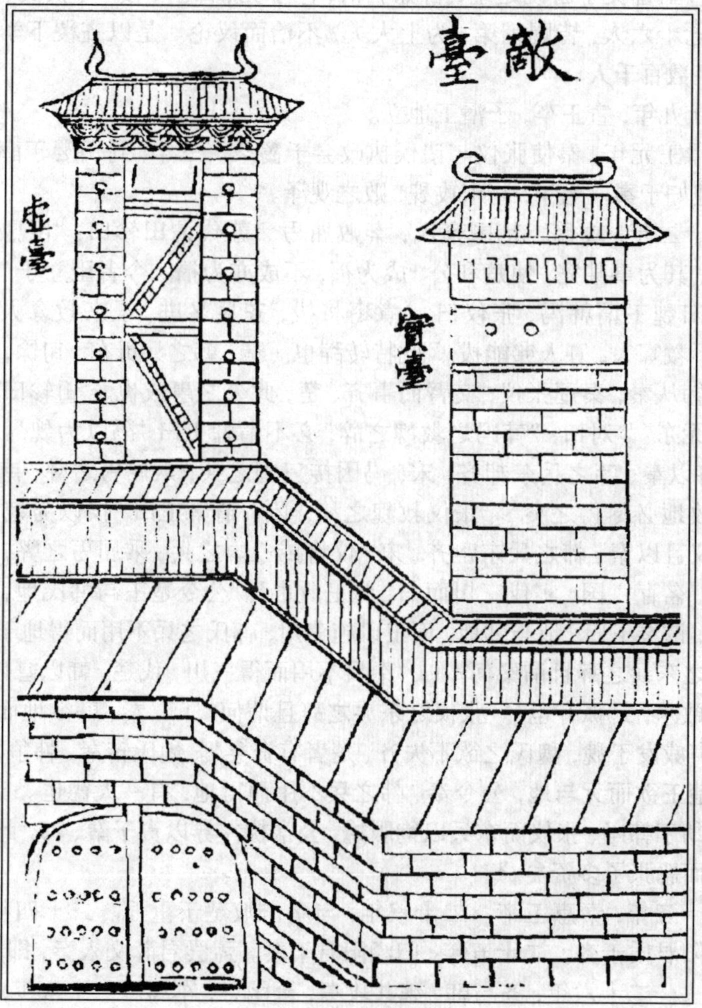

古代城墙上的敌台，用来瞭望敌情。

王会徐州，诸侯相王也。十年，楚围我徐州。十一年，与魏伐赵，赵决河水灌齐、魏，兵罢。十八年，秦惠王称王。

宣王喜文学游说之士，自如驺衍、淳于髡、田骈、接予、慎到、环渊之徒七十六人，皆赐列第，为上大夫，不治而议论。是以齐稷下学士复盛，且数百千人。

十九年，宣王卒，子湣王地立。

湣王元年，秦使张仪与诸侯执政会于齧桑。三年，封田婴于薛。四年，迎妇于秦。七年，与宋攻魏，败之观泽。

十二年，攻魏。楚围雍氏，秦败屈丐。苏代谓田轸曰："臣愿有谒于公，其为事甚完，使楚利公，成为福，不成亦为福。今者臣立于门，客有言曰魏王谓韩冯、张仪曰：'煮枣将拔，齐兵又进，子来救寡人则可矣；不救寡人，寡人弗能拔。'此特转辞也。秦、韩之兵毋东，旬馀，则魏氏转韩从秦，秦逐张仪，交臂而事齐、楚，此公之事成也。"田轸曰："奈何使无东？"对曰："韩冯之救魏之辞，必不谓韩王曰'冯以为魏'，必曰'冯将以秦、韩之兵东却齐、宋，冯因抟三国之兵，乘屈丐之弊，南割于楚，故地必尽得之矣'。张仪救魏之辞，必不谓秦王曰'仪以为魏'，必曰'仪且以秦、韩之兵东距齐、宋，仪将抟三国之兵，乘屈丐之弊，南割于楚，名存亡国，实伐三川而归，此王业也'。公令楚王与韩氏地，使秦制和，谓秦王曰'请与韩地，而王以施三川，韩氏之兵不用而得地于楚'。韩冯之东兵之辞且谓秦何？曰'秦兵不用而得三川，伐楚、韩以窘魏，魏氏不敢东，是孤齐也'。张仪之东兵之辞且谓何？曰'秦、韩欲地而兵有案，声威发于魏，魏氏之欲不失齐、楚者有资矣'。魏氏转秦、韩争事齐、楚，楚王欲而无与地，公令秦、韩之兵不用而得地，有一大德也。秦、韩之王劫于韩冯、张仪而东兵以徇服魏，公常执左券以责于秦、韩，此其善于公而恶张子多资矣。"

十三年，秦惠王卒。二十三年，与秦击败楚于重丘。二十四年，秦使泾阳君质于齐。二十五年，归泾阳君于秦。孟尝君薛文入秦，即相秦。文亡去。二十六年，齐与韩、魏共攻秦，至函谷，军焉。二十八年，秦与韩河外以和，兵罢。二十九年，赵杀其主父。齐佐赵灭中山。

三十六年，王为东帝，秦昭王为西帝。苏代自燕来，入齐，见于章华东门。齐王曰："嘻，善，子来！秦使魏冉致帝，子以为何如？"对曰："王之问臣也卒，而患之所从来微，愿王受之而勿备称也。秦称之，天下安之，王乃称之，无后也。且让争帝名，无伤也。秦称之，天下恶之，王因勿称，以收天下，此大资也。且天下立两帝，王以天下为尊齐乎？尊秦乎？”王曰：“尊秦。”曰：“释帝，天下爱齐乎？爱秦乎？”王曰：“爱齐而憎秦。”曰：“两帝立约伐赵，孰成伐桀宋之利？”王曰：“伐桀宋利。”对曰：“夫约钧，然与秦为帝而天下独尊秦而轻齐，释帝则天下爱齐而憎秦，伐赵不如伐桀宋之利，故愿王明释帝以收天下，倍约宾秦，无争重，而王以其间举宋。夫有宋，卫之阳地危；有济西，赵之阿东国危；有淮北，楚之东国危；有陶、平陆，梁门不开。释帝而贷之以伐桀宋之事，国重而名尊，燕、楚所以形服，天下莫敢不听，此汤、武之举也。敬秦以为名，而后使天下憎之，此所谓以卑为尊者也。愿王孰虑之。”于是齐去帝复为王。秦亦去帝位。

三十八年，伐宋。秦昭王怒曰：“吾爱宋与爱新城、阳晋同。韩聂与吾友也，而攻吾所爱，何也？”苏代为齐谓秦王曰：“韩聂之攻宋，所以为王也。齐强，辅之以宋，楚、魏必恐，恐必西事秦，是王不烦一兵，不伤一士，无事而割安邑也，此韩聂之所祷于王也。”秦王曰：“吾患齐之难知。一从一衡，其说何也？”对曰：“天下国令齐可知乎？齐以攻宋，其知事秦以万乘之国自辅，不西事秦则宋治不安。中国白头游敖之士皆积智欲离齐秦之交，伏式结轶西驰者，未有一人言善齐者也，伏式结轶东驰者，未有一人言善秦者也。何则？皆不欲齐、秦之合也。何晋、楚之智而齐、秦之愚也！晋楚合必议齐秦，齐秦合必图晋楚，请以此决事。”秦王曰：“诺。”于是齐遂伐宋，宋王出亡，死于温。齐南割楚之淮北，西侵三晋，欲以并周室，为天子。泗上诸侯邹、鲁之君皆称臣，诸侯恐惧。

三十九年，秦来伐，拔我列城九。

四十年，燕、秦、楚、三晋合谋，各出锐师以伐败我济西。王解而却。燕将乐毅遂入临淄，尽取齐之宝藏器。湣王出亡，之卫。卫君辟宫舍之，称臣而共具。湣王不逊，卫人侵之。湣王去，走邹、鲁，有骄色，邹、鲁君弗内，遂走莒。楚使淖齿将兵救齐，因相齐湣王。淖齿遂杀湣王而与燕共分齐之侵地卤器。

湣王之遇杀，其子法章变名姓为莒太史敫家庸。太史敫女奇法章状貌，以为非恒人，怜而常窃衣食之，而与私通焉。淖齿既以去莒，莒中人及齐亡臣相聚求湣王子，欲立之。法章惧其诛己也，久之，乃敢自言“我湣王子也”。于是莒人共立法章，是为襄王。以保莒城而布告齐国中：

“王已立在莒矣。”

襄王既立，立太史氏女为王后，是为君王后，生子建。太史敫曰：“女不取媒因自嫁，非吾种也，污吾世。”终身不睹君王后。君王后贤，不以不睹故失人子之礼。

襄王在莒五年，田单以即墨攻破燕军，迎襄王于莒，入临菑，齐故地尽复属齐。齐封田单为安平君。

十四年，秦击我刚寿。十九年，襄王卒，子建立。

王建立六年，秦攻赵，齐、楚救之。秦计曰：“齐、楚救赵，亲则退兵，不亲遂攻之。”赵无食，请粟于齐，齐不听。周子曰：“不如听之以退秦兵，不听则秦兵不却，是秦之计中而齐、楚之计过也。且赵之于齐、楚，扞蔽也，犹齿之有唇也，唇亡则齿寒。今日亡赵，明日患及齐、楚。且救赵之务，宜若奉漏瓮沃焦釜也。夫救赵，高义也；却秦兵，显名也。义救亡国，威却强秦之兵，不务为此而务爱粟，为国计者过矣。”齐王弗听。秦破赵于长平四十馀万，遂围邯郸。

十六年，秦灭周。君王后卒。二十三年，秦置东郡。二十八年，王入朝秦，秦王政置酒咸阳。三十五年，秦灭韩。三十七年，秦灭赵。三十八年，燕使荆轲刺秦王，秦王觉，杀轲。明年，秦破燕，燕王亡走辽东。明年，秦灭魏，秦兵次于历下。四十二年，秦灭楚。明年，虏代王嘉。灭燕王喜。

四十四年，秦兵击齐。齐王听相后胜计，不战，以兵降秦。秦虏王建，迁之共。遂灭齐为郡。天下壹并于秦，秦王政立号为皇帝。

始，君王后贤，事秦谨，与诸侯信，齐亦东边海上。秦日夜攻三晋、燕、楚，五国各自救于秦，以故王建立四十馀年不受兵。君王后死，后胜相齐，多受秦间金，多使宾客入秦，秦又多予金，客皆为反间，劝王去从朝秦，不修攻战之备，不助五国攻秦，秦以故得灭五国。五国已亡，秦兵卒入临淄，民莫敢格者。王建遂降，迁于共。故齐人怨王建不早与诸侯合从攻秦，听奸臣宾客以亡其国，歌之曰：“松耶柏耶？住建共者客耶？”疾建用客之不详也。

太史公曰：盖孔子晚而喜《易》。《易》之为术，幽明远矣，非通人达才孰能注意焉？故周太史之卦田敬仲完，占至十世之后；及完奔齐，懿仲卜之亦云。田乞及常所以比犯二君，专齐国之政，非必事势之渐然也，盖若遵厌兆祥云。

【译文】

陈完是陈厉公陈他的儿子。陈完刚出生的时候，周太史正好路过陈国，陈厉公请他给陈完占卜，结果由观卦变为否卦，太史说："这是观看国家风俗民情的意思，利于做君王的上宾。这是说他可能取得陈国君位拥有国家吧？也许不在陈国而是在其他国家吧？或者是不在他自己身上应验，而是应验在他的子孙身上。如果是在别的国，一定是姜姓国。姜姓是四岳的后代。事物不可能是两个同时强大，陈国衰落，他就将要昌盛起来吧？"

厉公是陈文公的小儿子，他的母亲是蔡国女子。文公去世后，厉公的哥哥陈鲍即位，这就是桓公。桓公和陈他为异母兄弟。趁桓公生病的时候，蔡国人替陈他杀死了桓公陈鲍和太子陈免，立他为君，这就是厉公。厉公即位后，迎娶蔡国之女为妻。这个蔡女和蔡国人通奸，经常回蔡国去，厉公也经常去蔡国。桓公的小儿子陈林怨恨厉公杀死了他的父亲和兄长，就让蔡国人诱惑厉公并杀了厉公。陈林立自己为国君，这就是庄公。所以陈完不能立为国君，做了陈国的大夫。厉公被杀的原因，在于因淫乱而离开国家，所以《春秋》里记载"蔡人杀陈他"，这是在指责他的罪行。

庄公去世，他的弟弟杵臼即位，这就是陈宣公。宣公二十一年，太子御寇被杀。御寇和陈完平日里比较亲近，陈完害怕灾祸牵连到自己，所以逃奔到齐国。齐桓公想让他担任宰相，他推辞说："我只是个寄居在外的小臣，能有幸免除种种负担，已经是您给我的莫大恩惠了，不敢再担当这么高的职位。"齐桓公让他任管理百工的工正。齐懿仲想把自己的女儿嫁给陈完为妻，为此事进行占卜，结果说："这是凤凰飞翔，和谐的鸣声锵锵。有妫氏的后代，会在姜氏那里成长。五代之后就会比较昌盛，地位将和正卿一样。八代之后，地位之高将没人可以比得上。"于是他就把女儿嫁给了陈完为妻。陈完逃到齐国的时候，齐桓公已在位十四年了。

陈完去世后，谥号为敬仲。敬仲生了稺孟夷。敬仲来齐国的时候，把姓陈氏改为田氏。田稺孟夷生了湣孟庄，田湣孟庄生了文子须无。田文子侍奉齐庄公。

晋国大夫栾逞在晋国发动叛乱，逃奔到齐国，齐庄公对他很优待。晏婴和田文子劝谏，庄公不听。田文子去世，生了桓子无宇。田桓子无宇很有力气，侍奉齐庄公，非常得宠。

无宇去世，生了武子开和釐子乞。田釐子乞担任齐国大夫，侍奉齐景公，他向百姓征税时用小斗收，赐给百姓粮食时用大斗，暗中向百姓施以恩德，齐景公也不加禁止。因此田氏很受齐国人民的爱戴，他的家族也越来越强大，百姓的心都偏向田氏。晏子多次向景公进谏，景公都不听。不久晏子出使晋国，私下里跟叔向说："齐国的政权最终要落到田氏的手里呀。"

晏婴去世后，范氏和中行氏在晋国反叛。晋国加紧讨伐他们，范氏和中行氏请求齐国借粮给他们。田乞想作乱，想在诸侯中结党，于是就对齐景公说："范氏和中行氏曾多次对齐国有恩德，齐国不能不救他们。"齐国派田乞去救援，给他们送去了粮食。

齐景公的太子去世了，景公后来有个宠姬叫芮子，芮子生下儿子荼。景公生病的时候，命令他的宰相国惠子和高昭子让他们立自己的儿子荼为太子。景公去世后，高、国两位宰相立荼为国君，这就是晏孺子。但是田乞不高兴，他想立景公的另一个儿子阳生为君主。阳生平时和田乞交好。晏孺子即位后，阳生逃奔鲁国。田乞假装侍奉高昭子和国惠子，每次上朝都替参乘在车上陪侍，并且说："起初各位大夫都不想立孺子。如今孺子即位，您两位担任宰相，大夫们都人人自危，图谋作乱。"田乞又挑动大夫们说："高昭子这个人很可怕呀，趁他还没动手我们先把他干掉吧！"大夫们都听从了他。田乞、鲍牧和大夫们一起领兵攻入宫廷，讨伐高昭子。昭子听说后，与国惠子去援救国君。国君的军队失败了。田乞派部下去追击国惠子，惠子逃到莒，于是部下又返回去杀高昭子。晏婴的儿子晏圉逃奔到鲁国。

田乞派人去鲁国，迎接阳生回国。阳生回到齐国后，藏在田乞家中。田乞邀请大夫们说："田常的母亲有祭祀后留下的酒食，请各位一定赏光前来聚会饮酒。"大夫们都来到田氏家饮酒。田乞把阳生装在口袋里，放在中央的座位上。宴席中，田乞打开口袋，放出阳生，他说："这才是齐国真正的国君呀。"大夫们都俯身拜见。正准备合谋拥立阳生为国君，田乞借口说："我是与鲍牧合谋一起拥立阳生的。"鲍牧怒气冲冲地说："大夫们难道忘记景公的遗命了吗？"大夫们想反悔，阳生叩头说："如果大家觉得我可以就立我，不可以就算了。"鲍牧担心自己遭受灾祸，就又说："都是景公的儿子，怎么不可以呢！"最终在田乞家中立阳生为国君，这就是悼公。后来派人把晏孺子迁到骀，并且杀了孺子荼。悼公即位后，田乞被任命为齐国宰相，独揽齐国政权。

四年后，田乞去世，他的儿子田常接替了职位，这就是田成子。

鲍牧和齐悼公不和，杀了悼公。齐国人共同拥立悼公的儿子壬为国君，这就是简公。成子田常与监止一起担任左右宰相，辅佐简公。田常心里忌妒监止，因为监止很得简公宠信，他的权力不能除去。于是田常重新效仿他父亲釐子的方法，用大斗把粮食借出，用小斗收回。齐国人歌颂他说："老太太采芑菜呀，送给田成子！"齐国大夫上朝，御鞅向简公进谏说："田常、监止不能一起被重用，请您做个选择吧！"简公不听。

子我与监止是同族，向来与田氏不和。田氏有个远房的同族田豹侍奉在子我身边，并且十分得宠。子我说："我想杀了田氏的直系子孙，让你来接续田氏宗族。"田豹说："我只是田氏的远房啊。"子我不听。不久田豹告诉田氏说："子我想要诛灭田氏，如果田氏不抢先动手，那田氏就要面临大祸了。"子我住在简公的宫里，田常兄弟四人也乘车到了宫中，想杀了子我。子我关闭大门不出来。简公正与宠妃在檀台饮酒作乐，听说后想去攻打田常。太史子馀说："田常不敢犯上作乱，他只是在为国除害。"简公就停止了。田常出宫后，听说简公发怒想要攻打他，怕自己被杀，想要出逃。田子行说："迟疑不决，是成就大事的大敌。"田常于是又去攻击子我。子我率领他的部下反击田氏，失败了，无奈逃亡在外。田氏的部下追赶并杀死了子我和监止。

简公出逃，田氏的部下追到徐州捉获了简公。简公说："我要是能早点听取御鞅的意见，也不会遭到如今这样的灾难。"田氏的部下恐怕简公复位后杀他们，于是就把简公杀了。简公即位四年被杀。后来田常让简公的弟弟骜即位，这就是平公。平公即位后，任田常为宰相。

田常杀了简公以后，担心各国诸侯联合起来讨伐自己，就把齐国曾经侵占鲁国、卫国的土地全部还给了他们，西边同晋国、韩氏、魏氏、赵氏签订盟约，南方与吴国、越国互通使臣，建立功德，施行赏赐，亲近百姓，因此齐国重新恢复了安定。

田常对齐平公说："施行恩德是人们都希望的事情，就由您来施行；施行惩罚是人们所厌恶的事情，就让我去执行吧。"这样做了五年，齐国的政权都被田常包揽。于是田常把鲍氏、晏氏、监止和公族中较强盛的全部诛杀了，并划分齐国从安平以东到琅邪的土地，为自己的封地。他的封地比齐平公的封地还要大。

田常在齐国挑选身高七尺以上的女子做后宫姬妾，后宫达一百多人，并且让宾客侍从可以随便出入后宫，不加禁止。等到田常去世的时候，姬妾一共生下七十多个儿子。田常去世，他的儿子襄子田盘继承他的职位，担任齐国宰相。田常谥号为成子。

田襄子辅佐齐宣公做宰相的时候，晋国韩、赵、魏三家杀死智伯，瓜分了他的领地。襄子也派自己的兄弟和族人都去做齐国大小城邑的大夫，与三晋互通使臣，几乎已经拥有整个齐国。

襄子去世，他的儿子庄子田白继承父位，辅佐齐宣公。齐宣公四十三年，齐国攻打晋国，毁掉黄城，包围阳狐。第二年，攻打鲁城、葛邑和安陵。第三年，占领鲁国一城。

田庄子去世后，他的儿子太公田和继承父位。辅佐齐宣公。齐宣公四十八年，齐国攻占了鲁国的郕城。第二年，齐宣公与郑国人在西城相会。齐国进攻卫国，夺取了毋丘。宣公五十一年，齐宣公去世，田会在廪丘发动叛乱。

齐宣公去世后，他的儿子康公贷即位。康公即位十四年，一直沉溺于酒色，不理朝政。太公田和就把他迁到海滨，给他了一座城作为食邑，以便对他的祖先进行祭祀。第二年，鲁军在平陆打败齐军。

又过了三年，太公田和在浊泽与魏文侯相会，请求成为诸侯。魏文侯就派使臣去禀报周天子和各国诸侯，请求立齐国宰相田和为诸侯，周天子同意了。齐康公十九年，田和正式成为齐侯，列名于周朝正室，纪为元年。

齐侯太公田和被立为诸侯两年以后去世，他的儿子桓公田午即位。桓公午五年，秦国、魏国联合攻打韩国，韩国向齐国请求援救。齐桓公田午召集大臣商议说："早点去救它好呢，还是晚点去好？"驺忌说："都不如不去救它。"段干朋说："假如不去援救，韩国失败以后就会被并入魏国，不如去救它。"田臣思说："您的想法错了！秦、魏进攻韩国，楚国和赵国就一定会去救它，这是上天把燕国送给齐国。"桓公说："好！"于是暗中告诉韩国使者一定会派兵前去援救，并送走了韩国使者。韩国以为得到了齐国的救援，因而与秦、魏军队奋力交战。楚赵两国知道以后，果然派兵救援。齐国趁机出兵进攻燕国，夺取了桑丘。

桓公六年，齐国派兵援救卫国。桓公去世，他的儿子威王因齐即位。当年，以前的齐康公去世了，没有留下后代，他的封地都归田氏所有。

齐威王元年，三晋趁着齐国有丧事前来袭击灵丘。三年，韩、赵、魏三家消灭晋国，并瓜分了它的土地。六年，鲁国讨伐齐国，攻入阳关。晋国攻打齐国，打到博陵。七年，卫国攻打齐国，攻占薛陵。九年，赵国攻打齐国，夺取甄城。

威王自开始即位之后，就一直不理国事，国家政事都交给卿大夫处理，在他即位九年期间，各国诸侯都来攻打齐国，齐国人民不得太平。后来威王召见即墨大夫并对他说："自从您居住在即墨以后，毁谤您的言论每天都有。可是我派人去视察即墨，田野得到开发，百姓生活富足，官府没有积压的公事，齐国的东方因而也得以安宁。这主要在于您从不逢迎我的左右以求得赞扬的缘故啊！"于是，封给他一万户食邑。威王又召见阿城大夫并对他说："自从你开始治理阿城之后，赞扬你的话每天都能听到。可是我派人去视察阿城，田野荒废、百姓贫苦。赵军曾经攻打甄城，你没能前去援救。卫国攻占薛陵，你也不知道。这是你用财物贿赂我的左右来求得赞扬的吧？"当天就烹杀了阿城大夫，并把身边曾经吹捧过他的人都一起烹杀了。然后发兵往西边讨伐赵、卫，在浊泽打败魏军并包围魏惠王。魏惠王请求献出观城求得和解。赵国把齐国的长城归还齐国。于是齐国全国震惊，人人都不敢文过饰非，努力表现出他们的忠诚。齐国被治理得非常好。诸侯听到以后，有二十多年都不敢对齐国用兵侵犯齐国。

驺忌子由于擅长弹琴而进见齐威王，威王很喜欢他，并让他住在宫中的右室。之后没多久，有一天威王正在弹琴，驺忌子推门就进来说："弹得好啊！"威王勃然大怒，离开琴拿起宝剑说："先生只看到我的样子，还没来得及仔细观察，怎么就知道弹得好呢？"驺忌子说："大弦缓慢并且温和，象征国君；小弦高亢明快并且清亮，象征宰相；手指勾弦时用力，放开时舒缓，象征政令；琴声和谐，大小相互配合，婉转曲折却不相干扰，象征四时：因此我就可以知道您弹得好。"威王说："你很擅长谈论音乐。"驺忌子说："何止在谈论音乐，治理国家和安抚人民的道理都在其中啊！"威王又突然不高兴说："如果只是谈论五音的调理，我相信没人可以比得上您。如果是治理国家和安抚人民，又怎么能显现在琴弦之中呢？"驺忌子说："大弦缓慢并且温和，象征国君；小弦高亢明快并且清亮，象征宰相；勾弦用力但放开舒缓，象征政令；弹出的琴声和谐，大小配合美妙，婉转曲折却不相干扰，象征四时。回环往复而不乱，是因为政治昌明；连贯而轻快，是因为保全了将亡之国：所以说琴音调谐就可以保全天下太平。这么说治理国家和安抚人民，没有比五音的道理更相像的了吧。”威王说：“好极了。”

驺忌子进见威王才三个月就被封为丞相，接受了相印。淳于髡见了他说：“您真会说话呀！我有一些愚钝的想法，希望能在您面前陈述。”驺忌子说：“我将恭敬地接受教诲。”淳于髡说：“侍奉国君如果可以做到周到无误，您的身名就都能兴盛；但假如稍有不周或失误，那您的身名就会毁灭。”驺忌子说：“我一定恭敬地接受您的指教，并把您的话铭记于心。”淳于髡说：“用猪油涂抹棘木车轴，是为了让它更加润滑，可是轴孔如果是方形的就无法转动。”驺忌子说：“我会谨慎接地受您的指教，我一定会小心地在国君左右侍奉。”淳于髡说：“拿胶去粘用久了的弓干，是为了它们可以更好地粘合在一起，然而胶却不可能把缝隙完全粘合起来。”驺忌子说：“一定听从您的指教，我要使自己依附于万民。”淳于髡说：“狐皮袄即使破了，也不能用黄狗皮去补。”驺忌子说：“我会谨慎接受您的指教，细心挑选君子结交，不让小人混杂其中。”淳于髡说：“大车如果不较正，就不能正常载重；琴瑟如果不把弦调好，就不能使五音和谐。”驺忌子说：“一定听从您的指教，我会认真制定法律并亲自监督奸猾的官吏。”淳于髡说完后，快步走出，走出门外后告诉他的仆人说：“这个人，我对他说了五条隐语，他回答我就像回声的响应一样，这个人过不了多久就一定会受到封赏啊！”后来过了一年，威王把下邳封给驺忌子，封号为成侯。

威王二十三年，齐王在平陆与赵王相会。二十四年，齐王与魏王一起在郊外打猎。魏王问齐王说：“大王也有宝物吗？”威王说：“没有。”魏王说：“像我的国家这样小，也还有十颗能照亮前后各十二辆车的直径一寸的夜明珠，齐国这样的大国怎么能没有宝物呢？”威王说：“寡人理解的宝物与大王不同。我有个大臣叫檀子，如果派他去镇守南城，楚国人就不敢向东方侵犯掠夺，泗水沿岸的十二诸侯都来朝拜齐国。我还有个大臣叫朌子，要是派他镇守高唐，赵国人就不敢到东边的黄河去捕鱼。我有个官吏叫黔夫，派他镇守徐州，燕国人就到北门祭祀，赵国人就去西门祭祀，请求神灵可以保佑他们不受侵犯，有七千多家都搬家去追随他。我有个大臣叫种首，派他戒备盗贼，那就会道不拾遗。这些人的才华都将光照千里，又岂止是十二辆车能比的呢！”魏惠王心中惭愧，败兴离去。

威王二十六年，魏惠王包围邯郸，赵国向齐国请求援救。齐威王召集大臣商议说:“是前去援救赵好呢还是不救好?”驺忌子说:“不如不救。”段干朋说:“不救就是不讲仁义,而且对我们也没有好处。”威王说:“为什么呢?”段干朋回答说:“魏国一旦吞并邯郸,这对齐国有什么好处呢?如果救赵,我们将军队驻扎在赵国郊外,这样就可以使赵国不被侵犯同时也保全魏军完好无损。所以不如向南攻打魏国的襄陵,使魏军疲惫,邯郸就算被魏军攻下,我们也可以趁着魏军的疲惫使它受挫。”威王听取了他的意见。

后来成侯驺忌与田忌不和,公孙阅对成侯驺忌说:“您为什么不考虑提出建议去攻打魏国呢?这样,田忌一定领兵。如果战胜有功,那是您的计谋正确;如果打不胜,田忌不是死在战场就是兵败回朝,他的命就都被掌握在您的手里了。”于是成侯向威王建议,派田忌向南进攻襄陵。十月,邯郸被攻克,齐国趁机出兵攻打魏军,在桂陵大败魏军。于是齐国成为诸侯中最强的国家,自称为王,号令天下。

威王三十三年,威王杀了他的大夫牟辛。

威王三十五年,公孙阅又对成侯驺忌说:“您为什么不派人拿十斤黄金去街上占卜,就说‘我是田忌的人。我们三战三胜,名声威震天下。如今想要做大事,请问是吉还是不吉呢?’”等去占卜的人走了以后,就派人逮捕为他占卜的先生,带他去威王那里验证询问卜人的话,田忌听说之后,就率领他的部下攻打临淄,准备捕捉成侯,没能取胜,后来逃跑了。

威王三十六年,齐威王去世,他的儿子宣王辟强即位。宣王元年,秦国重用商鞅。周天子赐给秦孝公霸主的称号。

宣王二年,魏国攻打赵国。赵国与韩国交好,联合起来一起攻打魏国,赵国形势不利,在南梁被打败。宣王召回田忌恢复了他以前的职位。韩国请求齐国援救。宣王召集大臣商议说:“是早点去救援好还是晚点去好?”驺忌子说:“不如不救。”田忌说:“如果不救,韩国肯定失败从而被并入魏国,不如早点去援救。”孙膑说:“如果在韩、魏的军队还没有疲惫的时候就去援救,那就是我们代替韩国受魏军的攻击,回过头来反倒听从韩国的指挥。况且魏国已有攻破韩国的打算,韩国到即将灭亡的时候,肯定会到东边来向齐国求救。我们趁机与韩国结盟,又可晚一些去救援,趁着魏军的疲惫,这样就能得到更大的好处,同时还可以得到受人尊敬的名声。”宣王说:“很好。”于是暗中告诉韩国使者并把他送回去。韩国由于倚仗齐国的救援,结果五战都失败了,只好向东把国家托付给齐国。齐国趁机出兵，派田忌、田婴为统帅，孙膑为军师，出兵攻打魏国，救援韩国和赵国，在马陵将魏军打败，杀死魏国将领庞涓，俘虏了魏太子申。此后，三晋的君主都由田婴引见，在博望朝拜齐王，盟誓之后离去。

宣王七年，齐王在平阿以南与魏王相会。第二年，又在甄城相会。魏惠王去世。第三年，齐宣王与魏襄王在徐州相会，诸侯之间互相称王。宣王十年，楚军围困齐国的徐州。十一年，齐国与魏国联合起来攻打赵国，赵国引黄河水淹齐国、魏国的军队，齐、魏撤退。十八年，秦惠王称王。

宣王喜爱博学之人以及能言善辩的士人，像驺衍、淳于髡、田骈、接予、慎到、环渊之类一共七十六人，都赐给他们府第，封为上大夫，让他们不用处理政事，专门讨论学术。因此齐国的稷下学士越来越多，将近数百以至上千人。

宣王十九年，齐宣王去世，他的儿子湣王田地即位。

湣王元年，秦国派张仪与各国执政大臣在啮桑相会。三年，湣王把田婴封在薛。四年，湣王从秦国迎娶他的夫人。七年，齐国与宋国一起讨伐魏国，在观泽大败魏军。

湣王十二年，齐国讨伐魏国。楚国攻打韩国的雍氏，秦国打败楚国将领屈丐。苏代对楚国大臣田轸说："我有事请求拜见您，这件事非常完满，会使楚国对您有利，如果成功了就是福，就算不成功也是福。如今我站在门口，有人听到魏王曾对韩冯、张仪说：'煮枣就要被攻占，齐军又来侵犯，您二位如果能来救我就可以不败；如果不来救，那我也无能为力了。'这只是婉转之辞。秦、韩的军队如果不向东援救魏国，十几天以后，魏国就会转变策略，韩国追随秦国，秦国驱逐张仪，拱手侍奉齐、楚，这样，您的事就成功了。"田轸说："怎么才能使秦、韩的军队不向东救援魏国呢？"苏代回答说："韩冯请求救魏的言辞，一定不会对韩王说'我是为了魏国'，必定会说'我将依靠秦、韩的兵力向东击退齐、宋的军队，我们可以趁势联合三国的军队，趁着屈丐战败后的疲惫，向南要求楚国割地，韩国原来的失地一定能全部收回'。张仪请求救魏的言辞，同样也一定不会对秦王说'我是为了魏国'，必定会说'我将依靠秦、韩的兵力向东抵挡齐、宋，然后联合三国的军队，趁着屈丐战败后的疲惫，向南要楚国割地，名义上是为了保全即将灭亡的魏国，实际上是攻伐三川之后返回来，这是王者的事业'。您让楚王把韩国的土地还给他们，让秦国控制两国议和，您对秦王说'我愿意让楚国还给韩国土地，而大王可以在三川一带施逞威风，韩国不必动用军队就可以从楚国那里得到土地。'韩冯向东发兵的言辞会怎样对秦国说呢？他一定会说'秦国不用兵就可以得到三川，进攻楚国、韩国、使魏国处于困境，魏国便不敢向东联合齐国，这样就孤立了齐国'。张仪向东发兵的言辞会怎样说呢？他会说'秦国、韩国想得到土地却不主动出兵，声威震慑了魏国，魏国不想破坏和齐、楚的关系也就有所凭借了。'魏国就会改变对秦国、韩国的态度，争着去侍奉齐国和楚国，楚国正想得到魏国侍奉而又不想把土地给韩国，您让秦国、韩国不用兵就能得到土地，这是对两国都有大恩德啊。如果秦韩两国国王受韩冯、张仪的胁迫，向东发兵使魏国顺服，您可以胜券在握，去责问秦、韩，这样的话让秦、韩两国喜欢您而厌恶张仪的收益就太大了。"

湣王十三年，秦惠王去世。二十三年，齐军联合秦军在重丘打败了楚军。二十四年，秦国派泾阳君到齐国做人质。二十五年，齐国把泾阳君送回秦国。孟尝君薛文到秦国，很快被任命为秦国宰相，没过多久他又逃离秦国。二十六年，齐国与韩国、魏国一起出兵攻打秦国，军队驻扎在函谷关。二十八年，秦把河外之地让给韩国请求讲和，三国军队撤去。二十九年，赵国人杀了他们的主父。齐国帮助赵国灭了中山国。

湣王三十六年，齐湣王自称为东帝，秦昭王自称为西帝。苏代从燕国去齐国，在章华东门拜见齐王。齐王说："好啊，您来了！秦国派魏冉送来了帝号，您认为如何？"苏代回答说："大王您的问题太仓卒了，而祸患的开始往往是不明显的。希望您能够先接受帝号，但不要马上就开始称帝。秦国称帝后，如果天下太平，到那时，您再称帝，也不算晚。况且在争称帝号时表示出自己的谦让，也没什么影响。如果秦国称帝后，天下人都憎恶他，大王您就也不要称帝了，这样可以收拢天下的人心，这将是莫大的资本呀。何况如果天下同时有两个帝号，大王认为天下人是更尊崇齐国呢，还是更尊崇秦国？"湣王说："当然是尊崇秦国。"苏代说："如果放弃帝号，天下人是会比较敬爱齐国呢，还是比较敬爱秦国呢？"湣王说："当然是敬爱齐国而憎恶秦国。"苏代说："东西两帝订立盟约以后是攻打赵国对齐国有好处，还是讨伐宋国的暴君对齐国有好处？"湣王说："当然是讨伐宋国的暴君对我们有利。"苏代说："盟约双方的地位是平等的，可是如果是与秦国一起称帝，天下人就会只尊崇秦国而轻视齐国，但如果放弃帝号，天下人就会反过来敬爱齐国而憎恶秦国，攻打赵国没有讨伐宋国的暴君得来的利益多，所以希望大王能够明确地放弃帝号，从而可以收拢天下人心，背弃盟约，抛开秦国，不要和秦国一争高低，大王还可以利用这个机会讨伐宋国。攻占宋国，卫国的阳地处境也就比较危险了；占有济水以西，赵国的阿地以东一带就同样处于困境了；占有淮水以北，楚国的东部就危急了；占有陶、平陆，魏都大梁的城门就被堵塞了。如果可以放弃帝号，反而去讨伐宋国暴君，这样，齐国的地位就可以提高，名声也更加受人尊崇，燕国、楚国会因形势所迫而归服齐国，天下各国都不敢不听命于齐国，这是像商汤和周武王那样的义举一样呀。名义上敬重秦国称帝，实际上让天下人都憎恶它，这就是由卑下变为尊贵的方法。希望大王能够认真考虑。”于是齐国放弃帝号，重新称王，秦国也放弃了帝位。

湣王三十八年，齐国进攻宋国。秦昭王不高兴，说道：“我对宋国和新城、阳晋一样爱惜。齐国的韩聂是我的朋友，如今却攻打我所爱惜的地方，为什么呢？”苏代替齐国对秦王说：“韩聂攻打宋国，就是为了大王您呀。如今齐国强大，假如得到宋国的辅佐，楚、魏必然感到恐慌，他们一恐慌就会向西前来侍奉秦国，这样，大王就可以不用一兵，不伤一卒，轻轻松松地使魏国割让安邑，这就是韩聂告求于大王的。”秦王说：“我担心齐国难以让人看明白呀，如今一会儿合纵，一会儿连横，这又是为什么呢？”苏代回答说：“天下各国的情况能让齐国都明白吗？如今齐国攻打宋国，它知道想要侍奉秦国就应该有大国的力量辅助自己，不向西侍奉秦国，宋国也不可能得到太平。中原那些白发的游说之士都想尽办法来离间齐、秦的关系，那些纷纷驾车向西奔驰的人们，没有一个是去谈论齐国好的；那些纷纷驾车向东奔驰的人们，也没有一个是去谈论秦国好的。这又是为什么呢？因为他们都不想让齐、秦联合。为什么三晋与楚国都那么聪明反而齐与秦却这么愚笨呢？三晋如果与楚联合起来就一定会商议攻打齐、秦之事，齐、秦如果联合就一定会谋划攻打三晋和楚国。请大王凭借这样的情况决定行事吧！”秦王说：“好吧！”于是齐国就去攻打宋国，宋王出逃，死在温城。齐国在南方占领了楚国淮水以北的土地，在西边攻入了三晋，还准备吞并周室，立为天子。泗水一带的诸侯如邹、鲁等国的国君都向齐国称臣，各国诸侯都很害怕。

湣王三十九年，秦国派兵前来讨伐齐国，占领了九座城邑。

湣王四十年，燕、秦、楚及三晋联合，各国都派出精锐部队一起来讨伐齐国，在济水以西将齐军打败。齐王的军队被打散后离开了。燕国将领乐毅于是带兵攻入齐都临淄，掠取了齐国的全部珍宝利器。湣王逃奔到卫国，卫国国君打开王宫让他居住，向他称臣并好心服侍他。湣王却很傲慢，卫国人就去侵扰他。湣王无奈只好又离开卫国，逃到邹国、鲁国，因为他表现出来的傲慢，邹、鲁的国君都不愿意收留他，于是又逃到莒。这时楚国派淖齿领兵前去援救齐国，辅佐齐湣王，结果淖齿反而把湣王杀了，并与燕国一起瓜分了齐国的土地和宝器。

湣王被杀后，他的儿子法章更名改姓在莒太史敫的家中当佣人。太史敫的女儿觉得法章相貌不凡，认为他不是平常百姓，于是就比较怜爱他，还经常偷偷送他一些衣食，后来就和他私通了。淖齿离开莒城以后，莒城里的人和齐国逃亡的大臣一起寻找湣王的儿子，想要立他为齐王。法章害怕他们是要杀害自己不敢露面，过了很久，他才敢称自己是湣王的儿子。于是莒人共同立法章为齐王，这就是襄王。因为保全了莒城所以齐国向各地布告说："新王已经在莒即位了。"

襄王即位后，立太史氏的女儿为王后，称为君王后，她生了儿子建。太史敫说："我的女儿没有经过媒人说媒就私自嫁人，不能算我的后代，她玷污了我们的家风。"于是就终身没有与君王后见面。君王后十分贤惠，并没有因为父亲不见她就失掉了做子女的礼节。

襄王在莒待了五年，田单凭借即墨军民的力量打败了燕军，到莒将襄王接回临淄。齐国以前的土地又都重新归属齐国。齐王封田单为安平君。

襄王十四年，秦军攻打齐国的刚寿。十九年，襄王去世，其儿子建即位。

齐王建即位六年，秦国攻打赵国，齐国和楚国前去援救。秦国盘算说："齐、楚派兵援救赵国，如果它们关系亲近，我们就退兵；如果它们不亲近，我们就进攻它。"赵国没有粮食，请求齐国支援，齐国不答应。周子劝谏说："不如答应它借给它粮食，这样可以使秦兵撤退，如果不答应，秦兵就不会撤退，这样刚好促使秦国的计谋得逞，而让齐、楚的计谋失败。况且对于齐、楚来说，赵国就是屏障啊，就像牙齿外面的嘴唇一样，假如没有了嘴唇，牙齿就会受寒。如果今天赵国灭亡，那么明天祸患就会降临齐国、楚国了。而且援救赵国一事，应该像捧着漏水的瓮去浇烧焦的锅一样。援救赵国是高尚的义举；如果使秦兵撤退，可以显扬威名。仗义解救将亡的国家，扬威退却强秦的军队，不尽力去做好这件事却吝惜自己的粮食，为国家出谋划策的人真是大错特错了。”齐王不听周子的意见。秦军于是在长平打败了赵国的四十多万军队，接着就包围了邯郸

齐王建十六年，秦国灭掉了周室。齐国君王后去世。二十三年，秦国设立东郡。二十八年，齐王到秦国朝拜，秦王政在咸阳设酒宴招待。三十五年，秦国消灭韩国。三十七年，秦国消灭赵国。三十八年，燕国派荆轲前去秦国刺杀秦王，被秦王察觉，秦王杀了荆轲。第二年，秦军攻破燕都，燕王逃奔到辽东。又过了一年，秦国消灭魏国，将军队驻扎在历下。四十二年，秦国消灭楚国。第二年，秦军俘虏了代王嘉，杀死燕王喜，燕国灭亡。

齐王建四十四年，秦国攻打齐国。齐王采纳宰相后胜的计谋，还没有交战就率军投降了。秦军俘虏了齐王建，把他迁到共城。最终灭亡齐国，将其改为一郡。天下被秦国统一，秦王政开始建立封号称为皇帝。

原先，君王后很贤明，侍奉秦国很恭谨，和诸侯相交有信用，齐国又位于东边海滨。秦国日夜侵略三晋、燕国和楚国，五国各自求能自救于秦而无暇东顾，所以齐王建即位四十多年没有受到兵祸。君王后去世后，后胜任相，接受了秦国间谍大量的金银，经常派遣宾客到秦国去，秦国又大量拿黄金贿赂他们，宾客回齐后都变成秦的间谍，劝谏齐王放弃合纵的政策向秦国入朝，不整饬攻击作战的装备，不帮助其他五国抵抗秦国，因此秦国能够把这五国一一灭亡。五国被灭亡后，秦兵终于进入临淄城，老百姓都不敢反抗。王建只得投降，被迁贬到共邑。齐国人民埋怨王建不早与诸侯合纵抵抗秦国，听信奸臣宾客的邪说，以致亡国。因此作了首歌唱道：“是松树呀！是柏树呀！还是使王建住在共邑的宾客呀！”痛恨王建任用宾客而不去审查宾客的善恶。

太史公说：孔子晚年喜好研读《易经》。《易经》这门学问，讨论有形、无形的物景，实在非常深远，不是通达的人，不具有过人的才干，怎能注意到这些呢？所以周太史替田敬仲完卜卦，能占卜到十代以后。等到田敬仲完逃到齐国，懿仲卜筮的结果也是一样。田乞和田常所以能冒犯自比悼公、简公二位国君，专擅齐政，未必是事情的形势渐渐影响所造成的，也好像是遵从卜筮的预兆啊！

史记卷四十七

孔子世家第十七

孔子生鲁昌平乡陬邑。其先宋人也，曰孔防叔。防叔生伯夏，伯夏生叔梁纥。纥与颜氏女野合而生孔子，祷于尼丘得孔子。鲁襄公二十二年而孔子生。生而首上圩顶，故因名曰丘云。字仲尼，姓孔氏。

丘生而叔梁纥死，葬于防山。防山在鲁东，由是孔子疑其父墓处，母讳之也。孔子为儿嬉戏，常陈俎豆，设礼容。孔子母死，乃殡五父之衢，盖其慎也。郰人挽父之母诲孔子父墓，然后往合葬于防焉。

孔子要绖，季氏飨士，孔子与往。阳虎绌曰："季氏飨士，非敢飨子也。"孔子由是退。

孔子年十七，鲁大夫孟釐子病且死，诫其嗣懿子曰："孔丘，圣人之后，灭于宋。其祖弗父何始有宋而嗣让厉公。及正考父佐戴、武、宣公，三命兹益恭，故鼎铭云：'一命而偻，再命而伛，三命而俯，循墙而走，亦莫敢余侮。饘于是，粥于是，以餬余口。'其恭如是。吾闻圣人之后，虽不当世，必有达者。今孔丘年少好礼，其达者欤？吾即没，若必师之。"及釐子卒，懿子与鲁人南宫敬叔往学礼焉。是岁，季武子卒，平子代立。

孔子贫且贱。及长，尝为季氏史，料量平；尝为司职吏而畜蕃息。由是为司空。已而去鲁，斥乎齐，逐乎宋、卫，困于陈、蔡之间，于是反鲁。孔子长九尺有六寸，人皆谓之"长人"而异之。鲁复善待，由是反鲁。

鲁南宫敬叔言鲁君曰："请与孔子适周。"鲁君与之一乘车，两马，一竖子俱，适周问礼，盖见老子云。辞去，而老子送之曰："吾闻富贵者送人以财，仁人者送人以言。吾不能富贵，窃仁人之号，送子以言，曰：'聪明深察而近于死者，好议人者也。博辩广大危其身者，发人之恶者也。为人子者毋以有己，为人臣者毋以有己。'"孔子自周反于鲁，弟子稍益进焉。

是时也，晋平公淫，六卿擅权，东伐诸侯；楚灵王兵强，陵轹中国；齐大而近于鲁。鲁小弱，附于楚则晋怒；附于晋则楚来伐；不备于齐，齐师侵鲁。

鲁昭公之二十年，而孔子盖年三十矣。齐景公与晏婴来适鲁，景公问孔子曰："昔秦穆公国小处辟，其霸何也？"对曰："秦，国虽小，其志大；处虽辟，行中正。身举五羖，爵之大夫，起累绁之中，与语三日，授之以政。以此取之，虽王可也，其霸小矣。"景公说。

孔子年三十五，而季平子与郈昭伯以斗鸡故得罪鲁昭公，昭公率师击平子，平子与孟氏、叔孙氏三家共攻昭公，昭公师败，奔于齐，齐处昭公乾侯。其后顷之，鲁乱。孔子适齐，为高昭子家臣，欲以通乎景公。与齐太师语乐，闻《韶》音，学之，三月不知肉味，齐人称之。

景公问政孔子，孔子曰："君君，臣臣，父父，子子。"景公曰："善哉！信如君不君，臣不臣，父不父，子不子，虽有粟，吾岂得而食诸！"他日又复问政于孔子，孔子曰："政在节财。"景公说，将欲以尼谿田封孔子。晏婴进曰："夫儒者滑稽而不可轨法；倨傲自顺，不可以为下；崇丧遂哀，破产厚葬，不可以为俗；游说乞贷，不可以为国。自大贤之息，周室既衰，礼乐缺有间。今孔子盛容饰，繁登降之礼，趋详之节，累世不能殚其学，当年不能究其礼。君欲用之以移齐俗，非所以先细民也。"后景公敬见孔子，不问其礼。异日，景公止孔子曰："奉子以季氏，吾不能。"以季孟之间待之。齐大夫欲害孔子，孔子闻之，景公曰："吾老矣，弗能用也。"孔子遂行，反乎鲁。

孔子年四十二，鲁昭公卒于乾侯，定公立。定公立五年，夏，季平子卒，桓子嗣立。季桓子穿井得土缶，中若羊，问仲尼云"得狗"。仲尼曰："以丘所闻，羊也。丘闻之，木石之怪夔、罔阆，水之怪龙、罔象，土之怪坟羊。"

吴伐越，堕会稽，得骨节专车。吴使使问仲尼："骨何者最大？"仲尼曰："禹致群神于会稽山，防风氏后至，禹杀而戮之，其节专车，此为大矣。"吴客曰："谁为神？"仲尼曰："山川之神足以纲纪天下，其守为神，社稷为公侯，皆属于王者。"客曰："防风何守？"仲尼曰："汪罔氏之君守封、禺之山，为釐姓。在虞、夏、商为汪罔，于周为长翟，今谓之大人。"客曰："人长几何？"仲尼曰："僬侥氏三尺，短之至也。长者不过十之，数之极也。"于是吴客曰："善哉圣人！"

桓子嬖臣曰仲梁怀，与阳虎有隙。阳虎欲逐怀，公山不狃止之。其秋，怀益骄，阳虎执怀。桓子怒，阳虎因囚桓子，与盟而醳之。阳虎由此益轻季氏。季氏亦僭于公室，陪臣执国政，是以鲁自大夫以下皆僭，离于正道。故孔子不仕，退而修诗、书、礼、乐，弟子弥众，至自远方，莫不受业焉。

定公八年，公山不狃不得意于季氏，因阳虎为乱，欲废三桓之適，更立其庶孽阳虎素所善者，遂执季桓子。桓子诈之，得脱。定公九年，阳虎不胜，奔于齐。是时孔子年五十。

公山不狃以费畔季氏，使人召孔子。孔子循道弥久，温温无所试，莫能己用，曰："盖周文、武起丰镐而王，今费虽小，傥庶几乎！"欲往。子路不说，止孔子。孔子曰："夫召我者岂徒哉？如用我，其为东周乎！"然亦卒不行。

其后定公以孔子为中都宰，一年，四方皆则之。由中都宰为司空，由司空为大司寇。

定公十年春，及齐平。夏，齐大夫黎鉏言于景公曰："鲁用孔丘，其势危齐。"乃使使告鲁为好会，会于夹谷。鲁定公且以乘车好往。孔子摄相事，曰："臣闻有文事者必有武备，有武事者必有文备。古者诸侯出疆，必具官以从。请具左右司马。"定公曰："诺。"具左右司马。会齐侯夹谷，为坛位，土阶三等，以会遇之礼相见，揖让而登。献酬之礼毕，齐有司趋而进曰："请奏四方之乐。"景公曰："诺。"于是旍旄羽袯矛戟剑拨鼓噪而至。孔子趋而进，历阶而登，不尽一等，举袂而言曰："吾两君为好会，夷狄之乐何为于此！请命有司！"有司却之，不去，则左右视晏子与景公。景公心怍，麾而去之。有顷，齐有司趋而进曰："请奏宫中之乐。"景公曰："诺。"优倡侏儒为戏而前。孔子趋而进，历阶而登，不尽一等，曰："匹夫而荧惑诸侯者罪当诛！请命有司！"有司加法焉，手足异处。景公惧而动，知义不若，归而大恐，告其群臣曰："鲁以君子之道辅其君，而子独以夷狄之道教寡人，使得罪于鲁君，为之奈何？"有司进对曰："君子有过则谢以质，小人有过则谢以文。君若悼之，则谢以实。"于是齐侯乃归所侵鲁之郓、汶阳、龟阴之田以谢过。

定公十三年夏，孔子言于定公曰："臣无藏甲，大夫毋百雉之城。"使仲由为季氏宰，将堕三都。于是叔孙氏先堕郈。季氏将堕费，公山不狃、叔孙辄率费人袭鲁。公与三子入于季氏之宫，登武子之台。费人攻之，弗克，入及公侧。孔子命申句须、乐颀下伐之，费人北。国人追之。败诸姑蔑。二子奔齐，遂堕费。将堕成，公敛处父谓孟孙曰："堕成，齐人必至于北门。且成，孟氏之保鄣，无成是无孟氏也。我将弗堕。"十二月，公围成，弗克。

定公十四年，孔子年五十六，由大司寇行摄相事，有喜色。门人曰：“闻君子祸至不惧，福至不喜。”孔子曰：“有是言也。不曰‘乐其以贵下人’乎？”于是诛鲁大夫乱政者少正卯。与闻国政三月，粥羔豚者弗饰贾；男女行者别于涂；涂不拾遗；四方之客至乎邑者不求有司，皆予之以归。

齐人闻而惧，曰：“孔子为政必霸，霸则吾地近焉，我之为先并矣。盍致地焉？”黎鉏曰：“请先尝沮之；沮之而不可，则致地，庸迟乎！”于是选齐国中女子好者八十人，皆衣文衣而舞《康乐》，文马三十驷，遗鲁君，陈女乐文马于鲁城南高门外。季桓子微服往观再三，将受，乃语鲁君为周道游，往观终日，怠于政事。子路曰：“夫子可以行矣。”孔子曰：“鲁今且郊，如致膰乎大夫，则吾犹可以止。”桓子卒受齐女乐，三日不听政；郊，又不致膰俎于大夫。孔子遂行，宿乎屯。而师己送，曰：“夫子则非罪。”孔子曰：“吾歌可夫？”歌曰：“彼妇之口，可以出走；彼妇之谒，可以死败。盖优哉游哉，维以卒岁！”师己反，桓子曰：“孔子亦何言？”师己以实告。桓子喟然叹曰：“夫子罪我以群婢故也夫！”

孔子遂适卫，主于子路妻兄颜浊邹家。卫灵公问孔子：“居鲁得禄几何？”对曰：“奉粟六万。”卫人亦致粟六万。居顷之，或谮孔子于卫灵公。灵公使公孙余假一出一入。孔子恐获罪焉，居十月，去卫。

将适陈，过匡，颜刻为仆，以其策指之曰：“昔吾入此，由彼缺也。”匡人闻之，以为鲁之阳虎。阳虎尝暴匡人，匡人于是遂止孔子。孔子状类阳虎，拘焉五日。颜渊后，子曰：“吾以汝为死矣。”颜渊曰：“子在，回何敢死！”匡人拘孔子益急，弟子惧。孔子曰：“文王既没，文不在兹乎？天之将丧斯文也，后死者不得与于斯文也。天之未丧斯文也，匡人其如予何！”孔子使从者为宁武子臣于卫，然后得去。

去即过蒲。月馀，反乎卫，主蘧伯玉家。灵公夫人有南子者，使人谓孔子曰：“四方之君子不辱欲与寡君为兄弟者，必见寡小君。寡小君愿见。”孔子辞谢，不得已而见之。夫人在絺帷中，孔子入门，北面稽首。夫人自帷中再拜，环佩玉声璆然。孔子曰：“吾乡为弗见，见之礼答焉。”子路不说。孔子矢之曰：“予所不者，天厌之！天厌之！”居卫月馀，灵公与夫人同车，宦者雍渠参乘，出，使孔子为次乘，招摇市过之。孔子曰：“吾未见好德如好色者也。”于是丑之，去卫，过曹。是岁，

孔子受乐遥行图。讲孔子在鲁为大司寇，齐人恐怕鲁国强大对其构成威胁，于是选女子八十人、文马三十驷送于鲁君。鲁君受之而怠于政事，祭祀时又不把祭肉分于诸大夫，孔子失望之下离开鲁国之事。

鲁定公卒。

孔子去曹适宋，与弟子习礼大树下。宋司马桓魋欲杀孔子，拔其树。孔子去。弟子曰："可以速矣。"孔子曰："天生德于予，桓魋其如予何！"

孔子适郑，与弟子相失，孔子独立郭东门。郑人或谓子贡曰："东门有人，其颡似尧，其项类皋陶，其肩类子产，然自要以下不及禹三寸，累累若丧家之狗。"子贡以实告孔子。孔子欣然笑曰："形状，末也。而谓似丧家之狗，然哉！然哉！"

孔子遂至陈，主于司城贞子家。岁馀，吴王夫差伐陈，取三邑而去。赵鞅伐朝歌。楚围蔡，蔡迁于吴。吴败越王勾践会稽。

有隼集于陈廷而死，楛矢贯之，石砮，矢长尺有咫。陈湣公使使问仲尼。仲尼曰："隼来远矣，此肃慎之矢也。昔武王克商，通道九夷百蛮，使各以其方贿来贡，使无忘职业。于是肃慎贡楛矢石砮，长尺有咫。先王欲昭其令德，以肃慎矢分大姬，配虞胡公而封诸陈。分同姓以珍玉，展亲；分异姓以远方职，使无忘服。故分陈以肃慎矢。"试求之故府，果得之。

孔子居陈三岁，会晋楚争强，更伐陈，及吴侵陈，陈常被寇。孔子曰："归与归与！吾党之小子狂简，进取不忘其初。"于是孔子去陈。

过蒲，会公叔氏以蒲畔，蒲人止孔子。弟子有公良孺者，以私车五乘从孔子。其为人长，贤，有勇力，谓曰："吾昔从夫子遇难于匡，今又遇难于此，命也已。吾与夫子再罹难，宁斗而死。"斗甚疾。蒲人惧，谓孔子曰："苟毋适卫，吾出子。"与之盟，出孔子东门。孔子遂适卫。子贡曰："盟可负邪？"孔子曰："要盟也，神不听。"

卫灵公闻孔子来，喜，郊迎，问曰："蒲可伐乎？"对曰："可。"灵公曰："吾大夫以为不可。今蒲，卫之所以待晋、楚也，以卫伐之，无乃不可乎？"孔子曰："其男子有死之志，妇人有保西河之志。吾所伐者不过四五人。"灵公曰："善。"然不伐蒲。

灵公老，怠于政，不用孔子。孔子喟然叹曰："苟有用我者，期月而已，三年有成。"孔子行。

佛肸为中牟宰。赵简子攻范、中行，伐中牟。佛肸畔，使人召孔子。孔子欲往。子路曰："由闻诸夫子，'其身亲为不善者，君子不入也'。今佛肸亲以中牟畔，子欲往，如之何？"孔子曰："有是言也。不曰坚乎，磨而不磷；不曰白乎，涅而不淄。我岂匏瓜也哉，焉能系而不食？"

孔子击磬，有荷蒉而过门者，曰：“有心哉，击磬乎！硁硁乎，莫己知也夫而已矣！”

孔子学鼓琴师襄子，十日不进。师襄子曰：“可以益矣。”孔子曰：“丘已习其曲矣，未得其数也。”有间，曰：“已习其数，可以益矣。”孔子曰：“丘未得其志也。”有间，曰：“已习其志，可以益矣。”孔子曰：“丘未得其为人也。”有间，有所穆然深思焉，有所怡然高望而远志焉，曰：“丘得其为人，黯然而黑，几然而长，眼如望羊，如王四国，非文王其谁能为此也！”师襄子辟席再拜，曰：“师盖云《文王操》也。”

孔子既不得用于卫，将西见赵简子。至于河而闻窦鸣犊、舜华之死也，临河而叹曰：“美哉水，洋洋乎！丘之不济此，命也夫！”子贡趋而进曰：“敢问何谓也？”孔子曰：“窦鸣犊、舜华，晋国之贤大夫也。赵简子未得志之时，须此两人而后从政；及其已得志，杀之乃从政。丘闻之也，刳胎杀夭则麒麟不至郊，竭泽涸渔则蛟龙不合阴阳，覆巢毁卵则凤皇不翔。何则？君子讳伤其类也。夫鸟兽之于不义也尚知辟之，而况乎丘哉！”乃还息乎陬乡，作为《陬操》以哀之。而反乎卫，入主蘧伯玉家。

他日，灵公问兵陈，孔子曰：“俎豆之事则尝闻之，军旅之事未之学也。”明日，与孔子语，见蜚雁，仰视之，色不在孔子。孔子遂行，复如陈。

夏，卫灵公卒，立孙辄，是为卫出公。六月，赵鞅内太子蒯聩于戚。阳虎使太子绕，八人衰绖，伪自卫迎者，哭而入，遂居焉。冬，蔡迁于州来。是岁鲁哀公三年，而孔子年六十矣。齐助卫围戚，以卫太子蒯聩在故也。

夏，鲁桓、釐庙燔，南宫敬叔救火。孔子在陈，闻之，曰：“灾必于桓、釐庙乎？”已而果然。

秋，季桓子病，辇而见鲁城，喟然叹曰：“昔此国几兴矣，以吾获罪于孔子，故不兴也。”顾谓其嗣康子曰：“我即死，若必相鲁；相鲁，必召仲尼。”后数日，桓子卒，康子代立。已葬，欲召仲尼。公之鱼曰：“昔吾先君用之不终，终为诸侯笑。今又用之不能终，是再为诸侯笑。”康子曰：“则谁召而可？”曰：“必召冉求。”于是使使召冉求。冉求将行。孔子曰：“鲁人召求，非小用之，将大用之也。”是日，孔子曰：“归乎归乎！吾党之小子狂简，斐然成章，吾不知所以裁之。”子赣知孔子思归，送冉求，因诫曰“即用，以孔子为招”云。

冉求既去，明年，孔子自陈迁于蔡。蔡昭公将如吴，吴召之也。前昭公欺其臣迁州来，后将往，大夫惧复迁，公孙翩射杀昭公。楚侵蔡。秋，齐景公卒。

明年，孔子自蔡如叶。叶公问政，孔子曰："政在来远附迩。"他日，叶公问孔子于子路，子路不对。孔子闻之，曰："由，尔何不对曰'其为人也，学道不倦，诲人不厌，发愤忘食，乐以忘忧，不知老之将至'云尔。"

去叶，反于蔡。长沮、桀溺耦而耕，孔子以为隐者，使子路问津焉。长沮曰："彼执舆者为谁？"子路曰："为孔丘。"曰："是鲁孔丘与？"曰："然。"曰："是知津矣。"桀溺谓子路曰："子为谁？"曰："为仲由。"曰："子，孔丘之徒与？"曰："然。"桀溺曰："悠悠者天下皆是也，而谁以易之？且与其从辟人之士，岂若从辟世之士哉！"耰而不辍。子路以告孔子，孔子怃然曰："鸟兽不可与同群。天下有道，丘不与易也。"

他日，子路行，遇荷蓧丈人，曰："子见夫子乎？"丈人曰："四体不勤，五谷不分，孰为夫子！"植其杖而芸。子路以告，孔子曰："隐者也。"复往，则亡。

孔子迁于蔡三岁，吴伐陈。楚救陈，军于城父。闻孔子在陈、蔡之间，楚使人聘孔子。孔子将往拜礼，陈蔡大夫谋曰："孔子贤者，所刺讥皆中诸侯之疾。今者久留陈、蔡之间，诸大夫所设行皆非仲尼之意。今楚，大国也，来聘孔子。孔子用于楚，则陈、蔡用事大夫危矣。"于是乃相与发徒役围孔子于野。不得行，绝粮，从者病，莫能兴。孔子讲诵弦歌不衰。子路愠见曰："君子亦有穷乎？"孔子曰："君子固穷，小人穷斯滥矣。"

子贡色作，孔子曰："赐，尔以予为多学而识之者与？"曰："然。非与？"孔子曰："非也。予一以贯之。"

孔子知弟子有愠心，乃召子路而问曰："《诗》云'匪兕匪虎，率彼旷野'。吾道非耶？吾何为于此？"子路曰："意者吾未仁耶？人之不我信也。意者吾未知耶？人之不我行也。"孔子曰："有是乎！由，譬使仁者而必信，安有伯夷、叔齐？使智者而必行，安有王子比干？"

子路出，子贡入见。孔子曰："赐，《诗》云'匪兕匪虎，率彼旷野'。吾道非耶？吾何为于此？"子贡曰："夫子之道至大也，故天下莫能容夫子。夫子盖少贬焉？"孔子曰："赐，良农能稼而不能为穑，良工能巧而不能为顺。君子能修其道，纲而纪之，统而理之，而不能为容。今尔不修尔道而求为容。赐，而志不远矣！”

子贡出，颜回入见。孔子曰：“回，《诗》云‘匪兕匪虎，率彼旷野’。吾道非耶？吾何为于此？”颜回曰：“夫子之道至大，故天下莫能容。虽然，夫子推而行之，不容何病，不容然后见君子！夫道之不修也，是吾丑也。夫道既已大修而不用，是有国者之丑也。不容何病，不容然后见君子！”孔子欣然而笑曰：“有是哉颜氏之子！使尔多财，吾为尔宰。”

于是使子贡至楚。楚昭王兴师迎孔子，然后得免。

昭王将以书社地七百里封孔子。楚令尹子西曰：“王之使使诸侯有如子贡者乎？”曰：“无有。”“王之辅相有如颜回者乎？”曰：“无有。”“王之将率有如子路者乎？”曰：“无有。”“王之官尹有如宰予者乎？”曰：“无有。”“且楚之祖封于周，号为子男五十里。今孔丘述三王之法，明周、召之业，王若用之，则楚安得世世堂堂方数千里乎？夫文王在丰，武王在镐，百里之君卒王天下。今孔丘得据土壤，贤弟子为佐，非楚之福也。”昭王乃止。其秋，楚昭王卒于城父。

楚狂接舆歌而过孔子，曰：“凤兮凤兮，何德之衰！往者不可谏兮，来者犹可追也！已而已而，今之从政者殆而！”孔子下，欲与之言，趋而去，弗得与之言。

于是孔子自楚反乎卫。是岁也，孔子年六十三，而鲁哀公六年也。

其明年，吴与鲁会缯，征百牢。太宰嚭召季康子。康子使子贡往，然后得已。

孔子曰：“鲁卫之政，兄弟也。”是时，卫君辄父不得立，在外，诸侯数以为让。而孔子弟子多仕于卫，卫君欲得孔子为政。子路曰：“卫君待子而为政，子将奚先？”孔子曰：“必也正名乎！”子路曰：“有是哉，子之迂也！何其正也？”孔子曰：“野哉由也！夫名不正则言不顺，言不顺则事不成，事不成则礼乐不兴，礼乐不兴则刑罚不中，刑罚不中则民无所错手足矣。夫君子为之必可名，言之必可行。君子于其言，无所苟而已矣。”

其明年，冉有为季氏将师，与齐战于郎，克之。季康子曰：“子之于军旅，学之乎？性之乎？”冉有曰：“学之于孔子。”季康子曰：“孔子何如人哉？”对曰：“用之有名，播之百姓，质诸鬼神而无憾。求之至于此道，虽累千社，夫子不利也。”康子曰：“我欲召之，可乎？”对曰：“欲召之，则毋以小人固之，则可矣。”而卫孔文子将攻太叔，问策于仲尼。仲尼辞不知，退而命载而行，曰："鸟能择木，木岂能择鸟乎！"文子固止。会季康子逐公华、公宾、公林，以币迎孔子，孔子归鲁。

孔子之去鲁凡十四岁而反乎鲁。

鲁哀公问政，对曰："政在选臣。"季康子问政，曰："举直错诸枉，则枉者直。"康子患盗，孔子曰："苟子之不欲，虽赏之不窃。"然鲁终不能用孔子，孔子亦不求仕。

孔子之时，周室微而礼乐废，《诗》《书》缺。追迹三代之礼，序《书》传，上纪唐虞之际，下至秦穆，编次其事，曰："夏礼吾能言之，杞不足征也。殷礼吾能言之，宋不足征也。足，则吾能征之矣。"观殷夏所损益，曰："后虽百世可知也，以一文一质。周监二代，郁郁乎文哉。吾从周。"故《书》传、《礼》记自孔氏。

孔子语鲁大师："乐其可知也。始作翕如，纵之纯如，皦如，绎如也，以成。""吾自卫反鲁，然后乐正，《雅》《颂》各得其所。"

古者《诗》三千馀篇，及至孔子，去其重，取可施于礼义，上采契、后稷，中述殷、周之盛，至幽、厉之缺，始于衽席，故曰"《关雎》之乱以为《风》始，《鹿鸣》为《小雅》始，《文王》为《大雅》始，《清庙》为《颂》始"。三百五篇孔子皆弦歌之，以求合《韶》《武》《雅》《颂》之音。礼乐自此可得而述，以备王道，成六艺。

孔子晚而喜《易》，序《彖》《系》《象》《说卦》《文言》。读《易》，韦编三绝，曰："假我数年，若是，我于《易》则彬彬矣。"

孔子以《诗》《书》、礼、乐教，弟子盖三千焉，身通六艺者七十有二人。如颜浊邹之徒，颇受业者甚众。

孔子以四教：文，行，忠，信。绝四：毋意，毋必，毋固，毋我。所慎：斋，战，疾。子罕言利与命与仁。不愤不启，举一隅不以三隅反，则弗复也。

其于乡党，恂恂似不能言者。其于宗庙朝廷，辩辩言，唯谨尔。朝，与上大夫言，訚訚如也；与下大夫言，侃侃如也。入公门，鞠躬如也；趋进，翼如也。君召使傧，色勃如也。君命召，不俟驾行矣。

鱼馁，肉败，割不正，不食。席不正，不坐。食于有丧者之侧，未尝饱也。

是日哭，则不歌。见齐衰、瞽者，虽童子必变。

"三人行，必得我师。""德之不修，学之不讲，闻义不能徙，不善不能改，是吾忧也。”使人歌，善，则使复之，然后和之。

子不语：怪、力、乱、神。

子贡曰：“夫子之文章，可得闻也。夫子言天道与性命，弗可得闻也已。”颜渊喟然叹曰：“仰之弥高，钻之弥坚。瞻之在前，忽焉在后。夫子循循然善诱人，博我以文，约我以礼，欲罢不能。既竭我才，如有所立，卓尔。虽欲从之，蔑由也已。”达巷党人（童子）曰：“大哉孔子，博学而无所成名。”子闻之曰：“我何执？执御乎？执射乎？我执御矣。”牢曰：“子云‘不试，故艺’。”

鲁哀公十四年春，狩大野。叔孙氏车子鉏商获兽，以为不祥。仲尼视之，曰：“麟也。”取之。曰：“河不出图，洛不出书，吾已矣夫！”

颜渊死，孔子曰：“天丧予！”及西狩见麟，曰：“吾道穷矣！”喟然叹曰：“莫知我夫！”子贡曰：“何为莫知子？”子曰：“不怨天，不尤人，下学而上达，知我者其天乎！”

“不降其志，不辱其身，伯夷、叔齐乎！”谓“柳下惠、少连降志辱身矣”。谓“虞仲、夷逸隐居放言，行中清，废中权”。“我则异于是，无可无不可”。

子曰：“弗乎弗乎，君子病没世而名不称焉。吾道不行矣，吾何以自见于后世哉？”乃因史记作《春秋》，上至隐公，下讫哀公十四年，十二公。据鲁，亲周，故殷，运之三代。约其文辞而指博。故吴楚之君自称王，而《春秋》贬之曰“子”；践土之会实召周天子，而《春秋》讳之曰“天王狩于河阳”。推此类，以绳当世，贬损之义，后有王者举而开之。《春秋》之义行，则天下乱臣贼子惧焉。

孔子在位听讼，文辞有可与人共者，弗独有也。至于为《春秋》，笔则笔，削则削，子夏之徒不能赞一辞。弟子受《春秋》，孔子曰：“后世知丘者以《春秋》，而罪丘者亦以《春秋》。”

明岁，子路死于卫。孔子病，子贡请见。孔子方负杖逍遥于门，曰：“赐，汝来何其晚也？”孔子因叹，歌曰：“太山坏乎！梁柱摧乎！哲人萎乎！”因以涕下。谓子贡曰：“天下无道久矣，莫能宗予。夏人殡于东阶，周人于西阶，殷人两柱间。昨暮予梦坐奠两柱之间，予（殆）〔始〕殷人也。”后七日卒。

孔子年七十三，以鲁哀公十六年四月己丑卒。

哀公诔之曰：“旻天不吊，不憖遗一老，俾屏余一人以在位，茕茕余在疚。呜呼哀哉！尼父，毋自律！”子贡曰：“君其不没于鲁乎！夫子之言曰：‘礼失则昏，名失则愆。失志为昏，失所为愆。’生不能用，死而诔之，非礼也。称‘余一人’，非名也。”

孔子葬鲁城北泗上，弟子皆服三年。三年心丧毕，相诀而去，则哭，各复尽哀；或复留。唯子贡庐于冢上，凡六年，然后去。弟子及鲁人往从冢而家者百有馀室，因命曰孔里。鲁世世相传以岁时奉祠孔子冢，而诸儒亦讲礼乡饮大射于孔子冢。孔子冢大一顷。故所居堂弟子内，后世因庙藏孔子衣冠琴车书，至于汉二百馀年不绝。高皇帝过鲁，以太牢祠焉。诸侯卿相至，常先谒然后从政。

孔子生鲤，字伯鱼。伯鱼年五十，先孔子死。

伯鱼生伋，字子思，年六十二。尝困于宋。子思作《中庸》。

子思生白，字子上，年四十七。子上生求，字子家，年四十五。子家生箕，字子京，年四十六。子京生穿，字子高，年五十一。子高生子慎，年五十七，尝为魏相。

子慎生鲋，年五十七，为陈王涉博士，死于陈下。

鲋弟子襄，年五十七。尝为孝惠皇帝博士，迁为长沙太守。长九尺六寸。

子襄生忠，年五十七。忠生武，武生延年及安国。安国为今皇帝博士，至临淮太守，早卒。安国生卬，卬生驩。

太史公曰：《诗》有之：“高山仰止，景行行止。”虽不能至，然心乡往之，余读孔氏书，想见其为人。适鲁，观仲尼庙堂车服礼器，诸生以时习礼其家，余低回留之不能去云。天下君王至于贤人众矣，当时则荣，没则已焉。孔子布衣，传十馀世，学者宗之。自天子王侯，中国言“六艺”者折中于夫子，可谓至圣矣！

【译文】

孔子出生在鲁国昌平乡的陬邑。祖先为宋国人，叫孔防叔。防叔生了伯夏，伯夏生了叔梁纥。叔梁纥年老时才娶了颜姓少女生了孔子，是到尼丘山向神明祷告后才生的孔子。鲁襄公二十二年，孔子出生。因为他刚出生时头顶是凹下去的，所以取名为丘。字仲尼，姓孔氏。

孔子出生后没多久叔梁纥就死了，埋葬在防山下。防山在鲁国东部，因此孔子无法知道父亲坟墓的确切位置，他的母亲并没有告诉他。孔子小时候做游戏，经常摆放各种祭器，学做祭祀的礼仪动作。孔子的母亲死后，孔子暂且把灵柩停放在五父之衢，这是出于慎重的考虑。陬邑人挽父的母亲告诉了孔子他父亲墓地的具体位置，后来孔子把母亲的灵柩迁到防山同父亲葬在一起。

孔子还在守丧的时候，季孙氏举行宴会款待名士，孔子前去参加。季孙氏的家臣阳虎将其阻挡在外说："季氏招待名士，没有请你啊。"孔子因此退了回来。

孔子十七岁那年，鲁国大夫釐子病危，临终前告诫他的儿子懿子说："孔丘是圣人的后代，他的祖先在宋国被灭。他的先祖弗父何本来拥有宋国，却将君王之位让给了他的弟弟厉公。到了正考父时，辅佐宋戴公、宋武公、宋宣公三朝，三次被任命一次比一次恭敬，所以正考父鼎的铭文说：'第一次任命时鞠躬而受，第二次任命时弯腰而受，第三次任命时俯首而受。走路时顺着墙根走，也没人敢欺侮我；我就在这个鼎中做些面糊稀饭以糊口度日。'他就是这般恭谨节俭。我听说圣人的后代，就算不做国君执掌国政，也必定会才德显达。如今孔子年少而好礼，他不就是才德显达的人吗？如果我死了，你一定要拜他为师。"孟釐子死后，孟懿子和鲁国人南宫敬叔便前往孔子处学礼。当年，季武子去世，平子继承卿位。

孔子小的时候家境贫穷，社会地位低下。长大之后，他曾给季氏做过管理仓库的小吏，出纳钱粮算得公平准确；还曾担任过管理牧场的小吏，牲畜增加了很多。后来又升任主管营建工程的司空。没过多久，他离开鲁国，去了齐国，在齐国受到排斥，又去宋国、卫国，也遭到驱逐，又在陈国和蔡国之间被围困，最后只好又返回鲁国。孔子身高九尺六寸，人们都称他为"长人"，觉得他与一般人不一样。鲁国后来给他待遇很好，所以他最终返回了鲁国。

鲁国人南宫敬叔对鲁昭公说："我请求和孔子一起到周去学习。"鲁昭公就给他配备了一辆车、两匹马、一名童仆，和他们一起出发，到周去学礼，据说是见到了老子。与老子辞别之时，老子说："我听说富贵的人都送人财物，品德高尚的人都送人言语。我不是富贵的人，只好窃用品德高尚的人的名号，用言语为您送行。'聪明深察却经常受到死亡威胁的人，是因为他喜欢议论别人；博学善辩、见多识广，却常遭困危境的人，是因为他喜欢揭发别人的罪恶。做子女的应该忘掉自己而常常心想父母，做臣下的就应该忘掉自己而心存君主。'"孔子从周回到鲁国之后，跟从他学习的弟子也慢慢多起来了。

当时，晋平公荒淫无道，六卿掌握大权，不断向东讨伐其他诸侯，楚灵王军队强大，也时常侵犯中原各国；齐国强大，邻近鲁国。鲁国比较弱小，要是归附楚国就会惹怒晋国；归附晋国又会招致楚国来讨伐；对于齐国如果侍奉不周，齐国的军队就会前来侵犯。

鲁昭公二十年，孔子正好三十岁。齐景公带着晏婴来到鲁国，景公问孔子说："从前秦国又小又偏，如今它却能够称霸，这是什么原因呢？"孔子回答说："秦国虽小，志向却很大；处地虽然偏，施政却很得当。秦穆公亲自启用五羖，授给他大夫的官爵，从拘禁中将他解救出来，与他促膝长谈三天，然后把政权交给了他。用这种精神来治理国家，就算要统治整个天下也是可以的，他当个霸主还算是小的呢。"景公听了很高兴。

孔子三十五岁那年，季平子与郈昭伯因为斗鸡的缘故得罪了鲁昭公，昭公率军队攻打平子，平子联合孟孙氏、叔孙氏一起反击昭公，昭公被打败，逃奔到齐国，齐国把昭公安置在乾侯。在这之后不久，鲁国发生了变乱。孔子来到齐国，做了高昭子的家臣，想通过高昭子接近景公。他与齐国的乐官谈论音乐，听到了舜时的《韶》乐，就学习了起来，三个月专心研究，全神贯注，齐国人都称赞他。

齐景公向孔子请教管理国家的道理，孔子回答说："国君要像国君的样子，臣子要像臣子的样子，父亲要有父亲的样子，儿子要有儿子的样子。"景公说："太对了！假如国君不像国君，臣子不像臣子，父亲不像父亲，儿子不像儿子，即使有再多的粮食，我怎么能得到并且吃得着呢！"另一天，景公又向孔子请教管理国家的道理，孔子说："管理政务最重要的是节约开支，杜绝浪费。"景公很高兴，想把尼溪的田地封赏给孔子。晏婴进谏说："儒者能言善辩，是不能用法来约束他们的；他们桀骜不驯，不能作为臣子使用；他们重视丧事，竭尽哀伤，不惜倾家荡产也要将丧事办得隆重，不能形成这样的风气；他们四处游说乞求官禄，不能用来治理国家。自从那些圣贤去世、周王室衰败以后，缺失礼乐已经有很长时间了。如今孔子讲究仪容服饰，详定繁琐的上朝下朝礼节，刻意于快步行走的规矩，这些繁文缛节，几世也学不完，毕生也搞不清楚。您要用它来改变齐国的风俗，恐怕不是引导老百姓的好办法。"后来，齐景公还是很有礼貌地接见孔子，但不再问起礼仪的事情。有一天，景公挽留孔子说："用给季氏那样高的待遇给您，我做不到。"所以就给了孔子上卿季孙氏、下卿孟孙氏之间的待遇。齐国的大夫想害孔子，孔子听说了。景公对孔子说："我年已老，不能重用您了。"孔子于是离开了齐国，重新回到鲁国。

孔子四十二岁的时候，鲁昭公在齐国的乾侯去世，鲁定公即位。定公五年的夏天，季平子去世，季恒子继位封为上卿。季桓子在掘井的时候掘得一个腹大口小的陶器，里面有个像羊的东西，告诉孔子说"得到一只狗"。孔子说："据我所知，是羊。我听说，山林中的怪物是单足兽'夔'和会学人声的山精'罔阆'，水中的怪物是神龙和罔象，泥土中的怪物是坟羊。"

吴国进攻越国，摧毁了越国都城会稽，得到一节骨头，有一辆车那么长。吴国派使者来问孔子："什么骨头最大？"孔子说："大禹曾经在会稽山召集群神，防风氏迟到了，大禹便下令杀了他并陈尸示众，他的骨头一节就有一车那么长，这就是最大的骨头。"吴国的使者又问："那神又是谁呢？"孔子说："山川的神灵能兴云致雨可以造福天下，负责监守山川按时祭祀的就是神。负责守土地和谷物的就是公侯，他们都隶属于王者。"吴国使者又问："防风氏是监守什么的神呢？"孔子说："汪罔氏的君长监守封山和禺山一带的祭祀，是釐姓。在虞、夏、商三代被称为汪罔，在周被称为长翟，如今被称为大人。"吴使问："大人的身高有多少？"孔子回答说："僬侥氏身高三尺，是最矮的；大人高的不过三丈，算得上是最高的了。"吴国使者听了之后说："了不起呀圣人！"

季桓子有个宠臣叫仲梁怀，与阳虎不和。阳虎想赶走仲梁怀，季氏家臣公山不狃阻止了他。这年秋天，仲梁怀更加骄横了，阳虎逮捕了仲梁怀。季桓子大怒，阳虎于是也囚禁了季桓子，后来季桓子与他订立盟约才被释放。阳虎自此之后更加轻视季氏。季氏也经常凌驾于鲁君之上，鲁国出现了大臣专权的局面。后来鲁国自大夫以下都不守礼节，违背正道。所以孔子不愿意再做官，在家专心研究《诗经》《尚书》《礼经》《乐经》，学生也越来越多，有的甚至来自远方，无不虚心接受孔子教诲。

鲁定公八年，公山不狃在季桓子手下不得宠，勾结阳虎作乱，废掉季孙氏、孟孙氏、叔孙氏三家的嫡生嗣子，改立阳虎一直很喜欢的庶子，于是就抓住了季桓子。桓子施计骗他，逃了出来。鲁定公九年，阳虎作乱失败，逃奔到齐国。当时，孔子五十岁。

公山不狃依靠费城反叛季氏，派人来请孔子去帮忙。孔子探索治国之道已经很久了，但始终抑郁不能得志，无处施展才华，没有人能任用他，说："当初周文王、周武王在丰、镐开始兴盛后来建立了王业，现在费城虽然很小，应该也差不多吧！"打算前去，子路不高兴，阻止孔子。孔子说："他们请我去，难道会让我白白跑一趟吗？如果重用了我，我将在东方建立一个像周那样的王朝！"但最终也没能成功。

后来鲁定公任命孔子为中都长官，一年后，各地都效仿他的治理方法。孔子由中都长官被提拔为司空，又由司空升任为大司寇。

鲁定公十年春天，鲁国与齐国言和。夏天，齐国大夫黎鉏对景公说："鲁国如今重用孔丘，形势一定会危及齐国。"于是齐景公就派使者前去告诉鲁国，说要与鲁定公相会交好，会见的地点在夹谷。鲁定公准备车辆随从，将要毫无防备地去赴约。孔子兼办会晤事宜，他对定公说："我听说办理文事必须要有武装准备，办理武事也必须有外交配合。以前诸侯出自己的国境，一定要带齐必要的官员随从。希望您能够安排左、右司马一起去。"定公说："好。"于是就带了左、右司马一道去。在夹谷与齐侯相会，那里修筑了盟坛，坛上备好席位，又有三级登坛的台阶，按礼节相见，拱手作揖相让才登坛。馈赠应酬之后，齐国管事的官员快步上前请示说："请开始演奏四方舞乐。"齐景公说："好的。"于是齐国的乐队以旌旗为先导，有的头戴羽冠、身穿皮衣，有的手执武器，喧闹着一拥而上。孔子见状赶忙跑过来，一步一阶快步登台，还差一级台阶时，一挥衣袖，说道："我们两国国君是来友好相会的，为什么在这里演奏夷狄的舞乐，请命令管事官员叫他们下去！"主管官员叫乐队退下，他们都不退，左右去看晏婴与齐景公的眼色。齐景公心中惭愧，挥手叫乐队退下。过了一会儿，齐国的管事官员又上前请示说道："请开始演奏宫中的乐曲。"景公说："好的。"于是一些歌舞杂技艺人和身材矮小的侏儒上前开始表演了。孔子看了又急跑过来。一步一阶往台上走，最后一阶还没有迈上就说："普通人敢来胡闹迷惑诸侯，依法论罪这可是要杀头的！请命令主事官员去执行！"主事官员依法将他们处以腰斩，这些人都手足异处。齐景公大为恐惧，深受触动，知道自己讲道理上比不上他，回国之后很是惶恐，告诉他的大臣们说："鲁国的大臣们都是用君子的道理来辅佐他们的国君，而你们却拿夷狄的办法教给我，使我得罪了鲁国国君，这可怎么是好呢？"主管官员上前回答说："君子如果犯下过错，就会用实际行动来表示道歉认错；如果是小人有了过错，就会用花言巧语来谢罪。您如果痛心，就用实际行动来表示道歉吧。"于是齐景公就将从前夺取鲁国郓、汶阳、龟阴的土地都还给鲁国，以此来向鲁国道歉认错。

鲁定公十三年夏天，孔子对定公说："臣子的家中不能收藏武器，大夫封地的城墙不能长于三百丈。"于是定公就派仲由去季氏家中当管家，准备拆毁季孙、孟孙、叔孙三家封邑的城墙。因此，叔孙氏先把郈邑的城墙拆了。季孙氏也打算拆掉费邑的城墙，公山不狃和叔孙辄带领费邑的人攻打鲁国。鲁定公和季孙、孟孙、叔孙三人躲进了季孙的住宅，登上了季孙武子的高坛。公山不狃率领费邑人攻了一阵，没能打进去，但有人攻入鲁定公所登高坛的近侧。孔子命令申句须、乐颀下台来反击他们，费邑人失败逃走，鲁国人乘胜追击，在姑蔑把他们彻底打败。公山不狃、叔孙辄两人逃到了齐国，费邑的城墙后来被拆毁。接着准备拆除成邑的城墙，孟孙氏的家臣公敛处父告诉孟孙说："如果拆除了成邑的城墙，齐国人一定会攻入我们的北大门。且成城又是孟氏的屏障，没有成城也就等于没有孟氏。我不打算拆毁。"十二月，鲁定公率兵包围成城，没有攻下。

鲁定公十四年，孔子五十六岁，他以大司寇的身份代理国相事务，脸上有喜悦的神色。他的弟子说："听说君子都是大祸临头也不恐惧，大福到来也不喜形于色。"孔子说："是有这么一句话，但不是还有一句'因为身居高位而可以礼贤下士而高兴'的话吗？"后来杀了扰乱国政的大夫少正卯。孔子参与处理国政三个月，贩卖猪、羊的商人就不敢漫天要价了；男女行人都分开走路；掉在路上的东西也没人捡走；各地的旅客来到鲁国的城邑，用不着向官员们送礼求情，都能得到很好的招待，像回到了自己家中一样。

齐国听说这个消息以后开始害怕起来，说："孔子如果一直在鲁国执政下去，鲁国一定会称霸，它一旦称霸，我们距它最近，必然首先会来吞并我们。何不先送些土地给他们呢？"黎鉏说："我们先试着阻止他们，如果不成，再送给他们土地，难道这还算迟吗！"于是就从齐国挑选了八十个漂亮女子，都穿上华丽的衣服，教她们学会跳《康乐》，身上有花纹的马一百二十余匹，一起送给鲁君。先把女乐和纹马彩车安放在鲁城南面的高门外。季桓子身着便服前往观看，打算接受下来，就告诉鲁君，以外出到各地周游视察为名，乘机整天到南门观看齐国的美女和骏马，连国家的政事也懒得去管了，子路看到此种情形便对孔子说："老师，我们可以离开这里了吧。"孔子说："鲁国现在就要在郊外祭祀，如果能按照礼法把典礼后的烤肉分给大夫们，那么我留下不走。"季桓子终于接受了齐国送来的女子，一连三天不过问政事；在郊外祭祀结束后，又违背常礼，没把烤肉分给大夫们。孔子于是离开了鲁国，当天就在屯地住宿过夜。鲁国有一个名叫师己的乐师来为他送行，说道："先生您是没有过错的。"孔子说："我唱一首歌，行不行？"于是唱道："那些妇人的口，可以把大臣和亲信撵走；接近那些妇女，可以使人败事亡身。悠闲啊悠闲，我只有这样来安度岁月！"师己返回后，桓子问他说："孔子说了些什么？"师己如实相告。桓子长叹一声，说："先生是怪罪我们接受了齐国那一群女乐啊！"

孔子于是到了卫国，寄住在子路妻子的兄长颜浊邹家中。卫灵公问孔子："鲁国给你的俸禄是多少？"孔子回答说："俸米六万斗。"卫国也照样给了他俸米六万斗。过了不久，有人向卫灵公说了孔子的坏话，卫灵公就派公孙余假用兵仗监视孔子的出入行动。孔子害怕在这里获罪，待了十个月左右，就离开了卫国。

孔子将要到陈国去，经过一个名叫匡的地方，弟子颜刻替他赶车，颜刻用马鞭子指着说："从前我进入过这个城，就是在那缺口进去的。"匡人听说，误认为是鲁国的阳虎来了，阳虎曾经残害过匡人，于是匡人就围困住了孔子。孔子的模样长得很像阳虎，所以被困在那里整整五天。颜渊后来赶到那里，孔子说："我还以为你死了。"颜渊说："老师您活着，我怎么敢死！"匡人围攻孔子越来越急，弟子们都很担心。孔子说："周文王已经死去，周代的礼乐制度不就在我们这里吗？如果上天要毁灭这些礼乐制度的话，就不会让我们这些后死的人承担起维护它的责任。上天并没有要消灭周代的这些礼乐制度，匡人又能把我怎么样呢！"孔子派一个跟从他的人到宁武子那里称臣，然后才得以离开匡地。

孔子离开匡地以后，到了蒲地，又过了一个多月，重新回到卫国，寄住在蘧伯玉家。卫灵公有个叫南子的夫人，派人对孔子说："各国的君子，凡是看得起我们的，都愿意与我们国君建立兄弟一样的交情，也一定会来拜见我们南子夫人，我们南子夫人也愿意见见您。"孔子开始还推辞谢绝，最后不得已才去见她。南子夫人坐在葛布做的帷帐中等待。孔子进门后，面朝北叩头行礼。南子夫人在帷帐中拜了两拜，她佩戴的环佩玉器首饰发出了叮当撞击的响声。后来孔子说："我原本就不愿见她，现在既然不得已见了，就得还她以礼。"子路很不高兴。孔子发誓说："我如果做了不对的事，上天一定会厌弃我！一定会厌弃我！"在卫国住了一个多月，灵公和夫人南子同坐了一辆车子，宦官雍渠陪侍车右，出宫后，让孔子坐在第二辆车子上跟从，大摇大摆地从街道上走过。孔子说："我没有见过喜好道德像喜欢美色一样的人啊。"于是对卫灵公的所作所为感到痛心，就离开了卫国，去了曹国。当年，鲁定公去世。

孔子离开曹国去了宋国，与弟子们在大树下演习礼仪。宋国的司马桓魋想杀死孔子，就把树砍了。孔子只好离开这个地方。弟子们催促说："我们可以快点走了。"孔子说："上天既然赋予我传授道德的使命，桓魋他又能把我如何！"

孔子到了郑国，与弟子们走散了，一个人站在外城的东门。郑国有人看见了他，就告诉子贡说："东门那儿有个人，他的额头像唐尧，脖子像皋陶，肩膀像郑子产，可是从腰部以下比禹短了三寸，一副狼狈破落的样子，像一条丧了家的狗一样。"子贡见面把这些话如实地告诉了孔子。孔子高兴地说道："他形容我的相貌，不一定对，但说我像条丧家狗，真是太对了！对极了。"

孔子后来去了陈国，寄住在司城贞子家里。过了一年多，吴王夫差率兵来讨伐陈国，攻占了三个城邑以后才退兵而去。赵鞅进攻朝歌。楚国包围了蔡国，蔡国迁移到吴地。吴国在会稽打败了越王勾践。

有一天，有只隼落在陈国的宫廷中死了，被楛木做的箭贯穿，箭头是用石头做的，箭长一尺八寸。陈湣公派使者去请教孔子，孔子回答说："隼应该是从很远的地方飞来的，这是肃慎部族的箭。当初周武王伐纣灭商，沟通了与少数民族的联系，让百蛮各族都贡献自己的地方特产，使他们不要忘记自己的职责和义务。于是肃慎部族献来楛木做的箭和石头制的箭头，长一尺八寸。周武王为了彰显他的美德，就把肃慎部族的箭赐给长女太姬，后来太姬嫁给了虞胡公，虞胡公又被封在陈国。当初王室将珍宝玉器分给同姓诸侯，是为了表示自己重视亲族；把远方的贡品赠给他姓诸侯，是为了让他们不要忘记服从周王朝。所以把肃慎部族的箭赐给了陈国。"陈湣公听了以后，就派人到收藏各方贡物的仓库中去找，果然找到了这种箭。

孔子在陈国待了三年，正好遇上晋国、楚国争霸，两国轮番前来讨伐陈国，直到吴国进攻陈国为止，陈国经常遭受战乱。孔子说："回去吧，回去吧！我家乡的那些弟子，志向远大，他们都很有进取心，也没有忘记自己的初衷。"于是就离开了陈国。

孔子经过一个叫蒲的地方，正好遇上公叔氏凭据蒲地反叛卫国，蒲人扣留了孔子。孔子的弟子中有个叫公良孺的，带了五辆车子跟随孔子一起周游各地。这个人身材高大，有才德，也有勇力，对孔子说："我曾经跟随老师在匡地遇到危难，如今又在这里遇到危难，这是命里注定的吧。我和老师一再遭难，宁可搏斗而死。"公良孺跟蒲人激烈奋战，蒲人害怕了，对孔子说："如果你答应不去卫国，我就放你们走。"于是孔子就与他们订立了盟约，后来才放孔子从东门出去。孔子后来还是到了卫国。子贡说："盟约可以违背吗？"孔子说："当初是在被要挟下订立的盟约，神是不会认可的。"

卫灵公听说孔子来了，很高兴，亲自到郊外迎接孔子。灵公问孔子说："蒲这个地方可以攻取吗？"孔子回答说："可以。"灵公说："我的大夫却认为不可，因为现在的蒲是防御晋、楚的屏障，用我们卫国的军队去攻打，恐怕不可以吧？"孔子说："蒲地的男子有誓死效忠卫国的决心，妇女有保卫西河一带的愿望。我所说的讨伐，只是四、五个领头叛乱的人罢了。"卫灵公说："很好。"但是却没有出兵去攻打蒲地。

卫灵公年纪已老，懒得处理政务，也没有起用孔子。孔子长叹一声说："如果有人起用我，一年时间就差不多了，三年就会大见成效。"于是孔子离开了。

佛肸是中牟的宰相。赵简子攻打范氏、中行氏，讨伐中牟。佛肸就占据了中牟，进行反叛，派人去请孔子。孔子打算去，子路说："我听老师说过，'亲自带头做坏事的人那里，君子是不去的'。现在佛肸自己占据中牟想要反叛，您却准备前往，这是为什么呢？"孔子回答说："我是说过这句话。不过也说过，坚硬的东西是磨不薄的；还说过洁白的东西是染不黑的。我难道是只能看却不能吃的匏瓜吗，怎么可以老是挂着却不给人吃呢？"

有一次孔子正敲击磬，有个背着草筐的人路过门口，说道："这个击磬人有心思啊，磬声又响又急，既然人家不赏识你，那就算了吧！"

孔子跟随师襄子学习弹琴，一连学了十天，也没继续学习新曲子。师襄子说："可以学新曲了。"孔子说："我已经掌握这首乐曲了，但还没有熟练地掌握弹琴的技法。"又过了些时日，师襄子又说："你已经掌握弹琴的技法了，可以学习新曲子了。"孔子说："我还没有领会乐曲的意蕴。"又过了几日，师襄子说："你已经领会乐曲的意蕴，可以学些新曲了。"孔子说："我还没有体会出作曲者是怎样的一个人。"又过了几天，孔子穆然沉思，接着又心旷神怡，显出志向远大的样子。说："我体会出作曲者是个什么样的人了，他的皮肤黝黑，身材高大，目光深邃并且明亮，就像一个统治四方诸侯的王者，除了周文王，又有谁是这样的呢！"师襄子于是恭敬地离开座位，起身向孔子拜了两拜，说："我老师原来说过，这是《文王操》呀。"

孔子因为得不到卫国的重用，打算向西去拜见赵简子。到了黄河边，听到窦鸣犊、舜华被杀的消息，就面对着黄河万分感慨地说："黄河水啊如此壮美，浩浩荡荡如此盛大，我之所以不能渡过黄河，也许就是命运啊！"子贡赶上前去问孔子说："冒昧地请问老师，这话是什么意思呢？"孔子说："窦鸣犊和舜华，都是晋国有才德的大夫。当初赵简子还没有得志的时候，就是依靠这两个人才得以从政的；如今他得志了，却杀了这两个人来执掌政权。我听说过，一个地方如果剖腹取胎杀害幼兽，那么麒麟就不会来到它的郊野；如果排干了池塘之水去抓鱼，那么龙也就不会来调合阴阳兴风致雨了；如果倾覆鸟巢毁坏鸟卵，凤凰也就不愿来这里飞翔。这是为什么呢？君子忌讳伤害他的同类。那些鸟兽对于不义的行为都尚且知道避开，何况是我孔丘呢！"于是便回到老家陬乡休息，创作了《陬操》的琴曲来哀掉窦鸣犊、舜华两位贤人。后来又回到卫国，寄住在蘧伯玉家。

有一天，卫灵公问孔子关于军队列阵作战的事。孔子回答说："祭祀的事我倒是曾经听说过，关于排兵布阵的事，我没有学过。"第二天，卫灵公与孔子谈话的时候，看见空中飞来一只大雁，就只顾抬头仰望，神色不在孔子身上。孔子于是就离开卫国，又去了陈国。

当年夏天，卫灵公去世，他的孙子辄即位，这就是卫出公。六月，赵鞅把流亡在外的太子蒯聩接到戚地。阳虎让太子蒯聩穿上孝服，又让八个人披麻戴孝，装扮成是从卫国来接太子回去奔丧的样子，哭着就进了戚城，后来在戚城住了下来。冬天，蔡国迁往州来。当年是鲁哀公三年，孔子六十岁。齐国助卫国包围了戚城，就是因为卫太子蒯聩在那儿的缘故。

夏天，鲁桓公、釐公的庙堂起火。南宫敬叔去救火。孔子在陈国听到了这个消息，就说："火灾一定发生在桓公、釐公的庙堂吧？"后来发现果然如他所言。

秋天，季桓子病危，乘着辇车巡视鲁城，感慨地叹道："当初这个国家几乎就要兴旺了，因为我得罪了孔子，所以没有兴旺起来。"回头又对他的嗣子季康子说:“等我去世后,你一定会接掌鲁国的政权辅佐国君;如果你辅佐国君,一定要召回孔子。”过了几天,季桓子去世了,季康子继位。丧事办完之后,他想召回孔子。大夫公之鱼说:“当初我们的国君鲁定公曾经任用过他,却没能有始有终,最后被诸侯耻笑。如今您再任用他,如果还不能善终,这肯定会再次招来诸侯的耻笑。”季康子说:“那应该召谁比较好呢?”公之鱼说:“一定要召冉求。”于是季康子就派人召回冉求。冉求准备走的时候,孔子说:“这次鲁国召冉求回去,不会小用,应该会重用他。”就在这一天,孔子说:“回去吧,回去吧!我家乡的那些弟子志向高远而行事疏阔,富有文采,我真不知从何下手来教育他们才好。”子贡知道孔子思念家乡想回去,送别冉求之时,就叮嘱冉求“你要是能够得到重用,要想着把老师请回去”之类的话。

冉求离开后两年,孔子从陈国移居蔡国。蔡昭公准备到吴国去,是吴国召他去的。从前昭公欺骗他的大臣,迁到了州来,这次前往,大夫们担心他又要迁都,公孙翩就在路上射杀了蔡昭公。后来,楚军攻打蔡国。秋天,齐景公去世。

第二年,孔子从蔡国前往叶地。叶公向孔子请教为政的道理,孔子回答说:“为政的道理在于招纳远方的贤能,使近处的人亲附。”有一天。叶公向子路问孔子的情况,子路没有回答。孔子听说后告诉子路说:“仲由,你为什么不这样对他说:‘他这个人呀,学习起来不知疲倦,教导起人来不会厌烦,发愤学习时忘记了吃饭,快乐时忘记了忧愁,以至于连衰老即将到来也全不知道’等等。”

孔子离开楚国的叶地回到蔡国。在路上遇见长沮、桀溺两人一起耕田,孔子以为他们是隐士,就叫子路上前打听渡口在什么地方。长沮问:“那个拉着马缰的人是谁?”子路回答说:“是孔丘。”长沮又问:“是鲁国的孔丘吗?”子路回答说:“是的。”长沮说:“那他应该知道渡口在哪儿。”桀溺又问子路说:“你是谁?”子路回答说:“我是仲由。”桀溺说:“你是孔丘的弟子吗?”子路说:“是的。”桀溺说:“天下到处都不得安宁,又有谁能改变这种现状呢?况且你跟着那些逃避暴乱的人四处奔走,还不如跟着我们这些躲避乱世的人呢?”说完,就继续不停地耕田。子路把这些告诉孔子,孔子失望地说:“我们不能和鸟兽一样居住在山林里,要是天下太平,我也用不着到处奔走图谋改变如今的现状了。”

有一天,子路走在路上,遇见一位肩扛除草工具的老人。子路问他:

“您看见过我的老师吗？”老人说：“你们这些人四肢不勤劳、五谷分不清，谁是你的老师呢？”说完就拄着拐杖拔草去了。后来子路把这件事告诉了孔子，孔子说：“这是位隐士。”让子路再到那里去看看，老人已经离开了。

孔子在蔡国待了三年，吴国讨伐陈国。楚国前去救援，将军队驻扎在城父。听说孔子住在陈国和蔡国的边境上，楚国便派人去聘请孔子。孔子准备前往拜见接受楚国的聘礼，陈国、蔡国的大夫商议说：“孔子是位贤德之人，他所指责讽刺的都正好是诸侯的弊病。如今长时间地停留在我们陈国和蔡国之间，大夫们的所做所为都不合仲尼的意思。如今的楚国，是个大国，来聘请孔子。如果孔子在楚国得到重用，那么我们陈蔡两国掌权的大夫们就危险了。”于是他们双方就商量派了一些服劳役的人把孔子围困在郊外。孔子和他的弟子们走不了，粮食也断绝了。随从的弟子病了，站都不能站起来了。孔子还在不停地给大家讲学、诵诗、唱歌、弹琴。子路很生气地来见孔子说：“君子也有如此困窘的时候吗？”孔子说：“君子在困窘面前能坚守节操决不动摇，小人如果遇到困窘就会不加节制，什么事情都做得出来。”

子贡的脸色也变了。孔子说：“赐啊，你认为我是博学多识的人吗？”子贡回答说：“是的。难道不对吗？”孔子说：“不是的。我只是用一种基本原则贯穿始终。”

孔子知道弟子们心中不高兴，便叫来子路问道：“《诗经》上说‘不是犀牛也不是老虎，然而却徘徊在旷野上’，难道是我们的学说不对吗？我们为什么会落到如此境地呢？”子路说：“可能是我们的德行还不够吧？所以人家还不信任我们。大概是我们的智谋还不够吧？所以人家不放我们离开。”孔子说：“有这样的话吗？仲由啊，如果有仁德的人一定能得到别人的信任，哪里还会有伯夷、叔齐饿死在首阳山呢？如果人有智谋就能畅行无阻，哪里会有王子比干被剖心呢？”

子路退出，子贡来见孔子。孔子对子贡说：“赐啊，《诗经》上说‘不是犀牛也不是老虎，然而却徘徊在旷野上’。难道是我们的学说有什么不对吗？我们为什么落到如此境地呢？”子贡说：“老师的学说太博大了，所以天下没有一个国家可以容纳老师。老师何不稍微降低一下要求呢？”孔子说：“赐啊，好的农夫擅长耕种，却不一定能够得到好的收获；好的工匠精通手艺，却不一定能使人们都称心如意。君子能够研修自己的学说，就像网一样，先构出基本的框架，然后再进行疏理，然而也不一定被世人所接受。如今你不去研修自己的学说，反而想降低要求来委曲求全。赐啊，你的志向也太不远大了。”

子贡出去后，颜回进来拜见孔子。孔子说：“回啊，《诗经》说‘不是犀牛也不是老虎，然而却徘徊在旷野上’。难道是我们的学说有什么不对吗？我们为什么落到如此境地呢？”颜回说：“老师的学说博大到极点了，所以天下没有一个国家可以容纳老师。即使是这样，老师还是要推行自己的学说，不被天下接受又有什么关系呢？不被接受才能彰显君子的本色！一个人如果不悉心研修自己的学说，那是自己的耻辱。而对于已经花工夫研修的学说却不被人所用，那就是当权者的耻辱了。不被天下接受又有什么关系呢？不被接受这样才能显出君子的本色！”孔子听后欣慰地笑道：“是这样的啊，真是颜氏的后代呀！假使你有很多钱财，我愿意给你做管家。”

于是孔子派子贡到楚国去。楚昭王派兵前来迎接孔子，才免除了这场灾祸。

楚昭王想把有户籍登记的七百里土地封给孔子。楚国的令尹子西劝谏说：“大王派往各诸侯国的使者，有像子贡这样的吗？”昭王回答说：“没有。”子西又问：“大王的辅佐大臣，有像颜回这样的吗？”昭王回答说：“没有。”子西又问：“大王的将领，有像子路这样的吗？”昭王回答说：“没有。”子西还问：“大王的主事官员，有像宰予这样的吗？”昭王回答说：“没有。”子西接着说：“当初我们楚国的祖先在周受封时，封号为子爵，封地方圆五十里。现在孔丘论述三皇五帝的治国方法，效仿周公旦、召公奭辅佐周天子的事业，大王如果重用他，楚国还能世世代代保全方圆几千里的土地吗？当年文王在丰邑、武王在镐京，都只有百里之地，最终却可以称王统治天下。现在如果封给孔丘七百里土地，再加上那些有才能的弟子辅佐他，这对楚国来说不是好事啊。”昭王于是打消了原来的想法。这年秋天，楚昭王在城父去世。

楚国的狂人接舆有一天唱着歌从孔子的车子旁边经过，唱道：“凤凰呀凤凰，你的美德为什么这么不景气？过去的不能再挽回，未来的还可以再赶上，算了吧，算了吧！如今执政的人都很危险啊！”孔子下车，想和他谈谈，但他却快步走开了，没能和他说上话。

后来孔子从楚国又回到了卫国。当年，孔子六十三岁，是鲁哀公六年。

第二年，吴王在缯地与鲁公相会，要求鲁国提供百牢的祭品。吴国的太宰伯嚭召见季康子。季康子派子贡前往，然后鲁国才得以免除。

孔子说："鲁国、卫国的政事，如同兄弟一般相似。"当时，卫出公辄的父亲蒯聩没能即位，流亡在外，诸侯对此事屡加指责。而孔子的弟子很多在卫国做官，卫出公辄想请孔子来卫国执政。子路问孔子说："卫国国君想请您出来执政，您打算首先做什么呢？"孔子回答说："那我一定要先正名分！"子路说："有这样的事吗，老师您太迂腐了！为什么要首先正名分呢？"孔子说："鲁莽啊，仲由！如果名分不正，说出的话就不顺当；说话不顺当，那么事情就办不成；事情办不成，那么礼乐教化就不能兴盛；礼乐如果不能兴盛，那么刑罚就不能准确适度；刑罚不能准确适度，那么老百姓就手足无措，不知怎么办才好。所以君子办事一定要符合名分，说出来的话，一定要切实可行。君子所说出来的话，应该毫不苟且随便才行啊。"

第二年，冉有作为季氏统领，与齐军在郎地交战，大败齐军。季康子说："您的军事才能，是学来的呢，还是天生的呢？"冉有回答说："我是从孔子那里学来的。"季康子又问："孔子是什么样的人呢？"冉有回答说："如果想要任用他就要给他符合的名分，他的学说不论是传播到平常百姓那里，还是传播到鬼神面前，都是没有遗憾的。我在军事方面，虽然有功累计，就是封到二千五百户人家，而孔子也会毫不动心。"康子说："我想召见他，可以吗？"冉有说："你想召请他，只要保证不让小人从中阻碍，就可以了。"当时，卫国大夫孔文子想要讨伐太叔，向孔子询问计策。孔子推辞说不知道，他回到住处便吩咐仆人备车准备离开卫国，说道："鸟能选择树木栖息，树木怎能选择鸟呢？"孔文子执意挽留他。恰好季康子派公华、公宾、公林，带着礼物前来迎接孔子，孔子就回鲁国去了。

孔子离开鲁国到后来又重新回到鲁国中间一共经历了十四年。

鲁哀公向孔子请教治理国家的道理，孔子回答说："治理国家最重要的是要选择好大臣。"季康子也向孔子请教治理国家的道理，孔子说："要推举正直的人，抛弃邪曲的人，这样邪曲的人也会变为正直的人了。"季康子担心盗窃的发生，孔子说："如果你自己没有欲望的话，就是给你奖赏，也不会去偷窃。"然而鲁国始终不能重用孔子，孔子也不要求出来做官。

孔子生活的那个时代，周王室衰落，礼乐都被废弃，《诗经》《尚书》

也都残缺不全了。孔子探究夏、商、周三代的礼仪制度，编定了《书传》，上至唐尧、虞舜，下到秦缪公，依照事情的先后顺序，加以整理编排。孔子说："夏代的礼仪制度我还能讲出来，只是杞国没有留下足够的文献可以证明。殷商的礼仪制度我也能讲出来，然而宋国也没有留下足够的文献可以证明。如果有足够的文献，我就能证明这些制度了。"孔子考察了殷代对夏代礼仪制度所作的增减之后说："将来就算再过一百代，增减也是可以预知的，因为一种是重视文采，另一种是重视朴实。周代的礼仪制度继承了夏代和殷代两方面，是多么的丰富多彩呀，我主张用周代的礼仪。"所以《书传》《礼记》都是孔子编定的。

孔子曾对鲁国的乐官太师说："音乐是可以通晓的。刚开始互相配合要一致，接着要节奏和谐，声音清晰，连续不断，一直坚持这样到整首乐曲演奏完成。"孔子又说："我从卫国回到鲁国之后，就开始对诗乐进行订正，使《雅》《颂》都恢复了原来的曲调。"

古代留传下来的《诗经》有三千多篇，到孔子时，他把重复的进行了删减，选取符合礼仪的用于进行教化，最早的是追述殷始祖契、周始祖后稷，其次是叙述殷、周两代的兴盛，直到周幽王、周厉王的政治缺失，而开头就是描述男女关系和情感的诗篇，所以说："《关雎》是《国风》的第一篇，《鹿鸣》是《小雅》的第一篇；《文王》是《大雅》的第一篇；《清庙》是《颂》的第一篇。"一共三百零五篇诗，孔子都能一一进行演奏歌唱，追求与《韶》《武》《雅》《颂》这些乐曲的音调相符合。先王的礼乐制度从这以后才得以恢复，王道也由此更加完备，礼、乐、射、御、术、数这六种技艺也最终形成。

孔子晚年喜欢研习《周易》，他详细解释了《彖辞》《锡辞》《卦》《文言》等。孔子学习《周易》十分刻苦，曾经多次把编穿书简的牛皮绳子都磨断了。他还说："如果可以让我再多活几年，我就能对《周易》的文辞和义理作更充分的掌握理解。"

孔子用《诗经》《尚书》《礼记》《乐经》作为教材教育弟子，当时跟从他学习的弟子大约有三千人，其中精通礼、乐、射、御、数、术这六种技艺的共有七十二人。至于像颜浊邹那样，多方面受到孔子的教诲却没有正式入籍的弟子就更多了。

孔子教育弟子的内容一般包含四个方面：学问、言行、忠诚、信义。并为弟子规定了四条禁律：不揣测、不武断、不固执、不自以为是。他教育弟子应当特别谨慎处理的是：斋戒、战争、疾病。孔子很少谈到利益，就算谈到，也是和天命、仁德联系在一起。他教育弟子的时候，不到弟子真正遇到困难，烦闷发急的时候，不会主动去启发开导他。他告诉弟子一个道理，弟子不能触类旁通理解相似的道理，他就不会再对弟子重复讲述了。

孔子在自己的乡里，谦恭得就像个一点儿也不善言谈的人。但他在宗庙祭祀和朝廷议政等场合，却能言善辩、言辞明晰、道理通达，然而又很恭谨小心。上朝时，他与上大夫交谈，态度和悦，中正自然；与下大夫交谈，和乐安详。

孔子进入国君的宫门，低头弯腰，恭敬谨慎，进门后急行向前，恭敬有礼。国君派他迎接宾客，他的神色庄严认真。如果国君召见他，他不等车驾备好，就动身起行。

鱼不新鲜，肉变味，或没有按规矩宰杀，孔子就不吃。席位不符合礼仪，孔子就不就座。在有丧事的人旁边吃饭，从来不会吃饱。

如果有一天他哭泣过，那么在这一天就不会再歌唱。看见穿孝服的人或者看见盲人，就算是个小孩，孔子也定会改变面容以示同情。

孔子说："三个人同行，中间一定有可以做我老师的。"又说："不去提高道德修养，不去探求学业，听到正直的道理又不能做到前往学习，对缺点错误不能及时改正，这些都是我所忧心的问题。"孔子请人唱歌，如果唱得好，就会请人再唱一遍，然后自己也会一起唱。

孔子不谈论有关怪异、暴力、鬼神的事情。

子贡说："老师在文献方面的成就十分显著，我们都是知道的。老师关于天道与命运的深刻见解我们就不知道了。"颜渊感慨地叹气道："我越是崇拜老师的学问，就越觉得它高深莫测；越是苦心研究，就越觉得它博大精深。有时看见它就在眼前，忽然又发现在身后了。老师善于循序渐进地教导我们，用典籍来丰富我们的知识，用礼仪来规范我们的言行，让我们想停止学习都不可能。虽然我已经竭尽全力，现在也好像有所建树，但老师的学问却依然高高在上。就算我想追赶上去，但依然还是不可能追得上。"达巷这个地方的乡人说："孔子是多么的伟大啊，他博学多才却不局限于某一方面。"孔子听到后说："我要专于什么呢？是专于驾车？还是专于射箭？我还是专于驾车吧。"子牢说："老师曾说：'不被世人所重用，所以才学了这么多的技艺'。"

鲁哀公十四年春天，哀公在大野打猎。给叔孙氏驾车的人鉏商捕获一头怪兽，他们觉得这是不祥的预兆。孔子看了说："这是麒麟。"并将它取走了。孔子说："黄河上没有龙马负图出现，洛水上没有神龟负书出现，我见不到了吧！"颜渊去世，孔子说："这是老天要亡我呀！"等到他西去狩猎见到麒麟以后，说道："我的主张无法实行了啊！"长叹一声说："没有人能了解我呀！"子贡说："为什么说没有人了解您？"孔子回答说："我不抱怨天，也不怪罪人，下学人事，上通天理，能了解我的，只有上天了吧！"

孔子说："不降低自己的志向，不让自己受到侮辱，只有伯夷、叔齐这两个人吧！"又说："柳下惠、少连降低了志向，又使人格受到侮辱。"又说"虞仲、夷逸隐世避俗，行为清高纯洁，废弃自我符合权变。"又说："我不同于这些人，以义为尺度没有绝对的可以，也没有绝对的不可以。"

孔子说："不可以啊不可以！君子最害怕的就是死后不能留下好名声。如今我的主张不能得到实行，我用什么贡献给社会并能够留下好名声呢？"于是就根据鲁国的史书编写了《春秋》，上起鲁隐公元年，往下一直到鲁哀公十四年，一共记载了鲁国十二个国君。《春秋》根据鲁国展开叙述，尊奉周王室为正统，以殷商为借鉴，联系夏、商、周三代，文辞简洁，内容广博。所以吴国和楚国的国君虽然都妄自称王，在《春秋》中仍旧被贬称为子爵；晋文公在践土与诸侯会盟，召见周襄王，而《春秋》中却避之不提，只说"周天子到河阳打猎"。依此类推，《春秋》就是用这种方法，来褒贬当时的各种事件，后来有些国君就对它进行提倡推广，《春秋》被推广以后，天下那些乱臣奸贼就都害怕起来了。

孔子做官的时候，审理诉讼案件，文辞上如果还有与别人商量的余地，就决不独断专行。可是到了写《春秋》的时候，他认为该记载的就一定要记载，该删减的就一定要删减，就连子夏这些擅长文字的弟子，都不能增删一字。弟子们学习《春秋》，孔子说："后人了解我孔丘这个人，是因为《春秋》，而后人怪罪我孔丘的，也将是因为《春秋》。"

第二年，子路在卫国去世。孔子生病，子贡前来拜见。孔子正拄着拐杖在门口休闲散步，看见子贡就说："赐呀，你怎么来得这么迟啊？"孔子接着叹了一口气，随即唱道："泰山就要这样倒了吗？梁柱就要这样断了吗？哲人就要这样死去了吗？"他一边唱一边禁不住流下眼泪，告诉子贡说："天下失去常道已经很久了，没有人能遵循我的主张。夏人死后停棺在东厢的台阶，周人在西厢的台阶，殷人在堂屋的两柱之间。昨夜我梦见自己坐在两柱之间受人祭奠，我的祖先是殷商人啊。”七天后孔子就去世了。

孔子享年七十三岁，死于鲁哀公十六年四月己丑日。

鲁哀公吊唁说：“上天太不仁慈，不肯留下这位老人，留下我一人在位，孤零零地深感内疚，我孤独而又哀伤。啊！多么悲痛！尼父啊，我失去了正得失的镜鉴了！”子贡说：“鲁君他难道不能终老在鲁国吗？用老师的话说：‘礼法一旦丧失就会造成混乱，名分一旦丧失就会产生过失。一个人丧失了意志就是昏乱，失去所宜就会出现过错。’老师活着的时候不能重用他，死了才来哀悼他，这是不符合礼法的。以诸侯身份自称‘余一人’，也是不合名分的。”

孔子死后被葬在鲁城北面的泗水边上，弟子们都在心里为老师服丧三年。服完三年心丧，大家相互道别后离去，都痛哭起来，又各自尽哀；有的就又留了下来。只有子贡在墓旁搭了间房子住下，守墓六年后才离去。孔子的弟子以及鲁国其他人，相继在墓旁居住的有一百多家。因而这个地方就被称为“孔里”。鲁国世世代代相传，每年都按时到孔子墓前祭拜，而儒者讲习礼仪、行乡学结业考校的饮酒礼，以及比射仪式等，也都在这里举行。孔子的墓地有一顷那么大。孔子故居的堂屋以及弟子们所居住的内室，后来被改为圣庙，在此收藏孔子生前的衣服、帽子、琴、车子、书籍等，直到汉代，二百多年来一直都没有废弃。高皇帝刘邦经过鲁地，用太牢之礼祭拜孔子。诸侯、卿大夫、宰相一到任，常常先到孔子墓拜谒，然后才去处理政务。

孔子生了孔鲤，字伯鱼。伯鱼享年五十岁，比孔子去世早。

伯鱼生了孔伋，字子思，享年六十二岁。他曾经被困在宋国。子思编写了《中庸》。

子思生了孔白，字子上，享年四十七岁。子上生了孔求，字子家，享年四十五岁。子家生了孔箕，字子京，享年四十六岁。子京生了孔穿，字子高，享年五十一岁。子高生了孔慎，享年五十七岁，曾担任魏国的宰相。

子慎生了孔鲋，享年五十七岁，在陈王涉身边做过博士，在陈县去世。

孔鲋的弟弟孔子襄，享年五十七岁。曾担任汉孝惠皇帝的博士，后任长沙郡太守。身高九尺六寸。

子襄生了孔忠，享年五十七岁。孔忠生了孔武，孔武生了孔延年和孔安国。安国曾经担任孝武皇帝的博士，后来做到临淮郡太守，去世比较早。安国生了孔卬，孔卬生了孔欢。

太史公说：《诗经》中写有这样的话："高山可以使人瞻仰，大道可以让人遵循。"虽然我不能达到这种程度，但是心里却很是向往。我读孔子的书，就想见他的为人。我到鲁地去，参观了孔子的庙堂、车辆、衣服以及祭祀的器具，看到学生们按时到孔子旧宅中演习礼仪的情景，我怀着崇敬的心情留连忘返。自古以来，天下的君王还有那些贤人有很多，当活着的时候都相当的荣耀显贵，可是等到去世后就什么也没有了。孔子是一个平民，他的名声和学说已经传了十余代，读书的人仍然尊崇他为宗师。从天子王侯一直到中原谈论六艺的人，都是根据孔子的学说来判断是非的，孔子可以称得上是至高无上的圣人了。

第三册

高山　主编

二十四史

光明日报出版社

目录

史记

史记卷四十八

陈涉世家第十八

陈胜者，阳城人也，字涉。吴广者，阳夏人也，字叔。

陈涉少时，尝与人佣耕，辍耕之垄上，怅恨久之，曰："苟富贵，无相忘。"庸者笑而应曰："若为庸耕，何富贵也？"陈涉太息曰："嗟乎！燕雀安知鸿鹄之志哉！"

二世元年七月，发闾左适戍渔阳，九百人屯大泽乡。陈胜、吴广皆次当行，为屯长。会天大雨，道不通，度已失期。失期，法皆斩。陈胜、吴广乃谋曰："今亡亦死，举大计亦死，等死，死国可乎？"陈胜曰："天下苦秦久矣。吾闻二世，少子也，不当立，当立者乃公子扶苏。扶苏以数谏故，上使外将兵。今或闻无罪，二世杀之。百姓多闻其贤，未知其死也。项燕为楚将，数有功，爱士卒，楚人怜之。或以为死，或以为亡。今诚以吾众诈自称公子扶苏、项燕，为天下唱，宜多应者。"吴广以为然，乃行卜。卜者知其指意，曰："足下事皆成，有功。然足下卜之鬼乎！"陈胜、吴广喜，念鬼，曰："此教我先威众耳。"乃丹书帛曰"陈胜王"，置人所罾鱼腹中。卒买鱼烹食，得鱼腹中书，固以怪之矣。又间令吴广之次（近）所旁丛祠中，夜篝火，狐鸣呼曰"大楚兴，陈胜王"。卒皆夜惊恐。旦日，卒中往往语，皆指目陈胜。

吴广素爱人，士卒多为用者。将尉醉，广故数言欲亡，忿恚尉，令辱之，以激怒其众。尉果笞广。尉剑挺，广起，夺而杀尉。陈胜佐之，并杀两尉。召令徒属曰："公等遇雨，皆已失期，失期当斩。藉弟令毋斩，而戍死者固十六七。且壮士不死即已，死即举大名耳，王侯将相宁有种乎！"徒属皆曰："敬受命。"乃诈称公子扶苏、项燕，从民欲也。袒右，称大楚。为坛而盟，祭以尉首。陈胜自立为将军，吴广为都尉。攻大泽乡，收而攻蕲。蕲下，乃令符离人葛婴将兵徇蕲以东。攻铚、酂、苦、柘、谯，皆下之。行收兵，比至陈，车六七百乘，骑千馀，卒数万人。攻陈，陈守令皆不在，独守丞与战谯门中。弗胜，守丞死。乃入据陈。数日，号令召三老、豪杰与皆来会计事。三老、豪杰皆曰："将军身被坚执锐，伐无道，诛暴秦，复立楚国之社稷，功宜为王。”陈涉乃立为王，号为“张楚”。

当此时，诸郡县苦秦吏者，皆刑其长吏，杀之以应陈涉。乃以吴叔为假王，监诸将以西击荥阳。令陈人武臣、张耳、陈馀徇赵地，令汝阴人邓宗徇九江郡。当此时，楚兵数千人为聚者不可胜数。

葛婴至东城，立襄彊为楚王。婴后闻陈王已立，因杀襄彊还报。至陈，陈王诛杀葛婴。

陈王令魏人周市北徇魏地。吴广围荥阳。李由为三川守，守荥阳，吴叔弗能下。陈王征国之豪杰与计，以上蔡人房君蔡赐为上柱国。

周文，陈之贤人也，尝为项燕军视日，事春申君，自言习兵，陈王与之将军印，西击秦。行收兵至关，车千乘，卒数十万，至戏，军焉。秦令少府章邯免郦山徒、人奴产子，悉发以击楚大军，尽败之。周文败，走出关，止次曹阳二三月。章邯追败之，复走次渑池十馀日。章邯击，大破之。周文自刭，军遂不战。

武臣到邯郸，自立为赵王，陈馀为大将军，张耳、召骚为左右丞相。陈王怒，捕系武臣等家室，欲诛之。柱国曰：“秦未亡而诛赵王将相家属，此生一秦也。不如因而立之。”陈王乃遣使者贺赵，而徙系武臣等家属宫中，而封耳子张敖为成都君，趣赵兵亟入关。赵王将相相与谋曰：“王王赵，非楚意也。楚已诛秦，必加兵于赵。计莫如毋西兵，使使北徇燕地以自广也。赵南据大河，北有燕、代，楚虽胜秦，不敢制赵。若楚不胜秦，必重赵。赵乘秦之弊，可以得志于天下。”赵王以为然，因不西兵，而遣故上谷卒史韩广将兵北徇燕地。

燕故贵人豪杰谓韩广曰：“楚已立王，赵又已立王。燕虽小，亦万乘之国也，愿将军立为燕王。”韩广曰：“广母在赵，不可。”燕人曰：“赵方西忧秦，南忧楚，其力不能禁我。且以楚之强，不敢害赵王将相之家，赵独安敢害将军之家！”韩广以为然，乃自立为燕王。居数月，赵奉燕王母及家属归之燕。

当此之时，诸将之徇地者，不可胜数。周市北徇地至狄，狄人田儋杀狄令，自立为齐王，以齐反击周市。市军散，还至魏地，欲立魏后故宁陵君咎为魏王。时咎在陈王所，不得之魏。魏地已定，欲相与立周市为魏王，周市不肯。使者五反，陈王乃立宁陵君咎为魏王，遣之国。周市卒为相。

将军田臧等相与谋曰："周章军已破矣，秦兵旦暮至，我围荥阳城弗能下，秦军至，必大败。不如少遣兵，足以守荥阳，悉精兵迎秦军。今假王骄，不知兵权，不可与计，非诛之，事恐败。"因相与矫王令以诛吴叔，献其首于陈王。陈王使使赐田臧楚令尹印，使为上将。田臧乃使诸将李归等守荥阳城，自以精兵西迎秦军于敖仓。与战，田臧死，军破。章邯进兵击李归等荥阳下，破之，李归等死。

阳城人邓说将兵居郯，章邯别将击破之，邓说军散走陈。铚人伍徐将兵居许，章邯击破之，伍徐军皆散走陈。陈王诛邓说。

陈王初立时，陵人秦嘉、铚人董緤、符离人朱鸡石、取虑人郑布、徐人丁疾等皆特起，将兵围东海守庆于郯。陈王闻，乃使武平君畔为将军，监郯下军。秦嘉不受命，嘉自立为大司马，恶属武平君。告军吏曰："武平君年少，不知兵事，勿听！"因矫以王命杀武平君畔。

章邯已破伍徐，击陈，柱国房君死。章邯又进兵击陈西张贺军。陈王出监战，军破，张贺死。

腊月，陈王之汝阴，还至下城父，其御庄贾杀以降秦。陈胜葬砀，谥曰隐王。

陈王故涓人将军吕臣为仓头军，起新阳，攻陈，下之，杀庄贾，复以陈为楚。

初，陈王至陈，令銍人宋留将兵定南阳，入武关。留已徇南阳，闻陈王死，南阳复为秦。宋留不能入武关，乃东至新蔡，遇秦军，宋留以军降秦。秦传留至咸阳，车裂留以徇。

秦嘉等闻陈王军破出走，乃立景驹为楚王，引兵之方与，欲击秦军定陶下。使公孙庆使齐王，欲与并力俱进。齐王曰："闻陈王战败，不知其死生，楚安得不请而立王！"公孙庆曰："齐不请楚而立王，楚何故请齐而立王！且楚首事，当令于天下。"田儋诛杀公孙庆。

秦左右校复攻陈，下之。吕将军走，收兵复聚。鄱盗当阳君黥布之兵相收，复击秦左右校，破之青波，复以陈为楚。会项梁立怀王孙心为楚王。

陈胜王凡六月。已为王，王陈。其故人尝与庸耕者闻之，之陈，扣宫门曰："吾欲见涉。"宫门令欲缚之。自辩数，乃置，不肯为通。陈王出，遮道而呼涉。陈王闻之，乃召见，载与俱归，入宫，见殿屋帷帐，客曰："夥颐！涉之为王沈沈者！"楚人谓多为夥，故天下传之，夥涉为王，由陈涉始。客出入愈益发舒，言陈王故情。或说陈王曰：“客愚无知，颛妄言，轻威。”陈王斩之。诸陈王故人皆自引去，由是无亲陈王者。陈王以朱房为中正，胡武为司过，主司群臣。诸将徇地，至，令之不是者，系而罪之，以苛察为忠。其所不善者，弗下吏，辄自治之。陈王信用之。诸将以其故不亲附，此其所以败也。

陈胜虽已死，其所置遣侯王将相竟亡秦，由涉首事也。高祖时为陈涉置守冢三十家砀，至今血食。

褚先生曰：地形险阻，所以为固也；兵革刑法，所以为治也。犹未是恃也。夫先王以仁义为本，而以固塞文法为枝叶，岂不然哉！吾闻贾生之称曰：

秦孝公据殽、函之固，拥雍州之地，君臣固守，以窥周室。有席卷天下，包举宇内，囊括四海之意，并吞八荒之心。当是时也，商君佐之，内立法度，务耕织，修守战之备；外连衡而斗诸侯。于是秦人拱手而取西河之外。

孝公既没，惠文王、武王、昭王蒙故业，因遗策，南取汉中，西举巴蜀，东割膏腴之地，收要害之郡。诸侯恐惧，会盟而谋弱秦。不爱珍器重宝肥饶之地，以致天下之士，合从缔交，相与为一。当此之时，齐有孟尝，赵有平原，楚有春申，魏有信陵，此四君者，皆明知而忠信，宽厚而爱人，尊贤而重士。约从连衡，兼韩、魏、燕、赵、宋、卫、中山之众。于是六国之士有宁越、徐尚、苏秦、杜赫之属为之谋，齐明、周最、陈轸、邵滑、楼缓、翟景、苏厉、乐毅之徒通其意，吴起、孙膑、带他、兒良、王廖、田忌、廉颇、赵奢之伦制其兵。尝以什倍之地，百万之师，仰关而攻秦。秦人开关而延敌，九国之师遁逃而不敢进。秦无亡矢遗镞之费，而天下固已困矣。于是从散约败，争割地而赂秦。秦有馀力而制其弊，追亡逐北，伏尸百万，流血漂橹，因利乘便，宰割天下，分裂山河，强国请服，弱国入朝。

施及孝文王、庄襄王，享国之日浅，国家无事。

及至始皇，奋六世之馀烈，振长策而御宇内，吞二周而亡诸侯，履至尊而制六合，执敲朴以鞭笞天下，威振四海。南取百越之地，以为桂林、象郡，百越之君俯首系颈，委命下吏。乃使蒙恬北筑长城而守藩篱，却匈奴七百馀里，胡人不敢南下而牧马，士亦不敢贯弓而报怨。于是废先王之道，燔百家之言，以愚黔首。堕名城，杀豪俊，收天下之兵聚之

大营宫室图。选自明·张居正《帝鉴图说》，讲述秦始皇修阿房宫之事。

咸阳，销锋镝，铸以为金人十二，以弱天下之民。然后践华为城，因河为池，据亿丈之城，临不测之溪以为固。良将劲弩，守要害之处，信臣精卒，陈利兵而谁何。天下已定，始皇之心，自以为关中之固，金城千里，子孙帝王万世之业也。

始皇既没，馀威振于殊俗。然而陈涉瓮牖绳枢之子，甿隶之人，而迁徙之徒也。材能不及中人，非有仲尼、墨翟之贤，陶朱、猗顿之富也。蹑足行伍之间，俯仰阡陌之中，率罢散之卒，将数百之众，而转攻秦。斩木为兵，揭竿为旗，天下云会响应，赢粮而景从，山东豪俊遂并起而亡秦族矣。

且天下非小弱也；雍州之地，殽、函之固自若也。陈涉之位，非尊于齐、楚、燕、赵、韩、魏、宋、卫、中山之君也；鉏櫌棘矜，非铦于句戟长铩也；適戍之众，非俦于九国之师也；深谋远虑，行军用兵之道，非及乡时之士也。然而成败异变，功业相反也。尝试使山东之国与陈涉度长絜大，比权量力，则不可同年而语矣。然而秦以区区之地，致万乘之权，抑八州而朝同列，百有馀年矣。然后以六合为家，殽、函为宫。一夫作难而七庙堕，身死人手，为天下笑者，何也？仁义不施，而攻守之势异也。

【译文】

陈胜，是阳城人，字涉。吴广，是阳夏人，字叔。陈涉年轻的时候，曾经给别人帮工耕田，一次当他停下耕作在田埂上休息的时候，感慨怅惘了好久，说："假如今后有人富贵了，相互不要忘记了彼此。"和他一起受雇佣的人笑着回答说："你是被雇佣耕田的，哪里来的富贵呢？"陈涉叹息着说："唉！燕子、麻雀又怎么能理解鸿鹄的志向呢？"

秦二世元年七月，朝廷征调住在里巷左边的九百贫民去防守渔阳，驻扎在大泽乡。陈胜、吴广都编入这支队列中，被任命为屯长。恰巧碰上天下大雨，道路不能通行，估计已经误了期限。超过规定的期限，依照法律是要被杀头的。于是陈胜、吴广就商量说："如今逃走也是死，起义也是死，同样都是死，我们为国事而死好不好？"陈胜说："如今天下受秦王朝统治之苦已经很久了。我听说二世是始皇帝的小儿子，本来不该他继位的，应该继位的是公子扶苏。扶苏因为曾经多次规劝皇上，皇上派他在外地领兵驻守。如今有人说他并没犯下什么过错，却被二世皇帝杀害了。老百姓都听说他很贤德，不知道他已经死了。项燕原本是楚国的将军，曾经多次立功，对士兵爱护有加，楚国人都很尊敬他。有的人以为他死了，有的人以为他逃亡在外。如今要是我们能够假借公子扶苏和项燕的名义，号召天下人民起义，应该会有很多人响应。”吴广认为这样可以。于是他们就去占卜吉凶，占卜的人知道他们的意图，说道：“你们的事都能达成，能够建功立业。然而你们向鬼神问过吉凶了吗？”陈胜、吴广很高兴，揣摩占卜人所说问鬼神之事，说道：“这是教我们先在众人中树立威望呀。”于是就用朱砂在一块白绸子上写上“陈胜王”，放在别人用网捕来的鱼肚子里。戍卒买了鱼回来煮着吃，发现了鱼肚中写着字的白绸子，本来就对此感觉很奇怪了。陈胜又暗中派吴广到驻地附近一草木丛生的古庙里，夜里点起篝火，模仿狐狸的声音大声喊道：“大楚兴盛，陈胜为王”。戍卒们在夜里听到这种声音，都感到惊恐。第二天，戍卒们议论纷纷，都指指点点地看着陈胜。

吴广向来爱护别人，戍卒中很多人愿为他效力。押送队伍的县尉喝醉了酒，吴广故意多次称自己要逃跑，为的是激怒县尉，惹他当众侮辱自己，从而可以激怒众人。县尉果然鞭打吴广，县尉又拔出佩剑，吴广奋起，将剑夺过来杀死了县尉。陈胜帮助他，一起杀死了两个县尉，随即召集戍卒们说：“如今大家在这里遇上大雨，已经耽误了期限，误期按规定是要杀头的。就算不被杀头，将来在戍边死去的也一定有十之六七。况且大丈夫不死便罢，要死就要名扬后世，王侯将相难道都是天生的吗？”戍卒们听了都异口同声地说：“我们心甘情愿听从您的命令。”于是就假借公子扶苏和楚将项燕的名义举行起义，以顺应民众的愿望。大家都袒露右臂作为标志，号称大楚，筑起高台进行宣誓，用将尉的头作祭品。陈胜任命自己为将军，任命吴广为都尉。进攻大泽乡，占领后又攻打蕲县。蕲县攻下后，就派符离人葛婴率兵进攻蕲县以东的地方。进攻铚、酂、苦、柘、谯等地方，都一举攻下了。他们边进军，边征收兵员扩大队伍。等军队行进到了陈县的时候，队伍中已经有兵车六七百辆，骑兵一千多人，步兵好几万人。攻打陈县时，陈县的郡守和县令都不在，只有留守的郡丞领兵与起义军在城门下交战。后来郡丞兵败身死，于是起义军就攻入城中占领了陈县。过了几天，陈胜下令召集掌管教化的三老和地方豪杰都来开会议事。到会的三老和豪杰都说：“将军您身披铠甲，手执锐器，讨伐无道的昏君，诛灭暴虐的秦王朝，重新建立楚国政权，论功劳应该称王。”陈涉于是就自立为王，国号为张楚。

正当这个时候，各个郡县受不了秦朝官吏欺压之苦的人，都纷纷抓捕他们的官吏，宣判罪状，杀死他们来响应陈涉。于是陈涉任命吴广为代理王，督率各将领向西攻打荥阳。命令陈县人武臣、张耳、陈余去攻打赵国故地，命令汝阴人邓宗进攻九江郡。就在那个时候，楚地几千人聚集在一起起义的，多得不计其数。

葛婴攻入东城后，任命襄强为楚王，后来听说陈胜已自立为王，于是就杀了襄强，回来向陈胜报告。等到了陈县，陈胜就杀了葛婴。陈胜又派魏人周市北上进攻原来属于魏国的地方。吴广围攻荥阳。李由担任三川郡守，防守荥阳，吴广攻了很久也没有攻下。陈胜召集国内的豪杰商量对策，后来封上蔡人房君蔡赐为上柱国。

周文，是陈县的贤能之人，曾经在项燕军中担任过占卜时日的官，还在楚相春申君黄歇手下侍奉过，他自称懂得兵法，陈王就授与他将军印，派他带兵西去攻打秦国。他在行军途中不断召集兵马，等军队到达函谷关的时候，就有战车千辆，士兵几十万人，等到了戏亭，军队就驻扎了下来。秦王朝派少府章邯赦免了在骊山服役的人，以及家奴所生的儿子，把他们全部派去攻打张楚的大军，把楚军全给打败了，周文战败，逃出了函谷关，在曹阳驻留了两三个月。章邯又率领军队追来并把他打败了，后来他又逃到渑池驻留了十几天。章邯再次追击，大败周文。周文自杀，他的军队也就溃散从此不能作战了。

武臣到了邯郸，就立自己为赵王，任命陈余为大将军，任命张耳、召骚为左、右丞相。陈王知道后大怒，立马逮捕了武臣等人的家属，打算杀掉他们。上柱国蔡赐劝他说："现在秦王朝还没有消灭就杀了赵王将相的家属，这相当于又产生了一个与我们为敌的秦国啊。不如就趁此机会立他为王更好些。"陈王于是就派遣使者前去祝贺赵王，同时把武臣等人的家属带到宫中软禁起来，又封张耳的儿子张敖为成都君，催促赵王派兵速去函谷关攻打秦国。赵王武臣的将相们相互商议说："大王您在赵国称王，并不符合楚国的本意。等到楚灭秦以后，必然会来攻打赵国。如今之计不如不派兵向西进军，而派人向北攻取原来燕国的辖地来扩大我们自己的地盘。这样，赵国南面据黄河天险，北面又有燕、代的广大土地，楚国就算战胜了秦国，也不敢侵犯赵国。如果楚国不能战胜秦国，就必然会借助于赵国。到时候赵国就可以趁着秦国的疲惫衰弱取得天下了。"赵王觉得有道理，因而没有向西出兵，而是派了原上谷郡卒史韩广领兵北上去攻取燕地。

燕国原来权贵豪门的人怂恿韩广说:“楚国已经立了王,赵国也已立了王。燕国地方虽然小,也是个拥有万辆战车的国家,希望将军您能够自立做燕王。”韩广回答说:“我的母亲还留在赵国,不能这样做。”燕人说:“赵国现在正西面担忧秦国,南面担忧楚国,它的力量还不足以限制我们。况且以楚国的强大,都不敢贸然杀害赵王将相的家属,赵国又怎敢杀害将军您的家属呢?”韩广认为有道理,于是就自立为燕王。过了几个月,赵国派人将燕王的母亲及其家属送到了燕国。

这个时候,到各地去攻城占地的将领,多得不计其数。周市率军北上攻城掠地到了狄县,狄县人田儋杀了狄县县令,自立为齐王,凭借齐地的力量来反击周市。周市的军队溃散,退回到魏地,准备立魏王的后代宁陵君咎为魏王。而当时咎正在陈王那里,不能回到魏地去。魏地平定以后,大家打算共同拥立周市做魏王,周市不肯接受。使者先后五次往返于陈王与周市之间,陈王才同意立宁陵君咎做魏王,将他遣送回魏国。周市后来做了魏国的宰相。

将军田臧等人联合起来谋划说:“周文的军队已经溃败,秦国的军队早晚就要到来,我们包围荥阳,久攻不下,秦国的军队一旦到来,我们必然大败。不如留下少量的部队,保证足以守住荥阳就可以了,把其余所有的精锐军队都派去迎击秦军。现在代理王吴广骄横,又不懂怎样指挥打仗,这样的人不可以与他共事,不杀了他,我们的计划恐怕不能成功。”于是他们就假冒陈王的命令杀了吴广,把他的头献给了陈王。陈王就派使者赐给田臧一枚楚令尹的大印,任命他为上将军。田臧于是命令部将李归等人继续驻守荥阳城,自己率领精锐部队西进敖仓迎战秦军。与秦军交战时,田臧战死,军队溃散。章邯领兵趁机在荥阳城下进攻李归等人,打败了他们,李归等人战死。

阳城人邓说率军驻扎在郏城,被章邯部将所带领的部队击败,邓说的军队溃散,逃到陈县。铚县人伍徐率兵驻扎在许县,也被章邯的军队打败。伍徐的军队都溃散逃到陈县。陈王杀了邓说。

陈胜刚立为王的时候,陵县人秦嘉、铚县人董緤、符离人朱鸡石、取虑人郑布、徐县人丁疾等都起兵反抗秦国,他们率领兵马将东海郡的郡守庆围困在郯城。陈王听说后,便派武平君畔为将军,督率郯城下的各路军队。秦嘉不愿意接受陈王的命令,自立为大司马,不愿隶属于武平君畔,就对他的军吏说:“武平君太年轻,不懂得军事,不要听他指挥!”接着就假托陈王的命令杀了武平君畔。

章邯攻破伍徐以后,又接着攻打陈县,上柱国房君蔡赐战死。章邯又领兵进攻驻守在陈县西面的张贺部队。陈王亲自上前线督战,结果楚军还是战败,张贺阵亡。

十二月,陈王退到汝阴,后来回到下城父的时候,他的车夫庄贾将他杀了,向秦军投降。陈胜后来被安葬在砀县,谥号称为隐王。

陈王以前的侍臣吕臣将军组织了一支头裹青巾的队伍,从新阳出兵攻占了陈县,杀死了庄贾,又将陈县恢复为楚都。

起初,陈王到了陈县,曾命令铚县人宋留带领军队去平定南阳,进攻武关。宋留攻占了南阳之后,听说陈王已死,不久南阳又被秦军夺了回去。宋留无法进入武关,就率军向东到了新蔡,遭遇秦军,宋留带着部队投降了秦军。秦军押解宋留到了咸阳,将他五马分尸示众。

秦嘉等听说陈王已经兵败逃跑,就立景驹做了楚王,率领军队到了方与,打算在定陶附近袭击秦军。他们派公孙庆出使齐国,想与齐王联合起来一同进兵。齐王说:“听说陈王战败了,不知生死,楚国怎么能不请示齐国就立王呢?”公孙庆说:“齐国不请示楚国而立王,楚国为什么要请示齐国才能立王呢?何况楚是首先起义的,理当号令天下。”田儋杀死了公孙庆。

秦国的左右校尉再次领兵攻打陈县,并占领了陈县。将军吕臣战败逃跑,后来重新收集兵员,结聚队伍,并与鄱阳的强盗后来被封为当阳君的黥布的军队联合起来,又返回来攻击秦国左右校尉的军队,在青波打败他们,再次恢复陈县为楚都。这时正好是项梁刚立楚怀王的孙子心为楚王的时候。

陈胜为王一共六个月。称王以后,以陈县为国都。早先与他一起受雇给别人耕田的伙计听说后,来到了陈县,敲着宫门说:“我要见陈涉。”守宫门的长官准备把他捆绑起来。他一再辩说,才放开他,但还是不肯替他通报。后来陈王出门,他拦路呼喊陈涉的名字。陈王听到,就召见了他,请他坐着自己的车子一同回宫。走进宫殿,看见高大深邃的殿堂房屋、富丽堂皇的帷幕帐帘,客人说:“真多呀!陈涉做了王好大气派啊!”楚地人把“多”叫做“夥”,所以天下流传“夥涉为王”这句话,就起源于陈涉这里。这客人在宫中进进出出越来越随便,常常跟人讲陈涉以往的一些旧事。有人就告诉陈王说："客人愚昧无知，专门胡说八道，有损您的威信。"陈王就杀了这位客人。所以陈王的老朋友都纷纷自动离去，从此再也没有亲近陈王的人了。陈王任命朱房为中正、胡武为司过，专门监督考察群臣。各位将领们攻占了地方回到陈县来，只要对他们的命令稍不服从，就抓起来治罪，以苛刻地寻求群臣的过失作为对陈王的忠心。凡是他们所不喜欢的人，一旦有错，不交给司法官员进行审理，就擅自予以惩治。陈王很信任他们。各位将领们因为这些缘故也就不再亲近依附他了。这就是陈王失败的原因。

陈胜虽然死了，但他所封立派遣的王侯将相最终还是灭掉了秦王朝，这是由于陈涉首先起义的结果。汉高祖的时候，安置了三十户人家在砀县为陈涉看守坟墓，直到现在都依然按时杀牲祭祀。

褚先生说：地形险要阻塞，是为了便于防守；武器装备和法制规章，是为了便于治理国家。但这些还不足以成为依靠。所以古代的先王都将仁义道德作为根本，而把巩固边塞、制定法律看成枝叶，难道不是这样吗？我听贾谊说过：

"秦孝公凭借崤山和函谷关的险要地形，拥有了整个雍州地区，君臣坚固防守，并随时窥视周王朝，大有席卷天下，占领中原，囊括四海的意志，并吞八方极远之地的决心。就在这时，商鞅辅佐秦孝公，对内制定法令制度，致力于耕种纺织，整修战备，对外实施连横，使诸侯们互相争斗。于是秦国毫不费力就取得了黄河以西的大片土地。

"秦孝公去世以后，秦惠文王、武王、昭襄王继承旧业，遵循着先人的策略，向南夺取了汉中，向西攻占了巴蜀，向东割得了肥沃的土地，向北侵占了冲要险阻的郡邑。诸侯们因此而惊恐万分，相约结盟一同谋划想要削弱秦国，不惜用珍奇的器具、贵重的宝物和富饶的土地，来招纳天下的人才。采取合纵策略缔结盟约，互相支援，成为一体。当时，齐国有孟尝君，赵国有平原君，楚国有春申君，魏国有信陵君：这四个人，都贤明忠信，宽宏厚道，爱惜人才，尊敬贤能，器重士人。他们约定合纵条约联合抗秦，破坏秦国的连横策略，联合韩、魏、燕、楚、齐、赵、宋、卫、中山等国的有关人士。于是聚集于六国的人才，有宁越、徐尚、苏秦、杜赫这些人一起为他们出谋划策；有齐明、周最、陈轸、邵滑、楼缓、翟景、苏厉、乐毅这些人奔走传达他们的意见；有吴起、孙膑、带他、兒良、王廖、田忌、廉颇、赵奢这些人为他们指挥军队。诸侯们曾经以相当于秦国十倍的土地、百万的大军，前往函谷关攻打秦国。秦国打开关门迎敌，九国的军队反而逃跑竟然不敢前进。秦国没有耗费一个箭头，而天下的诸侯却已经疲惫不堪了。后来合纵瓦解，盟约破坏，各诸侯争相割地贿赂秦国。秦国有充裕的力量来控制弊病百出的诸侯，趁机追赶逃亡败走的敌人，杀得他们横尸百万、血流成河；秦国凭借有利的形势、方便的时机，宰割了整个天下，分裂了各国领土，因而强国请求臣服，弱国前来朝拜。

“到了秦孝文王、庄襄王，在位的时间很短，国家也没有什么大事。

“到了秦始皇，继承之前六代的余威，像驾车似的挥动长鞭来驾御天下，吞并了东周西周，灭亡了六国诸侯，登上了皇帝的宝座统治天下，手持刑杖来鞭笞天下的人民，声威震慑四海。向南占领了百越的土地，设为桂林郡和象郡；百越的郡长，低着头，用绳子拴住脖子来投降，听从秦王朝下级官吏的命令。后来派蒙恬到北方去修筑长城，防守边疆，把匈奴向北驱赶了七百多里，胡人再也不敢到南边牧马，士兵也不敢搭起弓箭来报仇。于是废除了先王治理国家的方法，烧毁了诸子百家的著作，以此来愚昧百姓；同时还毁坏各地名城，杀戮豪杰，收集天下的兵器集中到咸阳，熔化刀剑和箭头，铸成十二尊金人，以此来削弱天下人民的反抗力量。然后依靠华山为城墙，依靠黄河为护城河，凭借亿丈高的华山，紧临深险莫测的黄河，作为坚固的防守。良将手执强弓，防守要害地带，可靠的大臣带领精锐部队，摆列着锋利的武器，严厉盘查过往的行人。天下平定以后，秦始皇的心中，自认为关中的坚固，是千里金城，可以作为子子孙孙万世当皇帝的基业了。

“秦始皇死后，余威依然震慑远方。然而陈涉仅仅是一个用破瓮作窗户、用草绳拴门轴的穷苦子弟，是替人耕田供人役使的人，是被征集发派边境的人。他的才能超不过平常的人，既没有孔子、墨子那样的贤明，也没有陶朱、猗顿那样的富有，置身戍卒的行列之中，兴起于乡野之间，率领疲乏散乱的戍卒，统率几百个人，转身攻打秦国，砍下木棍为武器，高举竹竿为旗帜，天下人民风起云涌般的响应，挑着粮食，如影随形地跟着他。崤山函谷关以东的各路英雄豪杰一并起义，就推翻了秦王朝。

“况且，秦王朝的天下并没有减小削弱；雍州的土地，崤山函谷关还一直和从前一样险固。陈涉的地位，并不比齐、楚、燕、赵、韩、宋、卫、中山的国君尊贵；锄耙戟柄，并不比钩戟长矛锋利；被发配戍边的民众，并不比九国的军队强大；深谋远虑，行军与指挥作战的方法，也比不上先前六国的贤良人才。然而他们的成功失败却完全不同，取得的功业也完全相反。如果拿崤山、函谷关以东各国诸侯与陈涉来比较长短、大小、权威、实力，那简直不能相提并论。然而秦国凭借很小的地方，发展为拥有万辆战车的强国，控制了其他八州，使曾经与它地位相同的诸侯国都前来朝拜称臣，中间历经一百多年。后来把天地四方当作家，把崤山、函谷关当作宫墙。可是由于陈涉一个人发动起义，秦王朝的七代宗庙就被毁坏，连秦王子婴也死在别人手里，被天下的人耻笑，为什么呢？不施行仁政，而且攻取天下和守护天下的方针、战略是应该不同的啊！”

史记卷四十九

外戚世家第十九

自古受命帝王及继体守文之君，非独内德茂也，盖亦有外戚之助焉。夏之兴也以涂山，而桀之放也以末喜。殷之兴也以有娀，纣之杀也嬖妲己。周之兴也以姜原及大任，而幽王之禽也淫于褒姒。故《易》基乾坤，《诗》始《关雎》，《书》美釐降，《春秋》讥不亲迎。夫妇之际，人道之大伦也。礼之用，唯婚姻为兢兢。夫乐调而四时和，阴阳之变，万物之统也。可不慎与？人能弘道，无如命何。甚哉，妃匹之爱，君不能得之于臣，父不能得之于子，况卑下乎！既欢合矣，或不能成子姓；能成子姓矣，或不能要其终。岂非命也哉？孔子罕称命，盖难言之也。非通幽明之变，恶能识乎性命哉？

太史公曰：秦以前尚略矣，其详靡得而记焉。汉兴，吕娥姁为高祖正后，男为太子。及晚节色衰爱弛，而戚夫人有宠，其子如意几代太子者数矣。及高祖崩，吕后夷戚氏，诛赵王，而高祖后宫唯独无宠疏远者得无恙。

吕后长女为宣平侯张敖妻，敖女为孝惠皇后。吕太后以重亲故，欲其生子万方，终无子，诈取后宫人子为子。及孝惠帝崩，天下初定未久，继嗣不明。于是贵外家，王诸吕以为辅，而以吕禄女为少帝后，欲连固根本牢甚，然无益也。

高后崩，合葬长陵。禄、产等惧诛，谋作乱。大臣征之，天诱其统，卒灭吕氏。唯独置孝惠皇后居北宫。迎立代王，是为孝文帝，奉汉宗庙。此岂非天邪？非天命孰能当之？

薄太后，父吴人，姓薄氏，秦时与故魏王宗家女魏媪通，生薄姬，而薄父死山阴，因葬焉。

及诸侯畔秦，魏豹立为魏王，而魏媪内其女于魏宫。媪之许负所相，相薄姬，云当生天子。是时项羽方与汉王相距荥阳，天下未有所定。豹初与汉击楚，及闻许负言，心独喜，因背汉而畔，中立，更与楚连和。汉使曹参等击虏魏王豹，以其国为郡，而薄姬输织室。豹已死，汉王入织室，见薄姬有色，诏内后宫，岁馀不得幸。始姬少时，与管夫人、赵子儿相爱，约曰："先贵无相忘。"已而管夫人、赵子儿先幸汉王。汉王坐河南宫成皋台，此两美人相与笑薄姬初时约。汉王闻之，问其故，两人具以实告汉王。汉王心惨然，怜薄姬，是日召而幸之。薄姬曰："昨暮夜妾梦苍龙据吾腹。"高帝曰："此贵征也，吾为女遂成之。"一幸生男，是为代王，其后薄姬希见高祖。

高祖崩，诸御幸姬戚夫人之属，吕太后怒，皆幽之，不得出宫。而薄姬以希见故，得出，从子之代，为代王太后。太后弟薄昭从如代。

代王立十七年，高后崩。大臣议立后，疾外家吕氏强，皆称薄氏仁善，故迎代王，立为孝文皇帝，而太后改号曰皇太后，弟薄昭封为轵侯。

薄太后母亦前死，葬栎阳北。于是乃追尊薄父为灵文侯，会稽郡置园邑三百家，长丞已下吏奉守冢，寝庙上食祠如法。而栎阳北亦置灵文侯夫人园，如灵文侯园仪。薄太后以为母家魏王后，早失父母，其奉薄太后诸魏有力者，于是召复魏氏，(及尊)赏赐各以亲疏受之。薄氏侯者凡一人。

薄太后后文帝二年，以孝景帝前二年崩，葬南陵。以吕后会葬长陵，故特自起陵，近孝文皇帝霸陵。

窦太后，赵之清河观津人也。吕太后时，窦姬以良家子入宫侍太后，太后出宫人以赐诸王，各五人，窦姬与在行中。窦姬家在清河，欲如赵近家，请其主遣宦者吏："必置我籍赵之伍中。"宦者忘之，误置其籍代伍中。籍奏，诏可，当行。窦姬涕泣，怨其宦者，不欲往，相强，乃肯行。至代，代王独幸窦姬，生女嫖，后生两男。而代王王后生四男。先代王未入立为帝而王后卒。后代王立为帝，而王后所生四男更病死。孝文帝立数月，公卿请立太子，而窦姬长男最长，立为太子。立窦姬为皇后，女嫖为长公主。其明年，立少子武为代王，已而又徙梁，是为梁孝王。

窦皇后亲早卒，葬观津。于是薄太后乃诏有司，追尊窦后父为安成侯，母曰安成夫人，令清河置园邑二百家，长丞奉守，比灵文园法。

窦皇后兄窦长君，弟曰窦广国，字少君。少君年四五岁时，家贫，为人所略卖，其家不知其处。传十馀家，至宜阳，为其主入山作炭，〔寒〕〔暮〕卧岸下百馀人，岸崩，尽压杀卧者，少君独得脱，不死。自卜数日当为侯，从其家之长安。闻窦皇后新立，家在观津，姓窦氏。广国去时虽小，识其县名及姓，又常与其姊采桑堕，用为符信，上书自陈。窦皇后言之于文帝，召见，问之，具言其故，果是。又复问他何以为验，对曰："姊去我西时，与我决于传舍中，丐沐沐我，请食饭我，乃去。"于是窦后持之而泣，泣涕交横下。侍御左右皆伏地泣，助皇后悲哀。乃厚赐田宅金钱，封公昆弟，家于长安。

绛侯、灌将军等曰："吾属不死，命乃且县此两人。两人所出微，不可不为择师傅宾客，又复效吕氏大事也。"于是乃选长者士之有节行者与居。窦长君、少君由此为退让君子，不敢以尊贵骄人。

窦皇后病，失明。文帝幸邯郸慎夫人、尹姬，皆毋子。孝文帝崩，孝景帝立，乃封广国为章武侯。长君前死，封其子彭祖为南皮侯。吴楚反时，窦太后从昆弟子窦婴，任侠自喜，将兵，以军功为魏其侯。窦氏凡三人为侯。

窦太后好黄帝、老子言，帝及太子诸窦不得不读《黄帝》《老子》，尊其术。

窦太后后孝景帝六岁建元六年崩，合葬霸陵。遗诏尽以东宫金钱财物赐长公主嫖。

王太后，槐里人，母曰臧儿。臧儿者，故燕王臧荼孙也。臧儿嫁为槐里王仲妻，生男曰信，与两女。而仲死，臧儿更嫁长陵田氏，生男蚡、胜。臧儿长女嫁为金王孙妇，生一女矣，而臧儿卜筮之，曰两女皆当贵。因欲奇两女，乃夺金氏。金氏怒，不肯予决，乃内之太子宫。太子幸爱之，生三女一男。男方在身时，王美人梦日入其怀，以告太子，太子曰："此贵征也。"未生而孝文帝崩，孝景帝即位，王夫人生男。

先是臧儿又入其少女儿姁，儿姁生四男。

景帝为太子时，薄太后以薄氏女为妃。及景帝立，立妃曰薄皇后。皇后毋子，毋宠。薄太后崩，废薄皇后。

景帝长男荣，其母栗姬。栗姬，齐人也。立荣为太子。长公主嫖有女，欲予为妃。栗姬妒，而景帝诸美人皆因长公主见景帝，得贵幸，皆过栗姬，栗姬日怨怒，谢长公主，不许。长公主欲予王夫人，王夫人许之。长公主怒，而日谗栗姬短于景帝曰："栗姬与诸贵夫人幸姬会，常使侍者祝唾其背，挟邪媚道。"景帝以故望之。

景帝常体不安，心不乐，属诸子为王者于栗姬，曰："百岁后，善视之。"栗姬怒，不肯应，言不逊。景帝恚，心嗛之而未发也。

长公主日誉王夫人男之美，景帝亦贤之，又有曩者所梦日符，计未有所定。王夫人知帝望栗姬，因怒未解，阴使人趣大臣立栗姬为皇后。大行奏事毕，曰："'子以母贵，母以子贵'，今太子母无号，宜立为皇后。"景帝怒曰："是而所宜言邪！"遂案诛大行，而废太子为临江王。栗姬愈恚恨，不得见，以忧死。卒立王夫人为皇后，其男为太子，封皇后兄信为盖侯。

景帝崩，太子袭号为皇帝。尊皇太后母臧儿为平原君。封田蚡为武安侯，胜为周阳侯。

景帝十三男，一男为帝，十二男皆为王。而儿姁早卒，其四子皆为王。王太后长女号曰平阳公主，次为南宫公主，次为林虑公主。

盖侯信好酒。田蚡、胜贪，巧于文辞。王仲早死，葬槐里，追尊为共侯，置园邑二百家。及平原君卒，从田氏葬长陵，置园比共侯园。而王太后后孝景帝十六岁，以元朔四年崩，合葬阳陵。王太后家凡三人为侯。

卫皇后字子夫，生微矣。盖其家号曰卫氏，出平阳侯邑。子夫为平阳主讴者。武帝初即位，数岁无子。平阳主求诸良家子女十馀人，饰置家。武帝祓灞上还，因过平阳主。主见所侍美人，上弗说。既饮，讴者进，上望见，独说卫子夫。是日，武帝起更衣，子夫侍尚衣，轩中得幸。上还坐，欢甚，赐平阳主金千斤。主因奏子夫奉送入宫。子夫上车，平阳主拊其背曰："行矣，强饭，勉之！即贵，无相忘。"入宫岁馀，竟不复幸。武帝择宫人不中用者，斥出归之。卫子夫得见，涕泣请出。上怜之，复幸，遂有身，尊宠日隆。召其兄卫长君弟青为侍中。而子夫后大幸，有宠，凡生三女一男。男名据。

初，上为太子时，娶长公主女为妃。立为帝，妃立为皇后，姓陈氏，无子。上之得为嗣，大长公主有力焉，以故陈皇后骄贵。闻卫子夫大幸，恚，几死者数矣。上愈怒。陈皇后挟妇人媚道，其事颇觉，于是废陈皇后，而立卫子夫为皇后。

陈皇后母大长公主，景帝姊也，数让武帝姊平阳公主曰："帝非我不得立，已而弃捐吾女，壹何不自喜而倍本乎！"平阳公主曰："用无子故废耳。"陈皇后求子，与医钱凡九千万，然竟无子。

卫子夫已立为皇后，先是卫长君死，乃以卫青为将军，击胡有功，封为长平侯。青三子在襁褓中，皆封为列侯。及卫皇后所谓姊卫少儿，少儿生子霍去病，以军功封冠军侯，号骠骑将军、青号大将军。立卫皇后子据为太子。卫氏枝属以军功起家，五人为侯。

及卫后色衰，赵之王夫人幸，有子，为齐王。

王夫人早卒。而中山李夫人有宠，有男一人，为昌邑王。

李夫人早卒，其兄李延年以音幸，号协律。协律者，故倡也。兄弟皆坐奸，族。是时其长兄广利为贰师将军，伐大宛，不及诛，还，而上既夷李氏，后怜其家，乃封为海西侯。

他姬子二人为燕王、广陵王。其母无宠，以忧死。

及李夫人卒，则有尹婕妤之属，更有宠。然皆以倡见，非王侯有土之士女，不可以配人主也。

褚先生曰：臣为郎时，问习汉家故事者钟离生。曰：王太后在民间时所生(子)〔一〕女者，父为金王孙。王孙已死，景帝崩后，武帝已立，王太后独在，而韩王孙名嫣素得幸武帝，承间白言太后有女在长陵也。武帝曰："何不早言！"乃使使往先视之，在其家。武帝乃自往迎取之。跸道，先驱旄骑出横城门，乘舆驰至长陵。当小市西入里，里门闭，暴开门，乘舆直入此里，通至金氏门外止，使武骑围其宅，为其亡走，身自往取不得也。即使左右群臣入呼求之。家人惊恐，女亡匿内中床下。扶持出门，令拜谒。武帝下车泣曰："嚄！大姊，何藏之深也！"诏副车载之，回车驰还，而直入长乐宫。行诏门著引籍，通到谒太后。太后曰："帝倦矣，何从来？"帝曰："今者至长陵得臣姊，与俱来。"顾曰："谒太后！"太后曰："女某邪？"曰："是也。"太后为下泣，女亦伏地泣。武帝奉酒前为寿，奉钱千万，奴婢三百人，公田百顷，甲第，以赐姊。太后谢曰："为帝费焉。"于是召平阳主、南宫主、林虑主三人俱来谒见姊，因号曰修成君。有子男一人，女一人。男号为修成子仲，女为诸侯王王后。此二子非刘氏，以故太后怜之。修成子仲骄恣，陵折吏民，皆患苦之。

卫子夫立为皇后，后弟卫青字仲卿，以大将军封为长平侯。四子，长子伉为侯世子，侯世子常侍中，贵幸。其三弟皆封为侯，各千三百户，一曰阴安侯，二曰发干侯，三曰宜春侯，贵震天下。天下歌之曰："生男无喜，生女无怒，独不见卫子夫霸天下！"

是时平阳主寡居，当用列侯尚主。主与左右议长安中列侯可为夫者，皆言大将军可。主笑曰："此出吾家，常使令骑从我出入耳，奈何用为夫乎？"左右侍御者曰："今大将军姊为皇后，三子为侯，富贵振动天下，主何以易之乎？"于是主乃许之。言之皇后，令白之武帝，乃诏卫将军尚平阳公主焉。

褚先生曰：丈夫龙变。《传》曰："蛇化为龙，不变其文；家化为国，不变其姓。"丈夫当时富贵，百恶灭除，光耀荣华，贫贱之时何足累之哉！

武帝时，幸夫人尹婕妤。邢夫人号娙娥，众人谓之"娙何"。娙何秩比中二千石，容华秩比二千石，婕妤秩比列侯，常从。婕妤迁为皇后。

尹夫人与邢夫人同时并幸，有诏不得相见。尹夫人自请武帝，愿望见邢夫人，帝许之。即令他夫人饰，从御者数十人，为邢夫人来前。尹夫人前见之，曰："此非邢夫人身也。"帝曰："何以言之？"对曰："视其身貌形状，不足以当人主矣。"于是帝乃诏使邢夫人衣故衣，独身来前。尹夫人望见之，曰："此真是也。"于是乃低头俯而泣，自痛其不如也。谚曰："美女入室，恶女之仇。"

褚先生曰：浴不必江海，要之去垢；马不必骐骥，要之善走；士不必贤世，要之知道；女不必贵种，要之贞好。《传》曰："女无美恶，入室见妒；士无贤不肖，入朝见嫉。"美女者，恶女之仇，岂不然哉！

钩弋夫人姓赵氏，河间人也。得幸武帝，生子一人，昭帝是也。武帝年七十，乃生昭帝。昭帝立时，年五岁耳。

卫太子废后，未复立太子。而燕王旦上书，愿归国入宿卫。武帝怒，立斩其使者于北阙。

上居甘泉宫，召画工图画周公负成王也。于是左右群臣知武帝意欲立少子也。后数日，帝谴责钩弋夫人。夫人脱簪珥叩头。帝曰："引持去，送掖庭狱！"夫人还顾，帝曰："趣行，女不得活！"夫人死云阳宫。时暴风扬尘，百姓感伤，使者夜持棺往葬之，封识其处。

其后帝闲居，问左右曰："人言云何？"左右对曰："人言且立其子，何去其母乎？"帝曰："然。是非儿曹愚人所知也。往古国家所以乱也，由主少母壮也。女主独居骄蹇，淫乱自恣，莫能禁也。女不闻吕后邪？"故诸为武帝生子者，无男女，其母无不谴死，岂可谓非贤圣哉！昭然远见，为后世计虑，固非浅闻愚儒之所及也。谥为"武"，岂虚哉！

【译文】

从古至今，顺应天命的开国帝王和继承正统遵守法度的君王，并非只是因为内在的品德美好，大多也都得到了外戚的帮助。夏代的兴起是因为涂山氏之女，而夏桀被放逐是因为妹喜。殷代的兴起是因为有娀氏的女子，商纣王被杀在于宠爱妲已。周代的兴起是因为姜原和太任，而幽王被擒在于他和褒姒的淫乱。所以《易经》以《乾》《坤》两卦为基本，《诗经》以《关雎》开篇，《尚书》赞美尧把女儿下嫁给舜，《春秋》讥讽鲁隐公不亲自去迎接妻子。夫妇之间的关系，是人道中最重要的伦常关系。礼仪的应用，只有在婚姻上最为谨慎。如果乐声协调，四时才能和顺，阴阳变化，才能统领万物，可以不慎重吗？人们能够弘扬人伦之道，对天命却无可奈何。的确是这样啊，夫妻之间的亲爱之情，君王不能从大臣那里获得，父亲也不能从儿子那里获得，况且是卑下的人呢！夫妇欢合之后，有的不能繁育后代；能够繁育后代的，有的又不能得到好的归宿。这难道不是天命吗？孔子很少谈天命，大概也是因为难以说清吧。不能通晓阴阳的变化，又怎么能懂得人性和天命的道理呢？

太史公说：秦朝之前的情况比较简略，那些详细情况没能记载下来。汉兴起后，吕娥姁做了汉高祖的正室皇后，儿子当了太子。到了晚年，容颜衰老就不受宠爱了。然而戚夫人得宠，她的儿子如意几乎有好几次要取代太子的地位。等到高祖去世以后，吕后灭了戚氏，杀了赵王如意，而高祖后宫的妃子只有那些不受宠爱被疏远的人才能平安无事。

吕后的长女嫁给宣平侯张敖为妻子，张敖的女儿做了孝惠皇后。吕太后因为亲上加亲的缘故，用尽各种方法想让她生个儿子，然而她却始终没能生子，从后宫抱来别人的儿子谎称是她的儿子。到孝惠帝去世，天下刚刚安定没多久，继承皇位的人还没有明确。于是吕太后就提升外家的地位，封吕氏兄弟为王进行辅佐，让吕禄的女儿做少帝的皇后，想借此把根基连结得更牢固，然而毫无益处。

吕后去世，与高祖合葬在长陵。吕禄、吕产等人担心被杀，就密谋造反。大臣征讨他们，上天引导着汉家的皇统，最终消灭了吕氏。后来仅把孝惠皇后安置在北宫。大臣把代王迎来即位，这就是孝文帝，奉祀汉室宗庙。这难道不是天命吗？如果不是天命又有谁能担当呢？

薄太后的父亲是吴地人，姓薄氏，秦朝时与以前魏王宗族的女子魏媪私通，生下了薄姬，薄姬的父亲后来死在山阴，于是就葬在那里。

到诸侯反抗秦朝统治的时候，魏豹自立为魏王，于是魏媪就把她的女儿送到魏王宫中。魏媪去许负那里看相，让他给薄姬相面，许负说她应当生下天子。当时项羽正好与汉王刘邦在荥阳相持不下，天下归谁还没有定论。魏豹最早与汉王一同攻打楚王，等到听了许负的话，心里独自高兴，于是又背叛汉王，先是中立，接着又与楚王联合。汉王派曹参等率兵进攻打败并俘虏了魏王豹，把魏地改为郡，把薄姬送入织造府。魏豹死以后，有一次汉王进入织造府，看见薄姬姿色秀美，就下诏把她收进后宫，一年多也没有得到宠幸。早先薄姬年轻的时候，与管夫人、赵子儿关系很亲密，三人曾经立下誓约说："谁要是先富贵了的话不要忘了别人。"后来管夫人、赵子儿都先后得到汉王宠幸。有一次汉王坐在河南宫的成皋台上，这两位美人说到当初与薄姬的誓约而相互说笑。汉王听到后，问她们原因，两人就把实情告诉了汉王。汉王心里不禁伤感起来，怜悯薄姬，当天就召见了她并与她同宿。薄姬说："昨晚臣妾梦见苍龙盘踞在我的肚子上。"高祖说："这是显贵的象征，我来为你达成了吧。"一次同宿就生了男孩，这就是代王。此后薄姬就很少见到高祖了。

高祖去世，高祖曾经宠幸过的妃子如戚夫人这些人，吕太后都不喜欢，就把她们都囚禁起来，不准出宫。然而薄姬因为很少见高祖的缘故，可以出宫，跟随儿子一起去了代国，成为代王太后。太后的弟弟薄昭也一起跟着到代国。

代王即位十七年后，吕后驾崩。大臣们商量要立新君，都痛恨外戚吕氏势力强大，都称赞薄氏仁义善良，于是迎回代王，立为孝文皇帝，薄太后也因此改封号为皇太后，她的弟弟薄昭被封为轵侯。

薄太后的母亲在这之前就已经去世了，葬在栎阳北边。于是就追尊薄太后的父亲为灵文侯，在会稽郡备置了三百户的园邑，派遣长丞以下的人去侍奉看守陵墓，宗庙上的祭品和礼仪都依照规定进行。在栎阳北边也设置了灵文侯夫人的陵园，所有礼仪都和灵文侯陵园一样。薄太后认为母家是魏王的后代，父母早逝，魏氏家族中有人侍奉薄太后很尽力，于是就命令重新恢复魏氏家族的地位，分别按亲疏程度进行赏赐。薄氏家族中有一人被封侯。

薄太后晚文帝两年去世，在景帝前二年去世，死后葬在南陵。因为吕后与高祖合葬在长陵，所以她特意为自己单独修建了陵墓，靠近孝文帝的霸陵。

窦太后是赵国的清河观津人。在吕太后的时候，窦姬以良家女子的身份被选入宫中服侍太后。后来太后选出宫女送往宫外赐给各诸侯王，每王五人，窦姬就在这批宫女之中。窦姬的老家在清河，想到赵国去，离家近一些，就请求主管遣送的宦官说："请一定把我的名册放在送往赵国的队伍里。”宦官忘了这件事，将她的名册误放在送往代国的队伍中了。名册奏上以后，诏令说可以，应当启程。窦姬痛哭流涕，埋怨那个宦官，不想去，但被强制相迫，后来才肯动身。到了代国，代王唯独宠爱窦姬，生了女儿嫖，后来又生了两个儿子。代王王后生了四个儿子。在代王还没有入朝即位的时候，王后就去世了，后来代王被立为皇帝，然而王后所生的四个儿子也接连病死。孝文帝即位几个月之后，公卿大臣都请求立太子，窦姬的长子年龄最大，就被立为太子。窦姬被立为皇后，她的女儿刘嫖被立为长公主。第二年，小儿子刘武被立为代王，不久又迁到梁国，这就是梁孝王。

窦皇后的父母早就去世了，葬在观津。于是薄太后就命令有关官员，追尊窦皇后的父亲为安成侯，母亲为安成夫人，让清河设置二百户的园邑，由长丞侍奉看守，一切都和灵文园的礼仪一样。

窦皇后有个兄长叫窦长君，弟弟叫窦广国，字少君。在少君只有四五岁的时候，家境贫穷，被人掠走出卖，家人也不知道他被卖到什么地方。中间辗转十几家，最后到了宜阳。他为主人进山烧炭，晚上一百多人躺在山崖下睡觉，山崖崩塌，把睡在山崖下面的人全都压死了，唯独少君脱险，没有被压死。他自己算了一卦，说不久就会被封侯，于是就从主人家离开去了长安。他听说窦皇后是刚被册立的，家乡在观津，姓窦氏。广国离开家乡时年龄虽小，但还记得县名和自家的姓，以前经常和姐姐一起采桑，曾经从树上掉下来，用这些作为证据，上书陈述自己的经历。窦皇后把这件事告诉了文帝，于是就召见广国，问他，他详细说明了情况，果然不错。又问他还有什么可以证明的，他回答说：“姐姐离开我西去的时候，和我在驿站宿舍里诀别，向别人讨来热水给我洗头，又要来食物给我吃，然后才离去。”这时窦后拉住弟弟痛哭起来，涕泪纵横流下。左右侍从也都趴在地上哭泣，一起为皇后助哀。后来就赏赐给他很多田地、房屋和金钱，分封其他窦氏兄弟，迁居到长安

绛侯、灌将军等人商议说：“我们这些人不死，命运都掌握在窦氏兄弟二人的手里。他们二人出身低微，不能不给他们仔细挑选师傅和宾客，否则，又会再次效法吕氏闹出大事来。”于是就选取年长有德、品行端正的士人和他俩相处。窦长君、少君从这以后也成为了谦逊礼让的君子，不敢倚仗他们尊贵的身份对人骄横傲慢。

窦皇后得了重病，双目失明。文帝宠幸邯郸慎夫人、尹姬，都没有生

子。孝文帝去世以后，孝景帝即位，封广国为章武侯。长君在这之前就已经去世了，朝廷就封他的儿子彭祖为南皮侯。吴、楚七国叛乱的时候，窦太后的侄子窦婴，喜欢仗义行侠，率领军队平叛，因有战功被封为魏其侯。窦氏共有三人被封侯。

窦太后喜欢黄帝、老子的学说，皇帝、太子以及所有窦氏子弟都不得不读《黄帝》《老子》，尊奉他们的学说。

窦太后比景帝晚六年去世，死后与文帝合葬在霸陵。她留下诏书把东宫所有的金银财宝都赐给长公主刘嫖。

王太后是槐里人，她的母亲叫臧儿。臧儿是原来燕王臧荼的孙女。臧儿嫁给槐里人王仲为妻，生下儿子取名为信，还有两个女儿。王仲死后，臧儿又改嫁给长陵田氏，生了儿子田蚡、田胜。臧儿的长女嫁给金王孙为妻，生下一个女儿，臧儿为她的孩子算卦，说她的两个女儿都该是贵人。因为她想要倚仗两个女儿，就把大女儿从金氏家中强行接回。金氏很愤怒，不肯和妻子决断，然而臧儿最后终于把这个女儿送到太子宫中。太子很宠爱她，生下三个女儿一个儿子。当儿子还在胎孕中的时候，王美人梦见太阳投入她的怀中。她把这个梦告诉太子，太子说："这是大贵的象征。"儿子还没出生孝文帝就去世了，孝景帝即位后，王夫人生下了这个男孩。

先前臧儿又将她的小女儿兒姁也送到宫中，兒姁生了四个儿子。

景帝还是太子的时候，薄太后选了一个薄氏的女子做他的妃子。景帝即位之后，这个妃子就被立为薄皇后。皇后没有儿子，也不得宠爱。薄太后去世以后，薄皇后就被废了。

景帝的长子是刘荣，他的母亲是栗姬。栗姬是齐人。景帝立刘荣为太子。长公主刘嫖有个女儿，想许配给太子做妃子。栗姬嫉妒心很强，景帝的几位美人都是靠着长公主而见到景帝的，都得到了尊崇和宠爱，并且超过了栗姬，栗姬本来就天天怨怒，于是谢绝了长公主，没有应允这门亲事。长公主又想把女儿许给王夫人的儿子，王夫人答应了。长公主为这件事很生气，就常常在景帝那里说栗姬的坏话："栗姬和各位贵夫人及宠姬聚会，常常让侍从在她们背后吐口水诅咒，施用妖邪惑人的道法。"景帝因此恼恨栗姬。

景帝曾经有段时间身体不好，心中不畅快，就把被封王的儿子们都托付给栗姬，说："我去世以后，希望你要好好照顾他们。"栗姬很生气，不肯答应，并且出言不逊。景帝很气愤，心里不高兴但没有发作。

长公主天天夸赞王夫人儿子的优点，景帝也觉得他德才兼备，又有以前王夫人梦到太阳投入怀抱的祥兆，只是主意还没能最后定下来。王夫人知道景帝怨恨栗姬，趁他怒气未消，暗中派人催促大臣奏请景帝立栗姬为皇后。有一次上朝大行官奏事完毕以后，说："'儿子因母亲而尊贵，母亲因儿子而尊贵'，如今太子的母亲还没有封号，应当被封立为皇后。"景帝发怒说："这是你所应该说的话吗？"于是依法处死了大行官，同时废黜了太子，改封为临江王。栗姬更加怨恨，却不能再见到景帝，不久，就忧伤而死。后来王夫人被立为皇后，她的儿子被立为太子，皇后的哥哥王信被封为盖侯。

景帝去世以后，太子继位为皇帝。尊封皇太后的母亲臧儿为平原君。封田蚡为武安侯、田胜为周阳侯。

景帝一共有十三个儿子，一个儿子做了皇帝，其他十二个儿子都被封为王。然而王兒姁去世得早，她的四个儿子也都封为王。王太后的长女封号为平阳公主，次女为南宫公主，三女为林虑公主。

盖侯王信喜欢喝酒。田蚡、田胜贪图富贵，善用文辞巧辩。王仲去世得早，死后葬在槐里，追尊为共侯，设置了二百户的园邑。等到平原君去世以后，就和田氏一起葬在长陵，设置的陵园跟共侯的陵园一样。王太后比孝景帝晚去世十六年，于元朔四年去世，死后和景帝合葬在阳陵。王太后家共有三个人被封为侯。

卫皇后，字子夫，出身非常卑微。大概她家号称卫氏，在平阳侯封地以内。子夫是平阳公主家里的歌姬。武帝刚刚即位的时候，几年都没有生下儿子。平阳公主挑选了十几个良家女子，装饰起来留在家里。武帝到灞上祈福回来，顺道路过平阳公主家。公主让侍奉的美人都出来见武帝，武帝都不喜欢。饮酒过后，歌姬进来，武帝看见了，唯独喜欢卫子夫。当天，武帝起身换衣服，子夫到皇帝的衣车中侍奉，得到亲幸。武帝回到座位后，十分高兴，赐给平阳公主黄金千斤。公主趁机奏请皇帝，把卫子夫奉送入宫。子夫上车后，平阳公主抚着她的背说："去吧，好好吃饭，努力吧！假如尊贵了，不要忘了我。"子夫入宫后有一年多，都没有再次得到宠幸。武帝把一些不中用的宫人挑出来，把她们遣出宫送回家中。卫子夫见到武帝，她哭泣着请求出宫。皇上怜惜她，就再次亲幸，于是有了身孕，从此一天比一天受尊宠。武帝让她的哥哥卫长君和弟弟卫青担任侍中。后来子夫大得亲幸，倍受宠爱，一共生下三个女儿一个儿子，儿子取名为据。

当初，皇上还是太子之时，娶了长公主的女儿做妃子，即位以后，将这位妃子立为皇后，姓陈氏，陈皇后没有生子。皇上之所以得以继承帝位，大长公主曾经出力不小，所以陈皇后骄横高傲。听说卫子夫很受宠爱，陈皇后非常气愤，好几次几乎要气死。皇上对她更加恼怒。陈皇后施用妇人惑人的邪术，武帝对此事有些觉察，于是就废了陈皇后，后来立卫子夫为皇后。

陈皇后的母亲大长公主，也就是景帝的姐姐，多次责备武帝的姐姐平阳公主说："皇帝不是因为我就不能即位，即位以后竟然抛弃我的女儿，怎么能这样不自爱而忘本呢！"平阳公主说道："主要是因为没有儿子才被废的。"陈皇后渴求得子，求医曾花钱九千万之多，然而最终也没能生子。

卫子夫被立为皇后以后，在这之前卫长君已经去世，就任命卫青为将军，因卫青抗击胡人有功，被封为长平侯。卫青的三个儿子还在襁褓之中，也都被封为列侯。至于卫皇后所说的姐姐卫少儿，她生下儿子霍去病，因有战功被封为冠军侯，号称骠骑将军。卫青号称大将军。卫皇后的儿子刘据被立为太子。卫氏亲族都是以军功起家，有五人被封侯。

后来卫皇后姿色衰老，赵国的王夫人得到宠幸，生下儿子，被封为齐王。

王夫人去世得早。中山李夫人得到宠幸，生下一个儿子，被封为昌邑王。

李夫人早逝，她的兄长李延年依靠精于音律得宠，被封为协律官。所谓协律，就是古代的歌舞艺人。他们兄弟后来都因犯淫乱后宫之罪被灭族。当时她的长兄李广利为贰师将军，正在征讨大宛，没有被杀，后来回到长安，皇上诛灭李氏后，又怜悯他们家，就又封他为海西侯。

其他的妃子还生有两个儿子，即燕王、广陵王。他们的母亲不受宠爱，因此忧伤而死。

到李夫人去世以后，有尹婕妤之流交替受宠，然而她们都是以歌女的身份得见武帝，并非有封地的王侯之家的女子，不应该和皇帝相配。

褚先生说：我担任郎官之时，曾经请教过熟习汉家旧事的钟离生。听他说：王太后在民间时还生过一个女儿，父亲是金王孙。金王孙去世以后，景帝驾崩，武帝即位，只有王太后还在。韩王孙名叫嫣的人一向很得武帝的宠爱，就趁机说起太后有个女儿在长陵。武帝说："为何不早点说出来呢！"于是派人先去看了看，正好在家。武帝就亲自前去迎接她。路上清道禁行，先驱警卫的骑兵出了横城门，武帝乘车飞奔到长陵。从小市的西边进入里巷，里门关闭着，侍卫用力推开门，武帝的车一直进入里中，到达金氏门外才停了下来，派武装骑兵包围了金家宅院，为的是怕她逃跑，自己亲自来接也接不着了。武帝随即派左右群臣进去呼喊寻找。

金氏家人个个都十分惊恐，金氏之女躲藏在内室的床下。找到以后人们将她扶着走出大门，让她拜见皇上。武帝下车哭着说："哎呀！大姐，怎么藏得这么深哪！"让她坐上副车，掉转车子飞驰回城，直接回到长乐宫。武帝在途中就命令看守宫门的人拿着自己的名帖向太后通报，车一到就去拜见太后。太后说："皇上累了吧，这是从哪里来呀？"武帝说："今天去长陵找到了我的姐姐，和她一起来的。"回头说："赶紧拜见太后！"太后说："你就是我的那个女儿吗？"回答说："是呀。"太后落泪哭泣，女儿也伏在地上哭泣。武帝捧着酒前去祝贺，拿出一千万钱、三百名奴婢、一百顷公田，和上等宅第一起赐给姐姐。太后道谢说："让皇上破费了。"后来又召来平阳公主、南宫公主和林虑公主三人一起前来拜见姐姐，封号为修成君。她有一个儿子，一个女儿。儿子的封号为修成子仲，女儿做了诸侯王的王后。这两个孩子并非出于刘氏家族，因此太后非常怜爱他们。修成子仲骄横放纵，常常欺压官吏和百姓，人们都受到他的迫害。

卫子夫被立为皇后，后来她的弟弟卫青，字仲卿，以大将军的职位被封为长平侯。他有四个儿子，他的长子卫伉是准备继承爵位的世子，曾担任侍中，非常尊贵受宠。卫伉的三个弟弟都被封侯，每人都得到封地一千三百户，一个叫阴安侯，一个叫发干侯，一个叫宜春侯，都十分富贵，震动天下。天下流传这样一首歌谣："生儿不必太高兴，生女莫要太生气，难道没有看到卫子夫吗？荣华富贵天下第一。"

这时平阳公主守寡独自居住，应当选一位列侯做她的丈夫。公主和左右侍从商议长安城里的列侯谁可以做她的丈夫，侍从都说大将军卫青可以。公主笑了笑，说："他是从我们家出去的人，我以前经常让他骑马跟随着我出入，怎能让他做我的丈夫呢？"左右侍从们说："如今大将军的姐姐是皇后，他的三个儿子都被封了侯，富贵震动天下，公主为何把他看轻了呢？"于是公主才同意了，就把此事告诉皇后，皇后让她禀告武帝，武帝就下令让卫将军做了平阳公主的丈夫。

褚先生说：丈夫是可以像龙那样变化的。《传书》上说："蛇变成了龙，但花纹不会改变；家变成了国，但姓氏不会改变。"丈夫在富贵的时候，有多少污点都可以被掩盖消除，变得光彩荣耀，贫贱时候的事情哪里会牵累他呢！

武帝在位的时候，宠爱过夫人尹婕妤。邢夫人封号为娙娥，人们都叫她"娙何"。娙何的品级相当于享有俸禄二千石的官，容华的品级相当于二千石的官，婕妤的品级相当于列侯，皇后经常是由婕妤升迁的。

尹夫人与邢夫人同时被亲幸，武帝曾下令说她们两人不能相见。尹夫人亲自请求武帝，希望能见见邢夫人，武帝答应了。就派另一位夫人修饰起来，几十个侍从跟随在后面，假冒邢夫人来到尹夫人面前。尹夫人走上前去见她，说："这并非邢夫人本人。"武帝说："为什么这么说？"尹夫人回答说："看她的身段相貌以及姿态，都不足以匹配皇上。"于是武帝就下令让邢夫人穿上旧衣服，单独前来。尹夫人看见她就说："这次是真的。"于是就低头哭泣，自己伤心不如邢夫人。谚语说："美女进屋，就是丑女的仇人。"

褚先生说：洗澡不一定非要跑到江海去，主要是能除去污垢；骑马也不一定要骑有名的骏马，主要是善于奔跑；士人不一定非要超出世上的一般人，主要是懂得道理；女子也不一定出身高贵，主要是应该贞洁美好。《传书》上面说："女子无分貌美还是丑陋，一进家门就会被人嫉妒；士人不论是贤或者不贤，一入朝廷就会被人嫉妒。"美女是丑女的仇人，难道不对吗！

钩弋夫人，姓赵，是河间人。她得到武帝的宠幸，生下一个儿子，就是昭帝。武帝七十岁的时候，才生下昭帝。昭帝即位时只有五岁。

卫太子被废以后，武帝还没有立新的太子。而燕王刘旦上书，请求回到京城入宫担任警卫之职。武帝很生气，立刻在北阙杀了燕王派来的使者。

皇上住在甘泉宫，命令画工画一幅周公背负成王的画。于是左右群臣就知道武帝是想要立自己的小儿子为太子。过了几天，武帝严厉责备钩弋夫人。夫人摘下发簪耳饰等首饰叩头请罪。武帝说："把她拉出去，送到掖庭狱！"夫人回过头看武帝，武帝说："快走吧，你活不成了！"夫人最后死在云阳宫。死的时候暴风刮得尘土飞扬，百姓也都为她感到悲伤。使者夜里拉着棺材去埋葬，在埋葬的地方做了标志。

在这之后，武帝闲暇时候问左右侍从说："人们都说些什么？"左右回答说："人们都说马上就要立她的儿子了，为什么要除掉他的母亲呢？"武帝说："是的。这并非是小孩子们和愚昧之人所能够理解的。自古以来国家之所以出乱子的原因，就在于君主年少，而他的母亲正当壮年。女子独居，骄横傲慢，淫乱放纵，没有人能禁止。你们没有听说过吕后的事吗？"因此，所有为武帝生过孩子的，无论男女，他们的母亲没有不被谴责处死的，难道能说这就不是圣贤了吗？这样明确的远见，为后世长远谋划，本来就不是那些才疏学浅的愚昧之徒所能达到的。武帝谥号为"武"，难道是虚名吗！

史记卷五十

楚元王世家第二十

楚元王刘交者，高祖之同母少弟也，字游。

高祖兄弟四人，长兄伯，伯早卒。始高祖微时，尝辟事，时时与宾客过巨嫂食。嫂厌叔，叔与客来，嫂详为羹尽，栎釜，宾客以故去。已而视釜中尚有羹，高祖由此怨其嫂。及高祖为帝，封昆弟，而伯子独不得封。太上皇以为言，高祖曰："某非忘封之也，为其母不长者耳。"于是乃封其子信为羹颉侯。而王次兄仲于代。

高祖六年，已禽楚王韩信于陈，乃以弟交为楚王，都彭城。即位二十三年卒，子夷王郢立。夷王四年卒，子王戊立。

王戊立二十年，冬，坐为薄太后服私奸，削东海郡。春，戊与吴王合谋反，其相张尚、太傅赵夷吾谏，不听。戊则杀尚、夷吾，起兵与吴西攻梁，破棘壁。至昌邑南，与汉将周亚夫战。汉绝吴、楚粮道，士卒饥，吴王走，楚王戊自杀，军遂降汉。

汉已平吴、楚，孝景帝欲以德侯子续吴，以元王子礼续楚。窦太后曰："吴王，老人也，宜为宗室顺善。今乃首率七国，纷乱天下，奈何续其后！"不许吴，许立楚后。是时礼为汉宗正。乃拜礼为楚王，奉元王宗庙，是为楚文王。

文王立三年卒，子安王道立。安十二年卒，子襄王(经)〔注〕立。襄王立十四年卒，子王纯代立。王纯立，地节二年，中人上书告楚王谋反，王自杀，国除，入汉为彭城郡。

赵王刘遂者，其父高祖中子，名友，谥曰"幽"。幽王以忧死，故为"幽"。高后王吕禄于赵，一岁而高后崩。大臣诛诸吕吕禄等，乃立幽王子遂为赵王。

孝文帝即位二年，立遂弟辟彊，取赵之河间郡为河间王，(以)〔是〕为文王。立十三年卒，子哀王福立。一年卒，无子，绝后，国除，入于汉。

遂既王赵二十六年，孝景帝时坐晁错以適削赵王常山之郡。吴、楚反，赵王遂与合谋起兵。其相建德、内史王悍谏，不听。遂烧杀建德、王悍，发兵屯其西界，欲待吴与俱西。北使匈奴，与连和攻汉。汉使曲周侯郦寄击之。赵王遂还，城守邯郸。相距七月，吴、楚败于梁，不能西。匈奴闻之，亦止，不肯入汉边。栾布自破齐还，乃并兵引水灌赵城。赵城坏，赵王自杀，邯郸遂降。赵幽王绝后。

太史公曰：国之将兴，必有祯祥，君子用而小人退。国之将亡，贤人隐，乱臣贵。使楚王戊毋刑申公，遵其言，赵任防舆先生，岂有篡杀之谋，为天下僇哉？贤人乎，贤人乎！非质有其内，恶能用之哉？甚矣！“安危在出令，存亡在所任”，诚哉是言也！

【译文】

楚元王刘交，他是高祖同母的小弟弟，字游。

高祖兄弟有四个人，长兄叫刘伯，伯早就死了。当年高祖卑微的时候，曾经为了躲避难事，常常跟宾客到大嫂家吃饭。大嫂讨厌小叔，小叔和宾客来家了，大嫂假装做的肉菜汤已吃完，用饭勺刮锅底，宾客因此起身离去。过后看到锅里还有肉汤，高祖因此怨恨大嫂。等到高祖当了皇帝，封赏兄弟，唯独不封大哥的儿子。太上皇为此来说情，高祖说：“我不是忘记封他，因为他的母亲太不厚道。”于是才封她的儿子信为羹颉侯。封二哥刘仲为代王。

高祖六年，在陈县逮捕楚王韩信，就封小弟刘交为楚王，在彭城建都。刘交在位二十三年后去世，他的儿子夷王刘郢继位。夷王在位四年后去世，他的儿子刘戊继位。

楚王刘戊即位二十年，冬天，因在为薄太后服丧期间犯了私奸宫女罪，削去东海郡封地。第二年春天，刘戊和吴王刘濞合谋造反，他的国相张尚、太傅赵夷吾劝谏，不听从。刘戊即刻杀了张尚、赵夷吾，起兵和吴王向西进攻梁国，攻破了棘壁。行至昌邑的南边，和汉将周亚夫交战。汉军截断了吴、楚军的粮道，士兵们饥饿，吴王逃走，楚王刘戊自杀，吴、楚军就投降了汉军。

汉朝廷平定吴、楚叛乱后，孝景帝想让德侯刘广的儿子继承吴国的王位，让元王的儿子刘礼继承楚国的王位。窦太后说：“吴王是老一辈人，应当为宗室效忠从善。如今却带头率领七国扰乱天下，为什么还要接续他的后代！”不允许立吴王的后代，只准许立楚王的后代。当时刘礼任汉朝的宗正，于是封刘礼为楚王，供奉元王的宗庙，这就是楚文王。

楚文王在位三年去世，其儿子安王刘道继位。安王在位二十二年去世，其儿子襄王刘注继位。襄王在位十四年去世，其儿子刘纯继位。刘纯继位后，汉宣帝地节二年，有宦官上书告发楚王谋反，楚王自杀，国号被废除，封地收归朝廷，改为彭城郡。

赵王刘遂，他父亲在高祖的儿子中排行居中，名友，谥号为“幽”。幽王因为忧伤而死，所以谥号为“幽”。高后把吕禄封在赵地为王，一年而高后去世。汉室大臣诛杀吕禄等吕氏家族，于是就立幽王的儿子刘遂为赵王。

孝文帝即位二年后，封刘遂的弟弟辟强为王，割去赵国的河间郡为河间王，这就是文王。文王在位十三年去世，他的儿子哀王刘福继位。刘福继位一年去世，无子，绝了后代，国号被废除，封地收归汉朝廷。

刘遂当上赵王后二十六年，孝景帝在位的时候，因犯有过失被晁错削去他的常山郡封地。吴、楚叛乱，赵王就联合他们起兵。他的相国建德、内史王悍劝谏，不听从，就烧死建德、王悍，发兵驻屯在赵国的西部边界上，想等待吴国兵一起向西进兵。并派人到北面的匈奴，想联合匈奴攻打汉朝。汉朝廷派曲周侯郦寄攻打赵国。赵王刘遂被迫退兵，据守在邯郸，对峙将近七个月，吴、楚军在梁国被打败，不能向西进。匈奴知道这个消息，也停止了发兵，不肯进入汉朝边界。栾布从打败齐国的前线归来，就和郦寄联兵引水灌赵国的都城。赵国的都城被水毁坏，赵王自杀，邯郸于是投降。赵幽王断绝了后代。

太史公说：国家将要兴起的时候，一定有吉祥的预兆，君子被重用，小人被斥退。国家将要灭亡的时候，贤德的人隐退，乱世之臣就显贵。如果楚王刘戊不刑罚申公，听从他的建议，赵王任用防与先生，哪会有篡杀的阴谋，遭天下人杀戮呢？贤人啊！贤人啊！不是本质贤能的君王，怎能任用你们呢？太重要啦！“国家的安危在于发出的政令，国家的存亡在于任用的大臣”，的确是这样的啊！

史记卷五十一

荆燕世家第二十一

荆王刘贾者，诸刘，不知其何属、初起时。

汉王元年，还定三秦，刘贾为将军，定塞地，从东击项籍。

汉四年，汉王之败成皋，北渡河，得张耳、韩信军，军修武，深沟高垒，使刘贾将二万人，骑数百，渡白马津入楚地，烧其积聚，以破其业，无以给项王军食。已而楚兵击刘贾，贾辄壁不肯与战，而与彭越相保。

汉五年，汉王追项籍至固陵，使刘贾南渡淮围寿春。还至，使人间招楚大司马周殷。周殷反楚。佐刘贾举九江，迎武王黥布兵，皆会垓下，共击项籍。汉王因使刘贾将九江兵，与太尉卢绾西南击临江王共尉。共尉已死，以临江为南郡。

汉六年春，会诸侯于陈，废楚王信，囚之，分其地为二国。当是时也，高祖子幼，昆弟少，又不贤，欲王同姓以镇天下，乃诏曰："将军刘贾有功，及择子弟可以为王者。"群臣皆曰："立刘贾为荆王，王淮东五十二城；高祖弟交为楚王，王淮西三十六城。"因立子肥为齐王。始王昆弟刘氏也。

高祖十一年秋，淮南王黥布反，东击荆。荆王贾与战，不胜，走富陵，为布军所杀。高祖自击破布。十二年，立沛侯刘濞为吴王，王故荆地。

燕王刘泽者，诸刘远属也。

高帝三年，泽为郎中。高帝十一年，泽以将军击陈豨，得王黄，为营陵侯。

高后时，齐人田生游乏资，以画干营陵侯泽。泽大说之，用金二百斤为田生寿。田生已得金，即归齐。二年，泽使人谓田生曰："弗与矣。"田生如长安，不见泽，而假大宅，令其子求事吕后所幸大谒者张子卿。居数月，田生子请张卿临，亲修具。张卿许往。田生盛帷帐共具，譬如列侯。张卿惊。酒酣，乃屏人说张卿曰："臣观诸侯王邸弟百馀，皆高祖一切功臣。今吕氏雅故本推毂高帝就天下，功至大，又亲戚太后之重。太后春秋长，诸吕弱，太后欲立吕产为（吕）王，王代。太后又重发之，

西汉名将韩信像，出自清·顾沅辑《古圣贤像传略》。韩信被楚王贬为淮阴侯后，楚地分为两个诸侯国。

恐大臣不听。今卿最幸，大臣所敬，何不风大臣以闻太后，太后必喜。诸吕已王，万户侯亦卿之有。太后心欲之，而卿为内臣，不急发，恐祸及身矣。”张卿大然之，乃风大臣语太后。太后朝，因问大臣。大臣请立吕产为吕王。太后赐张卿千斤金，张卿以其半与田生。田生弗受，因说之曰：“吕产王也，诸大臣未大服。今营陵侯泽，诸刘，为大将军，独此尚觖望。今卿言太后，列十馀县王之，彼得王，喜去，诸吕王益固矣。”张卿入言，太后然之。乃以营陵侯刘泽为琅邪王。琅邪王乃与田生之国。田生劝泽急行，毋留。出关，太后果使人追止之；已出，即还。

及太后崩，琅邪王泽乃曰：“帝少，诸吕用事，刘氏孤弱。乃引兵与齐王合谋西，欲诛诸吕。至梁，闻汉遣灌将军屯荥阳，泽还兵备西界，遂跳驱至长安。代王亦从代至。诸将相与琅邪王共立代王为天子。天子乃徙泽为燕王，乃复以琅邪予齐，复故地。

泽王燕二年，薨，谥为敬王。传子嘉，为康王。

至孙定国，与父康王姬奸，生子男一人。夺弟妻为姬。与子女三人奸。定国有所欲诛杀臣肥如令郢人，郢人等告定国，定国使谒者以他法劾捕格杀郢人以灭口。至元朔元年，郢人昆弟复上书具言定国阴事，以此发觉。诏下公卿，皆议曰：“定国禽兽行，乱人伦，逆天，当诛。”上许之。定国自杀，国除为郡。

太史公曰：荆王王也，由汉初定，天下未集，故刘贾虽属疏，然以策为王，填江、淮之间。刘泽之王，权激吕氏，然刘泽卒南面称孤者三世。事发相重，岂不为伟乎！

【译文】

荆王刘贾，是刘氏宗族的人，但不知他属于刘家的哪一支。初起事的时候，是汉王元年。汉王从汉中返回关中平定三秦之时，任刘贾为将军，让他平定塞地，然后从东边攻打项羽。

汉王四年，汉王在成皋被打败，北渡黄河，得到张耳、韩信的军队加入，驻扎在修武，深挖壕沟，高筑营垒，派刘贾率领两万人的军队，几百名骑兵，渡过白马津进入楚地，烧掉那里囤积的粮草军需等物，让他们无法给项王供应军粮。不久楚军攻打刘贾，刘贾总是坚守营垒，并与彭越保持互相倚仗的态势。

汉王五年，汉王追击项羽到了固陵，派刘贾南渡淮水包围寿春。刘贾很快抵达，派人寻机招降楚大司马周殷。周殷叛反楚王，帮刘贾攻下九江，与武王黥布的军队，在垓下会合，共同围攻项羽。汉王于是让刘贾率领九江的军队，和太尉卢绾一起向西南进攻临江王共尉。共尉死后，把临江改置南郡。

汉王六年春天，汉王在陈县会见诸侯，废黜楚王韩信，并把其囚禁起来，他的领地被分为两国。这个时候，高祖的儿子年幼，兄弟少，又没有什么贤才，想封同姓宗族的人为王来镇抚天下百姓，于是就下诏令说："刘贾将军有战功，应挑刘氏后代中可以封王的人。"群臣都说："应该立刘贾为荆王，管辖淮东五十二座城；高祖的弟弟刘交立为楚王，统辖淮西三十六座城。"于是刘邦就立自己的儿子刘肥为齐王。至此才开始封刘氏兄弟为王。

高祖十一年的秋天，淮南王黥布反叛，从东边攻打荆地。荆王刘贾与其交战，没有取胜，逃跑到富陵，被黥布的军队杀死了。高祖亲自领军打败了黥布。十二年，沛侯刘濞被封为吴王，统辖原荆王的故地。

燕王刘泽，是刘氏的远房宗亲。高帝三年，刘泽任郎中。高帝十一年，刘泽以将军之职攻打陈豨，判将王黄被俘虏了，被封为营陵侯。

高后当政的时候，齐人田生在外地出游，缺少旅费，就想通过献计来向营陵侯刘泽求助。刘泽听后非常高兴，用二百斤黄金为田生祝寿。田生得到钱以后，立即回归齐国。第二年，刘泽派人去对田生说："不要再和我往来了"。田生来到长安，不愿意去见刘泽，而是借了一座大宅院，让他的儿子求见并侍奉被吕后宠幸的大谒者张子卿。过了几个月，田生的儿子请张卿到家里做客，他亲自准备酒宴。张卿答应前往。田生张挂起豪华的帷帐，摆出精美的用具，好像诸侯一般。张卿一见就很惊讶。趁酒兴正浓之际，田生就让左右退下，向张卿劝说道："臣观看了诸侯王的一百多座住宅，都是高祖那时候的功臣。如今吕氏平素来就扶助高祖完成了统一天下的大业，功劳非常之大，又有亲戚太后的尊贵。太后上了年纪，吕氏族人力量很弱，太后想立吕产为王，做代地的诸侯王。太后要郑重对待此事，又恐怕太臣们不乐意。如今您最受太后宠幸，并受大臣们尊敬，何不婉言劝说大臣向太后禀告此事，太后一定会高兴。诸吕被封王之后，万户侯也为您所有了。太后心里是想这样做的，而您是内臣，不尽快提出，恐怕灾祸就要落到您身上了。"张卿对此非常赞同，于是就婉言劝说大臣把该事禀告太后。太后上朝时，就此事询问了大臣。大臣奏请立吕产为吕王。太后赐给张卿千斤黄金，张卿把其中的一半送给了田生。田生没有接受馈赠，并趁机又向张卿劝说道："吕产被封王，大臣们并没有完全心服口服。如今营陵侯刘泽是刘氏宗族，任大将军，只有他现在还很不满意。现在您禀告太后，划出十几个县封他为王，他得到王位后高高兴兴地离去，吕氏宗族的王位就更加巩固了。"张卿进宫禀告，太后认为很对。于是把营陵侯刘泽封为琅邪王。琅邪王与田生前往封地。田生劝刘泽快走，不要停留。刚出函谷关，太后果然派人追赶阻拦他们，可是刘泽已经出关，追赶的人只好又回去了。

到太后去世后，琅邪王刘泽说："皇帝年少，诸吕掌朝，刘氏孤单势弱。"于是带领军队与齐王刘襄合谋西进，打算杀死诸吕。刚到达梁地，听说朝廷派将军灌婴屯兵荥阳，刘泽就回师加强自己西部边界的防守，然后迅速赶到长安。代王也正好从代地赶到。将相大臣与琅邪王共同拥立代王为天子。天子于是徙封刘泽为燕王，重新把琅邪交还给齐王，恢复齐王原有的地盘。

刘泽做了燕王后第二年离开人世，谥号是敬王。王位传给其儿子刘嘉，他就是康王。

王位传到刘泽的孙子刘定国时，他与父亲康王的姬妾通奸，并且生下了一个男孩。又把弟弟的妻子霸占为姬妾。还与自己的三个女儿通奸。定国预谋杀死肥如县令郢人，郢人等就告发定国的罪行，定国派谒者假借其他法令告发、逮捕并杀死郢人以达到灭口的目的。到元朔二年，郢人的兄弟再次上书告发定国的丑事，定国的罪恶因此得到暴露。皇帝诏令公卿论处，公卿们都议论说："定国是禽兽，败坏人伦，违背天理，应当处死。"皇帝准许。定国自杀，封国废除，改设为郡。

太史公说：荆王能被封为王，是由于汉朝刚刚建立，天下没有完全统一，所以刘贾虽是刘氏的远房亲族，但因为战功被封为王，威镇江淮之间。刘泽被封王是用权谋激起了吕氏的结果，刘泽也终于有三代南面称王。事情起初就互相牵制，难道不出奇吗？

史记卷五十二

齐悼惠王世家第二十二

齐悼惠王刘肥者，高祖长庶男也。其母外妇也，曰曹氏。高祖六年，立肥为齐王，食七十城，诸民能齐言者皆予齐王。

齐王，孝惠帝兄也。孝惠帝二年，齐王入朝。惠帝与齐王燕饮，亢礼如家人。吕太后怒，且诛齐王。齐王惧不得脱，乃用其内史勋计，献城阳郡以为鲁元公主汤沐邑。吕太后喜，乃得辞就国。

悼惠王即位十三年，以惠帝六年卒。子襄立，是为哀王。

哀王元年，孝惠帝崩，吕太后称制，天下事皆决于高后。二年，高后立其兄子郦侯吕台为吕王，割齐之济南郡为吕王奉邑。

哀王三年，其弟章入宿卫于汉，吕太后封为朱虚侯，以吕禄女妻之。后四年，封章弟兴居为东牟侯，皆宿卫长安中。

哀王八年，高后割齐琅邪郡立营陵侯刘泽为琅邪王。其明年，赵王友入朝，幽死于邸。三赵王皆废。高后立诸吕为三王，擅权用事。

朱虚侯年二十，有气力，忿刘氏不得职。尝入侍高后燕饮，高后令朱虚侯刘章为酒吏。章自请曰："臣，将种也，请得以军法行酒。"高后曰："可。"酒酣，章进饮歌舞。已而曰："请为太后言耕田歌。"高后儿子畜之，笑曰："顾而父知田耳。若生而为王子，安知田乎？"章曰："臣知之。"太后曰："试为我言田。"章曰："深耕概种，立苗欲疏，非其种者，锄而去之。"吕后默然。顷之，诸吕有一人醉，亡酒，章追，拔剑斩之，而还报曰："有亡酒一人，臣谨行法斩之。"太后左右皆大惊。业已许其军法，无以罪也。因罢。自是之后，诸吕惮朱虚侯，虽大臣皆依朱虚侯，刘氏为益强。

其明年，高后崩。赵王吕禄为上将军，吕王产为相国，皆居长安中，聚兵以威大臣，欲为乱。朱虚侯章以吕禄女为妇，知其谋，乃使人阴出告其兄齐王，欲令发兵西，朱虚侯、东牟侯为内应，以诛诸吕，因立齐王为帝。

齐王既闻此计，乃与其舅父驷钧、郎中令祝午、中尉魏勃阴谋发兵。

齐相召平闻之，乃发卒卫王宫。魏勃绐召平曰："王欲发兵，非有汉虎符验也。而相君围王，固善。勃请为君将兵卫卫王。"召平信之，乃使魏勃将兵围王宫。勃既将兵，使围相府。召平曰："嗟乎！道家之言'当断不断，反受其乱'，乃是也。"遂自杀。于是齐王以驷钧为相，魏勃为将军，祝午为内史，悉发国中兵。使祝午东诈琅邪王曰："吕氏作乱，齐王发兵欲西诛之。齐王自以儿子，年少，不习兵革之事，愿举国委大王。大王自高帝将也，习战事。齐王不敢离兵，使臣请大王幸之临菑见齐王计事，并将齐兵以西平关中之乱。"琅邪王信之，以为然，(西)〔乃〕驰见齐王。齐王与魏勃等因留琅邪王，而使祝午尽发琅邪国而并将其兵。

琅邪王刘泽既见欺，不得反国，乃说齐王曰："齐悼惠主，高皇帝长子，推本言之，而大王高皇帝適长孙也，当立。今诸大臣狐疑未有所定，而泽于刘氏最为长年，大臣固待泽决计。今大王留臣，无为也，不如使我入关计事。"齐王以为然，乃益具车送琅邪王。

琅邪王既行，齐遂举兵西攻吕国之济南。于是齐哀王遗诸侯王书曰："高帝平定天下，王诸子弟，悼惠王于齐。悼惠王薨，惠帝使留侯张良立臣为齐王。惠帝崩，高后用事，春秋高，听诸吕擅废高帝所立，又杀三赵王，灭梁、燕、赵以王诸吕，分齐国为四。忠臣进谏，上惑乱不听。今高后崩，皇帝春秋富，未能治天下，固恃大臣诸(将)〔侯〕。今诸吕又擅自尊官，聚兵严威，劫列侯忠臣，矫制以令天下，宗庙所以危。今寡人率兵入诛不当为王者。"

汉闻齐发兵而西，相国吕产乃遣大将军灌婴东击之。灌婴至荥阳，乃谋曰："诸吕将兵居关中，欲危刘氏而自立。我今破齐还报，是益吕氏资也。"乃留兵屯荥阳，使使喻齐王及诸侯，与连和，以待吕氏之变而共诛之。齐王闻之，乃西取其故济南郡，亦屯兵于齐西界以待约。

吕禄、吕产欲作乱关中，朱虚侯与太尉勃、丞相平等诛之。朱虚侯首先斩吕产，于是太尉勃等乃得尽诛诸吕。而琅邪王亦从齐至长安。

大臣议欲立齐王，而琅邪王及大臣曰："齐王母家驷钧，恶戾，虎而冠者也。方以吕氏故几乱天下，今又立齐王，是欲复为吕氏也。代王母家薄氏，君子长者；且代王又亲高帝子，于今见在，且最为长。以子则顺，以善人则大臣安。"于是大臣乃谋迎立代王，而遣朱虚侯以诛吕氏事告齐王，令罢兵。

灌婴在荥阳，闻魏勃本教齐王反，既诛吕氏，罢齐兵，使使召责问魏勃。勃曰："失火之家，岂瑕先言大人而后救火乎！"因退立，股战而栗，恐不能言者，终无他语。灌将军熟视笑曰："人谓魏勃勇，妄庸人耳，何能为乎！"乃罢魏勃。魏勃父以善鼓琴见秦皇帝。及魏勃少时，欲求见齐相曹参，家贫无以自通，乃常独早夜扫齐相舍人门外。相舍人怪之，以为物，而伺之，得勃。勃曰："愿见相君，无因，故为子扫，欲以求见。"于是舍人见勃，曹参因以为舍人。一为参御，言事，参以为贤，言之齐悼惠王。悼惠王召见，则拜为太史。始，悼惠王得自置二千石。及悼惠王卒而哀王立，勃用事，重于齐相。

王既罢兵归，而代王来立，是为孝文帝。

孝文帝元年，尽以高后时所割齐之城阳、琅邪、济南郡复与齐，而徙琅邪王王燕，益封朱虚侯、东牟侯各二千户。

是岁，齐哀王卒，太子（侧）〔则〕立，是为文王。

齐文王元年，汉以齐之城阳郡立朱虚侯为城阳王，以齐济北郡立东牟侯为济北王。

二年，济北王反，汉诛杀之，地入于汉。

后二年，孝文帝尽封齐悼惠王子罢军等七人皆为列侯。

齐文王立十四年卒，无子，国除，地入于汉。

后一岁，孝文帝以所封悼惠王子分齐为王，齐孝王将闾以悼惠王子杨虚侯为齐王。故齐别郡尽以王悼惠王子：子志为济北王，子辟光为济南王，子贤为菑川王，子卬为胶西王，子雄渠为胶东王，与城阳、齐凡七王。

齐孝王十一年，吴王濞、楚王戊反，兴兵西，告诸侯曰"将诛汉贼臣晁错以安宗庙"。胶西、胶东、菑川、济南皆擅发兵应吴、楚。欲与齐，齐孝王狐疑，城守，不听，三国兵共围齐。齐王使路中大夫告于天子。天子复令路中大夫还告齐王："善坚守，吾兵今破吴、楚矣。"路中大夫至，三国兵围临菑数重，无从入。三国将劫与路中大夫盟，曰："若反言汉已破矣，齐趣下三国；不，且见屠。"路中大夫既许之，至城下，望见齐王，曰："汉已发兵百万，使太尉周亚夫击破吴、楚，方引兵救齐，齐必坚守无下！"三国将诛路中大夫。

齐初围急，阴与三国通谋，约未定，会闻路中大夫从汉来，喜，及其大臣乃复劝王毋下三国。居无何，汉将栾布、平阳侯等兵至齐，击破三国兵，解齐围。已而复闻齐初与三国有谋，将欲移兵伐齐。齐孝王惧，乃饮药自杀。景帝闻之，以为齐首善，以迫劫有谋，非其罪也，乃立孝王太子寿为齐王，是为懿王，续齐后。而胶西、胶东、济南、菑川王咸诛灭，地入于汉。徙济北王王菑川。

齐懿王立二十二年卒，子次景立，是为厉王。

齐厉王，其母曰纪太后。太后取其弟纪氏女为厉王后。王不爱纪氏女。太后欲其家重宠，令其长女纪翁主入王宫，正其后宫，毋令得近王，欲令爱纪氏女。王因与其姊翁主奸。

齐有宦者徐甲，入事汉皇太后。皇太后有爱女曰修成君，修成君非刘氏，太后怜之。修成君有女名娥，太后欲嫁之于诸侯，宦者甲乃请使齐，必令王上书请娥。皇太后喜，使甲之齐。是时齐人主父偃知甲之使齐以取后事，亦因谓甲："即事成，幸言偃女愿得充王后宫。"甲既至齐，风以此事。纪太后大怒，曰："王有后，后宫具备。且甲，齐贫人，急乃为宦者，入事汉，无补益，乃欲乱吾王家！且主父偃何为者？乃欲以女充后宫！"徐甲大穷，还报皇太后曰："王已愿尚娥，然有一害，恐如燕王！"燕王者，与其子昆弟奸，新坐以死，亡国，故以燕感太后。太后曰："无复言嫁女齐事。"事浸浔不得闻于天子。主父偃由此亦与齐有郤。

主父偃方幸于天子，用事，因言："齐临菑十万户，市租千金，人众殷富，巨于长安，此非天子亲弟爱子不得王此。今齐王于亲属益疏。"乃从容言："吕太后时齐欲反，吴楚时孝王几为乱。今闻齐王与其姊乱。"于是天子乃拜主父偃为齐相，且正其事。主父偃既至齐，乃急治王后宫宦者为王通于姊翁主所者，令其辞证皆引王。王年少，惧大罪为吏所执诛，乃饮药自杀。绝无后。

是时赵王惧主父偃一出废齐，恐其渐疏骨肉，乃上书言偃受金及轻重之短。天子亦既囚偃。公孙弘言："齐王以忧死，毋后，国入汉，非诛偃无以塞天下之望。"遂诛偃。

齐厉王立五年死，毋后，国入于汉。

齐悼惠王后尚有二国：城阳及菑川。菑川地比齐。天子怜齐，为悼惠王冢园在郡，割临菑东环悼惠王冢园邑尽以予菑川，以奉悼惠王祭祀。

城阳景王章，齐悼惠王子，以朱虚侯与大臣共诛诸吕，而章身首先斩相国吕王产于未央宫。孝文帝既立，益封章二千户，赐金千斤。孝文二年，以齐之城阳郡立章为城阳王。立二年卒，子喜立，是为共王。

共王八年，徙王淮南。四年，复还王城阳。凡三十三年卒，子(建)延立，是为顷王。

顷王二十(八)〔六〕年卒，子义立，是为敬王。敬王九年卒，子武立，是为惠王。惠王十一年卒，子顺立，是为荒王。荒王四十六年卒，子恢立，是为戴王。戴王八年卒，子景立，至建始三年，十五岁，卒。

济北王兴居，齐悼惠王子，以东牟侯助大臣诛诸吕，功少。及文帝从代来，兴居曰："请与太仆婴入清宫。"废少帝，共与大臣尊立孝文帝。

孝文帝二年，以齐之济北郡立兴居为济北王，与城阳王俱立。立二年，反。始大臣诛吕氏时，朱虚侯功尤大，许尽以赵地王朱虚侯，尽以梁地王东牟侯。及孝文帝立，闻朱虚、东牟之初欲立齐王，故绌其功。及二年，王诸子，乃割齐二郡以王章、兴居。章、兴居自以失职夺功。章死，而兴居闻匈奴大入汉，汉多发兵，使丞相灌婴击之，文帝亲幸太原，以为天子自击胡，遂发兵反于济北。天子闻之，罢丞相及行兵，皆归长安。使棘蒲侯柴将军击破虏济北王，王自杀，地入于汉，为郡。

后十(二)〔三〕年，文帝十六年，复以齐悼惠王子安都侯志为济北王。十一年，吴楚反时，志坚守，不与诸侯合谋。吴楚已平，徙志王菑川。

济南王辟光，齐悼惠王子，以勒侯孝文十六年为济南王。十一年，与吴、楚反。汉击破，杀辟光，以济南为郡，地入于汉。

菑川王贤，齐悼惠王子，以武城侯文帝十六年为菑川王。十一年，与吴、楚反，汉击破，杀贤。

天子因徙济北王志王菑川。志亦齐悼惠王子，以安都侯王济北。菑川王反，毋后，乃徙济北王王菑川。凡立三十五年卒，谥为懿王。子建代立，是为靖王。二十年卒，子遗代立，是为顷王。三十六年卒，子终古立，是为思王。二十八年卒，子尚立，是为孝王。五年卒，子横立，至建始三年，十一岁，卒。

胶西王卬，齐悼惠王子，以昌平侯文帝十六年为胶西王。十一年，与吴、楚反。汉击破，杀卬，地入于汉，为胶西郡。

胶东王雄渠，齐悼惠王子，以白石侯文帝十六年为胶东王。十一年，与吴、楚反，汉击破，杀雄渠，地入于汉，为胶东郡。

太史公曰：诸侯大国无过齐悼惠王。以海内初定，子弟少，激秦之无尺土封，故大封同姓，以填万民之心。及后分裂，固其理也。

【译文】

齐悼惠王刘肥是高祖最年长的庶子。他的母亲是高祖从前的情妇曹氏。高祖六年，立刘肥为齐王，封地七十余座城，当地百姓凡是说齐语的都归属齐王。

齐王是孝惠帝的哥哥。孝惠帝二年，齐王入京朝见皇上。惠帝与齐王饮宴，二人行平等礼节，如同家人的礼节一样。吕太后因此而发怒，要诛杀齐王。齐王害怕不能免祸，就采用内史勋的计策，把城阳郡献出，作为鲁元公主的封地。吕太后特别高兴，齐王才得以辞朝归国。

悼惠王在位十三年，在惠帝六年去世。他的儿子哀王刘襄即位。

哀王元年，孝惠帝去世，吕太后行使皇权，天下所有事都由高后来决断。哀王二年，高后把她哥哥的儿子郦侯吕台封为吕王，分出齐国的济南郡作为吕王的封地。

哀王三年，他的弟弟刘章进入汉宫值宿护卫，吕太后封他为朱虚侯，把吕禄的女儿嫁给他为妻子。四年之后，封刘章的弟弟兴居为东牟侯，也在长安宫中值宿护卫。哀王八年，高后分割齐国的琅邪郡，把营陵侯刘泽封为琅邪王。

第二年，赵王刘友入朝，在其府邸被幽禁而死。三个赵王都被废黜。高后封吕氏子为燕王、赵王、梁王，独揽大权，处理朝政非常专断。

朱虚侯二十岁的时候，非常有气力，因刘氏得不到官位而忿忿不平。他曾侍奉高后宴，高后令朱虚侯刘章当酒吏。刘章亲自请求道："臣是武将的后代，请允许我按军法来行酒令。"高后说："可以。"到酒兴正浓的时候，刘章献上助兴的歌舞。然后又说："请允许我为太后唱耕田歌。"高后把他当作小孩子看待，笑着说："想来你父亲知道种田的事，如果你生下来就是王子，怎么知道种田这事呢？"刘章说："臣知道。"太后说："试着给我说说种田的事。"刘章说："深耕密种，留苗稀疏，不是同类，坚决铲锄。"吕后听了后默默不语。过了一会儿，吕氏族人中有一人喝醉了，离开了酒席，刘章追了过去，拔剑把他杀了，然后回来禀报说："有一个人逃离酒席，臣谨按军法把他斩了。"太后和左右的人都大为吃惊，既然已经准许他按军法行事，也就无法治他的罪。饮宴也因而结束。从那以后，吕氏家族的人都很惧怕朱虚侯，即使是大臣也都依从朱虚侯。刘氏的声势又逐渐强盛起来。

第二年，高后去世。赵王吕禄任上将军，吕王吕产任相国，都住在长安城，他们聚集军队威胁大臣，想发起叛乱。朱虚侯刘章由于妻子是吕禄的女儿，知道了他们的阴谋，于是派人偷偷出长安告诉他的哥哥齐王，想让他发兵西向，朱虚侯、东牟侯做内应，以便诛杀吕氏族人，趁机立齐王为皇帝。

齐王一听到这个计策之后，就和他的舅父驷钧、郎中令祝午、中尉魏勃暗中谋划发兵。齐国相召平听到了此事，就发兵包围王宫。魏勃哄骗召平说："大王想出兵，可是并没有朝廷的虎符来验证。相君您包围了王宫，这本来就是件好事。我请求替您领兵护卫齐王。"召平相信了他的话，就让魏勃领兵包围住王宫。魏勃领兵以后，竟派兵包围了相府。召平说："唉！道家的话'当断不断，反受其乱'，正是如此呀。"终于自杀而死。于是齐王让驷钧做国相、魏勃任将军、祝午担当内史，把国中的兵力全部发出。派祝午到东边去诈骗琅邪王说："吕氏族人叛乱，齐王想西进发兵诛杀他们。齐王认为自己作为晚辈，年纪也小，不熟悉作战之事，愿把整个齐国托付给大王。大王从高帝那时起就当了将军，熟悉战事。齐王不敢离开军队，就派臣请大王到临淄去会见齐王商议大事，一起领兵西进平定关中之乱。"琅邪王相信了，认为说得对，就立马去见齐王。齐王与魏勃等趁机扣留了琅邪王，派祝午把琅邪国的军队全部发出并且统领这些军队。

琅邪王刘泽被骗之后，不能返回琅邪国，于是就哄劝齐王说："齐悼惠王是高皇帝的长子，推求本源而言之，大王正是高皇帝的嫡长孙，应当继承皇位。如今大臣们还在犹豫不定，而我在刘氏中是最为年长，大臣们正等待我去决定大计的。如今大王把我扣留在这里，我也就不能有什么作为了，不如让我入关计议大事。"齐王认为很对，就准备了许多车马送琅邪王入朝。

琅邪王走了以后，齐王就起兵向西进攻吕国的济南郡。这时刘哀王给诸侯王发出书信说："高祖平定天下之后，封同宗室的子弟们为王，悼惠王封在齐国。悼惠王去世后，惠帝派留侯张良来立臣为齐王。惠帝去世，高后专政，她年纪已老，听任诸吕擅自废黜高帝所封诸王，又杀害了三位赵王，灭了梁、燕、赵三国，让吕氏族人去为王，还把齐国分为四国。忠臣们进谏，主上糊涂不听。如今高后去世，皇帝年纪轻轻，还不能治天下，当然倚依仗大臣和诸侯。现在诸吕又擅自尊为高官，聚集军队耀武扬威，胁迫诸侯和忠臣，假传圣旨来号令天下，汉家朝廷因而十分危急。如今寡人率领军队入关就是要诛杀那些不应当为王的人。”

汉朝廷听说齐王发兵西进，相国吕产就派大将军灌婴带兵东进拦击齐兵。灌婴到了荥阳，心中分析道：“诸吕领兵聚集关中，想要危害刘氏而自立为皇帝。我现在如果打败了齐国回朝报捷，这就等于为吕氏增加政治本钱了。”于是就让军队停下来驻扎荥阳，派出使者通告齐王和诸侯，愿互相联合，等待吕氏一叛乱就共同诛杀他们。齐王听说此事，就向西进军夺回他的故地济南郡，并在齐国西界驻军来等待时机。

吕禄、吕产要在关中叛乱，朱虚侯刘章与太尉周勃、丞相陈平等诛杀了他们。朱虚侯首先斩杀了吕产，于是太尉周勃等才能全部诛杀吕氏族人。琅邪王也恰好从齐国赶到了长安。

大臣商议要让齐王继承皇位，可是琅邪王和一些大臣说：“齐王的母舅驷钧，凶恶残暴，像一只老虎。刚刚由于吕氏的缘故几乎使天下大乱，现在又要立齐王，是想要再出现一个吕氏呀。代王的母家薄氏是忠厚君子，况且代王又是高帝的亲生儿子，如今还在，并且最年长。以亲子来说，名正言顺；以善良人家来说，大臣们都会放心。”于是大臣们就商议迎立代王为帝，并派朱虚侯把已经诛杀诸吕的事告诉齐王，让他收兵。

灌婴在荥阳，听说魏勃原来教唆齐王反叛，诛灭吕氏之后，齐国也收了兵，灌婴派人召来魏勃责问他。魏勃说：“失火的人家，哪里有空先告诉家长然后才去救火呢？”说完就退立一旁，两腿发抖，像是吓得说不出话的样子，始终没再说别的话。灌婴将军看了又笑着说：“人们都说魏勃非常勇敢，不过是个平庸无能的人罢了，哪会有什么作为呢！”于是免了他的职而不治罪。魏勃的父亲因善于弹琴而见过秦皇帝。魏勃在年少时，想见齐相曹参，由于家贫没有财力去疏通关系，就常常一个人半夜里到齐相的随身侍从家门外去打扫。这位侍从觉得很奇怪，以为是什么怪物，就暗中等待，结果就捉到了魏勃。魏勃说：“我想拜见相君，没有门路，所以来给您打扫，想借此来求见。”于是这位侍从就带领魏勃去拜见曹参，曹参因而让他也做侍从。一次他给曹参驾车，对一些事情说出自己的意见，曹参认为他有才干，就向齐悼惠王举荐他。悼惠王召见魏勃，任命他为内史。起初，悼惠王有权自己任命二千石俸禄的官吏。到悼惠王去世，哀王即位之后，魏勃专断政事，权力比齐相还要大。

齐王收兵回国之后，代王来到长安即位，这就是孝文帝。

孝文帝元年，把高后时从齐国分割出去的城阳、琅邪和济南郡全部归还齐国，琅邪王改封为燕王，朱虚侯、东牟侯加封领地各二千户。这一年，齐哀王去世，太子刘则即位，这就是齐文王。

齐文王元年，汉朝廷把齐国的城阳郡封给朱虚侯刘章，立他为城阳王；把齐国的济北郡封给东牟侯刘兴居，立为济北王。齐文王二年，济北王反叛，朝廷派兵把他诛杀了，他的封地归入汉朝廷。过了两年，孝文帝把齐悼惠王的儿子罢军等七人全部封为列侯。

齐文王即位十四年后去世，他没有儿子，国号废除，封地归入朝廷。

一年以后，孝文帝分割齐国土地使原来所封的悼惠王的几个儿子为王。悼惠王的儿子齐孝王将闾是由杨虚侯改封为齐王的。原来齐国的其他郡县全部分封给悼惠王的儿子为王，分封如下：刘志为济北王，刘辟光为济南王，刘贤为淄川王，刘印为胶西王，刘雄渠为胶东王，与城阳王、齐王共为七王。

齐孝王十一年，吴王刘濞、楚王刘戊谋反，向西起兵，通告诸侯说“将去诛杀汉朝贼臣晁错以安定刘氏宗庙”。胶西王、胶东王、淄川王、济南王都擅自发兵响应吴王和楚王的叛乱。还企图联合齐国，齐孝王犹豫不决，就坚守城池没有听从。三国军队已共同包围了齐国。齐王派姓路的中大夫去长安告急于天子，天子又让姓路的中大夫返回告知齐王：“妥善坚守，我的军队现在已经打败吴、楚了。”姓路的中大夫赶回到齐国。三国军队把临淄重重包围，无从入城。三国的将领劫持姓路的中大夫并与他订立盟誓，说：“你反过来说汉朝廷已被攻破，齐国应赶快向三国投降，否则将要屠城。”姓路的中大夫只好应许下来，来到城下，远远看见齐王，说：“朝廷已经发兵百万，派太尉周亚夫打败吴楚叛军，正领兵来救齐国，齐国一定要坚守不投降！”三国将领杀死了姓路的中大夫。

齐王起初被围困到危急的时候，曾暗中与三国谈判，盟约还没有议定，正好听说路中大夫从朝廷回来，感到非常高兴，他的大臣们就再次劝谏齐王不要投降三国。过了不久，汉将栾市、平阳侯曹奇等率领的军队赶到齐国，打败了三国军队，解除了齐国之围。不久又听说齐国起初曾与三国勾结，又要调兵攻打齐国。齐孝王惧怕，便饮毒药自杀了。景帝听说后，认为齐国开始是最好的，由于受到逼迫威胁才与三国有共谋，这不是他们的罪过。于是立孝王的太子刘寿为齐王，这就是懿王，延续了齐王的后代。而胶西王、胶东王、济南王和淄川王都被诛灭了，他们的封地都归入汉朝廷。把济北王迁到淄川为王。齐懿王在位二十二年去世，他的儿子次景即位，他就是厉王。

齐厉王，他的母亲叫纪太后。太后把她弟弟纪氏的女儿嫁给成厉王为王后，厉王不喜欢纪氏的女儿。太后想让纪氏家族代代受宠，就让她的长女纪翁主进入王宫，整顿后宫秩序，不准宫女接近齐王，想让厉王专爱纪氏的女儿。厉王却趁机和他姐姐翁主通奸。

齐国有个宦官叫徐甲，入朝侍奉汉皇太后。皇太后有爱女叫修成君，修成君不是刘氏后代，太后怜爱她。修成君有个女儿名叫娥，太后想把她嫁给诸侯，宦官徐甲就请求出使齐国，定让齐王上书求娶娥。皇太后特别高兴，就派徐甲前往齐国。当时齐国人主父偃知道徐甲出使齐国是为了娶王后之事，也趁机对徐甲说："如果事情成功了，希望说一说我的女儿愿在齐王后宫服侍。"徐甲到齐国后，先把此事暗中传出。纪太后听到之后大怒，说："齐王已有王后，后宫嫔妃俱全。况且徐甲原是齐国的贫民，穷困已极才去做宦官，入朝侍奉汉宫，没得到什么便宜，又想来扰乱齐王之家！至于主父偃算什么人？竟然也想让女儿进入后宫！"徐甲非常尴尬，回朝禀报皇太后说："齐王已经愿意娶娥为后，但是有后患，恐怕像燕王一样。"燕王就是由于和他的女儿姐妹们通奸，刚刚论罪处死，封国灭亡，所以徐甲故意用燕王的事触动太后。太后说："不准再说嫁孙女到齐国的事。"事情渐渐传到天子的耳中。主父偃从此也与齐国有了仇怨。

主父偃正受到天子的宠爱，专断政事，趁机对天子说："齐国的临淄有十万户，贸易租税每天达千金，人口多并且富足，超过了长安，这种地方如果不是天子的亲兄弟或爱子不应在此为王。如今齐王和皇室亲属的关系日益疏远。"接着又不慌不忙地说："吕太后的时候齐国就想反叛，吴楚七国之乱的时候孝王几乎参与叛乱。现在又听说齐王和他的姐姐有乱伦之事。"于是天子就任命主父偃为齐丞相，并且让其查办此事。主父偃来到齐国之后，就加紧审问齐王后宫的宦官中帮助齐王沟通他姐姐翁主住所的人，命令他们在供词和旁证中都牵涉到齐王。齐王年少，害怕因大罪被官吏拘捕诛杀，就饮药自杀了。他的子嗣断绝了。

当时赵王担心主父偃刚刚出任齐国的宰相就废除了齐国，恐怕他离间汉家骨肉，于是就向天子上书告发主父偃受贿以及因挟怨而对齐国说长道短。天子就借此囚禁了主父偃。公孙弘说："齐王因忧郁而死，没有后代，领地已归入朝廷，不诛杀主父偃无法平息天下人的怨恨。"终于诛杀了主父偃。

齐厉王在位五年后去世，没有后代，封地归入汉朝廷。

齐悼惠王的后代还领有城阳和淄川两国。淄川土地紧靠齐国。天子怜悯齐国，因为悼惠王的墓园在郡城，就把临淄以东环绕悼惠王墓园的城邑全部划给淄川国，用来供奉悼惠王的祭祀。

城阳景王刘章，悼惠王的儿子，他以朱虚侯的身份与大臣一起诛灭诸吕，而刘章亲自在未央宫斩了相国吕王产。孝文帝即位后，加封刘章领地二千户，赏赐千斤黄金。文帝二年，以齐国的城阳郡封立刘章为城阳王。刘章在位二年后去世，他的儿子刘喜即位，这就是共王。

共王八年，改封为淮南王。四年以后，又回来做城阳王。在位共三十三年后去世，他的儿子刘延即位，这就是顷王。

顷王在位二十六年后去世，他的儿子刘义即位，这就是敬王。敬王在位九年后去世，他的儿子刘武即位，这就是惠王。惠王在位十一年后去世，其儿子刘顺即位，这就是荒王。荒王在位四十六年后去世，其儿子刘恢即位，这就是戴王。戴王在位八年后去世，其儿子刘景即位，到建始三年，十五岁去世。

济北王刘兴居是齐悼惠王的儿子，他以东牟侯的身份协助大臣诛灭诸吕，功劳不算大。等文帝从代国来到长安，兴居说："请让我和太仆夏侯婴入宫清除祸患。"接着废黜少帝刘弘，与大臣共同尊立孝文帝。

孝文帝二年，以齐国的济北郡封立刘兴居为济北王，与城阳王一起即王位。即位两年，兴居叛逆。起初大臣诛灭吕氏的时候，朱虚侯的功劳很大，曾答应把赵地全部封给朱虚侯为王，把梁地全部封给东牟侯。到孝文帝即位后，听说朱虚侯、东牟侯起初想立齐王为帝，才削减了他们的功劳。到文帝二年，封诸子为王，才划出齐国的两个郡封刘章、刘兴居为王。刘章、刘兴居自此失去了应得的赵王、梁王之位，他们的功劳被剥夺了。刘章死后，刘兴居听说匈奴要侵汉，汉朝大量发兵，派丞相灌婴领兵反击，文帝亲自到太原，兴居以为天子亲自领兵反击匈奴，于是就起兵在济北反叛。天子听说后，止住了丞相和派出的军队，让他们都回长安。派棘蒲侯柴将军打败并俘虏了济北王，济北王自杀，封地归入汉朝廷，最后改为郡。

十三年以后，文帝十六年，封齐悼惠王的儿子安都侯刘志为济北王。过了十一年，吴、楚谋反的时候，刘志坚守，不与七国诸侯合谋。吴、楚叛乱平定以后，改封刘志为淄川王。

济南王刘辟光是齐悼惠王的儿子，孝文帝十六年，由勒侯晋封为济南王。十一年后，与吴王、楚王一同反叛。汉军打败叛军，杀死了辟光，把济南设为郡，封地归入了汉朝廷。

淄川王刘贤是齐悼惠王的儿子，文帝十六年，由武城侯晋封为淄川王。十一年后，与吴王、楚王一同反叛。汉军打败叛军，并且杀死了刘贤。

天子因而迁封济北王刘志为淄川王。刘志也是齐悼惠王的儿子，由安都侯晋封为济北王。淄川王刘贤反叛，没有后代，朝廷就把济北王改封为淄川王。共在位三十五年去世，谥号是懿王。他儿子刘建继承王位，这就是靖王。他在位二十年去世，他的儿子刘遗继位，这就是顷王，在位三十六年去世，他的儿子刘终古即位，这就是思王。在位二十八年去世，他的儿子刘尚即位，这就是孝王，在位五年去世，他的儿子刘横即位，到建始三年，十一岁去世。

胶西王刘卬是齐悼惠王的儿子，文帝十六年，由昌平侯晋封为胶西王。十一年后，与吴王、楚王一同反叛。汉军打败叛军，并且杀死了刘卬，封地归入汉朝廷，改为胶西郡。

胶东王刘雄渠是齐悼惠王的儿子，文帝十六年，由白石侯晋封为胶东王。十一年后，与吴王、楚王一同反叛，汉军打败叛军，并且杀死了雄渠，封地归入汉朝廷，改为胶东郡。

太史公曰：诸侯中的大国没有超过齐悼惠王的。由于天下刚刚平定，刘氏子弟较少，汉天子有感于秦朝对宗亲没有封给尺寸土地，所以就大封同姓，以此来安抚万民之心。以后被分裂为几国，本来也是理所当然的。

史记卷五十三

萧相国世家第二十三

萧相国何者，沛丰人也。以文无害为沛主吏掾。

高祖为布衣时，何数以吏事护高祖。高祖为亭长，常左右之。高祖以吏繇咸阳，吏皆送奉钱三，何独以五。

秦御史监郡者与从事，常辨之。何乃给泗水卒史事，第一。秦御史欲入言征何，何固请，得毋行。

及高祖起为沛公，何常为丞督事。沛公至咸阳，诸将皆争走金帛财物之府分之，何独先入收秦丞相御史律令图书藏之。沛公为汉王，以何为丞相。项王与诸侯屠烧咸阳而去。汉王所以具知天下阨塞，户口多少，强弱之处，民所疾苦者，以何具得秦图书也。何进言韩信，汉王以信为大将军。语在淮阴侯事中。

汉王引兵东定三秦，何以丞相留收巴蜀，填抚谕告，使给军食。汉二年，汉王与诸侯击楚，何守关中，侍太子，治栎阳。为法令约束，立宗庙社稷宫室县邑，辄奏上，可，许以从事；即不及奏上，辄以便宜施行，上来以闻。关中事：计户口转漕给军，汉王数失军遁去，何常兴关中卒，辄补缺。上以此专属任何关中事。

汉三年，汉王与项羽相距京、索之间，上数使使劳苦丞相。鲍生谓丞相曰："王暴衣露盖，数使使劳苦君者，有疑君心也。为君计，莫若遣君子孙昆弟能胜兵者悉诣军所，上必益信君。"于是何从其计，汉王大说。

汉五年，既杀项羽，定天下，论功行封。群臣争功，岁馀功不决。高祖以萧何功最盛，封为酂侯，所食邑多。功臣皆曰："臣等身被坚执锐，多者百馀战，少者数十合，攻城略地，大小各有差。今萧何未尝有汗马之劳，徒持文墨议论，不战，顾反居臣等上，何也？"高帝曰："诸君知猎乎？"曰："知之。""知猎狗乎？"曰："知之。"高帝曰："夫猎，追杀兽兔者狗也，而发踪指示兽处者人也。今诸君徒能得走兽耳，功狗也。至如萧何，发踪指示，功人也。且诸君独以身随我，多者两三人。今萧何举宗数十人皆随我，功不可忘也。”群臣皆莫敢言。

列侯毕已受封，及奏位次，皆曰：“平阳侯曹参身被七十创，攻城略地，功最多，宜第一。”上已桡功臣，多封萧何，至位次未有以复难之，然必欲何第一。关内侯鄂君进曰：“群臣议皆误。夫曹参虽有野战略地之功，此特一时之事。夫上与楚相距五岁，常失军亡众，逃身遁者数矣。然萧何常从关中遣军补其处，非上所诏令召，而数万众会上之乏绝者数矣。夫汉与楚相守荥阳数年，军无见粮，萧何转漕关中，给食不乏。陛下虽数亡山东，萧何常全关中以待陛下，此万世之功也。今虽亡曹参等百数，何缺于汉？汉得之不必待以全，奈何欲以一旦之功而加万世之功哉！萧何第一，曹参次之。”高祖曰：“善。”于是乃令萧何〔第一〕，赐带剑履上殿，入朝不趋。

上曰：“吾闻进贤受上赏。萧何功虽高，得鄂君乃益明。”于是因鄂君故所食关内侯邑封为安平侯。是日，悉封何父子兄弟十馀人，皆有食邑。乃益封何二千户，以帝尝繇咸阳时“何送我独赢奉钱二”也。

汉十一年，陈豨反，高祖自将，至邯郸。未罢，淮阴侯谋反关中，吕后用萧何计，诛淮阴侯，语在淮阴事中。上已闻淮阴侯诛，使使拜丞相何为相国，益封五千户，令卒五百人一都尉为相国卫。诸君皆贺，召平独吊。召平者，故秦东陵侯。秦破，为布衣，贫，种瓜于长安城东，瓜美，故世俗谓之“东陵瓜”，从召平以为名也。召平谓相国曰：“祸自此始矣。上暴露于外而君守于中，非被矢石之事而益君封置卫者，以今者淮阴侯新反于中，疑君心矣。夫置卫卫君，非以宠君也。愿君让封勿受，悉以家私财佐军，则上心说。”相国从其计，高帝乃大喜。

汉十二年秋，黥布反，上自将击之，数使使问相国何为。相国为上在军，乃拊循勉力百姓，悉以所有佐军，如陈豨时。客有说相国曰：“君灭族不久矣。夫君位为相国，功第一，可复加哉？然君初入关中，得百姓心，十馀年矣，皆附君，常复孳孳得民和。上所为数问君者，畏君倾动关中。今君胡不多买田地，贱贳贷以自污？上心乃安。”于是相国从其计，上乃大说。

上罢布军归，民道遮行上书，言相国贱强买民田宅数千万。上至，相国谒。上笑曰：“夫相国乃利民！”民所上书皆以与相国，曰：“君自谢民。”相国因为民请曰：“长安地狭，上林中多空地，弃，愿令民得入田，毋收稿为禽兽食。”上大怒曰：“相国多受贾人财物，乃为请吾苑。”乃下相国廷尉，械系之。数日，王卫尉侍，前问曰："相国何大罪，陛下系之暴也？"上曰："吾闻李斯相秦皇帝，有善归主，有恶自与。今相国多受贾竖金而为民请吾苑，以自媚于民，故系治之。"王卫尉曰："夫职事苟有便于民而请之，真宰相事，陛下奈何乃疑相国受贾人钱乎！且陛下距楚数岁，陈豨、黥布反，陛下自将而往，当是时，相国守关中，摇足则关以西非陛下有也。相国不以此时为利，今乃利贾人之金乎？且秦以不闻其过亡天下，李斯之分过，又何足法哉。陛下何疑宰相之浅也。"高帝不怿。是日，使使持节赦出相国。相国年老，素恭谨，入，徒跣谢。高帝曰："相国休矣！相国为民请苑，吾不许，我不过为桀、纣主，而相国为贤相。吾故系相国，欲令百姓闻吾过也。"

何素不与曹参相能。及何病，孝惠自临视相国病，因问曰："君即百岁后，谁可代君者？"对曰："知臣莫如主。"孝惠曰："曹参何如？"何顿首曰："帝得之矣！臣死不恨矣！"

何置田宅必居穷处，为家不治垣屋，曰："后世贤，师吾俭；不贤，毋为势家所夺。"

孝惠二年，相国何卒，谥为文终侯。

后嗣以罪失侯者四世，绝，天子辄复求何后，封续酂侯，功臣莫得比焉。

太史公曰：萧相国何于秦时为刀笔吏，碌碌未有奇节。及汉兴，依日月之末光，何谨守管籥，因民之疾（奉）〔秦〕法，顺流与之更始。淮阴、黥布等皆以诛灭，而何之勋烂焉。位冠群臣，声施后世，与闳夭、散宜生等争烈矣。

【译文】

萧相国萧何，沛县丰邑人。他通晓法律，无人可比，是沛县县令手下的官吏。

汉高祖刘邦还是平民的时候，萧何多次凭着官吏的职权保护他。刘邦当了亭长，萧何常常帮助他。刘邦以官吏的身份到咸阳服役，官员们都奉送他三百钱，唯独萧何送他五百钱。

秦朝的御史到泗水郡督察郡的工作时，萧何跟着他的属官办事，经常把事情办得有条有理、没有差错。萧何于是担任了泗水郡卒史的工作，公务考核中名列第一。秦朝的御史打算入朝进言征调萧何，萧何多次辞谢，才没有被调走。

等到刘邦做了沛公，萧何常作为他的助手督办公务。沛公进了咸阳，将领们都争相奔向府库，分取金帛等财物，唯独萧何首先进入宫室收取秦朝丞相及御史掌管的法律条文、地理图册、户籍档案等文献资料，并将它们珍藏起来。沛公做了汉王，任命萧何为丞相。项羽和诸侯军队进入咸阳屠杀焚烧了一番就离开了。汉王之所以能够详尽地了解天下的险关要塞，包括家庭、人口的多少，各地诸方面的强弱，民众的疾苦等，就是因为萧何完好地得到了秦朝文献档案的缘故。萧何向汉王举荐韩信，汉王任命韩信为大将军。此事记载在《淮阴侯列传》中。

汉王领兵东进，平定三秦，萧何以丞相的身份留守治理巴蜀，安抚民心，发布政令，供给军队粮草。汉二年，汉王与各诸侯攻打楚军，萧何守卫关中，侍奉太子，治理栎阳。对于制定法令、规章，建立宗庙、社稷、宫室、县邑，萧何总是禀告汉王，要得到汉王同意，才准许施行这些政事；如果来不及禀待汉王，有些事就酌情处理，等待汉王回来再向他汇报。萧何在关中管理户籍人口，征集粮草运送给前方军队。汉王多次弃军败逃而去，萧何常常征发关中士卒，补充军队的缺额。汉王因此专门委托萧何处理关中政事。

汉三年，汉王与项羽对峙于京县、索城之间，汉王数次派遣使者慰劳丞相萧何。有个叫鲍生的人对丞相说："汉王在前线风餐露宿，却多次派人来慰劳您，这是有怀疑您的心意。为您着想，不如派遣您的子孙兄弟中能打仗的人到军营中效力，汉王必定更加信任您。"于是萧何听从了他的谋划，汉王感到非常高兴。

汉五年，项羽被消灭了，天下也平定了，于是大家论功行赏。由于群臣争功，一年多了，功劳的大小也没能定下来。高祖认为萧何的功劳最为显赫，封他为酂侯，给予的食邑最多。功臣们都说："我们身披战甲，手执兵器，亲身参加战斗，多的身经百战，少的交锋数十回合，攻占城池，夺取地盘，都立了不等的战功。如今萧何没有这样的功劳，只是舞文弄墨，发发议论，不参加作战，封赏反倒在我们之上，这是为什么呢？"高帝说："诸位懂得打猎吗？"群臣回答说："懂得打猎。"高帝接着问："知道猎狗吗？"群臣说："知道。"高帝说："打猎时，追咬野兽的是猎狗，但发现野兽踪迹，指出野兽出入地方的是猎人。而今大家仅能捉到野兽而已，功劳不过像是猎狗。至于萧何，发现野兽踪迹，指明猎取目标，功劳就如同猎人。再说诸位只是个人追随我，多的不过一家两三个人。而萧何让自己本族里的几十人都来随我打天下，功劳是不能低估的。”群臣都不敢再说什么了。

该封侯的都已经受封完毕，等到要评定列侯们的位次了，大家都说：“平阳侯曹参出生入死，负伤七十多处，攻城占地的勋劳最多，应该排在第一位。”刘邦之前减少了对其他功臣的封赏，较多地封赏了萧何，到评定位次时就没有再反驳大家，但心里还是想把萧何排第一位。关内侯鄂千秋进言说：“各位大臣的主张是不对的。曹参虽然有转战各处、夺取地盘的大功劳，但这不过是一时的事情。大王与楚军相持五年，常常遇到失掉军队和士卒逃散情况，只身逃走有好几次。然而萧何常从关中派遣军队补充前线，这些都不是大王下令让他做的，数万士卒开赴前线时，正值大王最危急的时刻，这种情况已有数次了。汉军与楚军在荥阳对垒数年，军中没有现存的口粮，萧何从关中用车船运来粮食，军粮供应从不匮乏。陛下虽然多次失掉崤山以东的地方，但萧何一直保全关中等待陛下，这是万世不朽的功勋啊！如今即使没有上百个像曹参这样的人，对汉室又有什么损失呢？汉室得到了这些人也不一定得以保全。怎么能让一时的功劳凌驾在万世功勋之上呢！应该萧何排第一位，曹参居次。”高祖说：“好。”于是便确定萧何为第一位，特许他带剑穿鞋上殿，上朝时可以不按礼仪小步快走。

高祖说：“我听说举荐贤才要受上等的奖赏。萧何的功劳虽然很高，经过鄂君的表彰就更加显赫。”于是根据鄂君原来受封的关内侯食邑，加封为安平侯。当天，萧何父子兄弟十多人都封有食邑。后来又加封萧何两千户，这是因为高祖过去到咸阳服役时，萧何多送给自己二百钱的原因。

汉十一年，陈豨反叛，高祖亲自率军到邯郸。平叛尚未结束，淮阴侯韩信又在关中谋反，吕后采用萧何的计谋，杀了淮阴侯，此事记载在《淮阴侯列传》中。高祖已经听说淮阴侯被杀，派遣使者拜丞相萧何为相国，加封五千户，并派五百名士卒、一名都尉做相国的卫队。为此许多人都来祝贺萧何，唯独召平不贺。召平原是秦朝的东陵侯。秦朝灭亡后，沦为平民，家中贫穷，在长安城东种瓜。他种的瓜味道很甜美，所以社会上的人称它为“东陵瓜”，这是根据召平的封号来命名的。召平对萧何说：“祸患从此开始了。皇上风吹日晒地统军在外，而您留守朝中，没有遭到战事之险，反而增加您的封邑并设置卫队，是因为此前淮阴侯刚刚在京城谋反，对您有所怀疑。设置卫队保护您，并非宠信您，希望您辞让封赏，把家产、资财全都捐助军队，那么皇上心里就会高兴。”萧相国听从了他的计谋。高帝果然欢喜万分。

汉十二年的秋天，黥布反叛，高祖亲自率军征讨他，多次派人来询问萧相国在做什么。萧相国因为皇上在军中，就在后方安抚勉励老百姓，把自己的家财全都捐助军队，和讨伐陈豨时一样。有一门客劝告萧相国说：“您灭族的日子不远了。您位居相国，功劳第一，还能够再增加功劳吗？您当初进入关中就深得民心，至今十多年了，民众都亲近您，您还是那么勤勉地做事，与百姓关系和谐，受到尊重。皇上之所以屡次询问您近况，是害怕您震撼关中。如今您何不多买田地，采取低价、赊借等手段来败坏自己的名声？这样，皇上的心才会安定。”于是萧相国听从了他的计谋，高祖非常高兴。

高祖征罢黥布军队回来，民众拦路上书，说相国低价强买当地百姓田地房屋数量极多。高祖回到京城，相国进见。高祖笑着说：“你这个相国竟是这样‘利民’！”高祖把民众的上书都交给相国，说：“你自己向老百姓们谢罪吧。”相国趁机为民众请求说：“长安一带土地狭窄，上林苑有很多空闲土地，均已废弃荒芜，希望可以让百姓们进去耕种打粮，留下禾秆作为禽兽的饲料。”高祖大怒说：“相国你一定是接受了商人们大量的财物贿赂，然后就为他们请求占用我的上林苑！”于是就把相国交给廷尉，拘禁了他。过了几天，一个姓王的卫尉侍奉高祖时，上前问道：“相国犯了什么罪，陛下竟把他拘禁得如此严酷？”高祖说：“我听说李斯在辅佐秦始皇的时候，如果有了功绩就归功于君主，一旦出了差错就自己承担。如今相国大量地收受奸商钱财而为他们请求占用我的上林苑，以此来讨好百姓，所以我才把他铐起来治罪。”王卫尉说：“在自己的职责范围之内，如果对百姓有好处而为他们请求，这也应该是宰相分内的事情，陛下怎么会怀疑相国收了商人钱财呢！何况陛下您攻打楚军数年，陈豨、黥布发起叛乱的时候，陛下又亲自率军平定，当时相国留守关中，他只动一动脚，那么函谷关以西的地盘就可能不归陛下您所有了。相国当时都没有趁机为自己谋取利益，现在会去贪图商人的钱财吗？再说秦始皇正是因为不知道自己的过错而失去天下，李斯分担过错，又哪里值得效法呢？陛下为什么如此怀疑宰相呢！”高祖听后不太高兴。当天，高祖派人持节赦免释放了相国。相国已经上了年纪，侍奉高祖一向谦恭谨慎，入见高祖，赤脚步行谢罪。高祖说:“还是算了吧！相国为民众请求苑林，我不答应，我不过是桀、纣那样的君主，而你却是个好宰相。我之所以把你用镣铐拘禁起来，主要是想让百姓们知道我的过错。”

萧何一向跟曹参不和，萧何病重的时候，孝惠皇帝亲自去询问病情，趁便问道:“您如果故去了，谁可以接替您呢?”萧何回答说:“了解臣下的莫过于君主了。”孝惠帝说:“曹参怎么样?”萧何叩头说:“陛下得到合适的人选了！我死也没有什么遗憾了！”

萧何购置田地住宅，必定处在贫瘠偏僻的地方，建造家园不修筑有矮墙的房舍。他说:“我的后代如果贤能，就学习我的俭朴；如果不贤能，可以不被有权势的人家所夺取。”

孝惠二年，相国萧何去世，谥号为文终侯。

萧何的后代有四代都因为犯罪失去了侯爵的封号，每次断绝了继承人后，天子总是再寻求萧何的后代，续封为酂侯，功臣中没有谁能够跟萧何这种情况相比。

太史公说:相国萧何在秦朝时仅是个文职小官吏，普普通通，没有什么惊人的作为。等到汉室兴盛起来，仰仗帝王的权势，萧何谨守自己相国的职责，根据民众痛恨秦朝苛法这一情况，顺应历史潮流，除旧更新。韩信、黥布等都已被诛灭，而萧何的功勋更显得灿烂夺目。他的地位为群臣之冠，声望延及后世，能够跟闳夭、散宜生等人相提并论了。

史记卷五十四

曹相国世家第二十四

平阳侯曹参者，沛人也。秦时为沛狱掾，而萧何为主吏，居县为豪吏矣。

高祖为沛公而初起也，参以中涓从。将击胡陵、方舆，攻秦监公军，大破之。东下薛，击泗水守军薛郭西。复攻胡陵，取之。徙守方舆。方舆反为魏，击之。丰反为魏，攻之。赐爵七大夫。击秦司马尸军砀东，破之，取砀、狐父、祁善置。又攻下邑以西，至虞，击章邯车骑。攻爰戚及亢父，先登，迁为五大夫。北救东阿，击章邯军，陷陈，追至濮阳。攻定陶，取临济。南救雍丘，击李由军，破之，杀李由，虏秦侯一人。秦将章邯破杀项梁也，沛公与项羽引而东。楚怀王以沛公为砀郡长，将砀郡兵。于是乃封参为执帛，号曰建成君。迁为戚公，属砀郡。

其后从攻东郡尉军，破之成武南。击王离军成阳南，复攻之杠里，大破之。追北，西至开封，击赵贲军，破之，围赵贲开封城中。西击秦将杨熊军于曲遇，破之，虏秦司马及御史各一人。迁为执珪。从攻阳武，下轘辕、缑氏，绝河津，还击赵贲军尸北，破之。从南攻犨，与南阳守齮战阳城郭东，陷陈，取宛，虏齮，尽定南阳郡。从西攻武关、峣关，取之。前攻秦军蓝田南，又夜击其北，秦军大破，遂至咸阳，灭秦。

项羽至，以沛公为汉王。汉王封参为建成侯。从至汉中，迁为将军。从还定三秦，初攻下辩、故道、雍、斄。击章平军于好畤南，破之，围好畤，取壤乡。击三秦军壤东及高栎，破之。复围章平，章平出好畤走。因击赵贲、内史保军，破之。东取咸阳，更名曰新城。参将兵守景陵二十日，三秦使章平等攻参，参出击，大破之。赐食邑于宁秦。参以将军引兵围章邯于废丘。以中尉从汉王出临晋关。至河内，下修武，渡围津，东击龙且、项他定陶，破之。东取砀、萧、彭城，击项籍军，汉军大败走。参以中尉围取雍丘。王武反于〔外〕黄，程处反于燕，往击，尽破之。柱天侯反于衍氏，又进破取衍氏。击羽婴于昆阳，追至叶，还攻武彊，因至荥阳。参自汉中为将军中尉，从击诸侯，及项羽败，还至荥阳，凡二岁。

高祖(三)〔二〕年，拜为假左丞相，入屯兵关中。月馀，魏王豹反，以假左丞相别与韩信东攻魏将军孙遬军东张，大破之。因攻安邑，得魏将王襄。击魏王于曲阳，追至武垣，生得魏王豹。取平阳，得魏王母妻子，尽定魏地，凡五十二城。赐食邑平阳。因从韩信击赵相国夏说军于邬东，大破之，斩夏说。韩信与故常山王张耳引兵下井陉，击成安君，而令参还围赵别将戚将军于邬城中。戚将军出走，追斩之。乃引兵诣敖仓汉王之所。韩信已破赵，为相国，东击齐。参以右丞相属韩信，攻破齐历下军，遂取临菑。还定济北郡，攻著、漯阴、平原、鬲、卢。已而从韩信击龙且军于上假密，大破之，斩龙且，虏其将军周兰。定齐，凡得七十馀县。得故齐王田广相田光，其守相许章，及故齐胶东将军田既。韩信为齐王，引兵诣陈，与汉王共破项羽，而参留平齐未服者。

项籍已死，天下定，汉王为皇帝，韩信徙为楚王，齐为郡。参归汉相印。高帝以长子肥为齐王，而以参为齐相国。以高祖六年赐爵列侯，与诸侯剖符，世世勿绝。食邑平阳万六百三十户，号曰平阳侯，除前所食邑。

以齐相国击陈豨将张春军，破之。黥布反，参以齐相国从悼惠王将兵车骑十二万人，与高祖会击黥布军，大破之。南至蕲，还定竹邑、相、萧、留。

参功：凡下二国，县一百二十二；得王二人，相三人，将军六人，大莫敖、郡守、司马、侯、御史各一人。

孝惠帝元年，除诸侯相国法，更以参为齐丞相。参之相齐，齐七十城。天下初定，悼惠王富于春秋，参尽召长老诸生，问所以安集百姓，如齐故(俗)诸儒以百数，言人人殊，参未知所定。闻胶西有盖公，善治黄老言，使人厚币请之。既见盖公，盖公为言治道贵清静而民自定，推此类具言之。参于是避正堂，舍盖公焉。其治要用黄老术，故相齐九年，齐国安集，大称贤相。

惠帝二年，萧何卒。参闻之，告舍人趣治行："吾将入相。"居无何，使者果召参。参去，属其后相曰："以齐狱市为寄，慎勿扰也。"后相曰："治无大于此者乎？"参曰："不然。夫狱市者，所以并容也，今君扰之，奸人安所容也？吾是以先之。"

参始微时，与萧何善；及为将相，有郤。至何且死，所推贤唯参。

参代何为汉相国，举事无所变更，一遵萧何约束。

择郡国吏木诎于文辞，重厚长者，即召除为丞相史。吏之言文刻深、欲务声名者，辄斥去之。日夜饮醇酒。卿大夫已下吏及宾客见参不事事，来者皆欲有言。至者，参辄饮以醇酒，间之，欲有所言，复饮之，醉而后去，终莫得开说，以为常。

相舍后园近吏舍，吏舍日饮歌呼。从吏恶之，无如之何，乃请参游园中，闻吏醉歌呼，从吏幸相国召按之。乃反取酒张坐饮，亦歌呼与相应和。

参见人之有细过，专掩匿覆盖之，府中无事。

参子窋为中大夫。惠帝怪相国不治事，以为"岂少朕与"？乃谓窋曰："若归，试私从容问而父曰：'高帝新弃群臣，帝富于春秋，君为相，日饮，无所请事，何以忧天下乎？'然无言吾告若也。"窋既洗沐归，间侍，自从其所谏参。参怒，而笞窋二百，曰："趣入侍，天下事非若所当言也。"至朝时，惠帝让参曰："与窋胡治乎？乃者我使谏君也。"参免冠谢曰："陛下自察圣武孰与高帝？"上曰："朕乃安敢望先帝乎！"曰："陛下观臣能孰与萧何贤？"上曰："君似不及也。"参曰："陛下言之是也。且高帝与萧何定天下，法令既明，今陛下垂拱，参等守职，遵而勿失，不亦可乎？"惠帝曰："善。君休矣！"

参为汉相国，出入三年。卒，谥懿侯。子窋代侯。百姓歌之曰："萧何为法，顜若画一；曹参代之，守而勿失。载其清净，民以宁一。"

平阳侯窋，高后时为御史大夫。孝文帝立，免，为侯。立二十九年卒，谥为静侯。子奇代侯，立七年卒，谥为简侯。子时代侯。时尚平阳公主，生子襄。时病疠，归国。立二十三年卒，谥夷侯。子襄代侯。襄尚卫长公主，生子宗。立十六年卒，谥为共侯。子宗代侯。征和二年中，宗坐太子死，国除。

太史公曰：曹相国参攻城野战之功所以能多若此者，以与淮阴侯俱。及信已灭，而列侯成功，唯独参擅其名。参为汉相国，清静极言合道。然百姓离秦之酷后，参与休息无为，故天下俱称其美矣。

【译文】

平阳侯曹参是沛县人。秦朝时曹参做沛县的狱吏，而萧何做主吏，他们在县里已是很有权势的官吏了。

汉高祖做沛公开始起兵的时候，曹参以侍从人员的身份跟随高祖。曹参率军进击胡陵、方与，攻打秦朝郡监的军队，大破敌军。他向东拿下薛县，在薛县外城的西面进击泗水郡守的军队。再次攻打胡陵，夺取了它。曹参率军转移去守卫方与。而方与已经反叛，投降了魏王，曹参就进攻方与。丰邑也反叛投降了魏王，曹参又去攻打丰邑。沛公赐给曹参七大夫的爵位。曹参在砀县东面进攻秦朝司马枿的军队，打败了它，夺取了砀县、狐父和祁县的善置。曹参又攻打下邑以西的地方，一直到虞县，进攻章邯的车骑部队。攻打爰戚和亢父时，曹参最先登上城楼。曹参官职升为五大夫。他向北救援东阿，攻击章邯的军队，夺取陈县，一直追到濮阳。他攻打定陶，占领临济。他往南救援雍丘，进攻李由的军队，将李由的军队打败，杀了李由，俘虏秦朝军候一人。这时秦将章邯打败项梁的军队，杀死项梁，沛公与项羽率军东归。楚怀王任命沛公为砀郡长，统率砀郡的军队。沛公封曹参为执帛，号称建成君。后曹参升为爰戚县县令，隶属砀郡。

从此以后，曹参跟随沛公，进攻东郡郡尉的军队，在成武之南打败敌军。在成阳南面攻打王离的军队，在杠里又与王离交战，大败王离。追击敌军，一直向西追到了开封，进击赵贲的军队，将其打败，把赵贲围困在开封城中。向西在曲遇进击秦朝将领杨熊的军队，打败了它，俘虏了秦朝的司马及御史各一人。曹参升为执圭跟随沛公攻打阳武，拿下轘辕、缑氏，封锁黄河渡口，返回去攻打赵贲的军队，在尸乡的北面将其打败。跟随沛公向南攻打犨邑，在阳城外城以东与南阳郡郡守吕齮交战，攻破了吕齮军队的阵列，夺取了宛县，俘虏了吕齮，完全平定了南阳郡。跟随沛公向西攻打武关、峣关，占领了这两个关口。先在蓝田的南面与秦朝的军队交战，又在夜间进攻蓝田的北面，大败秦军，然后到达咸阳，灭亡了秦朝。

项羽到了关中，封刘邦为汉王。汉王封曹参为建成侯。曹参跟随汉王到了关中，被提升为将军。又跟随汉王率军平定三秦，攻打下辩、故道、雍县、斄县。在好畤的南面攻打章平的军队，打败了它，包围好畤，占领了壤乡。在壤乡东面和高栎一带攻打三秦的军队，打败了它。又包围了章平，章平从好畤突围逃了出去。后来攻打赵贲和内史保的军队，打败了它。向东夺取了咸阳，并改名为新城。曹参率兵镇守卫景陵二十天，三秦派章平等人前去攻打曹参，曹参出兵迎战，大败敌军。汉王把宁秦赐给曹参作为封地。曹参为将军率军在废丘包围了章邯，以中尉的身份跟随汉王出临晋关。到了河内，拿下修武，从围津渡过黄河，向东在定陶攻打龙且、项他的军队，将其打败。向东攻下砀县、萧县、彭城。攻打项籍的军队，汉军大败逃跑。曹参以中尉的身份包围并占领了雍丘。汉将王武在外黄发起叛乱，程处在燕县发起叛乱，曹参率军前往平定，将他们都打败了。柱天侯在衍氏反叛，曹参又击败叛军，夺回了衍氏。在昆阳攻打羽婴，追击到叶邑。回军攻打武强，随即又打到荥阳。曹参从汉中做将军、中尉，和汉王一起扫荡诸侯，到项羽战败，回到荥阳，前后一共两年时间。

高祖二年，任命曹参代理左丞相，带兵进驻关中。过了一个多月，魏王豹反叛，曹参以代理左丞相的身份与韩信率军向东行进，在东张攻打魏将军孙遬的军队，大败孙遬的军队。乘势进攻安邑，捕获魏将王襄。在曲阳攻击魏王，追到武垣，活捉了魏王豹。夺取了平阳，捕得魏王的母亲、妻子、儿女，全部平定魏地，一共得五十二座城邑。汉王把平阳赐给曹参作食邑。曹参后来又跟随韩信在邬县东面进击赵国相国夏说的军队，大败夏说，斩杀了夏说。韩信与原常山王张耳率兵到了井陉，攻打成安君陈余，同时命令曹参回军把赵国的别将戚将军围困在邬县城中。戚将军突围逃跑，然后曹参追击并斩杀了他。于是曹参率兵到敖仓汉王的营地。这时韩信已经打败了赵国，做了相国，向东攻打齐国。曹参以右丞相的身份隶属韩信，打败了齐国历下的军队，于是夺取了临淄。回军平定济北郡，攻打著县、漯阴、平原、鬲县、卢县。不久跟随韩信在上假密进击龙且的军队，大败敌军，斩了龙且，俘虏了他的部将周兰。平定了齐国，总共得到七十余县城。捕获了原齐王田广的丞相田光、代替丞相留守的许章和原齐国的胶东将军田既。韩信做了齐王，领兵到了陈县，与汉王会合，共同打败了项羽，而曹参留下来平定齐国尚未降服的地方。

项羽已经死了，天下平定，汉王做了皇帝，韩信被调封为楚王，齐国划为郡。曹参归还了汉丞相印。高帝把长子刘肥封为齐王，任命曹参为齐国相国。高祖六年时，分封列侯的爵位，朝廷与诸侯剖符为凭，使被分封者的爵位代代相传而不断绝。把平阳的一万零六百三十户封给曹参作为食邑，封号叫平阳侯，收回以前所封的食邑。

曹参以齐国相国的身份领兵攻打陈豨的部将张春的军队，打败了叛军。黥布反叛，曹参以齐国相国的身份跟从齐悼惠王刘肥率领十二万人马，与高祖合攻黥布的军队，大败叛军。向南打到蕲县，又回军平定了竹邑、相县、萧县、留县这四个县。

曹参的功绩如下：总共打下了两个诸侯国，一百二十二个县；俘获诸侯王二人，诸侯国丞相三人，将军六人，郡守、司马、军候、御史各一人。

孝惠帝元年，废除了诸侯国设相国的法令，改命曹参为齐国丞相。曹参做齐国丞相时，齐国当时有七十座城邑。当时天下刚刚平定，悼惠王年纪轻轻，曹参把老年人、读书人都召来，商讨安抚百姓的办法。但齐国原有的那些读书人数以百计，众说纷纭，曹参不知道如何下决定。他听说胶西有位盖公，精研黄老学说，就派人带着厚礼把他请来。见到盖公后，盖公对曹参说，治理国家的办法贵在清静无为，让百姓们自行决定。以此类推，把这方面的道理都讲了。曹参于是让出自己办公的地方，让盖公住在里面。此后，曹参治理国家的要领就是采用黄老的学说，所以他当齐国丞相九年的时间齐国安定，人们大大地赞扬他是贤明的丞相。

惠帝二年，萧何去世。曹参一听到这个消息，就告诉他的门客赶快整理行装，说："我将要入朝当相国去了。"过了不久，朝廷派来的人果然是来召曹参的。曹参离开时，嘱咐后任齐国丞相说："我把齐国的狱市托付给你，要慎重对待，不要轻易加以干涉。"后任丞相说："治理国家没有比这件事更重要的吗？"曹参说："不是这样。留着这个狱市，就是为了让它藏污纳垢，兼收并蓄，如果您严加干涉，坏人到哪里去容身呢？我因此把这件事摆在前面。"

曹参早年卑微的时候，跟萧何关系很好；等到各自做了将军、相国，便有了隔阂。到萧何临终时，萧何向孝惠皇帝刘盈举荐的贤臣只有曹参。曹参接替萧何做了汉朝的相国，做事情没有任何变更，一概遵循萧何制定的法规制度。

曹参从各郡和诸侯国中挑选一些为人质朴而不善文辞的厚道人，立即召来任命为丞相的属官。对官吏中那些言语文字苛求细微末节、想一味追求声誉的人，就斥退他们。曹参自己整天痛饮美酒。卿大夫以下的官吏和宾客们见曹参不理政事，上门来的人都想相劝。可是这些人一到，曹参就立即拿美酒给他们喝，过了一会儿，有的人想说些什么，曹参又让他们喝酒，直到喝醉后离去，始终没能够开口劝谏，这样的事习以为常。

相国住宿的后园靠近官吏的房舍，官吏的房舍里整天饮酒歌唱，大呼小叫的。曹参的随从官员们很讨厌这样，但对此也无奈，于是就请曹参到后园中游玩，一旦听到了那些官吏们醉酒高歌、狂呼乱叫的声音，随从官员们希望相国把他们召来加以制止。曹参反而叫人取酒陈设座席痛饮起来，并且自己也高歌呼叫，与那些官吏们相应和。

曹参见别人有细小的过失，总是隐瞒遮盖，因此相府中平安无事。

曹参的儿子曹窋是中大夫。汉惠帝埋怨曹相国不理政事，觉得相国看不起自己，于是对曹窋说："你回家后，试着私底下随便问问你父亲说：'高帝刚刚永别了群臣，皇上又很年轻，您身为相国，整天喝酒，遇事也不向皇上请示打报告，根据什么考虑国家大事呢？'但这些话不要说是我告诉你的。"曹窋假日回家，闲暇时陪着父亲，把惠帝的意思变成自己的话规劝曹参。曹参听后大怒，打了曹窋二百板子，并说："快点儿进宫侍奉皇上去，国家大事不是你该说的。"到上朝的时候，惠帝责备曹参说："为什么要惩治曹窋？上次是我让他规劝您的。"曹参脱帽谢罪说："请陛下自己仔细考虑一下，在圣明英武上您和高帝谁强？"惠帝说："我怎么敢跟和先帝相比呢！"曹参说："陛下认为我和萧何谁更贤能？"惠帝说："您好像不如萧何。"曹参说："陛下说的这些话很对。高帝与萧何平定了天下，法令已经明确，如今陛下垂衣拱手，我们这些臣子谨守各自的职责，遵循原有的法度而不随意更改，不就行了吗？"惠帝说："好。您好好休息吧！"

曹参做汉朝相国，前后大概有三年时间。他死了以后，被谥为懿侯。曹参之子曹窋承袭了他父亲的侯位。百姓们歌颂曹参的优秀事迹说："萧何制定法令，明确划一；曹参接替萧何为相，遵守萧何制定的法度不变。曹参施行他那清静无为的做法，百姓因而安宁不乱。"

平阳侯曹窋在高后时任御史大夫。孝文帝即位，免职为侯。曹窋为侯二十九年后去世，谥号为静侯。曹窋的儿子曹奇接替侯位，为侯七年去世，谥号为简侯。曹奇的儿子曹时接替侯位。曹时娶了平阳公主，生儿子曹襄。曹时得了疫病，回到封国。曹时为侯二十三年去世，谥号为夷侯。曹时的儿子曹襄接替继位。曹襄娶了卫长公主，生儿子曹宗。曹襄为侯十六年去世，谥号为共侯。曹襄的儿子曹宗接替继位。征和二年时，曹宗因受武帝太子发动兵变一事的牵连，被获罪处死，封国被废除。

太史公说：曹相国曹参的战功之所以如此多，是因为他跟淮阴侯韩信一起共事的缘故。等到韩信被诛杀，列侯成就的功绩，唯独曹参据有其名。曹参作为汉朝相国，极力主张清静无为，这完全符合道家的学说。百姓遭受秦朝的酷政统治以后，曹参给予他们休养生息的时机，所以天下的人都称颂其美德。

史记卷五十五

留侯世家第二十五

留侯张良者，其先韩人也。大父开地，相韩昭侯、宣惠王、襄哀王。父平，相釐王、悼惠王。悼惠王二十三年，平卒。卒二十岁，秦灭韩。良年少，未宦事韩。韩破，良家僮三百人，弟死不葬，悉以家财求客刺秦王，为韩报仇，以大父、父五世相韩故。

良尝学礼淮阳，东见仓海君，得力士，以铁椎重百二十斤。秦皇帝东游，良与客狙击秦皇帝博浪沙中，误中副车。秦皇帝大怒，大索天下，求贼甚急，为张良故也。良乃更名姓，亡匿下邳。

良尝闲从容步游下邳圯上，有一老父，衣褐，至良所，直堕其履圯下，顾谓良曰："孺子，下取履！"良鄂然，欲欧之，为其老，强忍，下取履。父曰："履我！"良业为取履，因长跪履之。父以足受，笑而去。良殊大惊，随目之。父去里所，复还，曰："孺子可教矣。后五日平明，与我会此。"良因怪之，跪曰："诺。"五日平明，良往。父已先在，怒曰："与老人期，后，何也？"去，曰："后五日早会。"五日鸡鸣，良往。父又先在，复怒曰："后，何也？"去，曰："后五日复早来。"五日，良夜未半往。有顷，父亦来，喜曰："当如是。"出一编书，曰："读此则为王者师矣。后十年兴，十三年孺子见我济北，谷城山下黄石即我矣。"遂去，无他言，不复见。旦日视其书，乃《太公兵法》也。良因异之，常习诵读之。

居下邳，为任侠。项伯常杀人，从良匿。

后十年，陈涉等起兵，良亦聚少年百馀人。景驹自立为楚假王，在留。良欲往从之，道遇沛公。沛公将数千人，略地下邳西。遂属焉。沛公拜良为厩将。良数以《太公兵法》说沛公，沛公善之，常用其策。良为他人言，皆不省。良曰："沛公殆天授。"故遂从之，不去见景驹。

及沛公之薛，见项梁。项梁立楚怀王。良乃说项梁曰："君已立楚后，而韩诸公子横阳君成贤，可立为王，益树党。"项梁使良求韩成，立以为韩王。以良为韩申徒，与韩王将千馀人西略韩地，得数城，秦辄复取之，往来为游兵颍川。

浦公之从洛阳出轘辕，良引兵从沛公，下韩十馀城，击破杨熊军。沛公乃令韩王成留守阳翟，与良俱南，攻下宛，西入武关。沛公欲以兵一万人击秦峣下军，良说曰："秦兵尚强，未可轻。臣闻其将屠者子，贾竖易动以利，愿沛公且留壁，使人先行，为五万人具食，益为张旗帜诸山上，为疑兵，令郦食其持重宝啖秦将。"秦将果畔，欲连和俱西袭咸阳。沛公欲听之，良曰："此独其将欲叛耳，恐士卒不从。不从必危，不如因其解击之。"沛公乃引兵击秦军，大破之。(遂)〔逐〕北至蓝田，再战，秦兵竟败。遂至咸阳，秦王子婴降沛公。

沛公入秦宫，宫室帷帐狗马重宝妇女以千数，意欲留居之。樊哙谏沛公出舍，沛公不听。良曰："夫秦为无道，故沛公得至此。夫为天下除残贼，宜缟素为资。今始入秦，即安其乐，此所谓'助桀为虐'。且'忠言逆耳利于行，毒药苦口利于病'，愿沛公听樊哙言。"沛公乃还军灞上。

项羽至鸿门下，欲击沛公，项伯乃夜驰入沛公军，私见张良，欲与俱去。良曰："臣为韩王送沛公，今事有急，亡去不义。"乃具以语沛公。沛公大惊，曰："为将奈何？"良曰："沛公诚欲倍项羽邪？"沛公曰："鲰生教我距关无内诸侯，秦地可尽王，故听之。"良曰："沛公自度能却项羽乎？"沛公默然良久，曰："固不能也。今为奈何？"良乃固要项伯。项伯见沛公。沛公与饮为寿，结宾婚。令项伯具言沛公不敢倍项羽，所以距关者，备他盗也。及见项羽后解，语在项羽事中。

汉元年正月，沛公为汉王，王巴蜀。汉王赐良金百镒，珠二斗，良具以献项伯。汉王亦因令良厚遗项伯，使请汉中地。项王乃许之，遂得汉中地。汉王之国，良送至褒中，遣良归韩。良因说汉王曰："王何不烧绝所过栈道，示天下无还心，以固项王意。"乃使良还。行，烧绝栈道。

良至韩，韩王成以良从汉王故，项王不遣成之国，从与俱东。良说项王曰："汉王烧绝栈道，无还心矣。"乃以齐王田荣反，书告项王。项王以此无西忧汉心，而发兵北击齐。

项王竟不肯遣韩王，乃以为侯，又杀之彭城。良亡，间行归汉王。汉王亦已还定三秦矣，复以良为成信侯，从东击楚。至彭城，汉败而还。至下邑，汉王下马踞鞍而问曰："吾欲捐关以东等弃之，谁可与共功者？"良进曰："九江王黥布，楚枭将，与项王有郄；彭越与齐王田荣反梁地：此两人可急使。而汉王之将独韩信可属大事，当一面。即欲捐

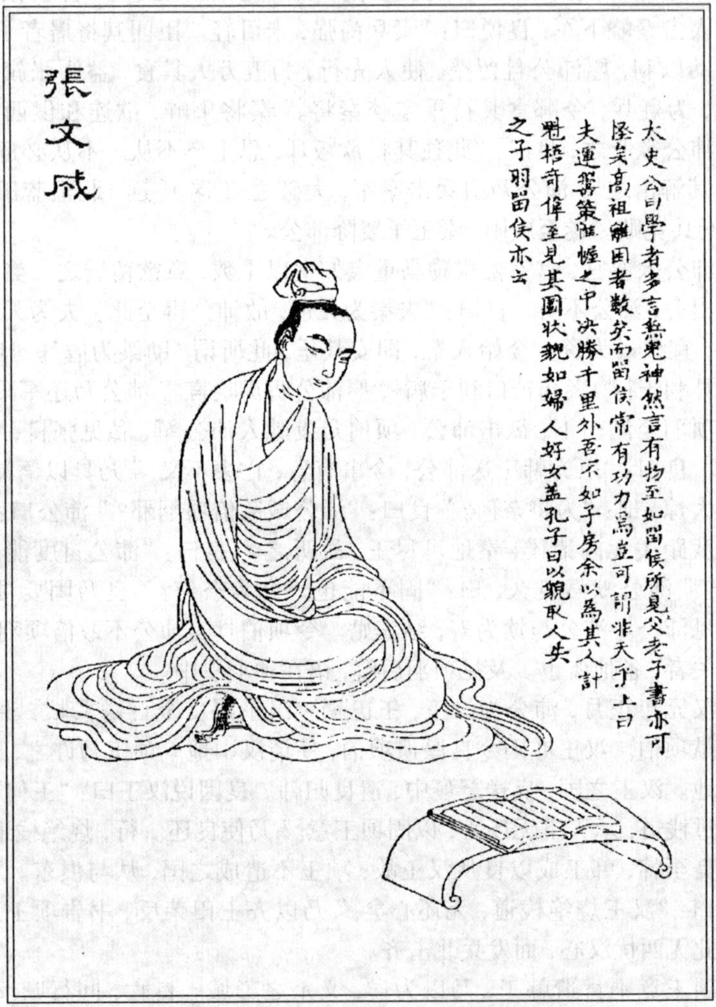

留侯张良像，出自清·上官周绘《晚笑堂画传》。

之，捐之此三人，则楚可破也。”汉王乃遣随何说九江王布，而使人连彭越。及魏王豹反，使韩信将兵击之，因举燕、代、齐、赵。然卒破楚者，此三人力也。

张良多病，未尝特将也，常为画策臣，时时从汉王。

汉三年，项羽急围汉王荥阳，汉王恐忧，与郦食其谋桡楚权。食其曰：“昔汤伐桀，封其后于杞。武王伐纣，封其后于宋。今秦失德弃义，侵伐诸侯社稷，灭六国之后，使无立锥之地。陛下诚能复立六国后世，毕已受印，此其君臣百姓必皆戴陛下之德，莫不乡风慕义，愿为臣妾。德义已行，陛下南乡称霸，楚必敛衽而朝。”汉王曰：“善。趣刻印，先生因行佩之矣。”

食其未行，张良从外来谒。汉王方食，曰：“子房前！客有为我计桡楚权者。”具以郦生语告于子房，曰：“何如？”良曰：“谁为陛下画此计者？陛下事去矣。”汉王曰：“何哉？”张良对曰：“臣请藉前箸为大王筹之。”曰：“昔者汤伐桀而封其后于杞者，度能制桀之死命也。今陛下能制项籍之死命乎？”曰：“未能也。”“其不可一也。武王伐纣，封其后于宋者，度能得纣之头也。今陛下能得项籍之头乎？”曰：“未能也。”“其不可二也。武王入殷，表商容之闾，释箕子之拘，封比干之墓。今陛下能封圣人之墓，表贤者之闾，式智者之门乎？”曰：“未能也。”“其不可三也。发巨桥之粟，散鹿台之钱，以赐贫穷。今陛下能散府库以赐贫穷乎？”曰：“未能也。”“其不可四矣。殷事已毕，偃革为轩，倒置干戈，覆以虎皮，以示天下不复用兵。今陛下能偃武行文，不复用兵乎？”曰：“未能也。”“其不可五矣。休马华山之阳，示以无所为。今陛下能休马无所用乎？”曰：“未能也。”“其不可六矣。放牛桃林之阴，以示不复输积。今陛下能放牛不复输积乎？”曰：“未能也。”“其不可七矣。且天下游士离其亲戚，弃坟墓，去故旧，从陛下游者，徒欲日夜望咫尺之地。今复六国，立韩、魏、燕、赵、齐、楚之后，天下游士各归事其主，从其亲戚，反其故旧坟墓，陛下与谁取天下乎？其不可八矣。且夫楚唯无强，六国立者复桡而从之，陛下焉得而臣之？诚用客之谋，陛下事去矣。”汉王辍食吐哺，骂曰：“竖儒，几败而公事！”令趣销印。

汉四年，韩信破齐而欲自立为齐王，汉王怒。张良说汉王，汉王使良授齐王信印，语在淮阴事中。

其秋，汉王追楚至阳夏南，战不利而壁固陵，诸侯期不至。良说汉王，汉王用其计，诸侯皆至。语在项籍事中。

汉六年正月，封功臣。良未尝有战斗功，高帝曰："运筹策帷帐中，决胜千里外，子房功也。自择齐三万户。"良曰："始臣起下邳，与上会留，此天以臣授陛下。陛下用臣计，幸而时中，臣愿封留足矣，不敢当三万户。"乃封张良为留侯，与萧何等俱封。

六年，上已封大功臣二十馀人，其馀日夜争功不决，未得行封。上在洛阳南宫，从复道望见诸将往往相与坐沙中语。上曰："此何语？"留侯曰："陛下不知乎？此谋反耳。"上曰："天下属安定，何故反乎？"留侯曰："陛下起布衣，以此属取天下；今陛下为天子，而所封皆萧、曹故人所亲爱，而所诛者皆生平所仇怨。今军吏计功，以天下不足遍封，此属畏陛下不能尽封，恐又见疑平生过失及诛，故即相聚谋反耳。"上乃忧曰："为之奈何？"留侯曰："上平生所憎，群臣所共知，谁最甚者？"上曰："雍齿与我故，数尝窘辱我。我欲杀之，为其功多，故不忍。"留侯曰："今急先封雍齿以示群臣，群臣见雍齿封，则人人自坚矣。"于是上乃置酒，封雍齿为什方侯，而急趣丞相、御史定功行封。群臣罢酒，皆喜曰："雍齿尚为侯，我属无患矣。"

刘敬说高帝曰："都关中。"上疑之。左右大臣皆山东人，多劝上都洛阳："洛阳东有成皋，西有殽、黾，倍河，向伊、洛，其固亦足恃。"留侯曰："洛阳虽有此固，其中小，不过数百里，田地薄，四面受敌，此非用武之国也。夫关中左殽、函，右陇、蜀，沃野千里，南有巴蜀之饶，北有胡苑之利，阻三面而守，独以一面东制诸侯。诸侯安定，河、渭漕挽天下，西给京师；诸侯有变，顺流而下，足以委输。此所谓金城千里，天府之国也，刘敬说是也。"于是高帝即日驾，西都关中。

留侯从入关。留侯性多病，即道引不食谷，杜门不出岁馀。

上欲废太子，立戚夫人子赵王如意。大臣多谏争，未能得坚决者也。吕后恐，不知所为。人或谓吕后曰："留侯善画计策，上信用之。"吕后乃使建成侯吕泽劫留侯，曰："君常为上谋臣，今上欲易太子，君安得高枕而卧乎？"留侯曰："始上数在困急之中，幸用臣策。今天下安定，以爱欲易太子，骨肉之间，虽臣等百馀人何益。"吕泽强要曰："为我画计。"留侯曰："此难以口舌争也。顾上有不能致者，天下有四人。四人者年老矣，皆以为上慢侮人，故逃匿山中，义不为汉臣。然上高此四人。今公诚能无爱金玉璧帛，令太子为书，卑辞安车，因使辩士固请，宜来。来，以为客，时时从入朝，令上见之，则必异而问之，问之，上知此四人贤，则一助也。”于是吕后令吕泽使人奉太子书，卑辞厚礼，迎此四人。四人至，客建成侯所。

汉十一年，黥布反，上病，欲使太子将，往击之。四人相谓曰：“凡来者，将以存太子。太子将兵，事危矣。”乃说建成侯曰：“太子将兵，有功则位不益太子；无功还，则从此受祸矣。且太子所与俱诸将，皆尝为上定天下枭将也，今使太子将之，此无异使羊将狼也，皆不肯为尽力，其无功必矣。臣闻‘母爱者子抱’，今戚夫人日夜侍御，赵王如意常抱居前，上曰‘终不使不肖子居爱子之上’，明乎其代太子位必矣。君何不急请吕后承间为上泣言：‘黥布，天下猛将也，善用兵，今诸将皆陛下故等夷，乃令太子将此属，无异使羊将狼，莫肯为用。且使布闻之，则鼓行而西耳。上虽病，强载辎车，卧而护之，诸将不敢不尽力。上虽苦，为妻子自强。’”于是吕泽立夜见吕后，吕后承间为上泣涕而言，如四人意。上曰：“吾惟竖子固不足遣，而公自行耳。”于是上自将兵而东，群臣居守，皆送至灞上。留侯病，自强起，至曲邮，见上曰：“臣宜从，病甚。楚人剽疾，愿上无与楚人争锋。”因说上曰：“令太子为将军，监关中兵。”上曰：“子房虽病，强卧而傅太子。”是时叔孙通为太傅，留侯行少傅事。

汉十二年，上从击破布军归，疾益甚，愈欲易太子。留侯谏，不听，因疾不视事。叔孙太傅称说引古今，以死争太子。上详许之，犹欲易之。及燕，置酒，太子侍。四人从太子，年皆八十有馀，须眉皓白，衣冠甚伟。上怪之，问曰：“彼何为者？”四人前对，各言名姓，曰东园公，角里先生，绮里季，夏黄公。上乃大惊，曰：“吾求公数岁，公辟逃我，今公何自从吾儿游乎？”四人皆曰：“陛下轻士善骂，臣等义不受辱，故恐而亡匿。窃闻太子为人仁孝，恭敬爱士，天下莫不延颈欲为太子死者，故臣等来耳。”上曰：“烦公幸卒调护太子。”

四人为寿已毕，趋去。上目送之。召戚夫人指示四人者曰：“我欲易之，彼四人辅之，羽翼已成，难动矣。吕后真而主矣。”戚夫人泣，上曰：“为我楚舞，吾为若楚歌。”歌曰：“鸿鹄高飞，一举千里。羽翮已就，横绝四海。横绝四海，当可奈何！虽有矰缴，尚安所施！”歌数阕，戚夫人嘘唏流涕，上起去，罢酒。竟不易太子者，留侯本招此四人之力也。

留侯从上击代，出奇计马邑下，及立萧何相国，所与上从容言天下事甚众，非天下所以存亡，故不著。留侯乃称曰：“家世相韩，及韩灭，不爱万金之资，为韩报仇强秦，天下振动。今以三寸舌为帝者师，封万户，位列侯，此布衣之极，于良足矣。愿弃人间事，欲从赤松子游耳。”乃学辟谷，道引轻身。会高帝崩，吕后德留侯，乃强食之，曰：“人生一世间，如白驹过隙，何至自苦如此乎！”留侯不得已，强听而食。

后八年卒，谥为文成侯，子不疑代侯。

子房始所见下邳圯上老父与《太公书》者，后十三年从高帝过济北，果见谷城山下黄石，取而葆祠之。留侯死，并葬黄石冢。每上冢伏腊，祠黄石。

留侯不疑，孝文帝五年坐不敬，国除。

太史公曰：学者多言无鬼神，然言有物。至如留侯所见老父予书，亦可怪矣。高祖离困者数矣，而留侯常有功力焉，岂可谓非天乎？上曰：“夫运筹策帷帐之中，决胜千里外，吾不如子房。”余以为其人计魁梧奇伟，至见其图，状貌如妇人好女。盖孔子曰：“以貌取人，失之子羽。”留侯亦云。

【译文】

留侯张良，他的祖先是韩国人。祖父开地，做过韩昭侯、宣惠王、襄哀王的宰相。父亲平，做过釐王、悼惠王的宰相。悼惠王二十三年，父亲张平去世。张良的父亲死后二十年，秦国灭亡了韩国。张良当时年纪轻轻，没有在韩国做官。韩国灭亡后，张良家有奴仆三百人，弟弟死了不厚葬，用全部财产寻求勇士谋杀秦王，为韩国报仇，这是因为他的祖父、父亲任过五代韩王之相的缘故。

张良曾经在淮阳学习礼法，到东方见到了沧海君。他找到一个大力士，造了一个一百二十斤重的铁锤。秦始皇到东方巡游，张良与大力士在博浪沙这个地方袭击秦始皇，误中了副车。秦始皇大怒，在全国大肆搜捕，捉拿刺客非常急迫，这是因为张良的缘故。张良于是改名换姓，逃到下邳躲藏了起来。

张良闲暇时在邳桥上散步，有一个穿着粗布衣裳的老人，走到张良跟前，故意把他的鞋甩到桥底下，看着张良对他说：“小子，下去把鞋捡上来吧！”张良有些生气，想打他，因为见他年长，勉强地忍了下来，下去捡来了鞋子。老人说：“给我把鞋穿上！”张良既然已经替他把鞋捡了上来，就跪着替他穿上。老人把脚伸出来穿上鞋，笑着离去了。张良十分惊讶，随着老人走去的方向注视着他。老人离开了大约有一里路，又返回来，说："你这个孩子可以教导教导。五天以后天刚亮时，我们在这里相会。"张良觉得这件事很奇怪，跪下来说："是。"五天后的拂晓，张良去到那里。老人已先在那里，生气地说："跟老年人约会，反而后到，为什么呢？"老人离去，并说："五天以后早早来会面。"五天后鸡一叫，张良就去了。老人又先到那里，又生气地说："又来晚了，这是为什么？"老人离开时说："五天后再早点儿来。"五天后，张良不到半夜就去了。过了一会儿，老人也来了，高兴地说："应当像这样才好。"老人拿出一部书，并说："读了这部书就可以做帝王的老师了。十年以后就会发迹。十三年后小伙子你到济北来见我，谷城山下的黄石就是我。"说完便走了，没有留下别的话，从此以后也没有见到这位老人。天明时一看老人送的书，原来是《太公兵法》这本书。张良因而觉得这部书非同一般，经常诵读学习它。

张良住在下邳时，行侠仗义。项伯曾经杀了人，跟随张良躲藏起来了。

过了十年，陈涉等人起兵反秦，张良也聚集了一百多个青年。景驹自立为代理楚王，驻扎在留县。张良想前去跟随他，半路上遇见了沛公。沛公率领几千人，夺取了邳以西的地方，张良便归附了他。沛公任命张良做厩将。张良多次根据《太公兵法》向沛公献策，沛公很赏识他，经常采纳他的计谋。张良对别人讲这些，别人都不能领会。张良说："沛公大概是上天授予人间的。"所以张良就跟随了沛公，没有离开他去见景驹。

等沛公到了薛地，会见项梁。项梁拥立了楚怀王。张良于是劝说项梁道："您已经拥立了楚王的后人，而韩国各位公子中横阳君韩成有才，可以立为王，增加同盟的力量。"项梁派张良寻找到了韩成，把他立为韩王。封张良为韩国司徒，随韩王率领一千多人向西攻取韩国原来的领地，夺得几座城邑，秦军随即又夺了回去，韩军只在颍川一带往来游击作战。

沛公从洛阳向南穿过轘辕山时，张良率兵跟从沛公，攻下韩地十余座城邑，击败了杨熊的军队。于是沛公让韩王成在阳翟留守，和张良一起南下，攻打宛县，向西进入武关。沛公想用两万兵力攻打秦朝峣关的军队，张良劝告说："秦军还很强大，不可轻视。我听说峣关的守将是屠户的儿子，市侩之徒容易以利相诱。希望沛公暂且留在军营，派人先去，给五万人预备吃的东西，在各个山头上多增树旗帜，作为疑兵，叫郦食其带着贵重的宝物利诱秦军将领。"秦军将领果然背叛秦朝，打算跟沛公联合一起向西袭击咸阳，沛公想听从秦将的计划。张良说：“这只是峣关的守将想反叛罢了，恐怕部下士兵不听从。士兵不听从必定会带来危害，不如趁着他们懈怠时攻打他们。”沛公于是率兵攻打秦军，大败秦兵。然后追击败军到了蓝田，再次交战，秦兵终于崩溃。沛公于是到了咸阳，秦王子婴最后投降了沛公。

沛公进入秦朝宫殿，那里的宫室、帐幕、狗马、贵重的宝物、美女不计其数，沛公的意图是想留下住在宫里。樊哙劝谏沛公到外面去住，沛公不听。张良说：“正因秦朝暴虐无道，所以沛公才能够来到这里。替天下铲除凶残的暴政，应该以清廉朴素为本。现在刚刚攻入秦都，就要安享其乐，这正是人们说的‘助桀为虐’。况且‘忠言逆耳利于行，良药苦口利于病’，希望沛公听取樊哙的意见。”沛公这才回军驻扎在灞上。

项羽来到鸿门下，想要攻打沛公，项伯于是连夜急驰到沛公的军营，私下里会见张良，想让张良跟他一起离开。张良说：“我是替韩王伴送沛公的，如今紧急情况，逃离而去是不合道义的。”于是就把这个情况全都告诉了沛公。沛公很吃惊，说：“如今该怎么办呢？”张良说：“沛公是真的想背叛项羽吗？”沛公说：“浅薄无知的小人怂恿我封锁函谷关不要让诸侯们进来，说这样就可以占据秦朝的土地了，于是我就听从了这种意见。”张良说：“沛公自己揣度一下能够打退项羽吗？”沛公沉默了好一会儿，说：“应该是不可以的。现在该怎么办呢？”张良于是坚决邀请项伯见沛公。项伯会见了沛公。沛公与项伯一同饮酒，并为他敬酒祝寿，结为亲家。请项伯向项羽说明沛公并不敢背叛项羽，沛公之所以封锁函谷关，只是为了防备其他的强盗。等到沛公会见项羽以后，取得了和解，这些情况记载在《项羽本纪》中。

汉元年正月，沛公封为汉王，统治巴蜀地区。汉王赏赐张良黄金百镒、珍珠二斗，张良把它们都送给了项伯。汉王又让张良厚赠项伯，使项伯替他去向项王请求汉中地区。项王答应了汉王的请求，汉王于是得到了汉中地区。汉王到封国去，张良将他送到褒中，汉王让张良返回韩国。张良便劝告汉王说：“大王何不烧断所经过的栈道，向天下表示不再回来的决心？这样也可以稳住项王的心。”汉王便让张良返回。汉王行进中，烧断了所经过的所有栈道。

张良去了韩国，韩王成因为张良跟随汉王的原因，项王没有派韩成到封国去，让他跟随自己一起东去。张良向项王解释道：“汉王烧断了栈道，已经没有返回的意思。”张良又把齐王田荣反叛的事情上书报告项王。项王由此不再担忧西边的汉王，所以起兵北上攻打齐国。

项王最终还是不肯派韩王回韩国，于是把他贬为侯，在彭城杀了他。张良逃跑，抄小路隐秘地回到汉王那里，汉王此时也已回军平定三秦了。汉王又封张良为成信侯，跟着东征楚国。到了彭城，汉军战败而归。行军至下邑，汉王下马倚着马鞍问道：“我打算舍弃函谷关以东一些地方作为封赏，谁能够帮我一起破楚立功呢？”张良进言说：“九江王黥布是楚国的猛将，同项王有隔阂；彭越与齐王田荣在梁地反叛楚国。这两个人可立即利用。汉王的将领中唯有韩信可以托付大事，独当一面。如果要舍弃这些地方，就把它们送给这三个人，那么楚国就可以打败了。”汉王于是派随何去游说九江王黥布，又派人去联络彭越。等到魏王豹反汉，汉王派韩信率兵攻打他，乘势攻占了燕、代、齐、赵等国的领地。而最终击溃楚国的，正是这三个人的力量。

张良多病，不曾独立带兵打仗，一直作为出谋划策的臣子，时时跟从汉王。

汉三年，项羽把汉王紧紧地围困在荥阳，汉王惊恐万分，与郦食其商议削弱楚国的势力。郦食其说：“昔日商汤讨伐夏桀，封夏朝后人于杞国。周武王讨伐商纣，封商朝后人于宋国。如今秦朝丧失德政、抛弃道义，侵伐诸侯各国，消灭了六国的后代，使他们没有一点立足之地。陛下果真能够重新封立六国的后裔，使他们都能接受陛下的印信，这样六国的君臣百姓一定都感戴陛下的恩德，无不归顺，仰慕陛下道义，甘愿做陛下的臣民。随着恩德道义的施行，陛下就可以面南称霸，楚王一定整好衣冠恭恭敬敬地来朝拜了。”汉王说：“好。赶快刻制印信，先生就可以带着这些印出发了。”

郦食其还没有动身，张良就从外面回来拜见汉王。汉王当时正在吃饭，说：“子房过来！有一个客人为我筹划了削弱楚国势力的计谋。”随即把郦食其的话告诉了张良，然后问：“你看这件事怎么样？”张良说：“谁替陛下出的这个计谋？陛下的大事要完了。”汉王说：“为什么呢？”张良回答说：“我请求您允许我借用一下您面前的筷子为您分析一下形势。”接着说：“当初商汤讨伐夏桀并将夏朝的后代封在杞国，那是因为预先估计到能置桀于死命。如今陛下也可以置项籍于死命吗？”汉王说：“不能。”张良说：“这是不能那样做的第一个原因。周武王讨伐商纣而封商朝的后代于宋国，那是因为预先估计到能够杀掉纣王。现在陛下能够轻易杀掉项籍吗？”汉王说：“不能。”张良说：“这是不能那样做的第二个原因。武王攻占殷商的都城后，在商容所居里巷的大门上表彰他，并且释放了被囚禁的箕子，重新修筑了比干的坟墓。如今陛下能够做到重新修筑圣人的坟墓，在贤人所居里巷的大门上表彰他，在有才智的人们面前向他致敬吗？”汉王说：“不能。”张良说：“这是不能那样做的第三个原因。周武王曾打开巨桥粮仓，发放存粮，散发鹿台府库的钱财，用来救济贫苦的民众。如今陛下可以做到散发仓库的财物来救济穷人吗？”汉王说：“不能。”张良说：“这是不能那样做的第四个原因。周武王灭亡商朝以后，废止兵车，改为乘车，把兵器倒置存放，盖上虎皮，以此来向天下表明以后都不再动用武力。如今陛下能停止战事，推行文治，不再打仗了吗？”汉王说：“不能。”张良说：“这是不能那样做的第五个原因。周武王将以往的战马都放牧在华山的南面，用来表明从此没有用它们的地方了。如今陛下能让战马休息再也不用它们吗？”汉王说：“不能。”张良说：“这是不能那样做的第六个原因。周武王把牛都放牧在桃林的北面，表明不再需要运输和积聚作战用的粮草。现在陛下能放牧牛群不再进行粮草的运输和积聚了吗？”汉王说：“不能。”张良说：“这是不能那样做的第七个原因。况且天下游说的人都离开了他们的亲人，舍弃了祖坟，告别了老友，跟随陛下四处奔走，也就是日夜盼望能得到一块小小的封地。如果恢复六国，拥立韩、魏、燕、赵、齐、楚的后代，天下游说之人都将各自回去侍奉他们的主上，伴随他们的亲人，返回他们的旧友和祖坟所在之地，到那时陛下又将同谁一起夺取天下呢？这是不能那样做的第八个原因。如今只有使楚国不再强大，要不然六国被封立的后代重新屈服并跟随楚国，陛下又凭什么让他们臣服？如果真的要采用这位客人的计谋，陛下的大事就完了。”汉王饭也不吃了，吐出口中的食物，骂道：“这个笨书呆子，几乎败坏了我的大事！”于是下令赶快销毁那些印信。

汉四年，韩信攻下齐国，并想立自己为齐王，汉王大怒。张良劝谏汉王，汉王才派张良授予韩信“齐王”的印信，这件事被记载在《淮阴侯列传》中。

当年秋天，汉王追击楚军到阳夏南面，交战中处于下风，于是坚守固陵营垒，诸侯本来约好前来的，但都没有来。张良后来向汉王进计，汉王采用了他的计策，诸侯才都前来。此事记载在《项羽本纪》中。

汉六年正月，汉王对功臣进行封赏。张良不曾有战功，高帝说："在营帐中出谋划策，就能决定千里之外的胜负，这就是子房的功劳。让张良自己从齐国选择三万户作为封邑。"张良说："当初我在下邳起事，与主上在留县会合，这是上天把我交给了陛下您。陛下采用我的计谋，有幸经常奏效，我只愿受封留县就足够了，不敢承受三万户。"于是封张良为留侯，同萧何等人一起受封。

皇上封赏大功臣二十多人以后，剩下的人日夜争功，不能决定高下，所以一直没有进行封赏。皇上在洛阳南宫，从桥上看见一些将领经常一起坐在沙地上议论。皇上问："这些人聚在一起在说些什么呀？"留侯说："陛下不知道吗？这是在商议反叛呀。"皇上说："如今天下都已经差不多安定了，为什么还要谋反呢？"留侯说："陛下当初是以平民的身份起事，依靠这些人的力量才取得天下，如今陛下做了天子，而所受到封赏的只是萧何、曹参这些陛下身边宠幸的老友，所诛杀的都是一生中仇恨的人。如今军官们计算功劳，认为天下的土地不够对他们一一封赏，这些人怕陛下不能全部封到，又恐怕被怀疑到平生的过失而遭受诛杀，所以就聚在一起准备谋反呀。"皇上于是忧心忡忡地说："那这件事该怎么办呢？"留侯说："皇上平生所憎恨的人，又是群臣都知道的，谁最突出？"皇上说："雍齿与我向来就有积怨，还曾多次使我受窘受辱。我本来想杀掉他，但出于他的功劳比较多，所以一直没忍心。"留侯说："如今陛下赶紧先封赏雍齿来给群臣看，他们见雍齿都被封赏，那么也就坚信自己能受封了。"于是皇上便摆设酒宴，封雍齿为什方侯，并紧迫地催促丞相、御史评定功劳，施行封赏。群臣享用过酒宴以后，都高兴地说："雍齿都被封侯了，我们这些人就更不用担忧了。"

刘敬劝告高帝说："要将关中设置为都城。"皇上对此还有些顾虑。左右的大臣都是关东地区的人，他们大多都劝皇上定都洛阳，他们说："洛阳东面有成皋，西面有崤山、渑池，背靠黄河，面向伊水、洛水，它地形险要，城郭坚固，完全可以依靠。"留侯说："虽然洛阳有这样险固，但它中间的境域狭小，不过几百里方圆，土地贫瘠，四面敌人容易入侵，这里不是用武之地。关中东面有崤山、函谷关，西面有陇山、岷山，肥沃的土地方圆千里，南面有富饶的巴、蜀两郡，北面有可以放牧的胡苑，依靠三面的险阻来固守，只用东方一面控制诸侯。如果诸侯安定，可由黄河、渭河运输粮食，往西供给京都；如果诸侯发生变故，可顺流而下，足以运送物资。这正是所谓‘金城千里，天府之国’，刘敬的建议是对的。”高帝于是当即决定起驾，往西定都关中。

留侯跟随高帝入关。他体弱多病，便施行导引之术，不食五谷，闭门不出有一年多时间。

皇上本打算废掉太子，立戚夫人生的儿子赵王如意。有很多大臣进谏劝阻，都没能改变高帝确定不移的想法。吕后很惊恐，不知该怎么办。有人对吕后说：“留侯善于出谋划策，皇上信任他。”吕后就派建成侯吕泽胁迫留侯说：“您一直是皇上的谋臣，现在皇上打算更换太子，您怎么能高枕无忧呢？”留侯说：“当初皇上多次处在危急之中，采用了我的计谋。如今天下安定，由于偏爱的原因想更换太子，这至亲骨肉之间的事，即使同我一样的有一百多人进谏，又有什么好处呢？”吕泽竭力要挟说：“一定要给我出个主意。”留侯说：“这件事是很难用口舌来争辩的。皇上不能招致而来，天下有四个人。这四个人已经年老了，都认为皇上对人傲慢，所以逃避躲藏在大山中，他们按照道义不愿意做汉朝的臣子。但是皇上特别敬重这四个人。现在您果真能不惜金玉璧帛，让太子写一封信，言辞要谦恭，并预备安车，再派有口才的人去恳切地聘请，他们应当会来。来了以后，把他们当作贵宾对待，让他们时常跟着太子入朝，叫皇上见到他们，皇上一定会感到惊异并询问他们。一问他们，皇上知道这四个人非常贤能，那么这对太子是一种莫大的帮助。”于是吕后让吕泽派人携带太子的书信，用谦恭的言辞和丰厚的礼品，迎请这四个人。四个人来的时候，就在建成侯的府第中为客。

汉十一年，黥布反叛，皇上患了重病，打算派太子率兵前往讨伐叛军。这四个人商议说：“我们之所以来，是为了保全太子，如若太子率兵平叛，事情就危险了。”于是劝告建成侯说：“太子率兵出战，如果立了功，那么权位也不会高过太子；如无功而返，那么从此以后就要遭受祸患了。再说跟太子一起出征的各位将领，都是曾经同皇上平定天下的猛将，如今让太子统率这些人，这和让羊指挥狼有什么不同，他们决不肯为太子卖力，太子不能建功是必定的。我们听说‘爱其母必抱其子’，现在戚夫人日夜侍奉皇上，赵王如意常被抱在皇上面前，皇上说‘终归不能让不成器的儿子居于我的爱子之上’，显然，赵王如意取代太子的宝位是必定的。您何不赶紧请吕后找机会向皇上哭诉：‘黥布是天下的猛将，很会用兵打仗，现今的各位将领都是陛下先前的同辈，您却让太子统率这些人，这和让羊指挥狼没有两样，没有人愿意为太子效力，而且如让黥布听说这个情况，就会大张旗鼓地向西进犯。皇上虽然患病，还可以勉强地乘坐辎车，躺着指挥军队，众将不敢不尽力。皇上虽然受些苦，为了妻子儿女还是要自己奋发图强啊。'”于是吕泽立即在当天晚上晋见吕后，吕后找机会向皇上哭诉，说了四个人授意的那番话。皇上说：“我就知道这小子本来不能派遣他，老子自己去吧。”于是皇上亲自带兵东征，群臣留守，都送至灞上。留侯患病，自己勉强能支撑起来，送到曲邮，谒见皇上说：“我本应跟从前往，但病势很重。楚国人马迅猛敏捷，希望皇上不要跟楚国人斗个高低。”留侯又趁机规劝皇上说：“让太子做将军，监守关中的军队吧。”皇上说：“子房虽然患病，也要勉强在卧床养病时辅佐太子。”这时叔孙通做太傅，留侯任少傅。

汉十二年，皇上随着击败黥布的军队回来，病势更加重，越来越想更换太子。留侯劝谏，皇上没听，留侯就托病不再理事。叔孙太傅引证古今事例进行劝说，死命地争保太子。皇上假装答应了他，但还是想更换太子。等到没事的时候，设置酒席，太子在旁侍候。那四人跟着太子，他们的年龄都已八十多岁，须眉洁白，衣冠非常壮美奇特。皇上感到奇怪，问道：“他们是干什么的？”四个人向前对答，各自说出姓名，叫东园公、角里先生、绮里季、夏黄公。皇上于是大惊说：“我访求各位有好几年了，各位都逃避着我，现在你们为何自愿跟随我儿交往呢？”四人都说：“陛下轻慢士人，喜欢骂人，我们讲求义理，不愿受辱，所以惶恐地逃躲。我们私下闻知太子为人仁义孝顺，谦恭有礼，喜爱士人，天下人没有谁不伸长脖子想为太子拼命效力的。因此我们就来了。”皇上说：“烦劳诸位始终如一地保护好太子吧。”

四个人相互敬酒祝福已毕，小步快走离去。皇上目送他们，召唤戚夫人过来，指着那四个人给她看，并说道：“我想更换太子，可是靠他们四个人辅佐，太子的羽翼已经形成，难以改动了。吕后真是你的主人了。”戚夫人哭了起来，皇上说：“你为我跳楚舞，我为你唱楚歌。”皇上唱道：“鸿鹄高飞，振翅千里。羽翼已成，翱翔四海。翱翔四海，当可奈何！虽有弓箭，何处施用！”皇上唱了好几遍，戚夫人流泪抽泣着，皇上起身离去，酒宴就此结束。皇上最终没更换太子，原本是留侯招致这四个人发生了效力。

留侯跟随皇上进攻代国，在马邑城下出妙计，劝皇上立萧何为相国，他平常随便跟皇上谈论天下的事情很多，但不是关于国家存亡的大事，所以未予记载。留侯宣称道："我家世代为韩相，到韩国灭亡，不惜万金家财，替韩国向强秦报仇，天下为之震动，如今凭借三寸之舌为帝王之师，封邑万户，位居列侯，这对一个平民来说是至高无上的，我已经非常满足了。我愿丢却人世间的事情，打算跟随赤松子去。"张良于是学辟谷之术，行导引轻身之道。正值高帝驾崩，吕后感激留侯，便竭力让他进食，说："人生一世，时光有如白驹过隙一样快，何必自己苦行到这种地步啊！"留侯不得已，勉强听命进食。

八年之后，留侯去世，定谥号文成侯。他的儿子张不疑袭封为侯。

张子房当初在下邳桥上遇见那个给他《太公兵法》的老丈，在别后十三年张良随高帝经过济北，果然见到谷城山下的那块黄石，便把它取回，奉若至宝地祭祀它。留侯去世，跟黄石一起安葬。以后每逢扫墓以及冬夏节日祭祀张良的时候，也同时祭祀那块黄石。

留侯张不疑，在孝文帝五年因犯了不敬之罪，封国被废除了。

太史公说：学者大多说没有鬼神，然而又说有精怪。至于像留侯遇见老丈赠书的事，也足够神奇的了。高祖遭遇困厄的情况有好几次，而留侯常在这种危急时刻建功，难道可以说不是天意吗？皇上说："出谋划策于营帐之中，决定胜负在千里之外，我比不了子房。"我原以为此人大概是高大威武的样子，等到看见他的画像，相貌却像个柔弱的女子。孔子说过："按相貌来评判人，在对待澹台灭明上就一定有所失。"对于留侯也可以这样说。

史记卷五十六

陈丞相世家第二十六

陈丞相平者，阳武户牖乡人也。少时家贫，好读书，有田三十亩，独与兄伯居。伯常耕田，纵平使游学。平为人长〔大〕美色。人或谓陈平曰："贫何食而肥若是？"其嫂嫉平之不视家生产，曰："亦食糠覈耳。有叔如此，不如无有。"伯闻之，逐其妇而弃之。

及平长，可娶妻，富人莫肯与者，贫者平亦耻之。久之，户牖富人有张负，张负女孙五嫁而夫辄死，人莫敢娶。平欲得之。邑中有丧，平贫，侍丧，以先往后罢为助。张负既见之丧所，独视伟平，平亦以故后去。负随平至其家，家乃负郭穷巷，以弊席为门，然门外多有长者车辙。张负归，谓其子仲曰："吾欲以女孙予陈平。"张仲曰："平贫不事事，一县中尽笑其所为，独奈何予女乎？"负曰："人固有好美如陈平而长贫贱者乎？"卒与女。为平贫，乃假贷币以聘，予酒肉之资以内妇。负诫其孙曰："毋以贫故，事人不谨。事兄伯如事父，事嫂如母。"平既娶张氏女，赍用益饶，游道日广。

里中社，平为宰，分肉食甚均。父老曰："善，陈孺子之为宰！"平曰："嗟乎，使平得宰天下，亦如是肉矣！"

陈涉起而王陈，使周市略定魏地，立魏咎为魏王，与秦军相攻于临济。陈平固已前谢其兄伯，从少年往事魏王咎于临济。魏王以为太仆。说魏王，不听；人或谗之，陈平亡去。

久之，项羽略地至河上，陈平往归之，从入破秦，赐平爵卿。项羽之东王彭城也，汉王还定三秦而东，殷王反楚。项羽乃以平为信武君，将魏王咎客在楚者以往，击降殷王而还。项王使项悍拜平为都尉，赐金二十溢。居无何，汉王攻下殷(王)。项王怒，将诛定殷者将吏。陈平惧诛，乃封其金与印，使使归项王，而平身间行杖剑亡。渡河，船人见其美丈夫独行，疑其亡将，要中当有金玉宝器，目之，欲杀平。平恐，乃解衣裸而佐刺船。船人知其无有，乃止。

平遂至修武降汉，因魏无知求见汉王，汉王召入。是时万石君奋为汉王中涓，受平谒，入见平。平等七人俱进，赐食。王曰：“罢，就舍矣。”平曰：“臣为事来，所言不可以过今日。”于是汉王与语而说之，问曰：“子之居楚何官？”曰：“为都尉。”是日乃拜平为都尉，使为参乘，典护军。诸将尽讙，曰：“大王一日得楚之亡卒，未知其高下，而即与同载，反使监护军长者！”汉王闻之，愈益幸平。遂与东伐项王。至彭城，为楚所败。引而还，收散兵至荥阳，以平为亚将，属于韩王信，军广武。

绛侯、灌婴等咸谗陈平曰：“平虽美丈夫，如冠玉耳，其中未必有也。臣闻平居家时，盗其嫂；事魏不容，亡归楚；归楚不中，又亡归汉。今日大王尊官之，令护军。臣闻平受诸将金，金多者得善处，金少者得恶处。平，反覆乱臣也，愿王察之。”汉王疑之，召让魏无知。无知曰：“臣所言者，能也；陛下所问者，行也。今有尾生、孝己之行而无益于胜负之数，陛下何暇用之乎？楚汉相距，臣进奇谋之士，顾其计诚足以利国家不耳。且盗嫂受金又何足疑乎？”汉王召让平曰：“先生事魏不中，遂事楚，而去，今又从吾游，信者固多心乎？”平曰：“臣事魏王，魏王不能用臣说，故去事项王。项王不能信人，其所任爱，非诸项即妻之昆弟，虽有奇士不能用，平乃去楚。闻汉王之能用人，故归大王。臣裸身来，不受金无以为资。诚臣计画有可采者，（顾）〔愿〕大王用之；使无可用者，金具在，请封输官，得请骸骨。”汉王乃谢，厚赐，拜为护军中尉，尽护诸将。诸将乃不敢复言。

其后，楚急攻，绝汉甬道，围汉王于荥阳城。久之，汉王患之，请割荥阳以西以和，项王不听。汉王谓陈平曰：“天下纷纷，何时定乎？”陈平曰：“项王为人，恭敬爱人，士之廉节好礼者多归之。至于行功爵邑，重之，士亦以此不附。今大王慢而少礼，士廉节者不来；然大王能饶人以爵邑，士之顽钝嗜利无耻者亦多归汉。诚各去其两短，袭其两长，天下指麾则定矣。然大王恣侮人，不能得廉节之士。顾楚有可乱者，彼项王骨鲠之臣亚父、钟离眜、龙且、周殷之属，不过数人耳。大王诚能出捐数万斤金，行反间，间其君臣，以疑其心，项王为人意忌信谗，必内相诛。汉因举兵而攻之，破楚必矣。”汉王以为然，乃出黄金四万斤与陈平，恣所为，不问其出入。

陈平既多以金纵反间于楚军，宣言诸将钟离眜等为项王将，功多矣，然而终不得裂地而王，欲与汉为一，以灭项氏而分王其地。项羽果意不信钟离眜等。项王既疑之，使使至汉。汉王为太牢具，举进。见楚使，即详惊曰："吾以为亚父使，乃项王使！"复持去，更以恶草具进楚使。楚使归，具以报项王。项王果大疑亚父。亚父欲急攻下荥阳城，项王不信，不肯听。亚父闻项王疑之，乃怒曰："天下事大定矣，君王自为之！愿请骸骨归！"归，未至彭城，疽发背而死。陈平乃夜出女子二千人荥阳城东门，楚因击之，陈平乃与汉王从城西门夜出去。遂入关，收散兵复东。

其明年，淮阴侯破齐，自立为齐王，使使言之汉王。汉王大怒而骂，陈平蹑汉王。汉王亦悟，乃厚遇齐使，使张子房卒立信为齐王。封平以户牖乡。用其奇计策，卒灭楚。常以护军中尉从定燕王臧荼。

汉六年，人有上书告楚王韩信反。高帝问诸将，诸将曰："亟发兵坑竖子耳。"高帝默然。问陈平，平固辞谢，曰："诸将云何？"上具告之。陈平曰："人之上书言信反，有知之者乎？"曰："未有。"曰："信知之乎？"曰："不知。"陈平曰："陛下精兵孰与楚？"上曰："不能过。"平曰："陛下将用兵有能过韩信者乎？"上曰："莫及也。"平曰："今兵不如楚精，而将不能及，而举兵攻之，是趣之战也，窃为陛下危之。"上曰："为之奈何？"平曰："古者天子巡狩，会诸侯。南方有云梦，陛下弟出伪游云梦，会诸侯于陈。陈，楚之西界，信闻天子以好出游，其势必无事而郊迎谒。谒，而陛下因禽之，此特一力士之事耳。"高帝以为然，乃发使告诸侯会陈："吾将南游云梦。"上因随以行。行未至陈，楚王信果郊迎道中。高帝豫具武士，见信至，即执缚之，载后车。信呼曰："天下已定，我固当烹！"高帝顾谓信曰："若毋声。而反明矣！"武士反接之。遂会诸侯于陈，尽定楚地。还至洛阳，赦信以为淮阴侯，而与功臣剖符定封。

于是与平剖符，世世勿绝，为户牖侯。平辞曰："此非臣之功也。"上曰："吾用先生谋计，战胜剋敌，非功而何？"平曰："非魏无知臣安得进？"上曰："若子可谓不背本矣。"乃复赏魏无知。其明年，以护军中尉从攻反者韩王信于代。卒至平城，为匈奴所围，七日不得食。高帝用陈平奇计，使单于阏氏，围以得开。高帝既出，其计秘，世莫得闻。

高帝南过曲逆，上其城，望见其屋室甚大，曰："壮哉县！吾行天下，独见洛阳与是耳。"顾问御史曰："曲逆户口几何？"对曰："始秦时三万馀户，间者兵数起，多亡匿，今见五千户。"于是乃诏御史，更以陈平为曲逆侯，尽食之，除前所食户牖。

其后常以护军中尉从攻陈豨及黥布。凡六出奇计，辄益邑，凡六益封。奇计或颇秘，世莫能闻也。

高帝从破布军还，病创，徐行至长安。燕王卢绾反，上使樊哙以相国将兵攻之。既行，人有短恶哙者。高帝怒曰："哙见吾病，乃冀我死也。"用陈平谋而召绛侯周勃受诏床下，曰："陈平亟驰传载勃代哙将，平至军中即斩哙头！"二人既受诏，驰传未至军，行计之曰："樊哙，帝之故人也，功多，且又乃吕后弟吕媭之夫，有亲且贵，帝以忿怒故，欲斩之，则恐后悔。宁囚而致上，上自诛之。"未至军，为坛，以节召樊哙。哙受诏，即反接载槛车，传诣长安，而令绛侯勃代将，将兵定燕反县。

平行闻高帝崩，平恐吕太后及吕媭谗怒，乃驰传先去。逢使者诏平与灌婴屯于荥阳。平受诏，立复驰至宫，哭甚哀，因奏事丧前。吕太后哀之，曰："君劳，出休矣。"平畏谗之就，因固请得宿卫中。太后乃以为郎中令，曰："傅教孝惠。"是后吕媭谗乃不得行。樊哙至，则赦，复爵邑。

孝惠帝六年，相国曹参卒，以安国侯王陵为右丞相，陈平为左丞相。

王陵者，故沛人，始为县豪，高祖微时，兄事陵。陵少文，任气，好直言。及高祖起沛，入至咸阳，陵亦自聚党数千人，居南阳，不肯从沛公。及汉王之还攻项籍，陵乃以兵属汉。项羽取陵母置军中，陵使至，则东乡坐陵母，欲以招陵。陵母既私送使者，泣曰："为老妾语陵，谨事汉王。汉王，长者也，无以老妾故，持二心。妾以死送使者。"遂伏剑而死。项王怒，烹陵母。陵卒从汉王定天下。以善雍齿，雍齿，高帝之仇，而陵本无意从高帝，以故晚封，为安国侯。

安国侯既为右丞相，二岁，孝惠帝崩。高后欲立诸吕为王，问王陵，王陵曰："不可。"问陈平，陈平曰："可。"吕太后怒，乃详迁陵为帝太傅，实不用陵。陵怒，谢疾免，杜门竟不朝请，七年而卒。

陵之免丞相，吕太后乃徙平为右丞相，以辟阳侯审食其为左丞相。左丞相不治，常给事于中。

食其亦沛人。汉王之败彭城西，楚取太上皇、吕后为质，食其以舍人侍吕后。其后从破项籍为侯，幸于吕太后。及为相，居中，百官皆因决事。

吕媭常以前陈平为高帝谋执樊哙，数谗曰："陈平为相非治事，日饮醇酒，戏妇女。"陈平闻，日益甚。吕太后闻之，私独喜。面质吕媭于陈平曰："鄙语曰'儿妇人口不可用'，顾君与我何如耳。无畏吕媭之谗也。"

吕太后立诸吕为王，陈平伪听之。及吕太后崩，平与太尉勃合谋，卒诛诸吕，立孝文皇帝，陈平本谋也。审食其免相。

孝文帝立，以为太尉勃亲以兵诛吕氏，功多；陈平欲让勃尊位，乃谢病。孝文帝初立，怪平病，问之。平曰："高祖时，勃功不如臣平。及诛诸吕，臣功亦不如勃。愿以右丞相让勃。"于是孝文帝乃以绛侯勃为右丞相，位次第一；平徙为左丞相，位次第二。赐平金千斤，益封三千户。

居顷之，孝文皇帝既益明习国家事，朝而问右丞相勃曰："天下一岁决狱几何？"勃谢曰："不知。"问："天下一岁钱谷出入几何？"勃又谢不知，汗出沾背，愧不能对。于是上亦问左丞相平。平曰："有主者。"上曰："主者谓谁？"平曰："陛下即问决狱，责廷尉；问钱谷，责治粟内史。"上曰："苟各有主者，而君所主者何事也？"平谢曰："主臣。陛下不知其驽下，使待罪宰相。宰相者，上佐天子理阴阳，顺四时，下育万物之宜，外镇抚四夷诸侯，内亲附百姓，使卿大夫各得任其职焉。"孝文帝乃称善。右丞相大惭，出而让陈平曰："君独不素教我对！"陈平笑曰："君居其位，不知其任邪？且陛下即问长安中盗贼数，君欲强对邪？"于是绛侯自知其能不如平远矣。居顷之，绛侯谢病请免相，陈平专为一丞相。

孝文帝二年，丞相陈平卒，谥为献侯。子共侯买代侯。二年卒，子简侯恢代侯。二十三年卒，子何代侯。二十三年，何坐略人妻，弃市，国除。

始陈平曰："我多阴谋，是道家之所禁。吾世即废，亦已矣，终不能复起，以吾多阴祸也。"然其后曾孙陈掌以卫氏亲贵戚，愿得续封陈氏，然终不得。

太史公曰：陈丞相平少时，本好黄帝、老子之术。方其割肉俎上之时，其意固已远矣。倾侧扰攘楚魏之间，卒归高帝。常出奇计，救纷纠之难，振国家之患。及吕后时，事多故矣，然平竟自脱，定宗庙，以荣名终，称贤相，岂不善始善终哉！非知谋孰能当此者乎？

【译文】

陈丞相陈平，是阳武县户牖乡人。他年轻的时候家中很贫穷，但喜欢读书，有田地三十亩，单同哥哥陈伯住在一起。陈伯平常在家种地，听任陈平出外求学。陈平长得身材高大，相貌堂堂。有人对陈平说："你家里那么穷，吃了什么长得这么魁梧？”陈平的嫂子恼恨陈平不看顾家庭，不从事生产劳动，说：“也不过吃糠咽菜罢了，有这样的小叔子，还不如没有。”陈伯听到这些话后，赶走了他的妻子并休了她。

等到陈平长大成人该娶媳妇的时候，富有的人家没有谁肯把女儿嫁给他，对于娶穷人家的媳妇陈平又感到羞耻。过了很长一段时间，户牖有个叫张负的富人，他的孙女嫁了五次人，丈夫都死了，没有人再敢娶她。陈平却想娶她。乡镇中有家办丧事，陈平因为家贫，就去帮忙料理丧事，靠着早去晚归多得些报酬以贴补家用。张负在丧家见到他，相中了这个高大魁梧的陈平；陈平也因为这个，很晚才离开丧家。有一次，张负跟着陈平到了陈家，陈家住在靠近外城城墙的偏僻小巷子里，拿一张破席就当门了，但门外却有很多贵人留下的车轮的印迹。张负回家后，对他的儿子张仲说：“我打算把孙女嫁给陈平。”张仲说：“陈平又穷又不从事生产劳动，全县的人都耻笑他的行为，为什么偏把女儿嫁给他？”张负说：“哪有仪表堂堂像陈平这样的人会长久贫寒卑贱下去呢？”终于将孙女嫁给了陈平。因为陈平穷，张家就借钱给他行聘，还给他置办酒宴的钱来娶亲。张负告诫他的孙女说：“不要因为陈家穷，侍奉人家就不用心。侍奉兄长陈伯要像侍奉父亲一样，侍奉嫂嫂要像侍奉母亲一样。”陈平娶了张家女子以后，资财日益宽裕，交友也越来越广泛。

陈平所住的社里祭祀土地神，陈平主持割肉，他把祭肉分配得特别均匀。父老乡亲们说：“好，陈家孩子真会做分割祭肉的人！”陈平说：“唉，假使让我陈平主宰天下，也会像这次分割祭肉一样呢！”

陈胜起兵后在陈县称王，派周市平定了魏国地区，立魏咎为魏王，与秦军在临济交战。在这以前陈平本已辞别他的哥哥陈伯，随一些年轻人去临济到魏王咎手下做事。魏王任命他为太仆。陈平向魏王进言，魏王反而不听，有的人又说他的坏话，陈平只好远离而去。

过了很长一段时间，项羽占领土地到了黄河边上，陈平前往投奔项羽，跟随项羽入关攻破秦国，项羽封他卿一级的爵位。项羽东归，在彭城称王，汉王回军平定三秦然后向东进军，殷王反叛楚国。项羽于是把陈平封为信武君，让他率领魏王咎留在楚国的部下前往，击败并降服了殷王凯旋而归。项王派项悍任命陈平为都尉，奖赏他黄金二十镒。过了不久，汉王又攻下殷地。项王大怒，准备杀掉前次平定殷地的将领官吏。陈平害怕被杀头，便封好项王赏他的黄金和官印，派人送还项王，自己单身提着宝剑抄小路逃跑。陈平横渡黄河，船夫见他一个人单身独行，怀疑他是逃亡的将领，腰中定当藏有金玉宝器，就盯着陈平，打算杀掉他。陈平很害怕，就解开衣服，光着膀子帮助船夫撑船。船夫知道他身上一无所有，才没有下手杀陈平。

陈平于是到修武投奔汉军，通过魏无知求见汉王，汉王召他进去。此时万石君石奋做汉王的侍从，接过陈平的名帖，引陈平进见汉王。陈平等七个人都进去见汉王了，汉王又赐给他们食物。汉王说："吃完后，到客舍去休息吧。"陈平说："我有要事前来，所说的话不能拖过今日。"于是汉王就跟他交谈并很喜欢他。汉王问："你在楚军时担任什么官职？"陈平说："做都尉。"汉王当天就任命陈平为都尉，让他做参乘，主管护军的工作。众将都喧哗起来，说："大王刚得到楚国的一个逃兵，还不知道他本领如何，就跟他同乘一辆车子，反而让他监督我们这些老将！"汉王听到这些议论，更加宠幸陈平。汉王于是带着陈平往东讨伐项王。到了彭城，被楚军打败。汉王领兵返回，一路上收集散兵到了荥阳，任命陈平为副将，隶属于韩王信，驻扎在广武一带。

周勃、灌婴等这些人都诋毁陈平说："陈平虽然是个美男子，只不过像帽子上的美玉罢了，他内里未必有真东西。我们听说陈平在家时，曾经与嫂嫂私通；在魏王那里做事不能容身，逃亡出来归附楚王；归附楚王不相合，又逃来归降汉王。现在大王如此器重他，使他做高官，任命他为护军。我们听说陈平接受了将领们送的钱财，钱给得多的就得到好处，钱给得少的就遭遇坏的处境。陈平是一个反复无常的作乱奸臣，希望大王能够明察。"汉王怀疑起陈平来，召来魏无知责问他。魏无知说："我所说的是才能，陛下所问的是品行。现在如果有人有尾生、孝己那样的品行，但对胜负的命运没有好处，陛下哪有闲暇精力使用这样的人呢？楚汉对峙，我亲自推荐善于出奇谋的人，只关心他的计谋是否确实能够有利于国家罢了。至于私通嫂嫂、接受钱财，又有什么值得怀疑的呢？"汉王召来陈平责问道："先生在魏王那里做事不相合，便去楚王那里做事而又半道离开。如今又来跟从我，讲信用的人原来是这样三心二意吗？"陈平说："我在魏王那里效劳，魏王不能采用我的建议，所以我离开他到项王那里做事。项王不能够信任人，他所信任、宠爱的，不是那些项氏宗族就是妻家的兄弟，即使有奇才也不能重用，我这才离开楚王。听说汉王能够用人，所以来归附大王。我只身而来，不接受钱财便没有办事的费用。如果我的计谋确定有值得采纳的，希望大王采用；假若没有值得采用的，钱财都还留着，请允许我封好送回官府，并请求回家。”汉王于是向陈平道歉，丰厚地赏赐了他，任命他为护军中尉，监督全体将领。将领们就再也不说什么了。

后来楚军加紧进攻，切断了汉军运输粮草的通道，把汉王围困在荥阳城。过了好长一段时间，汉王为这种困境而忧虑，请求割让荥阳以西的地区来谈和。项王不同意。汉王对陈平说：“天下如此动乱，什么时候才能安定呢？”陈平说：“项王的为人谦恭有礼，恭敬爱人，具有清廉节操，喜欢礼仪的士人都愿意归附他。至于论功行赏、授爵封邑时，他却又吝啬这些爵邑，有才能的人因此又不愿归附他。如今大王傲慢又不注重礼仪，具有清廉节操的士人都不愿意来；但是大王能够舍得给人爵位、食邑，那些圆滑没有骨气、好利无耻之徒又多归附汉王。如果你们两位谁能去掉自己的短处，采取对方的长处，那么只要招一招手，天下就能安定了。但是大王经常随意侮辱人，所以得不到具有清廉节操的士人。不过楚军方面有着可以扰乱的地方，项王那里刚直的臣子像亚父范增、钟离眛、龙且、周殷之辈，不过几个人而已。大王如果舍得拿出几万斤黄金，施行反间的计谋，离间楚国的君臣，让他们互生怀疑之心，项王为人猜忌多疑，听信谗言，他们内部一定会互相残杀。汉军可趁机发兵攻打他们，击败楚军是一定的事。”汉王认为陈平说得对，于是拿出黄金四万斤给陈平，听凭他使用，不再过问他的黄金支出情况。

陈平用了很多黄金在楚军中进行离间活动，在众将中扬言钟离眛等人作为项王的将领，功劳很多，但始终不能划地封王，他们打算跟汉王联合起来，消灭项王，瓜分楚国的土地，各自称王。项羽果然猜疑起来，不再信任钟离眛等人。项王已经怀疑钟离眛等人以后，派遣使者到汉军那里打探虚实。汉王特地准备丰盛的酒宴，命人端进。见到楚王的使者，汉王就佯装吃惊地说：“我还以为是亚父的使者，原来竟是楚王的使者！”又让人把酒肴端走，换上粗劣的饭菜端给楚王的使者吃。楚王使者回去以后，把这些情况禀告给项王。项王果然大大地怀疑起亚父。亚父范增想急速攻下荥阳城，项王不信任他，不肯听从他的意见。范增闻知项王在怀疑自己，就生气地说：“天下的大事已经基本定局了，君王自己干吧！我请求辞职告老还乡！”他回乡还没有到达彭城，就因背上毒疮发作而病死。陈平于是夜里让两千名妇女从荥阳城东门出去，楚军便发动攻击，陈平就与汉王从荥阳西门出城逃离。汉王随即进入关中，收集败散的士兵再次东进。

第二年，淮阴侯韩信打败了齐国，自立为齐王，派使者把这件事禀报给汉王。汉王非常恼怒，斥骂韩信。陈平暗暗地踩汉王的脚，汉王顿有所悟，于是就优厚地款待了齐王使者，并派张良立即封韩信为齐王。汉王把户牖乡封给陈平。汉王采用陈平的奇计妙策，最终灭掉楚国。陈平曾经以护军中尉的身份跟随汉王平定了燕王臧荼的叛乱。

汉六年，有人上书告发楚王韩信造反。高帝问询将领们怎么办，将领们说："赶紧发兵活埋这小子。"高帝默默不语。高帝问陈平，陈平再三推辞，反问道："各位将领说些什么？"皇上把各位将领的意见都告诉了陈平。陈平问："有人上书说韩信要谋反，有知道这件事的外人吗？"皇上说："没有。"陈平问："韩信本人知道这情况吗？"皇上说："不知道。"陈平说："陛下的精锐部队跟楚国比哪个强？"皇上说："不能超过它。"陈平问："陛下的将领中用兵有能超过韩信的吗？"皇上说："没有谁赶得上。"陈平说："如今陛下的军队不如楚国精锐，将领的才干又赶不上韩信，却要发兵攻打他，这是促使他同我们作战，我私下里为陛下的安危而担忧。"皇上说："那该怎么办呢？"陈平说："古时天子巡察各地，会见各大诸侯。南方有个云梦泽，陛下只是假装出游云梦，在陈县会见诸侯。陈县在楚国的西部边界，韩信听到天子怀着善意出游，看那情势定然无事，因而必到郊外迎接拜见陛下。拜见时，陛下趁机将他捉拿下，这只不过是一个力士就能办到的事。"高帝觉得他的主意很好，于是派出使者告知各诸侯到陈县会面，说"我即将南游云梦"。皇上便随即出发。尚未到达陈县的时候，楚王韩信果然在郊外的路上迎接。高帝预先准备好武士，见韩信来了，立即将他拿下捆绑起来，装在副车中。韩信喊道："天下已经平定了，我本来该当烹杀了！"高帝回过头对韩信说："你别出声叫喊了！你谋反已经很明显了！"武士把韩信两手反绑在后。高帝于是在陈县会见了诸侯，全部平定了楚地。高帝回到洛阳，赦免了韩信，降封他为淮阴侯，又与有功之臣剖符确定封赏。

当时与陈平剖符，封为户牖侯，世代相传而不断绝。陈平辞谢说："这不是我的功劳。"皇上说："我采用了先生的计谋，克敌制胜，这不是功劳是什么呢？"陈平说："不是魏无知的推荐，我怎么能入朝为官进言献计呢？"皇上赞赏道："像先生您这样可以说是不忘本了。"于是又赏赐了魏无知。第二年，陈平以护军中尉的身份跟从高帝，在代地攻打谋反的韩王信。匆忙行军到了平城，被匈奴围困，七天吃不上饭。高帝采用了陈平的妙计，派人到单于的阏氏那里去疏通，才得以解围出来。高帝脱身以后，陈平的计策始终秘而不宣，世间没有人得知内情。

高帝南归时经过曲逆，登上城楼，望见县城的房屋特别大，说道："这个县好壮观！我走遍了天下，只见到洛阳和这个县是这样。"回头问御史说："曲逆的户口有多少？"御史回答说："当初秦朝时有三万多，中间连年战乱，很多人逃亡藏匿，如今现存大约五千人。"当时高帝便命令御史，重新改封陈平为曲逆侯，尽享全县各户的赋税收入，取消了以前所封的户牖乡。

此后陈平曾以护军中尉的身份跟从高帝，征讨陈豨和黥布。他一共出过六次奇计，每次为此都增加了封邑，一共增封了六次之多。奇计有的颇为隐秘，世间都不知道。

高帝随击败黥市的军队回来，因伤势严重而患病，一路慢行回到长安。听说燕王卢绾反叛，皇上派樊哙以相国的身份率兵征讨他。出发以后，有人说樊哙的坏话。高帝大怒说："樊哙见我病了，便盼望我死。"便采用陈平的计谋，召绛侯周勃在病榻前受命，说道："陈平速驾车马载着周勃代替樊哙领兵，陈平到了军中立即斩下樊哙的头！"二人接受了诏命，驾驶着驿站的车马急行，还没有到达军中，边走边商议说："樊哙是高帝的老朋友了，功劳很多，而且又是吕后妹妹吕媭的丈夫，与高帝有亲戚关系并且显贵，高帝因为一时愤怒想杀他，只怕将来要后悔。我们宁可把他囚禁起来交与皇上，由皇上自己处决他。"他们没有到军营中，便堆土筑坛，用符节召来樊哙。樊哙接受诏令，立即被反绑起来装上囚车，由驿站送往长安，使绛侯周勃替樊哙为将，率兵平定了燕地反叛的各县。

陈平在返回途中听说高帝去世，他恐怕吕媭进谗言、吕后听信谗言发怒，便急驾驿站车马提前回来。路上遇到使者诏令陈平和灌婴驻守荥阳。陈平接受诏命，马上又驱车赶到宫廷，哭得非常哀痛，趁机在高帝灵堂内向吕后禀奏处理樊哙一事的经过。吕太后怜悯陈平，说道："您辛苦了，出去好好休息吧。"陈平害怕谗言加于自身，于是坚决请求留宿宫中，担任警卫。吕太后于是任命他担任郎中令，说道："请好好辅佐指导孝惠皇帝。"此后吕媭的谗言才不起作用。樊哙被押到长安，便被赦免并恢复了原来的爵位和封邑。

孝惠帝六年，相国曹参去世，任命安国侯王陵为右丞相、陈平为左丞相。

王陵本来是沛县人，起初是县里的豪绅，高祖在卑微时，像对待兄长那样侍奉王陵。王陵为人不大讲礼节，喜欢意气用事，喜欢直言。到了高祖在沛县起兵，进入关中抵达咸阳时，王陵也聚集党羽几千人，驻在南阳，不肯跟从沛公。等到汉王回军进攻项籍时，王陵才率兵归属汉王。项羽劫持王陵的母亲安置在军营中，当王陵的使者到来时，项羽就让王陵的母亲朝东坐在贵宾的位子上，想以此招纳王陵归降楚国。王陵的母亲私下送走使者时说哭着说："请替我告诉王陵，要小心地侍奉汉王。汉王是个仁慈宽厚的长者，不要因为我的缘故而三心二意。我以死来给你送行吧。"说罢即拔剑自刎而死。项王十分恼怒，煮了王陵的母亲。王陵终于跟从汉王平定天下。他跟雍齿交情不错，雍齿是高帝的仇人，原本又无意跟从高帝，由于这些缘故受封较晚，封号为安国侯。

安国侯做了右丞相，两年后，孝惠帝去世。吕太后想立吕氏宗族的人为王，询问王陵，王陵说："不行。"又问陈平，陈平说："可以立。"吕太后发怒，于是假意提升王陵为皇帝的太傅，实际上不重用王陵。王陵发怒，称病辞职。闭门不出，始终不朝见皇帝，七年之后去世。

王陵被免除丞相职务后，吕太后就封陈平为右丞相，任命辟阳侯审食其为左丞相。没有设左丞相办公的处所，左丞相常在宫中处理政务。

审食其也是沛县人。汉王在彭城以西被击败时，楚军抓走汉王的父亲和吕后作为人质，审食其以家臣的身份侍奉吕后。他后来跟随汉军打败项羽被封为侯，受到吕太后的宠幸。他做了左丞相后，住在宫中，百官都得通过他才能决断事情。

吕媭常因从前陈平为高帝出谋划策捉拿樊哙，多次进谗言说："陈平当丞相不理政务，每天饮美酒，玩弄妇女。"陈平听到后，饮酒作乐日益加剧。吕太后闻知此事后，暗自高兴。她当着吕媭的面对陈平说："俗语说'小孩和妇女的话不可信'，就看你对我怎么样了。不要怕吕媭说你的坏话。"

吕太后立吕氏宗族的人为王，陈平假装顺从此事。等到吕太后去世，陈平跟太尉周勃合谋，诛灭了吕氏宗族，拥立孝文皇帝即位，此事陈平是主要出谋划策者。审食其被免去左丞相一职。

孝文帝即位后，认为太尉周勃亲自率兵诛灭吕氏宗族，功劳多；陈平想把右丞相的尊位让给周勃，于是托病告退。孝文帝刚即位时，觉得陈平病得很奇怪，就去探问他。陈平说："高祖时期，周勃的功劳不如我陈平。到诛灭吕氏宗族时，我的功劳也就不如周勃了。我愿把右丞相的职位让给周勃。"于是孝文帝就任命绛侯周勃为右丞相，位次名列第一；陈平调职为左丞相，位次名列第二。又赏赐陈平黄金千金，加封食邑三千户。

过了一段时间后，孝文皇帝已经渐渐熟悉了国家大事，在一次接受群臣朝见时问右丞相周勃说：“全国一年中判决的案件有多少？”周勃谢罪说：“不知道。”孝文皇帝又问：“全国一年中钱粮的开支收入有多少？”周勃又说不知道，急得汗流浃背，惭愧自己不能回答。于是皇上又问左丞相陈平。陈平说：“有主管的人。”皇上说：“主管的人又是谁？”陈平说：“陛下若问判决案件的情况，可询问廷尉；问钱粮收支的情况，可询问治粟内史。”皇上说：“如果各自有主管的人，那么您所主管的是些什么事呢？”陈平谢罪说：“主管群臣，陛下不知我才智低劣，使我勉强担任宰相的职位。宰相一职，对上辅佐天子，调理阴阳、顺应四时，对下养育万物适时生长，对外镇抚四夷和诸侯，对内爱护团结老百姓，使公卿大夫各自能够胜任他们的职责。”孝文帝于是称赞陈平回答得好。右丞相周勃大为惭愧，退朝后埋怨陈平说：“您怎么不在平时教我对答这些话！”陈平笑着说：“您身居相位，不知道丞相的职责吗？陛下如若问起长安城中盗贼的数目，您也要勉强凑数来对答吗？”这时绛侯周勃自知自己的才能比陈平差远了。过了一段时间，绛侯周勃托病请求免去右丞相的职务，于是陈平独自担任整个丞相的职务。

孝文帝二年，丞相陈平去世，谥号为献侯。他的儿子恭侯陈买接替侯位。陈买为侯二年去世，他的儿子简侯陈恢接替侯位。陈恢为侯二十三年去世，他的儿子陈何接替侯位。陈何为侯二十三年时，犯了抢占他人妻子的罪，被处以死刑，封国被废除。

当初陈平曾经说过：“我常使用诡秘的计谋，这是道家所禁忌的。我的后代如果被废黜，也就止住了，终归不能再兴起，因为我暗中积下了很多祸因。”此后陈平的曾孙陈掌靠着是卫家亲戚的关系，希望能够接续陈家原来的封号，但终究没有成功。

太史公说：陈丞相陈平在年轻的时候，本来喜欢黄帝以及老子的学说。当他在砧板上分割祭肉的时候，他的志向本来已经很远大了。他彷徨于楚魏之间，最终归附高帝。他常常想出妙计，解救纷繁的危难，消除国家的祸患。到了吕后执政时期，诸事多有变故，但陈平竟能自免于祸，安定汉室，保持荣耀的名望终身，被称为贤相，难道不是善始善终吗！假若没有才智和谋略，谁能做到这一步呢？

史记卷五十七

绛侯周勃世家第二十七

绛侯周勃者，沛人也。其先卷人，徙沛。勃以织薄曲为生。常为人吹箫给丧事。材官引强。

高祖之为沛公，初起，勃以中涓从攻胡陵，下方舆。方舆反，与战，却適。攻丰。击秦军砀东。还军留及萧。复攻砀，破之。下下邑，先登。赐爵五大夫。攻蒙、虞，取之。击章邯车骑，殿。定魏地。攻爰戚、东缗，以往至栗，取之。攻齧桑，先登。击秦军阿下，破之。追至濮阳，下甄城。攻都关、定陶，袭取宛朐，得单父令。夜袭取临济，攻张，以前至卷，破之。击李由军雍丘下。攻开封，先至城下为多。后章邯破杀项梁，沛公与项羽引兵东如砀。自初起沛还至砀，一岁二月。

楚怀王封沛公号安武侯，为砀郡长。沛公拜勃为虎贲令，以令从沛公定魏地。攻东郡尉于城武，破之。击王离军，破之。攻长社，先登。攻颍阳、缑氏，绝河津。击赵贲军尸北。南攻南阳守齮，破武关、峣关。破秦军于蓝田，至咸阳，灭秦。

项羽至，以沛公为汉王。汉王赐勃爵为威武侯。从入汉中，拜为将军。还定三秦，至秦，赐食邑怀德。攻槐里、好畤，最。击赵贲、内史保于咸阳，最。北攻漆，击章平、姚卬军。西定汧，还下郿、频阳。围章邯废丘。破西丞。击盗巴军，破之。攻上邽。东守峣关，转击项籍。攻曲逆，最。还守敖仓，追项籍。籍已死，因东定楚地泗(川)〔水〕、东海郡，凡得二十二县。还守洛阳、栎阳，赐与颍(阳)〔阴〕侯共食钟离。以将军从高帝击反者燕王臧荼，破之易下。所将卒当驰道为多，赐爵列侯，剖符世世勿绝。食绛八千一百八十户，号绛侯。

以将军从高帝击反韩王信于代，降下霍人。以前至武泉，击胡骑，破之武泉北。转攻韩信军铜鞮，破之。还，降太原六城。击韩信胡骑晋阳下，破之，下晋阳。后击韩信军于硰石，破之，追北八十里。还攻楼烦三城，因击胡骑平城下，所将卒当驰道为多。勃迁为太尉。

击陈豨，屠马邑。所将卒斩豨将军乘马絺。击韩信、陈豨、赵利军于楼烦，破之。得豨将宋最、雁门守圂。因转攻得云中守遬、丞相箕肆、将勋。定雁门郡十七县，云中郡十二县。因复击豨灵丘，破之，斩豨，得豨丞相程纵、将军陈武、都尉高肆，定代郡九县。

燕王卢绾反，勃以相国代樊哙将，击下蓟，得绾大将抵、丞相偃、守陉、太尉弱、御史大夫施，屠浑都。破绾军上兰，复击破绾军沮阳。追至长城，定上谷十二县，右北平十六县，辽西、辽东二十九县，渔阳二十二县。最从高帝得相国一人，丞相二人，将军、二千石各三人；别破军二，下城三，定郡五，县七十九，得丞相、大将各一人。

勃为人木彊敦厚，高帝以为可属大事。勃不好文学，每召诸生说士，东乡坐而责之："趣为我语。"其椎少文如此。

勃既定燕而归，高祖已崩矣，以列侯事孝惠帝。孝惠帝六年，置太尉官，以勃为太尉。十岁，高后崩。吕禄以赵王为汉上将军，吕产以吕王为汉相国，秉汉权，欲危刘氏。勃为太尉，不得入军门。陈平为丞相，不得任事。于是勃与平谋，卒诛诸吕而立孝文皇帝。其语在吕后、孝文事中。

文帝既立，以勃为右丞相，赐金五千斤，食邑万户。居月馀，人或说勃曰："君既诛诸吕，立代王，威震天下，而君受厚赏，处尊位。以宠，久之即祸及身矣。"勃惧，亦自危，乃谢请归相印。上许之。岁馀，丞相平卒，上复以勃为丞相。十馀月，上曰："前日吾诏列侯就国，或未能行，丞相吾所重，其率先之。"乃免相就国。

岁馀，每河东守尉行县至绛，绛侯勃自畏恐诛，常被甲，令家人持兵以见之。其后人有上书告勃欲反，下廷尉。廷尉下其事长安，逮捕勃治之。勃恐，不知置辞。吏稍侵辱之。勃以千金与狱吏，狱吏乃书牍背示之曰"以公主为证"。公主者，孝文帝女也，勃太子胜之尚之，故狱吏教引为证。勃之益封受赐，尽以予薄昭。及系急，薄昭为言薄太后，太后亦以为无反事。文帝朝，太后以冒絮提文帝，曰："绛侯绾皇帝玺，将兵于北军，不以此时反，今居一小县，顾欲反邪？"文帝既见降侯狱辞，乃谢曰："吏(事)方验而出之。"于是使使持节赦绛侯，复爵邑。绛侯既出，曰："吾尝将百万军，然安知狱吏之贵乎！"

绛侯复就国。孝文帝十一年卒，谥为武侯。

子胜之代侯。六岁，尚公主不相中，坐杀人，国除。绝一岁，文帝乃择绛侯勃子贤者河内守亚夫，封为条侯，续绛侯后。

屈尊劳将图，选自明·张居正《帝鉴图说》。讲述汉文帝巡视周亚夫的细柳营，被亚夫以军法约束之事。

条侯亚夫自未侯为河内守时，许负相之，曰："君后三岁而侯。侯八岁为将相，持国秉，贵重矣，于人臣无两。其后九岁而君饿死。"亚夫笑曰："臣之兄已代父侯矣，有如卒，子当代，亚夫何说侯乎？然既已贵如负言，又何说饿死？指示我。"许负指其口曰："有从理入口，此饿死法也。"居三岁，其兄绛侯胜之有罪，孝文帝择绛侯子贤者，皆推亚夫，乃封亚夫为条侯，续绛侯后。

文帝之后六年，匈奴大入边。乃以宗正刘礼为将军，军灞上；祝兹侯徐厉为将军，军棘门；以河内守亚夫为将军，军细柳：以备胡。上自劳军，至灞上及棘门军，直驰入，将以下骑送迎。已而之细柳军，军士吏被甲，锐兵刃，彀弓弩，持满。天子先驱至，不得入。先驱曰："天子且至！"军门都尉曰："将军令曰'军中闻将军令，不闻天子之诏'。"居无何，上至，又不得入。于是上乃使使持节诏将军："吾欲入劳军。"亚夫乃传言开壁门。壁门士吏谓从属车骑曰："将军约，军中不得驱驰。"于是天子乃按辔徐行。至营，将军亚夫持兵揖曰："介胄之士不拜，请以军礼见。"天子为动，改容式车。使人称谢："皇帝敬劳将军。"成礼而去。既出军门，群臣皆惊。文帝曰："嗟乎，此真将军矣！曩者灞上、棘门军，若儿戏耳，其将固可袭而虏也；至于亚夫，可得而犯邪！"称善者久之。月馀，三军皆罢，乃拜亚夫为中尉。

孝文且崩时，诫太子曰："即有缓急，周亚夫真可任将兵。"文帝崩，拜亚夫为车骑将军。

孝景三年，吴、楚反。亚夫以中尉为太尉，东击吴、楚。因自请上曰："楚兵剽轻，难与争锋，愿以梁委之，绝其粮道，乃可制。"上许之。

太尉既会兵荥阳，吴方攻梁，梁急，请救。太尉引兵东北走昌邑，深壁而守。梁日使使请太尉，太尉守便宜，不肯往。梁上书言景帝，景帝使使诏救梁。太尉不奉诏，坚壁不出，而使轻骑兵弓高侯等绝吴、楚兵后食道。吴兵乏粮，饥，数欲挑战，终不出。夜，军中惊，内相攻击扰乱，至于太尉帐下，太尉终卧不起。顷之，复定。后吴奔壁东南陬，太尉使备西北。已而其精兵果奔西北，不得入。吴兵既饿，乃引而去。太尉出精兵追击，大破之。吴王濞弃其军，而举壮士数千人亡走，保于江南丹徒。汉兵因乘胜，遂尽虏之，降其兵，购吴王千金。月馀，越人斩吴王头以告。凡相攻守三月，而吴、楚破平。于是诸将乃以太尉计谋为是。由此梁孝王与太尉有郤。

归，复置太尉官。五岁，迁为丞相，景帝甚重之。景帝废栗太子，丞相固争之，不得。景帝由此疏之。而梁孝王每朝，常与太后言条侯之短。

窦太后曰："皇后兄王信可侯也。"景帝让曰："始南皮、章武侯先帝不侯，及臣即位乃侯之。信未得封也。"窦太后曰："人主各以时行耳。自窦长君在时，竟不得侯，死后乃（封）其子彭祖顾得侯。吾甚恨之。帝趣侯信也！"景帝曰："请得与丞相议之。"丞相议之，亚夫曰："高皇帝约'非刘氏不得王，非有功不得侯。不如约，天下共击之'。今信虽皇后兄，无功，侯之，非约也。"景帝默然而止。

其后匈奴王〔唯〕徐卢等五人降，景帝欲侯之以劝后。丞相亚夫曰："彼背其主降陛下，陛下侯之，则何以责人臣不守节者乎？"景帝曰："丞相议不可用。"乃悉封〔唯〕徐卢等为列侯。亚夫因谢病。景帝中三年，以病免相。

顷之，景帝居禁中，召条侯，赐食。独置大胾，无切肉，又不置櫡。条侯心不平，顾谓尚席取櫡。景帝视而笑曰："此不足君所乎？"条侯免冠谢。上起，条侯因趋出。景帝以目送之，曰："此怏怏者非少主臣也！"

居无何，条侯子为父买工官尚方甲楯五百被可以葬者。取庸苦之，不予钱。庸知其盗买县官器，怒而上变告子，事连污条侯。书既闻上，上下吏。吏簿责条侯，条侯不对。景帝骂之曰："吾不用也。"召诣廷尉。廷尉责曰："君侯欲反邪？"亚夫曰："臣所买器，乃葬器也，何谓反邪？"吏曰："君侯纵不反地上，即欲反地下耳。"吏侵之益急。初，吏捕条侯，条侯欲自杀，夫人止之，以故不得死，遂入廷尉。因不食五日，呕血而死。国除。

绝一岁，景帝乃更封绛侯勃他子坚为平曲侯，续降侯后。十九年卒，谥为共侯。子建德代侯，十三年，为太子太傅。坐酎金不善，元鼎五年，有罪，国除。

条侯果饿死。死后，景帝乃封王信为盖侯。

太史公曰：绛侯周勃始为布衣时，鄙朴人也，才能不过凡庸。及从高祖定天下，在将相位，诸吕欲作乱，勃匡国家难，复之乎正。虽伊尹、周公，何以加哉！亚夫之用兵，持威重，执坚刃，穰苴曷有加焉！足己而不学，守节不逊，终以穷困。悲夫！

【译文】

绛侯周勃是沛县人。他的先祖是卷县人，后来迁居到了沛县。周勃靠编织养蚕的器具维持生活，还常常在人家办丧事时吹箫奏挽歌，后来又成为能拉强弓的勇士。

高祖刘邦当初称为沛公刚刚起兵的时候，周勃以侍从官的身份随从高祖进攻胡陵，打下方与。方与反叛，周勃跟他们交战，打退了敌军。之后进攻丰邑，在砀郡东边攻打秦军，军队回到留县和萧县。再次进攻砀郡，把它攻破了，打下了下邑，周勃最先登上城墙。高祖赐给他五大夫的爵位。进攻蒙、虞二城，都攻下了。袭击章邯车骑部队的时候，周勃立下大功。平定魏地后，进攻爰戚、东缗，一直打到栗县，都攻占了。攻啮桑时，周勃又最先登城。在东阿城下攻击秦军，把他们打败了。追击到濮阳，攻下甄城。进攻都关、定陶，袭击并攻占了宛朐，俘获了单父的县令。当天夜晚袭击攻占了临济，进攻寿张，又往前打到卷县，把它攻破了。在雍丘城下攻击秦军将领李由的军队。进攻开封时，周勃先到城下，立了战功。后来章邯打败了项梁的军队并杀死了项梁。沛公刘邦和项羽领兵向东回到砀郡。从在沛县开始起兵到回军砀郡，共一年零两个月。楚怀王给沛公的封号为安武侯，并任他做砀郡郡长。沛公任命周勃为虎贲令和沛公一起去平定魏地。在城武进攻东郡郡尉的军队，打败了他们。攻打秦将王离的军队，把他们打败了。进攻长社，周勃又是最先登城。进攻颍阳、缑氏，切断了黄河的渡口。在尸乡的北面攻打赵贲的军队。又南下攻打南阳郡守吕齮。攻破武关、峣关。在蓝田大败秦军，打到咸阳，灭亡了秦朝。

项羽到达咸阳，把沛公封为汉王。汉王赐给周勃威武侯的爵位。周勃跟随汉王进入汉中，被任命为将军。回师平定了三秦，到达秦地后，汉王把怀德赐给周勃作食邑。进攻槐里、好畤，立了上等功。在咸阳攻击赵贲、内史保，又立上等功。向北进攻漆县。攻打章平、姚卬的军队。向西平定汧县。又回军打下了郿县和频阳两地。在废丘包围了章邯的军队。打败了西县县丞的军队。攻打盗巴的军队，打败了他。进攻上邽，在东边镇守峣关。转而攻打项羽。进攻曲逆，立上等功。回师镇守敖仓，追击项羽。项羽死后，趁机向东平定楚泗水和东海两郡，一共占领二十二县。又回师守卫洛阳和栎阳，汉王把钟离赐给周勃与灌婴作为二人共有的食邑。周勃又以将军的身份随从高祖，征讨反叛汉朝的燕王臧荼，在易县城下打败他们。周勃率领的士兵在车马大道上抵御敌军，战功多。周勃被封赐列侯的爵位，高祖分剖符信以示周勃的爵位代代相传，赐其绛县八千一百八十户作为食邑，号称绛侯。

周勃以将军身份随从高祖，在代地征讨反叛汉朝的韩王信，降服了霍人县。再向前到达武泉，攻击胡人的骑兵，在武泉北边把他们打败。又移兵到铜鞮，进攻韩王信的军队，打败了他们。回师降服了太原郡的六座城。在晋阳城下，周勃率领士兵攻击韩王信的胡人骑兵，击败了他们，攻下了晋阳。随后又在硰石攻击韩王信的军队，把他们击败，追击败兵八十里。回师进攻楼烦的三座城，趁势在平城之下攻击胡人骑兵，在车马大道上周勃所率领士兵抵御敌兵，战功最多。周勃晋升为太尉。

周勃攻打叛将陈豨，在马邑县屠城。他率领的士卒斩杀了陈豨的将军乘马絺。在楼烦攻打韩王信、陈豨、赵利的军队，把他们打败了，俘获了陈豨的部将宋最和雁门郡守圂。趁势转攻云中郡，俘获了郡守遬、丞相箕肆和将军勋。平定了雁门郡十七个县，云中郡十二个县。趁势又在灵丘攻打陈豨，把他的军队打垮，杀死了陈豨，俘获了陈豨的丞相程纵、将军陈武、都尉高肆。平定了代郡九个县。燕王卢绾起兵造反的时候，周勃以相国的身份代替樊哙领兵，攻下蓟县，俘虏卢绾的大将抵、丞相偃、守陉、太尉弱、御史大夫施，将浑都屠城。后来在上兰大败卢绾的军队，接着又在沮阳大败卢军。乘胜追击到长城，平定了上谷十二县，右北平十六县，辽西、辽东二十九县，渔阳二十二县。总而言之，周勃跟随汉高祖征讨天下，俘获一位相国，两位丞相，将军和二千石的官员各三位；另外击败过两支军队，攻下三座城，平定五个郡七十九个县，俘虏丞相和大将军各一人。

周勃为人质朴刚强，老实并且忠厚，高祖认为可以嘱托大事。周勃不喜爱文辞礼节，每次召见儒生和游说之士，他面向东坐着，要求他们："赶快对我说吧！"他的质朴不讲理就像这个样子。

周勃平定燕地之后回朝，高祖已经去世，他以列侯的身份侍奉辅佐惠帝。惠帝六年设太尉官职，任命周勃为太尉。十年以后，吕后去世。吕禄以赵王身份任汉朝上将军，吕产以吕王身份任汉朝相国，他们把持汉朝政权，想要推翻刘氏。周勃身为太尉，却不能进入军营之门；陈平身为丞相，却不能处理朝廷政务。于是周勃与陈平一起谋划，终于诛灭了吕氏家族，拥立孝文皇帝。此事的详情都记载在《吕太后本纪》和《孝文本纪》中。

文帝即位之后，任周勃为右丞相，赏赐黄金五千斤、食邑一万户，过了一个多月，有人劝说周勃："您已诛灭了吕氏家族，拥立代王为天子，威震天下。您受到丰厚的赏赐，处在尊贵的地位，这样受宠时间长了，将会有灾祸的。"周勃害怕了，自己也感到危险，于是就辞职，请求归还相印。皇帝答应他的请求。过了一年多，丞相陈平去世。皇帝又让周勃任丞相。过了十几个月，皇帝说："前些天我下令让列侯都到自己的封地去，有些人还没有走，丞相您是我很器重的人，希望您带头吧！"于是免去丞相职位后回到其封地。

回到封地一年多，每当河东郡守和郡尉巡视各县到达绛县的时候，绛侯周勃害怕被杀，时常披挂铠甲，命令家人手持武器来会见郡守和郡尉。后来有人上书告发周勃要反叛，皇帝把此事交给负责刑狱事务的长官廷尉处理，廷尉又把此事交付长安负责，长安的刑狱官逮捕周勃进行审问。周勃非常恐惧，不知道如何回答。狱吏渐渐欺凌侮辱他。周勃拿千金送给狱吏，狱吏才写在木简背后提示："让公主为你作证。"公主就是文帝的女儿，周勃的长子胜之娶她为妻，所以狱吏教周勃让她出来作证。周勃把加封所受的赏赐都送给了薄太后的弟弟薄昭。等案子到了紧要关头，薄昭为周勃向薄太后说情，太后也认为周勃不会有谋反的事。文帝朝见太后，太后顺手抓起头巾向文帝扔去，说："当初绛侯身上带着皇帝的印玺，在北军领兵，他不在这时反叛，如今他住在一个小小的县里，反倒要谋反吗？"文帝已经看到绛侯的供词，便向太后谢罪说："狱吏刚好查证清楚，要释放他。"于是派使者带着符节赦免绛侯，恢复他的爵位和食邑。绛侯出狱以后说："我曾经率领百万大军，但怎么知道狱吏的尊贵呀！"

绛侯又回到封地。在文帝十一年去世，谥号为武侯。他的儿子胜之继承爵位。过了六年，他所娶的公主与他感情不合，又因他犯了杀人罪，爵位和封地被废除。爵位中断了一年，文帝才从绛侯周勃的儿子中挑选出贤能的河内郡守周亚夫，封他为条侯，接续绛侯的爵位。

条侯周亚夫还没有被封侯，只是河内郡守的时候，许负给他看相说："您三年以后会被封侯，封侯八年以后将担任将军和丞相，掌握国家大权，位尊而权重，在大臣中没有第二个能和你相比。在这之后九年，您将会被饿死。"周亚夫笑着说："我的哥哥已经继承父亲的侯爵了，就算他死了，也应当是他的儿子接替，我周亚夫怎么谈得上封侯呢？既然我已像你说的那样富贵，又为何说会饿死呢？请你给指点。"许负指着周亚夫的嘴说：

“您脸上有纵纹入口，这是饿死的面相。”过了三年，他的哥哥绛侯周胜之犯罪，文帝从周勃的儿子中挑选贤能的人继承爵位，大家都推举亚夫，于是亚夫被封为条侯，接续绛侯的爵位。

文帝后元六年，匈奴大举入侵骚扰边境。于是文帝便任命宗正刘礼为将军，驻军灞上；任命祝兹侯徐厉为将军，驻军在棘门；任命河内郡守周亚夫为将军，驻军在细柳，防备匈奴。皇帝亲自前去慰劳军队。到了灞上和棘门的军营，一直奔驰进入，从将军到士兵都骑马迎送。后来到达细柳军营，军中官兵都披持铠甲，手执兵刃，张开弓弩，拉满弓弦。天子的前导来到军营中，不能进入。前导说：“天子就要到了！”军门都尉说：“我们将军有令‘在军中只能听从将军的命令，不听天子的诏令’。”没过多久，皇帝到了，也不能进入。于是皇帝便派使者手持符节通报将军：“我要进去慰劳军队。”亚夫这才命令打开军营大门。营门的守卫官对皇帝的车马随从说：“将军有规定，军营里不准驱马奔驰。”于是皇帝就拉紧缰绳慢慢行进。到了营中，将军周亚夫手拿武器拱手行礼说：“身穿盔甲的将士不能跪拜，请允许我以军礼参见皇上。”皇上被他感动了，马上变得面容庄重，靠在车的横木上向官兵致意。派人向周亚夫致谢说：“皇帝特来慰劳将军。”劳军的礼仪结束后离去。一出营门，群臣都露出惊怪的表情。文帝说：“啊，这才是真正的将军呀！之前在灞上和棘门军营看到的，简直像是儿戏，他们的将军这样就有可能受袭击被俘虏。至于亚夫，怎么可能有人去侵犯他呢！”称赞他很久。过了一个多月，三支军队都被撤除了。文帝便授予周亚夫中尉的官职。

文帝快去世的时候，告诫太子说：“如果发生危急情况，周亚夫是真正担当领兵重任的人物。”文帝去世后，景帝授予周亚夫车骑将军的称号。

景帝三年，吴、楚等七国联合叛乱。周亚夫由中尉升为太尉，带兵向东攻打吴、楚叛军。于是周亚夫亲自向皇帝请示说：“楚兵勇猛轻捷，很难与他们交战取胜。我希望先放弃梁国，让他们进攻，我们去断绝他们的粮道，这样才能制服他们。”景帝同意这个意见。

太尉周亚夫把所有军队都会合到荥阳之时，吴国叛军正在攻打梁国，梁国形势十分危急，请求援救。而太尉却率兵跑向东北直到昌邑，守在深沟高垒里不出来。梁国每天都派使者向太尉求救，太尉认为这样坚守才对自己有利，不肯派兵前去救援。梁国上书报告景帝，景帝随即派使者命令太尉救梁。太尉没有听从皇帝的诏令，仍然坚守营垒不出兵，而是派轻骑兵由弓高侯等人率领去断绝吴、楚叛军后方的粮道。吴国军队因此缺乏粮食，士兵饥饿，屡次挑战，可是汉军始终还是不出来应战。有一天夜里，汉军营中受惊，军内互相攻击扰乱，甚至闹到太尉的营帐之下。太尉却还是静卧不起。没过多久，就重新恢复了安定。后来吴军朝汉军军营东南角奔来，太尉让士兵们注意防备西北角。接着吴国精兵果然奔到了西北，但没能攻入。吴兵没有粮食，已经饿得不行了，于是就撤退离去。太尉派精兵前去追击，大败吴军。吴王濞抛弃了他的大军，与几千名精壮士卒一同逃跑，到江南丹徒自保。汉兵于是乘胜追击，俘虏了全部叛军，并使他们投降，又悬赏千金买吴王人头。过了一个多月，就有越人斩了吴王的头来报告。双方攻守历时只有三个月，吴、楚叛乱就被平定了。后来将领们终于意识到太尉的计谋是正确的。但正是因为这次平叛，梁孝王却和太尉结下怨仇。

周亚夫回到朝廷后，朝廷重新设置了太尉官，五年后周亚夫被提升为丞相，景帝非常器重他。后来，景帝废黜栗太子，丞相周亚夫极力劝谏，也未能劝阻。景帝从此就疏远了周亚夫。而梁孝王每次进京朝见，常常跟太后讲周亚夫的不足之处。

有一天，窦太后对景帝说："皇后的哥哥王信可以封侯了。"景帝推辞说："当初对于南皮侯（窦彭祖）、章武侯（窦广国），先帝都没有封他们为侯，到我即位之后才封他们。王信现在还不能封啊。"窦太后说："君主们都是各自依照当时的情况行事。我哥哥窦长君在世时，竟没有被封侯，死后他的儿子彭祖却反倒被封了侯，对于这件事我一直非常悔恨，皇上赶快封王信为侯吧！"景帝说："这件事还需要和丞相商议一下再决定。"于是景帝就和丞相商议，周亚夫说："当初高皇帝立下规矩'不是刘氏家族的人不能封王，不是立下大功的人不能封侯，谁要是不遵守这个规定，天下人共同攻击他'。如今王信虽然是皇后的哥哥，但并不曾立功，封他为侯是不合规矩的。"景帝听后默默无言，只好作罢。

后来匈奴王徐卢等五人一起投降汉朝。景帝想要封他们为侯以此鼓励后来的人。丞相周亚夫说："那几个人背叛他们的君主投降陛下，陛下如果封他们为侯，那还凭什么去责备不守节操的臣子呢？"景帝说："丞相的意见不能采用。"后来还是把徐卢等人全都封为列侯。周亚夫因而称病退居在家中。景帝中元三年，周亚夫因病被免去丞相职务。

没多久，景帝在宫中召见条侯，赏赐酒食。宴席上只放了一大块肉，没有切碎，也没有放筷子。条侯心中很是不满，扭头就叫宴席的主管官员拿筷子来。景帝看到后笑着说："这些不能满足您的需要吗？"条侯脱下帽子谢罪。皇帝起身，条侯趁机快步走了出去。景帝看着他出去后，说："这个遇事就不满意的人不能担任少主的大臣啊！"

不久，条侯的儿子从专门给皇家做用品的工官那里为父亲买了五百件殉葬用的盔甲和盾牌。搬运的雇工很辛苦，可是他却没给这些人工钱。雇工们知道他偷买天子用的器物，一怒就上告周亚夫的儿子要反叛，事情自然牵连到条侯。雇工的上书呈报给景帝以后，景帝将此事交给官吏查办。官吏按文书上内容一一责问条侯，条侯拒不回答。景帝责骂道："我不任用你了。"就又下令把周亚夫交到廷尉那里去。廷尉责问说："您是想造反吗？"周亚夫说："我所买的器物都是准备殉葬用的，怎么能说是要造反呢？"狱吏说："您就算不在地上造反，也是想要到地下去造反吧！"狱吏逼迫越来越紧。一开始，狱吏逮捕条侯的时候，条侯想自杀，夫人制止了他。因此没能死，后来就进了廷尉的监狱。周亚夫后来五天没有吃饭，吐血而死。他的封地被撤除。

周亚夫的爵位在这之后中断了一年，景帝后来改封绛侯周勃的另外一个儿子周坚为平曲侯，承续绛侯的爵位。周坚封侯十九年后去世，谥号为共侯。他的儿子建德继承侯爵。十三年后，周建德被任命为太子太傅。后来因为所献的助祭黄金品质不佳，于元鼎五年，被判有罪，废除封地。

条侯周亚夫果然是饿死的。在他去世以后，景帝就将王信封为盖侯。

太史公说：绛侯周勃还是平民的时候，只是个粗陋朴实的人，才能也超不过平庸之辈。后来随从高祖平定天下以后，就身居将相之位，吕氏家族想造反，周勃挽救国家危难，使朝廷恢复安定。就算是伊尹、周公这样的贤人，又怎么能超过他呢！周亚夫用兵，一直保持威严庄重，坚韧不拔，就算是司马穰苴这样的名将又怎么能超过他呢？可惜他容易知足却不虚心学习，能谨守节操却不知恭顺，最后以穷途困窘而告终，真是令人感到悲哀啊！

史记卷五十八

梁孝王世家第二十八

梁孝王武者，孝文皇帝子也，而与孝景帝同母。母，窦太后也。

孝文帝凡四男：长子曰太子，是为孝景帝；次子武；次子参；次子胜。孝文帝即位二年，以武为代王，以参为太原王，以胜为梁王。二岁，徙代王为淮阳王。以代尽与太原王，号曰代王。参立十七年，孝文后二年卒，谥为孝王。子登嗣立，是为代共王。立二十九年，元光二年卒。子义立，是为代王。十九年，汉广关，以常山为限，而徙代王王清河。清河王徙以元鼎三年也。

初，武为淮阳王十年，而梁王胜卒，谥为梁怀王。怀王最少子，爱幸异于他子。其明年，徙淮阳王武为梁王。梁王之初王梁，孝文帝之十二年也。梁王自初王通历已十一年矣。

梁王十四年，入朝。十七年，十八年，比年入朝，留，其明年，乃之国。二十一年，入朝。二十二年，孝文帝崩。二十四年，入朝。二十五年，复入朝。是时上未置太子也。上与梁王燕饮，尝从容言曰："千秋万岁后传于王。"王辞谢。虽知非至言，然心内喜。太后亦然。

其春，吴楚齐赵七国反。吴、楚先击梁棘壁，杀数万人。梁孝王城守睢阳，而使韩安国、张羽等为大将军，以距吴、楚。吴、楚以梁为限，不敢过而西，与太尉亚夫等相距三月。吴楚破，而梁所破杀虏略与汉中分。明年，汉立太子。其后梁最亲，有功，又为大国，居天下膏腴地。地北界泰山，西至高阳，四十馀城，皆多大县。

孝王，窦太后少子也，爱之，赏赐不可胜道。于是孝王筑东苑，方三百馀里。广睢阳城七十里。大治宫室，为复道，自宫连属于平台三十馀里。得赐天子旌旗，出从千乘万骑。东西驰猎，拟于天子。出言趩，入言警。招延四方豪桀，自山以东游说之士，莫不毕至，齐人羊胜、公孙诡、邹阳之属。公孙诡多奇邪计，初见王，赐千金，官至中尉，梁号之曰公孙将军。梁多作兵器弩弓矛数十万，而府库金钱且百巨万，珠玉宝器多于京师。

周亚夫像，出自清·顾沅辑《古圣贤像传略》。

二十九年十月，梁孝王入朝。景帝使使持节乘舆驷马，迎梁王于关下。既朝，上疏因留，以太后亲故。王入则侍景帝同辇，出则同车游猎，射禽兽上林中。梁之侍中、郎、谒者著籍引出入天子殿门，与汉（宦）官无异。

十一月，上废栗太子，窦太后心欲以孝王为后嗣。大臣及袁盎等有所关说于景帝，窦太后义格，亦遂不复言以梁王为嗣事由此。以事秘，世莫知。乃辞归国。

其夏四月，上立胶东王为太子。梁王怨袁盎及议臣，乃与羊胜、公孙诡之属阴使人刺杀袁盎及他议臣十馀人。逐其贼，未得也。于是天子意梁王。逐贼，果梁使之。乃遣使冠盖相望于道，覆按梁，捕公孙诡、羊胜。公孙诡、羊胜匿王后宫。使者责二千石急，梁相轩丘豹及内史韩安国进谏王，王乃令胜、诡皆自杀，出之。上由此怨望于梁王。梁王恐，乃使韩安国因长公主谢罪太后，然后得释。

上怒稍解，因上书请朝，既至关，茅兰说王，使乘布车，从两骑入，匿于长公主园。汉使使迎王，王已入关，车骑尽居外，不知王处。太后泣曰："帝杀吾子！"景帝忧恐。于是梁王伏斧质于阙下谢罪，然后太后、景帝大喜，相泣，复如故。悉召王从官入关。然景帝益疏王，不同车辇矣。

三十五年冬，复朝，上疏欲留，上弗许。归国，意忽忽不乐。北猎良山，有献牛，足出背上，孝王恶之。六月中，病热，六日卒，谥曰孝王。

孝王慈孝，每闻太后病，口不能食，居不安寝，常欲留长安侍太后。太后亦爱之。及闻梁王薨，窦太后哭极哀，不食，曰："帝果杀吾子！"景帝哀惧，不知所为。与长公主计之，乃分梁为五国，尽立孝王男五人为王，女五人皆食汤沐邑。于是奏之太后，太后乃说，为帝加壹餐。

梁孝王长子买为梁王，是为共王；子明为济川王；子彭离为济东王；子定为山阳王；子不识为济阴王。

孝王未死时，财以巨万计，不可胜数。及死，藏府馀黄金尚四十馀万斤，他财物称是。

梁共王三年，景帝崩。共王立七年卒，子襄立，是为平王。

梁平王襄十四年。母曰陈太后。共王母曰李太后。李太后，亲平王之大母也，而平王之后姓任，曰任王后。任王后甚有宠于平王襄。初，孝王在时，有罍樽，直千金。孝王诫后世，善保罍樽，无得以与人。任王后闻而欲得罍樽。平王大母李太后曰："先王有命，无得以罍樽与人。他物虽百巨万，犹自恣也。"任王后绝欲得之。平王襄直使人开府取罍樽，赐任王后。李太后大怒，汉使者来，欲自言，平王襄及任王后遮止，闭门，李太后与争门，措指，遂不得见汉使者。李太后亦私与食官长及郎中尹霸等士通乱，而王与任王后以此使人风止李太后，李太后内有淫行，亦已。后病薨。病时，任后未尝请病；薨，又不持丧。

元朔中，睢阳人类犴反者，人有辱其父，而与淮阳太守客出同车。太守客出下车，类犴反杀其仇于车上而去。淮阳太守怒，以让梁二千石。二千石以下求反甚急，执反亲戚。反知国阴事，乃上变事，具告知王与大母争樽状。时丞相以下见知之，欲以伤梁长吏，其书闻天子。天子下吏验问，有之。公卿请废襄为庶人。天子曰："李太后有淫行，而梁王襄无良师傅，故陷不义。"乃削梁八城，枭任王后首于市。梁馀尚有十城。襄立三十九年卒，谥为平王。子无伤立为梁王也。

济川王明者，梁孝王子，以桓邑侯孝景中六年为济川王。七岁，坐射杀其中尉，汉有司请诛，天子弗忍诛，废明为庶人，迁房陵，地入于汉为郡。

济东王彭离者，梁孝王子，以孝景中六年为济东王。二十九年，彭离骄悍，无人君礼，昏暮私与其奴、亡命少年数十人行剽杀人，取财物以为好。所杀发觉者百馀人，国皆知之，莫敢夜行。所杀者子上书言，汉有司请诛，上不忍，废以为庶人，迁上庸，地入于汉，为大河郡。

山阳哀王定者，梁孝王子，以孝景中六年为山阳王。九年卒，无子，国除，地入于汉，为山阳郡。

济阴哀王不识者，梁孝王子，以孝景中六年为济阴王。一岁卒，无子，国除，地入于汉，为济阴郡。

太史公曰：梁孝王虽以亲爱之故，王膏腴之地，然会汉家隆盛，百姓殷富，故能植其财货，广宫室，车服拟于天子。然亦僭矣。

褚先生曰：臣为郎时，闻之于宫殿中老郎吏好事者称道之也。窃以为令梁孝王怨望，欲为不善者，事从中生。今太后，女主也，以爱少子故，欲令梁王为太子。大臣不时正言其不可状，阿意治小，私说意以受赏赐，非忠臣也。齐如魏其侯窦婴之正言也，何以有后祸？景帝与王燕见，侍太后饮，景帝曰："千秋万岁之后传王。"太后喜说。窦婴在前，据地言曰："汉法之约，传子適孙，今帝何以得传弟，擅乱高帝约乎！"于是景帝默然无声。太后意不说。

故成王与小弱弟立树下，取一桐叶以与之，曰："吾用封汝。"周公闻之，进见曰："天王封弟，甚善。"成王曰："吾直与戏耳。"周公曰："人主无过举，不当有戏言，言之必行之。"于是乃封小弟以应县。是后成王没齿不敢有戏言，言必行之。《孝经》曰："非法不言，非道不行。"此圣人之法言也。今主上不宜出好言于梁王。梁王上有太后之重，骄蹇日久，数闻景帝好言，千秋万世之后传王，而实不行。

又诸侯王朝见天子，汉法凡当四见耳。始到，入小见；到正月朔旦，奉皮荐璧玉贺正月，法见；后三日，为王置酒，赐金钱财物；后二日，复入小见，辞去。凡留长安不过二十日。小见者，燕见于禁门内，饮于省中，非士人所得入也。今梁王西朝，因留，且半岁，人与人主同辇，出与同车，示风以大言而实不与，令出怨言，谋畔逆，乃随而忧之，不亦远乎！非大贤人，不知退让。今汉之仪法，朝见贺正月者，常一王与四侯俱朝见，十馀岁一至。今梁王常比年入朝见，久留。鄙语曰"骄子不孝"，非恶言也。故诸侯王当为置良师傅，相忠言之士，如汲黯、韩长孺等，敢直言极谏，安得有患害！

盖闻梁王西入朝，谒窦太后，燕见，与景帝俱侍坐于太后前，语言私说。太后谓帝曰："吾闻殷道亲亲，周道尊尊，其义一也。安车大驾，用梁孝王为寄。"景帝跪席举身曰："诺。"罢酒出，帝召袁盎诸大臣通经术者曰："太后言如是，何谓也？"皆对曰："太后意欲立梁王为帝太子。"帝问其状，袁盎等曰："殷道亲亲者，立弟，周道尊尊者，立子。殷道质，质者法天，亲其所亲，故立弟。周道文，文者法地，尊者敬也，敬其本始，故立长子。周道，太子死，立適孙。殷道，太子死，立其弟。"帝曰："于公何如？"皆对曰："方今汉家法周，周道不得立弟，当立子。故《春秋》所以非宋宣公。宋宣公死，不立子而与弟。弟受国死，复反之与兄之子。弟之子争之，以为我当代父后，即刺杀兄子。以故国乱，祸不绝。故《春秋》曰：'君子大居正，宋之祸宣公为之。'臣请见太后白之。"袁盎等入见太后："太后言欲立梁王，梁王即终，欲谁立？"太后曰："吾复立帝子。"袁盎等以宋宣公不立正，生祸，祸乱后五世不绝，小不忍害大义状报太后。太后乃解说，即使梁王归就国。而梁王闻其义出于袁盎诸大臣所，怨望，使人来杀袁盎。袁盎顾之曰："我所谓袁将军者也，公得毋误乎？"刺者曰："是矣！"刺之，置其剑。剑著身。视其剑，新治。问长安中削厉工，工曰："梁郎某子来治此剑。"以此知而发觉之，发使者捕逐之。独梁王所欲杀大臣十馀人，文吏穷本之，谋反端颇见。太后不食，日夜泣不止。景帝甚忧之，问公卿大臣，大臣以为遣经术吏往治之，乃可解。于是遣田叔、吕季主往治之。此二人皆通经术，知大礼。来还，至霸昌厩，取火悉烧梁之反辞，但空手来对景帝。景帝曰："何如？"对曰："言梁王不知也。造为之者，独其幸臣羊胜、公孙诡之属为之耳。谨以伏诛死，梁王无恙也。"景帝喜说，曰："急趋谒太后。"太后闻之，立起坐，餐，气平复。故曰，不通经术知古今之大礼，不可以为三公及左右近臣。少见之人，如从管中窥天也。

【译文】

梁孝王刘武是孝文帝的儿子，与孝景帝为同母所生。他的母亲是窦太后。

孝文帝共有四个儿子：长子为太子，即孝景帝；次子名武；三子名参；四子名胜。孝文帝登位第二年，把刘武封为代王，把刘参封为太原王，把刘胜封为梁王。过了两年，迁代王为淮阳王。把代国的封地全部划归太原王，号为代王。刘参在位十七年，于孝文帝后元二年去世，谥为孝王。孝王的儿子刘登继位，这就是代共王。代共王在位二十九年，于武帝元光二年去世。共王的儿子刘义继位，这就是代王。过了十九年，汉朝扩充关塞，以常山为界限，而迁代王为清河王。清河王改迁时在武帝元鼎三年。

刘武被封为淮阳王的第十年，梁王刘胜去世，谥为梁怀王。怀王是孝文帝最小的儿子，比其他的儿子更受宠爱。第二年，把淮阳王刘武迁为梁王。刘武初受封为梁王，是孝文帝十二年。梁王自起初受封为代王到改封为梁王，前后为王已有十一年了。

梁王十四年入朝。十七年，十八年，连年入朝，并留在京师，到第二年才回到自己的封国。二十一年又入朝。二十二年，孝文帝去世。二十四年入朝，二十五年又入朝。那时皇上尚未立太子。孝景帝与梁王宴饮，曾经在闲谈时说："千秋万岁之后，我要把大位传给梁王。"梁王谦虚地推辞，他明知这不是真心话，但心中暗喜。太后也同样高兴。

那年春天，吴、楚、齐、赵等七国联合反叛。吴、楚先攻击梁国的棘壁，杀死数万人。梁孝王据守睢阳城，任命韩安国、张羽等人为大将军，抵抗吴、楚的军队。吴、楚受阻于梁，不敢越过梁国向西进兵，和太尉周亚夫等人对峙了三个月。吴、楚破灭，计算功劳，梁国所斩杀俘获的吴、楚军队的数目和朝廷大概一样多。第二年，朝廷立太子。后来梁王因是皇上的亲兄弟，立有大功，又受封于大国，据有天下最肥沃的土地。其封地北以泰山为界，西达高阳，共有四十余城，其中多数是大县。

梁孝王是窦太后的小儿子，非常受宠爱，所得到的赏赐数不尽。当时梁孝王建造东苑，方圆三百多里，扩展睢阳城七十多里。大兴土木，建造宫殿，修筑空中通道，从宫殿连接到平台长达三十多里。有天子赏赐的旌旗，出入随从千乘万骑。到处驰马狩猎，排场之壮盛像天子一样。出入宫殿，清道禁绝行人，言“警”称“跸”。招揽四方豪杰，自崤山以东的游说之士没有不来到的，像齐人羊胜、公孙诡、邹阳等人。公孙诡多有奇特怪诞的歪计，初次拜见梁王，梁王赐他千金，官职做到中尉，梁国称他为“公孙将军”。梁国铸造了许多兵器，弓箭、戈矛之类就有数十万件，府库的金钱近万亿，珠玉、宝器等超过了京师。

二十九年十月，梁孝王入京晋见景帝。景帝派使者拿着符节，驾着皇帝乘坐的驷马车，到关前迎候梁王。朝见景帝后，递交奏折请求留在京师，因为太后很宠爱孝王的缘故。孝王入宫则陪侍景帝同乘步辇，外出则同车游猎，到上林苑去射鸟兽。梁国的侍中、郎官、谒者只须在名簿上登记姓名，便可以出入天子的殿门，和朝廷的宦官没有区别。

十一月皇上废黜栗太子，窦太后想让孝王作为继承人。大臣窦婴和袁盎等人劝阻景帝，窦太后的动议受阻，从此也就不再提让梁王作为继承人这件事。因为这件事很秘密，世人没有谁知道。梁王于是辞别朝廷回归封国。

次年四月，皇上立胶东王为太子。梁王就怨恨袁盎和参与议嗣的大臣，和羊胜、公孙诡等人谋划，暗中派人刺杀袁盎和其他参与议嗣的十多位大臣。朝廷想缉捕凶手，没有结果。于是天子怀疑梁王，等捕获到凶手，果然是梁王所主使杀人的。于是景帝派遣使者不断往来于梁国的路上，到梁国去反复按验，逮捕了公孙诡、羊胜。公孙诡、羊胜藏匿在梁王的后宫中。使者责问二千石官员很急，梁相轩丘豹和内史韩安国进谏梁王，梁王才命令羊胜、公孙诡都自杀，之后把他们交出来。皇上因此怨恨梁王。梁王恐惧，于是派韩安国通过长公主向太后认罪，然后才得到宽恕。

皇上的怒气逐渐消解之后，梁王便上书请求朝见。到达函谷关后，茅兰劝梁王乘坐布衣车子，只带两个骑兵入京，躲藏在长公主的园囿之中。朝廷派使者迎接梁王，而梁王已经入关，随从车马都在关外，不知梁王在哪里。太后哭泣道："皇上杀了我的儿子！"景帝为此忧恐。于是梁王背着刑具俯伏在宫廷门口，认罪自请处罚，太后、景帝非常高兴，相对哭泣，兄弟又如以前那样。然后把梁王随从官员悉数召入关。然而景帝渐渐疏远了梁王，不再和他同乘车了。

三十五年的冬天，梁王又入京朝见，递交奏折请求留住京师，皇上没有答应。梁王回到封国后，心神恍惚不乐。到北方的良山打猎，有人献上一头牛，牛足长在背上，孝王对它非常厌恶。六月中旬，得了暑症，过了六天就病死了，谥为孝王。

孝王很孝敬母亲，每次听说太后生病，都吃不下东西、睡不好觉，常想留在长安侍候太后。太后也疼爱他。得知梁王病故，窦太后悲痛欲绝，不进饮食，说："皇上果然杀了我的儿子！"景帝听到后忧惧，不知所措。和长公主商量，于是分梁国为五国，把孝王的五个儿子全封为王，五个女儿也都封给她们汤沐邑。把这些措施上奏给太后，太后才变得高兴起来，对景帝的这种处置表示赞赏吃了一顿饭。

梁孝王的大儿子刘买继承王位，被封为共王；次子刘明被封为济川王；三子刘彭离被封为济东王；四子刘定被封为山阳王；少子刘不识被封为济阴王。

梁孝王未死的时候，财产多得以亿万计算，无法计数。等到梁孝王死后，他的府库里剩余的黄金尚有四十多万斤，其他财物也相当于此。

梁共王三年，景帝去世了。共王在位七年而死，他的儿子刘襄继位，这就是平王。

梁平王刘襄十四年，梁平王的母亲是陈太后。共王的母亲是李太后。李太后，是平王的亲祖母。平王的王后姓任，叫任王后。任王后很受平王刘襄的宠爱。当初，孝王在世时，有一个罍樽，价值千金。孝王告诫后人，要好好地保管罍樽，不能送给别人。任王后听说了却想得到这个罍樽。平王祖母李太后说："先王有遗命，不得把罍樽送给别人。其他的东西即使价值亿万，任你自取。"任王后执意要得到这个罍樽。平王刘襄于是径直使人开启府库取来罍樽，赐给任王后。李太后大怒，这时朝廷的使者来到梁国，李太后要亲自向使者诉说这件事，平王刘襄和任王后拦阻，关上门，李太后和他们争门夺路，手指被门缝夹住，终于未能见到朝廷的使者。李太后私下和食官长以及郎中尹霸等人通奸，于是平王和任王后派人以此暗示劝阻李太后，李太后因为内有淫乱的行为，也就作罢了。后来李太后病故。她生病的时候，任王后未曾请医问病；去世以后，又不居丧守孝。

到了武帝元朔年间，睢阳有个人叫类犴反，有人侮辱了他的父亲，这个人和淮阳太守的门客一同乘车外出，太守门客下车离去，类犴反在车上杀死他的仇人便逃走了。淮阳太守特别生气，因此责备梁国二千石官员。二千石以下的官员立马开始紧急缉捕类犴反，后来逮捕了类犴反的亲属。类犴反知道梁国宫中的隐秘事，于是向朝廷上书报告，详细说出平王和祖母为罍樽而争执的往事。当时丞相以下的官员都已经知道了这件事，想借此打击梁国的高级官吏，就上奏书告诉了天子。天子派官吏调查审问，果然有这件事。公卿奏请皇上废平王刘襄为平民。皇上说："李太后有淫乱的行为，梁王刘襄又没有良好的师傅，所以才会陷于不义。"于是削减梁国八城封地，把任王后斩首于市。梁国的封地还剩下十城。刘襄在位三十九年后去世，谥号为平王。他的儿子刘无伤立为梁王。

济川王刘明是梁孝王的儿子，孝景帝中元六年由原来的桓邑侯晋封为济川王。七年后，由于射杀了中尉而犯罪，朝廷中的有关官员奏请皇上要求诛杀济川王，皇上不忍心杀他，就废刘明为平民，贬迁到房陵，收回他的封地，归属朝廷，设为郡县。

济东王刘彭离也是梁孝王的儿子，在孝景帝中元六年的时候被封为济东王。过了二十九年以后，刘彭离骄纵凶悍，没有人君的风范，夜里私下与他的奴仆、以及一些亡命少年一共几十人一起去打劫杀人，以抢劫别人的财物为乐。他所杀的人被发现的就有一百多，全国都知道，再也没有人敢夜间外出。被他杀的人的儿子上书告发。朝廷中有关官员奏请皇上要求诛杀他。皇上也不忍心，把他废为平民，贬迁到上庸，收回封地，归属朝廷，设为大河郡。

山阳哀王刘定是梁孝王的儿子，在孝景帝中元六年的时候被封为山阳王。在位九年以后去世，没有儿子，封国被废除，封地归属朝廷，设为山阳郡。

济阴哀王刘不识是梁孝王的儿子，在孝景帝中元六年的时候被封为济阴王。在位一年后去世，没有儿子，封国被废除，封地归属朝廷，设为济阴郡。

太史公说：梁孝王由于是天子的亲兄弟、太后爱子的缘故，受封于肥沃之地为王，又正赶上国运昌盛、百姓富足，所以能够大量敛财，扩建宫室，车马服饰和天子相似。然而，这样做也属于僭越行为了。

褚少孙先生曾经说：我做郎官的时候，从宫中喜好议论的老郎官那里听说过梁孝王的事迹。我私下里觉得促使梁孝王怨恨不满，准备图谋不轨，想做皇帝的原因，都是从宫廷内部惹出来的。当时的太后是国家的女主，因为疼爱小儿子，想让梁王做太子。朝中大臣不及时劝谏，而是一味地阿谀奉承，净管些无足轻重的小事情，私下讨好太后以求赏赐，这并不是忠臣啊！如果大臣们都能说出像魏其侯、窦婴说出的那些堂堂正正的话，怎么会有后来的祸患呢？景帝与梁孝王举行家宴，侍候太后饮酒，景帝对梁王说："在我去世之后，就把帝位传给你梁王。"太后因此很高兴。窦婴在宴席前，伏地劝谏说："汉朝的法律制度规定，帝位应该传给长子、长孙，现在皇上怎么能够传给弟弟，擅自违背高皇帝的规定呢！"当时景帝沉默不语。太后心里也很不高兴。

当初周成王和他年幼的弟弟站在树下，他拿起一片桐叶告诉弟弟说："我以此封你。"周公听见了，向前拜见道："天王分封弟弟，很好。"成王说："我只不过是开玩笑罢了。"周公说："作为君主没有无故的举动，不应该有开玩笑的话，一旦说了就一定要做到。"于是就把应县封给小弟。在这以后，成王终生不敢再有戏言，说的话就一定会做到。《孝经》上说："不合法度的话不说，不合道理的事不做。"这是圣人的明训啊。当初皇上就不应该用那种好听的话对梁王许愿。梁王因为有太后作为靠山，骄傲纵恣已经很久，多次听景帝许愿之言，要把帝位传给梁王，可是实际上却没有这样做。

另外，诸侯王拜见天子，根据汉朝的规矩，应当一共只见四次。刚到京城时，入宫晋见，称为"小见"；正月初一早晨，捧着皮垫摆上璧玉向皇帝道贺正月之喜，称为"法见"；再过三天，皇帝为侯王设下酒宴，赐给他们金银珠宝；再过两天，诸侯王再次入宫"小见"，然后辞别回国。一共留居长安不超过二十天。所谓"小见"，即在宫内不拘大礼相见，饮宴于王宫禁地，这不是一般士人所能进入的。现在梁王西入长安拜见皇上，趁此留居宫中将近半年。他入宫和皇上同辇而坐，出宫与皇上同车而乘。皇上说一些大话，而实际上又不能兑现，以致使梁王口出怨言，图谋叛逆，于是又跟着为他担忧，这不是背离事理太远了吗？不是大贤大德之人，不懂得谦恭礼让。按照汉朝的礼仪制度，朝见皇上庆贺正月，通常是一王和四个列侯一起朝见，十多年才进京一次。而今梁王却常连年入京朝见，并久留于京。俗语说："骄纵的孩子不懂得孝顺。"这话说得非常对啊。所以对诸侯王应当替他们设置好的太师太傅，让忠正敢言之士为相辅佐他，就如汲黯、韩长孺等人那样，敢于直言苦谏，这怎么会有祸患发生呢！

听说梁王西入京师朝见，进见窦太后，一家人相见，和景帝一起陪坐在太后面前，他们母子、兄弟之间高兴地说贴心话。太后对景帝说："听说殷商的制度亲其兄弟，周朝的制度尊其祖先，其道理是相同的。百年之后，我把梁孝王托付给你。"景帝跪在坐席上抬起身子说："是。"宴罢出宫，景帝召集袁盎等精通经术的大臣说："太后说了这样的话，是什么意思？"袁盎等人一齐回答说："太后的意思要立梁王为皇帝的太子。"景帝问其中的道理，袁盎等人回答说："殷商的传统亲近其兄弟，所以传位于其弟。周朝的传统尊崇其祖先，所以传位于其子。殷商的传统崇尚质朴，质朴就能效法上天，亲其亲人，所以传帝位于弟。周朝的传统崇尚华美，华美就效法大地，尊是敬的意思，敬其本原，所以传位于长子。周朝的制度是，太子死了，立嫡孙。殷朝的制度是，太子死了，立其弟。"景帝说："你们的看法怎样？"大家一致回答说："现在汉朝的制度是效法周朝，周朝的制度不能立兄弟，应当立儿子。正因为这样，所以《春秋》以此指责宋宣公。宋宣公死后，不立儿子而传位给弟弟。其弟继位为国君死后，又把君位归给他哥哥的儿子。其弟的儿子争夺君位，认为自己应当接替父亲身后之位，于是杀了宣公的儿子。因此国家大乱，祸患不断。所以《春秋》说：'君子尊崇遵循正道，宋国的祸乱是宣公造成的。'臣等请求谒见太后说明这个道理。"袁盎等人入宫谒见太后说："太后说要立梁王，那么，梁王死后要立谁为太子？"太后说："我再立皇帝的儿子。"袁盎等人向太后陈述了这样一些史实情况：宋宣公不立应当继位的嫡子而发生祸乱，祸乱延续了五代而不断绝，以及不克制小的私心便会遗害大义。太后听了才理解其中的道理，欣然接受，随即让梁王归回自己的封国。梁王听说这种意见出自袁盎等大臣，就怨恨起他们来，于是派人去杀袁盎。袁盎回头看到刺客，说："我就是所说的袁将军，你不会弄错人吧？"刺客说："正是你！"刺客杀了袁盎，丢弃了他的剑，剑插在袁盎的身上。仔细看那把剑，是刚刚磨过的。查问长安城中制作或磨砺刀剑的工匠，工匠说："梁国郎官某人曾来磨过这把剑。"以此得知线索，察觉阴谋，便派遣使者追捕凶手。光是梁王所要杀的大臣就有十多人，执法的官吏穷究其根源，梁王谋反的端倪已经十分明显地显露出来。太后为之食不下咽，日夜哭泣。景帝为此很担忧，想咨询公卿大臣们，大臣认为应派遣精通经术的官吏去处理，才可解除太后之忧虑。于是派遣田叔、吕季主去处理此案。这两人都精通经术，顾全大局。结案归来，走到霸昌厩，取火把梁王谋反的证辞全部烧掉，只空手来回奏景帝。景帝问："案子办得怎么样？"回奏说："梁王不知情。参与其事的人，只有他的宠臣羊胜、公孙诡等人罢了。臣等谨按律令诛杀了他们，梁王平安无恙。"景帝很高兴，说："赶快去谒见太后。"太后得知，立刻起来坐着吃饭，心情也变好了。所以说，不精通经术、不懂古今大礼的人，不可以委任为三公和左右近臣。孤陋寡闻之人，如同从竹管中窥天一样。

史记卷五十九

五宗世家第二十九

孝景皇帝子凡十三人为王，而母五人，同母者为宗亲。栗姬子曰荣、德、阏于。程姬子曰馀、非、端。贾夫人子曰彭祖、胜。唐姬子曰发。王夫人儿姁子曰越、寄、乘、舜。

河间献王德，以孝景帝前二年用皇子为河间王。好儒学，被服造次必于儒者。山东诸儒多从之游。

二十六年卒，子共王不害立。四年卒，子刚王基代立。十二年卒，子顷王授代立。

临江哀王阏于，以孝景帝前二年用皇子为临江王。三年卒，无后，国除为郡。

临江闵王荣，以孝景前四年为皇太子，四岁废，用故太子为临江王。四年，坐侵庙壖垣为宫，上征荣。荣行，祖于江陵北门。既已上车，轴折车废。江陵父老流涕窃言曰："吾王不反矣！"荣至，诣中尉府簿。中尉郅都责讯王，王恐，自杀。葬蓝田，燕数万衔土置冢上。百姓怜之。

荣最长，死无后，国除，地入于汉，为南郡。

右三国本王皆栗姬之子也。

鲁共王馀，以孝景前二年用皇子为淮阳王。二年，吴、楚反破后，以孝景前三年徙为鲁王。好治宫室苑囿狗马。季年好音，不喜辞辩。为人吃。二十六年卒，子光代为王。初好音舆马；晚节啬，惟恐不足于财。

江都易王非，以孝景前二年用皇子为汝南王。吴、楚反时，非年十五，有材力，上书愿击吴。景帝赐非将军印，击吴。吴已破，二岁，徙为江都王，治吴故国，以军功赐天子旌旗。元光五年，匈奴大入汉为贼，非上书愿击匈奴，上不许。非好气力，治宫观，招四方豪桀，骄奢甚。

立二十六年卒，子建立为王。七年自杀。淮南、衡山谋反时，建颇闻其谋。自以为国近淮南，恐一日发，为所并，即阴作兵器，而时佩其父所赐将军印，载天子旗以出。易王死未葬，建有所说易王宠美人淖姬，夜使人迎与奸服舍中。及淮南事发，治党与，颇及江都王建。建恐，因使人多持金钱，事绝其狱。而又信巫祝，使人祷祠妄言。建又尽与其姊弟奸。事既闻，汉公卿请捕治建。天子不忍，使大臣即讯王。王服所犯，遂自杀。国除，地入于汉，为广陵郡。

胶西于王端，以孝景前三年吴楚七国反破后，端用皇子为胶西王。端为人贼戾，又阴痿，一近妇人，病之数月。而有爱幸少年为郎。为郎者顷之与后宫乱，端禽灭之，及杀其子母。数犯上法，汉公卿数请诛端，天子为兄弟之故，不忍，而端所为滋甚。有司再请削其国，去太半。端心愠，遂为无訾省。府库坏漏，尽腐财物以巨万计，终不得收徙。令吏毋得收租赋。端皆去卫，封其宫门，从一门出游。数变名姓，为布衣，之他郡国。

相、二千石往者，奉汉法以治，端辄求其罪告之，无罪者诈药杀之。所以设诈究变，强足以距谏，智足以饰非。相、二千石从王治，则汉绳以法。故胶西小国，而所杀伤二千石甚众。

立四十七年，卒，竟无男代后，国除，地入于汉，为胶西郡。

右三国本王皆程姬之子也。

赵王彭祖，以孝景前二年用皇子为广川王。赵王遂反破后，彭祖王广川。四年，徙为赵王。十五年，孝景帝崩。彭祖为人巧佞卑谄，足恭而心刻深。好法律，持诡辩以中人。彭祖多内宠姬及子孙。相、二千石欲奉汉法以治，则害于王家。是以每相、二千石至，彭祖衣皂布衣，自行迎，除二千石舍，多设疑事以作动之，得二千石失言，中忌讳，辄书之。二千石欲治者，则以此迫劫；不听，乃上书告，及污以奸利事。彭祖立五十馀年，相、二千石无能满二岁，辄以罪去，大者死，小者刑，以故二千石莫敢治。而赵王擅权，使使即县为贾人榷会，入多于国经租税。以是赵王家多金钱，然所赐姬诸子，亦尽之矣。彭祖取故江都易王宠姬王建所盗与奸淖姬者为姬，甚爱之。

彭祖不好治宫室、机祥，好为吏事。上书愿督国中盗贼。常夜从走卒行徼邯郸中。诸使过客以彭祖险陂，莫敢留邯郸。

其太子丹与其女及同产姊奸。与其客江充有郤，充告丹，丹以故废。赵更立太子。

中山靖王胜，以孝景前三年用皇子为中山王。十四年，孝景帝崩。胜为人乐酒好内，有子枝属百二十馀人。常与兄赵王相非，曰："兄为王，专代吏治事。王者当日听音乐声色。"赵王亦非之，曰："中山王徒日淫，不佐天子拊循百姓，何以称为藩臣！”

立四十二年卒，子哀王昌立。一年卒，子昆侈代为中山王。

右二国本王皆贾夫人之子也。

长沙定王发，发之母唐姬，故程姬侍者。景帝召程姬，程姬有所辟，不愿进，而饰侍者唐儿使夜进。上醉不知，以为程姬而幸之，遂有身。已乃觉非程姬也。及生子，因命曰发。以孝景前二年用皇子为长沙王。以其母微，无宠，故王卑湿贫国。

立二十七年卒，子康王庸立。二十八年卒，子鲋鮈立为长沙王。

右一国本王唐姬之子也。

广川惠王越，以孝景中二年用皇子为广川王。

十二年卒，子齐立为王。齐有幸臣桑距。已而有罪，欲诛距，距亡，王因禽其宗族。距怨王，乃上书告王齐与同产奸。自是之后，王齐数上书告言汉公卿及幸臣所忠等。

胶东康王寄，以孝景中二年用皇子为胶东王。二十八年卒。淮南王谋反时，寄微闻其事，私作楼车镞矢战守备，候淮南之起。及吏治淮南之事，辞出之。寄于上最亲，意伤之，发病而死，不敢置后，于是上(问)〔闻〕寄有长子者名贤，母无宠；少子名庆，母爱幸，寄常欲立之，为不次，因有过，遂无言。上怜之，乃以贤为胶东王，奉康王嗣，而封庆于故衡山地，为六安王。

胶东王贤立十四年卒，谥为哀王。子(庆)〔建〕为王。

六安王庆，以元狩二年用胶东康王子为六安王。

清河哀王乘，以孝景中三年用皇子为清河王。十二年卒，无后，国除，地入于汉，为清河郡。

常山宪王舜，以孝景中五年用皇子为常山王。舜最亲，景帝少子，骄怠多淫，数犯禁，上常宽释之。立三十二年卒，太子勃代立为王。

初，宪王舜有所不爱姬生长男棁。棁以母无宠故，亦不得幸于王。王后修生太子勃。王内多，所幸姬生子平、子商，王后希得幸。及宪王病甚，诸幸姬常侍病，故王后亦以妒媢不常侍病，辄归舍。医进药，太子勃不自尝药，又不宿留侍病。及王薨，王后、太子乃至，宪王雅不以长子棁为人数，及薨，又不分与财物。郎或说太子、王后，令诸子与长子棁共分财物，太子、王后不听。太子代立，又不收恤棁。棁怨王后、太子。汉使者视宪王丧，棁自言宪王病时，王后、太子不侍，及薨，六日出舍，太子勃私奸，饮酒，博戏，击筑，与女子载驰，环城过市，入牢视囚。天子遣大行骞验王后及问王勃，请逮勃所与奸诸证左，王又匿之。吏求捕勃大急，使人致击笞掠，擅出汉所疑囚者。有司请诛宪王后修及王勃。上以修素无行，使税陷之罪，勃无良师傅，不忍诛。有司请废王后修，徙王勃以家属处房陵，上许之。

勃王数月，迁于房陵，国绝。月馀，天子为最亲，乃诏有司曰："常山宪王早夭，后妾不和，適孽诬争，陷于不义，以灭国，朕甚闵焉。其封宪王子平三万户，为真定王；封子商三万户，为泗水王。"

真定王平，元鼎四年用常山宪王子为真定王。

泗水思王商，以元鼎四年用常山宪王子为泗水王。十一年卒，子哀王安世立。十一年卒，无子。于是上怜泗水王绝，乃立安世弟贺为泗水王。

右四国本王皆王夫人儿姁子也。其后汉益封其支子为六安王、泗水王二国。凡儿姁子孙，于今为六王。

太史公曰：高祖时诸侯皆赋，得自除内史以下，汉独为置丞相，黄金印。诸侯自除御史、廷尉正、博士，拟于天子。自吴、楚反后，五宗王世，汉为置二千石，去"丞相"曰"相"，银印。诸侯独得食租税，夺之权。其后诸侯贫者或乘牛车也。

【译文】

孝景皇帝的儿子共有十三人受封为王，这十三人分别由五位母亲所生，同一母亲所生的为宗亲。栗姬所生的儿子是刘荣、刘德、刘阏于三人。程姬所生的儿子是刘余、刘非、刘端三人。贾夫人所生的儿子是刘彭祖、刘胜两人。唐姬所生的儿子是刘发一人。王夫人儿姁所生的儿子是刘越、刘寄、刘乘、刘舜四人。

河间献王刘德在孝景帝前元二年以皇子的身份被封为河间王。他喜好儒学，衣着服饰言行举止都依仿儒生。山东的众儒生多附于他。

他在位二十六年去世，其儿子恭王刘不害继位。刘不害在位四年去世，其儿子刚王刘基继位。刘基在位十二年去世，其儿子顷王刘授继位。

临江哀王刘阏于在孝景帝前元二年以皇子的身份被封为临江王。他在位三年去世，因为没有后代继承王位，封国废除，改为郡县。

临江闵王刘荣在孝景帝前元四年被立为皇太子，四年后被废黜，以原太子的身份被封为临江王。

他在位四年，因为侵占宗庙墙外的空地，把其扩建为宫殿而获罪，天子征召他。刘荣应召出发，在江陵北门祭祀行路之神。上车之后，轴断车废。江陵父老认为这是不祥之兆，哭泣着私语道："我们的君王恐怕回不来了！"刘荣到了京城，前往中尉府接受审讯。中尉郅都责问他，他很害怕，然后自杀而死。埋葬在蓝田。几万只燕子衔土放在他的坟墓上，百姓都特别哀怜他。

刘荣在景帝诸子中年龄最大，死后没有儿子继承王位，封国废除，封地并入朝廷，设为南郡。

以上所述三国的第一代国王都是栗姬的儿子。

鲁恭王刘余在孝景帝前元二年以皇子的身份受封为淮阳王。第二年，吴、楚七国反叛被击败后，在孝景帝前元三年改封为鲁王。他喜欢建造宫殿、圈地畜养禽兽和狗马。晚年喜好音乐，不善辩说，说话口吃。

他在位二十六年去世，其儿子刘光继位为王。刘光最初也喜欢音乐和车马，晚年变得吝啬，唯恐钱财不够用。

江都易王刘非在孝景帝前元二年以皇子的身份受封为汝南王。吴、楚七国反叛时，刘非当时十五岁有勇有谋，上书天子，自愿领兵攻打吴国。景帝赐给他将军印，令其攻打吴国，吴国被击败后，第二年，改封为江都王，治理吴国原有的封地，因为有军功受赐天子的旌旗。孝武帝元光五年，匈奴大举入侵汉境，刘非又上书愿攻打匈奴，天子没有答应他。刘非喜好使弄气力，建造宫殿，招纳各地豪杰侠士，十分高傲。

他在位二十六年后去世，其儿子刘建继位为王。刘建在位七年自杀而死。在淮南、衡山两国谋反时，刘建略知他们的计谋。他认为自己的封国靠近淮南，恐怕一旦事发，被淮南王并吞，于是暗中偷偷制造兵器，并且经常佩带着天子赐给他父亲的将军印，载着天子的旌旗出外巡游。易王去世，尚未埋葬，刘建看上易王宠爱的美人淖姬，夜里派人把淖姬接来，跟她在守丧的房舍中发生奸情。等到淮南王反叛事败露，朝廷惩治同党、涉嫌者，颇牵连到江都王刘建。于是刘建恐慌，派人多持金钱，想办法平息这件讼案。他又相信巫祝，派人祭祀祷告，编造虚妄不经的话。刘建还跟他的姊妹都有奸情。这些事被朝廷得知后，汉朝的公卿大臣请求逮捕刘建治罪。天子不忍心，派大臣去审讯他。他招认了所有犯罪，畏罪自杀。于是封国废除，封地并入朝廷，设为广陵郡。

胶西王刘端在孝景帝前元三年吴、楚六国反叛被击败后，以皇子的身份受封为胶西王。刘端为人残暴凶狠，又患阳痿病，一接触女人，就要病几个月。他宠爱一个年轻人，任其为郎官。不久这个年轻郎官与后宫有淫乱行为，刘端捕杀了他，并且杀死他儿子和母亲。刘端屡次触犯天子法令，汉朝的公卿大臣多次请求诛杀他，天子因为他是兄弟的缘故不忍心这样做，因而刘端的行为更加过分。有关官员再次请求削夺他的国土，于是皇上削夺了他的大半封地。于是刘端心里怀恨，对封国内的钱财不再计算管理。府库全都倒塌破漏，腐坏的财物以亿万计算，最终也不加以收拾整理。他又命令官吏不准收取租赋。刘端又全部撤除警卫人员，封闭宫门，只留下一门，从那里出宫游荡。屡次改换姓名，假扮为平民，到其他的郡国去。

凡前往胶西任相国、二千石级的官员，如果奉行汉朝法律治理政事，刘端总是找出他们的罪过报告朝廷；如果找不到罪过，就设诡计用药毒死他们。他设的诡计变化多样，他的强横足以拒绝他人的劝谏，他的智巧足以掩饰自己的过错。相国、二千石级官员如果遵从王法治理政事，就中其陷害，被朝廷以法治罪。因此，胶西虽是小国，而被杀受伤害的二千石级官员却特别多。

刘端在位四十七年去世，终于因没有儿子继承王位，封国废除，封地并入朝廷，设为胶西郡。

以上所讲三国的第一代国王都是程姬的儿子。

赵王刘彭祖在孝景帝前元二年的时候，以皇子的身份被封为广川王。赵王反叛被击败后，彭祖依然为广川王。在位第四年，改封为赵王。在位第十五年时，孝景帝去世。彭祖为人巧诈奸佞，卑下奉承，表面上谦卑恭敬讨好别人，内心却特别刻薄阴毒。喜欢研究法律，用诡辩来中伤人。彭祖有很多宠幸的姬妾和子孙。相国、二千石级的官员如果要想奉行汉朝法律处理政事，就会妨害到王家利益。因此每当相国、二千石级官员到任，刘彭祖便穿着黑布衣扮成奴仆，亲自出去迎接，清扫二千石级官员下榻的住所，多设惑乱之事来迷惑对方，一旦这些官员言语失当，触犯朝廷禁忌，他就记下来。如果这些官员想奉法治事，他就以此相威胁；如果对方不顺从，就上书告发，并以作奸犯法图谋私利之事诬陷他们。刘彭祖在位五十多年期间，相国、二千石级官员没有能任满两年的，经常因为获罪而被罢黜，罪过大的被处死，罪过小的受刑罚，所以二千石级官员没有谁敢再奉法治事。赵王也就因此独揽大权，派使者到属县做买卖，收入比王国正常的租税还多。因此赵王家多有金钱，然而这些金钱也都因为赏赐给姬妾诸子而耗光了。刘彭祖娶以前江都易王的宠姬，也就是后来为刘建所夺取而相奸淫的那位淖姬为姬妾，并且非常宠爱她。

刘彭祖不喜欢营建宫室、不迷信鬼神，而是喜欢做吏人做的事。他上书天子，愿督察王国内的盗贼。经常夜里带兵在邯郸城内巡察。所有的往来使者以及过路旅客都因为刘彭祖险诈邪恶，不敢留宿在邯郸城内。

赵王彭祖的太子刘丹和他的女儿及同胞姐姐通奸。刘丹跟他的门客江充结下怨仇，江充告发刘丹，刘丹因此被废黜。赵国改立太子。

中山靖王刘胜在孝景帝前元三年的时候，以皇子的身份受封为中山王。在位第十四年的时候，孝景帝去世。刘胜这个人喜欢饮酒，爱好女色，他的子孙有一百二十多人。经常和他的哥哥赵王相互指责说："哥哥为王，专门替下级官吏治理政事。为王的人就应当每日听音乐享受歌舞女色。"赵王也指责他，说："中山王只是每天淫乐，不帮助天子抚慰百姓，怎么能称为藩臣！"

刘胜一共在位四十二年，去世以后，由其儿子哀王刘昌继位。刘昌在位一年后去世，由其儿子刘昆侈继位为中山王。

上面所讲到的两国的第一代国王都是贾夫人的儿子。

长沙定王刘发，母亲是唐姬，以前原本是程姬的侍女。景帝召幸程姬的时候，恰好程姬有月事，不便进侍，就把她的侍女唐儿加以装扮，派她夜晚进侍皇上。皇上醉酒不知内情，以为是程姬，就和她同床了，后来就有了身孕。事后皇上才知道并不是程姬。等生下儿子，就取名为刘发。刘发在孝景帝前元二年的时候，以皇子的身份受封为长沙王。由于他的母亲身份卑贱，不得天子宠爱，所以被封在低湿贫困之国为王。

刘发在位二十七之后去世，他的儿子康王刘庸继位。刘庸在位二十八年去世，他的儿子刘鲋鮈继位为长沙王。

上面所提到的这个国的第一代国王是唐姬的儿子。

广川惠王刘越，在孝景帝中元二年的时候，以皇子的身份受封为广川王。

刘越在位十二年之后去世，他的儿子刘齐继位为王。刘齐有一个宠幸的臣子名叫桑距。后来桑距犯了罪，刘齐想诛杀桑距，桑距逃跑了，刘齐于是抓捕了他的宗族。桑距因此怨恨刘齐，就上书告发刘齐与他的同胞姊妹有奸情的罪行。此后，刘齐为求自保，屡次上书告发汉朝公卿以及宠幸之臣所忠等人。

胶东康王刘寄在孝景帝中元二年的时候，以皇子的身份受封为胶东王。在位二十八年之后去世。在淮南王谋反之时，刘寄暗中听说这件事，就私下制造楼车弓箭，做好了战、守的准备，等候淮南王起事。等到后来官吏在审问淮南王谋反之事的时候，在供辞中暴露了这件事情。刘寄与皇上关系十分亲密，心中为参与谋反而感到内疚伤心，病情发作而死，也没敢立传后之人，皇上听说了这件事。刘寄的长子名为贤，他的母亲不受宠爱；小儿子名为庆，很受母亲宠爱，刘寄曾经想立刘庆为传后之人，因为这样不合传承的次第，又因为自己有罪过，始终不敢上言告诉皇上。天子哀怜他，就封刘贤为胶东王，做康王的继承人，把刘庆封在过去衡山王的封地，称为六安王。

胶东王刘贤在位十四年后去世，谥号为哀王。其儿子刘庆继位为王。

六安王刘庆在元狩二年的时候，以胶东康王儿子的身份被封为六安王。

清河哀王刘乘在孝景帝中元三年的时候，以皇子的身份被封为清河王。在位十二年之后去世，没有儿子，封国被废除，封地归属朝廷，设为清河郡。

常山宪王刘舜在孝景帝中元五年的时候，以皇子的身份被封为常山王。刘舜是景帝最宠爱的小儿子，骄纵怠惰，多有淫乱之事，多次触犯法禁，天子常常宽恕赦免他。他在位三十二年后去世，太子刘勃继位为王。

原先宪王刘舜有一个不被宠爱的姬妾生下长子刘棁。刘棁因为生母不被宠爱，也不得宪王的喜欢。王后修生下太子刘勃。宪王姬妾很多，他所宠幸的姬妾为他生下的儿子有刘平、刘商，王后很少得幸。等到宪王病重的时候，那些被宠幸的姬妾常去侍候，王后因为嫉妒，不常去问病侍疾，总待在自己的屋子里。医生呈进医药，太子刘勃也不亲自尝药，同时也不留宿王室侍疾。等到宪王去世之时，王后、太子才过来。宪王一直都不把刘棁当儿子看待，宪王去世以后，也没有分给他财物。郎官中有人劝谏太子、王后，让诸子和长子刘棁共同分财物，太子、王后不肯答应。太子继位之后，又不肯收纳抚恤刘棁。刘棁因此怨恨王后、太子。汉朝使者来料理宪王丧事之时，刘棁亲自告发宪王生病时，王后、太子不在床前侍候，等到宪王去世以后，才刚刚过了六天就离开服丧的屋子，以及太子刘勃私下奸淫、饮酒取乐、赌博为戏、击筑作乐，与女子乘车奔驰、穿城过市、进入监狱探看囚犯的种种罪恶行径。天子派大行张骞验证王后的行为并审讯刘勃，张骞请求逮捕所有与刘勃相奸淫的人作为佐证，刘勃又想方设法把他们藏起来。官吏大举搜捕，刘勃十分着急，派人拷打吏人，擅自释放了朝廷认为可疑曾经囚禁起来的人。官员请求诛杀宪王王后修和刘勃。天子认为修一向品行就不好，才导致刘棁告发她有罪，刘勃是因为没有好的师傅辅佐，不忍心诛杀。官员又请求废黜王后修，放逐刘勃，让他的家属和他一起迁居房陵，皇上答应了。

刘勃称王仅仅几个月，之后就被贬迁到房陵，封国绝灭。一个多月后，皇上顾念到他曾经是宪王最宠爱的小儿子，就下诏给官员说："常山宪王去世早，王后与姬妾不和，嫡子和庶子之间互相捏造罪名，互相争斗，因此而陷于不义，封国绝灭，我很哀怜他。封宪王儿子刘平三万户，为真定王；封宪王儿子刘商三万户，为泗水王。"

真定王刘平在元鼎四年的时候，以常山宪王儿子的身份被封为真定王。

泗水思王刘商，在元鼎四年的时候，以常山宪王儿子的身份被封为泗水王。在位十一年后去世，他的儿子哀王刘安世继位。哀王在位十一年去世，他没有儿子。天子怜悯泗水王绝后，就立刘安世的弟弟刘贺为泗水王。

上面所说四国的第一代国王都是王夫人儿姁的儿子。后来汉朝又增封其同族子孙为六安王、泗水王两国。总计儿姁的子孙，到现在一共有六个被封王的。

太史公说：汉高祖在位之时，诸侯的一切赋税都归诸侯王所有，可以自行任命内史以下的官员，朝廷只为他们派遣丞相，授予金印。诸侯王自行任命御史、廷尉正、博士等官员，跟天子相类似。自从吴、楚等国反叛以后，在五宗为王的时代，朝廷为他们派遣二千石级的官员，撤除"丞相"，改为"相"，授予银印。后来有的诸侯王就贫穷了，只能乘坐牛车了。

史记卷六十

三王世家第三十

“大司马臣去病昧死再拜上疏皇帝陛下：陛下过听，使臣去病待罪行间。宜专边塞之思虑，暴骸中野无以报，乃敢惟他议以干用事者，诚见陛下忧劳天下，哀怜百姓以自忘，亏膳贬乐，损郎员。皇子赖天，能胜衣趋拜，至今无号位师傅官。陛下恭让不恤，群臣私望，不敢越职而言。臣窃不胜犬马心，昧死愿陛下诏有司，因盛夏吉时定皇子位。唯陛下幸察。臣去病昧死再拜以闻皇帝陛下。”三月乙亥，御史臣光守尚书令奏未央宫。制曰：“下御史。”

六年三月戊申朔，乙亥，御史臣光、守尚书令，丞非，下御史书到，言：“丞相臣青翟、御史大夫臣汤、太常臣充、大行令臣息、太子少傅臣安行宗正事昧死上言：大司马去病上疏曰：‘陛下过听，使臣去病待罪行间。宜专边塞之思虑，暴骸中野无以报，乃敢惟他议以干用事者，诚见陛下忧劳天下，哀怜百姓以自忘，亏膳贬乐，损郎员。皇子赖天，能胜衣趋拜，至今无号位师傅官。陛下恭让不恤，群臣私望，不敢越职而言。臣窃不胜犬马心，昧死愿陛下诏有司，因盛夏吉时定皇子位。唯愿陛下幸察。’制曰‘下御史’。臣谨与中二千石、二千石臣贺等议：古者裂地立国，并建诸侯以承天子，所以尊宗庙重社稷也。今臣去病上疏，不忘其职，因以宣恩，乃道天子卑让自贬以劳天下，虑皇子未有号位。臣青翟、臣汤等宜奉义遵职，愚憧而不逮事。方今盛夏吉时，臣青翟、臣汤等昧死请立皇子臣闳、臣旦、臣胥为诸侯王。昧死请所立国名。”

制曰：“盖闻周封八百，姬姓并列，或子、男、附庸。《礼》‘支子不祭’。云并建诸侯所以重社稷，朕无闻焉。且天非为君生民也。朕之不德，海内未洽，乃以未教成者强君连城，即股肱何劝？其更议以列侯家之。”

三月丙子，奏未央宫。“丞相臣青翟、御史大夫臣汤昧死言：臣谨与列侯臣婴齐、中二千石二千石臣贺、谏大夫博士臣安等议曰：伏闻周封八百，姬姓并列，奉承天子。康叔以祖考显，而伯禽以周公立，咸为建国诸侯，以相傅为辅。百官奉宪，各遵其职，而国统备矣。窃以为并建诸侯所以重社稷者，四海诸侯各以其职奉贡祭。支子不得奉祭宗祖，礼也。封建使守藩国，帝王所以扶德施化。陛下奉承天统，明开圣绪，尊贤显功，兴灭继绝。续萧文终之后于酂，褒厉群臣平津侯等。昭六亲之序，明天施之属，使诸侯王封君得推私恩分子弟户邑，锡号尊建百有馀国。而家皇子为列侯，则尊卑相逾，列位失序，不可以垂统于万世。臣请立臣闳、臣旦、臣胥为诸侯王。"三月丙子，奏未央宫。

制曰："康叔亲属有十而独尊者，褒有德也。周公祭天命郊，故鲁有白牡、骍刚之牲。群公不毛，贤不肖差也。'高山仰之，景行向之'，朕甚慕焉。所以抑未成，家以列侯可。"

四月戊寅，奏未央宫。"丞相臣青翟、御史大夫臣汤昧死言：臣青翟等与列侯、吏二千石、谏大夫、博士臣庆等议：昧死奏请立皇子为诸侯王。制曰：'康叔亲属有十而独尊者，褒有德也。周公祭天命郊，故鲁有白牡、骍刚之牲。群公不毛，贤不肖差也。"高山仰之，景行向之"，朕甚慕焉。所以抑未成，家以列侯可。'臣青翟、臣汤、博士臣将行等伏闻康叔亲属有十，武王继体，周公辅成王，其八人皆以祖考之尊建为大国。康叔之年幼，周公在三公之位，而伯禽据国于鲁，盖爵命之时，未至成人。康叔后扞禄父之难，伯禽殄淮夷之乱。昔五帝异制，周爵五等，春秋三等，皆因时而序尊卑。高皇帝拨乱世反诸正，昭至德，定海内，封建诸侯，爵位二等。皇子或在襁褓而立为诸侯王，奉承天子，为万世法则，不可易。陛下躬亲仁义，体行圣德，表里文武。显慈孝之行，广贤能之路。内褒有德，外讨强暴。极临北海，西（凑）〔溱〕月氏，匈奴、西域，举国奉师。舆械之费，不赋于民。虚御府之藏以赏元戎，开禁仓以赈贫穷，减戍卒之半。百蛮之君，靡不乡风，承流称意。远方殊俗，重译而朝，泽及方外。故珍兽至，嘉谷兴，天应甚彰。今诸侯支子封至诸侯王，〔而家皇子为列侯。〕臣青翟、臣汤等窃伏孰计之，皆以为尊卑失序，使天下失望，不可。臣请立臣闳、臣旦、臣胥为诸侯王。"四月癸未，奏未央宫。留中不下。

"丞相臣青翟、太仆臣贺、行御史大夫事太常臣充、太子少傅臣安行宗正事昧死言：臣青翟等前奏大司马臣去病上疏言，皇子未有号位，臣谨与御史大夫臣汤、中二千石、二千石、谏大夫、博士臣庆等昧死请立皇子臣闳等为诸侯王。陛下让文武，躬自切，及皇子未教。群臣之议，儒者称其术，或诗其心。陛下固辞弗许，家皇子为列侯。臣青翟等窃与

汉武帝宠姬李夫人像。李夫人生皇子刘旦、齐胥，二人分别被封为燕王和广陵王。

列侯臣寿成等二十七人议，皆曰以为尊卑失序。高皇帝建天下，为汉太祖，王子孙，广支辅。先帝法则弗改，所以宣至尊也。臣请令史官择吉日，具礼仪上，御史奏舆地图，他皆如前故事。”制曰：“可。”

四月丙申，奏未央宫。“太仆臣贺行御史大夫事昧死言：太常臣充言卜入四月二十八日乙巳，可立诸侯王。臣昧死奏舆地图，请所立国名。礼仪别奏。臣昧死请。”

制曰：“立皇子闳为齐王，旦为燕王，胥为广陵王。”

四月丁酉，奏未央宫。六年四月戊寅朔，癸卯，御史大夫汤下丞相，丞相下中二千石，二千石下郡太守、诸侯相，丞书从事下当用者。如律令。

“维六年四月乙巳，皇帝使御史大夫汤庙立子闳为齐王。曰：於戏，小子闳，受兹青社！朕承祖考，维稽古建尔国家，封于东土，世为汉藩辅。於戏念哉！恭朕之诏，惟命不于常。人之好德，克明显光。义之不图，俾君子怠。悉尔心，允执其中，天禄永终。厥有愆不臧，乃凶于而国，害于尔躬。於戏，保国艾民，可不敬与！王其戒之。”右齐王策。

“维六年四月乙巳，皇帝使御史大夫汤庙立子旦为燕王。曰：於戏，小子旦，受兹玄社！朕承祖考，维稽古建尔国家，封于北土，世为汉藩辅。於戏！荤粥氏虐老兽心，侵犯寇盗，加以奸巧边萌。於戏！朕命将率，徂征厥罪，万夫长，千夫长，三十有二君皆来，降旗奔师。荤粥徙域，北州以绥。悉尔心，毋作怨，毋俷巴德，毋乃废备。非教士不得从征。於戏，保国艾民，可不敬与！王其戒之。”右燕王策。

“维六年四月乙巳，皇帝使御史大夫汤庙立子胥为广陵王。曰：於戏，小子胥，受兹赤社！朕承祖考，维稽古建尔国家，封于南土，世为汉藩辅。古人有言曰；‘大江之南，五湖之间，其人轻心。杨州保疆，三代要服，不及以政。’於戏！悉尔心，战战兢兢，乃惠乃顺，毋侗好佚，毋迩宵人，维法维则。《书》云：‘臣不作威，不作福，靡有后羞。’於戏，保国艾民，可不敬与！王其戒之。”右广陵王策。

太史公曰：古人有言曰“爱之欲其富，亲之欲其贵”。故王者疆土建国，封立子弟，所以褒亲亲，序骨肉，尊先祖，贵支体，广同姓于天下也。是以形势强而王室安。自古至今，所由来久矣。非有异也，故弗论箸也。燕齐之事，无足采者。然封立三王，天子恭让，群臣守义，文辞灿然，甚可观也，是以附之世家。

褚先生曰：臣幸得以文学为侍郎，好览观太史公之列传。传中称

《三王世家》文辞可观，求其世家，终不能得。窃从长老好故事者取其封策书，编列其事而传之，令后世得观贤主之指意。

盖闻孝武帝之时，同日而俱拜三子为王：封一子于齐，一子于广陵，一子于燕。各因子才力智能，及土地之刚柔，人民之轻重，为作策以申戒之。谓王："世为汉藩辅，保国治民，可不敬与！王其戒之。"夫贤主所作，固非浅闻者所能知，非博闻强记君子者所不能究竟其意。至其次序分绝，文字之上下，简之参差长短，皆有意，人莫之能知。谨论次其真草诏书，编于左方，令览者自通其意而解说之。

王夫人者，赵人也，与卫夫人并幸武帝，而生子闳。闳且立为王时，其母病，武帝自临问之，曰："子当为王，欲安所置之？"王夫人曰："陛下在，妾又何等可言者。"帝曰："虽然，意所欲，欲于何所王之？"王夫人曰："愿置之洛阳。"武帝曰："洛阳有武库敖仓，天下冲阨，汉国之大都也。先帝以来，无子王于洛阳者。去洛阳，馀尽可。"王夫人不应。武帝曰："关东之国无大于齐者。齐东负海而城郭大，古时独临菑中十万户，天下膏腴地莫盛于齐者矣。"王夫人以手击头，谢曰："幸甚。"王夫人死而帝痛之，使使者拜之曰："皇帝谨使使太中大夫明奉璧一，赐夫人为齐王太后。"子闳王齐，年少，无有子，立，不幸早死，国绝，为郡。天下称齐不宜王云。

所谓"受此土"者，诸侯王始封者，必受土于天子之社，归立之以为国社，以岁时祠之。《春秋大传》曰："天子之国有泰社。东方青，南方赤，西方白，北方黑，上方黄。"故将封于东方者取青土，封于南方者取赤土，封于西方者取白土，封于北方者取黑土，封于上方者取黄土。各取其色物，裹以白茅，封以为社。此始受封于天子者也。此之为主土。主土者，立社而奉之也。"朕承祖考'，祖者先也，考者父也。"维稽古"，维者度也，念也，稽者当也，当顺古之道也。

齐地多变诈，不习于礼义，故戒之曰"恭朕之诏，唯命不可为常。人之好德，能明显光。不图于义，使君子怠慢。悉若心，信执其中，天禄长终。有过不善，乃凶于而国，而害于若身"。齐王之国，左右维持以礼义，不幸中年早夭。然全身无过，如其策意。

传曰"青采出于蓝，而质青于蓝"者，教使然也。远哉贤主，昭然独见：诫齐王以慎内；诫燕王以无作怨，无俷德；诫广陵王以慎外，无作威与福。

夫广陵在吴越之地，其民精而轻，故诫之曰“江湖之间，其人轻心。杨州葆疆，三代之时，迫要使从中国俗服，不大及以政教，以意御之而已。无侗好佚，无迩宵人，维法是则。无长好佚乐驰骋弋猎淫康而近小人。常念法度，则无羞辱矣”。三江、五湖有鱼盐之利，铜山之富，天下所仰。故诫之曰“臣不作福”者，勿使行财币，厚赏赐，以立声誉，为四方所归也。又曰“臣不作威”者，勿使因轻以倍义也。

会孝武帝崩，孝昭帝初立，先朝广陵王胥，厚赏赐金钱财币，直三千馀万，益地百里，邑万户。

会昭帝崩，宣帝初立，缘恩行义，以本始元年中，裂汉地，尽以封广陵王胥四子：一子为朝阳侯；一子为平曲侯；一子为南利侯；最爱少子弘，立以为高密王。

其后胥果作威福，通楚王使者。楚王宣言曰：“我先元王，高帝少弟也，封三十二城。今地邑益少，我欲与广陵王共发兵，（云）〔立〕广陵王为上，我复王楚三十二城，如元王时。”事发觉，公卿有司请行罚诛。天子以骨肉之故，不忍致法于胥，下诏书无治广陵王，独诛首恶楚王。传曰“蓬生麻中，不扶自直；白沙在泥中，与之皆黑”者，土地教化使之然也。其后胥复祝诅谋反，自杀，国除。

燕土墝埆，北迫匈奴，其人民勇而少虑，故诫之曰“荤粥氏无有孝行而禽兽心，以窃盗侵犯边民。朕诏将军往征其罪，万夫长，千夫长，三十有二君皆来，降旗奔师。荤粥徙域远处，北州以安矣”。“悉若心，无作怨”者，勿使从俗以怨望也。“无俷巴德”者，勿使（上）〔王〕背德也。“无废备”者，无乏武备，常备匈奴也。“非教士不得从征”者，言非习礼义不得在于侧也。

会武帝年老长，而太子不幸薨，未有所立，而旦使来上书，请身入宿卫于长安。孝武见其书，击地，怒曰：“生子当置之齐、鲁礼义之乡，乃置之燕、赵，果有争心，不让之端见矣。”于是使使即斩其使者于阙下。

会武帝崩，昭帝初立，旦果作怨而望大臣。自以长子当立，与齐王子刘泽等谋为叛逆，出言曰：“我安得弟在者！今立者乃大将军子也。”欲发兵。事发觉，当诛。昭帝缘恩宽忍，抑案不扬，公卿使大臣请，遣宗正与太中大夫公户满意、御史二人，偕往使燕，风喻之。到燕，各异日更见责王。宗正者，主宗室诸刘属籍，先见王，为列陈道昭帝实武帝子状。侍御史乃复见王，责之以正法，问：“王欲发兵罪名明白，当坐之。汉家有正法，王犯纤介小罪过，即行法直断耳，安能宽王。”惊动以文法。王意益下，心恐。公户满意习于经术，最后见王，称引古今通义，国家大礼，文章尔雅。谓王曰：“古者天子必内有异姓大夫，所以正骨肉也；外有同姓大夫，所以正异族也。周公辅成王，诛其两弟，故治。武帝在时，尚能宽王。今昭帝始立，年幼，富于春秋，未临政，委任大臣。古者诛罚不阿亲戚，故天下治。方今大臣辅政，奉法直行，无敢所阿，恐不能宽王。王可自谨，无自令身死国灭，为天下笑。”于是燕王旦乃恐惧服罪，叩头谢过。大臣欲和合骨肉，难伤之以法。

其后旦复与左将军上官桀等谋反，宣言曰“我次太子，太子不在，我当立，大臣共抑我”云云。大将军光辅政，与公卿大臣议曰：“燕王旦不改过悔正，行恶不变。”于是修法直断，行罚诛。旦自杀，国除，如其策指。有司请诛旦妻子。孝昭以骨肉之亲，不忍致法，宽赦旦妻子，免为庶人。传曰“兰根与白芷，渐之滫中，君子不近，庶人不服”者，所以渐然也。

宣帝初立，推恩宣德，以本始元年中尽复封燕王旦两子：一子为安定侯；立燕故太子建为广阳王，以奉燕王祭祀。

【译文】

“大司马臣霍去病冒死再拜上奏皇帝陛下说：承蒙陛下您的错爱，让我霍去病能够在军中供职。本来应该专心处理边防事务，即使战死荒野也不足以报答陛下大恩，居然还敢考虑别的事来打扰陛下。我这样做，主要是因为看到陛下为天下事情操心，因哀怜百姓而忘了自己，减少了食膳音乐，裁减了郎员。皇子们依靠上天保佑，都已长大成人，已经可以行趋拜之礼，但至今都还没有封号，也没有为其设立师傅官，陛下谦恭礼让，不怜悯骨肉之情，群臣私下都希望陛下能够早日给他们封号，但又不敢越职进奏。我不胜犬马之心，冒死建言，希望陛下命令主管官员，趁盛夏吉日早定皇子之位。希望陛下鉴察。霍去病冒死再拜进奏皇帝陛下。”三月乙亥日，御史臣霍光兼尚书令上奏未央宫。皇帝下达命令说：“交给御史办理。”

元狩六年三月的戊申朔日，乙亥，御史臣霍光兼尚书令、左右丞非，下批给御史的文书到达，说：“丞相臣庄青翟、御史大夫臣张汤、太常臣赵充、太行令臣李息、太子少傅并兼宗正职务臣任安冒死上奏：大司马霍去病上疏说：‘承蒙陛下错爱，让我霍去病能够在军中供职。本来应该专心处理边防事务，即使战死在荒野也不足以报答陛下大恩，居然还敢考虑别的事来打扰陛下。我这样做，主要是因为看到陛下为天下事情操心，因哀怜百姓而忘了自己，减少了食膳音乐，裁减了郎员。皇子们依靠上天保佑，都已长大成人，已经可以行趋拜之礼，但至今都还没有封号，也没有为其设立师傅官。陛下谦恭礼让，不怜悯骨肉之情，群臣私下都希望陛下能够早日给他们封号，但又不敢越职进奏。我不胜犬马之心，冒死建言，希望陛下命令主管官员，趁盛夏吉日早定皇子之位。希望陛下鉴察。’皇帝下诏说：‘交给御史办理。’臣谨与中二千石、二千石臣公孙贺等商议：自古以来分地立国，同时建立诸侯国以尊奉天子，都是为了尊崇宗庙、重视社稷。现在大司马臣霍去病上奏，不忘其职责，用以宣扬皇恩，称道天子谦让自贬，为天下事烦劳，考虑皇子未封号位。臣庄青翟、臣张汤等本应奉义遵职，却愚昧而不能处理这些事。如今正是盛夏吉时，臣庄青翟、张汤等冒死请立皇子刘闳、刘旦、刘胥为诸侯王。冒死请求能定下所封给他们的国名。”

皇帝下命令说：“曾经听说周朝分封八百诸侯，所有姬姓并列，有子爵、男爵、附庸。《礼记》说：‘旁支子弟不得奉祭宗庙。’你们所说的同时建立诸侯国用来尊崇社稷，我不曾听说过。再说上天并不是为了君王才降生百姓。我德行浅薄，海内上下未能使之融洽，却勉强使没有学习过教义的皇子做诸侯王，那么大臣对他又能起到什么劝勉作用呢？应重新讨论，以列侯的封号赐予他们。”

三月丙子日又上奏未央宫说道：“丞相臣庄青翟、御史大夫臣张汤冒死进谏：臣谨与列侯臣婴齐、中二千石二千石臣公孙贺、谏议大夫博士臣任安等一起商议说：我们听说周朝分封了八百诸侯，所以姬姓并列，来拱卫天子。康叔依靠他的祖父和父亲得以显贵。伯禽依靠周公受封，他们都是建国的诸侯，以傅相为辅佐。所有官员都遵奉法令，各守其职。国家的统系便完备无缺了。我们私下认为同时建立诸侯之国之所以能使社稷稳重，是因为天下诸侯都能分别按自己的职责向天子朝贡奉祭。旁系子弟不得奉祭宗祖，这是礼仪制度所规定的。对诸侯进行封号建国，使他们守住藩国，帝王就能趁此进行扶德施化。陛下秉承天意统辖天下，把先圣的遗业发扬光大，尊贤礼士，圣功显赫，扶持兴起即将灭绝的国家，使萧何的后代继续受封在酂邑，褒扬公孙弘等群臣。昭示六亲的尊卑序列，表明上天施予之属，使诸侯王封君能够将私恩分给子弟户邑，赐号尊建一百多个诸侯王。如今却只将皇子封为列侯，这就会使尊卑相逾越，列位失序，不能将基业传给子孙万代。臣等请求立臣刘闳、臣刘旦、臣刘胥为诸侯王。”三月丙子日，进奏未央宫。

皇帝下诏批示说：“康叔有十个兄弟而只有他比较尊贵的原因，是因为他是一个褒扬有德的人。周公被特许在郊外祭祀天神，所以鲁国有白色公畜、赤色牛的祭牲。其他公侯用毛色不纯的祭牲，这是贤者和不肖者的差别。‘崇高的道德令人仰慕，正直的行为令人向往’，我对他们很敬仰。因此来压制尚未成德的皇子，封他们为列侯就可以了。”

四月戊寅日，进奏未央宫：“丞相臣青翟、御史大夫臣张汤冒死进谏说：臣青翟等和诸位列侯、二千石级官吏、谏大夫、博士臣庆等一同商议：冒死奏请皇上立皇子为诸侯王。皇帝下达命令说：‘康叔有十个兄弟而只有他比较尊贵的原因，是因为他是一个褒扬有德之人。周公被特许在郊外祭祀天神，所以鲁国有白色公畜、赤色牛的祭牲。其他公侯用毛色不纯的祭牲，这是贤者和不肖者的差别。崇高的道德令人仰慕，正直的行为令人向往，我对他们很敬仰。因此来压制尚未成德的皇子，封他们为列侯就可以了。’臣青翟、臣张汤、博士臣将行等听说康叔兄弟有十人，武王继位，周公辅佐成王，其他兄弟八人都凭借祖父和父亲的尊贵建立大国。康叔年幼，周公在三公之位，而伯禽在鲁封国，那是因为他在被赐封爵位的时候，还没成年。后来康叔平定禄父之难。伯禽平定淮夷之乱。以前五帝各有不同的体制，周朝设有五等爵位，春秋时期只有三等爵位，这些都是根据时代不同来安排尊卑次序的。高皇帝拨乱反正，昭示至德，安定海内，分封诸侯，爵位分为两等。皇子有的尚在襁褓之中也被封立为诸侯王，以承继天子，作为万世的法则，不可改变。现在皇帝躬行仁义，亲播圣德，文治武功相得益彰。推行慈爱孝亲的德行，广拓进贤任能的道路。对内褒扬有德之人，对外讨伐强暴之贼。往北到达翰海，往西到达月氏，匈奴、西域，举国尊奉效法。车舆兵械的费用，从不附加给百姓。拿出朝中府库所藏来奖赏将士，开启宫禁的仓库来救济贫民，戍卒减少了一半。百蛮夷狄的君长，无不敬仰，承受汉朝的教化屈首称赞。远方异域，不辞辛苦前来朝拜，圣上恩泽遍及边远地方。所以四方珍禽异兽不断送来，嘉禾米谷丰收，天道感应十分显著。如今诸侯支子被都封为诸侯王，而皇子却只是被赐封列侯，臣青翟、臣张汤等私下反复商议，都认为这样做有失尊卑次序，使天下百姓失望，这是不可以的。臣请求立臣刘闳、臣刘旦、臣刘胥为诸侯王。”四月癸未日，进奏未央宫，奏章留在宫中没有批示下达。

“丞相臣庄青翟、太仆臣公孙贺、行御史大夫事太常臣赵充、太子少傅臣任安行宗正事冒死进谏：臣青翟等以前进奏大司马臣霍去病上疏说，皇子还没有封号王位，臣谨与御史大夫臣张汤、中二千石、二千石、谏议大夫、博士臣庆等冒死请奏陛下立皇子臣刘闳为诸侯王。陛下谦让自己的文治武功、十分恳切地责备自己，谈到皇子未习教义。群臣的建议，儒者都称扬其说，有时却拂逆其心。陛下坚决推辞，不予同意，只许封皇子为列侯。臣青翟等私下与列侯臣萧寿成等二十七人商议，都认为这样有失尊卑次序。高皇帝创建天下，为汉太祖，封子孙为王，扩大支辅势力。先帝的法则不可轻易更改，这样才能宣示先帝的至尊地位。臣请求陛下让史官选择吉日，开列礼仪奏上，让御史呈上地图，其他都照以前旧例。”皇上下诏批示道：“可以。”

四月丙申日，进奏未央宫：“太仆臣公孙贺代理御史大夫官职冒死谏言：太常臣赵充说通过占卜得知四月二十八日乙时为吉时，可以立诸侯王。臣冒死进献地图，请给所立封国命名。关于仪式另行上奏。臣冒死请求。”

皇上下诏批示道：“封皇子刘闳为齐王，刘旦为燕王，刘胥为广陵王。”

四月丁酉日，进奏未央宫。元狩六年四月初一，癸卯日，御史大夫张汤将皇帝的批示下达丞相，丞相下达中二千石级官员，二千石级官员下达郡太守、诸侯相，丞书从事下达有关办事人员。大家都按章程办。

“元狩六年四月乙巳日，皇帝派遣御史大夫张汤告庙立皇子刘闳为齐王。圣旨道：呜呼，儿子刘闳，接受这包青色的社土！我继承祖先的帝业，依据先王的制度，封你国家，封在东方，世世代代为汉朝藩篱辅臣。呜呼，你切切不要忘记！要敬受我的命令，要知道天命并非固定不变的。人要爱好善德，才能昭显光明。如果不图德义，就会使辅臣懈怠。用尽你的心力，全心全意地维护中正之道，就能永保天禄。一旦有邪曲不善的事，就会伤害你的国家，危及你自身。呜呼，保护国家，爱护人民，能够不敬慎吗！齐王你一定要戒慎呀。”

以上是齐王的策文。

“元狩六年四月乙巳日，皇帝派遣御史大夫张汤告庙立皇子刘旦为燕王。圣旨道：呜呼，儿子刘旦，接受这包黑色的社土！我继承祖先的帝业，依照先王的制度，封你国家，封在北方，世世代代为汉朝藩篱辅臣。呜呼！荤粥氏有虐待老人的禽兽之心，到处侵伐掠夺，奸杀边民。呜呼！我命大将率军前去征讨他们的罪行，他们的万夫长、千夫长，共有三十二帅来归降，偃旗息鼓，闻风逃跑。荤粥氏迁到了漠北，从此北方得以安定。竭尽你的全力，不要与人结怨，不要做败坏道德的事情，不要废弃武备。士民未经教习，不得从军出征。呜呼！保护国家，爱护人民，能不敬慎吗！燕王你一定要戒慎呀。"

以上是燕王的策文。

"元狩六年四月乙巳日，皇帝派遣御史大夫张汤告庙立皇子刘胥为广陵王。圣旨道：呜呼，儿子刘胥，接受这包红色的社土！我继承祖先的帝业，依照先王的制度，封你国家，封在南方，世世代代为汉藩篱辅臣。古人曾说过这样的话：'大江以南，五湖之间，这一带的人为人都比较轻浮。扬州地区自三代以来一直是口头上服从，但政教却不能到达这里。'呜呼！竭尽你的全力，小心戒慎，百姓才会顺从。不要蒙蔽无知，不要好玩乐驰骋游猎，不要接近小人，一切都要依照法则行事。《尚书》上说：'臣子不对百姓作威作福，就不会有以后的羞辱。'呜呼，保护国家，爱护人民，能不谨慎吗！广陵王你一定要戒慎呀。"

以上是广陵王的策文。

太史公说：古人曾经有这样一句话说："爱惜他就希望他富有，亲近他就希望他尊贵。"所以君王裂土建国，分封子弟，主要是为了褒扬亲属，分序骨肉，尊崇祖先，使同族显贵，使同姓之人广布于天下。这样一来国势必然强大，王室就安定了。从古到今，这种事情由来已久了。历代没有什么不同，所以不必论述。燕王齐王受封之事，不值得采写。然而封立三王，天子谦恭礼让，群臣坚守道义，文辞灿然照人，很值得观赏，因此将这些都附录在世家里。

褚少孙先生说：我有幸凭借文学成为侍郎，喜欢阅览太史公的列传。传中称赞《三王世家》文辞可观，但寻找三王世家却始终没能找到。我私下在喜欢旧事的长者那里寻得他们所保存的封策书，编写其中的相关事迹以便能够传承下去，使后代世人能知道贤主的旨意。

曾经听说在孝武帝的时候，皇上同一天拜封三个皇子为王：封一个皇子在齐，一个皇子在广陵，一个皇子在燕。分别按照皇子的才力智能，以及土地的贫瘠和肥沃、人民的轻浮和庄重，为他们写下策文来告诫他们，对他们说："世世代代为汉朝的藩篱辅臣，保护国家，爱护人民，能不谨慎吗！诸王一定要戒慎。"一个贤明国君的行为，本来就不是孤陋寡闻之人所能理解的，如果不是博闻强记的君子，是不能透彻理解它的深意的。甚至是诏书的次序分段，语言的上下行文，策文的参差长短，都有深意，别人是不能理解的。谨论定编次这些本稿诏书，编列于下，使读者能自己理解它的深意，进行解读。

王夫人是赵国人，曾与卫夫人一同得到武帝的宠幸，后来生下儿子刘闳。刘闳将要被立为王时，他的母亲生病了，武帝亲自前去探望，问道："儿子应当封王，你想把他封在哪里？"王夫人说："有陛下您在，我又有什么可说的呢？"武帝说："即便如此，就按照你的愿望来说，想封他到什么地方为王？"王夫人说："希望能够封在雒阳。"武帝说："雒阳有武库敖仓，是天下的要害部位，汉朝的大都城。从先帝以来，就没有一个皇子被封在雒阳为王的。除了雒阳这个地方，其他地方都可以。"王夫人默不作声。武帝说："函谷关以东的国家，没有比齐国更大的。齐国东边靠海，而且城郭比较大，古时仅仅临淄城就有十万户，天下肥沃的土地没有比齐国更多的了。"王夫人以手击头，感谢道："太好了。"后来王夫人病故，武帝很伤心，派使者前去祭拜道："皇帝谨派使者太中大夫明捧着璧玉一块，赐封夫人为齐国王太后。"皇子刘闳被封为齐王，他年纪小，没有儿子，立王以后，不幸早死，封国废绝，改为郡。世人都说齐地不宜封王之类的话。

所说的"受此土"的意思，就是诸侯王开始受封时，一定在天子祭祀土神的地方受社土，回到封国再建立自己的国社，并且每年祭祀。《春秋大传》曾有这样的记载："天子之国有泰社，东方为青色，南方为赤色，西方为白色，北方为黑色，中央为黄色。"所以将要被封于东方的就取作青土，被封于南方的就取作赤土，被封于西方的就取为白土。被封于北方的就取为黑土，被封于中央京畿的就取为黄土。各取自己颜色的土，用白茅草包起来，封好以后以之为社。这就是最初受封于天子的情形。叫做主土。对于主土，要建立社坛进行祭祀。"朕承祖考"中，"祖"的意思是祖先，"考"的意思是先父。"维稽古"中，"维"的意思是忖度，考虑，"稽"的意思是应当，就是应当顺从古人之道的意思。

齐地的人都善变奸诈，不崇尚礼义，所以天子告诫齐王说："敬受朕的诏令，要知道天命并非固定不变的。一个人爱好善德，才能昭显光明。如果不图道义，就会使辅臣懈怠。竭尽你的全力，真心实意地维护中正之道，就能永保天禄。一旦有邪曲不善的事，就会伤害你的国家，危及你自身。”齐王到了封国以后，左右大臣能以礼义维系扶持，但不幸齐王中年早逝。然而他一生并无过失，一直遵照天子给他的策文之意治理国家。

古书记载道“靛青从蓝草中提取，而颜色却比蓝草更青”，指的是教化之功使之如此。富有远见的贤主，有自己独到的真知灼见：警诫齐王对内要谨慎；警诫燕王不要与人结怨，不要做败坏道德的事情；警诫广陵王对外要谨慎，不要作威作福。

广陵在吴越之地，这个地方的人精悍而且为人比较轻浮，所以天子告诫广陵王说：“江湖之间，人心比较轻浮。扬州自古靠近南部的边荒，自三代之起就要求他们接受中原习俗，但并不严格要求服从内地法令，只在道德上加以感化罢了。不要蒙蔽无知，不要贪图安逸，不要接近小人，一切都要依照法则行事。不要好逸乐驰骋游猎过度安乐，不要接近小人。经常想到法度，就不会被后来之人的羞辱了。”三江、五湖一带有鱼盐的收益，铜山的财富，是天下人所羡慕的。所以天子告诫说“臣不作福”，意思是说不要滥用财货钱币，赏赐过分，以此来树立声誉，使四方之人前来归附。又说“臣不作威”，意思是不让他利用当地人的轻浮而背弃礼义。

正当孝武帝去世之时，孝昭帝继位，对前朝广陵王刘胥，赏赐了很多金钱财物，价值三千多万，增加了封地百里，食邑万户。

后来又适逢昭帝去世之时，宣帝刚刚即位，因骨肉恩情，施行道义，在本始元年期间，割裂汉地，全都被用来分封广陵王刘胥的四个儿子：一个封为朝阳侯；一个封为平曲侯；一个封为南利侯；最受宠爱的小儿子刘弘，被封为高密王。

在这之后刘胥果然作威作福，派使者前去勾结楚王。楚王扬言说：“我们的祖先元王，是高祖的小弟弟，封有三十二座城。如今封地城邑越来越少，我要与广陵王共同起兵。拥立广陵王为皇上，我要恢复当年封给我楚王的三十二座城，像元王时一样。”后来这件事被发觉，公卿官吏请求对他执行诛罚。天子因骨肉至亲的缘故，不忍心对刘胥执法，下诏不处治广陵王，只诛杀了作恶的首领楚王。古书上曾有记载：“蓬草生长在麻中，不必扶持自然就挺直；白沙如果处在污泥中，就会与污泥同黑”，指的是水土教化使它如此。此后刘胥又祈神降殃祸谋划反叛，结果东窗事发自杀了，封国被废除。

燕国的土地相对贫瘠，北边邻近匈奴，这一带的人非常勇敢但缺少谋略，所以天子告诫燕王说“荤粥氏没有孝行而且还有禽兽之心，经常盗窃侵犯边民。朕曾派将军前去征讨他们的罪行，统率万人的将官，统率千人的将官，三十二个君长都来归降，偃旗息鼓而逃。荤粥氏远迁到很远的地方，北方因此安定了。”“悉若心，无作怨”的意思，就是不让他随从当地习俗而产生怨恨。“无俷德”的意思，就是不让燕王背弃恩德。“无废备”的意思，就是不要削减军备，并且要经常防备匈奴。“非教士不得从征”的意思，是说凡不习礼义之士，不得召之在身边使用。

当武帝年老的时候，太子不幸早亡，那时还没有再立太子，刘旦派使者前来上奏皇上，请求到长安来担任皇上的宿卫。武帝看了他的信，扔到地上，发怒说：“生下儿子就应当把他放在齐鲁这样的礼义之地，竟将他放在燕赵之地，果然有争夺皇位之心，不谦让的端倪已经显露出来了。”于是派人在宫阙之下杀了刘旦的使者。

正当武帝驾崩，昭帝刚刚即位之时，刘旦果然心生怨恨而责怪议事大臣。刘旦认为自己是长子应该被立为皇帝，与齐王之子刘泽等人图谋叛乱，扬言说：“我哪里能让弟弟在！如今登位的是大将军的儿子。”准备发兵之时，事情被发觉，本应该被处死。昭帝出于骨肉恩情的缘故予以宽容，就把这件案子压了下来不使其张扬。公卿派大臣请求处理，朝廷派遣宗正与太中大夫公户满意、两个御史，一同出使燕国，打算劝说燕王。到了燕国，他们分别在不同的时间，轮流前去拜见并责问燕王。宗正是执掌刘氏皇族户籍的，先去拜见燕王，给他列举昭帝确实是武帝儿子的事实。之后，侍御史再去拜见燕王，用国家法制责备他，问道：“燕王你准备起兵造反，罪状明确，应当治罪。汉朝有法制，诸王只要犯下一点儿小罪过，就得依法判处，怎么能宽恕大王呢？”用法律条文使他恐惧震动。燕王情绪逐渐低落，心里十分恐惧。公户满意熟悉儒经义理，最后再去拜见燕王，引述古今道义，国家大礼，言辞华美，喻理庄正。他对燕王说：“自古以来的天子，在朝内一定要有异姓的大夫，这主要是为了可以匡正王族子弟；在朝外也一定有同姓大夫，可以用来匡正异姓诸侯。周公辅佐成王，诛杀了他的两个弟弟，所以天下才得以太平。武帝在位时，还能宽容大王。如今昭帝刚刚即位，还比较年轻，春秋正富，尚未亲自执政，一切大事都委任给大臣们来处理。自古以来诛杀惩罚都不能偏袒内亲外戚，所以天下才可以太平。现在大臣们辅佐政事，奉行法律率直办事，不敢对您有所偏袒，所以恐怕不能宽恕您。大王可要自己谨慎，不要使自己身死国灭，被天下人耻笑。”这时燕王刘旦才恐惧认罪，叩头认错。大臣们想使他们骨肉和好，不忍用法律制裁他。

在这以后，刘旦又与左将军上官桀等谋反，扬言说“我的年纪仅次于太子，太子不在了，我应当继位，大臣们却都压抑我”等等。大将军霍光辅政，与公卿大臣们商议道：“燕王刘旦不但不改过自新，依然为恶不断。”于是按法直断，将要执行被诛杀的惩罚。刘旦自杀，封国被废除，正如给他的策文所指出的一样。主管官员请求处死刘旦的妻子和儿女。汉昭帝顾念他们是骨肉之亲，不忍心对他们执法，就宽恕赦免了刘旦的妻子儿女，将他们削为平民。古籍说的“兰根和白芷，如果是把它们浸泡在臭水里，君子们就不会再接近它们，平民也不再会佩带它们”，就是浸泡使它们如此的。

宣帝刚开始即位，广推恩泽，弘扬德行，在本始元年期间又重新赐封了燕王刘旦的两个儿子：一个儿子封为安定侯；燕王原来的太子刘建封为广阳王，让他承继燕王的祭祀。

史记卷六十一

伯夷列传第一

夫学者载籍极博，犹考信于六艺。《诗》《书》虽缺，然虞夏之文可知也。尧将逊位，让于虞舜，舜、禹之间，岳牧咸荐，乃试之于位，典职数十年，功用既兴，然后授政。示天下重器，王者大统，传天下若斯之难也。而说者曰尧让天下于许由，许由不受，耻之，逃隐。及夏之时，有卞随、务光者。此何以称焉？

太史公曰：余登箕山，其上盖有许由冢云。孔子序列古之仁、圣、贤人，如吴太伯、伯夷之伦详矣。余以所闻由、光义至高，其文辞不少概见，何哉？

孔子曰："伯夷、叔齐，不念旧恶，怨是用希。求仁得仁，又何怨乎？"余悲伯夷之意，睹轶诗可异焉。其传曰：

伯夷、叔齐，孤竹君之二子也。父欲立叔齐，及父卒，叔齐让伯夷。伯夷曰："父命也。"遂逃去。叔齐亦不肯立而逃之。国人立其中子。于是伯夷、叔齐闻西伯昌善养老，盍往归焉。及至，西伯卒，武王载木主，号为文王，东伐纣。伯夷、叔齐叩马而谏曰："父死不葬，爰及干戈，可谓孝乎？以臣弑君，可谓仁乎？"左右欲兵之。太公曰："此义人也。"扶而去之。武王已平殷乱，天下宗周，而伯夷、叔齐耻之，义不食周粟，隐于首阳山，采薇而食之。及饿且死，作歌，其辞曰："登彼西山兮，采其薇矣。以暴易暴兮，不知其非矣。神农、虞、夏忽焉没兮，我安适归矣？于嗟徂兮，命之衰矣！"遂饿死于首阳山。

由此观之，怨耶非耶？

或曰："天道无亲，常与善人。"若伯夷、叔齐，可谓善人者非邪？积仁洁行如此而饿死！且七十子之徒，仲尼独荐颜渊为好学。然回也屡空，糟糠不厌，而卒早夭。天之报施善人，其何如哉？盗蹠日杀不辜，肝人之肉，暴戾恣睢，聚党数千人横行天下，竟以寿终。是遵何德哉？此其尤大彰明较著者也。若至近世，操行不轨，专犯忌讳，而终身逸乐，富厚累世不绝。或择地而蹈之，时然后出言，行不由径，非公正不发愤，而遇祸灾者，不可胜数也。余甚惑焉，傥所谓天道，是邪非邪？

子曰“道不同不相为谋”，亦各从其志也。故曰“富贵如可求，虽执鞭之士，吾亦为之。如不可求，从吾所好”。“岁寒，然后知松柏之后凋”。举世混浊，清士乃见，岂以其重若彼，其轻若此哉？

“君子疾没世而名不称焉。”贾子曰：“贪夫徇财，烈士徇名，夸者死权，众庶冯生。”“同明相照，同类相求。”“云从龙，风从虎，圣人作而万物睹。”伯夷、叔齐虽贤，得夫子而名益彰。颜渊虽笃学，附骥尾而行益显。岩穴之士，趣舍有时若此，类名堙灭而不称，悲夫！闾巷之人，欲砥行立名者，非附青云之士，恶能施于后世哉？

【译文】

学者们涉猎的书籍虽然极为广博，但还是得从“六经”中查考可信的依据。《诗经》《尚书》虽然残缺不全，然而有关虞、夏史事的记载还是可以看到的。唐尧将要退位时，把帝位让给虞舜；而虞舜以及后来的夏禹，都是四方诸侯和州牧一致推荐，才试任官职管理政事几十年，待到他们建立功绩后，才把帝位传给他们。这表明，政权是最重要的宝器，帝王是政权的继统，所以传交帝位才如此地郑重审慎啊！但是，诸子杂记里却记载说，唐尧想把天下传给许由，许由不仅不接受，并以此为耻而逃走隐居起来。到了夏朝，又有卞随、务光两个人不肯接受帝位，双双投水而死。这些，又要如何说呢？

太史公说：“我曾经登上箕山，那上面居然有许由的墓呢。孔子依次论列古代的仁人、圣人、贤人，如吴太伯、伯夷这些人，记载十分详尽。我所听说的许由、务光，他们的德义是极高的，但是经书里连一点大略的文字记载也见不到，这是为什么呢？”

孔子说：“伯夷、叔齐不记旧仇，因而很少怨言。”又说：“他们追求仁德，就得到了仁德，又为什么要怨恨呢？”我悲怜伯夷的心意，看到他们未被经书载录的遗诗，又感到很诧异。他们的传记里写道：伯夷、叔齐，是孤竹君的两个儿子。父亲想要立叔齐为君，等到父亲死后，叔齐要把君位让给伯夷。伯夷说：“这是父亲的意愿！”于是逃走了。而叔齐也不肯继承君位逃走了。国人只好拥立孤竹君的另一个儿子。这时，正好伯夷、叔齐听说西伯姬昌敬养老人，就商量说何不去投奔他呢？可是到那里时，西伯姬昌已经死了。他的儿子武王追尊西伯姬昌为文王，并把他的木制灵牌载在兵车上，正向东进兵讨伐纣王。伯夷、叔齐拉住武王的马缰劝阻说：“父亲死了尚未安葬，就发动战争，能说得上是孝吗？作为臣子去杀害君王，能说得上是仁吗？”

武王身边的随从要杀死他们，太公姜尚说：“这是两位义士啊。”于是扶起他们，送走了。等到武王平定了殷乱以后，天下都归顺了周朝。而伯夷、叔齐却以此为耻，他们坚守大义不吃周朝的粮食，并隐居于首阳山，靠采摘野菜来充饥。待到饿得快要死的时候，作了一首歌，歌辞说：“登上首阳山，采薇来就餐，残暴代残暴，不知错无边。神农虞夏死，我欲归附难！可叹死期近，生命已衰残！”于是就这样饿死在了首阳山。从这首诗看来，伯夷、叔齐他们是怨恨呢，还是不怨呢？

有人说：“上天待人是没有偏私的，它总是向着好人。”那么，像伯夷、叔齐他们难道不是好人吗？他们聚积仁德，保持高洁的品行，却终致饿死！再说，在孔子的七十名得意学生里，只有颜渊被他称为好学之人，而颜渊却穷困潦倒，连粗劣之食都难得饱足，最后过早地死亡了。那些认为上天会善待好人的说法又如何呢？盗跖成天杀害无辜的人，吃人的心肝，凶横残暴，聚集了党徒几千人，横行天下，竟然长寿而终。这遵循的是什么道德呢？这都是些重大而又显著的例子啊。如果说到近世，那些不走正路、专门违法犯禁的人，却能终生安逸享乐，过着富足的生活，世世代代都保有丰厚的产业。而有些人选好了道路才举步，看准了时机才说话，从不走邪道，不是公正的事决不发愤去做。像这样小心审慎而遭祸灾的人，多得没法数。对此我深感困惑不解，如果说这便是天道，那这天道究竟合理呢，还是不合理呢？

孔子说：“思想见解不一致的人，不能共同谋划事情。”也只能各自按照自己的意志行事。所以他说：“假如富贵是可以寻求得到的话，那么即使做个卑贱的马夫，我也愿意去干；如果寻求不到，那还是按照我所喜好的去做吧。”“岁月到了寒冷的季节，才知道松柏是最后凋谢的。”整个世道混乱污浊的时候，品行高洁的人才会显露出来。这难道是因为他们把道德看得太重，或将富贵看得太轻吗？

孔子说：“君子最担心的是死后名声不被传扬。”贾谊说：“贪财的人为财而丧命，重义轻生的人为名而献身；自命不凡而贪图权势的人为争权而死，平民百姓则爱惜性命而厌恶死亡。”《易经·乾卦》上说：“同样明亮的东西就会相互映照，同样种类的事物则会互相应求。”“云跟从龙而生，风伴随虎而起，圣人出现，才使万事万物的本来面目得以显露。”伯夷、叔齐虽然有贤德，不过因为孔子的赞扬而声名更为昭著。颜渊虽然专心好学，也不过只是因为追随孔子，他的德行才更加显著。那些隐居山林岩穴的隐士，或名声晓达，或湮没无闻，这些人名声淹没而不被称道，这实在是可悲的事情！那些穷乡僻壤的士人，想要磨砺德行、树立名声，如果不能依附那名望、地位极高的人，哪能扬名于后世呢？

史记卷六十二

管晏列传第二

管仲夷吾者，颍上人也。少时常与鲍叔牙游，鲍叔知其贤。管仲贫困，常欺鲍叔，鲍叔终善遇之，不以为言。已而鲍叔事齐公子小白，管仲事公子纠。及小白立为桓公，公子纠死，管仲囚焉。鲍叔遂进管仲。

管仲既用，任政于齐，齐桓公以霸，九合诸侯，一匡天下，管仲之谋也。

管仲曰："吾始困时，尝与鲍叔贾，分财利多自与，鲍叔不以我为贪，知我贫也。吾尝为鲍叔谋事而更穷困，鲍叔不以我为愚，知时有利不利也。吾尝三仕三见逐于君，鲍叔不以为我不肖，知我不遭时也。吾尝三战三走，鲍叔不以我为怯，知我有老母也。公子纠败，召忽死之，吾幽囚受辱，鲍叔不以我为无耻，知我不羞小节而耻功名不显于天下也。生我者父母，知我者鲍子也。"

鲍叔既进管仲，以身下之。子孙世禄于齐，有封邑者十馀世，常为名大夫。天下不多管仲之贤而多鲍叔能知人也。

管仲既任政相齐，以区区之齐在海滨，通货积财，富国强兵，与俗同好恶。故其称曰："仓廪实而知礼节，衣食足而知荣辱，上服度则六亲固。四维不张，国乃灭亡。下令如流水之原，令顺民心。"故论卑而易行。俗之所欲，因而予之；俗之所否，因而去之。

其为政也，善因祸而为福，转败而为功。贵轻重，慎权衡。桓公实怒少姬，南袭蔡，管仲因而伐楚，责包茅不入贡于周室。桓公实北征山戎，而管仲因而令燕修召公之政。于柯之会，桓公欲背曹沫之约，管仲因而信之，诸侯由是归齐。故曰："知与之为取，政之宝也。"

管仲富拟于公室，有三归、反坫，齐人不以为侈。管仲卒，齐国遵其政，常强于诸侯。后百馀年而有晏子焉。

晏平仲婴者，莱之夷维人也。事齐灵公、庄公、景公，以节俭力行重于齐。既相齐，食不重肉，妾不衣帛。其在朝，君语及之，即危言；语不及之，即危行。国有道，即顺命；无道，即衡命。以此三世显名于诸侯。

越石父贤，在缧绁中。晏子出，遭之涂，解左骖赎之，载归。弗谢，入闺。久之，越石父请绝。晏子慢然，摄衣冠谢曰："婴虽不仁，免子于厄，何子求绝之速也？"石父曰："不然。吾闻君子诎于不知己而信于知己者。方吾在缧绁中，彼不知我也。夫子既已感寤而赎我，是知己；知己而无礼，固不如在缧绁之中。"晏子于是延入为上客。

晏子为齐相，出，其御之妻从门间而窥其夫。其夫为相御，拥大盖，策驷马，意气扬扬，甚自得也。既而归，其妻请去。夫问其故。妻曰："晏子长不满六尺，身相齐国，名显诸侯。今者妾观其出，志念深矣，常有以自下者。今子长八尺，乃为人仆御，然子之意自以为足，妾是以求去也。"其后夫自抑损。晏子怪而问之，御以实对。晏子荐以为大夫。

太史公曰：吾读管氏《牧民》《山高》《乘马》《轻重》《九府》，及《晏子春秋》，详哉其言之也。既见其著书，欲观其行事，故次其传。至其书，世多有之，是以不论，论其轶事。

管仲世所谓贤臣，然孔子小之。岂以为周道衰微，桓公既贤，而不勉之至王，乃称霸哉？语曰"将顺其美，匡救其恶，故上下能相亲也"。岂管仲之谓乎？

方晏子伏庄公尸哭之，成礼然后去，岂所谓"见义不为无勇"者邪？至其谏说，犯君之颜，此所谓"进思尽忠，退思补过"者哉！假令晏子而在，余虽为之执鞭，所忻慕焉。

【译文】

管仲，名夷吾，是颍上人。年轻时经常和鲍叔牙交往，鲍叔牙知道他贤明、有才干。管仲家境贫困，经常占鲍叔牙的便宜，但鲍叔牙却始终待他很好，不因为这些事而介意。后来，鲍叔牙侍奉齐国公子小白，管仲侍奉公子纠。等到小白立为齐桓公的时候，公子纠被杀死，管仲被囚禁。于是鲍叔牙就向齐桓公推荐管仲。管仲被任用以后，在齐国掌管政事，齐桓公因此而称霸，并以霸主的身份，多次会盟诸侯，稳定天下，这都是采用了管仲的智谋。

管仲说："当初我贫困时，曾经和鲍叔牙一起做买卖，分财利时自己总是多要一些，鲍叔牙并没有将我当作贪财奴，他知道我家里贫穷。我曾经替鲍叔牙谋划事情，结果反而使他更加困窘。鲍叔牙没有认为我愚笨，他知道时运有时顺利，有时不顺利。我曾经多次做官又多次被国君驱逐，鲍叔牙没有认为我无能，他知道我没遇上好时机。我曾经多次打仗却多次逃跑，鲍叔牙没有认为我胆小，他知道我家中还有老母需要赡养。公子纠争王位失败后，我的同僚召忽为之自杀殉难，我被关在深牢中忍辱苟活，鲍叔牙没有认为我不知廉耻，他知道我不会为小的过失而羞愧，却会为功名不显扬于天下而感到羞耻。生养我的是父母，真正了解我的是鲍叔牙啊。”

鲍叔牙荐举了管仲之后，甘心位居管仲之下。他的子孙世世代代享受齐国的俸禄，有封地的就有十几代人，多数是著名的大夫。因此，天下人更多的不是称赞管仲的贤能，而是赞美鲍叔牙善于识别人才。

管仲出任齐相执政以后，凭着小小的齐国滨临大海的地理条件，流通货物，积累财富，使得齐国国富兵强，并与百姓同好恶。所以他在《管子》一书中称述说：“粮仓充实了，百姓才懂得礼节；衣食丰足了，百姓才懂得荣辱；国君的作为合乎法度，六亲才会紧紧依附。不提倡礼义廉耻，国家就会灭亡。国家颁布政令就像流水的源头，要能顺乎民心。”所以他的政令浅显而易于推行。百姓想要得到的，就因势给予他们；百姓所反对的，就顺应他们而废除。

管仲执政的时候，善于因势利导，转祸为福，转败为功。他十分重视事情的轻重缓急，谨慎地权衡事情的利弊得失。齐桓公本来是恼恨蔡姬，因而向南袭击蔡国的，管仲就劝齐桓公趁机讨伐楚国，责备它没有向周王室进贡包茅。桓公实际上是向北征伐山戎进行扩张，而管仲却趁机让桓公督促燕国实行召公的善政。齐、鲁两国在柯地会盟时，桓公想背弃曹沫逼迫他订立的归还鲁地的盟约，管仲就顺应形势劝他信守盟约，诸侯们因此而归顺了齐国。所以他说：“懂得给予正是为了有所获取，这是治理国事的法宝。”

管仲的富足可以跟国君相比，拥有华丽的三归台和国君的宴饮设备，齐国人并不因此而认为他奢侈。管仲逝世后，齐国仍遵循他的政教，在相当长的一段时间里仍旧称霸于诸侯。此后过了一百多年，齐国又出了一个晏婴。

晏子，字平仲，名婴，是齐国莱地夷维人。他侍奉过齐灵公、齐庄公、齐景公三代国君，由于节约俭朴、亲躬理事，而受到齐国人的敬重。他做了齐国宰相后，饭桌上没有第二种肉菜，妻妾不穿丝绸衣服。在朝廷上，国君赞许他，他就谨慎自己的言语；国君没有赞许他，他就注意端正自己的行为。国君能行正道，他就顺着国君的命令去做；不能行正道时，他就权衡利害后斟酌着去办。因此，他在齐灵公、庄公、景公三代时，名声在各诸侯国中显赫一时。

越石父是个十分贤能的人，却陷于监牢之中。晏子外出，在路上遇到他，便让人解下车驾左边的马，将他赎了出来，载着他回到府里。晏子没有向越石父告别一声，便走进了内室，过了好久没出来。越石父对晏子说要绝交。晏子大吃一惊，匆忙整理好衣帽连连道歉说：“我晏婴虽然说不上有仁德，但也总算帮助您从困境中解脱出来，为什么您这么快就要求与我绝交呢？”越石父说：“话不能这么说。我听说君子只在不了解自己的人那里受委屈，而在知己面前意志却是自由伸展的。当我被囚禁在牢中的时候，那些人是不了解我。你既然已经知道我的为人而受到感动，把我赎了出来，这就是了解我；既然了解我却不按礼节待我，那还不如让我囚禁在监牢之中。”于是晏子就请他进屋，待他为贵宾。

晏子做齐国宰相时，有一次坐车出门，车夫的妻子从门缝里窥视丈夫。她丈夫替宰相驾车，头上遮着大伞，扬鞭驱马，神气十足，很是自我得意。不久回到家里，他的妻子就要求离婚。车夫问她离婚的原因，妻子说：“晏子身高不过六尺，却做了齐国的宰相，名声显扬于各国。今天我看他外出，见他思虑非常深远，总是态度谦和。现在你身高八尺，才不过做了人家的车夫，但看你的神态却自我满足。因此我要求和你离婚。”从此以后，车夫便自觉地控制自己，谦虚恭谨起来。晏子发现了他的变化，觉得很奇怪，就问他，车夫如实相告。晏子就推荐他做了大夫。

太史公说：我读了管仲的《牧民》《山高》《乘马》《轻重》《九府》和《晏子春秋》，这些书上说得都很详细！读了他们的著作，就想考察他们的事迹，所以就依次编写了他们的传记。至于他们的书，世上大都能见到，因此不再论述，只记载他们的一些轶事。

管仲是世人所说的贤臣，但孔子却小看他。难道是认为周朝的统治已经衰微，桓公既然贤明，而管仲便不勉励他实行王道却辅佐他称霸吗？有句话说：“顺应并推广美德，匡正并补救恶行，所以君臣百姓之间能够亲密无间。”这难道不是说的管仲吗？

当初晏子伏在庄公尸体上痛哭吊他，行完臣子的礼节后才离开，这难道就是人们所说的“见义不为就没有勇气”的表现吗？至于晏子直言进谏，触犯君主的面子，这就是所谓的“在政就想到竭尽忠心，在野就想到弥补过失”的人啊！假使晏子现在还活着，即使让我替他执鞭赶车，那也是我非常高兴和向往的事啊！

史记卷六十三

老子韩非列传第三

老子者，楚苦县厉乡曲仁里人也，姓李氏，名耳，字聃，周守藏室之史也。

孔子适周，将问礼于老子。老子曰："子所言者，其人与骨皆已朽矣，独其言在耳。且君子得其时则驾，不得其时则蓬累而行。吾闻之，良贾深藏若虚，君子盛德，容貌若愚。去子之骄气与多欲，态色与淫志，是皆无益于子之身。吾所以告子，若是而已。"

孔子去，谓弟子曰："鸟，吾知其能飞；鱼，吾知其能游；兽，吾知其能走。走者可以为罔，游者可以为纶，飞者可以为矰。至于龙，吾不能知，其乘风云而上天？吾今日见老子，其犹龙邪！"

老子修道德，其学以自隐无名为务。居周久之，见周之衰，乃遂去。至关，关令尹喜曰："子将隐矣，强为我著书。"于是老子乃著书上下篇，言道德之意五千馀言，而去，莫知其所终。

或曰老莱子亦楚人也，著书十五篇，言道家之用，与孔子同时云。

盖老子百有六十馀岁，或言二百馀岁，以其修道而养寿也。

自孔子死之后百二十九年，而史记周太史儋见秦献公曰："始秦与周合，合五百岁而离，离七十岁而霸王者出焉。"或曰儋即老子，或曰非也，世莫知其然否。老子，隐君子也。

老子之子名宗，宗为魏将，封于段干。宗子注，注子宫，宫玄孙假。假仕于汉孝文帝。而假之子解为胶西王卬太傅，因家于齐焉。

世之学老子者则绌儒学，儒学亦绌老子。"道不同不相为谋"，岂谓是邪？李耳无为自化，清静自正。

庄子者，蒙人也，名周。周尝为蒙漆园吏，与梁惠王、齐宣王同时。其学无所不窥，然其要本归于老子之言。故其著书十馀万言，大抵率寓言也。作《渔父》《盗跖》《胠箧》，以诋訿孔子之徒，以明老子之术。《畏累虚》《亢桑子》之属，皆空语无事实。然善属书离辞，指事类情，用剽剥儒、墨，虽当世宿学不能自解免也。其言洸洋自恣以适己，故自王公大人不能器之。

楚威王闻庄周贤，使使厚币迎之，许以为相。庄周笑谓楚使者曰：“千金，重利；卿相，尊位也。子独不见郊祭之牺牛乎？养食之数岁，衣以文绣，以入太庙。当是之时，虽欲为孤豚，岂可得乎？子亟去，无污我。我宁游戏污渎之中自快，无为有国者所羁。终身不仕，以快吾志焉。”

申不害者，京人也，故郑之贱臣。学术以干韩昭侯，昭侯用为相。内修政教，外应诸侯，十五年。终申子之身，国治兵强，无侵韩者。

申子之学本于黄老而主刑名。著书二篇，号曰《申子》。

韩非者，韩之诸公子也。喜刑名法术之学，而其归本于黄老。非为人口吃，不能道说，而善著书。与李斯俱事荀卿，斯自以为不如非。

非见韩之削弱，数以书谏韩王，韩王不能用。于是韩非疾治国不务修明其法制，执势以御其臣下，富国强兵而以求人任贤，反举浮淫之蠹而加之于功实之上。以为儒者用文乱法，而侠者以武犯禁。宽则宠名誉之人，急则用介胄之士。今者所养非所用，所用非所养。悲廉直不容于邪枉之臣，观往者得失之变，故作《孤愤》《五蠹》《内外储》《说林》《说难》十馀万言。

然韩非知说之难，为《说难》书甚具，终死于秦，不能自脱。

《说难》曰：

凡说之难，非吾知之有以说之难也；又非吾辩之难，能明吾意之难也；又非吾敢横失能尽之难也。凡说之难，在知所说之心，可以吾说当之。

所说出于为名高者也，而说之以厚利，则见下节而遇卑贱，必弃远矣。所说出于厚利者也，而说之以名高，则见无心而远事情，必不收矣。所说实为厚利而显为名高者也，而说之以名高，则阳收其身而实疏之；若说之以厚利，则阴用其言而显弃其身。此之不可不知也。

夫事以密成，语以泄败。未必其身泄之也，而语及其所匿之事，如是者身危。贵人有过端，而说者明言善议以推其恶者，则身危。周泽未渥也而语极知，说行而有功则德亡，说不行而有败则见疑，如是者身危。夫贵人得计而欲自以为功，说者与知焉，则身危。彼显有所出事，乃自以为也故，说者与知焉，则身危。强之以其所必不为，止之以其所不能已者，身危。故曰：与之论大人，则以为间己；与之论细人，则以为鬻权。论其所爱，则以为借资；论其所憎，则以为尝己。径省其辞，则不知而屈之；泛滥博文，则多而久之。顺事陈意，则曰怯懦而不尽；虑事广肆，则曰草野而倨侮。此说之难，不可不知也。

凡说之务，在知饰所说之所敬而灭其所丑。彼自知其计，则无以其失穷之；自勇其断，则无以其敌怒之；自多其力，则无以其难概之。规异事与同计，誉异人与同行者，则以饰之无伤也。有与同失者，则明饰其无失也。大忠无所拂悟，辞言无所击排，乃后申其辩知焉。此所以亲近不疑，知尽之难也。得旷日弥久，而周泽既渥，深计而不疑，交争而不罪，乃明计利害以致其功，直指是非以饰其身，以此相持，此说之成也。

伊尹为庖，百里奚为虏，皆所由干其上也。故此二子者，皆圣人也，犹不能无役身而涉世如此其污也，则非能仕之所设也。

宋有富人，天雨墙坏。其子曰"不筑且有盗"，其邻人之父亦云。暮而果大亡其财，其家甚知其子而疑邻人之父。昔者郑武公欲伐胡，乃以其子妻之。因问群臣曰："吾欲用兵，谁可伐者？"关其思曰："胡可伐。"乃戮关其思，曰："胡，兄弟之国也，子言伐之，何也？"胡君闻之，以郑为亲己而不备郑。郑人袭胡，取之。此二说者，其知皆当矣，然而甚者为戮，薄者见疑。非知之难也，处知则难矣。

昔者弥子瑕见爱于卫君。卫国之法，窃驾君车者罪至刖。既而弥子之母病，人闻，往夜告之，弥子矫驾君车而出。君闻之而贤之曰："孝哉，为母之故而犯刖罪！"与君游果园，弥子食桃而甘，不尽而奉君。君曰："爱我哉，忘其口而念我！"及弥子色衰而爱弛，得罪于君。君曰："是尝矫驾吾车，又尝食我以其馀桃。"故弥子之行未变于初也，前见贤而后获罪者，爱憎之至变也。故有爱于主，则知当而加亲；见憎于主，则罪当而加疏。故谏说之士不可不察爱憎之主而后说之矣。

夫龙之为虫也，可扰狎而骑也。然其喉下有逆鳞径尺，人有婴之，则必杀人。人主亦有逆鳞，说之者能无婴人主之逆鳞，则几矣。人或传其书至秦。秦王见《孤愤》《五蠹》之书，曰："嗟乎，寡人得见此人与之游，死不恨矣！"李斯曰："此韩非之所著书也。"秦因急攻韩。韩王始不用非，及急，乃遣非使秦。秦王悦之，未信用。李斯、姚贾害之，毁之曰："韩非，韩之诸公子也。今王欲并诸侯，非终为韩不为秦，此人之情也。今王不用，久留而归之，此自遗患也。不如以过法诛之。"秦王以为然，下吏治非。李斯使人遗非药，使自杀。韩非欲自陈，不得见。秦王后悔之，使人赦之，非已死矣。

申子、韩子皆著书，传于后世，学者多有。余独悲韩子为《说难》而不能自脱耳。

太史公曰：老子所贵道，虚无因应变化于无为，故著书辞称微妙难识。庄子散道德，放论，要亦归之自然。申子卑卑，施之于名实。韩子引绳墨，切事情，明是非，其极惨礉少恩。皆原于道德之意，而老子深远矣。

【译文】

老子是楚国苦县厉乡曲仁里人。姓李，名耳，字聃，在周朝做掌管藏书室的史官。

孔子到周朝国都去，打算向老子请教礼的学问。老子说："你所说的礼，倡导它的人和骨头都已经腐朽了，只有他的言论还在。况且君子遭遇好运时，就驾着车出去做官；不逢其时，就像蓬草一样随风飘转。我听说，善于经商的人把货物囤集起来，外表上好像什么东西也没有。君子具有高尚的品德，但他的容貌却谦恭得像愚钝的人。去掉您的骄气和过多的欲望，抛弃您故意做作的姿态和过大不切实际的志向，这些对于您自身都是没有好处的。我能告诉您的，就这些而已。"孔子回去以后，对弟子们说："鸟儿，我知道它能飞；鱼儿，我知道它能游；走兽，我知道它能跑。会跑的可以织网来捕获它，会游的可以使用丝线去钓住它，会飞的可以用弓箭去射击它。至于龙，我就不知道该怎么办了，它能驾着风云而飞腾升天。我今天见到了老子，他大概就像一条龙吧！"

老子研究道德学问，他的学说以深自韬隐、不求闻达为宗旨。他在周都住了很久，见周朝衰微了，于是就离开了。经过函谷关，关令尹喜对他说："您就要隐居了，请勉力为我写本书吧。"于是老子就著述了《道德经》，分上下两篇，论述了道德的本意，共五千多字，然后离去，再没有人知道他的下落。

有的人说：老莱子也是楚国人，著书十五篇，讲述的是道家的作用，和孔子生活在同一时代。

老子大概活了一百六十多岁，也有人说他活了二百多岁，是因为他能修养道德因而长寿啊。

孔子去世后一百二十九年，史书记载周太史儋会见秦献公时曾预言："当初秦国与周朝是合在一起的，大概五百年后又分开了，而分开七十年之后，称王称霸的人就出现了。"有的人说太史儋就是老子，也有的人说不是，世上没有人知道哪种说法是对的。老子，就是一位隐居的君子。

老子的儿子叫李宗，是魏国的将军，他被分封于段干。李宗的儿子叫李注，李注的儿子叫李宫，李宫的玄孙叫李假。李假曾在汉孝文帝时做过官。而李假的儿子李解做过胶西王刘卬的太傅，因此就定居在齐地。

世上学习老子学说的人，往往贬斥儒学；信奉儒家学说的人，往往也贬斥老子的学说。“道不同不相为谋”，难道说的就是这种情况吗？老子认为，无为而治，听任自然的变化；清静不挠，自然能得事理之正。

庄子，是蒙地人，名字叫周。他曾做过蒙地漆园的官吏，与梁惠王、齐宣王是同一时代的人。他学识渊博，学说无所不及，但他的中心思想却源于老子的学说。他所写的十余万字的著作，大多是托词寄意的寓言。他的《渔父》《盗跖》《胠箧》，是用来诋毁孔子学派的人，而表明老子学说的。畏累虚、亢桑子之类的，都是没有实事的杜撰。但是庄子善于行文措辞，描摹事物的情状，用来攻击儒家和墨家的学说，即便是当世的博学之士，也都难免遭受到攻击。他的文章汪洋恣肆，任意发挥，所以王公大人对他也毫无办法。

楚威王听说庄周贤能，派人带着丰厚的礼物去聘请他，答应让他做卿相。庄子笑着对楚使说：“千金，的确是厚礼；卿相，的确是尊位。您难道没见过天子祭祀天地时用的牛吗？喂养它们好几年，然后给它披上带有花纹的彩色绸缎，送进太庙去作祭品。这时，它即便是想做一头自由的小猪，难道还能办得到吗？您赶快走吧，不要玷污了我的人格。我宁愿在污浊的小水沟里自由自在地游戏，也不愿被国君所约束。我终身不会做官，使自己的心志愉快。”

申不害，是京邑人，原先是郑国的一个小官。后来他学了刑名之术来求见韩昭侯，韩昭侯任命他为宰相。他对内整饬政教，对外应对诸侯，前后达十五年之久。一直到申不害去世之时，国治兵强，没有哪个国家敢侵犯韩国。

申不害的学说本源于黄帝和老子，而主张循名责实。他的著作有两篇，叫做《申子》。

韩非，是韩国的贵族子弟。他爱好刑名法术的学说。这种学说的理论基础来源于黄帝和老子。韩非生来口吃，不善于讲话，却擅长于著书立说。他和李斯都是荀卿的学生，李斯自认为才能不如韩非。

韩非看到韩国国势渐渐衰弱，屡次上书规谏韩王，但韩王都没有采纳他的意见。韩非痛心当时国君治国不致力于修明法制，不能用权势来驾驭臣子，不能使国家富强、兵力强大，不求任用贤能之士，反而任用一些文学游说之士，使他们的地位高于专务功利实效的人。他认为儒生搬弄文辞扰乱了国家法度，而游侠凭借着武力干犯禁忌。国家太平时，君主就恩宠那些有浮名虚誉的文人；形势危急时，又去使用那些披甲带胄的武士。现在国家培养的人并不是国家所需要的，而所需要的人又不是平时培养的。他悲叹廉洁正直的人不被邪曲奸枉之臣所容，考察了历史上治国得失的变化，所以写了《孤愤》《五蠹》《内外储》《说林》《说难》等十余万字的著作。

然而韩非尽管深知游说之道的艰难，撰写的《说难》一文特别详备，但最终还是被害死在秦国，不能逃脱祸难。

《说难》里写道：大凡游说君主的难处，不是难在我的才智不足以说服君主，也不是难在我的口才不足以明确地表达我的思想，也不是难在我不敢毫无顾虑地表达全部的意见和观点。大凡游说的困难，难在如何了解游说对象的心理，然后用我的言论去适应他。

游说的对象如果想博取高名，而你却用如何获得重利去劝说他，那么他就会认为你品德低下而以卑贱的待遇对待你，你一定会被遗弃和疏远。游说的对象如果志在贪图重利，而你却用如何博取高名去劝说他，那么他就会认为你是一个没有头脑而脱离实际的人，一定不会录用你。游说的对象实际上意在重利而表面上却装作喜好高名，而你用如何博取高名去劝说他，那么他表面上会录用你而实际上却疏远你；假如你用获得重利的言论去劝说他，那么他会暗中采纳你的意见，却在表面上抛弃你。这些都是游说的人不能不知道的。

行事因为保密而成功，言谈因为泄密而失败。不一定是游说者本人泄的密，而只是游说者在言谈之中无意说到了君主内心隐藏的秘密，这样游说者就会有生命危险。君主有过失，而游说的人却公开用一些大道理去推测他的不良行为，那么游说的人就会有生命危险。君主对游说者的恩宠还没有达到亲密的程度，而游说者就把知心的话全都说出来，如果意见被采纳了而且有了功效，那么，你的功劳就会被君主遗忘；如果主张行不通而且遭到失败，那么游说者就会被君主怀疑，这样游说者就会有生命危险。君主计划了一件事情，感到很得意，想自己表功，但游说者也曾参与，知道这件事，那么他也会有生命危险。君主表面上做着一件事，而实际上是为了成就另一件事情，如果游说者参与并知其计，那么他也会有生命危险。如果游说者勉强让君主去做他坚决不愿做的事，或勉强去阻止君主所不愿意罢手的事情，那么游说的人就会有生命危险。所以说，游说者如果与君主议论在任的大臣，就会被认为是离间君臣彼此的关系；如果和君主议论地位低下的人，就会被认为是卖弄权势。议论君主所喜爱的人，那么君主就会认为游说者是在利用他；谈论君主所憎恶的，那么游说者就会被认为是在试探君主的看法。如果游说者文辞简略，那么就会被认为是缺少才智而得不到重用；如果游说者铺陈辞藻，夸夸其谈，那么就会被认为是语言放纵而浪费时间。如果游说者顺应君主的主张陈述大意，那么就会被说是胆小而不敢大胆尽言。如果游说者毫无顾忌地把考虑的事情尽情说出来，那么就会被说成是鄙陋粗俗、倨傲侮慢。这些都是游说的难处，不可以不知道。

大凡游说者应注意的重要问题，就在于懂得美化君主所推崇的事情，而掩盖他认为自惭形秽之处。他自认为高明的计策，就不要拿他过去的失败来衡量而让他受窘；他自认为是勇敢的决断，就不要用他由于考虑不周造成的过错去激怒他；他夸耀自己的力量强大，就不要拿他感到棘手的问题非难他。谋划另一件与君主相同的事，赞誉另一个与君主同样品行的人，游说者就要注意文饰自己的观点，不要刺伤他们。有人与君主做了同样失败的事，游说者就应表面上粉饰说他没有过失。忠心耿耿，不拂逆君主之意，言辞谨慎，不相抵触，然后游说者就可以择机施展自己的口才和智慧了。这就是与君主亲近不被怀疑，可以说尽心里话的办法啊！等到长期与君主共事之后，君主对游说者的恩泽已经很深厚了，游说者为君主的深谋远虑不被怀疑了，互相争议也不被加罪了，遇事便可以公开地论断利害，使他获得成功，可以直接指出君主的是非以正其身。用这样的办法扶持君主，便可以说是游说成功了。

伊尹做过厨师，百里奚做过俘虏，他们都从自己从事工作的角度请求君主采用他们的主张。所以，这两个人都是圣人。他们尚不得不做低贱的事而经历如此的卑污世事，那么智能之士就不会把卑躬屈节看作是耻辱了。

宋国有个富人，因为下大雨冲毁了他家的墙壁。他儿子说："如果不快修好被冲毁的墙壁，就会有盗贼来。"他邻居的父亲也这么说。晚上果然丢了不少钱财，他的家人都认为他儿子特别聪明却怀疑邻居的父亲。

从前郑武公想去讨伐胡国，却把自己的女儿嫁给胡国君主做妻子。因此他就问大臣们说："我想用兵，可以攻打谁呢？"大夫关其思回答说："可以攻打胡国。"郑武公就把关其思杀了，并且说："胡国，是我们的兄弟之国。你说攻打它，你是什么居心？"胡国君主听到这件事，认为郑君与自己关系密切便不防备郑国了。郑国乘机偷袭胡国，并吞并了它。邻居的父亲与大夫关其思的看法都是对的，然而言重的被杀死，言轻的被怀疑。这并不是对某些事情有自己的认识难，而是如何妥善地处理已知的事情难啊。

从前弥子瑕很受卫国君主宠爱。按照卫国的法律，凡是私自驾用君车的人要受断足的刑罚。不久弥子瑕的母亲病了，有人闻讯，便连夜通知了他，弥子瑕就假称君主的命令驾着君主的车子出去了。卫君听到这件事后反而赞美他说："真是一个孝子啊，为了母亲的病竟甘愿受断足的惩罚！"弥子瑕和卫君到果园游玩，弥子瑕吃到一个甜桃子，没吃完就献给卫君吃了。卫君说："真爱我啊，自己不吃却想着我！"等到弥子瑕老态龙钟，卫君对他的宠爱也消减了。后来弥子瑕得罪了卫君，卫君说："这个人曾经假称我的命令私自驾用我的车，还曾经给我吃他吃剩的桃子。"弥子瑕的德行和当初一样没有改变，可当初为卫君所赞许的，后来却变成了罪过，是由于卫君对他的爱憎起了变化。所以说，被君主宠爱时，他的智谋合乎君主的口味，君主就对他更加亲近；当他被君主厌恶的时候，他的过失与君主的厌恶心理相应，君主就对他更加疏远。因此，劝谏游说的人，不能不调查清楚君主的爱憎态度之后再进言。

龙属于虫类，可以亲近它，骑它。然而它喉咙下长有一尺长的逆鳞，人要触动它的逆鳞，一定会丧命。君主也有逆鳞，游说的人能不触犯君主的逆鳞，就差不多成功了。

有人把韩非的书传到秦国。秦王看了《孤愤》《五蠹》等书，慨叹说："唉呀，我要是能见到这个人并和他交往，就是死也不遗憾了。"李斯说："这些书是韩非撰写的。"秦王因此立即攻打韩国。韩王最初没有重用韩非，等到情势危急，便派遣韩非出使秦国。秦王很喜欢他，尚未任用他时，李斯、姚贾因嫉妒他，就在秦王面前诋毁他说："韩非是韩国贵族子弟。现在大王要吞并各国，韩非最终还是会帮助韩国而不会帮助秦国，这是人之常情啊。如今大王不任用他，久留于秦国，将来再放他回去，这是给自己埋下祸患啊。不如给他加个罪名，并依法处死他。"秦王认为有道理，就下令将韩非关押起来。李斯派人给韩非送去毒药，让他自杀。韩非想要向秦王申诉，却未能见到。后来秦王后悔了，派人去赦免韩非，可惜韩非已经死了。

申子、韩子都有著作流传到后世，学者大多有他们的书。我唯独悲叹韩非写了《说难》一文，而自己却未能逃脱死路。

太史公说：老子看重道，虚无，顺应自然，以无为来适应各种变化，因此他写的书人们认为语义微妙难于理解。庄子推演老子关于道德的学说，放言高论，其学说的要点也归本于自然无为的道理。申子常常勤奋自勉，推行循名责实的理论。韩非子依据法律作为规范行为的准绳，决断事情，明辨是非，用法严酷苛刻，残酷无情。以上这几人虽发展方向不同，但都源于老子的道德学说，可见老子的学说理论影响多么深远。

史记卷六十四

司马穰苴列传第四

司马穰苴者，田完之苗裔也。齐景公时，晋伐阿、甄，而燕侵河上，齐师败绩。景公患之。晏婴乃荐田穰苴曰："穰苴虽田氏庶孽，然其人文能附众，武能威敌，愿君试之。"景公召穰苴，与语兵事，大说之，以为将军，将兵扞燕、晋之师。穰苴曰："臣素卑贱，君擢之闾伍之中，加之大夫之上，士卒未附，百姓不信，人微权轻，愿得君之宠臣，国之所尊，以监军，乃可。"于是景公许之，使庄贾往。穰苴既辞，与庄贾约曰："旦日日中会于军门。"穰苴先驰至军，立表下漏待贾。贾素骄贵，以为将己之军而己为监，不甚急；亲戚左右送之，留饮。日中而贾不至。穰苴则仆表决漏，入，行军勒兵，申明约束。约束既定，夕时，庄贾乃至。穰苴曰："何后期为？"贾谢曰："不佞大夫亲戚送之，故留。"穰苴曰："将受命之日则忘其家，临军约束则忘其亲，援枹鼓之急则忘其身。今敌国深侵，邦内骚动，士卒暴露于境，君寝不安席，食不甘味，百姓之命皆悬于君，何谓相送乎！"召军正问曰："军法期而后至者云何？"对曰："当斩。"庄贾惧，使人驰报景公，请救。既往，未及反，于是遂斩庄贾以徇三军。三军之士皆振慄。久之，景公遣使者持节赦贾，驰入军中。穰苴曰："将在军，君令有所不受。"问军正曰："军中不驰，今使者驰，云何？"正曰："当斩。"使者大惧。穰苴曰："君之使不可杀之。"乃斩其仆、车之左驸、马之左骖，以徇三军。遣使者还报，然后行。士卒次舍，井灶饮食，问疾医药，身自拊循之。悉取将军之资粮享士卒，身与士卒平分粮食，最比其羸弱者，三日而后勒兵。病者皆求行，争奋出为之赴战。晋师闻之，为罢去。燕师闻之，度水而解。于是追击之，遂取所亡封内故境而引兵归。未至国，释兵旅，解约束，誓盟而后入邑。景公与诸大夫郊迎，劳师成礼，然后反归寝。既见穰苴，尊为大司马。田氏日以益尊于齐。

已而大夫鲍氏、高、国之属害之，谮于景公。景公退穰苴，苴发疾而死。田乞、田豹之徒由此怨高、国等。其后及田常杀简公，尽灭高子、

穰苴斩监立威图，选自清·马骀《百将传图》。司马穰苴，春秋时期著名军事家，著有《司马穰苴兵法》。

国子之族。至常曾孙和，因自立为齐威王。用兵行威，大放穰苴之法，而诸侯朝齐。

齐威王使大夫追论古者《司马兵法》而附穰苴于其中，因号曰《司马穰苴兵法》。

太史公曰：余读《司马兵法》，闳廓深远，虽三代征伐，未能竟其义，如其文也，亦少褒矣。若夫穰苴，区区为小国行师，何暇及《司马兵法》之揖让乎？世既多《司马兵法》，以故不论，著穰苴之列传焉。

【译文】

司马穰苴，是田完的后世子孙。齐景公时，晋国进犯齐国的东阿和甄城，燕国也入侵齐国黄河南岸的领土。齐军被打得大败，齐景公为此非常忧虑。晏婴因而向齐景公推荐田穰苴，说："穰苴虽说是田家的庶出子孙，可是他这个人，文德可使部下亲附，武略可使敌人畏惧。希望君王您能试试他。"于是齐景公召见了穰苴，跟他议论军国大事，齐景公对他大加赞赏，立即任命他为将军，率兵去抵御燕、晋两国的军队。穰苴说："臣下出身卑贱，君王把我从平民中提拔起来，置于大夫之上，士兵们不会服从，百姓也不会信任，资望既浅，缺乏权威，希望能派一位君王宠信、国家尊重的大臣，来监察军队才行。"于是齐景公就答应了他的要求，派庄贾前去做了监军。

穰苴向景公辞行后，便与庄贾约定说："明天正午在军门外相会。"第二天，穰苴率先驰车赶到军门，立起了计时的木表和漏壶，等待庄贾。庄贾一向傲慢自大，喜欢摆架子，认为率领的是自己的军队，自己又做监军，就不大着急。亲戚朋友为他饯行，挽留他喝酒。直到正午，庄贾还没有来。穰苴就放倒木表，摔破漏壶，进入军营，整顿军队，反复说明各项规定。等他布署完毕，到了傍晚，庄贾才到。穰苴说："为什么迟到？"庄贾道歉说："朋友亲戚们给我送行，所以耽搁了。"穰苴说："身为将领，从接受命令的那一刻起，就应当忘掉自己的家庭，从亲临军营申明号令后，就应忘掉私人的交情，从拿起鼓槌指挥作战那一刻起，就应不顾个人安危。如今敌人入侵已深入国境，国内骚乱不安，士兵暴露于境内，国君睡不安稳，吃不香甜，全国百姓的生命都维系于你一身，还谈得上什么送行呢！"于是把军法官叫来，问道："按照军法，对约定时刻迟到的人应如何处置？"回答说："应当斩首。"庄贾害怕了，派人飞马报告齐景公，请求救命。报信的人走了，还没来得及返回，庄贾就已被斩首示众于三军。全军将士都震惊战栗。过了好一会儿，齐景公派的使者才拿着符节来赦免庄贾。车马飞奔直入军营，穰苴说："将在军中，国君的命令可以不必完全照办。"又问军法官说："驾着车马在军营里奔驰，按军法当如何处置？"军法官说："应当斩首。"使者大惊失色。穰苴说："国君的使者不可以杀。"便斩了使者的仆从，砍断了车子左边的夹车木，杀死了左边驾车的马，示众于三军。让使者回去向齐景公报告，然后就出发了。

士兵们安营扎寨，打井砌灶，饮水吃饭，看病抓药，田穰苴都亲自过问以示关怀。还把自己作为将军专用的物资粮食全部拿出来与士兵共享，自己和士兵一样平分粮食。把体弱有病的统计出来，三天后重新整训军队，准备出战。病弱的士兵也要求前往，争先奋勇地为他战斗。晋国军队听说了这种情况，就撤军回去了。燕国军队知道了这种情况，也渡黄河向北撤退而溃散。于是齐国的军队趁势追击，收复了境内所有沦陷的领土，率师凯旋而归。还没到国都，就解除了战备，取消了战时规定号令，盟誓之后才进入国都。齐景公率领文武百官到城外迎接，依礼慰劳军队完毕后，才回到寝宫。齐景公接见了田穰苴，敬重地晋升他为大司马。从此，田氏在齐国的地位日益显贵。

后来，大夫鲍氏、高氏、国氏一班人忌妒他，便向齐景公进谗言中伤、诬陷他。齐景公就解除了他的官职，穰苴发病而死。田乞、田豹一伙从此怨恨高氏、国氏家族的人。后来田常杀死齐简公，把高氏、国氏家族全部诛灭了。到田常的曾孙田和时，他自立为君，号为齐威王。他用兵作战施使权威，都极力模仿穰苴的做法，当时各国诸侯都来朝拜齐国。

齐威王命大夫们追论古代的《司马兵法》，而把大司马田穰苴的兵法也附在里边，因此定名为《司马穰苴兵法》。

太史公说：我读《司马兵法》，感到宏大深远，不可测度，即使是夏、商、周三代的战争也未能穷尽其义，像现在把《司马穰苴兵法》的文字附在里边，也未免推许过分了。至于说到田穰苴，仅仅是为小国行师用兵，怎么能和《司马兵法》相提并论呢？世上流传的《司马兵法》既然很多，因此就不再评论了，只为穰苴写了传记。

史记卷六十五

孙子吴起列传第五

孙子武者，齐人也。以兵法见于吴王阖庐。阖庐曰："子之十三篇，吾尽观之矣，可以小试勒兵乎？"对曰："可。"阖庐曰："可试以妇人乎？"曰："可。"于是许之，出宫中美女，得百八十人。孙子分为二队，以王之宠姬二人各为队长，皆令持戟，令之曰："汝知而心与左右手背乎？"妇人曰："知之。"孙子曰："前，则视心；左，视左手；右，视右手；后，即视背。"妇人曰："诺。"约束既布，乃设鈇钺，即三令五申之。于是鼓之右，妇人大笑。孙子曰："约束不明，申令不熟，将之罪也。"复三令五申而鼓之左，妇人复大笑。孙子曰："约束不明，申令不熟，将之罪也；既已明而不如法者，吏士之罪也。"乃欲斩左右队长。吴王从台上观，见且斩爱姬，大骇，趣使使下令曰："寡人已知将军能用兵矣。寡人非此二姬，食不甘味，愿勿斩也。"孙子曰："臣既已受命为将，将在军，君命有所不受。"遂斩队长二人以徇，用其次为队长。于是复鼓之。妇人左右前后跪起皆中规矩绳墨，无敢出声。于是孙子使使报王曰："兵既整齐，王可试下观之，唯王所欲用之，虽赴水火犹可也。"吴王曰："将军罢休就舍，寡人不愿下观。"孙子曰："王徒好其言，不能用其实。"

于是阖庐知孙子能用兵，卒以为将。西破强楚，入郢，北威齐、晋，显名诸侯，孙子与有力焉。

孙武既死，后百馀岁有孙膑。

膑生阿、鄄之间。膑亦孙武之后世子孙也。孙膑尝与庞涓俱学兵法。庞涓既事魏，得为惠王将军，而自以为能不及孙膑，乃阴使召孙膑。膑至，庞涓恐其贤于己，疾之，则以法刑断其两足而黥之，欲隐勿见。

齐使者如梁，孙膑以刑徒阴见，说齐使。齐使以为奇，窃载与之齐。齐将田忌善而客待之。忌数与齐诸公子驰逐重射。孙子见其马足不甚相远，马有上、中、下辈。于是孙子谓田忌曰："君弟重射，臣能令君胜。"田忌信然之，与王及诸公子逐射千金。及临质，孙子曰："今以君之下驷与彼上驷，取君上驷与彼中驷，取君中驷与彼下驷。"既驰三辈毕，而田忌一不胜而再胜，卒得王千金。于是忌进孙子于威王。威王问兵法，遂以为师。

其后魏伐赵，赵急，请救于齐。齐威王欲将孙膑，膑辞谢曰："刑馀之人，不可。"于是乃以田忌为将，而孙子为师，居辎车中，坐为计谋。田忌欲引兵之赵，孙子曰："夫解杂乱纷纠者不控捲，救斗者不搏撠，批亢捣虚，形格势禁，则自为解耳。今梁、赵相攻，轻兵锐卒必竭于外，老弱罢于内。君不若引兵疾走大梁，据其街路，冲其方虚，彼必释赵而自救。是我一举解赵之围而收弊于魏也。"田忌从之，魏果去邯郸，与齐战于桂陵，大破梁军。

后十三岁，魏与赵攻韩，韩告急于齐。齐使田忌将而往，直走大梁。魏将庞涓闻之，去韩而归，齐军既已过而西矣。孙子谓田忌曰："彼三晋之兵，素悍勇而轻齐，齐号为怯，善战者因其势而利导之。兵法：百里而趣利者蹶上将，五十里而趣利者军半至。使齐军入魏地为十万灶，明日为五万灶，又明日为三万灶。"庞涓行三日，大喜，曰："我固知齐军怯，入吾地三日，士卒亡者过半矣。"乃弃其步军，与其轻锐倍日并行逐之。孙子度其行，暮当至马陵。马陵道狭，而旁多阻隘，可伏兵，乃斫大树白而书之曰："庞涓死于此树之下。"于是令齐军善射者万弩，夹道而伏，期曰"暮见火举而俱发"。庞涓果夜至斫木下，见白书，乃钻火烛之。读其书未毕，齐军万弩俱发，魏军大乱相失。庞涓自知智穷兵败，乃自刭，曰："遂成竖子之名！"齐因乘胜尽破其军，虏魏太子申以归。孙膑以此名显天下，世传其兵法。

吴起者，卫人也，好用兵，尝学于曾子。事鲁君。齐人攻鲁，鲁欲将吴起，吴起取齐女为妻，而鲁疑之。吴起于是欲就名，遂杀其妻，以明不与齐也。鲁卒以为将，将而攻齐，大破之。

鲁人或恶吴起曰："起之为人，猜忍人也。其少时，家累千金，游仕不遂，遂破其家。乡党笑之，吴起杀其谤己者三十馀人，而东出卫郭门。与其母诀，啮臂而盟曰：'起不为卿相，不复入卫。'遂事曾子。居顷之，其母死，起终不归。曾子薄之，而与起绝。起乃之鲁，学兵法以事鲁君。鲁君疑之，起杀妻以求将。夫鲁小国，而有战胜之名，则诸侯图鲁矣。且鲁卫兄弟之国也，而君用起，则是弃卫。"鲁君疑之，谢吴起。

吴起于是闻魏文侯贤，欲事之。文侯问李克曰："吴起何如人哉？"李克曰："起贪而好色，然用兵，司马穰苴不能过也。"于是魏文侯以为将，击秦，拔五城。

起之为将，与士卒最下者同衣食。卧不设席，行不骑乘，亲裹赢粮，与士卒分劳苦。卒有病疽者，起为吮之。卒母闻而哭之。人曰：“子卒也，而将军自吮其疽，何哭为？”母曰：“非然也。往年吴公吮其父，其父战不旋踵，遂死于敌。吴公今又吮其子，妾不知其死所矣。是以哭之。”

文侯以吴起善用兵，廉平，尽能得士心，乃以为西河守，以拒秦、韩。

魏文侯既卒，起事其子武侯。武侯浮西河而下，中流，顾而谓吴起曰：“美哉乎山河之固，此魏国之宝也！”起对曰：“在德不在险。昔三苗氏左洞庭，右彭蠡，德义不修，禹灭之。夏桀之居，左河、济，右泰、华，伊阙在其南，羊肠在其北，修政不仁，汤放之。殷纣之国，左孟门，右太行，常山在其北，大河经其南，修政不德，武王杀之。由此观之，在德不在险。若君不修德，舟中之人尽为敌国也。”武侯曰：“善。”

吴起为西河守，甚有声名。魏置相，相田文。吴起不悦，谓田文曰：“请与子论功，可乎？”田文曰：“可。”起曰：“将三军，使士卒乐死，敌国不敢谋，子孰与起？”文曰：“不如子。”起曰：“治百官，亲万民，实府库，子孰与起？”文曰：“不如子。”起曰：“守西河而秦兵不敢东乡，韩、赵宾从，子孰与起？”文曰：“不如子。”起曰：“此三者，子皆出吾下，而位加吾上，何也？”文曰：“主少国疑，大臣未附，百姓不信，方是之时，属之于子乎？属之于我乎？”起默然良久，曰：“属之子矣。”文曰：“此乃吾所以居子之上也。”吴起乃自知弗如田文。

田文既死，公叔为相，尚魏公主，而害吴起。公叔之仆曰：“起易去也。”公叔曰：“奈何？”其仆曰：“吴起为人节廉而自喜名也。君因先与武侯言曰：‘夫吴起贤人也，而侯之国小，又与强秦壤界，臣窃恐起之无留心也。’武侯即曰：‘奈何？’君因谓武侯曰：‘试延以公主，起有留心，则必受之，无留心，则必辞矣。以此卜之。’君因召吴起而与归，即令公主怒而轻君。吴起见公主之贱君也，则必辞。”于是吴起见公主之贱魏相，果辞魏武侯。武侯疑之而弗信也。吴起惧得罪，遂去，即之楚。

楚悼王素闻起贤，至则相楚。明法审令，捐不急之官，废公族疏远者，以抚养战斗之士。要在强兵，破驰说之言从横者。于是南平百越；北并陈、蔡，却三晋；西伐秦。诸侯患楚之强。故楚之贵戚尽欲害吴起。及悼王死，宗室大臣作乱而攻吴起，吴起走之王尸而伏之。击起之徒因射刺吴起，并中悼王。

悼王既葬，太子立，乃使令尹尽诛射吴起而并中王尸者。坐射起而夷宗死者七十馀家。

太史公曰：世俗所称师旅，皆道《孙子》十三篇、吴起兵法，世多有，故弗论，论其行事所施设者。语曰："能行之者未必能言，能言之者未必能行。"孙子筹策庞涓明矣，然不能早救患于被刑。吴起说武侯以形势不如德，然行之于楚，以刻暴少恩亡其躯。悲夫！

【译文】

孙子名武，齐国人。因为精通兵法而受到吴王阖闾的接见。阖闾说："您写的十三篇兵书我都看过了，可以小规模地试着为我操演一番吗？"孙子回答说："可以。"阖闾说："可以用妇女来操演吗？"回答说："可以。"于是答应孙子，选出宫中美女，共计一百八十人。孙子将她们分成两队，让阖闾最宠爱的两位侍妾担任两队队长。让所有的美女全部持戟，然后命令她们说："你们知道自己的心、左右手和背的方向吗？"妇人们回答说："知道。"孙子说："我说向前，你们就向心口所对的方向前进；我说向左，你们就向左手所对的方向前进；我说向右，你们就向右手所对的方向行进；我说向后，你们就向背所对的方向前进。"妇人们答道："是。"规定宣布清楚后，便陈设斧钺等刑具，当场重复了多遍。然后用鼓声指挥她们向右，妇女们大笑。孙子说："纪律还不清楚，号令不熟悉，这是将领的过错。"然后又重复多次交待清楚了，用鼓声指挥她们向左，妇人们又都哈哈大笑。孙子说："纪律弄不清楚，号令不熟悉，这是将领的过错；现在既然已经讲得清清楚楚，却不遵照号令行事，那就是军官和士兵的过错了。"说着就要将左、右两队的队长斩首。吴王正在台上观看，见孙子要杀自己的爱妾，大惊失色，急忙派使臣传达命令说："我已经知道将军善于用兵了。我要是失去了这两个侍妾，吃饭也不香甜，请你不要杀她们。"孙子回答说："我已经接受命令为将，将在军中，国君的命令可以不必完全照办。"于是杀了两个队长示众，然后依序任命两队的第二个人为队长，再次用鼓声指挥她们操练。妇人们向左向右、向前向后、跪倒、站起都符合要求，没有人敢再出声。于是孙子让人向吴王报告说："队伍已经操练整齐，大王可以下台来验察她们的演习，任凭大王想让她们干什么，哪怕是赴汤蹈火也可以。"吴王回答说："请将军停止演练，回宾馆休息。我不愿下去察看了。"孙子感叹地说："大王只是欣赏我书上的军事理论，却不能将其付诸实践。”从此，吴王阖闾知道孙子果真善于用兵，终于任他为将。后来吴国向西击破强楚，攻克郢都，向北威震齐国和晋国，扬名于诸侯。这其间，孙子不仅参与，而且出力不小。

孙子死后，过了一百多年又出了一个孙膑。孙膑出生在阿城和鄄城之间，也是孙武的后代子孙。他曾经和庞涓一起学习兵法。庞涓为魏国做事，当上了魏惠王的将军。但他知道自己的才能比不上孙膑，就秘密让人把孙膑找来。孙膑到了魏国后，庞涓害怕他超过自己，因此忌恨他，就假借罪名砍掉了他的双脚，并且在他脸上刺了字，想使他埋没于世不为人知。

齐国的使者到大梁来，孙膑以犯人的身份秘密地求见了齐使，用言辞打动齐国使者。齐国的使者认为他很有才能，就偷偷地用车把他载到齐国。齐国将军田忌赏识他并且像对待客人一样礼待他。田忌多次与齐国的贵族子弟赛马，下重金赌胜。孙膑发现他们的马奔跑能力都差不多，并且都分上、中、下三等。于是孙膑对田忌说：“你尽管下大注，我能让你取胜。”田忌相信并答应了他，与齐王和贵族子弟们比赛时下了千金的赌注。到临比赛时，孙膑对田忌说：“请用您的下等马迎战他们的上等马，用您的上等马对付他们的中等马，用您的中等马对付他们的下等马。”三场比赛结束，田忌败了一场，胜了两场，终于赢得了齐王的千金赌注。因此田忌把孙膑推荐给了齐威王。齐威王向他请教兵法后，就拜他做老师。

后来魏国攻打赵国，赵国危急，向齐国求援。齐威王准备任用孙膑为主将，孙膑辞谢说：“受过酷刑的人不可以担任主将。”于是任命田忌为主将，孙膑为军师，让他坐在篷帐车里，暗中谋划。田忌想要率军直奔赵国，孙膑说：“想要解开乱丝，不能紧握双拳生拉硬扯；平息争斗不能亲自上手。要避实击虚，利用形势来牵制敌人，那么危难自可解除。如今魏赵两国正在交战，魏国的精锐部队必定都在国外战斗得精疲力竭，留在国内疲于应付的都是老弱病残。你不如率军火速前往大梁，占据要道，冲击它空虚的地方，魏军必定会放弃赵国而回兵自救。这样，我们一举就能既解救赵国之围，又使魏国遭受打击。”田忌听从了孙膑的意见。魏军果然放弃邯郸回师，与齐军战于桂陵，结果魏军被打得大败。

十三年后，魏国和赵国联合攻打韩国，韩国向齐国告急求救。齐王派田忌率军前去救援，直奔大梁。魏将庞涓听到这个消息，率师撤离韩国回了魏国，但齐军已经越过边界向西挺进。孙膑对田忌说：“那魏军素来凶悍勇猛而又看不起齐军，齐军有怯懦的名声，善于指挥作战的人要因势利导。兵法上说，急速行军百里与敌人争利会折损上将军，急速行军五十里与敌争利只有一半的士兵能赶到。我们应命令军队进入魏境后先砌能做十万人饭的灶，第二天砌能做五万人饭的灶，第三天砌做三万人饭的灶。”庞涓行军三天，察看齐军所留灶迹，特别高兴地说：“我本来就知道齐军胆小怯懦，入我境内三天，士兵已经逃跑了一大半啊。”于是他丢下步兵，只率轻装精锐部队，日夜兼程加速追击齐军。孙膑估计他的行程，当晚应当可以赶到马陵。马陵的道路狭窄，旁多险阻，适合埋伏军队。孙膑让人把一棵大树割去树皮，露出白木，在上面写上：“庞涓死于此树之下。”于是命令上万名善于射箭的齐兵，埋伏在马陵道两边，约定说：“天黑见到树下火光亮起，就万箭齐发。”庞涓当晚果然赶到了割去树皮的树下，见到白木上写有字，便钻木点火来照明，白木上边的字还没读完，齐军伏兵就万箭齐发。魏军大乱，失去了队形。庞涓自知无计可施，败局已定，只好自刎。临死时说：“终究还是成就了这小子的名声啊！”齐军就乘胜追击，彻底击溃了魏军，并俘虏了魏国太子申回国。孙膑因此而名扬天下，后世流传着他的兵法。

吴起是卫国人，善于用兵打仗。曾经师从曾子，侍奉鲁国国君。当齐军攻打鲁国时，鲁君打算任用吴起为将军，而吴起娶的妻子却是齐国人，因而鲁君不敢完全信任他。当时，吴起一心只想成名，就杀了自己的妻子，来表明他不亲附齐国的心意。鲁君最后终于任命他做了将军。吴起率军攻打齐军，齐军大败。

鲁国有的人诋毁吴起说：“吴起为人，喜猜忌、残忍。他年轻时，家中积财足有千金，游历求官不成，反而把家产都耗尽了。同乡中有人嘲笑他，他便把讥笑自己的三十多人都杀掉了，然后离开卫国，从东门逃跑了。他和母亲诀别时，咬着自己的胳膊发誓说：‘我吴起不做卿相，就绝不再回卫国。’于是就拜曾子为师。过了不久，他的母亲逝世了，吴起最终没有回去奔丧。曾子瞧不起他并与他断绝了师徒关系。吴起于是到了鲁国，学习兵法为鲁君做事。鲁君怀疑他，吴起杀掉妻子表明心迹，以谋求将军之职。鲁国虽然是个小国，却有着战胜国的名声，那么诸侯各国就要打鲁国的主意了。况且鲁国、卫国是兄弟国家，鲁君如果重用吴起，就等于抛弃了卫国。”鲁君怀疑吴起，不久就把他辞退了。

吴起适时听说魏国文侯贤明，想去侍奉他。魏文侯问李克说：“吴起这个人如何？”李克回答说：“吴起贪婪而好色，但是要论带兵打仗，就是司马穰苴也不会超过他。”于是魏文侯任用他为主将，攻打秦国，连续夺取了五座城池。

吴起为将领，跟最下等的士兵穿一样的衣服、吃一样的伙食，睡觉不铺垫褥，行军不骑马不乘车，亲自背着军粮，替士兵分担劳苦。有个士兵生了恶性毒疮，吴起替他吸吮脓液。这个士兵的母亲听说后放声大哭。有人说：“你儿子是士兵，而将军亲自为他吸毒疮，您还哭什么？”那位母亲回答说：“不是这样啊。往年吴将军替他父亲吸吮毒疮，他父亲作战时勇往直前，于是死在了敌人手里。如今吴将军又给我儿子吸吮毒疮，我不知道他又会在什么时候死在什么地方。所以才为他哭啊。”

魏文侯因为吴起善于用兵打仗、廉洁公正，能得所有将士的欢心，就任命他为西河太守，来抗拒秦国、韩国。

魏文侯死后，吴起侍奉他的儿子魏武侯。魏武侯泛舟沿黄河顺流而下，船到中途，回头对吴起说：“太美了，山河环绕，险要牢固，这是魏国的国宝啊！”吴起回答说：“国家的强盛在于仁德而不在于形势险要。从前三苗氏左临洞庭湖，右濒彭蠡泽，但它不修德行，不讲信义，所以被夏禹灭掉了；夏桀的领土，左临黄河、济水，右靠泰山、华山，伊阙山在它的南面，羊肠坂在它的北面，但因不施仁政，所以商汤放逐了他；殷纣的国都，左有孟门山，右有太行山，常山在它北面，黄河流经它的南面，因为他施政不仁，所以武王把他杀了。由此看来，政权稳固在于仁德，不在于地理形势的险要。如果您不修德政，即便是同船之人也会变成您的仇敌啊！”武侯回答说：“说得好。”

吴起做西河太守，很有声誉。魏国设置了相国，任命田文为相。吴起很不高兴，对田文说：“请让我与您比比功劳，怎么样？”田文说：“可以。”吴起说：“统率三军，使士兵愿意为国死战，敌国不敢打魏国主意，你和我比，谁强？”田文说：“我不如您。”吴起说：“管理文武百官，让百姓亲附，使府库的储备充实，你和我比，谁强？”田文说：“我不如您。”吴起说：“据守西河而使秦军不敢向东进犯，使韩国、赵国归顺，你和我比，谁强？”田文说：“我不如您。”吴起说：“这几方面你都在我之下，可是你的职位却在我之上，为什么？”田文说：“国君还年轻，国家不安定，大臣不顺服，百姓不信任，正处这种时候，是把政事交给您，还是交给我呢？”吴起沉默了很久，然后说：“应该交给您啊。”田文说：“这就是我的职位比您高的原因啊。”吴起这才知道自己不如田文。

田文死后，公叔出任相国，娶了魏国公主，却忌恨吴起。公叔的仆人说：“吴起容易除掉。”公叔问：“怎么办呢？”那个仆人说：“吴起为人严正不贪却喜好虚名。您可以找机会先对武侯说：‘吴起是个贤能的人，而您的国土太小了，又和强大的秦国接壤，我私下担心吴起没有久留之心啊。’武侯就会问：‘那要怎么办呢？’您就趁机对武侯说：‘请用把公主嫁给他的办法试探他。如果吴起有长留魏国之心，就一定会答应娶公主；如果没有长留魏国之心，就一定会推辞。以此可以探测其心意。’您找个机会请吴起一道回家，故意让公主发怒而当面鄙视您，吴起看到公主这样轻视您，那么他一定不会答应娶公主的。”果然，吴起见到公主如此地轻视相国，便婉言谢绝了魏武侯。武侯怀疑吴起，不再信任他。吴起害怕招来灾祸，于是离开魏国，去了楚国。

楚悼王素来就听说吴起贤能，一到楚国就任命他为相。他申明法令，裁减不必要的官员，停止疏远王族的供给来供养战士；重点在于加强军事力量，斥退那些纵横游说之人。于是向南平定了百越；向北吞并了陈国和蔡国，击退了韩、赵、魏三国军队；向西讨伐秦国。诸侯各国都对楚国的强盛感到忧虑。先前被吴起停止供给的疏远王族都想谋害吴起。等到悼王去世，王室大臣暴乱，攻击吴起，吴起逃到楚王停尸的地方，伏在悼王的尸体上。攻打吴起的那帮人趁机用箭射吴起，同时也射中了悼王的尸体。悼王下葬后，太子即位，于是命令尹把射吴起时射中悼王尸体的人全部杀掉。因射杀吴起而被灭族的有七十多家。

太史公说：社会上称道军旅战法的人，都会讲到《孙子》十三篇和吴起《兵法》，这两部书世上多有流传，所以我不加论述，只评论他们生平行事所涉及到的情况。俗话说：“能做事的人不一定能讲清楚道理，能讲清道理的人未必能做事。”孙膑算计庞涓的军事行动是英明的，但是他自己却不能预先避免刖足的酷刑。吴起对武侯讲形势险要不如实行德政的道理，可在楚国执政时却因苛刻少恩而丢了性命。可叹啊！

史记卷六十六

伍子胥列传第六

伍子胥者，楚人也，名员。员父曰伍奢。员兄曰伍尚。其先曰伍举，以直谏事楚庄王，有显，故其后世有名于楚。

楚平王有太子名曰建，使伍奢为太傅，费无忌为少傅。无忌不忠于太子建。平王使无忌为太子取妇于秦，秦女好，无忌驰归报平王曰："秦女绝美，王可自取，而更为太子取妇。"平王遂自取秦女而绝爱幸之，生子轸。更为太子取妇。

无忌既以秦女自媚于平王，因去太子而事平王。恐一旦平王卒而太子立，杀己，乃因谗太子建。建母，蔡女也，无宠于平王。平王稍益疏建，使建守城父，备边兵。

顷之，无忌又日夜言太子短于王曰："太子以秦女之故，不能无怨望，愿王少自备也。自太子居城父，将兵，外交诸侯，且欲入为乱矣。"平王乃召其太傅伍奢考问之。伍奢知无忌谗太子于平王，因曰："王独奈何以谗贼小臣疏骨肉之亲乎？"无忌曰："王今不制，其事成矣。王且见禽。"于是平王怒，囚伍奢，而使城父司马奋扬往杀太子。行未至，奋扬使人先告太子："太子急去，不然将诛。"太子建亡奔宋。

无忌言于平王曰："伍奢有二子，皆贤，不诛且为楚忧。可以其父质而召之，不然且为楚患。"王使使谓伍奢曰："能致汝二子则生，不能则死。"伍奢曰："尚为人仁，呼必来。员为人刚戾忍询，能成大事，彼见来之并禽，其势必不来。"王不听，使人召二子曰："来，吾生汝父；不来，今杀奢也。"伍尚欲往，员曰："楚之召我兄弟，非欲以生我父也，恐有脱者后生患，故以父为质，诈召二子。二子到，则父子俱死。何益父之死？往而令仇不得报耳。不如奔他国，借力以雪父之耻。俱灭，无为也。"伍尚曰："我知往终不能全父命。然恨父召我以求生而不往，后不能雪耻，终为天下笑耳。"谓员："可去矣！汝能报杀父之仇，我将归死。"尚既就执，使者捕伍胥。伍胥贯弓执矢向使者，使者不敢进，伍胥遂亡。闻太子建之在宋，往从之。奢闻子胥之亡也，曰："楚国君臣且苦兵矣。”伍尚至楚，楚并杀奢与尚也。

伍胥既至宋，宋有华氏之乱，乃与太子建俱奔于郑。郑人甚善之。太子建又适晋，晋顷公曰：“太子既善郑，郑信太子。太子能为我内应，而我攻其外，灭郑必矣。灭郑而封太子。”太子乃还郑。事未会，会自私欲杀其从者，从者知其谋，乃告之于郑。郑定公与子产诛杀太子建。建有子名胜。伍胥惧，乃与胜俱奔吴。到昭关，昭关欲执之。伍胥遂与胜独身步走，几不得脱。追者在后，至江，江上有一渔父乘船，知伍胥之急，乃渡伍胥。伍胥既渡，解其剑曰：“此剑直百金，以与父。”父曰：“楚国之法，得伍胥者赐粟五万石，爵执珪，岂徒百金剑邪！”不受。伍胥未至吴而疾，止中道，乞食。至于吴，吴王僚方用事，公子光为将，伍胥乃因公子光以求见吴王。

久之，楚平王以其边邑钟离与吴边邑卑梁氏俱蚕，两女子争桑相攻，乃大怒，至于两国举兵相伐。吴使公子光伐楚，拔其钟离、居巢而归。伍子胥说吴王僚曰：“楚可破也，愿复遣公子光。”公子光谓吴王曰：“彼伍胥父兄为戮于楚，而劝王伐楚者，欲以自报其仇耳。伐楚，未可破也。”伍胥知公子光有内志，欲杀王而自立，未可说以外事，乃进专诸于公子光，退而与太子建之子胜耕于野。

五年而楚平王卒。初，平王所夺太子建秦女生子轸，及平王卒，轸竟立为后，是为昭王。吴王僚因楚丧，使二公子将兵往袭楚，楚发兵绝吴兵之后，不得归。吴国内空，而公子光乃令专诸袭刺吴王僚而自立，是为吴王阖庐。阖庐既立，得志，乃召伍员以为行人，而与谋国事。

楚诛其大臣郤宛、伯州犁，伯州犁之孙伯嚭亡奔吴，吴亦以嚭为大夫。前王僚所遣二公子将兵伐楚者，道绝不得归，后闻阖庐弑王僚自立，遂以其兵降楚，楚封之于舒。

阖庐立三年，乃兴师与伍胥、伯嚭伐楚，拔舒，遂禽故吴反二将军。因欲至郢，将军孙武曰：“民劳，未可，且待之。”乃归。

四年，吴伐楚，取六与灊。五年，伐越，败之。六年，楚昭王使公子囊瓦将兵伐吴。吴使伍员迎击，大破楚军于豫章，取楚之居巢。

九年，吴王阖庐谓子胥、孙武曰：“始子言郢未可入，今果何如？”二子对曰：“楚将囊瓦贪，而唐、蔡皆怨之。王必欲大伐之，必先得唐、蔡乃可。”阖庐听之，悉兴师与唐、蔡伐楚，与楚夹汉水而陈。吴王之弟夫概将兵请从，王不听，遂以其属五千人击楚将子常。子常败走，奔郑。

于是吴乘胜而前，五战，遂至郢。己卯，楚昭王出奔。庚辰，吴王入郢。

昭王出亡，入云梦；盗击王，王走郧。郧公弟怀曰："平王杀我父，我杀其子，不亦可乎？"郧公恐其弟杀王，与王奔随。吴兵围随，谓随人曰："周之子孙在汉川者，楚尽灭之。"随人欲杀王，王子綦匿王，己自为王以当之。随人卜与王于吴，不吉，乃谢吴不与王。

始伍员与申包胥为交，员之亡也，谓包胥曰："我必覆楚。"包胥曰："我必存之。"及吴兵入郢，伍子胥求昭王。既不得，乃掘楚平王墓，出其尸，鞭之三百，然后已。申包胥亡于山中，使人谓子胥曰："子之报仇，其以甚乎！吾闻之，人众者胜天，天定亦能破人。今子故平王之臣，亲北面而事之，今至于僇死人，此岂其无天道之极乎？"伍子胥曰："为我谢申包胥曰，吾日莫途远，吾故倒行而逆施之。"于是申包胥走秦告急，求救于秦。秦不许。包胥立于秦廷，昼夜哭，七日七夜不绝其声。秦哀公怜之，曰："楚虽无道，有臣若是，可无存乎！"乃遣车五百乘救楚击吴。六月，败吴兵于稷。会吴王久留楚求昭王，而阖庐弟夫概乃亡归，自立为王。阖庐闻之，乃释楚而归击其弟夫概。夫概败走，遂奔楚。楚昭王见吴有内乱，乃复入郢。封夫概于堂溪，为堂溪氏。楚复与吴战，败吴，吴王乃归。

后二岁，阖庐使太子夫差将兵伐楚，取番。楚惧吴复大来，乃去郢，徙于鄀。当是时，吴以伍子胥、孙武之谋，西破强楚，北威齐、晋，南服越人。

其后四年，孔子相鲁。

后五年，伐越。越王勾践迎击，败吴于姑苏，伤阖庐指，军却。阖庐病创将死，谓太子夫差曰："尔忘勾践杀尔父乎？"夫差对曰："不敢忘。"是夕，阖庐死。夫差既立为王，以伯嚭为太宰，习战射。二年后伐越，败越于夫湫。越王勾践乃以馀兵五千人栖于会稽之上，使大夫种厚币遗吴太宰嚭以请和，求委国为臣妾。吴王将许之，伍子胥谏曰："越王为人能辛苦，今王不灭，后必悔之。"吴王不听，用太宰嚭计，与越平。

其后五年，而吴王闻齐景公死而大臣争宠，新君弱，乃兴师北伐齐。伍子胥谏曰："勾践食不重味，吊死问疾，且欲有所用之也。此人不死，必为吴患。今吴之有越，犹人之有腹心疾也。而王不先越而乃务齐，不亦谬乎！"吴王不听，伐齐，大败齐师于艾陵，遂威邹鲁之君以归。益疏子胥之谋。

其后四年，吴王将北伐齐，越王勾践用子贡之谋，乃率其众以助吴，而重宝以献遗太宰嚭。太宰嚭既数受越赂，其爱信越殊甚，日夜为言于吴王。吴王信用嚭之计。伍子胥谏曰："夫越，腹心之病。今信其浮辞诈伪而贪齐，破齐，譬犹石田，无所用之。且《盘庚之诰》曰：'有颠越不恭，劓殄灭之，俾无遗育，无使易种于兹邑。'此商之所以兴。愿王释齐而先越；若不然，后将悔之无及。"而吴王不听，使子胥于齐。子胥临行，谓其子曰："吾数谏王，王不用，吾今见吴之亡矣。汝与吴俱亡，无益也。"乃嘱其子于齐鲍牧，而还报吴。

吴太宰嚭既与子胥有隙，因谗曰："子胥为人刚暴，少恩，猜贼，其怨望恐为深祸也。前日王欲伐齐，子胥以为不可，王卒伐之而有大功。子胥耻其计谋不用，乃反怨望。而今王又复伐齐，子胥专愎强谏，沮毁用事，徒幸吴之败以自胜其计谋耳。今王自行，悉国中武力以伐齐，而子胥谏不用，因辍谢，详病不行。王不可不备，此起祸不难。且嚭使人微伺之，其使于齐也，乃属其子于齐之鲍氏。夫为人臣，内不得意，外倚诸侯，自以为先王之谋臣，今不见用，常鞅鞅怨望。愿王早图之。"吴王曰："微子之言，吾亦疑之。"乃使使赐伍子胥属镂之剑，曰："子以此死。"伍子胥仰天叹曰："嗟乎！谗臣嚭为乱矣，王乃反诛我。我令若父霸，自若未立时，诸公子争立，我以死争之于先王，几不得立。若既得立，欲分吴国予我，我顾不敢望也。然今若听谀臣言以杀长者！"乃告其舍人曰："必树吾墓上以梓，令可以为器；而抉吾眼县吴东门之上，以观越寇之入灭吴也。"乃自刭死。吴王闻之大怒，乃取子胥尸盛以鸱夷革，浮之江中。吴人怜之，为立祠于江上，因命曰胥山。

吴王既诛伍子胥，遂伐齐。齐鲍氏杀其君悼公而立阳生。吴王欲讨其贼，不胜而去。其后二年，吴王召鲁、卫之君会之橐皋。其明年，因北大会诸侯于黄池，以令周室。越王勾践袭杀吴太子，破吴兵。吴王闻之，乃归，使使厚币与越平。后九年，越王勾践遂灭吴，杀王夫差；而诛太宰嚭，以不忠于其君，而外受重赂，与己比周也。

伍子胥初所与俱亡故楚太子建之子胜者，在于吴。吴王夫差之时，楚惠王欲召胜归楚。叶公谏曰："胜好勇而阴求死士，殆有私乎！"惠王不听。遂召胜，使居楚之边邑鄢，号曰白公。白公归楚三年而吴诛子胥。

白公胜既归楚，怨郑之杀其父，乃阴养死士，求报郑。归楚五年，请伐郑，楚令尹子西许之。兵未发而晋伐郑，郑请救于楚。楚使子西往救，与盟而还。白公胜怒曰："非郑之仇，乃子西也。"胜自砺剑，人问曰："何以为？"胜曰："欲以杀子西。"子西闻之，笑曰："胜如卵耳，何能为也！"

其后四岁，白公胜与石乞袭杀楚令尹子西、司马子綦于朝。石乞曰："不杀王，不可。"乃劫（之）王如高府。石乞从者屈固负楚惠王亡走昭夫人之宫。叶公闻白公为乱，率其国人攻白公。白公之徒败，亡走山中，自杀。而虏石乞，而问白公尸处，不言将亨。石乞曰："事成为卿，不成而亨，固其职也。"终不肯告其尸处。遂亨石乞，而求惠王复立之。

太史公曰：怨毒之于人甚矣哉！王者尚不能行之于臣下，况同列乎！向令伍子胥从奢俱死，何异蝼蚁。弃小义，雪大耻，名垂于后世。悲夫！方子胥窘于江上，道乞食，志岂尝须臾忘郢邪？故隐忍就功名，非烈丈夫孰能致此哉？白公如不自立为君者，其功谋亦不可胜道者哉！

【译文】

伍子胥，是楚国人，名员。他的父亲叫伍奢，伍员的哥哥叫伍尚。他的祖先叫伍举，凭借直言进谏侍奉楚庄王，颇有声望，所以他的后人在楚国很有名气。

楚平王有个太子叫建，楚平王派伍奢做他的太傅、费无忌做他的少傅。费无忌对太子建不忠。平王派费无忌给太子到秦国娶亲，秦国女子长得很漂亮，费无忌就跑回去报告平王道："这是个绝代美女，大王可以自己娶了她，再给太子另娶个媳妇。"平王于是自娶了这个秦国女子，并且十分宠爱她，后生子名轸。另给太子建娶了媳妇。

费无忌凭借秦女得宠于楚平王后，便离开太子而侍奉楚平王。又担心有一天楚平王死了，太子建继位会杀自己，竟因此诋毁太子建。太子建的母亲是蔡人，不得平王宠爱。于是楚平王渐渐地疏远了太子，他派太子建驻守城父，防守边疆。

不久，费无忌又不停地在楚平王面前讲太子建的坏话，他说："太子因那个秦国女子的缘故，不会不生怨望之心，希望大王自己提防一下。自从太子驻守城父以后，统率着军队，对外和诸侯交往，恐怕想要回来作乱了。"楚平王就把他的太傅伍奢召回来审问。伍奢知道费无忌在平王面前说了太子的坏话，因此说："大王怎么能因谗贼小臣疏远父子的骨肉关系呢？"费无忌说："大王现在不制止，他们的阴谋就要得逞，大王将要被逮捕了！”于是楚平王发怒，把伍奢囚禁了起来，同时命令城父司马奋扬去杀太子建。半路上，奋扬派人先去通知太子：“太子赶快离开，要不然，将被杀死。”于是太子建逃到了宋国。

费无忌对平王说：“伍奢有两个儿子，都很贤能，不杀掉他们，恐怕将成为楚国的祸害。可用他们的父亲做人质将其召来，不这样将成为楚国的后患。”楚平王就派使臣对伍奢说：“能把你两个儿子叫来，就能活命，否则就只有死。”伍奢说：“伍尚为人宽厚仁慈，叫他，一定能来；伍员为人桀傲不驯，坚忍卓绝，能成大事业，他知道来了一块儿被擒，势必不来。”楚平王不听，派人召伍奢两个儿子，说：“来，我可让你们父亲活命；否则我现在就杀死伍奢。”伍尚打算前往，伍员说：“楚王叫我们兄弟去，并不是想保全我们父亲的性命，是担心我们逃跑，产生后患，所以用父亲做人质，欺骗我们。我们一到，就要和父亲一起被处死。对于父亲的命运，有什么好处？去了，仇就报不成了！不如逃到别国，借他人之力来洗雪这个耻辱。一块儿去死，没有意义呀。”伍尚说：“我知道去了最后也不能保全父亲的性命。但是心中懊恼父亲召我们是为了求得生存，如果不去，将来又不能洗雪耻辱，最后只会被天下人耻笑。”因此对伍员说：“你走吧，你可以报杀父之仇，我要投身赴死。”伍尚就擒后，使臣又要逮捕伍子胥，伍子胥拉弓搭箭对准使者，使者不敢上前，伍子胥就逃掉了。他听说太子建在宋国，便前去投奔。伍奢听说伍子胥逃跑了，便说：“楚国君臣恐怕要为战事所苦了。”伍尚到了楚都，楚平王就把伍尚和伍奢一块儿杀害了。

伍子胥到了宋国，正好遇上宋国发生华氏之乱，就和太子建一同逃到了郑国。郑国君臣对他们很友好。太子建又前往晋国，晋顷公说：“太子既然跟郑国的关系友好，他们信任太子，太子要能给我们做内应，我们从外面进攻，一定能灭掉郑国。灭掉郑国，就把它分封给太子。”太子于是回到郑国。事情还没准备妥当，恰巧太子因私事要杀掉一个跟随他的人。这个人知道太子的计划，就把事情告诉了郑国。郑定公和子产杀死了太子建。太子建有个儿子名字叫胜。伍子胥怕丧命，便和胜一起逃奔去吴国。到昭关时，昭关的守卫要捉拿他们，于是，伍子胥就和胜二人徒步逃亡，差一点不能脱身。追赶的人穷追不舍。伍子胥逃到了江边，江上有一个渔翁驾着船，知道了伍子胥情况危急，就渡他过江。过江后，伍子胥解下随身带的宝剑说：“这把剑价值百金，就送给老人家您吧。”渔翁说:“按照楚国的法令,抓到伍子胥的人,赏给粮食五万石,封给执圭之爵,难道仅仅是值百金的宝剑吗?”不肯接受。伍子胥还没逃到吴国京城,就病倒了,滞于中途,讨饭苟活。到达吴都时,吴王僚正当权执政,公子光是将军。伍子胥就通过公子光求见吴王。

过了一段时间,楚平王因为楚国边邑钟离和吴国边邑卑梁氏都养蚕,两地的女子为争采桑叶相互撕打,于是大怒,以致两国兴兵相互讨伐。吴国派公子光攻打楚国,占领了钟离、居巢后就回国了。伍子胥劝说吴王僚说:“楚国是可以打败的,希望再派公子光去。”公子光对吴王说:“那伍子胥的父兄被楚国杀死,劝大王攻打楚国,不过是想报私仇罢了。攻打楚国未必可以打败它呀。”伍子胥知道公子光对内有野心,想杀死吴王僚而自立为君,所以不能用外事来游说他,就向公子光推荐了专诸,自己归隐,和太子建的儿子胜到乡下种田去了。

五年后,楚平王死了。当初,平王从太子建那儿夺来的秦国美女生了个儿子叫轸。等楚平王一死,轸被继立为昭王。吴王僚趁着楚国办丧事,派烛庸、盖余二公子领兵袭击楚国。楚人发兵断了吴军的后路,使吴军不能回国。吴国国内空虚,于是公子光就让专诸暗杀了吴王僚,自立为王,这就是吴王阖闾。阖闾当了王,志得意满,于是召回伍员,任为行人,让他参与策划国家大事。

楚国杀了大臣郤宛、伯州犁,伯州犁的孙子伯嚭逃到了吴国,吴国也用伯嚭做了大夫。先前吴王僚派遣攻打楚国的两位公子,被切断了后路不能回国,后来听说阖闾杀死吴王僚自立,于是便带领着军队投降了楚国,楚国把舒地封给了他们。阖闾自立为王的第三年,就兴兵与伍子胥、伯嚭攻打楚国,占领了舒地,擒获了原来吴国的两个叛将。于是阖闾想乘胜攻打郢都,将军孙武说:“百姓太疲惫了,还不能进攻,暂且等待吧。”于是就收兵回国了。

阖闾四年,吴国兴兵攻打楚国,夺取了六地和灊地。阖闾五年,攻越,并大败越国。阖闾六年,楚昭王派公子囊瓦率军攻吴。吴国派伍子胥迎战,在豫章战败了楚军,夺取楚国居巢。

阖闾九年,吴王阖闾对伍子胥、孙武说:“当初你们说郢都不可攻,那现在如何呢?”伍子胥、孙武回答说:“楚国将军囊瓦贪财,唐国和蔡国都怨恨他。大王一定要大规模地进攻楚国,必须先要得到唐国和蔡国的支持才行。”阖闾听从了他们的意见,出动全部军队和唐国、蔡国一起进攻楚国，列兵与楚军对阵于汉水两岸。吴王的弟弟夫概率军请求相随出征，吴王不答应，夫概便带其所属五千人攻打楚将子常。子常战败逃奔宋国。于是，吴军乘胜前进，经过五次战役打到了郢都。己卯日，楚昭王出逃。庚辰日，吴王进入郢都。

楚昭王出逃后，进入云楚大泽，遭到了强盗的袭击，又逃到了郧地。郧公的弟弟怀说："楚平王杀了我们的父亲，我们杀死他的儿子，不也很公道吗？"郧公担心他的弟弟杀死楚昭王，就和昭王一块儿逃往随地。吴军包围了随地，并对随地的人说："在汉水流域的周室子孙，都被楚国灭掉了。"随人要杀昭王，王子綦把他藏了起来，自己冒充昭王来搪塞他们。随人算了一卦，显示把楚王送给吴国不吉，于是婉言谢绝把楚昭王交给吴国。

当初，伍子胥和申包胥是很好的朋友，伍子胥逃亡时，对申包胥说："我一定要颠覆楚国。"申包胥说："我一定能保全楚国。"等到吴兵攻下郢都后，伍子胥搜寻昭王，没有找到，于是就把楚平王的坟挖开，拖出他的尸体，鞭打了三百下。申包胥逃到山里，派人对伍子胥说："您这样报仇，太过分了！我听说，'人多可以胜天，天定也能毁灭人'。您原来是楚平王的臣子，亲自称臣侍奉过他，如今到了侮辱死人的地步，这难道不是伤天害理到极点了吗？"伍子胥对来人说："请你替我向申包胥道歉吧。我的处境好比日暮途远，所以只能倒行逆施了。"于是申包胥跑到秦国去告急，向秦国求救，秦国不答应。申包胥站在秦国的朝堂上，七天七夜，日夜不停地痛哭。秦哀公同情他，说："楚王虽然是无道昏君，但能有这样的臣子，能不保存楚国吗？"于是派遣了五百辆战车击吴救楚。六月间，在稷地打败了吴军。当时正赶上吴王长时间留在楚地追寻楚昭王，阖闾的弟弟夫概逃回国内，自立为王。阖闾听到这个消息，就放弃楚国，回去攻打他的弟弟夫概。夫概兵败，逃到楚国。楚昭王见吴国发生内乱，又打回了郢都，把堂溪封给了夫概，叫做堂溪氏。楚国再与吴军作战，打败了吴军，吴王就回国了。

又过了两年，阖闾派太子夫差率军攻楚，夺取番地。楚国害怕吴军再次大规模进攻，就撤离郢城，迁都鄀邑。此时，吴国采用伍子胥、孙武的战略，西败强楚，北镇齐晋，南降越国。

夫差攻楚取番后四年，孔子在鲁国担任相。

又过了五年，吴军攻打越国。越王勾践率军迎战，于姑苏打败了吴军，击伤了阖闾的脚趾，吴军退却。阖闾创伤发作，很严重，临死之时对太子夫差说："你会忘记勾践杀了你父亲吗？"夫差回答说："不敢忘记。"当天晚上，阖闾就死了。夫差继位后，任用伯嚭为太宰，加紧练兵。两年后攻打越国，在夫湫大败越军。越王勾践就率残军驻扎在会稽山上，派大夫文种用重礼赠送给太宰伯嚭以求和，请求让越国以臣妾身份隶属并侍奉吴国，甘心做吴国的奴仆。吴王想要答应越国请求，伍子胥规劝说："越王勾践很能吃苦，如今大王如果不一举歼灭他，今后一定会后悔。"吴王不听，采纳了太宰伯嚭的计策，和越国讲和。

与越国议和后五年，吴王听说齐景公死后，大臣们争权夺利，新立国君软弱，就兴兵向北攻打齐国。伍子胥劝谏说："勾践每餐不吃两个荤菜，哀悼死去的、慰问有病的，打算将来有所作为。这人不死，一定会成为吴国的祸患。现在吴国有越国在身边，就像一个人得了心腹疾病。大王不先铲除越国却一心攻打齐国，不是很荒谬吗？"吴王不听伍子胥的规劝，出兵齐国。在艾陵大败齐军，于是威逼邹国、鲁国的国君臣服而后回国，从此更加不相信伍子胥的计谋了。

此后过了四年，吴王要北进攻打齐国，越王勾践采用了子贡的计谋，于是率领他的人马帮助吴国作战，又把贵重的珍宝献给太宰伯嚭。太宰伯嚭多次接受了越国的贿赂，就更加喜欢并信任越国，整天在吴王面前替越国说好话。吴王总是相信并采纳太宰伯嚭的计策。伍子胥劝谏道："越国，是我们的心腹大患，现在却听信那些花言巧语去攻打齐国。即使攻克了齐国，也就好比占领了一块石田，没有丝毫用处。况且《盘庚之诰》上说：'有破坏礼法不恭王命的，就要彻底清除灭绝他们，使他们不能传宗接代，不要让他们影响这个城邑里的好人。'这就是商朝兴盛的原因。希望大王放弃齐国先攻越国。如果不这样，今后将会后悔不及的。"吴王没有听从伍子胥的劝告，却派他出使齐国。伍子胥临行时，对他儿子说："我屡次规劝大王，大王不听，我现在眼看着吴国灭亡的日子就要到了。你与吴国一起毁灭，没有好处。"就把儿子托付给了齐国的鲍牧，而自己返回吴国向吴王报告。

吴国的太宰伯嚭与伍子胥之间的矛盾越来越深，于是在吴王面前诋毁伍子胥说："伍子胥为人强硬凶暴，猜忌少恩，他的怨恨之心恐怕会酿成大祸。前次大王攻打齐国，伍子胥认为不可以，大王最后发兵并取得了大胜，伍子胥因自己的计谋未被采纳而感到羞耻，心怀不满。如今大王又要攻打齐国，伍子胥执拗强谏，毁谤败坏大王的伟业，只希望吴国战败，从而证明自己的计谋高明。现在大王亲自出征，发动全国的军力攻打齐国，而伍子胥因谏言不被采纳，所以没有上朝，假装有病不随大王出征。大王不可不防备，这引起祸端是很容易的。况且我暗中派人探查，他出使齐国时就把儿子托付给了齐国的鲍氏。身为人臣，在国内不如意，就在外靠诸侯，自认为是先王的谋臣，现在不被信用，时常郁郁不乐，产生怨恨情绪。希望大王早作打算。”吴王说：“没有你这话，我也怀疑他了。”就派人把属镂宝剑赐给伍子胥，说：“你用这剑自杀吧。”伍子胥仰天叹息说：“唉！谗臣伯嚭要作乱，大王反来杀我。我曾令你父亲称霸。你还没被确定为王位继承人时，众公子相争，要不是我在先王面前冒死力争，你几乎不能得到太子之位。你被立为太子后，想分一部分吴国土地给我，我却不敢奢望。现在你竟然听信谄媚小人之言来杀害长辈。”于是对亲近的门客说：“你们一定要在我的坟墓上种植梓树，让它长大能够做棺材。挖出我的眼珠悬挂在吴国都城的东门楼上，我要看着越寇怎样进入都城，灭掉吴国。”于是自刎而死。吴王听到这番话，大发雷霆，就把伍子胥的尸体装在皮革袋子里，沉入江中。吴国人同情他，在江边给他修建了祠堂，并因此把这个地方命名为胥山。

吴王杀了伍子胥后，便攻打齐国。齐国的鲍氏杀了他的国君齐悼公，拥立阳生做了国君。吴王想讨伐鲍氏，可是未能取胜，只好撤兵回去了。此后二年，吴王召集鲁、卫两国国君会盟于橐皋。第二年，北上大会诸侯于黄池，号令周王室。这时越王勾践袭击吴国，杀死了吴太子，打败了吴军。吴王听到这个消息，就回国了，派出使者用丰厚的礼物与越国讲和。此后九年，越王勾践终于灭掉了吴国，杀了吴王夫差，又杀了太宰伯嚭，因为他不忠于他的国君，外受巨贿，私下勾结越国。

当初与伍子胥一块儿逃亡的楚国原太子建的儿子胜，在吴国。吴王夫差在位时，楚惠王想召胜回楚国。叶公劝谏说：“胜喜欢勇士并暗中寻访死士，大概私下有野心吧！”惠王没有听从他的谏言，终于召回了胜，让他住在楚国的边邑鄢这个地方，称为白公。白公回楚国三年后，吴王杀了伍子胥。

白公胜回楚国后，怨恨郑国杀了他父亲，于是暗地里收养死士准备报复郑国。回到楚国五年后，白公胜请求楚王攻打郑国，楚国令尹子西答应了他的要求。可是，还未出兵而晋国已经出兵攻打郑国了，郑国向楚

《东周列国志》版画之夫差杀伍子胥图，讲述吴王夫差不听伍子胥忠谏，赐其属镂剑自尽之事。

国请求救援。楚王派子西前往救郑，和郑国订立了盟约才回国。白公胜发怒说："我的仇敌不是郑国，而是子西！"白公胜亲自磨砺宝剑，有人问他："准备用它干什么？"白公胜回答说："用它来杀子西。"子西听到了这件事，笑着说："白公胜就如同鸡蛋，能有什么作为呢？"

此后的第四年，白公胜与石乞在朝廷上刺杀了令尹子西及司马子綦。石乞说："不杀掉楚惠王，恐怕不行。"于是把楚惠王劫持到了高府。石乞的随从屈固背着楚惠王逃到了昭夫人的宫室。叶公听说白公胜作乱，率领着他封地的人攻打白公胜。白公胜等人战败逃到了山里自杀了，而石乞被俘了，问他白公胜的尸首在哪里，不说出来就要把他烹杀了。石乞说："事情成功了便是卿相，不成功就被烹杀，本来就是应当的。"最终没有告诉白公胜尸首所在地。于是烹杀了石乞，并找回楚惠王后又立他为国君。

太史公说：怨毒对于人类来说太可怕了！王者尚且不能与臣下结下怨毒，何况是同辈呢！假设伍子胥跟伍奢一块儿死了，那和蝼蚁又有什么分别？放弃小义，洗雪大耻，而让名声流传后世，悲壮啊！当初伍子胥困窘于江边，一路乞讨，他的心里何尝有片刻忘记郢都之仇呢？所以隐忍以成就功名，如果不是刚正有血性的男子，谁又能做得到呢？白公如果不自立为王，他的功业和谋略可能不可尽言啊！

史记卷六十七

仲尼弟子列传第七

孔子曰:“受业身通者七十有七人”,皆异能之士也。德行:颜渊,闵子骞,冉伯牛,仲弓。政事:冉有,季路。言语:宰我,子贡。文学:子游,子夏。师也辟。参也鲁。柴也愚。由也喭。回也屡空。赐不受命而货殖焉,亿则屡中。

孔子之所严事:于周则老子;于卫,蘧伯玉;于齐,晏平仲;于楚,老莱子;于郑,子产;于鲁,孟公绰。数称臧文仲、柳下惠、铜鞮伯华、介山子然,孔子皆后之,不并世。

颜回者,鲁人也,字子渊,少孔子三十岁。

颜渊问仁,孔子曰:“克己复礼,天下归仁焉。”

孔子曰:“贤哉回也!一箪食,一瓢饮,在陋巷,人不堪其忧,回也不改其乐。”“回也如愚;退而省其私,亦足以发,回也不愚。”“用之则行,舍之则藏,唯我与尔有是夫!”

回年二十九,发尽白,早死。孔子哭之恸,曰:“自吾有回,门人益亲。”鲁哀公问:“弟子孰为好学?”孔子对曰:“有颜回者好学,不迁怒,不贰过。不幸短命死矣,今也则亡。”

闵损字子骞,少孔子十五岁。

孔子曰:“孝哉闵子骞!人不间于其父母昆弟之言。”不仕大夫,不食污君之禄。“如有复我者,必在汶上矣。”

冉耕字伯牛,孔子以为有德行。

伯牛有恶疾,孔子往问之,自牖执其手,曰:“命也夫!斯人也而有斯疾,命也夫!”

冉雍字仲弓。

仲弓问政,孔子曰:“出门如见大宾,使民如承大祭。在邦无怨,在家无怨。”

孔子以仲弓为有德行,曰:“雍也可使南面。”

仲弓父,贱人。孔子曰:“犁牛之子骍且角,虽欲勿用,山川其舍诸？”

冉求字子有，少孔子二十九岁。为季氏宰。

季康子问孔子曰：“冉求仁乎？”曰：“千室之邑，百乘之家，求也可使治其赋。仁则吾不知也。”复问：“子路仁乎？”孔子对曰：“如求。”

求问曰：“闻斯行诸？”子曰：“行之。”子路问：“闻斯行诸？”子曰：“有父兄在，如之何其闻斯行之！”子华怪之，“敢问问同而答异？”孔子曰：“求也退，故进之。由也兼人，故退之。”

仲由字子路，卞人也，少孔子九岁。

子路性鄙，好能力，志伉直，冠雄鸡，佩豭豚，陵暴孔子。孔子设礼稍诱子路，子路后儒服委质，因门人请为弟子。

子路问政，孔子曰：“先之，劳之。”请益，曰：“无倦。”

子路问：“君子尚勇乎？”孔子曰：“义之为上。君子好勇而无义则乱，小人好勇而无义则盗。”

子路有闻，未之能行，唯恐有闻。

孔子曰：“片言可以折狱者，其由也与！”“由也好勇过我，无所取材。”“若由也，不得其死然。”“衣敝缊袍与衣狐貉者立而不耻者，其由也欤！”“由也升堂矣，未入于室也。”

季康子问：“仲由仁乎？”孔子曰：“千乘之国可使治其赋。不知其仁。”

子路喜从游，遇长沮、桀溺、荷蓧丈人。

子路为季氏宰，季孙问曰：“子路可谓大臣与？”孔子曰：“可谓具臣矣。”

子路为蒲大夫，辞孔子。孔子曰：“蒲多壮士，又难治。然吾语汝：恭以敬，可以执勇；宽以正，可以比众；恭正以静，可以报上。”

初，卫灵公有宠姬曰南子。灵公太子蒉聩得过南子，惧诛，出奔。及灵公卒而夫人欲立公子郢，郢不肯，曰：“亡人太子之子辄在。”于是卫立辄为君，是为出公。出公立十二年，其父蒉聩居外，不得入。子路为卫大夫孔悝之邑宰。蒉聩乃与孔悝作乱，谋入孔悝家，遂与其徒袭攻出公。出公奔鲁，而蒉聩入立，是为庄公。方孔悝作乱，子路在外，闻之而驰往。遇子羔出卫城门，谓子路曰：“出公去矣，而门已闭，子可还矣，毋空受其祸。”子路曰：“食其食者不避其难。”子羔卒去。有使者入城，城门开，子路随而入，造蒉聩。蒉聩与孔悝登台，子路曰：“君焉用孔悝，请得而杀之。”蒉聩弗听。于是子路欲燔台，蒉聩惧，乃下石乞、壶黡攻子路，击断子路之缨。子路曰：“君子死而冠不免。”遂结缨而死。

孔子闻卫乱，曰：“嗟乎，由死矣！”已而果死。故孔子曰：“自吾得由，恶言不闻于耳。”是时子贡为鲁使于齐。

宰予字子我，利口辩辞。

既受业，问：“三年之丧不已久乎？君子三年不为礼，礼必坏，三年不为乐，乐必崩。旧谷既没，新谷既升，钻燧改火，期可已矣。”子曰：“于汝安乎？”曰：“安。”“汝安则为之。君子居丧，食旨不甘，闻乐不乐，故弗为也。”宰我出，子曰：“予之不仁也！子生三年然后免于父母之怀。夫三年之丧，天下之通义也。”

宰我昼寝，子曰：“朽木不可雕也，粪土之墙不可圬也。”

宰我问五帝之德，子曰：“予非其人也。”

宰我为临菑大夫，与田常作乱，以夷其族，孔子耻之。

端木赐，卫人，字子贡，少孔子三十一岁。

子贡利口巧辞，孔子常黜其辩。问曰：“汝与回也孰愈？”对曰：“赐也何敢望回！回也闻一以知十，赐也闻一以知二。”

子贡既已受业，问曰：“赐何人也？”孔子曰：“汝器也。”曰：“何器也？”曰：“瑚琏也。”

陈子禽问子贡曰：“仲尼焉学？”子贡曰：“文武之道未坠于地，在人，贤者识其大者，不贤者识其小者，莫不有文武之道。夫子焉不学，而亦何常师之有！”又问曰：“孔子适是国必闻其政。求之与？抑与之与？”子贡曰：“夫子温良恭俭让以得之。夫子之求之也，其诸异乎人之求之也。”

子贡问曰：“富而无骄，贫而无谄，何如？”孔子曰：“可也；不如贫而乐道，富而好礼。”

田常欲作乱于齐，惮高、国、鲍、晏，故移其兵欲以伐鲁。孔子闻之，谓门弟子曰：“夫鲁，坟墓所处，父母之国，国危如此，二三子何为莫出？”子路请出，孔子止之。子张、子石请行，孔子弗许。子贡请行，孔子许之。

遂行，至齐，说田常曰：“君之伐鲁过矣。夫鲁，难伐之国，其城薄以卑，其地狭以泄，其君愚而不仁，大臣伪而无用，其士民又恶甲兵之事，此不可与战。君不如伐吴。夫吴，城高以厚，地广以深，甲坚以新，士选以饱，重器精兵尽在其中，又使明大夫守之，此易伐也。”田常忿然作色曰：“子之所难，人之所易；子之所易，人之所难。而以教常，何也？”子贡曰：“臣闻之，忧在内者攻强，忧在外者攻弱。今君忧在内。吾闻君三封而三不成者，大臣有不听者也。今君破鲁以广齐，战胜以骄主，破国以尊臣，而君之功不与焉，则交日疏于主。是君上骄主心，下恣群臣，求以成大事，难矣。夫上骄则恣，臣骄则争，是君上与主有郤，下与大臣交争也。如此，则君之立于齐危矣。故曰不如伐吴。伐吴不胜，民人外死，大臣内空，是君上无强臣之敌，下无民人之过，孤主制齐者唯君也。”田常曰：“善。虽然，吾兵业已加鲁矣，去而之吴，大臣疑我，奈何？”子贡曰：“君按兵无伐，臣请往使吴王，令之救鲁而伐齐，君因以兵迎之。”

田常许之，使子贡南见吴王。说曰：“臣闻之，王者不绝世，霸者无强敌，千钧之重加铢两而移。今以万乘之齐而私千乘之鲁，与吴争强，窃为王危之。且夫救鲁，显名也；伐齐，大利也。以抚泗上诸侯，诛暴齐以服强晋，利莫大焉。名存亡鲁，实困强齐，智者不疑也。”吴王曰：“善，虽然，吾尝与越战，栖之会稽。越王苦身养士，有报我心。子待我伐越而听子。”子贡曰：“越之劲不过鲁，吴之强不过齐，王置齐而伐越，则齐已平鲁矣。且王方以存亡继绝为名，夫伐小越而畏强齐，非勇也。夫勇者不避难，仁者不穷约，智者不失时，王者不绝世，以立其义。今存越示诸侯以仁，救鲁伐齐，威加晋国，诸侯必相率而朝吴，霸业成矣。且王必恶越，臣请东见越王，令出兵以从，此实空越，名从诸侯以伐也。”

吴王大说，乃使子贡之越。越王除道郊迎，身御至舍而问曰：“此蛮夷之国，大夫何以俨然辱而临之？”子贡曰：“今者吾说吴王以救鲁伐齐，其志欲之而畏越，曰‘待我伐越乃可’。如此，破越必矣。且夫无报人之志而令人疑之，拙也；有报人之意，使人知之，殆也；事未发而先闻，危也。三者举事之大患。”勾践顿首再拜曰：“孤尝不料力，乃与吴战，困于会稽，痛入于骨髓，日夜焦唇干舌，徒欲与吴王接踵而死，孤之愿也。”遂问子贡。子贡曰：“吴王为人猛暴，群臣不堪；国家敝于数战，士卒弗忍；百姓怨上，大臣内变；(子胥以谏死)太宰嚭用事，顺君之过以安其私。是残国之治也。今王诚发士卒佐之以徼其志，重宝以说其心，卑辞以尊其礼，其伐齐必也。彼战不胜，王之福矣。战胜，必以兵临晋，臣请北见晋君，令共攻之，弱吴必矣。其锐兵尽于齐，重甲困于晋，而王制其敝，此灭吴必矣。”越王大说，许诺。送子贡金百镒，剑一，良矛二。子贡不受。

遂行，报吴王曰：“臣敬以大王之言告越王，越王大恐，曰：‘孤不幸，少失先人，内不自量，抵罪于吴，军败身辱，栖于会稽，国为虚莽。赖大王之赐，使得奉俎豆而修祭祀，死不敢忘，何谋之敢虑！’”后五日，越使大夫种顿首言于吴王曰：“东海役臣孤勾践使者臣种，敢修下吏问于左右。今窃闻太王将兴大义，诛强救弱，困暴齐而抚周室，请悉起境内士卒三千人，孤请自被坚执锐，以先受矢石。因越贱臣种奉先人藏器，甲二十领，鈇屈卢之矛，步光之剑，以贺军吏。”吴王大说，以告子贡曰：“越王欲身从寡人伐齐，可乎？”子贡曰：“不可。夫空人之国，悉人之众，又从其君，不义。君受其币，许其师，而辞其君。”吴王许诺，乃谢越王。于是吴王乃遂发九郡兵伐齐。

子贡因去之晋，谓晋君曰：“臣闻之，虑不先定不可以应卒，兵不先辨不可以胜敌。今夫齐与吴将战，彼战而不胜，越乱之必矣；与齐战而胜，必以其兵临晋。”晋君大恐，曰：“为之奈何？”子贡曰：“修兵休卒以待之。”晋君许诺。

子贡去而之鲁。吴王果与齐人战于艾陵，大破齐师，获七将军之兵，而不归，果以兵临晋，与晋人相遇黄池之上。吴、晋争强。晋人击之，大败吴师。越王闻之，涉江袭吴，去城七里而军。吴王闻之，去晋而归，与越战于五湖。三战不胜，城门不守，越遂围王宫，杀夫差而戮其相。破吴三年，东向而霸。

故子贡一出，存鲁，乱齐，破吴，强晋而霸越。子贡一使，使势相破，十年之中，五国各有变。

子贡好废举，与时转货资。喜扬人之美，不能匿人之过。常相鲁、卫，家累千金。卒终于齐。

言偃，吴人，字子游，少孔子四十五岁。

子游既已受业，为武城宰。孔子过，闻弦歌之声。孔子莞尔而笑曰：“割鸡焉用牛刀？”子游曰：“昔者偃闻诸夫子曰，君子学道则爱人，小人学道则易使。”孔子曰：“二三子，偃之言是也。前言戏之耳。”孔子以为子游习于文学。

卜商字子夏，少孔子四十四岁。

子夏问：“‘巧笑倩兮，美目盼兮，素以为绚兮’，何谓也？”子曰：

“绘事后素。”曰：“礼后乎？”孔子曰：“商始可与言《诗》已矣。”

子贡问：“师与商孰贤？”子曰：“师也过，商也不及。”“然则师愈与？”曰：“过犹不及。”

子谓子夏曰：“汝为君子儒，无为小人儒。”

孔子既没，子夏居西河教授，为魏文侯师。其子死，哭之失明。

颛孙师，陈人，字子张，少孔子四十八岁。

子张问干禄，孔子曰：“多闻阙疑，慎言其馀，则寡尤；多见阙殆，慎行其馀，则寡悔。言寡尤，行寡悔，禄在其中矣。”

他日从在陈、蔡间，困，问行。孔子曰：“言忠信，行笃敬，虽蛮貊之国行也；言不忠信，行不笃敬，虽州里行乎哉！立则见其参于前也，在舆则见其倚于衡，夫然后行。”子张书诸绅。

子张问：“士何如斯可谓之达矣？”孔子曰：“何哉，尔所谓达者？”子张对曰：“在国必闻，在家必闻。”孔子曰：“是闻也，非达也。夫达者，质直而好义，察言而观色，虑以下人，在国及家必达，夫闻也者，色取仁而行违，居之不疑，在国及家必闻。”

曾参，南武城人，字子舆，少孔子四十六岁。

孔子以为能通孝道，故授之业。作《孝经》。死于鲁。

澹台灭明，武城人，字子羽，少孔子三十九岁。

状貌甚恶。欲事孔子，孔子以为材薄。既已受业，退而修行，行不由径，非公事不见卿大夫。

南游至江，从弟子三百人，设取予去就，名施乎诸侯。孔子闻之，曰：“吾以言取人，失之宰予；以貌取人，失之子羽。”

宓不齐字子贱，少孔子三十岁。

孔子谓：“子贱君子哉！鲁无君子，斯焉取斯？”

子贱为单父宰，反命于孔子，曰：“此国有贤不齐者五人，教不齐所以治者。”孔子曰：“惜哉，不齐所治者小！所治者大，则庶几矣。”

原宪字子思。

子思问耻，孔子曰：“国有道，穀。国无道，穀，耻也。”

子思曰：“克、伐、怨、欲不行焉，可以为仁乎？”孔子曰：“可以为难矣，仁则吾弗知也。”

孔子卒，原宪遂亡，在草泽中。子贡相卫，而结驷连骑，排藜藿入穷阎，过谢原宪。宪摄敝衣冠见子贡。子贡耻之，曰：“夫子岂病乎？”

原宪曰："吾闻之，无财者谓之贫，学道而不能行者谓之病。若宪，贫也，非病也。"子贡惭，不怿而去，终身耻其言之过也。

公冶长，齐人，字子长。

孔子曰："长可妻也，虽在累绁之中，非其罪也。"以其子妻之。

南宫括字子容。

问孔子曰："羿善射，奡荡舟，俱不得其死然；禹、稷躬稼而有天下？"孔子弗答。容出，孔子曰："君子哉若人！上德哉若人！""国有道，不废；国无道，免于刑戮。"三复"白珪之玷"，以其兄之子妻之。

公晳哀字季次。

孔子曰："天下无行，多为家臣，仕于都；唯季次未尝仕。"

曾蒧字晳。

侍孔子，孔子曰："言尔志。"蒧曰："春服既成，冠者五六人，童子六七人，浴乎沂，风乎舞雩，咏而归。"孔子喟尔叹曰："吾与蒧也！"

颜无繇字路。路者，颜回父，父子尝各异时事孔子。

颜回死，颜路贫，请孔子车以葬。孔子曰："材不材，亦各言其子也。鲤也死，有棺而无椁，吾不徒行以为之椁，以吾从大夫之后，不可以徒行。"

商瞿，鲁人，字子木，少孔子二十九岁。

孔子传《易》于瞿，瞿传楚人馯臂子弘，弘传江东人矫子庸疵，疵传燕人周子家竖，竖传淳于人光子乘羽，羽传齐人田子庄何，何传东武人王子中同，同传菑川人杨何。何元朔中以治《易》为汉中大夫。

高柴字子羔，少孔子三十岁。

子羔长不盈五尺，受业孔子，孔子以为愚。

子路使子羔为费郈宰，孔子曰："贼夫人之子！"子路曰："有民人焉，有社稷焉，何必读书然后为学！"孔子曰："是故恶夫佞者。"

漆雕开字子开。

孔子使开仕，对曰："吾斯之未能信。"孔子说。

公伯僚字子周。

周愬子路于季孙，子服景伯以告孔子，曰："夫子固有惑志，僚也，吾力犹能肆诸市朝。"孔子曰："道之将行，命也；道之将废，命也。公伯僚其如命何！"

司马耕字子牛。

牛多言而躁。问仁于孔子，孔子曰：“仁者，其言也讱。”曰：“其言也讱，斯可谓之仁乎？”子曰：“为之难，言之得无讱乎！”

问君子，子曰：“君子不忧不惧。”曰：“不忧不惧，斯可谓之君子乎？”子曰：“内省不疚，夫何忧何惧！”

樊须字子迟，少孔子三十六岁。

樊迟请学稼，孔子曰：“吾不如老农。”请学圃，曰：“吾不如老圃。”樊迟出，孔子曰：“小人哉樊须也！上好礼，则民莫敢不敬；上好义，则民莫敢不服；上好信，则民莫敢不用情。夫如是，则四方之民襁负其子而至矣，焉用稼！”

樊迟问仁，子曰：“爱人。”问智，曰：“知人。”

有若少孔子四十三岁。

有若曰：“礼之用，和为贵，先王之道斯为美。小大由之，有所不行；知和而和，不以礼节之，亦不可行也。”“信近于义，言可复也；恭近于礼，远耻辱也；因不失其亲，亦可宗也。”

孔子既没，弟子思慕，有若状似孔子，弟子相与共立为师，师之如夫子时也。他日，弟子进问曰：“昔夫子当行，使弟子持雨具，已而果雨。弟子问曰：‘夫子何以知之？’夫子曰：‘《诗》不云乎：“月离于毕，俾滂沱矣。”昨暮月不宿毕乎？’他日，月宿毕，竟不雨。商瞿年长无子，其母为取室。孔子使之齐，瞿母请之。孔子曰：‘无忧，瞿年四十后当有五丈夫子。’已而果然。敢问夫子何以知此？”有若默然无以应。弟子起曰：“有子避之，此非子之座也！”

公西赤字子华，少孔子四十二岁。

子华使于齐，冉有为其母请粟。孔子曰：“与之釜。”请益，曰：“与之庾。”冉子与之粟五秉。孔子曰：“赤之适齐也，乘肥马，衣轻裘。吾闻君子周急，不继富。”

巫马施字子旗，少孔子三十岁。

陈司败问孔子曰：“鲁昭公知礼乎？”孔子曰：“知礼。”退而揖巫马旗曰：“吾闻君子不党，君子亦党乎？鲁君娶吴女为夫人，命之为孟子。孟子姓姬，讳称同姓，故谓之孟子。鲁君而知礼，孰不知礼！”施以告孔子，孔子曰：“丘也幸，苟有过，人必知之。臣不可言君亲之恶，为讳者，礼也。”

梁鳣字叔鱼，少孔子二十九岁。

颜幸字子柳，少孔子四十六岁。

冉孺字子鲁，少孔子五十岁。

曹恤字子循，少孔子五十岁。

伯虔字子析，少孔子五十岁。

公孙龙字子石，少孔子五十三岁。

自子石已右三十五人，显有年名及受业闻见于书传。

其四十有二人，无年及不见书传者纪于左：

冉季，字子产。

公祖句兹，字子之。

秦祖，字子南。

漆雕哆，字子敛。

颜高，字子骄。

漆雕徒父。

壤驷赤，字子徒。

商泽。

石作蜀，字子明。

任不齐，字选。

公良孺，字子正。

后处，字子里。

秦冉，字开。

公夏首，字乘。

奚容箴，字子皙。

公肩定，字子中。

颜祖，字襄。

鄡单，字子家。

句井疆。

罕父黑，字子索。

秦商，字子丕。

申党，字周。

颜之仆，字叔。

荣旂，字子祈。

县成，字子祺。

左人郢，字行。

燕伋，字思。

郑国，字子徒。

秦非，字子之。

施之常，字子恒。

颜哙，字子声。

步叔乘，字子车。

原亢籍。

乐欬，字子声。

廉絜，字庸。

叔仲会，字子期。

颜何，字冉。

狄黑，字皙。

邦巽，字子敛。

孔忠。

公西舆如，字子上。

公西蒧，字子上。

太史公曰：学者多称七十子之徒，誉者或过其实，毁者或损其真，钧之未睹厥容貌则论言。弟子籍出孔氏古文，近是。余以弟子名姓文字悉取《论语》弟子问，并次为篇，疑者阙焉。

【译文】

孔子说“跟着我学习而精通六艺的弟子有七十七人”，他们都具有奇才异能。德行突出的有颜渊、闵子骞、冉伯牛、仲弓；擅长政事的有冉有、季路；有语言天赋的有宰我、子贡；擅文献学的有子游、子夏。颛孙师偏激，曾参迟钝，高柴愚笨，仲由粗鲁，颜回经常穷困潦倒。端木赐不接收天命而经商，推测行情，常常准确无误。

孔子所尊敬的人，在周朝有老子；在卫国有蘧伯玉；在齐国有晏平仲；在楚国有老莱子；在郑国有子产；在鲁国有孟公绰。他也经常称赞臧文仲、柳下惠、铜鞮伯华、介山子然，孔子出生的时间比他们都晚，不是同一个时代的人。

颜回，是鲁国人，字子渊。比孔子小三十岁。

颜渊问什么是仁，孔子说："克制自己，使你的言行符合于礼，天下的人就会称赞你是有仁德的人了。"

孔子说："颜回，是多么贤德的人啊！用竹子做的器皿吃饭，用瓢喝水，住在简陋的小巷里，别人受不了这种苦，他却自得其乐。""颜回听讲时像个蠢笨的人，回去后考察他私下的言行，却也能够发挥，颜回实在不笨。""用你时，就去做；不用你时，就藏起来。只有我和你才有这样的处世态度吧！"

颜回才二十九岁，头发就全白了，过早去世了。孔子哭得很伤心，说："自从我有了颜回后，学生们更加亲近我了。"鲁哀公问："你的弟子中谁最好学啊？"孔子回答说："有个叫颜回的最好学。他从不迁怒于人，不犯同样的过错。不幸的是短命死了，现在没有这样的人了。"

闵损，字子骞，比孔子小十五岁。

孔子说："闵子骞真孝顺啊！他孝敬父母、友悌兄弟，别人对他的父母兄弟夸赞他都没有非议的闲话。"他不做大夫的官，不吃昏君的俸禄。所以他说："如果再有人来召我做官，我一定逃到汶水北面去。"

冉耕，字伯牛。孔子认为他有德行。

伯牛得了难治的病，孔子前去看望他，从窗户里握住他的手，说："这是命啊！这样的人竟然得了这样的病，这真是命啊！"

冉雍，字仲弓。

仲弓问如何处理政事，孔子说："出门做事如同接待贵宾一样谦恭有礼，役使百姓如同承担大祭一样虔诚谨慎。无论是在朝廷里做事、与诸侯交往，还是在卿大夫家邑里任职，都不要与人结怨。"

孔子认为仲弓有德行，说："冉雍啊，可以做卿大夫一样的大官了。"

仲弓的父亲，是个地位卑微的人。孔子便说："杂色牛生出的纯红色小牛，两角周正，虽然不想用它作祭品，但山川的神灵难道会舍弃它吗？"

冉求，字子有，小孔子二十九岁。是季氏家的管家。

季康子问孔子说："冉求有仁德吗？"孔子说："有千户人口的城邑，有百辆兵车的国邑，冉求可以将那里的军政管理好。至于他是否仁德，我就不知道了。"季康子又问："子路有仁德吗？"孔子回答说："像冉求一样。"

冉求问孔子说："听到应做的事情就立刻行动吗？"孔子回答说："马上做。"子路问孔子说："应做的事要听了就去做吗？"孔子回答说："父亲、兄长在，怎么能听到就行动呢？”子华觉得奇怪，就问：“请问为什么问同样的问题而回答却不一样呢？”孔子回答说：“冉求做事畏缩多虑，所以要激励他。仲由做事胆量过人，所以要抑制他。”

仲由，字子路，是卞地人。比孔子小九岁。

子路性情粗野，喜欢逞强斗狠，志刚性直，戴着雄鸡式样的帽子，佩着公猪皮饰的宝剑，曾经欺辱孔子。孔子用礼乐慢慢地诱导他。后来，子路便穿着儒服，带着礼物，通过门人请求成为孔子的弟子。

子路问如何处理政事，孔子说：“先做出表率，让百姓辛勤地工作。”子路请求进一步细讲。孔子说：“持久不懈。”

子路问：“君子崇尚勇敢吗？”孔子说：“义是最可贵的。君子有勇而不崇尚义，就会叛乱。小人有勇而不崇尚义，就会为盗。”

子路听到了教诲，还没有去做，只担心又听到别的道理。

孔子说：“只听片言只语就可以断案的，恐怕只有仲由了！”“子路好勇超过了我，其他就无所用了。”“像子路这种性情，会不得善终啊。”“穿着破丝棉袍与穿裘皮大衣的人站在一起，而不觉得羞愧的，恐怕只有仲由了！”“仲由的学问已登堂了，却还未能入室啊。”

季康子问道：“仲由有仁德吗？”孔子答说：“他的天赋可以管理拥有千辆兵车的国家的军务，但不知他有没有仁德。”

子路喜欢跟随孔子出游，曾遇到过长沮、桀溺和荷蓧丈人。

子路出任季氏的管家，季孙问孔子说：“子路可以说是大臣吗？”孔子回答说：“可以说具备为臣的资格了。”

子路出任蒲邑大夫，辞别孔子。孔子说：“蒲邑勇士很多，又难治理。然而我告诉你，恭谨谦敬就可以驾驭勇武之人；宽宏公正就可以使大家亲近；为官恭正，地方安静，就可以因此报答上司了。”

当初，卫灵公有位宠姬叫作南子。灵公的太子蒉聩得罪了她，担心被杀而逃到了国外。等到灵公去世后，夫人南子想立公子郢为王。公子郢不肯，说：“太子虽然逃亡了，但太子的儿子辄还在。”于是卫国立辄为君，这就是卫出公。卫出公继位十二年，他的父亲蒉聩一直住在国外，不能够回来。这时子路担任卫国大夫孔悝的邑宰。蒉聩就和孔悝一同作乱，用计潜入孔悝家，就和他的党羽袭击卫出公。出公逃往鲁国，蒉聩进宫继位，这就是卫庄公。当孔悝作乱时，子路有事在外，听说了这个消息马上就赶了回来，正好遇上子羔从卫国城门出来。他对子路说：“卫出公逃走了，城门已经关闭，您可以回去了，不要白白为他遭受灾祸。”子路说：“吃了人家的饭，不能有难就避开。”子羔最终还是离开了。这时正好有使者要进城，城门开了，子路就跟着进去了。他来到蒉聩的宫室，蒉聩正好与孔悝在台上。子路说：“大王怎么能任用孔悝呢？请让我捉住他把他杀了。”蒉聩没有听从他的话。于是子路要放火烧台，蒉聩害怕了，于是叫石乞、壶黡到台下去攻击子路，砍断了子路的帽带。子路说：“君子可以死，帽子不能摘。”于是系好帽子就被杀死了。

孔子听到卫国发生暴乱的消息，说：“唉呀，仲由死了！”不久，果真传来了子路的死讯。所以孔子说：“自从我有了子路，就再也没听到过恶言恶语了。”这时，子贡正为鲁国出使齐国。

宰予，字子我。他口齿伶俐，擅长辩论。拜孔子为师后，问道：“一个人为父母守孝三年，不是太长了吗？君子三年不习礼义，礼义必定会败坏；三年不演奏礼乐，礼乐一定会荒疏。旧谷吃完了，新谷又成熟了；取火的木材换了一遍，守丧一年也就可以了。”孔子说：“这样你心里安宁吗？”宰我回答说：“安宁。”孔子说：“你既然觉得心里安宁，那么你就这样做吧。君子守丧时，即使吃美味的食品，也不会觉得甜美，听到动听的音乐也不会感得高兴，所以君子不会这样做。”宰我退了出去，孔子说：“宰予不仁义啊！儿女生下三年然后才离开父母的怀抱。为父母守孝三年，这是天下通行的礼仪啊。”

宰予白天睡觉。孔子说：“腐朽的木头不能雕刻，腐秽的墙壁无法粉刷。”

宰我询问五帝的德行，孔子说：“你不是问这种问题的人。”

宰我做了齐国临淄的大夫，和田常一起作乱，因而被灭族，孔子以此为耻。

端木赐，是卫国人，字子贡，比孔子小三十一岁。

子贡能言善辩，巧于辞令，孔子常常驳斥他的言辞。孔子问子贡：“你和颜回比谁更出色？”子贡回答说：“我怎么敢跟颜回相比呢？颜回听了一个道理就能够推知十个道理，我听说一个道理，只能推出两个道理。”

子贡已经跟随孔子学习，他问孔子：“你觉得我是什么样的人呢？”孔子说：“你好比一个器皿。”子贡说：“什么样的器皿呀？”孔子说：“宗庙里的瑚琏啊。”

陈子禽问子贡说：“仲尼的学问是从哪里得来的？”子贡说：“文王、

武王的治国思想没有灭绝，还在人间流传，贤人抓住根本，不贤的人得到末节，无处不有文王、武王的思想存在着。先生在哪里不能学习，又何必要有固定的老师呢？”陈子禽又问道：“孔子每到一个国家，都能了解到这个国家的政事。这是请求人家告诉他的呢，还是人家主动告诉他的呢？”子贡说：“先生凭借着温和、善良、恭谨、俭朴、谦让的美德而得到。这或许是先生不同于别人的求取方法吧。”

子贡问孔子说：“富有而不骄纵，贫穷而不谄媚，这样的人怎么样？”孔子说：“可以了。但是不如贫穷而乐道、富有而谦恭守礼之人。”

田常想在齐国叛乱，却害怕高昭子、国惠子、鲍牧、晏圉四家的势力，所以想调他们的兵力去攻打鲁国。孔子听说了此事，对门下弟子说：“鲁国是祖宗坟墓所在，是我们出生的国家，我们祖国危险如此，你们为何不挺身而出呢？”子路请求前去，孔子制止了他。子张、子石请求前去，孔子也没答应。子贡请求前去，孔子答应了他。

子贡于是出发了，到了齐国，游说田常说：“您攻打鲁国是不对的。鲁国是难以攻取的国家。它的城墙又薄又矮，它的护城河又窄又浅，它的国君愚昧不仁，大臣们虚伪没用，它的士兵百姓又厌恶战争，这样的国家不可以和它交战。您不如去攻打吴国。吴国，它的城墙又高又厚，护城河又宽又深，铠甲坚固而新，士卒精悍数量也多，难得的人才、精锐的部队都在那里，又派贤明的大臣守卫，这样的国家是容易攻打的。”田常顿时大怒，愤然变色说：“你所认为难的，别人认为容易；你认为容易的，别人认为难。你拿这些来教我，是什么意思？”子贡说：“我听说，国内有忧患的应当攻打强国；国外有忧患的应当攻打弱国。如今您有内忧。我听说您多次被封而又多次失败，是因为朝中的大臣有反对您的呀。现在，您想攻占鲁国来扩充齐国的疆域，若是胜了，你的国君会更骄纵，占领了鲁国则大臣们就会更尊贵，而您的功劳却不在其中。这样，您和国君的关系就会一天天疏远。您这是上使国君骄纵，下使大臣们恣肆，要想因此成就大业，难啊。国君骄纵就会无所顾忌，大臣骄纵就会争权夺利，这样，您上与国君产生矛盾，下与大臣们互相争夺。这样，您在齐国的处境就危险了。所以说不如攻打吴国。如果攻打吴国不能获胜，那样百姓死在国外，大臣在国内势力减弱。这样，您在上没有强臣对抗，在下没有百姓的非难，孤立国君、控制齐国的就只有您了。”田常说：“好。即使这样，但是我军已开赴鲁国了，现在从鲁国撤军转攻吴国，大臣们怀疑我，怎么办？”

子贡说："您先按兵不动，让我为您去见吴王，让他出兵援助鲁国而攻打齐国，您就趁机出兵攻打它。"田常答应了子贡，就派他南下去见吴王。

子贡游说吴王说："我听说，施行王道的不会让诸侯属国灭绝，施行霸道的不会让强敌出现，在千钧的重物上，再加上一铢一两的分量也会使之移动。如今拥有万辆战车的齐国如果再占有千辆战车的鲁国，与吴国争强，我私下为大王感到危险。况且援救鲁国，可以显扬名声；攻打齐国，能获大利。安抚泗水以北的各国诸侯，讨伐强暴的齐国，来征服强大的晋国，没有比这更大的利了。名义上是保全危亡的鲁国，实际上阻止了强齐的扩张，凡是聪明的人都不会怀疑。"吴王说："好。虽然这样，但是我曾经和越国作战，越王退守在会稽山上。越王刻苦自励，优待士兵，有报复我的决心。您等我攻下越国后再按您的话做吧。"子贡说："越国的力量超不过鲁，吴国的强大超不过齐，大王现在弃齐而攻越，那么齐国早就平定鲁国了，况且大王您正打着'存亡继绝'的旗号，却去攻打弱小的越国而害怕强大的齐国，这是不勇啊。勇敢的人不畏艰难，仁慈的人不陷人于困境。聪明的人不会错失时机，行王道的人不会灭绝一个国家，借此来树立他们的道义。现在，保存越国可向各诸侯显示您的仁德，援助鲁国而攻齐，向晋国施加威力，各诸侯国定会竞相来朝见吴国，这样您称霸天下的大业就成功了。如果大王真畏忌越国，我请求东去会见越王，让他派军跟从您，这实际上是使越国空虚，名义上则是跟从诸侯讨伐齐国。"吴王听了非常高兴，于是派子贡前往越国。

越王清扫道路，到郊外迎接子贡，亲自驾车到子贡住的馆舍致问说："这是个蛮夷之邦，大夫怎么会屈身光临这里呢？"子贡回答说："我现在已劝说吴王去救援鲁国攻打齐国，他想这么做但害怕越国，他说：'等我攻下越国后才可以。'如果这样，攻破越国是肯定的了。况且要没有报复之心而令人怀疑，太拙劣了；要有报复之心却让人知道了，就危险了；事情尚未发动却先传开了，就太危险了。这三种情况都是办事的大患。"勾践叩首再拜说："我曾不自量力，才与吴国交战，被围困在会稽，痛入骨髓，日夜唇焦舌燥，只想和吴王一起拼死，这就是我的愿望。"于是请教子贡。子贡说："吴王为人凶猛残暴，大臣们不能忍受；国家因战事频繁而疲敝，士兵不能忍耐；百姓怨恨国君，大臣内部发生变乱；伍子胥因谏诤被杀，太宰伯嚭当政，顺随国君的过失来保全自己的私利，这是残害国家的行为啊。现在大王真能发兵随征以投合他的意愿，用重金宝物来获取他的欢心，用谦卑的言辞来表示对他的尊敬，他必定会攻打齐国。如果他不能取胜，就是大王您的福气了。如果他打胜了，他一定会带兵逼近晋国，到时请让我北上去见晋国国君，让他一同进攻，一定可以削弱吴国势力。等他们的精锐全部耗在齐国，重兵被困在晋国时，大王趁它疲惫之机进攻，这样一定能消灭吴国。”越王非常高兴，答应依计而行。送给子贡黄金百镒，宝剑一把，良矛二支。子贡没有接受就走了。

子贡报告吴王说：“我郑重地把大王的话告诉了越王，越王非常恐慌，说：‘我很不幸，小时候就失去了父亲，又不自量力，得罪了吴王，兵败而自身受辱，栖居在会稽山上，国家成了废墟荒地，仰赖大王的恩赐，使我还能够捧着祭品来祭祀祖宗，我至死也不敢忘恩，怎么还敢想别的呢？’”过了五天，越国派大夫文种跪着对吴王说：“东海奴仆勾践谨派使者文种，冒昧进言。如今我私下听说大王将要发动正义之师，讨伐强暴，扶持弱小，围困暴齐以安抚周王室。因此我们请求出动越国所有军队三千人，越王请求亲自披甲执器上阵，来先冒险抵挡箭石。因此派越国贱臣文种进献先祖珍藏的宝甲二十领、斧头、屈卢矛、步光剑作为给军吏的贺礼。”吴王非常高兴，把文种的话告诉子贡说：“越王想亲自跟随我攻打齐国，可以吗？”子贡回答说：“不可以。使越国国内空虚，调动它所有的士兵，又使其国君随军出征，这是不道义的。大王可接受他的礼物，允许他派出军队，辞谢他的国君随行。”吴王同意了，就辞谢了越王。于是吴王就调动了九个郡的兵力攻打齐国。

子贡因而离开吴国前往晋国，对晋国国君说：“我听说，事情不预先准备就不能应付最终的变化，军队不预先准备就不能战胜敌人。现在齐国和吴国即将开战，如果吴国不能取得胜利，越国肯定会趁机作乱；如果和齐国之战获得了胜利，吴王必定会率军逼临晋国。”晋国君很恐慌，说：“那要怎么办？”子贡说：“修理好武器，休养士卒，等待吴军的到来。”晋君依言而行。

子贡离开晋国前往鲁国。吴王果然在艾陵与齐国发生了战争，大败齐军，俘虏了齐军七个将军的士兵并没有撤军回国，果然带兵逼近晋国，与晋军在黄池相遇。吴晋两国争雄，晋军攻击吴军，大败吴军。越王听到这个消息，就渡过江去袭击吴国，直打到离吴都城七里的地方才安营扎寨。吴王听到这个消息，就离开晋国返回国内，与越军大战于五湖一带。多次战斗都失败了，连城门都失守了，于是越军包围了王宫，杀死了吴王夫差和他的国相。灭吴国后三年，越国称霸东方。

所以子贡这一出行，保全了鲁国，使齐国混乱，吴国灭亡，晋国强盛而越国称霸。子贡一次出使，使各国势力均衡相继被打破，十年当中，齐、鲁、吴、晋、越五国局势各自变化。

子贡喜欢经商，随着供需情况转手牟取利润。他喜欢宣扬别人的好处，也不隐瞒别人的过失。他曾任鲁国、卫国的国相，家产积累千金，最终死在齐国。

言偃，是吴国人，字子游。比孔子小四十五岁。

子游学成以后，曾任武城的长官。孔子经过武城，听到弹琴唱歌的声音。孔子微笑道："杀鸡何必用宰牛刀呢？"子游说："从前我曾听先生说过，君子学道就能爱护别人，小人学道就容易受人驱使。"孔子说："弟子们，言偃的话是对的。我前面所说的那句话不过是玩笑而已。"孔子认为子游熟悉古代文献。

卜商，字子夏。比孔子小四十四岁。

子夏问道："'巧笑倩兮，美目盼兮，素以为绚兮'，这三句诗是什么意思呀？"孔子回答说："绘画要先打上洁白的底子。"子夏又问："礼在仁义之后吗？"孔子说："子夏啊，现在可以和你讨论《诗经》了。"

子贡问道："颛孙师和卜商谁更贤些？"孔子说："颛孙师有些过了，而卜商则有些不够。"子贡说："那么是颛孙师强一些吗？"孔子说："过分和不够没什么两样啊。"

孔子对子夏说："你要做个有才德的读书人，而不要做个小人一样的读书人。"

孔子逝世后，子夏定居在河西教授学生，是魏文侯的老师。他的儿子死后，他把眼睛哭瞎了。

颛孙师，是陈国人，字子张。比孔子小四十八岁。

子张向孔子询问为官求禄之道。孔子说："多听慎言，就能少犯错误；多看慎行，就能减少后悔。说话的错误少、行动的懊悔少，你要求取的官职俸禄就在这里面了。"

有一次，子张跟随孔子被围困在陈国和蔡国之间，子张问如何才能让自己行得通。孔子说："说话忠诚信实，行为真诚恭敬，即使在南蛮北狄也行得通；如果说话没有诚信，行为不恭敬，即使是在乡邻，能行得通吗？站立时如同'忠信笃敬'就在面前；坐在车上，如同看到这几个字就挂在车轼上，这样才能到处行得通。”子张就把这些话写在束腰的大带子上。

子张问：“读书人要怎样才能算得上通达呢？”孔子说：“指什么呢，你所说的通达？”子张回答说：“指在诸侯国中有声望，在卿大夫的采邑有声誉。”孔子说：“这是名声，不是通达。所谓通达，应当是品质正直，爱好礼义，察言观色，谦让待人，这样，在诸侯国和卿大夫封地就一定能够通达了。所说的名声，表面上像是追求仁德，实际行动上却有违仁德，但自己却以仁自居而丝毫不疑，这样的人在诸侯国及卿大夫的封地都能骗到名望。”

曾参，是南武城人，字子舆，比孔子小四十六岁。

孔子认为他能通达孝道，所以授他学业。他写了《孝经》一书，死在鲁国。

澹台灭明，是武城人，字子羽，比孔子小三十九岁。

他的体态相貌很丑陋，想要侍奉孔子，孔子认为他资质低下。受业后，他回去努力提高，不走旁门左道，不是为了公事，从来不去会见公卿大夫。

他南游到长江，追随他的学生有三百人，他行为无缺，声誉传遍了四方诸侯。孔子听说后，说：“我凭言辞判断人，错看了宰予；以貌取人，对子羽的判断就错了。”

宓不齐，字子贱。比孔子小三十岁。

孔子谈论宓子贱，说：“子贱真是个君子啊！如果鲁国没有君子，那么他又从哪儿学到这种好品德呢？”

子贱担任单父地方长官，回来报告孔子，说：“这个地方比我贤能的有五个人，他们教给我施政治民的方法。”孔子说：“可惜呀！你治理的地方太小了，要是治理的地方大点就接近于道了。”

原宪，字子思。

子思问什么是耻辱。孔子说：“国家有道，可做官取俸。国家无道，做官取俸，是耻辱。”

子思说：“不好胜，不自夸，不怨恨，不贪心，可以算是仁吗？”孔子说：“可以算是难能可贵了，但是否算是仁，我就不知道了。”

孔子逝世以后，子思就隐居荒野。子贡做了卫国的国相，车马成群，他排开丛生的野草，来到简陋破败的小屋看望子思。子思整了整破旧的衣帽会见子贡。子贡见状替他感到羞耻，说：“你难道很困窘吗？”子思回答说："我听说，没有财产叫做贫穷，学了道而不能施行的叫做困窘。像我，是贫穷，而不是困窘啊。"子贡感到很惭愧，不高兴地离去了，一生都为这次失言感到羞耻。

公冶长，是齐国人，字子长。

孔子说："公冶长，可以把女儿嫁给他为妻，虽然他被关在囚牢中，但不是他的罪过。"于是把自己的女儿嫁给了他。

南宫括，字子容。

南宫括问孔子："后羿擅长射箭，奡擅长行舟，他们都没能善终；禹、稷亲自耕种为什么却能得到天下呢？"孔子没有回答。子容退出后，孔子说："这个人真是个君子啊！这个人崇尚道德啊！"孔子评论他说："国家政治清明，他不会被废；国家政治黑暗，他也不会遭受刑罚。"他反复吟诵"白圭之玷"一诗，孔子就把哥哥的女儿嫁给了他。

公皙哀，字季次。

孔子说："天下士人大多没有德行，做了卿大夫们的家臣，在都邑为官，只有季次不曾做官。"

曾蒧，字皙。

他侍奉孔子，孔子说："谈谈你的志向吧。"曾蒧说："穿上春天的衣服，和五六个成年人、六七个小孩子，在沂水里洗个澡，在祈雨台上吹吹风，然后唱着歌回家。"孔子听后长叹说："我和你一样啊！"

颜无繇，字路。颜路，是颜回的父亲，父子俩曾先后师从孔子。

颜回死了，颜路贫穷，请求孔子卖掉车来安葬颜回。孔子说："不论是有才能或没有才能，但各自来说都是自己的儿子。孔鲤死了，只有内棺没有外椁，我不能卖掉车步行给他买椁，因为我曾经位居大夫行列，不可以步行的呀。"

商瞿，是鲁国人。字子木，比孔子小二十九岁。

孔子把《易经》传给商瞿，商瞿又传给楚国人馯臂子弘，弘再传给江东人矫子庸疵，疵又传给燕国人周子家竖，竖传给淳于人光子乘羽，羽传给齐国人田子庄何，何传给东武人王子中同，同传给淄川人杨何。杨何在汉武帝元朔年间，因为研究《易经》担任汉中大夫。

高柴，字子羔，比孔子小三十岁。

子羔的身高不到五尺，师从孔子，孔子认为他愚笨。

子路派子羔担任费邑长官。孔子说："这是害人子弟啊！"子路说：

“那里有百姓，有祭祀的土神和谷神，何必一定要读书才叫做学问呢？”孔子说：“因此我厌恶花言巧语的人。”

漆雕开，字子开。

孔子叫子开去做官，子开回答说：“我对做官还没有信心。”孔子听了很高兴。

公伯缭，字子周。

子周向季孙氏毁谤子路，子服景伯把这事告诉了孔子，并说：“夫子本来就有了疑心，公伯缭，我还是能够杀了他让他陈尸街头。”孔子说：“道的兴，全是由命，道即将废弃，也是天意。公伯缭又能拿命怎么样呢？”

司马耕，字子牛。

子牛话多而性情急躁。他向孔子问仁，孔子说：“仁义的人，说话很谨慎。”子牛又问：“言语谨慎，这就可以称为仁吗？”孔子说：“做起来难，说起来能不谨慎吗？”

子牛问什么是君子，孔子说：“君子不会忧愁，也不会畏惧。”子牛又问：“不忧愁，不畏惧，这就可以算是君子吗？”孔子说：“能自我反省而内心无愧，那有什么可忧愁和可畏惧的呢？”

樊须，字子迟。比孔子小三十六岁。

樊迟向孔子请教种庄稼，孔子说：“我不如老农民。”又请教种蔬菜，孔子说：“我不如老菜农。”樊迟退出后，孔子说：“樊迟，是个浅薄小人啊！统治者提倡礼义，那么百姓就没有敢不服从的；统治者讲求诚信，那么百姓就没有敢不说实话的。这样，那么四方的百姓就会背着孩子前来投奔，哪里用得着自己种庄稼呢。”

樊迟问什么是仁，孔子说：“爱护别人。”又问什么是智慧，孔子说：“了解别人。”

有若，比孔子小四十三岁。

有若说：“礼的应用，以恰到好处为贵。古代圣贤君王的治国办法，好就好在这里；小事大事都按照这条原则去做，有时会行不通；但是只为了恰到好处而一味地追求恰到好处，不用礼来节制它，也是不可行的。”有若又说：“诚信符合于义，就能经得起实际检验；恭敬符合于礼，就能远离耻辱；依傍那些不失为亲近的人，也就可靠了。”

孔子逝世后，弟子们都很怀念他。有若长得像孔子，弟子们共同拥戴他为师，对待他就像当初侍奉孔子一样。一天，学生进来问他说：“从前先生要出行，让弟子带上雨具，不久果真下雨了。弟子就请教说：‘先生怎么知道要下雨呢？’有若说：‘《诗经》里不是说了吗？月亮靠近毕宿星，就会有滂沱大雨了。’有一天，月亮又停在了毕星的位上，却没有下雨。商瞿年纪大了还没有儿子，他的母亲要为他另娶妻室。孔子派他到齐国去，商母请求不要派他。孔子说：‘不要担心，商瞿四十岁以后应该会有五个男孩子。’后来果真如此。请问夫子凭什么能预先知道结果呢？”有若沉默无以回答。弟子们站起来说：“有先生您离开吧，这个座位不是您能坐的啊！”

公西赤，字子华，比孔子小四十二岁。

子华出使去齐国，冉有为子华的母亲向孔子请求粮食。孔子说：“给她一釜。”冉有请求增加一些，孔子说：“给她一庾。”冉有给了她五秉粮食。孔子说：“公西赤去齐国，坐的是肥马拉的车子，穿的是又轻又暖的裘衣。我听说，君子救济急需的穷人而不是增加他的财富。”

巫马施，字子旗，比孔子小三十岁。

陈司败问孔子说：“鲁昭公懂得礼吗？”孔子说：“懂礼。”孔子出去后，陈司败向巫马旗作了个揖说：“我听说君子不会偏私包庇，难道君子也会偏私包庇吗？鲁昭公娶了吴女为夫人，给她起名叫她孟子。孟子本姓姬，避忌称呼同姓，所以称她吴孟子。鲁君如果懂得礼，那还有谁不懂得礼呢？”巫马施把这些话告诉了孔子，孔子说：“我真幸运，如果有了过失，人家一定会知道。做臣子的不可说国君的过错，替他隐讳，就是懂礼啊。”

梁鳣，字叔鱼，比孔子小二十九岁；颜幸，字子柳，比孔子小四十六岁；冉儒，字子鲁，比孔子小五十岁；曹恤，字子循，比孔子小五十岁；伯虔，字子析，比孔子小五十岁；公孙龙，字子石，比孔子小五十三岁。

从子石以上三十五人，他们的年龄、姓名和受业情况都可见到明显的文字记载。其余的四十二人，没有年龄可考，也没有文字记载，记在下面：

冉季，字子产；公祖句兹，字子之；秦祖，字子南；漆雕哆，字子敛；颜高，字子骄；漆雕徒父，字子文；壤驷赤，字子徒；商泽，字子秀；石作蜀，字子明；任不齐，字选；公良孺，字子正；后处，字子里；秦冉，字开；公夏首，字乘；奚容箴，字子皙；公肩定，字子中；颜祖，字子襄；鄡单，字子家；句井疆；罕父黑，字子索；秦商，字子丕；申党，字周；颜之仆，字叔；荣旂，字子祈；县成，字子祺；左人郢，字行；燕伋，字思；郑国，字子徒；秦非，字子之；施之常，字子恒；颜哙，字子声；步叔乘，字子车；原亢籍，字子籍；乐欬，字子声；廉絜，字庸；叔仲会，字子期；颜何，字冉；狄黑，字皙；邦巽，字子敛；孔忠；公西舆如，字子上；公西蒧，字子上。

太史公说：后世学者们多数讲述孔子门下七十位门徒时，赞誉者或许言过其实；诋毁他们的人，也许损害了他们的真实形象。总之，谁都没有看到他们的真实相貌而加以评论，比较起来，《论语》所记弟子们的事迹，更接近真实。关于孔子弟子们的名字、姓氏、言行等情况，我全部取自《论语》中的弟子问答，把它们合编成一篇，有疑问的地方就空着。

史记卷六十八

商君列传第八

商君者，卫之诸庶孽公子也，名鞅，姓公孙氏，其祖本姬姓也。

鞅少好刑名之学，事魏相公叔座为中庶子。公孙座知其贤，未及进。会座病，魏惠王亲往问病，曰："公孙病有如不可讳，将奈社稷何？"公叔曰："座之中庶子公孙鞅，年虽少，有奇才，愿王举国而听之。"王嘿然。王且去，座屏人言曰："王即不听用鞅，必杀之，无令出境。"王许诺而去。公叔座召鞅谢曰："今者王问可以为相者，我言若，王色不许我，我方先君后臣，因谓王即弗用鞅，当杀之。王许我。汝可疾去矣，且见禽。"鞅曰："彼王不能用君之言任臣，又安能用君之言杀臣乎？"卒不去。惠王既去，而谓左右曰："公叔病甚，悲乎，欲令寡人以国听公孙鞅也，岂不悖哉！"

公叔既死，公孙鞅闻秦孝公下令国中求贤者，将修穆公之业，东复侵地，乃遂西入秦，因孝公宠臣景监以求见孝公。

孝公既见卫鞅，语事良久，孝公时时睡，弗听。罢而孝公怒景监曰："子之客妄人耳，安足用邪！"景监以让卫鞅，卫鞅曰："吾说公以帝道，其志不开悟矣。"后五日，复求见鞅。鞅复见孝公，益愈，然而未中旨。罢而孝公复让景监，景监亦让鞅。鞅曰："吾说公以王道而未入也。请复见鞅。"鞅复见孝公，孝公善之而未用也。罢而去。孝公谓景监曰："汝客善，可与语矣。"鞅曰："吾说公以霸道，其意欲用之矣。诚复见我，我知之矣。"卫鞅复见孝公。公与语，不自知膝之前于席也。语数日不厌。景监曰："子何以中吾君，吾君之欢甚也。"鞅曰："吾说君以帝王之道比三代，而君曰：'久远，吾不能待。且贤君者，各及其身显名天下，安能邑邑待数十百年以成帝王乎？'故吾以强国之术说君，君大悦之耳。然亦难以比德于殷、周矣。"

孝公既用卫鞅，鞅欲变法，恐天下议己。卫鞅曰："疑行无名，疑事无功。且夫有高人之行者，固见非于世；有独知之虑者，必见敖于民。愚者闇于成事，知者见于未萌。民不可与虑始而可与乐成。论至德者不和于俗，成大功者不谋于众。是以圣人苟可以强国，不法其故；苟可以利民，不循其礼。”孝公曰：“善。”甘龙曰：“不然。圣人不易民而教，知者不变法而治。因民而教，不劳而成功；缘法而治者，吏习而民安之。”卫鞅曰：“龙之所言，世俗之言也。常人安于故俗，学者溺于所闻。以此两者居官守法可也，非所与论于法之外也。三代不同礼而王，五伯不同法而霸。智者作法，愚者制焉；贤者更礼，不肖者拘焉。”杜挚曰：“利不百，不变法；功不十，不易器。法古无过，循礼无邪。”卫鞅曰：“治世不一道，便国不法古。故汤、武不循古而王，夏、殷不易礼而亡。反古者不可非，而循礼者不足多。”孝公曰：“善。”以卫鞅为左庶长，卒定变法之令。

令民为什五，而相（收）〔牧〕司连坐。不告奸者腰斩，告奸者与斩敌首同赏，匿奸者与降敌同罚。民有二男以上不分异者，倍其赋。有军功者，各以率受上爵；为私斗者，各以轻重被刑大小。僇力本业，耕织致粟帛多者复其身。事末利及怠而贫者，举以为收孥。宗室非有军功论，不得为属籍。明尊卑爵秩等级，各以差次名田宅，臣妾衣服以家次。有功者显荣，无功者虽富无所芬华。

令既具，未布，恐民之不信，已乃立三丈之木于国都市南门，募民有能徙置北门者予十金。民怪之，莫敢徙。复曰“能徙者予五十金”。有一人徙之，辄予五十金，以明不欺。卒下令。

令行于民期年，秦民之国都言初令之不便者以千数。于是太子犯法。卫鞅曰：“法之不行，自上犯之。”将法太子。太子，君嗣也，不可施刑，刑其傅公子虔，黥其师公孙贾。明日，秦人皆趋令。行之十年，秦民大悦，道不拾遗，山无盗贼，家给人足。民勇于公战，怯于私斗，乡邑大治。秦民初言令不便者有来言令便者，卫鞅曰：“此皆乱化之民也。”尽迁之于边城。其后民莫敢议令。

于是以鞅为大良造，将兵围魏安邑，降之。

居三年，作为筑冀阙宫庭于咸阳，秦自雍徙都之。而令民父子兄弟同室内息者为禁。而集小（都）乡邑聚为县，置令、丞，凡三十一县。为田开阡陌封疆，而赋税平。平斗桶权衡丈尺。

行之四年，公子虔复犯约，劓之。

居五年，秦人富强，天子致胙于孝公，诸侯毕贺。

其明年，齐败魏兵于马陵，虏其太子申，杀将军庞涓。其明年，卫

《东周列国志》版画之说秦君卫鞅变法图。卫鞅即商鞅，也称公孙鞅。

鞅说孝公曰:“秦之与魏，譬若人之有腹心疾，非魏并秦，秦即并魏。何者?魏居岭阨之西，都安邑，与秦界河，而独擅山东之利。利则西侵秦，病则东收地。今以君之贤圣，国赖以盛。而魏往年大破于齐，诸侯畔之，可因此时伐魏。魏不支秦，必东徙。东徙，秦据河山之固，东乡以制诸侯，此帝王之业也。”孝公以为然，使卫鞅将而伐魏。魏使公子卬将而击之。军既相距，卫鞅遗魏将公子卬书曰:“吾始与公子欢，今俱为两国将，不忍相攻，可与公子面相见，盟，乐饮而罢兵，以安秦、魏。”魏公子卬以为然。会盟已，饮，而卫鞅伏甲士而袭虏魏公子卬，因攻其军，尽破之以归秦。魏惠王兵数破于齐、秦，国内空，日以削，恐，乃使使割河西之地献于秦以和。而魏遂去安邑，徙都大梁。梁惠王曰:“寡人恨不用公叔座之言也。”卫鞅既破魏还，秦封之於、商十五邑，号为商君。

商君相秦十年，宗室贵戚多怨望者。赵良见商君，商君曰:“鞅之得见也，从孟兰皋，今鞅请得交，可乎?”赵良曰:“仆弗敢愿也。孔丘有言曰:‘推贤而戴者进，聚不肖而王者退。’仆不肖，故不敢受命。仆闻之曰:非其位而居之曰贪位，非其名而有之曰贪名。’仆听君之义，则恐仆贪位贪名也。故不敢闻命。”商君曰:“子不说吾治秦与?”赵良曰:“反听之谓聪，内视之谓明，自胜之谓强。虞舜有言曰:‘自卑也尚矣。’君不若道虞舜之道，无为问仆矣。”商君曰:“始秦戎翟之教，父子无别，同室而居。今我更制其教，而为其男女之别，大筑冀阙，营如鲁卫矣。子观我治秦也，孰与五羖大夫贤?”赵良曰:“千羊之皮，不如一狐之腋;千人之诺诺，不如一士之谔谔。武王谔谔以昌，殷纣墨墨以亡。君若不非武王乎，则仆请终日正言而无诛，可乎?”商君曰:“语有之矣，貌言华也，至言实也，苦言药也，甘言疾也。夫子果肯终日正言，鞅之药也。鞅将事子，子又何辞焉!”赵良曰:“夫五羖大夫，荆之鄙人也。闻秦穆公之贤而愿望见，行而无资，自粥于秦客，被褐食牛。期年，穆公知之，举之牛口之下。而加之百姓之上，秦国莫敢望焉。相秦六七年，而东伐郑，三置晋国之君，一救荆国之祸。发教封内，而巴人致贡;施德诸侯，而八戎来服。由余闻之，款关请见。五羖大夫之相秦也，劳不坐乘，暑不张盖，行于国中，不从车乘，不操干戈，功名藏于府库，德行施于后世。五羖大夫死，秦国男女流涕，童子不歌谣，舂者不相杵。此五羖大夫之德也。今君之见秦王也，因嬖人景监以为主，非所以为名也。相秦不以百姓为事，而大筑冀阙，非所以为功也。刑黥太子之师傅，残伤民以骏刑，是积怨畜祸也。教之化民也深于命，民之效上也捷于令。今君又左建外易，非所以为教也。君又南面而称寡人，日绳秦之贵公子。《诗》曰：‘相鼠有体，人而无礼；人而无礼，何不遄死。’以《诗》观之，非所以为寿也。公子虔杜门不出已八年矣，君又杀祝懽而黥公孙贾。《诗》曰：‘得人者兴，失人者崩。’此数事者，非所以得人也。君之出也，后车十数，从车载甲，多力而骈胁者为骖乘，持矛而操闟戟者旁车而趋。此一物不具，君固不出。《书》曰：‘恃德者昌，恃力者亡。’君之危若朝露，尚将欲延年益寿乎？则何不归十五都，灌园于鄙，劝秦王显岩穴之士，养老存孤，敬父兄，序有功，尊有德，可以少安。君尚将贪商、於之富，宠秦国之教，畜百姓之怨，秦王一旦捐宾客而不立朝，秦国之所以收君者，岂其微哉？亡可翘足而待。”商君弗从。

后五月而秦孝公卒，太子立。公子虔之徒告商君欲反，发吏捕商君。商君亡至关下，欲舍客舍，客人不知其是商君也，曰：“商君之法，舍人无验者坐之。”商君喟然叹曰：“嗟乎，为法之敝一至此哉！”去之魏，魏人怨其欺公子卬而破魏师，弗受。商君欲之他国。魏人曰：“商君，秦之贼。秦强而贼入魏，弗归，不可。”遂内秦。商君既复入秦，走商邑，与其徒属发邑兵北出击郑。秦发兵攻商君，杀之于郑黾池。秦惠王车裂商君以徇，曰：“莫如商鞅反者！”遂灭商君之家。

太史公曰：商君，其天资刻薄人也。迹其欲干孝公以帝王术，挟持浮说，非其质矣。且所因由嬖臣，及得用，刑公子虔，欺魏将卬，不师赵良之言，亦足发明商君之少恩矣。余尝读商君《开塞》《耕战》书，与其人行事相类。卒受恶名于秦，有以也夫！

【译文】

商君是卫君姬妾生的儿子，名鞅，姓公孙，他的祖先本来姓姬。公孙鞅年轻时喜好刑名之学，侍奉魏国国相公叔痤，做了侍从。公叔痤知道他贤能，还没来得及向魏王推荐。正赶上公叔痤得了病，魏惠王亲自去看望他，说：“万一你的病有个好歹，国家将怎么办呢？”公叔痤回答说：“我的侍从公孙鞅，年纪虽轻，却有奇才，大王可以把国家大事全都托付给他，让他去治理。”魏惠王听后没有说话。当魏惠王即将离开时，公叔痤屏退左右，说：“大王假如不能用公孙鞅，就一定要杀掉他，不能让他走出国境。”魏王答应了他就离开了。公叔痤叫来公孙鞅，道歉说：“刚才大王询问能够担任国相的人，我推荐了你。看大王的神情应该不会同意。我当先忠于君而后考虑臣的立场，因而劝大王，如果不用你，就该杀掉你。大王答应了我的请求。你赶快离开吧，否则就要被抓了。”公孙鞅说：“大王既然不能听您的话任用我，又怎么能听您的话来杀我呢？”终于没有离开魏国。惠王离开后，对随侍人员说：“公叔痤病得很重，真让人伤心啊。他想要我把国政交给公孙鞅，这不是糊涂了吗？”

公叔痤死后，公孙鞅听说秦孝公下令全国求贤，想要重整秦缪公时的霸业，向东收复失地，于是他就西行到了秦国，通过秦孝公的宠臣景监求见秦孝公。秦孝公就召见了卫鞅，谈了很久，孝公一边听一边打瞌睡，没有听进去。事后孝公迁怒于景监说：“你的客人是个无知妄言之徒，这种人怎么能任用呢？”景监责备卫鞅。卫鞅说：“我用尧、舜治国的方法劝说大王，他的心智不能领会啊。”过了五天，景监再请秦孝公见卫鞅。卫鞅再见孝公时，谈得更多，可是还是不合秦孝公的心意。事后秦孝公又责备景监，景监也责备卫鞅。卫鞅说：“我用王道的治国方法劝说大王而他听不进去。请求他再召见我一次。”卫鞅再次见到孝公，孝公对他很友好可是没任用他。会见退出后，孝公对景监说：“你的客人不错，我可以和他谈谈了。”景监告诉卫鞅，卫鞅说：“我用春秋五霸的治国方法去说服大王，看他的心思是准备采纳了。真能再召见我一次，我就知道该怎么说啦。”于是卫鞅又见到了孝公，孝公跟他谈得非常投机，不知不觉移动膝盖到垫席前头靠近了卫鞅，谈了几天仍不知疲倦。景监说：“您用什么法子打动了大王的心呢？我们国君高兴极了。”卫鞅回答说：“我劝大王采用帝王治国的办法，建立夏、商、周那样的盛世，可是大王说：‘时间太长了，我不能等，何况贤能之君，都希望当世名扬天下，怎能无声无息地等几十上百年才成就帝王大业呢？’所以，我用富国强兵的办法劝说他，他才特别高兴。可是这样就不能与殷、周的德行相媲美了。”

孝公任用卫鞅后不久，卫鞅打算变法，可又担心天下人议论自己。卫鞅说：“行动犹豫就搞不出名堂，办事犹豫就不会成功。况且超出常人行为的人，本来就常被世人非议；有独到见解的人，必定会受到一般人的诋毁。愚人对既成事实还弄不明白，聪明的人事先就能预见即将发生的事情。不能和百姓谋划大事而可以和他们共享成功的欢乐。谈论高深道理的人不会与世俗合流，成就大业的人不与一般人共谋。因此，圣人只要能够使国家强盛，就不必效法陈规；只要能够利于百姓，就不必遵循旧制。”孝公说：“说得好。”甘龙说：“不是这样。圣人不改变民俗而施教化，聪明的人不改成法而治理国家。顺应民风民俗而施教化，不费力就能成功；沿袭成法而治理国家，官吏习惯而百姓安定。”卫鞅说：“甘龙所说的，是世俗的说法啊。一般人安于旧有的习俗，而读书人拘泥于自己所闻。这两种人奉公守法还可以，但不能和他们谈论常法以外的变革。三代礼制不同却各成王业，五伯法制不一却各成霸业。聪明的人制定法度，愚蠢的人被法度制约；贤能的人变更礼制，寻常的人为礼制所束。”杜挚说：“没有百倍的利益，就不能改变常法；没有十倍的效用，就不能更换旧器。仿效常法不会有过失，遵循旧礼不会出偏差。”卫鞅说：“治理国家没有固定的办法，有利于国家就不必仿效旧法。所以汤武不依旧法而能王天下，夏殷不更变旧礼而灭亡。反对旧法的人不能非难，而遵循旧礼的人不值得赞扬。”孝公说：“说得好。”于是任命卫鞅为左庶长，最终制定了变法的命令。

法令规定，百姓十家为“什”，五家为“伍”，互相监视检举，一家犯法，十家连带治罪。不告发坏人的腰斩，告发坏人的跟斩杀敌人一样受赏，隐藏奸恶的人与投降敌人同罪。一家有两个以上壮丁不分居的，赋税加倍。立了军功的，按功劳大小升爵受赏；为私事斗殴的，按情节轻重处以刑罚。致力于农业生产，让粮食丰收、布帛增产的免除自身的劳役或赋税。因从事工商业及因懒惰而贫穷的，其妻子全都没入官府为奴。国君亲属宗族没有军功的，不能列入家族的名册。明确尊卑爵位等级，各按等级差别占有土地、房产，家臣奴婢数量、衣裳、服饰按各家爵位等级决定。有军功的享受荣耀，没有军功的即使很富有也不能显荣。

新法准备就绪，还没公布，卫鞅担心百姓不相信，就在国都市场南门竖起一根三丈长的木杆，招募百姓中能把木杆搬到北门的人赏给十金。百姓们觉得这件事很奇怪，没人敢动。卫鞅又宣布“能把木杆搬到北门的人赏五十金”。于是有一个人搬走了木杆，卫鞅当下就赏了他五十金，以此表明令出必行，绝不欺骗。接着就颁布了新法。

新法在全国施行了一年，秦国老百姓到国都投诉新法不便的人数以千计。正当这时，太子触犯了新法。卫鞅说：“新法行不通，是因为上层的人先犯法。”将依新法处罚太子。太子，是国君的继承人，不能施以刑罚，于是就处罚了监督他行为的太傅公子虔，太师公孙贾被处以墨刑。第二天，秦国人便都依照新法执行了。新法推行了十年，秦国的老百姓都非常高兴，路不拾遗，山林里也没了盗贼，家家富裕，人人饱暖。人民勇于为国作战，不敢为私争斗，乡村、城镇社会秩序安定。当初说新法不便的百姓又有来说新法好处的，卫鞅说“这都是扰乱教化的人”，于是把他们全部迁到边疆去了。从此，老百姓再也没人敢议论新法了。

于是卫鞅被任命为大良造，率兵围攻魏国安邑，使他们屈服投降。过了三年，秦国在咸阳建筑宫廷城阙，把国都从雍地迁到此地，下令禁止百姓父子兄弟同居一室，把小城镇村落合并为县，设置了县令、县丞，共计三十一个县。废除原有田塍的界线，鼓励百姓开垦荒地，而使赋税平衡。统一全国度量衡。施行了四年，公子虔又犯法了，被判处劓刑。过了五年，秦国富强，周天子把祭肉赐给秦孝公，各国诸侯都来祝贺。

第二年，齐国在马陵打败魏军，俘虏了魏国的太子申，射杀魏将军庞涓。一年后，卫鞅劝孝公说：“秦和魏，好像一个人患有心腹疾病，不是魏国兼并秦国，就是秦国吞并魏国。为什么呢？因为魏国地处山岭险要的西部，建都安邑，与秦国以黄河为界而独占崤山以东的地利。形势有利就可以向西进犯秦国，不利就可以向东扩展领地。如今凭借大王圣明，秦国才繁荣昌盛。而魏国去年被齐国打得大败，诸侯们都背叛了他，可以趁此时攻打魏国。魏国抵挡不住，必然要向东撤退。一向东撤退，秦国就占有了黄河和崤山险要地势，向东就可以控制各国诸侯，这是统一天下的帝王大业啊！”孝公认为说得对。就派卫鞅率领军队攻打魏国。魏国派公子卬领兵迎击。两军相拒对峙，卫鞅派人给公子卬送去一封信，说：“我当初与公子相处得很快乐，如今你我成了敌对两军的将领，不忍心相互攻击，可以与公子会面结盟，畅饮几杯然后各自撤兵，让秦魏两国相安无事。”魏公子卬认为卫鞅说得对。会盟结束后，双方一起喝酒，而卫鞅埋伏下的士兵突然袭击并俘虏了魏公子卬，并乘势攻打魏军，大胜回国。魏惠王的军队多次被齐、秦击溃，国内空虚，势力渐衰，恐慌起来，就派使者说割河西地区给秦以求和。魏王于是离开安邑，迁都大梁。魏惠王后悔地说：“我真后悔当初没采纳公叔痤的意见啊。”卫鞅打败魏军回来后，秦孝公把于、商十五个邑封给了他，称商君。

商君出任秦相十年，很多宗室贵戚怨恨他。赵良去见商君。商君说：“我能见到你，是因孟兰皋的介绍，现在我们交个朋友，可以吗？”赵良回答说：“我不敢奢望。孔子说过：‘推荐贤能，受到人民拥戴的人才会前来；招揽不贤，讲王道的人就会引退。’我不才，所以不敢从命。我听到过这样的说法：'不该占有的职位而占有它叫做贪位，不该享有的名声而享有它叫做贪名。'我要是接受了您的情谊，恐怕那就是既贪位又贪名了。所以不敢从命。"商鞅说："您不满我对秦国的治理吗？"赵良说："能够听从别人的意见叫做聪，能够自我省察叫做明，能够自制叫做强。虞舜曾说过：'自我谦虚的人被人尊重。'您不如遵循虞舜的主张去做，不必问我了。"商鞅说："当初，秦国的习俗和戎狄一样，父子无分别，男女老少同居一室。如今我改变了这种风俗，使他们男女有别，分居而住，大造宫廷城阙，把秦国营建得像鲁国、卫国一样。您看我治理秦国，与五羖大夫比，谁更好呢？"赵良说："一千张羊皮比不上一领狐腋贵重，一千人附和抵不上一人直言。武王因左右多直言而国家就昌盛，纣王因群臣不敢吭声而灭亡。您如果不反对武王的做法，那么请允许我整天直言而不受责备，可以吗？"商君说："俗话说，表面动听的话好比是花朵，真实至诚的话如同果实，苦口危言是药石，甜言蜜语是病因。您果真能终日正义直言，那就是我治病的良药了。我将拜先生为师，先生又何必推辞呢？"赵良说："那五羖大夫，是楚国偏僻的乡下人。听说秦缪公贤明，想去拜见，可是却没有路费，于是把自己卖给秦国人，穿着粗布短衣给人家喂牛。过了一年，秦缪公知道了这件事，把他从牛口之下提拔起来，凌驾于百官之上，秦国没有人不满意。他出任秦相六七年，东伐郑国，三立晋君，一次出兵救楚。在境内施行教化，巴人前来纳贡；教化影响到诸侯，四境的夷族前来归附。由余听到这种情形，前来敲门投奔。五羖大夫出任秦相，累不坐车，热不打伞，走遍国中，不用随从的车辆，不带武装防卫，他的功名载于史册、藏于府库，他的德行流传于后代。五羖大夫死时，秦国不论男女都痛哭流涕，小孩不唱歌谣，连舂米的人也不喊号子了。这就是五羖大夫的德行啊。现在您得见秦王，靠的是秦王宠臣景监推荐介绍，这就说不上什么名声了。身为秦相不以百姓利益为重，却大筑宫阙，这就说不上为国家建立功业了。惩治太子的师傅，用严刑酷法残害百姓，这是积怨聚祸啊。您的政令影响百姓比国君命令百姓更深入人心，百姓响应您的号召比国君的命令更为迅速。如今您却违情背理建立权威，自作主张改变君令，这不是对百姓施行教化啊。您又面向南称君，天天用新法约束秦国贵族子弟。《诗经》上说：'看老鼠都还有肢体，人却没有礼仪；人没有礼仪，为什么不早点死呢？'从诗句来看，实在是不能恭维您呀。公子虔闭门不出已经八年了，您又杀了祝欢，用墨刑惩处公孙贾。《诗经》上说：

‘得到人心的昌盛，失去人心的灭亡。’这几件事，都是不得人心的呀。您出门，随从的车辆数以十计，车上载着武士，用身强力壮的人作随从，拿长矛战戟的卫队夹护着您的车子奔驰前进。这些防卫缺少一样，您必定不敢出门。《尚书》上说：‘依靠施德的昌盛，依靠武力的灭亡。’您的生命就好像早晨的露水，很快就会消亡一样危险，您还想要延年益寿吗？那为什么不把商于十五邑封地交还秦国，到偏僻荒远的地方浇园自耕，劝秦王重用那些隐居山林的贤才，赡养老人，抚育小孩，使父兄相互敬重，用有功的人，尊敬有德的人，这样您才稍得安全。如果您还想贪图商于的富有，以独揽秦国的政教而自得，结怨百姓，一旦哪天秦王逝世，秦国想要拘捕您的人难道能少吗？您丧身的日子很快就会到来了。”商鞅没有听从赵良的劝告。

五个月后，秦孝公去世，太子登位。公子虔一伙人告商鞅谋反，派人逮捕他。商鞅逃到边关，想住旅店，旅店的主人不知他是商鞅，说：“商鞅有令，住店的人没有证件店主要连带判罪。”商鞅长长地叹息说：“唉呀！新法的遗害竟然到了这样的地步！”离开秦国潜逃到魏国。魏国人怨恨他欺骗公子卬而打败魏军，不肯收留他。商鞅打算去别的国家。魏国人说：“商鞅是秦国的逃犯，秦国强大，逃犯跑到魏国来，不送回去不行。”于是把商鞅送回了秦国。商鞅再回到秦国后，就潜逃到商邑，和他的部属发动邑中的士兵，向北攻击郑国。秦国发兵攻打商鞅，在郑国黾池杀死了他。秦惠王将商鞅五马分尸示众，说：“不要像商鞅这样造反！”于是诛灭了商鞅全家。

太史公说：商鞅，他的天性就是个刻薄的人。看他当初用帝王之道游说孝公，只是虚饰浮夸，并非他的内心想法。况且是凭借着国君宠幸的太监推荐，等到被重用后，就施刑于公子虔，欺骗魏将公子卬，不听从赵良的话，也足以说明商鞅残忍刻薄了。我曾经读过商鞅开塞耕战的书籍，内容与他的行事类似。最终在秦国落得个谋反的恶名，这是有缘故的呀！

史记卷六十九

苏秦列传第九

苏秦者，东周洛阳人也。东事师于齐，而习之于鬼谷先生。

出游数岁，大困而归。兄弟嫂妹妻妾窃皆笑之，曰："周人之俗，治产业，力工商，逐什二以为务。今子释本而事口舌，困，不亦宜乎！"

苏秦闻之而惭，自伤，乃闭室不出，出其书遍观之，曰："夫士业已屈首受书，而不能以取尊荣，虽多亦奚以为！"于是得周书《阴符》，伏而读之。期年，以出揣摩，曰："此可以说当世之君矣。"求说周显王。显王左右素习知苏秦，皆少之，弗信。

乃西至秦。秦孝公卒。说惠王曰：

"秦四塞之国，被山带渭，东有关河，西有汉中，南有巴、蜀，北有代、马，此天府也。以秦士民之众，兵法之教，可以吞天下，称帝而治。"

秦王曰："毛羽未成，不可以高蜚；文理未明，不可以并兼。"方诛商鞅，疾辩士，弗用。

乃东之赵。赵肃侯令其弟成为相，号奉阳君。奉阳君弗说之，去。

游燕，岁馀而后得见。说燕文侯曰：

"燕东有朝鲜、辽东，北有林胡、楼烦，西有云中、九原，南有嘑沱、易水，地方二千馀里，带甲数十万，车六百乘，骑六千匹，粟支数年。南有碣石、雁门之饶，北有枣栗之利，民虽不佃作而足于枣栗矣。此所谓天府者也。夫安乐无事，不见覆军杀将，无过燕者。大王知其所以然乎？夫燕之所以不犯寇被甲兵者，以赵之为蔽其南也。秦赵五战，秦再胜而赵三胜，秦赵相弊，而王以全燕制其后，此燕之所以不犯寇也。且夫秦之攻燕也，逾云中、九原，过代、上谷，弥地数千里，虽得燕城，秦计固不能守也。秦之不能害燕亦明矣。今赵之攻燕也，发号出令，不至十日而数十万之军军于东垣矣。渡嘑沱，涉易水，不至四五日而距国都矣。故曰秦之攻燕也，战于千里之外；赵之攻燕也，战于百里之内。夫不忧百里之患而重千里之外，计无过于此者。是故愿大王与赵从亲，天下为一，则燕国必无患矣。"

文侯曰："子言则可，然吾国小，西迫强赵，南近齐，齐、赵强国也。子必欲合从以安燕，寡人请以国从。"

于是资苏秦车马金帛以至赵。而奉阳君已死，即因说赵肃侯曰：

"天下卿相人臣及布衣之士，皆高贤君之行义，皆愿奉教陈忠于前之日久矣。虽然，奉阳君妒君而君不任事，是以宾客游士莫敢自尽于前者。今奉阳君捐馆舍，君乃今复与士民相亲也，臣故敢进其愚虑。

"窃为君计者，莫若安民无事，且无庸有事于民也。安民之本，在于择交，择交而得则民安，择交而不得则民终身不安。请言外患：齐、秦为两敌而民不得安，倚秦攻齐而民不得安，倚齐攻秦而民不得安。故夫谋人之主，伐人之国，常苦出辞断绝人之交也。愿君慎勿出于口。请别白黑，所以异阴阳而已矣。君诚能听臣，燕必致旃裘狗马之地，齐必致鱼盐之海，楚必致橘柚之园，韩、魏、中山皆可使致汤沐之奉，而贵戚父兄皆可以受封侯。夫割地包利，五伯之所以覆军禽将而求也；封侯贵戚，汤、武之所以放弑而争也。今君高拱而两有之，此臣之所以为君愿也。"

"今大王与秦，则秦必弱韩、魏；与齐，则齐必弱楚、魏。魏弱则割河外，韩弱则效宜阳。宜阳效则上郡绝，河外割则道不通，楚弱则无援。此三策者，不可不孰计也。

"夫秦下轵道，则南阳危；劫韩包周，则赵氏自操兵；据卫取卷，则齐必入朝秦。秦欲已得乎山东，则必举兵而向赵矣。秦甲渡河逾漳，据番吾，则兵必战于邯郸之下矣。此臣之所为君患也。

"当今之时，山东之建国莫强于赵。赵地方二千馀里，带甲数十万，车千乘，骑万匹，粟支数年。西有常山，南有河漳，东有清河，北有燕国。燕固弱国，不足畏也。秦之所害于天下者莫如赵，然而秦不敢举兵伐赵者，何也？畏韩、魏之议其后也。然则韩、魏，赵之南蔽也。秦之攻韩、魏也，无有名山大川之限，稍蚕食之，傅国都而止。韩、魏不能支秦，必入臣于秦。秦无韩、魏之规，则祸必中于赵矣。此臣之所为患也。

"臣闻尧无三夫之分，舜无咫尺之地，以有天下；禹无百人之聚，以王诸侯；汤、武之士不过三千，车不过三百乘，卒不过三万，立为天子：诚得其道也。是故明主外料其敌之强弱，内度其士卒贤不肖，不待两军相当而胜败存亡之机固已形于胸中矣，岂揜于众人之言而以冥冥决事哉！

“臣窃以天下之地图案之，诸侯之地五倍于秦，料度诸侯之卒十倍于秦。六国为一，并力西乡而攻秦，秦必破矣。今西面而事之，见臣于秦。夫破人之与见破于人也，臣人之与见臣于人也，岂可同日而论哉！

“夫衡人者，皆欲割诸侯之地以予秦。秦成，则高台榭，美宫室，听竽瑟之音，前有楼阙轩辕，后有长姣美人，国被秦患而不与其忧。是故夫衡人日夜务以秦权恐愒诸侯以求割地，故愿大王孰计之也。

“臣闻明主绝疑去谗，屏流言之迹，塞朋党之门，故尊主广地强兵之计臣得陈忠于前矣。故窃为大王计，莫如一韩、魏、齐、楚、燕、赵以从亲，以畔秦。令天下之将相会于洹水之上，通质，刳白马而盟，要约曰：‘秦攻楚，齐、魏各出锐师以佐之，韩绝其粮道，赵涉河漳，燕守常山之北。秦攻韩、魏，则楚绝其后，齐出锐师而佐之，赵涉河漳，燕守云中。秦攻齐，则楚绝其后，韩守城皋，魏塞其道，赵涉河漳、博关，燕出锐师以佐之。秦攻燕，则赵守常山，楚军武关，齐涉勃海，韩、魏皆出锐师以佐之。秦攻赵，则韩军宜阳，楚军武关，魏军河外，齐涉清河，燕出锐师以佐之。诸侯有不如约者，以五国之兵共伐之。’六国从亲以宾秦，则秦甲必不敢出于函谷以害山东矣。如此，则霸王之业成矣。”

赵王曰：“寡人年少，立国日浅，未尝得闻社稷之长计也。今上客有意存天下，安诸侯，寡人敬以国从。”乃饰车百乘，黄金千镒，白璧百双，锦绣千纯，以约诸侯。

是时周天子致文、武之胙于秦惠王。惠王使犀首攻魏，禽将龙贾，取魏之雕阴，且欲东兵。苏秦恐秦兵之至赵也，乃激怒张仪，入之于秦。

于是说韩宣（惠）王曰：

“韩北有巩、成皋之固，西有宜阳、商阪之塞，东有宛、穰、洧水，南有陉山，地方九百馀里，带甲数十万，天下之强弓劲弩皆从韩出。谿子、少府时力、距来者，皆射六百步之外。韩卒超足而射，百发不暇止，远者括蔽洞胸，近者镝弇心。韩卒之剑戟皆出于冥山、棠溪、墨阳、合赙、邓师、宛冯、龙渊、太阿，皆陆断牛马，水截鹄雁，当敌则斩坚甲铁幕，革抉㕦芮，无不毕具。以韩卒之勇，被坚甲，蹠劲弩，带利剑，一人当百，不足言也。夫以韩之劲与大王之贤，乃西面事秦，交臂而服，羞社稷而为天下笑无大于此者矣。是故愿大王孰计之。

“大王事秦，秦必求宜阳、成皋。今兹效之，明年又复求割地。与则无地以给之，不与则弃前功而受后祸。且大王之地有尽而秦之求无已，以有尽之地而逆无已之求，此所谓市怨结祸者也，不战而地已削矣。臣闻鄙谚曰：‘宁为鸡口，无为牛后。’今西面交臂而臣事秦，何异于牛后乎？夫以大王之贤，挟强韩之兵，而有牛后之名，臣窃为大王羞之。”

于是韩王勃然作色，攘臂瞋目，按剑仰天太息曰：“寡人虽不肖，必不能事秦。今主君诏以赵王之教，敬奉社稷以从。”

又说魏襄王曰：

“大王之地，南有鸿沟、陈、汝南、许、郾、昆阳、召陵、舞阳、新都、新郪，东有淮、颍、煮枣、无胥，西有长城之界，北有河外、卷、衍、酸枣，地方千里。地名虽小，然而田舍庐庑之数，曾无所刍牧。人民之众，车马之多，日夜行不绝，輷輷殷殷，若有三军之众。臣窃量大王之国不下楚。然衡人怵王交强虎狼之秦以侵天下，卒有秦患，不顾其祸。夫挟强秦之势以内劫其主，罪无过此者。魏，天下之强国也；王，天下之贤王也。今乃有意西面而事秦，称东藩，筑帝宫，受冠带，祠春秋，臣窃为大王耻之。

“臣闻越王勾践战敝卒三千人，禽夫差于干遂；武王卒三千人，革车三百乘，制纣于牧野：岂其士卒众哉，诚能奋其威也。今窃闻大王之卒，武士二十万，苍头二十万，奋击二十万，厮徒十万，车六百乘，骑五千匹。此其过越王勾践、武王远矣，今乃听于群臣之说而欲臣事秦。夫事秦必割地以效实，故兵未用而国已亏矣。凡群臣之言事秦者，皆奸人，非忠臣也。夫为人臣，割其主之地以求外交，偷取一时之功而不顾其后，破公家而成私门，外挟强秦之势以内劫其主，以求割地，愿大王孰察之。

“《周书》曰：‘绵绵不绝，蔓蔓奈何？豪氂不伐，将用斧柯。’前虑不定，后有大患，将奈之何？大王诚能听臣，六国从亲，专心并力壹意，则必无强秦之患。故敝邑赵王使臣效愚计，奉明约，在大王之诏诏之。”

魏王曰：“寡人不肖，未尝得闻明教。今主君以赵王之诏诏之，敬以国从。”

因东说齐宣王曰：

“齐南有泰山，东有琅邪，西有清河，北有勃海，此所谓四塞之国也。齐地方二千馀里，带甲数十万，粟如丘山。三军之良，五家之兵，进如锋矢，战如雷霆，解如风雨。即有军役，未尝倍泰山，绝清河，涉勃海也。临菑之中七万户，臣窃度之，不下户三男子，三七二十一万，不待发于远县，而临菑之卒固已二十一万矣。临菑甚富而实，其民无不吹竽鼓瑟，弹琴击筑，斗鸡走狗，六博蹋鞠者。临菑之涂，车毂击，人肩摩，连衽成帷，举袂成幕，挥汗成雨，家殷人足，志高气扬。夫以大王之贤与齐之强，天下莫能当。今乃西面而事秦，臣窃为大王羞之。

“且夫韩、魏之所以重畏秦者，为与秦接境壤界也。兵出而相当，不出十日而战胜存亡之机决矣。韩、魏战而胜秦，则兵半折，四境不守；战而不胜，则国已危，亡随其后。是故韩、魏之所以重与秦战，而轻为之臣也。今秦之攻齐则不然。倍韩、魏之地，过卫阳晋之道，径乎亢父之险，车不得方轨，骑不得比行，百人守险，千人不敢过也。秦虽欲深入，则狼顾，恐韩、魏之议其后也。是故恫疑虚喝，骄矜而不敢进，则秦之不能害齐亦明矣。

“夫不深料秦之无奈齐何，而欲西面而事之，是群臣之计过也。今无臣事秦之名而有强国之实，臣是故愿大王少留意计之。”

齐王曰：“寡人不敏，僻远守海，穷道东境之国也，未尝得闻馀教。今足下以赵王诏诏之，敬以国从。”

乃西南说楚威王曰：

“楚，天下之强国也；王，天下之贤王也。西有黔中、巫郡，东有夏州、海阳，南有洞庭、苍梧，北有陉塞、郇阳，地方五千馀里，带甲百万，车千乘，骑万匹，粟支十年。此霸王之资也。夫以楚之强与王之贤，天下莫能当也。今乃欲西面而事秦，则诸侯莫不西面而朝于章台之下矣。

“秦之所害莫如楚，楚强则秦弱，秦强则楚弱，其势不两立。故为大王计，莫如从亲以孤秦。大王不从〔亲〕，秦必起两军，一军出武关，一军下黔中，则鄢、郢动矣。

“臣闻治之其未乱也，为之其未有也。患至而后忧之，则无及已。故愿大王早孰计之。

“大王诚能听臣，臣请令山东之国奉四时之献，以承大王之明诏，委社稷，奉宗庙，练士厉兵，在大王之所用之。大王诚能用臣之愚计，则韩、魏、齐、燕、赵、卫之妙音美人必充后宫，燕、代橐驼良马必实外厩。故从合则楚王，衡成则秦帝。今释霸王之业，而有事人之名，臣窃为大王不取也。

“夫秦，虎狼之国也，有吞天下之心。秦，天下之仇雠也。衡人皆欲割诸侯之地以事秦，此所谓养仇而奉雠者也。夫为人臣，割其主之地以外交强虎狼之秦，以侵天下，卒有秦患，不顾其祸。夫外挟强秦之威以内劫其主，以求割地，大逆不忠，无过此者。故从亲则诸侯割地以事楚，衡合则楚割地以事秦，此两策者相去远矣，二者大王何居焉？故敝邑赵王使臣效愚计，奉明约，在大王诏之。”

楚王曰：“寡人之国西与秦接境，秦有举巴蜀、并汉中之心。秦，虎狼之国，不可亲也。而韩、魏迫于秦患，不可与深谋，与深谋恐反人以入于秦，故谋未发而国已危矣。寡人自料以楚当秦，不见胜也；内与群臣谋，不足恃也。寡人卧不安席，食不甘味，心摇摇然如县旌而无所终薄。今主君欲一天下，收诸侯，存危国，寡人谨奉社稷以从。”

于是六国从合而并力焉。苏秦为从约长，并相六国。

北报赵王，乃行过洛阳，车骑辎重，诸侯各发使送之甚众，疑于王者。周显王闻之恐惧，除道，使人郊劳。苏秦之昆弟妻嫂侧目不敢仰视，俯伏侍取食。苏秦笑谓其嫂曰：“何前倨而后恭也？”嫂委蛇蒲服，以面掩地而谢曰：“见季子位高金多也。”苏秦喟然叹曰：“此一人之身，富贵则亲戚畏惧之，贫贱则轻易之，况众人乎！且使我有洛阳负郭田二顷，吾岂能佩六国相印乎？”于是散千金以赐宗族朋友。

初，苏秦之燕，贷人百钱为资，及得富贵，以百金偿之。遍报诸所尝见德者。其从者有一人独未得报，乃前自言，苏秦曰：“我非忘子。子之与我至燕，再三欲去我易水之上。方是时，我困，故望子深。是以后子。子今亦得矣。”

苏秦既约六国从亲，归赵，赵肃侯封为武安君，乃投从约书于秦。秦兵不敢窥函谷关十五年。

其后秦使犀首欺齐、魏，与共伐赵，欲败从约。齐、魏伐赵，赵王让苏秦。苏秦恐，请使燕，必报齐。苏秦去赵而从约皆解。

秦惠王以其女为燕太子妇。是岁，文侯卒，太子立，是为燕易王。易王初立，齐宣王因燕丧伐燕，取十城。易王谓苏秦曰：“往日先生至燕，而先王资先生见赵，遂约六国从。今齐先伐赵，次至燕，以先生之故为天下笑，先生能为燕得侵地乎？”苏秦大惭，曰：“请为王取之。”

苏秦见齐王，再拜，俯而庆，仰而吊。齐王曰：“是何庆吊相随之速也？”苏秦曰：“臣闻饥人所以饥而不食乌喙者，为其愈充腹而与饿死同患也。今燕虽弱小，即秦王之少婿也。大王利其十城而长与强秦为仇。今使弱燕为雁行而强秦蔽其后，以招天下之精兵，是食乌喙之类也。”齐王愀然变色曰：“然则奈何？”苏秦曰：“臣闻古之善制事者，转祸为福，因败为功。大王诚能听臣计，即归燕之十城。燕无故而得十城，必喜；秦王知以己之故而归燕之十城，亦必喜。此所谓弃仇雠而得石交者也。夫燕、秦俱事齐，则大王号令天下，莫敢不听。是王以虚辞附秦，以十城取天下，此霸王之业也。”王曰：“善。”于是乃归燕之十城。

人有毁苏秦者曰：“左右卖国反覆之臣也，将作乱。”苏秦恐得罪归而燕王不复官也，苏秦见燕王曰：“臣，东周之鄙人也，无有分寸之功，而王亲拜之于庙而礼之于廷。今臣为王却齐之兵而(攻)得十城，宜以益亲。今来而王不官臣者，人必有以不信伤臣于王者。臣之不信，王之福也。臣闻忠信者，所以自为也；进取者，所以为人也。且臣之说齐王，曾非欺之也。臣弃老母于东周，固去自为而行进取也。今有孝如曾参，廉如伯夷，信如尾生。得此三人者以事大王，何若？”王曰：“足矣。”苏秦曰：“孝如曾参，义不离其亲一宿于外，王又安能使之步行千里而事弱燕之危王哉？廉如伯夷，义不为孤竹君之嗣，不肯为武王臣，不受封侯而饿死首阳山下。有廉如此，王又安能使之步行千里而行进取于齐哉？信如尾生，与女子期于梁下，女子不来，水至不去，抱〔梁〕柱而死。有信如此，王又安能使之步行千里却齐之强兵哉？臣所谓以忠信得罪于上者也。”燕王曰：“若不忠信耳，岂有以忠信而得罪者乎？”苏秦曰：“不然。臣闻客有远为吏而其妻私于人者，其夫将来，其私者忧之，妻曰‘勿忧，吾已作药酒待之矣’。居三日，其夫果至，妻使妾举药酒进之。妾欲言酒之有药，则恐其逐主母也；欲勿言乎，则恐其杀主父也。于是乎详僵而弃酒。主父大怒，笞之五十。故妾一僵而覆酒，上存主父，下存主母，然而不免于笞，恶在乎忠信之无罪也？夫臣之过，不幸而类是乎！”燕王曰：“先生复就故官。”益厚遇之。

易王母，文侯夫人也，与苏秦私通。燕王知之，而事之加厚。苏秦恐诛，乃说燕王曰：“臣居燕不能使燕重，而在齐则燕必重。”燕王曰：“唯先生之所为。”于是苏秦详为得罪于燕而亡走齐，齐宣王以为客卿。

齐宣王卒，湣王即位，说湣王厚葬以明孝，高宫室大苑囿以明得意，欲破敝齐而为燕。燕易王卒，燕哙立为王。其后齐大夫多与苏秦争宠者，而使人刺苏秦，不死，殊而走。齐王使人求贼，不得。苏秦且死，乃谓齐王曰：“臣即死，车裂臣以徇于市，曰‘苏秦为燕作乱于齐’，如此则臣之贼必得矣。”于是如其言，而杀苏秦者果自出，齐王因而诛之。燕闻之，曰：“甚矣，齐之为苏生报仇也！”

苏秦既死，其事大泄。齐后闻之，乃恨怒燕。燕甚恐。苏秦之弟曰代，代弟苏厉，见兄遂，亦皆学。及苏秦死，代乃求见燕王，欲袭故事，曰："臣，东周之鄙人也。窃闻大王义甚高，鄙人不敏，释鉏耨而干大王。至于邯郸，所见者绌于所闻于东周，臣窃负其志。及至燕廷，观王之群臣下吏，王，天下之明王也。"燕王曰："子所谓明王者何如也？"对曰："臣闻明王务闻其过，不欲闻其善，臣请谒王之过。夫齐、赵者，燕之仇雠也；楚、魏者，燕之援国也。今王奉仇雠以伐援国，非所以利燕也。王自虑之，此则计过，无以闻者，非忠臣也。"王曰："夫齐者固寡人之仇，所欲伐也，直患国敝力不足也。子能以燕伐齐，则寡人举国委子。"对曰："凡天下战国七，燕处弱焉。独战则不能，有所附则无不重。南附楚，楚重；西附秦，秦重；中附韩、魏，韩、魏重。且苟所附之国重，此必使王重矣。今夫齐，长主而自用也。南攻楚五年，畜聚竭；西困秦三年，士卒罢敝；北与燕人战，覆三军，得二将。然而以其馀兵南面举五千乘之大宋，而包十二诸侯。此其君欲得，其民力竭，恶足取乎！且臣闻之，数战则民劳，久师则兵敝矣。"燕王曰："吾闻齐有清济、浊河可以为固，长城、巨防足以为塞，诚有之乎？"对曰："天时不与，虽有清济、浊河，恶足以为固！民力罢敝，虽有长城、巨防，恶足以为塞！且异日济西不师，所以备赵也；河北不师，所以备燕也。今济西河北尽已役矣，封内敝矣。夫骄君必好利，而亡国之臣必贪于财。王诚能无羞宠子母弟以为质，宝珠玉帛以事左右，彼将有德燕而轻亡宋，则齐可亡已。"燕王曰："吾终以子受命于天矣。"燕乃使一子质于齐。而苏厉因燕质子而求见齐王。齐王怨苏秦，欲囚苏厉。燕质子为谢，已，遂委质为齐臣。

燕相子之与苏代婚，而欲得燕权，乃使苏代侍质子于齐。齐使代报燕，燕王哙问曰："齐王其霸乎？"曰："不能。"曰："何也？"曰："不信其臣。"于是燕王专任子之，已而让位，燕大乱。齐伐燕，杀王哙、子之。燕立昭王，而苏代、苏厉遂不敢入燕，皆终归齐，齐善待之。

苏代过魏，魏为燕执代。齐使人谓魏王曰："齐请以宋地封泾阳君，秦必不受。秦非不利有齐而得宋地也，不信齐王与苏子也。今齐魏不和如此其甚，则齐不欺秦。秦信齐，齐秦合，泾阳君有宋地，非魏之利也。故王不如东苏子，秦必疑齐而不信苏子矣。齐秦不合，天下无变，伐齐之形成矣。"于是出苏代。代之宋，宋善待之。

齐伐宋，宋急，苏代乃遗燕昭王书曰：

夫列在万乘而寄质于齐，名卑而权轻；奉万乘助齐伐宋，民劳而实费；夫破宋，残楚淮北，肥大齐，仇强而国害。此三者皆国之大败也。然且王行之者，将以取信于齐也。齐加不信于王，而忌燕愈甚，是王之计过矣。夫以宋加之淮北，强万乘之国也。而齐并之，是益一齐也。北夷方七百里，加之以鲁、卫，强万乘之国也，而齐并之，是益二齐也。夫一齐之强，燕犹狼顾而不能支，今以三齐临燕，其祸必大矣。

虽然，智者举事，因祸为福，转败为功。齐紫败素也，而贾十倍；越王勾践栖于会稽，复残强吴而霸天下。此皆因祸为福，转败为功者也。

今王若欲因祸为福，转败为功，则莫若挑霸齐而尊之，使使盟于周室，焚秦符，曰"其大上计，破秦；其次，必长宾之"。秦挟宾以待破，秦王必患之。秦五世伐诸侯，今为齐下，秦王之志苟得穷齐，不惮以国为功。然则王何不使辩士以此言说秦王曰："燕、赵破宋肥齐，尊之为之下者，燕、赵非利之也。燕、赵不利而势为之者，以不信秦王也。然则王何不使可信者接收燕、赵，令泾阳君、高陵君先于燕、赵？秦有变，因以为质，则燕、赵信秦。秦为西帝，燕为北帝，赵为中帝，立三帝以令于天下，韩、魏不听则秦伐之，齐不听则燕、赵伐之，天下孰敢不听？天下服听，因驱韩、魏以伐齐，曰'必反宋地，归楚淮北。'反宋地，归楚淮北，燕、赵之所利也；并立三帝，燕、赵之所愿也。夫实得所利，尊得所愿，燕、赵弃齐如脱蹝矣。今不收燕、赵，齐霸必成。诸侯赞齐而王不从，是国伐也；诸侯赞齐而王从之，是名卑也。今收燕、赵，国安而名尊；不收燕、赵，国危而名卑。夫去尊、安而取危、卑，智者不为也。"秦王闻若说，必若刺心然。则王何不使辩士以此（苦）〔若〕言说秦？秦必取，齐必伐矣。

夫取秦，厚交也；伐齐，正利也。尊厚交，务正利，圣王之事也。

燕昭王善其书，曰："先人尝有德苏氏，子之之乱而苏氏去燕。燕欲报仇于齐，非苏氏莫可。"乃召苏代，复善待之，与谋伐齐。竟破齐，湣王出走。

久之，秦召燕王，燕王欲往，苏代约燕王曰："楚得枳而国亡，齐得宋而国亡，齐、楚不得以有枳、宋而事秦者，何也？则有功者，秦之深仇也。秦取天下，非行义也，暴也。秦之行暴，正告天下。

"告楚曰：'蜀地之甲，乘船浮于汶，乘夏水而下江，五日而至郢。汉中之甲，乘船出于巴，乘夏水而下汉，四日而至五渚。寡人积甲宛东下随，智者不及谋，勇士不及怒，寡人如射隼矣。王乃欲待天下之攻函谷，不亦远乎！’楚王为是故，十七年事秦。

“秦正告韩曰：‘我起乎少曲，一日而断太行。我起乎宜阳而触平阳，二日而莫不尽繇。我离两周而触郑，五日而国举。’韩氏以为然，故事秦。

“秦正告魏曰：‘我举安邑，塞女戟，韩氏太原卷。我下轵，道南阳，封冀，包两周。乘夏水，浮轻舟，强弩在前，锬戈在后，决荥口，魏无大梁；决白马之口，魏无外黄、济阳；决宿胥之口，魏无虚、顿丘。陆攻则击河内，水攻则灭大梁。’魏氏以为然，故事秦。

“秦欲攻安邑，恐齐救之，则以宋委于齐。曰：‘宋王无道，为木人以写寡人，射其面。寡人地绝兵远，不能攻也。王苟能破宋有之，寡人如自得之。’已得安邑，塞女戟，因以破宋为齐罪。

“秦欲攻韩，恐天下救之，则以齐委于天下。曰：‘齐王四与寡人约，四欺寡人，必率天下以攻寡人者三。有齐无秦，有秦无齐，必伐之，必亡之。’已得宜阳、少曲、致蔺、〔离〕石，因以破齐为天下罪。

“秦欲攻魏重楚，则以南阳委于楚。曰：‘寡人固与韩且绝矣。残均陵，塞鄳阨，苟利于楚，寡人如自有之。’魏弃与国而合于秦，因以塞鄳阨为楚罪。

“兵困于林中，重燕、赵，以胶东委于燕，以济西委于赵。已得讲于魏，至公子延，因犀首属行而攻赵。

“兵伤于谯石，而遇败于阳马，而重魏，则以叶、蔡委于魏。已得讲于赵，则劫魏。〔魏〕不为割，困，则使太后弟穰侯为和；嬴，则兼欺舅与母。

“适燕者曰‘以胶东’，适赵者曰‘以济西’，适魏者曰‘以叶、蔡’，适楚者曰‘以塞鄳阨’，适齐者曰‘以宋’。此必令言如循环，用兵如刺蜚，母不能制，舅不能约。

“龙贾之战，岸门之战，封陵之战，高商之战，赵庄之战，秦之所杀三晋之民数百万，今其生者皆死秦之孤也。西河之外，上洛之地，三川晋国之祸，三晋之半，秦祸如此其大也。而燕、赵之秦者，皆以争事秦说其主，此臣之所大患也。”

燕昭王不行。苏代复重于燕。

燕使约诸侯从亲如苏秦时，或从或不，而天下由此宗苏氏之从约。

代、厉皆以寿死，名显诸侯。

太史公曰：苏秦兄弟三人，皆游说诸侯以显名，其术长于权变。而苏秦被反间以死，天下共笑之，讳学其术。然世言苏秦多异，异时事有类之者皆附之苏秦。夫苏秦起闾阎，连六国从亲，此其智有过人者。吾故列其行事，次其时序，毋令独蒙恶声焉。

【译文】

苏秦是东周洛阳人，他曾向东到齐国拜师求学，师从鬼谷子先生。

他在外游历多年，弄得穷困潦倒，狼狈地回到家里。兄嫂、弟妹、妻妾都私下讥笑他，说："按照周人的习惯，大家都经营自己的产业，努力从事工商，追求那十分之二的盈利为事业。如今你丢掉本行却以搬弄口舌为职业，穷困潦倒，不也应该吗？"苏秦听了这些话，感到很惭愧，暗自伤心，就闭门不出，把自己的藏书又都读了一遍，说："一个读书人本来已经接受了书本知识，可又不能凭借它获得荣华富贵，即使读书再多，又有什么用呢？"这时他得到一本周书《阴符》，伏案攻读，用了一整年的工夫，从中悟出了许多揣摩人心理的诀窍。他激动地说："凭这些就足以游说当代的国君了。"他求见并游说周显王。可是显王周围的臣子一向熟悉苏秦，都瞧不起他，而周显王也不相信他。

于是他向西到了秦国。正值秦孝公去世，他游说惠王说："秦是个四面山关险固的国家，有华山倚靠，有渭水流贯，东有关河，西有汉中，南有巴蜀，北有代马，这真是个天府之国啊。凭着秦国众多的百姓和士兵，严格的军事训练，足以用来吞并天下，建立帝王的事业来统治全国。"秦惠王说："就像鸟儿的羽毛还没长丰满，不可能凌空飞翔一样，我的国家还没走上正轨，谈不上兼并天下。"秦国刚处死商鞅，痛恨游说的人，因而没有任用苏秦。

于是，他向东去了赵国。赵肃侯让自己的弟弟出任国相，称奉阳君。奉阳君不喜欢苏秦。苏秦又离开到了燕国游说，等了一年多才被燕王召见。他对燕文侯说："燕国东有朝鲜、辽东，北有林胡、楼烦，西有云中、九原，南有嘑沱、易水，国土纵横两千多里，军队几十万人，战车六百辆，战马六千匹，储存的粮食足够用好几年。南有碣石、雁门的肥沃土地，北有红枣和板栗的收益，百姓即使不耕作，光靠枣和栗子也能过活了。这就是所说的天然府库啊！

“能够安居乐业没有战事，看不到军队覆灭、将领被杀的情景，没有哪个国家比得上燕国。大王知道出现这种局面的原因吗？燕国不被敌人侵犯，没有卷入战争的漩涡，是因为赵国在燕国的南面遮蔽着。秦国和赵国发动五次战争，秦国胜了两次而赵国胜了三次。两国相互攻杀而彼此困顿，而大王可以凭借完整无损的燕国，在后边牵制着他们。这就是燕国不受敌人侵犯的原因。况且秦国攻打燕国，要越过云中、九原，穿过代郡和上谷，跋涉几千里，即使攻克了燕国的城池，估计秦国也根本无法长期守护。秦国不能侵害燕的道理很明显了。如今赵国要攻打燕国，发出号令，不到十天，几十万大军就可以挺进东垣，再渡过嘑沱河，涉过易水，用不了四五天的时间，就可以到达燕国的都城。所以说秦国攻打燕国，是在千里以外作战；赵国攻打燕国，是在百里以内作战。不担心百里以内的祸患，而注重千里之外的战事，再没有比这更错误的策略了。因此希望大王与赵国合纵亲善，把各国联成一体，那么燕国一定不会有什么可忧虑的了。”

文侯说：“您说得虽然不错，可是我的国家弱小，西边紧邻强大的赵国，南边接近齐国，齐、赵都是强国啊。您一定要合纵亲善来保证燕国的安全，我愿意率领全国百姓听从您的安排。”

于是提供给苏秦车马钱财，让他到赵国去。当时奉阳君已经死了，就趁机劝赵肃侯说：“天下的卿相臣子一直到老百姓，都仰慕您这样贤明的国君能施行仁义，希望能听到您的教诲、当面向您陈述忠言已很久了。虽然如此，然而奉阳君嫉贤妒能，而您又不大理事，因此宾客和游说之士没有谁敢在您面前畅所欲言。如今奉阳君去世了，您又可以和士民百姓亲近了，所以我才敢向您陈述我的某些不成熟的意见。

“我私下为您考虑，没有比让百姓安宁、国家太平，并且无须让人民卷入战争更重要的了。使人民安定的根本之策在于选择邦交，邦交选择得当那么人民就安定；邦交选择不得当那么人民就终身不安定。请允许我谈谈赵国的外患，如果与齐、秦两国为敌，那么人民生活就无法安宁；如果依靠秦国攻打齐国，人民生活也不会安宁；假如依靠齐国攻打秦国，人民生活还是无法安宁。所以谋害别国的君主，进攻别的国家，常常苦于公开声言断绝同别国的外交关系，请您小心谨慎，不要轻易把这话说出来。请允许我以辨别白色和黑色作比方，这是为了区别阴阳罢了。如果您真能听我的忠告，燕国一定会献出盛产毡裘狗马的土地，齐国一定会献出盛产鱼盐的海湾，楚国一定会献出盛产橘柚的园林，韩、卫、中山等国，可以让他们献上供您收取赋税的私邑，而您的亲戚和父兄都可以裂土封侯了。获得割地、享受权利，这是春秋五霸通过消灭别国军队，俘虏对方将领才能得到的；使贵戚封侯，正是商汤、武王所以要起兵并采用流放甚至冒着弑君的罪名才能争取到的。如今您高高拱起手就可以轻易地获得这两种好处，这就是我为您考虑的。

“大王如果支持秦国，那么秦国一定会削弱韩国和魏国；如果和齐国结盟，那么齐国一定会利用这种优势去削弱楚国、魏国。魏国被削弱就会割让河外，韩国衰弱了就会献出宜阳。宜阳一旦献给秦国，那么上郡就会陷入绝境，割让了河外，往来的道路就会被阻塞。楚国衰弱了，您就会孤立无援。这三个方面您不能不深思熟虑啊。

“秦国攻下轵道，那么韩国的南阳就危险了。秦国要强夺南阳，包围周都，那么赵国就要拿起武器自卫；假如秦国占据卫国，取得卷城，那么齐国一定会向秦国俯首称臣。秦国的贪欲既然在崤山以东已经得到满足，那么一定会发兵进犯赵国。如果秦军渡过黄河，越过漳水，占据番吾，那么秦、赵两国的军队一定会在邯郸城下展开激战。这就是我为您忧虑的原因。

“现在，崤山以东所建立的国家没有比赵国更强大的了。赵国领土纵横两千多里，军队几十万人，战车千辆，战马万匹，粮食可支用好几年。西有常山、南有漳水、东有清河、北有燕国。燕国，本来就是个弱国，不可怕。天下间，秦国最忌恨的莫过于赵国，但是秦国为什么不敢发兵攻打赵国呢？是害怕韩、魏在后边暗算它。既然如此，那么韩、魏可算是赵国南边的屏障了。秦国要是攻打韩、魏，就没有什么名山大川的阻碍，可以像蚕吃桑叶一样逐步蚕食，直到逼近两国国都。韩、魏不能抵挡秦国，必然会臣服于秦国。秦国没有了韩、魏的顾虑，那么战祸必将到达赵国。这也是我为您感到忧虑的原因啊。

“愚臣听说尧帝没有得到过三百亩的赏赐，虞舜也没有得到过一尺的封地，却能拥有整个天下；夏禹聚集的民众不到百人，却能在诸侯中称王；商汤、武王的卿士不足三千，战车不到三百辆，士兵不到三万，却能成为天子。这是因为他们确实掌握了谋取天下的策略。所以，贤明的君主对外要能预料对手的强弱，对内要能估计士兵素质的优劣，这样用不着等到两军开战，胜败存亡的关键就已成竹于胸了。怎么会被众人的议论所蒙蔽，而糊涂地决断国家大事呢？

“我私下考察过天下的地图，各诸侯国的土地面积是秦国的五倍，估计各诸侯国的士兵十倍于秦国，假如六国结成一个整体，合力向西攻打秦国，一定可以打败秦国。如今您却向西侍奉秦国，向它称臣。打败别人和被别人打败，使人臣服和向别人臣服，难道可以同日而语吗？

“主张连衡的人，都想把各诸侯国的土地割让给秦国。秦国成就了霸业，就会把楼台亭榭建得更高大，把宫室建得更华美，欣赏着竽瑟演奏的音乐，前有楼台宫阙，后有苗条艳丽的美女；至于各国遭受秦国的祸害，他们却不去分担忧愁了。所以这些主张连衡的人，凭借秦国的权势时刻威胁诸侯各国，要求割让土地。因此，请大王仔细考虑啊。

“我听说贤君决断疑虑，排斥谗言，摒除流言的来源，堵塞结党营私的途径，所以我才有机会在您面前陈述使国君尊崇、土地扩展、军队强大的计策。我私下为大王考虑，不如合纵，联合韩、魏、齐、楚、燕、赵，共同对抗秦国。让诸国的将军和卿相在洹水边上会盟，相互沟通消除故有的嫌隙，宰杀白马举行盟誓，共同订立盟约：‘假如秦国攻打楚国，那么齐、魏就分别派出精锐部队帮助楚国，韩军断绝秦军的运粮要道，赵军南渡河漳支援，燕军则守卫常山北面地带。假如秦国攻打韩国、魏国，那么楚军就截断秦军的后路，齐国就派出精锐部队帮助韩、魏，赵军渡过河漳支援，燕国就固守云中地带。如果秦国攻打齐国，那么楚军就切断秦军的后援，韩国固守城皋，魏国堵塞秦国的要道，赵军渡过黄河、漳河、博关支援，燕国派精锐部队协同作战。如果秦国攻打燕国，那么赵国固守常山，楚军驻守武关，齐军渡过渤海，韩、魏同时派出精锐部队协同作战。如果秦国攻打赵国，那么韩军驻扎宜阳，楚军驻扎武关，魏军驻扎河外，齐军渡过清河，燕国派出精锐部队协同作战。假如各国中有不按盟约行事的，便用其他五国的军队共同讨伐他。’如果六国合纵共同对抗秦国，那么秦国一定不敢从函谷关出兵侵犯山东诸国了。这样，您霸主的事业就成功了。”

赵王说：“我年纪轻，治理国家的时间不长，不曾听到过使国家长治久安的策略。如今您有意保全天下，安定各国，我愿诚恳地倾国相从。”于是将一百辆车子装饰一新，载上黄金一千镒、白壁一百双、绸缎一千匹，让苏秦去游说各国加盟。

这时，周天子把祭祀文王、武王的祭肉赐给秦惠王。惠王派犀首攻打魏国，生擒了魏将龙贾，攻占了魏国的雕阴，并准备挥师东进。苏秦恐怕秦军打到赵国来，就用计激怒了张仪，迫使他投奔到了秦国。

于是苏秦游说韩宣王说："韩国北有巩、成皋这样的坚固城池，西部有宜阳、商阪的要塞，东有宛、穰、洧水，南有陉山，区域纵横九百多里，部队有几十万，天下的强弓硬弩都是韩国制造出来的。像溪子弩，以及少府制造的时力、距来，射程都在六百步以外。韩国士兵脚踏连弩而射，能连续发射百来次，中间不需要歇息，远的可以射穿敌军胸甲，穿透胸膛，近的可以射穿他们的心脏。韩国士兵使用的剑、戟都是产于冥山、棠溪、墨阳、合赙、邓师、宛冯、龙渊、太阿等地，这些锋利的武器在陆地上都能斩杀牛马，在水里能劈天鹅、大雁，临阵对敌能斩杀对方将士，从坚韧的臂套铁衣，到皮革制成的射具盾牌，没有一样不齐备的。凭着韩国士兵的勇敢，披着坚固的铠甲，拿着强劲的硬弩，佩戴着锋利的宝剑，即使以一当百，也不在话下。凭着韩国的强大及您的贤明，却面向西方侍奉秦国，拱手臣服，使国家蒙羞，被天下人耻笑，没有比这更严重的了。因此请大王仔细地考虑啊。

"大王如果向秦国屈服，它一定会向您索取宜阳、成皋。今年把土地献给他，明年又会要求割地。给吧，却没那么多土地可给；不给吧，那么就会断送以前的外交努力而遭受后患。况且大王的土地是有限的，而秦国的贪求是没有止境的，拿有限的土地，去换取无止境的索取，这正是平常所说的买下怨恨、结下祸根。没有经过战争，而土地就被割去了。我听说过一句俗话：'宁可做鸡的嘴，也不做牛的肛。'现在，如果向西拱手称臣侍奉秦国，与做牛的肛有什么区别呢？凭着大王的贤明，又拥有强大的军队，却有着牛肛的丑名，我私下为大王感到羞耻啊。"

这时韩宣王一下子变了脸色，挥起手臂，愤怒地瞪大眼睛，手按宝剑，仰望天空长长地叹息说："虽然我没出息，但一定不能向秦国屈服。现在您既然转告了赵王的教导，我诚心把韩国托付给您，听从您的安排。"

苏秦又游说魏襄王说："大王的国土，南边有鸿沟、陈地、汝南、许地、郾地、昆阳、召陵、舞阳、新都、新郪，东边有淮河、颍河、煮枣、无胥，西边有长城为界，北边有河外、卷地、衍地、酸枣，国土纵横千里。地方名义上虽然狭小，但是耕地、房屋很密集，连放牧牲畜的地方都没有了。人口稠密，车马成群，日夜奔驰，络绎不绝，轰轰隆隆，那声势好像是三军士兵发出来的。我私下估量大王的国势和楚国不相上下。可是那些主张连横的人，却想引诱您伙同虎狼一样凶恶的秦国来侵占整个天下，一旦魏国遭受秦国的危害，谁都不会顾及您的忧患。倚仗着秦国强大的势力，来暗算别国的君主，一切罪恶没有比这更严重的了。魏国是天下的强国；大王是天下贤明的国君。现在您却有意向西侍奉秦国，自称为秦国东方的属国，为它修筑帝王的行宫，接受它的分封，采用它的冠服式样，春秋季节给秦国献礼助祭，我私下为大王感到羞耻。

“我听说越王勾践只用三千疲惫的士兵作战，就在干遂活捉了吴王夫差；周武王仅率领三千士兵，用蒙着皮革的三百乘战车，就在牧野制服了商纣。难道他们是靠着兵多将广吗？只是因为充分发挥了他们自己的威力而已。现在，我私下听说大王的军事实力，有常备精兵二十万，苍头部队二十万，冲锋部队二十万，勤杂兵十万，战车六百辆，战马五千匹。这些实力超过越王勾践和周武王太多了，可是，现在您却听信臣子的建议，想以臣子的身份服侍秦国。如果侍奉秦国，必然要割让土地来表忠诚，因此，还没开战，国家就已亏损了。凡是群臣中妄言服侍秦国的，都是奸人，不是忠臣。他们作为君主的臣子，却想割让自己国君的土地，以求得与秦国的友谊，以求得一时成功而不顾后果，破坏国家的利益而成就私人的好处，在外凭借强大的秦国的势力，在内算计自己的君主，以达到割让土地的目的，希望大王能认清这一点。

“《周书》上说：‘草木滋长像丝线的时候不及时砍掉它，等到蔓延开了怎么办呢？细微嫩枝不及时砍掉它，等到长粗壮了，就得用斧头了。’事前的考虑不成熟，事后将会灾祸临头，那时怎么办呢？大王果真能听从我的建议，六国联合相亲，专心合力，统一意志，就一定没有强秦侵害的祸患了。所以敝国赵王派我来提出我们的策略，奉上清楚的公约，全赖大王的指示号召大家了。”

魏王说：“我没有什么出息，以前没听过您高明的指教，如今您奉赵王的使命来教导我，我愿意谨慎地率全国的百姓听从您的安排。”

因此苏秦又向东游说齐宣王，说：“齐国南有泰山，东有琅邪山，西有清河，北有渤海，这称得上是一个四面都有天险的国家了。齐国土地纵横两千余里，军队几十万人，粮食堆积得像山丘一样。三军的精锐抵得上联合起来的五家兵卒，进攻时如同刀锋、箭头一样势不可挡，战斗时像雷霆一样力量万钧，撤退时如风雨一样快地消散。即使有战事，也从没有离开过泰山，越过清河，渡过渤海。临淄有七万户居民，我私下估计，每户不少于三个男子，三七就是二十一万人，不需要从远处县邑征集兵源，仅临淄的士兵本来就够二十一万了。临淄富有而殷实，这里的居民没有不吹竽鼓瑟、弹琴击筑、斗鸡走狗、下棋踢球的。临淄的街道上拥挤得车辆轮轴互相撞击，人多得肩挨着肩；把衣襟连接起来，可以形成围幔，举起衣袖，可以成为遮幕；众人挥手抹汗，就像下雨一样；家家殷实，人人富足，志存高远，意气飞扬。凭着大王的贤明和齐国的强大，天下没有哪个国家能够比得上。现在您却向西侍奉秦国，我私下替您感到羞耻。

"况且韩、魏之所以十分畏惧秦国，是因为他们和秦国边界相接，假如双方派军交战，不出十天，胜败存亡的局势就定了。如果韩、魏战胜了秦国，那么自己的兵力也要耗损大半，四面国境就无法保卫；如果战争不能取胜，那么国家的危亡就会随之而来。这就是韩、魏慎重地对待和秦国作战，而轻易想要向秦国臣服的原因。现在，秦国攻打齐国就不是这样了，秦国背靠着韩、魏的土地，要穿过卫国阳晋的要道，经过齐国亢父的险塞，战车不能并驶、战马不能并行，一百人守在此处，就是一千人也不敢通过。即使秦军想要深入，就得像狼一样，时时回顾后路，不敢径直前进，生怕韩、魏在后面暗算它。所以秦军只能虚张声势，恐吓威胁别人。虽然秦国狂妄自大，却不敢贸然前进，那么秦国无法危害齐国的道理也就显而易见了。

"不能充分估计到秦国根本对齐国无可奈何这种情况，却想西向去侍奉秦国，这是群臣们策略上的失误。现在，要想没有臣服秦国的丑名而能体现强大的国家实力，为此我希望大王稍微留心考虑一下，以便决定对策。"

齐王说："我是个愚笨的人，居住在偏僻遥远、紧靠大海、道路艰险、地处东境的国家，没有聆听到您高明的教诲。现在您用赵王的指示晓谕我，我将谨慎地率领全国民众听从您的安排。"

于是苏秦又向西南去游说楚威王，说："楚国，是天下的强国；大王，是天下的贤君。楚国西有黔中、巫郡，东有夏州、海阳，南有洞庭、苍梧，北有径塞、郇阳，土地纵横五千多里，军队一百万，战车千辆，战马万匹，存粮足够食用十年。这是建立霸业的资本。凭着楚国的强大和大王的贤明，天下没有哪个国家能比得上。如今您却想西向侍奉秦国，那么天下将再没有哪个诸侯不向西臣服在秦国的章台宫下了。

"秦国最大的忧患莫过于楚国，楚国强大那么秦国就会弱小，这种情势下，不允许两国同时并存。所以替大王考虑，不如合纵联盟来孤立秦国。如果大王不采纳合纵政策，秦国一定会出动两支军队，一支从武关出击，一支直下黔中，那么鄢、郢一带的局势就会动摇了。我听说处理事情应着手于事情发生之前，在祸患降临之前，就要采取行动。等到祸患来临再去忧虑它，那就来不及了。所以希望大王能及早考虑这个问题。

"大王果真能听从我的建议，我愿号召崤山以东各国向您贡献四季的产品，接受您的诏令，把国家委托给您，奉献宗庙请您保护，训练士兵，铸造武器，听从大王的指挥。大王如果真能采纳我这不成熟的计谋，那么韩、魏、齐、燕、赵、卫等国动听的音乐和美女，一定会充满您的后宫。燕国、代地所产的骆驼、良马一定会充满您的畜圈。所以，合纵成功，楚国就能称王；连横成功，秦国就能称帝。现在您要放弃霸王的伟业，蒙受侍奉别人的丑名，我认为这种做法不可取。

"秦国，是虎狼一样凶恶的国家，有吞并天下的野心。秦国，也是天下各诸侯共同的仇敌。主张连横的人都想分割各诸侯的土地来献给秦国，这就叫做供养仇人和敬奉仇敌啊。作为臣子，却想分割自己国君的土地来结交如狼似虎的强秦，侵扰天下，使自己的国家最终遭受秦国的侵害，他们却没有顾及这些灾祸。这些对外倚仗强秦的威势，在内来劫持自己的君主、索取割地的行为，是最大的叛逆与最大的不忠，没有比这更严重的了。所以，合纵联盟，各国就会割让土地来服侍楚国，连衡成功，楚国就要割让土地侍奉秦国，这两种策略的效果相差太远了，这二者大王选择哪一种呢？所以敝国赵王派我来奉献这不成熟的策略，奉上明确公约，全靠大王诏告众人了。"

楚王说："我国西边与秦国接壤，秦国有夺取巴、蜀并吞汉中的野心。秦是虎狼一样的国家，是不能亲近的。韩、魏经常遭受秦国侵害的威胁，不值得共同谋划大事。如果和他们谋划大事，恐怕有叛逆的人会泄露给秦国，以至于计划尚未实行，而国家就面临危险了。我自己估计，以楚国去抵挡秦国，不一定取得胜利；在朝廷上与众臣谋划，他们又不可信赖。我睡觉睡不安稳，吃饭也不香甜，心神恍恍惚惚，就如悬在空中的旗子，没有依靠。现在您想统一天下，团结各诸侯，保全那些处于危亡境地的国家，我愿意把国家托付给您，听从您的安排。"

于是，六国终于合纵成功，大家同心共力。苏秦做了合纵联盟的盟主，并且担任了六国的国相。

苏秦北上向赵王汇报，中途经过洛阳，随行的车辆马匹满载着行装，各国都派很多使者护送，气派比得上周王。周显王听到这个消息感到很吃惊，派人为他清扫道路，并派使臣到郊外迎接慰劳。苏秦的兄弟、妻子、嫂子都伏在地上，不敢抬头看他，侍候他用饭。苏秦笑着对嫂子说："你以前对我那么傲慢，为什么现在却对我这么恭顺呢？"他的嫂子赶紧伏俯在地上，弯曲着身子，匍匐到他面前，脸贴着地面请罪说："因为我看到小叔您现在地位尊贵，财物很多。"苏秦感慨地叹息说："同样是我这个人，富贵了亲戚就敬畏我，贫贱时就怠慢我。何况一般人呢！假如当初我在洛阳近郊有二顷良田，现在我还能佩带得上六个国家的相印吗？"当时便把许多财物馈赠给亲戚朋友。当初，苏秦要去燕国，向别人借了一百钱做路费，现在富贵了，就用一百金偿还了那个人，并且报答了所有曾经有恩德于他的人。他的随从中，唯独有一个人没得到报偿，就上前去自己申诉。苏秦说："我并不是忘了你，当初你跟我到燕国去，在易水边上，你再三要离开我，那时我处境困窘，所以心里对你很不满意。所以才把你放在最后，现在你也可以得到赏赐了。"

苏秦约定六国合纵联盟以后，回到赵国，赵肃侯封他为武安君。苏秦就把合纵盟约送给了秦国，从此秦国不敢窥伺函谷关以外的国家达十五年之久。后来秦国派使臣犀首欺骗齐国和魏国，与它们一起攻打赵国，想要破坏合纵联盟。齐、魏攻打赵国，赵王便责难苏秦。苏秦害怕，就请求出使燕国，发誓要报复齐国。苏秦离开赵国之后，合纵联盟便瓦解了。

秦惠王把他的女儿嫁给燕国太子为妻。这一年，燕文侯去世，太子即位，这便是燕易王。燕易王刚刚登位，齐宣王趁着燕国发丧之机，攻打燕国，夺取了十座城。燕易王对苏秦说："从前先生到燕国来，先王资助先生去赵国，于是才约定六国合纵。现在齐国先是进攻赵国，接着又进攻燕国，因为先生的缘故我国被天下人耻笑，先生能替燕国收复被侵占的国土吗？"苏秦感到非常惭愧，说："请让我替您把失地收回来。"

苏秦见到齐王，拜了两拜，弯下腰去向齐王表示庆贺，又仰起头来向齐王表示哀悼。齐王说："为什么庆贺和哀悼连得这么快呢？"苏秦说："我听说饥饿的人之所以不吃乌喙这种植物，是因为用毒草填肚子和饿死是一样的结果。现在，燕国虽然弱小，但燕王是秦王的小女婿。大王贪图十座城池的利益，却因此长期与强秦成为了敌人。现在如果以弱小的燕国做先锋，强大的秦国紧随其后，招引天下的精兵来攻击您，这和吃乌喙是一样的啊。”齐王听了，紧张得脸色都变了，说：“既然如此，那该怎么办呢？”苏秦说：“我听说古代善于处理事情的人，能够转祸为福，把失败变为成功。大王果能听从我的计策，就立即归还燕国的十座城池。燕国白白地收回十城，一定很高兴。秦王知道您因为他的原因而归还了燕国的十城，也一定会很高兴。这就是化敌为友的方法。燕国、秦国都和齐国交好，那么大王发出的号令，天下没有敢不听的。这样大王就只是口头上依附了秦国，实际上却以这十城的代价就取得了天下，这是称霸天下的大业啊。”齐王说：“说得好。”于是就归还了燕国的十座城池。

有谤诋苏秦的人说：“苏秦是个左右摇摆、出卖国家、反复无常的小人，肯定会引起乱子。”苏秦生怕获罪，就回到了燕国，燕王却没有让他做官。苏秦求见燕王说：“当初，我是东周的一个鄙陋之人，没有半点功劳，而大王却在宗庙里授与我官职，在朝廷上以礼相待。如今，我为大王说退了齐军，又收回了十座城池，对我应该更加亲近。现在我回来了而大王不给我授官，一定有人以不诚实的罪名在您面前中伤我。其实我的‘不诚实’，正是大王的福气啊。我听说诚信的人，一切都为自己打算；奋发进取的人，一切都为别人努力。况且我游说齐王，也没有欺骗他啊。我把年迈的母亲丢在东周，本来就是抛弃为个人谋利益的打算，而决心帮助别人求得进取。假如现在有像曾参一样孝顺、像伯夷一样廉洁、像尾生一样信实的三个人，让他们去侍奉大王，您认为怎样？”燕王回答说：“足够了。”苏秦说：“像曾参一样孝顺，一定会坚守孝道，不肯离开父母在外住宿一晚。像这样您又怎么能让他步行千里，来服侍弱小燕国的困窘国君呢？像伯夷一样的廉洁、坚守节义，不愿做孤竹君的继承者，不肯做周武王的臣子，不接受封侯的赏赐，而饿死在首阳山下。像他这样廉洁，大王又怎能让他步行千里到齐国去取回十座城池呢？像尾生那样诚信，和女子相约桥下，女子没来，洪水来了也不肯离开，紧抱桥柱被水淹死。像这样的诚信，大王又怎能让他步行千里退去强大的齐军呢？我正是以所谓的诚信在国君面前获罪的呀。”燕王说：“你自己不诚信罢了，难道还有因为诚信而获罪的吗？”苏秦说：“并非如此。我听说有一个人在很远的地方做官，他的妻子与人私通，丈夫快要回来了，与她私通的人很忧虑。妻子说：‘不要担心，我已经做好毒酒等着他了。’过了三天，她丈夫果然回来了，妻子让侍妾端着毒酒给他。侍妾想告诉他酒中有毒，又担心他把主母赶走，可是不告诉他吧，又怕毒死了主父。于是她假装跌倒，把酒泼在了地上。主父大发雷霆，打了她五十竹板。所以侍妾假装跌倒泼了毒酒，在上保存了主父，在下保存了主母，可是自己却免不掉挨竹板子，怎么能说诚信就不能获罪呢？不幸的是我的罪过跟侍妾的遭遇相类似啊！”燕王说：“先生恢复原来的官职吧。”从此燕王更加优待苏秦。

燕易王的母亲，是燕文侯的夫人，与苏秦私通。燕易王知道了这事，却对苏秦更加优待。苏秦害怕被杀，就劝告燕易王说：“我留在燕国，不能使燕国的地位提高，如果我在齐国，一定能使燕国的地位提高。”燕王说：“一切随先生的便吧。”于是，苏秦假装得罪了燕王而逃跑到齐国。齐宣王便任用他为客卿。

齐宣王去世，湣王继位，苏秦就劝说湣王隆重安排葬礼来表明自己的孝道，高筑宫室、大辟园林，来表明自己得志，其实是为了燕国而想要使齐国破败。燕易王去世，燕哙登基为王。此后，齐国大夫中有许多人在国君面前与苏秦争夺宠信，因而派人刺杀苏秦，苏秦侥幸没死，带着重伤逃跑了。齐湣王派人捉拿凶手，然而没有抓到。苏秦快要死时，便对齐湣王说：“我就快死了，请您在街市上把我五马分尸示众，就说‘苏秦为了燕国在齐国谋乱’，这样做，那么刺杀我的凶手一定可以抓到。”于是齐湣王就按照他的话做了，而刺杀苏秦的那个凶手果然自动出来了，齐湣王因此就把他杀了。燕王听到这个消息说：“齐国为苏先生报仇，手段也太残忍了。”

苏秦死后不久，他的许多秘密都泄露了。后来，齐国听到这些秘密后，十分恼恨燕国。燕王很害怕。苏秦的弟弟叫苏代，苏代的弟弟叫苏厉，他们看到哥哥取得的成就，也都发奋学习纵横之术。等到苏秦死了，苏代就去求见燕王，打算承袭苏秦的旧业。他对燕王说：“臣，是东周鄙陋的人。听说大王的义气很高，鄙人愚笨，放弃农具来求见大王。到了赵国邯郸，看到的情况和我在东周听到的相差很远，我私下决定担负起为您做一番事业的志向。等到了燕国朝廷，看了大王的群臣和下属官吏，才知道大王是天下最贤明的国君啊。”燕王说：“您所说的贤明的国君是什么样的呢？”苏代回答说：“我听说贤明的君王一定要听别人议论自己的过失，而不希望只听到别人称赞他的优点，请允许让我说明大王的过失。齐国和赵国，是燕国的仇敌；楚国和魏国，是燕国的盟国。现在，大王却帮着仇敌而攻打自己的盟国，这不利于燕国的行动。请大王自己想一想，就会发现这是策略上的失误。不把这些失误讲给您听的人，就不是忠臣。”燕王说：“齐国本来就是我的仇敌，是想要讨伐的国家，只是担心自己的国势弱小，力量不足。假如您能以燕国现有的力量讨伐齐国，那么我愿把整个国家托付给您。”苏代回答说：“天下能够互相征战的国家共有七个，而燕国处于弱势地位，单独作战不能取得胜利。如果有所依附，那么不管依附谁，它都会因此而地位提高。向南依附楚国，楚国的地位提高；向西依附秦国，秦国的地位提高；中部依附韩国、魏国，韩国、魏国的地位提高。假如所依附的国家地位提高了，这样也就一定能使您的地位提高啊。如今齐国的国君年事已高而又一意孤行，听不进别人的意见。他向南攻打楚国长达五年之久，积蓄的财富耗费尽了；西边被秦国困扰了多年，士兵们个个疲惫不堪；向北和燕国人作战，损失了全部军队，仅仅俘虏了两名将领。然而，又以剩余的兵力向南攻破了拥有五千辆战车的宋国，并慑服了十二个小国。这满足了他们国君的欲望，可是他们的民力却已经枯竭了，又有什么可取的呢？况且我听说过，连续征战，人民就会劳累；长期用兵，士兵就会疲惫。”燕王说：“我听说齐国据有清济、浊河可以用来固守，又有长城和钜防作为要塞，果真是这样吗？”苏代回答说：“如果天时不给他有利的机会，即使拥有清济、浊河，又哪能固守呢？百姓已经疲困劳乏，即使有长城、钜防，又怎么能够成为要塞呢？况且，以前济西地区不征发兵役，是为了防备赵国的入侵，不征发漯河以北的兵力，是为了防备燕国的入侵。如今，济西、河北的兵力都被征发参战了，全国都疲惫不堪了。骄横的国君一定好利，亡国的臣子一定贪财。大王如果不以用爱子、胞弟做人质感到羞愧，用珍珠、宝玉、绸缎去贿赂齐王的亲信，那么齐王就会友好地对待燕国，并轻易地灭亡宋国。如此，齐国就可以灭掉了。”燕王说：“我终于可以凭借您而承受天命了。”燕王就派了一位公子到齐国充当人质。苏厉也借着燕国派人质的机会拜见齐王。齐王怨恨苏秦，想要拘捕苏厉。燕国公子替他在齐王面前请罪，随后苏厉就委身做了齐国的臣子。

燕国的相国子之和苏代结为姻亲，子之想夺取燕国的政权，就派苏代到齐国去侍奉做人质的那位公子。齐王让苏代回报燕王，燕王哙问道：“齐王大概要称霸了吧？”苏代回答说：“不可能。”燕王说：“为什么呢？”苏代回答说：“齐王不信任他的臣子。”于是，燕王专一重用子之，不久便让位给他，燕国因此大乱。齐国趁机进攻燕国，杀了燕王哙和子之。燕国拥立昭王即位，而苏代、苏厉就再不敢回燕国，最后都投奔到了齐国，齐王以优厚的条件款待他们。

苏代经过魏国，魏国替燕国拘捕了苏代。齐国派人去对魏王说："齐国如果要把宋国的土地封给秦王的弟弟泾阳君，秦王一定不肯接受。秦王不是不愿在齐国的协助下获得宋国的土地，而是他不相信齐王和苏代。如今齐国与魏国的矛盾已经如此严重，因此齐国就不会欺骗秦国。秦国也会相信齐国，齐、秦联手，泾阳君将得到宋国的土地，这不是有利于魏国的事。所以大王不如让苏先生东归齐国，秦王一定会怀疑齐王而又不相信苏代。齐、秦不能联合，天下大局就不会变化，讨伐齐国的时机就成熟了。"于是魏国释放了苏代，苏代去了宋国，宋王待他友好。

齐国讨伐宋国，宋国危急，苏代于是写了一封信对燕昭王说：

"燕国是一个万乘大国，却向齐国派了人质，名声卑下而权力低微；您派出大军帮助齐国攻打宋国，使得百姓疲劳、财力耗尽；即便打败宋国，侵略楚国的淮北，也只能壮大齐国，帮助仇敌日益强大而自己的国家却遭受祸害。这三方面都是对燕国很不利的事。虽然如此，可是大王您还在继续这样，以为了取得齐国的信任。可是齐国却把不守信的罪名加到您头上，而且对燕国的忌恨也越来越深，这就说明大王的策略错了。把宋国和楚国淮北加在一起，抵得上一个强大的万乘大国，而齐国吞并了它，就等于又增加了一个齐国。北夷纵横才七百里，加上鲁国和卫国，又抵得上一个强大的万乘大国。齐国吞并了它们，这就等于增加了两个齐国。一个强大的齐国，燕国就惊疑恐惧而无法抵挡，如今把三个齐国的强大力量压到燕国身上，其灾祸必然很严重。尽管如此，明智的人办事，能够利用灾祸变为吉祥，把失败转化为成功。齐国的紫色绸绢，本来是破旧的白缯染成的，但价格却提高了十倍；越王勾践被困栖身于会稽山，却击败了强大的吴国而称霸天下。这都是利用灾祸变为吉祥，把失败转化为成功的事例啊。

"现在大王如果想变灾祸为福，把失败转化为成功，不如怂恿各国尊奉齐国为霸主，派使臣到周王室去订立盟约，烧毁秦国的信符，宣称'最高明的策略就是攻破秦国；其次是一定要永远排斥它'。秦国遭到各国排斥，面临被攻破的威胁，秦王一定会为此而忧虑。秦国近五代以来，都主动攻打各诸侯国，如今却屈居齐国之下，按照秦王的意志，如果能迫使齐国走投无路，就会不惜倾注全国的力量。既然如此，那么大王何不派遣说客用这些话去劝说秦王：‘燕国和赵国打败宋国，壮大齐国，推崇它、甘心屈从它的原因，并不是想从中得到什么好处。燕、赵得不到好处而又一定这么做的原因，就在于不相信秦王。既然如此，那么大王何不派可信赖的人去争取燕、赵，让泾阳君、高陵君先到燕国、赵国去呢？如果秦国背信弃义，可以把他们作为人质，这样燕国和赵国就会相信。这样一来，秦国在西方称帝，燕国在北方称帝，赵国在中部称帝，树立起三帝对天下发号施令。假如韩、魏不服从，那么秦国就出兵攻打它们；齐国不服从，那么燕、赵就出兵攻打它。如此，天下还有谁敢不服从呢？天下都服从了，就趁势驱使韩、魏攻打齐国，威胁它“必须交出宋国的失地，归还楚国的淮北”。交出宋国的失地，归还楚国的淮北，对燕、赵是有利的事；三帝并立，也是燕、赵乐意的事。实际上它们都得到了好处，名分上也如愿以偿，那么燕、赵要抛弃齐国，就好像甩掉拖鞋一样容易。现在如果您不去争取燕、赵，那么齐国的霸业一定会成功。诸侯们都拥护齐国而唯独您不服从，就会招来各国的攻伐；各国都拥护齐国而您也服从它，这样您的声望就会降低。如今，您争取燕、赵，可使国家安定又可使声望尊崇；不争取燕、赵，国家就会危险而声望也会降低。舍弃尊荣和安定，却选择危险和卑下，明智的人是不会这样干的。’秦王听了这些话，一定会感觉好像匕首刺进心脏一样痛。那么大王为什么不派说客用这样的话去游说秦王呢？秦王听到了一定会采纳，齐国一定会被讨伐。结交秦国，是有利的外交；讨伐齐国，是正当的利益。奉行有利的外交政策，追求正当的利益，这是圣王所做的事。”

燕昭王觉得这封信写得太好了，就说：“先王曾有恩于苏家，后来因为子之的祸乱，苏氏才离开了燕国。燕国要向齐国报仇，没有苏氏不行。”于是就召回苏代，重新优待他，和他一起商议攻打齐国的事情，最终打败了齐国，迫使齐湣王出逃。

过了很久，秦国邀请燕王，燕王准备前往，苏代阻止燕王说：“楚国取得了枳地导致国家危亡，齐国夺取了宋地而导致国家破败。齐、楚不能因为拥有了枳地、宋地，还臣服于秦国，为什么呢？那是因为凡是成功的国家，都是秦国最忌恨的大敌。秦国夺取天下，不是靠推行正义，而是靠使用暴力。秦国使用暴力，已经公开宣告于天下了。

“秦国曾警告楚国说：‘蜀地的军队，坐着船漂浮在汶水之上，趁着夏季的水势沿江直下，五天就能抵达郢都。汉中的军队，坐着船从巴江出发，趁着夏季的水势直下汉江，四天就能抵达五渚。我亲自在宛东集结军队，直下随邑，聪明的人还来不及谋划，勇武的人还来不及发怒，我的攻击就像射杀鹰隼一样迅速到来。而楚王你竟还想等天下的军队攻打函谷关，那不是太遥远了吗？’楚王就是因为这个缘故，前后十七年臣服秦国。

“秦国曾严正警告韩国说：‘我的军队从少曲出发，一天之内就能切断太行山的通道。我的军队从宜阳出发攻击平阳，两天之内韩国各地的局势就会动摇。我的军队经过东西两周攻击新郑，五天之内就可以攻克整个韩国。’韩国认为确实如此，所以臣服于秦国。

“秦国还曾严正警告魏国说：‘我国攻克安邑，围困女戟，韩国的太原就保不住。我的军队直下轵道，通过南阳，封锁冀邑，包抄东西两周，趁着夏季的水势，驾着轻便的战船，强弓硬弩摆在前面，锋利的戈矛跟在后面，掘开荥泽水口，魏国的大梁就会被洪水吞没了；掘开白马河的水口，魏国的外黄、济阳也会被冲毁；掘开宿胥河的水口，魏国的虚地、顿丘就会消失。从陆地上进攻可攻取河内，利用水攻就可毁灭大梁。’魏国认为确实如此，所以侍奉秦国。

“秦国想要攻打安邑，担心齐国救援它，就把宋地许给齐国。说：‘宋王无道，做了个木头人象征我，射它的面部，我的国家和宋国领土隔绝，军队距宋太远，不能直接攻打它。齐王您如果能打败宋国占有它，我将像自己占有它一样高兴。’后来，秦国占领了魏国的安邑，围困了女戟，因而又把攻破宋国说成是齐国的罪过。

“秦国想要攻打韩国，恐怕天下诸国救援它，便把齐国许给了各国，说：‘齐王四次与我订立盟约，四次欺骗我，并多次率领天下的军队进攻我国。这世上只要有齐国，就没有秦国；只要有秦国，就没有齐国，我一定要攻打它，一定要灭了它。’等到秦国占领了韩国的宜阳、少曲，攻克了蔺邑、离石，却又把打败齐国作为各国的罪名。

“秦国想要进攻魏国，就把南阳许给楚国。说：‘我本来就和韩国绝交了。摧毁均陵，围困鄳阸，假如对楚国有利，我就会像自己占有它一样高兴。’等到魏国抛弃了盟国而与秦国联合，秦国却以围困鄳阸作为楚国的罪名。

“秦军被围困在林中，就尊崇燕国和赵国，把胶东许给燕国，把济西许给赵国。等到秦国和魏国和解了，就把公子延作为人质，派魏将犀首组织军队进攻赵国。

“秦军在谯石被重创，而在阳马又被打败，因而尊崇魏国，便把叶地和蔡地许给魏国。等到和赵国和解后，就威胁魏国而不肯依照约定分割土地。随后秦军陷入了困境，就派太后的弟弟穰侯前去讲和，一取得胜利便背弃诺言，连自己的舅舅和母亲也都受到欺骗。

“秦王指责燕国时说是‘因为胶东’，指责赵国时说是‘因为济西’，指责魏国时说是‘因为叶、蔡’，指责楚国时说是‘因为鄳阸’，指责齐国时说是‘因为宋地’。这样，他的外交辞令循环往复，军事手段毒辣凶狠，即使他母亲也不能制止，舅舅更无法约束。龙贾之战，岸门之战，封陵之战，高商之战，赵庄之战，秦国所杀韩、赵、魏三国百姓达几百万，现在生存下来的人都是被秦国杀死的人留下的孤儿寡母。西河以外，上洛地区，三川一带经常遭受秦国的攻打，这是晋国的灾难！秦国侵占了韩、赵、魏的一半土地，秦国制造的灾祸竟是这样严重！而燕、赵等国到秦国去游说的人，都用向秦国效劳来游说自己的国君，这是我最担心的事。”

燕昭王于是没有去秦国，苏代又被燕王所重用。

像苏秦在世时一样，燕国派苏代联络各国合纵联盟，诸侯们有的加入了，有的没加入，而各国人士从此都尊崇苏秦所倡导的合纵联盟。苏代、苏厉得以终养天年，名声显扬于各国。

太史公说：苏秦兄弟三人，都因游说各国而扬名，他们的本领是擅长权谋机变。而苏秦承担着施行反间计的罪名被杀死，天下人都嘲笑他，不肯学习他的学说。然而社会上流传的苏秦事迹有许多出入，凡和他的事迹相似的其他不同时期的事实都附会到苏秦身上。苏秦出身于民间，却能联合六国合纵相亲，这正说明他的才智有超过一般人的地方，所以我特地按时间顺序编列了他的事迹，以便不让他只蒙受丑恶的名声。

史记卷七十

张仪列传第十

张仪者，魏人也。始尝与苏秦俱事鬼谷先生学术，苏秦自以不及张仪。

张仪已学而游说诸侯。尝从楚相饮，已而楚相亡璧，门下意张仪，曰："仪贫无行，必此盗相君之璧。"共执张仪，掠笞数百，不服，醳之。其妻曰："嘻！子毋读书游说，安得此辱乎？"张仪谓其妻曰："视吾舌尚在不？"其妻笑曰："舌在也。"仪曰："足矣。"

苏秦已说赵王而得相约从亲，然恐秦之攻诸侯，败约后负，念莫可使用于秦者，乃使人微感张仪曰："子始与苏秦善，今秦已当路，子何不往游，以求通子之愿？"张仪于是之赵，上谒求见苏秦。苏秦乃诫门下人不为通，又使不得去者数日。已而见之，坐之堂下，赐仆妾之食。因而数让之曰："以子之材能，乃自令困辱至此。吾宁不能言而富贵子，子不足收也。"谢去之。张仪之来也，自以为故人，求益，反见辱，怒，念诸侯莫可事，独秦能苦赵，乃遂入秦。

苏秦已而告其舍人曰："张仪，天下贤士，吾殆弗如也。今吾幸先用。而能用秦柄者，独张仪可耳。然贫，无因以进。吾恐其乐小利而不遂，故召辱之，以激其意。子为我阴奉之。"乃言赵王，发金币车马，使人微随张仪，与同宿舍，稍稍近就之，奉以车马金钱，所欲用，为取给，而弗告。张仪遂得以见秦惠王。惠王以为客卿，与谋伐诸侯。

苏秦之舍人乃辞去。张仪曰："赖子得显，方且报德，何故去也？"舍人曰："臣非知君，知君乃苏君。苏君忧秦伐赵败从约，以为非君莫能得秦柄，故感怒君，使臣阴奉给君资，尽苏君之计谋。今君已用，请归报。"张仪曰："嗟乎，此在吾术中而不悟，吾不及苏君明矣！吾又新用，安能谋赵乎？为吾谢苏君，苏君之时，仪何敢言。且苏君在，仪宁渠能乎？"张仪既相秦，为文檄告楚相曰："始吾从若饮，我不盗而璧，若笞我。若善守汝国，我顾且盗而城！"

苴蜀相攻击，各来告急于秦。秦惠王欲发兵以伐蜀，以为道险狭难

《东周列国志》版画之张仪被激往秦邦图，讲苏秦激张仪入秦之事。

至，而韩又来侵秦。秦惠王欲先伐韩，后伐蜀，恐不利；欲先伐蜀，恐韩袭秦之敝。犹豫未能决。司马错与张仪争论于惠王之前，司马错欲伐蜀，张仪曰："不如伐韩。"王曰："请闻其说。"

仪曰："亲魏善楚，下兵三川，塞什谷之口，当屯留之道，魏绝南阳，楚临南郑，秦攻新城、宜阳，以临二周之郊，诛周王之罪，侵楚、魏之地。周自知不能救，九鼎宝器必出。据九鼎，案图籍，挟天子以令于天下，天下莫敢不听，此王业也。今夫蜀，西僻之国而戎翟之伦也，敝兵劳众不足以成名，得其地不足以为利。臣闻争名者于朝，争利者于市。今三川、周室，天下之朝、市也，而王不争焉，顾争于戎翟，去王业远矣。"

司马错曰："不然。臣闻之，欲富国者务广其地，欲强兵者务富其民，欲王者务博其德。三资者备而王随之矣。今王地小民贫，故臣愿先从事于易。夫蜀，西僻之国也，而戎翟之长也，有桀、纣之乱。以秦攻之，譬如使豺狼逐群羊。得其地足以广国，取其财足以富民缮兵，不伤众而彼已服焉。拔一国而天下不以为暴，利尽西海而天下不以为贪，是我一举而名实附也，而又有禁暴止乱之名。今攻韩，劫天子，恶名也，而未必利也，又有不义之名，而攻天下所不欲，危矣。臣请(论)〔谒〕其故：周，天下之宗室也；齐，韩之与国也。周自知失九鼎，韩自知亡三川，将二国并力合谋，以因乎齐、赵而求解乎楚、魏，以鼎与楚，以地与魏，王弗能止也。此臣之所谓危也。不如伐蜀完。"

惠王曰："善，寡人请听子。"卒起兵伐蜀。十月，取之，遂定蜀，贬蜀王更号为侯，而使陈庄相蜀。蜀既属秦，秦以益强，富厚，轻诸侯。

秦惠王十年，使公子华与张仪围蒲阳，降之。仪因言秦复与魏，而使公子繇质于魏。仪因说魏王曰："秦王之遇魏甚厚，魏不可以无礼。"魏因入上郡、少梁，谢秦惠王。惠王乃以张仪为相，更名少梁曰夏阳。

仪相秦四岁，立惠王为王。居一岁，为秦将，取陕。筑上郡塞。

其后二年，使与齐、楚之相会啮桑。东还而免相，相魏以为秦，欲令魏先事秦而诸侯效之。魏王不肯听仪。秦王怒，伐取魏之曲沃、平周，复阴厚张仪益甚。张仪惭，无以归报。留魏四岁而魏襄王卒，哀王立。张仪复说哀王，哀王不听。于是张仪阴令秦伐魏。魏与秦战，败。

明年，齐又来败魏于观津。秦复欲攻魏，先败韩申差军，斩首八万，诸侯震恐。而张仪复说魏王曰：

"魏地方不至千里，卒不过三十万。地四平，诸侯四通辐凑，无名山大川之限。从郑至梁二百馀里，车驰人走，不待力而至。梁南与楚境，西与韩境，北与赵境，东与齐境，卒戍四方，守亭鄣者不下十万。梁之地势，固战场也。梁南与楚而不与齐，则齐攻其东；东与齐而不与赵，则赵攻其北；不合于韩，则韩攻其西；不亲于楚，则楚攻其南：此所谓四分五裂之道也。

"且夫诸侯之为从者，将以安社稷尊主强兵显名也。今从者一天下，约为昆弟，刑白马以盟洹水之上，以相坚也。而亲昆弟同父母，尚有争钱财，而欲恃诈伪反覆苏秦之馀谋，其不可成亦明矣。

"大王不事秦，秦下兵攻河外，据卷、衍、〔燕〕、酸枣，劫卫取阳晋，则赵不南，赵不南而梁不北，梁不北则从道绝，从道绝则大王之国欲毋危不可得也。秦折韩而攻梁，韩怯于秦，秦韩为一，梁之亡可立而须也。此臣之所为大王患也。

"为大王计，莫如事秦。事秦则楚、韩必不敢动；无楚、韩之患，则大王高枕而卧，国必无忧矣。

"且夫秦之所欲弱者莫如楚，而能弱楚者莫如梁。楚虽有富大之名而实空虚；其卒虽多，然而轻走易北，不能坚战。悉梁之兵南面而伐楚，胜之必矣。割楚而益梁，亏楚而適秦，嫁祸安国，此善事也。大王不听臣，秦下甲士而东伐，虽欲事秦，不可得矣。

"且夫从人多奋辞而少可信，说一诸侯而成封侯，是故天下之游谈士莫不日夜扼腕瞋目切齿以言从之便，以说人主。人主贤其辩而牵其说，岂得无眩哉。

"臣闻之，积羽沉舟，群轻折轴，众口铄金，积毁销骨。故愿大王审定计议，且赐骸骨辟魏。"

哀王于是乃倍从约而因仪请成于秦。张仪归，复相秦。三岁而魏复背秦为从。秦攻魏，取曲沃。明年，魏复事秦。

秦欲伐齐，齐楚从亲，于是张仪往相楚。楚怀王闻张仪来，虚上舍而自馆之，曰："此僻陋之国，子何以教之？"

仪说楚王曰："大王诚能听臣，闭关绝约于齐，臣请献商、於之地六百里，使秦女得为大王箕箒之妾，秦楚娶妇嫁女，长为兄弟之国。此北弱齐而西益秦也，计无便此者。"

楚王大说而许之。群臣皆贺，陈轸独吊之。楚王怒曰："寡人不兴师发兵得六百里地，群臣皆贺，子独吊，何也？"陈轸对曰："不然。以臣观之，商、於之地不可得而齐秦合，齐秦合，则患必至矣。”楚王曰：“有说乎？”陈轸对曰：“夫秦之所以重楚者，以其有齐也。今闭关绝约于齐，则楚孤。秦奚贪夫孤国，而与之商、於之地六百里？张仪至秦，必负王，是北绝齐交，西生患于秦也，而两国之兵必俱至。善为王计者，不若阴合而阳绝于齐，使人随张仪。苟与吾地，绝齐未晚也；不与吾地，阴合谋计也。”楚王曰：“愿陈子闭口毋复言，以待寡人得地。”乃以相印授张仪，厚赂之。于是遂闭关绝约于齐，使一将军随张仪。

张仪至秦，详失绥堕车，不朝三月。楚王闻之，曰：“仪以寡人绝齐未甚邪？”乃使勇士至宋，借宋之符，北骂齐王。齐王大怒，折节而下秦。秦齐之交合，张仪乃朝，谓楚使者曰：“臣有奉邑六里，愿以献大王左右！”楚使者曰：“臣受令于王，以商、於之地六百里，不闻六里。”还报楚王，楚王大怒，发兵而攻秦。陈轸曰：“轸可发口言乎？攻之不如割地反以赂秦，与之并兵而攻齐，是我出地于秦，取偿于齐也，王国尚可存。”楚王不听，卒发兵而使将军屈匄击秦。秦齐共攻楚，斩首八万，杀屈匄，遂取丹阳、汉中之地。楚又复益发兵而袭秦，至蓝田，大战，楚大败，于是楚割两城以与秦平。

秦要楚欲得黔中地，欲以武关外易之。楚王曰：“不愿易地，愿得张仪而献黔中地。”秦王欲遣之，口弗忍言。张仪乃请行。惠王曰：“彼楚王怒子之负以商、於之地，是且甘心于子！”张仪曰：“秦强楚弱，臣善靳尚，尚得事楚夫人郑袖，袖所言皆从。且臣奉王之节使楚，楚何敢加诛。假令诛臣而为秦得黔中之地，臣之上愿。”遂使楚。楚怀王至则囚张仪，将杀之。靳尚谓郑袖曰：“子亦知子之贱于王乎？”郑袖曰：“何也？”靳尚曰：“秦王甚爱张仪而（不）〔必〕欲出之，今将以上庸之地六县赂楚，以美人聘楚，以宫中善歌讴者为媵。楚王重地尊秦，秦女必贵而夫人斥矣。不若为言而出之。”于是郑袖日夜言怀王曰：“人臣各为其主用。今地未入秦，秦使张仪来，至重王。王未有礼而杀张仪，秦必大怒攻楚。妾请子母俱迁江南，毋为秦所鱼肉也。”怀王后悔，赦张仪，厚礼之如故。

张仪既出，未去，闻苏秦死，乃说楚王曰：

“秦地半天下，兵敌四国，被险带河，四塞以为固。虎贲之士百馀万，车千乘，骑万匹，积粟如丘山。法令既明，士卒安难乐死，主明以严，将智以武，虽无出甲，席卷常山之险，必折天下之脊，天下有后服者先亡。且夫为从者，无以异于驱群羊而攻猛虎，虎之与羊不格明矣。今王不与猛虎而与群羊，臣窃以为大王之计过也。

“凡天下强国，非秦而楚，非楚而秦，两国交争，其势不两立。大王不与秦，秦下甲据宜阳，韩之上地不通。下河东，取成皋，韩必入臣，梁则从风而动。秦攻楚之西，韩、梁攻其北，社稷安得毋危？

“且夫从者聚群弱而攻至强，不料敌而轻战，国贫而数举兵，危亡之术也。臣闻之，兵不如者勿与挑战，粟不如者勿与持久。夫从人饰辩虚辞，高主之节，言其利不言其害，卒有秦祸，无及为已。是故愿大王之孰计之。

“秦西有巴蜀，大船积粟，起于汶山，浮江已下，至楚三千馀里。舫船载卒，一舫载五十人与三月之食，下水而浮，一日行三百馀里，里数虽多，然而不费牛马之力，不至十日而距扞关。扞关惊，则从境以东尽城守矣，黔中、巫郡非王之有。秦举甲出武关，南面而伐，则北地绝。秦兵之攻楚也，危难在三月之内，而楚待诸侯之救，在半岁之外，此其势不相及也。夫（待）〔恃〕弱国之救，忘强秦之祸，此臣所以为大王患也。

“大王尝与吴人战，五战而三胜，阵卒尽矣；偏守新城，存民苦矣。臣闻功大者易危，而民敝者怨上。夫守易危之功而逆强秦之心，臣窃为大王危之。

“且夫秦之所以不出兵函谷十五年以攻齐、赵者，阴谋有合天下之心。楚尝与秦构难，战于汉中，楚人不胜，列侯执珪死者七十馀人，遂亡汉中。楚王大怒，兴兵袭秦，战于蓝田。此所谓两虎相（搏）〔据〕者也。夫秦楚相敝，而韩魏以全制其后，计无危于此者矣。愿大王孰计之。

“秦下甲攻卫阳晋，必大关天下之匈。大王悉起兵以攻宋，不至数月而宋可举，举宋而东指，则泗上十二诸侯尽王之有也。

“凡天下而以信约从亲相坚者苏秦，封武安君，相燕，即阴与燕王谋伐破齐而分其地；乃详有罪出走入齐，齐王因受而相之；居二年而觉，齐王大怒，车裂苏秦于市。夫以一诈伪之苏秦，而欲经营天下，混一诸侯，其不可成亦明矣。

“今秦与楚接境壤界，固形亲之国也。大王诚能听臣，臣请使秦太子入质于楚，楚太子入质于秦，请以秦女为大王箕帚之妾，效万室之都以为汤沐之邑，长为昆弟之国，终身无相攻伐。臣以为计无便于此者。”

于是楚王已得张仪而重出黔中地与秦，欲许之。屈原曰：“前大王见欺于张仪。张仪至，臣以为大王烹之；今纵弗忍杀之，又听其邪说，不可。”怀王曰：“许仪而得黔中，美利也。后而倍之，不可。”故卒许张仪，与秦亲。

张仪去楚，因遂之韩，说韩王曰：

“韩地险恶山居，五谷所生非菽而麦，民之食大抵（饭）菽〔饭〕藿羹。一岁不收，民不餍糟糠。地不过九百里，无二岁之食。料大王之卒，悉之不过三十万，而厮徒负养在其中矣。除守徼亭鄣塞，见卒不过二十万而已矣。秦带甲百馀万，车千乘，骑万匹，虎贲之士跿跔科头贯颐奋戟者，至不可胜计。秦马之良，戎兵之众，探前趹后蹄间三寻腾者，不可胜数。山东之士被甲蒙胄以会战，秦人捐甲徒裼以趋敌，左挈人头，右挟生虏。夫秦卒与山东之卒，犹孟贲之与怯夫；以重力相压，犹乌获之与婴儿。夫战孟贲、乌获之士以攻不服之弱国，无异垂千钧之重于鸟卵之上，必无幸矣。

“夫群臣诸侯不料地之寡，而听从人之甘言好辞，比周以相饰也，皆奋曰‘听吾计可以强霸天下’。夫不顾社稷之长利而听须臾之说，诖误人主，无过此者。

“大王不事秦，秦下甲据宜阳，断韩之上地，东取成皋、荥阳，则鸿台之宫、桑林之苑非王之有也。夫塞成皋，绝上地，则王之国分矣。先事秦则安，不事秦则危。夫造祸而求其福报，计浅而怨深，逆秦而顺楚，虽欲毋亡，不可得也。

“故为大王计，莫如为秦。秦之所欲莫如弱楚，而能弱楚者莫如韩。非以韩能强于楚也，其地势然也。今王西面而事秦以攻楚，秦王必喜。夫攻楚以利其地，转祸而说秦，计无便于此者。”

韩王听议计。张仪归报。秦惠王封仪五邑，号曰武信君。

使张仪东说齐湣王曰：“天下强国无过齐者，大臣父兄殷众富乐。然而为大王计者，皆为一时之说，不顾百世之利。从人说大王者，必曰‘齐西有强赵，南有韩与梁。齐，负海之国也，地广民众，兵强士勇，虽有百秦，将无奈齐何’。大王贤其说而不计其实。夫从人朋党比周，莫不以从为可。臣闻之，齐与鲁三战而鲁三胜，国以危，亡随其后，虽有战胜之名，而有亡国之实。是何也？齐大而鲁小也。今秦之与齐也，犹齐之与鲁也。秦赵战于河漳之上，再战而赵再胜秦；战于番吾之下，再战又胜秦。四战之后，赵之亡卒数十万，邯郸仅存，虽有战胜之名而国已破矣。是何也？秦强而赵弱。

“今秦楚嫁女娶妇，为昆弟之国。韩献宜阳，梁效河外；赵入朝渑池，割河间以事秦。大王不事秦，秦驱韩、梁攻齐之南地，悉赵兵渡清河，指博关，临菑、即墨非王之有也。国一日见攻，虽欲事秦，不可得也。是故愿大王孰计之也。”

齐王曰：“齐僻陋，隐居东海之上，未尝闻社稷之长利也。”乃许张仪。

张仪去，西说赵王曰：

“敝邑秦王使使臣效愚计于大王。大王收率天下以宾秦，秦兵不敢出函谷关十五年。大王之威行于山东，敝邑恐惧慑伏，缮甲厉兵，饰车骑，习驰射，力田积粟，守四封之内，愁居慑处，不敢动摇，唯大王有意督过之也。

“今以大王之力，举巴蜀，并汉中，包两周，迁九鼎，守白马之津。秦虽僻远，然而心忿含怒之日久矣。今秦有敝甲凋兵，军于渑池，愿渡河逾漳，据番吾，会邯郸之下，愿以甲子合战，以正殷纣之事，敬使使臣先闻左右。

“凡大王之所信为从者恃苏秦。苏秦荧惑诸侯，以是为非，以非为是，欲反齐国，而自令车裂于市。夫天下之不可一亦明矣。今楚与秦为昆弟之国，而韩、梁称为东藩之臣，齐献鱼盐之地，此断赵之右臂也。夫断右臂而与人斗，失其党而孤居，求欲毋危，岂可得乎？

“今秦发三将军：其一军塞午道，告齐使兴师渡清河，军于邯郸之东；一军军成皋，驱韩、梁军于河外；一军军于渑池。约四国为一以攻赵，赵（服）〔破〕，必四分其地。是故不敢匿意隐情，先以闻于左右。臣窃为大王计，莫如与秦王遇于渑池，面相见而口相结，请案兵无攻，愿大王之定计。”

赵王曰：“先王之时，奉阳君专权擅势，蔽欺先王，独擅绾事，寡人居属师傅，不与国谋计。先王弃群臣，寡人年幼，奉祀之日新，心固窃疑焉，以为一从不事秦，非国之长利也。乃且愿变心易虑，割地谢前过以事秦。方将约车趋行，适闻使者之明诏。”赵王许张仪，张仪乃去。

北之燕，说燕昭王曰：

“大王之所亲莫如赵。昔赵襄子尝以其姊为代王妻，欲并代，约与代王遇于句注之塞。乃令工人作为金斗，长其尾，令可以击人。与代王饮，阴告厨人曰：‘即酒酣乐，进热啜，反斗以击之。’于是酒酣乐，进热啜，厨人进斟，因反斗以击代王，杀之，王脑涂地。其姊闻之，因摩笄以自刺，故至今有摩笄之山。代王之亡，天下莫不闻。

“夫赵王之很戾无亲，大王之所明见，且以赵王为可亲乎？赵兴兵攻燕，再围燕都而劫大王，大王割十城以谢。今赵王已入朝渑池，效河间以事秦。今大王不事秦，秦下甲云中、九原，驱赵而攻燕，则易水、长城非大王之有也。

“且今时赵之于秦犹郡县也，不敢妄举师以攻伐。今王事秦，秦王必喜，赵不敢妄动，是西有强秦之援，而南无齐、赵之患，是故愿大王孰计之。”

燕王曰：“寡人蛮夷僻处，虽大男子裁如婴儿，言不足以采正计。今上客幸教之，请西面而事秦，献恒山之尾五城。”

燕王听仪。仪归报，未至咸阳而秦惠王卒，武王立。武王自为太子时不说张仪，及即位，群臣多谗张仪曰：“无信，左右卖国以取容。秦必复用之，恐为天下笑。”诸侯闻张仪有郤武王，皆畔衡，复合从。

秦武王元年，群臣日夜恶张仪未已，而齐让又至。张仪惧诛，乃因谓秦武王曰：“仪有愚计，愿效之。”王曰：“奈何？”对曰：“为秦社稷计者，东方有大变，然后王可以多割得地也。今闻齐王甚憎仪，仪之所在，必兴师伐之。故仪愿乞其不肖之身之梁，齐必兴师而伐梁。梁、齐之兵连于城下而不能相去，王以其间伐韩，入三川，出兵函谷而毋伐，以临周，祭器必出。挟天子，按图籍，此王业也。”秦王以为然，乃具革车三十乘，入（仪）之梁。齐果兴师伐之。梁哀王恐。张仪曰：“王勿患也，请令罢齐兵。”乃使其舍人冯喜之楚，借使之齐，谓齐王曰：“王甚憎张仪；虽然，亦厚矣王之托仪于秦也！”齐王曰：“寡人憎仪，仪之所在，必兴师伐之，何以托仪？”对曰：“是乃王之托仪也。夫仪之出也，固与秦王约曰：‘为王计者，东方有大变，然后王可以多割得地。今齐王甚憎仪，仪之所在，必兴师伐之。故仪愿乞其不肖之身之梁，齐必兴师伐之。齐、梁之兵连于城下而不能相去，王以其间伐韩，入三川，出兵函谷而无伐，以临周，祭器必出。挟天子，案图籍，此王业也。’秦王以为然，故具革车三十乘而入之梁也。今仪入梁，王果伐之，是王内罢国而外伐与国，广邻敌以内自临，而信仪于秦王也。此臣之所谓‘托仪’也。”齐王曰：“善。”乃使解兵。

张仪相魏一岁，卒于魏也。

陈轸者，游说之士。与张仪俱事秦惠王，皆贵重，争宠。张仪恶陈轸于秦王曰："轸重币轻使秦、楚之间，将为国交也。今楚不加善于秦而善轸者，轸自为厚而为王薄也。且轸欲去秦而之楚，王胡不听乎？"王谓陈轸曰："吾闻子欲去秦之楚，有之乎？"轸曰："然。"王曰："仪之言果信矣。"轸曰："非独仪知之也，行道之士尽知之矣。昔子胥忠于其君而天下争以为臣，曾参孝于其亲而天下愿以为子。故卖仆妾不出闾巷而售者，良仆妾也；出妇嫁于乡曲者，良妇也。今轸不忠其君，楚亦何以轸为忠乎？忠且见弃，轸不之楚何归乎？"王以其言为然，遂善待之。

居秦期年，秦惠王终相张仪，而陈轸奔楚。楚未之重也，而使陈轸使于秦。过梁，欲见犀首。犀首谢弗见。轸曰："吾为事来，公不见轸，轸将行：不得待异日。"犀首见之。陈轸曰："公何好饮也？"犀首曰："无事也。"曰："吾请令公厌事可乎？"曰："奈何？"曰："田需约诸侯从亲，楚王疑之，未信也。公谓于王曰：'臣与燕、赵之王有故，数使人来，曰"无事何不相见"，愿谒行于王。'王虽许公，公请毋多车，以车三十乘，可陈之于庭，明言之燕、赵。"燕、赵客闻之，驰车告其王，使人迎犀首。楚王闻之大怒，曰："田需与寡人约，而犀首之燕、赵，是欺我也。"怒而不听其事。齐闻犀首之北，使人以事委焉。犀首遂行，三国相事皆断于犀首。轸遂至秦。

韩、魏相攻，期年不解。秦惠王欲救之，问于左右。左右或曰救之便，或曰勿救便，惠王未能为之决。陈轸适至秦，惠王曰："子去寡人之楚，亦思寡人不？"陈轸对曰："王闻夫越人庄舄乎？"王曰："不闻。"曰："越人庄舄仕楚执珪，有顷而病。楚王曰：'舄故越之鄙细人也，今仕楚执珪，贵富矣，亦思越不？"中谢对曰：'凡人之思故，在其病也。彼思越则越声，不思越则楚声。'使人往听之，犹尚越声也。今臣虽弃逐之楚，岂能无秦声哉！"惠王曰："善。今韩、魏相攻，期年不解，或谓寡人救之便，或曰勿救便，寡人不能决，愿子为子主计之馀，为寡人计之。"陈轸对曰："亦尝有以夫卞庄子刺虎闻于王者乎？庄子欲刺虎，馆竖子止之，曰：'两虎方且食牛，食甘必争，争则必斗，斗则大者伤，小者死。从伤而刺之，一举必有双虎之名。'卞庄子以为然，立须之。有顷，两虎果斗，大者伤，小者死。庄子从伤者而刺之，一举果有双虎之功。今韩、魏相攻，期年不解，是必大国伤，小国亡。从伤而伐之，一举必有两实。此犹庄子刺虎之类也。臣主与王何异也。”惠王曰：“善。”卒弗救。大国果伤，小国亡，秦兴兵而伐，大克之。此陈轸之计也。

犀首者，魏之阴晋人也，名衍，姓公孙氏。与张仪不善。

张仪为秦之魏，魏王相张仪。犀首弗利，故令人谓韩公叔曰：“张仪已合秦魏矣，其言曰‘魏攻南阳，秦攻三川’。魏王所以贵张子者，欲得韩地也。且韩之南阳已举矣，子何不少委焉以为衍功，则秦魏之交可错矣。然则魏必图秦而弃仪，收韩而相衍。”公叔以为便，因委之犀首以为功。果相魏。张仪去。

义渠君朝于魏。犀首闻张仪复相秦，害之。犀首乃谓义渠君曰：“道远不得复过，请谒事情。”曰：“中国无事，秦得烧掇焚杅君之国；有事，秦将轻使重币事君之国。”其后五国伐秦。会陈轸谓秦王曰：“义渠君者，蛮夷之贤君也，不如赂之，以抚其志。”秦王曰：“善。”乃以文绣千纯，妇女百人遗义渠君。义渠君致群臣而谋曰：“此公孙衍所谓邪？”乃起兵袭秦，大败秦人李伯之下。

张仪已卒之后，犀首入相秦。尝佩五国之相印，为约长。

太史公曰：三晋多权变之士，夫言从衡强秦者大抵皆三晋之人也。夫张仪之行事甚于苏秦，然世恶苏秦者，以其先死，而仪振暴其短以扶其说，成其衡道。要之，此两人真倾危之士哉！

【译文】

张仪是魏国人。当初曾经和苏秦一起侍奉鬼谷子先生学习游说之术，苏秦自认为才学比不上张仪。

张仪学业完成后便去游说诸侯。他曾陪着楚相喝酒，席间，楚相丢失了一块玉璧，门客们怀疑张仪，说：“张仪家里穷，又没有好的品德，一定是他偷了相国的玉璧。”于是，众人一起抓住张仪，打了他几百竹板。张仪不承认，只好释放了他。他的妻子又悲又恨地说：“唉！你如果不读书不游说，又怎么能受到这样的屈辱呢？”张仪对妻子说：“你看看我的舌头还在吗？”妻子笑着说：“舌头还在呀。”张仪说：“这就够了。”

那时苏秦已经说服了赵王，可以去与各国缔结合纵盟约，但他又害怕秦国趁机攻打各诸侯国，使合盟还没缔结就遭到破坏。考虑到没有合适的人可以派到秦国，苏秦于是派人去悄悄劝说张仪：“您当初和苏秦感情很好，现在他已经当权，你何不到他那里去，以求实现你的理想呢？”

于是张仪前往赵国，呈上名帖求见苏秦。苏秦就告诫门下的人不替张仪通报，又设法让他几天不能离开。这时苏秦才接见了他。让他坐在堂下，拿仆人、侍女所吃的饭食给他吃，还多次责备他说："凭着你的才能，竟弄得受困受辱到这种地步。难道我不能推荐你让你富贵吗？只是你不值得收留啊。"苏秦拒绝了张仪并打发他离开了。张仪来投奔苏秦，自己认为都是老朋友了，想求得帮助，反而受到侮辱，十分生气，又考虑到诸侯中没有谁值得侍奉，只有秦国能侵扰赵国，于是到了秦国。

苏秦在张仪离去后告诉门客说："张仪是天下最有才能的人，我恐怕比不上他呀。如今，幸亏我比他先受重用，而能够掌握秦国大权的，只有张仪。但是他贫穷，没有进身的资本。我担心他满足于小的利益而不能成就大的功业，所以把他召来羞辱他，来激发他的意志，你替我暗中帮助他。"苏秦禀明赵王，发给他金钱、财物和车马，派人暗中跟随着张仪，与张仪同住一个客栈，逐渐地接近他，还以车马金钱奉送他，凡是他需要的，都供给他，却不说明谁给的。于是张仪得以见到秦惠王。秦惠王用张仪为客卿，和他策划攻打诸侯的计划。

苏秦的门客于是向张仪告辞，张仪说："依靠您鼎力相助，我才得以显贵，正要报答您的恩德，为什么要走呢？"门客说："我并不了解您，真正了解您的是苏先生。苏先生担心秦国攻打赵国，破坏合纵联盟，认为非您不能掌握秦国大权，所以激怒先生，派我暗中供您钱财，这都是苏先生谋划的策略。现在您已经被重用，请允许我回去复命吧！"张仪说："唉呀，这些权谋本来都是我研习过的范围而我竟未能发现，我不如苏先生高明啊！况且我刚刚被任用，又怎么能图谋攻打赵国呢？请你为我答谢苏先生，只要苏先生当权，我又敢说什么呢？再说苏先生在，我如何能和他作对呢？"张仪出任秦国宰相以后，写信警告楚相说："当初我陪着你喝酒，我并没偷你的玉璧，你鞭打我。你要好好地守护住你的国家，我现在倒考虑要偷你的城池了！"

苴国和蜀国相互攻打，分别向秦国告急。秦惠王要出动军队讨伐蜀国，认为蜀道险要狭窄难以到达，而韩国又正好借机侵犯秦国。秦惠王便想先攻打韩国，然后再讨伐蜀国，却又担心有所不利；想先攻打蜀国，又恐怕韩国趁着秦军久战疲惫之机来偷袭，犹豫不能决断。司马错和张仪在惠王面前争论不休，司马错想讨伐蜀国，张仪说："不如先攻打韩国。"惠王说："请让我听听你们的理由。"

张仪说:“亲近魏国,结好楚国,出兵三川,堵绝什谷的隘口,挡住屯留的要道。这样,魏国到南阳的通道断绝,让楚兵直逼南郑,秦军进击新城和宜阳,兵临西周和东周郊野,讨伐周王的罪恶,再攻占楚、魏的土地。周王自知局势无法挽救,一定会献出九鼎宝器。秦国占有了九鼎之宝,依照地图和户籍,就可以挟制周天子而向天下发号施令,天下没有谁敢不听从,这正是称王天下的大业啊!如今蜀国不过是西方偏远的国家,像戎狄一样的落后民族,为攻伐它搞得我们疲军劳民,也不足以成就威名,夺取了他们的土地也得不到实际利益。我听说追求名位的人要到朝廷去,追求利益的人要到市场去。如今,三川、周室,如同朝廷和市场,大王您不到朝廷和集市上去争夺,反而到戎狄一类的落后地区去争夺,这距离称王大业太遥远了吧。”

司马错说:“不是这样的。我听说,想使国家富强的人,一定要开疆拓土;想使军队强大的人,一定要使百姓富足;想要统一天下的人,一定要努力推行德政。这三种条件具备了,王业也就随之而来了。如今,大王的领土狭小而百姓贫穷,所以我希望大王先做些容易办到的事情。蜀国,是西方偏僻的国家,却是戎狄的首领,像桀、纣那样横暴无道。出动秦国强大的军队去攻打它,就好像用豺狼去驱赶着群羊。占领了它的土地就可以扩大秦国的疆域,夺取了它的财富就可以使百姓富足、整治军队。用不着损兵折将,他们就已经屈服了。攻克一个蜀国,天下人不会认为我们残暴;把西方的全部财富取尽,天下人不会认为我们贪婪。我们这一出动军队,使得声望、实利都有增益,而且又能得到禁暴止乱的美名。如今去攻打韩国,劫持天子,是恶名声,未必就能得到好处,还要担负不义的恶名,而攻打的又是天下人所不希望破灭的国家,这是危险的。请大王允许我陈述其中的理由:周王,是天下共有的宗主;齐国,是韩国的盟国。周王自知要失去九鼎,韩国自知将失去三川,这势必会让二国通力合谋,依靠齐、赵两国的力量,求得与楚国、魏国和解。如果周把宝鼎给楚国,韩将土地给魏国,大王是阻止不了的。这就是我所说的危险。所以不如攻打蜀国,更为稳妥。”

惠王说:“好,我就听您的。”终于出兵攻蜀。当年十月攻占了蜀国。于是平定了蜀国的暴乱,降低了蜀王的爵位,改称为“侯”,派遣陈庄出任宰相。蜀国归属秦国后,秦国因此更加强大富裕,更加轻视其他诸侯了。

惠王十年,派公子华和张仪包围了魏国的蒲阳,降服了它。张仪趁机劝说秦王把它交还魏国，并派公子繇到魏国去做人质。张仪又趁机劝说魏王道："秦国对待魏国如此仁厚，魏国不能够没有礼物相报。"魏国因此就把上郡、少梁献给了秦国，以答谢秦惠王。惠王就任用张仪为国相，并将少梁改名为夏阳。

张仪出任秦相四年，拥戴秦惠王为王。过了一年，张仪为秦将，率兵夺取了陕邑，同时在上郡构筑了城塞。

此后二年，秦王派张仪到啮桑与齐、楚的相国盟会。他从东边回国后，被免去国相的职务，为了秦国他出任了魏国的国相，打算让魏国先臣服秦国，而使得其他诸侯国效仿魏国。魏王不肯接受张仪的建议。秦王因此大怒，立刻发兵攻克了魏国的曲沃、平周，暗中给张仪更为丰厚的待遇。张仪觉得很惭愧，感到没有什么可以回报秦王。他留任魏相四年后魏襄侯去世，哀王即位。张仪又劝说哀王，哀王也不听从。于是，张仪暗中让秦国攻打魏国。魏国和秦国交战，失败了。

第二年，齐兵又来攻打，并在观津打败了魏国。秦国想再次攻打魏国，首先打败了韩国申差率领的军队，杀死了八万官兵，诸侯都为之震惊害怕。张仪再次游说魏王说："魏国土地纵横不到一千里，士兵超不过三十万。四周地势平坦，各诸侯和魏之间都有道路相通，没有名山大川的隔绝。从新郑到大梁只有二百多里，战车和步兵奔跑，不用花费大力就到了。魏国的南边和楚国交界，西边和韩国接境，北边和赵国交界，东边和齐国交界，士兵驻守四面边疆，光是防守边塞堡垒的人就不少于十万。魏国的地势，本来就是战场。如魏国在南与楚国交好而不与齐国交好，那么齐国就会攻打你的东面；向东与齐国交好而不和赵国交好，那么赵国就会攻打你的北面；与韩国不合，那么韩国攻打你的西面；不亲附楚国，那么楚国就会攻打你的南面。这就是人们所说的四分五裂的道路啊。

"况且诸侯们之所以合纵结盟，是为了凭靠它使国家安全、君王保持尊位、增强军力、壮大国威。如今，那些主张合纵的人，想使天下联合为一体，彼此结为兄弟，在洹水边上杀白马，歃血为盟，以坚定彼此信守盟约的信念。然而，即使是同一父母所生的亲兄弟，还有争夺钱财的事，您还想靠着虚情假意来维持苏秦的策略，那不能成功是很明显的了。

"大王如果不依附秦，秦出兵攻打河外，占领卷地、衍地、燕地、酸枣，劫持卫国夺取阳晋，那么赵国就不能南下，赵国不能南下而魏国也就不能向北和赵呼应；魏国的军队不能北上，那么联络南北的交通就被断绝了。联络南北的道路断绝，那么大王的国家想不遭受危难，就办不到了。秦国使韩折服，接着攻打魏国，韩国害怕秦国，与秦国连为一体，那么魏国的灭亡可以快得连坐下来等待的时间都没有啊。这就是我为大王担心的啊。

“现在为大王着想，不如侍奉秦国。如果您侍奉秦国，那么楚国、韩国就一定不敢妄动；没有楚国、韩国的外患，那么大王就可以高枕而卧，安心地睡大觉了，国家肯定没有什么可忧虑的事情了。

“再说秦想削弱的首先是楚国，而能够削弱楚国的莫过于魏国。楚国即使有富足强大的名声，实际上却空虚；它的军队虽然多，然而总是临阵败逃，不能顽强作战。假如魏国发动所有军队向南面攻打楚国，战胜楚是肯定的。宰割楚国使魏国得到好处，使楚国亏损而归服秦国，转嫁了灾祸，安定了国家，这是好事啊。假如大王不听从我的建议，秦国出兵向东进攻，那时即使您想要依附秦国，恐怕也来不及了。

“况且，那些主张合纵的人，大多讲话激昂却很少让人信任。他们只想游说一个国君达到封侯的目的，所以天下游说之士，无不时时慷慨陈词，瞪着眼睛，咬着牙齿，大谈合纵的好处，来劝说君主。国君赞赏他们的口才，被他们的游说迷惑，怎么可能不糊涂？

“我听说，羽毛堆积多了也能把船压沉；货物虽轻，但装载多了也可以折断车轴；众人的口舌可以销熔金石；过多的坏话可以销毁骨头。所以我希望大王审慎地作出决定，并请您允许我辞职离开魏国。”

魏哀王于是背弃合纵盟约，通过张仪请求与秦结好。张仪回到秦国，重新出任国相。三年后，魏又背叛秦国重新加入合纵盟约。秦国就出兵攻打魏国，夺取了曲沃。第二年，魏又归附秦国。

秦国想要攻打齐国，但是齐、楚都参加了合纵联盟，于是张仪前往楚国出任国相。楚怀王听说张仪来，腾出上等馆舍亲自安排他住下。说：“我们是个偏远鄙陋的国家，您有什么指教呢？”张仪游说楚王说：“大王如果真要听从我的意见，就关闭边界与齐断交，我愿献上商、于一带六百里的土地，让秦王的女儿做大王的侍妾，秦、楚之间娶妇嫁女，永远结为兄弟国家，这样北面可削弱齐国，西面有利于秦国，没有比这更好的策略了。”怀王非常高兴，采纳了张仪的意见。大臣们来向楚王祝贺，唯独陈轸为他伤悼。怀王发怒道：“我用不着调兵遣将就得到六百里土地，臣子们向我祝贺，唯独你为我伤悼，这是为什么？”陈轸回答说：“事情不像您说的这样，在我看来，商于一带的土地不仅得不到，而且齐国和秦国可能会联合起来。齐、秦联合，楚国必将灾难临头。”楚王说：“能说说理由吗？”陈轸回答说：“秦国之所以重视楚国，是因为楚国有结盟的齐国。如果楚国关闭边界与齐国断交，那么楚国就孤立了。秦国为什么要看重一个孤立的国家，而给它六百里土地呢？张仪回到秦国，一定会背弃向大王的承诺。这样楚国北与齐断交，西面从秦引来灾祸，两国的军队必然会一块儿前来进犯。我妥善地替大王想出了对策，不如暗中与齐修好而表面上断绝关系，并派人随同张仪到秦。假如秦国给了我们土地，再和齐国断交也不算晚；假如秦国不给我们土地，我们与齐暗中联合商量对策。”楚王说：“希望陈先生闭上嘴不要再说了，等着我得到土地吧。”于是将楚国的相印授予张仪，还馈赠了大量的财物。楚国就和齐国断绝了关系，废除了盟约，派了一位将军随张仪到秦去接收土地。

张仪回到秦国，假装上车时没有拉住车上的绳索，跌下车来受了伤，一连三个月没上朝。楚王听说了，说：“张仪是因为我与齐国绝交还不够彻底吧？”于是派勇士前往宋国，借来宋国的符节，到北方的齐国辱骂齐王。齐王大怒，卑躬屈节投靠秦国。秦、齐建立了邦交，张仪才上朝。他对楚国的使者说：“我有封地六里，愿意拿出来献给你们楚王。”楚国使者说：“我奉楚王的命令，来接收商于之地六百里，不曾听说过六里。”使臣回国报告楚王，楚怀王大怒，要发兵攻秦。陈轸说：“我可以张开嘴说话了吗？与其攻打秦国，不如反过来割让土地贿赂秦国，与秦国联合攻齐，我们向秦国割让的土地，再从齐国夺回来补偿，这样，大王的国家还可以续存。”楚王不听，终于发兵派将军屈匄进攻秦国。秦、齐两国共同攻打楚国，杀掉楚军八万，并杀死屈匄，接着夺取了楚国的丹阳、汉中之地。楚国又增兵袭击秦国，到达蓝田，展开大规模的战斗，楚军大败，于是楚割让两城和秦国议和。

秦国想强迫楚，得到楚黔中之地，要用武关以外的土地交换它。楚王说：“我不想换地，只要得到张仪，愿献出黔中地区。”秦王想要遣送张仪，又不忍开口说出来。张仪于是自己请求前往。惠王说：“那楚王恼恨先生背弃奉送商于土地的承诺，这是要杀了你才甘心啊。”张仪说：“秦国强大，楚国弱小，我和楚国大夫靳尚关系亲善，靳尚能够去奉承楚王夫人郑袖，而郑袖说的话楚王都听从。况且我是奉大王的命令出使楚国的，楚王怎敢杀害我呢？假如杀死我而替秦国取得黔中的土地，这也是我的最高愿望。”于是，他出使楚国。楚怀王等张仪一到就把他囚禁起来，要杀掉他。靳尚对郑袖说：“您知道您将被大王鄙弃吗？”郑袖说：“为什么？”靳尚说：“秦王非常喜爱张仪，不想让他前来出使。如今将要用上庸六个县贿赂楚国，把美女嫁给楚王，用秦宫中善于唱歌的女子做陪嫁。楚王看重土地，就会敬重秦国。秦国的美女肯定会得宠，这样您就会被疏远了。不如替张仪讲情，让楚王释放他。”于是郑袖日夜向怀王进言说：“作为臣子，各自为他们的国家效力。现在我们的土地还没有交给秦国，秦国派遣张仪前来，这是非常尊重大王的行为。大王还没有回礼却要杀张仪，秦王必定大怒出兵攻打楚国。我请求让我们母子都迁居到江南去，不要让秦国像收拾鱼肉一样地欺凌屠戮我们。”怀王后悔了，赦免了张仪，仍像过去那样隆重地款待他。

张仪获释后，还没有离开楚国，就听说苏秦死了，于是游说楚怀王说：“秦国的土地占了天下的一半，兵力可以抵挡四方的国家，四边险要，有黄河围绕，四周都有要塞作为坚固的边防。勇武的战士一百多万，战车千辆，战马万匹，贮存的粮食堆积如山。法令严明，士兵乐于临难赴死，国君贤明而威严，将帅有谋有勇，虽然没有出兵，但它的声威就能够席卷险要的常山，折断天下的脊骨，天下晚点臣服的就要先灭亡。而且，那些合纵的国家要与秦国相较，无异于驱赶着羊群进攻凶猛的老虎，虎与羊力量悬殊是非常明显的。如今，大王不亲附老虎而去亲附绵羊，我私下认为大王的计划错了。

“当今，天下强大的国家，不是秦就是楚，不是楚就是秦，两国相互征战，从它的形势看，不可能两国并存。如果大王不去亲附秦国，秦国就会出动军队先占据宜阳，韩国上党的土地也就被切断不通。秦攻下河东，夺取成皋，韩国一定投降称臣，魏国就会随之而降。秦国进攻楚国的西边，韩国、魏国进攻楚国的北边，国家怎么会不危险呢？

“而且，合纵是聚集一批弱国攻打最强的国家，不权衡敌对国的力量而轻易地发动战争，国家贫穷却频频挑起战争，这就是导致危亡的策略。我听说，您的军事力量不如别国强大，就不要挑起战争；您的粮食不如人家多，就不要持久作战。那些谈合纵的人话说得好听，不切实际，极力抬高他们国君的节行，只说对国君的好处，不说对国君的危害，突然招致秦国的祸患，挽救就来不及了。所以请大王仔细地考虑。

“秦国拥有西方的巴郡、蜀郡，用大船装满粮食，从汶山出发，顺江而下，到楚国三千余里。两船相并运送士兵，一条船可以载五十人和三个月的粮食，顺江而下，一天可行三百余里，即使路程较长，但并不费牛马的力气，不到十天就可以到达扞关。扞关形势一紧张，那么边境以东城邑都要上城守备。黔中、巫郡将不再属于大王所有了。秦国发动军队出武关，向南边进攻，楚国的北境就被切断。秦军攻打楚国，三个月内可以造成楚国的危难，而楚国等待其他诸侯的救援，需要半年以上的时间，从这形势看来，根本来不及。依靠弱国的救援，忘却强秦的祸患，这是我替大王担忧的原因啊。

“大王曾经和吴国人作战，打了五次胜了三次，能上阵的士兵都全部征调了，楚军在偏远之地守卫着新攻占的城池，可活着的百姓却太辛苦了。我听说功业过大的国君，容易招致危险，而百姓穷困就会怨恨国君。守候着容易遭到危险的功业而违背强秦的意愿，我私下为大王感到危险。

“再说秦国之所以十五年不从函谷关出兵攻打齐、赵，是因为秦国在暗中策划，有一举吞并天下的雄心。楚国曾经与秦国发生冲突，在汉中交战，楚国没有取得胜利，却有七十多位执圭的列侯战死，失去了汉中之地。楚王大怒，又出兵袭击秦国，在蓝田交战。这就是所说的两虎相斗啊。秦、楚相互削弱而使韩、魏以其完整的国力从后边进攻，再没有比这样的策略更危险的了。请大王仔细考虑。

“假如秦发兵攻取卫的阳晋，必然会断绝天下的交通枢纽。大王出动全部军队进攻宋国，用不了几个月的时间，宋国就会被拿下来，攻占宋国再向东进攻，那么泗水流域的许多小国便全归大王所有了。

“游说天下各国以信守盟约而合纵巩固彼此关系的苏秦，被封为武安君，出任燕相，却在暗中与燕王策划攻破齐国，并且分割它的土地；假装有罪逃离燕国到达齐国，齐王因此收留了他而且让他做了相国；过了两年发觉了他的阴谋，齐王大怒，在刑场上把苏秦五马分尸。凭着一个狡诈虚伪的苏秦，想要经营整个天下，让各国诸侯联合在一起，这种策略不可能成功是很明显的。

“现在秦和楚边界相接，从地理形势上也应该是亲近的国家。大王果真能听取我的建议，我请秦王派太子到楚国来做人质，楚国派太子到秦国做人质，把秦王的女儿嫁给大王做姬妾，奉上万户人家的大城作为您自己收取赋税的地方，秦、楚长期结为兄弟邻邦，终生互不攻伐。我认为没有比这更好的策略了。”

此时楚怀王已经得到张仪，却又难于出让黔中土地给秦国，想要同意张仪的建议。屈原说："以前大王被张仪欺骗，张仪来了，我认为大王会烹杀他。如今释放了他，不忍杀死他，还听信他的邪妄之言，不能这样。"怀王说："答应张仪的建议可以保住黔中土地，这是很有利的事情。已经答应了而又背弃他，不可。"所以最终答应了张仪的建议，与秦结好。

张仪离开楚国，便趁机前往韩国，游说韩王说："韩国地势险恶，民众生活在山地，生产的粮食不是麦而是豆，人们吃的大都是豆子饭、豆叶汤。一年没收成，人们连糟糠都吃不饱。土地不足九百里，没有两年的粮食储备。估计大王的士兵，全数也超不过三十万人，而且杂役也在其中。除掉防守驿亭、边防要塞的士兵，现有的军队不过二十万罢了。而秦国的军队有一百多万，战车千辆，战马万匹，勇猛的士兵飞跃奔跑连头盔也不戴，弯弓持戟冲锋陷阵的，多得数不清。秦国战马精良，骏马奔驰，前蹄扬起，后蹄腾空，一跃就是两丈多远的马，多到没法数清。山东六国的军队戴盔披甲迎战秦军，秦国的士兵却甩掉战袍，赤足露身扑向敌人，左手提着人头，右手挟着俘虏。秦兵与山东六国的兵相比，就像勇士孟贲和懦夫；用巨大的威力压下去，好像勇猛的大力士乌获与婴儿对抗。用孟贲、乌获这样的军队去攻打不臣服的弱小国家，这和把千钧重力压在鸟卵上面没有什么区别。

"那些诸侯、大臣们不估量自己国土狭小，却听信主张合纵者的甜言蜜语，他们结伙营私，互相掩饰，个个慷慨激昂地说：'听从我的策略，可以在天下称霸。'不顾国家的长远利益而听信眼前的说辞，贻误国君，没有比这更为严重的了。

"假如大王不归附秦国，秦发兵占据宜阳，切断了韩国的上党之地，向东夺取成皋、荥阳，那么鸿台的宫殿、桑林的林苑，就不再为大王拥有了。再说，堵塞了成皋，截断上党，大王的国土就被分割了。先于诸侯归附秦国就安全，不侍奉秦国就危险。制造祸患却想要得到福报，计谋短浅鄙陋而结下的仇怨深重，悖逆秦国而顺从楚国，虽然想不灭亡，那是不可能的。

"所以为大王着想，不如帮助秦国，秦国所希望的，没有比削弱楚国更重要的了，能够削弱楚国的，没有谁比得上韩国。不是因为韩国比楚国强大，是因为地势的关系。如今，假如大王向西侍奉秦国进攻楚国，秦王一定很高兴。进攻楚国有利于增加韩国土地，转移了自己的祸患而取悦秦国，没有比这更合适的主意了。”

韩王听从了张仪的主意。张仪回到秦国报告，秦惠王便封给张仪五座城邑，称他为武信君。又派张仪向东游说齐湣王说：“天下的强国没有能比得上齐国的，大臣、百姓都富裕安乐。然而，替大王出谋划策的人，都为了暂时的欢乐，不顾长远的利益。主张合纵的人游说大王，必定会说‘齐国西面有强大的赵国，南面有韩国和魏国，齐国是个滨海国家，地广人多，兵强士勇，即使有一百个秦国，也拿齐国没有办法’。大王认为他们的说法很高明，却没能考虑到实际的情况。主张合纵的人，相互勾结，没有人不认为合纵是可行的。我听说，齐国和鲁国打了三次仗，而鲁国战胜了三次，而国家危亡跟随其后，虽然有战胜的名声，却遭到国家灭亡的现实。这是为什么呢？齐国强大而鲁国弱小啊。现在，秦国与齐国比较，就如同齐国和鲁国一样。秦国和赵国在漳河边上交战，两次交战两次打败了秦国；在番吾城下交战，两次交战又两次打败了秦国。四次战役之后，赵国的士兵阵亡几十万，仅仅保住了邯郸。虽然赵国有战胜的名声，而国家已残破了。这是为什么呢？秦国强大而赵国弱小啊。

“如今秦、楚之间嫁女娶妇，结成兄弟盟国。韩国献出宜阳，魏国献出河外，赵国在渑池朝拜秦王，割让河间来侍奉秦国。假如大王不归附秦国，秦国就会驱使韩、魏进攻齐国南部，赵国的军队全部出动，渡过清河，直奔博关，临淄、即墨就不再为大王所拥有了。国家一旦被进攻，即使想归附秦，已经不可能了，因此请大王仔细考虑。”

齐王说：“齐国偏僻落后，独自处于东海边上，没有听过关于国家长远利益的道理。”就答应了张仪的建议。

张仪离开齐国往西去，劝赵王说：“敝国国君派我向大王进献不成熟的策略。大王率领天下诸侯来抵制秦国，秦国的军队十五年不敢出函谷关。大王的威名遍播崤山以东，我们秦国恐惧折服不敢妄动，整治军备，磨砺武器，加强车马，练习骑射，努力种地，储存粮食，坚守四境，忧愁恐惧地生活着，不敢有所行动，只恐怕大王有意深责我们的过错。

“现在凭借大王的督促之力，秦国已经攻取了巴、蜀，吞并了汉中，囊括两周，迁移九鼎，据守白马渡口。秦国虽说地处偏远，然而内心压抑愤懑的日子太长了。现在，秦国有一支残兵败将，驻扎在渑池，正打算渡过黄河，跨过漳水，进占番吾，同贵军在邯郸城下相会，希望在甲子这一天与贵军交战，来重演周武王伐纣的故事，所以秦王特派我先来告知大王。

“大王信赖倡导合纵联盟的原因，是凭靠苏秦。苏秦迷惑诸侯，颠倒是非，企图颠覆齐国，而使得自己被车裂于集市之上。天下诸侯不能联合为一体是很明显的了。如今，楚国和秦国已结成了兄弟盟国，韩国与魏国自称为秦国东方的属国，齐国奉献出盛产鱼盐的地方，这就等于斩断了赵国的右臂。断了右臂与别人相争，失去同盟成了孤家寡人，想要国家不危险，怎么可能呢？

“现在，秦国派出三支军队：其中一支军队截断午道，通知齐国调动军队渡过清河，驻扎在邯郸的东面；一支军队驻扎在成皋，驱使韩、魏的军队驻扎在河外；一支军队驻扎在渑池。相约四国军队结为一体进攻赵国，赵国被攻破后，必然由四国瓜分它的土地。因此我不敢隐瞒我们的想法和真实的情况，先让大王知道。我私下替大王考虑，不如与秦王在渑池会晤，双方面对面亲口约定，请他按兵不要进攻。希望大王拿定主意。”

赵王说：“先王在世的时候，奉阳君独揽权势，蒙骗先王，独揽政务，我由师傅管教，不参与国家大事的谋划。先王去世时，我年纪轻，继承君位的时间也不长，内心本来就暗自怀疑，认为各国联合一体，不侍奉秦国，不是我国长远的利益。于是，我打算改变心志，去掉疑虑，割让土地为以前的过错道歉，归附秦国。我正要整备车马前去请罪，恰好听到了您的英明教诲。”赵王答应了张仪的建议，张仪才离开。

张仪向北到了燕国，游说燕昭王说：“大王所亲近的国家没有哪个超过赵国。过去赵襄子曾经把自己的姐姐嫁给代王为妻，想吞并代国，邀代王在句注山的要塞相会，就命令工人制作了舀酒的铜斗，把斗的尾部做得很长，使它能用来杀人。赵王与代王喝酒，暗中告诉厨工说：‘到酒饮得酣畅高兴时，你送上热羹，趁机把斗柄反转过来击杀他。’于是当喝酒喝到酣畅欢乐时，送来热汤，厨子为代王斟汤，趁机反转斗柄击中代王，把代王杀了，代王的脑浆流了一地。赵王的姐姐听到这件事，便用磨利的簪子自杀了，所以至今还有一个名叫摩笄的山名。代王的死因，天下人没有不知道的。

“赵王凶暴乖张，六亲不认，这是大王看得清楚的事情，那还能认为赵王可以亲近吗？赵国出动军队攻打燕国，两次围困燕国首都来劫持大王，大王割让了十座城来谢罪。如今，赵王已经到渑池朝拜秦王，献出河间一带土地侍奉秦国。如今，假如现在大王不归附秦国，秦发兵到云中、九原，驱使赵国进攻燕国，那么易水、长城就不再是大王所有了。

“而且，现在的赵国对秦国来说，如同郡和县的关系，不敢妄自兴兵打仗。如今，假如大王侍奉秦国，秦王一定高兴，赵国就不敢妄动，这就等于西边有强秦的援助，而南边解除了齐国、赵国的忧虑，所以请大王仔细考虑。”

燕王说：“我就像蛮夷之徒一样处在偏僻之地，这里的人即使是个大男子，却好像婴儿一样，他们的言论不值得采纳形成正确的决策。如今，承蒙贵客教诲，我愿意西向依附秦国，献出恒山脚下五座城池。”燕王听信了张仪的建议。张仪返回秦国报告，还没走到咸阳而秦惠王去世了，武王即位。武王从当太子的时候就不喜欢张仪，等到继承王位，很多大臣说张仪的坏话：“他没有信用，反复无常，出卖国家利益来取悦国君的欢心。秦国一定要再任用他，恐怕被天下人耻笑。”诸侯们听说张仪和秦武王有隔阂，都纷纷退出了连横，恢复了合纵联盟。

秦武王元年，大臣们日夜不停地诽谤张仪，而齐国又派人来责备张仪。张仪害怕被杀，就趁机对武王说：“我有一条计策，愿意贡献出来。”武王说：“什么样的计策？”回答说：“为秦国社稷着想，必须使东方各国发生大的变故，大王才能多割得土地。如今，听说齐王非常恨我，我在哪个国家，他就一定会派兵攻打哪个国家。所以，我希望让我这个不成才的人到魏国去，齐国必然要出兵攻打魏国。魏国和齐国的军队在城下混战而谁都没法回师离开的时候，大王趁这个空隙攻打韩国，打进三川，出兵函谷关但不进攻，兵临周都，周天子一定会献出祭器。这样大王就可以挟持天子，掌握天下的地图户籍，这是称王的大业啊。”秦王认为他说得对，就准备了三十辆兵车，送张仪到魏国，齐国果然兴师攻打魏国，魏哀王很害怕。张仪说：“大王不要忧虑，请让我退掉齐兵。”就派遣他的门客冯喜到楚国，再借用楚国的使臣到齐国，对齐王说：“大王特别憎恨张仪，虽然如此，可是大王让张仪在秦国有所依托，也做得够周到了啊！”齐王说：“我憎恨张仪。张仪在哪里，我就一定兴兵讨伐哪里。我怎么让张仪更受信任呢？”回答说：“这就是为什么说大王使张仪更受信任的原因啊。张仪离开秦国时，本来与秦王约定说：‘替大王着想，必须使东方各国发生大的变故，大王才能多割得土地。如今听说齐王非常恨我，我在哪个国家，他就一定会派兵攻打哪个国家。所以我希望让我这个不成才的人到魏国去，齐国必然要出动军队攻打魏国，魏国和齐国的军队在梁城下对峙而都没法回师的时候，大王趁这个空隙攻打韩国，打进三川，出兵函谷关但不进攻，兵临周都，周天子一定会献出祭器。大王就可以挟持天子，掌握天下的地图户籍，这是称王的大业啊。’秦王认为他说得对，所以准备了兵车三十辆，送张仪去了魏国。如今，张仪去了魏国，大王果然攻打，这样大王对内使国力疲惫，对外攻打盟国，广泛地树立敌人，使祸患殃及自身，却让张仪得到秦国的信任。这就是我所说的‘让张仪有所依托’呀。”齐王说：“说得好。”于是撤走了攻打魏国的军队。

张仪出任魏国宰相一年，死在了魏国。

陈轸，是个游说之士。和张仪共同侍奉秦惠王，都被重用而显贵，二人为得到尊位而争斗。张仪在秦王面前中伤陈轸说：“陈轸携带丰厚的财物轻易出使秦、楚之间，是为两国的邦交。如今楚国却不曾对秦国更加友好反而对陈轸亲善，足见陈轸替自己谋划得多而替大王想得少啊。而且陈轸想离开秦投奔楚，大王为什么随他呢？”秦王对陈轸说：“我听说先生想离秦投奔楚，有这样的事吗？”陈轸说：“有。”秦王说：“张仪的话果然是真的。”陈轸说：“不单是张仪知道这回事，就连路过的行人也都知道了。从前伍子胥忠于他的国君，因而各国诸侯争着让他做自己的臣子；曾参孝敬他的父母，因此天下的父母都希望他做儿子。所以卖奴仆、侍妾没等到走出巷子就被卖掉了的，都是好奴仆、好侍妾；被遗弃的妇女还能在本乡本土嫁出去的，都是好女人。现在，如果我对国君不忠，楚王又凭什么认为我能对他忠诚呢？忠诚却被抛弃，我不去楚国，又归向何处呢？”秦惠王觉得他的话有道理，于是就很友善地对待他。

陈轸在秦国住了一年，秦惠王终于任用张仪为宰相，陈轸投奔楚国，楚王没有重用他，却派他出使秦国。他路过魏国，想见见犀首，犀首谢绝不见。陈轸说：“我是为事而来，你不见我，我要走了，不能等到第二天。”犀首便接见了他。陈轸说：“您为什么喜欢饮酒呢？”犀首说：“没事可做。”陈轸说：“我让您有做不完的事，可以吗？”犀首说：“您打算怎么办？”陈轸说：“魏相田需邀各国诸侯进行合纵联盟，楚王怀疑他，还没相信。您去对魏王说：‘我和燕国、赵国的国君有旧交，他们多次派人来，对我说“如果您闲着没事为什么不互相见见面”，希望您去晋见我们国君。’魏王便会答应您，您不必多准备车辆，只要把三十辆车摆列在庭院里，公开说要到燕、赵去。”燕、赵的外交人员听了这个消息，急忙驱车回报他们的国君，让人迎接犀首。楚王听了这个消息，很生气，说：“田需和我约定，可是犀首却前往燕、赵，这是欺骗我呀。”楚王很生气而不再理睬田需的建议。齐国听说犀首前往北方，派人把国家的政事托付给他，犀首于是出发，这样燕、赵、齐三国相国的事务都由犀首决定。陈轸于是到了秦国。

韩、魏两国交战，整整一年没有停息。秦惠王想解救他们，征求左右大臣们的意见。大臣们有的说让他们和解有利，有的说不和解有利，秦惠王没能作出决定。陈轸正好回到秦国，惠王说："先生离开我去了楚国，还想念我吗？"陈轸回答说："大王听说过越国人庄舄吗？"惠王说："没有听说过。"陈轸说："越人庄舄在楚国任执圭大臣，不久得了病。楚王说：'庄舄原本是越国一个地位低微的人，如今在楚国任执圭大臣，富贵了，也不知想不想越国？'一位侍御回答说：'大凡一个人怀念过去，是在他生病的时候。庄舄如果想念越国，就会发出越国的腔调，要是不思念越国，就会发出楚国的口音。'于是派人前去偷听，庄舄发出的仍然是越国的口音。如今我虽然被遗弃，跑到楚国，怎么可能不发出秦国的口音呢？"惠王说："好。现在韩国和魏国交战，一年了还没有解决，有的对我说让他们和解有利，有的说不让他们和解有利，我不能决定，希望先生为你的国君出谋划策之余，为我出个主意。"陈轸回答说："曾经有人为大王讲过卞庄子刺虎的事吗？卞庄子正准备刺杀猛虎，旅舍里有个小子阻止他，说：'两只虎正在吃牛，吃到痛快的时候一定会争夺，一争夺就一定会打起来，一打起来，那么大的就会受伤，小的就会死亡。在大虎受伤后再去追杀它，一举就能获得杀死两只老虎的名声。'卞庄子认为他说得对，站在旁边等候。不久，两只老虎果然打了起来，结果大的受了伤、小的死了。卞庄子追赶上受伤的大老虎杀死了它，一举果然获得了杀死两只老虎的功劳。如今，韩、魏交战，一年得不到解决，这样势必大国损伤，小国一定危亡，追逐着受到损伤的国家而讨伐它，一举必然会有击破两国的实效。这和卞庄子刺虎是同样的道理啊。我为楚王和为大王您出主意有什么不同呢？"惠王说："说得好。"终于没有去解救两国。大国果然受到损伤，小国面临着危亡，秦国趁机兴兵讨伐，取得大胜。这是陈轸的策略呀！

犀首，是魏国阴晋人。名衍，姓公孙。他和张仪关系不好。

张仪为了秦国的事前往魏国，魏王任用张仪做宰相。犀首认为对自己不利，所以他使人对韩国公叔说："张仪已经使秦、魏两国联合了，他扬言说：'魏攻取韩国的南阳，秦攻取韩国的三川。'魏王之所以看重张仪，是想得到韩国的土地。况且韩国的南阳已经被占领了，你为什么不把南阳的事委托给我，让我到魏王面前请功，这样秦、魏两国的交往就会停止。如此，魏国一定会打秦国的主意而抛弃张仪，拉拢韩国并任我为魏相。”公叔认为有利，因此就把政事委托给犀首，让他献功。犀首果真做了魏国的相国，张仪离开了魏国。

西戎国义渠君到魏国朝见。犀首听说张仪又出任秦国宰相，担心对自己有威胁。犀首于是对义渠君说，“贵国道路遥远，今日分别，您很难再来访问，请允许我告诉你一些事情。”他继续说：“中原各国不联合起来讨伐秦国，秦国将会烧杀侵略你的国家；中原各国一致讨伐秦国，秦国就会随时派出使臣赠送厚礼到您的国家。”此后，楚、魏、齐、韩、赵五国共同讨伐秦国，正好陈轸对秦王说：“义渠君是蛮夷各国中的贤明君主，不如厚赠他来安抚他。”秦王说：“好。”于是用一千匹锦绣、一百名美女赠送给义渠君，义渠君把群臣召来商量说：“这就是公孙衍所说过的情形吧？”于是发兵偷袭秦国，在李伯城下大败秦军。

张仪死后，犀首到秦做了相国，曾经佩带过五个国家的相印，做了联盟的领袖。

太史公说：韩赵魏有许多善于权变的人，那些主张合纵、连横使秦国强大的，大多是韩赵魏人。张仪做事比苏秦更厉害，但世人厌恶苏秦，是因为他先死，张仪就张扬揭露他的短处来证明自己的主张，促成连横政策。总而言之，这两个人真正称得上是倾邦覆国的人啊。

史记卷七十一

樗里子甘茂列传第十一

樗里子者，名疾，秦惠王之弟也，与惠王异母。母，韩女也。樗里子滑稽多智，秦人号曰“智囊”。

秦惠王八年，爵樗里子右更，使将而伐曲沃，尽出其人，取其城，地入秦。秦惠王二十五年，使樗里子为将伐赵，虏赵将军庄豹，拔蔺。明年，助魏章攻楚，败楚将屈丐，取汉中地秦封樗里子，号为严君。

秦惠王卒，太子武王立，逐张仪、魏章，而以樗里子、甘茂为左、右丞相。秦使甘茂攻韩，拔宜阳。使樗里子以车百乘入周。周以卒迎之，意甚敬。楚王怒，让周，以其重秦客。游腾为周说楚王曰：“智伯之伐仇犹，遗之广车，因随之以兵，仇犹遂亡。何则？无备故也。齐桓公伐蔡，号曰诛楚，其实袭蔡。今秦，虎狼之国，使樗里子以车百乘入周，周以仇犹、蔡观焉，故使长戟居前，强弩在后，名曰卫疾，而实囚之。且夫周岂能无忧其社稷哉！恐一旦亡国以忧大王。”楚王乃悦。

秦武王卒，昭王立，樗里子又益尊重。

昭王元年，樗里子将伐蒲。蒲守恐，请胡衍。胡衍为蒲谓樗里子曰：“公之攻蒲，为秦乎？为魏乎？为魏则善矣，为秦则不为赖矣。夫卫之所以为卫者，以蒲也。今伐蒲入于魏，卫必折而从之。魏亡西河之外而无以取者，兵弱也。今并卫于魏，魏必强。魏强之日，西河之外必危矣。且秦王将观公之事，害秦而利魏，王必罪公。”樗里子曰：“奈何？”胡衍曰：“公释蒲勿攻，臣试为公入言之，以德卫君。”樗里子曰：“善。”胡衍入蒲，谓其守曰：“樗里子知蒲之病矣，其言曰必拔蒲。衍能令释蒲勿攻。”蒲守恐，因再拜曰：“愿以请。”因效金三百斤，曰：“秦兵苟退，请必言子于卫君，使子为南面。”故胡衍受金于蒲以自贵于卫。于是遂解蒲而去。还击皮氏，皮氏未降，又去。

昭王七年，樗里子卒，葬于渭南章台之东。曰：“后百岁，是当有天子之宫夹我墓。”樗里子疾室在于昭王庙西渭南阴乡樗里，故俗谓之樗里子。至汉兴，长乐宫在其东，未央宫在其西，武库正直其墓。秦人谚曰:“力则任鄙,智则樗里。”

甘茂者,下蔡人也。

事下蔡史举先生,学百家之说。因张仪、樗里子而求见秦惠王。王见而说之,使将,而佐魏章略定汉中地。

惠王卒,武王立。张仪、魏章去,东之魏。蜀侯煇、相壮反,秦使甘茂定蜀。还,而以甘茂为左丞相,以樗里子为右丞相。

秦武王三年,谓甘茂曰:“寡人欲容车通三川,以窥周室,而寡人死不朽矣。”甘茂曰:“请之魏,约以伐韩,而令向寿辅行。”甘茂至,谓向寿曰:“子归,言之于王曰‘魏听臣矣,然愿王勿伐’。事成,尽以为子功。”向寿归,以告王,王迎甘茂于息壤。甘茂至,王问其故。对曰:“宜阳,大县也,上党、南阳积之久矣。名曰县,其实郡也。今王倍数险,行千里攻之,难。昔曾参之处费,鲁人有与曾参同姓名者杀人,人告其母曰‘曾参杀人’,其母织自若也。顷之,一人又告之曰‘曾参杀人’,其母尚织自若也。顷又一人告之曰‘曾参杀人’,其母投杼下机,逾墙而走。夫以曾参之贤与其母信之也,三人疑之,其母惧焉。今臣之贤不若曾参,王之信臣又不如曾参之母信曾参也,疑臣者非特三人,臣恐大王之投杼也。始张仪西并巴蜀之地,北开西河之外,南取上庸,天下不以多张子而以贤先王。魏文侯令乐羊将而攻中山,三年而拔之。乐羊返而论功,文侯示之谤书一箧。乐羊再拜稽首曰:‘此非臣之功也,主君之力也。’今臣,羁旅之臣也。樗里子、公孙奭二人者挟韩而议之,王必听之,是王欺魏王而臣受公仲侈之怨也。”王曰:“寡人不听也,请与子盟。”卒使丞相甘茂将兵伐宜阳。五月而不拔,樗里子、公孙奭果争之。武王召甘茂,欲罢兵。甘茂曰:“息壤在彼。”王曰:“有之。”因大悉起兵,使甘茂击之。斩首六万,遂拔宜阳。韩襄王使公仲侈入谢,与秦平。

武王竟至周,而卒于周。其弟立,为昭王。王母宣太后,楚女也。楚怀王怨前秦败楚于丹阳而韩不救,乃以兵围韩雍氏。韩使公仲侈告急于秦。秦昭王新立,太后楚人,不肯救。公仲因甘茂,茂为韩言于秦昭王曰:“公仲方有得秦救,故敢扞楚也。今雍氏围,秦师不下殽,公仲且仰首而不朝,公叔且以国南合于楚。楚、韩为一,魏氏不敢不听,然则伐秦之形成矣。不识坐而待伐孰与伐人之利?”秦王曰:“善。”乃下师于殽以救韩。楚兵去。

秦使向寿平宜阳,而使樗里子、甘茂伐魏皮氏。向寿者,宣太后外族也，而与昭王少相长，故任用。向寿如楚，楚闻秦之贵向寿，而厚事向寿。向寿为秦守宜阳，将以伐韩。韩公仲使苏代谓向寿曰："禽困覆车。公破韩，辱公仲，公仲收国复事秦，自以为必可以封。今公与楚解口地，封小令尹以杜阳。秦、楚合，复攻韩，韩必亡。韩亡，公仲且躬率其私徒以阏于秦。愿公孰虑之也。"向寿曰："吾合秦、楚非以当韩也，子为寿谒之公仲，曰秦、韩之交可合也。"苏代对曰："愿有谒于公。人曰'贵其所以贵者贵'，王之爱习公也，不如公孙奭；其智能公也，不如甘茂。今二人者皆不得亲于秦事，而公独与王主断于国者何？彼有以失之也。公孙奭党于韩，而甘茂党于魏，故王不信也。今秦、楚争强而公党于楚，是与公孙奭、甘茂同道也，公何以异之？人皆言楚之善变也，而公必亡之，是自为责也。公不如与王谋其变也，善韩以备楚，如此则无患矣。韩氏必先以国从公孙奭而后委国于甘茂。韩，公之仇也。今公言善韩以备楚，是外举不僻仇也。"向寿曰："然，吾甚欲韩合。"对曰："甘茂许公仲以武遂，反宜阳之民，今公徒收之，甚难。"向寿曰："然则奈何？武遂终不可得也？"对曰："公奚不以秦为韩求颍川于楚？此韩之寄地也。公求而得之，是令行于楚而以其地德韩也。公求而不得，是韩楚之怨不解而交走秦也。秦、楚争强，而公徐过楚以收韩，此利于秦。"向寿曰："奈何？"对曰："此善事也。甘茂欲以魏取齐，公孙奭欲以韩取齐。今公取宜阳以为功，收楚，韩以安之，而诛齐、魏之罪，是以公孙奭、甘茂无事也。"

甘茂竟言秦昭王，以武遂复归之韩。向寿、公孙奭争之，不能得。向寿、公孙奭由此怨，谗甘茂。茂惧，辍伐魏蒲阪，亡去。樗里子与魏讲，罢兵。

甘茂之亡秦，奔齐，逢苏代。代为齐使于秦。甘茂曰："臣得罪于秦，惧而遁逃，无所容迹。臣闻贫人女与富人女会绩，贫人女曰：'我无以买烛，而子之烛光幸有馀，子可分我馀光，无损子明而得一斯便焉。'今臣困而君方使秦而当路矣。茂之妻子在焉，愿君以馀光振之。"苏代许诺。遂致使于秦。已，因说秦王曰："甘茂，非常士也。其居于秦，累世重矣。自殽塞及至鬼谷，其地形险易皆明知之。彼以齐约韩、魏反以图秦，非秦之利也。"秦王曰："然则奈何？"苏代曰："王不若重其贽，厚其禄以迎之，使彼来则置之鬼谷，终身勿出。"秦王曰："善。"即赐之上卿，以相印迎之于齐。甘茂不往。苏代谓齐湣王曰："夫甘茂，贤人也。

今秦赐之上卿，以相印迎之。甘茂德王之赐，好为王臣，故辞而不往。今王何以礼之？”齐王曰：“善。”即位之上卿而处之。秦因复甘茂之家以市于齐。

齐使甘茂于楚，楚怀王新与秦合婚而欢。而秦闻甘茂在楚，使人谓楚王曰：“愿送甘茂于秦。”楚王问于范蜎曰：“寡人欲置相于秦，孰可？”对曰：“臣不足以识之。”楚王曰：“寡人欲相甘茂，可乎？”对曰：“不可。夫史举，下蔡之监门也，大不为事君，小不为家室，以苟贱不廉闻于世，甘茂事之顺焉。故惠王之明，武王之察，张仪之辩，而甘茂事之，取十官而无罪。茂诚贤者也，然不可相于秦。夫秦之有贤相，非楚国之利也。且王前尝用召滑于越，而内行章义之难，越国乱，故楚南塞厉门而郡江东。计王之功所以能如此者，越国乱而楚治也。今王知用诸越而忘用诸秦，臣以王为巨过矣。然则王若欲置相于秦，则莫若向寿者可。夫向寿之于秦王，亲也，少与之同衣，长与之同车，以听事。王必相向寿于秦，则楚国之利也。”于是使使请秦相向寿于秦。秦卒相向寿。而甘茂竟不得复入秦，卒于魏。

甘茂有孙曰甘罗。

甘罗者，甘茂孙也。茂既死后，甘罗年十二，事秦相文信侯吕不韦。

秦始皇帝使刚成君蔡泽于燕，三年而燕王喜使太子丹入质于秦。秦使张唐往相燕，欲与燕共伐赵以广河间之地。张唐谓文信侯曰：“臣尝为秦昭王伐赵，赵怨臣，曰：‘得唐者与百里之地。’今之燕必经赵，臣不可以行。”文信侯不快，未有以强也。甘罗曰：“君侯何不快之甚也？”文信侯曰：“吾令刚成君蔡泽事燕三年，燕太子丹已入质矣，吾自请张卿相燕而不肯行。”甘罗曰：“臣请行之。”文言侯叱曰：“去！我身自请之而不肯，汝焉能行之？”甘罗曰：“夫项橐生七岁为孔子师。今臣生十二岁于兹矣，君其试臣，何遽叱乎？”于是甘罗见张卿曰：“卿之功孰与武安君？”卿曰：“武安君南挫强楚，北威燕、赵，战胜攻取，破城堕邑，不知其数，臣之功不如也。”甘罗曰：“应侯之用于秦也，孰与文信侯专？”张卿曰：“应侯不如文信侯专。”甘罗曰：“卿明知其不如文信侯专与？”曰：“知之。”甘罗曰：“应侯欲攻赵，武安君难之，去咸阳七里而立死于杜邮。今文信侯自请卿相燕而不肯行，臣不知卿所死处矣。”张唐曰：“请因孺子行。”令装治行。

行有日，甘罗谓文信侯曰：“借臣车五乘，请为张唐先报赵。”文信

秦始皇像，选自《剑锋春秋》。

侯乃入言之于始皇曰:“昔甘茂之孙甘罗,年少耳,然名家之子孙,诸侯皆闻之。今者张唐欲称疾不肯行,甘罗说而行之。今愿先报赵,请许遣之。”始皇召见,使甘罗于赵。赵襄王郊迎甘罗。甘罗说赵王曰:“王闻燕太子丹入质秦欤?”曰:“闻之。”曰:“闻张唐相燕欤?”曰:“闻之。”“燕太子丹入秦者,燕不欺秦也。张唐相燕者,秦不欺燕也。燕、秦不相欺者,伐赵,危矣。燕、秦不相欺无异故,欲攻赵而广河间。王不如赍臣五城以广河间,请归燕太子,与强赵攻弱燕。”赵王立自割五城以广河间。秦归燕太子。赵攻燕,得上谷三十城,令秦有十一。

甘罗还报秦,乃封甘罗以为上卿,复以始甘茂田宅赐之。

太史公曰:樗里子以骨肉重,固其理,而秦人称其智,故颇采焉。甘茂起下蔡闾阎,显名诸侯,重强齐、楚。甘罗年少,然出一奇计,声称后世。虽非笃行之君子,然亦战国之策士也。方秦之强时,天下尤趋谋诈哉。

【译文】

樗里子,姓嬴名疾,是秦惠王的弟弟,与秦惠王同父异母。他的母亲是韩国女子。樗里子诙谐多智,秦国人称呼他为“智囊”。

秦惠王八年,授给樗里子右更的爵位,让他带兵攻打曲沃,他把那里的人全部赶走,占领了城邑,土地全部归属秦国。秦惠王二十五年,秦王任命樗里子为将军攻打赵国,俘虏了赵国将军庄豹,拿下了蔺邑。第二年,又协助魏章攻打楚国,战败了楚将屈丐,夺取了汉中地区。秦王加封樗里子,封号“严君”。

秦惠王死后,太子武王即位,驱逐了张仪、魏章,用樗里子、甘茂为左右丞相。秦王派甘茂进攻韩国,拿下了宜阳,又派樗里子率一百辆战车朝见周王。周王派士兵列队迎接他,态度非常恭敬。楚王得知后怒不可遏,就责备周王,认为周王不应这么敬重秦国的客人。对此,游腾替周王劝说楚王道:“先前智伯攻打仇犹时,赠给他们大车,乘机随后派兵,结果仇犹灭亡了。为什么?就是没有防备的缘故啊。齐桓公攻打蔡国时,号称攻打楚国,实际上是突袭蔡国。现在秦国,是个如虎似狼的国家,派樗里子带着百辆战车进入周都,周王以仇犹、蔡的事件作借鉴,所以派手持长戟的兵卒位于前面,让佩带强弓的军士列在后面,表面说是护卫樗里子,其实是囚禁他,以防不测。周王怎么会不担忧他的天下呢?恐怕一旦亡了国，让大王感到忧伤。”楚王听后才高兴起来。

秦武王死后，昭王即位，对樗里子更加尊重。

秦昭王元年，樗里子率兵攻打蒲城。蒲城的长官很害怕，便向胡衍求计。胡衍为了蒲城对樗里子说：“您攻打蒲城，是为了秦国呢，还是为了魏国？如果是为了魏国那还好；如果是为了秦国，那就不算有利了。卫国之所以成为一个国家，就是由于有蒲城存在。现在您攻打它迫使它投入魏国怀抱，那卫国一定会转而归附魏国。魏国丧失了西河之外的城邑却没有办法夺回来，是因为兵力薄弱。现在攻打蒲城使卫国并入魏国，魏国必定会强盛。魏国强大之日，贵国所占城邑就危险了。况且，秦王要察看您的此次行动，如果危害秦国而有利于魏国，秦王定要加罪于您。”听了这番话，樗里子若有所思地说：“那该怎么办？”胡衍便顺势说：“您放弃蒲城不攻，我试着到蒲城替您说说，让卫国国君不忘您给予的恩德。”樗里子说：“好吧。”胡衍进入蒲城后，就对那个长官说：“樗里子已经掌握蒲城的弱点了，他扬言一定要拿下蒲城。不过我胡衍能让他放弃蒲城，不再进攻。”蒲城长官十分恐惧，就向胡衍拜了又拜说：“求您施恩救助。”于是献上黄金三百斤，又表示说：“秦兵要是撤退了，我一定把您的功劳报告给卫国国君，让您晋升高位。”因此，胡衍从蒲城得到重金并且在卫国享有了高位。这时，樗里子已解除了对蒲城的包围离开了。他返回攻打皮氏，皮氏没投降，便又撤离了。

昭王七年，樗里子去世，葬在渭水南边章台之东。临终前他预言说：“一百年之后，这里会有天子的宫殿夹着我的坟墓。”樗里子嬴疾的墓室在昭王庙西渭水南岸阴乡樗里，所以人们通常称他为樗里子。到了汉代兴起后，长乐宫就建在他坟墓的东边，而未央宫则在他坟墓的西边，武库正对着他的坟墓，果如所言。秦国人有句谚语说：“论力气要数任鄙，论智谋要数樗里。”

甘茂，是下蔡人。曾侍奉下蔡的史举先生，跟他学习诸子百家的学说。后来通过张仪、樗里子的引荐拜见秦惠王。秦惠王一见他就非常喜欢，让他带兵，辅佐魏章夺取汉中地区。

秦惠王死后，武王即位。张仪、魏章离开秦国，去了东边的魏国。不久，秦公子蜀侯辉和蜀相陈壮谋反，武王就指派甘茂平定了蜀乱。返回秦国后，武王任命甘茂为左丞相，任命樗里子为右丞相。

秦武王三年，武王对甘茂说：“寡人有个心愿，想开辟一条通往三川的能够走车的路，去看一看周朝都城，那么寡人即使死去也心满意足了。”甘茂听后说：“请让我到魏国去，约他们一起攻打韩国，并请让向寿辅助我一同前往。”武王应许了甘茂的请求。甘茂到魏国后，就对向寿说：“您回去，对武王说‘魏国听从我的主张了，但我希望大王先不要攻打韩国’。事情成功了，全算作您的功劳。”向寿回来后，把甘茂的话报告给武王，武王到息壤迎接甘茂。甘茂抵达息壤，秦王追问他先不攻打韩国的缘故。甘茂回答说：“宜阳，是个大县，上党、南阳的财富积贮已经很久了。名义上叫县，其实是个郡。现在大王冒着数倍的凶险，千里行军攻打它，取胜困难啊。从前，曾参住在费邑，鲁国有个与曾参同姓同名的人杀了人，有人告诉他母亲说‘曾参杀了人’，她正在织布，神情泰然自若。过了一会儿，又一个人来告诉他母亲说‘曾参杀了人’，她仍然在织布，神情不变。不一会儿，又有一个人来告诉他母亲说‘曾参杀了人’，她扔下梭子，走下织布机，翻墙逃跑了。凭着曾参的贤德和他母亲对他的信任，三个人怀疑他，他母亲就害怕了。现在我的贤能比不上曾参，大王对我的信任也不如曾参的母亲信任曾参，可是怀疑我的决非三个人，我担心大王也像曾母投杼一样，怀疑我啊。原先张仪在西边吞并巴蜀的土地，在北面扩大了西河之外的疆域，在南边夺取了上庸，天下人没有因此称赞张仪却推崇先王。魏文侯让乐羊带兵去攻打中山国，打了三年才攻下中山。乐羊回到魏国论功请赏，而魏文侯给他看了毁谤他的文书一小箱，吓得乐羊一连两次跪拜叩头说：‘这可不是我的功劳，全是主上的威力啊。’如今我是个寄居此地的臣僚。樗里子、公孙奭二人会以韩国国力强为理由，来非议进攻韩国之事，大王一定会听从他们的意见，这样就会造成大王欺骗魏王而我将遭到韩相公仲侈的怨恨。”武王说：“我不听他们的，请让我跟您盟誓。”终于派丞相甘茂领兵去攻打宜阳。过了五个月却还攻不下宜阳，樗里子和公孙奭果然与秦王争议讨伐之事。武王召甘茂回国，想要罢兵。甘茂说：“息壤还在那个地方呢。”武王说：“有过盟誓。”于是大举起兵，让甘茂进攻宜阳，斩敌六万人，终于拿下了宜阳。韩襄王派公仲侈到秦国谢罪，与秦国议和了。

武王终于通过三川之地到了周都，最后死在了周都。武王的弟弟即位，就是秦昭王。秦昭王的母亲宣太后是楚国女子。楚怀王怨恨从前秦国在丹阳打败楚国而韩国坐视不救，于是就带兵围攻韩国雍氏。韩王派公仲侈到秦国告急求援。秦昭王新登王位，太后又是楚国人，所以不肯出兵救援。公仲侈就去托付甘茂，甘茂便替韩国对秦昭王说道：“公仲侈正是因为可望得到秦国援救，所以才敢抵御楚国。眼下雍氏被围攻，秦军如果不肯下崤山救援，公仲侈将会昂着头轻蔑秦国而不来朝见了。韩公叔也将会向南与楚国联合，楚国和韩国一旦合而为一，魏国不敢不听他们的命令。这样一来，就会形成攻打秦国的形势。不知道坐着等待别人来讨伐和主动讨伐别人哪一个有利？”秦昭王说：“好。”于是派军队出崤山救援韩国。楚军这才撤离。

秦王让向寿去平定宜阳，又派樗里子、甘茂攻打魏国皮氏。向寿是宣太后的外亲，又和秦昭王从小一起长大，所以被重用。向寿先到了楚国，楚王听说秦王十分敬重向寿，便优厚地礼待向寿。向寿替秦国守卫宜阳，准备据此攻打韩国。韩相公仲侈派苏代对向寿说：“鸟兽处于困境时，还能掀翻车辆。您如果攻破韩国，使公仲侈受辱，公仲侈处理国事后再侍奉秦国，他自认为一定可以得到秦国的封赐。现在您要把解口这个地方送给楚国，又封楚国的小令尹做杜阳的长官，使秦、楚交好。秦楚联合后，再进攻韩国，韩国一定会灭亡。韩国要灭亡，公仲侈将会亲率他的私家部属和秦国对抗。希望您仔细考虑。”向寿说：“我联合秦、楚两国，并不是对付韩国的，您替我把这个意思向公仲侈申明，说秦国与韩国是能够交往合作的。”苏代回答说：“我也想对您说一下。人家说，能珍视自己最可珍视者方为可贵。秦王亲近您，比不上亲近公孙奭；秦王赏识您的智慧才能，也比不上赏识甘茂。现在这二人都不能参与秦国大事，可是单单只有您能和秦王主持决断国事，这是为什么呢？是他们各有自己失去信任的地方啊。公孙奭偏向韩国，而甘茂偏袒魏国，所以秦王不信任他们。现在秦国和楚国争强，可您却和楚国结党，这和公孙奭、甘茂走的是一条路，您与他们又有什么区别呢？人们都说楚国是个善于权变的国家，您一定会败在他们手里，这是自惹麻烦。您不如与秦王一起商议应付变化无常的楚国，亲善韩国，防备楚国，这样就没有忧患了。韩国与秦国结好必定先把国家大事交给公孙奭，听从他的处理意见，然后把国事委托给甘茂。韩国是您的仇敌，现在您说亲善韩国，防备楚国，这就是‘外举不避仇’。”向寿说：“是这样，我很想与韩国合作。”苏代回答说：“甘茂曾答应公仲侈把武遂还给韩国，遣返宜阳的居民，现在您想不出力而坐收武遂，很难啊。”向寿说：“既然如此，那该怎么办呢？武遂终究不能得到了吗？”苏代回答说：“您为什么不借重秦国的声威，替韩国向楚国索回颍川呢？

这是韩国的寄存之地呀。您要是讨还回颍川，这样您的命令可在楚国实行，并可拿楚国的地盘让韩国感激您。您若索取而得不到它，这样韩国和楚国的结怨没有解除，就会争相奔走秦国。秦楚两国争强，而您一点一点地责难楚国，借机收服韩国，这对秦国有利。”向寿听后说：“该怎么办呢？”苏代立即答道：“这是件好事啊。甘茂想要借助魏国的力量去攻打齐国，公孙奭打算凭着韩国的势力去攻打齐国。现在您夺取了宜阳，建立了功勋，如果再收服了楚国和韩国并加以安抚，然后声讨齐国和魏国的罪过，进而再诛罚齐国、魏国的罪过，这样公孙奭和甘茂的打算便都将化为泡影，他们在秦国就会无所事事了。”

甘茂终于说服了秦昭王，把武遂又还给韩国。向寿和公孙奭竭力反对这么做，但没有成功。向寿和公孙奭因此怀恨甘茂，常在昭王面前说他坏话。甘茂恐惧，放弃了进攻魏国的蒲阪，逃跑了。樗里子与魏国和解，罢兵撤离。

甘茂逃离秦国投奔齐国，恰巧碰上苏代。当时，苏代正替齐国出使秦国。甘茂说：“我在秦国获罪，怕遭殃祸便逃了出来，没有地方容身。我听说有一个穷人的女儿和富人的女儿一起纺织，贫家女说：‘我没有钱买蜡烛，而您的烛光还有剩余，请您分给我一点余光，这无损于您的照明，却能使我也得到一点便利。’现在我处于困窘境地，而您却正出使秦国并且当权了。我的妻子儿女还在秦国，希望您能用余光来拯救他们。”苏代答应了，于是出使到达秦国。完成任务后，苏代借机劝说秦王道：“甘茂是个不平常的士人。他在秦国居住多年，连续几世受到重用，从崤塞至鬼谷，地形的险恶和平坦他都了解得很清楚。如果他用齐国的名义约定韩国和魏国反过来算计秦国，对秦国可不是好事呀。”秦王说：“既然这样，那么该怎么办呢？”苏代说：“大王不如送他更加贵重的礼物，提高他的俸禄来迎接他，假如他回来，就把他安置在鬼谷，终身不准出来。”秦王说：“好。”就赐给甘茂上卿的官职，并派人带着相印到齐国迎接他。甘茂执意不回秦国。苏代对齐湣王说：“甘茂是个贤人。现在秦国赐给他上卿，带着相印来迎接他了。甘茂由于感激大王的恩赐，喜欢做大王的臣下，所以推辞没去。现在大王用什么礼遇来对待他呢？”齐王说：“好。”立即安排他上卿官位，把他留在了齐国。秦国也赶快免除了甘茂全家的赋税徭役，同齐国争着收买甘茂。

齐国派甘茂出使楚国，楚怀王刚刚与秦国通婚结了亲，很高兴。秦王听说甘茂正在楚国，就派人对楚王说：“希望把甘茂送到秦国来。”楚王问范蜎说：“我想在秦国安排个丞相，谁合适呢？”范蜎回答说：“我的能力不够，看不出谁合适。”楚王说：“我打算让甘茂去任丞相，可以吗？”范蜎回答道：“不可以。那个史举，是下蔡的看门人，大的方面他不能侍奉国君，小的方面他不能治好家庭，他因苟且、卑贱和不廉洁名闻于世，可是甘茂侍奉他却很恭顺。因此凭秦惠王的贤明、武王的敏锐、张仪的善辩，甘茂侍奉他们，取得十个官位而没有罪过，这是一般士人难以做到的。甘茂确实是个贤才，但不能到秦国任丞相。秦国有贤能的丞相，不是楚国的好事。况且大王以前曾把召滑推荐到越国任职，他暗地里鼓动章义发难，搞得越国大乱，所以楚国才能在南边以厉门为边塞，把江东做郡县。算起来大王的功绩达到这种地步的原因，是越国动乱而楚国太平。现在大王只知道把这种谋略用于越国而忘了用于秦国，我认为您派甘茂到秦国任相是个重大的过失。那么大王要想在秦国安置一个丞相，没有比向寿更合适的了。向寿对于秦王来说，是亲戚关系，少年时与秦王同穿一件衣服，长大后同乘一辆车子，因此在国事上言听计从。大王一定要安置向寿到秦国做丞相，那对楚国是好事啊。”于是楚王派使臣去请求秦王让向寿在秦国任相。秦王终于让向寿做了丞相。甘茂最终也没能够再回到秦国，最后死在了魏国。

甘茂有个孙子叫甘罗。

甘罗是甘茂的孙子。甘茂去世的时候，甘罗才十二岁，侍奉秦国丞相文信侯吕不韦。

秦始皇帝派刚成君蔡泽到燕国去，三年后燕国国君喜派太子丹到秦国做人质。秦国派张唐去燕国任相，想要和燕国一起讨伐赵国来扩大河间的土地。张唐对文信侯说：“我曾经为昭王攻打赵国，赵国因此怨恨我，曾放言说：‘能够逮住张唐的人，就赏给他一百里的土地。’现在去燕国必定要经过赵国，我不能去。”文信侯听了很不高兴，但也不能勉强。甘罗说：“君侯您为什么如此闷闷不乐呢？”文信侯说：“我让刚成君蔡泽侍奉燕国三年，燕太子丹已经来秦国做人质了，我亲自请张卿去燕国任相，可是他不愿意去。”甘罗说：“请让我去说服他。”文信侯叱责说：“走开！我亲自请他去他都不肯去，你又怎么能让他去呢？”甘罗说：“伟大的项橐七岁就做了孔子的老师。如今，我已经十二岁了，您就让我去试试，为什么急于叱责呢？”于是甘罗就去拜见张卿，说：“您的功劳与武安君白起相比谁大呢?”张卿说:“武安君在南面打败了强大的楚国,在北面施威震慑了燕、赵两国,战而能胜,攻而必克,夺城取邑,不计其数,我的功劳比不上他。”甘罗又说:“应侯被秦国重用,和文信侯相比谁专横呢?”张卿说:“应侯不如文信侯专横。”甘罗进而说:“您确实明了应侯不如文信侯专横吗?”张卿说:“确实知道。”甘罗接着说:“应侯想要进攻赵国,武安君故意让他为难,结果武安君离开咸阳七里就马上死在了杜邮。如今文信侯亲自请您去燕国任相而您执意不肯,我不知您要死在什么地方。”张唐说:“那就请让我根据你这小孩子的意见前往燕国吧。”于是让人整理行装,准备上路。

距离启程还有几天,甘罗对文信侯说:“借给我五辆马车,请允许我为张唐赴燕先告诉给赵国。”文信侯就入宫把甘罗的请求报告给秦始皇说:“甘茂的孙子甘罗,现在年纪很轻,可是他是有名人家的子孙,所以诸侯们都有所闻。最近,张唐推托有病不愿意去燕国,甘罗说服了他,使他毅然前往。现在甘罗希望先把张唐去燕国的事通报赵国,请您允许派他去。”秦始皇召见了甘罗,派他出使赵国。赵襄王到郊外远迎甘罗。甘罗游说赵王道:“大王听说燕太子丹到秦国做人质的事了吗?”赵王回答说:“听说了。”甘罗又问道:“听说张唐要到燕国任相了吗?”赵王回答说:“听说了。”甘罗接着说:“燕太子丹到秦国来,这是燕国不欺骗秦国。张唐到燕国任相,表明秦国不欺骗燕国。燕、秦两国互不相欺,要是共同攻打赵国,那赵国就危险了。燕、秦两国互不相欺,没有别的缘故,就是要攻打赵国来扩大在河间一带的领地啊。大王不如赐给我五个城邑来扩大河间的领地,我请求秦王送回燕太子,再与强大的赵国攻打弱小的燕国。”赵王立即亲自割让五个城邑来给秦国扩充河间的领地。秦国送回了燕太子。赵国攻打燕国,取得了上谷三十个城邑,而让秦国也得到了十一个城邑。

甘罗回来后把情况报告给秦王,秦王于是封甘罗为上卿,又把原来甘茂的田宅赐给了甘罗。

太史公说:樗里子因为是秦王的骨肉兄弟而受到尊重,固然也有它的道理。但是秦国人称赞他的智慧,所以较多地采录了他的事迹。甘茂从下蔡的民间发迹起家,名声显扬于诸侯,为强大的齐国、楚国所推重。甘罗年纪很轻,可是出了一条妙计而名垂后世。虽然他算不上品行忠厚的君子,但也是战国时代名副其实的谋士。须知,当秦国强盛起来的时候,天下尤其趋向使用阴谋诈术啊!

史记卷七十二

穰侯列传第十二

穰侯魏冉者，秦昭王母宣太后弟也。其先楚人，姓芈氏。

秦武王卒，无子，立其弟为昭王。昭王母故号为芈八子，及昭王即位，芈八子号为宣太后。宣太后非武王母，武王母号曰惠文后，先武王死。宣太后二弟：其异父长弟曰穰侯，姓魏氏，名冉；同父弟曰芈戎，为华阳君。而昭王同母弟曰高陵君、泾阳君。而魏冉最贤，自惠王、武王时任职用事。武王卒，诸弟争立，唯魏冉力为能立昭王。昭王即位，以冉为将军，卫咸阳。诛季君之乱，而逐武王后出之魏，昭王诸兄弟不善者皆灭之，威振秦国。昭王少，宣太后自治，任魏冉为政。

昭王七年，樗里子死，而使泾阳君质于齐。赵人楼缓来相秦，赵不利，乃使仇液之秦，请以魏冉为秦相。仇液将行，其客宋公谓液曰："秦不听公，楼缓必怨公。公不若谓楼缓曰'请为公毋急秦'。秦王见赵请相魏冉之不急，且不听公。公言而事不成，以德楼子；事成，魏冉故德公矣。"于是仇液从之。而秦果免楼缓而魏冉相秦。欲诛吕礼，礼出奔齐。

昭王十四年，魏冉举白起，使代向寿将而攻韩、魏，败之伊阙，斩首二十四万，虏魏将公孙喜。明年，又取楚之宛、叶。魏冉谢病免相，以客卿寿烛为相。其明年，烛免，复相冉，乃封魏冉于穰，复益封陶，号曰穰侯。

穰侯封四岁，为秦将攻魏。魏献河东方四百里。拔魏之河内，取城大小六十馀。

昭王十九年，秦称西帝，齐称东帝。月馀，吕礼来，而齐、秦各复归帝为王。魏冉复相秦，六岁而免。免二岁，复相秦。四岁，而使白起拔楚之郢，秦置南郡。乃封白起为武安君。白起者，穰侯之所任举也，相善。于是穰侯之富，富于王室。

昭王三十二年，穰侯为相国，将兵攻魏，走芒卯，入北宅，遂围大梁，梁大夫须贾说穰侯曰："臣闻魏之长吏谓魏王曰：'昔梁惠王伐赵，战胜三梁，拔邯郸；赵氏不割，而邯郸复归。齐人攻卫，拔故国，杀子良；卫人不割，而故地复反。卫、赵之所以国全兵劲而地不并于诸侯者，以其能忍难而重出地也。宋、中山数伐割地，而国随以亡。臣以为卫、赵可法，而宋、中山可为戒也。秦，贪戾之国也，而毋亲。蚕食魏氏，又尽晋国，战胜暴子，割八县，地未毕入，兵复出矣。夫秦何厌之有哉！今又走芒卯，入北宅，此非敢攻梁也，且劫王以求多割地。王必勿听也。今王背楚、赵而讲秦，楚、赵怒而去王，与王争事秦，秦必受之。秦挟楚、赵之兵以复攻梁，则国求无亡不可得也。愿王之必无讲也。王若欲讲，少割而有质；不然，必见欺。'此臣之所闻于魏也，愿君(王)之以是虑事也。《周书》曰'惟命不于常'，此言幸之不可数也。夫战胜暴子，割八县，此非兵力之精也，又非计之工也，天幸为多矣。今又走芒卯，入北宅，以攻大梁，是以天幸自为常也，智者不然。臣闻魏氏悉其百县胜甲以上戍大梁，臣以为不下三十万。以三十万之众守梁七仞之城，臣以为汤、武复生，不易攻也。夫轻背楚、赵之兵，陵七仞之城，战三十万之众，而志必举之，臣以为自天地始分以至于今，未尝有者也。攻而不拔，秦兵必罢，陶邑必亡，则前功必弃矣。今魏氏方疑，可以少割收也。愿君逮楚、赵之兵未至于梁，亟以少割收魏。魏方疑而得以少割为利，必欲之，则君得所欲矣。楚、赵怒于魏之先己也，必争事秦，从以此散，而君后择焉。且君之得地岂必以兵哉！割晋国，秦兵不攻，而魏必效绛安邑。又为陶开两道，几尽故宋，卫必效单父。秦兵可全，而君制之，何索而不得，何为而不成！愿君熟虑之而无行危。"穰侯曰："善。"乃罢梁围。

明年，魏背秦，与齐从亲。秦使穰侯伐魏，斩首四万，走魏将暴鸢，得魏三县。穰侯益封。

明年，穰侯与白起客卿胡阳复攻赵、韩、魏，破芒卯于华阳下，斩首十万，取魏之卷、蔡阳、长社，赵氏观津。且与赵观津，益赵以兵，伐齐。齐襄王惧，使苏代为齐阴遗穰侯书曰："臣闻往来者言曰'秦将益赵甲四万以伐齐'，臣窃必之弊邑之王曰'秦王明而熟于计，穰侯智而习于事，必不益赵甲四万以伐齐'。是何也？夫三晋之相与也，秦之深仇也。百相背也，百相欺也，不为不信，不为无行。今破齐以肥赵。赵，秦之深仇，不利于秦。此一也。秦之谋者，必曰'破齐，弊晋、楚，而后制晋、楚之胜'。夫齐，罢国也，以天下攻齐，如以千钧之弩决溃痈也，必死，安能弊晋、楚？此二也。秦少出兵，则晋、楚不信也；多出兵，则晋、楚为制于秦。齐恐，不走秦，必走晋、楚。此三也。秦割齐以啖晋、楚，晋、楚案之以兵，秦反受敌。此四也。是晋、楚以秦谋齐，以齐谋秦也，何晋、楚之智而秦、齐之愚？此五也。故得安邑以善事之，亦必无患矣。秦有安邑，韩氏必无上党矣。取天下之肠胃，与出兵而惧其不反也，孰利？臣故曰秦王明而熟于计，穰侯智而习于事，必不益赵甲四万以伐齐矣。”于是穰侯不行，引兵而归。

昭王三十六年，相国穰侯言客卿灶，欲伐齐取刚、寿，以广其陶邑。于是魏人范雎自谓张禄先生，讥穰侯之伐齐，乃越三晋以攻齐也，以此时奸说秦昭王。昭王于是用范雎。范雎言宣太后专制，穰侯擅权于诸侯，泾阳君、高陵君之属太侈，富于王室。于是秦〔昭〕王悟，乃免相国，令泾阳之属皆出关，就封邑。穰侯出关，辎车千乘有馀。

穰侯卒于陶，而因葬焉。秦复收陶为郡。

太史公曰：穰侯，昭王亲舅也。而秦所以东益地，弱诸侯，尝称帝于天下，天下皆西乡稽首者，穰侯之功也。及其贵极富溢，一夫开说，身折势夺而以忧死，况于羁旅之臣乎！

【译文】

穰侯魏冉，是秦昭王母亲宣太后的弟弟。他的祖先是楚国人，姓芈。

秦武王死后，没有儿子，于是立他的弟弟做了国君，就是秦昭王。秦昭王的母亲原被称为芈八子，等到昭王即位后，芈八子才称为宣太后。宣太后不是武王的生母。武王的母亲称惠文后，在武王去世之前逝世。宣太后有两个弟弟：她的异父长弟就是穰侯，姓魏，名冉；她的同父弟弟叫芈戎，就是华阳君。昭王还有两个同母弟弟，一个称为高陵君，一个称为泾阳君。而魏冉最为贤能，从惠王、武王时就已任职处理国事。武王死后，诸兄弟争着继位，只有魏冉有能力拥立了昭王。昭王即位后，便任命魏冉做将军，护卫咸阳。他曾经平定了季君公子壮及一些大臣们的叛乱，驱逐武王后到魏国，昭王各兄弟中存心不良的全部诛灭，魏冉的声威一时震动秦国。当时昭王年纪还轻，宣太后亲自主持朝政，任用魏冉执政。

昭王七年，樗里子去世，秦国派泾阳君到齐国做人质。赵国人楼缓来秦国任相，赵国人认为这对赵国不利，于是派仇液到秦国游说，请求用魏冉做秦国的丞相。仇液即将上路，他的门客宋公对仇液说：“假如秦国不听信您，楼缓一定会怨恨您。您不如对楼缓说：‘请允许为了您的原因，不要急于向秦国提出要求。’秦王见赵国使者请求任用魏冉并不急切，将会不听您的。您这么说了，如果事情不成功，可以让楼缓感激；如果事情成功了，秦王任用魏冉为相，那么魏冉因此会感激您的。”于是，仇液听从了宋公的意见。秦国果然免掉了楼缓，而魏冉做了丞相。

秦昭王想要诛杀吕礼，吕礼逃奔到齐国。昭王十四年，魏冉推荐白起为将军，派他替代向寿领兵攻打韩国和魏国，在伊阙打败了他们，斩敌二十四万，俘虏了魏将公孙喜。第二年，又夺取了楚国的宛城、叶城。后来魏冉托病辞去丞相一职，秦王任用客卿寿烛为丞相。第二年，寿烛免职，又起用魏冉做丞相，于是把穰邑封给魏冉，后来又加封陶邑，称为穰侯。

穰侯受封的第四年，担任秦国将领攻打魏国。魏国被迫献出河东方圆四百里的土地。然后又占领了魏国的河内地区，夺取了大小城邑六十余座。昭王十九年，秦王号称西帝，齐王号称东帝。过了一个多月，吕礼又来到秦国，齐、秦两国国君撤销帝号仍旧称王。魏冉再度担任秦国丞相，六年后被免职。免职后二年，又担任秦国的丞相。第四年时，派白起攻取了楚国郢都，秦国设置了南郡。于是封白起为武安君。白起，是穰侯所举荐的将军，两人相互亲善。当时，穰侯之富，超过了王室。

秦昭王三十二年，穰侯任相国，带兵进攻魏国，赶走芒卯，进入北宅，接着围攻大梁。魏国大夫须贾劝说穰侯道：“我听魏国的一位长吏对魏王说：‘过去梁惠王攻打赵国，取得了三梁，拿下了邯郸；而赵王虽然战败也不肯割地，后来邯郸终于被收复。齐国人攻打卫国，打下了旧都，杀了子良；而卫人即使受辱也决不割地，而旧地又被归还。卫、赵两国之所以国家完整，军队强劲，土地不被诸侯兼并，就是因为他们能忍受困难而重视出让土地。宋国、中山国屡遭进犯又屡次割地，结果国家随即灭亡。我认为卫国、赵国值得效法，而宋国、中山国却应当引以为戒。秦国是贪婪凶残的国家，切勿亲近。它蚕食魏国，吞尽原属晋国之地；战胜了韩将暴鸢，割去八县，土地来不及全部并入，可军队又耀武扬威地出动了。秦国哪有满足的时候呢？现在又赶走了芒卯，进入了北宅，这不仅是敢于进攻魏都，而且是胁迫大王以求多割得土地。大王一定不要接受它的要求。现在大王若背弃楚国、赵国，而与秦国讲和，那么楚、赵两国必定怨恨而背离大王，与大王争着讨好秦国，秦国一定会接受他们。秦国挟制楚、赵两国的军队再来攻打魏国，那么魏国想不亡国都不可能了。希望大王一定不要讲和。也要少割让土地，而且要有秦国人质；不然，必定会上当受骗。’这是我从魏国听到的，希望您根据这些话来考虑问题。《周书》上说‘天命不是衡常不变的’，这是说幸运是不可能经常出现的。秦国战胜暴鸢，割取八县，这不是由于兵力精锐，也不是计策精妙，而多半靠的是上天给予的运气。现在秦国又打败了芒卯，兵入北宅，进攻大梁，以此看来是把幸运当作常例了，明智的人不会这样。我听说魏国已经调集了上百个县的全部精兵良将来保卫大梁，看来不下于三十万人。用三十万人守卫大梁七丈高的城垣，我认为即使商汤、周武王死而复生，也是难以攻下的。轻率地背离楚国、赵国的军队，登上七丈高的城垣，与三十万大军对垒，并且决心一定要攻克，我以为从开天辟地到如今，不曾有过。攻而不克，秦国的军队一定会疲惫，大梁攻不下而陶邑一定会丢失，那就前功尽弃了。现在魏国正犹疑未决，可以乘此用少割土地的办法来收服魏国。希望您抓住楚、赵援军尚未到达大梁的时机，赶快用少割土地来收服魏国。魏国正当犹疑之际，会把少割土地视为有利，一定会这么办，那么您的愿望就会实现了。楚、赵两国对于魏国抢先一步与秦国讲和会感到恼怒，必定争着讨好秦国，合纵便因此瓦解，而您可以随后选择对策个个攻破。况且，您要取得土地也不一定非用军事手段呀！割取了原来的晋国土地，秦军不用进攻，魏国一定会献出绛城和安邑。这样又为您打开了河西、河东两条通道，几乎完全占有宋国旧地，随即卫国必会献出单父。秦军不动一兵一卒，您控制着他们，有什么要求不能得到，有什么作为不能成功呢？希望您仔细考虑而不要干冒险的行动。”魏冉说：“好。”于是停止攻打梁，解围而去。

第二年，魏国背弃了秦国，同齐国合纵交好。秦王派穰侯攻打魏国，斩杀四万人，打跑了魏将暴鸢，得到了魏国三个县。穰侯又增加了封邑。

第二年，穰侯魏冉和白起及客卿胡阳又进攻赵国、韩国和魏国，在华阳城下，大败芒卯，斩杀十万人，夺取了魏国的卷、蔡阳、长社，赵国的观津。接着又把观津还给了赵国，并且充实了赵国兵力，让它去攻打齐国。齐襄王惧怕被伐，派苏代替齐国暗中送给穰侯一封信说：“我听来往人们传说‘秦国将要扩充赵国精兵四万来攻齐国’，我私下一定对我们国君说‘秦王明智并善于计谋，穰侯有智慧且熟悉政事，一定不会扩充赵国四万军队来攻打齐国’。为什么这么说呢？韩、赵、魏三国友好结盟，这是秦国的深仇大敌。它们三国之间的关系非同一般，尽管有上百次相背弃，上百次相欺骗，但都不算是背信弃义，不算是没有品行。现在打败齐国，会壮大赵国。赵国是秦国所仇视的大敌，显然对秦国不利，这是第一。秦国的谋臣策士们，一定会说‘攻破齐国，先削弱三晋和楚国的力量，然后再战而胜之’。其实，齐国是一个疲惫的国家，调集天下诸侯的兵力攻打齐国，就如同用千钧强弓去冲开溃烂的痈疽，齐国必亡无疑，又怎么能有助于打垮晋国、楚国呢？这是第二点。秦国若出兵少，那么三晋和楚国就不相信秦国；秦国多出兵，晋国、楚国会受制于秦国。齐国惧怕被伐，不会投靠秦国，而必定投靠三晋和楚国。这是第三。秦国用分割齐国来引诱晋国和楚国，而晋国和楚国派兵进驻加以扼守，秦国反而会腹背受敌。这是第四。这种做法就是让三晋和楚国借秦国之力谋取齐国，拿齐国之地对付秦国，为什么晋国、楚国很明智而秦国、齐国很愚蠢呢？这是第五点。因此，取得安邑把它治理好，也就一定没有祸患了。秦国占据了安邑，韩国一定会丧失上党。夺取天下的中心区域，与出兵而担忧其不能返回比较起来，哪个有利？这些道理都是显而易见的，所以我说秦王明智并善于计谋，穰侯有智慧且熟悉政事，肯定不会让赵国扩充四万士兵让其攻打齐国了。”于是穰侯不再进军，率领军队回去了。

昭王三十六年，相国穰侯与客卿竈计议，想要攻打齐国夺取刚、寿两城，借以扩大自己在陶邑的封地。这时有个魏国人范睢自称张禄先生，讥讽穰侯攻打齐国是越过三晋来进攻齐国，他趁着这个机会劝说秦昭王。昭王于是任用了范睢。范睢向秦昭王说宣太后在朝廷内专制，穰侯在外事上专权，泾阳君、高陵君等人则过于奢侈，富得超过了王室。这使秦昭王幡然醒悟，就免去了穰侯的相国，让泾阳君这些人都迁出国都，到自己的封地去。穰侯迁出关外，辎重车辆有一千多辆。

穰侯死于陶邑，所以就葬在那里。秦国又把陶邑收归中央，改设为郡。

太史公说：穰侯魏冉，是昭王的亲舅舅。秦国之所以能够向东扩张领土，削弱诸侯，曾经称帝天下，天下都俯首称臣，这当是穰侯的功劳。等到显贵至极豪富无比之时，一人说破，便身受挫折，势力被削夺，以致忧愤而死，何况那些寄居异国的臣子呢？

史记卷七十三

白起王翦列传第十三

白起者，郿人也，善用兵，事秦昭王。

昭王十三年，而白起为左庶长，将而击韩之新城。是岁，穰侯相秦，举任鄙以为汉中守。其明年，白起为左更，攻韩、魏于伊阙，斩首二十四万，又虏其将公孙喜，拔五城。起迁为国尉。涉河取韩安邑以东，到乾河。明年，白起为大良造。攻魏，拔之，取城小大六十一。明年，起与客卿错攻垣城，拔之。后五年，白起攻赵，拔光狼城。后七年，白起攻楚，拔鄢、邓五城。其明年，攻楚，拔郢，烧夷陵，遂东至竟陵。楚王亡去郢，东走徙陈。秦以郢为南郡。白起迁为武安君。武安君因取楚，定巫、黔中郡。昭王三十四年，白起攻魏，拔华阳，走芒卯，而虏三晋将，斩首十三万。与赵将贾偃战，沉其卒二万人于河中。昭王四十三年，白起攻韩陉城，拔五城，斩首五万。四十四年，白起攻南阳太行道，绝之。

四十五年，伐韩之野王。野王降秦，上党道绝。其守冯亭与民谋曰："郑道已绝，韩必不可得为民。秦兵日进，韩不能应，不如以上党归赵。赵若受我，秦怒，必攻赵。赵被兵，必亲韩。韩赵为一，则可以当秦。"因使人报赵。赵孝成王与平阳君、平原君计之。平阳君曰："不如勿受。受之，祸大于所得。"平原君曰："无故得一郡，受之便。"赵受之，因封冯亭为华阳君。四十六年，秦攻韩缑氏、蔺，拔之。

四十七年，秦使左庶长王龁攻韩，取上党。上党民走赵。赵军长平，以按据上党民。四月，龁因攻赵。赵使廉颇将。赵军士卒犯秦斥兵，秦斥兵斩赵裨将茄。六月，陷赵军，取二鄣四尉。七月，赵军筑垒壁而守之。秦又攻其垒，取二尉，败其阵，夺西垒壁。廉颇坚壁以待秦，秦数挑战，赵兵不出。赵王数以为让。而秦相应侯又使人行千金于赵为反间，曰：'秦之所恶，独畏马服子赵括将耳，廉颇易与，且降矣。"赵王既怒廉颇军多失亡，军数败，又反坚壁不敢战，而又闻秦反间之言，因使赵括代廉颇将以击秦。秦闻马服子将，乃阴使武安君白起为上将军，而王龁为尉裨将，令军中有敢泄武安君将者斩。赵括至，则出兵击秦军。秦军详败而走，张二奇兵以劫之。赵军逐胜，追造秦壁。壁坚拒不得入，而秦奇兵二万五千人绝赵军后，又一军五千骑绝赵壁间，赵军分而为二，粮道绝。而秦出轻兵击之。赵战不利，因筑壁坚守，以待救至。秦王闻赵食道绝，王自之河内，赐民爵各一级，发年十五以上悉诣长平，遮绝赵救及粮食。

至九月，赵卒不得食四十六日，皆内阴相杀食。来攻秦垒，欲出。为四队，四五复之，不能出。其将军赵括出锐卒自搏战，秦军射杀赵括。括军败，卒四十万人降武安君。武安君计曰："前秦已拔上党，上党民不乐为秦而归赵。赵卒反覆，非尽杀之，恐为乱。"乃挟诈而尽坑杀之，遗其小者二百四十人归赵。前后斩首虏四十五万人。赵人大震。

四十八年十月，秦复定上党郡。秦分军为二：王龁攻皮牢，拔之；司马梗定太原。韩、赵恐，使苏代厚币说秦相应侯曰："武安君擒马服子乎？"曰："然。"又曰："即围邯郸乎？"曰："然。""赵亡则秦王王矣，武安君为三公。武安君所为秦战胜攻取者七十馀城，南定鄢、郢、汉中，北擒赵括之军，虽周、召、吕望之功不益于此矣。今赵亡，秦王王，则武安君必为三公，君能为之下乎？虽无欲为之下，固不得已矣。秦尝攻韩，围邢丘，困上党，上党之民皆反为赵，天下不乐为秦民之日久矣。今亡赵，北地入燕，东地入齐，南地入韩、魏，则君之所得民亡几何人。故不如因而割之，无以为武安君功也。"于是应侯言于秦王曰："秦兵劳，请许韩、赵之割地以和，且休士卒。"王听之，割韩垣雍、赵六城以和。正月，皆罢兵。武安君闻之，由是与应侯有隙。

其九月，秦复发兵，使五大夫王陵攻赵邯郸。是时武安君病，不任行。四十九年正月，陵攻邯郸，少利，秦益发兵佐陵。陵兵亡五校。武安君病愈，秦王欲使武安君代陵将。武安君言曰："邯郸实未易攻也。且诸侯救日至，彼诸侯怨秦之日久矣，今秦虽破长平军，而秦卒死者过半，国内空。远绝河山而争人国都，赵应其内，诸侯攻其外，破秦军必矣。不可。"秦王自命，不行；乃使应侯请之，武安君终辞不肯行，遂称病。

秦王使王龁代陵将，八九月围邯郸，不能拔。楚使春申君及魏公子将兵数十万攻秦军，秦军多失亡。武安君言曰："秦不听臣计，今如何矣！"秦王闻之，怒，强起武安君，武安君遂称病笃。应侯请之，不起。于是免武安君为士伍，迁之阴密。武安君病，未能行。居三月，诸侯攻秦军急，秦军数却，使者日至。秦王乃使人遣白起，不得留咸阳中。

武安君既行，出咸阳西门十里，至杜邮。秦昭王与应侯群臣议曰：“白起之迁，其意尚怏怏不服，有馀言。”秦王乃使使者赐之剑，自裁。武安君引剑将自到，曰：“我何罪于天而至此哉？”良久，曰：“我固当死。长平之战，赵卒降者数十万人，我诈而尽坑之，是足以死。”遂自杀。武安君之死也，以秦昭王五十年十一月。死而非其罪，秦人怜之，乡邑皆祭祀焉。

王翦者，频阳东乡人也。少而好兵，事秦始皇。始皇十一年，翦将攻赵阏与，破之，拔九城。十八年，翦将攻赵。岁馀，遂拔赵，赵王降，尽定赵地为郡。明年，燕使荆轲为贼于秦，秦王使王翦攻燕。燕王喜走辽东，翦遂定燕蓟而还。秦使翦子王贲击荆，荆兵败。还击魏，魏王降，遂定魏地。

秦始皇既灭三晋，走燕王，而数破荆师。秦将李信者，年少壮勇，尝以兵数千逐燕太子丹至于衍水中，卒破得丹，始皇以为贤勇。于是始皇问李信：“吾欲攻取荆，于将军度用几何人而足？”李信曰：“不过用二十万人。”始皇问王翦，王翦曰：“非六十万人不可。”始皇曰：“王将军老矣，何怯也！李将军果势壮勇，其言是也。”遂使李信及蒙恬将二十万南伐荆。王翦言不用，因谢病，归老于频阳。李信攻平与，蒙恬攻寝，大破荆军。信又攻鄢、郢，破之，于是引兵而西，与蒙恬会城父。荆人因随之，三日三夜不顿舍，大破李信军，入两壁，杀七都尉，秦军走。

始皇闻之，大怒，自驰如频阳，见谢王翦曰：“寡人以不用将军计，李信果辱秦军。今闻荆兵日进而西，将军虽病，独忍弃寡人乎！”王翦谢曰：“老臣罢病悖乱，唯大王更择贤将。”始皇谢曰：“已矣，将军勿复言！”王翦曰：“大王必不得已用臣，非六十万人不可。”始皇曰：“为听将军计耳。”于是王翦将兵六十万人，始皇自送至灞上。王翦行，请美田宅园池甚众。始皇曰：“将军行矣，何忧贫乎？”王翦曰：“为大王将，有功终不得封侯，故及大王之向臣，臣亦及时以请园池为子孙业耳。”始皇大笑。王翦既至关，使使还请善田者五辈。或曰：“将军之乞贷，亦已甚矣。”王翦曰：“不然。夫秦王怚而不信人。今空秦国甲士而专委于我，我不多请田宅为子孙业以自坚，顾令秦王坐而疑我邪？”

王翦果代李信击荆。荆闻王翦益军而来，乃悉国中兵以拒秦。王翦至，坚壁而守之，不肯战。荆兵数出挑战，终不出。王翦日休士洗沐而善饮食抚循之，亲与士卒同食。久之，王翦使人问军中戏乎？对曰："方投石超距。"于是王翦曰："士卒可用矣。"

荆数挑战而秦不出，乃引而东。翦因举兵追之，令壮士击，大破荆军。至蕲南，杀其将军项燕，荆兵遂败走。秦因乘胜略定荆地城邑。岁馀，虏荆王负刍，竟平荆地为郡县。因南征百越之君。而王翦子王贲，与李信破定燕、齐地。

秦始皇二十六年，尽并天下，王氏、蒙氏功为多，名施于后世。

秦二世之时，王翦及其子贲皆已死，而又灭蒙氏。陈胜之反秦，秦使王翦之孙王离击赵，围赵王及张耳巨鹿城。或曰："王离，秦之名将也。今将强秦之兵，攻新造之赵，举之必矣。"客曰："不然。夫为将三世者必败。必败者何也？必其所杀伐多矣，其后受其不祥。今王离已三世将矣。"居无何，项羽救赵，击秦军，果虏王离，王离军遂降诸侯。

太史公曰：鄙语云："尺有所短，寸有所长。"白起料敌合变，出奇无穷，声震天下，然不能救患于应侯。王翦为秦将，夷六国，当是时，翦为宿将，始皇师之，然不能辅秦建德，固其根本，偷合取容，以至圽身。及孙王离为项羽所虏，不亦宜乎！彼各有所短也。

【译文】

白起，是陕西郿县人。他很会用兵，侍奉秦昭王。昭王十三年，白起任左庶长，领兵攻打韩国的新城。这年，穰侯魏冉在秦国任丞相。他举用任鄙做了汉中郡守。第二年，白起又被封为左更，在伊阙攻打韩、魏两国联军，斩敌二十四万人，又俘虏了他们的将领公孙喜，拿下了五座城邑。白起因功升为国尉。接着他又率兵渡过黄河，夺取了韩国安邑以东直到乾河一带大片土地。第三年，白起做了大良造，领兵攻打魏国，夺取了大小城邑六十一座。此后第二年，白起又与客卿司马错一起进攻并拿下了垣城。此后的第五年，白起攻打赵国，夺取了光狼城。七年后，白起攻打楚国，占领了鄢、邓等五座城邑。此后第二年，再次进攻楚国，占领了楚都城郢，烧毁了楚王先祖陵墓，并长驱东进，一直到达竟陵。楚王被迫逃离郢都，向东逃难，迁都陈县。秦国便把郢地设为其南郡，白起因此被封为武安君。接着他又趁势进攻楚地，占领了巫山、黔中两郡。昭王三十四年，白起进攻魏国，夺取了华阳，赶走了芒卯，并且俘获了三个将领，斩敌十三万人。当时，白起与赵国将领贾偃交战，把赵国两万多降兵沉到黄河里。昭王四十三年，白起进攻韩国的陉城，一连夺取了五座城邑，斩敌五万人。昭王四十四年，白起进攻韩国南阳的太行道，截断了这条通道。

秦昭王四十五年，白起发兵攻打韩国的野王郡，野王投降，从而使韩国的上党地区与本国的联系被切断。上党郡守冯亭便同百姓们谋划说："通往郑都的道路已经断绝，韩国已经不能再管我们了。秦军现在一天天逼近，韩国无法接应我们，我们不如随上党一起归附赵国。赵国如果接纳了我们，秦国一定会恼怒，因而攻打赵国。赵国遭到武力攻击，必定会联合韩国。韩、赵两国联合起来，就可以抵挡秦国。"议罢，于是便派人通报赵国。赵孝成王跟平阳君和平原君一起商讨这件事，平阳君说："还是不接受的好。接受它，带来的殃祸要比得到的好处大得多。"平原君说："平白地得到一个郡，接受它有利。"于是赵国接受了上党，封冯亭为华阳君。

昭王四十六年，秦国攻占了韩国的缑氏和蔺邑。

昭王四十七年，秦国派左庶长王龁进攻韩国，夺取了上党。上党的百姓纷纷逃往赵国。赵国在长平屯兵，以便安置援救上党的百姓。四月，王龁借此进攻赵国。赵国派廉颇为统帅指挥长平军队。秦赵两军士兵时有交手，赵军士兵杀了秦军侦察兵，秦国的侦察兵杀死了赵国的裨将茄。六月，秦军打败赵军，夺下两个城堡，俘虏了四个校尉官。七月，赵军高筑堡垒，坚壁不出。秦军实施攻坚，俘虏了两个尉官，攻破了赵军阵地，夺下了西边的营垒。廉颇坚守营垒来对付秦军的进攻，秦军屡次挑战，赵兵坚守不出。赵王多次因此责备廉颇。秦国丞相应侯又派人到赵国行贿千金施以反间计，大肆宣扬说："秦国所担心的，只是怕马服君的儿子赵括担任将领而已，廉颇容易对付，他就要投降了。"赵王早已恼怒廉颇的军队多有损失伤亡，屡次战败，却又坚守营垒不出战，再加上听到许多反间谣言，信以为真，就派赵括代替廉颇领兵来攻击秦军。秦国听说赵括领兵，就暗中派武安君白起担任上将军，让王龁担任尉官副将，并命令军队中有敢于泄露白起领兵的杀。赵括一到任上，就发兵进击秦军。秦军假装战败而逃，同时出动二支奇兵截击赵军。赵军乘胜追击，直追到秦军营垒。但是秦军营垒十分坚固难以攻破，而秦国奇兵二万五千人断绝了赵军后路，另一支军队五千骑兵穿插到赵军营垒之间，断绝了他们的联系，把赵军分割成两个孤立的部分，截断运粮通道。这时秦军派出轻装精兵实施攻击，赵军出战不利，就筑营垒坚守，等待援兵的到来。秦王得知赵军运粮通道已被截断，他亲自到河内，赐给百姓爵位各一级，征发十五岁以上的人全部去往长平战场，拦截赵国的救兵与粮草供应。

到了九月，赵军士兵已经四十六天没得到粮食了，甚至暗中为争夺食物互相残杀吃人肉。困厄已极的赵军向秦军营垒发动进攻，想逃出去。他们编成四队，反复冲杀了四五次，没能冲出。赵国将军赵括出动精锐士兵并亲自搏杀战斗，秦军射死了赵括。赵括的部队大败，士兵四十万人向武安君投降。武安君谋划着说："从前秦军已经攻下上党，上党百姓不乐意投靠秦国而归附了赵国。赵军士兵反覆无常，不全部杀掉他们，恐怕要出乱子。"于是用欺骗伎俩把赵国降兵全部活埋了，只留下年纪小的二百四十人放还。此战前后斩首擒杀赵兵四十五万人，赵国上下一片震惊。

昭王四十八年十月，秦军再次平定上党郡。以后，秦军兵分两路，王龁攻下了皮牢，司马梗平定了太原。韩、赵两国十分害怕，就派苏代携带重金去游说秦丞相应侯说："武安君擒杀赵括了吗？"应侯回答说："是。"苏代又问："秦军即将围攻邯郸吗？"应侯回答说："是。"于是苏代说："赵国灭亡，秦王就要君临天下了，武安君会做三公。武安君为秦国攻占夺取的城邑有七十多座，南边平定了楚国的鄢、郢及汉中地区，在北方擒获了赵括的四十万大军，即使历史上赫赫有名的周公、召公和吕望的功勋也不能超过这些了。如果赵国灭亡，秦王君临天下，那么武安君位居三公是定而无疑的，您能做他的下属吗？即使不甘心屈居下位，也已经不可能了。秦军曾进攻韩国，包围邢丘，围困上党，上党的百姓都转而归附赵国，天下人不乐意做秦国的百姓已很久了。如果把赵国灭掉，它北边的土地将落入燕国，东边的土地将并入齐国，南方的土地落入韩国、魏国，那么您得到的百姓也没多少了。所以不如趁着韩国、赵国惊恐之际让它们割让土地，不要让它都成为武安君的功劳。"听了苏代这番话应侯便向秦王进言道："秦国士兵太劳累了，请您应允韩国、赵国割让他们的土地来讲和，并能休养士兵。"秦王听从了应侯的意见，割取了韩国的垣雍和赵国的六座城邑便讲和了。正月，双方罢兵。武安君听说了这件事，从此和应侯有了嫌隙。

同年九月，秦国再次发兵，派五大夫王陵攻打赵国邯郸。这时武安君病了，不能出征。昭王四十九年正月，王陵进攻邯郸，没有进展，获利不大，秦国便增派部队帮助王陵。结果王陵部队损失了五个营。武安君病好了，秦王打算派武安君替代王陵统率部队。武安君进言说："邯郸实在是不易攻下，而且诸侯国的援兵马上就要到了。那些诸侯对秦国的怨恨已经积蓄很久了。现在秦国虽然消灭了长平的赵军，但是秦军的伤亡也超过了一半，国内空虚。如果远行越过河山去争夺别人的国都，赵军在城里抵御，诸侯从外攻击，里应外合，内外夹击，必定能打败秦军。不可以打了。”秦王亲自下令，武安君也没有赴任；于是就派应侯去请他，但武安君最后仍推辞不肯去，于是称病不起。

秦王派王龁代替王陵为将，八、九月时围攻邯郸，没能攻下来。楚国派春申君同魏公子信陵君率领数十万大军攻击秦军，秦军损失伤亡很大。武安君听了说道：“秦王不听我的意见，现在怎么样？”秦王听到后，大怒，强迫起用武安君，武安君就称病情严重。应侯又请他，仍是不赴任。于是免去武安君的官爵贬为士兵，并让他迁到阴密。但武安君有病，没有动身。过了三个月，诸侯联军攻击秦军更加紧急，秦军多次退却，报告失利情况的信使每天都有。秦王于是派人遣发白起，不让他留在咸阳城里。武安君已经上路，出咸阳西门十里，到了杜邮。秦昭王与应侯以及群僚议论说：“让白起迁出咸阳，他流露出不服气的样子，有怨言。”秦王就派遣人赐给他一把剑，让他自杀。武安君拿着剑将要抹脖子时叹道：“我做了什么得罪上天，竟落得这个结果？”过了很久，说：“我本来就该死。长平之战，赵国降兵数几十万人，我用欺诈之术全都把他们活埋了，这足以致死罪了。”就自杀了。武安君死时，是秦昭王五十年十一月。因为武安君的死不是因为他的罪过，所以秦国人都同情他，不论城里乡下，人们都祭祀他。

王翦，是频阳东乡人。年少时就喜欢军事，后来侍奉秦始皇。始皇十一年，王翦率兵攻打赵国的阏与，攻陷后，又一连攻下九座城池。始皇十八年，王翦率军攻打赵国。一年多后，攻下赵国，赵王投降，全部平定了赵国的土地，改设为郡。第二年，燕国派荆轲到秦国行刺秦王，秦王派王翦攻打燕国。燕王喜逃往辽东，王翦终于平定了燕都蓟城而回。秦王派王翦的儿子王贲攻打楚国，楚兵战败。返回来攻打魏国，魏王投降，最后平定了魏国。

秦始皇灭掉了韩、赵、魏三国，赶走了燕王，同时多次打败楚军。秦国将领李信，年轻气盛，强壮勇猛，曾带领几千士兵追击燕太子丹一直到衍水之上，最后打败燕军活捉太子丹，秦始皇因此认为李信贤能勇敢。当时秦始皇问李信：“我想要攻取楚国，将军认为要调用多少人才够？”李信答道：“最多不过二十万人。”秦始皇又问王翦，王翦回答说：“至少得六十万人才行。”秦始皇说：“王将军老了，怎么胆怯了？李将军果断勇敢，他的话说得对呀。”于是就派李信及蒙恬带兵二十万向南讨伐楚国。王翦的意见不被采用，因此推托有病，回频阳家乡养老。李信攻打平与，蒙恬攻打寝邑，大败楚军。李信又攻打鄢郢并拿了下来，于是率军向西挺进，与蒙恬在城父会师。楚国人因此乘机紧随秦军，三天三夜没有停息，最后大败李信部队，攻破了两个军营，杀死七个都尉，秦军大败而逃。

秦始皇听到这个消息，大为震怒，亲自驱车赶往频阳，向王翦道歉说：“我因为没有采用您的计策，李信果然使秦军遭受了耻辱。现在听说楚军正一天天向西逼近，将军虽然病了，难道忍心丢下我吗？”王翦推辞说：“老臣疲弱有病昏聩糊涂，希望大王另择良将。”秦始皇再次表示歉意说：“好啦，将军不要再推辞了！”王翦说：“大王如果非要用我，那么非要六十万人不可。”秦始皇答应说：“一定听从将军的计策。”于是王翦率领六十万大军出发，秦始皇亲自送到灞上。王翦临行时，请求赐给他许多良田、美宅、园林池苑等。秦始皇说：“将军出发吧，为什么担心贫穷呢？”王翦说：“替大王带兵打仗，即使有功劳最后也难以封侯赐爵，所以乘着大王还倚重我，我也得及时请求大王赐予园林池苑，以给子孙后代置份产业吧。”秦始皇听了哈哈大笑。王翦出发到了函谷关，五次派使者回去请求赐予好田。有人说：“将军请求赏赐，也太过分了吧。”王翦说：“这么说不对。秦王性情粗暴对人多疑，现在把秦国的军队士兵全部支付给我，我不多多请求田宅替子孙经营产业，来表示我对秦国的忠贞，反而让秦王因此怀疑我吗？”

王翦果真代替了李信，开始进攻楚国。楚王得知王翦增兵而来，就调用全国的军队来抗击秦军。王翦抵达战场后，加固营垒防守，不肯出战。楚军屡次挑战，他始终坚守不出。王翦让士兵们天天休息洗浴，供给精美的饮食抚慰他们，亲自与士兵同饮同食。过了一段时间，王翦派人询问军队中正在玩什么游戏，回来报告说：“正在投掷石块和跳远比赛。”于是王翦说：“士兵可以用了。”楚军屡次挑战，秦军不肯应战，就领兵向东去了。王翦趁机发兵追击他们，命令精锐的士兵出击，大破楚军。追到蕲南，杀了楚将项燕，楚军于是大败而逃。秦军乘胜夺取了楚国的土地城邑。一年后，俘虏了楚王负刍，终于平定了楚地，改设为郡县。趁势又向南征伐百越国。而王翦的儿子王贲，同时也与李信攻陷了燕国和齐国的领地。

秦始皇二十六年，秦国吞并了天下全部诸侯国，王将军和蒙将军的功劳最多，名声流传于后世。

秦二世的时候，王翦和他的儿子王贲都已去世，而蒙恬也因被构陷而遭诛杀。陈胜起义反秦时，秦二世派王翦的孙子王离攻打赵国，把赵王和张耳围困在巨鹿城。当时有人说："王离，是秦朝的名将。现在他率领强大的秦军攻打刚刚建立的赵国，攻克它是肯定的。"一个过客说："不然。那些做将领的世家到了第三代必定会败亡。为什么必败呢？他家杀戮的人太多了，他家的后代就要承受不吉祥的惩罚。现在王离已是第三代将领了。"没过多久，项羽救援赵国，攻打秦军，果然俘虏了王离，王离的军队于是投降了诸侯军。

太史公说：俗话说"尺有所短，寸有所长"，白起预料敌情能随机应变，妙计层出不穷，名震天下，然而却不能解除应侯给他制造的祸患。王翦作为秦国将领，平定了六国，功绩卓著，在当时已是元老将军，秦始皇尊他为师，然而他不能辅佐秦始皇建立德政，以巩固它的根本，苟且迎合，以求容身，直至死去。到了他的孙子王离被项羽俘虏，不也是理所当然的吗？他们各有自己的短处啊。

史记卷七十四

孟子荀卿列传第十四

太史公曰：余读《孟子》书，至梁惠王问“何以利吾国”，未尝不废书而叹也。曰：嗟乎，利诚乱之始也！夫子罕言利者，常防其原也。故曰“放于利而行，多怨”。自天子至于庶人，好利之弊何以异哉！

孟轲，邹人也。受业子思之门人。道既通，游事齐宣王，宣王不能用。适梁，梁惠王不果所言，则见以为迂远而阔于事情，当是之时，秦用商君，富国强兵；楚、魏用吴起，战胜弱敌；齐威王、宣王用孙子、田忌之徒，而诸侯东面朝齐。天下方务于合从连衡，以攻伐为贤，而孟轲乃述唐、虞、三代之德，是以所如者不合。退而与万章之徒序《诗》《书》，述仲尼之意，作《孟子》七篇。

其后有驺子之属。

齐有三驺子。其前驺忌，以鼓琴干威王，因及国政，封为成侯而受相印，先孟子。其次驺衍，后孟子。

驺衍睹有国者益淫侈，不能尚德，若《大雅》整之于身，施及黎庶矣。乃深观阴阳消息而作怪迂之变，《终始》《大圣》之篇十馀万言。其语闳大不经，必先验小物，推而大之，至于无垠。先序今以上至黄帝，学者所共术，大并世盛衰，因载其机祥度制，推而远之，至天地未生，窈冥不可考而原也。先列中国名山大川，通谷禽兽，水土所殖，物类所珍，因而推之，及海外人之所不能睹。称引天地剖判以来，五德转移，治各有宜，而符应若兹。以为儒者所谓中国者，于天下乃八十一分居其一分耳。中国名曰赤县神州。赤县神州内自有九州，禹之序九州是也，不得为州数。中国外如赤县神州者九，乃所谓九州也。于是有裨海环之，人民禽兽莫能相通者，如一区中者，乃为一州。如此者九，乃有大瀛海环其外，天地之际焉。其术皆此类也。然要其归，必止乎仁义节俭，君臣上下六亲之施，始也滥耳。

王公大人初见其术，惧然顾化，其后不能行之。

是以驺子重于齐。适梁，惠王郊迎，执宾主之礼。适赵，平原君侧

亚圣孟子像，选自明·吕维祺编《圣贤像赞》。

行襒席。如燕，昭王拥彗先驱，请列弟子之座而受业，筑碣石宫，身亲往师之。作《主运》。其游诸侯见尊礼如此，岂与仲尼菜色陈、蔡，孟轲困于齐、梁同乎哉！故武王以仁义伐纣而王，伯夷饿不食周粟；卫灵公问陈，而孔子不答；梁惠王谋欲攻赵，孟轲称太王去邠。此岂有意阿世俗苟合而已哉！持方枘欲内圆凿，其能入乎？或曰，伊尹负鼎而勉汤以王，百里奚饭牛车下而穆公用霸，作先合，然后引之大道。驺衍其言虽不轨，傥亦有牛鼎之意乎？

自驺衍与齐之稷下先生，如淳于髡、慎到、环渊、接子、田骈、驺奭之徒，各著书言治乱之事，以干世主，岂可胜道哉！

淳于髡，齐人也。博闻强记，学无所主。其谏说，慕晏婴之为人也，然而承意观色为务。客有见髡于梁惠王，惠王屏左右，独坐而再见之，终无言也。惠王怪之，以让客曰："子之称淳于先生，管、晏不及，及见寡人，寡人未有得也。岂寡人不足为言邪？何故哉？"客以谓髡。髡曰："固也，吾前见王，王志在驱逐。后复见王，王志在音声。吾是以默然。"客具以报王，王大骇，曰："嗟乎，淳于先生诚圣人也！前淳于先生之来，人有献善马者，寡人未及视，会先生至。后先生之来，人有献讴者，未及试，亦会先生来。寡人虽屏人，然私心在彼，有之。"后淳于髡见，壹语连三日三夜无倦。惠王欲以卿相位待之，髡因谢去。于是送以安车驾驷，束帛加璧，黄金百镒。终身不仕。

慎到，赵人。田骈、接子，齐人。环渊，楚人。皆学黄老道德之术，因发明序其指意。故慎到著十二论，环渊著上下篇，而田骈、接子皆有所论焉。

驺奭者，齐诸驺子，亦颇采驺衍之术以纪文。

于是齐王嘉之，自如淳于髡以下，皆命曰列大夫，为开第康庄之衢，高门大屋，尊宠之。览天下诸侯宾客，言齐能致天下贤士也。

荀卿，赵人。年五十始来游学于齐。驺衍之术迂大而闳辩，奭也文具难施，淳于髡久与处，时有得善言。故齐人颂曰："谈天衍，雕龙奭，炙毂过髡。"田骈之属皆已死齐襄王时，而荀卿最为老师。齐尚修列大夫之缺，而荀卿三为祭酒焉。齐人或谗荀卿，荀卿乃适楚，而春申君以为兰陵令。春申君死而荀卿废，因家兰陵。李斯尝为弟子，已而相秦。荀卿嫉浊世之政，亡国乱君相属，不遂大道而营于巫祝，信机祥，鄙儒小拘，如庄周等又猾稽乱俗。于是推儒、墨、道德之行事兴坏，序列著数万言而卒。因葬兰陵。

而赵亦有公孙龙为坚白同异之辩，剧子之言；魏有李悝，尽地力之教；楚有尸子、长卢；阿之吁子焉。

自如孟子至于吁子，世多有其书，故不论其传云。

盖墨翟，宋之大夫，善守御，为节用。或曰并孔子时，或曰在其后。

【译文】

太史公说：我读《孟子》一书，读到梁惠王问"怎么样有利于我的国家"时，没有一次不放下书而感叹的。我感叹说：唉呀，功利实在是祸乱的源头啊！孔子很少谈及功利的原因，就在于要经常防范祸乱的根源。所以说"依照功利行事，会有很多怨恨"。从天子到平民百姓，喜好名利的毛病有什么区别呢！

孟轲，是邹国人。他曾向子思的弟子求过学。当通晓孔道之后，就出游侍奉齐宣王，宣王没能任用他。于是到了魏国，梁惠王不但不听信他的主张，并且认为他的话迂曲遥远并且空阔不切实际。当时，各诸侯国都在实行变革，秦国任用商鞅，使国家富足、兵力强大；楚国、魏国也都任用过吴起，打胜仗削弱敌人；齐威王和宣王举用孙膑和田忌等人，国力强盛，使各诸侯国都东来朝拜齐国。天下正力求合纵连横，把能够攻城伐地的人当作贤能的人，孟子却称述唐尧、虞舜以及夏、商、周三代的德政，因此不符合他所周游的那些国家的需要。于是就回到家乡和万章等人编订《诗经》《尚书》，阐述孔子的学说，写成《孟子》一书，共七篇。在他之后出现了学者邹子等人。

齐国有三个邹子。在孟轲之前的是邹忌，他借弹琴的技艺得以求见齐威王，趁势谈及国政，被封为成侯并接受相印，做了宰相，他生活的时代要早于孟子。

第二个叫邹衍，后于孟子。邹衍目睹了那些掌握一国之权的诸侯们越来越荒淫奢侈，不能崇尚德政，不像《诗经·大雅》所要求的那样先整饬自己，就能推行到平民百姓了。于是就深入观察万物的阴阳消长，记述怪异玄虚的变化，写成如《终始》《大圣》等篇共十余万字。他的话空阔远大，没有根据，一定要先从细小的事物验证开始，然后推广到大的事物，直到无边无际。先从现在往上直推到黄帝，是学者共同研讨的方法，大体随着时代的盛衰，就记载下它的吉凶和法度规律，推而远之，直到天地未形成的时候，深远奥妙而不能考究溯源。他先列出中国的名山大川，长谷、禽兽，水土所生的，各种物类中最珍贵的，一概俱全，并由此推广开去，直到人们根本看不到的海外。称引天地剖分以来，五德循环转动，治理天下各有相应的方法，天命和人事符合照应得这样巧妙。他认为儒家所说的中原，只不过是天下的八十一分之一罢了。中原称作“赤县神州”。赤县神州之内又有九州，就是夏禹按次序排列的九个州，但不能算是州的全部数目。在中原之外，像是赤县神州的地方还有九个。这才是所谓的九州了。在这里都有小海环绕，人民乃至禽兽不能彼此相通，像是一个独立的区域，这才算是一州。像这样的州共有九个，更有大海环绕在它的外面，那就到了天地的边际了。邹衍的学说都是这一类述说。然而，总结它的要旨，一定都归结到了仁义节俭，并在君臣上下和六亲之间施行，不过所论空泛不实。王公大人初见他的学说，感到惊异而引起思考并受到感化，到后来却不能实行。

因此，邹衍在齐国受到尊重。到魏国，梁惠王远接高迎，使用主人接待客人的礼节。到赵国，平原君侧身陪行，并用衣袖拂拭座席。到燕国，燕昭王拿着扫帚清扫道路为他做先导，并请求坐在弟子的座位上向他学习，还曾为他修建碣石宫，亲自去拜他为老师。邹衍写了《主运》一书。邹衍周游各国受到如此礼遇，这哪里像孔子在陈国、蔡国面有菜色，孟轲在齐国、梁国遇到困厄那样呢？从前武王靠仁义讨伐商纣而称王，伯夷宁肯饿死不吃周朝的粮食；卫灵公问起行军布阵，孔子却不予回答；梁惠王计划想攻打赵国，孟轲却称颂太王离开邠地的事迹。这些有名人物的做法，难道是有意迎合世俗讨好人主就算了吗？拿着方凿想放进圆榫眼，哪能放得进去呢？有人说，伊尹背着鼎去勉励商汤成就王业；百里奚在车下喂牛而秦缪公靠他称了霸。他们的做法都是先投合人主的意愿，然后引导人主走上正大的道路上去。邹衍的话虽然不合常理常情，或许也有百里奚喂牛、伊尹负鼎的用意吧？

从邹衍到齐国稷下的诸多学士，如淳于髡、慎到、环渊、接子、田骈、邹奭等人，各自著书立说谈论天下治乱的大事，来晋见当世的国君，这些怎么能说得尽呢？

淳于髡，是齐国人。博闻强记，治学兼采众家之言。从他劝说君王的言谈中看，似乎他仰慕晏婴直言敢谏的为人，然而致力于承受意旨和察言观色。一次，有个宾客向梁惠王推荐淳于髡，惠王喝退身边的侍从，单独坐着两次接见他，可是他始终一言不发。惠王感到很奇怪，责备那位宾客说：“你称赞淳于先生，说连管仲、晏婴都赶不上他，等到他见了我，我是一点收获也没得到啊。难道是我不够格和他谈话吗？这是为什么呢？”宾客于是把这些话对淳于髡说了。淳于髡说：“本来嘛。我前一次进见魏王，魏王的心思全用在相马上；后一次再见大王，大王的心思却用在了声色上，因此我才默不作声。”那个宾客把淳于髡的话全部报告了惠王，惠王大为惊讶，说：“哎呀，淳于先生确实是圣人啊！前一次淳于先生来时，有个人献上一匹好马，我还没来得及相一相，恰巧淳于先生来了。后一次来的时候，又有个人献来歌伎，我还没来得及试试，正好先生又来了。我接见淳于先生时虽然斥退了身边侍从，可是心里却想着马和歌伎，有这回事。”后来淳于髡见惠王，连着谈了三天三夜都不困倦。惠王打算封给淳于髡卿相官位，淳于髡客气地推辞不受便离开了。于是送给他四匹马的平稳坐车、五匹帛和璧玉以及百镒黄金。淳于髡终身没有做官。

慎到，是赵国人。田骈、接子，是齐国人。环渊，是楚国人。他们都学习黄帝、老子关于道德方面的理论学说，对黄老学说的意旨进行阐述发挥。所以他们都有著述，慎到著有十二篇论文，环渊著有上、下篇，田骈、接子也都有论著。

邹奭，是齐国几位邹子中的一个，他较多地采用邹衍的学说来著述文章。

齐王当时很赏识这些学士，从淳于髡以下的人，都任命为列大夫，给他们开设住宅和宽阔平坦的大道，高门大屋，尊重宠信他们。齐王以此招揽天下诸侯宾客，说齐国能招纳天下的贤能之士。

荀卿，是赵国人。五十岁的时候才到齐国游历讲学。邹衍的学说迂曲夸大而富于雄辩；邹奭的文章完备而难以实施；淳于髡，若与他相处日久，时常学到一些精辟的言论。所以齐国人称颂他们说：“高谈阔论的是邹衍，善于雕饰的是邹奭，智慧无穷的是淳于髡。”田骈等人都已在齐襄王时死去，此时荀卿是年最长、资历深的宗师。当时齐国仍在补充列大夫的缺额，而荀卿三次出任祭酒。后来，齐国有人毁谤荀卿，荀卿就到了楚国，春申君让他担任兰陵令。春申君死后荀卿就被废黜了，便在兰陵安了家。李斯曾是他的学生，后来在秦朝任丞相。荀卿憎恨混乱时代的政治，诸侯国相继灭亡，昏乱的君主也接连失去权力，他们不遵循正道却被装神弄鬼的巫祝所迷惑，相信鬼神降福去灾，庸俗鄙陋的儒生拘泥于琐碎礼节，再加上庄周等人狡猾多辩，败坏风俗，因此荀卿把儒家、墨家、道家的成功和失败，叙述整理写成了几万字的文章，然后便辞世了。死后就葬在兰陵。

当时赵国也有个公孙龙，他曾以“离坚白”之说与惠施的“合同异”之说展开论辩，此外还有剧子的言论；魏国曾有李悝，他提出了完全发挥土地潜力的主张；楚国曾有尸子、长卢，齐国东阿还有一位吁子。自孟子到吁子，世上多流传着他们的著作，所以就不论述它们的内容了。

墨翟，是宋国的大夫，精通防守和抵御的战术，竭力提倡节省。有的人说他与孔子同时，有的人说他在孔子之后。

史记卷七十五

孟尝君列传第十五

孟尝君名文，姓田氏。文之父曰靖郭君田婴。田婴者，齐威王少子而齐宣王庶弟也。田婴自威王时任职用事，与成侯邹忌及田忌将而救韩伐魏。成侯与田忌争宠，成侯卖田忌。田忌惧，袭齐之边邑，不胜，亡走。会威王卒，宣王立，知成侯卖田忌，乃复召田忌以为将。宣王二年，田忌与孙膑、田婴俱伐魏，败之马陵，虏魏太子申而杀魏将庞涓。宣王七年，田婴使于韩、魏，韩、魏服于齐。婴与韩昭侯、魏惠王会齐宣王东阿南，盟而去。明年，复与梁惠王会甄。是岁，梁惠王卒。宣王九年，田婴相齐。齐宣王与魏襄王会徐州而相王也，楚威王闻之，怒田婴。明年，楚伐败齐师于徐州，而使人逐田婴。田婴使张丑说楚威王，威王乃止。田婴相齐十一年，宣王卒，湣王即位。即位三年，而封田婴于薛。

初，田婴有子四十馀人，有贱妾有子名文，文以五月五日生。婴告其母曰："勿举也。"其母窃举生之。及长，其母因兄弟而见其子文于田婴。田婴怒其母曰："吾令若去此子，而敢生之，何也？"文顿首，因曰："君所以不举五月子者，何故？"婴曰："五月子者，长与户齐，将不利其父母。"文曰："人生受命于天乎？将受命于户邪？"婴默然。文曰："必受命于天，君何忧焉？必受命于户，则高其户耳，谁能至者！"婴曰："子休矣。"

久之，文承间问其父婴曰："子之子为何？"曰："为孙。""孙之孙为何？"曰："为玄孙。""玄孙之孙为何？"曰："不能知也。"文曰："君用事相齐，至今三王矣，齐不加广而君私家富累万金，门下不见一贤者。文闻将门必有将，相门必有相。今君后宫蹈绮縠而士不得（短）〔裋〕褐，仆妾馀粱肉而士不厌糟糠。今君又尚厚积馀藏，欲以遗所不知何人，而忘公家之事日损，文窃怪之。"于是婴乃礼文，使主家待宾客。宾客日进，名声闻于诸侯。诸侯皆使人请薛公田婴以文为太子，婴许之。婴卒，谥为靖郭君。而文果代立于薛，是为孟尝君。

孟尝君在薛，招致诸侯宾客，及亡人有罪者，皆归孟尝君。孟尝君舍业厚遇之，以故倾天下之士。食客数千人，无贵贱一与文等。孟尝君待客坐语，而屏风后常有侍史，主记君所与客语，问亲戚居处。客去，孟尝君已使使存问，献遗其亲戚。孟尝君曾待客夜食，有一人蔽火光。客怒，以饭不等，辍食辞去。孟尝君起，自持其饭比之。客惭，自刭。士以此多归孟尝君。孟尝君客无所择，皆善遇之。人人各自以为孟尝君亲己。

秦昭王闻其贤，乃先使泾阳君为质于齐，以求见孟尝君。孟尝君将入秦，宾客莫欲其行，谏，不听。苏代谓曰："今旦代从外来，见木偶人与土偶人相与语。木偶人曰：'天雨，子将败矣。'土偶人曰：'我生于土，败则归土。今天雨，流子而行，未知所止息也。'今秦，虎狼之国也，而君欲往，如有不得还，君得无为土偶人所笑乎？"孟尝君乃止。

齐湣王二十五年，复卒使孟尝君入秦，昭王即以孟尝君为秦相。人或说秦昭王曰："孟尝君贤，而又齐族也，今相秦，必先齐而后秦，秦其危矣。"于是秦昭王乃止。囚孟尝君，谋欲杀之，孟尝君使人抵昭王幸姬求解，幸姬曰："妾愿得君狐白裘。"此时孟尝君有一狐白裘，直千金，天下无双，入秦献之昭王，更无他裘。孟尝君患之，遍问客，莫能对。最下坐有能为狗盗者，曰："臣能得狐白裘。"乃夜为狗，以入秦宫藏中，取所献狐白裘至，以献秦王幸姬。幸姬为言昭王，昭王释孟尝君。孟尝君得出，即驰去，更封传，变名姓以出关。夜半至函谷关。秦昭王后悔出孟尝君，求之，已去，即使人驰传逐之。孟尝君至关，关法鸡鸣而出客，孟尝君恐追至，客之居下坐者有能为鸡鸣，而鸡齐鸣，遂发传出。出如食顷，秦追果至关，已后孟尝君出，乃还。始孟尝君列此二人于宾客，宾客尽羞之，及孟尝君有秦难，卒此二人拔之。自是之后，客皆服。

孟尝君过赵，赵平原君客之。赵人闻孟尝君贤，出观之，皆笑曰："始以薛公为魁然也，今视之，乃眇小丈夫耳。"孟尝君闻之，怒。客与俱者下，斫击杀数百人，遂灭一县以去。

齐湣王不自得，以其遣孟尝君。孟尝君至，则以为齐相，任政。

孟尝君怨秦，将以齐为韩、魏攻楚，因与韩、魏攻秦，而借兵食于西周。苏代为西周谓曰："君以齐为韩、魏攻楚九年，取宛、叶以北以强韩、魏，今复攻秦以益之。韩、魏南无楚忧，西无秦患，则齐危矣。韩、楚必轻齐畏秦，臣为君危之。君不如令弊邑深合于秦，而君无攻，又无借兵食。君临函谷而无攻，令弊邑以君之情谓秦昭王曰'薛公必不破秦以强韩、魏。其攻秦也，欲王之令楚王割东国以与齐，而秦出楚怀王以为和’。君令弊邑以此惠秦，秦得无破而以东国自免也，秦必欲之。楚王得出，必德齐。齐得东国益强，而薛世世无患矣。秦不大弱，而处三晋之西，三晋必重齐。”薛公曰：“善。”因令韩、魏贺秦，使三国无攻，而不借兵食于西周矣。是时，楚怀王入秦，秦留之，故欲必出之。秦不果出楚怀王。

孟尝君相齐，其舍人魏子为孟尝君收邑入，三反而不致一入。孟尝君问之，对曰：“有贤者，窃假与之，以故不致入。”孟尝君怒而退魏子。居数年，人或毁孟尝君于齐湣王曰：“孟尝君将为乱。”及田甲劫湣王，湣王意疑孟尝君，孟尝君乃奔。魏子所与粟贤者闻之，乃上书言孟尝君不作乱，请以身为盟，遂自刭宫门以明孟尝君。湣王乃惊，而踪迹验问，孟尝君果无反谋，乃复召孟尝君。孟尝君因谢病，归老于薛。湣王许之。

其后，秦亡将吕礼相齐，欲困苏代。代乃谓孟尝君曰：“周最于齐，至厚也，而齐王逐之，而听亲弗相吕礼者，欲取秦也。齐、秦合，则亲弗与吕礼重矣。有用，齐、秦必轻君。君不如急北兵趋赵以和秦、魏，收周最以厚行，且反齐王之信，又禁天下之变。齐无秦，则天下集齐，亲弗必走，则齐王孰与为其国也！”于是孟尝君从其计，而吕礼嫉害于孟尝君。

孟尝君惧，乃遗秦相穰侯魏冉书曰：“吾闻秦欲以吕礼收齐，齐，天下之强国也，子必轻矣。齐、秦相取以临三晋，吕礼必并相矣，是子通齐以重吕礼也。若齐免于天下之兵，其仇子必深矣。子不如劝秦王伐齐。齐破，吾请以所得封子。齐破，秦畏晋之强，秦必重子以取晋。晋国弊于齐而畏秦，晋必重子以取秦。是子破齐以为功，挟晋以为重。是子破齐定封，秦、晋交重子。若齐不破，吕礼复用，子必大穷。”于是穰侯言于秦昭王伐齐，而吕礼亡。

后齐湣王灭宋，益骄，欲去孟尝君。孟尝君恐，乃如魏。魏昭王以为相，西合于秦、赵，与燕共伐破齐。齐湣王亡在莒，遂死焉。

齐襄王立，而孟尝君中立(为)〔于〕诸侯，无所属。齐襄王新立，畏孟尝君，与连和，复亲薛公。文卒，谥为孟尝君。诸子争立，而齐、魏共灭薛。孟尝绝嗣无后也。

初，冯驩闻孟尝君好客，蹑蹻而见之。孟尝君曰：“先生远辱，何以教文也？”冯驩曰：“闻君好士，以贫，身归于君。”孟尝君置传舍十日，孟尝君问传舍长曰：“客何所为？”答曰：“冯先生甚贫，犹有一剑耳，又蒯缑。弹其剑而歌曰'长铗归来乎，食无鱼'。"孟尝君迁之幸舍，食有鱼矣。五日，又问传舍长。答曰："客复弹剑而歌曰'长铗归来乎，出无舆'。"孟尝君迁之代舍，出入乘舆车矣。五日，孟尝君复问传舍长。舍长答曰："先生又尝弹剑而歌曰'长铗归来乎，无以为家'。"孟尝君不悦。

居期年，冯驩无所言。孟尝君时相齐，封万户于薛。其食客三千人，邑入不足以奉客。使人出钱于薛，岁馀不入，贷钱者多不能与其息，客奉将不给。孟尝君忧之，问左右："何人可使收债于薛者？"传舍长曰："代舍客冯公形容状貌甚辩，长者，无他伎能，宜可令收债。"孟尝君乃进冯驩而请之曰："宾客不知文不肖，幸临文者三千馀人，邑入不足以奉宾客，故出息钱于薛。薛岁不入，民颇不与其息。今客食恐不给，愿先生责之。"冯驩曰："诺。"辞行。至薛，召取孟尝君钱者皆会，得息钱十万。乃多酿酒，买肥牛，召诸取钱者，能与息者皆来，不能与息者亦来，皆持取钱之券书合之。齐为会，日杀牛置酒。酒酣，乃执券如前合之，能与息者，与为期；贫不能与息者，取其券而烧之。曰："孟尝君所以贷钱者，为民之无者以为本业也；所以求息者，为无以奉客也。今富给者以要期，贫穷者燔券书以捐之。诸君强饮食。有君如此，岂可负哉！"坐者皆起，再拜。

孟尝君闻冯驩烧券书，怒而使使召驩。驩至，孟尝君曰："文食客三千人，故贷钱于薛。文奉邑少，而民尚多不以时与其息，客食恐不足，故请先生收责之。闻先生得钱，即以多具牛酒而烧券书，何？"冯驩曰："然。不多具牛酒即不能毕会，无以知其有馀不足。有馀者，为要期。不足者，虽守而责之十年，息愈多，急，即以逃亡自捐之。若急，终无以偿，上则为君好利不爱士民，下则有离上抵负之名，非所以厉士民彰君声也。焚无用虚债之券，捐不可得之虚计，令薛民亲君而彰君之善声也，君有何疑焉！"孟尝君乃拊手而谢之。

齐王惑于秦、楚之毁，以为孟尝君名高其主而擅齐国之权，遂废孟尝君。诸客见孟尝君废，皆去。冯驩曰："借臣车一乘，可以入秦者，必令君重于国而奉邑益广，可乎？"孟尝君乃约车币而遣之。冯驩乃西说秦王曰："天下之游士凭轼结靷西入秦者，无不欲强秦而弱齐；凭轼结靷东入齐者，无不欲强齐而弱秦。此雄雌之国也，势不两立为雄，雄者得天下矣。"秦王跽而问之曰："何以使秦无为雌而可？"冯驩曰："王亦知齐之废孟尝君乎？"秦王曰："闻之。"冯驩曰："使齐重于天下者，孟尝君也。今齐王以毁废之，其心怨，必背齐；背齐入秦，则齐国之情，人事之诚，尽委之秦，齐地可得也，岂直为雄也！君急使使载币阴迎孟尝君，不可失时也。如有齐觉悟，复用孟尝君，则雌雄之所在未可知也。”秦王大悦，乃遣车十乘黄金百镒以迎孟尝君。冯驩辞以先行，至齐，说齐王曰：“天下之游士凭轼结靷东入齐者，无不欲强齐而弱秦者；凭轼结靷西入秦者，无不欲强秦而弱齐者。夫秦、齐，雄雌之国，秦强则齐弱矣，此势不两雄。今臣窃闻秦遣使车十乘载黄金百镒以迎孟尝君。孟尝君不西则已，西入相秦则天下归之，秦为雄而齐为雌，雌则临淄、即墨危矣。王何不先秦使之未到，复孟尝君，而益与之邑以谢之？孟尝君必喜而受之。秦虽强国，岂可以请人相而迎之哉！折秦之谋，而绝其霸强之略。”齐王曰：“善。”乃使人至境候秦使。秦使车适入齐境，使还驰告之，王召孟尝君而复其相位，而与其故邑之地，又益以千户。秦之使者闻孟尝君复相齐，还车而去矣。

自齐王毁废孟尝君，诸客皆去。后召而复之，冯驩迎之。未到，孟尝君太息叹曰：“文常好客，遇客无所敢失，食客三千有馀人，先生所知也。客见文一日废，皆背文而去，莫顾文者。今赖先生得复其位，客亦有何面目复见文乎！如复见文者，必唾其面而大辱之。”冯驩结辔下拜，孟尝君下车接之，曰：“先生为客谢乎？”冯驩曰：“非为客谢也，为君之言失。夫物有必至，事有固然，君知之乎？”孟尝君曰：“愚不知所谓也。”曰：“生者必有死，物之必至也；富贵多士，贫贱寡友，事之固然也。君独不见夫朝趣市者乎？明旦，侧肩争门而入；日暮之后，过市朝者掉臂而不顾。非好朝而恶暮，所期物忘其中。今君失位，宾客皆去，不足以怨士而徒绝宾客之路。愿君遇客如故。”孟尝君再拜曰：“敬从命矣。闻先生之言，敢不奉教焉。”

太史公曰：吾尝过薛，其俗闾里率多暴桀子弟，与邹、鲁殊。问其故，曰：“孟尝君招致天下任侠、奸人入薛中盖六万馀家矣。”世之传孟尝君好客自喜，名不虚矣。

【译文】

孟尝君，姓田名文。田文的父亲是靖郭君田婴。田婴，是齐威王的小儿子、齐宣王庶母所生的弟弟。田婴从齐威王时起任职掌权，曾与成侯邹忌以及田忌带兵去救援韩国攻伐魏国。成侯和田忌争宠，成侯出卖了田忌。田忌很害怕，袭击齐国的边境，没有取胜，便逃跑了。这时正赶上齐威王去世，宣王即位，宣王知道是成侯陷害田忌，就又召回田忌，让他当将领。宣王二年，田忌跟孙膑、田婴一起攻打魏国，在马陵打败魏军，俘虏了魏太子申，杀了魏国将领庞涓。宣王七年，田婴奉命出使韩国、魏国，其后韩国、魏国归服齐国。田婴陪着韩昭侯、魏惠王在东阿南会见了齐宣王，三国结成盟约后离开。第二年，齐宣王又与梁惠王在甄地会盟。这年，梁惠王去世。宣王九年，田婴担任齐国的丞相。齐宣王与魏襄王在徐州会盟互相尊称为王。楚威王得知此事，对田婴感到很气愤，认为是他一手策划的。第二年，楚国进攻齐国，在徐州打败了齐军，便派人追捕田婴。田婴派张丑去劝说楚威王，楚威王才作罢。田婴在齐国任相十一年，齐宣王去世，齐湣王即位。即位三年后，赐封田婴于薛邑。

当初，田婴有四十多个儿子，他的小妾生了个儿子叫田文，田文是五月五日出生的。田婴告诉田文的母亲说："不要抚养他。"他母亲还是偷偷把他养活了。待他长大后，母亲便通过他的兄弟把田文引见给田婴。田婴见了这个孩子愤怒地对他母亲说："我让你丢掉这个儿子，你竟敢把他养活了，这是为什么？"田文听了立即叩头大拜，接着问："您不抚养五月出生的儿子，是什么缘故？"田婴回答说："五月出生的孩子，长大了身长跟门户一样高，将不利于他的父母。"田文说："人的命运是由上天授予呢，还是由门户授予呢？"田婴沉默不语。田文接着说："如果一定是受命于天，您忧虑什么呢？如果是由门户授予的，那么可以把门户加高，谁还能长到那么高呢？"田婴无言以对便斥责道："你不要说了！"

过了很久，田文寻机问他父亲田婴说："儿子的儿子叫什么？"田婴答道："叫孙子。"田文接着问："孙子的孙子叫什么？"田婴答道："叫玄孙。"田文又问："玄孙的玄孙叫什么？"田婴说："不知道。"田文说："您执掌大权担任齐国宰相，到今天已经历三代君王了，齐国的领土没有增广，可是您的私家财富已积累了上万金，门下也看不到一位贤能之士。我听说，将门必有将，相门必有相。现在您的姬妾可以践踏绫罗绸缎，而士人却穿不上粗布衣服；您的男仆女奴有剩余的饭食肉羹，而士人却连糠菜也吃不饱。现在您还一个劲地多积蓄、多储藏，想把它留给还不知道是谁的什么人，却忘记了国家的事业一天天在削弱。我私下是很奇怪的。"于是从此以后，田婴以父子之礼对待田文，让他主持家事、接待宾客。来往的宾客日益增多，田文的名声也随之传播到了各诸侯国中。各诸侯国都派人来请求田婴立田文为太子，田婴答应了。田婴去世后，追谥靖郭君。田文果然在薛邑继承了田婴的爵位。这就是孟尝君。

孟尝君在薛邑，招徕诸侯宾客以及有罪逃亡的人，很多人归附了孟尝君。孟尝君拿出家财厚待他们，因此天下的士人全都倾心归附。他的食客有几千人，无论贵贱一律和田文相等。孟尝君每次接待宾客，与宾客坐着谈话时，总是在屏风后安排侍从文书，让他记录孟尝君与宾客的谈话内容，记载所问宾客亲戚的住处。宾客刚刚离开，孟尝君已派使者去问候，献上礼物。有一次，孟尝君招待宾客吃晚饭，有个人遮住了灯亮，那个宾客很恼火，以为饭菜不一样，放下碗筷就要辞别而去。孟尝君马上站起来，亲自端着自己的饭食与他的相比，那个宾客惭愧得无地自容，自杀了。贤士们因此有很多人都情愿归附孟尝君。孟尝君对宾客不加选择，一律给予优厚的待遇。所以宾客人人都认为孟尝君亲近自己。

秦昭王听说孟尝君贤能，就先派泾阳君到齐国做人质，来求见孟尝君。孟尝君准备去秦国，而宾客都不赞成他去，规劝他，他没有听。这时宾客苏代对他说："今天早上我从外面来，见到一个木偶与一个泥胚正在交谈。木偶说：'天一下雨，你就要坍毁了。'泥胚说：'我是由泥土生成的，即使坍毁，也是回归到了泥土里。现在天一下雨，水流冲着你跑，不知道你会停留在哪里。'当今的秦国，是个如虎似狼的国家，而您执意前往，如果不能回来，您能不被泥胚嘲笑吗？"孟尝君听后才没有出行。

齐湣王二十五年，再次派孟尝君出使秦国，秦昭王就让孟尝君做秦国的宰相。有人劝说秦王道："孟尝君贤能，而且又是齐国的王族，现在任秦国宰相，谋划事情一定会先替齐国打算，而后才考虑秦国，这样秦国就危险了。"于是秦昭王就罢免了孟尝君的宰相职务，并囚禁了孟尝君，计议想杀孟尝君。孟尝君知道情况危急，就派人求见秦昭王宠幸的爱姬，请求解免。那个宠姬提出条件说："我希望得到孟尝君的白色狐皮裘。"孟尝君来秦国的时候，带有一件白色狐皮裘，价值千金，天下无双，到秦国后献给了昭王，再也没有别的皮裘了。孟尝君为此忧虑，问遍了门客，没有人能想出办法。最后的座位上有个善于伪装成狗盗窃东西的人，说："我能拿到那件白色狐皮裘。"于是当夜伪装成狗，钻入秦国的仓库，取回了献给昭王的那件狐白裘，把它献给了昭王的宠姬。宠姬因此替孟尝君向昭王说情，昭王便释放了孟尝君。孟尝君获释后，立即乘快车逃离，更换了过关的凭证，改了姓名才逃出城关。半夜时到了函谷关。昭王后悔放了孟尝君，派人去找他，发现已经离开了，于是立即派人驾车飞奔去追捕他。孟尝君一行到了函谷关，按照关法规定鸡叫时才能放旅客进出，孟尝君恐怕追兵赶到，万分着急。门客中有个地位较为低下的宾客能够模仿鸡叫，他一学鸡叫，附近的鸡随着一起叫了起来。他们便立即出示了证件逃出函谷关。出关后大约一顿饭的工夫，秦国追兵果然到了函谷关，但孟尝君已经出关了，追兵就返回了。最初孟尝君把这二人列在宾客中时，宾客们全都感到羞耻，等孟尝君在秦国有难时，最后靠着这两个人解救了他。自此以后，宾客们更加佩服孟尝君了。

孟尝君经过赵国，赵国的平原君以客礼待他。赵国人听说孟尝君贤能，出来看他，都笑着说："原来以为薛公孟尝君很魁梧，现在看来，只是个瘦小的男人罢了。"孟尝君听了这些话，大为恼火。和他同行的宾客跳下车，砍杀了数百人，最后毁了一个县才离去。

齐湣王自己觉得不舒服，因为是他派遣孟尝君去秦国的。孟尝君回来后，就让他做了齐国的宰相，执掌国政。

孟尝君怨恨秦国，准备用齐国的力量帮助韩国、魏国攻打楚国，然后因此联合韩国、魏国攻打秦国，为此向西周借武器、军粮。苏代替西周对孟尝君说："您用齐国的力量帮助韩国、魏国攻打楚国已达九年，取得了宛、叶以北的地方，结果使韩、魏两国强大起来，现在又攻打秦国就会越加增强韩、魏的力量。韩国、魏国南边没有楚国忧虑，北边没有秦国的祸患，那样齐国就危险了。韩、魏两国必定会轻视齐国而畏惧秦国，我替您对这种形势感到不安。您不如让我国和秦国加深交往，您不要进攻，也不要借兵器和粮食。您让军队逼近函谷关但不要进攻，让我国把您的情况告诉给秦昭王说：'薛公不会攻破秦国以使韩国、魏国的势力强大。他要进攻秦国，是想要大王让楚王割东国给齐国，并请您把楚怀王释放出来以相媾和。'以此对秦国施以恩惠，秦国能够不被攻破又拿楚国的地盘保全了自己，秦国必定情愿这么办。楚王能够获释，一定会感激齐国。齐国得到了东国自然会日益强大，薛邑也就会世世代代没有忧患了。秦国没有大的削弱，仍然处于三晋的西边，三晋一定会重视齐国。"薛公听了后，立即说："好。"于是让韩、魏朝贺秦国，避免了一场兵灾，使齐、韩、魏三国不再发兵进攻，他也不向西周借兵器和军粮了。当时，楚怀王去到秦国，秦国扣留了他，所以苏代想使秦国释放他。但是秦国并没有这么办。

孟尝君任齐国宰相时，他的舍人魏子替孟尝君收取封邑的租税，三次往返没有收到一点租税。孟尝君问他这是什么缘故，魏子回答说：“有位贤德的人，我私自以您的名义把租税赠给了他，所以没有收回来。”孟尝君大怒，斥退了魏子。几年之后，有人向齐湣王造孟尝君的谣言说：“孟尝君将要作乱。”等到田君甲劫持了湣王，湣王便猜疑是孟尝君策划的，为避免殃祸孟尝君就出逃了。曾经得到魏子赠粮的那位贤人听说此事，就上书说孟尝君不会作乱，并请求以自己的生命发誓，于是在宫门前自杀来证明孟尝君是清白的。齐湣王为之震惊，便追问核查实际情况，孟尝君果然没有反叛阴谋，就又召回孟尝君。孟尝君因此推托有病，请求回到薛邑去养老。湣王答应了他的请求。

此后，秦国的逃亡大将吕礼担任齐国的宰相，他想陷苏代于困境。苏代就对孟尝君说：“周最在齐国时，对齐国非常忠实，可是齐王驱逐了他，而听信亲弗的话让吕礼做了宰相，其原因就是想要讨好秦国。如果齐国、秦国关系好了，那么亲弗和吕礼就会被重用了。他们受到重用，齐国、秦国必定轻视您。您不如急速向北进军，驱使赵国与秦、魏结好，劝齐王重新招回周最，显示您的厚道，这样既可以挽回齐王的信用，又能防止天下各国关系的变化。齐国不去依附秦国，那么各诸侯都会向齐国靠拢，亲弗一定会逃跑，那么除了您之外，齐王还能跟谁一起治理他的国家呢？”于是孟尝君听从了苏代的计谋，因而吕礼非常嫉恨孟尝君。

孟尝君为此很害怕，就给秦国丞相穰侯魏冉写了一封信说：“我听说秦国打算通过吕礼来联合齐国，齐国是天下的大国，如果此事让吕礼做成功了，您在秦国的地位必会下降。那时，如果秦、齐结盟对付韩、赵、魏三国，那么吕礼必定成为秦、齐两国宰相了，这是您结交齐国反而使吕礼的地位显重啊。再说，如果齐国免除了各国军队的威慑，他一定会深深地仇恨您。您不如劝说秦王攻打齐国。齐国被攻破，我会设法请求秦王把所得的齐国土地封给您。齐国被攻破后，秦国畏惧魏国的强大，秦王必定重用您去结交魏国。魏国败于齐国又害怕秦国，它一定要借重您来取悦秦国。那样，您既有打败齐国的功劳，又可挟持魏国提高您的地位；这样您既破齐立功又可得到封邑，使秦、魏两国同时敬重您。如果齐国不被攻破，吕礼再被任用，您一定会陷入极端的困境。”于是穰侯立即劝秦昭王攻打齐国，而吕礼则逃跑了。

后来齐湣王灭掉了宋国，变得更加骄傲，想要除掉孟尝君。孟尝君很害怕，于是去了魏国。魏昭王让他担任宰相，联合西边的秦国、赵国，与燕国一起打败了齐国。齐湣王逃到莒邑，后来就死在那里。齐襄王即位，当时孟尝君在诸侯中保持中立，没有从属于哪个君王。齐襄王由于刚刚即位，畏惧孟尝君，与他连横和好，又与他亲近起来。田文死后，谥号称孟尝君。他的几个儿子争夺继承权，齐、魏两国趁机联合共同灭掉了薛邑。孟尝君家从此断了根，没有了后代。

当初，冯谖听说孟尝君好客，便穿着草鞋来见他。孟尝君说："承蒙先生远道光临，有什么指教我的？"冯谖回答说："听说您喜欢养士，我只是因为贫穷想归附您谋口饭吃。"孟尝君把他安顿在普通客房里，十天后孟尝君询问客房总管说："客人近来做了什么？"总管回答说："冯先生太穷了，只有一把剑，还是草绳缠着剑把。他经常弹着那把剑歌唱'长剑啊，咱们回家吧！吃饭没有鱼。'"孟尝君把冯谖迁到中等客房，吃饭有鱼了。过了五天，孟尝君又向客房总管询问冯谖的情况，总管回答说："客人又弹着剑唱道'长剑啊，咱们回去吧！出门没有车。'"于是孟尝君又把他迁到上等客房，进出都有车子坐。又过了五天，孟尝君再次询问客房总管。客房总管回答说："这位先生又弹着剑唱道'长剑啊，咱们回家吧！没有东西养家。'"孟尝君感到不快。

过了整一年，冯谖没再说什么。孟尝君当时正任齐国宰相，在薛邑受封了一万户人。他的食客有三千人之多，封邑的收入不足以奉养食客，就派人到薛邑贷款放债。当年的收成不好，贷钱的人多数不能偿还利息，食客的奉养将无法供给。孟尝君为此焦虑不安，就问左右侍从："谁可以帮我去薛邑收债呢？"那位客房总管说："上等客房住所里的冯老先生形状相貌好像能言善辩，又是个长者，没有别的技能，派他去收债该是合适的。"孟尝君便找来冯谖并恳求他说："宾客们不知道我无德无能，光临我门下的有三千多人，薛邑的收入不足以奉养宾客，所以在薛邑放债收些利息钱。可是薛邑年景不好，没有收成，百姓多数不能偿付利息。宾客吃饭恐怕都成问题了，希望先生替我前往索取欠债。"冯谖说："好吧。"便告辞前往，到了薛邑，召集借了孟尝君钱的人，得到欠债利息十万钱。他用这笔款项酿了许多酒，买了肥壮的牛，然后召集借钱的人，能偿付利息的都来，不能偿付利息的也来，要求都拿着借钱的证券文书前来以便核对。随即让大家一起参加宴会，每天杀牛摆酒。酒正喝得畅快时，冯谖就拿着契据走到席前一一核对，能还利息的，与其约定好期限；穷得不能偿还利息的，就拿过他们的契据当众烧毁。接着他对大家说："孟尝君之所以向大家贷款，就是为了让没有产业的百姓可以从事生产；他之所以向大家收取利息，是因为没有钱财供养宾客。如今富裕有钱还债的约定日期还债，贫穷无力还债的烧掉契据废弃债务。请各位开怀畅饮吧。有这样的封邑主人，日后怎么能够辜负他呢！”在坐的人都站了起来，一再叩头致谢。

孟尝君听到冯谖烧毁契据的消息，十分恼怒并立即派人召回冯谖。冯谖刚一到，孟尝君就责问道：“我有食客三千人要吃饭，所以我才在薛邑放贷。我的封地收入本来就少，而百姓还多不按时偿还利息，宾客们连吃饭都怕不够用，所以请先生前去收缴欠债。听说先生收到钱后就买了许多牛、酒，而且把契据烧掉了。这是为什么呢？”冯谖回答说：“是这样的。如果不多准备点牛、酒就不能把借债的人全都集合起来，也就没办法了解谁富裕谁贫穷。富裕的，限定他们还债日期。贫穷的，即使坐守催讨十年还是收不上来。利息越来越多，逼急了，他们就会用逃亡的办法赖掉债务。如果催讨紧迫，不仅终究没办法偿还，而且从上说会让您落个贪财好利、不惜百姓的名声，从下说会让您落个背离国君、冒犯君上的罪名，这可不是用来鼓励平民百姓、显扬您名声的办法啊。我烧掉没用的空头借据，废弃有名无实的账簿，是让薛邑的平民百姓亲近您而彰扬您的好名声啊。您有什么可疑惑的呢？”孟尝君听后拍手称绝，于是立即向冯谖道歉。

齐湣王受到秦国和楚国毁谤言论的挑拨，认为孟尝君的名声超过了自己，并且又独揽着齐国政权，于是罢免了孟尝君的官。那些宾客看到孟尝君被罢黜了，一个个都离开了他。只有冯谖为他谋划说：“借给我一辆可以跑到秦国的车子，我一定让您受国家重用，封邑更加宽广。您看可以吗？”于是孟尝君便准备了车辆钱物送冯谖上了路。冯谖就乘车向西到了秦国，游说秦王说：“天下的游说之士驾车向西来到秦国的，没有人不想加强秦国而削弱齐国；乘车向东进入齐国的，没有人不想加强齐国而削弱秦国。这是两个不分雌雄的国家，形势的发展势必不能两者并立为雄，称雄的得天下。”秦王听了长跪着问冯驩说：“您看有什么办法可使秦国成为雄而不成为雌呢？”冯驩回答说：“大王也知道齐王罢了孟尝君的官吧？”秦王说：“听说了。”冯驩说：“使齐国受到天下敬重的，就是孟尝君。齐王因为听信毁谤言论而废黜了他，孟尝君心中无比怨愤，定会背离齐国；他背离齐国进入秦国，那么齐国的国家形势、人事的真实情形也就都将为秦国所掌握。那时您将得到整个齐国的土地，岂止是称雄呢？您应该赶快派人带着礼物暗地里去迎接孟尝君，不能失掉良机啊。如果齐王觉悟了，又任用孟尝君，那么谁是雌、谁是雄就没办法知道了。”秦王听了非常高兴，于是派遣十辆马车载着百镒黄金去迎接孟尝君。冯谖告别了秦王而抢在使者前面赶往齐国，到了齐国，劝说齐王道：“天下游说之士驾车向东来到齐的，没有人不想加强齐国而削弱秦国；乘车向西进入秦国的，没有人不想加强秦国而削弱齐国。秦国与齐国是两个不分雌雄的国家，秦国强大那么齐国必定衰弱，这两个国家势必不能并立称雄。现在我私下得知秦国已经派遣使者带着十辆马车载着百镒黄金来迎接孟尝君了。孟尝君不西去秦国还好，如果他西去担任秦国宰相，那么天下将归附秦国。那时秦国称雄，齐国为雌，那么临淄、即墨就危在旦夕了。大王何不在秦国使者未到之前，恢复孟尝君的官位，再多封给他一些土地来向他表示道歉呢？如果这么做了，孟尝君一定会高兴地接受。秦国虽是强国，又怎么可以到别的国家迎接人家的宰相呢？这样可以挫败秦国的阴谋，断绝它称强称霸的计划。”齐王听后说：“好。”于是派人至西部边境等候秦国使者。秦国使者的车子刚入齐国边境，齐国使臣立即驱车跑回齐国报告齐王，齐王召回孟尝君并且恢复了他的相位，还给了他原来的封邑，并给他增封了千户。秦国的使者听说孟尝君重新担任了齐国的宰相，就调转车头回去了。

自从齐王听信挑拨之言而废黜了孟尝君，那些宾客们都离开了。等后来齐王召回并恢复了孟尝君的官位时，只有冯谖一个人去迎接他。还没到京城的时候，孟尝君深有感触地说：“我素常喜好宾客，接待宾客从不敢有任何失礼之处，食客有三千多人，这是先生您知道的。宾客们看到我一旦被罢黜了，都背弃我离开了，没有一个顾念我的。现在依靠先生我得以恢复相位，那些离去的宾客还有什么脸面再见我呢？如果有再见我的，我一定唾他的脸，狠狠地羞辱他一顿。”冯谖听后收住缰绳，下车给孟尝君磕了个头。孟尝君立即下车还礼拦住，说：“先生是替那些宾客道歉吗？”冯谖说：“不是替宾客道歉，是因为您的话说错了。世上的万物都有其必然的结果，事情都有其常规常理，您知道吗？”孟尝君说：“我不知道您说的是什么意思。”冯谖说：“凡是生命最后一定有死亡的时候，这是必然的归向；富贵的人多宾客，贫贱的人少朋友，事情本来就是这样。您难道单单没看见过赶集市的人吗？天刚亮，人们就侧着肩膀争着向市集里挤去；等到日落天黑，路过市集的人甩着手臂经过连头也不回。不是人们喜欢早晨而厌恶傍晚，而是他们所期望的东西已经不在那里了。如今您失去了官位，宾客都离去，不值得因此就怨恨士人，而平白断绝了他们奔向您的通路。希望您对待宾客像过去一样。”孟尝君拜了又拜说：“愿意遵命。听了先生的话，我怎敢不恭敬地接受教导呢？”

太史公说：我曾经经过薛地，那里的民间多是凶狠残暴的子弟，与邹地、鲁地不同。我问这是什么缘故，那里的人们说：“孟尝君曾经招来天下的豪杰侠客，奸邪的人到薛邑中的大概有六万多家呢。”世间传说孟尝君乐于养客且以此沾沾自喜，的确名不虚传。

史记卷七十六

平原君虞卿列传第十六

平原君赵胜者，赵之诸公子也。诸子中胜最贤，喜宾客，宾客盖至者数千人。平原君相赵惠文王及孝成王，三去相，三复位，封于东武城。

平原君家楼临民家。民家有躄者，槃散行汲。平原君美人居楼上，临见，大笑之。明日，躄者至平原君门，请曰："臣闻君之喜士，士不远千里而至者，以君能贵士而贱妾也。臣不幸有罢癃之病，而君之后宫临而笑臣，臣愿得笑臣者头。"平原君笑应曰："诺。"躄者去，平原君笑曰："观此竖子，乃欲以一笑之故杀吾美人，不亦甚乎！"终不杀。居岁馀，宾客门下舍人稍稍引去者过半。平原君怪之，曰："胜所以待诸君者未尝敢失礼，而去者何多也？门下一人前对曰："以君之不杀笑躄者，以君为爱色而贱士，士即去耳。"于是平原君乃斩笑躄者美人头，自造门进躄者，因谢焉。其后门下乃复稍稍来。是时齐有孟尝，魏有信陵，楚有春申，故争相倾以待士。

秦之围邯郸，赵使平原君求救，合从于楚，约与食客门下有勇力文武备具者二十人偕。平原君曰："使文能取胜，则善矣。文不能取胜，则歃血于华屋之下，必得定从而还。士不外索，取于食客门下足矣。"得十九人，馀无可取者，无以满二十人。门下有毛遂者，前，自赞于平原君曰："遂闻君将合从于楚，约与食客门下二十人偕，不外索。今少一人，愿君即以遂备员而行矣。"平原君曰："先生处胜之门下几年于此矣？"毛遂曰："三年于此矣。"平原君曰："夫贤士之处世也，譬若锥之处囊中，其末立见。今先生处胜之门下三年于此矣，左右未有所称诵，胜未有所闻，是先生无所有也。先生不能，先生留。"毛遂曰："臣乃今日请处囊中耳。使遂早得处囊中，乃颖脱而出，非特其末见而已。"平原君竟与毛遂偕。十九人相与目笑之而未发也。

毛遂比至楚，与十九人论议，十九人皆服。平原君与楚合从，言其利害，日出而言之，日中不决。十九人谓毛遂曰："先生上。"毛遂按剑历阶而上，谓平原君曰："从之利害，两言而决耳。今日出而言从，日中不决，何也？”楚王谓平原君曰：“客何为者也？”平原君曰：“是胜之舍人也。”楚王叱曰：“胡不下！吾乃与而君言，汝何为者也！”毛遂按剑而前曰：“王之所以叱遂者，以楚国之众也。今十步之内，王不得恃楚国之众也，王之命悬于遂手。吾君在前，叱者何也？且遂闻汤以七十里之地王天下，文王以百里之壤而臣诸侯，岂其士卒众多哉！诚能据其势而奋其威。今楚地方五千里，持戟百万，此霸王之资也。以楚之强，天下弗能当。白起，小竖子耳，率数万之众，兴师以与楚战，一战而举鄢、郢，再战而烧夷陵，三战而辱王之先人。此百世之怨，而赵之所羞，而王弗知恶焉。合从者为楚，非为赵也。吾君在前，叱者何也？楚王曰：“唯唯，诚若先生之言，谨奉社稷而以从。”毛遂曰：“从定乎？”楚王曰：“定矣。”毛遂谓楚王之左右曰：“取鸡狗马之血来。”毛遂奉铜盘而跪进之楚王曰：“王当歃血而定从，次者吾君，次者遂。”遂定从于殿上。毛遂左手持盘血而右手招十九人曰：“公相与歃此血于堂下。公等录录，所谓因人成事者也。”

平原君已定从而归，归至于赵，曰：“胜不敢复相士。胜相士多者千人，寡者百数，自以为不失天下之士，今乃于毛先生而失之也。毛先生一至楚，而使赵重于九鼎大吕。毛先生以三寸之舌，强于百万之师。胜不敢复相士。”遂以为上客。

平原君既返赵，楚使春申君将兵赴救赵，魏信陵君亦矫夺晋鄙军往救赵，皆未至。秦急围邯郸，邯郸急，且降，平原君甚患之。邯郸传舍吏子李同说平原君曰：“君不忧赵亡邪？”平原君曰：“赵亡则胜为虏，何为不忧乎？”李同曰：“邯郸之民，炊骨易子而食，可谓急矣，而君之后宫以百数，婢妾被绮縠，馀粱肉，而民褐衣不完，糟糠不厌。民困兵尽，或剡木为矛矢，而君器物钟磬自若。使秦破赵，君安得有此？使赵得全，君何患无有？今君诚能令夫人以下编于士卒之间，分功而作，家之所有尽散以飨士，士方其危苦之时，易德耳。”于是平原君从之，得敢死之士三千人。李同遂与三千人赴秦军，秦军为之却三十里。亦会楚、魏救至，秦兵遂罢，邯郸复存。李同战死，封其父为李侯。

虞卿欲以信陵君之存邯郸为平原君请封。公孙龙闻之，夜驾见平原君曰：“龙闻虞卿欲以信陵君之存邯郸为君请封，有之乎？”平原君曰：“然。”龙曰：“此甚不可。且王举君而相赵者，非以君之智能为赵国无有也。割东武城而封君者，非以君为有功也，而以国人无勋，乃以

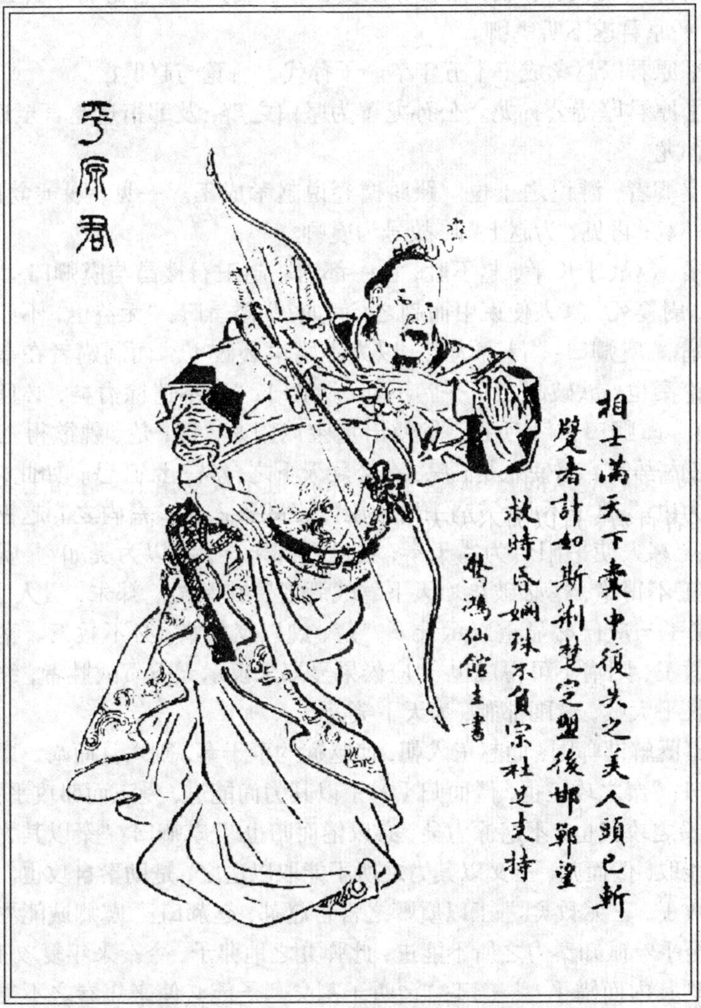

平原君像

君为亲戚故也。君受相印不辞无能，割地不言无功者，亦自以为亲戚故也。今信陵君存邯郸而请封，是亲戚受城而国人计功也。此甚不可。且虞卿操其两权，事成，操右券以责；事不成，以虚名德君。君必勿听也。”平原君遂不听虞卿。

平原君以赵孝成王十五年卒。子孙代。后竟与赵俱亡。

平原君厚待公孙龙。公孙龙善为坚白之辩，及邹衍过赵言至道，乃绌公孙龙。

虞卿者，游说之士也。蹑跻檐簦说赵孝成王。一见，赐黄金百镒，白璧一双；再见，为赵上卿，故号为虞卿。

秦、赵战于长平，赵不胜，亡一都尉。赵王召楼昌与虞卿曰：“军战不胜，尉复死，寡人使束甲而趋之，何如？”楼昌曰：“无益也，不如发重使为媾。”虞卿曰：“昌言媾者，以为不媾军必破也。而制媾者在秦。且王之论秦也，欲破赵之军乎？不邪？”王曰：“秦不遗馀力矣，必且欲破赵军！”虞卿曰：“王听臣，发使出重宝以附楚、魏，楚、魏欲得王之重宝，必内吾使。赵使入楚、魏，秦必疑天下之合从，且必恐。如此，则媾乃可为也。”赵王不听，与平阳君为媾，发郑朱入秦。秦内之。赵王召虞卿曰：“寡人使平阳君为媾于秦，秦已内郑朱矣，卿以为奚如？”虞卿对曰：“王不得媾，军必破矣。天下驾战胜者皆在秦矣。郑朱，贵人也，入秦，秦王与应侯必显重以示天下。楚、魏以赵为媾，必不救王。秦知天下不救王，则媾不可得成也。”应侯果显郑朱以示天下贺战胜者，终不肯媾。长平大败，遂围邯郸，为天下笑。

秦既解邯郸围，而赵王入朝，使赵郝约事于秦，割六县而媾。虞卿谓赵王曰：“秦之攻王也，倦而归乎？王以其力尚能进，爱王而弗攻乎？”王曰：“秦之攻我也，不遗馀力矣，必以倦而归也。”虞卿曰：“秦以其力攻其所不能取，倦而归，王又以其力之所不能取以送之，是助秦自攻也。来年秦复攻王，王无救矣。”王以虞卿之言告赵郝，赵郝曰：“虞卿诚能尽秦力之所至乎？诚知秦力之所不能进，此弹丸之地弗予，令秦来年复攻王，王得无割其内而媾乎？”王曰：“请听子割矣。子能必使来年秦之不复攻我乎？”赵郝对曰：“此非臣之所敢任也。他日三晋之交于秦，相善也。今秦善韩、魏而攻王，王之所以事秦必不如韩、魏也。今臣为足下解负亲之攻，开关通币，齐交韩、魏。至来年而王独取攻于秦，此王之所以事秦必在韩、魏之后也。此非臣之所敢任也。”

王以告虞卿，虞卿对曰："郝言'不媾，来年秦复攻王，王得无割其内而媾乎'。今媾，郝又以不能必秦之不复攻也，今虽割六城何益！来年复攻，又割其力之所不能取而媾，此自尽之术也，不如无媾。秦虽善攻，不能取六县；赵虽不能守，终不失六城。秦倦而归，兵必罢。我以六城收天下以攻罢秦，是我失之于天下而取偿于秦也，吾国尚利，孰与坐而割地自弱以强秦哉？今郝曰'秦善韩、魏而攻赵者，必（以为韩魏不救赵也而王之军必孤有以）王之事秦不如韩、魏也'，是使王岁以六城事秦也，即坐而城尽。来年秦复求割地，王将与之乎？弗与，是弃前功而挑秦祸也；与之，则无地而给之。语曰：'强者善攻，弱者不能守'。今坐而听秦，秦兵不弊而多得地，是强秦而弱赵也。以益强之秦而割愈弱之赵，其计故不止矣。且王之地有尽而秦之求无已，以有尽之地而给无已之求，其势必无赵矣。"

赵王计未定，楼缓从秦来，赵王与楼缓计之，曰："予秦地（何）如毋予，孰吉？"缓辞让曰："此非臣之所能知也。"王曰："虽然，试言公之私。"楼缓对曰："王亦闻夫公甫文伯母乎？公甫文伯仕于鲁，病死，女子为自杀于房中者二人。其母闻之，弗哭也。其相室曰：'焉有子死而弗哭者乎？'其母曰：'孔子，贤人也，逐于鲁，而是人不随也。今死而妇人为之自杀者二人，若是者必其于长者薄而于妇人厚也。'故从母言之，是为贤母；从妻言之，是必不免为妒妻。故其言一也，言者异则人心变矣。今臣新从秦来而言勿予，则非计也；言予之，恐王以臣为为秦也。故不敢对。使臣得为大王计，不如予之。"王曰："诺。"

虞卿闻之，入见王曰："此饰说也，王慎勿予！"楼缓闻之，往见王。王又以虞卿之言告楼缓，楼缓对曰："不然，虞卿得其一，不得其二。夫秦赵构难而天下皆说，何也？曰'吾且因强而乘弱矣'。今赵兵困于秦，天下之贺战胜者则必尽在于秦矣。故不如亟割地为和，以疑天下而慰秦之心。不然，天下将因秦之强，乘赵之弊，瓜分之。赵且亡，何秦之图乎？故曰虞卿得其一，不得其二。愿王以此决之，勿复计也。"

虞卿闻之，往见王曰："危哉楼子之所以为秦者！是愈疑天下，而何慰秦之心哉？独不言其示天下弱乎？且臣言勿予者，非固勿予而已也。秦索六城于王，而王以六城赂齐。齐，秦之深仇也，得王之六城，并力西击秦，齐之听王，不待辞之毕也。则是王失之于齐而取偿于秦也，而齐、赵之深仇可以报矣，而示天下有能为也。王以此发声，兵未窥于境，臣见秦之重赂至赵而反媾于王也。从秦为媾，韩、魏闻之，必尽重王；重王，必出重宝以先于王。则是王一举而结三国之亲，而与秦易道也。”赵王曰：“善。”则使虞卿东见齐王，与之谋秦。虞卿未返，秦使者已在赵矣。楼缓闻之，亡去。赵于是封虞卿以一城。

居顷之，而魏请为从。赵孝成王召虞卿谋。过平原君，平原君曰：“愿卿之论从也。”虞卿入见王。王曰：“魏请从。”对曰：“魏过。”王曰：“寡人固未之许。”对曰：“王过。”王曰：“魏请从，卿曰魏过，寡人未之许，又曰寡人过。然则从终不可乎？”对曰：“臣闻小国之与大国从事也，有利则大国受其福，有败则小国受其祸。今魏以小国请其祸，而王以大国辞其福，臣故曰王过，魏亦过。窃以为从便。”王曰：“善。”乃合魏为从。

虞卿既以魏齐之故，不重万户侯卿相之印，与魏齐间行，卒去赵，困于梁。魏齐已死，不得意，乃著书，上采《春秋》，下观近世，曰《节义》《称号》《揣摩》《政谋》，凡八篇。以刺讥国家得失，世传之曰《虞氏春秋》。

太史公曰：平原君，翩翩浊世之佳公子也，然未睹大体。鄙语曰“利令智昏”，平原君贪冯亭邪说，使赵陷长平兵四十馀万众，邯郸几亡。虞卿料事揣情，为赵画策，何其工也！及不忍魏齐，卒困于大梁，庸夫且知其不可，况贤人乎？然虞卿非穷愁，亦不能著书以自见于后世云。

【译文】

平原君赵胜，是赵国的一位公子。在诸多公子中赵胜最为贤能，喜好宾客，他门下的宾客大约有几千人。平原君担任过赵惠文王和孝成王的宰相，曾三次离开相位，又三次恢复原职，他的封地在东武城。

平原君家的高楼靠近一户老百姓家。这家有个跛子，总是一瘸一拐地出外打水。平原君的美妾住在楼上，向下看到这情景，就哈哈大笑起来。第二天，这位跛子找上平原君的家门来，请求道：“我听说您喜爱士人，士人不远千里来这里，就是因为您看重士人而卑视姬妾啊。我不幸有病致残，可是您的姬妾却在高楼上讥笑我，我希望得到讥笑我的人的脑袋。”平原君笑着应答说：“好吧。”等那个跛子离开后，平原君又笑着说：“看看这小子，就因为笑了一下而想杀了我的爱妾，不也太过分了吗？”终究没有杀小妾。过了一年多，宾客以及有差使的食客陆陆续续地离开了一多半。平原君对这种情况感到很奇怪，说："我赵胜对待各位先生不曾有失礼的地方，离开的人怎么这样多呢？"一个门客走上前去回答说："因为您不杀讥笑跛子的那个妾，大家认为您喜好美色，轻视士人，所以士人就纷纷离去了。"于是平原君就斩下讥笑跛子的那个爱妾的头，亲自登门献给跛子，趁机向他道歉。从此以后，原来门下的客人就又陆陆续续地回来了。当时，齐国有孟尝君，魏国有信陵君，楚国有春申君，他们都好客养士，因此争相尽其所能招纳士人。

秦军围攻邯郸时，赵国派平原君去求救，与楚国纵向联合联兵抗秦，平原君邀集了勇猛有力、文武兼备的食客二十人一同前往楚国。平原君说："假如能通过谈判取得成功，那就好了。如果不能通过谈判取得成功，那么也要挟制楚王在大庭广众之下把盟约确定下来，一定要订好合纵条约才回来。同去的文武之士不必到外面去寻找，从我门下的食客中选取就行了。"结果选得十九人，其余再找不到合适的，没有办法凑足二十人。这时门下食客中有个叫毛遂的人，径自走到前面来，向平原君自我推荐说："我听说您将要与楚国联合，商定与食客门人二十人一同去，人员不到外面寻找。现在还少一个人，希望您就用我充数前去吧。"平原君问道："先生在我门下有几年了？"毛遂回答道："到现在整整三年了。"平原君说："有才能的贤士生活在世上，就如同锥子放在口袋里，它的锋尖立刻就会露出来。如今先生在我门下已经有三年了，我左右的近臣们从没有称赞推荐过你，我也从来没听说过你，这是因为先生没有所长啊。先生不能去，先生留下吧。"毛遂说："我今天就是请求放在口袋里呀。假使我早就被放在口袋里，就会把整个锥头都露出来，不单是锥尖露出来而已。"平原君终于同意让毛遂一同去。那十九个人都相视一笑，暗暗嘲笑毛遂，只是没有抛弃他。

等到毛遂到了楚国，与那十九个人议论天下局势，十九个人都佩服他。平原君与楚王谈判订立合纵盟约的事，说明利害，从日出谈起，到了中午还没有决定下来，那十九个人对毛遂说："先生上吧。"于是毛遂握着剑柄一步一阶地走上殿堂，对平原君说："谈合纵不是'利'就是'害'，只两句话罢了。现在从日出时就谈合纵，到了中午还决定不下来，是为什么？"楚王见此，对平原君说："这位客人是干什么的？"平原君回答说："这是我的随从家臣。"楚王厉声呵叱道："为什么不退下！我与你的主人谈判，你来干什么？"毛遂紧握剑柄走向前去说："大王敢呵叱我，不过是倚仗楚国人多势众。现在我与你相距只有十步，十步之内大王就不能凭着楚国人多了，大王的性命控制在我手上。我的主人就在面前，当着他的面你为什么这样呵叱我？何况我听说商汤凭着七十里的土地就统治了天下，周文王凭着百里大小的土地使天下诸侯臣服。难道是他们士兵众多吗？实际上是因为他们善于掌握形势而发挥自己的威力啊。如今楚国领土纵横五千里，士兵百万，这是争王称霸的资本。凭着楚国如此强大，天下没有能抵挡的。秦国的白起，不过是个小小子罢了，他带着几万人的部队，发兵与楚国交战，一战就攻下楚都，再战又烧了夷陵，三战就侮辱了大王的祖先。这是楚国百世不解的怨仇，连赵王都感羞耻，可是大王却不觉得羞愧。合纵的目地是为了楚国，不单是为了赵国。我的主人就在面前，你又呵叱什么呢？”楚王听了立即改变态度说：“是，是，确实像先生说的那样，我一定竭尽全国的力量来订立合纵盟约。”毛遂进一步逼问道：“合纵盟约定下来了吗？”楚王回答说：“定下来了。”于是毛遂对楚王的左右近臣说：“把鸡、狗、马的血取来。”毛遂双手捧着铜盘跪下把它进献到楚王面前说：“大王应当歃血订下合纵盟约，下一个是我的主人，再下一个是我。”就这样，在楚国的殿堂上确定了合纵盟约。这时毛遂左手托起一盘血，右手招呼那十九个人说：“你们就在堂下歃血吧，各位虽然平庸，可也算完成了任务，这就是所说的依赖别人的力量来完成事吧。”

平原君订立了合纵盟约便返回赵国，回到赵国后，说：“我不敢再观察识别人才了。我观察士人多说有上千人，少说有上百人，自认为不会遗漏天下的贤能之士，现在却把毛先生给漏下了。毛先生一次到楚国，就使赵国的威望比传国的九鼎大吕还尊贵。毛先生凭着他那一张能言善辩的嘴，胜过了百万大军。我不敢再观察识别人才了。”于是把毛遂尊为上宾。

平原君回到赵国后，楚国派春申君领兵前来救援赵国，魏国的信陵君也假托君命夺了晋鄙军权带兵前去救援赵国，可是还没有赶到。这时秦军加紧围攻邯郸，邯郸告急，将要投降，平原君非常担忧此事。邯郸宾馆吏员的儿子李同劝说平原君道：“您不担忧赵国灭亡吗？”平原君说：“我就要成俘虏了，怎么不担忧呢？”李同说：“邯郸的百姓，用死人骨头烧火，交换孩子当饭吃，可以说危急至极了，可是您的姬妾数以百计，侍女穿着丝绸绣衣，精美饭菜吃不了，而百姓们连粗布衣服都穿不完整，糟糠都吃不饱。百姓困乏，兵器用尽，有的人削尖木头当长矛箭矢，可是您却享用器物、钟磬照旧。假使秦军攻破赵国，您哪还能这样？假若赵国得以保全，您又何愁没有这些东西呢？现在您果真能把夫人以下的人都编到士卒中间，分别承担守城劳役，把家里所有的东西全部散发来犒劳士兵，士兵正当危急困苦之时，很容易感恩戴德。”于是平原君采纳了李同的意见，得到敢死的士兵三千人。李同就加入了三千人前去与秦军决战，秦军为此后退了三十里。这时正好楚、魏两国的救兵也到了，秦军便撤走了，邯郸得以保存下来。李同在与秦军作战时阵亡，赵王就封他的父亲为李侯。

虞卿想凭着信陵君保存邯郸的功劳给平原君请封。公孙龙得知这个消息，就连夜乘车去见平原君说：“我听说虞卿想要以信陵君出兵救赵保存了邯郸为理由替您请求增加封邑，有这回事吗？”平原君回答说：“有的。”公孙龙说：“这非常不恰当。国君选拔您做赵国的宰相，并不是因为您的智慧才能是赵国别人没有的。划出东武城封赐给您，不是因为您一个人有功劳而认为国人都没有功劳，只是由于您是国君近亲的缘故啊。您接受相印并不因自己无能而推辞，割地加封也不说自己没有功劳而拒绝，也是由于您认为自己是国君的近亲的缘故啊。如今信陵君出兵保存了邯郸而您要求增加封邑，这是凭亲戚之名来接受城邑，又以一个普通人的身份来计算功劳啊。这显然是很不合适的。况且虞卿掌握着办事成功与不成功的两头主动权。事情成功了，他会像债主一样拿着胜券来向您讨债；事情不成功，他又会拿着为您争功求封的虚名来让您感激他。您一定不要听从他的意见。”平原君于是没有听从虞卿的建议。

平原君在赵孝成王十五年的时候去世，他的子孙世代承袭他的封爵，最后终于与赵国一起灭亡了。

平原君对待公孙龙很是优厚。公孙龙善于进行“离坚白”命题的论辩，等到邹衍访问赵国，纵论至高的大道，驳斥了公孙龙的名辩命题后，平原君便冷淡了公孙龙。

虞卿是个能言善辩之士，他脚穿草鞋，肩搭雨伞，去游说赵孝成王。第一次拜见赵王，赵王便赐给他百镒黄金、白璧一对；第二次拜见赵王，就成为了赵国的上卿，所以称为虞卿。

秦、赵两国在长平交战，赵国初战不利，损失一员都尉。赵王召来楼昌和虞卿计议说：“我军初战不利，都尉又死了，我打算集中长平所有的军队袭击秦军，你们看怎么样？”楼昌说：“这没有好处，不如派重要使臣去讲和。”虞卿说：“楼昌主张求和的原因，是认为不讲和军队必被击败。

可是决定是否讲和在于秦国一方。而且大王您估计一下秦国的作战意图，他们是想击败我们呢，还是不想呢？”赵王回答说：“秦国攻打我们已经不遗余力，必定是想要击败赵军。”虞卿接着说：“大王听从我的话，派出使臣拿上贵重的珍宝去联合楚、魏两国，楚、魏两国想得到大王的贵重珍宝，一定会接纳我们的使臣。赵国使臣进入楚、魏两国，秦国必定会怀疑天下要合纵，将必定很恐慌。这样，和谈才能进行。”赵王没有听从，与平阳君决定讲和，就派郑朱先到秦国联系。秦国接纳了郑朱。赵王又召见虞卿说：“我派平阳君去与秦国讲和，秦国已经接纳了郑朱，您认为怎么样？”虞卿回答说：“大王的和谈不能成功，军队一定会被攻破。天下诸侯祝贺秦国获胜的使臣都在秦国了。郑朱是个显贵之人，他进入秦国，秦王和应侯一定会张扬此事以宣示天下。楚、魏两国认为赵国到秦国求和，必定不会救援大王。秦国知道天下诸侯不会救援大王，那么讲和不可能成功。”应侯果然把郑朱来到秦国这件事大加宣扬而给天下诸侯祝贺秦国获胜的使臣们看，终究不肯和谈。赵军在长平大败，于是邯郸被围困，整个赵国被天下人所耻笑。

秦国解除了对邯郸的包围后，赵王准备去秦国拜见秦王，就派赵郝到秦国去订约结交，割让六个县而讲和。虞卿对赵王说：“大王您看，秦国进攻大王，是因为打得疲顿了才撤回呢，还是他们有力量进攻，只是爱惜大王而不进攻呢？”赵王回答说：“秦国攻打我国，不遗余力，一定是因为打得疲惫了才撤回的。”虞卿说：“秦国用它的全部力量进攻它所不能夺取的土地，结果打得疲顿而回，可大王又把秦国兵力不能夺取的土地白送给它，这是帮助秦国进攻自己啊。明年秦国又进攻大王，大王就无法自救了。”赵王把虞卿的话告诉了赵郝。赵郝说：“虞卿真的能完全知道秦国力量的底细吗？真的知道秦国的力量不能进攻，这么一块弹丸之地不给它，让秦国明年再来进攻大王，那时大王岂不是要割让腹地给它来求和吗？”赵王说：“我听从你的意见割让六县了，你能保证秦国明年一定不再攻打我们吗？”赵郝回答说：“这个可不是我所敢承担的事情。过去韩、赵、魏三国与秦国交往，彼此亲善。现在秦国对韩、魏两国亲善而进攻大王，这是赵国侍奉秦国必定不如韩国、魏国的缘故。现在我替您解除因背弃与秦国亲善关系而招致的进攻，开放边关，互通贸易，与秦国的交好程度同韩、魏两国一样，若到了来年大王如果单单被秦国进攻，这一定是大王侍奉秦国的心意又落在韩、魏两国的后面了。这不是我敢负责的。”

赵王把赵郝的话告诉了虞卿。虞卿回答说:“赵郝说‘不讲和,明年秦国再来进攻大王,大王岂不是要割让腹地给它来求和吗’。现在讲和,赵郝又不能保证一定使秦国不再进攻。那么现在即使割让六个城邑,又有什么好处?明年再来进攻,割让秦国国力不能夺取的土地来讲和。这是自取灭亡的办法,所以不如不讲和。秦国虽然善于进攻,也不能轻易地夺取六个县;赵国虽然不能防守,终究不会丧失六座城。秦国疲顿而撤兵,军队必然疲软。我们用六座城邑说服天下诸侯去进攻疲软的秦军,这是我国在天下诸侯那里失去六座城而在秦国那里得到补偿。我国还可得到好处,这与白白地割让土地,削弱自己来壮大秦国哪一个好呢?现在赵郝说‘秦国与韩、魏两国亲善而进攻赵国的原因,一定是大王侍奉秦国的心意不如韩、魏两国’,这是让大王每年用六座城侍奉秦国,而坐视城邑被割让完。明年秦国又要求割地,大王还给它吗?不给,这是前功尽弃并挑起秦国进军的战祸;给它,也就无地可给了。俗话说:‘强者善攻,弱者不能守。’现在平白地听任秦国摆布,秦国军队毫不费力便可多得土地,这是壮大秦国削弱赵国啊。让更强大的秦国来宰割更弱小的赵国,秦国年年谋取赵国土地的打算因而就不会停止了。何况大王的土地有穷尽而秦国的要求无止境,拿有限的赵国土地去满足秦国无限的欲求,那势必不会再有赵国了。”

赵王的计议还没有决定,楼缓从秦国回到赵国,赵王与楼缓商议这个问题,说:“给秦国土地与不给,哪一种好?”楼缓推辞说:“这不是我能知道的。”赵王说:“虽然这么说,请说说您私下的个人意见。”楼缓便回答说:“大王也听说过那个公甫文伯母亲的事吗?公甫文伯在鲁国做官,病死了,妻妾中为他在卧房中自杀的有两个人。他的母亲听到这件事,没有哭。有个帮着料理家务的人说:‘哪有儿子死了而母亲不哭的呢?’他的母亲说:‘孔子是个大贤人,被鲁国驱逐,可是这个人没有跟随他。现在他死了而妻妾为他自杀的有两人,像这样一定是他对长者感情淡薄而对妇人感情深厚。’所以从他母亲的角度说,这是个贤良的母亲。若由妻子说出这样的话,这一定免不了被人说是嫉妒了。所以说的话虽然都一样,但由于说话的人不同,别人的看法也就不一样了。现在我刚刚从秦国来,如果说不给,那不是好办法;如果说给它,恐怕大王会认为我是替秦国说话,所以我不敢回答。如果真是为大王考虑,不如给它的好。”赵王听后说:“好。”

虞卿听到这件事，入宫拜见赵王说：“这是虚伪的辩说，大王千万小心不要给土地！”楼缓听说了，就去拜见赵王。赵王把虞卿的话告诉了楼缓。楼缓说：“不对，虞卿知其一，不知其二。秦国、赵国交战，天下都高兴，这是为什么？说‘我们将借强国来欺弱国’。如今赵国军队被秦军围困，天下诸侯祝贺获胜的人必定都在秦国了。所以不如赶快割地讲和，让天下人怀疑秦、赵已经交好，并且能宽慰秦国的心。不然的话，天下诸侯将借着秦国的怨怒，趁着赵国的疲困，瓜分赵国。赵国将要灭亡，还如何图谋秦国呢？所以说虞卿知其一，不知其二。希望大王就这样决定下来，不要再考虑了。”

虞卿听说后，去拜见赵王说：“危险了，楼缓这是在为秦国帮忙，这样做只会让天下诸侯更加怀疑我们了，又怎么能宽慰秦国呢？他为什么偏偏不说这么做就是向天下诸侯示弱呢？再说我所主张不给秦国土地，并不是坚决不给土地就算了。秦国向大王索取六个城邑，而大王可以把这六个城邑送给齐国。齐国是秦国的死对头，得到大王的六个城邑，就可以与赵国合力攻打秦国，齐王倾听大王的计谋，不用等到话说完就会同意的。这样大王虽然在齐国方面失去了六个城邑却可以在秦国方面得到补偿。这样做，齐国、赵国的深仇也可以报了，而且又向天下诸侯显示赵王是有作为的。大王只要把齐、赵两国结盟的事声扬出去，那就不用等到我们的军队到达秦国边境，我就可以看到秦国带着重礼来赵国反过来向大王求和了。一旦跟秦王讲和，韩、魏两国听到消息，必定尽力敬重大王；既要敬重大王，就一定会拿出重宝争先送给大王。这样大王一举就可以与韩、魏、齐三国结交亲善，从而与秦国改换了处事的位置。”赵王听后说：“好极了。”就派虞卿向东去拜见齐王，与齐王商议一起对付秦国。虞卿还没返回赵国，秦国的使臣已经在赵国了。楼缓听到这个消息，立即逃跑了。赵王于是把一座城邑封给了虞卿。

过了些日子，魏国请求与赵国联合。赵孝成王就召虞卿来商议这件事。虞卿先去拜访了平原君，平原君说：“希望听您讲讲合纵的好处。”虞卿入宫拜见赵王。赵王说：“魏国请求与我们联合。”虞卿说：“魏国错了。”赵王说：“我没有立即答应它。”虞卿说：“大王错了。”赵王说：“魏国请求合纵，您说魏国错了；我没有答应它，您又说我错了。既然这样，那么合纵终究不可行吗？”虞卿回答说：“我听说小国跟大国一起办事，有好处就由大国享用成果，有坏处就由小国承担灾祸。现在魏国因为是小国却愿意遭殃，可是大王因为是大国却推辞不受好处，我因此说大王错了，魏国也错了。我私下认为合纵有好处。”赵王说：“好。”于是就同魏国建立了合纵联盟。

虞卿因为魏国宰相魏齐的缘故，不看重万户侯的爵位和卿相大印，陪着魏齐一起从小路逃走离开了赵国，被困在魏国大梁。魏齐死后，虞卿很不得意，就著书立说，上从《春秋》书中搜集，下从近代的世情中考察，写了《节义》《称号》《揣摩》《政谋》等共八篇文章，用来评述国家政治的成功与失败，流传于世，人们称之为《虞氏春秋》。

太史公说：平原君是乱世时代风流洒脱、有才气的公子，但是不能识大局。俗话说“利令智昏”，平原君相信冯亭的邪说，贪图他献出的上党，致使赵国被活埋在长平的士兵多达四十多万人，邯郸几乎沦陷。虞卿预料大事揣摩情况，为赵国出谋划策，多么周密巧妙啊！到后来不忍心看着魏齐被人追杀，终于被困在大梁，庸人还知道这样做不行，何况贤人呢？但是虞卿若不是穷困忧愁，也就不能著书立说而使自己的名字流传于后世了。

史记卷七十七

魏公子列传第十七

魏公子无忌者，魏昭王少子而魏安釐王异母弟也。昭王薨，安釐王即位，封公子为信陵君。是时范雎亡魏相秦，以怨魏齐故，秦兵围大梁，破魏华阳下军，走芒卯。魏王及公子患之。

公子为人仁而下士，士无贤不肖皆谦而礼交之，不敢以其富贵骄士。士以此方数千里争往归之，致食客三千人。当是时，诸侯以公子贤，多客，不敢加兵谋魏十馀年。

公子与魏王博，而北境传举烽，言“赵寇至，且入界”。魏王释博，欲召大臣谋。公子止王曰：“赵王田猎耳，非为寇也。”复博如故。王恐，心不在博。居顷，复从北方来传言曰：“赵王猎耳，非为寇也。”魏王大惊，曰：“公子何以知之？”公子曰：“臣之客有能探得赵王阴事者，赵王所为，客辄以报臣，臣以此知之。”是后魏王畏公子之贤能，不敢任公子以国政。

魏有隐士曰侯嬴，年七十，家贫，为大梁夷门监者。公子闻之，往请，欲厚遗之。不肯受，曰：“臣修身洁行数十年，终不以监门困故而受公子财。”公子于是乃置酒大会宾客。坐定，公子从车骑，虚左，自迎夷门侯生。侯生摄弊衣冠，直上载公子上坐，不让，欲以观公子。公子执辔愈恭。侯生又谓公子曰：“臣有客在市屠中，愿枉车骑过之。”公子引车入市，侯生下见其客朱亥，俾倪，故久立与其客语，微察公子。公子颜色愈和。当是时，魏将相宗室宾客满堂，待公子举酒。市人皆观公子执辔，从骑皆窃骂侯生。侯生视公子色终不变，乃谢客就车。至家，公子引侯生坐上坐，遍赞宾客，宾客皆惊。酒酣，公子起，为寿侯生前。侯生因谓公子曰：“今日嬴之为公子亦足矣。嬴乃夷门抱关者也，而公子亲枉车骑，自迎嬴于众人广坐之中，不宜有所过，今公子故过之。然嬴欲就公子之名，故久立公子车骑市中，过客以观公子，公子愈恭。市人皆以嬴为小人，而以公子为长者能下士也。”于是罢酒，侯生遂为上客。

侯生谓公子曰：“臣所过屠者朱亥，此子贤者，世莫能知，故隐屠间耳。”公子往数请之，朱亥故不复谢，公子怪之。

魏安釐王二十年，秦昭王已破赵长平军，又进兵围邯郸。公子姊为赵惠文王弟平原君夫人，数遗魏王及公子书，请救于魏。魏王使将军晋鄙将十万众救赵。秦王使使者告魏王曰："吾攻赵旦暮且下，而诸侯敢救者，已拔赵，必移兵先击之。"魏王恐，使人止晋鄙，留军壁邺，名为救赵，实持两端以观望。平原君使者冠盖相属于魏，让魏公子曰："胜所以自附为婚姻者，以公子之高义，为能急人之困。今邯郸旦暮降秦而魏救不至，安在公子能急人之困也！且公子纵轻胜，弃之降秦，独不怜公子姊邪？"公子患之，数请魏王，及宾客辩士说王万端。魏王畏秦，终不听公子。公子自度终不能得之于王，计不独生而令赵亡，乃请宾客，约车骑百馀乘，欲以客往赴秦军，与赵俱死。

行过夷门，见侯生，具告所以欲死秦军状。辞决而行，侯生曰："公子勉之矣，老臣不能从。"公子行数里，心不快，曰："吾所以待侯生者备矣，天下莫不闻。今吾且死而侯生曾无一言半辞送我，我岂有所失哉？"复引车还，问侯生。侯生笑曰："臣固知公子之还也。"曰："公子喜士，名闻天下。今有难，无他端而欲赴秦军，譬若以肉投馁虎，何功之有哉？尚安事客？然公子遇臣厚，公子往而臣不送，以是知公子恨之复返也。"公子再拜，因问。侯生乃屏人间语，曰："嬴闻晋鄙之兵符常在王卧内，而如姬最幸，出入王卧内，力能窃之。嬴闻如姬父为人所杀，如姬资之三年，自王以下欲求报其父仇，莫能得。如姬为公子泣，公子使客斩其仇头，敬进如姬。如姬之欲为公子死无所辞，顾未有路耳。公子诚一开口请如姬，如姬必许诺，则得虎符夺晋鄙军，北救赵而西却秦，此五霸之伐也。"公子从其计，请如姬。如姬果盗晋鄙兵符与公子。

公子行，侯生曰："将在外，主令有所不受，以便国家。公子即合符，而晋鄙不授公子兵而复请之，事必危矣。臣客屠者朱亥可与俱，此人力士。晋鄙听，大善；不听，可使击之。"于是公子泣。侯生曰："公子畏死耶？何泣也？"公子曰："晋鄙嚄唶宿将，往恐不听，必当杀之，是以泣耳，岂畏死哉？"于是公子请朱亥。朱亥笑曰："臣乃市井鼓刀屠者，而公子亲数存之，所以不报谢者，以为小礼无所用。今公子有急，此乃臣效命之秋也。"遂与公子俱。公子过谢侯生，侯生曰："臣宜从，老不能。请数公子行日，以至晋鄙军之日，北乡自刭，以送公子。"公子遂行。

至邺，矫魏王令代晋鄙。晋鄙合符，疑之，举手视公子曰："今吾拥十万之众，屯于境上，国之重任，今单车来代之，何如哉？"欲无听。朱亥袖四十斤铁椎，椎杀晋鄙，公子遂将晋鄙军。勒兵下令军中曰：“父子俱在军中，父归；兄弟俱在军中，兄归；独子无兄弟，归养。”得选兵八万人，进兵击秦军。秦军解去，遂救邯郸，存赵。赵王及平原君自迎公子于界，平原君负韊矢为公子先引。赵王再拜曰：“自古贤人未有及公子者也。”当此之时，平原君不敢自比于人。公子与侯生决，至军，侯生果北乡自刭。

魏王怒公子之盗其兵符矫杀晋鄙，公子亦自知也。已却秦存赵，使将将其军归魏。而公子独与客留赵。赵孝成王德公子之矫夺晋鄙兵而存赵，乃与平原君计，以五城封公子。公子闻之，意骄矜而有自功之色。客有说公子曰：“物有不可忘，或有不可不忘。夫人有德于公子，公子不可忘也；公子有德于人，愿公子忘之也。且矫魏王令夺晋鄙兵以救赵，于赵则有功矣，于魏则未为忠臣也。公子乃自骄而功之，窃为公子不取也。”于是公子立自责，似若无所容者。赵王扫除自迎，执主人之礼，引公子就西阶；公子侧行辞让，从东阶上。自言罪过，以负于魏，无功于赵。赵王侍酒至暮，口不忍献五城，以公子退让也。公子竟留赵。赵王以鄗为公子汤沐邑，魏亦复以信陵奉公子。公子留赵。

公子闻赵有处士毛公藏于博徒，薛公藏于卖浆家，公子欲见两人，两人自匿，不肯见公子。公子闻所在，乃间步往从此两人游，甚欢。平原君闻之，谓其夫人曰：“始吾闻夫人弟公子天下无双，今吾闻之，乃妄从博徒卖浆者游。公子妄人耳。”夫人以告公子。公子乃谢夫人去，曰：“始吾闻平原君贤，故负魏王而救赵，以称平原君。平原君之游，徒豪举耳，不求士也。无忌自在大梁时，常闻此两人贤，至赵，恐不得见。以无忌从之游，尚恐其不我欲也，今平原君乃以为羞，其不足从游。”乃装为去。夫人具以语平原君，平原君乃免冠谢，固留公子。平原君门下闻之，半去平原君归公子。天下士复往归公子。公子倾平原君客。

公子留赵十年不归。秦闻公子在赵，日夜出兵东伐魏。魏王患之，使使往请公子。公子恐其怒之，乃诫门下：“有敢为魏王使通者，死。”宾客皆背魏之赵，莫敢劝公子归。毛公、薛公两人往见公子曰：“公子所以重于赵，名闻诸侯者，徒以有魏也。今秦攻魏，魏急而公子不恤，使秦破大梁而夷先王之宗庙，公子当何面目立天下乎？”语未及卒，公子立变色，告车趣驾归救魏。

魏王见公子，相与泣，而以上将军印授公子，公子遂将。魏安釐王三十年，公子使使遍告诸侯。诸侯闻公子将，各遣将将兵救魏。公子率五国之兵破秦军于河外，走蒙骜。遂乘胜逐秦军至函谷关，抑秦兵，秦兵不敢出。当是时，公子威振天下，诸侯之客进兵法，公子皆名之，故世俗称《魏公子兵法》。

秦王患之，乃行金万斤于魏，求晋鄙客，令毁公子于魏王曰："公子亡在外十年矣，今为魏将，诸侯将皆属，诸侯徒闻魏公子，不闻魏王。公子亦欲因此时定南面而王，诸侯畏公子之威，方欲共立之。"秦数使反间，伪贺公子得立为魏王未也。魏王日闻其毁，不能不信，后果使人代公子将。公子自知再以毁废，乃谢病不朝，与宾客为长夜饮，饮醇酒，多近妇女。日夜为乐饮者四岁，竟病酒而卒。其岁，魏安釐王亦薨。

秦闻公子死，使蒙骜攻魏，拔二十城，初置东郡。其后秦稍蚕食魏，十八岁而虏魏王，屠大梁。

高祖始微少时，数闻公子贤。及即天子位，每过大梁，常祠公子。高祖十二年，从击黥布还，为公子置守冢五家，世世岁以四时奉祠公子。

太史公曰：吾过大梁之墟，求问其所谓夷门。夷门者，城之东门也。天下诸公子亦有喜士者矣，然信陵君之接岩穴隐者，不耻下交，有以也。名冠诸侯，不虚耳。高祖每过之而令民奉祠不绝也。

【译文】

魏公子无忌，是魏昭王的小儿子、魏安釐王的同父异母弟弟。昭王去世后，安釐王即位，赐封魏公子为信陵君。这时范雎从魏国逃到秦国后做了宰相，因为怨恨魏相魏齐屈打自己几乎致死的缘故，就派秦军围攻大梁，攻破了魏国华阳的驻军，赶跑了芒卯。魏王和魏公子对此事十分忧虑。

魏公子的为人仁爱宽厚而且尊重士人，士人无论有无才能或才能大小，他都很谦恭地以礼与之交往，从来不敢因为自己富贵而慢待士人。因此方圆几千里的士人都争相归附于他，招徕食客达三千人。当时，各诸侯国因为公子贤明，宾客又多，连续十几年不敢动兵谋犯魏国。

有一次，魏公子跟魏王正在下棋，这时从北部边境突然传来警报，说："赵国发兵进犯我们了，即将进入边境。"魏王立即放下棋子，想召集大臣们商议对策。魏公子劝阻魏王说："是赵王打猎罢了，不是进犯边境。"于是便像先前一样又接着与魏王下棋。可是魏王担心，心思并没放在下棋上。过了一会儿，又从北边传来消息说："是赵王在野外打猎，不是入侵。"魏王听后大感惊诧，问道："公子是怎么知道的？"魏公子回答说:“我的门客中有人能深入探到赵王的秘密,赵王做了什么,门客就会立即告诉我,我因此知道这件事。”从此以后,魏王畏惧公子贤能,不敢让魏公子处理国家大事。

魏国有个隐士叫侯嬴,已经七十岁了,家境贫寒,是大梁城的东门看城门的人。魏公子听说了这个人,就派人前去问候,想送给他丰厚的礼物。侯嬴不肯接受,说:“我修养德行、坚持操守已几十年,终究不能因为看门穷困的缘故而接受公子的钱财。”魏公子一见不行,于是就大摆酒席宴饮宾客。待大家坐定之后,魏公子带着车马,空着左面的座位,亲自迎接夷门侯先生。侯先生整理了一下破旧的衣帽,就直接坐上载着魏公子的车的上座,丝毫没有谦让的意思,想借此观察一下魏公子的态度。可是魏公子手握缰绳,更加恭敬。侯先生又对魏公子说:“我有个朋友在街上的屠宰场,希望委屈一下您,载我去拜访他。”魏公子立即驾车前往进入街市,侯先生下车去见他的朋友朱亥,他斜眯缝着眼看魏公子,故意久久站在那里与他的朋友说个不休,暗中观察魏公子。魏公子的面色更加和悦。这个时候,魏国的将相、王亲、宾客满堂,等着魏公子举杯开宴。街市上的人都看到了魏公子手执缰绳替侯先生驾车。魏公子的随从人员都暗自责骂侯先生。侯先生看到魏公子脸色始终不变,才辞别朋友上了车。到家后,魏公子领着侯先生坐到上座,给侯嬴一一介绍在座的宾客,满堂宾客都很惊异。大家饮酒尽兴之时,魏公子站起来,走到侯先生面前举杯敬酒。侯先生趁机对魏公子说:“今天我侯嬴难为公子也真够多了。我只是个在城东门守门的人,可是公子屈尊驾车,亲自在大庭广众之中迎接我,我本不该再去拜访朋友,今天公子竟屈尊陪我拜访他。可我侯嬴想成就公子的名声,故意久久使公子的车马停在街市中,借拜访朋友来观察公子,结果公子更加谦恭。市场的人都认为我侯嬴是小人,而认为公子为人厚道,能礼贤下士啊。”于是在宴会结束后,侯嬴便成为了魏公子的贵客。

侯嬴对魏公子说:“我拜访的屠夫朱亥,是个有才能的人,只是人们都不了解他,所以隐没在屠坊中。”魏公子曾多次前往拜见朱亥,朱亥故意不回拜,魏公子对此感到奇怪。

魏安釐王二十年,秦昭王已经攻破了长平赵国军队,接着进兵围攻邯郸。魏公子的姐姐是赵惠文王弟弟平原君的夫人,多次给魏王和魏公子送信来,向魏国求救。魏王派将军晋鄙带领十万之众救援赵国。秦王派使者告诉魏王说:“我攻下赵国只是早晚的事,诸侯有谁敢救援赵国的,等拿下赵国后我一定调兵先攻打它。”魏王害怕了，就派人阻止晋鄙不要再进军了，让军队留守在邺城，名义上是救赵国，实际上是在犹豫观望。平原君前来魏国求救，使臣的车子络绎不绝，责备魏公子说：“我赵胜之所以自愿依托魏国与魏国联姻结亲，就是因为公子的行为高尚，能够急人所难。如今邯郸危在旦夕，早晚就要投降秦国，可是魏国救兵至今不来，公子急人所难又在哪里呢？再说公子纵使看不起我赵胜，抛弃我，让我投降秦国，您难道不怜惜您的姐姐吗？”魏公子为此忧虑万分，多次请求魏王出兵，还派门客、辩士用多种手段劝说魏王。魏王由于害怕秦国，始终没有听从魏公子的意见。魏公子揣测终究不能让魏王同意出兵，就决计不让自己苟活而让赵国灭亡，于是请来宾客，集合了一百多辆战车，准备率领他们赶赴战场与秦军拼命，与赵国共存亡。

魏公子率队路过夷门时，遇见了侯嬴，把想同秦军拼命的情况全都告诉了侯嬴。说完了告别侯嬴准备上路，行前侯嬴说：“公子努力吧，老臣我不能随行。”魏公子走了几里地，心里不痛快，自语道：“我对待侯先生算是够周到的了，天下无人不晓，现在我将要赴死可是侯先生竟没有一言半语送我，我难道待他有什么闪失吗？”于是又赶着车子返回来，想问问侯嬴。侯嬴一见魏公子便笑着说：“我本来就知道公子会回来的。”又接着说：“公子好客爱士，闻名天下。现在有了困难，没有别的办法，想与秦军拼命，这就如同把肥肉扔给饥饿的老虎，有什么作用呢？如果这样的话，还结交我们这些宾客干什么呢？公子待我情深意厚，公子前往而我却没有送行，我因此知道公子感到遗憾，会再返回来的。”魏公子连着两次向侯嬴施礼，就向他请教对策。侯嬴就让旁人离开，同魏公子秘密交谈，说：“我听说调动晋鄙的兵符经常放在魏王的卧室内，如姬又很受宠幸，出入大王卧室很随便，有能力偷出兵符。我还听说如姬的父亲被人杀死，如姬怀愤三年了，从大王以下的人都想替她报仇，但没能如愿。为此，如姬曾对公子哭诉，公子派门客斩了那个仇人的头，恭敬地献给如姬。要如姬为公子效命而死，她是不会推辞的，只是没有机会罢了。公子真的开口请求如姬帮忙，她必定会答应，那么得到虎符夺取晋鄙的军队，北面可救援赵国，西边能抵御秦国，这是春秋五霸的功业啊。”魏公子听从了侯嬴的计策，请求如姬帮忙。如姬果然偷出了调动晋鄙的兵符交给了魏公子。

魏公子临行，侯嬴说：“将帅带兵在外作战，国君的命令有时可以不接受，以求对国家有利。公子到那里即使验明了两符相合，但如果晋鄙仍不把兵权交给公子反而再请示魏王，那么事情就危险了。我的朋友屠夫朱亥可以跟您一起前往，这个人是个大力士。如果晋鄙听从，那是再好不过了；如果他不听从，可以让朱亥击杀他。”魏公子听了这话后哭了。侯嬴见状便问道：“公子怕死吗？为什么哭呢？”魏公子回答说：“晋鄙是魏国勇猛强悍、富有经验的老将，我怕去了他那里他不会听从命令，必定要杀死他，因此我难过地哭了，哪里是因为怕死呢？”于是魏公子前去邀请朱亥。朱亥笑着说：“我只是个市场上操刀的屠夫，可是公子竟多次登门问候我，我之所以不回拜答谢您，是认为拘泥于小礼节没什么用的缘故。如今公子有了急难，这就是我为公子舍身效命的时候了。”就与魏公子一起出发了。魏公子前往向侯嬴告辞。侯嬴说：“我本应随您一起去，但年纪老了，不能去了。请允许我计算您的行程日期，在您到达晋鄙军队的那一天，我就面向北边刎颈而死，来给公子送行。”魏公子于是就出发了。

魏公子到了邺城，拿出兵符假传魏王命令，要接管晋鄙的兵权。晋鄙合了兵符，验证无误，但还是怀疑这件事，就举着手盯着魏公子说：“现在我率领十万人，屯兵在边境上，这是国家的重任，今天您只身一人来代替我，这是怎么回事呢？”想要拒绝接受命令。这时朱亥取出藏在衣袖里的四十斤铁锤，一锤击死了晋鄙，魏公子于是夺取了晋鄙的军队。接着魏公子整顿全军，下令说：“父子都在军中的，父亲回家；兄弟同在军中的，兄长回家；没有兄弟的独子，回去奉养父母。”由此选出了精兵八万人，开赴前线攻击秦军。秦军解围撤离而去，于是邯郸得救，保住了赵国。赵王和平原君亲自到郊界迎接魏公子。平原君替魏公子背着箭袋，在前面引路。赵王对着魏公子拜了两拜说：“自古以来的贤人没有一个比得上公子您啊。”这时，平原君不敢再拿自己跟别人相比了。魏公子与侯嬴辞别后，在到达邺城军营的那一天，侯嬴果然面向北方刎颈而死。

魏王恼怒魏公子盗了他的兵符，假传命令杀了晋鄙，魏公子自己也知道魏王会恼怒的。所以在打退秦军拯救赵国之后，就让部将带着部队返回魏国去，而魏公子自己和他的门客就留在了赵国。赵孝成王感激魏公子假托君命夺取晋鄙军权而保全了赵国，就与平原君商议，把五座城邑封赐给魏公子。魏公子听到这个消息后，心中产生了骄傲的情绪，露出了自以为有功的神色。门客中有个人劝说魏公子道：“事情有不该忘记的，还有不可不忘记的。别人对公子有恩德，公子不可以忘记；公子对别人有恩德，希望公子能忘掉它。况且假托魏王命令，夺取晋鄙兵权去救赵国，这对赵国来说算是有功，但对魏国来说那就不能算是忠臣了。公子却因此而骄傲自以为有功，我私下认为公子不该这样。”魏公子听后，马上反躬自责，好像无地自容一样。赵国召开盛大欢迎宴会，赵王扫了台阶，亲自迎接，用主人的礼节，领着魏公子从表示尊敬的西边台阶上殿。魏公子侧行谦让，从东阶上去。宴会上，魏公子称说自己有罪，有负于魏国，对赵国无功。赵王陪着魏公子饮酒直到傍晚，始终不忍心提出献给五座城的事，因为魏公子总是在谦让自责。魏公子终究留在了赵国。赵王把鄗邑封赏给魏公子，以供他日常生活的开销，这时魏王也把信陵邑又还给了魏公子。魏公子仍留在赵国。

魏公子听说赵国有位才德高尚且洁身不仕的毛公藏身于赌徒中，还有一位薛公隐身于酒店里，魏公子很想见见这两个人，可是这两个人躲了起来不肯见他。魏公子打听到了他们的藏身之所，就悄悄地找到了他们并与他们交往，彼此过得很开心。平原君听说了这事，就对他的夫人说：“当初我听说夫人的弟弟魏公子是个举世无双的大贤人，现在我听说他却胡乱地和赌博的人、卖酒的交往，公子原来只是个荒唐的人罢了。”平原君的夫人把这些话告诉了魏公子。魏公子听后就向平原君夫人告辞要离开，说：“以前我听说平原君贤德，所以背弃魏王而救赵国，以便对得起平原君。现在才知道平原君与人交往，只是为了显示他豪放的举动罢了，他不是求取贤士人才啊。我在大梁时，就常听说这两个人贤能，到了赵国，我总是担心见不到他们。让我跟他们交游，还担心他们不接纳我呢。现在平原君却以此为羞耻，他不值得我结交。”于是就整理行装准备离去。平原君夫人赶紧把魏公子的话全都告诉了平原君，平原君听了自感惭愧便向魏公子脱帽谢罪，一定要把魏公子留下来。平原君门下的门客听说了这件事，有一半离开了平原君归附了魏公子，天下的士人也都去投附魏公子，因而魏公子的门客大大超过了平原君。

魏公子留在赵国一住就是十年没有回魏国。秦国听说魏公子留在赵国，就趁机不停地发兵向东进攻魏国。魏王为此焦虑万分，就派使臣去请魏公子回国。魏公子仍担心魏王恼怒自己，就告诫门下食客说：“有敢替魏王使臣通报传达的，处死。”由于宾客们都是背弃魏国来到赵国的，所以没谁敢劝魏公子回魏国。这时，毛公和薛公两人前去见魏公子说：“公子所以在赵国受到尊重，名扬诸侯，就是因为有魏国的存在啊。现在秦国进攻魏国，魏国危急，而公子却毫不关心，假使秦国攻破大梁而夷平了先王的宗庙，公子还有什么脸面活在世上呢？”话还没说完，魏公子脸色突然大变，吩咐车夫赶快驱车回去救魏国。

魏王见到了魏公子，兄弟两人不禁相对而泣，魏王把上将军大印授给了魏公子，魏公子于是就任统帅。魏安釐王三十年，魏公子派使臣遍告各诸侯国自己担任上将军一事。诸侯们得知魏公子担任了上将军，都各自调兵遣将救援魏国。魏公子率领五个诸侯国的军队在河外大败秦军，赶走了蒙骜，进而乘胜追击到函谷关，把秦军堵在函谷关内，使他们不敢再出关。当时，魏公子的声威震动天下，各诸侯国来的宾客给魏公子写了一些有关兵法的文章，魏公子整理后以自己的名字为之命名，所以人们称之为《魏公子兵法》。

秦王担忧魏公子将进一步威胁秦国，于是派人拿了万金到魏国，求见晋鄙原来的那些门客，让他们在魏王面前毁谤说："公子流亡在外十年了，现在担任魏国大将，诸侯国的将领也都归他指挥，诸侯们只知道魏国有个魏公子，不知道还有个魏王。魏公子也想乘此时机平定南面称王。诸侯们害怕公子的权势声威，正打算共同拥立他为王呢。"秦国又多次施行反间计，假装祝贺公子，问是否已经立为魏王了。魏王天天听到这些毁谤魏公子的话，不能不信以为真，后来果然派人接替了魏公子担任上将军。魏公子知道自己再次遭到毁谤而被废黜，于是就推托有病不上朝了，和宾客通宵达旦饮酒作乐，痛饮烈性酒，又常跟女人厮混，这样日夜取乐饮酒四年，终于因饮酒无度患病死亡。这一年，魏安釐王也去世了。

秦王听到魏公子死了，就派蒙骜进攻魏国，接连攻占了二十座城邑，设立了秦国东郡。此后，秦国逐渐蚕食魏国其余领土，十八年后俘虏了魏王，血洗了魏国国都大梁。

汉高祖当初贫贱年轻的时候，多次听说魏公子贤德有才。等到他即位做了皇帝后，每次经过大梁，常常去祭祀魏公子。汉高祖十二年，他从击败叛将黥布的前线回来经过大梁时，为魏公子安排了五户人家守坟，让他们世世代代一年四季按时祭祀魏公子。

太史公说：我路过大梁城的废墟，曾向当地人请教那个所谓的夷门。原来夷门，就是大梁城的东门。天下诸多公子中也确有喜好养士的，但只有信陵君能够结交那些隐没在社会各个角落的人物，他不以结交下层贱民为耻辱，因此很多人归附他，这是有原因的。他的名望超过了各国君主，不是没有根据的。因此，高祖每次经过大梁便命令百姓祭祀他，祠堂香火始终没有断绝。

史记卷七十八

春申君列传第十八

春申君者，楚人也，名歇，姓黄氏。游学博闻，事楚顷襄王。顷襄王以歇为辩，使于秦。秦昭王使白起攻韩、魏，败之于华阳，禽魏将芒卯，韩、魏服而事秦。秦昭王方令白起与韩、魏共伐楚，未行，而楚使黄歇适至于秦，闻秦之计。当是之时，秦已前使白起攻楚，取巫、黔中之郡，拔鄢、郢，东至竟陵，楚顷襄王东徙治于陈县。黄歇见楚怀王之为秦所诱而入朝，遂见欺，留死于秦。顷襄王，其子也，秦轻之。恐壹举兵而灭楚，歇乃上书说秦昭王曰：

天下莫强于秦、楚。今闻大王欲伐楚，此犹两虎相与斗。两虎相与斗而驽犬受其弊，不如善楚。臣请言其说。

臣闻物至则反，冬夏是也；致至则危，累棋是也。今大国之地，遍天下有其二垂，此从生民已来，万乘之地未尝有也。先帝文王、（庄）〔武〕王、〔王〕之身，三世不妄接地于齐，以绝从亲之要。今王使盛桥守事于韩，盛桥以其地入秦，是王不用甲，不信威，而得百里之地。王可谓能矣。王又举甲而攻魏，杜大梁之门，举河内，拔燕、酸枣、虚、桃，入邢，魏之兵云翔而不敢救。王之功亦多矣。王休甲息众，二年而后复之；又并蒲、衍、首、垣，以临仁、平丘，黄、济阳婴城而魏氏服；王又割濮、磨之北，注齐、秦之要，绝楚、赵之脊，天下五合六聚而不敢救。王之威亦单矣。

王若能持功守威，绌攻取之心而肥仁义之地，使无后患，三王不足四，五伯不足六也。王若负人徒之众，仗兵革之强，乘毁魏之威，而欲以力臣天下之主，臣恐其有后患也。《诗》曰"靡不有初，鲜克有终"。《易》曰"狐涉水，濡其尾"。此言始之易，终之难也。何以知其然也？昔智氏见伐赵之利而不知榆次之祸，吴见伐齐之便而不知干隧之败。此二国者，非无大功也，没利于前而易患于后也。吴之信越也，从而伐齐，既胜齐人于艾陵，还为越王禽三渚之浦。智氏之信韩、魏也，从而伐赵，攻晋阳城，胜有日矣，韩、魏叛之，杀智伯瑶于凿台之下。今王妒楚之不毁也，而忘毁楚之强韩、魏也，臣为王虑而不取也。

《诗》曰“大武远宅而不涉”。从此观之，楚国，援也；邻国，敌也。《诗》云“趯趯毚兔，遇犬获之。他人有心，余忖度之”。今王中道而信韩、魏之善王也，此正吴之信越也。臣闻之，敌不可假，时不可失。臣恐韩、魏卑辞除患而实欲欺大国也。何则？王无重世之德于韩、魏，而有累世之怨焉。夫韩、魏父子兄弟接踵而死于秦者将十世矣。本国残，社稷坏，宗庙毁。刳腹绝肠，折颈摺颐，首身分离，暴骸骨于草泽，头颅僵仆，相望于境，父子老弱系脰束手为群虏者，相及于路。鬼神孤伤，无所血食。人民不聊生，族类离散，流亡为仆妾者，盈满海内矣。故韩、魏之不亡，秦社稷之忧也，今王资之与攻楚，不亦过乎！

且王攻楚将恶出兵？王将借路于仇雠之韩、魏乎？兵出之日而王忧其不返也！是王以兵资于仇雠之韩、魏也。王若不借路于仇雠之韩、魏，必攻随水右壤。随水右壤，此皆广川大水，山林溪谷，不食之地也，王虽有之，不为得地。是王有毁楚之名而无得地之实也。

且王攻楚之日，四国必悉起兵以应王。秦、楚之兵构而不离，魏氏将出而攻留、方与、銍、湖陵、砀、萧、相，故宋必尽。齐人南面攻楚，泗上必举。此皆平原四达，膏腴之地，而使独攻。王破楚以肥韩、魏于中国，而劲齐。韩、魏之强，足以校于秦。齐南以泗水为境，东负海，北倚河，而无后患。天下之国莫强于齐、魏，齐、魏得地葆利而详事下吏，一年之后，为帝未能，其于(楚)〔禁〕王之为帝有馀矣。

夫以王壤土之博，人徒之众，兵革之强，壹举事而树怨于楚，迟令韩、魏归帝重于齐，是王失计也。臣为王虑，莫若善楚。秦、楚合而为一以临韩，韩必敛手。王施以东山之险，带以曲河之利，韩必为关内之侯。若是而王以十万戍郑，梁氏寒心，许、鄢陵婴城，而上蔡、召陵不往来也，如此而魏亦关内侯矣。王壹善楚，而关内两万乘之主注地于齐，齐右壤可拱手而取也。王之地一经两海，要约天下，是燕、赵无齐、楚，齐、楚无燕、赵也。然后危动燕、赵，直摇齐、楚，此四国者不待痛而服矣。

昭王曰“善。”于是乃止白起而谢韩、魏。发使赂楚，约为与国。

黄歇受约归楚，楚使歇与太子完入质于秦，秦留之数年。楚顷襄王病，太子不得归。而楚太子与秦相应侯善，于是黄歇乃说应侯曰：“相国诚善楚太子乎？”应侯曰：“然。”歇曰：“今楚王恐不起疾，秦不如归其太子。太子得立，其事秦必重而德相国无穷，是亲与国而得储万乘也。

若不归，则咸阳一布衣耳；楚更立太子，必不事秦。夫失与国而绝万乘之和，非计也。愿相国孰虑之。”应侯以闻秦王，秦王曰：“令楚太子之傅先往问楚王之疾，返而后图之。”黄歇为楚太子计曰：“秦之留太子也，欲以求利也。今太子力未能有以利秦也，歇忧之甚。而阳文君子二人在中，王若卒大命，太子不在，阳文君子必立为后，太子不得奉宗庙矣。不如亡秦，与使者俱出。臣请止，以死当之。”楚太子因变衣服为楚使者御以出关，而黄歇守舍，常为谢病。度太子已远，秦不能追，歇乃自言秦昭王曰：“楚太子已归，出远矣。歇当死，愿赐死。”昭王大怒，欲听其自杀也。应侯曰：“歇为人臣，出身以徇其主，太子立，必用歇，故不如无罪而归之，以亲楚。”秦因遣黄歇。

歇至楚三月，楚顷襄王卒，太子完立，是为考烈王。考烈王元年，以黄歇为相，封为春申君，赐淮北地十二县。后十五岁，黄歇言之楚王曰：“淮北地边齐，其事急，请以为郡便。”因并献淮北十二县，请封于江东。考烈王许之。春申君因城故吴墟，以自为都邑。

春申君既相楚，是时齐有孟尝君，赵有平原君，魏有信陵君，方争下士，招致宾客，以相倾夺，辅国持权。

春申君为楚相四年，秦破赵之长平军四十馀万，五年，围邯郸。邯郸告急于楚，楚使春申君将兵往救之。秦兵亦去，春申君归。

春申君相楚八年，为楚北伐灭鲁，以荀卿为兰陵令。当是时，楚复强。

赵平原君使人于春申君，春申君舍之于上舍。赵使欲夸楚，为瑇瑁簪，刀剑室以珠玉饰之，请命春申君客。春申君客三千馀人，其上客皆蹑珠履以见赵使，赵使大惭。

春申君相十四年，秦庄襄王立，以吕不韦为相，封为文信侯。取东周。

春申君相二十二年，诸侯患秦攻伐无已时，乃相与合从，西伐秦，而楚王为从长，春申君用事。至函谷关，秦出兵攻，诸侯兵皆败走。楚考烈王以咎春申君，春申君以此益疏。

客有观津人朱英，谓春申君曰：“人皆以楚为强而君用之弱，其于英不然。先君时善秦二十年而不攻楚，何也？秦逾黾隘之塞而攻楚，不便；假道于两周，背韩、魏而攻楚，不可。今则不然，魏旦暮亡，不能爱许、鄢陵，其（许）〔计〕魏割以与秦。秦兵去陈百六十里，臣之所观者，见秦、楚之日斗也。”楚于是去陈徙寿春，而秦徙卫野王，作置东郡。春申君由此就封于吴，行相事。

楚考烈王无子，春申君患之，求妇人宜子者进之甚众，卒无子。赵人李园持其女弟，欲进之楚王，闻其不宜子，恐久毋宠。李园求事春申君为舍人，已而谒归，故失期。还谒，春申君问之状，对曰："齐王使使求臣之女弟，与其使者饮，故失期。"春申君曰："娉入乎？"对曰："未也。"春申君曰："可得见乎？"曰："可。"于是李园乃进其女弟，即幸于春申君。知其有身，李园乃与其女弟谋。园女弟承间以说春申君曰："楚王之贵幸君，虽兄弟不如也。今君相楚二十馀年，而王无子，即百岁后将更立兄弟，则楚更立君后，亦各贵其故所亲，君又安得长有宠乎，非徒然也？君贵用事久，多失礼于王兄弟，兄弟诚立，祸且及身，何以保相印江东之封乎？今妾自知有身矣，而人莫知。妾幸君未久，诚以君之重而进妾于楚王，王必幸妾；妾赖天有子男，则是君之子为王也，楚国尽可得，孰与身临不测之罪乎？"春申君大然之，乃出李园女弟谨舍，而言之楚王。楚王召入幸之，遂生子男，立为太子。以李园女弟为王后。楚王贵李园，园用事。

李园即入其女弟，立为王后，子为太子，恐春申君语泄而益骄，阴养死士，欲杀春申君以灭口，而国人颇有知之者。

春申君相二十五年，楚考烈王病。朱英谓春申君曰："世有毋望之福，又有毋望之祸。今君处毋望之世，事毋望之主，安可以无毋望之人乎？"春申君曰："何谓毋望之福？"曰："君相楚二十馀年矣，虽名相国，实楚王也。今楚王病，旦暮且卒，而君相少主，因而代立当国，如伊尹、周公，王长而反政，不即遂南面称孤而有楚国？此所谓毋望之福也。"春申君曰："何谓毋望之祸？"曰："李园不治国而君之仇也，不为兵而养死士之日久矣，楚王卒，李园必先入据权而杀君以灭口，此所谓毋望之祸也。"春申君曰："何谓毋望之人？"对曰：君置臣郎中，楚王卒，李园必先入，臣为君杀李园。此所谓毋望之人也。"春申君曰："足下置之。李园，弱人也，仆又善之，且又何至此！"朱英知言不用，恐祸及身，乃亡去。

后十七日，楚考烈王卒，李园果先入，伏死士于棘门之内。春申君入棘门，园死士侠刺春申君，斩其头，投之棘门外。于是遂使吏尽灭春申君之家。而李园女弟初幸春申君有身而入之王所生子者遂立，是为楚幽王。

是岁也，秦始皇帝立九年矣。嫪毐亦为乱于秦，觉，夷其三族，而吕不韦废。

太史公曰：吾适楚，观春申君故城，宫室盛矣哉！初，春申君之说秦昭王，及出身遣楚太子归，何其智之明也！后制于李园，旄矣。语曰："当断不断，反受其乱。"春申君失朱英之谓邪？

【译文】

春申君，是楚国人，他姓黄，名字叫歇。曾经周游各地拜师学习，知识很渊博，侍奉楚顷襄王。顷襄王认为黄歇有外交口才，就派遣他出使秦国。当时秦昭王派大将军白起进攻韩、魏两国联军，在华阳战败了联军，俘获了魏国将领芒卯，韩、魏两国向秦国臣服，并侍奉秦国。秦昭王已命令白起同韩国、魏国一起进攻楚国，但还没有出发，这时，凑巧楚王派黄歇来到秦国，听到了秦国的这个计划。在这个时候，秦国已经占领了楚国大片领土，因为在此之前，秦王曾派白起攻打楚国，夺取了巫郡、黔中郡，攻占了鄢城郢都，向东一直打到竟陵，楚顷襄王只好把都城向东迁到陈县。黄歇眼见得楚怀王受到秦国引诱去秦国，结果却上当受骗，被扣留下来，客死在秦国。顷襄王是楚怀王的儿子，秦国根本不把他看在眼里，恐怕一旦发兵，就会灭掉楚国，就上书劝说秦王道：

当今天下的诸侯，没有谁能够比秦、楚两国更强大的了。现在听说大王要派兵征讨楚国，这就好比两只猛虎互相搏斗。两虎相斗时，劣狗会趁机得到好处，秦国不如与楚国友好相处。请允许我陈述自己的看法：我听说事物发展到顶点，就必定会向反面发展，冬季与夏季的变化就是如此；事物积累到极高处就会危险，堆叠棋子就是这个道理。现在秦国的土地广大，占着天下西、北两方边地，这是从有人类以来，即使是天子的领地也不曾有过的。可是从先帝文王、庄王以及大王自身，三代不忘使秦国土地同齐国连接起来，借以切断各国合纵结盟的关键部位。现在大王委派盛桥到韩国驻守任职，盛桥把韩国的土地并入秦国，这可以说是不动一兵一卒、不施展一点武力就能得到百里土地的好办法。大王可以说是非常有才能的了。大王又派兵进攻魏国，堵塞了魏国都城大梁的出入通路，攻取河内，又拿下燕、酸枣、虚、桃等地，进而攻入邢地，魏国军队如风吹白云四处逃散而不敢彼此相救。大王的功绩也算够多的了。大王停止征战休整部队，两年之后再次发兵；又夺取了蒲、衍、首、垣等地，进而兵临仁、平丘，黄、济阳则退缩自守，结果魏国屈服降秦；大王又割取了濮磨以北的土地，打通了齐国、秦国的通道，截断了楚国、赵国联系的脊梁，天下经过五次联合而相集的六国诸侯，不敢互相救援。大王的威势也可以说发挥到极点了。

大王如果继续保持功绩，掌握威势，去掉功伐之心，广施仁义之道，使得断除以后的祸患，您的事业可与三王并称，您的威势可与五霸并举。大王如果倚仗壮丁的众多，凭靠军备的强大，趁着毁灭魏国的威势，而想以武力使天下的诸侯屈服，我恐怕您会有以后的祸患啊。《诗经》上说：“没有人不想有好的开头，却很少人能有好的终结。”《易经》上说：“小狐渡水将渡过时，却湿了尾巴。”这些话说的是开始容易，结尾难。怎么才能知道是这样的呢？从前，智伯只看见攻伐赵襄子的好处，却没料到自己反在榆次遭到杀身之祸。吴王夫差只看到进攻齐国的利益，却没有想到在干隧被越王勾践战败。这两个国家，不是没有建立过巨大的功绩，由于贪图眼前的利益，结果换得了后来的祸患。因为吴王夫差相信了越国的恭维，所以才去攻打齐国，在艾陵战胜了齐国人之后，回来时却在三江水边被越王勾践擒获。智伯相信韩氏、魏氏，因而攻伐赵氏，进攻晋阳城，胜利指日可待了，可是韩氏、魏氏背叛了他，在凿台杀死了智伯瑶。现在大王嫉恨楚国没有被毁灭，却忘掉毁灭楚国就会使韩、魏两国更加强大，我替大王考虑，认为不能这样做。

有诗道：“大军不远离自家宅地长途跋涉。”从这种观点看，楚国是秦国的帮手，邻国才是秦国的敌人。《诗经》说：“狡兔又蹦又跳，遇到猎犬跑不掉；别人的心思，我能揣摩到。”现在大王中途相信韩、魏两国与您亲善，这正如同吴国相信越国啊。我听到这样的说法，敌人不能宽容，时机不能错过。我恐怕韩、魏两国低声下气要秦国消除祸患，实际是欺骗秦国。怎么见得呢？大王对韩国、魏国没有几世的恩德，却有几代的仇怨。韩、魏国君的父子兄弟接连死在秦国刀下的将近十代了。他们国土残缺，国家破败，宗庙焚毁。上至将领，下至士卒，剖腹断肠，砍头毁面，身首分离，枯骨暴露在荒野水泽之中，头颅僵挺，横尸遍野，国内到处可见。父子老弱被捆着脖子绑着手，成了任人凌辱的俘虏，一群接一群地走在路上。百姓无法生活，亲族逃离，骨肉分散，流亡沦落为男仆女奴的，充满海内各国。所以韩、魏两国不灭亡，这才是秦国最大的忧患，如今大王却借助他们一起攻打楚国，不也太失当吗！再说了，大王进攻楚国，怎么出兵呢？大王将向仇敌韩国、魏国借路吗？若是这样，那么，出兵之日就是大王忧患他们不能返回之时呀，这是大王把自己的军队借给仇敌韩国、魏国啊。大王如果不从仇敌韩国、魏国借路，那就必定攻打随水右边的地区。而随水右边的地区，都是大川大水、高山密林、深溪幽谷，这样一些无粮地区，大王即使占领了这些地区，也等于没有得到分寸土地。这是大王落个毁灭楚国的恶名声，而没有得到占领土地的实惠啊。

再说从大王进攻楚国之日起，韩、赵、魏、齐四国必定全都发兵响应大王。秦、楚两国一旦交战，便兵连祸结，不会罢休，魏国将出兵攻打留、方与、铚、湖陵、砀、萧、相等城邑和地方，原先占领的宋国土地必定全部丧失。齐国人向南攻击楚地，泗水地区必定攻克。这些地方都是平坦开阔四通八达的肥沃土地，却让他们单独占领。大王击败楚国，而使韩、魏两国在中原地区壮大起来，又使齐国更加强劲。韩、魏两国要是强大了，就完全能够同秦国抗衡。齐国南面以泗水为边境，东面背靠有大海，北面倚恃有黄河，便没有后顾的祸患，天下的国家，没有谁能比齐国、魏国更强大了，齐、魏两国得到土地保持已得的利益，进而让下级官吏审慎治理，一年以后，即使不能称帝天下，但阻止大王称帝却是绰绰有余的。以大王广大的土地、众多的壮丁、强大的军备，一旦发兵，与楚国结下怨仇，就会让韩、魏两国尊齐称帝，这是大王的失策啊。我替大王考虑，不如与楚国亲善友好。秦、楚两国联合而成为一个整体，进逼韩国，韩必定收敛，不敢有任何轻举妄动。大王再经营设置东山的险要地势，利用黄河环绕的有利条件，韩国就必定成为秦国的臣属。如果造成了这种形势，大王再用十万兵力驻守郑地，魏国则心惊胆战，许、鄢陵退缩固守，不敢出击，那么上蔡、召陵与魏国的联系就被割断，这样魏国也会成为秦国的臣属了。大王一旦同楚国交好，那么关内两个万乘之国韩与魏，就要向齐国割取土地了，齐国右边济州一带广大地区便可轻而易举地得到。大王的土地横贯东、西两海，约束天下诸侯，这样燕国、赵国没有齐国、楚国作依托，齐国、楚国没有燕国、赵国相依傍，然后以危亡震慑燕、赵两国，直接动摇齐、楚两国，这四个国家不须急攻，便可制服了。

昭王读了春申君的上书后说："很好。"于是让白起停止出征并辞谢了韩、魏两国，同时派使臣给楚国送去了厚礼，秦楚盟约结为友好国家。

黄歇完成盟约返回楚国，楚王派黄歇与太子完到秦国做人质，秦国把他们扣留了好几年。后来楚顷襄王病了，太子却不能回去。但太子与秦国相国应侯私人关系很好，于是黄歇就劝说应侯道："相国对楚太子是真的好吗？”应侯说：“是啊。”黄歇说：“如今楚王恐怕一病不起了，秦国不如让太子回去的好。如果太子能被立为王，他侍奉秦国一定厚重而且会一直感激相国的恩德。这不仅是亲善友好国家的表示，也是为将来保留了一个万乘大国的盟友。如果不让他回去，那他充其量只不过是个咸阳城里的百姓罢了；楚国如果改立太子，肯定不会侍奉秦国。那样就会失去友好国家的信任，又断绝了一个万乘大国的盟友，这不是上策。希望相国仔细考虑这件事。”应侯把黄歇说的意思报告给秦王。秦王说：“让楚国太子的师傅先回去探问一下楚王的病情，回来后再作计议。”黄歇替楚国太子谋划说：“秦国扣留太子的目的，是要借此索取好处。现在太子要使秦国得到好处，无能为力，我很忧虑。而阳文君的两个儿子在国内，大王如果不幸辞世，太子又不在楚国，阳文君的儿子必定被立为后继人，太子就不能接受国家了。不如您逃离秦国，跟使臣一起出去；请让我留下来，以死来担当责任。”楚太子于是换了衣服，扮成楚国使臣的车夫，这才得以出关，而黄歇在客馆里留守，总是推托太子有病，谢绝会客。估计太子已经走远，秦国追不上了，黄歇就自动向秦昭王报告说：“楚国太子已经回去，离开很远了。我当死罪，愿您赐我一死。”昭王大为恼火，要准予黄歇自杀。应侯进言道：“黄歇作为臣子，为了他的主人，甘愿献出自己生命，太子如果立为楚王，肯定重用黄歇，所以不如免他死罪让他回国，来表示对楚国的亲善。”秦王听从了应侯的意见，便把黄歇遣送回国。

黄歇回到楚国三个月，楚顷襄王去世，太子完立为楚王，这就是考烈王。考烈王元年，任命黄歇为宰相，封为春申君，赏赐淮北地区十二个县。十五年以后，黄歇向楚王进言道：“淮北地区靠近齐国，那里情势紧急，请把这个地区划为郡治理更为方便。”并同时献出淮北十二个县，请求封到江东去。考烈王答应了他的请求。春申君就在吴国故都修建城堡，把它们作为自己的都邑。

春申君担任楚国宰相后，这时齐国有孟尝君、赵国有平原君、魏国有信陵君，大家都正在竞相礼贤下士，招徕宾客，互相争夺贤士，辅助君王掌握国政。

春申君担任楚国宰相的第四年，秦国击败并坑杀了赵国长平驻军四十多万人。第五年，包围了赵国都城邯郸。邯郸向楚国告急求援，楚国派春申君带兵去救援邯郸，秦军解围撤退后，春申君返回楚国。春申君担任楚国宰相的第八年，为楚国向北征伐，灭掉鲁国，任命荀卿担任兰陵县令。这个时候，楚国又兴盛强大起来。

有一次，赵国平原君派使臣到春申君这里来访问，春申君把他们一行安排在上等客馆住下。赵国使臣想向楚国夸耀赵国的富有，特意用玳瑁簪子绾插冠髻，亮出用珠玉装饰的剑鞘，跟春申君的宾客会面。春申君的上等宾客都穿着宝珠做的鞋子来见赵国使臣，使赵国使臣自惭形秽。

春申君任宰相的第十四年，秦国的庄襄王即位，任命吕不韦为秦相，封为文信侯，夺取了东周。

春申君任宰相的第二十二年，各国诸侯担忧秦国的攻战征伐无止无休，不能遏制，就互相盟约，联合起来向西讨伐秦国，而楚国国君担任六国盟约之长，让春申君当权主事。六国联军到达函谷关后，秦军出关应战，六国联军战败而逃。楚考烈王把作战失利归罪于春申君，春申君因此渐渐被疏远了。

这时春申君的宾客中有个观津人朱英，对春申君说："人们都认为楚国是个强大国家，而您把它治理弱了，这种看法我认为不正确。先王时与秦国交好二十年，而秦国不攻打楚国，这是为什么？秦国要越过黾隘这个要塞进攻楚国，是很不方便的；要是从西周、东周借路的话，它背对着韩、魏两国进攻楚国，也是行不通的。现在的形势就不是这样了，魏国危在旦夕，不能吝惜许和鄢陵，答应把这两城邑割给秦国了。这样秦国军队离楚都城只有一百六十里路，我将看到的是，秦、楚两国日甚一日的交兵了。"楚国于是就把都城从陈迁到了寿春；而秦国则把附庸卫元君从濮阳迁到了野王，设置了东郡。春申君从此到了封地吴，同时担任宰相职务。

楚考烈王没有儿子，春申君为这件事发愁，就寻找宜于生育儿子的妇女进献给楚王，虽然进献了不少，却始终没生儿子。赵国人李园带着他的妹妹来，打算把他的妹妹进献给楚王，又听说楚王生育儿子不易，恐怕时间长了不能得到宠幸。李园便寻找机会做了春申君的侍从，不久他请假回家，又故意延误了返回的时间。回来后他去拜见春申君，春申君问他迟到的原因，他回答说："齐王派使臣来求娶我的妹妹，由于我跟那个使臣饮酒，所以延误了返回的时间。"春申君问道："订婚礼物送来了吗？"李园回答说："没有。"春申君又问道："可以让我看看你妹妹吗？"李园说："可以。"于是李园就把他的妹妹献给春申君，并立即得到春申君的宠幸。后来，李园知道了他的妹妹怀了身孕，就同他妹妹商量进一步的打算。李园的妹妹找了个机会劝说春申君道："楚王尊重宠信您，即使兄弟也不如。如今您任楚国宰相已经二十多年了，可是大王没有儿子，如果楚王寿终之后改立兄弟，那么楚国改立国君以后，就会各自使原来所亲信的人显贵起来，您又怎么能长久地得到宠信呢？不仅如此，您身处尊位执掌政事多年，对楚王的兄弟们难免有许多失礼的地方，楚王兄弟果真立为国君，殃祸将落在您的身上，还怎么能保住宰相大印和江东封地呢？现在我自己知道怀上身孕了，可是别人谁也不知道。我得到您的宠幸时间不长，如果凭您的尊贵地位，把我进献给楚王，楚王必定宠幸我；我仰赖上天的保佑生个儿子，这就是您的儿子做了楚王，楚国全为您所有，这与您身遭意想不到的殃祸相比，哪样更好呢？”春申君认为这番话说得对极了，就把李园的妹妹送出家，严密地安排在一个住所，便向楚王称说要进献李园的妹妹。楚王把李园的妹妹召进宫后很是宠幸她。不久她生了个儿子，立为太子，楚王又把李园的妹妹封为王后，渐渐地开始器重李园，于是李园参与朝政。

李园把他妹妹送进宫里以后，他妹妹被封为王后，生的儿子立为太子，便担心春申君说漏秘密而更加骄横，就暗中豢养了刺客，打算杀死春申君来灭口，这件事在国都，有些人知道。

春申君任宰相的第二十五年，楚考烈王病重。朱英对春申君说：“世上有不期而至的福，又有不期而至的祸。如今您处在生死无常的世上，侍奉喜怒无常的君主，又怎么能会没有不期而至的人呢？”春申君问道：“什么叫不期而至的福？”朱英回答说：“您担任楚国宰相二十多年了，虽然名义上是宰相，实际上就是楚王。现在楚王病重，死在旦夕，您辅佐年幼的国君，因而代他掌握国政，如同伊尹、周公一样，等君王长大再把大权交给他，不就是您面南称王而据有楚国？这就是所说的不期而至的福。”春申君又问道：“那，什么叫不期而至的祸？”朱英回答道：“李园不执掌国政，便是您的仇人，他不管兵事，却豢养刺客为时已久了，楚王一离世，李园必定抢先入宫夺权，还要杀掉您灭口。这就是所说的不期而至的祸。”春申君接着问道：“那……什么叫不期而至的人？”朱英回答说：“请您安排我做郎中，楚王一离世，李园必定抢先入宫，我替您杀掉李园。这就是所说的不期而至的人。”春申君听了后说：“您要放弃这种打算。李园是个软弱的人，我对他很友好，况且又怎么能到这种地步呢！”朱英知道自己的进言不被采用，恐怕祸患殃及自身，就逃离了。

过了十七天，楚考烈王去世，李园果然抢先入宫，并在棘门埋伏下刺客。春申君进入棘门，李园豢养的刺客从两侧夹攻，刺杀了春申君，斩下他的头，扔到棘门外边。同时又派官吏把春申君家满门抄斩。而李园的妹妹原先受春申君宠幸怀了孕又入宫得宠于楚考烈王后所生的那个儿子，便立为楚王，这就是楚幽王。

这一年，秦始皇即位已经有九年了。嫪毐也与秦国太后谋乱，被发觉后，最终夷灭三族，而吕不韦因受到牵连也被废黜。

太公史说：我到楚地，观览了春申君的旧城，宫室建筑十分宏伟啊！当年，春申君劝说秦昭王，以及冒着生命危险派人把楚太子送回楚国，是多么聪慧的高明之举啊！可是后来被李园控制，昏聩糊涂了。俗话说得好："应当决断时不决断，反过来就要遭受祸患。"这就是说春申君失去了朱英要杀掉李园的机会吧。

史记卷七十九

范雎蔡泽列传第十九

范雎者，魏人也，字叔。游说诸侯，欲事魏王，家贫无以自资，乃先事魏中大夫须贾。

须贾为魏昭王使于齐，范雎从。留数月，未得报。齐襄王闻雎辩口，乃使人赐雎金十斤及牛酒，雎辞谢不敢受。须贾知之，大怒，以为雎持魏国阴事告齐，故得此馈，令雎受其牛酒，还其金。既归，心怒雎，以告魏相。魏相，魏之诸公子，曰魏齐。魏齐大怒，使舍人笞击雎，折胁摺齿。雎详死，即卷以箦，置厕中。宾客饮者醉，更溺雎，故僇辱以惩后，令无妄言者。雎从箦中谓守者曰："公能出我，我必厚谢公。"守者乃请出弃箦中死人。魏齐醉，曰："可矣。"范雎得出。后魏齐悔，复召求之。魏人郑安平闻之，乃遂操范雎亡，伏匿，更名姓曰张禄。

当此时，秦昭王使谒者王稽于魏。郑安平诈为卒，侍王稽。王稽问："魏有贤人可与俱西游者乎？"郑安平曰："臣里中有张禄先生，欲见君，言天下事。其人有仇，不敢昼见。"王稽曰："夜与俱来。"郑安平夜与张禄见王稽。语未究，王稽知范雎贤，谓曰："先生待我于三亭之南。"与私约而去。

王稽辞魏去，过载范雎入秦。至湖（关），望见车骑从西来。范雎曰："彼来者为谁？"王稽曰："秦相穰侯东行县邑。"范雎曰："吾闻穰侯专秦权，恶内诸侯客，此恐辱我，我宁且匿车中。"有顷，穰侯果至，劳王稽，因立车而语曰："关东有何变？"曰："无有。"又谓王稽曰："谒君得无与诸侯客子俱来乎？无益，徒乱人国耳。"王稽曰："不敢。"即别去。范雎曰："吾闻穰侯智士也，其见事迟，乡者疑车中有人，忘索之。"于是范雎下车走，曰："此必悔之。"行十馀里，果使骑还索车中，无客，乃已。王稽遂与范雎入咸阳。

已报使，因言曰："魏有张禄先生，天下辩士也。曰'秦王之国危于累卵，得臣则安。然不可以书传也'。臣故载来。"秦王弗信，使舍食草具。待命岁馀。

《东周列国志》版画之范雎巧计逃秦国图。范雎在魏国因受小人诬陷而受刑，于是诈死，改名张禄出逃秦国，受到秦昭王重用。

当是时，昭王已立三十六年。南拔楚之鄢、郢，楚怀王幽死于秦。秦东破齐，湣王尝称帝，后去之。数困三晋。厌天下辩士，无所信。

穰侯、华阳君，昭王母宣太后之弟也；而泾阳君、高陵君皆昭王同母弟也。穰侯相，三人者更将，有封邑，以太后故，私家富重于王室。及穰侯为秦将，且欲越韩、魏而伐齐纲寿，欲以广其陶封。范睢乃上书曰：

臣闻明主立政，有功者不得不赏，有能者不得不官，劳大者其禄厚，功多者其爵尊，能治众者其官大。故无能者不敢当职焉，有能者亦不得蔽隐。使以臣之言为可，愿行而益利其道；以臣之言为不可，久留臣无为也。语曰："庸主赏所爱而罚所恶；明主则不然，赏必加于有功，而刑必断于有罪。"今臣之胸不足以当椹质，而要不足以待斧钺，岂敢以疑事尝试于王哉！虽以臣为贱人而轻辱，独不重任臣者之无反复于王邪？

且臣闻周有砥砨，宋有结绿，梁有县藜，楚有和朴，此四宝者，土之所生，良工之所失也，而为天下名器。然则圣王之所弃者，独不足以厚国家乎？

臣闻善厚家者取之于国，善厚国者取之于诸侯。天下有明主则诸侯不得擅厚者，何也？为其割荣也。良医知病人之死生，而圣主明于成败之事，利则行之，害则舍之，疑则少尝之，虽舜、禹复生，弗能改已。语之至者，臣不敢载之于书，其浅者又不足听也。意者臣愚而不概于王心邪？亡其言臣者贱而不可用乎？自非然者，臣愿得少赐游观之间，望见颜色。一语无效，请伏斧质。

于是秦昭王大说，乃谢王稽，使以传车召范睢。

于是范睢乃得见于离宫，详为不知永巷而入其中。王来，而宦者怒逐之，曰："王至！"范睢缪为曰："秦安得王，秦独有太后、穰侯耳。"欲以感怒昭王。昭王至，闻其与宦者争言，遂延迎，谢曰："寡人宜以身受命久矣，会义渠之事急，寡人旦暮自请太后；今义渠之事已，寡人乃得受命。窃闵然不敏，敬执宾主之礼。"范睢辞让。是日观范睢之见者，群臣莫不洒然变色易容者。

秦王屏左右，宫中虚无人。秦王跽而请曰："先生何以幸教寡人？"范睢曰："唯唯。"有间，秦王复跽而请曰："先生何以幸教寡人？"范睢曰："唯唯。"若是者三。秦王跽曰："先生卒不幸教寡人邪？"范睢曰："非敢然也。臣闻昔者吕尚之遇文王也，身为渔父而钓于渭滨耳。若是者，交疏也。已说而立为太师，载与俱归者，其言深也。故文王遂收功于吕尚而卒王天下。乡使文王疏吕尚而不与深言，是周无天子之德，而文、武无与成其王业也。今臣羁旅之臣也，交疏于王，而所愿陈者皆匡君之事，处人骨肉之间，愿效愚忠而未知王之心也。此所以王三问而不敢对者也。臣非有畏而不敢言也。臣知今日言之于前而明日伏诛于后，然臣不敢避也。大王信行臣之言，死不足以为臣患，亡不足以为臣忧，漆身为厉被发为狂不足以为臣耻。且以五帝之圣焉而死，三王之仁焉而死，五伯之贤焉而死，乌获、任鄙之力焉而死，成荆、孟贲、王庆忌、夏育之勇焉而死。死者，人之所必不免也。处必然之势，可以少有补于秦，此臣之所大愿也，臣又何患哉！伍子胥橐载而出昭关，夜行昼伏，至于陵水，无以糊其口，膝行蒲伏，稽首肉袒，鼓腹吹篪，乞食于吴市，卒兴吴国，阖闾为伯。使臣得尽谋如伍子胥，加之以幽囚，终身不复见，是臣之说行也，臣又何忧？箕子、接舆漆身为厉，被发为狂，无益于主。假使臣得同行于箕子，可以有补〔于〕所贤之主，是臣之大荣也，臣有何耻？臣之所恐者，独恐臣死之后，天下见臣之尽忠而身死，因以是杜口裹足，莫肯乡秦耳。足下上畏太后之严，下惑于奸臣之态，居深宫之中，不离阿保之手，终身迷惑，无与昭奸。大者宗庙灭覆，小者身以孤危，此臣之所恐耳。若夫穷辱之事，死亡之患，臣不敢畏也。臣死而秦治，是臣死贤于生。”秦王跽曰：“先生是何言也！夫秦国辟远，寡人愚不肖，先生乃幸辱至于此，是天以寡人恩先生而存先王之宗庙也。寡人得受命于先生，是天所以幸先王，而不弃其孤也。先生奈何而言若是！事无小大，上及太后，下至大臣，愿先生悉以教寡人，无疑寡人也。”范睢拜，秦王亦拜。

范睢曰：“大王之国，四塞以为固，北有甘泉、谷口，南带泾、渭，右陇、蜀，左关、阪，奋击百万，战车千乘，利则出攻，不利则入守，此王者之地也。民怯于私斗而勇于公战，此王者之民也。王并此二者而有之。夫以秦卒之勇，车骑之众，以治诸侯。譬若施韩卢而搏蹇兔也，霸王之业司致也，而群臣莫当其位。至今闭关十五年，不敢窥兵于山东者，是穰侯为秦谋不忠，而大王之计有所失也。”秦王跽曰：“寡人愿闻失计。”

然左右多窃听者，范睢恐，未敢言内，先言外事，以观秦王之俯仰。因进曰：“夫穰侯越韩、魏而攻齐纲、寿，非计也。少出师则不足以伤齐，多出师则害于秦。臣意王之计，欲少出师而悉韩、魏之兵也，则不义矣。今见与国之不亲也，越人之国而攻，可乎？其于计疏矣。且昔齐湣王南攻楚，破军杀将，再辟地千里，而齐尺寸之地无得焉者，岂不欲得地哉，形势不能有也。诸侯见齐之罢弊，君臣之不和也，兴兵而伐齐，大破之。士辱兵顿，皆咎其王，曰：'谁为此计者乎？'王曰：'文子为之。'大臣作乱，文子出走。故齐所以大破者，以其伐楚而肥韩、魏也。此所谓借贼兵而赍盗粮者也。王不如远交而近攻，得寸则王之寸也，得尺亦王之尺也。今释此而远攻，不亦缪乎！且昔者中山之国地方五百里，赵独吞之，功成名立而利附焉，天下莫之能害也。今夫韩、魏，中国之处而天下之枢也，王其欲霸，必亲中国以为天下枢，以威楚、赵。楚强则附赵，赵强则附楚，楚、赵皆附，齐必惧矣。齐惧，必卑辞重币以事秦。齐附而韩、魏因可虏也。"昭王曰："吾欲亲魏久矣，而魏多变之国也，寡人不能亲。请问亲魏奈何？"对曰："王卑词重币以事之；不可，则割地而赂之；不可，因举兵而伐之。"王曰："寡人敬闻命矣。"乃拜范睢为客卿，谋兵事。卒听范睢谋，使五大夫绾伐魏，拔怀。后二岁，拔邢丘。

客卿范睢复说昭王曰："秦、韩之地形，相错如绣。秦之有韩也，譬如木之有蠹也，人之有心腹之病也。天下无变则已，天下有变，其为秦患者孰大于韩乎？王不如收韩。"昭王曰："吾固欲收韩，韩不听，为之奈何？"对曰："韩安得无听乎？王下兵而攻荥阳，则巩、成皋之道不通；北断太行之道，则上党之师不下。王一兴兵而攻荥阳，则其国断而为三。夫韩见必亡，安得不听乎？若韩听，而霸事因可虑矣。"王曰："善。"且欲发使于韩。

范睢日益亲，复说用数年矣，因请间说曰："臣居山东时，闻齐之有田文，不闻其有王也；闻秦之有太后、穰侯、华阳、高陵、泾阳，不闻其有王也。夫擅国之谓王，能利害之谓王，制杀生之威之谓王。今太后擅行不顾，穰侯出使不报，华阳、泾阳等击断无讳，高陵进退不请。四贵备而国不危者，未之有也。为此四贵者下，乃所谓无王也。然则权安得不倾，令安得从王出乎？臣闻善治国者，乃内固其威而外重其权。穰侯使者操王之重，决制于诸侯，剖符于天下，政适伐国，莫敢不听。战胜攻取则利归于陶，国弊御于诸侯；战败则结怨于百姓，而祸归于社稷。诗曰'木实繁者披其枝，披其枝者伤其心；大其都者危其国，尊其臣者卑其主'。崔杼、淖齿管齐，射王股，擢王筋，县之于庙梁，宿昔而死。

李兑管赵，囚主父于沙丘，百日而饿死。今臣闻秦太后、穰侯用事，高陵、华阳、泾阳佐之，卒无秦王，此亦淖齿、李兑之类也。且夫三代所以亡国者，君专授政，纵酒驰骋弋猎，不听政事。其所授者，妒贤嫉能，御下蔽上，以成其私，不为主计，而主不觉悟，故失其国。今自有秩以上至诸大吏，下及王左右，无非相国之人者。见王独立于朝，臣窃为王恐万世之后，有秦国者非王子孙也。”昭王闻之大惧，曰：“善。”于是废太后，逐穰侯、高陵、华阳、泾阳君于关外。秦王乃拜范睢为相。收穰侯之印，使归陶。因使县官给车牛以徙，千乘有馀，到关，关阅其宝器，宝器珍怪多于王室。

秦封范睢以应，号为应侯。当是时，秦昭王四十一年也。

范睢既相秦，秦号曰张禄，而魏不知，以为范睢已死久矣。魏闻秦且东伐韩、魏，魏使须贾于秦。范睢闻之，为微行，敝衣闲步之邸，见须贾。须贾见之而惊曰：“范叔固无恙乎！”范睢曰：“然。”须贾笑曰：“范叔有说于秦乎？”曰：“不也。睢前日得过于魏相，故亡逃至此，安敢说乎？”须贾曰：“今叔何事？”范睢曰：“臣为人庸赁。”须贾意哀之，留与坐饮食，曰：“范叔一寒如此哉！”乃取其一绨袍以赐之。须贾因问曰：“秦相张君，公知之乎？吾闻幸于王，天下之事皆决于相君。今吾事之去留在张君。孺子岂有客习于相君者哉？”范睢曰：“主人翁习知之。唯睢亦得谒，睢请为见君于张君。”须贾曰：“吾马病，车轴折，非大车驷马，吾不出。”范睢曰：“愿为君借大车驷马于主人翁。”

范睢归取大车驷马，为须贾御之，入秦相府。府中望见，有识者皆避匿。须贾怪之。至相舍门，谓须贾曰：“待我，我为君先入通于相君。”须贾待门下，持车良久，问门下曰：“范叔不出，何也？”门下曰：“无范叔。”须贾曰：“乡者与我载而入者。”门下曰：“乃吾相张君也。”须贾大惊，自知见卖，乃肉袒膝行，因门下人谢罪。于是范睢盛帷帐，侍者甚众，见之。须贾顿首言死罪，曰：“贾不意君能自致于青云之上，贾不敢复读天下之书，不敢复与天下之事。贾有汤镬之罪，请自屏于胡貉之地，唯君死生之！”范睢曰：“汝罪有几？”曰：“擢贾之发以续贾之罪，尚未足。”范睢曰：“汝罪有三耳。昔者楚昭王时而申包胥为楚却吴军，楚王封之以荆五千户，包胥辞不受，为丘墓之寄于荆也。今睢之先人丘墓亦在魏，公前以睢为有外心于齐而恶睢于魏齐，公之罪一也。当魏齐辱我于厕中，公不止，罪二也。更醉而溺我，公其何忍乎？罪三矣。然公之所以得无死者，以绨袍恋恋，有故人之意，故释公。”乃谢罢。入言之昭王，罢归须贾。

须贾辞于范雎，范雎大供具，尽请诸侯使，与坐堂上，食饮甚设。而坐须贾于堂下，置莝豆其前，令两黥徒夹而马食之，数曰：“为我告魏王，急持魏齐头来！不然者，我且屠大梁。”须贾归，以告魏齐。魏齐恐，亡走赵，匿平原君所。

范雎既相，王稽谓范雎曰：“事有不可知者三，有不可奈何者亦三。宫车一日晏驾，是事之不可知者一也。君卒然捐馆舍，是事之不可知者二也。使臣卒然填沟壑，是事之不可知者三也。宫车一日晏驾，君虽恨于臣，无可奈何。君卒然捐馆舍，君虽恨于臣，亦无可奈何。使臣卒然填沟壑，君虽恨于臣，亦无可奈何。”范雎不怿，乃入言于王曰：“非王稽之忠，莫能内臣于函谷关；非大王之贤圣，莫能贵臣。今臣官至于相，爵在列侯，王稽之官尚止于谒者，非其内臣之意也。”昭王召王稽，拜为河东守，三岁不上计。又任郑安平，昭王以为将军。范雎于是散家财物，尽以报所尝困厄者。一饭之德必偿，睚眦之怨必报。

范雎相秦二年，秦昭王之四十二年，东伐韩少曲、高平，拔之。

秦昭王闻魏齐在平原君所，欲为范雎必报其仇，乃详为好书遗平原君曰：“寡人闻君之高义，愿与君为布衣之友。君幸过寡人，寡人愿与君为十日之饮。”平原君畏秦，且以为然，而入秦见昭王。昭王与平原君饮数日，昭王谓平原君曰：“昔周文王得吕尚以为太公，齐桓公得管夷吾以为仲父，今范君亦寡人之叔父也。范君之仇在君之家，愿使人归取其头来；不然，吾不出君于关。”平原君曰：“贵而为友者，为贱也；富而为交者，为贫也。夫魏齐者，胜之友也，在，固不出也；今又不在臣所。”昭王乃遗赵王书曰：“王之弟在秦，范君之仇魏齐在平原君之家。王使人疾持其头来；不然，吾举兵而伐赵，又不出王之弟于关。”赵孝成王乃发卒围平原君家，急，魏齐夜亡出，见赵相虞卿。虞卿度赵王终不可说，乃解其相印，与魏齐亡，间行，念诸侯莫可以急抵者，乃复走大梁，欲因信陵君以走楚。信陵君闻之，畏秦，犹豫未肯见，曰：“虞卿何如人也？”时侯嬴在旁，曰：“人固未易知，知人亦未易也。夫虞卿蹑屩檐簦，一见赵王，赐白璧一双，黄金百镒；再见，拜为上卿；三见，卒受相印，封万户侯。当此之时，天下争知之。夫魏齐穷困过虞卿，虞卿不敢重爵禄之尊，解相印，捐万户侯而间行。急士之穷而归公子，公子曰‘何如人’。

人固不易知，知人亦未易也！”信陵君大惭，驾如野迎之。魏齐闻信陵君之初难见之，怒而自刭。赵王闻之，卒取其头予秦，秦昭王乃出平原君归赵。

昭王四十三年，秦攻韩汾陉，拔之，因城河上广武。

后五年，昭王用应侯谋，纵反间卖赵，赵以其故，令马服子代廉颇将。秦大破赵于长平，遂围邯郸。已而与武安君白起有隙，言而杀之，任郑安平，使将击赵。郑安平为赵所围，急，以兵二万人降赵。应侯席稿请罪。秦之法，任人而所任不善者，各以其罪罪之。于是应侯罪当收三族。秦昭王恐伤应侯之意，乃下令国中：“有敢言郑安平事者，以其罪罪之。”而加赐相国应侯食物日益厚，以顺适其意。后二岁，王稽为河东守与诸侯通，坐法诛。而应侯日益以不怿。

昭王临朝叹息，应侯进曰：“臣闻‘主忧臣辱，主辱臣死’。今大王中朝而忧，臣敢请其罪。”昭王曰：“吾闻楚之铁剑利而倡优拙。夫铁剑利则士勇，倡优拙则思虑远。夫以远思虑而御勇士，吾恐楚之图秦也。夫物不素具，不可以应卒。今武安君既死，而郑安平等畔，内无良将而外多敌国，吾是以忧。”欲以激励应侯。应侯惧，不知所出。蔡泽闻之，往入秦也。

蔡泽者，燕人也。

游学干诸侯小大甚众，不遇。而从唐举相，曰：“吾闻先生相李兑，曰‘百日之内持国秉’，有之乎？”曰：“有之。”曰：“若臣者何如？”唐举孰视而笑曰：“先生曷鼻，巨肩，魋颜，蹙齃，膝挛。吾闻圣人不相，殆先生乎？”蔡泽知唐举戏之，乃曰：“富贵吾所自有，吾所不知者寿也，愿闻之。”唐举曰：“先生之寿，从今以往者四十三岁。”蔡泽笑谢而去，谓其御者曰：“吾持粱刺齿肥，跃马疾驱，怀黄金之印，结紫绶于要，揖让人主之前，食肉富贵，四十三年足矣。”去之赵，见逐。之韩、魏，遇夺釜鬲于涂。闻应侯任郑安平、王稽皆负重罪于秦，应侯内惭，蔡泽乃西入秦。

将见昭王，使人宣言以感怒应侯曰：“燕客蔡泽，天下雄俊弘辩智士也。彼一见秦王，秦王必困君而夺君之位。”应侯闻，曰：“五帝三代之事，百家之说，吾既知之，众口之辩，吾皆摧之，是恶能困我而夺我位乎？”使人召蔡泽。蔡泽入，则揖应侯。应侯固不快，及见之，又倨，应侯因让之曰：“子尝宣言欲代我相秦，宁有之乎？”对曰：“然。”应侯曰：

“请闻其说。”蔡泽曰：“吁，君何见之晚也！夫四时之序，成功者去。夫人生百体坚强，手足便利，耳目聪明而心圣智，岂非士之愿与？”应侯曰：“然。”蔡泽曰：“质仁秉义，行道施德，得志于天下，天下怀乐敬爱而尊慕之，皆愿以为君王，岂不辩智之期与？”应侯曰：“然。”蔡泽复曰：“富贵显荣，成理万物，使各得其所；性命寿长，终其天年而不夭伤；天下继其统，守其业，传之无穷；名实纯粹，泽流千里，世世称之而无绝，与天地终始。岂道德之符而圣人所谓吉祥善事者与？”应侯曰：“然。”

蔡泽曰：“若夫秦之商君，楚之吴起，越之大夫种，其卒然亦可愿与？”应侯知蔡泽之欲困己以说，复谬曰：“何为不可？夫公孙鞅之事孝公也，极身无贰虑，尽公而不顾私；设刀锯以禁奸邪，信赏罚以致治。披腹心，示情素，蒙怨咎，欺旧友，夺魏公子卬，安秦社稷，利百姓，卒为秦禽将破敌，攘地千里。吴起之事悼王也，使私不得害公，谗不得蔽忠，言不取苟合，行不取苟容，不为危易行，行义不辟难，然为霸主强国，不辞祸凶。大夫种之事越王也，主虽困辱，悉忠而不解，主虽绝亡，尽能而弗离，成功而弗矜，富贵而不骄怠。若此三子者，固义之至也，忠之节也。是故君子以义死难，视死如归，生而辱不如死而荣。士固有杀身以成名，唯义之所在，虽死无所恨。何为不可哉？”

蔡泽曰：“主圣臣贤，天下之盛福也；君明臣直，国之福也；父慈子孝，夫信妻贞，家之福也。故比干忠而不能存殷，子胥智而不能完吴，申生孝而晋国乱。是皆有忠臣孝子，而国家灭乱者，何也？无明君贤父以听之，故天下以其君父为僇辱而怜其臣子。今商君、吴起、大夫种之为人臣，是也；其君，非也。故世称三子致功而不见德，岂慕不遇世死乎？夫待死而后可以立忠成名，是微子不足仁，孔子不足圣，管仲不足大也。夫人之立功，岂不期于成全邪？身与名俱全者，上也。名可法而身死者，其次也。名在僇辱而身全者，下也。”于是应侯称善。

蔡泽少得间，因曰：“夫商君、吴起、大夫种，其为人臣尽忠致功则可愿矣，闳夭事文王，周公辅成王也，岂不亦忠圣乎？以君臣论之，商君、吴起、大夫种其可愿孰与闳夭、周公哉？”应侯曰：“商君、吴起、大夫种弗若也。”蔡泽曰：“然则君之主慈仁任忠，惇厚旧故，其贤智与有道之士为胶漆，义不倍功臣，孰与秦孝公、楚悼王、越王乎？”应侯曰：“未知何如也。”蔡泽曰：“今主亲忠臣，不过秦孝公、楚悼王、越王。君之设智，能为主安危修政，治乱强兵，批患折难，广地殖谷，富国足家，强主，尊社稷，显宗庙，天下莫敢欺犯其主，主之威盖震海内，功彰万里之外，声名光辉传于千世，君孰与商君、吴起、大夫种？”应侯曰：“不若。”蔡泽曰：“今主之亲忠臣不忘旧故不若孝公、悼王、勾践，而君之功绩爱信亲幸又不若商君、吴起、大夫种，然而君之禄位贵盛，私家之富过于三子，而身不退者，恐患之甚于三子，窃为君危之。语曰‘日中则移，月满则亏’。物盛则衰，天地之常数也。进退盈缩，与时变化，圣人之常道也。故‘国有道则仕，国无道则隐’。圣人曰‘飞龙在天，利见大人’。‘不义而富且贵，于我如浮云’。今君之怨已雠而德已报，意欲至矣，而无变计，窃为君不取也。

“且夫翠、鹄、犀、象，其处势非不远死也，而所以死者，惑于饵也。苏秦、智伯之智，非不足以辟辱远死也，而所以死者，惑于贪利不止也。是以圣人制礼节欲，取于民有度，使之以时，用之有止，故志不溢，行不骄，常与道俱而不失，故天下承而不绝。昔者齐桓公九合诸侯，一匡天下，至于葵丘之会，有骄矜之志，畔者九国。吴王夫差兵无敌于天下，勇强以轻诸侯，陵齐、晋，故遂以杀身亡国。夏育、太史噭叱呼骇三军，然而身死于庸夫。此皆乘至盛而不返道理，不居卑退处俭约之患也。夫商君为秦孝公明法令，禁奸本，尊爵必赏，有罪必罚，平权衡，正度量，调轻重，决裂阡陌，以静生民之业而一其俗，劝民耕农利土，一室无二事，力田稸积，习战陈之事，是以兵动而地广，兵休而国富，故秦无敌于天下，立威诸侯，成秦国之业。功已成矣，而遂以车裂。楚地方数千里，持戟百万，白起率数万之师以与楚战，一战举鄢、郢以烧夷陵，再战南并蜀汉；又越韩、魏而攻强赵，北坑马服，诛屠四十馀万之众，尽之于长平之下，流血成川，沸声若雷，遂入围邯郸，使秦有帝业。楚、赵天下之强国而秦之仇敌也，自是之后，楚、赵皆慑伏不敢攻秦者，白起之势也。身所服者七十馀城，功已成矣，而遂赐剑死于杜邮。吴起为楚悼王立法，卑减大臣之威重，罢无能，废无用，损不急之官，塞私门之请，一楚国之俗，禁游客之民，精耕战之士，南收杨越，北并陈、蔡，破横散从，使驰说之士无所开其口，禁朋党以励百姓，定楚国之政，兵震天下，威服诸侯。功已成矣，而卒枝解。大夫种为越王深谋远计，免会稽之危，以亡为存，因辱为荣，垦草入邑，辟地殖谷，率四方之士，专上下之力，辅勾践之贤，报夫差之仇，卒擒劲吴，令越成霸。功已彰而信矣，勾践终负而杀之。此四子者，功成不去，祸至于此。此所谓信而不能诎，往而不能返者也。范蠡知之，超然辟世，长为陶朱公。君独不观夫博者乎？或欲大投，或欲分功，此皆君之所明知也。

“今君相秦，计不下席，谋不出廊庙，坐制诸侯，利施三川，以实宜阳，决羊肠之险，塞太行之道，又斩范、中行之涂，六国不得合从，栈道千里，通于蜀汉，使天下皆畏秦，秦之欲得矣，君之功极矣，此亦秦之分功之时也。如是而不退，则商君、白公、吴起、大夫种是也。吾闻之，‘鉴于水者见面之容，鉴于人者知吉与凶’。《书》曰‘成功之下，不可久处’。四子之祸，君何居焉？君何不以此时归相印，让贤者而授之，退而岩居川观，必有伯夷之廉，长为应侯，世世称孤，而有许由、延陵季子之让，乔松之寿，孰与以祸终哉？即君何居焉？忍不能自离，疑不能自决，必有四子之祸矣。《易》曰‘亢龙有悔’，此言上而不能下，信而不能诎，往而不能自返者也。愿君孰计之！”

应侯曰：“善。吾闻‘欲而不知止，失其所以欲；有而不知足，失其所以有’。先生幸教，睢敬受命。”于是乃延入坐，为上客。

后数日，入朝，言于秦昭王曰：“客新有从山东来者曰蔡泽，其人辩士，明于三王之事，五伯之业，世欲之变，足以寄秦国之政。臣之见人甚众，莫及，臣不如也。臣敢以闻。”秦昭王召见，与语，大说之，拜为客卿。

应侯因谢病请归相印。昭王强起应侯，应侯遂称病笃。范睢免相，昭王新说蔡泽计画，遂拜为秦相，东收周室。

蔡泽相秦数月，人或恶之，惧诛，乃谢病归相印，号为纲成君。居秦十馀年，事昭王、孝文王、庄襄王。卒事始皇帝，为秦使于燕，三年而燕使太子丹入质于秦。

太史公曰：韩子称“长袖善舞，多钱善贾”，信哉是言也！范睢、蔡泽世所谓一切辩士，然游说诸侯至白首无所遇者，非计策之拙，所为说力少也，及二人羁旅入秦，继踵取卿相，垂功于天下者，固强弱之势异也。然士亦有偶合，贤者多如此二子，不得尽意，岂可胜道哉！然二子不困厄，恶能激乎？

【译文】

范睢是魏国人，字叔。他曾周游列国希望有国君接受自己的主张而有所作为，但没有成功，便回到魏国打算给魏王任职服务，可是家境贫寒又没有办法筹措资金，就先在魏国中大夫须贾门下混事。

有一次，须贾为魏昭王出使到齐国办事，范雎也跟着去了。他们在齐国停留了几个月，也没有什么结果。当时齐襄王得知范雎口才很好，就派专人给范雎送去了十斤黄金和牛肉美酒之类的礼物，但范雎一再推辞不敢接受。须贾知道了这件事，非常恼火，认为范雎定是把魏国的秘密出卖给齐国了，所以才得到如此馈赠，于是他让范雎收下牛肉美酒之类的食品，而把黄金送回去。回到魏国后，须贾心里恼怒嫉恨范雎，就把这件事报告给魏国宰相。魏国的宰相是魏国公子之一，叫魏齐。魏齐听了后大怒，就命令左右近臣用板子、荆条抽打范雎，打得范雎胁折齿断。当时范雎假装死去，魏齐就派人用席子把他卷起来，扔在了厕所里。又让宴饮的宾客喝醉了，轮番往范雎身上撒尿，故意污辱他，借以惩一警百，让别人不准再乱说。卷在席里的范雎趁还活着，就对看守说："您如果放走我，我日后必定会重重地谢您。"看守有意放走范雎，便向魏齐请示把席子里的死人扔掉算了。可巧，魏齐喝得酩酊大醉，就顺口答应说："可以。"范雎因而得以逃脱。后来魏齐后悔把范雎当死人扔掉，又派人去搜索范雎。魏国人郑安平听说了这件事，于是就带着范雎一起逃跑了，他们隐藏起来，范雎更改了姓名叫张禄。

在这个时候，秦昭王派使臣王稽到魏国。郑安平就假装当差役，侍候王稽。王稽问他："魏国可有贤能的人士愿跟我一起到西边去吗？"郑安平回答说："我的乡里有位张禄先生，想求见您，谈谈天下大事。不过，他有仇人，不敢白天出来。"王稽说："夜里你跟他一起来便是了。"郑安平就在夜里带着张禄去拜见王稽。两个人的话还没谈完，王稽就发现范雎是个贤才，便对他说："请先生在三亭冈的南边等着我。"范雎与王稽暗中约好见面时间便离去了。

王稽辞别魏王上路后，经过三亭冈南边时载上范雎，很快就进入了秦国国境。行到湖邑，他们远远望见有一队车马从西边奔驰而来。范雎便问："那边过来的是谁？"王稽答道："那是秦国国相穰侯去东边巡行视察县邑。"范雎一听是穰侯便说："我听说穰侯独揽秦国大权，他最讨厌的便是收纳各国的说客，这样见面恐怕要侮辱我的，我宁可暂在车里躲藏一会儿。"不一会儿，穰侯果然到了，向王稽道过问候，便停下车询问说："关东的局势有什么变化吗？"王稽回答道："没有。"穰侯又对王稽说："使臣先生该不会带着那般说客一起来吧？这种人一点好处也没有，只会扰乱别人的国家罢了。”王稽赶快回答说：“臣下不敢。”两人随即告别而去。范雎对王稽说：“我听说穰侯是个智谋之士，处理事情多有疑惑，刚才他怀疑车中藏着人，可是忘记搜查了。”于是范雎就跳下车来奔走，说：“这件事穰侯不会善罢甘休，过后必定后悔没有搜查车子。”大约走了十几里路，穰侯果然派骑兵追回来搜查车子，发现没有人，这才作罢。于是王稽与范雎进了咸阳。

王稽向秦王报告了出使情况后，趁机进言道：“魏国有个张禄先生，此人是天下难得的能言善辩之士。他说‘秦王的国家处境危险已到了层层堆蛋的地步，只要采用我的方略便可安全。但需面谈不能用书信传达’。所以我把他载到秦国来。”因为秦王不相信这套话，只让范雎住在客舍，给他粗劣的饭食吃。就这样，范雎等待秦王接见等了有一年多。

当时，秦昭王已经即位三十六年了。秦国在南面夺取了楚国的鄢、郢重镇，楚怀王已在秦国被囚禁而死。在东面攻破了齐国。此前齐湣王曾经自称东帝，不久又取消了这个帝号。还曾多次围攻韩、赵、魏三国，扩张了领土。昭王武功显赫，因而讨厌那些说客，从不听信他们。

穰侯、华阳君是昭王母亲宣太后的弟弟，而泾阳君、高陵君都是昭王的同胞弟弟。穰侯担任国相，华阳君、泾阳君和高陵君轮番担任将军，他们都有封赐的领地，由于宣太后庇护的缘故，他们私家的财富甚至超过了国家。等到穰侯担任了秦国将军，他又要越过韩国和魏国去攻打齐国的纲寿，想借此扩大他在陶邑的封地。为此，范雎就上书启奏秦王说：

我听说圣明的君主推行政事，有功劳的不可以不奖赏，有才能的不可以不授官职，劳苦大的俸禄多，功绩多的爵位高，能管众多事务的官职大。所以没有才能的不敢担当官职，有才能的也不会被埋没。假使您认为我的话可信，希望您推行并进一步使这种主张得以实现；如果认为我的话不可信，那么长久留我在这里也没有意义。俗话说：“庸碌的君主奖赏他宠爱的人而惩罚他厌恶的人；圣明的君主就不这样，奖赏一定施给有功的人，刑罚一定判在有罪人的身上。”如今我的胸膛耐不住铡刀和砧板，我的腰也承受不了小斧和大斧，怎么敢用毫无根据、疑惑不定的主张来试探大王呢？即使您认为我是个微贱的人而加以轻蔑，难道就不重视推荐我的人对您的担保吗？

况且我听说周室有砥砨，宋国有结绿，魏国有县藜，楚国有和氏璞玉，这四件宝玉，产于土中，而著名的工匠却误认为是石头，但它们终究成为天下的名贵器物。既然如此，那么圣明君主所抛弃的人，难道就不足以使国家强大吗？

我听说善于中饱私囊的大夫，是从诸侯国中取利；善于使一国富足的诸侯，是从其他诸侯国中取利。而天下有了圣明的君主那么诸侯就不得独自豪富，这是为什么？是因为他们会削割国家而使自我显贵。高明的医生能知道病人的生死，圣明的君主能洞察国事的成败，认为对国家有利的就施行、有害的就舍弃、有疑惑的就稍加试验，即使舜和禹死而复生，也不能改变这种方略。要说的至深话语，我不敢写在书信上，一些浅陋的话又不值得您一听。想必是我愚笨而不符合大王的心意吧？还是推荐我的人，人贱言微而不值得听信呢？如果不是这样，我希望您赐给少许游览观赏的空闲时间，让我拜见您一次。如果一次谈话没有效果，我请求伏罪受死刑。

读了这封书信，秦昭王心中大喜，便向王稽表示了歉意，派他用专车去接范雎。

这样，范雎才能够去离宫拜见秦昭王，到了宫门口，他假装不知道是内宫的通道，就往里走。这时恰巧秦昭王出来，宦官发了怒，驱赶范雎，便大声喝斥道："大王来了！"范雎故意乱嚷着说："秦国哪里有王？秦国只有太后和穰侯罢了。"他想用这些话激怒秦昭王。昭王走过来，听到范雎正在与宦官争吵，便上前去迎接范雎，并向他道歉说："我本来早就该向您请教了，正遇到处理义渠事件很紧迫，我早晚都要向太后请示，现在义渠事件已经处理完毕，我才有机会向您请教啊。我这个人很糊涂、不聪敏，让我向您敬行一礼。"范雎客气地还了礼。这一天凡是看到范雎谒见昭王情况的文武百官，没有一个不是肃然起敬的。

秦昭王屏退了左右近臣，宫中没有别的人了，这时才长跪着向范雎请教说："先生怎么赐教我？"范雎说："嗯嗯。"停了一会儿，秦昭王又长跪着向范雎请教说："先生怎么赐教我？"范雎说："嗯嗯。"像这样询问连续三次。秦昭王长跪着说："先生终究也不赐教我了吗？"范雎说："不敢这样。我听说从前吕尚遇到周文王时，他只是个渭水边上钓鱼的渔夫罢了。像他们这种关系，就属于交情生疏。但文王听完他的一席话便立他为太师，并立即用车载着他一起回宫，就是因为他的这番话说到了文王的心坎里。因此文王便得到吕尚的辅佐而终于统一了天下。假使当初文王疏远吕尚而不与他深谈，这样周朝就没有做天子的德望，而文王、武王也就无人辅佐来成就他们统一天下的大业了。如今我是个寄居异国他乡的臣子，与大王交情生疏，而我所希望陈述的都是匡扶国君的大事，我处在大王与亲人的骨肉关系之间来谈这些大事，本愿进献我的一片愚诚的忠心，可不知大王心里是怎么想的。这就是大王连续三次询问我而我不敢回答的原因。我并不是害怕什么而不敢说出来。我明知今天向您陈述主张明天就可能伏罪受死，可是我决不想逃避。大王果真照我的话办了，受死不值得我忧患，流亡由不得我苦恼，就是漆身生癞、披发装疯我也不会感到羞耻。况且，像五帝那样的圣明终不免要死去，三王那样的仁爱也不免要死去，春秋五霸那样的贤能都死了，乌获、任鄙那样力大无比也难免一死，成荆、孟贲、王庆忌、夏育那样勇猛威武也一个个死去了。由此可见，死亡是每个人都不可避免的。处于必然死去的形势下，能够对秦国有少许补益，这就是我最大的愿望，我又有什么好担心的呢！过去伍子胥被装在口袋里逃出了昭关，夜里行走，白天隐藏，走到陵水，连饭也吃不上了，只好爬着行走，裸露上身，叩着响头，鼓起肚皮吹笛子，在吴国街市上到处行乞讨饭，可后来终于振兴了吴国，使阖闾成为霸主。假使我能像伍子胥一样极尽智谋效忠秦国，就是再把我囚禁起来，终身不再见大王，但是我的主张施行了，我又有什么好担忧的呢？过去箕子、接舆漆身生癞、披发装疯，可是这对君主没有任何益处。假使我也跟箕子有同样的遭遇，也披发装疯，可是能够对我认为贤能的君主有所补益，这是我最大的荣幸，我又有什么可耻辱呢？我所担忧的，只是怕我死后，天下人看见我为君主尽忠反而遭到死罪，因此闭口停步，没有谁肯到秦国来罢了。现在您在上面害怕太后的威严，在下面被奸佞臣子的惺惺作态所迷惑，自己身居深宫禁院，离不开左右近臣的把持，终身迷惑不清，也没人能够帮助您辨识邪恶。长此下去，从大处说国家会覆亡，从小处说您孤立无援岌岌可危，这是我所担忧的，只此而已。至于说困穷、屈辱一类的事情，处死、流亡之类的忧患，我是从来不会害怕的。如果我死了而秦国得以大治，那么我死了比活着更有意义。”秦昭王长跪着说：“先生这是怎么说呢！秦国偏僻远处一隅，我本人愚笨无能，先生竟屈尊光临此地，这是上天恩准我烦劳先生来保存我先王的遗业啊。我能受到先生的教诲，这正是上天恩赐我的先王，而不抛弃他们的这个后代啊。先生怎么说这样的话呢！从这以后，事情无论大小，上至太后，下到大臣，有关问题希望先生毫无保留地给我以指教，不要再怀疑我了。”范雎听了后躬身行礼，秦昭王也连忙还礼。

范雎说：“大王的国家，四面都是坚固的要塞，北面有甘泉高山、谷口险隘，南面环绕着泾、渭二水，右边是陇山、蜀道，左边是函谷关、崤阪山，雄师百万，战车千辆，有利就进攻，不利就退守，这是据以建立王业的好地方啊。百姓不敢因私事而争斗，却勇敢地为国家去作战，这是据以建立王业的好百姓啊。现在大王同时兼有地利、人和这两种有利条件。凭着秦国士兵的勇猛，战车的众多，去制伏诸侯，就如同放出韩国壮犬去捕捉跛足的兔子那样容易，建立霸王的事业是完全能够办到的，可是您的臣子们却都不称职。秦国到现今闭关固守已经有十五年了，之所以不敢伺机向崤山以东进兵，这都是因为穰侯为秦国出谋划策不肯竭尽忠心，而大王的计策也有失误之处啊！”秦昭王长跪着说：“我愿意听一听我的失策之处。”

可是范雎发觉谈话时周围有不少人在偷听，心里惶恐不安，不敢谈宫廷内部太后专权的事，就先谈穰侯对诸侯国的外交谋略，借以观察一下秦王的态度。于是凑向昭王面前说：“穰侯越过韩、魏两国去进攻齐国纲寿，这不是个好计策。出兵少就不能损伤齐国，出兵多反而会损害秦国自己。我猜想大王的计策，是想自己少出兵而让韩、魏两国尽遣兵力来协同秦国，这就违背情理了。现在已经看出这两个友国实际并不真正亲善，您却要越过他们的国境去进攻齐国，合适吗？这在计策上考虑太欠周密了。况且曾有过这种失算的先例，先前齐湣王向南攻打楚国，破楚军、斩楚将，开辟了千里之遥的领土，可是最后齐国连寸尺大小的土地也没有得到。难道是不想得到土地吗？是形势迫使它不可能占有啊。各诸侯国看到齐国已经疲惫困顿国力大衰，国君与臣属不和，便发兵进攻齐国，结果大败齐国。齐国将士受辱，溃不成军，上下一片责怪齐王之声，说：‘策划攻打楚国的是谁？’齐王说：‘是田文策划的。’于是齐国大臣发动叛乱，田文被迫逃亡出走。由此可见齐国大败，就是因为它耗尽兵力攻打远方的楚国反而使韩、魏两国从中获得厚利。这就叫做把兵器借给强盗，把粮食送给窃贼啊。大王不如结交远邦而攻伐近国，这样攻取一寸土地就成为您的一寸土地，攻取一尺土地也就成为您的一尺土地。如今放弃近国而攻打远邦，这岂不是太荒谬了吗？再说，过去中山国领土有方圆五百里，赵国独自把它吞并了，功业建成，名声高杨，利益到手，天下没有谁能侵害它。现在韩、魏两国，地处中原，是天下的中心部位，大王如果打算称霸天下，就必须先亲近中原国家，把它作为掌握天下的关键，以此威胁楚国、赵国。楚国强大您就亲近赵国，赵国强大您就亲近楚国，楚国、赵国都亲附您，齐国必然恐惧了。齐国恐惧，必定低声下气拿出丰厚财礼来侍奉秦国。齐国亲附了秦国，那么韩、魏两国便乘势可以被收服了。”昭王说：“我早就想亲近魏国了，可是魏国是个翻云覆雨、变化无常的国家，我无法同它亲近。请问怎么才能亲近魏国？”范雎回答道：“大王可以先说好话送厚礼来奉承它，不行的话，就割让土地收买它；再不行，寻找机会发兵攻打它。”昭王说：“我就恭听您的指教了。”于是授给范雎客卿官职，同他一起谋划军事。终于听从了范雎的谋略，派五大夫绾带兵攻打魏国，拿下了怀邑。两年后，又夺取了邢丘。

客卿范雎后来又劝说昭王道：“秦、韩两国的地形，犬牙交错简直就像交织的刺绣一样。秦国境内伸进韩国的土地，就如同树干中生了蛀虫，人患了心病一样。天下的形势没有变化就罢了，一旦发生变化，给秦国造成祸患的还有谁能比韩国大呢？大王不如拢住韩国。”昭王说：“我本来就想拢住韩国，可是韩国不听从，对它该怎么办才好？”范雎回答道：“韩国怎么能不听从呢？您进兵去攻荥阳，那么韩国由巩县通往成皋的道路被堵住；在北面切断太行山要道，那么上党的军队就不能南下。大王一旦发兵进攻荥阳，那么韩国就会被分割成三块孤立的地区。韩国眼见必将灭亡，怎么能不听从呢？如果韩国服帖了，那么就可乘势盘算称霸的事业了。”昭王说：“好的。”就准备派使臣到韩国去。

范雎一天比一天得到秦昭王信任，转眼间受到秦昭王的信用已有几年了，一次范雎在昭王闲暇方便的时候进言议事说：“我住在崤山东边时，只听说齐国有田文，从没听说齐国有齐王；只听说秦国有太后、穰侯、华阳君以及高陵君、泾阳君，从没听说秦国有秦王。独掌国家大权的称作王，能够兴利除害的称做王，掌握生杀予夺权势的称作王。如今太后独断专行毫无顾忌，穰侯出使国外从不报告，华阳君、泾阳君等惩处断罚随心所欲，高陵君任免官吏也从不请示。这四种权贵凑在一起而国家却没有危险，那是从来没有过的。人们处在这四种权贵的统治下，就是我所说的没有秦王啊。既然如此，那么大权怎么能不旁落、政令又怎么能由大王发出呢？我听说善于治国的，就是要在国内使自己的威势牢固，而对国外使自己的权力集中。穰侯的使臣操持着大王的重权，对诸侯国发号施令，他又向天下遍派持符使臣订盟立约，征讨敌方，攻伐别国，没有谁不敢听命。如果打了胜仗，夺取了城地就把好处归入陶邑，国家一旦遭到困厄他便可在诸侯国中用事；如果打了败仗就会让百姓怨恨国君，而把祸患推给国家。有诗说：‘树上结果太多就要压折树枝，树枝断了就会伤害树心；封地城邑太大就要危害国都，抬高臣属就会压抑君主。’从前崔杼、淖齿在齐国专权，崔杼射中齐庄公的大腿并杀死了他，淖齿抽了齐湣王的筋又把他悬吊在庙梁上，一夜就吊死了。李兑在赵国专权，把赵武灵王囚禁在沙丘的宫里，一百天被困饿而死。如今我听说秦国的太后、穰侯专权，高陵君、华阳君和泾阳君辅助，最终是不要秦王的，这也就是淖齿、李兑一类的人物啊。再说夏、商、周三代亡国的原因，就是君主把大权全都交给宠臣，恣意饮酒纵情游猎，不理朝政。他们授权任职的宠臣，一个个妒贤嫉能，欺下瞒上，谋取私利，从不为君主考虑，可是君主又不醒悟，因此丧失了自己的国家。如今秦国从小乡官到各个大官吏，再到大王的左右侍从，没有一个不是相国穰侯的亲信。我看到大王在朝廷孤单一人，我暗自替您感到害怕，在您之后，拥有秦国的怕不是您的子孙了。”昭王听了这番话如梦初醒，大感惊恐，说：“说得对。”于是废黜了太后，把穰侯、高陵君以及华阳君、泾阳君驱逐出国都。秦昭王就任命范雎为相国。收回了穰侯的相印，让他回到封地陶邑去，由朝廷派给车子和牛帮他拉东西迁出国都，装载财物的车子有一千多辆。到了国都关卡，守关官吏检查他的珍宝器物，发现珍贵奇异的宝物比国君还要多。

秦昭王把应城封给范雎，封号为应侯。这个时候，是秦昭王四十一年。

范雎当了秦国相国之后，秦国人仍称呼他张禄，而魏国人对此毫无所知，认为范雎早已死了。魏王听到秦国即将向东攻打韩、魏两国的消息，便派须贾出使秦国。范雎得知须贾到了秦国，便隐瞒了相国的身份改装出行，他穿着破旧的衣服，步行到客栈，见到了须贾。须贾一见范雎不禁惊愕道：“范叔原来没有遇到灾祸啊！”范雎说：“是啊。”须贾便笑着说：“范叔是来秦国游说的吧？”范雎答道：“不是的。我以前得罪了魏国宰相，所以流落逃亡到了这里，怎么还敢来游说呢！”须贾问道：“如今你都在做些什么事？”范雎答道：“我给人家当差役。”须贾听了有些怜悯他，便留下范雎一起坐下吃饭，又不无同情地说：“范叔怎么竟贫寒到如此地步啊！”于是就取出了自己的一件粗丝袍送给了他。须贾趁机便问道：“你知道秦国的相国张君吧。我听说他在秦王那里很得宠，有关天下的大事都由相国张君决定。这次我办的事情成败也都取决于张君。你这个年轻人有没有跟相国张君熟悉的朋友啊？”范雎说：“我的主人和他很熟。就是连我也是能求见的，请让我把您引见给张君。”须贾很不以为然地说：“我的马病了，车轴也断了，不是四匹马拉的大车，我是决不出门的。”范雎说：“我愿意替您向我的主人借来四匹马拉的大车。”

范雎回去弄来四匹马拉的大车，并亲自给须贾驾车，直进了秦国相府。相府里的人看到范雎驾着车子来了，有些认识他的人都回避了。须贾见到这般情景感到很奇怪。到了相国办公地方的门口，范雎对须贾说：“等等我，我先替您进去向相国张君通报一声。”须贾就在门口等着，拽着缰绳等了很长时间也不见人来，便问门卒说：“范叔进去很长时间了也没有出来，是怎么回事？”门卒说：“这里没有范叔。”须贾说：“就是刚才跟我一起乘车进来的那个人。”门卒说：“他就是我们相国张君啊。”须贾一听大惊失色，自知被诓骗进来，就赶紧脱掉上衣光着膀子，双膝跪地而行，托门卒向范雎认罪。于是范雎派人挂上盛大的帐幕，召来许多侍从，才让须贾上堂来见。须贾见到范雎连叩响头口称死罪，说：“我没想到您靠自己的能力达到这么高的尊位，我不敢再读天下的书了，也不敢再参与天下的事了。我犯下了应该被煮杀的大罪，把我抛到荒凉野蛮的胡貉地区我也心甘情愿，让我活让我死任凭您的决定了！”范雎说：“你的罪状有多少？”须贾急忙答道：“即使拔下我的头发来数我的罪过，也不够数。”范雎说：“你有三条罪状。从前楚昭王时，申包胥为楚国谋划打退了吴国军队，楚王把楚地的五千户封给他作为食邑，申包胥推辞不愿意接受，那是因为他的祖坟安葬在楚国，打退吴军也可以保住他的祖坟。现在我的祖坟在魏国，可是你以前认为我对魏国有外心、暗通齐国而在魏齐面前说我的坏话，这是你的第一条罪状。当魏齐把我扔到厕所里，并且肆意侮辱我时，你并没有制止，这是第二条罪状。更有甚者是你喝醉之后往我身上撒尿，你怎么能忍心啊？这是第三条罪状。但是你之所以能不被处死，是因为从你今天赠我一件粗丝袍来看你还有点老朋友的依恋之情啊，所以放你一条生路，把你给放了。”于是辞开须贾，结束了会见。随即范雎进宫把事情的原委报告了昭王，决定不接受魏国来使，责令须贾回国。

于是须贾去向范雎辞行，范雎便大摆宴席，并且请来了所有诸侯国的使臣，与他同坐在堂上，酒菜饭食摆设得非常丰盛。而让须贾坐在堂下，在他面前放了一槽草豆掺拌的饲料，又命令两个受过墨刑的犯人在须贾的两旁夹着他，像喂马一样喂他吃掺拌饲料。范雎责令他道：“给我告诉魏王，尽快把魏齐的脑袋拿来！不然的话，我就要屠平大梁。”于是须贾回到魏国，把情况告诉了魏齐，魏齐非常惊恐，便逃到了赵国，躲藏在平原君的家里。

范雎担任了秦相之后，王稽曾经对范雎说：“有三件事情是不可预知的，也有三件事情是毫无办法的。君王说不定哪一天死去，这是不可预知的第一件事情。您突然死去，这是不可预知的第二件事情。假使我突然死去，这是不可预知的第三件事情。如果君王有一天死去了，您即使因为我没被君王重用而感到遗憾，那是毫无办法的。如果您突然死去了，您即使为了还未报答我而感到遗憾，也是毫无办法的。假使我突然死去了，您即便是因不曾及时推荐我而感到遗憾，那也是毫无办法的。”范雎听了闷闷不乐，就入宫向秦王进言说：“不是王稽对秦国的忠诚，就不能把我带进函谷关；不是大王的贤能圣明，就不能使我如此显贵。如今我的官位做到了相国，爵位已经封到了列候，可是王稽还仅是个谒者，这并不是他带我进关的本意吧。”秦昭王便召见了王稽，于是任命他做河东郡守，并且允许他三年之内可以不向朝廷汇报郡内的政治、经济情况。范雎又向秦昭王举荐曾保护过他的郑安平，昭王便任命郑安平为将军。范雎于是散发家里的财物，用来报答所有那些曾经帮助过他而处境困苦的人。哪怕给过他一顿饭吃的等小恩小惠，他是必定要报答的，而瞪过他一眼的小怨小仇他也是必定要报复的。

范雎任秦相的第二年间，也就是秦昭王四十二年，秦国向东进攻韩国的少曲和高平，并拿下了这两个城邑。

秦昭王听说魏齐藏在平原君的家里，一定要替范雎报这个仇，于是就假装写了一封表示友好的信给平原君说：“我久闻您为人有高尚的道德情义，希望跟您交个像平民百姓一样无拘无束的知心朋友，如果您肯光临我这里小住几日的话，我愿同您开怀畅饮十天。”平原君本就畏惧秦国，看了信又认为秦昭王真的有意交好，便到秦国见了秦昭王。昭王陪着平原君宴饮了几天，便对平原君说：“从前周文王得到吕尚，尊他为太公；齐桓公得到管夷吾，尊他为仲父，如今范先生也是我的叔父啊。现在范先生的仇人就住在您家里，希望您派人把他的脑袋取来；不然的话，我就不让您出函谷关。”平原君说：“显贵了还是要交低贱的朋友，是为了不忘低贱时的情谊；富裕了还要交贫困的朋友，是为了不能够忘记贫困时的友情。魏齐是我的朋友，即使他在我家，我也决不会把他交出来，何况现在他根本不在我家啊。”昭王又给赵国国君写了一封信说：“大王的弟弟在我秦国这里，而范先生的仇人魏齐就在平原君家里。大王赶快派人送来他的脑袋；不然的话，我就要发动军队攻打赵国，而且大王的弟弟就别想出函谷关。”赵孝成王看了信就派士兵包围了平原君的家宅，危急中，魏齐连夜逃出了平原君家，见到了赵国宰相虞卿。虞卿估计不可能说服赵王，就解下自己的相印，跟魏齐一起逃出了赵国，两人抄小路逃跑，想来想去几个诸侯国都没有能急人之难而可以投靠的人，就又奔回了大梁，打算通过信陵君投奔到楚国去。信陵君听到了这个消息，由于害怕秦国找上门来，有些犹豫不决，不肯接见他们，就向周围的人说：“虞卿这个人怎么样啊？”当时侯嬴也在旁边，就回答说：“人是很难被了解的啊，可见了解别人也不是件容易的事。那个虞卿脚踏草鞋，肩搭雨伞，远行而到赵国，第一次见赵王，赵王赐给了他白璧一对，黄金百两；第二次见赵王，赵王任命他为上卿；第三次见赵王，终于得到相印，被封为万户侯。当前，天下人都在争着了解虞卿的为人。魏齐走投无路时投奔了虞卿，虞卿根本不把自己的高官厚禄看在眼里，解下相印，抛弃万户侯的爵位而与魏齐逃走。能把别人的困难当作自己的困难来投奔您，您还问这个人怎么样。”信陵君听了这番话分明有讽刺自己的意味，感到惭愧，于是赶快驱车到郊外去迎接他们。可是魏齐听到的是信陵君当初不愿意接见他的消息，便一怒之下刎颈自杀了。赵王得知魏齐自杀身亡，终于取了他的脑袋送到了秦国。秦昭王这才放平原君回赵国。

昭王四十三年，秦国进攻韩国的汾陉，夺取了它，并在黄河边上的广武山筑城。

五年之后，昭王采取应侯的谋略，施行反间计，使赵国上当，赵国就是因为这个缘故，让马服君赵奢的儿子赵括代替廉颇统率军队。结果秦军在长平大败赵国军队，进而围攻邯郸。不久后应侯与武安君白起结下了怨仇，就向昭王进谗言而把白起杀了。于是昭王任用郑安平，派他领兵攻打赵国。郑安平在战场上反被赵军团团围住，当时情况危急，他带领二万人向赵国投降了。对此应侯自知难逃罪责，就跪在草垫上请求处罚。按照秦国法令，举荐了官员而被举荐的官员犯了罪，那么举荐人也同样按被举荐官员的罪名治罪。这样应侯应被判逮捕其父、母、妻三族的罪刑。可是秦昭王恐怕伤害了与应侯的感情，就下令“国都内有敢于议论郑安平事的，一律按郑安平的罪名治罪”。与此同时，昭王还加赏相国应侯更加丰厚的食物，以使应侯安心顺意。此后二年，王稽做河东郡守，曾与诸侯有勾结，因犯法而被诛杀。因为此事，应侯一天比一天懊丧。

有一天，昭王上朝时不停地叹息。应侯走上前去说："我听说'人主忧虑是臣子的耻辱，人主受辱更是臣子的死罪'，今天大王在朝堂之上处理政务却如此忧虑，我请求大王治我的罪。"昭王说："我听说楚国的铁剑锋利，而歌舞演技拙劣。这个国家的铁剑锋利，那么士兵就勇敢，它的歌舞演技拙劣那么国君的谋略必定深远。心怀深远的谋略而指挥勇敢的士兵，我恐怕楚国要在秦国身上打算盘。办事不早做准备，就不能够应付突发的变化。如今武安君已经死去，而郑安平等人叛变了，国内没有能征善战的大将而国外敌对国家很多，我因此忧虑。"昭王说这番话意思是鼓励应侯。而应侯听了却感到害怕，也想不出什么办法来。蔡泽得知这种情况，便从燕国来到秦国。

蔡泽，是燕国人。曾周游列国从师学习，并向许多大小诸侯谋求官职，但没有得到信任与重用。有一次他请唐举给他相面，说："我听说先生给李兑相面，说'一百天内将掌握一国的大权'，有这件事吗？"唐举回答说："有这事。"蔡泽说："像我这样的人你看怎么样啊？"唐举仔细地看了一番便笑着说："先生是朝天鼻，端肩膀，凸额头，塌鼻梁，罗圈腿。我听说圣人不在相貌，大概说的就是先生了吧？"蔡泽知道唐举是在和自己开玩笑，便说："富贵那是我本来就有的，我所不知道的是寿命的短长，现在希望听听你的说法。"唐举说："先生的寿命，从今以后还有四十三岁。"蔡泽笑着表示感谢便走开了，随后对他的车夫说："我端着米饭吃肥肉，赶着马车奔驰，手捧黄金大印，腰系紫色丝带，在人主面前备受尊重，享受荣华富贵，四十三年该满足了。"便离开燕国到了赵国。随即前去韩国、魏国，路上遇到强盗抢走了他的锅鼎之类的炊具。他听说应侯举荐的郑安平和王稽都在秦国犯下了大罪，应侯内心惭愧抬不起头来，蔡泽便向西来到秦国。

他准备去拜见秦昭王，先派人在应侯面前扬言一番，以此来激怒应侯说："燕国来的宾客蔡泽，那是个天下见识超凡、极富辩才的智谋之士。秦王只要一见他，必定会使您处于困境而剥夺您的权位。"应侯听完这些话，说："五帝三代的事理，诸子百家的学说，我都是通晓的，许多人的雄辩巧言，我都能使他们折服，这个人怎么会让我难堪而夺取我的权位呢？"于是就派人去召蔡泽来。蔡泽来了，只向应侯作了个揖。应侯本来就不痛快，等见了蔡泽，看他又表现得如此傲慢，应侯就斥责他说：“你曾扬言要取代我做秦相，可曾有这件事吗？”蔡泽回答说：“有。”应侯说：“让我听听你的想法。”蔡泽说：“呦！您看待问题怎么这么迟钝啊！一年之中春、夏、秋、冬四季更替，各自完成了它的使命就自动离开。人的身体各个部分都很健壮，手脚灵活，耳朵听得清，眼睛看得明，心神聪慧，这难道不是人们的愿望吗？”应侯说：“是的。”蔡泽说：“以仁为本，主持正义，推行正道，广施恩德，实现自己的志向，天下人都拥护爱戴而尊敬仰慕他，都希望让他做君主，这难道不是善辩明智之士所期望得到的吗？”应侯说：“是的。”蔡泽又说：“位居富贵显赫荣耀的地位，治理一切事物，使它们都能各得其所；活得长久，平安度过一生而不会夭折；天下都继承他的传统，固守他的事业，并永远流传下去；名声与实际相符完美无缺，恩泽远施千里之外，世世代代称赞他永不断绝，与天地一样长久：这难道不是推行正道广施恩德的效果，也就是圣人所说的吉祥善事吗？”应侯说：“是的。”

蔡泽说：“至于说到秦国的商鞅，楚国的吴起，越国的大夫文种，他们的悲惨结局也可羡慕吗？”应侯知道蔡泽要用这些话来堵自己的嘴，从而说服自己，便故意狡辩说：“为什么不可以？那个公孙鞅侍奉秦孝公，终身没有二心，一心为公家而毫不顾念自身；设置刀锯酷刑来禁绝奸诈邪恶，切实论赏刑罚分明，以达到国家太平；剖露忠心，昭示真情，蒙受着怨恨的指责，诱骗老朋友，捉住魏公子卬，使秦国的国家安定，百姓获利，终于为秦国擒敌将，破敌军，开拓了千里之遥的疆域。吴起侍奉楚悼王，使私人不能损害公家，奸佞谗言不能蔽塞忠臣，议论不随声附和，办事不苟且保身，不因危险而改变自己的行动，坚持大义不躲避灾难。就是这样为了使君主能够成就霸业，使国家强盛，决不躲避殃祸凶险。大夫文种侍奉越王，君主即使遭困受辱，仍然竭尽忠心，毫不懈怠，君主即使面临断嗣亡国的境遇，也仍然竭尽全力挽救而不愿离开，越王复国大功告成而不骄傲自夸，自己富贵也不放纵轻慢。像这三位先生，本来就是道德大义的标准、忠诚气节的榜样。因此君子为了大义遭难而死，视死如归；活着受辱不如死了光荣。士人本就该具有牺牲性命来成就名声的远大志向，只要是为了大义的存在，即使死了也没有什么遗憾的。为什么不可以这么做呢？”

蔡泽说：“君主圣明，臣子贤能，这是天下的大福；国君明智，臣子正直，这是一国的福气；父亲慈爱，儿子孝顺，丈夫诚实，妻子忠贞，这是一家的福分。然而比干忠诚却不能保住殷朝，子胥多谋却不能保全吴国；申生孝顺可是晋国大乱。这些都是有忠诚的臣子、孝顺的儿子，反而使国家灭亡、大乱的事例，这是为什么呢？是因为没有明智的国君、贤能的父亲听取他们的声音，因此天下人都认为这样的国君和父亲是可耻的，而怜惜同情他们的臣子和儿子。现在看来，商鞅、吴起、大夫文种作为臣子，他们是正确的；他们的国君，是错误的。所以世人称说这三位先生建立了功绩却得不到好报，难道是羡慕他们不被国君体察而无辜死去吗？如果只有用死才可以树立忠诚的美名，那么微子就不能称为仁人，孔子不能称为圣人，管仲也不能称为伟大的人物了。人们要建功立业，难道不期望功成人在吗？自身性命与功业名声都能保全的，这是上等。功名可让后世效法而自身性命不能保全的，这是次等。名声被人诟辱而自身性命得以保全的，这是下等。"说到这里，应侯称赞讲得好。

蔡泽抓住了应侯"称善"的这个缝隙，趁势说："商鞅、吴起、大夫文种，他们作为臣子竭尽忠诚建立功绩那是令人仰慕的，闳夭侍奉周文王，周公辅佐周成王，难道不也是竭尽忠诚极富智慧吗？按君臣的关系而论，商鞅、吴起、大夫文种他们令人仰慕比起闳夭、周公那又怎么样呢？"应侯说："商君、吴起、大夫文种比不上闳夭、周公。"蔡泽说："既然这样，那么您的人主慈爱、仁义、信用忠臣、厚道诚实不忘旧情，他的贤能智慧跟那些有才能明大理的人士关系极为密切，情义深厚不背弃功臣，在这些方面比起秦孝公、楚悼王、越王来又怎么样呢？"应侯不便回答就说："不知道怎么样。"蔡泽说："如今您的人主亲近忠臣，是超不过秦孝公、楚悼王、越王的，您施展才能，努力替人主解决危难，整治国家，平定叛乱，增强兵力，排除祸患，消除灾难，拓宽疆域，增种谷物，使国家富强，百姓富足，加强人主的权力，提高国家的地位，显示王族的高贵，天下诸侯没有哪一个敢于侵凌冒犯自己的人主的，人主的威势压倒一切诸侯，震动四方，功劳显扬于万里以外的地方，声名光辉灿烂，流传千秋万代，在这些方面您比起商鞅、吴起、大夫文种来怎么样？"应侯说："我比不上。"蔡泽说："如今您的人主亲近忠臣，不忘旧情比不上秦孝公、楚悼王、越王勾践，而您的功绩以及受到的信任、宠爱又比不上商鞅、吴起、大夫文种，可是您的官职爵位显贵至大，自家的富有超过了他们三位，而自己不知引退，恐怕您遭到祸患要比他们三位更惨重，我私下替您感到危险。俗话说‘太阳升到正中就要逐渐偏斜，月亮达到圆满就要开始亏缺’。事物发展到鼎盛就要衰败，这是天地间万事万物的常规。进退伸缩，符合时势的变化，这是圣人恪守的常理。所以‘国家政治清明就出来做官，国家政治黑暗就隐退山林’。圣人说‘明君在位，有作为的人就应当辅佐以施展抱负’。‘用不正当的手段得到的富贵，在我看来就如同浮云一样’。现在您的怨仇已经报了，恩德已经报答，心愿满足了，可是却没有应变的谋划，我私下认为您不该采取这种态度。再说了，翠鸟、鸿鹄、犀牛、大象这些动物，它们所处的形势位置，都是远离死亡的，可是它们之所以死亡，其原因就是被诱饵所迷惑。像苏秦、智伯那样机智多谋的人，不是不能够避开耻辱远离死亡，可是他们之所以死于非命，其原因就是被贪得无厌所迷惑。因此圣人才制定礼法，节制欲望，向百姓征收财物要有限度，使用百姓要按时节，也要有节制，所以心志不过分强求，行动不骄横无理，时时事事严守礼制节欲的原则而不失掉它，因此天下才承继他们的事业而永不断绝。从前，齐桓公曾会盟诸侯九次，制止混战使天下归正，但到葵丘会盟时，他有骄横自大的意思，结果许多国家叛离了他。吴王夫差的军队天下无敌，倚仗着勇猛强悍而轻视各个诸侯，侵犯齐国、晋国，所以终于自己被杀、国家灭亡。夏育、太史噭勇猛异常，一声呼喊可以吓退大军，但是最后死在平庸之辈的手下。这些都是到了功名极为显赫时而不能回到常规常理上来，不能自甘谦下、自我节制所造成的祸患啊。商鞅为秦孝公制定法令，昭示全国，禁绝奸邪的根源，崇尚封爵制度，有功必定奖赏，有罪必定惩罚，划一权、衡，统一度、量，调节商品、货币流通等轻重关系，铲除纵横交错的田埂，允许认垦荒田，使百姓生活安宁，鼓励百姓耕作，使土地发挥效益，一家不操二业，努力种田积贮粮食，平时演练军事战阵，因此发动军队就能扩展领土，休整军队就可使国家富足，所以秦国无敌于天下，在诸侯中扬威，奠定了秦国的基业。功业告成，结果身遭车裂。楚国地域方圆几千里，士兵有百万之多，白起率领几万人的部队与楚军交战，第一次交战就攻克了鄢、郢，烧毁了夷陵祖坟，第二次交战在南面兼并了蜀汉地区。后来又越过韩国和魏国去进攻强大的赵国，在北面坑杀了马服君儿子赵括的军队，把四十多万人全部屠杀在长平城下，血流成河，血水咆哮如同雷鸣，进而围攻邯郸，使秦国形成帝王的事业。楚国、赵国是强大的国家、秦国的仇敌，从此之后，楚国、赵国都因恐惧而屈服不敢再进攻秦国，白起是如此的威风啊。他亲自征服了七十多座城邑，大功告成，却在杜邮被赐剑自杀。吴起为楚悼王制定法令降低削弱大臣的权力，罢免庸才，废黜无用之辈，裁减可有可无的官员，杜绝豪门贵族的请托，整饬划一了楚国风俗，禁止游民无业游荡，选练既能耕田又能作战的农民士兵，向南收取了扬越，向北兼并了陈、蔡两小国，拆穿纵横机谋的无用辩说，让那些往来游说的人无法开口，禁止结党营私而鼓励百姓为国耕战，使楚国政治安定，兵力震动天下，威慑诸侯各国。功业告成，可是最后惨遭肢解而死。大夫文种为越国国君深谋远虑，避免了会稽被困亡国在即的危急，采用屈降计策来图谋生存，借着君臣受辱而求得复国的光荣，开垦荒地，招募游民充实城邑，开辟农田，种植谷物，率领全国各地的民众，把上上下下的力量集中起来，辅助勾践这样贤能的君王，报了夫差灭越的仇恨，终于灭掉了强劲的吴国，使越国成为霸主。功业彰明从而获得信望，可是勾践却忘恩负义把他杀了。这四位先生，功业告成却不离开官职，最后的遭遇竟如此悲惨。这就是所说的能伸而不能屈，能往而不能返啊。范蠡明白这个道理，所以他超脱世俗远避世事，做个悠然自乐的陶朱公。您难道没见过那些赌博的人吗？有时要下大赌注，有时要分次下小赌注，这些都是您所明明白白知道的。现在您任秦国相国，出计不必离开座位，策划不必走出朝廷，坐着指挥便可控制诸侯，谋取三川之地，展开威势，用来增强宜阳实力，打通羊肠坂道的天险，堵塞太行山的通路，切断范氏、中行氏这些韩、魏领土上的要道，使六国诸侯不能联合，栈道连绵千里，可通往蜀汉地区，使天下诸侯都畏惧秦国，秦国的欲望满足了。您的功业也到头了，这也就到了秦国要分次下小赌注的时候了。若在这个时候却不引退，那么您就会有商鞅、白起、吴起、大夫文种的结局。我听说过这样的话‘用水作镜，可以看清自己的面容，用别人作借鉴，可以明知事情的凶吉’。《尚书》上说‘功成名就之下，是不能永久的’。这四位先生的灾祸，您何必再去经受呢？您为什么不在这个时候送回相印，把它让给贤能的人呢？自己引退而隐居山林观览山水，一定有伯夷正直廉洁的美名，长享应侯爵位，世世代代称侯，而且有许由、延陵季子谦让的声誉，像王乔、赤松子一样的高寿，这么做比起终遭灾祸来又怎么样呢？那么您看处于哪种情况好呢？忍耐不能自动离去，犹疑不能自我决断，必定会遭到四位先生的灾难。《易经》上说‘龙飞得过高达到顶点既不能上升又不能下降因而后悔’，这句话说的就是能上不能下，能伸不能屈，能往不能自觉返回所造成的状态，让人们警惕。希望您仔细考虑这个问题！”应侯说：“好的。我听说‘有欲望而不知道满足，就会失去欲望；要占有而不知节制，就会丧失占有’。承蒙先生教导，我恭听从命。”于是便请蔡泽入坐，待为上客。

几天之后，应侯上朝，对秦昭王说：“有位从崤山以东过来的客人叫蔡泽，此人是个很有口才的人，对三王的事典、五霸的业绩以及世俗的变迁他都了如指掌，秦国的大政完全可以托付给他。我见到的人很多，还没有谁赶得上他，就连我也不如啊。现在我冒昧地把这个情况报告给您。”秦昭王便召见了蔡泽，跟他交谈后，很喜欢他，授给他客卿的职位。应侯趁机推托有病请求送回相印。昭王还是竭力让他执事，应侯于是称说病重。范雎被免掉了相国官职，昭王初次召见蔡泽就很赏识他的谋划，于是任命蔡泽担任秦国相国，向东灭掉了周朝。

蔡泽在秦国做了几个月的相国，就有人恶语中伤，他害怕被杀，便推托有病送回了相印，他被赐封号叫纲成君。蔡泽在秦国居住了十多年，曾侍奉昭王、孝文王、庄襄王，最后侍奉秦始皇，曾为秦国出使燕国，三年后燕国太子丹到秦国做人质。

太史公说：韩非子说“袖子长的人善于舞蹈，钱多的人善于做生意”，这话说得很实在啊！范雎、蔡泽是人们所说的一代辩士，然而那些游说诸侯直至白发苍苍也没遇到知音的人，并不是计策谋略拙劣，而是使游说获得功效的条件不够。到了他们二人寄居秦国，能够相继取得卿相地位，功名流传天下，其原因本是国家强弱的形势不同啊。但是辩士也有偶然的机遇，许多像范雎、蔡泽一样贤能的人，由于没有机遇，不能够施展才能，这些人哪能说得尽呢！然而他们二人如果不遭到困厄境遇，又怎么能奋发有所作为呢？

史记卷八十

乐毅列传第二十

乐毅者，其先祖曰乐羊。乐羊为魏文侯将，伐取中山，魏文侯封乐羊以灵寿。乐羊死，葬于灵寿，其后子孙因家焉。中山复国，至赵武灵王时复灭中山，而乐氏后有乐毅。

乐毅贤，好兵，赵人举之。及武灵王有沙丘之乱，乃去赵适魏。闻燕昭王以子之之乱而齐大败燕，燕昭王怨齐，未尝一日而忘报齐也。燕国小，僻远，力不能制，于是屈身下士，先礼郭隗以招贤者。乐毅于是为魏昭王使于燕，燕王以客礼待之。乐毅辞让，遂委质为臣，燕昭王以为亚卿，久之。

当是时，齐湣王强，南败楚将唐眛于重丘，西摧三晋于观津，遂与三晋击秦，助赵灭中山，破宋，广地千馀里，与秦昭王争重为帝。已而复归之，诸侯皆欲背秦而服于齐。湣王自矜，百姓弗堪。于是燕昭王问伐齐之事。乐毅对曰："齐，霸国之馀业也，地大人众，未易独攻也。王必欲伐之，莫如与赵及楚、魏。"于是使乐毅约赵惠文王，别使连楚、魏。令赵啖秦以伐齐之利。诸侯害齐湣王之骄暴，皆争合从与燕伐齐。

乐毅还报，燕昭王悉起兵，使乐毅为上将军，赵惠文王以相国印授乐毅。乐毅于是并护赵、楚、韩、魏、燕之兵以伐齐，破之济西。诸侯兵罢归，而燕军乐毅独追，至于临菑。

齐湣王之败济西，亡走，保于莒。乐毅独留徇齐，齐皆城守。乐毅攻入临菑，尽取齐宝财物祭器输之燕。燕昭王大说，亲至济上劳军，行赏飨士，封乐毅于昌国，号为昌国君。于是燕昭王收齐卤获以归，而使乐毅复以兵平齐城之不下者。

乐毅留徇齐五岁，下齐七十馀城，皆为郡县以属燕。唯独莒、即墨未服。

会燕昭王死，子立为燕惠王。惠王自为太子时尝不快于乐毅，及即位，齐之田单闻之，乃纵反间于燕曰："齐城不下者两城耳。然所以不早拔者，闻乐毅与燕新王有隙，欲连兵且留齐，南面而王齐。齐之所患，唯恐他将之来。”于是燕惠王固已疑乐毅，得齐反间，乃使骑劫代将，而召乐毅。乐毅知燕惠王之不善代之，畏诛，遂西降赵。赵封乐毅于观津，号曰望诸君。尊宠乐毅以警动于燕、齐。

齐田单后与骑劫战，果设诈诳燕军，遂破骑劫于即墨下，而转战逐燕，北至河上，尽复得齐城，而迎襄王于莒，入于临菑。

燕惠王后悔使骑劫代乐毅，以故破军亡将失齐；又怨乐毅之降赵，恐赵用乐毅而乘燕之弊以伐燕。燕惠王乃使人让乐毅，且谢之曰：“先王举国而委将军，将军为燕破齐，报先王之仇，天下莫不震动，寡人岂敢一日而忘将军之功哉！会先王弃群臣，寡人新即位，左右误寡人。寡人之使骑劫代将军，为将军久暴露于外，故召将军且休，计事。将军过听，以与寡人有隙，遂捐燕归赵。将军自为计则可矣，而亦何以报先王之所以遇将军之意乎？”乐毅报遗燕惠王书曰：

臣不佞，不能奉承王命，以顺左右之心。恐伤先王之明，有害足下之义，故遁逃走赵。今足下使人数之以罪，臣恐侍御者不察先王之所以畜幸臣之理，又不白臣之所以事先王之心，故敢以书对。

臣闻贤圣之君不以禄私亲，其功多者赏之，其能当者处之。故察能而授官者，成功之君也；论行而结交者，立名之士也。臣窃观先王之举也，见有高世主之心，故假节于魏，以身得察于燕。先王过举，厕之宾客之中，立之群臣之上，不谋父兄，以为亚卿。臣窃不自知，自以为奉令承教，可幸无罪，故受令而不辞。

先王命之曰：“我有积怨深怒于齐，不量轻弱，而欲以齐为事。”臣曰：“夫齐，霸国之馀业而最胜之遗事也。练于兵甲，习于战攻。王若欲伐之，必与天下图之。与天下图之，莫若结于赵。且又淮北、宋地，楚、魏之所欲也。赵若许而约四国攻之，齐可大破也。”先王以为然，具符节南使臣于赵。顾反命，起兵击齐。以天之道，先王之灵，河北之地随先王而举之济上。济上之军受命击齐，大败齐人。轻卒锐兵，长驱至国。齐王遁而走莒，仅以身免；珠玉财宝车甲珍器尽收入于燕。齐器设于宁台，大吕陈于元英，故鼎反乎磿室，蓟丘之植植于汶篁，自五伯已来，功未有及先王者也。先王以为慊于志，故裂地而封之，使得比小国诸侯。臣窃不自知，自以为奉命承教，可幸无罪，是以受命不辞。

臣闻贤圣之君，功立而不废，故著于《春秋》；早知之士，名成而不毁，故称于后世。若先王之报怨雪耻，夷万乘之强国，收八百岁之蓄积，及至弃群卧之日，馀教未衰，执政任事之卧，修法令，慎庶孽，施及乎萌隶，皆可以教后世。

臣闻之，善作者不必善成，善始者不必善终。昔伍子胥说听于阖闾，而吴王远迹至郢；夫差弗是也，赐之鸱夷而浮之江。吴王不寤先论之可以立功，故沉子胥而不悔；子胥不早见主之不同量，是以至于入江而不化。

夫免身立功，以明先王之迹，臣之上计也。离毁辱之诽谤，堕先王之名，臣之所大恐也。临不测之罪，以幸为利，义之所不敢出也。

臣闻古之君子，交绝不出恶声，忠臣去国，不絜其名。臣虽不佞，数奉教于君子矣。恐侍御者之亲左右之说，不察疏远之行，故敢献书以闻，唯君王之留意焉。

于是燕王复以乐毅子乐间为昌国君；而乐毅往来复通燕，燕、赵以为客卿。乐毅卒于赵。

乐间居燕三十馀年，燕王喜用其相栗腹之计，欲攻赵，而问昌国君乐间。乐间曰："赵，四战之国也，其民习兵，伐之不可。"燕王不听，遂伐赵。赵使廉颇击之，大破栗腹之军于鄗，禽栗腹、乐乘。乐乘者，乐间之宗也。于是乐间奔赵，赵遂围燕。燕重割地以与赵和，赵乃解而去。

燕王恨不用乐间，乐间既在赵，乃遗乐间书曰："纣之时，箕子不用，犯谏不怠，以冀其听；商容不达，身祇辱焉，以冀其变。及民志不入，狱囚自出，然后二子退隐。故纣负桀暴之累，二子不失忠圣之名。何者？其忧患之尽矣。今寡人虽愚，不若纣之暴也；燕民虽乱，不若殷民之甚也。室有语，不相尽，以告邻里。二者，寡人不为君取也。"

乐间、乐乘怨燕不听其计，二人卒留赵。赵封乐乘为武襄君。

其明年，乐乘、廉颇为赵围燕，燕重礼以和，乃解。

后五岁，赵孝成王卒。襄王使乐乘代廉颇。廉颇攻乐乘，乐乘走，廉颇亡入魏。其后十六年而秦灭赵。

其后二十馀年，高帝过赵，问："乐毅有后世乎？"对曰："有乐叔。"高帝封之乐卿，号曰华成君。华成君，乐毅之孙也。而乐氏之族有乐瑕公、乐臣公，赵且为秦所灭，亡之齐高密。乐臣公善修黄帝、老子之言，显闻于齐，称贤师。

太史公曰：始齐之蒯通及主父偃读乐毅之报燕王书，未尝不废书而

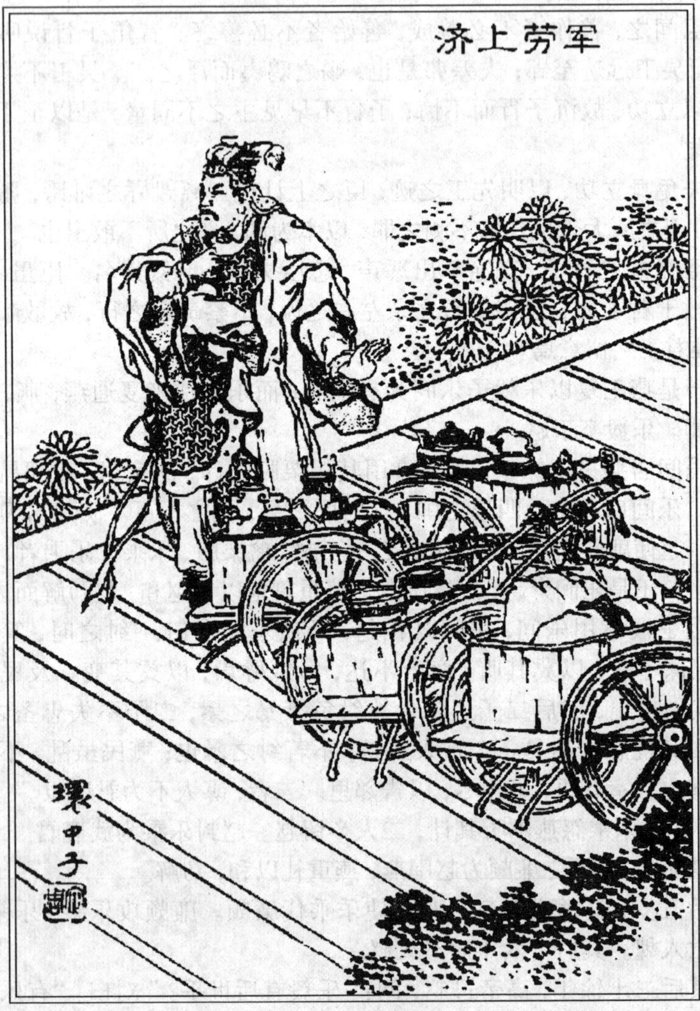

乐毅济上劳军图，选自清·马骀《百将传图》。

泣也。乐臣公学黄帝、老子，其本师号曰河上丈人，不知其所出。河上丈人教安期生，安期生教毛翕公，毛翕公教乐瑕公，乐瑕公教乐臣公，乐臣公教盖公。盖公教于齐高密、胶西，为曹相国师。

【译文】

乐毅，他的祖先名叫乐羊。乐羊曾担任过魏文侯的将领，他带兵攻下了中山国，于是魏文侯把灵寿封给了乐羊。乐羊死后，就葬在了灵寿，他的后代子孙就在这里安了家。后来中山复国了，到赵武灵王的时候又灭掉了中山国，而乐家的后代出了个有名人物叫乐毅。

乐毅非常贤能，喜好研究军事，赵国人曾举荐他出来做官。武灵王在沙丘行宫被围困饿死后，他离开赵国到了魏国。后来他听说燕昭王因为子之执政，燕国大乱，被齐国乘机战败，燕昭王因此非常怨恨齐国，不曾有一天忘记向齐国报仇雪恨。燕国是个弱小的国家，地处偏远，仅凭国力是不能克敌制胜的，于是燕昭王降低自己的身份，礼贤下士，先礼尊郭隗借以招揽天下贤士。正在这个时候，乐毅为魏昭王出使到了燕国，燕王以宾客的礼节接待他。乐毅百般推辞谦让，后来终于向燕昭王敬献了礼物表示愿意献身做臣下，燕昭王就任命他为亚卿，他担任这个职务很长时间。

当时，齐湣王势力很强大，南边在重丘战败了楚国宰相唐眜，西边在观津打垮了魏国和赵国，随即又联合韩、赵、魏三国攻打秦国，还曾帮助赵国灭掉中山国，又击破了宋国，扩展了一千多里地的领土。他与秦昭王共同尊为帝，不久后自行取消了东帝的称号，仍归称王。各诸侯国都打算背离秦国而归服齐国。可是齐湣王自尊自大很是骄横，百姓已不能忍受他的暴政了。燕昭王认为攻打齐国的机会来了，便向乐毅询问有关攻打齐国的事情。乐毅回答说："齐国，它原来就是霸国，如今仍留着霸国的基业，土地广阔、人口众多，不能轻易地单独攻打它。大王如果一定要攻打它，倒不如联合赵国以及楚国、魏国一起攻击它。"于是昭王派乐毅去与赵惠文王结盟立约，另派别人去联合楚国、魏国，又让赵国以攻打齐国的好处去诱劝秦国。由于诸侯们认为齐湣王的骄横暴虐对各国也是个祸害，都争着跟燕国联合起来共同讨伐齐国。乐毅回来汇报了出使情况，燕昭王动员了全国的兵力，派乐毅担任上将军，赵惠文王更把相国大印授给了乐毅。于是，乐毅就统一指挥着赵、楚、韩、魏、燕五国的军队去攻打齐国，并在济水西边大败齐国军队。这时各路诸侯的军队都停止了攻击，撤回本国，而燕国军队在乐毅的指挥下单独追击败逃之敌，一直追到齐国都城临淄。齐滑王在济水西边被打败后，就逃跑到莒邑并据城固守。乐毅单独留下来带兵巡行占领的地方，齐国各城邑都据城坚守不肯投降。乐毅集中军队力量攻击临淄，拿下临淄后，他把齐国的珍宝财物以及宗庙祭祀的器物全部夺取过来并把它们运到燕国去。燕昭王大喜，亲自赶到济水岸上慰劳军队，奖赏并用酒肉犒劳军队将士，把昌国封给乐毅，封号叫昌国君。之后，燕昭王把在齐国夺取缴获的战利品带回了燕国，而让乐毅继续带兵进攻还没拿下来的齐国城邑。

乐毅在齐国巡行作战待了五年，攻下齐国城邑七十多座，都划为郡县归属燕国，只有莒和即墨没有被他收服。这时恰逢燕昭王死去，他的儿子立为燕惠王。惠王从做太子时就曾对乐毅有所不满，他即位后，齐国的田单了解到他与乐毅有矛盾，就对燕国施行反间计，造谣说："齐国城邑没有攻下的仅只两个城邑罢了。而之所以不及早拿下来的原因，听说是因为乐毅与燕国新即位的国君有怨仇，乐毅断断续续用兵故意拖延时间姑且留在齐国，还准备在齐国称王。齐国所担忧的，只怕别的将领来。"当时燕惠王本来就已经怀疑乐毅，又受到齐国反间计的挑拨，就派骑劫替代乐毅担任将领，并召回乐毅。乐毅心里明白燕惠王派人替代自己是不怀好意的，害怕回国后被杀，便向西奔去投降了赵国。赵国于是把观津这个地方封给乐毅，封号叫望诸君。赵国对乐毅十分尊重优宠，借此来威慑燕国、齐国。

齐国田单后来与骑劫交战，设置骗局用计谋迷惑燕军，结果在即墨城下把骑劫的军队打得大败，接着辗转战斗追逐燕军，一直向北追到黄河边上，收复了齐国的全部城邑，并且把齐襄王从莒邑迎回都城临淄。

燕惠王很后悔派骑劫替代乐毅，致使燕军惨败，还损兵折将丧失了占领的齐国土地；可是又怨恨乐毅投降赵国，恐怕赵国任用乐毅乘着燕国兵败疲困之机攻打燕国。燕惠王就派人去赵国责备乐毅，同时向他道歉说："先王把整个燕国委托给将军，将军为燕国战败齐国，替先王报了深仇大恨，天下人没有不震动的，我没有一天敢忘记将军的功劳呀！当时正遇上先王辞世，我本人初即位，是左右人误导了我。之所以派骑劫替代将军，是因为将军长年在外，风餐露宿，因此召回将军暂且休整一下，也好共商朝政大计。不想将军误听谗言，认为你跟我有不融洽的地方，就抛弃了燕国而归附赵国。将军能为自己打算那是可以的，可是又怎么对得住先王待将军的一片深情厚意呢？”乐毅听后写了一封回信给惠王，信中说：

臣下没有才干，不能恭奉您的命令，来顺从您左右那些人的意愿，我恐怕回国有不测之事因而有损先王的英明，有害您的道义，所以逃到赵国。现在您派人来指责我的罪过，我怕先王的侍从不能体察先王收留、宠信我的道理，又不清楚我侍奉先王的诚心，所以冒昧地用信来回答。

我听说贤能圣明的君主不拿爵禄偏赏给亲近的人，功劳多的就奖赏他，能力胜任的就举用他。所以先考察才能然后才授给官职的，是能成就功业的君主。衡量品行然后交往的，是能树立声誉的贤士。我暗中观察先王的举止，发现他有超出一般君主的心志，所以我借为魏国出使之机，到燕国献身接受考察。先王也格外抬举我，先把我列入宾客之中，又把我选拔出来高居群臣之上，不同父兄宗亲大臣商议，就直接任命我为亚卿。我自己也缺乏自知之明，自认为只要执行命令接受教导，就能侥幸免于犯罪，所以接受任命而不敢推辞。

先王指示我说：“我跟齐国有积久的怨仇，深深恼恨齐国，不去估量燕国的弱小，也要把向齐国复仇作为我在位的职责。”我说：“那个齐国，至今保留着霸国的基业，而又有多次作战取胜的经验，士兵训练有素，谙熟攻战方略。大王若要攻打它，必须与天下诸侯联合共同图谋它。若要与天下诸侯图谋它，不如先与赵国结盟。而且淮北原属宋国的地区，是楚、魏两国都想得到的地方，赵国如果答应结盟就约好四国联合攻打它，这样齐国就可以彻底被打败。”先王认为我的主张对，就准备了符节派我南去赵国。很快我就归国复命，随即发兵攻打齐国。靠着上天的引导、先王的神威，黄河以北地区的赵、魏两国军队随着先王全部到达济水岸上。济水岸上的军队接受命令攻击齐军，把齐国军队打得大败。我们的轻快精锐部队，长驱直入直抵齐国国都。齐王只身逃跑奔向莒邑，仅他一人免于身亡；珠玉财宝、战车盔甲以及珍贵的祭祀器物全部缴获送回燕国。齐国的祭器摆设在宁台，大吕钟陈列在元英殿；被齐国掠去的原燕国宝鼎又从齐国取来放回磿室，蓟丘的植物中种植着齐国汶水出产的竹子，自五霸以来功业成就之大没有赶上先王的。先王认为自己的志向得到满足，所以划出一块地方赏赐给我，使我能比同小国的诸侯。我自己也缺乏自知之明，自认为只要执行命令接受教导，就能侥幸免于犯罪，所以接受任命而不推辞。

我听说贤能圣明的君主，功业建立而不废弛，所以能被记载在《春秋》一类的史书上；有预见的贤士，名声取得而不毁弃，所以能被后人称颂。像先王那样报仇雪耻，平定了拥有万辆兵车的强大国家，并缴获了齐国八百多年所积蓄的珍贵宝物，等到先王辞世之日，还留下政令训示，指示执政掌权的臣属，修整法令，慎重地对待庶出子弟，把恩泽推及到百姓身上，这些都可以用来教导后代。

我听说，善于开创的不一定善于守成，开端好的不一定结局好。从前伍子胥的主张被吴王阖闾采纳，吴王带兵一直打到楚国郢都；吴王夫差不采纳伍子胥的正确建议，却赐给他马革囊袋逼他自杀，还把他的尸骨装在袋子里扔到江里漂流。吴王夫差不明白先前伍子胥的主张能够建立功业，所以把伍子胥沉入江里而不后悔；伍子胥也不能预见君主的气量、抱负各不相同，因此致使被沉入江里而死不瞑目。

免遭杀身之祸而建功立业，彰明发扬先王的事迹，这正是我的上策。遭到侮辱以致诽谤、毁坏先王的名声，这才是我所最害怕的事情。面临难以预测的罪名，把幸免于杀身之祸作为个人渔利的机会，这是恪守道义的人所不敢做出的事情。

我听说古代的君子，绝交时不说别人的坏话；忠良的臣子，离开原来的国家不洗雪自己的罪过和冤屈。我虽然无能，但多次聆听过君子的教导。我恐怕先王侍从听信左右近臣的谗言，不体察被疏远人的行为。所以献上这封信把我的心意告诉您。希望君王留意吧。

于是燕惠王又把乐毅的儿子乐间封为昌国君；而乐毅往来于赵国、燕国之间，与燕国重新交好，燕、赵两国都任用他为客卿。乐毅最后死于赵国。

乐间住在燕国三十多年，燕王喜采用宰相栗腹的计策，打算攻打赵国，便询问昌国君乐间。乐间说："赵国，是同四方交战的国家，它的百姓熟悉军事，攻打它是不行的。"燕王喜不听，于是攻打赵国。赵国派廉颇还击燕军，在鄗地把栗腹的军队打得大败，擒获了栗腹、乐乘。乐乘，与乐间是同祖。于是乐间逃到赵国，赵国于是围攻燕国。燕国割让了许多土地向赵国求和，赵军才解围而去。

燕王悔恨没听用乐间的建议，乐间逃到赵国后，燕王就给乐间写了一封信说："殷纣王时，箕子不被任用，但他敢于冒犯君王，直言谏诤，毫不懈怠，希望纣王听信；商容因劝谏纣王而被贬谪，他身受侮辱，仍希望纣王改弦更张。等到民心涣散，狱中的囚犯纷纷逃出，国家已不可救药，然后两位先生才辞官隐居。因此纣王背上了凶暴的恶名，两位先生却不失忠诚、高尚的美誉。这是为什么呢？他们竭尽了为君为国而忧虑的责任。现在我虽然愚钝，但还不像殷纣那么凶暴；燕国百姓虽不安定，但也不像殷朝百姓那么严重。有道是，家庭内部有了纷争，不尽述自己的意见，却去告诉邻里。这两种做法，我认为是不可取的。”

乐间、乐乘怨恨燕王不听从他们的计策，两个人最后还是留在赵国。赵国封乐乘为武襄君。

第二年，乐乘、廉颇为赵国围困燕国，燕国用厚礼向赵国求和，赵军才解围。五年之后，赵孝成王去世。悼襄王派乐乘代替廉颇的官职。廉颇攻打乐乘，乐乘逃奔，廉颇也逃到魏国。此后十六年秦国灭掉赵国。

二十年之后，汉高祖经过原来赵国属地，问那里的人说：“乐毅有后代吗？”回答说：“有个乐叔。”汉高帝把乐卿封赐给他，封号为华成君。华成君就是乐毅的孙子。乐氏家族还有乐瑕公、乐臣公，他们是在赵国将要被秦国灭掉时逃到齐国高密的。乐臣公长于研究黄帝、老子的学说，在齐国很有名气，人们称他为贤师。

太史公说：当初齐人蒯通和主父偃读乐毅给燕王的那封信时，没有不放下书信掉下眼泪来的。乐臣公钻研黄帝、老子的学说，他的宗师叫做河上丈人，现在还不清楚河上丈人是哪里人。河上丈人教安期生，安期生教毛翕公，毛翕公教乐瑕公，乐瑕公教乐臣公，乐臣公教盖公。盖公在齐地高密、胶西一带执教，是曹相国的老师。

史记卷八十一

廉颇蔺相如列传第二十一

廉颇者，赵之良将也。赵惠文王十六年，廉颇为赵将，伐齐，大破之，取阳晋，拜为上卿，以勇气闻于诸侯。

蔺相如者，赵人也，为赵宦者令缪贤舍人。

赵惠文王时，得楚和氏璧。秦昭王闻之，使人遗赵王书，愿以十五城请易璧。赵王与大将军廉颇诸大臣谋：欲予秦，秦城恐不可得，徒见欺；欲勿予，即患秦兵之来。计未定，求人可使报秦者，未得。宦者令缪贤曰："臣舍人蔺相如可使。"王问："何以知之？"对曰："臣尝有罪，窃计欲亡走燕，臣舍人相如止臣，曰：'君何以知燕王？'臣语曰：'臣尝从大王与燕王会境上，燕王私握臣手，曰"愿结友"。以此知之，故欲往。'相如谓臣曰：'夫赵强而燕弱，而君幸于赵王，故燕王欲结于君。今君乃亡赵走燕，燕畏赵，其势必不敢留君，而束君归赵矣。君不如肉袒伏斧质请罪，则幸得脱矣。'臣从其计，大王亦幸赦臣。臣窃以为其人勇士，有智谋，宜可使。"

于是王召见，问蔺相如曰："秦王以十五城请易寡人之璧，可予不？"相如曰："秦强而赵弱，不可不许。"王曰："取吾璧，不予我城，奈何？"相如曰："秦以城求璧而赵不许，曲在赵。赵予璧而秦不予赵城，曲在秦。均之二策，宁许以负秦曲。"王曰："谁可使者？"相如曰："王必无人，臣愿奉璧往使。城入赵而璧留秦；城不入，臣请完璧归赵。"赵王于是遂遣相如奉璧西入秦。

秦王坐章台见相如，相如奉璧奏秦王。秦王大喜，传以示美人及左右，左右皆呼万岁。相如视秦王无意偿赵城，乃前曰："璧有瑕，请指示王。"王授璧，相如因持璧却立，倚柱，怒发上冲冠，谓秦王曰："大王欲得璧，使人发书至赵王，赵王悉召群臣议，皆曰'秦贪，负其强，以空言求璧，偿城恐不可得'。议不欲予秦璧。臣以为布衣之交尚不相欺，况大国乎！且以一璧之故逆强秦之欢，不可。于是赵王乃斋戒五日，使臣奉璧，拜送书于庭。何者？严大国之威以修敬也。今臣至，大王见臣列观，礼节甚倨；得璧，传之美人，以戏弄臣。臣观大王无意偿赵王城邑，故臣复取璧。大王必欲急臣，臣头今与璧俱碎于柱矣！”相如持其璧睨柱，欲以击柱。秦王恐其破璧，乃辞谢，固请，召有司案图，指从此以往十五都予赵。相如度秦王特以诈详为予赵城，实不可得，乃谓秦王曰：“和氏璧，天下所共传宝也，赵王恐，不敢不献。赵王送璧时，斋戒五日，今大王亦宜斋戒五日，设九宾于廷，臣乃敢上璧。”秦王度之，终不可强夺，遂许斋五日，舍相如广成传。相如度秦王虽斋，决负约不偿城，乃使其从者衣褐，怀其璧，从径道亡，归璧于赵。

秦王斋五日后，乃设九宾礼于廷，引赵使者蔺相如。相如至，谓秦王曰：“秦自穆公以来二十馀君，未尝有坚明约束者也。臣诚恐见欺于王而负赵，故令人持璧归，间至赵矣。且秦强而赵弱，大王遣一介之使至赵，赵立奉璧来。今以秦之强而先割十五都予赵，赵岂敢留璧而得罪于大王乎？臣知欺大王之罪当诛，臣请就汤镬，唯大王与群臣孰计议之。”秦王与群臣相视而嘻。左右或欲引相如去，秦王因曰：“今杀相如，终不能得璧也，而绝秦赵之欢，不如因而厚遇之，使归赵，赵王岂以一璧之故欺秦邪！”卒廷见相如，毕礼而归之。

相如既归，赵王以为贤大夫，使不辱于诸侯，拜相如为上大夫。秦亦不以城予赵，赵亦终不予秦璧。

其后秦伐赵，拔石城。明年，复攻赵，杀二万人。

秦王使使者告赵王，欲与王为好会于西河外渑池。赵王畏秦，欲毋行。廉颇、蔺相如计曰：“王不行，示赵弱且怯也。”赵王遂行，相如从。廉颇送至境，与王诀曰：“王行，度道里会遇之礼毕，还，不过三十日。三十日不还，则请立太子为王，以绝秦望。”王许之，遂与秦王会渑池。秦王饮酒酣，曰：“寡人窃闻赵王好音，请奏瑟。”赵王鼓瑟。秦御史前书曰：“某年月日，秦王与赵王会饮，令赵王鼓瑟。”蔺相如前曰：“赵王窃闻秦王善为秦声，请奏盆缻秦王。以相娱乐。”秦王怒，不许。于是相如前进缻，因跪请秦王。秦王不肯击缻。相如曰：“五步之内，相如请得以颈血溅大王矣！”左右欲刃相如，相如张目叱之，左右皆靡。于是秦王不怿，为一击缻。相如顾召赵御史书曰：“某年月日，秦王为赵王击缻”。秦之群臣曰：“请以赵十五城为秦王寿”。蔺相如亦曰：“请以秦之咸阳为赵王寿。”秦王竟酒，终不能加胜于赵。赵亦盛设兵以待秦，秦不敢动。

既罢归国，以相如功大，拜为上卿，位在廉颇之右。廉颇曰："我为赵将，有攻城野战之大功，而蔺相如徒以口舌为劳，而位居我上。且相如素贱人，吾羞，不忍为之下。"宣言曰："我见相如，必辱之。"相如闻，不肯与会。相如每朝时，常称病，不欲与廉颇争列。已而相如出，望见廉颇，相如引车避匿。于是舍人相与谏曰："臣所以去亲戚而事君者，徒慕君之高义也。今君与廉颇同列，廉君宣恶言而君畏匿之，恐惧殊甚，且庸人尚羞之，况于将相乎！臣等不肖，请辞去。"蔺相如固止之，曰："公之视廉将军孰与秦王？"曰："不若也。"相如曰："夫以秦王之威，而相如廷叱之，辱其群臣，相如虽驽，独畏廉将军哉？顾吾念之，强秦之所以不敢加兵于赵者，徒以吾两人在也。今两虎共斗，其势不俱生。吾所以为此者，以先国家之急而后私仇也。"廉颇闻之，肉袒负荆，因宾客至蔺相如门谢罪。曰："鄙贱之人，不知将军宽之至此也。"卒相与欢，为刎颈之交。

是岁，廉颇东攻齐，破其一军。居二年，廉颇复伐齐几，拔之。后三年，廉颇攻魏之防陵、安阳，拔之。后四年，蔺相如将而攻齐，至平邑而罢。其明年，赵奢破秦军阏与下。

赵奢者，赵之田部吏也。收租税而平原君家不肯出租，奢以法治之，杀平原君用事者九人。平原君怒，将杀奢。奢因说曰："君于赵为贵公子，今纵君家而不奉公则法削，法削则国弱，国弱则诸侯加兵，诸侯加兵，是无赵也，君安得有此富乎？以君之贵，奉公如法则上下平，上下平则国强，国强则赵固，而君为贵戚，岂轻于天下邪？"平原君以为贤，言之于王。王用之治国赋，国赋大平，民富而府库实。

秦伐韩，军于阏与。王召廉颇而问曰："可救不？"对曰："道远险狭，难救。"又召乐乘而问焉，乐乘对如廉颇言。又召问赵奢，奢对曰："其道远险狭，譬之犹两鼠斗于穴中，将勇者胜。"王乃令赵奢将，救之。

兵去邯郸三十里，而令军中曰："有以军事谏者死。"秦军军武安西，秦军鼓噪勒兵，武安屋瓦尽振。军中候有一人言急救武安，赵奢立斩之。坚壁，留二十八日不行，复益增垒。秦间来入，赵奢善食而遣之。间以报秦将，秦将大喜曰："夫去国三十里而军不行，乃增垒，阏与非赵地也。"

赵奢既已遣秦间，乃卷甲而趋之，二日一夜至，令善射者去阏与五十里而军。军垒成，秦人闻之，悉甲而至。军士许历请以军事谏，赵奢曰："内之。"许历曰："秦人不意赵师至此，其来气盛，将军必厚集其阵以待之，不然，必败。"赵奢曰："请受令。"许历曰："请就鈇质之诛。"赵奢曰："胥后令邯郸。"许历复请谏，曰："先据北山上者胜，后至者败。"赵奢许诺，即发万人趋之。秦兵后至，争山不得上，赵奢纵兵击之，大破秦军。秦军解而走，遂解阏与之围而归。

赵惠文王赐奢号为马服君，以许历为国尉。赵奢于是与廉颇、蔺相如同位。

后四年，赵惠文王卒，子孝成王立。七年，秦与赵兵相距长平，时赵奢已死，而蔺相如病笃，赵使廉颇将攻秦，秦数败赵军，赵军固壁不战。秦数挑战，廉颇不肯。赵王信秦之间。秦之间言曰："秦之所恶，独畏马服君赵奢之子赵括为将耳。"赵王因以括为将，代廉颇。蔺相如曰："王以名使括，若胶柱而鼓瑟耳。括徒能读其父书传，不知合变也。"赵王不听，遂将之。

赵括自少时学兵法，言兵事，以天下莫能当。尝与其父奢言兵事，奢不能难，然不谓善。括母问奢其故，奢曰："兵，死地也，而括易言之。使赵不将括即已，若必将之，破赵军者必括也。"及括将行，其母上书言于王曰："括不可使将。"王曰："何以？"对曰："始妾事其父，时为将，身所奉饭饮而进食者以十数，所友者以百数，大王及宗室所赏赐者尽以予军吏士大夫，受命之日，不问家事。今括一旦为将，东向而朝，军吏无敢仰视之者，王所赐金帛，归藏于家，而日视便利田宅可买者买之。王以为何如其父？父子异心，愿王勿遣。"王曰："母置之，吾已决矣。"括母因曰："王终遣之，即有如不称，妾得无随坐乎？"王许诺。

赵括既代廉颇，悉更约束，易置军吏。秦将白起闻之，纵奇兵，佯败走，而绝其粮道，分断其军为二。士卒离心，四十馀日，军饿，赵括出锐卒自搏战，秦军射杀赵括。括军败，数十万之众遂降秦，秦悉坑之。赵前后所亡凡四十五万。明年，秦兵遂围邯郸，岁馀，几不得脱。赖楚、魏诸侯来救，乃得解邯郸之围。赵王亦以括母先言，竟不诛也。

自邯郸围解五年，而燕用栗腹之谋，曰"赵壮者尽于长平，其孤未壮"，举兵击赵。赵使廉颇将，击，大破燕军于鄗，杀栗腹，遂围燕。燕割五城请和，乃听之。赵以尉文封廉颇为信平君，为假相国。

廉颇之免长平归也，失势之时，故客尽去。及复用为将，客又复至。廉颇曰："客退矣！"客曰："吁！君何见之晚也？夫天下以市道交，君有势，我则从君，君无势则去，此固其理也，有何怨乎？”居六年，赵使廉颇伐魏之繁阳，拔之。

赵孝成王卒，子悼襄王立，使乐乘代廉颇。廉颇怒，攻乐乘，乐乘走。廉颇遂奔魏之大梁。其明年，赵乃以李牧为将而攻燕，拔武遂、方城。

廉颇居梁，久之，魏不能信用。赵以数困于秦兵，赵王思复得廉颇，廉颇亦思复用于赵。赵王使使者视廉颇尚可用否，廉颇之仇郭开多与使者金，令毁之。赵使者既见廉颇，廉颇为之一饭斗米，肉十斤，被甲上马，以示尚可用。赵使还报王曰：“廉将军虽老，尚善饭，然与臣坐，顷之三遗矢矣。”赵王以为老，遂不召。

楚闻廉颇在魏，阴使人迎之。廉颇一为楚将，无功，曰：“我思用赵人。”廉颇卒死于寿春。

李牧者，赵之北边良将也。常居代雁门，备匈奴。以便宜置吏，市租皆输入莫府，为士卒费。日击数牛飨士，习射骑，谨烽火，多间谍，厚遇战士。为约曰：“匈奴即入盗，急入收保，有敢捕虏者斩。”匈奴每入，烽火谨，辄入收保，不敢战。如是数岁，亦不亡失。然匈奴以李牧为怯，虽赵边兵亦以为吾将怯。赵王让李牧，李牧如故。赵王怒，召之，使他人代将。

岁馀，匈奴每来，出战。出战，数不利，失亡多，边不得田畜。复请李牧。牧杜门不出，固称疾。赵王乃复强起使将兵。牧曰：“王必用臣，臣如前，乃敢奉令。”王许之。

李牧至，如故约。匈奴数岁无所得。终以为怯。边士日得赏赐而不用，皆愿一战。于是乃具选车得千三百乘，选骑得万三千匹，百金之士五万人，彀者十万人，悉勒习战。大纵畜牧，人民满野。匈奴小入，佯北不胜，以数千人委之。单于闻之，大率众来入。李牧多为奇陈，张左右翼击之，大破杀匈奴十馀万骑。灭襜褴，破东胡，降林胡，单于奔走。其后十馀岁，匈奴不敢近赵边城。

赵悼襄王元年，廉颇既亡入魏，赵使李牧攻燕，拔武遂、方城。居二年，庞煖破燕军，杀剧辛。后七年，秦破杀赵将扈辄于武遂，斩首十万。赵乃以李牧为大将军，击秦军于宜安，大破秦军，走秦将桓齮。封李牧为武安君。居三年，秦攻番吾，李牧击破秦军。南距韩、魏。

赵王迁七年，秦使王翦攻赵，赵使李牧、司马尚御之。秦多与赵王宠臣郭开金，为反间，言李牧、司马尚欲反。赵王乃使赵葱及齐将颜聚代李牧。李牧不受命，赵使人微捕得李牧，斩之。废司马尚。后三月，王翦因急击赵，大破杀赵葱，虏赵王迁及其将颜聚，遂灭赵。

太史公曰：知死必勇，非死者难也，处死者难。方蔺相如引璧睨柱，及叱秦王左右，势不过诛，然士或怯懦而不敢发。相如一奋其气，威信敌国；退而让颇，名重太山。其处智勇，可谓兼之矣！

【译文】

廉颇是赵国优秀的将领。赵惠文王十六年，廉颇率领赵军征讨齐国，使齐军大败，夺取了阳晋，被封为上卿，他以勇猛闻名于诸侯各国。蔺相如是赵国人，是赵国宦者令缪贤家的门客。

赵惠文王的时候，得到了楚国的和氏璧。秦昭王听说了这件事，就派人送给赵王一封书信，表示愿意用十五座城池交换这块宝玉。赵王同大将军廉颇及大臣们商量：要是把宝玉给了秦国，秦国的城邑恐怕不可能得到，白白地受骗；要是不给，又怕秦军马上来攻打。怎么解决没有确定，想找一个能派到秦国去回复的使者，也没能找到。宦者令缪贤说："我的门客蔺相如可以派去。"赵王问："你怎么知道他可以去呢？"缪贤回答说："为臣曾犯过罪，私下打算逃亡到燕国去，我的门客蔺相如阻拦我，说：'您怎么会了解燕王呢？'我对他说：'我曾随从大王在国境上与燕王会见，燕王私下握住我的手，说"愿意跟您交个朋友"。因此我就了解他了，所以想往他那里去。'蔺相如对我说：'赵国强，燕国弱，而您受宠于赵王，所以燕王想要和您结交。现在您是逃出赵国奔到燕国，燕国怕赵国，这种形势下燕王必定不敢收留您，而且还会把您捆绑起来送回赵国。您不如脱掉上衣，露出肩背，伏在斧刃之下请求治罪，这样也许侥幸会被赦免。'臣听从了他的意见，大王也开恩赦免了臣。所以臣私下认为这人是个勇士，有智有谋，派他出使很合适。"于是赵王立即召见，问蔺相如说："秦王用十五座城请求交换我的和氏璧，能不能给他？"蔺相如说："秦国强，赵国弱，不能不答应它。"赵王说："要是得了我的和氏璧，不给我城池，那怎么办呢？"相如说："秦国请求用城换璧，赵国如不答应，赵国理亏；赵国给了璧而秦国不给赵国城邑，秦国理亏。两种对策衡量一下，宁可答应它，让秦国来承担理亏的责任。"赵王说："谁可以派为使臣？"相如说："大王如果确实无人可派，臣愿捧护宝璧前往出使秦国。城邑归属赵国，就把宝璧留给秦国；城邑没有归属赵国，我一定把和氏璧完好地带回赵国。”赵王于是就派蔺相如带着和氏璧，西行入秦。

秦王坐在章台上接见蔺相如，相如捧璧献给秦王。秦王大喜，把宝璧传给姬妾和左右侍从看，左右都高呼万岁。相如看出秦王没有用城邑与赵国交换的意思，便走上前去说：“璧上有点小瑕疵，让我指给大王看。”秦王把璧交给他，相如于是手持璧玉退后几步站定，身体靠在柱子上，怒发冲冠，对秦王说：“大王想得到宝璧，派人送信给赵王，赵王召集全体大臣商议，大家都说：‘秦国贪得无厌，倚仗它的强大，想用空话得到宝璧，给我们的城邑恐怕是不能得到的。’商议的结果是不想把宝璧给秦国。我认为平民百姓间的交往尚且不能互相欺骗，何况是大国呢！况且为了一块璧玉就使强大的秦国不高兴，也是不应该的。于是赵王斋戒了五天，派我捧着宝璧，在殿堂上恭敬地拜送国书。为什么要这样呢？是尊重大国的威望以表示对您的敬意呀。如今我来到贵国，大王却在普通的台观接见我，礼节非常傲慢；得到宝璧后，传给姬妾们观看，这样来戏弄我。我观察大王没有给赵王十五座城的诚意，所以我便收回宝璧。大王如果一定要逼我，我的头今天就同宝璧一起在柱子上撞碎！”相如手持宝璧，斜视庭柱，就要向庭柱上撞去。秦王怕他真把宝璧撞碎，便向他道歉，坚决请求他不要这样，并召来主管的官员查看地图，指明从某地到某地的十五座城邑交割给赵国。相如估计秦王不过用欺诈手段假装给赵国城邑，实际上赵国是不可能得到的，于是就对秦王说：“和氏璧是天下公认的宝物，赵王惧怕贵国，不敢不奉献出来。赵王送璧之前，斋戒了五天，如今大王也应斋戒五天，在殿堂上安排九宾大典，我才敢献上宝璧。”秦王估量此事，毕竟不可强力夺取，于是就答应斋戒五天，请相如住在广成宾馆。相如料想秦王虽然答应斋戒，但必定背约不给城邑，便派他的随从穿上粗麻布衣服，怀中藏好宝璧，从小路逃出，把宝璧送回赵国。

秦王斋戒五天后，就在殿堂上安排了九宾大典，去请赵国使者蔺相如。相如来到后，对秦王说：“秦国从缪公以来的二十几位君主，从没有一个坚守盟约的。我实在是怕被大王欺骗而对不起赵王，所以派人带着宝璧回去，从小路已到赵国了。况且秦强赵弱，大王派一位使臣到赵国，赵国立即就把宝璧送来。如今凭秦国的强大，先把十五座城邑割让给赵国，赵国怎么敢留下宝璧而得罪大王呢？我知道欺骗大王之罪应被诛杀，我情愿下油锅被烹，只希望大王和各位大臣仔细考虑此事。”秦王和群臣面面相觑并有惊怪之声。侍从有人要把相如拉下去，秦王因此说：“如今杀了相如，终归还是得不到宝璧，反而破坏了秦赵两国的交情，不如趁此好好款待他，放他回到赵国，赵王难道会为了一块璧玉而欺骗秦国吗？”最终还是在殿堂上接见相如，完成了大礼让他回国。

相如回国后，赵王认为他是一位称职的大夫，身为使臣不受诸侯的欺辱，于是封相如为上大夫。秦国没有把城邑给赵国，赵国也始终不给秦国宝璧。

此后秦国攻打赵国，夺取了石城。第二年，秦国再次攻赵，杀死两万人。

秦王派使者告诉赵王，想在西河外的渑池与赵王进行一次友好会见。赵王害怕秦王，想不去。廉颇、蔺相如商议道：“大王如果不去，就显得赵国既软弱而且又胆小。”赵王于是前往赴会，相如随行。廉颇送到边境，和赵王诀别说：“大王此行，估计路程和会见礼仪结束，再加上返回的时间，不会超过三十天。如果三十天还没回来，就请您允许我们立太子为王，以断绝秦国的妄想。”赵王同意这个意见，便去渑池与秦王会见。秦王饮到酒兴正浓时，说：“寡人私下里听说赵王爱好音乐，请您弹瑟吧！”赵王就弹起瑟来。秦国的史官上前来写道：“某年某月某日，秦王与赵王一起饮酒，令赵王弹瑟。”蔺相如上前说：“赵王私下里听说秦王擅长秦地土乐，请让我给秦王捧上盆缶，以便互相娱乐。”秦王发怒，不答应。这时相如向前递上瓦缶，并跪下请秦王演奏。秦王不肯击缶，相如说：“在这五步之内，我蔺相如要把脖颈里的血溅在大王身上了！”侍从们想要杀相如，相如瞪着双眼大喝一声，侍从们都吓得退了回去。当时秦王不大高兴，也只好敲了一下缶。相如回头招呼赵国史官写道：“某年某月某日，秦王为赵王敲缶。”秦国的大臣们说：“请你们用赵国的十五座城向秦王献礼。”蔺相如也说：“请你们用秦国的咸阳向赵王献礼。”直到酒宴结束，秦王始终也未能占到赵国上风。赵国也部署了大批军队用来防备秦国，因而秦国也不敢轻举妄动。

渑池会结束归国以后，赵王认为相如功劳很大，封相如为上卿，位置在廉颇之上。廉颇说：“我是赵国将军，有攻城野战的大功，而蔺相如只不过靠能说会道立了点功，可是现在他的地位却在我之上，况且相如本来是卑贱的人，我感觉到很羞耻，在他位置下面我难以忍受。”并且扬言说：“我遇见相如，一定要羞辱他。”相如听到后，不肯和他相会。相如每到上朝时，常常推说有病，不愿和廉颇去争位次的高低。没过多久，相如外出，远远看到廉颇，相如就立马掉转车子回避。于是相如的门客就一起来直言进谏说："我们所以离开亲人来侍奉您，就是仰慕您高尚的节义呀。如今您与廉颇官位相同，廉将军口出恶言，而您却害怕躲避他，您怕得也太过分了，平庸的人尚且感到羞耻，何况是身为将相的您呢！我们这些人没有出息，请让我们告辞吧！"蔺相如坚决地挽留他们，说："诸位认为廉将军和秦王相比谁厉害？"回答说："廉将军比不了秦王。"相如说："以秦王的威势，而我却敢在朝堂上呵斥他，羞辱他的群臣，我蔺相如虽然无能，难道会怕廉将军吗？但是我想到，强秦之所以不敢对赵国用兵，就是因为有我们两个人在呀，如今两虎相斗，势必不能共存。我所以这样再三忍让，就是为了要把国家的急难摆在首位，而把个人的私怨放在后面。"廉颇听说了这些话，就脱去上衣，露出上身，背着荆条，由宾客带引，来到蔺相如的门前请罪。他说："我是个粗野卑贱的人，想不到将军您是如此的宽宏大量啊！"二人于是相互结交和好，成为生死与共的好友。

这一年，廉颇向东进攻齐国，打败了它的一支军队。过了两年，廉颇又攻打齐国的几邑，也攻占了。此后三年，廉颇进攻魏国的防陵、安阳，都攻克了。再过四年，蔺相如领兵攻齐，打到平邑就收兵了。第二年，赵奢在阏与城下大败秦军。

赵奢，本是赵国征收田租的官吏。在收租税的时候，平原君家不肯缴纳，赵奢便依法处治，杀了平原君家里九个当权管事的人。平原君大怒，便要杀死赵奢。赵奢趁机劝说道："您在赵国是贵公子，现在要是纵容您的家人而不遵奉国家的法令，就会使法令削弱，法令削弱了就会使国家衰弱，国家衰弱了诸侯就要出兵侵犯，诸侯出兵侵犯赵国就会灭亡，您怎么还能保有这些财富呢？以您的地位和尊贵，能奉公守法就会使国家上下公平，上下公平就能使国家强盛，国家强盛了赵氏的政权就会得到稳固，而您身为赵国贵戚，难道还会被天下人轻视吗？"平原君认为他很有才干，把他推荐给赵王。赵王任用他掌管全国的赋税，全国赋税非常的公平合理，使得民众富足，国库充实。

秦国进攻韩国，军队驻扎在阏与。赵王召见廉颇问道："可以去援救吗？"廉颇便回答说："道路远，而且艰险又狭窄，很难援救。"又召见乐乘问这件事，乐乘的回答和廉颇的话一样。于是又召见赵奢来问，赵奢回答说："道远、地险、路狭，就譬如两只老鼠在洞里争斗，哪个勇猛哪个便可得胜。"赵王便派赵奢领兵，去救援阏与。

军队离开邯郸三十里，赵奢就在军中下令说："有谁来为军事进谏的处以死刑。"秦军驻扎在武安西边，秦军击鼓呐喊的练兵之声，把武安城中的屋瓦都震动了。赵军中的一个侦察人员请求急速援救武安，赵奢立即把他斩首。赵军坚守营垒，停留二十八天不向前进发，反而又加筑营垒。秦军间谍潜入赵军营地，赵奢用饮食好好款待后把他遣送回去。间谍把情况向秦军将领报告，秦将大喜，说："离开国都三十里军队就不前进了，而且还增修营垒，赵国不会拥有阏与了。"赵奢遣送秦军间谍之后，就令士兵卸下铁甲，快速向阏与进发。两天一夜就到达前线，下令善射的骑兵，在离阏与五十里处扎营。军营筑成后，秦军知道了这一情况，立即全军赶来。一个叫许历的军士请求就军事提出建议，赵奢说："让他进来。"许历说："秦人本没想到赵军会来到这里，现在他们赶来对敌，士气很盛，将军一定要集中兵力严阵以待。不然的话，必定要失败。"赵奢说："请让我接受您的指教。"许历说："我请求接受死刑。"赵奢说："等回邯郸以后的命令吧。"许历请求再提个建议，说："先占据北面山头的得胜，后到的失败。"赵奢同意，立即派出一万人迅速奔上北面山头。秦兵后到，与赵军争夺北山但攻不上去，赵奢指挥士兵猛攻，大败秦军。秦军四散逃跑，于是阏与的包围被解除，赵军回国。

赵惠文王赐给赵奢马服君的封号，并任命许历为国尉。赵奢于是与廉颇、蔺相如职位相同。

四年以后，赵惠文王去世，太子孝成王即位。孝成王七年，秦军与赵军在长平对阵，那时赵奢已死，蔺相如也已病危，赵王派廉颇率兵攻打秦军，秦军几次打败赵军，赵军坚守营垒不出战。秦军屡次挑战。廉颇置之不理。赵王听信秦军间谍散布的谣言。秦军间谍说："秦军所厌恶忌讳的，就是怕马服君赵奢的儿子赵括来做将军。"赵王因此就以赵括为将军，取代了廉颇。蔺相如说："大王只凭名声来任用赵括，就好像用胶把调弦的柱粘死再去弹瑟那样不知变通啊。赵括只会读他父亲留下的兵书，不懂得灵活应变。"赵王不听，还是命赵括为将军。

赵括从小就学习兵法，谈论军事，以为天下没有人能胜得过他。他曾与父亲赵奢谈论用兵之事，赵奢也难不倒他，可是并不说他好。赵括的母亲问赵奢这是为什么，赵奢说："用兵打仗是关乎生死存亡的事，然而他却把这事说得那么容易。如果赵国不用赵括为将也就罢了，要是一定让他为将，使赵军失败的一定就是他呀。"等到赵括将要起程的时候，他母亲上书给赵王说:“不可以让赵括做将军。”赵王说:“为什么?”她回答:“当初我侍奉他父亲,那时他是将军,由他亲自捧着饮食侍候吃喝的人数以十计,被他当作朋友看待的数以百计,大王和王族们赏赐的东西全都分给军吏和僚属,从接受命令的那天起,就不再过问家事。现在赵括一下子做了将军,就面向东接受朝见,军吏没有一个敢抬头看他的,大王赏赐的金帛,都带回家收藏起来,还天天访查便宜合适的田地房产,可买的就买下来。大王认为他哪里像他父亲?父子二人的心地不同,希望大王不要派他领兵。”赵王说:“您就把这事放下别管了,我已经决定了。”赵括的母亲接着说:“您一定要派他领兵,如果他有不称职的情况,我能不受株连吗?”赵王便答应了。

赵括代替廉颇之后,改变了原有的全部规章制度,把原来的军吏也撤换了。秦将白起听到了这些情况,便调遣奇兵,假装败逃,又去截断赵军运粮的道路,把赵军分割成两半,赵军士卒离心。过了四十多天,赵军饥饿,赵括出动精兵亲自与秦军搏斗,秦军射死赵括。赵括军队战败,几十万大军于是投降秦军,秦军把他们全部活埋了。赵国前后损失共四十五万人。第二年,秦军就包围了邯郸,有一年多,赵国几乎不能保全,全靠楚国、魏国军队来援救,才得以解除邯郸的包围。赵王也由于赵括的母亲有言在先,最后没有株连她。

邯郸解围之后五年,燕王采纳栗腹的计谋,说是“赵国的壮丁全都死在长平了,他们的遗孤尚未成人”,燕王便发兵攻赵。赵王派廉颇领兵反击,在鄗城大败燕军,杀死栗腹,于是包围燕国都城。燕国割让五座城请求讲和,赵王才答应停战。赵王把尉文封给廉颇,封号是信平君,让他代理相国。

廉颇在长平被免职回家,失掉权势的时候,原来的门客都离开他了。等到官复原职,门客又重新回来了。廉颇说:“先生们都请回吧!”门客们说:“唉!您的见解怎么这样落后?当今天下之人都是按市场交易的方法进行结交,您有权势,我们就跟随着您;您没有权势了,我们就离开,这本是很普通的道理,有什么可抱怨的呢?”又过了六年,赵国派廉颇进攻魏国的繁阳,把它攻克了。

赵孝成王去世,太子悼襄王即位,派乐乘接替廉颇。廉颇大怒,攻打乐乘,乐乘逃跑了。廉颇于是也逃奔魏国的大梁。第二年,赵国便以李牧为将进攻燕国,攻下了武遂、方城。

廉颇在大梁住久了，魏国不信任重用他。赵国由于屡次被秦兵围困，赵王就想重新任命廉颇为将，廉颇也想再被赵国任用。赵王派了使臣去探望廉颇，看看他还能不能被任用。廉颇的仇人郭开用重金贿赂使者，让他说廉颇的坏话。赵国使臣见到廉颇之后，廉颇当着他的面一顿饭吃了一斗米、十斤肉，又披上铁甲上马，表示自己还可以被任用。赵国使者回去向赵王报告说："廉将军虽然已老，饭量还很不错，可是陪我坐着时，一会儿就拉了三次屎。"赵王认为廉颇老了，就没有再把他召回来。

楚国听说廉颇在魏国，暗中派人去迎接他。廉颇虽做了楚国的将军，并没有战功，他说："我想指挥赵国的士兵啊。"廉颇最终死在寿春。

李牧是赵国北部边境的良将，长期驻守代地雁门郡，防备匈奴。他有权根据需要设置官吏，防地内城市的租税都送入李牧的幕府，作为军队的经费。他每天宰杀几头牛犒赏士兵，教士兵练习骑马射箭，小心看守烽火台，多派侦察敌情的人员，对战士待遇优厚。他制定出规章说："匈奴如果入侵，要赶快收拢人马退入营垒固守，有胆敢去捕捉敌人的立即斩首。"匈奴每次入侵，烽火传来警报，立即收拢人马退入营垒固守，不敢出战。像这样过了好几年，人马物资也没有什么损失。可是匈奴却认为李牧是个胆小之人，就连赵国守边的官兵也认为自己的主将胆小怯战。赵王责备李牧，李牧依然如故。赵王发怒，把他召回，派别人代他领兵。

此后一年多里，匈奴每次来侵犯，赵军就出兵交战，屡次失利，损失伤亡很多，边境上无法耕田、放牧。赵王只好再请李牧出马。李牧闭门不出，坚持说有病。赵王就一再强调李牧出来，让他领兵。李牧说："大王一定要用我，我还是像以前那样做，才敢奉命。"赵王答应了他的要求。

李牧来到边境，还按照原来的章程。匈奴好几年都一无所获，但又始终认为李牧胆怯。边境的官兵每天得到赏赐，可是一身本领无用武之地，都愿意好好跟匈奴打一仗。于是李牧就准备了精选的战车一千三百辆，精选的战马一万三千匹，敢于冲锋陷阵的勇士五万人，善射的士兵十万人，全部组织起来训练作战。同时到处放牧大批牲畜，放牧的人满山遍野。匈奴小股人马入侵，李牧就假装失败，故意把几千人丢弃给匈奴。单于听到这种情况，就率领大批人马入侵。李牧布下许多奇兵，张开左右两翼包抄反击敌军，大败匈奴，杀死匈奴十多万人马。灭了襜褴，打败了东胡，收降了林胡，单于逃跑。此后十多年，匈奴不敢接近赵国边境城镇。

赵悼襄王元年，廉颇逃到魏国之后，赵国派李牧进攻燕国，攻克了武遂、方城。过了两年，庞煖打败燕军，杀死剧辛。又过了七年，秦军在武遂打败并杀死赵将扈辄，斩杀赵军十万余人。赵国便派李牧为大将军，在宜安进攻秦军，大败秦军，赶走秦将桓齮。李牧被封为武安君。又过了三年，秦军进攻番吾，李牧击败秦军，又向南抵御韩国和魏国。

赵王迁七年，秦国派王翦进攻赵国，赵国派李牧、司马尚抵御秦军。秦国向赵王的宠臣郭开贿赂很多金钱，让他施行反间计，造谣说李牧、司马尚要谋反。赵王便派赵葱和齐国将军颜聚接替李牧，李牧不接受命令。赵王派人暗中乘其不备逮捕了李牧，把他杀了，并撤了司马尚的官职。三个月之后，王翦趁机猛攻赵国，大败赵军，杀死赵葱，俘虏了赵王迁和他的将军颜聚，终于灭了赵国。

太史公说：知道将死而不害怕，必定是很有勇气的；死并不是难事，而怎样对待这个死才是难事。当蔺相如手举宝璧斜视庭柱，以及呵斥秦王侍从的时候，就面前形势来说，最多不过是被杀，然而一般士人往往因为胆小懦弱而不敢这样表现。相如一旦振奋起他的勇气，其威力就伸张了，以致压倒敌国。后来又对廉颇谦逊退让，他的声誉比泰山还重，他处事中表现出的智慧和勇气，可以说是兼而有之啊！

史记卷八十二

田单列传第二十二

田单者，齐诸田疏属也。湣王时，单为临菑市掾，不见知。及燕使乐毅伐破齐，齐湣王出奔，已而保莒城。燕师长驱平齐，而田单走安平，令其宗人尽断其车轴末而傅铁笼。已而燕军攻安平，城坏，齐人走，争途，以轊折车败，为燕所虏，唯田单宗人以铁笼故得脱，东保即墨。

燕既尽降齐城，唯独莒、即墨不下。燕军闻齐王在莒，并兵攻之。淖齿既杀湣王于莒，因坚守，距燕军，数年不下。燕引兵东围即墨，即墨大夫出与战，败死。城中相与推田单，曰："安平之战，田单宗人以铁笼得全，习兵。"立以为将军，以即墨拒燕。

顷之，燕昭王卒，惠王立，与乐毅有隙。田单闻之，乃纵反间于燕，宣言曰："齐王已死，城之不拔者二耳。乐毅畏诛而不敢归，以伐齐为名，实欲连兵南面而王齐。齐人未附，故且缓攻即墨以待其事。齐人所惧，唯恐他将之来，即墨残矣。"燕王以为然，使骑劫代乐毅。

乐毅因归赵，燕人士卒忿。而田单乃令城中人食必祭其先祖于庭，飞鸟悉翔舞城中下食。燕人怪之。田单因宣言曰："神来下教我。"乃令城中人曰："当有神人为我师。"有一卒曰："臣可以为师乎？"因反走。田单乃起，引还，东乡坐，师事之。卒曰："臣欺君，诚无能也。"田单曰："子勿言也！"因师之。每出约束，必称神师。乃宣言曰："吾唯惧燕军之劓所得齐卒，置之前行，与我战，即墨败矣。"燕人闻之，如其言。城中人见齐诸降者尽劓，皆怒，坚守，唯恐见得。单又纵反间曰："吾惧燕人掘吾城外冢墓，僇先人，可为寒心。"燕军尽掘垄墓，烧死人。即墨人从城上望见，皆涕泣，俱欲出战，怒自十倍。

田单知士卒之可用，乃身操版插，与士卒分功，妻妾编于行伍之间，尽散饮食飨士。令甲卒皆伏，使老弱女子乘城，遣使约降于燕，燕军皆呼万岁。田单又收民金，得千镒，令即墨富豪遗燕将，曰："即墨即降，愿无虏掠吾族家妻妾，令安堵。"燕将大喜，许之。燕军由此益懈。

田单乃收城中得千馀牛，为绛缯衣，画以五彩龙文，束兵刃于其角，而灌脂束苇于尾，烧其端。凿城数十穴，夜纵牛，壮士五千人随其后。牛尾热，怒而奔燕军，燕军夜大惊。牛尾炬火光明炫耀，燕军视之皆龙文，所触尽死伤。五千人因衔枚击之，而城中鼓噪从之，老弱皆击铜器为声，声动天地。燕军大骇，败走。齐人遂夷杀其将骑劫。燕军扰乱奔走，齐人追亡逐北，所过城邑皆畔燕而归田单，兵日益多。乘胜，燕日败亡，卒至河上，而齐七十馀城皆复为齐。乃迎襄王于莒，入临菑而听政。

襄王封田单，号曰安平君。

太史公曰：兵以正合，以奇胜。善之者，出奇无穷。奇正还相生，如环之无端。夫始如处女，适人开户；后如脱兔，适不及距：其田单之谓邪！

初，淖齿之杀湣王也，莒人求湣王子法章，得之太史嬓之家，为人灌园。嬓女怜而善遇之。后法章私以情告女，女遂与通。及莒人共立法章为齐王，以莒距燕，而太史氏女遂为后，所谓"君王后"也。

燕之初入齐，闻画邑人王蠋贤，令军中曰："环画邑三十里无入"，以王蠋之故。已而使人谓蠋曰："齐人多高子之义，吾以子为将，封子万家。"蠋固谢。燕人曰："子不听，吾引三军而屠画邑。"王蠋曰："忠臣不事二君，贞女不更二夫。齐王不听吾谏，故退而耕于野。国既破亡，吾不能存；今又劫之以兵为君将，是助桀为暴也。与其生而无义，固不如烹！"遂经其颈于树枝，自奋绝脰而死。齐亡大夫闻之，曰："王蠋，布衣也，义不北面于燕，况在位食禄者乎！"乃相聚如莒，求诸子，立为襄王。

【译文】

田单是齐国田氏王族的远房亲戚。在齐湣王时，田单担任首都临淄佐理市政的小官，并不被齐王重用。后来，燕国派遣大将乐毅攻破齐国，齐湣王被迫逃离都城，不久又退守莒城。在燕国军队长驱直入征讨齐国的时候，田单也离开了都城，逃到安平，让他的同族人把车轴两端的突出部位全部锯下，安上铁箍。不久，燕军攻打安平，攻破了城池，齐国人争相逃亡，都因被撞得轴断车坏，被燕军俘虏。只有田单和同族人因用铁箍包住了车轴的缘故，得以逃脱，随即向东退守即墨。这时，燕国军队已经把齐国大小城市全部攻占了，只有莒和即墨两城没有被攻下。燕军听说齐湣王在莒城，就调集军队，全力攻打。大臣淖齿杀死了齐湣王，坚守城池，抗击燕军，燕军几年都不能攻破该城。迫不得已，燕将带兵东行，围攻即墨。即墨的守城官员出城与燕军交战，战败被杀。即墨城中军民都推举田单为首领，说：“安平那一仗，田单和同族人因用铁箍包住车轴才得以安然脱险，可见他很会用兵。”于是，大家就拥立田单为将军，坚守即墨，抗击燕军。

没过多久，燕昭王去世，燕惠王即位，他和乐毅有些不和。田单听到这个消息之后，就派人到燕国去施行反间计，扬言说：“齐湣王已经被杀死，没被攻克的齐国城池只不过有两座而已。乐毅是因为害怕被杀掉而不敢回国，他以讨伐齐国为名，实际上是想联合齐国的兵力，在齐国称王。齐国人心还未归附，因此暂且拖延时间，慢慢攻打即墨，以便等待时机成熟再称王。齐国人担心的是，唯恐其他将领来带兵，即墨城就必破无疑了。”燕惠王相信了这些话，就派大将骑劫去代替乐毅。

乐毅被免职之后就逃到赵国去了，燕军官兵都为此忿忿不平。田单又命城中军民在吃饭前要祭祀祖先，使得众多的飞鸟因为争食祭祀的食物，在城上盘旋飞舞。城外的燕军看了，都感到很奇怪。田单又扬言说：“这是神仙要下界指导我们克敌制胜。”又对城里的人说：“一定会有神仙来做我的老师。”有一个士兵说：“我可以当您的老师吗？”说罢就扬长而去。田单连忙站起来，把他拉过来，请他坐在面向东的上座，用侍奉老师的礼节来侍奉他。那个士兵说：“我欺骗了您，我真是一点本事也没有。”田单说：“请您不要再说了。”接着就奉他为师。每次发号施令，一定要称是神师的主意。他又扬言说：“我最怕的就是燕军把俘虏的齐国士兵割去鼻子，放在队伍的前列，再和我们交战，那即墨就必定被攻克了。”燕军听到这话，就照此施行。城里的人看到齐国众多的降兵都被割去了鼻子，人人义愤填膺，全力坚守城池，生怕被敌人捉住。田单又派人施反间计说：“我很害怕燕国人挖了我们城外的祖坟，侮辱了我们的祖先，这可真是让人寒心的事。”燕军听说之后，又把齐国人的坟墓全部挖出，并把死尸焚烧殆尽。即墨人从城上看到此情此景，人人痛哭流涕，都请求出城拼杀，愤怒的情绪增涨十倍。

田单知道现在是出战的最佳时机，于是就亲自拿着铲锹，和士兵们一起修筑工事，并把自己的妻子姬妾都编在队伍之中，还把全部的食物拿出来犒劳士卒。他命令装备整齐的精锐部队都埋伏起来，让老弱妇女上城防守，又派使者去和燕军约定投降事宜，燕军官兵都高呼万岁。田单又把民间的黄金收集起来，共得一千镒，让即墨城里有钱有势的人送给燕军，请求说："即墨就要投降了，希望你们进城之后，不要掳掠我们的妻子姬妾，让我们能平安地生活。"燕军将领非常高兴，满口答应。燕军因此更加松懈。

田单于是从城里收集了一千多头牛，给它们披上大红绸绢制成的被服，在上面画上五颜六色的蛟龙图案，在它们的角上绑好锋利的刀子，把浸满油脂的芦苇绑在牛尾上，点燃末端。又把城墙凿开几十个洞穴，趁夜间把牛从洞穴中赶出去，派精壮士兵五千人跟在火牛的后面。因尾巴被烧得发热，火牛都疯狂地直奔燕军，这一切都突然发生在夜间，使燕军惊慌失措。牛尾上的火把将夜空照得通明如昼，燕军看到它们身上都是龙纹，所触及到的人非死即伤。五千壮士又随后悄然无声地杀来，而城里的人乘机擂鼓呐喊，紧紧跟随在后面，甚至连老弱妇孺都手持铜器，敲得震天响，和城外的呐喊声合成惊天动地的响声。燕军非常害怕，大败而逃。齐国人就在乱军之中杀死了燕国的主将骑劫。燕军纷乱，四处逃命，齐军紧紧追击溃逃的燕军，所经过的城镇都背叛燕军，归顺田单。田单的兵力也日益增多，乘着战胜的军威，一路追击。燕军仓皇而逃，战斗力一天天削弱，一直退到了黄河边上，原来齐国的七十多座城池又都被收复。于是田单到莒城迎接齐襄王，襄王也就回到都城临淄来处理政务。

齐襄王封赏了田单，赐爵号为安平君。

太史公说：用兵作战要一面和敌人正面交锋，一面用奇兵突袭制胜。善于用兵的人，总是能够奇兵叠出而变化无穷的。正面的交锋和背侧的奇袭都要发生作用，这两种战术的相互转化，就如同圆环没有起止一般使人捉摸不定。用兵之初要像处女那样沉静、柔弱，诱使敌人敞开门户，毫无戒备；然后在时机到来的时候，就像逃脱的兔子一样快速、敏捷，使敌人来不及提防。这说的就是田单吧！

当初，在淖齿杀死齐湣王的时候，莒城人到处寻找齐湣王的儿子法章，在太史嬓的家里找到了他，他正在替人家种地浇田。太史嬓的女儿怜惜他并对他很好。后来法章把自己的情况告诉了她，她就和法章私通了。等到莒城人共同拥立法章为齐王，凭借莒城抗击燕军的时候，太史嬓的女儿就被立为王后，这就是人们所说的"君王后"。

燕军在开始进攻齐国的时候，听说画邑人王蠋有才有德，就命令军队说："围绕画邑周围三十里之内不许入内。"这是因为王蠋是画邑人的缘故。不久，燕国又派人对王蠋说："齐国有许多人都称颂您的高尚品德，我们想任用您为将军，还封赏给您一万户的食邑。”王蠋坚决推辞，不肯接受。燕国人说：“您若不肯接受的话，我们就要带领大军，屠平画邑！”王蠋说：“尽忠的臣子不能侍奉两个君主，贞烈的女子不能再嫁第二个丈夫。齐王不听从我的劝谏，所以我才隐居在乡间种田。齐国已经破亡，我不能使它复存，现在你们又用武力劫持我当你们的将领，我若是答应了，就是帮助坏人干坏事。与其活着干这种不义之事，还不如受烹刑死了更好！”然后他就把自己的脖子吊在树枝上，奋力挣扎，扭断脖子死去。齐国那些四散奔逃的官员们听说这件事，说：“王蠋只是一个平民百姓，尚且能坚守节操，不向燕人屈服称臣，更何况我们这些享受国家俸禄的在职官员呢！”于是他们就聚集在一起，赶赴莒城，寻求齐湣王的儿子，拥立他为齐襄王。

第四册

高山 主编

二十四史

光明日报出版社

目录

史记

史记卷八十三

鲁仲连邹阳列传第二十三

鲁仲连者，齐人也。好奇伟俶傥之画策，而不肯仕宦任职，好持高节。游于赵。

赵孝成王时，而秦王使白起破赵长平之军前后四十馀万，秦兵遂东围邯郸。赵王恐，诸侯之救兵莫敢击秦军。魏安釐王使将军晋鄙救赵，畏秦，止于荡阴不进。魏王使客将军新垣衍间入邯郸，因平原君谓赵王曰："秦所为急围赵者，前与齐湣王争强为帝，已而复归帝；今齐（湣王）已益弱，方今唯秦雄天下，此非必贪邯郸，其意欲复求为帝。赵诚发使尊秦昭王为帝，秦必喜，罢兵去。"平原君犹豫未有所决。

此时鲁仲连适游赵，会秦围赵，闻魏将欲令赵尊秦为帝，乃见平原君曰："事将奈何？"平原君曰："胜也何敢言事！前亡四十万之众于外，今又内围邯郸而不能去。魏王使客将军新垣衍令赵帝秦，今其人在是。胜也何敢言事！"鲁仲连曰："吾始以君为天下之贤公子也，吾乃今然后知君非天下之贤公子也。梁客新垣衍安在？吾请为君责而归之。"平原君曰："胜请为绍介而见之于先生。"平原君遂见新垣衍曰："东国有鲁仲连先生者，今其人在此，胜请为绍介，交之于将军。"新垣衍曰："吾闻鲁仲连先生，齐国之高士也。衍，人臣也，使事有职，吾不愿见鲁仲连先生。"平原君曰："胜既已泄之矣。"新垣衍许诺。

鲁连见新垣衍而无言。新垣衍曰："吾视居此围城之中者，皆有求于平原君者也；今吾观先生之玉貌，非有求于平原君者也，曷为久居此围城之中而不去？"鲁仲连曰："世以鲍焦为无从颂而死者，皆非也。众人不知，则为一身。彼秦者，弃礼义而上首功之国也，权使其士，虏使其民。彼即肆然而为帝，过而为政于天下，则连有蹈东海而死耳，吾不忍为之民也。所为见将军者，欲以助赵也。"

新垣衍曰："先生助之将奈何？"鲁连曰：吾将使梁及燕助之，齐、楚则固助之矣。"新垣衍曰："燕则吾请以从矣；若乃梁者，则吾乃梁人也，先生恶能使梁助之？鲁连曰："梁未睹秦称帝之害故耳。使梁睹秦

《东周列国志》版画之鲁仲连不肯帝秦图

称帝之害，则必助赵矣。”

新垣衍曰：“秦称帝之害何如？”鲁连曰：“昔者齐威王尝为仁义矣，率天下诸侯而朝周。周贫且微，诸侯莫朝，而齐独朝之。居岁馀，周烈王崩，齐后往，周怒，赴于齐曰：‘天崩地坼，天子下席。东藩之臣因齐后至，则斫。’齐威王勃然怒曰：‘叱嗟，而母婢也！’卒为天下笑。故生则朝周，死则叱之，诚不忍其求也。彼天子固然，其无足怪。”

新垣衍曰：“先生独不见夫仆乎？十人而从一人者，宁力不胜而智不若邪？畏之也。”鲁仲连曰：“呜呼！梁之比于秦若仆邪？”新垣衍曰：“然。”鲁仲连曰：“吾将使秦王烹醢梁王。”新垣衍怏然不悦，曰：“噫嘻，亦太甚矣先生之言也！先生又恶能使秦王烹醢梁王？”鲁仲连曰：“固也，吾将言之。昔者九侯、鄂侯、文王，纣之三公也。九侯有子而好，献之于纣，纣以为恶，醢九侯。鄂侯争之强，辩之疾，故脯鄂侯。文王闻之，喟然而叹，故拘之牖里之库百日，欲令之死。曷为与人俱称王，卒就脯醢之地？齐湣王之鲁，夷维子为执策而从，谓鲁人曰：‘子将何以待吾君？’鲁人曰：‘吾将以十太牢待子之君。’夷维子曰：‘子安取礼而（来）〔待〕吾君？彼吾君者，天子也。天子巡狩，诸侯辟舍，纳筦籥，摄衽抱机，视膳于堂下，天子已食，乃退而听朝也。’鲁人投其籥，不果纳。不得入于鲁，将之薛，假途于邹。当是时，邹君死，湣王欲入吊，夷维子谓邹之孤曰：‘天子吊，主人必将倍殡棺，设北面于南方，然后天子南面吊也。’邹之群臣曰：‘必若此，吾将伏剑而死。’固不敢入于邹。邹、鲁之臣，生则不得事养，死则不得赙襚，然且欲行天子之礼于邹、鲁，邹、鲁之臣不果纳。今秦万乘之国也，梁亦万乘之国也。俱据万乘之国，各有称王之名，睹其一战而胜，欲从而帝之，是使三晋之大臣不如邹、鲁之仆妾也。且秦无已而帝，则且变易诸侯之大臣。彼将夺其所不肖而与其所贤，夺其所憎而与其所爱。彼又将使其子女谗妾为诸侯妃姬，处梁之宫。梁王安得晏然而已乎？而将军又何以得故宠乎！”

于是新垣衍起，再拜谢曰：“始以先生为庸人，吾乃今日知先生为天下之士也。吾请出，不敢复言帝秦。”秦将闻之，为却军五十里。适会魏公子无忌夺晋鄙军以救赵，击秦军，秦军遂引而去。

于是平原君欲封鲁连，鲁连辞让（使）者三，终不肯受。平原君乃置酒，酒酣起前，以千金为鲁连寿。鲁连笑曰：“所贵于天下之士者，为人排患释难解纷乱而无取也。即有取者，是商贾之事也，而连不忍为也。”遂辞平原君而去，终身不复见。

其后二十馀年，燕将攻下聊城，聊城人或谗之燕，燕将惧诛，因保守聊城，不敢归。齐田单攻聊城岁馀，士卒多死而聊城不下。鲁连乃为书，约之矢以射城中，遗燕将。书曰：

吾闻之，智者不倍时而弃利，勇士不怯死而灭名，忠臣不先身而后君。今公行一朝之忿，不顾燕王之无臣，非忠也；杀身亡聊城，而威不信于齐，非勇也；功败名灭，后世无称焉，非智也。三者世主不臣，说士不载，故智者不再计，勇士不怯死。今死生荣辱，贵贱尊卑，此时不再至，愿公详计而无与俗同。

且楚攻齐之南阳，魏攻平陆，而齐无南面之心，以为亡南阳之害小，不如得济北之利大，故定计审处之。今秦人下兵，魏不敢东面；衡秦之势成，楚国之形危；齐弃南阳，断右壤，定济北，计犹且为之也。且夫齐之必决于聊城，公勿再计。今楚、魏交退于齐，而燕救不至。以全齐之兵，无天下之规，与聊城共据期年之敝，则臣见公之不能得也。且燕国大乱，君臣失计，上下迷惑。栗腹以十万之众五折于外。以万乘之国被围于赵，壤削主困，为天下僇笑。国敝而祸多，民无所归心。今公又以敝聊之民距全齐之兵，是墨翟之守也。食人炊骨，士无反外之心，是孙膑之兵也。能见于天下。虽然，为公计者，不如全车甲以报于燕。车甲全而归燕，燕王必喜；身全而归于国，士民如见父母，交游攘臂而议于世，功业可明。上辅孤主以制群臣，下养百姓以资说士，矫国更俗，功名可立也。亡意亦捐燕弃世，东游于齐乎？裂地定封，富比乎陶、卫，世世称孤，与齐久存，又一计也。此两计者，显名厚实也，愿公详计而审处一焉。

且吾闻之，规小节者不能成荣名，恶小耻者不能立大功。昔者管夷吾射桓公中其钩，篡也；遗公子纠不能死，怯也；束缚桎梏，辱也。若此三行者，世主不臣而乡里不通。乡使管子幽囚而不出，身死而不反于齐，则亦名不免为辱人贱行矣。臧获且羞与之同名矣，况世俗乎！故管子不耻身在缧绁之中而耻天下之不治，不耻不死公子纠而耻威之不信于诸侯，故兼三行之过而为五霸首，名高天下而光烛邻国。曹子为鲁将，三战三北，而亡地五百里。乡使曹子计不反顾，议不还踵，刎颈而死，则亦名不免为败军禽将矣。曹子弃三北之耻，而退与鲁君计。桓公朝天下，会诸侯，曹子以一剑之任，枝桓公之心于坛坫之上，颜色不变，辞气不悖，三战之所亡一朝而复之，天下震动，诸侯惊骇，威加吴、越。若此二士者，非不能成小廉而行小节也，以为杀身亡躯，绝世灭后，功名不立，非智也。故去感忿之怨，立终身之名；弃忿悁之节，定累世之功，是以业与三王争流，而名与天壤相弊也。愿公择一而行之。

燕将见鲁连书，泣三日，犹豫不能自决。欲归燕，已有隙，恐诛；欲降齐，所杀虏于齐甚众，恐已降而后见辱。喟然叹曰："与人刃我，宁自刃。"乃自杀。聊城乱，田单遂屠聊城。归而言鲁连，欲爵之。鲁连逃隐于海上，曰："吾与富贵而诎于人，宁贫贱而轻世肆志焉。"

邹阳者，齐人也。游于梁，与故吴人庄忌夫子、淮阴枚生之徒交。上书而介于羊胜、公孙诡之间。胜等嫉邹阳，恶之梁孝王。孝王怒，下之吏，将欲杀之。邹阳客游，以谗见禽，恐死而负累，乃从狱中上书曰：

臣闻"忠无不报，信不见疑"。臣常以为然，徒虚语耳。昔者荆轲慕燕丹之义，白虹贯日，太子畏之；卫先生为秦画长平之事，太白蚀昴，而昭王疑之。夫精变天地而信不喻两主，岂不哀哉！今臣尽忠竭诚，毕议愿知，左右不明，卒从吏讯，为世所疑。是使荆轲、卫先生复起，而燕、秦不悟也。愿大王孰察之。

昔卞和献宝，楚王刖之；李斯竭忠，胡亥极刑。是以箕子佯狂，接舆辟世，恐遭此患也。愿大王孰察卞和、李斯之意，而后楚王、胡亥之听，无使臣为箕子、接舆所笑。臣闻比干剖心，子胥鸱夷，臣始不信，乃今知之。愿大王孰察，少加怜焉。

谚曰："有白头如新，倾盖如故。"何则？知与不知也。故昔樊於期逃秦之燕，藉荆轲首以奉丹之事；王奢去齐之魏，临城自刭以却齐而存魏。夫王奢、樊於期非新于齐、秦而故于燕、魏也，所以去二国死两君者，行合于志而慕义无穷也。是以苏秦不信于天下，而为燕尾生；白圭战亡六城，为魏取中山。何则？诚有以相知也。苏秦相燕，燕人恶之于王，王按剑而怒，食以駃騠；白圭显于中山，中山人恶之魏文侯，文侯投之以夜光之璧。何则？两主二臣，剖心坼肝相信，岂移于浮辞哉！

故女无美恶，入宫见妒；士无贤不肖，入朝见嫉。昔者司马喜髌脚于宋，卒相中山；范雎摺胁折齿于魏，卒为应侯。此二人者，皆信必然之画，捐朋党之私，挟孤独之位，故不能自免于嫉妒之人也。是以申徒狄自沉于河，徐衍负石入海。不容于世，义不苟取比周于朝以移主上之心。故百里奚乞食于路，穆公委之以政，宁戚饭牛车下，而桓公任之以国。此二人者；岂借宦于朝，假誉于左右，然后二主用之哉！感于心，合于行，亲于胶漆，昆弟不能离，岂惑于众口哉？故偏听生奸，独任成乱。昔者鲁听季孙之说而逐孔子，宋信子罕之计而囚墨翟。夫以孔、墨之辩，不能自免于谗谀，而二国以危。何则？众口铄金，积毁销骨也。是以秦用戎人由余而霸中国，齐用越人蒙而强威、宣。此二国，岂拘于俗，牵于世，系阿偏之辞哉？公听并观，垂名当世。故意合则胡越为昆弟，由余、越人蒙是矣；不合则骨肉出逐不收，朱、象、管、蔡是矣。今人主诚能用齐、秦之义，后宋、鲁之听，则五伯不足称，三王易为也。

是以圣王觉寤，捐子之之心，而能不说于田常之贤；封比干之后，修孕妇之墓，故功业复就于天下。何则？欲善无厌也。夫晋文公亲其仇，强霸诸侯；齐桓公用其仇，而一匡天下。何则？慈仁殷勤，诚加于心，不可以虚辞借也。

至夫秦用商鞅之法，东弱韩、魏，兵强天下，而卒车裂之；越用大夫种之谋，禽劲吴，霸中国，而卒诛其身，是以孙叔敖三去相而不悔，於陵子仲辞三公为人灌园。今人主诚能去骄傲之心，怀可报之意，披心腹，见情素，堕肝胆，施德厚，终与之穷达，无爱于士，则桀之狗可使吠尧，而跖之客可使刺由；况因万乘之权，假圣王之资乎？然则荆轲之湛七族，要离之烧妻子，岂足道哉！

臣闻明月之珠，夜光之璧，以暗投人于道路，人无不按剑相眄者。何则？无因而至前也。蟠木根柢，轮囷离诡，而为万乘器者。何则？以左右先为之容也。故无因至前，虽出随侯之珠，夜光之璧，犹结怨而不见德。故有人先谈，则以枯木朽株树功而不忘。今夫天下布衣穷居之士，身在贫贱，虽包尧、舜之术，挟伊、管之辩，怀龙逄、比干之意，欲尽忠当世之君，而素无根柢之容，虽竭精思，欲开忠信，辅人主之治，则人主必有按剑相眄之迹，是使布衣不得为枯木朽株之资也。

是以圣王制世御俗，独化于陶钧之上，而不牵于卑乱之语，不夺于众多之口。故秦皇帝任中庶子蒙嘉之言，以信荆轲之说，而匕首窃发；周文王猎泾、渭，载吕尚而归，以王天下。故秦信左右而杀，周用乌集而王。何则？以其能越挛拘之语，驰域外之议，独观于昭旷之道也。

今人主沉于谄谀之辞，牵于帷裳之制，使不羁之士与牛骥同皂，此鲍焦所以忿于世而不留富贵之乐也。

臣闻盛饰入朝者不以利污义，砥厉名号者不以欲伤行，故县名胜母而曾子不入，邑号朝歌而墨子回车。今欲使天下寥廓之士，摄于威重之权，主于位势之贵，故回面污行以事谄谀之人而求亲近于左右，则士伏死堀穴岩岩之中耳，安肯有尽忠信而趋阙下者哉！

书奏梁孝王，孝王使人出之，卒为上客。

太史公曰：鲁连其指意虽不合大义，然余多其在布衣之位，荡然肆志，不诎于诸侯，谈说于当世，折卿相之权。邹阳辞虽不逊，然其比物连类，有足悲者，亦可谓抗直不桡矣，吾是以附之列传焉。

【译文】

鲁仲连是齐国人。他擅长发表奇特宏伟、卓异不凡的谋略，却不肯做官任职，愿意保持高风亮节。他曾客游赵国。

赵孝成王时，秦王派白起在长平前后击溃赵国四十余万军队，于是，秦国的军队向东挺进，围困了邯郸。赵王非常害怕，各国的救兵也没有谁敢攻打秦军。魏安釐王派将军晋鄙营救赵国，因为畏惧秦军，驻扎在汤阴，不敢前进。魏王派客籍将军新垣衍，从隐蔽的小路进入邯郸，通过平原君的关系见赵王说："秦军所以急于围攻赵国，是因为以前和齐湣王争强称帝，不久又取消了帝号；如今齐国已然更加削弱，当今只有秦国称雄天下，这次围城并不是贪图邯郸，他的意图是要重新称帝。赵国果真能派遣使臣尊奉秦昭王为帝，秦王一定很高兴，就会撤兵离去。"平原君犹豫不决。

这时，鲁仲连客游赵国，正赶上秦军围攻邯郸，听说魏国想要让赵国尊奉秦昭王称帝，就去晋见平原君说："这件事怎么办？"平原君说："我哪里还敢谈论这样的大事！前不久，在国外损失了四十万大军，而今，秦军围困邯郸，又不能使之退兵。魏王派客籍将军新垣衍来劝说赵国尊奉秦昭王称帝，眼下，那个人还在这儿。我哪里还敢谈论这样的大事！"鲁仲连说："以前我认为您是天下贤明的公子，今天我才知道您并不是天下贤明的公子。魏国的客人新垣衍在哪儿？我替您去责问他并且让他回去。"平原君说："我愿为您介绍，让他与先生相见。"于是平原君见新垣衍说："齐国有位鲁仲连先生，如今他就在这儿，我愿意替您介绍，和将军认识认识。"新垣衍说："我听说鲁仲连先生，是齐国德行高尚的人。我是魏王的臣子，奉命出使，身负职责，我不愿见鲁仲连先生。"平原君说："我已经把您在这儿的消息透露给他了。"新垣衍只好应允了。

鲁仲连见到新垣衍却一言不发。新垣衍说："我看留在这座围城中的，都是有求于平原君的人；如今，我看先生的尊容，不像是有求于平原君的人，为什么还长久地留在这围城之中而不离去呢？"鲁仲连说："世人认为鲍焦是因为没有博大的胸怀才死去，这种看法错了。一般人不了解他耻居浊世的心思，认为他是为个人打算。秦国是个摒弃礼仪而只崇尚战功的国家，用权诈之术对待士卒，像对待奴隶一样役使百姓。如果让它无所忌惮地恣意称帝，进而统治天下，那么，我就是跳进东海去死，也不愿意做它的顺民，我所以来见将军，是打算帮助赵国啊。"

新垣衍说："先生打算怎么帮助赵国呢？"鲁仲连说："我要请魏国和燕国帮助它，齐、楚两国本来就帮助赵国了。"新垣衍说："燕国嘛，我相信会听从您的；至于魏国，我就是魏国人，先生怎么能让魏国帮助赵国呢？"鲁仲连说："魏国是因为没看清秦国称帝的祸患，才没帮助赵国。魏国看清秦国称帝的祸患后，就一定会帮助赵国。"

新垣衍说："秦国称帝后会有什么祸患呢？"鲁仲连说："从前，齐威王曾经奉行仁义，率领天下诸侯朝拜周天子。当时，周天子贫困又弱小，诸侯们没有谁愿意去朝拜，唯有齐国去朝拜。过了一年多，周烈王逝世，齐王奔丧去迟了，新继位的周显王很生气，派人到齐国说：'天子逝世，如同天崩地裂般的大事，新继位的天子也得离开宫殿居丧守孝，睡在草席上，东方属国之臣田婴齐居然敢迟到，当斩。'齐威王听了，勃然大怒，骂道：'呀呸！您母亲原先还是个婢女呢！'最终被天下传为笑柄。齐威王所以在周天子活着的时候去朝见，死了就破口大骂，实在是忍受不了新天子的苛求啊。那些做天子的本来就是这个样子，也没什么值得奇怪的。"

新垣衍说："先生难道没见过奴仆吗？十个奴仆侍奉一个主人，难道是力气赶不上他、才智比不上他吗？是因为害怕他啊。"鲁仲连说："唉！魏王和秦王相比魏王像仆人吗？"新垣衍说："是。"鲁仲连说："那么，我就让秦王把魏王剁成肉酱用来烹煮？"新垣衍很不高兴不服气地说："哼哼，先生的话，也太过分了！先生又怎么能让秦王烹煮了魏王剁成肉酱呢？"鲁仲连说："当然能啊，我说给您听。从前，九侯、鄂侯、文王是殷纣的三个诸侯。九侯有个女儿长得姣美，把她献给殷纣，殷纣认为她长得丑陋，把九侯剁成肉酱。鄂侯刚直诤谏，激烈辩白，又把鄂侯杀死做成肉干。文王听到这件事，只是长长地叹息，殷纣又把他囚禁在羑里监牢内一百天，想要他死。为什么和人家同样称王，最终却落到被剁成肉酱、做成肉干的地步呢？齐湣王前往鲁国，夷维子替他赶着车子做随员。他对鲁国官员们说：‘你们准备怎样接待我们的国君？’鲁国官员们说：‘我们打算用十副太牢的礼仪接待您的国君。’夷维子说：‘你们这是按照哪里的礼仪接待我们国君，我的国君是天子啊。天子到各国巡察，诸侯理应迁出正宫，移居别处，交出钥匙，撩起衣襟，安排几桌，站在堂下伺候天子用膳。天子吃完后，他们才可以退回朝堂听政理事。’鲁国官员听了，就关闭城门，不让齐湣王入境。齐湣王不能进入鲁国，打算借道邹国前往薛地。正当这时，邹国国君逝世，齐湣王想入境吊丧，夷维子对邹国的嗣君说：‘天子吊丧，丧主一定要把灵柩转换方向，在南面安放朝北的灵位，然后天子面向南吊丧。’邹国大臣们说：‘如果要这样，我们宁愿用剑自杀。’所以齐王不敢进入邹国。邹、鲁两国的臣子，生前得不到齐王的赏赐，死后又不能周备地提供丧仪，然而想要在邹、鲁让两地的臣子们行朝见天子之礼，邹、鲁的臣子们最后拒绝齐湣王入境。如今，秦国是拥有万辆战车的国家，魏国也是拥有万辆战车的国家。都是万乘大国，又各有称王的名分，只看它打了一次胜仗，就要顺从地拥护它称帝，这就使得三晋的大臣比不上邹、鲁的奴仆、婢妾了。如果秦国贪心不足，终于称帝，那么，就会更换诸侯的大臣。他将要罢免他认为不行的，换上他认为贤能的人，罢免他憎恶的，换上他所喜爱的人。还要让他的儿女和搬弄是非的姬妾，嫁给诸侯做妃姬，住在魏国的宫廷里，魏王怎么能够安定地生活呢？而将军您又怎么能够像从前一样得到宠信呢？”

于是，新垣衍站起来，向鲁仲连连拜两次谢罪说：“当初认为先生是个普通的人，我今天才知道先生是天下杰出的高士。我将离开赵国，再不敢谈秦王称帝的事了。”秦军主将听到这个消息，为此把军队后撤了五十里。恰好魏公子无忌夺得了晋鄙的军权率领军队来救援赵国，攻击秦军，秦军也就撤离邯郸回去了。

于是平原君要封赏鲁仲连，鲁仲连再三推辞，最终也不肯接受。平原君就设宴招待他，喝到酒酣耳热时，平原君起身向前，献上千金酬谢鲁仲连。鲁仲连笑着说：“杰出之士所以被天下人崇尚，是因为他们能替人排除祸患，消除灾难，解决纠纷而不求报酬。如果收取酬劳，那就成了生意人的行为，我鲁仲连是不会那样做的。”于是辞别平原君便走了，终身不再相见。

此后二十多年，燕将攻克聊城。聊城有人在燕王面前说燕将的坏话，燕将害怕被诛杀，就据守聊城不敢回去。齐国田单攻打聊城一年多，死了很多士兵，却攻不下聊城。鲁仲连就写了一封信，系在箭上射进城去给燕将。信上写道：

"我听说，明智的人不会违背时机而放弃有利的行动，勇士不会回避死亡而埋没名声，忠臣不会先顾及自己后顾及国君。如今您为发泄一时的气忿，不顾及燕王无法驾驭臣子，是不忠；战死身亡，丢掉聊城，威名不能在齐国伸张，是不勇；功业失败，名声破灭，后世无所称述，是不智。有这三条，当世的君主不以之为臣，游说之士不会为之记载，所以聪明的人不能犹豫不决，勇士是不怕死的。如今是生死荣辱、贵贱尊卑的关键，这时如果不能决断，时机不会再来，希望您详加计议而不要和俗人一般见识。

"况且，楚国进攻齐国的南阳，魏国进攻齐国的平陆，而齐国并没有向南反击的意图，认为丢掉南阳的损失小，比不上夺得济北的利益大，所以作出这样的决策来执行。如今秦国派出军队，魏国不敢向东进军；秦国连横的局面就形成了，楚国的形势就危机了；齐国放弃南阳，舍弃右边的国土而不救，平定济北，是权衡得失所做的决定。况且齐国决心夺回聊城，您不要再犹豫了，现在楚、魏两国军队都先后从齐国撤回而燕国救兵又没到。齐国全部的兵力，对天下别无谋求，全力攻打聊城，如果还要据守已被围困了一年多的聊城，我看您是办不到的。而且燕国发生动乱，君臣束手无策，上下迷惑，栗腹带领十万大军在国外连续打了五次败仗，拥有万辆兵车的大国却被赵国包围，土地削减，国君被困，被天下人所耻笑。国家衰败，祸患四起，民心浮动。如今，您又用聊城疲惫的军民抵抗整个齐国军队的进攻，这如同墨翟一样地善于据守了。缺乏粮食吃人肉充饥，没有柴烧，烧人的骨头，士兵却没有叛离之心，这如同孙膑一样擅长带兵啊。您的本领已在天下显现。虽然如此，可是替您考虑，不如保全兵力用来答谢燕国。兵力完好回归燕国，燕王一定高兴；身体完好地回归本国，百姓好像重见父母，朋友们到一起都会振奋地称赞、推崇，功业得以彰显。对上，辅佐国君统率群臣；对下，既养百姓又帮助游说之士，矫正国事，改变风俗，事业名声都得以建立。如果没有回归燕国的心志，就放弃燕国，摒弃世俗的议论，向东到齐国来，齐国会割土地予以分封，使您富贵得可以和魏冉、商鞅相比，世世代代称孤道寡，和齐国长久并存，这也是一种办法。这两种方法，是显扬名声、得到实惠的好主意，希望您仔细地考虑，审慎地选择其中一条。

“我听说，谋求小节的人不会成就荣耀的名声，以小耻为耻的人不能建立大的功业。从前管仲射中桓公的衣带钩，是犯上；放弃公子纠而不能随他去死，是怯懦；身戴刑具被囚禁，是耻辱。具有这三种情形的人，国君不用他做臣子而乡亲们不会跟他来往。当初假使管子长期囚禁死在牢狱而不能返回齐国，那么也不免落个行为耻辱、卑贱的名声。连奴婢和他同名都感到羞耻，何况社会上的舆论呢！所以管仲不因为身在牢狱感到耻辱，却以天下不能太平感到耻辱，不以未能随公子纠去死感到耻辱，却以不能在诸侯中显扬威名感到耻辱，因此他虽然兼有犯上、怕死、受辱三重过失，却辅佐齐桓公成为五霸之首，他的名声比天下任何人都高，而他的光辉照耀着邻国。曹沫作为鲁国的将领，多次打仗多次失败，丢掉了五百里的土地。当初假使曹沫不反复仔细地考虑，仓促计议就刎颈自杀，那么，也不免落个被擒败将的丑名了。曹沫不顾多次战败的耻辱，却回来和鲁君计议。趁着桓公大会天下诸侯的机会，曹沫凭借一把短剑，在坛台上逼近桓公的心窝，脸色不变，谈吐从容，多次战败丢掉的土地，一会儿工夫便又收回来，使天下震动、诸侯惊骇，使鲁国的威名在吴、越之上。像这二位志士，不是不顾全小的名节和廉耻，而是认为一死了之，身亡名灭，功业不能建立，不是聪明的做法。所以摒弃一时的愤怒，树立终身的威名；放弃一时的愤怒，奠定世世代代的功业。所以这些业绩和三王的功业争相流传而名声和天地共存。希望您选择其中一个方案行动吧！”

燕将看了鲁仲连的信，哭了好几天，犹豫不能决断。想要回归燕国，已经产生了嫌隙，怕被诛杀；想要投降齐国，杀死和俘虏的齐人太多了，恐怕降服后被污辱，于是长长地叹息说：“与其让别人杀死我，不如自杀。”就自杀了。聊城大乱，于是田单进军血洗聊城，归来后向齐王报告鲁仲连的事，齐王想要封他爵位。鲁仲连听后跑到海边隐居起来，他说：“我与其富贵而屈身侍奉于人，还不如贫贱而轻视世俗放任自己的心志啊。”

邹阳，是齐国人。客游梁国，和吴国人庄忌、淮阴人枚乘等人有所往来，上书自达，与羊胜、公孙诡同为梁孝王门客。羊胜等人妒嫉邹阳，在梁孝王面前说他的坏话。孝王很生气，把邹阳交给下属官吏办罪，想要杀死他。邹阳在梁国客游，因为遭到诽谤被抓起来，担心死后承担莫须有的罪名，就从牢狱里写信给梁孝王，信中写道：

我听说忠诚的人无不得到回报，诚信的人不被怀疑，过去我总认为是对的，今天看来不过是一句空话罢了。从前荆轲仰慕燕太子丹的高义前去行刺秦王，尽管天空出现白虹贯日的征兆，可是燕太子丹仍然担心荆轲，害怕不能成行；卫先生替秦王谋划长平之事，也出现了金星遮掩昴星的预兆，而秦昭王仍然疑虑重重。他们的精诚所至感天动地，显示出征兆，却不被燕丹、昭王两主所理解，这难道不是可悲的吗！如今我竭尽忠诚，尽其计谋，希望大王采纳。您周围的人不了解情况，终于把我交给官吏审讯，被世人误解，即使让荆轲、卫先生复活，而燕丹、秦昭王也不会醒悟。希望大王仔细地审察这种情况。

从前卞和进献宝玉，楚王砍掉他的脚；李斯对秦竭尽忠诚，胡亥却把他处以极刑。因此箕子装疯，接舆避世，他们都怕遇到这种灾祸啊。希望大王仔细地审察卞和、李斯的诚意，不要犯楚王、胡亥偏听偏信的错误，不要让我被箕子、接舆耻笑。我听说比干被剖心，伍子胥的尸体被装进皮袋子沉入江里，当初我并不相信，现在我才了解了真情。希望大王仔细地审察，略微给我一点怜悯吧！

俗话说："有的人相处到老，如同新识；有的人偶然相遇，却一见如故。"这是为什么呢？相知还是不相知，不在于相处时间的长短啊。所以，从前樊於期从秦国逃往燕国，把首级给荆轲用来奉行燕丹的使命；王奢离开齐国前往魏国，在城上自刎用来退去齐军保全魏国。王奢、樊於期并不是因为齐、秦是新交，燕、魏是老相识，他们离开齐国和秦国，为燕、魏二君去死，是由于行为和志向相合而对正义无限仰慕的原因啊。所以苏秦不被天下人信任却对燕国像尾生一样地信实；白圭战败丢掉六国城池，却为魏国夺取了中山。这是为什么呢？实在是遇到相知的原因啊。苏秦出任燕国的宰相，燕国有人在国君面前诽谤他，燕王手按宝剑发怒，还杀了一匹骏马给他吃；白圭在中山名声显扬，中山有人到魏文侯面前毁谤他，文侯却拿出夜光璧赠给他。这是为什么呢？两主二臣之间，剖心披胆，深信不疑，怎么能因为流言蜚语就变心了呢！

所以女子不论丑美，进入宫廷就被妒嫉；士子不论贤还是不肖，入朝做官就被嫉妒。从前司马喜在宋国遭到割去膝盖骨的刑罚，最终出任了中山国的宰相，范雎在魏国被折断肋骨，打掉牙齿，终于被秦国封为应侯。这两个人，都信守一定的规距，不去做结党营私的勾当，处于孤独的地位，所以不能免于嫉妒小人的迫害。申徒狄所以投河自尽，徐衍抱着石头投海，是因为他们不被当世所容，信守正义不苟且迎合，不在朝廷里结党营私，来动摇国君的心志。所以百里奚在路上行乞，秦缪公把国政托付给他；宁戚在车下喂牛，齐桓公把国事交给他治理。这两个人，难道是在朝中借助官宦的保举、左右亲信的吹捧，才博得缪公、桓公的重用的吗？感召在心，相合在行，亲密如同胶漆，像亲兄弟一样不能分开，难道还能被众多的谗言迷惑吗？所以，只听一面之词就要产生邪恶，只任用个别人就要酿成祸乱。从前鲁君只听信季孙的话，赶走了孔子；宋君只相信子罕的计策，囚禁了墨翟。像孔子、墨子的才辩，都不能使自己免于谗言的伤害，因而鲁、宋两国出现了危机。这是为什么呢？众口一词，就是金石也会熔化，毁谤聚集多了，就是亲骨肉的关系也会销毁。所以秦缪公任用了戎人由余，而称霸中原，齐国任用了越人蒙，而使威王、宣王两代强盛。秦、齐两国，难道会拘泥于流俗，牵累于世风，束缚于阿谀偏执的谗言吗？他们能公正地听取意见，全面地观察事情，在当世一直保持好的名声。所以心意相合，就是胡人越人，也可以亲如兄弟，由余和越人蒙就是这样的；心意不能相合，就是至亲骨肉也赶走不留，朱、象、管、蔡就是这样的。如今，国君如果能用齐、秦合宜的做法，摒弃宋、鲁偏听偏信的错误，那么，五霸的功业就不值得称颂，三王的功业也是很容易实现的。

因此，英明的国君得到醒悟，摒弃子之虚伪的心肠，喜欢田常的贤能；封赏比干的后代，整修被剖腹孕妇的坟墓，所以功业回归于天下。这是为什么呢？要从善如流是没有满足的。晋文公亲近他的仇人，就能够在诸侯中称霸；齐桓公任用他原来的仇人，却能使天下纳入正轨。这是为什么呢？心地仁慈，对人诚恳，用真诚感化人心，不是用虚浮的言词能代替的。

到秦国的时候，秦王任用商鞅推行变法，向东削弱了韩、魏，秦国的军队在天下称强，而最终把他车裂而死；越国采纳大夫文种的计谋，攻灭了强大的吴国，称霸中原，而最后遭到杀身之祸。因此，孙叔敖三次离开相位而不懊悔；于陵子仲推辞了三公的职位去替别人浇水灌园。如今国君果真能去掉倨傲的情绪，心里存有报答的想法，敞开心腹，以见真情，披肝沥胆，施以厚德，始终和别人共甘苦、爱戴士子，那么，就是桀养的狗也可以让它咬尧，而蹠的门客可以让他行刺许由；何况您倚仗大国的权势，凭借圣王的才能呢？既然如此，那么荆轲甘愿冒着被灭七族的大祸，要离烧死妻子儿女，难道还有什么值得称道的吗！

我听说把月明珠或夜光璧，在黑夜的路上抛向行人，人们没有不惊异地按剑斜着眼睛警惕地看他的。这是为什么呢？是因为宝物无端地被抛到面前。盘曲的树根，屈曲奇特，却可以成为国君鉴赏的器物。这是为什么呢？是因为周围的人事先把它雕刻、装饰了。所以宝物无端地抛到眼前，即使抛出的是随侯明珠、夜光之璧，还是要结怨而不讨好的，所以事先有人予以推荐，就是枯木朽株也会有所建树而不被忘掉。如今那些平民百姓和穷居陋巷的士人，处在贫贱的环境下，即使有尧、舜的治国之道，持有伊尹、管仲那样的辩才，怀有龙逢、比干那样的心志，打算尽忠于当世的国君，而素来没有被推荐的人，即使是用尽心思，献出自己的忠义，辅佐国君治国安邦，那么，国君一定会像对待投掷宝物的人那样按剑斜视你了，这是使得平民百姓不能起到枯木朽株那样的作用啊。

所以圣明的君主治理国家，如同陶人运钧一样自有治国之道，教化天下，而不被鄙乱的议论所左右，不被众多口舌贻误大事。所以秦始皇听信中庶子蒙嘉的话，才相信了荆轲的谎话，荆轲才能乘人不备偷偷地取出行刺的匕首；周文王在泾、渭地区狩猎，用车载回吕尚，才能够在天下称王。那么秦王偏听了近臣的话，险些被杀；周文王却事出偶合而称王天下。这是为什么呢？因为他能不拘泥于言辞，纵横于园囿以外的议论，卓然独立地看到宽宏豁达的光明大道。

如今，国君沉湎于阿谀谗媚的言词之中，牵制于姬妾近侍的包围之下，以致使卓异超群的士人，与愚人、贤者混同在一起。这就是鲍焦为什么对世道忿懑不平、对富贵毫不留恋的原因啊。

我听说穿着庄重严整的服饰上朝的人，不会贪图利禄而玷污道义；追求名誉的人，不会放纵私欲败坏自己的品行，因此，县名叫作“胜母”而曾子就不进去；城邑的名字叫“朝歌”而墨子就回车离去。如今，让抱负远大的人，被威重的权势所震慑，被高位大势所压抑，有意用邪恶的面目、肮脏的品行来侍奉阿谀献媚的小人而求得亲近于大王左右，那么有志之士就会老死在岩穴之中了，怎么肯竭尽忠诚信义追随大王呢！

这封信进献给梁孝王，孝王派人从牢狱中把邹阳放出来，邹阳终于成为梁孝王的贵宾。

太史公说：鲁仲连的议论主要旨意虽然不合大义，可是我赞许他能以平民百姓的身份，纵横快意地放浪形骸，不屈服于诸侯，评论当世豪杰，使大权在握的公卿宰相们折服。邹阳的言词即使不够谦逊，可是他列举相类的事物进行比较，确实有感人之处，也可以说是坦率耿直、不屈不挠了，所以我把他附在这篇列传里。

史记卷八十四

屈原贾生列传第二十四

屈原者，名平，楚之同姓也。为楚怀王左徒。博闻强志，明于治乱，娴于辞令。入则与王图议国事，以出号令；出则接遇宾客，应对诸侯。王甚任之。

上官大夫与之同列，争宠而心害其能。怀王使屈原造为宪令，屈平属草稿（二）未定。上官大夫见而欲夺之，屈平不与。因谗之曰："王使屈平为令，众莫不知，每一令出，平伐其功，（曰）以为'非我莫能为也'。"王怒而疏屈平。

屈平疾王听之不聪也，谗谄之蔽明也，邪曲之害公也，方正之不容也，故忧愁幽思而作《离骚》。离骚者，犹离忧也。夫天者，人之始也；父母者，人之本也。人穷则反本，故劳苦倦极，未尝不呼天也；疾痛惨怛，未尝不呼父母也。屈平正道直行，竭忠尽智以事其君，谗人间之，可谓穷矣。信而见疑，忠而被谤，能无怨乎？屈平之作《离骚》，盖自怨生也。《国风》好色而不淫，《小雅》怨诽而不乱，若《离骚》者，可谓兼之矣。上称帝喾，下道齐桓，中述汤武，以刺世事。明道德之广崇，治乱之条贯，靡不毕见。其文约，其辞微，其志洁，其行廉，其称文小而其指极大，举类迩而见义远。其志洁，故其称物芳。其行廉，故死而不容自疏。濯淖污泥之中，蝉蜕于浊秽，以浮游尘埃之外，不获世之滋垢，嚼然泥而不滓者也。推此志也，虽与日月争光可也。

屈平既绌，其后秦欲伐齐，齐与楚从亲，惠王患之，乃令张仪详去秦，厚币委质事楚，曰："秦甚憎齐，齐与楚从亲，楚诚能绝齐，秦愿献商、於之地六百里。"楚怀王贪而信张仪，遂绝齐，使使如秦受地。张仪诈之曰："仪与王约六里，不闻六百里。"楚使怒去，归告怀王。怀王怒，大兴师伐秦。秦发兵击之，大破楚师于丹、淅，斩首八万，虏楚将屈匄，遂取楚之汉中地。怀王乃悉发国中兵以深入击秦，战于蓝田。魏闻之，袭楚至邓。楚兵惧，自秦归。而齐竟怒不救楚，楚大困。

明年，秦割汉中地与楚以和。楚王曰："不愿得地，愿得张仪而甘心焉。”张仪闻，乃曰：“以一仪而当汉中地，臣请往如楚。”如楚，又因厚币用事者臣靳尚，而设诡辩于怀王之宠姬郑袖。怀王竟听郑袖，复释去张仪。是时屈平既疏，不复在位，使于齐，顾反，谏怀王曰：“何不杀张仪？”怀王悔，追张仪，不及。

其后诸侯共击楚，大破之，杀其将唐眛。

时秦昭王与楚婚，欲与怀王会。怀王欲行，屈平曰：“秦，虎狼之国，不可信，不如无行。”怀王稚子子兰劝王行：“奈何绝秦欢！”怀王卒行。入武关，秦伏兵绝其后，因留怀王，以求割地。怀王怒，不听。亡走赵，赵不内。复之秦，竟死于秦而归葬。

长子顷襄王立，以其弟子兰为令尹。楚人即咎子兰以劝怀王入秦而不反也。

屈平既嫉之，虽放流，睠顾楚国，系心怀王，不忘欲反，冀幸君之一悟，俗之一改也。其存君兴国而欲反覆之，一篇之中三致志焉。然终无可奈何，故不可以反，卒以此见怀王之终不悟也。人君无愚智贤不肖，莫不欲求忠以自为，举贤以自佐，然亡国破家相随属，而圣君治国累世而不见者，其所谓忠者不忠，而所谓贤者不贤也。怀王以不知忠臣之分，故内惑于郑袖，外欺于张仪，疏屈平而信上官大夫、令尹子兰。兵挫地削，亡其六郡，身客死于秦，为天下笑。此不知人之祸也。《易》曰：“井泄不食，为我心恻，可以汲。王明，并受其福。”王之不明，岂足福哉！

令尹子兰闻之大怒，卒使上官大夫短屈原于顷襄王，顷襄王怒而迁之。

屈原至于江滨，被发行吟泽畔。颜色憔悴，形容枯槁。渔父见而问之曰：“子非三闾大夫欤？何故而至此？”屈原曰：“举世混浊而我独清，众人皆醉而我独醒，是以见放。”渔父曰：“夫圣人者，不凝滞于物而能与世推移。举世混浊，何不随其流而扬其波？众人皆醉，何不餔其糟而啜其醨？何故怀瑾握瑜而自令见放为？”屈原曰：“吾闻之，新沐者必弹冠，新浴者必振衣，人又谁能以身之察察，受物之汶汶者乎！宁赴常流而葬乎江鱼腹中耳，又安能以皓皓之白而蒙世俗之温蠖乎！”

乃作《怀沙》之赋。其辞曰：

陶陶孟夏兮，草木莽莽。伤怀永哀兮，汩徂南土。眴兮窈窈，孔静幽墨。冤结纡轸兮，离愍之长鞠；抚情效志兮，俛诎以自抑。

刓方以为圜兮，常度未替；易初本由兮，君子所鄙。章画职墨兮，前度未改；内直质重兮，大人所盛。巧匠不斫兮，孰察其揆正？玄文幽处兮，矇谓之不章；离娄微睇兮，瞽以为无明。变白而为黑兮，倒上以为下。凤皇在笯兮，鸡雉翔舞。同糅玉石兮，一概而相量。夫党人之鄙妒兮，羌不知吾所臧。

任重载盛兮，陷滞而不济；怀瑾握瑜兮，穷不得余所示。邑犬群吠兮，吠所怪也；诽骏疑桀兮，固庸态也。文质疏内兮，众不知吾之异采；材朴委积兮，莫知余之所有。重仁袭义兮，谨厚以为丰；重华不可牾兮，孰知余之从容！古固有不并兮，岂知其故也？汤禹久远兮，邈不可慕也。惩违改忿兮，抑心而自强；离湣而不迁兮，愿志之有象。进路北次兮，日昧昧其将暮；含忧虞哀兮，限之以大故。

乱曰：浩浩沅、湘兮，分流汩兮。修路幽拂兮，道远忽兮。曾唫恒悲兮，永叹慨兮。世既莫吾知兮，人心不可谓兮。怀情抱质兮，独无匹兮。伯乐既殁兮，骥将焉程兮？人生禀命兮，各有所错兮。定心广志，余何畏惧兮？曾伤爰哀，永叹喟兮。世溷不吾知，心不可谓兮。知死不可让兮，愿勿爱兮。明以告君子兮，吾将以为类兮。

于是怀石遂自（投）〔沉〕汨罗以死。

屈原既死之后，楚有宋玉、唐勒、景差之徒者，皆好辞而以赋见称。然皆祖屈原之从容辞令，终莫敢直谏。其后楚日以削，数十年竟为秦所灭。

自屈原沉汨罗后百有馀年，汉有贾生，为长沙王太傅，过湘水，投书以吊屈原。

贾生名谊，洛阳人也。年十八，以能诵诗属书闻于郡中。吴廷尉为河南守，闻其秀才，召置门下，甚幸爱。孝文皇帝初立，闻河南守吴公治平为天下第一，故与李斯同邑而常学事焉，乃征为廷尉。廷尉乃言贾生年少，颇通诸子百家之书。文帝召以为博士。

是时贾生年二十馀，最为少。每诏令议下，诸老先生不能言，贾生尽为之对，人人各如其意所欲出。诸生于是乃以为能，不及也。孝文帝说之，超迁，一岁中至太中大夫。

贾生以为汉兴至孝文二十馀年，天下和洽，而固当改正朔，易服色，法制度，定官名，兴礼乐。乃悉草具其事仪法，色尚黄，数用五，为官名，悉更秦之法。孝文帝初即位，谦让未遑也。诸律令所更定，及列侯悉就国，其说皆自贾生发之。于是天子议以为贾生任公卿之位。绛、灌、东阳侯、冯敬之属尽害之，乃短贾生曰：“洛阳之人，年少初学，专欲擅权，纷乱诸事。”于是天子后亦疏之，不用其议，乃以贾生为长沙王太傅。

贾生既辞往行，闻长沙卑湿，自以寿不得长，又以適去，意不自得。及渡湘水，为赋以吊屈原。其辞曰：

共承嘉惠兮，俟罪长沙。侧闻屈原兮，自沉汨罗。造托湘流兮，敬吊先生。遭世罔极兮，乃陨厥身。呜呼哀哉，逢时不祥！鸾凤伏窜兮，鸱枭翱翔。阘茸尊显兮，谗谀得志；贤圣逆曳兮，方正倒植。世谓伯夷贪兮，谓盗跖廉；莫邪为顿兮，铅刀为銛。于嗟嚜嚜兮，生之无故！斡弃周鼎兮宝康瓠，腾驾罢牛兮骖蹇驴，骥垂两耳兮服盐车。章甫荐屦兮，渐不可久；嗟苦先生兮，独离此咎！

讯曰：已矣，国其莫我知，独堙郁兮其谁语？凤漂漂其高逝兮，夫固自缩而远去。袭九渊之神龙兮，沕深潜以自珍。弥融爚以隐处兮，夫岂从蚁与蛭螾？所贵圣人之神德兮，远浊世而自藏。使骐骥可得系羁兮，岂云异夫犬羊！般纷纷其离此尤兮，亦夫子之辜也！瞝九州而相君兮，何必怀此都也？凤皇翔于千仞之上兮，览德煇焉下之。见细德之险（微）〔征〕兮，摇增翮逝而去之。彼寻常之污渎兮，岂能容吞舟之鱼！横江湖之鳣鱏兮，固将制于蚁蝼。

贾生为长沙王太傅三年，有鸮飞入贾生舍，止于坐隅。楚人命鸮曰“服”。贾生既以適居长沙，长沙卑湿，自以为寿不得长，伤悼之，乃为赋以自广。其辞曰：

单阏之岁兮，四月孟夏，庚子日施兮，服集予舍，止于坐隅，貌甚闲暇。异物来集兮，私怪其故，发书占之兮，筴言其度。曰“野鸟入处兮，主人将去”。请问于服兮：“予去何之？吉乎告我，凶言其灾。淹数之度兮，语予其期。”服乃叹息，举首奋翼，口不能言，请对以臆。

万物变化兮，固无休息。斡流而迁兮，或推而还。形气转续兮，化变而嬗。沕穆无穷兮，胡可胜言！祸兮福所倚，福兮祸所伏；忧喜聚门兮，吉凶同域。彼吴强大兮，夫差以败；越栖会稽兮，勾践霸世。斯游遂成兮，卒被五刑；傅说胥靡兮，乃相武丁。夫祸之与福兮，何异纠纆。命不可说兮，孰知其极？水激则旱兮，矢激则远。万物回薄兮，振荡相转。云蒸雨降兮，错缪相纷。大专槃物兮，坱轧无垠。天不可与虑兮，道不可与谋。迟数有命兮，恶识其时？

且夫天地为炉兮，造化为工；阴阳为炭兮，万物为铜。合散消息兮，安有常则；千变万化兮，未始有极。忽然为人兮，何足控搏；化为异物兮，又何足患！小知自私兮，贱彼贵我；通人大观兮，物无不可。贪夫徇财兮，烈士徇名；夸者死权兮，品庶冯生。怵迫之徒兮，或趋西东；大人不曲兮，亿变齐同。拘士系俗兮，攌如囚拘；至人遗物兮，独与道俱。众人或或兮，好恶积意；真人淡漠兮，独与道息。释知遗形兮，超然自丧；寥廓忽荒兮，与道翱翔。乘流则逝兮，得坻则止；纵躯委命兮，不私与己。其生若浮兮，其死若休：澹乎若深渊之静，氾乎若不系之舟。不以生故自宝兮，养空而浮；德人无累兮，知命不忧。细故蒂芥兮，何足以疑！

后岁馀，贾生征见。孝文帝方受釐，坐宣室。上因感鬼神事，而问鬼神之本。贾生因具道所以然之状。至夜半，文帝前席。既罢，曰："吾久不见贾生，自以为过之，今不及也。"居顷之，拜贾生为梁怀王太傅。梁怀王，文帝之少子，爱，而好书，故令贾生傅之。

文帝复封淮南厉王子四人皆为列侯。贾生谏，以为患之兴自此起矣。贾生数上疏，言诸侯或连数郡，非古之制，可稍削之，文帝不听。

居数年，怀王骑，堕马而死，无后。贾生自伤为傅无状，哭泣岁馀，亦死。贾生之死时年三十三矣。及孝文崩，孝武皇帝立，举贾生之孙二人至郡守，而贾嘉最好学，世（世）其家，与余通书。（至孝昭时列为九卿。）

太史公曰：余读《离骚》《天问》《招魂》《哀郢》，悲其志。适长沙，观屈原所自沉渊，未尝不垂涕，想见其为人。及见贾生吊之，又怪屈原以彼其材，游诸侯，何国不容，而自令若是。读《服鸟赋》，同死生，轻去就，又爽然自失矣。

【译文】

屈原，名平，和楚国王室是同姓一族。他担任楚怀王的左徒，学识渊博，记忆力很强，对国家存亡兴衰的道理非常了解，对外交往来、接人待物的辞令也非常熟悉。因此他入朝就和楚王讨论国家大事，制定政令；对外接待各国使节，处理对各诸侯国的外交事务。楚怀王对他非常信任。

上官大夫和屈原职位相同，他想得到怀王的宠信，很嫉妒屈原的才能。有一次，怀王命屈原制定国家法令，屈原刚把草稿写完，还没最后修定完成时，上官大夫见到后想夺为己有，但屈原不肯给他。他就在楚怀王面前说屈原的坏话："大王您让屈原制定法令，上下没有人不知道这件事，每颁布一条法令，屈原就夸耀自己的功劳，说是‘除了我之外，谁也做不出来’。”怀王听了，非常生气，因此就疏远了屈原。

屈原痛心怀王听闻失灵而不能分辨是非，视线被谗佞谄媚之徒所蒙蔽而不能辨明真伪，致使邪恶伤害了公道、正直的人不被朝廷所容，所以才忧愁苦闷，沉郁深思而写成《离骚》。所谓“离骚”，就是遭遇忧患的意思。上天是人的原始；父母是人的根本。人在处境窘迫的时候，就要追念根本，所以在劳累困苦到极点时，没有不呼叫上天的；在受到病痛折磨无法忍受时，没有不呼叫父母的。屈原坚持公正，行为耿直，对君王他一片忠心，竭尽才智，但是却受到小人的挑拨离间，其处境可以说是极端困窘了。因诚心为国而被君王怀疑，因忠心事主而被小人诽谤，怎能没有悲愤之情呢？屈原写作《离骚》，正是为了抒发这种悲愤之情。《诗经·国风》虽然有许多描写男女恋情之作，但却不是淫乱；《诗经·小雅》虽然表露了百姓对朝政的诽谤愤怨之情，但却不主张公开反叛。而像屈原的《离骚》，可以说是兼有以上两者的优点。屈原在《离骚》中，往上追述到帝喾的事迹，近世赞扬齐桓公的伟业，中间叙述商汤、周武的德政，以此来批评时政。阐明道德的广博深远，治乱兴衰的因果必然，这些都讲得非常详尽。《离骚》的语言简约精练，内容却托意深微，表达屈原情志高洁、品行廉正。其中的文句写的虽然是细小的事物，其意旨却极其博深宏大，列举的虽然都是眼前常见的事例，而所寄托的意义却极其深远。屈原情志高洁，所以喜欢用香草作譬喻；他品行廉正，所以至死也不放松对自己的要求。身处污泥浊水之中而能洗涤干净，就像蝉能从混浊污秽中解脱出来一样，在尘埃之外浮游，不被世俗的混浊所玷污，清白高洁，出污泥而不染。他情志高尚，说与日月争辉也是适宜的。

屈原被贬退之后，秦国想发兵攻打齐国，可是齐国与楚国有合纵的盟约，秦惠王对此很担忧，于是就派张仪假装离开秦国，带着丰厚的礼品来到楚国表示臣服，说：“秦国非常痛恨齐国，但齐国和楚国有合纵的盟约，若是楚国能和齐国断交，那么秦国愿意献出商、于一带六百里土地。”楚怀王贪图秦国的土地而相信了张仪，就和齐国断绝了关系，并派使者到秦国接受土地。张仪欺骗使者说：“我和楚王约定的是六里，没听说过有什么六百里。”楚国使者非常生气地离开了，回到楚国把这事告诉了怀王。怀王勃然大怒，大规模起兵攻打秦国。秦国也派兵迎击，在丹水、淅水一带大破楚军，并斩杀八万人，俘虏了楚将屈匄，接着又攻取了楚国汉中一带。于是楚怀王发动了全国的军队，深入进军，攻打秦国，在蓝田大战。魏国得知此事，派兵偷袭楚国，到达邓地。楚兵非常害怕，不得不从秦国撤军回国。而齐国很痛恨怀王背弃盟约，不肯派兵救助楚国，楚国的处境非常艰难。

第二年，秦国提出归还汉中一带的土地与楚国讲和，但楚怀王说："我不希望得到土地，只想得到张仪就甘心了。"张仪听到这话，就说："用我一个张仪来抵汉中之地，请大王答应我去楚国。"张仪到楚国之后，又给楚国掌权的大臣靳尚送上厚礼，并用花言巧语欺骗怀王的宠姬郑袖，怀王竟然听信了郑袖的话，把张仪又给放跑了。这时屈原已被疏远，不再担任重要官职，刚被派去出使齐国，回来之后，向怀王进谏说："大王您为什么不杀了张仪呢？"怀王感到很后悔，派人去追赶，但已经来不及了。

在此之后，各诸侯国联合攻打楚国，大败楚军，杀死了楚国大将唐昧。

后来秦昭王和楚国结为姻亲，想和楚怀王见见面，楚怀王想要前往，屈原劝谏说："秦国是虎狼一般贪暴的国家，是不能信任的，还是不去的好。"可是怀王的小儿子子兰劝怀王前去，他说："为什么要拒绝秦王的好意呢？"怀王最终还是去了。但他刚一进武关，秦国的伏兵就截断了他的回路，把怀王扣留，为的是让他答应割让土地。怀王大怒，不肯应允，逃到赵国，但赵国拒绝接纳，然后又被抓回秦国，最终死在秦国，尸体运回楚国安葬。

怀王的大儿子顷襄王继位，任命他的弟弟子兰为令尹。因子兰劝怀王入秦而导致怀王最终死在秦国，楚国人都把此事的责任归罪于子兰。

屈原非常痛恨子兰的所作所为，虽然身遭放逐，却依然眷恋楚国，怀念怀王，时刻惦记着能重返朝廷，总是希望君王能突然觉悟，不良习俗也为之改变。他怀念君王，想要复兴国家、扭转局势，所以在一篇作品中多次流露这种心情。然而终究无可奈何，所以也不可能再返朝廷，于此也可见怀王最终也没有醒悟。作为国君，不管他聪明还是愚蠢，有才还是无能，都希望找到忠臣和贤士来辅佐自己治理国家，然而亡国破家之事却不断发生，而圣明的君主、太平的国家却好多世都未曾一见，其根本原因就在于所谓的忠臣并不忠、所谓的贤士并不贤。怀王因为不知晓忠臣之职分，所以在内被郑袖所迷惑，在外被张仪所欺骗，疏远了屈原而信任上官大夫和令尹子兰，结果使军队惨败，国土被侵占，失去了六郡地盘，自己还流落他乡，客死秦国，被天下人所耻笑。这是由于不知人所造成的灾祸。《易经》上说:“井已经疏浚干净,却没人来喝水,这是令人难过的事。国君若是圣明,大家都可以得到幸福。”而怀王是如此不明,哪里配得到幸福啊?

令尹子兰听到这些情况勃然大怒,最终让上官大夫去向顷襄王说屈原的坏话,顷襄王一生气,就把屈原放逐了。

屈原来到江边,披头散发在荒野草泽上一边走,一边悲愤长吟。他的脸色憔悴,形体干瘦。一位渔翁看到他,就问道:“您不就是三闾大夫吗?为什么到这里来呢?”屈原说:“全国的人都污浊而只有我是干净的,大家都昏沉大醉而只有我是清醒的,所以我才被放逐了。”渔翁说:“一个道德修养达到最高境界的人,对事物的看法并非一成不变,而是能随着世俗风气而转移,全社会的人都污浊,你为什么不在其中随波逐流?大家都昏沉大醉,你为什么不在其中吃点残羹剩酒呢?为什么要保持美玉一般的品德,而使自己落得个被流放的下场呢?”屈原回答说:“我听说过,刚洗过头的人一定要弹去帽子上的灰尘,刚洗过身躯的人一定要把衣服上的尘土抖干净,人们又有谁愿意以清白之身,而受外界污垢的玷染呢?我宁愿跳入江水,葬身鱼腹之中,也不让自己的清白品德蒙受世俗的污染!”

于是,屈原写下了作品《怀沙》,其中这样写道:

阳光强烈的初夏呀,草木茂盛地生长着。悲伤总是充满胸膛啊,我急匆匆来到南方。眼前的路是一片茫茫啊,沉寂得毫无声响。我的心情沉郁悲慨啊,这令人伤心的日子又实在太长。抚心反省而没有过错啊,蒙冤自抑而无所畏惧。

想把方木削成圆木啊,但正常法度又不可改易。抛开正路而走上斜径啊,那将为君子所鄙弃。明确规范牢记法度啊,往日的初衷决不反悔。品性忠厚心地端正啊,为君子所赞美。巧匠不挥动斧头砍削啊,谁能看出是否合乎标准?黑色的花纹放在幽暗之处啊,盲人会说花纹不鲜明;离娄稍微一瞥就看得非常清楚啊,盲人反说他是失明无光。事情竟是如此的黑白混淆啊,上下颠倒。凤凰被关进笼子里啊,鸡和野雉却在那里飞跳。美玉和粗石被掺杂在一起啊,竟有人说二者也差不了多少。那些帮派小人卑鄙嫉妒啊,全然不了解我的高尚情操。任重道远负载得太多啊,以至于沉陷阻滞不能向前。身怀美玉品德高尚啊,处境却困窘向谁展示?城中群狗胡乱叫啊,少见多怪就叫唤。诽谤英雄怀疑豪杰啊,这本来就是小人的丑态。外表粗疏内心朴实啊,众人不知我的异彩。未雕饰的材料被随意丢弃啊，没人知道我所具有的智慧和品德。我注重仁与义的修养啊，并把恭谨忠厚来加强。虞舜已不可再遇啊，又有谁知道我从容坚守自己的志向。古代的圣贤也难得同世而生啊，又有谁能了解其中缘由？商汤夏禹距今是何其久远啊，渺茫无际难以追攀。强压住悲愤不平啊，抑制内心而使自己更加坚强。遭受忧患而不改变初衷啊，只希望我的志向成为后人效法的榜样。我又顺路北行啊，迎着昏暗将尽的阳光。饱含忧郁而强作欢颜啊，死亡就在前面不远的地方。

尾声：浩浩荡荡的沅江、湘江水啊，不停地流淌翻涌着波浪。道路漫长而又昏暗啊，前程又是何等的恍惚渺茫。我怀着长久的悲伤歌吟不止啊，一直在慨然叹息。世上没人了解我啊，谁能听我诉衷肠？情操高尚品质美啊，芬芳洁白世无双。伯乐早已死去啊，千里马谁能识别它是骏良？人生一世秉承命运啊，各有各的不同安排。内心坚定心胸广啊，别的还有什么值得畏惧！重重忧伤长感慨啊，永世长叹无尽哀。世道混浊知音少啊，人心叵测内难猜。人生在世终须死啊，对自己的生命就不要太珍爱。明白告知世间的君子啊，我将永为人模楷。

于是，屈原就怀抱石头，投入汨罗江自杀而死。

屈原死后，楚国有宋玉、唐勒、景差等人，他们都爱好文学而以擅长辞赋著名，但都只学习了屈原辞令委婉含蓄的一面，而最终没人敢像屈原那样直言劝谏。此后楚国一天比一天弱小，几十年之后终于被秦国消灭。

自从屈原沉江而死，过了一百多年之后，汉朝有个贾生，在担任长沙王太傅时，经过湘水，写了一篇辞赋投入江中，以此祭吊屈原。

贾生名叫贾谊，是洛阳人，十八岁时就因能诵读诗书会写文章而闻名当地。吴廷尉担任河南郡守时，听说贾谊才学优异，就把他召到衙门任职，并对他非常器重。汉文帝刚即位，听说河南郡守吴公政绩卓著，为全国第一，而且和李斯同乡，又曾向李斯学习过，于是就征召他担任廷尉。吴廷尉就向文帝推荐贾谊，说贾谊年轻有才，能精通诸子百家的学问。这样，汉文帝就征召贾谊，让他担任博士之职。

当时贾谊二十多岁，在博士中最为年轻。每次文帝下令让博士们讨论一些问题，那些年长的老先生们都无话可说，而贾谊却能一一回答，人人都觉得他说出了自己想说的话。博士们都认为贾生才能杰出，无与伦比，大家都比不上他。汉文帝也非常喜欢他，对他破格提拔，一年之内就升任太中大夫。

贾谊认为从西汉建立到汉文帝时已有二十多年了，天下太平，正是改正历法、变易服色、订立制度、决定官名、振兴礼乐的时候。于是他草拟了各种仪法，崇尚黄色，遵用五行之说，创设官名，完全改变了秦朝的旧法。汉文帝刚刚即位不久，谦虚退让还来不及实行。但此后各项法令的更改，以及诸侯必须到封地去上任等事，这都是贾谊的主张。于是汉文帝就和大臣们商议，想提拔贾谊担任公卿之职。而绛侯周勃、灌婴、东阳侯、冯敬这些人都嫉妒他，就诽谤贾谊说："这个洛阳人，年纪轻而学识浅，只想独揽大权，把政事弄得一团糟。"此后，汉文帝就疏远了贾谊，不再采纳他的意见，任命他为长沙王太傅。

贾谊向文帝告辞以后，前往长沙赴任，他听说长沙地势低洼，气候潮湿，自认为寿命不会很长，又是因为被贬至此，内心非常不愉快。在渡湘水的时候，他写下一篇辞赋来凭吊屈原，赋文这样说：

我恭奉天子诏命，带罪来到长沙任职。我曾听说过屈原啊，是自沉汨罗江而长逝。今天我来到湘江边上，托江水来凭吊先生您的英灵。遭遇纷乱无常的社会，才逼得您自杀失去生命。啊呀，太令人悲伤啦！正赶上那不幸的年代。鸾凤潜伏隐藏起来，鸱枭却自在翱翔。不才之人尊贵显赫，阿谀奉承之辈得志猖狂；圣贤都不能顺随行事啊，方正的人反屈居下位。世人竟称伯夷贪婪，盗跖廉洁；莫邪宝剑太钝，铅刀反而是利刃。唉呀呀！先生您真是太不幸了，平白遭此横祸！丢弃了周代传国的无价鼎，反把破瓠当奇货。驾着疲惫的老牛和跛驴，却让骏马垂着两耳拉盐车。好端端的礼帽当鞋垫，这样的日子怎能长？哎呀，真苦了屈先生，唯您遭受这飞来祸！

尾声：算了吧！既然国人不了解我，心中的抑郁不快又能和谁诉说？凤凰高飞远离去，本应如此自引退，效法神龙隐渊底，深藏避祸自爱惜。韬光晦迹来隐处，岂能与蚂蚁、水蛭、蚯蚓为邻居？圣人品德最可贵，远离浊世而自行隐匿。若是良马可拴系，怎说异于犬羊类！世态纷乱遭此祸，先生自己也有责。游历九州任择君，何必对故都恋恋不舍？凤凰飞翔千仞上，看到有德之君才下来栖止。一旦发现危险兆，振翅高飞远离去。狭小污浊的小水坑，怎能容得下吞舟大鱼？横行江湖的大鱼，最终还要受制于蝼蚁。

贾谊担任长沙王太傅的第三年，一次有一只猫头鹰飞进他的住宅，停在了座位旁边。楚国人把猫头鹰叫作"鵩"。贾谊原本就是因被贬来到长沙，而长沙地势低洼、气候潮湿，所以自认为寿命不长，悲痛伤感，就写下了一篇赋来自我安慰。赋文写道：

丁卯年四月初夏，庚子日太阳西斜的时分，有一只猫头鹰飞进我的住所，它在座位旁边停下，样子是那样的自在安闲。奇怪的鸟飞进我家，我私下奇怪是什么鸟。打开卦书来占卜，上面载有这样的话，“野鸟飞入住舍呀，主人将会离开家”。请问鸟啊：“我离开这里将去何方？是吉，就请告我；是凶，也请告我是什么祸殃。生死迟速有定数啊，请把期限对我说端详。”猫头鹰听罢长叹息，抬头振翅已会意，嘴巴不能说话，请以意相示让人自己推度揣测。

天地万物变化，本来没有终止的时候，就像涡流旋转，反复循环。外形内气转化相续，演变如蝉蜕化一般。其道理深微无穷，言语哪能说得周遍。祸中傍倚着福，福中也埋藏着祸。忧和喜同聚一起，吉和凶同在一起。当年吴国是何等的强大，但吴王夫差却以此而败亡。越国败于会稽，勾践以此称霸于世。李斯游说秦国顺利成功，却终于遭受五刑。傅说原为一刑徒，后来却成武丁相。祸对于福来说，与绳索互相缠绕有什么不同？天命无法详解说，谁能预知它的究竟？水成激流来势猛，箭遇强力射得远。万物循环往复长久激荡，运动之中相互起变化。云升雨降多反复，错综变幻何其纷繁。天地运转造万物，漫无边际何其浩瀚。天道高深不可预测，凡人思虑难以谋算。生死的迟早都由命，谁能知其到来时？

何况天地就像巨炉，自然本来就像司炉工。阴阳运转是炉炭，世间万物都像铜一样。其中聚散或生灭，哪有常规可寻？错综复杂千变万化，未曾见过有到头的时候。托生成人也是偶然事，不值得羡慕那些可以长生的人。纵然死去化作异物，又哪里值得忧虑心胆惊！有小智慧的人只顾自己，鄙薄外物注重己身。通达的人何等的大度，死生祸福没有不相宜的。贪夫为了财物赔上性命，烈士为了名不顾生命。喜好虚名者为权势而死，平民百姓又怕死贪生。而被名利所诱惑、被贫贱所逼迫的人，为了钻营而奔走西东。而道德修养极高的人，不被物欲所屈服，对千百万化的事物等量齐观。愚夫被俗累羁绊，拘束得如囚徒一般。有至德的人能遗世弃俗，只与大道同存在。天下众人迷惑不解，爱憎之情积满胸臆。有真德的人恬淡无为，独和大道同生息。舍弃智慧忘形骸，超然物外不知有己。在那空旷恍惚的境界里，和大道一起共翱翔。乘着流水任意行，碰上小洲就停止。将身躯托付给命运，不把它看作私有之体。活着如同寄于世，死了是长休息。内心宁静就如无波的深渊，浮游就如不系缆绳的小舟。不因活着重己命，修养空灵之性不拘泥。至德之人无俗累，乐天知命复何忧！鸡毛蒜皮区区小事，哪里值得忧虑生疑！

一年多之后，贾谊被召回京城拜见皇帝。当时汉文帝正坐在宣室，接受神的降福保佑。因文帝有感于鬼神之事，就向贾谊询问鬼神的本原。贾谊也就乘机周详地讲述了之所以会有鬼神之事的种种情形。到半夜时分，文帝已听得很入神，不知不觉地在座席上总往贾谊身边移动。听完之后，文帝慨叹道："我好长时间没见贾谊了，自认为能超过他，现在看来还是不如他。"过了不久，文帝任命贾谊为梁怀王太傅。梁怀王是汉文帝的小儿子，受文帝宠爱，又喜欢读书，因此才让贾谊当他老师。

汉文帝又将淮南厉王的四个儿子都封为列侯。贾谊劝谏，认为国家祸患的兴起就要从这里开始了。贾谊多次上疏皇帝，说有的诸侯封地太多，甚至多达几郡之地，和古代的制度不符，应该逐渐削弱他们的势力，但是汉文帝不肯听从。

几年之后，梁怀王因骑马不慎，从马上掉下来摔死了，没有留下后代。贾谊认为这是自己做太傅没有尽到责任，非常伤心，哭泣了一年多，也死去了。死的时候年仅三十三岁。后来汉文帝去世，汉武帝即位，提拔贾谊的两个孙子任郡守。其中贾嘉最为好学，继承了贾谊的家业，曾和我有过书信往来。到汉昭帝时，他担任九卿之职。

太史公说：我读完《离骚》《天问》《招魂》《哀郢》之后，深受屈原情志的感染，悲伤不已。当我到长沙时，特意去看了屈原沉江自杀的地方，不禁掉下眼泪，由此更加想见他的为人。后来读了贾谊的《吊屈原赋》，又责怪屈原以自己超人的才华，若是游侍诸侯的话，哪个国家不能容纳他呢？而把自己弄到这种地步。读过《鹏鸟赋》之后，看到贾谊把生死同等看待，把官场上的去留升降看得很轻，又不禁怅然若失了。

史记卷八十五

吕不韦列传第二十五

吕不韦者，阳翟大贾人也。往来贩贱卖贵，家累千金。

秦昭王四十年，太子死。其四十二年，以其次子安国君为太子。安国君有子二十馀人。安国君有所甚爱姬，立以为正夫人，号曰华阳夫人。华阳夫人无子。安国君中男名子楚，子楚母曰夏姬，毋爱。子楚为秦质子于赵。秦数攻赵，赵不甚礼子楚。

子楚，秦诸庶孽孙，质于诸侯，车乘进用不饶，居处困，不得意。吕不韦贾邯郸，见而怜之，曰“此奇货可居”。乃往见子楚，说曰：“吾能大子之门。”子楚笑曰：“且自大君之门，而乃大吾门！”吕不韦曰：“子不知也，吾门待子门而大。”子楚心知所谓，乃引与坐，深语。吕不韦曰：“秦王老矣，安国君得为太子。窃闻安国君爱幸华阳夫人，华阳夫人无子，能立適嗣者独华阳夫人耳。今子兄弟二十馀人，子又居中，不甚见幸，久质诸侯。即大王薨，安国君立为王，则子无几得与长子及诸子旦暮在前者争为太子矣。”子楚曰：“然。为之奈何？”吕不韦曰：“子贫，客于此，非有以奉献于亲及结宾客也。不韦虽贫，请以千金为子西游，事安国君及华阳夫人，立子为適嗣。”子楚乃顿首曰：“必如君策，请得分秦国与君共之。”

吕不韦乃以五百金与子楚，为进用，结宾客；而复以五百金买奇物玩好，自奉而西游秦，求见华阳夫人姊，而皆以其物献华阳夫人。因言子楚贤智，结诸侯宾客遍天下，常曰：“楚也以夫人为天，日夜泣思太子及夫人”。夫人大喜。不韦因使其姊说夫人曰：“吾闻之，以色事人者，色衰而爱弛。今夫人事太子，甚爱而无子，不以此时早自结于诸子中贤孝者，举立以为適而子之，夫在则重尊，夫百岁之后，所子者为王，终不失势，此所谓一言而万世之利也。不以繁华时树本，即色衰爱弛后，虽欲开一语，尚可得乎？今子楚贤，而自知中男也，次不得为適，其母又不得幸，自附夫人。夫人诚以此时拔以为適，夫人则竟世有宠于秦矣。”华阳夫人以为然，承太子间，从容言子楚质于赵者绝贤，来往者皆称誉之。乃因涕泣曰："妾幸得充后宫，不幸无子，愿得子楚立以为適嗣，以托妾身。"安国君许之，乃与夫人刻玉符，约以为適嗣。安国君及夫人因厚馈遗子楚，而请吕不韦傅之。子楚以此名誉益盛于诸侯。

吕不韦取邯郸诸姬绝好善舞者与居，知有身。子楚从不韦饮，见而说之，因起为寿，请之。吕不韦怒，念业已破家为子楚，欲以钓奇，乃遂献其姬。姬自匿有身，至大期时，生子政。子楚遂立姬为夫人。

秦昭王五十年，使王齮围邯郸，急，赵欲杀子楚，子楚与吕不韦谋，行金六百斤予守者吏，得脱，亡赴秦军，遂以得归。赵欲杀子楚妻子，子楚夫人赵豪家女也，得匿，以故母子竟得活。秦昭王五十六年，薨，太子安国君立为王，华阳夫人为王后，子楚为太子。赵亦奉子楚夫人及子政归秦。

秦王立一年，薨，谥为孝文王。太子子楚代立，是为庄襄王。庄襄王所母华阳后为华阳太后，真母夏姬尊以为夏太后。庄襄王元年，以吕不韦为丞相，封为文信侯，食河南洛阳十万户。

庄襄王即位三年，薨，太子政立为王，尊吕不韦为相国，号称"仲父"。秦王年少，太后时时窃私通吕不韦。不韦家僮万人。

当是时，魏有信陵君，楚有春申君，赵有平原君，齐有孟尝君，皆下士喜宾客以相倾。吕不韦以秦之强，羞不如，亦招致士，厚遇之，至食客三千人。是时诸侯多辩士，如荀卿之徒，著书布天下。吕不韦乃使其客人人著所闻，集论以为八览、六论、十二纪，二十馀万言，以为备天地万物古今之事，号曰《吕氏春秋》。布咸阳市门，悬千金其上，延诸侯游士宾客有能增损一字者予千金。

始皇帝益壮，太后淫不止。吕不韦恐觉，祸及己，乃私求大阴人嫪毐以为舍人，时纵倡乐，使毐以其阴关桐轮而行，令太后闻之，以啖太后。太后闻，果欲私得之。吕不韦乃进嫪毐，诈令人以腐罪告之。不韦又阴谓太后曰："可事诈腐，则得给事中。"太后乃阴厚赐主腐者吏，诈论之，拔其须眉为宦者，遂得侍太后。太后私与通，绝爱之。有身，太后恐人知之，诈卜当避时，徙宫居雍。嫪毐常从，赏赐甚厚，事皆决于嫪毐，嫪毐家僮数千人，诸客求宦为嫪毐舍人千馀人。

始皇七年，庄襄王母夏太后薨。孝文王后曰华阳太后，与孝文王会葬寿陵。夏太后子庄襄王葬芷阳，故夏太后独别葬杜东，曰"东望吾子，

吕不韦像

西望吾夫。后百年，旁当有万家邑。”

始皇九年，有告嫪毐实非宦者，常与太后私乱，生子二人，皆匿之。与太后谋曰“王即薨，以子为后”。于是秦王下吏治，具得情实，事连相国吕不韦。九月，夷嫪毐三族，杀太后所生两子，而遂迁太后于雍。诸嫪毐舍人皆没其家而迁之蜀。王欲诛相国，为其奉先王功大，及宾客辩士为游说者众，王不忍致法。

秦王十年十月，免相国吕不韦。及齐人茅焦说秦王，秦王乃迎太后于雍，归复咸阳，而出文信侯就国河南。

岁馀，诸侯宾客使者相望于道，请文信侯。秦王恐其为变，乃赐文信侯书曰：“君何功于秦？秦封君河南，食十万户！君何亲于秦？号称仲父！其与家属徙处蜀！”吕不韦自度稍侵，恐诛，乃饮鸩而死。秦王所加怒吕不韦、嫪毐皆已死，乃皆复归嫪毐舍人迁蜀者。

始皇十九年，太后薨，谥为帝太后，与庄襄王会葬茝阳。

太史公曰：不韦及嫪毐贵，封号文信侯。人之告嫪毐，毐闻之。秦王验左右，未发。上之雍郊，毐恐祸起，乃与党谋，矫太后玺发卒以反蕲年宫。发吏攻毐，毐败亡走，追斩之好畤，遂灭其宗。而吕不韦由此绌矣。孔子之所谓“闻”者，其吕子乎？

【译文】

吕不韦是阳翟的大商人，他往来于各地，以低价买进货物、高价卖出，所以积累起千金的家产。

秦昭王四十年，太子去世了。到了昭王四十二年，把他的第二个儿子安国君立为太子。而安国君有二十多个儿子。安国君有个非常宠爱的妃子，立她为正夫人，称之为华阳夫人，华阳夫人没有儿子。安国君有个排行居中的儿子名叫子楚，子楚的母亲叫夏姬，不受宠爱。子楚作为秦国的人质被派到赵国。秦国多次攻打赵国，赵国对子楚也不以礼相待。

子楚是秦王庶出的孙子，在赵国当人质，他乘的车马和日常的财用都不富足，生活困窘，很不得意。吕不韦到邯郸去做生意，见到子楚后非常喜欢，说：“子楚就像一件奇货，可以屯积居奇，等到价格高的时候售出。”于是他就前去拜访子楚，对他游说道：“我能光大你的门庭。”子楚笑着说：“你姑且先光大自己的门庭，然后再来光大我的门庭吧！”吕不韦说："你不懂啊，我的门庭要等待你的门庭光大了才能光大。"子楚心知吕不韦所言之意，就拉他坐在一起深谈。吕不韦说："秦王已经老了，安国君被立为太子。我私下听说安国君非常宠爱华阳夫人，华阳夫人没有儿子，能够选立太子的只有华阳夫人一个。现在你的兄弟有二十多人，你又排行中间，不受秦王宠幸，长期被留在诸侯国当人质，即使是秦王死去，安国君继位为王，你也不要指望同你长兄和早晚都在秦王身边的其他兄弟们争太子之位啦。"子楚说："是这样，但是该怎么办呢？"吕不韦说："你很贫困，又客居在此，也拿不出什么来献给亲长，结交宾客。我吕不韦虽然不富有，但愿意拿出千金来为你西去秦国游说，侍奉安国君和华阳夫人，让他们立你为太子。"子楚于是叩头拜谢道："如果实现了您的计划，我愿意分秦国的土地和您共享。"

吕不韦于是拿出五百金送给子楚，作为日常生活和交结宾客之用；又拿出五百金买珍奇玩物，自己带着西去秦国游说，先拜见华阳夫人的姐姐，把带来的东西统统献给华阳夫人顺便谈及子楚，说他聪明贤能，所结交的诸侯宾客，遍及天下，常常说"我子楚把夫人看成天一般，日夜哭泣思念太子和夫人"。夫人非常高兴。吕不韦乘机又让华阳夫人的姐姐劝说华阳夫人道："我听说用美色来侍奉别人的，一旦色衰，宠爱也就随之减少。现在夫人您侍奉太子，非常受宠爱，却没有儿子，不趁这时早一点在太子的儿子中结交一个有才能而孝顺的人，立他为继承人，像亲生儿子一样对待他，那么，丈夫在世时受到尊重，丈夫死后，自己立的儿子继位为王，最终也不会失势，这就是人们所说的一句话能得到万世的好处啊。不在容貌美丽的时候树立根本，假使容貌衰竭、宠爱失去之后，即使想和太子说上一句话，还有可能吗？现在子楚贤能，而自己也知道排行居中，按次序是不能被立为继承人的，而他的生母又不受宠爱，自然就会主动依附于夫人，夫人若真能在此时提拔他为继承人，那么夫人您一生在秦国都要受到尊宠啦。"华阳夫人听了认为有道理，就趁太子方便的时候，委婉地谈到在赵国做人质的子楚非常有才能，来往的人都称赞他，接着就哭着说："我有幸能填充后宫，但非常遗憾的是没有儿子，我希望能立子楚为继承人，以便我日后有个依靠。"安国君答应了，就和夫人刻下玉符，决定立子楚为继承人，安国君和华阳夫人因而送好多礼物给子楚，而请吕不韦当他的老师，因此子楚的名声在诸侯中越来越大。

吕不韦跟一个非常漂亮而又善于跳舞的邯郸女子一起同居，知道她怀了孕。子楚有一次和吕不韦一起饮酒，看到此女后非常喜欢，就站起身来向吕不韦祝酒，请求把此女赠给他。吕不韦很生气，但转念一想，已经为子楚破费了大量家产，为的是借以钓取奇货，于是就献出了这个女子。此女隐瞒了自己怀孕在身，到了产期之后，生下儿子名政。子楚就立此姬为夫人。

秦昭王五十年，派王齮围攻邯郸，情况非常紧急，赵国想杀死子楚。子楚就和吕不韦密谋，拿出六百斤金子送给守城官吏，得以脱身，逃到秦军大营，这才得以顺利回国。赵国又想杀子楚的妻子和儿子，子楚的夫人是赵国富豪人家的女儿，才得以隐藏起来，因此母子二人竟得活命。秦昭王五十六年，他去世了，太子安国君继位为王，华阳夫人为王后，子楚为太子。赵国也护送子楚的夫人和儿子嬴政回到秦国。

秦王继位一年之后就去世了，谥号为孝文王。太子子楚继位，他就是庄襄王。庄襄王尊奉为母的华阳王后为华阳太后，生母夏姬被尊称为夏太后。庄襄王元年，任命吕不韦为丞相，封为文信侯，河南洛阳十万户作为他的食邑。

庄襄王即位三年之后死去，太子嬴政继立为王，尊奉吕不韦为相国，称他为“仲父”。秦王年纪还小，太后常常和吕不韦私通。吕不韦家有奴仆万人。

那时，魏国有信陵君，楚国有春申君，赵国有平原君，齐国有孟尝君，他们都礼贤下士，结交宾客，并在这方面要争个高低上下。吕不韦认为秦国如此强大，把不如他们当成一件令人羞愧的事，所以他也招来了文人学士，给他们优厚的待遇，门下食客多达三千人。那时各诸侯国有许多才辩之士，像荀卿那班人，著书立说，流行天下。吕不韦就命他的食客各自将所见所闻记下，综合在一起成为八览、六论、十二纪，共二十多万言。吕不韦认为其中包括了天地万物古往今来的事理，所以号称为《吕氏春秋》，并将之刊布在咸阳的城门，上面悬挂着一千金的赏金，遍请诸侯各国的游士宾客，若有人能增删一字，就给予一千金的奖励。

秦始皇越来越大了，但太后一直淫乱不止。吕不韦唯恐事情败露，灾祸降临在自己头上，就暗地寻求了一个阴茎特别大的人嫪毐作为门客，不时让演员歌舞取乐，命嫪毐用他的阴茎穿在桐木车轮上，使之转动而行，并想法让太后知道此事，以此事引诱她。太后听说之后，果真想在暗中占有他。吕不韦就进献嫪毐，假装让人告发他犯下了该受宫刑的罪。吕不韦又暗中对太后说："你可以让嫪毐假装受了宫刑，就可以在供职宫中的人员中得到他。"太后就偷偷地送给主持宫刑的官吏许多东西，假装处罚嫪毐，拔掉了他的胡须假充宦官，这就使他得以侍奉太后。太后暗中和他通奸，特别喜爱他。后来太后怀孕在身，恐怕别人知道，假称算卦不吉，需要换一个环境来躲避一下，就迁移到雍地的宫殿中居住。嫪毐总是随从左右，所受的赏赐非常优厚，事事都由嫪毐决定。嫪毐家中有奴仆几千人。那些为求得官职来当嫪毐家门客的多达一千余人。

秦始皇七年，庄襄王的生母夏太后去世。孝文王后叫华阳太后，和孝文王合葬在寿陵。夏太后的儿子庄襄王葬在芷阳，所以夏太后另外单独埋葬在杜原之东，称"向东可以看到我的儿子，向西可以看到我的丈夫。在百年之后，旁边定会有个万户的城邑"。

秦始皇九年，有人告发嫪毐实际并不是宦官，常常和太后淫乱私通，并生下两个儿子，都把他们隐藏起来，还和太后谋议说"若是秦王死去，就立这儿子继位"。于是秦始皇命法官严查此事，把事情真相全部弄清，事情牵连到相国吕不韦。这年九月，秦始皇把嫪毐家三族人众全部杀死，又杀太后所生的两个儿子，并把太后迁到雍地居住。嫪毐家的食客们都被没收家产，迁往蜀地。秦王想杀掉相国吕不韦，但因为他侍奉先王功劳极大，又有许多宾客辩士为他求情说好话，秦王不忍心将他绳之以法。

秦始皇十年十月，免去了吕不韦的相国职务。等到齐人茅焦劝说秦王，秦王这才到雍地迎接太后，使她又回到咸阳，但把吕不韦遣出京城，前往河南的封地。

又过了一年多，各诸侯国的宾客使者络绎不绝，前来问候吕不韦。秦王恐怕他发动叛乱，就写信给吕不韦说："你对秦国有何功劳？秦国封你在河南，食邑十万户。你与秦王有什么血缘关系，而号称仲父？你与家属都一概迁到蜀地去居住！"吕不韦一想到自己已经逐渐被逼迫，害怕日后被杀，就喝下酖酒自杀而死。秦王所痛恨的吕不韦、嫪毐都已死去，就让迁徙到蜀地的嫪毐门客都回到京城。

秦始皇十九年，太后去世，谥号为帝太后。与庄襄王合葬在芷阳。

太史公说：吕不韦带及嫪毐显贵，吕不韦封号为文信侯。有人告发嫪毐，嫪毐听到了此事。秦始皇查讯左右，事情还未败露。秦王到雍地祭天，嫪毐害怕大祸临头，就和亲信同党密谋，盗用太后的大印调集士兵在蕲年宫造反。秦王调动官兵攻打嫪毐，嫪毐失败逃走，秦军追到好畤将其斩首，随即把他满门抄斩。而吕不韦也由此被贬斥。孔子所说的“闻”，指的正是吕不韦这样的人吧！

史记卷八十六

刺客列传第二十六

曹沫者，鲁人也，以勇力事鲁庄公。庄公好力。曹沫为鲁将，与齐战，三败北。鲁庄公惧，乃献遂邑之地以和。犹复以为将。

齐桓公许与鲁会于柯而盟。桓公与庄公既盟于坛上，曹沫执匕首劫齐桓公，桓公左右莫敢动，而问曰："子将何欲？"曹沫曰："齐强鲁弱，而大国侵鲁亦以甚矣。今鲁城坏即压齐境，君其图之。"桓公乃许尽归鲁之侵地。既已言，曹沫投其匕首，下坛，北面就群臣之位，颜色不变，辞令如故。桓公怒，欲倍其约。管仲曰："不可。夫贪小利以自快，弃信于诸侯，失天下之援，不如与之。"于是桓公乃遂割鲁侵地。曹沫三战所亡地尽复予鲁。

其后百六十有七年而吴有专诸之事。

专诸者，吴堂邑人也。伍子胥之亡楚而如吴也，知专诸之能。伍子胥既见吴王僚，说以伐楚之利。吴公子光曰："彼伍员父兄皆死于楚而员言伐楚，欲自为报私仇也，非能为吴。"吴王乃止。伍子胥知公子光之欲杀吴王僚，乃曰："彼光将有内志，未可说以外事。"乃进专诸于公子光。

光之父曰吴王诸樊。诸樊弟三人：次曰馀祭，次曰夷眜，次曰季子札。诸樊知季子札贤而不立太子，以次传三弟，欲卒致国于季子札。诸樊既死，传馀祭。馀祭死，传夷眜。夷眜死，当传季子札；季子札逃不肯立，吴人乃立夷眜之子僚为王。公子光曰："使以兄弟次邪，季子当立；必以子乎，则光真適嗣，当立。"故尝阴养谋臣以求立。

光既得专诸，善客待之。九年而楚平王死。春，吴王僚欲因楚丧，使其二弟公子盖馀、属庸将兵围楚之灊；使延陵季子于晋，以观诸侯之变。楚发兵绝吴将盖馀、属庸路，吴兵不得还。于是公子光谓专诸曰："此时不可失！不求何获？且光真王嗣，当立，季子虽来，不吾废也。"专诸曰："王僚可杀也。母老子弱，而两弟将兵伐楚，楚绝其后。方今吴外困于楚，而内空无骨鲠之臣，是无如我何。"公子光顿首曰："光之身，子之身也。"

四月丙子，光伏甲士于窟室中，而具酒请王僚。王僚使兵陈自宫至光之家，门户阶陛左右皆王僚之亲戚也。夹立侍，皆持长铍。酒既酣，公子光详为足疾，入窟室中，使专诸置匕首鱼炙之腹中而进之。既至王前，专诸擘鱼，因以匕首刺王僚，王僚立死。左右亦杀专诸。王人扰乱，公子光出其伏甲以攻王僚之徒，尽灭之。遂自立为王，是为阖闾。阖闾乃封专诸之子以为上卿。

其后七十馀年而晋有豫让之事。

豫让者，晋人也，故尝事范、中行氏，而无所知名。去而事智伯，智伯甚尊宠之。及智伯伐赵襄子，赵襄子与韩、魏合谋灭智伯，灭智伯之后而三分其地。赵襄子最怨智伯，漆其头以为饮器。豫让遁逃山中，曰："嗟乎！士为知己者死，女为说己者容。今智伯知我，我必为报仇而死，以报智伯，则吾魂魄不愧矣"。乃变名姓为刑人，入宫涂厕，中挟匕首，欲以刺襄子。襄子如厕，心动，执问涂厕之刑人，则豫让，内持刀兵，曰："欲为智伯报仇！"左右欲诛之。襄子曰："彼义人也，吾谨避之耳。且智伯亡无后，而其臣欲为报仇，此天下之贤人也。"卒释去之。

居顷之，豫让又漆身为厉，吞炭为哑，使形状不可知，行乞于市，其妻不识也。行见其友，其友识之，曰："汝非豫让邪？"曰："我是也。"其友为泣曰："以子之才，委质而臣事襄子，襄子必近幸子。近幸子，乃为所欲，顾不易邪？何乃残身苦形，欲以求报襄子，不亦难乎！"豫让曰："既已委质臣事人，而求杀之，是怀二心以事其君也。且吾所为者极难耳！然所以为此者，将以愧天下后世之为人臣怀二心以事其君者也。"

既去，顷之，襄子当出，豫让伏于所当过之桥下。襄子至桥，马惊，襄子曰："此必是豫让也。"使人问之，果豫让也。于是襄子乃数豫让曰："子不尝事范、中行氏乎？智伯尽灭之，而子不为报仇，而反委质臣于智伯。智伯亦已死矣，而子独何以为之报仇之深也？"豫让曰："臣事范、中行氏，范、中行氏皆众人遇我，我故众人报之。至于智伯，国士遇我，我故国士报之。"襄子喟然叹息而泣曰："嗟乎豫子！子之为智伯，名既成矣，而寡人赦子，亦已足矣。子其自为计，寡人不复释子！"使兵围之。豫让曰："臣闻明主不掩人之美，而忠臣有死名之义，前君已宽赦臣，天下莫不称君之贤。今日之事，臣固伏诛，然愿请君之衣而击之焉，以致报仇之意，则虽死不恨。非所敢望也，敢布腹心！"于是襄子大义之，乃使使持衣与豫让。豫让拔剑三跃而击之，曰："吾可以下报智伯矣！”遂伏剑自杀。死之日，赵国志士闻之，皆为涕泣。

其后四十馀年而轵有聂政之事。

聂政者，轵深井里人也。杀人避仇，与母、姊如齐，以屠为事。

久之，濮阳严仲子事韩哀侯，与韩相侠累有郤。严仲子恐诛，亡去，游求人可以报侠累者。至齐，齐人或言聂政勇敢士也，避仇隐于屠者之间。严仲子至门请，数反，然后具酒自畅聂政母前。酒酣，严仲子奉黄金百溢，前为聂政母寿。聂政惊怪其厚，固谢严仲子。严仲子固进，而聂政谢曰：“臣幸有老母，家贫，客游以为狗屠，可以旦夕得甘毳以养亲。亲供养备，不敢当仲子之赐。”严仲子辟人，因为聂政言曰：“臣有仇，而行游诸侯众矣；然至齐，窃闻足下义甚高，故进百金者，将用为大人粗粝之费，得以交足下之欢，岂敢以有求望邪！”聂政曰：“臣所以降志辱身居市井屠者，徒幸以养老母；老母在，政身未敢以许人也。”严仲子固让，聂政竟不肯受也。然严仲子卒备宾主之礼而去。

久之，聂政母死。既已葬，除服，聂政曰：“嗟乎！政乃市井之人，鼓刀以屠；而严仲子乃诸侯之卿相也，不远千里，枉车骑而交臣。臣之所以待之，至浅鲜矣，未有大功可以称者，而严仲子奉百金为亲寿，我虽不受，然是者徒深知政也。夫贤者以感忿睚眦之意而亲信穷僻之人，而政独安得嘿然而已乎！且前日要政，政徒以老母；老母今以天年终，政将为知己者用。”乃遂西至濮阳，见严仲子曰：“前日所以不许仲子者，徒以亲在，今不幸而母以天年终。仲子所欲报仇者为谁？请得从事焉！”严仲子具告曰：“臣之仇韩相侠累，侠累又韩君之季父也，宗族盛多，居处兵卫甚设，臣欲使人刺之，（众）终莫能就。今足下幸而不弃，请益其车骑壮士可为足下辅翼者。”聂政曰：“韩之与卫，相去中间不甚远，今杀人之相，相又国君之亲，此其势不可以多人，多人不能无生得失，生得失则语泄，语泄是韩举国而与仲子为仇，岂不殆哉！”遂谢车骑人徒，聂政乃辞独行。

杖剑至韩，韩相侠累方坐府上，持兵戟而卫侍者甚众。聂政直入，上阶刺杀侠累，左右大乱。聂政大呼，所击杀者数十人，因自皮面决眼，自屠出肠，遂以死。

韩取聂政尸暴于市，购问莫知谁子。于是韩（购）县〔购〕之，有能言杀相侠累者予千金。久之，莫知也。

政姊荣闻人有刺杀韩相者，贼不得，国不知其名姓，暴其尸而县之千金，乃於邑曰："其是吾弟与？嗟乎，严仲子知吾弟！"立起，如韩，之市，而死者果政也，伏尸哭极哀，曰："是轵深井里所谓聂政者也。"市行者诸众人皆曰："此人暴虐吾国相，王县购其名姓千金，夫人不闻与？何敢来识之也？"荣应之曰："闻之。然政所以蒙污辱自弃于市贩之间者，为老母幸无恙，妾未嫁也。亲既以天年下世，妾已嫁夫，严仲子乃察举吾弟困污之中而交之，泽厚矣，可奈何！士固为知己者死，今乃以妾尚在之故，重自刑以绝从，妾其奈何畏殁身之诛，终灭贤弟之名！"大惊韩市人。乃大呼天者三，卒於邑悲哀而死政之旁。

晋、楚、齐、卫闻之，皆曰："非独政能也，乃其姊亦烈女也。乡使政诚知其姊无濡忍之志，不重暴骸之难，必绝险千里以列其名，姊弟俱僇于韩市者，亦未必敢以身许严仲子也。严仲子亦可谓知人能得士矣！"

其后二百二十馀年秦有荆轲之事。

荆轲者，卫人也。其先乃齐人，徙于卫，卫人谓之庆卿。而之燕，燕人谓之荆卿。

荆卿好读书击剑，以术说卫元君，卫元君不用。其后秦伐卫，置东郡，徙卫元君之支属于野王。

荆轲尝游过榆次，与盖聂论剑，盖聂怒而目之。荆轲出，人或言复召荆卿。盖聂曰："曩者吾与论剑有不称者，吾目之；试往，是宜去，不敢留。"使使往之主人，荆卿则已驾而去榆次矣。使者还报，盖聂曰："固去也，吾曩者目摄之。"

荆轲游于邯郸，鲁句践与荆轲博，争道，鲁句践怒而叱之，荆轲嘿而逃去，遂不复会。

荆轲既至燕，爱燕之狗屠及善击筑者高渐离。荆轲嗜酒，日与狗屠及高渐离饮于燕市，酒酣以往，高渐离击筑，荆轲和而歌于市中，相乐也，已而相泣，旁若无人者。荆轲虽游于酒人乎，然其为人沉深好书；其所游诸侯，尽与其贤豪长者相结。其之燕，燕之处士田光先生亦善待之，知其非庸人也。

居顷之，会燕太子丹质秦亡归燕。燕太子丹者，故尝质于赵，而秦王政生于赵，其少时与丹欢。及政立为秦王，而丹质于秦。秦王之遇燕太子丹不善，故丹怨而亡归。归而求为报秦王者，国小，力不能。其后秦日出兵山东以伐齐、楚、三晋，稍蚕食诸侯，且至于燕。燕君臣皆恐祸之至。太子丹患之，问其傅鞠武。武对曰："秦地遍天下，威胁韩、魏、赵氏。北有甘泉、谷口之固，南有泾、渭之沃，擅巴、汉之饶，右陇、蜀之山，左关、殽之险，民众而士厉，兵革有馀。意有所出，则长城之南，易水以北，未有所定也。奈何以见陵之怨，欲批其逆鳞哉！"丹曰："然则何由？"对曰："请入图之。"

居有间，秦将樊於期得罪于秦王，亡之燕，太子受而舍之。鞠武谏曰："不可。夫以秦王之暴而积怒于燕，足为寒心，又况闻樊将军之所在乎？是谓'委肉当饿虎之蹊'也，祸必不振矣！虽有管、晏，不能为之谋也。愿太子疾遣樊将军入匈奴以灭口。请西约三晋，南连齐、楚，北购于单于，其后乃可图也。"太子曰："太傅之计，旷日弥久，心惛然，恐不能须臾。且非独于此也，夫樊将军穷困于天下，归身于丹，丹终不以迫于强秦而弃所哀怜之交，置之匈奴。是固丹命卒之时也，愿太傅更虑之。"鞠武曰："夫行危欲求安，造祸而求福，计浅而怨深，连结一人之后交，不顾国家之大害，此所谓'资怨而助祸'矣。夫以鸿毛燎于炉炭之上，必无事矣。且以雕鸷之秦，行怨暴之怒，岂足道哉！燕有田光先生，其为人智深而勇沉，可与谋。"太子曰："愿因太傅而得交于田先生，可乎？"鞠武曰："敬诺。"出见田先生道："太子愿图国事于先生也。"田光曰："敬奉教。"乃造焉。

太子逢迎，却行为导，跪而蔽席。田光坐定，左右无人，太子避席而请曰："燕、秦不两立，愿先生留意也。"田光曰："臣闻骐骥盛壮之时，一日而驰千里；至其衰老，驽马先之。今太子闻光盛壮之时，不知臣精已消亡矣。虽然，光不敢以图国事，所善荆卿可使也。"太子曰："愿因先生得结交于荆卿，可乎？"田光曰："敬诺。"即起，趋出。太子送至门，戒曰："丹所报，先生所言者，国之大事也，愿先生勿泄也！"田光俯而笑曰："诺。"偻行见荆卿，曰："光与子相善，燕国莫不知。今太子闻光壮盛之时，不知吾形已不逮也，幸而教之曰'燕、秦不两立，愿先生留意也'。光窃不自外，言足下于太子也。愿足下过太子于宫。"荆轲曰："谨奉教。"田光曰："吾闻之，长者为行，不使人疑之。今太子告光曰'所言者，国之大事也，愿先生勿泄'，是太子疑光也。夫为行而使人疑之，非节侠也。"欲自杀以激荆卿，曰："愿足下急过太子，言光已死，明不言也。"因遂自刎而死。

荆轲遂见太子，言田光已死，致光之言。太子再拜而跪，膝行流涕，有顷而后言曰：“丹所以诫田先生毋言者，欲以成大事之谋也。今田先生以死明不言，岂丹之心哉！”荆轲坐定，太子避席顿首曰：“田先生不知丹之不肖，使得至前，敢有所道，此天之所以哀燕而不弃其孤也。今秦有贪利之心，而欲不可足也。非尽天下之地，臣海内之王者，其意不厌。今秦已虏韩王，尽纳其地。又举兵南伐楚，北临赵。王翦将数十万之众距漳、邺，而李信出太原、云中。赵不能支秦，必入臣，入臣则祸至燕。燕小弱，数困于兵，今计举国不足以当秦。诸侯服秦，莫敢合从。丹之私计愚，以为诚得天下之勇士使于秦，窥以重利，秦王贪，其势必得所愿矣。诚得劫秦王，使悉反诸侯侵地，若曹沫之与齐桓公，则大善矣；则不可，因而刺杀之。彼秦大将擅兵于外而内有乱，则君臣相疑，以其间诸侯得合从，其破秦必矣。此丹之上愿，而不知所委命，唯荆卿留意焉。”久之，荆轲曰：“此国之大事也，臣驽下，恐不足任使。”太子前顿首，固请毋让，然后许诺。于是尊荆卿为上卿，舍上舍。太子日造门下，供太牢具，异物间进，车骑美女恣荆轲所欲，以顺适其意。

久之，荆轲未有行意，秦将王翦破赵，虏赵王，尽收入其地，进兵北略地至燕南界。太子丹恐惧，乃请荆轲曰：“秦兵旦暮渡易水，则虽欲长侍足下，岂可得哉！”荆轲曰：“微太子言，臣愿谒之。今行而毋信，则秦未可亲也。夫樊将军，秦王购之金千斤，邑万家。诚得樊将军首与燕督亢之地图，奉献秦王，秦王必说见臣，臣乃得有以报。”太子曰：“樊将军穷困来归丹，丹不忍以己之私而伤长者之意，愿足下更虑之！”

荆轲知太子不忍，乃遂私见樊於期曰：“秦之遇将军可谓深矣，父母宗族皆为戮没。今闻购将军首金千斤，邑万家，将奈何？”於期仰天太息流涕曰：“於期每念之，常痛于骨髓，顾计不知所出耳！”荆轲曰：“今有一言可以解燕国之患，报将军之仇者，何如？”於期乃前曰：“为之奈何？”荆轲曰：“愿得将军之首以献秦王，秦王必喜而见臣，臣左手把其袖，右手揕其匈，然则将军之仇报而燕见陵之愧除矣。将军岂有意乎？”樊於期偏袒扼腕而进曰：“此臣之日夜切齿腐心也，乃今得闻教！”遂自刭。太子闻之，驰往，伏尸而哭，极哀。既已不可奈何，乃遂盛樊於期首函封之。

于是太子豫求天下之利匕首，得赵人徐夫人匕首，取之百金，使工以药淬之，以试人，血濡缕，人无不立死者。乃装为遣荆卿。燕国有勇士秦舞阳，年十三，杀人，人不敢忤视。乃令秦舞阳为副。荆轲有所待，欲与俱；其人居远未来，而为治行。顷之，未发，太子迟之，疑其改悔，乃复请曰："日已尽矣，荆卿岂有意哉？丹请得先遣秦舞阳。"荆轲怒，叱太子曰："何太子之遣？往而不反者，竖子也！且提一匕首入不测之强秦，仆所以留者，待吾客与俱，今太子迟之，请辞决矣！"遂发。

太子及宾客知其事者，皆白衣冠以送之。至易水之上，既祖，取道，高渐离击筑，荆轲和而歌，为变徵之声，士皆垂泪涕泣。又前而歌曰："风萧萧兮易水寒，壮士一去兮不复还！"复为羽声慷慨。士皆瞋目，发尽上指冠。于是荆轲就车而去，终已不顾。

遂至秦，持千金之资币物，厚遗秦王宠臣中庶子蒙嘉。嘉为先言于秦王曰："燕王诚振怖大王之威，不敢举兵以逆军吏，愿举国为内臣，比诸侯之列，给贡职如郡县，而得奉守先王之宗庙。恐惧不敢自陈，谨斩樊於期之头，及献燕督亢之地图，函封，燕王拜送于庭，使使以闻大王，唯大王命之。"秦王闻之，大喜，乃朝服，设九宾，见燕使者咸阳宫。

荆轲奉樊於期头函，而秦舞阳奉地图匣，以次进。至陛，秦舞阳色变振恐，群臣怪之。荆轲顾笑舞阳，前谢曰："北蕃蛮夷之鄙人，未尝见天子，故振慑。愿大王少假借之，使得毕使于前。"秦王谓轲曰："取舞阳所持地图。"轲既取图奏之秦王，发图，图穷而匕首见。因左手把秦王之袖，而右手持匕首揕之。未至身，秦王惊，自引而起，袖绝。拔剑，剑长，操其室。时惶急，剑坚，故不可立拔。荆轲逐秦王，秦王环柱而走。群臣皆愕，卒起不意，尽失其度。而秦法，群臣侍殿上者不得持尺寸之兵；诸郎中执兵皆陈殿下，非有诏召不得上。方急时，不及召下兵，以故荆轲乃逐秦王。而卒惶急，无以击轲，而以手共搏之。是时侍医夏无且以其所奉药囊提荆轲也。秦王方环柱走，卒惶急，不知所为，左右乃曰："王负剑！"负剑，遂拔以击荆轲，断其左股。荆轲废，乃引其匕首以擿秦王，不中，中桐柱。秦王复击轲，轲被八创。轲自知事不就，倚柱而笑，箕踞以骂曰："事所以不成者，以欲生劫之，必得约契以报太子也。"

于是左右既前杀轲，秦王不怡者良久。已而论功，赏群臣及当坐者各有差，而赐夏无且黄金二百溢，曰："无且爱我，乃以药囊提荆轲也。"

于是秦王大怒，益发兵诣赵，诏王翦军以伐燕。十月而拔蓟城。燕王喜、太子丹等尽率其精兵东保于辽东。秦将李信追击燕王急，代王嘉乃遗燕王喜书曰："秦所以尤追燕急者，以太子丹故也。今王诚杀丹献之秦王，秦王必解，而社稷幸得血食。”其后李信追丹，丹匿衍水中，燕王乃使使斩太子丹，欲献之秦。秦复进兵攻之。后五年，秦卒灭燕，虏燕王喜。

其明年，秦并天下，立号为皇帝。于是秦逐太子丹、荆轲之客，皆亡。高渐离变名姓为人庸保，匿作于宋子。久之，作苦，闻其家堂上客击筑，傍偟不能去。每出言曰：“彼有善有不善。”从者以告其主，曰：“彼庸乃知音，窃言是非。”家丈人召使前击筑，一坐称善，赐酒。而高渐离念久隐畏约无穷时，乃退，出其装匣中筑与其善衣，更容貌而前。举坐客皆惊，下与抗礼，以为上客。使击筑而歌，客无不流涕而去者。宋子传客之。闻于秦始皇。秦始皇召见，人有识者，乃曰：“高渐离也。”秦皇帝惜其善击筑，重赦之，乃矐其目。使击筑，未尝不称善，稍益近之。高渐离乃以铅置筑中，复进得近，举筑朴秦皇帝，不中。于是遂诛高渐离，终身不复近诸侯之人。

鲁勾践已闻荆轲之刺秦王，私曰：“嗟乎，惜哉其不讲于刺剑之术也！甚矣吾不知人也！曩者吾叱之，彼乃以我为非人也！”

太史公曰：世言荆轲，其称太子丹之命，“天雨粟，马生角”也，太过。又言荆轲伤秦王，皆非也。始公孙季功、董生与夏无且游，具知其事，为余道之如是。自曹沫至荆轲五人，此其义或成或不成，然其立意较然，不欺其志，名垂后世，岂妄也哉！

【译文】

曹沫，是鲁国人，凭借着勇敢和力气侍奉鲁庄公。庄公喜爱有力气的人。曹沫任鲁国的将军，和齐国作战，多次战败逃跑。鲁庄公害怕了，就献出遂邑地区求和，还继续让曹沫任将军。

齐桓公答应和鲁庄公在柯地会见，订立盟约。桓公和庄公在盟坛上订立盟约以后，曹沫手拿匕首胁迫齐桓公，桓公的侍卫人员没有谁敢轻举妄动，桓公问：“您打算干什么？”曹沫回答说：“齐国强大，鲁国弱小，而大国侵略鲁国也太过分了。如今鲁国都城一倒塌就会压到齐国的边境，您要考虑考虑这个问题。”于是齐桓公答应全部归还鲁国被侵占的土地。说完以后，曹沫扔下匕首，走下盟坛，回到面向北的臣子的位置上，面不改色，谈吐从容如常。桓公很生气，打算背弃盟约。管仲说：“不可以。贪图小的利益以求得一时的快意，就会在诸侯面前丧失信用，失去天下人对您的支持，不如归还他们的失地。”于是，齐桓公就归还了占领的鲁国的土地，将曹沫多次打仗所丢失的土地全部归还鲁国。

此后过了一百六十七年，吴国有专诸的事迹。

专诸，是吴国堂邑人。伍子胥逃离楚国前往吴国时，知道专诸很有本事。伍子胥进见吴王僚后，用攻打楚国的好处劝说他。吴公子光说：“那个伍员，父亲、哥哥都是被楚国杀死的，所以伍员才讲攻打楚国的好处，他这是为了报自己的私仇，并不是替吴国打算。”吴王就不再讨论伐楚的事。伍子胥知道公子光打算杀掉吴王僚，就说：“那个公子光有在国内夺取王位的企图，现在还不能劝说他向国外出兵。”于是就把专诸推荐给公子光。

公子光的父亲是吴王诸樊。诸樊有三个弟弟：按兄弟次序排，大弟弟叫余祭，二弟弟叫夷昧，最小的弟弟叫季子札。诸樊知道季子札贤明，就不立太子，想依照兄弟的次序把王位传递下去，最后好把国君的位子传给季子札。诸樊死去以后王位传给了余祭。余祭死后，传给夷昧。夷昧死后本当传给季子札，季子札却逃跑了，不肯继任国君，吴国人就拥立夷昧的儿子僚为国君。公子光说：“如果按兄弟的次序，季子应当被立；如果一定要传给儿子的话，那么我才是真正的嫡子，应当立我为君。”所以他秘密地供养一些有智谋的人，以便靠他们的帮助取得王位。

公子光得到专诸以后，像对待宾客一样地优待他。吴王僚九年，楚平王死了。这年春天，吴王僚想趁着楚国办丧事的时候，派他的两个弟弟公子盖余、属庸率领军队包围楚国的灊城，派延陵季子到晋国，以观察各诸侯国的动静。楚国出动军队，断绝了吴将盖余、属庸的后路，吴国军队不能返还。这时公子光对专诸说：“这个机会不能失掉，不去争取，哪会获得！况且我是真正的继承人，应当被立为国君，季子即使回来，也不会废掉我呀。”专诸说：“王僚是可以杀掉的。母亲已老，儿子还弱，两个弟弟带着军队攻打楚国，楚国军队断绝了他们的后路。当前吴军在外被楚国围困，而国内没有正直敢言的忠臣。这样王僚还能把我们怎么样呢？”公子光以头叩地说：“我公子光的身体，也就是您的身体，您身后的事都由我负责了。”

这年四月丙子日，公子光在地下室埋伏下身穿铠甲的武士，备办酒席宴请吴王僚，王僚派出卫队，从王宫一直排列到公子光的家里，门户、台阶两旁，都是王僚的亲信。夹道站立的侍卫，都举着长矛。喝酒喝到畅快的时候，公子光假装脚有毛病，进入地下室，让专诸把匕首放到烤鱼的肚子里，然后把鱼进献上去。到王僚跟前，专诸掰开鱼，趁势用匕首刺杀了王僚，王僚当时就死了。侍卫人员也杀死了专诸，王僚手下的人一时混乱不堪。公子光命令埋伏的武士攻击王僚的部下，全部消灭了他们，于是自立为国君，这就是吴王阖闾。阖闾于是封专诸的儿子为上卿。

此后七十多年，晋国有豫让的事迹。

豫让，是晋国人，以前曾经侍奉范氏和中行氏两家大臣，没什么名声。后来他离开那里去侍奉智伯，智伯特别地尊重宠幸他。等到智伯攻打赵襄子时，赵襄子和韩、魏合谋灭了智伯；消灭智伯以后，三家分割了他的国土。赵襄子最恨智伯，就把他的头盖骨漆成饮具。豫让潜逃到山中，说："唉呀！好男儿可以为了解自己的人去死，好女子应该为喜爱自己的人梳妆打扮。现在智伯是我的知己，我一定替他报仇而献出生命，用以报答智伯的知遇之恩。那么，我就是死了，魂魄也没有什么可惭愧的了。"于是更名改姓，伪装成受过刑的人，进入赵襄子宫中修整厕所，身上藏着匕首，想要用它刺杀赵襄子。赵襄子到厕所去，心中一阵悸动，抓住修整厕所的刑人讯问，才知道是豫让，衣服里面还藏着利刃，豫让说："我要替智伯报仇！"侍卫要杀掉他，襄子说："他是义士，我谨慎小心地回避他就是了。况且智伯死后没有继承人，而他的家臣想替他报仇，这是天下的贤人啊。"最后还是让他走了。

过了不久，豫让又把漆涂在身上，使肌肤肿烂，像得了癞疮，吞下炭，使声音变得嘶哑，使自己的形体相貌不可辨认，沿街讨饭。就连他的妻子也不认识他了。路上遇见他的朋友，辨认出来，说："你不是豫让吗？"回答说："是我。"朋友为他流着眼泪说："凭着你的才能，委身侍奉赵襄子，襄子一定会亲近宠爱你。这样你再干你所想干的事，难道不是很容易的吗？何苦自己摧残身体，丑化形貌，想要用这样的办法达到向赵襄子报仇的目的呢？这不是更困难吗？"豫让说："托身侍奉人家以后，又要杀掉他，这是怀着异心侍奉君主啊。我知道选择这样的做法是非常困难的，可是我之所以选择这样的做法，就是要使天下后世那些怀着异心侍奉国君的臣子感到惭愧！"

豫让说完就走了，不久，襄子外出，豫让潜藏在他必定经过的桥下。襄子来到桥上，马受了惊，襄子说："这一定是豫让。"派人去搜查，果然是豫让。于是襄子就列举他的罪过指责他说："您不是曾经侍奉过范氏、中行氏吗？智伯把他们都消灭了，而您不替他们报仇，反而托身为智伯的家臣。智伯已经死了，您为什么单单如此急切地为他报仇呢？”豫让说：“我侍奉范氏、中行氏，他们都把我当作一般人看待，所以我像对待一般人那样报答他们。至于智伯，他把我当作国士看待，所以我就像对待国士那样报答他。”襄子喟然长叹，流着泪说：“唉呀，豫让先生！您为智伯报仇，已算成名了；而我宽恕你，也足够了。您该为自己作个打算，我不能再放过您了！”命令士兵团团围住他。豫让说：“我听说贤明的君主不埋没别人的美名，而忠臣有为美名去死的道理。以前您宽恕了我，普天下没有谁不称道您的。今天的事，我本当受死罪，但我希望能得到您的衣服刺它几下，这样也就达到我报仇的意愿了。那么，即使死了，我也没有遗恨了。我不敢指望您答应我的要求，但我还是冒昧地说出我的心意！”襄子非常赞赏他的侠义，于是就派人拿着自己的衣裳给豫让。豫让拔出宝剑多次跳起来击刺它，说：“我可以报答智伯于九泉之下了！”于是以剑自杀了。自杀那天，赵国有志之士听到这个消息，都为他哭泣。

此后四十多年，轵邑有聂政的事迹。

聂政是轵邑深井里人。他杀人后为躲避仇家，和母亲、姐姐逃往齐国，以屠宰牲畜为职业。

过了很久，濮阳严仲子侍奉韩哀侯，和韩国国相侠累结下仇怨。严仲子怕遭杀害，逃走了。他四处游历，寻求能替他向侠累报仇的人。到了齐国，齐国有人说聂政是个勇敢之士，因为躲避仇人隐迹于屠夫中间。严仲子登门拜访，多次往返，然后备办了宴席，亲自捧杯给聂政的母亲敬酒。喝到畅快兴浓时，严仲子献上黄金一百镒，到聂政老母跟前祝寿。聂政面对厚礼感到奇怪，坚决谢绝严仲子的厚礼。严仲子却执意要送，聂政辞谢说：“我幸有老母健在，家里虽贫穷，客居在此，以杀猪宰狗为业，早晚的时候买些甘甜松脆的东西奉养老母，老母的供养还算齐备，可不敢接受仲子的赏赐。”严仲子避开别人，对聂政说：“我有仇人，我周游好多诸侯国，都没找到能为我报仇的人；但来到齐国，听说您很重义气，所以献上百金，作为您母亲大人一点粗粮的费用，希望能够跟您交个朋友，哪里敢有别的索求和指望！”聂政说：“我之所以降低心志，委屈自己，在这市场上做个屠夫，就是希望借此奉养老母；老母在世，我不敢答应别人替他卖命。”严仲子执意赠送，聂政却始终不肯接受。但是严仲子终于尽到了宾主相见的礼节，告辞离去。

过了很久，聂政的母亲去世了。安葬后，丧服期满了，聂政才说：“唉呀！我不过是平民百姓，拿着刀杀猪宰狗，而严仲子是诸侯的卿相，却不远千里，委屈身份和我结交。我待人家的情谊是太浅薄、太微不足道了，没有什么大的功劳可以和他对我的恩情相抵，而严仲子献上百金为老母祝寿，我虽然没有接受，可是这件事说明他是特别了解我啊。贤德的人因感愤于一点小的仇恨，把我这个处于偏僻的穷困屠夫视为亲信，我怎么能一味地默不作声，就此完事了呢！况且他以前来邀请我，我只是因为老母在世，才没有答应。而今老母享尽天年，我该要为了解我的人出力了。”于是就西行到濮阳，见到严仲子说：“以前我所以没答应仲子的邀请，仅仅是因为老母在世；如今不幸老母已享尽天年。仲子要报复的仇人是谁？请让我去办这件事吧！”严仲子原原本本地告诉他说：“我的仇人是韩国宰相侠累，侠累又是韩国国君的叔父，宗族旺盛、人丁众多，他居住的地方士兵防卫严密，我要派人刺杀他，始终也没有得手。如今承蒙您不嫌弃我，应允下来，请允许我增加车骑壮士作为您的助手。”聂政说：“韩国与卫国，中间距离不太远，如今刺杀人家的宰相，宰相又是国君的亲属，在这种情势下不能去很多人，人多了难免发生意外，发生意外就会走漏消息；走漏消息，那就等于整个韩国的人与您为仇，这难道不是太危险了吗！”于是谢绝车骑人众，辞别严仲子只身上路了。

他带着宝剑到了韩国的都城，韩国宰相侠累正好坐在堂上，持刀荷戟的护卫很多。聂政径直而入，走上台阶刺杀了侠累，侍从人员大乱。聂政高声大叫，被他击杀的有几十个人，又趁势毁坏自己的面容，挖出眼睛，剖开肚皮，流出肠子，就这样死了。

韩国把聂政的尸体陈列在街市上，出赏金查问凶手是谁家的人，没有人知道。于是韩国悬赏征求，若能说出杀死宰相侠累的人，赏给千金。过了很久，仍没有人知道。

聂政的姐姐聂荣听说有人刺杀了韩国的宰相，却不知道凶手到底是谁，全韩国的人也不知他的姓名，只是陈列着他的尸体，悬赏千金，叫人们辨认，就抽泣着说：“大概是我弟弟吧？唉呀，严仲子了解我弟弟呀！”于是马上动身，前往韩国的都城。来到街市，她看到死者果然是聂政，就趴在尸体上痛哭，极为哀伤，说：“这就是轵邑深井里的聂政啊。”街上的行人们都说：“这个人残忍地杀害我国宰相，君王悬赏千金询查他的姓名，夫人没听说吗？怎么敢来认尸啊？”聂荣回答他们说：“我听说了。可是聂政所以承受羞辱不惜混迹于屠猪贩肉的人中间，是因为老母健在，我还没有出嫁。老母享尽天年去世后，我已嫁人，严仲子从穷困低贱的处境中把我弟弟挑选出来结交他，恩情深厚，我弟弟还能怎么办呢！勇士本来应该替知己的人牺牲性命，如今因为我还活在世上的缘故，他就重重地自行毁坏面容躯体，使人不能辨认，以免牵连别人，我怎么能害怕杀身之祸，永远埋没弟弟的名声呢？”这整个街上的人都大为震惊。聂荣于是高喊三声“天哪”，终于因为过度哀伤而死在聂政身旁。

晋、楚、齐、卫等国的人听到这个消息，都说：“不单是聂政有能力，就是他姐姐也是烈性女子。假使聂政果真知道他姐姐没有含忍的性格，不顾惜露尸于外的苦难，一定要越过千里的艰难险阻来彰显他的姓名，以致姐弟二人一同死在韩国的街市，那他也未必敢对严仲子以身相许。严仲子也可以说是识人，才能够赢得贤士啊！”

从此以后二百二十多年，秦国有荆轲的事迹。

荆轲是卫国人，他的祖先是齐国人，后来搬到到卫国去了，卫国人称呼他庆卿。到燕国后，燕国人称呼他荆卿。

荆卿喜爱读书、击剑，凭借着剑术游说卫元君，卫元君没有任用他。此后秦国攻打魏国，设置了东郡，把卫元君的旁支亲属迁移到野王。

荆轲漫游的时候曾路经榆次，与盖聂谈论剑术，盖聂对他怒目而视。荆轲出去以后，有人劝盖聂再把荆轲叫回来。盖聂说：“刚才我和他谈论剑术，他谈得有不甚得当的地方，我用眼瞪了他；去找找看吧，我用眼瞪他，他应该走了，不敢再留在这里了。”派人到荆轲住处询问房东，荆轲已乘车离开榆次了。派去的人回来报告，盖聂说：“本来就该走了，刚才我用眼睛瞪他，他害怕了。”

荆轲漫游到邯郸，鲁句践跟荆轲博戏，争执博局的路数，鲁句践发怒呵斥他，荆轲却默无声息地逃走了，于是不再见面。

荆轲到燕国以后，结交了一个以宰狗为业的人和擅长击筑的高渐离。荆轲特别好饮酒，天天和那个宰狗的屠夫及高渐离在燕市上喝酒，喝得似醉非醉以后，高渐离击筑，荆轲就和着拍节在街市上唱歌，相互娱乐，不一会儿又相互哭泣，好像身旁没有人的样子。荆轲虽说混迹于酒徒中，可是他的为人却深沉稳重，喜欢读书；他游历诸侯各国，都是与当地贤士豪杰德高望众的人相结交。他到燕国后，燕国隐士田光先生也友好地对待他，知道他不是平庸的人。

荆轲与高渐离饮于燕市图

过了不久，适逢在秦国做人质的燕太子丹逃回燕国。燕太子丹，过去曾在赵国做人质，而秦王嬴政出生在赵国，他少年时和太子丹很要好。等到嬴政被立为秦王，太子丹又到秦国做人质。秦王对燕太子不友好，所以太子丹因怨恨而逃回来。回来后就寻求报复秦王的办法，燕国弱小，依靠国家的势力是不能成功的。此后秦国天天出兵崤山以东，攻打齐、楚和三晋，像蚕吃桑叶一样，逐渐地侵吞各国。战火将波及燕国，燕国君臣唯恐大祸临头。太子丹为此忧虑，请教他的老师鞠武。鞠武回答说："秦国的土地遍天下，威胁到韩国、魏国、赵国。它北面有甘泉、谷口坚固险要的地势，南面有泾河、渭水流域肥沃的土地，据有富饶的巴郡、汉中地区，右边有陇、蜀崇山峻岭为屏障，左边有崤山、函谷关做要塞，人口众多而士兵训练有素，武器装备绰绰有余。秦国有意图向外扩张，那么长城以南、易水以北就没有安稳的地方了。为什么您还因为被欺侮的怨恨，要去触动秦王的逆鳞呢？"太子丹说："既然如此，那么我们怎么办呢？"鞠武回答说："让我进一步考虑考虑。"

过了一些时候，秦将樊於期得罪了秦王，逃到了燕国，太子接纳了他，并让他住下来。鞠武规劝说："不行。秦王本来就很凶暴，再积怒到燕国，这就足以叫人担惊害怕了，又何况他听到樊将军住在这里呢？这叫作'把肉放置在饿虎经过的小路上'啊，祸患一定不可避免！即使有管仲、晏婴，也不能为您出谋划策了。希望您赶快把樊将军送到匈奴去，以消除秦国攻打我们的借口。然后请您向西与三晋结盟，向南连络齐、楚，向北与单于和好，然后就可以想办法对付秦国了。"太子丹说："老师的计划需要的时间太长了，我现在心里忧闷烦乱，恐怕连片刻也等不及了。况且并非单单因为这个缘故，樊将军在天下已是穷途末路，投奔于我，我总不能因为迫于强暴的秦国而抛弃我所同情的朋友，把他送到匈奴去，只有在我生命完结的时刻才会这么做。希望老师另考虑别的办法。"鞠武说："选择危险的行动想求得安全，制造祸患而祈请幸福，计谋浅薄而怨恨深重，为了结交一个新朋友，而不顾国家的大祸患，这就是所说的'积蓄仇怨而助祸患'了。拿大雁的羽毛放在炉炭上一下子就烧光了。何况是雕鸷一样凶猛的秦国，对燕国发泄仇恨残暴的怒气，难道用得着说吗！燕国有位田光先生，他这个人智谋深邃而勇敢沉着，您可以和他商量。"太子说："我希望通过老师而得以结交田先生，可以吗？"鞠武说："遵命。"鞠武便出去拜会田先生，说："太子希望跟田先生一同谋划国事。"田光说：

“谨领教。”就前去拜访太子。

太子上前迎接田光，倒退着走为他引路，跪下来拂拭座位给他让坐。田光坐稳后，左右没别人，太子离开自己的座位向田光请教说：“燕国与秦国誓不两立，希望先生留意。”田光说：“我听说骐骥盛壮的时候，一日可奔驰千里，等到它衰老了，就是劣等马也能跑到它的前边。如今太子光听说我盛壮之年的情景，却不知道我精力已经衰竭了。虽然如此，我不能冒昧地谋划国事，我的好朋友荆卿是可以承担这个使命的。”太子说：“我希望能通过先生和荆卿结交，可以吗？”田光说：“遵命。”于是即刻起身，急忙出去了。太子送到门口，告诫说：“我所讲的，先生所说的，是国家的大事，希望先生不要泄露啊！”田光俯下身去笑着说：“是。”田光弯腰驼背地走着去见荆卿，说：“我和您彼此要好，燕国没有谁不知道，如今太子听说我盛壮之年时的情景，却不知道我的身体已力不从心了，我荣幸地听他教诲说：‘燕国、秦国誓不两立，希望先生留意。’我私下和您不见外，已经把您推荐给太子，希望您前往宫中拜访太子。”荆轲说：“谨领教。”田光说：“我听说，年长老成的人行事，不会让别人怀疑他。如今太子告诫我说‘所说的，是国家大事，希望先生不要泄露’，这是太子怀疑我了。一个人行事却让别人怀疑他，他就不算是有节操、讲义气的人。”他要用自杀来激励荆卿，说：“希望您立即去见太子，就说我已经死了，表明我不会泄露机密的决心。”因此就刎颈自杀了。

荆轲于是便去会见太子，告诉他田光已死，转达了田光的话。太子拜了两拜跪下去，跪着前行，痛哭流涕，过了一会儿说：“我所以告诫田先生不要泄露，是想使大事的谋划得以成功。如今田先生以死来表明他不会说出去，难道这是我的初衷吗？”荆轲坐稳后，太子离开座位以头叩地说：“田先生不知道我不上进，使我能够到您跟前，冒昧地有所陈述，这是上天哀怜燕国，不抛弃我啊。如今秦王有贪利的野心，而他的欲望是不会满足的。不占尽天下的土地，使各国的君王向他臣服，他的野心是不会满足的。如今秦国已俘虏了韩王，占领了他的全部领土。他又出动军队向南攻打楚国，向北逼近赵国；王翦率领几十万大军抵达漳水、邺县一带，而李信出兵太原、云中。赵国抵挡不住秦军，一定会向秦国臣服；赵国臣服，那么灾祸就降临到燕国头上了。燕国弱小，多次被战争所困扰，如今估计，调动全国的力量也不能够抵挡秦军。诸侯畏服秦国，没有谁敢提倡合纵政策。我私下有个不成熟的计策，认为果真能得到天下的勇士，派往秦国，用重利诱惑秦王，秦王贪婪，其情势一定能达到我们的愿望。果真能够劫持秦王，让他全部归还侵占各国的土地，像曹沫劫持齐桓公，那就太好了；如果不行，就趁势杀死他。他们秦国的大将在国外独揽兵权，而国内出了乱子，那么君臣彼此猜疑，趁此机会，东方各国得以联合起来，就一定能够打败秦国。这是我最高的愿望，却不知道把这使命委托给谁，希望荆卿仔细地考虑这件事。”过了好一会儿，荆轲说：“这是国家的大事，我的才能低劣，恐怕不能胜任。”太子上前以头叩地，坚决请求不要推托，而后荆轲答应了。当时太子就尊奉荆卿为上卿，让其住进上等的宾馆。太子天天到荆轲的住所拜望，供给贵重的饮食，时不时地还献上奇珍异物，车马美女任荆轲随心所欲，事事顺从他的心意。

过了很长一段时间，荆轲仍没有行动的意思。这时，秦将王翦已经攻破赵国的都城，俘虏了赵王，把赵国的领土全部纳入秦国的版图之中了。大军挺进，向北夺取土地，直到燕国南部边界。太子丹害怕了，于是请求荆轲说：“秦国军队早晚之间就要横渡易水，那时即使我想要长久地侍奉您，怎么能办得到呢！”荆轲说：“太子就是不说，我也要请求行动了。现在到秦国去，没有让秦王相信我的东西，那么秦王就不可以接近。那樊将军，秦王悬赏黄金千斤、封邑万户来购买他的脑袋。如果能得到樊将军的脑袋和燕国督亢的地图，献给秦王，秦王一定高兴地接见我，这样我才能够有机会报效您。”太子说：“樊将军到了穷途末路才来投奔我，我不忍心为自己私利而伤害这位长者的心，希望您考虑别的办法吧！”

荆轲明白太子不忍心，于是就私下会见樊於期说：“秦国对待将军您可以说是太残酷了，父母、家族都被杀尽。如今听说用黄金千斤、封邑万户，购买将军的首级，您打算怎么办呢？”於期仰望苍天，叹息流泪说：“我每每想到这些，就痛入骨髓，却想不出办法来！”荆轲说：“现在有一句话可以解除燕国的祸患，洗雪将军的仇恨，怎么样？”於期凑向前说：“怎么办？”荆轲说：“希望得到将军的首级献给秦王，秦王一定会高兴地召见我，我左手抓住他的衣袖，右手用匕首直刺他的胸膛，那么将军的仇恨可以洗雪，而燕国被欺凌的耻辱可以涤除了，将军是否有这个心意呢？”樊於期脱掉一边衣袖，露出臂膀，一只手紧紧握住另一只手腕，走近荆轲说：“这是我日日夜夜切齿碎心的仇恨，今天才听到您的教诲！”于是就自刎了。太子听到这个消息，驾车奔驰前往，趴在尸体上痛哭，极其悲痛，但是已经没法挽回，于是就把樊於期的首级装到匣子里密封起来。

当时太子已预先寻求天下最锋利的匕首，找到赵国人徐夫人的匕首，花了百金买下它，让工匠用毒水淬它，用人试验，只要见一丝儿血，没有不立刻死的。于是就准备行装，送荆轲出发。燕国有位勇士叫秦舞阳，十三岁就杀了人，别人都不敢正面对着看他。太子就派秦舞阳做助手。荆轲在等待一个人，打算一道出发；那个人住得很远，还没赶到，而荆轲已替那个人准备好了行装。又过了些日子，荆轲还没有出发，太子认为他拖延时间，怀疑他反悔，就再次催请说："日子不多了，荆卿有动身的打算吗？请允许我派遣秦舞阳先行。"荆轲发怒，斥责太子说："太子这样派遣是什么意思？只顾去而不能完成使命回来，那是没出息的小子！况且是拿一把匕首进入难以测度的强暴的秦国。我所以暂留的原因，是等待另一位朋友同去。眼下太子认为我拖延了时间，那我就告辞诀别吧！"于是就出发了。

太子及宾客中知道这件事的，都穿着白衣戴着白帽为荆轲送行。到易水岸边，饯行以后，上路，高渐离击筑，荆轲和着拍节唱歌，发出苍凉凄惋的声调，送行的人都流泪哭泣，一边向前走一边唱道："风萧萧兮易水寒，壮士一去兮不复还！"随后又发出慷慨激昂的声调，送行的人们怒目圆睁，头发直竖，把帽子都顶起来。于是荆轲就上车走了，连头也不回。

一到秦国，荆轲带着价值千金的礼物，厚赠秦王宠幸的臣子中庶子蒙嘉。蒙嘉替荆轲先在秦王面前说："燕王确实因大王的威严震慑得心惊胆颤，不敢出动军队抗拒大王的将士，情愿全国上下做秦国的臣子，比照其他诸侯国排列其中，纳税如同直属郡县，使得以奉守先王的宗庙。因为慌恐畏惧不敢亲自前来陈述。谨此砍下樊於期的首级并献上燕国督亢地区的地图，装匣密封。燕王还在朝廷上举行了拜送仪式，派出使臣把这种情况禀明大王，敬请大王指示。"秦王听到这个消息，非常高兴，就穿上了礼服，安排了外交上极为隆重的九宾仪式，在咸阳宫召见燕国的使者。荆轲捧着樊於期的首级，秦舞阳捧着地图匣子，按照正、副使的次序前进，走到殿前台阶下秦舞阳脸色突变，害怕得发抖，大臣们都感到奇怪。荆轲回头朝秦舞阳笑笑，上前谢罪说："北方藩属蛮夷之地的粗野人，没有见过天子，所以心惊胆颤。希望大王稍微宽容他，让他能够在大王面前完成使命。"秦王对荆轲说："递上舞阳拿的地图。"荆轲取过地图献上，秦王展开地图，图卷展到尽头，匕首露出来。荆轲趁机左手抓住秦王的衣袖，右手拿匕首直刺。未近身，秦王大惊，自己抽身跳起，衣袖挣断。慌忙抽剑，剑长，只是抓住了剑鞘。一时惊慌急迫，剑又套得很紧，所以不能立刻拔出。荆轲追赶秦王，秦王绕柱奔跑。大臣们吓得发呆，突然发生意外事变，大家都失去常态。而秦国的法律规定，殿上侍从大臣不允许携带任何兵器；各位侍卫武官也只能拿着武器都依序守卫在殿外，没有皇帝的命令，不准进殿。正当危急时刻，来不及传唤下边的侍卫官兵，因此荆轲能够追赶秦王。仓促之间，惊慌急迫，没有用来攻击荆轲的武器，只能赤手空拳和荆轲搏击。这时，侍从医官夏无且用他所捧的药袋投击荆轲。正当秦王围着柱子跑，仓猝慌急，不知如何是好的时候，侍从们喊道："大王，把剑推到背后！"秦王把剑推到背后，才拔出宝剑攻击荆轲，砍断他的左腿。荆轲残废了，就举起他的匕首直接投刺秦王，没有击中，却击中了铜柱。秦王接连攻击荆轲，荆轲被刺伤八处。荆轲自知大事不能成功了，就倚在柱子上大笑，张开两腿像簸箕一样坐在地上骂道："大事之所以没能成功，是因为我想活捉你，迫使你订立归还诸侯们土地的契约回报给太子。"这时侍卫们冲上前来杀死荆轲，而秦王也不高兴了好一会儿。过后评论功过，赏赐群臣及处置当办罪的官员都各有差别。赐给夏无且黄金二百镒，说："无且爱护我，才用药袋投击荆轲啊。"

于是秦王大发雷霆，增派军队前往赵国，命令王翦的军队去攻打燕国，十月攻克了蓟城。燕王喜、太子丹等率领着全部精锐部队向东退守辽东。秦将李信紧紧地追击燕王，代王嘉就写信给燕王喜说："秦军之所以追击燕军特别急迫，是因为太子丹的缘故。现在您如果杀掉太子丹，把他的人头献给秦王，一定会得到秦王宽恕，而社稷或许也侥幸得到祭祀。"此后李信率军追赶太子丹，太子丹隐藏在衍水河中，燕王就派使者杀了太子丹，准备把他的人头献给秦王。秦王又进军攻打燕国。此后五年，秦国终于灭掉了燕国，俘虏了燕王喜。

第二年，秦王吞并了天下，自称为皇帝。于是通缉太子丹和荆轲的门客，门客们都潜逃了。高渐离更名改姓给人家当佣工，隐藏在宋子这个地方做工。时间长了，他觉得很劳累，听到主人家堂上有客人击筑，走来走去舍不得离开，常常张口就说："那筑的声调有好的地方，也有不好的地方。"侍候的人把高渐离的话告诉主人，说："那个庸工懂得音乐，私下里说是道非的。"家主人叫高渐离到堂前击筑，满座宾客都说他击得好，赏给他酒喝。高渐离考虑到长久地隐姓埋名，担惊受怕地躲藏下去只怕没有尽头，便退下堂来，把自己的筑和衣裳从行装匣子里拿出来，改装整容来到堂前，满座宾客大吃一惊，离开座位用平等的礼节接待他，尊为上宾。人们请他击筑唱歌，宾客们听了，没有不被感动得流着泪而离去的，宋子城里的人轮流请他去做客。这消息被秦始皇听到了，就召令进见。有认识他的人，就说："这是高渐离。"秦始皇怜惜他擅长击筑，特别赦免了他的死罪，薰瞎了他的眼睛，让他击筑，没有一次不说好。渐渐地他更加接近秦始皇了，高渐离便把铅灌进筑中，再进宫击筑靠近时，举筑撞击秦始皇，没有击中。于是秦始皇就杀了高渐离，此后终身不敢再接近从前东方六国的人了。

鲁句践听到荆轲行刺秦王的事，私下说："唉！太可惜啦，他不讲究刺剑的技术啊，我太不了解这个人了！过去我呵斥他，他就以为我不是同路人了。"

太史公说：世人谈论荆轲，当说到太子丹的命运时，说什么"天上像下雨一样落下粮食来，马头长出角来"，这太过分了。又说荆轲刺伤了秦王，这都不是事实。当初公孙季功、董生和夏无且交游的时候，都知道这件事，他们告诉我的就像我记载的那样。从曹沫到荆轲五个人，他们的侠义之举有的成功、有的不成功，但他们的志向意图都很清楚明朗，都没有违背自己的良心，名声流传到后代，这难道是虚妄的吗？

史记卷八十七

李斯列传第二十七

李斯者，楚上蔡人也。年少时，为郡小吏，见吏舍厕中鼠食不洁，近人犬，数惊恐之。斯入仓，观仓中鼠，食积粟，居大庑之下，不见人犬之忧。于是李斯乃叹曰："人之贤不肖譬如鼠矣，在所自处耳！"

乃从荀卿学帝王之术。学已成，度楚王不足事，而六国皆弱，无可为建功者，欲西入秦。辞于荀卿曰："斯闻得时无怠，今万乘方争时，游者主事。今秦王欲吞天下，称帝而治，此布衣驰骛之时而游说者之秋也。处卑贱之位而计不为者，此禽鹿视肉，人面而能强行者耳。故诟莫大于卑贱，而悲莫甚于穷困。久处卑贱之位，困苦之地，非世而恶利，自托于无为，此非士之情也。故斯将西说秦王矣。"

至秦，会庄襄王卒，李斯乃求为秦相文信侯吕不韦舍人。不韦贤之，任以为郎。李斯因以得说，说秦王曰："胥人者，去其几也。成大功者，在因瑕衅而遂忍之。昔者秦穆公之霸，终不东并六国者，何也？诸侯尚众，周德未衰，故五伯迭兴，更尊周室。自秦孝公以来，周室卑微，诸侯相兼，关东为六国，秦之乘胜役诸侯，盖六世矣。今诸侯服秦，譬若郡县。夫以秦之强，大王之贤，由灶上骚除，足以灭诸侯，成帝业，为天下一统，此万世之一时也。今怠而不急就，诸侯复强，相聚约从，虽有黄帝之贤，不能并也。"秦王乃拜斯为长史，听其计，阴遣谋士赍持金玉以游说诸侯。诸侯名士可下以财者，厚遗结之；不肯者，利剑刺之。离其君臣之计，秦王乃使其良将随其后。秦王拜斯为客卿。

会韩人郑国来间秦，以作注溉渠，已而觉。秦宗室大臣皆言秦王曰："诸侯人来事秦者，大抵为其主游间于秦耳，请一切逐客。"李斯议亦在逐中。斯乃上书曰：

臣闻吏议逐客，窃以为过矣。昔穆公求士，西取由余于戎，东得百里奚于宛，迎蹇叔于宋，来丕豹、公孙支于晋。此五子者，不产于秦，而穆公用之，并国二十，遂霸西戎。孝公用商鞅之法，移风易俗，民以殷盛，国以富强，百姓乐用，诸侯亲服，获楚、魏之师，举地千里，至今治强。惠王用张仪之计，拔三川之地，西并巴、蜀，北收上郡，南取汉中，包九夷，制鄢、郢，东据成皋之险，割膏腴之壤，遂散六国之从，使之西面事秦，功施到今。昭王得范雎，废穰侯，逐华阳，强公室，杜私门，蚕食诸侯，使秦成帝业。此四君者，皆以客之功。由此观之，客何负于秦哉！向使四君却客而不内，疏士而不用，是使国无富利之实而秦无强大之名也。

今陛下致昆山之玉，有随、和之宝，垂明月之珠，服太阿之剑，乘纤离之马，建翠凤之旗，树灵鼍之鼓，此数宝者，秦不生一焉，而陛下说之，何也？必秦国之所生然后可，则是夜光之璧不饰朝廷，犀象之器不为玩好，郑、卫之女不充后宫，而骏良駃騠不实外厩，江南金锡不为用，西蜀丹青不为采。所以饰后宫充下陈娱心意说耳目者，必出于秦然后可，则是宛珠之簪、傅玑之珥、阿缟之衣、锦绣之饰不进于前，而随俗雅化佳冶窈窕赵女不立于侧也。夫击瓮叩缶弹筝搏髀，而歌呼呜呜快耳(目)者，真秦之声也；《郑》《卫》《桑间》《昭》《虞》《武》《象》者，异国之乐也。今弃击瓮叩缶而就《郑》《卫》，退弹筝而取《昭》《虞》，若是者何也？快意当前，适观而已矣。今取人则不然。不问可否，不论曲直，非秦者去，为客者逐。然则是所重者在乎色乐珠玉，而所轻者在乎人民也。此非所以跨海内制诸侯之术也。

臣闻地广者粟多，国大者人众，兵强则士勇。是以太山不让土壤，故能成其大；河海不择细流，故能就其深；王者不却众庶，故能明其德。是以地无四方，民无异国，四时充美，鬼神降福，此五帝、三王之所以无敌也。今乃弃黔首以资敌国，却宾客以业诸侯，使天下之士退而不敢西向，裹足不入秦，此所谓"藉寇兵而赍盗粮"者也。

夫物不产于秦，可宝者多；士不产于秦，而愿忠者众。今逐客以资敌国，损民以益仇，内自虚而外树怨于诸侯，求国无危，不可得也。

秦王乃除逐客之令，复李斯官，卒用其计谋。官至廷尉。二十馀年，竟并天下，尊主为皇帝，以斯为丞相。夷郡县城，销其兵刃，示不复用。使秦无尺土之封，不立子弟为王、功臣为诸侯者，使后无战攻之患。

始皇三十四年，置酒咸阳宫，博士仆射周青臣等颂称始皇威德。齐人淳于越进谏曰："臣闻之，殷、周之王千馀岁，封子弟功臣自为支辅。今陛下有海内，而子弟为匹夫，卒有田常、六卿之患，臣无辅弼，何以相救哉？事不师古而能长久者，非所闻也。今青臣等又面谀以重陛下过，非忠臣也。”

始皇下其议丞相，丞相谬其说，绌其辞，乃上书曰：

古者天下散乱，莫能相一，是以诸侯并作，语皆道古以害今，饰虚言以乱实。人善其所私学，以非上所建立。今陛下并有天下，别白黑而定一尊，而私学乃相与非法教之制。闻令下，即各以其私学议之，入则心非，出则巷议。非主以为名，异趣以为高，率群下以造谤。如此不禁，则主势降乎上，党与成乎下。禁之便。臣请诸有文学《诗》《书》、百家语者，蠲除去之。令到满三十日弗去，黥为城旦。所不去者，医药、卜筮、种树之书。若有欲学者，以吏为师。

始皇可其议，收去《诗》《书》、百家之语。以愚百姓，使天下无以古非今。明法度，定律令，皆以始皇起。同文书。治离宫别馆，周遍天下。明年，又巡狩，外攘四夷，斯皆有力焉。

斯长男由为三川守，诸男皆尚秦公主，女悉嫁秦诸公子。三川守李由告归咸阳，李斯置酒于家，百官长皆前为寿，门廷车骑以千数。李斯喟然而叹曰：“嗟乎！吾闻之荀卿曰‘物禁太盛’。夫斯乃上蔡布衣，闾巷之黔首，上不知其驽下，遂擢至此。当今人臣之位无居臣上者，可谓富贵极矣。物极则衰，吾未知所税驾也！”

始皇三十七年十月，行出游会稽，并海上，北抵琅邪。丞相斯、中车府令赵高兼行符玺令事，皆从。始皇有二十馀子，长子扶苏以数直谏上，上使监兵上郡，蒙恬为将。少子胡亥，爱，请从，上许之。馀子莫从。

其年七月，始皇帝至沙丘，病甚，令赵高为书赐公子扶苏曰：“以兵属蒙恬，与丧会咸阳而葬。”书已封，未授使者，始皇崩。书及玺皆在赵高所，独子胡亥、丞相李斯、赵高及幸宦者五六人知始皇崩，馀群臣皆莫知也。李斯以为上在外崩，无真太子，故秘之。置始皇居辒辌车中，百官奏事上食如故，宦者辄从辒辌车中可诸奏事。

赵高因留所赐扶苏玺书，而谓公子胡亥曰：“上崩，无诏封王诸子而独赐长子书。长子至，即立为皇帝，而子无尺寸之地，为之奈何？”胡亥曰：“固也。吾闻之，明君知臣，明父知子。父捐命，不封诸子，何可言者！”赵高曰：“不然。方今天下之权，存亡在子与高及丞相耳，愿子图之。且夫臣人与见臣于人，制人与见制于人，岂可同日道哉！”胡亥曰：“废兄而立弟，是不义也；不奉父诏而畏死，是不孝也；能薄而材谫，强因人之功，是不能也：三者逆德，天下不服，身殆倾危，社稷不血食。”

高曰："臣闻汤、武杀其主，天下称义焉，不为不忠。卫君杀其父，而卫国载其德，孔子著之，不为不孝。夫大行不小谨，盛德不辞让，乡曲各有宜而百官不同功。故顾小而忘大，后必有害；狐疑犹豫，后必有悔。断而敢行，鬼神避之，后有成功。愿子遂之！"胡亥喟然叹曰："今大行未发，丧礼未终，岂宜以此事干丞相哉！"赵高曰："时乎时乎，间不及谋！赢粮跃马，唯恐后时！"

胡亥既然高之言，高曰："不与丞相谋，恐事不能成，臣请为子与丞相谋之。"高乃谓丞相斯曰："上崩，赐长子书，与丧会咸阳而立为嗣。书未行，今上崩，未有知者也。所赐长子书及符玺皆在胡亥所，定太子在君侯与高之口耳。事将何如？"斯曰："安得亡国之言！此非人臣所当议也！"高曰："君侯自料能孰与蒙恬？功高孰与蒙恬？谋远不失孰与蒙恬？无怨于天下孰与蒙恬？长子旧而信之孰与蒙恬？"斯曰："此五者皆不及蒙恬，而君责之何深也？"高曰："高固内官之厮役也，幸得以刀笔之文进入秦宫，管事二十馀年，未尝见秦免罢丞相功臣有封及二世者也，卒皆以诛亡。皇帝二十馀子，皆君之所知。长子刚毅而武勇，信人而奋士，即位，必用蒙恬为丞相，君侯终不怀通侯之印归于乡里，明矣。高受诏教习胡亥，使学以法事数年矣，未尝见过失。慈仁笃厚，轻财重士，辩于心而诎于口，尽礼敬士，秦之诸子未有及此者，可以为嗣。君计而定之。"斯曰："君其反位！斯奉主之诏，听天之命，何虑之可定也？"高曰："安可危也，危可安也。安危不定，何以贵圣？"斯曰："斯，上蔡闾巷布衣也，上幸擢为丞相，封为通侯，子孙皆至尊位重禄者，故将以存亡安危属臣也。岂可负哉！夫忠臣不避死而庶几，孝子不勤劳而见危，人臣各守其职而已矣。君其勿复言，将令斯得罪。"高曰："盖闻圣人迁徙无常，就变而从时，见末而知本，观指而睹归。物固有之，安得常法哉！方今天下之权命悬于胡亥，高能得志焉！且夫从外制中谓之惑，从下制上谓之贼。故秋霜降者草花落，水摇动者万物作，此必然之效也，君何见之晚？"斯曰："吾闻晋易太子，三世不安，齐桓兄弟争位，身死为戮；纣杀亲戚，不听谏者，国为丘墟，遂危社稷：三者逆天，宗庙不血食。斯其犹人哉，安足为谋！"高曰："上下合同，可以长久，中外若一，事无表里。君听臣之计，即长有封侯，世世称孤，必有乔松之寿，孔、墨之智。今释此而不从，祸及子孙，足以为寒心。善者因祸为福，君何处焉？"斯乃仰天而叹，垂泪太息曰："嗟乎！独遭乱世，既以不能死，安托命哉！"于是斯乃听高。高乃报胡亥曰："臣请奉太子之明命以报丞相，丞相斯敢不奉命！"

于是乃相与谋，诈为受始皇诏丞相，立子胡亥为太子。更为书赐长子扶苏曰："朕巡天下，祷祠名山诸神以延寿命。今扶苏与将军蒙恬将师数十万以屯边，十有馀年矣，不能进而前，士卒多耗，无尺寸之功，乃反数上书直言诽谤我所为，以不得罢归为太子，日夜怨望。扶苏为人子不孝，其赐剑以自裁！将军恬与扶苏居外，不匡正，宜知其谋。为人臣不忠，其赐死，以兵属裨将王离。"封其书以皇帝玺，遣胡亥客奉书赐扶苏于上郡。

使者至，发书，扶苏泣，入内舍，欲自杀。蒙恬止扶苏曰："陛下居外，未立太子，使臣将三十万众守边，公子为监，此天下重任也。今一使者来，即自杀，安知其非诈？请复请，复请而后死，未暮也。"使者数趣之。扶苏为人仁，谓蒙恬曰："父而赐子死，尚安复请！"即自杀。蒙恬不肯死，使者即以属吏，系于阳周。

使者还报，胡亥、斯、高大喜。至咸阳，发丧，太子立为二世皇帝。以赵高为郎中令，常侍中用事。

二世燕居，乃召高与谋事，谓曰："夫人生居世间也，譬犹骋六骥过决隙也。吾既已临天下矣，欲悉耳目之所好，穷心志之所乐，以安宗庙而乐万姓，长有天下，终吾年寿，其道可乎？"高曰："此贤主之所能行也，而昏乱主之所禁也。臣请言之，不敢避斧钺之诛，愿陛下少留意焉。夫沙丘之谋，诸公子及大臣皆疑焉，而诸公子尽帝兄，大臣又先帝之所置也。今陛下初立，此其属意怏怏皆不服，恐为变。且蒙恬已死，蒙毅将兵居外，臣战战栗栗，唯恐不终。且陛下安得为此乐乎？"二世曰："为之奈何？"赵高曰："严法而刻刑，令有罪者相坐诛，至收族，灭大臣而远骨肉；贫者富之，贱者贵之。尽除去先帝之故臣，更置陛下之所亲信者近之。此则阴德归陛下，害除而奸谋塞，群臣莫不被润泽，蒙厚德，陛下则高枕肆志宠乐矣。计莫出于此。"二世然高之言，乃更为法律。于是群臣诸公子有罪，辄下高，令鞠治之。杀大臣蒙毅等。公子十二人僇死咸阳市，十公主矺死于杜，财物入于县官。相连坐者不可胜数。

公子高欲奔，恐收族，乃上书曰："先帝无恙时，臣入则赐食，出则乘舆。御府之衣，臣得赐之；中厩之宝马，臣得赐之。臣当从死而不能，为人子不孝，为人臣不忠。不忠者无名以立于世，臣请从死，愿葬郦山之足。唯上幸哀怜之。”书上，胡亥大悦，召赵高而示之，曰：“此可谓急乎？”赵高曰：“人臣当忧死而不暇，何变之得谋！”胡亥可其书，赐钱十万以葬。法令诛罚日益刻深，群臣人人自危，欲畔者众。又作阿房之宫。治直〔道〕、驰道，赋敛愈重，戍徭无已。于是楚戍卒陈胜、吴广等乃作乱，起于山东，杰俊相立，自置为侯王，叛秦，兵至鸿门而却。

李斯数欲请间谏，二世不许。而二世责问李斯曰：“吾有私议而有所闻于韩子也，曰‘尧之有天下也，堂高三尺，采椽不斫，茅茨不剪，虽逆旅之宿不勤于此矣。冬日鹿裘，夏日葛衣，粢粝之食，藜藿之羹，饭土匦，啜土铏，虽监门之养不觳于此矣。禹凿龙门，通大夏，疏九河，曲九防，决渟水致之海，而股无胈，胫无毛，手足胼胝，面目黎黑，遂以死于外，葬于会稽，臣虏之劳不烈于此矣’。然则夫所贵于有天下者，岂欲苦形劳神，身处逆旅之宿，口食监门之养，手持臣虏之作哉？此不肖人之所勉也，非贤者之所务也。彼贤人之有天下也，专用天下适己而已矣，此所以贵于有天下也。夫所谓贤人者，必能安天下而治万民，今身且不能利，将恶能治天下哉！故吾愿赐志广欲，长享天下而无害，为之奈何？”

李斯子由为三川守，群盗吴广等西略地过去，弗能禁。章邯以破逐广等兵，使者覆案三川相属，诮让斯居三公位，如何令盗如此。李斯恐惧，重爵禄，不知所出，乃阿二世意，欲求容，以书对曰：

夫贤主者，必且能全道而行督责之术者也。督责之，则臣不敢不竭能以徇其主矣。此臣主之分定，上下之义明，则天下贤不肖莫敢不尽力竭任以徇其君矣。是故主独制于天下而无所制也，能穷乐之极矣。贤明之主也，可不察焉！

故申子曰“有天下而不恣睢，命之曰以天下为桎梏”者，无他焉，不能督责，而顾以其身劳于天下之民，若尧、禹然，故谓之“桎梏”也。夫不能修申、韩之明术，行督责之道，专以天下自适也，而徒务苦形劳神，以身徇百姓，则是黔首之役，非畜天下者也，何足贵哉！夫以人徇己，则己贵而人贱；以己徇人，则己贱而人贵。故徇人者贱，而人所徇者贵，自古及今，未有不然者也。凡古之所为尊贤者，为其贵也；而所为恶不肖者，为其贱也。而尧、禹以身徇天下者也，因随而尊之，则亦失所为尊贤之心矣，夫可谓大缪矣。谓之为“桎〔梏〕”，不亦宜乎？不能督责之过也。

故韩子曰“慈母有败子而严家无格虏”者，何也？则能罚之加焉必也。故商君之法，刑弃灰于道者。夫弃灰，薄罪也；而被刑，重罚也。彼唯明主为能深督轻罪。夫罪轻且督深，而况有重罪乎？故民不敢犯也。是故韩子曰“布帛寻常，庸人不释；铄金百镒，盗跖不搏”者，非庸人之心重，寻常之利深，而盗跖之欲浅也。又不以盗跖之行，为轻百镒之重也。搏必随手刑，则盗跖不搏百镒；而罚不必行也，则庸人不释寻常。是故城高五丈，而楼季不轻犯也；泰山之高百仞，而跛牂牧其上。夫楼季也而难五丈之限，岂跛牂也而易百仞之高哉？峭堑之势异也。明主圣王之所以能久处尊位，长执重势，而独擅天下之利者，非有异道也，能独断而审督责，必深罚，故天下不敢犯也。今不务所以不犯，而事慈母之所以败子也，则亦不察于圣人之论矣。夫不能行圣人之术，则舍为天下役何事哉？可不哀邪！

且夫俭节仁义之人立于朝，则荒肆之乐辍矣；谏说论理之臣间于侧，则流漫之志诎矣；烈士死节之行显于世，则淫康之虞废矣。故明主能外此三者，而独操主术以制听从之臣，而修其明法，故身尊而势重也。凡贤主者，必将能拂世摩俗，而废其所恶，立其所欲。故生则有尊重之势，死则有贤明之谥也。是以明君独断，故权不在臣也。然后能灭仁义之涂，掩驰说之口，困烈士之行。塞聪揜明，内独视听。故外不可倾以仁义烈士之行，而内不可夺以谏说忿争之辩。故能荦然独行恣睢之心而莫之敢逆。若此，然后可谓能明申、韩之术，而修商君之法。法修术明而天下乱者，未之闻也。故曰“王道约而易操”也，唯明主为能行之。若此则谓督责之诚，则臣无邪，臣无邪则天下安，天下安则主严尊，主严尊则督责必，督责必则所求得，所求得则国家富，国家富则君乐丰。故督责之术设，则所欲无不得矣。群臣百姓救过不给，何变之敢图？若此则帝道备，而可谓能明君臣之术矣。虽申、韩复生，不能加也。

书奏，二世悦。于是行督责益严，税民深者为明吏。二世曰：“若此则可谓能督责矣。”刑者相半于道，而死人日成积于市。杀人众者为忠臣。二世曰：“若此则可谓能督〔责〕矣。”

初，赵高为郎中令，所杀及报私怨众多，恐大臣入朝奏事毁恶之。乃说二世曰：“天子所以贵者，但以闻声，群臣莫得见其面，故号曰‘朕’。且陛下富于春秋，未必尽通诸事，今坐朝廷，谴举有不当者，则见短于大臣，非所以示神明于天下也。且陛下深拱禁中，与臣及侍中习法者待事，事来有以揆之。如此则大臣不敢奏疑事，天下称圣主矣。”二世用其计，乃不坐朝廷见大臣，居禁中。赵高常侍中用事，事皆决于赵高。

高闻李斯以为言，乃见丞相曰：“关东群盗多，今上急益发徭治阿房宫，聚狗马无用之物。臣欲谏，为位贱。此真君侯之事，君何不谏？”李斯曰：“固也，吾欲言之久矣。今时上不坐朝廷，上居深宫，吾有所言者，不可传也，欲见无间。”赵高谓曰：“君诚能谏，请为君侯上间语君。”

于是赵高待二世方燕乐，妇女居前，使人告丞相：“上方间，可奏事。”丞相至宫门上谒，如此者三。二世怒曰：“吾常多间日，丞相不来；吾方燕私，丞相辄来请事。丞相岂少我哉？且固我哉？”赵高因曰：“如此殆矣！夫沙丘之谋，丞相与焉。今陛下已立为帝，而丞相贵不益，此其意亦望裂地而王矣。且陛下不问臣，臣不敢言。丞相长男李由为三川守，楚盗陈胜等皆丞相傍县之子，以故楚盗公行过三川，城守不肯击。高闻其文书相往来，未得其审，故未敢以闻。且丞相居外，权重于陛下。”二世以为然，欲案丞相，恐其不审，乃使人案验三川守与盗通状。李斯闻之。

是时二世在甘泉，方作觳抵优俳之观。李斯不得见，因上书言赵高之短曰：“臣闻之，臣疑其君，无不危国；妾疑其夫，无不危家。今有大臣于陛下擅利擅害，与陛下无异，此甚不便。昔者司城子罕相宋，身行刑罚，以威行之，期年遂劫其君。田常为简公臣，爵列无敌于国，私家之富与公家均，布惠施德，下得百姓，上得群臣，阴取齐国，杀宰予于庭，即弑简公于朝，遂有齐国。此天下所明知也。今高有邪佚之志，危反之行，如子罕相宋也；私家之富，若田氏之于齐也。兼行田常、子罕之逆道而劫陛下之威信，其志若韩玘为韩安相也。陛下不图，臣恐其为变也。”二世曰：“何哉？夫高，故宦人也，然不为安肆志，不以危易心，洁行修善，自使至此，以忠得进，以信守位，朕实贤之，而君疑之，何也？且朕少失先人，无所识知，不习治民，而君又老，恐与天下绝矣。朕非属赵君，当谁任哉？且赵君为人精廉强力，下知人情，上能适朕。君其勿疑。”李斯曰：“不然。夫高，故贱人也，无识于理，贪欲无厌，求利不止，列势次主，求欲无穷，臣故曰殆。”二世已前信赵高，恐李斯杀之，乃私告赵高。高曰：“丞相所患者独高，高已死，丞相即欲为田常所为。”于是二世曰：“其以李斯属郎中令！”

赵高案治李斯。李斯拘执束缚，居囹圄中，仰天而叹曰：“嗟乎，悲夫！不道之君，何可为计哉！昔者桀杀关龙逢，纣杀王子比干，吴王夫差杀伍子胥。此三臣者，岂不忠哉，然而不免于死，身死而所忠者非也。今吾智不及三子，而二世之无道过于桀、纣、夫差，吾以忠死，宜矣。且二世之治岂不乱哉！日者夷其兄弟而自立也，杀忠臣而贵贱人，作为阿房之宫，赋敛天下。吾非不谏也，而不吾听也。凡古圣王，饮食有节，车器有数，宫室有度，出令造事，加费而无益于民利者禁，故能长久治安。今行逆于昆弟，不顾其咎；侵杀忠臣，不思其殃；大为宫室，厚赋天下，不爱其费：三者已行，天下不听。今反者已有天下之半矣，而心尚未寤也，而以赵高为佐，吾必见寇至咸阳，麋鹿游于朝也。”

于是二世乃使高案丞相狱，治罪，责斯与子由谋反状，皆收捕宗族宾客。赵高治斯，榜掠千馀，不胜痛，自诬服。斯所以不死者，自负其辩，有功，实无反心，幸得上书自陈，幸二世之寤而赦之。李斯乃从狱中上书曰：“臣为丞相治民，三十馀年矣，逮秦地之陕隘。先王之时秦地不过千里，兵数十万。臣尽薄材，谨奉法令，阴行谋臣，资之金玉，使游说诸侯；阴修甲兵，饰政教，官斗士，尊功臣，盛其爵禄。故终以胁韩弱魏，破燕、赵夷齐、楚，卒兼六国，虏其王，立秦为天子。罪一矣。地非不广，又北逐胡、貉，南定百越，以见秦之强。罪二矣。尊大臣，盛其爵位，以固其亲。罪三矣。立社稷，修宗庙，以明主之贤。罪四矣。更剋画，平斗斛度量文章，布之天下，以树秦之名。罪五矣。治驰道，兴游观，以见主之得意。罪六矣。缓刑罚，薄赋敛，以遂主得众之心，万民戴主，死而不忘。罪七矣。若斯之为臣者，罪足以死固久矣。上幸尽其能力，乃得至今，愿陛下察之！”书上，赵高使吏弃去不奏，曰：“囚安得上书！”

赵高使其客十馀辈诈为御史、谒者、侍中，更往复讯斯。斯更以其实对，辄使人复榜之。后二世使人验斯，斯以为如前，终不敢更言，辞服。奏当上，二世喜曰：“微赵君，几为丞相所卖。”及二世所使案三川之守至，则项梁已击杀之。使者来，会丞相下吏，赵高皆妄为反辞。

二世二年七月，具斯五刑论，腰斩咸阳市。斯出狱，与其中子俱执，顾谓其中子曰：“吾欲与若复牵黄犬俱出上蔡东门逐狡兔，岂可得乎！”遂父子相哭。而夷三族。

李斯已死，二世拜赵高为中丞相，事无大小辄决于高。高自知权重，乃献鹿，谓之马。二世问左右："此乃鹿也？"左右皆曰："马也"。二世惊，自以为惑，乃召太卜，令卦之。太卜曰："陛下春秋郊祀，奉宗庙鬼神，斋戒不明，故至于此。可依盛德而明斋戒。"于是乃入上林斋戒。日游弋猎，有行人入上林中，二世自射杀之。赵高教其女婿咸阳令阎乐劾不知何人贼杀人移上林。高乃谏二世曰："天子无故贼杀不辜人，此上帝之禁也，鬼神不享，天且降殃，当远避宫以禳之。"二世乃出居望夷之宫。

留三日，赵高诈诏卫士，令士皆素服持兵内乡，入告二世曰："山东群盗兵大至！"二世上观而见之，恐惧，高即因劫令自杀。引玺而佩之，左右百官莫从；上殿，殿欲坏者三。高自知天弗与，群臣弗许，乃召始皇弟，授之玺。

子婴即位，患之，乃称疾不听事，与宦者韩谈及其子谋杀高。高上谒，请病，固召入，令韩谈刺杀之，夷其三族。

子婴立三月，沛公兵从武关入，至咸阳，群臣百官皆畔，不適。子婴与妻子自系其颈以组，降轵道旁。沛公因以属吏。项王至而斩之。遂以亡天下。

太史公曰：李斯以闾阎历诸侯，入事秦，因以瑕衅，以辅始皇，卒成帝业。斯为三公，可谓尊用矣。斯知六艺之归，不务明政以补主上之缺，持爵禄之重，阿顺苟合，严威酷刑，听高邪说，废適立庶。诸侯已畔，斯乃欲谏争，不亦末乎！人皆以斯极忠而被五刑死，察其本，乃与俗议之异。不然，斯之功且与周、召列矣。

【译文】

李斯是楚国上蔡人。他年轻的时候，曾经在郡里当过小吏，有一次他看到办公处附近厕所里的老鼠在吃脏东西，每逢有人或狗走来时，就受惊逃跑了。后来李斯又走进粮仓，看到粮仓中的老鼠，吃的是屯积的粟米，住在大屋子里面，也不用担心人或狗惊扰。于是李斯就慨然叹息道："一个人有出息还是没出息，就如同老鼠一样，是由自己所处的环境所决定的。"

于是李斯就师从荀子学习帝王治理天下的学问。学业完成之后，李斯估量楚王是不值得侍奉的，而六国国势都已衰弱，没有一点让它们建功立业的希望，于是就想西行到秦国去。在临行之前，向荀子辞行说："我听说如果一个人要是遇到机会，千万不可松懈错过。如今各诸侯国都在争取时机，游说之士掌握实权。现在秦王想吞并各国，称帝治理天下，现在正是平民出身的政治活动家和游说之士奔走四方、施展自己才华抱负的最佳时机。处于卑贱的地位，而不想着去求取功名富贵，就如同禽兽一样，只等看到现成的肉才想去吃，白白长了一副人的面孔而勉强直立行走罢了。所以最大的耻辱莫过于卑贱，最大的悲哀莫过于贫穷。长期处于卑贱的地位和贫困的环境之中，却还要非难社会、厌恶功名利禄，标榜自己与世无争，这不是士子的本愿。所以我要到西方去游说秦王了。"

到秦国之后，正赶上秦庄襄王去世，李斯就请求充当秦相国文信侯吕不韦的舍人；吕不韦很赏识他，任命他为郎官。这样就使得李斯有游说的机会，他对秦王说："平庸的人往往容易失去时机，而能成大功业的人就在于他能利用机会并能及时做决定下狠心。从前秦缪公虽称霸天下，但最终没有东进吞并山东六国，这是为什么呢？原因在于诸侯的人数还多，周朝的德望也没有衰落，因此五霸交替兴起，相继推尊周朝。自从秦孝公以来，周朝卑弱衰微，诸侯之间互相兼并，函谷关以东地区化为六国，秦国乘胜奴役诸侯已经经过六代。现如今诸侯服从秦国就如同郡县服从朝廷一样。以秦国的强大，大王的贤明，就像扫除灶上的灰尘一样，足以扫平诸侯，成就帝业，统一天下，这是万世难逢的一个最佳时机。倘若现在懈怠而不抓紧办此事的话，等到诸侯再强盛起来，又订立合纵的盟约，就算有黄帝一样的贤明，到那时也不能吞并它们了。"于是秦始皇就任命李斯为长史，听从了他的计谋，暗中派遣谋士带着金玉珍宝去各国游说。对各国著名人物能收买的，就多送礼物加以收买；不能收买的，就用利剑把他们杀掉。这些都是离间诸侯国君臣关系的计策，接着，秦王就派良将随后攻打。秦王任命李斯为客卿。

恰在此时韩国人郑国以修筑渠道为名，来到秦国做间谍，不久被发现了。秦国的王族和大臣们都对秦王说："从各诸侯国来侍奉秦王的人，大都是为他们的国君游说，以离间秦国而已，请求大王把客卿一概驱逐。"李斯也在计划好被驱逐的客卿之列。于是李斯就上书说：

听说官员们议论要驱逐客卿，我认为这是错误的。从前秦缪公招揽贤才，从西戎找到由余，从东边楚国的苑地得到了百里奚，从宋国迎来了蹇叔，从晋国招来了丕豹、公孙支。这五个人都不生在秦国，而秦缪公重用他们，吞并了二十多个国家，才得以在西戎称霸。秦孝公采用商鞅的新法，移风易俗，人民因此殷实兴盛，国家因此富足强大，百姓们愿意为国家效力，其他国家也诚心归顺，击败了楚国、魏国的军队，夺取了千里土地，至今政治安定，国家强盛。秦惠王用张仪的计策，夺取了三川地区，向西又吞并了巴、蜀，向北占领了上郡，向南攻占了汉中，囊括九夷，控制鄢、郢，在东面占据了险要的成皋，夺取了肥沃的土地，并进一步瓦解了六国的合纵联盟，使他们面向西方，侍奉秦国，功业一直延续到今天。秦昭王得范雎，废黜穰侯，驱逐华阳君，使公室强大，杜绝了私门权贵的势力，像蚕吃桑叶一样，逐渐吞并诸侯的土地，终于使秦国奠定了统一天下大业的基础。这四位君主，都是依靠了别国客卿的力量。由此看来，客卿有哪一点对不起秦国呢？假使这四位君主拒绝客卿而不接受他们，疏远士人而不重用，这就使秦国既无富足之实，又无强大之名。

现在陛下您罗致昆山的美玉，得到随侯之珠、和氏之璧，挂着明月珠，佩着太阿剑，驾着纤离马，竖着翠凤旗，摆着灵鼍鼓。以上这些宝物，并没有一样是秦国出产的，但陛下您很喜爱它们，这是为什么呢？若是一定要秦国所产然后才使用的话，那么夜光之壁就不能用来装饰朝廷，犀角象牙制品就不能为您所赏玩，郑国、卫国的美女也不能列于您的后宫之中，駃騠良马也不能填满您的马棚。江南的金锡也不该用，西蜀的丹青也不应用来当颜料。您用来装饰后宫、充当姬妾、赏心乐意、怡目悦耳的，一定要出自秦国然后才用的话，那么，用宛地珍珠装饰的簪子，玑珠镶嵌的耳坠，东阿白绢缝制的衣服、刺绣华美的装饰品，就不能进献在您的面前，那时髦并且高雅、漂亮而又文静的赵国女子就不能侍立在您的身旁。而那些敲打瓦坛瓦罐、弹着秦筝、拍着大腿、呜呜叫喊以满足欣赏要求的，这才是正宗的秦国音乐。像《郑》《卫》《桑间》《昭》《虞》《武》《象》这些乐曲，则是其他国家的音乐。现在您抛弃敲打瓦坛瓦罐这一套秦国音乐而听《郑》《卫》之声，不去听弹筝而欣赏《昭》《虞》之曲，这是为什么呢？说白了，只不过是图眼前的快乐，以满足耳目观赏的需求罢了。而现在您用人却不是这样，不问此人能用不能用，也不问是非曲直，只要不是秦国人一律辞退，只要是客卿一律驱逐。这样看来，陛下所看重的是美女、音乐、珍珠、宝玉，所轻视的是人才了。这并不是统一天下、制服诸侯的最佳方法啊。

我听说过所产粮食丰富是因为土地广阔，国土广大人口就众多，军队强盛士兵就勇敢。泰山不排斥泥土，才能堆积得如此高大；河海不挑剔细小的溪流，才能变得如此深广；而成就王业的人不抛弃广大民众，才能彰显出他的圣德。所以地无论东西南北，民众不分各国，一年四季五谷丰登，鬼神赐予福泽，这就是五帝三王无敌于天下的原因所在。而现在陛下您抛弃了百姓来帮助敌国，排斥宾客而使他们为其他诸侯国建立功业，使天下有才之士后退而不敢西行，停住脚步而不敢进入秦国，这正是人们所说的"借武器给敌人，送粮食给盗贼啊"！

非秦国出产的物品，值得珍视的有很多；非秦国出生的士人，愿意效忠的也有不少。现在您驱逐客卿来资助敌国，损害百姓以帮助仇人，在内部削弱自己而在外面又和诸侯结下怨恨，这样下去，要想使国家没有危机，是不可能的。

于是，秦王就废除了逐客令，恢复了李斯的官职，终于采用了他的计谋，他的官位也升到廷尉之职。经过二十多年，终于统一了天下，尊称君主为"皇帝"。皇帝又任命李斯为丞相，并拆除了各国郡县的城墙，销毁了各地的武器，表示不再使用。使秦国没有一寸分封的土地，也不立皇帝的儿子、兄弟为王，更不把功臣封为诸侯，以使国家从此之后再也没有战争的祸患。

秦始皇三十四年，在咸阳宫设宴招待群臣，博士仆射周青臣等人称颂秦始皇的威武盛德。齐人淳于越劝谏道："我听说殷商和周朝统治达一千多年，分封子弟及功臣作为膀臂辅翼。而现在陛下您虽一统天下，但子弟却还是平民百姓，若一旦出现了田常、六卿夺权篡位的祸患，在朝中又没有强有力的辅佐之臣，靠谁来相救呢？办事不学习古代有经验统治时间长的朝代，我还没有听说过。现在周青臣等人又当面阿谀奉承以加重您的错误，不是忠臣的所为啊。"始皇把这种议论交给李斯处理，李斯认为这种论点是荒谬的，因此废弃不用，就上书给皇帝说："古时候天下分散败乱，彼此之间互不服从，所以才诸侯并起，一般舆论都称道古代以否定当代，装点一些虚夸不实的文辞来扰乱社会的实际情况，人们都认为自己的一派学问最好，以否定皇帝的政策法令。现在陛下统一了天下，分辨了是非黑白，使海内共同尊崇皇帝一个人；而诸子百家各个学派却在一起任意批评朝廷的法令制度，听说朝廷令下，立刻就以自己学派的观点来议论它，回家便心中不满，出门则在街头巷尾纷纷议论，以批评君主来博得名声，认为和朝廷不一样便是本领高，并带领下层群众来制造诽谤。这样下去而不加以制止的话，上面君主的权力威望就要下降，下面私人的帮派也会形成。因此，还是加以禁止为好。我请求把人们收藏的《诗经》《尚书》和诸子百家的著作，都一概清除干净。命令下达三十天之后，若还有人不服从，判处黥刑并罚做筑城的苦役。不在清除之列的，是医药、占卜、种植等类书籍。若有想学习法令的，以官吏为老师。”于是秦始皇批准了他的建议，没收了《诗经》《尚书》和诸子百家的著作，以使人民愚昧无知，使天下人无法用古代的事来批评当前的朝廷。修明法度，制定律令，都从秦始皇开始。统一文字，在全国各地修建离宫别馆。第二年，始皇又四处巡视，平定了四方少数民族，这些措施，李斯都出了不少力。

李斯的长子李由担任三川郡守，儿子们娶的都是秦国的公主，女儿们嫁的都是秦国的皇族子弟。三川郡守李由请假回咸阳时，李斯在家中设下酒宴，文武百官都前去给李斯敬酒祝贺。门前的车马数以千计。李斯便慨然长叹道：“唉呀！我听荀卿说过‘事情不要搞得过了头’。我李斯原是上蔡的平民、街巷里的百姓，皇帝不了解我才能低下，才把我提拔到这样高的地位。现如今做臣子的没有人比我职位更高，可以说是荣华富贵到了极点。然而事物发展到极点就要开始衰落，我还不知道归宿在何方啊！”

秦始皇三十七年十月，他巡行出游到会稽山，沿海北上，到达琅邪山。丞相李斯和中车府令兼符玺令赵高都一同随行。秦始皇有二十多个儿子，长子扶苏因多次直言劝谏皇帝，始皇派他到上郡监督军队，蒙恬任将军。小儿子胡亥很受宠爱，要求随行，始皇答应了。其他的儿子都没跟着去。

这一年七月，秦始皇到达沙丘，病得非常严重，命令赵高写好诏书给公子扶苏说：“把军队交给蒙恬，赶快到咸阳参加葬礼，然后安葬。”书信都已封好，但还没交给使者，秦始皇就去世了。书信和印玺都在赵高手里，只有小儿子胡亥、丞相李斯和赵高以及五六个亲信宦官知道始皇去世，其余群臣都不知道。李斯认为皇帝在外面去世，又没正式确立太子，所以就保守秘密，把始皇的尸体安放在一辆既能保温又能通风凉爽的车子中，百官奏事及进献饮食还像往常一样，宦官就假托皇帝从车中批准百官上奏的事。

赵高扣留了始皇赐给扶苏的诏书，而对公子胡亥说：“皇帝去世了，没有诏书封诸子为王而只赐给长子扶苏一封诏书。长子到后，就登位做皇帝，而你却没有半寸的封地，这怎么办呢？”胡亥说：“本来就是这样。我听说过，圣明的君主最了解臣子，圣明的父亲最了解儿子。父亲临终既未下命令分封诸子，那还有什么可说的呢？”赵高说：“并非如此。当今天下的大权，无论谁的生死存亡，都在你、我和李斯手里掌握着啊！希望你好好考虑考虑。更何况驾驭群臣和向人称臣，统治别人和被人统治，难道可以同日而语吗！”胡亥说：“废除兄长而立弟弟，这是不义；不服从父亲的诏命而惧怕死亡，这是不孝；自己才能浅薄，依靠别人的帮助而勉强登位，这是无能：这三件事都是大逆不道的事情，天下人也不会服从，不仅我自身遭受祸殃，国家还会灭亡。”赵高说：“我听说过商汤、周武杀死他们的君主，天下人都称赞他们的行为符合道义，不能算是不忠。卫君杀死他的父亲，而卫国人民称颂他的功德，孔子记载了这件事，不能算是不孝。更何况办大事不能拘于小节，行大德也不用再三谦让，乡间的习俗各有各的好处，百官的工作方式也各不一样。所以顾忌小事而忘了大事，日后必生祸害；关键时刻犹豫不决，将来一定要后悔。果断而大胆地去做，连鬼神都要回避，将来一定会成功。希望你按我说的去做。”胡亥长叹一声说道：“现在皇帝去世还未发丧，丧礼也未结束，怎么好用这件事来求丞相呢？”赵高说：“时光啊时光，短暂得来不及谋划！我就像携带干粮赶着快马赶路一样，唯恐耽误了时机！”

胡亥同意了赵高的谋划以后，赵高说：“不和丞相商议，恐怕事情还不能成功，我希望能替您与丞相商议。”赵高就对丞相李斯说道：“始皇去世，赐给长子扶苏诏书，命他到咸阳参加丧礼，并立为继承人。诏书未发，皇帝去世，还没人知道此事。皇帝赐给长子的诏书和符玺都在胡亥手里，立谁为太子只在于你我的一句话而已。你看这事该怎么办？”李斯说：“你怎么能说出这种亡国的话呢！这不是作为人臣所应当议论的事！”赵高说：“您自己估计一下，和蒙恬相比，谁有本事？谁的功劳更高？谁更谋略深远而不失误？天下百姓更拥戴谁？与长子扶苏的关系谁更好？”李斯说：“在这五个方面我都不如蒙恬，但您为什么这样苛求于我呢？”赵高说：“我本来就是一个宦官的奴仆，有幸能凭熟悉狱法文书进入秦宫，管事二十多年，还未曾见过被秦王罢免的丞相功臣有封爵而又传给下一代的，他们的结局都是以被杀告终。皇帝有二十多个儿子，这些都是您所知道的。长子扶苏刚毅而且勇武，信任人而又善于激励士人，即位之后一定会用蒙恬担任丞相，很显然，您最终是不能怀揣通侯之印退职还乡了。我受皇帝之命教育胡亥，让他学法律已经有好几年了，还没见过他有什么错误。他慈悲仁爱，诚实厚道，轻视钱财，尊重士人，心里聪明但不善言辞，竭尽礼节尊重贤士，在秦始皇的儿子中，没人能赶得上他，可以立他为继承人。您考虑一下再决定。”李斯说：“您还是该干什么就干什么吧！我李斯只执行皇帝的遗诏，自己的命运听从上天的安排，有什么可考虑决定的呢？”赵高说：“看似平安却可能是危险的，看似危险又可能是平安的。在安危面前不早做决定，又怎么能算是圣明的人呢？”李斯说：“我李斯本是上蔡街巷里的平民百姓，承蒙皇帝提拔，让我担任丞相，封为通侯，子孙都得到尊贵的地位和优厚的待遇，所以皇帝才把国家安危存亡的重任交给了我，我又怎么能辜负了他的重托呢？忠臣不因怕死而苟且从事，孝子不因过分操劳而损害健康，做臣子的各守各的职责而已。请您不要再说了，不要让我李斯也跟着犯罪。”赵高说：“我听说圣人并不循规蹈矩，而是适应变化、顺从潮流，看到苗头就能预知根本，看到动向就能预知归宿。而事物本来就是如此，哪里有什么事是一成不变的呢！现如今天下的权力和命运都掌握在胡亥手里，我赵高能猜出他的心志。更何况从外部来制服内部就是逆乱，从下面来制服上面就是反叛。所以秋霜一降花草随之凋落，冰消雪化就万物更生，这是自然界必然的结果。您怎么连这些都看不到呢？”李斯说：“我听说晋更换太子，三代不安宁；齐桓公兄弟争夺王位，哥哥被杀死；商纣杀死亲戚，又不听从臣下劝谏，都城被夷为废墟，危及了社稷；这三件事都违背天意，所以才落得宗庙没人祭祀的下场。我李斯还是人啊，怎么能参与这些阴谋呢！”赵高说：“上下齐心协力，事业可以长久；内外配合如一，就不会有什么差错。您听从我的计策，就会长保封侯，并永世相传，一定有仙人王子乔、赤松子那样的长寿，孔子、墨子那样的智慧。现在放弃这个机会而不听从我的意见，一定会祸及子孙，足以令人心寒。善于为人处世，相机而动的人是能够转祸为福的，您想怎么办呢？”李斯仰天长叹，挥泪叹息道：“唉呀！偏偏遭逢乱世，既然已经不能以死尽忠了，我将要向何处寄托我的命运呢！”于是李斯就依从了赵高。赵高便回报胡亥说：“我是奉太子您的命令去通知丞相李斯的，他怎么敢不服从命令呢！”

于是他们就一同商议，伪造了秦始皇给丞相李斯的诏书，立胡亥为太子，又伪造了一份赐给长子扶苏的诏书说：“我巡视天下，祈祷祭祀各地名山的神灵以求长寿。现在扶苏和将军蒙恬带领几十万军队驻守边疆，已经过去十几年了，不能向前进军，而伤亡的士兵很多，没有立下半点功劳，反而多次上书直言诽谤我的所做所为，因不能解职回京当太子，日夜怨恨不满。扶苏作为人子而不孝顺，赐剑自杀！将军蒙恬和扶苏一同在外，不纠正他的错误，也应知道他的谋划。作为人臣而不尽忠，一同赐命自杀，把军队交给副将王离。"用皇帝的玉玺把诏书封好，让胡亥的门客捧着诏书到上郡交给扶苏。

使者到达之后，打开诏书，扶苏就哭泣起来，进入内室想自杀。蒙恬阻止扶苏说："皇上在外，没有立下太子，派我带领三十万大军守卫边疆，公子担任监军，这是天下的重任啊。现在只有一个使者来，您就立刻自杀，怎能知道其中没有虚假呢？希望您再请示一下，有了回答之后再死也不晚啊。"使者连连催促。扶苏为人仁爱，对蒙恬说："父亲命儿子去死，还要请示什么！"立刻自杀而死。蒙恬不肯自杀，使者立刻把他交付法吏，关押在阳周。

使者回来汇报，胡亥、李斯、赵高都非常高兴。到咸阳后发布丧事，太子胡亥立为二世皇帝，任命赵高担任郎中令，常在宫中服侍皇帝，掌握大权。

秦二世在宫中闲居无事，就把赵高叫来一同商议，对赵高说："人活在世上，就如同驾驭着六匹骏马从缝隙前飞驰而过一样短暂。我既然已经统治天下了，想全部满足耳目方面的一切欲望，享受尽我所能想到的一切乐趣，使国家安宁，百姓欢欣，永保江山，以享天年，这种想法能行得通吗？"赵高说："这对贤明君主来说是能够做到的，而对昏乱君主来说是应禁忌的。我冒昧地说一句不怕杀头的话，请您稍加注意一点。对于沙丘的密谋策划，各位公子和大臣都有怀疑，而这些公子都是您的兄长，这些大臣都是先帝所安置的。现在陛下刚刚登上皇位，这些人都心中怨恨不服，唯怕他们要闹事。更何且蒙恬虽已死去，蒙毅还在外面带兵，我之所以提心吊胆，只是害怕会有不好的结果。陛下您又怎么能为此而行乐呢？"二世说："这可怎么办呢？"赵高说："实行严峻的法律和残酷的刑罚，把犯法的和受牵连的人统统杀死，直至灭族，杀死当朝大臣而疏远您的骨肉兄弟，让原来贫穷的人富有起来，让原来卑贱的人高贵起来。铲除先帝的全部旧臣，重新任命您信任的人并让他们在您的身边。这样就使他们从心底对您感恩戴德，根除了祸害而杜绝了奸谋，群臣上下没有人不得到您的恩泽，承受您的厚德，陛下您就可以高枕无忧，纵情享受了。没有比这更好的主意了。”二世认为赵高的话是对的，就重新修订法律。于是群臣和公子们有罪，就交付赵高，命他审讯法办，杀死了大臣蒙毅等人，十二个公子在咸阳街头斩首示众，十个公主也在杜县被分裂肢体处死，没收财物归皇帝所有，连带一同治罪的不计其数。

公子高想外出逃命，怕被满门抄斩，就上书说：“先帝活着的时候，我进宫就赐给吃的东西，出宫就让乘车。皇帝内府中的衣服，先帝赐给我；宫中马棚里的宝马，先帝也赐给我。我本该与先帝一起死去而没做到，这是我做人子的不孝，做人臣的不忠。而不忠的人没有理由活在世上，请允许我追随先帝而去，希望能把我埋在骊山脚下。只求皇上哀怜答应我。”此书上奏以后，胡亥非常高兴，叫来赵高并把此书展示给他看，说：“这可以说是窘急无奈了吧？”赵高说：“在大臣们整天担心自己死亡还来不及的时候，怎么能图谋造反呢！”胡亥答应了公子高的请求，赐给他十万钱予以安葬。

当时的法令刑罚一天比一天残酷，群臣上下人人自危，想反叛的人很多。二世又大肆建造阿房宫，修筑直道、驰道，赋税越来越重，兵役劳役没完没了。于是从楚地征来戍边的士卒陈胜、吴广等人就起来造反，在崤山以东起兵，英雄豪杰蜂拥而起，纷纷自立为侯王，反叛秦朝，他们的军队一直攻到鸿门才退去。李斯多次想找机会进谏，但二世不允许，反倒责备李斯说：“我有个看法，是从韩非子那里听来的，他说‘尧统治天下，殿堂只不过三尺高，柞木椽子直接使用而不加砍削，茅草做屋顶而不加修剪，即使是旅店中住宿的条件也不会比这更艰苦的了。冬天穿鹿皮袄，夏天穿麻布衣，粗米作饭，野菜作汤，用土罐吃饭，用土钵喝水，即使是看门人的生活也不会比这更清寒的了。夏禹凿开龙门，开通大夏水道，又疏通多条河流，曲折地筑起多道堤防，决积水引导入海，大腿上没了白肉，小腿上没了汗毛，手掌脚底都结满了厚茧，面孔漆黑，最终还累死在外，埋葬在会稽山上，即使是奴隶的劳苦也不会比这更厉害了’。然而把统治天下看得无尚尊贵的人，他的目的难道就是想操心费力，住旅店一样的房舍，吃看门人吃的食物，干奴隶干的活吗？这些事都是才能低下的人才努力去干的，并非贤明的人所从事的。那些贤明的人统治天下的时候，只是把天下的一切都拿来满足自己的欲望而已，这正是把统治天下看得无尚尊贵的原因所在。人们所说的贤明之人，一定能安定天下、治理万民，倘若连给自己捞好处都不会，又怎么能治理天下呢！所以我才想恣心广欲，永远享有天下而没有祸害。这该怎么办呢？”李斯的儿子李由任三川郡守，群起造反的吴广等人向西攻占地盘，任意往来，李由不能阻止。章邯在击败并驱逐了吴广等人的军队之后，派到三川去调查的使者一个接着一个，并责备李斯身居三公之位，为何让盗贼猖狂到这种地步。李斯很是害怕，又把爵位俸禄看得很重，不知如何是好，就曲意顺从二世的心意，想求得宽容，便上书回答二世说：

贤明的君主，必将是能够全面掌握为君之道，又能对下行使督责统治的君主。对下严加督责，那么臣子们就不敢不竭尽全力为君主效命。这样，君主和臣子的职责一经确定，上下关系的准则也明确了，那么天下不论是有才德的还是没有才德的，都不敢不竭尽全力为君主效命了。因此君主才能专制天下而不受任何约束，能享尽达到极致的乐趣。贤明的君主啊，怎能看不清这一点呢！

所以申不害先生说“占有天下要是还不懂得纵情恣欲，这就叫把天下当成自己的镣铐”这样的话，没有别的意思，只是讲不督责臣下，而自己反而辛辛苦苦为天下百姓操劳，像尧和禹那样，所以称为“镣铐”。如果不能学习申不害、韩非的高明之术，推行督责措施，一心把天下作为自己的责任，而只是白白地操心费力，拼命为百姓干事，那就是百姓的奴仆，并不是统治天下的帝王，这有什么值得尊贵的呢！让别人为自己献身，就使自己尊贵而别人卑贱；让自己为别人献身，就使自己卑贱而别人尊贵。所以献身的人卑贱，接受献身的人尊贵，从古到今，没有不是这样的。自古以来之所以尊重贤人，是因为受尊敬的人自己尊贵；之所以讨厌不肖的人，是因为不肖的人自己卑贱。而尧、禹是为天下献身的人，因袭世俗的评价而予以尊重，这也就失去了所以尊贤的用心了，这可说是绝大的错误。说尧、禹把天下当作自己的镣铐，不也是很合适的吗？这是不能督责的过错。

所以韩非先生说“慈爱的母亲会养出败家的儿子，而严厉的主人家中没有强悍的奴仆”，这是什么原因呢？这是由于能严加惩罚的必然结果。所以商鞅的新法规定，在道路上撒灰的人就要判刑。撒灰于道是轻罪，而加之以刑是重罚。只有贤明的君主才能严厉地督责轻罪。轻罪尚且严厉督责，何况犯有重罪呢？所以百姓不敢犯法。因此韩非先生又说“对几尺绸布，一般人见到就会顺手拿走，百镒美好的黄金，盗跖却不会夺取”，并不因为常人贪心严重，几尺绸布价值极高，盗跖利欲淡泊；也不是因为盗跖行为高尚，轻视百镒黄金的重利。原因是一旦夺取，随后就要受刑，所以盗跖不敢夺取百镒黄金；若是不坚决施行刑罚的话，那么一般人也就不会放弃几尺绸布。因此五丈高的城墙，楼季不敢轻易冒犯；泰山高达百仞，而跛脚的母羊却能登上去。难道楼季把攀越五丈高的城墙看得很难，而把跛脚的母羊登上百仞高的泰山看得很容易吗？这是因为陡峭和平缓，两者形势不同。圣明的君主之所以能久居尊位，长掌大权，独自垄断天下利益，其原因并不在于他们有什么特殊的办法，而是在于他们能够独揽大权，精于督责，对犯法的人一定严加惩处，所以天下人不敢违犯。现在不制定防止犯罪的措施，而去仿效慈母养成败家子的做法，那就太不了解前代圣哲的论说了。不能实行圣人治理天下的方法，除去给天下当奴仆还能干什么呢？这不是太令人悲伤了吗？

更何况节俭仁义的人在朝中任职，那荒诞放肆的乐趣就得中止；规劝陈说、高谈道理的臣子在身边干预，放肆无忌的念头就要收敛；烈士死节的行为受到世人的推崇，纵情享受的娱乐就要放弃。所以圣明的君主能排斥这三种人，而独掌统治大权以驾驭言听计从的臣子，建立严明的法制，所以自身尊贵而权势威重。所有的贤明君主，都能拂逆世风、扭转民俗，废弃他所厌恶的，树立他所喜欢的，因此在他活着的时候才有尊贵的威势，在他死后才有贤明的谥号。正因为这样，贤明的君主才集权专制，使权力不落入臣子的手中，然后才能斩断仁义之路，堵住游说之口，困厄烈士的死节行为，闭目塞听，任凭自己独断专行，这样在外就不致被仁义节烈之士的行为所动摇，在内也不会被劝谏争论所迷惑。因此才能卓然独行逞其为所欲为的心志，而没有人敢反抗。像这样，然后才可以说是明了申不害、韩非的统治术，学会了商鞅的法制。法制和统治术都学好而明了了，天下还会大乱，这样的事我还没听说过。所以，有人说："帝王的统治术是简约易行的。"只有贤明君主才能这么做。像这样，才可以说是真正实行了督责，臣下才能没有离异之心，天下才能安定，天下安定才能有君主的尊严，君主有了尊严才能使督责严格执行，督责严格执行后君主的欲望才能得到满足，满足之后国家才能富强，国家富强了君主才能享受得更多。所以督责之术一确立，君主就任何欲望都能满足了。群臣百姓想补救自己的过失都来不及，哪里还敢图谋造反？像这样，就可以说是掌握了帝王的统治术，也可以说了解了驾驭群臣的方法。即使申不害、韩非复生，也不能超过了。

这封答书上奏之后，二世非常高兴，于是更加严厉地实行督责，向百姓收税越多越被认为是贤明的官吏。二世说：“像这样才可称得上善于督责了。”路上的行人，有一半是犯人，街市上每天都堆积着刚杀死的人的尸体，而且杀人越多的越被认为是忠臣。二世说：“像这样才可称得上实行督责了。”

起初，赵高在担任郎中令时，杀死的人和为了报私仇而陷害的人非常多，唯恐大臣们在入朝奏事时向二世揭露他，就劝说二世道：“天子之所以尊贵，就在于大臣只能听到他的声音，而不能看到他的面容，所以才自称为‘朕’。况且陛下您还很年轻，未必什么事情都懂，现在坐在朝廷上，若惩罚和奖励有什么不妥当的地方，只会把自己的短处暴露给大臣，这也就不能向天下人显示您的圣明了。陛下不妨深居宫中，和我及熟悉法律的侍中在一起，等待大臣把公事呈奏上来，等公文一旦呈上，我们就可以研究决定。这样，大臣们就不敢把疑难的事情报上来，天下的人也就称您为圣明之主了。”二世听从了赵高的话，就不再坐在朝廷上接见大臣，深居在宫禁之中。赵高总在皇帝身边侍奉办事，一切公务都由赵高决定。

赵高听说李斯对此颇有不满，就找到李斯说：“函谷关以东地区盗贼很多，而现在皇上却加紧征发劳役修建阿房宫，搜集狗马等这些没用的玩物。我想劝谏，但我的地位卑贱。可这实在是您丞相的事，为什么不劝谏呢？”李斯说：“确实这样，我早就想说话了。可是现在皇帝不临朝听政，常居深宫之中，我虽然有话想说，又不便让别人传达，想见皇帝却又没有机会。”赵高对他说：“您若真能劝谏的话，请允许我替你打听，只要皇上一有空闲，我立刻通知你。”于是赵高趁二世在闲居娱乐、美女在前的时候，派人告诉丞相说：“皇上正有空闲，可以进宫奏事。”丞相李斯就到宫门求见，接连三次都是这样。二世非常生气地说：“我平时空闲的日子很多，丞相都不来。每当我在寝室休息的时候，丞相就来请示奏事。丞相是瞧不起我呢，还是以为我鄙陋？”赵高又乘机说：“您这样说话可太危险了！沙丘的密谋，丞相是参与了的。现在陛下您已经即位为皇帝，而丞相的地位却没有提高，显然他的意思是想割地封王呀！如果皇帝您不问我，我不敢说。丞相的大儿子李由担任三川郡守，楚地强盗陈胜等人都是丞相故乡邻县的人，因此他们才敢公开横行，经过三川时，李由只是守城而不出击。我曾听说他们之间有书信来往，但还没有调查清楚，所以没敢向陛下报告。更何况丞相在外，权力比陛下还大。”二世认为赵高的话没错，想法办丞相，但又担心情况不实，就派人去调查三川郡守与盗贼勾结的具体情况。李斯听到了这个消息。

当时二世正在甘泉宫观看摔跤和滑稽戏表演。李斯不能进见，就上书揭发赵高的短处说："我听说，臣子比同于君主，没有不危害国家的；妾比同于丈夫，没有不危害家庭的。现在有的大臣擅自掌握赏罚大权，和您没有什么不同，这是非常不妥当的。从前司城子罕当宋国丞相，自己掌握刑罚大权，用威权行事，一年之后就劫持了宋国国君，篡夺了王位。田常是齐简公的臣子，爵位高到全国无人与他相匹敌，自家的财富和公家的一样多，他行恩施惠，下得百姓的爱戴，上得群臣的拥护，暗中窃取了齐国的权力，在厅堂里杀死了宰予，又在朝廷上杀死齐简公，这样，就完全控制了齐国。这是天下人明明白白知道的。现在赵高有邪辟过分的心志和险诈叛逆的行为，就如同子罕任宋国丞相时的所作所为；私人占有的财富，也正像田常在齐国那样多。他一并使用田常、子罕的叛逆方式而又窃取了陛下您的威信，他的志向就如同韩玘当韩安的宰相时一样。陛下你不早做打算，我担心他迟早会发动叛乱啊。"二世说："这话怎么说？赵高原本是个宦官，但他不因处境安逸就为所欲为，也不因处境危险就改变忠心，他品行廉洁，一心向善，靠自己的努力才得到今天的地位，因忠心耿耿才被提拔，因讲信义才保住禄位，我确实认为他是贤才，而你怀疑他，这是什么原因呢？再加上我年纪轻轻就失去了父亲，没什么知识，不知如何管理百姓，而你年纪又大了，我担心与天下人隔绝了。我如果不把国事托付给赵高，还应当用谁呢？况且赵先生为人精明廉洁，竭尽其力，下能了解民情，上能顺应我的心意，请你不要怀疑。"李斯说："并非如此。赵高从前是卑贱的人，并不懂道理，贪得无厌，求利不止，地位权势仅次于陛下，但他追求地位和权势的欲望却没有止境，所以我说是很危险的。"二世早已相信了赵高，担心李斯杀掉他，就暗中把这些话告诉了赵高。赵高说："丞相所忧虑的只有我赵高，我死之后，丞相就可以干田常所干的那些事了。"于是二世说："就把李斯交给你这郎中令查办吧！"

赵高查办李斯。李斯被捕后并套上刑具，关在监狱中，仰天长叹道："唉呀！可悲啊！无道的昏君，怎么能为他出谋划策呢？从前夏桀杀死关龙逢，商纣杀死王子比干，吴王夫差杀死伍子胥。这三个大臣，难道不忠吗？然而免不了一死，他们虽然尽忠而死，只可惜忠非其人。现在我的智慧赶不上这三个人，而二世的暴虐无道超过了桀、纣、夫差，我因尽忠而死，也是应该的呀！况且二世治国不是胡搞么！不久前杀死了自己的兄弟而自立为皇帝，又杀害忠良，重用低贱的人，修建阿房宫，对天下百姓横征暴敛。这并不是我不劝谏，而是他不听我的呀。凡是古代圣明的帝王饮食都有一定的节制，车马器物有一定的数量，宫殿都有一定的限度，颁布命令和办事情，增加费用而不利于百姓的一律禁止，所以才能长治久安。现在二世对自己的兄弟，施以违反常情常理的残暴手段，却不会考虑有什么灾祸，迫害、杀戮忠臣，也不会考虑有什么灾殃；大力修筑宫殿，加重对天下百姓的税收，不吝惜钱财：这三件措施实行之后，天下百姓不服从。现在造反的人已占天下人的一半了，但二世心中还未觉悟，居然任用赵高为辅佐，我一定会看到盗贼攻进咸阳，使朝廷变为麋鹿嬉游的地方。”

于是二世就派赵高审理丞相一案，对他加以惩处，查问李斯和儿子李由谋反的情况，将其宾客和宗族全部逮捕。赵高惩治李斯，拷打他一千多下，李斯不能忍受痛苦的折磨，只得冤屈地招供了。李斯之所以不自杀而死，是他自负能言善辩，又对秦国有大功，确实没有反叛之心，希望能够上书为自己辩解，希望二世能觉悟过来并赦免他。李斯于是在监狱中上书说：“我担任丞相治理百姓，已经三十多年了。我来秦国的时候，赶上秦国领土还很狭小。先王时，秦国的土地不过千里，士兵不过几十万。我用尽了自己微薄的才能，小心谨慎地执行法令，暗中派遣谋臣，资助他们金银珠宝，让他们到各国游说，暗中准备武装，整顿政治和教化，任用英勇善战的人为官，提高功臣的地位，给他们很高的爵位和俸禄，所以终于威胁韩国，削弱魏国，击败了燕国、赵国，削平了齐国、楚国，最后兼并六国，俘获了他们的国王，拥立秦王为天子。这是我的第一条罪状。秦国的疆域并不是不广阔，还要在北方驱逐胡人、貉人，在南方平定百越，以显示秦国的强大。这是我的第二条罪状。我尊重大臣，提高他们的爵位，用以巩固他们同秦王的亲密关系。这是我的第三条罪状。建立社稷，修建宗庙，以显示主上的贤明。这是我的第四条罪状。更改尺度衡器上所刻的标志，统一度量衡和文字，颁布天下，以树立秦朝的威名。这是我的第五条罪状。修筑驰道，兴建游观之所，以显示主上的志满意得。这是我的第六条罪状。减轻刑罚，减少税收，以满足主上赢得民众的心愿，使万民百姓都拥戴皇帝，至死都不忘记皇帝的恩德。这是我的第七条罪状。像我李斯这样做臣子的，所犯罪状足以处死，本来已经很久了，皇帝希望我竭尽所能，才得以活到今天，希望陛下明察。”奏书呈上之后，赵高让狱吏丢在一边而不上奏，说：“囚犯怎能上书！”

赵高派他的门客十多人假扮成御史、谒者、侍中，轮流往复审问李斯。李斯改为以实对答时，赵高就让人再拷打他。后来二世派人去验证李斯的口供，李斯以为还和以前一样，终不敢再改口供，在供词上承认了自己的罪状。赵高把判决书呈给皇帝，二世皇帝很高兴地说：“没有赵君，我几乎被丞相出卖了。”等二世派的使者到达三川调查李由时，项梁已经将他杀死。使者返回时，正当李斯已被交付狱吏看押，赵高就编造了一整套李由谋反的罪状。

二世二年七月，李斯被判处五刑，判在咸阳街市上腰斩。李斯出狱时，跟他的次子一同被押解，他回头对次子说：“我想和你再牵着黄狗一同出上蔡东门去打猎追逐狡兔，又怎能办得到呢？”于是父子二人相对痛哭，三族的人都被处死了。

李斯死后，二世任命赵高任中丞相，无论大事小事都由赵高决定。赵高自知权力过重，就献上鹿，称它为马。二世问左右侍从说：“这是鹿吧？”左右都说：“是马。”二世惊慌起来，以为自己被迷惑，就把太卜召来，叫他算上一卦。太卜说：“陛下春秋两季到郊外祭祀，供奉宗庙鬼神，斋戒时不虔诚，所以才到这种地步。可以依照圣明君主的样子再虔诚地斋戒一次。”于是，二世就到上林苑中去斋戒。整天在上林苑中游玩射猎，一次有个行人走进上林苑中，二世亲手把他射死。赵高让他的女婿咸阳令阎乐出面弹劾，说是不知谁杀死了人，把尸体搬进上林苑中。赵高劝谏二世说：“天子无缘无故杀死没有罪的人，这是上帝所不允许的，鬼神也不会接受您的祭祀，上天将会降下灾祸，应该远远地离开皇宫以祈祷消灾。”于是二世就离开皇宫到望夷宫去居住。

二世在望夷宫里住了三天，赵高就假托二世的命令，让卫士们都穿着白色的衣服，手持兵器面向宫内，自己进宫告诉二世说：“山东各路强盗大批大批地来了！”二世上楼台观看，看到卫士拿着兵器朝向宫内，非常害怕，赵高立刻逼迫二世自杀。然后取过玉玺把它带在自己身上，身边的文武百官无一人跟从；他登上大殿时，大殿有好几次都像要坍塌似的。赵高自知上天不给予他皇帝之位，群臣也不会答应，就把秦始皇的弟弟叫来，把玉玺交给了他。

子婴即位之后，担心赵高再作乱，就假称有病而不上朝处理政务，与宦官韩谈和他的儿子商量如何杀死赵高。赵高前来求见，询问病情，子婴就把他召进皇宫，命令韩谈刺杀了他，诛灭了他的三族。

子婴即位后三个月，刘邦的军队就从武关打了进来，到达咸阳，文武百官都起义叛秦，不抵抗沛公。子婴和妻子儿女都用丝带系在自己脖子上，到轵道亭旁去投降。刘邦把他们交给部下官吏看押。项羽到达咸阳后把他们杀死，秦就这样失去了天下。

太史公说：李斯以一个里巷平民的身份，在诸侯间游历，入关侍奉秦国，抓住机会，辅佐秦始皇，终于完成了秦国统一大业的愿望。李斯位居三公之职，可以称得上是很受重用了。李斯知道儒家《六经》的要旨，却不一心致力于政治清明，用以弥补皇帝的过失，而是凭仗着他显赫的地位，阿谀奉承，随意附合，推行酷刑峻法，听信赵高的邪说，废掉嫡子扶苏，而立庶子胡亥。等到各地已经群起反叛，李斯这才想直言劝谏，这岂不是太愚蠢了吗！人们都认为李斯忠心耿耿，反而受五刑而死，依据我仔细考察事情的真相，得出了和世俗不同的看法。不然的话，李斯的功绩真的要和周公、召公相提并论了。

史记卷八十八

蒙恬列传第二十八

蒙恬者，其先齐人也。恬大父蒙骜，自齐事秦昭王，官至上卿。秦庄襄王元年，蒙骜为秦将，伐韩，取成皋、荥阳，作置三川郡。二年，蒙骜攻赵，取三十七城。始皇三年，蒙骜攻韩，取十三城。五年，蒙骜攻魏，取二十城，作置东郡。始皇七年，蒙骜卒。骜子曰武，武子曰恬。恬尝书狱典文学。始皇二十三年，蒙武为秦裨将军，与王翦攻楚，大破之，杀项燕。二十四年，蒙武攻楚，虏楚王。蒙恬弟毅。

始皇二十六年，蒙恬因家世得为秦将，攻齐，大破之，拜为内史。秦已并天下，乃使蒙恬将三十万众北逐戎狄，收河南；筑长城，因地形，用制险塞，起临洮，至辽东，延袤万馀里；于是渡河，据阳山，逶蛇而北；暴师于外十馀年，居上郡。是时蒙恬威振匈奴，始皇甚尊宠蒙氏，信任贤之。而亲近蒙毅，位至上卿，出则参乘，入则御前。恬任外事而毅常为内谋，名为忠信。故虽诸将相莫敢与之争焉。

赵高者，诸赵疏远属也。赵高昆弟数人，皆生隐宫，其母被刑僇，世世卑贱。秦王闻高强力，通于狱法，举以为中车府令。高即私事公子胡亥，喻之决狱。高有大罪，秦王令蒙毅法治之。毅不敢阿法，当高罪死，除其宦籍。帝以高之敦于事也，赦之，复其官爵。

始皇欲游天下，道九原，直抵甘泉。乃使蒙恬通道，自九原抵甘泉，堑山堙谷，千八百里。道未就。

始皇三十七年冬，行出游会稽，并海上，北走琅邪。道病，使蒙毅还祷山川，未反。

始皇至沙丘崩，秘之，群臣莫知。是时丞相李斯、公子胡亥、中车府令赵高常从。高雅得幸于胡亥，欲立之，又怨蒙毅法治之而不为己也，因有贼心，乃与丞相李斯、公子胡亥阴谋，立胡亥为太子。太子已立，遣使者以罪赐公子扶苏、蒙恬死。扶苏已死，蒙恬疑而复请之。使者以蒙恬属吏，更置。胡亥以李斯舍人为护军。使者还报，胡亥已闻扶苏死，即欲释蒙恬。赵高恐蒙氏复贵而用事，怨之。

毅还至，赵高因为胡亥忠计，欲以灭蒙氏，乃言曰："臣闻先帝欲举贤立太子久矣，而毅谏曰'不可'。若知贤而俞不立，则是不忠而惑主也。以臣愚意，不若诛之。"胡亥听而系蒙毅于代。前已囚蒙恬于阳周。丧至咸阳，已葬，太子立为二世皇帝，而赵高亲近，日夜毁恶蒙氏，求其罪过，举劾之。

子婴进谏曰："臣闻故赵王迁杀其良臣李牧而用颜聚，燕王喜阴用荆轲之谋而倍秦之约，齐王建杀其故世忠臣而用后胜之议。此三君者，皆各以变古者失其国而殃及其身。今蒙氏，秦之大臣谋士也，而主欲一旦弃去之，臣窃以为不可。臣闻轻虑者不可以治国，独智者不可以存君。诛杀忠臣而立无节行之人，是内使群臣不相信而外使斗士之意离也，臣窃以为不可。"

胡亥不听，而遣御史曲宫乘传之代，令蒙毅曰："先主欲立太子而卿难之，今丞相以卿为不忠，罪及其宗。朕不忍，乃赐卿死，亦甚幸矣。卿其图之！"毅对曰："以臣不能得先主之意，则臣少宦，顺幸没世，可谓知意矣。以臣不知太子之能，则太子独从，周旋天下，去诸公子绝远，臣无所疑矣。夫先主之举用太子，数年之积也，臣乃何言之敢谏，何虑之敢谋！非敢饰辞以避死也，为羞累先主之名，愿大夫为虑焉。使臣得死情实。且夫顺成全者，道之所贵也；刑杀者，道之所卒也。昔者秦穆公杀三良而死，罪百里奚而非其罪也，故立号曰'缪'。昭襄王杀武安君白起。楚平王杀伍奢。吴王夫差杀伍子胥。此四君者，皆为大失，而天下非之，以其君为不明，以是籍于诸侯，故曰'用道治者不杀无罪，而罚不加于无辜'。唯大夫留心！"使者知胡亥之意，不听蒙毅之言，〔遂〕杀之。

二世又遣使者之阳周，令蒙恬曰："君之过多矣，而卿弟毅有大罪，法及内史。"恬曰："自吾先人及至子孙，积功信于秦三世矣。今臣将兵三十馀万，身虽囚系，其势足以倍畔，〔然〕自知必死而守义者，不敢辱先人之教，以不忘先主也。昔周成王初立，未离襁褓，周公旦负王以朝，卒定天下。及成王有病甚殆，公旦自揃其爪以沉于河，曰：'王未有识，是旦执事。有罪殃，旦受其不祥。'乃书而藏之记府，可谓信矣。及王能治国，有贼臣言：'周公旦欲为乱久矣，王若不备，必有大事。'王乃大怒，周公旦走而奔于楚。成王观于记府，得周公旦沉书，乃流涕曰：'孰谓周公旦欲为乱乎！'杀言之者而反周公旦。故《周书》曰'必参而伍之'。今恬之宗，世无二心，而事卒如此，是必孽臣逆乱，内陵之道也。夫成王失而复振则卒昌；桀杀关龙逄，纣杀王子比干而不悔，身死则国亡。臣故曰过可振而谏可觉也。察于参伍，上圣之法也。凡臣之言，非以求免于咎也，将以谏而死，愿陛下为万民思从道也。"使者曰："臣受诏行法于将军，不敢以将军言闻于上也。"蒙恬喟然太息曰："我何罪于天，无过而死乎？"良久，徐曰："恬罪固当死矣。起临洮属之辽东，城堑万馀里，此其中不能无绝地脉哉？此乃恬之罪也。"乃吞药自杀。

太史公曰：吾适北边，自直道归，行观蒙恬所为秦筑长城亭障，堑山堙谷，通直道，固轻百姓力矣。夫秦之初灭诸侯，天下之心未定，痍伤者未瘳，而恬为名将，不以此时强谏，振百姓之急，养老存孤，务修众庶之和，而阿意兴功，此其兄弟遇诛，不亦宜乎！何乃罪地脉哉！

【译文】

蒙恬，他的祖先是齐国人。蒙恬的祖父是蒙骜，从齐国来到秦国侍奉秦昭王，他的官职做到上卿。秦庄襄王元年，蒙骜开始担任秦国的将领，攻打韩国，占领了成皋和荥阳两座城池，设置了三川郡。庄襄王二年，蒙骜率兵攻打赵国，占领了三十七座城池。秦始皇三年，蒙骜再次攻打韩国，又占领了十三座城池。始皇五年，蒙骜率兵攻打魏国，占领了二十座城池，又设置了东郡。始皇七年，蒙骜去世了。蒙骜的儿子名叫蒙武，蒙武的儿子名叫蒙恬。蒙恬曾做过狱讼记录工作，并负责管理有关文件和狱讼档案。秦始皇二十三年，蒙武成为秦国的裨将军，和大将军王翦一起攻打楚国，获得大胜，杀死了项燕。始皇二十四年，蒙武再次攻打楚国，擒获了楚王。蒙恬还有个弟弟叫蒙毅。

秦始皇二十六年，蒙恬因为出身将门做了秦国的将军，之后率兵攻打齐国，大败齐军。他因功被授予内史的官职。秦国统一天下之后，秦始皇就派蒙恬带领三十万大军，向北进军驱逐戎狄，收复黄河以南的土地。在此之后修筑长城，利用险要的地理形势，设置要塞，其范围西起临洮、东到辽东，蜿蜒盘旋一万多里。于是渡过了黄河并占据阳山，弯弯曲曲地向北进发。不畏烈日严寒，风风雨雨地在外十多年，坚守上郡。就在这段时间，蒙恬的声威让匈奴惧怕。秦始皇格外尊重推崇蒙氏一族，信任并赏识蒙氏的才能。因而亲近蒙毅，蒙毅最高官做到上卿。外出蒙毅就陪着始皇同坐一辆车子，回到朝廷中就侍奉在秦始皇跟前。蒙恬在外担当着军事的重任而蒙毅经常在朝廷内出谋划策，被大家称为忠信大臣。因此，就算是其他的将相们也没有敢和他们争宠的。

赵高，他是赵国王族中被疏远的亲属。赵高家中兄弟几人都是生下来就被阉割而成为宦者为皇帝奴役，赵高的母亲也因为犯法而被处以刑罚，所以赵高一家世世代代地位低下。秦王听说赵高有很强的办事能力，并且精通刑狱法令，就提拔他担任了中车府令一职。赵高就私下里侍奉公子胡亥，教导胡亥应该如何决断讼案。后来赵高犯下了重罪，秦王让蒙毅依照法令处置他。蒙毅不敢违抗法令，依法应该判处赵高死刑，剥夺他的官籍。始皇看在赵高办事鞠躬尽瘁，赦免了他，并恢复了他原来的官职。

秦始皇打算巡游天下，途经九原郡，直到甘泉宫。就派蒙恬为他开路，从九原郡到甘泉宫，打通山脉，填塞深谷，全长一千八百里。然而，这条通道没有能够完成。

始皇三十七年冬天，始皇外出巡游会稽，在大海附近，向北直奔琅邪。途中得了重病，派蒙毅回去祷告山川神灵。没等到蒙毅返回，始皇走到沙丘就逝世了。始皇逝世的消息被封锁了，文武百官都不知道。这个时候丞相李斯、公子胡亥、中车府令赵高侍奉在秦始皇左右。赵高平时就得到胡亥的宠幸，打算立胡亥继承王位，又记恨蒙毅曾经要依法处罚他而没有袒护他，于是就有了杀害之心。就和丞相李斯、公子胡亥暗中策划，拥立胡亥为太子。太子即位之后，便派遣使者，假造罪名，赐公子扶苏和蒙恬死罪。扶苏自杀后，蒙恬心生怀疑，又请求申诉。使者就把蒙恬交给主管官吏处理，另外派人接替他的职务。胡亥用李斯的家臣担任护军一职。使者回来报告时，胡亥就已经得知扶苏的死讯，当下就打算放了蒙恬。赵高害怕蒙氏再次当权执政，怨恨他们。

蒙毅祈祷山川神灵后回来，赵高趁机向胡亥表示忠心献策，想要杀害蒙氏兄弟，就对胡亥说：“我听说先帝很久以前就选择贤人重用能人，想要册立您为太子，而蒙毅劝阻说‘不可以’。如果他既然知道您贤明有才能还长久拖延不让册立，那么，就是既不忠实而又欺骗先帝了。以我的见解，不如杀死他。”胡亥听从了赵高的话，就在代郡把蒙毅囚禁起来。在此以前，就已经把蒙恬囚禁在阳周。等到秦始皇的灵车回到咸阳并安葬以后，太子就登基即位做了二世皇帝，这时赵高最得宠信，每天都毁谤蒙氏，搜集他们罪过并检举弹劾他们。

子婴进言劝谏说:"我听说过去赵王迁杀死他的贤明臣子李牧而重用颜聚,燕王喜欢暗地里采用荆轲的计谋而背叛了秦国的盟约,齐王建杀死他前代的忠臣而改用后胜的计策。这三位国君,都是各自因为改变旧规丧失了他们的国家而祸及他们自身。现在蒙氏兄弟是秦国的大臣和谋士,而国君打算抛弃他们,我私下认为是不行的,我听说草率考虑问题的人不可以治理国家,独断专行、自以为是的人不可以用来侍奉国君。杀害忠良臣子而重用没有道德的人,那是对内使大臣们不能相互信任而对外使得战士们涣散斗志啊,我私下认为是不行的。"

胡亥听不进子婴的劝谏,却派遣御史曲宫乘坐驿车前往代郡,命令蒙毅说:"先主要册立太子而你却一直阻拦,现在丞相认为你不忠诚,罪过牵连到你们家族,我不忍心,就赐予你自杀吧,也算是很幸运了。你好好考虑吧!"蒙毅回答说:"要是认为我不能博得先主的欢心,那么,我年轻的时候做官为宦,就能顺意得宠,直到先主去世,可以说是能顺应先主的心意了吧。如果认为我不了解太子的才华,那么只有太子才能陪侍先主周游天下了,你和其他的公子比起来,相差太多了,我还有什么需要怀疑的。先主重用太子,是很多年的深思熟虑,我还有什么话敢向先主说、还有什么计策敢谋划呢!不是我找借口来逃避死罪,只是怕牵涉先主,使先主的名誉蒙羞,希望你为此认真考虑,让我死在我应有的罪名下。而且顺理成章,是道义所推崇的;而严刑杀戮,是道义所不容的。以前秦缪公杀死车氏三良为他陪葬,判处了百里奚以莫须有的罪名,所以,他死后被给予了'缪'的称号。昭襄王杀了武安君白起,楚平王杀了伍奢。吴王夫差杀了伍子胥。这四位国君,都犯了重大的错误,而遭到了普天下人对他们的不满和质疑,认为他们的国君昏庸。因此,在各诸侯国中的名声极其不好。所以说:'用道义来治理国家的人,不应该杀害没有罪的大臣和人民,而刑罚不应该施于无辜的人身上。'希望你认真地考虑!"使者知道胡亥的意图,故听不进蒙毅讲的话,就把他杀了。

胡亥又派遣使者前往阳周,命令蒙恬说:"您犯的罪太多了,而你的弟弟蒙毅又犯有重罪,所以你也要受到牵连。"蒙恬说:"从我的祖先到后代子孙,为秦国累积了无数功绩,并建立威信,现在已经三代了。而现在我带领三十万大军,即便是我被你们囚禁,但是,我手下的势力也足够发动叛乱。然而,为什么我知道我必死无疑却还要坚守节义,是因为我不敢侮辱了祖宗的教诲,不敢忘掉先主对蒙氏的恩宠。以前周成王刚刚即位时，还不能完全脱离小儿用的背带和布兜，周公姬旦背负着周成王接受大臣们的朝见，终于统一了天下。直到周成王病情严重得很危险的时候，周公旦剪下自己的手指甲投入黄河之中，祈祷说：‘国君年纪还小，这些事都是我当权执政时做的，若有报应和祸患，应该由我一个人来承受惩罚。’后人就把周公旦这些祷祠书写了下来，收藏在档案馆里，这可以说是非常诚信和忠诚了。一直到了周成王能亲自治理国家的时候，有奸臣造谣说：‘周公旦想要谋反已经很长时间了，大王若不加以防备，一定要发生很大的事变。’成王听信了奸臣的话，就非常生气，周公旦得知后逃奔到了楚国。成王一次到收藏馆里审阅档案，无意中发现周公旦为自己的祷告书，就流着眼泪说：‘是谁说周公旦想要谋反呢！’于是盛怒之下杀了造谣生事的那个大臣，随即请周公旦回来。所以《周书》上说：‘一定要非常细心地多方询问，并且要反复审察。’而现在我蒙氏宗族，世世代代对主公都忠心耿耿，而事情竟然得到这样的结局，这一定是有奸臣叛逆从中作乱、欺骗君王的原因。周成王犯错后能改过并能重新振作，最终使周朝得以兴旺昌盛；夏桀因为杀死了关龙逄，商纣因为杀死王子比干却不感到后悔，最终的下场是身死国亡。所以我说的是犯错可以改正后重新振作，听别人劝谏可以提高警惕，相互审察，是贤明的国君治理国家的原则。我所说的这些话，不是用来逃避罪行的，而是要用我的忠心规劝而死，希望陛下可以替黎民百姓好好想想并找到应该遵循的正确道路。”使者说：“我接受命令对你施以刑法，不敢把你的话转报给皇上听。”蒙恬重重地叹息说：“我到底犯了什么罪，竟然没有过错就要被处死呢？”很久之后，蒙恬才慢慢地说：“我的罪原来真的是死罪啊。起自临洮接连到辽东修筑长城一万多里，这其间不能没有截断大地脉络的地方呀！这应该就是我的罪名了。”说罢吞下毒药自杀了。

太史公说：我亲自去过北方边境，并从直道返回，途中仔细地观察了蒙恬替秦国修筑的长城和边塞的堡垒，挖开山脉，填满深谷，贯通直道，这本来就是不重视黎民百姓的人力和物力。那时正是秦国刚刚消灭其他诸侯的时候，百姓的心尚未安定，并且伤痕累累还没痊愈，而蒙恬身为秦国的名将，不但不在这时候尽力劝谏，赈灾救济百姓，赡养老人，养育孤儿，致力从事于为百姓安定生活的工作，反而迎合秦始皇的心意，大规模地修筑长城，他们兄弟最终遭到杀身之祸，这不也是顺理成章的事情吗？哪里是什么挖断地脉的罪名呢？

史记卷八十九

张耳陈馀列传第二十九

张耳者，大梁人也。其少时，及魏公子毋忌为客。张耳尝亡命游外黄。外黄富人女甚美，嫁庸奴，亡其夫，去抵父客。父客素知张耳，乃谓女曰："必欲求贤夫，从张耳。"女听，乃卒为请决，嫁之张耳。张耳是时脱身游，女家厚奉给张耳，张耳以故致千里客。乃宦魏为外黄令，名由此益贤。

陈馀者，亦大梁人也，好儒术，数游赵苦陉。富人公乘氏以其女妻之，亦知陈馀非庸人也。馀年少，父事张耳，两人相与为刎颈交。

秦之灭大梁也，张耳家外黄。高祖为布衣时，尝数从张耳游，客数月。秦灭魏数岁，已闻此两人魏之名士也，购求有得张耳千金，陈馀五百金。张耳、陈馀乃变名姓，俱之陈，为里监门以自食。两人相对。里吏尝有过笞陈馀，陈馀欲起，张耳蹑之，使受笞。吏去，张耳乃引陈馀之桑下而数之曰："始吾与公言何如？今见小辱而欲死一吏乎？"陈馀然之。秦诏书购求两人，两人亦反用门者以令里中。

陈涉起蕲，至入陈，兵数万。张耳、陈馀上谒陈涉。涉及左右生平数闻张耳、陈馀贤，未尝见，见即大喜。

陈中豪杰父老乃说陈涉曰："将军身被坚执锐，率士卒以诛暴秦，复立楚社稷，存亡继绝，功德宜为王。且夫监临天下诸将，不为王不可，愿将军立为楚王也。"陈涉问此两人，两人对曰："夫秦为无道，破人国家，灭人社稷，绝人后世，罢百姓之力，尽百姓之财。将军瞋目张胆，出万死不顾一生之计，为天下除残也。今始至陈而王之，示天下私。愿将军毋王，急引兵而西，遣人立六国后，自为树党，为秦益敌也。敌多则力分，与众则兵强。如此野无交兵，县无守城，诛暴秦，据咸阳以令诸侯。诸侯亡而得立，以德服之，如此则帝业成矣。今独王陈，恐天下解也。"陈涉不听，遂立为王。

陈馀乃复说陈王曰："大王举梁、楚而西，务在入关，未及收河北也。臣尝游赵，知其豪桀及地形，愿请奇兵北略赵地。"于是陈王以故所善陈人武臣为将军，邵骚为护军，以张耳、陈馀为左右校尉，予卒三千人，北略赵地。

武臣等从白马渡河，至诸县，说其豪桀曰：“秦为乱政虐刑以残贼天下，数十年矣。北有长城之（域）〔役〕，南有五岭之戍，外内骚动，百姓罢敝，头会箕敛，以供军费，财匮力尽，民不聊生。重之以苛法峻刑，使天下父子不相安。陈王奋臂为天下倡始，王楚之地，方二千里，莫不响应，家自为怒，人自为斗，各报其怨而攻其仇，县杀其令丞，郡杀其守尉。今已张大楚，王陈，使吴广、周文将卒百万西击秦。于此时而不成封侯之业者，非人豪也。诸君试相与计之！夫天下同心而苦秦久矣。因天下之力而攻无道之君，报父兄之怨而成割地有土之业，此士之一时也。”豪桀皆然其言。乃行收兵，得数万人，号武臣为武信君。下赵十城，馀皆城守，莫肯下。

乃引兵东北击范阳。范阳人蒯通说范阳令曰：“窃闻公之将死，故吊。虽然，贺公得通而生。”范阳令曰：“何以吊之？”对曰：“秦法重，足下为范阳令十年矣，杀人之父，孤人之子，断人之足，黥人之首，不可胜数。然而慈父孝子莫敢倳刃公之腹中者，畏秦法耳。今天下大乱，秦法不施，然则慈父孝子且倳刃公之腹中以成其名，此臣之所以吊公也。今诸侯畔秦矣，武信君兵且至，而君坚守范阳，少年皆争杀君，下武信君。君急遣臣见武信君，可转祸为福，在今矣。”

范阳令乃使蒯通见武信君曰：“足下必将战胜然后略地，攻得然后下城，臣窃以为过矣。诚听臣之计，可不攻而降城，不战而略地，传檄而千里定，可乎？”武信君曰：“何谓也？”蒯通曰：“今范阳令宜整顿其士卒以守战者也，怯而畏死，贪而重富贵，故欲先天下降，畏君以为秦所置吏，诛杀如前十城也。然今范阳少年亦方杀其令，自以城距君。君何不赍臣侯印，拜范阳令，范阳令则以城下君，少年亦不敢杀其令。令范阳令乘朱轮华毂，使驱驰燕、赵郊。燕、赵郊见之，皆曰此范阳令，先下者也，即喜矣，燕、赵城可毋战而降也。此臣之所谓传檄而千里定者也。”武信君从其计，因使蒯通赐范阳令侯印。赵地闻之，不战以城下者三十馀城。

至邯郸，张耳、陈馀闻周章军入关，至戏却；又闻诸将为陈王徇地，多以谗毁得罪诛，怨陈王不用其策，不以为将而以为校尉。乃说武臣曰：“陈王起蕲，至陈而王，非必立六国后。将军今以三千人下赵数十

章邯像，选自《剑锋春秋》。

城，独介居河北，不王无以填之。且陈王听谗，还报，恐不脱于祸。又不如立其兄弟；不，即立赵后。将军毋失时，时间不容息。”武臣乃听之，遂立为赵王。以陈馀为大将军，张耳为右丞相，邵骚为左丞相。

使人报陈王，陈王大怒，欲尽族武臣等家，而发兵击赵。陈王相国房君谏曰：“秦未亡而诛武臣等家，此又生一秦也。不如因而贺之，使急引兵西击秦。”陈王然之，从其计，徙系武臣等家宫中。封张耳子敖为成都君。

陈王使使者贺赵，令趣取兵西入关。张耳、陈馀说武臣曰：“王王赵，非楚意，特以计贺王。楚已灭秦，必加兵于赵。愿王毋西兵，北徇燕、代，南收河内以自广。赵南据大河，北有燕、代，楚虽胜秦，必不敢制赵。”赵王以为然，因不西兵，而使韩广略燕，李良略常山，张黡略上党。

韩广至燕，燕人因立广为燕王。赵王乃张耳、陈馀北略地燕界。赵王间出，为燕军所得。燕将囚之，欲与分赵地半，乃归王。使者往，燕辄杀之以求地。张耳、陈馀患之。有厮养卒谢其舍中曰：“吾为公说燕，与赵王载归。”舍中皆笑曰：“使者往十馀辈，辄死，若何以能得王？”乃走燕壁。燕将见之，问燕将曰：“知臣何欲？”燕将曰：“若欲得赵王耳。”曰：“君知张耳、陈馀何如人也？”燕将曰：“贤人也。”曰：“知其志何欲？”曰：“欲得其王耳。”赵养卒乃笑曰：“君未知此两人所欲也。夫武臣、张耳、陈馀杖马棰下赵数十城，此亦各欲南面而王，岂欲为卿相终已邪？夫臣与主岂可同日而道哉，顾其势初定，未敢参分而王，且以少长先立武臣为王，以持赵心。今赵地已服，此两人亦欲分赵而王，时未可耳。今君乃囚赵王。此两人名为求赵王，实欲燕杀之，此两人分赵自立。夫以一赵尚易燕，况以两贤王左提右挈，而责杀王之罪，灭燕易矣。”燕将以为然，乃归赵王。养卒为御而归。

李良已定常山，还报，赵王复使良略太原。至石邑，秦兵塞井陉，未能前。秦将诈称二世使人遗李良书，不封，曰：“良尝事我得显幸。良诚能反赵为秦，赦良罪，贵良。”良得书，疑不信。乃还之邯郸，益请兵。未至，道逢赵王姊出饮，从百馀骑。李良望见，以为王，伏谒道旁。王姊醉，不知其将，使骑谢李良。李良素贵，起，惭其从官。从官有一人曰：“天下畔秦，能者先立。且赵王素出将军下，今女儿乃不为将军下车，请追杀之。”李良已得秦书，固欲反赵，未决，因此怒，遣人追杀王姊道中。乃遂将其兵袭邯郸，邯郸不知。竟杀武臣、邵骚。赵人多为张耳、陈馀耳目者，以故得脱出。收其兵，得数万人。客有说张耳曰："两君羁旅，而欲附赵，难；独立赵后，扶以义，可就功。"乃求得赵歇，立为赵王，居信都。李良进兵击陈馀，陈馀败李良，李良走归章邯。

章邯引兵至邯郸，皆徙其民河内，夷其城郭。张耳与赵王歇走入巨鹿城，王离围之。陈馀北收常山兵，得数万人，军巨鹿北。章邯军巨鹿南棘原，筑甬道属河，饷王离。王离兵食多，急攻巨鹿。巨鹿城中食尽兵少，张耳数使人召前陈馀，陈馀自度兵少，不敌秦，不敢前。数月，张耳大怒，怨陈馀，使张黡、陈泽往让陈馀曰："始吾与公为刎颈交，今王与耳旦暮且死，而公拥兵数万，不肯相救，安在其相为死！苟必信，胡不赴秦军俱死？且有十一二相全。"陈馀曰："吾度前终不能救赵，徒尽亡军。且馀所以不俱死，欲为赵王、张君报秦。今必俱死，如以肉委饿虎，何益？"张黡、陈泽曰："事已急，要以俱死立信，安知后虑？"陈馀曰："吾死顾以为无益，必如公言。"乃使五千人令张黡、陈泽先尝秦军，至皆没。

当是〔时〕，燕、齐、楚闻赵急，皆来救。张敖亦北收代兵，得万馀人，来，皆壁馀旁，未敢击秦。项羽兵数绝章邯甬道，王离军乏食，项羽悉引兵渡河，遂破章邯。章邯引兵解，诸侯军乃敢击围巨鹿秦军，遂虏王离。涉间自杀。卒存巨鹿者，楚力也。

于是赵王歇、张耳乃得出巨鹿，谢诸侯。张耳与陈馀相见，责让陈馀以不肯救赵，及问张黡、陈泽所在。陈馀怒曰："张黡、陈泽以必死责臣，臣使将五千人先尝秦军，皆没不出。"张耳不信，以为杀之，数问陈馀。陈馀怒曰："不意君之望臣深也！岂以臣为重去将哉？"乃脱解印绶，推予张耳。张耳亦愕不受。陈馀起如厕，客有说张耳曰："臣闻'天与不取，反受其咎'。今陈将军与君印，君不受，反天不祥，急取之！"张耳乃佩其印，收其麾下。而陈馀还，亦望张耳不让，遂趋出。张耳遂收其兵。陈馀独与麾下所善数百人之河上泽中渔猎。由此陈馀、张耳遂有郤。

赵王歇复居信都。张耳从项羽诸侯入关。汉元年二月，项羽立诸侯王，张耳雅游，人多为之言。项羽亦素数闻张耳贤，乃分赵立张耳为常山王，治信都。信都更名襄国。

陈馀客多说项羽曰："陈馀、张耳一体有功于赵。"项羽以陈馀不从入关，闻其在南皮，即以南皮旁三县以封之，而徙赵王歇王代。

张耳之国，陈馀愈益怒，曰："张耳与馀功等也，今张耳王，馀独侯，此项羽不平。"及齐王田荣畔楚，陈馀乃使夏说说田荣曰："项羽为天下宰不平，尽王诸将善地，徙故王王恶地，今赵王乃居代！愿王假臣兵，请以南皮为扞蔽。"田荣欲树党于赵以反楚，乃遣兵从陈馀。陈馀因悉三县兵袭常山王张耳，张耳败走，念诸侯无可归者，曰："汉王与我有旧故，而项羽又强，立我！我欲之楚。"甘公曰："汉王之入关，五星聚东井。东井者，秦分也。先至必霸。楚虽强，后必属汉。"故耳走汉。汉王亦还定三秦，方围章邯废丘。张耳谒汉王，汉王厚遇之。

陈馀已败张耳，皆复收赵地，迎赵王于代，复为赵王。赵王德陈馀，立以为代王。陈馀为赵王弱，国初定，不之国，留傅赵王，而使夏说以相国守代。

汉二年，东击楚，使使告赵，欲与俱。陈馀曰："汉杀张耳乃从。"于是汉王求人类张耳者斩之，持其头遗陈馀。陈馀乃遣兵助汉。汉之败于彭城西，陈馀亦复觉张耳不死，即背汉。

汉三年，韩信已定魏地，遣张耳与韩信击破赵井陉，斩陈馀泜水上，追杀赵王歇襄国。汉立张耳为赵王。汉五年，张耳薨，谥为景王。子敖嗣立为赵王。高祖长女鲁元公主为赵王敖后。

汉七年，高祖从平城过赵，赵王朝夕袒韝蔽，自上食，礼甚卑，有子婿礼。高祖箕踞詈，甚慢易之。赵相贯高、赵午等年六十馀，故张耳客也。生平为气，乃怒曰："吾王孱王也！"说王曰："夫天下豪桀并起，能者先立。今王事高祖甚恭，而高祖无礼，请为王杀之！"张敖啮其指出血，曰："君何言之误！且先人亡国，赖高祖得复国，德流子孙，秋豪皆高祖力也。愿君无复出口。"贯高、赵午等十馀人皆相谓曰："乃吾等非也。吾王长者，不倍德。且吾等义不辱，今怨高祖辱我王，故欲杀之，何乃污王为乎？令事成归王，事败独身坐耳。"

汉八年，上从东垣还，过赵，贯高等乃壁人柏人，要之置〔厕〕。上过欲宿，心动，问曰："县名为何？"曰："柏人。""柏人者，迫于人也！"不宿而去。

汉九年，贯高怨家知其谋，乃上变告之。于是上皆并逮捕赵王、贯高等。十馀人皆争自刭，贯高独怒骂曰："谁令公为之？今王实无谋，而并捕王；公等皆死，谁白王不反者！"乃轞车胶致，与王诣长安。治张敖之罪。上乃诏赵群臣宾客有敢从王皆族。贯高与客孟舒等十馀人，皆自髡钳，为王家奴，从来。贯高至，对狱，曰："独吾属为之，王实不知。"吏治榜笞数千，刺剟，身无可击者，终不复言。吕后数言张王以鲁元公主故，不宜有此。上怒曰："使张敖据天下，岂少而女乎！"不听。廷尉以贯高事辞闻，上曰："壮士！谁知者，以私问之。"中大夫泄公曰："臣之邑子，素知之。此固赵国立名义不侵为然诺者也。"上使泄公持节问之箯舆前。仰视曰："泄公邪？"泄公劳苦如生平欢，与语，问张王果有计谋不。高曰："人情宁不各爱其父母妻子乎？今吾三族皆以论死，岂以王易吾亲哉！顾为王实不反，独吾等为之。"具道本指所以为者王不知状。于是泄公入，具以报，上乃赦赵王。

上贤贯高为人能立然诺，使泄公具告之曰："张王已出。"因赦贯高。贯高喜曰："吾王审出乎？"泄公曰："然。"泄公曰："上多足下，故赦足下。"贯高曰："所以不死一身无馀者，白张王不反也。今王已出，吾责已塞，死不恨矣。且人臣有篡杀之名，何面目复事上哉！纵上不杀我，我不愧于心乎？"乃仰绝肮，遂死。当此之时，名闻天下。

张敖已出，以尚鲁元公主故，封为宣平侯。于是上贤张王诸客，以钳奴从张王入关，无不为诸侯相、郡守者。及孝惠、高后、文帝、孝景时，张王客子孙皆得为二千石。

张敖，高后六年薨。子偃为鲁元王。以母吕后女故，吕后封为鲁元王。元王弱，兄弟少，乃封张敖他姬子二人：寿为乐昌侯，侈为信都侯。高后崩，诸吕无道，大臣诛之，而废鲁元王及乐昌侯、信都侯。孝文帝即位，复封故鲁元王偃为南宫侯，续张氏。

太史公曰：张耳、陈馀，世传所称贤者；其宾客厮役，莫非天下俊桀，所居国无不取卿相者。然张耳、陈馀始居约时，相然信以死，岂顾问哉。及据国争权，卒相灭亡，何乡者相慕用之诚，后相倍之戾也！岂非以〔势〕利〔交〕哉？名誉虽高，宾客虽盛，所由殆与太伯、延陵季子异矣。

【译文】

张耳，是魏国大梁人。他年轻的时候，做过魏公子无忌的门客。张耳曾被本地销除名籍，逃亡在外地，后来来到外黄。在外黄有一富豪人家的女儿，长得特别漂亮，但却嫁给了一个愚蠢且平庸的男人，于是她就逃离了她的丈夫，去投奔她父亲以前的宾客。她父亲的宾客平时就了解张耳这个人，于是就对她说："如果你一定要嫁个有才能的丈夫的话，那你就嫁给张耳吧。"女子听从了他的建议，终于断绝了同以前丈夫的关系，改嫁给了张耳。张耳这时已经从以前的困境中摆脱出来，并开始广泛交游，女子家里给张耳的供给十分丰厚，张耳也因此可以招待很远地方的宾客，于是后来在魏国外黄做了县令。张耳做了县令后他的名声比以前更加显赫了。陈余，也是魏国大梁人，他爱好儒家学说，曾经多次游历赵国的苦陉。一位很有钱的人叫公乘氏把自己的女儿嫁给他，他也很了解陈余不是一般无所作为的人。陈余年轻的时候，就像对待自己父亲一样侍奉张耳，于是两人结为生死之交。

秦国灭亡大梁时，张耳的家住在外黄，在汉高祖还是普通百姓的时候，曾经很多次追随张耳，并且在张耳家一住就是几个月。秦国灭亡魏国几年后，听说张耳和陈余两个人在魏国很有名，于是就下令悬赏拘捕两人，抓住张耳的人就赏给黄金一千两，捉住陈余的人就赏给黄金五百两。从那以后张耳、陈余两人就改名换姓，一起逃到陈地，在那里充当里正来维持生活，两人便一起生活。工作中小吏曾经因为陈余犯了小的错误就用鞭子抽打他，陈余想要站起来反抗。张耳便赶快用脚踩他，示意他不要反抗，应接受小吏的鞭打。小吏离开后，张耳就把陈余带到了桑树下，责备陈余说："当初我和你怎么说的？现在你受到小小的屈辱，你就要死在里吏身上吗？"陈余听后认为张耳说得很有道理。秦国发出命令文书，悬赏拘捕张耳和陈余两人，他们两个人也利用里正的身份向里中的居民传达通缉他们自己的命令。

陈涉在蕲州起义，攻打到陈地，军队已扩充到好几万人。张耳、陈余两人去求见陈涉。陈涉和他的亲信们平时就经常听说张耳、陈余两人很有才能，只是还没见过面，这次相见让陈涉很高兴。

陈地有才能的人和百姓就劝陈涉说："将军你身上穿着坚固的铠甲，手里拿着锋利的武器，带领着士兵一起征讨残暴的秦国，重新建立楚国的政权，使已经灭亡的国家得以复兴，使断绝的血脉得以延续下去，像你这样的功绩和德行，是应该称王的。况且你还要监督和带领来自天下各个地方的将领，不称王是不可以的，希望将军你自立为楚王。"陈涉就此征求陈余、张耳的意见，张耳和陈余二人回答说："秦国残暴无道，侵略并占领了别的国家，毁灭了别人的社稷，断绝了别人的后代，抢夺百姓的财物。将军面带凶色，放开胆量，不怕万死一生，为的是为替天下人摆脱残暴的统治。现在将军才刚刚打到陈地就称王的话，就等于在天下人面前显示出自己的私心。我们建议将军你不要称王。将军应该马上率兵向西进发，派人去拥立其他六国的后代，用来作为你自己的同盟，来给秦国增加更多的敌人。给秦国树立的敌人越多，秦国的力量就越分散，我们的同盟越多，我们的兵力就越强大，如果是这样的话，我们就用不着在广阔的平原上互相厮杀，也就没有了坚守强攻的县城，除去残暴的秦国，我们就可以占据咸阳向各个诸侯发号施令。各诸侯国在灭亡后又有机会得以复兴，我们便施以恩惠感召他们，如果能这样的话，那么将军的帝王大业就成功了。现在只在陈地这个地方称王，恐怕各个诸侯就会懈怠不顺从了。”陈涉没听从张耳和陈余二人的意见，于是在陈地自立称为陈王。

陈余又劝谏陈王说：“大王应该调遣梁、楚的军队向西方进军，现在最重要的是攻破函谷关，没有时间收复黄河以北的地区，我曾经游历过赵国，知道那里有才能的人和地理形势，希望大王能派一支军队，向北进攻在他们没有防备的时候夺取赵国的土地。”于是，陈王便任命他自己的老朋友，陈地人武臣为将军一职，邵骚为护军，张耳、陈余二人担任左右校尉，拨给他们三千人的军队，向北进攻夺取赵国的土地。

武臣一行人从白马津渡过黄河，走到各个县对当地有才能的人游说道：“秦国的暴虐统治残害天下百姓，已经几十年之久了。在北部边境有因为修筑万里长城当苦役的人，而南边频繁征兵丁来守卫五岭，国内国外都十分不稳定，百姓们疲惫不堪，按人数来收缴粮草，用簸箕收敛，用来供军队开支，财尽力竭，民不聊生。再加上残忍的刑罚，导致天下人没有安定的日子。而现在陈王振臂而起，他首先倡导天下起义，随后在楚地称王，纵横两千多里，没有人不响应他的，每个家庭都十分气愤，每个人都斗志高昂，有怨的报怨，有仇的报仇，县里的人杀了他们的县令和县丞，郡里的人杀了他们的郡守和郡尉。现在陈涉已经建立了大楚国，在陈地称王，派吴广、周文等人带领百万大军向西方攻击秦军。在这个时候不成就封侯大业的，就不是有才能的人了。请诸位互相讨论计划一番！所有的人都一致认为苦于秦国残暴的统治时间太长了。凭借着全天下的力量讨伐昏庸的君主，为亲人报仇，从而完成割据土地的事业，这是胸有大志的人不能错过的机会啊。”所有有才能的人都认为这话说得很有道理。于是便招募兵卒、编制队伍，把军队扩充到几万人，武臣自己立号为武信君。占领了赵国十座城池，其余的城池都据城坚守，没有人肯投降。

于是，武信君又带兵朝东北方向攻击范阳。范阳人蒯通对范阳令说："我私底下听说您快要死了，所以来为您哀悼和慰问您。即使如此，但是还要恭贺您因为您有了我蒯通而能得以重生。"范阳令说："你为什么要对我哀悼和慰问？"蒯通回答说："秦国的法律十分残酷，您当了十年的范阳县令，杀死多少百姓，使得多少家庭家破人亡，砍断别人脚的，在别人脸上刺字的，已经数不胜数了。然而慈祥的父辈、孝顺的子女没有人敢把刀子插入您肚子的原因，是害怕秦国残酷的刑罚罢了。现在天下大乱。秦国残酷的法令不能再施行了，然而，现在那些慈父孝子就会把利刃插进您肚子以成就他们的名声，这就是我来哀悼和慰问您的原因啊。现在，各路诸侯都背叛了秦国，而武信君的人马很快就会攻来，您却还要誓死坚守范阳，年轻的人都争着要杀死您后去投奔武信君。您应该马上派我去求见武信君，可以转祸为福就在眼下呀。"

范阳令就派蒯通去面见武信君说："您一定要打了胜仗之后再夺取土地，攻破了守城敌人然后再占领城池，我个人认为是不对的。您如果能听从我的计划，您就可以不用去攻打而使守城的人降服，不用通过战斗就可以夺取土地，只要您发出征召文告就可以让您收服广阔的土地，您说好吗？"武信君说："你说的是什么意思？"蒯通回答说："现在的范阳令应该频繁地整顿他的人马用来坚守城池抵抗外敌，可是他为人十分胆小又怕死，贪恋财富又爱慕虚荣，所以他本来想走在别人的前面来投降，但他又害怕您认为他是秦国委任的官吏，像以前被您占领的十座城池的官吏一样被您杀死。但是，现在范阳城里的年轻人也都想杀掉他，自己代替他据守城池来抵抗您。您为什么不把侯印让我带着去委任范阳令，范阳令就会自己把城池献给您，城里的年轻人也不再敢杀范阳令了。让范阳令坐着装饰豪华的车子，走在燕国、赵国的郊野。燕国、赵国郊野的人们看见范阳令这样，都会说这就是范阳令，他是最早投降的啊，投降后马上就得到这么优厚的待遇了，燕、赵的城池就可以不用攻打而自己前来投降了。这就是我说的传檄而平定广阔土地的计策。"武信君采纳了蒯通的计策，并派遣蒯通前去范阳赐给范阳令侯印。赵国的人得知这个消息，不用攻打就得到的城池有三十多个。

到达邯郸后，张耳、陈余两人听说周章的军队已经进入关中，但是到了戏水地区又败下阵来；他们又听说为陈王讨伐秦国建立功绩的很多将领，大多被奸人诋毁，犯下罪行后被杀害，两人又恼恨陈王不肯采纳他们的计谋，不晋升两人为将军，而仅让两人做校尉。于是他们就劝说武臣说：“陈王在蕲县起兵，攻下陈地就马上自立称王，而且还不一定要拥立其他六国诸侯的后代。现在，将军仅仅用了三千人马就夺取了几十座城池，自己占有河北等广大区域，如果将军不自己称王，不能够使社会安定下来。并且陈王容易听信奸人的谗言，若是有人回陈王那去报告，恐怕到时候会有祸患啊。那还不如拥立将军的兄弟称王；如若不然的话，将军就拥立赵国的后代称王。将军可不要丧失机会，时机紧急，容不得多想啊。”武臣听从了两人的劝告，于是，武臣就自立为赵王。任命陈余为大将军，张耳为右丞相，邵骚为左丞相。

事情被报告给陈王，陈王听了非常生气，想要把武臣等人的家人赶尽杀绝，因而发兵攻打赵王。陈王的国相房君劝谏说：“我们还没有消灭秦国就去攻打赵王，把他的族人赶尽杀绝，这相当于又树立了一个和秦国一样强大的敌人。倒不如借此机会向赵王祝贺，让他马上带领军队向西进攻，攻打秦国。”陈王认为他说得很对，听从了他的计谋，把武臣等人的族人转移到宫里，软禁起来。并且任命张耳的儿子做了成都君。

陈王派遣使者向赵王祝贺，让赵王火速调动军队向西方进攻关中。张耳、陈余两人劝谏武臣说：“大王在赵地称王，但这并不是楚国本来的意思，他们只不过是将计就计来恭贺大王。待楚王消灭秦国之后，日后一定会用兵攻打赵国。我们希望大王不要向西攻打秦国，而是向北进攻夺取燕、代，向南进军收取河内，从而扩大自己的势力范围。这样的话，赵国在南面依靠着大河，而向北拥有燕、代，楚王即使消灭了秦国，也一定不敢强行攻打赵国。”赵王认为他们说得有道理，因此，不向西进攻，而是派韩广夺取燕地、李良夺取常山、张黡夺取上党。

韩广的军队到达燕地后，燕人就借机拥立韩广做了燕王。赵王就和张耳、陈余二人向北进攻燕国的边界。赵王在空闲外出时，被燕国的军队抓获。燕国的将领把赵王囚禁了起来，要求瓜分赵国的一半土地，才肯归还赵王。赵国派遣使者去燕国交涉，燕国的军队就把使者杀死，要求分割赵国的土地。张耳、陈余两人为这件事十分担心。有一个干杂务的士兵对同住的伙伴说：“要是我替张耳、陈余两人去游说燕军，就能和赵王坐同一辆车回来。”同住的伙伴们都嘲笑他说：“使臣都派去了十几位，而且去了就立即被杀死，你有什么方法能救出赵王呢？”于是，这个勤杂兵跑到燕军的营地内。燕军的将领见到了他，他却反问燕将说："你们知道我是来干什么的吗？"燕将回答说："你想要救出赵王。"他又问："您知道张耳、陈余两人是什么样的人吗？"燕将说："是贤明有才能的人。"他继续问："您知道他们想干什么？"燕将回答说："只不过是为了救赵王罢了。"赵国的勤杂兵就笑着说："您还不了解这两个人的心思。武臣、张耳、陈余三人指挥军队占领了赵国几十座城池，他们每个人都想面南而称王，难道心甘情愿地做别人的卿相吗？做臣下的和做国君的难道可以相提并论吗？他们只不过是顾虑到局势刚刚稳定，还没敢三分国土各自称王，姑且以年龄的大小为顺序先立武臣为王，用意是维系赵国的民心。而现在赵国已经稳定下来，这两个人也想瓜分赵国土地自立为王，只不过是时机还没有成熟。现在，您抓了并囚禁赵王，张耳、陈余两人表面上是为了解救赵王，实际上他们是想让燕军杀死赵王，然后这两个人好瓜分赵国的土地自立为王。并且以原来一个赵国的兵力就能轻易地消灭燕国，更何况两位有才能的君王相互帮助支持，如果以你们杀害赵王为名来进攻燕国，消灭燕国是很简单的了。"燕国将领认为他说得很对，就归还了赵王，勤杂兵就为赵王驾着车子，一起回到赵国。

李良攻打下常山以后，回来报告，赵王之后又派李良攻打太原。李良的部队进攻到了石邑，秦国的军队已经十分严密地封锁了井陉要道，从而不能向前进攻。秦国的将领谎称二世皇帝派使者送给了李良一封信，信没有封口，信中说："李良你曾经侍奉过我并且得到富贵和我的宠信。李良你如果能够放弃赵国返回秦国的话，我就不计较你犯的过错。让你还可以富贵。"李良收到这封信以后，心生怀疑。于是起兵回到邯郸，请求增加兵力。李良还没有回到邯郸，途中就遇到赵王的姐姐外出赴宴回来，并跟着一百多随从的人马。李良远远看见有这样气势，以为是赵王，便伏在地上通报了他的姓名，而赵王的姐姐喝醉了，也不知道李良是将军，只是让她的随从答谢了李良。李良一直都显贵，从地上站了起来，还当着很多随从官员的面，自己感到十分羞愧。随行官中有一个人说："天下所有的人都想推翻残暴的秦国，有本事的人便抢先自立为王，何况赵王的地位一向在将军之下，而现在，一个女人竟然不为将军下车行礼，请将军让我追上去杀了她。"之前李良已经收到了秦王的信函，本来就有了反赵之心，只是还没下定决心，现在又遇上这样的事，因此十分生气，便派人追赶赵王的姐姐，将其杀死在途中，于是李良就带领着他的军队攻击了邯郸。邯郸方面并不知道李良叛变，武臣、邵骚竟然被杀死。赵人有很多是张耳、陈余的耳目，因此两人能够逃出，并收拾武臣的残军败将，得到了五万人。有的宾客劝张耳说："你们俩人都是外乡人，客居在此，要想让赵国人听命于你们，很困难；你们只有拥立六国时候赵王的后代，扶助他，才可以成就功业。"于是两人寻访到了赵歇，并拥立其为赵王，让赵歇住在信都。李良带兵攻击陈余，陈余反而击败了李良，李良只好逃了回去，投奔秦将章邯。

章邯带兵到了邯郸，把城里的百姓都迁徙到了河内，毁掉了城郭，毁坏了所有的建筑物。张耳和赵王逃到了巨鹿城，被秦将王离包围。陈余在北方收集了常山的残余军队几万人，驻扎在巨鹿城的北面。章邯的军队驻扎在巨鹿城南面的棘原。秦军修筑甬道与黄河接连，用来给王离运送军粮。王离兵多粮足，急攻巨鹿城。巨鹿城内粮草已经用尽，兵力也很弱，张耳多次派人去召陈余前来援助，陈余考虑到自己的兵力不多，打不过秦军，一直不敢前去援助。相持了几个月的时间，救兵还没有来，张耳十分生气，怨恨陈余，于是派张黡、陈泽前去责备陈余说："当初我张耳和您结为生死之交，现在赵王和我随时都可能被杀死，而您有数万军队，却不肯相救，那同生共死的交情哪里去了？如果您信守诺言，为什么您不和秦军决一死战？何况还有获胜的希望。"陈余说："我想即使我向前进军，最终的结果不光救不了赵国，还要白白地全军覆没。何况我不去和秦军同归于尽，我还要为赵王、张先生向秦国报仇。现在要是去决一死战，就如同把肉送给饥饿的老虎，有什么好处呢？"张黡、陈泽说："事情已经十分紧急了，需要用同归于尽来确立你的诚信，哪里还顾得上以后的事呢！"陈余说："我死没什么可惜的，只是死得没有任何意义，但是我一定会按照二位说的话去做。"就派了五千人马让张黡、陈泽带领去攻打秦军，到了前线便全军覆没了。

正在这个时候，燕、齐、楚的人听说赵国很危险，都前来救援。张敖也向北收聚代地的兵力一万多人赶来，都在陈余附近安营扎寨，却都不敢贸然攻击秦军。项羽的军队多次截断了章邯运送军粮的甬道，王离的军粮不够，项羽便带领全部军队渡过黄河，于是打败了章邯。章邯带兵败退，各国诸侯的军队才敢攻击包围巨鹿的秦国军队，于是抓获了王离。秦将涉间自杀身亡。最后保全巨鹿的，是楚国出的力。

这个时候赵王歇、张耳才得以出了巨鹿城，感谢各国的诸侯。张耳和陈余见面，因而责备陈余为什么不肯救赵，并追问张黡、陈泽的下落，陈余生气地说："张黡、陈泽以同归于尽为由来责备我，我便派他们带领着五千人马先尝试着攻打秦军，结果全军覆没，没有一人活下来。"张耳不相信，认为是陈余把他们都杀了，多次追问陈余。陈余十分生气，说："没有想到您对我的怨恨是这样的深啊！难道您以为我舍不得放弃这个将军的职位吗？"就解下了印信，推给了张耳。张耳也感到十分震惊，不肯接受陈余的印信。陈余之后便站起身来上厕所了。有的宾客规劝张耳说："我听说'上天给予的不去接受，反而会遭到祸患'。现在，陈将军把印信交给了您，您如果不接受，就是违背天意不吉祥啊。赶快接收它吧！"于是张耳就佩带了陈余的大印，接收了他的部下。陈余回来后，也怨恨张耳不推让就收缴了他的大印，于是快步走了出去。张耳就收编了陈余的军队。陈余独自和他部下亲信几百个人到黄河边的湖泽中打鱼捕猎去了。从此以后，陈余和张耳在感情上便产生了裂痕。

之后赵王歇回到了信都居住，张耳就跟随着项羽和其他诸侯一起去了关中。汉元年二月，项羽封各个诸侯为王，张耳游历各个地方结识的人多，很多人都替张耳说好话，项羽平常也听说过张耳是个有才能的人，于是就割了赵国的土地封张耳做了常山王，把都城设立在信都，并把信都改名为襄国。

陈余以前的宾客中很多人劝说项羽："陈余、张耳两人一样对赵国有功。"但是项羽因为陈余不随从他一起入关，又听说陈余住在南皮，于是项羽就把南皮周边的三个县封给了陈余，把赵王歇迁移到了代县，改封为代王。

张耳到他的封国去，陈余更加生气，说："张耳和我的功劳是一样的，张耳封了王，我却只封侯，这是项羽处理事情不公正。"等到齐王田荣反叛楚国，陈余便派夏说去劝田荣道："项羽成为了天下的主宰，处理事情却不公正，把好的地方都分封给了将军们去做王，把原来做王的都迁到了不好的地方，现在，又把赵王居住的地方迁到了代县！我希望大王你借给我兵马，以南皮这个地方作为您抵挡的屏障。"田荣想在赵国拉拢党羽以反叛楚国，于是就派遣了兵马听从陈余的指挥。因此，陈余调动了他自己三个县的所有兵力攻打常山王张耳。张耳兵败逃走，张耳想到各诸侯之中没有他可以投奔的地方，说："汉王虽然和我交情很好，但是项羽的势力太大，何况又是他分封我为王，我想去投奔楚国。"甘公说："汉王进入关中后，五星会聚于井宿天区。井宿天区是秦国的分星。先到的，一定可以成就霸业。即使现在的楚国十分强大，但以后天下一定归属于汉。”于是，张耳决定去投奔汉。汉王也回师平定了三秦，正在废丘包围进攻章邯的军队。张耳面见汉王，汉王以十分优厚的礼遇接待了张耳。

陈余击败了张耳以后，收复了赵国全部的土地，把赵王从代县接了回来，让其又做了赵国的国君，赵王对陈余十分感激，就分封陈余做代王。陈余因为赵王十分软弱无能，国内局势才刚刚稳定下来，没有到自己的封国去，留下来辅助赵王治理国家，而派夏说以国相的身份驻守在代国。

汉二年，汉王向东方进军攻打楚国，并派使者联系赵国，想要和赵国联合一起攻打楚。陈余说：“只要汉王你杀掉张耳，赵国就会和你们联合一起攻打楚国。”于是汉王找到一个和张耳长得非常相像的人砍了头，并派人拿着这个人头去送给陈余。陈余看到后才发兵帮助汉。汉王在彭城的西面打了败仗，陈余又觉察到了张耳并没有死，于是就背叛了汉王。

汉三年，韩信刚刚平定魏地不长时间，汉王就派张耳和韩信攻下了赵国的井陉，在泜水河畔把陈余杀死了，又在襄国追赶并杀了赵王歇。汉王封张耳为赵王。汉五年，张耳过世，谥号为景王。张耳的儿子张敖接替他的父亲做了赵王，汉高祖的大女儿鲁元公主嫁给了赵王敖做了赵国的王后。

汉七年，高祖从平城回京途中经过赵国，赵王就脱去自己的外衣，戴上了袖套，每天从早到晚都亲自服侍高祖饮食，态度十分谦卑，很有子婿的礼节。而高祖却随便坐在地上，像个簸箕一样，并伸开两只脚责骂赵王，对他的态度非常傲慢。赵国的国相贯高、赵午一行人都已经六十多岁了，是张耳在世时的宾客，他们的性格都很豪爽、容易冲动，就生气地说：“我们的国君是个懦弱的国君啊！”就劝谏赵王说：“当今天下英雄豪杰并起，有才能的先立为王。现在您对待高祖如此的恭敬，而高祖对您却这般无礼，请让我们替您把他杀掉吧！”张敖听了这样的话，便把自己手指咬出血来，说：“你们怎么能说出这样错的话！何况先父亡了国，是靠着高祖才能得以复国，这样的恩惠子孙也必须要记得，所有事情都是高祖出的力帮的忙啊，希望你们不要再说这样的话了。”贯高、赵午等一行人相互讨论说：“这都是我们的错啊。我们的君王有仁厚长者的风范，不肯忘恩负义。但我们的原则是不受他人侮辱，现在怨恨高祖侮辱了我们的君王，所以我们要杀掉高祖，为什么要侮辱我们的君王呢？如果事情成功了，功劳都归王所有；如果失败了，我们自己来承担所犯的罪行！”

汉八年，高祖从东垣回来，途中经过赵国，贯高等人在柏人县馆舍的夹壁中隐藏了武士，想要在途中拦截杀死高祖。高祖经过那里时想要在此地留宿，心中不安，就问道：“这个县的名称叫什么？”回答说：“叫柏人。”“柏人，是被别人迫害的意思啊！”没有留宿就直接离开了。

汉九年，贯高的仇人知道了贯高想要杀皇上的计谋，就向皇上告密说贯高要谋反。于是皇上把赵王、贯高等人一起抓了起来，十多人都争着要自杀，只有贯高十分生气地骂道：“你们自杀干什么？现在事情已经这样了，大王确实没有参与此事，却要被一起逮捕；如果你们都死了，谁来替大王解释他根本就没有反叛之意呢！”于是他们被关在栅槛密布而又十分坚固的囚车里和赵王一起押送到长安。审判张敖所犯的罪行。皇上向赵国发布通告说大臣和宾客凡是追随赵王的全部灭族。贯高和宾客孟舒等一行人，都自己剃掉了头发，用铁圈锁住自己的脖子，假扮赵王的家奴跟着赵王前来京城。贯高一到，出庭接受审问，说：“只有我们这些人参与了此事，赵王他确实不知道。”官吏审讯他们，严刑拷问鞭打几千下，用烧红的铁条去刺他们，直到他们身上没有一处是完好的，但始终再也没说过话。吕后几次劝说道张敖因为鲁元公主的缘故，是不会参与这种事的，皇上生气地说：“如果让张敖他占据了天下，难道他还会顾虑你的女儿吗！”皇上听不进吕后的劝告。廷尉把审理贯高的情况和供词报告给了皇上，皇上感叹说：“真是壮士啊！有谁了解他，私下去问问他。”中大夫泄公说：“我与他是同乡，一向都很了解他。他原本就是为赵国建功立业、不肯背叛诺言的人。”皇上派泄公拿着符节到舆床前询问贯高。贯高仰起头看看说：“是泄公吗？”泄公慰问、寒暄，像平时一样和他说话，询问张敖到底有没有参与这个计划。贯高说：“人是有感情，有谁不爱他的父亲和妻子呢？现在我三族都因为此事被判处死刑，难道我会用自己亲人的性命来换回赵王吗！但是赵王他确实没有参与，只有我们这些人参与了此事。”贯高详细地说出了他们之所以要杀掉皇上的本意，和赵王根本不知道的情况。于是泄公回宫后，把了解到的情况十分详细地向皇上做了报告，于是皇上便赦免了赵王。

皇上很赞赏贯高为人讲信义，就派泄公把他赦免赵王的事告诉贯高，说：“赵王已经从关押处放了出来。”因此也赦免贯高。贯高高兴地说：“我们赵王真的被放了吗？”泄公说：“是的。”泄公又说：“皇上还称赞您，所以也赦免了您。”贯高说：“我被打得遍体鳞伤而不死的原因，是为了帮赵王辩护他确实没有谋反之意，现在赵王已经被释放了，我的责任也已尽到，就算现在我死了也不遗憾啦。何况为人臣子有了谋杀皇上的名声，还有什么脸面再继续服侍皇上呢！即使是皇上不杀我，我的内心怎么能不惭愧。”于是仰起头来卡断了自己的咽喉而死。就在这时，他的名字已经被天下人知晓。

张敖被释放不久后，因为娶了鲁元公主的缘故，被皇上封为宣平侯。于是，皇上夸奖张敖的宾客，只要是以钳奴的身份跟随着张王入关的，都做到了诸侯相、郡守。一直到孝惠、高后、文帝、孝景时期，张王宾客的后代们也都做到了二千石俸禄的高官。张敖在高后六年去世。张敖的儿子张偃被封为鲁元王。因为张偃的母亲是吕后的女儿，所以吕后封他做鲁元王。元王懦弱，兄弟年龄又小，于是就分封张敖其他姬妾生的两个儿子：封张寿为乐昌侯，张侈为信都侯。高后去世后，吕氏的族人胡作非为，图谋叛乱，被大臣们杀死了，并且一并废掉了鲁元王以及乐昌侯、信都侯三人。孝文帝即位以后，又分封原鲁元王张偃为南宫侯，延续了张氏的后代。

太史公说：张耳、陈余两人在社会传说中都是有才能的人；他们的宾客奴仆，也都是天下的英雄豪杰，居住过的国家没有不取得卿相地位的。可是，以前张耳、陈余两人贫穷卑贱不得志的时候，彼此相互信任，发誓同生共死，难道不是义无反顾的吗？而等到他们有了自己的地盘，争夺利益的时候，最终还是自相残杀，都恨不得把对方杀死。为什么从前是那样真诚地互相赏识倾慕、信任，而后来又相互背叛，彼此的态度是那样的乖张、残酷呢？难道这不是为了权力、利益而交往吗？虽然他们的名声十分广、宾客又多，而他们所做的恐怕和吴太伯、延陵季子等人相比，就大不一样了。

史记卷九十

魏豹彭越列传第三十

魏豹者，故魏诸公子也。其兄魏咎，故魏时封为宁陵君。秦灭魏，迁咎为家人。陈胜之起王也，咎往从之。陈王使魏人周市徇魏地，魏地已下，欲相与立周市为魏王。周市曰："天下昏乱，忠臣乃见。今天下共畔秦，其义必立魏王后乃可。"齐、赵使车各五十乘，立周市为魏王。市辞不受，迎魏咎于陈。五反，陈王乃遣立咎为魏王。

章邯已破陈王，乃进兵击魏王于临济。魏王乃使周市出请救于齐、楚。齐、楚遣项它、田巴将兵随市救魏。章邯遂击破杀周市等军，围临济。咎为其民约降。约定，咎自烧杀。

魏豹亡走楚。楚怀王予魏豹数千人，复徇魏地。项羽已破秦，降章邯，豹下魏二十馀城，立豹为魏王。豹引精兵从项羽入关。汉元年，项羽封诸侯，欲有梁地，乃徙魏王豹于河东，都平阳，为西魏王。

汉王还定三秦，渡临晋，魏王豹以国属焉，遂从击楚于彭城。汉败，还至荥阳，豹请归视亲病，至国，即绝河津畔汉。汉王闻魏豹反，方东忧楚，未及击，谓郦生曰："缓颊往说魏豹，能下之，吾以万户封若。"郦生说豹。豹谢曰："人生一世间，如白驹过隙耳。今汉王慢而侮人，骂詈诸侯群臣如骂奴耳，非有上下礼节也，吾不忍复见也。"于是汉王遣韩信击虏豹于河东，传诣荥阳，以豹国为郡。汉王令豹守荥阳。楚围之急，周苛遂杀魏豹。

彭越者，昌邑人也，字仲。常渔巨野泽中，为群盗。陈胜、项梁之起，少年或谓越曰："诸豪桀相立畔秦，仲可以来，亦效之。"彭越曰："两龙方斗，且待之。"

居岁馀，泽间少年相聚百馀人，往从彭越，曰："请仲为长。"越谢曰："臣不愿与诸君。"少年强请，乃许。与期旦日日出会，后期者斩。旦日日出，十馀人后，后者至日中。于是越谢曰："臣老，诸君强以为长。今期而多后，不可尽诛，诛最后者一人。"令校长斩之。皆笑曰："何至是？请后不敢。"于是越乃引一人斩之，设坛祭，乃令徒属。徒属皆大惊，畏越，莫敢仰视。乃行略地，收诸侯散卒，得千馀人。

沛公之从砀北击昌邑，彭越助之。昌邑未下，沛公引兵西。彭越亦将其众居巨野中，收魏散卒。项籍入关，王诸侯，还归，彭越众万馀人毋所属。汉元年秋，齐王田荣畔项王，(汉)乃使人赐彭越将军印，使下济阴以击楚。楚命萧公角将兵击越，越大破楚军。汉王二年春，与魏王豹及诸侯东击楚，彭越将其兵三万馀人归汉于外黄。汉王曰："彭将军收魏地得十馀城，欲急立魏后。今西魏王豹亦魏王咎从弟也，真魏后。"乃拜彭越为魏相国，擅将其兵，略定梁地。

汉王之败彭城解而西也，彭越皆复亡其所下城，独将其兵北居河北。汉王三年，彭越常往来为汉游兵，击楚，绝其后粮于梁地。汉四年冬，项王与汉王相距荥阳，彭越攻下睢阳、外黄十七城。项王闻之，乃使曹咎守成皋，自东收彭越所下城邑，皆复为楚。越将其兵北走谷城。汉五年秋，项王之南走阳夏，彭越复下昌邑旁二十馀城，得谷十馀万斛，以给汉王食。

汉王败，使使召彭越并力击楚。越曰："魏地初定，尚畏楚，未可去。"汉王追楚，为项籍所败固陵。乃谓留侯曰："诸侯兵不从，为之奈何？"留侯曰："齐王信之立，非君王之意，信亦不自坚。彭越本定梁地，功多，始君王以魏豹故，拜彭越为魏相国。今豹死毋后，且越亦欲王，而君王不早定。与此两国约：即胜楚，睢阳以北至谷城，皆以王彭相国；从陈以东傅海，与齐王信。齐王信家在楚，此其意欲复得故邑。君王能出捐此地许二人，二人今可致；即不能，事未可知也。"于是汉王乃发使使彭越，如留侯策。使者至，彭越乃悉引兵会垓下。遂破楚。(五年)项籍已死。春，立彭越为梁王，都定陶。

六年，朝陈。九年，十年，皆来朝长安。

十年秋，陈豨反代地，高帝自往击，至邯郸，征兵梁王。梁王称病，使将将兵诣邯郸。高帝怒，使人让梁王。梁王恐，欲自往谢。其将扈辄曰："王始不往，见让而往，往则为禽矣。不如遂发兵反。"梁王不听，称病。梁王怒其太仆，欲斩之。太仆亡走汉，告梁王与扈辄谋反。于是上使使掩梁王，梁王不觉，捕梁王，囚之洛阳。有司治反形已具，请论如法。上赦以为庶人，传处蜀青衣。西至郑，逢吕后长安来，欲之洛阳，道见彭王。彭王为吕后泣涕自言无罪，愿处故昌邑。吕后许诺，与俱东至洛阳。吕后白上曰："彭王壮士，今徙之蜀，此自遗患，不如遂诛之。

妾谨与俱来。”于是吕后乃令其舍人告彭越复谋反。廷尉王恬开奏请族之。上乃可，遂夷越宗族，国除。

太史公曰：魏豹、彭越虽故贱，然已席卷千里，南面称孤，喋血乘胜日有闻矣。怀畔逆之意，乃败，不死而虏囚，身被刑戮，何哉？中材已上且羞其行，况王者乎！彼无异故，智略绝人，独患无身耳。得摄尺寸之柄，其云蒸龙变，欲有所会其度，以故幽囚而不辞云。

【译文】

魏豹，是原来六国时候魏国的公子。魏豹的哥哥名字叫魏咎，以前被封为宁陵君。秦国消灭魏国后，把他流放到外地废作平民百姓。后来陈胜起义自称为王，魏咎前去追随陈胜。陈王派魏国人周市带领兵马前去夺取以前魏国的土地，魏国的土地被占领后，大家互相商议，都想要拥立周市为魏王，周市却说：“天下混乱时，忠臣才能显露出来。现在天下的人都背叛秦国，从道义上讲，一定要拥立以前魏王的后代称王才可以。”齐、赵两国各派战车五十辆，以协助周市做魏王。周市十分感谢却不肯接受，前去陈国迎接魏咎。如此往复了五次，陈王才答应把魏咎放回去立为魏王。

章邯击败陈王不久后，便发兵去临济攻击魏王，魏王派遣周市到齐国、楚国请求救援。齐、楚两国派遣项它、田巴两人带领着军队跟随周市去援救魏国。没想到章邯竟然击败了前来援助的军队，并杀死了周市，包围了临济。魏咎为了他的百姓身家性命的安全，提出了降服的条件。谈判成功后，魏咎就自焚而死。

魏豹逃跑前往楚国，楚怀王分给了魏豹几千人马，回去夺取魏国的土地。在这个时候项羽已经击败了秦军，并且降服了章邯。魏豹接连攻下了二十多座城池。项羽就封魏豹做了魏王。魏豹带领着精锐军队跟随着项羽入关了。汉元年，项羽分封诸侯，项羽自己打算占有梁地，于是就把魏王豹改封到了河东，建都平阳，封为西魏王。

汉王回师平定了三秦，从临晋领兵横渡了黄河，魏豹就把自己整个国家献给了汉王，于是就跟随着汉王一起攻打彭城。汉王战败后，回师荥阳，魏豹请假说要回家去探望家中老人的病情。他回国后，就马上截断了黄河的渡口，背叛了汉王。汉王虽然知道了魏豹反叛的消息，可是他正在担忧东面的楚国，所以没有时间攻打他，于是就对郦生说：“你去代我好言劝说魏豹，如果你能说服他不叛变，我就封你为万户侯。”郦生就前往魏国游说魏豹。魏豹婉转地回绝说：“人的一生是非常短暂的，就像太阳的影子透过墙壁的空隙那样快。现在汉王对人态度傲慢还侮辱人，责骂诸侯大臣们就像责骂奴仆一样，一点也没有上下的礼数，我没有办法忍耐着去见他。”于是汉王便派韩信前去攻打魏豹，并在河东抓获了魏豹，让魏豹坐着驿站的车子把他押送到荥阳，随后把魏豹原有的国土改设为郡。汉王命令魏豹驻守荥阳。当楚军围攻紧急的时候，周苛就把魏豹杀了。

彭越，是昌邑人，绰号彭仲。经常在巨野湖泽中捕鱼，和一帮人合伙做强盗。陈胜、项梁揭竿而起，有的年轻人就对彭越说：“很多有才能的人都争相树起旗号，反叛秦朝，你也可以站出来，咱们也可以效仿他们那样做。”彭越却说：“现在两条龙才刚刚搏斗，还是再等一等吧。”

时间过了一年多，泽中年轻人聚集了一百多人，前去跟随彭越，说：“请你做我们的头领。”彭越拒绝说：“我不想和你们一块儿干。”年轻人强烈请求，他才答应了。彭越和他们约好第二天太阳出来的时候集合，没按时到的人砍头。第二天到约定的时间，迟到的人有十多个，最后一个人一直到中午才来。当时，彭越很抱歉地说：“我老了，你们执意要我来当你们的首领。现在，约定好的时间却又有很多人迟到，不能都砍头，就只杀最后到的一个人。”命令校长杀掉最后来的那个人。大家都笑着说：“为什么要这样呢，从今以后不敢再迟到就是了。”于是彭越就将最后到的那个人杀了。设置土坛，用迟到的那个人的人头祭奠，号令众人。众人都十分吃惊，害怕彭越，没有人敢抬头看他。于是彭越就带领大家去夺取土地，收拢诸侯逃散了的士兵，共有一千多人。

沛公从砀北上攻打昌邑，彭越帮助他。昌邑没有攻打下来，沛公率领着军队向西进攻。彭越也带领着他的军队驻扎在巨野泽中，收编从魏国逃出来的士兵。项籍进入关中，分封诸侯后，就返回了，这个时候彭越的军队已发展到有一万多人但是却没有归属。汉王元年秋天，齐王田荣反叛了项王，就派人前去赐给彭越将军的印信，要彭越进军济阴进攻楚军。楚军派萧公角领兵迎击彭越，却被彭越打得溃不成军。汉王二年春天，汉王、魏王豹和各路诸侯向东进军攻打楚国，彭越带领他的军队三万多人在外黄归附汉王。汉王说：“彭将军收复了魏国的十几座城池，急于拥立魏王的后代。现在，魏王豹就是魏王咎的堂弟，是真正魏王的后代。”让彭越做了魏国的国相，独揽兵权，平定梁地。

汉王在彭城落败，向西撤退，彭越把他自己攻打下来的城池又都丢掉，自己带领着他的兵马向北驻守在黄河沿岸。汉王三年，彭越经常替汉王游动出兵，攻打楚军，在梁地切断了他们的粮草供应。汉四年冬，项王和汉王在荥阳相持，彭越攻占了睢阳、外黄等十七座城池。项王知道这个消息后，就派曹咎驻守城皋，自己向东攻打收回了彭越攻克的城池，这些城池又都归楚国所有。彭越带着他的军队北上谷城。汉五年秋，项王的兵马向南边撤退到夏阳，彭越又攻占了昌邑周围二十多个城池，缴获谷物多达十多万斛，用作汉王军队的粮草。

汉王打了败仗，派使者叫彭越和汉王合力一起攻打楚军。彭越说："魏地才刚刚平定，还是惧怕楚军的，不能贸然前往。"汉王起兵追击楚军，却在固陵被项籍打败。于是对留侯说："诸侯的军队都不跟着我来战斗，这可怎么办呢？"留侯说："齐王韩信是自立为王的，不是您的本来意思，韩信他自己也不是很放心。彭越本来收复了梁地，战功累累，当初您因为魏豹的原因，只是任命彭越做了魏国的国相。现在，魏豹死后又没有留下魏国的后代，何况彭越也有称王的打算，而您却没有及时作出决定，您可以和两国约定：假如打败了楚国，睢阳以北到谷城的所有土地，都分封给彭越为王；从陈以东的沿海土地，都分封给齐王韩信。齐王韩信的家乡是在楚国，他原本就是想再得到自己的家乡。如果您能拿出这些土地答应分给这两个人，这两个人不久就可以召来，即使不能召来，事情发展也不至于到完全绝望的地步。"于是汉王派遣使者到彭越那里，按照留侯的计划行事。使者一到，彭越就带领着全部人马在垓下和汉王的兵马会师，于是把楚军打败。项籍也死了。那年春天，汉王封彭越为梁王，都城定在定陶。

汉六年，彭越到陈地，朝见汉高祖。九年、十年，每年都来长安朝见。

汉十年秋天，陈豨在代地发动叛乱，汉高帝亲自带领军队前去讨伐，抵达邯郸，向梁王征发兵马。梁王说自己有病，派自己将领带着兵马到邯郸。高帝很不高兴，派人前去责备梁王。梁王很害怕，打算亲自前往高祖那里谢罪。他的部下扈辄说："大王当时不去，被他责备之后才去，去了就会被抓起来。不如借此机会起兵造反。"梁王没有听他的意见，还是说自己有病。梁王对他的太仆很不满，打算杀掉他。太仆知道后就慌忙逃到汉高帝那儿，控告梁王和扈辄密谋造反。于是皇上便派使臣出其不意地偷袭梁王，梁王没有察觉，使臣抓住了梁王，把梁王关在洛阳。经过主管官吏的审理，认为梁王谋反是有罪证的，请求皇上依法处置梁王。皇上赦免了梁王，将其废为平民百姓，流放到蜀地的青衣县。向西走到了郑县，正好这个时候吕后从长安来，打算前去洛阳，路上遇见了彭王，彭王对吕后哭诉，亲自分辩自己并没有罪行，希望自己能够回到故乡昌邑。吕后答应了他，便和他一块儿向东去了洛阳。吕后向皇上陈述说："彭王是个勇敢又有才能的人，现在您把他流放到了蜀地，这是给您自己留下隐患啊，不如直接杀掉他。所以，我带着他一起回来了。"于是，吕后就指使彭越的门人告发他要再次密谋造反。廷尉王恬开呈报请诛灭彭越的家族，皇上就答应了他们的请求，于是就诛杀了彭越，诛灭了他的家族，他的封国也被废除。

太史公说：魏豹、彭越两人虽然出身贫贱，然而他们像卷席子一样，占有了十分广阔的土地，南面称王，他们踩着敌人的血迹乘胜追击，名声一天天地高涨。胸怀叛逆的心志，等到失败了，没能杀身成名而是甘当阶下囚犯，导致自己被杀戮，为什么呢？中等才智以上的人都为他们的行为感到羞耻，更何况称孤道寡的人呢！他们之所以忍辱不死，没有别的原因，由于他们的智慧、谋略高平常人一筹，只担心不能保全自己的性命。只要他们能拥有一点点权力，其政治风云变幻，就能施展他们的作为，因此被囚禁起来而不逃避啊。

史记卷九十一

黥布列传第三十一

黥布者，六人也，姓英氏。秦时为布衣。少年，有客相之曰：“当刑而王。”及壮，坐法黥。布欣然笑曰：“人相我当刑而王，几是乎？”人有闻者，共俳笑之。布已论输丽山，丽山之徒数十万人，布皆与其徒长豪桀交通，乃率其曹偶，亡之江中为群盗。

陈胜之起也，布乃见番君，与其众叛秦，聚兵数千人。番君以其女妻之。章邯之灭陈胜，破吕臣军，布乃引兵北击秦左右校，破之清波，引兵而东。闻项梁定江东会稽，涉江而西。陈婴以项氏世为楚将，乃以兵属项梁，渡淮南，英布、蒲将军亦以兵属项梁。

项梁涉淮而西，击景驹、秦嘉等，布常冠军。项梁至薛，闻陈王定死，乃立楚怀王。项梁号为武信君，英布为当阳君。项梁败死定陶，怀王徙都彭城，诸将英布亦皆保聚彭城。当是时，秦急围赵，赵数使人请救。怀王使宋义为上将，范增为末将，项籍为次将，英布、蒲将军皆为将军，悉属宋义，北救赵。及项籍杀宋义于河上，怀王因立籍为上将军，诸将皆属项籍。项籍使布先涉，渡河击秦。布数有利，籍乃悉引兵涉河从之，遂破秦军，降章邯等。楚兵常胜，功冠诸侯。诸侯兵皆以服属楚者，以布数以少败众也。

项籍之引兵西至新安，又使布等夜击坑章邯秦卒二十馀万人。至关，不得入，又使布等先从间道破关下军，遂得入，至咸阳。布常为军锋。项王封诸将，立布为九江王，都六。

汉元年四月，诸侯皆罢戏下，各就国。项氏立怀王为义帝，徙都长沙，乃阴令九江王布等行击之。其八月，布使将击义帝，追杀之郴县。

汉二年，齐王田荣畔楚，项王往击齐，征兵九江，九江王布称病不往，遣将将数千人行。汉之败楚彭城，布又称病不佐楚。项王由此怨布，数使使者诮让召布，布愈恐，不敢往。项王方北忧齐、赵，西患汉，所与者独九江王，又多布材，欲亲用之，以故未击。

汉三年，汉王击楚，大战彭城，不利，出梁地，至虞，谓左右曰：“如

英布见汉王刘邦图

彼等者，无足与计天下事。”谒者随何进曰：“不审陛下所谓。”汉王曰：“孰能为我使淮南，令之发兵倍楚，留项王于齐数月，我之取天下可以百全。”随何曰：“臣请使之。”乃与二十人俱，使淮南。至，因太宰主之，三日不得见。随何因说太宰曰：“王之不见何，必以楚为强，以汉为弱。此臣之所以为使。使何得见，言之而是邪，是大王所欲闻也；言之而非邪，使何等二十人伏斧质淮南市，以明王倍汉而与楚也。”太宰乃言之王，王见之，随何曰：“汉王使臣敬进书大王御者，窃怪大王与楚何亲也。”淮南王曰：“寡人北乡而臣事之。”随何曰：“大王与项王俱列为诸侯，北乡而臣事之，必以楚为强，可以托国也。项王伐齐，身负板筑，以为士卒先；大王宜悉淮南之众，身自将之，为楚军前锋，今乃发四千人以助楚。夫北面而臣事人者，固若是乎？夫汉王战于彭城，项王未出齐也，大王宜骚淮南之兵渡淮，日夜会战彭城下；大王抚万人之众，无一人渡淮者，垂拱而观其孰胜。夫托国于人者，固若是乎？大王提空名以乡楚，而欲厚自托，臣窃为大王不取也。然而大王不背楚者，以汉为弱也。夫楚兵虽强，天下负之以不义之名，以其背盟约而杀义帝也。然而楚王恃战胜自强，汉王收诸侯，还守成皋、荥阳，下蜀、汉之粟，深沟壁垒，分卒守徼乘塞。楚人还兵，间以梁地，深入敌国八九百里，欲战则不得，攻城则力不能，老弱转粮千里之外；楚兵至荥阳、成皋，汉坚守而不动，进则不得攻，退则不能解。故曰楚兵不足恃也。使楚胜汉，则诸侯自危惧而相救。夫楚之强，适足以致天下之兵耳。故楚不如汉，其势易见也。今大王不与万全之汉而自托于危亡之楚，臣窃为大王惑之。臣非以淮南之兵足以亡楚也。夫大王发兵而倍楚，项王必留；留数月，汉之取天下可以万全。臣请与大王提剑而归汉，汉王必裂地而封大王，又况淮南？淮南必大王有也！故汉王敬使使臣进愚计，愿大王之留意也。”淮南王曰：“请奉命。”阴许畔楚与汉，未敢泄也。

楚使者在，方急责英布发兵，舍传舍，随何直入，坐楚使者上坐，曰：“九江王已归汉，楚何以得发兵？”布愕然。楚使者起。何因说布曰：“事已构，可遂杀楚使者，无使归，而疾走汉并力。”布曰：“如使者教，因起兵而击之耳。”于是杀使者，因起兵而攻楚。楚使项声、龙且攻淮南，项王留而攻下邑。数月，龙且击淮南，破布军。布欲引兵走汉，恐楚王杀之，故间行与何俱归汉。

淮南王至，上方踞床洗，召布入见，布甚大怒，悔来，欲自杀。出就舍，帐御饮食从官如汉王居，布又大喜过望。于是乃使人入九江。楚已使项伯收九江兵，尽杀布妻子。布使者颇得故人幸臣，将众数千人归汉。汉益分布兵而与俱，北收兵至成皋。四年七月，立布为淮南王，与击项籍。

汉五年，布使人入九江，得数县。六年，布与刘贾入九江，诱大司马周殷，周殷反楚，遂举九江兵与汉击楚，破之垓下。

项籍死，天下定，上置酒。上折随何之功，谓何为腐儒，为天下安用腐儒。随何跪曰："夫陛下引兵攻彭城，楚王未去齐也，陛下发步卒五万人，骑五千，能以取淮南乎？"上曰："不能。"随何曰："陛下使何与二十人使淮南，至，如陛下之意，是何之功贤于步卒五万人、骑五千也。然而陛下谓何腐儒，为天下安用腐儒，何也？"上曰："吾方图子之功。"乃以随何为护军中尉。布遂剖符为淮南王，都六。九江、庐江、衡山、豫章郡皆属布。

七年，朝陈。八年，朝洛阳。九年，朝长安。

十一年，高后诛淮阴侯，布因心恐。夏，汉诛梁王彭越，醢之，盛其醢遍赐诸侯。至淮南，淮南王方猎，见醢，因大恐，阴令人部聚兵，候伺旁郡警急。

布所幸姬疾，请就医，医家与中大夫贲赫对门，姬数如医家，贲赫自以为侍中，乃厚馈遗，从姬饮医家。姬侍王，从容语次，誉赫长者也。王怒曰："汝安从知之？"具说状。王疑其与乱。赫恐，称病。王愈怒，欲捕赫。赫言变事，乘传诣长安。布使人追，不及。赫至，上变，言布谋反有端，可先未发诛也。上读其书，语萧相国。相国曰："布不宜有此，恐仇怨妄诬之。请系赫，使人微验淮南王。"淮南王布见赫以罪亡，上变，固已疑其言国阴事；汉使又来，颇有所验，遂族赫家，发兵反。反书闻，上乃赦贲赫，以为将军。

上召诸将问曰："布反，为之奈何？"皆曰："发兵击之，坑竖子耳！何能为乎？"汝阴侯滕公召故楚令尹问之。令尹曰："是固当反。"滕公曰："上裂地而王之，疏爵而贵之。南面而立万乘之主，其反何也？"令尹曰："往年杀彭越，前年杀韩信，（言）此三人者，同功一体之人也。自疑祸及身，故反耳。"滕公言之上曰："臣客故楚令尹薛公者，其人有筹策之计，可问。"上乃召见，问薛公。薛公对曰："布反不足怪也。使布出于上计，山东非汉之有也；出于中计，胜败之数未可知也；出于下计，陛下安枕而卧矣。”上曰:“何谓上计?”令尹对曰:“东取吴,西取楚,并齐取鲁,传檄燕、赵,固守其所,山东非汉之有也。”“何谓中计?”“东取吴,西取楚,并韩取魏,据敖仓之粟,塞成皋之口,胜败之数未可知也。”“何谓下计?”“东取吴,西取下蔡,归重于越,身归长沙,陛下安枕而卧,汉无事矣。”上曰:“是计将安出?”令尹对曰:“出下计。”上曰:“何谓废上中计而出下计?”令尹曰:“布故丽山之徒也,自致万乘之主,此皆为身,不顾后为百姓万世虑者也,故曰出下计。”上曰:“善。”封薛公千户。乃立皇子长为淮南王。上遂发兵自将东击布。

布之初反,谓其将曰:“上老矣,厌兵,必不能来。使诸将,诸将独患淮阴、彭越,今皆已死,馀不足畏也。”故遂反。果如薛公筹之,东击荆,荆王刘贾走死富陵。尽劫其兵,渡淮击楚。楚发兵与战徐、僮间,为三军,欲以相救为奇。或说楚将曰:“布善用兵,民素畏之。且兵法,诸侯战其地为散地。今别为三,彼败吾一军,馀皆走,安能相救!”不听。布果破其一军,其二军散走。

遂西,与上兵遇蕲西,会甀。布兵精甚,上乃壁庸城,望布军置陈如项籍军,上恶之。与布相望见,遥谓布曰:“何苦而反?”布曰:“欲为帝耳。”上怒骂之。遂大战。布军败走,渡淮,数止战,不利,与百馀人走江南。布故与番君婚,以故长沙哀王使人绐布,伪与亡,诱走越,故信而随之番阳。番阳人杀布兹乡民田舍,遂灭黥布。

立皇子长为淮南王,封贲赫为期思侯,诸将率多以功封者。

太史公曰:英布者,其先岂《春秋》所见楚灭英、六,皋陶之后哉?身被刑法,何其拔兴之暴也!项氏之所坑杀人以千万数,而布常为首虐。功冠诸侯,用此得王,亦不免于身,为世大僇。祸之兴自爱姬殖,妒媢生患,竟以灭国!

【译文】

黥布,是六县人,姓英。秦朝的时候是个平民百姓。他小时候,有位客人给他看了相说:“当你受过刑之后就会称王。”到了他壮年的时候,犯了法,被处以黥刑。黥布高兴地笑着说:“有人给我看过相,说我在受了刑之后就会称王,现在,可能就是这种情况了吧?”听到他这么说的人,都嘲笑他。黥布被定罪后不久被押送到骊山服劳役,骊山服役的刑徒有几十万人,黥布经常和罪犯的头领、有才能的英雄来往,最终带着这伙人逃到长江之中做了强盗。

陈胜起义的时候，黥布就去拜见番县令吴芮，并跟他的手下一起反叛秦朝，聚集了几千人。番县令还把自己的女儿嫁给了黥布。章邯打败了陈胜、吕臣的军队之后，黥布就率领军队向北进军攻打秦左、右校的军队，在清波击败了他们，就领兵继续向东进攻。听说项梁占领了江东会稽，渡过长江向西挺进，陈婴因为项氏祖祖辈辈做楚国的将军，就率领着自己的军队归附了项梁，向南进军渡过淮河，英布、蒲将军也带着他们自己的军队归附了项梁。

项梁率领大军渡过淮河向西挺进，在攻打景驹、秦嘉等人的战斗中，黥布神勇无比，总是位于众军的前面。项梁到达薛地，听说陈王确实死了，于是就拥立了楚怀王。项梁自称为武信君，黥布为当阳君。项梁在定陶的战斗中战败被杀死，楚怀王把都城迁到彭城，将军们和黥布也都在彭城集结守卫。正在这个时候，秦军加强攻势围攻赵国，赵国多次派人来请求援助。楚怀王任命宋义为上将军、范增为末将军，项籍为次将军，黥布、蒲将军都为将军，全部人马都由宋义统率，向北前去援助赵国。等到项籍在黄河岸边杀死了宋义，怀王借机改任项籍为上将军，各路的将领都由项籍统领。项籍派黥布率先渡过黄河攻打秦军，黥布多次立下战功占有优势，项籍就带领着全部人马渡过黄河，跟黥布配合战斗，于是击败了秦军，使章邯等人被迫投降。楚军每战每胜，功绩高过各路的诸侯。各路诸侯的兵马都能慢慢归附楚国的原因，是因为黥布带领的军队作战能以少胜多，使人震服啊！

项籍率领着军队向西到达新安，又派黥布等人带兵趁着黑夜袭击并活埋了章邯的部下二十多万人。到达函谷关，攻打不下，又派黥布等人先从隐蔽的路，击败了守关的军队，才得以进关，一直到达了咸阳。黥布经常担任军队的前锋。项王分封将领们的时候，封黥布为九江王，都城设立在六县。

汉元年四月，各路诸侯都离开项王的大本营，回到自己的封国。项王拥立怀王为义帝，都城迁到长沙，却秘密命令九江王黥布等人，在半路上袭击他。这年的八月，黥布派将领偷袭义帝，追到郴县把义帝杀死。

汉二年，齐王田荣反叛楚国，项王前去攻打齐国，向九江王征调兵马，九江王推托说得了重病不能前往，只是派将领带着几千人应征。汉王在彭城击败了楚军，黥布又推托说得了重病不能去帮助楚国。项王因为此事怨恨黥布，多次派使者前去责备他，并召他前去。黥布越来越恐慌，不敢前去。项王正在为北方的齐国、赵国担心，西边又担心汉王起兵造反，知交的只有九江王，又推重黥布的才能，打算拉拢他、任用他，所以就没有攻打他。

汉三年，汉王进攻楚国，在彭城展开大规模的战斗，失败后从梁地撤退，来到虞县，对身边的亲信说："像你们这样的人，不配一起谋划统一天下大事。"负责传达禀报的随何近前说："我不明白陛下说的是什么意思。"汉王说："谁能代我出使淮南，让他们发兵，背叛楚国，在齐国把项王的军队牵制几个月，我夺取天下就可以稳操胜券了。"随何说："请让我出使淮南。"汉王派给了他二十人一同出使淮南。抵达后，因为太宰做主，一连等了三天也没能见到淮南王。随何便借机游说太宰说："大王不召见我，一定以为楚国很强大，汉国很弱小，而这正是我来这里的原因。假使大王可以召见我，我的话要是说得有道理，那正是大王想知道的；我的话说得没道理，让我们二十人就躺在砧板之上，在淮南广场用斧头砍死，以证明大王想要背叛汉国亲近楚国的决心。"太宰这才把随何的话告诉了淮南王，淮南王召见了他。随何说："汉王让我敬重地上书大王驾前，我自己私下感到奇怪的是，大王为什么和楚国如此亲近。"淮南王说："我面向北方以臣子的身份侍奉他。"随何说："大王和项王都列为诸侯，却北向以臣子的身份来侍奉他，一定是认为楚国强盛，可以把自己的国家托付给他。项王进攻齐国时，他亲自背着筑墙的工具，身先士卒，大王应该出动淮南所有的军队，亲自带领着他们，为楚军做前锋，现在只派四千人去援助楚国。面北而侍奉别人的臣子，应该是这个样子吗？汉王在彭城战斗，项王还没有出兵齐国，大王就应该出动淮南全部的军队，渡过淮河，援助项王与汉王日夜战斗于彭城之下。大王拥有上万人马，但没有一个人渡过淮河，这是轻松地观看他们谁胜谁败。把国家托付给别人的人，应该就是这个样子吗？大王挂着归附楚国的空名，却想扎扎实实地依靠自己，我个人认为大王这样做是不对的。但是，大王不背弃楚国，是认为汉国弱小。楚国的军队即使强大，楚王却背负着天下不义的名义，因为他背弃盟约而又杀死了义帝。可是楚王凭借着战斗的胜利自己以为强大，汉王收服诸侯之后，回师驻守在城皋、荥阳，从蜀、汉运来粮草，深挖战壕，高筑城墙，分兵驻守着边境要塞，楚国要想撤回兵马，在从梁地撤军的途中，深入敌国的国土八九百里，想攻打，又打不赢，攻打城池又攻不下，老弱残兵辗转运粮草千里之外；待到楚国的兵马到达荥阳、成皋，汉王的军队却守城不动，进攻又攻不破城池，撤退又逃不出汉军的追击。所以说楚国的兵马是不足以依靠的。假如楚军战胜了汉军，那么诸侯们自身感到危机，必然要相互援助。一旦楚国壮大起来，恰好会招来天下兵马的攻击。所以楚国不如汉国，那形势是非常明显的。现在大王不和万无一失的汉国交好，却把自己的国家托付于危在旦夕的楚国，我私下替大王感到困惑。我不认为淮南的兵马足够用来消灭楚国。只要大王出兵反叛楚国，项王一定会受到牵制，只要牵制几个月的时间，汉王夺取天下就能万无一失了。我请求给大王提着宝剑归附汉国，汉王一定会分割土地封赐大王，更何况还有这淮南的土地，淮南一定为大王所有啊。所以，汉王郑重地派出使臣，进献不成熟的计划，希望大王可以认真地考虑。”淮南王说：“我遵从你们的意见。”他暗中答应反叛楚国归附汉国，没敢泄露这个秘密。

这个时候，楚国的使者也在淮南，住在旅馆里正迫不及待地催促英布派出兵马。随何直接闯了进去，坐在楚国使者的上座，说：“九江王已经归附汉王，楚国凭什么让他出兵？”黥布表现出惊讶的样子。楚国使者站起来想要走。随何借机劝黥布说：“大事已定，可以杀死楚国的使者，不能让他回楚国，我们尽快向汉靠拢，一同作战。”黥布说：“就按照你的说法，出兵攻打楚国。”于是杀掉使者，出兵进攻楚国。楚国便派项声、龙且攻打淮南，项王留下来攻打下邑。战斗持续了几个月的时间，龙且在淮南的战斗中，打败了黥布的兵马。黥布想带军队撤退到汉军驻地，又怕楚国的军队在途中拦截，所以，和随何从隐蔽的小路逃回汉地。

淮南王到达时，汉王正坐在床上洗脚，就叫黥布去见他。黥布见状，十分生气，后悔来到汉国，想要自杀。当他退出来，来到为他准备的馆舍时，见到帐幔、用器、饮食、侍从官员和汉王一样豪华，黥布又十分高兴。于是就派人进入九江。这时项王已经派项伯收编了九江的军队，杀了黥布的妻子和儿女。黥布派去的人找到当时宠臣的好友，带着几千兵马回到汉国。汉王又给黥布拨发了兵马一道北上，到成皋招募人马。汉四年七月，汉王封黥布为淮南王，一同攻打项籍。

汉五年，黥布又派人进入九江，夺取了好几个县。汉六年，黥布和刘贾进入九江，游说大司马周殷。周殷背叛楚国后，就调动九江的兵马和汉军共同进攻楚军，大败楚军于垓下。

项籍一死，天下平定，皇上摆酒开设宴会。皇上却贬低随何的功绩，说随何是思想腐朽保守、不合时宜的读书人，治理天下怎么能任用这样的人呢。随何跪在皇上面前说：“当初陛下带兵进攻彭城时，项王还没有出兵去齐国，陛下调动步兵五万、骑兵五千，能凭这些兵马夺取淮南吗？”皇上说：“不能。”随何说：“陛下派我和二十人出使淮南，一到，陛下就得偿所愿，这是我的功绩比步兵五万、骑兵五千还要大呀。但是陛下说我是思想腐朽保守不合时宜的读书人，这是为什么呢？”皇上说：“我正在考虑您的功劳。”于是就任命随何为护军中尉。黥布就剖符做淮南王去了，在六县建立都城，九江、庐江、衡山、豫章郡都归黥布所有。

汉七年，黥布到陈县朝见皇上。汉八年，到洛阳朝见。汉九年，到长安朝见。

汉十一年，高后杀死了淮阴侯，此时，黥布因此内心十分恐慌。这年夏天，皇上杀死了梁王彭越，并且把他的尸体剁成了肉酱，又把肉酱装好分别赐给了各个诸侯。送到淮南，淮南王正在打猎，看到肉酱，心里十分害怕，暗中使人安排，集结军队，守候并观察邻郡的情况。

黥布宠幸的爱妾病了，请求医治，医师家与中大夫贲赫家住对门，爱妾经常去医师家治疗，贲赫认为自己身为侍中，就送去了很多的礼物，随爱妾在医生家中饮酒。爱妾侍奉淮南王的时候，不经意地之间赞许贲赫是忠厚老实的人。淮南王生气地说：“你怎么知道的呢？”爱妾就把相认识的情况全都告知了他。淮南王怀疑她和贲赫私通。贲赫非常害怕，便借口有病不去应班。淮南王更加生气，就要抓捕贲赫。贲赫欲告发黥布要反叛皇上，就坐着驿车赶往长安。黥布派人追赶，没有追上。贲赫到了长安，上书告发黥布，说黥布有造反的意思，可以在他发动叛乱之前杀了他。皇上看了贲赫的报告，和萧相国商议，相国说：“黥布应该不会有这样的事，恐怕是因结有怨仇陷害他。请把贲赫囚禁起来，派人暗中监视验证淮南王是否谋反。”淮南王见贲赫畏罪潜逃，上书说自己叛变，本来已经怀疑他会说出自己暗中安排兵马的情况，汉王的使臣又来了，验证了自己的想法，就杀死贲赫的家人，起兵造反。黥布叛变的消息传到长安，皇上就释放了贲赫，封贲赫做了将军。

皇上召集将领们问道：“黥布叛变，应该怎么办？”将领们都说：“出兵攻打，活埋了这小子，还能怎么办！”汝阴侯滕公召原来的楚国令尹问这事。令尹说：“他本来就应该造反。”滕公说：“皇上分割土地封他为王，封赐爵位让他声明显贵，面南听政，立为万人之主，他为什么要造反呢？”

令尹说:“几年前杀死彭越,前年杀死了韩信,这三个人有一样的功绩,是结为一体的人,他自然会怀疑祸患会殃及他自己,所以就造反了。”滕公把这些话告知皇上说:“我的门客原楚国令尹薛公,这个人很有才华,可以问他。”皇上就召见了薛公。薛公回答说:“黥布造反一点也不奇怪。如果黥布计出上策,崤山以东地区就不会归汉朝所有了;计出中策,谁赢谁输就很难说了;计出下策,陛下就可以不用担心了。”皇上说:“什么是上策?”令尹回答说:“向东攻占吴国,向西攻占楚国,占领齐国,占领鲁国,传一纸文书,叫燕国、赵国固守它们的土地,崤山以东地区就不再归汉王所有了。”皇上再问:“什么是中策?”令尹回答说:“向东占领吴国,向西占领楚国,吞并韩国占领魏国,据有敖庾的粮草,封锁成皋的道路,谁胜谁败就很难预测了。”皇上又问:“什么是下策?”令尹回答说:“向东占领吴国,向西攻占下蔡,把军队用品财宝迁到越国,自己跑到长沙,陛下就可以不用担心了。汉朝就没事了。”皇上说:“黥布他会选择哪种计策?”令尹回答说:“选择下策。”皇上说:“他为什么不选上策、中策而选择下策呢?”令尹说:“黥布本来是骊山的刑徒,自己奋斗做到了万乘之主,这些都是为了自己的富贵,而不考虑当今百姓,不为子孙后代考虑,所以说他会选用下策。”皇上说:“说得好。”赐封薛公为千户侯。册封皇子刘长为淮南王。皇上就带领军队,亲自向东讨伐黥布。

黥布刚开始造反的时候,对他的将领们说:“皇上年岁已大,讨厌打仗,一定不会亲自带兵前来,会派遣他的将领,将领们只惧怕淮阴、彭越,现在他们都死了,其余将领都没什么可怕的。”所以造反了。真的如薛公预料的一样,他们先向东进攻荆国,荆王刘贾逃跑,死在富陵。黥布收编了他所有的部队,渡过淮河进攻楚国。楚国调动兵马在徐、僮之间和黥布战斗,楚军分三路进攻,想采用相互援助的计策。有人劝谏楚将说:“黥布擅长用兵打仗,百姓们一向害怕他。况且兵法上说:‘诸侯在自己的领土和敌人战斗,一旦士卒危急,就会逃跑。’现在兵分三路,他们只要打败我们其中的一路部队,其余的部队就都会逃跑,怎么能互相援助呢!”楚将听不进忠告。黥布果然击败了其中一路部队,其他两路部队都四散逃跑了。

黥布的军队向西进攻,在蕲县以西的会甀和皇上的兵马相遇。黥布的兵马非常精锐,皇上就躲进庸城堡垒中,坚守不出。见黥布列阵就像项籍的部队,皇上非常讨厌他。他和黥布遥遥相望,远远地对黥布说:“何苦要谋反呢?”黥布说:“我想当皇帝啊!”皇上非常生气,骂他,随即两军交战。黥布的军队被击败逃走,渡过淮河,几次停下来战斗,都不顺利,跟一百多人逃窜到长江以南。黥布以前和番县令通婚,所以,长沙哀王派人欺骗黥布,谎称一起逃亡,诱骗他逃往南越。黥布相信他,就跟着他逃到了番阳,番阳人在兹乡百姓的家里杀死了黥布,最终灭掉了黥布。

皇上册立皇子刘长为淮南王,封贲赫为期思侯,将领们大多因战功受到封赏。

太史公说:英布,他的先祖难道是《春秋》中记载被楚国灭亡的英国、六国皋陶的后代吗?他自身受到黥刑,为什么他能崛起得那么快啊!项氏击杀活埋无数人,黥布是罪魁祸首。他的功劳列于所有诸侯之上,因此得以称王,也免不掉自身遭受当世最大的耻辱。原因是由爱妾衍生出来的,因妒嫉而酿成大祸,竟使国家灭亡。

史记卷九十二

淮阴侯列传第三十二

淮阴侯韩信者，淮阴人也。始为布衣时，贫无行，不得推择为吏，又不能治生商贾，常从人寄食饮，人多厌之者。常数从其下乡南昌亭长寄食，数月，亭长妻患之，乃晨炊蓐食。食时信往，不为具食。信亦知其意，怒，竟绝去。

信钓于城下，诸母漂，有一母见信饥，饭信，竟漂数十日。信喜，谓漂母曰："吾必有以重报母。"母怒曰："大丈夫不能自食，吾哀王孙而进食，岂望报乎！"

淮阴屠中少年有侮信者，曰："若虽长大，好带刀剑，中情怯耳。"众辱之，曰："信能死，刺我；不能死，出我袴下。"于是信孰视之，俯出袴下，蒲伏。一市人皆笑信，以为怯。

及项梁渡淮，信杖剑从之，居戏下，无所知名。项梁败，又属项羽，羽以为郎中。数以策干项羽，羽不用。汉王之入蜀，信亡楚归汉，未得知名，为连敖。坐法当斩，其辈十三人皆已斩，次至信，信乃仰视，适见滕公，曰："上不欲就天下乎？何为斩壮士！滕公奇其言，壮其貌，释而不斩。与语，大说之。言于上，上拜以为治粟都尉，上未之奇也。

信数与萧何语，何奇之。至南郑，诸将行道亡者数十人，信度何等已数言上，上不我用，即亡。何闻信亡，不及以闻，自追之。人有言上曰："丞相何亡。"上大怒，如失左右手。居一二日，何来谒上，上且怒且喜，骂何曰："若亡，何也？"何曰："臣不敢亡也，臣追亡者。"上曰："若所追者谁？"何曰："韩信也。"上复骂曰："诸将亡者以十数，公无所追；追信，诈也。"何曰："诸将易得耳。至如信者，国士无双。王必欲长王汉中，无所事信；必欲争天下，非信无所与计事者。顾王策安所决耳。"王曰："吾亦欲东耳，安能郁郁久居此乎？"何曰："王计必欲东，能用信，信即留；不能用，信终亡耳。"王曰："吾为公以为将。"何曰："虽为将，信必不留。"王曰："以为大将。"何曰："幸甚。"于是王欲召信拜之。何曰："王素慢无礼，今拜大将如呼小儿耳，此乃信所以去也。王必欲拜之，择良日，斋戒，设坛场，具礼，乃可耳。”王许之。诸将皆喜，人人各自以为得大将。至拜大将，乃韩信也，一军皆惊。

信拜礼毕，上坐。王曰：“丞相数言将军，将军何以教寡人计策？”信谢，因问王曰：“今东乡争权天下，岂非项王邪？”汉王曰：“然。”曰：“大王自料勇悍仁强孰与项王？”汉王默然良久，曰：“不如也。”信再拜贺曰：“惟信亦为大王不如也。然臣尝事之，请言项王之为人也。项王喑噁叱咤，千人皆废，然不能任属贤将，此特匹夫之勇耳。项王见人恭敬慈爱，言语呕呕，人有疾病，涕泣分食饮。至使人有功当封爵者，印刓敝，忍不能予，此所谓妇人之仁也。项王虽霸天下而臣诸侯，不居关中而都彭城，有背义帝之约，而以亲爱王，诸侯不平。诸侯之见项王迁逐义帝置江南，亦皆归逐其主而自王善地。项王所过无不残灭者，天下多怨，百姓不亲附，特劫于威强耳。名虽为霸，实失天下心。故曰其强易弱。今大王诚能反其道，任天下武勇，何所不诛！以天下城邑封功臣，何所不服！以义兵从思东归之士，何所不散！且三秦王为秦将，将秦子弟数岁矣，所杀亡不可胜计，又欺其众降诸侯，至新安，项王诈坑秦降卒二十万馀万，唯独邯、欣、翳得脱，秦父兄怨此三人，痛入骨髓。今楚强以威王此三人，秦民莫爱也。大王之入武关，秋豪无所害，除秦苛法，与秦民约，法三章耳，秦民无不欲得大王王秦者。于诸侯之约，大王当王关中，关中民咸知之。大王失职入汉中，秦民无不恨者。今大王举而东，三秦可传檄而定也。”于是汉王大喜，自以为得信晚。遂听信计，部署诸将所击。

八月，汉王举兵东出陈仓，定三秦。汉二年，出关，收魏、河南，韩、殷王皆降。合齐、赵共击楚。四月，至彭城，汉兵败散而还。信复收兵与汉王会荥阳，复击破楚京、索之间，以故楚兵卒不能西。

汉之败却彭城，塞王欣、翟王翳亡汉降楚，齐、赵(欲)〔亦〕反汉与楚和。六月，魏王豹谒归视亲疾，至国，即绝河关反汉，与楚约和。汉王使郦生说豹，不下。其八月，以信为左丞相，击魏。魏王盛兵蒲坂，塞临晋。信乃益为疑兵，陈船欲度临晋，而伏兵从夏阳以木罂缻渡军，袭安邑。魏王豹惊，引兵迎信。信遂虏豹，定魏为河东郡。汉王遣张耳与信俱，引兵东，北击赵、代。后九月，破代兵，禽夏说阏与。信之下魏破代，汉辄使人收其精兵，诣荥阳以距楚。

信与张耳以兵数万，欲东下井陉击赵。赵王、成安君陈馀闻汉且袭之也，聚兵井陉口，号称二十万。广武君李左车说成安君曰："闻汉将韩信涉西河，虏魏王，禽夏说，新喋血阏与，今乃辅以张耳，议欲下赵，此乘胜而去国远斗，其锋不可当。臣闻千里馈粮，士有饥色，樵苏后爨，师不宿饱。今井陉之道，车不得方轨，骑不得成列，行数百里，其势粮食必在其后。愿足下假臣奇兵三万人，从间道绝其辎重。足下深沟高垒，坚营勿与战。彼前不得斗，退不得还，吾奇兵绝其后，使野无所掠，不至十日，而两将之头可致于戏下。愿君留意臣之计。否，必为二子所禽矣。"成安君，儒者也，常称义兵不用诈谋奇计，曰："吾闻兵法十则围之，倍则战。今韩信兵号数万，其实不过数千。能千里而袭我，亦已罢极。今如此避而不击，后有大者，何以加之！则诸侯谓吾怯，而轻来伐我。"不听广武君策。广武君策不用。

韩信使人间视，知其不用，还报，则大喜，乃敢引兵遂下。未至井陉口三十里，止舍。夜半传发，选轻骑二千人，人持一赤帜，从间道萆山而望赵军，诫曰："赵见我走，必空壁逐我，若疾入赵壁，拔赵帜，立汉赤帜。"令其裨将传飧，曰："今日破赵会食！"诸将皆莫信，详应曰："诺。"谓军吏曰："赵已先据便地为壁，且彼未见吾大将旗鼓，未肯击前行。恐吾至阻险而还。"信乃使万人先行，出，背水陈。赵军望见而大笑。平旦，信建大将之旗鼓，鼓行出井陉口，赵开壁击之。大战良久。于是信、张耳详弃鼓旗，走水上军。水上军开入之，复疾战。赵果空壁争汉旗鼓，逐韩信、张耳。韩信、张耳已入水上军，军皆殊死战，不可败。信所出奇兵二千骑，共候赵空壁逐利，则驰入赵壁，皆拔赵旗，立汉赤帜二千。赵军已不胜，不能得信等，欲还，归壁，壁皆汉赤帜，而大惊，以为汉皆已得赵王将矣，兵遂乱，遁走，赵将虽斩之，不能禁也。于是汉兵夹击，大破虏赵军，斩成安君泜水上，禽赵王歇。

信乃令军中毋杀广武君，有能生得者购千金。于是有缚广武君则致戏下者，信乃解其缚，东乡坐，西乡对，师事之。

诸将效首虏，休，毕贺，因问信曰："兵法右倍山陵，前左水泽，今者将军令臣等反背水陈，曰破赵会食，臣等不服。然竟以胜，此何术也？"信曰："此在兵法，顾诸君不察耳。兵法不曰'陷之死地而后生，置之亡地而后存'？且信非得素拊循士大夫也，此所谓'驱市人而战之'，其势非置之死地，使人人自为战；今予之生地，皆走，宁尚可得而用之乎！"诸将皆服，曰："善。非臣所及也。"

于是信问广武君曰："仆欲北攻燕，东伐齐，何若而有功？"广武君辞谢曰："臣闻败军之将，不可以言勇；亡国之大夫，不可以图存。今臣败亡之虏，何足以权大事乎！"信曰："仆闻之，百里奚居虞而虞亡，在秦而秦霸，非愚于虞而智于秦也，用与不用，听与不听也。诚令成安君听足下计，若信者亦已为禽矣。以不用足下，故信得侍耳。"因固问曰："仆委心归计，愿足下勿辞。"广武君曰："臣闻智者千虑，必有一失；愚者千虑，必有一得。故曰'狂夫之言，圣人择焉'。顾恐臣计未必足用，愿效愚忠。夫成安君有百战百胜之计，一旦而失之，军败鄗下，身死泜上。今将军涉西河，虏魏王，禽夏说阏与，一举而下井陉，不终朝破赵二十万众，诛成安君。名闻海内，威震天下，农夫莫不辍耕释耒，褕衣甘食，倾耳以待命者。若此，将军之所长也。然而众劳卒罢，其实难用。今将军欲举倦弊之兵，顿之燕坚城之下，欲战恐久力不能拔，情见势屈，旷日粮竭，而弱燕不服，齐必距境以自强也。燕、齐相持而不下，则刘、项之权未有所分也。若此者，将军所短也。臣愚，窃以为亦过矣。故善用兵者不以短击长，而以长击短。"韩信曰："然则何由？"广武君对曰："方今为将军计，莫如案甲休兵，镇赵，抚其孤，百里之内，牛酒日至，以飨士大夫醳兵，北首燕路，而后遣辩士奉咫尺之书，暴其所长于燕，燕必不敢不听从。燕已从，使喧言者东告齐，齐必从风而服，虽有智者，亦不知为齐计矣。如是，则天下事皆可图也。兵固有先声而后实者，此之谓也。"韩信曰："善。"从其策，发使使燕，燕从风而靡。乃遣使报汉，因请立张耳为赵王，以镇抚其国。汉王许之，乃立张耳为赵王。

楚数〔使〕奇兵渡河击赵，赵王耳、韩信往来救赵，因行定赵城邑，发兵诣汉。楚方急围汉王于荥阳，汉王南出，之宛、叶间，得黥布，走入成皋，楚又复急围之。六月，汉王出成皋，东渡河，独与滕公俱，从张耳军修武。至，宿传舍。晨，自称汉使，驰入赵壁。张耳、韩信未起，即其卧内上夺其印符，以麾召诸将，易置之。信、耳起，乃知汉王来，大惊。汉王夺两人军，即令张耳备守赵地，拜韩信为相国，收赵兵未发者击齐。

信引兵东，未渡平原，闻汉王使郦食其已说下齐，韩信欲止。范阳辩士蒯通说信曰："将军受诏击齐，而汉独发间使下齐，宁有诏止将军乎？何以得毋行也！且郦生一士，伏轼掉三寸之舌，下齐七十馀城；将军将数万众，岁馀乃下赵五十馀城。为将数岁，反不如一竖儒之功乎？"于是信然之，从其计，遂渡河。齐已听郦生，即留纵酒，罢备汉守御。

信因袭齐历下军，遂至临菑。齐王田广以郦生卖己，乃亨之，而走高密，使使之楚请救。韩信已定临菑，遂东追广至高密西。楚亦使龙且将，号称二十万，救齐。

齐王广、龙且并军与信战，未合。人或说龙且曰："汉兵远斗穷战，其锋不可当。齐、楚自居其地战，兵易败散。不如深壁，令齐王使其信臣招所亡城，亡城闻其王在，楚来救，必反汉。汉兵二千里客居，齐城皆反之，其势无所得食，可无战而降也。"龙且曰："吾平生知韩信为人，易与耳。且夫救齐不战而降之，吾何功？今战而胜之，齐之半可得，何为止！"遂战，与信夹潍水陈。韩信乃夜令人为万馀囊，满盛沙，壅水上流，引军半渡，击龙且，详不胜，还走。龙且果喜曰："固知信怯也。"遂追〔信〕渡水。信使人决壅囊，水大至，龙且军大半不得渡。即急击，杀龙且。龙且水东军散走，齐王广亡去。信遂追北至城阳，皆虏楚卒。

汉四年，遂皆降平齐。使人言汉王曰："齐伪诈多变，反复之国也，南边楚，不为假王以镇之，其势不定。愿为假王便。"当是时，楚方急围汉王于荥阳，韩信使者至，发书，汉王大怒，骂曰："吾困于此，旦暮望若来佐我，乃欲自立为王！"张良、陈平蹑汉王足，因附耳语曰："汉方不利，宁能禁信之王乎？不如因而立，善遇之，使自为守。不然，变生。"汉王亦悟，因复骂曰："大丈夫定诸侯，即为真王耳，何以假为！"乃遣张良往立信为齐王，征其兵击楚。

楚已亡龙且，项王恐，使盱眙人武涉往说齐王信曰："天下共苦秦久矣，相与戮力击秦。秦已破，计功割地，分土而王之，以休士卒。今汉王复兴兵而东，侵人之分，夺人之地。已破三秦，引兵出关，收诸侯之兵以东击楚，其意非尽吞天下者不休，其不知厌足如是甚也。且汉王不可必，身居项王掌握中数矣，项王怜而活之。然得脱，辄倍约，复击项王，其不可亲信如此。今足下虽自以与汉王为厚交，为之尽力用兵，终为之所禽矣。足下所以得须臾至今者，以项王尚存也。当今二王之事，权在足下。足下右投则汉王胜，左投则项王胜。项王今日亡，则次取足下。足下与项王有故，何不反汉与楚连和，参分天下王之？今释此时，而自必于汉以击楚，且为智者固若此乎？"韩信谢曰："臣事项王，官不过郎中，位不过执戟，言不听，画不用，故倍楚而归汉。汉王授我上将军印，予我数万众，解衣衣我，推食食我，言听计用，故吾得以至于此。夫人深亲信我，我倍之，不祥。虽死不易！幸为信谢项王。"

武涉已去，齐人蒯通知天下权在韩信，欲为奇策而感动之，以相人说韩信曰："仆尝受相人之术。"韩信曰："先生相人何如？"对曰："贵贱在于骨法，忧喜在于容色，成败在于决断，以此参之，万不失一。"韩信曰："善。先生相寡人何如？"对曰："愿少间。"信曰："左右去矣。"通曰："相君之面，不过封侯，又危不安。相君之背，贵乃不可言。"韩信曰："何谓也？"蒯通曰："天下初发难也，俊雄豪杰建号壹呼，天下之士云合雾集，鱼鳞杂遝，熛至风起。当此之时，忧在亡秦而已。今楚汉分争，使天下无罪之人肝胆涂地，父子暴骸骨于中野，不可胜数。楚人起彭城，转斗逐北，至于荥阳，乘利席卷，威震天下。然兵困于京、索之间，迫西山而不能进者，三年于此矣。汉王将数十万之众，距巩、洛，阻山河之险，一日数战，无尺寸之功，折北不救，败荥阳，伤成皋，遂走宛、叶之间，此所谓智勇俱困者也。夫锐气挫于险塞，而粮食竭于内府，百姓罢极怨望，容容无所倚。以臣料之，其势非天下之贤圣固不能息天下之祸。当今两主之命县于足下，足下为汉则汉胜，与楚则楚胜。臣愿披腹心，输肝胆，效愚计，恐足下不能用也。诚能听臣之计，莫若两利而俱存之，参分天下，鼎足而居，其势莫敢先动。夫以足下之贤圣，有甲兵之众，据强齐，从燕、赵，出空虚之地而制其后，因民之欲，西乡为百姓请命，则天下风走而响应矣，孰敢不听！割大弱强，以立诸侯，诸侯已立，天下服听而归德于齐。案齐之故，有胶、泗之地，怀诸侯（之）〔以〕德，深拱揖让，则天下之君王相率而朝于齐矣。盖闻天与弗取，反受其咎；时至不行，反受其殃。愿足下熟虑之。"

韩信曰："汉王遇我甚厚，载我以其车，衣我以其衣，食我以其食。吾闻之，乘人之车者载人之患，衣人之衣者怀人之忧，食人之食者死人之事，吾岂可以乡利倍义乎？"蒯生曰："足下自以为善汉王，欲建万世之业，臣窃以为误矣。始常山王、成安君为布衣时，相与为刎颈之交，后争张黡、陈泽之事，二人相怨，常山王背项王，奉项婴头而窜逃，归于汉王。汉王借兵而东下，杀成安君泜水之南，头足异处，卒为天下笑。此二人相与，天下至欢也。然而卒相禽者，何也？患生于多欲而人心难测也。今足下欲行忠信以交于汉王，必不能固于二君之相与也，而事多大于张黡、陈泽。故臣以为足下必汉王之不危已，亦误矣。大夫种、范蠡存亡越，霸句践，立功成名而身死亡。野兽已尽而猎狗亨。夫以交友言之，则不如张耳之与成安君者也；以忠信言之，则不过大夫种、范蠡之于句践也。此二人者，足以观矣。愿足下深虑之。且臣闻勇略震主者身危，而功盖天下者不赏。臣请言大王功略：足下涉西河，虏魏王，禽夏说，引兵下井陉，诛成安君，徇赵，胁燕，定齐，南摧楚人之兵二十万，东杀龙且，西乡以报，此所谓功无二于天下，而略不世出者也。今足下戴震主之威，挟不赏之功，归楚，楚人不信；归汉，汉人震恐。足下欲持是安归乎？夫势在人臣之位而有震主之威，名高天下，窃为足下危之。”韩信谢曰：“先生且休矣，吾将念之。”

后数日，蒯通复说曰：“夫听者事之候也，计者事之机也，听过计失而能久安者，鲜矣。听不失一二者，不可乱以言；计不失本末者，不可纷以辞。夫随厮养之役者，失万乘之权；守担石之禄者，阙卿相之位。故知者决之断也，疑者事之害也，审毫氂之小计，遗天下之大数，智诚知之，决弗敢行者，百事之祸也。故曰‘猛虎之犹豫，不若蜂虿之致螫；骐骥之跼躅，不如驽马之安步；孟贲之狐疑，不如庸夫之必至也。虽有舜、禹之智，吟而不言，不如瘖聋之指麾也’。此言贵能行之。夫功者难成而易败，时者难得而易失也。时乎时，不再来，愿足下详察之。”韩信犹豫，不忍倍汉，又自以为功多，汉终不夺我齐，遂谢蒯通。蒯通说不听，已，详狂为巫。

汉王之困固陵，用张良计，召齐王信，遂将兵会垓下。项羽已破，高祖袭夺齐王军。汉五年正月，徙齐王信为楚王，都下邳。

信至国，召所从食漂母，赐千金。及下乡南昌亭长，赐百钱，曰：“公，小人也，为德不卒。”召辱己之少年令出胯下者以为楚中尉。告诸将相曰：“此壮士也。方辱我时，我宁不能杀之邪？杀之无名，故忍而就于此。”

项王亡将钟离眛家在伊庐，素与信善。项王死后，亡归信。汉王怨眛，闻其在楚，诏楚捕眛。信初之国，行县邑，陈兵出入。汉六年，人有上书告楚王信反。高帝以陈平计，天子巡狩会诸侯，南方有云梦，发使告诸侯会陈：“吾将游云梦。”实欲袭信，信弗知。高祖且至楚，信欲发兵反，自度无罪，欲谒上，恐见禽。人或说信曰：“斩眛谒上，上必喜，无患。”信见眛计事。眛曰：“汉所以不击取楚，以眛在公所。若欲捕我以自媚于汉，吾今日死，公亦随手亡矣。”乃骂信曰：“公非长者！”卒自刭。信持其首，谒高祖于陈。上令武士缚信，载后车。信曰：“果若人言‘狡兔死，良狗亨；高鸟尽，良弓藏；敌国破，谋臣亡’。天下已定，我固当亨！”上曰：“人告公反。”遂械系信。至洛阳，赦信罪，以为淮阴侯。

信知汉王畏恶其能，常称病不朝从。信由此日夜怨望，居常鞅鞅，羞与绛、灌等列。信常过樊将军哙，哙跪拜送迎，言称臣，曰：“大王乃肯临臣！”信出门，笑曰：“生乃与哙等为伍！”

上常从容与信言诸将能不，各有差。上问曰：“如我能将几何？”信曰：“陛下不过能将十万。”上曰：“于君何如？”曰“臣多多而益善耳。”上笑曰：“多多益善，何为为我禽？”信曰：“陛下不能将兵，而善将将，此乃信之所以为陛下禽也。且陛下所谓天授，非人力也。”

陈豨拜为巨鹿守，辞于淮阴侯。淮阴侯挈其手，辟左右与之步于庭，仰天叹曰：“子可与言乎？欲与子有言也。”豨曰：“唯将军令之。”淮阴侯曰：“公所居，天下精兵处也；而公，陛下之信幸臣也。人言公之畔，陛下必不信；再至，陛下乃疑矣；三至，必怒而自将。吾为公从中起，天下可图也。”陈豨素知其能也，信之，曰：“谨奉教！”汉十年，陈豨果反。上自将而往，信病不从。阴使人至豨所，曰：“第举兵，吾从此助公。”信乃谋与家臣夜诈诏赦诸官徒奴，欲发以袭吕后、太子。部署已定，待豨报。其舍人得罪于信，信囚，欲杀之。舍人弟上变，告信欲反状于吕后。吕后欲召，恐其党不就，乃与萧相国谋，诈令人从上所来，言豨已得死，列侯群臣皆贺。相国绐信曰：“虽疾，强入贺。”信入，吕后使武士缚信，斩之长乐钟室。信方斩，曰：“吾悔不用蒯通之计，乃为儿女子所诈，岂非天哉！”遂夷信三族。

高祖已从豨军来，至，见信死，且喜且怜之，问：“信死亦何言？”吕后曰：“信言恨不用蒯通计。”高祖曰：“是齐辩士也。”乃诏齐捕蒯通。蒯通至，上曰：“若教淮阴侯反乎？”对曰：“然，臣固教之，竖子不用臣之策，故令自夷于此。如彼竖子用臣之计，陛下安得而夷之乎！”上怒曰：“亨之。”通曰：“嗟乎，冤哉亨也！”上曰：“若教韩信反，何冤？”对曰：“秦之纲绝而维弛，山东大扰，异姓并起，英俊乌集。秦失其鹿，天下共逐之，于是高材疾足者先得焉。跖之狗吠尧，尧非不仁，狗因吠非其主。当是时，臣唯独知韩信，非知陛下也。且天下锐精持锋欲为陛下所为者甚众，顾力不能耳，又可尽亨之邪？”高帝曰：“置之。”乃释通之罪。

太史公曰：吾如淮阴，淮阴人为余言，韩信虽为布衣时，其志与众异。其母死，贫无以葬，然乃行营高敞地，令其旁可置万家。余视其母冢，良然。假令韩信学道谦让，不伐己功，不矜其能，则庶几哉于汉家勋可以比周、召、太公之徒，后世血食矣。不务出此，而天下已集，乃谋畔逆，夷灭宗族，不亦宜乎！

【译文】

淮阴侯韩信，是淮阴人。以前为平民百姓的时候，穷困，没有好品行，不能够被推选去做官，又不能做生意维持生计，经常寄宿在别人家里吃闲饭，人们大多讨厌他。以前韩信多次去下乡南昌亭亭长家吃闲饭，一连几个月，亭长的妻子讨厌他，就提前做好早饭，端到屋里的床上去吃。开饭的时候，韩信去了亭长家，却不给他准备饭。韩信也知道他们的意思。一气之下，走了没有再回来。

韩信在城下钓鱼，有几位老大娘漂洗丝棉，其中一位大娘看到韩信饿了，就拿出饭给韩信吃。几十天都是这样，一直到漂洗完毕。韩信很高兴，对那位大娘说："我一定会重重地报答你老人家的。"大娘不高兴地说："大丈夫不能养活自己，我是可怜你这位公子才给你饭吃，难道我是希望你报答我吗？"

淮阴屠户中有个年轻人羞辱韩信说："你虽然长得高大，喜欢佩带刀剑，其实只不过是个胆小鬼。"又当众羞辱他说："你要是不怕死，就拿剑刺我；如果你怕死，就从我两腿中间爬过去。"于是韩信认真地打量了他一番，低下身去，趴在地上，从他两腿中间爬了过去。满街的人都嘲笑韩信，认为他是胆小的人。

等到项梁带领军队渡过了淮河，韩信持剑跟随他，在项梁部下，但没有名声。项梁战败，又归属项羽，项羽任命他做了郎中。他多次向项羽贡献计策，以求得以重用，但项羽都没有采纳他的意见。汉王刘邦入蜀，韩信离开楚军归附了汉王。因为没有什么名声，只做了个接待宾客的小官。后来因触犯法律被判处斩刑，一同的十三人都被杀了，轮到韩信，他抬头仰视，正好看见滕公，说："汉王不想成就一统天下的伟业吗？那为什么要斩壮士！"滕公感觉到他的话很不一般，见他相貌堂堂，就释放了他。和韩信交谈，很赏识他，把这事告诉了汉王，汉王任命韩信为治粟都尉。汉王并没有发现他有什么比别人强的才能。

韩信多次跟萧何谈话，萧何认为韩信是位人才。到达南郑，各路将领在途中逃跑的有几十人。韩信推测萧何等人已经很多次向汉王举荐自己，汉王不重用他，于是也就逃走了。萧何知道韩信逃跑了，来不及向汉王报告，亲自追赶他。有人报告汉王说：“丞相萧何逃跑了。”汉王非常生气，就像失去了左右手。过了一两天，萧何回来拜见汉王，汉王又是生气又是高兴，骂萧何道：“你逃跑，因为什么？”萧何说：“我不敢逃跑，我是去追赶逃跑的人。”汉王说：“你追赶的人是谁？”回答说：“是韩信。”汉王又骂道：“各路将领逃跑了几十人，您都没去追；却去追韩信，是谎话。”萧何说：“那些将领容易找到。至于像韩信这样杰出的人才，普天下找不出第二个。大王如果要长期在汉中称王，当然用不到韩信；如果一定要夺取天下，除了韩信就再没有可以和您商议大事的人了。但看大王怎么决定了。”汉王说：“我是要向东方发展啊，怎么能够甘心苦闷地长期待在这里呢？”萧何说：“大王决定向东发展，如果能够重用韩信，韩信就会留下来，不能重用，韩信最终还是要逃跑的。”汉王说：“我因为您的原因，就让他做个将军。”萧何说：“即便是做了将军，韩信也一定不肯留下。”汉王说：“那我任命他做大将军。”萧何说：“太好了。”于是汉王就要把韩信召来任命他。萧何说：“大王一向对人轻慢，不讲礼数，现在任命大将军就像招呼小孩儿一样。这就是韩信要逃跑的原因啊。大王如果决定任命他，就要选择个好日子，亲自斋戒，设立高坛和广场，礼仪要筹备好才可以呀。”汉王答应了萧何的要求。众将听说要拜大将军都很高兴，人人都以为自己要当大将军了。等到任命大将军的时候，被任命的竟然是韩信，全军都感到十分诧异。

任命韩信的仪式结束后，汉王就座。汉王说：“丞相多次称赞将军，将军用什么计划来帮助我呢？”韩信谦让了一番，借机问汉王说：“现在向东争夺天下，难道敌人不是项王吗？”汉王说：“是。”韩信说：“大王自己衡量在勇敢、强悍、仁厚、兵力方面与项王相比，谁强？”汉王沉默了很长时间，说：“比不上项王。”韩信拜了汉王两拜，赞成地说：“我也认为大王比不上他呀。不过，我以前侍奉过他，请让我说说项王的为人吧。项王生气怒吼的时候，吓得千百人不敢动，但不能放手任用有能力的将领，这只不过是匹夫之勇罢了。项王待人尊敬慈爱，言语温和，看见生病的人，自己就会心疼得流眼泪，将自己的食物分给他人。等到有的人立下功绩，该加封进爵的时候，他把刻好的大印拿在手里把棱角都磨没了，也舍不得给别人，这就是所谓的妇人的仁慈啊。项王即便是称霸天下，使各路诸侯臣服，但他放弃了关中的有利地势，而设彭城为都城。又违背了义帝的盟约，将自己信赖的人分封为王，诸侯们十分不满。诸侯们看到项王把义帝迁移到江南僻远的地方，也都各自回去驱逐了自己的国君，自己占据了好的地方自立为王。项王的军队所路过的地方，没有不遭到毁灭的，天下的人多数怨恨，百姓不愿意归顺，只不过害怕他的威势，勉强服从罢了。虽然名义上是霸主，实际上却丢失了天下的民心。所以说他的优势很容易转化为劣势。现在大王若真的能够与他走不同的路，任用天下有才能的人才，有什么不可以被消灭的呢？用天下的城池分封给有功绩的臣子，有什么人不心服口服呢？以正义之师，顺从将士东归的心愿，有什么样的敌人不能击败呢？何况关中地区项羽分封的三个王，以前都是秦朝的将领，率领秦地的子弟打了多年的仗，被杀死和逃跑的多得不计其数，又诱骗他们的部下向诸侯投降。抵达新安后，项王狡诈地活埋了已经投降的二十多万秦军，只有章邯、司马欣和董翳得以活下来，秦地的父老兄弟把这三个人恨之入骨。而今项羽凭借着威势，强行封立这三个人为王，秦地的百姓没有谁爱戴他们。而大王您进入武关，没有动百姓一丝一毫，废除了秦朝的残酷法令，与秦地百姓约法三章，秦地百姓没有不想要大王在秦地称王的。根据诸侯的盟约，大王应当在关中做王，关中的百姓都知道这件事，大王丢掉了应得的爵位进入汉中，秦地百姓没有不怨恨的。现在大王发兵向东进攻，只需要一道文书三秦之地就可以平定了。”于是汉王十分高兴，认为得到韩信太晚了。于是他听从韩信的计划，部署各路将领攻击的目标。

八月，汉王出兵途经陈仓向东进攻，平定了三秦。汉二年，兵出函谷关，收服了魏王、河南王，韩王、殷王也相继降服。汉王又联合齐王、赵王一起攻打楚军。四月，到彭城，汉军被击败，溃散而回。韩信又收编溃散的兵马与汉王在荥阳会合，在京县、索亭之间又击败楚军。因为这样楚军始终不能向西挺进。

汉军在彭城失败撤退之后，塞王司马欣、翟王董翳背叛汉投降楚，齐国和赵国也背叛汉王和楚王求和。六月，魏王豹以看望母亲的病为理由请假回乡，一回到自己的封国，马上切断黄河渡口临晋关的主要交通道路，背叛了汉王，与楚军签订合约讲和。汉王派郦生前去游说魏豹，没有游说成功。这年八月，汉王让韩信做了左丞相，进攻魏王豹。魏王把主力军队驻扎在蒲坂，封锁了黄河渡口临晋关。韩信就增加疑兵，故意排列开战船，让别人看着是要在临晋渡河，而隐蔽的军队却从夏阳使用木制的盆瓮浮水渡河，袭击了安邑。魏王豹由于惊慌没有对策，带领兵马迎击韩信，韩信就抓获了魏豹，收复了魏地，设为河东郡。汉王派张耳和韩信两人一起，带领军队向东挺进，向北攻打赵国和代国。这年闰九月击败了代国部队。在阏与抓获了夏说。韩信攻下了魏国，消灭代国后，汉王就马上派人调走韩信的精锐军队，开往荥阳去和楚军交战。

韩信和张耳带领数万军队，想要突破井陉口，进攻赵国。赵王、成安君陈余听说汉军将要来攻击赵国，在井陉口集结兵力，声称二十万大军。广武君李左车向成安君提供计策说："听说汉国的将领韩信渡过西河，抓获魏豹，活着抓了夏说，血洗了阏与，现在又以张耳帮助他，计划要攻打赵国。这是乘胜利的锐气离开本国攻打远方的国家，其势头不可抵挡。但是，我听说千里运送粮草，士兵们都会饥饿，随时随地地砍柴割草烧火做饭，军队就不能经常吃好饭。现在井陉这条道路，两辆战车不能一起前行，骑兵不能保持完整的队列，行进的军队排成数百里，运送粮草的队伍必然会远远地落到队伍的后边，希望您临时拨给我奇兵三万人，从隐蔽小道拦截他们的粮草，您就深挖战壕，高筑壁垒，坚持守住军营，不和他们交战。他们向前不得战斗，向后无法撤退，我出奇兵断绝他们的后路，让他们在荒野什么东西也抢不到，用不上十天，敌方两个将领的人头就可送到将军这里。希望您认真考虑我的计划。不然的话，一定会被他二人抓获。"成安君是信奉儒家学说的刻板读书人，常常主张正义的军队不用欺骗不正当的计策，说："我听说兵书上写到，兵力大于敌人十倍，就可以包围敌人，超过敌人一倍就可以交战。现在韩信的军队声称有数万人，实际上只不过几千人。竟然来到千里之外攻击我们，已经十分疲惫。现在像这样回避不主动攻击，强大的援助部队到来，又怎么应对呢？诸侯们会认为我是胆小的人，就会轻易地来进攻我们。"没有采用广武君的计划。

韩信命人暗中打探，知道赵军没有采用广武君的计划，听到报告，韩信十分高兴，才敢率领士兵进入井陉狭道。在离井陉口还有三十里的地方，停下来宿营。半夜时传令出发，挑选了两千名轻装骑兵，每人拿一面红旗，从隐蔽的小道上山，隐蔽在山上观察赵国的军队。韩信告诫士兵说："交战时，赵军见我军战败逃跑，一定会全军出动追赶我军，你们火速冲进赵军的阵营，拔掉赵军的旗帜，竖立起我们汉军的红旗。"又让副将传达开饭的命令，说："今天打垮了赵军后正式吃饭庆祝。"将领们都不相信韩信，假装回答说："好。"韩信对手下军官说："赵军已先占据了有利地形建造了阵营，他们看不到我们大将旗帜、仪仗，就不会出兵攻击我军的先头部队，怕我们到了险要的地方退回去。”韩信于是就派出万人作为先头部队，出了井陉口，背靠河水摆开队列准备战斗。赵军远远望见，大笑不止。天刚微亮，韩信挥舞起大将的旗帜和仪仗，大张旗鼓地开出井陉口。赵军于是打开营垒迎击汉军，激战了很久。这时，韩信、张耳假装丢弃旗鼓，逃回河边的阵地。河边阵地的军队则打开营门放他们进去。之后再和赵军激战。赵军果然全军出动，争夺汉军的旗鼓，追逐韩信、张耳。韩信、张耳已进入河边阵地。汉军全力奋战，赵军没有办法把他们击败。韩信提前派出去的两千轻骑兵，等到赵军全军出动去追逐战利品的时候，就以最快速度冲进赵军没有人把守的营垒，把赵军的旗帜全部砍掉，竖立起汉军的两千面红旗。这时，赵军既不能获得胜利，又不能抓获韩信等人，想要撤退回营垒，营垒插满了汉军的红旗，大为吃惊，以为汉军已经全部俘虏了赵王的将领，于是军中大乱，纷纷受到惊吓逃跑，赵将即使杀死逃兵，也不能阻止。于是汉兵前后一起夹击赵军，彻底打败了赵军，俘虏了许多人马，并在泜水岸边斩杀了成安君，活捉了赵王歇。

韩信传令全军，不要杀害广武君，能活捉他的则赏给千两黄金。于是就有人把广武君捆送到军营，韩信则亲自为他解开绳索，请他面向东而坐，自己则面向西对坐着，像对待老师一样对待他。

众将献上首级和俘虏，向韩信道贺，借机问韩信说：“兵法上说：‘战斗中排列阵式应该右边和背后靠山，前边和左边临水’。这次将军反倒让我们背靠着水列阵，说‘击败了赵军正式会餐’，我等并不相信，然而最终取得了胜利，这是什么战术啊？”韩信回答说：“这也在兵法上，只是诸位没有留心而已。兵法上不是说‘置之死地而后生，置之亡地而后存’吗？况且我平时没有机会可以训练各位将士，这就是所说的‘带着街市上的百姓去打仗’，在这种形势下如果不把将士们置之死地，使人人为保全自己而战是不可以的；如果给他们留有生路，就都跑了，怎么还能通过他们取得胜利呢？”将领们都佩服地说：“好。将军的谋略不是我们可以赶得上的呀。”

于是韩信问广武君说：“我要向北面攻打燕国，向东面讨伐齐国，怎样才能取得成功呢？”广武君推辞说道：“我听说‘打了败仗的将领，没有资格谈论勇气，亡了国的大夫没有资格去谋划国家的生存之道’。而今我是打了败仗亡了国的俘虏，有什么资格谈论国家大事呢？”韩信说：“我听说，百里奚在虞国但是虞国却灭亡了，在秦国却能使秦国称霸，这并不是因为他在虞国的时候愚蠢，而到了秦国就变得聪明了，而在于国家的君主重不重用他、接不接受他的意见。如果成安君采用了你的计划，可能我韩信也早被活捉了。因为没采用您的计划，所以我才能够侍奉您啊。”韩信态度坚决地请教说：“我专心听取您的意见，希望您不要推托。”广武君说：“我听说，‘智者千虑，必有一失；愚者千虑，必有一得’。所以俗话说：‘狂妄的人说的话，圣人也可以选择地听’。只是恐怕我的计划不足以被采用，但我愿意贡献愚昧的忠诚，忠心效力。成安君本来有每战每胜的计划，然而一旦失掉它，部队在鄗城之下失败，自己在泜水之上死了。而今将军横渡西河，抓获魏王，在阏与抓获夏说，一举攻下井陉，不到一早晨的时间就击败了赵军二十万，杀了成安君。名声大噪，声威威震天下，农民们预感到战祸临头，没有不放下工具，停止耕种，穿好的，吃好的，打发日子，专心打听战争的信息，等待死亡的来临。像这些，都是将军在计策上的高明之处。然而，现在百姓劳作辛苦，士卒疲惫，很难用以战斗。如果将军发动疲惫的部队，驻留在燕国坚固的城池之下，要攻打恐怕时间太长，力量不能够攻克。实情暴露出来，威势就会减弱，时间持久，粮草耗尽，而弱小的燕国不肯投降，齐国一定会坚守边境，以求自强。燕、齐两国坚持不肯投降，这样的话，刘项双方的谁赢谁输就不能断定。像这样，就是将军策略上的不足之处。我的见识浅薄，但我个人认为攻打燕国讨伐齐国是失策啊。所以，善于带兵打仗的人不拿自己的短处去迎击敌人的长处，而是拿自己的长处去攻击敌人的短处。”韩信说：“即便是这样，那么应该怎么做呢？”广武君回答说：“现在为将军着想，不如按兵不动，稳定赵国的社会秩序，安抚死亡将士的孩子。百里范围之内，每天送美味的食物，用以奖赏将士。摆出要向北进攻燕国的样子，之后派出说客，拿着书信，在燕国展示自己策略上的过人之处，燕国定然不敢不听从。燕国归顺之后，再派说客向东劝齐国投降。齐国知道燕国归降的消息后就会降服。即便是有聪明有才能的人，也不知该怎样替齐国计划了。假如这样，那么，争夺天下的大事都可以谋求了。用兵本来就有先假作声势，而后采取实际行动的，我说的就是这种状况。”韩信听后说：“好。”听从了他的计划。派遣使者出使燕国，燕国知道消息果真立刻投降。于是派人告诉汉王，并请求立张耳为赵王，用以镇抚赵国。汉王答应了他的请求，就封张耳为赵王。

楚军很多次派出奇兵渡过黄河攻打赵国。赵王张耳和韩信往来救助，在行军中安定赵国的城池，派兵支援汉王。楚军那时正把汉王团团地围困在荥阳，汉王从南面突出重围，到宛县、叶县地区，接纳了黥布，奔入成皋，楚军又马上包围了成皋。六月间，汉王从成皋逃出，向东渡过黄河，只有滕公跟随，当时张耳部队在修武驻扎。一抵达，就住进客馆里。第二天清晨，他说自己是汉王的使臣，骑马进入赵军的军营之内。韩信、张耳两人还没有起床，汉王就在他们的卧室里拿走了他们的印信和兵符，用军旗集结众将，更替了他们的职务。韩信、张耳起床后，才得知汉王来了，大为惊讶。汉王夺取了他二人统率的部队，命令张耳守在赵地，任命韩信为国相，让他集结赵国还没有前往荥阳的部队，去进攻齐国。

韩信带兵向东挺进，还没有渡过平原津，听说汉王派郦食其已经说服齐王归降了。韩信想要停止进攻，范阳说客蒯通劝谏韩信说："将军是奉命进攻齐国，汉王只不过暗中派遣一个密使游说齐国归降，难道有命令让将军停止进军吗？为什么不继续进军呢？况且郦生只不过是个读书人，坐着车子，靠着三寸之舌，就收复齐国七十多座城池。将军带领数万大军，一年多的时间才攻下赵国五十多座城池。成为将领这么多年，比不上一个读书小子的功绩吗？"于是韩信认为他说得有道理，采纳他的计谋，就带领军队渡过黄河。齐王听从郦生的劝说以后，挽留郦生共同喝酒，撤销了对汉军的防务。韩信乘机突袭齐国历下的部队，很快就攻打到都城临淄。齐王田广认为自己被郦生出卖了，就把他煮死，而后逃向高密，派使者前往楚国请求救援。韩信收复临淄以后，就向东追赶田广，一直追到高密城西。楚国也派龙且带领兵马，号称二十万，前来救助齐国。

齐王田广和司马龙且两支军队合兵一起与韩信战斗，还没有开始战斗，有人劝谏龙且说："汉军远离自己国土，拼死战斗，其势不可抵挡。齐楚两军在自己的国土作战，士兵很容易逃跑。倒不如深沟高垒，坚守不出，让齐王派他信任的大臣，去安抚已经被攻下的城池，这些城池的官吏和百姓得知他们的国王还在，楚军又来援助，一定会背叛汉军。汉军客居两千里之外，齐国城池的人都起来反叛他们，那必然会得不到粮草，这就可以逼迫他们不战而投降。"龙且说："我一向了解韩信是什么样的人，很容易对付他。而且救助齐国，不战斗就使韩信投降，我还有什么功绩呢？现在战胜他，齐国一半土地可以分封给我，为什么不打？"于是决定开始战斗，与韩信隔着潍水列开队伍。韩信命令手下连夜制作一万多条口袋，装满沙土，堵塞潍水上游，带领一半部队渡过河去，攻打龙且，佯装战败，往回逃跑。龙且果然高兴地说:“原本我就知道韩信是个胆小的人。”于是就渡过潍水追赶韩信。韩信下令挖开挡住潍水的沙袋,河水凶猛地冲下来,龙且的部队一多半人没渡过河去,韩信立即回军猛烈攻击,杀死了龙且。龙且在潍水东岸还没有渡河的兵马,见到这种状况四散逃跑,齐王田广也逃跑了。韩信追赶败兵直到城阳,把楚军兵将全部抓获了。

汉四年,韩信降服并且平定了整个齐国。派人向汉王上书,说:“齐国狡猾多变,反复无常,南面的边境与楚国接壤,如果不设立一个暂时代理的王来镇压安抚,局势一定不能稳定。为了有利于现在的局势,希望允许我暂时代理齐王。”正在这个时候,楚军在荥阳团团地围困住汉王,韩信的使者到了,汉王打开书信看了,非常生气,骂道:“我在这儿被包围,日夜想让你来援助我,你却想自立为王!”张良、陈平暗中踩汉王的脚提醒,凑近汉王的耳朵说:“目前汉军处境很不利,怎么能不让韩信称王呢?不如就趁这个机会册立他为王,很好地对待他,让他自己坚守齐国。不然可能发生变乱。”汉王明白过来,又假装骂道:“大丈夫平定了诸侯,就做真的王,为什么做个暂时代理的王呢?”就派遣张良前往,册立韩信为齐王,征调他的部队攻打楚军。

楚军失去龙且后,项王感到恐惧了,派盱眙人武涉前往游说齐王韩信说:“天下人对秦朝的统治已经痛恨不已,大家才合力进攻它。秦朝灭亡后,按照功劳分割土地,各自为王,以便停止战争。现在汉王又兴师东进,侵占别人的国土,抢夺他人的封地,已经攻克三秦,带领军队开出函谷关,集结各路诸侯的部队向东攻击楚国,他的意思是不夺取整个天下,不肯罢手的,他贪心不足到这个地步,太过分了。况且汉王不可信任,自身落到项王的掌控之中多次了,是项王可怜他他才活下来,然而一经脱身,就背叛盟约,再次攻打项王。他是这样地不可亲近,不可信任的人。现在您虽然自以为和汉王交情深厚,替他全心全力地作战,最后还是得被他擒获。您所以能够延续到现在,原因是项王还存在啊。现在刘、项争夺天下谁胜谁败,决定胜负的是您。您站在汉王一边,那么汉王胜;您站在项王一边,那么项王胜。如果项王今天被消灭,下一个被消灭的就是您了。您和项王有旧交情,为什么不背叛汉与楚联手,之后三分天下自立为王呢?现在,错过这个机会,一定要站到汉王一边进攻项王,一个聪明有才能的人,难道应该这样做吗?”韩信推辞说:“我侍奉项王的时候,只不过做郎中,职位只不过是个持戟的卫士,说的话没人听,贡献的计谋没人采用，所以我才背叛楚归附汉。汉王赐予我上将军的印信，给予我几万人马，脱下他自己身上的衣服给我穿，把好食物让给我吃，我说的话和献的计策都被采用，所以我才能够到今天这个地步。人家对我亲近、信赖，我背叛他是不对的，即使到死也不会叛变。希望您替我感谢项王的盛情！”

武涉走后，齐国人蒯通得知天下胜负的关键在于韩信，想出奇计打动他，就用看相的名义劝说韩信，说：“我曾经学过看相技术。”韩信说：“先生给人看相用的什么方法？”蒯通回答说：“人的富贵和品鉴在于骨骼，忧愁、喜悦在于面色，成功和失败在于决定。用这三项验证人相是准确无误的。”韩信说：“好，先生看看我的相怎么样？”蒯通回答说：“希望你的随从人员暂时回避一下。”韩信说：“周围的人退下吧。”蒯通说：“看您的面相，只不过封侯，而且还有危险的隐患。看您的背相，显示出富贵但是不能说。”韩信说：“这话是什么意思呢？”蒯通说：“当初，天下起兵的时候，英雄豪杰纷纷建立自己的名号，一声呼喊，天下有志之士蜂拥聚集，像鱼鳞那样杂沓，如同火焰迸飞，狂风突起。正当这时，关心的只是消灭秦朝罢了。现在，楚汉分争，使天下无辜的百姓枉死无数，父子的尸骨暴露在荒郊野外，数不胜数。楚国人从彭城发起攻势，转战四方，追逐败兵，直到荥阳，趁着胜利的势头，像卷席子一样向前挺进，声势威震天下。然后部队被困在京、索之间，被阻于成皋以西的山岳地带不能再向前，已经三年了。汉王率领几十万人马在巩县、洛阳一带阻挡楚军，凭借着山河的险要地势，虽然一天内交战数次，却没能向前一步，导致遭受挫折失败，差一点不能自救。在荥阳战败，在成皋受伤，于是逃到宛、叶两县之间，这就是所说的才能到了尽头。将士的士气因长期困于险要关塞而被消磨，仓库的粮草也消耗完了，百姓苦累，怨声载道，人心不安，无依无靠。我以为，这样的局势，不是天下的圣贤就不能平息这场天下的战乱。现在刘、项二王的命运都系在您的手中。您帮助汉王，汉王就胜利；帮助楚王，楚王就胜利。我愿意披肝沥胆，敬献计谋，只是害怕您不采纳啊。如果能听从我的计划，倒不如让楚、汉双方都不受损伤，一同存在下去，你和他们三分天下，鼎足而立，形成那种局势，就没有谁敢轻易起兵进犯。凭借您的才能和德行，拥有众多的兵马装备，占据强大的齐国，逼迫燕、赵降服，出兵到刘、项两军空虚的地方，牵制他们的后方，顺应民心，向西去阻止刘、项的争斗，为军民百姓请求保全性命，这样的话，天下就会很快地群起而响应你，有谁敢不顺从呢！之后，分割大国的土地，削弱强国的声势，用以分封诸侯。诸侯复位之后，天下就会对您感恩戴德，归顺听命于齐。稳守齐国故有的土地，占有胶河、泗水流域，用恩惠感召诸侯，恭谨谦让，这样天下的君王就会相继前来朝拜齐国。听说‘上天赐予的好处不接受反而会受到惩罚；时机到了不采取行动，反而要遭到祸患’。希望您认真地思考这件事。”

韩信说：“汉王给我的待遇十分优厚，他的车子给我坐，他的衣服给我穿，他的食物给我吃。我听说过，坐别人车子的人，要分担别人的祸患；穿别人衣服的人，心里要想着人家的忧虑；吃别人食物的人，要为别人的事业誓死效忠，我怎么能够贪图私利而背弃信义呢！”蒯通说：“你自以为和汉王交好，想建立流传后世的功绩，我个人认为这种想法错了。原来常山王、成安君还是平民百姓时，结成刎颈之交，后来因为张黡、陈泽的事产生矛盾，使得二人彼此怨恨。常山王背叛项王，抱着项婴的人头逃跑，归顺汉王。汉王借给他部队向东进攻，在泜水以南杀死了成安君，身首异处，被天下人嘲笑。这两个人的交情，可以说是天下最牢固的。然而到头来，都想把对方杀死，这是为什么呢？祸患因贪得无厌生，人心又难以猜测。现在您想要用忠诚、信义与汉王结交，一定比不上张耳、陈余结交更牢固，而你们之间的关连事件又比张黡、陈泽的事件严重得多，所以我以为您断定汉王不会加害于您，也错了。大夫文种、范蠡使面临灭亡的越国留存下来，帮助勾践称霸诸侯，事业成就之后，文种被逼自杀，范蠡被迫逃亡。野兽已经捕获完了，猎犬被杀来吃了。以交情友谊的深厚来说，您和汉王就比不上张耳与成安君，以忠信来说也就赶不上大夫文种、范蠡与越王勾践。从这两个例子看，足够您判断对错了。希望您好好地考虑。何况我听说，勇敢、谋略使君王感觉到威胁的人有祸患，而功劳卓著冠盖天下的人得不到赏赐。请让我说一说大王的功劳和谋略吧：您横渡西河，抓获魏王，活着擒获夏说，带领部队夺取井陉，杀死成安君，攻克了赵国，以声势镇服燕国，平定安抚齐国，向南摧毁楚国部队二十万，向东杀死楚将龙且，西面向汉王报告胜利，这可以说是功劳天下第一、计谋出众世上少有的人才。现在您占有威胁君主的声势，持有不能封赏的功劳，归属楚国，楚国人不信任；归属汉国，汉国人惊慌恐惧：您带着这样大的功劳和声势，哪里是您可去的地方呢？身处臣子地位而有着使君主感到威胁的震动，声望高于天下所有的人，我个人为您感到危险。”韩信说：“先生暂时说到这里吧！让我考虑一下。”

过了几日，蒯通又对韩信说："能够听从善用别人的善意，就能预见事情的发展变化，能反复考虑，就能把握成功的关键。听取建议不能作出正确的决定，决策失误而能够长久安定的人，实在很少。听取建议很少判断失误的人，就不能用花哨的言语去惑乱他；计谋筹划周全不本末倒置的人，就不能用花哨的言语去扰乱他。心甘情愿做劈柴喂马差事的人，就会失去争取万乘之国权利的机会；安守很少俸禄的人，就得不到公卿宰相这样高的官位。所以做事坚决是聪明人果断的表现，犹豫不决是办事情的祸患。专在小事情上费心思，就会忽略天下的大事，有判断是非的才能，决定后又不敢断然行动，这是所有事情的祸根。所以俗话说：'猛虎犹豫不能决定，比不上黄蜂、蝎子用毒刺去螫；好马来回走动不前进，比不上劣马慢慢地向前走；勇士孟贲困惑不定，比不上平凡的人，决心实干，以求达到目的；即便是有虞舜、夏禹的才能，闭上嘴巴不说话，比不上聋哑人借助打手势有用处'。这些俗语都证明实施行动是最可贵的。所有的事业都很难成功但容易失败，时机难以把握而容易丢失。时机啊时机，失去了就不会再来。希望您认真地考虑斟酌。"韩信犹豫不定，不忍心背叛汉王，又认为自己功绩卓著，汉王最终不会夺走自己的齐国，于是谢绝了蒯通。蒯通的劝说没有被采用，就装疯癫做了巫师。

汉王被楚军包围在固陵时，采用了张良的计谋，征召齐王韩信，于是韩信带领部队在垓下与汉王会师。项羽被击败后，高祖用突然袭击的方法夺取了齐王的军权。汉五年正月，改封齐王韩信为楚王，都城建在下邳。

韩信到了下邳，召见以前分给他饭吃的那位漂母，赏赐给她黄金千斤。轮到下乡南昌亭亭长，仅赏赐给百钱，说："你是小人，做好事坚持不到最后。"召见曾经羞辱过自己、让自己从他两腿中间爬过去的那个年轻人，任命他做了中尉，并和将相们说："这是位壮士。当初羞辱我的时候，我难道不可以杀死他吗？杀死他没有意义，所以我忍耐了一时的羞辱而成就了今天的功绩。"

项王部下逃亡的将领钟离眛，家住伊庐，一直与韩信关系很好。项王死后，他逃出来投奔韩信。汉王心中讨厌钟离眛，听说他藏在楚国，下令楚国抓捕钟离眛。韩信刚到楚国，巡视他的县邑，进进出出都带着装备齐全的卫队。汉六年，有人上书告发韩信密谋造反。高帝采用陈平的计谋，假托天子外出巡视会见诸侯，南方有个云梦泽，派使臣告知各诸侯到陈县聚会，说："我要去巡视云梦泽。"其实是要偷袭韩信，韩信自己却不知其用意。高祖就快要到楚国的时候，韩信曾经想起兵造反，又认为自己没有罪过，想朝见高祖，又怕被抓获。有人对韩信说："杀了钟离昧去朝见皇上，皇上定会很高兴，就没有灾祸了。"韩信去与钟离昧商量。钟离昧说："汉王所以不进攻楚国，是因为我在您这里，你想抓我取悦汉王，我今天死了，你也马上会死的。"于是骂韩信说："你不是个忠厚的人！"终于刎颈自杀。韩信拿着钟离昧的人头，到陈县朝拜皇上。皇上命令武士绑住了韩信，押在随行队伍的车上。韩信说："真的像人们说的'狡猾的兔子死了，出色的猎狗就遭到人们杀害吃掉；飞在天上的飞禽没了，优良的弓箭也就都收藏了起来；敌国灭亡，谋臣死亡'。现在天下已经安定，我应当遭杀害！"皇上说："有人告发你密谋造反。"就给韩信戴上了刑具。到了洛阳，免除了韩信的罪过，改封为淮阴侯。

韩信知道汉王畏惧且厌恶自己的才能，常常推托说自己染病不参加朝见和侍行。从此，韩信日夜怨恨，在家郁郁寡欢，和绛侯、灌婴处于同等地位让韩信感到羞耻。韩信曾经探访樊哙将军，樊哙跪着迎接相送，称自己为臣子。说："大王竟然会光临。"韩信出门笑着说："我这辈子竟然和樊哙这样人为伍了。"皇上经常坦然地和韩信讨论将军们的高下，认为各有长处，各有不足。皇上问韩信："像我这样的才能能率领多少军队？"韩信说："陛下只能率领十万军队。"皇上说："那你呢？"回答说："我是兵马越多越好。"皇上笑着说："您越多越好，那为什么还被我俘虏了？"韩信说："陛下不善于带兵，却善于任用将领，这就是我被陛下俘虏的原因。何况陛下是上天赐予的，不是普通人能做到的。"

陈豨被委任为巨鹿郡守，向淮阴侯告别。淮阴侯拉着他的手避开身边侍从在庭院里散步，抬头望着苍天叹息说："您能听听我的心里话吗？有些心里话想跟您说说。"陈豨说："一切听从将军吩咐！"淮阴侯说："您管理的区域，是天下精兵汇聚的地方；而您，是皇上信任宠幸的臣子。假如有人告发说您造反，皇上一定不会相信；再一次告发，陛下就起疑心了；第三次告发，皇上定然大怒而亲自率兵前来攻打。我为您在京城做内应，天下就可以到手了。"陈豨一直知道韩信的才智无双。始终没有怀疑过，说："我一定听从您的指教！"汉十年，陈豨果然造反。皇上亲自带领兵马前往，韩信推说自己有病没有跟随前去。他暗中派人到陈豨处说："只管发兵，我在这里帮助您。"韩信和家臣商议，夜里假传诏书释放各个官府服役的罪犯和奴隶，想要发动他们去攻击吕后和太子。部署完毕，等待着陈豨的信息。他的一位家臣得罪了韩信，韩信把他关了起来，想要杀掉他。这位家臣的弟弟上书皇上告发韩信叛乱，向吕后告发了韩信准备谋反的状况。吕后想要把韩信召来，又害怕他不肯就范，就和萧相国谋划，令人谎称自己从皇上那儿来，说陈豨已被抓获杀死，所有臣子都来祝贺。萧相国欺骗韩信说："即便是你有病，也要强打精神进宫来庆祝吧。"韩信进宫，吕后命令武士把韩信绑了起来，在长乐宫的钟室把他杀掉了。韩信临被斩时说："我后悔没有采用蒯通的计谋，以导致被妇女小子所欺骗，这难道不就是天意吗？"于是朝廷诛杀了韩信三族。

高祖攻打陈豨回到京城，见到韩信已死，又高兴又可怜他，问："韩信临死时说过什么？"吕后说："韩信说后悔没有采用蒯通的计谋。"高祖说："那人是齐国的说客。"就命令齐国捕捉蒯通。蒯通被抓到皇上面前，皇上说："你教唆淮阴侯谋反吗？"回答说："是。我的确唆使过他，那小子不采用我的计谋，所以有自取灭亡的下场。假如那小子采用我的计谋，陛下怎能够消灭他呢？"皇上生气地说："煮了他。"蒯通说："哎呀，煮死我，我冤枉啊！"皇上说："你教唆韩信谋反，有什么冤枉？"蒯通说："秦朝法律制度败坏、政权灭亡的时候，崤山以东六国大乱，各路诸侯纷纷起事，一时间天下有才能的人像乌鸦一样聚集。秦朝失去了天下，天下英雄都来抢夺，于是才智超人、行动敏捷的人优先得到它。蹠的狗对着尧狂吠，尧并不是不仁德，只因为他不是狗的主人。正当这时，我只知道有个韩信，并不知道有皇上。何况天下磨利武器、手拿利刃想干陛下所干的事业的人太多了，只不过是力不从心。您怎么能够把他们全部煮死呢？"高祖说："放了他。"就赦免了蒯通的罪过。

太史公说：我到淮阴，淮阴的人和我说，韩信即便是平民百姓时，他的心志就和其他人不一样。他母亲死了，家中贫困无法埋葬，可他还是到处寻找又高又宽敞的坟地，让坟墓旁可以安置万户人家。我去看了韩信母亲的坟墓，确实是这样的。假如韩信能够谦恭退让，不炫耀自己的功绩，不自恃自己的才华，那就差不多了。他在汉朝的功绩可以和周朝的周公、召公、太公这些人相比拟了，后代的子孙就可以享祭不完。但是，他没能坚持这样做，而天下已经平定，反而密谋造反，以致被诛灭宗族，不应该是这样的吗？

史记卷九十三

韩信卢绾列传第三十三

韩王信者，故韩襄王孽孙也，长八尺五寸。及项梁之立楚后怀王也，燕、齐、赵、魏皆已前王，唯韩无有后，故立韩诸公子横阳君成为韩王，欲以抚定韩故地。项梁败死定陶，成奔怀王。沛公引兵击阳城，使张良以韩司徒降下韩故地，得信，以为韩将，将其兵从沛公入武关。

沛公立为汉王，韩信从入汉中，乃说汉王曰："项王王诸将近地，而王独远居此，此左迁也。士卒皆山东人，跂而望归，及其锋东向，可以争天下。"汉王还定三秦，乃许信为韩王，先拜信为韩太尉，将兵略韩地。

项籍之封诸王皆就国，韩王成以不从无功，不遣就国，更以为列侯。及闻汉遣韩信略韩地，乃令故项籍游吴时吴令郑昌为韩王以距汉。汉二年，韩信略定韩十馀城。汉王至河南，韩信急击韩王昌阳城。昌降，汉王乃立韩信为韩王，常将韩兵从。三年，汉王出荥阳，韩王信、周苛等守荥阳。及楚败荥阳，信降楚，已而得亡，复归汉，汉复立以为韩王，竟从击破项籍。天下定，五年春，遂与剖符为韩王，王颍川。

明年春，上以韩信材武，所王北近巩、洛，南迫宛、叶，东有淮阳，皆天下劲兵处，乃诏徙韩王信王太原以北，备御胡，都晋阳。信上书曰："国被边，匈奴数入，晋阳去塞远，请治马邑。"上许之，信乃徙治马邑。秋，匈奴冒顿大围信，信数使使胡求和解。汉发兵救之，疑信数间使，有二心，使人责让信。信恐诛，因与匈奴约共攻汉，反，以马邑降胡，击太原。

七年冬，上自往击，破信军铜鞮，斩其将王喜。信亡走匈奴。(与)其将白土人曼丘臣、王黄等立赵苗裔赵利为王，复收信败散兵，而与信及冒顿谋攻汉。匈奴使左右贤王将万馀骑与王黄等屯广武以南，至晋阳，与汉兵战，汉大破之，追至于离石复破之。匈奴复聚兵楼烦西北，汉令车骑击破匈奴。匈奴常败走，汉乘胜追北，闻冒顿居代(上)谷，高皇帝居晋阳，使人视冒顿，还报曰"可击"。上遂至平城。上出白登，匈奴骑围上。上乃使人厚遗阏氏，阏氏乃说冒顿曰：“今得汉地，犹不能居；且两主不相厄。”居七日，胡骑稍引去。时天大雾，汉使人往来，胡不觉。护军中尉陈平言上曰：“胡者全兵，请令强弩傅两矢外向，徐行出围。”入平城，汉救兵亦到，胡骑遂解去。汉亦罢兵归。韩信为匈奴将兵往来击边。

汉十年，信令王黄等说误陈豨。十一年春，故韩王信复与胡骑入居参合，距汉。汉使柴将军击之，遗信书曰：“陛下宽仁，诸侯虽有畔亡，而复归，辄复故位号，不诛也。大王所知。今王以败亡走胡，非有大罪，急自归！”韩王信报曰：“陛下擢仆起闾巷，南面称孤，此仆之幸也。荥阳之事，仆不能死，囚于项籍，此一罪也。及寇攻马邑，仆不能坚守，以城降之，此二罪也。今反为寇将兵，与将军争一旦之命，此三罪也。夫种、蠡无一罪，身死亡；今仆有三罪于陛下，而欲求活于世，此伍子胥所以偾于吴也。今仆亡匿山谷间，旦暮乞贷蛮夷，仆之思归，如痿人不忘起，盲者不忘视也，势不可耳。”遂战。柴将军屠参合，斩韩王信。

信之入匈奴，与太子俱；及至颓当城，生子，因名曰颓当。韩太子亦生子，命曰婴。至孝文十四年，颓当及婴率其众降汉。汉封颓当为弓高侯，婴为襄城侯。吴楚军时，弓高侯功冠诸将。传子至孙，孙无子，失侯。婴孙以不敬失侯。颓当孽孙韩嫣，贵幸，名富显于当世。其弟说，再封，数称将军，卒为案道侯。子代，岁馀，坐法死。后岁馀，说孙曾拜为龙额侯，续说后。

卢绾者，丰人也，与高祖同里。卢绾亲与高祖太上皇相爱。及生男，高祖、卢绾同日生，里中持羊酒贺两家。及高祖、卢绾壮，俱学书，又相爱也。里中嘉两家亲相爱，生子同日，壮又相爱，复贺两家羊酒。高祖为布衣时，有吏事辟匿，卢绾常随出入上下。及高祖初起沛，卢绾以客从，入汉中，为将军，常侍中。从东击项籍，以太尉常从，出入卧内，衣被饮食赏赐，群臣莫敢望。虽萧、曹等，特以事见礼，至其亲幸，莫及卢绾，绾封为长安侯。长安，故咸阳也。

汉五年冬，以破项籍，乃使卢绾别将，与刘贾击临江王共尉，破之。七月还，从击燕王臧荼，臧荼降。高祖已定天下，诸侯非刘氏而王者七人。欲王卢绾，为群臣觖望。及虏臧荼，乃下诏诸将相列侯，择群臣有功者以为燕王。群臣知上欲王卢绾，皆言曰：“太尉长安侯卢绾常从平定天下，功最多，可王燕。”诏许之。汉五年八月，乃立卢绾为燕王。诸侯王得幸莫如燕王。

汉十一年秋，陈豨反代地，高祖如邯郸击豨兵，燕王绾亦击其东北。当是时，陈豨使王黄求救匈奴。燕王绾亦使其臣张胜于匈奴，言豨等军破。张胜至胡，故燕王臧荼子衍出亡在胡，见张胜曰："公所以重于燕者，以习胡事也。燕所以久存者，以诸侯数反，兵连不决也。今公为燕，欲急灭豨等。豨等已尽，次亦至燕，公等亦且为虏矣。公何不令燕且缓陈豨而与胡和？事宽，得长王燕；即有汉急，可以安国。"张胜以为然，乃私令匈奴助豨等击燕。燕王绾疑张胜与胡反，上书请族张胜。胜还，具道所以为者。燕王寤，乃诈论他人，脱胜家属，使得为匈奴间，而阴使范齐之陈豨所，欲令久亡，连兵勿决。

汉十二年，东击黥布。豨常将兵居代，汉使樊哙击斩豨。其裨将降，言燕王绾使范齐通计谋于豨所。高祖使使召卢绾，绾称病。上又使辟阳侯审食其、御史大夫赵尧往迎燕王，因验问左右。绾愈恐，闭匿，谓其幸臣曰："非刘氏而王，独我与长沙耳。往年春，汉族淮阴，夏，诛彭越，皆吕后计。今上病，属任吕后。吕后妇人，专欲以事诛异姓王者及大功臣。"乃遂称病不行。其左右皆亡匿。语颇泄，辟阳侯闻之，归具报上，上益怒。又得匈奴降者，降者言张胜亡在匈奴，为燕使。于是上曰："卢绾果反矣！"使樊哙击燕。燕王绾悉将其官人家属骑数千居长城下，候伺，幸上病愈，自入谢。四月，高祖崩，卢绾遂将其众亡入匈奴，匈奴以为东胡卢王。绾为蛮夷所侵夺，常思复归。居岁馀，死胡中。

高后时，卢绾妻子亡降汉，会高后病，不能见，舍燕邸，为欲置酒见之。高后竟崩，不得见。卢绾妻亦病死。

孝景中六年，卢绾孙他之以东胡王降，封为亚谷侯。

陈豨者，宛朐人也，不知始所以得从。及高祖七年冬，韩王信反，入匈奴，上至平城还，乃封豨为列侯，以赵相国将监赵、代边兵，边兵皆属焉。

豨常告归过赵，赵相周昌见豨宾客随之者千馀乘，邯郸官舍皆满。豨所以待宾客布衣交，皆出客下。豨还之代，周昌乃求入见。见上，具言豨宾客盛甚，擅兵于外数岁，恐有变。上乃令覆案豨客居代者财物诸不法事，多连引豨。豨恐，阴令客通使王黄、曼丘臣所。及高祖十年七月，太上皇崩，使人召豨，豨称病甚。九月，遂与王黄等反，自立为代王，劫略赵、代。

上闻，乃赦赵、代吏人为豨所诖误劫略者，皆赦之。上自往，至邯郸，喜曰：“豨不南据漳水，北守邯郸，知其无能为也。”赵相奏斩常山守、尉，曰：“常山二十五城，豨反，亡其二十城。”上问曰：“守、尉反乎？”对曰：“不反。”上曰：“是力不足也。”赦之，复以为常山守、尉。上问周昌曰：“赵亦有壮士可令将者乎？”对曰：“有四人。”四人谒，上慢骂曰：“竖子能为将乎？”四人惭伏。上封之各千户，以为将。左右谏曰：“从入蜀、汉，伐楚，功未遍行，今此何功而封？”上曰：“非若所知！陈豨反，邯郸以北皆豨有，吾以羽檄征天下兵，未有至者，今唯独邯郸中兵耳。吾胡爱四千户封四人，不以慰赵子弟！”皆曰：“善。”于是上曰：“陈豨将谁？”曰“王黄、曼丘臣，皆故贾人。”上曰：“吾知之矣。”乃各以千金购黄、臣等。

十一年冬，汉兵击斩陈豨将侯敞、王黄于曲逆下，破豨将张春于聊城，斩首万馀。太尉勃入定太原、代地。十二月，上自击东垣，东垣不下，卒骂上；东垣降，卒骂者斩之，不骂者黥之。更名东垣为真定。王黄、曼丘臣其麾下受购赏之，皆生得，以故陈豨军遂败。

上还至洛阳。上曰：“代居常山北，赵乃从山南有之，远。”乃立子恒为代王，都中都，代、雁门皆属代。

高祖十二年冬，樊哙军卒追斩豨于灵丘。

太史公曰：韩信、卢绾非素积德累善之世，徼一时权变，以诈力成功，遭汉初定，故得列地，南面称孤。内见疑强大，外倚蛮貊以为援，是以日疏自危，事穷智困，卒赴匈奴，岂不哀哉！陈豨，梁人，其少时数称慕魏公子；及将军守边，招致宾客而下士，名声过实。周昌疑之，疵瑕颇起，惧祸及身，邪人进说，遂陷无道。於戏悲夫！夫计之生孰成败于人也深矣。

【译文】

韩王韩信是原来韩襄王庶出的后代，身高八尺五寸。到了项梁拥立楚王的后代楚怀王的时候，燕国、齐国、赵国、魏国四国都早就自己立下了国王，只有韩没有立下后代，所以才立了韩国诸公子中的横阳君韩成为韩王，想借此来占据平定原韩国的土地。项梁在定陶失败被杀死，韩成投靠楚怀王。沛公带部队攻打阳城时，命张良以韩国司徒的身份收复了韩国原有的土地，得到韩信，任命他为韩国将军，带领他的部队随沛公进入武关。

沛公被项羽立为汉王，韩信便追随沛公进入汉中，劝汉王说："项羽把自己的手下都封在中原附近，只把您封到这偏远贫瘠的地方，这是一种贬职的意思啊！您手下将士都是崤山以东的人，他们都踮起脚尖，急切地希望回到故乡，趁着他们的气势强盛向东进攻，就可以夺取天下。"汉王回军平定三秦时，就答应将韩信封做韩王，先委任他为韩太尉，让他带兵去攻打韩国以前的土地。

项羽所封的诸侯王都到他们自己的封地去，韩王韩成因没随同项羽战斗，没有功绩，就没有派他到封地去，改封韩成为列侯。直到听说汉王派韩信攻打韩地，项羽才命令自己游历吴地时结识的吴县县令郑昌做韩王以抵抗汉军。汉高祖二年，韩信攻占了韩国的十几座城池。汉王抵达河南，韩信在阳城猛烈地攻击韩王郑昌。郑昌投降，汉王就封韩信为韩王，经常率领韩地部队跟随汉王。汉高祖三年，汉王退出荥阳，韩王韩信和周苛等人防守在荥阳。等到楚军攻下荥阳，韩信投降了楚军，不久得以逃出，又投奔到汉王身边，汉王再次封他为韩王，最终跟随汉王打败项羽，平定了天下。汉高祖五年春天，汉高祖和韩信剖符为信，正式封他为韩王，把国都设在颍川。

第二年春天，高祖认为韩信骁勇无比，封地颍川北靠近巩县、洛阳，南靠近宛县、叶县，东边则是重镇淮阳，这些都是用兵的重要地点，就下令命韩王韩信迁移到太原以北地区，以防备抵御匈奴，都城建立在晋阳。韩信上书说："我的封国十分靠近边界，匈奴很多次入侵，晋阳距离边境比较远，请允许我把都城设立在马邑。"皇帝答应了他，韩信就把都城移到了马邑。在这年秋天，匈奴冒顿单于重重包围了韩信，韩信多次派使者到匈奴请求和解。汉朝派人带兵前往救助，但怀疑韩信多次私自派使者前去匈奴的地方，有叛变汉朝之心，派人责备韩信。韩信害怕被杀死，于是就和匈奴约定好共同进攻汉朝，起兵造反，把国都马邑献给匈奴，并率军进攻太原。

高祖七年冬天，皇帝亲自率军前往平叛，在铜鞮打败了韩信的部队，并将其手下将领王喜杀死。韩信逃跑投奔匈奴，他的手下白土人曼丘臣、王黄等人拥立赵王的后代赵利为王，又收编起韩信被击败逃散的部队，并和韩信及匈奴冒顿单于商量一齐进攻汉朝。匈奴派遣左右贤王率领一万多骑兵和王黄等人安营在广武以南地区，到达晋阳时，和汉军战斗，汉军将他们打得大败，乘胜追赶到离石，又把他们击败。匈奴再次在楼烦西北地区聚集部队，汉高祖命令战车部队和骑兵把他们击败。匈奴经常战败逃跑，汉军乘胜追击败军，听说冒顿单于安营在代谷，汉高祖那个时候在晋阳，派人去查探冒顿，侦察人员回来报告说"可以前去攻打"。皇帝也就到达平城。皇帝出城登上白登山，被匈奴骑兵紧紧包围，皇帝就派人送给匈奴王后阏氏很多礼品。阏氏便劝冒顿单于说："如今已经攻下了汉朝的土地，但还是不能够居住下来；况且两国君主不互相围困。"过了七天，匈奴骑兵渐渐退去。当时天降大雾，汉军派人在白登山和平城之间往来，匈奴没有发现。护军中尉陈平对皇帝说："匈奴人都使用长枪弓箭，请命令士兵每张弩弓都向外搭两支利箭，慢慢地退出包围。"撤进平城之后，汉朝的援兵也赶到了，匈奴的骑兵这才解围退去。汉朝也收兵回去。韩信为匈奴人带兵往来在边境附近攻击汉军。

汉高祖十年，韩信命令王黄等人游说陈豨，使其相信并且造反。十一年春天，前韩王韩信再次和匈奴骑兵一起占据参合，抗击汉朝。汉朝派遣柴将军带兵前去迎战，柴将军战前写信给韩信说："皇帝陛下宅心仁厚，纵使有些诸侯叛变逃跑，但当他们再度归附的时候，总是恢复他们原有的爵位名号，并不加以杀害。这些都是大王您了解的。现在您是因为战斗失败才逃附匈奴的，并没有大罪，您应该尽快回来归顺！"韩王韩信回信道："皇帝把我从平民百姓中提拔上来，让我南面称王，这对我来说是荣幸之至的。在保卫荥阳的战斗中，我不能以死效忠，而被项羽囚禁。这是我的第一条罪状。待到匈奴进犯马邑，我不能坚守城池，贡献城池投降。这是我的第二条罪状。现在反而为敌人率兵，和将军战斗，争夺这旦夕之间活命的机会。这是我的第三条罪状。文种、范蠡没有其中一条罪状，但在成功之后，一个杀害一个逃亡；现如今我对皇帝犯下了三条罪状，还想在世上保全性命，这是伍子胥在吴国之所以被杀的原因。如今我逃命藏在山谷之中，每天都向蛮夷乞讨生活，我想回去的心，就如同瘫痪的人不忘记正常行走，盲人不忘记睁眼看一看一样，只不过状况不允许罢了。"于是两军展开战斗，柴将军踏平参合城，并将韩王韩信杀死。

韩信归顺匈奴的时候，和自己的太子一起，到了颓当城，生了一个儿子，因地名取名叫颓当。韩太子也生下一个儿子，取名为婴。到孝文帝十四年，韩颓当和韩婴带领部下归顺汉朝。汉朝封韩颓当为弓高侯、韩婴为襄城侯。在平定吴楚七国之乱的时候，弓高侯的功绩超过别的将领。

爵位从儿子传到了他的孙子，他的孙子没有儿子，侯爵被取消。韩婴的孙子因为犯有不敬之罪，侯爵被取消。韩颓当庶出的孙子韩嫣，地位高贵，很受皇帝喜爱，名声和富贵都在当世显赫。他的弟弟韩说，再次被封侯，并多次接受命令为将军，最后封为案道侯。儿子继承爵位，一年多之后因为犯法被判处死刑。又过了一年多，韩说的孙子韩曾被封为龙岩侯，继承了韩说的爵位。

卢绾是丰邑人，和汉高祖是老乡。卢绾的父亲和高祖的父亲关系非常好，等到生儿子时，汉高祖和卢绾又是同一天而生。乡亲们抬着羊酒去两家庆贺，等到高祖、卢绾长大了，在一起读书，关系又非常好。乡亲们见这两家父辈关系非常好，儿子又是同日出生，长大后关系又很好，再次抬着羊酒前去庆贺。高祖还是一般百姓的时候，被官吏追拿需要躲避，卢绾总是在他身边，东奔西走。到高祖从沛县起兵时，卢绾以宾客的身份跟随，到汉中后，担任将军，总是陪伴在高祖的身边。跟随高祖向东攻击项羽时，以太尉的身份在其左右，可以在高祖的卧室内自由出入，衣被饮食方面的赏赐十分丰厚，其他大臣没人能比拟，就是萧何、曹参等人，也只不过是因为事功而受到礼遇，至于说到信任宠幸，没人能比得上卢绾。卢绾被封为长安侯。长安，就是以前的咸阳。

汉高祖五年的冬天，打败了项羽，就派卢绾另带一支部队，和刘贾一起进攻临江王共尉，将他打败。七月凯旋归来，跟随皇帝进攻燕王臧荼，臧荼归降。高祖平定天下之后，在诸侯中不是刘姓而被封王的一共有七个人。高祖想封卢绾为王，但又害怕群臣怨恨不满意。等到俘虏臧荼之后，就下令封将相们为列侯，在大臣中挑选有功的人封为燕王。文武百官都知道皇帝想封卢绾为王，就一齐上言说："太尉长安侯卢绾经常伴随皇帝平定天下，功不可没，可以封为燕王。"皇帝批准了此项建议。汉高祖五年八月，封卢绾为燕王，所有诸侯王受到的皇帝宠幸都不如燕王。

汉高祖十一年秋天，陈豨在代地造反，高祖到邯郸去进攻陈豨的军队，燕王卢绾也率军进攻代地的东北部。这时，陈豨派王黄去向匈奴请求救援。燕王卢绾也派手下张胜出使匈奴，谎称陈豨等人的军队已被打败。张胜到匈奴以后，前燕王臧荼的儿子臧衍逃跑到匈奴，见到张胜说："您之所以在燕国受到重用，是因为您了解匈奴事务。燕国之所以能长时间存在，是因为诸侯多次叛变，战争接连不断。现在您想为燕国赶快消灭陈豨等人，但陈豨等人被打败之后，接着就要轮到燕国，您这伙人也要成为俘虏了。您为什么不让燕国延缓进攻陈豨而和匈奴修好呢？战争延缓了，能使卢绾长期做燕王，如果汉朝有紧急的变化，也可以凭借此地安定国家。”张胜认为他的话有道理，就暗中让匈奴帮助陈豨进攻燕国。燕王卢绾怀疑张胜和匈奴相互勾结，一起反叛，就上书皇帝请求把张胜满门抄斩。张胜回来后，把为什么这样干的原因全部告知了卢绾。卢绾醒悟了，就找了一些替身判处死刑，把张胜的家属释放出来，让张胜成为匈奴的内奸，又暗中派遣范齐到陈豨之处，想让他长期叛变逃亡在外，使战争接连不断。

汉高祖十二年，向东征讨黥布，陈豨经常带领军队在代地驻扎，汉朝派遣樊哙进攻陈豨并将其杀死。他的一名副将归降，说燕王卢绾派范齐到陈豨处相互交换情报，商议策划。高祖派使臣召卢绾进京，卢绾称自己有病推托不去。皇帝又派辟阳侯审食其、御史大夫赵尧前去迎接燕王，并顺便查问燕王手下臣子。卢绾更加恐惧，关门躲藏不出，对自己信赖的臣子说：“不是刘姓而被封为王的，就只有我卢绾和长沙王吴芮了。去年春天，汉朝把淮阴侯韩信满门抄斩，夏天，又杀掉了彭越，这都是吕后的计策。现在皇帝身患重病，把国家大事全部交给了吕后。而吕后是个女人，总是想找个借口杀掉异姓诸侯王和功绩高的大臣。”于是卢绾还是推辞说自己患病，拒绝进京。卢绾的部下都逃跑躲藏。但卢绾的话泄露了一些，辟阳侯听到了，便把这一切都告诉了皇帝，皇帝更加气愤。后来，汉朝又得到一些归降的匈奴人，说张胜逃跑到匈奴中，成为燕王的使者。于是皇帝说：“卢绾真的造反了！”就派樊哙进攻燕国。燕王卢绾把自己所有的宫人和家眷以及几千名骑兵安顿在长城下，等待时机，希望皇帝病康复后，亲自进京谢罪。四月，高祖去世，卢绾也就率领部下逃到匈奴之地，匈奴封他为东胡卢王。卢绾受到匈奴的蛮横掠夺，总是想着重返汉朝。过了一年多，卢绾在匈奴去世。

高后时，卢绾的妻子和儿女一起逃出匈奴重新投归汉朝，正好赶上高后病重，不能见面，于是住在了燕王在京的府邸，并准备在高后病好之后再设宴与高后相见。但一直到高后去世，也没有再见面。卢绾的妻子后来也因病去世了。

汉景帝中元六年，卢绾的孙子卢他之以东胡王的身份向汉朝投降，并被封为亚谷侯。

陈豨是宛朐人，不知当初是什么原因跟随高祖。直到高祖七年冬天，韩王韩信反叛，逃到匈奴，皇帝到平城而回，封陈豨为列侯，以赵国相国的身份带领督统赵国、代国的边防部队，这一地区戍卫边疆的部队统归他管理。

陈豨告假回乡曾路过赵国，赵相国周昌看到陈豨的随行宾客一共有一千多部车子，把邯郸所有的官员客舍全部住满。而陈豨对待宾客用的是平民百姓之间交往的礼节，并且总是谦卑恭敬，委屈自己厚待他人。陈豨回到代国，周昌就请求进京见皇帝。见到皇帝之后，他把陈豨宾客十分多、在外独自掌握兵权好几年、恐怕会有变故等事一一说出。皇帝就命人追查陈豨的宾客在财物等方面违法的事，其中不少事情涉及到陈豨。陈豨十分恐惧，暗中派宾客到王黄、曼丘臣处互通消息。到高祖十年七月，皇帝的父亲去世了，皇帝派人召陈豨进京，但陈豨称自己患了重病。九月，便与王黄等人一同造反，自立为代王，抢劫掠夺了赵、代两地。

皇帝知道之后，就一律赦免了被陈豨所连累而进行劫掠的赵、代官吏。皇帝亲自前去平叛，到达邯郸后高兴地说："陈豨他不在南面占领漳水，北面坚守邯郸，由此可知他不会有什么作为。"赵相国上奏请求把常山的郡守、郡尉杀死，说："常山一共有二十五座城池，陈豨造反，丢掉了其中二十座。"皇帝问："郡守、郡尉造反了吗？"赵相国回答说："没有。"皇帝说："这是兵力不够的原因。"赦免了他们，并且还恢复了他们的守尉职务。皇帝问周昌说："赵国还有能带兵打仗的勇士吗？"周昌回答说："有四个人。"然后让这四个人面见皇帝，皇帝一见便大骂道："你们这些小子们也能带兵打仗吗？"四个人惭愧地伏在地上。但皇帝还是各封给他们一千户的食邑，任命为将领。左右近臣劝谏道："有不少人跟着您进入蜀郡、汉中，其后又征讨西楚，有功劳但是没有得到普遍封赏，现在这几个人有什么功绩而予以封赏？"皇帝说："这就不是你们所能明白的了！陈豨造反，邯郸以北都被他所占据，我用紧急文告来征调各地部队，但到现在仍没有人到达，现在能用的就只有邯郸一处的部队而已。我没必要吝惜封给四个人的四千户，不用他们来安抚赵地的年轻人呢！"左右近臣都说："有道理。"于是皇帝又问："陈豨手下的将领都有谁？"左右回答说："有王黄、曼丘臣，都是商人出身。"皇帝说："我知道了。"于是各悬赏黄金千两来求购王黄、曼丘臣等的人头。

高祖十一年冬天，汉军在曲逆城下进攻并杀死了陈豨的大将侯敞、王黄，又在聊城把陈豨的大将张春打得一败涂地，斩首一万多人。太尉周勃进军平定了太原和代郡。十二月，皇帝亲自带领军队进攻东垣，但没能攻下，叛军士卒咒骂皇帝；不久东垣归降，凡是骂皇帝的士卒全部斩首，其他没骂的士卒则被处以黥刑，在额头上刺字。把东垣更名为真定。王黄、曼丘臣部下所有被悬赏抓捕的，全部都被活捉，因此陈豨的部队也就彻底被消灭了。

皇帝抵达洛阳，说："代郡位于常山的北面，赵国却从山的南面来控制它，太遥远了。"于是就封儿子刘垣为代王，把中都设为国都，代郡、雁门都隶属代国。

高祖十二年冬天，樊哙的士卒追到灵丘把陈豨杀死。

太史公说：韩信、卢绾两人并不是一向行善积德的世家，而是幸运于一时随机应变，以欺骗和暴力的手法获得成功，正赶上汉朝刚刚成立，所以才能够分封土地，南面为王。在内由于势力过于强大而被怀疑，在外倚仗着外族作为援助。因此日渐被皇帝疏远，自陷危机，走投无路，无计可施，最终迫不得已投靠匈奴，难道不可悲吗！陈豨是梁地人，在他年轻的时候，每每称赞、倾慕魏公子信陵君；等到后来他带领部队守卫边疆，招募宾客，礼贤下士，名声超过了实际的情况。周昌怀疑他，很多的过失也就从这里产生了，由于害怕灾祸降临到头上，奸邪小人又乘机进说，于是终于使自己陷于不可挽回的境地。唉呀，太可悲了！由此可见，谋虑的成熟与否和成败怎样，对一个人的影响太深了！

史记卷九十四

田儋列传第三十四

田儋者，狄人也，故齐王田氏族也。儋从弟田荣，荣弟田横，皆豪，宗强，能得人。

陈涉之初起王楚也，使周市略定魏地，北至狄，狄城守。田儋详为缚其奴，从少年之廷，欲谒杀奴。见狄令，因击杀令，而召豪吏子弟曰："诸侯曾反秦自立，齐，古之建国，儋，田氏，当王。"遂自立为齐王，发兵以击周市。周市军还去，田儋因率兵东略定齐地。

秦将章邯围魏王咎于临济，急，魏王请救于齐，齐王田儋将兵救魏。章邯夜衔枚击，大破齐、魏军，杀田儋于临济下。儋弟田荣收儋馀兵走东阿。

齐人闻田儋死，乃立故齐王建之弟田假为齐王，田角为相，田间为将，以距诸侯。

田荣之走东阿，章邯追围之。项梁闻田荣之急，乃引兵击破章邯军东阿下。章邯走而西，项梁因追之。而田荣怒齐之立假，乃引兵归，击逐齐王假。假亡走楚。齐相角亡走赵，角弟田间前求救赵，因留不敢归。田荣乃立田儋子市为齐王，荣相之，田横为将，平齐地。

项梁既追章邯，章邯兵益盛，项梁使使告赵、齐，发兵共击章邯、田荣曰："使楚杀田假，赵杀田角、田间，乃肯出兵。"楚怀王曰："田假，与国之王，穷而归我，杀之不义。"赵亦不杀田角、田间以市于齐。齐曰："蝮螫手则斩手，螫足则斩足。何者？为害于身也。今田假、田角、田间于楚、赵，非直手足戚也，何故不杀？且秦复得志于天下，则齮龁用事者坟墓矣。"楚、赵不听。齐亦怒，终不肯出兵。章邯果败杀项梁，破楚兵，楚兵东走。而章邯渡河围赵于巨鹿。项羽往救赵，由此怨田荣。

项羽既存赵，降章邯等，西屠咸阳，灭秦而立侯王也，乃徙齐王田市更王胶东，治即墨。齐将田都从共救赵，因入关，故立都为齐王，治临淄。故齐王建孙田安，项羽方渡河救赵，田安下济北数城，引兵降项羽，项羽立田安为济北王，治博阳。田荣以负项梁不肯出兵助楚、赵攻秦，故不得王。赵将陈馀亦失职，不得王。二人俱怨项王。

项王既归，诸侯各就国，田荣使人将兵助陈馀，令反赵地，而荣亦发兵以距击田都。田都亡走楚。田荣留齐王市，无令之胶东。市之左右曰：“项王强暴，而王当之胶东，不就国，必危。”市惧，乃亡就国。田荣怒，追，击杀齐王市于即墨，还，攻杀济北王安。于是田荣乃自立为齐王，尽并三齐之地。

项王闻之，大怒，乃北伐齐。齐王田荣兵败，走平原，平原人杀荣。项王遂烧夷齐城郭，所过者尽屠之。齐人相聚畔之。

荣弟横，收齐散兵，得数万人，反击项羽于城阳。而汉王率诸侯败楚，入彭城，项羽闻之，乃释齐而归，击汉于彭城，因连与汉战，相距荥阳。以故田横复得收齐城邑，立田荣子广为齐王，而横相之，专国政，政无巨细皆断于相。

横定齐三年，汉王使郦生往说下齐王广及其相国横。横以为然，解其历下军。汉将韩信引兵且东击齐。齐初使华无伤、田解军于历下以距汉。汉使至，乃罢守战备，纵酒，且遣使与汉平。汉将韩信已平赵、燕，用蒯通计，度平原，袭破齐历下军，因入临淄。齐王广、相横怒，以郦生卖己，而亨郦生。齐王广东走高密，相横走博阳，守相田光走城阳，将军田既军于胶东。楚使龙且救齐，齐王与合军高密。汉将韩信与曹参破杀龙且，虏齐王广。汉将灌婴追得齐守相田光。至博阳，而横闻齐王死，自立为齐王，还击婴，婴败横之军于嬴下。田横亡走梁，归彭越。彭越是时居梁地，中立，且为汉，且为楚。韩信已杀龙且，因令曹参进兵破杀田既于胶东，使灌婴破杀齐将田吸于千乘。韩信遂平齐，乞自立为齐假王，汉因而立之。

后岁馀，汉灭项籍，汉王立为皇帝，以彭越为梁王。田横惧诛，而与其徒属五百馀人入海，居岛中。高帝闻之，以为田横兄弟本定齐，齐人贤者多附焉，今在海中不收，后恐为乱，乃使使赦田横罪而召之。田横因谢曰：“臣亨陛下之使郦生，今闻其弟郦商为汉将而贤，臣恐惧，不敢奉诏。请为庶人，守海岛中。”使还报，高皇帝乃诏卫尉郦商曰：“齐王田横即至，人马从者敢动摇者致族夷！”乃复使使持节具告以诏商状，曰：“田横来，大者王，小者乃侯耳；不来，且举兵加诛焉。”田横乃与其客二人乘传诣洛阳。

未至三十里，至尸乡厩置，横谢使者曰：“人臣见天子当洗沐。”止

图为汉将韩信攻齐国田儋，项羽派大将龙且救齐，结果龙且大败于韩信，韩信攻占齐地，被封为齐王。

留。谓其客曰:“横始与汉王俱南面称孤,今汉王为天子,而横乃为亡虏而北面事之,其耻固已甚矣。且吾亨人之兄,与其弟并肩而事其主,纵彼畏天子之诏,不敢动我,我独不愧于心乎?且陛下所以欲见我者,不过欲一见吾面貌耳。今陛下在洛阳,今斩吾头,驰三十里间,形容尚未能败,犹可观也。”遂自刭。令客奉其头,从使者驰奏之高帝。高帝曰:“嗟乎,有以也夫!起自布衣,兄弟三人更王,岂不贤乎哉!”为之流涕,而拜其二客为都尉,发卒二千人,以王者礼葬田横。

既葬,二客穿其冢旁孔,皆自刭,下从之。高帝闻之,乃大惊,以田横之客皆贤,吾闻其馀尚五百人在海中,使使召之。至则闻田横死,亦皆自杀。于是乃知田横兄弟能得士也。

太史公曰:甚矣,蒯通之谋!乱齐、骄淮阴,其卒亡此两人。蒯通者,善为长短说,论战国之权变,为八十一首。通善齐人安期生,安期生常干项羽,项羽不能用其策。已而项羽欲封此两人,两人终不肯受,亡去。田横之高节,宾客慕义而从横死,岂非至贤!余因而列焉。无不善画者,莫能图,何哉?

【译文】

田儋是狄县人,战国时期齐王田氏的同族。田儋的堂弟田荣、田荣的弟弟田横,是当地很有势力的人物,并且宗族强盛,很得人心。

在陈涉刚开始起兵自称楚王的时候,派遣周市攻打并平定了魏地,向东打到狄县,狄县令坚守县城。田儋佯装绑住自己的家奴,率领着手下的年轻人去县府,谎称在拜见县令之后杀死有罪的家奴。在田儋拜见县令的时候,他们借机杀死他,然后又募集有势力的官吏和年轻人说:“各地诸侯都已经反叛秦朝自立为王,齐地是古代封建的诸侯国,而我田儋,是齐王田氏的同族,理当为王。”于是,田儋便自立为齐王,并且起兵进攻周市。周市的部队退走以后,田儋乘机带兵向东进军,占领并平定了齐国以前的土地。

秦国将领章邯领兵在临济围攻魏王咎,情况危机,魏王派人到齐国来请求救援。齐王田儋带领部队援救魏国。章邯在夜晚让兵马口中衔枚,趁黑夜的掩护进行袭击,把齐魏联军打得大败,在临济城下杀死了田儋。田儋的堂弟田荣收编田儋的剩余部队向东逃跑到了东阿。

齐国人得知田儋死亡的消息之后,于是就拥立以前齐王田建的弟弟田假作为齐王、田角作为丞相、田间作为大将，以此来抵抗诸侯。

田荣在失败逃往东阿的时候，章邯进行追击堵截。项梁听说田荣状况紧急，于是就带兵来到东阿城下，并且一举打败章邯。章邯向西逃跑，项梁便乘胜追击。但是田荣对齐人立田假为齐王的事情非常气愤，于是便领兵回去，进攻追逐齐王田假，田假逃到楚国，丞相田角逃到赵国；田角的弟弟田间在此之前就已经到赵国求救，也就留在赵国不敢回去了。田荣于是拥立田儋的儿子田市为齐王，自任丞相，田横为大将，收复了齐地。

项梁追击章邯以后，章邯的部队反倒逐渐强大起来，于是项梁便派遣使者通知齐国和赵国，要两国一同发兵进攻章邯。田荣说："假如楚国杀死田假，赵国杀死田角、田间，那我们才会出兵。"楚怀王说："田假是我们同盟国的首领，在无处可去的时候来投奔我们，杀了他是不符合道义的。"赵国也不愿意用杀田角、田间来和齐国作交易。齐国人说："手被蝮蛇咬了就要把手砍掉，脚被蝮蛇咬了就要砍掉脚。为什么呢？因为如果不这样的话，就要祸及全身。而如今田假、田角、田间对于楚国、赵国来讲，并不是手足骨肉之亲，为什么不杀掉他们呢？何况如果是秦朝再得志于天下的话，那么不仅我们要自受其辱，并且连祖坟恐怕也要被人挖出呢。"楚国、赵国都不愿意顺从齐国，齐国也非常生气，最终也不肯出兵救助。章邯果然打败了楚军，并且杀了项梁，楚军往东逃跑，而章邯也就借机渡过黄河，攻击赵国的巨鹿。项羽前往救助赵国，因此也就非常怨恨田荣。

项羽保住了赵国，又降服了章邯等秦朝的将领，向西进入咸阳进行杀戮，消灭了秦朝，之后又分封诸侯王。于是他把齐王田市改封为胶东王，其建都的地方在即墨。齐国将领田都因为跟着项羽共同救援赵，接着又进军关中，因此项羽立田都为齐王，建都临淄。以前的齐王田建的孙子田安，他在项羽渡河救助赵国的时候，连续攻打下了济北很多城池，然后带兵归附了项羽，项羽因此立田安为济北王，建都博阳。田荣因为违背项梁不愿意出兵救助楚、赵两国进攻秦朝，因此不能被封为王；赵国将领陈余也因为没有完成本职的任务，没有被封为王，这两个人都非常怨恨项羽。

项羽回到楚国后，所封诸侯也就各自回到自己的封地。田荣派人领兵帮助陈余，让他在赵地反叛项羽，田荣自己也起兵抵御田都，田都逃到楚国。田荣软禁了齐王田市，不让他到胶东的封地。田市手下的人说：“项羽强大而残暴，而您作为齐王，就应该到自己的封国胶东去，如果不去的话，一定会有危险。”田市非常恐惧，于是就逃跑到胶东。田荣知道后非常生气，连忙带人追赶齐王田市，在即墨把他杀死了。回来又进攻济北王田安，并且把他杀掉了。于是，田荣就自立为齐王，全部占据了三齐之地。

项羽知道这个消息之后，十分愤怒，于是就发兵向北征讨齐国。齐王田荣被打得大败，逃跑到平原，平原人把田荣杀死了。之后项羽就烧毁踏平了齐国都城的城郭，所经过的地方都大加屠戮，齐国人不能忍受，互相聚集起来反抗他。田荣的弟弟田横，收编起齐国的散兵，得到好几万兵马。反过来在城阳进攻项羽。就在这个时候，汉王刘邦带领诸侯的部队击败楚军，进入彭城。项羽得知这个消息之后，暂停攻击，放齐军回去，在彭城对汉兵发起攻势，接着与汉军多次战斗，在荥阳难分胜负。因此田横得以再次收复齐国大小城池，立田荣之子田广为齐王，田横为丞相辅助他，并专断国家政事，所有政事，无论大小，皆由田横一人决定。

田横平定齐国三年之后，汉王刘邦派遣郦食其到齐国，向齐王田广和丞相田横游说，要他们归降汉朝。田横认为这事可以行得通，就解除了齐国在历下对汉军的防御。汉将韩信本来领兵将要向东进攻齐国。齐国起初曾经派华无伤、田解率领军队在历下驻扎以抵抗汉军，等到汉使者到来，就解除了守城的战斗准备，放任兵士饮酒，并派使者与汉朝和解。但汉将韩信在攻克赵国、燕国之后，用蒯通的计谋，越过平原，突然攻击，击败了齐国在历下驻扎的守城军队，接着又攻入临淄。齐王田广、丞相田横见汉军忽然出现，非常气愤，认为自己被郦生出卖了，马上烹杀郦生。齐王田广向东逃到高密，丞相田横逃到博阳，守相田光逃向城阳，将军田既率领兵马驻守胶东。这个时候，楚国派龙且带领军队来救援齐国，齐王田广与龙且在高密会和。汉将韩信与曹参在高密打败齐楚联军，杀死楚将龙且，抓获齐王田广。汉将灌婴继续追击，又抓获了齐国守相田光。灌婴继续进军，到达博阳。而田横得知齐王田广已经死了，就自立为齐王，率军回来与灌婴战斗。在嬴下，田横的军队被灌婴打得大败。田横逃到梁地，归附彭越。这时，彭越拥兵梁地，在楚国汉国之间保持中立，又想帮助汉王，又想帮助楚王。韩信在杀死了楚将龙且之后，便命令曹参继续向胶东进攻，在这里打败田既并在战斗中将他杀死；韩信又命灌婴追击齐国将领田吸，在千乘将他击败并杀死。这样，韩信便平定了齐国的土地，向刘邦上书，请刘邦立自己为齐国假王，刘邦也就借势立韩信为齐王。

过了一年多，汉王刘邦打败了项羽，就自立为皇帝，封彭越为梁王。田横唯恐被杀，就带着他的手下五百多人逃到海上，住在一个小岛之上。汉高祖刘邦得知这个消息之后，认为田横兄弟原本就平定了齐国，齐国的才能之士大都投靠于他，现在要让他流落在海中而不加以招揽的话，以后恐怕难免有祸患。所以就派使者赦免田横的罪过并且召他入朝，田横却辞谢说："我曾经烹杀了皇上的使者郦生，如今我听说郦生的弟弟郦商是一个很有才能的汉朝将领，所以我非常恐惧，不敢奉旨进京，请求皇上允许我做一个普通百姓，住在这海岛上。"使者回来告知皇上，高祖立刻下令给卫尉郦商说："齐王田横就要到京，谁要敢动一下他的随从人员，马上满门抄斩！"接着又派使者拿着符节把皇帝下令命令郦商的状况原原本本地告知田横，并且说："田横如果来京，最大可以被封为王，最小也可以封为侯；如果不来的话，将会派军队加以剿灭。"田横于是和他的两个门客一起乘坐驿站的马车赶往洛阳。

在距离洛阳三十里处，有一个名叫尸乡的地方，这一天田横一行人来到这个地方的驿站。田横对汉使说："作为臣子拜见天子应该衣冠整洁。"于是就住下来。田横对他的门客说："我田横原来和汉王都是南面称孤的王，而现在汉王成了天子，我田横反而却成了亡国奴，而要北面作为臣子侍奉他，这原本就是莫大的耻辱了。更何况我烹杀了人家的兄长，再与他的弟弟一起侍奉同一个主子，即使他害怕皇帝的命令，不敢动我，难道我于心就没有一点羞愧吗？再者，皇帝陛下召我来京的原因，不过是想看一下我的相貌罢了。现在皇帝就在洛阳，现在我割下我项上人头，快马飞奔三十里的时间，我的相貌还不会改变，还是能够看一下我究竟是什么样子的。"说完之后，就刎颈自杀了，两个门客手捧他的头，跟随使者快马入朝，告知汉高祖。汉高祖说道："哎呀！能有这样的言行，真是了不起呀！从普通百姓起家，兄弟三个人接连称王，难道不是有才能的人吗！"汉高祖忍不住为他流下了眼泪。然后高祖任命田横的两个门客为都尉，并且派两千名士卒，以诸侯王的丧礼安葬了田横。

安葬完田横之后，两个门客在田横的坟墓旁挖了个洞，然后自杀，倒在了洞里，追随田横死去。汉高祖得知此事之后，非常吃惊，认为田横的门客都是有才能的人。高祖听说田横部下还有五百人在海岛上，又派使者召他们进京。进京之后，这五百门客得知田横已死，他们也都自杀。由此更加可以得知田横兄弟的确是能够得到贤士爱戴的人。

太史公说：蒯通的计谋实在是厉害呀！它既搞乱了齐国又骄纵坏了韩信，最后又害死了田横、韩信这两个人！蒯通擅长纵横之说，曾经写书评论战国时期的权变方策，一共八十一篇。蒯通与齐国人安期生关系甚好，安期生曾请求项羽任用他，但项羽没有采用他的计谋。后来项羽又想封他二人爵位，但他们不肯受爵，就逃走了。田横节操高尚，宾客倾慕他的高义而心甘情愿随他去死，这难道还不是有才能的人吗？我根据事实把他的事迹记录在这里。但是十分可惜，当时没有善于绘画的人，没能把他的相貌和功绩描画下来，什么原因呢？

史记卷九十五

樊郦滕灌列传第三十五

舞阳侯樊哙者，沛人也。以屠狗为事，与高祖俱隐。

初从高祖起丰，攻下沛。高祖为沛公，以哙为舍人。从攻胡陵、方与，还守丰，击泗水监丰下，破之。复东定沛，破泗水守薛西。与司马尼战砀东，却敌，斩首十五级，赐爵国大夫。常从，沛公击章邯军濮阳，攻城先登，斩首二十三级，赐爵列大夫。复常从，从攻城阳，先登。下户牖，破李由军，斩首十六级，赐上间爵。从攻围东郡守尉于成武，却敌，斩首十四级，捕虏十一人，赐爵五大夫。从击秦军，出亳南。河间守军于杠里，破之。击破赵贲军开封北，以却敌先登，斩候一人，首六十八级，捕虏二十七人，赐爵卿。从攻破杨熊军于曲遇。攻宛陵，先登，斩首八级，捕虏四十四人，赐爵封号贤成君。从攻长社、轘辕，绝河津，东攻秦军于尸，南攻秦军于犨。破南阳守齮于阳城。东攻宛城，先登。西至郦，以却敌，斩首二十四级，捕虏四十人，赐重封。攻武关，至霸上，斩都尉一人，首十级，捕虏百四十六人，降卒二千九百人。

项羽在戏下，欲攻沛公。沛公从百馀骑因项伯面见项羽，谢无有闭关事。项羽既飨军士，中酒，亚父谋欲杀沛公，令项庄拔剑舞坐中，欲击沛公，项伯常（肩）〔屏〕蔽之。时独沛公与张良得入坐，樊哙在营外，闻事急，乃持铁盾入到营。营卫止哙，哙直撞入，立帐下。项羽目之，问为谁。张良曰："沛公参乘樊哙。"项羽曰"壮士。"赐之卮酒彘肩。哙既饮酒，拔剑切肉食，尽之。项羽曰："能复饮乎？"哙曰："臣死且不辞，岂特卮酒乎！且沛公先入定咸阳，暴师霸上，以待大王。大王今日至，听小人之言，与沛公有隙，臣恐天下解，心疑大王也。"项羽默然。沛公如厕，麾樊哙去。既出，沛公留车骑，独骑一马，与樊哙等四人步从，从间道山下归走霸上军，而使张良谢项羽。项羽亦因遂已，无诛沛公之心矣。是日微樊哙奔入营诮让项羽，沛公事几殆。

明日，项羽入屠咸阳。立沛公为汉王。汉王赐哙爵为列侯，号临武侯。迁为郎中，从入汉中。

还定三秦，别击西丞白水北。雍轻车骑于雍南，破之。从攻雍、斄城，先登。击章平军好畤，攻城，先登陷阵，斩县令丞各一人，首十一级，虏二十人，迁郎中骑将。从击秦军骑壤东，却敌，迁为将军。攻赵贲，下郿、槐里、柳中、咸阳；灌废丘，最。至栎阳，赐食邑杜之樊乡。从攻项籍，屠煮枣。击破王武、程处军于外黄。攻邹、鲁、瑕丘、薛。项羽败汉王于彭城，尽复取鲁、梁地。哙还至荥阳，益食平阴二千户，以将军守广武，一岁，项羽引而东。从高祖击项籍，下阳夏，虏楚周将军卒四千人。围项籍于陈，大破之，屠胡陵。

项籍既死，汉王为帝，以哙坚守战有功，益食八百户。从高帝攻反燕王臧荼，虏荼，定燕地。楚王韩信反，哙从至陈，取信，定楚。更赐爵列侯，与诸侯剖符，世世勿绝，食舞阳，号为舞阳侯，除前所食。以将军从高祖攻反韩王信于代。自霍人以往至云中，与绛侯等共定之。益食千五百户。因击陈豨与曼丘臣军，战襄国，破柏人，先登，降定清河、常山凡二十七县，残东垣，迁为左丞相。破得綦毋卬、尹潘军于无终、广昌。破豨别将胡人王黄军于代南。因击韩信军于参合，军所将卒斩韩信。破豨胡骑横谷，斩将军赵既，虏代丞相冯梁、守孙奋、大将王黄、将军太卜、太仆解福等十人。与诸将共定代乡邑七十三。其后燕王卢绾反，哙以相国击卢绾，破其丞相，抵蓟南，定燕地，凡县十八，乡邑五十一。益食邑千三百户，定食舞阳五千四百户。从，斩首百七十六级，虏二百八十八人。别，破军七，下城五，定郡六，县五十二，得丞相一人，将军十二人，二千石已下至三百石十一人。

哙以吕后女弟吕须为妇，生子伉，故其比诸将最亲。

先黥布反时，高祖尝病甚，恶见人，卧禁中，诏户者无得入群臣。群臣绛、灌等莫敢入。十馀日，哙乃排闼直入，大臣随之。上独枕一宦者卧。哙等见上，流涕曰："始陛下与臣等起丰沛，定天下，何其壮也！今天下已定，又何惫也！且陛下病甚，大臣震恐；不见臣等计事，顾独与一宦者绝乎？且陛下独不见赵高之事乎？"高帝笑而起。

其后卢绾反，高帝使哙以相国击燕。是时高帝病甚，人有恶哙党于吕氏，即上一日宫车晏驾，则哙欲以兵尽诛灭戚氏，赵王如意之属。高帝闻之大怒，乃使陈平载绛侯代将，而即军中斩哙。陈平畏吕后，执哙诣长安。至则高祖已崩，吕后释哙，使复爵邑。

孝惠六年，樊哙卒，谥为武侯。子伉代侯。而伉母吕须亦为临光侯。高后时用事专权，大臣尽畏之。伉代侯九岁，高后崩，大臣诛诸吕、吕须媭属，因诛伉。舞阳侯中绝数月。孝文帝既立，乃复封哙他庶子市人为舞阳侯，复故爵邑。市人立二十九岁卒，谥为荒侯。子他广代侯。六岁，侯家舍人得罪他广，怨之，乃上书曰："荒侯市人病不能为人，令其夫人与其弟乱而生他广，他广实非荒侯子，不当代后。"诏下吏。孝景中六年，他广夺侯为庶人，国除。

曲周侯郦商者，高阳人。陈胜起时，商聚少年东西略，人得数千。沛公略地至陈留，六月馀，商以将卒四千人属沛公于岐。从攻长社，先登，赐爵封信成君。从沛公攻缑氏，绝河津，破秦军洛阳东。从攻下宛、穰，定十七县。别将攻旬关，定汉中。

项羽灭秦，立沛公为汉王。汉王赐商爵信成君，以将军为陇西都尉。别将定北地、上郡。破雍将军焉氏，周类军栒邑，苏驵军于泥阳。赐食邑武成六千户。以陇西都尉从击项籍军五月。出巨野，与钟离眛战，疾斗，受梁国相印，益食邑四千户。以梁相国将从击项羽二岁三月，攻胡陵。

项羽既已死，汉王为帝。其秋，燕王臧荼反，商以将军从击荼，战龙脱，先登陷阵，破荼军易下，却敌，迁为右丞相，赐爵列侯，与诸侯剖符，世世勿绝，食邑涿五千户，号曰涿侯。以右丞相别定上谷，因攻代，受赵相国印。以右丞相赵相国别与绛侯等定代、雁门，得代丞相程纵、守相郭同、将军已下至六百石十九人。还，以将军为太上皇卫一岁七月。以右丞相击陈豨，残东垣。又以右丞相从高帝击黥布，攻其前拒，陷两陈，得以破布军。更食曲周五千一百户，除前所食。凡别破军三，降定郡六，县七十三，得丞相、守相、大将各一人，小将二人，二千石已下至六百石十九人。

商事孝惠，高后时，商病，不治。其子寄，字况，与吕禄善。及高后崩，大臣欲诛诸吕，吕禄为将军，军于北军，太尉勃不得入北军，于是乃使人劫郦商，令其子况绐吕禄，吕禄信之，故与出游，而太尉勃乃得入据北军，遂诛诸吕。是岁商卒，谥为景侯。子寄代侯。天下称"郦况卖交"也。

孝景前三年，吴、楚、齐、赵反，上以寄为将军，围赵城十月，不能下。得俞侯栾布自平齐来，乃下赵城，灭赵，王自杀，除国。孝景中二年，寄欲取平原君为夫人，景帝怒，下寄吏，有罪，夺侯。景帝乃以商他子坚封为缪侯，续郦氏后。缪靖侯卒，子康侯遂成立。遂成卒，子怀侯世宗立。世宗卒，子侯终根立。为太常，坐法，国除。

汝阴侯夏侯婴，沛人也。为沛厩司御。每送使客还，过沛泗上亭，与高祖语，未尝不移日也。婴已而试补县吏，与高祖相爱，高祖戏而伤婴，人有告高祖。高祖时为亭长，重坐伤人，告故不伤婴，婴证之。后狱覆，婴坐高祖系岁馀，掠笞数百，终以是脱高祖。

高祖之初与徒属欲攻沛也，婴时以县令史为高祖使。上降沛一日，高祖为沛公，赐婴爵七大夫，以为太仆。从攻胡陵，婴与萧何降泗水监平，平以胡陵降。赐婴爵五大夫。从击秦军砀东，攻济阳，下户牖，破李由军雍丘下，以兵车趣攻战疾，赐爵执帛。常以太仆奉车从击章邯军东阿、濮阳下，以兵车趣攻战疾，破之，赐爵执珪。复常奉车从击赵贲军开封、杨熊军曲遇。婴从捕虏六十八人，降卒八百五十人，得印一匮。因复常奉车从击秦军洛阳东，以兵车趣攻战疾，赐爵封转为滕公。因复奉车从攻南阳，战于蓝田、芷阳，以兵车趣攻战疾，至灞上。项羽至，灭秦，立沛公为汉王。汉王赐婴爵列侯，号昭平侯。复为太仆，从入蜀、汉。

还定三秦。从击项籍，至彭城，项羽大破汉军。汉王败，不利，驰去。见孝惠、鲁元，载之。汉王急，马罢，虏在后，常蹶两儿欲弃之，婴常收，竟载之，徐行面雍树乃驰。汉王怒，行欲斩婴者十馀，卒得脱，而致孝惠、鲁元于丰。

汉王既至荥阳，收散兵，复振，赐婴食祈阳。复常奉车从击项籍，追至陈，卒定楚，至鲁，益食兹氏。

汉王立为帝。其秋，燕王臧荼反，婴以太仆从击荼。明年，从至陈，取楚王信。更食汝阴，剖符世世勿绝。以太仆从击代，至武泉、云中，益食千户。因从击韩信军胡骑晋阳旁，大破之。追北至平城，为胡所围，七日不得通。高帝使使厚遗阏氏。冒顿开围一角。高帝出欲驰，婴固徐行，弩皆持满外向，卒得脱。益食婴细阳千户。复以太仆从击胡骑句注北，大破之。以太仆击胡骑平城南，三陷陈，功为多，赐所夺邑五百户。以太仆击陈豨、黥布军，陷陈却敌，益食千户，定食汝阴六千九百户，除前所食。

婴自上初起沛，常为太仆，竟高祖崩。以太仆事孝惠，孝惠帝及高后德婴之脱孝惠、鲁元于下邑之间也，乃赐婴县北第第一，曰“近我”，以尊异之。孝惠帝崩，以太仆事高后。高后崩，代王之来，婴以太仆与东牟侯入清宫，废少帝，以天子法驾迎代王代邸，与大臣共立为孝文皇帝，复为太仆。八岁，卒，谥为文侯。子夷侯灶立，七年卒。子共侯赐立，三十一年卒。子侯颇尚平阳公主。立十九岁，元鼎二年，坐与父御婢奸罪，自杀，国除。

颍阴侯灌婴者，睢阳贩缯者也。高祖之为沛公，略地至雍丘下。章邯败杀项梁，而沛公还军于砀，婴初以中涓从击破东郡尉于成武及秦军于扛里，疾斗，赐爵七大夫。从攻秦军亳南、开封、曲遇，战疾力，赐爵执帛。号宣陵君。从攻阳武以西至洛阳，破秦军尸北，北绝河津，南破南阳守齮阳城东，遂定南阳郡。西入武关，战于蓝田，疾力，至灞上，赐爵执珪，号昌文君。

沛公立为汉王，拜婴为郎中。从入汉中，十月，拜为中谒者，从还定三秦，下栎阳，降塞王。还围章邯于废丘，未拔。从东出临晋关，击降殷王，定其地。击项羽将龙且、魏相项他军定陶南，疾战，破之。赐婴爵列侯，号昌文侯，食杜平乡。

复以中谒者从降下砀，以至彭城。项羽击，大破汉王。汉王遁而西，婴从还，军于雍丘。王武、魏公申徒反，从击破之。攻下黄，西收兵，军于荥阳。楚骑来众，汉王乃择军中可为（车）骑将者，皆推故秦骑士重泉人李必、骆甲习骑兵，今为校尉，可为骑将。汉王欲拜之，必、甲曰："臣故秦民，恐军不信臣，臣愿得大王左右善骑者傅之。"灌婴虽少，然数力战，乃拜灌婴为中大夫，令李必、骆甲为左右校尉，将郎中骑兵击楚骑于荥阳东，大破之。受诏别击楚军后，绝其饷道，起阳武至襄邑。击项羽之将项冠于鲁下，破之，所将卒斩右司马、骑将各一人。击破柘公、王武军于燕西，所将卒斩楼烦将五人，连尹一人。击王武别将桓婴白马下，破之，所将卒斩都尉一人。以骑渡河南，送汉王到洛阳，使北迎相国韩信军于邯郸。还至敖仓，婴迁为御史大夫。

三年，以列侯食邑杜平乡。以御史大夫受诏将郎中骑兵东属相国韩信，击破齐军于历下，所将卒虏车骑将军华毋伤及将吏四十六人。降下临菑，得齐守相田光。追齐相田横至嬴、博，破其骑，所将卒斩骑将一人，生得骑将四人。攻下嬴、博，破齐将军田吸于千乘，所将卒斩吸。东从韩信攻龙且、留公〔旋〕于高密，卒斩龙且，生得右司马、连尹各一人，楼烦将十人，身生得亚将周兰。

齐地已定，韩信自立为齐王，使婴别将击楚将公杲于鲁北，破之。

转南，破薛郡长，身虏骑将一人，攻（博）〔傅〕阳，前至下相以东南僮、取虑、徐。度淮，尽降其城邑，至广陵。项羽使项声、薛公、郯公复定淮北。婴度淮北，击破项声、郯公下邳，斩薛公，下下邳。击破楚骑于平阳，遂降彭城，虏柱国项佗。降留、薛、沛、酂、萧、相。攻苦、谯，复得亚将周兰。与汉王会颐乡。从击项籍军于陈下，破之，所将卒斩楼烦将二人，虏骑将八人。赐益食邑二千五百户。

项籍败垓下去也，婴以御史大夫受诏将车骑别追项籍至东城，破之。所将卒五人共斩项籍，皆赐爵列侯。降左右司马各一人，卒万二千人，尽得其军将吏。下东城、历阳。渡江，破吴郡长吴下，得吴守，遂定吴、豫章、会稽郡。还定淮北，凡五十二县。

汉王立为皇帝，赐益婴邑三千户。其秋，以车骑将军从击破燕王臧荼。明年，从至陈，取楚王信。还，剖符，世世勿绝，食颍阴二千五百户，号曰颍阴侯。

以车骑将军从击反韩王信于代，至马邑，受诏别降楼烦以北六县，斩代左相，破胡骑于武泉北。复从击韩信胡骑晋阳下，所将卒斩胡白题将一人。受诏并将燕、赵、齐、梁、楚车骑，击破胡骑于硰石。至平城，为胡所围，从还军东垣。

从击陈豨，受诏别攻豨丞相侯敞军曲逆下，破之，卒斩敞及特将五人。降曲逆、卢奴、上曲阳、安国、安平。攻下东垣。

黥布反，以车骑将军先出，攻布别将于相，破之，斩亚将楼烦将三人。又进击破布上柱国军及大司马军。又进破布别将肥诛。婴身生得左司马一人，所将卒斩其小将十人，追北至淮上。益食二千五百户。布已破，高帝归，定令婴食颍阴五千户，除前所食邑。凡从得二千石二人，别破军十六，降城四十六，定国一，郡二，县五十二，得将军二人，柱国、相国各一人，二千石十人。

婴自破布归，高帝崩，婴以列侯事孝惠帝及吕太后。太后崩，吕禄等以赵王自置为将军，军长安，为乱。齐哀王闻之，举兵西，且入诛不当为王者。上将军吕禄〔等〕闻之，乃遣婴为大将，将军往击之。婴行至荥阳，乃与绛侯等谋，因屯兵荥阳，风齐王以诛吕氏事，齐兵止不前。绛侯等既诛诸吕，齐王罢兵归，婴亦罢兵自荥阳归，与绛侯、陈平共立代王为孝文皇帝。孝文皇帝于是益封婴三千户，赐黄金千斤，拜为太尉。

三岁，绛侯勃免相就国，婴为丞相，罢太尉官。是岁，匈奴大入北地、上郡。令丞相婴将骑八万五千往击匈奴，匈奴去。济北王反，诏乃罢婴之兵。后岁馀，婴以丞相卒，谥曰懿侯。子平侯阿代侯。二十八年卒，子彊代侯。十三年，彊有罪，绝。二岁，元光三年，天子封灌婴孙贤为临汝侯，续灌氏后。八岁，坐行赇有罪，国除。

太史公曰：吾适丰沛，问其遗老，观故萧、曹、樊哙、滕公之家，及其素，异哉所闻！方其鼓刀屠狗卖缯之时，岂自知附骥之尾，垂名汉庭，德流子孙哉！余与他广通，为言高祖功臣之兴时若此云。

【译文】

舞阳侯樊哙是沛县人，以杀狗卖狗肉维持生计，以前和汉高祖一起隐没在乡间。

当初跟随高祖在丰县起兵，攻取了沛县。高祖当了沛公，就以樊哙为舍人。接着，他随同沛公进攻胡陵、方与，回过头来又镇守丰县，在丰县城下，打败了泗水郡郡监所带领的兵马。再一次平定沛县，在薛县的西方，打败了泗水郡守所率领的兵马。在砀东，樊哙与章邯的手下司马仁交战，击退敌军，斩敌首十五级，被赐爵为国大夫。樊哙经常跟随在沛公的身边，沛公在濮阳进攻章邯的军队，攻打城池的时候他率先登城，斩杀二十三人，被封为列大夫。他跟从沛公进攻城阳，又是他率先登城，同时还攻占了户牖，击败了秦将李由的兵马，斩敌首十六人，被封上间爵。在成武，樊哙跟随沛公包围了东郡守尉，大破敌军，斩杀敌人首十四级，抓获十一人，被封为五大夫。跟从沛公攻打秦军，出兵亳南，在杠里打败了河间郡守的军队。在开封以北又击败了赵贲的军队，因为在战斗中英勇无比，率先登城，斩杀了一个侦察兵的头目，杀死秦兵六十八人，抓获二十七人，被封为卿爵。在曲遇，随沛公打败了杨熊的部队。攻宛陵的时候，率先登城，斩首八级，抓获四十四人，被封为爵，封号贤成君。跟随沛公进攻长社、轘辕，断绝了黄河渡口，向东进攻尸乡一带的秦军。又向南进攻犨邑的秦军。在阳城击败了南阳郡郡守吕齮的军队。再向东进攻宛城，率先登城。再向西攻打郦县，因为樊哙击败了秦军，斩杀二十四人，抓获四十人，沛公对他再次加以封赏。进攻武关，来到灞上，杀秦都尉一人，斩杀十人，抓获一百四十六人，收服兵马两千九百人。

项羽驻扎在戏下，准备攻打沛公。沛公率领一百多骑兵来到项营，通过项伯的关系会见项羽，向项羽谢罪，说明自己并没有封锁函谷关，不让诸侯军进入关中的事。项羽设宴席犒赏军中将士，正当大家喝酒的时候，亚父范增想杀掉沛公，命令项庄拔剑在席前舞剑，想借机击杀沛公，而项伯却一再挡在沛公的面前。这个时候只有沛公和张良在酒席宴中，樊哙在大营之外，得知事情紧急，就拿着铁盾牌来到大营前。守营卫士阻拦樊哙，樊哙直接闯了进去，站立在帐下。项羽看着他，问他是谁。张良说："他是沛公的参乘樊哙。"项羽称赞道："此人真是英雄！"说完，就赏给他一大碗酒和一条猪前腿。樊哙举杯一饮而尽，然后拔出宝剑切开猪腿，把肉全部吃了下去。项羽问他："还能再喝一碗酒吗？"樊哙说道："我连死都不怕，难道还会怕这一碗酒吗！何况我们沛公首先进入并平定了咸阳，露宿灞上，一直这样等待您的到来。大王您今天刚到这里，就听信了小人的谗言，跟沛公有了芥蒂，我害怕天下从此又要四分五裂，所有人都怀疑是您一手造成的啊！"项羽听罢，默不作声。沛公借口要去上厕所，暗示樊哙和他一同离去。出了营之后，沛公把随从车马留下，自己骑一匹马，让樊哙等四个人步行跟随，从山间的小路跑回灞上的军营，命令张良代替自己向项羽辞谢。项羽也作罢了，没有杀死沛公的念头了。这一天如果不是樊哙闯进大营责备项羽的话，沛公的事业几乎就毁于一旦。第二天，项羽率领兵马进入咸阳，大肆杀戮，封沛公为汉王。汉王也就封樊哙为列侯，号临武君。随后又升任郎中，跟随汉王进入汉中。

当汉王回军平定三秦的时候，樊哙独自带兵在白水以北进攻西城县丞的部队，又在雍县之南进攻雍王章邯的轻车骑兵，都击败了他们。跟从汉王进攻雍县、斄县县城，率先登城。在好畤进攻章平的军队，攻城时樊哙又率先登城。带头陷阵杀敌，杀死县令一人，县丞一人，斩首十一级，抓获二十人，升任郎中骑将。跟随汉王在壤东进攻章军的车骑部队，击退敌人的进攻，升任将军。在进攻赵贲的军队时，在攻取郿、槐里、柳中、咸阳的战役中，以及引水灌废丘的敌军，樊哙的功劳都最高。到了栎阳，汉王把杜陵的樊乡赏赐给樊哙当作食邑。跟随汉王攻打项羽，血洗了煮枣。在外黄，打败了王武、程处所率领的军队。接着又先后进攻邹县、鲁城、瑕丘和薛县。项羽在彭城把汉王打得一败涂地，全部收复了鲁、梁一带的土地。樊哙回军到荥阳，汉王又给他增加了平阴两千户作为他的食邑，以将军的职位防守广武。一年之后，项羽带兵东去。樊哙又跟从汉王进攻项羽，夺取了阳夏，抓获了楚国周将军的士兵四千人。把项羽包围在陈县，把他打得大败。樊哙血洗了胡陵。

项羽死后，汉王当了皇帝，樊哙因为坚守城池和出击战斗有功，又加封食邑八百户。他跟随高祖进攻反叛的燕王臧荼，并抓获了他，平定了燕国的土地。楚王韩信发动叛乱，樊哙跟随高祖到陈县，抓获了韩信，平定了楚国的土地。高祖改赐列侯的爵位，与诸侯把兵符剖开以示信任，让他们世代传承不绝。皇帝把樊哙以前的食邑除去，赐给他舞阳，号为舞阳侯。樊哙又以将军的职位跟随高祖前去代地，进攻反叛的韩王信。从霍人一直打到云中，都是樊哙和绛侯周勃一行人一起平定的，于是又增加了他的食邑一千五百户。后来，樊哙又带领人马攻击反叛的臣子陈豨和曼丘臣的部队，襄国大战，在攻打柏人县的时候，率先登城，又降服收复了清河、常山两郡的二十七个县，攻取了东垣县城，以此功劳升任左丞相。在无终、广昌，打败了綦毋卬、尹潘的部队，并且生擒了他们两人。在代南，击破了陈豨部下的胡人将领王黄所率领的部队。接着，又进军参合，进攻韩王信的军队，他所率领的将士杀死韩王信。在横谷，击败陈豨的胡人骑兵部队，杀死了将军赵既，抓获了代国丞相冯梁、郡守孙奋、大将军王黄、太仆解福及将军等十人。和将领们一同收复了代地的乡邑七十三个。此事之后，燕王卢绾起兵反叛，樊哙以相国的职位带兵进攻卢绾，在蓟县之南打败卢绾所率领的部队，收复了燕地共十八个县、五十一个乡邑。于是皇帝又给樊哙增加食邑一千三百户，把舞阳侯的食邑定为五千四百户。樊哙跟随高祖南征北讨途中，共斩杀敌人一百七十六个，抓获敌兵一百八十八人。他自己独自带兵打仗，击败过七支敌军，攻占过五座城池，平定了六个郡，五十二个县，并抓获过敌人丞相一人，将军十二人，二千石以下到三百石的官员十一人。

樊哙因为娶了吕后的妹妹吕媭作为妻子，生下儿子樊伉，因此和其他将领比起来，高祖对樊哙更加亲近。

先前在黥布反叛的时候，高祖一直病得很严重，不喜欢见人，他躺在宫禁之中，命令守门人不可以让群臣进去看他。群臣中像绛侯周勃、灌婴等人都不敢进宫。就这样过了十几天，有一次樊哙推开宫门，直接闯了进去，后面的臣子们紧紧跟随。看见高祖一人枕着一个宦官躺在床上。樊哙等人见到皇帝之后，哭着说："想当初陛下和我们一起从丰沛起兵，平定天下，那是怎样的壮举啊！而现在天下已经安定，您又是何等的劳累啊！何况您病得不轻，大臣们都不知所措，您又不愿意接见我们这些人来商议国家大事，难道您只想和一个宦官诀别吗？再说您难道不知道以前赵高作乱的事吗?”高祖听罢,于是笑着从床上起来。

后来卢绾密谋造反,高祖命令樊哙以相国的身份去进攻燕国。这时高祖又病得十分严重,有人诬陷樊哙和吕氏勾结,皇帝如果有一天去世的话,那么樊哙就要带兵把戚夫人和赵王如意这些人全部杀死。高祖听说之后,非常生气,马上命令陈平用车载着绛侯周勃去取代樊哙,并在军中马上把樊哙杀死。陈平因畏惧吕后,并没有按照高祖的命令执行,而是把樊哙解赴长安。到达长安的时候,高祖已经去世,吕后就赦免了樊哙,并恢复了他原有的爵位和封邑。

汉惠帝六年时,樊哙去世了,谥号为武侯。樊哙的儿子樊伉接替他的侯位。而樊伉的母亲吕媭也被封为临光侯。在高后时期,吕媭也执掌国家政事,十分独断,大臣们没有不惧怕她的。樊伉代侯九年之后,吕后去世了。大臣们诛杀吕氏宗族和吕媭的亲戚,接着,又杀死了樊伉。舞阳侯这个爵位中间断了好几个月。直到汉文帝即位的时候,这才封樊哙之妾所生的儿子樊市人为舞阳侯,并恢复了原来的爵位和食邑。樊市人在位二十九年后死去,谥号为荒侯。樊市人的儿子樊他广继承了他的侯位。六年之后,舞阳侯家中的人得罪了樊他广,十分怨恨他,于是就上书说:“荒侯市人因为有病而失去了生育能力,就让他的妻子和弟弟淫乱而生下他广。他广在事实上不是荒侯的后代,因此更不应该继承侯位。”皇帝命令把此事交给官吏去处理。在汉景帝中元六年时,取消了樊他广的侯位,把他贬为平民百姓,封国食邑也一并取消了。

曲周侯郦商是高阳人。在陈胜起兵反抗秦朝的时候,他召集了一伙年轻人到处招兵买马,聚集了好几千人。沛公攻城夺地来到陈留,过了六个多月,郦商就率领将士四千多人到岐投奔沛公。跟随沛公进攻长社,率先登城,赐爵封为信成君。跟随沛公进攻缑氏,封锁了黄河的渡口,在洛阳东面打败秦军。跟从沛公夺取宛、穰两地,另外又平定了十七个县。自己单独率军进攻旬关,平定汉中。

项羽灭亡秦朝之后,立沛公为汉王。汉王赐给郦商信成君爵位,并让他以将军的职位担任陇西的都尉。郦商独自率军平定了北地和上郡。在乌氏击败了雍王章邯部下所带领的军队,在栒邑击败了周类所带领的军队,在泥阳击败了苏驵所带领的军队。于是汉王把武成县的六千户赏赐给了郦商,作为他的食邑。他以陇西都尉的身份跟随沛公进攻项羽的军队时间长达五个月之久,出兵巨野,和钟离眛战斗,因激战有功,沛公赐予他梁相国印，又增封食邑四千户。以梁国相国的身份跟随汉王与项羽作战时间长达两年又三个月，攻占胡陵。

项羽死了之后，汉王成为皇帝。这一年的秋天，燕王臧荼密谋造反，郦商以将军的身份随从高帝去进攻臧荼。在龙脱大战的时候，郦商勇猛无比，率先登城，在易下打败臧荼的部队。因杀敌有功，被升职为右丞相，赐给他列侯的爵位，和其他诸侯一样剖符为信，世世代代永不断绝，以涿邑五千户作为他的食邑，封号为涿侯。以右丞相的职位独自带兵平定上谷，接着又进攻代，高祖赐予他赵国的相国之印。以右丞相外加赵国相国的身份带兵和绛侯周勃等人一同平定了代和雁门，生擒了代国丞相程纵、守相郭同、将军以下到六百石的官员一共十九人。凯旋归来之后，他以将军的身份担任太上皇的护卫一年零七个月。然后又以右丞相之职进攻陈豨，攻破东垣城墙。又以右丞相的身份跟随高帝攻打反叛的黥布，郦商带兵向敌人前沿阵地猛烈攻击，攻陷了两个阵地，从而使汉军能够击败黥布的兵马。高帝把他的封邑改定在了曲周，增加到五千一百户，收回了以前所封的食邑。总计郦商一共击败了三支敌军，降服平定六个郡、七十三个县，抓获丞相、守相、大将各一人，小将二人，二千石以下到六百石的官员十九人。

郦商在侍奉孝惠帝、高后时期，因身体不好，不能处理国家政事。他的儿子郦寄，字况，与吕禄交情甚好。等到高后去世的时候，大臣们想诛杀吕氏家族，可是吕禄身为将军，统领北军，太尉周勃进不了北军的营寨。于是就派人威逼郦商，让他的儿子郦况去欺骗吕禄。吕禄相信了郦况说的话，就和他一同出去游玩，使得太尉周勃进入北军营寨，控制北军。这样，才诛杀掉了吕氏家族。也就在这一年，郦商去世了，谥号为景侯。他的儿子郦寄接替了侯位，天下人都说他出卖朋友。

孝景帝前元三年，吴、楚、齐、赵等诸侯国联合起兵反叛，皇帝委任郦寄为将军，攻打赵城，但十个月都没有攻下。等到俞侯栾布平定了齐国前来援助，这才攻打下了赵城，消灭了赵国。赵王刘遂自杀，封国被废除。景帝中元二年，郦寄想要娶景帝王皇后的母亲平原君为妻。景帝非常生气，把郦寄交给司法官吏去处理，判定他有罪，免除了侯爵爵位。景帝把郦商的另一个儿子郦坚封为缪侯，以延续郦氏的后代。缪靖侯郦坚去世之后，他的儿子康侯郦遂成接替。郦遂成死去之后，其儿子怀侯郦世宗接替。郦世宗去世之后，其儿子郦终根继承侯位，任太常，后来因为触犯法律，封国被废除。

汝阴侯夏侯婴是沛县人。起初在沛县县府的马房里负责养马驾车。每当他驾车送完使者或客人回去的时候，路过沛县泗上亭，都要去找高祖聊天，而且一聊就是很长时间。后来，夏侯婴被任命为候补的县吏，与高祖关系更加密切。有一次，高祖因为开玩笑而失手伤到了夏侯婴，被别人告发到官府。当时高祖身为亭长，伤了人要从严处罚，所以高祖申诉本来没有伤害夏侯婴，夏侯婴也证明自己没有受到伤害。后来这个案子又被翻了过来，夏侯婴因受高祖的牵连被关押了一年之久，挨了几百板子，但最后因此使高祖没有受到刑罚。

当初高祖率领他的徒众准备进攻沛县的时候，夏侯婴以县令属官的身份与高祖联系。就在高祖降服沛县的那天，高祖立为沛公，赐给夏侯婴七大夫的爵位，并任命他为太仆。在跟随高祖进攻胡陵时，夏侯婴和萧何一起招降了泗水郡郡监平，平献出胡陵投降了，高祖赏赐给夏侯婴五大夫的爵位。他跟随高祖在砀县以东攻击秦军，进攻济阳，攻下户牖，在雍丘一带打败李由的军队，他在战斗中驾兵车快速进攻，骁勇善战，高祖赏赐给他执帛的爵位。夏侯婴又以太仆的职位指挥兵车跟随高祖在东阿、濮阳一带攻击章邯，在战斗中驾兵车快速进攻，骁勇善战，大败秦军，高祖赏赐给他执圭的爵位。他又指挥兵车跟从高祖在开封攻击赵贲的军队，在曲遇攻击杨熊的军队。在战斗中，夏侯婴抓获六十八人，收降士兵八百五十人，并缴获金印一匣。接着又曾经指挥兵车跟从高祖在洛阳的东面攻打秦军。他驾车冲锋陷阵，奋力拼杀，高祖赏赐他滕公的封爵。接着他又指挥兵车跟从高祖进攻南阳，在蓝田、芷阳的战斗中，他驾兵车全力冲杀，英勇作战，一直攻打到了灞上。项羽进关之后，灭亡了秦朝，封沛公为汉王。汉王赐与夏侯婴列侯的爵位，号为昭平侯。又以太仆的职位，随同汉王进军蜀、汉地区。

后来汉王回师平定了三秦，夏侯婴跟随汉王攻打项羽的军队。向彭城进军，汉军被项羽打败。汉王因为兵败不利，乘车马快速逃跑。在途中夏侯婴遇到了孝惠帝和鲁元公主，就把他们带上车来一起走。马已跑得十分疲惫，敌人又紧追在后，汉王十分着急，有好几次想用脚把两个孩子踢下车，想抛弃他们，但每次都是夏侯婴下车把他们抱上来，一直把他们载在车上。夏侯婴赶着车子，先是慢慢地前进，等两个吓坏了的孩子抱紧了自己的脖子之后，才驾车疾驰。汉王为此事非常生气，有十多次想要杀掉夏侯婴，但最终还是逃脱险境，把孝惠帝、鲁元公主安然无恙地送到了丰邑。

汉王到了荥阳之后，收集被击败的军队，重整军威，汉王把祈阳赏赐给夏侯婴作为食邑。在此之后，夏侯婴又指挥兵车跟从汉王进攻项羽，一直追击到陈县，最后终于平定了楚地。到达鲁地，汉王又给他增加了兹氏一县作为食邑。

汉王成为皇帝的这一年秋天，燕王臧荼起兵谋反，夏侯婴以太仆的职位跟随高帝进攻臧荼。第二年，又跟随高帝到陈县，抓获了楚王韩信。高帝把夏侯婴的食邑改封在汝阴，剖符为信，使爵位世世代代传承下去。夏侯婴又以太仆的职位跟随高帝进攻代地，一直攻打到武泉、云中，高帝又赏赐给他食邑一千户。接着夏侯婴又跟随汉王到晋阳附近地区，把隶属于韩信的匈奴骑兵打败。当追击败军到平城的时候，被匈奴骑兵包围，困了整整七天不能脱身。后来高帝派人送给匈奴王的王后阏氏很多礼物，匈奴王冒顿这才把包围圈打开一处。高帝脱困刚出平城就想驾车快跑，夏侯婴坚决地止住车马让其慢步行走，命令弓箭手都拉满弓向外，最后终于逃脱险境。以此功劳，高帝把细阳一千户作为食邑加封给夏侯婴。又以太仆的职位跟随高帝在句注山以北地区进攻匈奴骑兵，大获全胜。以太仆的职位在平城南边攻打匈奴骑兵，多次攻陷敌阵，功劳最大，高帝就把夺来的城池中的五百户赏赐给他作为食邑。又以太仆的职位进攻陈豨、黥布的反叛军队，冲锋陷阵，打败敌军，又加封食邑一千户。最后，皇帝把夏侯婴的食邑改定在汝阴，共六千九百户，撤消以前所封的其他食邑。

夏侯婴自从跟随高帝在沛县起兵，长期担任太仆的职位，一直到高帝去世。之后又作为太仆侍奉孝惠帝。孝惠帝和吕后十分感激夏侯婴在下邑的途中救了孝惠帝和鲁元公主，就把紧靠在皇宫北面的一等宅院赏赐给他，名为“近我”，意思就是“这样可以离我最近”，以此表示对夏侯婴的格外宠信。孝惠帝死去之后，他又以太仆之职侍奉高后。等到高后去世，代王来到京城的时候，夏侯婴又以太仆的职位和东牟侯刘兴居一起进入皇宫清理宫室，废除了少帝，用天子的法驾到代王府去迎接代王，和大臣们一起拥立代王为孝文皇帝，夏侯婴依旧担任太仆一职。八年之后去世，谥号为文侯。他的儿子夷侯夏侯灶接替侯位，七年之后去世。其儿子共侯夏侯赐继承侯位，三十一年之后去世。他的儿子夏侯颇娶的是平阳公主，在他继承侯位期间的第十九年时，也就是元鼎二年这一年，因为和他父亲的御婢通奸，畏罪自杀，封国也被废除。

颍阴侯灌婴原来是睢阳一个贩卖丝缯的小商人。高祖在刚刚起兵反抗秦朝，自立为沛公的时候，攻城略地来到雍丘城下，章邯打败了项梁并将他杀死。而沛公也撤退到砀县附近，灌婴以内侍中涓官的身份跟随沛公，在成武击败了东郡郡尉的军队，在杠里击败了驻守的秦军，因为勇猛无比，被赐与七大夫的爵位。后又随同沛公在亳县南面及开封、曲遇一带与秦军战斗，因全力拼杀，被赐与执帛的爵位，号为宣陵君。又跟随沛公在阳武以西至洛阳一带与秦军战斗，在尸乡以北地区打败秦军，再向北封锁了黄河渡口，然后又带兵南下，在南阳以东击败了南阳郡郡守吕齮的军队，这样就平定了南阳郡。再往西面进入武关，在蓝田与秦军战斗，因为勇猛无比，一直攻打到了灞上，被赐与执圭的爵位，号为昌文君。

沛公被封为汉王之后，汉王任命灌婴为郎中的职位。他跟随汉王进军汉中，十月间，又被任命为中谒者。跟随汉王还师平定了三秦，攻下了栎阳，降服了塞王司马欣。回军又把章邯包围在了废丘，但没能攻克。后又随同汉王向东进军临晋关，降服了殷王董翳，平定了他所统领的地区。在定陶以南地区与项羽的手下龙且、魏国丞相项他的军队战斗，经过激烈的搏杀，最后打败敌军。因功被赐与列侯的爵位，号为昌文侯，杜县的平乡被封作他的食邑。

以后又以中谒者的身份随同汉王攻下砀县，进军彭城。项羽率领军队进攻，把汉王打败。汉王向西面逃跑，灌婴随汉王撤退，在雍丘驻守。王武、魏公申徒反叛，灌婴跟随汉王出击，并打败了他们。攻下了外黄，再向西招兵买马，在荥阳驻扎。项羽的军队再次进攻，其中骑兵很多，汉王就在军中挑选能够担任骑兵将领的人，大家都推荐原来的秦朝骑士重泉人李必、骆甲，他们两人对骑兵作战很在行，同时现在又都被任命校尉之职，所以可以担任骑兵将领。汉王准备任命他们，但他们二人却说："我们原来是秦朝的子民，恐怕军中的士兵觉得我们不可靠，所以请您委派一名常在您身边而又善于骑射的人做我们的首领。"当时灌婴年龄虽然不大，但在多次战役中都能全力拼杀，所以就委任他为中大夫，让李必、骆甲担任左右校尉，率领郎中骑兵在荥阳以东和楚国骑兵战斗，把楚军打败。又奉汉王命令独自一人带领军队袭击楚军的后方，切断了楚军从阳武到襄邑的粮草供应线。在鲁下一带，击败了项羽的将领项冠率领的军队，部下将士们斩杀楚军的右司马、骑将各一人。打败柘公王武，军队驻扎在燕国西部附近，部下将士们斩杀楼烦将领五人、连尹一人。在白马附近，大败王武的别将桓婴，所率领的士兵斩杀都尉一人。又带领骑兵从南面渡过黄河，护送汉王抵达洛阳，然后汉王又派遣灌婴到邯郸去迎接相国韩信的军队。返回途中到敖仓时，他被升为御史大夫。

汉王三年，灌婴以列侯的爵位得到了杜县的食邑平乡。其后，他以御史大夫的身份带领郎中骑兵，隶属于相国韩信，在历下打败了齐国的军队，他所带领的士卒抓获了车骑将军华毋伤及将吏四十六人。使齐军被迫投降，攻下了临淄，生擒齐国守相田光。又追击齐国相国田横到嬴、博，打败齐国骑兵，所带领的士卒斩杀齐国骑将一人，生擒骑将四人。攻克嬴、博，在千乘把齐国将军田吸打得一败涂地，所率士兵将田吸斩首。然后随同韩信领兵向东，在高密进攻龙且和留公旋的兵马，所带领的士卒将龙且斩首，生擒了右司马、连尹各一人，楼烦将领十人，自己亲手捉拿亚将周兰。

齐地平定之后，韩信自立为齐王，派遣灌婴独自率军去鲁北进攻楚将公杲的军队，获得大胜。灌婴举兵南下，击败了薛郡郡守所带领的军队，亲自抓获骑将一人。接着又攻打傅阳，进军到达下相东南的僮城、取虑和徐城。渡过淮河，全部降服了淮南的城池，然后抵达广陵。其后项羽派项声、薛公和郯公又重新收复了淮北。因此灌婴又渡过淮河北上进军，在下邳打败了项声、郯公，并将薛公斩首，攻下下邳。在平阳打败了楚军骑兵，接着就降服了彭城，抓获了楚国的柱国项佗，降服了留、薛、沛、酂、萧、相等县。进攻苦县、谯县，再次抓获亚将周兰。然后在颐乡和汉王会合。随同汉王在陈县一带打败了项羽的部队，所带领的士卒斩楼烦骑将二人，抓获骑将八人。汉王给灌婴增加食邑二千五百户。

项羽在垓下被打得大败，然后突出重围逃跑，这个时候，灌婴以御史大夫的职位受汉王命令带领车骑部队追杀项羽，在东城彻底击败了他。所带领的将士五人共同杀死了项羽，他们都被封为列侯。又降服了左右司马各一人，士兵一万二千人，抓获了项羽军中全部的将领和官吏。随后，又攻下了东城、历阳，渡过长江，在吴县一带打败了吴郡郡守所带领的军队，抓获了吴郡郡守。这样，也就平定了吴、豫章、会稽三郡。然后回师，又平定了淮北地区，一共五十二个县。

汉王成为皇帝之后，又给灌婴加封食邑三千户。这一年的秋天，他以车骑将军的职位随同高帝打败燕王臧荼的军队。第二年，随同高帝到达陈县，抓获了楚王韩信。回朝之后，高帝剖符为信，使其世世代代不绝，把颍阴的两千五百户封给灌婴作为食邑，号为颍阴侯。

此后，灌婴又作为车骑将军跟随高帝到代，去讨伐造反的韩王信，到达马邑的时候，奉皇帝命令带领军队降服了楼烦以北的六个县，斩杀了代国的左丞相，在武泉以北打败了匈奴骑兵。又跟随高帝在晋阳一带攻打隶属于韩王信的匈奴骑兵，所率领的士卒斩杀匈奴白题将一人。奉皇帝命令一并带领燕、赵、齐、梁、楚等国的车骑军队，在硰石击败了匈奴的骑兵。到平城的时候，被匈奴大军包围，跟随高帝回军到东垣。

在跟随高帝进攻陈豨的时候，灌婴接受皇帝的命令独自在曲逆一带攻击陈豨丞相侯敞的军队，击败敌军，所带领的士卒杀死了侯敞和特将五人。降服了曲逆、卢奴、上曲阳，安国、安平等地，攻下了东垣。

黥布反叛的时候，灌婴以车骑将军的职位率军先行出征，在相县，大败黥布别将的军队，杀死亚将、楼烦将共三人。又率军进攻黥布上柱国的部队和大司马的部队。又率军攻下黥布别将肥诛的部队，灌婴亲手捉拿左司马一人，所率士卒斩杀小将十人，追击敌人的残兵败将一直到淮河岸边。因此，皇帝又给他增加食邑二千五百户。平定黥布之后，高祖还朝，确定灌婴在颍阴的食邑共五千户，取消以前所封的食邑。在多次大战中，灌婴总计随高帝抓获二千石的官吏二人，另外自己带领部队击破敌军十六支，降服城池四十六座，平定了一个诸侯国、两个郡、五十二个县，抓获将军二人，柱国、相国各一人，二千石的官吏十人。

灌婴在击败了黥布回到京城时，高帝去世了。灌婴就以列侯的职位侍奉孝惠帝和吕太后。太后去世以后，吕禄等人以赵王的身份自立为将军，驻扎长安，意图发动叛乱。齐哀王刘襄知道这件事以后，带兵西进向京城而来，扬言诛杀不应该成为王的人。上将军吕禄等人得知后，就任灌婴为大将，率领军队前去阻击。灌婴来到荥阳，就和绛侯周勃等人商量，决定大军暂时在荥阳驻扎，向齐哀王暗中示意准备杀诛吕氏的计划，齐兵因此也就驻兵不前。绛侯周勃等人诛杀吕氏之后，齐王收兵回到封地。灌婴也收兵从荥阳回到京城，和周勃，陈平共同拥立代王为孝文皇帝。孝文皇帝于是就给灌婴加封食邑三千户，赏赐黄金一千斤，同时任命他为太尉。

三年以后，绛侯周勃被免除丞相职务回到自己封地去了，灌婴被任命为丞相，取消了太尉之职。这一年，匈奴大肆进攻北方、上郡，皇帝命丞相灌婴率领骑兵八万五千人，前去进攻匈奴。匈奴逃跑之后，济北王刘兴居反叛，皇帝下命令灌婴收兵回京。又过了一年多，灌婴死在丞相任上，谥号为懿侯。其儿子平侯灌阿接替了他的侯位。二十八年以后死去，其儿子灌强接替侯位。十三年之后，因为灌强有罪，侯位中断了两年。元光三年，天子封灌婴的孙子灌贤为临汝侯，让他作为灌婴的继承人。八年之后，灌贤因触犯行贿罪，封国被废除。

太史公说：我以前到过丰沛，询问当地的老人，参观原来萧何、曹参、樊哙、滕公居住的地方，打听当年和他们有关的事情，所听到的真是令人惊叹呀！当他们操刀杀狗或贩卖丝缯的时候，难道他们就能知道日后能附骥尾，名垂汉室，德惠传及后代吗？我和樊哙的孙子樊他广有过交情，他和我谈论高祖的功臣们开始起家时的事迹，就是以上我所记述的这些。

史记卷九十六

张丞相列传第三十六

张丞相苍者，阳武人也。好书律历。秦时为御史，主柱下方书。有罪，亡归。及沛公略地过阳武，苍以客从攻南阳。苍坐法当斩，解衣伏质，身长大，肥白如瓠，时王陵见而怪其美士，乃言沛公，赦勿斩。遂从西入武关，至咸阳，沛公立为汉王，入汉中，还定三秦。陈馀击走常山王张耳，耳归汉，汉乃以张苍为常山守。从淮阴侯击赵，苍得陈馀。赵地已平，汉王以苍为代相，备边寇。已而徙为赵相，相赵王耳。耳卒，相赵王敖。复徙相代王。燕王臧荼反，高祖往击之，苍以代相从攻臧荼有功，以六年中封为北平侯，食邑千二百户。

迁为计相，一月，更以列侯为主计四岁。是时萧何为相国，而张苍乃自秦时为柱下史，明习天下图书计籍。苍又善用算律历，故令苍以列侯居相府，领主郡国上计者。黥布反亡，汉立皇子长为淮南王，而张苍相之。十四年，迁为御史大夫。

周昌者，沛人也。其从兄曰周苛，秦时皆为泗水卒史。及高祖起沛，击破泗水守监，于是周昌、周苛自卒史从沛公，沛公以周昌为职志，周苛为客。从入关，破秦。沛公立为汉王，以周苛为御史大夫，周昌为中尉。

汉王四年，楚围汉王荥阳急，汉王遁出，去，而使周苛守荥阳城。楚破荥阳城，欲令周苛将，苛骂曰："若趣降汉王！不然，今为虏矣！"项羽怒，亨周苛。于是乃拜周昌为御史大夫。常从击破项籍。以六年中与萧、曹等俱封。封周昌为汾阴侯；周苛子周成以父死事，封为高景侯。

昌为人强力，敢直言，自萧、曹等皆卑下之。昌尝燕时入奏事，高帝方拥戚姬，昌还走。高帝逐得，骑周昌项，问曰："我何如主也？"昌仰曰："陛下即桀、纣之主也。"于是上笑之，然尤惮周昌。及帝欲废太子，而立戚姬子如意为太子，大臣固争之，莫能得；上以留侯策即止。而周昌廷争之强。上问其说，昌为人吃，又盛怒，曰："臣口不能言，然臣期期知其不可。陛下虽欲废太子，臣期期不奉诏。"上欣然而笑。既罢，吕后侧耳于东厢听，见周昌，为跪谢曰："微君，太子几废。"

是后戚姬子如意为赵王，年十岁，高祖忧即万岁之后不全也。赵尧年少，为符玺御史。赵人方与公谓御史大夫周昌曰："君之史赵尧，年虽少，然奇才也，君必异之，是且代君之位。"周昌笑曰："尧年少，刀笔吏耳，何能至是乎！"居顷之，赵尧侍高祖。高祖独心不乐，悲歌，群臣不知上之所以然。赵尧进请问曰："陛下所为不乐，非为赵王年少而戚夫人与吕后有郤邪？备万岁之后而赵王不能自全乎？"高祖曰："然。吾私忧之，不知所出。"尧曰："陛下独宜为赵王置贵强相，及吕后、太子、群臣素所敬惮乃可。"高祖曰："然。吾念之欲如是，而群臣谁可者？"尧曰："御史大夫周昌，其人（有）坚忍质直，且自吕后、太子及大臣皆素敬惮之。独昌可。"高祖曰："善。"于是乃召周昌，谓曰："吾欲固烦公，公强为我相赵王。"周昌泣曰："臣初起从陛下，陛下独奈何中道而弃之于诸侯乎？"高祖曰："吾极知其左迁，然吾私忧赵王，念非公无可者。公不得已强行！"于是徙御史大夫周昌为赵相。

既行久之，高祖持御史大夫印弄之，曰："谁可以为御史大夫者？"孰视赵尧，曰："无以易尧。"遂拜赵尧为御史大夫。尧亦前有军功食邑，及以御史大夫从击陈豨有功，封为江邑侯。

高祖崩，吕太后使使召赵王，其相周昌令王称疾不行。使者三反，周昌固为不遣赵王。于是高后患之，乃使使召周昌。周昌至，谒高后，高后怒而骂周昌曰："尔不知我之怨戚氏乎？而不遣赵王，何？"昌既征，高后使使召赵王，赵王果来。至长安月馀，饮药而死。周昌因谢病不朝见，三岁而死。

后五岁，高后闻御史大夫江邑侯赵尧高祖时定赵王如意之画，乃抵尧罪，以广阿侯任敖为御史大夫。

任敖者，故沛狱吏。高祖尝辟吏，吏系吕后，遇之不谨。任敖素善高祖，怒，击伤主吕后吏。及高祖初起，敖以客从，为御史，守丰二岁。高祖立为汉王，东击项籍，敖迁为上党守。陈豨反时，敖坚守，封为广阿侯，食千八百户。高后时为御史大夫，三岁，免。以平阳侯曹窋为御史大夫。高后崩，不与大臣共诛吕禄等，免。以淮南相张苍为御史大夫。

苍以绛侯等尊立代王为孝文皇帝。四年，丞相灌婴卒，张苍为丞相。

自汉兴至孝文二十馀年，会天下初定，将相公卿皆军吏，张苍为计相时，绪正律历。以高祖十月始至灞上，因故秦时本以十月为岁首，弗革。推五德之运，以为汉当水德之时，尚黑如故。吹律调乐，入之音声，及以比定律令，若百工，天下作程品，至于为丞相，卒就之。故汉家言律历者，本之张苍。苍本好书，无所不观，无所不通，而尤善律历。

张苍德王陵。王陵者，安国侯也。及苍贵，常父事王陵。陵死后，苍为丞相，洗沐，常先朝陵夫人上食，然后敢归家。

苍为丞相十馀年，鲁人公孙臣上书言汉土德时，其符有黄龙当见。诏下其议张苍，张苍以为非是，罢之。其后黄龙见成纪，于是文帝召公孙臣以为博士，草土德之历制度，更元年。张丞相由此自绌，谢病称老。苍任人为中侯，大为奸利，上以让苍，苍遂病免。苍为丞相十五岁而免。孝景前五年，苍卒，谥为文侯。子康代侯，八年卒。子类代为侯，八年，坐临诸侯丧，后就位，不敬，国除。

初，张苍父长不满五尺，及生苍，苍长八尺馀，为侯、丞相。苍子复长。及孙类，长六尺馀，坐法失侯。苍之免相后，老，口中无齿，食乳，女子为乳母。妻妾以百数，尝孕者不复幸。苍年百有馀岁而卒。

申屠丞相嘉者，梁人，以材官蹶张从高帝击项籍，迁为队率。从击黥布军，为都尉。孝惠时，为淮阳守。孝文帝元年，举故吏士二千石从高皇帝者，悉以为关内侯，食邑二十四人，而申屠嘉食邑五百户。张苍已为丞相，嘉迁为御史大夫。张苍免相，孝文帝欲用皇后弟窦广国为丞相，曰："恐天下以吾私广国。"广国贤有行，故欲相之，念久之，不可。而高帝时大臣又皆多死，馀见无可者，乃以御史大夫嘉为丞相，因故邑封为故安侯。

嘉为人廉直，门不受私谒。是时太中大夫邓通方隆爱幸，赏赐累巨万。文帝尝宴饮通家，其宠如是。是时丞相入朝，而通居上傍，有怠慢之礼。丞相奏事毕，因言曰："陛下爱幸臣，则富贵之；至于朝廷之礼，不可以不肃！"上曰："君勿言，吾私之。"罢朝坐府中，嘉为檄召邓通诣丞相府。不来，且斩通。通恐，入言文帝。文帝曰："汝第往，吾今使人召若。"通至丞相府，免冠，徒跣，顿首谢。嘉坐自如，故不为礼，责曰："夫朝廷者，高皇帝之朝廷也。通小臣，戏殿上，大不敬，当斩。吏今行斩之！"通顿首，首尽出血，不解。文帝度丞相已困通，使使者持节召通，而谢丞相曰："此吾弄臣，君释之。"邓通既至，为文帝泣曰："丞相几杀臣。"

嘉为丞相五岁，孝文帝崩，孝景帝即位。二年，晁错为内史，贵幸

遣幸谢相图。选自明·张居正《帝鉴图说》，讲申徒嘉见汉文帝，文帝宠臣邓通在侧，有怠慢之相。申徒嘉欲以法责邓通，汉文帝遣邓通到相府谢罪之事。

用事，诸法令多所请变更，议以谪罚侵削诸侯。而丞相嘉自绌所言不用，疾错。错为内史，门东出，不便，更穿一门南出。南出者，太上皇庙堧垣。嘉闻之，欲因此以法错擅穿宗庙垣为门，奏请诛错。错客有语错，错恐，夜入宫上谒，自归景帝。至朝，丞相奏请诛内史错。景帝曰："错所穿非真庙垣，乃外堧垣，故(他官)〔地宫〕居其中，且又我使为之，错无罪。"罢朝，嘉谓长史曰："吾悔不先斩错，乃先请之，为错所卖。"至舍，因呕血而死。谥为节侯。子共侯蔑代，三年卒。子侯去病代，三十一年卒。子侯臾代，六岁，坐为九江太守受故官送有罪，国除。

自申屠嘉死之后，景帝时开封侯陶青、桃侯刘舍为丞相。及今上时，柏至侯许昌、平棘侯薛泽、武强侯庄青翟、高陵侯赵周等为丞相。皆以列侯继嗣，娖娖廉谨，为丞相备员而已，无所能发明功名有著于当世者。

太史公曰：张苍文学律历，为汉名相，而绌贾生、公孙臣等言正朔服色事而不遵(明)〔用〕，用秦之《颛顼历》，何哉？周昌，木彊人也。任敖以旧德用。申屠嘉可谓刚毅守节矣，然无术学，殆与萧、曹、陈平异矣。

孝武时丞相多甚，不记，莫录其行起居状略，且纪征和以来。

有车丞相，长陵人也，卒，而有韦丞相代。韦丞相贤者，鲁人也，以读书术为吏，至大鸿胪。有相工相之，当至丞相。有男四人，使相工相之，至第二子，其名玄成。相工曰："此子贵，当封。"韦丞相言曰："我即为丞相。有长子，是安从得之？"后竟为丞相，病死，而长子有罪论，不得嗣，而立玄成。玄成时佯狂，不肯立，竟立之，有让国之名。后坐骑至庙，不敬，有诏夺爵一级，为关内侯，失列侯，得食其故国邑。韦丞相卒，有魏丞相代。

魏丞相相者，济阴人也。以文吏至丞相。其人好武，皆令诸吏带剑，带剑前奏事。或有不带剑者，当入奏事，至乃借剑而敢入奏事。

其时京兆尹赵君，丞相奏以免罪，使人执魏丞相，欲求脱罪而不听。复使人胁恐魏丞相，以夫人贼杀侍婢事而私独奏请验之，发吏卒至丞相舍，捕奴婢笞击问之，实不以兵刃杀也。而丞相司直繁君奏京兆尹赵君迫胁丞相，诬以夫人贼杀婢，发吏卒围捕丞相舍，不道；又得擅屏骑士事。赵京兆坐要斩。又有使掾陈平等，劾中尚书，疑以独擅劫事而坐之，大不敬，长史以下皆坐死，或下蚕室。而魏丞相竟以丞相病死。子嗣。后坐骑至庙，不敬，有诏夺爵一级，为关内侯，失列侯，得食其故国邑。魏丞相卒，以御史大夫邴吉代。

邴丞相吉者，鲁国人也。以读书好法令至御史大夫。孝宣帝时，以有旧故，封为列侯，而因为丞相。明于事，有大智，后世称之。以丞相病死。子显嗣。后坐骑至庙，不敬，有诏夺爵一级，失列侯，得食故国邑。显为吏至太仆，坐官秏乱，身及子男有奸赃，免为庶人。

邴丞相卒，黄丞相代。长安中有善相工田文者，与韦丞相、魏丞相、邴丞相微贱时会于客家，田文言曰："今此三君者，皆丞相也。"其后三人竟更相代为丞相，何见之明也！

黄丞相霸者，淮阳人也。以读书为吏，至颍川太守。治颍川，以礼义条教喻告化之。犯法者，风晓令自杀。化大行，名声闻。孝宣帝下制曰："颍川太守霸，以宣布诏令治民，道不拾遗，男女异路，狱中无重囚。赐爵关内侯，黄金百斤。"征为京兆尹而至丞相，复以礼义为治。以丞相病死。子嗣，后为列侯。黄丞相卒，以御史大夫于定国代。于丞相已有廷尉传，在张廷尉语中。于丞相去，御史大夫韦玄成代。

韦丞相玄成者，即前韦丞相子也。代父，后失列侯。其人少时好读书，明于《诗》、《论语》。为吏至卫尉，徙为太子太傅。御史大夫薛君免，为御史大夫。于丞相乞骸骨免，而为丞相。因封故邑为扶阳侯。数年，病死。孝元帝亲临丧，赐赏甚厚。子嗣后。其治容容，随世俗浮沉，而见谓谄巧。而相工本谓之当为侯代父，而后失之；复自游宦而起，至丞相。父子俱为丞相，世间美之，岂不命哉！相工其先知之。韦丞相卒，御史大夫匡衡代。

丞相匡衡者，东海人也。好读书，从博士受《诗》，家贫，衡佣作以给食饮。才下，数射策不中，至九，乃中丙科。其经以不中科故明习。补平原文学卒史。数年，郡不尊敬。御史征之，以补百石属。荐为郎，而补博士，拜为太子少傅，而事孝元帝。孝元好《诗》，而迁为光禄勋，居殿中为师，授教左右，而县官坐其旁听，甚善之，日以尊贵。御史大夫郑弘坐事免，而匡君为御史大夫。岁馀，韦丞相死，匡君代为丞相，封乐安侯。以十年之间，不出长安城门而至丞相，岂非遇时而命也哉！

深惟士之游宦所以至封侯者微甚，然多至御史大夫即去者。诸为大夫而丞相次也，其心冀幸丞相物故也。或乃阴私相毁害，欲代之。然守之日久不得，或为之日少而得之，至于封侯，真命也夫！御史大夫郑君守之数年不得，匡君居之未满岁，而韦丞相死，即代之矣，岂可以智巧得哉！多有贤圣之才，困厄不得者众甚也。

【译文】

丞相张苍是阳武人，他非常喜好书、乐律及历法。在秦朝的时候，他曾担任过御史，掌管宫中的各种文献档案。后来因为触犯法律，便逃归家中。等到沛公攻城略地经过阳武的时候，张苍就以宾客的身份跟随沛公进攻南阳。后来张苍因为触犯法律应该斩首，脱下衣服，趴在刑具上的时候，身材高大，同时还有一身如同葫芦籽一样肥硕白皙的皮肤，正巧被王陵看见，赞叹张苍长得好。因此，王陵就向沛公说情，免除了他的死罪。这样，张苍便跟随沛公向西进入武关，抵达咸阳。沛公被立为汉王，进入汉中，不久又还师平定三秦。陈余击败常山王张耳，张耳归顺汉王，汉王就委任张苍为常山的郡守。又跟随韩信进攻赵国，张苍抓获陈余。赵地被平定之后，汉王委任张苍为代国相国，防备边境的敌人。不久，张苍又被调任赵国相国，辅助赵王张耳。张耳死后，他辅助赵王张敖。然后又调任代国相国，辅助代王。燕王臧荼造反的时候，高祖领兵前去进攻，张苍以代国相国的身份跟随高祖进攻臧荼有功，在高祖六年中被封为北平侯，食邑一千二百户。

后来，张苍被升为管理财政的计相。一个月之后，张苍以列侯的爵位改升主计，他担任这个职位时间长达四年之久。这时萧何担任相国，而张苍是从秦时就担任柱下史，非常熟悉天下的图书和各种文献，再加上他很精通数数、乐律和历法，因此就命令他以列侯的爵位在相府办公，负责掌管各郡交上来的会计账目。黥布造反未成而逃跑，汉高祖就立他的儿子刘长做淮南王，命令张苍为相国来辅助他。十四年(应为十六年)之后，张苍调任御史大夫。

周昌是沛县人，他和堂兄周苛在秦朝的时候都担任泗水卒史。等到汉高祖在沛县起兵的时候，击败了泗水郡的郡守、郡监，这样，周昌、周苛两兄弟也就以卒史的身份追随沛公，沛公命周昌担任管理旗帜的职志，周苛暂时在帐下作为宾客。后来他们都随同沛公入关，推翻秦朝的统治。沛公被封为汉王，汉王委任周苛为御史大夫，周昌为中尉。

汉王四年，楚军在荥阳把汉王包围，情况紧急，汉王悄悄逃出重围，命令周苛留守荥阳城。楚军攻克了荥阳，想任命周苛为将领，周苛痛斥说："你们这些人应该赶快归降汉王，不这样的话，很快就要成为俘虏了！"项羽听后大怒，立即就烹杀了周苛。于是，汉王就拜周昌为御史大夫。周昌经常随同汉王，并且多次打败项羽军。所以，在高祖六年时，周昌和萧何、曹参一起接受封赏，周昌被封为汾阴侯，周苛的儿子周成因父亲为国事而死的原因，也被封为高景侯。

周昌为人坚忍刚强，敢于直言进谏。萧何、曹参等人对周昌都是非常敬佩的。周昌曾经有一次在高帝休息的时候进宫上奏事情，高帝正在和戚姬拥抱，周昌见到这样的情况，回头便跑，高帝连忙上前追赶，追上之后，骑在周昌的脖子上问他："你看我是什么样的皇帝？"周昌挺直脖子，昂起头说："陛下您就是像夏桀、商纣一样的皇帝。"高帝听了哈哈大笑，但是却因此最敬畏周昌。等到高帝想要废黜太子，立戚姬之子如意为太子的时候，许多大臣都坚决反对，但是都没有效果。后来，幸好张良为吕后定下计策，使高帝暂且把此事放下。而周昌在朝廷上和皇帝极力争论，高帝问他有什么理由，因为周昌原本就有口吃的毛病，再加上是在非常生气的时候，也就口吃得更加严重了，他说："我的口才虽然不好，但是我真切知道这样做是不对的。陛下您虽然想废掉太子，但是我却绝不能接受您的命令。"高帝听罢，很高兴地笑了。事情过去之后，吕后因为在东厢侧耳听到了他们的对话，她见到周昌时，就跪谢说："若不是您据理力争的话，太子几乎就被废黜了。"

之后，戚姬的儿子如意立为赵王，年纪才十岁，高祖担心如果自己过世后，赵王会被人杀掉。当时有一个名叫赵尧的人，年纪很小，他的官职是掌管符玺的御史。赵国人方与公对御史大夫周昌说："您的御史赵尧，虽然年轻，但他却是一个人才，您对他一定要刮目相看，他将来要接替您的职位。"周昌笑着说："赵尧年轻，只不过是一个刀笔小吏罢了，哪里会到这种地步！"过了不长时间，赵尧去侍奉高祖。有一天，高祖独自闷闷不乐，慷慨悲歌，满朝官员都不知道皇帝为什么会这样。赵尧上前请问道："皇帝您闷闷不乐的原因，莫非是为赵王年轻而戚夫人和吕后二人又不和睦吗？是在担心在您万岁之后而赵王不能保全自己吗？"高祖说："对。我私下里十分担心这些，但是却拿不出什么办法来。"赵尧说："您最好为赵王派一个地位尊贵而又坚强有力的相国，这个人还必须是吕后、太子和群臣平素都尊敬的人才可以。"高祖说道："对。我考虑此事是想这样，但是满朝官员谁能担当此重任呢？"赵尧说道："御史大夫周昌，这个人坚强耿直，何况从吕后、太子到满朝百官，人人对他都一直尊敬，所以，只有他才能够担此重任。”高祖说：“好。”于是高祖就召见了周昌，对他说：“我有件事一定得麻烦您，您无论如何也要为我去辅助赵王，您去担任他的相国。”周昌哭着回答：“我很早就跟随陛下，您为什么单单要在途中上把我扔给了诸侯王呢？”高祖说：“我十分了解这是降职，但是我私下里又实在为赵王忧虑，再三考虑，除了您之外，其他谁都不合适。真是迫不得已呀！”于是御史大夫周昌就被调任赵国相国。

周昌走了以后，过了很长一段时间，高祖手里拿着御史大夫的官印，轻轻地抚弄着说：“谁才是御史大夫最合适的人选呢？”然后认真地看了看赵尧，说道：“没有人比赵尧更适合了。”这样，就任命赵尧为御史大夫。赵尧在以前也有功绩和食邑，等到他以御史大夫之职跟随高祖进攻陈豨立了功，被封为江邑侯。

高祖去世之后，吕太后派使臣召赵王入朝，相国周昌让赵王推托说身体不好，不能前往。使者反复去了三次，周昌都一直坚持不肯送赵王入京。于是吕后很是担忧，就派使者召周昌进京。周昌进京之后，拜见吕后，吕后十分生气地骂他：“难道你还不知道我十分恨戚夫人吗？但你却不让赵王进京，因为什么？”周昌被召进京城之后，吕后又派使者召赵王，不久，赵王真的来到了京城。他到长安一个多月，就被迫喝下毒药死了。周昌因此也就称病引退，不再上朝拜见太后。三年之后，他也去世了。

过了五年，吕后听说御史大夫江邑侯赵尧在高祖的时候定下了保全赵王如意的计策，于是就废除了他江邑侯爵位以抵其罪，并让广阿侯任敖担任了御史大夫一职。

任敖这个人，原本是沛县的一名狱吏。高祖还是普通百姓的时候，曾躲避官司，狱吏找不到高祖本人，便抓走了吕后，并且对吕后很不礼貌。而任敖一直和高祖关系要好，见到此事非常生气，就打伤了拘押吕后的那位狱吏。待到高祖开始起兵的时候，任敖就以宾客的身份随同，后来担任御史，驻守丰邑两年。高祖立为汉王，向东攻打项羽，任敖升为上党郡守。在陈豨反叛的时候，任敖坚守城池，没有被叛军攻陷，因功被封为广阿侯，食邑一千八百户。高后时，任敖担任御史大夫。三年后被免职，高后任命平阳侯曹窋为御史大夫。高后去世之后，曹窋和大臣们一同诛杀吕禄等人，后被除去官职，朝廷任命淮南王相国张苍为御史大夫。

张苍和绛侯周勃一行人共同尊立代王为孝文皇帝。文帝四年，丞相灌婴去世，张苍接替丞相一职。

自从汉朝建立到孝文帝期间已有二十多年时间，当时正处在天下刚刚平定的时期，朝廷中的文武百官都是军人出身，而唯独张苍从担任计相的时候起，就致力于探讨、订正音律和历法的工作。因为高祖是在十月里入关，灭亡秦朝到达灞上的，所以原来秦朝以十月为一年开端的旧历法依旧沿袭。他又推求金、木、水、火、土五德运转的情形，认为汉朝正值水德旺盛的时候，所以依然像秦朝一样崇尚黑色。张苍还吹奏律管，调整乐调，使其合于五声八音，以此推类来制定律令。并且由此制定出各种物品的度量标准，以作为天下百工的规范。在他担任丞相职位的时期，终于把所有的工作都完成了。所以整个汉代研究音律历法的学者，都是师承张苍。而张苍这个人本来就喜好书，再加上他什么书都读、什么学问都懂，而特别擅长音律和历法。

张苍对于曾经救过自己性命的王陵十分感激。王陵就是安国侯。等到张苍做了高官之后，经常把王陵当作父亲一般对待。王陵死后，张苍已经是丞相了，但是每次休假的时候，总是先去拜见王陵夫人，献上美食之后，才敢回家。

张苍任丞相十几年之后，鲁国有个人叫公孙臣，他上书给皇上，说汉朝属于土德旺盛的时候，不久就要有黄龙出现。皇帝下诏把此事交给张苍审鉴，张苍认为并不是这样，把这件事搁了在一边。但是后来黄龙真的出现在天水郡的成纪县，于是文帝就把公孙臣召到了宫中，并任命他为博士，让他负责拟定顺应土德的历法制度。同时，改定元年。丞相张苍也就因为此事自行引退，推说年老多病，不再上朝。张苍曾举荐某人做中候官，但这个人利用不正当手法谋求自己的私人利益，皇帝以此责备张苍，张苍就告病退职了。前后算起来，张苍一共做了十五年的丞相，在孝景帝前元五年时去世，谥号为文侯，其儿子康侯接替侯位，八年之后去世。康侯的儿子张类接替侯位，又过了八年，因为犯下了参加诸侯的丧礼后就位不敬的罪，爵位封邑都被废除。

以前，张苍的父亲身高不到五尺，生下张苍，张苍却身高八尺，被封为侯，又做了丞相。张苍的儿子身材也很高大，到了孙子张类却又身高六尺多一点，因为触犯法律而失去侯位。张苍在免去丞相职位之后，年龄已经很大了，嘴里没有了牙齿，只能依靠吃人奶度日，让一些女人当他的乳母。他的妻妾很多，达百人左右，但凡是曾经怀孕生育过的就不再亲近。

张苍最后活到一百零几岁时才去世。

丞相申屠嘉是梁地人。他以一个能拉开强弓硬弩的武士的身份，跟随高帝，进攻项羽，因军功升为叫做队率的小官。跟随高帝进攻黥布叛军时，升职为都尉。在孝惠帝时期，升职为淮阳郡守。孝文帝元年，选拔那些以前跟随高帝征战南北，现年俸在二千石的官员，一律都封为关内侯的爵位，得封此爵的一共二十四人，而申屠嘉得到五百户的食邑。张苍担任丞相之后，申屠嘉升为御史大夫。张苍免去丞相之后，孝文皇帝想委任皇后的弟弟窦广国为丞相，但是又说："我很害怕这样做会让天下人认为我偏爱广国。"窦广国这个人很有才华，而且品德很好，所以皇上才想任命他为丞相。但是孝文帝经过很长时间考虑之后，还是认为他不是很合适。而高帝时候的大臣又多已去世，活着的人当中看来也没有适合的人选，所以就任命申屠嘉为丞相，就以以前的食邑封他为故安侯。

申屠嘉为人清正廉洁，在家里不接受私事拜访。当时太中大夫邓通十分受皇帝的宠爱，皇帝赏赐给他的钱财已达万万。汉文帝曾经到他家吃饭喝酒，由此可以看出皇帝对他宠爱的程度。当时丞相申屠嘉入朝拜见皇上，而邓通站在皇帝的身边，礼数上有些怠慢。申屠嘉奏事结束后，接着说道："皇上您喜爱您的臣子，可以让他显贵，至于朝廷上的礼节，却是不能不认真对待的。"皇帝说道："请您不要再说了，我对邓通就是偏爱。"申屠嘉下朝回来坐在相府中，下了一道手令，让邓通到相府来，假如不来，就要把邓通斩首。邓通十分害怕，进宫告知了文帝。文帝说："你尽管前去没关系，我马上就派人召你进宫。"邓通来到了丞相府，摘下帽子，脱下鞋子，给申屠嘉磕头请罪。申屠嘉很随意地坐在那里，故意不以相应的礼数对待他，同时还斥责他说："朝廷嘛，是高祖皇帝的朝廷。你邓通只不过是一个小小的臣子，却敢在大殿之上随随便便，犯有大不敬之罪，应该砍头。来人哪，现在就执行，把他斩了！"邓通磕头，磕得满头是血，但申屠嘉仍然没有说放过他。文帝估计丞相已经让邓通吃尽了苦头，就派使者拿着皇帝的节旄召邓通入宫，并且向丞相表示歉意说："这是我亲近的臣子，您就放过他吧！"邓通来到宫中之后，哭着对文帝说："丞相差点把我杀了！"

申屠嘉担任丞相五年之后，孝文帝去世了，孝景帝即位。景帝二年，晁错担任内史，因为得皇帝宠爱，位高权重，许多法令制度他都奏请皇上变更。同时还讨论如何用贬谪处罚的方法来削弱各个诸侯的权力。而丞相申屠嘉也感觉到自己所说的话不被采用，因此怨恨晁错。晁错担任内史，内史府的大门本来是由东边通达宫外的，使他进出很不方便，这样，他就自作主张打开一道墙门向南通出。而向南出的门所打开的墙，正是太上皇宗庙的外墙，申屠嘉得知后，就想借晁错私自凿开宗庙围墙为门这一事，把他治罪，奏请皇上杀掉他。但是晁错门客当中有人把这件事告诉了他。晁错十分害怕，连夜跑到宫中，拜见皇上，向景帝坦白，说明情况。到了第二天早朝的时候，丞相申屠嘉奏请杀死内史晁错。景帝说道："晁错所打开的墙并不是真正的宗庙墙，而是宗庙外围的短墙，所以才有其他官员住在里面，何况又是我让他这样做的，晁错并没有什么过错。"退朝之后，申屠嘉对长史说："我十分后悔没有先杀了晁错，却先报告了皇帝，结果反被晁错给欺骗了。"回到相府之后，因生气吐血而死，谥号为节侯。其儿子共侯申屠蔑接替侯位，三年之后去世。共侯之子申屠去病接替侯位，三十一年之后去世。申屠去病的儿子申屠臾接替侯位，六年之后，由于身为九江太守接受原任官员送礼而触犯法律，封国被废除。

自从申屠嘉去世之后，景帝时开封侯陶青、桃侯刘舍先后担任丞相一职。到了当今皇上的时候，柏至侯许昌、平棘侯薛泽、武强侯庄青翟、高陵侯赵周等人相继被任命为丞相，他们都是世袭的列侯，没有才能，谨小慎微，当丞相只不过是滥竽充数罢了。没有一个人是以贡献出众、功名显赫而著称于后世的。

太史公说：张苍对文章学问、音乐历法都十分精通，是汉朝的一代名相。但是他却把贾生、公孙臣等人提出的采用正朔、改变服色的主张搁在了一边，而不加以采用，却偏偏采用秦朝所实行的颛顼历，这是为什么呢？周昌这个人质朴、刚强、正直，是个像石头一般倔强的人。而任敖则是靠旧时他对吕后有恩惠才被重用。申屠嘉可以说是刚正坚毅、品德高尚的人，但是他却既不懂得权术又没有学问，和萧何、曹参、陈平这些前辈丞相相比，恐怕就要逊色一些啦。

汉武帝时的丞相很多，在这里就不一一记名了，也不记录他们的出身、籍贯、生卒年以及品行、事迹等等，只是暂且记下武帝征和年间以来的丞相。

车千秋丞相是长陵人，他去世之后由韦丞相继任。韦丞相，名贤，是鲁国人。他因为喜欢读书而担任小吏，然后逐渐升迁到大鸿胪。曾经有位相面的人给他相面，说他可以官至丞相。他有四个儿子，也让相面的人给他们看，相到第二个，即名叫韦玄成的儿子时，相面的人说："您这个儿子大富大贵，日后可以封侯。"韦丞相说道："即使我当了丞相，被封为侯，继承侯位的是大儿子，这二儿子怎么会被封侯呢？"后来，韦贤果然当了丞相，因病逝世，而他的大儿子因为犯罪，按照当时的法律，是不能继承侯位的，因此就立了韦玄成。韦玄成当时假装精神失常，不肯为继承人，但是最终朝廷还是让他继承了侯位，还赢得了封侯将临而让给别人的好名声。后来因为他骑着马径直闯进宗庙，被判为不敬之罪，皇帝下诏，降爵一级，成为关内侯，失去了列侯的爵位，但以前的封邑依然享有。韦丞相去世之后，由魏丞相接替他的职位。

魏丞相名字叫魏相，是阴济人，由文职小吏升到丞相之职。但是他这人喜好武艺，要求自己的部下都要佩带宝剑，并且规定只有佩带着宝剑才能上前奏事。若是有的下属官吏没带宝剑，因事需要入内汇报，以至于要向他人借一把宝剑带上，才敢进府。当时的京兆尹是赵广汉，魏丞相上奏皇帝，说赵广汉犯了应该撤职的罪过，赵广汉派人挟制魏丞相，想借此免罪，但是魏丞相坚决不答应。然后赵广汉又派人威胁魏丞相，把丞相夫人涉嫌杀死侍从婢女一事抖了出来，私下里奏请重新追查，并且派遣下属官吏士卒到丞相住宅，逮捕丞相府的家奴婢女严刑拷打，追查此事。最后问出的结果是死去的婢女并非是魏夫人用利器所杀。这样，丞相的司直繁先生就上奏皇帝，说京兆尹赵广汉威胁丞相，诬告丞相夫人残杀婢女，派遣官吏士卒包围搜查丞相住宅，逮捕丞相家人，犯下了残害无辜的不道之罪。同时又查出赵广汉擅自逐遣骑士的事。因罪行重大，赵广汉被判处腰斩的死刑。其后又有使掾陈平等人揭发检举中尚书，涉嫌擅自劫持、威胁当事人，被判为不敬之罪，致使长史以下数名官员都被处死，还有一些人被处以宫刑，下蚕室。而魏丞相最后在丞相位上因病去世，他的儿子继承了爵位，后来也是因为骑马闯进宗庙，犯下了不敬之罪，皇帝下诏，降爵一级，成为关内侯，失去了列侯的爵位，但依然享有以前的故地封邑。魏丞相死去之后，御史大夫邴吉接替了他的职位。

丞相邴吉是鲁国人，因为喜欢读书和喜好法令而官至御史大夫。在孝宣帝时，因为和皇帝有旧交的缘故，被封为列侯，接着又做了丞相。他看事情非常明了，而且有超乎常人的聪明和智慧，被后世所称颂。他在担任丞相期间因病去世，其儿子邴显继承了爵位。后来邴显也是因为骑马闯进宗庙，犯下了不敬之罪，皇帝下诏，降爵一级，成为关内侯，失去列侯的爵位，但依然享有以前的故地封邑。邴显做官一直到太仆之职，因为为官昏乱不明，自己和儿子都有营私舞弊、贪赃不法的行为，被免官，降为平民。

邴吉丞相去世以后，由黄丞相接替他的职务。从前长安城中有个善相面的人，名字叫田文，他和当时都未做高官的韦丞相、魏丞相、邴丞相在一家作客时见过面，田文说道："现在这里的三位先生，将来都能做丞相。"后来，这三个人果然相继为丞相。这个人怎么看得这么清楚啊！

黄丞相名字叫黄霸，是淮阴人。他因为喜欢读书而担任官吏，官至颍川太守。治理颍川时，他用礼义条例和教令来教喻感化百姓。若是犯有重罪应当斩首的，暗示其情节使其自杀，使得教化大行于世，名声远近皆知。孝宣帝特意为此下了一道制书，称："颍川太守黄霸，用宣布国家的诏令来治理百姓，达到了道路之上不拾丢失的东西，男女分途而行，在监狱之中没有犯重罪的囚犯这种地步。特赐给关内侯的爵位，黄金一百斤。"这样，他就被皇帝征调到京城任京兆尹，后来官至丞相。在担任丞相期间，他又是以礼义治理国家，最后病死在丞相任上。死后，他的儿子继承了爵位，后来被封为列侯。黄丞相去世之后，皇帝任命御史大夫于定国接替了他的职位。于定国丞相已经有廷尉传，在《张廷尉》一传的叙述之中。于丞相离职以后，御史大夫韦玄成接替了他的职位。

韦玄成丞相就是前边所说的那个韦贤丞相的儿子。他继承了父亲的封爵，后来因犯法失去了列侯的爵位。韦玄成从小就喜欢读书，对于《诗经》和《论语》都很精熟。他做官到卫尉之职时，升任为太子太傅。御史大夫薛先生被免职之后，韦玄成担任了御史大夫。于丞相请求告老还乡，皇帝答应他离职之后，韦玄成又成为丞相。皇帝以他旧日的封邑扶阳为名，封他为扶阳侯。数年之后，他因病去世，孝元帝亲自参加他的丧礼，给与的赏赐特别丰厚。韦玄成治理国家和同不立异，能够随从世俗，灵活变化，但是有人称他是阿谀奉承、投机取巧。相面的人很早就说他应当代替其父，继承侯位，但是他得到侯位之后又失去了。接着，他又再次游宦，东山再起，官至丞相。同时，他们父子两个人都做丞相。当时人们都传为美谈，这难道不是命运的安排吗？相面的人事先就知道会有这样的事情。韦丞相去世之后，御史大夫匡衡接替了他的职位。

丞相匡衡是东海人。他好读书，曾经跟随博士学习《诗经》。因家境贫寒，他要靠给人做工来糊口。他才质低下，多次参加朝廷选拔人才的考试，但是都没考中，等考到第九次时才勉强考中了丙科。对于经书，由于他多次应考不中的缘故，所以非常谙熟。后来，他做了候补平原郡文学卒史。又过了好几年，郡里的人都对他不尊敬。这时，御史征调他进京，以候补百石官属的身份被荐举做郎官，补做博士，拜为太子少傅，侍奉孝元帝。孝元帝喜欢《诗经》，就升任匡衡为光禄勋，让他居皇宫之中担任老师，教授皇帝的侍臣，而皇帝也坐在他的身边听讲，非常喜欢他，因此，他的地位也就一天比一天高贵起来。御史大夫郑弘因为犯法被免官，匡衡就继任为御史大夫。一年多之后，韦玄成丞相逝世，匡先生又继任为丞相，被封为乐安侯。在十年之间，他不出长安城门而官至丞相，这难道不是遇到好机会和命中注定吗？

太史公说：我曾经反复地思索，读书人四海游宦，以求取高官厚禄，但是能够得到封侯的人实在太少了！大多数人做到了御史大夫这个职位也就下台了事。这些人已经做了御史大夫，离丞相的位置还有一步之遥了，他们心里希望丞相立刻死去，自己好取而代之。还有些人大搞阴谋诡计，暗中诋毁中伤，想以此来登上相位。但有的人等了好久，却得不到它；而有的人没等多久就登上相位，被封为列侯：这也许真是命运的安排吧！御史大夫郑先生等了许多年没有登上相位，而匡先生担任御史大夫未满一年，韦丞相就去世了，他立刻就取而代之，难道这个位置是可以用智巧得到的吗？而那些有圣贤一般才能的人，穷困潦倒多年而不受用，这种情况实在是太多了！

史记卷九十七

郦生陆贾列传第三十七

郦生食其者，陈留高阳人也。好读书，家贫落魄，无以为衣食业，为里监门吏。然县中贤豪不敢役，县中皆谓之狂生。

及陈胜、项梁等起，诸将徇地过高阳者数十人，郦生闻其将皆握龊，好苛礼自用，不能听大度之言，郦生乃深自藏匿。后闻沛公将兵略地陈留郊，沛公麾下骑士适郦生里中子也，沛公时时问邑中贤士豪俊。骑士归，郦生见谓之曰："吾闻沛公慢而易人，多大略，此真吾所愿从游，莫为我先。若见沛公，谓曰'臣里中有郦生，年六十馀，长八尺，人皆谓之狂生，生自谓我非狂生'。"骑士曰："沛公不好儒，诸客冠儒冠来者，沛公辄解其冠，溲溺其中。与人言，常大骂。未可以儒生说也。"郦生曰："弟言之。"骑士从容言如郦生所诫者。

沛公至高阳传舍，使人召郦生。郦生至，入谒，沛公方倨床使两女子洗足，而见郦生。郦生入，则长揖不拜，曰："足下欲助秦攻诸侯乎？且欲率诸侯破秦也？"沛公骂曰："竖儒！夫天下同苦秦久矣，故诸侯相率而攻秦，何谓助秦攻诸侯乎？"郦生曰："必聚徒合义兵诛无道秦，不宜倨见长者。"于是沛公辍洗，起摄衣，延郦生上坐，谢之。郦生因言六国从横时。沛公喜，赐郦生食，问曰："计将安出？"郦生曰："足下起纠合之众，收散乱之兵，不满万人，欲以径入强秦，此所谓探虎口者也。夫陈留，天下之冲，四通五达之郊也，今其城又多积粟。臣善其令，请得使之，令下足下。即不听，足下举兵攻之，臣为内应。"于是遣郦生行，沛公引兵随之，遂下陈留。号郦食其为广野君。

郦生言其弟郦商，使将数千人从沛公西南略地。郦生常为说客，驰使诸侯。

汉三年秋，项羽击汉，拔荥阳，汉兵遁保巩、洛。楚人闻淮阴侯破赵，彭越数反梁地，则分兵救之。淮阴方东击齐，汉王数困荥阳、成皋，计欲捐成皋以东，屯巩、洛以拒楚。郦生因曰："臣闻知天之天者，王事可成，不知天之天者，王事不可成。王者以民（人）为天，而民（人）以食为天。夫敖仓，天下转输久矣。臣闻其下乃有藏粟甚多。楚人拔荥阳，不坚守敖仓，乃引而东，令适卒分守成皋，此乃天所以资汉也。方今楚易取而汉反却，自夺其便，臣窃以为过矣。且两雄不俱立，楚汉久相持不决，百姓骚动，海内摇荡，农夫释耒，工女下机，天下之心未有所定也。愿足下急复进兵，收取荥阳，据敖仓之粟，塞成皋之险，杜大行之道，拒蜚狐之口，守白马之津，以示诸侯效实形制之势，则天下知所归矣。方今燕、赵已定，唯齐未下。今田广据千里之齐，田〔解〕将二十万之众，军于历城，诸田宗强，负海阻河、济，南近楚，人多变诈，足下虽遣数十万师，未可以岁月破也。臣请得奉明诏说齐王，使为汉而称东藩。”上曰：“善。”

乃从其画，复守敖仓，而使郦生说齐王曰：“王知天下之所归乎？”王曰：“不知也。”曰：“王知天下之所归，则齐国可得而有也；若不知天下之所归，即齐国未可得保也。”齐王曰：“天下何所归？”曰：“归汉。”曰：“先生何以言之？”曰：“汉王与项王戮力西面击秦，约先入咸阳者王之。汉王先入咸阳，项王负约不与而王之汉中。项王迁杀义帝，汉王闻之，起蜀汉之兵击三秦，出关而责义帝之处，收天下之兵，立诸侯之后。降城即以侯其将，得赂即以分其士，与天下同其利，豪英贤才皆乐为之用。诸侯之兵四面而至，蜀汉之粟方船而下。项王有倍约之名，杀义帝之负；于人之功无所记，于人之罪无所忘；战胜而不得其赏，拔城而不得其封；非项氏莫得用事；为人刻印，刓而不能授；攻城得赂，积而不能赏；天下畔之，贤才怨之，而莫为之用。故天下之士归于汉王，可坐而策也。夫汉王发蜀汉，定三秦；涉西河之外，援上党之兵；下井陉，诛成安君；破北魏，举三十二城；此蚩尤之兵也，非人之力也，天之福也。今已据敖仓之粟，塞成皋之险，守白马之津，杜大行之阪，拒蜚狐之口，天下后服者先亡矣。王疾先下汉王，齐国社稷可得而保也；不下汉王，危亡可立而待也。”田广以为然，乃听郦生，罢历下兵守战备，与郦生日纵酒。

淮阴侯闻郦生伏轼下齐七十馀城，乃夜度兵平原袭齐。齐王田广闻汉兵至，以为郦生卖己，乃曰：“汝能止汉军，我活汝；不然，我将烹汝！”郦生曰：“举大事不细谨，盛德不辞让。而公不为若更言！”齐王遂烹郦生，引兵东走。

汉十二年，曲周侯郦商以丞相将兵击黥布有功。高祖举列侯功臣，思郦食其。郦食其子郦疥数将兵，功未当侯，上以其父故，封疥为高梁侯。后更食武遂，嗣三世。元狩元年中，武遂侯平坐诈诏衡山王取百斤金，当弃市，病死，国除（也）。

陆贾者，楚人也。以客从高祖定天下，名为有口辩士，居左右，常使诸侯。

及高祖时，中国初定，尉他平南越，因王之，高祖使陆贾赐尉他印为南越王。陆生至，尉他魋结箕倨见陆生。陆生因进说他曰："足下中国人，亲戚昆弟坟墓在真定。今足下反天性，弃冠带，欲以区区之越与天子抗衡为敌国，祸且及身矣。且夫秦失其政，诸侯豪杰并起，唯汉王先入关，据咸阳。项羽倍约，自立为西楚霸王，诸侯皆属，可谓至强。然汉王起巴蜀，鞭笞天下，劫略诸侯，遂诛项羽灭之。五年之间，海内平定，此非人力，天之所建也。天子闻君王王南越，不助天下诛暴逆，将相欲移兵而诛王，天子怜百姓新劳苦，故且休之，遣臣授君王印，剖符通使，君王宜郊迎，北面称臣，乃欲以新造未集之越，屈强于此。汉诚闻之，掘烧王先人冢，夷灭宗族，使一偏将将十万众临越，则越杀王降汉，如反覆手耳。"

于是尉他乃蹶然起坐，谢陆生曰："居蛮夷中久，殊失礼义。"因问陆生曰："我孰与萧何、曹参、韩信贤？"陆生曰："王似贤。"复曰："我孰与皇帝贤？"陆生曰："皇帝起丰沛，讨暴秦，诛强楚，为天下兴利除害，继五帝三（皇）〔王〕之业，统理中国。中国之人以亿计，地方万里，居天下之膏腴，人众车舆，万物殷富，政由一家，自天地剖泮未始有也。今王众不过数十万，皆蛮夷，崎岖山海间，譬若汉一郡，王何乃比于汉！"尉他大笑曰："吾不起中国，故王此。使我居中国，何渠不若汉？"乃大说陆生，留与饮数月。曰："越中无足与语，至生来，令我日闻所不闻。"赐陆生橐中装直千金，他送亦千金。陆生卒拜尉他为南越王，令称臣奉汉约。归报，高祖大悦，拜贾为太中大夫。

陆生时时前说称《诗》《书》。高帝骂之曰："乃公居马上而得之，安事《诗》《书》！"陆生曰："居马上得之，宁可以马上治之乎？且汤、武逆取而以顺守之，文武并用，长久之术也。昔者吴王夫差、智伯，极武而亡；秦任刑法不变，卒灭赵氏。乡使秦已并天下，行仁义，法先圣，陛下安得而有之？"高帝不怿而有惭色，乃谓陆生曰："试为我著秦所以失天下，吾所以得之者何，及古成败之国。"陆生乃粗述存亡之徵，凡著十二篇。每奏一篇，高帝未尝不称善，左右呼万岁，号其书曰《新语》。

孝惠帝时，吕太后用事，欲王诸吕，畏大臣有口者，陆生自度不能争之，乃病免家居。以好畤田地善，可以家焉。有五男，乃出所使越得橐中装卖千金，分其子，子二百金，令为生产。陆生常安车驷马，从歌舞鼓琴瑟侍者十人，宝剑直百金，谓其子曰："与汝约：过汝，汝给吾人马酒食，极欲，十日而更。所死家，得宝剑车骑侍从者。一岁中往来过他客，率不过再三过，数见不鲜。无久慁公为也。"

吕太后时，王诸吕，诸吕擅权，欲劫少主，危刘氏。右丞相陈平患之，力不能争，恐祸及己，常燕居深念。陆生往请，直入坐，而陈丞相方深念，不时见陆生。陆生曰："何念之深也？"陈平曰："生揣我何念？"陆生曰："足下位为上相，食三万户侯，可谓极富贵无欲矣。然有忧念，不过患诸吕、少主耳。"陈平曰："然。为之奈何？"陆生曰："天下安，注意相；天下危，注意将。将相和调，则士务附；士务附，天下虽有变，即权不分。为社稷计，在两君掌握耳。臣常欲谓太尉绛侯，绛侯与我戏，易吾言。君何不交欢太尉，深相结？"为陈平画吕氏数事。陈平用其计，乃以五百金为绛侯寿，厚具乐饮；太尉亦报如之。此两人深相结，则吕氏谋益衰。陈平乃以奴婢百人，车马五十乘，钱五百万，遗陆生为饮食费。陆生以此游汉廷公卿间，名声藉甚。

及诛诸吕，立孝文帝，陆生颇有力焉。孝文帝即位，欲使人之南越。陈丞相等乃言陆生为太中大夫，往使尉他，令尉他去黄屋称制，令比诸侯，皆如意旨。语在南越语中。陆生竟以寿终。

平原君朱建者，楚人也。故尝为淮南王黥布相，有罪去，后复事黥布。布欲反时，问平原君，平原君止之，布不听而听梁父侯，遂反。汉已诛布，闻平原君谏，不与谋，得不诛。语在《黥布》语中。

平原君为人辩有口，刻廉刚直，家于长安。行不苟合，义不取容。辟阳侯行不正，得幸吕太后。时辟阳侯欲知平原君，平原君不肯见。及平原君母死，陆生素与平原君善，过之。平原君家贫，未有以发丧，方假贷服具，陆生令平原君发丧。陆生往见辟阳侯，贺曰："平原君母死。"辟阳侯曰："平原君母死，何乃贺我乎？"陆贾曰："前日君侯欲知平原君，平原君义不知君，以其母故。今其母死，君诚厚送丧，则彼为君死矣。"辟阳侯乃奉百金往税。列侯贵人以辟阳侯故，往税凡五百金。

辟阳侯幸吕太后，人或毁辟阳侯于孝惠帝，孝惠帝大怒，下吏，欲诛之。吕太后惭，不可以言。大臣多害辟阳侯行，欲遂诛之。辟阳侯急，因使人欲见平原君。平原君辞曰："狱急，不敢见君。"乃求见孝惠帝幸臣闳（籍）儒，说之曰："君所以得幸帝，天下莫不闻。今辟阳侯幸太后而下吏，道路皆言君谗，欲杀之，今日辟阳侯诛，旦日太后含怒，亦诛君，何不肉袒为辟阳侯言于帝？帝听君出辟阳侯，太后大欢。两主共幸君，君贵富益倍矣。"于是闳（籍）孺大恐，从其计，言帝，果出辟阳侯。辟阳侯之囚，欲见平原君，平原君不见辟阳侯，辟阳侯以为倍己，大怒。及其成功出之，乃大惊。

吕太后崩，大臣诛诸吕，辟阳侯于诸吕至深，而卒不诛。计画所以全者，皆陆生、平原君之力也。

孝文帝时，淮南厉王杀辟阳侯，以诸吕故。文帝闻其客平原君为计策，使吏捕欲治。闻吏至门，平原君欲自杀。诸子及吏皆曰："事未可知，何早自杀为？"平原君曰："我死祸绝，不及而身矣。"遂自刭。孝文帝闻而惜之，曰："吾无意杀之。"乃召其子，拜为中大夫。使匈奴，单于无礼，乃骂单于，遂死匈奴中。

初，沛公引兵过陈留，郦生踵军门上谒曰："高阳贱民郦食其，窃闻沛公暴露，将兵助楚〔讨〕不义，敬劳从者，愿得望见，口画天下便事。"使者入通，沛公方洗，问使者曰："何如人也？"使者对曰："状貌类大儒，衣儒衣，冠侧注。"沛公曰："为我谢之，言我方以天下为事，未暇见儒人也。"使者出谢曰："沛公敬谢先生，方以天下为事，未暇见儒人也。"郦生瞋目案剑叱使者曰："走！复入言沛公，吾高阳酒徒也，非儒人也。"使者惧而失谒，跪拾谒，还走，复人报曰："客，天下壮士也，叱臣，臣恐，至失谒。曰'走！复入言，而公高阳酒徒也'。"沛公遽雪足杖矛曰："延客入！"

郦生入，揖沛公曰："足下甚苦，暴衣露冠，将兵助楚讨不义，足下何不自喜也？臣愿以事见，而曰'吾方以天下为事，未暇见儒人也'。夫足下欲兴天下之大事而成天下之大功，而以目皮相，恐失天下之能士。且吾度足下之智不如吾，勇又不如吾。若欲就天下而不相见，窃为足下失之。"沛公谢曰："乡者闻先生之容，今见先生之意矣。"乃延而坐之，问所以取天下者。郦生曰："夫足下欲成大功，不如止陈留。陈留者，天下之据冲也，兵之会地也，积粟数千万石，城守甚坚。臣素善其令，愿为足下说之。不听臣，臣请为足下杀之，而下陈留。足下将陈留之众，据陈留之城，而食其积粟，招天下之从兵；从兵已成，足下横行天下，莫能有害足下者矣。”沛公曰：“敬闻命矣。”

于是郦生乃夜见陈留令，说之曰：“夫秦为无道而天下畔之，今足下与天下从则可以成大功。今独为亡秦婴城而坚守，臣窃为足下危之。”陈留令曰：“秦法至重也，不可以妄言，妄言者无类，吾不可以应。先生所以教臣者，非臣之意也，愿勿复道。”郦生留宿卧，夜半时斩陈留令首，逾城而下报沛公。沛公引兵攻城，县令首于长竿以示城上人，曰：“趣下，而令头已断矣！今后下者必先斩之！”于是陈留人见令已死，遂相率而下沛公。沛公舍陈留南城门上，因其库兵，食积粟，留，出入三月，从兵以万数，遂入破秦。

太史公曰：世之传郦生书，多曰汉王已拔三秦，东击项籍而引军于巩、洛之间，郦生被儒衣往说汉王，乃非也。自沛公未入关，与项羽别而至高阳，得郦生兄弟。余读陆生《新语》书十二篇，固当世之辩士。至平原君子与余善，是以得具论之。

【译文】

郦食其是陈留高阳人，他十分喜爱读书，但家境清苦，穷困潦倒，连供自己穿衣吃饭的能力都没有，于是只当了一名看管里门的下贱小吏。虽然如此，县里的贤士和豪强却不敢随便使唤他，人们都称他为“狂生”。

等到陈胜、项梁等人反抗秦朝起义的时候，各路将领攻夺城池、抢掠土地，经过高阳的有几十人，但郦食其听说这些人都是一些爱斤斤计较、喜欢繁文缛节、刚愎自用、不能听人规劝的小人，他便深居简出，隐居起来，不去迎合这些人。后来，他听说沛公带兵攻城掠地来到陈留的郊外，沛公部下的一个骑士正好是郦食其邻居的儿子，沛公时常向他打听他家乡的贤能人士。一天，骑士回到家，郦食其看到他，便对他说道：“我听说沛公傲慢并且看不起人，但他有远大的谋略，这才是我想要追随的人，只是苦于没人替我引荐。你见到沛公，这样对他说，‘我的家乡有位郦先生，年纪有六十多岁，身高八尺，人们都称他为狂生，但是他自己说并不是狂生’。”骑士回答说：“沛公并不喜欢儒生，许多人头戴儒生的帽子来跟随他，他就马上把他们的帽子摘下来，并且往里边撒尿。在和人谈话的时候，甚至动不动就破口大骂。所以您最好不要以儒生的身份去见他。”郦食其说：“你只要照我教你的那样说就好。”骑士回去之后，就按郦生嘱咐的，将话不经意间告诉了沛公。

后来沛公来到高阳，便在旅舍住下，派人去召郦食其过来拜见。郦生来到旅舍后，先递进自己的名帖，沛公正坐在床边伸着两腿让两个女人给他洗脚，就叫郦生来晋见。郦生进去，只是作个长揖并没有俯身下拜，并且说："您是想帮着秦国攻打诸侯呢，还是想带领诸侯消灭秦国？"沛公骂道："你这个奴才相的书生！天下的人遭受秦朝的压迫已经很久了，所以诸侯们才陆续起兵抗击暴秦，你怎么能说帮助秦国攻打诸侯呢？"郦生说："如果您下定决心聚合民众，召集义兵来消灭残暴的秦王朝，那就不应该用这种傲慢无礼的态度来接见长者。"于是沛公马上停止了洗脚，衣服穿戴整齐，把郦生请到了上宾的座位，并且向他表示歉意。郦生谈了六国合纵连横所用的计谋，沛公非常高兴，命人端上饭来，让郦生进餐，然后问道："那您看今天我们的计划该如何制订呢？"郦生说道："您把这些乌合之众、散乱之兵都聚集起来，总共也不足一万人，假如以此来直接和秦军对抗的话，那就是人们常说的送入虎口啊。陈留是天下的交通要道，交通发达，现在城里又贮存了很多的粮草。我和陈留的县令关系很好，请您派我到他那里去一次，让他向您来归降。他如果不听从的话，您再起兵攻城，我在城里又可以作为内应。"于是沛公就派郦生前往，自己带兵紧随其后，很快就夺取了陈留，沛公赐给郦食其广野君的称号。

郦生又举荐他的弟弟郦商，让他率领几千人跟随沛公到西南攻打城池。而郦生自己常常担任说客，以使臣的身份奔走于各个诸侯之间。

汉王三年的秋天，项羽攻打汉王，攻下了荥阳城，汉兵逃走去保卫巩、洛。过了不久，楚国人便听说淮阴侯韩信已经攻下了赵国，彭越又数次在梁地造反，就分出一部分兵前去营救。淮阴侯韩信正在东方攻打齐国，汉王又多次在荥阳、成皋被项羽围困，因此想放弃成皋以东的地盘；在巩、洛屯兵好与楚军对抗。郦生便为此事进言道："我听说能知道天为什么为天的人，就可以成就大业；而不知道天为什么为天的人，统一大业就不能成。作为统一大业的君主，他把平民百姓视为天，而平民百姓又把粮食视为天。敖仓这个地方，天下往此地运输粮食已经有好长的时间了。我听说现在这个地方贮藏的粮食特别多。楚国人攻下了荥阳，但是却不坚守敖仓，而是带兵向东进军，只是让一些罪犯来守卫成皋，这是上天要把这些粮食送给汉军啊。现在楚军很容易被击败，而我们反而要退兵防守，把快要到手的利益给扔了出去，我私下里认为这样做是错的。更何况两个强有力的对手不能同时并存，楚汉两国的战争长久相持不分胜负，百姓骚动不安，全国混乱动荡，农夫放下农具停止耕地，织女走下织机不再编织，徘徊观望，天下百姓心里究竟投靠哪一方还没有决定下来。所以请您马上再次进军，收复荥阳，占据敖仓的粮食，占据成皋的险要地势，堵住太行交通要道，扼制蜚狐关口，把守住白马津渡，让诸侯们看看今天的实际情况，那么天下的人民也就知道心该归向哪一方了。如今燕国、赵国都已经攻打下来了，只有齐国还没有攻打下来，而田广占据着幅员辽阔的齐国，田间带领着二十万军队，屯兵在历城，田氏的各支宗族力量都很强大，他们背靠着大海，又凭借黄河、济水的隔断，南面靠进楚国，齐国人又多奸诈无常，您即使是派遣几十万部队，也不可能在一年或几个月的时间里把它攻打下来。我请求奉您的命令去游说齐王，让他归属汉并成为东方的附属国。”汉王回答说：“可以，就这样吧！”

汉王采纳了郦生的计谋，再次出兵据守敖仓，同时派郦生前往齐国。郦生对齐王说道：“您知道天下人心归向谁吗？”齐王回答：“我不知道。”郦生说：“若是您知道天下人心归向谁，那么齐国就能够保全；若是您不知道天下人心归向谁的话，那么齐国就不可能得到保全了。”齐王问道：“那么天下人心究竟归向谁呢？”郦生说：“归向汉王。”齐王又问：“您老先生怎么会这样说呢？”郦生回答道：“汉王和项王一同向西出兵攻打秦朝，在义帝面前已经清楚地约定好了，谁先攻入咸阳大家就奉他为王。汉王先攻入咸阳，但是项王却背信弃义，不让他在关中称王，而让他在汉中为王。项王把义帝迁走，还派人暗杀了义帝。汉王听到之后，立刻发动蜀汉的军队来进军三秦，出函谷关去追问义帝迁徙的地方，收集天下的军队，拥立以前六国诸侯的后代。汉王攻下了城池后就立刻给有功的将领封侯，缴获了财宝马上就分给士兵，和天下人同得其利，所以那些英雄豪杰、才能超群的人都竭尽所能为他效劳。诸侯的军队则从四面八方前来归顺，蜀汉的粮食一船接着一船源源不断地被顺流送来。而项王既有背信弃义的坏名声，又有杀死义帝的不仁义行为；而且他对别人的功劳从来不牢记，但是对别人的罪过却又从来未曾忘记；将士们打了胜仗却得不到奖赏，攻下了城池也得不到封爵；不是他们项氏家族的不能得到重用；为有功人员刻下侯印，在手中反复把玩，却不愿意授给；攻城得到财物，宁可囤积起来，也不肯分给大家；所以天下人都背叛他，才能超群的人都怨恨他，没有人心甘情愿为他效力。因此天下有才能的人都投靠归顺汉王，汉王安稳地坐着就可以驱使他们。汉王带领蜀汉的军队，攻下三秦，占领西河外面的大片土地，率领投诚过来的上党精锐军队，攻下了井陉，杀死了成安君；打败了河北魏豹，占据了三十二座城池：这就同所向无敌的蚩尤部队一样，并不是靠人的力量，而是老天爷保佑的结果。现在汉王已经占据敖仓的粮食，把守成皋的险要，守住了白马渡口，堵住了太行要道，扼制住蜚狐关口，天下诸侯若是想最后再归顺的话那就先被灭掉。您若是赶快向汉王归顺，那么齐国的江山社稷还可以保全下来；倘若是不向汉王归顺的话，那么灭亡的时刻马上就会到来。”田广认为郦生的话是对的，就听从郦生的话，撤走了历下守城备战的士兵，天天和郦生一起饮酒作乐。

淮阴侯韩信听说郦生没费吹灰之力，坐在车上跑了一趟，凭借三寸不烂之舌就取得了齐国七十多座城池，心中十分不服气，就凭借夜幕的掩护，带领军队越过平原偷偷地来攻打齐国。齐王田广听说汉兵已经到达，认为是郦生出卖了自己，便对郦生说：“如果你能阻止汉军进攻齐国的话，我让你活着；若不能阻止的话，我就把你烹杀了！”郦生说：“做大事的人不拘小节，有大德行的人也不怕别人责备。你老子我是不会替你再去劝阻韩信的！”这样，齐王便烹杀了郦生，带兵向东逃跑了。

汉高祖十二年，曲周侯郦商以丞相的身份带兵攻打黥布有功。高祖在分封各位列侯功臣的时候，很想念郦食其。郦食其的儿子郦疥曾多次带兵出征，但立下的军功并没有多到封侯的程度，皇帝因为他父亲的缘故，封郦疥为高梁侯。后来把武遂封为他的食邑，侯位传了三代。在元狩元年时，武遂侯郦平因为假传皇帝的命令，骗取了衡山王一百斤黄金，犯下的罪过本应被当街处死，但正好在这个时候，他因病去世了，封邑也被撤消了。

陆贾是楚国人，以幕僚宾客的身份跟随汉高祖平定天下，当时人们都说他是个很有口才的说客，所以跟随在高祖的身边，经常出使各诸侯国。

在高祖刚平定中原的时候，尉他也平定了南越，于是便在南越自立为王。高祖想到天下才刚刚平定、百姓劳苦，就允许了尉他，还派陆贾带着赐给他的南越王印前去任命尉他。陆生到了南越，尉他梳着当地流行的一撮锥子一样的发髻，像簸箕一样地张开两腿坐着，接见陆生。陆生就向尉他说：“您本来就是中原人，亲戚、兄弟和祖先的坟墓都在真定。而现在您却违反中原人的习俗，丢弃衣冠巾带，想凭借只有弹丸大小地方的小小南越来和天子抗衡，成为敌国，那你就要大祸临头了。况且秦朝残暴无道，各诸侯豪杰都纷纷起兵，只有汉王最先入关，占据了咸阳。项羽背信弃义，自立为西楚霸王，诸侯们都归属于他，可以说是无比强大了。但是汉王从巴蜀出兵之后，征服天下，平定诸侯，杀死项羽，灭掉楚国。五年之间，中原被平定。这不是人的能力所能办到的，而是有上天辅佐才有的结果。现在大汉天子听说您在南越称王，不愿意再帮助天下人讨伐凶暴忤逆之人，汉朝将相都想带兵来消灭您。但是汉王爱惜百姓，想到他们刚刚经历了战争的劳苦乱离，因此才暂且罢兵，派我授予你南越王的金印，剖符为信，互通使臣。您按理应该到郊外远迎，面向北方，拜倒称臣，但是您却想凭借刚刚建立、还未曾把百姓完全收拢起来的小小南越，在此凶悍倔强，傲慢不顺从。倘若让朝廷知道了这件事，挖开并烧毁您祖先的坟墓，诛杀您的宗族，再派一名偏将带领十万军队来到南越，那么南越人杀死您后投降并归顺汉朝，就像翻手一样那么容易了。”

尉他听完后，马上站起来，向陆生道歉说：“我在蛮夷之地居住的时间长了，所以太失礼了。”接着，他又问陆生：“我和萧何、曹参、韩信相比较，谁比较有德有才呢？”陆生说道：“您好像比他们强一点。”尉他又问：“那么把我和皇帝相比较呢？”陆生回答说：“皇帝从丰沛起义，讨伐残暴的秦朝，打败了强大的楚国，为整个天下的人兴利除害，继承了三皇五帝的雄伟业绩，统领整个中原。而中原的人口是以亿来计算的，土地方圆万里，处在天下最富饶的地域，人多车众，物产丰富，政令出于一家，这种盛世是从开天辟地以来从来没有过的。而现在您的百姓不过几十万，而且都是未开化的蛮夷，又居住在这局促狭小的山地海隅之间，只不过相当于汉朝的一个郡而已，您怎么能同汉王相提并论！”尉他听了，哈哈大笑，说道：“我不能在中原发达起家，所以才在这个地方称王。假如我占据中原，我又哪里比不上汉王呢？”通过交谈，尉他非常喜欢陆生，留下陆生和自己饮酒作乐好几个月。尉他说：“南越人当中没有一个人可以和我谈得来，您来到这里之后，才使我每天都能听到过去没有听到的事情。”尉他还送给陆生一个包裹，价值千金，除此之外还送给他不少礼品，同样也价值千金。陆生终于完成了拜尉他为南越王的任务，使尉他向汉称臣，服从汉朝的管理约束。陆贾回朝之后，把以上情况向高祖汇报，高祖非常高兴，任命陆贾为太中大夫。

陆生在皇帝面前经常谈论《诗经》《尚书》等儒家经典，听到这些，高帝很不高兴，就对陆生大骂道：“你老子的天下是凭借骑着马南征北战打出来的，什么时候用得着《诗经》《尚书》！”陆生回答说：“您在马上可以夺得天下，难道您也可以在马上治理天下吗？商汤和周武，都是凭借武力征服天下的，然后顺应形势以文治守成，文治武功并用，这才是使天下太平的最好的办法啊。从前吴王夫差、智伯都是因极力炫耀武力而导致国家灭亡；秦王朝也是一再使用严峻刑法并且不知道变更，最后导致了自己的灭亡。如果秦朝统一天下之后，实行仁义之道，效仿先圣，那么，陛下您又怎么能够取得天下呢？”高帝听完这些话之后，心情不悦，脸上露出惭愧的表情，于是就对陆生说：“那就请您试着总结一下秦朝失去天下与我取得天下的原因到底在哪里，还有古代各王朝成功和失败的原因吧。”所以，陆生就奉旨大略地论述了国家兴盛、衰落及存亡的征兆和原因，一共写了十二篇。每写完一篇就马上上奏给皇帝看，高帝每次没有不赞许他的，所有的群臣也是齐呼万岁，后来把他这部书称为“新语”。

在孝惠帝时，吕太后掌握权势，想立吕氏诸人为王，又害怕大臣中那些能言善辨的人，而陆生也清楚地知道自己竭尽全力争辩也是无济于事的，因此就称病归隐，在家中闲居。因为好畤一带土地肥沃，于是他就在那里定居下来。陆生有五个儿子，他把出使南越时得到的包裹拿出来卖了千金，分给他的儿子们，每个人二百金，让他们从事农业。陆生自己则经常坐着四匹马拉的车子，带着十个会歌舞和弹琴鼓瑟的侍从，佩带着价值百金的宝剑到处游玩。他曾这样对儿子们说：“我和你们做个约定，当我出游时如果经过你们家，要让我的人马吃饱喝足，并且尽量满足大家的需求。每十天换一家。我在谁家去世，这把宝剑、车骑以及侍从人员都归谁所有。我还要到其他的朋友那里去，所以一年之中我到你们各家去的次数可能不过两三次，总来见你们，就不新鲜了，你们用不着总厌烦你们老子这么做了。”

吕太后掌握权势的时候，封诸吕为王。诸吕独揽大权想胁持幼主，夺取刘氏的天下。右丞相陈平对此十分担忧，但是自己能力有限，不能强争，又害怕连累自己，常常安居家中反复思考。有一次，陆生前去向他请安，直接走到陈平身边坐下，这时陈平正在深思，没有觉察到陆生已经到了。陆生问道：“您的担忧为什么如此沉重呢？”陈平说：“你猜猜看，我究竟在担忧什么。”陆生说：“您老先生官职位居右丞相，是享有三万户食邑的列侯，可以说荣华富贵到了无人可比的地步，应该说是没有这方面的想法了。然而如果说您老人家有担忧的话，那只能是担忧诸吕和幼主了。”陈平说：“你猜得很对，你看这件事该怎么办呢？”陆生说：“天下安定无事的时候，要注意丞相；天下动乱不安的时候，要注意大将。如果大将和丞相相互配合，那么士人就会归顺；士人归顺，那么天下即使有意外的事情发生，国家的大权也不会分散。为国家大事考虑，这件事情就在您和周勃两个人的控制之中了。我经常想把这些话对太尉周勃讲清楚，但是他和我总开玩笑，对我的话也不是很重视。您为什么不和太尉交好，建立起坚固的联系？”接着，陆生又为陈平谋划出几种对付吕氏的方法。陈平就采用他的计谋，拿出五百金来给绛侯周勃祝寿，并且准备了盛大的歌舞宴会来款待他；而太尉周勃也用同样的方式来回报陈平。这样，陈平、周勃二人就建立起十分亲密的联系，而吕氏篡位的阴谋也就更加难以实现了。陈平又把一百个奴婢、五十辆车马、五百万钱送给陆生作为饮食费用。陆生就用这些费用在汉朝廷公卿大臣中游说，搞得名声很大。

等到诛灭了诸吕后，大臣们迎立孝文帝登上皇帝的宝座，陆生对此出了不少力。孝文帝登基之后，想派人出使南越。陈平丞相等人就推举陆生为太中大夫，派他出使南越，命令南越王尉他取消黄屋称制等越礼行为，让他采用和其他诸侯一样的礼节仪式。陆生出使南越之后，依此行事，皇帝的要求都达到了，所以文帝很满意。关于这件事的具体情节，都记录在《南越列传》中。陆生最后因为年老而去世。

平原君朱建是楚国人，他曾经担任过淮南王黥布的国相，但因犯罪而离去。后来他又重新在黥布手下做事，黥布想造反的时候，问朱建怎样看此事，朱建极力反对。但黥布没有听从他的意见，而是听取梁父侯所说的去造反，于是便起兵了。等到汉朝平定叛乱，杀死黥布以后，听说平原君朱建曾经劝阻过黥布不要造反，同时他又没有参加与造反有关的阴谋活动，就没有诛杀朱建。与此事相关的内容，在《黥布传》中有记载。

平原君朱建这个人能言善辩，口才非常好，同时他又刚正不阿、恪守节操、廉洁无私，他定居于长安。他说话做事坚决不随便附和，坚持道义而不愿意曲从讨好，取悦于人。辟阳侯审食其品行不端正，靠阿谀奉承深得吕太后的宠爱。当时辟阳侯十分想和平原君交好，但平原君就是不愿意见他。平原君母亲去世了，陆生和平原君一直很要好，所以就前去吊唁。平原君家境贫苦清寒，连给母亲出殡送丧的钱都没有，正要去借钱来置办殡丧用品，陆生却让平原君只管发丧，不必去借钱。然后，陆生到辟阳侯家中，向他祝贺说：“平原君的母亲去世了。”辟阳侯不明所以地说：

“平原君的母亲死了，你向我祝贺做什么？”陆生说道：“以前您一直想和平原君交好，但是他讲究道义不和您往来，这是因为他母亲的原因。现在他母亲已经去世，您若是赠送厚礼为他母亲送丧，那么他一定愿意为您拼死效劳。”于是辟阳侯就给平原君送去价值一百金的厚礼。而当时的不少列侯贵人因为辟阳侯送重礼的缘故，也送去了总值五百金的钱物。

辟阳侯深受吕太后的宠爱，于是有人在孝惠帝面前说他的坏话，孝惠帝十分生气，就把他抓起来交给官吏审问，并想借这个机会杀掉他。吕太后感到愧疚，又不能替他求情。而大臣们大都十分痛恨辟阳侯的恶行，更想借这个机会杀掉他。辟阳侯十分着急，就派人给平原君传话，说自己想见他。但平原君却推托说：“您的案子现在正在风口浪尖上，我不敢会见您。”然后平原君请求会见孝惠帝的宠臣闳籍孺，对他说：“皇帝宠爱您的事情，天下的人全都知道。现在辟阳侯被太后宠爱，却被逮捕入狱，满城的人都会说是您给说的坏话，想杀掉他。如果今天辟阳侯被皇帝杀了，那么明天早上太后生气了，也会杀掉您。您为什么不脱了上衣，光着膀子，替辟阳侯到皇帝那里去求情呢？如果皇帝听了您的意见，放出辟阳侯，太后一定会十分高兴。而太后、皇帝两人都宠爱您，那么您也就会加倍富贵了。”于是闳籍孺十分害怕，就听从了平原君的话，向皇帝给辟阳侯说情，皇帝果然放出了辟阳侯。辟阳侯在被囚禁的时候，很想会见平原君，但是平原君却不愿意见辟阳侯，辟阳侯认为这是背叛自己，所以对他很是恼怒、怨恨。等到他被平原君成功地救出之后，才感到十分吃惊。

吕太后去世之后，大臣们诛杀了诸吕。辟阳侯和诸吕关系极其深厚，但最终没有被杀死。保全辟阳侯生命的计划之所以得以实现，就是陆生和平原君的功劳。

在孝文帝时期，淮南厉王杀死了辟阳侯，这是因为他和诸吕关系至深的原因。文帝又听说辟阳侯的许多事情都是他的门客平原君出谋策划的，所以就派遣官吏去逮捕他，想治他的罪。听到官吏已到自己家门口，平原君于是想自杀。他的几个儿子和来逮捕他的官员都劝说：“事情的结果到底如何，现在还不清楚，你为什么要这么早就先自杀呢？”平原君对儿子们说：“我一个人死了以后，我们一家人的灾祸也就没有了，也就不会使你们受到连累。”这样，他就拔剑自杀而死。孝文帝听到此事非常可惜，说：“我并没有杀他的想法。”为了表示对其家属的慰藉，文帝就把他的儿子召进朝廷，任命为太中大夫。后来他出使匈奴，由于单于蛮横无礼，就大骂单于，所以死在了匈奴。

当初，沛公带兵经过陈留的时候，郦生到军门递上自己的名帖说："高阳的卑贱百姓郦食其，私下里听说沛公奔波在外，露天而处，不辞劳苦，带领人马帮助楚军来征讨残暴无道的秦朝，敬请劳烦各位随从人员，进去通告一声，说我想见到沛公，和他讨论天下大事。"使者进去禀告，沛公一边洗脚一边问使者："来者是什么样的人？"使者回答说："看他长相好像一个有学问的大儒，身穿读书人的衣服，头戴巍峨的高山冠。"沛公说："替我谢绝他，说我正在忙平定天下的大事，没有时间见儒生。"使者出来道歉说："沛公敬谢先生，他正忙于平定天下的大事，没有时间见儒生。"郦生听完，瞪圆了眼睛，手持宝剑，责骂使者说："快点！再去告诉沛公一声，我是高阳酒徒，并不是一个儒生。"使者见此，惊慌失措，竟吓得把名帖掉在了地上，然后又跪下捡起，迅速地转身跑了进去，再次向沛公通报："外边那个客人，真正是天下英雄，他大声斥责我，我很是害怕，吓得我把名帖掉在了地上，他说：'你快滚回去，再次通报，你家老子是个高阳酒徒。'"沛公立刻擦干了脚，手拄着长矛说道："请客人进来！"

郦生进去之后，长揖为礼，并且说道："沛公您长年累月暴衣露冠地在外奔波劳碌，十分辛苦，带领人马和楚军一起征讨残暴无道的秦王，但是沛公您为什么一点儿也不自重自爱呢？我想以讨论天下大事为理由见到您，而您却说什么'我正忙于平定天下，没有时间见儒生'。您想平定天下，成就天下最大的功业，但却从外貌来看人，这样恐怕就要失去天下那些有能力的人。况且我想您的聪明才智比不上我，勇敢坚强也比不上我，您如果想成就平定天下的大业而不想见到我的话，我认为您就失去了一个人才。"沛公连忙向郦生道歉说："刚才我只听说了您的长相和衣着，现在我才真正了解了您的想法。"于是请他到位子上就座，问他平定天下的计划。郦生说："沛公您若想成就统一天下的大业，不如先攻占陈留。陈留这个地方是一个可以据守的四通八达的交通要地，同时也是兵家必争之地。在城里贮藏着几千万石粮食，城墙守卫工事非常牢固。而我和陈留的守令关系一向要好，我想为您前去说服他，让他向您投降。若是他不听我的，请准许我替您把他杀掉，然后拿下陈留。您率领陈留的兵将，占据坚固的陈留城，吃陈留的存粮，召集天下各地想投靠您的人马；等到兵力壮大以后，您就可以所向无敌，横行天下，那也就没有任何人能对您构成威胁了。"沛公说："我完全听从您的意见。"

于是郦生就连夜去见陈留守令，游说他道："秦朝残暴无道，天下的人都反对它，现在您如果和天下人一起起兵造反就可以成大功，而您却一个人为即将要灭亡的秦朝拥城固守，我私下里为您的危急处境深深担忧。"陈留守令说道："秦朝的法令残暴无情，不能够随便胡说，如果说这样的话，就要灭族。我不能按照你所说的去做。您老先生指教我的话，并不是我的志向，请您不要再说了。"这天夜里，郦生就在城中留宿，到了半夜，他悄悄地斩下陈留守令的头，越城墙而下，报与沛公得知。沛公带领人马，进攻城池，把县令的头挂在旗竿上给城上的人看说："尽快投降吧，你们守令的脑袋已经被我们砍下来了！谁后投降，就一定要先杀他！"这时陈留人见守令已死，便相继投降了沛公。沛公进城之后，就住在陈留的南城城门楼上，用的是陈留武库里的兵器，吃的是城里的存粮，在这里进进出出地逗留了三个月，招募的兵马已达几万人，然后就入关并灭了秦朝。

太史公说：现在世上流传的写郦生的传记，大多这样说：汉王在平定了三秦之后，回军向东进攻项羽，带领军队活动在巩、洛之间时，郦生才身穿儒衣前去向汉王游说。这种说法是不对的。真实情况是在沛公攻入函谷关之前，与项羽分手，来到高阳，在那时得到了郦生兄弟二人。我读陆贾的《新语》十二篇，可以看出他真正是当代少有的大辩士。而平原君的儿子和我关系很好，因此才能详细地把上述这一切都记录下来。

史记卷九十八

傅靳蒯成列传第三十八

阳陵侯傅宽，以魏五大夫骑将从，为舍人，起横阳。从攻安阳、杠里，击赵贲军于开封，及击杨熊曲遇、阳武，斩首十二级，赐爵卿。从至灞上。沛公立为汉王，汉王赐宽封号共德君。从入汉中，迁为右骑将。从定三秦，赐食邑雕阴。从击项籍，待怀，赐爵通德侯。从击项冠、周兰、龙且，所将卒斩骑将一人敖下，益食邑。

属淮阴，击破齐历下军，击田解。属相国参，残博，益食邑。因定齐地，剖符世世勿绝，封为阳陵侯，二千六百户，除前所食。为齐右丞相，备齐。五岁为齐相国。

四月，击陈豨，属太尉勃，以相国代丞相哙击豨。一月，徙为代相国，将屯。二岁，为代丞相，将屯。

孝惠五年卒，谥为景侯。子顷侯精立，二十四年卒。子共侯则立，十二年卒。子侯偃立，三十一年，坐与淮南王谋反，死，国除。

信武侯靳歙，以中涓从，起宛朐。攻济阳。破李由军。击秦军亳南、开封东北，斩骑千人将一人，首五十七级，捕虏七十三人，赐爵封号临平君。又战蓝田北，斩车司马二人，骑长一人，首二十八级，捕虏五十七人。至灞上。沛公立为汉王，赐歙爵建武侯，迁为骑都尉。

从定三秦。别西击章平军于陇西，破之，定陇西六县，所将卒斩车司马、侯各四人，骑长十二人。从东击楚，至彭城，汉军败，还保雍丘，去击反者王武等。略梁地，别将击邢说军菑南，破之，身得说都尉二人，司马、侯十二人，降吏卒四千一百八十人。破楚军荥阳东。三年，赐食邑四千二百户。

别之河内，击赵将贲郝军朝歌，破之，所将卒得骑将二人，车马二百五十四。从攻安阳以东，至棘蒲，下七县。别攻破赵军，得其将司马二人，候四人，降吏卒二千四百人。从攻下邯郸。别下平阳，身斩守相，所将卒斩兵守、郡守各一人，降邺。从攻朝歌、邯郸，及别击破赵军，降邯郸郡六县。还军敖仓，破项籍军成皋南，击绝楚饷道。起荥阳至襄邑，破项冠军鲁下。略地东至缯、郯、下邳，南至蕲、竹邑。击项悍济阳下。还击项籍陈下，破之。别定江陵，降江陵柱国、大司马以下八人，身得江陵王，生致之洛阳，因定南郡。从至陈，取楚王信，剖符世世勿绝，定食四千六百户，号信武侯。

以骑都尉从击代，攻韩信平城下，还军东垣。有功，迁为车骑将军，并将梁、赵、齐、燕、楚车骑。别击陈豨丞相敞，破之，因降曲逆。从击黥布有功，益封，定食五千三百户。凡斩首九十级，虏百三十二人；别破军十四，降城五十九，定郡、国各一，县二十三；得王、柱国各一人，二千石以下至五百石三十九人。

高后五年，歙卒，谥为肃侯。子亭代侯。二十一年，坐事国人过律，孝文后三年，夺侯，国除。

蒯成侯緤者，沛人也，姓周氏。常为高祖参乘，以舍人从起沛。至灞上，西入蜀、汉，还定三秦，食邑池阳。东绝甬道，从出度平阴，遇淮阴侯兵襄国，军乍利乍不利，终无离上心。以緤为信武侯，食邑三千三百户。高祖十二年，以緤为蒯成侯，除前所食邑。

上欲自击陈豨，蒯成侯泣曰："始秦攻破天下，未尝自行。今上常自行，是为无人可使者乎？"上以为"爱我"，赐入殿门不趋，杀人不死。

至孝文五年，緤以寿终，谥为贞侯。子昌代侯，有罪，国除。至孝景中二年，封緤子居代侯。至元鼎三年，居为太常，有罪，国除。

太史公曰：阳陵侯傅宽、信武侯靳歙皆高爵，从高祖起山东，攻项籍，诛杀名将，破军降城以十数，未尝困辱，此亦天授也。蒯成侯周緤操心坚正，身不见疑，上欲有所之，未尝不垂涕，此有伤心者然，可谓笃厚君子矣。

【译文】

阳陵侯傅宽，以魏国五大夫骑将军官的身份跟随沛公刘邦，曾经做过家臣，起兵于横阳。他跟随沛公进攻安阳、杠里，在开封进攻秦将赵贲的部队，以及在曲遇、阳武击败秦将杨熊的部队，曾斩获十二个秦军的首级，沛公赐给他卿的爵位，后来随从沛公进军到灞上。沛公被立为汉王后，封赐给傅宽共德君的封号。随即他跟着汉王进入汉中地区，升职为右骑将，不久又跟随汉王平定了三秦，汉王赐给他雕阴作为食邑。楚汉相争的时候，他随着汉王攻打西楚霸王项羽，奉命在怀县接应汉王，汉王赐给他通德侯的爵位。在跟随汉王攻击项羽部将项冠、周兰、龙且时，他带领的士兵在敖仓山下斩获敌骑将一人，因而增加了食邑。

傅宽曾经隶属于淮阴侯韩信，打败了齐国在历下的驻军，打败了齐国守将田解。后来归相国曹参指挥，攻克了博县，又增加了食邑。因为平定齐地有功，汉王把表示凭证的符分成两半，交给他一半，以示信用，让他的爵位世代相传，封他为阳陵侯，食邑二千六百户，免除他先前受封的食邑。后来他担任齐国右丞相，屯兵驻守防备田横作乱，在齐国任国相五年。

汉高祖十一年四月，他进攻叛汉自立为代王的陈豨，归太尉周勃指挥，以相国的身份代替汉丞相樊哙打败了陈豨。第二年一月，调任代国相国，带兵驻守边郡。两年后，担任代国丞相，继续带兵驻守边郡。

汉惠帝五年傅宽去世，谥号为景侯。其儿子顷侯傅精继承爵位，二十四年去世。傅精的儿子共侯傅则继承爵位，十二年后去世。傅则的儿子傅偃继承爵位，三十一年，因淮南王刘安谋反而连坐，被处死，封地同时被废除。

信武侯靳歙，以侍从官员的身份追随沛公刘邦，他是从宛朐起兵的，曾攻打过济阳，击败过秦国将军李由的军队。后来他又在亳县南和开封东北地区攻打秦军，一共斩杀了一名千人骑兵的长官，斩获了五十七人的首级，俘获了七十三人，获得沛公所赐爵位，封号为临平君。后来又在蓝田北进行战斗，斩获秦军车司马二人，骑兵长官一人，斩获了二十八人首级，俘获了五十七人，又率军到达灞上。当时沛公立为汉王，赐予靳歙建武侯爵位，并升他为骑都尉。

靳歙追随汉王平定了三秦。他带领部队向西进攻在陇西攻打秦将章平的军队，打败秦军，平定了陇西六县，他所带领的士兵杀死秦军车司马、军候各四人，骑兵长官十二人。随后，跟着汉王东进攻打楚军，抵达彭城。结果汉军战败，靳歙力守雍丘，后离开雍丘去攻打反叛的王武等人。夺取了梁地后，又带领部队攻打驻守菑南的楚将邢说军队，打败了邢说，并亲自生擒邢说的都尉二人，司马、军候十二人，招降了楚军官兵四千一百八十人。另外在荥阳东打败楚军。汉高祖三年，赐给靳歙食邑四千二百户。

靳歙还曾经带领部队抵达河内，攻打驻守在朝歌的赵将贲郝，大败贲郝，他带领的士兵生擒骑将二人，缴获战马二百五十匹。他跟随汉王进攻安阳以东地区，直达棘蒲，攻下七个县。并另率兵击败赵军，生擒赵军的司马二人、军候四人，招降赵军官兵二千四百人。又跟随汉王攻克邯郸，独自带兵攻下平阳，亲自斩杀驻平阳的赵国代理相国，他所带领的士兵斩杀带兵郡守和郡守各一人，迫使邺归降。这次征战，随从汉王进攻朝歌、邯郸，又独自击败赵军，迫使邯郸郡的六个县投降，率军返回敖仓后，旋即在成皋南打败项羽的军队，击毁切断了从荥阳至襄邑运输粮饷的道路。在鲁城之下大败项冠的部队，夺取了东至缯、郯、下邳，南至蕲、竹邑的大片土地。又在济阳城下打败项悍的军队，然后挥军返回在陈县城下攻打项羽部队，大败项羽。此外，还平定了江陵，招降了在江陵的临江王的柱国、大司马及其部下八人，亲自生擒了临江王共尉，并把他押送到洛阳，于是平定了南郡。此后随从汉王到陈县，抓获了图谋不轨的楚王韩信，汉王把表示凭证的符分成两半，交给靳歙一半，以示信用，使他的爵位世代相传，规定食邑四千六百户，封号为信武侯。

后来，靳歙以骑都尉的身份跟随高帝攻打代王，在平城下打败代王韩信，跟着率军返回东垣。因为有功绩，被提升为车骑将军，接着率领梁、赵、齐、燕、楚几个诸侯王的军队，兵分几路进攻陈豨的丞相侯敞，把他打败了，于是曲逆被迫投降。后又跟随高祖攻打黥布，立下功劳，增加了封赐并规定食邑五千三百户。在几次重要的战役中，靳歙共斩敌九十个首级，俘获一百三十二人；另打败敌军十四次，攻下了五十九座城池，平定郡、国各一个，县城共二十三个；活捉诸侯王、柱国各一人，二千石以下至五百石的不同等级官员一共三十九人。

高后五年，靳歙去世，谥号为肃侯。他的儿子靳亭继承侯爵。二十一年后，因驱使奴役百姓超过了律令的规定，汉文帝后元三年，朝廷夺去了他的爵位，同时没收了封地。

蒯成侯名緤，是沛县人，姓周，曾担任陪同高祖乘车一职，是以家臣的身份跟随高祖起兵的。他曾经陪同高祖到灞上，又向西进入蜀、汉两地，后随高帝一同回军平定了三秦，并被赐池阳作为食邑。他奉命率军队向东进军阻断了楚军运输的通道，之后跟随高祖一起出征渡过平阴渡口后向东进军，在襄国与淮阴侯韩信的部队会合在一起。当时作战汉军有时获得胜利而有时则会战败，情势十分严峻，但周緤从始至终都没有背叛高祖的心思。高祖封他为信武侯，食邑三千三百户。高祖十二年，朝廷又赐封周緤为蒯成侯，同时免掉了原先的食邑。

高祖曾经想亲自攻打陈豨，蒯成侯流着眼泪劝阻高祖说："以前秦王攻取天下，都未曾亲自出征，现在您经常亲自带兵出征，这难道是因为没有可派遣出征的人吗？”高帝认为周緤是发自内心地爱护自己，破例恩准他进入殿门不用碎步快走，杀了人也不用定死罪。

到汉文帝五年，周緤年老因病去世，谥号为贞侯。他的儿子周昌继承侯爵，后来因为犯罪，被没收了封地。到了汉景帝中元二年，汉文帝又封周緤的儿子周居继承侯爵。到了汉武帝元鼎三年，周居任太常官职，因为犯了罪，封地被没收。

太史公说：阳陵侯傅宽与信武侯靳歙都获得了十分高的爵位，跟随高祖从山东开始起兵，攻打项羽，斩杀名将，打败过敌军几十次，降服了城邑数十座，却从未遇到过挫折和困厄，这也是上天的赏赐啊。蒯成侯周緤十分坚定并且忠诚，从未被人怀疑，高祖每次有出征的行动，他都没有不流泪不哭泣的，这是心里十分痛苦的人才能做到的，可以说是个忠厚诚实的君子啊。

史记卷九十九

刘敬叔孙通列传第三十九

刘敬者，齐人也。汉五年，戍陇西，过洛阳，高帝在焉。娄敬脱輓辂，衣其羊裘，见齐人虞将军曰："臣愿见上言便事。"虞将军欲与之鲜衣，娄敬曰："臣衣帛，衣帛见；衣褐，衣褐见。终不敢易衣。"于是虞将军入言上。上召入见，赐食。

已而问娄敬，娄敬说曰："陛下都洛阳，岂欲与周室比隆哉？"上曰："然。"娄敬曰："陛下取天下与周室异。周之先自后稷，尧封之邰，积德累善十有馀世。公刘避桀居豳。太王以狄伐故去豳，杖马棰居岐，国人争随之。及文王为西伯，断虞、芮之讼，始受命，吕望、伯夷自海滨来归之。武王伐纣，不期而会孟津之上八百诸侯，皆曰纣可伐矣，遂灭殷。成王即位，周公之属傅相焉，乃营成周洛邑，以此为天下之中也，诸侯四方纳贡职，道里均矣，有德则易以王，无德则易以亡。凡居此者，欲令周务以德致人，不欲依阻险，令后世骄奢以虐民也。及周之盛时，天下和洽，四夷乡风，慕义怀德，附离而并事天子。不屯一卒，不战一士，八夷大国之民莫不宾服，效其贡职。及周之衰也，分而为两，天下莫朝，周不能制也。非其德薄也，而形势弱也。今陛下起丰沛，收卒三千人，以之径往而卷蜀、汉，定三秦，与项羽战荥阳，争成皋之口，大战七十，小战四十，使天下之民肝脑涂地，父子暴骨中野，不可胜数，哭泣之声未绝，伤痍者未起，而欲比隆于成康之时，臣窃以为不侔也。且夫秦地被山带河，四塞以为固，卒然有急，百万之众可具也。因秦之故，资甚美膏腴之地，此所谓天府者也。陛下入关而都之，山东虽乱，秦之故地可全而有也。夫与人斗，不搤其吭、拊其背，未能全其胜也。今陛下入关而都，案秦之故地，此亦搤天下之吭而拊其背也。"

高帝问群臣，群臣皆山东人，争言周王数百年，秦二世即亡，不如都周。上疑未能决。及留侯明言入关便，即日车驾西都关中。

于是上曰："本言都秦地者娄敬，'娄'者乃'刘'也。"赐姓刘氏，拜为郎中，号为奉春君。

汉七年，韩王信反，高帝自往击之。至晋阳，闻信与匈奴欲共击汉，上大怒，使人使匈奴。匈奴匿其壮士、肥牛马，但见老弱及羸畜。使者十辈来，皆言匈奴可击。上使刘敬复往使匈奴，还报曰："两国相击，此宜夸矜见所长。今臣往，徒见羸瘠老弱，此必欲见短，伏奇兵以争利。愚以为匈奴不可击也。"是时汉兵已逾句注，二十馀万兵已业行。上怒，骂刘敬曰："齐虏！以口舌得官，今乃妄言沮吾军！"械系敬广武。遂往，至平城，匈奴果出奇兵围高帝白登，七日然后得解。高帝至广武，赦敬，曰："吾不用公言，以困平城。吾皆以斩前使十辈言可击者矣。"乃封敬二千户，为关内侯，号为建信侯。

高帝罢平城归，韩王信亡入胡。当是时，冒顿为单于，兵强，控弦三十万，数苦北边。上患之，问刘敬。刘敬曰："天下初定，士卒罢于兵，未可以武服也。冒顿杀父代立，妻群母，以力为威，未可以仁义说也。独可以计久远子孙为臣耳，然恐陛下不能为。"上曰："诚可，何为不能！顾为奈何？"刘敬对曰："陛下诚能以適长公主妻之，厚奉遗之，彼知汉適女送厚，蛮夷必慕以为阏氏，生子必为太子，代单于。何者？贪汉重币。陛下以岁时汉所馀彼所鲜数问遗，因使辩士风谕以礼节。冒顿在，固为子婿；死，则外孙为单于。岂尝闻外孙敢与大父抗礼者哉？兵可无战以渐臣也。若陛下不能遣长公主，而令宗室及后宫诈称公主，彼亦知，不肯贵近，无益也。"高帝曰："善。"欲遣长公主。吕后日夜泣，曰："妾唯太子、一女，奈何弃之匈奴！"上竟不能遣长公主，而取家人子名为长公主，妻单于。使刘敬往结和亲约。

刘敬从匈奴来，因言"匈奴河南白羊、楼烦王，去长安近者七百里，轻骑一日一夜可以至秦中。秦中新破，少民，地肥饶，可益实。夫诸侯初起时，非齐诸田，楚昭、屈、景莫能兴。今陛下虽都关中，实少人。北近胡寇，东有六国之族，宗强，一日有变，陛下亦未得高枕而卧也。臣愿陛下徙齐诸田，楚昭、屈、景，燕、赵、韩、魏后，及豪桀名家居关中。无事，可以备胡；诸侯有变，亦足率以东伐。此强本弱末之术也"。上曰："善。"乃使刘敬徙所言关中十馀万口。

叔孙通者，薛人也。秦时以文学征，待诏博士。数岁，陈胜起山东，使者以闻，二世召博士诸儒生问曰："楚戍卒攻蕲入陈，于公如何？"博士诸生三十馀人前曰："人臣无将，将即反，罪死无赦。愿陛下急发兵击之。"二世怒，作色。叔孙通前曰："诸生言皆非也。夫天下合为一家，毁郡县城，铄其兵，示天下不复用。且明主在其上，法令具于下，使人人奉职，四方辐辏，安敢有反者！此特群盗鼠窃狗盗耳，何足置之齿牙间！郡守尉今捕论，何足忧！”二世喜曰：“善。”尽问诸生，诸生或言反，或言盗。于是二世令御史案诸生言反者下吏，非所宜言。诸言盗者皆罢之。乃赐叔孙通帛二十匹，衣一袭，拜为博士。叔孙通已出宫，反舍，诸生曰：“先生何言之谀也？”通曰：“公不知也，我几不脱于虎口！”乃亡去，之薛，薛已降楚矣。及项梁之薛，叔孙通从之。败于定陶，从怀王。怀王为义帝，徙长沙，叔孙通留事项王。汉二年，汉王从五诸侯入彭城，叔孙通降汉王。汉王败而西，因竟从汉。

叔孙通儒服，汉王憎之；乃变其服，服短衣，楚制，汉王喜。

叔孙通之降汉，从儒生弟子百馀人，然通无所言进，专言诸故群盗壮士进之。弟子皆窃骂曰：“事先生数岁，幸得从降汉，今不能进臣等，专言大猾，何也？”叔孙通闻之，乃谓曰“汉王方蒙矢石争天下，诸生宁能斗乎？故先言斩将搴旗之士。诸生且待我，我不忘矣。”汉王拜叔孙通为博士，号稷嗣君。

汉五年，已并天下，诸侯共尊汉王为皇帝于定陶，叔孙通就其仪号。高帝悉去秦苛仪法，为简易。群臣饮酒争功，醉或妄呼，拔剑击柱，高帝患之。叔孙通知上益厌之也，说上曰：“夫儒者难与进取，可与守成。臣愿征鲁诸生，与臣弟子共起朝仪。”高帝曰：“得无难乎？”叔孙通曰：“五帝异乐，三王不同礼。礼者，因时世人情为之节文者也。故夏、殷、周之礼所因损益可知者，谓不相复也。臣愿颇采古礼与秦仪杂就之。”上曰：“可试为之，令易知，度吾所能行为之。”

于是叔孙通使征鲁诸生三十馀人。鲁有两生不肯行，曰：“公所事者且十主，皆面谀以得亲贵。今天下初定，死者未葬，伤者未起，又欲起礼乐。礼乐所由起，积德百年而后可兴也。吾不忍为公所为。公所为不合古，吾不行。公往矣，无污我！”叔孙通笑曰：“若真鄙儒也，不知时变。”

遂与所征三十人西，及上左右为学者与其弟子百馀人为绵蕞野外。习之月馀，叔孙通曰：“上可试观。”上既观，使行礼，曰：“吾能为此。”乃令群臣习肄。

会十月。汉七年，长乐宫成，诸侯群臣皆朝十月。仪：先平明，谒者治礼，引以次入殿门，廷中陈车骑步卒卫宫，设兵张旗志。传言

"趋"。殿下郎中侠陛，陛数百人。功臣列侯诸将军军吏以次陈西方，东乡；文官丞相以下陈东方，西乡。大行设九宾，胪(句)传。于是皇帝辇出房，百官执职传警，引诸侯王以下至吏六百石以次奉贺。自诸侯王以下莫不振恐肃敬。至礼毕，复置法酒。诸侍坐殿上皆伏抑首，以尊卑次起上寿。觞九行，谒者言"罢酒"。御史执法举不如仪者辄引去。竟朝置酒，无敢讙哗失礼者。于是高帝曰："吾乃今日知为皇帝之贵也。"乃拜叔孙通为太常，赐金五百斤。

叔孙通因进曰："诸弟子儒生随臣久矣，与臣共为仪，愿陛下官之。"高帝悉以为郎。叔孙通出，皆以五百斤金赐诸生。诸生乃皆喜曰："叔孙生诚圣人也，知当世之要务。"

汉九年，高帝徙叔孙通为太子太傅。汉十二年，高祖欲以赵王如意易太子，叔孙通谏上曰："昔者晋献公以骊姬之故废太子，立奚齐，晋国乱者数十年，为天下笑。秦以不早定扶苏，令赵高得以诈立胡亥，自使灭祀，此陛下所亲见。今太子仁孝，天下皆闻之；吕后与陛下攻苦食啖，其可背哉！陛下必欲废適而立少，臣愿先伏诛，以颈血污地。"高帝曰："公罢矣，吾直戏耳。"叔孙通曰："太子天下本，本一摇，天下振动，奈何以天下为戏？"高帝曰："吾听公言。"及上置酒，见留侯所招客从太子入见，上乃遂无易太子志矣。

高帝崩，孝惠即位，乃谓叔孙生曰："先帝园陵寝庙，群臣莫(能)习。"徙为太常，定宗庙仪法。及稍定汉诸仪法，皆叔孙生为太常所论著也。

孝惠帝为东朝长乐宫，及间往来，数跸烦人，乃作复道。方筑武库南，叔孙生奏事，因请间曰："陛下何自筑复道高寝，衣冠月出游高庙？高庙，汉太祖，奈何令后世子孙乘宗庙道上行哉？"孝惠帝大惧，曰："急坏之。"叔孙生曰："人主无过举。今已作，百姓皆知之，今坏此，则示有过举。愿陛下为原庙渭北，衣冠月出游之，益广多宗庙，大孝之本也。"上乃诏有司立原庙。原庙起，以复道故。

孝惠帝曾春出游离宫，叔孙生曰："古者有春尝果，方今樱桃孰，可献，愿陛下出，因取樱桃献宗庙。"上乃许之。诸果献由此兴。

太史公曰：语曰"千金之裘，非一狐之腋也；台榭之榱，非一木之枝〔也〕；三代之际，非一士之智也"。信哉！夫高祖起微细，定海内，谋计用兵，可谓尽之矣。然而刘敬脱輓辂一说，建万世之安，智岂可专邪！

叔孙通希世度务制礼，进退与时变化，卒为汉家儒宗。“大直若诎，道固委蛇”，盖谓是乎？

【译文】

刘敬是齐国人，汉高帝五年，他到陇西驻守边境，途中经过洛阳，当时汉高帝正住在那里。娄敬进城后便摘下拉车用的横木，穿着羊皮袄，去见齐人的虞将军说：“我希望可以见到皇帝并谈谈国家大事。”虞将军要给他一件干净清爽的好衣服换上，娄敬说：“我穿着丝绸衣服来，就穿着丝绸衣服去拜见皇上；穿着粗布短衣来，就穿着粗布短衣去拜见皇上：我是绝对不会换衣服的。”于是虞将军进宫把娄敬的请求转达皇帝。皇帝召娄敬进宫来晋见，并赐他用餐。

过了一会儿，皇帝就问娄敬要谈什么国家大事，娄敬便劝说皇帝道：“陛下建都洛阳，难道是想要跟周朝一比兴隆吗？”皇帝说：“是的。”娄敬说：“陛下获取天下的方式跟周朝是不一样的。周朝的先祖从后稷开始，尧封他于邰，累积善事、善政十几代。公刘为避开夏桀的暴政而迁居到豳居住，太王又因为狄族侵扰的缘故，搬离豳，拄着马鞭孤身一人迁居到岐山，国内的人便都争相跟随他去岐山。后来周文王做了西方诸侯的首领时，曾妥善地处理了虞国和芮国的争端，这才成了秉承天命统治天下的人，吕望、伯夷这些贤能的人从海边回来归顺于他。周武王征讨殷纣时，不约而同自动到孟津会盟的有八百诸侯，大家都说殷纣已经可以讨伐了，于是就灭掉了殷。周成王即位后，周公等人辅佐他，就在洛邑营建都城，把它作为天下的中心，天下的诸侯来交纳贡物赋税，道路都是一样的。这样君主有德行就容易靠德行称王统治天下，没德行就容易因此灭亡。凡是建都于此的，都要像周朝一样必须用德政来感召人民，而不可以依靠险要的自然形势，让后代君主骄奢淫逸肆意妄为虐待百姓。在周朝繁盛的时候，天下和睦，四方各族心向洛邑，归附周朝，仰慕周君的道义德行，感念他的恩德，依附他并且一起侍奉周天子，不用驻一兵防守，不用出一卒作战，各方大国的百姓没有不归顺的，都进献贡物和赋税。到了周朝衰败的时候，一分为二，天下没有人再来朝拜，周王室已经不能再掌控天下。不是它的恩德太少了，而是形势太弱了。如今陛下您从丰邑沛县起兵，招集三千士卒，带领他们直接投入战斗，席卷蜀、汉地区，平定三秦，与项羽在荥阳交战，并争夺成皋之险，大战七十次，小战四十次，使天下百姓血流成河，父子的枯骨暴露于荒野之中，横尸遍野数不胜数，悲惨的哭声一直萦绕在耳边，伤病残疾的人还都不能恢复，这种情形下您却要同周朝成王、康王的兴盛时期相比，我私下认为这是不能相提并论的。再说秦地有高山被覆、黄河环绕、四面边塞坚固的堡垒可做防御，即使突然有了危急情况，百万之众的雄兵也可及时征集的。借着秦国原有的底子，又有肥沃的土地可以作为依托，这就是所说的地势险要、物产丰富的‘天府’之地啊。陛下进入函谷关后把都城建在那里，即使崤山以东地区有祸乱，秦国原有的地方也是可以保全、占有的。与别人搏斗，如果不掐住他的咽喉，击打他的背部，是不能完全获得胜利的。如果陛下进入函谷关以内建都，控制着秦国原有的地区。这也就是掐住了天下的咽喉并且击打它的后背啊。”

汉高帝于是征求大臣们的意见，大臣们都是崤山以东地区的人，于是都争先恐后地申辩说周朝建都在洛阳后便可称王天下几百年，秦朝建都在关内便只到秦二世就灭亡了，不如建都在周朝都城。皇帝犹疑不决。等到留侯张良阐述了入关建都的有利条件后，皇帝于是当日就乘车向西行进入关中建造都城。

皇帝说：“本来提议建都在秦地的是娄敬，‘娄’就是‘刘’啊。”于是赐娄敬改姓为刘，并授给他郎中官职，称号为奉春君。

汉高帝七年，韩王信背叛朝廷，汉高帝亲自率兵讨伐他。到达晋阳时，得知韩王信与匈奴勾结想要共同进攻汉朝的消息，皇帝震怒，于是就派使臣出使匈奴探听底细。匈奴把他们强壮能战的士兵和肥壮的牛马都藏了起来，只看见年老、弱小的士兵和瘦弱的牲畜。派去的十多批使臣回来都说匈奴是可以攻击的。高帝便派刘敬再次出使匈奴，刘敬回来报告说：“两国交兵，此时该炫耀并显示自己的长处优点才对。现在我去那里，却只看到一些瘦弱的牲畜和老弱的士兵，这一定是匈奴故意暴露自己的短处，以便埋伏奇兵来争取胜利。我以为匈奴是不可以攻打的。”这时汉朝军队已经越过了句注山，二十万大军已经出征。高帝听了刘敬的话后十分生气，骂刘敬道：“齐国的孬种！凭借两片嘴获得官职，现在竟敢胡说八道阻碍我的大军！”于是就用镣铐把刘敬锁起来并关押在广武县。高帝率军前往，到了平城，匈奴果然出动奇兵把高帝围困在白登山上，被围困了七天后才得以解围。高帝回到广武县，便赦免了刘敬，对刘敬说：“我不听取您的意见，才在平城被围困。我已经把前面那十来批出使匈奴后说匈奴是可以攻打的人都斩首了。”于是赏赐刘敬食邑二千户，授给他关内侯，称为建信侯。

汉高帝撤出平城后返回朝廷，韩王信则逃到匈奴。这个时候，冒顿是匈奴的君王，军队强大，有三十万士兵，屡次骚扰北部边境。高帝对这种情况很是担忧，于是就问刘敬是否有对策。刘敬说：“汉朝天下才刚刚平定，士兵们被战争搞得疲惫不堪，所以对匈奴是不可以用武力制服的。冒顿杀了他的父亲后自己做了君主，又把父亲的姬妾作为自己的妻子，他凭武力树立威信，是不能用仁义道德来说服的。所以只能从长计议，好让他的子孙后代臣服汉朝，然而又怕陛下办不到。”高帝说：“如果真的可行的话，为什么不可以办到？只是应该怎么办呢？”刘敬回答说：“陛下如果能把皇后生的大公主远嫁给冒顿做妻子，并给他送上丰厚的礼物，他如果知道是汉帝皇后生的女儿，又有丰厚的礼物，粗野的外族人一定会爱慕她并且把大公主册立正式的妻子，之后生下的儿子一定是太子，将来接替君主的位置。为什么要这样办？是因为匈奴贪图汉朝丰厚的财礼。陛下拿一年四季中汉朝多余而匈奴少有的东西多次抚问并赠送，顺便派能言善辩的人用礼节来开导、启发他。冒顿在位时，他当然也就是汉朝的女婿；他死了之后，那么汉朝的外孙就是君主。哪曾听说有外孙子敢同外祖父争夺天下的呢？军队可以不用出战便使匈奴逐渐臣服于我朝。如果陛下不派大公主去，而让皇族女子或者是嫔妃假冒公主，冒顿如果知道，就不会尊敬并且亲近她，那样就没有什么好处了。”汉高帝听后说：“好的。”于是就要送大公主去匈奴。吕后得知后日夜啼哭，对皇帝说：“我只有太子和这个女儿，我怎么能忍心抛弃她并把她远嫁到匈奴去！”高帝终究没有派出大公主，于是便找了个宫女以大公主的名义，嫁给冒顿做妻子。同时，派遣刘敬前往与匈奴订立联姻盟约。

刘敬从匈奴回来后，便说：“匈奴在黄河以南的白羊、楼烦两个部落，离长安最近的只有七百里路，轻装骑兵只需要一天一夜便可到达关中地区。关中地区刚刚经过战争，还很萧条，人丁稀少，但是土地肥沃，还可以大大加以充实。当初各地诸侯起兵发难的时候，要不是有齐国的田氏各族连同楚国的昭、屈、景三大宗族参加是不可能兴盛起来的。如今陛下虽然已经把都城建立在关中，但实际人口稀少。北边靠近匈奴敌寇，东边还有六国的旧贵族，宗族势力很强大，一旦发生什么变故，陛下便不能高枕无忧了。我希望陛下能够把齐国的田氏各族，楚国的昭、屈、景三大宗族，燕、赵、韩、魏等国的后裔，以及各个豪门名家都迁到关中居住。国内安定无事，朝廷便可以防备匈奴；若所封的诸侯王有什么变故，也可以率领他们东进讨伐。这是可以加强中央权力并且削弱地方势力的策略啊。”高帝说：“很好。”于是派刘敬按照他自己的意见把十万多的人口迁到了关中。

叔孙通是薛县人，秦朝时因为擅长文学、知识渊博被召入宫，任命为待诏博士。几年后，陈胜在山东起义，使者把这个情况报告给朝廷后，秦二世召集各位博士、儒生问道：“楚地戍边的士卒占领蕲县进入陈县，对这件事各位有什么看法？”博士以及儒生们三十多人走向前去说：“臣子不能聚众，聚众便是造反，这是死罪不能宽恕，希望陛下尽快发兵攻打他们。”秦二世一听就很生气，脸色顿时变了。这时，叔孙通走向前去说：“各位儒生的话都不对。当今天下已合为一家，毁掉郡县城池，熔掉各种兵器，向世人昭示不再用它。何况有贤明的君主统治天下，并制定了完备的法令，使所有人都遵法守职，四方八面都归顺朝廷，怎么会有敢造反的人？这只是一伙窃贼行窃罢了，何足挂齿！郡官们正在搜捕他们治罪论处，不值得为此担忧。”秦二世高兴地说：“好啊。”又向每个儒生问了一遍，儒生们有的说是造反，有的说是盗贼。于是秦二世命令监察官审查每个儒生说的话，凡说是造反的都交给官吏治罪，秦二世认为他们不该说这样的话。那些说是盗贼的都被免掉职务，但是赐给叔孙通二十匹帛、一套服装，并授予他博士职位。叔孙通走出宫来，回到住处，一些儒生问道：“先生为什么说那些讨好君主的话？”叔孙通说：“各位不知道啊，我几乎就逃不出虎口了！”于是逃离了都城，到了薛县，当时薛县已经向楚军投降。等项梁到达薛县，叔孙通便投靠了他。后来项梁战死在定陶，叔孙通于是就跟随楚怀王熊心。楚怀王被项羽封为义帝，迁往长沙，叔孙通便留下跟随项羽。汉高帝二年，汉王刘邦带领五个诸侯王攻进彭城，叔孙通就投降了汉王。汉王战败西去后，叔孙通也跟随汉王一同去了，就跟随着汉王。

叔孙通总是穿着一身儒生的服装，汉王见了十分讨厌；于是他就换了服装，穿上短袄，并且是按楚地习俗裁制的，汉王见了十分高兴。

当初，叔孙通投降汉王时，跟随他的儒生弟子有一百多人，可是叔孙通从来不向君主说推荐他们的话，并且专门推荐那些曾经聚众偷盗的勇士。儒生弟子们都背地里骂他道：“侍奉先生几年，幸好能跟从他投降汉王，如今不能推荐我们，还专门称赞特别奸狡的人，这是什么道理？”叔孙通听到骂他的话后，就对儒生们说："汉王正冒着利箭坚石争夺天下，各位儒生难道能去战斗吗？所以我先要推荐能冒死厮杀、骁勇善战的勇士。各位暂且等等我，我不会忘记你们的。"汉王任命叔孙通为博士，称为稷嗣君。

汉高帝五年，天下已经统一，诸侯们在定陶共同推举汉王为皇帝，叔孙通负责拟定仪式礼节。当时汉高帝把秦朝苛刻的仪礼法规全部取消了，只拟定了一些简单易行的规矩。可是群臣在朝廷上饮酒作乐并争论功劳，喝得大醉狂呼乱叫，甚至拔剑来砍削庭中的立柱，高帝为这件事感到头痛。叔孙通知道高帝非常讨厌这类事，就劝说道："那些儒生不能为您攻战夺取城池，可是能够帮您保住成就。我希望征召鲁地的一些儒生，跟我的弟子们一起制定朝廷仪礼。"高帝说："会像过去那样的烦琐难行吗？"叔孙通说："五帝有不同的乐礼，三王有不同礼节。礼，就是按照当时的人情世故给人们制定出节制或修饰的法则。所以从夏、殷、周三代的礼节延续、删减和增加的情况看就可以说明这一点，就是说不同王朝的礼节是不能相互重复的。我愿意将古代礼节与秦朝的礼仪糅合起来制定新的礼节。"高帝说："可以试着制定一下，但要让其容易理解，考虑我能够做得到的。"

于是，叔孙通奉命征召了鲁地儒生三十多人。鲁地有两个儒生不愿去，说："您所跟随的将近十位君主，都是靠当面阿谀奉承取得信任、显贵的地位的。如今天下刚刚平定，死去的人们还来不及埋葬，伤残的想要动却动不了，又要制定礼乐法规。从礼乐兴办的原因看，只有积累功德百年以后，才能时兴起来。我们不能违背良心替您办这种事。您办的事不合古法，我们不去。您还是走吧，不要玷污了我们！"叔孙通笑着说："你们真是卑贱的儒生啊，一点也不懂时世的变化。"

叔孙通就与征召的三十人一起向西来到都城，他们同皇帝身边有学问的侍从以及叔孙通的一百多位弟子，在郊外拉起绳子作为施礼的处所，立上茅草替代位次的尊卑进行演习。演习了一个多月，叔孙通说："高帝可以来视察一下。"高帝视察后，让他们向自己行礼，然后说："我可以做到这些。"于是命令群臣都来学习，这时正巧是十月。

汉高帝七年，长乐宫建成，各诸侯王及朝廷群臣都来朝拜皇帝参加岁首朝会。整套礼仪如下：首先在天刚亮时，谒者开始主持礼仪，引导诸侯王及朝廷群臣依次进入殿门，廷中排列着战车、骑兵、步兵和宫廷侍卫军士，摆放着各种兵器，树立着各种旗帜。谒者传呼“小步快走”。于是所有官员各入其位，大殿下面郎中官员站在台阶两侧，台阶上有几百人之多。凡是功臣、列侯、各级将军军官，都按次序排列在西边，面向东；凡文职官员从丞相起，依次排列在东边，面向西。大行令安排的九个礼宾官，从上到下地传呼。于是皇帝乘坐“龙辇”从宫房里出来，百官举起旗帜传呼警备，然后礼官引导着诸侯王以下至六百石以上的各级官员依次恭敬地向皇帝施礼道贺。诸侯王以下的所有官员没有一个不因这威严仪式而惊讶敬畏的。待到仪式完毕，再摆设酒宴大礼。诸侯百官等坐在大殿上都敛声屏气地低着头，依照尊卑顺序站起来向皇帝祝颂敬酒。斟酒九巡，谒者宣布“宴会结束”。最后监察官员执行礼仪法规，找出那些不符合礼仪规定的人把他们带走。朝见到宴会的全部过程中，没有一个敢大声说话和行为失当的。大典过后，高帝十分得意地说：“我今天才知道当皇帝的尊贵啊。”于是授给叔孙通太常的官职，赏赐黄金五百斤。

叔孙通顺便进言说：“各位弟子儒生跟从我时间很长了，跟我一起制定朝廷仪礼，希望陛下赐予他们官职。”高帝让他们都做了郎官。叔孙通出宫后，把五百斤黄金都分赠给各个儒生。这些儒生都高兴地说：“叔孙先生真是大圣人，通晓当代的事务。”

汉高帝九年，高帝任命叔孙通为太子太傅。汉高帝十二年，高帝打算让赵王刘如意代替太子之位，叔孙通向皇帝劝谏道：“从前，晋献公因为宠幸骊姬的缘故废黜了太子，立了奚齐，使晋国大乱几十年，被天下人耻笑。秦始皇因为不早早确定扶苏当太子，让赵高用欺骗的伎俩立了胡亥，结果自取灭亡，这是陛下亲眼见到的事实。现在太子仁义忠孝，是天下人都知道的；吕后与皇上共同患难，同吃粗茶淡饭，是患难与共的夫妻，您怎么可以背弃她呢？陛下一定要废黜嫡长子而扶立小儿子，我宁愿先受一死，让我的一腔鲜血染红大地。”高帝说：“您还是算了吧，我只是随便说说罢了。”叔孙通说：“太子是天下的根基，根基一动摇，天下就会动荡起来，怎么可以拿天下的根基大事作为戏言来说呢？”高帝说：“我听从您的意见。”等到高帝设酒款待各位宾客时，看到张良招来的四位年长高士都随从太子进宫拜见高帝，高帝就再也没有更换太子的想法了。

汉高帝去世，孝惠帝即位后对叔孙先生说：“先帝陵园和宗庙的相关仪礼，臣子们都不熟悉。”于是叔孙通便被调任太常官职，并且制定了宗庙的仪礼法规，此后又陆续地制定了汉朝许多仪礼制度。这些都是叔孙通任太常时制定并记录下来的。

孝惠帝要到东边的长乐宫去朝拜吕太后，还时常有下属谒见，每次出行都要开路清道，禁止通行，很是打扰别人，所以就修了一座天桥，正好修建在未央宫武库的南面。叔孙通向孝惠帝报告请示工作，趁机向孝惠帝秘密进谏说："陛下怎么能擅自把天桥修建在每月从高寝送衣冠出游到高庙的道路上面呢？高庙是汉朝始祖所在的地方，怎么能让后代子孙登到宗庙通道的上面行走呢？"孝惠帝听了非常惊恐，说："立刻毁掉它。"叔孙先生说："做君主的不能有错误的决策。现在已经建成了，百姓全都知道这件事，如果又要毁掉这座天桥，那就是说明您有错误的举动。希望陛下在渭水北面另立一座同样的祠庙，每月奉高帝衣冠出游时送往那里，更要扩建宗庙，这是大孝的根本措施。"孝惠帝就下诏令有关官吏另建一座祠庙。这座另建的祠庙建造起来，就是因为天桥的缘故。

孝惠帝曾在春天的时候离宫出游，叔孙先生说："古时候有春天给宗庙进献鲜果的仪礼，现在正是樱桃成熟的时节，可以进献，希望陛下出游时，顺便采些樱桃来进献宗庙。"孝惠帝答应了此事。以后进献各种果品的仪礼就是从这里兴盛起来的。

太史公说：常言道，价值千金的皮裘衣，不只是一只狐狸的腋下皮；楼台亭榭的椽子，不只是一棵树上的枝干；夏、商、周三代王朝当时的业绩，也不只是一个贤士的才智。的确如此呀！高祖从低微的平民起义，平定天下，谋划大计，用兵作战，可以说竭尽所能了。然而刘敬摘下拉车的横木去见皇帝，一次进言，便建立了万代相颂相传的稳固大业，才能智慧怎么能会为少数人专有呀！叔孙通善于见风使舵，度量事务，制定礼仪法规或取或舍，能够随着时世而变化，最终成为了汉代儒家的宗师。"最直的好似弯曲，事理本来就是曲折向前的"，大概说的就是此类事情吧？

史记卷一百

季布栾布列传第四十

季布者，楚人也。为气任侠，有名于楚。项籍使将兵，数窘汉王。及项羽灭，高祖购求布千金，敢有舍匿，罪及三族。季布匿濮阳周氏，周氏曰："汉购将军急，迹且至臣家，将军能听臣，臣敢献计；即不能，愿先自刭。"季布许之。乃髡钳季布，衣褐衣，置广柳车中，并与其家僮数十人，之鲁朱家所卖之。朱家心知是季布，乃买而置之田。诫其子曰："田事听此奴，必与同食。"朱家乃乘轺车之洛阳，见汝阴侯滕公。滕公留朱家饮数日，因谓滕公曰："季布何大罪，而上求之急也？"滕公曰："布数为项羽窘上，上怨之，故必欲得之。"朱家曰："君视季布何如人也？"曰："贤者也。"朱家曰："臣各为其主用，季布为项籍用，职耳。项氏臣可尽诛耶？今上始得天下，独以己之私怨求一人，何示天下之不广也！且以季布之贤而汉求之急如此，此不北走胡即南走越耳。夫忌壮士以资敌国，此伍子胥所以鞭荆平王之墓也。君何不从容为上言邪？"汝阴侯滕公心知朱家大侠，意季布匿其所，乃许曰："诺。"待间，果言如朱家指。上乃赦季布。当是时，诸公皆多季布能摧刚为柔，朱家亦以此名闻当世。季布召见，谢，上拜为郎中。

孝惠时，为中郎将。单于尝为书嫚吕后，不逊，吕后大怒，召诸将议之。上将军樊哙曰："臣愿得十万众，横行匈奴中。"诸将皆阿吕后意，曰："然。"季布曰："樊哙可斩也！夫高帝将兵四十馀万众，困于平城，今哙奈何以十万众横行匈奴中？面欺！且秦以事于胡，陈胜等起。于今创痍未瘳，哙又面谀，欲摇动天下。"是时殿上皆恐，太后罢朝，遂不复议击匈奴事。

季布为河东守，孝文时，人有言其贤者，孝文召，欲以为御史大夫。复有言其勇，使酒难近。至，留邸一月，见罢。季布因进曰："臣无功窃宠，待罪河东。陛下无故召臣，此人必有以臣欺陛下者；今臣至，无所受事，罢去，此人必有以毁臣者。夫陛下以一人之誉而召臣，一人之毁而去臣，臣恐天下有识闻之有以窥陛下也。"上默然惭，良久曰："河东

汉高祖与匈奴作战，在平城被围，刘邦采纳陈平的计策，打发一个使者带着美女图与珠宝去见匈奴阏氏求和。

吾股肱郡，故特召君耳。”布辞，之官。

楚人曹丘生，辩士，数招权顾金钱。事贵人赵同等，与窦长君善。季布闻之，寄书谏窦长君曰：“吾闻曹丘生非长者，勿与通。”及曹丘生归，欲得书请季布。窦长君曰：“季将军不说足下，足下无往。”固请书，遂行。使人先发书，季布果大怒，待曹丘。曹丘至，即揖季布曰：“楚人谚曰‘得黄金百（斤），不如得季布一诺’，足下何以得此声于梁楚间哉？且仆楚人，足下亦楚人也。仆游扬足下之名于天下，顾不重邪？何足下距仆之深也！”季布乃大悦，引入，留数月，为上客，厚送之。季布名所以益闻者，曹丘扬之也。

季布弟季心，气盖关中，遇人恭谨，为任侠，方数千里，士皆争为之死。尝杀人，亡之吴，从袁丝匿。长事袁丝，弟畜灌夫、籍福之属。尝为中司马，中尉郅都不敢不加礼。少年多时时窃籍其名以行。当是时，季心以勇，布以诺，著闻关中。

季布母弟丁公，为楚将。丁公为项羽逐窘高祖彭城西，短兵接，高祖急，顾丁公曰：“两贤岂相厄哉！”于是丁公引兵而还，汉王遂解去。及项王灭，丁公谒见高祖。高祖以丁公徇军中：“丁公为项王臣不忠，使项王失天下者，乃丁公也。”遂斩丁公，曰：“使后世为人臣者无效丁公！”

栾布者，梁人也。始梁王彭越为家人时，尝与布游。穷困，赁佣于齐，为酒人保。数岁，彭越去之巨野中为盗，而布为人所略卖为奴于燕。为其家主报仇，燕将臧荼举以为都尉。臧荼后为燕王，以布为将。及臧荼反，汉击燕，虏布。梁王彭越闻之，乃言上，请赎布以为梁大夫。

使于齐，未还，汉召彭越，责以谋反，夷三族。已而枭彭越头于洛阳下，诏曰：“有敢收视者，辄捕之。”布从齐还，奏事彭越头下，祠而哭之。吏捕布以闻。上召布，骂曰：“若与彭越反邪？吾禁人勿收，若独祠而哭之，与越反明矣。趣亨之。”方提趣汤，布顾曰：“愿一言而死。”上曰：“何言？”布曰：“方上之困于彭越，败荥阳、成皋间，项王所以不能遂西，（徙）徒以彭王居梁地，与汉合从苦楚也。当是之时，彭王一顾，与楚则汉破，与汉而楚破。且垓下之会，微彭王，项氏不亡。天下已定，彭王剖符受封，亦欲传之万世。今陛下一征兵于梁，彭王病不行，而陛下疑以为反，反形未见，以苛小案诛灭之，臣恐功臣人人自危也。今彭王已死，臣生不如死，请就亨。”于是上乃释布罪，拜为都尉。

孝文时，为燕相，至将军。布乃称曰："穷困不能辱身下志，非人也；富贵不能快意，非贤也。"于是尝有德者厚报之，有怨者必以法灭之。吴军反时，以军功封俞侯，复为燕相。燕齐之间皆为栾布立社，号曰栾公社。

景帝中五年薨。子贲嗣，为太常，牺牲不如令，国除。

太史公曰：以项羽之气，而季布以勇显于楚，身(屦)军搴旗者数矣，可谓壮士。然(至)被刑戮，为人奴而不死，何其下也！彼必自负其材，故受辱而不羞，欲有所用其未足也，故终为汉名将。贤者诚重其死。夫婢妾贱人感慨而自杀者，非能勇也，其计画无复之耳。栾布哭彭越，趣汤如归者，彼诚知所处，不自重其死。虽往古烈士，何以加哉！

【译文】

季布是楚国人，为人爱打抱不平，急人之难，在楚地名气很大。项羽曾让他率领军队与汉王刘邦作战，多次使汉王陷于困境。等到项羽被打败以后，高祖悬赏千金捉拿季布，并且下令说胆敢窝藏的，连坐三族。季布就躲到濮阳一个姓周的人家里面，周氏说："朝廷急切地悬赏捉拿你，很快就要追查到我家来了。将军如果相信我，我愿意替你出个计策；如果不能，我情愿先死在你面前。"季布答应了。于是周氏给季布剃去头发，脖子套上铁锁，换上粗布衣服，让他坐进运棺材的车里，和周家的数十名家僮一起卖给鲁县的朱家。朱家知道是季布，就把他买了下来，将他安排到田里去干农活，并告诫他的儿子说："田里的事情听由这个家奴自己去做，你一定要和他吃同样的饭，不可以怠慢他。"随后朱家又乘轻便的马车到洛阳，拜见汝阴侯滕公。滕公邀请他一起喝了几天的酒，朱家乘着酒宴的机会对滕公说："季布到底犯了什么大罪，让皇上这么急迫地追捕他？"滕公说："季布多次替项羽出谋，把皇上逼入困境，皇上因此十分怨恨，所以一定要捉到他才肯善罢甘休。"朱家说："您认为季布是个什么样的人呢？"滕公说："他是个贤能的人。"朱家说："臣子各自替自己的主子尽力，季布替项羽出谋划策，这只是他的职责而已。项羽的臣子难道就要统统斩尽杀光吗？如今皇上刚刚得到天下，仅仅为了自己的私仇而四处搜捕一个人，这是要向天下人显示自己器量狭小啊！况且像季布这样贤能的人而汉朝搜捕却如此急迫，这样一来，他不是向北逃往匈奴，就是向南逃往越地。这种嫉恨壮士而逼着他被迫去辅佐敌国的行为，就是伍子胥对楚平王掘墓鞭尸的缘故。您为什么不找个机会劝劝皇上呢？”汝阴侯滕公心里知道朱家是一位大侠，料到季布一定躲藏在他家里，就答应说：“好。”等到有了机会，滕公果然按照朱家的意思向皇上进言劝谏，皇上于是就把季布赦免了。那时候，大家都赞赏季布能变刚为柔，朱家也因此而闻名于当世。后来季布被皇上召见，他向皇上谢罪，并感激皇上赦免了他，而皇上任命他为郎中。

孝惠帝的时候，季布担任中郎将的官职。匈奴的单于曾经写信侮辱吕后，对吕后出言不逊。吕后大怒，就召集了众将领，一起来商讨这件事。上将军樊哙说：“臣愿意率领十万人马，横扫匈奴境内。”在场的将领们都想迎合吕后的心意，就一齐说“好”。季布说：“樊哙真该杀！当年，高祖带兵四十多万人，尚且被匈奴围困在平城，现在樊哙怎么可能凭十万兵力就在匈奴境内横冲直撞呢？真是当面撒谎！况且秦朝正是因为对胡人用兵，才引起陈胜等人的暴动。如今战争的创伤还没有恢复过来，樊哙又当面阿谀逢迎太后，是企图使天下陷于动荡不安的状态啊。”这时殿上的大臣听了都非常惊恐，太后也就退朝，从此不再商议征伐匈奴的事了。

季布担任河东郡守。孝文帝的时候，有人推荐说他很贤能，孝文帝就召见他，想任用他做御史大夫。后来又有人说他很勇敢，但爱喝酒使性子，令人难以亲近。季布到了京城，在客馆里住了一个月，文帝见过后就不理他了，让他继续回原郡。季布因此向皇上进言说：“我无功而受宠，得以在河东担任郡守。陛下平白无故地召见我，这一定是有人妄誉我而欺骗陛下。现在我到了京城，却又没有什么事情，就这样让我回去，一定是有人在陛下面前诽谤我。陛下因为一个人的称赞便召见我，又因为一个人的诋毁便让我回去，我担心天下有识之士听说了这件事，就会由此看出您为人处事的深浅来了。”皇上听了默不作声，心中感到很惭愧，过了好一会儿才说：“河东是朝廷最重要的郡，如同大腿和胳膊一般，所以才特地召见你啊。”季布便告辞，又回到河东郡守的任上。

楚人曹丘生，是一个能言善辩的人，多次用金钱巴结权贵。他曾经侍奉过权贵赵同等人，与窦长君的交情很好。季布知道了这件事，便给窦长君写了一封信劝他道：“我听说曹丘生不是个有德行的人，您不要和他来往才好。”等到曹丘生回去时，想要窦长君写封介绍信，介绍他去见季布。窦长君说：“季将军不喜欢你，你还是不要去了。”曹丘生坚决要求，最后得到了，于是拿着信去了。曹先派人给季布送介绍信，季布看了果然大为愤怒，等着曹丘生到来。曹丘生到了，马上向季布长揖行礼说：“楚人有句谚语说‘得到黄金百金，不如得到季布您的一句允诺’，您怎么能在梁、楚一带获得这么好的名声呢？况且我是楚国人，您也是楚国人。我周游天下到处宣扬您的大名，难道对您还不重要吗？您何必如此坚决地拒绝我呢？”季布听了于是十分高兴，把他请了进来，留住了几个月，待为贵宾，走的时候又送他一份厚礼。季布的名声后来之所以更大，都是曹丘生替他宣扬的。

季布的弟弟季心，勇气和胆略在关中享有盛名。他待人恭敬又谨慎，行侠仗义，好打抱不平，方圆数千里的士人都争着为他尽力效死。有一次季心杀了人，逃到吴国，躲在袁丝的家里。他以服侍长辈的礼节侍奉袁丝，对待灌夫、籍福等人就像对待弟弟一样地照顾有加。他曾经担任中尉下属司马的官职，中尉郅都对他以礼相待。很多年轻人常常借着他的名义在外面行事。那个时候，季心以他的勇敢而出名，季布以他的守信而出名，季氏兄弟闻名于关中。

季布的舅舅丁公，在楚王项羽手下担任将领。丁公曾经奉项羽之命，率军把高祖围困在彭城的西面。短兵相接，高祖见情势十分危急，就对丁公说：“我们两个贤能的人难道要互相残害吗？”于是丁公就率领兵士返回，汉王便得以脱身而去。后来项王战败，丁公去拜见高祖。高祖却将丁公捉住，在军营中示众，说道：“丁公身为项王的臣子，却不能对项王尽忠。使项王丧失天下的，正是丁公啊！”于是就杀了丁公，并说道：“希望后代为人臣子的不要效法丁公！”

栾布是梁地的人。当初梁王彭越还是普通百姓的时候，曾与栾布有交情。栾布家里很贫困，被人雇佣在齐地替一个酒家做工。经过了几年时间，彭越离家来到巨野一带做了强盗，栾布此时被人掳去卖到燕地做奴隶。栾布曾因替他的主人报仇，被燕国的将军臧荼推荐做了都尉。臧荼后来成为燕王，就任命栾布做将领。等到臧荼起兵造反，汉朝进攻燕国，把栾布俘虏了。梁王彭越听说了这件事，就去请求皇上，赎回栾布让他担任了梁国的大夫。

后来栾布奉命出使到齐国，还没返回来。高祖召见彭越，将他以谋反的罪名论处，他的父母、兄弟、妻子三族都被斩尽杀绝。行刑后又把彭越的头悬挂在洛阳城门下示众，颁布诏令说：“敢收殓或看望的，立即逮捕。”栾布从齐国返回，就把自己出使的情况，在城门下向彭越的头颅汇报，一边哭着一边祭祀。官吏就抓捕了他，并报告给皇上。皇上召见栾布，骂他道："你要和彭越一同造反吗？我禁止任何人收尸看望，你却偏偏跑去祭祀哭他，这分明是和彭越一起造反的，赶快把他烹了！"左右的人正要抬着栾布走向汤镬的时候，栾布回过头来说道："我还有一句话要说，说完再死。"皇上问："你要说什么？"栾布说："当年皇上被围困在彭城，在荥阳、成皋一带战败的时候，项王之所以不能继续向西追击，就是因为彭王驻守在梁地，跟汉军联合而使楚军为难的缘故啊。当时，只要彭王一回头，跟楚联合，汉就会失败；跟汉联合，楚就会失败。况且垓下之战，如果没有彭王的作战，项王是不会灭亡的。天下安定之后，彭王接受玺印接受分封，是希望能把这个封爵世世代代地传下去。现在陛下一声令下到梁国征调军队，彭王仅仅因病不能前来，陛下就怀疑，认为他要谋反。谋反的证据也没有看到，就以琐细的事情为罪名而把他的家族诛灭了，我担心功臣会人人感到危险。现在彭王已经死了，我活着倒不如死了更好，就请您把我烹了吧。"于是皇上就赦免了栾布的罪，并任命他做了都尉。

孝文帝的时候，栾布担任燕国的国相，官做到将军。栾布声称："贫穷潦倒的时候不能忍辱求全，就不是一个好汉；富贵以后不能称心快意，就不是一个贤能的人。"于是对那些曾经有恩于自己的人，都给他们丰厚的回报；对与自己有怨仇的人，一定借用法律来杀掉。吴、楚七国反叛时，栾布因功被封为俞侯，又做了燕国的国相。燕、齐一带许多地方都为栾布建造了祠堂，叫作栾公社。

孝景帝中元五年的时候，栾布去世。他的儿子栾贲继承爵位，担任太常官，后来因为祭祀所用的牲畜不合法令的规定，封国被撤销。

太史公说：以项羽那样的气概，而季布尚且能够凭借勇敢在楚国闻名。他身经百战，多次攻打敌军，斩将夺得敌人的军旗，真可算得上是好汉了。然而他遭受刑罚，给人做奴隶却不肯随便死去，表面看多么卑劣啊！他之所以如此，一定是因为对自己的才能很自信，因此虽然受到侮辱却并不感到羞耻，以期望将来可以施展他的抱负，所以最后终于成了汉朝的名将。凡是贤能的人，都不会轻易言死。奴婢、姬妾这些低贱的人因为一时冲动就要自杀，不能说是勇敢，是因为他们觉得再也没有其他办法了。栾布哭悼彭越，把赴汤镬就死看得如同回家一样，因为他真正懂得人死的价值，所以不再畏惧一死。即使古代那些激昂慷慨、重义轻生的人，也无法超过他啊！

史记卷一百一

袁盎晁错列传第四十一

袁盎者，楚人也，字丝。父故为群盗，徙处安陵。高后时，盎尝为吕禄舍人。及孝文帝即位，盎兄哙任盎为中郎。

绛侯为丞相，朝罢趋出，意得甚。上礼之恭，常自送之。袁盎进曰："陛下以丞相何如人？"上曰："社稷臣。"盎曰："绛侯所谓功臣，非社稷臣。社稷臣主在与在，主亡与亡。方吕后时，诸吕用事，擅相王，刘氏不绝如带。是时绛侯为太尉，主兵柄，弗能正，吕后崩，大臣相与共畔诸吕，太尉主兵，适会其成功，所谓功臣，非社稷臣。丞相如有骄主色。陛下谦让，臣主失礼，窃为陛下不取也。"后朝，上益庄，丞相益畏。已而绛侯望袁盎曰："吾与而兄善，今儿廷毁我！"盎遂不谢。

及绛侯免相之国，国人上书告以为反，征系清（请）室，宗室诸公莫敢为言，唯袁盎明绛侯无罪。绛侯得释，盎颇有力。绛侯乃大与盎结交。

淮南厉王朝，杀辟阳侯，居处骄甚。袁盎谏曰："诸侯大骄必生患，可適削地。"上弗用。淮南王益横。及棘蒲侯柴武太子谋反事觉，治，连淮南王，淮南王征，上因迁之蜀，槛车传送。袁盎时为中郎将，乃谏曰："陛下素骄淮南王，弗稍禁，以至此，今又暴摧折之。淮南王为人刚，如有遇雾露，行道死，陛下竟为以天下之大弗能容，有杀弟之名，奈何？"上弗听，遂行之。

淮南王至雍病死，闻，上辍食，哭甚哀。盎入，顿首请罪。上曰："以不用公言至此。"盎曰："上自宽，此往事，岂可悔哉！且陛下有高世之行者三，此不足以毁名。"上曰："吾高世行三者何事？"盎曰："陛下居代时，太后尝病，三年，陛下不交睫，不解衣，汤药非陛下口所尝弗进。夫曾参以布衣犹难之，今陛下亲以王者修之，过曾参孝远矣。夫诸吕用事，大臣专制，然陛下从代乘六乘传驰不测之渊，虽贲、育之勇不及陛下。陛下至代邸，西向让天子位者再，南面让天子位者三。夫许由一让，而陛下五以天下让，过许由四矣。且陛下迁淮南王，欲以苦其志，使改过，有司卫不谨，故病死。"于是上乃解，曰："将奈何？"盎曰：

“淮南王有三子，唯在陛下耳。”于是文帝立其三子皆为王。盎由此名重朝廷。

袁盎常引大体慷慨。宦者赵同以数幸，常害袁盎，袁盎患之。盎兄子种为常侍骑，持节夹乘，说盎曰：“君与斗，廷辱之，使其毁不用。”孝文帝出，赵同参乘，袁盎伏车前曰：“臣闻天子所与共六尺舆者，皆天下豪英。今汉虽乏人，陛下独奈何与刀锯余人载！”于是上笑，下赵同。赵同泣下车。

文帝从霸陵上，欲西驰下峻阪。袁盎骑，并车擥辔。上曰：“将军怯邪？”盎曰：“臣闻千金之子坐不垂堂，百金之子不骑衡，圣主不乘危而徼幸。今陛下骋六騑，驰下峻山，如有马惊车败，陛下纵自轻，奈高庙、太后何？”上乃止。

上幸上林，皇后、慎夫人从。其在禁中，常同席坐。及坐，郎署长布席，袁盎引却慎夫人坐。慎夫人怒，不肯坐。上亦怒，起，入禁中。盎因前说曰：“臣闻尊卑有序则上下和。今陛下既已立后，慎夫人乃妾，妾主岂可与同坐哉！〔适所以失尊卑矣。〕且陛下幸之，即厚赐之。陛下所以为慎夫人，适所以祸之。陛下独不见‘人彘’乎？”于是上乃说，召语慎夫人。慎夫人赐盎金五十斤。

然袁盎亦以数直谏，不得久居中，调为陇西都尉。仁爱士卒，士卒皆争为死。迁为齐相，徙为吴相，辞行，种谓盎曰：“吴王骄日久，国多奸。今苟欲劾治，彼不上书告君，即利剑刺君矣。南方卑湿，君能日饮，毋何，时说王曰‘毋反’而已。如此幸得脱。”盎用种之计，吴王厚遇盎。

盎告归，道逢丞相申屠嘉，下车拜谒，丞相从车上谢袁盎。袁盎还，愧其吏，乃之丞相舍上谒，求见丞相。丞相良久而见之。盎因跪曰：“愿请间。”丞相曰：“使君所言公事，之曹与长史掾议，吾且奏之；即私邪，吾不受私语。”袁盎即跪说曰：“君为丞相，自度孰与陈平、绛侯？”丞相曰：“吾不如。”袁盎曰：“善，君即自谓不如。夫陈平、绛侯辅翼高帝，定天下，为将相，而诛诸吕，存刘氏；君乃为材官蹶张，迁为队率，积功至淮阳守，非有奇计攻城野战之功。且陛代下从来，每朝，郎官上书疏，未尝不止辇受其言。言不可用，置之；言可受，采之。未尝不称善。何也？则欲以致天下贤士大夫。上日闻所不闻，明所不知，日益圣智；君今自闭钳天下之口而日益愚。夫以圣主责愚相，君受祸不久矣。”丞相乃再拜曰：“嘉鄙野人，乃不知，将军幸教。”引入与坐，为上客。

盎素不好晁错，晁错所居坐，盎去；盎坐，错亦去。两人未尝同堂语。及孝文帝崩，孝景帝即位，晁错为御史大夫，使吏案袁盎受吴王财物，抵罪。诏赦以为庶人。

吴、楚反闻，晁错谓丞史曰："夫袁盎多受吴王金钱，专为蔽匿，言不反。今果反，欲请治盎宜知计谋。"丞史曰："事未发，治之有绝。今兵西乡，治之何益！且袁盎不宜有谋。"晁错犹与未决。人有告袁盎者，袁盎恐，夜见窦婴，为言吴所以反者，愿至上前口对状。窦婴入言上，上乃召袁盎入见。晁错在前，及盎请辟人赐间，错去，固恨甚。袁盎具言吴所以反状，以错故，独急斩错以谢吴，吴兵乃可罢。其语具在《吴事》中。使袁盎为太常，窦婴为大将军。两人素相与善。逮吴反，诸陵长者长安中贤大夫争附两人，车随者日数百乘。

及晁错已诛，袁盎以太常使吴。吴王欲使将，不肯；欲杀之，使一都尉以五百人围守盎军中。袁盎自其为吴相时，有从史尝盗爱盎侍儿，盎知之，弗泄，遇之如故。人有告从史，言"君知尔与侍者通"，乃亡归。袁盎驱自追之，遂以侍者赐之，复为从史。及袁盎使吴见守，从史适为守盎校尉司马，乃悉以其装赍置二石醇醪，会天寒，士卒饥渴，饮酒醉，西南陬卒皆卧，司马夜引袁盎起，曰："君可以去矣，吴王期旦日斩君。"盎弗信，曰："公何为者？"司马曰："臣故为从史盗君侍儿者。"盎乃惊谢曰："公幸有亲，吾不足以累公。"司马曰："君弟去，臣亦且亡，辟吾亲，君何患！"乃以刀决张，道从醉卒隧直出。司马与分背，袁盎解节毛怀之，杖，步行七八里，明，见梁骑，骑驰去，遂归报。

吴楚已破，上更以元王子平陆侯礼为楚王，袁盎为楚相。尝上书有所言，不用。袁盎病免居家，与闾里浮沉，相随行，斗鸡走狗。洛阳剧孟尝过袁盎，盎善待之。安陵富人有谓盎曰："吾闻剧孟博徒，将军何自通之？"盎曰："剧孟虽博徒，然母死，客送葬千馀乘，此亦有过人者。且缓急人所有。夫一旦有急叩门，不以亲为解，不以存亡为辞，天下所望者，独季心、剧孟耳。今公常从数骑，一旦有缓急，宁足恃乎！"骂富人，弗与通。诸公闻之，皆多袁盎。

袁盎虽家居，景帝时时使人问筹策。梁王欲求为嗣，袁盎进说，其后语塞。梁王以此怨盎，曾使人刺盎。刺者至关中，问袁盎，诸君誉之皆不容口。乃见袁盎曰："臣受梁王金来刺君。君长者，不忍刺君。然后刺君者十馀曹，备之！"袁盎心不乐，家又多怪，乃之棓生所问占。

还，梁刺客后曹辈果遮刺杀盎安陵郭门外。

晁错者，颍川人也。学申、商刑名于轵张恢先所，与洛阳宋孟及刘礼同师。以文学为太常掌故。

错为人峭直刻深。孝文帝时，天下无治《尚书》者，独闻济南伏生故秦博士，治《尚书》，年九十馀，老不可征，乃诏太常使人往受之。太常遣错受《尚书》伏生所。还，因上便宜事，以《书》称说。诏以为太子舍人、门大夫、家令。以其辩得幸太子，太子家号曰“智囊”。数上书孝文，时言削诸侯事，及法令可更定者。书数十上，孝文不听，然奇其材，迁为中大夫。当是时，太子善错计策，袁盎诸大功臣多不好错。

景帝即位，以错为内史。错常数请间言事，辄听，宠幸倾九卿，法令多所更定。丞相申屠嘉心弗便，力未有以伤。内史府居太上庙壖中，门东出，不便，错乃穿两门南出，凿庙壖垣。丞相嘉闻，大怒，欲因此过为奏请诛错。错闻之，即夜请问，具为上言之。丞相奏事，因言错擅凿庙垣为门，请下廷尉诛。上曰：“此非庙垣，乃壖中垣，不致于法。”丞相谢。罢朝，怒谓长史曰：“吾当先斩以闻，乃先请，为儿所卖，固误。”丞相遂发病死。错以此愈贵。

迁为御史大夫，请诸侯之罪过，削其地，收其枝郡。奏上，上令公卿列侯宗室集议，莫敢难，独窦婴争之，由此与错有郤。错所更令三十章，诸侯皆喧哗疾晁错。错父闻之，从颍川来，谓错曰：“上初即位，公为政用事，侵削诸侯，别疏人骨肉，人口议多怨公者，何也？”晁错曰：“固也，不如此，天子不尊，宗庙不安。”错父曰：“刘氏安矣，而晁氏危矣，吾去(父)〔公〕归矣！”遂饮药死，曰：“吾不忍见祸及吾身。”死十馀日，吴楚七国果反，以诛错为名。及窦婴、袁盎进说，上令晁错衣朝衣斩东市。

晁错已死，谒者仆射邓公为校尉，击吴楚军为将。还，上书言军事，谒见上。上问曰：“道军所来，闻晁错死，吴楚罢不？”邓公曰：“吴王为反数十年矣，发怒削地，以诛错为名，其意非在错也。且臣恐天下之士噤口，不敢复言也！”上曰：“何哉？”邓公曰：“夫晁错患诸侯强大不可制，故请削地以尊京师，万世之利也。计画始行，卒受大戮，内杜忠臣之口，外为诸侯报仇，臣窃为陛下不取也。”于是景帝默然良久，曰：“公言善，吾亦恨之。”乃拜邓公为城阳中尉。

邓公，成固人也，多奇计。建元中，上招贤良，公卿言邓公。时邓公免，起家为九卿。一年，复谢病免归。其子章以修黄老言显于诸公间。

太史公曰：袁盎虽不好学，亦善傅会，仁心为质，引义慷慨。遭孝文初立，资适逢世。时以变易，及吴楚一说，说虽行哉，然复不遂。好声矜贤，竟以名败。鼂错为家令时，数言事不用；后擅权，多所变更。诸侯发难，不急匡救，欲报私仇，反以亡躯。语曰“变古乱常，不死则亡”，岂错等谓邪！

【译文】

袁盎是楚国人，字丝。他的父亲曾经当过强盗，后来迁居到安陵。吕后时期，袁盎曾经当过吕后侄子吕禄的家臣。等到孝文帝登基，袁盎的哥哥袁哙保他当了中郎的官。

绛侯周勃担任丞相时，每次朝见之后，都快速地走出朝廷，很是得意洋洋。皇上对他也非常恭敬，常常亲自目送他出去。袁盎对孝文帝进谏说：“陛下认为丞相绛侯是什么样的人呢？”皇上说：“他是关系国家安危的重臣。”袁盎说：“绛侯是所谓的功臣，并不是国家的重臣。国家的重臣应该与皇上共存亡，当年吕后当政的时候，吕氏族人执掌大权，擅自争相封王，以致使得刘家的天下几乎快要灭亡，国脉就像丝带一样的细微。那个时候，绛侯身为太尉，掌握兵权，却不能匡正时政。吕后去世后，朝中大臣一起讨伐吕氏族人，太尉掌握兵权，恰好使他遇到这个立功的机会，故而说他是所谓的功臣，而不能说是社稷的重臣。现在丞相似对皇上露出骄傲的神色，而陛下却总是谦虚退让，人臣与君主都违背了应守的礼节，我私下认为这是不合适的。”从此再上朝的时候，皇上就逐渐严肃起来，丞相则日益畏惧。后来绛侯埋怨袁盎说：“我与你的兄长袁哙交情甚好，如今你小子却在皇上面前毁谤我！”袁盎听了也不向他谢罪。

后来绛侯被罢免了丞相的职位，回到自己的封国，封国中有人上书朝廷，说他想谋反。于是绛侯被召进京，关在监狱中。这时皇室宗亲以及各位公卿都不敢替他辩驳，只有袁盎站出来证明绛侯是无辜的。绛侯最后得以释放，袁盎费了很多心力。绛侯从此与袁盎成为挚友。

淮南王刘长进京朝见的时候，杀了辟阳侯，他平时待人处世也甚为骄横。袁盎劝谏皇上说：“诸侯太强大太骄横必然会生祸患，可以适当地削减他们的封地。”皇上不听，淮南王于是更加骄横。后来棘蒲侯柴武太子预备造反的事被察觉，追查治罪时，案子牵连到了淮南王。淮南王被调进京，皇上便将他贬到蜀地去，用囚车押送他。袁盎当时被任命为中郎将，便劝谏皇上说：“陛下从前放任淮南王骄纵，而不稍稍加以限制，以致到了现在这种地步，如今又突然惩治他。淮南王性情刚烈，倘若在路上遇到风霜寒露，死在半途中，陛下就会被世人认为不能宽容弟弟，甚至背上杀死弟弟的恶名，那可怎么办呢？”皇上不听，就打发淮南王上路了。

淮南王行至雍地就病死了，消息传来，文帝很难过，饭也吃不下，哭得很厉害。袁盎上朝，向文帝叩头请罪。文帝说：“因为之前没有采用你的意见，所以才落到今天这个地步。”袁盎说：“皇上请想开些，这已经是过去的事了，后悔还有什么用呢？再说陛下做过三件高出世人的事，这一件不足以坏掉您的名声。”皇上说：“我做过哪三件一般人比不了的事？”袁盎说：“陛下当初为代王时，太后曾经一病三年，陛下在这期间不曾合眼，也没有解下衣服好好睡过一觉，汤药不经陛下亲口尝过，就不进奉给太后。曾参作为布衣百姓，尚且难以做到这样，现在陛下身为君主却做到了，您比曾参要孝顺多了。吕氏族人当政，而后又是大臣们独断朝政，然而陛下居然乘上一辆六匹马拉的车子，从代国奔赴祸福不测的京师，即便孟贲、夏育那样的勇武之人，也比不上陛下您啊。陛下到达长安的代国府邸后，两次面向西方，三次面向南方辞让天子之位。贤者许由也不过辞让天下一次，而陛下竟能五次辞让天下，超过许由四次之多。况且陛下贬逐淮南王的本意，是想要借此劳苦他的心志，使他能够改过自新，由于官吏护卫不周，这才得病而死。”听了这话，文帝才稍稍宽慰了些，说道：“那以后该怎么办呢？”袁盎说：“淮南王有三个儿子，就看陛下您的安排了。”于是文帝便把淮南王的三个儿子全都封做了王。袁盎也因为这件事而名震朝廷。

袁盎常常在一些大的问题上慷慨陈词。宦官赵同倚仗皇上的宠幸，常常暗地中伤袁盎，袁盎为此也感到很头疼。袁盎的侄子袁种是皇上的侍从骑士，手持符节随从皇帝左右。袁种劝袁盎说：“您可以找机会在朝廷上当众侮辱他一回，这样他日后所毁谤的话就不起作用了。”一次，孝文帝外出，赵同在车上陪侍，袁盎就过去跪在车前，说道：“我听说只有国家的英雄豪杰才有资格陪同天子共乘一辆车。如今汉王朝即使再没有人才，也不至于让一个受过刀锯之刑的宦官陪同您坐一辆车啊！”文帝听后笑着让赵同下车，赵同流着眼泪下了车。

有一次，文帝从霸陵上山，打算从西边的陡坡纵马奔驰而下。袁盎骑着马，紧靠着皇帝的车子，拉住了马车的缰绳。皇上说："将军害怕了吗？"袁盎说："我听说家有千金的人就坐时不靠近房檐底下，家有百金财富的人站立的时候不倚在楼台的栏杆上，圣明的君主不去冒险而心存侥幸。现在陛下要驾着六匹马的车子冲下高坡，假如发生马匹受惊车辆毁坏的事，陛下即便看轻自己的性命，怎能对得起高祖和太后呢？"文帝这才中止。

皇上巡幸上林苑，窦皇后和慎夫人跟从。她们在宫中的时候，常常是同席而坐。这次，等到就坐的时候，郎署长布置坐席的位次，袁盎把慎夫人的坐席向后拉了一些。慎夫人发怒不肯坐。文帝也生气了，站起身来回到内宫。袁盎就上前劝说道："我听说尊卑有序则上下和睦。如今陛下既然已经立了皇后，慎夫人只是姬妾，姬妾怎么能和主上并排而坐呢？这样会扰乱尊卑的次序。再说陛下如果宠爱她，可以厚厚地赏赐她。刚才那种行为，陛下以为是宠爱她，其实恰恰害了她。陛下难道忘了'人彘'吗？"皇上这才高兴起来，召来慎夫人，把袁盎的话告诉了她。慎夫人就赐给袁盎黄金五十斤。

但是袁盎也因为屡屡直言劝谏，不能长久地留在朝中，后来被调到陇西任都尉。他对士兵们爱护有加，士兵们都争相为他效命。之后，他被升迁做了齐国丞相。后又调任做了吴国丞相，在辞别前行的时候，袁种对袁盎说："吴王骄横日久，国中有许多奸诈之人。如今您若要弹劾、惩治他们，他们不上书诬告您，就会用利剑来刺杀您。南方地势低洼潮湿，希望您能多喝酒，不要管什么事，时常劝说吴王不要造反就是了。如果能这样，就能侥幸免去祸患。"袁盎接受了袁种的建议，吴王于是厚待袁盎。

袁盎请假回家，在路上碰到丞相申屠嘉，他便下车向丞相行礼。丞相没有下车，只在车上表示谢意，袁盎回来后，面对属吏很感羞愧，于是就到丞相的府上，要求拜见。等了很长时间，丞相才出来，袁盎便跪下说："希望和丞相单独说话，请旁人回避一下。"丞相说："如果你所说的是公事，请前往官署与长史属官商议，我将把你的奏章呈报上去；如果说的是私事，我不听私下的言语。"袁盎就跪着说道："你当丞相，请自己揣度一下，比得上陈平、绛侯吗？"丞相说："我比不上他们。"袁盎说："好，你能认识到自己的不足就好。陈平、绛侯辅佐高祖，平定天下，位居将相，诛杀了吕氏族人，保住了刘氏的基业；您原来不过是个拉大弓的低级武士，被提升为队长，积累功劳做到了淮阳郡的太守，并没有出谋划策过，也没有在攻城夺地、野外厮杀中立下战功。再说陛下从代地来，每次上朝，郎官呈上奏书，皇上没有一次不是停下车驾，恭敬听取他们的意见。意见不能采用的，就放置一边；可以采纳的，就采纳，而且没有一次不称道赞许他们。这是为什么呢？就是要用来招致天下的贤能士大夫啊。皇上每天聆听从前没听过的事情，明白以前所不知的道理，便日益英明智慧起来；您现在却亲自封闭天下人的口，而使得自己一天天变得愚昧。让一个圣明的君主来面对一个愚钝的丞相，你遭祸的日子不会远了。”申屠嘉向袁盎拜了两拜，说道：“我这个粗鄙庸俗的人，不明事理，幸蒙将军您的教诲。”于是引袁盎入内室同坐，待为上客。

袁盎一向不喜欢晁错，只要有晁错在的地方，袁盎就离去；而袁盎在座时，晁错也离开。两个人从来没有在一间屋子谈过话。等到孝文帝去世后，孝景帝继位，晁错担任御史大夫，派遣官吏去核查袁盎收受吴王财物的事，要将其判罪下狱。后来景帝下诏令将袁盎赦免，贬为平民。

吴楚叛乱，消息传到了京城，晁错对丞史说：“袁盎收了吴王许多金钱，专门为他遮掩，说他不会反叛。现在反叛已成事实，我请求处治袁盎的知情不报。”丞史说：“事情如果还没有暴露出来就惩治他，也许能制止叛乱阴谋。现在叛军已向西进发，即使惩办袁盎又有什么用呢？再说袁盎也不会有什么阴谋。”晁错一时犹豫不决。有人将这件事告诉袁盎，袁盎心中恐惧，连夜去见窦婴，对他讲明吴王反叛的原因，并且愿意到皇上跟前当面对质。窦婴进宫向景帝上奏，景帝就召袁盎进宫。晁错也在场，袁盎就请求皇上屏开旁人单独接见，晁错心里非常怨恨，不得已退了下去。袁盎详细地说明了吴王谋反的原因，都是因为晁错的缘故，唯有速速斩杀晁错来向吴王致歉，吴王才会罢兵。他的这些言语都记载在《吴王濞列传》中。皇上于是任命袁盎担任太常，窦婴担任大将军。他们两个人向来交情很好。待到吴王反叛，长安附近的长者以及长安城里的士大夫们都争相依附他们，跟在他们后面的车子每天有好几百辆。

晁错被诛杀后，袁盎以太常的身份出使吴国。吴王想让他担任吴国的将领，袁盎不肯。吴王想杀死他，派了一名都尉带领五百将士，将袁盎包围在军营之中。当初袁盎担任吴国国相的时候，有个从史和袁盎的侍女私通，袁盎知道了这件事，却没有泄露出去，对待从史仍跟从前一样。有人告诉从史，说袁盎知道他跟侍女私通的事，从史很害怕，便赶紧往家逃，袁盎亲自驾车追赶从史，将那侍女赐给了他，仍旧叫他当从史。等到袁盎出使吴国被监禁，围困袁盎的校尉司马刚好是那个从史，他就把随身携带的全部财物卖了，买了两石味道浓厚的酒，又正值天寒，士卒们又饥又渴，喝醉了，围守城西南角的士兵都倒卧在地上，那司马乘夜请袁盎起身，说道："您赶紧逃走吧，吴王准备明天一早杀您。"袁盎不相信，说："您是什么人？"那个司马说："我就是从前担任从史时和您侍女私通的那个人。"袁盎这才大惊，道谢说："您尚有父母在堂，我可不能因此连累了您啊。"司马说："您但走无妨，我也要逃走，把我的父母安置在安全的地方，您不必担心。"于是用刀把军营的帐幕割开，领着袁盎从醉倒的士兵堆里逃了出来。司马与袁盎分道而行，袁盎解下了节旄放在怀中，拄着拐杖，走了七八里，天亮的时候，碰上了梁国的骑兵，他便要了一匹马，骑上飞驰而去，终于得以回到朝廷奏报。

吴楚叛军被平息后，景帝便把楚元王的儿子平陆侯刘礼改封为楚王，任命袁盎担任楚相。袁盎曾经几次上书有所建言，但均未被采纳。于是就称病免职回家，整天和乡里人在一起混日子，跟他们玩斗鸡赛狗的游戏。洛阳的剧孟曾经拜访过袁盎，袁盎热情地接待他。安陵地方有个富人，对袁盎说："我听说剧孟是个赌徒，您为什么要和这种人来往呢？"袁盎说："剧孟虽是个赌徒，但他的母亲去世时，宾客们送葬的车马多达一千多辆，说明他也有过人的地方。再说人人都有危难的时候，而遇到危难有急事来敲门，不以双亲尚在为辩解，也不以存亡与否为托辞，众望所归之人只有季心、剧孟而已。如今您身后常常有数位骑马侍从跟随左右，可一旦遇到急事，这些人可以依靠吗？"袁盎便痛骂那个富人，从此不再与他来往。诸位王公贵人听说了这件事，都很称赞袁盎。

袁盎虽然闲居在家，而景帝经常派人来向他询问计谋策略。梁王曾想请求景帝让他成为皇位继承人，袁盎进言劝说，从此以后，景帝就不再提让梁王继位的事。梁王因此怨恨在心，曾经派人刺杀袁盎。刺客来到关中，打听袁盎的为人，众人都赞不绝口。刺客便去见袁盎说："我接受了梁王的钱来刺杀您，但您是个厚道人，因此我不忍心刺杀您。但以后还会有十多批人来刺杀您，希望您小心防备！"袁盎心中很不愉快，家中又多有怪异之事，便到棓生那里去占卜问吉凶。回来的路上，走到安陵城门外的时候，被随后派来的梁国刺客刺杀了。

晁错是颍川人，曾经跟从轵县张恢先生学习申不害和商鞅的刑名学说，与洛阳人宋孟和刘礼是同学。由于他通晓典籍，被任命为太常掌故。

晁错为人严肃刚正，却又苛刻严酷。孝文帝的时候，国家研究《尚书》的人才很少，只听说济南伏先生曾担任秦朝的博士，研究过《尚书》，当时已经九十多岁，因为年老而不能征召来，于是文帝便诏令太常派人前往向他请教。太常便派遣晁错前去。晁错学成后回来，向文帝上书国家当前应该做的事，经常引用《尚书》里的观点。文帝下诏任命晁错担任太子舍人、门大夫、太子家令。他因为能言善辩而得到太子的宠幸，太子家称他为“智囊”。他在孝文帝之时屡屡上书，陈说削减诸侯权势的事，以及法令中尚需修改的地方。一连上了几十次，文帝都没有采纳，但文帝认为他有奇特的才能，就提升为中大夫。当时，只有太子称赞晁错的主张，而袁盎和许多大臣都不喜欢晁错。

孝景帝继位后，晁错被任命为内史。他曾多次请求单独谈论政事，景帝每每都听从，宠幸他超过了九卿，国家的法令许多都因此作了修改。丞相申屠嘉对晁错不满，但又没办法来挫伤他。内史府设在太上庙围墙里的空地之中，门朝东开，出入不便，晁错便向南开了两个门，因而把太上庙的围墙凿开了。丞相申屠嘉听说了这件事大怒，打算借这次机会，请求皇上把他诛杀了。晁错听到了这个消息，便连夜请求单独进见皇上，向皇上详细地讲明了此事的原委。等到申屠嘉上奏晁错擅自凿开太上庙的围墙做门，请求皇上把他交给廷尉处死的时候，皇上说：“晁错所凿的不是太上庙的墙，只是庙外空地上的小矮墙，没有触犯法令。”申屠嘉只得谢罪。退朝之后，申屠嘉愤愤地对长史说：“我本当先杀了他，再报告给皇上，却先奏请，结果被这小子给耍了，实在是大错。”于是气得旧病复发而死，晁错却因此更加显贵。

晁错被提升为御史大夫后，请求查处诸侯的罪过，相应地削减他们的封地，并收回各诸侯国边境的郡城。奏章上呈后，皇上命令公卿、列侯和皇族宗室集中讨论，没有一个人敢提出不同的意见，只有窦婴表示反对，从此便与晁错有了嫌隙。晁错先后修改的法令有三十项，诸侯们全都哗然，痛恨晁错。晁错的父亲听说后，就从颍川赶来，对晁错说：“皇上刚刚继位，你执掌政权，削夺诸侯的领地，离间人家的骨肉，惹得人们纷纷议论怨恨你，为什么要这样做呢？”晁错说：“事情本来就应该这样，不然天子之位就得不到尊崇，国家宗庙社稷也不得安宁。”晁错的父亲又说：“照你这么办，刘家的天下是安宁了，而我们晁家却大祸临头了，我要离开你回去了。”于是服毒药而死，死前说道：“我不忍心眼见大祸殃及自己。”晁错的父亲死后十几天，吴楚七国果真反叛，以讨伐晁错为名。等到窦婴、袁盎进言劝说，皇上就命令晁错穿着朝服，在东市被处斩了。

晁错死后，谒者仆射邓公被任命为校尉，攻打吴楚叛军时，他担任将领。回京城后，他上书报告军事情况，进见皇上。皇上问道：“你从军中来，晁错的死讯传到前方，吴楚的军队退了没有？”邓公说道：“吴王蓄意叛乱已经有几十年了，因被削夺封地而激起怒气，诛杀晁错只是一种借口，而他的意图并非在晁错身上。而且我担心您这么一杀晁错，天下的士人从此都将闭口，再也不敢进言了。”皇上说：“这是为什么？”邓公说：“晁错因为担心诸侯强大了朝廷不能够控制，所以才要求削减封地，借以维护朝廷，加强中央政权，这本是关乎刘家万世基业的好事啊。而计划才开始实行，竟然遭到杀戮，这样对内堵住了忠臣的嘴，对外反而替诸侯报了仇，我私下认为陛下这样做是不对的。”景帝沉默了好久，说：“您说得很对，我也很后悔。”于是任命邓公担任城阳中尉。

邓公是成固人，经常提出许多出人意料的妙计。建元年间，皇上招纳贤良，公卿们都推举邓公，当时邓公正罢职家居，于是被起用，一下子升到了九卿之位。一年后，邓公又推说有病辞职回家，他的儿子邓章因为研究黄帝、老子的学说在朝廷大臣中间享负盛名。

太史公说：袁盎虽然没有什么学问，可是却善于附会之说。他有一种仁爱之心，常常慷慨激昂地申引大义。赶上孝文帝刚刚继位，因此他的才华能得以尽情施展。而时局不断地在变化，等到吴楚反叛时，他建议诛杀晁错，虽然景帝采纳了，然而他后来却不再被重用。他追求声名，夸耀贤能，最终却因追名逐利而身败名裂。晁错做太子家令的时候，多次上书而不被采用。后来掌握大权，对法令做了许多修改。诸侯发动叛乱，晁错不急于匡正救国，却想要报私仇，反而因此丧了命。俗话说“改变古法，搞乱常规，不是身死，就是逃亡”，说的不就是晁错这种人吗？

史记卷一百二

张释之冯唐列传第四十二

张廷尉释之者，堵阳人也，字季。有兄仲同居。以訾为骑郎，事孝文帝，十岁不得调，无所知名。释之曰："久宦减仲之产，不遂。"欲自免归。中郎将袁盎知其贤，惜其去，乃请徙释之补谒者。

释之既朝毕，因前言便宜事。文帝曰："卑之，毋甚高论，令今可施行也。"于是释之言秦汉之间事，秦所以失而汉所以兴者久之。文帝称善，乃拜释之为谒者仆射。

释之从行，登虎圈。上问上林尉诸禽兽簿。十馀问，尉左右视，尽不能对。虎圈啬夫从旁代尉对上所问禽兽簿甚悉，欲以观其能口对响应无穷者。文帝曰："吏不当若是邪？尉无赖！"乃诏释之拜啬夫为上林令。释之久之前曰："陛下以绛侯周勃何如人也？"上曰："长者也。"又复问："东阳侯张相如何如人也？"上复曰："长者。"释之曰："夫绛侯、东阳侯称为长者，此两人言事曾不能出口，岂敩此啬夫谍谍利口捷给哉！且秦以任刀笔之吏，吏争以亟疾苛察相高，然其敝徒文具耳，无恻隐之实。以故不闻其过，陵迟而至于二世，天下土崩。今陛下以啬夫口辩而超迁之，臣恐天下随风靡靡，争为口辩而无其实。且下之化上疾于景响，举错不可不审也。"文帝曰："善。"乃止，不拜啬夫。

上就车，召释之参乘。徐行，问释之秦之敝，具以质言。至宫，上拜释之为公车令。

顷之，太子与梁王共车入朝，不下司马门，于是释之追止太子、梁王无得人殿门。遂劾不下公门不敬，奏之。薄太后闻之，文帝免冠谢曰："教儿子不谨。"薄太后乃使使承诏赦太子、梁王，然后得入。文帝由是奇释之，拜为中大夫。

顷之，至中郎将。从行至霸陵，居北临厕。是时慎夫人从，上指示慎夫人新丰道，曰："此走邯郸道也。"使慎夫人鼓瑟，上自倚瑟而歌，意惨凄悲怀，顾谓群臣曰："嗟乎！以北山石为椁，用纻絮斫陈，蕠漆其间，岂可动哉！"左右皆曰："善。"释之前进曰："使其中有可欲者，虽锢南山犹有郄；使其中无可欲者，虽无石椁，又何戚焉！”文帝称善。其后拜释之为廷尉。

顷之，上行出中渭桥，有一人从桥下走出，乘舆马惊。于是使骑捕。属之廷尉，释之治问。曰：“县人来，闻跸，匿桥下。久之，以为行已过，即出，见乘舆车骑，即走耳。”廷尉奏当，一人犯跸，当罚金。文帝怒曰：“此人亲惊吾马，吾马赖柔和，令他马，固不败伤我乎？而廷尉乃当之罚金！”释之曰：“法者，天子所与天下公共也。今法如此而更重之，是法不信于民也。且方其时，上使立诛之则已。今既下廷尉，廷尉，天下之平也，一倾而天下用法皆为轻重，民安所错其手足？唯陛下察之。”良久，上曰：“廷尉当是也。”

其后有人盗高庙坐前玉环，捕得，文帝怒，下廷尉治。释之案律盗宗庙服御物者为奏，奏当弃市。上大怒曰：“人之无道，乃盗先帝庙器！吾属廷尉者，欲致之族，而君以法奏之，非吾所以共承宗庙意也。”释之免冠顿首谢曰：“法如是足也。且罪等，然以逆顺为差。今盗宗庙器而族之，有如万分之一，假令愚民取长陵一抔土，陛下何以加其法乎？”久之，文帝与太后言之，乃许廷尉当。

是时，中尉条侯周亚夫与梁相山都侯王恬开见释之持议平，乃结为亲友。张廷尉由此天下称之。

后文帝崩，景帝立，释之恐，称病。欲免去，惧大诛至；欲见谢，则未知何如。用王生计，卒见谢，景帝不过也。

王生者，善为黄老言，处士也。尝召居廷中，三公九卿尽会立，王生老人，曰“吾袜解”，顾谓张廷尉：“为我结袜！”释之跪而结之。既已，人或谓王生曰：“独奈何廷辱张廷尉，使跪结袜？”王生曰：“吾老且贱，自度终无益于张廷尉。张廷尉方今天下名臣，吾故聊辱廷尉，使跪结袜，欲以重之。”诸公闻之，贤王生而重张廷尉。

张廷尉事景帝岁馀，为淮南王相，犹尚以前过也。久之，释之卒。其子曰张挚，字长公，官至大夫，免。以不能取容当世，故终身不仕。

冯唐者，其大父赵人。父徙代。汉兴，徙安陵。唐以孝著，为中郎署长，事文帝。文帝辇过，问唐曰：“父老何自为郎？家安在？”唐具以实对。文帝曰：“吾居代时，吾尚食监高祛数为我言赵将李齐之贤，战于巨鹿下。今吾每饭，意未尝不在巨鹿也。父知之乎？”唐对曰：“尚不如廉颇、李牧之为将也。”上曰：“何以？”唐曰：“臣大父在赵时，为官卒将，善李牧。臣父故为代相，善赵将李齐，知其为人也。”上既闻廉颇、李牧为人，良说，而搏髀曰：“嗟乎！吾独不得廉颇、李牧时为吾将，吾岂忧匈奴哉！”唐曰：“主臣！陛下虽得廉颇、李牧，弗能用也。”上怒，起入禁中。良久，召唐让曰：“公奈何众辱我，独无间处乎？”唐谢曰：“鄙人不知忌讳。”

当是之时，匈奴新大入朝那，杀北地都尉(昂)〔卬〕。上以胡寇为意，乃卒复问唐曰：“公何以知吾不能用廉颇、李牧也？”唐对曰：“臣闻上古王者之遣将也，跪而推毂，曰：‘阃以内者，寡人制之；阃以外者，将军制之’。军功爵赏皆决于外，归而奏之。此非虚言也。臣大父言，李牧为赵将居边，军市之租皆自用飨士，赏赐决于外，不从中扰也。委任而责成功，故李牧乃得尽其智能，遣选车千三百乘，彀骑万三千〔匹〕，百金之士十万，是以北逐单于，破东胡，灭澹林，西抑强秦，南(友)〔支〕韩、魏。当是之时，赵几霸。其后会赵王迁立，其母倡也。王迁立，乃用郭开谗，卒诛李牧，令颜聚代之。是以兵破士北，为秦所禽灭。今臣窃闻魏尚为云中守，其军市租尽以飨士卒，〔出〕私养钱，五日一椎牛，飨宾客军吏舍人，是以匈奴远避，不近云中之塞。虏曾一入，尚率车骑击之，所杀甚众。夫士卒尽家人子，起田中从军，安知尺籍五符。终日力战，斩首捕虏，上功莫府，一言不相应，文吏以法绳之。其赏不行而吏奉法必用。臣愚，以为陛下法太明，赏太轻，罚太重。且云中守魏尚坐上功首虏差六级，陛下下之吏，削其爵，罚作之。由此言之，陛下虽得廉颇、李牧，弗能用也。臣诚愚，触忌讳，死罪死罪！”文帝说，是日令冯唐持节赦魏尚，复以为云中守。而拜唐为车骑都尉，主中尉及郡国车士。

七年，景帝立，以唐为楚相，免。武帝立，求贤良，举冯唐。唐时年九十馀，不能复为官，乃以唐子冯遂为郎。遂字王孙，亦奇士，与余善。

太史公曰：张季之言长者，守法不阿意；冯公之论将率，有味哉！有味哉！语曰“不知其人，视其友”。二君之所称诵，可著廊庙。《书》曰：“不偏不党，王道荡荡；不党不偏，王道便便。”张季、冯公近之矣。

【译文】

廷尉张释之，是堵阳人，字季，刚开始和他的哥哥张仲一起生活。他因为家财殷实，得以入选为骑郎，侍奉孝文帝，但是为官十年都没有升迁，一直默默无名。张释之说："做了这么长时间的官，只是白白耗减哥哥的家产，使人不安。"就打算辞职回家。中郎将袁盎知道张释之的才能，惋惜他的离去，于是就请求孝文帝让他补了个谒者的空缺。有一天，张释之朝见完毕之后，趁机上前陈述一些便国宜民的事。文帝说："现实一些，不要高谈阔论，说些当前就能实施的事。"于是，张释之又谈起秦汉之间的事，对于秦朝灭亡和汉朝兴盛的原因，谈了很长时间。文帝听了很高兴，很赞赏他，就任命他做了谒者仆射。

一次，张释之跟随孝文帝出行，登临上林苑里的虎圈。孝文帝询问上林苑的官员各种禽兽的簿册登记情况，问了十几个问题，那些官员只能你看我、我看你，全都不知如何回答。看管虎圈的饲养员在旁边代替上林尉回答了皇帝提出的所有问题，并且答得极周全，他为了借此显示自己的本领，一切回答都是张口就来，毫无停顿。孝文帝说："做官吏不该像这样吗？上林尉真无能。"于是命令张释之任命这个饲养员做上林令。张释之沉默许久才上前说："陛下认为绛侯周勃是怎样的人呢？"文帝说："是个忠厚的长者啊！"张释之又问："东阳侯张相如是怎样的人呢？"文帝说："也是个忠厚的长者。"张释之说："绛侯与东阳侯都被称为长者，可这两个人谈论事情时都不善于言辞，现在这样做，难道让人们去效法这个人滔滔不绝、伶牙俐齿的样子吗？况且秦朝由于重用了那些刀笔吏，所以官吏们争着拿办事急快和督察苛刻来互比高低，到头来，都是一种形式，而没有一点实质性内涵。因为这个缘故，国君听不到自己的过失，日益衰败，只传到了秦二世，天下便土崩瓦解了。现在陛下因为一个人能言善辩就越级提拔他，我担心此风气一开，天下人都竞相追随，争相练嘴皮子而不求实实在在的东西。陛下做任何事情都不可以不慎重啊！"文帝说："好。"于是放弃了提拔饲养员的打算。

文帝上了车，让张释之也上来陪乘在身旁，车缓缓地前行。一路上文帝问张释之有关秦政的弊端，张释之都据实而言。待回到了宫里，文帝就任命张释之做了公车令。

不久，太子刘启与梁王同乘一辆车入朝，经过司马门时没有下车，当时张释之迎上去拦住了太子和梁王，不让他们进宫，并且弹劾他们在皇宫门外不下车的不敬罪，并上奏朝廷。薄太后知道了这件事，文帝摘下帽子向太后赔罪说："都怪我教导儿子不严。"薄太后就派使者传令赦免太子和梁王，他们才得以入宫。文帝因为这件事更加看出了张释之的与众不同，任命他做了中大夫。

又过了些日子，张释之升为中郎将。有一次跟随文帝到了霸陵，他们站在霸陵的北面眺望。这时慎夫人也跟在旁边，皇帝指着通往新丰的道路给她看，并说："这是通往邯郸的路啊。"接着，让慎夫人鼓瑟，自己和着瑟的曲调而唱，心中一阵凄惨悲伤，他回过头来对着大臣们说："唉！用北山的石头做外椁，把纻麻、绵絮剁碎，用漆粘合着塞在石椁的缝隙间，再用漆粘涂在上面，那么谁还能打得开呢？"左右的人都说："是啊。"张释之走上前说道："假若坟墓里有人们想要的东西，即使封铸南山做棺椁，也还是会有缝隙；假若里面没有人们想要的东西，即使没有石椁，又有什么值得忧虑的呢！"文帝称赞他说得好。后来又任命他做了廷尉。

此后不久，文帝外出经过长安城北的中渭桥，突然有一个人从桥下跑出来，文帝的车马受了惊。于是命令骑士捉住这个人，交给廷尉张释之处置。张释之审问那个人，那人说："我是从长安县的乡下来的，听到了清道戒严的号令，就躲在桥下。等了好久，以为皇帝的队伍已经过去了，就从桥下出来，忽然看见了皇帝的车队，就吓得赶紧往回跑。"廷尉审理完毕，向皇帝报告那个人应得的处罚，认为他违反了清道的禁令，应处以罚款。文帝发怒说："这个人惊了我的马，幸亏我的马性情温和，假若是别的马，不就会伤害到我了吗？可是廷尉却只判他罚金！"张释之说："法律是天子和百姓都应该共同遵守的。按照法律就应该这样判决，如果要加重处罚，这样法律就不能取信于民。况且在当时，皇上派人就地杀掉他也就罢了，现在既然交付给廷尉，廷尉是天下公正执法的象征，如果稍微有所偏斜，那么天下执法者都会任意或轻或重，民众岂不要手足无措了吗？愿陛下明察。"过了许久，文帝才说："廷尉的判处是正确的。"

后来，有人盗窃高祖庙神座前的玉环，被抓到了，文帝大怒，交给廷尉审理。张释之按法律中偷盗宗庙服饰器具的处罚规定奏报皇帝，判处斩首示众。文帝勃然大怒说："这人无法无天，竟敢偷盗先帝庙中的器物，我之所以交付廷尉审理，是要灭掉他的全族，而你却一味按照法律条文行事，这不是我恭敬供奉宗庙的本意啊。"张释之摘下帽子叩头谢罪说："依照法律这样处罚已经到头了。况且在罪名相同时，也要区别罪行的不同轻重程度。如今偷盗宗庙器物就诛灭他的全族，万一有愚蠢的人掘了长陵，陛下又该用什么刑罚惩处他呢？"文帝想了半天，又和薄太后谈论了

不用俐口图。选自明·张居正《帝鉴图说》，讲述张释之与汉文帝同游上林苑，劝谏汉文帝不要只凭口舌之俐就拔擢人才之事。

这件事，才同意了廷尉的判决。当时，中尉条侯周亚夫与梁国国相山都侯王恬开看到张释之执法判决公正，就和他结为亲密的朋友。张释之从此得到全国人的称赞。

文帝去世后，景帝即位。张释之内心恐惧，常常假称生病。想要辞职离去，又担心招致杀身大祸；想要当面向景帝谢罪，却又不知怎么办好。后来，他采用王生的计策，得以当面谢罪，景帝也没有责怪他。

王生爱好黄老学说，是个处士。有一次被召进宫中，三公九卿全都在殿中侍立，王生年纪很大了，忽然声称“我的袜带松脱了”，回过头来对张廷尉说：“给我系好袜带！”张释之就跪下替他系好袜带。事后，有人问王生：“您为什么要在朝廷上羞辱张廷尉，让他跪着给您系袜带呢？”王生说：“我年纪大了，而且地位又低，自己想着终究不会对张廷尉有什么帮助了。张廷尉是当今天下的名臣，我故意要侮辱廷尉，让他跪下替我系袜带，是想要以此提高他的名望。”各位公卿听说这件事，都称赞王生的贤能，并越发敬重张廷尉了。

张廷尉侍奉景帝一年多以后，被贬为淮南王相，还是因为以前得罪景帝的缘故。过了几年，张释之死了。他的儿子张挚，字长公，官职一直做到大夫，后来被免职。因为他不能迎合当时的权贵显要，所以终身也没有再做官。

冯唐，他的祖父是战国时赵国人，父亲移居到代地。汉朝建立后，又迁到安陵。冯唐以孝行闻名，孝文帝时被举荐做了中郎署长。一次，文帝乘车经过冯唐任职的官署，问冯唐说：“老人家这么大年纪，怎么还在做郎官？老家在哪里？”冯唐一一如实回答。孝文帝说：“我在代国的时候，我的尚食监高祛多次和我谈到赵将李齐的才能，讲到他在巨鹿城下作战的情形。如今我每当吃饭的时候，心思都未尝不是在巨鹿。老人家知道这个人吗？”冯唐回答说：“他还比不上廉颇、李牧的才能。”孝文帝说：“为什么？”冯唐说：“我祖父在赵国时，担任过统率士兵的职务，和李牧交情很好。我父亲从前做代相，和赵将李齐也很友好，所以能知道他们的为人。”孝文帝听完冯唐的述说，很高兴，拍着大腿说：“唉！我偏偏不能让廉颇、李牧这样的人给我做将领，如果有了他们，我还担忧匈奴吗？”冯唐说：“臣诚惶诚恐，我想陛下就是得到廉颇、李牧，也不会起用的。”文帝大怒，起身回宫。过了很久，才又召见冯唐，责备他说：“您为什么要当众侮辱我？难道就不能在没人的时候说吗？”冯唐谢罪说：“是我这粗鄙的人不知道忌讳了。”

当时，匈奴人大举侵犯朝那，又杀死北地都尉孙卬。孝文帝正为此忧虑，于是又一次询问冯唐：“您为什么说我不能任用廉颇、李牧呢？”冯唐回答说：“我听说古时候君王派遣将军时，要跪下来为他们推车轴，并且对他们说，朝中的事情，我来决定；外面的事情，将军来决定。军功和爵位赏赐都由将军来决定，回来时说一声就行了。这些都不是随便说说的。我的祖父说，李牧在赵国边境统率军队时，把军中征收的税金都用来犒赏部下。一切赏赐由将军们在外决定，朝廷从不干涉。君王只是委托给他重任，要求他成功，李牧因此才能充分发挥他的智慧和才能。他精选兵车一千三百辆，善于骑射的士兵一万三千人，精锐士卒十万人，因此能够在北面驱逐单于，大破东胡，消灭澹林，向西抑制了强大的秦国，在南面顶住了韩魏。当时，赵国几乎称霸天下。后来赵王迁即位，他的母亲原是卖唱的女子。他一即位，就听信郭开的谗言，把李牧给杀了，让颜聚取代他。结果军队溃败，被秦人俘虏消灭。如今我听说魏尚做云中郡的郡守，军中的税收也都用来犒赏士兵，还拿出自己的俸钱，每五天杀一次牛，款待宾客、军吏和属官，匈奴因此远远地避开，不敢靠近云中的要塞。匈奴曾经有一次入侵，魏尚率领兵马抗击，杀死很多敌军。那些士卒全都是民家子弟，刚从庄稼地里出来，哪里会知道‘尺籍’、‘伍符’之类琐琐碎碎的法令呢？他们只知道整天拼力作战，杀敌捕俘，到幕府报功时，仅仅因为一点不符合实际情况，司法官就用法令来制裁他们。结果立了功不一定能得到赏赐，可是犯了法一定要受惩罚。以我的愚见，陛下的法令太严苛，赏赐太轻，惩罚太重。况且魏尚就因为多报了六个人头，陛下就把他治罪下狱，削夺了他的爵位，罚他服劳役。从这件事看来，陛下即使是得到了廉颇、李牧，也不会重用的。我是个粗人，说话不知道忌讳，实在是该死！”文帝听了很高兴。当天下令让冯唐持节赦免魏尚，重新让他担任云中太守的职务，并且任命冯唐为车骑都尉，掌管中尉和各郡国的车战士兵。

孝文帝后元七年，孝景帝即位，任命冯唐做楚国的国相，不久他因事被免职。武帝即位时，下诏征求贤良之士，有人举荐冯唐。冯唐当时已九十多岁，不能再做官了，于是任用他的儿子冯遂做了郎官。冯遂，字王孙，也是杰出的人才，和我很友好。

太史公曰：张季谈论忠厚长者，遵守法度不迎合上面的意图；冯公谈论将官率军作战之道，都说得好，说得好啊！俗话说：“如果不了解一个人，看看他结交的朋友就知道了。”他们两位所赞许长者将帅的话，应该标著于朝廷。《尚书》上说：“如果君臣都能够不偏私不结党，国家就会一派兴旺，王道就会平坦通畅。”张释之与冯公的思想接近这种境界了！

史记卷一百三

万石张叔列传第四十三

万石君名奋，其父赵人也，姓石氏。赵亡，徙居温。高祖东击项籍，过河内，时奋年十五，为小吏，侍高祖。高祖与语，爱其恭敬，问曰："若何有？"对曰："奋独有母，不幸失明。家贫。有姊，能鼓琴。"高祖曰："若能从我乎？"曰："愿尽力。"于是高祖召其姊为美人，以奋为中涓，受书谒，徙其家长安中戚里，以姊为美人故也。其官至孝文时，积功劳至大中大夫。无文学，恭谨无与比。

文帝时，东阳侯张相如为太子太傅，免。选可为傅者，皆推奋，奋为太子太傅。及孝景即位，以为九卿；迫近，惮之，徙奋为诸侯相。奋长子建，次子甲，次子乙，次子庆，皆以驯行孝谨，官皆至二千石。于是景帝曰："石君及四子皆二千石，人臣尊宠乃集其门。"号奋为万石君。

孝景帝季年，万石君以上大夫禄归老于家。以岁时为朝臣。过宫门阙，万石君必下车趋。见路马必式焉。子孙为小吏，来归谒，万石君必朝服见之，不名。子孙有过失，不谯让，为便坐，对案不食。然后诸子相责，因长老肉袒固谢罪，改之，乃许。子孙胜冠者在侧，虽燕居必冠，申申如也。僮仆訢訢如也，唯谨。上时赐食于家，必稽首俯伏而食之，如在上前。其执丧，哀戚甚悼。子孙遵教，亦如之。万石君家以孝谨闻乎郡国，虽齐、鲁诸儒质行，皆自以为不及也。

建元二年，郎中令王臧以文学获罪。皇太后以为儒者文多质少。今万石君家不言而躬行，乃以长子建为郎中令，少子庆为内史。

建老，白首，万石君尚无恙。建为郎中令，每五日洗沐归谒亲。入子舍，窃问侍者，取亲中裙厕牏，身自浣涤，复与侍者，不敢令万石君知，以为常。建为郎中令，事有可言，屏人恣言，极切；至廷见，如不能言者。是以上乃亲尊礼之。

万石君徙居陵里。内史庆醉归，入外门不下车，万石君闻之，不食。庆恐，肉袒请罪，不许。举宗及兄建肉袒，万石君让曰："内史贵人，入闾里，里中长老皆走匿，而内史坐车中自如，固当！"乃谢罢庆。庆及诸子弟入里门，趋至家。

万石君以元朔五年中卒。长子郎中令建哭泣哀思，扶杖乃能行。岁馀，建亦死。诸子孙咸孝，然建最甚，甚于万石君。

建为郎中令，书奏事，事下，建读之，曰："误书！'马'者与尾当五，今乃四，不足一。上谴，死矣！"甚惶恐。其为谨慎，虽他皆如是。

万石君少子庆为太仆，御出，上问车中几马，庆以策数马毕，举手曰："六马。"庆于诸子中最为简易矣，然犹如此。为齐相，举齐国皆慕其家行，不言而齐国大治，为立石相祠。

元狩元年，上立太子，选群臣可为傅者，庆自沛守为太子太傅，七岁迁为御史大夫。

元鼎五年秋，丞相有罪，罢。制诏御史："万石君先帝尊之，子孙孝，其以御史大夫庆为丞相，封为牧丘侯。"是时汉方南诛两越，东击朝鲜，北逐匈奴，西伐大宛，中国多事。天子巡狩海内，修上古神祠，封禅，兴礼乐。公家用少，桑弘羊等致利，王温舒之属峻法，兒宽等推文学至九卿。更进用事，事不关决于丞相，丞相醇谨而已。在位九岁，无能有所匡言。尝欲请治上近臣所忠、九卿减宣罪，不能服，反受其过，赎罪。

元封四年中，关东流民二百万口，无名数者四十万，公卿议欲请徙流民于边以適之。上以为丞相老谨，不能与其议，乃赐丞相告归，而案御史大夫以下议为请者。丞相惭不任职，乃上书曰："庆幸得待罪丞相，罢驽无以辅治，城郭仓库空虚，民多流亡，罪当伏斧质，上不忍致法。愿归丞相侯印，乞骸骨归，避贤者路。"天子曰："仓廪既空，民贫流亡，而君欲请徙之，摇荡不安，动危之，而辞位，君欲安归难乎？"以书让庆，庆甚惭，遂复视事。

庆文深审谨，然无他大略，为百姓言。后三岁馀，太初二年中，丞相庆卒，谥为恬侯。庆中子德，庆爱用之，上以德为嗣，代侯。后为太常，坐法当死，赎免为庶人。庆方为丞相，诸子孙为吏更至二千石者十三人。及庆死后，稍以罪去，孝谨益衰矣。

建陵侯卫绾者，代大陵人也。绾以戏车为郎，事文帝，功次迁为中郎将，醇谨无他。孝景为太子时，召上左右饮，而绾称病不行。文帝且崩时，属孝景曰："绾长者，善遇之。"及文帝崩，景帝立，岁馀不谯呵绾，绾日以谨力。

景帝幸上林，诏中郎将参乘，还而问曰："君知所以得参乘乎？"绾曰："臣从车士幸得以功次迁为中郎将，不自知也。"上问曰："吾为太子时召君，君不肯来，何也？"对曰："死罪，实病。"上赐之剑。绾曰："先帝赐臣剑凡六，剑，不敢奉诏。"上曰："剑，人之所施易，独至今乎？"绾曰："具在。"上使取六剑，剑尚盛，未尝服也。郎官有谴，常蒙其罪，不与他将争；有功，常让他将。上以为廉，忠实无他肠，乃拜绾为河间王太傅。吴楚反，诏绾为将，将河间兵击吴楚，有功，拜为中尉。三岁，以军功，孝景前六年中封绾为建陵侯。

其明年，上废太子，诛栗卿之属。上以为绾长者，不忍，乃赐绾告归，而使郅都治捕栗氏。既已，上立胶东王为太子，召绾，拜为太子太傅。久之，迁为御史大夫。五岁，代桃侯舍为丞相，朝奏事如职所奏。然自初官以至丞相，终无可言。天子以为敦厚，可相少主，尊宠之，赏赐甚多。

为丞相三岁，景帝崩，武帝立。建元年中，丞相以景帝疾时诸官囚多坐不辜者，而君不任职，免之。其后绾卒，子信代，坐酎金失侯。

塞侯直不疑者，南阳人也。为郎，事文帝。其同舍有告归，误持同舍郎金去，已而金主觉，妄意不疑，不疑谢有之，买金偿。而告归者来而归金，而前郎亡金者大惭，以此称为长者。文帝称举，稍迁至太中大夫。朝廷见，人或毁曰："不疑状貌甚美，然独无奈其善盗嫂何也！"不疑闻，曰："我乃无兄。"然终不自明也。

吴楚反时，不疑以二千石将兵击之。景帝后元年，拜为御史大夫。天子修吴楚时功，乃封不疑为塞侯。武帝建元年中，与丞相绾俱以过免。

不疑学《老子》言。其所临，为官如故，唯恐人知其为吏迹也。不好立名称，称为长者。不疑卒，子相如代。孙望，坐酎金失侯。

郎中令周文者，名仁，其先故任城人也。以医见。景帝为太子时，拜为舍人，积功稍迁。孝文帝时至太中大夫。景帝初即位，拜仁为郎中令。

仁为人阴重不泄。常衣敝补衣，溺袴，期为不洁清。以是得幸。景帝入卧内，于后宫秘戏，仁常在旁。至景帝崩，仁尚为郎中令，终无所言。上时问人，仁曰："上自察之。"然亦无所毁。以此景帝再自幸其家。家徙阳陵，上所赐甚多，然常让，不敢受也。诸侯群臣赂遗，终无所受。

武帝立，以为先帝臣，重之。仁乃病免，以二千石禄归老。子孙咸至大官矣。

御史大夫张叔者，名欧，安丘侯说之庶子也。孝文时，以治刑名言，事太子。然欧虽治刑名家，其人长者。景帝时尊重，常为九卿。至武帝元朔四年，韩安国免，诏拜欧为御史大夫。自欧为吏，未尝言案人，专之诚长者处官。官属以为长者，亦不敢大欺。上具狱事，有可却，却之；不可者，不得已，为涕泣面对而封之。其爱人如此。

老病笃，请免。于是天子亦策罢，以上大夫禄归老于家。家于阳陵。子孙咸至大官矣。

太史公曰：仲尼有言曰"君子欲讷于言而敏于行"，其万石、建陵、张叔之谓邪？是以其教不肃而成，不严而治。塞侯微巧，而周文处谄，君子讥之，为其近于佞也。然斯可谓笃行君子矣！

【译文】

万石君，名奋，父亲是赵国人，姓石。赵国灭亡后，举家迁居到温县。高祖向东攻打项羽的时候，途中经过河内郡，那时石奋只有十五岁，担任一个小官吏，侍奉高祖。高祖和他交谈，很喜爱他的恭敬有礼，就问他道："你家中有些什么人？"他回答说："我家中只有母亲，不幸眼睛失明，家里很贫穷。还有个姐姐，会弹琴。"高祖又说："你愿意跟随我吗？"他回答说："愿竭尽全力追随。"于是，高祖把他的姐姐召入宫做了美人，让石奋做了中涓，负责收受大臣进献的文书和谒见之事。从此他的家搬到长安城中的戚里，因为他的姐姐做了美人的缘故。到文帝即位时，他积功积劳，逐渐升迁，官累至大中大夫。石奋没有文才学问，但论起恭敬谨慎，没有人可以和他相比。

文帝时，东阳侯张相如担任太子太傅，后被免职。文帝要选择可以做太傅的人，大家都推举石奋，石奋就做了太子太傅。等到景帝即位，让他做了九卿之位；因为他过于恭敬谨慎，景帝觉得在身边不自由，就调他做了诸侯丞相。他的长子石建，次子、三子都失其名，四子石庆，个个都品行温驯、孝顺谨严，做官都做到了二千石。于是景帝说："石君和四个儿子都官至二千石，作为臣子的尊贵荣耀都集中到你们一家来了。"于是就称呼石奋为万石君。

景帝末年，万石君告老回家，享受上大夫的俸禄。每年朝廷举行盛大典礼时，他都作为大臣来参加。每次经过宫门的双阙时，万石君一定要下车小步急行，以示恭敬，见到皇帝的车驾一定要用手扶在车前横木上行礼表示致意。他的子孙做了小吏，回家拜见他，万石君也必定要穿上朝服接见他们，不直呼他们的名字。子孙中有人犯了过错，他也不责备他们，而是自己坐到侧旁的座位上，对着桌子不肯吃饭。直到他的子孙们自己相互做了批评，再通过族中的长辈求情，本人裸露上身表示认错，并表示坚决改正，才答允他们的请求。如果有已成年的子孙在身边，即使是闲居在家，他也一定要穿戴整齐，显示出严肃恭谨的样子。对待他的仆人也都非常恭敬有礼。皇帝有时赏赐食物给他家，他必定叩头跪拜之后才弯腰低头去吃，如同在皇帝面前一样。他对待丧事，哀痛忧戚，极度悲伤。子孙遵从他的教诲，也像他一样。万石君一家以孝顺谨严闻名于各个郡国，即使齐、鲁那些品行质朴的儒者，也都自认为赶不上他。

建元二年，郎中令王臧因为推崇儒学而获罪。窦太后认为儒生文饰过多而质朴欠缺，如今万石君一家虽不言不语，却能身体力行，于是就让万石君的长子石建做了郎中令，四子石庆做了内史。

石建年老头发完全白了的时候，万石君依然健在，且健康无病。石建做了郎中令，每五天可以休假一天。每次回去拜见父亲时，他总是先进入侍者的小屋，私下向侍者询问父亲的情况，并要过父亲的贴身衣裤和溺器，亲自洗涤干净，再交给侍从的人，不敢让父亲知道，常常如此。石建做郎中令时，有事要向皇帝谏说，就屏退旁人，畅所欲言，言语恳切极言直谏；等到上了朝廷，却好像不会说话一样。因此皇帝就对他非常信任，非常尊重。

万石君迁居到陵里。有一次担任内史的儿子石庆喝醉了酒回来，进入外门时没有下车。万石君听说以后就不肯吃饭。石庆慌了，就袒露上身向父亲请罪，万石君没有原谅。全族的人和他的哥哥石建也袒露上身替他请罪，万石君讽刺地说："内史是显贵的人，进入咱这个小里巷，乡里的父老们理应为您回避，大内史坐在车里态度自如，本是应该的嘛！"说完就让石庆走开了。从此以后，石庆和石家的子弟们进入里门时，都下车快步走回到家中。

万石君在武帝元朔五年去世。大儿子郎中令石建痛哭流涕非常伤心，以致虚弱到要手扶拐杖才能走路。一年以后，石建也死了。万石君的子孙们都很孝顺，其中石建最为突出，甚至超过了万石君。

石建做郎中令时，有一次书写奏章，奏章批下来，石建读了以后，非常惶恐不安地说："写错了！'马'字连同字的尾部应当是五笔，现在写成了四笔，少了一笔。糟了，皇上一定会怪罪下来，我该死啊！"他为人做事谨慎小心，即使对其他的事也都是这样。

万石君的四子石庆担任太仆，为皇帝驾车。有一次武帝外出，故意问他驾车的马有几匹，石庆用马鞭一一点数了一遍，才举手回答说："共有六匹。"石庆在几个儿子中算是最不讲究礼节的了，尚且如此谨慎小心。石庆担任齐国的国相时，齐国上下都敬慕他们的家风，所以不用发布政令，齐国就得以大治，非常安定，齐国人还为石庆立了个石相祠。

武帝元狩元年，皇帝册立太子，从群臣中挑选能够做太子老师的人，石庆从沛郡的太守任上被调任为太子太傅，七年以后升任御史大夫。

武帝元鼎五年的秋天，丞相赵周因为有罪被免除了官职。皇帝诏令御史大夫说道："先帝很敬重万石君，他的子孙都很孝顺，现在就让御史大夫石庆担任丞相，封为牧丘侯。"这时，汉朝正在向南讨伐两越，向东攻击朝鲜，向北驱逐匈奴，向西征伐大宛，国家正值多事之时。而皇帝又喜欢到各地去巡视，修复上古的神庙，到泰山封禅祭天，大兴礼乐。国家收入匮乏，武帝就让桑弘羊等想方设法为国家捞钱，王温舒等实行苛峻的法律，儿宽等人推崇文章学问，他们都官做到了九卿，交替升迁当政，做什么事都不通过石庆，石庆也就只是一味忠厚谨慎罢了。石庆在位九年，没有什么能够匡辅朝政的言论，他曾经想要惩治皇帝的近臣所忠、九卿咸宣的罪过，不仅没能制服他们，反使自己遭受了责难，后来花了钱才得免罪。

汉武帝元封四年，关东有两百万难民流离失所，没有户籍的有四十万人，公卿大臣商议把流民迁徙到边疆去安置。皇帝认为丞相年老拘谨，不能主持这种事务，就让他临时请假回家，而查办了御史大夫以下提出这种建议的官吏。丞相自感惭愧不能胜任职务，就上书说："石庆有幸得以担任丞相，但是才能浅薄无法辅助皇上治理国家，使得城内仓库空虚，很多百姓流亡在外，论罪我应该斩首，皇上不忍心将我法办。我情愿交还丞相侯爵的印信，请求告老还乡，给贤能的人让路。"武帝说："粮仓已经空虚，百姓贫困流离失所，而你们却想要把他们发配边疆，社会已经动荡不安了，人心浮动形势危急，您却在这时要辞去职位，您想要把危难推给谁呢？"就下诏书责备石庆，石庆又惭愧又害怕，才又重新出来处理政事。

石庆为人思虑细密，处事审慎拘谨，却没有什么高明的见解，也不能为百姓说话。三年以后，太初二年，丞相石庆去世，皇上赐谥号为恬侯。石庆的次子石德，很受石庆喜爱器重，皇上就让石德做继承人，承袭侯爵的爵位。后来石德官做到太常，因为触犯法律被判处死刑，后来花钱赎罪被免职降为平民。石庆担任丞相时，他的子孙中官做到两千石的有十三个人。等到石庆死了以后，这些人也因为犯罪而相继被免职，从此孝顺谨慎的家风也渐渐地没有了。

建陵侯卫绾，是代地大陵人。卫绾凭着高超的车技做了郎官，侍奉文帝，由于不断立功，累次升迁做到了中郎将，但他除了忠厚谨慎以外，没有其他长处。景帝做太子时，曾经请皇帝身边的近臣饮宴，而卫绾称病不肯去。文帝临死时嘱咐景帝说："卫绾是个忠厚的长者，你要好好待他。"等到文帝去世，景帝即位，一年多没理睬过卫绾，卫绾仍是每天都兢兢业业，谨慎尽责。

景帝有一次驾临上林苑，让中郎将卫绾陪同共乘一辆车，回来后问卫绾："知道我为什么要你陪同乘一辆车吗？"卫绾说："我从一个小小的车士有幸逐渐升为中郎将，自己不知道这是什么缘故。"景帝又问："我做太子时邀请你参加宴饮，你为什么不肯来呢？"卫绾回答说："臣该死，确实是生病了！"景帝赐给他一把剑。卫绾说："先帝曾经赐给我六把，我不敢再接受陛下的恩赐了。"景帝说："剑是人们所喜爱之物，往往用来交换买卖，你难道把它们保留到现在吗？"卫绾说："全部都还在。"皇帝派人取来那六把剑，宝剑完好地在剑套中，还不曾佩带使用过。每当属下郎官犯有过失，他常常承担罪责，不和别的将官争辩；有了功劳，他常常让给别的将官。皇上认为他清廉，为人忠诚，没有别的恶念，于是就任命卫绾做了河间王的太傅。吴、楚七国叛乱，皇上任命卫绾做将军，因为统率河间王的军队攻击吴、楚有功，又把他升迁做了中尉。三年后，因为军功，于孝景帝前元六年，受封为建陵侯。

第二年，景帝废黜了太子刘荣，杀了太子的舅父栗卿等人。景帝认为卫绾是个老好人，不忍心让他审理这件大案而大肆捕杀，就赐他休假回家，而另调了郅都逮捕审理栗氏族人。案子结束后，景帝立了胶东王刘彻做太子，征召卫绾，任命他为太子太傅。后来升迁为御史大夫。五年后，代替桃侯刘舍做了丞相。他上朝奏明政事，只限于上奏职权以内的事，因此从最初做官直到当了丞相，始终没有什么可称道的或可指责的地方。

而景帝认为他敦厚老实，可以辅佐少主，于是对他特别尊重宠爱，赏赐了很多东西。

卫绾担任丞相三年，景帝去世，武帝即位。建元年间，景帝生病时各官署的囚犯有很多是无辜受累的，丞相因此被认为不称职，武帝罢免了他的官职。后来卫绾去世，他的儿子卫信继承了建陵侯的爵位，后来由于助祭献金不合规定而被削夺了爵位。

塞侯直不疑是南阳人，他担任郎官，侍奉过文帝。他的同屋有人请假回家，误拿走他人的金子。过了些时候，金子的主人才发觉，就胡乱怀疑是直不疑拿的，直不疑向他赔礼道歉并承认了这件事，买来金子偿还给他。后来请假回家的人发现拿错了，回来归还了金子，先前那个丢失金子的人极为惭愧，人们因此称赞他是个忠厚的人。文帝也称道荐举他，逐步提拔到太中大夫。一次在朝廷上集会，有人毁谤他说："直不疑相貌很美，但怎奈他会和嫂子私通，这是怎么回事！"直不疑听说了，说道："我没有哥哥。"说过后他始终不再做其他辩解。

吴楚七国叛乱时，直不疑以二千石官员的身份率兵攻打叛军。景帝后元元年，任命他做了御史大夫。天子表彰平定吴、楚叛乱时的功劳，就封直不疑为塞侯。武帝建元年间，和丞相卫绾一起因为过失被免职。

直不疑学习老子的学说。他治理每个地方时，都依照前任的样子，唯恐人们知道他做官的事迹。他从不追求立功扬名，却为人所重，被人称为长者。直不疑去世后，其儿子直相如承袭侯爵之位。到孙子直望时，因为助祭献金不合规定失去了侯爵爵位。

郎中令周文，名仁，他的祖先原是任城县人。周文以医术闻名而进见天子，景帝做太子时，他被文帝任命为舍人，后来逐渐提升，一直做到太中大夫。景帝刚刚即位，就任命周仁做了郎中令。

周仁为人厚道持重，不泄露别人的秘密。常常穿着破旧打着补丁的衣服，溺湿裤子，故意显得很不干净，使妃嫔不愿接近，因此得到景帝宠爱。以至于景帝在寝宫和妃嫔戏耍取乐的时候，周仁常在旁边。景帝去世时，周仁还在做郎中令，始终没有什么建言。皇帝有时问他某个人的品行，周仁总是说："皇上亲自考察他吧。"他也从来不说别人的坏话，因此景帝信任他，曾经两次驾临他的家。他家后来迁徙到阳陵。皇帝赏赐给他很多东西，他都常常推让，不敢接受。诸侯大臣赠送的东西，他也从不接受。

汉武帝即位，认为他是先帝的大臣，非常尊重他。周仁称病辞职，得享二千石俸禄归家养老，子孙全都做到了大官。

御史大夫张叔，名欧，是安丘侯张说的庶子。文帝时，他因研究刑名家的学说受到赏识，被派去侍奉太子。尽管张欧研究刑名学说，为人却忠厚老实。景帝很尊重他，以至于官职常在九卿之中转换。到了元朔四年，韩安国因事被免职，武帝就任命张欧做了御史大夫。自从张欧做官以来，未曾说过要查办哪个人，对待一切人事，都以忠厚诚恳的态度。下属官吏也因为他忠厚老实，不敢太欺瞒他。向上呈送已结的案件，凡遇到有可以退回重审的，就将其退回；不可以退回的，不得已，就流着眼泪亲自看着封好它。他的仁爱之心就像这样。

后来他年老病重，请求辞去官职。天子也就颁布诏书准许了他的请求，按照上大夫的俸禄让他回乡养老。他的家在阳陵，子孙都做了大官。

太史公说：孔子曾经说过“君子言语要迟钝，而做事要敏捷”，说的就是万石君、建陵侯和张叔这类人啊！正因为他们有这种品行，所以教化不峻严而成功，措施不严厉而能使社会安定。而直不疑就过于巧诈，周文又近于谄媚，所以君子都讥讽他们，是因为他们接近谄佞了。但这几个人都可算是行为敦厚的君子了。

史记卷一百四

田叔列传第四十四

田叔者，赵陉城人也。其先，齐田氏苗裔也。叔喜剑，学黄老术于乐巨公所。叔为人刻廉自喜，喜游诸公。赵人举之赵相赵午，午言之赵王张敖所，赵王以为郎中。数岁，切直廉平，赵王贤之。

未及迁，会陈豨反代。汉七年，高祖往诛之，过赵，赵王张敖自持案进食，礼恭甚，高祖箕踞骂之。是时赵相赵午等数十人皆怒，谓张王曰："王事上礼备矣，今遇王如是，臣等请为乱。"赵王啮齿出血，曰："先人失国，微陛下，臣等当虫出。公等奈何言若是！毋复出口矣！"于是贯高等曰："王长者，不倍德。"卒私相与谋弑上。会事发觉，汉下诏捕赵王及群臣反者。于是赵午等皆自杀，唯贯高就系。是时汉下诏书："赵有敢随王者罪三族。"唯孟舒、田叔等十馀人赭衣自髡钳，称王家奴，随赵王敖至长安。贯高事明白，赵王敖得出，废为宣平侯，乃进言田叔等十馀人。上尽召见，与语，汉廷臣毋能出其右者，上说，尽拜为郡守、诸侯相。叔为汉中守十馀年，会高后崩，诸吕作乱，大臣诛之，立孝文帝。

孝文帝既立，召田叔问之曰："公知天下长者乎？"对曰："臣何足以知之！"上曰："公，长者也，宜知之。"叔顿首曰："故云中守孟舒，长者也。"是时孟舒坐虏大入塞盗劫，云中尤甚，免。上曰："先帝置孟舒云中十馀年矣，虏曾一入，孟舒不能坚守，毋故士卒战死者数百人。长者固杀人乎？公何以言孟舒为长者也？"叔叩头对曰："是乃孟舒所以为长者也。夫贯高等谋反，上下明诏，赵有敢随张王，罪三族。然孟舒自髡钳，随张王敖之所在，欲以身死之，岂自知为云中守哉！汉与楚相距，士卒罢敝。匈奴冒顿新服北夷，来为边害，孟舒知士卒罢敝，不忍出言，士争临城死敌，如子为父，弟为兄，以故死者数百人。孟舒岂故驱战之哉！是乃孟舒所以为长者也。"于是上曰："贤哉孟舒！"复召孟舒以为云中守。

后数岁，叔坐法失官。梁孝王使人杀故吴相袁盎，景帝召田叔案梁，具得其事，还报。景帝曰："梁有之乎？"叔对曰："死罪！有之。"上曰："其事安在？"田叔曰："上毋以梁事为也。"上曰："何也？"曰："今梁王不伏诛，是汉法不行也；如其伏法，而太后食不甘味，卧不安席，此忧在陛下也。"景帝大贤之，以为鲁相。

鲁相初到，民自言相，讼王取其财物百馀人。田叔取其渠率二十人，各笞五十，馀各搏二十，怒之曰："王非若主邪？何自敢言若主！"鲁王闻之大惭，发中府钱，使相偿之。相曰："王自夺之，使相偿之，是王为恶而相为善也。相毋与偿之。"于是王乃尽偿之。

鲁王好猎，相常从入苑中，王辄休相就馆舍，相出，常暴坐待王苑外。王数使人请相休，终不休，曰："我王暴露苑中，我独何为就舍！"鲁王以故不大出游。

数年，叔以官卒，鲁以百金祠，少子仁不受也，曰："不以百金伤先名。"

仁以壮健为卫将军舍人，数从击匈奴。卫将军进言仁，仁为郎中。数岁，为二千石丞相长史。失官。其后使刺举三河。上东巡，仁奏事有辞，上说，拜为京辅都尉。月馀，上迁拜为司直。数岁，坐太子事。时左丞相自将兵，令司直田仁主闭守城门。坐纵太子，下吏诛死。仁发兵，长陵令车千秋上变仁，仁族死。陉城今在中山国。

太史公曰：孔子称曰"居是国必闻其政"，田叔之谓乎！义不忘贤，明主之美以救过。仁与余善，余故并论之。

褚先生曰：臣为郎时，闻之曰田仁故与任安相善。任安，荥阳人也。少孤，贫困，为人将车之长安，留，求事为小吏，未有因缘也，因占著名数家于武功。武功，扶风西界小邑也，谷口蜀栈道近山。安以为武功小邑，无豪，易高也，安留，代人为求盗亭父。后为亭长。邑中人民俱出猎，任安常为人分麋鹿雉兔，部署老小当壮剧易（处），众人皆喜，曰："无伤也，任少卿分别平，有智略。"明日复合会，会者数百人。任少卿曰："某子甲何为不来乎？"诸人皆怪其见之疾也。其后除为三老，举为亲民，出为三百石长，治民。坐上行出游共帐不办，斥免。

乃为卫将军舍人，与田仁会，俱为舍人，居门下，同心相爱。此二人家贫，无钱用以事将军家监，家监使养恶啮马。两人同床卧，仁窃言曰："不知人哉家监也！"任安曰："将军尚不知人，何乃家监也！"卫将军从此两人过平阳公主，主家令两人与骑奴同席而食，此二子拔刀列断席别坐。主家皆怪而恶之，莫敢呵。

其后有诏募择卫将军舍人以为郎，将军取舍人中富给者，令具鞍马绛衣玉具剑，欲入奏之。会贤大夫少府赵禹来过卫将军，将军呼所举舍人以示赵禹。赵禹以次问之，十馀人无一人习事有智略者。赵禹曰："吾闻之，将门之下必有将类。传曰'不知其君，视其所使；不知其子，视其所友'。今有诏举将军舍人者，欲以观将军而能得贤者文武之士也。今徒取富人子上，又无智略，如木偶人衣之绮绣耳，将奈之何？"于是赵禹悉召卫将军舍人百馀人，以次问之，得田仁、任安，曰："独此两人可耳，馀无可用者。"卫将军见此两人贫，意不平。赵禹去，谓两人曰："各自具鞍马新绛衣。"两人对曰："家贫无用具也。"将军怒曰："今两君家自为贫，何为出此言？鞅鞅如有移德于我者，何也？"将军不得已，上籍以闻。有诏召见卫将军舍人，此二人前见，诏问能略相推第也。田仁对曰："提桴鼓立军门，使士大夫乐死战斗，仁不及任安。"任安对曰："夫决嫌疑，定是非，辩治官，使百姓无怨心，安不及仁也。"武帝大笑曰："善。"使任安护北军，使田仁护边，田谷于河上。此两人立名天下。

其后用任安为益州刺史，以田仁为丞相长史。

田仁上书言："天下郡太守多为奸利，三河尤甚，臣请先刺举三河。三河太守皆内倚中贵人，与三公有亲属，无所畏惮，宜先正三河以警天下奸吏。"是时河南、河内太守皆御史大夫杜父兄子弟也，河东太守石丞相子孙也。是时石氏九人为二千石，方盛贵。田仁数上书言之，杜大夫及石氏使人谢，谓田少卿曰："吾非敢有语言也，愿少卿无相诬污也。"仁已刺三河，三河太守皆下吏诛死。仁还奏事，武帝说，以仁为能不畏强御，拜仁为丞相司直，威振天下。

其后逢太子有兵事，丞相自将兵，使司直主城门。司直以为太子骨肉之亲，父子之间不甚欲近，去之诸陵过。是时武帝在甘泉，使御史大夫暴君下责丞相"何为纵太子"，丞相对言"使司直部守城门而开太子"。上书以闻，请捕系司直。司直下吏，诛死。

是时任安为北军使者护军，太子立车北军南门外，召任安，与节令发兵。安拜受节，入，闭门不出。武帝闻之，以为任安为详邪，不傅事，何也？任安笞辱北军钱官小吏，小吏上书言之，以为受太子节，言"幸与我其鲜好者"。书上闻，武帝曰："是老吏也，见兵事起，欲坐观成败，见胜者欲合从之，有两心，安有当死之罪甚众，吾常活之，今怀诈，有不忠之心。"下安吏，诛死。

夫月满则亏，物盛则衰，天地之常也。知进而不知退，久乘富贵，祸积为祟。故范蠡之去越，辞不受官位，名传后世，万岁不忘，岂可及哉！后进者慎戒之。

【译文】

田叔是赵国陉城人，他的祖先是齐国田氏的后代。田叔喜欢剑术，曾向乐巨公学习黄老的学说。田叔为人严正清廉、洁身自好，喜欢和那些德高望重的人相交。赵国人把他推荐给赵国的丞相赵午，赵午又向赵王张敖称道他，于是赵王任命他为郎中。为官几年，他刚直清廉公平，赵王很赏识他，但却没有来得及提升他。

正逢陈豨在代地谋反，汉七年，高祖前去讨伐叛军。路过赵国，赵王张敖亲自端着桌案进献食物，礼节非常周到，高祖却傲慢地平伸开两条腿，坐着大骂他。这时丞相赵午等数十个官员都非常愤怒，对赵王张敖说："大王您侍奉皇上，礼节够完备的了，现在他对待您却是这样，我们请求杀了他。"赵王咬破手指出血发誓说道："当年先人失掉了国家，如果没有陛下，我们的尸体早就生了蛆。你们怎能说这样的话！不要再说了！"于是贯高等议论说："大王是忠厚长者，不肯背弃皇上的恩德。"就私下里谋划杀掉皇上。后来事情败露，朝廷下令逮捕赵王和谋反的大臣。赵午等人纷纷自杀，只有贯高情愿被囚禁。这时朝廷又下诏书说："赵国有胆敢跟随赵王进京的，罪及三族。"只有孟舒、田叔等十几人身着赤褐色的囚衣，剃掉头发，颈上带着刑具，扮作赵王的家奴，跟随赵王张敖到了长安。贯高把谋反的事交待清楚，赵王张敖得以被释放，降为宣平侯，向刘邦推荐田叔等十多人。高祖全部召见他们，跟他们谈话后，认为朝中的大臣没有能超过他们的。高祖十分高兴，任命他们为郡守、诸侯相等职位。田叔做汉中郡守十多年，这期间吕后去世，吕氏诸人作乱，大臣诛杀了他们，并拥立了孝文帝。

孝文帝即位后，召见田叔问他道："先生知道天下谁是忠厚的长者吗？"田叔回答说："臣哪里能够知道呢。"皇帝说："先生就是长者啊，您应该知道。"田叔叩头说："从前的云中郡太守孟舒是长者。"当时因为匈奴入塞抢劫，云中郡遭侵犯抢劫严重，孟舒被认为作战不力而被免职。文帝说："先帝安排孟舒担任云中郡太守十多年，匈奴一入侵，孟舒就不能坚守，无故损失好几百士兵。忠厚长者难道会让士兵如此被杀吗？您为什么说孟舒是忠厚长者呢?”田叔叩头回答说:“这正是孟舒为长者的原因。当初贯高等人谋反,皇上颁下明令诏书,赵国有敢跟随赵王张敖进京的,罪及三族。然而孟舒剃掉头发、颈带刑具,跟随赵王张敖来到长安,以死相伴,哪里料到日后会做云中郡的太守呢?汉和楚长期对峙,士兵疲劳困顿。匈奴王冒顿刚刚征服北夷,又来我们边塞作乱,孟舒知道士兵很疲劳,不忍心叫他们再作战,可是士兵们却登城拼死作战,好像儿子为了父亲、弟弟为了兄长打仗一样,所以才战死了几百人。这哪是孟舒故意赶着他们送死呢?所以我认为孟舒是长者。”皇帝听了说:“孟舒真是贤德啊。”又重新召回孟舒,让他继续做云中郡太守。

几年后,田叔因犯法被免去汉中郡太守的职务。这时梁孝王派人暗杀前吴国的丞相袁盎,景帝召回田叔,让他查处此案。田叔查清案情后,回朝复命。景帝问:“梁王有派人暗杀袁盎的事吗?”回答说:“臣死罪!确有此事。”景帝说:“有罪证吗?”田叔说:“皇上就不要再追究梁王的事了。”景帝问:“为什么?”田叔说:“现在梁王如不伏法被处死,这是汉朝的法律没有执行;如果他伏法而死,太后就会吃饭不香睡眠不安,到那时陛下的麻烦就更大了。”景帝认为他非常贤能,让他做了鲁国的丞相。

田叔刚刚到任,百姓纷纷上访,指责鲁王掠夺很多人家财物的事情。田叔抓住为首的二十个人,每人各打五十大板,其余的人各打手心二十,对他们厉声说:“鲁王不是你们的君主吗?怎敢毁谤君主呢?”鲁王听说了这件事,很惭愧,拿出王府内库的钱,让丞相偿还给他们。田叔说:“大王自己夺来的,让丞相去偿还,这是让大王做恶事而让丞相做善事,万万使不得。”于是鲁王就将财物全部还给百姓了。

鲁王喜欢打猎,田叔经常跟随他到林苑之中,鲁王总是要他到馆舍中休息,田叔就走出苑囿,常常露天坐在猎场边上等待鲁王狩猎归来。鲁王多次派人请他去休息,他终究不肯,说:“大王在露天苑囿奔驰,我怎能独自在馆舍中呢?”鲁王因此不再大举出外游猎了。

几年后,田叔在任期间去世,鲁王用一百斤黄金给他作祭礼。田叔的小儿子田仁不肯接受,说:“不能因为百斤黄金,而损害先父的名声。”

田仁身体强健,行事果敢,曾做过卫青将军的门客,多次跟随他攻打匈奴。卫将军很称赞田仁,就推荐他做了郎中。几年后,田仁官做到享有两千石俸禄的丞相长史,接着又因失职丢了官。后来武帝派他监察河南、河东、河内三郡的政务。武帝东巡时,田仁奏事言辞精妙,武帝很高兴,又任命他做京辅都尉。一个月后，被提升做了司直。几年后因太子谋反受到牵连。当时左丞相刘屈牦亲自率军搜捕太子，命令司直田仁闭守城门，而田仁却把太子放了，于是田仁被交给法官审理后处以死刑。田仁抗旨带兵到长陵，长陵令车千秋上书告发田仁反叛，田仁被灭族处死。陉城县属于中山国。

太史公说：孔子说“到一个国家，就要参与它的政务解决它的问题”，说的大概就是田叔吧！他有节义而不忘贤德，使君王之美发扬光大，还能纠正君王的过失，田仁和我很要好，我因此一并论及他。

褚先生说：我做侍郎时，听说田仁曾和任安有交情。任安是荥阳人，幼小时就成了孤儿，家境贫困，他替别人驾车到长安，想找个差事做，却没有机会，于是申报户籍落户，定居武功。武功是扶风西边的小县，谷口靠近山区，有入蜀的栈道。任安认为武功是小县，没有豪门望族，容易出人头地，就留了下来。他先是在亭长手下当捕头和杂工，后来做了亭长。县里的百姓集体外出打猎，任安时常替人分配麋鹿、野鸡、野兔等猎物，合理安排老人、孩子和壮丁到或难或易的地方，大家都很高兴，说：“不用操心了，任少卿办事公平，又有智谋。”有一天数百人集合开会，任少卿说：“某某的儿子为什么没有来呢？”他心明眼快，众人都惊异不已。从这以后他被任命为乡里的三老，又被推举做了亲民之吏，出任三百石级的官长，治理民事。后来由于皇帝出巡时没有事先准备好帷帐等物资，被罢斥免了官职。

后来，他做了卫青将军的门客，和田仁在一起，同为家臣，住在将军府里，二人志同道合，互相敬爱。又都因家中贫困，没有钱去奉承将军的管家，管家就派他们饲养烈马。两人同床而眠，田仁悄悄地说：“这个管家太不识人才了。”任安说：“将军尚且不知人，更何况他的管家呢！”一次，卫将军让他俩跟随自己拜访平阳公主，公主家人让他俩和骑奴同坐一张席子吃饭，这两人拔刀割裂席子，以示决不与骑奴同席。公主家人都又惊异又厌恶，但也没有谁敢大声喝斥。

后来皇帝下诏书征募选拔卫将军的门客担任郎官，将军挑选了门客中富裕的人，让他们准备好鞍马、绛衣和用玉装饰的剑。正想要进宫去禀告给皇上。恰好贤大夫、少府赵禹前来拜访卫将军，将军把他举荐的门客召来给赵禹看。赵禹依次提问他们，十多人中竟没有一个有本事有智谋的。赵禹说：“我听说，将门之下必有将才。古书说：‘不了解一个国君，看看他任用的人就行了；不了解一个人，看看他结交的朋友就了解了。’现在皇帝之所以下诏书命令举荐将军门客，是想借以考察一下将军所能得到的贤人和文武人才。现在您只是挑选富家子弟，这些人没有智谋，就好像木偶人穿上锦绣衣服一样，有什么用呢？”于是把卫将军的一百多门客全部叫来，又依次询问他们，发现了田仁和任安，说：“只有这两个人行啊，其余的都不行。”卫将军看到这两个人贫困，内心忿忿不平。赵禹走后，对他们说：“你们各自回去准备鞍子和新绛衣。”两人回答说：“家中贫困没有可用的东西。”卫将军发怒说：“贫穷是你们自己的事，为什么对我发脾气？愤愤不平的样子好像对我有恩似的，这是为什么？”虽然这么说，将军也无可奈何，只好写好簿册上奏给皇上。皇上下诏，两人就前往晋见，皇上询问他们的才能谋略，让他们互相品评高下，田仁回答说：“手执鼓槌，站立军门，使部下甘心情愿战斗而死，这点我不如任安。”任安回答说：“要论决断嫌疑，评判是非，辨别属下的官员，使百姓没有怨恨之心，这点我不如田仁。”武帝大笑道：“好。”就让任安监护北军，让田仁到黄河边上监护边塞的屯田和谷物生产的事情。两人从此闻名天下。

后来，任安被任命为益州刺史，田仁被任命为丞相长史。

田仁曾上书给皇帝说：“天下郡太守中很多人行为不轨图谋私利，尤其以三河最为严重，臣请求首先侦视督察三河地区。三河地区的太守都内靠达官贵人，外和三公（丞相、太尉、御史大夫）有亲属关系，因此肆无忌惮，应该先整顿三河，以此来警示天下行为不轨的官吏。”这时河南、河内的太守都是御史大夫杜周的亲属，河东太守是石丞相的子孙。此时的石氏门中有九人担任二千石级的大官，正值富贵鼎盛之时。田仁屡次上书谈及此事，御使大夫杜周和石氏派人来道歉，对田少卿说：“我们不敢请您关照什么，但愿少卿您不要诬陷我们。”等田仁查办三河之事后，三河的太守全被法办处死。田仁回朝奏明此事，武帝很高兴，认为田仁有才能，又不畏强暴，任命他为丞相司直，威震天下。

后来太子谋反事发，丞相亲自率兵讨伐，命令田仁守卫城门。田仁认为太子和皇帝是骨肉至亲，父子之间的事外人不好介入，就离开城门到各个陵寝去，使太子得以逃出城门。这时武帝正在甘泉宫，派御史大夫斥责丞相为什么放了太子？丞相回答说：“我命令田仁守卫城门，他却开门放了太子。”御史大夫上报给皇帝，请武帝下令逮捕司直。田仁被送交法官审问后处死。

这时任安担任北军使者护军，太子在北军的南门外停下车，召见任安，授他符节，命他调动北军。任安下拜接受符节，入营后把军门关上不再出来。武帝听说后，想，任安是不是在假装受节呢，他不附合太子，是什么原因呢？任安曾笞打过一个掌管钱财的小吏，小吏趁机上书报告，举报他接受太子符节时说："希望太子以后多多关照。"奏书上呈朝廷，武帝看过后说："这是老于世故的官吏，看到太子谋反，就想要坐观胜败，见哪边胜了就去附合随从，心存二意。任安曾犯有很多该判死刑的罪，我都让他活了下来，现在竟心怀鬼胎，有不忠之心。"于是把任安交法官审判，判处了死刑。

月亮圆过之后就会亏缺，事物极盛之后就会衰弱，这是天地间万物的规律。只知进却不知后退，久居富贵之位，就要积祸成灾。所以范蠡功成后就离开越国，不肯接受官职爵位，这才得以美名流传后世，万载不忘，一般人哪能比得了呢？后来者千万要引以为戒啊。

史记卷一百五

扁鹊仓公列传第四十五

扁鹊者，勃海郡郑人也，姓秦氏，名越人，少时为人舍长。舍客长桑君过，扁鹊独奇之，常谨遇之。长桑君亦知扁鹊非常人也。出入十馀年，乃呼扁鹊私坐，闲与语曰："我有禁方，年老，欲传与公，公毋泄！"扁鹊曰："敬诺。"乃出其怀中药予扁鹊："饮是以上池之水，三十日当知物矣。"乃悉取其禁方书尽与扁鹊。忽然不见，殆非人也。

扁鹊以其言饮药三十日，视见垣一方人。以此视病，尽见五脏症结，特以诊脉为名耳。为医，或在齐，或在赵。在赵者名扁鹊。

当晋昭公时，诸大夫强而公族弱，赵简子为大夫，专国事。简子疾，五日不知人，大夫皆惧，于是召扁鹊。扁鹊入视病，出，董安于问扁鹊，扁鹊曰："血脉治也，而何怪！昔秦穆公尝如此，七日而寤。寤之日，告公孙支与子舆曰：'我之帝所甚乐。吾所以久者，适有所学也。帝告我："晋国且大乱，五世不安。其后将霸，未老而死。霸者之子且令而国男女无别。"'公孙支书而藏之，秦策于是出。夫献公之乱，文公之霸，而襄公败秦师于殽而归纵淫，此子之所闻。今主君之病与之同，不出三日必间，间必有言也。"

居二日半，简子寤，语诸大夫曰："我之帝所甚乐，与百神游于钧天；广乐九奏万舞，不类三代之乐，其声动心。有一熊欲援我，帝命我射之，中熊，熊死。有罴来，我又射之，中罴，罴死。帝甚喜，赐我二笥，皆有副。吾见儿在帝侧，帝属我一翟犬，曰：'及而子之壮也以赐之。'帝告我：'晋国且世衰，七世而亡。嬴姓将大败周人于范魁之西，而亦不能有也。'"董安于受言，书而藏之。以扁鹊言告简子，简子赐扁鹊田四万亩。

其后扁鹊过虢。虢太子死，扁鹊至虢宫门下，问中庶子喜方者曰："太子何病，国中治穰过于众事？"中庶子曰："太子病血气不时，交错而不得泄，暴发于外，则为中害。精神不能止邪气，邪气畜积而不得泄，是以阳缓而阴急，故暴蹶而死。"扁鹊曰："其死何如时？"曰："鸡鸣至今。”曰：“收乎？”曰：“未也，其死未能半日也。”“言臣齐勃海秦越人也，家在于郑，未尝得望精光侍谒于前也。闻太子不幸而死，臣能生之。”中庶子曰：“先生得无诞之乎？何以言太子可生也！臣闻上古之时，医有俞跗，治病不以汤液醴洒，镵石、挢引、案扤、毒熨，一拨见病之应，因五脏之输，乃割皮解肌，诀脉结筋，搦髓脑，揲荒爪幕，湔浣肠胃，漱涤五脏，练精易形。先生之方能若是，则太子可生也；不能若是而欲生之，曾不可以告咳婴之儿！”终日，扁鹊仰天叹曰：“夫子之为方也，若以管窥天，以郄视文；越人之为方也，不待切脉、望色、听声、写形，言病之所在。闻病之阳，论得其阴；闻病之阴，论得其阳。病应见于大表，不出千里，决者至众，不可曲止也。子以吾言为不诚，试入诊太子，当闻其耳鸣而鼻张，循其两股以至于阴，当尚温也。”中庶子闻扁鹊言，目眩然而不瞚，舌挢然而不下，乃以扁鹊言入报虢君。

虢君闻之，大惊，出见扁鹊于中阙，曰：“窃闻高义之日久矣，然未尝得拜谒于前也。先生过小国，幸而举之，偏国寡臣幸甚！有先生则活，无先生则弃捐填沟壑，长终而不得反。”言未卒，因嘘唏服臆，魂精泄横，流涕长潸，忽忽承睫，悲不能自止，容貌变更。扁鹊曰：“若太子病，所谓‘尸蹶’者也。夫以阳入阴中，动胃繵缘，中经维络，别下于三焦、膀胱，是以阳脉下遂，阴脉上争，会气闭而不通，阴上而阳内行，下内鼓而不起，上外绝而不为使，上有绝阳之络，下有破阴之纽，破阴绝阳，（之）色（已）废脉乱，故形静如死状。太子未死也。夫以阳入阴支兰藏者生，以阴入阳支兰藏者死。凡此数事，皆五藏蹶中之时暴作也。良工取之，拙者疑殆。”

扁鹊乃使弟子子阳厉针砥石，以取外三阳五会。有间，太子苏。乃使子豹为五分之熨，以八减之齐和煮之，以更熨两（胁）〔胁〕下。太子起坐。更适阴阳，但服汤二旬而复故。故天下尽以扁鹊能生死人。扁鹊曰：“越人非能生死人也，此自当生者，越人能使之起耳。”

扁鹊过齐，齐桓侯客之。入朝见，曰：“君有疾在腠理，不治将深。”桓侯曰：“寡人无疾。”扁鹊出，桓侯谓左右曰：“医之好利也，欲以不疾者为功。”后五日，扁鹊复见，曰：“君有疾在血脉，不治恐深。”桓侯曰：“寡人无疾。”扁鹊出，桓侯不悦。后五日，扁鹊复见曰：“君有疾在肠胃间，不治将深。”桓侯不应。扁鹊出，桓侯不悦。后五日，扁鹊复见，望见桓侯而退走。桓侯使人问其故，扁鹊曰：“疾之居腠理也，汤熨之所及也；在血脉，针石之所及也；其在肠胃，酒醪之所及也；其在骨髓，虽司命无奈之何。今在骨髓，臣是以无请也。”后五日，桓侯体（病）〔痛〕，使人召扁鹊，扁鹊已逃去。桓侯遂死。

使圣人预知微，能使良医得早从事，则疾可已，身可活也。人之所病，病疾多；而医之所病，病道少。故病有六不治：骄恣不论于理，一不治也；轻身重财，二不治也；衣食不能适，三不治也；阴阳并，藏气不定，四不治也；形羸不能服药，五不治也；信巫不信医，六不治也。有此一者，则重难治也。

扁鹊名闻天下。过邯郸，闻贵妇人，即为带下医；过洛阳，闻周人爱老人，即为耳目痹医；来入咸阳，闻秦人爱小儿，即为小儿医。随俗为变。秦太医令李醯自知伎不如扁鹊也，使人刺杀之。至今天下言脉者，由扁鹊也。

太仓公者，齐太仓长，临菑人也，姓淳于氏，名意。少而喜医方术。高后八年，更受师同郡元里公乘阳庆。庆年七十馀，无子，使意尽去其故方，更悉以禁方予之，传黄帝、扁鹊之脉书，五色诊病，知人死生，决嫌疑，定可治，及药论，甚精。受之三年，为人治病，决死生，多验。然左右行游诸侯，不以家为家，或不为人治病，病家多怨之者。

文帝四年中，人上书言意，以刑罪当传西之长安。意有五女，随而泣。意怒，骂曰：“生子不生男，缓急无可使者！”于是少女缇萦伤父之言，乃随父西，上书曰：“臣父为吏，齐中称其廉平，今坐法当刑。妾切痛死者不可复生，而刑者不可复续，虽欲改过自新，其道莫由，终不可得。妾愿入身为官婢，以赎父刑罪，使得改行自新也。”书闻，上悲其意，此岁中亦除肉刑法。

意家居，诏召问所为治病死生验者几何人也，主名为谁。

诏问故太仓长臣意：“方伎所长，及所能治病者？有其书无有？皆安受学？受学几何岁？尝有所验，何县里人也？何病？医药已，其病之状皆何如？具悉而对。”

臣意对曰：自意少时，喜医药，医药方试之多不验者。至高后八年，得见师临菑元里公乘阳庆。庆年七十馀，意得见事之。谓意曰：“尽去而方书，非是也。庆有古先道遗传黄帝、扁鹊之脉书，五色诊病，知人生死，决嫌疑，定可治，及药论书，甚精。我家给富，心爱公，欲尽以我禁方书悉教公。”臣意即曰：“幸甚，非意之所敢望也。”臣意即避席再拜

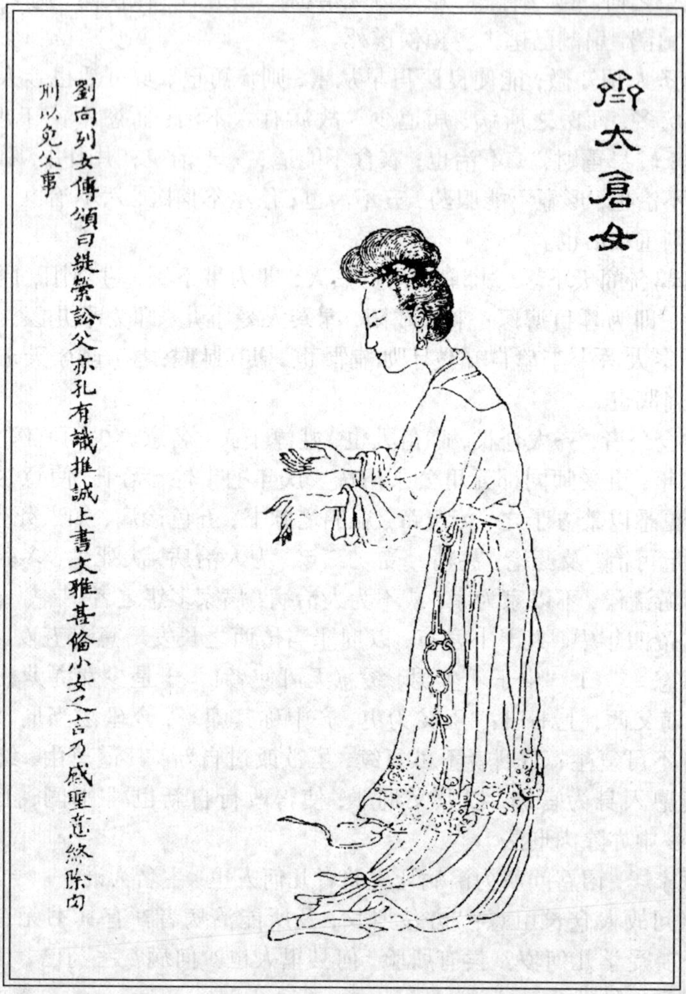

淳于缇萦像，选自清·上官周绘《晚笑堂画传》。汉太仓令淳于意之女。淳于意犯罪应该被施以肉刑，缇萦上书汉文帝，请求使自己成为女奴来为父亲赎罪。汉文帝既同情又感动，下诏废除肉刑。

谒，受其脉书上下经、五色诊、奇咳术、揆度阴阳外变、药论、石神、接阴阳禁书，受读解验之，可一年所。明岁即验之，有验，然尚未精也。要事之三年所，即尝已为人治，诊病决死生，有验，精良。今庆已死十年所，臣意年尽三年，年三十九岁也。

齐侍御史成自言病头痛，臣意诊其脉，告曰："君之病恶，不可言也。"即出，独告成弟昌曰："此病疽也，内发于肠胃之间，后五日当臃肿，后八日呕脓死。"成之病得之饮酒且内。成即如期死。所以知成之病者，臣意切其脉，得肝气。肝气浊而静，此内关之病也。脉法曰"脉长而弦，不得代四时者，其病主在于肝。和即经主病也，代则络脉有过"。经主病和者，其病得之筋髓里。其代绝而脉贲者，病得之酒且内。所以知其后五日而臃肿，八日呕脓死者，切其脉时，少阳初代。代者经病，病去过人，人则去。络脉主病，当其时，少阳初关一分，故中热而脓未发也；及五分，则至少阳之界；及八日，则呕脓死。故上二分而脓发，至界而臃肿，尽泄而死。热上则熏阳明，烂流络，流络动则脉结发，脉结发则烂解，故络交。热气已上行，至头而动，故头痛。

齐王中子诸婴儿小子病，召臣意诊切其脉，告曰："气鬲病。病使人烦懑，食不下，时呕沫，病得之（少）〔心〕忧，数忔食饮。"臣意即为之作下气汤以饮之，一日气下，二日能食，三日即病愈。所以知小子之病者，诊其脉，心气也，浊躁而经也，此络阳病也。脉法曰"脉来数疾去难而不一者，病主在心"。周身热，脉盛者，为重阳。重阳者，逿心主。故烦懑食不下则络脉有过，络脉有过则血上出，血上出者死。此悲心所生也，病得之忧也。

齐郎中令循病，众医皆以为蹷入中，而刺之。臣意诊之，曰："涌疝也，令人不得前后溲。"循曰："不得前后溲三日矣。"臣意饮以火齐汤，一饮得前〔后〕溲，再饮大溲，三饮而疾愈。病得之内。所以知循病者，切其脉时，右口气急，脉无五藏气，右口脉大而数。数者中下热而涌，左为下，右为上，皆无五藏应，故曰涌疝。中热，故溺赤也。

齐中御府长信病，臣意入诊其脉，告曰："热病气也。然暑汗，脉少衰，不死。"曰："此病得之当浴流水而寒甚，已则热。"信曰："唯，然！往冬时，为王使于楚，至莒县阳周水，而莒桥梁颇坏，信则擥车辕未欲渡也，马惊，即堕，信身入水中，几死，吏即来救信，出之水中，衣尽濡，有间而身寒，已热如火，至今不可以见寒。"臣意即为之液汤火齐逐热，一饮汗尽，再饮热去，三饮病已。即使服药，出入二十日，身无病者。所以知信之病者，切其脉时，并阴。脉法曰“热病阴阳交者死”。切之不交，并阴。并阴者，脉顺清而愈，其热虽未尽，犹活也。肾气有时间浊，在太阴脉口而希，是水气也。肾固主水，故以此知之。失治一时，即转为寒热。

齐王太后病，召臣意入诊脉，曰：“风瘅客脬，难于大小溲，溺赤。”臣意饮以火齐汤，一饮即前后溲，再饮病已，溺如故。病得之流汗出滫。滫者，去衣而汗晞也。所以知齐王太后病者，臣意诊其脉，切其太阴之口，湿然风气也。脉法曰：“沉之而大坚，浮之而大紧者，病主在肾”。肾切之而相反也，脉大而躁。大者，膀胱气也；躁者，中有热而溺赤。

齐章武里曹山跗病，臣意诊其脉，曰：“肺消瘅也，加以寒热。”即告其人曰：“死，不治。适其供养。此不当医治。”法曰“后三日而当狂，妄起行，欲走；后五日死”。即如期死。山跗病得之盛怒而以接内。所以知山跗之病者，臣意切其脉，肺气热也。脉法曰“不平不鼓，形弊”。此五藏高之远数以经病也，故切之时不平而代。不平者，血不居其处；代者，时参击并至，乍躁乍大也。此两络脉绝，故死不治。所以加寒热者，言其人尸夺。尸夺者，形弊；形弊者，不当关灸镵石及饮毒药也。臣意未往诊时，齐太医先诊山跗病，灸其足少阳脉口，而饮之半夏丸，病者即泄注，腹中虚，又灸其少阴脉，是坏肝刚绝深，如是重损病者气，以故加寒热。所以后三日而当狂者，肝一络连属结绝乳下阳明，故络绝，开阳明脉，阳明脉伤，即当狂走。后五日死者，肝与心相去五分，故曰五日尽，尽即死矣。

齐中尉潘满如病小腹痛，臣意诊其脉，曰：“遗积瘕也。”臣意即谓齐太仆臣饶、内史臣繇曰：“中尉不复自止于内，则三十日死。”后二十馀日，溲血死。病得之酒且内。所以知潘满如病者，臣意切其脉深小弱，其卒然合合也，是脾气也。右脉口气至紧小，见瘕气也。以次相乘，故三十日死。三阴俱抟者，如法；不俱抟者，决在急期；一抟一代者，近也。故其三阴抟，溲血如前止。

阳虚侯相赵章病，召臣意。众医皆以为寒中，臣意诊其脉，曰：“迵风。”迵风者，饮食下嗌而辄出不留。法曰“五日死”。而后十日乃死。病得之酒。所以知赵章之病者，臣意切其脉，脉来滑，是内风气也，饮食下嗌而辄出不留者，法五日死，皆为前分界法。后十日乃死，所以过期者，其人嗜粥，故中藏实；中藏实，故过期。师言曰："安穀者过期，不安穀者不及期。"

济北王病，召臣意诊其脉，曰："风蹶胸满。"即为药酒，尽三石，病已。得之汗出伏地。所以知济北王病者，臣意切其脉时，风气也，心脉浊。病法"过入其阳，阳气尽而阴气入"。阴气入张，则寒气上而热气下，故胸满。汗出伏地者，切其脉，气阴。阴气者，病必入中，出及瀺水也。

齐北宫司空命妇出於病，众医皆以为风入中，病主在肺，刺其足少阳脉。臣意诊其脉，曰："病气疝，客于膀胱，难于前后溲，而溺赤。病见寒气则遗溺，使人腹肿。"出於病得之欲溺不得，因以接内。所以知出於病者，切其脉大而实，其来难，是蹶阴之动也。脉来难者，疝气之客于膀胱也。腹之所以肿者，言蹶阴之络结小腹也。蹶阴有过则脉结动，动则腹肿。臣意即灸其足蹶阴之脉，左右各一所，即不遗溺而溲清，小腹痛止。即更为火齐汤以饮之，三日而疝气散，即愈。

故济北王阿母自言足热而懑，臣意告曰："热蹶也。"则刺其足心各三所，案之无出血，病旋已。病得之饮酒大醉。

济北王召臣意诊脉诸女子侍者，至女子竖，竖无病。臣意告永巷长曰："竖伤脾，不可劳，法当春呕血死。"臣意言王曰："才人女子竖何能？"王曰："是好为方，多伎能，为所是案法新，往年市之民所，四百七十万，曹偶四人。"王曰："得毋有病乎？"臣意对曰："竖病重，在死法中。"王召视之，其颜色不变，以为不然，不卖诸侯所。至春，竖奉剑从王之厕，王去，竖后，王令人召之，即仆于厕，呕血死。病得之流汗。流汗者，(同)法病内重，毛发(而)〔面〕色泽，脉不衰，此亦(关)内〔关〕之病也。

齐中大夫病龋齿，臣意灸其左太阳明脉，即为苦参汤，日嗽三千，出入五六日，病已。得之风，及卧开口食，食而不嗽。

菑川王美人怀子而不乳，来召臣意。臣意往，饮以莨菪药一撮，以酒饮之，旋乳。臣意复诊其脉，而脉躁。躁者有馀病，即饮以消石一齐，出血，血如豆比五六枚。

齐丞相舍人奴从朝入宫，臣意见之食闺门外，望其色有病气。臣意即告宦者平。平好为脉，学臣意所，臣意即示之舍人奴病，告之曰："此伤脾气也，当至春鬲塞不通，不能食饮，法至夏泄血死。"宦者平即往告相曰："君之舍人奴有病，病重，死期有日。"相君曰："卿何以知之？"曰："君朝时入宫，君之舍人奴尽食闺门外，平与仓公立，即示平曰病如是者死。"相即召舍人（奴）而谓之曰："公奴有病不？"舍人曰："奴无病，身无痛者。"至春果病，至四月，泄血死，所以知奴病者，脾气周乘五藏，伤部而交，故伤脾之色也，望之杀然黄，察之如死青之兹。众医不知，以为大虫，不知伤脾。所以至春死，病者胃气黄，黄者土气也，土不胜木，故至春死。所以至夏死者，脉法曰"病重而脉顺清者曰内关"。内关之病，人不知其所痛，心急然无苦。若加以一病，死中春；一愈顺，及一时。其所以四月死者，诊其人时愈顺。愈顺者，人尚肥也。奴之病得之流汗数出，炙于火而以出见大风也。

菑川王病，召臣意诊脉，曰："蹶上为重，头痛身热，使人烦懑。"臣意即以寒水拊其头，刺足阳明脉，左右各三所，病旋已。病得之沐发未干而卧。诊如前，所以蹶，头热至肩。

齐王黄姬兄黄长卿家有酒召客，召臣意。诸客坐，未上食。臣意望见王后弟宋建，告曰："君有病，往四五日，君要胁痛不可俯仰，又不得小溲。不亟治，病即入濡肾。及其未舍五藏，急治之。病方今客肾濡，此所谓'肾痹'也。"宋建曰："然，建故有要脊痛。往四五日，天雨，黄氏诸倩见建家京下方石，即弄之，建亦欲效之，效之不能起，即复置之。暮，要脊痛，不得溺，至今不愈。"建病得之好持重。所以知建病者，臣意见其色，太阳色乾，肾部上及界要以下者枯四分所，故以往四五日知其发也。臣意即为柔汤使服之，十八日所而病愈。

济北王侍者韩女病要背痛，寒热，众医皆以为寒热也。臣意诊脉，曰："内寒，月事不下也。"即窜以药，旋下，病已。病得之欲男子而不可得也。所以知韩女之病者，诊其脉时，切之，肾脉也，啬而不属。啬而不属者，其来难，坚，故曰月不下。肝脉弦，出左口，故曰欲男子不可得也。

临菑汜里女子薄吾病甚，众医皆以为寒热笃，当死，不治。臣意诊其脉，曰："蛲瘕。"蛲瘕为病，腹大，上肤黄粗，循之戚戚然。臣意饮以芫华一撮，即出蛲可数升，病已，三十日如故。病蛲得之于寒湿，寒湿气宛笃不发，化为虫。臣意所以知（寒）薄吾病者，切其脉，循其尺，其尺索刺粗，而毛美奉发，是虫气也。其色泽者，中藏无邪气及重病。

齐淳于司马病，臣意切其脉，告曰："当病迥风。迥风之状，饮食下嗌辄后之。病得之饱食而疾走。”淳于司马曰：“我之王家食马肝，食饮甚，见酒来，即走去，驱疾至舍，即泄数十出。”臣意告曰：“为火齐米汁饮之，七八日而当愈。”时医秦信在旁，臣意去，信谓左右阁都尉曰：“意以淳于司马病为何？”曰：“以为迵风，可治。”信即笑曰：“是不知也。淳于司马病，法当后九日死。”即后九日不死，其家复召臣意。臣意往问之，尽如意诊。臣即为一火齐米汁，使服之，七八日病已。所以知之者，诊其脉时，切之，尽如法，其病顺，故不死。

齐中郎破石病，臣意诊其脉，告曰：“肺伤，不治，当后十日丁亥溲血死。”即后十一日，溲血而死。破石之病，得之堕马僵石上。所以知破石之病者，切其脉，得肺阴气，其来散，数道至而不一也。色又乘之。所以知其堕马者，切之得番阴脉。番阴脉入虚里，乘肺脉。肺脉散者，固色变也乘之。所以不中期死者，师言曰“病者安穀即过期，不安穀则不及期”。其人嗜黍，黍主肺，故过期。所以溲血者，诊脉法曰“病养喜阴处者顺死，养喜阳处者逆死”。其人喜自静，不躁，又久安坐，伏几而寐，故血下泄。

齐王侍医遂病，自练五石服之。臣意往过之，遂谓意曰：“不肖有病，幸诊遂也。”臣意即诊之，告曰：“公病中热。论曰‘中热不溲者，不可服五石’。石之为药精悍，公服之不得数溲，亟勿服。色将发臃。”遂曰：“扁鹊曰‘阴石以治阴病，阳石以治阳病’。夫药石者有阴阳水火之齐，故中热，即为阴石柔齐治之；中寒，即为阳石刚齐治之。”臣意曰：“公所论远矣。扁鹊虽言若是，然必审诊，起度量，立规矩，称权衡，合色脉表里有馀不足顺逆之法，参其人动静与息相应，乃可以论。论曰‘阳疾处内，阴形应外者，不加悍药及镵石’。夫悍药入中，则邪气辟矣，而宛气愈深。诊法曰‘二阴应外，一阳接内者，不可以刚药’。刚药入则动阳，阴病益衰，阳病益著，邪气流行，为重困于俞，忿发为疽。”意告之后百馀日，果为疽发乳上，入缺盆，死。此谓论之大体也，必有经纪。拙工有一不习，文理阴阳失矣。

齐王故为阳虚侯时，病甚，众医皆以为蹶。臣意诊脉，以为痹，根在右胁下，大如覆杯，令人喘，逆气不能食。臣意即以火齐粥且饮，六日气下；即令更服丸药，出入六日，病已。病得之内。诊之时不能识其经解，大识其病所在。

臣意常诊安阳武都里成开方，开方自言以为不病，臣意谓之病苦沓风，三岁四支不能自用，使人瘖，瘖即死。今闻其四支不能用，瘖而未死也。病得之数饮酒以见大风气。所以知成开方病者，诊之，其脉法奇咳言曰“藏气相反者死”。切之，得肾反肺，法曰“三岁死”也。

安陵阪里公乘项处病，臣意诊脉，曰：“牡疝。”牡疝在鬲下，上连肺。病得之内。臣意谓之：“慎毋为劳力事，为劳力事则必呕血死。”处后蹴踘，要蹶寒，汗出多，即呕血。臣意复诊之，曰：“当旦日日夕死。”即死。病得之内。所以知项处病者，切其脉得番阳。番阳入虚里，处旦日死。一番一络者，牡疝也。

臣意曰：他所诊期决死生及所治已病众多，久颇忘之，不能尽识，不敢以对。

问臣意：“所诊治病，病名多同而诊异，或死或不死，何也？”对曰：“病名多相类，不可知，故古圣人为之脉法，以起度量，立规矩，县权衡，案绳墨，调阴阳，别人之脉各名之，与天地相应，参合于人，故乃别百病以异之，有数者（皆）〔能〕异之，无数者同之。然脉法不可胜验，诊疾人以度异之，乃可别同名，命病主在所居。今臣意所诊者，皆有诊籍。所以别之者，臣意所受师方适成，师死，以故表籍所诊，期决死生，观所失所得者合脉法，以故至今知之。”

问臣意曰：“所期病决死生，或不应期，何故？”对曰：“此皆饮食喜怒不节，或不当饮药，或不当针灸，以故不中期死也。”

问臣意：“意方能知病死生，论药用所宜，诸侯王大臣有尝问意者不？及文王病时，不求意诊治，何故？”对曰：“赵王、胶西王、济南王、吴王皆使人来召臣意，臣意不敢往。文王病时，臣意家贫，欲为人治病，诚恐吏以除拘臣意也，故移名数左右，不修家生，出行游国中，问善为方数者事之久矣，见事数师，悉受其要事，尽其方书意，及解论之。身居阳虚侯国，因事侯。侯入朝，臣意从之长安，以故得诊安陵项处等病也。”

问臣意：“知文王所以得病不起之状？”臣意对曰：“不见文王病，然窃闻文王病喘，头痛，目不明。臣意心论之，以为非病也。以为肥而蓄精，身体不得摇，骨肉不相任，故喘，不当医治。脉法曰‘年二十脉气当趋，年三十当疾步，年四十当安坐，年五十当安卧，年六十已上气当大董’。文王年未满二十，方脉气之趋也而徐之，不应天道四时。后闻医灸之即笃，此论病之过也。臣意论之，以为神气争而邪气入，非年少所能复之也，以故死。所谓气者，当调饮食，择晏日，车步广志，以适筋骨肉血脉，以泻气。故年二十，是谓‘易贸’，法不当砭灸，砭灸至气逐。”

问臣意：“师庆安受之？闻于齐诸侯不？”对曰：“不知庆所师受。庆家富，善为医，不肯为人治病，当以此故不闻。庆又告臣意曰：‘慎毋令我子孙知若学我方也。’”

问臣意：“师庆何见于意而爱意，欲悉教意方？”对曰：“臣意不闻师庆为方善也。意所以知庆者，意少时好诸方事，臣意试其方，皆多验，精良。臣意闻菑川唐里公孙光善为古传方，臣意即往谒之。得见事之，受方化阴阳及传语法，臣意悉受书之。臣意欲尽受他精方，公孙光曰：‘吾方尽矣，不为爱公所。吾身已衰，无所复事之。是吾年少所受妙方也，悉与公，毋以教人。’臣意曰：‘得见事侍公前，悉得禁方，幸甚。意死不敢妄传人。’居有间，公孙光闲处，臣意深论方，见言百世为之精也。师光喜曰：‘公必为国工。吾有所善者皆疏，同产处临菑，善为方，吾不若，其方甚奇，非世之所闻也。吾年中时，尝欲受其方，杨中倩不肯，曰“若非其人也”。胥与公往见之，当知公喜方也。其人亦老矣，其家给富。’时者未往，会庆子男殷来献马，因师光奏马王所，意以故得与殷善。光又属意于殷曰：‘意好数，公必谨遇之，其人圣儒。’即为书以意属杨庆，以故知庆。臣意事庆谨，以故爱意也。”

问臣意曰：“吏民尝有事学意方，及毕尽得意方不？何县里人？”对曰：“临菑人宋邑。邑学，臣意教以五诊，岁馀。济北王遣太医高期、王禹学，臣意教以经脉高下及奇络结，当论俞所居，及气当上下出入邪〔正〕逆顺，以宜镵石，定砭灸处，岁馀。菑川王时遣太仓马长冯信正方，臣意教以案法逆顺，论药法，定五味及和齐汤法。高永侯家丞杜信，喜脉，来学，臣意教以上下经脉五诊，二岁馀。临菑召里唐安来学，臣意教以五诊上下经脉，奇咳，四时应阴阳，重，未成，除为齐王侍医。”

问臣意：“诊病决死生，能全无失乎？”臣意对曰：“意治病人，必先切其脉，乃治之。败逆者不可治，其顺者乃治之。心不精脉，所期死生视可治，时时失之，臣意不能全也。”

太史公曰：女无美恶，居宫见妒；士无贤不肖，入朝见疑。故扁鹊以其伎见殃，仓公乃匿迹自隐而当刑。缇萦通尺牍，父得以后宁。故老子曰“(美好)〔夫兵〕者不祥之器”，岂谓扁鹊等邪？若仓公者，可谓近之矣。

【译文】

扁鹊是渤海郡郑地人，姓秦，名越人。年少的时候为人管理客馆。有个叫长桑君的客人到客馆来，只有扁鹊认为他与众不同，对待他十分恭敬谨慎。长桑君也知道扁鹊不是普通人，他进进出出，在客馆住了十多年，一天私下里叫扁鹊到房间坐坐，悄悄对他说："我有个医方，年纪老了，想传给你，你不要泄漏出去。"扁鹊说："遵命。"长桑君于是从怀中拿出一包药给扁鹊，并说："用未落地的雨水或露水喝下它，三十天后你就能了解很多事情。"接着又拿出秘方书籍给了扁鹊。忽然间人就不见了，看来他不是凡人。扁鹊按照他说的，服了三十天药，就能看见墙另一边的人了。他凭借这个本事给人看病，五脏的病变部位都一目了然，诊脉只是名义而已。他有时在齐国行医，有时在赵国。在赵国时被称作扁鹊。

晋昭公的时候，大夫的势力日益强盛而国君的力量逐渐衰弱，赵简子只是大夫，却独掌政事。有一次，赵简子病重，昏迷了五天，大夫们都很担忧，于是召来扁鹊。扁鹊入室诊察病情后走出来，大夫董安于向扁鹊询问病情，扁鹊说："他的血脉正常，你们不用大惊小怪！从前秦缪公像这样昏迷了七天才苏醒。醒来后，对公孙支和子舆说：'我在天帝那里玩得非常开心。我之所以去那么长时间，是因为正好碰上天帝要教导我。天帝告诉我，晋国将要大乱，五代国君都不安宁。之后将有人成为霸主，不久霸主就会死去。霸主的儿子将使你的国家男女淫乱。'公孙支记录下这些话并收藏起来，秦国史册上记载的史事就从这时候开始了。晋献公时的内乱，晋文公的称霸，及晋襄公打败秦军，回朝后就纵情淫乐，这些都是你所知道的。现在你们主君的病和他一样，不出三天就会醒来，醒来后必定也有一番话。"

过了两天半，赵简子果然苏醒了，对众大夫说："我到天帝那儿非常快乐，与百神在天空中游玩，天上的仙乐演奏九曲，还有祭祀宗庙的万舞，不像夏商周三代传下来的音乐，乐声让人心动。有一只熊要抓我，天帝命令我射杀它，我一箭就射中了熊，熊死了。接着又有一只罴走过来，我又射，罴也被射死了。天帝非常高兴，赏赐我两个竹笥，里边都装有饰品。我看见儿子也在天帝的身边，天帝把一只翟犬交给我，并说：'等到你的儿子长大以后，就把这犬赐给他。'天帝告诉我说：'晋国将会一代一代地衰微下去，七代以后就会灭亡。秦国人将在范魁的西边打败周人，但也不能占有它。'"董安于听了这些话，记录并收藏起来。人们把扁鹊的话告诉赵简子，赵简子赐给扁鹊四万亩田地。

后来扁鹊路过虢国。刚巧虢太子死去，扁鹊来到虢国王宫门前，问一位懂医术的中庶子道："太子有什么病，为什么全国都在祭祀祈祷，把别的事情都搁置了？"中庶子回答说："太子的病是血气不按时运行，交汇错乱而不能疏泄，突然发作在体外，就使内脏受到了伤害。他体内的正气敌不过病邪之气，邪气就积聚在身体里得不到发泄，因此阳脉迟缓，而阴脉急促，所以突然昏厥就死了。"扁鹊问："他什么时候死的？"回答说："从鸡鸣到现在。"扁鹊问："收殓了吗？"回答说："还没有，还不到半天。"扁鹊说："请禀告虢君，我是渤海郡的秦越人，家住在郑地，还未能拜见君王，为他效力。听说太子不幸去世，我能让他死而复生。"中庶子说："先生该不是欺骗我吧？凭什么说太子可以复活呢？我听说上古的时候，有个叫俞跗的医生，治病不用汤药、酒剂，不用针灸砭石，也不用按摩和药物熨贴，一诊察就知道疾病的所在，按照五脏的穴道，割开皮肤，剖开肌肉，疏导脉络，结扎筋腱，按治髓脑，触动膏肓，疏理横膈膜，清理肠胃，洗涤五脏，修炼精气，改变神情气色，先生的医术如能同他一样，那么太子还可能复活；如果做不到却想要让太子活过来，简直连三岁小孩也不会相信。"两人谈了整整一天，扁鹊仰天长叹说："您所说的医治方法，就像透过竹管看天，透过缝隙看花纹一样。我秦越人的医治方法，不用切脉、观气、听声、察形，就能知道疾病所在的部位。可以由表知里，由里知表。人体内有病会表现在体表，据此就可诊断千里之外的病人，诊断的方法很多，不能只认一个道理。您如果不相信我，就进去试着诊察太子，一定会听到他的耳朵鸣响，而且鼻翼也在翕动，他的两条大腿直到阴部，应当还有余温呢。"

中庶子听完扁鹊的话，目瞪口呆，舌头翘着，久久说不出话来，于是就进宫把扁鹊的话通报给了虢君。虢君听后也十分惊讶，在宫廷的中门接见了扁鹊，说道："我早就听说您的大名了，只是不曾有机会当面拜见。先生经过我们小国，如果您能救活太子，那我这个小国的君王真是太幸运了。有了先生，我儿子才能活过来，没有先生也就只有抛尸野外填埋到山沟里，永远不能够复生了。"话还没说完，他就悲伤抽噎起来，精神恍惚，泣流不止，泪珠挂在睫毛上，悲哀得不能自已，连容貌都改变了。扁鹊说："太子的病，就是人们所说的'尸蹶症'。那是因为阳气陷入阴脉，脉气缠绕冲动了胃，经脉受损伤，脉络被阻塞，分别下注入下焦、膀胱，因此使得阳脉下坠，阴气上升，阴阳二气交汇处闭塞不通，阴气又逆而上行，阳气只好向内运行，阳气只能在下在内鼓动却不能上升，在上在外被阻绝不能被阴气遣使，在上有隔绝了阳气的脉络，在下有破坏了阴气的筋纽，阴气破坏，阳气断绝，才使得容颜失色、血脉紊乱，因此人的形体安静地躺着，就像死去了一样。而实际上太子没有死。由于阳入侵阴而阻绝脏气的还能治愈，阴入袭阳而阻绝脏气的则一定死。这几种情形，都是在五脏失调的时候突然发作的。高明的医生可以治愈，医术不高的人就只能疑惑不解了。”

扁鹊就叫他的弟子子阳把铁针、石针打磨好，在太子的三阳五会穴处扎下针。过了一会儿，太子苏醒过来了。扁鹊又让子豹准备五分剂量的熨药，混和八减方的药剂一起煎煮，交替在两胁下熨敷。一会儿太子就能够坐起来了。扁鹊又进一步调理他体内的阴阳之气，仅仅吃了二十天汤药，太子就恢复得和从前一样了。因此天下人都认为扁鹊有起死回生之术。扁鹊说：“我并非能使人起死回生，这是他应该活下去，我能做的只是使这些本来没死的人站起来罢了。”

扁鹊经过齐国的时候，齐桓侯把他待为客人。他到朝廷拜见桓侯，说：“大王您有小病，在皮肤和肌肉之间，不治将会加重。”桓侯说：“寡人没病。”扁鹊出去后，桓侯对身边的人说：“医生贪财好利，喜欢把没病的人说成有病，并想要把治好病当作自己的本事。”过了五天，扁鹊又去见桓侯，说：“您的病已进入血脉了，不治恐怕会更加严重。”桓侯说：“寡人没病。”扁鹊出去后，桓侯不太高兴。又过了五天，扁鹊又去见桓侯，说道：“大王您的病已经到了肠胃间，如再不治，将更严重。”桓侯不理他。扁鹊出去后，桓侯更不高兴。又过了五天，扁鹊又去，这回只远远看了一眼，就赶紧往回跑。桓侯觉得奇怪，就派人问他跑的缘故。扁鹊说：“病症在皮肉之间，汤剂、药熨的效力就能治好；病症到了血脉中，靠针刺和砭石的效力也能治好；病症到了肠胃，依靠药酒的效力还能治好；但是病症进入骨髓，就是掌管生死的神也无可奈何。现在大王的疾病已进入骨髓，我因此不再要求为他治病。”果然五天后，桓侯发病了，派人去请扁鹊，扁鹊早已逃离了齐国。桓侯于是就病死了。

假若圣人预先知道疾病的微细征兆，能够让好的医生及早治疗，那么就可以治愈，性命也就能保住。病人所担忧的，是疾病太多；然而医生所担忧的，是治病的方法太少。所以有六种患病的情形不能医治：其一骄狂放纵，不讲道理；其二轻视身体而看重钱财；其三衣着饮食调节不当；其四阴阳错乱，五脏失去正常功能；其五形体太弱而不能够承受药物；其六相信巫术而不相信医生。有其中一种情况，就很难医治了。

扁鹊名声传遍天下。他路过邯郸，听说当地人尊重妇女，就注意研究妇女病；经过洛阳时，闻知当地敬爱老人，就专门研究耳聋眼花和风湿症；到了咸阳，闻知秦人爱护孩子，就注意研究小孩疾病；他随着各地的习俗来改变自己的医治范围。秦国的太医令李醯自知医术不如扁鹊，就派人把扁鹊刺杀了。到如今，天下谈论诊脉法的人，都遵从扁鹊的理论和实践。

太仓公是齐国都城管理粮仓的长官，他是临淄人，姓淳于，名意。年轻时就喜好研究医术。高后八年，又拜了同郡元里的公乘阳庆为师，学习医术。当时阳庆已七十多岁，还没有继承人，就让淳于意把从前学的医方全部抛开，然后把自己的秘方全部传授给了他，并传授给他黄帝、扁鹊的脉书，五色诊病的方法，使他能预先知道病人的生死，决断疑难病症，确定可以治疗的病症，又传授给他药剂的理论，都十分精微。三年之后，淳于意为人治病，预断死生，大多应验。然而他却到处游历诸侯国，不把家当家，有时不肯为别人治病，因此许多病者都怨恨他。

汉文帝四年，有人上奏章控告他，根据刑律罪状，要被押送到长安去。淳于意有五个女儿，跟在车的后面哭泣。他生气地骂道："生孩子不生男孩，到紧要关头就没有管用的人！"最小的女儿缇萦听了父亲的话很伤心，就跟着父亲到了长安。她上书朝廷说："我父亲为官，齐国人民都称赞他廉洁公正，现在犯了法应当受刑。我非常痛心的是死了的人不能再复生，受刑致残的人也不能再复原，即使他们想改过自新，也没有办法了，最终不能如愿。我情愿自己做官家奴婢，来赎父亲的罪，使他能有改过自新的机会。"文帝看了缇萦的上书，为她的孝心所感动，就赦免了淳于意，并在这一年废除了肉刑。

淳于意住在家里，皇上下诏问他的病人中，决断死生应验的有多少人，叫什么。

诏令问前太仓长淳于意："医术有什么专长、能治什么病？有没有医书、都在哪里学的？学了几年、曾治好哪些人？他们都是什么地方的人？得的什么病？治疗用药后，病情怎样？全要详细地作出回答。"淳于意回答说：

我年轻时，就喜好医术药剂之方，但试着用学到的医术给人看病，却有很多不灵验的。到了高后八年，我在临淄元里拜公乘阳庆为师。阳庆这时七十多岁，我得以侍奉他。他对我说：“把以前学过的医书全部抛开，那些都不正确。我有古代先人传授的黄帝、扁鹊的诊脉书，能根据五种颜色诊断疾病，预知人的生死，决断疑难病症，确定可否医治，还有论述药物的书，都非常精辟。我家里很富有，因为喜欢你，才想把自己收藏的秘方和书全部传给你。”我说：“太荣幸了，这些我不敢奢望。”说完我就离开座位，再次拜谢老师。后来学习他传授的《脉书》《上经》《下经》，五色诊、奇咳术、揆度阴阳外变、药论、石神、接阴阳禁书，诵读理解实验，用了约一年时间。第二年试着为人治病，有些灵验，但是还不够精当。大概一共向他学习了三年，我就开始为人治病，诊断病症，确定死生，都能够灵验，医术也越来越精良。现在阳庆已经死了十来年，我学医三年，现在已经三十九岁了。

齐国侍御史成说自己头疼，我诊完脉，告诉他说：“您的病情严重，不能一下子说清。”出来后单独告诉他的弟弟史昌说：“这是疽病，长在肠胃之间，五天后就会肿起，再过八天就会吐脓血而死。”史成的病是酗酒后行房事导致的，后来果然到时候就死了。我之所以知道他的病，是因为切脉时，感觉到肝脏的脉气重浊而静缓，这是内闭之症。脉法上说：“脉象长而弦，不能随四季变化，那他的病就在肝脏。如果脉象迟缓，是肝的经脉有病，如果脉象是无规则的，就是肝的络脉有病。”肝的经脉有病而脉均匀，他的病来自筋髓。脉象无规则，他的病来自酗酒后行房事。我之所以知道他过五天后会肿起来，再过八天吐脓血而死，是切脉时，发现少阳经络出现了代脉的脉象。代脉是经脉生病，病情如果遍及全身，人就会死去。络脉出现病症，当时，少阳脉的关部一分处开始出现代脉，因此只是有内热却还没有出脓，等到代脉达于五分处，就到了少阳经脉的边界，到八天后会吐脓血而死，所以到了关上二分处会产生脓血，到了少阳经脉的界限就会肿胀，其后疮破脓泄而死。当初内热就熏灼着阳明经脉，并灼伤络脉的分支，络脉病变就会使经脉郁结发肿，经脉郁结发肿其后就会糜烂离解。于是络脉之间交互阻塞，热邪上侵头部，头部受到扰动，因此头疼。

齐王二儿子家里最小的男孩生病了，召我去诊治，我告诉他说：“这是气膈病，这病使人心中烦闷，吃不下，并时常呕出胃液。得病原因是内心忧郁，常常厌食。”我当即为他开了下气汤，一天逆气就下来了，两天就能吃饭了，三天病就好了。我之所以知道他的病，是因为把脉时，切到心病的脉气，脉象浊重、躁动又轻浮，是阳气郁结的病。脉法上说：“脉达于手指时壮盛迅速，离开指下时艰涩而前后不一，表示病在心脏。”周身发热，脉气旺盛，称作重阳。重阳就会扰动心神，因此心中烦闷，吃不下东西，就是络脉有病，络脉有病就会血从上出，血从上出的人定会死亡。这是内心悲伤所得的病，病得自于忧郁。

齐国名叫循的郎中令生了病，许多医生都认为是逆乱之气侵入体内，导致阴阳失调，因此采用针刺法。我诊断后说：“这是涌疝，这种病使人不能大小便。”循回答说：“我已经三天不能大小便了。”我叫他服用火剂汤，服了一剂就能解下大小便了，服了第二剂后大小便就非常通畅，服完第三剂病就痊愈了。他的病是因为房事不节制造成的。我能知道他患的病，是因为切脉时，他右手寸口脉象急迫，脉象反映不出五脏的病症，右手寸口脉象旺盛而急促。脉快是中焦、下焦热邪涌动，他的左手脉快是热邪往下流，右手脉快是热邪上涌，都没有出现五脏病脉，所以说是“涌疝”。中焦内有热，所以尿是赤红色的。

齐国名叫信的中御府长病了，我去为他诊治，把脉后告诉他：“是热病的脉气，但是因为暑热多汗，脉稍衰一点，不会死的。”又说：“得这种病，是因为天寒时曾在流水中洗浴，然后全身就发热。”他说：“嗯，确实如此！去年冬天，我奉王之命出使楚国，走到莒县阳周水边，莒桥坏得很厉害，我就揽住车辕不想过河，马却突然受到惊吓，当时就摔到河里去了，差一点淹死，随从官吏赶紧跑来救我，我从水中出来时，衣服全湿透了，过了一会儿，身上冷得厉害，接着全身发热如火，到现在还不能受寒。”我立即为他配制液汤火剂驱除热邪，服一剂就不再出汗，服两剂热消退，服三剂药病就好了。又让他继续服药，大约二十天后，身体就像没病的人了。我所以知道他的病，是因为切脉时，属于并阴。脉法上说“热病中，阴阳相交就会死亡”。我切他的脉。阴阳没有相交，属并阴。并阴脉，脉状顺的能用清法治愈，热邪虽没有完全消除，仍能治好。他的肾气有时重浊，我在太阴脉口依稀能切到这种情形，那是水气。肾本来主水，由此知道他的病情。如果治疗迟误，就会转成寒热病。

齐王太后生病，召我去诊脉，我说：“是风热侵袭膀胱，所以大小便困难，尿色赤红。”我让她服火齐汤，吃一剂就能大小便了，吃两剂，病就退去了，尿色也恢复正常。这是出汗时解小便得的病，就是脱掉衣服而汗被吹干得的。我能够知道齐王太后的病，是切脉时，发现太阴口湿润，这是受风的脉气。脉法上说“脉沉时大而坚，脉浮时大而紧的，是肾有病”。我切太后的肾脉却是相反的，脉大而躁。大就表明膀胱有病；躁动的脉象显示中焦有热，而尿色赤红。

齐国章武里的曹山跗生了病，我诊完脉后说：“这是肺消瘅，加上寒热症。”于是告诉他的家人说：“这种病必死，没法治了。你们就尽量满足病人的要求，不必再治了。”脉法上说：“病人三天后就会发狂，胡乱起坐行走，总想乱跑；五天以后就会死去。”那人真就如期死去了。曹山跗的病得自于大怒而行房事。我所以知道山跗的病，是因为切他脉的时候，从脉象发现他有肺气热。脉法上说“脉搏起伏不定，鼓动无力，表明形体很衰弱”。这是五脏由远及近，依次经过各脏气所属脉络而发生病变。所以我切脉时，脉状不平而且有代脉。脉不平稳表示血气不能归藏于肝；代脉，时而杂乱，时而浮躁，时而宏大。这是肺、肝两络脉断绝，因此说必死而不能治。至于说“加以寒热”，是因为他像死人一样，形神俱散，身体羸弱；对羸弱的人，不能用针灸的方法，也不能服药性猛烈的药。在我之前，齐国太医已先诊治了他的病，在他的足少阳脉口施灸，而且让他服半夏丸，病人于是下泄，腹中虚弱；又在他的少阴脉施灸，这样便极深地损坏了他肝脏的阳气，严重地损伤病人的元气，因此就患上了寒热病。之所以三天后会发狂，因为肝的一条络脉横出连结了乳下的阳明经，阳明经脉受伤，人就会发狂奔路。五天后死，因肝和心两脉相距五分，肝脏的元气五天耗尽，元气耗尽人也就死了。

齐国的中尉潘满如患小腹疼痛的病，我为他诊脉后说：“这是腹中气体积聚，血脉凝结形成的腹中包块。”我对齐国太仆饶、内史繇说：“中尉再不停止房事，三十天内就会死掉。”过了二十多天，他尿血而死。他的病得自酗酒后行房事。我之所以能知道他的病，是因为切他的脉又沉又小，力量微弱，脾脉之气突然兴起，似欲与心脉之气交结。右手的寸口脉紧小，显现了瘕病的脉象。根据人体五脏相克制的规律，所以我断定他三十天内必死。太阴、少阴、厥阴三阴脉一齐出现，符合三十天内死的症状；三阴脉不一齐出现，在短期内就可以决断生死；交汇的阴脉和代脉交替出现，死期还短。所以他的三阴脉同时出现，就像前边说的那样尿血而死。

阳虚侯的宰相赵章生病，召我医治，许多医生都认为是腹部受寒。我诊完脉断定说："是风邪入侵。"风邪入侵，会使饮食噎住又吐出来，食物不能留在胃中。医理上说"五天会死"，而他过了十天才死。病因酗酒而生。我之所以知道赵章的病，因为切他的脉时，脉象很滑，是体内有风气的脉象。咽下的食物总吐出，胃中不能容纳，理论上说五天会死，这是前面说的分界法。病人十天后才死，是因为他喜好喝粥，所以脾胃充实，脾胃充实所以超过了期限。我的老师说过："胃能容留消化食物，就会超过死亡期限。不能容留消化食物，等不到期限就会死掉。"

济北王生病，召我去诊治，我说："这是风厥，胸闷不舒。"于是立刻为他调制药酒，服完三石，病就好了。病因是出汗时躺在地上。我能够知道济北王的病因，是因为切脉时，脉象有风邪，心脉重浊。病理上说："病邪入侵体表，体表的阳气耗尽，阴气就会侵入。"阴气在体内扩张，就导致寒气上逆，热气下沉，因而胸闷。说他出汗时躺在地上，因为切他的脉时感到脉气阴寒。脉气阴寒的人，病邪必然会侵入内里，服药后病邪要等到出汗时才能排出体外。

齐国北宫司空夫人病了，许多医生都认为是风邪入侵体内，病在肺部，因此用针刺她的足少阳经。我诊脉后说："是疝气病，疝气影响膀胱，使得大小便困难，尿色赤红。这病受寒就会遗尿，使人小腹肿胀。"她的病，是因为想解小便又不能解，然后行房事才得的。我是因切脉知道的，她的脉象大而有力，但脉来艰难，那是蹶阴肝经有变动。脉来艰难，是因为疝气影响到膀胱。之所以小腹肿胀，是因蹶阴络脉结聚在小腹，蹶阴脉有了病，脉结系的部位就会变动，一变动腹部就会肿胀。我就在她的足蹶阴肝经施灸，左右各灸一次，小便就不再失禁，而尿也清了，小腹也止住了疼。再用火剂汤给她服用，三天疝气就消散，病就好了。

前济北王的奶妈说自己的足心发热而胸闷，我告诉她："这是热蹶病。"在她足心各刺三次，出针时，按住穴孔，不能使血流出，病很快就好了。她的病得自喝酒大醉。

济北王召我给他的侍女们诊病，轮到名叫竖的女子，不像生病的样子。我对永巷长说："竖伤了脾脏，不能太劳累，依病理看到了春天就会吐血而亡。"我问济北王："这个人有什么才艺？"济北王说："她喜好方技，多才多艺，能在旧方技里创出新意来，去年从民间买的，花了四百七十万钱，是四个侍女的价钱。"又问："她是不是有病？"我回答说：

“她病得很重，属于不治之症。”济北王又叫她来就诊，见她的脸上没有病容，就认为没病，没有把她卖给其他诸侯。到了第二年春天，她捧着剑随王去厕所，济北王离开时，竖落在后面，济北王派人去叫她，她已倒在厕所里，吐血死了。她的病因流汗引起，流汗的病人，依医理说是病重在内里，从表面看，毛发脸色有光泽，脉气不衰，这也是内关的病。

齐国中大夫患龋齿病，我灸他的左手阳明经脉，又为他调制苦参汤，每天用三升漱口，前后五六天，病就好了。他的病得自受风，以及睡觉时张着口，饭后不漱口。

菑川王的美人怀孕难产，就召我去，我用莨菪药一撮，让她用酒服下，很快就生下来了。我又诊她的脉，发现脉很急躁，还有其他的病，就用消石一剂给她喝下，喝完阴道就出血了，血块如豆粒大小，有五六块。

齐国丞相门客的奴仆跟随主人上朝进入王宫，我见他在宫门外吃东西，观察到他的脸上有病色，就告诉了一个名叫平的宦官，他因喜好诊脉向我学习。我就以这个奴仆做例子教导他，告诉他说：“这是伤了脾脏的容色，到明年春天，胸隔就会阻塞不通，不能吃东西，依医理到夏天就会便血而死。”他就对丞相说：“您门客的奴仆有病，病得很重，离死期不远了。”丞相问：“你怎么知道的？”他回答说：“丞相上朝时，您门客的奴仆在宫门外吃饭，我和太仓公站在那里，他就对我说，患这种病是要死的。”丞相于是就把这个门客请来问他：“您的奴仆有病吗？”门客说：“没有病，身上也不痛。”到了春天那个奴仆果真生病了，四月时，他就便血而死。我所以能知道他的病，是因脾脏的病气遍传五脏，伤病之色交错反映在面部各个部位上，因而如果是脾伤了，看上去就会脸色发黄，细看如同暗青色的死草。许多医生不知情形，认为是体内有寄生虫，却不知是伤了脾。患这种病的人之所以到春天病重，是因为脾病脸色发黄，黄色在五行里属土，脾土耐受不住肝木之盛，因而到春天就要死去。而这个奴仆之所以到夏天才死，是因为脉法上说“病情严重而脉却顺当、清宁的，叫做内关”，内关这类病，病人不知道疼痛，心中焦急而不痛苦。如若加上另一种病，就会死于仲春；稍一心情愉悦，就能延长一季。他所以到四月才死，就是因为我观察他时，看到他精神愉快，人还很胖，所以能拖延一些时候。他的病因是流汗太多又外出，遇着了大的风寒。

菑川王患病，召我去诊脉，我说：“这是邪气上逆，使得上体发重，头疼身上发热，使人烦闷。”我就用凉水敷他的头，用针刺他的足阳明经脉，左右各三次，病很快就好了。他的病是因洗完头发没擦干就去睡觉而导致的。诊断如前，之所以说邪气上行，是因为头部有郁热之气，一直下达肩部。

齐王黄姬的哥哥黄长卿在家设酒席招待客人，也邀请了我。客人入座，还没上菜。我见王后弟弟宋建脸色异常，就说："您生病了，四五天前，你的腰胁疼得不能俯仰，又不能小便。如不赶快医治，病邪立马就会浸入肾脏。趁着病邪还没滞留在五脏，抓紧去治疗。如今病邪正侵入肾部，这就是所谓的'肾痹'。"宋建说："你说对了，我原来就腰脊疼。四五天前，天正下雨，黄氏的女婿们到我家里，看到了我家库房墙下的方石，就举起玩耍，我也想要效仿他们，却没举起来，就把它放下了。傍晚，腰脊就疼痛，解不出小便，到现在也没好。"他的病是由喜好举重物引起的。我所以能知道他的病，是看到他的脸色，太阳穴处色泽枯干，肾部及腰以下有四分左右的部位枯干，所以知道四五天前病就发作。我为他调制柔汤服用，十八天病就痊愈了。

济北王一个姓韩的侍女患了腰背疼的病，发冷发热，许多医生都认为是寒热病，我诊脉后说："是有内寒，月经不通。"我用药为她熏灸，很快月经就来了，病也好了。她的病是由于相思引起的。我所以能知道她的病，是切脉时，发现肾脉有病气，阻塞不通。不通，脉来得就艰难、坚实，所以月经也不通。她的肝脉硬直而长，超出左手寸口位置，所以说是相思病。

临淄氾里一个叫薄吾的女人病得很重，许多医生都认为是严重的寒热病，一定会死，无法医治。我诊脉后说："这是蛲瘕病。"患这种病的人肚子很大，腹部皮肤又黄又粗，用手触摸，病人很难受。我用芫花一撮让她用水送服，当即排出约数升蛲虫，病就好了，三十天后恢复正常。蛲瘕病得自寒湿气，寒湿气郁积太多不能散发，变化为虫。我能知道她的病，是因为切脉时按尺部脉位，她的尺肤干枯粗糙，而且毛发枯焦卷曲，这是有虫的迹象。她面色润泽，表明内脏没有邪气和重病。

齐国淳于司马病了，我诊脉后说："应该是风邪入侵，贯穿五脏。症状是饮食之后就又呕吐出，这种病来自于吃饱饭就快速奔跑的缘故。"他回答说："我到君王家吃马肝，吃得很饱，看到酒来了，就离开了，后来又骑着快马回家，到家就泄了几十次。"我告诉他说："把火剂汤用米汁送服，七八天就会痊愈。"当时医生秦信在旁边，我离去后，他对左右的都尉说："他认为司马得的什么病？"回答说："认为是风邪入侵，能够治愈。"秦信就笑着说："这是不知道病情啊。司马的病，依照病理会在九天后死去。"九天后人并没有死，他家又召请我去。我去后询问，全都符合我的诊断。我就开了一服火剂米汁，让他服用，七、八天病就好了。我所以能知道他的病，是因诊他的脉时，脉象完全正常，他的病和脉象一致，所以不会死。

齐国的中郎破石得了病，我诊脉后，告诉他说："这是肺脏受损伤，不能医治了，十天后的丁亥日就会尿血而死。"过了十一天，他果然尿血而死。他的病，是从马背上摔下来，跌到石头上导致的。我之所以能知道他的病，是因切他的脉的时候，肺阴脉脉象浮散无根，大而不齐，从几条脉道上来且脉搏不齐，同时他脸色赤红，是心脉压肺脉的表现。我之所以能知道他是从马背上摔下来的，是因切得反阴脉。反阴脉进入虚里，克伐肺脉。肺脉出现了散脉，原来的面色改变，都因为肺被克伐。他没有如期而死，是因为我的老师说："病人能消化吸收谷物的，就能超期才死，不能消化吸收的，等不到期限就会死。"这个人嗜好吃黍，黍能补肺，因而超过了期限。他尿血的原因，正如诊脉法上说："病人调养时喜欢安静的，就会气血下行而死；喜好活动的，就会气血上逆而死。"这个人喜欢安静，不急躁，又能长时间地坐着，伏在几案上睡着，所以血从下部排泄而出。

齐王的侍医遂患了病，自己炼制五石散服用。我去拜访他，遂对我说："我生病了，希望您能给我诊治一下。"我就为他诊脉，告诉他说："您患了内热的病。医理书上说'内热不解小便的，不能服用五石散'。石药药力猛烈，您服后小便次数减少，赶快停止服用吧。看你的脸色，是要生疮肿。"遂说："扁鹊说过'阴石可以治疗阴病，阳石可以治疗阳病，药石中有阴阳寒热不同的方剂。因此有内热，就用阴石配制的柔和方剂来治疗；内寒，就用阳石配制的猛烈方剂来治疗'。"我说："您错了。扁鹊虽然说过这样的话，然而必须审慎诊断，确立标准，斟酌权衡，结合表里、盛衰、顺逆的原则，观察病人的举动与呼吸是否协调，才可以下结论。医理上说：'体内有阳热病，体表有阴冷症状，不能用烈性药和砭石的方法。'因为烈性药进入体内，邪气就会蓄积更深。诊病理论说："外寒多于内热的病，不能用烈性药。"因烈性药进入体内会扰动阳气，阴虚病症就会更严重，阳气更加强盛，邪气流动，就会重重团聚在腧穴，最后发展成毒疮。"我告诉他之后一百多天，他乳头上果然长了一个毒疮，蔓延到锁骨上窝后，他就死了。这就是说理论只是概括，提出大体的原则。拙劣的医生有一处没能深入理解透彻，就会使生理紊乱、阴阳颠倒。

齐王还是阳虚侯时，有一次病得很重，许多医生都认为是邪气上逆。我为他诊脉后，认为是痹症，病根在右胁下部，大小如倒扣着的杯子，使人气喘，逆气上升，吃不下东西。我就让他服用火剂粥，过了六天，逆气下行；再让他改服丸药，又过了六天，病就好了。他的病是房事不当而得。我为他诊脉的时候，不能辨别什么经脉有病变，只能大体知道病症所在的位置。

我曾经为安阳武都里的成开方诊治，他称自己没病，我说他得了沓风病，三年后四肢不能受自己支配，人喑哑不能言语，一旦喑哑很快就会死。如今听说他的四肢已不能动弹，喑哑但还没有死。他的病是多次喝酒后受大风邪引起的。我所以知道他的病，是因为给他切脉时，脉象与脉法、奇咳术上说的“脏气相反的是死症”相符合。我切他的脉，得到肾气反冲肺气的脉象，医理上说：“三年后当死。”

安陵阪里的公乘项处患了病，我为他诊脉，告诉他：“这是牡疝病。”牡疝在胸膈下，上连肺脏。病因是房事不节制。我对他说：“千万不能再做操劳费力的事，否则就会吐血死去。”项处后来却去玩“蹴鞠”，结果腰部受寒，出汗很多，当即吐血。我又给他诊脉后说：“会在明日黄昏时死去。”到时果真就死了。他的病是因房事而得，我所以能知道他的病，是因为切脉时得到反阳脉，反阳脉进入上虚，第二天就会死。一是出现了反阳脉，一是上连于肺，这就是牡疝。

臣淳于意说：“其他能正确诊治、决断生死时间以及治好的病例很多，但日久大多忘了，不能都记住，所以不敢上奏。”

又问：“你所诊治的病，许多病名相同，诊断结果却相异，有的人死了，有的还活着，这是为什么呢？”淳于意回答说：“病名大多是类似的，不能确切辨知，所以古代圣人创立脉法，使人能用这些确立标准，订立尺度，斟酌权衡，依照规则，协调阴阳，区别人的脉象后各自命名。和天地相对应，和人体状况相参合，因此就可以区别找出差异。通晓医术的人能够指出其中的差别，不懂医术的人就会混同起来。然而脉法也不是完全灵验，诊治病人还要用分度脉的方法，才能区别相同名称的疾病，说出病因在什么地方。如今我所诊治的病例，都有诊病记录。我之所以能够区别它们，是因为刚刚从师学医结束，老师就去世了，因此我就记下诊治过的病例情形，以便能够决断死生、诊断病症的得失是否和脉法相符合，因此到现在还能知道。”

又问：“你决断病人死生的时间，有时也不能应验，这是为什么？”回答说：“这都是因为病人饮食喜怒不正常，或者不恰当地服药，或者不恰当地用针灸治疗，所以与预断的日期不相符。”

又问：“在你刚刚能够预知病症可否治愈、议论药物运用是否适宜的时候，诸侯王和大臣有没有向你请教过？等到齐文王生病时，为什么不请你去诊治？”回答说：“赵王、胶西王、济南王、吴王都曾派人召请我，我不敢前往。齐文王生病时，我家中贫穷，想以给人治病来谋生，非常害怕被官吏留住委任为侍医。所以就把户籍迁到亲戚邻居等人名下，不置家产，行医游学，寻访医术精妙的人向他求教。我拜了好几位老师，学到了他们所有的本领，领悟了全部的医方医书要点，并深入进行分析评定。我住在阳虚侯的国家，侍奉过他。他入朝时，我随他到了长安，因为这个缘故，才能给安陵的项处等人看病。”

问我说：“你知道齐文王一病不起的原因吗？”回答说：“我没有亲眼看到齐文王的病情，不过我听说齐文王气喘、头疼、视力差。我推想这不是病症。因为他身体肥胖而聚积精气，身体得不到运动，骨骼不能支撑肉躯，所以才气喘，用不着医治。脉理上说：‘二十岁时人的脉气正旺，应该多跑步，三十岁时应该常快步行走，四十岁时应该安坐，五十岁时应该安神躺卧，六十岁以上时应该使元气深藏。’齐文王年纪不满二十岁，脉气正旺，应该多跑步，他却懒于活动，与天道四时不相应。后来听说医生用灸法治疗，病情马上就重起来，这是分析病情有误的原因。根据我的分析，这是身体内正气外争而邪气侵入体内的表现。这种病症不是年少人能够恢复的，因此他最后死了。这种情形，应该调节饮食，选择晴朗天气，驾车或是步行外出，以开阔情志，使得筋骨、肌肉和血脉互相适应，用以宣泄过盛的精气。所以二十岁被称作“气血质实”的时期，从医理看不应该用砭灸之法，使用这种方法就会导致气血奔逐不定。”

又问：“你的老师阳庆跟谁学的医术？齐国的诸侯是否知道他？”回答说：“我不知道阳庆的老师是谁，阳庆家中非常富有，他擅长行医，却不肯为人治病，也许因为这样他才不为人所知。阳庆又告诫我说：‘千万别使我的后代知道你是从我这儿学习的医术。’”

又问：“你的老师阳庆为什么看中并喜爱你，想要把医方全部传给你呢？”回答说：“我本来不知老师的医术精妙。之所以知道，是因为我年轻时喜欢研究各家的医方，我用他的医方尝试，大多灵验，而且非常精妙。我听说菑川唐里公孙光擅长使用古代流传的医方，就去拜见他。得以做他的学生，从他那里学到调理阴阳的医方以及口诀，我都记了下来。我想要学习其他的医术，公孙光说：‘我的秘方医术都教给你了，不会吝惜的，我已经老了，你无需再侍奉我了。这是我年少时所学到的妙方，全都教给你了，不要轻易地把它教给别人。’我说：‘我能在您跟前侍奉学习，得到全部秘方，就已经很幸运了。我死也不会随便传给别人的。’过了些日子，公孙光闲居，我就跟他一起深入分析医方，他认为我对历代医方的评论很精辟，高兴地说：‘你一定会成为国家一流的医生。我擅长的医术都荒废了，我有个同胞兄弟住在临淄，对医术很精通，我不如他，他的医方非常神奇，不是一般人所能了解的。我中年时，曾想向他请教，我的朋友杨中倩不同意，说：‘你不是学习医术的料。’我必须和你一起前往拜见他，他就会知道您喜爱医术。他也老了，但家中很富有。’当时没去，正好阳庆的儿子阳殷来献马，通过公孙光进献给齐王，因为这个缘故我和阳殷相识了。公孙光就把我托付给阳殷说：‘淳于意喜好医术，你一定要好好待他，他是倾慕圣人之道的人。’于是就写信把我介绍给阳庆，因此认识了阳庆。我侍奉阳庆十分恭敬谨慎，所以他才喜爱我。”

又问：“官吏百姓有没有人向你学医术？全学会了吗？是哪里人？”回答说：“临淄人宋邑，他向我求教，我教他五诊法，学了一年多。济北王派太医高明、王禹向我学习，我教他们经脉的高下分布以及奇经、络脉的交结，时常研究经络穴位，以及经络之气的上下出入，以及邪正逆顺的情况，以此选择合适的针石，确定砭灸的部位，学了一年多。淄川王时常派遣太仓马长冯信前来学习，我教他按摩的逆顺手法，讨论用药的方法，鉴定药性和调和汤剂的方法。高永侯的家丞杜信，喜好诊脉，前来求学，我把上下经脉的分布、五诊法教给了他，学了两年多的时间。临淄召里的唐安来求学，我教给他五诊法、上下经脉的位置、奇咳术，以及四季阴阳相应的道理，还没有学成，就被任命做了齐王的侍医。”

又问：“你给人诊治病症决断死生，完全没有失误吗？”回答说：“我医治病人，一定先切脉，再医治。脉象衰败或病情违背的就不能治了，脉象和病情相顺应的才给他治疗。如果不能精心诊脉，那所预期的死生结果及认为可救治的病，往往就会出现失误，我也不能完全保证。”

太史公说:“女子无论美丑,只要一进宫中就会被人嫉妒;士人无论贤庸,只要一进朝廷就会遭人疑忌。扁鹊就因为他的医术而遭到祸殃,太仓公尽管隐居还是被判处了刑罚。缇萦上书皇帝,她的父亲后半生才得到安宁。所以老子说‘美好的东西本身就是不吉祥的’,难道不是指扁鹊等人吗?太仓公这样的人,也与此很接近啊。”

史记卷一百六

吴王濞列传第四十六

吴王濞者，高帝兄刘仲之子也。高帝已定天下七年，立刘仲为代王。而匈奴攻代，刘仲不能坚守，弃国亡，间行走洛阳，自归天子。天子为骨肉故，不忍致法，废以为郃阳侯。高帝十一年秋，淮南王英布反，东并荆地，劫其国兵，西度淮，击楚，高帝自将往诛之。刘仲子沛侯濞年二十，有气力，以骑将从破布军蕲西，会甀，布走。荆王刘贾为布所杀，无后。上患吴、会稽轻悍，无壮王以填之，诸子少，乃立濞于沛为吴王，王三郡五十三城。已拜受印，高帝召濞相之，谓曰："若状有反相。"心独悔，业已拜，因拊其背，告曰："汉后五十年东南有乱者，岂若邪？然天下同姓为一家也，慎无反！"濞顿首曰："不敢。"

会孝惠、高后时，天下初定，郡国诸侯各务自拊循其民。吴有豫章郡铜山，濞则招致天下亡命者（益）〔盗〕铸钱，煮海水为盐，以故无赋，国用富饶。

孝文时，吴太子入见，得侍皇太子饮博。吴太子师傅皆楚人，轻悍，又素骄，博，争道，不恭，皇太子引博局提吴太子，杀之。于是遣其丧归葬。至吴，吴王愠曰："天下同宗，死长安即葬长安，何必来葬为！"复遣丧之长安葬。吴王由此稍失藩臣之礼，称病不朝。京师知其以子故称病不朝，验问实不病，诸吴使来，辄系责治之。吴王恐，为谋滋甚。及后使人为秋请，上复责问吴使者。使者对曰："王实不病，汉系治使者数辈，以故遂称病。且夫'察见渊中鱼，不祥。'今王始诈病，及觉，见责急，愈益闭，恐上诛之，计乃无聊。唯上弃之而与更始。"于是天子乃赦吴使者归之，而赐吴王几杖，老，不朝。吴得释其罪，谋亦益解。然其居国以铜盐故，百姓无赋。卒践更，辄与平贾。岁时存问茂材，赏赐闾里。佗郡国吏欲来捕亡人者，讼共禁弗予。如此者四十馀年，以故能使其众。

晁错为太子家令，得幸太子，数从容言吴过可削。数上书说孝文帝，文帝宽，不忍罚，以此吴日益横。及孝景帝即位，错为御史大夫，说上曰："昔高帝初定天下，昆弟少，诸子弱，大封同姓，故王孽子悼惠王王齐七十馀城，庶弟元王王楚四十馀城，兄子濞王吴五十馀城。封三庶孽，分天下半。今吴王前有太子之郄，诈称病不朝，于古法当诛，文帝弗忍，因赐几杖。德至厚，当改过自新。乃益骄溢，即山铸钱，煮海水为盐，诱天下亡人，谋作乱。今削之亦反，不削之亦反。削之，其反亟，祸小；不削，反迟，祸大。"三年冬，楚王朝，晁错因言楚王戊往年为薄太后服，私奸服舍，请诛之。诏赦，罚削东海郡。因削吴之豫章郡、会稽郡。及前二年赵王有罪，削其河间郡。胶西王卬以卖爵有奸，削其六县。

汉廷臣方议削吴。吴王濞恐削地无已，因以此发谋，欲举事。念诸侯无足与计谋者，闻胶西王勇，好气，喜兵，诸齐皆惮畏，于是乃使中大夫应高誂胶西王。无文书，口报曰："吴王不肖，有宿夕之忧，不敢自外，使喻其欢心。"王曰："何以教之？"高曰："今者主上兴于奸，饰于邪臣，好小善，听谗贼，擅变更律令，侵夺诸侯之地，征求滋多，诛罚良善，日以益甚。里语有之，'舐糠及米'。吴与胶西，知名诸侯也，一时见察，恐不得安肆矣。吴王身有内病，不能朝请二十馀年，尝患见疑，无以自白，今胁肩累足，犹惧不见释。窃闻大王以爵事有适，所闻诸侯削地，罪不至此，此恐不得削地而已。"王曰："然，有之。子将奈何？"高曰："同恶相助，同好相留，同情相成，同欲相趋，同利相死。今吴王自以为与大王同忧，愿因时循理，弃躯以除患害于天下，亿亦可乎？"王瞿然骇曰："寡人何敢如是？今主上虽急，固有死耳，安得不戴？"高曰："御史大夫晁错，荧惑天子，侵夺诸侯，蔽忠塞贤，朝廷疾怨，诸侯皆有倍畔之意，人事极矣。彗星出，蝗虫数起，此万世一时，而愁劳圣人之所以起也。故吴王欲内以晁错为讨，外随大王后车，彷徉天下，所乡者降，所指者下，天下莫敢不服。大王诚幸而许之一言，则吴王率楚王略函谷关，守荥阳敖仓之粟，距汉兵。治次舍，须大王。大王有幸而临之，则天下可并，两主分割，不亦可乎？"王曰："善。"高归报吴王，吴王犹恐其不与，乃身自为使，使于胶西，面结之。

胶西群臣或闻王谋，谏曰："承一帝，至乐也。今大王与吴西乡，弟令事成，两主分争，患乃始结。诸侯之地不足为汉郡什二，而为畔逆以忧太后，非长策也。"王弗听。遂发使约齐、菑川、胶东、济南、济北，皆许诺，而曰"城阳景王有义，攻诸吕，勿与，事定分之耳"。

诸侯既新削罚，振恐，多怨晁错。及削吴会稽、豫章郡书至，则吴王先起兵，胶西正月丙午诛汉吏二千石以下，胶东、菑川、济南、楚、赵亦然，遂发兵西。齐王后悔，饮药自杀，畔约。济北王城坏未完，其郎中令劫守其王，不得发兵。胶西为渠率，胶东、菑川、济南共攻围临菑。赵王遂亦反，阴使匈奴与连兵。

七国之发也，吴王悉其士卒，下令国中曰："寡人年六十二，身自将。少子年十四，亦为士卒先。诸年上与寡人比，下与少子等者，皆发。"发二十馀万人。南使闽越、东越，东越亦发兵从。

孝景帝三年正月甲子，初起兵于广陵。西涉淮，因并楚兵。发使遗诸侯书曰："吴王刘濞敬问胶西王、胶东王、菑川王、济南王、赵王、楚王、淮南王、衡山王、庐江王、故长沙王子：幸教寡人！以汉有贼臣，无功天下，侵夺诸侯地，使吏劾系讯治，以僇辱之为故，不以诸侯人君礼遇刘氏骨肉，绝先帝功臣，进任奸宄，诖乱天下，欲危社稷。陛下多病志失，不能省察。欲举兵诛之，谨闻教。敝国虽狭，地方三千里；人虽少，精兵可具五十万。寡人素事南越三十馀年，其王君皆不辞分其卒以随寡人，又可得三十馀万。寡人虽不肖，愿以身从诸王。越直长沙者，因王子定长沙以北，西走蜀、汉中。告越、楚王、淮南三王，与寡人西面。齐诸王与赵王定河间、河内，或入临晋关，或与寡人会洛阳。燕王、赵王固与胡王有约，燕王北定代、云中，抟胡众入萧关，走长安，匡正天子，以安高庙。愿王勉之。楚元王子、淮南三王或不沐洗十馀年，怨入骨髓，欲一有所出之久矣，寡人未得诸王之意，未敢听。今诸王苟能存亡继绝，振弱伐暴，以安刘氏，社稷之所愿也。敝国虽贫，寡人节衣食之用，积金钱，修兵革，聚谷食，夜以继日，三十馀年矣。凡为此，愿诸王勉用之。能斩捕大将者，赐金五千斤，封万户；列将，三千斤，封五千户；裨将，二千斤，封二千户；二千石，千斤，封千户；千石，五百斤，封五百户，皆为列侯。其以军若城邑降者，卒万人，邑万户，如得大将；人户五千，如得列将；人户三千，如得裨将；人户千，如得二千石；其小吏皆以差次受爵金。佗封赐皆倍军法。其有故爵邑者，更益勿因。愿诸王明以令士大夫，弗敢欺也。寡人金钱在天下者往往而有，非必取于吴，诸王日夜用之弗能尽。有当赐者告寡人，寡人且往遗之。敬以闻。"

七国反书闻天子，天子乃遣太尉条侯周亚夫将三十六将军，往击吴楚；遣曲周侯郦寄击赵；将军栾布击齐；大将军窦婴屯荥阳，监齐、赵兵。

吴楚反书闻，兵未发，窦婴未行，言故吴相袁盎。盎时家居，诏召入见。上方与晁错调兵笇军食，上问袁盎曰："君尝为吴相，知吴臣田禄伯为人乎？今吴楚反，于公何如？"〔对〕曰："不足忧也，今破矣。"上曰："吴王即山铸钱，煮海水为盐，诱天下豪桀，白头举事。若此，其计不百全，岂发乎？何以言其无能为也？"袁盎对曰："吴有铜盐，利则有之，安得豪桀而诱之！诚令吴得豪桀，亦且辅王为义，不反矣。吴所诱皆无赖子弟，亡命铸钱奸人，故相率以反。"晁错曰："袁盎策之善。"上问曰："计安出？"盎对曰："愿屏左右。"上屏人，独错在。盎曰："臣所言，人臣不得知也。"乃屏错。错趋避东厢，恨甚。上卒问盎，盎对曰："吴楚相遗书，曰'高帝王子弟各有分地，今贼臣晁错擅適过诸侯，削夺之地'。故以反为名，西共诛晁错，复故地而罢。方今计独斩晁错，发使赦吴楚七国，复其故削地，则兵可无血刃而俱罢。"于是上嘿然良久，曰："顾诚何如，吾不爱一人以谢天下。"盎曰："臣愚计无出此，愿上孰计之。"乃拜盎为太常，吴王弟子德侯为宗正。盎装治行。后十馀日，上使中尉召错，绐载行东市。错衣朝衣斩东市。则遣袁盎奉宗庙，宗正辅亲戚，使告吴如盎策。至吴，吴楚兵已攻梁壁矣。宗正以亲故，先入见，谕吴王使拜受诏。吴王闻袁盎来，亦知其欲说己，笑而应曰："我已为东帝，尚何谁拜？"不肯见盎而留之军中，欲劫使将，盎不肯。使人围守，且杀之。盎得夜出，步亡去，走梁军，遂归报。

条侯将，乘六乘传，会兵荥阳。至洛阳，见剧孟，喜曰："七国反，吾乘传至此，不自意全。又以为诸侯已得剧孟，剧孟今无动。吾据荥阳，以东无足忧者。"至淮阳，问父绛侯故客邓都尉曰："策安出？"客曰："吴兵锐甚，难与争锋。楚兵轻，不能久。方今为将军计，莫若引兵东北壁昌邑，以梁委吴，吴必尽锐攻之。将军深沟高垒，使轻兵绝淮泗口，塞吴饷道。彼吴梁相敝而粮食竭，乃以全彊制其罢极，破吴必矣。"条侯曰："善。"从其策，遂坚壁昌邑南，轻兵绝吴饷道。

吴王之初发也，吴臣田禄伯为大将军。田禄伯曰："兵屯聚而西，无佗奇道，难以就功。臣愿得五万人，别循江、淮而上，收淮南、长沙，入武关，与大王会，此亦一奇也。"吴王太子谏曰："王以反为名，此兵难以藉人，藉人亦且反王，奈何？且擅兵而别，多佗利害，未可知也，徒自损

周亚夫细柳式车图，选自清·马骀《百将传图》。周亚夫为西汉名将，以治军严整著称，汉景帝时率兵平定了七国之乱。

耳。”吴王即不许田禄伯。

吴少将桓将军说王曰：“吴多步兵，步兵利险，汉多车骑，车骑利平地。愿大王所过城邑不下，直弃去，疾西据洛阳武库，食敖仓粟，阻山河之险以令诸侯，虽毋入关，天下固已定矣。即大王徐行，留下城邑，汉军车骑至，驰入梁、楚之郊，事败矣。”吴王问诸老将，老将曰：“此少年推锋之计可耳，安知大虑乎！”于是王不用桓将军计。

吴王专并将其兵，未度淮，诸宾客皆得为将、校尉、候、司马，独周丘不得用。周丘者，下邳人，亡命吴，酤酒无行，吴王濞薄之，弗任。周丘上谒，说王曰：“臣以无能，不得待罪行间。臣非敢求有所将，愿得王一汉节，必有以报王。”王乃予之。周丘得节，夜驰入下邳。下邳时闻吴反，皆城守。至传舍，召令。令入户，使从者以罪斩令。遂召昆弟所善豪吏告曰：“吴反兵且至，至，屠下邳不过食顷。今先下，家室必完，能者封侯矣。”出乃相告，下邳皆下。周丘一夜得三万人，使人报吴王，遂将其兵北略城邑。比至城阳，兵十馀万，破城阳中尉军。闻吴王败走，自度无与共成功，即引兵归下邳。未至，疽发背死。

二月中，吴王兵既破，败走，于是天子制诏将军曰：“盖闻为善者，天报之以福；为非者，天报之以殃。高皇帝亲表功德，建立诸侯，幽王、悼惠王绝无后，孝文皇帝哀怜加惠，王幽王子遂、悼惠王子卬等，令奉其先王宗庙，为汉藩国，德配天地，明并日月。吴王濞倍德反义，诱受天下亡命罪人，乱天下币，称病不朝二十馀年，有司数请濞罪，孝文皇帝宽之，欲其改行为善。今乃与楚王戊、赵王遂、胶西王卬、济南王辟光、菑川王贤、胶东王雄渠约从反，为逆无道，起兵以危宗庙，贼杀大臣及汉使者，迫劫万民，夭杀无罪，烧残民家，掘其丘冢，甚为暴虐。今卬等又重逆无道，烧宗庙，卤御物，朕甚痛之。朕素服避正殿，将军其劝士大夫击反虏。击反虏者，深入多杀为功，斩首捕虏比三百石以上者皆杀之，无有所置。敢有议诏及不如诏者，皆要斩。”

初，吴王之度淮，与楚王遂西败棘壁，乘胜前，锐甚。梁孝王恐，遣六将军击吴，又败梁两将，士卒皆还走梁。梁数使使报条侯求救，条侯不许。又使使恶条侯于上，上使人告条侯救梁，复守便宜不行。梁使韩安国及楚死事相弟张羽为将军，乃得颇败吴兵。吴兵欲西，梁城守坚，不敢西，即走条侯军，会下邑。欲战，条侯壁，不肯战。吴粮绝，卒饥，数挑战，遂夜奔条侯壁，惊东南。条侯使备西北，果从西北入。吴大败。

士卒多饥死，乃畔散。于是吴王乃与其麾下壮士数千人夜亡去，度江走丹徒，保东越。东越兵可万馀人，乃使人收聚亡卒。汉使人以利啖东越，东越即绐吴王，吴王出劳军，即使人鏦杀吴王，盛其头，驰传以闻。吴王子子华、子驹亡走闽越。吴王之弃其军亡也，军遂溃，往往稍降太尉、梁军。楚王戊军败，自杀。

三王之围齐临菑也，三月不能下。汉兵至，胶西、胶东、菑川王各引兵归。胶西王乃袒跣，席稿，饮水，谢太后。王太子德曰："汉兵远，臣观之已罢，可袭，愿收大王馀兵击之，击之不胜，乃逃入海，未晚也。"王曰："吾士卒皆已坏，不可发用。"弗听。汉将弓高侯颓当遗王书曰："奉诏诛不义，降者赦其罪，复故；不降者灭之。王何处？须以从事。"王肉袒叩头汉军壁，谒曰："臣卬奉法不谨，惊骇百姓，乃苦将军远道至于穷国，敢请菹醢之罪。"弓高侯执金鼓见之，曰："王苦军事，愿闻王发兵状。"王顿首膝行对曰："今者，晁错天子用事臣，变更高皇帝法令，侵夺诸侯地。卬等以为不义，恐其败乱天下，七国发兵，且以诛错。今闻错已诛，卬等谨以罢兵归。"将军曰："王苟以错不善，何不以闻？及未有诏、虎符，擅发兵击义国。以此观之，意非欲诛错也。"乃出诏书为王读之。读之讫，曰："王其自图。"王曰："如卬等死有馀罪。"遂自杀。太后、太子皆死。胶东、菑川、济南王皆死，国除，纳于汉。郦将军围赵十月而下之，赵王自杀。济北王以劫故，得不诛，徙王菑川。

初，吴王首反，并将楚兵，连齐、赵。正月起兵，三月皆破，独赵后下。复置元王少子平陆侯礼为楚王，续元王后。徙汝南王非王吴故地，为江都王。

太史公曰：吴王之王，由父省也。能薄赋敛，使其众，以擅山海利。逆乱之萌，自其子兴。争技发难，卒亡其本；亲越谋宗，竟以夷陨。晁错为国远虑，祸反近身。袁盎权说，初宠后辱。故古者诸侯地不过百里，山海不以封。"毋亲夷狄，以疏其属"，盖谓吴邪？"毋为权首，反受其咎"，岂盎、错邪？

【译文】

吴王刘濞，是高祖哥哥刘仲的儿子。高祖平定天下七年后，把刘仲封为代王。后来，匈奴围攻代地，刘仲不能守城，丢弃封国逃走了，抄小路跑回洛阳，向天子自首。天子因为兄弟骨肉的缘故，不忍以国法制裁他，只废黜其王位，贬为郃阳侯。高祖十一年秋天，淮南王英布谋反，向东兼并了荆地，挟持荆地的军队，向西渡过淮河，攻击楚国，高祖亲自率军讨伐他。刘仲的儿子刘濞这年才二十岁，强壮有力，以骑将的身份跟随高祖在蕲县西边的会甀打败了英布，英布逃走。当时荆王刘贾被英布所杀，没有后嗣。皇帝担心吴地、会稽民风彪悍，没有年富力强的人来镇慑他们，而自己的儿子们年龄都小，就封了刘濞在沛地做吴王，统辖三郡五十三个县。等到拜官受印完毕，高祖让刘濞前来看了看他的面相，说："你的相貌有反叛的模样。"心里自觉后悔，可已经任命了，就拍拍他的脊背，告诫说："汉朝今后五十年东南有叛乱发生，难道会是你吗？然而天下同姓的都是一家人，千万不要造反啊！"刘濞磕头说："我不敢。"

到孝惠帝、高后时，天下刚刚安定，各郡国的诸侯们都努力安抚自己的百姓。吴国有豫章郡的铜矿山，刘濞就招募天下亡命之徒私下铸钱，又煮海水制盐，因为有这两项收入，所以不用向百姓征缴赋税，而国家也很富足。

孝文帝时，吴王太子入京朝见，有一天陪伴皇太子饮酒下棋。吴太子的老师都是楚地人，浮躁强悍，又很骄纵，与皇太子下棋时，发生争执，态度不恭敬，皇太子拿起棋盘就砸向吴太子，把他打死了，事后把他的遗体送回吴国埋葬。到了吴国，吴王大怒说："天下既然都是一家，死在长安就应该葬在长安，何必送来吴国下葬呢！"又把遗体送到长安。吴王自此逐渐丢掉藩臣所应遵守的礼节，称病不肯入朝。朝廷知道他是因为儿子的缘故装病而不来朝见，调查之后，确实如此，后来吴国的使臣一来，就被扣留责问。吴王害怕了，更积极地策划谋反行动。等到后来派人代行秋季朝见礼仪，皇上又责问吴国使者，使者回答说："吴王确实没有病，朝廷扣留好几批使者，因此吴王就托辞害病不来了。况且俗话说'如果连深水里的鱼都能看得清楚，那是不好的'。吴王当初装病，等到被发觉，遭到严厉的责问，就越加隐秘，害怕皇上处死他，这计谋也是出于无奈。希望皇上摒弃前嫌给他重新开始的机会。"于是皇上就赦免吴国的使者，放他们回去，并赐给吴王几案和拐杖，认为他老了，可以不必入京朝见。吴王得以解脱罪责，谋反的事情也就停止了。他所在的封国因为有铜盐的收益，百姓没有赋税。士兵服役发给代役金。每到逢年过节就去慰问那些有才能的人，给平民赏赐。其他郡国的逃犯逃到吴国，吴王就收容他们，一概不交出。就这样过了四十多年，百姓都愿意听他的差遣。

晁错做太子家令，受到太子的宠幸，多次怂恿太子说吴王有罪，应削减他的封地。也多次上书文帝，文帝宽厚，不忍惩罚吴王，因此他更加骄横。景帝即位，晁错担任御史大夫，又劝皇帝说："从前高祖刚平定天下时，兄弟少，儿子又还幼小，就大量赐封同姓的人，所以封庶子悼惠王为齐王，管辖七十多个县，异母弟刘交做楚元王，管辖四十多个县，哥哥的儿子刘濞做吴王，管辖五十多个县：这三个人，就分去了一半的天下。现今吴王因从前儿子被打死产生嫌隙，假称生病不肯入京朝见，依照古法应杀，但皇上不忍心惩办，还赏他几、杖，对他非常优待，他本当改过自新。结果却更加骄横无度，凭借铜矿铸造钱币，煮海水制盐，招纳天下的亡命之徒，谋划叛乱。现在削减封地，他也是造反，不削减他还是造反。削减他，反得急，灾祸小；不削减他，反得迟缓，灾祸大。"景帝三年冬天，楚王来朝见，晁错即以楚王刘戊去年在为薄太后服丧期间，在宫室里偷偷淫乱为由，请求处死他。景帝下诏赦免了他的死罪，仅削减东海郡作为惩罚。随之削减了吴的豫章郡、会稽郡。还有两年前赵王有罪，削夺了他的河间郡。胶西王刘卬因为卖爵位犯法，被削去了六个县。

汉朝的大臣刚刚开始讨论削减吴王的封地。吴王刘濞担心这么削地没完没了，于是想借此事发动叛乱。又想到诸侯中没有能共商大计的人，听说胶西王勇壮，好逞势斗胜，齐地的几个诸侯王都畏惧他，于是派中大夫应高去引诱胶西王。没有书信，只是口头通报说："吴王不才，现有早晚将临的忧患，在您这不敢把自己看作外人，派我来明说他的心思。"胶西王说："有什么指教？"应高说："现在皇帝被奸邪之臣蒙蔽，喜欢眼前的利益，听信谗言，擅自改变法令，随便侵夺诸侯的封地，对封国索求越来越多，诛杀惩罚善良的人，一天比一天厉害。俗话说：'吃完米糠就要吃到米粒了'。吴国和胶西国都是有名的大国，一旦被朝廷盯上，恐怕永远不能安宁自由了。吴王因为有病，二十多年不能朝见皇帝，总是担心被猜疑，又没有办法表白，现在再谨小慎微，仍然害怕不被谅解。我私下听说大王您因为出卖爵位的事犯有罪责，所听到的诸侯被削夺封地，罪过还不到这个程度，这恐怕不是削减封地就能了事的。"胶西王说："是的，有这事。您说怎么办呢？"应高说："有相同憎恨的就应该互相援助，有相同爱好的要相互体贴，情趣相同的要互相成全，想法相同的要一起追求，利益相关的就要通力死干。如今吴王自认为和大王有共同的忧患，希望能顺应时势，遵循事理，牺牲生命来为天下人除去祸害，您想一想可以吗？"

胶西王吃惊地说："我怎么敢这样呢？主上虽然行事过急，最后无法，我不过一死，怎能不拥戴他呢？"应高说："御史大夫晁错，迷惑天子，削夺诸侯封地，蒙蔽忠良，阻塞贤能，朝廷大臣都愤恨不已，诸侯国都有背叛的意图，人情事理已经达到极点了。现在彗星出现，蝗虫之灾多次发生，这是万代难逢的时机，而忧愁劳苦正可以促使圣人兴起。因此吴王想以诛杀晁错为名对朝廷发起讨伐，跟随大王您的兵马，驰骋天下，一定会走到哪里哪里投降，打到哪里哪里归顺，天下没有敢不归服的。大王如果真能够有幸许诺一句话，那么吴王就率领楚王夺取函谷关，守住荥阳敖仓的粮食，抗拒汉兵。修筑军队驻扎的房舍，等待大王的到来。大王真肯去，那么天下就是我们的，两个君主分治，不也是可以的吗？"胶西王说："好。"应高回去报告吴王，吴王还担心胶西王变卦，就亲自出行到胶西，当面和胶西王订立了盟约。

胶西群臣中有人知道胶西王要反叛，规劝说："侍奉一个皇帝，不是很好吗？现在大王和吴王向西进兵，假使成功了，两个君主分裂争斗，祸患也就开始形成了。诸侯的土地不到朝廷各郡的十分之二，而背叛朝廷也会使太后担忧，这不是长远之计啊。"胶西王不听。于是派使者联合齐王、淄川王、胶东王、济南王、济北王，他们都答应了，而且说："城阳景王当年伸张正义，攻打吕氏族人，这件事情不要让他参与了，事成之后分他一份土地就行了。"

诸侯近来都因受到削减土地的惩罚而震惊恐惧，怨恨晁错。等到削减吴国会稽郡、豫章郡的文书一到，吴王就首先起兵作乱，胶西王在正月丙午这天杀死了朝廷派来的二千石以下的各级官员，胶东王、淄川王、济南王、楚王、赵王也都依此照办，然后一起向西进兵。齐王中途后悔，服毒自杀，违背了盟约。济北王损坏的城墙没有修好，被郎中令劫持控制着，不能发兵。胶西王为首领，和胶东王、菑川王、济南王一起率兵围攻临淄。北方的赵王刘遂也宣布造反，暗中派使者和匈奴商议联合作战的事。

七国造反的时候，吴王发动一切可以调动的人，对全吴国下令说："我今年六十二岁，还亲自统率军队。小儿子年仅十四岁，也身先士卒。所以凡是年长和我相同的，年幼和我小儿子相同的人，都要出征。"于是征招了二十多万人。又派人到南边的闽越、东越去联络，东越也派兵跟随。

景帝三年正月甲子，吴王先从广陵起兵，向西渡过淮河，和楚军会合。他派使者送给诸侯的信上说："吴王刘濞恭敬地问候胶西王、胶东王、菑川王、济南王、赵王、楚王、淮南王、衡山王、庐江王、已故的长沙王的儿子：希望得到你们的指教！因为朝廷有乱臣贼子，自己没有功劳，却侵夺诸侯的土地，派法吏弹劾囚系审讯惩治诸侯，以侮辱我们诸侯为能事，不用诸侯国君主的礼仪对待刘氏的兄弟骨肉，抛弃先帝的功臣，推荐任用奸邪作乱的人，惑乱天下，想要危害国家。陛下多病，神志失常，不能明察。我想要发动军队诛杀乱臣，敬听各位指教。我国虽然狭小，土地方圆也有三千里；人口虽然少，精锐的士兵可以准备下五十万人。我三十多年和南越友善，那里的国王和君长都不推辞，愿意派兵支援，这样又可以得到三十多万人。我虽然不贤，甘愿亲身随从各位王侯。越和长沙接壤，由长沙王的儿子平定长沙以北地区，向西直下蜀汉。派人告知越王、楚王、淮南王三位，和我一起西进；齐地各位国王和赵王平定河间、河内，一路攻入临晋关，一路和我到洛阳会合；燕王、赵王原本和匈奴王有约定，燕王向北平定代郡、云中郡，统领匈奴的军队攻入萧关，直取长安，我们的目的是为了纠正天子的过错，使高庙安定，希望诸王们努力。楚元王的儿子、淮南三王各自心有所专注十多年了，怨恨深入骨髓，想要有所行动已很长时间了，我没有得知各位的意图，不敢听从。如今各位如果能够保存延续将要灭绝的国家，拯救弱小，讨伐强暴，从而使刘氏安定，这是国家的愿望。我国虽然贫穷，我节省穿衣吃饭的费用，积攒金钱，整修武器，积聚粮食，夜以继日的努力，有三十多年了，都是为的今天，希望诸王努力利用这些条件。能逮捕杀死大将军的，赏赐黄金五千斤，封邑万户；逮杀将军的，赏赐黄金三千斤，封邑五千户；逮杀副将的，赏赐黄金二千斤，封邑二千户；逮杀俸禄二千石的官员，赏赐黄金一千斤，食邑一千户；逮捕俸禄一千石的官员，赏赐黄金五百斤，封邑五百户；有以上功的人都可被封为列侯。那些带着军队或者城邑来投降的，士兵有万人，城中户口万户，按大将军标准封赏；士兵五千人，城邑五千户，按一般将领给予封赏；士兵三千人，城邑三千户，按副将给予封赏；士兵一千人，城邑一千户，按二千石级官员给予封赏；那些小官吏来降的也依职位差别受到封爵赏金。其他封赏都按照军法加倍。那些原先有爵位、城邑的，就在旧有基础上再给增加，绝不混为一谈。希望各位明确地通令士大夫们，不能有所欺骗。我的金钱散布天下，不一定都要到吴国来领取，诸王日日夜夜使用也用不完。如有应该赏赐的人，可以告诉我，我将会前往送给他。特此恭敬地奉告诸王。”

七国反叛的书信送达天子处后，天子派太尉条侯周亚夫率领三十六位将军，去攻打吴、楚两国；派曲周侯郦寄攻打赵国；派将军栾布攻打齐国；大将军窦婴驻扎在荥阳，监视齐、赵两国军队的动静。

吴楚等反叛的消息传出来后，汉朝军队还未出发，窦婴也尚未启行，向皇帝说起袁盎，袁盎过去曾称赞吴王。袁盎当时正闲居在家，皇帝召他进见。袁盎来时，皇上正和晁错一起商讨军队和军粮的事情，皇帝问袁盎：“你曾做过吴王的丞相，知道吴国臣子田禄伯的为人吗？现在吴楚反叛，你怎么看？”袁盎回答说：“不是大事，马上就能打败他们。”皇帝说：“吴王靠着铜矿山铸造钱币，煮海水制盐，引诱天下豪杰，到如今头发白了才举兵作乱，如果没有周全的计谋，哪里会轻易发动叛乱呢？你为什么这么自信能打败他们？”袁盎回答说：“吴国有铜矿煮盐之利确实不错，但哪里能得到豪杰并且引诱他们呢！假如真有豪杰，也应该辅佐吴王行仁义之事，就不会反叛了。那些投靠吴王的都是一些无赖子弟，逃亡私铸钱币的奸邪之徒，所以才互相勾结而反叛。”晁错说：“袁盎分析得对。”皇上问：“有什么好的对策吗？”袁盎说：“希望屏退左右的人。”皇帝就让身边的人退下，只有晁错还在。袁盎说：“我要说的，任何臣子也不能听。”于是又屏退晁错。晁错无法只好到东厢回避，对此十分恼恨。皇帝最后又问袁盎，袁盎回答说：“吴、楚发下的文书，说‘当初高祖封刘姓子弟为王，各自领有自己的封地，如今奸臣晁错擅自谴责诸侯，削夺他们的封地’。因此以反叛为名义，向西共同来诛杀晁错，恢复原来的封地就会罢兵。为今之计只有斩杀晁错，派使者赦免吴、楚七国的罪行，恢复原来被削减的封地，那样就可以兵不血刃而使各诸侯罢手。”皇上听后沉默了好久，说：“关键是这样做行不行，我当然不会因为爱一个人而耽误天下了。”袁盎说：“我很愚蠢，但再没有比这个更好的计策了，希望陛下认真地考虑考虑。”于是皇上任命袁盎做太常、吴王侄子德侯做宗正。袁盎整理行装准备出发。十多天后，皇帝派中尉召来晁错，骗晁错乘车巡视东市，晁错就穿着朝服在东市被杀了。然后就派袁盎以侍奉宗庙的太常身份，德侯以辅助亲戚的宗正身份，按照袁盎的计策出使吴国。到了吴国，吴楚的军队当时已进攻到梁国营垒了。宗正因有亲戚的关系，先拜见吴王，谕告吴王拜受诏书。吴王听说袁盎来了，知道是来做说客的，笑着回答说:“我已经成为东帝,还向谁跪拜呢?”不肯见袁盎,而把他扣留在军中,想胁迫他做将军。袁盎不肯,吴王就派人把他包围住,将要杀他,袁盎趁夜色逃出,徒步离开,跑到梁王的军营,后来回朝复命。

这时条侯正乘坐六匹马拉的驿车急行,要和诸军会师荥阳。到洛阳时看见剧孟,高兴地说:“七国反叛,我乘驿车到达这里,没有料到自己会保全下来。还以为诸侯们已经占领了剧孟的地盘,剧孟现在没有起兵的举动。我又占据荥阳,荥阳以东没有值得忧虑的地方了。”到达淮阳,询问父亲绛侯从前的门客邓都尉说:“你看我们该怎么办?”门客说:“吴兵锐气正盛,很难与其交战。楚兵浮躁,锐气不能保持长久。现在为将军筹划,不如率军在东北的昌邑筑垒坚守,把梁国丢给吴军,吴军一定会用全部精锐军队攻打梁国。将军深挖沟渠、高筑堡垒,派轻装的军队断绝淮河、泗水交汇处,阻塞吴军的粮道。吴梁因相持疲弊,粮草耗尽,然后用全盛锐气的军队攻打那些疲弊已极的军队,打败他们是必然的。”条侯说:“好。”就听从他的计策,在昌邑南边坚守,接着派轻装军队断绝吴军的运粮通道。

吴王开始发兵的时候,吴臣田禄伯担任大将军。田禄伯说:“军队集结在一起西进,没有其他出奇制胜之道,很难成功。我希望带领五万人,沿着长江、淮河而上,去收服淮南、长沙,进入武关,和大王您会师,这也是一招奇计啊。”吴太子不同意,劝谏道:“父王现在是造反,此时军队不能交给他人,如果他也造反,那该怎么办呢?而且让他领着军队单独行动,会有许多不能预知的弊端,只是徒然损耗自己罢了。”吴王也就没有采纳田禄伯的建议。

吴国一位年轻的将领桓将军对吴王说:“吴国多步兵,步兵适宜在险要地形作战;汉军多战车骑兵,战车骑兵适宜在平地作战。希望大王对途经的城邑不必攻下,径直抛开离去,迅速向西占据洛阳的武器库,夺取敖仓的粮食,倚仗山岭、黄河的险要来号令诸侯,即使不能入关,整个天下大势也就基本平定了。如果大王前进缓慢,耽搁下来攻取城邑,汉军的战车、骑兵一到,冲入梁国楚国的郊野,那这次行动也就失败了。”吴王征询老将们的意见,他们说:“这是年轻人急躁冒进的做法,他哪里能知道深远的计谋呢?”于是吴王就没有采纳桓将军的计策。

吴王专断地集中兵力亲自率领,还没渡过淮河,众多的宾客都被授予将军、校尉、候、司马等职务,唯独周丘没被任用。周丘是下邳人,逃亡到吴国，喜欢喝酒，行为不规矩，吴王刘濞很轻视他，所以才没任用。周丘进见，劝说吴王道："我自知无能，不能在军队中任职。我不敢要求率领军队，只希望得到大王一个汉朝的符节，日后一定报答大王。"吴王就给了他符节。周丘得到符节，连夜驱驰进入下邳。下邳当时听说吴王反叛，都据城坚守。周丘到了驿站，召来下邳县令。县令刚进门，周丘就让随从人员将其斩杀了。又召集弟兄们交好的富豪官吏说："吴王造反的军队马上就到，一旦到达，屠杀下邳城不过吃顿饭的时间。如今先投降，就一定能保全家室，有才能的人还可以封侯。"他们出去就到处宣传，于是整个下邳都投降了。周丘在一夜之间得到了三万人，派人去禀报吴王，便率领他的军队向北夺取城邑。等到达城阳时，军队已达十余万人，击破城阳中尉的军队。后来听说吴王战败逃走，自己估计无法成就大事，就率领军队返回下邳。还没到达，就因后背毒疮发作而死。

二月中旬，吴王军队已被击垮，战败而逃，于是天子发布诏令给将军说："听说行善的人，上天会赐福报答他；作恶的人，上天会降灾惩罚他。高祖亲自表彰功德，封立诸侯，幽王、悼惠王没有后代继承王位，孝文皇帝哀怜他们，格外施恩，封幽王的儿子遂、悼惠王的儿子卬为王，让他们奉祀先王的宗庙，成为汉朝的藩国，这种恩德简直可以与天地相比、英明可以和日月同光辉。吴王刘濞违背恩德，违反道义，收容各地逃亡的罪人，私铸钱币扰乱天下，称病不上朝已二十多年，大臣多次请求惩治刘濞的罪行，但孝文皇帝一再宽恕，希望他能改过从善。现在却和楚王刘戊、赵王刘遂、胶西王刘卬、济南王刘辟光、淄川王刘贤、胶东王刘雄渠一起盟约反叛，做出大逆不道的事，危害宗庙，残杀大臣和使者，胁迫千万百姓，杀害很多无辜的百姓，烧毁宗庙，挖掘坟墓，残酷暴虐到极点。现在胶西王刘卬等更加大逆无道，烧毁宗庙，掠夺宗庙中皇室的器物，这是我最为痛恨的。我现在穿着素服避居偏殿，希望将军们勉励将士英勇作战。攻击叛敌，进军深入、杀敌众多的算作功劳，抓到三百石级以上的反贼都要杀掉，不可释放。胆敢指责或不遵照这个诏书，一律腰斩。"

当初，吴王渡过淮河，与楚王向西击败棘壁的军队，乘胜向前，士气很盛。梁孝王很害怕，派了六个将军攻打吴王，结果有两个将军很快被打败，士卒都逃回梁。梁王多次派使者向条侯请求支援，条侯不答允。梁王没法又派使者向皇帝告条侯的状，皇帝派人催促条侯救援梁国，条侯还是坚持对自己有利的计策按兵不动。梁王派韩安国和为国事而被杀的楚国丞相的弟弟张羽做将军，才稍稍挫败吴国的军队。吴军想要西进，但梁国据城坚守，吴军不敢到西边去，就转向条侯驻军的地方，双方相峙于下邑。吴军出兵挑战，条侯仍坚守营垒，不肯交锋。后来吴军的粮草断绝，士兵饥饿，更急于向条侯挑战。一天夜里，偷袭条侯的营垒，惊扰东南方向。条侯下令防备西北方，吴军果然从西北方冲入。吴军大败，很多士兵饿死了，于是都叛离逃散了。这时吴王和他部下的数千壮士连夜逃走，渡过长江跑到丹徒，据守东越。东越军大约有一万多人，吴王就派人收容集中吴国的逃兵。汉朝派人用厚利引诱东越，东越就欺骗吴王，趁吴王出去慰劳军队时，派人用矛戟把吴王刺杀了，用木匣装着他的头，派驿车迅速前往长安，报知皇帝。吴王的儿子子华、子驹逃到了闽越。当吴王丢下军队逃跑时，他的军队就溃散了，大多人陆续投降了太尉及梁王的军队。楚王刘戊战败，自杀而亡。

胶西王、胶东王、菑川王围攻齐国的临淄，三个月也没有攻下。汉朝军队一到，三王各自率领军队回到自己属国。胶西王赤着胳膊光着脚，坐在草席上，只喝水不吃饭，向母亲王太后谢罪。王太子刘德说："汉军从千里之外远道而来，已经很疲惫了，可以突袭他们，我愿意收集大王的残余军队去攻击他们，假如进攻不能取胜，再逃到海上去，也不算晚啊。"胶西王说："我的士兵已经垮了，再不能发动他们了。"就没有听从太子的话。汉朝的将军弓高侯颓当给胶西王写信道："奉诏书前来诛讨不义之人，投降的人赦免罪过，恢复原来的封土；凡是不投降的就全部诛灭。大王何去何从，我等待答复以采取相应措施。"胶西王一听，赶紧到汉军营垒前赤膊叩头请求说："我刘卬过去违犯王法，使百姓惊骇，现在还烦劳将军远道来到我这个穷国，所以请求您把我碎尸万段。"弓高侯请出金鼓仪仗来接见他，说道："大王为战斗的事情受苦了，希望听听大王发兵的情由。"胶西王磕头，向前爬着说："就因为晁错是天子的当权大臣，他擅自变更高祖的法令，侵占削夺诸侯国的封地。我们认为这是不道义的，唯恐他败坏扰乱天下，七国之所以发动军队，就是要诛杀晁错。如今听说晁错已被处死，我们情愿收兵回去。"弓高侯说："大王如果认为晁错不对，为什么不上奏天子？没有诏书和虎符，竟擅自发动军队攻击坚守正义的国家。由此看来，用意不是想要诛杀晁错吧。"就拿出诏书宣读。读完后，说："大王自己考虑应怎么办吧！"胶西王说："像我这样的人死有余辜啊。"就自杀了。太后、太子也都跟着一起自杀了。胶东王、菑川王、济南王也先后死去，封国被废除，收归汉朝。郦将军围攻赵都城，经过十个月才攻克，赵王也自杀。济北王因被劫持的缘故，才未被诛杀，被迁封为淄川王。

当初，吴王刘濞带头造反，率领楚国和吴国的军队，又联合齐、赵的军队。结果正月起兵，三月就全线溃散，只有赵国是最后被攻克的。平定后，景帝又封立楚元王的小儿子平陆侯刘礼为楚王，作为楚元王的继承人。改封汝南王刘非统辖吴国原有封地，另起国号为江都。

太史公说：吴王刘濞之所以被封为吴王，是由于父亲被贬的缘故。吴王能够免除赋税，减轻民众负担，因为他拥有铜矿海盐的便利。他的反心是因儿子被打死萌生的。因一盘棋的争执而兴起，最后国灭身亡；吴王亲近外族而谋害同宗，最后落得个彻底灭亡。晁错为国家长远考虑，结果反而招致灾祸。袁盎善于玩弄权术，巧舌如簧，最初受到宠信，最后受辱。所以古时候诸侯的封地不超过百里，高山大海也不分封给诸侯。俗话说“不要亲近夷狄，以致疏远宗亲”，大概是对吴王说的吧？“不要带头出主意，否则要因此招来灾祸”，这大概说的就是袁盎、晁错这种人吧？

史记卷一百七

魏其武安侯列传第四十七

魏其侯窦婴者，孝文后从兄子也。父世观津人，喜宾客。孝文时，婴为吴相，病免。孝景初即位，为詹事。

梁孝王者，孝景弟也，其母窦太后爱之。梁孝王朝，因昆弟燕饮。是时上未立太子，酒酣，从容言曰："千秋之后传梁王。"太后欢。窦婴引卮酒进上，曰："天下者，高祖天下，父子相传，此汉之约也，上何以得擅传梁王！"太后由此憎窦婴。窦婴亦薄其官，因病免。太后除窦婴门籍，不得入朝请。

孝景三年，吴楚反，上察宗室诸窦毋如窦婴贤，乃召婴。婴入见，因辞谢病不足任。太后亦惭。于是上曰："天下方有急，王孙宁可以让邪？"乃拜婴为大将军，赐金千斤。婴乃言袁盎、栾布诸名将贤士在家者进之。所赐金，陈之廊庑下，军吏过，辄令财取为用，金无入家者。窦婴守荥阳，监齐、赵兵。七国兵已尽破，封婴为魏其侯。诸游士宾客争归魏其侯。孝景时每朝议大事，条侯、魏其侯，诸列侯莫敢与亢礼。

孝景四年，立栗太子，使魏其侯为太子傅。孝景七年，栗太子废，魏其数争不能得。魏其谢病，屏居〔蓝〕田南山之下数月，诸宾客辩士说之，莫能来。梁人高遂乃说魏其曰："能富贵将军者，上也；能亲将军者，太后也。今将军傅太子，太子废而不能争；争不能得，又弗能死。自引谢病，拥赵女，屏间处而不朝。相提而论，是自明扬主上之过。有如两宫螫将军，则妻子毋类矣。"魏其侯然之，乃遂起，朝请如故。

桃侯免相，窦太后数言魏其侯。孝景帝曰："太后岂以为臣有爱，不相魏其？魏其者，沾沾自喜耳，多易，难以为相持重。"遂不用，用建陵侯卫绾为丞相。

武安侯田蚡者，孝景后同母弟也，生长陵。魏其已为大将军后，方盛，蚡为诸郎，未贵，往来侍酒魏其，跪起如子(姪)〔姓〕。及孝景晚节，蚡益贵幸，为太中大夫。蚡辩有口，学《槃盂》诸书，王太后贤之。孝景崩，即日太子立，称制，所镇抚多有田蚡宾客计策。蚡弟田胜。皆以太后弟，孝景后三年封蚡为武安侯，胜为周阳侯。

武安侯新欲用事为相，卑下宾客，进名士家居者贵之，欲以倾魏其诸将相。建元元年，丞相绾病免，上议置丞相、太尉。籍福说武安侯曰：“魏其贵久矣，天下士素归之。今将军初兴，未如魏其，即上以将军为丞相，必让魏其。魏其为丞相，将军必为太尉。太尉、丞相尊等耳，又有让贤名。”武安侯乃微言太后风上，于是乃以魏其侯为丞相，武安侯为太尉。籍福贺魏其侯，因吊曰：“君侯资性喜善疾恶，方今善人誉君侯，故至丞相；然君侯且疾恶，恶人众，亦且毁君侯。君侯能兼容，则幸久；不能，今以毁去矣。”魏其不听。

魏其、武安俱好儒术，推毂赵绾为御史大夫，王臧为郎中令。迎鲁申公，欲设明堂，令列侯就国，除关，以礼为服制，以兴太平。举適诸窦宗室毋节行者，除其属籍。时诸外家为列侯，列侯多尚公主，皆不欲就国，以故毁日至窦太后。太后好黄老之言，而魏其、武安、赵绾、王臧等务隆推儒术，贬道家言，是以窦太后滋不说魏其等。及建元二年，御史大夫赵绾请无奏事东宫。窦太后大怒，乃罢逐赵绾、王臧等，而免丞相、太尉，以柏至侯许昌为丞相，武彊侯庄青翟为御史大夫。魏其、武安由此以侯家居。

武安侯虽不任职，以王太后故，亲幸，数言事，多效，天下吏士趋势利者，皆去魏其归武安。武安日益横。建元六年，窦太后崩，丞相昌、御史大夫青翟坐丧事不办，免。以武安侯蚡为丞相，以大司农韩安国为御史大夫。天下士郡（国）诸侯愈益附武安。

武安者，貌侵，生贵甚。又以为诸侯王多长，上初即位，富于春秋，蚡以肺腑为京师相，非痛折节以礼诎之，天下不肃。当是时，丞相入奏事，坐语移日，所言皆听。荐人或起家至二千石，权移主上。上乃曰：“君除吏已尽未？吾亦欲除吏。”尝请考工地益宅，上怒曰：“君何不遂取武库！”是后乃退。尝召客饮，坐其兄盖侯南乡，自坐东乡，以为汉相尊，不可以兄故私桡。武安由此滋骄，治宅甲诸第。田园极膏腴，而市买郡县器物相属于道。前堂罗钟鼓，立曲旃；后房妇女以百数。诸侯奉金玉狗马玩好，不可胜数。

魏其失窦太后，益疏不用，无势，诸客稍稍自引而怠傲，唯灌将军独不失故。魏其日默默不得志，而独厚遇灌将军。

灌将军夫者，颍阴人也。夫父张孟，尝为颍阴侯婴舍人，得幸，因进之至二千石，故蒙灌氏姓为灌孟。吴楚反时，颍阴侯灌何为将军，属太尉，请灌孟为校尉。夫以千人与父俱。灌孟年老，颍阴侯强请之，郁郁不得意，故战常陷坚，遂死吴军中。军法，父子俱从军，有死事，得与丧归。灌夫不肯随丧归，奋曰："愿取吴王若将军头，以报父之仇。"于是灌夫被甲持戟，募军中壮士所善愿从者数十人。及出壁门，莫敢前。独二人及从奴十数骑驰入吴军，至吴将麾下，所杀伤数十人。不得前，复驰还，走入汉壁，皆亡其奴，独与一骑归。夫身中大创十馀，适有万金良药，故得无死。夫创少瘳，又复请将军曰："吾益知吴壁中曲折，请复往。"将军壮义之，恐亡夫，乃言太尉，太尉乃固止之。吴已破，灌夫以此名闻天下。

颍阴侯言之上，上以夫为中郎将。数月，坐法去。后家居长安，长安中诸公莫弗称之。孝景时，至代相。孝景崩，今上初即位，以为淮阳天下交，劲兵处，故徙夫为淮阳太守。建元元年，入为太仆。二年，夫与长乐卫尉窦甫饮，轻重不得，夫醉，搏甫。甫，窦太后昆弟也。上恐太后诛夫，徙为燕相。数岁，坐法去官，家居长安。

灌夫为人刚直使酒，不好面谀。贵戚诸有势在己之右，不欲加礼，必陵之；诸士在己之左，愈贫贱，尤益敬，与钧。稠人广众，荐宠下辈。士亦以此多之。

夫不喜文学，好任侠，已然诺。诸所与交通，无非豪杰大猾。家累数千万，食客日数十百人。陂池田园，宗族宾客为权利，横于颍川。颍川儿乃歌之曰："颍水清，灌氏宁；颍水浊，灌氏族。"

灌夫家居虽富，然失势，卿相侍中宾客益衰。及魏其侯失势，亦欲倚灌夫引绳批根生平慕之后弃之者。灌夫亦倚魏其而通列侯宗室为名高。两人相为引重，其游如父子然，相得欢甚，无厌，恨相知晚也。

灌夫有服，过丞相。丞相从容曰："吾欲与仲孺过魏其侯，会仲孺有服。"灌夫曰："将军乃肯幸临况魏其侯，夫安敢以服为解！请语魏其侯帐具，将军旦日早临。"武安许诺。灌夫具语魏其侯如所谓武安侯。魏其与其夫人益市牛酒，夜洒扫，早帐具至旦。平明，令门下候伺。至日中，丞相不来。魏其谓灌夫曰："丞相岂忘之哉？"灌夫不怿，曰："夫以服请，宜往。"乃驾，自往迎丞相。丞相特前戏许灌夫，殊无意往。及夫至门，丞相尚卧。于是夫入见，曰："将军昨日幸许过魏其，魏其夫妻治具，自旦至今，未敢尝食。"武安鄂谢曰："吾昨日醉，忽忘与仲孺言。"乃驾往。又徐行，灌夫愈益怒。及饮酒酣，夫起舞属丞相，丞相不起，夫从坐上语侵之。魏其乃扶灌夫去，谢丞相。丞相卒饮至夜，极欢而去。

丞相尝使籍福请魏其城南田。魏其大望曰："老仆虽弃，将军虽贵，宁可以势夺乎！"不许。灌夫闻，怒，骂籍福。籍福恶两人有郄，乃谩自好谢丞相曰："魏其老且死，易忍，且待之。"已而武安闻魏其、灌夫实怒不予田，亦怒曰："魏其子尝杀人，蚡活之。蚡事魏其无所不可，何爱数顷田？且灌夫何与也？吾不敢复求田。"武安由此大怨灌夫、魏其。

元光四年春，丞相言灌夫家在颍川，横甚，民苦之，请案。上曰："此丞相事，何请。"灌夫亦持丞相阴事，为奸利，受淮南王金与语言。宾客居间，遂止，俱解。

夏，丞相取燕王女为夫人，有太后诏，召列侯宗室皆往贺。魏其侯过灌夫，欲与俱。夫谢曰："夫数以酒失得过丞相，丞相今者又与夫有郄。"魏其曰："事已解。"强与俱。饮酒酣，武安起为寿，坐皆避席伏。已魏其侯为寿，独故人避席耳，馀半膝席。灌夫不悦，起行酒，至武安，武安膝席曰："不能满觞。"夫怒，因嘻笑曰："将军贵人也，属之！"时武安不肯。行酒次至临汝侯，临汝侯方与程不识耳语，又不避席。夫无所发怒，乃骂临汝侯曰："生平毁程不识不直一钱，今日长者为寿，乃效女儿呫嗫耳语！"武安谓灌夫曰："程李俱东西宫卫尉，今众辱程将军，仲孺独不为李将军地乎？"灌夫曰："今日斩头陷匈，何知程、李乎！"坐乃起更衣，稍稍去。魏其侯去，麾灌夫出。武安遂怒曰："此吾骄灌夫罪。"乃令骑留灌夫。灌夫欲出不得。籍福起为谢，案灌夫项令谢。夫愈怒，不肯谢。武安乃麾骑缚夫置传舍，召长史曰："今日召宗室，有诏。"劾灌夫骂坐不敬，系居室。遂按其前事，遣吏分曹逐捕诸灌氏支属，皆得弃市罪。魏其侯大愧，为资使宾客请，莫能解。武安吏皆为耳目，诸灌氏皆亡匿，夫系，遂不得告言武安阴事。

魏其锐身为救灌夫。夫人谏魏其曰："灌将军得罪丞相，与太后家忤，宁可救邪？"魏其侯曰："侯自我得之，自我捐之，无所恨。且终不令灌仲孺独死，婴独生。"乃匿其家，窃出上书。立召入，具言灌夫醉饱事，不足诛。上然之，赐魏其食，曰："东朝廷辩之。"

魏其之东朝，盛推灌夫之善，言其醉饱得过，乃丞相以他事诬罪之。武安又盛毁灌夫所为横恣，罪逆不道。魏其度不可奈何，因言丞相短。武安曰："天下幸而安乐无事，蚡得为肺腑，所好音乐狗马田宅。蚡所爱倡优巧匠之属，不如魏其、灌夫日夜招聚天下豪桀壮士与论议，腹诽而心谤，不仰视天而俯画地，辟倪两宫间，幸天下有变，而欲有大功。臣乃不知魏其等所为。”于是上问朝臣：“两人孰是？”御史大夫韩安国曰：“魏其言灌夫父死事，身荷戟驰入不测之吴军，身被数十创，名冠三军，此天下壮士。非有大恶，争杯酒，不足引他过以诛也。魏其言是也。丞相亦言灌夫通奸猾，侵细民，家累巨万，横恣颍川，凌轹宗室，侵犯骨肉，此所谓‘枝大于本，胫大于股，不折必披’，丞相言亦是。唯明主裁之。”主爵都尉汲黯是魏其。内史郑当时是魏其，后不敢坚对。馀皆莫敢对。上怒内史曰：“公平生数言魏其、武安长短，今日廷论，局趣效辕下驹，吾并斩若属矣。”即罢起入，上食太后。太后亦已使人候伺，具以告太后。太后怒，不食，曰：“今我在也，而人皆藉吾弟，令我百岁后，皆鱼肉之矣。且帝宁能为石人邪！此特帝在，即录录，设百岁后，是属宁有可信者乎？”上谢曰：“俱宗室外家，故廷辩之。不然，此一狱吏所决耳。”是时郎中令石建为上分别言两人事。

武安已罢朝，出止车门，召韩御史大夫载，怒曰：“与长孺共一老秃翁，何为首鼠两端？”韩御史良久谓丞相曰：“君何不自喜？夫魏其毁君，君当免冠解印绶归，曰‘臣以肺腑幸得待罪，固非其任，魏其言皆是。’如此，上必多君有让，不废君。魏其必内愧，杜门齚舌自杀。今人毁君，君亦毁人，譬如贾竖女子争言，何其无大体也！”武安谢罪曰：“争时急，不知出此。”

于是上使御史簿责魏其所言灌夫，颇不雠，欺谩。劾系都司空。孝景时，魏其常受遗诏，曰“事有不便，以便宜论上。”及系，灌夫罪至族，事日急，诸公莫敢复明言于上。魏其乃使昆弟子上书言之，幸得复召见。书奏上，而案尚书大行无遗诏。诏书独藏魏其家，家丞封。乃劾魏其矫先帝诏，罪当弃市。五年十月，悉论灌夫及家属。魏其良久乃闻，闻即恚，病痱，不食欲死。或闻上无意杀魏其，魏其复食，治病。议定不死矣，乃有蜚语为恶言闻上，故以十二月晦论弃市渭城。

其春，武安侯病，专呼服谢罪。使巫视鬼者视之，见魏其、灌夫共守，欲杀之。竟死。子恬嗣。元朔三年，武安侯坐衣襜褕入宫，不敬。

淮南王安谋反觉，治。王前朝，武安侯为太尉，时迎王至灞上，谓王曰：“上未有太子，大王最贤，高祖孙，即宫车晏驾，非大王立当谁哉！”淮南王大喜，厚遗金财物。上自魏其时不直武安，特为太后故耳。

及闻淮南王金事，上曰：“使武安侯在者，族矣。”

太史公曰：魏其、武安皆以外戚重，灌夫用一时决策而名显。魏其之举以吴楚，武安之贵在日月之际。然魏其诚不知时变，灌夫无术而不逊，两人相翼，乃成祸乱。武安负贵而好权，杯酒责望，陷彼两贤。呜呼哀哉！迁怒及人，命亦不延。众庶不载，竟被恶言。呜呼哀哉！祸所从来矣！

【译文】

魏其侯窦婴，是孝文帝窦皇后堂兄的儿子，他的父辈世代是观津人。窦婴喜欢结交宾客。孝文帝时，窦婴担任吴国国相，后因病免职。孝景帝刚刚登上皇位时，他任詹事。

梁孝王是景帝的弟弟，他的母亲窦太后对他非常疼爱。有一次梁孝王入朝，和景帝以兄弟的身份一起宴饮，这时景帝还没有立太子。喝得高兴时，景帝随口说：“我死之后把皇位传给梁王。”窦太后听了非常高兴。这时窦婴端起一杯酒上前阻拦皇上，说道：“天下是高祖打下的，按照规矩，帝位应当父子相传，怎能擅自改变章程传给梁王呢！”窦太后听了很不高兴，从此憎恨窦婴。窦婴也嫌詹事的官职太小，就借口生病辞了职。窦太后趁机消除了窦婴进出宫门的名籍，不准他再进宫朝见。

孝景帝三年，吴、楚等七国反叛，皇上观察当时皇族成员和窦氏族人，觉得没有谁比得上窦婴贤能了，于是就把窦婴召来。窦婴入宫拜见，借口有病不足以担任这样的差事，坚决推辞。窦太后这时也为以前的看法感到惭愧。皇上说：“国家正处在危急关头，您怎么可以推辞呢？”于是便任命窦婴为大将军，赏赐黄金千斤。窦婴就向皇上推荐袁盎、栾布等闲居在家的将领贤士，又把皇上所赏赐的黄金，都摆在走廊穿堂里，让属下的军官根据需要随便拿取，自己一点儿也没有拿回家。窦婴驻守荥阳，监视齐国和赵国的兵马，等到七国的叛乱全部被平定之后，皇上就封窦婴为魏其侯。当时许多说客都争相归附魏其侯。景帝时每次朝廷讨论军政大事，条侯周亚夫、魏其侯窦婴位置最高，其他列侯都不敢与他们争论抗衡。

孝景帝四年，皇上册立栗太子，任命魏其侯担任太子太傅。景帝七年，栗太子被废，魏其侯多次为栗太子辩驳都没能挽回。窦婴就推说有病，在蓝田县南山隐居起来，一住就好几个月，许多宾客、辩士都来劝说他，但没有人能说服他回到朝廷。当时梁地人高遂来劝窦婴说：“能使您富贵的是皇上，能使您成为朝廷亲信的是太后。如今您担任太子太傅，太子被废黜时不能力争，力争不奏效时又不能自杀殉职。最后只是称病引退，每天拥抱着歌姬美女，闲居在家而不参加朝会。把前后情况一对比，您分明是要张扬皇帝的过失。假如皇上和太后恼怒，那您的妻子儿女都会一个不剩地被杀害。”窦婴一听有理，于是就走出山来，像原来一样照常上朝了。

桃侯刘舍被免去丞相职务时，窦太后多次推荐窦婴当丞相。景帝说：“太后难道认为我因为有所吝惜，才不让魏其侯当丞相吗？魏其侯这个人骄傲自满，常有轻率之举，难以出任丞相，担此重任。”于是就没有用他，而提拔了建陵侯卫绾做丞相。

武安侯田蚡，是孝景帝皇后的同母弟弟，出生在长陵。魏其侯当了大将军，正显赫的时候，田蚡还是个小郎官，远没有显达。他经常去魏其侯家中，侍奉魏其侯饮酒，完全以晚辈的礼节跪拜侍立。到孝景帝晚年的时候，田蚡日益显贵，受到宠爱，做了太中大夫。他善言辞，有口才，学习过《槃盂》之类的书籍，被王太后认为很贤能。景帝驾崩，当天太子刘彻就登位，王太后摄政，用来镇压、安抚百姓的措施大多采用田蚡和其门下宾客们的计策。田蚡和他的弟弟田胜，都因是王太后弟弟的缘故，在景帝后元三年，田蚡被封为武安侯，田胜被封为周阳侯。

武安侯刚掌权就想做丞相，所以对他的宾客非常谦卑，推荐闲居在家的名士出来做官，让他们显贵，想以此来压倒窦婴等将相的势力。建元元年，丞相卫绾因病免职，皇上正在考虑丞相和太尉的人选。籍福劝说武安侯道：“魏其侯掌权很久了，天下有才能的人一向归附他。现在您刚刚兴起，不能和魏其侯相比，即使皇上想让您做丞相，也一定要推让给魏其侯。魏其侯当了丞相，那么您一定会当太尉。太尉和丞相一样尊贵，您还有让贤的美名。”于是武安侯就委婉地告诉太后暗示皇上，这样就任命魏其侯当丞相，武安侯当太尉。籍福去向魏其侯道贺，便提醒他说：“您天性是喜欢好人憎恶坏人，如今正因有好人称赞您，所以才当了丞相。但是您也憎恶坏人，坏人更多，他们也会毁谤您的。您如果能够善恶兼容，就能好运长久；如果不能，马上就会由于毁谤而失势。”魏其侯却听不进他的话。

魏其侯窦婴和武安侯田蚡都爱好儒家学说，推荐赵绾当了御史大夫，王臧担任郎中令。他们迎来鲁申公，想设立明堂，命令住在长安的各诸侯回到封地去，废除关禁，按照古礼制定服饰制度，以此来表明太平的气象。同时检举谴责窦氏诸人及皇族中没有品德的人，消除他们的族籍。当时各外戚都是列侯，很多人娶了公主，都不想回到封地去，因此对魏其侯、武安侯的毁谤每天都会传到窦太后的耳中。窦太后喜欢黄老学说，而魏其侯、武安侯、赵绾、王臧等人则坚决推崇儒家学术，轻视道家学说，因此窦太后更加不喜欢他们。到了建元二年，御史大夫赵绾请皇上不要把政事禀奏给太后。窦太后大怒，便罢免并驱逐了赵绾、王臧等人，同时免除丞相和太尉的职务，任命柏至侯许昌当丞相、武强侯庄青翟当御史大夫。魏其侯、武安侯从此只能以列侯的身份闲居家中。

武安侯虽然不担任官职，但因为王太后的缘故，仍然受到皇上的宠信。他经常议论政事，屡次建议也都被采纳。天下趋炎附势的官吏和士人，于是纷纷离开魏其侯而巴结武安侯，武安侯也就一天比一天骄横。建元六年，窦太后逝世，丞相许昌、御史大夫庄青翟由于丧事办得不好而被免职。于是皇上任用武安侯为丞相，大司农韩安国为御史大夫。这样一来，天下的士人、郡太守和诸侯王就更加依附武安侯了。

武安侯身材矮小，其貌不扬，可是出身却很尊贵。又因为当时的诸侯王都年纪大了，皇上刚刚即位，年纪很轻，田蚡作为皇上的心腹担任朝廷的丞相，他认为如果不用礼法狠狠地整顿一番，天下人就不会服服帖帖的。那个时候，丞相入朝廷奏事，坐下来一说就是大半天，所说的话皇帝都得听，他举荐的人，有的从平民一下子提拔到二千石级，丞相的权力超过了皇帝。皇上有一次生气地说："你封官封完了没有？我还想封几个呢。"他曾经要求把考工官署的地盘划给自己扩建住宅，皇上生气地说："您怎么不干脆直接拿走朝廷的武库！"从这以后他才有所收敛。他请客人宴饮，让他的兄长盖侯南向坐，自己却东向坐，认为自己作为汉朝丞相比较尊贵，不可以因为是兄长就私下委屈自己的地位。武安侯从此越加骄纵，修建的住宅，其规模、豪华在所有贵族府第中属第一。田地、园林极其肥沃，派到各郡县购买器物的车在大路上络绎不绝。前堂摆设着钟鼓，树立着曲柄长条旗，后面寝宫的姬妾数以百计。至于诸侯们进献的金器、玉器、狗马和赏玩物品，就更没法计算了。

魏其侯在窦太后去世后，越发被皇上疏远，由于没有权势，那些门客渐渐离去，甚至对他懈怠傲慢起来，只有灌将军还保持原来的态度。魏其侯整天闷闷不乐，唯独对灌将军格外厚待。

灌夫将军是颍阴人。灌夫的父亲张孟，曾经做过颍阴侯灌婴的家臣，受到灌婴的宠信，被推荐做了二千石级的官，所以随灌氏的姓改名叫灌孟。吴楚叛乱时，灌婴的儿子颍阴侯灌何担任将军，是太尉周亚夫的部下，他推荐灌孟做了校尉。灌夫带着一千人和父亲一起从军。灌孟年老，颍阴侯勉强起用他，以致他郁郁不得志，因此战斗中时常攻打敌军的坚固阵地，最终在吴军阵营中战死。当时的军法规定：父子一同从军的，一个战死，另一个就能随同灵柩一起回家。但灌夫不肯回去，而是悲愤激昂地说："我希望斩取吴王或者吴国将军的头，来替父亲报仇。"于是披上铠甲，手拿戈戟，招募军队中要好而且愿意跟随的几十个勇士。等到出营门时，却没有人敢再前进。只有两人以及随从的奴仆共十来人飞马冲进吴军阵内，一直冲到吴军的将旗之下，杀死杀伤吴军将士几十个人。实在前进不了了，才飞马驰回，等回到汉营一看，奴仆全都死了，只有一个骑兵跟他回来。这时灌夫身受重伤十多处，恰好碰到有好的药材，才得以保住性命。等伤势稍稍好转时，又再次向将军请求道："我现在对吴军军营的底细知道得更加清楚了，请让我再去。"将军很欣赏他的胆量和义气，但担心他会送命，于是报告给太尉，太尉便坚决地阻止了他。等到吴军被攻破以后，灌夫也因此而名扬天下。

颍阴侯把灌夫的事迹向皇上汇报，皇上就任命灌夫担任中郎将。几个月后，因为触犯法令而丢了官。后来到长安安了家，长安城中的显贵没有不称赞他的。景帝时，灌夫官至代国国相。景帝去世后，当今皇上武帝刚即位，认为淮阳是天下的交通枢纽，是兵家必争之地，因此调灌夫担任淮阳太守。建元元年，又把灌夫调进京做了太仆。二年，灌夫与长乐卫尉窦甫喝酒，结果灌夫喝醉酒，竟打了窦甫。窦甫是窦太后的兄弟，皇上担心窦太后杀灌夫，调派他担任燕国国相。几年后，他又因犯法被免职，闲居在长安家中。

灌夫为人刚强直爽，好发酒疯，不喜欢当面奉承人。对地位在自己之上的皇亲国戚及有势力的人，他偏对他们不礼貌，偏要凌辱他们；对地位在自己之下的士人，越是贫贱的，就越加恭敬，跟他们平等相待。在大庭广众之中，特别喜欢推荐夸奖那些比自己地位低的人，因此士人们都很称赞他。

灌夫不喜欢文章经学，爱打抱不平，行侠仗义，答应别人的事，就一定办到。和他交往的人，无不是豪绅或帮派巨猾。家中积累有几千万的资产，每天的食客少则几十，多则近百。他在居所修建池塘、田地庄园，他的族人和门客倚仗着他的势力，在颍川横行霸道。于是颍川的小孩编了首歌谣："颍水清清，灌氏安宁；颍水浑浊，灌氏灭族。"

灌夫闲居在家，虽然富有，但失去了权势，依附他的达官贵人及一般宾客也越来越少。等到魏其侯也失势后，就想让灌夫去报复那些原先趋炎附势，失势后又抛弃自己的人。灌夫也想依靠魏其侯去结交列侯和皇族以抬高自己的声望。两人互相倚重提携，关系如同父子一样密切，彼此心意相投，没有嫌忌，只恨相知太晚了。

灌夫在为姐姐服丧期内，有一天去拜访丞相田蚡，田蚡随口说："我想和你一起去拜访魏其侯，却正赶上你现在服丧不便前往。"灌夫说："您竟肯屈驾拜访魏其侯，我灌夫怎敢因为服丧而推辞呢！请让我先去告诉魏其侯备办酒席，您明天早点光临。"田蚡答应了。灌夫把田蚡的话详细地告诉了窦婴，窦婴就赶紧和夫人多买了肉和酒，连夜打扫厅堂，布置帷帐，准备酒宴，一直忙到天亮。天刚亮，就让府中管事的人在宅前迎接。等到中午，还不见丞相田蚡到来。窦婴对灌夫说："丞相难道忘记了这件事？"灌夫也不高兴地说道："我灌夫不顾丧服在身而应他之约，他应该来。"于是便驾车，亲自前往迎接田蚡。田蚡前一天只不过戏言答应了灌夫，实在无意前往。等灌夫来到门前，田蚡还在睡觉。于是灌夫进门对他说："将军昨天答应拜访魏其侯，魏其侯夫妇备办酒食，从早晨到现在，都没敢吃一点东西。"武安侯一听，吃了一惊，赶紧道歉说："我昨天喝醉了，忘记了跟您说的话。"便驾车前往，但又走得很慢，灌夫更加生气。等到喝酒喝得正高兴时，灌夫站起来跳舞，又邀请丞相，丞相竟不起身，灌夫便在酒宴上骂了起来。魏其侯赶紧搀扶着灌夫离去，并向田丞相谢罪。于是他们一直喝到天黑，才尽欢而去。

丞相田蚡曾经派籍福去索要窦婴在城南的田地。窦婴愤愤不平地说："虽然我被朝廷废弃，而将军显贵，但是您怎么可以仗势硬夺我的田地呢？"就没有答应。灌夫听说后，也很生气，大骂籍福。籍福不愿两家矛盾加深，就自己编了好话向丞相道歉说："魏其侯年事已高，就快死了，还不能忍耐吗，姑且等等吧！"不久，武安侯听说魏其侯和灌夫是因为愤怒而故意不肯给，也很生气地说："魏其侯的儿子曾经杀人，是我救的命。我侍奉魏其侯时没有不听从他的，他为什么要吝惜那块地呢？况且这和灌夫又有什么关系？我再也不要这块地了。"从此武安侯对灌夫、魏其侯就非常怨恨了。

元光四年的春天，丞相进言说灌夫家在颍川十分横行，百姓生活非常困苦，请求皇上查办。皇上说："这是丞相的职责，何必请示朝廷。"灌夫也抓住了丞相的一些把柄，例如用非法手段谋取利益，接受淮南王的贿赂，并说了不该说的话等等。宾客们从中调解，双方才停止互相攻击，彼此和解。

那年夏天，丞相迎娶燕王的女儿，太后下诏令，叫列侯和皇族都去祝贺。魏其侯拜访灌夫，打算同他一起去。灌夫推辞不去："我多次因为酒后失言而得罪丞相，丞相近来又和我有嫌隙。"魏其侯说："事情已经和解了。"于是硬拉他一起去了。酒兴正浓时，武安侯起身祝酒，在座的宾客都赶紧离开席位，伏在地上，表示不敢当。过了一会儿，窦婴也起身敬酒，只有那些老朋友离开了席位，其余半数的人照常坐在那里，只是稍微欠了欠上身。灌夫不高兴，起身依次敬酒，敬到武安侯时，武安侯照常坐在那里，只稍欠了一下上身说："不能再喝满杯了。"灌夫火了，于是假笑着说："将军您是贵人啊，喝光了吧！"武安侯还是不肯。灌夫无法只好接着敬酒，轮到临汝侯，临汝侯正和程不识附耳说悄悄话，没有离开席位。灌夫的怒气无处发泄，便骂临汝侯道："你平时将程不识贬得一钱不值，今天长辈向你敬酒，你却学女子叽叽咕咕咬耳朵！"武安侯赶紧阻拦说："程将军和李将军是东西两宫的卫尉，你今天当众羞辱程将军，难道就不给李将军留点面子吗？"灌夫说："今天我连砍头穿胸都不怕了，又哪里在乎什么程将军、李将军！"在座的人便起身借口上厕所，都溜出去了。

魏其侯也要出门，示意灌夫一同出去。武安侯于是大怒道："这是我骄宠灌夫的过错。"便令骑士扣留灌夫。灌夫这时想走也走不了。籍福起身替他谢罪，并按着灌夫的脖子让他道歉。灌夫越发生气，不肯谢罪。武安侯就指挥武士们捆住灌夫绑到客房去，召来长史说："今天请宗室宾客来参加宴会，是有太后诏令的。"于是让长史弹劾灌夫席间责骂宾客，犯了不敬之罪，把他拘禁在室内。接着追查他以前的不法行为，派遣小吏分头捉捕所有灌家的旁支近亲，通通判了死罪。魏其侯非常惭愧，百般花钱让宾客向田丞相求情，结果都没用。武安侯的属吏都为他做耳目，所有灌氏的人都逃跑、躲藏了起来，灌夫被拘押，也无法告发武安侯的隐密之事了。

魏其侯挺身而出想营救灌夫。他的夫人劝说道："灌将军得罪了丞相，和太后家的人作对，怎么能救得了呢？"魏其侯说："侯爵是我得来的，即使把它弄丢了，也没有什么可遗憾的。再说我怎忍心让灌仲孺自己去死，而我却独自活着呢？”于是就瞒着家人，偷偷上书给皇上。皇上就召见他，魏其侯就把灌夫因为喝醉而失言的情况详细地说了一遍，认为理不当死。皇上认为说得有理，赏赐魏其侯一同进餐，说：“到东宫去公开辩论这件事情。”

魏其侯到东宫后，极力夸赞灌夫的长处，说他是酒后犯的过错，而丞相却拿别的罪来诬陷灌夫。武安侯则竭力诋毁灌夫骄横放纵，犯了大逆不道的罪。魏其侯眼看没有别的办法，便攻击丞相的短处。而丞相却说：“现在天下幸而太平无事，我才得以做皇上的心腹，喜好的无非是音乐、狗马、田宅，喜欢的只是优伶、巧匠之类的人，不像魏其侯、灌夫他们，招聚天下的豪杰壮士在一起议论国家大事，诋毁朝廷，不是仰观天象，就是俯察地理，窥测于东西两宫，盼着天下出现什么变故，好立大功。我真不知道他们到底要做些什么。”于是皇上向大臣们问道：“他们两人谁说得对？”御史大夫韩安国说：“魏其侯说灌夫的父亲为国捐躯，灌夫手持戈戟冲入到强大的吴军中，身受创伤几十处，名声在全军数第一，这是天下的勇士，他并没有什么大的罪恶，只因喝了酒而引起口舌之争，是不足以援引其他的罪状来判处死刑的。魏其侯说得有理。丞相说灌夫结交奸猾歹徒，欺凌百姓，积累家产数万万，横行颍川，凌辱侵犯皇族，这就是俗话说的‘树枝大于树干，小腿大于大腿，不折断就要分裂’，丞相的话也有道理。希望英明的主上自己裁决这件事。”主爵都尉汲黯认为魏其侯对。内史郑当时也认为魏其侯对，但后来又不敢坚持自己的意见去回答皇上。其余的人都不敢回答。皇上怒斥内史道：“你平日常说魏其侯、武安侯的长短，今天当廷辩论，却畏首畏尾得像驾在车辕下的马驹，我要把你们这些人一并杀掉！”说罢站起身回了内室，侍奉太后进餐。太后也派人探听消息，他们把廷辩的情况详细地汇报后，太后发怒不吃饭，说：“如今我还活着，他们竟敢如此作践我的弟弟，假若我死了以后，还不像鱼肉一样任他们宰割啊。再说皇帝怎么能像石头人一样自己不做主张呢！现在皇帝还在，这班大臣就随声附合，假设皇帝死了以后，这些人还有可以信赖的吗？”皇上道歉说：“只因都是皇族外戚，才当朝辩论。不然，只要一个狱吏就可以解决了。”这时郎中令石建单独向皇上谈了魏其侯、武安侯两个人的事情。

武安侯退朝出了停车门，招呼韩御史大夫一同乘车，生气地说：“我和你共同对付一个老家伙，你为什么还首尾两端、犹豫不定？”韩御史大夫沉默了好一会儿才说：“您怎么这样不自重？当魏其侯攻击您的时候，您应当摘下官帽，解下印绶，辞职回家说：‘我作为皇帝的心腹，侥幸得此相位，本来就不能够胜任，魏其侯说得很对。’这样的话，皇上必定会赞许您能够谦让，绝对不会罢免您。而魏其侯也一定会心中有愧，关门咬舌自杀。如今人家毁谤您，您也诋毁人家，好像菜市场里女人吵嘴一般，怎么这么不识大体呢！”武安侯一听，恍然大悟说：“当时只顾争吵，没有想到应该这样做啊。”

因此皇上派御史按文书追查魏其侯所说的灌夫的情况，很多不相符，于是魏其侯被认定犯了欺君之罪，被弹劾关押到了都司空。景帝时，魏其侯曾受有遗诏，遗诏上说“遇有不便之事，可以直接向皇上禀明”。但此时魏其侯已经被关押，灌夫定罪要灭族，情况一天比一天紧急，大臣们也不敢就这件事向皇上进谏。于是魏其侯让侄儿上书皇上，说他家存有先帝的遗诏，希望能被皇上召见。报告递呈上去后，查遍所藏，并没有这份遗诏。后来在魏其侯家中找到诏书，由家臣盖印加封。于是又弹劾魏其侯伪造先帝遗诏，应当斩首示众。元光五年十月，灌夫及其家属全部被处决了。魏其侯在监狱里很久之后才听说这件事，悲愤欲绝，当时就中了风，想要绝食寻死。后来又听说皇上本没有杀魏其侯的意思，魏其侯这才恢复饮食，医治疾病，决定不再寻死了。后来竟又有恶毒的流言蜚语传到皇上那里，因此就在当年的十二月月末将魏其侯在渭城斩首示众。

这年的春天，武安侯也病了，嘴里一个劲叫喊着“我有罪，我服罪”。请来巫师诊视他的病，巫师称看见魏其侯和灌夫两个人的鬼魂一起守在那里，要杀死他，最终就这样死了。他的儿子田恬继承了爵位，元朔三年，武安侯田恬因穿短衣进入宫中，犯了“不敬”之罪，封爵被废除。

淮南王刘安谋反的事被发觉了，皇上让追查此事。淮南王前次来朝，武安侯当时担任太尉，到灞上迎接淮南王说：“皇上没有太子，大王最贤明，又是高祖的孙子，一旦皇上去世，不立大王为皇帝，又该立谁呢？”淮南王十分欢喜，送给武安侯许多金银财物。皇上自从魏其侯的事件发生时就不认为武安侯有理，只是碍着王太后的缘故罢了。后来听到淮南王向武安侯送金银财物的事，就说道：“假使武安侯还活着的话，该灭族了。”

太史公说：魏其侯和武安侯都凭外戚的身份而居显要职位，灌夫因为一时的英勇而显名于当时。魏其侯由于平定吴、楚七国叛乱有功被重用，武安侯则完全靠着太后和皇上的关系才得以显贵。然而魏其侯实在是太不懂顺应时势的变化，灌夫不学无术又不谦逊，两人互相庇护，酿成了这场祸乱。武安侯倚仗显贵的地位而专权跋扈，由于一杯酒的怨愤，陷害了两个重要人物。可悲啊！灌夫迁怒于别人，以致自己的性命也不长久。灌夫得不到百姓的拥戴，终究落个坏名声。可悲啊！灾祸就是这样一点点酝酿而成的！

史记卷一百八

韩长孺列传第四十八

御史大夫韩安国者，梁成安人也，后徙睢阳。尝受《韩子》、杂家说于驺田生所。事梁孝王为中大夫。吴楚反时，孝王使安国及张羽为将，扞吴兵于东界。张羽力战，安国持重，以故吴不能过梁。吴楚已破，安国、张羽名由此显。

梁孝王，景帝母弟，窦太后爱之，令得自请置相、二千石，出入游戏，僭于天子。天子闻之，心弗善也。太后知帝不善，乃怒梁使者，弗见，案责王所为。韩安国为梁使，见大长公主而泣曰："何梁王为人子之孝，为人臣之忠，而太后曾弗省也？夫前日吴、楚、齐、赵七国反时，自关以东皆合从西乡，惟梁最亲为艰难。梁王念太后、帝在中，而诸侯扰乱，一言泣数行下，跪送臣等六人，将兵击却吴楚，吴楚以故兵不敢西，而卒破亡，梁王之力也。今太后以小节苛礼责望梁王。梁王父兄皆帝王，所见者大，故出称跸，入言警，车旗皆帝所赐也，即欲以侘鄙县，驱驰国中，以夸诸侯，令天下尽知太后、帝爱之也。今梁使来，辄案责之。梁王恐，日夜涕泣思慕，不知所为。何梁王之为子孝，为臣忠，而太后弗恤也？"大长公主具以告太后，太后喜曰："为言之帝。"言之，帝心乃解，而免冠谢太后曰："兄弟不能相教，乃为太后遗忧。"悉见梁使，厚赐之。其后梁王益亲欢。太后、长公主更赐安国可直千馀金。名由此显，结于汉。

其后安国坐法抵罪，蒙狱吏田甲辱安国。安国曰："死灰独不复然乎？"田甲曰："然即溺之。"居无何，梁内史缺，汉使使者拜安国为梁内史，起徒中为二千石。田甲亡走。安国曰："甲不就官，我灭而宗。"甲因肉袒谢。安国笑曰："可溺矣！公等足与治乎？"卒善遇之。

梁内史之缺也，孝王新得齐人公孙诡，说之，欲请以为内史。窦太后闻，乃诏王以安国为内史。

公孙诡、羊胜说孝王求为帝太子及益地事，恐汉大臣不听，乃阴使人刺汉用事谋臣。及杀故吴相袁盎，景帝遂闻诡、胜等计画，乃遣使捕诡、胜，必得。汉使十辈至梁，相以下举国大索，月馀不得。内史安国闻诡、胜匿孝王所，安国入见王而泣曰："主辱臣死。大王无良臣，故事纷纷至此。今诡、胜不得，请辞赐死。"王曰："何至此？"安国泣数行下，曰："大王自度于皇帝孰与太上皇之与高皇帝及皇帝之与临江王亲？"孝王曰："弗如也。"安国曰："夫太上、临江亲父子之间，然而高帝曰'提三尺剑取天下者朕也'，故太上皇终不得制事，居于栎阳。临江王，適长太子也，以一言过，废王临江；用宫垣事，卒自杀中尉府。何者？治天下终不以私乱公。语曰：'虽有亲父，安知其不为虎？虽有亲兄，安知其不为狼？'今大王列在诸侯，悦一邪臣浮说，犯上禁，桡明法。天子以太后故，不忍致法于王。太后日夜涕泣，幸大王自改，而大王终不觉寤。有如太后宫车即晏驾，大王尚谁攀乎？"语未卒，孝王泣数行下，谢安国曰："吾今出诡、胜。"诡、胜自杀。汉使还报，梁事皆得释，安国之力也。于是景帝、太后益重安国。

孝王卒，共王即位，安国坐法失官，居家。

建元中，武安侯田蚡为汉太尉，亲贵用事，安国以五百金物遗蚡。蚡言安国太后，天子亦素闻其贤，即召以为北地都尉，迁为大司农。闽越、东越相攻，安国及大行王恢将。兵未至越，越杀其王降，汉兵亦罢。

建元六年，武安侯为丞相，安国为御史大夫。匈奴来请和亲，天子下议。大行王恢，燕人也，数为边吏，习知胡事。议曰："汉与匈奴和亲，率不过数岁即复倍约。不如勿许，兴兵击之。"安国曰："千里而战，兵不获利。今匈奴负戎马之足，怀禽兽之心，迁徙鸟举，难得而制也。得其地不足以为广，有其众不足以为强。自上古不属为人。汉数千里争利，则人马罢，虏以全制其敝。且强弩之极，矢不能穿鲁缟；冲风之末，力不能漂鸿毛。非初不劲，末力衰也。击之不便，不如和亲。"群臣议者多附安国，于是上许和亲。

其明年，则元光元年，雁门马邑豪聂翁壹因大行王恢言上曰："匈奴初和亲，亲信边，可诱以利。"阴使聂翁壹为间，亡入匈奴，谓单于曰："吾能斩马邑令丞吏，以城降，财物可尽得。"单于爱信之，以为然，许聂翁壹。聂翁壹乃还，诈斩死罪囚，县其头马邑城，示单于使者为信。曰："马邑长吏已死，可急来。"于是单于穿塞将十馀万骑，入武州塞。

当是时，汉伏兵车骑材官三十馀万，匿马邑旁谷中。卫尉李广为骁骑将军，太仆公孙贺为轻车将军，大行王恢为将屯将军，太中大夫李息为材官将军。御史大夫韩安国为护军将军，诸将皆属护军。约单于入马邑而汉兵纵发。王恢、李息、李广别从代主击其辎重。于是单于入汉长城武州塞。未至马邑百馀里，行掠卤，徒见畜牧于野，不见一人。单于怪之，攻烽燧，得武州尉史，欲刺问尉史。尉史曰："汉兵数十万伏马邑下。"单于顾谓左右曰："几为汉所卖！"乃引兵还。出塞，曰："吾得尉史，乃天也。"命尉史为"天王"。塞下传言单于已引去。汉兵追至塞，度弗及，即罢。王恢等兵三万，闻单于不与汉合，度往击辎重，必与单于精兵战，汉兵势必败，则以便宜罢兵。皆无功。

天子怒王恢不出击单于辎重，擅引兵罢也。恢曰："始约虏人马邑城，兵与单于接，而臣击其辎重，可得利。今单于闻，不至而还，臣以三万人众不敌，禔取辱耳。臣固知还而斩，然得完陛下士三万人。"于是下恢廷尉。廷尉当恢逗桡，当斩。恢私行千金丞相蚡。蚡不敢言上，而言于太后曰："王恢首造马邑事，今不成而诛恢，是为匈奴报仇也。"上朝太后，太后以丞相言告上。上曰："首为马邑事者，恢也，故发天下兵数十万，从其言，为此。且纵单于不可得，恢所部击其辎重，犹颇可得，以慰士大夫心。今不诛恢，无以谢天下。"于是恢闻之，乃自杀。

安国为人多大略，智足以当世取舍，而出于忠厚焉。贪嗜于财，所推举皆廉士，贤于己者也。于梁举壶遂、臧固、郅他，皆天下名士，士亦以此称慕之，唯天子以为国器。安国为御史大夫四岁馀，丞相田蚡死，安国行丞相事，奉引堕车蹇。天子议置相，欲用安国，使使视之，蹇甚，乃更以平棘侯薛泽为丞相。安国病免数月，蹇愈，上复以安国为中尉。岁馀，徙为卫尉。

车骑将军卫青击匈奴，出上谷，破胡龙城。将军李广为匈奴所得，复失之；公孙敖大亡卒；皆当斩，赎为庶人。明年，匈奴大入边，杀辽西太守，及入雁门，所杀略数千人。车骑将军卫青击之，出雁门，卫尉安国为材官将军，屯于渔阳。安国捕生虏，言匈奴远去。即上书言方田作时，请且罢军屯。罢军屯月馀，匈奴大入上谷、渔阳。安国壁乃有七百馀人，出与战，不胜，复入壁。匈奴虏略千馀人及畜产而去。天子闻之，怒，使使责让安国。徙安国益东，屯右北平，是时匈奴虏言当入东方。

安国始为御史大夫及护军，后稍斥疏，下迁。而新幸壮将军卫青等有功，益贵。安国既疏远，默默也；将屯又为匈奴所欺，失亡多，甚自愧。幸得罢归，乃益东徙屯。意忽忽不乐，数月，病欧血死。安国以元

《昭君传》版画之李广像

朔二年中卒。

太史公曰：余与壶遂定律历，观韩长孺之义，壶遂之深中隐厚。世之言梁多长者，不虚哉！壶遂官至詹事，天子方倚以为汉相，会遂卒，不然。壶遂之内廉行修，斯鞠躬君子也。

【译文】

御史大夫韩安国，是梁国成安县人，后来迁居睢阳。曾经拜驺县的田先生为师，学习《韩非子》和杂家的学说。梁孝王时，担任中大夫。吴楚七国叛乱，梁孝王任命韩安国和张羽担任将军，在东界抵御吴国的军队。张羽敢于打硬战，而韩安国老成持重，两人相得益彰，因此吴军不能跨越梁国的防线。吴楚叛乱平息后，韩安国和张羽也因为配合默契而名声显扬。

梁孝王，是孝景帝的同母弟弟，窦太后很宠爱他，特别允许他自己推举梁国国相以及二千石级的官员。他进出京城、到处游猎的排场，简直就像皇帝一样。景帝听说后，很不高兴。窦太后知道景帝不满，就怪罪梁国派来的使者，不接见他们，而向他们追查责问梁王的所作所为。这时韩安国就以梁国使者身份进京，先去拜见大长公主，哭着说："为什么梁王作为儿子这么孝顺、作为臣子这么忠心，而太后竟然不能明察呢？从前吴、楚、齐、赵等七国叛乱时，函谷关以东的诸侯都联合起来向西进军，只有梁王与皇上关系最亲，处境也最为艰难。梁王想到太后和皇上在关中，而诸侯扰乱天下，他心里着急，一开口就泪流满面，跪着送我们六人，领兵抵抗吴楚叛军，吴、楚因此才没有敢大举西进，而最终被消灭，这都是梁王的功劳啊。如今太后却因为一些琐碎的礼节就来责怪梁王。梁王的父兄都是皇帝，从小见惯了这种场面，因而出入都清道，禁止行人通行，那些车马、旗帜本来就是皇帝赐予的，他只不过想借此向边远的小县夸耀，有时在都城往来驰骋，借此向诸侯夸耀，想让人都知道太后和皇上宠爱他。如今梁国的使者一来，当即就受到追查和责问。梁王很恐惧，日夜哭泣不住，不知如何是好。为什么梁王为人子尽孝，为人臣尽忠，太后却一点不体恤呢？"大长公主就把这些话一五一十地告诉了太后，太后很高兴，说道："把这些话讲给皇上听。"传话过去之后，皇上心里的结才算解开了，便摘下帽子向太后认错说："我没有管教好弟弟，以至于让母后操心了。"于是接见了全部的梁国使者，重重地赏赐了他们，从此梁王和景帝关系越发地亲近了。太后、长公主又赏赐给韩安国价值千余金的财物，他的名声因此更大了，与朝廷也建立了密切联系。

后来韩安国犯法进了监狱，蒙县的狱吏田甲侮辱韩安国。韩安国说：“死灰难道就不会复燃吗？”田甲说：“要是死灰再燃烧我就撒一泡尿浇灭它。”过了不久，梁国内史空缺，朝廷派使者任命韩安国为梁国内史，就从监狱中被起用，担任了二千石级的官员。田甲吓得弃官逃跑，韩安国说：“田甲不回来就任，我就要夷灭他的宗族。”田甲于是肉袒前往赔罪。韩安国笑道：“你可以撒尿了！你们这样的人值得我计较吗？”最后还是善待了他。

梁国内史空缺的时候，梁孝王刚刚得到齐人公孙诡，很喜欢他，打算任命他为内史。窦太后知道后不同意，命令梁孝王任命韩安国做内史。

公孙诡、羊胜曾怂恿梁孝王，要他向景帝请求做皇位继承人，并增加封地，怕朝廷大臣不肯答应，就暗地里派人刺杀当朝的谋臣。等到杀了原吴国国相袁盎，景帝便听到了公孙诡、羊胜等人的阴谋，就派使者去抓捕公孙诡和羊胜，要求务必抓到。前后派了十批使者，自丞相以下在全国进行大搜捕，结果搜了一个多月也没有抓到。内史韩安国听说公孙诡、羊胜藏到了梁孝王那儿，就哭着进见孝王说：“主上受辱，为臣当死。大王因为没有良臣，所以事情才闹到如此地步。如今公孙诡、羊胜抓不到，请赐我一死吧。”孝王道：“何必这样呢？”韩安国泪流满面，说道：“大王您自己揣度一下，您和皇帝的关系，比起太上皇与高皇帝以及皇帝与临江王的关系，哪个更亲近呢？”孝王答道：“比不上他们。”韩安国说：“太上皇与高皇帝，皇上与临江王都是父子关系，但是高皇帝说：‘提着三尺宝剑夺取天下的人是我’，所以太上皇始终不能过问政事，住在栎阳宫。临江王是嫡长太子，只因为他母亲说错一句话就被废黜降为临江王；又因建宫室时侵占了祖庙墙内的空地，被迫自杀。为什么会这样呢？因为皇帝治理天下，终究不能因私情而损害公事。俗话说：‘即使是亲生父亲，怎么知道他不会变成老虎？即使是亲兄弟，怎么知道他不会变成恶狼？’如今大王位居诸侯之列，却因听信一个奸臣的妄言诱惑，就去冒犯皇上的禁令，扰乱朝廷法纪。皇上因为太后的缘故，不忍心把大王法办。太后日夜哭泣，希望您能改好，可是大王您却始终不醒悟。这样下去倘若太后一旦仙逝，大王还能依靠谁呢？”话还没说完，孝王就泪下数行，向韩安国忏悔道：“我现在就把公孙诡和羊胜交出来。”公孙诡、羊胜于是就自杀了。使者回朝报告，梁国的事情得以解决，都是韩安国的力量。从此之后，景帝、太后更看重韩安国了。孝王死后，共王即了位，韩安国因犯法而丢了官，闲居在家。

建元年间，武安侯田蚡担任当朝太尉，受宠幸而掌大权，韩安国贿赂田蚡价值五百金的财物。田蚡就向王太后说到韩安国，皇上也常提起韩安国的贤能，就把他召来担任北地都尉，后来提升为大司农。当时闽越、东越互相攻打，韩安国和大行令王恢一起率军出征。还没有到达越地，越人就杀死了他们的国王向汉朝投降，汉军也就收兵了。建元六年武安侯田蚡做了丞相，韩安国被提升担任御史大夫。

匈奴派人前来请求和亲，皇上交由朝臣讨论。大行令王恢是燕地人，多次出任边郡官吏，因此熟悉匈奴的情况。他建议说："以前汉朝和匈奴和亲，但过不了几年匈奴就又背弃盟约。不如不答应，而发兵攻打他。"韩安国说："派军队去千里之外作战，不会有好结果。现在匈奴倚仗军马的充足，怀着禽兽般的野心，迁移如同群鸟，很难控制他们。即使得到它的土地也不能算是扩大我们的疆土，拥有它的百姓也不能使我们强大，自古以来就未把他们视为国中之人。汉军千里迢迢去争夺利益，就会人马疲惫，使匈奴得以全力制服我军的弱点。况且强劲的弓发出的箭到了最后，连薄薄的鲁缟也不能穿透；强风之末，连轻飘飘的鸿毛也不能吹起。并不是说开始的时候不强劲，而是到了最后力量衰减罢了。发兵攻打匈奴有很多不便，不如跟它和亲。"结果参加讨论的大臣大多附和韩安国，皇上就应允和亲了。

和亲的第二年，也就是元光元年，雁门郡马邑城的豪绅聂翁壹通过大行令王恢向皇上进言说："匈奴刚与汉和亲，十分亲近信任边地百姓，可以用财利去引诱他们。"于是暗中派遣聂翁壹做间谍，逃到匈奴，对单于说："我能杀死马邑城的县令县丞等官吏，将马邑城献给您，财物也就可以全部得到。"单于贪心就相信了他，认为他说得有道理，便答应了聂翁壹。聂翁壹回来，斩了几个死囚的头，把他们的脑袋悬挂在马邑城上，假充是马邑城官吏的头，给单于派来的使者看，说道："马邑城的长官已经死了，你们可以赶快来。"于是单于率领十余万骑兵穿过边塞，进入武州塞。

正在这个时候，汉王朝埋伏了二十多万兵士，隐藏在马邑城旁边的山谷中。卫尉李广担任骁骑将军，太仆公孙贺担任轻车将军，大行令王恢担任将屯将军，太中大夫李息担任材官将军，御史大夫韩安国担任护军将军，诸将都归护军将军统领。约定好等单于进入马邑城时汉军的伏兵就先出击，王恢、李息、李广另外从代郡夺取匈奴的军用物资。当单于进入汉长城武州塞，距离马邑城还有一百多里，将要劫掠时，只看见牲畜放养在荒野之中，却见不到一个人。单于觉得很奇怪，就攻打烽火台，俘虏了武州的一个尉史，逼问他，尉史说："汉军有几十万人正埋伏在马邑城下。"单于回过头来对左右说："差点儿就上了汉朝的当！"于是带领部队回去了。出边塞时说："我们捉到武州尉史，真是老天保佑啊！"称尉史为"天王"。等到塞下传来消息说单于已经退兵回去，汉军追到边塞，估计追不上了，就撤退回来了。王恢等人的三万兵力，听说单于没有跟汉军交战，估计如果攻打匈奴的辎重部队，一定会与单于的精兵碰上，那时就会处于不利形势，于是临时决定撤兵，所以汉军都无功而返。

天子对王恢不攻击匈奴的后勤部队，而擅自领兵撤回非常不满。王恢说："当初约定匈奴一进入马邑城，汉军就与单于大军交战，而后我的部队才夺取军用物资，这样才有利可图。现在单于听到了消息，没有到达马邑城就回去了，我那三万人要和他作战，只会自寻失败。我知道回来会被杀头，但是这样可以保全陛下的三万军士。"皇上于是把王恢交给廷尉审判。廷尉判他避敌观望，应当杀头。王恢暗中贿赂田蚡一千金。田蚡不敢直接对皇帝说，就向王太后说道："王恢首先倡议马邑诱敌之计，今天没有成功而杀了王恢，这是替匈奴报仇呀。"皇上朝见王太后时，王太后就把丞相的话告诉了皇上。皇上说："首先提出这次计划的人就是王恢，所以调动天下几十万士兵，按他的意见出击匈奴，结果匈奴却跑了。再说即使这次抓不到单于，如果王恢能按约定攻击匈奴的后勤部队，那可能还有些收获，也算是一点安慰了，谁想到他把事情搞成这样。现在不杀王恢就无法向天下人交代。"王恢一听，就自杀了。

韩安国为人有大韬略，能够顺应形势获得当权者的欢心，同时也有忠厚之心。他贪嗜钱财，但所推荐的都是廉洁的士人，比他高明。在梁国时推荐了壶遂、臧固、郅他，都是天下的名士，士人因此对他也很称道，连天子也认为他有治国之才。韩安国担任御史大夫第四年，丞相田蚡死了，韩安国代理丞相的职务，有一次给皇帝导引车驾时坠下车，跛了脚。天子商议任命丞相，打算任用韩安国，就派使者前往探视，他的脚跛得很厉害，于是就又改用平棘侯薛泽担任丞相。韩安国因病免职数月，等跛脚痊愈了，皇上又任命他做了中尉。一年后，调任做了卫尉。

车骑将军卫青攻打匈奴，从上谷郡出兵，在龙城打败了匈奴。将军李广被匈奴俘虏，后来又逃脱了；公孙敖损失了大量士兵；依军法他们都该杀头，后来花钱赎罪成为平民。第二年，匈奴大举入侵边境，杀了辽西太守，又侵入雁门，杀死和掳去几千人，等到车骑将军卫青赶到出兵追击时，他们已从雁门郡逃走。卫尉韩安国担任材官将军，驻守在渔阳。他抓到一个俘虏，说匈奴已经远远离去了。韩安国立即上书皇帝说现在正是农耕时节，请求暂且撤回屯驻的军队。撤回屯驻的军队一个多月后，匈奴大举侵入上谷、渔阳。韩安国的军营中只有七百多人，无法与敌交战，只好又撤回到军营中。结果匈奴掳掠了一千多人以及牲畜离去。天子听到这件事，大怒，派遣使者责备韩安国。把韩安国调往更东边的地方，屯军在右北平。这个时候匈奴的俘虏供称要侵入东方。

韩安国开始时担任御史大夫和护军，后来就渐渐地被排斥疏远了，贬了官；而新得宠的年轻将军卫青等又有军功，更加受到皇上的重用。韩安国既被疏远，也就无声无闻了；他领兵驻防又被匈奴欺骗，损失伤亡很多，内心很是惭愧，希望能够回到朝廷，却被调往更东边驻守，心中恍惚，闷闷不乐。几个月后，韩安国得病呕血而死，这一年是元朔二年。

太史公曰：我和壶遂审定律历，看到韩长孺很有德义，壶遂则深藏忠厚。世人都说梁国多忠厚长者，这话确实不错啊！壶遂官做到詹事，天子正想重用他担任汉朝丞相，不巧壶遂就去世了。不然的话，以壶遂廉洁的品行和端正的行为，说不定真能干一番大事业呢！

史记卷一百九

李将军列传第四十九

李将军广者，陇西成纪人也。其先曰李信，秦时为将，逐得燕太子丹者也。故槐里，徙成纪。广家世世受射。孝文帝十四年，匈奴大入萧关，而广以良家子从军击胡，用善骑射，杀首虏多，为汉中郎。广从弟李蔡亦为郎，皆为武骑常侍，秩八百石。尝从行，有所冲陷折关及格猛兽，而文帝曰："惜乎，子不遇时！如令子当高帝时，万户侯岂足道哉！"

及孝景初立，广为陇西都尉，徙为骑郎将。吴楚军时，广为骁骑都尉，从太尉亚夫击吴楚军，取旗，显功名昌邑下。以梁王授广将军印，还，赏不行。徙为上谷太守，匈奴日以合战。典属国公孙昆邪为上泣曰："李广才气，天下无双，自负其能，数与虏敌战，恐亡之。"于是乃徙为上郡太守。后广转为边郡太守，徙上郡。尝为陇西、北地、雁门、代郡、云中太守，皆以力战为名。

匈奴大入上郡，天子使中贵人从广勒习兵击匈奴。中贵人将骑数十纵，见匈奴三人，与战。三人还射，伤中贵人，杀其骑且尽。中贵人走广。广曰："是必射雕者也。"广乃遂从百骑往驰三人。三人亡马步行，行数十里。广令其骑张左右翼，而广身自射彼三人者，杀其二人，生得一人，果匈奴射雕者也。已缚之上马，望匈奴有数千骑，见广，以为诱骑，皆惊，上山陈。广之百骑皆大恐，欲驰还走。广曰："吾去大军数十里，今如此以百骑走，匈奴追射我立尽。今我留，匈奴必以我为大军〔之〕诱（之），必不敢击我。"广令诸骑曰："前！"前未到匈奴陈二里所，止，令曰："皆下马解鞍！"其骑曰："虏多且近，即有急，奈何？"广曰："彼虏以我为走，今皆解鞍以示不走，用坚其意。"于是胡骑遂不敢击。有白马将出护其兵，李广上马与十馀骑奔射杀胡白马将，而复还至其骑中，解鞍，令士皆纵马卧。是时会暮，胡兵终怪之，不敢击。夜半时，胡兵亦以为汉有伏军于旁欲夜取之，胡皆引兵而去。平旦，李广乃归其大军。大军不知广所之，故弗从。

居久之，孝景崩，武帝立，左右以为广名将也，于是广以上郡太守为未央卫尉，而程不识亦为长乐卫尉。程不识故与李广俱以边太守将军屯，及出击胡，而广行无部伍行陈，就善水草屯，舍止，人人自便，不击刀斗以自卫，莫府省约文书籍事，然亦远斥候，未尝遇害。程不识正部曲行伍营陈、击刀斗，士吏治军簿至明，军不得休息，然亦未尝遇害。不识曰："李广军极简易，然虏卒犯之，无以禁也；而其士卒亦佚乐，咸乐为之死。我军虽烦扰，然虏亦不得犯我。"是时汉边郡李广、程不识皆为名将，然匈奴畏李广之略，士卒亦多乐从李广而苦程不识。程不识孝景时以数直谏为太中大夫，为人廉，谨于文法。

后汉以马邑城诱单于，使大军伏马邑旁谷。而广为骁骑将军，领属护军将军。是时单于觉之，去，汉军皆无功。其后四岁，广以卫尉为将军，出雁门击匈奴。匈奴兵多，破败广军，生得广。单于素闻广贤，令曰："得李广必生致之。"胡骑得广，广时伤病，置广两马间，络而盛卧广。行十馀里，广详死，睨其旁有一胡儿骑善马，广暂腾而上胡儿马，因推堕儿，取其弓，鞭马南驰数十里，复得其馀军，因引而入塞。匈奴捕者骑数百追之，广行取胡儿弓，射杀追骑，以故得脱。于是至汉，汉下广吏。吏当广所失亡多，为虏所生得，当斩，赎为庶人。

顷之，家居数岁。广家与故颍阴侯孙屏野居蓝田南山中射猎。尝夜从一骑出，从人田间饮。还至霸陵亭，霸陵尉醉，呵止广。广骑曰："故李将军。"尉曰："今将军尚不得夜行，何乃故也！"止广宿亭下。居无何，匈奴入杀辽西太守，败韩将军，后韩将军徙右北平。于是天子乃召拜广为右北平太守。广即请霸陵尉与俱，至军而斩之。

广居右北平，匈奴闻之，号曰"汉之飞将军"，避之，数岁不敢入右北平。

广出猎，见草中石，以为虎而射之，中石没镞。视之，石也，因复更射之，终不能复入石矣。广所居郡闻有虎，尝自射之。及居右北平射虎，虎腾伤广，广亦竟射杀之。

广廉，得赏赐辄分其麾下，饮食与士共之。终广之身，为二千石四十馀年，家无馀财，终不言家产事。广为人长，猿臂，其善射亦天性也，虽其子孙他人学者，莫能及广。广讷口少言，与人居则画地为军陈，射阔狭以饮。专以射为戏，竟死。广之将兵，乏绝之处，见水，士卒不尽饮，广不近水。士卒不尽食，广不尝食。宽缓不苛，士以此爱乐为用。其射，见敌急，非在数十步之内，度不中不发，发即应弦而倒。用此，其将兵数困辱，其射猛兽亦为所伤云。

居顷之，石建卒，于是上召广代建为郎中令。元朔六年，广复为后将军，从大将军军出定襄击匈奴。诸将多中首虏率，以功为侯者，而广军无功。后二岁，广以郎中令将四千骑出右北平，博望侯张骞将万骑与广俱，异道。行可数百里，匈奴左贤王将四万骑围广，广军士皆恐，广乃使其子敢往驰之。敢独与数十骑驰，直贯胡骑，出其左右而还，告广曰："胡虏易与耳。"军士乃安。广为圜陈外向，胡急击之，矢下如雨。汉兵死者过半，汉矢且尽。广乃令士持满毋发，而广身自以大黄射其裨将，杀数人，胡虏益解。会日暮，吏士皆无人色，而广意气自如，益治军。军中自是服其勇也。明日，复力战，而博望侯军亦至，匈奴军乃解去。汉军罢，弗能追。是时广军几没，罢归。汉法，博望侯留迟后期，当死，赎为庶人。广军功自如，无赏。

初，广之从弟李蔡与广俱事孝文帝。景帝时，蔡积功劳至二千石。孝武帝时，至代相。以元朔五年为轻车将军，从大将军击右贤王，有功中率，封为乐安侯。元狩二年中，代公孙弘为丞相。蔡为人在下中，名声出广下甚远，然广不得爵邑，官不过九卿，而蔡为列侯，位至三公。诸广之军吏及士卒或取封侯。广尝与望气王朔燕语，曰："自汉击匈奴而广未尝不在其中，而诸部校尉以下，才能不及中人，然以击胡军功取侯者数十人，而广不为后人，然无尺寸之功以得封邑者，何也？岂吾相不当侯邪？且固命也？"朔曰："将军自念，岂尝有所恨乎？"广曰："吾尝为陇西守，羌尝反，吾诱而降，降者八百馀人，吾诈而同日杀之。至今大恨独此耳。"朔曰："祸莫大于杀已降，此乃将军所以不得侯者也。"

后二岁，大将军、骠骑将军大出击匈奴，广数自请行。天子以为老，弗许；良久乃许之，以为前将军。是岁，元狩四年也。

广既从大将军青击匈奴，既出塞，青捕虏知单于所居，乃自以精兵走之，而令广并于右将军军，出东道。东道少回远，而大军行水草少，其势不屯行。广自请曰："臣部为前将军，今大将军乃徙令臣出东道，且臣结发而与匈奴战，今乃一得当单于，臣愿居前，先死单于。"大将军青亦阴受上诫，以为李广老，数奇，毋令当单于，恐不得所欲。而是时公孙敖新失侯，为中将军从大将军，大将军亦欲使敖与俱当单于，故徙前将军广。广时知之，固自辞于大将军。大将军不听，令长史封书与广之莫府，曰："急诣部，如书。"广不谢大将军而起行，意甚愠怒而就部，引兵与右将军食其合军出东道。军亡导，或失道，后大将军。大将军与单于接战，单于遁走，弗能得而还。南绝幕，遇前将军、右将军。广已见大将军，还入军。大将军使长史持糒醪遗广，因问广、食其失道状，青欲上书报天子军曲折。广未对，大将军便长史急责广之幕府对簿。广曰："诸校尉无罪，乃我自失道。吾今自上簿。"

至莫府，广谓其麾下曰："广结发与匈奴大小七十馀战，今幸从大将军出接单于兵，而大将军又徙广部行回远，而又迷失道，岂非天哉！且广年六十馀矣，终不能复对刀笔之吏。"遂引刀自刭。广军士大夫一军皆哭。百姓闻之，知与不知，无老壮皆为垂涕。而右将军独下吏，当死。赎为庶人。

广子三人，曰当户、椒、敢，为郎。天子与韩嫣戏，嫣少不逊，当户击嫣，嫣走。于是天子以为勇。当户早死，拜椒为代郡太守，皆先广死。当户有遗腹子名陵。广死军时，敢从骠骑将军。广死明年，李蔡以丞相坐侵孝景园壖地，当下吏治，蔡亦自杀，不对狱，国除。李敢以校尉从骠骑将军击胡左贤王，力战，夺左贤王鼓旗，斩首多，赐爵关内侯，食邑二百户，代广为郎中令。顷之，怨大将军青之恨其父，乃击伤大将军，大将军匿讳之。居无何，敢从上雍，至甘泉宫猎。骠骑将军去病与青有亲，射杀敢。去病时方贵幸，上讳云鹿触杀之。居岁馀，去病死。而敢有女为太子中人，爱幸。敢男禹有宠于太子，然好利，李氏陵迟衰微矣。

李陵既壮，选为建章监，监诸骑。善射，爱士卒。天子以为李氏世将，而使将八百骑。尝深入匈奴二千馀里，过居延视地形，无所见虏而还。拜为骑都尉，将丹阳楚人五千人，教射酒泉、张掖以屯卫胡，数岁。

天汉二年秋，贰师将军李广利将三万骑击匈奴右贤王于祁连、天山，而使陵将其射士步兵五千人出居延北可千馀里，欲以分匈奴兵，毋令专走贰师也。陵既至期还，而单于以兵八万围击陵军。陵军五千人，兵矢既尽，士死者过半，而所杀伤匈奴亦万馀人。且引且战，连斗八日，还，未到居延百馀里，匈奴遮狭绝道，陵食乏而救兵不到，虏急击，招降陵。陵曰："无面目报陛下。"遂降匈奴。其兵尽没，馀亡散得归汉者四百馀人。

单于既得陵，素闻其家声，及战又壮，乃以其女妻陵而贵之。汉闻，族陵母妻子。自是之后，李氏名败，而陇西之士居门下者皆用为耻焉。

太史公曰：《传》曰"其身正，不令而行；其身不正，虽令不从。"其李将军之谓也？余睹李将军悛悛如鄙人，口不能道辞。及死之日，天下知与不知，皆为尽哀。彼其忠实心诚信于士大夫也？谚曰“桃李不言，下自成蹊”。此言虽小，可以谕大也。

【译文】

李广将军，是陇西郡成纪县人。他的先祖李信，是秦朝时的将军，就是追获了燕太子丹的那位。他老家在槐里县，后来迁到成纪。李广家世代相传射箭之术。文帝十四年，匈奴人大举入侵萧关，李广以良家子弟的身份参军抗击匈奴，因为他善于骑射，斩杀很多敌人的首级，所以被任命为朝廷的中郎。李广的堂弟李蔡，也担任中郎。二人又都任武骑常侍，俸禄八百石。李广曾护卫皇帝外出，常常冲锋陷阵、抵御敌人，与猛兽格斗也表现出无比的勇敢，文帝说：“可惜啊！你没遇到时机，如果出生在高祖的时代，万户侯也不值得一提！”

景帝即位后，李广任陇西都尉，又改任骑郎将。吴、楚七国叛乱时，李广任骁骑都尉，跟随太尉周亚夫攻打吴、楚叛军，在昌邑城下勇猛夺取叛军的军旗，一举扬名。由于梁孝王私自把将军印授给李广，回朝后，朝廷没有对他再进行封赏。他担任上谷太守时，匈奴每天都来挑战。典属国公孙昆邪哭着对皇上说：“李广将军的才气，天下无双，他自恃有才能，屡次和匈奴交锋，我担心他会因此牺牲。”于是皇上又调他任上郡太守。以后李广历任边境各郡太守，然后调任上郡太守。他曾任陇西、北地、雁门、代郡、云中等太守，都以作战勇猛而出名。

匈奴大举入侵上郡，天子派一名宦官随李广抗击匈奴。这位宦官带领几十名骑兵，纵马驰骋，途中遇到三个匈奴人，和他们交战，那三个匈奴人转身放箭，射伤了宦官，把他手下的骑兵几乎都杀光了。宦官逃回到李广那里，李广说：“这一定是匈奴的射雕能手。”于是就带上一百名骑兵前去追赶那三个匈奴人。那三个人没有马，徒步前行。走了几十里，李广命令他的骑兵左右散开，他亲自射击那三个人，射死了两个，活捉了一个，果然是匈奴的射雕手。把他捆绑上马之后，远远望见几千名匈奴的骑兵。他们看到李广，以为是诱敌的骑兵，都很惊慌，跑上山去摆好了阵势。李广的百名骑兵也都很惊恐，想要快马往回跑。李广说：“我们离大军有几十里地，按照如今情形，我们只要一跑，匈奴人就会追赶射杀我们，会立刻把我们都杀光。现在假如我们停留不动，匈奴人一定会认为我们是大军的诱敌部队，必然不敢来攻击。”李广于是就命令各位骑兵说：“前进！”到了离匈奴人的阵地还有两里远的地方，停住了，李广下令：“全都下马，解下马鞍！”手下骑兵说：“敌军人多又这么近，如果发生紧急情况，怎么办？”李广说：“那些匈奴人原以为我们会逃跑，现在看到我们全都解下马鞍表示不逃，就更坚信我们是诱敌之兵的猜想。”就这样匈奴的骑兵终于没敢来攻击。有个骑白马的将军走出阵地来监护他的士兵，李广立即跨上马带着十多名骑兵上前去，射死了那个将军，而后又回到他的骑兵队里，解下马鞍，命令士兵全都把马放开，随便躺卧。这时正值日暮黄昏，匈奴军队始终觉得蹊跷，不敢进攻。到了半夜，匈奴兵怀疑附近有伏兵，想趁夜偷袭他们，因而就领兵撤离了。第二天早晨，李广才回到他的军营中，大军不知道李广的去向，所以没有前去接应。

几年后，景帝去世，武帝即位。左右大臣都认为李广是名将，这样李广就由上郡太守调任未央宫的禁卫军长官，程不识也做了长乐宫的禁卫军长官。程不识和李广从前都任边郡太守并兼管军队驻防。等到出兵攻打匈奴的时候，李广行军作战没有严格的队列和阵势，军队驻扎在水草丰茂的地方，停留时，人人均可自便，夜里也不打更巡逻，军中幕府的文书簿籍都很简单，但是他在远处设置了侦察哨兵，因此未曾遇到袭击。程不识对队伍的编制、行军队列、驻营阵势等要求很严格，夜里打更，文书军吏处理考绩等公文簿册往往要到天明，全都忙忙碌碌，不曾休息，但也不曾遇到危险。程不识说：“李广的治兵方法，简单省事，然而如果遇到敌人突袭，他就无法抵挡了。他的士卒倒也安逸快乐，作战时都甘心拼命。我的军队虽然军务纷繁忙乱，但是敌人也不敢侵犯我。”那时李广、程不识都是汉朝边郡的名将，但是匈奴人特别害怕李广，士兵也大多愿意跟随李广，而不愿跟随程不识。程不识因为敢于直谏被封为太中大夫，为人清廉，谨守朝廷规章法度。

后来，汉朝用马邑城引诱单于，派大军在马邑两旁的山谷中埋伏，李广任骁骑将军，受护军将军韩安国统领。当时单于发觉了汉军的计谋逃跑了，汉军都无功而返。四年以后，李广由卫尉被提升为将军，出雁门关进攻匈奴。匈奴兵多，打败了李广的军队，并生擒了李广。单于以前就听说李广很贤能，下令说：“一定要活着把李广送来。”匈奴骑兵抓获了李广，当时李广受伤生了病，就把他放在两匹马中间绳编的网兜里。走了十多里路，李广假装死去，斜眼偷偷看到他旁边的一个匈奴少年骑着一匹好马，李广就突然一纵身跳上匈奴少年的马，趁势把他推了下去，夺了他的弓，然后快马加鞭，一口气向南飞驰数十里，遇到他的残部，于是带领他们返回关塞。匈奴出动几百名骑兵来追赶他，李广一边逃一边拿起匈奴少年的弓射杀追来的骑兵，因此才得以逃脱。回到京城，朝廷把李广交给军法处。执法官判决李广损失伤亡太多士兵，且自身又被活捉，应该斩首。李广花钱赎了死罪，被削职为民。

转眼间，李广已闲居在家数年，和已故颍阴侯灌婴的孙子灌强一起隐居在蓝田，常到南山打猎。一天夜里，他带着一名随从骑马外出，和朋友在田间饮酒。回来时经过霸陵亭，霸陵尉喝醉了，大声喝斥，不让李广通过。李广的随从说："这是前任李将军。"霸陵尉说："现任将军尚且不许通行，何况是前任呢！"便扣留了李广，让他停宿在霸陵亭下。没过多久，匈奴入侵杀死辽西太守，打败了韩安国将军，后来韩将军被调到右北平。于是天子就召来李广，任他为右北平太守。李广当即请求派霸陵尉一起前去，到了军中就把他杀了。

李广驻守在右北平，匈奴听说后，称他为汉朝的"飞将军"，一连几年都躲避他，不敢入侵右北平。

李广外出打猎的时候，看见草丛里的一块石头，以为是老虎就向它射去，射中了石头，箭头都射进去了，过去一看，原来是石头。接着重新再射，却怎么都不能再射进去了。李广驻守过各郡，听说有老虎，常常亲自去射杀。后来在右北平射虎时，老虎跳起来咬伤了李广，但最后还是射死了这只老虎。

李广为官清廉，得到的赏赐统统都分给部下，饮食总与士兵在一起。李广一生，担任二千石俸禄的高官长达四十多年，但家中没有多余的财物，也从不谈及家产的事。李广身材高大，两臂如猿，他善于射箭也是来自好的天赋，所以不管是他的子孙或外人向他学习，都没人能赶上他。李广不善言辞，说话不多，与别人在一起时就在地上演画军阵，然后比射箭，比试箭法的疏密、准确，输了的罚酒。他一直以射箭为消遣，到死都不变。李广带兵，遇到缺水断粮时，见到水，士兵不全都喝到，他就不喝；士兵还没有完全吃上饭，他一口饭也不尝。李广对士兵宽厚和气不苛刻，因此深得士兵爱戴，乐于为他效命。他射箭时，一见敌人冲过来，不到几十步之内，如果揣度射不中就从不发箭，只要一发箭敌人当即就会应声倒下。正因为如此，他统领军队好几次被困受辱，射杀猛兽时也曾被猛兽所伤。

没过多久，石建死了，于是皇上召见李广，让他接替石建做了郎中令。元朔六年，李广又被任命为后将军，跟随大将军卫青的军队出兵定襄，讨伐匈奴。许多将领因斩杀敌人首级符合规定数额，以战功被封侯，唯独李广没有战功。两年后，李广以郎中令的身份率领四千骑兵从右北平出发讨伐匈奴，博望侯张骞率领一万骑兵与李广一同出征，分行两条路。走了几百里，突然被匈奴左贤王率领的四万骑兵包围了，手下的士兵都很害怕，李广就派他的儿子李敢骑马冲向匈奴军中。李敢率几十名骑兵飞奔，直穿匈奴骑兵阵，又从其左右两翼突出，回来向李广报告说："这些匈奴敌兵很容易对付的！"士兵们这才安心。李广布成圆形兵阵，面向外，匈奴猛攻他们，箭如雨下。汉军死了一半多，箭也快用光了。李广就命令士兵拉满弓，不要放箭，而他亲自用大黄弩弓射杀匈奴的副将，杀死了好几个，匈奴军这才渐渐散开。这时天色已晚，军吏士兵们都面无人色，唯独李广却神态自若、意气风发，他把军队又整顿了一下，准备继续作战。从此军中都很佩服他的勇气。第二天，他们又接着奋力作战，博望侯的军队也赶到了，匈奴军才退去。汉军非常疲惫，所以也没有去追击。这一次，李广几乎全军覆没，只好收兵回朝。按汉朝军法，博望侯行军迟缓，延误限期，应处死刑，后花钱赎了罪，降为平民。李广功过相抵，没有封赏。

当初，李广的堂弟李蔡和李广一起侍奉文帝。景帝时，李蔡已慢慢升迁到年俸二千石的官位。武帝时，做到代国的国相。元朔五年，李蔡担任轻车将军，跟随大将军卫青攻打匈奴右贤王有功，达到封赏标准，被封为乐安侯。元狩二年间，代替公孙弘做了丞相。李蔡论才干，只能算是下等，声名比李广差得更远，然而李广一辈子也没能得到封爵和封地，官位没超过九卿，可是李蔡却位居列侯，官至三公。李广属下的军官和士兵们，也有人被封了侯。李广曾和星象家王朔私下闲谈说："自从汉朝攻打匈奴以来，我李广未尝不是在汉军之中，而各军中校尉以下的人，他们的才能还赶不上一般人，然而因为建立军功而被封侯的，就有几十个，我不比别人差，却没有尺寸之功来取得封邑，这是为什么呢？难道是我的生相不该被封侯吗？还是命中注定的呢？"王朔说："将军仔细回想一下，曾经有什么悔恨的事吗？"李广说："我担任陇西太守时，羌人反叛，我曾经引诱他们投降，结果有八百多人来投降，但我欺骗了他们，在一天内就把他们全杀掉了。至今最悔恨的就是这件事。"王朔说："没有比杀害投降的人罪过更大的了，这就是将军您之所以不能被封侯的原因了。”

又过了两年，大将军卫青、骠骑将军霍去病率军大举出击匈奴，李广几次请求随行。但天子认为他年纪已大，就没有答应；过了好久才准许他，让他任前将军。这一年是元狩四年。

李广不久随大将军卫青出征匈奴，出塞以后，卫青捉到敌兵，知道了单于所居住的地方，就亲自率领精兵前往，而命令李广和右将军的队伍合并，从东路出击。东路有些迂回绕远，而且大军走在水草缺少的地方，形势不允许并队行进。李广就主动请求说：“我身为前将军，如今大将军却命令我改从东路出兵，况且我从少年时就与匈奴作战，到今天才得到一次与单于对战的机会，我愿打前阵，即使战死也心甘情愿。”大将军卫青曾暗中受到皇上告诫，认为李广年老，屡次不走运，不要让他和单于对阵交锋，否则恐怕难以取胜。这个时候，公孙敖刚刚失掉了侯爵，担任中将军跟随大将军，大将军也想让公孙敖和他共同来和单于对阵，因此就把李广调离了。李广也知道内情，就坚决向大将军陈请。大将军没有听从，后来命令长史直接下文书给李广军中的幕府，说：“赶快照文书到军部去。”李广非常气愤，没有向大将军辞行，就满腔怒气地回到了军队，率领军队和右将军赵食其会合，出兵东道。大军没有向导，有时就迷路，落在大将军后面。大将军和单于交战，单于逃跑了，卫青没有取得战果只好回兵。向南越过大沙漠后，遇到了前将军、右将军的部队。李广谒见大将军之后，就回到自己军中。大将军派长史拿着干粮和酒送给李广，顺便询问迷路的情况，想要上书向天子汇报行军不利的原因。李广置之不理，大将军就派长史急切责问李广的部下。李广忍无可忍，说：“各位校尉无罪，是我自己迷失了道路。我现在就亲自去幕府对质候审。”

李广对他的部下说：“我从少年时到现在，与匈奴打过大小仗七十多次，如今有幸跟随大将军出征，同单于的军队交战，可是大将军又调我的部队去走迂回绕远的路，偏又迷了路，这难道不是天意吗！况且我已六十多岁了，无论如何也不能再受那些刀笔吏的侮辱了。”于是就拔刀自刎了。李广军中的所有将士都为之痛哭。百姓听到这个消息，不论认识的不认识的，也不论男女老少，都为他落泪。右将军赵食其被交给执法官吏，应判为死罪，后来用财物赎罪，降为平民。

李广有三个儿子，名叫李当户、李椒、李敢，都任郎官。有一次，天子和弄臣韩嫣戏耍，韩嫣有点放肆的举动，李当户就打了韩嫣，韩嫣逃跑了，天子很欣赏他的勇敢。当户死得早，李椒被封为代郡太守，二人都比李广先死。当户有个遗腹子叫李陵。李广在军中自杀的时候，李敢正跟随骠骑将军霍去病。李广死后第二年，丞相李蔡因侵占景帝陵园前道旁空地而获罪，应送交法吏查办，李蔡不愿受审对质，也自杀了，他的封邑就被废除了。李敢以校尉官职随从骠骑将军攻击匈奴左贤王，他作战英勇，夺得左贤王的战鼓和军旗，斩杀很多敌人，因而被封为关内侯，封给食邑二百户，接替李广任郎中令。不久，李敢怨恨大将军卫青使他父亲饮恨而死，就把他打伤了，大将军把这件事隐瞒下来，没有说出去。又过了不久，李敢随从皇上去雍地，到甘泉宫打猎。骠骑将军霍去病是卫青的外甥，把李敢射死了。霍去病当时正显贵受宠，皇上就隐瞒真相，说李敢是被鹿撞死的。一年多后，霍去病也死了。李敢有个女儿是太子的侍妾，很受宠爱，李敢的儿子李禹也受太子宠信，但他贪财好利，李氏家族日渐败落衰微了。

李陵长大以后，被选拔为建章营的监督官，监管所有骑兵。他善于射箭，爱护士兵，天子认为李家世代为将，因而让李陵率领八百骑兵。李陵曾经深入匈奴境内二千多里，到居延以北视察地形，没发现敌人，就回来了。被任命为骑都尉，统领丹阳的楚兵五千人，在酒泉、张掖一带练习射箭，屯驻在那里防备匈奴。

几年后，天汉二年秋天，贰师将军李广利率领三万骑兵在祁连山进攻匈奴右贤王，武帝派李陵率领他的步兵射手五千人，出兵到居延海以北大约一千里的地方，想以此分散匈奴的兵力，不让他们集中力量去对付贰师将军。李陵到了预定的期限返回时，被单于的八万大军包围。李陵只有五千人马，箭射光了，士兵损失大半，杀伤杀死匈奴也有一万多人。李陵军且战且退，一连八天。往回走到离居延还有一百多里的地方，被匈奴兵拦堵在狭窄的山谷，截断了归路。李陵军队既无粮食，又无救兵，匈奴军则加紧进攻，并劝诱李陵投降。李陵说："我没脸再去见皇帝了！"于是就投降了匈奴。他的军队全军覆没，逃回到汉朝的只有四百多人。

单于得到李陵之后，因平素就听说过李陵家的名声，又很欣赏他打仗时的勇敢，就把自己的女儿嫁给他，对他很尊宠。汉朝知道后，就杀了李陵的母亲妻儿全家。从这以后，李氏声名败落，那些居于陇西李氏门下的士人都因此感到耻辱。

太史公说：《论语》里说："在上位的人自身行为端正，不下命令人们也会遵守执行；自身行为不正，发下命令也没人听从。”这说的就是李将军吧！我所看到的李将军，老实厚道像个乡下人，不善讲话，可在他死的那天，天下人不论认识的还是不认识的，都为他哀悼。是他的忠厚诚实之心感动了将士吧？谚语说“桃李不言，下自成蹊”，这话虽说得浅显，但却可以用来说明大道理。

史记卷一百十

匈奴列传第五十

匈奴，其先祖夏后氏之苗裔也，曰淳维。唐虞以上有山戎、猃狁、荤粥，居于北蛮，随畜牧而转移。其畜之所多则马、牛、羊，其奇畜则橐施、驴、羸（骡）、駃騠、騊駼、驒騱。逐水草迁徙，毋城郭常处耕田之业，然亦各有分地。毋文书，以言语为约束。儿能骑羊，引弓射鸟鼠，少长则射狐兔，用为食。士力能弯弓，尽为甲骑。其俗，宽则随畜，因射猎禽兽为生业，急则人习战攻以侵伐，其天性也。其长兵则弓矢，短兵则刀鋋。利则进，不利则退，不羞遁走。苟利所在，不知礼义。自君王以下，咸食畜肉，衣其皮革，被旃裘。壮者食肥美，老者食其馀，贵壮健，贱老弱。父死，妻其后母；兄弟死，皆取其妻妻之。其俗有名不讳，而无姓字。

夏道衰，而公刘失其稷官，变于西戎，邑于豳。其后三百有馀岁，戎狄攻大王亶父，亶父亡走岐下，而豳人悉从亶父而邑焉，作周。其后百有馀岁，周西伯昌伐畎夷氏。后十有馀年，武王伐纣而营洛邑，复居于酆鄗，放逐戎夷泾、洛之北，以时入贡，命曰"荒服"。其后二百有馀年，周道衰，而穆王伐犬戎，得四白狼四白鹿以归。自是之后，荒服不至。于是周遂作《甫刑》之辟。穆王之后二百有馀年，周幽王用宠姬褒姒之故，与申侯有郤。申侯怒而与犬戎共攻杀周幽王于骊山之下，遂取周之焦获，而居于泾、渭之间，侵暴中国。秦襄公救周，于是周平王去酆鄗而东徙洛邑。当是之时，秦襄公伐戎至岐，始列为诸侯。是后六十有五年。而山戎越燕而伐齐，齐釐公与战于齐郊。其后四十四年，而山戎伐燕。燕告急于齐，齐桓公北伐山戎，山戎走。其后二十有馀年，而戎狄至洛邑，伐周襄王，襄王奔于郑之氾邑。初，周襄王欲伐郑，（欲）〔故〕娶戎狄女为后，与戎狄兵共伐郑。已而黜狄后，狄后怨，而襄王后母曰惠后，有子子带，欲立之，于是惠后与狄后、子带为内应，开戎狄，戎狄以故得入，破逐周襄王，而立子带为天子。于是戎狄或居于陆浑，东至于卫，侵盗暴虐。中国疾之，故诗人歌之曰"戎狄是应"；"薄伐猃

戏举烽火图。选自明·张居正《帝鉴图说》，讲述周幽王为博美女褒姒一笑，举烽火谎报军情，戏弄诸侯，后来犬戎进犯，周幽王再举烽火，而诸侯援兵不至，周幽王被杀于骊山之下。

狁，至于大原”；“出舆彭彭”，“城彼朔方”。周襄王既居外四年，乃使使告急于晋。晋文公初立，欲修霸业，乃兴师伐逐戎翟，诛子带，迎内周襄王，居于洛邑。

当是之时，秦、晋为强国。晋文公攘戎翟，居于河西圁、洛之间，号曰赤翟、白翟。秦穆公得由余，西戎八国服于秦，故自陇以西有緜诸、绲戎、翟、獂之戎，岐、梁山、泾、漆之北有义渠、大荔、乌氏、朐衍之戎。而晋北有林胡、楼烦之戎，燕北有东胡、山戎。各分散居溪谷，自有君长，往往而聚者百有馀戎，然莫能相一。

自是之后百有馀年，晋悼公使魏绛和戎翟，戎翟朝晋。后百有馀年，赵襄子逾句注而破并代以临胡貉。其后既与韩、魏共灭智伯，分晋地而有之，则赵有代、句注之北，魏有河西、上郡，以与戎界边。其后义渠之戎筑城郭以自守，而秦稍蚕食，至于惠王，遂拔义渠二十五城。惠王击魏，魏尽入西河及上郡于秦。秦昭王时，义渠戎王与宣太后乱，有二子。宣太后诈而杀义渠戎王于甘泉，遂起兵伐残义渠。于是秦有陇西、北地、上郡，筑长城以拒胡。而赵武灵王亦变俗胡服，习骑射，北破林胡、楼烦。筑长城，自代并阴山下，至高阙为塞，而置云中、雁门、代郡。其后燕有贤将秦开，为质于胡，胡甚信之。归而袭破走东胡，东胡却千馀里。与荆轲刺秦王秦舞阳者，开之孙也。燕亦筑长城，自造阳至襄平，置上谷、渔阳、右北平、辽西、辽东郡以拒胡。当是之时，冠带战国七，而三国边于匈奴。其后赵将李牧时，匈奴不敢入赵边。后秦灭六国，而始皇帝使蒙恬将十万之众北击胡，悉收河南地，因河为塞，筑四十四县城临河，徙適戍以充之。而通直道，自九原至云阳，因边山险堑溪谷可缮者治之，起临洮至辽东万馀里。又度河据阳山北假中。

当是之时，东胡强而月氏盛。匈奴单于曰头曼，头曼不胜秦，北徙。十馀年而蒙恬死，诸侯畔秦，中国扰乱，诸秦所徙適戍边者皆复去，于是匈奴得宽，复稍度河南与中国界于故塞。

单于有太子名冒顿。后有所爱阏氏，生少子。而单于欲废冒顿而立少子，乃使冒顿质于月氏。冒顿既质于月氏，而头曼急击月氏。月氏欲杀冒顿，冒顿盗其善马，骑之亡归。头曼以为壮，令将万骑。冒顿乃作为鸣镝，习勒其骑射，令曰：“鸣镝所射而不悉射者，斩之。”行猎鸟兽，有不射鸣镝所射者，辄斩之。已而冒顿以鸣镝自射其善马，左右或不敢射者，冒顿立斩不射善马者。居顷之，复以鸣镝自射其爱妻，左右或颇恐，不敢射，冒顿又复斩之。居顷之，冒顿出猎，以鸣镝射单于善马，左右皆射之。于是冒顿知其左右皆可用。从其父单于头曼猎，以鸣镝射头曼，其左右亦皆随鸣镝而射杀单于头曼，遂尽诛其后母与弟及大臣不听从者。冒顿自立为单于。

冒顿既立，是时东胡强盛，闻冒顿杀父自立，乃使使谓冒顿，欲得头曼时有千里马。冒顿问群臣，群臣皆曰："千里马，匈奴宝马也，勿与。"冒顿曰："奈何与人邻国而爱一马乎？"遂与之千里马。居顷之，东胡以为冒顿畏之，乃使使谓冒顿，欲得单于一阏氏。冒顿复问左右，左右皆怒曰："东胡无道，乃求阏氏！请击之。"冒顿曰："奈何与人邻国爱一女子乎？"遂取所爱阏氏予东胡。东胡王愈益骄，西侵。与匈奴间，中有弃地，莫居，千馀里，各居其边为瓯脱。东胡使使谓冒顿曰："匈奴所与我界瓯脱外弃地，匈奴非能至也，吾欲有之。"冒顿问群臣，群臣或曰："此弃地，予之亦可，勿予亦可。"于是冒顿大怒曰："地者，国之本也，奈何予之！"诸言予之者，皆斩之。冒顿上马，令国中有后者斩，遂东袭击东胡。东胡初轻冒顿，不为备。及冒顿以兵至，击，大破灭东胡王，而虏其民人及畜产。既归，西击走月氏，南并楼烦、白羊河南王。（侵燕代）悉复收秦所使蒙恬所夺匈奴地者，与汉关故河南塞，至朝那、肤施，遂侵燕、代。是时汉兵与项羽相距，中国罢于兵革，以故冒顿得自强，控弦之士三十馀万。

自淳维以至头曼千有馀岁，时大时小，别散分离，尚矣，其世传不可得而次云。然至冒顿而匈奴最强大，尽服从北夷，而南与中国为敌国，其世传国官号乃可得而记云。

置左右贤王，左右谷蠡王，左右大将，左右大都尉，左右大当户，左右骨都侯。匈奴谓贤曰"屠耆"，故常以太子为左屠耆王。自如左右贤王以下至当户，大者万骑，小者数千，凡二十四长，立号曰"万骑"。诸大臣皆世官。呼衍氏，兰氏，其后有须卜氏，此三姓其贵种也。诸左方王将居东方，直上谷以往者，东接秽貉、朝鲜；右方王将居西方，直上郡以西，接月氏、氐、羌；而单于之庭直代、云中：各有分地，逐水草移徙。而左右贤王、左右谷蠡王最为大（国），左右骨都侯辅政。诸二十四长亦各自置千长、百长、什长、裨小王、相、封、都尉、当户、且渠之属。

岁正月，诸长小会单于庭，祠。五月，大会茏城，祭其先、天地、鬼神。秋，马肥，大会蹛林，课校人畜计。其法，拔刃尺者死，坐盗者没入其家；有罪，小者轧，大者死。狱久者不过十日，一国之囚不过数人。而单于朝出营，拜日之始生，夕拜月。其坐，长左而北乡。日上戊己。其送死，有棺椁金银衣裘，而无封树丧服；近幸臣妾从死者，多至数千百人。举事而候星月，月盛壮则攻战，月亏则退兵。其攻战，斩首虏赐一卮酒，而所得卤获因以予之，得人以为奴婢。故其战，人人自为趣利，善为诱兵以冒敌。故其见敌则逐利，如鸟之集；其困败，则瓦解云散矣。战而扶舆死者，尽得死者家财。

后北服浑庾、屈射、丁零、鬲昆、薪犁之国。于是匈奴贵人大臣皆服，以冒顿单于为贤。

是时汉初定中国，徙韩王信于代，都马邑。匈奴大攻围马邑，韩王信降匈奴。匈奴得信，因引兵南逾句注，攻太原，至晋阳下。高帝自将兵往击之。会冬大寒雨雪，卒之堕指者十二三，于是冒顿详败走，诱汉兵。汉兵逐击冒顿，冒顿匿其精兵，见其羸弱。于是汉悉兵，多步兵，三十二万，北逐之。高帝先至平城，步兵未尽到，冒顿纵精兵四十万骑围高帝于白登，七日，汉兵中外不得相救饷。匈奴骑，其西方尽白马，东方尽青駹（马），北方尽乌骊（马），南方尽骍马。高帝乃使使间厚遗阏氏，阏氏乃谓冒顿曰："两主不相困。今得汉地，而单于终非能居之也。且汉王亦有神，单于察之。"冒顿与韩王信之将王黄、赵利期，而黄、利兵又不来，疑其与汉有谋、亦取阏氏之言，乃解围之一角。于是高帝令士皆持满傅矢外乡，从解角直出，竟与大军合，而冒顿遂引兵而去。汉亦引兵而罢，使刘敬结和亲之约。

是后韩王信为匈奴将，及赵利、王黄等数倍约，侵盗代、云中。居无几何，陈豨反，又与韩信合谋击代。汉使樊哙往击之，复拔代、雁门、云中郡县，不出塞。是时匈奴以汉将众往降，故冒顿常往来侵盗代地。于是汉患之，高帝乃使刘敬奉宗室女公主为单于阏氏，岁奉匈奴絮缯酒米食物各有数，约为昆弟以和亲，冒顿乃少止。后燕王卢绾反，率其党数千人降匈奴，往来苦上谷以东。

高祖崩，孝惠、吕太后时，汉初定，故匈奴以骄。冒顿乃为书遗高后，妄言。高后欲击之，诸将曰："以高帝贤武，然尚困于平城。"于是高后乃止，复与匈奴和亲。

至孝文帝初立，复修和亲之事。其三年五月，匈奴右贤王入居河南地，侵盗上郡葆塞蛮夷，杀略人民。于是孝文帝诏丞相灌婴发车骑八万五千，诣高奴，击右贤王。右贤王走出塞。文帝幸太原。是时济北王反，文帝归，罢丞相击胡之兵。

其明年，单于遗汉书曰："天所立匈奴大单于敬问皇帝无恙。前时皇帝言和亲事，称书意，合欢。汉边吏侵侮右贤王，右贤王不请，听后义卢侯难氏等计，与汉吏相距，绝二主之约，离兄弟之亲。皇帝让书再至，发使以书报，不来，汉使不至，汉以其故不和，领国不附。今以小吏之败约故，罚右贤王，使之西求月氏击之。以天之福，吏卒良，马强力，以夷灭月氏，尽斩杀降下之。定楼兰、乌孙、呼揭及其旁二十六国，皆以为匈奴。诸引弓之民，并为一家。北州已定，愿寝兵休士卒养马，除前事，复故约，以安边民，以应始古，使少者得成其长，老者安其处，世世平乐。未得皇帝之志也，故使郎中係雩浅奉书请，献橐他一匹，骑马二匹，驾二驷。皇帝即不欲匈奴近塞，则且诏吏民远舍。使者至，即遣之。"以六月中来至薪望之地。书至，汉议击与和亲孰便。公卿皆曰："单于新破月氏，乘胜，不可击。且得匈奴地，泽卤，非可居也。和亲甚便。"汉许之。

孝文皇帝前六年，汉遗匈奴书曰："皇帝敬问匈奴大单于无恙。使郎中係雩浅遗朕书曰：'右贤王不请，听后义卢侯难氏等计，绝二主之约，离兄弟之亲，汉以故不和，邻国不附。今以小吏败约，故罚右贤王使西击月氏，尽定之。愿寝兵休士卒养马，除前事，复故约，以安边民，使少者得成其长，老者安其处，世世平乐。'朕甚嘉之，此古圣主之意也。汉与匈奴约为兄弟，所以遗单于甚厚。倍约离兄弟之亲者，常在匈奴。然右贤王事已在赦前，单于勿深诛。单于若称书意，明告诸吏，使无负约，有信，敬如单于书。使者言单于自将伐国有功，甚苦兵事。服绣袷绮衣、绣袷长襦、锦袷袍各一，比余一，黄金饰具带一，黄金胥纰一，绣十匹，锦三十匹，赤绨、绿缯各四十匹，使中大夫意、谒者令肩遗单于。"

后顷之，冒顿死，子稽粥立，号曰老上单于。

老上稽粥单于初立，孝文皇帝复遣宗室女公主为单于阏氏，使宦者燕人中行说傅公主。说不欲行，汉强使之。说曰："必我行也，为汉患者。"中行说既至，因降单于，单于甚亲幸之。

初，匈奴好汉缯絮食物，中行说曰："匈奴人众不能当汉之郡，然所以强者，以衣食异，无仰于汉也。今单于变俗好汉物，汉物不过什二，则匈奴尽归于汉矣。其得汉缯絮，以驰草棘中，衣袴皆裂敝，以示不如旃裘之完善也。得汉食物皆去之，以示不如湩酪之便美也。”于是说教单于左右疏记，以计课其人众畜物。

汉遗单于书，牍以尺一寸，辞曰“皇帝敬问匈奴大单于无恙”，所遗物及言语云云。中行说令单于遗汉书以尺二寸牍，及印封皆令广大长，倨傲其辞曰“天地所生日月所置匈奴大单于敬问汉皇帝无恙”，所以遗物言语亦云云。

汉使或言曰：“匈奴俗贱老。”中行说穷汉使曰：“而汉俗屯戍从军当发者，其老亲岂有不自脱温厚肥美以赍送饮食行戍乎？”汉使曰：“然。”中行说曰：“匈奴明以战攻为事，其老弱不能斗，故以其肥美饮食壮健者，盖以自为守卫，如此父子各得久相保，何以言匈奴轻老也？”汉使曰：“匈奴父子乃同穹庐而卧。父死，妻其后母；兄弟死，尽取其妻妻之。无冠带之饰，阙庭之礼。”中行说曰：“匈奴之俗，人食畜肉，饮其汁，衣其皮；畜食草饮水，随时转移。故其急则人习骑射，宽则人乐无事，其约束轻，易行也。君臣简易，一国之政犹一身也。父子兄弟死，取其妻妻之，恶种姓之失也。故匈奴虽乱，必立宗种。今中国虽详不取其父兄之妻，亲属益疏则相杀，至乃易姓，皆从此类。且礼义之敝，上下交怨望，而室屋之极，生力必屈。夫力耕桑以求衣食，筑城郭以自备，故其民急则不习战功，缓则罢于作业。嗟土室之人，顾无多辞，令喋喋而占占，冠固何当？”

自是之后，汉使欲辩论者，中行说辄曰：“汉使无多言，顾汉所输匈奴缯絮米糵，令其量中，必善美而已矣，何以为言乎！且所给备善则已；不备，苦恶，则候秋孰，以骑驰蹂而稼穑耳。”日夜教单于候利害处。

汉孝文皇帝十四年，匈奴单于十四万骑入朝那、萧关，杀北地都尉卬，虏人民畜产甚多，遂至彭阳。使奇兵入烧回中宫，候骑至雍甘泉。于是文帝以中尉周舍、郎中令张武为将军，发车千乘，骑十万，军长安旁以备胡寇。而拜昌侯卢卿为上郡将军，宁侯魏遬为北地将军，隆虑侯周灶为陇西将军，东阳侯张相如为大将军，成侯董赤为前将军，大发车骑往击胡。单于留塞内月馀乃去，汉逐出塞即还，不能有所杀。匈奴日已骄，岁入边，杀略人民畜产甚多，云中、辽东最甚，至代郡万馀人。汉患之，乃使使遗匈奴书。单于亦使当户报谢，复言和亲事。

孝文帝后二年，使使遗匈奴书曰：“皇帝敬问匈奴大单于无恙。使当户且居雕渠难、郎中韩辽遗朕马二匹，已至，敬受。先帝制：长城以北，引弓之国，受命单于；长城以内，冠带之室，朕亦制之。使万民耕织射猎衣食，父子无离，臣主相安，俱无暴逆。今闻渫恶民贪降其进取之利，倍义绝约，忘万民之命，离两主之欢，然其事已在前矣。书曰：'二国已和亲，两主欢说，寝兵休卒养马，世世昌乐，阖然更始。'朕甚嘉之。圣人者日新，改作更始，使老者得息，幼者得长，各保其首领而终其天年。朕与单于俱由此道，顺天恤民，世世相传，施之无穷，天下莫不咸便。汉与匈奴邻国之敌，匈奴处北地，寒，杀气早降，故诏吏遗单于秫糵金帛丝絮佗物岁有数。今天下大安，万民熙熙，朕与单于为之父母。朕追念前事，薄物细故，谋臣计失，皆不足以离兄弟之欢。朕闻天下颇覆，地不偏载，朕与单于皆捐往细故，俱蹈大道，堕坏前恶，以图长久，使两国之民若一家子。元元万民，下及鱼鳖，上及飞鸟，跂行喙息蠕动之类，莫不就安利而辟危殆。故来者不止，天之道也。俱去前事，朕释逃虏民，单于无言章尼等。朕闻古之帝王，约分明而无食言。单于留志，天下大安，和亲之后，汉过不先。单于其察之。"

单于既约和亲。于是制诏御史曰："匈奴大单于遗朕书，言和亲已定，亡人不足以益众广地，匈奴无入塞，汉无出塞，犯(令)〔今〕约者杀之，可以久亲，后无咎，俱便，朕已许之。其布告天下，使明知之。"

后四岁，老上稽粥单于死，子军臣立为单于。既立，孝文皇帝复与匈奴和亲。而中行说复事之。

军臣单于立四岁，匈奴复绝和亲，大入上郡、云中各三万骑，所杀略甚众而去。于是汉使三将军军屯北地，代屯句注，赵屯飞狐口，缘边亦各坚守以备胡冠。又置三将军，军长安西细柳、渭北棘门、灞上以备胡。胡骑入代句注边，烽火通于甘泉、长安。数月，汉兵至边，匈奴亦去远塞，汉兵亦罢。后岁馀，孝文帝崩，孝景帝立，而赵王遂乃阴使人于匈奴。吴楚反，欲与赵合谋入边。汉围破赵，匈奴亦止。自是之后，孝景帝复与匈奴和亲，通关市，给遗匈奴，遣公主，如故约。终孝景时，时小入盗边，无大寇。

(武)〔今〕帝即位，明和亲约束，厚遇，通关市，饶给之。匈奴自单于以下皆亲汉，往来长城下。

汉使马邑下人聂翁壹奸兰出物与匈奴交，详为卖马邑城以诱单于。单于信之，而贪马邑财物，乃以十万骑入武州塞。汉伏兵三十馀万马邑旁，御史大夫韩安国为护军，护四将军以伏单于。单于既入汉塞，未至马邑百馀里，见畜布野而无人牧者，怪之，乃攻亭。是时雁门尉史行徼，见寇，葆此亭，知汉兵谋。单于得，欲杀之，尉史乃告单于汉兵所居。单于大惊曰："吾固疑之。"乃引兵还。出曰："吾得尉史，天也，天使若言。"以尉史为"天王"。汉兵约单于入马邑而纵。单于不至，以故汉兵无所得。汉将军王恢部出代击胡辎重，闻单于还，兵多，不敢出。汉以恢本造兵谋而不进，斩恢。自是之后，匈奴绝和亲，攻当路塞，往往入盗于汉边，不可胜数。然匈奴贪，尚乐关市，嗜汉财物，汉亦尚关市不绝以中之。

自马邑军后五年之秋，汉使四将军各万骑击胡关市下。将军卫青出上谷，至龙城，得胡首虏七百人。公孙贺出云中，无所得。公孙敖出代郡，为胡所败七千馀人。李广出雁门，为胡所败，而匈奴生得广，广后得亡归。汉囚敖、广，敖、广赎为庶人。其冬，匈奴数入盗边，渔阳尤甚。汉使将军韩安国屯渔阳备胡。其明年秋，匈奴二万骑入汉，杀辽西太守，略二千馀人。胡又入败渔阳太守军千馀人，围汉将军安国。安国时千馀骑亦且尽，会燕救至，匈奴乃去。匈奴又入雁门，杀略千馀人。于是汉使将军卫青将三万骑出雁门，李息出代郡，击胡，得首虏数千人。其明年，卫青复出云中以西至陇西，击胡之楼烦、白羊王于河南，得胡首虏数千，牛羊百馀万。于是汉遂取河南地，筑朔方，复缮故秦时蒙恬所为塞，因河为固。汉亦弃上谷之什辟县造阳地以予胡。是岁，汉之元朔二年也。

其后冬，匈奴军臣单于死。军臣单于弟左谷蠡王伊稚斜自立为单于，攻破军臣单于太子於单。於单亡降汉，汉封於单为涉安侯，数月而死。

伊稚斜单于既立，其夏，匈奴数万骑入杀代郡太守恭友，略千馀人。其秋，匈奴又入雁门，杀略千馀人。其明年，匈奴又复入代郡、定襄、上郡，各三万骑，杀略数千人。匈奴右贤王怨汉夺之河南地而筑朔方，数为寇，盗边，及入河南，侵扰朔方，杀略吏民甚众。

其明年春，汉以卫青为大将军，将六将军，十馀万人，出朔方、高阙击胡。右贤王以为汉兵不能至，饮酒醉，汉兵出塞六七百里，夜围右贤王。右贤王大惊，脱身逃走，诸精骑往往随后去。汉得右贤王众男女万五千人，裨小王十馀人。其秋，匈奴万骑入杀代郡都尉朱英，略千馀人。

其明年春，汉复遣大将军卫青将六将军，兵十馀万骑，乃再出定襄数百里击匈奴，得首虏前后凡万九千馀级，而汉亦亡两将军，军三千馀骑。右将军建得以身脱，而前将军翕侯赵信兵不利，降匈奴。赵信者，故胡小王，降汉，汉封为翕侯，以前将军与右将军并军分行，独遇单于兵，故尽没。单于既得翕侯，以为自次王，用其姊妻之，与谋汉。信教单于益北绝幕，以诱罢汉兵，徼极而取之，无近塞。单于从其计。

其明年，胡骑万人入上谷，杀数百人。

其明年春，汉使骠骑将军去病将万骑出陇西，过焉支山千馀里，击匈奴，得胡首虏万八千馀级，破得休屠王祭天金人。其夏，骠骑将军复与合骑侯数万骑出陇西、北地二千里，击匈奴。过居延，攻祁连山，得胡首虏三万馀人，裨小王以下七十馀人。是时匈奴亦来入代郡、雁门，杀略数百人。汉使博望侯及李将军广出右北平，击匈奴左贤王。左贤王围李将军，卒可四千人，且尽，杀虏亦过当。会博望侯军救至，李将军得脱。汉失亡数千人。合骑侯后骠骑将军期，及与博望侯皆当死，赎为庶人。

其秋，单于怒浑邪王、休屠王居西方为汉所杀虏数万人，欲召诛之。浑邪王与休屠王恐，谋降汉，汉使骠骑将军往迎之。浑邪王杀休屠王，并将其众降汉。凡四万馀人，号十万。于是汉已得浑邪王，则陇西、北地、河西益少胡寇，徙关东贫民处所夺匈奴河南、新秦中以实之，而减北地以西戍卒半。其明年，匈奴入右北军、定襄各数万骑，杀略千馀人而去。

其明年春，汉谋曰“翕侯信为单于计，居幕北，以为汉兵不能至。”乃粟马，发十万骑，(负)私〔负〕从马凡十四万匹，粮重不与焉，令大将军青、骠骑将军去病中分军，大将军出定襄，骠骑将军出代，咸约绝幕击匈奴。单于闻之，远其辎重，以精兵待于幕北。与汉大将军接战一日，会暮，大风起，汉兵纵左右翼围单于。单于自度战不能如汉兵，单于遂独身与壮骑数百溃汉围西北遁走。汉兵夜追不得。行斩捕匈奴首虏万九千级，北至阗颜山赵信城而还。

单于之遁走，其兵往往与汉兵相乱而随单于。单于久不与其大众相得，其右谷蠡王以为单于死，乃自立为单于。真单于复得其众，而右谷蠡王乃去其单于号，复为右谷蠡王。

汉骠骑将军之出代二千馀里，与左贤王接战，汉兵得胡首虏凡七万馀级，左贤王将皆遁走。骠骑封于狼居胥山，禅姑衍，临翰海而还。

是后匈奴远遁，而幕南无王庭。汉度河自朔方以西至令居，往往通渠置田官，吏卒五六万人，稍蚕食，地接匈奴以北。

初，汉两将军大出围单于，所杀虏八九万，而汉士（卒）物故亦数万，汉马死者十馀万。匈奴虽病，远去，而汉亦马少，无以复往。匈奴用赵信之计，遣使于汉，好辞请和亲。天子下其议，或言和亲，或言遂臣之。丞相长史任敞曰："匈奴新破，困，宜可使为外臣，朝请于边。"汉使任敞于单于。单于闻敞计，大怒，留之不遣。先是汉亦有所降匈奴使者，单于亦辄留汉使相当。汉方复收士马，会骠骑将军去病死，于是汉久不北击胡。

数岁，伊稚斜单于立十三年死，子乌维立为单于。是岁，汉元鼎三年也。乌维单于立，而汉天子始出巡郡县。其后汉方南诛两越，不击匈奴，匈奴亦不侵入边。

乌维单于立三年，汉已灭南越，遣故太仆贺将万五千骑出九原二千馀里，至浮苴井而还，不见匈奴一人。汉又遣故从骠侯赵破奴万馀骑出令居数千里，至匈（奴）河水而还，亦不见匈奴一人。

是时天子巡边，至朔方，勒兵十八万骑以见武节，而使郭吉风告单于。郭吉既至匈奴，匈奴主客问所使，郭吉礼卑言好，曰："吾见单于而口言。"单于见吉，吉曰："南越王头已悬于汉北阙。今单于即〔能〕前与汉战，天子自将兵待边；单于即不能，即南面而臣于汉。何徒远走，亡匿于幕北寒苦无水草之地，毋为也。"语卒而单于大怒，立斩主客见者，而留郭吉不归，迁之北海上。而单于终不肯为寇于汉边，休养息士马，习射猎，数使使于汉，好辞甘言求请和亲。

汉使王乌等窥匈奴。匈奴法，汉使非去节而以墨黥其面者不得入穹庐。王乌，北地人，习胡俗，去其节，黥面，得入穹庐。单于爱之，详许甘言，为遣其太子入汉为质，以求和亲。

汉使杨信于匈奴。是时汉东拔秽貉、朝鲜以为郡，而西置酒泉郡以鬲绝胡与羌通之路。汉又西通月氏、大夏，又以公主妻乌孙王，以分匈奴西方之援国。又北益广田至胘靁为塞，而匈奴终不敢以为言。是岁，翕侯信死，汉用事者以匈奴为已弱，可臣从也。杨信为人刚直屈强，素非贵臣，单于不亲。单于欲召入，不肯去节，单于乃坐穹庐外见杨信。杨信既见单于，说曰："即欲和亲，以单于太子为质于汉。"单于曰："非故约。故约，汉常遣公主，给缯絮食物有品，以和亲，而匈奴亦不扰边。

今乃欲反古，令吾太子为质，无几矣。”匈奴俗，见汉使非中贵人，其儒先，以为欲说，折其辩；其少年，以为欲刺，折其气。每汉使入匈奴，匈奴辄报偿。汉留匈奴使，匈奴亦留汉使，必得当乃肯止。

杨信既归，汉使王乌，而单于复谄以甘言，欲多得汉财物，绐谓王乌曰：“吾欲入汉见天子，而相约为兄弟。”王乌归报汉，汉为单于筑邸于长安。匈奴曰：“非得汉贵人使，吾不与诚语。”匈奴使其贵人至汉，病，汉予药，欲愈之，不幸而死。而汉使路充国佩二千石印绶往使，因送其丧，厚葬直数千金，曰“此汉贵人也”。单于以为汉杀吾贵使者，乃留路充国不归。诸所言者，单于特空绐王乌，殊无意入汉及遣太子来质。于是匈奴数使奇兵侵犯边。汉乃拜郭昌为拔胡将军，及浞野侯屯朔方以东，备胡。路充国留匈奴三岁，单于死。

乌维单于立十岁而死，子乌师庐立为单于。年少，号为儿单于。是岁元封六年也。自此之后，单于益西北，左方兵直云中，右方直酒泉、敦煌郡。

儿单于立，汉使两使者，一吊单于，一吊右贤王，欲以乖其国。使者入匈奴，匈奴悉将致单于。单于怒而尽留汉使。汉使留匈奴者前后十馀辈，而匈奴使来，汉亦辄留相当。

是岁，汉使贰师将军广利西伐大宛，而令因杅将军敖筑受降城。其冬，匈奴大雨雪，畜多饥寒死。儿单于年少，好杀伐，国人多不安。左大都尉欲杀单于，使人间告汉曰：“我欲杀单于降汉，汉远，即兵来迎我，我即发。”初，汉闻此言，故筑受降城，犹以为远。

其明年春，汉使浞野侯破奴将二万馀骑出朔方西北二千馀里，期至浚稽山而还。浞野侯既至期而还，左大都尉欲发而觉，单于诛之，发左方兵击浞野。浞野侯行捕首虏得数千人。还，未至受降城四百里，匈奴兵八万骑围之。浞野侯夜自出求水，匈奴间捕，生得浞野侯，因急击其军。军中郭纵为护，维王为渠，相与谋曰：“及诸校尉畏亡将军而诛之，莫相劝归。”军遂没于匈奴。匈奴儿单于大喜，遂遣奇兵攻受降城。不能下，乃寇入边而去。其明年，单于欲自攻受降城，未至，病死。

儿单于立三岁而死。子年少，匈奴乃立其季父乌维单于弟右贤王呴犁湖为单于。是岁太初三年也。

呴犁湖单于立，汉使光禄徐自为出五原塞数百里，远者千馀里，筑城鄣列亭至庐朐，而使游击将军韩说、长平侯卫伉屯其旁，使强弩都尉路博德筑居延泽上。

其秋，匈奴大入定襄、云中，杀略数千人，败数二千石而去，行破坏光禄所筑城列亭鄣。又使右贤王入酒泉、张掖，略数千人。会任文击救，尽复失所得而去。是岁，贰师将军破大宛，斩其王而还。匈奴欲遮之，不能至。其冬，欲攻受降城，会单于病死。

呴犁湖单于立一岁死，匈奴乃立其弟左大都尉且鞮侯为单于。

汉既诛大宛，威震外国。天子意欲遂困胡，乃下诏曰："高皇帝遗朕平城之忧，高后时单于书绝悖逆。昔齐襄公复九世之仇，《春秋》大之。"是岁太初四年也。

且鞮侯单于既立，尽归汉使之不降者，路充国等得归。单于初立，恐汉袭之，乃自谓"我儿子，安敢望汉天子！汉天子，我丈人行也"。汉遣中郎将苏武厚币赂遗单于。单于益骄，礼甚倨，非汉所望也。其明年，浞野侯破奴得亡归汉。

其明年，汉使贰师将军广利以三万骑出酒泉，击右贤王于天山，得胡首虏万馀级而还。匈奴大围贰师将军，几不脱，汉兵物故什六七。汉复使因杅将军敖出西河，与强弩都尉会涿涂山，毋所得。又使骑都尉李陵将步骑五千人。出居延北千馀里，与单于会，合战。陵所杀伤万馀人，兵及食尽，欲解归，匈奴围陵，陵降匈奴，其兵遂没，得还者四百人。单于乃贵陵，以其女妻之。

后二岁，复使贰师将军将六万骑、步兵十万，出朔方。强弩都尉路博德将万馀人，与贰师会。游击将军说将步骑三万人，出五原。因杅将军敖将万骑、步兵三万人，出雁门。匈奴闻，悉远其累重于余吾水北，而单于以十万骑待水南，与贰师将军接战。贰师乃解而引归，与单于连战十馀日。贰师闻其家以巫蛊族灭，因并众降匈奴，得来还千人一两人耳。游击说无所得。因杅敖与左贤王战，不利，引归。是岁汉兵之出击匈奴者不得言功多少，功不得御。有诏捕太医令随但，言贰师将军家室族灭，使广利得降匈奴。

太史公曰：孔氏著《春秋》，隐、桓之间则章，至定、哀之际则微，为其切当世之文而罔褒，忌讳之辞也。世俗之言匈奴者，患其徼一时〔之〕权，而务谄纳其说，以便偏指，不参彼己；将率席中国广大，气奋，人主因以决策，是以建功不深。尧虽贤，兴事业不成，得禹而九州宁。且欲兴圣统，唯在择任将相哉！唯在择任将相哉！

【译文】

匈奴的先祖是夏后氏的后裔，叫淳维。唐尧、虞舜以前有山戎、猃狁、荤粥，居住在北方蛮荒的地方，随着放牧而迁移。他们饲养的牲畜，多数是马、牛、羊，特别的有骆驼、驴、骡、駃騠、騊駼、驒騱等。哪里水草茂盛他们就迁徙到哪里，没有城郭和固定的住处，也不从事农业生产，但是也有各自的牧地。他们没有文字和书籍，靠言语来约束人们的行动。很小即能骑羊，拉弓射击飞鸟和老鼠，稍微长大就能射杀狐狸和野兔，用作食物。成年男子都能拉弓，全都是铁甲骑兵。匈奴的风俗是，平常无战事时，便随意放牧，顺便射猎飞禽走兽以为生计；有紧急情况时，则人人练习攻战本领，以便侵袭掠夺，这是他们的天性。他们的长兵器就是弓箭，短兵器有大刀、小矛。形势有利时就进攻，不利时则后退，不把逃跑当作羞耻的事。只要有利可图，便不顾及礼义廉耻。自君王以下，人人都吃畜肉，穿兽皮，披着带毛的皮袄。青壮年吃鲜肥美味的，老年人只能吃剩下的食物。他们尊重强壮的人，轻视老弱。若父亲死了，儿子就娶后母为妻；若兄弟死了，则其他兄弟都可以娶他的寡妻为妻。他们的习俗是人有名，但不避讳，所以没有姓和字。

夏朝衰落以后，公刘失去了世袭的农官，改变了西戎的风俗，在豳地建起都邑住了下来。又过了三百多年，戎狄族进攻周太王亶父，亶父逃到岐山脚下，豳地民众全都跟随亶父来到岐山下，建立城邑，创建周国。这以后百余年，周的君王西伯昌攻打畎夷氏。又过了十多年，武王伐纣，营建洛邑，重又回到丰京、鄗京居住，把戎夷驱逐到泾水、洛水的北面，让他们按时进贡，称为“荒服”。其后二百多年，周朝国运衰落，周穆王讨伐犬戎，结果捕获了四只白狼和四只白鹿回来。从此以后，荒服之人不再向周朝进贡。这时，周朝便制定了《甫刑》法令。周穆王之后二百多年，周幽王由于宠爱褒姒的缘故，和申侯产生矛盾。申侯一气之下，就和犬戎一起在骊山之下杀死了周幽王，犬戎于是夺取了周朝的焦获，居住到泾水和渭水之间，大肆侵掠中原地区。秦襄公起兵援救周朝，这样周平王便离开了丰京、鄗京，而向东迁都到了洛邑。就在这个时候，秦襄公讨伐戎夷，到了岐山，被周天子列为诸侯。此后六十五年，山戎越过燕国攻打齐国，齐釐公和他们在齐国野外交战。又过了四十四年，山戎攻打燕国。燕国向齐国求救，齐桓公北上进攻山戎，山戎逃跑。又过了二十多年，戎狄到洛邑，攻打周襄王，襄王无力抵抗，逃到郑国的氾邑。当初，周襄王想讨伐郑国，就特意娶了戎狄女子做王后，和戎狄共同攻打郑国。不久，襄王废掉了狄后，狄后怨恨于心。襄王的后母惠后，有个儿子叫子带，想立他为王，所以惠后便和狄后、子带做内应，为戎狄打开城门，因此戎狄得以进城，赶走了周襄王，而改立子带为周天子。当时戎狄有的人就迁到了陆浑，东达卫国，更加侵掠践踏中原地区。中原人深为痛恨，因此《诗经》里有“抗击戎狄”“攻伐猃狁，兵至大原”“战车齐动，到北方筑城”这样的句子。周襄王流亡在外四年，最后只好派使者向晋国求救。当时晋文公刚刚即位，想要图谋霸业，便发兵攻打，驱逐了戎狄，诛杀了子带，迎回周襄王，使他重返洛邑。

那时，秦、晋都是强国。戎狄被晋文公赶跑后，居住在河西的圁水、洛水之间，称为赤狄、白狄。秦缪公得到由余的帮助，使西戎八国都亲附秦国，所以自陇山以西有绵诸、绲戎、翟、豲等戎族，在岐山、梁山、泾河、漆河以北，则有义渠、大荔、乌氏、朐衍等戎族。而晋国北面又有林胡、楼烦等戎族，燕国北面则有东胡、山戎。他们各自分散居住在溪谷之中，都有自己的首领，常常相聚一起的竟有百多个戎族部落，但都不相统属。

从这以后一百多年，晋悼公派魏绛与戎狄讲和，戎狄于是都臣服晋国。又过了百多年，赵襄子越过句注山，击败并地和代地，与胡人和貉人居住地区接壤。这以后，赵襄子与韩康子、魏桓子共同打败智伯，瓜分了晋国。这样，赵国就占有了代地与句注山以北的土地，魏国的河西和上郡，都和戎人接界。这之后，义渠的戎人修建城郭以自守，而秦国则逐渐蚕食他们的土地，到了惠王时，夺取了义渠的二十五城。惠王攻打魏国，魏国把西河和上郡都割给了秦国。秦昭王时，义渠戎王与宣太后通奸，生下两个孩子。宣太后在甘泉宫谋杀了义渠戎王，并发兵攻灭了义渠。从此秦国占据了陇西、北地、上郡的大片土地，修筑长城抵御匈奴。而赵武灵王也改变风俗，穿起胡服，练习骑马射箭的本领，打败了北方的林胡、楼烦。修筑长城，从代地沿着阴山山麓，直到高阙，作为关塞，又设置云中郡、雁门、代郡。后来燕国有位贤能的将领叫秦开，曾到胡人那里当人质，胡人特别信任他，他回国后率兵袭击东胡，东胡后退了千余里。当年同荆轲一起去刺杀秦王的秦舞阳，就是秦开的孙子。燕国也修筑长城，从造阳一直到襄平；设置了上谷、渔阳、右北平、辽西和辽东等郡来抵御胡人。这个时候，华夏地区的大国共有七个，其中三个和匈奴邻界。李牧当赵国将军时，匈奴不敢进入赵国的边境。其后秦朝灭了六国，秦始皇便派蒙恬领十万大军向北攻打匈奴，把黄河以南的土地全都收复，以黄河为边塞，沿着黄河修起四十四座县城，把受罚守边之人迁徙到那里。又修筑直道，从九原直到云阳，利用山边、险要的沟堑、溪谷等可以修缮的地方筑起城池，西起临洮，东达辽东，长达万余里。又渡过黄河，占据了阳山、北假一带。

这时，东胡很强大，月氏也很兴盛。这时匈奴的单于叫头曼，头曼敌不过秦国，就向北迁徙。过了十多年，蒙恬死去，各地诸侯纷纷而起，反叛秦国，中原连年混战，那些被秦流放戍边的人又全都离去了。于是匈奴得到宽缓之机，又渐渐渡过黄河，在南面和中原以原先的边塞为界。

头曼单于的太子叫冒顿，后来单于宠爱的阏氏又生了个小儿子。单于就想废黜冒顿而立小儿子为太子，于是便派冒顿到月氏当人质。当冒顿来到月氏做人质的时候，头曼却急攻月氏，月氏欲杀冒顿，冒顿就偷了月氏的良马，骑着它逃了回来。头曼认为他很勇猛，就让他统领一万骑兵。冒顿就制造了一种响箭，用这种响箭训练他的部下，下令说："我的响箭射什么，如果不跟着去射，就斩首。"他率人外出捕猎飞鸟走兽，遇到有不跟着响箭的方向射击的士兵，就当即斩杀。不久，冒顿用响箭亲自去射他的良马，左右侍从中，有不敢射击的，被冒顿立即斩杀了。不久，他又用响箭亲自去射爱妻，左右侍从恐慌不敢去射，冒顿就又斩了他们。过了不久，冒顿出外打猎，用响箭射单于的良马，左右之人全都跟着去射。这时冒顿知道他的侍从都已和他一条心，能够听从指挥了。他跟随父亲头曼单于打猎，便用响箭去射头曼，他的左右侍从也都跟着响箭发射，杀死了头曼单于，接着他又把他的后母、兄弟以及不服从于他的大臣统统杀尽，自己即位做了单于。

冒顿即位的时候，东胡很强大。听说冒顿杀父自立，东胡就派使者向冒顿索要头曼的千里马。冒顿问群臣，群臣都说："千里马是匈奴的宝马，不能给他。"冒顿说："跟人家做邻居，怎可吝惜一匹马呢？"于是就把千里马给了东胡。过了一段时间，东胡以为冒顿畏惧他，就派使者对冒顿说，想要单于的一个阏氏。冒顿又询问左右大臣，大臣都发怒说："东胡无礼至极，竟敢想要阏氏，请出兵攻打他。"冒顿却说："跟人家做邻居，怎可吝惜一个女人呢？"于是就把自己喜爱的阏氏送给了东胡。东胡王日益骄傲起来，向西侵犯。东胡与匈奴之间有一片荒地，无人居住，方圆一千多里，双方各自在边界上建有据点。东胡派使者对冒顿说："匈奴和我们边界上屯守据点以外的荒地，是你们匈奴不能达到的地方，我们想要这块土地。”冒顿询问群臣，群臣中有人说：“这本来就是无人居住的不毛之地，给他们也可以，不给也可以。”冒顿大怒道：“土地，是国家的根本，怎可给他们！”把诸臣之中说送地给东胡的人都斩首了。冒顿亲自上马，对国人下令说，如有后退的就斩首，于是便向东袭击东胡。东胡起初轻视冒顿，因此没有戒备。后来冒顿大军杀到，大举进击，一开战就大败东胡，消灭了东胡王，掳走了那里的百姓以及牲畜等财产。回来后，冒顿大军又趁势西进打跑了月氏，向南吞并了楼烦、白羊河南王，并把蒙恬夺去的匈奴土地全部收复了，跟汉朝以原先的河南塞为界，最南到达朝那、肤施一带，并继续入侵燕国和代国。当时汉军正和项羽对峙，中原疲于征战，因此冒顿得以趁机壮大起来，能拉弓射箭的士卒有三十多万。

从淳维到头曼这中间一千多年的时间，匈奴势力时强时弱，忽散忽离，因为时间久远，所以他们的世系不能依次列出来。到了冒顿时，匈奴势力达到顶峰，征服了北方所有的夷人，与南方的汉朝分庭抗礼。此后，他们的世系，国家的官位名号才开始被记录下来。

匈奴设置有左右贤王，左右谷蠡王，左右大将，左右大都尉，左右大当户，左右骨都侯等官位。匈奴人把“贤”称为“屠耆”，所以常常任命太子为左屠耆王。从左右贤王以下直到当户，官职大的拥有万名骑兵，小的也有数千骑兵，共有二十四位长官，都称“万骑”。诸位大臣的官职是世袭的。有呼衍氏、兰氏，后来又有须卜氏，这三个是他们贵族的姓。左方诸王都居住在东方，对着上谷郡以东地区，东与秽貉、朝鲜接壤。右方诸王都居住在西方，对着上郡以西地区，和月氏、氐、羌接壤。而单于的大本营所在地正对着汉朝的代郡和云中郡。他们各有自己的分地，逐水草而迁徙。左右贤王和左右谷蠡王的封地最大，左右骨都侯辅佐单于治国。二十四位首领也可以各自设置千长、百长、什长、裨小王、相封、都尉、当户、且渠等属官。

每年正月，各位首领在单于王庭举行小聚会，进行祭祀。五月，在龙城有大的聚会，祭祀祖先、天地和鬼神。秋天，马肥壮时候，在蹛林有大的集会，核算人口和牲畜的数目。匈奴的法律规定，拔刀伤人造成伤口一尺长的要处死，犯盗窃罪的要没收家产，犯罪轻者压断其骨节，重者处死。坐牢时间最长的也不过十天，全国的囚犯不过几人而已。单于清晨要走出营地，朝拜初升的太阳，夜晚朝拜月亮。他们的坐法是，年长的在左边，面朝北方。对于日期，他们把戊己两日作为良辰。他们给死者安葬，有棺椁、金银和衣裘，但却没有坟和树以及丧服礼仪。王侯贵族死后，以近臣和宠妾陪葬，一般数十人或多至上百人。准备打仗前，要先观察星月，如果月亮圆满就进攻，月亮亏损就退兵。作战时，杀死或俘虏敌人，都会赏赐一壶酒，所缴获的战利品也归他，抓到的人也给他们充做奴婢。所以在打仗时，人人为了自身利益主动上前，善于用诱敌之军来包围敌军。所以他们见到有利可图时就一拥而上，如同飞鸟云集。如果遇到危难失败，队伍就会瓦解，如同云雾消散。谁能将战死同伴的尸体运回来，就把死者的全部家产给他。

后来，冒顿又向北征服了浑庾、屈射、丁零、鬲昆、薪犁诸国。于是匈奴的贵族、大臣都很信服冒顿，认为冒顿单于非常贤能。

这时，汉朝刚刚平定了中原，把韩信改派到代国，建都马邑城。匈奴大举进攻马邑，韩信投降了匈奴。匈奴得到了韩王信，便引兵南下，越过句注山，攻打太原，直到晋阳城下。高帝亲自率军前往迎击。正逢严冬大寒下雪，十分之二三的士卒冻坏手指，这时冒顿便佯装战败逃跑，引诱汉军。汉军追击冒顿，冒顿把他的精兵都隐藏起来，而让一些老弱残兵暴露在外。于是汉朝出动全部大军，多半是步兵，共三十二万人，向北追击匈奴。高帝率少数人马率先到达平城，步兵还未全到，冒顿指挥他的四十万精锐骑兵，把高帝包围在白登。一连七天，汉军内外不能相互救济军粮。而匈奴的骑兵，西方的全是白马，东方的全是青马，北方的全是黑马，南方的全是赤色马。高帝就派使者暗中送给阏氏厚礼，阏氏就对冒顿说："两国的君王不能相互逼得太甚。即使得到汉朝的土地，单于终究还是不会居住在那里的。而且汉王也是有天神相助的，希望单于认真考虑这件事。"冒顿与韩信的将军王黄、赵利约定了会师的日期，但王黄与赵利的军队迟迟未到，冒顿就疑心他们同汉军有预谋，便采纳了阏氏的建议，解除了包围圈的一角。于是高帝命令士兵们全都拉满弓，搭上箭，面向外，从解开的一角径直冲出重围，终于和大军会合，而冒顿也领兵离去。汉军罢兵还朝后，派刘敬前往匈奴缔结和亲的盟约。

此后，韩王信当上匈奴的将军，他同赵利、王黄屡次违背汉与匈奴所订的盟约，侵掠代郡和云中郡。过了不久，汉朝将军陈豨造反，和韩信合谋进攻代地。汉朝派樊哙前去阻击，重新攻占了代郡、雁门和云中等郡县，没有出兵塞外。当时，投降匈奴的汉朝将军很多，所以冒顿常常入侵代地。汉朝对此也很忧虑，高帝就派刘敬护送宗室的公主去给单于当阏氏，又每年送给匈奴一定数量的棉絮、缯、酒、米和食物，结为兄弟之国，实行和亲政策，冒顿才稍稍减少了侵扰。后来，燕王卢绾造反，率领数千党徒投降了匈奴，又来侵扰上谷以东的地区。

高祖去世后，孝惠帝、吕太后掌政，汉王朝刚刚安定，所以匈奴非常狂妄。冒顿竟写信给高后，口出狂言。高后想要去攻打他，将官们都说："以高帝那样的贤明勇武，尚且被围困在平城。"高后只好作罢，重又和匈奴和亲。

到了孝文帝继位初期，国家又推行和亲政策。文帝三年的五月，匈奴右贤王住到河南地，侵掠上郡保卫边塞的外族百姓，屠杀抢掠人民。于是文帝下令丞相灌婴率八万五千战车和骑兵，进军高奴，攻打右贤王。右贤王战败逃到塞外。文帝亲到太原，恰逢济北王刘兴居造反，文帝就又回到京城，撤回了丞相的军队。

第二年，匈奴单于给汉朝送来一封信说："上天所立的匈奴大单于恭敬地问候皇帝平安，前些时候，皇帝所说和亲的事，和信中所言相符，双方都很高兴。汉朝边境的官吏侵侮右贤王，右贤王没有请示我，却听信了后义卢侯难氏等人的计谋，同汉朝官吏对峙交战，破坏了匈奴单于与汉朝皇帝缔结的条约，离间了汉朝与匈奴的兄弟之情。皇帝责备匈奴的书信，我们派出使者回信，结果不知什么原因使者被汉朝扣留未归，而汉朝的使者也不到匈奴来，汉朝不愿和好，邻国之人也不得归附。如今因为小吏破坏了和约的缘故，我惩罚了右贤王，派他西击月氏。依靠上天护佑，官吏和士卒都很精良，战马强壮有力，因此消灭了月氏，月氏死的死、降的降。接着又平定了楼兰、乌孙、呼揭和旁边的二十六个国家，使他们都变成匈奴的臣民，使所有骑马射箭的民族都成为了一家。北方已经安定，我们愿意停战，使百姓休养生息，消除从前的不快，恢复旧有的盟约，用以安定边境百姓，友好如初，使年少的都能够健康成长、老年人安度晚年，世世代代和平安乐。我们尚不知皇帝的想法如何，所以派郎中系雩浅奉书前往，并献上骆驼一匹、战马二匹、驾车之马八匹。皇帝如果不想让匈奴靠近汉朝的边塞，那也该让您的官吏百姓远离边塞居住。使者到达后，请即刻让他回来。"使者于六月中旬来到薪望这个地方。书信送到后，汉朝就商议攻打和和亲哪种政策更有利。公卿们都说："单于刚打败月氏，正处势头上，不能攻打他，况且匈奴所处都是低洼盐碱地，不能居住，还是和亲为上策。”于是汉朝答应了匈奴的请求。

孝文帝前元六年，汉朝送给匈奴的信中说：“皇帝敬问匈奴大单于平安，郎中系雩浅送给我的信中说：‘右贤王没作请示，就听信了后义卢侯难氏等的计谋，破坏了两国的和约，损害了兄弟之情，汉朝因此不肯与我们和解，邻国也不得归附。如今因为小官吏破坏了和约，所以罚右贤王到西边去攻打月氏，完全平定了他们。希望偃武修文，使百姓休养生息，消除从前的嫌隙，恢复旧约，以使边民得到安宁，使年少的都能够健康成长、老年人安度晚年，世世代代和平安乐。’我很赞成这一想法，这是古来圣明君主的心意啊。汉朝和匈奴缔结和约，结为兄弟，用来馈赠匈奴的礼物非常丰厚。而违背和约、离间兄弟之情的，却常常是匈奴。但是右贤王所为是在大赦之前，单于就不要深责了。单于若是按信中之意，明确告知各位官吏，不要违背和约，信守承诺，我们会谨遵单于信中所言。使者说单于亲自率军讨伐别国，立有功劳，作战却很辛苦。特备下绣袷绮衣、绣袷长襦、锦袷袍各一件，比余一个，黄金装饰的腰带一件，黄金带钩一个，绣花绸十匹，锦缎三十匹，赤绨和绿缯各四十匹，派中大夫意、谒者令送给单于。”

这以后不久，冒顿单于去世，他的儿子稽粥当了君王，叫做老上单于。

老上稽粥单于刚刚继位，孝文帝就送皇族公主去做单于的阏氏，让宦官燕国人中行说随行。中行说不愿去，汉朝强迫他。他说：“一定要我去，我将成为汉朝的祸患。”结果中行说到达后，就投降了单于，深得单于宠幸。

起初，匈奴喜欢汉朝的缯絮和食物，中行说就说：“匈奴的人口，抵不上汉朝的一个郡，然而之所以能够强大，就在于衣食与汉人不同，不必依赖汉朝。如今单于若改变原来风俗，而喜欢汉朝的东西，那么汉朝用不着拿出十分之二的物产，就会把整个匈奴完全收买了。希望您穿上汉朝送的缯絮奔驰在杂草棘丛中，让衣裤都被扯烂撕裂，以此显示汉朝的缯絮不如匈奴的旃衣皮袄坚固完美。把从汉朝得来的食物都丢掉，以此显示它们不如匈奴的乳酪味美。”中行说还教单于身边的人分条记事的方法，以便统计他们的人口和牲畜。

汉朝送给单于的书信，木牍长度为一尺一寸，开头是“皇帝敬问匈奴大单于无恙”，及所送的东西和要说的话。中行说就让单于用一尺二寸的木牍写信送给汉朝皇帝，封套所盖的印也又宽又长，开头语傲慢地写道：

“天地所生、日月所置的匈奴大单于敬问汉朝皇帝无恙。”再写上所送东西和要说的话。

汉朝使者中有人说匈奴“虐待老人”时，中行说就反问汉朝使者：“你们汉朝风俗，凡有当兵被派去戍守边疆的，将要出发时，他们年迈的父母难道不会省下暖和的衣物和肥美的食物，送给出行者吃穿吗?”汉朝使者说：“是这样的。”中行说说：“匈奴人都知道战争非常重要，那些年老体弱的人不能打仗，所以把肥美的食物让给强壮体健的人，这正是为了保卫自己，这样父子都能长久地相互保护，怎么可以说匈奴虐待老人呢?”汉朝使者说：“匈奴人父子竟然同在一个毡房睡觉。父亲死后，儿子竟以后母为妻。兄长死后，弟弟竟以嫂子为妻。毫无冠带服饰，不讲朝廷礼仪。”中行说说：“匈奴的风俗是，吃畜肉，喝乳汁，穿皮毛；牲畜吃草喝水，随时令而转移。所以他们在紧急时候，人人练习骑马射箭；闲暇时，人人和乐无事。约束很少，容易做到。君臣之间也没有繁文缛节，指挥一个国家，就像大脑指挥一个人的身体一样，父子和兄弟死了，活着的娶他们的妻子为妻，这是担心种族没有后代。所以匈奴虽然伦常混乱，但却一定要立本族的子孙。如今中原人虽然佯装正派，不娶父兄的妻子，可是关系却日益疏远，而且相互残杀，甚至改朝易姓，都是这类缘故造成的。况且礼义发展的末路，上下交相怨恨，而营造宫室则极尽奢华，使得民力劳力衰竭。人们努力耕田种桑，以满足衣食所需，修筑城郭以自卫，使得百姓在战时，不熟习战事，和平时期又疲于耕作。哎，可叹你们这些身居土屋的人们，还是闭上嘴吧，如果还要喋喋不休、窃窃私议，就算头戴高冠，又有什么了不起的呢?”

自此之后，汉使中无论谁想要辩论，中行说就说：“你们无须多言，我们只想着汉朝送给匈奴的缯絮米蘖，能够保质保量就行了，何必还要说其他的话呢?而且供给匈奴的东西一定要齐全要好，如果不齐全、粗劣，那么等到庄稼成熟时，匈奴就要骑着铁骑践踏你们的庄稼。”中行说还日夜教导单于等待有利的进攻时机和地点。

汉文帝十四年，匈奴单于率领十四万骑兵攻入朝那、萧关，杀死北地都尉孙卬，劫掠了很多百姓和牲畜，进而到达彭阳，并派突击队侵入并烧毁了回中宫。匈奴侦察兵到达雍地的甘泉宫。这时汉文帝任命中尉周舍、郎中令张武为将军，派出千辆兵车、十万骑兵，驻守在长安附近，防备匈奴的侵扰。同时又任命昌侯卢卿为上郡将军，宁侯魏遬为北地将军，隆虑侯周灶为陇西将军，东阳侯张相如为大将军，成侯董赤为前将军，大举出动战车、骑兵前往攻打匈奴。匈奴单于在汉朝边塞逗留了一个多月才离开，汉朝兵马追出塞外不远就返回了，没能杀伤敌军。匈奴日益骄横，每年入侵边塞，屠杀、掳掠很多百姓和牲畜，云中郡和辽东郡受害最为严重，至于代郡则被掠杀一万多人。汉朝廷对此很忧虑，又派使臣送书信给匈奴。单于也派了一个当户送信来，以表谢罪之意，双方再次商量和亲之事。

孝文帝后元二年，派使者给匈奴送信说："皇帝敬问匈奴大单于无恙。你派当户且居雕渠难和郎中韩辽送给我的两匹马，已经收到，敬受。汉朝先帝曾规定：长城以北，是拉弓射箭者的国家，受命单于。长城以内，是礼仪之邦，由我受命治理。双方要使得万民百姓耕种纺织，射猎劳作，丰衣足食，使父子不相离散，君臣修睦，全都没有暴虐横逆的事情。如今听说有些邪恶之徒贪图攻掠的小利，就背信弃义，破坏和约，不顾及万民的性命，离间两国君主的友好，但这些都是以前的事情了。你在信中说：'两国已经和亲，两国君王都高兴，偃武修文，休养生息，世代和乐，安定友好，重新开始。'我特别赞成这个想法。圣人天天都能有新的进步，改正不足，重新开起，使年老的得到安养、年幼的能够健康成长，各自平平安安度过一生。我和单于都遵循这个道理，顺乎天意，体恤万民，代代相传，延续无穷，使天下人无不获得其利。汉朝与匈奴实力相当，又互为邻国，而匈奴地处北方，气候寒冷，肃杀之气早早降临，所以我诏命官吏每年送给单于一定数量的秫蘖、金帛、丝絮及其他物品，如今天下太平，万民安乐，朕与单于都是民之父母。我回想从前的事情，都是些微不足道的小事，是谋臣失策导致的，但都不足以离间我们兄弟之情。我听说天地都是无私的，不会偏袒哪一方，我和单于都要捐弃前嫌，同遵世间正道，消除从前不快，共图长久和好，让两国人民有如一家的子弟一样和睦。千千万万的善良百姓，以及水中的鱼鳖，天上的飞鸟，地上爬行的、喘息的蠕动的种种动物，无不趋吉避凶。所以前来归顺的都不阻止，这是上天好善之德。往事就让它过去，我不再追究逃往匈奴的汉人的罪责，单于也不要再责备章尼等人。我听说古来帝王，都是约定分明而从不食言。希望单于留心盟约，天下将会太平，两国和亲之后，汉朝绝不首先负约，希望单于明察。"

单于签署和亲盟约后，文帝就下令御史说："匈奴大单于给我的信中说，和亲已确定，过去以牺牲士卒为代价的战争不足以增加民众和扩大土地，今后匈奴人不再闯入边塞，汉朝人也不要走出边塞，违犯条约的立即处死，这样就可以长久保持亲近友好关系，不再产生祸患，对双方都有利。我已答应了他的要求，希望向全国发布告示，让百姓都知道此事。”

汉文帝后元四年，老上稽粥单于去世，他的儿子军臣继位。军臣单于继位后，文帝又与匈奴和亲。而中行说又继续侍奉军臣单于。

军臣单于继位第四年，匈奴又破坏和亲盟约，大举进攻上郡、云中郡，各派出三万骑兵，杀死许多汉人，抢掠大量财物才离去。于是汉朝派出张武等三位将军，驻军北地、代国的句注山，赵国的飞狐口、沿边要塞，也都派兵坚守，防备匈奴入侵。又派周亚夫等三位将军率兵驻守长安西边的细柳、渭河北岸的棘门和灞上，以防御匈奴。匈奴骑兵入侵到代地句注山边界，报警的烽火一直传到甘泉和长安。几个月后，汉军来到边境，匈奴也就远远地离开边塞，汉朝的军队也就作罢。一年多后，孝文帝去世，孝景帝继位，赵王刘遂暗中派人与匈奴勾结。吴、楚七国叛乱时，匈奴想同赵国联合入侵边塞。后来，汉王朝很快灭了赵国，匈奴也就停止入侵的计划。这以后，景帝又和匈奴和亲，开放边境贸易，赠送匈奴礼物，派遣公主下嫁，一如原有的盟约。一直到景帝去世，匈奴虽然时有小的骚扰活动，却没有大的侵掠行动。

当今皇帝武帝继位后，重新申明和亲的各项规定，并厚待匈奴，互通关市，赠送大批财物。匈奴从单于到平民都与汉朝亲善，经常与汉朝人在长城脚下往来。

汉朝指使马邑城的商人聂翁壹故意违犯禁令，私运货物同匈奴交易，诈称出卖马邑城以诱使单于入侵。单于信以为真，又贪图马邑城的财物，就率领了十万骑兵侵入武州边塞。这时，汉朝在马邑城附近埋伏了三十余万大军，御史大夫韩安国担任护军将军，统领四位将军准备伏击单于。单于已经进入汉朝的边塞，离马邑城尚有一百余里时，看到牲畜遍野却没有人放牧，感到奇怪，就去攻打侦察哨所。这时，雁门郡的尉史正在巡察，看到敌军来攻，就跑进侦察哨所躲了起来，他知道汉朝的计划。单于捉到了尉史，想要杀了他，尉史便把汉军埋伏的地点告诉了单于。单于大惊，说道：“我本来就疑心此事。”于是率兵返回。走出边境时说道：“我得到这个尉史，是上天的意思，是上天让你告诉我内情的。”就称尉史为“天王”。汉军曾约定，等到单于进入马邑城后，再纵兵出击。结果单于没有到马邑来，所以汉军一无所获。汉将王恢原本负责从代郡出发攻击匈奴的辎重部队，后来听说单于已撤回，由于对方人多，因而不敢出击。朝廷认为王恢本是这次伏击战的最初策划者，却不敢进攻，因而杀了王恢。从此以后，匈奴断绝了与汉朝的和亲关系，进攻守卫大路的要塞，常常入侵、掳掠汉朝边地，次数多得无法计算。然而匈奴人贪心，还是乐于互通关市，爱好汉朝的财物，汉朝也仍然与匈奴保持着关市贸易关系，来笼络他们。

马邑事件后的第五年秋天，汉朝派卫青等四位将军各率一万骑兵，在关市附近攻打匈奴。将军卫青率兵从上谷郡出发，到达龙城，俘获匈奴七百多人。公孙贺率兵出云中，一无所获。公孙敖出兵代郡，被匈奴打败，损失七千余人。李广出兵雁门郡，被匈奴打败，匈奴人活捉了李广，后来李广又逃了回来。公孙敖和李广被罚下狱，后来交了赎金免罪，被贬为庶民。这年冬天，匈奴屡次入侵边境抢掠，渔阳受害尤其严重。朝廷就派将军韩安国驻军渔阳，以防备匈奴。

第二年秋天，匈奴两万骑兵侵入汉疆，杀了辽西太守，掳走两千余人。接着又侵入渔阳，打败渔阳太守的军队千余人，包围了韩安国。这时韩安国的一千多骑兵也将要被歼灭，恰巧燕王的救兵赶到，匈奴这才撤去。匈奴又侵入雁门郡，杀死和抢走千余人。于是朝廷派将军卫青率三万骑兵出兵雁门，李息出兵代郡，同时攻打匈奴，杀死和俘虏数千匈奴。第二年，卫青又出兵云中郡西边及至陇西一带，在黄河以南大破匈奴所属的楼烦和白羊王，杀死和俘虏数千人，得到牛羊百余万头。于是汉朝收复了黄河以南的大片地区，修筑朔方城，又整修了从前秦将蒙恬所修建的关塞，并以黄河为依托，加强了边疆防卫。为了便于防守，汉朝把上谷郡曲折僻远的造阳一带给了匈奴。这一年是武帝元朔二年。

这一年的冬天，匈奴军臣单于去世。军臣单于的弟弟左谷蠡王伊稚斜自立为单于，打败了军臣单于的太子于单。于单逃归汉朝，被封为涉安侯，但没过几个月就死了。

伊稚斜单于继位后的那年夏天，匈奴数万骑兵攻入代郡，杀死太守恭友，掳走一千余人。当年秋天，匈奴又入侵雁门，杀死和掳走一千余人。第二年，匈奴又兵分三路各率三万骑兵攻入代郡、定襄、上郡，杀掠了数千人。匈奴右贤王怨恨汉朝夺走了他在黄河以南的土地，又修筑朔方城，因而多次侵犯边境，甚至入侵到河套南岸，骚扰朔方城，杀掠很多官吏和平民。

第二年春天，汉朝任命卫青做大将军，统领六位将军、十多万将士，从朔方、高阙出兵攻打匈奴。右贤王以为汉兵来不了，喝醉了酒，汉兵出塞前进了六七百里，在夜间把右贤王包围了。右贤王大惊，脱身逃走，各路精锐骑兵也都跟着离去。汉朝俘获了右贤王部下一万五千男女，十多位裨小王。这年秋天，匈奴一万骑兵攻入代郡，杀死代郡都尉朱英，掠走一千余人。

第二年春天，汉朝又派遣大将军卫青统领六位将军，和十余万骑兵，再次从定襄出塞数百里攻打匈奴，前后共斩获匈奴军一万九千余人，而汉军也损失了两位将军和三千多骑兵。右将军苏建单身脱逃，而前将军翕侯赵信出军不利，最后投降了匈奴。赵信本是匈奴的一个小王，后来投降汉朝，汉朝封他为翕侯，因为与右将军合并，又与大军分开行进，不想遇上了单于的军队，所以全军覆没。单于得到翕侯以后，就封他做了自次王，并将自己的姐姐嫁给他做妻子，同他商量对付汉朝的计谋。赵信献计让单于继续向北迁移，越过沙漠，以此引诱拖垮汉军，待他们极度疲劳时再攻打，而不要到汉朝边塞那里。单于听从了他的计谋。第二年，匈奴一万骑兵攻入上谷郡，杀死数百汉人。

次年春天，汉朝派骠骑将军霍去病率领一万骑兵从陇西出发，越过焉支山一千余里，攻打匈奴，共斩获匈奴一万八千余人，击败休屠王，夺得祭天金人。这年夏天，骠骑将军又与合骑侯率领数万骑兵出陇西、北地二千余里，攻打匈奴。经过居延，攻打祁连山，斩杀匈奴三万余人，其中裨小王以下七十余人。这时匈奴也入侵代郡、雁门郡，杀掠数百人。汉朝派博望侯张骞和将军李广从右北平出兵，进攻匈奴左贤王。左贤王把李将军包围，李将军所率领的四千士卒几乎全军覆没，但他们所杀匈奴的数目还要更多。正好博望侯的救兵赶到，李将军得以逃脱。汉朝伤亡几千人。合骑侯因未能按骠骑将军所规定的日期到达，所以与博望侯张骞都被判了死刑，后来交付赎金，才被贬为平民。

这年秋天，单于对浑邪王、休屠王驻守西方却被汉朝杀死和俘虏数万人感到愤怒，想要召来杀掉他们。浑邪王与休屠王大为惊恐，密谋投降汉朝，汉朝派骠骑将军前去迎接他们。浑邪王杀了休屠王，收取了他的军队投降汉朝。总共四万余人，号称十万。汉朝自从接纳浑邪王投降之后，陇西、北地、河西便很少有匈奴侵扰的事发生了，就开始把关东的贫民，迁移到从匈奴那里夺回的河套南岸和新秦中地区，来充实这里的人口，并将北地以西的戍卒减少一半。第二年，匈奴入侵右北平、定襄，各路有几万骑兵，杀掠了一千多人才离去。

第二年春天，汉朝群臣分析匈奴形势，说："翕侯赵信向单于献计，在沙漠以北潜伏，认为汉朝军队不能到达。"于是就用粟米喂马，出动十万骑兵，加上自愿携带军需品随从的骑兵总共十四万人，粮草辎重尚不算在内。命令大将军卫青、骠骑将军霍去病平分军队，大将军从定襄出兵，骠骑将军从代郡出兵，约定穿过大漠，攻打匈奴。单于听到这一消息后，运走辎重，率精兵守候在漠北。同大将军卫青的军队苦战了一天，晚上狂风大作，汉军从左右两翼快速围攻单于。单于思量敌不过汉军，就独自同数百名健壮的骑兵，冲破汉军的包围圈，向西北逃跑。汉军连夜追击没有追到，行进中杀死和活捉匈奴一万九千人，向北直到阗颜山赵信城才收兵。

单于逃跑时，他的军队常常同汉军混在一起追随单于。单于很长时间和他的大军失去联系，右谷蠡王以为单于死了，就自立为单于。后来真单于又找到了他的大军，于是右谷蠡王就取消他的单于王号，仍为右谷蠡王。

骠骑将军霍去病从代郡出发走了两千余里，同左贤王交战，杀死和俘虏匈奴兵共七万多人，左贤王与部将都逃跑了。骠骑将军便在狼居胥山祭天，在姑衍山祭地，举行封禅之礼，直到翰海才回师。

此后，匈奴远远地逃走，大漠以南没有了匈奴的王庭。汉朝渡过黄河，自朔方以西直抵令居，修通渠道，开垦田地，设置官吏、士卒五六万人，逐渐拓展，地界接近匈奴旧地以北。

当初，汉朝两位将军大规模地出兵进攻匈奴单于，杀死和俘虏匈奴军八九万人，而汉朝士卒也损失了好几万，战马损失十多万匹。匈奴虽然疲极而远去，但汉朝也因为马匹匮乏，无力再次进攻。匈奴采用赵信的计谋，派遣使者去汉朝请求和亲。天子下交群臣商议，有人主张和亲，有人主张趁机让匈奴臣服于汉。丞相长史任敞说道："匈奴刚被打败，处境困难，应当让他们做外臣，每年春秋两季到边境上来朝拜皇上。"朝廷就派任敞出使匈奴，单于听了任敞的提议，大怒，把他扣留在匈奴，不许回去。早前，汉朝也招降过匈奴使者，单于也扣留汉朝使者以抵偿。汉朝正在重新收买兵马，恰逢骠骑将军霍去病病逝，于是汉朝很长时间没有再北伐匈奴。

几年后，伊稚斜单于统治十三年后去世，他的儿子乌维继位当了单于。这年，是汉武帝元鼎三年。乌维单于继位，汉天子开始出巡各郡县。这以后汉朝又忙于向南讨伐南越和东越，就没有进攻匈奴，匈奴也没有入侵汉朝边境。

乌维单于继位三年的时候，汉朝已经把南越灭掉了，派遣原太仆公孙贺率一万五千骑兵从九原出塞两千多里，直到浮苴井才返回，没有看到一个匈奴人。汉朝又派原来的从骠侯赵破奴率一万多骑兵从令居出兵几千里，直达匈河水才返回，也没有见到一个匈奴人。

这时，天子巡视边境，到达朔方郡，统率十八万骑兵以显示军威，又派郭吉出使匈奴，向单于传话。郭吉到了匈奴，匈奴主客询问他出使的意图，郭吉礼貌谦卑，善言温语地说："我见到单于时再亲口对他说。"单于接见了郭吉，郭吉说："南越王的人头已经悬挂在汉朝京城的北宫门上。如今单于若是敢和汉军交战，天子将亲自领兵在边境上等着；单于若不敢，就应赶快向汉朝称臣。何必远远地逃跑，躲藏在沙漠以北又冷又艰苦又缺少水草的地方呢，这样能有什么作为呢？"单于听完大怒，立刻杀了允许郭吉进见的那位主客，又扣留了郭吉，不放他回去，把他放逐到北海一带。但单于终究也没敢再到边境侵扰抢夺，只是休养士卒和马匹，练习射箭打猎的技术，多次派使者到汉朝，好言好语地请求和亲。

朝廷派遣王乌等去窥探匈奴的情况。匈奴的法令规定，汉使若不放下旄节，不用墨在脸上涂抹，就不能进入毡帐。王乌是北地人，熟悉匈奴风俗，就放下旄节，用墨在脸上涂抹，得以进入毡帐。单于很喜欢他，假说马上就派遣太子到汉朝做人质，以此要求同汉朝和亲。

汉朝派杨信出使匈奴。这时汉朝在东边攻取了秽貉和朝鲜，并设置了若干郡；在西边设置了酒泉郡，用以隔绝匈奴和羌人的通路。接着又向西与月氏和大夏通好，并把公主嫁给乌孙王，以此离间匈奴和西域各国的关系。接着又向北扩展，直到胘雷，作为边塞。匈奴始终不敢说什么。这一年，翕侯赵信去世，汉朝官员以为匈奴已经衰弱，可以让它臣服于汉了，就派杨信出使。杨信为人刚正倔强，因为他不是显贵的大臣，单于也不重视。单于本想召他进帐，但他却不肯放下旄节，单于便坐到毡帐外面接见杨信。杨信见到单于后，说道："如果真想和亲，就要派太子到汉朝做人质。"单于答道："这不是以前的盟约。按从前的约定，汉朝应常常派遣公主，供给一定等级的绸绢、丝绵和食物，用以和亲，而匈奴也不再去边境骚扰。如今你们却想要违背以前的约定，让我的太子去做人质，这样做，和亲就没有希望了。”匈奴的习俗，见到使者并非帝王宠臣，而是儒生，就会认为是想要来游说的，便驳斥他的辩辞；若是年少之人，便认为是想要来行刺的，就挫败他的锐气。每逢汉朝使者出使匈奴，匈奴便要回访。汉朝若扣留匈奴使者，匈奴便也扣留汉朝使者，一定要对等，才肯罢休。

杨信回来后，汉朝又派王乌出使匈奴，单于又用好话谄媚他，想多得到些财物，便欺骗说：“我想要去汉朝面见天子，当面缔约，结为兄弟。”王乌归来向汉朝作了汇报，朝廷就为单于在长安修筑了官邸。匈奴说：“若没有汉朝尊贵之人来出使，我不能同他说真话。”匈奴有个显贵之人出使时得了病，汉朝派人给他医治，但却不幸死了。汉朝派路充国佩带二千石的官印前往出使，顺便送还匈奴贵人的灵柩，以及价值数千金的丧葬用品，并声称“这在汉朝是给贵人殡葬的规格”。单于认为是汉朝杀害了他的使者，便把路充国扣留下不许回去。而单于所说过的话，都是为了欺骗王乌，根本无意到汉朝拜见天子，也无意派太子去做人质。于是匈奴屡次派突击队侵犯汉朝边境。汉朝就任命郭昌为拔胡将军，同浞野侯屯兵在朔方以东，防备匈奴。路充国被扣留在匈奴的第三年，单于死去。

乌维单于继位十年就死去了，他的儿子乌师庐继位当了单于。因为乌师庐年幼，所以称为儿单于。这年是汉武帝元封六年。从此，单于越发向西北迁移，左边的军队直到云中郡，右方军队直达酒泉和敦煌郡。

儿单于继位后，汉朝派遣两位使者出使，一位吊唁单于，一位吊唁右贤王，想以此离间匈奴内部。使者进入匈奴后，匈奴人把他们全部送到了单于那儿。单于见到他们如此光景很生气，就把使者全部扣留了。这以后汉朝的使者又有十多批被扣留在匈奴，而匈奴使者来到汉朝也被扣留了十多批。

这一年，汉朝派贰师将军李广利到西边攻打大宛，而命令因杅将军公孙敖修筑受降城。这年冬天，匈奴遭遇暴风雪，牲畜多半因饥寒而死去。儿单于年少气盛，喜欢打杀，国人多有不安。左大都尉想要杀了单于，派人私下对汉朝说：“我想杀死单于归降汉朝，但汉朝遥远，如果能派兵来接应我，我就立刻杀了单于。”汉朝听到这话，就修筑了受降城，但左大都尉还是觉得路途遥远。

第二年春天，汉朝派浞野侯赵破奴率领两万多骑兵从朔方郡出兵西北二千余里，预定到达浚稽山进行接应。浞野侯按时到达约定地点便率兵返回，左大都尉想杀单于不幸被发觉，单于杀了他，并令左方的军队攻击浞野侯。浞野侯边走边捕杀了数千匈奴人，在离受降城四百里的地方，被八万匈奴骑兵围攻。浞野侯趁夜晚独自出去找水，被在暗中埋伏的匈奴人活捉，匈奴趁机急攻他的军队。汉军中的郭纵担任护军，维王担任匈奴降兵的头领，两人商量道："诸位校尉都害怕因失掉将军回去要被杀头，都不想再回汉朝。"于是全军都投降匈奴。匈奴儿单于大喜，就派遣突击队攻打受降城，没能攻下来，就到边塞劫掠了一番才离去。第二年，单于想亲自攻打受降城，结果在途中就病死了。

儿单于继位三年就死了。他的儿子年纪还小，匈奴就立他叔父乌维单于的弟弟右贤王呴犁湖为单于。这一年是汉武帝太初三年。

呴犁湖单于继位后，汉朝派光禄徐自为出五原塞，近的数百里，远的一千余里，修筑城堡和哨所，一直到庐朐，又派游击将军韩说、长平侯卫伉驻守在附近，又派强弩都尉路博德在居延泽修建城堡。

这年秋天，匈奴大举入侵定襄、云中两郡，杀死和抢掠数千人，打败数位二千石级的高官才离开。行军途中还破坏了光禄徐自为所修的城堡。又派右贤王侵入九泉、张掖二郡，掠走了数千人。恰好遇上汉朝将军任文引兵相救，匈奴不得已抛下抢来的汉人逃去。这一年，贰师将军李广利攻破大宛，杀了大宛王归来。匈奴想截击李广利，却未能赶到。这年冬天，匈奴想攻打受降城，却正好赶上单于病死。

呴犁湖单于继位一年就死去了，匈奴便立他的弟弟左大都尉且鞮侯当了单于。

汉朝灭掉大宛国后，威震国外。天子想乘机围困匈奴，就颁布诏命说："高皇帝给我留下平城之忧，高后时，单于的来信极为大逆不道。从前齐襄公要报九世的怨仇，《春秋》大加赞美。"这一年是汉武帝太初四年。

且鞮侯单于继位后，把汉朝被扣留的又不肯投降的使者全部送回去，路充国等人才得以回汉朝。单于刚刚继位，唯恐汉朝袭击他，就说："我是个小孩子，哪敢同汉朝天子相比！汉朝天子是我的长辈啊。"汉朝派遣中郎将苏武给单于送去丰厚的礼物。结果单于非常骄狂无礼，完全不是汉朝所想的那个样子。第二年，浞野侯赵破奴逃离匈奴，回到汉朝。

第二年，汉朝派贰师将军李广利率三万骑兵从酒泉出兵，在天山攻击右贤王，杀死和俘虏匈奴一万多人，在回来的时候，被匈奴人包围，几乎没能逃脱，汉兵死亡了十分之六七。汉朝又派因杅将军公孙敖从西河地区出发，同强弩都尉在涿涂山会师，结果一无所获。又派骑都尉李陵率步兵五千人，从居延出发，向北步行千余里，同单于相遇，双方激战，匈奴死伤一万余人，汉军最后武器和粮食用完，李陵想解脱回来，却被匈奴包围，最后投降了匈奴，他的军队只有四百人回到汉朝。单于对李陵非常尊宠，把他的女儿嫁给李陵做妻子。

又过了两年，汉朝又派贰师将军率六万骑兵、十万步兵，从朔方郡出发。强弩都尉路博德率领一万余人，同贰师将军会师。游击将军韩说率领步兵和骑兵三万人，从五原出发。因杅将军公孙敖率领一万骑兵、三万步兵，从雁门出发。匈奴闻讯，就把他们的辎重与人畜转移到余吾水以北，而单于率领十万骑兵在余吾水以南等候汉军，同贰师将军交战。贰师将军失利后，引兵边退边战十多天。后来听说他的家属因为巫蛊之罪而被灭族，就率众投降了匈奴，能够回到汉朝的不到千分之一二。游击将军韩说一无所得。因杅将军公孙敖同左贤王交战，形势不利，就领兵回到汉朝。这年汉朝出兵攻打匈奴，谈不上有多少功劳，因为功劳还抵偿不了损失。皇帝下令逮捕太医令随但，因为就是他传出的贰师将军家被灭族的消息，致使李广利投降匈奴。

太史公说：孔子著《春秋》，对于鲁隐公、鲁桓公时期的事情记述得详尽明白，到了鲁定公和鲁哀公时期，就记述得简略而含蓄，因为时代太靠近，不能如实褒贬，有许多忌讳的缘故。世俗之中谈论匈奴的人，其弊病在于为求取一时的权贵恩宠，而极力谄媚迎合，发表片面言辞，而不考虑敌我双方实际情况；将帅们则倚仗中原国土广大，士气昂扬。君主就据此决策，因此未能建立深远的功业。尧帝虽贤能，但也不能靠自己一人的力量完成大业，是得到夏禹之后，才使九州得以安宁。要想发扬光大圣王的传统，就在于择用好将相啊！就在于择用好将相啊！

史记卷一百一十一

卫将军骠骑列传第五十一

大将军卫青者，平阳人也。其父郑季，为吏，给事平阳侯家，与侯妾卫媪通，生青。青同母兄卫长子，而姊卫子夫自平阳公主家得幸天子，故冒姓为卫氏。字仲卿。长子更字长君。长君母号为卫媪。媪长女卫孺，次女少儿，次女即子夫。后子夫男弟步广皆冒卫氏。

青为侯家人，少时归其父，其父使牧羊。先母之子皆奴畜之，不以为兄弟数。青尝从入至甘泉居室，有一钳徒相青曰："贵人也，官至封侯。"青笑曰："人奴之生，得毋笞骂即足矣，安得封侯事乎！"

青壮，为侯家骑，从平阳主。建元二年春，青姊子夫得入宫幸上。皇后，堂邑大长公主女也，无子。妒。大长公主闻卫子夫幸，有身，妒之，乃使人捕青。青时给事建章，未知名。大长公主执囚青，欲杀之。其友骑郎公孙敖与壮士往篡取之，以故得不死。上闻，乃召青为建章监，侍中。及同母昆弟贵，赏赐数日间累千金。孺为太仆公孙贺妻。少儿故与陈掌通，上召贵掌。公孙敖由此益贵。子夫为夫人。青为大中大夫。

元光五年，青为车骑将军，击匈奴，出上谷；太仆公孙贺为轻车将军，出云中；大中大夫公孙敖为骑将军，出代郡；卫尉李广为骁骑将军，出雁门，军各万骑。青至龙城，斩首虏数百。骑将军敖亡七千骑，卫尉李广为虏所得，得脱归，皆当斩，赎为庶人。贺亦无功。

元朔元年春，卫夫人有男，立为皇后。其秋，青为车骑将军，出雁门，三万骑击匈奴，斩首虏数千人。明年，匈奴入杀辽西太守，虏略渔阳二千馀人，败韩将军军。汉令将军李息击之，出代；令车骑将军青出云中以西至高阙。遂略河南地，至于陇西，捕首虏数千，畜数十万，走白羊、楼烦王。遂以河南地为朔方郡。以三千八百户封青为长平侯。青校尉苏建有功，以千一百户封建为平陵侯。使建筑朔方城。青校尉张次公有功，封为岸头侯。天子曰："匈奴逆天理，乱人伦，暴长虐老，以盗窃为务，行诈诸蛮夷，造谋藉兵，数为边害，故兴师遣将，以征厥罪。

卫青钳徒论相图，选自清·马骀《百将传图》。卫青是汉武帝时的名将，其未发达时，遇见一善于相面的钳徒（古代有残疾者称“钳徒”），其对卫青说，“贵人也，官至封侯。”后卫青果然成为一代名将。

《诗》不云乎，‘薄伐猃狁，至于太原’；‘出车彭彭’，‘城彼朔方’。今车骑将军青度西河至高阙，获首虏二千三百级，车辎畜产毕收为卤，已封为列侯，遂西定河南地，按榆谿旧塞，绝梓领，梁北河，讨蒲泥，破符离，斩轻锐之卒，捕伏听者三千七十一级，执讯获丑，驱马牛羊百有馀万，全甲兵而还，益封青三千户。”其明年，匈奴入杀代郡太守友，入略雁门千馀人。其明年，匈奴大入代、定襄、上郡，杀略汉数千人。

其明年，元朔之五年春，汉令车骑将军青将三万骑，出高阙；卫尉苏建为游击将军，左内史李沮为强弩将军，太仆公孙贺为骑将军，代相李蔡为轻车将军，皆领属车骑将军，俱出朔方；大行李息、岸头侯张次公为将军，出右北平：咸击匈奴。匈奴右贤王当卫青等兵，以为汉兵不能至此，饮醉。汉兵夜至，围右贤王，右贤王惊，夜逃，独与其爱妾一人壮骑数百驰，溃围北去。汉轻骑校尉郭成等逐数百里，不及。得右贤裨王十馀人，众男女万五千馀人，畜数千百万，于是引兵而还。至塞，天子使使者持大将军印，即军中拜车骑将军青为大将军，诸将皆以兵属大将军，大将军立号而归。天子曰：“大将军青躬率戎士，师大捷，获匈奴王十有馀人。益封青六千户。”而封青子伉为宜春侯，青子不疑为阴安侯，青子登为发干侯。青固谢曰：“臣幸得待罪行间，赖陛下神灵，军大捷，皆诸校尉力战之功也。陛下幸已益封臣青。臣青子在襁褓中，未有勤劳，上幸列地封为三侯，非臣待罪行间所以劝士力战之意也。伉等三人何敢受封！”天子曰：“我非忘诸校尉功也，今固且图之。”乃诏御史曰：“护军都尉公孙敖三从大将军击匈奴，常护军，傅校获王，以千五百户封敖为合骑侯。都尉韩说从大将军出窳浑，至匈奴右贤王庭，为麾下搏战获王，以千三百户封说为龙额侯。骑将军公孙贺从大将军获王，以千三百户封贺为南窌侯。轻车将军李蔡再从大将军获王，以千六百户封蔡为乐安侯。校尉李朔，校尉赵不虞，校尉公孙戎奴，各三从大将军获王，以千三百户封朔为涉轵侯，以千三百户封不虞为随成侯，以千三百户封戎奴为从平侯。将军李沮、李息及校尉豆如意有功，赐爵关内侯，食邑各三百户。”其秋，匈奴入代，杀都尉朱英。

其明年春，大将军青出定襄。合骑侯敖为中将军，太仆贺为左将军，翕侯赵信为前将军，卫尉苏建为右将军，郎中令李广为后将军，左内史李沮为强弩将军，咸属大将军，斩首数千级而还。月馀，悉复出定襄击匈奴，斩首虏万馀人。右将军建、前将军信并军三千馀骑，独逢单于兵，与战一日馀，汉兵且尽。前将军故胡人，降为翕侯，见急，匈奴诱之，遂将其馀骑可八百，奔降单于。右将军苏建尽亡其军，独以身得亡去，自归大将军。大将军问其罪正闳、长史安、议郎周霸等："建当云何？"霸曰："自大将军出，未尝斩裨将。今建弃军，可斩以明将军之威。"闳、安曰："不然。兵法'小敌之坚，大敌之禽也'。今建以数千当单于数万，力战一日馀，士尽，不敢有二心，自归。自归而斩之，是示后无反意也。不当斩。"大将军曰："青幸得以肺腑待罪行间，不患无威，而霸说我以明威，甚失臣意。且使臣职虽当斩将，以臣之尊宠而不敢自擅专诛于境外，而具归天子，天子自裁之，于是以见为人臣不敢专权，不亦可乎？"军吏皆曰"善"。遂囚建诣行在所。入塞罢兵。

是岁也，大将军姊子霍去病年十八，幸，为天子侍中。善骑射，再从大将军，受诏与壮士，为剽姚校尉，与轻勇骑八百直弃大军数百里赴利，斩捕首虏过当。于是天子曰："剽姚校尉去病斩首虏二千二十八级，及相国、当户，斩单于大父行籍若侯产，生捕季父罗姑比，再冠军，以千六百户封去病为冠军侯。上谷太守郝贤四从大将军，捕斩首虏二千馀人，以千一百户封贤为众利侯。"是岁，失两将军军，亡翕侯，军功不多，故大将军不益封。右将军建至，天子不诛，赦其罪，赎为庶人。

大将军既还，赐千金。是时王夫人方幸于上，宁乘说大将军曰："将军所以功未甚多，身食万户，三子皆为侯者，徒以皇后故也。今王夫人幸而宗族未富贵，愿将军奉所赐千金为王夫人亲寿。"大将军乃以五百金为寿。天子闻之，问大将军，大将军以实言，上乃拜宁乘为东海都尉。

张骞从大将军，以尝使大夏，留匈奴中久，导军，知善水草处，军得以无饥渴，因前使绝国功，封骞博望侯。

冠军侯去病既侯三岁，元狩二年春，以冠军侯去病为骠骑将军，将万骑出陇西，有功。天子曰："骠骑将军率戎士逾乌盭，讨遬濮，涉狐奴，历五王国，辎重人众慑慴者弗取，冀获单于子。转战六日，过焉支山千有馀里，合短兵，杀折兰王，斩卢胡王，诛全甲，执浑邪王子及相国、都尉，首虏八千馀级，收休屠祭天金人。益封去病二千户。"

其夏，骠骑将军与合骑侯敖俱出北地，异道；博望侯张骞、郎中令李广俱出右北平：异道，皆击匈奴。郎中令将四千骑先至，博望侯将万骑在后至。匈奴左贤王将数万骑围郎中令，郎中令与战二日，死者过半，所杀亦过当。博望侯至，匈奴兵引去。博望侯坐行留，当斩，赎为庶人。而骠骑将军出北地，已遂深入，与合骑侯失道，不相得，骠骑将军逾居延至祁连山，捕首虏甚多。天子曰："骠骑将军逾居延，遂过小月氏，攻祁连山，得酋涂王，以众降者二千五百人，斩首虏三万二百级，获五王，五王母，单于阏氏、王子五十九人，相国、将军、当户、都尉六十三人，师大率减什三，益封去病五千户。赐校尉从至小月氏爵左庶长。鹰击司马破奴再从骠骑将军斩遬濮王，捕稽沮王，千骑将得王、王母各一人，王子以下四十一人，捕虏三千三百三十人，前行捕虏千四百人，以千五百户封破奴为从骠侯。校尉句王高不识，从骠骑将军捕呼于屠王王子以下十一人，捕虏千七百六十八人，以千一百户封不识为宜冠侯。校尉仆多有功，封为煇渠侯。"合骑侯敖坐行留不与骠骑会，当斩，赎为庶人。诸宿将所将士马兵亦不如骠骑，骠骑所将常选，然亦敢深入，常与壮骑先其大(将)军，军亦有天幸，未尝困绝也。然而诸宿将常坐留落不遇。由此骠骑日以亲贵，比大将军。

其秋，单于怒浑邪王居西方数为汉所破，亡数万人，以骠骑之兵也。单于怒，欲召诛浑邪王。浑邪王与休屠王等谋欲降汉，使人先(遣使向边境要遮汉人，令报天子)要边。是时大行李息将城河上，得浑邪王使，即驰传以闻。天子闻之，于是恐其以诈降而袭边，乃令骠骑将军将兵往迎之。骠骑既渡河，与浑邪王众相望。浑邪王裨将见汉军而多欲不降者，颇遁去。骠骑乃驰入与浑邪王相见，斩其欲亡者八千人，遂独遣浑邪王乘传先诣行在所，尽将其众渡河，降者数万，号称十万。既至长安，天子所以赏赐者数十巨万。封浑邪王万户，为漯阴侯。封其裨王呼毒尼为下摩侯，鹰庇为煇渠侯，禽梨为河綦侯，大当户铜离为常乐侯。于是天子嘉骠骑之功曰："骠骑将军去病率师攻匈奴西域王浑邪，王及厥众萌咸相奔，率以军粮接食，并将控弦万有馀人，诛獟骓，获首虏八千馀级，降异国之王三十二人，战士不离伤，十万之众咸怀集服，仍与之劳，爰及河塞，庶几无患，幸既永绥矣。以千七百户益封骠骑将军。"减陇西、北地、上郡戍卒之半，以宽天下之繇。

居顷之，乃分徙降者边五郡故塞外，而皆在河南，因其故俗，为属国。其明年，匈奴入右北平、定襄，杀略汉千馀人。

其明年，天子与诸将议曰："翕侯赵信为单于画计，常以为汉兵不能度幕轻留，今大发士卒，其势必得所欲。"是岁元狩四年也。

元狩四年春，上令大将军青、骠骑将军去病将各五万骑，步兵转者踵军数十万，而敢力战深入之士皆属骠骑。骠骑始为出定襄，当单于。捕虏言单于东，乃更令骠骑出代郡，令大将军出定襄。郎中令为前将军，太仆为左将军，主爵赵食其为右将军，平阳侯襄为后将军，皆属大将军。兵即度幕，人马凡五万骑，与骠骑等咸击匈奴单于。赵信为单于谋曰："汉兵既度幕，人马罢，匈奴可坐收虏耳。"乃悉远北其辎重，皆以精兵待幕北。而适值大将军军出塞千馀里，见单于兵陈而待，于是大将军令武刚车自环为营，而纵五千骑往当匈奴。匈奴亦纵可万骑。会日且入，大风起，沙砾击面，两军不相见，汉益纵左右翼绕单于。单于视汉兵多，而士马尚强，战而匈奴不利，薄暮，单于遂乘六羸，壮骑可数百，直冒汉围西北驰去。时已昏，汉、匈奴相纷挐，杀伤大当。汉军左校捕虏言单于未昏而去，汉军因发轻骑夜追之，大将军军因随其后。匈奴兵亦散走。迟明，行二百馀里，不得单于，颇捕斩首虏万馀级，遂至窴颜山赵信城，得匈奴积粟食军。军留一日而还，悉烧其城馀粟以归。

大将军之与单于会也，而前将军广、右将军食其军别从东道，或失道，后击单于。大将军引还过幕南，乃得前将军、右将军。大将军欲使使归报，令长史簿责前将军广，广自杀。右将军至，下吏，赎为庶人。大将军军入塞，凡斩捕首虏万九千级。

是时匈奴众失单于十馀日，右谷蠡王闻之，自立为单于。单于后得其众，右王乃去单于之号。

骠骑将军亦将五万骑，车重与大将军军等，而无裨将。悉以李敢等为大校，当裨将，出代、右北平千馀里，直左方兵，所斩捕功已多大将军。军既还，天子曰："骠骑将军去病率师，躬将所获荤粥之士，约轻赍，绝大幕，涉获章渠，以诛比车耆，转击左大将，斩获旗鼓。历涉离侯，济弓闾，获屯头王、韩王等三人，将军、相国、当户、都尉八十三人，封狼居胥山，禅于姑衍，登临翰海。执卤获丑七万有四百四十三级，师率减什三，取食于敌，逴行殊远而粮不绝。以五千八百户益封骠骑将军。"右北平太守路博德属骠骑将军，会与城，不失期，从至梼余山，斩首捕虏二千七百级，以千六百户封博德为符离侯。北地都尉邢山从骠骑将军获王，以千二百户封山为义阳侯。故归义因淳王复陆支、楼专王伊即靬皆从骠骑将军有功，以千三百户封复陆支为壮侯，以千八百户封伊即靬为众利侯。从骠侯破奴、昌武侯安稽从骠骑有功，益封各三百户。校尉敢得旗鼓，为关内侯，食邑二百户。校尉自为爵大庶长。军吏卒为官，赏赐甚多。而大将军不得益封，军吏卒皆无封侯者。

两军之出塞，塞阅，官及私马凡十四万匹。而复入塞者不满三万匹。乃益置大司马位，大将军、骠骑将军皆为大司马。定令，令骠骑将军秩禄与大将军等。自是之后，大将军青日退，而骠骑日益贵。举大将军故人门下多去事骠骑，辄得官爵，唯任安不肯。

骠骑将军为人少言不泄，有气敢任。天子尝欲教之孙吴兵法，对曰："顾方略何如耳，不至学古兵法。"天子为治第，令骠骑视之，对曰："匈奴未灭，无以家为也。"由此上益重爱之。然少而侍中，贵，不省士。其从军，天子为遣太官赍数十乘，既还，重车馀弃粱肉，而士有饥者。其在塞外，卒乏粮，或不能自振，而骠骑尚穿域蹋鞠。事多此类。大将军为人仁善退让，以和柔自媚于上，然天下未有称也。

骠骑将军自四年军后三年，元狩六年而卒。天子悼之，发属国玄甲军，陈自长安至茂陵，为冢象祁连山。谥之，并武与广地曰景桓侯。子嬗代侯。嬗少，字子侯，上爱之，幸其壮而将之。居六岁，元封元年，嬗卒，谥哀侯。无子，绝，国除。

自骠骑将军死后，大将军长子宜春侯伉坐法失侯。后五岁，伉弟二人，阴安侯不疑及发干侯登皆坐酎金失侯。失侯后二岁，冠军侯国除。其后四年，大将军青卒，谥为烈侯。子伉代为长平侯。

自大将军围单于之后十四年而卒。竟不复击匈奴者，以汉马少，而方南诛两越，东伐朝鲜，击羌、西南夷，以故久不伐胡。

大将军以其得尚平阳长公主故，长平侯〔伉〕代侯。六岁，坐法失侯。

左方两大将军及诸裨将名：

最大将军青，凡七出击匈奴，斩捕首虏五万馀级。一与单于战，收河南地，遂置朔方郡，再益封，凡万一千八百户。封三子为侯，侯千三百户。并之，万五千七百户。其校尉裨将以从大将军侯者九人。其裨将及校尉已为将者十四人。为裨将者曰李广，自有传。无传者曰：

将军公孙贺。贺，义渠人，其先胡种。贺父浑邪，景帝时为平曲侯，坐法失侯。贺，武帝为太子时舍人。武帝立八岁，以太仆为轻车将军，军马邑。后四岁，以轻车将军出云中。后五岁，以骑将军从大将军有功，封为南窌侯。后一岁，以左将军再从大将军出定襄，无功。后四岁，以坐酎金失侯。后八岁，以浮沮将军出五原二千馀里，无功。后八岁，以太仆为丞相，封葛绎侯。贺七为将军，出击匈奴无大功，而再侯，为丞相。坐子敬声与阳石公主奸，为巫蛊，族灭，无后。

将军李息，郁郅人。事景帝，至武帝立八岁，为材官将军，军马邑。后六岁，为将军，出代。后三岁，为将军，从大将军出朔方。皆无功。凡三为将军，其后常为大行。

将军公孙敖，义渠人。以郎事武帝。武帝立十二岁，为（骠）骑将军，出代，亡卒七千人，当斩，赎为庶人。后五岁，以校尉从大将军有功，封为合骑侯。后一岁，以中将军从大将军再出定襄，无功。后二岁，以将军出北地，后骠骑期，当斩，赎为庶人。后二岁，以校尉从大将军，无功。后十四岁，以因杅将军筑受降城。七岁，复以因杅将军再出击匈奴，至余吾，亡士卒多，下吏，当斩，诈死，亡居民间五六岁。后发觉，复系。坐妻为巫蛊，族。凡四为将军，出击匈奴。一侯。

将军李沮，云中人。事景帝。武帝立十七岁，以左内史为强弩将军。后一岁，复为强弩将军。

将军李蔡，成纪人也。事孝文帝、景帝、武帝。以轻车将军从大将军有功，封为乐安侯。已为丞相，坐法死。

将军张次公，河东人。以校尉从卫将军青有功，封为岸头侯。其后太后崩，为将军，军北军。后一岁，为将军，从大将军，再为将军，坐法失侯。次公父隆，轻车武射也。以善射，景帝幸近之也。

将军苏建，杜陵人。以校尉从卫将军青，有功，为平陵侯，以将军筑朔方。后四岁，为游击将军，从大将军出朔方。后一岁，以右将军再从大将军出定襄，亡翕侯，失军，当斩，赎为庶人。其后为代郡太守，卒，冢在大犹乡。

将军赵信，以匈奴相国降，为翕侯。武帝立十七岁，为前将军，与单于战，败，降匈奴。

将军张骞，以使通大夏，还，为校尉。从大将军有功，封为博望侯。〔后〕三岁，为将军，出右北平，失期，当斩，赎为庶人。其后使通乌孙，为大行，而卒，冢在汉中。

将军赵食其，祋祤人也。武帝立二十二岁，以主爵为右将军，从大将军出定襄，迷失道，当斩，赎为庶人。

将军曹襄，以平阳侯为后将军，从大将军出定襄。襄，曹参孙也。

将军韩说，弓高侯庶孙也。以校尉从大将军有功，为龙额侯，坐酎金失侯。元鼎六年，以待诏为横海将军，击东越有功，为按道侯。以太初三年为游击将军，屯于五原外列城。为光禄勋，掘蛊太子宫，卫太子杀之。

将军郭昌，云中人也。以校尉从大将军。元封四年，以太中大夫为拔胡将军，屯朔方。还击昆明，毋功，夺印。

将军荀彘，太原广武人。以御见，侍中，为校尉，数从大将军。以元封三年为左将军击朝鲜，无功。以捕楼船将军坐法死。

最骠骑将军去病，凡六出击匈奴，其四出以将军，斩捕首虏十一万馀级。及浑邪王以众降数万，遂开河西酒泉之地，西方益少胡寇。四益封，凡万五千一百户。其校吏有功为侯者凡六人，而后为将军二人。

将军路博德，平州人。以右北平太守从骠骑将军有功，为符离侯。骠骑死后，博德以卫尉为伏波将军，伐破南越，益封。其后坐法失侯。为强弩都尉，屯居延，卒。

将军赵破奴，故九原人。尝亡入匈奴，已而归汉，为骠骑将军司马。出北地时有功，封为从骠侯。坐酎金失侯。后一岁，为匈河将军，攻胡至匈河水。无功。后二岁，击虏楼兰王，复封为浞野侯。后六岁，为浚稽将军，将二万骑击匈奴左贤王，左贤王与战，兵八万骑围破奴，破奴生为虏所得，遂没其军。居匈奴中十岁，复与其太子安国亡入汉。后坐巫蛊，族。

自卫氏兴，大将军青首封，其后枝属为五侯。凡二十四岁而五侯尽夺，卫氏无为侯者。

太史公曰：苏建语余曰："吾尝责大将军至尊重，而天下之贤大夫毋称焉，愿将军观古名将所招选择贤者，勉之哉。大将军谢曰：'自魏其、武安之厚宾客，天子常切齿。彼亲附士大夫，招贤绌不肖者，人主之柄也。人臣奉法遵职而已，何与招士！'"骠骑亦放此意，其为将如此。

【译文】

大将军卫青，是平阳县人，他的父亲郑季是个小吏，在平阳侯曹寿家当差，与平阳侯的小妾卫媪通奸，生下了卫青。卫青同母的哥哥是卫长子，同母姐姐卫子夫在平阳公主家得到汉武帝的宠爱，他们都冒充姓卫。卫青，字仲卿。卫长子，字长君，长君的母亲叫卫媪。卫媪的大女儿叫卫孺，二女儿叫卫少儿，三女儿就是卫子夫。后来卫子夫的弟弟步和广都冒充姓卫。

卫青是平阳侯家的仆人，但小的时候就回到生父郑季家里，郑季让他牧羊。郑季前妻生的儿子们都把他当作奴仆看待，不把他当兄弟。卫青曾经跟人来到甘泉宫的居室，有个脖子上戴着铁枷的囚徒给他相面说："你是富贵相，将来要被封侯的！"卫青笑一笑说："我是奴仆的命，能不挨打受骂就已经心满意足了，怎么可能封侯呢？"

卫青长大后，当了平阳侯家的骑兵，时常跟随侍候平阳公主。汉武帝建元二年的春天，卫青的姐姐卫子夫进入皇宫，受到武帝的宠幸。皇后陈阿娇是堂邑大长公主刘嫖的女儿，但没有儿子，生性嫉妒，大长公主听说卫子夫受到武帝宠幸，且有了身孕，很嫉妒，就派人逮捕了卫青。当时卫青在建章宫供职，还没有什么显赫地位。大长公主把卫青囚禁起来，想杀了他。卫青的朋友骑郎公孙敖就和一些壮士设法把他抢了出来，卫青得以免除一死。武帝听说了这件事，就召来卫青，任命他当建章监，加侍中官衔。连同他的同母兄弟们也一起显贵起来，几天之内得到的赏赐竟有千金之多。卫孺做了太仆公孙贺的妻子。卫少儿原来同陈掌私通，武帝便召来陈掌加以宠用。公孙敖因为救卫青有功，也越来越显贵。卫子夫被封为夫人，卫青升为大中大夫。

元光五年，卫青担任车骑将军，讨伐匈奴，从上谷出兵；太仆公孙贺担任轻车将军，由云中出兵；大中大夫公孙敖担任骑将军，由代郡出兵；卫尉李广担任骁骑将军，由雁门出兵；每人各领一万骑兵。卫青领兵到达龙城，斩杀匈奴数百人。骑将军公孙敖损失七千骑兵，卫尉李广被匈奴俘获，幸而逃脱归来。公孙敖和李广都被判了死刑，后来用财物赎罪贬为平民。公孙贺也没立下战功。

元朔元年春天，卫子夫生了个男孩，被立为皇后。这年秋天，卫青当了车骑将军，从雁门出兵，率领三万骑兵攻打匈奴，斩杀匈奴数千人。第二年，匈奴入侵，杀死辽西郡的太守，掳掠渔阳郡二千多人，击败了韩将军的军队。汉朝命令将军李息攻打匈奴，从代郡出兵；又命令车骑将军卫青从云中出发，向西去攻打匈奴，直奔高阙。先攻取了河南地区，接着西下到陇西，俘获几千名匈奴兵，缴获牲畜十万头，赶走了白羊王和楼烦王。于是就把河南地区改设为朔方郡。卫青因功被封为长平侯，食邑三千八百户。卫青的校尉苏建也因军功被封为平陵侯，食邑一千一百户，朝廷派苏建修筑朔方城。卫青的校尉张次公有军功，被封为岸头侯。天子说："匈奴背逆天理，违背人伦，侵凌长辈，虐待老人，专以盗窃为事，欺诈各个蛮夷之国，策划阴谋，凭借武力，屡次侵扰汉朝边境，所以朝廷才调动军队，派遣将领，来征讨他们。《诗经》上不是说吗？'驱逐猃狁，直到太原'，'战车隆隆，在朔方筑城'。如今车骑将军卫青越过西河地区，直到高阙，斩杀匈奴二千三百人，大批车辆辎重和牲畜财产都被缴获，卫青已被封为列侯，于是往西平定了黄河以南地区，占领了榆溪的旧塞，越过梓领，在北河上架设桥梁，又讨伐蒲泥，攻破符离，斩杀匈奴的精兵与捕获匈奴的侦察兵三千零七十一人，押来了俘虏，赶来匈奴一百多万头马、牛和羊，而自己的军队却完整无损，胜利回师，为此又加封卫青三千户。"第二年，匈奴又入侵边境，杀死代郡太守共友，侵入雁门，抢掠一千余人。第二年，匈奴更大规模入侵代郡、定襄、上郡，斩杀抢掠汉朝百姓几千人。

又过了一年，即元朔五年的春天，朝廷命令车骑将军卫青率领骑兵三万，从高阙出兵；任命卫尉苏建为游击将军，左内史李沮为强弩将军，太仆公孙贺为骑将军，代国国相李蔡为轻车将军，都隶属车骑将军卫青统领，一同从朔方出兵；朝廷又任命大行令李息、岸头侯张次公为将军，从右北平出发，一齐攻打匈奴。匈奴右贤王抵挡卫青等人的大兵，以为汉朝军队不能到达这里，便喝得大醉。汉军趁夜色袭来，包围了右贤王；右贤王大惊，同他的一个爱妾和几百个精壮骑兵，冲破包围圈，向北逃去。汉朝的轻骑校尉郭成等追了几百里，没有追上。抓到了右贤王的小王十多人，男女民众一万五千余人，牲畜数千百万头，于是卫青率兵凯旋而归。当卫青走到边塞时，武帝派遣使者拿着大将军的官印在那里迎接，就在军中任命他为大将军，其他将军所率领的军队都由大将军指挥，大将军确立名号后，班师回京。武帝说："大将军亲自领军作战，大获全胜，俘虏匈奴王十多人，加封卫青六千户食邑。"又封卫青的儿子卫伉为宜春侯，卫不疑为阴安侯，卫登为发干侯。卫青坚决推辞说："我有幸能在军中任职，依赖陛下的圣威，才使军队获得大捷，同时这也是各位校尉拼命奋战的功劳。陛下已经降恩加封我了。儿子们年龄还小，没有丝毫劳苦之功，皇上却要封列侯，这不是我劝勉将士奋力作战的本意。他们三个怎么敢接受封赏呢！"天子说："我并没有忘了各位校尉的功劳，如今正要给他们封赏。"于是诏令御史说："护军都尉公孙敖三次跟随大将军攻打匈奴，协调各军，配合校尉俘获匈奴王，封为合骑侯，食邑一千五百户。都尉韩说跟随大将军从窳浑出兵，直打到匈奴右贤王的王庭，在大将军指挥下奋力作战，捕获匈奴小王，封为龙嵤侯，食邑一千三百户。骑将军公孙贺跟随大将军捕获敌王，封为南窌侯，食邑一千三百户。轻车将军李蔡两次跟随大将军俘获敌王，封为乐安侯，食邑一千六百户。校尉李朔、校尉赵不虞、校尉公孙戎奴，各三次跟随大将军捕获敌王，封李朔为涉轵侯，食邑一千三百户；封赵不虞为随成侯，食邑一千三百户；封公孙戎奴为从平侯，食邑一千三百户。将军李沮、李息以及校尉豆如意有战功，赐封关内侯的爵位，各领有三百户食邑。”这年秋天，匈奴又入侵代郡，杀死了都尉朱英。

第二年春天，大将军卫青从定襄出兵。合骑侯公孙敖做中将军，太仆公孙贺为左将军，翕侯赵信为前将军，卫尉苏建做右将军，郎中令李广做后将军，左内史李沮做强弩将军，都隶属大将军统领，斩杀数千匈奴而回。一个多月后，又全都从定襄出兵攻打匈奴，匈奴死伤一万多人。右将军苏建、前将军赵信的军队合为一军，共三千多骑兵，途中遭遇匈奴单于的军队，激战一天，汉军眼看要全军覆没，前将军赵信原本是匈奴人，投降汉朝后被封为翕侯，如今看到形势危急，匈奴又引诱他，于是率领剩余八百骑兵，投降单于。右将军苏建全军覆没，独自一人逃回到大将军卫青那里。卫青向军正闳、长史安和议郎周霸等询问如何处置苏建，周霸说道：“自从您出征以来，从未杀过副将。如今苏建弃军逃跑，应该杀了他以显示大将军的威严。”闳和安反对说：“不能这样。兵法上说‘两军交锋，力量小的一方即使硬拼，也要被力量大的一方打败。’如今苏建以几千兵力抵御单于的几万军队，奋战一天多，将士全部牺牲，仍然不敢有二心，自动归来。若归来反而被处死，这等于告诉后来者战败后再不要有返回的意图了。所以苏建不能被杀。”卫青说：“我侥幸作为朝廷亲信在军队中当官，并不担心没有威严，而周霸却劝我要显示威严，这不符合我为人臣的本分。况且即使我有权斩杀将士，以我所受到的尊宠，也不敢在境外擅自诛杀，所以我要把情况向皇上详细汇报，请天子自己来裁决，以此来表明做臣子的不敢专权，这不是很好吗？”军官们都说“好”。卫青于是把苏建押送到京城，然后率大军返回塞内休兵。

这一年，卫青的外甥霍去病年方十八岁，受到武帝宠爱，当了皇帝的侍中。霍去病善于骑马射箭，两次随从大将军出征，大将军奉皇上之命，拨给他一些壮士，任命他为剽姚校尉。他率领八百轻骑兵，抛开大军几百里去奔袭匈奴，结果斩杀和捕获相当多的匈奴兵。于是皇上说：“剽姚校尉霍去病杀敌二千零二十八人，其中包括匈奴的相国和当户，杀死单于祖父一辈的籍若侯产，活捉单于叔父罗姑比，两次功劳都在全军称冠，封为冠军侯，食邑一千六百户。上谷太守郝贤四次随大将军出征，斩获敌军二千多人，封为众利侯，食邑一千一百户。”这一年，汉朝损失了两支人马，翕侯赵信投降，军功不多，所以大将军没有增封。右将军苏建回来后，天子没有杀他，赦免了他的罪过，让他赎罪贬为平民。

卫青回到京城，皇上赏赐千金。这时，王夫人正受到武帝的宠幸，宁乘就劝说卫青道：“将军您之所以军功还不太多，就食邑万户，三个儿子都受封为侯，都是因为卫皇后的缘故。如今王夫人得幸，而她的家族宗亲还没有富贵，希望将军把皇上赏赐的千金，拿去给王夫人的双亲祝寿。”于是卫青就拿出五百金给王夫人的双亲祝寿。武帝听说后，就问卫青，卫青如实汇报，皇上就任命宁乘做了东海都尉。

张骞随从大将军出征，因为他曾经出使大夏，在匈奴停留很长时间，这次就为大军做向导。他熟知水草丰美之地，大军因而得以免于饥渴，再加上他之前出使异国有功，被封为博望侯。

冠军侯霍去病封侯三年后，元狩二年的春天，皇帝命霍去病做骠骑将军，率领一万骑兵，从陇西出兵攻打匈奴，立有军功。武帝说：“骠骑将军亲自率军越过乌盭山，讨伐了遬濮，渡过狐奴河，前后经过了五个王国，不掠取慑服者的财物和民众，只希望捕获单于的儿子。转战六天，越过焉支山一千多里，与匈奴短兵相接，杀死了折兰王，又砍掉卢胡王的头，全歼了敌军，抓住了浑邪王的儿子以及相国、都尉，杀敌八千余人，缴获了休屠王的祭天金人。加封霍去病食邑二千户。”

这年夏天，骠骑将军与合骑侯公孙敖一同从北地出兵，分路进军；博望侯张骞、郎中令李广都从右北平出兵，分道进军。各军一起进攻匈奴。郎中令李广率领四千骑兵首先到达，博望侯率领一万骑兵随后赶到。左贤王率领数万骑兵围攻郎中令李广的军队，李广苦战两天，士卒战死大半，他们杀死敌人的数目更多。博望侯领兵赶到时，匈奴的军队已撤走。博望侯因行军迟缓延误军机而获罪，被判为死刑，赎罪贬为平民。骠骑将军出了北地后，已远远地深入到匈奴之中，因合骑侯公孙敖走错了路，没能会合。骠骑将军越过居延泽，到达祁连山，捕获了很多敌人。天子说：“骠骑将军越过居延泽，经过小月氏，进攻祁连山，俘虏了酋涂王，集体投降的有二千五百人，杀敌三万零二百人，俘获五个匈奴小王、五个王后，还有单于的妻子，以及五十九个匈奴王子，还俘获匈奴相国、将军、当户、都尉等共六十三人，汉军损失大约十分之三，因此加封霍去病食邑五千户。赏赐随霍去病到达小月氏的校尉以左庶长的爵位。鹰击司马赵破奴两次跟随骠骑将军出征，斩杀了遬濮王，俘获了稽沮王。千骑将捉到匈奴小王和王母各一人，王子以下四十一人，俘虏敌兵三千三百三十人。先头部队俘虏敌兵一千四百人，为此封赵破奴为从骠侯，食邑一千五百户。校尉句王高不识，跟随骠骑将军霍去病俘虏呼于屠王和王子以下共十一人，俘虏敌兵一千七百六十八人，封为宜冠侯，食邑一千一百户。校尉仆多立有军功，封为辉渠侯。”合骑侯公孙敖因延误军期而未能与骠骑将军会师，被判为死刑，赎罪贬为平民。当时各位老将军所率领的兵士和马匹武器都不如骠骑将军的精锐，但他敢于深入敌军内部作战，常常和健壮的骑兵跑在大军的前面，他的军队也常有好运，未曾遭遇困境。相比之下，各位老将却经常因为行军迟缓落后，错失良机。从此以后，骠骑将军日益受到皇上亲近，地位与大将军卫青不相上下。

这年秋天，匈奴单于因为西方的浑邪王屡次被骠骑将军打败，损失几万人而大怒，想将浑邪王召来杀掉。浑邪王和休屠王等因此想投降汉朝，就先派人到边境和汉军联络。这时，大行令李息率兵在黄河岸边筑城，见到浑邪王的使者后，立即派人乘驿车向皇帝报告。皇上听说后，怕浑邪王用诈降的办法偷袭边境，于是就命令骠骑将军领兵前去迎接浑邪王和休屠王。骠骑将军渡过黄河后，与浑邪王的部队遥遥相望。浑邪王的副将们看到汉军，又有人变卦不想投降，有好多人逃离而去。霍去病就快马奔入敌营，见了浑邪王，杀了八千想逃走的士兵，接着让浑邪王一个人乘着驿车，先到皇帝出巡所在地，然后由他领着浑邪王的全部军队渡过黄河，共有几万人，号称十万。他们到达长安后，天子赏赐几十万财物。封浑邪王为漯阴侯，食邑一万户。封他的小王呼毒尼为下摩侯，鹰庇为辉渠侯，禽梨为河綦侯，大当户铜离为常乐侯。武帝因此称赞霍去病说：“骠骑将军霍去病率领军队攻打匈奴西部的浑邪王，浑邪王和他的军众都归降汉朝，骠骑将军用军粮接济他们，并且率领一万多弓箭手，诛杀了妄图逃亡的凶悍之人，共八千多，降服三十二位异国国王，几乎没有损失士卒，就使得十万降军全部归来，将军连续征战，因而使河塞地区几乎消除了边患，幸而得以永保平安。增封骠骑将军食邑一千七百户。”于是就减少了陇西、北地、上郡一半的驻军，以此减轻全国百姓的徭役负担。

过了不久，朝廷就把归降的匈奴人分别安置到边境五郡原先的边塞以外，都在黄河以南，让他们保留原有的习俗，作为汉王朝的属国。第二年，匈奴入侵右北平、定襄，杀掠汉朝一千多人。

又过了一年，武帝同诸将商议说："翕侯赵信替匈奴单于出谋划策，总以为汉朝军队不能越过沙漠，尤其不敢在那儿轻易停留，现在如果派大军出击，势必能大功告成。"这一年是元狩四年。

元狩四年春天，武帝命令大将军卫青、骠骑将军霍去病各率五万骑兵先行，数十万步兵和运输物资的部队紧随其后，那些敢于奋战深入的士兵都归骠骑将军统领。骠骑将军起初想要从定襄出兵，迎击单于。后来捕到的匈奴俘虏说单于向东而去，朝廷于是就改派骠骑将军从代郡出兵，派大将军卫青从定襄出兵。郎中令李广做前将军，太仆公孙贺任左将军，主爵都尉赵食其任右将军，平阳侯曹襄任后将军，都隶属大将军统领。大军随即越过沙漠，共五万骑兵，和骠骑将军约定共同攻打单于。赵信替单于出主意说："汉军已越过沙漠，人马疲乏，匈奴可以坐收胜利了。"于是便把他们的全部辎重远远地运到北方，而布下全部的精锐部队等候在大漠以北。大将军所率部队出塞一千多里，看见单于的军队列阵等在那里，就下令用武刚车围成营盘。又命五千骑兵前去攻打匈奴，匈奴也派出大约一万骑兵。恰好赶上太阳将落，刮起了大风，沙石打在脸上，都看不清对方。汉军又命左右两翼急驰包抄单于。单于看到汉朝兵多，而且人马战斗力还很强，估摸打下去对匈奴不利。因此天快黑的时候就乘着六头骡子拉的车子，同几百名精壮骑兵，径直冲出汉军包围圈，奔向西北而去。这时天已黑了，汉军和匈奴兵相互混战，伤亡大致相同。汉军左校尉捕到的匈奴俘虏说单于在天未黑时已经逃跑了，于是汉军派出轻骑兵连夜追击，大将军的军队紧随其后。匈奴兵四散逃走。天快亮时，汉军已行走二百余里，没有追到单于，俘获和斩杀敌兵一万多人，军队到了寘颜山的赵信城，缴获了匈奴屯积的粮草以供军队食用。汉军驻留一日后返回，并烧掉了城中剩余的粮草。

正当大将军卫青同单于交战时，前将军李广和右将军赵食其的军队从东路进军，因为迷了路，没能如期同大将军会合。大将军领兵回到大漠以南时，才遇到他们。大将军想派使者回京报告天子，就命令长史根据文书所列罪状审问李广，李广自杀。右将军回京后，交到军法处审判，后来交了赎金，被贬为平民。大将军此次入塞，总共斩获匈奴兵一万九千人。

这时匈奴的部众一连十多天没有单于的下落，右谷蠡王听说后，就自立为单于。单于后来又回到大军中，右谷蠡王就去掉了单于的称号。

骠骑将军霍去病也是统率了五万骑兵，车辆辎重和大将军的相同，但没有副将，就任命李敢等为大校担任副将，从代郡、右北平出发一千多里，进攻左贤王的军队，所斩获匈奴的数目远远超过大将军。大军归来时，武帝说："骠骑将军霍去病率领军队，亲自指挥从前俘获的荤粥勇士，轻装上阵，横越大沙漠，涉水俘获了单于的近臣章渠，诛杀了比车耆，转而又攻打左翼大将，缴获军旗和战鼓。翻过离侯山，渡过弓闾河，捕获了屯头王、韩王等三人，以及将军、相国、当户、都尉等共八十三人。然后在狼居胥山祭天，在姑衍山祭地，并且登上高山俯视大沙漠。共计俘获和斩杀匈奴七万零四百四十三人，汉军损失十分之三。他们从敌人那里夺得粮食，所以虽然行军到很远地方，却没有断绝军粮。加封骠骑将军霍去病食邑五千八百户。"右北平太守路博德隶属骠骑将军，与骠骑将军会师与城，没有贻误军期，并跟着一起打到梼余山，俘获斩杀匈奴二千七百人，封为符离侯，食邑一千六百户。北地都尉邢山捕获匈奴小王，封为义阳侯，食邑一千二百户。原先归顺汉朝的匈奴因淳王复陆支、楼专王伊即靬攻匈奴有功，封复陆支为壮侯，食邑一千三百户，封伊即靬为众利侯，食邑一千八百户。从骠侯赵破奴、昌武侯赵安稽都攻打匈奴有功，各增食邑三百户。校尉李敢夺取了匈奴的军旗战鼓，封为关内侯，赐食邑二百户。校尉徐自为赐封大庶长的爵位，此外军中很多小吏士卒都被封官赐赏。而大将军没能得到加封，军中官兵也没有被封赏的。

当卫青和霍去病率领大军出塞时，根据边塞上的统计，当时官府和私人马匹共十四万匹，当他们返回时，所剩不到三万。朝廷于是增设了大司马的职位，大将军和骠骑将军都获得大司马的头衔。并明确规定，骠骑将军的官阶和俸禄同大将军相等。从此，大将军卫青的地位日益衰落，而骠骑将军霍去病日益显贵。大将军的老友和门客多半改投侍奉骠骑将军，很多人都获得了官职和爵位，只有任安不肯这样做。

骠骑将军为人寡言少语，性格内向，但果敢有气魄。武帝曾想教他学习孙子和吴起的兵法，他回答说："打仗只看方针策略怎样就行了，没必要学习古代兵法。"武帝为他建造府邸，让骠骑将军去看，他回答说："匈奴还没有消灭，无心考虑自己的事情。"由此武帝更加重用宠信他。然而霍去病从少年时就在皇上身边侍候，富贵惯了，不知道体恤士卒。他外出打仗时，天子给他派去太官，携带上几十车的军需品。等到回来时，很多没吃完的食物都放坏了，而他的士卒还有挨饿的。在塞外打仗时，士兵们缺粮，有的都饿得站不起来了，而他还在画场地踢球，诸如此类的事情很多。大将军卫青为人却非常仁厚善良，谦和忍让，以宽和顺从获得皇上喜爱，但天下人却不怎么称道他。

骠骑将军从元狩四年开始出击匈奴，三年后，即元狩六年就去世了。武帝非常悲伤，调集了边境五郡的铁甲军，列队从长安一直排到茂陵，仿照祁连山的样子为他修建坟墓。因他英勇威武，开拓边疆，因此赐封谥号景桓侯。他的儿子霍嬗接替了爵位。霍嬗，字子侯，年纪尚小，皇上很宠爱，希望等他长大后任命为将军。没想到六年后，即元封元年，霍嬗去世，皇上赐封谥号哀侯。他没有儿子，因而绝了后，封国被废除。

骠骑将军去世后，大将军卫青的长子宜春侯卫伉因犯法失去了侯爵。五年以后，卫伉的两个弟弟阴安侯卫不疑和发干侯卫登，都因为助祭献金不合规定而失掉侯爵。两年后，冠军侯的封国被废除。又过了四年，大将军卫青去世，朝廷加封谥号烈侯。卫青儿子卫伉接替爵位做长平侯。

大将军围攻单于之后的第十四年就去世了，这期间因为汉朝战马少，而且正在讨伐南方的东越和南越、东方的朝鲜，以及羌人和西南夷，因此长时间没有讨伐匈奴。

大将军卫青因为娶了平阳公主的缘故，所以儿子长平侯卫伉才得以接替他的侯爵。但是六年后，他又因犯法而失掉侯爵。

下面是两位大将军及其诸位副将的名单：

大将军卫青共计出兵匈奴七次，俘获斩杀敌兵五万多人。同单于交战一次，收复河南失地，因而设置了朔方郡，两次加封，共受封一万一千八百户。他的三个儿子都封为列侯，每人享有食邑一千三百户。全家总共享有食邑一万五千七百户。他的校尉副将被封侯的共有九人，担任将军的共有十四人，副将李广自己有传记。没有专门列传的人有：

将军公孙贺，义渠人，他的祖先是匈奴族人。公孙贺的父亲浑邪，景帝时被封为平曲侯，后来因为犯法而失掉侯爵。公孙贺在武帝当太子时为太子舍人。武帝即位后八年，公孙贺以太仆身份做了轻车将军，驻守马邑。四年后，公孙贺以轻车将军的身份从云中郡出发攻打匈奴。又过了五年，公孙贺以骑将军的身份跟随大将军攻打匈奴，因功被封为南窌侯。

又过了一年，公孙贺以左将军的身份两次跟随大将军从定襄出发攻打匈奴，无功而返。又过了四年，因为助祭献金不合规定而失掉侯爵。又过了八年，以浮沮将军的身份从五原出兵两千余里，讨伐匈奴无功而返。又过了八年，以太仆的身份出任丞相，被封为葛绎侯。公孙贺七次担任将军，出击匈奴没有立下大功，却两次被封侯，当了丞相。后来因儿子公孙敬声与阳石公主有奸情，又搞巫蛊之事，于是全家被灭族，从此绝后。

将军李息，郁郅人。他曾经服侍过景帝，武帝即位八年时，担任材官将军，率领军队驻扎在马邑。六年后，他担任将军，从代郡出兵攻打匈奴。过了三年，他又以将军身份跟随大将军从朔方出兵攻打匈奴，都没有立下战功。李息总共三次担任将军，后来在朝廷任大行令。

将军公孙敖，义渠人。先是在武帝跟前任郎官。武帝即位十二年时，他以骑将军身份从代郡出兵攻打匈奴，损失士兵七千多人，被判了死刑，后来交了赎金，被贬为平民。五年后，他以校尉身份跟随大将军攻打匈奴有功，被封为合骑侯。又过了一年，他以中将军身份随大将军两次从定襄出兵攻打匈奴，无功而回。又过了二年，他以将军身份从北地出兵，由于未能按时与骠骑将军会合，被判为死刑，交了赎金赎罪，被贬为平民。又过了二年，他以校尉的身份跟随大将军攻打匈奴，没有战功。又过了十四年，他以因杅将军的身份率军修筑受降城。七年后，他再次以因杅将军的身份出兵匈奴，前进至余吾，因为损失惨重，被交付军法处，判处死刑。他装作病死，到民间逃亡五六年，后来还是被发觉，再次入狱。又因他妻子涉及巫蛊活动，全家被诛杀。公孙敖先后四次担任过将军，出击匈奴，其中一次被封侯。

将军李沮，云中人，曾服侍景帝。武帝即位十七年时，他以左内史的身份担任强弩将军。一年后，又担任强弩将军。

将军李蔡，成纪人，先后在文帝、景帝和武帝驾前任职。曾以轻车将军身份跟随大将军攻打匈奴有功，被封为乐安侯。后来官升至丞相，因犯法而被杀。

将军张次公，河东人，曾以校尉身份随从大将军攻打匈奴，立有战功，被封为岸头侯。王太后死后，他当了将军，驻守在北军中。一年后，以将军身份跟随大将军卫青攻打匈奴。张次公两次担任将军，后来因犯法而失掉侯爵。张次公的父亲张隆，是轻车军队中勇武的射手。因为他善于射箭，受到景帝宠爱。

将军苏建，杜陵人，以校尉身份跟随大将军北伐匈奴，立有战功而被封为平陵侯，又以将军身份负责修筑朔方城。过了四年，他担任游击将军，跟随大将军卫青从朔方出兵北伐匈奴。又过了一年，他以右将军的身份再次随大将军从定襄出兵北伐匈奴，结果翕侯叛逃，他又全军覆没，因此被判处死刑，后来交了赎金，被贬为平民。以后他又担任了代郡太守，死后葬在大犹乡。

将军赵信，原是匈奴人，以匈奴相国的身份投降汉朝，被封为翕侯。武帝即位后第十七年，赵信担任前将军，同匈奴单于对抗，失败后投降了匈奴。

将军张骞，以使者的身份出访大夏，回来后当了校尉。他随大将军卫青攻打匈奴，因功被封为博望侯。过了三年，他以将军身份从右北平出兵攻打匈奴，因为延误了军期，被判处死刑，后来交了赎金赎罪，被贬为平民。这以后，他作为使者出使乌孙，后来又当了大行令，死后葬在汉中。

将军赵食其，祋祤人。武帝即位第二十二年时，他以主爵都尉的身份当了右将军，跟随大将军卫青从定襄出兵攻打匈奴，因为迷路而延误了军期，罪当斩首，花钱赎为平民。

将军曹襄，以平阳侯的身份当了后将军，跟随大将军卫青从定襄出兵攻打匈奴。曹襄是高祖功臣曹参的孙子。

将军韩说是弓高侯韩颓当的庶出孙子。他以校尉的身份跟随大将军卫青北伐匈奴，立功被封为龙嵒侯，后因交纳助祭金不合规定而失掉侯爵。元鼎六年，韩说以待诏的身份担任横海将军，讨伐东越有功，被封为按道侯。至太初三年，又以游击将军的身份，驻守在五原郡北的长城边。后来回朝任光禄勋，因为到太子宫中挖掘巫蛊，被卫太子杀死。

将军郭昌，云中人。他以校尉身份跟随大将军卫青攻打匈奴。元封四年，他以太中大夫的身份当了拔胡将军，屯驻在朔方郡。回来以后，他又被调到南方领兵进攻昆明，由于没有功劳，被收回官印罢了官。

将军荀彘，太原郡广武人。他以擅长驾车，被任命为侍中，后来又当了校尉，多次跟随大将军卫青攻打匈奴。元封三年时，以左将军身份，领兵攻打朝鲜，没有功劳。后来因为擅自抓捕楼船将军杨仆，被处死。

骠骑将军霍去病共计六次出击匈奴，其中四次是以将军的身份，共俘获斩杀匈奴兵士十一万多人。又使浑邪王率领数万人投降，开拓了黄河以西的酒泉等地，使得西部地区从此很少受匈奴侵扰。他四次受加封，共食邑一万五千一百户。他的校尉被封侯的共有六人，后来晋升为将军的有两人。

将军路博德，平州人。他以右北平太守的身份跟随骠骑将军攻打匈奴有功，被封为符离侯。骠骑将军去世后，路博德以卫尉的身份当了伏波将军，平定南越，获得加封。后来他因犯法而失掉侯爵。以后，他当了强弩都尉，驻军居延，一直到死。

将军赵破奴，原来是九原人，曾经逃到匈奴，后来又回到汉朝，担任骠骑将军霍去病的司马。他领兵从北地出兵匈奴时，常常有功劳，被封为从骠侯。后来因交纳助祭金不合规定而失掉侯爵。一年后，以匈河将军身份攻打匈奴直到匈河水，没有战功。过了两年，他攻打楼兰并俘虏了楼兰王，被封为浞野侯。六年后，以浚稽将军的身份率领两万骑兵攻打匈奴左贤王，左贤王同他交战，以八万骑兵包围了赵破奴，赵破奴全军覆没，他自己也被活捉。他在匈奴度过了十年，又同长子赵安国逃回汉朝。最后因为巫蛊罪而被灭族。

卫氏家族兴起，大将军卫青是第一个被封侯的，后来他的子孙有五人被封侯。前后经历了二十四年，之后五个侯爵全被剥夺，从此卫氏家族再没有人被封侯。

太史公说：苏建曾对我说："我曾经责备过大将军，有这么高的地位权势，而天下的贤大夫却不称赞他，希望将军能够效法古代名将的做法，也努力招贤纳士。大将军拒绝说：'自从魏其侯窦婴和武安侯田蚡广招宾客以来，天子对此恨得咬牙切齿。亲近和安抚士大夫，招选贤才，废除不肖者的事，是国君的权力。作为臣子就只管奉公守法，做好本职的工作就好了，何必参与招选贤士的事呢？'"骠骑将军霍去病也基本是这种想法，他们就是这样当将军的。

第五册

高山 主编

二十四史

光明日报出版社

目录

史记

汉　书

史记卷一百一十二

平津侯主父列传第五十二

丞相公孙弘者，齐菑川国薛县人也，字季。少时为薛狱吏，有罪，免。家贫，牧豕海上。年四十馀，乃学《春秋》杂说。养后母孝谨。

建元元年，天子初即位，招贤良文学之士。是时弘年六十，征以贤良为博士。使匈奴，还报，不合上意，上怒，以为不能，弘乃病免归。

元光五年，有诏征文学，菑川国复推上公孙弘。弘让，谢国人曰："臣已尝西应命，以不能罢归。愿更推选。"国人固推弘，弘至太常。太常令所征儒士各对策，百馀人，弘第居下。策奏，天子擢弘对为第一。召入见，状貌甚丽，拜为博士。是时通西南夷道，置郡，巴蜀民苦之，诏使弘视之。还奏事，盛毁西南夷无所用，上不听。

弘为人恢奇多闻，常称以为人主病不广大，人臣病不俭节。弘为布被，食不重肉。后母死，服丧三年。每朝会议，开陈其端，令人主自择，不肯面折庭争。于是天子察其行敦厚，辩论有馀，习文法吏事，而又缘饰以儒术，上大说之。二岁中，至左内史。

弘奏事，有不可，不庭辩之。尝与主爵都尉汲黯请间，汲黯先发之，弘推其后，天子常说，所言皆听，以此日益亲贵。尝与公卿约议，至上前，皆倍其约以顺上旨。汲黯庭诘弘曰："齐人多诈而无情实，始与臣等建此议，今皆倍之，不忠。"上问弘。弘谢曰："夫知臣者以臣为忠，不知臣者以臣为不忠。"上然弘言。左右幸臣每毁弘，上益厚遇之。

元朔三年，张欧免，以弘为御史大夫。是时通西南夷，东置沧海，北筑朔方之郡。弘数谏，以为罢敝中国以奉无用之地，愿罢之。于是天子乃使朱买臣等难弘置朔方之便。发十策，弘不得一。弘乃谢曰："山东鄙人，不知其便若是，愿罢西南夷、沧海而专奉朔方。"上乃许之。

汲黯曰："弘位在三公，奉禄甚多，然为布被，此诈也。"上问弘。弘谢曰："有之。夫九卿与臣善者无过黯，然今日庭诘弘，诚中弘之病。夫以三公为布被，诚饰诈欲以钓名。且臣闻管仲相齐，有三归，侈拟于君，桓公以霸，亦上僭于君。晏婴相景公，食不重肉，妾不衣丝，齐国亦治，此下比于民。今臣弘位为御史大夫，而为布被，自九卿以下至于小吏，无差，诚如汲黯言。且无汲黯忠，陛下安得闻此言！”天子以为谦让，愈益厚之。卒以弘为丞相，封平津侯。

弘为人意忌，外宽内深。诸尝与弘有郤者，虽详与善，阴报其祸。杀主父偃，徙董仲舒于胶西，皆弘之力也。食一肉脱粟之饭。故人所善宾客，仰衣食，弘奉禄皆以给之，家无所馀。士亦以此贤之。

淮南、衡山谋反，治党与方急。弘病甚，自以为无功而封，位至丞相，宜佐明主填抚国家，使人由臣子之道。今诸侯有畔逆之计，此皆宰相奉职不称，恐窃病死，无以塞责。乃上书曰：“臣闻天下之通道五，所以行之者三。曰君臣，父子，兄弟，夫妇，长幼之序，此五者天下之通道也。智，仁，勇，此三者天下之通德，所以行之者也。故曰‘力行近乎仁，好问近乎智，知耻近乎勇’。知此三者，则知所以自治；知所以自治，然后知所以治人。天下未有不能自治而能治人者也，此百世不易之道也。今陛下躬行大孝，鉴三王，建周道，兼文武，厉贤予禄，量能授官。今臣弘罢驽之质，无汗马之劳，陛下过意擢臣弘卒伍之中，封为列侯，致位三公。臣弘行能不足以称，素有负薪之病，恐先狗马填沟壑，终无以报德塞责。愿归侯印，乞骸骨，避贤者路。”天子报曰：“古者赏有功，褒有德，守成尚文，遭遇右武，未有易此者也。朕宿昔庶几获承尊位，惧不能宁，惟所与共为治者，君宜知之。盖君子善善恶恶，君若谨行，常在朕躬。君不幸罹霜露之病，何恙不已，乃上书归侯，乞骸骨，是章朕之不德也。今事少闲，君其省思虑，一精神，辅以医药。”因赐告牛酒杂帛。居数月，病有瘳，视事。

元狩二年，弘病，竟以丞相终。子度嗣为平津侯。度为山阳太守十馀岁，坐法失侯。

主父偃者，齐临菑人也。学长短纵横之术，晚乃学《易》《春秋》、百家言。游齐诸生间，莫能厚遇也。齐诸儒生相与排摈，不容于齐。家贫，假贷无所得，乃北游燕、赵、中山，皆莫能厚遇，为客甚困。孝武元光元年中，以为诸侯莫足游者，乃西入关见卫将军。卫将军数言上，上不召。资用乏，留久，诸公宾客多厌之，乃上书阙下。朝奏，暮召入见。所言九事，其八事为律令，一事谏伐匈奴。其辞曰：

臣闻明主不恶切谏以博观，忠臣不敢避重诛以直谏，是故事无遗策而功流万世。今臣不敢隐忠避死以效愚计，愿陛下幸赦而少察之。

《司马法》曰:"国虽大,好战必亡;天下虽平,忘战必危。"天下既平,天子大凯,春蒐秋狝,诸侯春振旅,秋治兵,所以不忘战也。且夫怒者逆德也,兵者凶器也,争者末节也。古之人君一怒必伏尸流血,故圣王重行之。夫务战胜穷武事者,未有不悔者也。昔秦皇帝任战胜之威,蚕食天下,并吞战国,海内为一,功齐三代。务胜不休,欲攻匈奴。李斯谏曰:"不可。夫匈奴无城郭之居,委积之守,迁徙鸟举,难得而制也。轻兵深入,粮食必绝;踵粮以行,重不及事。得其地不足以为利也,遇其民不可役而守也。胜必杀之,非民父母也。靡敝中国,快心匈奴,非长策也。"秦皇帝不听,遂使蒙恬将兵攻胡,辟地千里,为河为境。地固泽(咸)卤,不生五谷。然后发天下丁男以守北河。暴兵露师十有馀年,死者不可胜数,终不能逾河而北。是岂人众不足,兵革不备哉?其势不可也。又使天下蜚刍挽粟,起于东腄、琅邪负海之郡,转输北河,率三十钟而致一石。男子疾耕不足于粮饷,女子纺绩不足于帷幕。百姓靡敝,孤寡老弱不能相养,道路死者相望,盖天下始畔秦也。

及至高皇帝定天下,略地于边,闻匈奴聚于代谷之外而欲击之。御史成进谏曰:"不可。夫匈奴之性,兽聚而鸟散,从之如搏影。今以陛下盛德攻匈奴,臣窃危之。"高帝不听,遂北至于代谷,果有平城之围。高皇帝盖悔之甚,乃使刘敬往结和亲之约,然后天下忘干戈之事。故兵法曰"兴师十万,日费千金"。夫秦常积众暴兵数十万人,虽有覆军杀将系虏单于之功,亦适足以结怨深仇,不足以偿天下之费。夫上虚府库,下敝百姓,甘心于外国,非完事也。夫匈奴难得而制,非一世也。行盗侵驱,所以为业也,天性固然,上及虞夏殷周,固弗程督,禽兽畜之,不属为人。夫上不观虞夏殷周之统,而下(修)〔循〕近世之失,此臣之所大忧,百姓之所疾苦也。且夫兵久则变生,事苦则虑易。乃使边境之民靡敝愁苦而有离心,将吏相疑而外市,故尉佗、章邯得以成其私也。夫秦政之所以不行者,权分乎二子,此得失之效也。故《周书》曰"安危在出令,存亡在所用。"愿陛下详察之,少加意而熟虑焉。

是时赵人徐乐、齐人严安俱上书言世务,各一事。

徐乐曰:

臣闻天下之患在于土崩,不在于瓦解,古今一也。何谓土崩?秦之末世是也。陈涉无千乘之尊,尺土之地,身非王公大人名族之后,无乡曲之誉,非有孔、墨、曾子之贤,陶朱、猗顿之富也,然起穷巷,奋棘矜,偏袒大呼而天下从风，此其故何也？由民困而主不恤，下怨而上不知（也），俗已乱而政不修，此三者陈涉之所以为资也。是之谓土崩。故曰天下之患在于土崩。何谓瓦解？吴、楚、齐、赵之兵是也。七国谋为大逆，号皆称万乘之君，带甲数十万，威足以严其境内，财足以劝其士民，然不能西攘尺寸之地而身为禽于中原者，此其故何也？非权轻于匹夫而兵弱于陈涉也，当是之时，先帝之德泽未衰而安土乐俗之民众，故诸侯无境外之助。此之谓瓦解。故曰天下之患不在瓦解。由是观之，天下诚有土崩之势，虽布衣穷处之士或首恶而危海内，陈涉是也，况三晋之君或存乎！天下虽未有大治也，诚能无土崩之势，虽有强国劲兵，不得旋踵而身为禽矣，吴、楚、齐、赵是也，况群臣百姓能为乱乎哉！此二体者，安危之明要也，贤主所留意而深察也。

间者关东五谷不登，年岁未复，民多穷困，重之以边境之事，推数循理而观之，则民且有不安其处者矣。不安故易动。易动者，土崩之势也。故贤主独观万化之原，明于安危之机，修之庙堂之上，而销未形之患。其要，期使天下无土崩之势而已矣。故虽有强国劲兵，陛下逐走兽，射蜚鸟，弘游燕之囿，淫纵恣之观，极驰骋之乐，自若也。金石丝竹之声不绝于耳，帷帐之私俳优侏儒之笑不乏于前，而天下无宿忧。名何必汤武，俗何必成康！虽然，臣窃以为陛下天然之圣，宽仁之资，而诚以天下为务，则汤、武之名不难侔，而成、康之俗可复兴也。此二体者立，然后处尊安之实，扬名广誉于当世，亲天下而服四夷，馀恩遗德为数世隆，南面负扆摄袂而揖王公，此陛下之所服也。臣闻图王不成，其敝足以安。安则陛下何求而不得，何为而不成，何征而不服乎哉！

严安上书曰：

臣闻周有天下，其治三百馀岁，成、康其隆也，刑错四十馀年而不用。及其衰也，亦三百馀岁，故五伯更起。五伯者，常佐天子兴利除害，诛暴禁邪，匡正海内，以尊天子。五伯既没，贤圣莫续，天子孤弱，号令不行。诸侯恣行，强陵弱，众暴寡，田常篡齐，六卿分晋，并为战国，此民之始苦也。于是强国务攻，弱国备守，合从连横，驰车击毂，介胄生虮虱，民无所告愬。

及至秦王，蚕食天下，并吞战国，称号曰皇帝，一海内之政，坏诸侯之城，销其兵，铸以为钟虡，示不复用。元元黎民得免于战国，逢明天子，人人自以为更生。向使秦缓其刑罚，薄赋敛，省徭役，贵仁义，贱

汤王像，选自《有商志传》

权利，上笃厚，下智巧，变风易俗，化于海内，则世世必安矣。秦不行是风，而(修)〔循〕其故俗，为智巧权利者进，笃厚忠信者退；法严政峻，谄谀者众，日闻其美，意广心轶。欲肆威海外，乃使蒙恬将兵以北攻胡，辟地进境，戍于北河，蜚刍挽粟以随其后。又使尉(佗)屠睢将楼船之士南攻百越，使监禄凿渠运粮，深入越，越人遁逃。旷日持久，粮食绝乏，越人击之，秦兵大败。秦乃使尉佗将卒以戍越。当是时，秦祸北构于胡，南挂于越，宿兵无用之地，进而不得退。行十馀年，丁男被甲，丁女转输，苦不聊生，自经于道树，死者相望。及秦皇帝崩，天下大叛。陈胜、吴广举陈，武臣、张耳举赵，项梁举吴，田儋举齐，景驹举郢，周市举魏，韩广举燕，穷山通谷豪士并起，不可胜载也。然皆非公侯之后，非长官之吏也。无尺寸之势，起闾巷，杖棘矜，应时而皆动，不谋而俱起，不约而同会，壤长地进，至于霸王，时教使然也。秦贵为天子，富有天下，灭世绝祀者，穷兵之祸也。故周失之弱，秦失之强，不变之患也。

今欲招南夷，朝夜郎，降羌僰，略涉州，建城邑，深入匈奴，燔其龙城，议者美之。此人臣之利也，非天下之长策也。今中国无狗吠之惊，而外累于远方之备，靡敝国家，非所以子民也。行无穷之欲，甘心快意，结怨于匈奴，非所以安边也。祸结而不解，兵休而复起，近者愁苦，远者惊骇，非所以持久也。今天下锻甲砥剑，桥箭累弦，转输运粮，未见休时，此天下之所共忧也。夫兵久而变起，事烦而虑生。今外郡之地或几千里，列城数十，形束壤制，旁胁诸侯，非公室之利也。上观齐、晋之所以亡者，公室卑削，六卿大盛也；下观秦之所以灭者，严法刻深，欲大无穷也。今郡守之权，非特六卿之重也；地几千里，非特闾巷之资也；甲兵器械，非特棘矜之用也。以遭万世之变，则不可称讳也。

书奏天子，天子召见三人，谓曰："公等皆安在？何相见之晚也！"于是上乃拜主父偃、徐乐、严安为郎中。〔偃〕数见，上疏言事。诏拜偃为谒者，迁(乐)为中大夫。一岁中四迁偃。

偃说上曰："古者诸侯不过百里，强弱之形易制。今诸侯或连城数十，地方千里，缓则骄奢易为淫乱，急则阻其强而合从以逆京师。今以法割削之，则逆节萌起，前日晁错是也。今诸侯子弟或十数，而適嗣代立，馀虽骨肉，无尺寸之地封，则仁孝之道不宣。愿陛下令诸侯得推恩分子弟，以地侯之。彼人人喜得所愿，上以德施，实分其国，不削而稍弱矣。"于是上从其计。又说上曰："茂陵初立，天下豪杰并兼之家，乱众之民，皆可徙茂陵，内实京师，外销奸猾，此所谓不诛而害除。”上又从其计。

尊立卫皇后，及发燕王定国阴事，偃有功焉。大臣皆畏其口，赂遗累千金。人或说偃曰：“太横矣。”主父曰：“臣结发游学四十馀年，身不得遂，亲不以为子，昆弟不收，宾客弃我，我厄日久矣。且丈夫生不五鼎食，死即五鼎烹耳。吾日暮途远，故倒行暴施之。”

偃盛言朔方地肥饶，外阻河，蒙恬城之以逐匈奴，内省转输戍漕，广中国，灭胡之本也。上览其说，下公卿议，皆言不便。公孙弘曰：“秦时常发三十万众筑北河，终不可就，已而弃之。”主父偃盛言其便。上竟用主父计，立朔方郡。

元朔二年，主父言齐王内淫佚行僻，上拜主父为齐相。至齐，遍召昆弟宾客，散五百金予之，数之曰：“始吾贫时，昆弟不我衣食，宾客不我内门；今吾相齐，诸君迎我或千里。吾与诸君绝矣，毋复入偃之门！”乃使人以王与姊奸事动王，王以为终不得脱罪，恐效燕王论死，乃自杀。有司以闻。

主父始为布衣时，尝游燕、赵，及其贵，发燕事。赵王恐其为国患，欲上书言其阴事，为偃居中，不敢发。及为齐相，出关，即使人上书，告言主父偃受诸侯金，以故诸侯子弟多以得封者。及齐王自杀，上闻大怒，以为主父劫其王令自杀，乃征下吏治。主父服受诸侯金，实不劫王令自杀。上欲勿诛，是时公孙弘为御史大夫，乃言曰：“齐王自杀无后，国除为郡入汉，主父偃本首恶，陛下不诛主父偃，无以谢天下。”乃遂族主父偃。

主父方贵幸时，宾客以千数，及其族死，无一人收者，唯独洨孔车收葬之。天子后闻之，以为孔车长者也。

太史公曰：公孙弘行义虽修，然亦遇时。汉兴八十馀年矣，上方乡文学，招俊乂，以广儒墨，弘为举首。主父偃当路，诸公皆誉之，及名败身诛，士争言其恶。悲夫！

太皇太后诏大司徒大司空：“盖闻治国之道，富民为始；富民之要，在于节俭。《孝经》曰‘安上治民，莫善于礼’。‘礼，与奢也宁俭’。昔者管仲相齐桓，霸诸侯，有九合一匡之功，而仲尼谓之不知礼，以其奢泰侈拟于君故也。夏禹卑宫室，恶衣服，后圣不循。由此言之，（始）〔治〕之盛也，德优矣，莫高于俭。俭化俗民，则尊卑之序得，而骨肉之恩亲，争讼之原息。斯乃家给人足，刑错之本也欤？可不务哉！夫三公者，百寮之率，万民之表也。未有树直表而得曲影者也。孔子不云乎，'子率而正，孰敢不正'；'举善而教不能则劝'。维汉兴以来，股肱宰臣身行俭约，轻财重义，较然著明，未有若（效）〔故〕丞相平津侯公孙弘者也。位在丞相而为布被，脱粟之饭，不过一肉。故人所善宾客皆分奉禄以给之，无有所馀。诚内自克约而外从制。汲黯诘之，乃闻于朝，此可谓减于制度而可施行者也。德优则行，否则止，与内奢泰而外为诡服以钓虚誉者殊科。以病乞骸骨，孝武皇帝即制曰'赏有功，褒有德，善善恶恶，君宜知之。其省思虑，存精神，辅以医药'。赐告治病，牛酒杂帛。居数月，有瘳，视事。至元狩二年，竟以善终于相位。夫知臣莫若君，此其效也。弘子度嗣爵，后为山阳太守，坐法失侯。夫表德章义，所以率俗厉化，圣王之制，不易之道也。其赐弘后子孙之次当为后者爵关内侯，食邑三百户，征诣公车，上名尚书，朕亲临拜焉。"

班固称曰："公孙弘、卜式、兒宽皆以鸿渐之翼困于燕雀，远迹羊豕之间，非遇其时，焉能致此位乎？是时汉兴六十馀载，海内乂安，府库充实，而四夷未宾，制度多阙，上方欲用文武，求之如弗及。始以蒲轮迎枚生，见主父而叹息。群臣慕向，异人并出。卜式试于刍牧，弘羊擢于贾竖，卫青奋于奴仆，日磾出于降虏，斯亦曩时版筑饭牛之朋矣。汉之得人，于兹为盛。儒雅则公孙弘、董仲舒、兒宽，笃行则石建、石庆，质直则汲黯、卜式，推贤则韩安国、郑当时，定令则赵禹、张汤，文章则司马迁、相如，滑稽则东方朔、枚皋，应对则严助、朱买臣，历数则唐都、落下闳，协律则李延年，运筹则桑弘羊，奉使则张骞、苏武，将帅则卫青、霍去病，受遗则霍光、金日磾。其馀不可胜纪。是以兴造功业，制度遗文，后世莫及。孝宣承统，纂修洪业，亦讲论六艺，招选茂异，而萧望之、梁丘贺、夏侯胜、韦玄成、严彭祖、尹更始以儒术进，刘向、王褒以文章显。将相则张安世、赵充国、魏相、邴吉、于定国、杜延年，治民则黄霸、王成、龚遂、郑弘、邵信臣、韩延寿、尹翁归、赵广汉之属，皆有功迹见述于后。累其〔诸〕名臣，亦其次也。"

【译文】

丞相公孙弘是齐地菑川国薛县的人，字季。他年少时当过薛县的狱官，因为犯了罪被免职。家中贫穷，只得到海边以放猪为生。四十多岁，才学习《春秋》及各种释文杂说。他奉养后母极其孝顺谨慎。

建元元年，武帝刚刚即位，就招选“贤良”、“文学”之士。这时公孙弘已经六十岁，以贤良的身份被征召入京，做了博士。他奉命出使匈奴，回来汇报情况，因为不合皇上的心意，皇上大怒，认为他无能，公孙弘就称病罢官回家了。

元光五年，武帝再次招选“贤良”、“文学”之士，菑川国又推荐公孙弘。公孙弘向国人推辞说：“前些年我已经应命去过京城一次，因为无能而罢官回来。这回还是推举其他的人吧。”国人仍然坚决推举公孙弘，公孙弘就到了太常那里。太常让所征召的一百多个儒士分别对策，公孙弘被排在最后。全部对策文章送到武帝那里，武帝看后把公孙弘的对策文章提到第一。公孙弘就被召去入朝觐见，武帝见他相貌堂堂，就封他为博士。当时汉朝正忙着开拓西南夷通道，在那里设置郡县，巴蜀百姓对此苦不堪言。武帝就派公孙弘前去探视。公孙弘视察归来，向皇帝报告，极力斥责西南夷没有用处，但皇上没采纳他的意见。

公孙弘为人豁达，见闻广博，常说人主的弊病就在于心胸不够广大、人臣的弊病就在于太奢侈。因此他盖布被，吃饭时从不吃两种以上的肉菜。后母死了，他守丧三年。每次上朝同大家议论政事，他只阐明事情的原委，让皇上自己去选择决定，从不当面驳斥或在朝廷上力争。于是皇上渐渐发现他品行忠厚，善于言谈，熟悉文书法令和官场事务，而且还能用儒学观点加以文饰，就非常喜欢他。因此两年时间，他便官至左内史。公孙弘上奏事情，有时不被采纳，他也不当庭争辩。他曾经和主爵都尉汲黯向皇上单独奏事，汲黯先说，公孙弘随后加以推究阐述，皇上常常很高兴。他所奏的事情都被采纳，从此，公孙弘一天天受到皇帝的亲近，地位显贵起来。他曾经与公卿们事先商定好了一套方法，但到了皇上面前，他却违背初约，而顺从皇上的旨意。汲黯在朝廷上责备公孙弘说：“齐人多半狡诈而无诚意，开始时同我们一起提出这个建议，现在却完全违背，这简直是不忠。”皇上问公孙弘，公孙弘谢罪说：“了解我的人认为我忠诚，不了解我的人就认为我不忠诚。”皇上赞同他的说法。皇上身边的宠臣常常诋毁公孙弘，但皇上却更加厚待他。

武帝元朔三年，张欧被免官，皇上任命公孙弘当御史大夫。这时，汉朝正忙着开通西南夷，在东边设置沧海郡，在北边修建朔方城。公孙弘屡次上书劝谏，认为这些做法白白使汉朝疲惫不堪，都是一些无用之事，希望停止这些事情。于是，武帝就让朱买臣等以设置朔方郡的好处来责问公孙弘。朱买臣等提出十个问题，公孙弘没办法应对。于是赔罪说："我是个崤山以东的粗人，不知道还有这些好处，但希望能把西南夷和沧海郡的事暂时停下来，集中力量专营朔方城。"皇上同意了。

汲黯说："公孙弘位居三公，俸禄很多，但却盖布被，这是故意骗人。"皇上就问公孙弘，公孙弘谢罪说："确有此事。九卿中与我交情深的莫过于汲黯了，但他今天在朝廷上诘难我，确实说中了我的要害。我作为三公却盖布被，确实是巧行欺诈、沽名钓誉。不过我听说管仲担任齐相时，有三处住宅，其奢侈可与国君相比，齐桓公依靠管仲而称霸天下，也是对在上位的国君的越礼行为。晏婴为相辅佐齐景公，吃饭时从不吃两样以上的肉菜，妾不穿丝织衣服，齐国也治理得很好，这是晏婴向下自比于百姓了。如今我当了御史大夫，却盖布被，使得上自九卿下至小吏，没有了贵贱的差别，确实像汲黯所说的那样。况且如果没有汲黯的忠诚，陛下又怎能够听到这些话呢？"武帝认为公孙弘谦让有礼，越发厚待他。后来任命他当了丞相，封为平津侯。

公孙弘为人猜忌多疑，外表宽宏大量，内心却城府很深。曾经同他有嫌隙的人，公孙弘虽然表面与之很友善，却暗中加害报复他们。杀死主父偃，董仲舒被改派到胶西国当相，都是他暗地里加害。他自己每顿饭只吃一个肉菜，和粗米饭，但老友以及相好的宾客，衣食都仰仗他。公孙弘把全部俸禄都用来供给他们，家中则一点剩余也没有，因此也深得许多士大夫的称赞。

淮南王和衡山王谋反，朝廷正在紧急追查党羽的时候，公孙弘病得很厉害，他自认为没有什么功劳而被封侯，官至丞相，理应辅佐贤明的君王治理国家，使人人都遵循臣子之道。如今诸侯有反叛的事情，这都是宰相不称职导致的，害怕一旦默默病死，没有办法交代。于是，他向皇帝上书说："我听说天下的常道有五种，用来实行这五种常道的有三种美德。君臣、父子、兄弟、夫妇和长幼的次序，这五个方面就是天下的常道。智、仁、勇，这三项是天下的常德，是用来实行常道的。所以孔子说：'努力实践接近于仁，勤学好问接近于智，知道羞耻接近于勇。'懂得了这三点，就知道怎样自我约束了。懂得自我约束，然后就知道怎样管理别人。天下没有不能自治却能治理别人的，这是百世不变的道理。现在陛下亲自施行孝道，以三王为借鉴，建立周代那样的政道，兼备文王和武王的才德，鼓励贤才，给与俸禄，根据才能授予相应的官职。如今我才智低劣，没有什么汗马功劳，陛下却格外施恩，把我从行伍之中破格提拔上来，封为列侯，位居三公之职。我的德行才能都不足以与之相称，平素又多病，恐怕会先于陛下而去，最终无法报答陛下的恩德，尽臣子之责。我希望能交回侯印，辞官归家，给那些贤者让位。”武帝答复说：“古来奖赏有功的人，表彰有德的人，守住先人已成的事业要崇尚文治，遭遇祸患要崇尚武功，这个道理未曾改变。我从前勉强继承皇位，经常担心不能使国家安宁，只想和众大臣共同治理天下，你应当知道这些。作为一个君子，应该称扬善良的人，憎恶丑恶的人，你若行事谨慎，就可常在我的身边。如今你只是不幸染了风寒，何愁不愈？却上书要退回侯印，辞官归家，这是显扬我的无德呀！如今朝中稍有闲暇，你还是少些顾虑，集中精神治好病。”于是恩准公孙弘继续休假，赐给他牛酒和各种布帛。几个月后，公孙弘的病情转好，就上朝理事了。

武帝元狩二年，公孙弘发病，终于死在丞相的位子上。他的儿子公孙度继承了平津侯的爵位。公孙度当山阳太守十多年后，因为犯法被废除侯爵。

主父偃是齐地临淄人，早年学习战国时代纵横家的学说，后来才开始研究《周易》《春秋》、诸子百家的学说。他周游于齐国读书人之间，但没有人重视他。齐国许多读书人一起排挤他，使得他无法继续待下去。他家境贫寒，没有人肯借给他东西，就到北方的燕、赵、中山等国游学，都没人重视他，客居在外，处境艰难。孝武帝元光元年，他认为各诸侯国都不值得再去，就西入函谷关，拜见大将军卫青。卫青屡次向皇上推荐他，但皇上却不肯召见。眼看身上的钱已经花光，又由于留在长安已久，王公及其门客都讨厌他，主父偃出于无奈就冒险向皇帝上书。不料早晨进呈奏书，傍晚时就被召见了。他所提到的九件事，其中八件是律令方面的，一件是关于征伐匈奴的。他的原文是这样说的：

我听说贤明的君主为了拓展自己的见识，不厌恶严辞劝谏，忠臣也不会因为逃避重罚而不直言相劝，因此才使得政事全无失策而功垂后世。如今我要毫无隐瞒、不惧杀头地提出我愚昧的想法，希望陛下能赦免我的罪过，稍微留心听一听。

《司马法》上说：“一个国家尽管很强大，若是喜欢战争，就必然走向灭亡；天下尽管很太平，若是忘掉战争，毫无准备，就必然很危险。”天下已经平定，天子演奏《大凯》的乐章，春秋两季行猎，诸侯春天整顿军队，秋天练兵，这都是为了不忘战争。况且发怒是背逆的行为，武器是不祥之物，争斗更是末节小事。古代君王一发怒必然血流成河，所以圣明的天子都要慎重行事。专事战争、穷兵黩武之人，没有不后悔的。当初秦始皇凭借屡战屡胜的威力，蚕食天下，统一全国，功绩与三代相齐。但他好战不肯停止，竟想攻打匈奴，李斯劝谏说："不可以攻打。匈奴没有固定居住的城郭，也没有积聚财物的府库，迁徙就像飞鸟一般飘忽不定，很难制服他们。若派轻装部队进军深入，粮草必然断绝；如果携带很多粮食行军，负担太重，难以济事。即使得到他们的土地也无法利用，得到他们的百姓也没法役使。一旦战胜，就必然要杀死他们，这并非是万民父母的圣君所应做的事。因此消耗人力物力，追求战胜的快慰，这不是好的政策。"秦始皇不听，就派蒙恬率兵攻打匈奴，把边境开拓了上千里，以黄河为国界。结果这些土地都是盐碱地，不生五谷。后来又调发全国的成年男子驻守在黄河边。军队驻外劳顿十几年，死的人不计其数，却始终没能再越过黄河北进。这难道是人马不足、武器装备不够吗？实在是形势不允许啊！后来又让天下的人急运粮草，从黄、腄、琅邪那些靠海的县出发，转运到北河，沿途大量消耗，差不多耗费三十钟粮草才只能运到一石。全国男子努力耕种，也满足不了粮饷之需；女子努力纺织，也满足不了帷幕之需。百姓们精疲力竭，孤寡老弱得不到养育，道路上死尸遍地，因为这个缘故天下人开始反叛了。

等到高祖平定天下，攻取了边境的土地，后来听说匈奴聚积在代郡的山谷之外，就想攻打他们。御史成进劝阻说："不可进攻。匈奴人天性，像飞鸟走兽一样飘散不定，追赶他们就像捕捉影子一样了不可得。如今以陛下的盛德去攻打匈奴，我私下很忧虑。"高祖不听，于是向北进军到代郡的山谷，结果在平城被围。汉高祖想必很后悔，就派刘敬前往匈奴缔结和亲。这以后，天下解除了战争之苦。

所以《孙子兵法》上说："发兵十万，每天要耗费千金。"秦朝经常兴师动众多达几十万兵力，虽然也歼灭敌军，杀死敌将，俘虏匈奴单于建有军功，但也恰恰因此结下深仇大恨，不足以抵偿全国耗费的资财。上使国库空虚，下使百姓疲惫，只图一点战争的痛快，这并非是完美的事情。匈奴难以制服，这并非当前的事情。他们边走边掠夺，并以此为职业，是天性本来如此。所以上自虞舜、夏朝、商朝和周朝，从来都不以道德的要求来督导他们，而视为禽兽一类，不把他们当作人。作为一个统治者，如果对上不借鉴虞夏商周的经验，只想遵循近世秦始皇的错误做法，这是我最忧虑，也是百姓最痛苦的事情。况且战争过多就会发生变乱，百姓受苦过深就会想到造反。边境百姓疲惫愁苦过深，就会对国家离心离德。使将军官吏们相互猜疑而与外敌勾结，尉佗和章邯就是因为这样才叛乱的。秦朝的政令之所以不能推行，就是因为国家大权被他二人所掌控，这是秦朝灭亡的最好证明。所以《周书》上说："国家的安危在于君王发布的政令，国家的存亡在于君王任用的人选。"希望陛下能特别注意，稍微认真考虑这一点。

这时，赵人徐乐、齐人严安也都就现前的政治向皇帝上书，各自发表了意见。徐乐在上书中说：

我听说国家的忧患在于土崩，而不在于瓦解，古往今来都是一样的。什么叫土崩呢？秦朝末年的农民起义就是这样。陈涉并没有千乘的尊贵地位，也没有尺寸封地，出身卑微，并非王公大人和有名望的贵族的后代，在家乡也没有什么名望，既没有孔丘、墨翟、曾参的贤能，又没有陶朱、猗顿的富有。他从穷乡僻壤崛起，挥舞着戟矛，赤臂大喊，天下人就闻风响应，这是什么原因呢？这是由于人民贫困而国君不知体恤爱护，民众怨恨而在上位者并不知情，社会的风俗已乱，国家的政务却不加整治，这三点都是陈涉所利用的有利条件，这就叫做土崩。所以说国家的祸患在于土崩。什么叫瓦解呢？吴、楚、齐、赵的叛乱就是这样。吴、楚等七国反叛，全都号称万乘之君，发兵数十万，声威足以整饬他们全国，财富足以鼓励所有的国民，但最终却没能夺来尺寸之地，自己又被朝廷打败，这又是什么原因呢？并不是他们的权势连一个平民都不如、兵力比陈涉还弱，而是因为在当时，先帝的恩德还深入人心，而且安居乐业的百姓为数众多，因此诸侯得不到外边的援助。这就叫做瓦解。所以说国家的祸患不在于瓦解。由此可见，天下若有土崩的趋势，纵然是穷困的百姓，只要有人首先发难，就可能使国家遭到危害，陈涉就是如此，何况还有三晋国君那样的人存在呢！天下即使没有得到大治，若真能没有土崩的趋势，就算是有强国劲旅，自身也不能避免被擒，吴、楚、齐、赵等国就是这样，何况群臣百姓起来造反呢！这两种情况，是国家安危的关键，希望贤明的君主多多留意、深加考察。

最近关东地区五谷歉收，至今未得丰收，百姓多半生计艰难。再加上边境一带的战争，按常理推断，老百姓都将心神不安。一不安就容易有变故，有变故就是土崩的苗头。所以，贤明的君主能看到各种变化的原因，洞察安危的关键，及时制定拨乱反正的政策制度，就可以把祸患消灭于萌芽状态。最主要的是，想方设法不使天下出现土崩的形势。因此就算有强国劲旅，陛下也可以打猎、游赏，尽情享乐，往来驰骋，安然自若。金石丝竹的乐音不绝于耳，帷帐中的私情和俳优侏儒们的戏谑之态常在面前，天下也没有积久的忧患。没必要把追求的目标定成商汤周武一般，民俗也不必如成王康王时那么淳美！即使这样，我私下认为陛下如此圣明之君，有宽厚仁爱的禀赋，若果真把天下放在心上，那么商汤、周武那样的名望就不难赶上，成王、康王那时的民俗也可以复兴。这两方面做到了，然后就可以享有尊贵与太平的生活，在当代美名盛传，使天下之人拥戴，使四方边远之民臣服，您的恩泽将一代一代盛传下去，您的子孙将面朝南方，背靠屏风，卷起衣袖，接见王公大臣们，这是陛下现在所该做的事情。我听说想实行王道、治理国家，即使没有成功，起码也可以使国家安宁。国家一旦安宁，陛下难道还会有得不到的东西吗？还会有做不成的事吗？还会有征服不了的国家吗？

严安上书说：

我听说周朝治理天下八百余年，太平盛世有三百多年，成王和康王是最兴盛的时代，竟然四十多年不用刑罚。待到周朝政治衰微时也有三百多年，这期间五霸轮番兴起。这些霸主经常辅佐天子，兴利除害，诛伐暴虐，禁止奸邪，率领天下诸侯尊奉天子，使天子得到尊贵。五霸过去之后，没有贤圣之人接替他们，使天子处于孤立软弱的地位，号令无人遵行。诸侯恣意行事，以强凌弱，以众欺寡。田常篡夺了齐国的政权，六卿瓜分了晋国的土地，于是天下形成了战事纷扰的局面，这是百姓苦难的开始。这时强国致力于对外扩张，弱国谋求防守，出现合纵和连横的策略，说客们的车子疾驰奔波，战争连年不断，战士的铠甲帽盔都长满了虱子，百姓无处诉苦。

待到秦王嬴政时代，他蚕食天下，并吞六国，号称皇帝。掌握了全国的政权后，铲平旧时诸侯国的都城，销毁诸侯的兵器，熔铸成钟虡，表示从此不再兴兵动武。善良的百姓刚刚免于战争的灾害，碰上一位圣明的天子，人人都以为获得了新生。假如这时的秦朝能够宽缓刑罚，少征赋税，减轻徭役，崇尚仁义，贬低权利，崇尚忠厚，鄙视智巧，移风易俗，教化全国，那么世世代代都会安享太平。遗憾的是秦朝不推行这种政治，却因循从前的风俗，使得那些专做智巧权利之事的人得以任用，而那些忠厚诚信的人却被屏退；刑法严酷，政令森严，阿谀谄媚之人日多，始皇天天听他们的歌功颂美之辞，变得骄纵自满起来。他一心想到海外扬威，就派蒙恬率兵北伐匈奴，开辟疆土，在黄河以北驻军戍守，让百姓急运粮草紧随其后。又派都尉屠睢率楼船水军南攻百越，派监禄开渠运粮，深入越地。越人开始时逃入深山，战争旷日持久，秦军粮草断绝，越人群起反攻，秦军大败，秦朝只好又派都尉赵佗率兵戍守越地。那时候，秦朝北面与匈奴对峙，南面又与越人纠缠，几十万大军长年驻守在没有用处的地方，进退维谷，前后历经十多年。成年男子要披甲上阵，女子要运送物资，使百姓困顿不堪，民不聊生，吊死在路边树上的尸首到处可见。待到秦始皇一死，天下大乱。陈胜、吴广在陈县举兵，武臣、张耳在赵地举兵，项梁在吴举兵，田儋在齐举兵，景驹在郢举兵，周市在魏举兵，韩广在燕举兵，天下豪杰之士并起，不可胜数。但是，他们都不是六国诸侯的后代，也并非大官的下属，没有一点权势，都是从民间兴起，手持戟矛，顺应时势，一拥而起，不约而同。他们不断扩大土地，最后成为霸王，这都是当时的形势造成的。秦帝贵为天子，富有整个天下，却落得家破人亡、断子绝孙的下场，这是他穷兵黩武的恶果啊。所以周朝的败亡在于国势软弱，秦朝的败亡在于恃强逞威，这都是不懂得顺应客观形势的改变而变通的缘故。

如今国家想招降南夷，让夜郎前来朝拜，降服羌、僰，攻夺濊州，在新占的地区建立城邑。又想要派兵深入匈奴，烧毁他们的龙城，受到一些议论者的赞美。但这是对臣子有益，并非是天下的长远大计。如今中原太平安定，百姓安乐，却受到远方备战的连累，使国家疲惫，这不是养育百姓的办法。为满足个人无止尽的欲望，图一时的痛快，而同匈奴结怨，这不是安定边疆的办法。结下怨恨而不能消除，战争无休无止，使身处其中的人蒙受愁苦，远观者感到惊骇，这不是持久的办法。如今全国上下为战争打造铠甲兵器、转运粮食，不知道何时是个头，这是天下百姓们共同忧虑的事情。战争拖久了，变故就会产生；事情繁杂，疑虑就会产生。现在外郡的土地大到数千里，列城数十个，以土地控制百姓，胁迫附近的诸侯，这对于刘氏皇族很是不利。从宏观来看，齐国和晋国被灭亡，就是公室势力衰微、六卿势力太大的缘故。秦国所以被灭亡，就是刑法严酷、欲望无边的缘故。如今郡守的权力之大，是当年的六卿所不能比的；土地之广，不仅仅是依靠部分百姓闾巷；铠甲武器，不仅仅是戟矛之类。这样的客观条件，如果碰上万世不遇的变乱，那么其后果将难以言表。

奏书送交武帝后，武帝召见了主父偃、徐乐和严安，对他们说："你们当初都在哪里啊？为何我们相见得这样晚？"于是武帝就任命他们三人都做了郎中。后来主父偃又多次进见皇帝，上疏陈说政事。于是皇帝下令任命他为谒者，又升为中大夫。一年当中，竟连续四次提升。

主父偃向武帝进谏说："古时候，诸侯的封地不能超过百里，强弱对比明显，中央容易控制局面。如今有的诸侯竟有城邑数十座，土地方圆千里。这样一来，没事的时候，他们骄奢淫逸，容易胡乱行事；危急之时，他们就会恃强联合起来，对抗朝廷。如今若是以制度来削弱他们，就会使其产生反叛之心，从前晁错的悲剧就是这么造成的。如今诸侯家的子弟有的多达十几个，而只有嫡长子可以世代继立，其余的虽是亲骨肉，但却没有尺寸之地的封赐，这不能体现陛下的仁义孝道。希望陛下诏令诸侯们广泛地施恩德，给他们的子弟分配土地，让他们做侯。这样一来，诸侯子弟们都高兴得到自己所希望的。皇上施以恩德，实际上是分割了诸侯的封国，不用削夺封地而诸侯就会逐渐削弱了。"于是皇上就采纳了他的主意。主父偃又去劝说皇上道："如今茂陵的工程刚刚开始，可以把天下的豪强富人、聚众作乱之人，统统都迁徙到茂陵去，这样一则充实了京师，二则消除了奸猾之徒，这就是所谓的不用诛杀而祸害自除。"武帝一听，又同意了。

尊立卫子夫当皇后，及揭发燕王刘定国的丑事，其中都有主父偃的功劳。大臣们都畏惧主父偃的嘴，贿赂和赠送给他的钱，累计有千金之多。有人劝主父偃道："你太专横跋扈了。"主父偃说："我结发游学四十多年，一直不得志，以至于父母都不把我当作儿子看，兄弟们没人肯收留我，宾客们一一抛弃我，我受了太多罪了。况且大丈夫活在世上，如不能列五鼎而食，那么宁可死时受五鼎烹煮的刑罚。我已经年纪大了，所以无所顾忌地倒行逆施、横暴行事。"

主父偃极力夸说朔方土地肥沃富饶，外有黄河为险阻，又有蒙恬筑的城墙以阻止匈奴的侵扰，如果在此地垦荒种植，就能省下转运和戍守漕运的人力物力，同时扩大中原的土地，这是消灭匈奴的根本。皇上看完他的奏章，就交给公卿们议论，大家都不赞成。公孙弘说："秦朝时曾经调发三十万人在那儿修城守河，始终也未修成，后来还是放弃了。"但主父偃极力主张，武帝最后还是采纳了他的计策，设置了朔方郡。

元朔二年，主父偃向皇上告发齐王刘次景淫乱骄佚，皇上任命他为齐相，前往调查。主父偃到了齐国，就把他的兄弟和宾客都召集起来，散发五百金给他们，而后数落他们说："当初我贫穷的时候，兄弟们不给我衣食，宾客们不让我进门；如今我做了齐相，你们居然有人到千里以外去迎接我。我今天要和你们一刀两断，请不要再进我主父偃的家门！"而后他就派人用齐王与其姐姐通奸的事来触动齐王，齐王估计自己终究不能逃脱罪责，不愿像燕王刘定国那样被判处死罪，就自杀了。主管此事的官员把这事报告给了皇上。

主父偃还是平民的时候，曾经到过燕地和赵地，等到他当了大官后，就揭发了燕王的丑事。赵王害怕他又祸及赵国，就想要先发制人，上书揭发主父偃的罪行。因为主父偃在朝中，不敢揭发。等到他当了齐相，走出函谷关，赵王就立即派人上书，告发主父偃是因为接受了诸侯的贿赂，才倡议把诸侯子弟封侯的。武帝开始未置可否，等到后来齐王自杀，武帝大怒，认为一定是主父偃威胁使其自杀的，就交给官吏审问。主父偃承认接受诸侯贿赂的事实，但并没有威胁齐王使他自杀。皇上开始也不想诛杀主父偃，但御史大夫公孙弘对皇上说："齐王自杀，没有后代，封国被取消而设为郡县，这事的罪魁祸首就是主父偃，陛下不杀主父偃，无法向天下人交待。"于是皇上就把主父偃灭族了。

主父偃正当显贵受宠时，门下的宾客数以千计，待到他被灭族后，没有一个人敢为他收尸，唯独洨县人孔车为他收尸并将他安葬了。武帝后来听说了这事，认为孔车是厚道人。

太史公说：公孙弘的品行虽然好，然而也是因为他机遇好。汉朝建国八十余年了，皇上正崇尚儒家学说，招贤纳士，以发扬儒家和墨家学说，公孙弘是第一个被选拔出来的人。主父偃当权的时候，身居要职，朝中高官都称赞他，待到他名声败坏、被处斩的时候，士人都争着讲他的不是，真是可悲呀！

汉平帝元始年间，太皇太后王政君向大司徒马宫和大司空甄丰下诏书说："我听说治理国家之道，首先是要使百姓富裕起来；而使百姓富裕的关键，就在于为官者的节俭。《孝经》上说'使在上位者能平安，使百姓能够稳定的办法，没有比用礼更好的了’。‘至于说到礼，与其过于奢侈，不如节俭一点’。从前，管仲当齐桓公的丞相，辅佐齐桓公称霸诸侯，有九合诸侯、匡正天下的大功，但是孔子却说他不知礼，这就是因为他奢侈过度，排场已经同国君不相上下的缘故。夏禹住矮小的房屋，穿粗劣的衣服，后来的帝王不遵循他的做法。由此看来，一个国家治理得好不好，君王的德行很重要，而德行之高莫过于节俭。用节俭的美德教化民众，那么尊卑的次序就清楚了，而父母兄弟间的骨肉恩情就会更加亲密，纷争诉讼的争端也就不存在了。这不就是让百姓富足、不用刑罚就能治好国家的根本吗？怎可不努力实践呢！国家的三公是百官的统帅，是万民的表率。只要树起的标杆垂直，就不会有弯曲的影子。孔子不是说过吗，‘你领着走正路，谁敢不走正路？’‘选拔贤能的人，教育不好的人，那么人们就会争相努力学好了。’汉朝兴盛以来，作为皇上股肱之臣的宰相都能自身节俭，轻财重义，堪称楷模，没有比得上丞相平津侯公孙弘的了。他身居丞相的高官地位却盖着布被，每天吃糙米饭，每顿饭只有一个肉菜。但对老朋友和他喜欢的宾客，都把自己的俸禄分给他们，而自己却所剩无几。他确实是严格要求自己，遵守制度。他的这些事是由于汲黯质问他，才传到了朝廷上，这可以说是以低于制度的标准来力行节俭的人。好的德行就去做，不好的就制止，这和那些表面假装节俭来沽名钓誉，实际奢侈无度的人是根本不同的。后来公孙弘因病请求退职还家，孝武皇帝就诏令说：‘奖赏有功的人，褒奖有德的人，喜好善良，厌恶丑恶，这些原则你应该都知道。请你少顾虑，多多保养精神，辅之以医药。’于是赐予他假期让他好好养病，并不断赏赐他牛肉、酒和杂帛之物。过了几个月，公孙弘的病痊愈，又去上朝理事了。元狩二年，公孙弘以丞相之位善终。知臣者莫如君，这就是个证明。公孙弘的儿子公孙度承袭爵位，后来做了山阳太守，因为犯法丢掉了官爵。表彰德行仁义，目的就是为了要移风易俗、厉行教化，作为圣王的古制，这是个不可变易的天道。特赐予公孙弘子孙中可承袭爵位的后人为关内侯，赐给三百户食邑，让他们在公车门候旨，把姓名上报到尚书那里，到时候我要亲自给他封赏。”

班固评论说：公孙弘、卜式、兒宽都身有鸿雁奋飞之翼，却早年困顿在燕雀当中，或者被斥逐到远方去放牧，如果不是遇到好的时机，又怎么能达到公卿的地位呢？当时汉朝建国六十多年，海内安定，府库充实，而四方夷狄尚未归服，制度又多有缺失，皇上希望得到更多的文武人才，因而努力搜寻。开始用蒲轮安车迎来了枚乘，见到主父偃而叹息相见太迟。因此，群臣都众心归一，在野的奇才异士也纷纷出现。卜式从割草牧羊的人群中被选出，桑弘羊从商人中被选拔起来，卫青奋起于奴仆之间，金日磾出自于俘虏营里，这都是有如从前那筑墙的傅说、喂牛的宁戚一类的人啊。汉朝选拔人才，以武帝时期为最多。学识渊博而有雍容风度的有公孙弘、董仲舒、兒宽；忠厚老实、做事勤奋的有石建和石庆；刚直敢言的有汲黯、卜式；以推举贤才著称的有韩安国、郑当时；善于制定律令的有赵禹、张汤；以文章写作闻名的有司马迁、司马相如；诙谐滑稽的有东方朔、枚皋；善于应对的有严助、朱买臣；以天文历法著称的有唐都、落下闳；擅长音律曲谱的有李延年；擅长筹划的有桑弘羊；奉命出使的有张骞、苏武；杰出的将帅则有卫青、霍去病；接受皇帝遗诏而辅佐幼主的有霍光、金日磾；其余种种，多得数不过来。因此这个时期创建的功业，所制定的各种制度和文献典籍，远非后世所能及。汉宣帝继承大统后，继续阐扬汉朝的大业，也大力讲述宣扬儒家的六艺，招选优秀特异的人才，因而萧望之、梁丘贺、夏侯胜、韦玄成、严彭祖、尹更始因为精通儒家学说而被任用；刘向、王褒因为文章写作而闻名。当时的将相有张安世、赵充国、魏相、邴吉、于定国、杜延年；善于治理百姓的有黄霸、王成、龚遂、郑弘、邵信臣、韩延寿、尹翁归、赵广汉等等，他们都有功勋事迹被后世人所称道记述。这种名臣辈出的盛况，可以说仅次于武帝时代了。

史记卷一百一十三

南越列传第五十三

南越王尉佗者，真定人也，姓赵氏。秦时已并天下，略定杨越，置桂林、南海、象郡，以谪徙民，与越杂处十三岁。佗，秦时用为南海龙川令。至二世时，南海尉任嚣病且死，召龙川令赵佗语曰："闻陈胜等作乱，秦为无道，天下苦之，项羽、刘季、陈胜、吴广等州郡各共兴军聚众，虎争天下，中国扰乱，未知所安，豪杰畔秦相立。南海僻远，吾恐盗兵侵地至此，吾欲兴兵绝新道，自备，待诸侯变，会病甚。且番禺负山险，阻南海，东西数千里，颇有中国人相辅，此亦一州之主也，可以立国。郡中长吏无足与言者，故召公告之。"即被佗书，行南海尉事。嚣死，佗即移檄告横浦、阳山、湟谿关曰："盗兵且至，急绝道聚兵自守！"因稍以法诛秦所置长吏，以其党为假守。秦已破灭，佗即击并桂林、象郡，自立为南越武王。高帝已定天下，为中国劳苦，故释佗弗诛。汉十一年，遣陆贾因立佗为南越王，与剖符通使，和集百越，毋为南边患害，与长沙接境。

高后时，有司请禁南越关市铁器。佗曰："高帝立我，通使物，今高后听谗臣，别异蛮夷，隔绝器物，此必长沙王计也，欲倚中国，击灭南越而并王之，自为功也。"于是佗乃自尊号为南越武帝，发兵攻长沙边邑，败数县而去焉。高后遣将军隆虑侯灶往击之。会暑湿，士卒大疫，兵不能逾岭。岁馀，高后崩，即罢兵。佗因此以兵威边，财物赂遗闽越、西瓯、骆，役属焉，东西万馀里。乃乘黄屋左纛，称制，与中国侔。

及孝文帝元年，初镇抚天下，使告诸侯四夷从代来即位意，喻盛德焉。乃为佗亲冢在真定，置守邑，岁时奉祀。召其从昆弟，尊官厚赐宠之。诏丞相陈平等举可使南越者，平言好畤陆贾，先帝时习使南越。乃召贾以为太中大夫，往使。因让佗自立为帝，曾无一介之使报者。陆贾至南越，王甚恐，为书谢，称曰："蛮夷大长老夫臣佗，前日高后隔异南越，窃疑长沙王谗臣，又遥闻高后尽诛佗宗族，掘烧先人冢，以故自弃，犯长沙边境。且南方卑湿，蛮夷中间，其东闽越千人众号称王，其西瓯骆裸国亦称王。老臣妄窃帝号，聊以自娱，岂敢以闻天王哉！”乃顿首谢，愿长为藩臣，奉贡职。于是乃下令国中曰：“吾闻两雄不俱立，两贤不并世。皇帝，贤天子也。自今以后，去帝制黄屋左纛。”陆贾还报，孝文帝大说。遂至孝景时，称臣，使人朝请。然南越其居国窃如故号名，其使天子，称王朝命如诸侯。至建元四年卒。

佗孙胡为南越王。此时闽越王郢兴兵击南越边邑，胡使人上书曰：“两越俱为藩臣，毋得擅兴兵相攻击。今闽越兴兵侵臣，臣不敢兴兵，唯天子诏之。”于是天子多南越义，守职约，为兴师，遣两将军往讨闽越。兵未逾岭，闽越王弟馀善杀郢以降，于是罢兵。

天子使庄助往谕意南越王，胡顿首曰：“天子乃为臣兴兵讨闽越，死无以报德！”遣太子婴齐入宿卫。谓助曰：“国新被寇，使者行矣。胡方日夜装入见天子。”助去后，其大臣谏胡曰：“汉兴兵诛郢，亦行以惊动南越。且先王昔言，事天子期无失礼，要之不可以说好语入见。入见则不得复归，亡国之势也。”于是胡称病，竟不入见。后十馀岁，胡实病甚，太子婴齐请归。胡薨，谥为文王。

婴齐代立，即藏其先武帝玺。婴齐其入宿卫在长安时，取邯郸樛氏女，生子兴。及即位，上书请立樛氏女为后，兴为嗣。汉数使使者风谕婴齐，婴齐尚乐擅杀生自恣，惧入见要用汉法，比内诸侯，固称病，遂不入见。遣子次公入宿卫。婴齐薨，谥为明王。

太子兴代立，其母为太后。太后自未为婴齐姬时，尝与霸陵人安国少季通。及婴齐薨后，元鼎四年，汉使安国少季往谕王、王太后以入朝，比内诸侯，令辩士谏大夫终军等宣其辞，勇士魏臣等辅其缺，卫尉路博德将兵屯桂阳，待使者。王年少，太后中国人也，尝与安国少季通，其使，复私焉。国人颇知之，多不附太后。太后恐乱起，亦欲倚汉威，数劝王及群臣求内属。即因使者上书，请比内诸侯，三岁一朝，除边关。于是天子许之，赐其丞相吕嘉银印，及内史、中尉、大傅印，馀得自置。除其故黥劓刑，用汉法，比内诸侯。使者皆留填抚之。王、王太后饬治行装重赍，为入朝具。

其相吕嘉年长矣，相三王，宗族官仕为长吏者七十馀人，男尽尚王女，女尽嫁王子兄弟宗室，及苍梧秦王有连。其居国中甚重，越人信之，多为耳目者，得众心愈于王。王之上书，数谏止王，弗听。有畔心，数称病不见汉使者。使者皆注意嘉，势未能诛。王、王太后亦恐嘉等先事发，乃置酒，介汉使者权，谋诛嘉等。使者皆东乡，太后南乡，王北乡，相嘉、大臣皆西乡，侍坐饮。嘉弟为将，将卒居宫外。酒行，太后谓嘉曰："南越内属，国之利也，而相君苦不便者，何也？"以激怒使者。使者狐疑相杖，遂莫敢发。嘉见耳目非是，即起而出。太后怒，欲鏦嘉以矛，王止太后。嘉遂出，分其弟兵就舍，称病，不肯见王及使者。乃阴与大臣作乱。王素无意诛嘉，嘉知之，以故数月不发。太后有淫行，国人不附，欲独诛嘉等，力又不能。

天子闻嘉不听王，王、太后弱孤不能制，使者怯无决。又以为王、王太后已附汉，独吕嘉为乱，不足以兴兵，欲使庄参以二千人往使。参曰："以好往，数人足矣；以武往，二千人无足以为也。"辞不可，天子罢参也。郏壮士故济北相韩千秋奋曰："以区区之越，又有王、太后应，独相吕嘉为害，愿得勇士二百人，必斩嘉以报。"于是天子遣千秋与王太后弟樛乐将二千人往。入越境，吕嘉等乃遂反，下令国中曰："王年少。太后，中国人也，又与使者乱，专欲内属，尽持先王宝器入献天子以自媚，多从人，行至长安，虏卖以为僮仆。取自脱一时之利，无顾赵氏社稷、为万世虑计之意。"乃与其弟将卒攻杀王、太后及汉使者。遣人告苍梧秦王及其诸郡县，立明王长男越妻子术阳侯建德为王。而韩千秋兵入，破数小邑。其后越直开道给食，未至番禺四十里，越以兵击千秋等，遂灭之。使人函封汉使者节置塞上，好为谩辞谢罪，发兵守要害处。于是天子曰："韩千秋虽无成功，亦军锋之冠。"封其子延年为成安侯。樛乐，其姊为王太后，首愿属汉，封其子广德为龙亢侯。乃下赦曰："天子微，诸侯力政，讥臣不讨贼。今吕嘉、建德等反，自立晏如，令罪人及江淮以南楼船十万师往讨之。"

元鼎五年秋，卫尉路博德为伏波将军，出桂阳，下汇水；主爵都尉杨仆为楼船将军，出豫章，下横浦；故归义越侯二人为戈船、下厉将军，出零陵，或下离水，或抵苍梧；使驰义侯因巴蜀罪人，发夜郎兵，下牂柯江。咸会番禺。

元鼎六年冬，楼船将军将精卒先陷寻陕，破石门，得越船粟，因推而前，挫越锋，以数万人待伏波。伏波将军将罪人，道远，会期后，与楼船会乃有千馀人，遂俱进。楼船居前，至番禺。建德、嘉皆城守。楼船自择便处，居东南面；伏波居西北面。会暮，楼船攻败越人，纵火烧城。越素闻伏波名，日暮，不知其兵多少。伏波乃为营，遣使者招降者，赐印，复纵令相招。楼船力攻烧敌，反驱而入伏波营中。犁旦，城中皆降伏波。吕嘉、建德已夜与其属数百人亡入海，以船西去。伏波又因问所得降者贵人，以知吕嘉所之，遣人追之。以其故校尉司马苏弘得建德，封为海常侯；越郎都稽得嘉，封为临蔡侯。

苍梧王赵光者，越王同姓，闻汉兵至，及越揭阳令定，自定属汉；越桂林监居翁，谕瓯骆属汉。皆得为侯。戈船、下厉将军兵及驰义侯所发夜郎兵未下，南越已平矣。遂为九郡。伏波将军益封。楼船将军兵以陷坚为将梁侯。

自尉佗初王后，五世九十三岁而国亡焉。

太史公曰：尉佗之王，本由任嚣。遭汉初定，列为诸侯。隆虑离湿疫，佗得以益骄。瓯骆相攻，南越动摇。汉兵临境，婴齐入朝。其后亡国，征自樛女；吕嘉小忠，令佗无后。楼船从欲，怠傲失惑；伏波困穷，智虑愈殖，因祸为福。成败之转，譬若纠墨。

【译文】

南越王尉佗是真定人，姓赵。秦国统一了天下之后，接着又平定了杨越，设置了桂林、南海和象郡，把犯了罪的百姓都迁徙安置到这些地方，同越人杂居在一起，这样过了十三年。尉佗，在秦始皇时被任命为南海郡的龙川县令。秦二世时，南海郡尉任嚣病重，把龙川令赵佗召来，对他说："秦朝推行暴虐无道的政策，天下百姓都怨恨不已，听说陈胜等发动了叛乱，现在项羽和刘邦、陈胜、吴广等，都在各自的州郡，招兵买马，组建军队，如猛虎般争夺天下，中原地区正陷于一片混乱，不知何时方得安宁，豪杰们背叛秦朝，相继称王。南海郡虽偏僻遥远，我担心强盗也会打到这里，侵夺土地，因此想发兵切断通往中原的交通，自己早做防备，以等待中原战局的变化，不巧赶上我病重。再说我们番禺这个地方，背后有险要的山势，南有大海作屏障，东西几千里，还有些中原人帮助我们，这也能成一州中的霸主，可以立国兴邦。南海郡的长官中没有一个可以和他们商量，所以才把你召来。"于是任嚣当即向赵佗颁布任命文书，让他代理南海郡尉的职务。任嚣死后，赵佗随即向横浦、阳山、湟溪三处关口发布檄文说："强盗的军队很快就要到来，要赶紧切断道路，集合军队，加强守卫。"接着他又借此机会，依法处置了秦朝安置的官吏，而用他的亲信做代理长官。秦朝被灭亡后，赵佗就发兵兼并了桂林和象郡，自立为南越武王。待到汉高祖已经平定了天下，考虑到中原百姓劳顿困苦，所以就没有派兵讨伐赵佗，放过了他。汉高帝十一年，高祖派遣陆贾出使南越，封赵佗因袭南越王的称号，同他剖符定约，互通使者，让他协调南越各族间的关系，使其和睦相处，不要成为汉朝南边的祸患。南越边界与北方的长沙郡接壤。

高后当政时，有关部门请求禁止南越在边境市场上买卖铁器。赵佗一听，说："高帝封我为南越王，双方互通使者，互相贸易。如今高后听信谗臣的挑拨，把蛮夷视为异类，断绝器物的互通，这一定是长沙王的主张，他想依靠中原的汉王朝，消灭南越而一并统治，自谋功利。"于是赵佗就宣告独立，擅加尊号，自称南越武帝，出兵攻打长沙的边境城邑，一连攻破了几个县才离去。高后派遣将军隆虑侯周灶前去迎击。正赶上暑热阴湿天气，士兵中很多人染上了瘟疫，军队无法越过阳山岭。一年多以后，高后去世，于是对南越的讨伐也就不了了之了。赵佗趁此而以大军扬威于边地，用财物贿赂闽越、西瓯和骆越，让它们归服自己，从而使南越的疆土东西长达一万多里。赵佗竟然乘坐起黄屋左纛车，自称皇帝，和中原相抗衡。

待到孝文帝元年，文帝刚刚即位，便派出使者向诸侯和四方蛮夷的君长，告知他从代国来京即位的意图，以昭示皇帝隆盛的恩德。又为赵佗双亲在真定的墓冢设置守墓的人家，逢年过节供奉祭祀。又召来赵佗老家的堂兄弟，赐予高官厚礼，大加宠幸。接着文帝又诏命丞相陈平等人举荐可以出使南越的人，陈平就提到好畤人陆贾，在先帝时曾出使南越之事。文帝于是就召来陆贾，任命他做了太中大夫，前往出使。借此机会责备赵佗竟然没有派出一个使者前来通报，就自立为皇帝。陆贾到了南越，赵佗大为惊恐，写信请罪，道："蛮夷大长老夫臣赵佗，前些时因为高后歧视南越，视为异类，我私下怀疑是长沙王进谗言害我，又听闻高后把我的全族都杀了，还挖了我们的祖坟，因此才被迫起兵，侵犯长沙边境。而且南方低湿之地，在蛮夷中间，东边的闽越只有一千多人，其首领却称为王；西面的西瓯和骆越这样的原始野蛮之国也称王。所以我才大胆地窃取皇帝的尊号，聊以自娱，又怎敢把这事禀告天子呢！"于是就叩头谢罪，表示愿意永远做汉朝的藩属臣子，向汉朝纳贡。接着赵佗就向全国发布命令，说："我听说两雄不能同时并立，两贤不可并世共存。汉朝皇帝是贤明的天子。从今以后，我去掉帝制，也不再乘坐黄屋左纛的车子。”陆贾回朝汇报后，文帝非常高兴。一直到孝景帝年间，赵佗都称臣，派使者入朝拜见天子。然而南越王在其国内仍然使用帝号名称，当其遣使者朝见天子时，就同其他诸侯一样称王。到了建元四年赵佗去世。

赵佗的孙子赵胡当了南越王。这时闽越王郢发兵攻打南越边境城镇，赵胡派人向汉天子上书说：“南越和闽越都是汉朝的藩臣，怎敢擅自发兵相互攻击呢？如今闽越发兵侵犯臣，臣不敢发兵抗击，希望天子下诏书制止他们。”天子一听很赞扬南越忠义的行为，遵守职责和盟约，就为他们派遣两位将军前去讨伐闽越。汉军还没越过阳山岭，闽越王的弟弟馀善杀死郢向汉朝投降，于是汉军就撤回去了。

武帝派庄助去向南越王讲明朝廷的意图，赵胡深深叩头谢恩说：“天子是为臣发兵讨伐闽越的，臣死了也无法报答天子的恩德！”于是就派太子婴齐到朝廷去充当宿卫。他又对庄助说：“国家刚刚遭受侵略，请使者先走一步。我也快速准备行装，去京城朝见天子。”庄助离开后，他的大臣向赵胡进谏说：“汉朝发兵诛杀闽越，也是借此来警告南越。而且先王曾说过，侍奉天子，只希望不要失礼就行了，万不可因为听了他们几句好话就去朝见天子。一旦入朝就不能再回来了，这是亡国的形势啊。”于是赵胡就推说有病，最终也没去朝见天子。十多年后，赵胡真的病了，而且很严重，于是太子婴齐就请求回国。赵胡死后，谥号为文王。

婴齐即位后，就把他祖先的武帝印玺藏了起来，不再称帝。婴齐在长安做宿卫时，娶了邯郸樛家的女子为妻，生了个儿子叫赵兴。待到他即位，便向汉天子上书，请求立妻子樛氏为王后，赵兴为太子。这时汉朝屡次派使者婉转劝告婴齐要入朝拜见天子，婴齐喜欢自己掌握生杀大权，惧怕进京朝拜天子，会被强迫和内地诸侯一样，执行汉朝法令，因此也推说有病，不肯入京，只是派了儿子次公入京当了宿卫。婴齐死后，被谥为明王。

太子赵兴即位后，他母亲樛氏做了太后。樛氏在没嫁给婴齐做妾时，曾经同霸陵人安国少季通奸。等到婴齐死后，汉朝在元鼎四年派安国少季前去规劝南越王和王太后，让他们依照内地的诸侯，进京朝见。又命令辩士谏大夫终军等宣谕这个意思，让勇士魏臣等辅助不足，随时准备动用武力，卫尉路博德率兵驻守在桂阳，援助使团。赵兴年幼，王太后是中原人，曾同安国少季通奸，此次安国少季来当使者，两人又搭上关系。这事南越人多半知道，因此大多不依附王太后。太后害怕发生动乱，也想依靠汉朝的威势巩固自己的势力，就屡次劝说南越王和群臣请求归属汉朝。后来就通过使者上书天子，请求和内地诸侯一样，每隔三年入朝一次，撤除边境的关塞。天子随即答应了他们的要求，赐给南越丞相吕嘉一枚银印，也给内史、中尉、大傅等都赐了官印，其余的官职由南越自己委任。废除他们从前的黥刑和劓刑，沿用汉朝的法律，和内地的诸侯一样。使者都留下来镇抚南越。与此同时，南越王及王太后开始备办行装和礼物，为入朝做准备。

南越丞相吕嘉年纪大了，辅佐过三位国王，他的宗族内当官做长吏的有七十多人，男子娶的都是王室女子，女子嫁的都是王子及其兄弟宗室之人，同苍梧郡的秦王也有联姻关系。因此他在南越国内的地位非常显要，南越人民都很信任他，很多人都是他的亲信，比南越王还得民心。当南越王要上书汉天子要求内附时，他屡次劝阻，但是国王没听。他因此产生了反叛的念头，多次托病不去会见汉朝使者。使者也都注意到吕嘉这个人，只是因为形势的关系，没有诛杀他。南越王和王太后也怕吕嘉首先动手，就设置酒宴，想借助汉朝使者的权势，除掉吕嘉等人。宴席上，使者都面朝东坐，太后面朝南，南越王面朝北，丞相吕嘉和大臣都面朝西，陪着一起饮酒。吕嘉的弟弟是将军，率兵守候在宫外。酒席宴中，太后对吕嘉说："南越归属朝廷，这对国家是有利的，可是丞相您却总说不好，这是为何？"想借以激怒汉朝使者杀了他。但使者们满腹狐疑，面面相觑，双方僵持不下，始终未敢发作。吕嘉见座中人们脸色不对，当即起身出去。太后大怒，想派人用矛刺杀吕嘉，被南越王阻止了。吕嘉出来后，分取他弟弟的军队，护卫他回到府中。从此更加托辞有病，不肯去见南越王和使者，暗地里却勾结大臣准备谋反作乱。南越王原本无意杀掉吕嘉，吕嘉深知这一点，因此历经数月始终没有动手。太后因为有淫乱之举，国人都不依附于她，所以她特别想杀掉吕嘉等人，但是又力所不能及。

汉天子听说吕嘉不服从南越王，南越王和太后力弱势孤，不能制服他，使者胆怯而无决断的能力。又想到南越王和太后已经归附汉朝，独有吕嘉作乱，用不着发大兵征讨，就想派庄参率两千人出使南越。庄参说："若是以友好使团的名义去，几个人就足够了；若是想动用武力，两千人不足以解决问题。"庄参推辞不能胜任，天子于是就不让他去了。这时郏地壮士、原济北王丞相韩千秋自告奋勇说道："这么一个小小的南越，又有国王和太后做内应，独有丞相吕嘉从中破坏，我愿意率领二百个勇士前往，一定杀了吕嘉，回来向天子报告。"于是天子派遣韩千秋和王太后的弟弟樛乐，率兵二千人前往南越。他们进入南越境内，吕嘉等人这才起兵造反，并向南越国的人下令说："国王年轻，太后是中原人，又同汉朝使者私通，一心想归属汉朝，把先王的珍宝重器全部拿去献给汉天子，来谄媚讨好他们；她还要带很多随从的人，到长安后便把他们卖给汉人做奴隶。她只想自己的利益，根本不顾赵氏的大业，也没有为后世永久之计而谋划。"于是吕嘉就同他弟弟率兵发动进攻，杀死了南越王、王太后和汉朝的使者。他又派人告知苍梧秦王和各郡县官员，另立明王与南越籍的妻子所生的长子术阳侯赵建德为南越王。这时韩千秋的军队已经进入南越境内，攻破几个小城镇。奇怪的是，以后南越人径直让开道路，供给他们饮食，让韩千秋的军队顺利前进，一直走到离番禺还有四十里的地方，南越人突然派兵出击，一下子把韩千秋等全部消灭了。接着让人把汉朝使者的符节用木匣装好封上，送到边塞之上，假装向汉朝谢罪，同时派兵守卫在各个要害的地方。天子闻讯说："韩千秋虽然没有成功，但他的勇敢还是少有的。"就封韩千秋的儿子韩延年为成安侯。樛乐战死了，他姐姐是王太后，又是她首先愿意归属汉朝，因此封樛乐的儿子樛广德为龙亢侯。于是发布赦令说："当初周天子衰微，诸侯左右朝政，孔子作《春秋》来讽刺那些不知讨伐叛贼的大臣。如今吕嘉、赵建德等造反，自立为王而安闲自得，特诏令罪犯及江、淮以南十万楼船大军前往讨伐。"

元鼎五年秋天，朝廷任命卫尉路博德为伏波将军，率兵从桂阳出发，直下汇水；任命主爵都尉杨仆为楼船将军，从豫章出发，直下横浦；任命原来归降汉朝被封侯的两个南越人为戈船将军和下厉将军，率兵从零陵出发，然后一军直下离水，一军直奔苍梧；让驰义侯率领巴蜀的罪犯，就近调动夜郎的兵卒，直下牂柯江。各路大军最后都在番禺会师。

元鼎六年冬天，楼船将军率领精锐兵卒，首先攻下了寻陕，然后攻破石门，缴获不少南越的战船和粮食，乘机向前推进，连续挫败南越的先头部队，率数万大军等候伏波将军的到来。伏波将军率领被赦的罪人，道路遥远，不巧又误了会师的日期，因此同楼船将军按时会师的才有一千余人，于是一同前进。楼船将军在前边，直打到番禺城下。赵建德和吕嘉都在城中防守。楼船将军自己选择有利的地势，驻兵在番禺的东南面；伏波将军驻军在番禺西北边。这时天已经黑了，楼船将军首先攻破城门，然后放大火烧城。南越人平时就听到过伏波将军的大名，如今天黑，不知道他有多少军队。伏波将军安营扎寨后，就派使者进城招纳越人投降，赐给他们印信，又让他们回去招降别的人。楼船将军在南面奋力攻击，放火烧城，反而驱赶南越兵跑入伏波将军的营中来投降。待到天亮，全城的南越兵都投降了伏波将军。吕嘉和赵建德带领几百个部下在夜里逃到海上，乘船向西逃去。伏波将军又乘机询问已投降的南越贵人，弄清了吕嘉的去向，立即派人前去追捕。结果校尉司马苏弘捕到赵建德，被封为海常侯；南越的郎官都稽俘获到吕嘉，被封为临蔡侯。

苍梧王赵光，同南越王同姓，听说汉朝军队已到，同南越揭阳县令，一起决定归降汉朝；这时南越的桂林郡监居翁，也说服瓯骆归降汉朝。他们都被封为侯爵。戈船将军和下濑将军的军队，以及驰义侯调发的夜郎军队还未到达，南越已经被平定了。于是汉朝在此设置了九个郡。伏波将军因为功大增加了封邑，楼船将军的军队攻破南越军的坚固防守，因而被封为将梁侯。

南越自从赵佗最初称王到亡国，共经历了五代，共九十三年。

太史公说：尉佗得以当上南越王，本是由于任嚣的提拔。正赶上汉朝初建需要安定，所以他被封为诸侯。后来隆虑侯领兵讨伐南越，由于碰上酷暑潮湿的气候，士卒多染上瘟疫，无法进军，致使赵佗越发骄横。待到闽越进犯、南越国势动摇的时候，汉朝大军压境，讨伐了闽越，南越太子婴齐也就前往长安当了宿卫。后来南越亡国，是由于婴齐娶的樛氏女引起的。吕嘉只知道对赵佗忠诚，却最终致使赵佗绝了后。楼船将军仗势恣意妄为，粗心骄傲，失之昏惑。伏波将军在不利的形势下，智谋反倒越来越高，结果因祸得福。可见成败的转换，就同纠墨一样，难以预料。

史记卷一百一十四

东越列传第五十四

闽越王无诸及越东海王摇者，其先皆越王勾践之后也，姓驺氏。秦已并天下，皆废为君长，以其地为闽中郡。及诸侯畔秦，无诸、摇率越归鄱阳令吴芮，所谓鄱君者也，从诸侯灭秦。当是之时，项籍主命，弗王，以故不附楚。汉击项籍，无诸、摇率越人佐汉。汉五年，复立无诸为闽越王，王闽中故地，都东冶。孝惠三年，举高帝时越功，曰闽君摇功多，其民便附，乃立摇为东海王，都东瓯，世俗号为东瓯王。

后数世，至孝景三年，吴王濞反，欲从闽越，闽越未肯行，独东瓯从吴。及吴破，东瓯受汉购，杀吴王丹徒，以故皆得不诛，归国。

吴王子子驹亡走闽越，怨东瓯杀其父，常劝闽越击东瓯。至建元三年，闽越发兵围东瓯。东瓯食尽，困，且降，乃使人告急天子。天子问太尉田蚡，蚡对曰："越人相攻击，固其常，又数反覆，不足以烦中国往救也。自秦时弃弗属。"于是中大夫庄助诘蚡曰："特患力弗能救，德弗能覆；诚能，何故弃之？且秦举咸阳而弃之，何乃越也！今小国以穷困来告急天子，天子弗振，〔彼〕当安所告愬？又何以子万国乎？"上曰："太尉未足与计。吾初即位，不欲出虎符发兵郡国。"乃遣庄助以节发兵会稽。会稽太守欲距不为发兵，助乃斩一司马，谕意指，遂发兵浮海救东瓯。未至，闽越引兵而去。东瓯请举国徙中国，乃悉举众来，处江、淮之间。

至建元六年，闽越击南越。南越守天子约，不敢擅发兵击而以闻。上遣大行王恢出豫章，大农韩安国出会稽，皆为将军。兵未逾岭，闽越王郢发兵距险。其弟馀善乃与相、宗族谋曰："王以擅发兵击南越，不请，故天子兵来诛。今汉兵众强，今即幸胜之，后来益多，终灭国而止。今杀王以谢天子，天子听，罢兵，固一国完；不听，乃力战，不胜，即亡入海。"皆曰"善"。即鏦杀王，使使奉其头致大行。大行曰："所为来者诛王。今王头至，谢罪，不战而耘，利莫大焉。"乃以便宜案兵告大农军，而使使奉王头驰报天子。诏罢两将兵，曰："郢等首恶，独无诸孙繇君丑不与谋焉。”乃使郎中将立丑为越繇王，奉闽越先祭祀。

馀善已杀郢，威行于国，国民多属，窃自立为王。繇王不能矫其众持正。天子闻之，为馀善不足复兴师，曰：“馀善数与郢谋乱，而后首诛郢，师得不劳。”因立馀善为东越王，与繇王并处。

至元鼎五年，南越反，东越王馀善上书，请以卒八千人从楼船将军击吕嘉等。兵至揭扬，以海风波为解，不行，持两端，阴使南越。及汉破番禺，不至。是时楼船将军杨仆使使上书，愿便引兵击东越。上曰士卒劳倦，不许，罢兵，令诸校屯豫章梅岭待命。

元鼎六年秋，馀善闻楼船请诛之，汉兵临境，且往，乃遂反，发兵距汉道。号将军驺力等为“吞汉将军”，入白沙、武林、梅岭，杀汉三校尉。是时汉使大农张成、故山州侯齿将屯，弗敢击，却就便处，皆坐畏懦诛。

馀善刻“武帝”玺自立，诈其民，为妄言。天子遣横海将军韩说出句章，浮海从东方往；楼船将军杨仆出武林；中尉王温舒出梅岭；越侯为戈船、下濑将军，出若邪、白沙。元封元年冬，咸入东越。东越素发兵距险，使徇北将军守武林，败楼船将军数校尉，杀长吏。楼船将军率钱唐辕终古斩徇北将军，为御兒侯。

自兵未往，故越衍侯吴阳前在汉，汉使归谕馀善，馀善弗听。及横海将军先至，越衍侯吴阳以其邑七百人反，攻越军于汉阳。从建成侯敖，与其率，从繇王居股谋曰：“馀善首恶，劫守吾属。今汉兵至，众强，计杀馀善，自归诸将，傥幸得脱。”乃遂俱杀馀善，以其众降横海将军，故封繇王居股为东成侯，万户；封建成侯敖为开陵侯；封越衍侯吴阳为北石侯；封横海将军说为按道侯；封横海校尉福为缭嫈侯。福者，成阳共王子，故为海常侯，坐法失侯。旧从军无功，以宗室故侯。诸将皆无成功，莫封。东越将多军，汉兵至，弃其军降，封为无锡侯。

于是天子曰东越狭多阻，闽越悍，数反覆。诏军吏皆将其民徙处江、淮间。东越地遂虚。

太史公曰：越虽蛮夷，其先岂尝有大功德于民哉，何其久也！历数代常为君王，勾践一称伯。然馀善至大逆，灭国迁众，其先苗裔繇王居股等犹尚封为万户侯，由此知越世世为公侯矣。盖禹之馀烈也。

【译文】

闽越王无诸同越东海王摇，他们的祖先都是越王勾践的后代，姓驺。

秦朝吞并天下后，都被废除王号，降为君长，居住在闽中郡。待到诸侯群起反叛秦朝时，无诸和摇便率领越人归附鄱阳县令吴芮，就是人们所说的鄱君，跟随诸侯灭了秦国。当时，项羽掌权号令诸侯，没有封无诸和摇为王，因此，他们没有归附楚王。待到汉王进攻项羽，无诸和摇就率领越人辅助汉王。汉王五年时，高帝重新立无诸为闽越王，统治原先的闽中故地，建都东冶。孝惠帝三年，列举高帝时越人辅佐之功，认为闽君摇的功劳最多，他的百姓也愿意归附，于是就立摇为东海王，建都东瓯，世俗称之为东瓯王。

几代之后，到景帝三年时，吴王刘濞谋反，想让闽越跟随他一起反叛，闽越不肯，只有东瓯愿意跟随吴王造反。吴国后来被攻破后，东瓯接受了汉朝的重金收买，在丹徒杀死了吴王刘濞，因此东瓯王没有被诛杀，又回到了自己的国中。

吴王的儿子子驹逃亡到闽越，因怨恨东瓯骗杀了他父亲，经常劝说闽越去攻打东瓯。武帝建元三年，闽越发兵围攻东瓯。东瓯城内粮食用尽，将要投降，就派人向天子告急。天子向田蚡征求意见，田蚡回答说："越人之间相互攻打，是常有的事，又反复无常，不值得烦扰中原前去救援。再说从秦朝时朝廷就抛弃了他们，已经不把他们当作属国了。"中大夫庄助反驳说："朝廷只是担心力量不足，救不了他们，恩德浅薄，不能覆盖他们；如果真有力量救助他们，怎能抛弃不管呢？而且秦国当时连整个咸阳都抛弃了，何况是越地呢？如今小国在危难时，向天子告急，天子不去救援，他们又将向哪里诉苦求救呢？天子又怎么当万民的父母呢？"武帝说："太尉的主张不足取。我刚即位，也不想拿出虎符从郡国调动军队前往。"于是就派庄助拿着信符到会稽郡就近调兵出征。会稽太守想违抗圣令，不给调兵，庄助立刻斩杀了一位军司马，明白地申明天子的旨意，会稽太守这才发兵从海上去救援东瓯。汉军尚未到达东瓯，闽越闻讯就领兵撤离了。东瓯请求举国都迁徙到中原去，于是朝廷就将他们迁到江淮一带。

建元六年，闽越攻打南越。南越遵守天子的约定，不敢擅自发兵回击，而把这事上报天子。天子派遣大行令王恢领兵从豫章出发，大农令韩安国从会稽出发，任命他们为将军。他们的军队还未越过阳山岭，闽越王郢就派出军队守在险要的地方，准备对抗汉朝军队。郢的弟弟馀善同丞相及宗族商量说："我们的国王因为擅自发兵攻打南越，不请示朝廷，所以天子派兵来讨伐。如今汉朝军队众多，现在就是侥幸战胜了他们，天子必然会派更多的军队来，直到把我们消灭为止。如果我们杀了国王向天子谢罪，天子要是接受，我们就可以罢兵了。如果天子不理睬我们的谢罪，我们就拼死作战，不能取胜就逃到海上去。”大家都说：“好主意！”于是发动政变杀死了郢，派使者带着他的头送给了大行令王恢。王恢说：“我军来这儿的目的就是为了讨伐东越王，现在东越王的头已经送到，东越也已谢罪，不用打仗就消除了祸患，没有比这再好的了。”就停止了前进，并把情况告知了大农令韩安国，又派使者携带东越王的人头急驰回长安，报告天子。天子下诏令撤军，说：“东越王郢等首先作恶，只有无诸的孙子繇君丑没有参与谋反。”于是便派了郎中将去立丑为越繇王，继承闽越国的王位。

馀善杀了郢以后，威震全国，国中的百姓多半听从他，他就暗中要自立为王。繇王不能让民众拥护他。天子得知这事后，认为不值得为馀善的事再兴师动众，就说：“馀善屡次同郢阴谋作乱，后来却首先杀了郢，使汉军得以避免许多劳苦。”于是就立馀善为东越王，同繇王同时并处。

元鼎五年，南越造反，东越王馀善向汉朝天子上书，请求率兵八千人跟随楼船将军去攻打吕嘉。但是待他的军队到达揭阳时，却借口海上风大，不再向前进军，采取骑墙观望的态度，暗中又派使者与南越联系。等到汉军攻克番禺后，东越的军队也未到。这时楼船将军杨仆派使者上书，要求乘便领兵去攻打东越。天子因为士卒已经疲倦，就没有批准。于是罢军，命令诸位校官驻军在豫章的梅岭等候命令。

元鼎六年秋天，馀善听说楼船将军请求讨伐他，而且汉军已经逼近东越边境，因而十分恐慌。于是就起兵造反，派兵守在汉军的必经之路。他还加封将军驺力等为“吞汉将军”，入侵白沙、武林和梅岭，杀了汉军的三个校尉。这时，汉朝派遣大农张成、原山州侯刘齿率兵驻守在这里，但他们怕死不敢进攻，退到了安全地带，后来都因懦弱畏敌被杀。这时馀善刻了“武帝”的印玺而自立为皇帝，欺诈百姓，口出狂言，不可一世。武帝于是派遣横海将军韩说由句章出发，从东边海上进军；楼船将军杨仆从武林出发；中尉王温舒从梅岭出发；投降汉朝而被封侯的两个越人为戈船将军和下濑将军，分别从若邪、白沙出发。元封元年冬天，四路军马围剿东越。东越已派兵防守在险要的地方，又派徇北将军守卫武林，打败了楼船将军的几个校尉，杀了一些长吏。楼船将军部下的钱塘人辕终古杀了徇北将军，被封作御儿侯。他自己的军队却没有前往武林。

早在大军出动之前，朝廷就派了已投降汉朝、留在汉地的原越衍侯吴阳，回到东越劝说馀善罢兵，馀善不听。等到横海将军韩说率兵先到了东越，越衍侯吴阳就率领邑中七百人反叛东越，从汉阳进攻东越。他同建成侯敖及其部下，同繇王居股商量说："馀善首先作乱，挟持我们造反。如今汉朝大军已到，兵多势强，我们不如设计杀了馀善，各自归顺汉朝的将军们，或许能侥幸免除罪过。"于是大家合力杀了馀善，率领他们的部下投降了横海将军。因此汉朝封繇王居股为东成侯，食邑一万户；封建成侯敖为开陵侯；封越衍侯吴阳为北石侯；封横海将军韩说为案道侯；封横海校尉刘福为缭嫈侯。刘福是成阳共王刘喜的儿子，原先为海常侯，因为犯法而失掉侯爵。从前参军也没立下军功，因为是宗室子弟的缘故而被封侯。其余诸将没有战功，所以都没受封。东越将军多军，在汉军到来时，抛弃所率的军队投降，因而被封为无锡侯。

因此，武帝认为东越狭小而多险阻之地，闽越人强悍，屡次反复无常。因而命令军官们率领全部东越民众迁徙到江淮一带。从此东越一带就空无人烟了。

太史公说：越国虽然是蛮夷，他的祖先难道曾经对百姓有过很大的功德吗？不然为何传世这么久远呢？经历数代，常常称王，到勾践时竟一度称霸。然而由于馀善的大逆不道，导致国家被消灭、百姓被迁徙。但是他们祖先的后代子孙繇王居股等还被封为万户侯，由此可知，越人世世代代都有当公侯的。这大概是大禹丰功伟绩的余荫吧。

史记卷一百一十五

朝鲜列传第五十五

朝鲜王满者，故燕人也。自始全燕时尝略属真番、朝鲜，为置吏，筑鄣塞。秦灭燕，属辽东外徼。汉兴，为其远，难守，复修辽东故塞，至浿水为界，属燕。燕王卢绾反，入匈奴，满亡命，聚党千馀人魋结蛮夷服而东走出塞，渡浿水，居秦故空地上下鄣，稍役属真番、朝鲜蛮夷及故燕、齐亡命者王之，都王险。

会孝惠、高后时天下初定，辽东太守即约满为外臣，保塞外蛮夷，无使盗边；诸蛮夷君长欲入见天子，勿得禁止。以闻，上许之，以故满得兵威财物侵降其旁小邑，真番、临屯皆来服属，方数千里。

传子至孙右渠，所诱汉亡人滋多，又未尝入见；真番旁众国欲上书见天子，又拥阏不通。元封二年，汉使涉何谯谕右渠，终不肯奉诏。何去至界上，临浿水，使御刺杀送何者朝鲜裨王长，即渡，驰入塞，遂归报天子曰“杀朝鲜将”。上为其名美，即不诘，拜何为辽东东部都尉。朝鲜怨何，发兵袭攻杀何。

天子募罪人击朝鲜。其秋，遣楼船将军杨仆从齐浮渤海，兵五万人，左将军荀彘出辽东，讨右渠。右渠发兵距险。左将军卒正多率辽东兵先纵，败散，多还走，坐法斩。楼船将军将齐兵七千人先至王险，右渠城守，窥知楼船军少，即出城击楼船，楼船军败散走。将军杨仆失其众，遁山中十馀日，稍求收散卒，复聚。左将军击朝鲜浿水西军，未能破，自前。

天子为两将未有利，乃使卫山因兵威往谕右渠。右渠见使者，顿首谢：“愿降，恐两将诈杀臣；今见信节，请服降。”遣太子入谢，献马五千匹，及馈军粮。人众万馀，持兵，方渡浿水，使者及左将军疑其为变，谓太子已服降，宜命人毋持兵。太子亦疑使者、左将军诈杀之，遂不渡浿水，复引归。山还报天子，天子诛山。

左将军破浿水上军，乃前，至城下。围其西北。楼船亦往会，居城南。右渠遂坚守城。数月未能下。

左将军素侍中，幸，将燕、代卒，悍，乘胜，军多骄。楼船将齐卒，入海，固已多败亡；其先与右渠战，困辱亡卒，卒皆恐，将心惭，其围右渠，常持和节。左将军急击之，朝鲜大臣乃阴间使人私约降楼船，往来言，尚未肯决。左将军数与楼船期战，楼船欲急就其约，不会；左将军亦使人求间郤降下朝鲜，朝鲜不肯，心附楼船。以故两将不相能。左将军心意楼船前有失军罪，今与朝鲜私善而又不降，疑其有反计，未敢发。天子曰将率不能前，及使卫山谕降右渠，右渠遣太子，山使不能剸决，与左将军计相误，卒沮约。今两将围城，又乖异，以故久不决。使济南太守公孙遂往（征）〔正〕之，有便宜得以从事。遂至，左将军曰："朝鲜当下久矣，不下者有状。"言楼船数期不会，具以素所意告遂，曰："今如此不取，恐为大害，非独楼船，又且与朝鲜共灭吾军。"遂亦以为然，而以节召楼船将军入左将军营计事，即命左将军麾下执捕楼船将军，并其军，以报天子。天子诛遂。

左将军已并两军，即急击朝鲜。朝鲜相路人、相韩阴、尼溪相参、将军王唊相与谋曰："始欲降楼船，楼船今执，独左将军并将，战益急，恐不能与战，王又不肯降。"阴、唊、路人皆亡降汉。路人道死。元封三年夏，尼溪相参乃使人杀朝鲜王右渠来降。王险城未下，故右渠之大臣成巳又反，复攻吏。左将军使右渠子长降、相路人之子最告谕其民，诛成巳，以故遂定朝鲜，为四郡。封参为澅清侯，阴为狄苴侯，唊为平州侯，长〔降〕为几侯。最以父死颇有功，为温阳侯。

左将军征至，坐争功相嫉，乖计，弃市。楼船将军亦坐兵至列口当待左将军，擅先纵，失亡多，当诛，赎为庶人。

太史公曰：右渠负固，国以绝祀。涉何诬功，为兵发首。楼船将狭，及难离咎。悔失番禺，乃反见疑。荀彘争劳，与遂皆诛。两军俱辱，将率莫侯矣。

【译文】

朝鲜王卫满，原是燕国人。燕国全盛时，曾经攻取真番、朝鲜，设置官吏，在边塞修筑防御城堡。后来秦国灭燕，朝鲜就成了辽东郡以外的小国。汉朝建立后，因为朝鲜离得远，难以防守，所以重新修复辽东边防，直到浿水，属燕国领土。后来燕王卢绾造反，逃入匈奴。卫满也流亡于外，聚集了一千多个同党，梳着椎形发髻，穿上蛮夷服装，东逃出塞，渡过浿水，定居在秦朝时无人居住的上下鄣，并逐渐地役使真番、朝鲜蛮夷以及燕国和齐国的逃亡者。他自称为王，建都王险城。

到了孝惠帝和高后时代，天下刚刚安定，辽东太守就约定卫满做汉朝的外臣，约束边塞以外的蛮夷，不要让他们到边境来骚扰抢夺；如有哪个蛮夷的首领想到汉朝进见天子，不得阻止。辽东太守的奏章得到天子的允许，因此，卫满得以凭借他的兵威和财物，侵略、招降周边的小国，真番、临屯都来投降卫满，使他统辖的地区方圆达到数千里。

卫满后来把王位传给儿子，再传到他的孙子右渠，这时受他诱使而来的汉朝流民日益增多，而朝鲜王又从来未曾入朝拜见过天子；真番近旁的许多小国想要上书拜见汉朝天子，却又被阻碍，无法让天子知道。元封二年，汉朝派涉何前往责备并且警告右渠，但右渠始终不愿奉行天子诏令。涉何离开朝鲜，来到边界，行到浿水，就让驾车的车夫刺杀了护送自己的朝鲜小王，随即渡过河去，疾驰而回。回到京城向天子报告说："我杀了朝鲜的一个将军。"天子因为他杀死朝鲜将军有功，就不再追究他的过失，还任命他为辽东东部都尉。朝鲜人怨恨涉何，就调兵偷袭，杀了涉何。

天子募集了一批罪犯去攻打朝鲜。这年秋天，派楼船将军杨仆从齐地出兵，渡过渤海，率士卒五万人；左将军荀彘从辽东出兵讨伐右渠。右渠派出军队据守在险要地方。左将军卒正多率领辽东军队首先迎击朝鲜军，被朝鲜军打败冲散，多也逃走了，后来被斩首。楼船将军率领齐地的军队七千人首先攻到了王险城。右渠据城防守，探听到了楼船将军兵少，就出城去攻击楼船将军，楼船将军的军队战败后，四散逃跑。将军杨仆同大部队失去联系，逃到山中十多天，以后才逐渐将溃散的士兵重又聚集起来。左将军攻击朝鲜浿水西面的驻军，没能取胜，未能前进一步。

天子因为两支军队没能取胜，就让卫山倚仗士兵的军威前去警告右渠。右渠接见了汉朝的使者，叩头谢罪说："我原来就想要投降，因为怕杨、荀二将军欺骗，想以此杀了我，所以才抵抗。如今看到了天子的信符，请允许我们投降归顺。"右渠就派遣太子去汉朝谢罪，献上五千匹马，又赠送许多军粮。一万多朝鲜民众，手拿兵器，正要跟着渡过浿水，使者和左将军怀疑朝鲜人趁机发动叛乱，说既然太子已投降归顺，应当命令众人放下兵器。太子也怀疑汉朝使者和左将军有诈，想要杀了自已，于是就不肯渡河，又领着众人归去。卫山回到京城向天子汇报了情况，天子大怒杀了卫山。

左将军攻破了浿水上的朝鲜军队，于是继续向前进军，到了王险城下，把王险城的西北角包围了。楼船将军也前去会师，驻守在城南。右渠于是坚守王险城，汉军几个月也没能攻下。

左将军一向在宫中侍奉皇上，深得皇上宠爱。他的士兵多是燕国和代国人，非常凶悍，又因为打了胜仗，所以军中的士卒都很骄傲。楼船将军率领的是齐兵，渡海打仗，本来就死伤许多人；他们先前和右渠交战时，因为受辱，又死伤很多人，士卒都恐惧，将官的心中也觉得惭愧，在他们包围右渠时，楼船将军经常采取和缓有节制的战术。左将军竭力进攻敌城，朝鲜的大臣就私下和楼船将军联系，商量朝鲜投降事宜，使者往来传话，但一直没有定下来。左将军好几次和楼船将军约定一起开战的时间，楼船将军因为急于要达成与朝鲜方面的约定，就没有遵从与左将军的约定；左将军也派了人寻找时机让朝鲜投降，朝鲜不肯投降左将军，而一心想要归顺楼船将军：两位将军因此不和。左将军猜测楼船将军前有失军之罪，如今又与朝鲜私下往来，而朝鲜又不肯归降，就怀疑他要谋反，但左将军也不敢轻举妄动。武帝见此情景说："将帅无能，前次派卫山去晓谕右渠投降，右渠已经派太子入朝，卫山不能果断处理，同左将军的计谋皆出现了失误，最终破坏了朝鲜投降。现在两位将军围攻王险城，步调不一致，因此久攻不下。"就派了济南太守公孙遂前往解决纠纷，并且授予他遇有利时机可以灵活处理的权力。

公孙遂到达朝鲜后，左将军说："朝鲜本来早就可以攻下了，如今久攻不下是有原因的。"他又提及同楼船将军约定时间进军，而楼船将军没有前来的事，以及怀疑楼船将军想谋反，说道："现在到了这种地步如不捉拿他，恐怕会酿成大祸，不仅楼船要谋反，而且会联合朝鲜一起来打败我军。"公孙遂认为所说有理，就用符节召楼船将军来左将军军营中议事，当场逮捕了楼船将军，并把他的军队合并到左将军旗下，然后把此事报知天子。天子大怒杀了公孙遂。

左将军合并了两军，就加紧攻打朝鲜。朝鲜的国相路人、韩阴，尼谿相参、将军王唊一起商议说："当初想要投降楼船将军，如今楼船将军被捕，只有左将军率领两路军队，加紧攻打，战事越发紧急，恐怕不能坚持下去，而大王又不肯投降。"于是韩阴、王唊、路人都逃到汉军那里，请求投降。路人在途中死去。元封三年夏天，尼谿相参派人杀了朝鲜王右渠，投降汉朝。王险城还没攻下，右渠的大臣成巳又造反，并继续负隅顽抗。左将军派右渠的儿子长降、国相路人的儿子路最去通告朝鲜百姓，杀了成巳，最终平定了朝鲜，设立四个郡。汉天子封参为澅清侯、韩阴为荻苴侯、王唊为平州侯、长降为几侯。路人有功先死，封其子路最为温阳侯。

左将军被召回京城，因战时争功，嫉妒同僚，计谋失当被斩首示众。楼船将军也因犯了擅自抢先进攻，致使伤亡过多的罪过，被判处死刑。他花钱赎了死罪，被贬为平民。

太史公说：朝鲜王右渠倚仗地势险固来据守，致使国家灭亡。涉何谎报功劳，引发两国战端。楼船将军因兵少而作战不利，遭受到祸殃。后汲取攻陷番禺时失利的教训按兵不动，反而被人怀疑要造反。荀彘争功而计谋不当，与公孙遂都被诛杀。杨仆和荀彘的两支军队都曾溃败受辱，讨伐朝鲜的战役中没有一个将帅被封侯。

史记卷一百一十六

西南夷列传第五十六

西南夷君长以什数，夜郎最大。其西，靡莫之属以什数，滇最大；自滇以北君长以什数，邛都最大，此皆魋结，耕田，有邑聚。其外，西自同师以东，北至楪榆，名为嶲、昆明，皆编发，随畜迁徙，毋常处，毋君长，地方可数千里。自嶲以东北，君长以什数，徙、筰都最大。自筰以东北，君长以什数，冉駹最大。其俗或土箸，或移徙，在蜀之西。自冉駹以东北，君长以什数，白马最大，皆氐类也。此皆巴蜀西南外蛮夷也。

始楚威王时，使将军庄蹻将兵循江上，略巴、蜀、黔中以西。庄蹻者，故楚庄王苗裔也。蹻至滇池，地方三百里，旁平地，肥饶数千里，以兵威定属楚。欲归报，会秦击夺楚巴、黔中郡，道塞不通，因还，以其众王滇，变服，从其俗，以长之。秦时常頞略通五尺道，诸此国颇置吏焉。十馀岁，秦灭。及汉兴，皆弃此国而(开)〔关〕蜀故徼。巴、蜀民或窃出商贾，取其筰马、僰僮、髦牛，以此巴、蜀殷富。

建元六年，大行王恢击东越，东越杀王郢以报。恢因兵威使番阳令唐蒙风指晓南越。南越食蒙蜀枸酱，蒙问所从来，曰“道西北牂柯，牂柯江广数里，出番禺城下”。蒙归至长安，问蜀贾人，贾人曰：“独蜀出枸酱，多持窃出市夜郎。夜郎者，临牂柯江，江广百馀步，足以行船。南越以财物役属夜郎，西至同师，然亦不能臣使也。”蒙乃上书说上曰：“南越王黄屋左纛，地东西万馀里，名为外臣，实一州主也。今以长沙、豫章往，水道多绝，难行。窃闻夜郎所有精兵，可得十馀万，浮船牂柯江，出其不意，此制越一奇也。诚以汉之强，巴蜀之饶，通夜郎道，为置吏，易甚。”上许之。乃拜蒙为郎中将，将千人，食重万馀人，从巴蜀筰关入，遂见夜郎侯多同。蒙厚赐，喻以威德，约为置吏，使其子为令。夜郎旁小邑皆贪汉缯帛，以为汉道险，终不能有也，乃且听蒙约。还报，乃以为犍为郡。发巴蜀卒治道。自僰道指牂柯江。蜀人司马相如亦言西夷邛、筰可置郡。使相如以郎中将往喻，皆如南夷，为置一都尉，十馀县，属蜀。

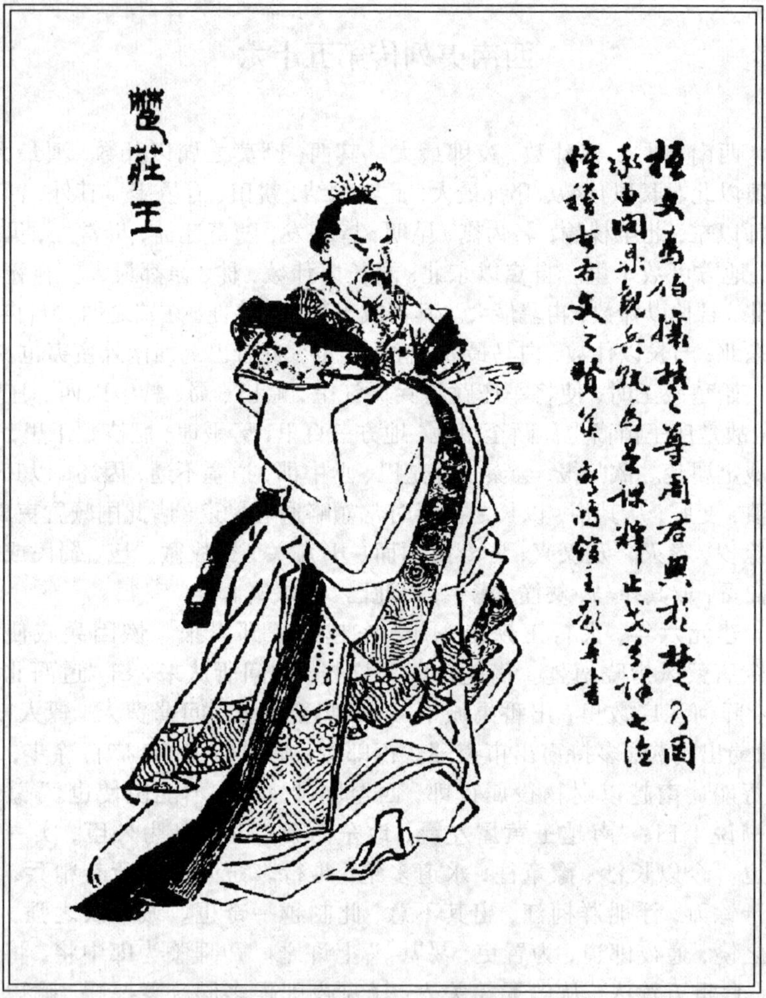

楚庄王像。汉代的西南夷是楚庄王苗裔。

当是时，巴蜀四郡通西南夷道，戍转相饷。数岁，道不通，士罢饿离湿死者甚众；西南夷又数反，发兵兴击，耗费无功。上患之，使公孙弘往视问焉。还对，言其不便。及弘为御史大夫，是时方筑朔方以据河逐胡，弘因数言西南夷害，可且罢，专力事匈奴。上罢西夷，独置南夷夜郎两县一都尉，稍令犍为自葆就。

及元狩元年，博望侯张骞使大夏来，言居大夏时见蜀布、邛竹杖，使问所从来，曰“从东南身毒国，可数千里，得蜀贾人市”。或闻邛西可二千里有身毒国。骞因盛言大夏在汉西南，慕中国，患匈〔奴〕隔其道，诚通蜀，身毒国，道便近，有利无害。于是天子乃令王然于、柏始昌、吕越人等，使间出西夷西，指求身毒国。至滇，滇王尝羌乃留，为求道西十馀辈。岁馀，皆闭昆明，莫能通身毒国。

滇王与汉使者言曰：“汉孰与我大？”及夜郎侯亦然。以道不通故，各自以为一州主，不知汉广大。使者还，因盛言滇大国，足事亲附。天子注意焉。

及至南越反，上使驰义侯因犍为发南夷兵。且兰君恐远行，旁国虏其老弱，乃与其众反，杀使者及犍为太守。汉乃发巴蜀罪人尝击南越者八校尉击破之。会越已破，汉八校尉不下，即引兵还，行诛头兰。头兰，常隔滇道者也。已平头兰，遂平南夷为牂柯郡。夜郎侯始倚南越，南越已灭，会还诛反者，夜郎遂入朝。上以为夜郎王。

南越破后，及汉诛且兰、邛君，并杀筰侯，冉駹皆振恐，请臣置吏。乃以邛都为越嶲郡，筰都为沈犁郡，冉駹为汶山郡，广汉西白马为武都郡。

上使王然于以越破及诛南夷兵威风喻滇王入朝。滇王者，其众数万人，其旁东北有劳浸、靡莫，皆同姓相扶，未肯听。劳浸、靡莫数侵犯使者吏卒。元封二年，天子发巴蜀兵击灭劳浸、靡莫，以兵临滇。滇王始首善，以故弗诛。滇王离难（西南夷）举国降，诸置吏入朝。于是以为益州郡，赐滇王王印，复长其民。

西南夷君长以百数，独夜郎、滇受王印。滇小邑，最宠焉。

太史公曰：楚之先岂有天禄哉？在周为文王师，封楚。及周之衰，地称五千里。秦灭诸侯，唯楚苗裔尚有滇王。汉诛西南夷，国多灭矣，唯滇复为宠王。然南夷之端，见枸酱番禺，大夏杖邛竹。西夷后揃，剽分二方，卒为七郡。

【译文】

西南夷的少数民族部落有几十个，其中夜郎的势力为最大；它西面是靡莫的几十个部落，其中以滇国势力为最大；从滇国往北，又有几十个部落，其中以邛都势力为最大。这些少数民族全都结着椎形的发髻，耕种田地，生活在一些小城邑和聚居的村落里。它们的外面，从西边的同师往东，北到楪榆，那里有国叫巂和昆明，国中之人全都结发为辫，以放牧为业，逐水草而居，没有固定的居处，也没有君长，这块地方约有数千里。从巂向东北，也有几十个部落，其中以徙、筰都的势力最大；自筰往东北，又有几十个部落，其中以冉、駹的势力最大。那里的风俗，有的是定居在一个地方，有的在蜀郡的西面迁徙不定。从冉和駹再往东北，又有几十个部落，其中以白马势力最大，全都是氐族。这就是全部的巴、蜀以外西南蛮夷之国。

当初楚威王在世时，曾派将军庄蹻率领军队沿着长江而上，攻取了巴郡和黔中以西的地方。庄蹻本是楚庄王的后代。他到了滇池，一看池水浩瀚，纵横三百余里，旁边是肥沃富饶几千里的大平原，就以武力占领了这个地方，把它纳入楚国的领土。他正打算回楚国报告这情况，正赶上秦国攻打并夺取了楚国巴郡、黔中郡，道路被阻隔而不能通过，因而又回到滇池，带领他的军队做了滇王。他们改换了服饰，随着当地的习俗，做了滇人的君长。秦朝时，朝廷派常頞开辟通往这些地区的道路，并在这些国家设置了一些官吏。过了十几年，秦朝灭亡。汉朝兴起后，把这些国家都丢弃了，而将蜀郡原来的边界当作关塞。巴蜀两郡的百姓常常偷着出塞到这些地方做买卖，换取筰国的马，僰国的奴隶与牦牛，因此巴、蜀一带特别富有。

建元六年，大行令王恢攻打东越，东越人杀死闽越王郢前来谢罪。王恢就借着军威让番阳县令唐蒙暗示南越，让他们好好服从朝廷。南越人拿蜀地的枸杞酱招待唐蒙，唐蒙问是从哪里来的，他们回答“由西北方的牂柯江而来，牂柯江宽有数里，从番禺城下流出”。唐蒙回到长安，就询问蜀地的商人，商人说道：“只有蜀地出产枸杞酱，很多人就偷偷拿出去卖给夜郎。夜郎挨着牂柯江，江水宽一百多步，完全可以行驶船只。南越人常用财物收买夜郎，他们曾经向西到过同师，可是还是不能使夜郎向它臣服。”于是唐蒙就上书劝皇上说：“南越王乘坐黄屋左纛之车，统辖的地方东西长达一万多里，名义上称作外臣，实际上是一方霸主。如今我们若由长沙、豫章南下进攻，那里水路纵横，很难通行。我私下听说夜郎小国有精兵十多万。可乘船沿牂柯江而下，出其不意，这倒是制服南越的一个好办法。凭借我们汉朝的强大，巴、蜀之地的富饶，开通夜郎的通道，到那里去设置官吏辖制，这不会很难。”皇上一听同意了。于是便任命唐蒙为郎中将，率领一千多士兵，还有运输粮草、辎重的一万多人，从巴蜀筰关进入夜郎，于是见到了夜郎首领多同。唐蒙重重地赏赐他，并向他宣传汉朝的威严和恩德，约定向这里派驻官吏，让他的儿子担任县令。夜郎旁边的小国全都贪图汉朝的缯帛织物，认为汉朝距此路途遥远，终究不可能占据此地，于是便暂且答应了唐蒙的约定。唐蒙回朝禀报，朝廷便把此地设置为犍为郡，并征发巴、蜀的士卒开山修路，从僰道直通往牂柯江。当时蜀郡的司马相如也进言说西夷的邛都和筰都也可以设郡。于是汉朝就派司马相如作为郎中将前往那里，告知当地人，像对待南夷那样，在那里设置了一个都尉，划分成十多个县，归蜀郡统管。

这个时候，巴郡、蜀郡、广汉郡、汉中郡要开通西南夷的道路，戍边的士卒、运送物资和军粮的人很多。过了几年，道路也没修通，士卒因为疲惫饥饿和遭受暑湿疾病，死了很多人。西南夷又屡次造反，汉朝发兵镇压，耗费钱财和人力很多，却没有收到成果。武帝为此也很忧虑，便派公孙弘去视察。公孙弘回京禀告皇上，声称不利。等到后来公孙弘当了御史大夫，那时候汉朝正准备修筑朔方郡城，以便凭借黄河之险抵抗匈奴，公孙弘就屡次建议停止开发西南夷的活动，集中力量对付匈奴。武帝于是下令停止对西南夷的活动，只在南夷的夜郎设置两县和一都尉，命令犍为郡仍保留自己的建制，并逐渐完善。

待到汉武帝元狩元年，博望侯张骞从大夏国出使归来，说起他待在大夏时曾经看到过蜀郡出产的布帛、邛都的竹杖，让人询问这些东西的来历，回答说“从东南边的身毒国弄来的，离大夏路途约有数千里，是从蜀地的商人那买来的”。当时也有人说邛地以西大约二千里处有个身毒国。张骞乘机怂恿武帝说，大夏在汉朝的西南方，他们仰慕中原愿意交好，但是忧虑匈奴阻隔两方之间的交通要道，假若能开通蜀地的道路，经身毒国往大夏，那么路程既方便又近，对汉朝有利无害。于是武帝就让王然于、柏始昌、吕越人等从西夷的西边出发，去寻找身毒国。他们到达滇国时，滇王尝羌就留下了他们，而自己派出十多批人到西边去寻找。结果过了一年多，寻路的人都被拦在了昆明，根本没能往前走。

滇王曾同汉朝使者说道：“汉朝和我国相比，哪个大？”汉朝使者到达夜郎，连夜郎这样的小国也这样问过。这是因为道路不通，这些小国的君主各自称霸一方，所以不知道汉朝的广大。使者回到京城，极力陈说滇是个大国，值得使它亲近和归附。于是武帝开始注意滇国了。

等到南越造反时，皇上派驰义侯到犍为郡，就近调遣南夷的军队。且兰君担心他的军队远行后，周围的国家会乘机掳掠他国内的老弱之民，于是就和部下一起谋反，杀了汉朝使者和犍为郡的太守。汉朝就只好调动巴郡和蜀郡中原想攻打南越的罪犯跟随八个校尉前往征讨。正好南越已被攻破，汉朝的八个校尉尚未南下，就领兵撤回，在行军中先攻破了头兰。头兰就是经常阻隔汉朝与滇国交通要道的那个国家。头兰被平定后，又平定了整个南夷，在那儿设置了牂柯郡。夜郎的头领开始依靠南越，南越被灭后，汉军又回来诛杀了反叛者，夜郎的头领就到京城朝见皇上，表示归顺。武帝就封他为夜郎王。

南越破灭之后，接着汉朝又诛杀了且兰君、邛君，并且杀了筰侯，冉、駹都大为震惊，便纷纷向汉朝请求称臣，为他们派遣官吏。于是汉朝就在邛都设置了越巂郡，筰都设置了沈犁郡，在冉、駹设置了汶山郡，在广汉西边的白马一带设置了武都郡。

接着武帝又派王然于趁着击破南越及诛杀南夷君长的兵威，去委婉劝告滇王前来朝见。当时滇王部下的军队有数万人，东北方有劳浸和靡莫，都和滇王同姓，他们相互扶持，不肯听从劝告。而且劳浸和靡莫屡次侵犯汉朝使者和官兵。武帝元封二年，天子调动巴郡和蜀郡的军队消灭了劳浸和靡莫，大军逼近滇国。滇王开始就对汉朝怀有善意，因此没有被诛杀。滇王因西南夷遭受此难，便举国向汉朝投降，请求为他们派遣官吏，并进京朝见。于是汉朝就在滇国一带设置了益州郡，赐给滇王王印，仍然让他统治那里的百姓。

西南夷的少数民族有一百多个，只有夜郎和滇国的首领得到了汉朝授予的王印。滇虽然是个小地区，却和汉朝关系最好。

太史公说：楚国的祖先难道有上天赐给的禄位吗？在周朝初年，他们的先祖鬻熊做过周文王的老师，后来的熊绎又被周成王封到楚蛮之地。随着周朝的衰微，楚国领土越来越大，号称有五千里。秦国灭掉诸侯后，只有楚国的后代还做着滇王。汉朝讨伐西南夷，那里的部落多半被消灭，只有滇王仍然受宠。南夷战乱的开始，是唐蒙在番禺见到了枸杞酱，张骞在大夏看到了邛竹杖。西夷后来被分割，分成西、南两方，最终朝廷在此一共设了七个郡。

史记卷一百一十七

司马相如列传第五十七

司马相如者，蜀郡成都人也，字长卿。少时好读书，学击剑，故其亲名之曰犬子。相如既学，慕蔺相如之为人，更名相如。以赀为郎，事孝景帝，为武骑常侍，非其好也。会景帝不好辞赋，是时梁孝王来朝，从游说之士齐人邹阳、淮阴枚乘、吴庄忌夫子之徒，相如见而说之，因病免，客游梁。梁孝王令与诸生同舍，相如得与诸生游士居数岁，乃著《子虚之赋》。

会梁孝王卒，相如归，而家贫，无以自业。素与临邛令王吉相善，吉曰："长卿久宦游不遂，而来过我。"于是相如往，舍都亭。临邛令缪为恭敬，日往朝相如。相如初尚见之，后称病，使从者谢吉，吉愈益谨肃。临邛中多富人，而卓王孙家僮八百人，程郑亦数百人，二人乃相谓曰："令有贵客，为具召之。"并召令。令既至，卓氏客以百数。至日中，谒司马长卿，长卿谢病不能往，临邛令不敢尝食，自往迎相如。相如不得已，强往，一坐尽倾。酒酣，临邛令前奏琴曰："窃闻长卿好之，愿以自娱。"相如辞谢，为鼓一再行。是时卓王孙有女文君新寡，好音，故相如缪与令相重，而以琴心挑之。相如之临邛，从车骑，雍容闲雅甚都；及饮卓氏，弄琴，文君窃从户窥之，心悦而好之，恐不得当也。既罢，相如乃使人重赐文君侍者通殷勤。文君夜亡奔相如，相如乃与驰归〔成都〕。家（居）徒四壁立。卓王孙大怒曰："女至不材，我不忍杀，不分一钱也。"人或谓王孙，王孙终不听。文君久之不乐，曰："长卿第俱如临邛，从昆弟假贷犹足为生，何至自苦如此！"相如与俱之临邛，尽卖其车骑，买一酒舍酤酒，而令文君当炉。相如身自著犊鼻裈，与保庸杂作，涤器于市中。卓王孙闻而耻之，为杜门不出。昆弟诸公更谓王孙曰："有一男两女，所不足者非财也。今文君已失身于司马长卿，长卿故倦游，虽贫，其人材足依也。且又令客，独奈何相辱如此！"卓王孙不得已，分予文君僮百人，钱百万，及其嫁时衣被财物。文君乃与相如归成都，买田宅，为富人。

居久之，蜀人杨得意为狗监，侍上。上读《子虚赋》而善之曰：“朕独不得与此人同时哉！”得意曰：“臣邑人司马相如自言为此赋。”上惊，乃召问相如。相如曰：“有是。然此乃诸侯之事，未足观也。请为天子游猎赋，赋成奏之。”上许，令尚书给笔札。相如以“子虚”，虚言也，为楚称；“乌有先生”者，乌有此事也，为齐难；“无是公”者，无是人也，明天子之义。故空藉此三人为辞，以推天子诸侯之苑囿。其卒章归之于节俭，因以风谏。奏之天子，天子大说。其辞曰：

楚使子虚使于齐，齐王悉发境内之士，备车骑之众，与使者出田。田罢，子虚过诧乌有先生，而无是公在焉。坐定，乌有先生问曰：“今日田乐乎？”子虚曰：“乐。”“获多乎？”曰：“少。”“然则何乐？”曰：“仆乐齐王之欲夸仆以车骑之众，而仆对以云梦之事也。”曰：“可得闻乎？”

子虚曰：“可。王驾车千乘，选徒万骑，田于海滨。列卒满泽，罘罔弥山，揜兔辚鹿，射麋脚麟。骛于盐浦，割鲜染轮。射中获多，矜而自功。顾谓仆曰：‘楚亦有平原广泽游猎之地饶乐若此者处？楚王之猎何与寡人？’仆下车对曰：‘臣，楚国之鄙人也，幸得宿卫十有馀年，时从出游，游于后园，览于有无，然犹未能遍睹也，又恶足以言其外泽者乎！’齐王曰：‘虽然，略以子之所闻见而言之。’

“仆对曰：‘唯唯。臣闻楚有七泽，尝见其一，未睹其馀也。臣之所见，盖特其小小者耳，名曰云梦。云梦者，方九百里，其中有山焉。其山则盘纡茀郁，隆崇嵂崒；岑岩参差，日月蔽亏；交错纠纷，上干青云；罢池陂陁，下属江河。其土则丹青赭垩，雌黄白坿，锡碧金银，众色炫耀，照烂龙鳞。其石则赤玉玫瑰，琳瑉琨珸，瑊玏玄厉，瑌石武夫。其东则有蕙圃衡兰，芷若射干，穹穷昌蒲，江离麋芜，诸蔗猼且。其南则有平原广泽，登降陁靡，案衍坛曼。缘以大江，限以巫山。其高燥则生葴菥苞荔，薛莎青薠。其卑湿则生藏莨蒹葭，东蔷雕胡，莲藕菰芦，菴蕳轩芋，众物居之，不可胜图。其西则有涌泉清池，激水推移，外发芙蓉蔆华，内隐巨石白沙。其中则有神龟蛟鼍，瑇瑁鳖鼋。其北则有阴林巨树，楩楠豫章，桂椒木兰，蘗离朱杨，樝梸梬栗，橘柚芬芳。其上则有赤猿蠷蝚，鹓雏孔鸾，腾远射干。其下则有白虎玄豹，蟃蜒貙豻，兕象野犀，穷奇獌狿。

“‘于是乃使专诸之伦，手格此兽。楚王乃驾驯驳之驷，乘雕玉之舆，靡鱼须之桡旃，曳明月之珠旗。建干将之雄戟，左乌嗥之雕弓，右夏服之劲箭。阳子骖乘，纤阿为御，案节未舒，即陵狡兽。蹸邛邛，蹴距虚，轶野马而𨍭騊駼，乘遗风而射游骐。儵眒凄浰，雷动熛至，星流霆击。弓不虚发，中必决眦，洞胸达腋，绝乎心系。获若雨兽，掩草蔽地。于是楚王乃弭节裴回，翱翔容与。览乎阴林，观壮士之暴怒，与猛兽之恐惧。徼𠜊受诎，殚睹众物之变态。

"'于是郑女曼姬，被阿锡，揄纻缟，杂纤罗，垂雾縠。襞积褰绉，纡徐委曲，郁桡溪谷。衯衯裶裶，扬袘恤削，蜚纤垂髾。扶与猗靡，噏呷萃蔡。下摩兰蕙，上拂羽盖。错翡翠之威蕤，缪绕玉绥。缥乎忽忽，若神仙之仿佛。

"'于是乃相与獠于蕙圃，媻珊勃窣，上金堤，揜翡翠，射鵔鸃，微矰出，纤缴施。弋白鹄，连驾鹅。双鸧下，玄鹤加。怠而后发，游于清池。浮文鹢，杨桂枻。张翠帷，建羽盖。罔瑇瑁，钓紫贝。摐金鼓，吹鸣籁。榜人歌，声流喝。水虫骇，波鸿沸。涌泉起，奔扬会。礧石相击，硠硠礚礚，若雷霆之声，闻乎数百里之外。

"'将息獠者，击灵鼓，起烽燧。车案行，骑就队。纚乎淫淫，班乎裔裔。于是楚王乃登阳云之台，泊乎无为，澹乎自持，勺药之和具而后御之。不若大王终日驰骋而不下舆，脟割轮淬，自以为娱。臣窃观之，齐殆不如。'于是王默然无以应仆也。"

乌有先生曰："是何言之过也！足下不远千里，来况齐国，王悉发境内之士，而备车骑之众，以出田，乃欲戮力致获，以娱左右也，何名为夸哉！问楚地之有无者，愿闻大国之风烈，先生之馀论也。今足下不称楚王之德厚，而盛推云梦以为高，奢言淫乐而显侈靡，窃为足下不取也。必若所言，固非楚国之美也。有而言之，是章君之恶；无而言之，是害足下之信。章君之恶而伤私义，二者无一可，而先生行之，必且轻于齐而累于楚矣。且齐东有巨海，南有琅邪；观乎成山，射乎之罘；浮勃澥，游孟诸；邪与肃慎为邻，右以汤谷为界；秋田乎青丘，傍偟乎海外。吞若云梦者八九，其于胸中曾不蒂芥。若乃俶傥瑰伟，异方殊类，珍怪鸟兽，万端鳞萃，充仞其中者，不可胜记，禹不能名，契不能计。然在诸侯之位，不敢言游戏之乐，苑囿之大。先生又见客，是以王辞而不(能)复，何为无用应哉！"

无是公听然而笑曰："楚则失矣，齐亦未为得也。夫使诸侯纳贡者，非为财币，所以述职也；封疆画界者，非为守御，所以禁淫也。今齐列为东藩，而外私肃慎，捐国逾限，越海而田，其于义故未可也。且二君之论，不务明君臣之义而正诸侯之礼，徒事争游猎之乐，苑囿之大，欲以奢侈相胜，荒淫相越，此不可以扬名发誉，而适足以贬君自损也。

“且夫齐、楚之事又焉足道邪！君未睹夫巨丽也，独不闻天子之上林乎？左苍梧，右西极，丹水更其南，紫渊径其北；终始霸浐，出入泾渭；酆鄗潦潏，纡馀委蛇，经营乎其内。荡荡兮八川分流，相背而异态。东西南北，驰骛往来，出乎椒丘之阙，行乎洲淤之浦，径乎桂林之中，过乎泱莽之野。汩乎浑流，顺阿而下，赴隘陕之口。触穹石，激堆埼，沸乎暴怒，汹涌滂濞。滭浡滵汩，湢测泌瀄。横流逆折，转腾潎洌。澎濞沆瀣，穹隆云挠，蜿灗胶戾。逾波趋浥，莅莅下濑。批岩冲壅，奔扬滞沛。临坻注壑，瀺灂贾坠。湛湛隐隐，砰磅訇磕。潏潏淈淈，湁潗鼎沸。驰波跳沫，汩漇漂疾，悠远长怀。寂漻无声，肆乎永归。然后灏溔潢漾，安翔徐徊。翯乎滈滈，东注大湖，衍溢陂池。于是乎蛟龙赤螭，䱭䲛蜥离，鰅鳙鰬鮀，禺禺鱋魶，揵鳍擢尾，振鳞奋翼，潜处于深岩。鱼鳖讙声，万物众夥，明月珠子，玓瓅江靡，蜀石黄碝，水玉磊砢。磷磷烂烂，采色澔旰，丛积乎其中。鸿鹔鹄鸨，驾鹅鸀鳿，䴔䴖䴉目，烦鹜鷛鸈，䴋䴀䴔鸬，群浮乎其上。泛淫泛滥，随风澹淡。与波摇荡，掩薄草渚。唼喋菁藻，咀嚼菱藕。

“于是乎崇山矗矗，崔巍嵯峨。深林巨木，崭岩参嵳。九嵏巀嶭，南山峨峨。岩陁甗锜，摧崣崛崎。振溪通谷，蹇产沟渎。谽呀豁閕，阜陵别岛，崴磈嵔瘣，丘墟崛礨。隐辚郁𡸣，登降施靡，陂池貏豸。沇溶淫鬻，散涣夷陆。亭皋千里，靡不被筑。掩以绿蕙，被以江离，糅以蘼芜，杂以流夷。尃结缕，欑戾莎，揭车衡兰，稿本射干。茈姜蘘荷，葴橙若荪。鲜枝黄砾，蒋苎青薠。布濩闳泽，延曼太原。丽靡广衍，应风披靡。吐芳扬烈，郁郁斐斐。众香发越，肸蚃布写，晻暧苾勃。

“于是乎周览泛观，瞋盼轧沕，芒芒恍忽，视之无端，察之无崖。日出东沼，入于西陂。其南则隆冬生长，踊水跃波；兽则㺎旄獏犛，沈牛麈麋，赤首圜题，穷奇象犀。其北则盛夏含冻裂地，涉冰揭河；兽则麒麟角端，騊駼橐驼，蛩蛩驒騱，駃騠驴骡。

“于是乎离宫别馆，弥山跨谷。高廊四注，重坐曲阁。华榱璧珰，辇道骊属，步櫩周流，长途中宿。夷嵏筑堂，累台增成。岩突洞房，俯杳眇而无见，仰攀橑而扪天。奔星更于闺闼，宛虹拖于楯轩。青虬蚴蟉于东箱，象舆婉蝉于西清，灵圉燕于间观，偓佺之伦暴于南荣。醴泉涌于清室，通川过乎中庭。槃石裖崖，嵚岩倚倾，嵯峨磼碰，刻削峥嵘。玫瑰碧琳，珊瑚丛生。瑉玉旁唐，玢豳文鳞。赤瑕驳荦，杂臿其间，垂绥琬琰，和氏出焉。

“于是乎卢橘夏孰，黄甘橙楱，枇杷橪柿，楟柰厚朴，樗枣杨梅，樱桃蒲陶，隐夫郁棣，榙㯀荔枝，罗乎后宫，列乎北园。䃭丘陵，下平原，扬翠叶，杌紫茎，发红华，秀朱荣，煌煌扈扈，照曜巨野。沙棠栎槠，华氾檘栌，留落胥馀，仁频并闾，欃檀木兰，豫章女贞，长千仞，大连抱，夸条直畅，实叶葰茂，攒立丛倚，连卷累佹，崔错癹骫，阬衡閜砢，垂条扶於，落英幡缅，纷容萧蔘，旖旎从风，浏莅卉吸，盖象金石之声，管籥之音。柴池茈虒，旋环后宫。杂遝累辑，被山缘谷，循阪下隰，视之无端，究之无穷。

“于是玄猿素雌，蜼玃飞鸓，蛭蜩蠗蝚，蟖胡豰蛫，栖息乎其间；长啸哀鸣，翩幡互经，夭矫枝格，偃蹇杪颠。于是乎隃绝梁，腾殊榛，捷垂条，踔稀间，牢落陆离，烂曼远迁。

“若此辈者，数千百处。嬉游往来，宫宿馆（客）〔舍〕，庖厨不徙，后宫不移，百官备具。

“于是乎背秋涉冬，天子校猎。乘镂象，六玉虬，拖蜺旌，靡云旗，前皮轩，后道游；孙叔奉辔，卫公骖乘，扈从横行，出乎四校之中。鼓严簿，纵猎者，江河为陆，泰山为橹，车骑雷起，隐天动地，先后陆离，离散别追，淫淫裔裔，缘陵流泽，云布雨施。

“生貔豹，搏豺狼，手熊罴，足野羊，蒙鹖苏，绔白虎，被豳文，跨野马。陵三嵕之危，下碛历之坻；径陖赴险，越壑厉水。推蜚廉，弄解豸，格瑕蛤，铤猛氏，罥騕褭，射封豕。箭不苟害，解脰陷脑；弓不虚发，应声而倒。

“于是乎乘舆弥节裴回，翱翔往来，睨部曲之进退，览将率之变态。然后浸潭促节，儵敻远去。流离轻禽，蹴履狡兽。轊白鹿，捷狡兔。轶赤电，遗光耀。追怪物，出宇宙。弯繁弱，满白羽，射游枭，栎蜚虡。择肉后发，先中命处。弦矢分，艺殪仆。”

“然后扬节而上浮，陵惊风，历骇飙，乘虚无，与神俱。辚玄鹤，乱昆鸡，遒孔鸾，促鵔鸃，拂翳鸟，捎凤皇，捷鸳雏，掩焦明。

“道尽涂殚，回车而还。招摇乎襄羊，降集乎北纮。率乎直指，闇乎反乡。蹷石阙，历封峦，过雉鹊，望露寒。下棠梨，息宜春，西驰宣曲，濯鹢牛首。登龙台，掩细柳。观士大夫之勤略，钧獠者之所得获。(观)徒车之所辚轹，乘骑之所蹂若，人民之所蹈躐。与其穷极倦谻，惊惮慑伏，不被创刃而死者，佗佗籍籍，填坑满谷，掩平弥泽。

“于是乎游戏懈怠，置酒乎昊天之台，张乐乎轇輵之宇；撞千石之钟，立万石之钜；建翠华之旗，树灵鼍之鼓。奏陶唐氏之舞，听葛天氏之歌。千人唱，万人和，山陵为之震动，川谷为之荡波。巴俞宋蔡，淮南《于遮》，文成颠歌，族举递奏，金鼓迭起，铿铛闛鞈，洞心骇耳。荆、吴、郑、卫之声，《韶》《濩》《武》《象》之乐，阴淫案衍之音，鄢郢缤纷，《激楚》结风，俳优侏儒，狄鞮之倡，所以娱耳目而乐心意者，丽靡烂漫于前，靡曼美色于后。

“若夫青琴宓妃之徒，绝殊离俗，姣冶娴都。靓庄刻饬，便嬛绰约，柔桡嬛嬛，妩媚姌嫋；抴独茧之褕袘，眇阎易以戌削，媥姺徶徆，与世殊服；芬香沤郁，酷烈淑郁；皓齿粲烂，宜笑的皪；长眉连娟，微睇绵藐；色授魂与，心愉于侧。

“于是酒中乐酣，天子芒然而思，似若有亡。曰：‘嗟乎，此泰奢侈！朕以览听馀间，无事弃日，顺天道以杀伐，时休息于此，恐后世靡丽，遂往而不反，非所以为继嗣创业垂统也。’于是乃解酒罢猎，而命有司曰：‘地可以垦辟，悉为农郊，以赡萌隶；隤墙填堑，使山泽之民得至焉。实陂池而勿禁，虚宫观而勿仞。发仓廪以振贫穷，补不足，恤鳏寡，存孤独。出德号，省刑罚，改制度，易服色，更正朔，与天下为始。’

“于是历吉日以齐戒，袭朝衣，乘法驾，建华旗，鸣玉鸾，游乎六艺之囿，骛乎仁义之途，览观《春秋》之林，射《貍首》，兼《驺虞》，弋玄鹤，建干戚，载云罕，掩群《雅》，悲《伐檀》，乐《乐胥》，修容乎《礼》园，翱翔乎《书》圃，述《易》道，放怪兽，登明堂，坐清庙，恣群臣，奏得失，四海之内，靡不受获。于斯之时，天下大说，向风而听，随流而化，喟然兴道而迁义，刑错而不用。德隆乎三皇，功羡于五帝。若此，故猎乃可喜也。

“若夫终日暴露驰骋，劳神苦形，罢车马之用，抚士卒之精，费府库之财，而无德厚之恩，务在独乐，不顾众庶，忘国家之政，而贪雉兔之获，则仁者不由也。从此观之，齐楚之事，岂不哀哉！地方不过千里，而囿居九百，是草木不得垦辟，而民无所食也。夫以诸侯之细，而乐万乘之所侈，仆恐百姓之被其尤也。”

于是二子愀然改容，超若自失，逡巡避席曰：“鄙人固陋，不知忌讳，乃今日见教，谨闻命矣。”

赋奏，天子以为郎。无是公言天子上林广大，山谷水泉万物，及子虚言楚云梦所有甚众，侈靡过其实，且非义理所尚，故删取其要，归正道而论之。

相如为郎数岁，会唐蒙使略通夜郎西僰中，发巴蜀吏卒千人，郡又多为发转漕万馀人，用兴法诛其渠帅，巴蜀民大惊恐。上闻之，乃使相如责唐蒙，因喻告巴蜀民以非上意。檄曰：

告巴蜀太守：蛮夷自擅不讨之日久矣，时侵犯边境，劳士大夫。陛下即位，存抚天下，辑安中国。然后兴师出兵，北征匈奴，单于怖骇，交臂受事，诎膝请和。康居西域，重译请朝，稽首来享。移师东指，闽越相诛。右吊番禺，太子入朝。南夷之君，西僰之长，常效贡职，不敢怠堕，延颈举踵，喁喁然皆争归义，欲为臣妾，道里辽远，山川阻深，不能自致。夫不顺者已诛，而为善者未赏，故遣中郎将往宾之，发巴蜀士民各五百人，以奉币帛，卫使者不然，靡有兵革之事，战斗之患。今闻其乃发军兴制，惊惧子弟，忧患长老。郡又擅为转粟运输，皆非陛下之意也。当行者或亡逃自贼杀，亦非人臣之节也。

夫边郡之士，闻烽举燧燔，皆摄弓而驰，荷兵而走，流汗相属，唯恐居后；触白刃，冒流矢，义不反顾，计不旋踵，人怀怒心，如报私仇。彼岂乐死恶生，非编列之民，而与巴蜀异主哉？计深虑远，急国家之难，而乐尽人臣之道也。故有剖符之封，析珪而爵，位为通侯，居列东第。终则遗显号于后世，传土地于子孙，行事甚忠敬，居位甚安佚，名声施于无穷，功烈著而不灭。是以贤人君子，肝脑涂中原，膏液润野草而不辞也。今奉币役至南夷，即自贼杀，或亡逃抵诛，身死无名，谥为至愚，耻及父母，为天下笑。人之度量相越，岂不远哉！然此非独行者之罪也，父兄之教不先，子弟之率不谨也，寡廉鲜耻，而俗不长厚也。其被刑戮，不亦宜乎！

陛下患使者有司之若彼，悼不肖愚民之如此，故遣信使晓喻百姓以发卒之事，因数之以不忠死亡之罪，让三老孝弟以不教诲之过。方今田时，重烦百姓，已亲见近县，恐远所溪谷山泽之民不遍闻，檄到，亟下县道，使咸知陛下之意，唯毋忽也。

相如还报。唐蒙已略通夜郎，因通西南夷道，发巴、蜀、广汉卒，作者数万人，治道二岁，道不成，士卒多物故，费以巨万计。蜀民及汉用事者多言其不便。是时邛、筰之君长闻南夷与汉通，得赏赐多，多欲愿为内臣妾，请吏，比南夷。天子问相如，相如曰："邛、筰、冉、駹者近蜀，道亦易通，秦时尝通为郡县，至汉兴而罢。今诚复通，为置郡县，愈于南夷。"天子以为然，乃拜相如为中郎将，建节往使。副使王然于、壶充国、吕越人驰四乘之传，因巴蜀吏币物以赂西夷。至蜀，蜀太守以下郊迎，县令负弩矢先驱，蜀人以为宠。于是卓王孙、临邛诸公皆因门下献牛酒以交欢。卓王孙喟然而叹，自以得使女尚司马长卿晚，而厚分与其女财，与男等同。司马长卿便略定西夷。邛、筰、冉、駹、斯榆之君皆请为内臣。除边关，关益斥，西至沫、若水，南至牂柯为徼，通零关道，桥孙水以通邛、（都）〔筰〕。还报天子，天子大说。

相如使时，蜀长老多言通西南夷不为用，唯大臣亦以为然。相如欲谏，业已建之，不敢，乃著书，籍以蜀父老为辞，而己诘难之，以风天子，且因宣其使指，令百姓知天子之意。其辞曰：

汉兴七十有八载，德茂存乎六世，威武纷纭，湛恩汪濊，群生澍濡，洋溢乎方外。于是乃命使西征，随流而攘，风之所被，罔不披靡。因朝冉从駹，定筰存邛，略斯榆，举苞满，结（轨）〔轶〕还辕，东乡将报，至于蜀都。

耆老大夫荐绅先生之徒二十有七人，俨然造焉。辞毕，因进曰："盖闻天子之于夷狄也，其义羁縻勿绝而已。今罢三郡之士，通夜郎之涂，三年于兹，而功不竟，士卒劳倦，万民不赡。今又接以西夷，百姓力屈，恐不能卒业，此亦使者之累也，窃为左右患之。且夫邛、筰、西僰之与中国并也，历年兹多，不可记已。仁者不以德来，强者不以力并，意者其殆不可乎！今割齐民以附夷狄，弊所恃以事无用，鄙人固陋，不识所谓。"

使者曰："乌谓此邪？必若所云，则是蜀不变服而巴不化俗也。余尚恶闻若说？然斯事体大，固非观者之所觏也。余之行急，其详不可得闻已，请为大夫粗陈其略。

"盖世必有非常之人，然后有非常之事；有非常之事，然后有非常之功。非常者，固常〔人〕之所异也。故曰非常之原，黎民惧焉；及臻厥成，天下晏如也。

“昔者鸿水浡出，泛滥衍溢，民人登降移徙，陭陁而不安。夏后氏戚之，乃堙鸿水，决江疏河。漉沉赡灾，东归之于海，而天下永宁。当斯之勤，岂唯民哉！心烦于虑而身亲其劳，躬胝无胈，肤不生毛。故休烈显乎无穷，声称浃乎于兹。

“且夫贤君之践位也，岂特委琐握龊，拘文牵俗，循诵习传，当世取说云尔哉！必将崇论闳议，创业垂统，为万世规。故驰骛乎兼容并包，而勤思乎参天贰地。且《诗》不云乎：‘普天之下，莫非王土；率土之滨，莫非王臣。’是以六合之内，八方之外，浸浔衍溢，怀生之物有不浸润于泽者，贤君耻之。今封疆之内，冠带之伦，咸获嘉祉，靡有阙遗矣。而夷狄殊俗之国，辽绝异党之地，舟舆不通，人迹罕至，政教未加，流风犹微。内之则犯义侵礼于边境，外之则邪行横作，放弑其上，君臣易位，尊卑失序，父兄不辜，幼孤为奴，系累号泣，内向而怨，曰‘盖闻中国有至仁焉，德洋而恩普，物靡不得其所，今独曷为遗已’。举踵思慕，若枯旱之望雨。盭夫为之垂涕，况乎上圣，又恶能已？故北出师以讨强胡，南驰使以诮劲越。四面风德，二方之君，鳞集仰流，愿得受号者以亿计。故乃关沫、若，徼牂柯，镂零山，梁孙原。创道德之涂，垂仁义之统，将博恩广施，远抚长驾，使疏逖不闭，阻深闇昧，得耀乎光明，以偃甲兵于此，而息诛伐于彼。遐迩一体，中外提福，不亦康乎？夫拯民于沉溺，奉至尊之休德，反衰世之陵迟，继周氏之绝业，斯乃天子之急务也。百姓虽劳，又恶可以已哉？

“且夫王事固未有不始于忧勤，而终于佚乐者也。然则受命之符，合在于此矣。方将增泰山之封，加梁父之事，鸣和鸾，扬乐颂，上咸五，下登三。观者未睹指，听者未闻音，犹鷦明已翔乎寥廓，而罗者犹视乎薮泽，悲夫！”

于是诸大夫芒然丧其所怀来而失厥所以进，喟然并称曰：“允哉汉德，此鄙人之所愿闻也。百姓虽怠，请以身先之。”敞罔靡徙，因迁延而辞避。

其后人有上书言相如使时受金，失官。居岁馀，复召为郎。

相如口吃而善著书。常有消渴疾。与卓氏婚，饶于财。其进仕宦，未尝肯与公卿国家之事，称病间居，不慕官爵。常从上至长杨猎，是时天子方好自击熊彘，驰逐野兽，相如上疏谏之。其辞曰：

臣闻物有同类而殊能者，故力称乌获，捷言庆忌，勇期贲、育。臣之患，窃以为人诚有之，兽亦宜然。今陛下好陵阻险，射猛兽，卒然遇轶材之兽，骇不存之地，犯属车之清尘，舆不及还辕，人不暇施巧，虽有乌获、逢蒙之伎，力不得用，枯木朽株尽为害矣。是胡越起于毂下，而羌夷接轸也，岂不殆哉！虽万全无患，然本非天子之所宜近也。

且夫清道而后行，中路而后驰，犹时有衔橛之变，而况涉乎蓬蒿，驰乎丘坟，前有利兽之乐而内无存变之意，其为祸也不亦难矣！夫轻万乘之重不以为安而乐，出于万有一危之途以为娱，臣窃为陛下不取也。

盖明者远见于未萌，而智者避危于无形，祸固多藏于隐微而发于人之所忽者也。故鄙谚曰："家累千金，坐不垂堂"。此言虽小，可以喻大。臣愿陛下之留意幸察。

上善之。还过宜春宫，相如奏赋以哀二世行失也。其辞曰：

登陂阤之长阪兮，坌入曾宫之嵯峨。临曲江之隑州兮，望南山之参差。岩岩深山之谾谾兮，通谷豁兮谽谺。汩淢噏习以永逝兮，注平皋之广衍。观众树之塕薆兮，览竹林之榛榛。东驰土山兮，北揭石濑。弥节容与兮，历吊二世。持身不谨兮，亡国失势。信谗不寤兮，宗庙灭绝。呜呼哀哉！操行之不得兮，坟墓芜秽而不修兮，魂无归而不食。夐邈绝而不齐兮，弥久远而愈佅。精罔阆而飞扬兮，拾九天而永逝。呜呼哀哉！

相如拜为孝文园令。天子既美子虚之事，相如见上好仙道，因曰："上林之事未足美也，尚有靡者。臣尝为《大人赋》，未就，请具而奏之。"相如以为列仙之传居山泽间，形容甚臞，此非帝王之仙意也，乃遂就《大人赋》。其辞曰：

世有大人兮，在于中州。宅弥万里兮，曾不足以少留。悲世俗之迫隘兮，朅轻举而远游。垂绛幡之素蜺兮，载云气而上浮。建格泽之长竿兮，总光耀之采旄。垂旬始以为幓兮，抴彗星而为髾。掉指桥以偃蹇兮，又旖旎以招摇。揽欃枪以为旌兮，靡屈虹而为绸。红杳渺以眩湣兮，猋风涌而云浮。驾应龙象舆之蠖略逶丽兮，骖赤螭青虬之蚴蟉蜿蜒。低卬夭蟜据以骄骜兮，诎折隆穷蠼以连卷。沛艾赳螑仡以佁儗兮，放散畔岸骧以孱颜。跮踱輵辖容以委丽兮，绸缪偃蹇怵彘以梁倚。纠蓼叫奡踏以艐路兮，蔑蒙踊跃腾而狂趡。莅飒卉翕熛至电过兮，焕然雾除，霍然云消。

邪绝少阳而登太阴兮，与真人乎相求。互折窈窕以右转兮，横厉飞泉以正东。悉征灵圉而选之兮，部乘众神于瑶光。使五帝先导兮，反太一而从陵阳。左玄冥而右含雷兮，前陆离而后潏湟。厮征伯侨而役羡门兮，属岐伯使尚方。祝融惊而跸御兮，清雰气而后行。屯余车其万乘兮，綷云盖而树华旗。使勾芒其将行兮，吾欲往乎南嬉。

历唐尧于崇山兮，过虞舜于九疑。纷湛湛其差错兮，杂遝胶葛以方驰。骚扰冲苁其相纷挐兮，滂濞泱轧洒以林离。钻罗列聚丛以茏茸兮，衍曼流烂坛以陆离。径入雷室之砰磷郁律兮，洞出鬼谷之崫礨嵬磈。遍览八纮而观四荒兮，朅渡九江而越五河。经营炎火而浮弱水兮，杭绝浮渚而涉流沙。奄息总极泛滥水嬉兮，使灵娲鼓瑟而舞冯夷。时若薆薆将混浊兮，召屏翳诛风伯而刑雨师。西望昆仑之轧沕洸忽兮，直径驰乎三危，排阊阖而入帝宫兮，载玉女而与之归。舒阆风而摇集兮，亢乌腾而一止。低回阴山翔以纡曲兮，吾乃今目睹西王母皬然白首。载胜而穴处兮，亦幸有三足乌为之使。必长生若此而不死兮，虽济万世不足以喜。

回车朅来兮，绝道不周，会食幽都。呼吸沆瀣〔兮〕飧朝霞（兮），噍咀芝英兮叽琼华。嬐侵浔而高纵兮，纷鸿涌而上厉。贯列缺之倒景兮，涉丰隆之滂沛。驰游道而循降兮，骛遗雾而远逝。迫区中之隘陕兮，舒节出乎北垠。遗屯骑于玄阙兮，轶先驱于寒门。下峥嵘而无地兮，上寥廓而无天。视眩眠而无见兮，听惝恍而无闻。乘虚无而上假兮，超无友而独存。

相如既奏《大人之颂》，天子大说，飘飘有凌云之气，似游天地之间意。

相如既病免，家居茂陵。天子曰："司马相如病甚，可往从悉取其书；若不然，后失之矣。"使所忠往，而相如已死，家无书。问其妻，对曰："长卿固未尝有书也。时时著书，人又取去，即空居。长卿未死时，为一卷书，曰有使者来求书，奏之。无他书。"其遗札书言封禅事，奏所忠。忠奏其书，天子异之。其书曰：

伊上古之初肇，自昊穹兮生民，历撰列辟，以迄于秦。率迩者踵武，逖听者风声。纷纶葳蕤，堙灭而不称者，不可胜数也。续《韶》《夏》，崇号谥，略可道者七十有二君。罔若淑而不昌，畴逆失而能存？

轩辕之前，遐哉邈乎，其详不可得闻也。五三《六经》载籍之传，维见可观也。《书》曰"元首明哉，股肱良哉"。因斯以谈，君莫盛于唐尧，臣莫贤于后稷。后稷创业于唐，公刘发迹于西戎，文王改制，爰周郅隆，大行越成，而后陵夷衰微，千载无声，岂不善始善终哉！然无异端，慎所由于前，谨遗教于后耳。故轨迹夷易，易遵也；湛恩濛涌，易丰也；宪度著明，易则也；垂统理顺，易继也。是以业隆于襁褓而崇冠于二后。揆厥所元，终都攸卒，未有殊尤绝迹可考于今者也。然犹蹑梁父，登泰山，建显号，施尊名。大汉之德，逢涌原泉，沕潏漫衍，旁魄四塞，云尃雾散，上畅九垓，下泝八埏。怀生之类沾濡浸润，协气横流，武节飘逝，迩陕游原，迥阔泳沫，首恶湮没，闇昧昭晰，昆虫凯泽，回首面内。然后囿驺虞之珍群，徼麋鹿之怪兽，導一茎六穗于庖，牺双觡共抵之兽，获周馀珍收龟于岐，招翠黄乘龙于沼。鬼神接灵圉，宾于间馆。奇物谲诡，俶傥穷变。钦哉，符瑞臻兹，犹以为薄，不敢道封禅。盖周跃鱼陨杭，休之以燎，微夫斯之为符也，以登介丘，不亦恧乎！进让之道，其何爽与？

于是大司马进曰："陛下仁育群生，义征不憓，诸夏乐贡，百蛮执贽，德侔往初，功无与二，休烈浃洽，符瑞众变，期应绍至，不特创见。意者泰山、梁父设坛场望幸，盖号以况荣，上帝垂恩储祉，将以荐成，陛下谦让而弗发也，挈三神之欢，缺王道之仪，群臣恧焉。或谓且天为质闇，珍符固不可辞；若然辞之，是泰山靡记而梁父靡几也。亦各并时而荣，咸济世而屈，说者尚何称于后，而云七十二君乎？夫修德以锡符，奉符以行事，不为进越。故圣王弗替，而修礼地祇，谒款天神，勒功中岳，以彰至尊，舒盛德，发号荣，受厚福，以浸黎民也。皇皇哉斯事！天下之壮观，王者之丕业，不可贬也。愿陛下全之。而后因杂荐绅先生之略术，使获耀日月之末光绝炎，以展采错事。犹兼正列其义，校饬厥文，作《春秋》一艺。将袭旧六为七，摅之无穷，俾万世得激清流，扬微波，蜚英声，腾茂实。前圣之所以永保鸿名而常为称首者用此。宜命掌故悉奏其义而览焉。"

于是天子沛然改容，曰："愉乎，朕其试哉！"乃迁思回虑，总公卿之议，询封禅之事，诗大泽之博，广符瑞之富。乃作颂曰：

"自我天覆，云之油油。甘露时雨，厥壤可游。滋液渗漉，何生不育！嘉谷六穗，我穑曷蓄！

非唯雨之，又润泽之；非唯濡之，氾尃濩之。万物熙熙，怀而慕思。名山显位，望君之来。君乎君乎，侯不迈哉！

般般之兽，乐我君囿；白质黑章，其仪可（嘉）〔喜〕；旼旼睦睦，君子之能。盖闻其声，今观其来。厥涂靡踪，天瑞之征。兹亦于舜，虞氏以兴。

濯濯之麟，游彼灵畤。孟冬十月，君徂郊祀。驰我君舆，帝以享祉。三代之前，盖未尝有。

宛宛黄龙，兴德而升；采色炫耀，熿炳煇煌。正阳显见，觉寤黎烝。于传载之，云受命所乘。

厥之有章，不必谆谆。依类（记）〔托〕寓，谕以封峦。”

披艺观之，天人之际已交，上下相发允答。圣王之德，兢兢翼翼也。故曰“兴必虑衰，安必思危”。是以汤、武至尊严，不失肃祗；舜在假典，顾省厥遗。此之谓也。

司马相如既卒五岁，天子始祭后土。八年而遂先礼中岳，封于太山，至梁父禅肃然。

相如他所著，若《遗平陵侯书》《与五公子相难》《草木书》篇不采，采其尤著公卿者云。

太史公曰：《春秋》推见至隐，《易》本隐之以显，《大雅》言王公大人而德逮黎庶，《小雅》讥小己得失，其流及上。所以言虽外殊，其合德一也。相如虽多虚辞滥说，然其要归引之节俭，此与《诗》之风谏何异！扬雄以为靡丽之赋，劝百风一，犹驰骋郑卫之声，曲终而奏雅，不已亏乎？余采其语可论者著于篇。

【译文】

司马相如是蜀郡成都人，字长卿。少年时酷爱读书，也学习剑术，所以父母给他取名犬子。司马相如学业完成后，对蔺相如的为人很仰慕，于是改名相如。起初，他凭借家中富有的财资而被授予郎官之职，侍卫孝景帝，做了武骑常侍，但这并不是他的爱好。正好赶上汉景帝不喜欢辞赋，这时梁孝王来京城朝见景帝，跟随他而来的善于游说的人，有齐郡人邹阳、淮阴人枚乘、吴县人庄忌先生等。司马相如见到这些人就喜欢上了，因此就以生病为由辞掉官职，然后旅居梁国，司马相如才有机会与读书人和游说之士们相处了好几年，于是就写了《子虚赋》。

赶上梁孝王去世，相如就回家了。但是他家境贫寒，也没有可以维系自己生活的职业。司马相如向来同临邛县令王吉相处得不错，王吉说：“长卿，你离乡在外多年，求官任职，不太顺心，可以到我这里看看。”于是，司马相如来到临邛，暂住在城内的一座小亭中。王吉假装恭敬，每天都来拜访司马相如。开始，司马相如还以礼相见。后来，他就佯称有病，让随从拒绝了王吉的拜访。可是，王吉却更加谨慎恭敬。临邛县里富人很多，像卓王孙家就有家奴八百人，程郑家也有数百人。两人互相商量后说：“县令有贵客，不如我们备办酒席，请请他。”一并把县令也请来。当县令来到了卓家后，卓家已经有上百的客人在了。到了中午，去请司马长卿，长卿却推托有病，不愿意前来。临邛县令见司马相如没来，不敢进食，便亲自前去迎接司马相如。相如没办法，便勉强来到卓家，满座的客人都很惊羡他的风采。酒兴正浓时，临邛县令慢步走上前去，把一张琴放到司马相如面前，说：“我听说长卿非常喜欢弹琴，希望能聆听一曲，以助欢乐。”司马相如辞谢一番，推辞不过，便弹奏了一两支曲子。此时，卓王孙有个叫文君的女儿，刚守寡时间不长，特别喜欢音乐，所以司马相如佯装与县令相互敬重，而用琴声暗自诱发她的爱慕之情。司马相如来临邛时，车马跟在其后，堂堂仪表，典雅文静，落落大方。待到卓王孙家喝酒、弹奏琴曲时，卓文君从门缝里偷偷望他，心中十分高兴，特别喜欢他，但又担心他不了解自己的心情。宴会完毕，司马相如托人赏赐文君的侍者以重金，通过这种方式向她转达倾慕之情。于是，卓文君连夜逃出家门，找到司马相如，司马相如便同文君急急忙忙赶回成都。进得家门，所见空无一物，只有立在那里的四面墙壁。卓王孙知道女儿私奔之事，大怒道：“女儿相当不成材，我不忍心伤害她，但也不会分给她一个钱。”有的人便劝说卓王孙，但他却一直不肯听。过了很长一段时间，文君感到很不快乐，说：“长卿，只要你跟我一块儿去临邛，向兄弟们借钱也完全可以维持生活，何必要让自己困苦到这个样子！”司马相如就同文君来到临邛，把自己的车马全部卖掉，盘下一家酒店，做起了卖酒的生意。并且让文君亲自主持垆前酌酒以应对顾客，而司马相如自己也穿起犊鼻裈，同雇工们一起忙活操作，在熙熙攘攘的闹市之中洗涤酒器。卓王孙听说这件事后，感到十分耻辱，因此闭门不出。有些兄弟和长辈都不停地劝说卓王孙，说：“你有两个女儿一个儿子，家中所缺少的并不是钱财。如今，文君已经成了司马长卿的妻子，再加上长卿本来也已厌倦了奔波离家的生涯，虽然他贫穷，但他的确是个人才，完全可以依靠。更何况他又是县令的贵客，为什么你偏偏如此地轻视他呢！”卓王孙听了不得已，只好分给文君钱一百万、奴一百人，以及她出嫁时的一些衣服被褥和各种财物。文君就同司马相如回到成都，购置了田地和房屋，成为富有的人家。

过了比较长的一段时间，蜀郡人杨得意担任狗监，侍奉汉武帝。有一天，汉武帝读《子虚赋》，认为写得不错，说："我偏偏不能与这个作者生在一个时代。"杨得意便说："我的同乡人司马相如说是他写了这篇赋。"汉武帝听了很惊喜，就忙召来司马相如询问。司马相如说："是有这件事。但是，这赋只写了诸侯之事，不值得看。请让我写篇天子游猎赋，赋写成以后我就进献皇上。"汉武帝答应了，并命令尚书给他书写用的笔和木简。司马相如用"子虚"这一虚构的言辞，是为了表现楚国之美；"乌有先生"就是哪有这回事，以此为齐国驳难楚国；"无是公"就是没有这个人，以阐明做天子的道理。所以就假借这三个人来写成文章，用以推演天子和诸侯的苑囿美盛的情景。赋的最后一章，将主旨归结到了节俭上去，借以规劝皇帝。司马相如把赋进献天子后，天子非常高兴。赋中说道：

子虚被楚王派去出使齐国，齐王调集了境内所有的士卒，准备了很多的车马，与使者一同出外打猎。打猎完毕，子虚前去拜访乌有先生，并以此事向他夸耀，恰好无是公也在场。大家落座后，乌有先生向子虚问道："今天打猎快乐吗？"子虚说："当然快乐。""猎物很多吧？"子虚回答道："不多。""那么既然如此，乐又从何来？"子虚回答说："我高兴的是齐王本来想向我夸耀他的众多车马，但我却用楚王在云梦泽打猎的盛况来回答他。"乌有先生说道："可以说出来让我听听吗？"

子虚说："当然可以。齐王指挥千辆兵车，选拔了上万名骑手，打猎到东海之滨。草泽上排满士卒，山岗上布满了捕兽的罗网，兽网罩住野兔，车轮辗死大鹿，射中麋鹿，抓住麟的小腿。车骑在海边的盐滩驰骋，车轮被宰杀的禽兽的鲜血染红。射中禽兽，获猎物很多，齐王便骄傲地夸耀自己的猎获成绩。他回头看着我对我说：'楚国可有供游玩打猎的平原广泽，可以让人这样富于乐趣吗？我与楚王游猎相比，谁更壮观一些？'我便下车回答说：'小臣我只不过是一个见识鄙陋的楚国人，但侥幸在楚担任了十余年的宫中侍卫，常随楚王出猎，王宫的后苑就是猎场，还可以顺便观赏四周的景色，但还不能遍览全部盛况，又哪有资格来谈论远离王都的大泽盛景呢？'齐王说：'虽然这样，但还是请你大概地谈谈你的所闻所见吧！'

“我回答说：‘好，好。臣听说楚国有七个大泽，我曾经见过其中的一个，而其余的没见过。我所看到的这个，也只是七个大泽中最小的一个，名叫云梦。云梦九百里方圆，其中有山。山势盘旋，曲折迂回，险要高耸，山峰峭拔，参差不齐；日月要么被完全遮蔽，要么遮掩一半；群山错落，重叠无序，青云直上；山坡连绵倾斜，下连江河。那土壤中有朱砂、石青、雌黄、赤土、白垩、石灰、碧玉、锡矿、黄金、白银等种种色彩，光辉夺目，似龙鳞般地灿烂照耀。那里的石料有赤色的玉石、玫瑰宝石、琳、瑊玏、瑉、琨珸、磨刀的黑石、半白半赤的石头、红地白文的石头。东面的花圃有蕙草，其中生长着杜衡、白芷、兰草、杜若、芎䓖、射干、菖蒲、蘼芜、茳蓠、甘蔗、芭蕉。南面有平原大泽，高低不平的地势，绵延倾斜，土地低洼，平坦广阔，沿着大江延伸，直到巫山为界。那地方高峻干燥，生长着马蓝和形似燕麦的草，还有苞草、艾蒿、荔草、莎草及青薠。那低湿的地方，生长着狗尾巴草、东蔷、芦苇、菰米、荷藕、莲花、庵草、葫芦、菝草，众多麦木，在这里生长，数不胜数。西面则有奔涌的泉水、清澈的水池，激荡的水波，后浪冲击前浪，滚滚向前；荷花与菱花在水面上开放着，巨石和白沙在水面下隐伏着。水中有神龟、猪婆龙、蛟蛇、玳瑁、鳖和鼋。北面则有茂密的森林和巨大的树木：黄楩树、樟木、楠木、桂树、木兰、花椒树、黄檗树、赤茎柳、山梨树、山楂树、橘树、黑枣树、柚子树等芳香远溢。那些树上有赤猿、鹓、猕猴、鸾鸟、孔雀和善跳的猴子和射干。树下则有白虎、蝘蜓、黑豹、豻、大象、雌犀牛、穷奇、野犀牛、貜狿。

‘于是就派专诸之类的勇士，空手来格杀这些野兽。被驯服的杂毛之马被楚王驾御着，还乘坐着雕饰美玉的车，用鱼须作旒穗的曲柄旌旗不停地挥动着，缀着明月珍珠的旗帜也被摇动着。锋利的三刃戟高举，雕有花纹的乌嗥名弓拿在左手，夏箙中的强劲之箭拿在右手。骖乘是伯乐，御者为纤阿。车马缓慢行驶，在还没有尽情驰骋时，就已踩踏倒了强健的猛兽。车轮辗压邛邛、践踏距虚，突击野马，騊駼被轴头撞死，乘着千里马，游荡之骐被箭射。楚王的车骑异常迅疾，有如滚动惊雷，好似狂飙袭来，像飞坠的流星，若雷霆撞击。弓不虚发，箭箭都把禽兽的眼眶射裂，或者贯穿胸膛，直达腋下，使连着心脏的血管断裂。猎获的野兽，纷纷而落像雨点飞降般，野草被覆盖，大地也被遮蔽。于是，楚王就徘徊停鞭，缓步而行自由自在，游览山北的森林，欣赏壮士的暴怒，还有野兽的恐惧。拦截那疲倦的野兽，捕捉那精疲力竭的野兽，遍观群兽各种迥异的姿态。

‘于是，漂亮的郑国姑娘，细嫩肤色的美女，披着细缯细布制成的上衣，穿着麻布和白绢制做的裙子，纤细的罗绮被装点着，轻雾般的柔纱在身上垂挂着。裙幅重叠褶绉，纹理细密，线条多姿婉曲，好似深幽的溪谷。美女们穿着修长的衣服，飘扬裙幅，裙缘整齐美观；衣上的飘带，飞舞随风，燕尾形的衣端在身间垂挂。婀娜多姿的体态，走路时衣裙相磨，发出嗡呷萃蔡的响声。衣裙饰带飘动，摩磨着下边的兰花蕙草，上面的羽饰车盖被拂拭着。翡翠的羽毛在头发上杂缀着作为饰物，用玉装饰的帽缨在颌下缠绕着。隐约缥缈，恍恍惚惚，就像神仙般的似有似无。

‘于是楚王就在蕙圃夜猎，和众多美女一起，缓慢而从容地走上坚固的水堤。用网捕取翡翠鸟，用箭射取锦鸡。射出带丝线的短小之箭，发射系着细丝绳的箭。白天鹅被射落了，野鹅被击中了。中箭的鸧鸹双双从天落，箭射穿了黑鹤身体。打猎疲倦之后，拨动游船，在清池之中泛舟。划着画有鹢鸟的龙船，桂木的船桨被扬起。画有翡翠鸟的帷幔张挂着，竖起鸟毛装饰的伞盖。玳瑁用网捞取，紫贝被钓取。敲打金鼓，吹起排箫。船夫唱起歌来，声调嘶哑悲楚，动听悦耳。鱼鳖为此惊骇，洪波因而沸腾。涌起泉水，与浪涛汇聚。众石相互撞击，发出硠硠礚礚的响声，就像轰鸣雷霆，传声几百里之外。

‘夜猎将停，灵鼓敲起，火把点起。战车按行列行走，骑兵归队而行。队伍接续不断，整整齐齐，缓慢前进。于是，楚王就登上阳云之台，显示出安然无事泰然自若的神态，保持着怡适安静的心境。待用芍药调和的食物备齐之后，就献给楚王让其品尝。不像大王终日奔驰，车身不离，甚至切割肉块，然后在轮间烤炙而吃，却自以为乐。我以为齐国恐怕不如楚国吧。’于是，齐王默默无言，没有话回答我。”

乌有先生说：“这话为什么要说得这么过分呢？您不远千里前来赐惠齐国，齐王调集境内的所有士卒，准备了如此多的车马，同您外出打猎，是想齐心协力猎获禽兽，使您感到快乐，怎么称作夸耀呢！询问楚国有无游猎的平原广泽，是希望听听楚国的政治教化与光辉的功业，以及先生的美论高言。现在楚王丰厚的德政先生不称颂，却去畅谈什么云梦泽以为高论，大谈纵乐淫游之事，而且炫耀奢侈靡费，我个人以为您不应当这样做。如果真像您所说的那样，那根本算不上是楚国的美好之事。楚王若是有这些事，您把它说出来，这就是宣扬国君的丑恶；如果楚王没有这些事，您却说有，这就有损于您的名誉，张扬国君的丑恶，损害自己的信誉，这两件事没有一样是可以做的，而您却做了。这必将让齐国所轻视，而楚国的声誉也会因此而受到牵连。况且齐国东临大海，南有琅琊山，观赏美景在成山，狩猎在之罘山，泛舟在渤海，游猎在孟诸泽中。东北与肃慎为邻，左边以汤谷为界；秋天打猎在青丘，在海外自由漫步。像云梦这样的大泽，纵然吞下八九个，胸中也丝毫没有哽塞之感。至于那超凡卓异之物，各地特产，怪异珍奇的鸟兽，聚集万物，好像荟萃鱼鳞，充满其中，不可胜记，它们的名字就是大禹也辨不清，契也无法计算它们的数目。但是，齐王处在诸侯的地位，不敢陈说嬉戏和游猎的欢乐、苑囿的广大。先生又是被以贵宾之礼接待的客人，所以齐王才没有回答您任何言辞，又怎么能说他无言以对呢！”

无是公微笑着说：“楚国错了，但是齐国也未必正确。天子之所以让诸侯交纳贡品，其实并不是为了财物，目的是为了让他们到朝廷陈述其履行职务的情况；所以封国疆界的划分，并非为了守卫边境，而是为了杜绝诸侯越规违法的行为。现在，齐国位列东方的藩国，却与国外的肃慎私自交往，弃离封国，越过国界，漂洋过海，游猎到青丘去，这种做法从诸侯应遵守的道义来说，是不允许的。况且你们两位先生的言论，都不是竭力阐明君臣之间的正常关系，也不是端正诸侯的礼仪，而只是去争辩游猎的欢乐、苑囿的广大，想以奢侈争胜负、以荒淫赛高下。这样做不但不能使你们的国君名望显扬、声誉提高，却恰恰贬低其声望，使自己蒙受损失。更何况那齐国和楚国的事物又哪里值得称道呢！先生们没有亲眼看到那浩大壮丽的场面，难道你们就没有听说过天子的上林苑吗？

“上林苑的左边是苍梧，右边是西极，在它的南方有丹水流过，它的北方有紫渊流经；灞水和浐水始终未流出上林，泾水和渭水流进来又流出去；酆水、鄗水、潦水、潏水，宛转曲折，在上林苑中盘转回环。八条河川，浩浩荡荡，流向相背，姿态各异，东西南北，奔驰往来，从两山对峙的椒丘山谷流出，流经砂石堆积的小洲，穿过桂树之林，流过茫茫的原野。水流盛大且迅疾，沿着高丘奔腾而下，直赴狭隘的山口。撞击着巨石，激荡着沙石形成的曲折河岸，水流涌起，暴怒异常，澎湃汹涌。河水盛涌，水流迅疾，撞击波浪，砰砰作响；横流回旋，奔腾转折，澈洌作响。激流冲击着不平的河岸，震响轰鸣，水势高耸，浪花回旋，卷曲如云，萦绕蜿蜒。后浪推击着前浪，流向深渊，形成湍急的水流，在沙石之上冲过。拍击着岩石，冲击着河堤，飞扬奔腾，不可阻挡。大水冲过小洲，流入山谷，水势渐缓，水声渐细，跌落于沟谷深潭之中。有时水大潭深，水流激荡，发出轰隆的乒乓巨响。有时水波飞扬翻涌，如同鼎中沸腾的热水。水波急驰，泛起白沫层层，跳跃不止。有时水流急转，奔扬轻疾，流向远方，长归大湖。有时水面平静无声，安然地向着远方流去。然后，无边无际的大水，徐缓迂回，闪闪银光，奔向东方，注入太湖，湖水满溢，流进附近的池塘。于是，蛟龙、赤螭、鳐、鲮、鳙、禺禺、魠、鰬、魶等，都扬起背鳍，摇动着鱼尾，抖动着鱼鳞，奋扬起鱼翅，潜处于深渊岩谷当中。鱼鳖喧哗欢跃，万物成群结伙。明月、珠子，在江边光彩闪烁。蜀石、黄色的碝石、水晶石，堆积层层，夺目灿烂，光彩映照，聚积于水中。天鹅、鸨鸟、鹔鷞、駕鹅、鸀、鸀目、䴔䴖、烦鹜、鷛鵴、鱵䴋、鵁鸬，结队成群，在水面上浮游。任凭河水横流浮动，鸟儿随风漂流，乘着波涛，自由摇荡。有时，成群的鸟儿聚集在野草覆盖的沙洲上，口衔着菁、藻，唼喋作响，口含着菱、藕，咀嚼不已。

"于是高山耸立挺拔，雄峻巍峨。广阔的山林中生长着高大的树木。山高险峻，高低不齐。巀嶭山、九嵕山、终南山巍峨耸立，或倾斜，或奇险，有的上下大，中间小，有的像锜，三足鼎立，异常险峻，陡峭崎岖。有的地方是收蓄流水的山溪，有的地方是水流贯通的山谷，溪水曲折，流入沟渎。溪谷空旷宽大，水中的丘陵、孤立的山，高高挺立，层迭不平。山势起伏，忽低忽高，连绵不绝，山坡倾斜，渐趋平缓。河水流动缓缓，溢出河面，四散于平坦的原野。水边平地，一望千里，无不被捣筑开拓。地上长满蕙草和莱草，江蓠覆盖着，间杂着蘼芜和留夷，布满了结缕，深绿色的莎草丛生在一起，还有揭车与杜蘅、稿本、兰草、射干、蘘荷、茈姜、杜若、葴、橙、鲜枝、荪、黄、芋、蒋、青薠，在广阔的大泽中遍布，在广大的平原之上蔓延。绵延不绝的花草，广布繁衍，迎着微风倒伏，芬芳吐露，散发着浓烈的香味，郁郁菲菲，香气四溢，沁人心田，更令人感到浓烈的芳香。

"于是观看四周，广泛欣赏，睁大眼睛也辨识不清，只见一片茫茫，恍恍惚惚，放眼望去，没有边际；仔细察看，宽广无涯。早晨，太阳从苑东的池沼升起，傍晚，太阳从苑西的陂池落下。苑南在严冬时也依然生长草木，河水翻腾奔涌；这里的野兽有，㺎、旄、牦、獏、沈牛、麈、赤首、麋、圜题、象、穷奇、犀。苑北则盛夏季节也是河水结冰，大地冻裂，只要提起衣裳就可以过河。这里的野兽有麒麟、角端、橐驼、騊駼、蛩蛩、驮騠、驒騱、驴、骡。

“于是别馆离宫，布满山坡，横跨溪谷。高大的回廊，四周相连，双重的楼房之间，阁道曲折相连。绘花的屋椽子，璧玉装饰的瓦珰。辇道连绵不绝，在长廊之中周游，路程遥远，须在中途住宿。削平高山，构筑殿堂，修起层层台榭，山岩底部有幽深的房室与此相通。俯视山下，遥远而无所见，仰视天空，攀上屋椽可以摸天。闪过宫门的流星，弯曲的彩虹横挂在窗板与栏杆之上。青虬蜿蜒在东厢，大象拉的车子行走在清静的西厢。众神在清闲的馆舍休息，偓佺类的仙人在南檐下沐浴阳光。甘甜的泉水从清室中涌出，流过院中的流动的河水，用巨石修整河岸，险要高峻，参差不齐。山岩高耸巍峨，峥嵘奇特，好像工匠雕刻而成。这里的玫瑰、琳、碧、珊瑚丛聚而生。瑉玉庞大，似鱼鳞般有纹采。赤玉纹采交错，插杂其间。琬琐、垂绶、和氏璧皆在这里出现。

“于是在夏天成熟的卢橘、黄柑、楱、柚子、枇杷、柿子、酸小枣、山梨、羊枣、厚朴、杨梅、棠棣、葡萄、樱桃、榙櫽、荔枝等果树，后宫之中罗生，北园之内列植，绵延至丘陵之上，下至于平原之间。翠绿的树叶摆动，紫色的干茎摇动，红色的花朵开放着，秀出了朱红的小花。光彩繁盛，照耀着广阔的原野。栎、沙果、桦树、槠、枫树、银杏树、黄栌树、石榴、槟榔树、椰子树、檀树、槟榈树、枕木、木兰、冬青树、樟木，有的树木高达千仞，粗的要几个人才能合抱，花朵和枝条生长得舒展畅达，果实和叶子硕大茂密，有的聚立在一处，有的相倚丛集。树枝卷曲而相连，重叠而交叉，繁茂交错，纠结盘纡，横出高举，相倚相扶，下垂的枝条四散伸展，落花飞扬；树木繁茂高大，随风摇荡，婀娜多姿；风吹草木，凄清作响，有如钟磬之声，好似管籥之音。树木高低不齐，环绕着后宫；众多草木重叠累积，覆盖着山野，沿着溪谷生长，顺着山坡，直下低湿之地，放眼望去，没有边际，仔细探究，又觉得无穷无尽。

“于是黑猿和仰鼻长尾猿、白色的雌猴、小飞鼠、大母猴、能飞的蛭、善爬树的猕猴、蜩、似猴的蜥胡、似狗的縠、如猴的蛫，都在林间栖息，有的哀鸣，有的长啸，上下跳跃，轻捷如飞，交相往来，在树枝间共同戏耍，屈曲宛转，直上树梢。于是跳越断桥，跃过奇异的丛林，接持下垂的枝条，或四散奔走，或杂乱相聚，散乱远去。

“有数千百处像这样的地方，可供往来嬉戏游乐，在离宫住宿，在别馆歇息，厨房不需要迁徙，后宫妃嫔自然也不必跟随，文武百官也已齐备。

“于是从秋至冬，天子开始郊猎，乘坐着象牙雕饰的车子，驾驭六条白色的虬龙，五彩旌旗摇动着，云旗挥舞着。前面有蒙着虎皮的车子开路，后边有导游之车护行。孙叔执辔驾车，卫公做骖乘，为天子护驾的侍卫不循正道而行，活动在四郊之中。在森严的卤薄里敲起鼓来，猎手们便纵情出击；江河是郊猎的围栅，大山是望楼。车马飞奔，如雷声忽起，动地震天。猎手们四散分离，互相追逐着自己的目标。出猎者络绎行进，沿着山陵，顺着沼泽，像云雾密布，如倾注的大雨。

“活捉貔豹，搏击豺狼，徒手杀死熊罴，踏倒野羊。猎者头戴鹖尾装饰的帽子，穿着画有白虎的裤子，披着有斑纹的衣服，骑着野马。登上三山对峙的山头，走下崎岖不平的山坡，直奔高陡险峻的山峰，越过谷沟，连衣涉水。排击蜚廉，击杀瑕蛤、摆布解豸，用矛刺杀猛氏，用绳索绊取騕褭，射杀大野猪。箭不能随意射杀野兽，一箭射出后，则必破獬颈项，穿裂头脑。弓不虚发，野兽皆应声而倒。于是，天子便乘着车子，徐缓徘徊，自由自在地往来遨游，观看士卒队伍的进退，浏览将帅应变的神态。然后，车驾由缓行而逐渐加快，疾速远去。用网捕捉轻捷飞翔的禽鸟，践踏敏捷狡猾的野兽。用车轴撞击白鹿，迅速捕获狡兔。其速度之快，超越赤色的闪电，而把电光留在后边。追逐怪兽，逸出宇宙。拉弯繁弱良弓，张满白羽之箭，射击游动的枭羊，击倒蜚虡。选好肉肥的野兽然后发箭，命中之处正是预想的地方。弓箭分离，一箭被射中的猎物就倒在地上。

“然后，天子的车驾高举起旌节而上浮，驾御着疾风，越过狂飙，升上天空，与神灵同处。践踏黑鹤，扰乱鹍鸡，近捕鹭鸟和孔雀，捉取鵔鸃，鷖鸟被击落，用竹竿击打凤凰，疾取鸳雏，掩捕焦明。

“直到路的尽头，车头才掉转回来。逍遥徜徉，降落在上林苑的极北之地。直道前行，忽然之间返回帝乡。踏上石阙，经过封峦，过了鳷鹊，望着露寒。下抵棠梨宫，休息在宜春宫，再奔驰到昆明池西边的宣曲宫，饰有鹢鸟的船划起，荡漾在牛首池中。然后登上龙台观，到细柳观休息。观察士大夫们的辛勤与收获，猎者所捕获的猎物平均分配。至于步卒和车驾所践踏辗轧而死的、大臣与随从人员所踩死的、骑兵所踏死的，以及那疲惫不堪、走投无路、惊惧伏地、没受刀刃的创伤就死去的野兽，其尸体交错纵横，坑谷都被填满了，平原覆盖，弥漫大泽，不计其数。

“于是倦怠松懈游乐嬉戏，在上接云天的台榭摆下酒宴，在广阔无边的寰宇演奏音乐。撞击千石的大钟，万石的钟架竖起；翠羽为饰的旗帜高擎，设置灵鼍皮制成的大鼓；奏起尧时的舞曲，聆听葛天氏的乐曲；千人同唱，万人相和；山陵被这歌声震动，河川之水被激起大波。巴渝的舞蹈，蔡、宋的歌曲，淮南的《于遮》，云南和文成的民歌，同时并举，轮番演奏。钟鼓之声此起彼伏，铿锵铛铛，震耳惊心。荆、郑、吴、卫的歌声，《韶》《武》《濩》《象》的音乐，淫靡放纵的曲乐，飘逸的鄢、郢地区的舞姿，《激楚》之音高亢激越，可以掀起回风，俳优侏儒的表演，西戎的乐伎，用来使心情快乐、耳目欢愉的事物，应有尽有。悦耳美妙的音乐在君王面前回荡，在君王身后站立着皮肤细腻的美女。

“像那青琴、宓妃之类的美女，拔俗超群，高雅艳丽。面施粉黛，刻画鬓发，体态轻盈，苗条多姿，美好柔弱，妩媚婀娜。身穿纯一色丝坦噶尼喀织的罩衣，拖着衣袖，细看那修长的衣衫，非常整齐，飘动轻柔，和世俗的衣服不同。散发着浓重的芳香，清美浓郁。明亮洁白的牙齿，微微露出含着笑，光洁动人。眉毛弯曲修长，双目含情，远视流盼。美色诱人，心魂荡漾，女乐高兴地在君侧侍立。

“于是半酣酒兴，狂热乐舞，天子怅惘有感，似有所失，说道：‘唉，这太奢侈了！我在理政的闲暇之时，不愿时日虚度，顺应天道，前来猎杀上林苑野兽，有时在此休息。生怕后代子孙淫靡奢侈，循此而行，不肯休止，这不是为后人立业创功发扬传统的行为。’于是就撤去酒宴，不再打猎，而命令主管官员说：‘凡是可以开垦的土地，都变成农田，用以供养黎民百姓。围墙要推倒，壕沟要填平，使乡野之民都可以来此谋生。陂池中满是捕捞者也不加禁止，宫馆空闲也不进住。粮仓打开，赈济给贫穷的百姓，补助不足，抚恤鳏寡，慰问孤儿和无子的老人。给百姓发布施恩德的政令，减轻刑罚，改变制度，变换服色，更改历法，同天下百姓一道从头做起。’

“于是挑选了好日子来斋戒，穿着朝服，乘坐天子的车驾，高举起翠华之旗，响起了玉饰的鸾铃。在六艺的苑囿里游观，在仁义的大道之上奔驰；观览《春秋》之林，演奏《狸首》，以及《驺虞》的乐章，举行射礼；

射中玄鹤，举起盾牌和大斧，高兴而舞。高张云天的罗网车载着，众多的文雅之士被掩捕；为《伐檀》作者的慨叹而悲伤，替《桑扈》乐得才智之士而快乐，在《礼》园中修容饰仪，在《书》圃中游赏徘徊，阐释《周易》的道理，上林苑中各种珍禽怪兽被放走。登上明堂，在祖庙之中坐，君王群臣遍命，尽奏朝政的得失之见，使天下黎民，无不受益。正当此时，天下百姓都皆大喜悦。他们顺应天子的风教，听从政令，顺应时代的潮流，接受教化。圣明之道振兴且勃然，人民都归向仁义，刑罚也被废弃而不用。君王高于三皇的恩德，超越五帝的功业。如果政绩达到这个地步，游猎这才是可喜的事情。

“如果整天在苑囿之中暴露身躯驰骋，劳累精神，辛苦身体，废弃车马的功用，损伤士卒的精力，国库的钱财浪费，而对百姓却没有大恩厚德，只是专心个人的欢乐，不考虑众多的百姓，忘掉国家大政，却贪图猎获野鸡兔子，这是仁爱之君不肯做的事情。由这看来，齐国和楚国的游猎之事，岂不是令人悲哀的吗？两国各有不过方圆千里的土地，而苑囿却占据九百里。这样一来，草木之野不能为耕田而开垦，百姓就没有可吃的粮食。他们凭借诸侯微贱的地位，却在享受天子的奢侈之乐，我害怕百姓会遭受祸患。”

于是子虚和乌有两位先生脸色都改变了，怅然若失，后退徘徊，离开坐席，说道：“鄙人浅薄无知，不知顾忌，没想到在今天得到了教诲，我要认真领教。”

这篇赋写成后进献天子，皇帝立即任命司马相如为郎官。无是公称说上林苑的广大，水泉、山谷和万物，以及子虚称说的云梦泽所有之物甚多，淫靡奢侈，言过其实，且也不是礼仪所崇尚的，所以删取其中的一些要点，归之于正道，加以评论。

司马相如担任郎官很多年，正遇唐蒙受命略取和开通夜郎及其西面的僰中，征发巴、蜀二郡官吏士卒上千人，两郡又多为他征调一万多陆路及水上的运输人员。他又用战时法规杀了大帅，巴、蜀百姓很是震惊恐惧。皇上闻听这种情况，就派司马相如去责备唐蒙，趁机喻告巴、蜀百姓，唐蒙所为并不是皇上的本意。檄文说：

告示巴、蜀太守：蛮夷自擅兵权，不服朝廷，久未讨伐，时常在边境侵扰，使士大夫蒙受劳苦。当今皇上即位，存恤安抚天下，使中原和睦安宁。然后调兵出征，北上讨伐匈奴，使其单于震惊恐怖，拱手称臣，屈膝求和。康居与西域诸国，也都翻译辗转，沟通语言，请求朝见汉皇，虔敬地叩头，还进献贡物。然后大军直指东方，闽越之君也被其弟诛杀。接着军至番禺，南越王派太子婴齐入朝。南夷的君主和西僰的首领，都经常进献贡物和赋税，不敢怠慢，人人都伸长脖颈，脚跟高抬，景仰朝廷，争归仁义，愿做汉朝的臣仆，只是路途遥远，山河阻隔，不能亲自入朝向汉君致意。现在，已诛杀不顺从者，而尚未奖赏做好事者，所以派遣中郎将前来以礼相待，使其归服。至于征发巴、蜀士卒百姓各五百人，只是为了供奉礼品，保卫使者没有意外发生，并没有要进行战争，造成打仗的祸患。如今，皇上听说中郎将竟然动用战时法令，使巴、蜀子弟受怕担惊，巴、蜀父老长者忧祸虑患。巴、蜀二郡又擅自为中郎将转运粮食，这些均非皇上的本意。至于被征当行的人，有逃跑的，有自相残杀的，这也不是为臣者的节操。

边疆郡县的那些士卒，听到高举烽火、点燃燧烟的消息，都张弓待射，驰马进击，扛着兵器，奔向战场，人人浃背汗流，唯恐落后；打起仗来，就是身触利刃，冒流矢射中的危险，也义无反顾，从没想到脚跟掉转，向后逃脱。人人怀着愤怒的心情，像报私仇一般。他们难道讨厌生存而乐意死去，不是名在户籍的良民，而与巴、蜀不是同一个君主吗？只是他们更思想深邃，虑事长远，一心想着国家的危难，而喜欢竭尽全力去履行臣民的义务而已。所以他们之中有人得到剖符拜官的封赏，位在列侯，住宅排列在东第。他们死后可以将显贵的谥号流传后世，传给后代子孙封赏的土地。他们做事非常忠诚严肃，当官也十分安佚，好的名声传播延续到久远的后世，功业卓著，永不泯灭。因此有贤德的人们都能肝脑涂地，野草被血液润泽而在所不辞。现在仅仅是承担供奉币帛的差役去到南夷，就互相杀害，或者逃跑被诛杀，身死还无美名，其谥号应称为“至愚”，其耻辱牵连到父母，让天下人所嘲笑。人的才识和气度的差距，难道不是很远么？当然这也不只是应征之人的罪过，父兄们平素没给他很严格的教育，也没有谨慎地给子弟做表率。人们缺少清廉的美德，不知羞耻，则世风也就不会淳厚了。因而他们被判刑杀戮，也是理所当然的事。

皇上担心使者和官员们就像那个样子，又哀伤不贤的愚民像这个样子，所以派遣信使把征发士卒的事一清二楚地告诉百姓，趁机告诫他们不能忠于朝廷、不能为国事而死的罪过，斥责三老和孝悌没能很好履行教诲职责的过失。这时正是农忙时节，一再烦扰百姓，已经亲眼看到了附近县城的情况，担心特别偏远的溪谷山泽间的百姓不能全听到皇上的心声，待这篇檄文一到，赶忙向县道百姓那里下发，让他们全都知道当今皇上的心意，千万不要遗忘！

司马相如出使完毕，回京向汉武帝汇报。唐蒙已略取并开通了夜郎，并且想趁机开通西南夷的道路，征发巴、蜀、广汉的士卒，有数万人参加筑路。修路二年，没有修成，士卒多死亡，耗费的钱财多得可用亿来计算。蜀地民众以及汉朝当权者多有反对者。这时，邛、筰的君长听说南夷已与汉朝交往，且得到很多赏赐，因而多半都想做汉朝的臣仆，希望比照南夷的待遇，请求汉朝委任他们以官职。皇上向司马相如询问此事，相如说："邛、筰、冉、駹等都离蜀很近，容易开通道路。郡县在秦朝时就已设置，到汉朝兴国时才废除。如今若能重新开通，设置为郡县，其价值超过南夷。"皇上认为司马相如说得对，就任命司马相如为中郎将，令持节出使。副使王然于、壶充国、吕越人等，乘坐四匹马驾驭的驿车向前奔驰，凭借财物和巴、蜀的官吏去拉拢西南夷。司马相如等到达蜀郡，蜀郡太守及其属官都到郊界来迎接司马相如，县令背负着弓箭在前面开路，蜀人都以此为荣。于是卓王孙、临邛诸位父老都凭借关系来到司马相如门下，献上牛和酒，与司马相如畅叙欢乐之情。卓王孙喟然感叹，自恨把女儿嫁给司马相如的时间太晚，便把一份丰厚的财物给了文君，使与儿子所分一样多。司马相如就便平定了西南夷。邛、冉、筰、駹、斯榆的君长都请求成为汉朝的臣子。于是拆除了旧时的关隘，使边关扩大，西边到达沫水和若水，南边到达牂柯，并以此为边界，开通了灵关道，建桥在孙水上，直通邛、筰。司马相如回京报告皇上，皇上非常高兴。

司马相如出使西南夷时，蜀郡的年高长者大多都说开通西南夷没有用，纵然是朝廷大臣也有人是这样认为的。司马相如也想向皇上进谏，但建议业已由自己提出，因而不敢再进谏言了，于是就写文章，假借蜀郡父老的语气，而自己来诘难对方，以此讽谏皇上，并且借此来宣扬自己出使的本意，使百姓了解天子的心意。那文章说：

汉朝建立已七十八年，美德充盛，存在于六代君王的政事之中，国势威武盛大，历久相传的皇恩深远广大，不但国内百姓受恩惠，就连方外也得到余恩。于是皇上才下令使者西征，阻挠者顺应形势而退让，德教之风所到之处，无不随风倒伏。因而使冉夷臣服，駹夷顺从，平定了筰，保全了邛，占领了斯榆，攻取了苞满。然后让络绎不绝的车马掉转车辕，起程向东来，将回京向天子禀报，到达蜀郡成都。

这时耆老、大夫、荐绅先生共有二十七人，认真严肃地前来拜访。寒喧已毕，趁机进言道："听说天子对于夷狄之人的态度，只是牵制他们不与其断绝关系而已。而现在却让三郡的士卒疲困不堪，去打通夜郎的道路，到现在已三年，修路之事尚未最后完成，士卒已疲倦劳苦，万民的生活也不富足。如今又要接着开通西夷，百姓劳力已经消耗尽完，恐怕不能最终完成此事，这也是使者的负担啊，我私下为您忧虑。况且那筰、邛、西僰与中原并列，已经许多年了，记都记不清了。仁德之君并不能全靠仁德招来，势强力大的国君也不能全靠武力兼并，想来恐怕这种做法是行不通的吧！如今割弃良民的财物来增加夷狄的财物，使汉朝依赖的人民遭受疲困，而去侍奉无用的夷狄，鄙陋之人见识短浅，不知道所说的是不是正确。"

使者说："怎么说这样的话呢？一定像你说的那样，那么蜀郡人的衣着习惯永不改变，巴郡人的风俗也永远不会变化了。我很讨厌听这种说法。但是这事情的重大意义，本来就不是旁观者所能看出来的。我行程急促，其详情不可能细说给你们听，就为大夫们粗略地陈说一番。

"大概社会上必先有超越寻常的人，才会有超常的事情出现；有了超常的事情出现，才会创建异乎寻常的功业。超乎寻常，当然是常人感到奇异的。所以说超常的事情刚开始出现时，百姓会惊惧；等到事情成功了，天下之人也就安然太平了。

"以前洪水涌出，四处泛溢，百姓上下迁移，崎岖且不安宁。大禹为此忧虑，就阻塞洪水，挖掘河底，疏通河道，分散洪水，赈济灾情，使洪水东流大海，使天下百姓永保安宁。承受这样的劳苦，并非只有百姓。大禹终日思虑而心神烦劳，却还要亲身参加劳作，累得手脚都生出老茧，身上瘦得没有肉，皮肤磨得生不出汗毛。所以他的美好功业显赫于无穷的后世，名望传扬到现在。

"更何况贤明的君主即位后，难道只是委琐龌龊，被文法所拘束，为世俗所牵制，因循旧习，取悦当世而已吗？应当有宏伟崇高的主张，开创业绩，传留法统，以此来成为后世遵行的榜样。所以要尽心努力地做到包蓄兼容，要勤勉思考着把自己变成可与天地比德的人。况且《诗经》

里曾经说过：'普天之下，没有哪个地方不是周王的领土；四海之内，没有哪个人不是周王的臣民。'所以天地之内，八方之外，都逐渐浸润漫延，如果有哪个有生命的东西没受君恩的滋润，贤君将会视为耻辱。如今疆界以内，文武官员，都得到了欢乐和幸福，没有缺漏。而夷狄是不相同风俗的国家，是与我们遥远隔绝，在族类不同的地域，那里车船不通，人迹罕至，因而政治教化还未到达那里，社会风气还很低下。如果接纳他们，他们将在边境做些违犯礼仪的事情；将他们排斥于外，他们就会在自己国内为非作歹，其君亦会被逐杀，君臣关系颠倒，尊卑次序改变，父兄无罪被杀，幼儿与孤儿被当作奴隶，被捆绑者哭喊着，一心向往汉朝，抱怨说：'听说最仁爱的国君在中原，盛大美德，普及恩泽，万物皆得其所，现在为什么只是我们被遗弃了？'抬起脚跟，思慕不已，就像大旱之时，人们渴望雨水一样。就是残暴之人也要为之流泪感动，更何况当今皇上贤明，又怎么可以就此作罢？所以出师北方，对强大的匈奴进行讨伐，派使者向南方疾驰，责备强劲的越国。四方邻国都受仁德的教化，南夷与西夷的君长像游鱼聚集，仰面迎向水流，愿意得到汉朝封号的以亿计。所以才以沫水和若水为关塞，以牂柯为边界，灵山道凿通，架起桥梁在孙水源头。开创了通向道德的坦途，留传下热爱仁义的传统。将要广施恩德，控制和安抚边远地区的人民，使疏远者不被隔闭，使居住在偏僻不开化地区的人民也得到光明，在这里让战争消除，在那里让杀伐消除。使远近一体，内外幸福安宁，不是康乐之事吗？把人民从水深火热中拯救出来，尊奉皇上的美德，挽救衰败的社会，继承已经断绝的周代的业绩，这是天子的当务之急。百姓纵然有些劳苦，又怎么能停止呢？

"况且帝王之事本来就没有不从烦劳开始，而以逸乐结束的。这样说来，那么承受天命的祥瑞，正在通西夷这件事上。如今皇上将要泰山封禅，祭祀梁父山，使车上的鸾铃鸣响，音乐和颂歌之声高扬，汉君之德上同五帝，下越三王。旁观者没有看到事情的主旨，如同鷦明已在空阔的天空中飞翔，而捕鸟者却还眼盯着薮泽，真是可悲啊！"

诸位大夫于是心情茫然，忘却了来意，也忘记了他们想要进谏的话，深有感慨地一同说道："汉朝的美德，令人信服啊！这是鄙陋之人愿意听到的。百姓虽然有些怠惰，请让我们给他们做个表率。"大夫们惆怅不已，自动后退，拖延了一会儿，便辞别而去。

此后，有人上书告发司马相如出使时接受了别人的贿赂，因此，他失掉了官职。他在家待了一年多，又被召回到朝廷当了郎官。

司马相如口吃，但却善于写文章。他常患糖尿病。他同卓文君成亲后，很有钱。他担任官职，不愿意同公卿们一起商讨国家大事，而借病闲待在家，不追慕官爵。他曾经到长杨宫跟随皇上去打猎。这时，天子正喜欢亲自击杀熊和猪，驰马追逐野兽，司马相如上疏加以劝谏，疏中写道：

臣子听说，万物中有的虽是同类但能力却不尽相同，所以说到力大就称赞乌获，谈到轻捷善射就推崇庆忌，说到勇猛必称夏育与孟贲。我愚昧，私下以为人有这种情况，兽应该也有这种情况。现在陛下喜欢登上险阻的地方，射击猛兽，突然遇到超群轻捷的野兽，在你毫无戒备之时，它狂暴进犯，向着你的随从和车驾冲来，车驾来不及掉转车辕，人也没机会施展技巧，纵然有逢蒙和乌获的技巧，才力也发挥不出来，枯萎的树木和腐朽的树桩全都可以变成祸害。这就像胡人、越人出现在车轮下，夷人和羌人紧跟在车后，难道不是很危险吗！虽然是绝对安全而无一点害处，但这里却本不是天子应该接近的地方。

况且道路清除然后行走，驱马奔驰选择道路中央，有时还会出现马口中的衔铁断裂、车轴钩心脱落的事故，更何况跋涉在蓬蒿中，奔驰在荒丘废墟上，前面有猎获野兽的快乐，而内心里却没有突然事故的应付准备，大概是很容易出现祸患的了。至于看轻君王的高贵地位，不以此为安乐，却乐意出现在尽管有万全准备而仍有一丝危险的地方，我自己以为陛下不应该这样做。

大概明察之人都能远在事情发生之前，就预见到它的出现，智慧之人多能在祸害还未形成之前就避开它。祸患本来多半都在暗蔽之处隐藏，在人们疏忽之时发生。所以谚语说："家中积累千金，不在堂屋檐下坐。"这句话虽然说的是小事，但却可以用来说明大事。我希望陛下留意、明察。

皇上认为司马相如说得很对。回来路过宜春宫时，司马相如向皇上献赋，哀悼秦二世行事的过失。赋的言辞是：

登上倾斜不平的漫长山坡，一同走进雄峻的层层宫殿。俯视曲江池弯曲的岸边和小洲，望着高低不齐的南山。山岩空深且高耸，通畅的溪谷空阔且豁然开朗。溪水急速地向远处流去，注入宽广低平的水边高

卓文君像，选自《百美新咏》

地。欣赏各种树木荫蔽繁茂的美景，浏览茂密的竹林。向东边的土山奔驰，在沙石上的急流中提衣走过。缓步徘徊，路过二世坟墓，将他凭吊。他自己行事不谨慎，导致国家灭亡，权势丧尽。他听信谗言，不肯醒悟，使得宗庙灭绝。呜呼哀哉！他的操守品行不端正，坟墓荒芜且无人修整，魂魄无处可归，也无人向他祭祀；飘逝到极远且无边的地方，逾是久远逾暗昧。像魍魉似的精魄升空飞扬，经历广大的九天远远逝去。呜呼哀哉！

司马相如被授官为汉文帝的陵园令。武帝既赞美子虚之事，司马相如又看出皇上喜爱仙道，趁机说："上林之事算不上是最美好的，还有更美丽的。臣曾经写过《大人赋》，未完稿，请让我写完后献给皇上。"司马相如认为传说中的众仙人居住在山林沼泽间，形体容貌特别清瘦，这并不是帝王心中的仙人，于是就写成《大人赋》，赋中写道：

有位大人在世上啊，居住在中原。住宅布满万里啊，竟不足以使他稍微停留。哀伤世俗的胁迫困厄，便轻飞离世，向着远方漫游。乘着赤幡为饰的副虹，载着云气而上浮。状如烟火的云气长竿竖起，拴结起光熠闪耀的五彩旌旗。作为旌旗的飘带垂挂着旬始星，拖着彗星作为旌旗垂羽。旌旗随风披靡，婉转逶迤，婀娜多姿地摇摆着。揽取欃枪做旌旗，弯曲的彩虹作为绸在旗竿上缠绕着。天空赤红深远而又暗淡无光，奔涌狂飙，云气飘浮。驾着应龙、象车屈曲有度地前行，以赤螭、青虬为骖马蜿蜒行进。有时龙身屈曲起伏，昂首腾飞，奔驰恣意，有时又隆起屈折，盘绕卷曲。时而伸颈摇头，起伏前进，时而举首不前；时而放任散慢，自我放纵，时而昂首不齐。有时忽退忽进、吐舌摇目，如趋走飞翔之鸟，左右相随；有时龙头摇动，屈曲蜿转，像惊兔奔跑，如屋梁相互依靠。或踏到路上缠绕喧嚣，或飞扬跳跃，奔腾狂进。或迅捷飞翔，互相追逐，疾如闪电，突然明亮，雾气消除，散尽云气。

斜渡东极而登上北极啊，与仙人们互相交游。走过曲折错综广大深远的地方再向右转啊，横渡飞泉向着正东。召来众仙全都加以挑选啊，在瑶光之上布署众神。让五帝做向导啊，使太一返回，做侍从的是陵阳子明。右边是含雷左边是玄冥啊，前有陆离后有潏湟。让王子侨当小厮，使羡门高做差役，令岐伯掌管药方。火神祝融担任警戒，清道防卫啊，消除恶气，然后前进。我的车子集合有万辆之多啊，混合彩云做成的车盖，华丽的旗帜树起。让句芒率领随从啊，我要前往南方去游戏。

经过崇山见到唐尧啊，在九嶷拜访虞舜。车骑纷繁纵横交错啊，重累杂乱并驰向前。骚扰冲撞且混乱啊，洒洒洋洋大水无垠。群山簇聚罗列，万物丛集茂盛啊，到处散布，繁盛参差。径直驰入雷声隆隆的雷室啊，穿过崎岖不平的鬼谷。遍览八纮而远望四荒啊，渡过九江又越过五河。往来于焰火之山，浮过弱水河啊，横渡浮渚方舟，涉过流沙河。忽然在葱岭山休息，在泛滥的河水中游戏啊，令女娲奏瑟，让冯夷跳起舞来。天色昏暗不明啊，召来屏翳雷师，诛责风神而刑罚雨师。西望昆仑恍恍惚惚啊，径直奔驰三危山。推开天门闯进帝宫啊，载着玉女与她同归。登上阆风山而高兴地停下歇息啊，就像乌鸟高飞而稍事休息。在阴山上徘徊，婉曲飞翔啊，到今天满头白发的西王母我才目睹。她头戴玉胜住在洞穴中啊，幸亏有三足乌供她驱使。一定要像这样的长生不死啊，即便能活万世也不值得高兴。

回转车头归来啊，走到不周路断绝，在幽都会餐。呼吸沆瀣而餐食朝霞啊，咀嚼灵芝花，稍食玉树花朵。抬头仰望而身体渐渐高纵啊，纷然腾跃疾飞上天。穿过闪电的倒影啊，涉过丰隆兴云制作的滂沛雨水。自长空而降驰骋游车和导车啊，抛开云雾而疾驰远去。迫于人世社会的狭隘啊，缓缓走出北极的边际。在北极之山把屯骑遗留啊，超越先驱在天北门。下界深远而不见大地啊，上方空阔而看不到天边。视线看不清模糊，听觉恍惚无所闻。腾空而上到达远处啊，独自长存而超越无有。

司马相如既已献上《大人之颂》，天子非常高兴，飘飘然有凌驾云天的气概，心情爽快好似遨游天地之间那样。

司马相如因病免官，家住茂陵。天子说："司马相如病得很厉害，可派人去取回他的全部书；如果不这样做，以后就散失了。"派所忠前往茂陵，而司马相如已经死去，家中也没有书。询问司马相如之妻，她回答说："长卿本来就没有书。他时时写书，别人就时时取走，所以家中总是空空的。长卿还没死的时候，写过一卷书，他说如有使者来取书，就把它献上。再没有其他的书了。"他留下来的书上写的是有关封禅的事，进献给所忠。所忠把书再进献给天子，天子惊异其书。只见那书上写道：

上古开始之时，由天降生万民，经历君王各代，一直到秦。沿着近代君王的足迹进行考察，聆听远古君王的美名遗风，繁多而纷乱，名声和事迹被淹没而不称道者，数也数不尽。能够继承舜、禹，崇尚尊号美谥的，封禅泰山而稍可称道者只有七十二君。行事顺从善道，没有谁不昌盛；违逆常理，行事失德，谁能生存？

轩辕以前，时间长远，事物邈茫，其详细情况自不得而知。五帝三王的一些事迹，都记载在六经典籍和一些传说之中，可以看到大概的情况。《尚书》上说："君王贤明啊，大臣杰出。"根据这一记载可以得出，君王的圣明没有超过唐尧的，大臣的贤良没有比得上后稷的。后稷的业绩在唐尧时创建，公刘发迹在西戎之地，文王改革制度，使周隆盛，太平之道于是形成。其后子孙政绩虽衰微，但千年以来并无怨恶之声，这就是善始善终。但是周王朝所以能这样，没有其他的原因，只是前代先王能谨慎地从事他们所考虑和规划的事情，又能够严谨地垂教于后世子孙罢了。所以前人开拓的道路平坦，容易沿路走去；深恩广大，容易丰足；法度显明，容易效法；传续法统顺乎情理，容易继承。所以周公的业绩隆盛于成王时代，而其功德之高超越文王和武王。揆度其所始，考察其所终，并无特别超凡优异的业绩，可与当今汉朝相比。然而，周人尚且走上梁父山，登上泰山，建立显贵的封号，施加尊崇的美名。伟大汉朝的恩德，像源泉奔涌而出，盛大扩散，广布四方。如散布云雾，上通九天，下至八方极远之地。一切生灵，皆受恩德，和畅之气，广泛散布，威武之节，飘然远去。近者如同畅游于恩泽的源头，远者好似泳浮在恩惠的末流。湮没领头作恶的，连各种动物都欢畅喜悦，掉转头来，面向中土朝廷。然后，驺虞之类的珍贵之兽聚于苑囿，白麟一类的怪兽进入栅栏之中，在庖厨中选择出一茎六穗的嘉禾以供祭祀，用角分枝叉的白麟做牺牲，在岐山获得了周朝遗留的宝鼎和蓄养的神龟，从沼泽里招来了神马乘黄。鬼神迎接神仙灵圉，在闲馆中待以宾客之礼。珍奇的物品，奇异超凡，变化无穷。令人钦敬啊，祥瑞的征兆都显现在此，还认为自己的功德微薄，不敢称道封禅之事。从前周武王渡河时，有条白鱼跳到船中，武王认为是美好的祥瑞，就用这白鱼燎祭上天。其实这种符兆十分微小，但却因此登上泰山，不是太惭愧了吗？周朝本不该封禅而封禅，汉朝应该封禅却不封禅，进让的原则，相差何其遥远呢？

于是大司马进谏说："陛下以仁德来抚育天下百姓，凭借道义征伐不肯顺服者，华夏诸侯愿意进贡，蛮夷皆手持礼物朝拜天子，美德与往初的圣君相等，功业也无二致，美好的功德政绩普遍融洽，符瑞的征兆变化众多，应验的时期将相继而来，不仅仅是初次呈现。我想大概在泰山、梁父山设立祭坛，是希望天子到来，加封尊号，以此与前代圣君比光荣，上帝降恩和福，是准备用成功荐告上天，陛下谦让而不封禅，是断绝了上帝、泰山、梁父山的欢心，使王道的礼仪缺失不全，群臣对此感到很惭愧。有人说那天道是质朴暗昧的，因此珍奇的符兆本来是不能够拒绝的。如果这样推让它，这是使泰山没有作表记的机会，而梁父山也没有祭祀的希望了。如果古代帝王都是一时荣耀，毕世而绝灭，那么叙说者还有什么可以向后世陈述的呢，而且还会有七十二君封禅的说法吗？若修明道德则天赐祥瑞，顺应祥瑞来做封禅之事，不能算作越礼。所以圣明的君王不废除封禅之礼，而是修行礼仪，尊奉土地神，诚恳地谒告天神，在嵩山刻石记功，以表彰最尊贵的地位，宣扬盛明的德行，显示尊号与荣耀，授与厚福，使百姓沾光。封禅之事堂皇伟大啊，是天下的壮观，称王者的大业，并不能贬低。希望陛下保全它。然后综合荐绅先生们的一些道术，使他们获得日月余光远炎的照耀，以施展当官的才能，专心办好政事。还要叙列人事、兼正天时，阐述大义，其文校订润色，作成像《春秋》一样的经书，将沿袭旧有的六经，增为七经，并传布无穷，使万世之后仍能激发忠义之士，扬起微波，飞扬英明之声，传送茂盛的果实。前代圣贤所以能永远保持伟大名声而常常被称赞的原因，就在于行封禅之礼，应当命令掌故把封禅的大义全都奏报陛下，以备观览。”

于是天子有所感悟般地改变了神色，说：“好啊，我就试试看吧！”天子想去思来，归纳了公卿们的议论，询问了封禅的一些具体情况，记述博大的恩泽，推衍富饶的符瑞。于是写了颂歌，说：

我的苍天被覆盖，云朵油然飘荡。普降甘露和及时雨，可以其地遨游。滋润万物的水液渗透土壤，一切生物得到滋养。好谷物一茎生出六穗，我收获的谷物何不蓄积？

不但降下雨水，又把大地润泽；不但我一人沾濡，而且广泛散布。万物熙熙和乐，既怀恋又思慕。名山当有显赫的地位，盼望圣君到来。君王啊，君王！为何不行封禅之礼！

文彩斑烂的驺虞，喜欢我君的苑囿；质地白色，花纹黑色，它的仪表令人喜爱。和睦恭敬，宛如君子之态。从前只听到它的名声，如今目睹它的降临。那路上没留下什么足迹，这是天降祥瑞的征兆。此兽也曾在虞舜时出现，虞舜因此才兴旺。

白麟肥壮啊，曾在五畤戏游。正是孟冬十月，皇上前往郊祀。白麟奔驰到君王车前，君王用它燎祭苍天，幸福天降。夏商周三代以前，大概不曾有此奇事。

宛屈伸展的黄龙，因遇圣德而升天。色彩夺目闪耀，光辉灿烂。龙体显现，必能使众民觉悟。在《易经·彖传》中曾有记载，这正是所谓天子授命所乘之车。

已经明白显示天的符瑞，不必再谆谆告诫。应当依类寄托，告诉君王举行封禅大典。

翻开典籍可以看到，自然界和人类社会已经有什么关系发生，两者相互启发而和谐。圣明君王的美德，就是兢兢业业、小心翼翼行事。所以说“在兴旺时要考虑到衰微，在太平安乐之时要想到危难”。因此，商汤、周武王虽然位居至尊，美德却仍然保持严肃恭敬。虞舜在大典之中，仍然观察、反省缺点和失误。说的就是这个道理。

司马相如已死五年，天子才开始祭祀土地神。司马相如死后八年，天子终于首先祭祀中岳嵩山，后又封泰山，再到梁父山，禅肃然山。

司马相如其他著作，如《遗平陵侯书》《草木书》《与五公子相难》篇没有收录，收录了他在公卿中特别著名的作品。

太史公说：《春秋》能推究到事物的极隐微处，《易经》原本隐微但能阐释得浅显，《大雅》说的是王公大人却德及百姓黎民，《小雅》讥刺卑微作者的得失，其流言却能影响朝廷政治。所以言辞的外在表现虽然不同，但是其和柔的教化作用却是一致的。相如的文章虽然多假托的言词和一些夸张的说法，但其主旨却回归于节俭，这同《诗经》讽谏之旨有何不同？扬雄认为司马相如的华丽辞赋，鼓励奢侈的言词与倡言节俭的言词是一百比一的关系，这就如同尽情演奏郑、卫之音，而在曲末之时演奏一点雅乐一样。这不是降低了相如的辞赋价值吗？我采录了他的可以论述的一些文字，写在这篇文章中。

史记卷一百一十八

淮南衡山列传第五十八

淮南厉王长者，高祖少子也，其母故赵王张敖美人。高祖八年，从东垣过赵，赵王献之美人，厉王母得幸焉，有身。赵王敖弗敢内宫，为筑外宫而舍之。及贯高等谋反柏人事发觉，并逮治王，尽收捕王母兄弟美人，系之河内。厉王母亦系，告吏曰："得幸上，有身。"吏以闻上，上方怒赵王，未理厉王母。厉王母弟赵兼因辟阳侯言吕后，吕后妒，弗肯白，辟阳侯不强争。及厉王母已生厉王，恚，即自杀。吏奉厉王诣上，上悔，令吕后母之，而葬厉王母真定。真定，厉王母之家在焉，父世县也。

高祖十一年（十）七月，淮南王黥布反。立子长为淮南王，王黥布故地，凡四郡。上自将兵击灭布，厉王遂即位。厉王早失母，常附吕后，孝惠、吕后时以故得幸无患害，而常心怨辟阳侯，弗敢发。及孝文帝初即位，淮南王自以为最亲，骄蹇，数不奉法。上以亲故，常宽赦之。三年，入朝，甚横。从上入苑囿猎，与上同车，常谓上"大兄"。厉王有材力，力能扛鼎，乃往请辟阳侯。辟阳侯出见之，即自袖铁椎椎辟阳侯，令从者魏敬刭之。厉王乃驰走阙下，肉袒谢曰："臣母不当坐赵事，其时辟阳侯力能得之吕后，弗争，罪一也。赵王如意子母无罪，吕后杀之，辟阳侯弗争，罪二也。吕后王诸吕，欲以危刘氏，辟阳侯弗争，罪三也。臣谨为天下诛贼臣辟阳侯，报母之仇，谨伏阙下请罪。"孝文伤其志，为亲故，弗治，赦厉王。当是时，薄太后及太子诸大臣皆惮厉王，厉王以此归国益骄恣，不用汉法，出入称警跸，称制，自为法令，拟于天子。

六年，令男子但等七十人与棘蒲侯柴武太子奇谋，以辇车四十乘反谷口，令人使闽越、匈奴。事觉，治之，使使召淮南王。淮南王至长安。

"丞相臣张仓、典客臣冯敬、行御史大夫事宗正臣逸、廷尉臣贺、备盗贼中尉臣福昧死言：淮南王长废先帝法，不听天子诏，居处无度，为黄屋盖乘舆，出入拟于天子，擅为法令，不用汉法。及所置吏，以其郎中春为丞相，聚收汉诸侯人及有罪亡者，匿与居，为治家室，赐其财物爵禄田宅，爵或至关内侯，奉以二千石，所（不）当得，欲以有为。大夫但、士五开章等七十人与棘蒲侯太子奇谋反，欲以危宗庙社稷。使开章阴告长，与谋使闽越及匈奴发其兵。开章之淮南见长，长数与坐语饮食，为家室娶妇，以二千石俸奉之。开章使人告但，已言之王。春使使报但等。吏觉知，使长安尉奇等往捕开章。长匿不予，与故中尉蕳忌谋，杀以闭口。为棺椁衣衾，葬之肥陵邑，谩吏曰'不知安在'。又佯聚土，树表其上，曰'开章死，埋此下'。及长身自贼杀无罪者一人；令吏论杀无罪者六人；为〔亡〕命弃市罪诈捕命者以除罪；擅罪人，罪人无告劾，系治城旦舂以上十四人；赦免罪人，死罪十八人，城旦舂以下五十八人；赐人爵关内侯以下九十四人。前日长病，陛下忧苦之，使使者赐书、枣脯。长不欲受赐，不肯见拜使者。南海民处庐江界中者反，淮南吏卒击之。陛下以淮南民贫苦，遣使者赐长帛五千匹，以赐吏卒劳苦者。长不欲受赐，谩言曰'无劳苦者'。南海民王织上书献璧皇帝，忌擅燔其书，不以闻。吏请召治忌，长不遣，谩言曰'忌病'。春又请长，愿入见，长怒曰'女欲离我自附汉'。长当弃市，臣请论如法。"

制曰："朕不忍致法于王，其与列侯二千石议。"

"臣仓、臣敬、臣逸、臣福、臣贺昧死言：臣谨与列侯吏二千石臣婴等四十三人议，皆曰'长不奉法度，不听天子诏，乃阴聚徒党及谋反者，厚养亡命，欲以有为'。臣等议论如法。"

制曰："朕不忍致法于王，其赦长死罪，废勿王。"

"臣仓等昧死言：长有大死罪，陛下不忍致法，幸赦，废勿王。臣请处蜀郡严道邛邮，遣其子母从居，县为筑盖家室，皆廪食，给薪、菜、盐、豉、炊食器、席蓐。臣等昧死请，请布告天下。"

制曰："计食：长给肉日五斤，酒二斗。令故美人才人得幸者十人从居。他可。"

尽诛所与谋者。于是乃遣淮南王，载以辎车，令县以次传。是时袁盎谏上曰："上素骄淮南王，弗为置严傅相，以故至此。且淮南王为人刚，今暴摧折之，臣恐卒逢雾露病死，陛下为有杀弟之名，奈何！"上曰："吾特苦之耳，今复之。"县传淮南王者皆不敢发车封。淮南王乃谓侍者曰："谁谓乃公勇者？吾安能勇！吾以骄故不闻吾过至此，人生一世间，安能邑邑如此！"乃不食死。至雍，雍令发封，以死闻。上哭甚悲，谓袁盎曰："吾不听公言，卒亡淮南王。"盎曰："不可奈何，愿陛下自宽。”上曰：“为之奈何？”盎曰：“独斩丞相、御史以谢天下乃可。”上即令丞相、御史（遂）〔逮〕考诸县传送淮南王不发封馈侍者，皆弃市。乃以列侯葬淮南王于雍，守冢三十户。

孝文八年，上怜淮南王，淮南王有子四人，皆七八岁，乃封子安为阜陵侯，子勃为安阳侯，子赐为阳周侯，子良为东成侯。

孝文十二年，民有作歌歌淮南厉王：“一尺布，尚可缝；一斗粟，尚可舂。兄弟二人不能相容。”上闻之，乃叹曰：“尧舜放逐骨肉，周公杀管、蔡，天下称圣。何者？不以私害公。天下岂以我为贪淮南王地邪？”乃徙城阳王王淮南故地，而追尊谥淮南王为厉王，置园复如诸侯仪。

孝文十六年，徙淮南王喜复故城阳。上怜淮南厉王废法不轨，自使失国早死，乃立其三子：阜陵侯安为淮南王，安阳侯勃为衡山王，阳周侯赐为庐江王，皆复得厉王时地，参分之。东城侯良前薨，无后也。

孝景三年，吴楚七国反，吴使者至淮南，淮南王欲发兵应之。其相曰：“大王必欲发兵应吴，臣愿为将。”王乃属相兵。淮南相已将兵，因城守，不听王而为汉，汉亦使曲城侯将兵救淮南，淮南以故得完。吴使者至庐江，庐江王弗应，而往来使越。吴使者至衡山，衡山王坚守无二心。孝景四年，吴楚已破，衡山王朝，上以为贞信，乃劳苦之曰：“南方卑湿。”徙衡山王王济北，所以褒之。及薨，遂赐谥为贞王。庐江王边越，数使使相交，故徙为衡山王，王江北。淮南王如故。

淮南王安为人好读书鼓琴，不喜弋猎狗马驰骋，亦欲以行阴德拊循百姓，流誉天下。时时怨望厉王死，时欲畔逆，未有因也。及建元二年，淮南王入朝。素善武安侯，武安侯时为太尉，乃逆王霸上，与王语曰：“方今上无太子，大王亲高皇帝孙，行仁义，天下莫不闻。即宫车一日晏驾，非大王当谁立者！”淮南王大喜，厚遗武安侯金财物。阴结宾客，拊循百姓，为畔逆事。建元六年，彗星见，淮南王心怪之。或说王曰：“先吴军起时，彗星出长数尺，然尚流血千里。今彗星长竟天，天下兵当大起。”王心以为上无太子，天下有变，诸侯并争，愈益治器械攻战具，积金钱赂遗郡国诸侯游士奇材。诸辨士为方略者，妄作妖言，谄谀王，王喜，多赐金钱，而谋反滋甚。

淮南王有女陵，慧，有口辩。王爱陵，常多予金钱，为中诇长安，约结上左右。元朔三年，上赐淮南王几杖，不朝。淮南王王后荼，王爱幸之。王后生太子迁，迁取王皇太后外孙脩成君女为妃。王谋为反具，畏太子妃知而内泄事，乃与太子谋，令诈弗爱，三月不同席。王乃详为怒太子，闭太子使与妃同内三月，太子终不近妃。妃求去，王乃上书谢归去之。王后荼、太子迁及女陵得爱幸王，擅国权，侵夺民田宅，妄致系人。

元朔五年，太子学用剑，自以为人莫及。闻郎中雷被巧，乃召与戏。被一再辞让，误中太子。太子怒，被恐。此时有欲从军者辄诣京师，被即愿奋击匈奴。太子迁数恶被于王。王使郎中令斥免，欲以禁后。被遂亡至长安，上书自明。诏下其事廷尉、河南。河南治，逮淮南太子。王、王后计欲无遣太子，遂发兵反，计犹豫，十馀日未定。会有诏，即讯太子。当是时，淮南相怒寿春丞留太子逮不遣，劾不敬。王以请相，相弗听。王使人上书告相，事下廷尉治。踪迹连王，王使人候伺汉公卿，公卿请逮捕治王。王恐事发，太子迁谋曰："汉使即逮王，王令人衣卫士衣，持戟居庭中，王旁有非是，则刺杀之，臣亦使人刺杀淮南中尉，乃举兵，未晚。"是时上不许公卿请，而遣汉中尉宏即讯验王。王闻汉使来，即如太子谋计。汉中尉至，王视其颜色和，讯王以斥雷被事耳，王自度无何，不发。中尉还，以闻。公卿治者曰："淮南王安拥阏奋击匈奴者雷被等，废格明诏，当弃市。"诏弗许。公卿请废勿王，诏弗许。公卿请削五县，诏削（五）〔二〕县。使中尉宏赦淮南王罪，罚以削地。中尉入淮南界，宣言赦王。王初闻汉公卿请诛之，未知得削地，闻汉使来，恐其捕之，乃与太子谋刺之如前计。及中尉至，即贺王，王以故不发。其后自伤曰："吾行仁义见削，甚耻之。"然淮南王削地之后，其为反谋益甚。诸使道（从）长安来，为妄妖言，言上无男，汉不治，即喜；即言汉廷治，有男，王怒，以为妄言，非也。

王日夜与伍被、左吴等案舆地图，部署兵所从入。王曰："上无太子，宫车即晏驾，廷臣必征胶东王，不即常山王。诸侯并争，吾可以无备乎！且吾高祖孙，亲行仁义，陛下遇我厚，吾能忍之；万世之后，吾宁能北面臣事竖子乎！"

王坐东宫，召伍被与谋，曰："将军上。"被怅然曰："上宽赦大王，王复安得此亡国之语乎！臣闻子胥谏吴王，吴王不用，乃曰'臣今见麋鹿游姑苏之台也'。今臣亦见宫中生荆棘，露沾衣也。"王怒，系伍被父母，囚之三月。复召曰："将军许寡人乎？"被曰："不，直来为大王画耳。臣闻聪者听于无声，明者见于未形，故圣人万举万全。昔文王一动而功显于千世，列为三代，此所谓因天心以动作者也，故海内不期而随。

此千岁之可见者。夫百年之秦，近世之吴楚，亦足以喻国家之存亡矣。臣不敢避子胥之诛，愿大王毋为吴王之听。昔秦绝先王之道，杀术士，燔《诗》《书》，弃礼义，尚诈力，任刑罚，转负海之粟致之西河。当是之时，男子疾耕不足于糟糠，女子纺绩不足于盖形。遣蒙恬筑长城，东西数千里，暴兵露师常数十万，死者不可胜数，僵尸千里，流血顷亩，百姓力竭，欲为乱者十家而五。又使徐福入海求神异物，还，为（伪）辞曰：'臣见海中大神，言曰："汝西皇之使邪？"臣答曰："然。""汝何求？"曰："愿请延年益寿药。"神曰："汝秦王之礼薄，得观而不得取。"即从臣东南至蓬莱山，见芝成宫阙，有使者铜色而龙形，光上照天。于是臣再拜问曰："宜何资以献？"海神曰："以令名男子若振女与百工之事，即得之矣。"'"秦皇帝大说，遣振男女三千人，资之五谷（种种）百工而行。徐福得平原广泽，止王不来。于是百姓悲痛相思，欲为乱者十家而六。又使尉佗逾五岭攻百越。尉佗知中国劳极，止王不来，使人上书，求女无夫家者三万人，以为士卒衣补。秦皇帝可其万五千人。于是百姓离心瓦解，欲为乱者十家而七。客谓高皇帝曰：'时可矣。'高皇帝曰：'待之，圣人当起东南'。间不一年，陈胜、吴广发矣。高皇始于丰沛，一倡天下不期而响应者不可胜数也。此所谓蹈瑕候间，因秦之亡而动者也。百姓愿之，若旱之望雨，故起于行陈之中而立为天子，功高三王，德传无穷。今大王见高皇帝得天下之易也，独不观近世之吴楚乎？夫吴王赐号为刘氏祭酒，复不朝，王四郡之众，地方数千里，内铸消铜以为钱，东煮海水以为盐，上取江陵木以为船，一船之载当中国数十两车，国富民众。行珠玉金帛赂诸侯宗室大臣，独窦氏不与。计定谋成，举兵而西。破于大梁，败于狐父，奔走而东，至于丹徒，越人禽之，身死绝祀，为天下笑。夫以吴越之众不能成功者何？诚逆天道而不知时也。方今大王之兵众不能十分吴楚之一，天下安宁有万倍于秦之时，愿大王从臣之计。大王不从臣之计，今见大王事必不成而语先泄也。臣闻微子过故国而悲，于是作《麦秀之歌》，是痛纣之不用王子比干也。故《孟子》曰'纣贵为天子，死曾不若匹夫'。是纣先自绝于天下久矣，非死之日而天下去之。今臣亦窃悲大王弃千乘之君，必且赐绝命之书，为群臣先，死于东宫也。"于是（王）气怨结而不扬，涕满匡而横流，即起，历阶而去。

王有孽子不害，最长，王弗爱，王、王后、太子皆不以为子兄数。不害有子建，材高有气，常怨望太子不省其父；又怨时诸侯皆得分子弟为侯，而淮南独二子，一为太子，建父独不得为侯。建阴结交，欲告败太子，以其父代之。太子知之，数捕系而榜笞建。建具知太子之谋欲杀汉中尉，即使所善寿春庄芷以元朔六年上书于天子曰："毒药苦于口利于病，忠言逆于耳利于行。今淮南王孙建，材能高，淮南王王后荼、荼子太子迁常疾害建。建父不害无罪，擅数捕系，欲杀之。今建在，可征问，具知淮南阴事。"书闻，上以其事下廷尉，廷尉下河南治。是时故辟阳侯孙审卿善丞相公孙弘，怨淮南厉王杀其大父，乃深购淮南事于弘，弘乃疑淮南有畔逆计谋，深穷治其狱。河南治建，辞引淮南太子及党与。淮南王患之，欲发，问伍被曰："汉廷治乱？"伍被曰："天下治。"王意不悦，谓伍被曰："公何以言天下治也？"被曰："被窃观朝廷之政，君臣之义，父子之亲，夫妇之别，长幼之序，皆得其理，上之举错遵古之道，风俗纪纲未有所缺也。重装富贾，周流天下，道无不通，故交易之道行。南越宾服，羌、僰入献，东瓯入降，广长榆，开朔方，匈奴折翅伤翼，失援不振。虽未及古太平之时，然犹为治也。"王怒，被谢死罪。王又谓被曰："山东即有兵，汉必使大将军将而制山东，公以为大将军何如人也？"被曰："被所善者黄义，从大将军击匈奴，还，告被曰：'大将军遇士大夫有礼，于士卒有恩，众皆乐为之用。骑上下山若蜚，材干绝人。'被以为材能如此，数将习兵，未易当也。及谒者曹梁使长安来，言大将军号令明，当敌勇敢，常为士卒先。休舍，穿井未通，须士卒尽得水，乃敢饮。军罢，卒尽已渡河，乃渡。皇太后所赐金帛，尽以赐军吏。虽古名将弗过也。"王默然。

淮南王见建已征治，恐国阴事且觉，欲发，被又以为难，乃复问被曰："公以为吴兴兵是邪非也？"被曰："以为非也。吴王至富贵也，举事不当，身死丹徒，头足异处，子孙无遗类。臣闻吴王悔之甚。愿王孰虑之，无为吴王之所悔。"王曰："男子之所死者一言耳。且吴何知反，汉将一日过成皋者四十馀人。今我令楼缓先要成皋之口，周被下颍川兵塞轘辕、伊阙之道，陈定发南阳兵守武关。河南太守独有洛阳耳，何足忧。然此北尚有临晋关、河东、上党与河内、赵国。人言曰'绝成皋之口，天下不通'。据三川之险，招山东之兵，举事如此，公以为何如？"被曰："臣见其祸，未见其福也。"王曰："左吴、赵贤、朱骄如皆以为有福，什事九成，公独以为有祸无福，何也？"被曰："大王之群臣近幸素能使众者，皆前系诏狱，馀无可用者。"王曰："陈胜、吴广无立锥之地，千人之聚，起于大泽，奋臂大呼而天下响应，西至于戏而兵百二十万。今吾国虽小，然而胜兵者可得十馀万，非直適戍之众，钒凿棘矜也，公何以言有祸无福？”被曰：“往者秦为无道，残贼天下。兴万乘之驾，作阿房之宫，收太半之赋。发闾左之戍，父不宁子，兄不便弟，政苛刑峻，天下熬然若焦，民皆引领而望，倾耳而听，悲号仰天，叩心而怨上。故陈胜大呼，天下响应。当今陛下临制天下，一齐海内，泛爱蒸庶，布德施惠。口虽未言，声疾雷霆，令虽未出，化驰如神，心有所怀，威动万里，下之应上，犹影响也。而大将军材能不特章邯、杨熊也。大王以陈胜、吴广谕之，被以为过矣。”王曰：“苟如公言，不可徼幸邪？”被曰：“被有愚计。”王曰：“奈何？”被曰：“当今诸侯无异心，百姓无怨气。朔方之郡田地广，水草美，民徙者不足以实其地。臣之愚计，可伪为丞相御史请书，徙郡国豪杰任侠及有耐罪以上，赦令除其罪，产五十万以上者，皆徙其家属朔方之郡，益发甲卒，急其会日。又伪为左右都司空上林中都官诏狱（逮）书，〔逮〕诸侯太子幸臣。如此则民怨，诸侯惧，即使辩武随而说之，傥可徼幸什得一乎？”王曰：“此可也。虽然，吾以为不至若此。”于是王乃令官奴入宫，作皇帝玺，丞相、御史、大将军、军吏、中二千石、都官令、丞印，及旁近郡太守、都尉印，汉使节法冠，欲如伍被计。使人伪得罪而西，事大将军、丞相；一日发兵，使人即刺杀大将军青，而说丞相下之，如发蒙耳。

王欲发国中兵，恐其相、二千石不听。王乃与伍被谋，先杀相、二千石；伪失火宫中，相、二千石救火，至即杀之。计未决，又欲令人衣求盗衣，持羽檄，从东方来，呼曰“南越兵入界”，欲因以发兵。乃使人至庐江、会稽为求盗，未发。王问伍被曰：“吾举兵西乡，诸侯必有应我者；即无应，奈何？”被曰：“南收衡山以击庐江，有寻阳之船，守下雉之城，结九江之浦，绝豫章之口；强弩临江而守，以禁南郡之下；东收江都、会稽，南通劲越，屈强江、淮间，犹可得延岁月之寿。”王曰：“善，无以易此。急则走越耳。”

于是廷尉以王孙建辞连淮南王太子迁闻。上遣廷尉监因拜淮南中尉，逮捕太子。至淮南，淮南王闻，与太子谋召相、二千石，欲杀而发兵。召相，相至；内史以出为解；中尉曰：“臣受诏使，不得见王。”王念独杀相而内史、中尉不来，无益也，即罢相。王犹豫，计未决。太子念所坐者谋刺汉中尉，所与谋者已死，以为口绝，乃谓王曰：“群臣可用者皆前系，今无足与举事者。王以非时发，恐无功，臣愿会逮。”王亦偷欲休，即许太子。太子即自刭，不殊。伍被自诣吏，因告与淮南王谋反，反踪迹具如此。

吏因捕太子、王后，围王宫，尽求捕王所与谋反宾客在国中者，索得反具以闻。上下公卿治，所连引与淮南王谋反列侯二千石豪杰数千人，皆以罪轻重受诛。衡山王赐，淮南王弟也，当坐收，有司请逮捕衡山王。天子曰：“诸侯各以其国为本，不当相坐。与诸侯王列侯会肄丞相诸侯议。”赵王彭祖、列侯臣让等四十三人议，皆曰：“淮南王安甚大逆无道，谋反明白，当伏诛。”胶西王臣端议曰：“淮南王安废法行邪，怀诈伪心，以乱天下，荧惑百姓，倍畔宗庙，妄作妖言。《春秋》曰‘臣无将，将而诛’。安罪重于将，谋反形已定。臣端所见其书节印图及他逆无道事验明白，甚大逆无道，当伏其法。而论国吏二百石以上及比者，宗室近幸臣不在法中者，不能相教，当皆免(削)〔官〕削爵为士伍，毋得宦为吏。其非吏，他赎死金二斤八两。以章臣安之罪，使天下明知臣子之道，毋敢复有邪僻倍畔之意。”丞相弘、廷尉汤等以闻，天子使宗正以符节治王。未至，淮南王安自刭杀。王后荼、太子迁诸所与谋反者皆族。天子以伍被雅辞多引汉之美，欲勿诛。廷尉汤曰：“被首为王画反谋，被罪无赦。”遂诛被。国除为九江郡。

衡山王赐，王后乘舒生子三人，长男爽为太子，次男孝，次女无采。又姬徐来生子男女四人，美人厥姬生子二人。衡山王、淮南王兄弟相责望礼节，间不相能。衡山王闻淮南王作为畔逆反具，亦心结宾客以应之，恐为所并。

元光六年，衡山王入朝，其谒者卫庆有方术，欲上书事天子。王怒，故劾庆死罪，强榜服之。衡山内史以为非是，却其狱。王使人上书告内史，内史治，言王不直。王又数侵夺人田，坏人冢以为田。有司请逮治衡山王，天子不许，为置吏二百石以上。衡山王以此恚，与奚慈、张广昌谋，求能为兵法候星气者，日夜从容王密谋反事。

王后乘舒死，立徐来为王后。厥姬俱幸。两人相妒，厥姬乃恶王后徐来于太子曰：“徐来使婢蛊道杀太子母。”太子心怨徐来。徐来兄至衡山，太子与饮，以刃刺伤王后兄。王后怨怒，数毁恶太子于王。太子女弟无采，嫁弃归，与奴奸，又与客奸。太子数让无采，无采怒，不与太子通。王后闻之，即善遇无采。无采及中兄孝少失母，附王后，王后以计爱之，与共毁太子，王以故数击笞太子。元朔四年中，人有贼伤王后假母者，王疑太子使人伤之，笞太子。后王病，太子时称病不侍。孝、王后、无采恶太子：“太子实不病，自言病，有喜色。”王大怒，欲废太子，立其弟孝。王后知王决废太子，又欲并废孝。王后有侍者，善舞，王幸之，王后欲令侍者与孝乱以污之，欲并废兄弟而立其子广代太子。太子爽知之，念后数恶己无已时，欲与乱以止其口。王后饮，太子前为寿，因据王后股，求与王后卧。王后怒，以告王。王乃召，欲缚而笞之。太子知王常欲废己立其弟孝，乃谓王曰：“孝与王御者奸，无采与奴奸，王强食，请上书。”即倍王去。王使人止之，莫能禁，乃自驾追捕太子。太子妄恶言，王械系太子宫中。孝日益亲幸。王奇孝材能，乃佩之王印，号曰将军，令居外宅，多给金钱，招致宾客。宾客来者，微知淮南、衡山有逆计，日夜从容劝之。王乃使孝客江都人救赫、陈喜作辎车镞矢，刻天子玺、将相军吏印。王日夜求壮士如周丘等，数称引吴楚反时计划，以约束。衡山王非敢效淮南王求即天子位，畏淮南起并其国，以为淮南已西，发兵定江、淮之间而有之，望如是。

元朔五年秋，衡山王当朝，(六年)过淮南，淮南王乃昆弟语，除前郤，约束反具。衡山王即上书谢病，上赐书不朝。

元朔六年中，衡山〔王〕使人上书请废太子爽，立孝为太子。爽闻，即使所善白嬴之长安上书，言孝作辎车镞矢，与王御者奸，欲以败孝。白嬴至长安，未及上书，吏捕嬴，以淮南事系。王闻爽使白嬴上书，恐言国阴事，即上书反告太子爽所为不道弃市罪事。事下沛郡治。元(朔)〔狩元〕年冬，有司公卿下沛郡求捕所与淮南谋反者，未得，得陈喜于衡山王子孝家。吏劾孝首匿喜。孝以为陈喜雅数与王计谋反，恐其发之，闻律先自告除其罪，又疑太子使白嬴上书发其事，即先自告，告所与谋反者救赫、陈喜等。廷尉治验，公卿请逮捕衡山王治之。天子曰：“勿捕。”遣中尉安、大行息即问王，王具以情实对。吏皆围王宫而守之。中尉、大行还，以闻，公卿请遣宗正、大行与沛郡杂治王。王闻，即自刭杀。孝先自告反，除其罪；坐与王御婢奸，弃市。王后徐来亦坐蛊杀前王后乘舒，及太子爽〔坐〕王告不孝，皆弃市。诸与衡山王谋反者皆族。国除为衡山郡。

太史公曰：《诗》之所谓“戎狄是膺，荆舒是惩”，信哉是〔言〕也。淮南、衡山亲为骨肉，疆土千里，列为诸侯，不务遵蕃臣职以承辅天子，而专挟邪僻之计，谋为畔逆，仍父子再亡国，各不终其身，为天下笑，此非独王过也，亦其俗薄，臣下渐靡使然也。夫荆楚僄勇轻悍，好作乱，乃自古记之矣。

【译文】

淮南厉王刘长，是汉高祖的小儿子。他母亲过去是赵王张敖的妃嫔。高祖八年，高皇帝打东垣县经过赵国，厉王的母亲被赵王献给高皇帝。她受到皇上宠幸，怀了身孕。从此赵王张敖不敢让她住在宫内，为她另建外宫居住。次年赵相贯高等人在柏人县谋弑高祖的事情被朝廷发觉，赵王也一并获罪被捕，他的母亲、兄弟和妃嫔悉遭拘捕，囚入河内郡官府。在囚禁中厉王母亲对狱吏说："我受到皇上宠幸，已有身孕。"狱吏如实禀报，皇上正因赵王的事气恼，没有理会厉王母亲的事情。厉王母亲的弟弟赵兼拜托辟阳侯审食其告知吕后，吕后妒嫉，自然不肯向皇上进言求情，辟阳侯便不再尽力相劝。厉王母亲生下他后，心中怨恨愤而自杀。狱吏抱着厉王送到皇上面前，皇上追悔莫及，下令吕后收养他，并将厉王的母亲在真定县安葬了。真定是厉王母亲的故乡，她的祖辈就居住在那里。

高祖十一年七月，淮南王黥布谋反，皇上立儿子刘长为淮南王，让他掌管昔日黥布领属的四郡封地。皇上率军亲自出征，剿灭了黥布，于是厉王即淮南王位。

厉王自幼丧母，一直依附吕后长大，因此孝惠帝和吕后当政时期他有幸免遭政治迫害。但是，他心中一直怨恨辟阳侯却又不敢发作。到孝文帝即位，淮南王自视与皇上关系最亲，骄横不逊，一再乱纪违法。皇上念及手足亲情，对他的过失时常宽容赦免。

孝文帝三年，淮南王自封国入朝，态度甚为傲慢。他跟随皇上到御苑打猎，和皇上同乘一辆车驾，还常常称呼皇上为"大哥"。厉王有勇力和才智，能奋力举起重鼎，于是前往辟阳侯府上求见。辟阳侯出来见他，他便取出在袖中藏着的铁椎捶击辟阳侯，又命随从魏敬杀死了他。事后厉王驰马直奔宫中，向皇上袒身谢罪道："我母亲本不该因赵国谋反事获罪，那时辟阳侯若肯鼎力相救就能得到吕后的帮助，但他不力争，这是第一桩罪；赵王如意母子无罪，吕后却蓄意杀害他们，而辟阳侯不尽力劝阻，这是第二桩罪；吕后封吕家亲戚为王，意欲危害刘氏天下，辟阳侯不挺身争抗，这是第三桩罪。我为天下人杀死危害社稷的奸臣辟阳侯，为母亲报了仇，特来朝中跪拜请罪。”皇上哀悯厉王的心愿，出于手足亲情，没有治罪，赦免了他。这一时期，薄太后和太子以及列位大臣都十分惧怕厉王，因此厉王返国后越发肆志骄纵，不依朝廷法令行事，出入宫中皆号令警戒清道，还称自己发布的命令为“制”，另外搞一套文法，一切模仿天子的声威。

孝文帝六年，厉王让无官爵的男子组成七十人和棘蒲侯柴武之子柴奇商议，策划在谷口县用四十辆大货车谋反起事，并派出使者前往匈奴和闽越各处联络。朝廷发觉此事，治罪谋反者，派使臣召淮南王进京，他来到长安。

丞相臣张仓、典客臣冯敬、行御史大夫事宗正刘逸、廷尉臣贺、备盗贼中尉臣福冒死罪启奏：“淮南王刘长废弃先帝文法，天子诏令也不服从，起居从事不遵法度，自制天子所乘张黄缎伞盖的车驾，模仿天子声威出入，擅为法令，不实行汉家王法。他擅自委任官吏，让手下的郎中春任国相，网罗收纳诸侯国和各郡县的人以及负罪逃亡者，把他们藏匿起来安置住处，安顿家人，赐给物资、爵位、钱财、俸禄和田宅，有的人爵位竟封至关内侯，享受二千石的优宠。淮南王给予他们这一切不应得到的，是想图谋不轨。大夫但与有罪失官的开章等七十人，伙同棘蒲侯柴武之子柴奇谋反，意欲危害宗庙社稷。他们让开章去密报刘长，商议使人联络闽越和匈奴发兵响应。开章赴淮南见到刘长，刘长多次同他晤谈宴饮，还帮他成家娶妻，以二千石的薪俸供给他。开章教人报告大夫但，诸事已与淮南王谈妥。国相春也遣使向但通报。朝中官吏发觉此事后，遂派长安县县尉奇等前去拘捕开章。刘长藏人不交，和原中尉蕳忌密议，开章被杀死灭口。他们置办丧衣、棺椁、包被，葬开章于肥陵邑，而欺骗办案的官员说‘不知道开章在哪里’。后来又伪造坟冢，树立标记在坟上，说‘开章尸首埋在这里’。刘长还亲自杀过无罪者一人；命令官吏杀死无辜者六人；藏匿逃亡在外的死刑犯，并抓捕未逃亡的犯人替他们顶罪；他任意加人以罪名，使受害者申冤无处，被判罪四年劳役以上，如此者十四人；又擅自赦免罪人，免除死罪者十八人。五十八名服四年劳役以下者；还赐爵关内侯以下者九十四人。刘长前些时患重病，陛下为他忧烦，遣使臣赐赠枣脯、信函。刘长不想接受赐赠，便不肯接见使臣。住在庐江郡内的南海民造反，淮南郡的官兵奉旨征讨。陛下体恤淮南民贫苦，派使臣赐赠刘长五千匹布帛，令转发出征官兵中的穷苦辛劳之人。刘长不想接受，谎称‘军中无劳苦者’。南海人王织上书向皇帝敬献玉璧，不予上奏，蔺忌烧了信。朝中官员请求传唤蔺忌论罪，刘长拒不下令，谎称‘忌有病’。国相春又请求刘长准许自己入京觐见，刘长大怒，说‘你想去投靠汉廷背叛我’，遂判处春死罪。臣等请求陛下应将刘长依法治罪。”

皇上下诏说：“我不忍心依法制裁淮南王，交与列侯与二千石官商议吧。”

“臣仓、臣敬、臣逸、臣福、臣贺冒死罪启奏：臣等已与列侯和二千石官吏臣婴等四十三人论议，大家都说‘刘长不遵从法度，不服从天子诏命，竟然暗中网罗党徒和谋反者，厚待负罪逃亡之人，是想图谋不轨’。臣等议决应当立即依法制裁刘长。”

皇上批示说：“我不忍心依法惩治淮南王，那就赦免他的死罪，废掉他的王位吧。”

"臣仓等冒着死罪启奏：刘长犯有大死之罪，陛下不忍心依法惩处，赦免施恩，废掉他的王位。臣等请求将其遣往蜀郡严道县邛崃山邮亭，令其妾媵有生养子女者随行同居，由县署为他们兴建屋舍，供给粮食、蔬菜、柴草、食盐、豆豉、炊具食具和席蓐。臣等冒死罪请求，布告天下此事。"

皇上颁旨说：“准请。供给刘长食肉每日五斤，酒二斗。命令昔日受过宠幸的妃嫔十人同住随往蜀郡。其他皆准奏。”

朝廷尽杀刘长的同谋者，于是命令淮南王启程，一路用辎车囚载，令沿途各县递解入蜀。当时袁盎劝谏皇上说：“淮南王一向受皇上骄宠，不为他安排严正的太傅和国相去劝导，才使他落到如此境地。再说淮南王本身性情刚烈，现在粗暴地摧折他，臣很担忧他会突然在途中身染风寒患病而死。陛下若落得杀弟的恶名怎么是好！”皇上说：“我只是让他尝尝苦头罢了，会让他回来的。”囚车的封门沿途各县送押淮南王的人都不敢打开，于是淮南王对仆人说：“谁说你老子我是勇猛的人？我哪里还能勇猛！我因为骄纵才听不到自己的过失终于陷入这种困境。人生在世，如何能忍受如此郁闷！”于是绝食身亡。囚车行至雍县，县令打开封门，才把刘长的死讯上报天子。皇上很伤心地哭了，对袁盎说：“我不听你的劝告，终于导致淮南王身死。”袁盎说：“事已无可奈何，望陛下好自宽解。”皇上说：“怎么办好呢？”袁盎回答：“只要斩了丞相、御史来向天下人谢罪就行了。”于是皇上命令丞相、御史收捕拷问各县押送淮南王而不予开封进食者，弃市一律问斩。然后按照列侯的礼仪在雍县安葬了淮南王，并安置守冢祭祀三十户人家。

孝文帝八年，皇上怜悯淮南王，淮南王有四个儿子，年龄都是七八岁，于是封其子刘安为阜陵侯、刘勃为安阳侯、刘赐为阳周侯、刘良为东成侯。

孝文帝十二年，有百姓作歌歌唱淮南厉王的遭遇时说：“一尺麻布，尚可缝；一斗谷子，尚可舂。兄弟二人不能相容。”皇上听说后，就叹息说：“尧舜放逐自己的家人，周公杀死管叔蔡叔，天下人却称赞他们贤明。这是为什么呢？因为他们能不因私情损害王朝的利益。难道天下人认为我是贪图淮南王的封地吗？”于是将淮南王的故国封给城阳王刘喜去统领，而已故淮南王谥封为厉王，并按诸侯仪制为他建造了陵园。

孝文帝十六年，淮南王刘喜被皇上迁复返城阳故地。皇上哀怜淮南厉王因废弃王法图谋不轨，而失国早死自惹祸患，便封立他的三个儿子：阜陵侯刘安为淮南王，安阳侯刘勃为衡山王，阳周侯刘赐为庐江王，他们都重新获得了厉王时封地，三分共享。东成侯刘良此前已死，没有后代。

孝景帝三年，吴楚七国举兵造反，吴国使者到淮南联络，淮南王意欲发兵响应。淮南国相说：“大王如果真要发兵响应吴王，臣愿为统军将领。”淮南王就把军队交给了他。淮南国相得到兵权后，指挥军队据城防守叛军，不听淮南王的命令造反而为朝廷效力；朝廷也派出曲城侯蛊捷率军前去援救淮南：淮南国因此得以保全。吴国使者来到庐江，庐江王不肯响应，而派人与越国联络。吴国使者又往衡山，衡山王效忠朝廷，坚守城池毫无二心。孝景帝四年，吴楚叛军已被破灭，衡山王入朝，皇上认为他守信忠贞，便慰劳他说：“南方之地潮湿低洼。”济水以北的地区改由衡山王掌管，以此作为褒奖。他去世后便赐谥为贞王。庐江王的封地邻近越国，多次派遣使臣与之结交，因此被北迁为衡山王，统管长江以北地区。淮南王依然照旧。

读书弹琴是淮南王刘安的喜好，不爱射猎放狗跑马，他也想暗中做好事来安抚百姓，于天下流播美誉。他常常怨恨厉王之死，常想反叛朝廷，但是一直没有机会。到了孝武帝建元二年，淮南王进京朝见皇上。与他一向交好的武安侯田蚡，当时做太尉。田蚡迎候淮南王于灞上，告诉他说："现今皇上没有太子，大王您是高皇帝的亲孙，且施行仁义，世人皆知。假如有一天皇上过世，不是您又该谁继位呢！"淮南王大喜，金银钱财物品厚赠武安侯。淮南王暗中结交宾客，安抚百姓，谋划叛逆之事。建元六年，出现慧星，淮南王心生怪异。有人劝说淮南王道："先前吴王起兵时，彗星出现仅数尺长，而兵战仍然血流千里。现在彗星长至满天，天下应当大兴兵战。"淮南王心想皇上没有太子，若天下有变故发生，诸侯王将群起争夺皇位，便加紧整治攻战器械和兵器，聚积黄金钱财贿赠郡守、说客、诸侯王和有奇才的人。诸位能言巧辩的人为淮南王出谋划策，都胡乱编造荒诞的邪说，淮南王被阿谀逢迎。淮南王心中十分欢喜，赏他们很多钱财，而谋反之心更剧。

淮南王有个女儿名叫刘陵，她有口才、聪敏。淮南王喜爱刘陵，经常多给她钱财，让她在长安刺探朝中内情，与皇上亲近的人结交。元朔三年(前126)，皇上赏赐淮南王手杖几案，恩准他不必入京朝见。淮南王王后名荼，淮南王很宠幸她。王后生太子刘迁，刘迁娶王皇太后外孙修成君的女儿做妃子。淮南王策划制造谋反的器具，担心太子的妃子知道后向朝中泄露机密，就和太子策划，让他假装不爱妃子，三个月不和她同席共寝。于是淮南王佯装恼怒太子，将他关起来，让他和妃子同居一室三个月，而太子始终不亲近她。妃子请求离去，淮南王便致歉上奏朝廷，把她送回娘家。王后荼、太子刘迁和女儿刘陵都受淮南王宠爱，专擅国权，侵夺百姓房宅田地，任意加罪拘捕无辜之人。

元朔五年，太子刘迁学习使剑，自认为剑术高超，无人能比。听说郎中雷被剑艺精湛，便召他前来较量。雷被一次二次退让之后，不小心失手击中了太子。太子动怒，雷被很害怕。此时凡想从军的人总是投奔京城，雷被当即决定去奋击匈奴参军。太子刘迁屡次向淮南王说雷被的坏话，淮南王就让郎中令罢免斥退了他的官职，以此警示后人。于是雷被逃到长安，上书朝廷申诉冤屈。皇上诏令廷尉、河南郡审理此事。河南郡议决，追捕淮南王太子到底，淮南王、王后并不打算遣送太子，趁机发兵反叛。可是反复谋划仍犹豫，十几天不能定夺。适逢朝中又有诏令下达，让就地传讯太子。就在这时，淮南国相恼怒寿春县丞将逮捕太子的命令扣而不发，控告他犯有"不敬"之罪。淮南王请求国相不追究此事，国相不听。淮南王便派人上书控告国相，皇上将此事交付廷尉审理。办案中有线索牵连到淮南王，淮南王暗中派人打探朝中公卿大臣的意见，公卿大臣请求逮捕淮南王治罪。淮南王害怕事发，太子刘迁献策说："如果朝廷派使臣来逮捕父王，父王可叫人身穿卫士衣裳，持戟庭院之中站立，父王身边一有不测发生，就刺杀他，我也派人刺死淮南国中尉，就此起事举兵，尚不为迟。"这时皇上没有批准公卿大臣的奏请，而改派朝中中尉殷宏赴淮南国就地向淮南王询问查证案情。淮南王闻听朝中使臣前来，立即按太子的计谋做了准备。朝廷中尉到达后，淮南王看他态度很温和，只询问自己罢免雷被的缘由，揣度不会定什么罪，就没有发作。中尉还朝，把查询的情况上奏。公卿大臣中负责办案的人说："淮南王刘安阻挠雷被从军奋击匈奴等行径，不执行天子明确下达的诏令，应判处死罪弃市。"皇上诏令不许。公卿大臣请求废其王位，皇上仍诏令不许。公卿大臣请求削夺其五县封地，皇上诏令削夺其二县。朝廷派中尉殷宏去宣布赦免淮南王的罪过，削地以示惩罚。中尉进入淮南国境，宣布赦免淮南王。淮南王开始听说朝中公卿大臣请求杀死自己，并不知道获得宽赦削地，他听说朝廷使臣已动身前来，害怕自己被捕，就和太子按先前的计谋准备刺杀朝廷使臣。待中尉至，立即祝贺淮南王获赦，淮南王因此没有起事。事后他自己哀伤地说："我行仁义之事却被削地，此事太耻辱了。"然而淮南王被削地之后，策划反叛的阴谋更加强烈。诸位使者从长安而来，凡制造荒诞骗人的邪说、声称皇上无儿、汉家天下不太平的，淮南王听了就喜欢；如果说汉家王朝太平、皇上有男儿的，淮南王就恼怒，认为是胡说八道，不可信。

淮南王和伍被、左吴等日夜察看地图，部署进军的路线。淮南王说："皇上没有太子，一旦去世，朝中大臣必定征召胶东王，或者是常山王，诸侯王群起争夺皇位，我可以没有准备吗？况且我是高祖的亲孙子，亲行仁义之道，陛下待我很是恩厚，我能忍受他的统治；陛下万世之后，我怎么能侍奉小儿北向称臣呢！"

淮南王坐在东宫，召见伍被一起商议大事，称呼他说："将军上殿。"伍被不高兴地说："皇上刚刚宽恕赦免了大王，您怎能又说这亡国之话呢！臣听说伍子胥劝阻吴王，吴王不听他的话，于是伍子胥说'臣即将看见麋鹿在姑苏台上出入游荡了'。现在臣也将看到宫中遍生荆棘，衣裳让露水沾湿了。"淮南王十分恼怒，囚禁了伍被的父母，关押了三个月。然后淮南王又把伍被召来问道："将军答应寡人吗？"伍被回答说："不，我只是来为大王筹划而已。臣听说听力好的人能够在无声时听出动静，视力好的人能在未成形前看出征兆，所以最智慧、最有道德的圣人做事总会万无一失。从前周文王为灭商纣率周族向东挺进，一行动就功显千秋万代，使周朝继夏、商之后，列入‘三代’，这就是所谓顺从天意而行动的结果，因此四海之内的人都不约而同地追随响应他。这是千年前可以看见的史实。至于百年前的秦王朝，近代的吴楚两国，也足以说明国家存亡的道理。臣不敢逃避伍子胥被杀害的厄运，希望大王不要重蹈吴王不听忠谏的覆辙。过去秦朝弃绝圣人之道，坑杀儒生，焚烧《诗经》《尚书》，抛弃礼义，崇尚伪诈和暴力，凭借刑罚，强迫百姓把海滨的谷子运送到西河。在那个时候，男子奋力耕作却吃不饱，女子织布绩麻却衣不蔽体。秦皇派蒙恬修筑长城，东西绵延数千里，长年戍边、风餐露宿的士兵常常有数十万人，死者不计其数，僵尸暴野千里，流血遍及百亩，百姓气力耗尽，想造反的十家有五。秦皇帝又派徐福入东海访求神仙和珍奇异物，徐福归来编造假话说：‘臣见到海中大神，他问道："你是西土皇帝的使臣吗？"臣答道："是的。""你来寻求何物？"臣答："希望求得延年益寿的仙药。"海神说："你们秦王礼品菲薄，仙药可以观赏却不能拿取。"海神当即引臣向东南行至蓬莱山，看到了用灵芝草筑成的宫殿，有使者肤色如铜身形似龙，光辉上射映照天宇。于是臣两拜而问，说："应该拿什么礼物来奉献？"海神说："献上良家男童和女童以及百工的技艺，就可以得到仙药了。"’皇帝大喜，遣发童男童女三千人，并供给海神五谷种籽和各种工匠前往东海。途中徐福觅得一片辽阔的原野和湖泽，便留居那里自立为王不再回朝。于是百姓悲痛思念亲人，想造反的十家有六。秦皇帝又派南海郡尉赵佗越过五岭攻打百越。赵佗知道中原疲敝已极，就留居南越称王不归，并派人上书，要求朝廷征集无婆家的妇女三万人，来替士兵缝补衣裳。秦皇帝同意给他一万五千人。于是百姓人心离散犹如土崩瓦解，想造反的十家有七。宾客对高皇帝说：‘时机到了。’高皇帝说：‘等等看，当有圣人起事于东南方。’不到一年，陈胜吴广揭竿造反了。高皇帝自丰邑沛县起事，一发倡议全天下不约而同的响应者便不可胜数。这就是所谓踏到了缝隙窥伺到机遇，借秦朝的危亡而举事。百姓期待他，犹如干旱盼雨水，所以他能起于军中而被拥立为天子，功业高于夏禹、商汤和周文王，恩德流被后世无穷无尽。如今大王看到了高皇帝得天下的容易，却偏偏看不到近代吴楚的覆亡么？那吴王被赐号为刘氏祭酒，颇受尊宠，又被恩准不必依例入京朝见，他掌管着四郡的民众，地域广至方圆数千里，在国内可自行冶铜铸造钱币，在东方可烧煮海水贩卖食盐，溯江而上能采江陵木材建造大船，一船所载抵得上中原数十辆车的容量，国家殷富百姓众多。吴王拿珠玉金帛贿赂诸侯王、宗室贵族和朝中大臣，唯独不给皇戚窦氏。反叛之谋划已成，吴王便发兵西进。但吴军在大梁被攻破，在狐父被击败，吴王逃奔东归，行至丹徒，让越人俘获，身死绝国，令天下人耻笑。为什么吴楚有那样众多的军队都不能成就功业？实在是违背了天道而不识时势的缘故。如今大王兵力不及吴楚的十分之一，天下安宁却比秦皇帝时代好万倍，希望大王听从臣下的意见。若大王不听臣的劝告，势必眼见大事不成言语却已先自泄露天机。臣听说箕子路过殷朝故都时心中很悲伤，于是作《麦秀之歌》，这首歌就是哀痛纣王不听从王子比干的劝谏而亡国。所以《孟子》说‘纣王贵为天子，死时竟不及平民’。这是因为纣王生前早已自绝于天下人，而不是死到临头天下人才背弃他。现在臣也暗自悲哀大王若抛弃了诸侯国君的尊贵，朝廷必将赐给绝命之书，令大王身先于群臣，死于东宫。”于是，伍被怨哀之气郁结胸中而神色黯然，泪水盈眶而满面流淌，即刻站起身，走下一级级台阶离去了。

淮南王有个庶出的儿子，名叫刘不害，年龄最大，淮南王不喜欢他，王后和太子也都不把他看作儿子或兄长。刘不害有个儿子名叫刘建，他才高气傲，时常怨恨太子不来问候自己的父亲；又埋怨当时诸侯王都可以分封子弟为诸侯，而淮南王只有两个儿子，一个当了太子，唯独自己的父亲不得封侯。刘建暗中结交人，想要打败太子，让他的父亲取而代之。太子知悉此事，多次拘囚并拷打刘建。刘建尽知太子意欲杀害朝廷中尉的阴谋，就让和自己私交很好的寿春县人庄芷在元朔六年向天子上书说：“良药苦口却利于病，忠言逆耳却利于行。如今淮南王的孙子刘建才能高，淮南王后荼和荼的儿子太子刘迁经常妒忌迫害他。刘建的父亲刘不害无罪，他们多次拘囚想杀害他。今刘建人在淮南，可召来问讯，他尽知淮南王的隐密。”书奏上达，皇上将此事交付廷尉，廷尉又下达河南郡府审理。这时，原辟阳侯的孙子审卿与丞相公孙弘交好，他仇恨淮南厉王杀死自己的祖父，就极力向公孙弘构陷淮南王的罪状，于是公孙弘怀疑淮南王有叛逆的阴谋，决意深入追究查办此案。河南郡府审问刘建，他供出了淮南王太子及其朋党。淮南王担忧事态严重，意欲举兵反叛，就向伍被问道：“汉朝的天下太平不太平？”伍被回答：“天下太平。”

淮南王心中不高兴，对伍被说："您依据什么说天下太平？"伍被回答："臣私下观察朝政，君臣间的礼义、父子间的亲爱、夫妻间的区别、长幼间的秩序，都合乎应有的原则，皇上施政遵循古代的治国之道，风俗和法度都没有缺失。满载货物的富商周行天下，道路无处不畅通，因此贸易之事盛行。南越称臣归服，羌僰进献物产，东瓯内迁降汉，朝廷拓广长榆塞，开辟朔方郡，使匈奴折翅伤翼，失去援助而萎靡不振。这虽然还赶不上古代的太平岁月，但也算是天下安定了。"淮南王大怒，伍被连忙告谢死罪。淮南王又对伍被说："崤山之东若发生兵战，朝廷必使大将军卫青来统兵镇压，您认为大将军人怎样？"伍被说："我的好朋友黄义，曾跟随大将军攻打匈奴，归来告诉我说：'大将军对待士大夫有礼貌，对士卒有恩德，众人都乐意为他效劳。大将军骑马上下山冈疾驰如飞，才能出众过人。'我认为他才干这般高超，屡次率兵征战通晓军事，不易抵挡。又谒者曹梁出使长安归来，说大将军号令严明，对敌作战勇敢，时常身先士卒。安营扎寨休息，井未凿通时，必待士兵人人喝上水，他才肯饮。军队出征归来，士兵已全部渡河，他才过河。皇太后赏赐的钱财丝帛，他都转赐手下的军官。即使古代名将也无人比得过他。"淮南王听罢沉默无语。

淮南王眼看刘建被召受审，害怕国中密谋造反之事败露，想抢先起兵，但是伍被认为难以成事，于是淮南王再问他道："您以为当年吴王兴兵造反是对还是错？"伍被说："我认为错了。吴王富贵已极，却举事不当，身死丹徒，头足分家，殃及子孙无人幸存。臣听说吴王后悔异常。希望大王三思熟虑，勿做吴王所悔恨的蠢事。"淮南王说："男子汉甘愿赴死，只是为了自己说出的一句话罢了。况且吴王哪里懂得造反，竟让汉将一日之内有四十多人闯过了成皋关隘。现在我令楼缓首先扼住成皋关口，令周被攻下颍川郡率兵堵住轘辕关、伊阙关的道路，令陈定率南阳郡的军队把守武关。河南郡太守只剩有洛阳罢了，何足担忧。不过，这北面还有临晋关、河东郡、上党郡和河内郡、赵国。人们说'扼断成皋关口，天下就不能通行了'。我们凭借雄据三川之地的成皋险关，招集崤山之东各郡国的军队响应，这样起事，您以为如何？"伍被答道："臣看得见它失败的灾祸，看不见它成功的福运。"淮南王说："左吴、赵贤、朱骄如都认为有福运，十之有九会成功。您偏偏认为有祸无福，是为什么？"伍被说："受大王宠信的群臣中平素能号令众人的，都在前次皇上诏办的罪案中被拘囚了，余下的已没有可以倚重的人。”淮南王说：“陈胜、吴广身无立锥之地，一千人聚集起来，在大泽乡起事，奋臂大呼造反，天下就群起响应，他们西行到达戏水时已有一百二十万人相随。如今我国虽小，但是能拿起兵器的人能有十多万，他们绝非被迫戍边的乌合之众，所持也不是木弩和戟柄。您为什么说有祸无福呢？”伍被说：“从前秦王朝暴虐无道，残害天下百姓。朝廷征发民间万辆车驾，营建阿房宫，收取百姓大半的收入作为赋税，还征调家居闾左的贫民去远戍边疆，弄得父亲无法保护儿子平安，哥哥不能让弟弟过上安逸的生活，苛严的政令峻急的刑法，天下人忍受百般煎熬几近枯焦。百姓都延颈盼望，侧耳倾听，向天仰首悲呼，捶胸怨恨皇上，所以陈胜大呼造反，天下人立刻响应。如今皇上临朝治理天下，四方统一海内，泛爱普天黎民，广施恩惠德政。他即使不开口讲话，声音传播也如雷霆般迅疾；诏令即使不颁布，而教化的飞速推广也似有神力；他心有所想，便威动万里，下民响应主上，就好比影之随形、响之应声一般。而且大将军卫青的才能不是秦将章邯、杨熊可比的。因此，大王您以陈胜、吴广反秦来自喻，我认为不当。”淮南王说：“假如真像你说的那样，不可以侥幸成功吗？”伍被说：“我倒有一条愚蠢的计策。”淮南王说：“怎么办呢？”伍被答道：“当今诸侯对朝廷没有二心，百姓对朝廷没有怨气。但朔方郡田地广阔，水草丰美，已迁徙的百姓还不足以充实开发那个地区。臣的愚计是，可以伪造丞相、御史写给皇上的奏章，请求再迁徙各郡国的豪强、义士和处以耏罪以上的刑徒充边，下诏赦免犯人的刑罪，凡家产在五十万钱以上的人，都携同家属迁往朔方郡，而且更多地调发一些士兵监督，催迫他们如期到达。再伪造宗正府左右都司空、上林苑和京师各官府下达的皇上亲发的办案文书，去逮捕诸侯的太子与宠幸之臣。如此一来就会民怨四起、诸侯恐惧，紧接着让摇唇鼓舌的说客去鼓动说服他们造反，或许可以侥幸得到十分之一的成功把握吧！”淮南王说：“此计可行。虽然你的顾虑有道理，但我以为成就此事并不至于难到如此程度。”于是淮南王命令官奴入宫，伪造皇上印玺，丞相、御史、大将军、军史、中二千石、京师各官府令和县丞的官印，附近郡国太守和都尉的官印，以及朝廷使臣和法官所戴的官帽，打算一切按伍被的计策行事。淮南王还派人假装获罪后逃出淮南国而西入长安，去为大将军和丞相做事，意欲一旦发兵起事，就让他们立即刺杀大将军卫青，然后再说服丞相屈从臣服，便如同揭去一块盖布那么轻而易举了。

淮南王想要发动国中的军队，又害怕自己的国相和大臣们不听命。他就和伍被谋划先杀死国相与二千石大臣，为此假装宫中失火，国相、二千石大臣必来救火，人一到就杀死他们。谋议未定，又计划派人身穿抓捕盗贼的官兵的服装，手持羽檄，从南方驰来，大呼“南越兵入界了”，以借机发兵进军。于是他们派人到庐江郡、会稽郡实施冒充追捕盗贼的计策，没有立即发兵。淮南王问伍被说：“我率兵向西进发，诸侯一定会有响应的人；若是没有人响应怎么办？”伍被回答道：“可向南夺取衡山国来攻打庐江郡，占有浔阳的战船，守住下雉的城池，扼住九江江口，阻断豫章河水北入长江的彭蠡湖口这条通道，以强弓劲弩临江设防，来禁止南郡军队沿江而下；再东进攻占江都国、会稽郡，和南方强有力的越国结交，这样在长江淮水之间屈伸自如，犹可拖延一些时日。”淮南王说：“很好，没有更好的办法了。要是事态危急就奔往越国吧。”

于是廷尉把淮南王孙刘建供词中牵连出淮南王太子刘迁的事呈报了皇上。皇上派廷尉监趁前去拜见淮南国中尉的机会，逮捕太子。廷尉监来到淮南国，淮南王得知，和太子谋划，打算召国相和二千石大臣前来，杀死他们就发兵。召国相入宫，国相来了；内史因外出得以脱身。中尉则说：“臣在迎接皇上派来的使臣，不能前去见王。”淮南王心想只杀死国相一人而内史、中尉不肯前来，没有什么益处，就罢手放走了国相。他犹豫再三，定不下行动的计策。太子想到自己所犯的是阴谋刺杀朝廷中尉的罪，而参与密谋的人已死，便以为活口都堵住断绝，就对淮南王说：“群臣中可依靠的先前都被拘捕了，现今已没有可以倚重举事的人。您在时机不成熟时发兵，恐怕不会成功，臣甘愿前往廷尉处受捕。”淮南王心中也暗想罢手，就答应了太子的请求。于是太子刎颈自杀，却未能丧命。伍被独自去见执法官吏，坦白了自己参与淮南王谋反的事情，将谋反的详情全盘供了出来。

法吏因而逮捕了太子、王后，王宫被包围了，将国中参与谋反的淮南王的宾客全部搜查抓捕起来，还搜出了谋反的器具，然后书奏向上呈报。皇上将此案交给公卿大臣审理，案中牵连出与淮南王一同谋反的列侯、二千石、地方豪强有几千人，一律按罪行轻重处以死刑。衡山王刘赐，是淮南王的弟弟，被判同罪应予收捕，负责办案的官员请求逮捕衡山王。天子说：“侯王各以自己的封国作为立身之本，不应彼此牵连。你们与诸侯王、列侯一道去跟丞相商议吧。”赵王彭祖、列侯曹襄等四十三人商议后，都说：“淮南王刘安极其大逆不道，明白无疑谋反之罪，当诛杀不赦。”胶西王刘端发表意见说：“淮南王刘安无视王法肆行邪恶之事，欺诈藏心，扰乱天下，迷惑百姓，背叛祖宗，妄生邪说。《春秋》曾说‘臣子不可率众作乱，率众作乱就应诛杀’。刘安的罪行比率众作乱更加严重，其谋反态势已成定局。臣所见他伪造的文书、印墨、符节、地图以及其他大逆不道的事实都有明明白白的证据，其罪极其大逆不道，依法理应处死。至于淮南国中二百石以上官吏和比二百石少的官吏，宗室的宠幸之臣中未触犯法律的人，他们不能尽责匡正阻止淮南王的谋反，也都应当免官削夺爵位贬为士兵，今后不许再为吏当官。那些并非官吏的其他罪犯，可用黄金二斤八两抵偿死罪。朝廷应公开揭露刘安的罪恶，好让天下人都清楚地明白为臣之道，不敢再有邪恶的背叛皇上的野心。”丞相公孙弘、廷尉张汤等把大家的议论逐一上奏，天子便派宗正手持符节去审判淮南王。宗正还未行至淮南国，淮南王刘安已提前自刎死去。王后荼、太子刘迁和所有共同谋反的人都被满门杀尽。天子因为伍被劝阻淮南王刘安谋反时言词雅正，说了很多誉美朝政的话，想不杀他。廷尉张汤说：“伍被最先为淮南王策划反叛的计谋，不可赦免他的罪。”于是杀了伍被。淮南国从此被废，设为九江郡。

衡山王，名刘赐，乘舒王后生了三个孩子，长男刘爽立为太子，二儿刘孝，三女刘无采。又有姬妾徐来生儿女四人，厥姬妃嫔生儿女二人。衡山王和淮南王两兄弟在礼节上相互责怪抱怨，关系疏远，不相和睦。衡山王听说淮南王制造用于叛逆谋反的器具，也倾心结交宾客来防范他，深恐被他吞并。

元光六年，衡山王进京朝见，他的谒者卫庆懂方术，想上书请求侍奉天子。衡山王很恼怒，故意告发卫庆犯下死罪，严刑拷打逼他认可。衡山国内史认为不对，不肯审理此案。衡山王便使人上书控告内史，内史被迫办案，但直言衡山王理屈。衡山王又多次侵夺他人田产，毁坏他人坟墓辟为田地。有关部门长官请求追究衡山王的罪责并逮捕，天子不同意，只收回他原先可以自行委任本国二百石官秩以上官吏的权力，改为由天子任命。衡山王因此心怀愤恨，和奚慈、张广昌策划，四处访求谙熟兵法和会观测星象以占卜吉凶的人，他们鼓动衡山王日夜密谋反叛之事。

乘舒王后死了，衡山王立徐来为王后。厥姬也同时得到宠幸。两人互相嫉妒，厥姬就向太子说王后徐来的坏话。她说："徐来指使婢女用巫蛊邪术杀害了太子的母亲。"从此太子心中对徐来产生怨恨。徐来的哥哥来到衡山国，太子与他饮酒，席间用刀刺伤了王后的哥哥。王后恼怒怨恨，屡次向衡山王诋毁太子。太子的妹妹刘无采出嫁后被休归娘家，先和奴仆通奸，又和宾客通奸。太子屡次责备刘无采，无采很恼火，不再和太子来往。王后得知此事，就殷勤关怀无采。无采和二哥刘孝自年少便失去母亲，不免依附于王后徐来，她就巧施心计爱护他们，让他们一起毁谤太子，为此衡山王多次毒打太子。

元朔四年中，王后的继母被人刺伤，衡山王怀疑是太子指使人所为，就用竹板毒打太子。后来衡山王病了，太子经常声称有病不去服侍。王后、刘孝、刘无采都说他的坏话："太子其实没病，而自称有病，脸上还带有喜色。"衡山王大怒，便想废掉他的太子名分，改立其弟刘孝。王后知道衡山王已决意废除太子，就又想让他一并也废除刘孝。王后有一个女仆善于跳舞，衡山王很宠爱她，王后打算让女仆和刘孝私通来玷污陷害他，好一起废掉太子兄弟而把自己的亲生儿子刘广立为太子。太子刘爽知道了王后的诡计，心想王后屡次诽谤自己不肯罢休，就想算计与她发生奸情来堵她的口。一次，王后饮酒，太子上前敬酒祝寿，趁势坐在了王后的大腿上，要求与她同宿。王后很生气，把此事告诉了衡山王。于是衡山王召太子来，打算将他捆起来毒打。太子知道父王常想废掉自己而立弟弟刘孝，就对他说："刘孝和父王宠幸的女仆通奸，无采又和奴仆通奸，父王打起精神加餐吧，我请求给朝廷上书。"说罢背向衡山王离去了。衡山王派人去阻止他，却不能奏效，就亲自驾车去追捕太子。太子乱说坏话，衡山王便用镣铐囚禁他于宫中。刘孝越来越受到衡山王的亲近和宠幸。衡山王很惊异刘孝的才能，就让他佩上王印，号称将军，让他在宫外的府第中居住，给他很多钱财，用以招揽宾客。登门投靠的宾客，暗中知道淮南王、衡山王都有背叛朝廷的计划，就日夜逢迎鼓动衡山王。于是衡山王指派刘孝的宾客江都人救赫、陈喜制造战车和箭支，私刻天子印玺和将相军吏的官印。衡山王日夜访求如周丘一样的壮士，多次称赞和援引吴楚反叛时的谋略，用它规范自己的谋反计划。衡山王不敢仿效淮南王希冀篡夺天子之位，他害怕淮南王起事吞并自己的国家，准备趁淮南王西进之际，自己就可乘虚发兵平定并占有长江和淮水之间的领地，他希望能够如愿。

元朔五年秋，衡山王将进京朝见天子。经过淮南国时，淮南王竟说了一些兄弟情深的话，消除了以前的嫌隙，约定彼此共同制造谋反的器具。衡山王便上书推说身体有病，皇上赐书准许他不入朝。

元朔六年中，衡山王使人上书皇上请求废掉太子刘爽，改立刘孝为太子。刘爽闻讯，就派和自己很要好的白蠃到长安上书，控告刘孝私造战车箭支，还和淮南王的女侍通奸，意欲以此挫败刘孝。白蠃来到长安，还未来得及上书，官吏就逮捕了他，因他与淮南王谋反事有牵连予以囚禁。衡山王听说刘爽派白蠃去上书，害怕他讲出国中不可告人的秘密，就上书反告太子刘爽干了大逆不道的事应处死罪，朝廷便将此事下交沛郡审理。

元狩元年冬，负责办案的公卿大臣到沛郡搜捕与淮南王共同谋反的罪犯，没有捕到，但却在衡山王儿子刘孝家抓住了陈喜。官吏控告刘孝藏匿陈喜。刘孝认为陈喜平素屡次和衡山王计议谋反，很害怕他会供出此事。他听说律令规定事先自首者可免除其罪责，又怀疑太子指使白蠃上书将告发谋反之事，就抢先自首，控告陈喜、救赫等人参与谋反。廷尉审讯验证属实，公卿大臣便请求逮捕衡山王加以治罪。天子说："不要逮捕。"他派遣中尉司马安、大行令李息赴衡山国就地查问衡山王，衡山王据实一一做了回答。官吏把王宫包围起来严加看守。中尉、大行令还朝，将情况上奏，公卿大臣请求派大行令、宗正和沛郡府联合审判衡山王。衡山王闻讯就刎颈自杀。刘孝因主动自首谋反之事，被免罪；但他犯下与衡山王女侍通奸之罪，仍被处死弃市。王后徐来也犯有以诬蛊谋杀前王后乘舒罪，连同太子刘爽犯了被衡山王控告不孝的罪，也都被处死弃市。所有参与衡山王谋反事的罪犯一概满门杀尽。衡山国废设为衡山郡。

太史公说：《诗经》上说"抗击戎狄，惩治楚人"，此话果然正确啊！淮南王、衡山王虽是骨肉至亲，拥有疆土千里，封为诸侯，但是不致力于遵守藩臣的职责去辅佐天子，反而一味心怀邪恶之计，图谋叛逆，导致父子相继二次亡国，人人都不得尽享天年，而受到天下人耻笑。这不只是他们的过错，也是当地习俗浇薄和居下位的臣子影响不良的结果啊。楚国人轻捷勇猛凶悍，喜好作乱，这些早在古代就记载于书了。

史记卷一百一十九

循吏列传第五十九

太史公曰：法令所以导民也，刑罚所以禁奸也。文武不备，良民惧然身修者，官未曾乱也。奉职循理，亦可以为治，何必威严哉？

孙叔敖者，楚之处士也。虞丘相进之于楚庄王，以自代也。三月为楚相，施教导民，上下和合，世俗盛美，政缓禁止，吏无奸邪，盗贼不起。秋冬则劝民山采，春夏以水，各得其所便，民皆乐其生。

庄王以为币轻，更以小为大，百姓不便，皆去其业。市令言之相曰："市乱，民莫安其处，次行不定。"相曰："如此几何顷乎？"市令曰："三月顷。"相曰："罢，吾今令之复矣。"后五日，朝，相言之王曰："前日更币，以为轻。今市令来言曰'市乱，民莫安其处，次行之不定'。臣请遂令复如故。"王许之，下令三日而市复如故。

楚民俗好庳车，王以为庳车不便马，欲下令使高之。相曰："令数下，民不知所从，不可。王必欲高车，臣请教闾里使高其梱。乘车者皆君子，君子不能数下车。"王许之。居半岁，民悉自高其车。

此不教而民从其化，近者视而效之，远者四面望而法之。故三得相而不喜，知其材自得之也；三去相而不悔，知非己之罪也。

子产者，郑之列大夫也。郑昭君之时，以所爱徐挚为相，国乱，上下不亲，父子不和。大宫子期言之君，以子产为相。为相一年，竖子不戏狎，斑白不提挈，僮子不犁畔。二年，市不豫贾。三年，门不夜关，道不拾遗。四年，田器不归。五年，士无尺籍，丧期不令而治。治郑二十六年而死，丁壮号哭，老人儿啼，曰："子产去我死乎！民将安归？"

公仪休者，鲁博士也。以高弟为鲁相。奉法循理，无所变更，百官自正。使食禄者不得与下民争利，受大者不得取小。

客有遗相鱼者，相不受。客曰："闻君嗜鱼，遗君鱼，何故不受也？"

相曰:“以嗜鱼,故不受也。今为相,能自给鱼;今受鱼而免,谁复给我鱼者?吾故不受也。”

食茹而美,拔其园葵而弃之。见其家织布好,而疾出其家妇,燔其机,云“欲令农士工女安所雠其货乎?”

石奢者,楚昭王相也。坚直廉正,无所阿避。行县,道有杀人者,相追之,乃其父也。纵其父而还自系焉。使人言之王曰:“杀人者,臣之父也。夫以父立政,不孝也;废法纵罪,非忠也。臣罪当死。”王曰:“追而不及,不当伏罪,子其治事矣。”石奢曰:“不私其父,非孝子也;不奉主法,非忠臣也。王赦其罪,上惠也;伏诛而死,臣职也。”遂不受令,自刎而死。

李离者,晋文公之理也。过听杀人,自拘当死。文公曰:“官有贵贱,罚有轻重。下吏有过,非子之罪也。”李离曰:“臣居官为长,不与吏让位;受禄为多,不与下分利。今过听杀人,傅其罪下吏,非所闻也。”辞不受令。文公曰:“子则自以为有罪,寡人亦有罪邪?”李离曰:“理有法,失刑则刑,失死则死。公以臣能听微决疑,故使为理。今过听杀人,罪当死。”遂不受令,伏剑而死。

太史公曰:孙叔敖出一言,郢市复。子产病死,郑民号哭。公仪子见好布而家妇逐。石奢纵父而死,楚昭名立。李离过杀而伏剑,晋文以正国法。

【译文】

太史公说:法令是用来引导民众向善的,刑罚是用来阻止民众作恶的。当国家的政令与刑罚不完备时,善良的百姓依然心存畏惧,而自我约束,这是由于为官者行为端正的缘故。实际上只要官吏奉公守法,按制度行事,就可以做百姓的榜样而治理好天下,何必非用严刑峻法不可呢?

孙叔敖是楚国的隐士。楚国宰相虞丘把他举荐给楚庄王,想让他接替自己的职务。三个月之后,孙叔敖果然做了国相,他教化百姓,加以引导,使得楚国上下和睦、风俗淳美。他执政宽缓不苛,却说到做到。

因此当时的官吏没有为非作歹的，民间也无盗贼。一到秋冬两季，他就鼓励人们进山采伐林木，到了春夏时节，趁着上涨的河水把木材运出山外。百姓各自按自己的习惯来安排自己的事物，都生活得很安乐。

庄王觉得楚国原有的钱币太轻，就下令把小钱改铸成大钱，结果百姓用起来很不方便，纷纷放弃了自己的本业。面对这种情况，管理市场的长官就向国相孙叔敖报告说："市场一片混乱，老百姓都不能安心在那里做买卖，秩序很不稳定。"孙叔敖问："这种情况持续多久了？"回答说："有三个月了。"孙叔敖说："你回去吧，我很快就会让市场恢复原样的。"五天后，他上朝对庄王说："先前更换钱币，是认为旧币太轻了。而今市令来报告说'市场混乱，百姓不能安心谋生，秩序很不稳定'，所以我请求恢复原来的规格。"庄王同意了，结果颁布命令才三天，市场又恢复得像原先一样了。

楚国的老百姓爱好乘坐矮车，楚王认为矮车不便于马拉，想下令把矮车增高。国相孙叔敖劝阻说："政令太多，百姓就会无所适从，不可以这样的。如果您一定要把车加高，我觉得可以让乡里人家把门槛都加高一点。因为乘车的人都是有身份地位的，他们不想为过门槛而频繁下车，自然就会把车的底座加高了。"楚王答应了。结果过了半年，老百姓都自动把车的底座加高了。

这就是孙叔敖不用下令百姓却自然而然跟着变了，身边的人亲眼看着学习他的言行，远处的人观望四周人们的变化也跟着效仿。而孙叔敖自己则是三次荣居相位但并不沾沾自喜，因为他明白自己是凭借才干获得的；三次离开相位也并无悔恨，因为他知道自己没有过错。

子产是郑国的大夫。郑昭君在位时，曾任命自己宠信的徐挚为宰相，结果国家一片混乱，官民上下不团结，父子不和睦。大宫子期把这些情况汇报给郑昭君，昭君于是就改任子产为宰相。子产执政仅一年，粗野小子不再轻浮嬉戏，白发老人不必手提重物，儿童也知礼，耕田时不耕到地界上去。两年之后，市场上买卖公平，没有人预先算计价格了。三年过去，人们晚上睡觉不用关门，路上没有人把别人丢失的东西捡走，社会风气为之一新。四年后，耕田的农具不必带回家，五年后，男子无需服兵役，遇到国丧，朝廷不用下达政令也秩序井然。子产治理郑国二十六年后去世，青壮年痛哭失声，老人也像孩童一样呜呜哭泣，都说："子产离我们而去，我们老百姓将来依靠谁呢？"

公仪休是鲁国的博士。由于学问很好做了鲁国国相。他奉行法度，按规章制度行事，不擅自改变规制，因此百官都自觉地端正言行。为官者不和百姓争夺利益，做大官的不去牟取小利。

有个客人给公仪休送来鱼，他不肯接受。客人说："我是听说您特别喜好吃鱼才送来的，为什么不肯接受呢？"公仪休回答说："正因为爱吃鱼，才不能接受啊。现在我做国相，自己还能买得起鱼吃；如果因为今天收下你的鱼而被免了官，今后谁还会给我送鱼呢？所以我坚决不能收下。"

公仪休吃了自家的蔬菜感觉味道很好，就把园中的冬葵菜都拔出来扔掉。他看见自家织的布很好，就赶紧把妻子逐出家门，还烧毁了织布机，说道："要让农民和织妇们到哪里去卖掉他们生产的货物呢？"

石奢是楚昭王的国相，他为人刚强正直、廉洁公正，不喜欢阿谀奉承，也不曲从回避。一次，他到各县视察，途中遇到一起杀人案件，石奢追查凶犯，发现竟然是自己的父亲。于是他就放走父亲，而把自己囚禁起来，派人告诉昭王说："杀人的罪犯，是为臣的父亲。若以惩办父亲来维护国家的政令，那么就不孝了；若不顾法度纵容犯罪，又是对国家的不忠；因此我非死不可。"昭王说："你追捕凶犯而没追到，不该对追捕者论罪，你还是继续治理国事吧。"石奢说："不爱自己的父亲，不是孝子；不遵守王法，不是忠臣。您赦免我的罪责，是您的恩惠；我伏法而死，则是为臣的职责。"于是石奢没有听从楚王的命令，刎颈自杀而死。

李离是晋文公的法官。他因为判断案情有误而错杀了人，后来发觉了，就把自己关起来判处死罪。文公说："官职有贵贱的差别，刑罚也有轻重之分。这是你属下官吏犯的过错，不关你的事。"李离说："在我被任命担当他们长官的时候，没有向他们推让；我领取的官俸很多，也没有分给他们。如今我判断案情有误而错杀人命，却要把责任推给下级，这样的事我没有听说过。"就拒绝接受文公的命令。文公说："如果你这样认定自己有罪，那么我是不是也有罪呢？"李离说："法官依法断案，判错案件就要受到惩罚，错失杀人就要以死偿命。您因为臣能够仔细审理分析，决断疑难案件，才让我担任法官。现在我判断案情有误而错杀人，按理应该判处死罪。"于是没有接受晋文公的赦令，而引剑自杀了。

太史公说：孙叔敖的一句话，就让郢都的市场秩序恢复如初。子产病逝，郑国百姓失声痛哭。公仪休看到妻子织的布太好就把她赶出家门。石奢放走父亲而自杀顶罪，使楚昭王的威名得以树立。李离错判杀人罪而引剑自杀，使晋文公得以整肃国法。

史记卷一百二十

汲郑列传第六十

汲黯字长孺，濮阳人也。其先有宠于古之卫君。至黯七世，世为卿大夫。黯以父任，孝景时为太子洗马，以庄见惮。孝景帝崩，太子即位，黯为谒者。东越相攻，上使黯往视之。不至，至吴而还，报曰："越人相攻，固其俗然，不足以辱天子之使。"河内失火，延烧千馀家，上使黯往视之。还报曰："家人失火，屋比延烧，不足忧也。臣过河南，河南贫人伤水旱万馀家，或父子相食，臣谨以便宜，持节发河南仓粟以振贫民。臣请归节，伏矫制之罪。"上贤而释之。迁为荥阳令。黯耻为令，病归田里。上闻，乃召拜为中大夫。以数切谏，不得久留内，迁为东海太守。黯学黄老之言，治官理民，好清静，择丞史而任之。其治，责大指而已，不苛小。黯多病，卧闺阁内不出。岁馀，东海大治，称之。上闻，召以为主爵都尉，列于九卿。治务在无为而已，弘大体，不拘文法。

黯为人性倨，少礼，面折，不能容人之过。合己者善待之，不合己者不能忍见，士亦以此不附焉。然好学，游侠，任气节，内行修洁，好直谏，数犯主之颜色，常慕傅柏、袁盎之为人也。善灌夫、郑当时及宗正刘弃。亦以数直谏，不得久居位。

当是时，太后弟武安侯蚡为丞相，中二千石来拜谒，蚡不为礼。然黯见蚡未尝拜，常揖之。天子方招文学儒者，上曰吾欲云云，黯对曰："陛下内多欲而外施仁义，奈何欲效唐虞之治乎！"上默然，怒，变色而罢朝。公卿皆为黯惧。上退，谓左右曰："甚矣，汲黯之戆也！"群臣或数黯，黯曰："天子置公卿辅弼之臣，宁令从谀承意，陷主于不义乎？且已在其位，纵爱身，奈辱朝廷何！"

黯多病，病且满三月，上常赐告者数，终不愈。最后病，庄助为请告。上曰："汲黯何如人哉？"助曰："使黯任职居官，无以逾人。然至其辅少主，守城深坚，招之不来，麾之不去，虽自谓贲、育亦不能夺之矣。"上曰："然。古有社稷之臣，至于黯，近之矣。"

大将军青侍中，上踞厕而视之。丞相弘燕见，上或时不冠。至如黯见，上不冠不见也。上尝坐武帐中，黯前奏事，上不冠，望见黯，避帐中，使人可其奏。其见敬礼如此。

张汤方以更定律令为廷尉，黯数质责汤于上前，曰："公为正卿，上不能褒先帝之功业，下不能抑天下之邪心，安国富民，使囹圄空虚，二者无一焉。非苦就行，放析就功，何乃取高皇帝约束纷更之为？公以此无种矣。"黯时与汤论议，汤辩常在文深小苛，黯伉厉守高不能屈，忿发骂曰："天下谓刀笔吏不可以为公卿，果然。必汤也，令天下重足而立，侧目而视矣！"

是时，汉方征匈奴，招怀四夷。黯务少事，乘上间，常言与胡和亲，无起兵。上方向儒术，尊公孙弘。及事益多，吏民巧弄。上分别文法，汤等数奏决谳以幸。而黯常毁儒，面触弘等徒怀诈饰智以阿人主取容，而刀笔吏专深文巧诋，陷人于罪，使不得反其真，以胜为功。上愈益贵弘、汤，弘、汤深心疾黯，唯天子亦不说也，欲诛之以事。弘为丞相，乃言上曰："右内史界部中多贵人宗室，难治，非素重臣不能任，请徙黯为右内史。"为右内史数岁，官事不废。

大将军青既益尊，姊为皇后，然黯与亢礼。人或说黯曰："自天子欲群臣下大将军，大将军尊重益贵，君不可以不拜。"黯曰："夫以大将军有揖客，反不重邪？"大将军闻，愈贤黯，数请问国家朝廷所疑，遇黯过于平生。

淮南王谋反，惮黯，曰："好直谏，守节死义，难惑以非。至如说丞相弘，如发蒙振落耳。"

天子既数征匈奴有功，黯之言益不用。

始黯列为九卿，而公孙弘、张汤为小吏。及弘、汤稍益贵，与黯同位，黯又非毁弘、汤等。已而弘至丞相，封为侯；汤至御史大夫；故黯时丞相史皆与黯同列，或尊用过之。黯褊心，不能无少望，见上，前言曰："陛下用群臣如积薪耳，后来者居上。"上默然。有间黯罢，上曰："人果不可以无学，观黯之言也日益甚。"

居无何，匈奴浑邪王率众来降，汉发车二万乘。县官无钱，从民贳马。民或匿马，马不具。上怒，欲斩长安令。黯曰："长安令无罪，独斩黯，民乃肯出马。且匈奴畔其主而降汉，汉徐以县次传之，何至令天下骚动，罢弊中国而以事夷狄之人乎！"上默然。及浑邪至，贾人与市者，坐当死者五百馀人。黯请间，见高门，曰："夫匈奴攻当路塞，绝和亲，中国兴兵诛之，死伤者不可胜计，而费以巨万百数。臣愚以为陛下得胡人，皆以为奴婢以赐从军死事者家；所卤获，因予之，以谢天下之苦，塞百姓之心。今纵不能，浑邪率数万之众来降，虚府库赏赐，发良民侍养，譬若奉骄子。愚民安知市买长安中物而文吏绳以为阑出财物于边关乎？陛下纵不能得匈奴之资以谢天下，又以微文杀无知者五百馀人，是所谓'庇其叶而伤其枝'者也，臣窃为陛下不取也。"上默然，不许，曰："吾久不闻汲黯之言，今又复妄发矣。"后数月，黯坐小法，会赦，免官。于是黯隐于田园。

居数年，会更五铢钱，民多盗铸钱，楚地尤甚。上以为淮阳，楚地之郊，乃召拜黯为淮阳太守。黯伏谢不受印，诏数强予，然后奉诏。诏召见黯，黯为上泣曰："臣自以为填沟壑，不复见陛下，不意陛下复收用之。臣常有狗马病，力不能任郡事，臣愿为中郎，出入禁闼，补过拾遗，臣之愿也。"上曰："君薄淮阳邪？吾今召君矣。顾淮阳吏民不相得，吾徒得君之重，卧而治之。"黯既辞行，过大行李息，曰："黯弃居郡，不得与朝廷议也。然御史大夫张汤智足以拒谏，诈足以饰非，务巧佞之语，辩数之辞，非肯正为天下言，专阿主意。主意所不欲，因而毁之：主意所欲，因而誉之。好兴事，舞文法，内怀诈以御主心，外挟贼吏以为威重。公列九卿，不早言之，公与之俱受其僇矣。"息畏汤，终不敢言。黯居郡如故治，淮阳政清。后张汤果败，上闻黯与息言，抵息罪。令黯以诸侯相秩居淮阳。七岁而卒。

卒后，上以黯故，官其弟汲仁至九卿，子汲偃至诸侯相。黯姑姊子司马安亦少与黯为太子洗马。安文深巧善宦，官四至九卿，以河南太守卒。昆弟以安故，同时至二千石者十人。濮阳段宏始事盖侯信，信任宏，宏亦再至九卿。然卫人仕者皆严惮汲黯，出其下。

郑当时者，字庄，陈人也。其先郑君尝为项籍将；籍死，已而属汉。高祖令诸故项籍臣名籍，郑君独不奉诏。诏尽拜名籍者为大夫，而逐郑君。郑君死孝文时。

郑庄以任侠自喜，脱张羽于厄，声闻梁、楚之间。孝景时，为太子舍人，每五日洗沐，常置驿马长安诸郊，存诸故人，请谢宾客，夜以继日，至其明旦，常恐不遍。庄好黄老之言，其慕长者如恐不见。年少官薄，然其游知交皆其大父行，天下有名之士也。武帝立，庄稍迁为鲁中尉、济南太守、江都相，至九卿为右内史。以武安侯、魏其时议，贬秩为詹事，迁为大农令。

庄为太史，诫门下："客至，无贵贱无留门者。"执宾主之礼，以其贵下人。庄廉，又不治其产业，仰奉赐以给诸公。然其馈遗人，不过算器食。每朝，候上之间，说未尝不言天下之长者。其推毂士及官属丞史，诚有味其言之也，常引以为贤于己。未尝名吏，与官属言，若恐伤之。闻人之善言，进之上，唯恐后。山东士诸公以此翕然称郑庄。

郑庄使视决河，自请治行五日。上曰："吾闻'郑庄行，千里不赍粮'，请治行者何也？"然郑庄在朝，常趋和承意，不敢甚引当否。及晚节，汉征匈奴，招四夷，天下费多，财用益匮。庄任人宾客为大农僦人，多逋负。司马安为淮阳太守，发其事，庄以此陷罪，赎为庶人。顷之，守长史。上以为老，以庄为汝南太守。数岁，以官卒。

郑庄、汲黯始列为九卿，廉，内行修洁。此两人中废，家贫，宾客益落。及居郡，卒后家无馀资财。庄兄弟子孙以庄故，至二千石六七人焉。

太史公曰：夫以汲、郑之贤，有势则宾客十倍，无势则否，况众人乎！下邽翟公有言，始翟公为廷尉，宾客阗门；及废，门外可设雀罗。翟公复为廷尉，宾客欲往，翟公乃大署其门曰："一死一生，乃知交情。一贫一富，乃知交态。一贵一贱，交情乃见。"汲、郑亦云，悲夫！

【译文】

汲黯字长孺，是濮阳县人。他的祖先曾受到古卫国国君的恩宠，从那时到他已是第七代了，世世都在朝中担任公卿大夫。他因为有父亲的保举，在景帝时当了太子洗马，因为他素来庄重严肃，使人敬畏。景帝死后，太子刘彻继位，就是汉武帝，汲黯被任命为谒者之官。不久，东南沿海的闽越和瓯越相互攻击，皇上派汲黯前往视察。他没有到达东越，走到吴县就折回来禀报说："越人互相攻击，因为当地民俗本来就是这样好斗，不值得烦劳天子的使臣前去过问。"河内郡发生了火灾，殃及了一千多户人家，皇上又派汲黯去视察。他回来报告说："那是普通人家不慎失火，由于挨得近，火势便蔓延开烧了邻居的房子，陛下不必忧虑。但是我路过河南郡时，看到当地水旱灾害十分严重，贫民饱受煎熬，灾民多达一万多户，有的竟然父子互相吞食。面对这种情况，我郑重地使用手中的符节，下令将河南郡官仓的储粮都发放给了百姓，以赈济当地灾民。现在我归还符节，请求陛下处罚我假传圣旨的罪责。"皇上认为汲黯贤良，这件事做得很好，就免他无罪，调任为荥阳县令。汲黯觉得当这个县令不光彩，就称病辞官还乡。皇上得知后，就召任汲黯为中大夫。后来由于他屡次在朝廷上向皇上直言谏诤，所以不能被长久地留在朝中，而是外放到东海郡任太守。汲黯喜好黄老的学说，他处理政务和治理民事，崇尚无为而治，挑选出几位得力的郡丞和书史，把事情全权交托他们去办。他治理郡务，只留心督查大的方面，并不苛求细枝末节。汲黯体弱多病，经常躺在屋里不出门。仅一年多的时间，东海郡便被治理得清明太平，人们称赞不已。皇上得知后，就把汲黯召回京任主爵都尉，享受九卿的待遇。他在朝廷为政仍力求无为而治，抓住大的方面，而不拘泥繁文缛节。

汲黯性情孤傲，与人相处不讲究礼数，常常当面顶撞人，不能容忍别人的过错。与自己心性相投的，他就亲近友善；与自己合不来的，就不愿意相见，士人因此也都不愿依附他。但是汲黯好学，为人很仗义，有气节。常常不忘自身的修养，在朝中时喜欢直言劝谏，因此屡次触犯皇上的颜面。他仰慕傅柏和袁盎的为人，与灌夫、郑当时和宗正刘弃相交好。他们也都因为好直谏，而不能长久地占据高位。

那个时候，汲黯任主爵都尉，窦太后的弟弟武安侯田蚡为宰相。那些年俸中二千石的高官来拜见他时都行跪拜之礼，而田蚡却不回礼。汲黯拜见田蚡时从不下拜，只拱手作揖而已。当时皇上正在招揽文学之士和儒生，想大兴礼乐，常说'我想如何如何'，汲黯便答道："陛下表面上施行仁义，而内心里享乐欲望很多，这样怎能达到唐尧虞舜的政绩呢？"皇上无言以对，气得脸色都变了，愤怒地罢了朝，大臣们都为汲黯捏一把汗。退朝后，皇上对身边的近臣说："汲黯的鲁莽真是太过分了！"群臣中有人指责汲黯，汲黯说："天子设置公卿百官，是让他们来辅佐治国的，难道是让他们一味阿谀顺从，而把君主置于不义的地步吗？何况我已身居九卿之位，如果只顾及自己的身家性命，那不是朝廷的侮辱吗？"

汲黯多病，每当他抱病请假快满三个月，按规定将被免官的时候，皇上总是特别恩准多给他一些假期，以便好好养病，但他的病体却始终不能痊愈。他最后一次病重，庄助替他请假，皇上问道："你觉得汲黯这个人怎么样？"庄助说："让汲黯当一般的官，没有过人之处。然而要让他辅佐年少的君主，他一定坚守自己的职责，不会被利诱之，也不会被威驱之，即使古代孟贲、夏育一样的勇武非常，也比不上他。"皇上说：

“是的。古代有所谓安邦保国的忠臣，我看汲黯就近似这样的人。”

大将军卫青在宫中入侍，皇上有时在厕所内接见他。丞相公孙弘平常时去见皇上，皇上有时连帽子也不戴。但假如汲黯要进见，皇上帽子不戴好是绝不会接见的。皇上曾经有一次坐在威严的武帐中，远远看见汲黯前来奏事，当时恰好没戴帽，就连忙躲到帐内，让身旁的侍者代为批准同意他的奏章。汲黯受皇上尊敬礼遇到了这种程度。

当时张汤刚任廷尉之职，负责更改制定刑律法令，汲黯就多次在皇上面前斥责张汤，说道：“你身为正卿，却对上不能弘扬光大先帝的功业，对下不能遏止小人的邪念。作为盛世的标志，一是国安民富，二是监狱里空无罪犯，这两方面你都没有做到。相反，明知不对，却竭力做错的事，使律令非常繁琐，以此来成就自己的事业，更甚者，你怎么能把高祖皇帝定下的规章制度胡乱更改呢？这样做日后肯定会断子绝孙的。”汲黯时常和张汤辩论，张汤熟悉典章条文，说起来引经据典，苛求细节。而汲黯则出言刚直严肃，志气昂奋，不肯屈服，他曾怒不可遏地骂张汤说：“世人都说绝不能让刀笔吏担任公卿之位，看来此话一点不假。如果事事都要依张汤的办法去做，那么天下人必将畏手畏脚，恐惧得不敢迈步，眼睛也不敢正视了！”

当时，汉朝正在对匈奴大肆用兵，招抚各边地的少数民族部落。汲黯希望国家事情越少越好，常趁着向皇上进言的机会建议与胡人和亲，不要发兵打仗。皇上当时正热衷于儒家的学说，重用公孙弘，没把他的话放在心上。后来各种事情纷起，下层官吏和不法之民都钻法令的空子。为了整治这种混乱局面，皇上就增订法律，严明法纪，张汤等人也便不断进奏所审判的要案，以此博取皇上的宠信。与此相反，汲黯常常诋毁儒学，当面抨击公孙弘之流奸诈虚伪，专门以狡猾手段博取皇上的欢心；同时斥责那班刀笔吏专门苛究深抠法律条文，巧言诋毁他人陷害他人有罪，使得整个社会都失去本性，都想着打倒别人来邀功。可是皇上越发地重用公孙弘和张汤，公孙弘、张汤对汲黯十分憎恶，就连皇上也不喜欢他，总想找机会杀了他。公孙弘做了丞相，向皇上建议说：“右内史辖区内都是达官贵人和皇室宗亲居住，所以很难管理，非是素来有声望的大臣不能当此重任，请您派汲黯为右内史。”不料汲黯任右内史几年，政事处理得井井有条，从未荒废过。

当时大将军卫青的地位越来越显贵了，他的姐姐卫子夫还做了皇后，但是汲黯见了他仍行平等之礼。有人劝汲黯说：“天子想让群臣尊重大将军，大将军如今受到皇帝的器重，地位日益显贵，你不能不行跪拜之礼啊。”汲黯回答道：“难道因为大将军有个拱手行礼的客人，就降低他的身份了吗？”大将军卫青听说后，越发认为汲黯贤良，多次就朝中的难事向他请教，待他礼遇胜过一般人。

当时淮南王刘安阴谋反叛，他就怕汲黯，说道：“汲黯喜欢直言进谏，坚守气节，愿意为正义捐躯，很难诱惑得了他。至于游说丞相公孙弘，就像揭开一层盖布或者摇落几片树叶那么容易。”

天子当时多次征讨匈奴都大获而归，对汲黯主张与胡人和亲而不要讨伐的话，就更加听不进去了。

当年汲黯享受九卿待遇时，公孙弘、张汤只不过是一般的小吏。后来公孙弘、张汤日渐显贵，和汲黯同一个等级，汲黯就常常批评诋毁他们。不久，公孙弘升为丞相，封为平津侯；张汤升至御史大夫；昔日汲黯属下的郡丞、书史也都和他同级别了，有的甚至地位还超过了他。汲黯心量窄性子躁，不可能没有一点儿怨言，朝见皇上时，上前说道：“陛下任命群臣就像堆柴垛一样，越是后来的越堆在上面。”皇上沉默不说话。一会儿汲黯退出了，皇上说：“一个人确实不可以没有学识修养，看看汲黯这番话，简直越来越过分了。”

时隔不久，匈奴浑邪王率部众投降汉朝，朝廷征调两万辆车前去接运。国家没有这么多马，也没有钱买，便向百姓借马。有的人就把马藏起来，因此拉两万辆车的马始终无法凑齐。皇上大怒，要诛杀长安县令。汲黯说：“长安县令没有罪，您只杀了我，百姓就会献出马匹了。况且匈奴人背叛他们的君主来投降我们汉朝，朝廷可以让沿途各县提供车马，把他们慢慢地接运过来就可以了，何至于惊动全国，耗费我国人民的资财去侍奉那些匈奴的降兵呢？”皇上听了无言以对。浑邪王率部到来后，商人因与匈奴人做交易，被判处死罪的有五百多人。汲黯求见，在未央宫的高门殿见到了皇上，说道：“匈奴攻打我们的关塞，破坏和亲的条约，我朝被迫发兵征讨。为此死伤的人数不胜数，而且耗费的资财数以亿计。我愚蠢地以为陛下抓获了匈奴人，会把他们都赏给死在前线的将士之家做奴婢，并将掳获的财物也送给他们，以此补偿一点天下人付出的辛劳，安慰百姓的心。即使这一点现在做不到，浑邪王率领几万部众前来归降，也不该把府库里所有的财物都赏赐他们，征调善良的百姓去伺候他们，把他们视若宠儿一般。今天有些无知的百姓只是与匈奴人做了点买卖，哪里知道却被死抠法律条文的执法官视为将财物非法走私出关而判罪呢？陛下纵然不能把俘获匈奴的财物分给天下人，还要用苛严的法令杀害五百多无知的老百姓，这就是所谓的‘砍掉树枝而来保护树叶’吗？我私下认为这种做法是不可取的。”皇上沉默不言，不予赞同，后来说：“我很久没听到汲黯说话了，今日又听他胡乱说了一通。”几个月以后，汲黯因犯了小罪被判刑，适逢皇上大赦，仅被免官。于是汲黯就归隐田园了。

过了几年，赶上国家更换货币，改铸五铢钱，当时老百姓很多人私铸钱币，楚地尤其严重。皇上认为淮阳郡是通往楚地的交通要道，就召任汲黯为淮阳郡太守。汲黯拜伏在地上推辞不肯接受，皇上屡下诏令强迫他接受，于是只好领命。皇上召见汲黯，汲黯哭着对皇上说：“我原以为到死也见不到陛下了，想不到陛下又起用了我。但是我多年来一直有病，难以胜任太守之职。我希望当个中郎，出入在您的周围，随时做些拾遗补缺的事，这是我的愿望。”皇上说：“你嫌淮阳太守这个职位低吗？很快我就会召你回来的。只因现在淮阳地方官民矛盾突出，只好借你的威望去治理，你去了即使躺在家中形势也会变好的。”汲黯向皇上辞行后，又去探望大行令李息，他说：“我被打发到外郡，不能参与朝廷的议政了。可是你要注意，御史大夫张汤的智谋足以驳回他人的批评，奸诈足以遮掩自己的过失。他专用巧言谄媚之语，能说会道，但从来不肯替天下人说一句公道的话，而一心迎合皇上的心思。皇上不喜欢的，他就顺其心意加以诋毁；皇上喜欢的，他就跟着赞叹。他总爱生事，搬弄法令条文，内心奸诈以逢迎皇上的旨意，外面又有一群恶吏助长他的威势。您位居九卿，若不及早向皇上进言，将来您和他都会被诛杀的。”李息畏惧张汤，始终不敢向皇上进谏。汲黯到淮阳治理郡务一如往昔作风，不久淮阳郡政治就清明起来。后来，张汤果然身败名裂。皇上听说汲黯当初曾对李息说过那番话，就判李息有罪，并让汲黯以诸侯国相的品级继续掌管淮阳郡。七年后汲黯逝世。

汲黯死后，皇上为了褒扬他，让他的弟弟汲仁官至九卿，其儿子汲偃官至诸侯国相。汲黯姑母的儿子司马安年轻时与汲黯同为太子洗马，但他为人酷苛，擅长玩弄法律条文，巧于为官，曾四次做到九卿，在河南郡太守任上去世。司马安的兄弟们由于他的推荐，官至二千石职位的有十人。濮阳人段宏起初侍奉盖侯王信，由于王信的保举，段宏也两次官至九卿。但总的说来，卫国地区做官的人还是敬畏汲黯，甘居其下。

郑当时，字庄，陈县人。他的祖先郑君曾是项羽手下的将领；项羽死后，不久就归顺了汉朝。高祖刘邦下令项羽所有的旧部下在提到项羽时都要直呼其名，唯独郑君不服从这个诏令。高祖下旨把那些肯直呼项羽名讳的人都拜为大夫，而把郑君赶走了。郑君死于孝文帝时。

郑庄喜欢仗义行侠，曾解救梁孝王的将领张羽的危难，声名传遍梁、楚一带。孝景帝时，担任太子舍人。每逢五天一次的休假日，他总是在长安郊外置备马匹，骑着马去看望各位老友，或者是邀请宾朋作客，通宵达旦地忙碌，还总是担心有所疏漏。郑庄喜好黄老的学说，仰慕敬重长者，唯恐错过机会见不到。虽然他年纪轻官职卑微，但所交游的都是祖父一辈的天下名士。武帝即位后，郑庄逐渐升迁，先后做过鲁国中尉、济南太守、江都国相，后来升到九卿中的右内史。由于在武安侯田蚡和魏其侯窦婴的纷争中处置不当，被贬为詹事，后来又调任大农令。

郑庄做右内史时，经常告诫属下官吏说："有来访者，不论尊贵或低贱都要马上通报，一律不得让客人在门口久候。"因此无论多么低微的客人拜访，他都恭敬以礼相待，很能礼贤下士。郑庄为人廉洁，又不添置私产，他的官俸和赏赐都用来供给各位年长的友人。由于家境不富裕，他所馈送的礼物，都是些用竹器盛的食物。每逢上朝，遇到有向皇上进言的机会，他必称赞天下德高望重的长者。他推举士人和下属官吏的时候，津津乐道，饶有兴味，时常称赞他们比自己贤能。他从不直呼官吏的名字，与属下谈话时，也小心翼翼，生怕伤害到对方。听到别人有好的建议，便马上报告皇上，唯恐延迟耽误了事情。因此，崤山以东的广大地区，士人和长者都众口一词称赞他的美德。

郑庄被派遣视察黄河决口，他请了五天假准备行李。皇上说："我听说'郑庄远行，走千里也不带粮'，为什么还要请求准备行装的时间？"郑庄在外人缘虽好，但在朝中常常顺从迎合皇上的心意，不敢明确表示自己的是非态度。到他晚年的时候，汉朝讨伐匈奴，招抚各地少数民族，耗费财物很多，使得国家财力物力更加匮乏。郑庄推荐的人及其宾客，替大农令雇车运输，拖欠了很多钱财。淮阳郡太守司马安告发此事，郑庄因此招了罪，花钱赎罪后被贬为平民。不久，又在丞相府暂代长史之职。后来皇上认为他年事已高，就任命他做汝南郡太守。几年后，在任时去世。

郑庄、汲黯都曾位列九卿，为官清廉，注重自身的品行修养。这两人中途都曾被罢官，家境清贫，因而宾客也都渐渐走了。待到做郡守时，死后家中没有留下多余的财物。但是郑庄的兄弟子孙因他的推荐，有六七人做到了二千石的官。

太史公说：像汲黯、郑当时这样贤德有才的人，有权势的时候宾客盈门，无权势时宾客四散，他们尚且如此，更何况一般人呢？下邽县翟公曾说过，起初他做廷尉时，家中宾客挤破了门；待到一丢官，门外便冷清得可以张罗捕雀。他复职后，有些宾客们又想回来，翟公就在大门上写道："一死一生，乃知交情。一贫一富，乃知交态。一贵一贱，交情乃见。"汲黯、郑庄也是如此，这个世道真是可悲啊！

史记卷一百二十一

儒林列传第六十一

太史公曰：余读功令，至于广厉学官之路，未尝不废书而叹也。曰：嗟乎！夫周室衰而《关雎》作，幽厉微而礼乐坏，诸侯恣行，政由强国。故孔子闵王路废而邪道兴，于是论次《诗》《书》，修起礼乐。适齐闻《韶》，三月不知肉味。自卫返鲁，然后乐正，《雅》《颂》各得其所。世以混浊莫能用，是以仲尼干七十馀君无所遇，曰："苟有用我者，期月而已矣。"西狩获麟，曰："吾道穷矣。"故因史记作《春秋》，以当王法，以辞微而指博，后世学者多录焉。

自孔子卒后，七十子之徒散游诸侯，大者为师傅卿相，小者友教士大夫，或隐而不见。故子路居卫，子张居陈，澹台子羽居楚，子夏居西河，子贡终于齐。如田子方、段干木、吴起、禽滑釐之属，皆受业于子夏之伦，为王者师。是时独魏文侯好学。后陵迟以至于始皇，天下并争于战国，儒术既绌焉，然齐鲁之间，学者独不废也。于威、宣之际，孟子、荀卿之列，咸遵夫子之业而润色之，以学显于当世。

及至秦之季世，焚《诗》《书》，坑术士，六艺从此缺焉。陈涉之王也，而鲁诸儒持孔氏之礼器往归陈王。于是孔甲为陈涉博士，卒与涉俱死。陈涉起匹夫，驱瓦合適戍，旬月以王楚，不满半岁竟灭亡，其事至微浅，然而缙绅先生之徒负孔子礼器往委质为臣者，何也？以秦焚其业，积怨而发愤于陈王也。

及高皇帝诛项籍，举兵围鲁，鲁中诸儒尚讲诵习礼乐，弦歌之音不绝，岂非圣人之遗化，好礼乐之国哉？故孔子在陈，曰"归与归与！吾党之小子狂简，斐然成章，不知所以裁之"。夫齐、鲁之间于文学，自古以来，其天性也。故汉兴，然后诸儒始得修其经艺，讲习大射乡饮之礼。叔孙通作汉礼仪，因为太常，诸生弟子共定者，咸为选首，于是喟然叹兴于学。然尚有干戈，平定四海，亦未暇遑庠序之事也。孝惠、吕后时，公卿皆武力有功之臣。孝文时颇征用，然孝文帝本好刑名之言。及至孝景，不任儒者，而窦太后又好黄老之术，故诸博士具官待问，未有进者。

过鲁祀圣图。选自明·张居正《帝鉴图说》，讲述汉高祖刘邦经过山东曲阜时祭孔子之事。

及今上即位，赵绾、王臧之属明儒学，而上亦乡之，于是招方正贤良文学之士。自是之后，言《诗》于鲁则申培公，于齐则辕固生，于燕则韩大傅。言《尚书》自济南伏生。言《礼》自鲁高堂生。言《易》自菑川田生。言《春秋》于齐、鲁自胡毋生，于赵自董仲舒。及窦太后崩，武安侯田蚡为丞相，绌黄老、刑名百家之言，延文学儒者数百人，而公孙弘以《春秋》白衣为天子三公，封以平津侯。天下之学士靡然乡风矣。

公孙弘为学官，悼道之郁滞，乃请曰："丞相御史言：制曰'盖闻导民以礼，风之以乐。婚姻者，居室之大伦也。今礼废乐崩，朕甚愍焉。故详延天下方正博闻之士，咸登诸朝。其令礼官劝学，讲议洽闻兴礼，以为天下先。太常议，与博士弟子，崇乡里之化，以广贤材焉'。谨与太常臧、博士平等议曰：闻三代之道，乡里有教，夏曰校，殷曰序，周曰庠。其劝善也，显之朝廷；其惩恶也，加之刑罚。故教化之行也，建首善自京师始，由内及外。今陛下昭至德，开大明，配天地，本人伦，劝学修礼，崇化厉贤，以风四方，太平之原也。古者政教未洽，不备其礼，请因旧官而兴焉。为博士官置弟子五十人，复其身。太常择民年十八已上，仪状端正者，补博士弟子。郡国县道邑有好文学，敬长上，肃政教，顺乡里，出入不悖所闻者，令相长丞上属所二千石，二千石谨察可者，当与计偕，诣太常，得受业如弟子。一岁皆辄试，能通一艺以上，补文学掌故缺；其高第可以为郎中者，太常籍奏。即有秀才异等，辄以名闻。其不事学若下材及不能通一艺，辄罢之，而请诸不称者罚。臣谨案诏书律令下者，明天人分际，通古今之义，文章尔雅，训辞深厚，恩施甚美。小吏浅闻，不能究宣，无以明布谕下。治礼次治掌故，以文学礼义为官，迁留滞。请选择其秩比二百石以上，及吏百石通一艺以上，补左右内史、大行卒史；比百石已下，补郡太守卒史。皆各二人，边郡一人。先用诵多者，若不足，乃择掌故补中二千石属，文学掌故补郡属，备员。请著功令。佗如律令。"制曰："可。"自此以来，则公卿大夫士吏斌斌多文学之士矣。

申公者，鲁人也。高祖过鲁，申公以弟子从师入见高祖于鲁南宫。吕太后时，申公游学长安，与刘郢同师。已而郢为楚王，令申公傅其太子戊。戊不好学，疾申公。及王郢卒，戊立为楚王，胥靡申公。申公耻之，归鲁，退居家教，终身不出门，复谢绝宾客，独王命召之乃往。弟子自远方至受业者百馀人。申公独以《诗》经为训以教，无传(疑)，疑者则阙不传。

兰陵王臧既受《诗》，以事孝景帝为太子少傅，免去。今上初即位，臧乃上书宿卫上，累迁，一岁中为郎中令。及代赵绾亦尝受《诗》申公。绾为御史大夫。绾、臧请天子，欲立明堂以朝诸侯，不能就其事，乃言师申公。于是天子使使束帛加璧安车驷马迎申公，弟子二人乘轺传从。至，见天子。天子问治乱之事，申公时已八十馀，老，对曰："为治者不(至)〔在〕多言，顾力行何如耳。"是时天子方好文词，见申公对，默然。然已招致，则以为太中大夫，舍鲁邸，议明堂事。太皇窦太后好老子言，不说儒术，得赵绾、王臧之过以让上，上因废明堂事，尽下赵绾、王臧吏，后皆自杀。申公亦疾免以归，数年卒。

弟子为博士者十馀人。孔安国至临淮太守，周霸至胶西内史，夏宽至城阳内史，砀鲁赐至东海太守，兰陵缪生至长沙内史，徐偃为胶西中尉，邹人阙门庆忌为胶东内史。其治官民皆有廉节，称其好学。学官弟子行虽不备，而至于大夫、郎中、掌故以百数。言《诗》虽殊，多本于申公。

清河王太傅辕固生者，齐人也。以治《诗》，孝景时为博士。与黄生争论景帝前。黄生曰："汤、武非受命，乃弑也。"辕固生曰："不然。夫桀、纣虐乱，天下之心皆归汤、武，汤、武与天下之心而诛桀、纣，桀、纣之民不为之使而归汤、武，汤、武不得已而立，非受命为何？"黄生曰："冠虽敝，必加于首；履虽新，必关于足。何者？上下之分也。今桀、纣虽失道，然君上也；汤、武虽圣，臣下也。夫主有失行，臣下不能正言匡过以尊天子，反因过而诛之，代立践南面，非弑而何也？"辕固生曰："必若所云，是高帝代秦即天子之位，非邪？"于是景帝曰："食肉不食马肝，不为不知味；言学者无言汤、武受命，不为愚。"遂罢。是后学者莫敢明受命放杀者。

窦太后好《老子》书，召辕固生问《老子》书。固曰："此是家人言耳。"太后怒曰："安得司空城旦书乎？"乃使固入圈刺豕。景帝知太后怒而固直言无罪，乃假固利兵，下圈刺豕，正中其心，一刺，豕应手而倒。太后默然，无以复罪，罢之。居顷之，景帝以固为廉直，拜为清河王太傅。久之，病免。

今上初即位，复以贤良征固。诸谀儒多疾毁固，曰"固老"，罢归之。时固已九十馀矣。固之征也，薛人公孙弘亦征，侧目而视固。固曰："公孙子，务正学以言，无曲学以阿世！"自是之后，齐言《诗》皆本辕固生也。诸齐人以《诗》显贵，皆固之弟子也。

韩生者，燕人也。孝文帝时为博士，景帝时为常山王太傅。韩生推《诗》之意而为内外传数万言，其语颇与齐、鲁间殊，然其归一也。淮南贲生受之。自是之后，而燕、赵间言《诗》者由韩生。韩生孙商为今上博士。

伏生者，济南人也。故为秦博士。孝文帝时，欲求能治《尚书》者，天下无有，乃闻伏生能治，欲召之。是时伏生年九十馀，老，不能行，于是乃诏太常使掌故晁错往受之。秦时焚书，伏生壁藏之。其后兵大起，流亡。汉定，伏生求其书，亡数十篇，独得二十九篇，即以教于齐、鲁之间。学者由是颇能言《尚书》，诸山东大师无不涉《尚书》以教矣。

伏生教济南张生及欧阳生，欧阳生教千乘兒宽。兒宽既通《尚书》，以文学应郡举，诣博士受业，受业孔安国。兒宽贫无资用，常为弟子都养，及时时间行佣赁，以给衣食。行常带经，止息则诵习之。以试第次，补廷尉史。是时张汤方乡学，以为奏谳掾，以古法议决疑大狱，而爱幸宽。宽为人温良，有廉智，自持，而善著书、书奏，敏于文，口不能发明也。汤以为长者，数称誉之。及汤为御史大夫，以兒宽为掾，荐之天子。天子见，问，说之。张汤死后六年，兒宽位至御史大夫。九年而以官卒。

宽在三公位，以和良承意从容得久，然无有所匡谏。于官，官属易之，不为尽力。张生亦为博士。而伏生孙以治《尚书》征，不能明也。

自此之后，鲁周霸、孔安国，洛阳贾嘉，颇能言《尚书》事。孔氏有古文《尚书》，而安国以今文读之，因以起其家。逸《书》得十馀篇，盖《尚书》滋多于是矣。

诸学者多言《礼》，而鲁高堂生最本。《礼》固自孔子时而其经不具，及至秦焚书，书散亡益多，于今独有《士礼》，高堂生能言之。

而鲁徐生善为容。孝文帝时，徐生以容为礼官大夫。传子至孙徐延、徐襄。襄，其天姿善为容，不能通《礼经》；延颇能，未善也。襄以容为汉礼官大夫，至广陵内史。延及徐氏弟子公户满意、桓生、单次，皆尝为汉礼官大夫。而瑕丘萧奋以《礼》为淮阳太守。是后能言《礼》为容者，由徐氏焉。

自鲁商瞿受《易》孔子，孔子卒，商瞿传《易》，六世至齐人田何，字子庄，而汉兴。田何传东武人王同子仲，子仲传菑川人杨何。何以

《易》，元光元年征，官至中大夫。齐人即墨成以《易》至城阳相。广川人孟但以《易》为太子门大夫。鲁人周霸，莒人衡胡，临菑人主父偃，皆以《易》至二千石。然要言《易》者本于杨何之家。

董仲舒，广川人也。以治《春秋》，孝景时为博士。下帷讲诵，弟子传以久次相受业，或莫见其面，盖三年董仲舒不观于舍园，其精如此。进退容止，非礼不行，学士皆师尊之。今上即位，为江都相。以《春秋》灾异之变推阴阳所以错行。故求雨闭诸阳，纵诸阴。其止雨反是。行之一国，未尝不得所欲。中废为中大夫，居舍，著灾异之记。是时辽东高庙灾，主父偃疾之，取其书奏之天子。天子召诸生示其书，有刺讥。董仲舒弟子吕步舒不知其师书，以为下愚。于是下董仲舒吏，当死，诏赦之。于是董仲舒竟不敢复言灾异。

董仲舒为人廉直。是时方外攘四夷，公孙弘治《春秋》不如董仲舒，而弘希世用事，位至公卿。董仲舒以弘为从谀，弘疾之，乃言上曰："独董仲舒可使相胶西王。"胶西王素闻董仲舒有行，亦善待之。董仲舒恐久获罪，疾免居家。至卒，终不治产业，以修学著书为事。故汉兴至于五世之间，唯董仲舒名为明于《春秋》，其传公羊氏也。

胡毋生，齐人也。孝景时为博士，以老归教授。齐之言《春秋》者多受胡毋生，公孙弘亦颇受焉。

瑕丘江生为穀梁《春秋》。自公孙弘得用，尝集比其义，卒用董仲舒。

仲舒弟子遂者：兰陵褚大，广川殷忠，温吕步舒。褚大至梁相。步舒至长史，持节使决淮南狱，于诸侯擅专断，不报，以《春秋》之义正之，天子皆以为是。弟子通者，至于命大夫；为郎、谒者、掌故者以百数。而董仲舒子及孙皆以学至大官。

【译文】

太史公说：我阅读朝廷考选学官的法规，读到勉励学官广开兴办教育之路时，总是禁不住放下书本而慨叹，说道：唉，周王室衰弱了，讽刺时政的《关雎》诗就出现了；周厉王、周幽王的统治衰败了，礼崩乐坏，诸侯便横行恣意，政令全由势力强大的诸侯发布。所以孔子担忧王道废弛邪道兴起，于是编定《诗经》《尚书》，整理音乐礼仪。他到齐国听到了美妙的《韶》乐，便沉迷不已，三个月品尝不出肉的滋味。他从卫国返回鲁国之后，开始校正音乐，使《雅》《颂》乐歌各归其位、有条不紊。由于世道污浊混乱，无人任用他，因此孔子周游列国向七十几位国君求官却都得不到知遇。他感慨地说："要是有人肯用我，只需一年就可以治理好国政了。"鲁国的西郊有人猎获了麒麟，孔子闻知后哀叹"我的理想不能实现了"，于是他借助鲁国已有的历史记录撰写了《春秋》，用它来表现天子的王法，其文辞精约深隐而寓意丰富博大，后代学者很多人都学习它、传录它。

自孔子去世后，他的七十余名得意学生纷纷四散去交游诸侯，成就大的都当了诸侯国君的老师和卿相，成就小的就结交、教导士大夫，也有隐居不仕的。所以子路在卫国做官，子张在陈国做官，澹台子羽居住在楚国，子夏在西河教授，子贡终老于齐。像田子方、段干木、吴起、禽滑釐这些人，都曾受业于子夏之辈，然后做了诸侯国君的老师。那时只有魏文侯最虚心求教于儒学，后来儒学逐渐衰颓直到在秦始皇手中遭受灭顶之灾。战国时期天下群雄并争，儒学已经受到排斥，但是在齐国和鲁国一带，学习研究它的人不曾废弃。在齐威王、齐宣王当政时期，孟子、荀子等人，都继承了孔子的事业并发扬光大，凭自己的学说显名于当世。

到了秦朝末年，秦始皇焚烧《诗经》《尚书》，坑杀儒生，儒家典籍六艺就此残缺。陈涉起事反秦，自立为王，鲁地的儒生们携带孔子家传的礼器去投奔他。于是孔甲做了陈涉的博士，最终和他同归于尽。陈涉起步于普通百姓，驱使一群戍边的乌合之众，不到一个月就在楚地称了王，而在半年内竟又复归灭亡。他的事业十分微小浅薄，体面的士大夫们却背负着孔子的礼器去追随归顺向他称臣，为什么呢？因为秦王朝焚毁了他们的书籍学业，积下了怨仇，这迫使他们投奔陈涉来发泄满腔的愤懑。

直到高祖皇帝杀死项籍，率兵包围了鲁国，那时鲁国中的儒生们仍在讲诵经书、演习礼乐，弦歌之声不绝于耳，这难道不是古代圣人遗留的风范，难道不是一个深爱礼乐的国家吗？所以孔子到陈国出游后，说："回去吧！回去吧，我们乡里的年轻人志向高远，文采熠熠如锦绣，我不知如何教导他们才好。"齐鲁一带爱好重视文化仪典，自古以来就是如此，这已成为自然风尚。建立汉朝后，儒生们开始获得重新研究经学的机会，又讲授演习起了乡饮和大射的礼仪。叔孙通制定汉廷礼仪后，做了太常官，和他一同制定礼仪的儒生弟子们，也都被选为朝官，人们于是喟然感叹，对儒学产生了兴趣。但是，当时天下尚未止息战乱，皇上忙于平定四海，还无暇顾及兴办学校之事。孝惠帝、吕后当政时，公卿大臣都是战功卓著武艺高强的人。孝文帝时略微起用儒生为官，但孝文帝原本只爱刑名学说。等到孝景帝当政，不用儒生，且窦太后又喜好道家思想，因此列位博士官职也只是备员待诏，徒有其名，儒生无人晋升受到重用。

直到当今皇上即位，王臧、赵绾等人深明儒学，而皇上也心向往之，于是朝廷下令举荐品德贤良方正而且通晓经学的文士学者。从此以后，讲《诗经》的在鲁地有申培公，在齐地有辕固生，在燕地则有韩太傅；讲《尚书》的在济南有伏生；讲《礼记》的在鲁地有高堂生；讲《易经》的在菑川有田生；讲《春秋》的在齐鲁两地有胡毋生，在赵地有董仲舒。直到窦太后去世，武安侯田蚡做了丞相，他将道家、刑名家等百家学说废弃，延请治经学的儒生数百人入朝为官，而公孙弘步步高升竟是因为精通《春秋》，从一介平民荣居天子左右的三公尊位，被封为平津侯。从此以后，天下学子莫不心驰神往，对儒学潜心钻研了。

公孙弘曾拜为博士，他担心儒学被阻滞得不到传扬，当了丞相后就上奏请求说："丞相御史启禀皇上：陛下曾下令说'听说为政者应该用礼仪教化百姓，用音乐感化他们。婚姻之事，乃是夫妇间最重要的伦理关系。如今礼乐被废弃破坏了，我深感忧虑。所以大力延请天下品德方正、学识广博的人都来入朝做官。我下令礼官学习要勤奋，讲论儒术，要学识渊博，复兴礼乐，以此来作为天下人的表率。又命太常商议，给博士配置弟子员生，使民间都崇尚教化，来开拓培养贤才的道路'。根据陛下旨意。臣与太常孔臧、博士平等认真商议决定：听说夏、商、周三代的治国之道，教育的场所是乡里之间都有，夏代称校、殷代称序、周代称庠。他们勉励为善者，让其在朝中显达扬名；惩治作恶者，就施以刑罚。所以教化的实施，树立榜样要首先从京城开始，再从京城推广到地方。如今陛下已经明示无上的恩德，放射出日月一样的光辉，它符合天地之大道，是以整饬人伦为根本，鼓励术学，讲究礼仪，崇尚教化，奖励贤良，以此让海内四方从风向善，这正是实现太平之治的本原啊！古代的政治教化不和协，礼仪未完备，现在请求借助原有的官职来兴盛它。请为博士官配置弟子五十人，免除他们的赋税和徭役。让太常从百姓中挑选十八岁以上仪表端正的人，补充博士弟子。郡国、县、道、邑中有爱好经学，尊敬长上，严守政教，友爱乡邻，出入言行皆不违背所学教诲的人，县令、侯国相、县长、县丞要向上级郡守以及诸侯王国相举荐，经其认真察看合格者，应与上计吏同赴京师太常处，接受和博士弟子一样的教育。他们学满一年都要考试，能够精通一种经书以上的人，即可补充文学掌故的缺官；其中成绩好名次高的可以任用为郎中，由太常造册上奏。若是特别优异出众的，可直接将其姓名向上呈报。那些不努力学习才能低下者，和不能通晓一种经学的人，就要罢斥，并惩罚举荐不称职者的官吏。臣认真领会陛下下达的诏书和律令，它们阐明了天道和人道关系，贯通了自古及今的治国义理，文章雅正、教诲之辞含义深刻丰富，它的无量恩德将深深造福于社稷百姓。但是小官吏们见识浅陋，不能完全地讲解诏书律令，无法明白地将陛下的旨意传布晓喻天下。而治礼、掌故之职，是由学礼仪懂经义的人担当的，他们的升迁很缓慢，造成了人才积压。因此请求挑选其中官秩类似二百石以上的人，和百石以上能通晓一种经学的小吏，升补左右内史、大行卒史；挑选类似百石以下的人补郡太守卒史：各郡定员二人，边郡定员一人。优先选用熟知经书能大量讲诵的人，若不够人数，就选用掌故补中二千石的属吏，选用文学掌故补郡国的属吏，将人员备齐。请把这些都一一记入考选学官的法规。其他仍依照律令。”皇上批示说：“准奏。”自此以后，公卿大夫和一般士吏中就有很多文质彬彬的经学儒生了。

申公，鲁国人。高祖经过鲁国的时候，申公以弟子身份跟着老师去鲁国南宫拜见他。吕太后时，申公到长安交游求学，和刘郢一同在老师浮丘伯门下受业。学成后刘郢封为楚王，便让申公当他的太子刘戊的老师。刘戊不喜欢学习，很憎恨申公，等到楚王刘郢去世，刘戊立为楚王，就将申公禁锢起来。申公感到耻辱，就回到鲁国，隐退在家中教书，终身不出家门，又谢绝一切宾客，只有鲁恭王刘余招请他才前往。从远方慕名而来向他求学的弟子有百余人。申公教授《诗经》，且只讲解词义，而不阐发经义的著述，凡有疑惑的地方，便空缺着保存起来，不强作传授。

兰陵人王臧向申公学《诗经》之后，以之侍奉孝景皇帝，当了太子少傅，后免官离朝。当今皇上刚即位，王臧就上书请求入宫为皇上警卫值宿。他不断得到升迁，一年中做到郎中令。而代国人赵绾也曾向申公学习《诗经》，他做了御史大夫。赵绾、王臧请示皇上，想建造明堂用来召集诸侯举行朝会。他们没能说服皇上同意此事，就举荐老师申公。于是皇上派遣使臣携带贵重的礼物束帛和玉璧，驾着驷马安车去迎请申公，赵绾、王臧二位弟子则乘坐着普通的驿车随行。申公到了后，拜见天子。天子向他询问社稷治乱之事，申公当时已年高八十多岁，人老了，回答说："当政的人不要多说话，只看尽力把事做得如何罢了。"这时天子正喜好文词夸饰，见申公如此答对，默然不高兴。但是已经把申公招到朝中，就让他做了太中大夫，住在鲁邸，商议修建明堂的事宜。太皇窦太后喜好老子学说，不喜欢儒术，她找出赵绾、王臧的过失来责备皇上，皇上因此停止商议建造明堂的事，把赵绾、王臧都交给法官论罪，后二人皆自杀。申公也返回鲁国以病免官，数年后逝世。

在申公弟子中有十几人拜为博士：官至临淮太守的有孔安国，官至胶西内史的有周霸，官至城阳内史的有夏宽，官至东海太守的有砀鲁赐，官至长沙内史的有兰陵人缪生，官至胶西中尉的有徐偃，官至胶东内史的有邹人阙门庆忌。他们管理官吏和百姓的时候都廉洁有节操，人们称赞他们好学。其他的弟子学官，品行虽不完美，但是官至大夫、郎中和掌故的人也有百余名。他们讲解《诗经》虽然各有不同，但是大多都依循申公的见解。

辕固生是齐国人，是清河王刘承的太傅，因为研究《诗经》，孝景帝时拜为博士。他和黄生在景帝面前争论。黄生说："汤王、武王并非秉承天命继位天子，而是弑君篡位。"辕固生反驳说："不对。那夏桀、殷纣昏乱暴虐，天下人的心都归顺商汤、周武，商汤、周武顺应天下人的心愿而杀死桀、纣，桀、纣的百姓不肯为他们效命才心向汤、武，汤、武迫不得已才立为天子，这不是秉承天命那又是什么？"黄生说："帽子虽然破旧，但是一定戴在头上；鞋虽然新，但是必定穿在脚下。为什么呢？这正是因为上下有别的道理。桀、纣虽然无道，但是身为君主自在上位；汤、武虽然圣明，却是身为臣子而居下位。君主有了过错，臣子不能直言劝谏来保持天子的尊严，反而却借其有过而诛杀君主，取代他自登南面称王之位，这不是弑君篡位又是什么？"辕固生答道："如果硬要按你的说法来判断是非，那么高皇帝取代秦朝即天子之位，也不对吗？"于是景帝说："吃肉不吃马肝，并不算不知肉的美味；谈学问的人不谈汤、武是否受天命继位，并不算愚笨。"于是争论停止。此后学者再无人胆敢争辩汤、武是受天命而立还是放逐桀纣篡夺君权的这个问题了。

窦太后很喜欢《老子》这本书，召辕固生来问他读此书的体会。辕固生说:“这不过是普通人的言论罢了。”窦太后恼羞成怒道:“它怎么能比得上管制犯人似的儒家诗书呢!”于是让辕固生入兽圈刺杀野猪。景帝知道太后发怒了而辕固生直言却并无罪过,就借给他锋利的兵器。他下到兽圈内去刺杀野猪,正中其心,一刺,野猪便倒地。太后无语,没理由再治他的罪,只得算了。没多久,景帝认为辕固生廉洁正直,拜他为清河王刘承的太傅。很久之后,他因病免官。

当今皇上刚即位,又以品德贤良为由征召辕固生入朝。那些喜好阿谀逢迎的儒生们多有嫉妒诋毁辕固生之语,说“辕固生老了”,于是他被遣归罢官。这时辕固生已经九十多岁了。他被征召时,同时被征召的有薛邑人公孙弘,却不敢正视辕固生。辕固生对他说:“公孙先生,务必以正直的学问论事,别用邪曲之说去迎合世俗。”自此之后,齐人讲《诗经》都依据辕固生的见解。一些齐人因研究《诗经》略有成绩而仕途显贵,他们皆为辕固生的弟子。

韩生,为燕郡人。孝文帝时当博士,景帝时任常山王刘舜的太傅。韩生推究《诗经》的旨意而撰述了《内传》《外传》达数万言,书中的用语和齐、鲁两地很是不同,但是宗旨是一致的。淮南贲生受业于他。自此之后,燕赵一带讲《诗经》的人都会因循韩生的见解。韩生的孙子韩商是当今皇上委任的博士。

伏生,为济南郡人。先前做过秦朝博士。孝文帝时,他想找到能研究《尚书》的人,遍寻天下不得,后听说伏生会讲授,就想召用他。当时伏生已九十余岁,人很老了,不能远行,于是文帝就下令太常派掌故晁错前往伏生处向他学习。秦朝焚烧儒书时,伏生把《尚书》藏在墙壁里。后来大起战乱,伏生出走流亡,汉朝平定天下后,他返回寻找所藏的《尚书》,已丢失了几十篇,只得到二十九篇,于是他便在齐鲁一带教授残存的《尚书》。自此学者们都很会讲解《尚书》,崤山以东诸位著名学者没有不涉猎《尚书》来教授学生的。

伏生教济南人欧阳生和张生,欧阳生教千乘儿宽。儿宽精通《尚书》之后,凭借经学方面的成绩参加郡中选举,前往博士官门下学习,师从于孔安国。儿宽家贫没有资财,时常当学生们的厨工,还经常偷偷外出打工挣钱,来供给自己的衣食之需。他外出时常常看经书,休息时就朗读体会它。依照考试成绩的名次,他补了廷尉史的缺官。当时张汤正爱好儒学,就让儿宽做自己的掾吏,负责案情呈报。儿宽根据经义古法论事判决疑难大案，因而张汤很宠用他。儿宽为人善良温和，有廉洁的操守和聪敏的智慧，能把握自己的言行，而且擅长著书、起草奏章，文思敏捷，但是口拙不会阐述。张汤认为他是忠厚之人，多次赞扬他。等到张汤当了御史大夫，就让儿宽当掾吏，向天子举荐他。天子召见询问儿宽后，很喜欢他。张汤死后六年，儿宽便官至御史大夫，在职九年去世。儿宽身居三公之位，由于性情谦和驯良，能顺从皇上之意，善于调解纠纷，而得以官运久长，但是他没有匡正劝谏过皇上的过失。居官期间，属下的官员轻视他，不为他尽力。张生也当了博士官。而伏生的孙子也因研究《尚书》被征召，但是他并不能阐明《尚书》的经义。

从此以后，鲁人周霸、孔安国，洛阳人贾嘉，都很会讲授《尚书》的内容。孔家有用先秦古文撰写的《尚书》，而孔安国用时下隶书字体把它们重新摹写讲读，因此就兴起了他自己的学术流派。孔安国得到了《尚书》中失传的那十几篇，大约自此《尚书》的篇目就增多起来了。

许多学者都解说《礼经》，而鲁郡人高堂生的见解是最贴近本义的。《礼经》本来自孔子时起就不完整，到了秦始皇焚书后，此书散失的篇目更多，今日只有《士礼》尚存，高堂生能讲解它。

鲁国徐生善于演习礼仪。孝文帝时，徐生以此出任礼官大夫。他传习礼仪于儿子至孙子徐延、徐襄。徐襄，天性便擅长演习礼仪，但是不能通晓《礼经》；徐延很通晓《礼经》，却不善于演习礼节仪式。徐襄因为擅长演习礼节仪式当了汉王朝的礼官大夫，官至广陵内史。徐延及徐氏弟子公户满意、桓生、单次，都曾出任汉朝的礼官大夫。而瑕丘人萧奋以通晓《礼经》当了淮阳太守。此后能够讲解《礼经》并演习礼节仪式的人，都出自徐氏一家。

鲁国人商瞿从师孔子学习《易经》，孔子死后，商瞿便传授《易经》，历经六代而传至齐郡人田何。田何，字子庄，而后汉朝建立。田何传授于东武人王同，王同字子仲，子仲传于菑川人杨何。杨何因通晓《易经》，于元光元年被朝廷征召，官至中大夫。齐人即墨成因通晓《易经》官至城阳国相。广川人孟但因通晓《易经》当了太子门大夫。鲁人周霸。莒人衡胡，临淄人主父偃，都是因通晓《易经》官至二千石。但是对《易经》能讲授得精当的，是源自于杨何一家的学说。

董仲舒，为广川郡人。因研究《春秋》，孝景帝时曾拜为博士。他居家教书，上门求学的人很多，不能一一亲授，弟子之间便依学辈先后辗转相传，有的人甚至没见过他的面。董仲舒足不出户，三年间不曾到屋旁的园圃观赏，他治学心志专一到了如此程度。他出入时的仪容举止，无一不合乎礼仪的矩度，学生们都师法、敬重他。当今皇上即位后，他出任江都国相。他依据《春秋》记载的自然灾害和特异现象的变化来推求阴阳之道交替运行的原因，因而求雨时关闭种种阳气，放出种种阴气，止雨时则方法与之相反。这种做法在江都国实行，无不实现了预期的效果。后来他被贬为中大夫，居家写作了《灾异之记》。这时辽东高帝庙发生火灾，主父偃嫉妒他，就窃取了他的书上奏天子。天子召集众儒生把书拿给他们看，儒生们认为其中含有指责讥讽朝政之意。董仲舒的学生吕步舒不知道这是自己老师的著作，认为它愚蠢至极，于是把董仲舒交法官论罪，判处死刑，但是皇上降诏赦免了他。于是董仲舒自此不敢再讲论灾异之说。

董仲舒为人廉洁正直。这一时期朝廷正用兵向外排除四方边境内外少数民族的侵扰，公孙弘研究《春秋》成就不及董仲舒，但是他善于迎合世俗，因此能身居高位做了公卿大臣。董仲舒认为公孙弘为人阿谀逢迎。公孙弘憎恨他，就对皇上说："只有董仲舒可以担当胶西王的国相。"胶西王为人狠毒暴戾，但是一向听说董仲舒有美德，也很好地礼遇他。董仲舒害怕居官日久会惹祸上身，就称病辞官回家。直至逝世，他始终不曾置办私产，而一心以研究学问写作论著为本职。所以自汉朝开国以来历经五朝，期间只有董仲舒对《春秋》最为精通，名望甚高，他传授师承的是《春秋》公羊学。

胡毋生，是齐郡人。孝景帝时拜为博士，后因年老返归故里讲授《春秋》。齐地解说《春秋》的人很多受教于胡毋生，公孙弘也受过他的教诲。

瑕丘人江生研究《春秋》谷梁学。自从公孙弘受到重用，他曾收集比较了谷梁学和公羊学的经义，最后采用了董仲舒所传授的公羊氏的学说。

董仲舒的弟子中有成就的人是：兰陵人褚大，广川人殷忠，温人吕步舒。褚大官至梁王国相。吕步舒官至长史，手持符节出使去决断淮南王刘安谋反的罪案，对诸侯王能够自行裁决，而不加请示。他根据《春秋》经义公正断案，天子都认为很对。弟子中官运通达的，做到了大夫之职；做到郎、谒者、掌故的有百余人。而董仲舒的儿子和孙子也都因精通儒学做了高官。

史记卷一百二十二

酷吏列传第六十二

孔子曰："导之以政，齐之以刑，民免而无耻。导之以德，齐之以礼，有耻且格。"老氏称："上德不德，是以有德；下德不失德，是以无德。""法令滋章，盗贼多有。"太史公曰：信哉是言也！法令者治之具，而非制治清浊之源也。昔天下之网尝密矣，然奸伪萌起，其极也，上下相遁，至于不振。当是之时，吏治若救火扬沸，非武健严酷，恶能胜其任而愉快乎！言道德者，溺其职矣。故曰"听讼，吾犹人也，必也使无讼乎"。"下士闻道大笑之"。非虚言也。汉兴，破觚而为圜，斫雕而为朴，网漏于吞舟之鱼，而吏治烝烝，不至于奸，黎民艾安。由是观之，在彼不在此。

高后时，酷吏独有侯封，刻轹宗室，侵辱功臣。吕氏已败，遂（禽）〔夷〕侯封之家。孝景时，晁错以刻深，颇用术辅其资，而七国之乱，发怒于错，错卒以被戮。其后有郅都、宁成之属。

郅都者，杨人也。以郎事孝文帝。孝景时，都为中郎将，敢直谏，面折大臣于朝。尝从入上林，贾姬如厕，野彘卒入厕。上目都，都不行。上欲自持兵救贾姬，都伏上前曰："亡一姬复一姬进，天下所少宁贾姬等乎？陛下纵自轻，奈宗庙太后何！"上还，彘亦去。太后闻之，赐都金百斤，由此重郅都。

济南瞯氏宗人三百馀家，豪猾，二千石莫能制，于是景帝乃拜都为济南太守。至则族灭瞯氏首恶，馀皆股栗。居岁馀，郡中不拾遗。旁十馀郡守畏都如大府。

都为人勇，有气力，公廉，不发私书，问遗无所受，请寄无所听。常自称曰："已倍亲而仕，身固当奉职死节官下，终不顾妻子矣。"

郅都迁为中尉，丞相条侯至贵倨也，而都揖丞相。是时民朴，畏罪自重，而都独先严酷，致行法不避贵戚，列侯宗室见都，侧目而视，号曰"苍鹰"。

临江王征诣中尉府对簿，临江王欲得刀笔为书谢上，而都禁吏不予。魏其侯使人以间与临江王。临江王既为书谢上，因自杀。窦太后闻之，怒，以危法中都，都免归家。孝景帝乃使使持节拜都为雁门太守，而便道之官，得以便宜从事。匈奴素闻郅都节，居边，为引兵去，竟郅都死不近雁门。匈奴至为偶人象郅都，令骑驰射，莫能中，见惮如此。匈奴患之。窦太后乃竟中都以汉法。景帝曰："都忠臣。"欲释之。窦太后曰："临江王独非忠臣邪？"于是遂斩郅都。

宁成者，穰人也。以郎谒者事景帝。好气，为人小吏，必陵其长吏；为人上，操下如束湿薪。滑贼任威。稍迁至济南都尉，而郅都为守。始前数都尉皆步入府，因吏谒守如县令，其畏郅都如此。及成往，直陵都出其上。都素闻其声，于是善遇，与结欢。久之，郅都死，后长安左右宗室多暴犯法，于是上召宁成为中尉。其治效郅都，其廉弗如，然宗室豪桀皆人人惴恐。

武帝即位，徙为内史。外戚多毁成之短，抵罪髡钳。是时九卿罪死即死，少被刑，而成极刑，自以为不复收，于是解脱，诈刻传出关归家。称曰："仕不至二千石，贾不至千万，安可比人乎！"乃贳贷买陂田千馀顷，假贫民，役使数千家。数年，会赦。致产数千金，为任侠，持吏长短，出从数十骑。其使民威重于郡守。

周阳由者，其父赵兼以淮南王舅父侯周阳，故因姓周阳氏。由以宗家任为郎，事孝文及景帝。景帝时，由为郡守。武帝即位，吏治尚循谨甚，然由居二千石中，最为暴酷骄恣。所爱者，挠法活之；所憎者，曲法诛灭之。所居郡，必夷其豪。为守，视都尉如令。为都尉，必陵太守，夺之治。与汲黯俱为忮，司马安之文恶，俱在二千石列，同车未尝敢均茵伏。

由后为河东都尉，时与其守胜屠公争权，相告言罪。胜屠公当抵罪，义不受刑，自杀，而由弃市。

自宁成、周阳由之后，事益多，民巧法，大抵吏之治类多成、由等矣。

赵禹者，斄人。以佐史补中都官，用廉为令史，事太尉亚夫。亚夫为丞相，禹为丞相史，府中皆称其廉平。然亚夫弗任，曰："极知禹无害，然文深，不可以居大府。"今上时，禹以刀笔吏积劳，稍迁为御史。上以为能，至太中大夫。与张汤论定诸律令，作见知，吏传（得）相监司。用法益刻，盖自此始。

张汤者，杜人也。其父为长安丞，出，汤为儿，守舍。还而鼠盗肉，其父怒，笞汤。汤掘窟得盗鼠及馀肉，劾鼠掠治，传爰书，讯鞫论报，并取鼠与肉，具狱磔堂下。其父见之，视其文辞如老狱吏，大惊，遂使书狱。父死后，汤为长安吏，久之。

周阳侯始为诸卿时，尝系长安，汤倾身为之。及出为侯，大与汤交，遍见汤贵人。汤给事内史，为宁成掾，以汤为无害，言大府，调为茂陵尉，治方中。

武安侯为丞相，征汤为史，时荐言之天子，补御史，使案事。治陈皇后蛊狱，深竟党与。于是上以为能，稍迁至太中大夫。与赵禹共定诸律令，务在深文，拘守职之吏。已而赵禹迁为中尉，徙为少府，而张汤为廷尉，两人交欢，而兄事禹。禹为人廉倨，为吏以来，舍毋食客。公卿相造请禹，禹终不报谢，务在绝知友宾客之请，孤立行一意而已。见文法辄取，亦不覆案，求官属阴罪。汤为人多诈，舞智以御人。始为小吏，乾没，与长安富贾田甲、鱼翁叔之属交私。及列九卿，收接天下名士大夫，己心内虽不合，然阳浮慕之。

是时上方乡文学，汤决大狱，欲傅古义，乃请博士弟子治《尚书》《春秋》补廷尉史，亭疑法。奏谳疑事，必豫先为上分别其原，上所是，受而著谳决法廷尉絜令，扬主之明。奏事即谴，汤应谢，乡上意所便，必引正、监、掾史贤者，曰："固为臣议，如上责臣，臣弗用，愚抵于此。"罪常释。(闻)〔间〕即奏事，上善之，曰："臣非知为此奏，乃正、监、掾史某为之。"其欲荐吏，扬人之善蔽人之过如此。所治即上意所欲罪，予监史深祸者；即上意所欲释，与监史轻平者。所治即豪，必舞文巧诋；即下户羸弱，时口言，虽文致法，上财察。于是往往释汤所言。汤至于大吏，内行修也。通宾客饮食，于故人子弟为吏及贫昆弟，调护之尤厚。其造请诸公，不避寒暑。是以汤虽文深意忌不专平，然得此声誉。而刻深吏多为爪牙用者。依于文学之士，丞相弘数称其美。及治淮南、衡山、江都反狱，皆穷根本。严助及伍被，上欲释之。汤争曰："伍被本画反谋，而助亲幸出入禁闼爪牙臣，乃交私诸侯如此，弗诛，后不可治。"于是上可论之。其治狱所排大臣自为功，多此类。于是汤益尊任，迁为御史大夫。

会浑邪等降，汉大兴兵伐匈奴，山东水旱，贫民流徙，皆仰给县官，县官空虚。于是丞上指，请造白金及五铢钱，笼天下盐铁，排富商大贾，出告缗令，锄豪强并兼之家，舞文巧诋以辅法。汤每朝奏事，语国家用，日晏，天子忘食。丞相取充位，天下事皆决于汤。百姓不安其生，骚动。县官所兴，未获其利，奸吏并侵渔，于是痛绳以罪。则自公卿以下，至于庶人，咸指汤。汤尝病，天子至自视病，其隆贵如此。

匈奴来请和亲，群臣议上前。博士狄山曰："和亲便。"上问其便，山曰："兵者凶器，未易数动。高帝欲伐匈奴，大困平城，乃遂结和亲。孝惠、高后时，天下安乐。及孝文帝欲事匈奴，北边萧然苦兵矣。孝景时，吴楚七国反，景帝往来两宫间，寒心者数月。吴楚已破，竟景帝不言兵，天下富实。今自陛下举兵击匈奴，中国以空虚，边民大困贫。由此观之，不如和亲。"上问汤，汤曰："此愚儒，无知。"狄山曰："臣固愚忠，若御史大夫汤乃诈忠。若汤之治淮南、江都，以深文痛诋诸侯，别疏骨肉，使蕃臣不自安。臣固知汤之为诈忠。"于是上作色曰："吾使生居一郡，能无使虏入盗乎？"曰："不能。"曰："居一县？"对曰："不能。"复曰："居一障间？"山自度辩穷且下吏，曰："能。"于是上遣山乘鄣。至月馀，匈奴斩山头而去。自是以后，群臣震慑。

汤之客田甲，虽贾人，有贤操。始汤为小吏时，与钱通，及汤为大吏，甲所以责汤行义过失，亦有烈士风。

汤为御史大夫七岁，败。河东人李文尝与汤有郤，已而为御史中丞，恚，数从中文书事有可以伤汤者，不能为地。汤有所爱史鲁谒居，知汤不平，使人上蜚变告文奸，事下汤，汤治论杀文，而汤心知谒居为之。上问曰："言变事踪迹安起？"汤详惊曰："此殆文故人怨之。"谒居病卧闾里主人，汤自往视疾，为谒居摩足。赵国以冶铸为业，王数讼铁官事，汤常排赵王。赵王求汤阴事。谒居尝案赵王，赵王怨之，并上书告："汤，大臣也，史谒居有病，汤至为摩足，疑与为大奸。"事下廷尉，谒居病死，事连其弟，弟系导官。汤亦治他囚导官，见谒居弟，欲阴为之，而详不省。谒居弟弗知，怨汤，使人上书告汤与谒居谋，共变告李文。事下减宣。宣尝与汤有郤，及得此事，穷竟其事，未奏也。会人有盗发孝文园瘗钱，丞相青翟朝，与汤约俱谢，至前，汤念独丞相以四时行园，当谢，汤无与也，不谢。丞相谢，上使御史案其事。汤欲致其文丞相见知，丞相患之。三长史皆害汤，欲陷之。

始长史朱买臣，会稽人也。读《春秋》。庄助使人言买臣，买臣以《楚辞》与助俱幸，侍中，为太中大夫，用事；而汤乃为小吏，跪伏使买

朱买臣像，选自《于越先贤像传赞》。

臣等前。已而汤为廷尉，治淮南狱，排挤庄助，买臣固心望。及汤为御史大夫，买臣以会稽守为主爵都尉，列于九卿。数年，坐法废，守长史，见汤，汤坐床上，丞史遇买臣弗为礼。买臣楚士，深怨，常欲死之。王朝，齐人也。以术至右内史。边通，学长短，刚暴强人也。官再至济南相。故皆居汤右，已而失官，守长史，诎体于汤。汤数行丞相事，知此三长史素贵，常凌折之。以故三长史合谋曰："始汤约与君谢，已而卖君；今欲劾君以宗庙事，此欲代君耳。吾知汤阴事。"使吏捕案汤左田信等，曰："汤且欲奏请，信辄先知之，居物致富，与汤分之。"及他奸事。事辞颇闻。上问汤曰："吾所为，贾人辄先知之，益居其物，是类有以吾谋告之者。"汤不谢。汤又详惊曰："固宜有。"减宣亦奏谒居等事。天子果以汤怀诈面欺，使使八辈簿责汤。汤具自道无此，不服。于是上使赵禹责汤。禹至，让汤曰："君何不知分也。君所治夷灭者几何人矣？今人言君皆有状，天子重致君狱，欲令君自为计，何多以对簿为？"汤乃为书谢曰："汤无尺寸功，起刀笔吏，陛下幸致为三公，无以塞责。然谋陷汤罪者，三长史也。"遂自杀。

汤死，家产直不过五百金，皆所得奉赐，无他业。昆弟诸子欲厚葬汤，汤母曰："汤为天子大臣，被污恶言而死，何厚葬乎！"载以牛车，有棺无椁。天子闻之，曰："非此母不能生此子。"乃尽案诛三长史。丞相青翟自杀。出田信。上惜汤，稍迁其子安世。

赵禹中废，已而为廷尉。始条侯以为禹贼深，弗任。及禹为少府，比九卿。禹酷急，至晚节，事益多，吏务为严峻，而禹治加缓，而名为平。王温舒等后起，治酷于禹。禹以老，徙为燕相。数岁，乱悖有罪，免归，后汤十馀年，以寿卒于家。

义纵者，河东人也。为少年时，尝与张次公俱攻剽为群盗。纵有姊姁，以医幸王太后。王太后问："有子兄弟为官者乎？"姊曰："有弟无行，不可。"太后乃告上，拜义姁弟纵为中郎，补上党（郡）中令。治敢行，少蕴藉，县无逋事，举为第一。迁为长陵及长安令，直法行治，不避贵戚。以捕案太后外孙脩成君子仲，上以为能，迁为河内都尉。至则族灭其豪穰氏之属，河内道不拾遗。而张次公亦为郎，以勇悍从军，敢深入，有功，为岸头侯。

宁成家居，上欲以为郡守。御史大夫弘曰："臣居山东为小吏时，宁成为济南都尉，其治如狼牧羊。成不可使治民。”上乃拜成为关都尉。岁馀，关东吏隶郡国出入关者，号曰：“宁见乳虎，无值宁成之怒。”义纵自河内迁为南阳太守，闻宁成家居南阳，及纵至关，宁成侧行送迎，然纵气盛，弗为礼。至郡，遂案宁氏，尽破碎其家。成坐有罪，及孔、暴之属皆奔亡，南阳吏民重足一迹。而平氏朱彊、杜衍、杜周为纵牙爪之吏，任用，迁为廷史。军数出定襄，定襄吏民乱败，于是徙纵为定襄太守。纵至，掩定襄狱中重罪轻系二百馀人，及宾客昆弟私入相视亦二百馀人。纵一捕鞠，曰“为死罪解脱”。是日皆报杀四百馀人。其后郡中不寒而栗，猾民佐吏为治。

是时赵禹、张汤以深刻为九卿矣，然其治尚宽，辅法而行，而纵以鹰击毛挚为治。后会五铢钱白金起，民为奸，京师尤甚，乃以纵为右内史，王温舒为中尉。温舒至恶，其所为不先言纵，纵必以气凌之，败坏其功。其治，所诛杀甚多，然取为小治，奸益不胜，直指始出矣。吏之治以斩杀缚束为务，阎奉以恶用矣。纵廉，其治放郅都。上幸鼎湖，病久，已而卒起幸甘泉，道多不治。上怒曰：“纵以我为不复行此道乎？”嗛之。至冬，杨可方受告缗，纵以为此乱民，部吏（捕其）〔求〕为可使者。天子闻，使杜式治。以为废格沮事，弃纵市。后一岁，张汤亦死。

王温舒者，阳陵人也。少时椎埋为奸。已而试补县亭长，数废。为吏，以治狱至廷史。事张汤，迁为御史。督盗贼，杀伤甚多，稍迁至广平都尉。择郡中豪敢任吏十馀人，以为爪牙，皆把其阴重罪，而纵使督盗贼。快其意所欲得，此人虽有百罪，弗法；即有避，因其事夷之，亦灭宗。以其故齐赵之郊盗贼不敢近广平，广平声为道不拾遗。上闻，迁为河内太守。

素居广平时，皆知河内豪奸之家，及往，九月而至。令郡具私马五十匹，为驿自河内至长安，部吏如居广平时方略，捕郡中豪猾，郡中豪猾相连坐千馀家。上书请，大者至族，小者乃死，家尽没入偿臧。奏行不过二三日，得可事。论报，至流血十馀里。河内皆怪其奏，以为神速。尽十二月，郡中毋声，毋敢夜行，野无犬吠之盗。其颇不得，失之旁郡国，黎来，会春，温舒顿足叹曰：“嗟乎，令冬月益展一月，足吾事矣！”其好杀伐行威不爱人如此。天子闻之，以为能，迁为中尉。其治复放河内，（徙诸名祸）〔徒请召〕猾吏与从事，河内则杨皆、麻戊，关中杨赣、成信等。义纵为内史，惮未敢恣治。及纵死，张汤败后，徙为廷尉，而尹齐为中尉。

尹齐者，东郡茌平人。以刀笔稍迁至御史。事张汤，张汤数称以为廉武，使督盗贼，所斩伐不避贵戚。迁为关内都尉，声甚于宁成。上以为能，迁为中尉，吏民益凋敝。尹齐木彊少文，豪恶吏伏匿而善吏不能为治，以故事多废，抵罪。上复徙温舒为中尉，而杨仆以严酷为主爵都尉。

杨仆者，宜阳人也。以千夫为吏。河南守案举以为能，迁为御史，使督盗贼关东。治放尹齐，以为敢挚行。稍迁至主爵都尉，列九卿。天子以为能。南越反，拜为楼船将军，有功，封将梁侯。为荀彘所缚。居久之，病死。

而温舒复为中尉。为人少文，居廷惛惛不辩，至于中尉则心开。督盗贼，素习关中俗，知豪恶吏，豪恶吏尽复为用，为方略。吏苛察，盗贼恶少年投缿购告言奸，置伯格长以牧司奸盗贼。温舒为人谄，善事有势者，即无势者，视之如奴。有势家，虽有奸如山，弗犯；无势者，贵戚必侵辱。舞文巧诋下户之猾，以焄大豪。其治中尉如此。奸猾穷治，大抵尽靡烂狱中，行论无出者。其爪牙吏虎而冠。于是中尉部中中猾以下皆伏，有势者为游声誉，称治。治数岁，其吏多以权富。

温舒击东越还，议有不中意者，坐小法抵罪免。是时天子方欲作通天台而未有人，温舒请覆中尉脱卒，得数万人作。上说，拜为少府。徙为右内史，治如其故，奸邪少禁。坐法失官。复为右辅，行中尉事，如故操。

岁馀，会宛军发，诏征豪吏，温舒匿其吏华成。及人有变告温舒受员骑钱、他奸利事，罪至族，自杀。其时两弟及两婚家亦各自坐他罪而族。光禄徐自为曰："悲夫，夫古有三族，而王温舒罪至同时而五族乎！"

温舒死，家直累千金。后数岁，尹齐亦以淮阳都尉病死，家直不满五十金。所诛灭淮阳甚多，及死，仇家欲烧其尸，尸亡去归葬。

自温舒等以恶为治，而郡守、都尉、诸侯二千石欲为治者，其治大抵尽放温舒，而吏民益轻犯法，盗贼滋起。南阳有梅免、白政，楚有殷中、杜少，齐有徐勃，燕、赵之间有坚卢、范生之属。大群至数千人，擅自号，攻城邑，取库兵，释死罪，缚辱郡太守、都尉，杀二千石，为檄告县趣具食；小群（盗）以百数，掠卤乡里者，不可胜数也。于是天子始使御史中丞、丞相长史督之。犹弗能禁也，乃使光禄大夫范昆、诸辅都尉及故九卿张德等衣绣衣，持节，虎符发兵以兴击，斩首大部或至万馀级，及以法诛通饮食。坐连诸郡，甚者数千人。数岁，乃颇得其渠率。散卒失亡，复聚党阻山川者，往往而群居，无可奈何。于是作"沈命法"，曰群盗起不发觉，发觉而捕弗满品者，二千石以下至小吏主者皆死。其后小吏畏诛，虽有盗不敢发，恐不能得，坐课累府，府亦使其不言。故盗贼寖多，上下相为匿，以文辞避法焉。

减宣者，杨人也。以佐史无害给事河东守府。卫将军青使买马河东，见宣无害，言上，征为大厩丞。官事办，稍迁至御史及中丞。使治主父偃及治淮南反狱，所以微文深诋，杀者甚众，称为敢决疑。数废数起，为御史及中丞者几二十岁。王温舒免中尉，而宣为左内史。其治米盐，事大小皆关其手，自部署县名曹实物，官吏令丞不得擅摇，痛以重法绳之。居官数年，一切郡中为小治办，然独宣以小致大，能因力行之，难以为经。中废。为右扶风，坐怨成信，信亡藏上林中，宣使郿令格杀信，吏卒格信时，射中上林苑门，宣下吏诋罪，以为大逆，当族，自杀。而杜周任用。

杜周者，南阳杜衍人。义纵为南阳守，以为爪牙，举为廷尉史。事张汤，汤数言其无害，至御史。使案边失亡，所论杀甚众。奏事中上意，任用，与减宣相编，更为中丞十馀岁。

其治与宣相放，然重迟，外宽，内深次骨。宣为左内史，周为廷尉，其治大放张汤而善候伺。上所欲挤者，因而陷之；上所欲释者，久系待问而微见其冤状，客有让周曰："君为天子决平，不循三尺法，专以人主意指为狱。狱者固如是乎？"周曰："三尺安出哉？前主所是著为律，后主所是疏为令。当时为是，何古之法乎！"

至周为廷尉，诏狱亦益多矣。二千石系者新故相因，不减百馀人，郡吏大府举之廷尉，一岁至千馀章。章大者连逮证案数百，小者数十人；远者数千，近者数百里。会狱，吏因责如章告劾，不服，以笞掠定之。于是闻有逮皆亡匿。狱久者至更数赦十有馀岁而相告言，大抵尽诋以不道以上。廷尉及中都官诏狱逮至六七万人，吏所增加十万馀人。

周中废，后为执金吾，逐盗，捕治桑弘羊、卫皇后昆弟子刻深，天子以为尽力无私，迁为御史大夫。家两子，夹河为守。其治暴酷皆甚于王温舒等矣。杜周初征为廷史，有一马，且不全；及身久任事，至三公列，子孙尊官，家訾累数巨万矣。

太史公曰：自郅都、杜周十人者，此皆以酷烈为声。然郅都伉直，引是非，争天下大体。张汤以知阴阳，人主与俱上下，时数辩当否，国家赖其便。赵禹时据法守正。杜周从谀，以少言为重。自张汤死后，网密，多诋严，官事浸以耗废。九卿碌碌奉其官，救过不赡，何暇论绳墨之外乎！然此十人中，其廉者足以为仪表，其污者足以为戒，方略教导，禁奸止邪，一切亦皆彬彬质有其文武焉。虽惨酷，斯称其位矣。至若蜀守冯当暴挫，广汉李贞擅磔人，东郡弥仆锯项，天水骆璧推咸，河东褚广妄杀，京兆无忌、冯翊殷周蝮鸷，水衡阎奉朴击卖请，何足数哉！何足数哉！

【译文】

孔子说："用政治法令来引导百姓，用刑罚来约束百姓，百姓可以免于犯罪，但却没有羞耻之心。如果用道德来引导百姓，用礼仪来约束百姓，那么百姓就会有羞耻之心，并改正错误，走上正道。"老子说："具有高尚道德的人，并不表现在形式上的德，因此才有德；道德低下的人，执守着形式上的德，因此没有实际的德。""越是法令严酷，盗贼反而更多。"太史公说：这些话可信啊！政治的工具是法令，而不是治理政治清浊的根源。从前天下的法网是很密的，但是奸邪诈伪的事情却不断产生出来，情况发展到最严重的时候，百姓和官吏竟然相互欺骗，以致国家一蹶不振。在这个时候，官吏治理政事就像抱薪救火，扬汤止沸一样，如果不用强健有力的人和严酷的法令，怎么能适意地完成自己的使命呢？如果让倡言道德的人来干这些事，一定会失职的。所以孔子说："审理诉讼，我同别人一样；一定要有不同，那就是让人们不要再发生诉讼的事。"老子说："愚蠢浅漏的人听到道德之言，就会大笑起来。"这些话并不是虚妄之言。汉朝建立后，毁方为圆，去严刑而从简政，对秦朝法律作了较大变动，如同砍掉外部的雕饰，露出质朴自然的本质一样，法律由繁苛而至宽简，就像可以漏掉吞舟之鱼的鱼网，然而官吏的治绩纯厚美盛，不至于做出奸邪之事，百姓也都平安无事。由此可见，国家政治的美好，在于君王的宽厚，而不在法律的严酷。

高后时代，酷吏只有侯封，苛刻欺压皇族，侵犯侮辱有功之臣。诸吕彻底失败后，朝廷就杀了侯封的全家。孝景帝时代，晁错用刑苛刻严酷，多用法术来施展他的才能，因而吴、楚等七国叛乱，把愤怒发泄到晁错身上，晁错因此被杀。这以后有郅都和宁成之辈。

郅都是杨县人，以郎官的身份服侍孝文帝。景帝时代，郅都当了中郎将，敢于向朝廷直言进谏，在朝廷上当面使人折服。他曾经跟随天子到上林苑，贾姬到厕所去，野猪突然闯进厕所。皇上用眼神示意郅都，郅都不肯行动。皇上想亲自拿着武器去救贾姬，郅都跪在皇上面前说："失掉一个姬妾，还会有个姬妾进宫，天下难道会缺少贾姬这样的人吗？陛下纵然看轻自己，而祖庙和太后怎么办呢？"皇上转回身来，野猪也离开了。太后听说了这件事，赏赐郅都黄金百斤，从此重视郅都。

济南瞷姓的宗族共有三百多家，强横奸滑，济南太守不能治服他们，于是汉景帝就命郅都当济南太守。郅都来到济南郡所，就把瞷氏家族首恶分子的全家都杀了，其余瞷姓坏人都吓得大腿发抖。过了一年多，济南郡路不拾遗。周围十多个郡的郡守畏惧郅都就像畏惧上级官府一样。

郅都为人勇敢，有气力，公正廉洁，不翻开私人求情的信，送礼他不接受，私人的请托他不听。他常常告诫自己说："既然已经背离父母而来当官，我就应当在官位上奉公尽职，保持节操而死，终究不能顾念妻子儿女。"

郅都调升中尉之官，丞相周亚夫官最高而又傲慢，而郅都见到他只是作揖，并不跪拜。这时，百姓质朴，怕犯罪，都守法自重，郅都却首先施行严酷的刑法，以致执法不畏避权贵和皇亲，连列侯和皇族之人见到他，都要侧目而视，称呼他为"苍鹰"。

临江王被召到中尉府接受审问，临江王想要纸笔给皇上写信，表示谢罪，郅都却告诉官吏不给他纸笔。魏其侯派人暗中给临江王送去纸笔。临江王给皇上写了谢罪的信，然后就自杀了。窦太后听到这个消息，大怒，用严法中伤郅都，郅都被免官归家。汉景帝就派使者拿着符节任命郅都为雁门太守，并让他乘便取道上路，直接去雁门上任，根据实际情况独立处理政事。匈奴人一向听说郅都有操守，现在由他守卫边境，所以匈奴人便领兵离开汉朝边境，直到郅都死去时，一直不敢靠近雁门。匈奴甚至做了像郅都模样的木偶人，让骑兵们奔跑射击，没有人能射中，害怕郅都到了如此的程度。匈奴人以郅都为祸患。窦太后最后以汉朝法律中伤郅都，景帝说："郅都是忠臣。"想释放他。窦太后说："临江王难道就不是忠臣吗？"于是就把郅都杀了。

宁成是穰县人，做侍卫随从之官侍奉汉景帝。他为人争强好胜，做人家的小官时，一定要欺凌他的长官；做了人家的长官，控制下属就像捆绑湿柴一样随便。他狡猾凶残，任性使威，逐渐升官，当了济南都尉，这时郅都已经是济南太守。在此之前的几个都尉都是步行走入太守府，通过下级官吏传达，然后进见太守，就像县令进见太守一样，他们畏惧郅都就是这个样子。等到宁成前来，却一直越过郅都，做到他的上位。郅都一向听说过他的名声，于是很好地对待他，同他结成友好关系。过了好久，郅都死了，后来长安附近皇族中的好多人凶暴犯法，于是皇上召来宁成当了中尉，他的治理办法效仿郅都，他的廉洁不如郅都，但是皇族豪强人人都恐惧不安。

汉武帝即位后，宁成改任为内史。外戚们多诽谤宁成，他被依法判处剃发和以铁索缚脖子的刑罚，这时九卿犯罪该处死的就处死，很少遭受一般刑罚，而宁成却遭受极重的刑罚，他自己认为朝廷不会再用他当官，于是就解脱刑具，私刻假文件，出了函谷关回到家中。他扬言说："当官做不到二千石的高官，经商挣不到一千万贯钱，怎能同别人相比呢？"于是他借钱买了一千多顷可灌溉的土地，出租给贫苦的百姓，受他役使种地的有几千家。几年以后，遇上大赦。他的家产已有了几千斤黄金，专好抱打不平，掌握官吏们的短处，出门时有几十个骑马的人在身后跟随。他驱使百姓的权威比郡守还大。

周阳由，他父亲赵兼以淮南王刘长舅父的身份被封为周阳侯，所以姓周阳。周阳由因为是外戚被任命为郎官，侍奉孝文帝和孝景帝。景帝时，周阳由当了郡守。汉武帝即位后，官员处理政事，崇尚遵循法度，行事谨慎，然而周阳由在二千石一级的官员中，是最暴虐残酷、骄傲放纵的人。他所喜爱的人，如果犯了死罪，就想方设法曲解法律使那人活下来；他所憎恶的人，就歪曲法令把他杀死。他在哪个郡当官，就一定要夷灭那个郡的豪门。他当郡太守，就把都尉视同跟县令一般。他当都尉，必定欺凌太守，侵夺他的权力。他和汲黯都属于强狠之人，还有司马安善用条文法令害人，都身居二千石官员的行列，可是汲黯与司马安若与周阳由同车都不敢和周阳由均分坐垫与同伏车栏。

周阳由后来当了河东郡的都尉，经常与郡太守胜申屠公争权，互相告状，结果胜申公被判决有罪，但他坚持道义，因不肯接受刑罚而自杀，周阳由被处以弃市之刑。

从宁成、周阳由之后，政事更加杂繁，百姓用巧诈的手段对付法律，多数官吏治理政事都像宁成和周阳由一样。

赵禹是斄县人，以佐史的身份补任京城官府的官员，因为廉洁而升为令史，服侍周亚夫。周亚夫做丞相，赵禹当丞相史，丞相府中的人都称赞他廉洁公平。但周亚夫不重用他，说："我非常知道赵禹有杰出无比的才干，但他执法深重严酷，不能在大的官府当官。"武帝时代，赵禹因为从事文书工作而积累功劳，逐渐升为御史。皇上认为他能干，又升到太中大夫。他和张汤共同制定各种法令，设置"见知法"，让官吏之间互相监视，相互检举。汉朝法律越发严厉，大概就是从这时开始。

张汤是杜县人。他父亲当长安县丞，有一次出门去了，张汤当时是小孩，父亲就让他在家看门。父亲回家后，发现老鼠偷了肉，就对张汤发怒，用鞭子打了他。张汤掘开鼠洞，找到偷肉的老鼠和没吃完的肉，就举告老鼠的罪行，加以拷打审问，并记录审问过程，反复审问，把判决的罪状报告上级，并且把老鼠和剩肉取来，当堂最后定案，将老鼠分尸处死。他父亲看到这情景，又看到那判决词就像老练的法官所写，特别惊讶，于是就让他学习断案的文书。父亲死后，张汤就当了长安的官员，做了相当长的一段时间。

周阳侯田胜开始做九卿之官时，曾经在长安被拘禁，张汤尽其全力加以保护。待田胜出狱封了侯，与张汤交往密切，并把当朝权贵一一介绍给张汤，让张汤同他们相识。张汤在内史任职，做宁成的属官，因为张汤有无比的才华，宁成就向上级官府推荐，张汤被调升为茂陵尉，负责主持陵墓土建工程。

武安侯田蚡做了丞相，征召张汤做内史，经常向天子推荐他，任命他为御史，让他处理案件。他主持处理陈皇后巫蛊案件时，深入追究同党。汉武帝于是认为他有办事能力，逐步提拔他当了太中大夫。他与赵禹一起制定各种条文法律，务求苛刻严峻，约束在职的官吏。不久，赵禹提升为中尉，又改任少府，而张汤当了廷尉，两人交往友好，张汤以对待兄长的礼节对待赵禹。赵禹为人傲慢廉洁，当官以来，家中没有食客。三公九卿前来拜访，赵禹却始终不回访答谢，务求断绝与知心朋友及宾客的来往，独自一心一意地处理自己的公务。他看到法令条文就取来，也不去复查，以求追究从属官员隐秘的罪过。张汤为人多诈，善施智谋控制别人。他开始当小官时，就喜欢以权谋利，并曾与长安富商田甲、鱼翁叔之流勾结。待做了九卿之官时，便结交天下名士大夫，虽然自己内心同他们不合，但表面却装出仰慕他们的样子。

这时，汉武帝正一心向慕儒家学说，张汤判决大案，就想附会儒家观点，因此就请博士弟子们研究《尚书》《春秋》，他担任廷尉史，就请他们来评判法律的一些可疑之处。每次上报判决的疑难案件，都预先分析事情的原委给皇上，皇上认为对的，就接受并记录下来，作为判案的法规，以廷尉的名义加以公布，颂扬皇上的圣明。如果奏事遭到谴责，张汤就认错谢罪，顺着皇上的心意，一定要举出正、左右监和贤能的属吏，说："他们本来向我提议过，就像皇上责备我的那样，我没采纳，愚蠢到这种地步。"因此，他的罪常被皇上宽恕不究。他有时向皇上呈上奏章，皇上认为好，他就说："臣我不知道写这奏章，是正、左右监、掾史中某某人写的。"他想推荐官吏，表扬人家的好处，掩蔽别人的过失，常常这样做。他所处理的案件，如果是皇上想要加罪的，他就交给执法严酷的监史去办理；要是皇上想宽恕的，他就交给执法轻而公平的监史去办理。他所处理的如果是豪强，则一定要玩弄法律条文，巧妙地进行诬陷。如果是平民百姓和瘦弱的人，则常常口头向皇上陈述，虽然按法律条文应当判刑，但请皇上明察裁定。于是，皇上往往就宽释了张汤所说的人。张汤虽做了大官，自身修养很好，与宾客交往，同他们吃饭喝酒，对于老朋友当官的子弟以及贫穷的兄弟们，照顾得尤其宽厚。他拜问三公，不避寒暑。所以张汤虽然执法严酷，内心嫉妒，处事不纯正公平，却得到一个好名声。那些执法酷烈刻毒的官吏都被他用为属吏，又都依从于儒学之士。丞相公孙弘屡次称赞他的美德。等到他处理淮南王、衡山王、江都王谋反的案件，都能穷追到底。严助和伍被，皇上本想宽恕他们，张汤争辩说："伍被本来是策划谋反的人，严助是皇上亲近宠幸的人，是出入宫廷禁门的护卫之臣，竟然这样私交诸侯，如不杀他，以后就不好管理臣下了。"于是，皇上同意对他们的判决。他处理案子打击大臣，自己邀功的情况，多半如此。于是，张汤更加受到尊宠和信任，被升为御史大夫。

正巧赶上匈奴浑邪王等投降汉朝，汉朝出动大军讨伐匈奴，山东遇到水涝和干旱的灾害，贫苦百姓流离失所，都依靠政府供应衣食，政府因此仓库空虚。于是张汤按皇上旨意，奏请铸造银钱和五铢钱，垄断天下的盐铁经营权，打击富商大贾，发布告缗令，铲除豪强兼并之家的势力，玩弄法律条文巧言诬陷，来辅助法律的推行。张汤每次上朝奏事，谈论国家的财用情况，一直谈到傍晚，天子也忘记了吃饭时间。丞相无事可做，空占相位，天下的事情都取决于张汤。致使百姓不能安心生活，骚动不宁，政府兴办的事，得不到利益，而奸官污吏却一起侵夺盗窃，于是就彻底以法惩办。从三公九卿以下，直到平民百姓，都指责张汤。张汤曾经生病，天子亲自前去看望他，他的显贵达到这种地步。

匈奴来汉朝请求和亲，群臣都到天子跟前议论此事。博士狄山说："和亲有利。"皇上问他有利在何处，狄山说："武器是凶险的东西，不可以屡次动用。高帝想讨伐匈奴，被围在平城，就和匈奴结成和亲之好。孝惠、高后时期，天下安定快乐。待到孝文帝时，想征讨匈奴，结果北方骚扰不安、百姓苦于战争。孝景帝时，吴、楚等七国叛乱，景帝往来于未央宫和长乐宫之间，忧心了几个月，吴楚七国叛乱平定后，直到景帝去世才不再谈论战争，天下却富裕殷实。如今自从陛下发兵攻打匈奴，因此国内财用空虚，边境百姓极为困苦。由此可见，用兵还不如和亲。"皇上又问张汤，张汤说："这是愚蠢的儒生，无知。"狄山说："我固然是愚忠，像御史大夫张汤却是诈忠。像张汤处理淮南王和江都王的案子，用严酷的刑法，放肆地诋毁诸侯，离间骨肉之亲，使各封国之臣自感不安。我本来就知道张汤是诈忠。"于是皇上变了脸色，说："我派你驻守一个郡，你能不能做到不让匈奴兴兵来抢掠吗？"狄山说："不能。"皇上说："驻守一个县呢？"狄山回答说："不能。"皇上又说："那么驻守一个边境城堡呢？"狄山自己揣度，如果辩论到无话回答，那么皇上就要把自己交给法官治罪，因此说："能。"于是皇上就派遣狄山登上边塞城堡。一个多月过后，匈奴斩下狄山的头就离开了。从此以后，群臣恐惧震惊。

张汤的门客田甲虽是商人，却有贤良的品行。张汤开始做小官时，他与张汤以钱财交往，待张汤当了大官，他责备张汤品德道义方面的过错，但也有忠义之士的风度。

张汤当了七年御史大夫，失败了。

河东人李文曾经同张汤有嫌隙，以后他当了御史中丞，心中怨恨张汤，屡次从宫中文书里寻找可以用来陷害张汤的材料，不留余地。张汤有个喜爱的下属叫鲁谒居，知道张汤对此心中不快，就让人以流言向皇上密告李文的坏事，而这事正好交给张汤处理，张汤就判决李文死罪，把他杀了，他也知道这事是鲁谒居干的。皇上问道："匿名上告李文的事是怎样发生的？"张汤假装惊讶地说："这大概是李文的老朋友怨恨他。"

后来鲁谒居病倒在同乡主人的家中，张汤亲自去看望他的病情，替鲁谒居按摩脚。赵国人以冶炼铸造为职业，赵王刘彭祖屡次同朝廷派来主管铸铁的官员打官司，张汤常常打击赵王。赵王寻找张汤的隐私之事。鲁谒居曾经检举过赵王，赵王怨恨他，于是就上告他们二人，说："张汤是大臣，其属官鲁谒居有病，张汤竟然给他按摩脚，我怀疑两人必定共同做了大的坏事。"这事交给廷尉处理，鲁谒居病死了，事情牵连到他的弟弟，就把他弟弟拘禁在导官署。张汤也到导官署审理别的囚犯，看到鲁谒居的弟弟，想暗中帮助他，所以假装不察看他。鲁谒居的弟弟不知道这个情况，怨恨张汤，因此就让人上告张汤和鲁谒居搞阴谋，共同匿名告发了李文。这事交给减宣处理。减宣曾同张汤有嫌隙，待他接办了这案子，把案情查得水落石出，尚未上报。正巧有人偷挖了孝文帝陵园里的殉葬钱，丞相庄青翟上朝，同张汤约定一同去谢罪，到了皇上面前，张汤想：只有丞相必须按四季巡视陵园，丞相应当谢罪，与我张汤没关系，不肯谢罪。丞相谢罪后，皇上派御史查办此事。张汤想按法律条文判丞相明知故纵的罪过，丞相忧虑此事。丞相手下的三个长史都忌恨张汤，想陷害他。

长史朱买臣是会稽人，攻读《春秋》。庄助让人向皇帝推荐朱买臣，朱买臣因为熟悉《楚辞》的缘故，同庄助都得到皇上的宠幸，从侍中升为太中大夫，当权。这时张汤只是个小官，在朱买臣等面前下跪听候差遣。不久，张汤当了廷尉，办理淮南王案件，排挤庄助，朱买臣心里本来怨恨张汤。待张汤当了御史大夫，朱买臣从会稽太守的职位上调任主爵都尉，位列九卿之中。几年后，因犯法罢官，代理长史，去拜见张汤，张汤坐在日常所坐的椅子上接见朱买臣，他的丞史一类的属官也不以礼对待朱买臣。朱买臣是楚地士人，深深怨恨张汤，常想把他整死。王朝是齐地人，凭着儒家学说做了右内史。边通，学习纵横家的思想学说，是个性格刚强暴烈的强悍之人。两次官至济南王的丞相。从前，他们都比张汤的官大，不久丢了官，代理长史，对张汤行屈体跪拜之礼。张汤屡次兼任丞相的职务，知道这三个长史原来地位很高，就常常压制欺负他们。因此，三位长史合谋并对庄青翟说："开始张汤同你约定共同向皇上谢罪，紧接着就出卖了你；现在又用宗庙之事控告你，这是想替代你的职位。我们知道张汤的一些不法隐私。"于是就派属吏逮捕并审理张汤的同案犯田信等人，说张汤将要向皇上奏请政事，田信则预先就知道了，然后囤积物资，发财致富，同张汤分赃，还有其他坏事。皇上听说了此事，向张汤说："我所要做的事，商人则预先知道此事，那些货物越发囤积，这好像有人把我的想法告诉了他们一样。"张汤不谢罪，却又假装惊讶地说："应该说一定有人这样做了。"这时减宣也报告上奏张汤和鲁谒居的犯法之事。天子果然以为张汤心怀巧诈，当面欺骗君王，派八批使者按记录在案的相关罪证审问张汤。张汤说自己没有这些罪过，不服。于是皇上又派赵禹审问张汤。赵禹来了以后，责备张汤说："皇上怎么会不知道情况呢？你办理案件时，被夷灭家族的有多少人呢？如今人家告你的罪状都有证据，天子难以处理你的案子，想让你自己想办法自杀，何必对证答辩呢？"张汤就写信谢罪说："张汤没有尺寸之功，起初只是文书小吏，陛下宠幸我，让我位列三公之位，罪责无法推卸，然而阴谋陷害张汤的罪人是三位长史。"张汤于是就自杀了。

张汤死时，家产不超过五百金，都是所得的俸禄和皇上的赏赐，没有其他的产业。张汤的兄弟和儿子们仍想厚葬张汤，他母亲说："张汤是天子的大臣，遭受恶言诬告而死，何必厚葬呢？"于是就用牛车拉着棺材，没有外椁。天子听到这个情况后，说："没有这样的母亲，生不出这样的儿子。"就穷究此案，把三个长史全都杀了。丞相庄青翟也自杀。田信被释放出去。皇上怜惜张汤，逐渐提拔他的儿子张安世。

赵禹中途被罢官，不久当了廷尉。最初，条侯周亚夫认为赵禹残酷阴诈，不肯重用。待赵禹当了少府，与九卿并列。赵禹做事严酷急躁，到晚年时，国家事情越来越多，官吏致力于施行严刑峻法，而赵禹却执法轻缓，被称为平和。王温舒等人是后起之官，执法比赵禹严酷。因为赵禹年老，又改任燕国丞相。几年后，犯有昏乱背逆之罪，被免官，在张汤死后十余年，老死在家中。

义纵是河东人。少年时代，曾与张次公一块儿抢劫，结为强盗团伙。义纵有个姐姐叫姁，凭医术受到太后的宠幸。王太后问姁说："你有儿子和兄弟当官吗？"义纵的姐姐说："有个弟弟，品行不好，不能当官。"太后就告诉皇上，任义姁的弟弟义纵为中郎，改任上党郡中某县的县令。义纵执法严酷，很少有宽和包容的情形，因此县里没有逃亡的事，被推荐为第一。后来改任长陵和长安的县令，依法办理政事，不回避贵族和皇亲。因为逮捕审讯太后的外孙修成君的儿子仲，皇上认为他有能力，任命其为河内都尉。到任后，他就把当地豪强穰氏之流灭了族，使河内出现道不拾遗的局面。张次公也当了郎官，凭着他的勇敢剽悍当了兵，因为作战敢于深入敌军，获得军功，封为岸头侯。

宁成在家闲居时，皇帝想让他当太守。御史大夫公孙弘说："我在山东当小官时，宁成做济南都尉，他处理政事就像狼牧羊一样凶。宁成不能用来治理百姓。"皇上就任命宁成当关都尉。一年以后，关东郡国的官吏察看郡国中出入关口的人，都扬言说："宁肯看到幼崽哺乳的母虎，也不要遇到宁成发怒。"义纵从河内调任南阳太守，听说宁成在南阳家中闲居，等义纵到达南阳关口，宁成跟随身后，往来迎送，但是义纵盛气凌人，不以礼相待。到了郡府，义纵就审理宁氏家的罪行，完全粉碎了有罪的宁氏家族。宁成也被株连有罪，至于孔姓和暴姓之流的豪门都逃亡而去，南阳的官吏百姓都怕得谨慎行动，不敢有错。平氏县的朱强、杜衍县的杜周都是义纵的得力属官，受到重用，升为廷史。这时汉朝军队屡次从定襄出兵攻打匈奴，定襄的官吏和百姓人心散乱、世风败坏，朝廷于是改派义纵做定襄太守。义纵到任后，捕取定襄狱中没有戴刑具的重罪犯人二百人，以及他们的宾客兄弟私自探监的也有二百余人。义纵把他们全部逮捕起来加以审讯，罪名是"为死罪解脱"。这天上报杀人数目，共四百余人。这之后，郡中人吓得都不寒而栗，连刁猾之民也辅佐官吏治理政事。

这时，赵禹、张汤都因执法严酷而当了九卿之官，但是他们的治理办法还算宽松，都以法律辅助行事，而义纵却以酷烈凶狠治理政事。后来正赶上五铢钱和白金起用，豪民乘机施展奸诈手段，京城尤其严重，朝廷就用义纵做右内史，王温舒当中尉。王温舒极凶恶，他所做的事若不预先告知义纵，义纵必定施展其个人义气欺凌他，破坏他干的事。他治理政事，杀的人很多，但是治理急促，非但成效不大，反而奸邪之事越来越多，因而直指之官开始出现了。官吏治理政事以斩杀和捆缚为主要任务，以凶恶闻名的阎奉被任用。义纵廉洁，他治理政事仿效郅都。皇上驾幸鼎湖，病了好长一段时间，病好后突然驾幸甘泉宫，所行之路多半没有修整，皇上发怒说："义纵以为我不再走这条路了吧？"心中怀恨义纵。到了冬天，杨可正受命主持处理"告缗"案件，义纵以为这将扰乱百姓，部署官吏逮捕那些替杨可干事的人。天子听说了这件事，派杜式去处理，认为义纵的做法，是废弃了敬君之礼，破坏了君王要办的事，将义纵弃市。一年后，张汤也死了。

王温舒是阳陵人。年轻时做过盗墓等坏事。不久，当了县里的亭长，屡次被免职。后来当了小官，升为廷史皆因善于处理案件。服侍张汤，升为御史。他督捕盗贼，杀伤的人很多，逐渐升为广平都尉。他选择郡中十余豪放勇敢的人当属官，让他们做得力帮手，掌握他们每个人的隐秘的重大罪行，从而放手让他们去督捕盗贼。如果捕获盗贼能使王温舒满意，此人就是有百种罪恶也不加惩治；若是有所回避，就依据他过去所犯的罪行杀死他，甚至灭其家族。因为这个原因，赵地和齐地乡间的盗贼不敢接近广平郡，广平郡有了道不拾遗的好名声。皇上听说后，将王温舒升为河内太守。

王温舒以前居住在广平时，对河内豪强奸猾的人家非常熟悉，他前往广平，九月份就上任了。他下令郡府准备五十匹私马，从河内到长安设置了驿站，部署手下的官吏就像在广平时所用的办法一样，逮捕郡中奸猾豪强之人，郡中豪强奸猾相连坐犯罪的有一千余家。上书请示皇上，罪大者灭族，罪小者处死，家中财产完全没收，以偿还从前所得到的赃物。奏书送走不过两三日，就得到皇上的答复可以执行。案子判决上报，竟至于流血十余里。河内人都奇怪王温舒的奏书为何如此神速。到了十二月底，郡里没有人敢说话，也无人敢夜晚行走，郊野没有因盗贼引起狗叫的现象。那没抓到的少数罪犯，逃到附近的郡国去了，待到把他们追捕抓回来，正赶上春天了，王温舒跺脚叹道："唉！如果再延长一个月冬季，我的事情就办完了。"他喜欢杀伐、施展威武及不爱民到了这种程度。天子听了，误以为他有才能，升为中尉。他治理政事还是仿效河内的办法，调来那些著名祸害和奸猾官吏同他一起共事，河内的有杨皆、麻戊，关中的有杨赣和成信等。因为义纵当内史，王温舒怕他，因此还未敢恣意地实行严酷之政。等到义纵死去，张汤失败之后，王温舒改任廷尉，尹齐当了中尉。

尹齐是东郡茌平人，从文书小吏升为御史。服侍张汤，张汤屡次称赞他廉洁勇敢，派他督捕盗贼，所要斩杀的人不回避权贵皇亲。他升为关内都尉，好名声超过宁成。皇上认为他有才能，升他为中尉，而官吏和平民生活更加困苦不堪。尹齐处事死板，不讲求礼仪，强悍凶恶的官吏隐藏起来，而善良的官员又不能独自有效地去处理政事，因此政事多半都废弛了，被判了罪。皇上又改任王温舒为中尉，而杨仆凭借他的严峻酷烈当了主爵都尉。

杨仆是宜阳人，以千夫的身份当了小官。河南太守考核并推荐他有才能而升为御史，派到关东去督捕盗贼。他效仿尹齐治理政事，被认为做事凶猛而有胆量。逐渐升为主爵都尉，位列九卿之中。皇上认为他有才能，在南越反叛时，任命他为楼船将军，因有军功，被封为将梁侯。后被荀彘所捆缚。过了很久，他得病死了。

王温舒又当了中尉，他做人缺少斯文，在朝廷办事，思想糊涂，不辨是非，到他当中尉以后，则心情开朗。他督捕盗贼，对关中习俗比较熟悉，了解当地豪强和凶恶的官吏，所以豪强和凶恶官吏都愿意为他出力，为他划策出谋。官吏严苛侦察，盗贼和凶恶少年就用投书和检举箱的办法，收买告发罪恶的情报，设置伯格长以督察奸邪之人和盗贼。王温舒为人谄媚，善于巴结有权势的人，若是没有权势的人，他对待他们就像对待奴仆一样。有权势的人家，虽然有堆积如山的奸邪之事，他也不去触犯。无权势的，就是高贵的皇亲，他也一定要欺侮。他玩弄法令条文巧言诋毁奸猾的平民，而威迫大的豪强。他当中尉时就这样处理政事，对于奸猾之民，必定追究其罪，大多都被打得皮开肉绽，烂死狱中，判决有罪的，没有一个人能活着走出牢狱。他的得力部下都像戴着帽子的猛虎一样。于是在中尉管辖范围的中等以下的奸猾之人，都隐伏着不敢出来，有权势的都替他宣扬名声，称赞他的治绩。他治理了几年，他的属官多因此而富起来了。

王温舒攻打东越回来后，议事时不合天子的旨意，犯了小法被判罪免官。这时，天子正想修建通天台，还没人主持这事，王温舒请求考核中尉部下逃避兵役的人，查出几万人可罚以劳役。皇上很高兴，任命他为少府，又改任右内吏，处理政事同从前一样，奸邪之事稍被禁止。后来犯法丢掉官职，不久又被任命为右辅，代理中尉的职务，处理政事同原来的做法一样。

一年多以后，正赶上征讨大宛的军队出发，朝廷下令征召豪强官吏，王温舒把他的属官华成隐藏起来。待到有人告发王温舒接受在额骑兵的赃款和其他的坏事，罪行之重应当灭族，他就自杀了。这时，他的两个弟弟以及两个姻亲之家，都各自犯了其他的罪行而被灭族。光禄徐自为说："可悲啊，听说古代有灭三族的事，而王温舒犯罪竟至于同时夷灭五族！"

王温舒死后，他的家产累积有一千金。以后好多年，尹齐也在淮阳都尉的任上病死，他的家产价值不足五十金。他所杀的有很多淮阳人，待到他死了，怨仇之家想烧他的尸体，家属偷偷地把他的尸体运回去安葬。

自从王温舒用严酷凶恶手段处理政事，其后郡守、都尉、诸侯和二千石的官员治理政事的办法，大都效法王温舒，然而官吏和百姓犯法越发轻易，盗贼越来越多。南阳有梅免、白政，楚地有殷中、杜少，齐地有徐勃，燕赵之间有坚卢、范生之流。大的团伙多达数千人，擅自称王，去攻打城邑，夺取武器库中的兵器，判死罪的犯人被释放，捆缚侮辱郡太守、都尉，二千石的官员都杀，发布檄文，催促各县为他们准备粮食。小的团伙有几百人，抢劫乡村的数也数不过来。于是天子派御史中丞、丞相长史督办剿灭之事。但是还不能禁止，就派光禄大夫范昆、诸辅都尉及原九卿张德等人，穿着绣衣，拿着符节和虎符，发兵攻击，对于大的团伙多至一万多人被杀头，以及按法律杀死那些给作乱者送去饮食的人。诛连数郡、被杀的多达数千人。几年后，才捕到他们的大首领。但是走散的士卒逃跑了，又聚集成党，占据险要的山川作乱，往往在一处群居，朝廷对他们无可奈何。于是朝廷颁行"沈命法"，说群盗产生但官吏没有发觉，或发觉却没有捕捉到规定的数额、有关的二千石以下至小的官员，凡主持此事的一律都要处死。这以后，小官员怕被诛杀，纵然有盗贼也不敢上报，怕捕不到，犯法被判刑又连累上级官府，上级官府也让他们不要上报。所以盗贼更加多起来，上下相互欺瞒，玩弄文辞，逃避法律制裁。

减宣是杨县人，因为当佐史时无比能干，被调到河东太守府任职。将军卫青派人到河东买马，看到减宣能干无比，就向皇上推荐，他被征召到京城当了大厩丞。做事当官很公正，逐渐升任御史和中丞。主父偃和淮南王造反的案件皇上派他处理，他用隐微的法律条文深究诋毁，所以被杀的人很多，他被称赞为敢于判决疑难案件。他屡次被免官然后又屡次被起用，当御史及中丞之官至少有二十年。王温舒免去中尉之官，而减宣当左内史。他管理盐和米的事，无论事大或事小都要亲力亲为，自己安排县中各具体部门的财产器物，官吏中县令和县丞也不得擅自改动，甚至用重法管制他们。当官几年，其他各郡都办好一些小事而已，但是唯独减宣却能从小事办到大事，能凭借他的力量加以推行，不过他的办法也难以当作常法。他中途被罢官，后来又当了右扶风，都是因为怨恨他的属官成信。成信逃走藏到上林苑中，减宣派郿县县令击杀成信。官吏和士卒在射杀成信时，射中了上林苑的门，减宣被交付法官判罪，法官认为他犯了大逆不道的罪，判定的是灭族，减宣就自杀了。杜周得到任用。

杜周为南阳杜衍人。义纵当南阳太守，杜周是他的得力助手，被举荐当廷尉史。他服侍张汤，张汤屡次说他有无比才能，官职升到御史。派他审理边境士卒逃亡的事，被判死刑的很多。他上奏的事情很合乎皇上的心意，被任用，同减宣相接替，改任中丞十多年。

杜周治理政事与减宣差不多，但是处事慎重，决断迟缓，外表宽松，内心切骨深刻。减宣当左内史，杜周当廷尉，他效仿张汤治理政事，而善于窥测皇上的意图。皇上想要排挤的，就趁机加以陷害；皇上想要宽释的，就长期待审囚禁，暗中显露他的冤情。门客有人责备杜周说："为皇上公平断案，不遵循三尺法律，反而专以皇上的意旨来断案。法官本来应当这样吗？"杜周说："三尺法律是如何产生的？从前的国君认为对的就写成法律，后来的国君认为对的就记载为法令。适合当时的情况就是正确的，为什么要遵循古代法律呢？"

待到杜周当了廷尉，皇上命令办的案子也越来越多了。二千石一级的官员被拘捕的新旧相连，不少于一百人。郡国官员和上级官府送交廷尉办的案件，一年多达一千多件。每个奏章所举报的案子，大的要逮捕有关证人数百人，小的也要逮捕数十人；这些人，远的几千里，近的数百里。案犯被押到京师会审时，官吏就要求犯人像奏章上说的那样来招供，如不服，就用刑具拷打定案。于是人们听到逮捕人的消息，都逃跑和藏匿起来。案件拖得久的，甚至经过几次赦免，十多年后还会被告发，大多数都以大逆不道以上的罪名加以诬陷。廷尉及中都官奉诏办案所逮捕的人多达六七万，属官所捕又要增加十多万。

杜周中途被罢官，后来当了执金吾，追捕盗贼，逮捕查办桑弘羊和卫皇后兄弟的儿子，严苛酷烈，天子认为他尽职而无私，升任御史大夫。他的两个儿子，分别当了河内和河南太守。他治理政事残暴酷烈比王温舒等更厉害。杜周开始当廷史时，只有一匹马，而且配饰也不全；等到他长久当官，位列三公，子孙都当高官了，家中钱财积累数目多达好多万。

太史公说：从郅都到杜周十个人，都以严酷暴烈而闻名。但郅都刚烈正直，辩说是非，争于国家有益的重大原则。张汤因为懂得观察君王的喜怒哀乐而投其所好，皇上与他上下配合，当时屡次辩论国家大事的得失，国家靠他而得到益处。赵禹时常依据法律坚持正道。杜周则顺从上司的意旨、阿谀奉承，以少说话为重要原则。从张汤死后，法网严密，办案多诋毁严酷，政事逐渐败坏荒废。九卿之官碌碌无为，只求保全官职，他们防止发生过错尚且来不及，哪有时间研究法律以外的事情呢？但是这十个人中，那廉洁的完全可以成为人们的表率，那污浊的足以做人们的鉴戒，他们谋划策略，教导人们，禁止奸邪，一切作为，斯文有礼，恩威并施。执法固然严酷，但这与他们的职务是相称的。至于像蜀郡太守冯当凶暴地摧残人，广汉郡李贞擅自肢解百姓，东郡弥仆锯断人的脖子，天水郡骆壁椎击犯人逼供定案，河东郡褚广妄杀百姓，京兆的无忌、冯翊殷周的凶狠，水衡都尉阎奉拷打逼迫犯人出钱买得宽恕，哪里值得陈说！哪里值得陈说！

史记卷一百二十三

大宛列传第六十三

大宛之迹，见自张骞。张骞，汉中人，建元中为郎。是时天子问匈奴降者，皆言匈奴破月氏王，以其头为饮器，月氏遁逃，而常怨仇匈奴，无与共击之。汉方欲事灭胡，闻此言，因欲通使。道必更匈奴中，乃募能使者。骞以郎应募，使月氏，与堂邑氏胡奴甘父俱出陇西。经匈奴，匈奴得之，传诣单于。单于留之，曰："月氏在吾北，汉何以得往使？吾欲使越，汉肯听我乎？"留骞十馀岁，与妻，有子，然骞持汉节不失。

居匈奴中，益宽，骞因与其属亡乡月氏，西走数十日至大宛。大宛闻汉之饶财，欲通不得，见骞，喜，问曰："若欲何之？"骞曰："为汉使月氏，而为匈奴所闭道。今亡，唯王使人导送我。诚得至，反汉，汉之赂遗王财物不可胜言。"大宛以为然，遣骞，为发导驿，抵康居，康居传致大月氏。大月氏王已为胡所杀，立其太子为王。既臣大夏而居，地肥饶，少寇，志安乐。又自以远汉，殊无报胡之心。骞从月氏至大夏，竟不能得月氏要领。

留岁馀，还，并南山，欲从羌中归，复为匈奴所得。留岁馀，单于死，左谷蠡王攻其太子自立，国内乱，骞与胡妻及堂邑父俱亡归汉。汉拜骞为太中大夫，堂邑父为奉使君。

骞为人强力，宽大信人，蛮夷爱之。堂邑父故胡人，善射，穷急射禽兽给食。初，骞行时百馀人，去十三岁，唯二人得还。

骞身所至者大宛、大月氏、大复、康居，而传闻其旁大国五六，具为天子言之。曰：

大宛在匈奴西南，在汉正西，去汉可万里。其俗土著，耕田，田稻麦。有蒲陶酒。多善马，马汗血，其先天马子也。有城郭屋室。其属邑大小七十馀城，众可数十万。其兵弓矛骑射。其北则康居，西则大月氏，西南则大夏，东北则乌孙，东则扜冞、于寘。于寘之西，则水皆西流，注西海；其东水东流，注盐泽，盐泽潜行地下。其南则河源出焉，多玉石，河注中国。而楼兰、姑师邑有城郭，临盐泽。盐泽去长安可五千里。匈奴右方居盐泽以东，至陇西长城，南接羌，鬲汉道焉。

乌孙在大宛东北可二千里，行国，随畜，与匈奴同俗。控弦者数万，敢战。故服匈奴，及盛，取其羁属，不肯往朝会焉。

康居在大宛西北可二千里，行国，与月氏大同俗。控弦者八九万人，与大宛邻国。国小，南羁事月氏，东羁事匈奴。

奄蔡在康居西北可二千里，行国，与康居大同俗。控弦者十馀万。临大泽，无崖，盖乃北海云。

大月氏在大宛西可二三千里，居妫水北。其南则大夏，西则安息，北则康居。行国也，随畜移徙，与匈奴同俗。控弦者可一二十万。故时强，轻匈奴，及冒顿立，攻破月氏，至匈奴老上单于，杀月氏王，以其头为饮器。始月氏居敦煌、祁连间，及为匈奴所败，乃远去，过宛，西击大夏而臣之，遂都妫水北，为王庭。其馀小众不能去者，保南山羌，号小月氏。

安息在大月氏西可数千里。其俗土著，耕田，田稻麦，蒲陶酒。城邑如大宛。其属小大数百城，地方数千里，最为大国。临妫水，有市，民商贾用车及船，行旁国或数千里。以银为钱，钱如其王面，王死辄更钱，效王面焉。画革旁行以为书记。其西则条枝，北有奄蔡、黎轩。

条枝在安息西数千里，临西海。暑湿。耕田，田稻。有大鸟，卵如甕。人众甚多，往往有小君长，而安息役属之，以为外国。国善眩。安息长老传闻条枝有弱水、西王母，而未尝见。

大夏在大宛西南二千馀里妫水南。其俗土著，有城屋，与大宛同俗。无大(王)〔君〕长，往往城邑置小长。其兵弱，畏战。善贾市。及大月氏西徙，攻败之，皆臣畜大夏。大夏民多，可百馀万。其都曰篮市城。有市贩贾诸物。其东南有身毒国。

骞曰："臣在大夏时，见邛竹杖、蜀布。问曰：'安得此？'大夏国人曰：'吾贾人往市之身毒。身毒在大夏东南可数千里。其俗土著，大与大夏同，而卑湿暑热云。其人民乘象以战。其国临大水焉。'以骞度之，大夏去汉万二千里，居汉西南。今身毒国又居大夏东南数千里，有蜀物，此其去蜀不远矣。今使大夏，从羌中，险，羌人恶之；少北，则为匈奴所得；从蜀宜径，又无寇。"天子既闻大宛及大夏、安息之属皆大国，多奇物，土著，颇与中国同业，而兵弱，贵汉财物；其北有大月氏、康居之属，兵强，可以赂遗设利朝也。且诚得而以义属之，则广地万里，重

张骞像，选自清·金古良绘《无双谱》。

九译，致殊俗，威德遍于四海。天子欣然，以骞言为然，乃令骞因蜀犍为发间使，四道并出：出駹，出冉，出徙，出邛、僰，皆各行一二千里。其北方闭氐、筰，南方闭嶲、昆明。昆明之属无君长，善寇盗，辄杀略汉使，终莫得通。然闻其西可千馀里有乘象国，名曰滇越，而蜀贾奸出物者或至焉，于是汉以求大夏道始通滇国。初，汉欲通西南夷，费多，道不通，罢之。及张骞言可以通大夏，乃复事西南夷。

骞以校尉从大将军击匈奴，知水草处，军得以不乏，乃封骞为博望侯。是岁元朔六年也。其明年，骞为卫尉，与李将军俱出右北平击匈奴。匈奴围李将军，军失亡多；而骞后期当斩，赎为庶人。是岁汉遣骠骑破匈奴西(城)〔域〕数万人，至祁连山。其明年，浑邪王率其民降汉，而金城、河西西并南山至盐泽空无匈奴。匈奴时有候者到，而希矣。其后二年，汉击走单于于幕北。

是后天子数问骞大夏之属。骞既失侯，因言曰："臣居匈奴中，闻乌孙王号昆莫，昆莫之父，匈奴西边小国也。匈奴攻杀其父，而昆莫生弃于野。乌嗛肉蜚其上，狼往乳之。单于怪以为神，而收长之。及壮，使将兵，数有功，单于复以其父之民予昆莫，令长守于西(城)〔域〕。昆莫收养其民，攻旁小邑，控弦数万，习攻战。单于死，昆莫乃率其众远徙，中立，不肯朝会匈奴。匈奴遣奇兵击，不胜，以为神而远之，因羁属之，不大攻。今单于新困于汉，而故浑邪地空无人。蛮夷俗贪汉财物，今诚以此时而厚币赂乌孙，招以益东，居故浑邪之地，与汉结昆弟，其势宜听，听则是断匈奴右臂也。既连乌孙，自其西大夏之属皆可招来而为外臣。"天子以为然，拜骞为中郎将，将三百人，马各二匹，牛羊以万数，赍金币帛直数千巨万，多持节副使，道可使，使遗之他旁国。

骞既至乌孙，乌孙王昆莫见汉使如单于礼，骞大惭，知蛮夷贪，乃曰："天子致赐，王不拜则还赐。"昆莫起拜赐，其他如故。骞谕使指曰："乌孙能东居浑邪地，则汉遣翁主为昆莫夫人。"乌孙国分，王老，而远汉，未知其大小，素服属匈奴日久矣，且又近之，其大臣皆畏胡，不欲移徙，王不能专制。骞不得其要领。昆莫有十馀子，其中子曰大禄，强，善将众，将众别居万馀骑。大禄兄为太子，太子有子曰岑娶，而太子早死。临死谓其父昆莫曰："必以岑娶为太子，无令他人代之。"昆莫哀而许之，卒以岑娶为太子。大禄怒其不得代太子也，乃收其诸昆弟，将其众畔，谋攻岑娶及昆莫。昆莫老，常恐大禄杀岑娶，予岑娶万馀骑别居，而昆莫有万馀骑自备，国众分为三，而其大总取羁属昆莫，昆莫亦以此不敢专约于骞。

骞因分遣副使使大宛、康居、大月氏、大夏、安息、身毒、于寘、扜冞及诸旁国。乌孙发导译送骞还，骞与乌孙遣使数十人，马数十匹报谢，因令窥汉，知其广大。

骞还到，拜为大行，列于九卿。岁馀，卒。

乌孙使既见汉人众富厚，归报其国，其国乃益重汉。其后岁馀，骞所遣使通大夏之属者皆颇与其人俱来，于是西北国始通于汉矣。然张骞凿空，其后使往者皆称博望侯，以为质于外国，外国由此信之。

自博望侯骞死后，匈奴闻汉通乌孙，怒，欲击之。及汉使乌孙，若出其南，抵大宛、大月氏相属，乌孙乃恐，使使献马，愿得尚汉女翁主，为昆弟。天子问群臣议计，皆曰“必先纳聘，然后乃遣女。”初，天子发《易》书，云“神马当从西北来”。得乌孙马好，名曰“天马”。及得大宛汗血马，益壮，更名乌孙马曰“西极”，名大宛马曰“天马”云。而汉始筑令居以西，初置酒泉郡以通西北国。因益发使抵安息、奄蔡、黎轩、条枝、身毒国。而天子好宛马，使者相望于道。诸使外国一辈大者数百，少者百馀人，人所赍操大放博望侯时。其后益习而衰少焉。汉率一岁中使多者十馀，少者五六辈。远者八九岁，近者数岁而反。

是时汉既灭越，而蜀、西南夷皆震，请吏入朝。于是置益州、越嶲、牂柯、沈黎、汶山郡，欲地接以前通大夏。乃遣使柏始昌、吕越人等岁十馀辈，出此初郡抵大夏，皆复闭昆明，为所杀，夺币财，终莫能通至大夏焉。于是汉发三辅罪人，因巴蜀士数万人，遣两将军郭昌、卫广等往击昆明之遮汉使者，斩首虏数万人而去。其后遣使，昆明复为寇，竟莫能得通。而北道酒泉抵大夏，使者既多，而外国益厌汉币，不贵其物。

自博望侯开外国道以尊贵，其后从吏卒皆争上书言外国奇怪利害，求使。天子为其绝远，非人所乐往，听其言，予节，募吏民毋问所从来，为具备人众遣之，以广其道。来还不能毋侵盗币物，及使失指，天子为其习之，辄覆案致重罪，以激怒令赎，复求使。使端无穷，而轻犯法。其吏卒亦辄复盛推外国所有，言大者予节，言小者为副，故妄言无行之徒皆争效之。其使皆贫人子，私县官赍物，欲贱市以私其利外国。外国亦厌汉使人人有言轻重，度汉兵远不能至，而禁其食物以苦汉使。汉使乏绝积怨，至相攻击。而楼兰、姑师小国耳，当空道，攻劫汉使王恢等尤甚。而匈奴奇兵时时遮击使西国者。使者争遍言外国灾害，皆有城邑，兵弱易击。于是天子以故遣从骠侯破奴将属国骑及郡兵数万，至匈河水，欲以击胡，胡皆去。其明年，击姑师，破奴与轻骑七百馀先至，虏楼兰王，遂破姑师。因举兵威以困乌孙、大宛之属。还，封破奴为浞野侯。王恢数使，为楼兰所苦，言天子，天子发兵令恢佐破奴击破之，封恢为浩侯。于是酒泉列亭鄣至玉门矣。

乌孙以千匹马聘汉女，汉遣宗室女江都翁主往妻乌孙，乌孙王昆莫以为右夫人。匈奴亦遣女妻昆莫，昆莫以为左夫人。昆莫曰"我老"，乃令其孙岑娶妻翁主。乌孙多马，其富人至有四五千匹马。

初，汉使至安息，安息王令将二万骑迎于东界。东界去王都数千里。行比至，过数十城，人民相属甚多。汉使还，而后发使随汉使来观汉广大，以大鸟卵及黎轩（善）眩人献于汉。及宛西小国驩潜、大益，宛东姑师、扜冞、苏薤之属，皆随汉使献见天子。天子大悦。

而汉使穷河源，河源出于窴，其山多玉石，采来，天子案古图书，名河所出山曰昆仑云。

是时上方数巡狩海上，乃悉从外国客，大都多人则过之，散财帛以赏赐，厚具以饶给之，以览示汉富厚焉。于是大觳抵，出奇戏诸怪物，多聚观者，行赏赐，酒池肉林，令外国客遍观（名）〔各〕仓库府藏之积，见汉之广大，倾骇之。及加其眩者之工。而觳抵奇戏岁增变甚盛益兴，自此始。

西北外国使，更来更去。宛以西，皆自以远，尚骄恣晏然，未可诎以礼羁縻而使也。自乌孙以西至安息，以近匈奴，匈奴困月氏也，匈奴使持单于一信，则国国传送食，不敢留苦；及至汉使，非出币帛不得食，不市畜不得骑用。所以然者，远汉，而汉多财物，故必市乃得所欲，然以畏匈奴于汉使焉。宛左右以蒲陶为酒，富人藏酒至万馀石，久者数十岁不败。俗嗜酒，马嗜苜蓿。汉使取其实来，于是天子始种苜蓿、蒲陶肥饶地。及天马多，外国使来众，则离宫别观旁尽种蒲陶、苜蓿极望。自大宛以西至安息，国虽颇异言，然大同俗，相知言。其人皆深眼，多须髯，善市贾，争分铢。俗贵女子，女子所言而丈夫乃决正。其地皆无丝漆，不知铸钱器。及汉使亡卒降，教铸作他兵器。得汉黄白金，辄以为器，不用为币。

而汉使者往既多，其少从率多进熟于天子，言曰："宛有善马在贰师城，匿不肯与汉使。”天子既好宛马，闻之甘心，使壮士车令等持千金及金马以请宛王贰师城善马。宛国饶汉物，相与谋曰：“汉去我远，而盐水中数败，出其北有胡寇，出其南乏水草。又且往往而绝邑，乏食者多。汉使数百人为辈来，而常乏食，死者过半，是安能致大军乎？无奈我何。且贰师马，宛宝马也。”遂不肯予汉使。汉使怒，妄言，椎金马而去。宛贵人怒曰：“汉使至轻我！”遣汉使去，令其东边郁成遮攻杀汉使，取其财物。于是天子大怒。诸尝使宛姚定汉等言宛兵弱，诚以汉兵不过三千人，强弩射之，即尽虏破宛矣。天子已尝使浞野侯攻楼兰，以七百骑先至，虏其王，以定汉等言为然，而欲侯宠姬李氏，拜李广利为贰师将军，发属国六千骑，及郡国恶少年数万人，以往伐宛。期至贰师城取善马，故号“贰师将军”。赵始成为军正，故浩侯王恢使导军，而李哆为校尉，制军事。是岁太初元年也。而关东蝗大起，蜚西至敦煌。

贰师将军军既西过盐水，当道小国恐，各坚城守，不肯给食。攻之不能下。下者得食，不下者数日则去。比至郁成，士至者不过数千，皆饥罢。攻郁成，郁成大破之，所杀伤甚众。贰师将军与哆、始成等计：“至郁成尚不能举，况至其王都乎？”引兵而还。往来二岁。还至燉煌，士不过什一二。使使上书言：“道远多乏食，且士卒不患战，患饥。人少，不足以拔宛。愿且罢兵。益发而复往。”天子闻之，大怒，而使使遮玉门，曰军有敢入者辄斩之！贰师恐，因留敦煌。

其夏，汉亡浞野之兵二万馀于匈奴。公卿及议者皆愿罢击宛军，专力攻胡。天子已业诛宛，宛小国而不能下，则大夏之属轻汉，而宛善马绝不来，乌孙、仑头易苦汉使矣，为外国笑。乃案言伐宛尤不便者邓光等，赦囚徒材官，益发恶少年及边骑，岁馀而出燉煌者六万人，负私从者不与。牛十万，马三万馀匹，驴骡橐它以万数。多赍粮，兵弩甚设，天下骚动，传相奉伐宛，凡五十馀校尉。宛王城中无井，皆汲城外流水，于是乃遣水工徙其城下水空以空其城。益发戍甲卒十八万，酒泉、张掖北，置居延、休屠以卫酒泉，而发天下七科適，及载糒给贰师。转车人徒相连属至敦煌。而拜习马者二人为执驱校尉，备破宛择取其善马云。

于是贰师后复行，兵多，而所至小国莫不迎，出食给军。至仑头，仑头不下，攻数日，屠之。自此而西，平行至宛城，汉兵到者三万人。宛兵迎击汉兵，汉兵射败之，宛走入（葆乘）〔保〕其城。贰师兵欲行攻郁成，恐留行而令宛益生诈，乃先至宛，决其水源，移之，则宛固已忧困。围其城，攻之四十馀日，其外城坏，虏宛贵人勇将煎靡。宛大恐，走入中城。宛贵人相与谋曰："汉所为攻宛，以王毋寡匿善马而杀汉使。今杀王毋寡而出善马，汉兵宜解；即不解，乃力战而死，未晚也。"宛贵人皆以为然，共杀其王毋寡，持其头遣贵人使贰师，约曰："汉毋攻我，我尽出善马，恣所取，而给汉军食。即不听，我尽杀善马，而康居之救且至。至，我居内，康居居外，与汉军战。汉军熟计之，何从？"是时康居候视汉兵，汉兵尚盛，不敢进。贰师与赵始成、李哆等计："闻宛城中新得秦人，知穿井，而其内食尚多。所为来，诛首恶者毋寡。毋寡头已至，如此而不许解兵，则坚守，而康居候汉罢而来救宛，破汉军必矣。"军吏皆以为然，许宛之约。宛乃出其善马，令汉自择之，而多出食食给汉军。汉军取其善马数十匹，中马以下牡牝三千馀匹，而立宛贵人之故待遇汉使善者名昧蔡以为宛王，与盟而罢兵。终不得入中城，乃罢而引归。

初，贰师起燉煌西，以为人多，道上国不能食，乃分为数军，从南北道。校尉王申生、故鸿胪壶充国等千馀人，别到郁成。郁成城守，不肯给食其军。王申生去大军二百里，(侦)〔偩〕而轻之，责郁成。郁成食不肯出，窥知申生军日少，晨用三千人攻，戮杀申生等，军破，数人脱亡，走贰师。贰师令搜粟都尉上官桀往攻破郁成。郁成王亡走康居，桀追至康居。康居闻汉已破宛，乃出郁成王予桀，桀令四骑士缚守诣大将军。四人相谓曰："郁成王汉国所毒，今生将去，卒失大事。"欲杀，莫敢先击。上邽骑士赵弟最少，拔剑击之，斩郁成王，赍头。弟、桀等逐及大将军。

初，贰师后行，天子使使告乌孙，大发兵并力击宛。乌孙发二千骑往，持两端，不肯前。贰师将军之东，诸所过小国闻宛破，皆使其子弟从军入献，见天子，因以为质焉。贰师之伐宛也，而军正赵始成力战，功最多；及上官桀敢深入，李哆为谋计，军入玉门者万馀人，军马千馀匹。贰师后行，军非乏食，战死不能多，而将吏贪，多不爱士卒，侵牟之，以此物故众。天子为万里而伐宛，不录过，封广利为海西侯。又封身斩郁成王者骑士赵弟为新畤侯，军正赵始成为光禄大夫，上官桀为少府，李哆为上党太守。军官吏为九卿者三人，诸侯相、郡守、二千石者百馀人，千石以下千馀人。奋行者官过其望，以適过行者皆绌其劳。士卒赐直四万金。伐宛再反，凡四岁而得罢焉。

汉已伐宛，立昧蔡为宛王而去。岁馀，宛贵人以为昧蔡善谀，使我国遇侠，乃相与杀昧蔡，立毋寡昆弟曰蝉封为宛王，而遣其子入质于汉。汉因使使赂赐以镇抚之。

而汉发使十馀辈至宛西诸外国，求奇物，因风览以伐宛之威德。而敦煌置酒泉都尉，西至盐水，往往有亭。而仑头有田卒数百人，因置使者护田积粟，以给使外国者。

太史公曰：《禹本纪》言“河出昆仑。昆仑其高二千五百馀里，日月所相避隐为光明也。其上有醴泉、（瑶）〔华〕池”。今自张骞使大夏之后也，穷河源，恶睹本纪所谓昆仑者乎？故言九州山川，《尚书》近之矣。至《禹本纪》《山海经》所有怪物，余（不）敢言之也。

【译文】

大宛这地方是由张骞发现的。张骞是汉中人，汉武帝建元年间当过郎官。这时，天子问投降的那些匈奴人，他们都说匈奴攻打并战胜月氏王，用他的头骨当饮酒的器皿。月氏逃跑了，因而常常怨恨匈奴，只是没有人和他们一块儿去打匈奴。这时汉朝正想攻打匈奴，听到这些说法，因此想派使者去联络月氏。但是去月氏必须经过匈奴，于是就招募能够出使的人。张骞是以郎官身份应招出使月氏，和堂邑氏人原来匈奴奴隶名叫甘父的一同从陇西出境，路过匈奴时，被匈奴抓到，又移送给单于。单于留住张骞，说：“月氏在我们北边，汉朝怎么能派使者前去呢？我们要想派使者去南越，汉朝能允许我们吗？”扣留张骞十余年，给他娶了妻子，让他有了孩子，可是张骞一直保持着汉朝使者的符节，没有丢失。

张骞留居匈奴，匈奴对他的看管日渐宽松，张骞因而得以同他的随从逃向月氏，向西跑了几十天，到达大宛。大宛听说汉朝有很丰富的钱财，早想与汉朝沟通，却未成功。如今见到张骞，心中高兴，便向张骞问道：“你想到哪儿去？”张骞说：“我是为汉朝出使月氏，却被匈奴拦住去路。现在逃出匈奴，希望大王派人引导护送我们去月氏。若真能到达月氏，我们返回汉朝，汉朝赠送给大王的财物是用言语说不尽的。”大宛认为张骞的话是真实的，就让张骞出发，并给他派了向导和翻译，到达康居。康居又把他转送到大月氏。这时，大月氏的国王已经被匈奴杀死，又立了他的太子当国王。这位国王已把大夏征服，并在这里居住下来。这地方土地肥美富饶，很少有敌人敢侵犯，心情安适快乐。又认为自己离汉朝很远，根本没有向匈奴报仇的心意。张骞从月氏到了大夏，终究没有得到月氏对联汉攻击匈奴的明确态度。

张骞在月氏住了一年多，打算回中原，他沿着南山行进，想通过羌人居住的地区回到长安，却又被匈奴捉到了。他在匈奴住了一年多，单于死了，匈奴左谷蠡王攻击太子，自立为单于，国内大乱，张骞乘机与胡人妻子和堂邑父一起逃回汉朝。汉朝封张骞为太中大夫，封堂邑父为奉使君。

张骞有力量且坚强，心胸宽大，诚实可信，蛮夷之人都喜欢他。堂邑父是匈奴人，善于射箭，每当危急穷困之时，就射杀飞禽走兽当饭吃。最初，张骞出使时有一百多随从，离开汉朝十三年，只有他和甘父二人回到汉朝。

张骞所到的大宛、大夏、大月氏、康居，传说这些国家的旁边还有五六个大国，他都一一向汉天子陈述了情况，说：

大宛在匈奴西南，在汉朝正西面，大约离汉朝一万里。当地的风俗是定居一处，耕种田地，种稻子和麦子。出产葡萄酒。有很多好马，马出汗带血，它的祖先是天马的儿子。那里有城郭房屋，归它管辖的大小城镇有七十多座，民众大约有几十万。大宛的兵器是弓和矛，人们骑马射箭。它的北边是康居，西边是大月氏，西南是大夏，东北是乌孙，东边是扜罙、于寘。于寘的西边，河水都向西流，注入西海。于阗东边的河水都向东流，注入盐泽。盐泽的水在地下暗中流淌，它的南边就是黄河的源头，黄河水由此流出。那儿盛产玉石，黄河水流入中原。楼兰和姑师的城镇都有城郭，靠近盐泽。盐泽离长安大约五千里。匈奴的右边正处在盐泽以东，直到陇西长城，南边与羌人居住区相接，阻隔了通往汉朝的道路。

乌孙在大宛东北大约二千里，是个百姓不定居一处的国家，人们随着放牧的需要而迁移，和匈奴的风俗相同。有几万名拉弓打仗的兵卒，勇敢善战。原先服从于匈奴，待到强盛后，就要回被束缚在匈奴的那些人质，不肯去朝拜匈奴。

康居在大宛西北大约二千里，是个百姓不定居一处的国家，与月氏的风俗大致相同。有八九万拉弓打仗的战士，同大宛是邻国。国家小，南边被迫服侍月氏，东边被迫服侍匈奴。

奄蔡在康居西北大约二千里，是个百姓不定居一处的国家，与康居的风俗大致相同。拉弓作战的战士有十多万。它靠近一个大的水泽，无岸无边，大概就是北海吧。

大月氏在大宛西边大约二三千里，处于妫水之北。它南边是大夏，西边是安息，北边是康居。是个百姓不定居一处的国家，人们随着放牧的需要而迁移，同匈奴的风俗一样。拉弓打仗的战士也有一二十万。从前强大时，很轻视匈奴，冒顿立为单于，打败月氏；到了匈奴老上单于时，杀死了月氏王，用月氏王的头骨做饮酒器皿。开始时，月氏居住在敦煌、祁连之间，待到被匈奴打败，大部分人就远远离开这里，经过大宛，向西去攻打大夏，并把它打败，令其臣服于月氏，于是建都在妫水之北，作为王庭。而其余一小部分不能离开的月氏人，就保全了南山和羌人居住的地方，称为小月氏。

安息在大月氏西边大约几千里的地方。它们的习俗是定居一处，耕种田地，种植稻子和麦子，出产葡萄酒。它的城镇如同大宛一样。大小城镇有数百座由它所管辖，国土方圆数千里，是最大的国家。靠近妫水，有集市，人们为做生意，装运货物用车和船，有时运到附近的国家或者几千里以外的地方。他们用银作钱币，钱币铸成国王容貌的样子，国王死去，就改换钱币，这是因为要模仿国王的面貌。他们画横在皮革上作为文字。它西边是条枝，北边是奄蔡、黎轩。

安息西边数千里是条枝，靠近西海。那里天气炎热潮湿。人们耕种田地，种植稻子。那里出产一种大鸟，它的蛋像瓮坛那样大。人口众多，有的地方往往有小君长，而安息役使管辖他们。它被当作外围国家。条枝国的人擅长魔术。安息的老年人传说条枝国有弱水和西王母，却不曾见过。

在大宛西南二千余里的妫水南面是大夏。其地风俗是人们定居一处，有城镇和房屋。与大宛的风俗相同。没有大君长，每个城镇往往设置小君长。这个国家的军队软弱，害怕打仗。人们善于做买卖。待到大月氏西迁时，打败了大夏，整个大夏被统治了。大夏的民众很多，大约有一百多万。它的都城叫蓝市城。这里有贸易市场。贩卖各种物品。大夏东南有身毒国。

张骞说："我在大夏时，看见过邛竹杖、蜀布，便问他们：'从哪儿得到了这些东西？'大夏国的人说：'我们的商人到身毒国买回来的。身毒国在大夏东南大约几千里。那里的风俗是人们定居一处，大致与大夏相同，但却地势低湿，天气炎热。它的人民骑着大象打仗。那里临近大水。'我估计，大夏离汉朝一万二千里，处于汉朝西南。身毒国又处于大夏东南几千里，有蜀郡的产品，这就说明它离蜀郡不远了。如今出使大夏，要是从羌人居住区经过，则地势险要，羌人厌恶；要是稍微向北走，就会被匈奴俘获。从蜀地前往，应是直道、又没有侵扰者”。天子已经听说大宛和大夏、安息等都是大国，有很多奇特物品出产，人民定居一处，与汉朝人的生活习俗颇相似，而他们的军队软弱，很看重汉朝的财物。北边有大月氏、康居这些国家，他们的军队强大，但可以用赠送礼物、给予好处的办法，诱使他们来朝拜汉天子。而且若是真能得到他们，并用道义使其为属，那么就可以扩大万里国土，经过辗转翻译，招来不同风俗的人民，使汉朝天子的声威和恩德传遍四海内外。汉武帝心中高兴，认为张骞的话是对的，于是命令张骞从蜀郡、犍为郡派遣秘密行动的使者，分四路同时出发：一路从駹出发，一路从冉起程，一路从徙出动，一路从邛、僰启行，都各自行走一二千里。结果北边那一路被氐和筰所阻拦，南边那一路被巂和昆明所阻拦。昆明之类的国家没有君长，善于抢劫偷盗，常杀死和抢掠汉朝使者，汉朝使者终究没能通过。但是，听说昆明西边一千余里的地方，有个人民都骑象的国家，名叫滇越，蜀郡偷运物品出境的商人中有的到过那里，于是汉朝因为要寻找前往大夏的道路而开始同滇国沟通。最初，汉朝想开通西南夷，浪费了很多钱财，道路也没开通，就作罢了。待到张骞说可以由西南夷通往大夏，汉朝又重新从事开通西南夷的事情。

张骞以校尉的身份跟随大将军卫青去攻打匈奴，因为他知道有水草的地方，所以军队能够不困乏。张骞被皇上封为博望侯的第二年，张骞当了卫尉，同李广将军一同从右北平出发去攻打匈奴。李将军被匈奴大兵包围了，他的军队伤亡很多，而张骞因为误了约定的时间，被判处死刑，花钱赎罪，成为平民百姓。这一年，骠骑将军霍去病被汉朝派遣在西边大败匈奴的几万人，来到祁连山下。翌年，匈奴浑邪王率领他的百姓投降了汉朝，从此金城、河西西边及南山到盐泽一带，再也没有匈奴人了。匈奴有时也派侦察兵来这里，而这种事情很少发生。这以后整整二年，匈奴单于就被汉朝赶到大沙漠以北。

此后，天子多次向张骞询问大夏等国的事情。这时张骞已经失去侯爵，于是就说：“我在匈奴时，听说乌孙国王叫昆莫，而昆莫的父亲，是匈奴西边一个小国的君王。匈奴攻打并杀了昆莫的父亲，而昆莫自打出生后就被抛弃到旷野里。鸟儿口衔着肉飞到他身上，喂他；狼跑来给他喂奶。单于感到很奇怪，以为他是神，就收养了他，让他长大。等他成年后，就让他领兵打仗，屡次立功，单于就给了他他父亲的百姓，命令他长期驻守在西域。昆莫收养他的百姓，攻打旁边的小城镇，逐渐有了几万名能拉弓打仗的兵士，熟悉攻伐战争的本领。单于死后，昆莫就率领他的民众远远地迁移，保持独立，不愿意去朝拜匈奴。匈奴派遣突击队攻打昆莫，没有取胜，匈奴认为昆莫是神人，便远离他，对他采取约束控制的办法，而不对他发动重大攻击。如今单于刚被汉朝打得很疲惫，而又没人守卫原来浑邪王控制的地方。蛮夷的习俗是贪图汉朝的财物，在这时若真能用丰厚的财物赠送乌孙，招引他再往东迁移，居住到原来浑邪王控制的地方，并同汉朝结为兄弟，根据情势看，昆莫应该是能够接受的，如果他接受了这个安排，那么这就相当于是砍断了匈奴的右臂。联合了乌孙之后，它西边的大夏等国都可以招引来作为外臣属国。”汉武帝认为张骞说得很对，任命他为中郎将，率领三百人，每人两匹马、几万只牛羊，携带钱财布帛，价值几千万；还配备了好多名持符节的副使，如果道路能打通，就派遣他们到周边的国家去。

张骞到了乌孙后，乌孙王昆莫接见汉朝使者，和对待匈奴单于的礼节差不多，张骞内心很羞愧，他知道蛮夷之人很贪婪，就说：“天子赠送礼物，如果国王不拜谢，就把礼物退回来。”昆莫起身拜谢，接受了礼物，其他做法依旧。张骞向昆莫说明了他出使的旨意，说：“如果乌孙能向东迁移到浑邪王的旧地去，那么汉朝将送一位诸侯的女儿嫁给昆莫做妻子。”这时乌孙国已经分裂，国王年老，又远离汉朝，不知道它的大小，原先归属匈奴已经很久了，而且离匈奴又近，大臣们都怕匈奴，不想迁移，国王不能独自决定。张骞因而没能得到乌孙王的明确态度。昆莫有十多个儿子，其中有个儿子叫大禄，强悍，擅长领兵，他率领一万多骑兵居住在另外的地方。大禄的哥哥是太子，太子有个儿子叫岑娶，太子早就死了。他临死时，对父亲昆莫说：“一定要以岑娶做太子，不要让别人代替他。”昆莫哀伤地答应了他，终于让岑娶当了太子。大禄对自己没能取代太子很愤怒，于是收罗他的兄弟们，率领他的军队造反了，蓄谋攻打岑娶和昆莫。昆莫年老了，常常害怕大禄杀害岑娶，就分给岑娶一万多骑兵，居住到别的地方去。而昆莫自己还有一万多骑兵用以自卫。这样一来，乌孙国一分为三，而大体上仍是归属于昆莫，因此昆莫也不敢独自与张骞商定这件事。

张骞于是就派副使分别出使大宛、康居、大月氏、安息、大夏、身毒、于窴、扜罙及旁边的几个国家。乌孙国送张骞回国并派出向导和翻译。张骞和乌孙国派出的使者共几十人，带来几十匹马，答谢和回报汉天子，顺便让他们窥视汉朝情况，了解汉朝的广大。

张骞回到汉朝，被任命为大行，官位排列在九卿之中。过了一年多，他就死了。

乌孙的使者已经看到汉朝财物丰厚而且地广人多，回去报告了国王，乌孙国就越发重视汉朝。过了一年多，张骞派出的沟通大夏等国的使者，大多都和所去国家的人一同回到汉朝。于是，西北各国从这时才开始和汉朝有了交往。然而这种交往是张骞开创的，所以，以后前往西域各国的使者都称博望侯，凭此取信于外国，外国也因此而信任汉朝使者。

自从博望侯张骞死后，匈奴听说汉朝和乌孙有了往来，特别气愤，想攻打乌孙。待到汉朝出使乌孙，而且从它南边到达大月氏、大宛，使者接连不断，乌孙才感到恐惧，派使者向汉朝献马，希望能娶汉朝诸侯女儿做妻子，与汉朝结为兄弟。天子向群臣征求意见，群臣都说："一定要先让他们把聘礼送来，然后才能把诸侯女儿嫁过去。"最初，天子翻开《易经》占卜，书上写道："神马当从西北来。"乌孙的良马得到后，天子就命名那马为"天马"。待到得了大宛的汗血马，越发健壮，乌孙马就改名为"西极"，命名大宛马为"天马"。这时汉朝开始修筑令居以西的长城亭障，初设酒泉郡，以便与西北各国的沟通。于是加派使者抵达安息、奄蔡、黎轩、条枝、身毒国。而大宛的马汉朝天子喜欢，因此出使大宛的使者络绎不绝。那些出使外国的使者每批多者数百人，少者百余人，每人所携带的东西差不多和博望侯所带的相同。此后出使之事习以为常。所派人数就减少了。汉朝一年大致派出的使者，多的时候十余批，少的时候五六批。远地方，使者八九年才能回来，近地方，几年就可以返回来。

这时南越已经被汉朝灭亡了，蜀地和西南夷诸国都震恐，请求汉朝为他们设置官吏和入朝拜见汉天子。于是汉朝设置了益州、越巂、牂柯、沈黎、汶山等郡，想让土地连成一片，再向前通往大夏。于是汉朝一年内就派遣使者柏始昌、吕越人等十余批，从这些新设的郡出发，直到大夏，但又被昆明所阻拦，使者被杀，钱物被抢，最终也没能到达大夏。于是汉朝调遣三辅的罪人，再加上巴、蜀的士卒几万人，派遣郭昌、卫广两位将军去攻打昆明阻拦汉朝使者的人，杀死和俘获了几万人就离开了。这以后汉朝派出使者，昆明又进行抢杀，最后还是未能沟通大夏。而北边通过酒泉抵达大夏的路上，使者已经很多，外国人有了很多汉朝的布帛财物，对这些东西便不再感到贵重。

博望侯得到尊官和富贵是因为开辟了通往外国的道路，以后跟随出使的官吏和士卒都争着上书，陈述外国的珍奇之物、怪异之事和利害之情，要求充当使者。汉朝天子认为外国非常遥远，并非人人乐意前往，就接受他们的要求，赐予符节，招募官吏和百姓而不问出身，为他们配备人员，派遣他们出使，以扩大沟通外国的道路。出使归来的人不能出现侵吞布帛财物的情况，以及背离天子旨意的事情，天子认为他们熟悉西域和使者的工作，常常深究他们的罪行，以此激怒他们，令其出钱赎罪，再次要求充任使者。这样一来出使的事端层出不穷，而他们也就轻易犯法了。那些官吏士卒也常常反复称赞外国有的东西，说大话的人被授予符节当正使，浮夸小的人被任为副使，所以那些胡说而又无德行的人争相效法他们。那些出使者都是穷人的子弟，把官府送给西域各国的礼物占为己有，想用低价卖出，在外国获取私利。外国也讨厌汉朝使者人人说的话都有不同程度不真实的成分，他们估计汉朝大军离得远，不能到达，因而断绝他们的食物，使汉使者遭受困苦。汉朝使者生活困乏，物资被断绝，以至于相互攻击。楼兰、姑师是小国，正处于交通要道，因而他们攻击汉朝使者王恢等尤其厉害。匈奴的突击部队也时时阻拦攻击出使西域诸国的汉朝使者。使者争相详谈外国的危害，虽然各国都有城镇，但是军队软弱，容易攻击。于是天子派遣从骠侯赵破奴率领属国骑兵及各郡士兵几万人，开赴匈河水，想攻打匈奴，匈奴人都离开了。第二年，攻打姑师，赵破奴和轻骑兵七百多人首先到达，俘虏了楼兰王，于是攻陷姑师。乘着胜利的军威围困乌孙、大宛等国。回汉朝后，赵破奴受封为浞野侯。王恢屡次出使，被楼兰搞得很困苦，他把这事告诉天子，天子发兵，命令王恢辅佐赵破奴打败敌人，因此封王恢为浩侯。于是，汉朝从酒泉修筑亭鄣，一直修到玉门关。

乌孙王用一千匹马聘娶汉朝姑娘，汉朝把皇族江都王刘建的女儿嫁给乌孙王为妻，乌孙王昆莫以她为右夫人。匈奴也派遣公主嫁给昆莫，昆莫让她做左夫人。昆莫说：“我老了。”就命令他孙子岑娶娶公主为妻子。乌孙盛产马，那些富有人家的马竟多至四五千匹。

刚开始，汉朝使者到达安息，安息王命令有关人率领二万骑兵在东部国境上迎接。东部国境与王都相距数千里。走到王都要经过几十座城镇，百姓相连，人口甚多。汉朝使者归来，安息派使者随汉使来观察汉朝的广大，把黎轩善变魔术的人和大鸟蛋献给汉朝。至于大宛西边的小国欢潜、大益，大宛东边的姑师、扜罙、苏薤等国，都随汉朝使者来进献贡品和拜见天子。天子特别高兴。

汉朝使者想尽一切办法探寻黄河的源头，源头出在于窴国，那里的山上盛产玉石，使者们采回来，天子依据古代图书进行考查，命名黄河发源的山叫昆仑山。

这时，天子屡次到海边之地视察，每次都让外国客人跟在其后，大凡人多的城镇都要经过。并且散发钱财赏赐他们，准备丰厚的礼物提供给他们，以此展示汉朝的富有。于是大规模地搞角抵活动，演出奇戏，展出许多怪物，引来许多人围观，天子便开始赏赐，聚酒成池，挂肉成林，各地仓库中储藏的物资让外国客人遍观，以表现汉朝的广大，使他们倾倒惊骇。待增加那魔术的技巧后，奇戏和角抵每年都变化出新花样，这些技艺越发兴盛，就从这时开始。

西域的外国使者，换来换去，往来不断。但大宛以西诸国使者，都认为远离汉朝，仍然骄傲放纵，安逸自适，汉朝还不能以礼约束他们，使他们顺从地听从吩咐。从乌孙以西直到安息诸国，因为靠近匈奴，匈奴使月氏处于困扰之中，所以匈奴使者拿着单于的一封信，则这些国家就轮流供给他们食物，不敢阻留使他们受苦。至于汉朝使者到达，不拿出布帛财物就不供给饮食，不买牲畜就得不到坐骑。之所以出现这种情况，就是因为汉朝遥远。而汉朝又有钱有物，所以一定要买才能得到想要的东西，但也是由于他们畏惧匈奴使者甚于汉朝使者的缘故。大宛左右的国家都用葡萄做酒，富有人家藏的酒多达一万余石，保存时间久的几十年都不坏。当地风俗是特爱喝酒，马喜欢吃苜蓿草。汉朝使者取回葡萄、苜蓿的种子，于是天子开始在肥沃的土地上种植葡萄、苜蓿。得到天马多了，外国的使者来的多了，则汉朝的离宫别苑旁边都种上葡萄、苜蓿，一望无边。从大宛以西到安息，各国虽然语言不同，但风俗大致相同，彼此可以相互了解。那里的人眼睛都凹陷，胡须很重，善于做买卖，连一分一铢都要争执。当地风俗尊重女人，女子说话，丈夫就不敢违背坚决照办。那里到处都没有丝和漆，不懂得铸钱和器物。等到汉朝使者的逃亡士卒向他们投降了，就教他们铸造兵器和器物。他们得到汉朝的黄金和白银，就用来铸造器皿，而不用来铸钱币。

汉朝使者出使西域的逐渐多起来，那些自少年时代就随着出使的人，大多都把自己熟悉的情况向天子汇报，说："有好马在大宛，在贰师城，他们把它藏匿起来，不肯给汉朝使者。"天子已经喜欢大宛的马，听到这消息，心里是甜滋滋的，就派遣壮士车令等拿着千金和金马，去请求大宛王交换贰师城的好马。大宛国已经有不少汉朝的东西，宛王与大臣相互商议说："汉朝离我们远，而经过盐泽来我国屡有死亡、若从北边来又有匈奴侵扰，从南边来又缺少水草。而且往往没有城镇，饮食很缺乏。汉朝使者每批几百人前来，而常常因为缺乏食物，死的人超过一半，这种情况怎能派大军前来呢？他们对我们无可奈何，况且贰师的马是大宛的宝马。"就不肯给汉朝使者。汉朝使者发怒，便扬言要砸碎金马离去。大宛贵族官员发怒说："汉朝使者太轻视我们！"就遣送汉朝使者离开，并命令东边的郁成国阻击并杀死汉朝使者，抢去他们的财物。于是天子大怒，诸位曾出使大宛的人，如姚定汉等人说大宛兵弱，若真能率领三千汉朝大军，用强弓劲弩射击他们，就可以全部俘获他们的军队，打败大宛。因为天子曾经派浞野侯攻打楼兰，他率领七百骑兵抢先攻到楼兰，俘虏楼兰王，所以天子认为姚定汉说得对，而且想使他的宠姬李夫人家得以封侯，所以天子就任命李夫人之兄李广利为贰师将军，调发属国的六千骑兵，以及各郡国的不规少年几万人，前去讨伐大宛。目的是到贰师城取回良马，所以号称"贰师将军"。赵始成当军正，原来的浩侯王恢当军队的向导，李哆当校尉，掌握军中的事情。这一年是汉武帝太初元年。这时关东出现严重蝗灾，蝗虫飞到了西边的敦煌。

贰师将军的军队已经过了西部的盐泽，所路过的小国都害怕，各自坚守城堡，不肯供给汉军食物。汉军攻城又攻不下来。攻下城来才能得到饮食，攻不下来，几天内就得离开那里。待到汉军到达郁成，战士跟上来的不过数千人，都饥饿疲劳。他们攻打郁成，郁成大败他们，汉军被杀伤的人很多。贰师将军与李哆、赵始成等商量，说："到达郁成尚且不能攻下来，何况到达其国王的都城呢？"于是就领兵退回，往来经过二年。他们退到敦煌时，所剩士兵不过十分之一二。他们派使者向天子报告说："道路遥远，经常缺乏食物，而且士卒不怕打仗，只忧虑挨饿。人少，不足以攻取大宛。希望暂时收兵。将来多派军队再前去讨伐。”天子听后，大怒，就派使者把他们阻止在玉门关，说军队中有敢进入玉门关的就杀头。贰师将军害怕，于是就留在敦煌。

太初二年夏天，汉朝在匈奴损失了浞野侯二万多人的军队。公卿和议事的官员都希望停止打大宛的军事行动，集中力量攻打匈奴。天子认为已经开始讨伐大宛，宛是小国却没能攻下，那么大夏等国就会轻视汉朝，而大宛的良马也绝不会再弄来，乌孙和仑头就会轻易地给汉朝使者增添烦扰，让外国人嘲笑。于是就惩治了说讨伐大宛尤为不利的邓光等，并赦免囚徒和勇敢的犯了罪的士卒，增派边地骑兵和品行恶劣的少年，一年多的时间里就有六万士兵从敦煌出发，这还不包括那些随军参战自带衣食的人。这些士兵携带着十万头牛，三万多匹马，还有上万的驴、骡和骆驼等物。他们还带了很多粮食，各种兵器都很齐备。当时全国骚动，相传奉命征伐大宛的校尉共有五十余人。宛王城中没有水井，都要靠汲取城外流进城内的流水，汉朝军队就派遣水工将城中的水道改变，使城内无水可用。汉朝还增派了十八万甲兵，戍守在酒泉、张掖以北，并设置居延、休屠两个县以护卫酒泉。汉朝还调发全国七种犯罪之人，载运干粮供应贰师将军。络绎不绝转运物资的人员，直到敦煌。又任命两位熟悉马匹的人做执驱校尉，准备攻破大宛以后再选取它的良马。

于是贰师将军又一次出征，所率很多兵士，所到小国没有不迎接的，都拿出食物供应汉朝军队。他们到达仑头国，仑头国不肯投降，攻打了几天，全国被血洗。由仑头往西去，平安地到达大宛王城，有三万汉军到达。宛军迎击汉军，汉军射箭打败了宛军，宛军退入城中依靠城墙守卫。贰师将军的大兵要攻打郁成，害怕滞留不进而让大宛越发做出诡诈之事，就先攻大宛城，断绝它的水源，改变水道，则大宛已深感忧愁困危。汉军包围大宛城，攻打四十多天，外城被攻破，俘虏了大宛贵人中的勇将煎靡。大宛人非常恐惧，都跑进城中。大宛高级官员们相互商议说：“汉朝所以攻打大宛，是因为大宛王毋寡藏匿良马而又杀了汉朝使者的缘故。如今要是杀死宛王毋寡并且献出良马，汉朝军队大概会解围而去，若是不解围而去，再拼力战斗而死，也不晚。”大宛高官们都认为此话正确，便共同杀死宛王毋寡，派遣贵人拿着毋寡的人头去见贰师将军，与他相约道：“汉军不要进攻我们，我们把良马全部交出，任凭你们挑选，并供应汉军饮食。如果你们不接受我们的要求，我们就把良马全杀死，而康居的援兵也将到来。如果他们的军队赶到了，我们的军队在城里，康居的军队在城外，同汉兵作战。希望汉军考虑仔细，何去何从？”这时康居的侦察兵在窥视汉军的情况，因为汉军还强大，不敢进攻。贰师将军李广利和李哆、赵始成等商议道：“听说大宛城里最近找来了汉人，这人打井技术熟悉，而且城中粮食还挺多。我们来这里的目的就是要杀罪魁祸首毋寡。毋寡的人头已到手，却又不答应人家撤兵解围的要求，那么他们就会坚决固守，而康居军队窥视汉军疲惫时再来救助大宛，那时汉军必定会被打败。”军官们都认为说得对，便答应了大宛的要求。大宛才献出他们的良马，让汉军自己选择，而且拿出许多粮食供给汉军。汉军选取了他们的几十匹良马，以及中等以下的公马与母马三千多匹，又立了大宛贵人中从前对待汉使很好的名叫昧蔡的为大宛王，同他们订立盟约而撤兵。汉军始终没有进入大宛城内，就撤军回到汉朝。

最初，贰师将军从敦煌以西启程，以为人多，所经过的国家无力供给粮食，就把军队分成几支，从南和北两路前进。校尉王申生、原鸿胪壶充国等率领一千余人，从另一条路到达郁成。郁成人据城坚守，不肯向汉军供应粮食。王申生离开大军二百里，认为有所倚仗而轻视郁成，向郁成索取粮食，郁成不肯给，并窥视汉军，知道王申生的军队逐日减少，就在某个早晨用三千人攻打王申生的军队，杀死了王申生等，汉军被打败，只有几个人逃脱，跑回贰师将军那里。贰师将军命令搜粟都尉上官桀前去攻打郁成。郁成王逃到康居，上官桀追到康居。康居听说汉军已攻下大宛，就把郁成王献给了上官桀，上官桀就命令四个骑兵捆缚郁成王并押解到贰师将军那里。四个骑兵相互商议说：“郁成王是汉朝所恨的人，如今若是活着送去，中途发生意外就是大事。”想杀他，又没人敢先动手。上邽人骑士赵弟年龄最小，他拔出宝剑砍去，杀了郁成王，带上他的人头。赵弟和上官桀等追上了贰师将军李广利。

最初，贰师将军二次出兵，天子派使者告诉乌孙，要求他们多派兵与汉军联合攻打大宛。乌孙出动二千骑兵前往大宛，但却采取骑墙态度，观望不前。贰师将军胜利东归，所路过的各个小国，听说大宛已被打败，都派他们的子弟随汉军前往汉朝进贡，拜见天子，顺便留在汉朝做人质。贰师将军攻打大宛，军正赵始成奋力战斗，功劳最大；上官桀勇敢地率兵深入，李哆能够出谋划策，使军队回到玉门关的有一万多人、军马一千多匹。贰师将军二次出兵，军队并非缺乏食物，战死者也不能算多，而他手下将吏们贪污，大多不爱惜士卒，侵夺粮饷，因此死的人很多。天子因为他们是远行万里讨伐大宛，不记他们的过失，而封李广利为海西侯。又封亲手杀郁成王的骑士赵弟为新畤侯，军正赵始成为光禄大夫，上官桀为少府，李哆为上党太守。军官中被升为九卿的有三人，升任诸侯国相、郡守、二千石一级官员的共有一百多人，升为千石一级以下官员的有一千多人。自愿从军者所得到的军职超过了他们的愿望，因被罚罪而参军的人都不计功劳而免罪。对士卒的赏赐价值四万金。两次讨伐大宛，总共四年时间军事行动才得以结束。

汉朝讨伐大宛以后，立昧蔡为大宛王然后就撤离了。过了一年多，大宛高级官员认为昧蔡善于阿谀，使大宛遭到杀戮，于是他们互相谋划杀了昧蔡，立毋寡的兄弟名叫蝉封的当了大宛国王，而派遣他的儿子到汉朝做人质。汉朝也派使者向大宛赠送礼物加以安抚。

后来汉朝派了十多批使者到大宛西边的一些国家，去寻求奇异之物，顺便晓谕和考察讨伐大宛的威武和功德。敦煌和酒泉从此设置了都尉，一直到西边的盐水，路上往往设有亭鄣。而仑头有屯田士卒几百人，于是汉朝在那儿设置了使者，以保护田地、积聚粮食，供给出使外国的使者们。

太史公说:《禹本纪》说:“黄河发源于昆仑。昆仑有二千五百余里高，是日月相互隐避和各自发出光明之处。昆仑之上有醴泉和瑶池。”张骞出使大夏之后，最终找到了黄河的源头，从什么地方能看到《禹本纪》所说的昆仑山呢？所以谈论九州山川，《尚书》所说的是最接近真实情况的。至于《禹本纪》和《山海经》里所记载的怪物，我不敢说。

史记卷一百二十四

游侠列传第六十四

韩子曰："儒以文乱法，而侠以武犯禁。"二者皆讥，而学士多称于世云。至如以术取宰相卿大夫，辅翼其世主，功名俱著于春秋，固无可言者。及若季次、原宪，闾巷人也，读书怀独行君子之德，义不苟合当世，当世亦笑之。故季次、原宪终身空室蓬户，褐衣疏食不厌。死而已四百馀年，而弟子志之不倦。今游侠，其行虽不轨于正义，然其言必信，其行必果，已诺必诚，不爱其躯，赴士之厄困。既已存亡死生矣，而不矜其能，羞伐其德，盖亦有足多者焉。

且缓急，人之所时有也。太史公曰：昔者虞舜窘于井廪，伊尹负于鼎俎，傅说匿于傅险，吕尚困于棘津，夷吾桎梏，百里饭牛，仲尼畏匡，菜色陈、蔡。此皆学士所谓有道仁人也，犹然遭此灾，况以中材而涉乱世之末流乎？其遇害何可胜道哉！

鄙人有言曰："何知仁义，已飨其利者为有德。"故伯夷丑周，饿死首阳山，而文、武不以其故贬王；跖、蹻暴戾，其徒诵义无穷。由此观之，"窃钩者诛，窃国者侯，侯之门仁义存"，非虚言也。

今拘学或抱咫尺之义，久孤于世，岂若卑论侪俗，与世沉浮而取荣名哉！而布衣之徒，设取予然诺，千里诵义，为死不顾世，此亦有所长，非苟而已也。故士穷窘而得委命，此岂非人之所谓贤豪间者邪？诚使乡曲之侠，予季次、原宪比权量力，效功于当世，不同日而论矣。要以功见言信，侠客之义又曷可少哉！

古布衣之侠，靡得而闻已。近世延陵、孟尝、春申、平原、信陵之徒，皆因王者亲属，藉于有土卿相之富厚，招天下贤者，显名诸侯，不可谓不贤者矣。比如顺风而呼，声非加疾，其势激也。至如闾巷之侠，修行砥名，声施于天下，莫不称贤，是为难耳。然儒、墨皆排摈不载。自秦以前，匹夫之侠，湮灭不见，余甚恨之。以余所闻，汉兴有朱家、田仲、王公、剧孟、郭解之徒，虽时扞当世之文罔，然其私义廉洁退让，有足称者。名不虚立，士不虚附。至如朋党宗强比周，设财役贫，豪暴侵凌孤弱，恣欲自快，游侠亦丑之。余悲世俗不察其意，而猥以朱家、郭解等令与暴豪之徒同类而共笑之也。

鲁朱家者，与高祖同时。鲁人皆以儒教，而朱家用侠闻。所藏活豪士以百数，其馀庸人不可胜言。然终不伐其能，歆其德，诸所尝施，唯恐见之。振人不赡，先从贫贱始。家无馀财，衣不完采，食不重味，乘不过軥牛。专趋人之急，甚己之私。既阴脱季布将军之厄，及布尊贵，终身不见也。自关以东，莫不延颈愿交焉。

楚田仲以侠闻，喜剑，父事朱家，自以为行弗及。田仲已死，而洛阳有剧孟。周人以商贾为资，而剧孟以任侠显诸侯。吴楚反时，条侯为太尉，乘传车将至河南，得剧孟，喜曰："吴楚举大事而不求孟，吾知其无能为已矣。"天下骚动，宰相得之若得一敌国云。剧孟行大类朱家，而好博，多少年之戏。然剧孟母死，自远方送丧盖千乘。及剧孟死，家无馀十金之财。而符离人王孟亦以侠称江淮之间。

是时济南瞯氏、陈周庸亦以豪闻，景帝闻之，使使尽诛此属。其后代诸白、梁韩无辟、阳翟薛（况）〔兄〕、（陕）〔郏〕韩孺纷纷复出焉。

郭解，轵人也，字翁伯，善相人者许负外孙也。解父以任侠，孝文时诛死。解为人短小精悍，不饮酒。少时阴贼，慨不快意，身所杀甚众。以躯借交报仇，藏命作奸剽攻不休，及铸钱掘冢，固不可胜数。适有天幸，窘急常得脱，若遇赦。及解年长，更折节为俭，以德报怨，厚施而薄望。然其自喜为侠益甚。既已振人之命，不矜其功，其阴贼著于心，卒发于睚眦如故云。而少年慕其行，亦辄为报仇，不使知也。解姊子负解之势，与人饮，使之嚼。非其任，强必灌之。人怒，拔刀刺杀解姊子，亡去。解姊怒曰："以翁伯之义，人杀吾子，贼不得。"弃其尸于道，弗葬，欲以辱解。解使人微知贼处。贼窘自归，具以实告解。解曰："公杀之固当，吾儿不直。"遂去其贼，罪其姊子，乃收而葬之。诸公闻之，皆多解之义，益附焉。

解出入，人皆避之。有一人独箕倨视之，解遣人问其名姓。客欲杀之，解曰："居邑屋至不见敬，是吾德不修也，彼何罪！"乃阴属尉史曰："是人，吾所急也，至践更时脱之。"每至践更，数过，吏弗求。怪之，问其故，乃解使脱之。箕踞者乃肉袒谢罪。少年闻之，愈益慕解之行。

洛阳人有相仇者，邑中贤豪居间者以十数，终不听。客乃见郭解。解夜见仇家，仇家曲听解。解乃谓仇家曰："吾闻洛阳诸公在此间，多不听者。今子幸而听解，解奈何乃从他县夺人邑中贤大夫权乎！”乃夜去，不使人知，曰：“且无用，(待我)待我去，令洛阳豪居其间，乃听之。”

解执恭敬，不敢乘车入其县廷。之旁郡国，为人请求事，事可出，出之；不可者，各厌其意，然后乃敢尝酒食。诸公以故严重之，争为用。邑中少年及旁近县贤豪，夜半过门常十馀车，请得解客舍养之。

及徙豪富茂陵也，解家贫，不中訾，吏恐，不敢不徙。卫将军为言“郭解家贫不中徙”。上曰：“布衣权至使将军为言，此其家不贫。”解家遂徙。诸公送者出千馀万。轵人杨季主子为县掾，举徙解。解兄子断杨掾头。由此杨氏与郭氏为仇。

解入关，关中贤豪知与不知，闻其声，争交欢解。解为人短小，不饮酒，出未尝有骑。已又杀杨季主。杨季主家上书，人又杀之阙下。上闻，乃下吏捕解。解亡，置其母家室夏阳，身至临晋。临晋籍少公素不知解，解冒，因求出关。籍少公已出解，解转入太原，所过辄告主人家。吏逐之，迹至籍少公。少公自杀，口绝。久之，乃得解。穷治所犯，为解所杀，皆在赦前。轵有儒生侍使者坐，客誉郭解，生曰：“郭解专以奸犯公法，何谓贤！”解客闻，杀此生，断其舌。吏以此责解，解实不知杀者。杀者亦竟绝，莫知为谁。吏奏解无罪。御史大夫公孙弘议曰：“解布衣为任侠行权，以睚眦杀人，解虽弗知，此罪甚于解杀之。当大逆无道。”遂族郭解翁伯。

自是之后，为侠者极众，敖而无足数者。然关中长安樊仲子，槐里赵王孙，长陵高公子，西河郭公仲，太原卤公孺，临淮兒长卿，东阳田君孺，虽为侠而逡逡有退让君子之风。至若北道姚氏，西道诸杜，南道仇景，东道赵他、羽公子、南阳赵调之徒，此盗跖居民间者耳，曷足道哉！此乃乡者朱家之羞也。

太史公曰：吾视郭解，状貌不及中人，言语不足采者。然天下无贤与不肖，知与不知，皆慕其声，言侠者皆引以为名。谚曰：“人貌荣名，岂有既乎！”於戏，惜哉！

【译文】

韩非子说：“儒生以儒家经典来破坏法度，而侠士以勇武的行为来违犯法令。”韩非对这两种人都加以讥笑，但儒生却多被世人所称扬。至于用权术取得宰相卿大夫的职位，辅佐当代天子，功名都被记载在史书之中，这本来没有什么可说的。至于像季次、原宪，是平民百姓，用功读书，怀抱着特立独行的君子的德操，坚守道义，不与当代世俗苟合，当代世俗之人也嘲笑他们。所以季次、原宪一生住在空荡荡的草屋之中，穿着粗布衣服，连粗饭都吃不饱。他们死了四百余年了，而他们世代相传的弟子们，却不知倦怠地怀念着他们。现在的游侠者，他们的行为虽然不符合道德法规的准则，但是他们说话一定守信用，做事一定果敢决断，答应的必定兑现，以示诚实，肯于牺牲生命，去救助别人的危难。经历了生死存亡的考验，却不自我夸耀，也不好意思夸耀自己功德，大概这也是很值得赞美的地方吧！

况且危急之事，是人们时常能遇到的。太史公说："从前虞舜在淘井和修廪时遇到了危难，伊尹曾背负鼎俎当厨师，傅说曾藏身傅岩服苦役，吕尚曾在棘津遭困厄，管仲曾经戴过脚镣与手铐，百里奚曾经喂牛当奴隶，孔子曾经在匡遭拘囚，在陈、蔡遭饥饿。这些人都是儒生所称扬的有道德的仁人，尚且遭遇这样的灾难，何况是中等才质而又遇到乱世的人呢？他们遇到的灾难怎么可以说得完呢！"

世人有这样的说法："何必去区别仁义与否，已经受利的就是有德。"所以伯夷以吃周粟为可耻，竟饿死在首阳山；而文王和武王却没有因此而损害王者的声誉。盗跖和庄蹻凶暴残忍，而他们的党徒却歌颂他们道义无穷。由此可见，"偷盗衣带钩的要杀头，窃取国家政权的却被封侯，受封为侯的人家就有仁义了"，这话并非虚假不实之言。

现在拘泥于片面见闻的学者，有的死守着狭隘的道理，长久地孤立于世人之外，哪能比得上以低下的观念迁就世俗，随世俗的沉浮而猎取荣耀和名声的人呢？而平民百姓之人，看重取予皆符合道义、应允能兑现的美德，千里之外去追随道义，为道义而死却不顾世俗的责难，这也是他们的长处，并非随便就可做到的。所以读书人处在穷困窘迫的境况下，愿意托身于他，难道这不就是人们所说的贤能豪侠中间的人吗？如果真能让民间游侠者与季次、原宪比较权势和力量，比对当今社会的贡献，是不能同日而语的。总之，从事情的显现和言必有信的角度来看，侠客的正义行为又怎么可以缺少呢！

古代的平民侠客，没有听说过。近代延陵季子、孟尝君、春申君、平原君、信陵君这些人，都因为是君王的亲属，倚仗封国及卿相的雄厚财富，招揽天下的贤才，在各诸侯国中名声显赫，不能说他们不是贤才。

这就如同顺风呼喊，声音并非更加洪亮，而听的人感到清楚，这是风势激荡的结果。至于闾巷的布衣侠客，修行品行，磨砺名节，好的名望传布天下，无人不称赞他们的贤德，这是难以做到的。然而儒家和墨家都排斥摈弃他们，不在他们的文献中加以记载。从秦朝以前，平民侠客的事迹，已经被埋没而不能见到，我很感遗憾。据我听到的情况来看，汉朝建立以来，有朱家、田仲、王公、剧孟、郭解这些人，他们虽然时常违犯汉朝的法律禁令，但是他们个人的行为符合道义，廉洁而有退让的精神，值得称赞的地方也有。他们的名声并不是虚假地树立起来的，读书人也不是没有根据地附和他们的。至于那些结成帮派的豪强，相互勾结，倚仗财势奴役穷人，凭借豪强暴力欺凌孤独势弱的人，放纵欲望，自己满足取乐，这也是游侠之士认为可耻的。我哀伤这其中的真意世俗之人不能明察，却错误地把朱家和郭解等人与暴虐豪强之流的人视为一类，一样地加以嘲笑。

鲁国的朱家与高祖是同一时期的人。鲁国人都喜欢搞儒家思想的教育，而朱家却因为是侠士而闻名。他所藏匿和救活的有几百个豪杰，至于被救的普通人说也说不完。但他始终不夸耀自己的才能，不张扬他对别人的恩德，那些他曾经给予过施舍的人，也唯恐再见到他们。他救济别人的困难，最初是从贫贱时开始的。他家中没有剩余的钱财，衣服破旧得连完整的色彩都没有，每顿饭只吃一样菜，乘坐的是辆牛拉的车子。他一心救援别人于危难，超过为自己办私事。他曾经暗中使季布将军摆脱了被杀的厄运，等到季布将军地位尊贵之后，他却终身不肯与季布相见。从函谷关往东，人们无不伸长脖子盼望同他交朋友。

楚地的田仲因为是侠客而闻名，他喜欢剑术，像服侍父亲那样对待朱家，他认为自己的操行赶不上朱家。田仲死后，洛阳出了个剧孟。洛阳人靠经商为生，而剧孟因为行侠显名于诸侯。吴、楚七国叛乱时，条侯周亚夫当太尉，乘坐着驿站的车子，将到洛阳时见到剧孟，高兴地说："吴、楚七国发动叛乱而不求剧孟相助，我知道他们是没有什么作为的。"天下动乱，太尉得到他就像得到了一个相等的国家一样。剧孟的行为大致和朱家差不多，却喜欢博弈，他所做的多半是少年人的游戏。但是剧孟的母亲死时，从远方来送丧的，大概有上千辆车子。等到剧孟死时，家中连十金的钱财也没有。这时符离人王孟也因为行侠闻名于长江和淮河之间。

这时，济南姓瞯的人家、陈地的周庸也因豪侠而闻名。汉景帝听说后，派使者把这类人全都杀死了。这以后，代郡姓白的、梁地的韩无辟、阳翟的薛兄、陕地的韩孺，也纷纷出现了。

郭解是轵县人，字翁伯。他就是善于给人相面的许负的外孙。郭解的父亲因为行侠，在汉文帝时被杀。郭解个子矮小，精明强悍，不喝酒。他小时候残忍狠毒，心中愤慨不快时，亲手杀的人很多。他不惜牺牲生命去替朋友报仇，藏匿亡命徒去犯法抢劫，甚至私铸钱币，盗挖坟墓，他的不法活动数也数不清。但却能遇到上天保佑，在窘迫危急时常常脱身，或者遇到大赦。等到郭解年纪大了，就改变行为，检点自己，用恩惠回报怨恨自己的人，多多地施舍别人，而且对别人怨恨很少。但他自己喜欢行侠的思想越来越强烈。救了别人的生命，却不自夸功劳，但其内心仍然残忍狠毒，为小事突然怨怒行凶的事依然发生。当时的少年仰慕他的行为，也常常为他报仇，却不让他知道。郭解姐姐的儿子倚仗郭解的势力，与别人喝酒，让人家干杯。如果人家的酒量小，不能再喝了，他却强行灌酒。那人发怒，拔刀把郭解姐姐的儿子刺死后，就逃跑了。郭解姐姐发怒说道："以弟弟翁伯的义气，人家杀了我的儿子，凶手却捉不到。"于是她把儿子的尸体丢在道上，不埋葬，想以此羞辱郭解。郭解派人暗中打探凶手的去处。凶手窘迫，主动回来把真实情况告诉了郭解。郭解说："你本来就应该杀了他，我的孩子无理。"于是放走了那个凶手，把罪责归于姐姐的儿子，并收尸埋葬了他。人们听到这消息，都称赞郭解的道义行为，对他更加依附。

郭解每次外出或者归来，人们都躲避他，只有一个人傲慢地坐在地上看着他，郭解派人去问他的姓名。门客中有人要杀那个人，郭解说："居住在乡里，竟导致不被人尊敬，这是我自己修养的道德还不够，他有什么罪过。"于是他就暗中嘱托尉史说："这个人是我最关心的，轮到他服役时，请加以免除。"以后每次轮到他服役时，县中官吏都没征调这位对郭解不礼貌的人。他感到奇怪，问个中的原因，原来是郭解使人免除了他的差役。于是，他就袒露身体，找郭解去谢罪。少年们听到这消息，越发仰慕郭解。

洛阳人有互相结仇的，城中有数以十计的贤人豪杰从中调解，两方面始终不听劝解。有客人来拜见郭解，说明情况。郭解晚上与结仇的人家会见，仇家出于对郭解的尊重，委屈心意地听从了劝告，准备和好。

郭解就对仇家说："我听说为你们调解的是洛阳诸公，你们多半不肯接受。如今幸而你们听从了我的劝告，郭解怎能从别的县跑来侵夺城中贤豪大夫们的调解权呢？"于是郭解当夜离去，不让人知道，说："暂时先不要听我的调解，待我离开后，让洛阳豪杰从中调解，你们就听他们的劝解。"

郭解保持着恭敬待人的态度，不敢乘车走进县衙门。他替人到旁的郡国办事，事能办成的，一定把它办成；办不成的，也要想方设法使有关方面都满意，然后才敢去吃人家酒饭。因此大家都特别尊重他，争着为他效力。城中少年及附近县城的豪杰贤人，半夜上门拜访郭解的常常有十多辆车子，希望把郭解家的门客接回自家供养。

等到汉武帝元朔二年，朝廷要将各郡国的豪富人家迁往茂陵居住，郭解家贫，不符合资财三百万的迁转标准，但迁移名单中有郭解的名字，因而官吏有些害怕，不敢不让郭解迁移。当时卫青将军替郭解向皇上求情说："郭解家贫，不符合迁移的相关标准。"但是皇上说："一个百姓的权势竟能让将军替他说话，这就可见他家不穷。"郭解于是被迁徙到茂陵。人们为郭解送行共出钱一千余万。轵人杨季主的儿子当县掾，是他提名让郭解迁徙的。郭解哥哥的儿子砍掉杨县掾的头。从此郭家与杨家结了仇。

郭解迁移到关中，关中的豪杰贤人无论从前是否知道郭解，如今听到他的名声，都争着与郭解结为好朋友。郭解个子矮，不喝酒，出门不乘马。后来杨季主又被人杀死。杨季主的家人上书告状，有人又把告状的在宫门口给杀了。皇上听到这消息，就向官吏下令捕捉郭解。郭解逃跑，把他母亲安置在夏阳，自己逃到临晋。临晋籍少公不认识郭解，郭解冒昧地会见他，顺便要求他帮助出关。籍少公把郭解送出关后，郭解转移到太原，他所到之处，常常把自己的情况告诉留他食宿的人家。官吏追逐郭解，追踪到籍少公家里。籍少公无奈自杀，口供断绝了。过了很久，官府才捕到郭解，并彻底追究他的犯法罪行，发现一些人被郭解所杀的事，都发生在赦令公布之前。一次，轵县有个儒生陪同前来查办郭解案件的使者闲坐，郭解门客称赞郭解，那个儒生说："郭解专爱做奸邪犯法的事，怎能说他是贤人呢？"郭解门客听到这话，就杀了这个儒生，割下他的舌头。官吏以此责问郭解，令他交出凶手，而郭解确实不知道杀人的是谁。杀人的人始终没查出来，不知道是谁。官吏向皇上报告，说郭解无罪。御史大夫公孙弘议论道："郭解以平民身份行侠，玩弄权诈之术，因为小事而杀人，郭解自己虽然不知道，这个罪过比他自己杀人还严重。判处郭解大逆不道的罪。"于是就诛杀了郭解的家族。

从此以后，行侠的人很多，但都傲慢无礼没有值得称道的。但是关中长安的樊仲子、槐里的赵王孙、长陵的高公子、西河的郭公仲、太原的卤公孺、临淮的儿长卿和东阳的田君孺，虽然行侠却能有谦虚退让的君子风度。至于像北道的姚氏，西道的一些姓杜的，南道的仇景，东道的赵他、羽公子，南阳的赵调之流，这些都是民间的盗跖罢了，根本不值得一提！这都是从前朱家那样的人引以为耻的。

太史公说："我看郭解，相貌赶不上中等人材，语言也无可取的地方。但是天下的人们，无论是贤人还是不肖之人，无论是认识他还是不认识他的，都仰慕他的名声，谈论游侠的都标榜郭解以提高自己的名声。谚语说：'人可用光荣的名声来作容貌，难道会有穷尽的时候吗？'唉，可惜呀！"

史记卷一百二十五

佞幸列传第六十五

谚曰:“力田不如逢年,善仕不如遇合”,固无虚言。非独女以色媚,而士宦亦有之。

昔以色幸者多矣。至汉兴,高祖至暴(抗)〔伉〕也,然籍孺以佞幸。孝惠时有闳孺。此两人非有材能,徒以婉佞贵幸,与上卧起,公卿皆因关说。故孝惠时郎侍中皆冠鵕鸃,贝带,傅脂粉,化闳、籍之属也。两人徙家安陵。

孝文时中宠臣,士人则邓通,宦者则赵同、北宫伯子。北宫伯子以爱人长者;而赵同以星气幸,常为文帝参乘;邓通无伎能。

邓通,蜀郡南安人也,以濯船为黄头郎。孝文帝梦欲上天,不能,有一黄头郎从后推之上天,顾见其衣裻带后穿。觉而之渐台,以梦中阴自求推者郎,即见邓通,其衣后穿,梦中所见也。召问其名姓,姓邓氏,名通,文帝说焉,尊幸之日异。通亦愿谨,不好外交,虽赐洗沐,不欲出。于是文帝赏赐通巨万以十数,官至上大夫。文帝时时如邓通家游戏。然邓通无他能,不能有所荐士,独自谨其身以媚上而已。上使善相者相通,曰“当贫饿死”。文帝曰:“能富通者在我也,何谓贫乎?”于是赐邓通蜀严道铜山,得自铸钱,“邓氏钱”布天下。其富如此。

文帝尝病痈,邓通常为帝唶吮之。文帝不乐,从容问通曰:“天下谁最爱我者乎?”通曰:“宜莫如太子。”太子入问病,文帝使唶痈,唶痈而色难之。已而闻邓通常为帝唶吮之,心惭,由此怨通矣。及文帝崩,景帝立,邓通免,家居。居无何,人有告邓通盗出徼外铸钱。下吏验问,颇有之,遂竟案,尽没入邓通家,尚负责数巨万。长公主赐邓通,吏辄随没入之,一簪不得著身。于是长公主乃令假衣食。竟不得名一钱,寄死人家。

孝景帝时,中无宠臣,然独郎中令周(文)仁,仁宠最过庸,乃不甚笃。

今天子中宠臣,士人则韩王孙嫣,宦者则李延年。嫣者,弓高侯孽孙也。今上为胶东王时，嫣与上学书相爱。及上为太子，愈益亲嫣。嫣善骑射，善佞。上即位，欲事伐匈奴，而嫣先习胡兵，以故益尊贵，官至上大夫，赏赐拟于邓通。时嫣常与上卧起。江都王入朝，有诏得从入猎上林中。天子车驾跸道未行，而先使嫣乘副车，从数十百骑，骛驰视兽。江都王望见，以为天子，辟从者，伏谒道傍。嫣驱不见。既过，江都王怒，为皇太后泣曰："请得归国入宿卫，比韩嫣。"太后由此嗛嫣。嫣侍上，出入永巷不禁，以奸闻皇太后。皇太后怒，使使赐嫣死。上为谢，终不能得，嫣遂死。而案道侯韩说，其弟也，亦佞幸。

李延年，中山人也。父母及身兄弟及女，皆故倡也。延年坐法腐，给事狗监中。而平阳公主言延年女弟善舞，上见，心说之，及入永巷，而召贵延年。延年善歌，为变新声，而上方兴天地祠，欲造乐诗歌弦之。延年善承意，弦次初诗。其女弟亦幸，有子男。延年佩二千石印，号协声律。与上卧起，甚贵幸，埒如韩嫣也。久之，寖与中人乱，出入骄恣。及其女弟李夫人卒后，爱弛，则禽诛延年昆弟也。

自是之后，内宠嬖臣大底外戚之家，然不足数也。卫青、霍去病亦以外戚贵幸，然颇用材能自进。

太史公曰：甚哉爱憎之时！弥子瑕之行，足以观后人佞幸矣。虽百世可知也。

【译文】

俗语说："努力种田，不如遇到丰年。认真为官，不如碰到赏识自己的君王。"这话一点不假。不光女子用美色谄媚取宠，就是士人和宦者也有这种情况。

从前靠美色取得宠幸的人很多。到汉朝建立时，高祖性情刚暴，但籍孺却仍然能靠花言巧语得宠。孝惠帝时的闳孺也是这样。这两个人并没有才能，只是靠柔顺谄媚就得到了显贵和宠爱，竟同皇上同起同卧，连公卿大臣有事都要通过他们去向皇上转达。所以惠帝时，郎官和侍中都戴着用鵔鸃鸟毛装饰的帽子，系着饰有贝壳的腰带，涂脂抹粉，就是学闳孺和籍孺的样子。后来，闳孺和籍孺都因为受宠迁到了安陵附近居住。

孝文帝时宫中的宠臣，文人出身的有邓通，宦官有赵同、北宫伯子。北宫伯子因为仁慈厚道而受到宠幸；赵同因善于观察星象而受到宠幸，常常陪同文帝一起坐车；而邓通什么本领都没有。邓通是蜀郡南安人，因善于划船当了黄头郎。有一天汉文帝做梦想升天，上不去，有个黄头郎从背后推着他上去了，他回头看那人，只看到他衣衫的横腰部分，衣带在背后打了结。梦醒后，文帝前往渐台，暗中寻找梦里推他上天的黄头郎。后来看到邓通，他的衣带在身后打了结，和梦中所见的一样。文帝就把他召来询问他的姓名，他说姓邓名通。文帝很高兴，从此日益宠爱他。邓通也老实谨慎，不喜欢和外人来往，即使皇帝给他休假，他也不想外出。因此皇帝多次赏赐他，累计上亿，官升到上大夫。文帝也常常到邓通家去玩。但是邓通没有别的才能，不能推荐贤士，就靠着谨小慎微，谄媚皇上取宠而已。有一次，皇上让善于相面的人给邓通相面，那人说："邓通日后会因为贫穷而饿死。"文帝说："能使邓通富有的就是我，怎能说他日后会贫困呢？"于是文帝把蜀郡严道的铜山赐给了邓通，让他自己铸钱，因此"邓氏钱"曾一度流传全国。他的富有达到了这个程度。

文帝曾经患有痈疽病，邓通常常用嘴为文帝吮吸脓血。文帝心中不高兴，便随意地问邓通说："当今天下谁最爱我呢？"邓通说："应该没有谁比得上太子更爱您的了。"太子前来问候文帝的病情，文帝就让他给自己吸脓，太子虽然吸了脓，可是脸上却露出不情愿的样子。过后太子听说邓通常为文帝吸脓，心里感到惭愧，但也因此而忌恨邓通。等到文帝去世，景帝即位，邓通被免职闲居在家。不久，有人告发邓通私自到境外铸钱。景帝把这事交给法官审理，结果彻底追查确有此事，于是就结案，把邓通家的钱财全部没收充公后，还欠好几亿。长公主看着不忍，就赏赐邓通一些钱财，结果马上就被官吏没收抵债，连邓通戴在头上的一只簪子也不给留下。于是长公主就只好让人借给他一些衣食，以维持生活。最后他一无所有，寄食在别人家里，直到死去。

孝景帝时，宫中没有什么宠臣，只有郎中令周仁，受宠爱超过一般人，但仍不太过分。

当今天子武帝宫中受宠的臣子，士大夫出身的则有韩王的孙子韩嫣，宦官则有李延年。韩嫣是弓高侯韩颓当的庶孙。当今皇上还在做胶东王时，韩嫣是皇上的伴读，感情很好。等到皇上当了太子时，和韩嫣越发亲近。韩嫣善于骑马射箭，又会花言巧语讨好人。皇上即位后，想讨伐匈奴，而韩嫣早就学过匈奴的战术，所以特别受到赏识，官职升到上大夫，受到的赏赐可以和邓通相比。当时，韩嫣常常和皇上同睡同起。一次，江都王刘非进京朝见武帝，武帝让他跟着一起到上林苑打猎。皇上的车驾因为清道的关系还没有出发，就先派韩嫣乘坐副车，带着上百个骑兵，狂奔向前，先去观察兽类的情况。江都王远远望见，误以为是皇上到了，便让随从者回避，自己趴在路旁拜见。韩嫣却打马急驰而过，没有看见江都王。韩嫣过去后，江都王感觉屈辱，十分愤怒，就向皇太后哭着说："我请求把封国交回，回到朝廷像韩嫣一样当个侍卫。"太后由此对韩嫣不满。韩嫣侍奉皇上，在深宫里出入不受限制，慢慢地他和嫔妃通奸的事被太后知道。太后大怒，派使者赐韩嫣自杀。武帝亲自替他求情，但是太后不答应，结果韩嫣就这样死了。案道侯韩说是韩嫣的弟弟，也因谄媚而得到宠幸。

李延年是中山国的人，他父母以及兄弟姐妹们，原来都是唱歌的艺人。李延年因为犯法被施以宫刑，然后就到宫中狗监任职。有一次，武帝的姐姐平阳公主向武帝说起李延年的妹妹很会跳舞，武帝叫来一看，心里很高兴。待到李延年妹妹被召进宫中后，李延年又被召进来，开始受到宠爱。李延年擅长唱歌，为武帝创作了一些新曲。当时皇上正热衷祭祀天地鬼神，想创作歌词配乐歌唱。而李延年善于迎合皇上的心意，给新作的歌词都谱了曲。他妹妹也很受宠，生了个男孩。李延年佩带着二千石的官印，称作"协声律"。他同皇上同卧同起，非常受宠，和韩嫣差不多。时间长了，李延年渐渐和宫女有了淫乱行为，出入皇宫也变得骄傲放纵起来。待到他妹妹李夫人死后，皇帝对他的宠爱日益衰减了，后来因事把李延年及其兄弟们都杀了。

从此以后，宫内被皇上宠幸的臣子，大都出自外戚之家，但是这些人都不值得一谈。卫青、霍去病也是因为外戚的关系而受宠显贵起来，但他们都能凭自己的本领而获得提升。

太史公说：受到宠爱或憎恨的时运是多么可怕啊！从弥子瑕的前后遭遇，足可以观察到后人靠谄媚得到宠幸的结果了，即使是百代之后也是可以预见的。

史记卷一百二十六

滑稽列传第六十六

孔子曰："六艺于治一也。《礼》以节人，《乐》以发和，《书》以道事，《诗》以达意，《易》以神化，《春秋》以义。"太史公曰：天道恢恢，岂不大哉！谈言微中，亦可以解纷。

淳于髡者，齐之赘婿也。长不满七尺，滑稽多辩，数使诸侯，未尝屈辱。齐威王之时，喜隐，好为淫乐长夜之饮，沉湎不治，委政卿大夫。百官荒乱，诸侯并侵，国且危亡，在于旦暮，左右莫敢谏。淳于髡说之以隐曰："国中有大鸟，止王之庭，三年不蜚又不鸣，王知此鸟何也？"王曰："此鸟不飞则已，一飞冲天；不鸣则已，一鸣惊人。"于是乃朝诸县令长七十二人，赏一人，诛一人，奋兵而出。诸侯振惊，皆还齐侵地。威行三十六年。语在《田完世家》中。

威王八年，楚大发兵加齐。齐王使淳于髡之赵请救兵，赍金百斤，车马十驷。淳于髡仰天大笑，冠缨索绝。王曰："先生少之乎？"髡曰："何敢！"王曰："笑，岂有说乎？"髡曰："今者臣从东方来，见道傍有禳田者，操一豚蹄，酒一盂，祝曰：'瓯窭满篝，污邪满车，五谷蕃熟，穰穰满家。'臣见其所持者狭而所欲者奢，故笑之。"于是齐威王乃益赍黄金千镒，白璧十双，车马百驷。髡辞而行，至赵，赵王与之精兵十万，革车千乘。楚闻之，夜引兵而去。

威王大说，置酒后宫，召髡赐之酒，问曰："先生能饮几何而醉？"对曰："臣饮一斗亦醉，一石亦醉。"威王曰："先生饮一斗而醉，恶能饮一石哉！其说可得闻乎？"髡曰："赐酒大王之前，执法在傍，御史在后，髡恐惧俯伏而饮，不过一斗径醉矣。若亲有严客，髡帣韝鞠𦜕，侍酒于前，时赐馀沥，奉觞上寿，数起，饮不过二斗径醉矣。若朋友交游，久不相见，卒然相睹，欢然道故，私情相语，饮可五六斗径醉矣。若乃州闾之会，男女杂坐，行酒稽留，六博投壶，相引为曹，握手无罚，目眙不禁，前有堕珥，后有遗簪，髡窃乐此，饮可八斗而醉二参。日暮酒阑，合尊促坐，男女同席，履舄交错，杯盘狼藉，堂上烛灭，主人留髡而送客，罗襦襟解，微闻芗泽，当此之时，髡心最欢，能饮一石。故曰酒极则乱，乐极则悲，万事尽然。言不可极，极之而衰。”以讽谏焉。齐王曰：“善。”乃罢长夜之饮，以髡为诸侯主客。宗室置酒，髡尝在侧。

其后百馀年，楚有优孟。

优孟者，故楚之乐人也。长八尺，多辩，常以谈笑讽谏。楚庄王之时，有所爱马，衣以文绣，置之华屋之下，席以露床，啖以枣脯。马病肥死，使群臣丧之，欲以棺椁大夫礼葬之。左右争之，以为不可。王下令曰：“有敢以马谏者，罪至死。”优孟闻之，入殿门，仰天大哭。王惊而问其故。优孟曰：“马者王之所爱也，以楚国堂堂之大，何求不得，而以大夫礼葬之，薄，请以人君礼葬之。”王曰：“何如？”对曰：“臣请以雕玉为棺，文梓为椁，楩枫豫章为题凑，发甲卒为穿圹，老弱负土，齐、赵陪位于前，韩、魏翼卫其后，庙食太牢，奉以万户之邑。诸侯闻之，皆知大王贱人而贵马也。”王曰：“寡人之过一至此乎！为之奈何？”优孟曰：“请为大王六畜葬之，以垅灶为椁，铜历为棺，赍以姜枣，荐以木兰，祭以粳稻，衣以火光，葬之于人腹肠。”于是王乃使以马属太官，无令天下久闻也。

楚相孙叔敖知其贤人也，善待之。病且死，属其子曰：“我死，汝必贫困。若往见优孟，言‘我孙叔敖之子也’。”居数年，其子穷困负薪，逢优孟，与言曰：“我，孙叔敖子也。父且死时，属我贫困往见优孟。”优孟曰：“若无远有所之。”即为孙叔敖衣冠，抵掌谈语。岁馀，像孙叔敖，楚王及左右不能别也。庄王置酒，优孟前为寿。庄王大惊，以为孙叔敖复生也，欲以为相。优孟曰：“请归与妇计之，三日而为相。”庄王许之。三日后，优孟复来。王曰：“妇言谓何？”孟曰：“妇言慎无为，楚相不足为也。如孙叔敖之为楚相，尽忠为廉以治楚，楚王得以霸。今死，其子无立锥之地，贫困负薪以自饮食。必如孙叔敖，不如自杀。”因歌曰：“山居耕田苦，难以得食。起而为吏，身贪鄙者馀财，不顾耻辱。身死家室富，又恐受赇枉法，为奸触大罪，身死而家灭。贪吏安可为也！念为廉吏，奉法守职，竟死不敢为非。廉吏安可为也！楚相孙叔敖持廉至死，方今妻子穷困，负薪而食，不足为也！”于是庄王谢优孟，乃召孙叔敖子，封之寝丘四百户，以奉其祀。后十世不绝。此知可以言时矣。

其后二百馀年，秦有优旃。

优旃者，秦倡侏儒也。善为笑言，然合于大道。秦始皇时，置酒而

《东周列国志》版画之孟侏儒托优悟主图，讲述优孟于楚庄王前戏扮孙叔敖，使楚庄王善待昔日有功之臣的后人之事。

天雨，陛楯者皆沾寒。优旃见而哀之，谓之曰："汝欲休乎？"陛楯者皆曰："幸甚。"优旃曰："我即呼汝，汝疾应曰诺。"居有顷，殿上上寿呼万岁。优旃临槛大呼曰："陛楯郎！"郎曰："诺。"优旃曰："汝虽长，何益，（幸）雨〔中〕立。我虽短也，幸休居。"于是始皇使陛楯者得半相代。

始皇尝议欲大苑囿，东至函谷关，西至雍、陈仓。优旃曰："善。多纵禽兽于其中，寇从东方来，令麋鹿触之足矣。"始皇以故辍止。

二世立，又欲漆其城。优旃曰："善。主上虽无言，臣固将请之。漆城虽于百姓愁费，然佳哉！漆城荡荡，寇来不能上。即欲就之，易为漆耳，顾难为荫室。"于是二世笑之，以其故止。居无何，二世杀死，优旃归汉，数年而卒。

太史公曰：淳于髡仰天大笑，齐威王横行。优孟摇头而歌，负薪者以封。优旃临槛疾呼，陛楯得以半更。岂不亦伟哉！

褚先生曰：臣幸得以经术为郎，而好读外家传语。窃不逊让，复作故事滑稽之语六章，编之于左。可以览观扬意，以示后世好事者读之，以游心骇耳，以附益上方太史公之三章。

武帝时有所幸倡郭舍人者，发言陈辞虽不合大道，然令人主和说。武帝少时，东武侯母常养帝，帝壮时，号之曰"大乳母"。率一月再朝。朝奏入，有诏使幸臣马游卿以帛五十匹赐乳母。又奉饮糒飧养乳母。乳母上书曰："某所有公田，愿得假倩之。"帝曰："乳母欲得之乎？"以赐乳母。乳母所言，未尝不听。有诏得令乳母乘车行驰道中。当此之时，公卿大臣皆敬重乳母。乳母家子孙奴从者横暴长安中，当道掣顿人车马，夺人衣服。闻于中，不忍致之法。有司请徙乳母家室，处之于边。奏可。乳母当入至前，面见辞。乳母先见郭舍人，为下泣。舍人曰："即入见辞去，疾步数还顾。"乳母如其言，谢去，疾步数还顾。郭舍人疾言骂之曰："咄！老女子！何不疾行，'陛下已壮矣，宁尚须汝乳而活邪？尚何还顾！"于是人主怜焉悲之，乃下诏止无徙乳母，罚谪谮之者。

武帝时，齐人有东方生名朔，以好古传书，爱经术，多所博观外家之语。朔初入长安，至公车上书，凡用三千奏牍。公车令两人共持举其书，仅然能胜之。人主从上方读之，止，辄乙其处，读之二月乃尽。诏拜以为郎，常在侧侍中。数召至前谈语，人主未尝不说也。时诏赐之食于前。饭已，尽怀其馀肉持去，衣尽污。数赐缣帛，檐揭而去。徒用所赐钱帛，取少妇于长安中好女。率取妇一岁所者即弃去，更取妇。所赐钱财尽索之于女子。人主左右诸郎半呼之“狂人”。人主闻之，曰：“令朔在事无为是行者，若等安能及之哉！”朔任其子为郎，又为侍谒者，常持节出使。朔行殿中，郎谓之曰：“人皆以先生为狂。”朔曰：“如朔等，所谓避世于朝廷间者也。古之人，乃避世于深山中。”时坐席中，酒酣，据地歌曰：“陆沉于俗，避世金马门。宫殿中可以避世全身，何必深山之中，蒿庐之下。”金马门者，宦〔者〕署门也，门傍有铜马，故谓之曰“金马门”。

时会聚宫下博士诸先生与论议，共难之曰：“苏秦、张仪一当万乘之主，而都卿相之位，泽及后世。今子大夫修先王之术，慕圣人之义，讽诵《诗》《书》、百家之言，不可胜数。著于竹帛，自以为海内无双，即可谓博闻辩智矣。然悉力尽忠以事圣帝，旷日持久，积数十年，官不过侍郎，位不过执戟，意者尚有遗行邪？其故何也？”东方生曰：“是固非子所能备也。彼一时也，此一时也，岂可同哉！夫张仪、苏秦之时，周室大坏，诸侯不朝，力政争权，相禽以兵，并为十二国，未有雌雄，得士者强，失士者亡，故说听行通，身处尊位，泽及后世，子孙长荣。今非然也。圣帝在上，德流天下，诸侯宾服，威振四夷，连四海之外以为席，安于覆盂，天下平均，合为一家，动发举事，犹如运之掌中。贤与不肖，何以异哉？方今以天下之大，士民之众，竭精驰说，并进辐凑者，不可胜数。悉力慕义，困于衣食，或失门户。使张仪、苏秦与仆并生于今之世，曾不能得掌故，安敢望常侍侍郎乎！传曰：‘天下无害灾，虽有圣人，无所施其才；上下和同，虽有贤者，无所立功。’故曰时异则事异。虽然，安可以不务修身乎？《诗》曰：‘鼓钟于宫，声闻于外。鹤鸣九皋，声闻于天。’苟能修身，何患不荣！太公躬行仁义七十二年，逢文王，得行其说，封于齐，七百岁而不绝。此士之所以日夜孜孜，修学行道，不敢止也。今世之处士，时虽不用，崛然独立，块然独处，上观许由，下察接舆，策同范蠡，忠合子胥，天下和平，与义相扶，寡偶少徒，固其常也。子何疑于余哉！”于是诸先生默然无以应也。

建章宫后阁重栎中有物出焉，其状似麋。以闻，武帝往临视之。问左右群臣习事通经术者，莫能知。诏东方朔视之，朔曰：“臣知之，愿赐美酒粱饭大飧臣，臣乃言。”诏曰：“可。”已飧，又曰：“某所有公田鱼池蒲苇数顷，陛下以赐臣，臣朔乃言。”诏曰：“可。”于是朔乃肯言，曰：“所谓驺牙者也。远方当来归义，而驺牙先见。其齿前后若一，齐等无牙，故谓之驺牙。”其后一岁所，匈奴混邪王果将十万众来降汉。乃复赐东方生钱财甚多。

至老，朔且死时，谏曰：“《诗》云‘营营青蝇，止于蕃。恺悌君子，无信谗言。谗言罔极，交乱四国’。愿陛下远巧佞，退谗言。”帝曰：“今顾东方朔多善言？”怪之。居无几何，朔果病死。传曰：“鸟之将死，其鸣也哀；人之将死，其言也善。”此之谓也。

武帝时，大将军卫青者，卫后兄也，封为长平侯。从军击匈奴，至余吾水上而还，斩首捕虏，有功来归，诏赐金千斤。将军出宫门，齐人东郭先生以方士待诏公车，当道遮卫将军车，拜谒曰：“愿白事。”将军止车前，东郭先生旁车言曰：“王夫人新得幸于上，家贫。今将军得金千斤，诚以其半赐王夫人之亲，人主闻之必喜。此所谓奇策便计也。”卫将军谢之曰：“先生幸告之以便计，请奉教。”于是卫将军乃以五百金为王夫人之亲寿。王夫人以闻武帝。帝曰：“大将军不知为此。”问之安所受计策，对曰：“受之待诏者东郭先生。”诏召东郭先生，拜以为郡都尉。东郭先生久待诏公车，贫困饥寒，衣敝，履不完。行雪中，履有上无下，足尽践地。道中人笑之，东郭先生应之曰：“谁能履行雪中，令人视之，其上履也，其履下处乃似人足者乎？”及其拜为二千石，佩青绢出宫门，行谢主人。故所以同官待诏者，等比祖道于都门外。荣华道路，立名当世。此所谓衣褐怀宝者也。当其贫困时，人莫省视；至其贵也，乃争附之。谚曰：“相马失之瘦，相士失之贫。”其此之谓邪？

王夫人病甚，人主至自往问之曰：“子当为王，欲安所置之？”对曰：“愿居洛阳。”人主曰：“不可。洛阳有武库、敖仓，当关口，天下咽喉。自先帝以来，传不为置王。然关东国莫大于齐，可以为齐王。”王夫人以手击头，呼“幸甚”。王夫人死，号曰“齐王太后薨”。

昔者，齐王使淳于髡献鹄于楚。出邑门，道飞其鹄，徒揭空笼，造诈成辞，往见楚王曰：“齐王使臣来献鹄，过于水上，不忍鹄之渴，出而饮之，去我飞亡。吾欲刺腹绞颈而死，恐人之议吾王以鸟兽之故令士自伤杀也。鹄，毛物，多相类者，吾欲买而代之，是不信而欺吾王也。欲赴佗国奔亡，痛吾两主使不通。故来服过，叩头受罪大王。”楚王曰：“善，齐王有信士若此哉！”厚赐之，财倍鹄在也。

武帝时，征北海太守诣行在所。有文学卒史王先生者，自请与太守俱：“吾有益于君。”君许之。诸府掾功曹白云：“王先生嗜酒，多言少实，恐不可与俱。”太守曰：“先生意欲行，不可逆。”遂与俱。行至宫下，待诏宫府门。王先生徒怀钱沽酒，与卫卒仆射饮，日醉，不视其太守。太守入跪拜。王先生谓户郎曰：“幸为我呼吾君至门内遥语。”户郎为呼太守。太守来，望见王先生。王先生曰：“天子即问君何以治北海，令无盗贼，君对曰何哉？”对曰：“选择贤材，各任之以其能，赏异等，罚不肖。”王先生曰：“对如是，是自誉自伐功，不可也。愿君对言：非臣之力，尽陛下神灵威武所变化也。”太守曰：“诺。”召入，至于殿下，有诏问之曰：“何以治北海，令盗贼不起？”叩头对言：“非臣之力，尽陛下神灵威武之所变化也。”武帝大笑，曰：“於呼！安得长者之语而称之！安所受之？”对曰：“受之文学卒史。”帝曰：“今安在？”对曰：“在宫府门外。”有诏召拜王先生为水衡丞，以北海太守为水衡都尉。传曰：“美言可以市，尊行可以加人。君子相送以言，小人相送以财。”

魏文侯时，西门豹为邺令。豹往到邺，会长老，问之民所疾苦。长老曰：“苦为河伯娶妇，以故贫。”豹问其故，对曰：“邺三老、廷掾常岁赋敛百姓，收取其钱得数百万，用其二三十万为河伯娶妇，与祝巫共分其馀钱持归。当其时，巫行视人家女好者，云‘是当为河伯妇’，即骋取。洗沐之，为治新缯绮縠衣，闲居斋戒；为治斋宫河上，张缇绛帷，女居其中。为具牛酒饭食，（行）十馀日。共粉饰之，如嫁女床席，令女居其上，浮之河中。始浮，行数十里乃没。其人家有好女者，恐大巫祝为河伯取之，以故多持女远逃亡。以故城中益空无人，又困贫，所从来久远矣。民人俗语曰‘即不为河伯娶妇，水来漂没，溺其人民’云。”西门豹曰：“至为河伯娶妇时，愿三老、巫祝、父老送女河上，幸来告语之，吾亦往送女。”皆曰：“诺。”

至其时，西门豹往会之河上。三老、官属、豪长者、里父老皆会，以人民往观之者三二千人。其巫，老女子也，已年七十。从弟子女十人所，皆衣缯单衣，立大巫后。西门豹曰：“呼河伯妇来，视其好丑。”即将女出帷中，来至前。豹视之，顾谓三老、巫祝、父老曰：“是女子不好，烦大巫妪为入报河伯，得更求好女，后日送之。”即使吏卒共抱大巫妪投之河中。有顷，曰：“巫妪何久也？弟子趣之！”复以弟子一人投河中。有顷，曰：“弟子何久也？复使一人趣之！”复投一弟子河中。凡投三弟子。西门豹曰：“巫妪弟子是女子也，不能白事，烦三老为入白之。”复投三老河中。西门豹簪笔磬折，向河立待良久。长老、吏傍观者皆惊恐。西门豹顾曰："巫妪、三老不来还，奈之何？"欲复使廷掾与豪长者一人入趣之。皆叩头，叩头且破，额血流地，色如死灰。西门豹曰："诺，且留待之须臾。"须臾，豹曰："廷掾起矣。状河伯留客之久，若皆罢去归矣。"邺吏民大惊恐，从是以后，不敢复言为河伯娶妇。

西门豹即发民凿十二渠，引河水灌民田，田皆溉。当其时，民治渠少烦苦，不欲也。豹曰："民可以乐成，不可与虑始。今父老子弟虽患苦我，然百岁后期令父老子孙思我言。"至今皆得水利，民人以给足富，十二渠经绝驰道，到汉之立，而长吏以为十二渠桥绝驰道，相比近，不可。欲合渠水，且至驰道，合三渠为一桥。邺民人父老不肯听长吏，以为西门君所为也，贤君之法式不可更也。长吏终听置之。故西门豹为邺令，名闻天下，泽流后世，无绝已时，几可谓非贤大夫哉！

传曰："子产治郑，民不能欺；子贱治单父，民不忍欺；西门豹治邺，民不敢欺。"三子之才能谁最贤哉？辩治者当能别之。

【译文】

孔子说："六经对于治理国家来讲，作用是一样的。《礼记》是用来规范人的生活方式的，《乐经》是用来促进人们和谐团结的，《尚书》是用来记述古往事迹和典章制度的，《诗经》是用来抒情达意的，《易经》是用来窥探天地万物之间的神奇变化的，《春秋》是用来通晓微言大义、衡量是非曲直的。"太史公说："世上的道理广阔无垠，莫非不伟大么！言谈话语果能稍稍切中事理，也是能排解不少纷扰的。"

淳于髡是齐国的一个入赘女婿。身高不足七尺，为人滑稽，能言善辩，屡次出使诸侯之国，从未受过屈辱。齐威王在位时，爱好说隐语，又好彻夜宴饮，逸乐无度，陶醉于饮酒之中，不管政事，把政事委托给卿大夫。文武百官荒淫放纵，各国都来侵犯，国家危亡，就在旦夕之间。齐威王身边近臣都不敢进谏。淳于髡用隐语来规劝讽谏齐威王，说："都城中有只大鸟，落在了大王的庭院里，三年不叫又不飞，大王知道这只鸟是怎么一回事吗？"齐威王说："这只鸟不飞则已，一飞就直冲云霄；不叫则已，一叫就让人惊异。"于是就诏令全国七十二个县的长官全来入朝奏事，诛杀一人，奖赏一人；又发兵御敌，诸侯十分惊恐，都把侵占的土地归还齐国。齐国的声威震慑中原达三十六年。这些话全在《田完世家》里记载。

齐威王八年，楚国派遣大军对齐境实施侵犯。齐威王派淳于髡出使赵国请求救兵，让他携带礼物黄金百斤，驷马车十辆。淳于髡仰天大笑，将系帽子的带子都笑断了。齐威王说："先生是嫌礼物太少么？"淳于髡说："怎么敢嫌少！"威王说："那你笑，难道有什么说辞吗？"淳于髡说："今天我从东边来时，看到路旁有个祈祷田神的人，拿着一个猪蹄、一杯酒，祈祷说：'高地上收获的谷物盛满篝笼，低田里收获的庄稼装满车辆；五谷繁茂丰熟，米粮堆积满仓。'我看见他拿的祭品很少，而所祈求的东西太多，所以笑他。"于是齐威王就把礼物增加到黄金千镒、十对白璧、驷马车百辆。淳于髡告辞起行，来到赵国。赵王拨给他十万精兵、裹有皮革的战车一千辆。楚军听到这个消息，连夜退兵而去。

齐威王非常高兴，在后宫设置酒肴，召见淳于髡，赐他酒喝。问他说："先生能够喝多少酒才醉？"淳于髡回答说："我喝一斗酒能醉，喝一石酒也能醉。"威王说："先生喝一斗就醉了，怎么能喝一石呢？能把这个道理说给我听听吗？"淳于髡说："大王当面赏酒给我，执法官站在旁边，御史站在背后，我胆战心惊，低头伏地地喝，喝不了一斗就醉了。假如父母有尊贵的客人来家，我卷起袖子，躬着身子，敬客奉酒，客人不时赏我残酒，屡次举杯敬酒应酬，喝不到两斗就醉了。假如朋友间交游，好久不曾见面，忽然间相见了，高兴地讲述以往情事，倾吐衷肠，大约喝五六斗就醉了。至于乡里之间的聚会，男女杂坐，彼此敬酒，没有时间的限制，又做六博、投壶一类的游戏，呼朋唤友，相邀成对，握手言欢不受处罚，眉目传情不遭禁止，面前有落下的耳环，背后有丢掉的发簪，在这种时候，我最开心，可以喝上八斗酒，也不过两三分醉意。天黑了，酒也快喝完了，把残余的酒并到一起，大家促膝而坐，男女同席，鞋子木屐混杂在一起，杯盘杂乱不堪，堂屋里的蜡烛已经熄灭，主人单留住我，而把别的客人送走，绫罗短袄的衣襟已经解开，略略闻到香味阵阵，这时我心里最为高兴，能喝下一石酒。所以说，喝酒过多就容易出乱子，欢乐到极点就会发生悲痛之事。所有的事情都是如此。"这番话是说，无论什么事情不能走向极端，到了极端就会衰败。淳于髡以此来婉转地劝说齐威王。威王说："好。"于是，威王就停止了彻夜欢饮之事，并任用淳于髡为接待诸侯宾客的宾礼官。齐王宗室设置酒宴，淳于髡常常作陪。

在淳于髡之后一百多年，楚国又出了个优孟。

优孟本是楚国的老歌舞艺人。他身高八尺，富有辩才，时常用说笑的方式劝诫楚王。楚庄王时，他有一匹喜爱的马，给它穿上华美的绣花衣服，在富丽堂皇的屋子里饲养，睡在没有帐幔的床上，用蜜饯的枣干来喂它。马死了因为得肥胖病，庄王派群臣给马办丧事，要用棺椁盛殓，依照大夫那样的礼仪来葬埋死马。左右近臣争论此事，认为不可以这样做。庄王下令说："有谁敢再以葬马的事来进谏，就处以死刑。"优孟听到此事，走进殿门，仰天大哭。庄王吃惊地问他为什么哭。优孟说："马是大王所喜爱的，就凭楚国这样强大的国家，有什么事情办不到，埋葬它却用大夫的礼仪，太薄待了，请用人君的礼仪来埋葬它。"庄王问："那怎么办？"优孟回答说："我请求用雕刻花纹的美玉做棺材，用细致的梓木做套材，用楩、枫、豫、樟等名贵木材做护棺的木块，派士兵给它挖掘墓穴，让老人儿童背土筑坟，齐国、赵国的使臣在前面陪祭，韩国、魏国的使臣在后面护卫，给它建立祠庙，用牛羊猪祭祀，封给万户大邑来供奉。这件事诸侯听到，就都知道大王轻视人而看重马了。"庄王说："我的过错竟到这种地步吗？该如何是好呢？"优孟说："请大王准许按埋葬畜牲的办法来葬埋它：在地上堆个土灶当作套材，用大铜锅当作棺材，用姜枣来调味，用香料来解腥，用稻米作祭品，用火作衣服，把它安葬在人的肚肠中。"于是庄王派人把死马交给了主管宫中膳食的太官，不让天下人长久传扬此事。

楚国宰相孙叔敖听说优孟是位贤人，待他很好。孙叔敖患病临终前，叮嘱他的儿子说："我死后，你一定很贫困。那时，你就去拜见优孟吧，就说'我是孙叔敖的儿子'。"过了几年，孙叔敖的儿子果然十分贫困，靠卖柴为生。一次，路上遇到优孟，就对优孟说："我是孙叔敖的儿子。父亲临终前，嘱咐我贫困时就去拜见优孟。"优孟说："你别到远处去。"于是，他就立即缝制了孙叔敖生前所用的衣服帽子穿戴起来，模仿孙叔敖的举止言谈，音容笑貌。过了一年多，模仿得很像孙叔敖，连楚庄王左右近臣都分辨不出来。楚庄王设置酒宴，优孟上前为庄王敬酒祝福。庄王大吃一惊，认为孙叔敖又复活了，想要让他做楚相。优孟说："请允许我回去和妻子商量此事，三日后再来就任楚相。"庄王答应了他。三天后，优孟来见庄王。庄王问："你妻子怎么说的？"优孟说："妻子说千万不要做楚相，楚相不值得做。像孙叔敖那样做楚相，忠正廉洁地治理楚国，楚王才得以称霸。可如今他死了，他的儿子竟无立足之地，贫困到每天靠打柴谋生。如果做楚相要像孙叔敖那样，还不如自杀。"接着唱道："住在山野耕田辛苦，难以获得食物。出外做官，自身贪赃卑鄙的，余财有积，廉耻不顾。自己死后家室虽然富足，但又恐惧贪赃枉法，干非法之事，大罪犯下，自己被杀，家室也遭诛灭。贪官哪能做呢？要想做个清官，遵纪守法，忠于职守，到死都不敢做非法之事。唉，清官又哪能做呢？像楚相孙叔敖，一生坚持廉洁的操守，现在妻儿老小却贫困到靠打柴为生。清官实在不值得做啊！"于是，庄王向优孟表示了歉意，立即召见孙叔敖的儿子，把寝丘这个四百户之邑封给他，以供祭祀孙叔敖之用。打此之后，十年从未断绝。优孟的这种聪明才智，可以说是正得其宜，把握了发挥的时机。

在优孟之后二百多年，秦国出了个优旃。

优旃是秦国的歌舞艺人，个子特别矮小。他擅长说笑话，然而都能合乎大道理。秦始皇时，宫中设置酒宴，正遇上天下雨，殿阶下执楯站岗的卫士都淋着雨，受着风寒。优旃看见了十分怜悯他们，对他们说："你们想要休息么？"卫士们都说："非常希望。"优旃说："如果我叫你们，你们要很快地答应我。"过了一会儿，宫殿上向秦始皇祝酒，高呼万岁。优旃靠近栏干旁大声喊道："卫士！"卫士们答道："有。"优旃说："你们虽然长得高大，有什么好处？只有幸站在露天淋雨。我虽然长得矮小，却有幸在这里休息。"于是，秦始皇准许卫士减半值班，轮流接替。

秦始皇曾经计议要扩大射猎的区域，东到函谷关，西到雍县和陈仓。优旃说："好。多养些禽兽在里面，敌人从东面来侵犯，让麋鹿用角去抵触他们就足以应付了。"秦始皇听了这话，就停止了扩大猎场的计划。

秦二世皇帝即位，又想用漆涂饰城墙。优旃说："好。皇上即使不讲，我本来也要请您这样做的。漆城墙虽然给百姓带来愁苦和耗费，可是很美呀！城墙漆得漂漂亮亮的，敌人来了也爬不上来。要想成就这件事，涂漆倒是容易的，但难以找到一个地方，把漆过的城墙搁进去，使它阴干。"于是二世皇帝就笑了起来，因而取消了这个计划。不久，二世皇帝被杀死，优旃归顺了汉朝，几年过后就死了。

太史公说：淳于髡仰天大笑，齐威王所以横行天下。优孟摇头歌唱，以打柴为主的人因而受到封赏。优旃靠近栏干大喊一声，阶下卫士因而才能减半值勤，轮流倒休。这些难道不都是伟大而可颂扬的么！

褚少孙先生说：我有幸能因通晓经学而做了郎官，而且喜欢读史传杂说一类的书。不自量力，又写了六章滑稽故事，编在太史公原著的后面。可供阅览，扩充见闻，以便流传给后代不怕絮烦的人浏览，以舒畅心胸，听闻警醒，特把它增附在上面太史公三则滑稽故事的后面。

汉武帝时，有个受宠爱的艺人姓郭，他讲话虽然不合乎大道理，却能使皇上听了心情和悦。武帝年幼时，东武侯的母亲曾经乳养过他，武帝长大以后，就称她为“大乳母”。大概每月入朝两次。每次入朝的通报呈送进去，必有诏旨派宠爱的侍臣马游卿拿五十匹绸绢赏给乳母，并备饮食供养乳母。乳母上书说：“某处有一块公田，希望拨借给我使用。”武帝说：“乳母想得到它吗？”便把公田赐给了她。乳母所说的话，没有不听的。又下诏乳母所乘坐的车子可以在御道上行走。在这个时候，公卿大臣们都敬重乳母。乳母家里的子孙奴仆等人在长安城中横行霸道，当道拦截人家的车马，抢夺他人的衣物。消息传入朝中，武帝不忍心用法律来制裁乳母。主管的官吏奏请把乳母一家迁移到边疆去。武帝批准了。乳母理当进宫到武帝面前辞行。乳母先会见了郭舍人，为此而流泪。郭舍人说：“马上进宫面见辞行，快步退出，多回过身来望几次皇帝。”乳母照他说的做了，乳母面见武帝辞行，快步退出，屡屡转过身来看武帝。郭舍人大声骂乳母说：“啐！老婆子，为什么不快点走！皇上已经长大了，难道还要等你喂奶才能活命么？还转身看什么！”于是武帝可怜她，不禁悲伤起来，就下令制止，不准迁移乳母一家，还处罚了说乳母坏话的人。

汉武帝时，齐地有个人叫东方朔，因喜欢古代流传下来的书籍，爱好儒家经术，广泛地阅览了诸子百家的书。东方朔刚到长安时，到公车府那里上书给皇帝，共用了三千根木简。公车府派两个人一起来抬他的奏章，勉强抬得起来。武帝在宫内阅读东方朔的奏章，需要停阅时，便在那里画个记号，读了两个多月才读完。武帝下令任命东方朔为郎官，他经常在皇上身边侍奉。屡次叫他到跟前谈话，武帝从未有过不高兴的。武帝时常下诏赐他御前用饭。饭后，他便把剩下的肉全都揣在怀里带走，把衣服都弄脏了。皇上屡次赐给他绸绢，他都是肩挑手提地拿走。他便用这些受赐得来的钱财绸绢，娶长安城中年轻漂亮的女子。大多娶过来一年光景便抛弃了，再娶一个。皇上所赏赐的钱财完全用在女人身上。皇上左右的人都称他为“疯子”。武帝听到了，说：“假如东方朔当官行事没有这些荒唐行为，你们哪能比得上他呢？”东方朔保举他的儿子做郎官，又升为侍中的谒者，常常持节外出办事。一天东方朔从殿中经过，郎官们对他说：“人们都以为先生是位狂人。”东方朔说：“像我这样的人，就是所谓在朝廷里隐居的人。古代的人，都是隐居在深山里。”他时常坐在酒席宴上，酒喝得畅快时，就趴在地上唱道：“隐居在世俗中，避世在金马门。宫殿里可以隐居起来，保全自身，何必隐居在深山之中，茅舍里面。”所谓金马门，就是宦者衙署的门，大门旁边有铜马，所以叫做“金马门”。

当时正值朝廷征召学宫里的博士先生们参与议事，大家一同诘难东方朔说：“苏秦、张仪偶然遇到大国的君主，就能居于卿相的地位，恩泽留传后世。现在您老先生研究先王治国御臣的方术，仰慕圣人立身处世的道理，熟习《诗经》《尚书》以及诸子百家的言论，不能一一例举。又有文章著作，自以为天下无双，就可以称作是见多识广、聪敏才辩了。可是您竭尽全力、忠心耿耿地侍奉圣明的皇帝，旷日持久，长达数十年累积，官衔不过是个侍郎，职位不过是个卫士，看来您还有其他不够检点的行为吧？这是什么原因呢？”东方朔说：“这本来就不是你们所能完全了解的。那时是一个时代，现在又是另一个时代，怎么可以相提并论呢？张仪、苏秦的时代，周朝十分衰败，诸侯都不去朝见周天子，用武力征伐夺取权势，用军事手段相互侵犯，天下兼并为十二个诸侯国，势力不相上下，得到士人的就强大，失掉士人的就灭亡，所以对士人言听计从，使士人身居高位，恩泽留传给后代，子孙长享荣华。如今不是这样。圣明的皇帝在上执掌朝政，恩泽遍及天下，诸侯归顺服从，威势震慑四方，将四海之外的疆土连接成像坐席那样的一片乐土，比倒放的盘盂还要安稳，天下统一，融为一体，凡有所举动，都如同在手掌中转动一下那样轻而易举。贤与不贤，凭什么来辨别呢？当今因天下广大，士民众多，竭尽精力，奔走游说，就如辐条凑集到车毂一样，竞相集中到京城里向朝庭献计献策的人，数也数不清。尽管竭力仰慕道义，仍不免被衣食所困，有的竟连进身的门路也找不到。假使张仪、苏秦和我同生在当今时代，他们连一个掌管旧制旧例等事的小官都得不到，怎么敢期望常做侍郎呢？古书上说：‘天下没有灾害，即使有圣人，也没有地方施展他的才华；君臣上下和睦同心，即使有贤人，他的功业也没有地方建立。’所以说，时代不同，事情也就随之而有所变化。尽管这样，怎么可以不努力去修养自身呢？《诗经》说：‘在宫内敲钟，声音可以传到外面。鹤在遥远的水泽深处鸣叫，声音可以传到天上。’如果能够修养自身，还担忧不能获得荣耀吗！齐太公七十二年亲身实行仁义，遇到周文王，才得以施行他的主张，封在齐国，其思想影响流传七百年而不断绝。这就是士人所以日日夜夜，孜孜不倦，研究学问，推行自己的主张，而不敢停止的原因。如今世上的隐士，虽然一时不被任用，却能超然自立，孑然独处，远观许由，近看接舆，智谋好比范蠡，忠诚可比伍子胥，天下和平，修身自持，而却寡朋少侣，这本来是件很平常的事情。你们为什么对我有疑虑呢？”于是那些先生们一声不响，无话回答了。

建章宫后阁的双重栏杆中，有一只动物跑出来，它的形状像麋鹿。消息传到宫中，武帝亲自到那里观看。问身边群臣中熟悉事物而又通晓经学的人，没有一个人能知道它是什么动物。下诏叫东方朔来看。东方朔说：“我知道这个东西，请赐给我美酒好饭让我饱餐一顿，我才说。”武帝说：“可以。”吃过酒饭，东方朔又说道：“某处有公田、鱼池和苇塘好几顷，陛下赏赐给我，我才说。”武帝说：“可以。”于是东方朔才肯说道：“这是叫驺牙的动物。远方当有前来投诚的事，因而驺牙便先出现。它的牙齿前后一样，大小相等而没有大牙，所以叫它驺牙。”后来过了一年左右，匈奴浑邪王果然带领十万人来归降汉朝。武帝于是又赏赐东方朔很多钱财。

到了晚年。东方朔临终时，规劝武帝说：“《诗经》上说‘飞来飞去的苍蝇，落在篱笆上面。慈祥善良的君子，不要听信谗言。谗言无止境，四方邻国不得安宁。’希望陛下远离巧言谄媚的人，斥退他们的谗言。”武帝说：“回过头来如今看东方朔，仅仅是善于言谈吗？”对此感到惊奇。过了不久，果然东方朔病死了。古书上说：“鸟到临死时，它的叫声特别悲哀；人到临死时，他的言语非常善良。”说的就是这个意思吧。

汉武帝时，大将军卫青是卫皇后的哥哥，被封为长平侯。他带领军队出击匈奴，追到余吾水边才返回，斩杀大量敌兵，捕获许多俘虏，立下战功，胜利归来，武帝下令赏赐黄金千斤。大将军从宫门出来，齐地人东郭先生以方士身份在公车府候差，当道拦住卫将军的车马，拜见说：“有事禀告大将军。”卫将军停在车前，东郭先生靠在车旁说：“王夫人新近得到皇帝的宠爱，家里贫困。如今将军获得黄金千斤，如果将其中的一半送给王夫人的父母，皇上知道了一定很高兴。这就是所谓巧妙而便捷的计策啊。”卫将军感谢他说道：“幸亏先生把这便捷的计策告诉我，一定遵从指教。”于是卫将军用五百斤黄金作为给王夫人父母的赠礼。王夫人将此事告诉了武帝。武帝说："大将军不懂得做这种事。"问卫青从何处得来的计策，回答说："从候差的东郭先生那里得到的。"于是下令召见东郭先生，任命他为郡都尉。东郭先生长期在公车府候差，饥寒贫困，衣服破旧，鞋子也不完好。走在雪地里，鞋子有面无底，脚全都踩在地上。过路人嘲笑他，东郭先生回答他们说道："谁能穿鞋走在雪地里，让人看去，鞋上面是鞋子，鞋子下面竟然像人的脚呢？"等到他被任命为俸禄二千石的官，佩带着青绶，走出宫门，去辞谢他的主人时，以前同他一起候差的，都分批地在都城郊外为他饯行。荣华显耀一路，名扬当代。这就是所谓的身穿粗布衣服，怀里却揣着珍宝的人。当他贫困时，大家都不理睬他；等到他显贵时，就争着去依靠他。常言说："相马因其外表消瘦而漏掉良马，相士因其外貌贫困而漏失人才。"莫非说的就是这种情景吗？

王夫人病重，皇上亲自来探望，问她说："你的儿子应当封为王，你要封他在哪里呢？"回答说："希望封在洛阳。"皇上说："不行。洛阳有大粮仓和兵器库，又位于交通关口，是天下的咽喉要道。从先帝以来，相传从不在洛阳一带封王。不过关东一带的封国，没有比齐国更大的，可以封他做齐王。"王夫人用手拍着头，口呼："太幸运了"。王夫人死后，就称为"齐王太后逝世"。

以前，齐王派淳于髡去楚国进献黄鹄。出了都城门，那只黄鹄中途飞走了，他只好托着空笼子，编造了一些假话，去拜见楚王说："齐王派我来进献黄鹄，从水上经过，不忍心黄鹄干渴，放出来让它喝水，不料离开我飞走了。我想要刺腹或勒脖子而死，又担心别人非议大王因为鸟兽的缘故导致士人自杀。黄鹄是羽毛类的东西，相似的很多，我想买一个相似的来代替，这既不诚实，还欺骗了大王。想要逃奔到别的国家去，又痛心齐楚两国君主之间的通使由此断绝。所以前来服罪，向大王叩头，请求罚责。"楚王说："很好，齐王竟有这样忠信的人。"赏赐淳于髡厚礼，财物比进献黄鹄多一倍。

汉武帝时，征召北海郡太守到皇帝行宫。有个执掌文书的卒史王先生，主动请求与太守一同前往，说："我会对您有好处。"太守答应了他。太守府中的许多府吏、功曹禀告说："王先生爱喝酒，闲话多，务实少，恐怕不宜同行。"太守说："王先生想要去，不好违背他的意愿。"于是就和他一同去了。来到宫门外，在宫府门待命。王先生与卫队长官叙饮，整天醉醺醺的，不去看望太守。太守入宫拜见皇上。王先生对守门郎官说：“请替我呼唤我们太守到宫门口来，跟他远远地讲几句话。”守门郎官替他去呼唤太守。太守出来，看见了王先生。王先生说：“皇上假如问您如何治理北海郡，您对答些什么呢？”太守回答说：“选择贤能的人，按照他们的能力分别任用，处罚不图上进的。”王先生说：“自己夸耀功劳，不行啊。希望您回答说：不是臣的力量，完全是陛下神明威武发生的作用。”太守说：“好吧。”太守被召进宫中，走到殿下，有诏令问他说：“你怎么治理北海郡使盗贼不敢泛起的？”太守叩头回答说：“这不是臣的力量，完全是陛下神明威武发生的作用。”武帝大笑说：“啊呀！哪里学得长者的言语而称颂起来？何处听来的？”太守回答说：“从文书先生处。”武帝说：“他现在何处？”太守回答说：“在宫府门外。”武帝下诏召见，任命王先生为水衡丞，北海太守做水衡都尉。古书上说：“美好的言辞可以出卖，高贵的品行可以提升人。君子赠人美言，小人以钱财送人。”

魏文侯时期，西门豹做邺县令。西门豹到了邺县，召集年高且有名望的人，询问民间感到痛苦的事情。那些人回答说：“苦于给河神娶媳妇，因为这个缘故弄得贫困。”西门豹问其原因，回答说：“邺地的三老、廷掾常年向百姓征收赋税，收取数百万之多的钱，用其中的二三十万为河神娶媳妇，再同庙祝、巫婆一同瓜分剩下的钱，拿回家去。到了为河神娶媳妇期间，巫婆四处巡视，见到贫苦人家的女儿中长得漂亮的，就说这女子应该做河神的媳妇，下聘礼当即娶走。为她洗澡沐浴，给她缝制新的绸绢衣服，独住下来，养性静心，替她在河边盖起斋居的房子，挂上大红厚绢的帐子，让女孩住在里面。又给她宰牛造酒准备饭食，折腾十几天。到时，大家一同来装点乘浮之具，像出嫁女儿的枕席床帐一样，让这女孩坐在上面，放到河中漂行。起初漂在水面，漂流几十里就沉没了。那些有漂亮女子的人家，很害怕大巫婆替河神娶他们的女儿，因此大多带着女儿远远地逃离了。所以城里越来越空虚，人越来越少，更加贫困了，这种情况已经很久了。民间俗话说：‘如果不给河神娶媳妇，河水冲来淹没田产，淹死那些老百姓。’”西门豹说：“等到为河神娶媳妇时，请巫婆、三老、父老们到河边去送新娘，希望也来告诉我，我也要去送新娘。”大家说：“是。”

那一天到了，西门豹到河边同大家相会。官吏、三老、豪绅以及乡间的父老们都到了，连同观看的百姓共二三千人。那个大巫婆是老太婆，年纪已有七十岁。随从的女弟子十几个，都穿着绸缎单衣，站在大巫婆后面。西门豹说："把河神的媳妇叫过来，看看她美不美。"巫婆们就将新娘从帐子里扶出，来到西门豹面前。西门豹看了一看，回头对庙祝、三老、巫婆及父老们说："这个女孩不美，烦劳大巫婆到河中报告河神，需要换一个漂亮女孩，后天送她来。"大巫婆就被士兵一齐抱起投进河里。过了一会儿，西门豹说："大巫婆怎么去了这么久，还不回来呢？徒弟去催促她一下。"说完又把一个徒弟投进河中。过了一会儿，又说："徒弟怎么一去这么久不回来呢？再派一个人去催促她们！"说完又把一个徒弟投进河里。总共投进河里三个徒弟。西门豹说："巫婆、徒弟是女人，可能不会禀告事由，烦劳三老替我去禀告河神。"说完又把三老投进河里。西门豹头上插着笔，弯着腰，面对河水站着等了很长时间。官吏、长者和旁观者都非常害怕。西门豹回头说："巫婆、三老不回来，怎么办？"想再派廷掾和一个豪绅去催促他们。廷掾和豪绅都在地上跪着磕头，把头都磕破了，血流在地上，脸色如死灰一样。西门豹说："好吧，暂且等待一会儿。"待了一会儿，西门豹说："廷掾起来吧。看样子河神留客太久了，你们都离开这里回家吧。"邺县的官吏、百姓都很害怕，打这以后，不敢再说替河神娶媳妇了。

西门豹随即征发百姓开凿了十二条渠道，引漳河水浇灌农田，农田都得到灌溉。在开凿河渠时，老百姓开渠多少是有些劳苦的，很不愿意干。西门豹说："百姓可以同他们共享其成，却不可以同他们谋划事业的开创。现在父老子弟虽然认为我给他们带来辛苦，但是百年以后，希望让父老子弟们再想想我所说的话。"直到现在，那里都依然得到河水的利益，百姓因此富裕起来。十二条河渠横穿御道，到汉朝建立时，地方官吏认为十二条河渠上的桥梁截断了御道，彼此相距又很近，不可以。想要合并渠水，并且把流经御道的那段，三条渠水合为一条，只架一桥。邺地的百姓不肯听从地方官吏的意见，认为那些渠道是经西门先生规划开凿的，贤良长官的法度规范是不能更改的。地方长官终于听取了大家的意见，放弃了并渠计划。所以西门豹做邺县令，名闻天下，恩德泽及后世，难道能说他不是贤大夫吗？

古书上说："子产治理郑国，百姓不能欺骗他；子贱治理单父，百姓不忍心欺骗他；西门豹治理邺县，百姓不敢欺骗他。"他们三个人的才能，谁最高呢？研究治道的人，当会分辨出来。

史记卷一百二十七

日者列传第六十七

自古受命而王，王者之兴何尝不以卜筮决于天命哉！其于周尤甚，及秦可见。代王之入，任于卜者。太卜之起，由汉兴而有。

司马季主者，楚人也。卜于长安东市。

宋忠为中大夫，贾谊为博士，同日俱出洗沐，相从论议，诵易先王圣人之道术，究遍人情，相视而叹。贾谊曰："吾闻古之圣人，不居朝廷，必在卜医之中。今吾已见三公九卿朝士大夫，皆可知矣。试之卜数中以观采。"二人即同舆而之市，游于卜肆中。天新雨，道少人，司马季主闲坐，弟子三四人侍，方辩天地之道，日月之运，阴阳吉凶之本。二大夫再拜谒。司马季主视其状貌，如类有知者，即礼之，使弟子延之坐。坐定，司马季主复理前语，分别天地之终始，日月星辰之纪，差次仁义之际，列吉凶之符，语数千言，莫不顺理。

宋忠、贾谊瞿然而悟，猎缨正襟危坐，曰："吾望先生之状，听先生之辞，小子窃观于世，未尝见也。今何居之卑，何行之污？"

司马季主捧腹大笑曰："观大夫类有道术者，今何言之陋也，何辞之野也！今夫子所贤者何也？所高者谁也？今何以卑污长者？"

二君曰："尊官厚禄，世之所高也，贤才处之。今所处非其地，故谓之卑。言不信，行不验，取不当，故谓之污。夫卜筮者，世俗之所贱简也。世皆言曰：'夫卜者多言夸严以得人情，虚高人禄命以说人志，擅言祸灾以伤人心，矫言鬼神以尽人财，厚求拜谢以私于己。'此吾之所耻，故谓之卑污也。"

司马季主曰："公且安坐。公见夫被发童子乎？日月照之则行，不照则止。问之日月疵瑕吉凶，则不能理。由是观之，能知别贤与不肖者寡矣。

"贤者之行也，直道以正谏，三谏不听则退。其誉人也不望其报，恶人也不顾其怨，以便国家利众为务。故官非其任不处也，禄非其功不受也；见人不正，虽贵不敬也；见人有污，虽尊不下也；得不为喜，去不为恨；非其罪也，虽累辱而不愧也。

“今公所谓贤者，皆可为羞矣。卑疵而前，孅趋而言；相引以势，相导以利；比周宾正，以求尊誉，以受公奉；事私利，枉主法，猎农民；以官为威，以法为机，求利逆暴：譬无异于操白刃劫人者也。

“初试官时，倍力为巧诈，饰虚功执空文以调主上，用居上为右；试官不让贤陈功，见伪增实，以无为有，以少为多，以求便势尊位；食饮驱驰，从姬歌儿，不顾于亲，犯法害民，虚公家。此夫为盗不操矛弧者也，攻而不用弦刃者也，欺父母未有罪而弑君未伐者也，何以为高贤才乎？

“盗贼发不能禁，夷貊不服不能摄，奸邪起不能塞，官耗乱不能治，四时不和不能调，岁谷不孰不能适。才贤不为，是不忠也；才不贤而托官位，利上奉，妨贤者处，是窃位也；有人者进，有财者礼，是伪也。子独不见鸱枭之与凤皇翔乎？兰芷芎䓖弃于广野，蒿萧成林，使君子退而不显众，公等是也。

“述而不作，君子义也。今夫卜者，必法天地，象四时，顺于仁义，分策定卦，（按）〔旋〕式正棋，然后言天地之利害，事之成败。昔先王之定国家，必先龟策日月，而后乃敢代；正时日，乃后入家；产子必先占吉凶，后乃有之。自伏羲作八卦，周文王演三百八十四爻而天下治。越王勾践仿文王八卦以破敌国，霸天下。由是言之，卜筮有何负哉！

“且夫卜筮者，扫除设坐，正其冠带，然后乃言事，此有礼也。言而鬼神或以飨，忠臣以事其上，孝子以养其亲，慈父以畜其子，此有德者也。而以义置数十百钱，病者或以愈，且死或以生，患或以免，事或以成，嫁子娶妇或以养生：此之为德，岂直数十百钱哉！此夫老子所谓‘上德不德，是以有德’。今夫卜筮者利大而谢少，老子之云岂异于是乎？

“庄子曰：‘君子内无饥寒之患，外无劫夺之忧，居上而敬，居下不为害，君子之道也。’今夫卜筮者之为业也，积之无委聚，藏之不用府库，徙之不用辎车，负装之不重，止而用之无尽索之时。持不尽索之物，游于无穷之世，虽庄氏之行未能增于是也，子何故而云不可卜哉？天不足西北，星辰西北移；地不足东南，以海为池；日中必移，月满必亏；先王之道，乍存乍亡。公责卜者言必信，不亦惑乎！

“公见夫谈士辩人乎？虑事定计，必是人也，然不能以一言说人主意，故言必称先王，语必道上古；虑事定计，饰先王之成功，语其败害，以恐喜人主之志，以求其欲。多言夸严，莫大于此矣。然欲强国成功，尽忠于上，非此不立。今夫卜者，导惑教愚也。夫愚惑之人，岂能以一言而知之哉！言不厌多。

“故骐骥不能与罢驴为驷，而凤皇不与燕雀为群，而贤者亦不与不肖者同列。故君子处卑隐以辟众，自匿以辟伦，微见德顺以除群害，以明天性，助上养下，多其功利，不求尊誉。公等喁喁者也，何知长者之道乎！”

宋忠、贾谊忽而自失，芒乎无色，怅然噤口不能言。于是摄衣而起，再拜而辞，行洋洋也，出门仅能自上车，伏轼低头，卒不能出气。

居三日，宋忠见贾谊于殿门外，乃相引屏语相谓自叹曰：“道高益安，势高益危。居赫赫之势，失身且有日矣。夫卜而有不审，不见夺糈；为人主计而不审，身无所处。此相去远矣，犹天冠地屦也。此老子之所谓‘无名者，万物之始也。’天地旷旷，物之熙熙，或安或危，莫知居之。我与若，何足预彼哉！彼久而愈安，虽曾氏之义未有以异也。”

久之，宋忠使匈奴，不至而还，抵罪。而贾谊为梁怀王傅，王堕马薨，谊不食，毒恨而死。此务华绝根者也。

太史公曰：古者卜人所以不载者，多不见于篇。及至司马季主，余志而著之。

褚先生曰：臣为郎时，游观长安中，见卜筮之贤大夫，观其起居行步，坐起自动，誓正其衣冠而当乡人也，有君子之风。见性好解妇来卜，对之颜色严振，未尝见齿而笑也。从古以来，贤者避世，有居止舞泽者，有居民间闭口不言，有隐居卜筮间以全身者。夫司马季主者，楚贤大夫，游学长安，通《易经》，术黄帝、老子，博闻远见。观其对二大夫贵人之谈言，称引古明王圣人道，固非浅闻小数之能。及卜筮立名声千里者，各往往而在。传曰：“富为上，贵次之；既贵，各各学一伎能立其身。”黄直，丈夫也；陈君夫，妇人也：以相马立名天下。齐张仲、曲成侯以善击刺学用剑，立名天下。留长孺以相彘立名。荥阳褚氏以相牛立名。能以伎能立名者甚多，皆有高世绝人之风，何可胜言。故曰：“非其地，树之不生；非其意，教之不成。”夫家之教子孙，当视其所以好，好含苟生活之道，因而成之。故曰：“制宅命子，足以观士；子有处所，可谓贤人。”

臣为郎时，与太卜待诏为郎者同署，言曰：“孝武帝时，聚会占家问之，某日可取妇乎？五行家曰可，堪舆家曰不可，建除家曰不吉，丛辰家曰大凶，历家曰小凶，天人家曰小吉，太一家曰大吉。辩讼不决，以状闻。制曰：‘避诸死忌，以五行为主。’”人取于五行者也。

【译文】

自古以来承受天命的人方能成为国君，而君王的兴起又何尝不是用卜筮来决于天命呢！这种情形在周朝尤为盛行，到了秦代还可以看到。代王入朝继承王位，也是听任于占卜者。至于卜官的出现，在汉朝兴建以来就已经有了。

司马季主是楚地人。他在长安东市卜卦。

宋忠此时任中大夫，贾谊任博士，一天，二人一同外出洗沐，边走边谈，讨论先王圣人的治道方法，广泛地探究世道人情，相视慨叹。贾谊说：“我听说古代的圣人，如不在朝做官，就必在卜者、医师行列之中。现在，我已见识过三公九卿及朝中士大夫，对他们的才学人品都可说了解了。我们试着去看看卜者的风采吧。”二人即同车到市区去，在卜筮的馆子里游览。天刚下过雨，路上行人很少，司马季主正坐于馆中，三四个弟子陪侍着他，正在讲解天地间的道理、日月运转的情形、阴阳吉凶的本源。两位大夫向司马季主拜了两拜。司马季主打量他们的状貌，好像是有知识的人，叫弟子引他们就座。坐定之后，司马季主重新疏解前面讲的内容，分析天地的起源与终止、日月星辰的运行法则，区分仁义的差别关系，列举祸福吉凶的征兆，讲了数千言，无不顺理成章。

宋忠、贾谊十分惊异而有所领悟，整冠理带，端正衣襟，恭敬地坐着，说：“我们看先生的容貌，听先生的谈吐，晚辈私下观看当今之世，还未曾见到过。现在，您为什么地位如此低微，为什么从事如此污浊的职业？”

司马季主捧腹大笑说：“两位大夫好像是有道术的人，现在怎么会说出这种浅薄的话，措辞这样粗野呢？你们所认为的贤者是什么样的人呢？所认为高尚的人是谁呢？凭什么将长者视为卑下污浊呢？”

两位大夫说：“高官厚禄，是世人所认为高尚的，贤能的人占据那种地位。如今先生所处的不是那种地位，所以说是低微的。所言不真实，所行不应验，所取不恰当，所以说是污浊的。卜筮者，是世俗所鄙视的。世人都说：‘卜者多用夸大怪诞之辞，来迎合人们的心意；虚假抬高人们的禄命，来取悦人心；编造灾祸，以使人悲伤；假借鬼神，以骗人钱财；

贪求酬谢，以利于自身。’这都是我们认为可耻的行径，所以说是低微污浊的。”

司马季主说：“二位暂且安坐。你们见过那披发童子吧？日月照着，他们就走路；不照，他们就不走。问他们日月之食和人事吉凶，就不能解释说明。由此看来，能识别贤与不肖的人太少了。

“大凡居官做事的贤者，都遵循正直之道以正言规劝君王，多次劝谏不被采纳就引退下来；他们称誉别人并不图其回报，憎恶别人也不顾其怨恨，只以对国家和百姓有利为己任。所以，官职不是自己所能胜任的就不担任，俸禄不是自己功劳所应得到的就不接受；看到心术不正的人，虽位居显位也不恭敬他；看到染有污点的人，虽高居尊位也不屈就他；得到荣华富贵也不以为喜，失去富贵荣华也不以为恨；如果不是他的过错，虽牵累受辱也不感到羞愧。

“现在你们所说的贤者，都是些足以为他们感到羞愧的人。他们低声下气地趋奉，过分谦恭地讲话；凭权势相勾引，以利益相诱导；植党营私，排斥正人君子，以骗取尊宠美誉，以享受公家俸禄；谋求个人的利益，歪曲君主的法令，去掠夺农民的财产；倚仗官位逞威风，利用法律做工具，追逐私利，逆行横暴：好像与手持利刃威胁别人没有什么不同。刚做官时，竭力耍弄巧诈伎俩，粉饰虚假的功劳，拿着华而不实的文章去欺骗君王，以便爬上高位；被委任官职后，不肯让贤者陈述功劳，却自夸其功，把假的说成实的，把没有的变成有的，把少的改为多的，以求得权势尊位；大吃大喝，到处游乐，犬马声色，无所不有，不顾父母亲人死活，专做犯法害民勾当，肆意挥霍，虚耗公家：这其实是做强盗而不拿弓矛，攻击他人而不用刀箭，虐待父母而未曾定罪，杀害国君而未被讨伐的一伙人。凭什么认为他们是高明贤能者呢？

“盗贼发生而不能禁止，蛮夷不服而不能震慑，奸邪兴起而不能遏止，公家损耗而不能整治，四时不和而不能调节，年景不好而不能调济。有才学而不去做，这是不忠；没有才学而寄居官位，享受皇上的俸禄，妨碍贤能者的地位，这是窃居官位。有关系的就进用做官，有钱财的就礼遇尊敬，这叫做虚伪。你们难道没有见过鸱枭也同凤凰一起飞翔吗？兰芷芎䓖被遗弃在旷野里，而蒿萧却茂密成林，使正人君子隐退而不能扬名显众，即是在位诸公所致。

“述而不作，是君子的本意。如今卜者占卜，一定效法天地，取四时的变化之象，顺应仁义的原则，分辨筮策，判定卦象，旋转栻盘，占卜作卦，然后解说天地间的利害、人事的吉凶成败。以前先王安定国家，必先用龟策占卜日月，然后才敢代天治理百姓；选准吉日，随后才能进入国都；家中生子必先占卜吉凶，然后才敢养育。从伏羲氏创制八卦，周文王演化成三百八十四爻而后天下得以大治。越王勾践仿照文王八卦行事而大破敌国，称霸天下。由此说来，卜筮有什么值得指责的呢？

“再说卜筮者，洁净扫除然后设座，端正冠带然后谈论吉凶之事，这是合礼仪的表现。他们的言论，使鬼神或许因而享用祭品，忠臣因而奉侍他的国君，孝子因而供养他的双亲，慈父因而抚育他的孩子，这是有道德的表现。而问卜者出于道义花费几十、上百个钱，生病的人或许因而痊愈，将死的人或许因而得生，祸患或许因而免除，事情或许因而成功，嫁女娶妇或许因而得以养生：这种功德，难道只值几十、上百个钱吗！这就是老子所说的‘具有大德者并不以有德自居，所以他才有德’。今天的卜筮者待人好处多但受人之谢少，老子所说的难道同卜筮者的所作所为有什么不一样吗？

“庄子说：‘君子内无饥寒的忧患，外无被劫夺的顾虑，慎重严谨居上位，处下位不妒忌他人，这就是君子之道。’如今，卜筮者所从事的职业，无须积蓄成堆，储藏不用府库，迁徙不用辎车，装备轻便简单，停留下来就能使用，并且没有用完之时。拿着使用不尽的东西，游于没有尽头的世上，即使庄子的行为也未必比这更好。你们为什么却说不可以卜筮呢？天不足西北，星辰移向西北；地不足东南，就以海为池；太阳到了中午必定向西移动，月亮到了满圆后必定出现亏缺；先王的圣道，忽亡忽存。而二位大夫要求卜筮者说话必定信实，不也足以令人疑惑不解吗？

“你们见过辩士说客吧？思考问题，决策谋划，必须靠这种人。然而他们不能用只言片语使人主喜悦，所以讲话必托称先王，论说必引述上古；考虑问题，谋划决策，或夸饰先王事业的成功，或述说其败坏失利的情形，使人主的心意或有所喜，或有所惧，以求得他们的欲望。多讲虚夸之词，没有比这更厉害的了。可是要想使国家富强，事业成功，能够效忠君王，不这样做又不行。现在的卜筮者，是解答人们的疑问、教化百姓的愚昧。那些愚昧迷惑的人，怎么能用一句话就能使他们聪明起来！因此，说话不厌其多。

“所以骐骥不能和疲驴同驾一车，凤凰不能同燕子麻雀为群，而贤者也不跟不肖者同伍。所以君子常处于卑下不显眼的地位，以避开大众，自己隐匿起来以避开人伦的束缚，暗中察明世间道德顺应之情状，以消除种种祸害，以表明上天的本性，帮助上天养育生灵，希求更多的功利，而不求什么尊位与荣誉。你们二位不过是随便发发议论的人，怎么会知道长者的道理呢！”

宋忠和贾谊听得精神恍惚而若有所失，茫然失色，神情惆怅，闭口不能说话。于是整衣起身，拜了又拜，辞别司马季主。二人走起路来，不辨东西南北，出门只能自己上车，趴在车栏上，不敢抬头，始终像是透不过气来。

过了三天，宋忠在殿门外见到贾谊，便凑到一起避开旁人谈论此事，慨叹地说：“道德越高越安稳，权势越高越危险。处在显赫的地位，丧身将指日可待。卜筮即便不周密，也不会被夺去应得的精米；替君王出谋划策如果不周密，就没有立身之地。这二者相差太远了，就像天冠地屦不可同日而语一样。这正如老子所说的‘无名是产生天地万物的本源’呵！天地空阔无边，万物和乐兴盛，有的安稳，有的危险，不知所处。我和你，哪里值得干预他们卜者之事呢！他们日子愈久就越安稳，即使曾子的主张也没有什么与此不同之处。”

过了很久，宋忠出使匈奴，还没有到达那里就返回来了，因而被判了罪。贾谊做梁怀王的太傅，梁怀王不慎坠马而死，贾谊引咎绝食，痛恨而死。这都是追求荣华富贵而丢掉性命的事例啊。

太史公说：古时候的卜者，之所以不被记载，是因为他们的事迹多不见于文献。待到司马季主，我便将其言行记述成篇。

褚先生说：我做郎官时，曾在长安城中游览，见过从事卜筮职业的贤士大夫，观察他们的起居行走，行动都由自己，接待乡野之民常常谨慎地整理好衣服帽子，有君子的风范。遇到性情喜爱解疑、乐于卜筮的妇人来问卜，态度严肃地对待她们，不曾露齿而笑。自古以来，贤者逃避世俗社会，有的栖息于荒芜的洼地，有的生活在民间而闭口不言，有的隐居在卜筮者中间以保全自己。司马季主是楚国的贤大夫，游学在长安，通晓《易经》，能够陈述黄帝、老子之道，知识广博，卓识远见。看他对答二位大夫贵人的话语，引述古代明王圣人的道理，原本不是能力低下见识浅薄之辈。至于以卜筮为业名扬千里之外的，往往到处都有。传记上说：“富为上，贵次之；已经显贵了，各自还必须学会一技之长以立身于社会之中。”黄直是位大夫，陈君夫是个妇女，以擅长相马立名天下。齐国张仲和曲成侯以擅长用剑击刺而扬名天下。留长孺因善于相猪而出名。荥阳褚氏因善于相牛而成名。能够因技能立名的人很多，都有高于世俗和超过常人的风范，怎么能说得尽呢？所以说：“不是适当之地，种什么也不生长；不合他的意向，教什么也难以成就。”多数家庭教育子女，应当看看他喜好什么，爱好如果包容生活之道，就顺其爱好因势利导而造就他。所以说：“建造什么住宅，为子取用何名，足以看出士大夫的志趣所在；儿子有安身之处，可以称得上是贤人了。”

我做郎官的时候，与太卜待诏为郎官的同事在同一衙门办公，他们说：“孝武帝时期，曾召集从事占卜的各类专家来询问：某日可以娶儿媳吗？可以，五行家说，堪舆家说不可以，建除家说不吉利，丛辰家说是大凶，历家说是小凶，天人家说是小吉，太一家又说是大吉。各家辩论争议，不能作出决定，只能将有关情况奏明皇上。皇上下令说：‘避开死凶忌讳，应以五行家的意见为依据。’”这就是人们采用五行家学说的缘故。

史记卷一百二十八

龟策列传第六十八

太史公曰：自古圣王将建国受命，兴动事业，何尝不宝卜筮以助善！唐虞以上，不可记已。自三代之兴，各据祯祥。涂山之兆从而夏启世，飞燕之卜顺故殷兴，百谷之筮吉故周王。王者决定诸疑，参以卜筮，断以蓍龟，不易之道也。

蛮夷氐羌虽无君臣之序，亦有决疑之卜。或以金石，或以草木，国不同俗。然皆可以战伐攻击，推兵求胜，各信其神，以知来事。

略闻夏殷欲卜者，乃取蓍龟，已则弃去之，以为龟藏则不灵，蓍久则不神。至周室之卜官，常宝藏蓍龟；又其大小先后，各有所尚，要其归等耳。或以为圣王遭事无不定，决凝无不见，其设稽神求问之道者，以为后世衰微，愚不师智，人各自安，化分为百室，道散而无垠，故推归之至微，要洁于精神也。或以为昆虫之所长，圣人不能与争。其处吉凶，别然否，多中于人。至高祖时，因秦太卜官。天下始定，兵革未息。及孝惠享国日少，吕后女主，孝文、孝景因袭掌故，未遑讲试，虽父子畴官，世世相传，其精微深妙，多所遗失。至今上即位，博开艺能之路，悉延百端之学，通一伎之士咸得自效，绝伦超奇者为右，无所阿私，数年之间，太卜大集。会上欲击匈奴，西攘大宛，南收百越，卜筮至预见表象，先图其利。及猛将推锋执节，获胜于彼，而蓍龟时日亦有力于此。上尤加意，赏赐至或数千万。如丘子明之属，富溢贵宠，倾于朝廷。至以卜筮射蛊道，巫蛊时或颇中。素有眦睚不快，因公行诛，恣意所伤，以破族灭门者，不可胜数。百僚荡恐，皆曰龟策能言。后事觉奸穷，亦诛三族。

夫揲策定数，灼龟观兆，变化无穷，是以择贤而用占焉，可谓圣人重事者乎！周公卜三龟，而武王有瘳。纣为暴虐，而元龟不占。晋文将定襄王之位，卜得黄帝之兆，卒受彤弓之命。献公贪骊姬之色，卜而兆有口象，其祸竟流五世。楚灵将背周室，卜而龟逆，终被乾谿之败。兆应信诚于内，而时人明察见之于外，可不谓两合者哉！君子谓夫轻卜

伏羲氏画八卦图，伏羲氏是传说中的五帝之一。图选自《二十一史通俗演义》。

筮，无神明者，悖；背人道，信祯祥者，鬼神不得其正。故《书》建稽疑，五谋而卜筮居其二，五占从其多，明有而不专之道也。

余至江南，观其行事，问其长老，云龟千岁乃游莲叶之上，蓍百茎共一根。又其所生，兽无虎狼，草无毒螫。江傍家人常畜龟饮食之，以为能导引致气，有益于助衰养老，岂不信哉！

褚先生曰：臣以通经术，受业博士，治《春秋》，以高第为郎，幸得宿卫，出入宫殿中十有馀年。窃好《太史公传》。太史公之传曰："三王不同龟，四夷各异卜，然各以决吉凶，略窥其要，故作《龟策列传》。"臣往来长安中，求《龟策列传》不能得，故之太卜官，问掌故文学长老习事者，写取龟策卜事，编于下方。

闻古五帝、三王发动举事，必先决蓍龟。传曰："下有伏灵，上有兔丝；上有擣蓍，下有神龟。"所谓伏灵者，在兔丝之下，状似飞鸟之形。新雨已，天清静无风，以夜捎兔丝去之，即以篝烛此地，烛之，火灭，即记其处，以新布四丈环置之，明即掘取之。入四尺至七尺，得矣，过七尺不可得。伏灵者，千岁松（根）〔脂〕也，食之不死。闻蓍生满百茎者，其下必有神龟守之，其上常有青云覆之。传曰："天下和平，王道得，而蓍茎长丈，其丛生（满）百茎〔共根〕。"方今世取蓍者，不能中古法度，不能得满百茎长丈者，取八十茎已上，蓍长八尺，即难得也。人民好用卦者，取满六十茎已上，长满六尺者，即可用矣。记曰："能得名龟者，财物归之，家必大富至千万。"一曰"北斗龟"，二曰"南辰龟"，三曰"五星龟"，四曰"八风龟"，五曰"二十八宿龟"，六曰日月龟，七曰"九州龟"，八曰"玉龟"：凡八名龟。龟图各有文在腹下，文云云者，此某之龟也。略记其大指，不写其图。取此龟不必满尺二寸，民人得长七八寸，可宝矣。今夫珠玉宝器，虽有所深藏，必见其光，必出其神明，其此之谓乎！故玉处于山而木润，渊生珠而岸不枯者，润泽之所加也。明月之珠出于江海，藏于蚌中，（蚗）〔蛟〕龙伏之。王者得之，长有天下，四夷宾服。能得百茎蓍，并得其下龟以卜者，百言百当，足以决吉凶。

神龟出于江水中，庐江郡常岁时生龟长尺二寸者二十枚输太卜官，太卜官因以吉日剔取其腹下甲。龟千岁乃满尺二寸。王者发军行将，必钻龟庙堂之上，以决吉凶。今高庙中有龟室，藏内以为神宝。

传曰："取前足臑骨穿佩之，取龟置室西北隅悬之，以入深山大林中，不惑。"臣为郎时，见《万毕》石朱方传曰："有神龟在江（南）〔灌〕

嘉林中。嘉林者，兽无虎狼，鸟无鸱枭，草无毒螫，野火不及，斧斤不至，是为嘉林。龟在其中，常巢于芳莲之上。左胁书文曰：'甲子重光，得我者匹夫为人君，有土正，诸侯得我为帝王。'求之于白蛇蟠杅林中者，斋戒以待，譺然，状如有人来告之，因以醮酒佗发，求之三宿而得。"由是观之，岂不伟哉！故龟可不敬欤？

南方老人用龟支床足，行二十馀岁，老人死，移床，龟尚生不死。龟能行气导引。问者曰："龟至神若此，然太卜官得生龟，何为辄杀取其甲乎？"近世江上人有得名龟，畜置之，家因大富。与人议，欲遣去。人教杀之勿遣，遣之破人家。龟见梦曰："送我水中，无杀吾也。"其家终杀之。杀之后，身死，家不利。人民与君王者异道。人民得名龟，其状类不宜杀也。以往古故事言之，古明王圣主皆杀而用之。

宋元王时得龟，亦杀而用之。谨连其事于左方，令好事者观择其中焉。

宋元王二年，江使神龟使于河，至于泉阳，渔者豫且举网得而囚之，置之笼中。夜半，龟来见梦于宋元王曰："我为江使于河，而幕网当吾路。泉阳豫且得我，我不能去。身在患中，莫可告语。王有德义，故来告诉。"元王惕然而悟。乃召博士卫平而问之曰："今寡人梦见一丈夫，延颈而长头，衣玄绣之衣而乘辎车，来见梦于寡人曰：'我为江使于河，而幕网当吾路。泉阳豫且得我，我不能去。身在患中，莫可告语。王有德义，故来告诉。'是何物也？"卫平乃援式而起，仰天而视月之光，观斗所指，定日处乡。规矩为辅，副以权衡。四维已定，八卦相望。视其吉凶，介虫先见。乃对元王曰："今昔壬子，宿在牵牛。河水大会，鬼神相谋。汉正南北，江河固期，南风新至，江使先来。白云壅汉，万物尽留。斗柄指日，使者当囚。玄服而乘辎车，其名为龟。王急使人问而求之。"王曰："善。"

于是王乃使人驰而往问泉阳令曰："渔者几何家？名谁为豫且？豫且得龟，见梦于王，王故使我求之。"泉阳令乃使吏案籍视图，水上渔者五十五家，上流之庐，名为豫且。泉阳令曰："诺。"乃与使者驰而问豫且曰："今昔汝渔何得？"豫且曰："夜半时举网得龟。"使者曰："今龟安在？"曰："在笼中。"使者曰："王知子得龟，故使我求之。"豫且曰："诺。"即系龟而出之笼中，献使者。

使者载行，出于泉阳之门。正昼无见，风雨晦冥。云盖其上，五采青黄；雷雨并起，风将而行。入于端门，见于东箱。身如流水，润泽有光。望见元王，延颈而前，三步而止，缩颈而却，复其故处。元王见而怪之，问卫平曰："龟见寡人，延颈而前，以何望也？缩颈而复，是何当也？"卫平对曰："龟在患中，而终昔囚，王有德义，使人活之。今延颈而前，以当谢也，缩颈而却，欲亟去也。"元王曰："善哉！神至如此乎，不可久留；趣驾送龟，勿令失期。"

卫平对曰："龟者是天下之宝也，先得此龟者为天子，且十言十当，十战十胜。生于深渊，长于黄土。知天之道，明于上古。游三千岁，不出其域。安平静正，动不用力。寿蔽天地，莫知其极。与物变化，四时变色。居而自匿，伏而不食。春苍夏黄，秋白冬黑。明于阴阳，审于刑德。先知利害，察于祸福。以言而当，以战而胜，王能宝之，诸侯尽服。王勿遣也，以安社稷。"

元王曰："龟甚神灵，降于上天，陷于深渊，在患难中。以我为贤，德厚而忠信，故来告寡人。寡人若不遣也，是渔者也。渔者利其肉，寡人贪其力，下为不仁，上为无德。君臣无礼，何从有福？寡人不忍，奈何勿遣！"

卫平对曰："不然。臣闻盛德不报，重寄不归；天与不受，天夺之宝。今龟周流天下，还复其所，上至苍天，下薄泥涂。还遍九州，未尝愧辱，无所稽留。今至泉阳，渔者辱而囚之。王虽遣之，江河必怒，务求报仇。自以为侵，因神与谋。淫雨不霁，水不可治。若为枯旱，风而扬埃，蝗虫暴生，百姓失时。王行仁义，其罚必来。此无佗故，其祟在龟，后虽悔之，岂有及哉！王勿遣也。"

元王慨然而叹曰："夫逆人之使，绝人之谋，是不暴乎？取人之有，以自为宝，是不强乎？寡人闻之，暴得者必暴亡，强取者必后无功。桀纣暴强，身死国亡。今我听子，是无仁义之名而有暴强之道。江河为汤武，我为桀纣。未见其利，恐离其咎。寡人狐疑，安事此宝，趣驾送龟，勿令久留。"

卫平对曰："不然，王其无患。天地之间，累石为山。高而不坏，地得为安。故云物或危而顾安，或轻而不可迁；人或忠信而不如诞谩，或丑恶而宜大官，或美好佳丽而为众人患。非神圣人，莫能尽言。春秋冬夏，或暑或寒；寒暑不和，贼气相奸。同岁异节，其时使然。故令春生夏长，秋收冬藏。或为仁义，或为暴强。暴强有乡，仁义有时。万物尽然，不可胜治。大王听臣，臣请悉言之。天出五色，以辨白黑。地生五谷，以知善恶。人民莫知辨也，与禽兽相若。谷居而穴处，不知田作。天下祸乱，阴阳相错。匆匆疾疾，通而不相择。妖孽数见，传为单薄。圣人别其生，使无相获。禽兽有牝牡，置之山原；鸟有雌雄，布之林泽；有介之虫，置之溪谷。故牧人民，为之城郭，内经闾术，外为阡陌。夫妻男女，赋之田宅，列其室屋。为之图籍，别其名族。立官置吏，劝以爵禄。衣以桑麻，养以五谷。耕之耰之，锄之耨之。口得所嗜，目得所美，身受其利。以是观之，非强不至。故曰田者不强，囷仓不盈；商贾不强，不得其赢；妇女不强，布帛不精；官御不强，其势不成；大将不强，卒不使令；侯王不强，没世无名。故云强者，事之始也，分之理也，物之纪也。所求于强，无不有也。王以为不然，王独不闻玉椟只雉，出于昆山；明月之珠，出于四海，镌石拌蚌，传卖于市。圣人得之，以为大宝。大宝所在，乃为天子。今王自以为暴，不如拌蚌于海也；自以为强，不过镌石于昆山也。取者无咎，宝者无患。今龟使来抵网，而遭渔者得之，见梦自言，是国之宝也，王何忧焉！”

元王曰：“不然。寡人闻之，谏者福也，谀者贼也。人主听谀，是愚惑也。虽然，祸不妄至，福不徒来。天地合气，以生百财。阴阳有分，不离四时，十有二月，日至为期。圣人彻焉，身乃无灾。明王用之，人莫敢欺。故云福之至也，人自生之；祸之至也，人自成之。祸与福同，刑与德双。圣人察之，以知吉凶。桀纣之时，与天争功，拥遏鬼神，使不得通。是固已无道矣，谀臣有众。桀有谀臣，名曰赵梁。教为无道，劝以贪狼。系汤夏台，杀关龙逢。左右恐死，偷谀于傍。国危于累卵，皆曰无伤。称乐万岁，或曰未央。蔽其耳目，与之诈狂。汤卒伐桀，身死国亡。听其谀臣，身独受殃。《春秋》著之，至今不忘。纣有谀臣，名为左彊。夸而目巧，教为象郎。将至于天，又有玉床。犀玉之器，象箸而羹。圣人剖其心，壮士斩其胻。箕子恐死，被发佯狂。杀周太子历，囚文王昌，投之石室，将以昔至明。阴兢活之，与之俱亡。入于周地，得太公望。兴卒聚兵，与纣相攻。文王病死，载尸以行。太子发代将，号为武王。战于牧野，破之华山之阳。纣不胜，败而还走，围之象郎。自杀宣室，身死不葬。头悬车轸，四马曳行。寡人念其如此，肠如涫汤。是人皆富有天下而贵至天子，然而大傲。欲无厌时，举事而喜高，贪很而骄。不用忠信，听其谀臣，而为天下笑。今寡人之邦，居诸侯之间，曾不如秋毫。举事不当，又安亡逃！”

卫平对曰：“不然。河虽神贤，不如昆仑之山；江之源理，不如四海，而人尚夺取其宝，诸侯争之，兵革为起。小国见亡，大国危殆，杀人父兄，虏人妻子，残国灭庙，以争此宝。战攻分争，是暴强也。故云取之以暴强而治以文理，无逆四时，必亲贤士；与阴阳化，鬼神为使；通于天地，与之为友。诸侯宾服，民众殷喜。邦家安宁，与世更始。汤武行之，乃取天子；《春秋》著之，以为经纪。王不自称汤、武，而自比桀、纣。〔桀、纣〕为暴强也，固以为常。桀为瓦室，纣为象郎。征丝灼之，务以费（民）〔氓〕。赋敛无度，杀戮无方。杀人六畜，以韦为囊。囊盛其血，与人县而射之，与天帝争强。逆乱四时，先百鬼尝。谏者辄死，谀者在傍。圣人伏匿，百姓莫行。天数枯旱，国多妖祥。螟虫岁生，五谷不成。民不安其处，鬼神不享。飘风日起，正昼晦冥。日月并蚀，灭息无光。列星奔乱，皆绝纪纲。以是观之，安得久长！虽无汤、武，时固当亡。故汤伐桀，武王克纣，其时使然。乃为天子，子孙续世，终身无咎，后世称之，至今不已。是皆当时而行，见事而强，乃能成其帝王。今龟，大宝也，为圣人使，传之贤（士）〔王〕。不用手足，雷电将之，风雨送之，流水行之。侯王有德，乃得当之。今王有德而当此宝，恐不敢受；王若遣之，宋必有咎。后虽悔之，亦无及已。”

元王大悦而喜。于是元王向日而谢，再拜而受。择日斋戒，甲乙最良。乃刑白雉，及与骊羊；以血灌龟，于坛中央。以刀剥之，身全不伤。脯酒礼之，横其腹肠。荆支卜之，必制其创。（理）〔程〕达于理，文相错迎。使工占之，所言尽当。邦福重宝，闻于傍乡。杀牛取革，被郑之桐。草木毕分，化为甲兵。战胜攻取，莫如元王。元王之时，卫平相宋，宋国最强，龟之力也。

故云神至能见梦于元王，而不能自出渔者之笼。身能十言尽当，不能通使于河，还报于江。贤能令人战胜攻取，不能自解于刀锋，免剥刺之患。圣能先知亟见，而不能令卫平无言。言事百全，至身而挛；当时不利，又焉事贤！贤者有恒常，士有适然。是故明有所不见，听有所不闻。人虽贤，不能左画方，右画圆。日月之明，而时蔽于浮云。羿名善射，不如雄渠、蠭门；禹名为辩智，而不能胜鬼神。地柱折，天故毋椽，又奈何责人于全？孔子闻之曰：“神龟知吉凶，而骨直空枯。日为德而君于天下，辱于三足之乌。月为刑而相佐，见食于虾蟆。蝟辱于鹊，腾蛇之神而殆于即且。竹外有节理，中直空虚；松柏为百木长，而守门闾。日辰不全，故有孤虚。黄金有疵，白玉有瑕。事有所疾，亦有所徐。物有所拘，亦有所据。罔有所数，亦有所疏。人有所贵，亦有所不如。何可而适乎？物安可全乎？天尚不全，故世为屋，不成三瓦而（陈）〔栋〕之，以应之天。天下有阶，物不全乃生也。”

褚先生曰：渔者举网而得神龟，龟自见梦宋元王，元王召博士卫平告以梦龟状。平运式，定日月，分衡度，视吉凶，占龟与物色同。平谏王留神龟以为国重宝，美矣。古者筮必称龟者，以其令名，所从来久矣。余述而为传。

三月　二月　正月　十二月　十一月　中关内高外下

四月　首仰　足开　肣开　首俛大　五月　横吉　首俛大　六月　七月　八月　九月　十月

卜禁曰：子亥戌，不可以卜及杀龟。日中如食已卜。暮昏龟之徼也，不可以卜。庚辛可以杀，及以钻之，常以月旦被龟，先以清水澡之，以卵被之，乃持龟而遂之，若尝以为祖。人若已卜不中，皆被之以卵，东向立，灼以荆若刚木，土卵指之者三，持龟以卵周环之，祝曰：“今日吉，谨以粱卵焍黄被去玉灵之不祥。”玉灵必信以诚，知万事之情，辩兆皆可占。不信不诚，则烧玉灵，扬其灰，以征后龟。其卜必北向，龟甲必尺二寸。

卜先以造灼钻，钻中已，又灼龟首，各三；又复灼所钻中曰正身，灼首日正足，各三。即以造三周龟，祝曰：“假之玉灵夫子。夫子玉灵，荆灼而心，令而先知。而上行于天，下行于渊，诸灵数箣，莫如汝信，今日良日，行一良贞。某欲卜某，即得而喜，不得而悔。即得，发乡我身长大，首足收入皆上偶。不得，发乡我身挫折，中外不相应，首足灭去。”

灵龟卜祝曰：“假之灵龟，五巫五灵，不如神龟之灵，知人死，知人生。某身良〔贞〕，某欲求某物。即得也，头见，足发，内外相应；即不得也，头仰，足肣，内外自（随）〔垂〕。可得占。”

卜占病者祝曰：“今某病困。死，首上开，内外交骇，身节折；不死，首仰，足肣。”卜病者祟，曰：“今病有祟，无呈；无祟有呈。兆有中祟有内；外祟，有外。”

卜系者出不出。不出，横吉安；若出，足开首仰有外。

卜求财物，其所当者。得，首仰足开，内外相应；即不得，呈兆首仰足肣。

卜有卖若买臣妾马牛。得之，首仰足开，内外相应；不得，首仰足黔，呈兆若横吉安。

卜击盗聚若干人，在某所，今某将卒若干人，往击之。当胜，首仰足开身正，内自桥，外下；不胜，足肣首仰，身首内下外高。

卜求当行不行。行，首足开；不行，足肣，首仰，若横吉安，安不行。

卜往击盗，当见不见。见，首仰足肣有外；不见，足开首仰。

卜往候盗，见不见。见，首仰足肣，肣（胜）有外；不见，足开首仰。

卜闻盗来不来。来，外高内下，足肣首仰；不来，足开首仰，若横吉安，期之自次。

卜迁徙去官不去。去，足开有肣外首仰；不去，自去，即足肣，呈兆若横吉安。

卜居官尚吉不。吉，呈兆身正，若横吉安；不吉，身节折，首仰足开。

卜居室家吉不吉。吉，呈兆身正，若横吉安；不吉，身节折，首仰足开。

卜岁中禾稼孰不孰。孰，首仰足开，内外自桥外自垂；不孰，足肣首仰有外。

卜岁中民疫不疫。疫，首仰足肣，身节有彊外；不疫，身正首仰足开。

卜岁中有兵无兵。无兵，呈兆若横吉安；有兵，首仰足开，身作外彊情。

卜见贵人吉不吉。吉，足开首仰，身正，内自桥；不吉，首仰，身节折，足肣有外，若无渔。

卜请谒于人得不得。得，首仰足开，内自桥；不得，首仰足肣有外。

卜追亡人当得不得。得，首仰足肣，内外相应；不得，首仰足开，若横吉安。

卜渔猎得不得。得，首仰足开，内外相应；不得，足肣首仰，若横吉安。

卜行遇盗不遇。遇，首仰足开，身节折，外高内下；不遇，呈兆。

卜天雨不雨。雨，首仰有外，外高内下；不雨，首仰足开，若横吉安。

卜天雨霁不霁。霁，呈兆足开首仰；不霁，横吉。

命曰横吉安。以占病，病甚者一日不死；不甚者卜日瘳，不死。系者重罪不出，轻罪环出；过一日不出，久毋伤也。求财物买臣妾马牛，一日环得；过一日不得。（不得）行者不行。来者环至；过食时不至，不来。击盗不行，行不遇；闻盗不来。徙官不徙。居官家室皆吉。岁稼不孰。民疾疫，无疾。岁中无兵。见人行，不行不喜。请谒人不行不得。追亡人、渔猎不得。行不遇盗。雨不雨。霁不霁。

命曰呈兆。病者不死。系者出。行者行。来者来。市买得。追亡人得；过一日不得。问行者不到。

命曰柱彻。卜病不死。系者出。行者行。来者来。（而）市买不得。忧者毋忧。追亡人不得。

命曰首仰足肣有内无外。占病，病甚，不死。系者，解。求财物买臣妾马牛，不得。行者，闻言不行。来者，不来。闻盗，不来。闻言，不至。徙官，闻言不徙。居官有忧。居家多灾。岁稼中孰。民疾疫多病。岁中有兵，闻言不开。见贵人，吉。请谒不行，行不得善言。追亡人，不得。渔猎，不得。行，不遇盗。雨，不雨甚。霁，不霁。故其莫字皆为首备。问之曰，备者仰也，故定以为仰。此私记也。

命曰首仰足肣有内无外。占病，病甚，不死。系者，不出。求财买臣妾，不得。行者，不行。来者，不来。击盗，不见。闻盗来，内自惊，不来。徙官，不徙。居官家室，吉。岁稼不孰。民疾疫，有病甚。岁中无兵。见贵人，吉。请谒追亡人，不得。亡财物，财物不出，得。渔猎，不得。行，不遇盗。雨，不雨。霁，不霁。凶。

命曰呈兆首仰足肣。以占病，不死。系者，未出。求财物买臣妾马牛，不得。行，不行。来，不来。击盗，不相见。闻盗来，不来。徙官，不徙。居官，久，多忧。居家室，不吉。岁稼不孰。民病疫。岁中毋兵。见贵人，不吉。请谒，不得。渔猎，得少。行，不遇盗。雨，不雨。霁，不霁。不吉。

命曰呈兆首仰足开。以占病，病笃死。系囚，出。求财物买臣妾马牛，不得。行者，行。来者，来。击盗，不见盗。闻盗来，不来。徙官，徙。居官不久。居家室不吉。岁稼不孰。民疾疫有而少。岁中无兵。见贵人，不见，吉。请谒、追亡人、渔猎，不得。行，遇盗。雨，不雨。霁小吉。

甲骨文。龟甲和兽骨是中国古代用来占卜的工具。

命曰首仰足肣。以占病，不死。系者，久，毋伤也。求财物买臣妾马牛，不得。行者，不行。击盗，不行。来者，来。闻盗来。徙官，闻言不徙。居家室不吉。岁稼不孰。民疾疫少。岁中毋兵。见贵人，得见。请谒、追亡人、渔猎，不得。行，遇盗。雨，不雨。霁，不霁。吉。

命曰首仰足开有内。以占病者，死。系者，出。求财物买臣妾马牛，不得。行者，行。来者，来。击盗，行，不见盗。闻盗来，不来。徙官，徙。居官不久。居家室不吉。岁孰。民疾疫有而少。岁中毋兵。见贵人，不吉。请谒、追亡人、渔猎，不得。行，不遇盗。雨，霁。霁小吉，不霁吉。

命曰横吉内外自桥。以占病，卜日毋瘳，死。系者，毋罪出。求财物买臣妾马牛，得。行者，行。来者，来。击盗，合交等。闻盗来，来。徙官，徙。居家室，吉。岁孰。民疫无疾。岁中无兵。见贵人、请谒、追亡人、渔猎，得。行，遇盗。雨，霁。雨霁大吉。

命曰横吉内外自吉。以占病，病者死。系，不出。求财物、买臣妾马牛、追亡人、渔猎，不得。行者，不来。击盗，不相见。闻盗，不来。徙官，徙。居官，有忧。居家室、见贵人、请谒，不吉。岁稼不孰。民疾疫。岁中无兵。行，不遇盗。雨，不雨。霁，不霁。不吉。

命曰渔人。以占病者，病者甚，不死。系者，出。求财物、买臣妾马牛、击盗、请谒、追亡人、渔猎，得。行者，行，来。闻盗来，不来。徙官，不徙。居家室，吉。岁稼不孰。民疾疫。岁中毋兵。见贵人，吉。行，不遇盗。雨，不雨。霁，不霁。吉。

命曰首仰足肣内高外下。以占病，病者甚，不死。系者，不出。求财物、买臣妾马牛、追亡人、渔猎，得。行，不行。来者，来。击盗，胜。徙官，不徙。居官，有忧，无伤也。居家室，多忧病。岁大孰。民疾疫。岁中有兵不至。见贵人、请谒，不吉。行，遇盗。雨，不雨。霁，不霁。吉。

命曰横吉上有仰下有柱。病久，不死。系者，不出。求财物、买臣妾马牛、追亡人、渔猎，不得。行，不行。来，不来。击盗，不行；行，不见。闻盗来，不来。徙官，不徙。居家室、见贵人，吉。岁大孰。民疾疫。岁中毋兵。行，不遇盗。雨，不雨。霁，不霁。大吉。

命曰横吉榆仰。以占病，不死。系者，不出。求财物、买臣妾马牛，至，不得。行，不行。来，不来。击盗，不行；行，不见。闻盗来，不来。

徙官，不徙。居官家室、见贵人，吉。岁孰。岁中有疾疫，毋兵。请谒、追亡人，不得。渔猎，至，不得。行，不得。行，不遇盗。雨霁，不霁。小吉。

命曰横吉下有柱。以占病，病甚，不环有瘳无死。系者，出。求财物、买臣妾马牛、请谒、追亡人、渔猎，不得。行来，不来。击盗，不合。闻盗来，来。徙官、居官，吉，不久。居家室，不吉。岁不孰。民毋疾疫。岁中毋兵。见贵人，吉。行，不遇盗。雨，不雨。霁。小吉。

命曰载所。以占病，环有瘳无死。系者，出。求财物、买臣妾马牛、请谒、追亡人、渔猎，得。行者，行。来者，来。击盗，相见，不相合。闻盗来，来。徙官，徙。居家室，忧。见贵人，吉。岁孰。民毋疾疫。岁中毋兵。行，不遇盗。雨，不雨。霁，霁。吉。

命曰根格。以占病者，不死。系，久毋伤。求财物、买臣妾马牛、请谒、追亡人、渔猎，不得。行，不行。来，不来。击盗，盗行，不合。闻盗，不来。徙官，不徙。居家室，吉。岁稼中。民疾疫，无死。见贵人，不得见。行，不遇盗。雨，不雨。大吉。

命曰首仰足肣外高内下。卜有忧，无伤也。行者，不来。病，久、死。求财物，不得。见贵人者，吉。

命曰外高内下。卜病，不死，有祟。（而）市买，不得。居官家室，不吉。行者，不行。来者，不来。系者，久、毋伤。吉。

命曰头见足发有内外相应。以占病者，起。系者，出。行者，行。来者，来。求财物，得。吉。

命曰呈兆首仰足开。以占病，病甚，死。系者，出，有忧。求财物、买臣妾马牛、请谒、追亡人、渔猎，不得。行，不行。来，不来。击盗，不合。闻盗来，来。徙官、居官家室不吉。岁恶。民疾疫，无死。岁中毋兵。见贵人，不吉。行，不遇盗。雨，不雨。霁。不吉。

命曰呈兆首仰足开外高内下。以占病，不死，有外祟。系者，出，有忧。求财物、买臣妾马牛，相见不会。行，行。来，闻言不来。击盗，胜。闻盗来，不来。徙官、居官家室、见贵人，不吉。岁中。民疾疫，有兵。请谒、追亡人、渔猎，不得。闻盗，遇盗。雨，不雨。霁。凶。

命曰首仰足肣身折内外相应。以占病，病甚，不死。系者，久不出。求财物、买臣妾马牛、渔猎，不得。行，不行。来，不来。击盗，有用，胜。闻盗来，来。徙官，不徙。居官家室不吉。岁不孰。民疾疫。岁中。有兵不至。见贵人，喜。请谒、追亡人，不得。遇盗，凶。

命曰内格外垂。行者，不行。来者，不来。病者，死。系者，不出。求财物，不得。见人，不见。大吉。

命曰横吉内外相〔应〕自桥榆仰上柱（上柱足）足肣。以占病，病甚不死。系，久，不抵罪。求财物、买臣妾马牛、请谒、追亡人、渔猎，不得。行，不行。来，不来。居官家室、见贵人吉。徙官，不徙。岁不大孰。民疾疫。有兵，有兵不会。行，遇盗，闻言不见。雨，不雨。霁，霁。大吉。

命曰头仰足肣内外自（随）〔垂〕。卜忧病者，甚，不死。居官，不得居。行者，行。来者，不来。求财物，不得。求人，不得。吉。

命曰横吉下有柱。卜来者，来。卜日即不至，未来。卜病者，过一日毋瘳死。行者，不行。求财物，不得。系者，出。

命曰横吉内外自举。以占病者，久不死。系者，久不出。求财物，得而少。行者，不行。来者，不来。见贵人，见。吉。

命曰内高外下疾轻足发。求财物，不得。行者，行。病者，有瘳。系者，不出。来者，来。见贵人，不见。吉。

命曰外格。求财物，不得。行者，不行。来者，不来。系者，不出。不吉。病者，死。求财物，不得。见贵人，见。吉。

命曰内自举外来正足发。〔行〕者，行。来者，来。求财物，得。病者，久，不死。系者，不出。见贵人，见。吉。

此横吉上柱外内（内）自举足肣。以卜有求，得。病，不死。系者，毋伤，未出。行，不行。来，不来。见人，不见。百事尽吉。

此横吉上柱外内自举柱足以作。以卜有求，得。病死环起。系留毋伤，环出。行，不行。来，不来。见人，不见。百事吉。可以举兵。

此挺诈有外。以卜有求，不得。病，不死，数起。系，祸、罪。闻言毋伤。行，不行。来，不来。

此挺诈有内。以卜有求，不得。病，不死，数起。〔系〕留，祸罪无伤出。行，不行。来者，不来。见人，不见。

此挺诈内外自举。以卜有求，得。病，不死，系，毋罪。行，行。来，来。田贾市渔猎尽喜。

此狐狢。以卜有求，不得。病，死，难起。系留，无罪难出。可居宅。可娶妇嫁女。行，不行。来，不来。见人，不见。有忧，不忧。

此狐彻。以卜有求，不得。病者，死。系留，有抵罪，行，不行。来，不来。见人，不见。言语定。百事尽不吉。

此首俯足肣身节折。以卜有求，不得。病者，死。系留，有罪。望行者，不来。行，行。来，不来。见人，不见。

此挺内外自垂。以卜有求，不晦。病，不死，难起。系留，毋罪，难出。行，不行。来，不来。见人，不见。不吉。

此横吉榆仰首俯。以卜有求，难得。病，难起，不死。系，难出，毋伤也。可居家室，以娶妇嫁女。

此横吉上柱载正身节折内外自举。以卜病者，卜日不死，其一日乃死。

此横吉上柱足肣内自举外自垂。以卜病者，卜日不死，其一日乃死。

（为人病）首俯足诈有外无内。病者占龟未已，急死。卜轻失大，一日不死。

首仰足肣。以卜有求，不得。以系，有罪。人言语恐之，毋伤。行，不行。见人，不见。

大论曰：外者人也，内者自我也；外者女也，内者男也。首俯者忧。大者身也，小者枝也。大法，病者，足肣者，生；足开者，死。行者，足开，至；足肣者，不至。行者，足肣，不行；足开，行。有求，足开，得；足肣者，不得。系者，足肣不出；开，出。其卜病也，足开而死者，内高而外下也。

【译文】

太史公说：自古以来的圣明君王将要承受天命建立国家，兴办事业，哪有不曾尊用卜筮以助成善事的！唐尧虞舜以前的，自然无法记述了。从夏、商、周三代的兴起看，都是各有卜筮的吉祥之兆为根据的。大禹娶涂山氏之女卜兆得吉，于是夏启便建立了世代相传的夏朝；简狄吞飞燕之卵生契，卜兆吉顺，所以殷朝兴起；善于播种百谷的后稷蓍筮得吉，因而周国国君终于成为天下王。君王决断疑难事，参考用蓍龟所做的卜筮结果以作最后决定，这是沿用不变的办事传统程序。

蛮、夷、氐、羌，虽然没有华夏式的君臣上下等级，但也有决断疑惑的占卜习俗。有的用金石，有的用草木，占卜习俗各国不同。但都可以用来指导战争行动，研究、获取战争的胜利。各自崇信卜筮的神灵，借以预测未来的一些事务。

我大概听说，夏、殷时期，临到要卜筮时，才找来蓍龟，用完就丢弃，因为他们认为，龟甲蓍草，收藏久了，就丧失神灵了。到周朝，卜官却总是珍藏龟甲蓍草备用。另外，龟蓍的灵通谁大谁小？使用龟蓍，哪个在后哪个在前？每个朝代各有不同崇尚。但概括来看，用龟蓍卜筮办法帮助人们预测未来这一目的是一致的。有人认为，圣王遇上事，没有拿不定主意的时候；解决疑难，没有缺乏真知灼见的时候。他们之所以要搞一套求神问卜程式，是因为担心后代衰败，愚蠢人不向聪明人学习，人人都满足于自己的见识，教化分歧杂出，大道理被拆得七零八落无法掌握，所以才把物情事理推归到最微妙的境界，求纯真于精神。也有人认为，灵龟所擅长的，圣人是赶不上的。它的吉凶判断，是非区别，往往比人的预测更准确。到高祖继位后，因袭秦朝制度，设立太卜官。当时全国刚刚统一，战争还没有停止。到孝惠皇帝，在位时间短，吕后是女主，孝文帝和孝景帝也只是因袭旧制度，没有来得及对卜筮进行深入研究。所以卜官虽然父子相承，代代相传，但其中精微深妙的道理与方法，却已经失传了不少。到当今皇帝即位，广开贤能之士的上进之路，遍招各种学者，通晓一种技能的，都有献力效劳机会；技艺超众的，更得优待，实事求是，没有偏私，几年之间，太卜官署聚集了很多人才。正碰上此时皇帝要北击匈奴，西攻大宛，南取百越，卜筮能做到预测事情变化，提示趋利避害办法。到后来，猛将率兵受命冲锋，在疆场上获胜，这其中也含有卜筮在庙堂里事先谋划的贡献。皇帝因此对卜筮官愈加重视，赏赐有时多至数千万钱。如丘子明等人，财富暴增，大受宠幸，满朝公卿被压倒。甚至以卜筮猜测巫蛊行为，巫蛊行为有时也能被猜得很准。对于平素稍稍得罪过他们的人，就寻机公报私仇、肆意迫害，因此而破族灭家的，无法计算。文武百官惶惶不安，都奉承龟策蓍草说的灵验。后来卜官诬陷的真相败露，也被灭了三族。

由于布列蓍草推定吉凶，烧灼龟甲来观察征兆，变化无穷，因此要选用贤人担任卜官，这可以说是圣人对卜筮大事的重视吧！周公连卜三龟，武王的病就好了。纣王暴虐，用大龟也得不到吉兆。晋文公准备安定周襄王的王位，卜得黄帝战胜于阪泉的吉兆，终于成功，获得周襄王的彤弓之赏，成为侯伯。晋献公有些贪图骊姬美色，要攻骊戎，卜得“胜而不吉”的口象之兆，这场伐骊戎的祸患竟然延及了晋国五世君主。楚灵王准备背叛周天子，占卜不吉利，终于招致乾溪败亡。龟兆预示出内在的趋势，当时人们能够看到外部的表现，能不说这是两相符合吗？君子认为，那些轻视卜筮不信神明的人，是糊涂；背弃人谋而只信从吉祥之兆，鬼神也得不到应有的对待。所以《尚书》记载了解决疑难的正确方法，要参考五种见解，卜和筮为其中两种，五种意见不一致时，其中占多数的意见要顺从，这表明，虽有卜筮，但并不专信卜筮。

我到江南考察时，了解过龟蓍的事，当地老年人我也访问过，他们说龟活到一千岁，能在莲叶上走动，蓍草长到一百枝梗茎仍然同有一条根。还说，龟蓍生长的地方，没有虎狼一类凶兽，没有毒草。江边居民经常养龟，供应其饮食，认为龟能帮人调节呼吸增加元气，可助人抗衰养老，这些话莫非不真实吗！

褚先生说：我由于学习经学，做博士弟子，研究《春秋》，所以考试成绩高，被任用为郎，有幸能得宿卫，出入宫殿十多年。私自喜好《太史公传》。太史公的《传》里说“夏、商、周三朝龟卜办法各有不同，四方各民族卜筮也各不一样，但都是用来判断吉凶，我统观它们的要点，写《龟策列传》。”我反复在长安城中寻找，没能找到《龟策列传》，所以往访太卜官，请教知道事情多年岁大的掌故、史学官员，写下了解到的龟筮事情，编在下面。

听说古代三王、五帝出发行动举办事情，必定事先卜筮以作决断。古代占卜书说：“下面有伏灵，上面有兔丝；上面有丛蓍，下面有神龟。”所谓伏灵这种东西，在兔丝下面生长，样子像飞动的鸟。第一次春雨以后，如果天气没有风且清静，就可在夜里割去兔丝，拿灯笼来照，如果灯笼一照火就灭掉，就记住这个地方，把这个地方用四丈新布围起来，天亮了往下挖，挖到四尺至七尺之间就能挖得。超过七尺就没有了。千年老松树根就是伏灵，人吃了可以长生不死。据说蓍草枝梗长满一百根时，它下面就有神龟守护，上面常有青云笼罩。古书上说：“天下和平，王道实现，蓍草就能长出一丈长的茎，一丛能长满一百条梗枝。”当今寻取蓍草，不能达到古书上的要求，找不到长满百茎长一丈的。寻取八十茎以上、八尺长的，就难得了。人民喜好用卦的，找到满六十茎以上、长满六尺的，就能用了。古书说：“能得到名龟的，财物跟着就到，他家一定发大财，富到千万钱。”名龟中，第一叫“北斗龟”，二叫“南辰龟”，三叫“五星龟”，四叫“八风龟”，五叫“二十八宿龟”，六叫“日月龟”，七叫“九州龟”，八叫“玉龟”，名龟一共八种。古书所画龟图的腹下各有字，写明是哪种龟，我这里只略写出它们的名称，不画龟图。寻取这类龟，没必要满一尺二寸，民间得到七八寸长的，就是宝贝了。珠玉宝器，就是藏得再深，也会透露出光芒，显现出神灵，道理和名龟到来则财富到来一样。所以玉蕴藏在山里，山上树木就得到水分；深潭有珍珠，岸上草木就不枯，就是因为得到了玉石珍珠的润泽。有名的明月珠，出产在江海里，藏在蚌中，上面趴着蛟龙。君王若能得到它，就可长保天下，四夷来服。有谁能得到百茎的蓍草，同时又得到它下面的神龟用来占卜，那就能百问百应，足以决断吉凶。

神龟出在长江水中，庐江郡每年按时给太卜官送去一尺二寸的活龟二十个。太卜官在吉日剔取龟的腹甲。龟活一千岁才能长到一尺二寸长。君王调兵遣将，必先在庙堂上钻龟占卜以定吉凶。现在高庙中有一个龟室，藏着这种龟，并看作神宝。

古代占卜书说：“断取龟的前足臑骨穿起来佩戴在身上，在室内西北角悬挂一只龟，这样，走进深山老林时就不会迷惑。”我做郎时，看过《万毕石朱方》，书中说：“在江南嘉林中有神龟。嘉林地方，没有虎狼类猛兽、鸱枭类恶鸟，没有毒草，野火烧不到，樵夫砍柴足迹不到，所以叫嘉林。龟在嘉林中，常在芳莲上筑巢。它的胁上写着字：‘甲子重光，得到我的，原是平民百姓的，可以成为官长；原是诸侯的，可以成为帝王。’在白蛇蟠杅林中寻取龟的人，都是斋戒了以后专程等候，就像专程等待别人来报信一样，同时敬酒祈祷，披散头发行礼，这样连续三天，才能得到龟。”由此看来，寻取龟的仪式多么庄严隆重！所以，对龟能不非常敬重吗？

有一位南方老人用龟垫床脚，过了二十多年，老人去世，移开床脚，龟还依然活着。这是因为龟具有一种特殊的调节呼吸的方法。有人问：“龟的神通这样大，但为什么太卜官得到活龟总是杀了剔取其甲呢？”不久以前，长江边上有个人得到一只名龟，养在家里，因此家里发了大财。和人商量，要把龟放了。人教他别放，杀了。说放了，家要衰败。龟给他托梦说：“把我放到水里去，不要杀我。”这家人到底把龟杀了。杀龟之后，这个人就死了，家庭也倒了霉。人民和君王处理事情应遵循的办法不一样。老百姓得到名龟，看来好像不应当杀。根据古代惯例来说，圣明君王得到名龟都是杀了，供占卜用。

宋元王时得到一只龟，也杀掉用了。现在谨把此事接写在下面，供有兴趣的人阅读参考。

宋元王二年，长江之神派遣神龟出使黄河。神龟游到泉阳，被打渔人豫且用网捞起来关在笼子里。半夜里，神龟托梦给宋元王说：“我奉长江神之命出使黄河。鱼网挡住我的去路。泉阳的豫且捉住了我，我走不脱。身处患难之中，无处求告。听说您有德义，所以来向您求救。”元王听罢一惊，醒了。马上召来博士卫平商量：“刚才我梦见一个男子，伸着脖子，长长的头，身穿带刺绣的黑衣，乘着辎车，来给我托梦。他说：‘我奉长江神之命出使黄河。鱼网挡住我的去路。泉阳的豫且捉住了我，我走不脱。身处患难之中，无处求告。听说您有德义，所以来向您求救。’这来托梦的是什么东西呢？”卫平拿起式，仰天察看月光，观测北斗星斗柄的指向；估量太阳运行位置。先测定东、西、北、南方位，又测定东南、西南、西北、东北方位，于是布列好八卦。考察其中吉凶预兆，首先发现龟的形象。于是对元王说：“昨夜是壬子日，太阳行至牵牛宿。正是河水大会、鬼神相谋的时候。银河正处于南北走向的时候。长江黄河之神原先有约，南风开始吹的时候，长江神使者先来拜会黄河神。现在天象是白云堵塞了银河，什么东西也无法航行了。北斗斗柄又指向太阳所在的星官，这是说长江神使者被囚禁了。您梦见的穿黑衣裳而乘辎车的男子，那是龟。请您马上派人去找。”王说：“好。”于是王就派人乘车急去询问泉阳令：“你县有几家渔民？谁的名字叫豫且？豫且捉到了龟，龟托梦给王，所以王叫我来找龟。”泉阳令就叫县吏查阅户籍簿和地区，发现本县河边渔民五十五家，上游地区住着一个渔民叫豫且。泉阳令说：“好。”就和使者乘车急忙找到豫且说：“昨天夜里你打鱼打到了什么？”豫且说：“半夜时候一提网捉到了一只龟。”使者说：“现在龟在哪里？”回答说：“关在笼子里。”使者说：“王知道你捉到了龟，所以叫我来找龟。”豫且说：“好。”就用绳拴绑了龟，从笼里提出来，献给使者。

使者带龟上车驶出泉阳城门。这是白天，但又是风又是雨，一片昏暗。青黄五彩云罩在上空，接着雷电大作，风吹送车子前行。进了国都端门，在东厢房前取出龟。那龟身如流水，润泽有光。望见元王，伸长脖子往前爬，爬三步停住，又缩回脖子后退到原处。元王见了奇怪，问卫平说：“龟见了我，伸长脖子往前爬，有什么目的呢？缩回脖子退到原处，又表示什么意思？”卫平回答：“龟在患难中，整夜被囚禁，王有德义，派人解救它出来。现在伸脖子向前爬，是表示感谢；缩脖子后退，是希望尽快离开。”元王说：“好啊！这龟神灵到这种地步，不可长期扣留它，立即派人驾车送龟，别让它耽误了出使期限。”

卫平回答说：“龟是天下之宝，先得此龟的为天子，而且十言十灵、十战十胜。它生于深渊，长于黄土，知晓天道，明白上古以来大事。漫游三千年，不出它应游的地域。安详平稳，从容端庄，行动自然，不用拙力。寿命超过天地，没有谁知道它的寿命极限。它顺随万物变化，四时变化着体色。平时自己藏在里边，趴伏在那里不吃东西。春天呈现青色，夏天变为黄色，秋天呈为白色，冬天变成黑色。它懂得阴阳，精晓刑德。预知利害，明察祸福。卜问了它，则说话无失误，作战得胜利，王能将它当成宝藏住，诸侯都得降服。王不要放走它，用它来安定国家。”

元王说：“这龟很神灵，从天上降下来，陷在深渊中。在患难中。认为我贤明，敦厚而忠信，所以来求救于我。如果不放它走，我也成一个渔人了。渔人看重它的肉，我贪图它的神力，臣下不仁，君上无德。君臣无礼，国家还会有什么福？我不忍心这样办，为什么不放掉它！”

卫平回答说：“不是这样的，我听说，大恩德不会得到报答，贵重之物寄存出去得不到归还，现在天赐宝物你不接受，天就要夺回属于它的宝物了。这龟周游天下还要再回归原住地，它上达苍天，下至大地，九州走遍，也未曾受过辱，也未遇到阻拦。而现在到了泉阳，打鱼的却折辱了它，将它囚禁起来。王虽然施大恩放了它，长江黄河之神必怒，一定会设法报仇。龟自己认为被侵害了，要和神合谋报复。那时将淫雨不晴，大水泛滥无法治理。或者制造枯旱，大风扬尘，突然出现蝗虫，百姓错过农时。王施行了放龟的仁义，而天的惩罚必然降临。这并非别的原因，祸害出在龟身上。以后您就是后悔，难道还来得及吗？王别放掉龟啊。”

元王感叹地说：“这拦劫人家使者，破坏别人计划，不是凶暴吗？夺取别人的东西，当作自己的宝物，这不是强横吗？我听说，凶暴地夺来的东西，必然要被人凶暴地夺去；强抢别人东西，最后还是一无所获。桀纣都是强横凶暴不讲理的，自己被杀死，国家也亡了。如果我听了你的建议，这就丧失了仁义名声而有了凶暴强横不讲理的行为。黄河长江之神将成为仁义的汤武，我将成为凶暴强横而被征伐的桀纣。没看到什么好处，恐怕要陷进灾祸。我拿不定这个主意，怎么能奉侍好这个宝物，驾车赶快送龟走，不要让它在此久留。”卫平回答说：“不是这样，王不要担心。天地之间，有的地方石头与石头堆在一起，堆成了山，虽然高耸，并不坍塌，大地能得平安。所以说，有的东西看起来虽然危险，却很平安；看起来很轻，却搬移不动。有的人老实忠厚，并不如大言欺诈的人；有的人面貌丑恶，却适合于做大官；有的人漂亮，却成为危害大众的祸根。这些现象，不是圣人和神，说不清楚。春夏秋冬，有时热有时冷。冷热互不相融，而相互冲突区别。同一年内，有不同季节，这是根据四时冷热不同确定的。所以春天让植物出生，夏天成长，秋天要收获，冬天就收藏。有时要行仁义，有时要施强暴。强暴有目标，仁义有时机。万物都是这样，不可胜言。请大王接受我的建议，让我彻底说清楚。根据天的五种颜色，可以辨别白天黑夜。根据地生的五谷，可以分辨好坏植物。当初人民不懂得这样辨别，和禽兽一样。住在山谷洞穴里，不懂得种田，天下灾祸频生，阴阳季节混乱。匆匆忙忙过日子，大家都是这样，不会区分黑白善恶。妖孽常常出现，人民一代代勉强传留下来。后来圣人区分万物生存特点，使它们互相不侵害。禽兽有牝有牡，把它们放到山里；鸟有雌有雄，把它们放进树林、水边；带甲壳生物，安置在溪谷。所以管理人民，就为他们建立城郭，城内设立街巷，城外开辟田畦通路。根据夫妻男女，给他们田宅、房屋。建立户籍，一一登记其姓名。设立官吏，用爵位俸禄予以鼓励。种桑麻有衣穿，种五谷有饭吃。人民辛勤耕作，于是能吃到想吃的东西，看到想看的东西，穿到想穿的东西。由此可见，舍弃强力，就没有成果。所以，种地的不用强力，粮食不能丰收；商人不用强力，赚不到钱；妇女不用强力，布就织不好；当官的不用强力，就没有威势；大将不用强力，兵不听令；侯王不用强力，到死也没有大名。所以说，施用强力，是事业的起点，是当然的道理，是万物的法则。从施用强力入手，没有得不到的东西。大王如果不同意这个看法，您难道没听说过，那带有野雉雕饰的玉匣，本出自昆山；明月之珠，本出于四海；凿雕昆山之石成为玉匣，割剥海中之蚌取出明月之珠传卖于市；圣人得到匣珠，当作大宝。得大宝的，就成了天子。现在大王您自以为凶暴，其实赶不上那剥蚌取珠的；现在您自认为强横，其实赶不上那凿昆山之石的。那些制匣取珠的没有错，宝藏匣珠的没有祸。现在龟因出使而碰网，被渔人抓获，又托梦给您自我介绍，这是国家之宝，您担心什么呢？”

元王说："并不是这样。我听说，谏诤是国之福，阿谀是国之祸。君主听从阿谀奉承，是愚昧糊涂，一般道理虽然是这样，但祸也不会无缘无故降临，福也不会随便就来。天气地气相合，生出各种财富。各有阴阳界限，不偏离四时。一年十二个月，用夏至冬至定其周期。圣人明白这个道理，自己没有灾难。明王运用这个规律，谁敢来欺骗。所以，福的到来，是人自己创造的；灾难降临，是自己招致的。祸福的可能性同时存在，刑德互相关联。圣人辨察它们，预测吉凶。桀纣时，与天争功，阻遏鬼神，使它们不能通显其灵。这本来已经是无道了，而谄谀之臣又多。桀有谀臣，名叫赵梁。教桀做无道之事，怂恿他凶狠贪婪。把汤囚进夏台，杀害关龙逢。左右大臣怕死，都在一旁阿谀逢迎苟且偷生。国势危如累卵，却都说无妨。赞美欢呼万岁，或者说国运远没有完结。桀的耳目被蔽遮，和他一起自欺欺人。汤终于伐桀，桀身死，夏灭亡。听信谀臣，自己倒了霉。《春秋》写明了这段史实，至今使人不忘。纣有谀臣，名叫左强。浮夸不实，目测能力自诩很强，不必借助规矩绳墨就能设计施工，教纣筑造象廊。高达于天，室内又陈设犀玉玉床之器，用象牙筷子吃饭。剖圣人比干的心，砍断壮士的小腿。箕子怕死，披头散发装疯。纣王杀周太子历，囚禁周文王昌，投进石头屋子，打算从早到晚囚禁。阴兢救出文王，和他一块儿逃亡到周国。文王得到太公望，发动军队和纣作战。文王病死，大臣用车载着文王尸首前进。太子发替代文王统率军队，号为武王。和纣在牧野大战，在华山之南击溃纣军。纣不能胜，败退回去，武王把他围在象廊。纣自杀在宣室，死后也得不到安葬。头被砍下悬挂在车上，四匹马拉着车子走。我想到桀纣遭遇，肚子里如有开水滚沸。他们都曾富有天下贵为天子，但很骄傲。贪得无厌，办事就好高骛远。贪婪凶狠而又骄慢。不用老实忠诚的人，听信阿谀之臣，于是被天下人耻笑。现在我的国家处在诸侯之间，简直小如秋毫。办事一有不当之处，怎能逃脱灭亡下场。"卫平回答："不是这样。黄河虽然贤明神灵，赶不上昆仑山；长江虽然水源通畅，不如四海浩荡。昆仑山四海，人还夺取其宝呢。那些宝物诸侯争夺，有时因此引起战争。小国被灭亡，大国遭遇危险。杀人父兄而为了这些宝物，虏人妻儿，割裂国土，毁人宗庙。攻战争夺，这就是强暴。所以说，夺取时应用强暴，统治时应用文理，不违背天时四季，总是亲近贤士；顺应阴阳变化，借助鬼神作用；了解协调同天地的关系，与天地为友。诸侯来归服，人民富裕愉快。国家民户安宁，与社会一同开创新局面。汤武这样做，于是取得天子之位；《春秋》记载了这些事，作为办事楷模。王不自比汤武，但却自比桀纣。桀纣施行强暴，是把强暴看成永恒持续，不需要用仁义补充的办法。桀修瓦屋，纣建象廊。还征收丝絮用为燃料，一心要耗费人民资财。没有限度地敛税，杀人没有标准。杀了人民的牲畜，用熟皮做成袋。皮袋装牲畜血，悬挂起来带领人用箭射，与天帝争强。搅乱四时顺序，在祭祀鬼神之前抢先品尝四时产品。有人谏止，就会被杀死；只有谀臣，侍在身旁。圣人躲了，百姓不敢外出。天气多次干旱，国家多有妖异。螟虫年年有，五谷长不熟。人民不能安居，鬼神不能享用。天天刮大风，白天一片暗。日蚀又月蚀，熄灭无光亮。天上群星乱走，全然没有规律。从这些现象看，怎么能够久长？即使没有汤武，按时运来说也应当灭亡。所以汤伐桀，武王克纣，是那个时势造成的。他们由此才当了天子，子孙相续；终身无灾，后世赞颂，直到今天不停。这都是根据时势行动，按照事理要求须强就强，才成就了他们的帝王之业。现在，这个龟是大宝，为圣人出使，传给了贤明的王。它不用手足行动，雷电带着它，风雨护送它，流水浮涌它前进。侯王有德的，才能遇到它。现在王有德，遇到这个宝，却恐惧不敢接受；王如把龟放走，宋国必然有灾。以后即使后悔，也来不及了。"元王听了，大为高兴起来。于是元王对着太阳拜谢上天，拜了两次，接受了龟。选择吉日斋戒，认为甲乙两日最吉。于是杀了白雉和黑羊；在祭坛中央用血灌龟。用刀解剖，龟甲没有弄残。又用酒肉祭祀一遍，剔出腹肠。然后用荆枝烧灼，求兆。坚持要烧出兆纹来。果然兆纹显现，条理清楚。叫卜官占视，所说的都十分恰当。国家藏有如此重宝，消息径直传到国外。于是杀牛取皮，蒙在郑国产的桐木上作成了战鼓。分别草木特性制成各种武器。打起仗来，无人是元王的对手。元王时候，卫平做宋国的相，宋国力量在天下最强，这都是龟的神力。

所以说，龟虽有大到能托梦给元王的神灵，可是却不能自己逃出渔人的笼子。自己能够每言必灵，却不能通使于黄河，还报长江。本领大到让别人战必胜攻必取，却不能使自己避开刀锋，免除被宰剥的灾难。非凡聪明能先知未来，祸福迅速看出，却不能让卫平不向宋元王说出不利于己的那番话。预言事情，都很周全，及于自身，却被拘禁不得解脱；事情一到个人头上就无法趋利避害，要贤能本领又有什么用？不过，话又说回来，贤只是指他有贤的一面，一般人也是这样。所以说，视力再好也会有看不到的地方，听力再好也有听不到的方面；人的本领再大，也不能同时既用左手画方又用右手画圆；日月明亮，有时却要被浮云遮挡。羿号称射箭技艺高，也有不如雄渠、蠭门之处；禹号称多智善辩，却不能胜过鬼神。地柱折断过，天本来也没有椽，为什么又要对人求全责备？孔子听了神龟和宋元王的事之后，说："神龟能知道事情吉凶，但自己只有一副中空的空骨架。太阳能普施恩德君临天下，却要受三只脚乌鸦的欺侮。月亮能动用刑罚辅佐太阳，却被蛤蟆啃咬。刺猬被喜鹊欺辱，有神通的腾蛇却不是蜈蚣的对手。竹子外面有节有段，里面却是又直又空；松柏是百木之长，却被栽在大门旁充当卫士。日辰也不能周全，所以有孤有虚。黄金有疵，白玉有瑕。事情有时进展快，有时进展慢。物品性能有局限，也有其专门擅长。网孔有时显得太细密，也有时显得太粗疏。人有贵过他人之处，也有不如人的地方。怎么办才好呢？怎样做才全面周到呢？天还不能十全十美呢，所以世人盖屋，少放三块瓦以便安放房栋，表示不是十全十美，以便和天的不十全十美相适应。天下万物有差异，事物都因为有所不全才得以生存于世间。"

褚先生说：渔人提网便捉到了神龟，龟自己托梦给宋元王，宋元王召博士卫平把梦见龟的情形告诉他，卫平拿起式推算，日月位置确定，分辨星官关系，推测吉凶，看出龟和所观测推算的形象相同，卫平力劝元王将神龟留住作为国宝，这件事真好啊。古时候谈到卜筮必然称道龟，因为龟有灵验的好名声，由来已久了。我因此写下这篇传记。

（传略）

史记卷一百二十九

货殖列传第六十九

老子曰："至治之极，邻国相望，鸡狗之声相闻，民各甘其食，美其服，安其俗，乐其业，至老死不相往来。"必用此为务，挽近世涂民耳目，则几无行矣。

太史公曰：夫神农以前，吾不知已。至若《诗》《书》所述虞夏以来，耳目欲极声色之好，口欲穷刍豢之味，身安逸乐，而心夸矜势能之荣，使俗之渐民久矣。虽户说以眇论，终不能化。故善者因之，其次利道之，其次教诲之，其次整齐之，最下者与之争。

夫山西饶材、竹、穀、纑、旄、玉石；山东多鱼、盐、漆、丝、声色；江南出柟、梓、姜、桂、金、锡、连、丹沙、犀、玳瑁、珠玑、齿革；龙门、碣石北多马、牛、羊、旃裘、筋角；铜、铁则千里往往山出棋置。此其大较也。皆中国人民所喜好，谣俗被服饮食奉生送死之具也。故待农而食之，虞而出之，工而成之，商而通之。此宁有政教发征期会哉？人各任其能，竭其力，以得所欲。故物贱之征贵，贵之征贱，各劝其业，乐其事，若水之趋下，日夜无休时，不召而自来，不求而民出之。岂非道之所符，而自然之验邪？

《周书》曰："农不出则乏其食，工不出则乏其事，商不出则三宝绝，虞不出则财匮少。"财匮少而山泽不辟矣。此四者，民所衣食之原也。原大则饶，原小则鲜。上则富国，下则富家。贫富之道，莫之夺予，而巧者有馀，拙者不足。故太公望封于营丘，地潟卤，人民寡，于是太公劝其女功，极技巧，通鱼盐，则人物归之，繦至而辐凑。故齐冠带衣履天下，海岱之间敛袂而往朝焉。其后齐中衰，管子修之，设轻重九府，则桓公以霸，九合诸侯，一匡天下；而管氏亦有三归，位在陪臣，富于列国之君。是以齐富强至于威、宣也。

故曰："仓廪实而知礼节，衣食足而知荣辱。"礼生于有而废于无。故君子富，好行其德；小人富，以适其力。渊深而鱼生之，山深而兽往之，人富而仁义附焉。富者得势益彰，失势则客无所之，以而不乐。夷狄益甚。谚曰："千金之子，不死于市。"此非空言也。故曰："天下熙熙，皆为利来；天下壤壤，皆为利往。"夫千乘之王，万家之侯，百室之君，尚犹患贫，而况匹夫编户之民乎！

昔者越王勾践困于会稽之上，乃用范蠡、计然。计然曰："知斗则修备，时用则知物，二者形则万货之情可得而观已。故岁在金，穰；水，毁；木，饥；火，旱。旱则资舟，水则资车，物之理也，六岁穰，六岁旱，十二岁一大饥。夫粜，二十病农，九十病末。末病则财不出，农病则草不辟矣。上不过八十，下不减三十，则农末俱利，平粜齐物，关市不乏，治国之道也。积著之理，务完物，无息币。以物相贸易，腐败而食之货勿留，无敢居贵。论其有馀不足，则知贵贱。贵上极则反贱，贱下极则反贵。贵出如粪土，贱取如珠玉。财币欲其行如流水。"修之十年，国富，厚赂战士，士赴矢石，如渴得饮，遂报强吴，观兵中国，称号"五霸"。

范蠡既雪会稽之耻，乃喟然而叹曰："计然之策七，越用其五而得意。既已施于国，吾欲用之家。"乃乘扁舟浮于江湖，变名易姓，适齐为鸱夷子皮，之陶为朱公。朱公以为陶天下之中，诸侯四通，货物所交易也。乃治产积居，与时逐而不责于人。故善治生者，能择人而任时。十九年之中三致千金，再分散与贫交疏昆弟。此所谓富好行其德者也。后年衰老而听子孙，子孙修业而息之，遂至巨万。故言富者皆称陶朱公。

子赣既学于仲尼，退而仕于卫，废著鬻财于曹、鲁之间，七十子之徒，赐最为饶益。原宪不厌糟糠，匿于穷巷。子贡结驷连骑，束帛之币以聘享诸侯，所至，国君无不分庭与之抗礼。夫使孔子名布扬于天下者，子贡先后之也。此所谓得势而益彰者乎？

白圭，周人也。当魏文侯时，李克务尽地力，而白圭乐观时变，故人弃我取，人取我与。夫岁孰取谷，予之丝漆；茧出取帛絮，予之食。太阴在卯，穰；明岁衰恶。至午，旱；明岁美。至酉，穰；明岁衰恶。至子，大旱；明岁美，有水。至卯，积著率岁倍。欲长钱，取下谷；长石斗，取上种。能薄饮食，忍嗜欲，节衣服，与用事僮仆同苦乐，趋时若猛兽挚鸟之发。故曰："吾治生产，犹伊尹、吕尚之谋，孙、吴用兵，商鞅行法是也。是故其智不足与权变，勇不足以决断，仁不能以取予，强不能有所守，虽欲学吾术，终不告之矣。"盖天下言治生祖白圭。白圭其有

《二十一史通俗演义》版画之神农氏教民稼穑图

所试矣，能试有所长，非苟而已也。

猗顿用盬盐起。而邯郸郭纵以铁冶成业，与王者埒富。

乌氏倮畜牧，及众，斥卖，求奇缯物，间献遗戎王。戎王什倍其(偿)〔当〕，与之畜，畜至用谷量马牛。秦始皇帝令倮比封君，以时与列臣朝请。而巴(蜀)寡妇清，其先得丹穴，而擅其利数世，家亦不訾。清，寡妇也，能守其业，用财自卫，不见侵犯。秦皇帝以为贞妇而客之，为筑女怀清台。夫倮，鄙人牧长，清，穷乡寡妇，礼抗万乘，名显天下，岂非以富邪?

汉兴，海内为一，开关梁，弛山泽之禁，是以富商大贾周流天下，交易之物莫不通，得其所欲，而徙豪杰诸侯强族于京师。

关中自汧、雍以东至河、华，膏壤沃野千里，自虞夏之贡以为上田，而公刘适邠，大王、王季在岐，文王作丰，武王治镐，故其民犹有先王之遗风，好稼穑，殖五谷，地重，重为邪。及秦文、(孝)〔德〕、缪居雍，隙陇蜀之货物而多贾。献(孝)公徙栎邑，栎邑北却戎翟，东通三晋，亦多大贾。(武)〔孝〕、昭治咸阳，因以汉都，长安诸陵，四方辐凑并至而会，地小人众，故其民益玩巧而事末也。南则巴蜀。巴蜀亦沃野，地饶卮、姜、丹沙、石、铜、铁、竹、木之器。南御滇、僰，(僰)僮。西近邛、笮，笮马、旄牛。然四塞，栈道千里，无所不通，唯褒斜绾毂其口，以所多易所鲜。天水、陇西、北地、上郡与关中同俗；然西有羌中之利，北有戎翟之畜，畜牧为天下饶；然地亦穷险，唯京师要其道。故关中之地，于天下三分之一，而人众不过什三；然量其富，什居其六。

昔唐人都河东，殷人都河内，周人都河南。夫三河在天下之中，若鼎足，王者所更居也，建国各数百千岁，土地小狭，民人众，都国诸侯所聚会，故其俗纤俭习事。杨、平阳(陈)西贾秦、翟，北贾种、代。种、代，石北也，地边胡，数被寇，人民矜懻忮，好气，任侠为奸，不事农商。然迫近北夷，师旅亟往，中国委输时有奇羡。其民羯羠不均，自全晋之时固已患其慓悍，而武灵王益厉之，其谣俗犹有赵之风也。故杨、平阳陈掾其间，得所欲。温、轵西贾上党，北贾赵、中山。中山地薄人众，犹有沙丘纣淫地馀民，民俗懁急，仰机利而食。丈夫相聚游戏，悲歌忼慨，起则相随椎剽，休则掘冢作巧奸冶，多美物，为倡优。女子则鼓鸣瑟，跕屣，游媚贵富，入后宫，遍诸侯。

然邯郸亦漳、河之间一都会也。北通燕、涿，南有郑、卫。郑、卫俗与赵相类，然近梁、鲁，微重而矜节。濮上之邑徙野王，野王好气任侠，卫之风也。

夫燕亦勃、碣之间一都会也。南通齐、赵，东北边胡。上谷至辽东，地踔远，人民希，数被寇，大与赵、代俗相类，而民雕捍少虑，有鱼盐枣栗之饶。北邻乌桓、夫馀，东绾秽貉、朝鲜、真番之利。

洛阳东贾齐、鲁，南贾梁、楚，故泰山之阳则鲁，其阴则齐。

齐带山海，膏壤千里，宜桑麻，人民多文采布帛鱼盐。临菑亦海岱之间一都会也。其俗宽缓阔达，而足智，好议论，地重，难动摇，怯于众斗，勇于持刺，故多劫人者，大国之风也，其中具五民。

而邹、鲁滨洙、泗，犹有周公遗风，俗好儒，备于礼，故其民龊龊，颇有桑麻之业，无林泽之饶，地小人众，俭啬，畏罪远邪。及其衰，好贾趋利，甚于周人。

夫自鸿沟以东，芒、砀以北，属巨野，此梁、宋也。陶、睢阳亦一都会也，昔尧作（游）〔于〕成阳，舜渔于雷泽，汤止于亳。其俗犹有先王遗风，重厚多君子，好稼穑，虽无山川之饶，能恶衣食，致其蓄藏。

越、楚则有三俗。夫自淮北沛、陈、汝南、南郡，此西楚也。其俗剽轻，易发怒，地薄，寡于积聚。江陵故郢都，西通巫、巴，东有云梦之饶。陈在楚、夏之交，通鱼盐之货，其民多贾。徐、僮、取虑，则清刻，矜己诺。

彭城以东，东海、吴、广陵，此东楚也。其俗类徐、僮。朐、缯以北，俗则齐。浙江南则越。夫吴自阖庐、春申、王濞三人招致天下之喜游子弟，东有海盐之饶，章山之铜，三江、五湖之科，亦江东一都会也。

衡山、九江、江南、豫章、长沙，是南楚也，其俗大类西楚。郢之后徙寿春，亦一都会也。而合肥受南北潮，皮革、鲍、木输会也。与闽中、于越杂俗，故南楚好辞，巧说少信。江南卑湿，丈夫早夭，多竹木。豫章出黄金，长沙出连山锡，然堇堇物之所有，取之不足以更费。九疑、苍梧以南至儋耳者，与江南大同俗，而杨越多焉。番禺亦其一都会也，珠玑、犀、玳瑁、果、布之凑。

颍川、南阳，夏人之居也。夏人政尚忠朴，犹有先王之遗风。颍川敦愿。秦末世，迁不轨之民于南阳。南阳西通武关、（郧）〔徇〕关，东南受汉、江、淮。宛亦一都会也。俗杂好事，业多贾。其任侠，交通颍川，故至今谓之“夏人”。

夫天下物所鲜所多，人民谣俗，山东食海盐，山西食盐卤，领南、沙北固往往出盐，大体如此矣。

总之，楚越之地，地广人希，饭稻羹鱼，或火耕而水耨，果隋蠃蛤，不待贾而足，地势饶食，无饥馑之患，以故皆窳偷生，无积聚而多贫。是故江、淮以南，无冻饿之人，亦无千金之家。沂、泗水以北，宜五谷桑麻六畜，地小人众，数被水旱之害，民好畜藏，故秦、夏、梁、鲁好农而重民。三河、宛、陈亦然，加以商贾。齐、赵设智巧，仰机利。燕、代田畜而事蚕。

由此观之，贤人深谋于廊庙，论议朝廷，守信死节隐居岩穴之士设为名高者安归乎？归于富厚也。是以廉吏久，久更富，廉贾归富。富者，人之情性，所不学而俱欲者也。故壮士在军，攻城先登，陷阵却敌，斩将搴旗，前蒙矢石，不避汤火之难者，为重赏使也。其在闾巷少年，攻剽椎埋，劫人作奸，掘冢铸币，任侠并兼，借交报仇，篡逐幽隐，不避法禁，走死地如骛〔者〕，其实皆为财用耳。今夫赵女郑姬，设形容，揳鸣琴，揄长袂，蹑利屣，目挑心招，出不远千里，不择老少者，奔富厚也。游闲公子，饰冠剑，连车骑，亦为富贵容也。弋射渔猎，犯晨夜，冒霜雪，驰阬谷，不避猛兽之害，为得味也。博戏驰逐，斗鸡走狗，作色相矜，必争胜者，重失负也。医方诸食技术之人，焦神极能，为重糈也。吏士舞文弄法，刻章伪书，不避刀锯之诛者，没于赂遗也。农工商贾畜长，固求富益货也。此有知尽能索耳，终不馀力而让财矣。

谚曰："百里不贩樵，千里不贩籴。"居之一岁，种之以谷；十岁，树之以木；百岁，来之以德。德者，人物之谓也。今有无秩禄之奉，爵邑之入，而乐与之比者，命曰"素封"。封者食租税，岁率户二百。千户之君则二十万，朝觐聘享出其中。庶民农工商贾，率亦岁万息二千(户)，百万之家则二十万，而更徭租赋出其中。衣食之欲，恣所好美矣。故曰陆地牧马二百蹄，牛蹄角千，千足羊，泽中千足彘，水居千石鱼陂，山居千章之(材)〔楸〕。安邑千树枣；燕、秦千树栗；蜀、汉、江陵千树橘；淮北、常山已南，河济之间千树萩；陈、夏千亩漆；齐、鲁千亩桑麻；渭川千亩竹；及名国万家之城，带郭千亩亩钟之田，若千亩卮茜，千畦姜韭。此其人皆与千户侯等。然是富给之资也，不窥市井，不行异邑，坐而待收，身有处士之义而取给焉。若至家贫亲老，妻子软弱，岁时无以祭祀进醵，饮食被服不足以自通，如此不惭耻，则无所比矣。是以无财作力，少有斗智，既饶争时，此其大经也。今治生不待危身取给，则贤人勉焉。是故本富为上，末富次之。奸富最下。无岩处奇士之行，而长贫贱，好语仁义，亦足羞也。

凡编户之民，富相什则卑下之，伯则畏惮之，千则役，万则仆，物之理也。夫用贫求富，农不如工，工不如商，刺绣文不如倚市门。此言末业，贫者之资也。通邑大都，酤一岁千酿，醯酱千瓨，（酱）〔浆〕千甔，屠牛羊彘千皮，贩谷粜千钟，薪槁千车，船长千丈，木千章，竹竿万个，其轺车百乘，牛车千两，木器髤者千枚，铜器千钧，素木铁器若卮茜千石，马蹄躈千，牛千足，羊彘千双，僮手指千，筋角丹沙千斤，其帛絮细布千钧，文采千匹，榻布皮革千石，漆千斗，糵曲盐豉千荅，鲐鮆千斤，鲰千石，鲍千钧，枣栗千石者三之，狐貂裘千皮，羔羊裘千石，旃席千具，佗果菜千钟，子贷金钱千贯，节驵会，贪贾三之，廉贾五之，此亦比千乘之家，其大率也。佗杂业不中什二，则非吾财也。

请略道当世千里之中，贤人所以富者，令后世得以观择焉。

蜀卓氏之先，赵人也，用铁冶富。秦破赵，迁卓氏。卓氏见虏略，独夫妻推辇，行诣迁处。诸迁虏少有馀财，争与吏，求近处，〔处〕葭萌。唯卓氏曰："此地狭薄。吾闻汶山之下，沃野，下有蹲鸱，至死不饥。民工于市，易贾。"乃求远迁。致之临邛，大喜，即铁山鼓铸，运筹策，倾滇蜀之民，富至僮千人。田池射猎之乐，拟于人君。

程郑，山东迁虏也，亦冶铸，贾椎髻之民，富埒卓氏，俱居临邛。

宛孔氏之先，梁人也，用铁冶为业。秦伐魏，迁孔氏南阳。大鼓铸，规陂池，连车骑，游诸侯，因通商贾之利，有游闲公子之赐与名。然其赢得过当，愈于纤啬，家致富数千金。故南阳行贾尽法孔氏之雍容。

鲁人俗俭啬，而曹邴氏尤甚，以铁冶起，富至巨万。然家自父兄子孙约："俯有拾，仰有取。"贳贷行贾遍郡国。邹、鲁以其故多去文学而趋利者，以曹邴氏也。

齐俗贱奴虏，而刀闲独爱贵之。桀黠奴，人之所患也，唯刀闲收取，使之逐渔盐商贾之利，或连车骑，交守相，然愈益任之，终得其力，起富数千万。故曰"宁爵毋刀"，言其能使豪奴自饶而尽其力。

周人既纤，而师史尤甚，转毂以百数，贾郡国，无所不至。洛阳街居在齐秦楚赵之中，贫人学事富家，相矜以久贾，数过邑门不入，设任此等，故师史能致七千万。

宣曲任氏之先，为督道仓吏。秦之败也，豪杰皆争取金玉，而任氏独窖仓粟。楚汉相拒荥阳也，民不得耕种，米石至万，而豪杰金玉尽归任氏，任氏以此起富。富人争奢侈，而任氏折节为俭，力田畜。田畜人争取贱贾，任氏独取贵善。富者数世。然任公家约："非田畜所出弗衣食，公事不毕则身不得饮酒食肉。"以此为闾里率，故富而主上重之。

塞之斥也，唯桥姚已致马千匹，牛倍之，羊万头，粟以万钟计。吴楚七国兵起时，长安中列侯封君行从军旅，赍贷子钱，子钱家以为侯邑国在关东，关东成败未决，莫肯与。唯无盐氏出捐千金贷，其息什之。三月，吴楚平。一岁之中，则无盐氏之息什倍，用此富埒关中。

关中富商大贾，大抵尽诸田，田啬、田兰。韦家栗氏，安陵、杜杜氏，亦巨万。

此其章章尤异者也。皆非有爵邑奉禄弄法犯奸而富，尽椎埋去就，与时俯仰，获其赢利，以末致财，用本守之、以武一切，用文持之，变化有概，故足术也。若至力农畜，工虞商贾，为权利以成富，大者倾郡，中者倾县，下者倾乡里者，不可胜数。

夫纤啬筋力，治生之正道也，而富者必用奇胜。田农，掘业，而秦阳以盖一州。掘冢，奸事也，而田叔以起。博戏，恶业也，而桓发用(之)富。行贾，丈夫贱行也，而雍乐成以饶。贩脂，辱处也，而雍伯千金。卖浆，小业也，而张氏千万。洒削，薄技也，而郅氏鼎食。胃脯，简微耳，濁氏连骑。马医，浅方，张里击钟。此皆诚一之所致。

由是观之，富无经业，则货无常主，能者辐凑，不肖者瓦解。千金之家比一都之君，巨万者乃与王者同乐。岂所谓"素封"者邪？非也？

【译文】

老子说："太平盛世到了极盛时期，虽然互相望得见邻近的国家，鸡鸣狗吠之声互相听得到，而各国人民却都以为自家的饮食最甘美、自己的服装最为漂亮，习惯于本地的习俗，喜爱自己所从事的行业，以至于老死也不相互往来。"到了近世，如果还要按这一套去办事，那就等于堵塞人民的耳目，可以说是无法行得通。

太史公说：我不了解，神农氏以前的情况。至于像《诗经》《尚书》所述虞舜、夏朝以来的情况则是人们耳目总要听到最好听的、看到最好看的，总想尝遍各种肉类的美味，身体安于舒适快乐的环境，心中又夸耀有才干、有权势的光荣。统治者让这种风气浸染百姓，已经很久了，即使用老子的这些妙论挨门逐户地去劝说开导，最后也不能感化谁。所以，最好的办法是听其自然，其次是随势引导，然后是加以教诲，再次是制定规章制度加以约束，最坏的做法是与民争利。

太行山以西盛产木材、楮木、竹子、野麻、旄牛尾、玉石；太行山以东多有鱼、漆、盐、丝、美女；江南出产楠木、桂花、梓树、生姜、金、锡、铅、朱砂、犀牛、玳瑁、珠子、象牙兽皮；龙门、碣石山以北地区盛产马、羊、牛、毡裘、兽筋兽角；铜和铁则分布在周围千里，山中到处都是，有如满布的棋子。这是关于各地物产分布的大致情况。这些都是中原人民所喜好的，习用的穿着、养生、饮食、送死之物。所以，人们要靠农民耕种，取得食物，要靠虞人进山开采、渔夫下水捕捉；物品获得，要靠工匠制造；取得器具，要靠商人贸易，流通货物。这难道还需要官府发布政令，征发百姓，限期会集吗？人们都凭自己的才能，竭尽自己的力量，来满足自己的欲望。所以，能够高价出售低价的货物，高价的货物能够低价购进。人们经营自己的本业各自努力，乐于从事自己的工作，就像水从高处流向低处那样，日夜没有休止的时候，不用招唤便会自动前来，不用请求便会生产出来。这岂不是符合规律而得以自然发展的证明吗？

《周书》里说："农民不种田，就会缺乏粮食；工匠不做工生产，就会缺少器具；商人不做买卖，就会断绝吃的、用的和钱财这三种宝物的来路；虞人不开发山泽，资源就会短缺；资源匮乏了，就不能进一步开发山泽。"农、商、工、虞这四个方面，是人民衣食的来源。来源大则富裕，来源小则贫困；来源大了，上可富国，下可富家。或贫或富，没有谁能剥夺或施予，但机敏的人总是财富绰绰有余，而愚笨的人往往衣食不足。所以，姜太公被封在营丘时，那里本来多是盐碱地，人烟稀少，于是姜太公便鼓励妇女致力于纺织刺绣，极力提倡工艺技巧，又让人们把鱼类、海盐贩运到其他地区去，结果别国的财物和人纷纷流归于齐国，就像钱串那样，络绎不绝；就像车辐那样，聚集在这儿。所以，齐国因能制作冠带衣履供应天下所用，泰山、东海之间的诸侯们便都整理衣袖去朝拜齐国。后来，齐国中途衰落，管仲重新修治姜太公的事业，设立九个官府管理财政，使齐桓公得以称霸，多次以霸主身份会合诸侯，使天下政治得到匡正；而管仲本人也有了三归台，虽只是陪臣官位，却比各国的君主还要富有。从此，齐国富强，一直延续到威王、宣王时期。

所以说："粮仓充实了，百姓就会懂得礼节；丰衣足食了，百姓就会知道荣辱。"礼产生于富有，而废弃于贫穷。因此，君子富有了，就喜好去做仁德之事；小人富有了，就会随心所欲地做他能做的事。江河深，在那里鱼就生存；山林深，野兽就在那里藏身；人富有了，仁义就会依附于他。富有者得了势越发显赫，失了势，依附于他的宾客便无处容身，因而心情不快。在夷狄那里，这种情况尤为突出。谚语说："家有千金的人，不会犯法受刑死于闹市。"这不是空话。所以说："天下之人，熙熙攘攘，都是为利而往，为利而来。"那些拥有千辆兵车的天子、享有万户封地的诸侯，占有百室封邑的大夫，尚且担心贫穷，何况编入户口册内的普通老百姓呢！

从前，越王勾践在会稽山上被围困，于是任用范蠡、计然。计然说："知道要打仗，就要做好战备；了解货物什么时候为人需求购用，才算懂得商品货物。善于将时与用二者相对照，那么各种货物的供需行情就能看得很清楚。所以，岁在金时，就会丰收；岁在水时，就歉收；岁在木时，就饥馑；岁在火时，就会干旱。旱时，就要备船以待涝；涝时，就要备车以待旱，这样做符合事物发展的规律。通常说来，六年一丰收，六年一干旱，十二年有一次大饥荒。出售粮食，每斗二十钱价格，农民会受损害；每斗价格九十钱，商人要受损失。商人受损失，钱财就不能流通到社会；农民受损害，就要荒芜田地。粮食每斗价格最高不超过八十钱，最低不少于三十钱，这样农民和商人都能得利。粮食平价出售，并平抑调整其他物价，关卡税收和市场供应都不缺乏，这就是治国之道。至于积贮货物，应当务求完好牢靠，没有滞留的货币资金。买卖货物，凡属容易腐蚀和腐败的物品不要久藏，切忌冒险囤居以求高价。研究商品短缺或过剩的情况，就会懂得物价涨跌的道理。物价贵到极点，就会返归于贱；物价贱到极点，就要返归于贵。当货物贵到极点时，要及时卖出，视其如同粪土；当货物贱到极点时，要及时购进，视其如同珠宝。货物钱币的流通周转要如同流水那样。"勾践照计然的策略治国十年，越国富有了，去收买兵士能用重金，使兵士们冲锋陷阵，不顾箭射石击，就像口渴时求得饮水那样，终于雪耻报仇，灭掉吴国，继而耀武扬威于中原，号称"五霸"之一。

范蠡协助越王洗雪会稽被困之耻后，便长叹道："计然的策略有七条，而越国只用了其中五条，就实现了雪耻的愿望。既然施用于治国很有效，我就要把它用于治家。”于是，他便乘坐小船漂泊江湖，改名换姓，到齐国改名叫鸱夷子皮，到陶邑改名叫朱公。朱公认为陶邑居于天下中心，与各诸侯国四通八达，交流货物十分便利。于是就治理产业，囤积居奇，随机应变，与时逐利，而不责求他人。所以，善于经营致富的人，要能把握时机并择用贤人。十九年间，他赚得千金之财三次，两次分散给贫穷的朋友和远房同姓的兄弟。这就是所谓君子富有便喜好去做仁德之事了。范蠡后来年老力衰而听凭子孙，子孙继承了他的事业并有所发展，终致有了巨万家财。所以，谈论富翁时，后世都称颂陶朱公。

子贡曾在孔子那里学习，从那儿离开后到卫国做官，又利用卖贵买贱的方法在曹国和鲁国之间经商，孔门七十多个高徒之中，端木赐（即子贡）最为富有。孔子的另一位高徒原宪穷得连糟糠都吃不饱，在简陋的小巷子里隐居。而子贡却乘坐四马并辔齐头牵引的车子，携带束帛厚礼去访问、馈赠诸侯，所到之处，国君与他只行宾主之礼，而不行君臣之礼。使孔子得以名扬天下的原因，是因为有子贡在人前人后辅助他。这就是所谓得到形势之助而使名声更加显著吧？

白圭是西周人。当魏文侯在位时，李克正致力于土地资源的开发，而白圭却喜欢观察市场行情和年景丰歉的变化，所以当货物低价抛售过剩时，他就收购；当货物不足高价索求时，他就出售。谷物成熟时，他买进粮食，出售漆、丝；蚕茧结成时，他买进绵絮绢帛，出售粮食。他了解，太岁在卯位时，五谷丰收；第二年年景会不好。太岁在午宫时，会有旱灾发生；第二年年景会很好。太岁在酉位时，五谷丰收；第二年年景会变坏。太岁在子位时，天下会大旱；第二年年景会很好，有雨水。太岁复至卯位时，他囤积的货物大概比常年要增加一倍。要增长钱财收入，他便收购质次的谷物；要谷子增长石斗的容量，他便去买上等的谷物。他能不讲究吃喝，控制嗜好，节省穿戴，与雇用的奴仆共甘同苦，捕捉赚钱的时机就像猛兽猛禽捕获食物那样迅捷。因此他说：“我干经商致富之事，就像伊尹、吕尚筹划谋略，孙子、吴起用兵打仗，商鞅推行变法那样。所以，如果一个人的智慧不能随机应变，勇气够不上果敢决断，仁德不能够正确取舍，强健不能够有所坚守，虽然他很想学习我的经商致富之术，我终究不会教给他的。”因而，天下人谈论经商致富之道都效仿白圭。白圭大概是有所尝试，尝试而能有所成就，这不是随便马虎行事就能成功的。

猗顿是靠经营池盐起家。而邯郸郭纵则是以冶铁成就家业，其财富可与王侯相比。

乌氏倮经营畜牧业，等到牲畜繁殖众多之时，便全部卖掉，再购求各种奇异之物和丝织品，暗中献给戎王。戎王给他十倍于所献物品的东西，送他牲畜，多到以山谷为单位来计算牛马的数量。秦始皇诏令乌氏倮位与封君同列，同诸大臣按规定时间进宫朝拜。而巴郡寡妇清的先祖自得到朱砂矿，竟达好几代人独揽其利，家产也多得不计其数。清是个寡妇，能守住先人的家业，用钱财来保护自己，不被别人侵犯。秦始皇认为她是个贞妇而以客礼对待她，还为她修筑了女怀清台。乌氏倮不过是个畜牧主、边鄙之人，巴郡寡妇清是个穷乡僻壤的寡妇，却能与皇帝分庭抗礼，名扬天下，这难道不是因为他们富有吗?

汉朝兴起，天下统一，便开放要道关卡，解除开采山泽的禁令，因此富商大贾得以通行天下，交易的货物无不畅通，他们的欲望都能满足，汉朝政府又迁徙诸侯、豪杰和大户人家到京城。

关中地区自汧、雍二县以东至黄河、华山，方圆千里膏壤沃野。从有虞氏、夏后氏实行贡赋时起就把这里作为上等田地，公刘后来迁居到邠，周太王、王季迁居岐山，文王兴建丰邑，武王治理镐京，因而这些地方的人民仍有先王的遗风，喜好农事，种植五谷，重视土地的价值，把做坏事看得很严重。直到秦文公、缪公、德公定都雍邑，这里地处陇、蜀货物交流的要道，商人很多。秦献公迁居栎邑，栎邑北御戎狄，东通三晋，大商人也有许多。秦孝公和秦昭襄王治理咸阳，汉朝借此作为都城；长安附近的诸陵，四方人集中于此，地方很小，人口又多，所以当地百姓从事商业玩弄奇巧的兴致越来越浓。关中地区以南则有巴郡、蜀郡。巴蜀地区也是一片沃野，盛产栀子、铜、朱砂、生姜、石材、铁和竹木之类的器具。南边抵御滇、僰，僰地多出僮仆。西边邻近笮、邛，笮地出产马与牦牛。然而巴蜀地区四周闭塞，有千里栈道，与关中处处相通，唯有褒斜通道控扼其口，勾联四方道路，用多余之物来交换短缺之物。天水、陇西、北地和上郡与关中风俗相同，而西面有羌中的地利，北面有戎狄的牲畜，居天下畜牧业首位。可是这里地势险要，只有京城长安要约其通道。所以，整个关中之地占天下三分之一，而人口并没有超过天下十分之三；然而计算这里的财富，却占天下十分之六。

古时，唐尧定都河东晋阳，殷人定都河内殷墟，东周定都河南洛阳。

河内、河东与河南这三地居于天下的中心，好像鼎的三个足，成为帝王们更迭建都的地方，建国各有数百年乃至上千年，这里土地狭小，有众多人口，是各国诸侯集中聚会之处，所以当地民俗为小气俭省，熟悉世故。杨与平阳两邑人民，向西经商可到秦和戎狄地区，向北可到种、代地区经商。种、代在石邑以北，地靠匈奴，屡次遭受掠夺。人民崇尚好胜、强直，以扶弱抑强为己任，不愿从事农商诸业。但因邻近北方夷狄，军队经常往来，中原运输来的物资，常有剩余。当地人民强悍而不务耕耘，从三家尚未分晋之时就已经对其慓悍感到担忧，而到赵武灵王时就更加助长了这种风气，当地仍带有赵国的习俗遗风。所以杨和平阳两地的人民经营来往于其间，能得到他们所想要的东西。温、轵地区的人民经商向西可到上党地区，向北可到赵、中山一带。中山地薄人多，还有纣王留下的殷人后代在沙丘一带，百姓性情急躁，仰仗投机取巧度日谋生。男子们经常相聚游戏玩耍，慷慨悲声歌唱，白天纠合一起杀人抢劫，晚上挖坟盗墓、私铸钱币、制作赝品；多有美色男子，去当歌舞艺人。女子们常弹奏琴瑟，拖着鞋子，到处游走，向权贵富豪献媚讨好，有的被后宫纳入，遍及诸侯之家。

然而邯郸也是黄河、漳水之间的一个都市。北面通燕、涿，南面有郑、卫。郑、卫风俗与赵相似，但因地靠鲁、梁，稍显庄重而又注重节操。卫君曾从濮上的帝丘迁徙到野王，野王地区民俗崇尚气节，抑强扶弱，这是卫国的遗风。

燕国故都蓟也是渤海、碣石山之间的一个都市。南通齐、赵，东北与胡人交界。从上谷到辽东一带，地方遥远，人口稀少，多次遭侵扰，民俗大致与赵、代地区相似，而百姓迅捷凶悍，不爱思考问题，当地盛产鱼、枣、盐、栗。北邻近乌桓、夫余，东居于控扼秽貊、朝鲜、真番的有利地位。

洛阳东去经商可到齐、鲁，南可到梁、楚经商。所以泰山南部是鲁国故地，北部是齐国故地。

齐地被山海环抱，方圆千里一片沃土，适宜种植桑麻，人民多有彩色丝稠、布帛和鱼盐。临淄也是东海与泰山之间的一个都市。当地民俗宽厚豁达，通情达理，而又足智多谋，爱发议论，乡土观念很重，不易浮动外流，怯于聚众斗殴，而敢于暗中伤人，所以常有劫夺别人财物者，这是大国的风尚。这里士、工、农、商、贾五民俱备。

而邹、鲁两地靠近洙水、泗水，还保存着周公的风尚，民俗喜好儒术，讲究礼仪，所以当地百姓小心拘谨。颇多桑麻产业，而没有山林水泽的资源。土地少，人口多，人们节俭吝啬，害怕犯罪，远避邪恶。等到衰败之时，人们爱好追逐财利经商，比周地百姓还厉害。

从鸿沟以东，砀山、芒山以北，直到巨野，这是过去梁、宋的地方。陶邑、睢阳也是都会。以前，唐尧兴起于成阳，虞舜在雷泽打过鱼，商汤曾定都于亳。这里的民俗还存有先王遗风，宽厚庄重，君子很多，爱好农事，虽然没有富饶的山河物产，人们却能省吃俭用，以求得财富的积蓄。

越、楚地带有西楚、东楚和南楚三个地区的三种不同风俗。从淮北沛郡到陈郡、汝南、南郡，这是西楚地区。这里民俗轻捷慓悍，容易发怒，土地贫瘠，少有蓄积。江陵原为楚国国都，西通巫县、巴郡，东有云梦，物产富饶。陈在楚、夏交界之地，流通鱼盐货物，居民多经商。僮、徐、取虑一带的居民苛严清廉，信守诺言。

彭城以东，包括东海、吴、广陵一带，这是东楚地区。这里与徐、僮一带风俗相似。朐、缯以北，风俗与齐地相同。浙江以南与越地风俗相同。吴地从吴王阖闾、楚春申君和汉初吴王刘濞招致天下喜好游说的子弟以来，东有丰富的海盐，以及章山的铜矿，有三江五湖的资源，也是江东的一个都市。

衡山、九江、江南、豫章、长沙一带是南楚地区。这里与西楚地区风俗大体相似。楚失郢都后，迁都寿春，寿春也是一个都市。而合肥县南有长江，北有淮河，是皮革、鲍鱼、木材汇聚之地。因习俗与闽中、于越混杂，所以南楚居民善于辞令，说话乖巧，少有信用。江南地方地势低下，气候潮湿，男子寿命不长。竹木很多。豫章出产黄金，长沙出产铅、锡。但矿产蕴藏量极为有限，开采所得不足以抵偿支出费用。九疑山、苍梧以南至儋耳，与江南风俗大体相同，其中混杂着许多杨越风俗。番禺也是当地的一个都市，是珠玑、犀角、玳瑁、水果、葛布之类的集中地。

原夏朝人居住之地是颍川、南阳。夏人为政崇尚忠厚朴实，还有先王传留下来的风尚。颍川人敦厚老实。秦朝末年，曾经迁徙不法之民到南阳。南阳西通武关、郧关，东南面临汉水、长江、淮水。宛也是一个都市。当地民俗混杂，好事，多以经商为业。居民以抑强扶弱为己任，与颍川地区相交往，所以直到现在还被称为“夏人”。

天下物产各地不均，有少有多，民间习俗各有不同，山东地区吃海盐，山西地区吃池盐，岭南和大漠以北本来也有许多地方有盐出产，这方面情况大体如此。

总而言之，楚越地区，地广人稀，以稻米为饭，以鱼类为菜，刀耕火种，水耨除草，瓜果螺蛤，无须从外地购买，便能自足自给。地形有利，食物丰足，没有饥馑之患，因此人们苟且偷生，没有积蓄，多为贫穷人家。所以，江淮以南既无挨饿受冻之人，也没有千金富户。沂水、泗水以北地区，适合种植桑麻五谷，饲养六畜，地少人多，屡次遭受水旱灾害，百姓喜好积蓄财物，所以秦、夏、梁、鲁地区勤于农业而重视劳力。三河地区以及宛、陈等地也是这样，再加上经商贸易。齐、赵地区的居民灵巧聪明，靠投机求财利。燕、代地区的居民能种田、畜牧，并且养蚕。

由此看来，贤能之人在朝廷上划策出谋，论辩争议，守信尽节及隐居深山之士自命清高，保全名声，他们究竟都是为着什么呢？都是为了财富。因此，为官清廉就能长久做官，时间长了，便会更加富有；商人买卖公道，营业发达，就能多赚钱而致富。求富，是人们的本性，用不着学习，就都会去追求。所以，壮士在军队中，打仗时先登攻城，遇敌时冲锋陷阵，斩将夺旗，冒着箭射石击，不避蹈火赴汤，艰难险阻，是因为重赏的驱使。那些住在乡里的青少年，杀人埋尸，拦路抢劫，盗掘坟墓，私铸钱币，伪称侠义，霸占侵吞，借助同伙，图报私仇，暗中掠夺追逐，不避禁令法律，往死路上跑如同快马奔驰，其实都是为了钱财罢了。如今赵国、郑国的女子，打扮得漂漂亮亮，弹着琴瑟，长袖舞动，踩着轻便舞鞋，用眼挑逗，用心勾引，不远千里出外，不择年老年少，招来男人，也是为财利而奔忙。游手好闲的贵族公子，帽子宝剑装饰讲究，车辆马匹外出时成排结队，也是为大摆富贵的架子。猎人渔夫，起早贪黑，冒着霜雪，在深山大谷奔跑，不避猛兽伤害，为的是获得各种野味。进出赌场，斗鸡走狗，个个争得耳赤面红，自我夸耀，必定要争取胜利，是因为重视输赢。医生方士及各种靠技艺谋生的人，劳神过度，极尽其能，是为了得到更多的报酬。吏士官府，舞文弄墨，私刻公章，伪造文书，不避斫脚杀头，这是由于陷没在他人的贿赂当中。至于农、工、商、贾储蓄增殖，原本就是为了个人的财富谋求增添。如此绞尽脑汁，用尽力量地索取，终究是为了不遗余力地争夺财物。

谚语说："贩柴的不出一百里，贩粮的不出一千里。"在某地住上一年，就要种植谷物；住上十年，就要栽种树木；住上百年，就应招来德行。什么是德，就是人的才德名望和财物。现在有些人，没有俸禄官职或爵位封地收入，而生活欢乐富有，可与有官爵者相比，被称作“素封”。有封地的人享受租税，每年每户缴入二百钱。享有千户的封君，每年租税收入可达二十万钱，访问诸侯、朝拜天子和祭祀馈赠，都要从这里开支。普通百姓如农、工、商、贾，家有一万钱，每年可得二千钱利息，拥有一百万钱的人家，每年可得利息二十万钱，而更徭租赋的费用要从这里支出。这种人家，就能吃喝玩乐随心所欲了。所以说陆地牧马五十匹，养一百六、七十头牛，养二百五十只羊，草泽里养二百五十口猪，水中占有年产鱼一千石的鱼塘，山里拥有一千株成材大树。安邑有枣树千株；燕、秦有栗子树千株；蜀郡、汉水、江陵地区有千株橘树；淮北、常山以南和黄河、济水之间有楸树千株；陈、夏有千亩漆树；齐、鲁有千亩桑麻；渭川有千亩竹子；还有名扬万户人家、国内的都城，郊外有亩产一钟的千亩良田，或者千亩茜草、栀子，千畦生姜、韭菜：诸如此类的人，其财富都可与千户侯的财富相等。然而成为富足的这些资本，人们不用到市上去察看，不用到外地奔波，坐在家中即可不劳而获，身有处士之名，而丰足取用。至于那些贫穷人家，父母年老，儿女妻子瘦弱不堪，逢年过节祖宗鬼神无钱祭祀、无钱赠人路费、无钱聚集饮食，吃喝穿戴都难以自足，如此贫困，还不感到羞愧，那就没有什么可比拟的了。所以，只能出卖劳力，因为没有钱财，稍有钱财便玩弄智巧，已经富足便争时逐利，这是正常的道理。如今谋求生计，谁能不冒生命危险，所需物品即可取得，那就应受到贤人的鼓励。所以，靠从事农业生产而致富为上，靠从事商工而致富次之，靠玩弄智巧，甚至违法而致富这是最低下的。没有深居山野不肯做官的隐士之行，而长期处于贫贱地位，就是不谈仁义，也足以感到羞愧了。

百姓凡是编户的，对于财富比自已多出十倍的人就会低声下气，多出百倍的就会惧怕人家，多出千倍的就会被人役使，多出万倍的就会为人奴仆，这又是事物的常理。要从贫穷达到富有，务农的不如做工，做工的不如经商，刺绣织绵的不如倚门卖笑，这里所说的经商末业，是穷人致富凭借的手段。在交通发达的大都市，每年酿酒一千瓮，醋一千缸，饮浆一千甑，屠宰牛羊猪皮一千张，贩卖一千钟谷物，一千车柴草，总长千丈的船只，一千株木材，一万棵竹竿，马车一百辆，一千辆牛车，涂漆木器一千件，一千钧铜器，一千担原色木器、铁器及染料，二百匹马，牛二百五十头，一千只猪羊，一百个奴隶，一千斤筋角、丹砂，一千钧绵絮、细布，一千匹彩色丝绸，一千担粗布、皮革，漆一千斗，一千瓶酒曲、盐豆豉，一千斤鲐鱼、鮆鱼，一千石小杂鱼，腌咸鱼一千钧，三千石枣子、栗子，一千件狐貂皮衣，一千石羔羊皮衣，毛毡毯一千条，以及水果蔬菜一千种，还有一千贯放高利贷的资金，促成牲畜交易的掮客或贪心的商人获利有十分之三，廉正的商人获利十分之五，这一类人也可与千乘之家相比，这是大致的情况。至于其他杂业，如果利润不到十分之二，那就不是我说的好的致富行业。

请让我简略说明当时千里范围内那些贤能者之所以能够致富的情况，以便使后世的人得以考察选择。

蜀地卓氏的祖先是赵国人，靠冶铁致富。秦国击败赵国时，迁徙卓氏，卓氏被虏掠，只有他们夫妻二人推着车子，去往迁徙的地方。同时被迁徙的其他人，稍有一点多余的钱财，便争着送给主事的官吏，央求迁徙到近处，近处是在葭萌县。只有卓氏说："葭萌地方狭小，土地瘠薄，我听说汶山下面是肥沃的田野，地里长着大芋头，形状像蹲伏的鸱鸟，人到死也不会挨饿。那里的百姓善于交易，容易做买卖。"于是就要求迁到远处，结果却被迁移到临邛，他非常高兴，就在有铁矿的山里熔铁铸械，用心筹谋计划，财势压倒滇蜀地区的居民，以致富有到了奴仆多达一千人。他在田园水池尽享游玩射猎之乐，可以比得上国君。

程郑是自太行山以东迁徙来的降民，也经营冶铸业，常把铁器制品卖给西南地区少数民族，他的财富与卓氏相等，与卓氏同住在临邛。

宛县孔氏的先祖是梁国人，以冶铁为业。秦国攻伐魏国后，把孔氏迁到南阳。他便大规模地经营冶铸业，并规划开辟鱼塘养鱼，成群结队的车马，并经常游访诸侯，借此牟取经商发财的便利，博得了游闲公子乐施好赐的美名。然而他赢利很多，大大超出施舍花费的那点钱，胜过吝啬小气的商人，家中多达数千金财富，所以，南阳人做生意全部效法孔氏的从容稳重和举止大方。

鲁地民俗吝啬节俭，而曹邴氏尤为突出，他靠冶铁起家，财富多达几万钱。然而，他家父兄子孙都遵守这样的家规：抬头低头都要有所得，一举一动都要不忘利。他家租赁、放债、做买卖遍及各地。由于这个原因，邹鲁地区有很多人丢弃儒学而追求发财，这是受曹邴氏的影响。

鄙视奴仆是齐地风俗，而刀间却偏偏重视他们。凶恶狡猾的奴仆是人们所担忧的，唯有刀间收留他们，让他们追逐渔盐商业上的利益，或者成队的车马让他们乘坐，去结交地方官员，并且更加信任他们。刀间终于获得他们的帮助，致富达数千万钱。所以有人说“与其出外求取官爵，不如在刀家为奴”，说的就是刀间能使豪奴自身富足且还能为他竭尽其力。

原本周地居民就很吝啬，而师史尤为突出，他以车载货贩运赚钱，车辆数以百计，经商于各郡诸侯之中，无所不到。洛阳地处齐、楚、秦、赵等国的中心，街巷的穷人在富家学做生意，常以自己在外经商时间长相互夸耀，路过乡里多次也不入家门。因能筹划任用这样的人，所以师史能致富达七千万钱。

督道仓的守吏，是宣曲任氏的先祖。秦朝败亡之时，豪杰全都争夺金银珠宝，而任氏独自用地窖储藏米粟。后来，楚汉两军于荥阳相峙，农民无法耕种田地，米价每石涨到一万钱，任氏卖谷大发其财，豪杰的金银珠宝全都归任氏，因此任氏发了财。一般富人都争相奢侈，而任氏却屈己从人，崇尚节俭，致力于农田畜牧。牲畜、田地，一般人都争着低价买进，任氏却专门买进贵而好的。任家数代都很富有。但任氏家约规定，不穿不吃不是自家种田养畜得来的物品，没有做完公事自身不得饮酒吃肉，以此作为乡里表率，所以他们富有而得到皇上的尊重。

开拓边疆地区之际，只有桥姚取得千匹马，二千头牛，一万只羊，以万钟计算的粟。

吴楚七国起兵反叛汉朝中央朝廷时，长安城里的列侯封君要从军出征，需借贷有息之钱，高利贷者认为列侯封君的食邑国都都在关东，而关东战事胜负尚未分晓，没有人肯把钱贷给他们。只有无盐氏拿出千金给他们放贷，其利息为本钱的十倍。三个月后，平定吴楚。一年之中，无盐氏得到高至本金十倍的利息，以此致富与关中富豪相匹敌。

关中地区的大贾富商，多是姓田的那些人家，如田啬、田兰。还有韦家栗氏、安陵和杜县的杜氏，家产也达万万钱。

以上这些人都是与众不同、赫赫有名的人物。他们都不是有爵位封邑、俸禄收入或者靠舞文弄法、作奸犯科而发财致富的，全是靠推测事理，取舍进退，随机应变，获得赢利，以经营商工末业致富，从事农业守财靠购置田产，以各种强有力的手段夺取一切，用法律政令等文字方式维持下去，变化多端大概如此，所以是值得记述的。至于那些致力于农业、畜牧、山林、手工、渔猎或经商的人，凭借财利和权势而成为富人，大者压倒一郡，中者压倒一县，小者压倒乡里，那更是多得数不胜数。

发财致富的正路是精打细算、勤劳节俭，但想要致富的人还必须出奇制胜。种田务农是笨重的行业，而靠它秦杨却成为一州的首富。盗墓本来是犯法的勾当，而田叔却靠它起家。赌博本来是恶劣的行径，而桓发致富却靠它。行走叫卖是男子汉的卑贱行业，而雍乐成却靠它发财。贩卖油脂是耻辱的行当，而雍伯靠它挣到了千金。卖水浆本是小本生意，而张氏靠它赚了一千万钱。磨刀本是小手艺，而郅氏靠它富到列鼎而食。卖羊肚儿本是微不足道的事，而浊氏靠它富至车马成行。给马治病是浅薄的小术，而张里靠它富到击钟佐食。这些人都是由于心志专一而致富的。

由此可见，致富并不靠固定的行业，而财货也没有固定的主人，有本领的人能够集聚财货，没有本领的人就会破败家财。有千金的人家可以比得上一个都会的封君，有家财巨万的富翁便能同国君一样享乐。这是不是所谓的“素封”者？难道不是吗？

史记卷一百三十

太史公自序第七十

昔在颛顼，命南正重以司天，（北）〔火〕正黎以司地。唐虞之际，绍重黎之后，使复典之，至于夏商，故重黎氏世序天地。其在周，程伯休甫其后也。当周宣王时，失其守而为司马氏。司马氏世典周史。惠、襄之间，司马氏去周适晋。晋中军随会奔秦，而司马氏入少梁。

自司马氏去周适晋，分散，或在卫，或在赵，或在秦。其在卫者，相中山。在赵者，以传剑论显，蒯聩其后也。在秦者名错，与张仪争论，于是惠王使错将伐蜀，遂拔，因而守之。错孙靳，事武安君白起。而少梁更名曰夏阳。靳与武安君坑赵长平军，还而与之俱赐死杜邮，葬于华池。靳孙昌，昌为秦主铁官，当始皇之时，蒯聩玄孙卬，为武信君将而徇朝歌。诸侯之相王，王卬于殷。汉之伐楚，卬归汉，以其地为河内郡。昌生无泽，无泽为汉市长。无泽生喜，喜为五大夫，卒，皆葬高门，喜生谈，谈为太史公。

太史公学天官于唐都，受《易》于杨何，习道论于黄子。太史公仕于建元、元封之间，愍学者之不达其意而师悖，乃论六家之要指曰：

《易大传》："天下一致而百虑，同归而殊涂。"夫阴阳、儒、墨、名、法、道德，此务为治者也，直所从言之异路，有省不省耳。尝窃观阴阳之术，大祥而众忌讳，使人拘而多所畏；然其序四时之大顺，不可失也。儒者博而寡要，劳而少功，是以其事难尽从；然其序君臣父子之礼，列夫妇长幼之别，不可易也。墨者俭而难遵，是以其事不可遍循；然其强本节用，不可废也。法家严而少恩；然其正君臣上下之分，不可改矣。名家使人俭而善失真；然其正名实，不可不察也。道家使人精神专一，动合无形，赡足万物。其为术也，因阴阳之大顺，采儒、墨之善，撮名、法之要，与时迁移，应物变化，立俗施事，无所不宜，指约而易操，事少而功多。儒者则不然。以为人主天下之仪表也，主倡而臣和，主先而臣随。如此，则主劳而臣逸。至于大道之要，去健羡，绌聪明，释此而任术，夫神大用则竭，形大劳则敝。形神骚动，欲与天地长久，非所闻也。

夫阴阳四时、八位、十二度、二十四节各有教令，顺之者昌，逆之者不死则亡。未必然也，故曰“使人拘而多畏”。夫春生夏长，秋收冬藏，此天道之大经也，弗顺则无以为天下纲纪，故曰“四时之大顺，不可失也。”

夫儒者以《六艺》为法，《六艺》经传以千万数，累世不能通其学，当年不能究其礼，故曰“博而寡要，劳而少功”。若夫列君臣父子之礼，序夫妇长幼之别，虽百家弗能易也。

墨者亦尚尧舜道，言其德行曰：“堂高三尺，土阶三等，茅茨不翦，采椽不刮，食土簋，啜土刑，粝（粱）〔粢〕之食，藜藿之羹。夏日葛衣，冬日鹿裘。”其送死，桐棺三寸，举音不尽其哀。教丧礼，必以此为万民之率。使天下法若此，则尊卑无别也。夫世异时移，事业不必同，故曰“俭而难遵”。要曰强本节用，则人给家足之道也。此墨子之所长，虽百家弗能废也。

法家不别亲疏，不殊贵贱，一断于法，则亲亲尊尊之恩绝矣。可以行一时之计，而不可长用也，故曰“严而少恩”。若尊主卑臣，明分职不得相逾越，虽百家弗能改也。

名家苛察缴绕，使人不得反其意，专决于名而失人情，故曰“使人俭而善失真”。若夫控名责实，参伍不失，此不可不察也。

道家无为，又曰无不为，其实易行，其辞难知。其术以虚无为本，以因循为用。无成势，无常形，故能究万物之情。不为物先，不为物后，故能为万物主。有法无法，因时为业；有度无度，因物与合。故曰“圣人不（朽）〔巧〕，时变是守”。虚者道之常也，因者君之纲也。群臣并至，使各自明也。其实中其声者谓之端，实不中其声者谓之窾。窾言不听，奸乃不生。贤不肖自分，白黑乃形。在所欲用耳，何事不成。乃合大道，混混冥冥，光耀天下，复反无名。凡人所生者神也，所托者形也。神大用则竭，形大劳则敝，形神离则死。死者不可复生，离者不可复反，故圣人重之。由是观之，神者生之本也，形者生之具也。不先定其神〔形〕，而曰“我有以治天下”，何由哉？

太史公既掌天官，不治民。有子曰迁。

迁生龙门，耕牧河山之阳。年十岁则诵古文。二十而南游江、淮，上会稽，探禹穴，窥九疑，浮于沅、湘；北涉汶、泗，讲业齐、鲁之都，观孔子之遗风，乡射邹、峄；厄困鄱、薛、彭城，过梁、楚以归。于是迁仕为郎中，奉使西征巴、蜀以南，南略邛、笮、昆明，还报命。

是岁天子始建汉家之封，而太史公留滞周南，不得与从事，故发愤且卒。而子迁适使反，见父于河、洛之间。太史公执迁手而泣曰："余先周室之太史也。自上世尝显功名于虞夏，典天官事。后世中衰，绝于予乎？汝复为太史，则续吾祖矣。今天子接千岁之统，封泰山，而余不得从行，是命也夫，命也夫！余死，汝必为太史；为太史，无忘吾所欲论著矣。且夫孝始于事亲，中于事君，终于立身。扬名于后世，以显父母，此孝之大者。夫天下称诵周公，言其能论歌文、武之德，宣周、邵之风，达太王、王季之思虑，爰及公刘，以尊后稷也。幽、厉之后，王道缺，礼乐衰，孔子修旧起废，论《诗》《书》，作《春秋》，则学者至今则之。自获麟以来四百有馀岁，而诸侯相兼，史记放绝。今汉兴，海内一统，明主贤君忠臣死义之士，余为太史而弗论载，废天下之史文，余甚惧焉，汝其念哉！"迁俯首流涕曰："小子不敏，请悉论先人所次旧闻，弗敢阙。"

卒三岁而迁为太史令，绌史记石室金匮之书。五年而当太初元年，十一月甲子朔旦冬至，天历始改，建于明堂，诸神受纪。

太史公曰："先人有言：'自周公卒五百岁而有孔子。孔子卒后至于今五百岁，有能绍明世，正《易传》，继《春秋》，本《诗》《书》《礼》《乐》之际？'意在斯乎！意在斯乎！小子何敢让焉。"

上大夫壶遂曰："昔孔子何为而作《春秋》哉？"太史公曰："余闻董生曰：'周道衰废，孔子为鲁司寇，诸侯害之，大夫壅之。孔子知言之不用，道之不行也，是非二百四十二年之中，以为天下仪表，贬天子，退诸侯，讨大夫，以达王事而已矣。'子曰：我欲载之空言，不如见之于行事之深切著明也。'夫《春秋》，上明三王之道，下辨人事之纪，别嫌疑，明是非，定犹豫，善善恶恶，贤贤贱不肖，存亡国，继绝世，补敝起废，王道之大者也。《易》著天地阴阳四时五行，故长于变；《礼》经纪人伦，故长于行；《书》记先王之事，故长于政；《诗》记山川溪谷禽兽草木牝牡雌雄，故长于风；《乐》乐所以立，故长于和；《春秋》辨是非，故长于治人。是故《礼》以节人，《乐》以发和，《书》以道事，《诗》以达意，《易》以道化，《春秋》以道义。拨乱世反之正，莫近于《春秋》。《春秋》文成数万，其指数千。万物之散聚皆在《春秋》。《春秋》之中，弑君三十六，亡国五十二，诸侯奔走不得保其社稷者不可胜数。察其所以，皆失其本已。故《易》曰'失之豪厘，差以千里'。故曰'臣弑君，子弑父，非一旦一夕之故也，其渐久矣’。故有国者不可以不知《春秋》，前有谗而弗见，后有贼而不知。为人臣者不可以不知《春秋》，守经事而不知其宜，遭变事而不知其权。为人君父而不通于《春秋》之义者，必蒙首恶之名。为人臣子而不通于《春秋》之义者，必陷篡弑之诛，死罪之名。其实皆以为善，为之不知其义，被之空言而不敢辞。夫不通礼义之旨，至于君不君，臣不臣，父不父，子不子。〔夫〕君不君则犯，臣不臣则诛，父不父则无道，子不子则不孝。此四行者，天下之大过也。以天下之大过予之，则受而弗敢辞。故《春秋》者，礼义之大宗也。夫礼禁未然之前，法施已然之后；法之所为用者易见，而礼之所为禁者难知。”

壶遂曰：“孔子之时，上无明君，下不得任用，故作《春秋》，垂空文以断礼义，当一王之法。今夫子上遇明天子，下得守职，万事既具，咸各序其宜，夫子所论，欲以何明？”

太史公曰：“唯唯，否否，不然。余闻之先人曰：‘伏羲至纯厚，作《易·八卦》。尧舜之盛，《尚书》载之，礼乐作焉。汤武之隆，诗人歌之。《春秋》采善贬恶，推三代之德，褒周室，非独刺讥而已也。’汉兴以来，至明天子，获符瑞，封禅，改正朔，易服色，受命于穆清，泽流罔极，海外殊俗，重译款塞，请来献见者，不可胜道。臣下百官力诵圣德，犹不能宣尽其意。且士贤能而不用，有国者之耻；主上明圣而德不布闻，有司之过也。且余尝掌其官，废明圣盛德不载，灭功臣世家贤大夫之业不述，堕先人所言，罪莫大焉。余所谓述故事，整齐其世传，非所谓作也，而君比之于《春秋》，谬矣。”

于是论次其文。七年而太史公遭李陵之祸，幽于缧绁。乃喟然而叹曰：“是余之罪也夫！是余之罪也夫！身毁不用矣。”退而深惟曰：“夫《诗》《书》隐约者，欲遂其志之思也。昔西伯拘羑里，演《周易》；孔子厄陈、蔡，作《春秋》；屈原放逐，著《离骚》；左丘失明，厥有《国语》；孙子膑脚，而论兵法；不韦迁蜀，世传《吕览》；韩非囚秦，《说难》《孤愤》；《诗》三百篇，大抵贤圣发愤之所为作也。此人皆意有所郁结，不得通其道也，故述往事，思来者。”于是卒述陶唐以来，至于麟止。自黄帝始。

维昔黄帝，法天则地。四圣遵序，各成法度；唐尧逊位，虞舜不台；厥美帝功，万世载之。作《五帝本纪》第一。

维禹之功，九州攸同，光唐虞际，德流苗裔；夏桀淫骄，乃放鸣条。

作《夏本纪》第二。

维契作商，爰及成汤；太甲居桐，德盛阿衡；武丁得说，乃称高宗；帝辛湛湎，诸侯不享。作《殷本纪》第三。

维弃作稷，德盛西伯；武王牧野，实抚天下；幽、厉昏乱，既丧酆、镐；陵迟至赧，洛邑不祀。作《周本纪》第四。

维秦之先，伯翳佐禹；穆公思义，悼豪之旅；以人为殉，诗歌《黄鸟》；昭襄业帝。作《秦本纪》第五。

始皇既立，并兼六国，销锋铸鐻，维偃干革，尊号称帝，矜武任力；二世受运，子婴降虏。作《始皇本纪》第六。

秦失其道，豪桀并扰，项梁业之，子羽接之；杀庆救赵，诸侯立之；诛婴背怀，天下非之。作《项羽本纪》第七。

子羽暴虐，汉行功德；愤发蜀汉，还定三秦；诛籍业帝，天下惟宁，改制易俗。作《高祖本纪》第八。

惠之早賞賈，诸吕不台；崇强禄、产，诸侯〔之〕谋之；杀隐幽友，大臣洞疑，遂及宗祸。作《吕太后本纪》第九。

汉既初兴，继嗣不明，迎王践祚，天下归心；蠲除肉刑，开通关梁，广恩博施，厥称太宗。作《孝文本纪》第十。

诸侯骄恣，吴首为乱，京师行诛，七国伏辜，天下翕然，大安殷富。作《孝景本纪》第十一。

汉兴五世，隆在建元，外攘夷狄，内修法度，封禅，改正朔，易服色。作《今上本纪》第十二。

维三代尚矣，年纪不可考，盖取之谱牒旧闻，本于兹，于是略推，作《三代世表》第一。

幽、厉之后，周室衰微，诸侯专政，《春秋》有所不纪；而谱牒经略，五霸更盛衰，欲睹周世相先后之意，作《十二诸侯年表》第二。

春秋之后，陪臣秉政，强国相王；以至于秦，卒并诸夏，灭封地，擅其号。作《六国年表》第三。

秦既暴虐，楚人发难，项氏遂乱，汉乃扶义征伐；八年之间，天下三嬗，事繁变众，故详著《秦楚之际月表》第四。

汉兴已来，至于太初百年，诸侯废立分削，谱纪不明，有司靡踵，强弱之原云(以世)〔已也〕。作《汉兴已来诸侯年表》第五。

维(高)祖元功，辅臣股肱，剖符而爵，泽流苗裔，忘其昭穆，或杀身陨国。作《高祖功臣侯者年表》第六。

惠景之间，维申功臣宗属爵邑，作《惠景间侯者年表》第七。

北讨强胡，南诛劲越，征伐夷蛮，武功爰列。作《建元以来侯者年表》第八。

诸侯既强，七国为从，子弟众多，无爵封邑，推恩行义，其势销弱，德归京师。作《王子侯者年表》第九。

国有贤相良将，民之师表也。维见汉兴以来将相名臣年表，贤者记其治，不贤者彰其事。作《汉兴以来将相名臣年表》第十。

维三代之礼，所损益各殊务，然要以近性情，通王道，故礼因人质为之节文，略协古今之变。作《礼书》第一。

乐者，所以移风易俗也。自《雅》《颂》声兴，则已好《郑》《卫》之音，《郑》《卫》之音所从来久矣。人情之所感，远俗则怀。比《乐书》以述来古，作《乐书》第二。

非兵不强，非德不昌，黄帝、汤、武以兴，桀、纣二世以崩，可不慎欤?《司马法》所从来尚矣，太公、孙、吴、王子能绍而明之，切近世，极人变。作《律书》第三。

律居阴而治阳，历居阳而治阴，律历更相治，间不容翲忽。五家之文怫异，维太初之元论。作《历书》第四。

星气之书，多杂禨祥，不经；推其文，考其应，不殊。比集论其行事，验于轨度以次，作《天官书》第五。

受命而王，封禅之符罕用，用则万灵罔不禋祀。追本诸神名山大川礼，作《封禅书》第六。

维禹浚川，九州攸宁；爰及宣防，决渎通沟。作《河渠书》第七。

维币之行，以通农商；其极则玩巧，并兼兹殖，争于机利，去本趋末。作《平准书》以观事变，第八。

太伯避历，江蛮是適；文武攸兴，古公王迹。阖庐弑僚，宾服荆楚；夫差克齐，子胥鸱夷；信嚭亲越，吴国既灭。嘉伯之让，作《吴世家》第一。

申、吕肖矣，尚父侧微，卒归西伯，文武是师；功冠群公，缪权于幽；番番黄发，爰飨营丘。不背柯盟，桓公以昌，九合诸侯，霸功显彰。田阚争宠，姜姓(解)〔鲜〕亡。嘉父之谋，作《齐太公世家》第二。

依之违之，周公绥之；愤发文德，天下和之；辅翼成王，诸侯宗周。

隐、桓之际，是独何哉？三桓争强，鲁乃不昌。嘉旦《金縢》，作《周公世家》第三。

武王克纣，天下未协而崩。成王既幼，管、蔡疑之，淮夷叛之，于是召公率德，安集王室，以宁东土。燕（易）〔哙〕之禅，乃成祸乱。嘉《甘棠》之诗，作《燕世家》第四。

管、蔡相武庚，将宁旧商；及旦摄政，二叔不飨；杀鲜放度，周公为盟；太任十子，周以宗强。嘉仲悔过，作《管蔡世家》第五。

王后不绝，舜禹是说；维德休明，苗裔蒙烈。百世享祀，爰周陈杞，楚实灭之。齐田既起，舜何人哉？作《陈杞世家》第六。

收殷馀民，叔封始邑，申以商乱，《酒》《材》是告，及朔之生，卫顷不宁；南子恶蒯聩，子父易名。周德卑微，战国既强，卫以小弱：角独后亡。嘉彼《康诰》，作《卫世家》第七。

嗟箕子乎！嗟箕子乎！正言不用，乃反为奴。武庚既死，周封微子。襄公伤于泓，君子孰称。景公谦德，荧惑退行。剔成暴虐，宋乃灭亡。嘉微子问太师，作《宋世家》第八。

武王既崩，叔虞邑唐。君子讥名，卒灭武公。骊姬之爱，乱者五世；重耳不得意，乃能成霸。六卿专权，晋国以耗。嘉文公锡珪鬯，作《晋世家》第九。

重黎业之，吴回接之；殷之季世，粥子牒之。周用熊绎，熊渠是续。庄王之贤，乃复国陈；既赦郑伯，班师华元。怀王客死，兰咎屈原；好谀信谗，楚并于秦。嘉庄王之义，作《楚世家》第十。

少康之子，实宾南海，文身断发，鼋鳝与处，既守封禺，奉禹之祀。勾践困彼，乃用种、蠡。嘉勾践夷蛮能修其德，灭强吴以尊周室，作《越王勾践世家》第十一。

桓公之东，太史是庸。及侵周禾，王人是议。祭仲要盟，郑久不昌。子产之仁，绍世称贤。三晋侵伐，郑纳于韩。嘉厉公纳惠王，作《郑世家》第十二。

维骥騄耳，乃章造父。赵夙事献，衰续厥绪。佐文尊王，卒为晋辅。襄子困辱，乃禽智伯。主父生缚，饿死探爵。王迁辟淫，良将是斥。嘉鞅讨周乱，作《赵世家》第十三。

毕万爵魏，卜人知之。及绛戮干，戎翟和之。文侯慕义，子夏师之。惠王自矜，齐秦攻之。既疑信陵，诸侯罢之。卒亡大梁，王假厮之。嘉武佐晋文申霸道，作《魏世家》第十四。

韩厥阴德，赵武攸兴。绍绝立废，晋人宗之。昭侯显列，申子庸之。疑非不信，秦人袭之。嘉厥辅晋匡周天子之赋，作《韩世家》第十五。

完子避难，适齐为援，阴施五世，齐人歌之。成子得政，田和为侯。王建动心，乃迁于共。嘉威、宣能拨浊世而独宗周，作《田敬仲完世家》第十六。

周室既衰，诸侯恣行。仲尼悼礼废乐崩，追修经术，以达王道，匡乱世反之于正，见其文辞，为天下制仪法，垂六艺之统纪于后世。作《孔子世家》第十七。

桀、纣失其道而汤、武作，周失其道而春秋作。秦失其政，而陈涉发迹，诸侯作难，风起云蒸，卒亡秦族。天下之端，自涉发难。作《陈涉世家》第十八。

成皋之台，薄氏始基。诎意适代，厥崇诸窦。栗姬偩贵，王氏乃遂。陈后太骄，卒尊子夫。嘉夫德若斯，作《外戚世家》第十九。

汉既谲谋，禽信于陈；越荆剽轻，乃封弟交为楚王，爰都彭城，以强淮泗，为汉宗藩。戊溺于邪，礼复绍之。嘉游辅祖，作《楚元王世家》第二十。

维祖师旅，刘贾是与；为布所袭，丧其荆、吴。营陵激吕，乃王琅邪；怵午信齐，往而不归，遂西入关，遭立孝文，获复王燕。天下未集，贾、泽以族，为汉藩辅。作《荆燕世家》第二十一。

天下已平，亲属既寡；悼惠先壮，实镇东土。哀王擅兴，发怒诸吕，驷钧暴戾，京师弗许。厉之内淫，祸成主父。嘉肥股肱，作《齐悼惠王世家》第二十二。

楚人围我荥阳，相守三年；萧何填抚山西，推计踵兵，给粮食不绝，使百姓爱汉，不乐为楚。作《萧相国世家》第二十三。

与信定魏，破赵拔齐，遂弱楚人。续何相国，不变不革，黎庶攸宁。嘉参不伐功矜能，作《曹相国世家》第二十四。

运筹帷幄之中，制胜于无形，子房计谋其事，无知名，无勇功，图难于易，为大于细。作《留侯世家》第二十五。

六奇既用，诸侯宾从于汉；吕氏之事，平为本谋，终安宗庙，定社稷。作《陈丞相世家》第二十六。

诸吕为从，谋弱京师，而勃反经合于权；吴楚之兵，亚夫驻于昌邑，以厄齐赵，而出委以梁。作《绛侯世家》第二十七。

七国叛逆，蕃屏京师，唯梁为捍；偷爱矜功，几获于祸。嘉其能距吴楚，作《梁孝王世家》第二十八。

五宗既王，亲属洽和，诸侯大小为藩，爰得其宜，僭拟之事稍衰贬矣。作《五宗世家》第二十九。

三子之王，文辞可观。作《三王世家》第三十。

末世争利，维彼奔义；让国饿死，天下称之。作《伯夷列传》第一。

晏子俭矣，夷吾则奢；齐桓以霸，景公以治。作《管晏列传》第二。

李耳无为自化，清净自正；韩非揣事情，循势理。作《老子韩非列传》第三。

自古王者而有《司马法》，穰苴能申明之。作《司马穰苴列传》第四。

（非信廉仁勇不能传兵论剑）〔非信仁廉勇不能传剑论兵书〕，与道同符，内可以治身，外可以应变，君子比德焉。作《孙子吴起列传》第五。

维建遇谗，爰及子奢，尚既匡父，伍员奔吴。作《伍子胥列传》第六。

孙氏述文，弟子兴业，咸为师傅，崇仁厉义。作《仲尼弟子列传》第七。

鞅去卫适秦，能明其术，强霸孝公，后世遵其法。作《商君列传》第八。

天下患衡秦毋餍，而苏子能存诸侯，约从以抑贪强。作《苏秦列传》第九。

六国既从亲，而张仪能明其说，复散解诸侯。作《张仪列传》第十。

秦所以东攘雄诸侯，樗里、甘茂之策。作《樗里甘茂列传》第十一。

苞河山，围大梁，使诸侯敛手而事秦者，魏冉之功。作《穰侯列传》第十二。

南拔鄢郢，北摧长平，遂围邯郸，武安为率。破荆灭赵，王翦之计。乍《白起王翦列传》第十三。

猎儒墨之遗文，明礼义之统纪，绝惠王利端，列往世兴衰。作《孟子荀卿列传》第十四。

好客喜士，士归于薛，为齐扞楚、魏。作《孟尝君列传》第十五。

争冯亭以权，如楚以救邯郸之围，使其君复称于诸侯。作《平原君虞卿列传》第十六。

能以富贵下贫贱，贤能诎于不肖，唯信陵君为能行之。作《魏公子列传》第十七。

以身徇君，遂脱强秦，使驰说之士南向走楚者，黄歇之义。作《春申君列传》第十八。

能忍詢于魏齐，而信威于强秦，推贤让位，二子有之。作《范睢蔡泽列传》第十九。

率行其谋，连五国兵，为弱燕报强齐之仇，雪其先君之耻。作《乐毅列传》第二十。

能信意强秦，而屈体廉子，用徇其君，俱重于诸侯。作《廉颇蔺相如列传》第二十一。

湣王既失临淄而奔莒，唯田单用即墨破走骑劫，遂存齐社稷。作《田单列传》第二十二。

能设诡说解患于围城，轻爵禄，乐肆志。作《鲁仲连邹阳列传》第二十三。

作辞以讽谏，连类以争义，《离骚》有之。作《屈原贾生列传》第二十四。

结子楚亲，使诸侯之士斐然争入事秦。作《吕不韦列传》第二十五。

曹子匕首，鲁获其田，齐明其信；豫让义不为二心。作《刺客列传》第二十六。

能明其画，因时推秦，遂得意于海内，斯为谋首。作《李斯列传》第二十七。

为秦开地益众，北靡匈奴，据河为塞，因山为固，建榆中。作《蒙恬列传》第二十八。

填赵塞常山以广河内，弱楚权，明汉王之信于天下。作《张耳陈馀列传》第二十九。

收西河、上党之兵，从至彭城；越之侵掠梁地以苦项羽。作《魏豹彭越列传》第三十。

以淮南叛楚归汉，汉用得大司马殷，卒破子羽于垓下。作《黥布列传》第三十一。

楚人迫我京、索，而信拔魏、赵，定燕、齐，使汉三分天下有其二，以灭项籍。作《淮阴侯列传》第三十二。

楚汉相拒巩、洛，而韩信为填颍川，卢绾绝籍粮饷。作《韩信卢绾列传》第三十三。

诸侯畔项王，唯齐连子羽城阳，汉得以间遂入彭城。作《田儋列传》第三十四。

攻城野战，获功归报，哙、商有力焉，非独鞭策，又与之脱难。作《樊郦列传》第三十五。

汉既初定，文理未明，苍为主计，整齐度量，序律历。作《张丞相列传》第三十六。

结言通使，约怀诸侯；诸侯咸亲，归汉为藩辅。作《郦生陆贾列传》第三十七。

欲详知秦楚之事，唯周緤常从高祖，平定诸侯。作《傅靳蒯成列传》第三十八。

徙强族，都关中，和约匈奴；明朝廷礼，次宗庙仪法。作《刘敬叔孙通列传》第三十九。

能摧刚作柔，卒为列臣；栾公不劫于势而倍死。作《季布栾布列传》第四十。

敢犯颜色以达主义，不顾其身。为国家树长画。作《袁盎鼂错列传》第四十一。

守法不失大理，言古贤人，增主之明。作《张释之冯唐列传》第四十二。

敦厚慈孝，讷于言，敏于行，务在鞠躬，君子长者。作《万石张叔列传》第四十三。

守节切直，义足以言廉，行足以厉贤，任重权不可以非理挠。作《田叔列传》第四十四。

扁鹊言医，为方者宗，守数精明；后世（修）〔循〕序，弗能易也，而仓公可谓近之矣，作《扁鹊仓公列传》第四十五。

维仲之省，厥濞王吴，遭汉初定，以填抚江、淮之间。作《吴王濞列传》第四十六。

吴楚为乱，宗属唯婴贤而喜士，士向之，率师抗山东荥阳。作《魏其武安列传》第四十七。

智足以应近世之变，宽足用得人。作《韩长孺列传》第四十八。

勇于当敌，仁爱士卒，号令不烦，师徒乡之。作《李将军列传》第四十九。

自三代以来，匈奴常为中国患害，欲知强弱之时，设备征讨，作《匈奴列传》第五十。

直曲塞，广河南，破祁连，通西国，靡北胡。作《卫将军骠骑列传》

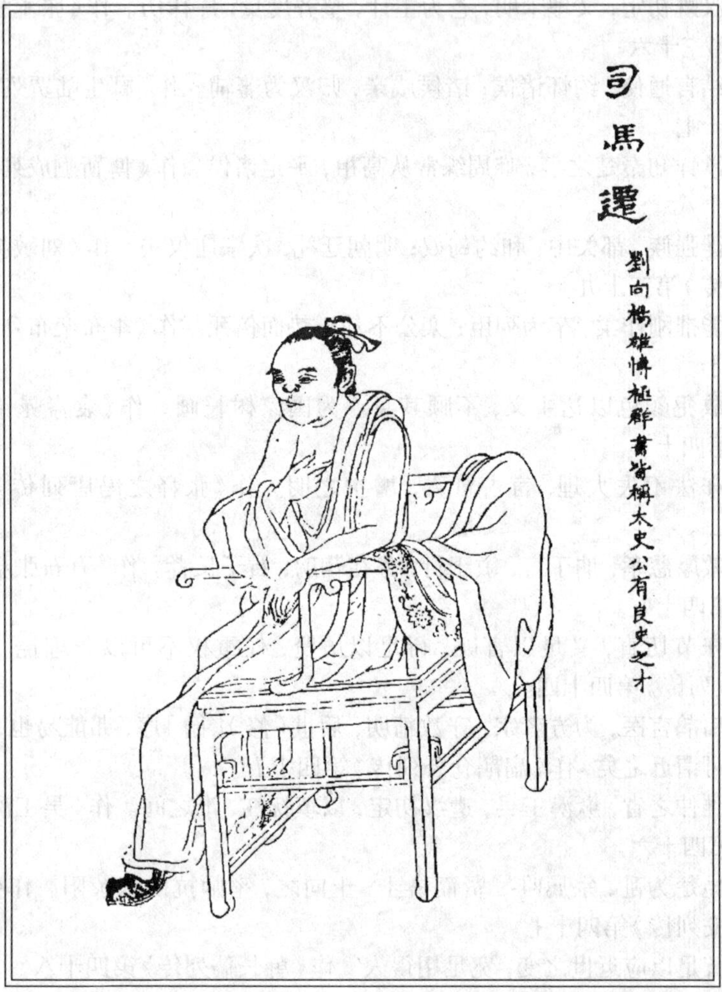

司马迁像，选自清·上官周绘《晚笑堂画传》。

第五十一。

大臣宗室以侈靡相高，唯弘用节衣食为百吏先。作《平津侯列传》第五十二。

汉既平中国，而佗能集杨越以保南藩，纳贡职。作《南越列传》第五十三。

吴之叛逆，瓯人斩濞，葆守封禺为臣。作《东越列传》第五十四。

燕丹散乱辽间，满收其亡民，厥聚海东，以集真藩，葆塞为外臣。作《朝鲜列传》第五十五。

唐蒙使略通夜郎，而邛、笮之君请为内臣受吏。作《西南夷列传》第五十六。

《子虚》之事，《大人》赋说，靡丽多夸，然其指风谏，归于无为。作《司马相如列传》第五十七。

黥布叛逆，子长国之，以填江、淮之南，安剽楚庶民，作《淮南衡山列传》第五十八。

奉法循理之吏，不伐功矜能，百姓无称，亦无过行。作《循吏列传》第五十九。

正衣冠立于朝廷，而群臣莫敢言浮说，长孺矜焉；好荐人，称长者，壮有溉。作《汲郑列传》第六十。

自孔子卒，京师莫崇庠序，唯建元、元狩之间，文辞粲如也。作《儒林列传》第六十一。

民倍本多巧，奸轨弄法，善人不能化，唯一切严削为能齐之。作《酷吏列传》第六十二。

汉既通使大夏，而西极远蛮，引领内乡，欲观中国。作《大宛列传》第六十三。

救人于厄，振人不赡，仁者有乎；不既信，不背言，义者有取焉。作《游侠列传》第六十四。

夫事人君能说主耳目，和主颜色、而获亲近，非独色爱，能亦各有所长。作《佞幸列传》第六十五。

不流世俗，不争势利，上下无所凝滞，人莫之害，以道之用。作《滑稽列传》第六十六。

齐、楚、秦、赵为日者，各有俗所用。欲循观其大旨，作《日者列传》第六十七。

三王不同龟，四夷各异卜，然各以决吉凶。略窥其要，作《龟策列传》第六十八。

布衣匹夫之人，不害于政，不妨百姓，取与以时而息财富，智者有采焉。作《货殖列传》第六十九。

维我汉继五帝末流，接三代（统）〔绝〕业。周道废，秦拨去古文，焚灭《诗》《书》，故明堂石室金匮玉版图籍散乱。于是汉兴，萧何次律令，韩信申军法，张苍为章程，叔孙通定礼仪，则文学彬彬稍进，《诗》《书》往往间出矣。自曹参荐盖公言黄老，而贾生、晁错明申、商，公孙弘以儒显，百年之间，天下遗文古事靡不毕集太史公。太史公仍父子相续纂其职。曰："於戏！余维先人尝掌斯事，显于唐虞，至于周复典之，故司马氏世主天官。至于余乎，钦念哉！钦念哉！"罔罗天下放失旧闻，王迹所兴，原始察终，见盛观衰，论考之行事，略推三代，录秦汉，上记轩辕，下至于兹，著十二本纪，既科条之矣。并时异世，年差不明，作十表。礼乐损益，律历改易，兵权山川鬼神，天人之际，承敝通变，作八书。二十八宿环北辰，三十辐共一毂，运行无穷，辅拂股肱之臣配焉，忠信行道，以奉主上，作三十世家。扶义俶傥，不令己失时，立功名于天下，作七十列传。凡百三十篇，五十二万六千五百字，为《太史公书》。序略，以拾遗补艺，成一家之言，厥协《六经》异传，整齐百家杂语，藏之名山，副在京师，俟后（世）圣（人）君子。第七十。

太史公曰：余述历黄帝以来至太初而讫，百三十篇。

【译文】

从前颛顼统治天下时，任命南正重掌管天文、北正黎掌管地理。唐虞之际，又让重、黎的后代继续掌管天文、地理，一直到夏商时期。所以，重黎氏世代掌管天文地理。周朝时候，程伯休甫就是他们的后裔。到了周宣王的时候，重黎氏因失去官守而成为司马氏。司马氏世代掌管周史。周惠王和周襄王统治时期，司马氏离开周都，到了晋国。后来，晋国中军元帅随会逃奔到秦国，司马氏也迁居少梁。

自从司马氏离开周都到了晋国之后，族人分散各地，有的在卫国，有的在赵国，有的在秦国。在卫国的，做了中山国的相。在赵国的，以传授剑术理论而显扬于世，蒯聩就是他们的后代。在秦国的名叫司马错，曾与张仪发生争论，于是秦惠王派司马错率军攻打蜀国，攻取后，又任命他做了蜀地郡守。司马错之孙司马靳，侍奉武安君白起。这时候少梁已更名为夏阳。司马靳与武安君坑杀赵国长平军，回来后与武安君一起被赐死于杜邮，埋葬在华池。司马靳之孙司马昌，是秦国主管冶铸铁器的官员，生活在秦始皇时代。蒯聩玄孙司马卬，曾为武安君部将并带兵攻占朝歌。诸侯争相为王时，司马卬在殷地称王。汉王刘邦攻打楚霸王项羽之际，司马卬归降汉王，汉把殷地设为河内郡。司马昌生司马无泽，司马无泽担任汉朝市长之职。无泽生司马喜，司马喜封爵五大夫，死后都埋葬在高门。司马喜生司马谈，司马谈做了太史公。

太史公跟着唐都学习天文，跟着杨何学习《易经》，跟着黄子学习道家理论。太史公在建元至元封年间做官，他忧虑学者不能通晓各学派的要义而所学悖谬，于是论述阴阳、儒、墨、名、法和道德六家的要旨说：

《周易·系辞传》说："天下人的追求相同，而具体策划却多种多样；达到的目的相同，而采取的途径却不一样。"阴阳家、儒家、墨家、名家、法家和道家都是致力于如何达到太平治世的学派，只是他们所遵循依从的学说不是一个路子，有的显明，有的不显明罢了。我曾经在私下里研究过阴阳之术，发现它注重吉凶祸福的预兆，禁忌避讳很多，使人受到一些束缚并多有所畏惧，但阴阳家关于一年四季运行顺序的道理，是不可丢弃的。儒家学说广博但殊少抓住要领，花费了气力却很少见到功效，因此该学派的主张难以完全遵从；然而它所序列的君臣父子之礼、夫妇长幼之别则是不可改变的。墨家俭啬而难以依遵，因此该派的主张不能全部遵循，但它提出的强本节用的主张，则是不可废弃的。法家主张严刑峻法却刻薄寡恩，但它辨正君臣上下名分的主张，则是不可更改的。名家使人受约束而容易失去真实性；但它辨正名与实的关系，则是不能不认真察考的。道家是使人精神专一，行动合乎无形之道，使万物丰足。道家之术依据阴阳家关于四时运行顺序之说，吸收儒墨两家之长，撮取名、法两家之精要，随着时势发展，顺应事物的变化，树立良好风俗，应用于人事，无不适宜，意旨简单扼要而容易掌握，用力少而功效多。儒家则不是这样。他们认为君主是天下人的表率，君主倡导，臣下应和，君主先行，臣下随从。这样一来，君主劳累了而臣下却安逸了。至于大道的要旨，是舍弃刚强与贪欲，去掉聪明智慧，将这些放置一边而用智术治理天下。精神过度使用就会衰竭，身体过度劳累就会疲惫，身体和精神受到扰乱，不得安宁，却想要与天地共长久，则是从未听说过的事。

阴阳家认为四时、八位、十二度和二十四节气各有一套宜忌规定，顺应了它就会昌盛，违背了它不死也亡。这未必是对的，所以说阴阳家“使人受束缚而多所畏惧”。春生、夏长、秋收、冬藏，这是自然界的重要规律，不顺应它就无法制定天下纲纪，所以说“四时的运行是不能舍弃的”。

儒家以《诗经》《尚书》《易经》《礼记》《春秋》《乐经》等“六艺”为法式，而“六艺”的本文和释传以千万计，几代相继不能弄通其学问，有生之年不能穷究其礼仪，所以说儒家学说“广博但殊少抓住要领，花费了力气却很少收到功效”。至于序列君臣父子之礼，夫妇长幼之别，即使是百家之说也不能改变它。

墨家也崇尚尧舜之道，谈论他们的品德行为说：“堂口三尺高，堂下土阶只有三层，用茅草搭盖屋顶而不加修剪，用栎木做椽子而不经刮削。用陶簋吃饭，用陶铏喝汤，吃的是糙米粗饭和藜藿做的野菜羹。夏天穿葛布衣，冬天穿鹿皮裘”。墨家为死者送葬的时候只做一副厚仅三寸的桐木棺材，送葬者恸哭而不能尽诉其哀痛。教民丧礼，必须以此作为万民的统一标准。假使天下都照此法去做。那贵贱尊卑就没有区别了。世代不同，时势变化，人们所做的事业不一定会相同，所以说墨家“俭啬而难以遵从”。墨家学说的要旨为强本节用，则是人人丰足、家家富裕之道。这是墨子学说的长处，即使是百家学说也不能废弃它。

法家不区别亲疏远近，不区分贵贱尊卑，一律依据法令来决断，那么亲近亲属、尊敬长上的恩情就断绝了。这些可作为一时之计来施行，却不可长用，所以说法家“严酷而刻薄寡恩”。至于说到法家使君主尊贵，使臣子卑下，使上下名分、职分明确，不得相互逾越等主张，即使百家之说也是不能更改的。

名家刻细烦琐，纠缠不清，使人不能反求其意，一切取决于概念名称却失去了一般常理，所以说它“使人受约束而容易丧失人的真实性”。至于循名责实，要求名称与实际进行比较验证，这是不可不予以认真考察的。

道家讲“无为”，又说“无不为”，其实际主张容易施行，其文辞则幽深微妙，难以明白通晓。其学说以虚无为理论基础，以顺应自然为实用原则。道家认为事物没有既成不变之势，没有常存不变之形，所以能够探求万物的情理。不做超越自然规律的事，也不做落后于自然规律的事，所以能够成为万物的主宰。内心有法而不任法以为法，要顺应时势以成其业；内心有度而不恃度以为度，要根据万物之形各成其度而与之相合。所以说“圣人的思想和业绩之所以不可磨灭，就在于能够顺应时势的变化。虚无是道的永恒规律，顺天应人是国君治国理民的纲要”。群臣一齐来到面前，君主应让他们各自明确自己的职分。其实际情况符合其言论名声者，叫做“端”；实际情况不符合其言论声名者，叫做“窾”。不听信“窾言”即空话，奸邪就不会产生，贤与不肖自然分清，黑白也就分明。问题在于想不想依照而行，只要肯运用，什么事办不成呢？这样才会合乎大道，一派混混冥冥的境界。光辉照耀天下，重又返归于无名的状态。大凡人活着是因为有精神，而精神又寄托于形体。精神过度使用就会精力衰竭，形体过度劳累就会身体疲惫，形、神分离就会死亡。死去的人不能复生，神、形分离便不能重新结合在一起，所以圣人重视这个问题。由此看来，精神是人生命的根本，形体是生命的依托。不先安定自己的精神和身体，却侈谈“我有办法治理天下”，凭借的又是什么呢？

太史公执掌天文之后，不管民事。他有个儿子名叫司马迁。

司马迁生于龙门，在黄河之北、龙门山之南，过着耕种畜牧生活。年仅十岁便已习诵古文。二十岁开始南游江、淮地区，登会稽山，探察禹穴，游览九疑山，泛舟于沅水、湘水之上；北渡汶水、泗水，在齐、鲁两地的都会与人研讨学问，考察孔子的遗风，在邹县、峄山行乡射之礼；在鄱、薛、彭城遭到困厄，经过梁、楚之地回到家乡。于是司马迁出仕为郎中，奉命西征巴蜀以南，往南经略邛、筰、昆明，归来向朝廷复命。

这一年，天子开始举行汉朝的封禅典礼，而太史公被滞留在周南，不能参与其事，所以心中愤懑，致病将死。其子司马迁恰逢出使归来，在黄河、洛水之间拜见了父亲。太史公谈握着司马迁的手哭着说：“我们的先祖是周朝的太史。远在上古虞夏之世便显扬功名，执掌天文之事。后世衰落了，现在会断绝在我手里吗？你继任做太史，就能接续我们祖先的事业了。现在天子继承汉朝千年一统的大业，在泰山举行封禅典礼，而我不能随行，这是命啊，是命啊！我死之后，你必定要做太史；做了太史，不要忘记我想要撰写的著述啊。再说孝道始于奉养双亲，进而侍奉君主，最终在于立身扬名。扬名后世来显耀父母，这是最大的孝道。天下称道歌颂周公，说他能够论述歌颂文王、武王的功德，宣扬周、邵的风尚，通晓太王、王季的思虑，乃至于公刘的功业，并尊崇始祖后稷。周幽王、厉王以后，王道衰败，礼乐衰颓，孔子研究整理旧有的典籍，修复振兴被废弃破坏的礼乐，论述《诗经》《尚书》，写作《春秋》，学者至今以之为准则。自春秋末期以来四百余年，诸侯相互兼并，史书被丢弃殆尽。如今汉朝兴起，海内统一，明主贤君忠臣死义之士，我作为太史却未能予以论评载录，断绝了天下的修史传统，对此我甚感惶恐，你可要记在心上啊！”司马迁低下头流着眼泪说：“儿子虽然驽笨，但我会详述先人所整理的历史旧闻，不敢稍有缺漏。”

司马谈去世三年后，司马迁任太史令，开始缀集历史书籍及国家收藏的档案文献。司马迁任太史令五年，正当汉太初元年，十一月甲子朔旦冬至，汉朝的历法开始改用夏正，即以农历一月为正月，天子在明堂举行了实施新历法的仪式，诸神皆受瑞纪。

太史公说：“先人说过：‘自周公死后五百年而有孔子。孔子死后到现在五百年，有能继承清明之世，正定《易传》，接续《春秋》，意本《诗经》《尚书》《礼记》《乐经》的人吗？’其用意就在于此，在于此吧！我又怎敢推辞呢？”

上大夫壶遂问：“从前孔子为什么要作《春秋》呢？”太史公说：“我听董生讲：‘周朝王道衰败废弛，孔子担任鲁国司寇，诸侯嫉害他，卿大夫阻挠他。孔子知道自己的意见不被君主采纳，政治主张无法实行，便褒贬评定二百四十二年间的是非，作为天下评判是非的标准，贬抑无道的天子，斥责为非的诸侯，声讨乱政的大夫，为的是使国家政事通达而已’。孔子说：‘我与其载述空洞的说教，不如举出在位者所做所为来显现他的是非美恶，这样就更加深切显明了。’《春秋》这部书，上阐明三王的治道，下辨别人事的纪纲，辨别嫌疑，判明是非，论定犹豫不决之事，褒善怨恶，尊重贤能，贱视不肖，使灭亡的国家存在下去，使断绝了的世系继续下去，补救衰敝之事，振兴废弛之业，这是最大的王道。《易经》载述天地、阴阳、四时、五行，所以在说明变化方面见长；《礼记》规范人伦，所以在行事方面见长；《尚书》记述先王事迹，所以在政治方面见长；《诗经》记山川溪谷、禽兽草木、牝牡雌雄，所以在风土人情方面见长；《乐经》是论述音乐立人的经典，所以在和谐方面见长；《春秋》论辨是非，所以在治人方面见长。由此可见《礼记》是用来节制约束人的，《乐经》是用来诱发人心平和的，《尚书》是述说政事的，《诗经》是用来表达情意的，《易经》是用来讲变化之道的，《春秋》是用来论述道义的。平定乱世，使之复归正道，没有什么著作比《春秋》更切近有效了。《春秋》不过数万字，而其要旨就有数千条。万物的离散聚合都在《春秋》之中。在《春秋》一书中，记载弑君事件三十六起，被灭亡的国家五十二个，诸侯出奔逃亡不能保其国家的数不胜数。考察其变乱败亡的原因，都是丢掉了作为立国立身根本的春秋大义。所以《易经》中讲'失之毫厘，差以千里'。所以说'臣弑君，子弑父，并非一朝一夕的缘故，其发展渐进已是很久了'。因此，做国君的不可以不知《春秋》，否则就是谗佞之徒站在面前也看不见，奸贼之臣紧跟在后面也不会发觉。做人臣者不可以不知《春秋》，否则就只会墨守常规之事却不懂得因事制宜，遇到突发事件则不知如何灵活应对。

做人君、人父的人若不通晓《春秋》的要义，必定会蒙受首恶之名。做人臣、人子的人如不通晓《春秋》要义，必定会陷于篡位杀上而被诛伐的境地，并蒙死罪之名。其实他们都认为是好事而去做，只因为不懂得《春秋》大义，而蒙受史家口诛笔伐的不实之言却不敢推卸罪名。如不明了礼义的要旨，就会弄到君不像君、臣不像臣、父不像父、子不像子的地步。君不像君就会被臣下干犯，臣不像臣就会被诛杀，父不像父就会昏聩无道，子不像子就会忤逆不孝。这四种恶行，是天下最大的罪过。把天下最大的罪过加在他身上，也只得接受而不敢推卸。所以《春秋》这部经典是礼义根本之所在。礼是在事情发生之前禁绝坏事，法规是在坏事发生之后施行的；法规施行的作用显而易见，而礼教禁绝的作用却隐而难知。"

壶遂说："孔子时候，在上没有圣明君主，他处在下面又得不到任用，所以撰写《春秋》，留下一部空洞的史文来裁断礼义，当作一代帝王的法典。现在先生上遇圣明天子，下能当官供职，万事已经具备，而且全部各得其所，井然相宜，先生所撰述的想要阐明什么呢？"

太史公说："是，是啊，不不，不完全是这么回事。我听先人说过：'伏羲最为纯厚，作《易经》八卦。尧舜的强盛，《尚书》里面作了记载，礼乐在那时兴起。商汤周武时代的隆盛，诗人予以歌颂。《春秋》扬善贬恶，推崇夏、商、周三代盛德，褒扬周王室，并非仅仅讽刺讥斥呀'。汉朝兴建以来，到当今英明天子，获见符瑞，举行封禅大典，改订历法，变换服色，受命于上天，恩泽流布无边，海外不同习俗的国家，辗转几重翻译到中原边关来，请求进献朝见的不可胜数。臣下百官竭力颂扬天子的功德，仍不能完全表达出他们的心意。再说士贤能而不被任用，是做国君的耻辱；君主明圣而功德不能被广泛传扬到大家都知道，是有关官员的罪过。况且我曾担任太史令的职务，若弃置天子明圣盛德而不予记载，埋没功臣、世家、贤大夫的功业而不予载述，违背先父的临终遗言，罪过就实在太大了。我所说的缀述旧事，整理有关人物的家世传记，并非所谓著作呀，而您拿它与《春秋》相比，那就错了。”

于是太史公就开始论述编次所得文献和材料。到了第七年，太史公遭逢李陵之祸，被囚禁狱中，于是喟然而叹道：“这是我的罪过啊！这是我的罪过啊！身体残毁没有用了。”回过头来深思道：“《诗经》《尚书》含义隐微而言辞简约，是作者想要表达他们的心志和情绪。从前周文王被拘禁羑里，推演了《周易》；孔子遭遇陈蔡的困厄，作有《春秋》；屈原被放逐，写成《离骚》；左丘明双目失明，才编撰了《国语》，孙子的腿受了膑刑，却论述兵法；吕不韦被贬徙蜀郡，世上才流传《吕览》；韩非被囚禁在秦国，才写有《说难》《孤愤》；《诗经》三百篇，大都是圣人贤士抒发愤懑而作的。这些人都是心中聚集郁闷忧愁，理想主张不得实现，所以追述往事，思考未来。”于是我终于下定决心记述唐尧以来直到武帝获白麟那一年的历史，从黄帝开始。

从前黄帝以天地为法则，颛顼、帝喾、尧、舜四位圣明帝王先后相继，各建成一定的法度；唐尧让位于虞舜，虞舜因觉自己不能胜其任而不悦；这些帝王的美德丰功，万世流传。作《五帝本纪》第一。

大禹治水之功，九州同享他的成就，光耀唐虞之际，恩德流传后世；夏桀荒淫骄横，于是被放逐鸣条。作《夏本纪》第二。

契建立商国，传到成汤；太甲被放逐居桐地改过反善，阿衡功德隆盛；武丁得到傅说的辅佐，所以被称为高宗；帝辛沉湎无道，诸侯不再进贡。作《殷本纪》第三。

弃发明种谷，西伯姬昌美德美名传遍天下；武王在牧野伐纣，安抚天下百姓；幽王、厉王昏暴淫乱，丧失了丰、镐二京；王室衰败直至赧王，洛邑断绝了周室宗庙的祭祀。作《周本纪》第四。

秦的祖先伯翳，曾经辅佐大禹；秦缪公思及君义，祭悼秦国在崤战死的将士；缪公死后以活人殉葬，《黄鸟》一诗诉其哀伤；昭襄王开创了帝业。作《秦本纪》第五。

秦始皇即位，兼并了六国，销毁兵器，铸为钟鐻，希望能够使干戈止息，尊号称为皇帝，耀武扬威，专凭暴力，秦二世承受国运继位，子婴投降做了俘虏。作《秦始皇本纪》第六。

秦朝丧失了王道，豪杰并起反抗暴秦；项梁开创反秦大业，项羽接续；项羽杀了卿子冠军宋义，解救了赵国，诸侯拥立他；可他诛杀子婴，背弃义帝怀王，天下都责难他。作《项羽本纪》第七。

项羽残酷暴虐，汉王施行仁德；发愤于蜀、汉，率军北还平定三秦；诛灭项羽建立帝业，安定了天下，又改革制度，更易风俗。作《高祖本纪》第八。

惠帝早逝，诸吕用事使百姓不悦；吕后提高吕禄、吕产的地位，加强他们的权力，诸侯图谋剪除他们；吕后杀害赵隐王，又囚杀赵幽王刘友，朝中大臣疑惧，终于导致了吕氏宗族覆灭。作《吕太后本纪》第九。

汉朝初建，惠帝死后帝位继承人不明确，众臣迎立代王刘恒即位，天下于是心服；文帝废除肉刑，开通水陆要道，博施恩惠，死后被称为太宗。作《孝文本纪》第十。

诸侯王骄横恣肆，吴王率先叛乱，朝廷派兵讨伐，七国叛乱先后伏罪，天下安定，太平富裕。作《孝景本纪》第十一。

汉朝兴建五世，在建元年间兴隆盛世，天子外攘夷狄，内修法度，举行封禅，修订历法，改变服色。作《今上本纪》（也即《孝武本纪》）第十二。

夏、商、周三代太久远了，具体年代已经不可考证，大致取之于传世的谱牒旧闻，以此为据，进而大略地推断，作《三代世表》第一。

幽王、厉王之后，周朝王室衰落，诸侯各自为政，《春秋》有些未作记载；而谱牒只记概要，五霸又交替盛衰，为考察周朝各诸侯国的先后关系，作《十二诸侯年表》第二。

春秋以后，陪臣执政，强国之君竞相称王，等到秦王嬴政的时候，终于吞并各国，铲除封地，独享尊号。作《六国年表》第三。

秦二世暴虐，楚人陈胜发难，项氏又自乱反秦阵营，汉王于是仗义征伐。八年之间，天下三易其主，事变繁多，所以详著《秦楚之际月表》第四。

汉朝自兴建以来，直到太初一百年间，诸侯废立分化削弱的情况，谱录记载不明，主管的官员也无法接着记下去，但可据其世系推知其强弱的原因。作《汉兴以来诸侯王年表》第五。

高祖始取天下，辅佐他创业的功臣，都剖符封爵，恩泽传到他们的子孙后代，有的忘了亲疏远近，分不出辈分，也有的竟至杀身亡国。作《高祖功臣侯者年表》第六。

惠帝、景帝年间，增封功臣宗属爵位和食邑。作《惠景间侯者年表》第七。

北面攻打强悍的匈奴，南面诛讨强劲的越人，征伐四方蛮夷，不少人因为军功封侯。作《建元以来侯者年表》第八。

诸侯国家日渐强大，吴楚等七国南北连成一片，诸侯王子弟众多，很多人没有爵位封邑，朝廷下令推行恩义，分封诸侯王子弟为侯，致使王国势力日益削弱，而德义却归于朝廷。作《建元以来王子侯者年表》第九。

国家的贤相良将，是民众的表率。曾看到汉兴以来将相名臣年表，对其中的贤者记录他的治绩，对不贤者则明其劣迹。作《汉兴以来将相名臣年表》第十。

夏、商、周三代之礼，各有所增减而不同，但总的来看，其要领都在于使礼切近人的情性，通于王道，所以礼是根据人的质朴本性而制成，减掉了那些繁文缛节，大体顺应了古今之变。作《礼书》第一。

乐，是用来移风易俗的。自《雅》《颂》之声兴起，人们就已经喜好郑、卫之音，郑、卫之音由来已久了。被人情所感发，那远方异俗之人就会来归附。仿照已有《乐书》来论述自古以来音乐的兴衰，作《乐书》第二。

没有军队国家就不会强大，不施行德政国家就不会昌盛，黄帝、商汤、周武王因为懂得这个道理而兴，夏桀、商纣、秦二世因为不懂这点而亡，怎么可以对此不慎重呢？《司马法》产生已很久了，姜太公、孙武、吴起、王子成甫能继承并有所发明，切合近世情况，极尽人事之变。作《律书》第三。

乐律处于阴而治阳，历法处于阳而治阴，律历交替相治，其间不容许丝毫差错。原有五家的历书相互悖逆不同，只有太初元年所论历法为是。作《历书》第四。

星气之书，夹杂着许多求福去灾、预兆吉凶的内容，荒诞不经；推究其文辞，考察其应验，并无什么特别之处。待到武帝召集专人研讨此事，并依次用轨度加以验证。作《天官书》第五。

承受天命做了帝王，封禅这样的符瑞之事不可轻易举行，如果举行，那么一切神灵没有不受祭祀的。追溯祭祀名山大川诸神之礼，作《封禅书》第六。

大禹疏通河川，九州才得以安宁；及至建立宣防宫之时，河道沟渠更被疏浚。作《河渠书》第七。

钱币的流通，是为沟通农商；其弊端竟发展到玩弄智巧，兼并发财，争相投机牟利的地步，这就是舍本逐末了。作《平准书》来考察事情的变化发展，这是第八。

太伯为让季历继位，避居到江南蛮夷之地，文王、武王才得以振兴周邦，发展了古公亶父的王业。阖闾杀了吴王僚，夺取王位，降服了楚国；夫差战胜齐国，逼杀伍子胥以革囊盛其尸；听信伯嚭的话亲善越国，最终被越国所灭。为赞许太伯让位的美德，作《吴太伯世家》第一。

申、吕两国衰弱，尚父微贱坎坷，终于投归西伯侯，为文王、武王之师；他的功劳为群臣之首，擅长暗中设计权谋；头发斑白的时候受封于齐，建都营丘，成为齐国始祖。齐桓公不背弃与鲁国在柯地所订盟约，事业由此昌盛，多次会合诸侯，成就霸业。田恒与阚止争宠，姜姓齐国于是瓦解灭亡。为赞美尚父的宏谋，作《齐太公世家》第二。

诸侯和部属对周无论是依顺的，还是违抗的，周公都安抚他们；他努力宣扬文德，天下人都响应附和他；他辅佐护佑成王，诸侯以周天子为天下宗主。隐公、桓公之际却屡屡发生悖德非礼之事，这是为什么呢？只因三桓争强，鲁国国运不昌。赞美周公旦的《金縢》策文，作《周公世家》第三。

武王战胜商纣，天下尚未协洽他便驾崩了。成王年幼，管叔、蔡叔怀疑周公篡位，淮夷也起兵叛乱，于是召公凭借他的高德率先支持周公，使王室团结安定，保证了周公东征的胜利，使东方得以安宁。燕王哙的禅位，才造成了祸乱。赞赏《甘棠》诗篇，作《燕召公世家》第四。

管蔡二叔辅佐武庚，想要安定商朝旧地；周公旦摄政，二叔不服，周公便杀死管叔鲜，流放蔡叔度，周公盟誓忠于成王，太任生育十个儿子，周室因为宗族繁盛而强大。表彰蔡仲的悔过，作《管蔡世家》第五。

先王后代延继不断，舜、禹为此而感到高兴；他们功德美好清明，后代得以承其功业。百世享受祭祀，到了周时，封有陈国、杞国，后来被楚国灭掉。齐田氏又使之兴起，舜是位多么了不起的人啊！作《陈杞世家》第六。

收纳殷的遗民，康叔始封邑。周公用商朝乱德亡国的教训申饬他，写了《酒诰》《梓材》等辞来告诫他。到卫公子朔出生，卫国开始倾危不宁；南子憎恶蒯聩，造成儿子和父亲名分颠倒。周朝统治日益衰微，各诸侯国日益强大，卫国因为弱小，国君角反而后亡。赞美《康诰》，作《卫康叔世家》第七。

可叹啊，箕子！可叹啊，箕子！正确的意见没有被采纳，反被迫害装疯为奴。武庚死后，周朝封微子于宋。宋襄公在泓水之战中受伤，又有哪位君子称道？景公自谦爱民，荧惑之徒为之退行。剔成暴虐无道，宋国因而灭亡。赞美微子请教太师这件事，作《宋微子世家》第八。

武王去世后，叔虞封邑于唐。君子讥讽晋缪公为儿子取名之事，武公终于灭而代之。献公宠爱骊姬，造成五世之乱；重耳开始的时候不得志，却能威霸诸侯。六卿专权，晋国渐渐衰亡。赞美文公因功得天子圭鬯，作《晋世家》第九。

重黎创业，吴回继承；殷朝末年，有简札记述鬻子为楚国始祖。周成王任用熊绎封为楚子，熊渠继承先世之业。楚庄王贤明，又恢复了陈国，赦免了郑伯之罪，又因华元之言而班师回国。怀王客死于秦，子兰归咎于屈原，楚君喜欢阿谀轻信谗言，终于被秦所吞并。赞美庄王的德义，作《楚世家》第十。

少康之子远居南海，纹身断发，与鼋鳝相处，守在封山禺山，侍奉大禹的祭祀。勾践受到夫差的困辱，于是任用文种、范蠡。赞美勾践身在夷蛮能修养自己的品德，消灭强大吴国以尊奉周室，作《越王勾践世家》第十一。

桓公东迁，信用太史之言。庄公派兵侵犯周土，受到周王臣民的非议。祭仲被宋胁迫结盟，郑国长期得不到昌兴。子产的仁政，后世还在称道贤明。三晋侵犯征伐，郑终被韩吞并。赞美郑厉公接纳周惠王，作《郑世家》第十二。

骥騄耳骏马使造父彰显名声。赵夙侍奉晋献公，赵衰继承他的事业，辅佐晋文公尊奉周王，终于成为晋国辅臣。赵襄子被困辱，却擒捉了智伯。主父遭到臣子围困，掏雀充饥，后来被活活饿死。赵王迁邪僻淫乱，贬斥迫害良将。表彰赵鞅子讨伐平定周王室之乱，作《赵世家》第十三。

毕万在魏封爵，卜官预知其后代必昌盛。及至魏绛羞辱杨干，负罪完成与戎翟媾和之命。文侯仰慕仁义，拜子夏为师。惠王骄傲自大，受到齐国秦国的攻打。安釐王怀疑信陵君，因而诸侯疏远魏国。魏终于被秦所灭，魏王假做了厮养卒。赞美魏武子佐助晋文公创立霸业，作《魏世家》第十四。

韩阙善积阴德，赵武才得兴立。他使灭国者重新振起，使废弃者得以再立，晋人尊崇他。韩昭侯在诸侯中地位显要，重用申不害。韩王怀疑韩非而不信任他，秦攻袭韩。赞赏韩厥辅佐晋君、匡正周王室的赋，作《韩世家》第十五。

完子避难，出奔到齐国请求援助，田氏暗地里施恩惠于民，相继五世，齐人歌颂他。田成子夺得齐国政权，田和成为诸侯。齐王建被奸计说动，使齐迁于共。赞赏齐威王、齐宣王能冲破污浊之世而独尊崇周天子的行为，作《田敬仲完世家》第十六。

周王室衰落以后，诸侯恣意而行。孔子为礼乐崩废而伤感，因而追研经术，以重建王道，匡正乱世，使之返于正道，观其著述，为天下制定礼仪法度。留下《六艺》纲纪于后世。作《孔子世家》第十七。

桀、纣丧失王道而汤、武兴起，周丧失王道而《春秋》一书问世。秦丧失了为政之道，陈涉发起反秦义举，诸侯相继造反，风起云涌，终于灭掉了秦国。天下亡秦之端，始于陈涉发难。作《陈涉世家》第十八。

成皋台是薄氏的肇基之地。窦太后被迫到了代国，才使窦氏家族得以富贵。栗姬倚仗地位尊贵而自骄于人，王氏才得以顺达显贵。陈皇后过于娇贵，终于使卫子夫受到尊宠。赞美卫子夫德行如此之好，作《外戚世家》第十九。

汉高祖设诡计在陈擒拿韩信；越、楚之民慓悍轻捷，于是封其弟刘交做了楚王，建都彭城，以加强淮、泗地区的统治，成为汉王朝的宗属国。楚王刘戊沉溺于邪僻，合谋反叛，刘礼又被封为楚王继承王业。赞赏刘交辅佐高祖，作《楚元王世家》第二十。

高祖率军反秦，刘贾加入其行列，后被英布攻袭，丧失了他的荆、吴之地。营陵侯使人游说感动吕后，被封为琅邪王；被祝午诱骗轻信齐王，前往齐国不得归返，用计离开齐国，西入关中，又遇到迎立孝文帝的事，获封燕王。当天下未安定之时，刘贾、刘泽以高祖同族兄弟身份，成为其藩属。作《荆燕世家》第二十一。

天下平定后，高祖亲属已不多。齐悼惠王先长大成人，镇守东部国土。齐哀王擅自出兵是因为对诸吕用事感到愤怒；驷钧粗暴乖戾，朝廷因此不准立齐王为帝。厉王亲属内部淫乱，杀身之祸成于主父偃之手。表彰悼惠王刘肥为辅佐天子的股肱，作《齐悼惠王世家》第二十二。

楚霸王在荥阳围困汉军，相持三年；萧何镇抚山西，计算人口输送兵员，粮食供给不断，使百姓爱戴汉王，而不愿为楚王出力。作《萧相国世家》第二十三。

曹参与韩信一起平定了魏地，又打败赵国，攻取齐地，削弱了楚霸王的势力。接替萧何成为汉朝相国，凡事不做变更，百姓得以安宁。赞美曹参不夸耀自己的功劳和才能，作《曹相国世家》第二十四。

张良运筹策划于帷幄之中，无形之中克敌制胜，谋划克敌制胜之事，没有智巧之名，没有勇武之功，从易处着手解决难题，从小处着手成就大事。作《留侯世家》第二十五。

六出奇计都被高祖采用，使诸侯归附于汉；消灭诸吕之事，陈平为主谋，终于安定了王室和国家。作《陈丞相世家》第二十六。

诸吕勾结，阴谋削弱皇室，周勃在剪灭诸吕的问题上，背离常规而合于权变之道；吴楚七国起兵叛乱，周亚夫驻军于昌邑，以扼制齐赵之军，放弃了求救的梁王。作《绛侯周勃世家》第二十七。

吴楚七国叛逆，藩屏天子的同姓王中只有梁孝王抵御敌国；但他自恃宠爱夸耀前功，几乎遭到杀身之祸。表彰他能抵抗吴楚叛军，作《梁孝王世家》第二十八。

五宗封王以后，天子亲属之间融洽和睦，诸侯或大或小皆为藩屏，各得其宜，僭位而自拟于天子之事逐渐减少。作《五宗世家》第二十九。

当今皇上三位皇子被封为王，策文文辞典雅可观。作《三王世家》第三十。

末世争权夺利，而伯夷、叔齐兄弟却趋向仁义，为让君位，双双饿死，天下称赞他们的美德。作《伯夷列传》第一。

晏子节俭，管仲则奢侈：齐桓公因得管仲辅佐而称霸，齐景公因得晏子辅佐而国家大治。作《管晏列传》第二。

李耳主张无为而治，使百姓自化于善；清静寡欲，使百姓自归于正。韩非揣度事物的实际情况，遵循事物发展的趋势和道理。作《老子韩非列传》第三。

自古做帝王的都有《司马法》，穰苴能够对其阐述发挥。作《司马穰苴列传》第四。

没有信、廉、仁、勇，不能传授兵法论说剑术，兵法剑术与道相符，内可以修身，外可以应变，君子对此重视并以之为德。作《孙子吴起列传》第五。

太子建遭到谗毁，灾祸殃及伍奢，伍尚救父，伍员逃奔吴国。作《伍子胥列传》第六。

孔子传述文德，他的弟子振兴其业，都成为师傅，教导人们尊仁行义。作《仲尼弟子列传》第七。

商鞅离卫到秦，能阐明实施他的治国之术，使秦孝公强盛称霸，后世遵循其法度。作《商君列传》第八。

天下忧虑连横之下秦国将贪得无厌，苏秦能保存诸侯的利益，约定合纵来抑制秦的贪婪强横。作《苏秦列传》第九。

六国合纵后相互亲近，而张仪明了合纵的主张，所以能针锋相对，使联合起来的诸侯再次离散瓦解。作《张仪列传》第十。

秦国之所以能够向东侵伐，称雄于诸侯，是出自樗里、甘茂的良策。作《樗里子甘茂列传》第十一。

席卷河山，围困大梁，使诸侯拱手而屈服于秦国，是魏冉的功劳。作《穰侯列传》第十二。

南面攻占鄢郢，北面摧毁长平守军，进而围困赵都邯郸，武安君白起是主将；破楚灭赵，是王翦的计谋。作《白起王翦列传》第十三。

涉猎儒墨的遗文，阐明礼义的纪纲，断绝梁惠王逐利的念头，陈述往世的兴衰。作《孟子荀卿列传》第十四。

孟尝君喜好门客、士人，士人归附于薛，为齐抵御楚、魏。作《孟尝君列传》第十五。

平原君出于权变争得冯亭所献上党之地，为解邯郸之围亲自赴楚救赵，使其国君得以再次称雄于诸侯。作《平原君虞卿列传》第十六。

身处富贵而能尊重贫贱者，自身贤能而能屈就不肖，只有信陵君能够做到这样。作《魏公子列传》第十七。

舍身以救其主，终于使主公逃离强秦，使游说之士向南趋赴楚国，这是黄歇的忠义所致。作《春申君列传》第十八。

能忍受屈辱于魏齐，却在强秦扬威，推举贤能让出相位，范雎、蔡泽都有这样的美德。作《范雎蔡泽列传》第十九。

身为主将施展谋略，联合五国军队，为弱燕报复了强齐侵凌的仇恨，洗雪了燕国先君的耻辱。作《乐毅列传》第二十。

能在强秦朝廷上彰显诚信与意志，又能对廉颇忍让谦恭，为其君尽忠，将相二人名重于诸侯。作《廉颇蔺相如列传》第二十一。

齐湣王丢失临淄后逃到莒邑，只有田单凭借即墨，打败燕军驱逐骑劫，才保住了齐国江山。作《田单列传》第二十二。

能用巧妙的说辞解除围城之患，轻视爵位利禄，却以尽其志趣为乐。作《鲁仲连邹阳列传》第二十三。

创作诗赋文章进行讽喻，用连类比附来伸张正义，《离骚》有这样的特色。作《屈原贾生列传》第二十四。

与子楚结交，使各诸侯国的士人争相入秦，为秦效力。作《吕不韦列传》第二十五。

曹沫凭借匕首使鲁国重获失去的土地，也使齐桓公昭信于诸侯；豫让守义，忠于其君而无二心。作《刺客列传》第二十六。

能够阐明自己的谋略，顺应时势推尊秦国，终于使秦得志于海内，李斯实为谋臣之首。作《李斯列传》第二十七。

为秦开拓疆土，增聚民众，北面击败匈奴，占据黄河为要塞，依傍山岭为固垒，建榆中。作《蒙恬列传》第二十八。

平定赵国要塞常山，扩张河内，削弱西楚霸王的势力，向天下人彰明汉王的信义。作《张耳陈余列传》第二十九。

魏豹收拢西河、上党之兵，跟随高祖直到彭城；彭越侵掠梁地以困扰项羽。作《魏豹彭越列传》第三十。

黥布以淮南之地叛楚投奔汉王，汉王通过他而得到楚大司马周殷，最后在垓下打败项羽。作《黥布列传》第三十一。

楚军困迫汉军于京、索，韩信攻克魏、赵，平定燕、齐，使三分天下中汉得其二，奠定消灭项羽的基础。作《淮阴侯列传》第三十二。

楚汉相峙于巩、洛，韩信为汉镇守颍川，卢绾断绝了项羽军队的粮饷。作《韩信卢绾列传》第三十三。

诸侯背叛项王，唯有齐王在城阳牵制项羽，使汉王得到机会攻入彭城。作《田儋列传》第三十四。

不管是攻打城池还是战于旷野，获功归报，樊哙、郦商是出力最多的战将，不仅随时听候汉王的驱遣，又常和汉王一起摆脱危难。作《樊郦滕灌列传》第三十五。

汉朝天下初定的时候，文治条理未明，张苍担任主计，统一度量衡，编订律历。作《张丞相列传》第三十六。

游说通使，笼抚诸侯；使诸侯都亲附汉朝，归汉成为藩属辅臣。作《郦生陆贾列传》第三十七。

想要详细了解秦楚之际的事情，只有周緤最清楚，因为他经常跟随高祖，参加平定诸侯的军事活动。作《傅靳蒯成列传》第三十八。

使豪强大族迁徙，最终建都关中，与匈奴和亲；明辨朝廷之礼，制定宗庙仪法。作《刘敬叔孙通列传》第三十九。

季布能改其刚戾而为柔顺，终于成为汉朝名臣；栾布不为威势所迫背叛死者。作《季布栾布列传》第四十。

敢于犯颜强谏，使主上言行合于道义，而不顾自身安危，为国家建立长远的谋划方案。作《袁盎晁错列传》第四十一。

维护法律不失大节，言称古代贤人，增长君主之明。作《张释之冯唐列传》第四十二。

敦厚慈孝，不善言辞，敏于行事，谦和恭谨，堪为君子长者。作《万石张叔列传》第四十三。

恪守节操，恳切刚直，义足以称清廉，行足以激励贤能，担任要职而不能以无理使之屈服。作《田叔列传》第四十四。

扁鹊论医，为医家所尊奉，医术精细高明；后世遵循其法，不能改易，而仓公可谓接近扁鹊之术了。作《扁鹊仓公列传》第四十五。

刘仲被削夺王爵，其子刘濞受封做了吴王，适逢汉朝初定天下，让他镇抚江淮之间。作《吴王濞列传》第四十六。

吴、楚叛乱，宗室亲属中只有窦婴贤能而喜好士人，士人归心于他，率军在荥阳抵抗叛军。作《魏其武安侯列传》第四十七。

智谋足以应付近世之变，宽厚足以得人心。作《韩长孺列传》第四十八。

勇于抗敌，仁爱士卒，号令简明不烦，将士归心于他。作《李将军列传》第四十九。

自夏、商、周三代以来，匈奴常为中原大患与祸害，想要了解强弱时势，设防征讨，作《匈奴列传》第五十。

拓直曲曲折折的边塞，扩展河南之地，攻破祁连山，打开通往西域各国的道路，击败北方匈奴。作《卫将军骠骑列传》第五十一。

大臣和宗室以奢侈浪费争高强，只有公孙弘节衣缩食为百官表率。作《平津侯主父列传》第五十二。

汉朝已经平定中原，而赵佗能安定杨越而保卫南方藩属之地，使之纳贡尽职。作《南越列传》第五十三。

吴国叛逆，东瓯人斩杀刘濞，保卫封禺山，终为汉臣。作《东越列传》第五十四。

燕太子丹败散于辽东地区，卫满收拢逃亡的百姓，聚集在海东，以安定真藩等部，保卫边塞而成为塞外之臣。作《朝鲜列传》第五十五。

唐蒙出使，经略西南，通使夜郎，而邛、笮之君请求成为汉朝内臣，并接受朝廷所派官吏。作《西南夷列传》第五十六。

司马相如作《子虚赋》《大人赋》，深得君主喜欢，虽然文辞过于华丽夸张，但其旨意在于讽谏，归结于无为而治。作《司马相如列传》第五十七。

黥布叛逆，高祖少子刘长封为那里的国王，镇守江淮之间，安抚剽悍的楚地百姓。作《淮南衡山列传》第五十八。

遵奉法律、按照情理办事的官吏，不自夸其功劳贤能，百姓对其无所称赞，也没有什么过失行为。作《循吏列传》第五十九。

端正衣冠立于朝廷，群臣没人敢说虚浮不实的话，汲长孺刚正庄重；好荐贤人，称道长者，郑庄慷慨有节操。作《汲郑列传》第六十。

自孔子去世以后，京师没有谁再重视学校教育，只有在建元至元狩之间，文教事业灿烂辉煌。作《儒林列传》第六十一。

人们背弃本业而多巧诈，作奸犯科，玩弄法律的空隙，善人也不能感化他们，只有一切依法严酷惩治才能使他们整齐划一、遵守社会秩序。作《酷吏列传》第六十二。

汉与大夏通使之后，西方极远的蛮族，伸长脖子望着内地，想观瞻中原文明。作《大宛列传》第六十三。

救人于难，济人于贫，仁者有这样的美德；不失信用，不背诺言，义者有可取之处。作《游侠列传》第六十四。

侍奉君主能使其耳目愉快、脸色和悦，同时得到主上的亲近，这不仅是因为美色招人喜爱，技能也各有特长。作《佞幸列传》第六十五。

不同流于世俗，不争夺势利，上下无所阻碍，没有人能伤害他们，因为能够善用其道。作《滑稽列传》第六十六。

齐、楚、秦、赵占卜者，各有随俗所用的方法。想要总览其要旨，作《日者列传》第六十七。

夏、商、周三代君主占卜之法不同，四方蛮夷卜筮风俗各异，但都以卜筮判断吉凶祸福。粗略考察卜筮的要略，作《龟策列传》第六十八。

布衣匹夫这种普普通通的人，不妨害政令，也不妨害百姓，顺应潮流买卖货物增殖财富，智者在他们那里可取得借鉴。作《货殖列传》第六十九。

想我大汉王朝继承五帝的遗风，接续三代中断的大业。周朝王道废弛，秦朝毁弃古代文化典籍，焚毁《诗经》《尚书》，所以明堂、石室金匮玉版图籍散失错乱。这时汉朝兴起，萧何修订法律，韩信申明军法，张苍制立章程，叔孙通制定礼仪，于是品学兼优的文学之士逐渐被进用。《诗经》《尚书》不断地在各地发现。自曹参举荐盖公讲论黄老之道，而贾生、晁错通晓申不害、商鞅之法，公孙弘以儒术显贵以来，百年之间，天下遗文古事无不汇集于太史公。太史公父子相继执掌这职务。太史公说："呜呼！我先人曾执掌此事，扬名于唐虞之世，直到周朝，再次执掌其事，所以司马氏世代相继主掌天官之事。难道中止于我这一代吗？谨记在心，谨记在心啊！"网罗搜集天下散失的旧闻，探究帝王兴起的事迹，既要看到它的兴盛，也要看到它的衰亡，研讨考察各代所行之事，简略推断三代，详细载录秦汉，上起自轩辕，下至于今，著十二本纪，已按类别加以排列。有的同时异世，年代差误不明，作十表。礼乐增减，律历改易，兵法权谋，山川鬼神，天和人的关系，趁其衰败实行变革，作八书。二十八宿列星环绕着北辰，三十根车辐集于车毂，运行无穷，辅弼股肱之臣与此相当，他们忠信行道，以侍奉主上，作三十世家。有些人仗义而行，倜傥不羁，不使自己失去时机，立功名于天下，作七十列传。总计一百三十篇，五十二万六千五百字，称为《太史公书》。序略，以拾遗补充六艺，成为一家之言，协合《六经》异传，整齐百家杂语，藏之于名山，留副本在京都，留待后世圣人君子观览。第七十。

太史公说：我历述黄帝以来史事至太初年止，共一百三十篇。

汉书

汉书卷一上

高帝纪第一上

高祖，沛丰邑中阳里人也，姓刘氏。母媪尝息大泽之陂，梦与神遇。是时雷电晦冥，父太公往视，则见交龙于上。已而有娠，遂产高祖。

高祖为人，隆準而龙颜，美须髯，左股有七十二黑子。宽仁爱人，意豁如也。常有大度，不事家人生产作业。及壮，试吏，为泗上亭长，廷中吏无所不狎侮。好酒及色。常从王媪、武负贳酒，时饮醉卧，武负、王媪见其上常有怪。高祖每酤留饮，酒雠数倍。及见怪，岁竟，此两家常折券弃责。

高祖常繇咸阳，纵观秦皇帝，喟然大息，曰："嗟乎，大丈夫当如此矣！"

单父人吕公善沛令，辟仇，从之客，因家焉。沛中豪杰吏闻令有重客，皆往贺。萧何为主吏，主进，令诸大夫曰："进不满千钱，坐之堂下。"高祖为亭长，素易诸吏，乃绐为谒曰"贺钱万"，实不持一钱。谒入，吕公大惊，起，迎之门。吕公者，好相人，见高祖状貌，因重敬之，引入坐上坐。萧何曰："刘季固多大言，少成事。"高祖因狎侮诸客，遂坐上坐，无所诎。酒阑，吕公因目固留高祖。竟酒，后。吕公曰："臣少好相人，相人多矣，无如季相，愿季自爱。臣有息女，愿为箕帚妾。"酒罢，吕媪怒吕公曰："公始常欲奇此女，与贵人。沛令善公，求之不与，何自妄许与刘季？"吕公曰："此非儿女子所知。"卒与高祖。吕公女即吕后也，生孝惠帝、鲁元公主。

高祖尝告归之田。吕后与两子居田中，有一老父过请饮，吕后因餔之。老父相后曰："夫人天下贵人也。"令相两子，见孝惠帝，曰："夫人所以贵者，乃此男也。"相鲁元公主，亦皆贵。老父已去，高祖适从旁舍来，吕后具言："客有过，相我子母皆大贵。"高祖问，曰："未远。"乃追及，问老父。老父曰："乡者夫人儿子皆以君，君相贵不可言。"高祖乃谢曰："诚如父言，不敢忘德。"及高祖贵，遂不知老父处。

高祖为亭长，乃吕竹皮为冠，令求盗之薛治，时时冠之，及贵常冠，所谓“刘氏冠”也。

高祖以亭长为县送徒骊山，徒多道亡。自度比至皆亡之，到丰西泽中亭，止饮，夜皆解纵所送徒，曰：“公等皆去，吾亦从此逝矣！”徒中壮士愿从者十馀人。高祖被酒，夜径泽中，令一人行前。行前者还报曰：“前有大蛇当径，愿还。”高祖醉，曰：“壮士行，何畏！”乃前，拔剑斩蛇。蛇分为两，道开。行数里，醉困卧。后人来至蛇所，有一老妪夜哭。人问妪何哭，妪曰：“人杀吾子。”人曰：“妪子何为见杀？”妪曰：“吾子，白帝子也，化为蛇，当道，今者赤帝子斩之，故哭。”人乃以妪为不诚，欲苦之，妪因忽不见。后人至，高祖觉。告高祖，高祖乃心独喜，自负。诸从者日益畏之。

秦始皇帝尝曰“东南有天子气”，于是东游以猒当之。高祖隐于芒、砀山泽间，吕后与人俱求，常得之。高祖怪，问之。吕后曰：“季所居上常有云气，故从往常得季。”高祖又喜。沛中子弟或闻之，多欲附者矣。

秦二世元年秋七月，陈涉起蕲。至陈，自立为楚王，遣武臣、张耳、陈馀略赵地。八月，武臣自立为赵王。郡县多杀长吏以应涉。九月，沛令欲以沛应之。掾、主吏萧何、曹参曰：“君为秦吏，今欲背之，帅沛子弟，恐不听。愿君召诸亡在外者，可得数百人，因以劫众，众不敢不听。”乃令樊哙召高祖。高祖之众已数百人矣。

于是樊哙从高祖来。沛令后悔，恐其有变，乃闭城城守，欲诛萧、曹。萧、曹恐，逾城保高祖。高祖乃书帛射城上，与沛父老曰：“天下同苦秦久矣。今父老虽为沛令守，诸侯并起，今屠沛。沛今共诛令，择可立立之，以应诸侯，即室家完。不然，父子俱屠，无为也。”父老乃帅子弟共杀沛令，开城门迎高祖，欲以为沛令。高祖曰：“天下方扰，诸侯并起，(令)[今]置将不善，一败涂地。吾非敢自爱，恐能薄，不能完父兄子弟。此大事，愿(吏)〔更〕择可者。”萧、曹(等)皆文吏，自爱，恐事不就，后秦种族其家，尽让高祖。诸父老皆曰：“平生所闻刘季奇怪，当贵，且卜筮之，莫如刘季最吉。”高祖数让，众莫肯为，高祖乃立为沛公。祠黄帝，祭蚩尤于沛廷，而衅鼓旗。帜皆赤，由所杀蛇白帝子，(所)杀者赤帝子故也。于是少年豪吏如萧、曹、樊哙等皆为收沛子弟，得三千人。

是月，项梁与兄子羽起吴。田儋与从弟荣、横起齐，自立为齐王。韩广自立为燕王。魏咎自立为魏王。陈涉之将周章西入关，至戲，秦将章邯距破之。

秦二年十月，沛公攻胡陵、方与，还守丰。秦泗川监平将兵围丰。二日，出与战，破之。令雍齿守丰。十一月，沛公引兵之薛。秦泗川守壮兵败于薛，走至戚，沛公左司马得杀之。沛公还军亢父，至方与。赵王武臣为其将所杀。十二月，楚王陈涉为其御庄贾所杀。魏人周市略地丰沛，使人谓雍齿曰："丰，故梁徙也。今魏地已定者数十城，齿今下魏，魏以齿为侯守丰；不下，且屠丰。"雍齿雅不欲属沛公，及魏招之，即反为魏守丰。沛公攻丰，不能取。沛公还之沛，怨雍齿与丰子弟畔之。

正月，张耳等立赵后赵歇为赵王。东阳甯君、秦嘉立景驹为楚王，在留。沛公往从之，道得张良，遂与俱见景驹，请兵以攻丰。时章邯从陈，别将司马尼将兵北定楚地，屠相，至砀。东阳甯君、沛公引兵西，与战萧西，不利，还收兵聚留。

二月，攻砀，三日拔之。收砀兵，得六千人，与故合九千人。三月，攻下邑，拔之。还击丰，不下。四月，项梁击杀景驹、秦嘉，止薛，沛公往见之。项梁益沛公卒五千人，五大夫将十人。沛公还，引兵攻丰，拔之。雍齿奔魏。

五月，项羽拔襄城还。项梁尽召别将。六月，沛公如薛，与项梁共立楚怀王孙心为楚怀王。章邯破杀魏王咎、齐王田儋于临济。七月，大霖雨。沛公攻亢父。章邯围田荣于东阿。沛公与项梁共救田荣，大破章邯东阿。田荣归，沛公、项羽追北，至城阳，攻屠其城。军濮阳东，复与章邯战，又破之。

章邯复振，守濮阳，环水。沛公、项羽去攻定陶。八月，田荣立田儋子市为齐王。定陶未下，沛公与项羽西略地至雍丘，与秦军战，大败之，斩三川守李由。还攻外黄，外黄未下。

项梁再破秦军，有骄色。宋义谏，不听。秦益章邯兵。九月，章邯夜衔枚击项梁定陶，大破之，杀项梁。时连雨自七月至九月。沛公、项羽方攻陈留，闻梁死，士卒恐，乃与将军吕臣引兵而东，徙怀王自盱台都彭城。吕臣军彭城东，项羽军彭城西，沛公军砀。魏咎弟豹自立为魏王。后九月，怀王并吕臣、项羽军自将之。以沛公为砀郡长，封武安侯，将砀郡兵。以羽为鲁公，封长安侯。吕臣为司徒，其父吕青为令尹。

章邯已破项梁，以为楚地兵不足忧，乃渡河北击赵王歇，大破之。

歇保钜鹿城，秦将王离围之。赵数请救，怀王乃以宋义为上将，项羽为次将，范增为末将，北救赵。

初，怀王与诸将约，先入定关中者王之。当是时，秦兵强，常乘胜逐北，诸将莫利先入关。独羽怨秦破项梁，奋势，愿与沛公西入关。怀王诸老将皆曰："项羽为人慓悍祸贼，尝攻襄城，襄城无噍类，所过无不残灭。且楚数进取，前陈王、项梁皆败，不如更遣长者扶义而西，告谕秦父兄。秦父兄苦其主久矣，今诚得长者往，毋侵暴，宜可下。项羽不可遣，独沛公素宽大长者。"卒不许羽，而遣沛公西收陈王、项梁散卒。乃道砀至（阳城）〔城阳〕与杠里，攻秦军壁，破其二军。

秦三年十月，齐将田都畔田荣，将兵助项羽救赵。沛公攻破东郡尉于成武。十一月，项羽杀宋义，并其兵渡河，自立为上将军，诸将黥布等皆属。十二月，沛公引兵至栗，遇刚武侯，夺其军四千馀人，并之，与魏将皇欣、武满军合攻秦军，破之。故齐王建孙田安下济北，从项羽救赵。羽大破秦军钜鹿下，虏王离，走章邯。

二月，沛公从砀北攻昌邑，遇彭越。越助攻昌邑，未下。沛公西过高阳，郦食其为里监门，曰："诸将过此者多，吾视沛公大度。"乃求见沛公。沛公方踞床，使两女子洗。郦生不拜，长揖曰："足下必欲诛无道秦，不宜踞见长者。"于是沛公起，摄衣谢之，延上坐。食其说沛公袭陈留。沛公以为广野君，以其弟商为将，将陈留兵。三月，攻开封，未拔。西与秦将杨熊会战白马，又战曲遇东，大破之。杨熊走之荥阳，二世使使斩之以徇。四月，南攻颍川，屠之。因张良遂略韩地。

时赵别将司马卬方欲渡河入关，沛公乃北攻平阴，绝河津。南战雒阳东，军不利，从窋辕至阳城，收军中马骑。六月，与南阳守齮战犨东，（大）破之。略南阳郡，南阳守走，保城守宛。沛公引兵过宛西。张良谏曰："沛公虽欲急入关，秦兵尚众，距险。今不下宛，宛从后击，强秦在前，此危道也。"于是沛公乃夜引军从他道还，偃旗帜，迟明，围宛城三匝。南阳守欲自刭，其舍人陈恢曰："死未晚也。"乃逾城见沛公，曰："臣闻足下约先入咸阳者王之，今足下留守宛。宛郡县连城数十，其吏民自以为降必死，故皆坚守乘城。今足下尽日止攻，士死伤者必多；引兵去宛，宛必随足下。足下前则失咸阳之约，后有强宛之患。为足下计，莫若约降，封其守，因使止守，引其甲卒与之西。诸城未下者，闻声争开门而待足下，足下通行无所累。”沛公曰：“善。”七月，南阳守齮降，封为殷侯，封陈恢千户。引兵西，无不下者。至丹水，高武侯鳃、襄侯王陵降。还攻胡阳，遇番君别将梅鋗，与偕攻析、郦，皆降。所过毋得卤掠，秦民喜。遣魏人甯昌使秦。是月，章邯举军降项羽，羽以为雍王。瑕丘申阳下河南。

八月，沛公攻武关，入秦。秦相赵高恐，乃杀二世，使人来，欲约分王关中，沛公不许。九月，赵高立二世兄子子婴为秦王。子婴诛灭赵高，遣将将兵距峣关。沛公欲击之，张良曰：“秦兵尚强，未可轻。愿先遣人益张旗帜于山上为疑兵，使郦食其、陆贾往说秦将，啖以利。”秦将果欲连和，沛公欲许之。张良曰：“此独其将欲叛，恐其士卒不从，不如因其怠懈击之。”沛公引兵绕峣关，逾蒉山，击秦军，大破之蓝田南。遂至蓝田，又战其北，秦兵大败。

元年冬十月，五星聚于东井。沛公至霸上。秦王子婴素车白马，系颈以组，封皇帝玺、符、节降枳道旁。诸将或言诛秦王，沛公曰：“始怀王遣我，固以能宽容，且人已服降，杀之不祥。”乃以属吏。遂西入咸阳。欲止宫休舍，樊哙、张良谏，乃封秦重宝财物府库，还军霸上。萧何尽收秦丞相府图籍文书。十一月，召诸县豪杰曰：“父老苦秦苛法久矣，诽谤者族，耦语者弃市。吾与诸侯约，先入关者王之，吾当王关中。与父老约法三章耳：杀人者死，伤人及盗抵罪。馀悉除去秦法。吏民皆按堵如故。凡吾所以来，为父兄除害，非有所侵暴，毋恐！且吾所以军霸上，待诸侯至而定要束耳。”乃使人与秦吏行至县、乡、邑告谕之。秦民大喜，争持牛、羊、酒食献享军士。沛公让不受，曰：“仓粟多，不欲费民。”民又益喜，唯恐沛公不为秦王。

或说沛公曰：“秦富十倍天下，地形强。今闻章邯降项羽，羽号曰雍王，王关中。即来，沛公恐不得有此。可急使守函谷关，毋内诸侯军，稍征关中兵以自益，距之。”沛公然其计，从之。十二月，项羽果帅诸侯兵欲西入关，关门闭。闻沛公已定关中，羽大怒，使黥布等攻破函谷关，遂至戏下。沛公左司马曹毋伤闻羽怒，欲攻沛公，使人言羽曰：“沛公欲王关中，令子婴相，珍宝尽有之。”欲以求封。亚父范增说羽曰：“沛公居山东时，贪财好色。今闻其入关，珍物无所取，妇女无所幸，此其志不小。吾使人望其气，皆为龙，成五色，此天子气。急击之，勿失。”于是飨士，旦日合战。是时，羽兵四十万，号百万。沛公兵十万，号二十万，力不敌。会羽季父左尹项伯素善张良，夜驰见张良，具告其实，欲与俱去，毋特俱死。良曰："臣为韩王送沛公，不可不告，亡去不义。"乃与项伯俱见沛公。沛公与伯约为婚姻，曰："吾入关，秋毫无所敢取，籍吏民，封府库，待将军。所以守关者，备他盗也。日夜望将军到，岂敢反邪！愿伯明言不敢背德。"项伯许诺，即夜复去，戒沛公曰："旦日不可不早自来谢。"项伯还，具以沛公言告羽，因曰："沛公不先破关中兵，公巨能入乎？且人有大功，击之不祥，不如因善之。"羽许诺。

沛公旦日从百馀骑见羽鸿门，谢曰："臣与将军戮力攻秦，将军战河北，臣战河南，不自意先入关，能破秦，与将军复相见。今者有小人言，令将军与臣有隙。"羽曰："此沛公左司马曹毋伤言之，不然，籍何以(生)〔至〕此？"羽因留沛公饮。范增数目羽击沛公，羽不应。范增起，出谓项庄曰："君王为人不忍，汝入以剑舞，因击沛公，杀之。不者，汝属且为所虏。"庄入为寿。寿毕，曰："军中无以为乐，请以剑舞。"因拔剑舞。项伯亦起舞，常以身翼蔽沛公。樊哙闻事急，直入，怒甚。羽壮之，赐以酒。哙因谯让羽。有顷，沛公起如厕，招樊哙出，置车官属，独骑，与樊哙、靳疆、滕公、纪成步，从间道走军，使张良留谢羽。羽问："沛公安在？"曰："闻将军有意督过之，脱身去，间至军，故使臣献璧。"羽受之。又献玉斗范增。增怒，撞其斗，起曰："吾属今为沛公虏矣！"

沛公归数日，羽引兵西屠咸阳，杀秦降王子婴，烧秦宫室，所过无不残灭，秦民大失望。羽使人还报怀王，怀王曰："如约。"羽怨怀王不肯令与沛公俱西入关而北救赵，后天下约。乃曰："怀王者，吾家所立耳，非有功伐，何以得专主约！本定天下，诸将与籍也。"春正月，阳尊怀王为义帝，实不用其命。

二月，羽自立为西楚霸王，王梁、楚地九郡，都彭城。背约，更立沛公为汉王，王巴、蜀、汉中四十一县，都南郑。三分关中，立秦三将，章邯为雍王，都废丘；司马欣为塞王，都栎阳；董翳为翟王，都高奴。楚将瑕丘申阳为河南王，都洛阳。赵将司马卬为殷王，都朝歌。当阳君英布为九江王，都六。怀王柱国共敖为临江王，都江陵。番君吴芮为衡山王，都邾。故齐王建孙田安为济北王。徙魏王豹为西魏王，都平阳。徙燕王韩广为辽东王。燕将臧荼为燕王，都蓟。徙齐王田市为胶东王。齐将田都为齐王，都临菑。徙赵王歇为代王。赵相张耳为常山王。汉王怨羽之背约，欲攻之，丞相萧何谏，乃止。

夏四月，诸侯罢戏下，各就国。羽使卒三万人从汉王，楚子、诸侯人之慕从者数万人，从杜南入蚀中。张良辞归韩，汉王送至褒中，因说汉王烧绝栈道，以备诸侯盗兵，亦视项羽无东意。

汉王既至南郑，诸将及士卒皆歌讴思东归，多道亡还者。韩信为治粟都尉，亦亡去。萧何追还之，因荐于汉王，曰："必欲争天下，非信无可与计事者。"于是汉王斋戒，设坛场，拜信为大将军，问以计策。信对曰："项羽背约而王君王于南郑，是迁也。吏卒皆山东之人，日夜企而望归，及其锋而用之，可以有大功。天下已定，民皆自宁，不可复用。不如决策东向。"因陈羽可图、三秦易并之计。汉王大说，遂听信策，部署诸将。留萧何收巴、蜀租，给军粮食。

五月，汉王引兵从故道出袭雍。雍王邯迎击汉陈仓，雍兵败，还走；战好畤，又大败，走废丘。汉王遂定雍地。东如咸阳，引兵围雍王废丘，而遣诸将略地。

田荣闻羽徙齐王市于胶东而立田都为齐王，大怒，以齐兵迎击田都。都走降楚。六月，田荣杀田市，自立为齐王。时彭越在钜野，众万馀人，无所属。荣与越将军印，因令反梁地。越击杀济北王安，荣遂并三齐之地。燕王韩广亦不肯徙辽东。秋八月，臧荼杀韩广，并其地。塞王欣、翟王翳皆降汉。

初，项梁立韩后公子成为韩王，张良为韩司徒。羽以良从汉王，韩王成又无功，故不遣就国，与俱至彭城，杀之。及闻汉王并关中，而齐、梁畔之，羽大怒，乃以故吴令郑昌为韩王，距汉。令萧公角击彭越，越败角兵。时张良徇韩地，遗羽书曰："汉欲得关中，如约即止，不敢复东。"羽以故无西意，而北击齐。

九月，汉王遣将军薛欧、王吸出武关，因王陵兵，从南阳迎太公、吕后于沛。羽闻之，发兵距之阳夏，不得前。

二年冬十月，项羽使九江王布杀义帝于郴。陈馀亦怨羽独不王已，从田荣藉助兵，以击常山王张耳。耳败走降汉，汉王厚遇之。陈馀迎代王歇还赵，歇立馀为代王。张良自韩间行归汉，汉王以为成信侯。

汉王如陕，镇抚关外父老。河南王申阳降，置河南郡。使韩太尉韩信击韩，韩王郑昌降。十一月，立韩太尉信为韩王。汉王还归，都栎阳，使诸将略地，拔陇西。以万人若一郡降者，封万户。缮治河上塞。故秦苑囿园池，令民得田之。

春正月，羽击田荣城阳，荣败走平原，平原民杀之。齐皆降楚，楚焚其城郭，齐人复畔之。诸将拔北地，虏雍王弟章平。赦罪人。二月癸未，令民除秦社稷，立汉社稷。施恩德，赐民爵。蜀、汉民给军事劳苦，复勿租税二岁。关中卒从军者，复家一岁。举民年五十以上，有修行，能帅众为善，置以为三老，乡一人。择乡三老一人为县三老，与县令、丞、尉以事相教，复勿繇戍。以十月赐酒肉。

三月，汉王自临晋渡河。魏王豹降，将兵从。下河内，虏殷王卬，置河内郡。至脩武，陈平亡楚来降。汉王与语，说之，使参乘，监诸将。南渡平阴津，至洛阳，新城三老董公遮说汉王曰："臣闻'顺德者昌，逆德者亡'，'兵出无名，事故不成'。故曰：'明其为贼，敌乃可服。'项羽为无道，放杀其主，天下之贼也。夫仁不以勇，义不以力，三军之众为之素服，以告之诸侯，为此东伐，四海之内莫不仰德。此三王之举也。"汉王曰："善。非夫子无所闻。"于是汉王为义帝发丧，袒而大哭，哀临三日。发使告诸侯曰："天下共立义帝，北面事之。今项羽放杀义帝江南，大逆无道。寡人亲为发丧，兵皆缟素。悉发关中兵，收三河士，南浮江、汉以下，愿从诸侯王击楚之杀义帝者。"

夏四月，田荣弟横收得数万人，立荣子广为齐王。羽虽闻汉东，既击齐，欲遂破之而后击汉，汉王以故得劫五诸侯兵，东伐楚。到外黄，彭越将三万人归汉。汉王拜越为魏相国，令定梁地。汉王遂入彭城，收羽美人货赂，置酒高会。羽闻之，令其将击齐，而自以精兵三万人从鲁出胡陵，至萧，晨击汉军，大战彭城灵壁东睢水上，大破汉军，多杀士卒，睢水为之不流。围汉王三匝。大风从西北起，折木发屋，扬砂石，昼晦，楚军大乱，而汉王得与数十骑遁去。过沛，使人求室家，室家亦已亡，不相得。汉王道逢孝惠、鲁元，载行。楚骑追汉王，汉王急，推堕二子。滕公下收载，遂得脱。审食其从太公、吕后间行，反遇楚军，羽常置军中以为质。诸侯见汉败，皆亡去。塞王欣、翟王翳降楚，殷王卬死。

吕后兄周吕侯，将兵居下邑，汉王往从之。稍收士卒，军砀。

汉王西过梁地，至虞，谓谒者随何曰："公能说九江王布使举兵畔楚，项王必留击之。得留数月，吾取天下必矣。"随何往说布，果使畔楚。

五月，汉王屯荥阳，萧何发关中老弱未傅者悉诣军。韩信亦收兵与

汉王会，兵复大振。与楚战荥阳南京、索间，破之。筑甬道，属河，以取敖仓粟。魏王豹谒归视亲疾。至则绝河津，反为楚。

六月，汉王还栎阳。壬午，立太子，赦罪人。令诸侯子在关中者皆集栎阳为卫。引水灌废丘，废丘降，章邯自杀。雍（州）[地]定，八十馀县，置河上、渭南、中地、陇西、上郡。令祠官祀天地、四方、上帝、山川，以时祠之。兴关中卒乘边塞。关中大饥，米斛万钱，人相食。令民就食蜀、汉。

秋八月，汉王如荥阳，谓郦食其曰："缓颊往说魏王豹，能下之，以魏地万户封生。"食其往，豹不听。汉王以韩信为左丞相，与曹参、灌婴俱击魏。食其还，汉王问："魏大将谁也？"对曰："柏直。"王曰："是口尚乳臭，不能当韩信。骑将谁也？"曰："冯敬。"曰："是秦将冯无择子也。虽贤，不能当灌婴。步卒将谁也？"曰："项它。"曰："是不能当曹参。吾无患矣。"九月，信等虏豹，传诣荥阳。定魏地，置河东、太原、上党郡。信使人请兵三万人，愿以北举燕、赵，东击齐，南绝楚粮道。汉王与之。

三年冬十月，韩信、张耳东下井陉击赵，斩陈馀，获赵王歇。置常山、代郡。甲戌晦，日有食之。十一月癸卯晦，日有食之。

随何既说黥布，布起兵攻楚。楚使项声、龙且攻布，布战不胜。十二月，布与随何间行归汉。汉王分之兵，与俱收兵至成皋。

项羽数侵夺汉甬道，汉军乏食，与郦食其谋桡楚权。食其欲立六国后以树党，汉王刻印，将遣食其立之。以问张良，良发八难。汉王辍饭吐哺，曰："竖儒几败乃公事！"令趋销印。又问陈平，乃从其计，与平黄金四万斤，以间疏楚君臣。

夏四月，项羽围汉荥阳，汉王请和，割荥阳以西者为汉。亚父劝项羽急攻荥阳，汉王患之。陈平反间既行，羽果疑亚父。亚父大怒而去，发病死。

五月，将军纪信曰："事急矣！臣请诳楚，可以间出。"于是陈平夜出女子东门二千余人，楚因四面击之。纪信乃乘王车，黄屋左纛，曰："食尽，汉王降楚。"楚皆呼万岁，之城东观，以故汉王得与数十骑出西门遁。令御史大夫周苛、魏豹、枞公守荥阳。羽见纪信，问："汉王安在？"曰："已出去矣。"羽烧杀信。而周苛、枞公相谓曰："反国之王，难与守城。"因杀魏豹。

汉王出荥阳，至成皋。自成皋入关，收兵欲复东。辕生说汉王曰："汉与楚相距荥阳数岁，汉常困。愿君王出武关，项王必引兵南走，王深壁，令荥阳、成皋间且得休息。使韩信等得辑河北赵地，连燕、齐，君王乃复走荥阳。如此，则楚所备者多，力分。汉得休息，复与之战，破之必矣。"汉王从其计，出军宛、叶间，与黥布行收兵。

羽闻汉王在宛，果引兵南，汉王坚壁不与战。是月，彭越渡睢，与项声、薛公战下邳，破杀薛公。羽使终公守成皋，而自东击彭越。汉王引兵北，击破终公，复军成皋。

六月，羽已破走彭越，闻汉复军成皋，乃引兵西拔荥阳城，生得周苛。羽谓苛："为我将，以公为上将军，封三万户。"周苛骂曰："若不趋降汉，今为虏矣！若非汉王敌也。"羽亨周苛，并杀枞公，而虏韩王信，遂围成皋。汉王跳，独与滕公共车出成皋玉门，北渡河，宿小脩武。自称使者，晨驰入张耳、韩信壁，而夺之军。乃使张耳北收兵赵地。

秋七月，有星孛于大角。汉王得韩信军，复大振。八月，临河南乡，军小脩武，欲复战。郎中郑忠说止汉王，高垒深堑勿战。汉王听其计，使卢绾、刘贾将卒二万人，骑数百。渡白马津入楚地，佐彭越烧楚积聚，复击破楚军燕郭西，攻下睢阳、外黄十七城。九月，羽谓海春侯大司马曹咎曰："谨守成皋。即汉王欲挑战，慎勿与战，勿令得东而已。我十五日必定梁地，复从将军。"羽引兵东击彭越。

汉王使郦食其说齐王田广，罢守兵与汉和。

四年冬十月，韩信用蒯通计，袭破齐。齐王亨郦生，东走高密。项羽闻韩信破齐，且欲击楚，使龙且救齐。

汉果数挑成皋战，楚军不出。使人辱之数日，大司马咎怒，渡兵汜水。士卒半渡，汉击之，大破楚军，尽得楚国金玉货赂。大司马咎、长史欣皆自刭汜水上。汉王引兵渡河，复取成皋，军广武，就敖仓食。

羽下梁地十余城，闻海春侯破，乃引兵还。汉军方围钟离眛于荥阳东，闻羽至，尽走险阻。羽亦军广武，与汉相守。丁壮苦军旅，老弱罢转饷。汉王、羽相与临广武之间而语。羽欲与汉王独身挑战，汉王数羽曰："吾始与羽俱受命怀王，曰先定关中者王之。羽负约，王我于蜀、汉，罪一也。羽矫杀卿子冠军，自尊，罪二也。羽当以救赵还报，而擅劫诸侯兵入关，罪三也。怀王约，入秦无暴掠，羽烧秦宫室，掘始皇帝冢，收私其财，罪四也。又强杀秦降王子婴，罪五也。诈坑秦子弟新安二十万，王其将，罪六也。皆王诸将善地，而徙逐故主，令臣下争畔逆。罪七也。出逐义帝彭城，自都之，夺韩王地，并王梁、楚，多自与，罪八也。使人阴杀义帝江南，罪九也。夫为人臣而杀其主，杀其已降，为政不平，主约不信，天下所不容，大逆无道，罪十也。吾以义兵从诸侯诛残贼，使刑馀罪人击公，何苦乃与公挑战！”羽大怒，伏弩射中汉王。汉王伤胸，乃扪足曰：“虏中吾指！”汉王病创卧，张良强请汉王起行劳军，以安士卒，毋令楚乘胜。汉王出行军，疾甚，因驰入成皋。

十一月，韩信与灌婴击破楚军，杀楚将龙且，追至城阳，虏齐王广。齐相田横自立为齐王，奔彭越。汉立张耳为赵王。

汉王疾愈，西入关，至栎阳，存问父老，置酒。枭故塞王欣头栎阳市。留四日，复如军，军广武。关中兵益出，而彭越、田横居梁地，往来苦楚兵，绝其粮食。

韩信已破齐，使人言曰：“齐边楚，权轻，不为假王，恐不能安齐。”汉王怒，欲攻之。张良曰：“不如因而立之，使自为守。”春二月，遣张良操印，立韩信为齐王。秋七月，立黥布为淮南王。

八月，初为算赋。北貉、燕人来致枭骑助汉。汉王下令：军士不幸死者，吏为衣衾棺敛，转送其家。四方归心焉。

项羽自知少助食尽，韩信又进兵击楚，羽患之。汉遣陆贾说羽，请太公，羽弗听。汉复使侯公说羽，羽乃与汉约，中分天下，割鸿沟以西为汉，以东为楚。九月，归太公、吕后，军皆称万岁。乃封侯公为平国君。羽解而东归。汉王欲西归，张良、陈平谏曰：“今汉有天下太半，而诸侯皆附，楚兵罢食尽，此天亡之时，不因其几而遂取之，所谓养虎自遗患也。”汉王从之。

【译文】

汉高祖是沛县丰邑中阳里人，姓刘，字季。某日他母亲在湖岸上休息，梦见与神相遇。当时雷电交加，天空阴暗，他父亲前往探望，看见蛟龙伏在他母亲身上。接着便怀孕了，生下了高祖。

高祖这个人，高鼻梁，龙形的眉宇，漂亮的胡须，左腿上有七十二颗黑痣。仁爱宽厚，喜欢施舍，生性豁达。胸怀大志，不像平常百姓一样从事生产劳作。成年以后，他试着去做官，便当了泗水亭亭长，官署中的官吏没有不受他戏弄的。爱好喝酒，喜欢女色。常常到王老太、武大娘那里赊酒喝，喝醉了躺倒就睡，武大娘、王老太看到他身上常有龙出现，觉得很奇怪。高祖每次来店中饮酒，店家的酒都比平常多卖几倍。在看到奇异之后，到了年终，这两家就把记账的简札折断，不再向高祖讨账。

高祖曾经到咸阳服徭役，看到秦始皇出行，感叹道："唉，大丈夫就应该像这样啊！"

单父人吕公与沛县县令是好友，为躲避仇家投奔到县令这里做客，于是就在沛县安了家。沛中豪杰、官吏们听说县令有贵客，都前来祝贺。萧何任县廷功曹，主管收接礼品钱财，他对那些前来的人说："凡是贺钱不满一千的人，都得坐在堂下。"高祖担任亭长时，一向轻视其他诸位官吏，在拜帖上假称说"贺钱一万"。实际上却不掏一文钱。家丁传报进去后，吕公十分惊讶，立即站起身来迎接到门口。吕公这个人，擅长相面，见到高祖的状貌后，就非常敬重他，请他坐到上座。萧何说道："刘季一向都是好说大话，但是却很少能办成事。"高祖因为轻视诸位客人，就坐在上座上，没有丝毫退让。多数饮酒的客人退席后，吕公暗示高祖让他留下。饮酒完毕，吕公说："我年少时喜好帮人相面，相过的人非常多，但都没有像你这样的相貌的，希望你可以自爱。我有一个亲生女儿，愿意做你打扫房间的妾。"酒席宴过后，吕婆对吕公发怒道："你当初称咱们的女儿是宝贝，想要将她许配给贵人。沛令对你很好，也曾经向你求婚，但是你都没有答应，为什么现在却把你的女儿随便许配给刘季呢？"吕公说："原因不是你一个女人家能知道的。"最终吕公将女儿许配给了高祖。吕公的女儿就是后来的我们说的吕后，她生下了孝惠帝、鲁元公主。

高祖曾经请假回到家中。吕后和两个孩子都住在田舍里，有一个老父路过时请求到他家中喝口水，吕后就立即招待他饭食。老父给吕后相过面说："夫人是天下的贵人。"让相看两个孩子，老父看见孝惠帝时，说道："夫人您之所以是贵人，就因为这个男孩。"相看鲁元公主时，也称她主贵。老父已经离开了，高祖正从别的屋子过来，吕后就告诉他过路的客人相看她们母子都有大贵的面相的事。高祖问那个过路的人在哪里，吕后说："刚刚离开还没走远。"高祖就赶上去问老父他的面相。老父回答说："刚才相过的您的夫人、儿子都是因为您的缘故才能大贵，您的相貌真是贵不可言。"高祖道谢说："如果真像老父所说的那样，我绝对不会忘记您的大恩大德。”等到高祖真的富贵时，却早已不知道老父究竟在什么地方了。

高祖担任亭长以后，就用竹皮制作冠，让求盗的小吏去薛县替他制作，而且经常戴着，等到显贵时还经常戴，这就是后来所谓的刘氏冠。

高祖以亭长的身份为县里押送民夫前往骊山，民夫在中途有许多逃走的。他计算照这样下去，到骊山时民夫就会都跑光了。行到丰西泽中亭时，一行人停下来休息，高祖在夜间释放了他所押送的所有民夫，并且说：“你们诸位都走吧，我也要从此逃跑啦！”民夫中有十几个壮士愿意跟随他。高祖带着酒气在夜间从泽中的小道穿行而过，让其中一个人到前面探路。探路的人回来说：“前面有条大蛇横在道路中央，请您还是回去吧。”高祖带着醉意说道：“壮士行路，惧怕什么呢！”高祖就上前去，拔出剑来斩杀了大蛇，蛇身被分为两段，道路就这样打开了。高祖一行人走了数里路，因为醉困而卧倒。后面的人赶到了蛇死的地方，有一个老妇人夜间在那里哭泣。人们问她在哭什么，老妇回答说：“有个人杀了我的儿子。”人们问她：“老婆婆的儿子为什么会被杀呢？”老妇人回答说：“我的儿子是白帝子变化成的蛇，横躺在道路中间，今天却让赤帝子给杀死了，因此我才在这里啼哭。”人们一开始还以为老妇人没有说实话，想要让她吃点儿苦头，但是老妇人忽然不见了。后面的人都到后，高祖也醒来了，就有人告诉他刚才的事。高祖心中暗暗高兴，非常得意。随从的人越来越惧怕他。

秦始皇曾经说过：“东南方向有天子之气”，于是就东游压服住这股天子气。高祖隐藏在芒山、砀山的大泽之中，吕后和别人都过来寻找他，经常能找见他。高祖非常奇怪地问她是如何找到的。吕后回答说：“你所住的地方上空经常有团云气，只要按着云气的方向寻找总能找到你的。”高祖很高兴。沛县有听说了此事的青年，大多都愿意追随他。

秦二世元年秋七月，陈涉率人在蕲县发动起义。后来到了陈县，立自己为楚王，派武臣、张耳、陈馀攻占了赵地。八月，武臣自立为赵王。各郡县的百姓很多都杀死当地的官吏来响应陈涉起义。九月，沛县县令也想在沛县响应陈涉的起义。主吏萧何、掾属曹参劝说道：“您是秦朝的官员，今天却想要背叛朝廷，率领沛地的子弟一起，恐怕不会有人听从您的命令。希望您能召回逃亡在外的人，这样可以有几百人，用他们来威胁百姓，百姓不敢不听从您的命令。”县令就让樊哙召回高祖。这时，高祖的手下已经有了几百人。

不久后，樊哙与高祖一同归来。沛令此时开始后悔，害怕形势发生变化，就下令关闭城门拒守，想要杀掉萧何、曹参。萧、曹二人十分恐惧，翻城墙逃走投靠了高祖。高祖就写信用箭射到城上，对沛县的父老乡亲说："天下的人都被秦朝折磨坑害很久了。现在父老乡亲虽然替沛令守卫城池，但诸侯都在起兵，想要杀光城里的百姓。沛县的众人如果今天一同杀死县令，选择拥立可以成为首领的人，来响应诸侯起义，就可以保全全家人的性命。不这样做的话，父子都将会被杀死，这是在白白送死啊。"父老乡亲便率领众家子弟一同杀死沛令，打开城门迎接高祖，想要拥立他担任沛令。高祖说："天下形势正在骚动，诸侯都在起兵，如果拥立的头领不好，就会导致一败涂地。我不是自爱，而是恐怕自己能力薄弱，不能保全你们的父兄子弟。这件事是大事，希望你们另外选择可以胜任的人。"萧何、曹参都是文官，非常自爱，担心起义的事情如果不成功，以后会让秦朝诛杀自己的全家，就也都推举高祖。诸位父老乡亲都说："平时听说刘季身上有奇怪的事，应当为贵人，又去占卜算卦，所有人都不如刘季最吉利。"高祖再三推辞，但众人都没有愿意干的，高祖就自立为沛公。在沛县的大堂拜祠黄帝，祭蚩尤，用牲畜血染红旗帜和战鼓。军队的旗帜都是红色的，这是因为杀了白帝子，而且杀人的是赤帝子的缘故。像萧何、曹参、樊哙等年轻能干的官吏也都去招收沛县青年，收编了三千多人。

这一月，项梁与他的兄子项羽在吴县起兵。田儋与堂弟荣、横在齐地起兵，并且自立为齐王。韩广自立为燕王。魏咎自立为魏王。陈涉的部将周章向西入关，到达戚水，秦朝将领章邯率领军队击败周章。

秦二年十月，沛公率军攻占了胡陵、方与两县，撤回军队守卫丰邑。秦泗川监御史平率领军队包围了丰邑，第二天，义军出兵双方交战，击破了秦军。沛公命令雍齿守卫丰邑。十一月，沛公率军到达薛县。秦泗川守壮在薛县兵败，逃到戚县，被沛公的左司马得杀死。沛公还军到亢父，到了方与。赵王武臣被他的部将所杀。十二月，楚王陈涉被他的车夫庄贾杀害。魏人周市攻略丰邑、沛县，而且派人对雍齿说："丰邑是原来的梁徙居的地方，现在魏地已经平定几十个城池。你今天归降魏，魏封你为侯并让你驻守丰邑；不投降，我们就将攻破丰邑并且杀光城内的百姓。"雍齿平时就不愿意归属沛公，因此在魏招降他时，就投降魏并且替魏守丰邑。沛公攻打丰邑，没能攻取，就返回到沛县，非常怨恨雍齿以及丰邑青年的叛变。

正月，张耳等人拥立赵国王族的后代赵歇为赵王。东阳人甯君、秦嘉拥立景驹为楚王，驻守在留县。沛公前去投靠景驹，在途中得到张良的追随，于是就与张良一起去见景驹，请求景驹派兵攻打丰邑。这时章邯正在攻打陈县，就另外派将司马尼率领军队平定北面的楚地，从相县大肆屠杀百姓，到达了砀县。东阳甯君、沛公率领兵将向西，与秦朝军队在萧县西面交战，失利，收整士兵在留县聚齐。

二月，沛公攻打砀县，三天就攻占了。收编了砀县士兵，得到了六千人，与原有的人马合并一共有九千人。三月，沛公攻占下邑。回军攻打丰邑没有成功。四月，项梁击杀了景驹、秦嘉，在薛县驻军，沛公前往与项梁相见。项梁给沛公增加五千士兵，十个五大夫爵位的将领。沛公就率军返回，带兵攻破丰县。雍齿逃往魏。

五月，项羽攻占了襄城，随后返回。项梁召集所有的别将。六月，沛公到达薛，与项梁共同拥立楚怀王的孙子心为楚怀王。章邯在临济破杀魏王咎、齐王田儋。七月，连日下大雨。沛公攻打亢公。章邯在东阿包围了田荣。沛公与项梁一同去救援田荣，在东阿大败章邯。田荣回到齐，沛公、项羽继续追击章邯的败军，追到城阳时，屠杀了城中的百姓。然后驻扎在濮阳县东，又同章邯交战，再次打败秦军。

章邯重新整编军队，固守在濮阳城，四周环水便于防御。沛公、项羽离开濮阳，继续攻打定陶县。八月，田荣立田儋的儿子田市为齐王。定陶没有被攻下，沛公与项羽又向西攻占土地，到达雍丘，与秦军交战，大败秦军，斩杀了三川守李由。沛公与项羽撤回军队攻打外黄县，没有攻下。

项梁再次攻破秦军，就渐渐有了骄傲之色。宋义劝说他，项梁没有听从。秦朝为章邯增加援兵。九月，章邯在夜间率领士兵衔枚到定陶偷袭项梁，大败项梁的军队，项梁被杀死。当时连绵的阴雨从七月一直下到九月。沛公、项羽正在攻打陈留，听到项梁战死的消息，士卒都十分惊恐，便与将军吕臣率领士兵向东行军，从盱台县迁走怀王，在彭城定都。吕臣驻扎在城东，项羽驻扎在城西，沛公驻扎在砀县。魏咎的弟弟豹自立为魏王。闰九月，怀王合并吕臣、项羽的军队，亲自统率士兵。任命沛公为砀郡郡长，封他为武安侯，统领砀郡的士兵。任命项羽为鲁公，封他为长安侯。吕臣担任司徒，他的父吕青担任令尹。

章邯大败项梁后，认为楚地的士兵不值得担忧，就渡河向北攻击赵王歇，大败了赵军。歇退守在巨鹿城，秦将王离包围了巨鹿。赵王多次求救，怀王就任命宋义为上将，项羽为次将，范增为末将，向北救援赵。

当初，怀王与诸位将领订立盟约，先攻占关中的人为关中王。当时秦军势力强大，经常乘胜追击败军，诸位将领没有将先入关视为有利益的事。只有项羽怨恨秦朝杀死项梁，激愤之下，愿意与沛公一起西入关中。怀王部下的老将都不赞成这件事，说："项羽的性情十分剽悍，好为祸害残杀，曾经攻占了襄城，襄城被屠杀得没有留下活人，所过的地方生灵没有不遭到残害灭绝的。况且楚多次进兵，前面有陈王、项梁都遭到失败，不如另外派遣长者扶义西进，告谕秦地的百姓。秦地的父老兄弟被秦朝的暴政苦害良久，现在要是能派长者前往，不侵扰、残暴百姓，应该能攻打下来的。不可以派遣项羽，只有沛公合适，他向来是宽厚大度的长者。"怀王最终没有答应项羽西进的要求，而是派遣沛公向西收编陈王、项梁军队散亡的兵卒。沛公于是就取道砀县到达城阳与杠里，进攻秦朝军队的壁垒，击破了两个县的秦军。

秦三年十月，齐将田都背叛田荣，率领军队帮助项羽救援赵。沛公攻破了东郡尉驻防的成武。十一月，项羽杀死宋义，合并他的军队渡过了漳河，并立自己为上将军，黥布等将领都归属了项羽。十二月，沛公率领士兵到了栗县，遇到刚武侯，就打败他夺得他的军队四千多人，与魏将皇欣、武满军二人合并起来，攻破了秦军。原齐王田建的孙子田安攻下了济北，随从项羽一起救援赵。项羽在巨鹿大败秦军，俘获了王离，赶跑了章邯。

二月，沛公从砀县向北攻打昌邑，半路遇到彭越。彭越帮助他攻打昌邑，没有攻下。沛公向西进军经过高阳邑时，郦食其是里门卒，说："各位将领路过此地的有很多人，我看沛公您的度量很大。"便请求进见沛公。沛公当时正坐在床上，让两名女子服侍他洗脚。郦食其没有叩拜沛公，而是作一个长揖说："您必然是想要诛灭无道的秦王朝，那么就不应该坐着接见长者！"于是沛公就站起身，提着衣襟向他道歉，将郦食其请到上座。郦食其劝说沛公袭击陈留城。沛公就任命郦食其为广野君，任命他的弟弟商为将军，二人共同率领陈留的士兵。三月，攻打开封，没有攻下。向西进军，与秦将杨熊在白马交战，又在曲遇东交战，大破了秦军。杨熊败逃荥阳，秦二世派遣使者将杨熊斩杀示众。四月，沛公向南攻打颍川，攻入后大肆屠城。又在张良的帮助下攻下了韩地。

当时，赵别将司马卬正想要渡过黄河进入关中，沛公就向北攻打平阴，决黄河渡口。沛公向南与秦军在洛阳东交战，失利后，又从轘辕山行军到阳城，一路上收集军中散佚的战马。六月，沛公与南阳守齮在犨东大战，攻破了秦军。攻下南阳郡，南阳守军纷纷败走，退守到宛城。沛公率领士兵路过宛城西时。张良劝谏他说："沛公您虽然想要尽快进入关中，但是秦兵尚且人数众多，又占据险要的地势进行防守。今天如果没有攻下宛城，那么宛城的守军从后面攻击我们，而强的秦军又在前方，这是非常危险的道路。"于是沛公就在夜间率领军队从另外一条路返回，偃旗息鼓，在天色将明时，率大军重重包围了宛城。南阳守走投无路想要自杀。舍人劝他说："还没有到非死不可的时候。"陈恢就越过城墙下来进见沛公，说："臣听说您与众将约定好先入咸阳的人可以在关中称王，现在足下您留下攻打宛城。宛城的郡县连城有数十座之多，而这里的官吏、百姓都自认为如果投降一定会被杀死，因而都去登上城墙坚守。现在您天天攻打宛城，士兵中死伤的人一定很多；但如果您率领士兵离开宛城，宛城的朝秦军队也一定会追击您。您在前面失约咸阳之盟，后面又有强宛的忧患。我为您出主意的话，哪里比得上约定让宛城受降，封赏宛城的郡守，命令他为您驻守宛城，将他的士卒收编给您一同向西进入关中。这样做的话，其他没有攻下的城，一定会闻声争相开门等待您的到来，您将会没有丝毫阻碍地通行。"沛公回答说："这是一个好计策"。七月，南阳守齮投降沛公，被封为殷侯，陈恢也被封为千户。沛公带兵西行时，沿途的城池全都请求投降。到达丹水时，高武侯鳃、襄侯王陵投降。沛公回军攻打胡阳，遇到番君吴芮的别将梅鋗，二人协力攻打析、郦二城，两个城都投降。他们所经过的地方都禁止掳掠百姓，秦朝的百姓都十分喜悦。沛公派魏人甯昌担任使者到达秦朝的都城。这个月章邯带领所有的军队投降了项羽，项羽封章邯为雍王。瑕丘人申阳攻破了河南郡。

八月，沛公攻破武关，进入了秦地。秦朝丞相赵高十分惊恐，就杀死了秦二世，派人作为使者来到沛公处，想与他约定二人共同分割关中，沛公没有答应。九月，赵高拥立秦二世的兄子子婴为秦王。子婴诛杀了赵高，派遣将士兵拒守峣关。沛公想要攻打峣关，张良说："秦兵的势力还很强大，不可以轻视敌人。希望您可以先派人到山上举很多旗帜作疑兵，再派遣郦食其、陆贾前去劝说秦朝的将领投降，用利益引诱他们。"秦朝的将领果然想要联合，沛公想要答应他的请求。张良劝说道："这恐怕仅仅是秦朝的将领想要叛变，士卒应该不会听从他，不如我们趁着他们懈怠的机会攻打他们。"沛公就带领士兵绕过峣关，越过蒉山，攻击秦军，在蓝田南面大败秦军。接着沛公到达蓝田，又在蓝田北面与秦军交战，秦国士兵大败。

汉元年冬十月，五颗星聚在东井星。沛公带兵驻扎在霸上。秦王子婴乘着素车白马，用丝带拴着自己的脖子，其中封裹着玉玺、虎符和节等物品，在枳道旁边向沛公投降。诸将之中有人提出应该杀死秦王，沛公回答说："当初怀王派遣我出征，本来是因为我的宽容，况且秦王子婴已经认罪请求投降，杀死他是不吉利的。"就将子婴交给自己的部下看管。于是率军向西进入咸阳，并且想要留宿在秦朝皇宫中。樊哙、张良及时劝阻，沛公才将秦朝的重宝财物都封存在府库之中，还军驻扎在霸上。萧何将丞相府的地图、户籍、档案文书全部收入囊中。十一月，沛公召集各县的豪杰说道："父老受到秦朝严苛的法律之苦已经很久了，凡是有诽谤朝廷的都被灭族，偶然说话错误的人被处死在街头。我曾与诸侯定约，先进入关中的人称王，我应当在关中称王。现在与父老约法三章：杀人的人将被处死，伤害他人以及盗窃的人都要依法抵罪。剩下的秦国法律全都要被废除。官吏、百姓原来的情况没有变化。我入关中，目的是为父兄铲除祸害，而不是为了掠夺施暴百姓，请你们不要恐惧。我之所以继续驻扎在霸上，是因为要等诸侯到来时再定约束。"于是就派人与秦朝的官吏一起到县乡邑告谕秦朝的百姓。秦朝的百姓大喜，争相带着自家的牛羊酒食献给官兵们享用。沛公推辞没有接受，对他们说："朝廷仓库中的粟米还有很多，不想花费百姓的财物。"百姓于是就更加高兴，生怕沛公不当秦朝的新王。

有人劝说沛公："秦地比天下富有十倍，而且地形强固。现在听说章邯已经投降项羽，项羽封他为雍王，就是在关中为王。不久后就要就来，沛公您恐怕不能得到这块地方。现在可以赶忙派遣将领守卫住函谷关，不让其他诸侯的军队进入关中，可以征调关中的士兵来加强我们的军力，以便能够与项羽抗衡。"沛公听从了这个计策。十二月，项羽果真率领诸侯的士兵打算向西行进进入关中，关中的大门已经关闭。听说了沛公已经平定关中的消息后，项羽大怒，派遣黥布等人率军攻破了函谷关，于是就到达了戚下。沛公的左司马曹毋伤听说项羽发怒，想攻打沛公的消息，就派人对项羽告密说："沛公想要当关中王，任用子婴为相，将所有的秦朝珍宝归他自己占有。"想要以这个消息得到项羽的封赏。亚父范增劝说项羽道："沛公居住在山东时，贪慕钱财喜好女色，现在听说他进入关中后，所有的珍宝丝毫没有索取，没有宠爱美貌的女子，他的志向一定不在小的地方。我派人观望他身上的气，都成龙形，而且有五彩之色，这就是天子之气。请您赶快攻击沛公，不要失去这个好机会。"于是项羽下令犒劳士兵，第二日天明就与沛公交战。这个时候，项羽的兵力多达四十万，更是号称百万。而沛公只有十万将兵，号称有二十万。沛公的力量不足以抵抗项羽。正好项羽的叔父左尹项伯一向与张良交好，就在夜间急忙去见张良，告诉他全部实情，劝说张良与他一同离开，不要继续留在这里白白送死。张良回答说："我替韩王护送沛公，不可以不告诉他，不说就逃跑是不义的行为。"于是张良带着项伯一同进见沛公，沛公与项伯约定了儿女的婚姻，并且说："我入关后，一丝一毫都不敢私取，登记城中的人口，查封府库，以等待项将军到来，把守住关口，是为防备盗贼进入。我日夜盼望将军早日到来，哪里敢反叛将军呀！希望项伯您帮我说明我丝毫不敢违背将军对我的恩德。"项伯答应了他的要求，连夜返回到军中。并且告诫沛公说："明天早晨不可以不早点来亲自来认错。"项伯回去后，把沛公所说的话全都告诉了项羽，并且说："沛公如果不先攻破关中的守军，你能入关吗？况且现在人家有那么大的功劳，你攻打他是不吉利的，不如借这个机会善待他。"项羽答应了他。

沛公在清晨带领百余骑到鸿门拜见项羽说："臣与将军合力攻打秦军，将军在河北作战，臣在河南作战，没有想到竟然会先您一步进入关中，攻破秦军，这才有机会与将军再相见。现在有小人进谗言，让将军与臣之间产生嫌隙。"项羽说："这是沛公您的左司马曹毋伤告诉我的；要不然，我怎么会这样做呢？"项羽就留下沛公在军中一起饮酒。范增多次用眼睛暗示项羽杀死沛公，项羽看到后都没有反应。范增站起身，出帐对项庄说："君王为人心慈手软，你进入帐中为大家舞剑，趁机袭击沛公，杀死他。如果不这样做的话，你们这些人不久之后就要被俘虏了。"项庄进入帐中祝酒，并且说："军营中没有什么可以用来取乐的，请允许我为你们舞剑助兴。”于是就拔剑起舞。项伯也拔剑起舞，一直用自己的身体掩护沛公。樊哙听张良说事情紧急，就直闯入帐中，面带怒色。项羽视他为壮士，赐给樊哙酒喝。樊哙顺势责问项羽为何如此对待功臣。不一会儿，沛公起身说要去厕所，顺便呼樊哙出帐，留下自己的车马从属，自己骑马，让樊哙、勒僵、滕公、纪成步行跟随他，抄小道回到军营，让张良留下来向项羽辞别。项羽问他："沛公在什么地方？"张良回答说："沛公听说将军您想要督责他，就脱身已经离开，从小道回军中了，让臣为您献上玉璧。"项羽收下来。张良又献给范增玉斗。范增大怒，撞碎了玉斗，站起来大声说道："我们都要成沛公的虏俘了！"

沛公回到军中后几天，项羽带领士兵向西进入咸阳城大肆屠杀百姓，也杀死了秦朝的降王子婴，烧毁秦朝的宫室，所到之处没有不被毁灭的，秦朝的百姓感到非常失望。项羽派人回报楚怀王，楚怀王回复说："当初的盟约没有变化。"项羽因为怨恨怀王当初不肯让他与沛公二人同时向西入关，却让他北上救援赵，导致他没能先入关，就对人说："怀王，是我们家所拥立的，没有丝毫功绩，凭什么能主导盟约！平定天下的人，是诸将与我项籍。"春正月，项羽表面上尊称怀王为义帝，但实际上却不听他的命令。

二月，项羽立自己为西楚霸王，占领梁、楚地区共九个郡，定都在彭城。后来又违背原来的盟约，改封沛公为汉王，占领巴、蜀、汉中三个郡共四十一个县，定都在南郑。将关中一分为三，册立秦朝的三个降将：章邯为雍王，定都在废丘；司马欣为塞王，定都在栎阳；董翳为翟王，定都在高奴。册封原来的楚将瑕丘人中阳为河南王，定都在洛阳。封赵将司马卬为殷王，定都在朝歌。封当阳君英布为九江王，定都在六。封怀王柱国共敖为临江王，定都在江陵。封番君吴芮为衡山王，定都在邾。册封战国末年齐王建的孙子田安为济北王。徙魏王豹为西魏王，定都在平阳。徙燕王韩广为辽东王。燕将臧荼为燕王，定都在蓟。徙齐王田市为胶东王。齐将田都为齐王，定都在临淄。徙赵王歇为代王。赵相张耳为常山王。汉王怨恨项羽背弃原来的盟约，想要率军进攻项羽，丞相萧何进行劝阻，汉王才放弃这件事。

夏四月，诸侯纷纷离开戏下，各自回到自己的国家。项羽只拨了三万名士卒追随汉王，楚国人、诸侯国人中有数万人因为仰慕汉王而随从他，汉王从杜县向南进入蚀中。张良随后辞别汉王回归韩国，汉王送别他到褒中，张良劝汉王烧毁栈道，来防止各个诸侯的偷袭，同时也是向项羽表达他没有向东进军的意图。

汉王已经到达南郑，将领以及士卒纷纷唱歌，表达自己思念东归的感情，许多人在中途逃跑回去。韩信此时正在任治粟都尉，也逃走了，萧何追上他劝他回来，随即将他推荐给汉王，并且说："想要与群雄争夺天下，如果不是韩信就再没有可以计划的人了。"于是汉王就斋戒并且设坛场，拜任韩信为大将军，向他询问争霸天下的计谋。韩信回答他说："项羽背弃之前的盟约却让君王您在南郑称王，这是在贬谪您。您率领的官兵都是山东人，日日夜夜企望他们可以东归，如果您利用他们思归的锋锐之气，就可以成就您的大业。现在天下形势已经稳定，百姓都生活安宁，不可以再用。不如决心东向。"于是韩信讲述了项羽可以被打败、三秦很容易被兼并的计策。汉王非常高兴，于是就听从韩信的计策，部署各位将士。同时，留下萧何负责征收巴、蜀地区的租税来供给军队粮饷。

五月，汉王率领军队从故道县出兵袭击雍国。章邯带兵在陈仓迎战汉王，雍国的兵大败，撤退。在好畤再次交战，又被打败，逃回到废丘。汉王就此平定雍地。向东前往咸阳，引兵在废丘将雍王包围，然后派遣诸位将领攻城略地。

田荣闻听项羽将齐王市迁徙到胶东，却拥立田都为齐王，非常愤怒，田荣带齐兵迎击田都，田都最终败走而投降楚。六月，田荣杀死田市，而自立为齐王。当时彭越还在钜野，有万余追随者，都没有归属的地方。田荣授予彭越将军的印信，命令他在梁地反击项羽。彭越杀死济北王田安，田荣也就兼并三齐之地。燕王韩广也不愿意迁到辽东。秋八月，臧荼杀死韩广，兼并他的土地。塞王司马欣、翟王董翳二人都投降了汉。

当初，项梁拥立韩国的后公子为韩王，张良担任韩王的司徒。项羽认为张良已经跟随了汉王，韩王成又没有功劳，所以不准许韩王成回归本国，将他带到彭城，杀死。当听说汉王已经占领了关中，齐、梁又都背叛自己，项羽大怒，于是就任命从前的吴县令郑昌为韩王，率兵抵抗汉王。命令萧公角攻击彭越，彭越击败了萧公角的军队。当时张良已经攻取了韩地，下书给项羽说："汉王想要得到关中，只要您实现以前的盟约就会立即停止进军，不敢再向东进兵。"项羽因此没有向西进军的想法，于是就率军向北攻打齐。

九月，汉王派遣将军薛欧、王吸二人率军出武关，想要依仗王陵的军队，从南阳到沛县迎接太后、吕后。项羽听说这件事后，就派兵在阳夏阻挡他们，不得前往。

汉二年冬十月，项羽派遣九江王英布到郴县杀死义帝。陈余也在怨恨项羽没有封他为王，就向田荣请求援兵，去攻击常山王张耳。张耳最终败走投降汉王，汉王依照礼节厚待他。陈馀迎接代王歇回到赵，歇拥立陈馀为代王。张良从韩抄小道来归附汉，汉王封张良为成信侯。

汉王到达陕县后，安抚关外百姓。河南王申阳投降汉，设立了河南郡。派遣韩太尉韩信攻击韩，韩王郑昌投降。十一月，汉王立韩太尉韩信为韩王。汉王回到关中，定都在栎阳，派遣将领攻城略地，攻下了陇西郡。汉王提出策略：凡是率一万人或一个郡来投降汉的人，将被封万户侯。同时也整修河上郡的边塞。开放秦朝原有额苑林园池，供百姓耕种粮食。

春正月，项羽在城阳攻打田荣，田荣战败逃走到平原郡，被平原郡的百姓杀死。齐地都归降楚，楚焚毁城郭，齐人再次叛离楚。汉军的诸位将领攻下了北地郡，俘虏雍王弟章平。赦免了有罪的人。二月二十日，命令百姓拆掉秦朝的社稷，而设立汉的社稷。施行对百姓有恩德的事：赏赐给百姓们爵位；蜀郡、汉中郡的百姓战争时供给军队粮食和军需用品非常劳苦，因此免除他们两年的赋税；关中凡是有从军的兵卒，都免除家中的一年租税、劳役；推举年龄在50岁以上、品行良好，而且能率领众人做善事的普通百姓为三老，每个乡推举一人；选举乡三老中的一人为县三老，作为县令、县丞、县尉管理政事的顾问，同时免除他的徭役。每年的十月份赏赐给三老酒肉。

三月，汉王率军从临晋渡过黄河，魏王豹带人投降，率领士兵跟随汉王，攻下了河内，俘获殷王司马卬，并在此地设立河内郡。到达脩武县时，陈平离开楚投降汉。汉王与陈平谈话时，非常高兴，命他担任汉王的参乘，监督诸位将领。汉王南渡到达平阴津，到洛阳时，新城三老之一的董公拦住汉王并且说："臣听说'顺行德义的人将会昌盛，而违背德义的人将会灭亡'，'出动军队却没有正义的名号，军事行动就不会成功'。因此说：'只有指明他是逆贼，敌人才可以被征服。'项羽行事时暴虐无道，流放并且杀死他的君主义帝，他是天下的逆贼啊。仁爱而不依靠武勇，正义而不依靠暴力，汉王的三军将士，都为义帝穿着孝服，同时告谕诸侯，因为义帝被杀死而东伐项羽，四海之内，没有人不慕仰汉王的高尚德行，这就是三王所实行过的正义的举动。”汉王说：“这真是太好了，如果不是先生我就听不到这些高见。”于是汉王命令为义帝发丧，袒露出自己的左臂哀痛哭泣，公祭了三日。就派出多位使臣通告给诸侯说：“天下人共同拥立义帝，面向北面称臣供职于朝廷。现在项羽却在江南流放杀害了义帝，这真是大逆不道的事情！寡人将亲自为义帝发丧，我的士兵都身穿白色的丧服。我将要征发所有的关中士兵，收集整编三河地区的士卒，从南面自江、汉以下，愿意跟随我们诸侯王们一起讨伐楚杀害义帝的凶逆！”

夏四月，田荣的弟弟田横收编了数万人，汉王立田荣的儿子田广为齐王。项羽虽然听说了汉王东进的消息，但是他已经出兵攻击齐国，就打算攻破齐国之后再去攻击汉国，汉王因此才得以率领魏王、河南王、韩王、殷王、常山王五位诸侯的军队，向东讨伐楚国。到达外黄以后，彭越率领三万人归降汉，汉王任命彭越为魏相国，命令他前去平定梁地。汉王随后进入彭城，缴获项羽大量的美人和珍宝，同时设宴聚会大肆庆贺。项羽听说消息后，命令自己的部将攻击齐国，而且项羽亲自率领三万精兵从鲁地出胡陵县，到了萧县，天亮时就攻击汉军，在彭城、灵壁东面的睢水之上同汉军进行大战，最终大败汉军，死伤人数极多，睢水被尸体堵塞的河水都不流动。包围汉王军队的楚军有三层之多。忽然间，大风从西北方向刮起来，折毁了树吹倒了房屋，飞沙走石，白天仍然十分昏暗，楚军因此军心大乱，汉王才得以趁机带领数十骑逃走。路过沛县时，派人寻找自己的家眷，家眷也已经逃亡，没有找到。汉王在路上遇到儿子和女儿，乘坐同一辆车逃走。楚国的骑兵追赶汉王时，汉王情急之下，将两个孩子推下车。夏侯婴又将他们拉上车，这才得脱险。审食其跟随太公、吕后想要抄小道逃走，反而正遇上楚军而被俘虏，被项羽放在军中当作人质。诸侯见到汉王大败，就都四散逃走。塞王欣、翟王翳投降楚，殷王卬战死。

吕后的兄长周吕侯率领士兵驻扎在下邑县，汉王前往投奔他。稍微收集士卒，驻扎在砀县。

汉王向西经过梁地，到达虞县时，对拜谒他的随何说：“如果你能劝说九江王英布让他率兵背叛楚，项王必定会留下来攻击英布。如果他能够因此停留几个月，我就一定能够趁机夺取天下。”随何因此前往去劝说英布，果然英布背叛楚国。

五月，汉王驻屯在荥阳，萧何征发关中的老弱之人以及没有达到兵役登记的年龄的人全部到军中报到。韩信也收编士兵与汉王的军队会师，汉军的士气再次大振。与楚国的军队在荥阳南面的京县、索亭进行交战，打败了楚军。汉军修筑甬道，连接黄河，以取得敖仓的粮食。魏王豹请求探视亲属的疾病。一回到家中便断绝黄河的渡口，反叛汉投降楚。

六月，汉王返回到栎阳。十九日，汉王立太子，赦免有罪的人。命令凡原本是关东人在关中从军的都集合到一起担任栎阳的卫士。汉兵引河水灌废丘，废丘投降汉，章邯自杀。雍地因此被平定，有八十余个县，设河上、渭南、中地、陇西、上郡五个郡。命令祠官祭祀天地四方的上帝山川诸神，按时令祭祀。征发关中的兵卒戍守边塞。关中地区发生饥荒，一斛米就要万钱，甚至发生人吃人的惨象。汉王命令百姓到蜀郡、汉中地区谋生。

秋八月，汉王率军前往荥阳，对郦食其说：“你去婉言劝说魏王豹，如果能劝说成功，就把魏地的万户封赐给先生。”郦食其前往劝说，但豹没有听从。汉王任命韩信为左丞相，与曹参、灌婴一同攻击魏。郦食其返回后，汉王问他：“魏的大将是谁？”回答说：“是柏直。”汉王说：“他是个乳臭未干的人，没有办法抵挡韩信。骑将是谁呢？”回答说：“是冯敬。”汉王说：“他是秦将冯无择的儿子，虽然有贤能，但是不能抵挡灌婴。步将又是谁？”郦食其回答说：“是项它。”汉王说：“他也没有办法抵挡曹参，我没有可以惧怕的了。”九月，韩信等人捉到魏豹，将他押送到荥阳。平定魏地后，设立河东、太原、上党三个郡。韩信派人请求增加三万士兵，愿意率领军队向北取得燕、赵，向东攻击齐，南面断绝楚国的粮道交通。汉王如数给韩信增加兵力。

三年冬十月，韩信、张耳向东下井陉，攻击赵，斩杀代王陈馀，俘虏赵王歇。设立常山郡和代郡。十一日天昏，有日食发生。十一月初十天昏，又有日食。

随何劝说英布成功，英布率兵攻打楚。楚国派项声、龙且进攻英布，英布随后战败。十二月，英布与随何抄小道归降汉。汉王分给他兵卒，与他一同收集走散的士兵到了成皋。

项羽先后多次夺取汉的粮道，汉军缺少粮食，汉王与郦食其一起谋划削弱楚国的力量。郦食其主张拥立六国的后人为王，来树立盟军，汉王已经雕刻玺印，准备派郦食其去封王。他又询问张良，张良提了八条反对的意见(详情见《张良传》)。汉王吐出口中的饭菜，说："郦食其这个臭书生几乎坏了我的大事！"下命令立即销玺印。又询问陈平，就听从他的计策，交给他四万斤黄金，用这些黄金来离间楚国的君臣。

夏四月，项羽率军在荥阳包围汉王，汉王请求讲和，割让荥阳以西的土地归属汉。范增劝说项羽尽快攻打荥阳，汉王因此十分忧虑。但此时陈平的反间计已经开始起效，项羽果然开始怀疑范增，范增大怒离开，发病死在了途中。

五月，将军纪信对汉王说："事情十分紧急！臣请求前去欺骗楚军，君王您可以乔装寻找间隙逃走。"于是陈平趁夜从东门放出二千多名女子，楚军从四个方向攻击。纪信便乘坐王车，黄缯车盖，左面竖羽幢，说："军粮已经吃光了，汉王请求投降楚。"楚兵都大呼万岁，都到城东进行观望，汉王趁机与数十骑闯出西门逃遁。让御史大夫周苛、魏豹、枞公戍守荥阳。项羽见到纪信，问他："汉王在什么地方？"回答说："汉王已经出城逃走了。"项羽烧死了纪信。周苛、枞公二人商量："魏王豹背叛过汉王，我们很难与他一同守城池。"因此就杀死了魏豹。

汉王逃出了荥阳，到达成皋。从成皋入关，想要招兵买马再次东进。辕生劝说汉王："汉与楚相持在荥阳这么多年，汉军常常十分困迫。希望君王您能出武关，这样的话项王必定会引兵向南去，王您命令深挖壕沟、高筑壁垒，坚守城池不出战，让荥阳、成皋间暂时得到休息。韩信如果平定河北赵地，联合燕、齐二国，君王就可以再去荥阳。这样，楚国所防备的地方就变多，兵力变得分散。汉军因此可以得到休息，再与他们交战，必定可以打败楚。"汉王听从了这个计谋，出军到宛、叶之间，与英布一起边行军边招兵扩军。

项羽听闻汉王在宛，果然就引兵向南进攻，汉王坚守不出城交战。这个月，彭越渡过睢水，与项声、薛公的军队在下邳交战，破杀了薛公。项羽派遣终公守卫成皋，自东攻击彭越。汉王率兵北上，击破了终公的军队，再次驻军在成皋。

六月，项羽已击破并且赶走了彭越的军队，听说汉军再次占领成皋，就引兵西拔荥阳城，生擒了周苛。项羽对周苛说："如果你当我的将，我就让你担任上将军，封你为三万户。"周苛怒骂道："你还不赶快投降汉，今天就要成为俘虏了！你一定不是汉王的对手。”项羽烹杀了周苛，并且杀死枞公，又俘虏了韩王信，紧接着包围了成皋。汉王借机逃走，只与滕公一同乘车出成皋北门，向北渡过黄河，留宿在小修武邑。自称为使者，早晨飞驰进入张耳、韩信的壁垒，夺得韩信的军队。就派张耳北前去赵地招集士兵。

秋七月，在大角星区域出现了彗星。汉王得到韩信的军队，又大振了军威。八月，汉王临黄河南向，驻扎在小倚武，想要再战。郎中郑忠劝阻了汉王，修筑高垒深堑，不去交战。汉王听从了这个计策，派卢绾、刘贾二人率二万士兵，数百骑兵，渡过白马津进入了楚地，帮助彭越烧毁楚军的粮草，在燕县城的西面再次击败了楚军，攻下睢阳、外黄十七座城。九月，项羽对海春侯大司马曹咎说：“你谨守在成皋。即使汉王的军队要挑战，你也要谨慎地守着城池，不要交战，只要不让汉王向东进兵就可以了。我十五天内一定可以平定梁地，再与将军您会合。”项羽引兵向东攻击彭越。

汉王派遣郦食其去劝齐王田广，让他撤去防守的士兵，与汉王和好。

四年冬十月，韩信采用蒯通的计策，攻破齐。齐王烹杀了郦食其，向东逃到高密。项羽听闻韩信破齐的消息，而且还想要袭击楚，就派遣龙且前去救援齐。

汉军果然多次在成皋出兵挑战，但楚军坚守不出战。汉军派人辱骂了数日，楚的大司马曹咎大怒，于是就率兵渡过汜水。士兵刚刚渡过一半，汉军就发起了攻击，因而大破楚军，获得了楚军的全部金玉宝货。大司马曹咎、长史司马欣都在汜水之上自杀。汉王领兵渡过河，再次取成皋，驻军在广武，用敖仓的粮食供应军队。

项羽攻取了梁地的十余座城池，听闻海春侯兵败的消息，就引兵返回。汉军此时正在荥阳东包围钟离眛，闻听项羽到来的消息，就都命令军队转占到险要的地区。项羽也驻军在广武，与汉军相持不下。但因为众多壮丁苦于连年的军事征战，老弱之人都疲于运送军队军饷。汉王、项羽就在广武之间进行对话。项羽想要与汉王单独交战，汉王却责备项羽说：“当初我与你同时受命于怀王，约定先定关中的人称王关中。你却违反约定，让我去蜀、汉为王，这是第一宗罪。你假借王命的名义杀死卿子冠军宋义，自立为上将军，这是第二宗罪。你本来应当在救赵后回去复命，却擅自胁迫诸侯的军队入关，这是第三宗罪。怀王当时已经约定入关后不得施暴掠抢百姓，项羽却烧毁了秦朝的宫室，挖掘始皇帝的陵墓，私吞了所取的财物，这是第四宗罪。又强杀了秦朝的降王子婴，这是第五宗罪。在新安县欺诈坑杀了二十万秦朝子弟，封他的将领为王，这是第六宗罪。你将自己的部将都封赐在肥美的地方，却赶走原来的君王，让许多臣下因为争权而叛主，这是第七宗罪。你在彭城赶走了义帝，将它作为都城；夺取了韩王的领地，兼并了梁、楚，大多都留给自己，这是第八宗罪。你派人在江南暗杀义帝，这是第九宗罪。你身为人臣却杀害自己的君主，杀死已经投降的人，而且执政不平和，君主订立的盟约却不信守承诺，为天下人所不容。实在是大逆不道。这是第十宗罪。我率领正义之师与诸侯一同诛杀凶残的逆贼，让刑余的罪人攻击你就可以了，我何必与你单独挑战呢！”项羽大怒，埋伏在暗处的弩手射中了汉王。汉王胸部受伤，却摸着自己的脚说：“奴虏射中了我的脚趾！”汉王因为受伤而卧床，张良坚定的请求汉王起身慰劳士兵，以安定军心，不让楚军有可乘之机取胜。汉王巡行军中，因而病情严重，随即率军驰入成皋。

十一月，韩信与灌婴攻破了楚军，杀死楚将龙且，追击败军到了城阳后，俘虏了齐王田广。齐相田横自己立自己为齐王，逃到了彭城。汉王立张耳为赵王。

汉王的伤口痊愈后，向西进军入关，到了栎阳，汉王慰问父老，设酒宴款待他们。并且在栎阳街上挂起原来的塞王司马欣的头颅。留住四日之后，汉王又回到了军中，驻扎在广武。关中为汉军增加士兵人员，而彭越、田横占据梁地，来往经常骚扰楚军，甚至是断绝楚军的粮饷补给。

韩信已经攻破齐军，就派人对汉王说：“齐地靠近楚，权威不足的人，不能够代理齐王，恐怕不能令齐地安定。”汉王大怒，想要讨伐韩信。张良劝说道：“不如顺势立韩信为齐王，让他率军坚守一方。”春二月，汉王派张良带着王印，立韩信为齐王。秋七月，汉王立英布为淮南王。

八月，汉王开始征收算赋。北貉、燕人赠送雄骑帮助汉王。汉王颁布命令：凡有士卒不幸死亡的，由官吏为他制衣衾棺收敛，转送他回家。四方的民心因此归附。

项羽知道自己缺少援助，军粮已经用尽，韩信又带兵攻击楚，项羽十分惧怕。汉军派陆贾前去劝说项羽，请求接回太公，项羽没有同意。汉军又派侯公去劝说项羽，项羽这才与汉约定，双方平分天下，划割鸿沟以西的地区为汉，以东则为楚。九月，项羽送回太公、吕后，汉军齐呼万岁。于是汉王封侯公为平国君。项羽撤退军队东归。汉王想要率军西归，张良、陈平劝阻汉王说："现在汉已经有了大半的天下，诸侯又都归附汉，而楚国的士兵却十分疲劳而且粮食耗尽，这是天要灭亡项羽的时候，如果不趁着他的危机而消灭他，就是养虎给您自己留祸害啊。"汉王听从这一劝告。

汉书卷一下

高帝纪第一下

五年冬十月，汉王追项羽至阳夏南，止军，与齐王信、魏相国越期会击楚。至固陵，不会。楚击汉军，大破之，汉王复入壁，深堑而守。谓张良曰："诸侯不从，奈何？"良对曰："楚兵且破，未有分地，其不至固宜。君王能与共天下，可立致也。齐王信之立，非君王意，信亦不自坚。彭越本定梁地，始，君王以魏豹故，拜越为相国。今豹死，越亦望王，而君王不早定。今能取睢阳以北至穀城皆以王彭越，从陈以东傅海与齐王信，信家在楚，其意欲复得故邑。能出捐此地以许两人，使各自为战，则楚易败也"。于是汉王发使使韩信、彭越。至，皆引兵来。

十一月，刘贾入楚地，围寿春。汉亦遣人诱楚大司马周殷。殷畔楚，以舒屠六，举九江兵迎黥布，并行屠城父，随刘贾皆会。

十二月，围羽垓下。羽夜闻汉军四面皆楚歌，知尽得楚地。羽与数百骑走，是以兵大败。灌婴追斩羽东城。楚地悉定，独鲁不下。汉王引天下兵欲屠之，为其守节礼义之国，乃持羽头示其父兄，鲁乃降。初，怀王封羽为鲁公，及死，鲁又为之坚守，故以鲁公葬羽于穀城。汉王为发[丧]，哭临而去。封项伯等四人为列侯，赐姓刘氏。诸民略在楚者皆归之。汉王还至定陶，驰入齐王信壁，夺其军。初项羽所立临江王共敖前死，子尉嗣立为王，不降。遣卢绾、刘贾击虏尉。

春正月，追尊兄伯号曰武哀侯。下令曰："楚地已定，义帝亡后，欲存恤楚众，以定其主。齐王信习楚风俗，更立为楚王，王淮北，都下邳。魏相国建城侯彭越勤劳魏民，卑下士卒，常以少击众，数破楚军，其以魏故地王之，号曰梁王，都定陶。"又曰："兵不得休八年，万民与苦甚，今天下事毕，其赦天下殊死以下。"

于是诸侯上疏曰："楚王韩信、韩王信、淮南王英布、梁王彭越、故衡山王吴芮、赵王张敖、燕王臧荼昧死再拜言大王陛下：先时，秦为亡道，天下诛之。大王先得秦王，定关中，于天下功最多。存亡定危，救败继绝，以安万民，功盛德厚。又加惠于诸侯王有功者，使得立社稷。

地分已定，而位号比拟，亡上下之分，大王功德之著，于后世不宣。昧死再拜上皇帝尊号。”汉王曰：“寡人闻帝者贤者有也，虚言亡实之名，非所取也。今诸侯王皆推高寡人，将何以处之哉？”诸侯王皆曰：“大王起于细微，灭乱秦，威动海内。又以辟陋之地，自汉中行威德，诛不义，立有功，平定海内，功臣皆受地食邑，非私之地。大王德施四海，诸侯王不足以道之，居帝位甚实宜，愿大王以幸天下。”汉王曰：“诸侯王幸以为便于天下之民，则可矣。”于是诸侯王及太尉长安侯臣绾等三百人，与博士稷嗣君叔孙通谨择良日二月甲午，上尊号。汉王即皇帝位于氾水之阳。尊王后曰皇后，太子曰皇太子，追尊先媪曰昭灵夫人。

诏曰：“故衡山王吴芮与子二人、兄子一人，从百粤之兵，以佐诸侯，诛暴秦，有大功，诸侯立以为王。项羽侵夺之地，谓之番君。其以长沙、豫章、象郡、桂林、南海立番君芮为长沙王。”又曰：“故粤王亡诸世奉粤祀，秦侵夺其地，使其社稷不得血食。诸侯伐秦，亡诸身帅闽中兵以佐灭秦，项羽废而弗立。今以为闽粤王，王闽中地，勿使失职。”

帝乃西都雒阳。夏五月，兵皆罢归家。诏曰：“诸侯子在关中者，复之十二岁，其归者半之。民前或相聚保山泽，不书名数，今天下已定，令各归其县，复故爵田宅，吏以文法教训辨告，勿笞辱。民以饥饿自卖为人奴婢者，皆免为庶人。军吏卒会赦，其亡罪而亡爵及不满大夫者，皆赐爵为大夫。故大夫以上，赐爵各一级。其七大夫以上，皆令食邑；非七大夫以下，皆复其身及户，勿事。”又曰：“七大夫、公乘以上，皆高爵也。诸侯子及从军归者，甚多高爵，吾数诏吏先与田宅，及所当求于吏者，亟与。爵或人君，上所尊礼，久立吏前，曾不为决，甚亡谓也。异日秦民爵公大夫以上，令丞与亢礼。今吾于爵非轻也，吏独安取此！且法以有功劳行田宅，今小吏未尝从军者多满，而有功者顾不得，背公立私，守尉长吏教训甚不善。其令诸吏善遇高爵，称吾意。且廉问，有不如吾诏者，以重论之。”

帝置酒雒阳南宫。上曰：“通侯诸将毋敢隐朕，皆言其情。吾所以有天下者何？项氏之所以先天下者何？”高起、王陵对曰：“陛下嫚而侮人，项羽仁而敬人。然陛下使人攻城略地，所降下者，因以与之，与天下同利也。项羽妒贤嫉能，有功者害之，贤者疑之，战胜而不与人功，得地而不与人利，此其所以失天下也。”上曰：“公知其一，未知其二。夫运筹帷幄之中，决胜千里之外，吾不如子房；填国家，抚百姓，给饷馈，不绝粮道，吾不如萧何；连百万之众，战必胜，攻必取，吾不如韩信。三者皆人杰，吾能用之，此吾所以取天下者也。项羽有一范增而不能用，此所以为我禽也。”群臣说服。

初，田横归彭越。项羽已灭，横惧诛，与宾客亡入海。上恐其久为乱，遣使者赦横，曰：“横来，大者王，小者侯；不来，且发兵加诛。”横惧，乘传诣雒阳，未至三十里，自杀。上壮其节，为流涕，发卒二千人，以王礼葬焉。

戍卒娄敬求见，说上曰：“陛下取天下与周异，而都雒阳，不便，不如入关，据秦之固。”上以问张良，良因劝上。是日，车驾西都长安。拜娄敬为奉春君，赐姓刘氏。六月壬辰，大赦天下。

秋七月，燕王臧荼反，上自将征之。九月，虏荼。诏诸侯王视有功者立以为燕王。荆王臣信等十人皆曰：“太尉长安侯卢绾功最多，请立以为燕王。”使丞相哙将兵平代地。

利幾反，上自击破之。利幾者，项羽将。羽败，利幾为陈令，降，上侯之颍川。上至雒阳，举通侯籍召之，而利幾恐，反。

后九月，徙诸侯子关中。治长乐宫。

六年冬十月，令天下县邑城。

人告楚王信谋反，上问左右，左右争欲击之。用陈平计，乃伪游云梦。十二月，会诸侯于陈，楚王信迎谒，因执之。诏曰：“天下既安，豪桀有功者封侯，新立，未能尽图其功。身居军九年，或未习法令，或以其故犯法，大者死刑，吾甚怜之。其赦天下。”田肯贺上曰：“甚善，陛下得韩信，又治秦中。秦，形胜之国也，带河阻山，县隔千里，持戟百万，秦得百二焉。地势便利，其以下兵于诸侯，譬犹居高屋之上建瓴水也。夫齐，东有琅邪、即墨之饶，南有泰山之固，西有浊河之限，北有勃海之利，地方二千里，持戟百万，县隔千里之外，齐得十二焉，此东西秦也。非亲子弟，莫可使王齐者。”上曰：“善。”赐金五百斤。上还至雒阳，赦韩信，封为淮阴侯。

甲申，始剖符封功臣曹参等为通侯。诏曰：“齐，古之建国也，今为郡县，其复以为诸侯。将军刘贾数有大功，及择宽惠修絜者，王齐、荆地。”春正月丙午，韩王信等奏请以故东阳郡、鄣郡、吴郡五十三县立刘贾为荆王；以砀郡、薛郡、郯郡三十六县立弟文信君交为楚王。壬子，以云中、雁门、代郡五十三县立兄宜信侯喜为代王；以胶东、胶西、临淄、济北、博阳、城阳郡七十三县立子肥为齐王；以太原郡三十一县为韩国，徙韩王信都晋阳。

上已封大功臣十余人，其余争功，未得行封。上居南宫，从後道上见诸将往往耦语，以问张良。良曰："陛下与此属共取天下，今已为天子，而所封皆故人所爱，所诛皆平生仇怨。今军吏计功，以天下为不足用遍封，而恐以过失及诛，故相聚谋反耳。"上曰："为之奈何？"良曰："取上素所不快，计群臣所共知最甚者一人，先封以示群臣。"三月，上置酒，封雍齿，因趣丞相急定功行封。罢酒，群臣皆喜，曰："雍齿且侯，吾属亡患矣！"

上归栎阳，五日一朝太公。太公家令说太公曰："天亡二日，土亡二王。皇帝虽子，人主也；太公虽父，人臣也。奈何令人主拜人臣！如此，则威重不行。"后上朝，太公拥彗，迎门却行。上大惊，下扶太公。太公曰："帝，人主，奈何以我乱天下法！"于是上心善家令言，赐黄金五百斤。夏五月丙午，诏曰："人之至亲，莫亲于父子，故父有天下传归于子，子有天下尊归于父，此人道之极也。前日天下大乱，兵革并起，万民苦殃，朕亲被坚执锐，自帅士卒，犯危难，平暴乱，立诸侯，偃兵息民，天下大安，此皆太公之教训也。诸王、通侯、将军、群卿、大夫已尊朕为皇帝，而太公未有号，今上尊太公曰太上皇。"

秋九月，匈奴围韩王信于马邑，信降匈奴。

七年冬十月，上自将击韩王信于铜鞮，斩其将。信亡走匈奴，(与)其将曼丘臣、王黄共立故赵后赵利为王，收信散兵，与匈奴共距汉。上从晋阳连战，乘胜逐北，至楼烦，会大寒，士卒堕指者什二三。遂至平城，为匈奴所围七日，用陈平秘计得出。使樊哙留定代地。

十二月，上还过赵，不礼赵王。是月，匈奴攻代，代王喜弃国，自归雒阳，赦为合阳侯。辛卯，立子如意为代王。

春，令郎中有罪耐以上，请之。民产子，复勿事二岁。

二月，至长安。萧何治未央宫，立东阙、北阙、前殿、武库、大仓。上见其壮丽，甚怒，谓何曰："天下匈匈，劳苦数岁，成败未可知，是何治宫室过度也！"何曰："天下方未定，故可因以就宫室。且夫天子以四海为家，非令壮丽亡以重威，且亡令后世有以加也。"上说。自栎阳徙都长安。置宗正[官]以序九族。夏四月，行如雒阳。

八年冬，上东击韩信余寇于东垣。还过赵，赵相贯高等耻上不礼其王，阴谋欲弑上。上欲宿，心动，问“县名何？曰：“柏人。”上曰：“柏人者，迫于人也。”去弗宿。

十一月，令士卒从军死者为槥，归其县，县给衣衾棺葬具，祠以少牢，长吏视葬。十二月，行自东垣至。

春三月，行如雒阳。令吏卒从军至平城及守城邑者皆复终身勿事。爵非公乘以上毋得冠刘氏冠。贾人毋得衣锦、绣、绮、縠、絺纻、罽，操兵，乘骑马。秋八月，吏有罪未发觉者，赦之。九月，行自雒阳至。淮南王、梁王、赵王、楚王皆从。

九年冬十月，淮南王、梁王、赵王、楚王朝未央宫。置酒前殿，上奉玉卮为太上皇寿，曰：“始大人常以臣亡赖，不能治产业，不如仲力。今某之业所就孰与仲多？”殿上群臣皆称万岁，大笑为乐。

十一月，徙齐、楚大族昭氏、屈氏、景氏、怀氏、田氏五姓关中，与利田宅。十二月，行如雒阳。

贯高等谋逆发觉，逮捕高等，并捕赵王敖下狱。诏敢有随王，罪三族。郎中田叔、孟舒等十人自髡钳为王家奴，从王就狱。王实不知其谋。春正月，废赵王敖为宣平侯。徙代王如意为赵王，王赵国。丙寅，前有罪殊死以下皆赦之。

二月，行自雒阳至。贤赵臣田叔、孟舒等十人，召见与语，汉廷臣无能出其右者。上说，尽拜为郡守、诸侯相。

夏六月乙未晦，日有食之。

十年冬十月，淮南王、燕王、荆王、梁王、楚王、齐王、长沙王来朝。

夏五月，太上皇后崩。秋七月癸卯，太上皇崩，葬万年。赦栎阳囚死罪以下。八月，令诸侯王皆立太上皇庙于国都。

九月，代相国陈豨反。上曰：“豨尝为吾使，甚有信。代地吾所急，故封豨为列侯，以相国守代，今乃与王黄等劫掠代地！吏民非有罪也，能去豨、黄来归者，皆赦之。”上自东，至邯郸。上喜曰：“豨不南据邯郸而阻漳水，吾知其亡能为矣。”赵相周昌奏常山二十五城亡其二十城，请诛守尉。上曰：“守尉反乎？”对曰：“不。”上曰：“是力不足，亡罪。”上令周昌选赵壮士可令将者，白见四人。上嫚骂曰：“竖子能为将乎！”四人惭，皆伏地。上封各千户，以为将。左右谏曰：“从入蜀、汉，伐楚，赏未遍行，今封此，何功？”上曰：“非汝所知。陈豨反，赵、代地皆豨有。吾以羽檄征天下兵，未有至者，今计唯独邯郸中兵耳。吾何爱四千户，不以慰赵子弟！”皆曰：“善。”又求：“乐毅有后乎？”得其孙叔，封之乐乡，号华成君。问豨将，皆故贾人。上曰：“吾知与之矣。”乃多以金购豨将，豨将多降。

十一年冬，上在邯郸。豨将侯敞将万余人游行，王黄将骑千余军曲逆，张春将卒万余人度河攻聊城。汉将军郭蒙与齐将击，大破之。太尉周勃道太原入定代地，至马邑，马邑不下，攻残之。豨将赵利守东垣，高祖攻之不下。卒骂，上怒。城降，卒骂者斩之。诸县坚守不降反寇者，复租赋三岁。

春正月，淮阴侯韩信谋反长安，夷三族。将军柴武斩韩王信于参合。

上还雒阳。诏曰：“代地居常山之北，与夷狄边，赵乃从山南有之，远，数有胡寇，难以为国。颇取山南太原之地益属代，代之云中以西为云中郡，则代受边寇益少矣。王、相国、通侯、吏二千石择可立为代王者。”燕王绾、相国何等三十三人皆曰：“子恒贤知温良，请立以为代王，都晋阳。”大赦天下。

二月，诏曰：“欲省赋甚。今献未有程，吏或多赋以为献，而诸侯王尤多，民疾之。令诸侯王、通侯常以十月朝献，及郡各以其口数率，人岁六十三钱，以给献费。”又曰：“盖闻王者莫高于周文，伯者莫高于齐桓，皆待贤人而成名。今天下贤者智能，岂特古之人乎？患在人主不交故也，士奚由进！今吾以天之灵、贤士大夫定有天下，以为一家，欲其长久，世世奉宗庙亡绝也。贤人已与我共平之矣，而不与吾共安利之，可乎？贤士大夫有肯从我游者，吾能尊显之。布告天下，使明知朕意。御史大夫昌下相国，相国酂侯下诸侯王，御史中执法下郡守，其有意称明德者，必身劝，为之驾，遣诣相国府，署行、义、年。有而弗言，觉，免。年老癃病，勿遣。”

三月，梁王彭越反，夷三族。诏曰：“择可以为梁王、淮阳王者。”燕王绾、相国何等请立子恢为梁王，子友为淮阳王。罢东郡，颇益梁；罢颍川郡，颇益淮阳。

夏四月，行自雒阳至。令丰人徙关中者皆复终身。

五月，诏曰：“粤人之俗，好相攻击，前时秦徙中县之民南方三郡，使与百粤杂处。会天下诛秦，南海尉它居南方长治之，甚有文理，中县人以故不耗减，粤人相攻击之俗益止，俱赖其力。今立它为南粤王。”使陆贾即授玺、绶。它稽首称臣。

六月，令士卒从入蜀、汉、关中者皆复终身。

秋七月，淮南王布反。上问诸将，滕公言故楚令尹薛公有筹策。上召见，薛公言布形势，上善之，封薛公千户。诏王、相国择可立为淮南王者，群臣请立子长为王。上乃发上郡、北地、陇西车骑，巴、蜀材官及中尉卒三万人为皇太子卫，军霸上。布果如薛公言，东击杀荆王刘贾，劫其兵，度淮击楚，楚王交走入薛。上赦天下死罪以下，皆令从军；征诸侯兵，上自将以击布。

十二年冬十月，上破布军于会缶。布走，令别将追之。

上还，过沛，留，置酒沛宫，悉召故人父老子弟佐酒。发沛中儿得百二十人，教之歌。酒酣，上击筑，自歌曰：“大风起兮云飞扬，威加海内兮归故乡，安得猛士兮守四方！”令儿皆和习之。上乃起舞，伉慨伤怀，泣数行下。谓沛父兄曰：“游子悲故乡。吾虽都关中，万岁之后吾魂魄犹思（乐）沛。且朕自沛公以诛暴逆，遂有天下，其以沛为朕汤沐邑，复其民，世世无有所与。”沛父老诸母故人日乐饮极欢，道旧故为笑乐。十余日，上欲去，沛父兄固请。上曰：“吾人众多，父兄不能给。”乃去。沛中空县皆之邑西献。上留止，张饮三日。沛父兄皆顿首曰：“沛幸得复，丰未得，唯陛下哀矜。”上曰：“丰者，吾所生长，极不忘耳。吾特以其为雍齿故反我为魏。”沛父兄固请之，乃并复丰，比沛。

汉别将击布军洮水南北，皆大破之，追斩布番阳。

周勃定代，斩陈豨于当城。

诏曰：“吴，古之建国也。日者荆王兼有其地，今死亡后。朕欲复立吴王，其议可者。”长沙王臣等言：“沛侯濞重厚，请立为吴王。”已拜，上召谓濞曰：“汝状有反相。”因拊其背，曰：“汉后五十年东南有乱，岂汝邪？然天下同姓一家，汝慎毋反。”濞顿首曰：“不敢。”

十一月，行自淮南还。过鲁，以大牢祠孔子。

十二月，诏曰：“秦皇帝、楚隐王、魏安釐王、齐愍王、赵悼襄王皆绝亡后。其与秦始皇帝守冢二十家，楚、魏、齐各十家，赵及魏公子亡忌各五家，令视其冢，复，亡与它事。”

陈豨降将言豨反时燕王卢绾使人之豨所阴谋。上使辟阳侯审食其迎绾，绾称疾。食其言绾反有端。春二月，使樊哙、周勃将兵击绾。诏曰：“燕王绾与吾有故，爱之如子，闻与陈豨有谋，吾以为亡有，故使人迎绾。绾称疾不来，谋反明矣。燕吏民非有罪也，赐其吏六百石以上爵各一级。与绾居，去来归者，赦之，加爵亦一级。”诏诸侯王议可立为燕王者。长沙王臣等请立子建为燕王。

诏曰：“南武侯织亦粤之世也，立以为南海王。”

三月，诏曰：“吾立为天子，帝有天下，十二年于今矣。与天下之豪士贤大夫共定天下，同安辑之。其有功者上致之王，次为列侯，下乃食邑。而重臣之亲，或为列侯，皆令自置吏，得赋敛，女子公主。为列侯食邑者，皆佩之印，赐大第室。吏二千石，徙之长安，受小第室。入蜀、汉定三秦者，皆世世复。吾于天下贤士功臣，可谓亡负矣。其有不义背天子擅起兵者，与天下共伐诛之。布告天下，使明知朕意。”

上击布时，为流矢所中，行道疾。疾甚，吕后迎良医。医入见，上问医。曰：“疾可治。”于是上嫚骂之，曰：“吾以布衣提三尺取天下，此非天命乎？命乃在天，虽扁鹊何益！”遂不使治疾，赐黄金五十斤，罢之。吕后问曰：“陛下百岁后，萧相国既死，谁令代之？”上曰：“曹参可。”问其次，曰：“王陵可，然少戆，陈平可以助之。陈平知有余，然难独任。周勃重厚少文，然安刘氏者必勃也，可令为太尉。”吕后复问其次，上曰：“此后亦非乃所知也。”

卢绾与数千人居塞下候伺，幸上疾愈，自入谢。夏四月甲辰，帝崩于长乐宫。卢绾闻之，遂亡入匈奴。

吕后与审食其谋曰：“诸将故与帝为编户民，北面为臣，心常鞅鞅，今乃事少主，非尽族是，天下不安。”以故不发丧。人或闻，以语郦商。郦商见审食其曰：“闻帝已崩，四日不发丧，欲诛诸将。诚如此，天下危矣。陈平、灌婴将十万守荥阳，樊哙、周勃将二十万定燕、代，此闻帝崩，诸将皆诛，必连兵还乡，以攻关中。大臣内畔，诸将外反，亡可蹻足待也。”审食其入言之，乃以丁未发丧，大赦天下。

五月丙寅，葬长陵。已下，皇太子、群臣皆反至太上皇庙。群臣曰：“帝起细微，拨乱世反之正，平定天下，为汉太祖，功最高。”上尊号曰高皇帝。

初，高祖不修文学，而性明达，好谋，能听，自监门戍卒，见之如旧。初顺民心作三章之约。天下既定，命萧何次律令，韩信申军法，张苍定章程，叔孙通制礼仪，陆贾造《新语》。又与功臣剖符作誓，丹书铁契，金匮石室，藏之宗庙。虽日不暇接，规摹弘远矣。

赞曰：《春秋》晋史蔡墨有言：陶唐氏既衰，其后有刘累，学扰龙，事孔甲，范氏其后也。而大夫范宣子亦曰："祖自虞以上为陶唐氏，在夏为御龙氏，在商为豕韦氏，在周为唐杜氏，晋主夏盟为范氏。"范氏为晋士师，鲁文公世奔秦。后归于晋，其处者为刘氏。刘向云战国时刘氏自秦获于魏。秦灭魏，迁大梁，都于丰，故周市说雍齿曰："丰，故梁徙也。"是以颂高祖云："汉帝本系，出自唐帝。降及于周，在秦作刘。涉魏而东，遂为丰公。"丰公，盖太上皇父。其迁日浅，坟墓在丰鲜焉。及高祖即位，置祠祀官，则有秦、晋、梁、荆之巫，世祠天地，缀之以祀，岂不信哉！由是推之，汉承尧运，德祚已盛，断蛇著符，旗帜上赤，协于火德，自然之应，得天统矣。

【译文】

五年冬十月，汉王率军追击项羽到阳夏南面时，停止向前进兵，与齐王韩信、魏相国彭越约定一起会师攻击楚，到达固陵时，却没能会师。楚军出兵攻击，大破汉军。汉王退回到壁垒，深挖堑壕坚守城池。汉王对张良询问说："如果诸侯不前来会师，我们该怎么办？"张良回答说："楚军马上将要失败，诸侯却没有得到丝毫的封地，他们不前来会师是理所当然的事情。如果君王您能够与他们共享天下，他们就可以立即赶来会师。齐王韩信的确立，并不是君王您本来的意图，韩信恐怕已经感到自己的地位不稳固。彭越本来就平定了梁地，当初君王您因为魏豹的缘故，拜任彭越为相国。今现在魏豹已经死了，彭越也想要称王，而君王您却没能早早决定封他为王。现在如果能将睢阳以北到榖城的土地都赐给彭越为封地，从陈县以东到沿海的地区都封赐给韩信，韩信的家乡在楚地，他一定十分愿意再次得到故乡的土地。如能将这些地区捐出去封赐给这两个人，让他们可以各自为战，楚国很容易就会灭亡。"于是汉王就派出使者到韩信、彭越二人处。使臣一到便说明意图，果然，韩信、彭越二将都引兵赶来会战。

十一月，刘贾进入楚地后，率兵包围了寿春。汉军也派人诱降楚国的大司马周殷。周殷叛离楚，用驻扎在舒的士兵对六县屠城，率领九江的士兵迎接英布，并且屠杀城父县，随后跟随刘贾会师。

十二月，项羽在垓下被包围。他在夜间听到汉军在四面八方都唱楚歌，就知道汉军已经全部占领了楚地，他带领数百骑逃走，因此楚军大败。灌婴追击到东城，斩杀了项羽。楚地完全被平定，只剩下鲁地没有被攻下，汉王率领天下的士兵打算要屠杀鲁城，因鲁城是讲气节守礼义的国家，就拿出项羽的头颅让鲁城的父老兄弟观看，鲁城才投降汉。当初，怀王封赐项羽为鲁公，等到他死后，鲁人还在坚持为他驻守封地，就用鲁公的礼节在榖城埋葬项羽。汉王也为他发丧，痛哭着离去。汉王封项伯等四人为列侯，赐他们姓刘。各地的百姓凡是被掳掠到楚军中的都被送回故乡。汉王回到定陶，奔驰进入齐王韩信的军营，夺了他的军权。当初项羽所封立的临江王共敖已死，他的儿子共尉嗣立为王，不投降汉。汉王派卢绾、刘贾二人攻击并且俘虏了共尉。

春正月，汉王追尊他的兄伯号武哀侯。下命令说："楚地已经被平定，义帝没有后继的人，我想要安抚楚地的民众，想要为他们立一个好的君主。齐王韩信十分熟习楚地风俗，现在改立他为楚王，他的封地在淮北，定都城在下邳。魏相国建城侯彭越为了魏民十分勤劳，亲近士卒，经常率军以少击众，多次攻破楚军，应当把魏国的故地做他的封地，他的封号是梁王，都城定在定陶。"又说："秦末的战争长达八年没有休止，天下百姓的苦难十分深重，现在天下的战事已经结束了，赦免天下所有的死罪以下的犯人。"

这个时候诸侯上疏说："楚王韩信、韩王信、淮南王英布、梁王彭城、原衡山王吴芮、赵王张敖、燕王臧荼冒着死罪再拜大王陛下：以前秦朝暴行无道，天下的诸侯群起而诛灭了他。大王您率先俘获秦王，平定了关中，对天下的功劳最大。保存危亡的人，救助败绝的人，安定百姓，功德十分盛大。又对诸侯王和有功人员施加恩惠，让他们建立自己的封国。所有的封地已经划定好，大王您与别人号位相同。没有上下的分别，大王您功德如此显著，却没有宣明给后世。因此我们冒着死罪再拜您献上皇帝的尊号。"汉王说："我听说帝号是有贤德的人才应该有的尊号，虚言却无实的名号，不可以取。现在诸侯王都推崇我，我将要如何处理呢？"诸侯王都回答说："大王您虽然出身地位低微，但您诛灭了暴乱的秦朝，您的威势使海内震动。您又极力在僻陋的地方，从汉中推行您的威德，杀死不义的人，封赏立有功的人，平定了海内外，功臣都给他们封地和食邑，丝毫没有私自独占。大王的德施到四海，诸侯王都没有办法与您相比，大王您占有帝位是很符合实际的，希望大王您可以君临天下。”汉王说：“各诸侯既然认为这是便于天下百姓的行为，那就这样做吧！”于是诸侯王以及太尉长安侯卢绾等三百人，同博士稷嗣君叔孙通一起选择良辰吉日，确定在二月初一，敬奉上尊号，汉王在汜水的北面即皇帝位。尊称王后为皇后，尊称太子为皇太子，追尊汉王的先母为昭灵夫人。

诏书上面说：“原来的衡山王吴芮与他的儿子二人兄长的儿子一人，率领百粤的士兵帮助诸侯，诛灭了暴虐的秦朝，立有很大的功劳，诸侯封立他为王。但项羽却侵夺他的领地，称他为番君。现在将长沙、豫章、象郡、桂林、南海五个郡封立番君吴芮为长沙王。”又说：“原来粤王无诸世代祭祀粤人的先祖，秦军侵夺他的土地，使他的社稷再也不能得到祭祀。后来诸侯的军队讨伐秦朝，无诸亲自率领闽中的士兵佐助诸侯灭秦，项羽废黜却不封立他。现在封立他为闽粤王，把闽中作为封地，希望他不要失职。”

高皇帝于是西都洛阳。夏五月，士兵都将要复员回家。高帝下诏书说：“复员的士兵，凡关东人在关中的，免除他十二年的赋役，回乡的士兵，赋税减半。以前有些百姓聚集躲藏在山泽之中，也没有户籍，现在天下已经安定了，让他们都各自回到原来的县里，恢复他们原有的爵位和田宅，官吏详细地讲解法律条文分辨义理，让百姓清楚明白，也不能鞭打羞辱百姓。百姓有因为饥饿而将自己卖给别人当奴婢的人，都免他们为平民。军官士兵遇到的大赦，没有罪没有爵位以及虽然有爵位但却不到大夫（第五级）爵位的，一律赐给他们大夫的爵位。原来有大夫以上爵位的人各自赐给他们爵一级，七大夫以上的人，都享受食邑，凡不是七大夫以下的人，都免除自身以及一户人的赋役，不服差役。”下诏又说：“七大夫、公乘以上的人，都是有高爵位的人。关东的人以及从军回乡的人，有很多有高爵的人，我曾经多次下诏给官吏，先赐给他们田宅，另外他们向官吏请求想要得到的帮助，也要从速为他们办理。爵位高的人被称为人君，他们都是被天子尊敬和礼遇的，有些事摆在官吏面前很长时间，却不给他们解决，这真的是不足为训。过去秦朝百姓爵位在公大夫以上的，就与县令、丞行以平等的礼节相待。现在我并不轻视爵位，为什么许多官吏竟然敢这样对待爵位！况且我朝的法律也规定有功劳的人要给他们田宅，现在许多没有从军的小吏者可以生活满足，而有功劳的人却得不到，背公立私，这都是由于郡守、郡尉、县令、县长管教十分不好。现在命令所有的官吏要好好对待高爵，令我满意。今后我将要进行察访，如果有不按照我的诏书办理的官吏，都要从重论处他们。”

高皇帝在洛阳南宫设宴。他在宴会上说：“通侯各个将领都不要有事情隐瞒我，都要对我讲实情。我之所以能得到天下的原因是什么，项羽之所以失去天下的原因又是什么？”高起、王陵回答说：“陛下您轻慢而且对人不尊重，项羽待人仁爱而且懂得敬重人，然而陛下您派遣人攻城略地时，有降服的人，都给予他们赏赐，与将士一同享受利益。项羽却妒嫉贤能的人，妒嫉有功的人，猜疑贤能的人，战胜的人不给他们记录功劳，夺取地盘的人也不给他们赏赐，这些也就是他失去天下的原因。”皇上说：“你们只知道其一，却不知道其二。如果论运筹帷幄之中，决胜千里之外，我比不上张子房；如果论镇定国家，安抚百姓，供给军队粮饷，不绝于道，我比不上萧何；如果论统领百万雄兵，作战必定会取胜，攻城必定可以攻取，我比不上韩信。这三个人都是杰出的人才，我能够任用他们，这才是我之所以可以取得天下的原因。项羽只有一个谋士范增却还不能重用他，这就是他最终被我擒获的原因。”群臣听后都心悦诚服。

起初时，田横归附了彭越。项羽已经被灭，田横害怕自己也被杀，因此与他的宾客一起逃到了海中。皇上恐怕时间久了他们会发生叛乱，于是派使者前往那里赦免了田横，并且对他说：“田横如果回来，大首领可以被封王，小首领可以被封侯；如果不来汉朝，皇上将马上发兵诛灭你们。”田横十分害怕，就乘官车前去洛阳，在距离洛阳三十里的地方自杀。皇上非常赞赏他的气节，为他流下了眼泪，派二千名士兵按照王公的礼节将他埋葬。

戍卒娄敬请求进见皇上，劝皇上说道：“陛下您夺取天下与周朝有不同之处，却也建都在洛阳，这是不合适的，不如您带人入关，占据原来秦朝的险固的地区。”皇上用此事询问张良，张良也趁机劝说皇上入关。当日，皇上就起驾向西行进建都在长安。拜任娄敬为奉春君，赐给他姓刘。六月二十九日，皇上大赦天下。

秋七月，燕王臧荼率兵反叛，皇上亲自率领军队征讨他。九月，皇上俘虏臧荼。下诏征询诸侯王中有功的人封立他为燕王。荆王刘贾以及韩信等十人都举荐说：“太尉长安侯卢绾的功劳最多，请求您封立他为燕王。”皇上派丞相樊哙率领士兵平定代地。

利幾反叛，皇上亲自率兵攻破叛军。利幾原本是项羽的将领。项羽战败时，利幾担任陈县令，投降了汉，被封为颍川侯。皇上到达洛阳后，按照通侯的名册召见大臣，利幾十分恐惧，因此才起兵反叛。

闰九月，皇上调派关东的青年去到关中。修建了长乐宫。

六年冬十月，皇上命领天下的所有县邑都要修筑城墙。

有人向皇上告发楚王韩信谋反，皇上询问左右的人，左右的人争着请求去攻打韩信。皇上采用陈平的计策，乔装打扮到云楚去巡游。十二月，皇上在陈县会见诸侯，楚王韩信也前来迎接拜见皇上，被左右的武士趁机捆绑起来。下诏书说：“天下形势已经十分安定，豪杰中凡是有功的人都被封为侯，因为我新当皇帝，尚未来得及将所有有功的人都考虑进去。有的人在军中九年，有的人没有熟悉法令，有的人犯法，甚至犯大罪的人被判了死刑，我非常怜悯他们。现在赦免天下有罪的人。”田肯向皇上祝贺说：“这个事情办得很好，陛下您抓捕韩信，又建都在关中。秦国的土地，是以形势的有利而取胜的国家，山河十分险阻，与各个诸侯相隔达千里之远，诸侯用百万持兵器的士卒来进攻秦地，凭借秦国的地形，只需要用百分之二的兵力就可以抵御他们。地势十分便利，如果向关东地区派兵对付各个诸侯，就像是从高屋之上用瓶子向下倒水，很有居高临下的形势。齐国这个国家，东面有琅邪、即墨这样的丰富资源，南面有泰山的险固，西面有浊河进行阻隔，北面有渤海的便利。土地方圆二千里，可以武装数百万士兵，相隔在千里以外的地方，齐国仅用二十万的兵力就可以抵抗百万之众的士卒。这可以说就是东西方向的两个秦国。如果这个人不是皇上您的亲子弟，就不可以在齐地为王。”皇上说道：“非常好。”赐给田肯五百斤黄金。皇上还亲自到洛阳，赦免了韩信，封他为淮阴侯。

二十八日，皇上开始剖符封曹参等功臣为通侯。下诏书说：“齐地，在古代就开始建立国家，现在是一个郡县，应该恢复它作为诸侯国。将军刘贾多次立下很大的功劳，还要选择性情宽厚、品德纯洁的人，封在齐、荆地区为王。”春正月十三日，韩王信等人奏请将原来的东阳郡、鄣郡、吴郡的五十三个县封赐给刘贾为荆王，将砀郡、薛郡、郯郡的三十六个县封给他的弟弟文信君刘交为楚王。十九日，将云中、雁门、代郡的五十三个县封赐给他的兄长宜信侯刘喜为代王，将胶东、胶西、临淄、济北、博阳、城阳郡的七十三个县封赐给他的长子刘肥为齐王，将太原郡的三十一个县划为韩国，迁韩王信的国都到晋阳。

皇上已经封赏了二十余个大功臣，其余的人因为争功劳，都没能得到封赏。皇上居住在南宫，从后道经过时，经常能看到诸多将领三三两两地在一起轻声议论，就询问张良他们在议论什么。张良回答说："陛下您与这些人一同取得天下，现在陛下您已经成为了天子，而且已经封赏的人都是自己的老朋友以及自己所爱的人，而所杀的人都是与自己平生有仇怨的。现在军吏正在计算军功，他们认为天下的土地少，不足以将每个人都封侯，又怕因为过错被杀，因此他们相聚在一起商议谋反的事情。"皇上说："这件事情该怎么办呢？"张良说："选择皇上您一向不喜欢的人进行封赏，估计朝臣们都知道他是最严重的一个人，您可以先封他来向群臣示意。"三月，皇上设酒宴，封赐雍齿，随即又催促丞相及早确定群臣的功劳等次以对他们进行封赏。宴席后，群臣都非常高兴，说："雍齿尚且可以被封侯，我们当然就更不必发愁了。"

皇上回到栎阳，五天一次朝见太公。太公家令劝说太公道："天上没有两个太阳，地上没有两个王。皇帝虽然是你儿子，却也是人主；太公你虽然是皇上的父亲，却也是人臣。怎么能让人主拜见你这个人臣！这样做的话，皇上的权威就不能得到体现。"后来皇帝上朝时，太公手握埽，在大门口迎接退行，皇上十分惊异，下车扶起太公。太公说："皇帝，是天下人的主，怎能因为我一个人乱了天下的大法！"于是皇上在心里非常称赞家令的话，赐他五百斤黄金。夏五月十三日，下诏说："人的最亲近的人，没有亲近过父子的，因此，父亲有天下就传归给儿子，儿子有天下就尊归父亲，这是人性道义的最高的原则。过去的时候天下形势大乱，战火纷纷，百姓遭殃，朕身披铠甲，手执锐利的兵器，亲自统率士兵，救护身处在危难中的人，平定各种暴乱，封立诸侯，停止战争，休养天下的百姓，使天下恢复太平，这都是太公教导训诫我的结果。诸王、通侯、将军、群卿、大夫已经尊称朕为皇帝，但是太公却没有名号。现在敬尊太公为太上皇。"

秋九月，匈奴在马邑包围了韩王信，韩王信投降匈奴。

七年冬十月，皇上率领军队在铜鞮攻击韩王信，斩杀了他的部将。韩王信逃到匈奴，与他的部将曼丘臣、王黄共拥立原来赵国的后人赵利为王，收编韩王信的散兵，与匈奴一起抵抗汉朝军队。皇上从晋阳出发连续作战，乘胜追击敌军到达楼烦，恰遇到大冷天，有十分之二三的士卒冻掉了手指。随即皇上到达平城，被匈奴军队包围七天，采用陈平的秘计才得以解围。皇上派樊哙留下来以平定代地。

十二月，皇上在返回的路上，途经赵国，没有以应有的礼节接见赵王。这个月，匈奴攻击代，代王刘喜抛弃国家逃跑，独自回到洛阳，皇上赦免了他并且将他降爵为合阳侯。二十八日，封他的儿子如意为代王。

春，命令郎中判有耐罪以上的人，要先请示上级。百姓中有生儿子的人家，免除他们二年的差役。

二月，皇上到达长安。萧何修建未央宫，想要立东阙、北阙、前殿、武库、大仓。皇上认为宫殿太壮丽了，非常生气，就对萧何说："天下现在喧扰不安，我们劳苦许多年，成败尚且不知道，为什么要建造这样过度奢华的宫室！"萧何回答说："天下现在还没平定，因此我们要建造宫室。况且天子您以四海为家，如果宫殿不壮丽就不能加重您的天子声威，只要让后世的人不要再超过这种壮丽就可以了。"皇上听后很高兴。就从栎阳迁都到长安。设置宗正官来谱序九族。夏四月，皇上前往洛阳。

八年冬，皇上率领军队在东垣攻击韩王信的残存部队。返回的时候途经赵国，赵相贯高因皇上没有以礼对待赵王而感到耻辱，阴谋想要刺杀皇上。皇上想要留宿在赵国，心中一动，问左右的人该县叫什么名字，有人回答说："柏人县。"皇上说："柏人，是迫于人的意思。"于是就离开了这个县。

十一月，皇上下令替士卒中从军战死的人制作小棺，并将其送归本县，县里负责给他们制衣衾棺椁葬具，用羊进行祭祀，长吏观葬礼。十二月，皇上从东垣返回到京师。

春三月，皇上前往洛阳。命令凡是从军时去平城的将士以及守城邑的人，都终身免除他们的赋役。凡是爵位不在公乘以上的人，都不得戴刘氏冠。商人不可以穿锦绣绮縠絺紵制作的衣服、不可以携带兵器、不可以乘车骑马。秋八月，有罪的官吏而没有发觉的，赦免他们。九月，皇上从洛阳返回到京师，淮南王、梁王、赵王、楚王都跟从皇帝来到京师。

九年冬十月，淮南王、梁王、赵王、楚王几个人一起在未央宫朝见皇上，皇上在前殿设酒宴。皇上捧着玉杯为太上皇祝寿，并且说："当初大人您经常说我无赖，不能好好治理产业，比不上刘仲勤快。现在我成就的事业与刘仲相比谁的更多呢?”殿上的群臣都大呼万岁，众人大笑为乐。

十一月，皇上迁徙齐楚的大族昭氏、屈氏、景氏、怀氏、田氏五个姓氏的人到关中，赐给他们好的田宅生活。十二月，皇上前往洛阳。

贯高等人因为谋杀皇上的事被人发觉而被逮捕，并且逮捕了赵王张敖投入监狱。下诏书说：如果有人敢跟随赵王来到长安，就定罪连累三族。郎中田叔、孟舒等十人自己髡发钳住自己的脖颈假扮成是赵王的家奴，跟随赵王一起入狱。赵王确实不知道贯高谋刺皇上的事。春正月，皇上废除赵王敖为宣平侯。改封赐代王刘如意为赵王，统领治理赵国。初三，皇上命令以前凡是有死罪以下的罪犯，都赦免他们。

二月，皇上从洛阳赶回到京师。将赵臣田叔、孟舒等十个人定为贤德的人，召见他们并与他们谈话，汉朝宫廷中的大臣没有人能在他们之上。皇上非常喜悦，全都拜任为郡守、诸侯的国相。

夏六月初二天昏，天空中有日食出现。

十年冬十月，淮南王、燕王、荆王、梁王、齐王、长沙王来到长安进见皇上。

夏五月，太上皇后驾崩。秋七月初十，太上皇驾崩，被葬在万年县。赦免了栎阳凡是死罪以下的囚犯。八月，皇上命令诸侯王在自己的国都分别修建太上皇庙。

九月，代相国陈豨反叛朝廷。皇上说：“陈豨曾经当过我的使臣，是很讲信用的人。代地是我朝非常急要的地方，因此才封陈豨为列侯，以相国的身份镇守在代国，今天他竟然与王黄等人一起劫掠代国！官吏和百姓都没有罪，凡是能离开豨、黄二人的叛军来归我们汉朝的，全部赦免他们。”皇上亲自率领军队东征，到达邯郸。皇上高兴地说：“陈豨不向南占据邯郸反而赶去防御漳水，我就知道他不能有所作为了。”赵相周昌上奏折说：常山的二十五座城已经失守了二十个城，请求您杀死郡守、郡尉。皇上问：“郡守、郡尉反叛了吗?”回答说：“没有反叛。”皇上说：“城池失守是因为兵力不足，他们没有罪。”皇上命令周昌选拔赵国壮士中可以领兵的人，周昌将选拔的结果报告给天子而后皇上召见这四个人。皇上谩骂道：“你们这四个小子能当将军吗！”四个人都十分羞惭，全都伏身在地上。皇上各自封他们为千户，任命为将军。左右的人劝阻皇上说：“对于那些从军入蜀郡、汉中郡、伐楚有功的人，封赏还没有进行完，今天又封赏这四个人，他们有什么功劳呢？”皇上说：“这不是你能知道的。陈豨反叛，赵、代地区都被陈豨的叛军占据了。我曾经以羽檄征集天下的士兵，没有士兵到来。现在看来，只有依靠邯郸的兵力了。我何必舍不得四个千户的封赏，不用它们来慰劳赵国的子弟！”左右的人都说：“非常好。”又寻找“有没有乐毅的后代？”找到了乐毅的孙子乐叔，封他在乐乡，号称华成君。又问陈豨的将领是什么人，都是原来的商人。皇上说：“我知道事情该怎么办了。”于是就派人用许多黄金收买陈豨的部将，陈豨的部将果然有很多人投降。

十一年冬，皇上在邯郸。陈豨的将领侯敞率领万余士兵游动行军，王黄率领千骑驻守在曲逆，张春率万余士卒渡过黄河攻打聊城。汉朝将军郭蒙和齐将一起迎击敌军，大破张春的军队。太尉周勃从太原取道进入到代地，到达马邑时，马邑的将领不投降，于是攻破马邑并且进行了屠杀。陈豨的将领赵利驻守东垣，高祖久攻不下。赵利的士兵站在城上辱骂汉军，皇上大怒。东垣城投降后，辱骂的士兵被斩杀。各县凡是坚守城池不投降陈豨的人，都免除他们三年的租赋。

春正月，淮阴侯韩信在长安谋反，被株连三族。将军柴武在参合斩杀韩王信。

皇上返回到洛阳。下诏书说：“代地位于常山的北面，与夷狄族的边界交接处。赵的国境从山南面起，距离代国很远，代国经常有胡人入侵，难以守护全国的土地。现在割取山南面的太原地区增加给代国，代国的云中以西设立云中郡，这样代国受到的边寇骚扰就会减少。王、相国、通侯、二千石的官吏请选择一位可以被立为代王的人。”燕王绾，相国萧何等三十三个人都说：“皇子刘恒十分贤惠、聪明、温和、善良，请求您立他为代王，定都在晋阳。”皇上命令大赦天下。

二月，皇帝下诏说：“朕很想要减少百姓赋敛。现在献赋敛收还没有明确的规章，有的官吏多收赋当作献费，而诸侯王征收的赋更多，百姓深受疾苦。现在下令诸侯王、通侯都在每年的十月朝见时交纳献费，郡国都要各自以自己的实际人口数来计算，每个人每年六十三钱，用来缴纳献费。”又说：“听说帝王中没有人可以高于周文王，霸主中没有人高于齐桓公，他们都是依靠任用贤人而留名千古。现在天下的贤者智者难道只有古人才有吗？问题出在人主不去结交，贤士从哪里进见呀！现在我凭借天的神灵以及贤士大夫夺取天下，一统天下为刘氏的江山，想要让它长久地传下去，想要世世代代的祭祀宗庙不绝。贤人已同我一起平定了天下，现在却不与我一同安定、享受，可以这样吗？贤士大夫只要有肯追随我的，我都能够令他位尊名显。布告于天下，使百姓明确知道我的心意。御史大夫周昌的职位低于相国，相国酂侯萧何的职位低于诸侯王，御史中执法下郡守，凡是诚心推举有贤明的有德行的人，郡守都必须亲自劝勉他们，为他们驾车，送他们到相国府，登记他们的品行、仪表、年龄。如果有贤明的人却不上报，一旦被发现，即刻就被免职。年老以及患有疲病的人，不要将他们送来。"

三月，梁王彭越图谋造反，被诛灭三族。下诏书说："选择可以被立为梁王、淮阳王的人。"燕王卢绾、相国萧何等人请求立皇子刘恢为梁王，立皇子刘友为淮阳王。撤销东郡的建置，扩增其作为梁国封地；撤销颍川郡的建置，扩增它为淮阳国的封地。

夏四月，皇上从洛阳返回京师，下令凡是丰邑人迁徙到关中的人都终身免除他们的赋役。

五月，下诏书说："粤人的风俗中喜好互相械斗，以前的秦朝时迁徙到中原的百姓到南方桂林、象郡、南海三个郡，使他们与百粤人杂居。正值天下人共同反抗暴秦，南海尉赵佗担任南方官长，治理当地，就非常有条理，中原人数量因此没有减少，粤人械斗的风俗也得到进一步的制止，这全都是依靠赵佗的力量。现在立赵佗为南粤王。"派陆贾前去授予他玺绶。赵佗叩头称臣。

六月，皇上下令从军进入蜀郡、汉中郡、关中的人全都免除他们终身的赋役。

秋七月，淮南王英布反叛。皇上问诸将该怎么办，滕公举荐说原来的楚令尹薛公有平叛英布的计谋。皇上召见他，薛公分析英布所处的形势，皇上称善，封薛公为千户。诏令王、相国选择可以被立为淮南王的人，群臣请求立皇子刘长为淮南王。皇上征发上郡、北地、陇西的车骑士，巴郡、蜀郡材官士以及及中尉卒共三万人做为皇太子的卫士，驻扎在霸上。英布果然如薛公预言的一样，向东进军击杀了荆王刘贾，胁迫他出兵，渡过淮河攻击楚，楚王刘交逃到入薛城。皇上赦免了天下死罪以下的罪犯，让他们全部从军；征调诸侯的士兵，皇上亲自率领军队攻击英布。

十二年冬十月，皇上在会缶击败了英布的叛军，英布趁乱逃走，皇上命令别将领继续追击。

皇上返回京师，经过沛县时，在沛宫中留住并且设酒席宴，召来所有的故人父老子弟一同助酒。征集沛中的一百二十个儿童人，教他们唱歌。酒喝得正酣时，皇上亲自击筑，并唱道："大风起兮云飞扬，威加海内兮归故乡，安得猛士兮守四方！"让所有的儿童都一同练习歌唱。皇上和着歌声起舞，慷慨悲伤，泪水一行行地流下来。皇上对沛县的百姓说："我是游子悲故乡。虽然定都在关中，但死后我的魂魄还思念故乡沛。况且我是自称为沛公开始诛讨暴秦，然后才得有天下，现在将沛作为我的汤沐邑，免除沛县的百姓的赋役，以后世代都不用缴纳租税。"沛县的父老诸母故人整日地畅饮欢乐，把讲往事作为乐事。十几日后，皇上想要离去，沛县的百姓坚持请求他留下。皇上说："我手下众多，百姓管不起饭吃。"就带着人离开了。沛县全县都空了，百姓们都去城西向皇上献酒。皇上又停下来，在帐中饮酒三日。沛县的百姓都叩头说："沛县有幸得到了免除赋役的恩赐，但是丰邑没有得到，只求陛下您哀怜。"皇上说："丰邑是我生长的地方，最是不能忘记的。我是因为他们曾经因为雍齿的缘故就背叛我去投降魏。"沛县的百姓坚持请求，皇上才同意免除丰邑的赋役，与沛县相同。

汉朝的别将在洮水南北攻击英布的军队，都大破英布军，在番阳追上斩杀了英布。

周勃平定了代地，在当城斩杀了陈豨。

皇上下诏说："吴，是古代所建立的国家，以前的时候是荆王兼管的地方，现在荆王死后无后。我想要再立吴王，应该商议一下谁可以做吴王。"长沙王吴臣等人说："沛侯刘濞十分稳重厚道，请求您立他为吴王。"已经拜他为王，皇上召见刘濞说："看你的相貌有反叛相。"随即又拊着他的后背，说："大汉以后五十年东南地区有叛乱，难道是你引起的吗？然而天下所有同姓的人都是一家，你一定要谨慎，不要造反。"刘濞叩头说："我不敢那样做。"

十一月，皇上从淮南返回到京师。经过鲁地时，用牛、羊、猪祭祀孔子。

十二月，下诏书说："秦朝的皇帝、楚隐王陈胜、魏安釐王、齐愍王、赵悼襄王都断绝了后代。现在秦始皇帝的守坟二十家，楚、魏、齐各有十家，赵以及魏公子无忌各有五家，命令他们看管其坟墓，免除他们的赋役，不加给他们其他的杂事。”

陈豨的降将说陈豨反叛时，燕王卢绾曾经派人去陈豨的住所暗中谋议。皇上派遣辟阳侯审食其迎卢绾，卢绾称自己有疾病。食其说卢绾有谋反的端倪。春二月，皇上派樊哙、周勃率领军队袭击卢绾。皇上下诏说：“燕王绾同我是老朋友了，我爱他如同自己的儿子，听说他与陈豨有密谋，我原以为没有，因此才派人去迎接他。没想到他竟然托病不来，由此可见谋反的心已经很明显。燕国的官吏百姓没有罪，官吏凡是在六百石以上级别的都赐爵一级。与卢绾居住在一起却离开卢绾归来的，赦免他们，并且也加爵一级。”下诏给诸侯王商议可以被立为燕王的人，长沙王吴臣等人请求立皇子刘建为燕王。

下诏说：“南武侯织也是粤人的后人，封立他为南海王。”

三月，皇上下诏说：“我被拥立为天子，称帝据有天下，到现在十二年了。与天下的豪杰、贤大夫一同平定天下，举国上下都十分安定和睦。有功高的人被封了王，次的被封了侯，再以下的还有食邑。重臣的亲近的人，有的人被封列侯，都让他们设置自己的官吏，征收赋税，他们的女子都称公主。列侯中有食邑的，都佩戴有印，赏赐他们大的宅第。二千石一级的官吏，就将他们迁徙到长安，赏赐给他们小的宅第。凡进入蜀郡、汉中郡平定三秦有功劳的人，全都世代被免除赋役。对天下贤士功臣，我可以说是没有负于他们。如果有不仁义背叛天子擅自起兵反叛的人，与天下人共同讨伐诛杀他们。布告公布于天下，使百姓了解我的心意。”

皇上攻击英布时，不幸被流箭射中，行到途中病重。吕后遍请良医。郎中进宫看病，皇上问医生说：“箭伤能不能治？”医生回答说：“可以治。”于是皇上怒骂道：“我以平民的身份手提三尺剑攻取天下，这不是命运的缘故吗？人的性命在天，虽然扁鹊在世又有什么益处呢？”于是不让郎中治疾，赐给他五十斤黄金，停止治疗。吕后问他道：“陛下百年之后，萧相国死后，谁可以代替他呢？”皇上回答说：“曹参可以。”问谁居其次，回答说：“王陵可以，然而他缺少憨厚，陈平可以帮助他。陈平虽然智谋有余，却难以独当一面。周勃虽然稳重忠厚却缺少文雅，然而可以安定刘氏天下的人一定是周勃，可以使他担任太尉。”吕后又问谁居其次，皇上回答说：“这以后的事也不是你能知道的了。”

卢绾与数千人居住在塞下等待观望，希望皇上可以病愈，立即亲自入京谢罪。夏四月十一日。皇帝在长乐宫驾崩。卢绾听说后，就带人逃往匈奴。

吕后与审食其一起谋划说："诸位将领原来与皇帝一样都是平民百姓，后来才在北面称臣，心中经常不愉快。现在又要事奉年少的君主。如果不杀尽他们这一帮子人，天下一定会不安定。"因此先不对外发丧。有人听到这个消息，告诉了郦商。郦商见到审食其说："听说皇帝已经驾崩，都四日了还不发丧，是想要诛杀诸将。真这样做，天下就危险了。陈平、灌婴率领十万士兵戍守荥阳，樊哙、周勃率领二十万士兵稳定燕代，这些将领听说皇帝驾崩的消息，而且诸将都被杀死，必然会带兵返回，攻打关中。到时候大臣在内叛乱，诸将在外谋反，不用翘足的时间就会发生了。"审食其进宫劝说吕后，就在第十四日发丧，大赦天下。

五月十七日，高祖葬在长陵。高祖下葬后，皇太子以及群臣都返回到太上皇庙。群臣说："皇帝出身低微，却能拨乱反正，平定天下，应该为汉太祖，功劳最高。"因此敬上尊号叫高皇帝。

当初，高祖不爱学习文学，而且性情明达，擅长计谋，善听取臣下的建议，从看门人到戍卒，见了面都如老朋友一样。开始顺应民心，制定三章约法。天下被平定后，命令萧何编次律令，韩信申述兵法，张苍制定律历的章程，叔孙通制定礼仪，陆贾著有《新语》。又与功臣剖符作誓，立丹书铁契，存入了金匮石室，收藏在宗庙。虽然诸事繁多，但他可以立制垂范流传久远。

称赞他说：《春秋》中晋国的史官蔡墨有这样一段话：陶唐氏衰败后，他的后代有刘累，学习如何驯服龙。在夏王孔甲治理下称臣，食采于范的晋大夫士会，就是他后裔。晋大夫范宣子也曾说："先祖从虞氏以上就称自己为陶唐氏，在夏朝时为御龙氏，在商朝时为豕韦氏，在周朝时为唐杜氏。晋国称霸华夏的时候称为范氏。"那时的范氏曾是晋国的正卿，鲁文公时范氏逃到秦国。后来又回归到晋国，留在秦国的人就称为刘氏。刘向说战国时期刘氏跟随秦军东进时在魏国被俘。秦灭魏后，魏人迁往大梁，曾经定都在丰邑，因此周市劝说雍齿："丰邑，是原先梁迁徙后的国都。"所以，有人颂扬高祖说："他是汉朝帝王的世系，出自唐尧帝。到周朝时，在秦国称为刘氏。向东入魏，于是称为丰公。"丰公也就是刘氏的太上皇父。他们迁徙的时间不长，在丰邑的坟墓也非常少。

到高祖即位时，设置了祭祀的官员，便有了秦、晋、梁、荆的巫祝，代代祭祀天地，祭礼不断绝，难道不是可信的吗？由此可以推断，汉朝继承了尧的世运，帝王的运气已经非常盛，斩白蛇显示了符瑞，旗帜崇尚赤色，很符合火德，自然相应，因此取得天命正统。

汉书卷二

惠帝纪第二

孝惠皇帝，高祖太子也，母曰吕皇后。帝年五岁，高祖初为汉王。二年，立为太子。十二年四月，高祖崩。五月丙寅，太子即皇帝位，尊皇后曰皇太后。赐民爵一级。中郎、郎中满六岁爵三级，四岁二级。外郎满六岁二级。中郎不满一岁一级。外郎不满二岁赐钱万。宦官尚食比郎中，谒者、执盾、执戟、武士、驺比外郎。太子御骖乘赐爵五大夫，舍人满五岁二级。赐给丧事者，二千石钱二万，六百石以上万，五百石、二百石以下至佐史五千。视作斥上者，将军四十金，二千石二十金，六百石以上六金，五百石以下至佐史二金。减田租，复十五税一。爵五大夫、吏六百石以上及宦皇帝而知名者有罪当盗械者，皆颂系；上造以上及内外公孙、耳孙有罪当刑及当为城旦舂者，皆耐为鬼薪、白粲；民年七十以上若不满十岁有罪当刑者，皆完之。又曰："吏所以治民也，能尽其治则民赖之，故重其禄，所以为民也。今吏六百石以上父母妻子与同居，及故吏尝佩将军、都尉印将兵，及佩二千石官印者，家唯给军赋，他无有所与。"

令郡诸侯王立高庙。

元年冬十二月，赵隐王如意薨。民有罪，得买爵三十级以免死罪。赐民爵，户一级。

春正月，城长安。

二年冬十月，齐悼惠王来朝，献城阳郡以益鲁元公主邑，尊公主为太后。

春正月癸酉，有两龙见兰陵家人井中，乙亥夕而不见。陇西地震。

夏旱。郃阳侯仲薨。秋七月辛未，相国何薨。

三年春，发长安六百里内男女十四万六千人城长安，三十日罢。

以宗室女为公主，嫁匈奴单于。

夏五月，立闽越君摇为东海王。

六月，发诸侯王、列侯徒隶二万人城长安。

秋七月，都厩灾。南越王赵佗称臣奉贡。

四年冬十月壬寅，立皇后张氏。

春正月，举民孝弟、力田者复其身。

三月甲子，皇帝冠，赦天下。省法令妨吏民者；除挟书律。长乐宫鸿台灾。宜阳雨血。

秋七月乙亥，未央宫凌室灾；丙子，织室灾。

五年冬十月，雷；桃李华，枣实。

春正月，复发长安六百里内男女十四万五千人城长安，三十日罢。

夏，大旱。

秋八月己丑，相国参薨。

九月，长安城成。赐民爵，户一级。

六年冬十月辛丑，齐王肥薨。

令民得卖爵。女子年十五以上至三十不嫁，五算。

夏六月，舞阳侯哙薨。

起长安西市，修敖仓。

七年冬十月，发车骑、材官诣荥阳，太尉灌婴将。

春正月辛丑朔，日有蚀之。夏五月丁卯，日有蚀之，既。

秋八月戊寅，帝崩于未央宫。九月辛丑，葬安陵。

赞曰：孝惠内修亲亲，外礼宰相，优宠齐悼、赵隐，恩敬笃矣。闻叔孙通之谏则惧然，纳曹相国之对而心说，可谓宽仁之主。曹吕太后亏损至德，悲夫！

【译文】

孝惠皇帝，名盈，是汉高祖刘邦的太子，母亲是吕皇后吕雉。惠帝五岁时，高祖初封为汉王，第二年，立惠帝为太子。十二年四月，高祖驾崩。五月丙寅日，太子即位为皇帝，尊吕皇后为皇太后。赐给民爵位一级。中郎、郎中官历满六年者赐爵三级，满四年者二级。外郎满六年者二级。中郎不满一年者一级。外郎不满二年者赐万钱。宦官主管饮食者比同郎中。谒者、执盾、执戟、武士、驺与外郎同。太子御乘赐给五大夫爵位，舍人满五年者赐二级。主办丧事者，二千石官赐给二万钱，六百石以上者赐万钱，五百石、二百石以下至佐史赐五千钱。比作开拓土地为冢圹者，将军赐给金四十斤，二千石官金二十斤，六百石以上金六斤，

五百石以下至佐史金二斤。恢复实行十五纳税一的制度。爵位为五大夫、吏六百石以上官及早侍皇帝而知名者，有罪当加刑械，可宽容松缓刑械。上造以上及内外公孙耳孙有罪当判刑及刑当为城旦、舂者，都减为鬼薪、白粲刑。民七十以上及不满十岁犯罪当加刑者，都可免肉刑，使身体发肤完整。又说："官吏的职责是治理人民，如果能尽职尽责，就会得到人民的信赖，因此给他们重的俸禄，也是为了人民。今百石以上的官吏，与父母妻子同居，及曾佩带将军都尉印信将领过士兵的故吏及佩带二千石官印者，每家都供给军赋，其他不予供给。"

命令各郡及各诸侯王国都要建立高祖刘邦庙。

孝惠皇帝元年冬季十二月，赵隐王刘如意去世。人民有罪，可以买爵三十级以免死罪。赐民爵，每户一级。

春季正月，筑建长安城。

二年冬季十月，齐悼惠王刘肥到京师来朝见，献城阳郡给鲁元公主，用以增加公主的食邑，并尊称公主为鲁元太后。

春季正月癸酉，有两条龙出现在兰陵平民家井中，乙亥傍晚时消失。陇西发生地震。

夏季干旱。郃阳侯刘喜去世。秋季七月辛未，丞相萧何去世。

三年春季，征发长安六百里以内男女十四万六千人筑建长安城三十天。

遴选宗室女封为公主，嫁给匈奴单于。

夏季五月，封闽越君摇为东海王。

六月，征发诸侯王、列侯所属徒隶两万人筑建长安城。

秋季七月，都城马棚火灾。南越王赵佗称臣并奉献贡品。

四年冬季十月壬寅，封张敖女张氏为皇后。

春季正月，选举平民中孝顺父母，尊敬兄长并努力耕种田地，即孝悌力田者，免除其赋税徭役。

三月甲子，皇帝二十岁举行加冠典礼，大赦天下。撤销妨碍官吏治理及干扰平民的法令；废除秦朝挟书者灭全族的挟书律。长乐宫鸿台火灾，宜阳下血雨。

秋季七月乙亥，未央宫存冰的凌室发生火灾；丙子，主织各类丝织品的织室发生火灾。

五年冬季十月，打雷。桃树李树开花，枣树结果实。

春季正月，再征发长安六百里以内男女十四万五千人，筑建长安城三十日。

夏季大旱。

秋八月己丑，丞相曹参去世。

九月，长安城建成。赐民爵，每户一级。

六年冬季十月辛丑，齐王刘肥去世。

法令规定平民可以买爵位。女子年十五以上至三十不嫁者，罚一算一百二十钱的五算钱。

夏季六月，舞阳侯樊哙去世。

开始建造长安商业西市，修缮敖仓。

七年冬季十月，征调骑兵及弓箭部队，进驻荥阳，由太尉灌婴率领。

春季正月辛丑为初一，日食。夏季五月丁卯，日全食。

秋季八月戊寅，孝惠皇帝于未央宫驾崩。九月辛丑。葬惠帝于安陵。

赞说：孝惠皇帝内修品德，亲爱宗族亲属；外礼臣僚，敬重礼遇宰相，优待宠幸兄长齐悼惠王刘肥及幼弟赵隐王刘如意，对他们恩敬友悌，笃厚亲情。臣下叔孙通进谏，则闻过失色，丞相曹参廷对，则心悦纳谏，惠帝真可说是一位宽厚仁爱的君主。但因吕太后故，致使惠帝的美德有所亏损，可叹！可悲！

汉书卷三十一

陈胜项籍传第一

陈 胜

陈胜字涉，阳城人。吴广，字叔，阳夏人也。胜少时，尝与人佣耕。辍耕之垄上，怅然甚久，曰："苟富贵，无相忘！"佣者笑而应曰："若为佣耕，何富贵也？"胜太息曰："嗟乎，燕雀安知鸿鹄之志哉！"

秦二世元年秋七月，发闾左戍渔阳九百人，胜、广皆为屯长。行至蕲大泽乡，会天大雨，道不通，度已失期。失期法斩，胜、广乃谋曰："今亡亦死，举大计亦死，等死，死国可乎？"胜曰："天下苦秦久矣。吾闻二世，少子，不当立，当立者乃公子扶苏。扶苏以数谏故不得立，上使外将兵。今或闻无罪，二世杀之。百姓多闻其贤，未知其死。项燕为楚将，数有功，爱士卒，楚人怜之。或以为在。今诚以吾众为天下倡，宜多应者。"广以为然。乃行卜。卜者知其指意，曰："足下事皆成，有功。然足下卜之鬼乎！"胜、广喜，念鬼，曰："此教我先威众耳。"乃丹书帛曰"陈胜王"，置人所罾鱼腹中。卒买鱼亨食，得书，已怪之矣。又间令广之次所旁丛祠中，夜构火，狐鸣乎曰："大楚兴，陈胜王。"卒皆夜惊恐。旦日，卒中往往指目胜、广。

胜、广素爱人，士卒多为用。将尉醉，广故数言欲亡，忿尉，令辱之，以激怒其众。尉果笞广。尉剑挺，广起夺而杀尉。胜佐之，并杀两尉。召令徒属曰："公等遇雨，皆已失期，当斩。藉弟令毋斩，而戍死者固什六七。且壮士不死则已，死则举大名耳。侯王将相，宁有种乎！"徒属皆曰："敬受令。"乃诈称公子扶苏、项燕，从民望也。袒右，称大楚。为坛而盟，祭以尉首。胜自立为将军，广为都尉。攻大泽乡，拔之。收兵而攻蕲，蕲下。乃令符离人葛婴将兵徇蕲以东，攻铚、酂、苦、柘、谯，皆下之。行收兵，比至陈，兵车六七百乘，骑千余，卒数万人。攻陈，陈守令皆不在，独守丞与战谯门中。不胜，守丞死。乃入据陈。数日，号召三老豪桀会计事。皆曰："将军身被坚执锐，伐无道，诛暴秦，复立楚之社稷，功宜为王。"胜乃立为王，号张楚。

于是诸郡县苦秦吏暴，皆杀其长吏，将以应胜。乃以广为假王，监诸将以西击荥阳。令陈人武臣、张耳、陈馀徇赵，汝阴人邓宗徇九江郡。当此时，楚兵数千人为聚者不可胜数。

葛婴至东城，立襄疆为楚王。后闻胜已立，因杀襄疆，还报。至陈，胜杀婴，令魏人周市北徇魏地。广围荥阳，李由为三川守守荥阳，广不能下。胜征国之豪桀与计，以上蔡人房君蔡赐为上柱国。

周文，陈贤人也，尝为项燕军视日，事春申君，自言习兵。胜与之将军印，西击秦。行收兵至关，车千乘，卒十万，至戏，军焉。秦令少府章邯免骊山徒，人奴产子，悉发以击楚军，大败之。周文走出关，止屯曹阳。二月余，章邯追败之，复走黾池。十余日，章邯击，大破之。周文自刭，军遂不战。

武臣至邯郸，自立为赵王，陈馀为大将军，张耳、召骚为左右丞相。胜怒，捕系武臣等家室，欲诛之。柱国曰："秦未亡而诛赵王将相家属，此生一秦，不如因立之。"胜乃遣使者贺赵，而徙系武臣等家属宫中。而封张耳子敖为成都君，趣赵兵亟入关。赵王将相相与谋曰："王王赵，非楚意也。楚已诛秦，必加兵于赵。计莫如毋西兵，使使北徇燕地以自广。赵南据大河，北有燕、代，楚虽胜秦，不敢制赵，若不胜秦，必重赵。赵承秦、楚之敝，可以得志于天下。"赵王以为然，因不西兵，而遣故上谷卒史韩广将兵北徇燕。

燕地贵人豪桀谓韩广曰："楚、赵皆已立王。燕虽小，亦万乘之国也，愿将军立为王。"韩广曰："广母在赵，不可。"燕人曰："赵方西忧秦，南忧楚，其力不能禁我。且以楚之强，不敢害赵王将相之家，今赵独安敢害将军家乎？"韩广以为然，乃自立为燕王。居数月，赵奉燕王母家属归之。

是时，诸将徇地者不可胜数。周市北至狄，狄人田儋杀狄令，自立为齐王。反击周市。市军散，还至魏地，立魏后故宁陵君咎为魏王。咎在胜所，不得之魏。魏地已定。欲立周市为王，市不肯。使者五反，胜乃立宁陵君为魏王，遣之国。周市为相。

将军田臧等相与谋曰："周章军已破，秦兵且至，我守荥阳城不能下，秦军至，必大败。不如少遣兵，足以守荥阳，悉精兵迎秦军。今假

王骄，不知兵权，不可与计，非诛之，事恐败。”因相与矫陈王令以诛吴广，献其首于胜。胜使赐田臧楚令尹印，使为上将。田臧乃使诸将李归等守荥阳城，自以精兵西迎秦军于敖仓。与战，田臧死，军破。章邯进击李归等荥阳下，破之，李归死。

阳城人邓说将兵居郯，章邯别将击破之，邓说走陈。铚人五逢将兵居许，章邯击破之。五逢亦走陈。胜诛邓说。

胜初立时，淩人秦嘉、铚人董緤、符离人朱鸡石、取虑人郑布、徐人丁疾等皆特起，将兵围东海守于郯。胜闻，乃使武平君畔为将军，监郯下军。秦嘉自立为大司马，恶属人，告军吏曰：“武平君年少，不知兵事，勿听。”因矫以王命杀武平君畔。

章邯已破五逢，击陈，柱国房君死。章邯又进击陈西张贺军。胜出临战，军破，张贺死。

腊月，胜之汝阴，还至下城父，其御庄贾杀胜以降秦。葬砀，谥曰隐王。

胜故涓人将军吕臣为苍头军，起新阳，攻陈，下之，杀庄贾，复以陈为楚。

初，胜令铚人宋留将兵定南阳，入武关。留已徇南阳，闻胜死，南阳复为秦。宋留不能入武关，乃东至新蔡，遇秦军，宋留以军降秦。秦传留至咸阳，车裂留以徇。

秦嘉等闻胜军败，乃立景驹为楚王，引兵之方与，欲击秦军济阴下。使公孙庆使齐王，欲与并力俱进。齐王曰：“陈王战败，未知其死生，楚安得不请而立王？”公孙庆曰：“齐不请楚而立王，楚何故请齐而立王！且楚首事，当令于天下。”田儋杀公孙庆。

秦左右校复攻陈，下之。吕将军走，徼兵复聚，与番盗英布相遇，攻击秦左右校，破之青波，复以陈为楚。会项梁立怀王孙心为楚王。

陈胜王凡六月。初为王，其故人尝与佣耕者闻之，乃之陈，叩宫门曰：“吾欲见涉。”宫门令欲缚之。自辩数，乃置，不肯为通。胜出，遮道而呼涉。乃召见，载与归。入宫，见殿屋帷帐，客曰：“夥，涉之为王沈沈者！”楚人谓多为夥，故天下传之“夥涉为王”，由陈涉始。客出入愈益发舒，言胜故情。或言“客愚无知，专妄言，轻威”。胜斩之。诸故人皆自引去，由是无亲胜者。以朱防为中正，胡武为司过，主司群臣。诸将徇地，至，令之不是者，系而罪之。以苛察为忠。其所不善者，不下吏，辄自治。胜信用之，诸将以故不亲附。此其所以败也。

胜虽已死，其所置遣侯王将相竟亡秦。高祖时为胜置守冢于砀，至今血食。王莽败，乃绝。

【译文】

陈胜，字涉，是阳城人。吴广，字叔，是阳夏人。陈涉在年轻时，曾经与别人一起被雇佣耕田，一次在田埂上休息时，他不平地抱怨了很久，说道："如果我们富贵了，彼此都不要忘记别人。"受雇佣的伙伴们都笑着应声道："你被雇佣来帮人耕田，有什么富贵可言呢？"陈胜叹息说："唉，燕子、麻雀这样的小鸟哪里能知道大雁、天鹅的大志向呢！"

秦二世元年（公元前209年）七月，朝廷征调聚居里巷左侧的民户中的九百人去渔阳戍边，陈胜、吴广都担任了屯长。走到大泽乡时，正好赶上天下大雨，道路不通畅，估计已经耽误了报到的期限，根据法律都要被斩首。陈胜、吴广就一起合计说："现在逃走也是死，起义干大事业也是死，同样是死，死于国事不是更好吗？"陈胜说："天下的百姓在暴秦的统治下受苦好久了。我听说二世皇帝是小儿 子，不应该继承皇位，应当继位的是公子扶苏。扶苏因为多次劝谏，所以始皇帝派他到外面去领兵。如今有的人听说他没有罪，二世却杀害他。老百姓都听说过扶苏的贤能，还都不知道他已经死去了。项燕是楚国的将军，多次立下大功，爱护士兵，楚国人都非常爱戴他。有人以为他死了，有人以为他外逃躲藏起来了。现在如果我们假冒扶苏和项燕的名义，为天下百姓带头，应该会有许多人响应这件事。"吴广认为他说的对。于是二人就去卜卦，卜卦的人明白他们的意图，就说："您们想做的事都能成，而且会有大功。然而你们要向鬼神问卜吉凶啊！"陈胜、吴广非常高兴，心中琢磨透问鬼的事情，就说："他这是教我们先借鬼神的名义在众人中取得威望。"于是，二人用朱砂在帛上写下"陈胜王"三个字，偷偷塞入别人家用罾网打捞起来的鱼肚子中，戍卒买鱼烹煮时，得到了鱼肚中的帛书，这件事本来就让人感到十分奇怪。陈胜又私下让吴广到驻地树丛神祠里中，在夜间点起火堆，装作狐狸嗥叫的声音呼喊："大楚兴，陈胜王"。戍卒们在夜间都十分惊恐不安。第二天早晨，戍卒中到处都有人在谈论这事，都指指点点地偷瞧陈胜、吴广。

陈胜、吴广一向体贴他人，戍卒中的很多人都乐意听从他们的使唤。

押送戍卒的将尉喝醉后，吴广多次故意扬言说要逃跑，来激怒将尉，使他当众侮辱吴广，借此来激怒众人。将尉果然因此鞭打吴广。正当将尉拔剑的时候，吴广奋起身，夺了剑杀死将尉。陈胜也赶来协助，二人合力杀死了两个将尉，召集并且号召下属们说："你们遇到大雨，都已经耽误期限，而误期应当被杀头。假如就算不被杀，戍边而死的人就有十分之六七。况且壮士不死就算了，要死就要死得留下举世的大名声，王侯将相哪里有天生的种啊！"下属们都说："恭敬地接受您的命令。"于是便假冒称公子扶苏、项燕进行起义，顺从百姓的心意。戍卒们都袒露出右臂，号称为大楚。众人修筑高坛进行盟誓，祭品就用将尉的头颅。陈胜自立为将军，吴广为都尉。二人率军攻下大泽乡后，招募兵士扩编军队进攻蕲县，蕲县被攻破后，就派符离人葛婴带领士兵攻略蕲县以东的地区。他们进攻铚、酂、苦、柘、谯等郡县，全都攻下来了。行进的过程中不断招兵扩军。等陈胜等人到达陈县时，已经有六七百辆，骑兵有千余人，步兵有数万人。攻打陈县时，郡守、县令（其实陈县并没有郡守）都没有在，只留下守丞在谯门中进行抵抗。失败后，守丞战死了，他们便入城占领陈县。几天后，陈胜下令召来了乡官三老、地方的豪绅都到来集会共同议事。三老、乡绅们都说："将军您身披铠甲、手执锐利的武器，讨伐无道，铲除暴秦，重建楚国，按照功绩应该称王。"于是陈胜就被众人拥立为王，号称张楚。

这时候，各个郡县的百姓都深受秦吏暴政的苦，因此都惩处当地的官吏，都纷纷杀死他们来响应陈涉起义。于是陈涉任命吴广为代理王，督促率领各位将领向西攻打荥阳。命令陈县人武臣、张耳、陈馀攻占赵地，命令汝阴人邓宗攻占了九江郡。此时，楚地的义军数千人聚集一起的人，没有办法数清楚。

葛婴到达东城时，拥立襄强为楚王。葛婴后来听说陈胜已经自立为王，就杀死了襄强，返回汇报。刚到陈县，陈王就诛杀了葛婴，陈王命魏国人周市向北攻打占魏地。吴广包围了荥阳。李由担任三川郡守，戍守荥阳，吴广没有攻下。于是陈王征召国内的豪杰名人共同商讨对策，任命上蔡人房君赐为上柱国。

周文，是陈县的贤士，曾经担任项燕军中占卜望日的官，也曾经侍奉春申君，自称熟习军事。陈王授予他将军的印信，命令他率领军队向西攻打秦。沿途招募兵马直到函谷关，有千乘战车，几十万士兵，到达戏亭时，驻扎在这。秦二世命少府章邯赦免在郦山服役的刑徒、奴婢的孩子，全都遣发了他们以攻击楚军，打败了他们。周文兵败，退出了函谷关，屯驻在曹阳。两个多月，章邯带兵追击并且打败周文，他们又退走驻屯在渑池。十多天后，章邯进击，大败他们。周文自杀，军队因此丧失了战斗力。

武臣到达邯郸，自立为赵王，陈馀被任为大将军，张耳、召骚被任命为左右丞相。陈胜十分恼怒，捕捉关押武臣等人的家眷，想要杀掉他们。柱国蔡赐建议道："秦朝没有诛灭而杀死赵王将相的家属，这就等于又为我们增加了一个秦朝当敌人，不如顺势封立他。"陈王于是就派遣使者到赵祝贺，然后又转移软禁的武臣等人的家属到了宫中，而且封张耳的儿子张敖为成都君，催促赵的军队疾速进军到函谷关。赵王与将相们一同商议说："大王在赵称王，不是楚国的本来意图。楚灭秦以后，必然会对赵出兵，定妙计不如不向西进军，派遣将领向北取燕地来扩充我们的土地。赵国在南面据守黄河，北面有燕、代二国的广大地区，楚国虽然战胜了秦，也没有办法征服赵国。如果楚国不能战胜秦，必然会重视赵国。赵国趁着秦、楚的衰弱，可以在天下得志。"赵王认为这是对的，因而没有向西出兵，而是派原上谷郡卒史韩广率领军队北上攻取燕地。

原来燕国的豪门贵族劝说韩广："楚地已经立了王，赵地也立了王。燕地虽然小，但也是万乘兵车的国家，希望将军您可以自立为燕王。"韩广回答说："我的亲住在赵国，自立为王千万使不得呀！"燕人说："赵国现在正担心西边的秦，南面的楚，他们的力量根本不能限制我们。况且，凭借那样强大的楚国，尚且不敢加害赵王将相的家属，只是赵国而已，怎么敢加害将军您的家属！"韩广认为他说得对，于是就自立为燕王。过几个月后，赵国护送燕王的母亲以及家属回归到燕国。

就在这时候，各地攻城略地的将领，数不胜数。周市率军向北进军到狄县，狄县人田儋杀死了县令，自立为齐王，在齐地率领军队起兵，攻打周市，周市的军队溃散，返回到魏地，打算拥立原来的魏王的后裔宁陵君咎为魏王。但当时咎还在陈王那儿，没办法到魏地。魏地被平定后，人们想要立周市为魏王，周市不肯答应。使者先后五次往返陈王和魏之间，陈王这才答应拥立宁陵君咎为魏王，并且遣送他回到魏国。周市做了丞相。

将军田臧等人共同策划说："周章（即周文）的军队已经战败溃散，秦兵迟早要过来，我们包围的荥阳城又久攻不下，一旦秦军到了，我们必定会吃大败仗。还不如留下少数部队，足以包围荥阳就可以了，然后调动所有精兵迎击秦军。现在的代理王吴广十分骄横，根本不懂兵家的权谋，没办法和他共事，如果不杀他，大事恐怕就会被败坏。"因此他们一起假借陈王的命令诛杀了吴广，将吴王的头颅献给陈王。陈王派遣使者赏赐给田臧楚国令尹的印，任命他为上将军。田臧就派遣部将李归等人驻守在荥阳城外，而他自己则带领精锐的士兵西进，在敖仓迎击秦军。双方交战过程中，田臧战死，因而军队溃散。章邯进军并且攻击包围了荥阳城的李归，击溃他们，李归等人都战死了。

阳城人邓说率领军队驻扎在郏（当作"郏"）县，但被章邯率领的另一支部队打败，邓说只好率军溃逃到了陈县。铚县人伍逢率领军队驻扎在许县，章邯击溃他，伍逢的士兵都散逃到了陈县。陈王又将邓说杀了。

陈胜刚刚立王时，陵县人秦嘉、铚县人董緤、符离人朱鸡石、取虑人郑布、徐县人丁疾等人都独立起兵，率领军队将东海郡守包围在郯县。陈王听说后，就委任武平君畔为将军，督促率领郯城下的各路士兵。秦嘉拒绝不接受命令，自立为大司马，不愿意隶属于武平君。秦嘉告诉军吏们说："武平君十分年轻，而且不懂军事，不要听从他的命令！"因而假传陈王的命令杀死武平君畔。

章邯已经带军击溃伍逢，进攻到陈县，上柱国房君蔡赐战死。章邯又继续进兵攻击陈县西面的张贺的军队。陈胜亲自上阵督战，但军队仍然被击溃，张贺战死。

十二月，陈王到达汝阴，转到下城父，他的车夫庄贾杀害他后投降了秦军。陈胜被葬在砀县，谥号为"隐王"。

陈胜原来的侍臣吕臣后来当上了将军，建立一支青巾裹头的"苍头军"，在新阳起兵，攻克陈县，杀死了庄贾，又把陈县作为楚都。

当初陈王刚到陈县时，曾经命令铚县人宋留率领军队平定南阳，进入到武关。宋留攻占南阳以后，听到了陈王死讯，而南阳又被秦军攻占了。宋留没有办法进入武关，就率军往东到达新蔡，又遇上了秦军，宋留带领部队投降秦。秦军押解宋留到达咸阳，将他车裂示众。

秦嘉等人听说陈王的军队兵败逃走，就拥立景驹为楚王，率领军队到达方与县，准备袭击驻扎在济阳城外的秦军。又派公孙庆到达齐王那里，想要联合齐王一道进兵。齐王回答说："听说陈王已经战败，到现在仍然生死不明，楚国怎能不请示我就自立王呢？"公孙庆说："齐王没有请示楚国而立王，楚国为何要请示齐国才可以立王呢？况且，是楚国首先起事，理所应当号令天下。"田儋杀死公孙庆。

秦军的左右校尉再次率军进攻陈县，县城被攻下后。吕臣的军队败走，招集士兵再次聚结，与在鄱阳当盗贼的当阳君黥布的兵马遇到，又进兵攻击秦军的左右校尉，并且在青皮击破了他们，再次将陈县作为楚都。恰好赶上项梁拥立楚怀王的孙子心为楚王。

陈胜称王的时间一共六个月。称王以后，将陈县作为王都。他原来的朋友曾与一道佣耕的人听到这件事后，就赶来到陈县，敲击着宫门说："我要见到陈涉。"宫门的长官想要把他捆起来。经过他一再地解说，才给予他宽赦，但仍然不给他通报。等到陈王出门时，他就拦住路高喊陈涉。陈胜听到喊声后，就召见他，与他一同乘车回宫。进王宫后，看到殿堂房屋、帷幕帐帘，客人感慨说："真多啊！陈涉当了王，深宫大宅是这样阔气！"楚国人称"多"为"夥"，因此天下就流传开来"夥涉为王"这句话，从陈涉开始。这位客人进出更加放肆无拘，并且任意谈论陈王过去的事。有人劝陈王道："你的这个客人不仅愚昧无知，而且专门胡言乱语，实在是有损您的威严呀。"陈王就杀死了那位客人。于是，所有陈王的老熟人都自动离开了，从此就没有敢亲近陈王的人了。陈王任用朱防为中正官（负责主持官吏的任免升降），任命胡武为司过官，专门督察群臣的过失。将领们攻占了城邑后，回到陈县复命时，凡是办事不合朱房、胡武二人命令的人，就被抓起来治罪，将苛刻、烦琐挑剔作为对陈王忠诚的表现。凡是与这二人关系不好的人，不交给有关的官吏进行审问，他俩就任意进行惩治。陈王非常信任这二人，诸将因为这个缘故都不亲附陈王。这也就是陈王失败的原因。

陈王虽然已死，但他所封立、派遣的王侯将相最终灭亡秦朝。高祖时曾为陈涉安置守坟的有三十家，到现在仍然按时宰杀牲畜祭祀他。王莽失败后，便断了他的祭祀。

项　籍

项籍字羽，下相人也。初起，年二十四。其季父梁，梁父即楚名将项燕者也。家世楚将，封于项，故姓项氏。

籍少时，学书不成，去；学剑又不成，去。梁怒之。籍曰："书足记姓名而已。剑一人敌，不足学，学万人敌耳。"于是梁奇其意，乃教以兵法。籍大喜，略知其意，又不肯竟。梁尝有栎阳逮，请蕲狱掾曹咎书抵栎阳狱史司马欣，以故事皆已。梁尝杀人，与籍避仇吴中。吴中贤士大夫皆出梁下。每有大繇役及丧，梁常主办，阴以兵法部勒宾客子弟，以知其能。秦始皇帝东游会稽，渡浙江，梁与籍观。籍曰："彼可取而代也。"梁掩其口，曰："无妄言，族矣！"，梁以此奇籍。籍长八尺二寸，力扛鼎，才气过人。吴中子弟皆惮籍。

秦二世元年，陈胜起。九月，会稽假守通素贤梁，乃召与计事。梁曰："方今江西皆反秦，此亦天亡秦时也。先发制人，后发制于人。"守叹曰："闻夫子楚将世家，唯足下耳！"梁曰："吴有奇士桓楚，亡在泽中，人莫知其处，独籍知之。"梁乃戒籍持剑居外侍。梁复入，与守语曰："请召籍，使受令召恒楚。"籍人，梁眴籍曰："可行矣！"籍遂拔剑击斩守。梁持守头，佩其印绶。门下惊扰，籍所击杀数十百人。府中皆奢伏，莫敢复起。梁乃召故人所知豪吏，谕以所为，遂举吴中兵。使人收下县，得精兵八千人，部署豪桀为校尉、候、司马。有一人不得官，自言。梁曰："某时某丧，使公主某事，不能办，以故不任公。"众乃皆服。梁为会稽将，籍为裨将，徇下县。

秦二年，广陵人召平为陈胜徇广陵，未下。闻陈胜败走，秦将章邯且至，乃渡江矫陈王令，拜梁为楚上柱国，曰："江东已定，急引兵西击秦。"梁乃以八千人渡江而西。闻陈婴已下东阳，使使欲与连和俱西。陈婴者，故东阳令史，居县，素信，为长者。东阳少年杀其令，相聚数千人，欲立长，无遗用，乃请陈婴。婴谢不能，遂强立之，县中从之者得二万人。欲立婴为王，异军苍头特起。婴母谓婴曰："自吾为乃家妇，闻先故未曾贵。今暴得大名，不祥，不如有所属，事成犹得封侯，事败易以亡，非世所指名也。"婴乃不敢为王，谓其军吏曰："项氏世世将家，有名于楚，今欲举大事，非将其人，不可。我倚名族，亡秦必矣。"其众从之，乃以其兵属梁。梁渡淮，英布、蒲将军亦以其兵属焉。凡六七万人，军下邳。

是时，秦嘉已立景驹为楚王，军彭城东，欲以距梁。梁谓军吏曰：“陈王首事，战不利，未闻所在。今秦嘉背陈王立景驹，大逆亡道。”乃引兵击秦嘉。嘉军败走，追至胡陵。嘉还战一日，嘉死，军降。景驹走死梁地。梁已并秦嘉军，军胡陵，将引而西。章邯至栗，梁使别将朱鸡石、馀樊君与战。馀樊君死。朱鸡石败，亡走胡陵。梁乃引兵入薛，诛朱鸡石。梁前使羽别攻襄城，襄城坚守不下。已拔，皆坑之，还报梁，闻陈王定死，召诸别将会薛计事。时沛公亦从沛往。

居鄛人范增年七十，素好奇计，往说梁曰：“陈胜败固当。夫秦灭六国，楚最亡罪，自怀王入秦不反，楚人怜之至今，故南公称曰‘楚虽三户，亡秦必楚’。今陈胜首事，不立楚后，其势不长。今君起江东，楚蠭起之将皆争附君者，以君世世楚将，为能复立楚之后也。”于是梁乃求楚怀王孙心，在民间为人牧羊，立以为楚怀王，从民望也。陈婴为上柱国，封五县，与怀王都盱台。梁自号武信君，引兵攻亢父。

初，章邯既杀齐王田儋于临菑，田假复自立为齐王。儋弟荣走保东阿，章邯追围之。梁引兵救东阿，大破秦军东阿。田荣即引兵归，逐王假，假亡走楚，相田角亡走赵。角弟閒，故将，居赵不敢归。田荣立儋子市为齐王。梁已破东阿下军，遂追秦军。数使使趣齐兵俱西。荣曰：“楚杀田假，赵杀田角、田閒，乃发兵。”梁曰：“田假与国之王，穷来归我，不忍杀。”赵亦不杀角、閒以市于齐。齐遂不肯发兵助楚。梁使羽与沛公别攻城阳，屠之。西破秦军濮阳东，秦兵收入濮阳。沛公、羽攻定陶，定陶未下，去，西略地至雍丘，大破秦军，斩李由。还攻外黄，外黄未下。

梁起东阿，比至定陶，再破秦军，羽等又斩李由，益轻秦，有骄色。宋义谏曰：“战胜而将骄卒惰者败。今少惰矣，秦兵日益，臣为君畏之。”梁不听。乃使宋义于齐。道遇齐使者高陵君显，曰：“公将见武信君乎？”曰：“然。”义曰：“臣论武信君军必败。公徐行则免，疾行则及祸。”秦果悉起兵益章邯，夜衔枚击楚，大破之定陶，梁死。沛公与羽去外黄，攻陈留，陈留坚守不下。沛公、羽相与谋曰：“今梁军败，士卒恐。”乃与吕臣俱引兵而东。吕臣军彭城东，羽军彭城西，沛公军砀。

章邯已破梁军，则以为楚地兵不足忧，乃渡河北击赵，大破之。当此之时，赵歇为王，陈馀为将，张耳为相，走入钜鹿城。秦将王离、涉閒围钜鹿，章邯军其南，筑甬道而输之粟。陈馀将卒数万人军钜鹿北，所谓河北军也。

宋义所遇齐使者高陵君显见楚怀王曰："宋义论武信君必败，数日果败。军未战先见败征，可谓知兵矣。"王召宋义与计事而说之，因以为上将军；羽为鲁公，为次将，范增为末将。诸别将皆属，号卿子冠军。北救赵，至安阳，留不进。秦三年，羽谓宋义曰："今秦军围钜鹿，疾引兵渡河，楚击其外，赵应其内，破秦国必矣。"宋义曰："不然。夫搏牛之虻不可以破虮。今秦攻赵，战胜则兵罢，我承其敝；不胜，则我引兵鼓行而西，必举秦矣。故不如先斗秦、赵。夫击轻锐，我不如公；坐运筹策，公不如我。"因下令军中曰："猛如虎，佷如羊，贪如狼，强不可令者，皆斩。"遣其子襄相齐，身送之无盐，饮酒高会。天寒大雨，士卒冻饥。羽曰："将戮力而攻秦，久留不行。今岁饥民贫，卒食半菽，军无见粮，乃饮酒高会，不引兵渡河因赵食，与并力击秦，乃曰'承其敝'。夫以秦之强，攻新造之赵，其势必举赵。赵举秦强，何敝之承！且国兵新破，王坐不安席，扫境内而属将军，国家安危，在此一举。今不恤士卒而徇私，非社稷之臣也。"羽晨朝上将军宋义，即其帐中斩义头，出令军中曰："宋义与齐谋反楚，楚王阴令籍诛之。"诸将詟服，莫敢枝梧。皆曰："首立楚者，将军家也。今将军诛乱。"乃相与共立羽为假上将军。使人追宋义子，及之齐，杀之。使桓楚报命于王。王因使使立羽为上将军。

羽已杀卿子冠军，威震楚国，名闻诸侯。乃遣当阳君、蒲将军将卒二万人渡河救钜鹿。战少利，陈馀复请兵。羽乃悉引兵渡河。已渡，皆湛舡，破釜甑，烧庐舍，持三日粮，视士必死，无还心。于是至则围王离，与秦军遇，九战，绝甬道，大破之，杀苏角，虏王离。涉閒不降，自烧杀。当是时，楚兵冠诸侯。诸侯军救钜鹿者十余壁，莫敢纵兵。及楚击秦，诸侯皆从壁上观。楚战士无不一当十，呼声动天地。诸侯军人人惴恐。于是楚已破秦军，羽见诸侯将，入辕门，膝行而前，莫敢仰视。羽繇是始为诸侯上将军。兵皆属焉。

章邯军棘原，羽军漳南，相持未战。秦军数却，二世使人让章邯。章邯恐，使长史欣请事。至咸阳，留司马门三日，赵高不见，有不信之心。长史欣恐，还走，不敢出故道。赵高果使人追之，不及。欣至军，报曰："事亡可为者。相国赵高颛国主断。今战而胜，高嫉吾功；不胜，不免于死。愿将军熟计之。"陈馀亦遗章邯书曰："白起为秦将，南并鄢、郢，北坑马服，攻城略地，不可胜计，而卒赐死。蒙恬为秦将，北逐戎人，开榆中地数千里，竟斩阳周。何者？功多，秦不能封，因以法诛之。今将军为秦将三岁矣，所亡失已十万数，而诸侯并起兹益多。彼赵高素谀日久，今事急，亦恐二世诛之，故欲以法诛将军以塞责，使人更代以脱其祸。将军居外久，多内隙，有功亦诛，亡功亦诛，且天之亡秦，无愚智皆知之。今将军内不能直谏。外为亡国将，孤立而欲长存，岂不哀哉！将军何不还兵与诸侯为从，南面称孤，熟与身伏斧质，妻子为戮乎？"章邯狐疑，阴使候始成使羽，欲约。约未成，羽使蒲将军引兵渡三户，军漳南，与秦战，再破之。羽悉引兵击秦军汙水上，大破之。

邯使使见羽，欲约。羽召军吏谋曰："粮少，欲听其约。"军吏皆曰："善。"羽乃与盟洹水南殷虚上。已盟，章邯见羽流涕，为言赵高。羽乃立章邯为雍王，置军中。使长史欣为上将，将秦军行前。

汉元年，羽将诸侯兵三十余万，行略地至河南，遂西到新安。异时诸侯吏卒徭役屯戍过秦中，秦中遇之多亡状，及秦军降诸侯，诸侯吏卒乘胜奴虏使之，轻(重)折辱秦吏卒。吏卒多窃言曰："章将军等诈吾属降诸侯，今能入关破秦，大善："即不能，诸侯虏吾属而东，秦又尽诛吾父母妻子。"诸将微闻其计，以告羽。羽乃召英布、蒲将军计曰："秦吏卒尚众，其心不服，至关不听，事必危。不如击之，独与章邯、长史欣、都尉翳入秦。"于是夜击坑秦军二十余万人。

至函谷关，有兵守，不得入。闻沛公已屠咸阳，羽大怒，使当阳君击关。羽遂入，至戏西鸿门，闻沛公欲王关中，独有秦府库珍宝。亚父范增亦大怒，劝羽击沛公。飨士，旦日合战。

羽季父项伯素善张良。良时从沛公。项伯夜以语良。良与俱见沛公，因伯自解于羽。明日，沛公从百余骑至鸿门谢羽，自陈"封秦府库，还军霸上以待大王，闭关以备他盗，不敢背德。"羽意既解，范增欲害沛公，赖张良、樊哙得免。语在《高纪》。

后数日，羽乃屠咸阳，杀秦降王子婴，烧其宫室，火三月不灭；收其宝货，略妇女而东。秦民失望。于是韩生说羽曰："关中阻山带河，四塞之地，肥饶，可都以伯。"羽见秦宫室皆已烧残，又怀思东归，曰："富贵不归故乡，如衣锦夜行。"韩生曰："人谓楚人沐猴而冠，果然。"羽闻之。

斩韩生。

初，怀王与诸将约，先入关者王其地。羽既背约，使人致命于怀王。怀王曰："如约。"羽乃曰："怀王者，吾家武信君所立耳，非有功伐，何以得颛主约？天下初发难，假立诸侯后以伐秦。然身披坚执锐首事，暴露于野三年，灭秦定天下者，皆将相诸君与籍力也。怀王亡功，固当分其地王之。"诸将皆曰："善。"羽乃阳尊怀王为义帝，曰："古之王者，地方千里，必居上游。"徙之长沙，都郴。乃分天下以王诸侯。

羽与范增疑沛公，业已讲解，又恶背约，恐诸侯叛之，阴谋曰："巴、蜀道险，秦之迁民皆居之。"乃曰："巴、蜀亦关中地。"故立沛公为汉王，王巴、蜀、汉中。而三分关中，王秦降将以距塞汉道。乃立章邯为雍王，王咸阳以西。长史司马欣，故栎阳狱吏，尝有德于梁；都尉董翳，本劝章邯降。故立欣为塞王，王咸阳以东至河；立翳为翟王，王上郡。徙魏王豹为西魏王，王河东。瑕丘公申阳者，张耳嬖臣也，先下河南，迎楚河上。立阳为河南王。赵将司马印定河内，数有功。立印为殷王，王河内。徙赵王歇王代。赵相张耳素贤，又从入关，立为常山王，王赵地。当阳君英布为楚将，常冠军。立布为九江王。番君吴芮帅百粤佐诸侯，从入关，立芮为衡山王。义帝柱国共敖将兵击南郡，功多，因立为临江王。徙燕王韩广为辽东王。燕将臧荼从楚救赵，因从入关。立荼为燕王。徙齐王田市为胶东王。齐将田都从共救赵，入关。立都为齐王。故秦所灭齐王建孙田安，羽方渡河救赵，安下济北数城，引兵降羽。立安为济北王。田荣者，背梁不肯助楚击秦，以故不得封。陈馀弃将印去，不从入关，然素闻其贤，有功于赵，闻其在南皮，故因环封之三县。番君将梅鋗功多，故封十万户侯。羽自立为西楚伯王，王梁、楚地九郡，都彭城。

诸侯各就国。田荣闻羽徙齐王市胶东，而立田都为齐王，大怒，不肯遣市之胶东，因以齐反，迎击都。都走楚。市畏羽，乃亡之胶东就国。荣怒，追杀之即墨，自立为齐王。予彭越将军印，令反梁地。越乃击杀济北王田安。田荣遂并王三齐之地。时汉王还定三秦。羽闻汉并关中，且东，齐、梁畔之，大怒，乃以故吴令郑昌为韩王以距汉，令萧公角等击彭越。越败萧公角等。时，张良徇韩，遗项王书曰："汉王失职，欲得关中，如约即止，不敢东。"又以齐、梁反书遗羽，羽以此故无西意，而北击齐。征兵九江王布，布称疾不行，使将将数千人往。二年，羽阴使九江王布杀义帝。陈馀使张同、夏说说齐王荣，曰："项王为天下宰，不平，今尽王故王于丑地，而王群臣诸将善地，逐其故主，赵王乃北居代，馀以为不可。闻大王起兵，且不听不义，愿大王资馀兵，使击常山，以复赵王，请以国为扞蔽。"齐王许之，因遣兵往。陈馀悉三县兵，与齐并力击常山，大破之。张耳走归汉。陈馀迎故赵王歇反之赵。赵王因立馀为代王。羽至城阳，田荣亦将兵会战。荣不胜，走至平原，平原民杀之。羽遂北烧夷齐城郭室屋，皆坑降卒，系虏老弱妇女。徇齐至北海，所过残灭。齐人相聚而畔之。于是田荣弟横收得亡卒数万人，反城阳。羽因留，连战未能下。

汉王劫五诸侯兵，凡五十六万人，东伐楚。羽闻之，即令诸将击齐，而自以精兵三万人南从鲁出胡陵。汉王皆已破彭城，收其货赂美人，日置酒高会。羽乃从萧晨击汉军而东，至彭城，日中，大破汉军。汉军皆走，迫之穀、泗水。汉军皆南走山，楚又追击至灵辟东睢水上。汉军却，为楚所挤，多杀。汉卒十余万皆入睢水，睢水为不流。汉王乃与数十骑遁去。语在《高纪》。太公、吕后间求汉王，反遇楚军。楚军与归，羽常置军中。

汉王稍收散卒，萧何亦发关中卒悉诣荥阳，战京、索间，败楚。楚以故不能过荥阳而西。汉军荥阳，筑甬道，取敖仓食。三年，羽数击绝汉甬道，汉王食乏，请和，割荥阳以西为汉。羽欲听之。历阳侯范增曰："汉易与耳，今不取，后必悔之。"羽乃争围荥阳。汉王患之，乃与陈平金四万斤以间楚君臣。语在《陈平传》。项羽以故疑范增，稍夺之权。范增怒曰："天下事大定矣，君王自为之！愿赐骸骨归。"行未至彭城，疽发背死。于是汉将纪信诈为汉王出降，以诳楚军，故汉王得与数十骑从西门出。令周苛、枞公、魏豹守荥阳。汉王西入关收兵，还出宛、叶间，与九江王黥布行收兵。羽闻之，即引兵南。汉王坚壁不与战。

是时，彭越渡睢，与项声、薛公战下邳，杀薛公。羽乃东击彭越。汉王亦引兵北军成皋。羽已破走彭越，引兵西下荥阳城，亨周苛，杀枞公，虏韩王信，进围成皋。汉王跳，独与滕公得出。北渡河，至修武，从张耳、韩信。楚遂拔成皋。汉王得韩信军。留止，使卢绾、刘贾渡白马津入楚地，佐彭越共击破楚军燕郭西，烧其积聚，攻下梁地十余城。羽闻之，谓海春侯大司马曹咎曰："谨守成皋。即汉欲挑战，慎毋与战，勿令得东而已。我十五日必定梁地，复从将军。"于是引兵东。

四年，羽击陈留、外黄，外黄不下。数日降，羽悉令男子年十五以上诣城东，欲坑之。外黄令舍人儿年十三，往说羽曰："彭越强劫外黄，外黄恐，故且降，待大王。大王至，又皆坑之，百姓岂有所归心哉！从此以东，梁地十余城皆恐，莫肯下矣。"羽然其言，乃赦外黄当坑者。而东至睢阳，闻之皆争下。

汉果数挑楚军战，楚军不出。使人辱之，五六日，大司马怒，渡兵汜水。卒半渡，汉击，大破之，尽得楚国金玉货赂。大司马咎、长史欣皆自刭汜水上。咎故蕲狱掾，欣故塞王，羽信任之。羽至睢阳，闻咎等破，则引兵还。汉军方围钟离眛于荥阳东，羽军至，汉军畏楚，尽走险阻。羽亦军广武相守，乃为高俎，置太公其上，告汉王曰："今不急下，吾亨太公。"汉王曰："吾与若俱北面受命怀王，约为兄弟，吾翁即汝翁。必欲亨乃翁，幸分我一杯羹。"羽怒，欲杀之。项伯曰："天下事未可知。且为天下者不顾家，虽杀之无益，但益怨耳。"羽从之。乃使人谓汉王曰："天下匈匈，徒以吾两人，愿与王挑战，决雌雄，毋徒罢天下父子为也。"汉王笑谢曰："吾宁斗智，不能斗力。"羽令壮士出挑战。汉有善骑射曰楼烦，楚挑战，三合，楼烦辄射杀之。羽大怒，自被甲持戟挑战。楼烦欲射，羽瞋目叱之。楼烦目不能视，手不能发，走还入壁，不敢复出。汉王使间问之，乃羽也，汉王大惊。于是羽与汉王相与临广武间而语。汉王数羽十罪。语在《高纪》。羽怒，伏弩射伤汉王。汉王入成皋。

时，彭越数反梁地，绝楚粮食，又韩信破齐，且欲击楚。羽使从兄子项它为大将，龙且为裨将，救齐。韩信破杀龙且，追至成阳，虏齐王广。信遂自立为齐王。羽闻之，恐，使武涉往说信。语在《信传》。

时，汉关中兵益出，食多，羽兵食少。汉王使侯公说羽，羽乃与汉王约，中分天下，割鸿沟而西者为汉，东者为楚，归汉王父母妻子。已约，羽解而东。五年，汉王进兵追羽，至(故)〔固〕陵，复为羽所败。汉王用张良计，致齐王信、建成侯、彭越兵，及刘贾入楚地，围寿春。大司马周殷叛楚，举九江兵随刘贾，迎黥布，与齐、梁诸侯皆大会。

羽壁垓下，军少食尽。汉帅诸侯兵围之数重。羽夜闻汉军四面皆楚歌，乃惊曰："汉皆已得楚乎？是何楚人多也！"起饮帐中。有美人姓虞氏，常幸从；骏马名骓，常骑。乃悲歌慷慨，自为歌诗曰："力拔山兮气盖世，时不利兮骓不逝。骓不逝兮可奈何！虞兮虞兮奈若何！"歌数曲，美人和之。羽泣下数行，左右皆泣，莫能仰视。

于是羽遂上马，戏下骑从者八百余人，夜直溃围南出驰。平明，汉军乃觉之，令骑将灌婴以五千骑追羽。羽渡淮，骑能属者百余人。羽至阴陵，迷失道，问一田父，田父绐曰“左”。左，乃陷大泽中，以故汉追及之。羽复引而东，至东城，乃有二十八骑。追者数千，羽自度不得脱，谓其骑曰：“吾起兵至今八岁矣，身七十余战，所当者破，所击者服，未尝败北，遂伯有天下。然今卒困于此，此天亡我，非战之罪也。今日固决死，愿为诸军快战，必三胜，斩将，艾旗，乃后死，使诸君知吾非用兵罪，天亡我也。”于是引其骑因四隤山而为圜陈外向，汉骑围之数重。羽谓其骑曰：“吾为公取彼一将。”令四面骑驰下，期山东为三处。于是羽大呼驰下，汉军皆披靡。遂杀汉一将。是时，杨喜为郎骑，追羽，羽还叱之，喜人马俱惊，辟易数里。与其骑会三处。汉军不知羽所居，分军为三，复围之。羽乃驰，复斩汉一都尉，杀数十百人。复聚其骑，亡两骑。乃谓骑曰：“何如？”骑皆服曰：“如大王言。”

于是羽遂引东，欲渡乌江。乌江亭长舣船待，谓羽曰：“江东虽小，地方千里，众数十万，亦足王也。愿大王急渡。今独臣有船。汉军至，亡以渡。”羽笑曰：“乃天亡我，何渡为！且籍与江东子弟八千人渡而西，今亡一人还，纵江东父兄怜而王我，我何面目见之哉？纵彼不言，籍独不愧于心乎！”谓亭长曰：“吾知公长者也，吾骑此马五岁，所当无敌，尝一日千里，吾不忍杀，以赐公。”乃令骑皆去马，步持短兵接战。羽独所杀汉军数百人。羽亦被十余创。顾见汉骑司马吕马童曰：“若非吾故人乎？”马童面之，指王翳曰：“此项王也。”羽乃曰：“吾闻汉购我头千金，邑万户，吾为公得。”乃自刭。王翳取其头，乱相鞣蹈争羽相杀者数十人。最后杨喜、吕马童、郎中吕胜、杨武各得其一体。故分其地以封五人，皆为列侯。

汉王乃以鲁公号葬羽于榖城。诸项支属皆不诛。封项伯等四人为列侯，赐姓刘氏。

赞曰：昔贾生之《过秦》曰：

秦孝公据殽、函之固，拥雍州之地，君臣守而窥周室，有席卷天下，包举宇内，囊括四海，并吞八荒之心。当是时也，商君佐之，内立法度，务耕织，修守战之备，外连衡而斗诸侯。于是秦人拱手而取西河之外。

孝公既没，惠文、武、昭襄蒙故业，因遗策，南取汉中，西举巴、蜀，东割膏腴之地，收要害之郡。诸侯恐惧，会盟而谋弱秦，不爱珍器重宝肥饶之地，以致天下之士。合从缔交，相与为一。当此之时，齐有孟尝，赵有平原，楚有春申，魏有信陵。此四贤者，皆明智而忠信，宽厚而爱人，尊贤重士，约从离横，兼韩、魏、燕、赵、宋、卫、中山之众。于是六国之士有甯越、徐尚、苏秦、杜赫之属为之谋，齐明、周最、陈轸、召滑、楼缓、翟景、苏厉、乐毅之徒通其意。吴起、孙膑、带他、兒良、王廖、田忌、廉颇、赵奢之朋制其兵。常以十倍之地，百万之军，仰关而攻秦，秦人开关延敌，九国之师遁巡而不敢进。秦无亡矢遗镞之费，而天下已困矣。于是从散约败，争割地而赂秦。秦有余力而制其弊，追亡逐北，伏尸百万，流血漂卤，因利乘便，宰割天下，分裂山河；强国请服，弱国入朝。

施及孝文、庄襄王，享国之日浅，国家亡事。

及至始皇，奋六世之余烈，振长策而驭宇内，吞二周而亡诸侯，履至尊而制六合，执敲扑以鞭笞天下，威震四海。南取百粤之地，以为桂林、象郡。百粤之君頫首系颈，委命下吏。乃使蒙恬北筑长城而守藩篱，却匈奴七百余里，胡人不敢南下而牧马，士不敢弯弓而报怨。于是废先王之道，焚百家之言，以愚黔首。堕名城，杀豪俊，收天下之兵聚之咸阳，销锋鍉铸以为金人十二，以弱天下之民。然后践华为城，因河为池，据亿丈之城，临不测之川，以为固。良将劲弩，守要害之处，信臣精卒，陈利兵而谁何。天下已定，始皇之心，自心为关中之固，金城千里，子孙帝王万世之业也。

始皇既没，余威震于殊俗，然而陈涉，瓮牖绳枢之子，甿隶之人，迁徙之徒也，材能不及中庸，非有仲尼、墨翟之知，陶朱、猗顿之富。蹑足行伍之间，而免起阡陌之中，帅罢散之卒，将数百之众，转而攻秦。斩木为兵，揭竿为旗，天下云合向应，赢粮而景从，山东豪俊遂并起而亡秦族矣。且天下非小弱也；雍州之地，殽函之固，自若也。陈涉之位，不齿于齐、楚、燕、赵、韩、魏、宋、卫、中山之君；锄耰棘矜，不敌于钩戟长铩；適戍之众，不亢于九国之师；深谋远虑，行军用兵之道，非及曩时之士也。然而成败异变，功业相反，何也？试使山东之国与陈涉度长絜大，比权量力，不可同年而语矣。然秦以区区之地，致万乘之权，招八州而朝同列，百有余年，然后以六合为家，殽函为宫。一夫作难而七庙堕，身死人手，为天下笑者，何也？仁谊不施，而攻守之势异也。

周生亦有言，“舜盖重童子”，项羽又重童子，岂其苗裔邪”何其兴之暴也！夫秦失其政，陈涉首难，豪桀蜂起，相与并争，不可胜数。然羽非有尺寸，乘势拔起陇亩之中，三年，遂将五诸侯兵灭秦，分裂天下而威海内，封立王侯，政繇羽出，号为“伯王”，位虽不终，近古以来未尝有也。及羽背关怀楚，放逐义帝，而怨王侯畔己，难矣。自矜功伐，奋其私智而不师古，始霸王之国，欲以力征经营天下，五年卒亡其国，身死东城，尚不觉寤，不自责过失，乃引“天亡我，非用兵之罪”，岂不谬哉！

【译文】

项籍，字羽，是下相人。起兵时，年仅二十四岁。他的叔父名叫项梁，项梁的父亲就是原来楚国的名将项燕。项家世代当楚将，被封在了项城县，因此改姓项。

项籍年少时，学习识字、写字，没有什么成就，就放弃了；学习剑术，也没有成就，就又放弃了。项梁很生气。项籍却说：“识字能够记个姓名就可以了。学剑术是为了对抗一个人，也不值得我学习。我想要学习的是能抵抗上万人的本事。”项梁对他的意志感到惊奇，就教给项籍兵法，项籍大喜，但略微知道一点儿后，却又不肯好好学完。项梁曾经被栎阳的官吏追捕，就请求蕲县监狱办事员曹咎给栎阳监狱的办事员司马欣写信求情，事情才算有了了结。项梁杀人后，与项籍到吴中躲避仇人。吴中的贤士大夫的才华都在项梁之下。每当吴中有大徭役或者丧事时，项梁经常负责主办，暗地里用兵法组织宾客、子弟，通过这种方法了解他们的才能。秦始皇东游会稽，渡过浙江时，项梁和项籍一同观看。项籍说：“那个家伙，我们可以取代他！”项梁捂住他的嘴，说：“不要胡说，会被灭族的！”项梁由此认为项籍有奇志。项籍身高八尺二寸，力气很大能举鼎，才能和胆气都过人，吴中的子弟都十分畏惧项籍。

秦二世元年七月，陈涉等人在大泽乡率兵起义。这年九月，会稽代理郡守殷通一向认为项梁是贤人，于是召见他并说：“大江以西的地方都已经造反了，这是上天想要灭亡秦朝的时候啊。如果先下手就能制服别人，如果后行动就会被别人制服。”殷通叹息道：“听说先生您是楚将世家的后人，成就大事就只有靠足下您了！”项梁说：“吴地有一个奇士名叫桓楚，在湖泽之中逃亡，人们都不知道他的去处，只有项籍知道这件事。”项梁走出去，嘱咐项籍握着剑在外等候。项梁再次走进去，对郡守说：“请您召见项籍，让他接受命令去召唤桓楚。”项籍走进来，项梁向项籍使眼色，并且说：“可以行动了！”于是项籍拔剑斩下了郡守的头。项梁手提郡守的头颅，腰挂郡守的印信。郡守左右的随从都大惊失色，项籍砍杀百十来人。整个衙门的人都吓得趴伏在地上，没有人敢站起来。项梁于是就召集以前熟悉的干练的官吏，给他们讲明这样做是为了要起大事，于是又调集吴中的兵员。派人到下属各个县征集丁壮，得到了八千精兵，项梁任命吴中的豪杰担任校尉、军候、司马等职。有一个人没有得到任用，亲自跑来跟项梁争辩。项梁解释说：“前些时候有人死了，让您主办一件事，您没有办成，因此才不任用您。”众人都非常佩服他。于是项梁担任任稽将军，项籍担任他的副将，巡视下属的各县。

秦二世二年，广陵人召平替陈王攻打广陵，没有攻破。他听说陈王已经败逃，秦将章邯马上就要来到的消息，就渡过江假托奉了陈王命令，赐封项梁为楚王上柱国，并且说：“江东地区已经平定，命令你迅速带兵向西行进攻打秦军。”项梁于是就带领八千士兵渡江西进。这时，听到陈婴已经占领了东阳的消息，项梁就派出使者想要跟他联合，一起率兵西进。陈婴原本是东阳县的功曹，居住在县城，素来为人诚实谨慎，人们都尊称他为长者。东阳的年轻人杀死了县令，聚集几千人举事，想推举一个首领，却没有合适的人，于是就敦请陈婴。陈婴以自己没有才能为借口推辞了，众人就强立陈婴为首领，县里有两万人跟随他起义。年轻人想要拥立陈婴为王，用表布裹头，表明他们是新兴起的军队。陈婴的母亲对他说：“自从我当了陈家的媳妇，就没有听说过你家的祖先中有过显贵的人物。现在你突然获有这么大的名声，不是一个好兆头。不如把它归属给别人，事情如果成功还能封侯，事情如果失败也容易躲避，因为你不是社会上数得上来的名人。”陈婴便不敢自称为王，并且对他的将领说：“项姓世世代代都是将门，在楚国非常有名望。现在如果我们要想办大事，主帅不是这样的人不行。依仗名家大族，我们灭亡秦朝是肯定的。”于是大家就听从了他的话，让部队归属于项梁统率。项梁渡过淮河，黥布、蒲将军也带军队来归附他。一共六七万人，驻军在下邳。

这时，秦嘉已经拥立了景驹为楚王，驻军在彭城东面，想要抵抗项梁的军队。项梁对部将们说：“陈王首先带人起事，但是因为作战不利，所以不知道他的下落。现在秦嘉背叛了陈王反而拥立景驹，这是大逆不道的事。”于是项梁就进兵攻打秦嘉，秦嘉的军队兵败逃跑，项梁追击他们到胡陵。秦嘉回军交战了一天，最终秦嘉战死，他的军队投降。景驹逃跑后，死在了梁地。项梁兼并秦嘉的军队，驻军在胡陵，将要带兵向西行进。章邯军队到达栗县后，项梁就派另统一军的将领朱鸡石、馀樊君迎战他。馀樊君战死，朱鸡石的军队也最终溃败，逃奔到胡陵。项梁就率军队进入薛县，杀死朱鸡石。项梁先前曾派项羽攻打襄城，襄城的官兵坚守，一时没有攻下。在被攻克后，项羽将他们全部活埋，然后返回报告项梁。项梁听说陈王确实已死，就召集各部的将领到薛县商量军务大事。这时沛公也在沛县进行起兵，就赶来参加会议。

居鄛人范增，已经七十岁了，一向善于出奇计，他前去游说项梁说：“陈胜的失败是必然的结果。秦朝灭亡了六国，其中楚国最无辜，自从楚怀王到秦国一去不复返，楚国人直到如今都十分怀念他，因此楚南公说：‘楚国即使只剩下三户人家，灭亡秦国的也必定是楚国。’现在陈胜首先率兵起事，不拥立楚王的后代为王反而自立为王，他的势力必定不会久长。现在您在江东地区起兵，楚地蜂拥而起的将领之所以都争着追随您，是由于您的家世世代代都是楚国将领，而且能够重新拥立楚王后代。”于是项梁从民间找到怀王的孙子心，当时心正在替人家放羊，项梁拥立他做楚怀王，以顺从百姓的愿望。陈婴担任了楚国上柱国，赐封五县，与怀王都建都在盱台。项梁自称为武信君，率领军队攻打亢父。

当初，章邯在临淄杀死齐王田儋，田假又立自己为齐王。田儋的弟弟田荣退守到东阿，章邯追击并且包围了田荣的军队。项梁带领士兵援救东阿，在东阿大败秦朝军队。田荣带部队回去，驱逐了齐王田假。田假逃奔到楚国。田假的相国田角逃奔到了赵国。田角的弟弟田閒原来是齐国的将军，停留在赵国不敢回去。田荣拥立田儋的儿子田市为齐王。项梁打败东阿一带的秦军，并且追击他们。几次派遣使者催促齐军，想要与他们一同西进。田荣说：“如果楚国杀掉了田假，赵国杀掉了田角和田閒，我们才能出兵。”项梁说：“田假是盟国的王，走投无路的时候来投奔我，实在不忍心杀死他。”赵国也不肯杀死田角、田閒而去与齐国做交易。齐国最终没有答应出兵帮助楚国军队。项梁派遣项羽和沛公一起从另一路攻打城阳，屠灭全城。再向西行进，在濮阳的东面打败秦军，秦军退入到濮阳城里。沛公、项羽就进攻定陶。定陶没有被攻下，二人便撤走了，向西继续攻占地盘，到达雍丘时，大败秦军，杀死了李由。又回军攻打外黄，外黄没有被攻下。

项梁从东阿出发，到达定陶时，再次打垮了秦军，项羽等人又杀死李由的部将，并且更加轻视秦军，有了骄傲的神色。宋义就劝项梁说："打胜仗，如果将领变得骄傲、士兵变得怠惰了就会失败。现在我们的士兵有些怠惰，秦的士兵又一天天地增加，我替您感到十分担心。"项梁没有理睬他，派宋义出使齐国。宋义在路上遇到齐国使者高陵君显，就问他："您是要会见武信君吧？"使者回答说："是的。"宋义接着说："我认为武信君的军队必定会失败。您如果慢去就可以免死，快去恐怕就要遭殃。"秦朝果然出动全部军力增援章邯，士兵口衔枚在夜间攻打楚军，并且在定陶打垮楚军，项梁最终战死。沛公、项羽撤离了外黄，率兵进攻陈留，陈留的军民坚守城池，最终没能攻下。沛公、项羽二人商量道："现在项梁的军队已经垮了，士兵们十分害怕。"就与吕臣的军队一起向东撤退。吕在彭城的东面驻军，项羽在彭城西面驻军，沛公在砀县驻军。

章邯已经打败项梁的军队，就自认为楚国兵力不足为虑，于是就率兵渡过黄河攻打赵国，打垮赵军。这时候，赵歇是国王，陈馀担任大将，张耳是相国，都逃到巨鹿城。秦将王离、涉閒间包围了巨鹿，章邯军队驻扎在他们南边，修筑甬道给他们运送粮食。陈馀率领几万士兵驻扎在巨鹿北边，这也就是所谓的河北军。

宋义所遇的齐国使者高陵君显见到楚王说："宋义认定武信君必定会败，过几天，他果然失败了。军队还没有交战就已经预先看到失败的征兆，这也可以说他懂得兵法啦。"楚王召见宋义，与他一同商讨大事，非常喜欢他，就任命他为上将军；项羽称为鲁公，担任次将；范增担任末将。各部的将领都隶属于宋义，号为卿子冠军。军队北上救赵，行军到安阳时，停留不再前进。秦二世三年，项羽说："我听说秦军已经把赵国围困在巨鹿，我们如果迅速率兵渡过漳河，楚军攻打外围，赵国在内响应，打垮秦军是必定的。"宋义说："不是这样的。拍打牛虻的力不必用来消灭虱子。现在秦国正在攻打赵国，如果打胜军队就会疲惫，我们可以趁机利用这种疲惫；如果打不胜，我们应该率军队大张旗鼓西进，一定就能够推翻秦朝。因此我们不如先让秦、赵两路军相斗。披甲执戟作战，我不如您；坐着运筹决策，您不如我。”于是宋义下达命令说：“猛如虎，狠毒如羊，贪如狼，倔强不听使命的人，一律斩首。”随后派遣他的儿子宋襄前去辅助齐王，亲自送他到无盐，而且大摆宴席。当时正值天寒大雨，士兵忍受冻饿。项羽说：“正是应该并力攻打秦军的时候，他却久久停留不前进。现在年成荒歉，百姓生活贫苦，士兵们只能吃一半豆子一半蔬菜的饭，军中也没有存粮，他自己却饮酒盛会，而不是领兵渡过河吃用赵国的粮食，与赵国合力攻秦，却说要‘利用他们的疲惫’。凭借秦朝的强大，进攻刚建的赵国，势必可以战胜赵国。赵国一旦被占领秦军就会更加强大，哪里还有疲惫的机会可以让宋义利用呢！况且我们的军队最近打败仗，国王坐卧不安，将全国兵力都集中起来交给了将军，国家的安危，都在此一举。现在他不体恤士兵，却钻营私利，这不是国家的大臣。”项羽早晨进见上将军宋义时，就在帐中斩下他的头，并向军中发布命令说：“宋义与齐国阴谋要反楚，楚王密令我杀死他。”诸将都十分畏服他，没有人敢反抗他。众人都说：“首先拥立楚王的就是将军您家，现在又是将军您诛灭乱臣贼子。”于是众人拥立项羽代理上将军。派人去追赶宋义的儿子，追到齐国杀死他。又派桓楚向怀王报告情况，怀王就任命项羽为上将军。

项羽杀死卿子冠军后，威震楚国，名声传遍各个诸侯。他就派遣当阳君、蒲将军统率二万兵渡过漳河，前去援救巨鹿。战事稍微有些胜利，陈馀又请求援兵。项羽就率领全部军队渡过漳河。军队渡完河后，就沉掉所有船只，砸毁了锅灶，烧掉自己的营垒，命令只携带三天的干粮，借此向士兵们表示决一死战，没有丝毫退还之心。于是刚到巨鹿就包围了王离，与秦军九次交战，截断了他们的甬道，大败了秦军，杀死苏角，活捉了王离。涉閒坚决不投降楚，自焚而死。这时，楚军雄冠诸侯。诸侯带军前来救援巨鹿的将士有十多座营寨，都没人敢出兵。也就等于楚军攻打秦时，诸侯军队的将领都坐在壁垒上观看。楚军的战士都以一当十，楚军杀声震天，诸侯的军队无不人人战栗惊恐。打败秦军后，项羽召见诸侯的将领，他们进入辕门时，个个跪着前行，没有人敢仰视他。项羽从此成为诸侯的上将军，各路的诸侯都隶属于他。

章邯的军队在棘原驻扎，项羽的军队在漳南驻扎，两军相持不下，还没有交战。秦军就几次后撤兵，秦二世派遣人责问章邯。章邯十分恐惧，派长史司马欣前去请示。司马欣到咸阳后，在司马门等了三天，赵高都拒不接见，有了不信任之心。司马欣很恐惧，逃奔回到军中，不敢再走原路，赵高果然派了人追赶他，但是没有追到。司马欣回到军中，回禀说："赵高在朝中当权，手下的人不可能有所作为。现在如果作战胜利，赵高必定会嫉妒我们的功劳；战斗失败，就免不了一死。请将军您好好思索这种处境。"陈馀也写信给章邯说道："白起是秦将，向南征楚都城鄢郢，向北坑杀赵括的大军，攻城略地，不可计数，最后竟然被赐死。蒙恬是秦将，向北追逐匈奴，开拓榆中几千里土地，竟然在阳周被斩。这是为什么呢？就是因为他功劳太多，秦朝没有办法再给更高的封赏，就只能找借口依照国法杀死他们。如今将军做秦将已经三年了，损失有几十万兵员，而诸侯的军队纷纷起事，越来越多。赵高向来献媚奉承皇帝，时日已经很久了，现在形势非常危急，也害怕二世会杀他，因此想要借国法杀死将军来搪塞责任，于是派人接替将军您来消除他的祸殃。将军您在外的时间久，朝廷内有很多嫌隙，有功的也死，无功的也被杀掉。况且上天想要灭亡秦朝，无论智者还是愚者都看得很清楚了。现在将军对内无法直谏，在外成了亡国的将军。孑身孤立却想要长久地容身，岂不是非常可怜！将军为何不倒戈，与诸侯军队联合，相约共同攻打秦，南面称孤道寡，这与身伏斧砧，妻儿被杀相比，哪个更好呢？"章邯心存犹豫，暗中派军候始成出使到项羽军中，请求订立和约。和约还没订成，项羽就派蒲将军不分日夜领兵渡过三户渡口，屯驻在漳南，与秦军交战，再次打败秦军。项羽统率全部军队在汙水边进攻秦军，将他们打得大败。

章邯派人进见项羽，请求订立和约。项羽召集部将们商议："我们军队粮食缺少，想要答应和议。"军官们都附和："很好。"项羽就同章邯约定在洹水南边的殷墟进行会谈。订完盟约后，章邯见到项羽，流着眼泪，诉说赵高的种种行为。项羽就封章邯为雍王，将他安置在楚军中。同时让长史司马欣担任上将军，统率秦朝军队打先锋。

汉元年，项羽率领三十多万诸侯的士兵，一路攻占城池，行军到河南县，又到达新安，诸侯军队中的官兵以前服徭役或者防守边疆路过秦中时，秦中的官兵对待他们很多都非常无礼，等到秦军投降诸侯后，诸侯军中的很多官兵乘胜把秦军的官兵当作奴隶俘虏使唤，随便折磨侮辱当地的官吏、士兵。秦军的官兵中很多人暗中议论说:“章将军等人诈骗我们投降诸侯,如果他们能够入关破秦,那是件大好事;如果不能破秦,诸侯的军队俘虏我们去东方,秦朝一定会杀尽我们的父母妻儿。”将领们暗中听到这些议论后,就报告给项羽。项羽就召集了黥布、蒲将军等人商议道:“秦军官兵的人数还有很多,内心也都不服,到关中如果不听指挥,事情就会非常危险了,不如现在就杀掉他们,只和章邯、长史司马欣、都尉董翳等人进入秦地。”于是楚军就在夜间在新安城就地坑杀二十多万秦兵。

项羽的军队过函谷关时有士兵把守,无法进入。听说沛公已经攻下咸阳,项羽十分愤怒,派遣当阳君等人攻关。项羽于是就进入了函谷关,到达戏水的西面,听说沛公想要当关中的王,独占秦朝府库的珍宝。亚父范增也大怒,劝说项羽袭击沛公。于是就下令设酒宴让士兵饱餐一顿,第二天与沛公交战。

项伯是项羽的叔父,素来与张良交好。张良这时正跟随沛公,项伯于是就连夜奔到沛公的军营,将事情都告知张良。张良带项伯一同见沛公,沛公请求项伯帮助消除项羽的疑心。次日,沛公带领一百多个骑兵到鸿门拜见项羽,解释道:“我封存秦朝的庭库,并且退军到霸上就是为了恭候大王您,闭关是为防备盗贼,我绝不敢违背大王您的恩德。”项羽因此打消了杀害沛公的主意,范增想暗害沛公,多亏张良、樊哙才得以幸免。事情详细见《高帝纪》。

几天后,项羽领兵洗劫了咸阳,杀死秦朝的降王子婴,烧毁秦朝的宫室,大火三个月都没灭;他夺取秦朝的珍宝美女向东而去,秦朝百姓大失所望,韩生劝说项王:“关中地区依持的是山河险阻,四面的要塞,土地十分肥沃,可以在此建都称霸。”项王看到秦朝的宫室都已经被焚烧残破,又思恋家乡想要回到东方,说:“富贵了不回到家乡,就如同穿着锦绣衣服却在夜间行走。”韩生说:“人家说楚国人就像猴儿戴人帽一样,果真是这样。”项王听后,杀掉了韩生。

当初,怀王曾经与诸将约定,先进入潼关的人可以在关中称王。项羽已背叛盟约,项王派遣人请示怀王,怀王回答说:“按照先前的约定办。”于是项王就尊称怀王为义帝。项王想自己称王,就先封各个将相为王。并且对众将说:“怀王是我们项家武信君所拥立的,他没有功劳,怎能自己独断当盟主立盟约的事呢?全国刚起事时,暂时拥立诸侯的后裔为王，以便讨伐秦暴。然而亲自披甲持枪上阵，首先起事，风餐露宿三年，灭亡秦平定天下的，都是各位将相以及我的力量啊！义帝尽管没有功劳，仍然应该分给他土地，尊称他为王。”诸将都说：“好。”于是项羽在表面上推尊怀王做义帝，并且说“古代凡是称王的人，拥有的领地多达千里，必定会定居在上游”。于是就把怀王迁徙到长沙，建都在郴县。然后划分天下的封地让诸侯称王。

项王、范增二人怀疑沛公想占有天下，已经和解后，又因为顾忌违约，害怕诸侯背离，就在暗中谋划道：“巴郡、蜀郡的道路很艰险，秦朝流放的人都是在蜀地。”于是说：“巴郡、蜀郡也同样是关中土地。”因此封立沛公为汉王，领地有巴郡、蜀郡、汉中。而且将关中一分为三，封秦朝的降将为王，用来阻挡汉王。封章邯为雍王，领土有咸阳以西的地区。长史司马欣，前任的栎阳狱吏，曾经对项梁有过恩德；都尉董翳，曾劝过章邯投降楚。因此赐立司马欣为塞王，领有咸阳以东到黄河地区，赐立董翳为翟王，领有上郡。改封魏王豹为西魏王，领地在河东。瑕丘申阳是张耳的亲近之臣，而且率先攻下河南，曾经在黄河边上迎接楚军，因此赐立申阳为河南王。赵将司马卬曾经平定河内，多次立功，赐立司马卬为殷王，领地在河内。改封赵王歇为代王。赵相国张耳一向贤能，又跟随项羽入关，赐立张耳为常山王，领土在赵地。当阳君英布原来是楚将，常勇冠于诸军，封赐英布为九江王。鄱君吴芮率领百越的士兵协助诸侯，又随从项羽入关，立吴芮为衡山王。义帝的柱国共敖曾经领兵攻占南郡，功劳很多，封立共敖为临江王。改封燕王韩广为辽东王。燕将臧荼曾经跟随楚军援救赵，接着又跟随他入关，封立臧荼为燕王。改封原来的齐王田市为胶东王。齐将田都跟随共敖一起援救赵国，接着跟随项羽入关，赐立田都为齐王。秦朝灭亡的齐王田建的孙子田安，在项羽渡河救赵时，带兵攻下济北的几座城市，领兵投降了项羽，赐立田安为济北王。田荣背离了项梁，又不肯派遣士兵随楚军攻打秦军，因此没有赐封。陈馀扔下将印离开，没有随项羽入关，但是一向知道他有贤能，对赵国很有功劳，得知他在南皮，因此将南皮的周围的三个县封赐给他。番君的部将梅鋗功劳很多，因此封他为十万户侯。项王自封为西楚霸王，统领九个郡，建都在彭城。

诸侯都各自前往到自己的封国。田荣得知项羽已经改封齐王田市在胶东，而且立齐将田都为齐王，大怒，不让田市到胶东去，并且趁势占据了齐地反叛楚，迎击田都。田都逃到了楚国。齐王田市很畏惧项王，就逃到胶东赴任。田荣大怒，追击他到了即墨，把田市杀了。田荣自立为齐王。授给彭越将军的印章，命令他在梁地反楚。彭越杀死了济北王田安。田荣因此兼并三齐的土地。这时，汉王回军平定了三秦。项羽听说汉王已经兼并关中的土地，将要向东行进，齐国、赵国又都背叛他，项羽大怒，于是就拥立原来的吴县令郑昌作韩王。命令萧公角等人率军攻打彭越。彭越打败萧公角等人。张良招抚了韩地，并且写信给项王："汉王失去应该得到的封职，希望可以得到关中，如果像盟约所说那样，我们就停止军事行动，不敢再向东进。"又将齐国、梁地的反叛文告交给项王看，项王因此再没有西进的企图，而是向北进攻齐国。项王向九江王英布征召士兵，英布称病没有前去，只派了部将率领几千士兵前去。汉高帝二年，项羽在暗中指使九江王英布杀死了义帝。陈馀暗中派遣张同、夏说游说齐国的田荣："项羽现在主宰天下，但是很不公平。尽把原来的诸侯都封在坏地方，而将他的群臣诸将封到好的地方。赶走原来的赵王，竟然让他到北面居住代地，我认为不可以。听说大王已经起兵，而且不听从项羽不合理的命令，希望大王您可以资助我一些兵力，让我可以去攻打常山，恢复赵王原来有的领地，让我们做齐国的屏障。"齐王同意，就派兵去赵国。陈馀发动三个县所有的兵员，与齐军合力攻打常山，打败常山军。张耳逃走后，归附汉王。陈馀从代地迎接原先的赵王歇返回到赵国。赵王因此册立陈馀为代王。项羽到达城阳后，田荣也正领兵会战。但田荣作战不利，逃跑到平原，平原的百姓杀死他。项羽于是向北进军，烧毁、夷平了齐国的城里的房屋，坑杀了田荣所有的投降士兵，掳掠齐国老弱妇女。一直攻打到北海一带，所到之处无不被摧残、毁灭。齐人聚集起来共同反叛项羽。这时，田荣弟弟田横收集齐国散兵，得到几万人，在城阳反楚。项王停下来，连续作战多次，都没有攻下。

汉王统领五个诸侯国的军队，一共五十六万人，向东攻打楚国。项王得知后，就令诸将攻打齐国，而且亲率三万精兵南进，自鲁县出胡陵。汉军已进入彭城，掳掠财货、珍宝和美女，每天都备酒盛会。项王从西面的萧县发起攻击，早晨已经往东打到彭城，中午时分，大败汉军。汉军全部溃败，接连挤进榖水、泗水，杀死十多万汉兵。汉兵都向南逃亡到山地，楚军又追击汉军到灵壁东南的睢水之上。汉军退却时，被楚军挤逼，死亡惨重。十多万人掉进睢水，睢水被塞不流动。而汉王才趁机带几十名骑兵逃走。事见《高帝纪》。太公、吕后抄小道寻找汉王，反而碰上楚军。楚军就将他们一起带回，项羽将他们安置在军营里。

汉王逐渐聚集各路的败军，萧何也发动关中的兵士赶赴荥阳，在荥阳南面的京邑、索亭之间与楚作战，挫败楚军。楚军因此无法越过荥阳西进。汉军驻扎在荥阳，修甬道到黄河，依靠它取得敖仓的粮食。汉高帝三年，项王曾多次侵夺汉军甬道，汉王因此缺粮，请求讲和，划分荥阳以西地区归汉。项王想要听从讲和，历阳侯范增却说："汉军现在容易对付，如果不攻取，以后必定会后悔。"

项王就与范增急速包围了荥阳。汉王十分忧虑，就给陈平四万两黄金来离间他们的君臣关系。详情见《陈平传》。项王因此就怀疑范增，逐渐剥夺他的权力。范增大怒，说道："天下事大体已经确定了，君王自己去做吧！希望您赐我这把老骨头回到家乡去！"项王应许他。范增启程后，还没到彭城，就发背疮而死。于是，汉军的将领纪信诈称汉王去降楚，欺骗楚军，因此汉王才得以与数十骑从西门逃出。汉王派遣周苛、枞公、魏豹戍守荥阳。汉王向西带兵入关集合部队，又往南跑到了宛县、叶县，招得九江王英布，汉王一边行军，一边收集逃散的士兵。项羽知道后，立刻向南发兵，汉王坚守自己的营垒不与楚军交战。

这时，彭越率军渡过睢水，与项声、薛公在下丕交战，并且杀死了薛公。于是项羽带兵向东攻打彭越。汉王也率军进驻到成皋。项羽打败彭越后，便率兵西进，攻取荥阳，烹杀周苛，杀死了枞公，俘获了韩王信，然后率军围困住成皋。汉王逃出成皋，独自一人与滕公脱逃，北渡过黄河，奔向修武，到达张耳、韩信的军中。楚随即夺取成皋，汉王掌握韩信的部队后便停驻下来，派遣卢绾、刘贾渡过白马津，进入到楚地，协助彭越在燕县城的西面击败楚军，烧毁楚军积存的军需，攻占梁地的十几座城池。项羽听说消息后就对海春侯大司马曹咎等人说："你小心谨慎地守住成皋，即使汉军向你挑战，也千万不要与他们交战，能不让他们东进就可以了。我在十五天之内一定杀死彭越，平定梁地，再回来与你们会合。"于是项羽率兵东进。

汉王四年，项羽亲自率军攻打陈留、外黄。外黄没能被攻下，外黄人过了几天才投降，项王大怒，命令凡是十五岁以上的男子都到城东，准备坑杀死他们。外黄县令的家臣有个儿子，年仅十三岁，前往劝说项王："彭越强迫劫持外黄人，外黄人十分恐惧，因此才暂时投降，等待大王您。大王到来后，又要全部坑杀我们，百姓难道能有归顺之心吗？从此地往东，梁地的十多个城邑的人都会很恐惧，不肯投降了。"项王认为他的话有道理，就赦免要坑杀的人。睢阳以东等地的百姓，听到这个消息都争着归顺项王。

汉军果真多次向楚军挑战，但楚军坚守不出阵。汉军派人辱骂楚军，五六天之后，大司马发怒，指挥军队渡过汜水。士兵刚有半数渡过河，汉军就开始出击，大败楚军，得到楚军全部财物。大司马曹咎、塞王司马欣都在汜水边自刎而亡。大司马曹咎曾经是前蕲县监狱官的办事员，长史司马欣也曾是前栎阳监狱官的办事员，二人曾经对项梁有恩，因此项王十分信任他们。这时，项王还在睢阳，听说海春侯已经兵败，就领兵回转。汉军在荥阳东面包围了钟离眛，项王来到后，汉军十分畏惧楚军，全部奔到险要的地带。项羽的军队也驻扎在广武县防守，于是制作一张高几案，将刘太公放在上面，并且通告汉王说："如果你不赶快投降，我就要烹杀太公。"汉王说："我与项王一同面向北方接受怀王的命令，说是'结为兄弟'，我的爹就是你的爹，如果你一定要烹杀你的爹，那我就盼你分我一杯肉汤。"项王大怒，要杀死太公。项伯劝说他："天下的大事不可以预料，况且争夺天下的人不都顾全家人，即使杀死他也没有什么好处，只会添祸罢了。"项王听从他的话。便派人对汉王说："天下纷扰几年，只是因为你我二人罢了，希望与汉王单独挑战决一雌雄，不要白白熬苦天下百姓啊！"汉王笑着谢绝："我宁可斗智，也不斗力。"项王命令壮士出营挑战。汉军中有善于骑马射箭的楼烦胡人，楚兵挑战了三个回合，楼烦射手就射杀了他们。项王大怒，于是就亲自披甲持戟前来挑战。楼烦射手正要射箭时，项王怒目呵叱，楼烦射手眼睛不敢看他，手中的箭不敢发射，奔回到营垒，再也不敢出来。汉王派人暗地打听，挑战的人就是项王。汉王大吃一惊。这时项王靠近汉王，互相面对广武涧进行对话，汉王列数项王的十大罪状。事情记载在《高帝纪》。项王发怒，埋伏弓箭手射中汉王。汉王跑进了成皋。

这时，彭越已经多次袭击梁地，断绝了楚军的粮食供给，韩信也攻占齐国，并且要进攻楚军。项羽派遣他的侄子项它担任大将，龙且为副将，救援齐国。韩信击败并且杀死了龙且，追击败军到达成阳县，俘虏齐王田广。韩信趁机自立为齐王。项羽听到消息后，恐惧起来，便派遣武涉前去劝降韩信。事情记载在《韩信传》。

这时，关中派出的士兵越来越多，粮多，项王兵疲粮尽。汉王派侯公前往游说项王，项王就与汉王订立盟约：二人平分天下，划鸿沟以西的地区属汉国，鸿沟以东的地区属楚国，项王归还汉王的父母妻儿。约定后，项羽收兵东归。汉王五年，汉军率兵追击项羽的军队，到达固陵县时，又被项羽的军队打败。汉王用张良的计策，调集齐王韩信、建成侯彭越的军队，又让刘贾率领士兵进入楚地，包围了寿春。大司马周殷背叛了楚国，率领九江所有士兵追随刘贾，迎接黥布，与齐国、梁国等诸侯全都汇合起来。

项王的车队在垓下筑起营垒，士兵少粮食将要用尽，汉军以及诸侯兵重重包围了楚军。晚上听到汉军在四面唱楚歌，项王大惊道："汉军已经得到楚的土地了吗？为什么楚人如此多呢？"项王连夜起身，在营帐中饮酒。有位美人名叫虞姬，经常受宠幸随从项王；有匹骏马名叫骓，经常骑它。这时项王慷慨悲歌，作诗吟唱道："力拔山兮气盖世，时不利兮骓不逝。骓不逝兮可奈何，虞兮虞兮奈若何！"歌唱几遍，有美人伴唱。项王流下数行眼泪，侍从的人也都哭泣，不忍抬头观看项王。

这时，项王上马，部下有八百多壮士骑马相随，当夜向南突围，飞马奔驰。到了天明，汉军才发觉，于是命令骑将灌婴率领五千名骑兵追赶。项王渡过淮河后，能跟得上的骑兵只有一百多人而已。项王到达阴陵时，迷路了，就向农夫问路，农夫骗他说："往左走。"项王往左走，便陷进大沼泽地。因此汉军追上项王。项王又带兵东奔，到达东城时，只有二十八个骑兵相随。汉军负责追赶的骑兵有几千人。项王料想已经不能逃脱，对骑兵们说："我起兵到现在已经八年了，历经七十多次战斗，凡是我所对抗的敌人都要败亡，我所打击的敌人都要降服，不曾败阵过，这样才能雄霸有天下。然而今天被困在这里，这是上天想要灭亡我，并非是作战的过错。今天一定与他们决一死战，愿意为诸君痛快一战，一定要接连三次获胜，斩将，砍旗，然后战死。让诸位知道是上天要灭亡我，并不是我作战的过错。"于是将他的人马分四队，向四个方向冲杀形成圆阵，兵器利刃都向外指。汉军已经重重包围他们。项王对骑兵们说："我为您斩杀他一将！"命令骑兵们向四面奔驰而下，约定到山东边分为三处集合。于是项王大声呼喊着奔驰而下，汉军也都随之溃散，于是就斩杀一员汉将。这时杨喜担任骑将，正追击项王，项王回头怒目呵叱他，杨喜的人马受到惊吓，退避了好几里。项王与骑士们分到三处会合。汉军不知项王到底在哪里，就分三路，重新包围楚军。项王继续奔驰，又斩杀一名都尉，杀掉百八十人。又聚拢他的骑兵。仅损失了两人而已。项王就问骑兵们："怎么样？"骑兵们敬服地说："正如您说的一样。"

这时，项王想要向东渡过乌江浦。乌江的亭长停船靠岸等候他，对项王说："江东虽然小，但是土地纵横也有千里，民众已经达到几十万人，也足以让您称王。希望大王您急速渡江。现在只有我有船，汉军即使来到，也没有船渡江。"项王笑着说："上天想要灭亡我，我还渡江干什么呢？况且我和八千江东子弟渡江西征，现在没有一个人返回来，即使江东父老怜爱我，以我为王，我又有什么面目见他们呢？即便他们不说，难道我内心就不感到惭愧吗？"于是就对亭长说："我知道您是一位厚道的人。我骑这匹马已经五年了，所向无敌，一日可以行走千里，我不忍杀掉他，就把它送给您吧！"于是命令骑兵下马步行，手持短兵器与汉军交战。仅项籍一个人杀死的汉军就有几百人，项王身上受十多处伤。回头看到汉军骑司马吕马童说："你不是我的熟人吗？"司马童面对项王，指着他对王翳说："这个人就是项王！"项王说："我听说汉王用千金悬赏我的头颅，封邑万户。我现在给你们一些恩惠吧！"于是就自刎而死。王翳取下项王的头颅，其余的骑兵互相践踏着争夺项王的躯体，几十个人相互残杀。到最后，郎中骑将杨喜、骑司马吕马童、郎中吕胜和杨武各自得到项王的一个肢体。五个人一起会合项王的尸体，都对得上。因此将封地划分为五份，每人各得一份，都被封为列侯。

汉王按照鲁公的封号将项羽埋葬在谷城。项氏的各个支派都没有诛杀。封项伯等四个人为列侯，赐姓刘氏。

有人赞叹说：以前贾谊在撰写《过秦论》时说：秦孝公占据殽山、函谷关如此牢固的天险之利，才能拥有雍州的广大地区，君臣固守此地，来窥探谋图周朝的政权，有席卷天下、包举宇内、囊括四海的意志，有并吞八方的决心。在这个时候，有商鞅辅佐他，在国内建立法令、制度，奖励农业耕织生产，整顿防守与作战所需的军备，对外则实行连的政策挑唆其他的诸侯国互相争斗。于是秦国人毫不费力就取得了黄河以西的大片土地。

秦孝公死后，惠文王、武王、昭王继承祖先旧业，遵循先人遗留下来的政策，向南取得汉中，向西攻占巴蜀，向东割取诸侯国肥沃的土地，又夺得了形势险要的州郡。诸侯国斗殴惶恐不安，于是就结为同盟来图谋削弱秦国，他们不惜用珍贵的物品、贵重的宝货与肥沃的土地来罗致天下的人才。他们联合会盟的国家共同抗秦。正当这时，齐国有孟尝君，赵国有平原君，楚国有春申君，魏国有信陵君，这四个贤人，都明智而且讲忠信，宽厚而且爱人、尊敬贤者而且重视人才，各国进行联盟结约，会合韩、魏、燕赵、宋、卫、中山等诸侯国的军队。于是六个国家的才士有宁越、徐尚、苏秦、杜赫之流为他们出谋划策；有齐明、周最、陈轸、邵滑、楼缓、翟景、苏厉、乐毅这样的一班人帮忙奔走联络；吴起、孙膑、带他、倪良、王廖、田忌、廉颇、赵奢这辈人负责统率、训练军队。曾以多于十倍秦国的土地、百万的大军，登上函谷关来进攻秦国。秦国打开关门来迎击敌军，然而九国军队却仓皇逃跑而不敢向前进。秦国没有一根箭镞的耗费，各个诸侯国就已经疲惫不堪了。于是合纵联盟被瓦解，条约也败毁了，争相割让自己的土地来贿赂秦国。秦国因此才有充足的力量来利用各个诸侯国的弊端，追击逃散的士兵、驱逐战败的士兵，战场上倒着百万具尸体，流的血将盾牌都漂浮起来。秦国凭借有利的地势，利用方便的时机，才得以宰割天下，分袭各国的领土，于是强国请求归附它，弱国入朝纳贡称臣。

秦延续到孝文王、庄襄王时，他们在位的日子短，国家没有发生什么大事。

到秦始皇时，他不仅壮大父祖六代的丰功伟业，而且挥动长鞭驾驭天下，并吞了东西二周而且灭亡各个诸侯国，登上帝位而且掌握全国的统治大权，手持刑杖鞭笞臣民百姓，威名震慑四海。向南夺取了百越地区，设立了桂林郡、象郡，百越的君长们在自己的颈上系绳索，俯首听从秦始皇的命令，任凭秦的官吏驱使。又派遣蒙恬到北方去修筑长城戍守边塞，逐退了匈奴七百多里，胡人不敢向南进军蹂躏中原，六国的遗民也不敢兴兵复仇。于是，秦始皇就废弃了先王治理国家的方法，焚毁了诸子百家的著书，来愚弄平民百姓。又折毁了六国名城的防卫工事，杀死各个诸侯国的豪杰英才，收缴天下的兵器集中到咸阳，销毁刀枪箭镞，铸造十二个铜人，来削弱天下百姓的反抗。然后，秦朝据守华山作为自己的城垣，凭借黄河作为自己防护的城濠，高据亿丈的坚固城池，下临无底的深溪来作为自己的坚固屏障。良将强弩，防守军事要冲的地方，忠实的臣子和精锐的兵卒，装备锋利的兵器、把守关口而且盘问往来的行人。天下已经平定后，秦始皇的心中，自以为关中的形势稳固，有金城千里，这是子子孙孙可以相继称帝的万世基业。

秦始皇已经死去，但是余威仍然震慑在边远地区。然而，像陈涉这样住着瓮做的窗户、绳拴着门轴那样陋屋的穷汉，为他人耕种的雇农，被发配戍边的征夫，才能都不及中等人，没有孔子、墨子那些圣人的智慧，也没有陶朱、猗顿那样的财富。一旦投身到军营中，凌驾在千百个小头目之上，带领着疲惫的乌合戍卒，统率着仅有几百人的队伍，掉转自己的矛头攻打秦。他们斩削树木当作兵器，高举竹竿当作旗帜，天下的百姓像风云一样聚会、回响那样应声。百姓携带着粮食，如影随形一样参加了起义，殽山以东的广大地区的豪杰之士也都同时起兵，因此得以灭亡秦朝的王室。再说秦朝的天下没有缩小、变弱，雍州的地势便利和殽山、函谷关险要坚固的形势一如既往。陈涉的地位以及威望，并没有齐、楚、燕、赵、韩、魏、宋、卫、中山的国君那么高；锄头、戟柄也并不比秦军的钩戟、长矛更锋利；发配去戍边的几百人，也远不如当年九个国家的军队那么强大；他们深谋远虑，行军作战指挥的艺术，也没法与以往的将帅相媲美。然而成功、失败却有不同的变化，功业完全相反。这是为什么呢？试想将当年的山东诸侯与陈胜测量长短、大小，比较权势，相互衡量实力，那么二者不可能同日而语，相提并论。然而，当年秦国凭借区区的一块地盘，就可以发展成为有万乘战车的强盛的国家，抑制其他的八个州而让诸侯都前来朝拜，这中间历时一百多年，最后终于一统了天下，将天地六合占为私有，将殽山、函谷关作为宫墙。可是，陈胜一个人首先发难，秦的宗庙就全被摧毁，秦国皇帝二世、子婴都被人杀死，被天下人耻笑，这是为什么呢？因为秦仁义的政策不施，而且攻取与守成的形势已经不同了。

周生曾经说过："舜的眼睛有双瞳"，又听说项羽也有双瞳。难道项羽是舜的后裔吗？为什么突然这样有兴趣呢？秦朝的政令失误，陈涉首先发难，英雄豪杰就蜂拥而起，相互争斗，数不胜数。可是项羽没有丝毫权势可以依仗，却可以在民间趁势兴起，经历三年，就可以率领五国的诸侯灭亡秦朝，分封土地，授予王侯爵位，政令都由项羽发布，号称为霸王，王位虽没有善终，但是近古以来也是没有出现过的。等他背叛"先入关者在关中称王"的盟约，因为怀念楚国而率兵东归，驱逐义帝自称为霸王，埋怨诸侯王都背叛自己，他的处境就非常艰难了。自己夸耀自己的战功，逞自己的智能而没有效法古人，说什么成就霸王之业，要依靠武力来征伐经营天下，这样做的结果就是五年时间就灭亡了自己的国家，死在东城，还不觉悟责备自己，就是大错特错了。还竟然说：“这是天要亡我，而不是作战用兵的错误”，这难道不是十分荒谬的吗？

汉书卷三十四

韩信传第四

韩信，淮阴人也。家贫无行，不得推择为吏，又不能治生为商贾，常从人寄食。其母死无以葬，乃行营高燥地，令傍可置万家者。信从下乡南昌亭长食，亭长妻苦之，乃晨炊蓐食。食时信往，不为具食。信亦知其意，自绝去。至城下钓，有一漂母哀之，饭信，竟漂数十日。信谓漂母曰："吾必重报母。"母怒曰："大丈夫不能自食，吾哀王孙而进食，岂望报乎！"淮阴少年又侮信曰："虽长大，好带刀剑，怯耳。"众辱信曰："能死，刺我；不能，出胯下。"于是信孰视，俯出胯下。一市皆笑信，以为怯。

及项梁度淮，信乃杖剑从之，居戏下，无所知名。梁败，又属项羽，为郎中。信数以策干项羽，羽弗用。汉王之入蜀，信亡楚归汉，未得知名，为连敖。坐法当斩，其畴十三人皆已斩，至信，信乃仰视，适见滕公，曰："上不欲就天下乎？而斩壮士！"滕公奇其言，壮其貌，释弗斩。与语，大说之，言于汉王。汉王以为治粟都尉，上未奇之也。

数与萧何语，何奇之。至南郑，诸将道亡者数十人。信度何等已数言上，不我用，即亡。何闻信亡，不及以闻，自追之。人有言上曰："丞相何亡。"上怒，如失左右手。居一二日，何来谒。上且怒且喜，骂何曰："若亡，何也？"何曰："臣非敢亡，追亡者耳。"上曰："所追者谁也？"曰："韩信。"上复骂曰："诸将亡者已十数，公无所追；追信，诈也。"何曰："诸将易得，至如信，国士无双。王必欲长王汉中，无所事信；必欲争天下，非信无可与计事者。顾王策安决。"王曰："吾亦欲东耳，安能郁郁久居此乎？"何曰："王计必东，能用信，信即留；不能用信，信终亡耳。"王曰："吾为公以为将。"何曰："虽为将，信不留。"王曰："以为大将。"何曰："幸甚。"于是王欲召信拜之。何曰："王素嫚无礼，今拜大将如召小儿，此乃信所以去也。王必欲拜之，择日斋戒，设坛场具礼，乃可。"王许之。诸将皆喜，人人各自以为得大将。至拜，乃

韩信也，一军皆惊。

信已拜，上坐。王曰："丞相数言将军，将军何以教寡人计策？"信谢，因问王曰："今东乡争权天下，岂非项王邪？"上曰："然。"信曰："大王自料勇悍仁强孰与项王？"汉王默然良久，曰："弗如也。"信再拜贺曰："唯信亦以为大王弗如也。然臣尝事项王，请言项王为人也。项王意乌猝嗟，千人皆废，然不能任属贤将，此特匹夫之勇也。项王见人恭谨，言语姁姁，人有病疾，涕泣分食饮，至使人有功，当封爵，刻印刓，忍不能予，此所谓妇人之仁也。项王虽霸天下而臣诸侯，不居关中而都彭城；又背义帝约，而以亲爱王，诸侯不平。诸侯之见项王逐义帝江南，亦皆归逐其主，自王善地。项王所过亡不残灭，多怨百姓，百姓不附，特劫于威，强服耳。名虽为霸，实失天下心，故曰其强易弱。今大王诚能反其道，任天下武勇，何不诛！以天下城邑封功臣，何不服！以义兵从思东归之士，何不散！且三秦王为秦将，将秦子弟数岁，而所杀亡不可胜计，又欺其众降诸侯。至新安，项王诈坑秦降卒二十余万人，唯独邯、欣、翳脱。秦父兄怨此三人，痛于骨髓。今楚强以威王此三人，秦民莫爱也。大王之入武关，秋毫亡所害，除秦苛法，与民约，法三章耳，秦民亡不欲得大王王秦者。于诸侯之约，大王当王关中，关中民户知之。王失职之蜀，民亡不恨者。今王举而东，三秦可传檄而定也。"于是汉王大喜，自以为得信晚。遂听信计，部署诸将所击。

汉王举兵东出陈仓，定三秦。二年，出关，收魏、河南，韩、殷王皆降。令齐、赵共击楚彭城，汉兵败散而还。信复发兵与汉王会荥阳，复击破楚京、索间，以故楚兵不能西。

汉之败却彭城，塞王欣、翟王翳亡汉降楚，齐、赵、魏亦皆反，与楚和。汉王使郦生往说魏王豹，豹不听，乃以信为左丞相击魏。信问郦生："魏得毋用周叔为大将乎？"曰："柏直也。"信曰："竖子耳！"遂进兵击魏。魏盛兵蒲坂，塞临晋。信乃益为疑兵，陈船欲度临晋，而伏兵从夏阳以木罂缻度军，袭安邑。魏王豹惊，引兵迎信。信遂虏豹，定河东，使人请汉王："愿益兵三万人，臣请以北举燕、赵，东击齐，南绝楚之粮道，西与大王会于荥阳。"汉王与兵三万人，遣张耳与俱，进击赵、代。破代，禽夏说阏与。信之下魏、代，汉辄使人收其精兵，诣荥阳以距楚。

信、耳以兵数万，欲东下井陉击赵。赵王、成安君陈馀闻汉且袭之，聚兵井陉口，号称二十万。广武君李左车说成安君曰："闻汉将韩信涉西河，虏魏王，禽夏说，新喋血阏与。今乃辅以张耳，议欲以下赵，此乘胜而去国远斗，其锋不可当。臣闻'千里馈粮，士有饥色；樵苏后爨，师不宿饱。'今井陉之道，车不得方轨，骑不得成列，行数百里，其势粮食必在后。愿足下假臣奇兵三万人，从间路绝其辎重；足下深沟高垒勿与战。彼前不得斗，退不得还，吾奇兵绝其后，野无所掠卤，不至十日，两将之头可致戏下。愿君留意臣之计，必不为二子所禽矣。"成安君，儒者，常称义兵不用诈谋奇计，谓曰："吾闻兵法'什则围之，倍则战。'今韩信兵号数万，其实不能，千里袭我，亦以罢矣。今如此避弗击，后有大者，何以距之？诸侯谓吾怯，而轻来伐我。"不听广武君策。

信使间人窥知其不用，还报，则大喜，乃敢引兵遂下。未至井陉口三十里，止舍。夜半传发，选轻骑二千人，人持一赤帜，从间道萆山而望赵军，戒曰："赵见我走，必空壁逐我，若疾入，拔赵帜，立汉帜。"令其裨将传餐，曰："今日破赵会食。"诸将皆呒然，阳应曰："诺。"信谓军吏曰："赵已先据便地壁，且彼未见大将旗鼓，未肯击前行，恐吾阻险而还。"乃使万人先行，出，背水阵。赵兵望见大笑。平旦，信建大将旗鼓，鼓行出井陉口，赵开壁击之，大战良久。于是信、张耳弃鼓旗，走水上军，复疾战。赵空壁争汉鼓旗，逐信、耳。信、耳已入水上军，军皆殊死战，不可败。信所出奇兵二千骑者，候赵空壁逐利，即驰入赵壁，皆拔赵旗帜，立汉赤帜二千。赵军已不能得信、耳等，欲还归壁，壁皆汉赤帜，大惊，以汉为皆已破赵王将矣，遂乱，遁走。赵将虽斩之，弗能禁。于是汉兵夹击，破虏赵军，斩成安君泜水上，禽赵王歇。

信乃令军毋斩广武君，有生得之者，购千金。顷之，有缚至戏下者，信解其缚，东乡坐，西乡对而师事之。

诸校效首虏休，皆贺，因问信曰："兵法有'右背山陵，前左水泽'，今者将军令臣等反背水阵，曰破赵会食，臣等不服。然竟以胜，此何术也？"信曰："此在兵法，顾诸君弗察耳。兵法不曰'陷之死地而后生，投之亡地而后存'乎？且信非得素拊循士大夫，经所谓'驱市人而战之'也，其势非置死地，人人自为战；今即予生地，皆走，宁尚得而用之乎！"诸将皆服曰："非所及也。"

于是问广武君曰："仆欲北攻燕，东伐齐，何若有功"广武君辞曰："臣闻'亡国之大夫不可以图存，败军之将不可以语勇。'若臣者，何足以权大事乎！”信曰：“仆闻之，百里奚居虞而虞亡，之秦而秦伯，非愚于虞而智于秦也，用与不用，听与不听耳。向使成安君听子计，仆亦禽矣。仆委心归计，愿子勿辞。”广武君曰：“臣闻‘智者千虑，必有一失；愚者千虑，亦有一得。’故曰：‘狂夫之言，圣人择焉。’顾恐臣计未足用，愿效愚忠。故成安君有百战百胜之计，一日而失之，军败鄗下，身死泜水上。今足下虏魏王，禽夏说，不旬朝破赵二十万众，诛成安君。名闻海内，威震诸侯，众庶莫不辍作怠惰，靡衣媮食，倾耳以待命者。然而众劳卒罢，其实难用也。今足下举倦敝之兵，顿之燕坚城之下，情见力屈，欲战不拔，旷日持久，粮食单竭。若燕不破，齐必距境而以自强。二国相持，则刘、项之权未有所分也。臣愚，窃以为亦过矣。”信曰：“然则何由？”广武君对曰：“当今之计，不如按甲休兵，百里之内，牛、酒日至，以飨士大夫，北首燕路，然后发一乘之使，奉咫尺之书，以使燕，燕必不敢不听。从燕而东临齐，虽有智者，亦不知为齐计矣。如是，则天下事可图也。兵故有先声而后实者，此之谓也。”信曰：“善。敬奉教。”于是用广武君策，发使燕，燕从风而靡。乃遣使报汉，因请立张耳王赵以抚其国。汉王许之。

楚数使奇兵渡河击赵，王耳、信往来救赵，因行定赵城邑，发卒佐汉。楚方急围汉王荥阳，汉王出，南之宛、叶，得九江王布，入成皋，楚复急围之。四年，汉王出成皋，渡河，独与滕公从张耳军修武。至，宿传舍。晨自称汉使，驰入壁。张耳、韩信未起，即其卧，夺其印符，麾召诸将易置之。信、耳起，乃知独汉王来，大惊。汉王夺两人军，即令张耳备守赵地，拜信为相国，发赵兵未发者击齐。

信引兵东，未渡平原，闻汉王使郦食其已说下齐。信欲止，蒯通说信令击齐。语在《通传》。信然其计，遂渡河，袭历下军，至临菑。齐王走高密，使使于楚请救。信已定临菑，东追至高密西。楚使龙且将，号称二十万，救齐。

齐王、龙且并军与信战，未合。或说龙且曰：“汉兵远斗，穷寇久战，锋不可当也。齐、楚自居其地战，兵易败散。不如深壁，令齐王使其信臣招所亡城，城闻王在，楚来救，必反汉。汉二千里客居齐，齐城皆反之，其势无所得食，可毋战而降也。”龙且曰：“吾平生知韩信为人，易与耳。寄食于漂母，无资身之策；受辱于胯下，无兼人之勇，不足畏也。且救齐而降之，吾何功？今战而胜之，齐半可得，何为而止！”遂战，与信夹潍水陈。信乃夜令人为万余囊，盛沙以壅水上流，引兵半渡，击龙且。阳不胜，还走。龙且果喜曰："固知信怯。"遂追渡水。信使人决壅囊，水大至。龙且军大半不得渡，即急击，杀龙且。龙且水东军散走，齐王广亡去。信追北至城阳，虏广。楚卒皆降，遂平齐。

使人言汉王曰："齐夸诈多变，反覆之国，南边楚，不为假王以填之，其势不定。今权轻，不足以安之，臣请自立为假王。"当是时，楚方急围汉王于荥阳，使者至，发书，汉王大怒，骂曰："吾困于此，旦暮望而来佐我，乃欲自立为王！"张良、陈平伏后蹑汉王足，因附耳语曰："汉方不利，宁能禁信之自王乎？不如因立，善遇之，使自为守。不然，变生。"汉王亦寤，因复骂曰："大丈夫定诸侯，即为真王耳，何以假为！"遣张良立信为齐王，征其兵使击楚。

楚以亡龙且，项王恐，使盱台人武涉往说信曰："足下何不反汉与楚？楚王与足下有旧故。且汉王不可必，身居项王掌握中数矣，然得脱，背约，复击项王，其不可亲信如此。今足下虽自以为与汉王为金石交，然终为汉王所禽矣。足下所以得须臾至今者，以项王在。项王即亡，次取足下。何不与楚连和，三分天下而王齐？今释此时，自必于汉王以击楚，且为智者固若此邪！"信谢曰："臣得事项王数年，官不过郎中，位不过执戟，言不听，画策不用，故背楚归汉。汉王授我上将军印、数万之众，解衣衣我，推食食我，言听计用，吾得至于此。夫人深亲信我，背之不祥。幸为信谢项王。"

武涉已去，蒯通知天下权在于信，深说以三分天下，鼎足而王。语在《通传》。信不忍背汉，又自以功大，汉王不夺我齐，遂不听。

汉王之败固陵，用张良计，征信将兵会垓下。项羽死，高祖袭夺信军，徙信为楚王，都下邳。

信至国，召所从食漂母，赐千金。及下乡亭长，钱百，曰："公，小人，为德不竟。"召辱己少年令出胯下者，以为中尉，告诸将相曰："此壮士也。方辱我时，宁不能死？死之无名，故忍而就此。"

项王亡将钟离昧家在伊庐，素与信善。项王败，昧亡归信。汉怨昧，闻在楚，诏楚捕之。信初之国，行县邑，陈兵出入。有变告信欲反，书闻，上患之。用陈平谋，伪游于云梦者，实欲袭信，信弗知。高祖且至楚，信欲发兵，自度无罪；欲谒上，恐见禽。人或说信曰："斩昧谒上，上必喜，亡患。"信见昧计事，昧曰："汉所以不击取楚，以昧在。公若欲捕我自媚汉，吾今死，公随手亡矣。”乃骂信曰：“公非长者！”卒自刭。信持其首谒于陈。高祖令武士缚信，载后车。信曰：“果若人言，‘狡兔死，良狗烹’。”上曰：“人告公反。”遂械信。至洛阳，赦以为淮阴侯。

信知汉王畏恶其能，称疾不朝从。由此日怨望，居常鞅鞅，羞与绛、灌等列。尝过樊将军哙。哙趋拜送迎，言称臣，曰：“大王乃肯临臣。”信出门，笑曰：“生乃与哙等为伍！”

上尝从容与信言诸将能各有差。上问曰：“如我，能将几何？”信曰：“陛下不过能将十万。”上曰：“如公何如？”曰：“如臣，多多益办耳。”上笑曰：“多多益办，何为为我禽？”信曰：“陛下不能将兵，而善将将，此乃信之为陛下禽也。且陛下所谓天授，非人力也。”

后陈豨为代相监边，辞信，信挈其手，与步于庭数匝，仰天而叹曰：“子可与言乎？吾欲与子有言。”豨因曰：“唯将军命。”信曰：“公之所居，天下精兵处也；而公，陛下之信幸臣也。人言公反，陛下必不信；再至，陛下乃疑；三至，必怒而自将。吾为公从中起，天下可图也。”陈豨素知其能，信之，曰：“谨奉教！”

汉十年，豨果反，高帝自将而往，信称病不从。阴使人之豨所，而与家臣谋，夜诈赦诸官徒奴，欲发兵袭吕后、太子。部署已定，待豨报。其舍人得罪信，信囚，欲杀之。舍人弟上书变告信欲反状于吕后。吕后欲召，恐其党不就，乃与萧相国谋，诈令人从帝所来，称豨已破，群臣皆贺。相国给信曰：“虽病，强入贺。”信入，吕后使武士缚信，斩之长乐钟室。信方斩，曰：“吾不用蒯通计，反为女子所诈，岂非天哉！”遂夷信三族。

高祖已破豨归，至，闻信死，且喜且哀之，问曰：“信死亦何言？”吕后道其语。高祖曰：“此齐辩士蒯通也。”召欲亨之。通至自说，释弗诛。语在《通传》。

【译文】

韩信，淮阴县人。从小家庭贫穷，自己也没有好的品行，既不能被推选去做官，又不会做买卖以谋生，经常到别人家讨饭吃。他母亲死了，穷得无法安葬，就寻找了一块又高又干燥、四周宽敞的地方做坟地，以便日后在坟旁能安置下千万户人家。韩信曾投靠下乡南昌亭长家吃饭，亭长的妻子讨厌他，一天清早起来，把饭做好，端在床上吃掉。到吃早饭的时候，韩信去了，没有给他准备饭食，韩信知道她的用意，从此离去不再往来。韩信曾到城下钓鱼，有一位老妈妈在漂洗丝棉絮，很怜悯他，给他饭吃。一连几十天都是这样，直到漂洗完毕。韩信感激地对老妈妈说："我将来一定要重重地报答你！"老人听了很生气，说："你一个大丈夫不能养活自己，我是可怜你这位年轻人，才给你饭吃，难道是想要你的报答吗！"淮阴城里有个青年欺辱韩信说："你虽然个子长得高大，还爱好佩带刀剑，可实际上胆怯得很！"并当众侮辱韩信说："你要是不怕死，就用剑刺我；你要是怕死，就从我的胯下爬过去。"于是韩信盯着那个青年人仔细地看了看之后，弯下身子，从他的裤裆下爬了过去。满街上看热闹的人都耻笑韩信，认为他没有出息，是个胆小鬼。

当项梁率军渡过淮水北上时，韩信带着剑去投奔他，在项梁的部下，做一个无名小卒。项梁失败后，又归属于项羽，项羽让他做郎中。韩信屡次向项羽献计献策，项羽不予采纳，不重用他。汉王刘邦进入汉中，韩信从楚军逃出来投奔汉王。在汉军中依然默默无闻，当个粮仓管理员。后来因犯法被判处死刑，同案犯的十三人都已斩首，轮到韩信时，韩信抬头仰视，正好看见滕公夏侯婴，就质问："汉王不是想统一天下吗？为什么要杀掉壮士？"滕公觉得韩信的话不同一般，又看他相貌长得很威武，就把他释放了。和韩信谈话后，十分高兴，向汉王报告了情况。汉王任命韩信为治粟都尉，但并没有重用他。

韩信多次与萧何交谈，萧何很赏识他的才能。汉军到达国都南郑，将领中在半路上逃跑的有几十名。韩信考虑萧何等人已数次向汉王推荐过他，可还是得不到重用，便也逃走了。萧何一听说韩信逃走了，十分着急，来不及向汉王报告，就亲自去追赶。有人向汉王报告说："丞相萧何逃跑了。"汉王大怒，如同失去了左右手那样着急。过了两天，萧何来拜见汉王。汉王又是生气又是高兴，骂萧何道："你也逃跑，这是为什么？"萧何回答说："我哪里敢逃跑呢，我是去追赶逃跑的人。"汉王问："你追赶的是谁？"萧何回答说："是韩信。"汉王又骂道："诸将领中逃跑的已有数十人之多，你一个都没有去追回，唯独去追韩信，这是在骗人。"萧何说："那些一般的将领是容易得到的，至于像韩信这样杰出的人才，可以说是举世无双。大王您如果只想在汉中称王，那就没有什么事用得着韩信；如果一定要争夺天下，除了韩信，就再没有能和您商议大事的人了。这要看大王如何来决策。"汉王说："我是想要向东方发展，哪里能闷着气老待在这个地方呢？”萧何说：“如果大王决计向东进军，能重用韩信，韩信就会留下来；如果不能重用韩信，韩信终究要逃跑的。”汉王说：“我看在你的面子上，就让他做一名将领吧？”萧何说：“即使让他做一名将领，他还是不会留下来的。”汉王说：“那就任命他为大将。”萧何说：“太好了！”于是汉王想要马上把韩信召来宣布对他的任命。萧何劝阻说：“大王您一向待人傲慢，不讲礼节，如今任命大将就像呼唤小孩子一样，这就是韩信要离开的原因。如果大王决心要任命他，应选择个吉祥日子，沐浴斋戒，设置高坛和广场，举行正式的封拜大将仪式，这样才行啊。”汉王答应了萧何的要求。各将领听说汉王要设坛拜大将都很高兴，人人都自以为要当大将了。等到封拜仪式举行时，才知道大将竟是韩信，全军上下都感到惊讶。

韩信接受封拜大将的仪式结束后，汉王坐下来问韩信说：“丞相多次向我举荐将军，将军你有什么计策对我讲呢？”韩信表示谦让，乘机向汉王说：“当今在东方能和大王夺天下的，难道不就是项王吗？”汉王说：“当然是。”韩信说：“大王您自己估计，在勇猛、强悍和兵力等方面与项王相比谁更强？”汉王沉默了好大一会儿，说：“我不如项王。”韩信拜了两拜，赞同地说：“我也认为大王不如他。然而，我过去曾侍奉过项王，请让我谈谈项王的为人吧。项王怒喝一声，成百上千人都会吓得不敢动。但他不能任用有才能的将领，这只不过是一介匹夫的勇猛罢了。项王待人恭敬谦虚，言语温顺，有人生了病，会同情得落泪，把自己的饮食分给他吃，等到所任用的人立了功，应当加封爵位时，却把刻好的印信捏在手里，棱角都快磨光了还舍不得给人家，这就是所说的妇人的仁慈。项王虽然称霸天下，使诸侯臣服，但他不占据关中而定都彭城。又违背义帝对诸侯的约定，把他所亲信喜爱的人封为关中王，诸侯愤愤不平。诸侯看到项王把义帝驱逐到江南，也都回去驱逐自己原来的国君，占据富饶之地自立为王。项王军队所经过的地方，没有不遭到摧残、毁灭的，天下的百姓都怨恨他，内心并不愿意归附于他，只不过是害怕他的威势，被迫服从罢了。名义上虽然他是天下的霸主，实际上早已失去了天下的人心。所以说他貌似强大却很容易变成衰弱。如今大王果真能够采取和项王完全相反的做法，任用天下英勇善战的人才，还有什么敌人不能被消灭！把天下的城邑分封给有功之臣，还有什么人会不心服呢！率领正义之师又顺从了将士东归的心愿，还有什么敌人打不垮呢！况且分封在秦地的三个王都是原秦军的将领，率领秦地人民的子弟打仗多年，被杀死和逃亡的不计其数。又欺骗他们的部下投降了项羽。到了新安，项王用狡诈的手段，活埋了秦军已投降的士兵二十余万人，唯独章邯、司马欣和董翳三人得以脱身。秦地的父老兄弟怨恨这三个人，恨入骨髓。如今西楚霸王依仗威势，强行分封这三人为王，秦地的人民不会爱戴他们的。大王率军进入武关后，纪律严明，秋毫无犯，废除秦朝的苛刻法令，和三秦关中人民约法三章，秦地人民没有不盼望大王到秦地做王的。按照义帝与诸侯的约定，大王本当是关中王，关中百姓都知道这件事。大王失去了应得的关中王爵位而被贬到汉中，关中人民没有不怨恨的。如今大王发兵东进，三秦王所属封地只要一封文书传下去就可以平定。”于是汉王十分高兴，自认为得到韩信太迟了，遂即按照韩信的计策，布置各位将领所攻击的目标。

汉王发兵经过陈仓向东进军，平定了三秦。汉二年，引兵出函谷关，收服了魏王和河南王，韩王、殷王也都投降。接着联合齐国、赵国的军队共同攻击楚都彭城，汉兵战败，溃散而还。韩信又发兵与汉王会师荥阳，进击楚国的京县和索亭之间，大败楚军，因此，楚军不能西进。

汉军在彭城败退之后，塞王司马欣、翟王董翳从汉军逃跑出来，投降了楚军。齐国、赵国和魏国也都背叛汉王，与楚国讲和。汉王派郦食其游说魏王豹，魏王豹不听，于是任命韩信为左丞相攻击魏国。韩信问郦生说：“魏国能不用周叔为大将吗？”郦生回答说：“大将是柏植。”韩信说：“他不过是个小孩子。”遂进军攻打魏国。魏王把重兵部署在蒲坂，封锁临晋关。韩信就增设疑兵，摆开船只，佯装要从临晋渡过河去，而把隐蔽行进的伏兵，从夏阳用木制的瓮、盆浮水渡河，偷袭安邑。魏王豹大为惊恐，急忙领兵迎击韩信，韩信就俘虏了魏王豹，平定了河东。之后，韩信派人求见汉王说：“希望再增兵三万人，我请求乘胜北进，征服燕、赵两国，向东攻击齐国，向南断绝楚国的粮道，最后向西与大王会师荥阳。”汉王同意给韩信增兵三万，派张耳和韩信一起，向北攻打赵国和代国。打垮了代军，在阏与活捉了夏说。韩信攻取魏国和代国后，汉王就派人调回他的精锐部队，开到荥阳抗拒楚军。

韩信和张耳率领数万军队，想要东进拿下井陉关，攻打赵国。赵王和成安君陈馀听说汉军将要来袭击赵，就集结重兵扼守井陉口，号称二十万。广武君李左车给成安君献计策说：“我听说汉将韩信渡过西河，俘虏了魏王，后捉了夏说，刚刚血战阏与。现在又以张耳为辅助，计议要攻打赵国，这是乘胜而远离国土的战斗，进攻的锋芒锐不可当。但我听说'从千里之外运送军粮，士兵就会面有饥色；临时打柴割草来做饭，军队就经常不能吃饱。'如今井陉关口的道路狭窄，不能通过并行的两辆战车，骑兵不能排成行列行进，大部队行军前后数百里，那种形势下军粮一定是在部队的后面。希望你暂且借我精兵三万，从小路去拦截他们的辎重粮草。你要深挖战壕，高筑营垒，拒不迎战。他们向前进不能交战，向后退不能回去。我率奇袭部队截断他们的后路，使他们在野外抢掠不到任何粮食，不到十天，两位将领的首级就能送到你的帐前。希望你认真考虑我的计策，我保证你一定不会为二子所俘虏。"成安君是个书呆子，经常宣称正义的军队不使用诈谋诡计，说道："我听说兵法上讲'兵力超过敌人十倍就可以包围他们，超过一倍就可以交战'。如今韩信的军队号称几万，其实没有那么多，且千里跋涉来袭击我们，也已精疲力竭了。现在对这样的敌人还退避不出击，以后如遇到更强大的敌人，我们怎样抗拒呢？诸侯会认为我们胆怯，而轻易地来攻打我们。"因而他没有采纳广武君的计策。

韩信派暗探刺探到陈馀不采用广武君的计策，回来报告，韩信大喜，才敢率军直下井陉关，在离井陉口不到三十里的地方停下来宿营。半夜时传令出发，挑选了两千名轻装骑兵，每人拿一面红旗，从小道上山，隐蔽在山上观察赵军，他告诫大家说："赵军看到我军败退逃走，一定会倾巢出动追击我军，这时候你们火速冲进赵军营垒，拔掉赵军旗帜，插上汉军旗帜。"又让副将传令下去就地先吃点干粮，告诉将领们说："今日攻破赵国之后举行会餐！"将领们都不敢相信，假装答应："是的。"韩信又对执事军官说："赵军已先占据了有利的地形，扎下营寨，并且他们在没有看到我军大将的旗鼓时，是不会出来攻击我军的先锋部队的，恐怕我们到了关隘的险要地方退了回去。"韩信于是调遣了一万人先出发，出了井陉口，背靠河水摆开阵势。赵军望见这种阵势大笑起来。天亮后，韩信竖起大将的旗号，擂响战鼓，大张旗鼓地走出井陉口。赵军打开营垒，攻击汉军，激战了很长时间。这时，韩信和张耳假装不能支持，抛弃旗鼓急速逃入在水边列阵的军中，回头又进行激战。赵军果然倾巢出动争抢汉军的旗鼓，追赶韩信和张耳。韩信和张耳已进入河边的军阵，将士们都拼死决战，不可能被打败。韩信派出去的那两千轻骑兵部队，等到赵军倾巢出动争夺战利品的时候，就飞速冲进赵军营垒，全部拔掉赵军的旗帜，插上汉军的两千面红旗。赵军看到已不能取胜，捉不住韩信和张耳等人，想要退回营垒，发现营垒都是汉军红旗，大为惊慌，以为汉军早已打败了赵王和他的将领，阵势大乱，纷纷逃跑。赵军将领虽斩杀逃兵，但无法阻止。于是汉军前后夹击，大败赵军，俘虏大批人马，在泜水边斩了成安君陈馀，活捉了赵王歇。

韩信传令军中，不得斩杀广武君，有谁能活捉到他，奖赏千金。不一会儿，就有人捆绑着广武君送到军营，韩信立即解开了他身上捆绑的绳索，请他面向东坐，自己面向西对坐，像对待老师那样对待他。

各将领献完首级和俘虏，都向韩信祝贺，趁机问韩信道：“兵法上说‘布列军阵右边和背后靠山，前面和左边靠水’，这次将军反而命令我们背水列阵，还说打败赵军会餐，我们心里都不信服。然而竟然胜利了，这是什么战术呢？”韩信说：“这种列阵的兵法上是有的，只不过诸位没有留神看就是了。兵法上不是说‘陷入死地而后苦战得生，处在绝境而后死战得存’吗？况且我韩信率领的并不是平素受到我长期训练而完全听从我指挥的将士，这就是兵书上所说的‘临时驱赶着市民去打仗’，这种形势下，非把士兵置于死地，让他们人人自动为生存而奋勇作战不可；如果把军队部署在容易逃命的开阔地，都会不战而逃跑，怎么能用他们来克敌制胜呢！”将领们都佩服地说：“将军这样高的谋略不是我们所能赶得上的。”

于是韩信问广武君道：“我想向北攻取燕国，向东讨伐齐国，你看怎样才能获得成功？”广武君谦让说：“我听说‘亡了国的臣子是不配谋划国家的存亡的，打了败仗的将领没有资格谈论勇敢’。像我这样一个兵败国亡的俘虏，哪里用得着商量大事呢？”韩信说：“我听说，百里奚在虞国而虞国灭亡，到了秦国而秦国称霸，并不是他在虞国时愚蠢而到了秦国就聪明了，而是在于国君用不用他，采纳不采纳他的意见。假使当初成安君听了你的计策，我韩信也早被你俘虏了。我完全听从你的计策，希望你不要推辞。”广武君说：“我听说‘智者千虑必有一失；愚者千虑必有一得。’所以说‘即使是狂人的话，圣人也可以有选择的采纳’。不过恐怕我的计策不一定值得听取，但我愿意向你奉献我的诚心。本来成安君有百战百胜的计策，然而一旦失策，军队在鄗城之下战败，自己也死于泜水之上。如今将军俘虏魏王，活捉夏说，不到一上午打垮赵军二十万，杀成安君。名扬天下，威震诸侯，连敌国的农夫都预感大军即到无不放弃耕作，心灰意懒，好吃好穿，侧起耳朵等待你下令进军的消息。然而，你的部队已经很疲惫，实际上难以继续作战。如今将军率领这样疲惫的士兵，困顿在燕国坚固的城池下面，把实情暴露给敌人，声势削弱了，想要攻城攻不下，旷日持久，粮食耗尽。如果燕国攻不破，齐国必然拒守边境，使自己强大起来。汉军与燕、赵二国相持下去，那么刘邦和项羽两方的轻重就分不出来了。我的见识浅陋，但私下认为攻燕伐齐也是一种失策啊。”韩信说：“那该怎么办呢？”广武君回答说：“现在最好的办法，不如按兵不动。这样方圆百里之内，每天都有人送来牛肉美酒，宴请将领们，可以摆出向北进攻燕国的样子，然后派一名使者，拿着一封书信，到燕国去，燕国一定不敢不听，降服了燕国，大军向东逼近齐国，虽有聪明的人，也不知道该怎样替齐国谋划了。这样，争夺天下的事就可以实现了。用兵本来就有先虚张声势后采取实际行动的，我所说的就是这种情况。”韩信说：“很好，感谢你的赐教。”于是采用广武君的计策，派使者出使燕国，燕国听到消息立即投降。韩信即派人报告汉王，并因此请求立张耳为赵王，以镇抚赵国。汉王答应了他的请求。

楚国多次派突袭部队渡过黄河袭击赵国，赵王张耳和韩信往来请求救援，就在军队的过往中安定了赵国的城邑，后又调派军队去支援汉王。楚军正把汉王紧紧围困在荥阳，汉王突围出来，向南到宛县、叶县一带，收服了黥布，进入成皋，楚军又急忙包围了他们。汉四年，汉王逃出成皋，渡过黄河，独自与滕公投奔张耳军队的驻地修武县。到了修武，住在客馆里。第二天早晨，有人自称是汉王的使臣，骑马直入赵军营内。张耳和韩信还没有起床，汉王就在他们的卧室里夺取了他们的印信和兵符，用军旗召集将领，调换了他们的职位。韩信、张耳起来后，才知道汉王一个人来到营内，大吃一惊。汉王夺了两人的军队，就命令张耳防守赵地，任命韩信为相国，征发赵国没有调到荥阳去的军队攻打齐国。

韩信领兵东进，还没有渡过平原津，听说汉王已经派郦食其说服齐王归顺了。韩信想要停止前进，蒯通劝韩信继续进攻齐国，此事记载在《通传》中。韩信认为他的计策是对的，就领兵渡过黄河，袭击齐国历下的军队，乘胜打到齐国都城临淄。齐王田广逃到高密，派使者到楚国请求援救。韩信平定了临淄，向东追赶齐王到高密西面。楚王也派龙且统率兵马，号称二十万，援救齐国。

齐国田广和楚将龙且的军队联合起来准备和韩信大战，还未交锋。有人劝龙且说："汉兵远离本土作战，是久经战斗而没有退路的敌人，进攻的锋芒不可阻挡。齐、楚两军在自己的地域内作战，士兵容易逃散。不如深沟高垒，坚守不战，让齐王派他的亲信大臣去招抚丢失的城邑，这些城邑的人民听到齐王还在，楚军又来援救，一定会反叛汉军。汉军客居在两千里以外的齐国，齐国的城邑都反叛了他们，那种情况下必然没有地方得到粮食，可以不战而使汉军投降。"龙且说："我向来了解韩信的为人，他是容易对付的。过去曾依靠漂洗丝棉絮的老妈妈吃饭，连养活自身的办法都没有；还当众受到过从人家胯下爬过去的侮辱，没有胜过他人的勇气，没有什么可怕的。况且我来援救齐国，不战而使韩信投降，那我还有什么功劳呢？如果通过交战而战胜了他，齐国一半土地就可以封给我，为什么不战！"于是决定交战，与韩信隔着潍水摆开阵势。韩信就连夜派人做了一万多个袋子，装满沙子堵住潍水的上游，带领一半部队渡过河袭击龙且。假装战败，往回跑。龙且果然高兴地说："我本来就知道韩信很胆怯。"便渡过潍水追击韩信。韩信派人挖开堵塞河水的沙袋，河水汹涌而下。龙且的部队大半不能渡过去，韩信立即猛烈截杀，杀死了龙且。龙且在潍水东岸的部队，四散逃走，齐王田广也逃跑了。韩信追击败兵到城阳，俘虏了齐王田广，楚军的士兵全部投降。就这样平定了齐国。

韩信派人向汉王上书说："齐国狡诈多变，是个反复无常的国家，南边又靠近楚国，如果不设立一个代理国王来镇抚，那局势就不会稳定。现在我的权力太小，不足以安定齐地，我请求自立为代理齐王。"正当这个时候，楚军把汉王紧紧围困在荥阳。韩信的使者来到。汉王打开书信一看，大发雷霆，骂道："我被围困在这里，日夜盼望你来辅助我，你竟要自立为王！"张良、陈平在后面暗中踩了一下汉王的脚，便凑近他的耳朵说："汉军正处在不利的形势，怎么能够禁止韩信自己称王呢？不如就此机会立他为王，好好对待他，让他自己镇守齐国，不这样，就可能发生反叛的事件。"汉王也明白过来，又骂道："大丈夫平定了诸侯，就应当做真王，为什么要做代理国王！"于是派张良前去，立韩信为齐王，征调他的部队攻打楚军。

楚国已丧失了大将龙且，项王恐惧，派盱台人武涉前去游说齐王韩信说："足下为什么不反叛汉王归附楚国呢？楚王与足下有旧的交情。况且汉王很不可信，他落在项王手里好几次，但他一脱身，就背弃盟约，又来进攻项王，他不可亲近和信任到了这种程度。为今足下虽然自认为与汉王有牢固的交情，但终究要被他擒拿的。足下所以能够延迟到今天，就是因为项王还在。一旦项王被灭亡，就该轮到收拾你了。为什么不和楚国联合，成为三分天下有其一的齐王呢？现在放过这个机会，自己必定要投靠汉王攻击楚国，作为一个聪明人，原来就是这样的吗？"韩信辞谢说："我曾有机会侍奉项王多年，官不过是个郎中，职位不过是持戟的卫士，我进的言不听，献的计策不用，所以才背离楚国而归从汉国。汉王授予我上将军印信，让我统领数万人马，脱下自己的衣服给我穿，把自己的食物分给我吃，听从我的意见，采纳我的计谋，所以我才能达到现在的地位。人家这样真诚的亲近和信任我，我背叛了人家，是不会有好结果的。希望你替我辞谢项王。"

武涉走后，蒯通知道天下的定局关键在于韩信，进一步用三分天下鼎足而王的观点说服韩信。他的话记载在《通传》。韩信不忍心背叛汉王，又自认为功劳很大，汉王不会夺取自己的齐国，便不听蒯通的话。

汉王在固陵打了败仗，采用张良的计策，征召韩信率领部队到垓下会师。项羽死后，汉高祖用突然袭击的办法夺取了韩信的军权，改封齐王韩信为楚王，定都下邳。

韩信到了楚都，召见过去曾给他吃食的那位漂母，赠送给她一千金。还有下乡亭长，赠送他一百钱，说："你是小人，做好事有始无终。"又召见曾经侮辱自己，叫自己从胯下爬过去的那个年轻人，任命他做楚国的中尉。韩信对各位将相说："这是个壮士。当他侮辱我时，我难道不能杀死他吗？但杀死他没有名目，所以忍了下来，才达到今天这样的成就。"

项王的逃亡将领钟离，家住伊庐，向来和韩信友好。项王死后，他逃归韩信。汉王怨恨钟离，听说他在楚国，就下令楚国逮捕他。韩信刚到楚国时，巡行各县邑，进出都派军队警卫。有人上书告发楚王韩信谋反，看到告发信，汉高祖有些担忧。他采用陈平的计谋，名义上是去游览云梦泽，其实是要袭击韩信，韩信不知道。高祖将要到达楚国时，韩信想起兵反叛，但考虑自己没有罪过；想朝见皇帝，又担心被擒拿。有人劝韩信说："杀了钟离去朝见皇帝，皇帝一定高兴，就没有祸患了。"韩信去见钟离商量此事，钟离说：“汉王之所以不攻取楚国，是因为我钟离在你这里。你如果要捉拿我去讨好汉王，我今天死了，你也会跟着送命的。”于是骂韩信道：“你不是一个忠厚诚实的人！”终于自杀了。韩信拿着钟离的首级，到陈县朝见汉高祖，汉高祖命令武士把韩信捆绑起来，装在后面的车上。韩信说：“果然像人们所说的‘狡猾的兔子死了，优良的猎狗就要遭烹杀’。”皇帝说：“有人告发你谋反。”就给韩信戴上刑具。到了洛阳，赦免了韩信的罪过，封他为淮阴侯。

韩信知道汉王害怕和嫉妒自己的才能，装病不去参加朝见和随从皇帝出行。从此韩信每天都心怀怨恨，待在家里闷闷不乐，羞与绛侯、灌婴处于同等地位。曾去拜访樊哙将军，樊哙用小步行拜的礼节迎送，口称臣子，说：“大王竟肯光临臣下家门。”韩信出门后，笑着说：“我这一生竟和樊哙等人处在同等地位！”

皇帝曾经跟韩信在闲暇时谈论将领们的才能高下。皇帝问道：“像我这样，能带多少兵？”韩信说：“陛下不过能带十万。”皇帝问：“像你这样如何？”韩信说：“像我这样，越多越好。”皇帝笑着说：“越多越好，你为什么被我捉住了呢？”韩信说：“陛下不善于带兵，却善于驾驭将领，这就是我被陛下捉住的原因。况且陛下的权力是上天赐予的，不是一般人力所能达到的。”

后来陈豨被任命为代相国监边兵，向韩信辞行。韩信拉着陈豨的手，同他在庭院里来回踱步好几圈。仰天叹息说：“有话可以和你谈吗？有些话我想对你谈谈。”陈豨说：“一切听从将军的吩咐！”韩信说：“你所管辖的区域，是天下精兵聚集的地方，而你又是陛下所亲信宠爱的臣子。如果有人说你反叛，陛下必定不相信；这种话再次传来，陛下就会怀疑了；第三次传来，一定会大怒而亲自带兵讨伐。我为你从京城起兵做内应，天下就可以图谋了。”陈豨向来了解韩信的才能，相信他，说：“谨从指教！”

汉十年，陈豨果然反叛，高帝亲自带兵前往讨伐，韩信装病没有跟随。暗中派人到陈豨的住所。韩信就和家臣谋划，夜里假传诏令，赦免各官府的罪犯和奴隶，准备发兵袭击吕后、太子。部署停当，等待陈豨回报。他的一个家臣得罪了韩信，韩信把他囚禁起来，准备杀他。家臣的弟弟上书告变，向吕后告发韩信准备反叛的情况。吕后想把韩信召来，但恐怕他不肯就范，就与萧相国商议，派人假装从皇帝那里来，说陈豨已经死了，群臣都要去朝贺。相国欺骗韩信说：“你虽然有病，还是勉强进宫去朝贺一下吧。”韩信一进宫，吕后便叫武士把韩信绑起来，把他斩在长乐宫的挂钟室。韩信在被斩时说：“我没有采用蒯通的计策，反为一妇人所欺骗，这难道不是天意吗！”于是诛灭韩信三族。

高祖镇压了陈豨的反叛后归来，到达京城，听说韩信已死，又是高兴又是怜悯，问道：“韩信临死前说了些什么？”吕后把韩信说的话讲了一遍。高祖说：“此人就是齐国的说客蒯通。”把蒯通召来要烹死他。蒯通到后为自己做了解释，得到赦免没有被杀。此事记载在《蒯通传》。

第六册

高山　主编

二十四史

光明日报出版社

目录

汉书

后汉书

汉书卷三十九

萧何曹参传第九

萧　何

萧何，沛人也。以文毋害为沛主吏掾。高祖为布衣时，数以吏事护高祖。高祖为亭长，常佑之。高祖以吏繇咸阳，吏皆送奉钱三，何独以五。秦御史监郡者，与从事辩之。何乃给泗水卒史事，第一。秦御史欲入言征何，何固请，得毋行。

及高祖起为沛公，何尝为丞督事。沛公至咸阳，诸将皆争走金、帛、财物之府，分之，何独先入收秦丞相、御史律令图书藏之。沛公具知天下厄塞、户口多少、强弱处、民所疾苦者，以何得秦图书也。

初，诸侯相与约，先入关破秦者王其地。沛公既先定秦，项羽后至，欲攻沛公，沛公谢之得解。羽遂屠烧咸阳，与范增谋曰："巴、蜀道险，秦之迁民皆居蜀。"乃曰："蜀汉亦关中地也。"故立沛公为汉王，而三分关中地，王秦降将以距汉王。汉王怒，欲谋攻项羽。周勃、灌婴、樊哙皆劝之，何谏之曰："虽王汉中之恶，不犹愈于死乎？"汉王曰："何为乃死也？"何曰："今众弗如，百战百败，不死何为？《周书》曰'天予不取，反受其咎'。语曰'天汉'，其称甚美。夫能诎于一人之下，而信于万乘之上者，汤、武是也。臣愿大王王汉中，养其民以致贤人，收用巴、蜀，还定三秦，天下可图也。"汉王曰："善。"乃遂就国，以何为丞相。何进韩信，汉王以为大将军，说汉王令引兵东定三秦。语在《信传》。

何以丞相留收巴、蜀，填抚谕告，使给军食。汉二年，汉王与诸侯击楚，何守关中，侍太子，治栎阳。为令约束，立宗庙、社稷、宫室、县邑，辄奏，上可许以从事；即不及奏，辄以便宜施行，上来以闻。计户转漕给军，汉王数失军遁去，何常兴关中卒，辄补缺。上以此剸属任何关中事。

汉三年，与项羽相距京、索间，上数使使劳苦丞相。鲍生谓何曰："今王暴衣露盖，数劳苦君者，有疑君心。为君计，莫若遣君子孙昆弟能胜兵者悉诣军所，上益信君。”于是何从其计，汉王大说。

汉五年，已杀项羽，即皇帝位，论功行封，群臣争功，岁馀不决。上以何功最盛，先封为酂侯，食邑八千户。功臣皆曰：“臣等身被坚执兵，多者百余战，少者数十合，攻城略地，大小各有差。今萧何未有汗马之劳，徒持文墨议论，不战，顾居臣等上，何也？”上曰：“诸君知猎乎？”曰：“知之。”“知猎狗乎？”曰：“知之。”上曰：“夫猎，追杀兽者狗也，而发纵指示兽处者人也。今诸君徒能走得兽耳，功狗也；至如萧何，发纵指示，功人也。且诸君独以身从我，多者三两人；萧何举宗数十人皆随我，功不可忘也！”群臣后皆莫敢言。

列侯毕已受封，奏位次，皆曰：“平阳侯曹参身被七十创，攻城略地，功最多，宜第一。”上已桡功臣多封何，至位次未有以复难之，然心欲何第一。关内侯鄂秋时为谒者，进曰：“郡臣议皆误。夫曹参虽有野战略地之功，此特一时之事。夫上与楚相距五岁，失军亡众，跳身遁者数矣，然萧何常从关中遣军补其处。非上所诏令召，而数万众会上乏绝者数矣。夫汉与楚相守荥阳数年，军无见粮，萧何转漕关中，给食不乏。陛下虽数亡山东，萧何常全关中待陛下，此万世功也。今虽无曹参等百数，何缺于汉？汉得之不必待以全。奈何欲以一旦之功加万世之功哉！萧何当第一，曹参次之。”上曰：“善。”于是乃令何第一，赐带剑履上殿，入朝不趋。上曰：“吾闻进贤受上赏，萧何功虽高，待鄂君乃得明。”于是因鄂秋故所食关内侯邑二千户，封为安平侯。是日，悉封何父母兄弟十余人，皆食邑。乃益封何二千户，“以尝繇咸阳时何送我独赢钱二也”。

陈豨反，上自将，至邯郸。而韩信谋反关中，吕后用何计诛信。语在《信传》。上已闻诛信，使使拜丞相为相国，益封五千户，令卒五百人一都尉为祖国卫。诸君皆贺，召平独吊。召平者，故秦东陵侯。秦破，为布衣，贫，种瓜长安城东，瓜美，故世谓“东陵瓜”，从召平始也。平谓何曰：“祸自此始矣。上暴露于外，而君守于内，非被矢石之难，而益君封置卫者，以今者淮阴新反于中，有疑君心。夫置卫卫君，非以宠君也。愿君让封勿受，悉以家私财佐军。”何从其计，上说。

其秋，黥布反，上自将击之，数使使问相国何为。曰：“为上在军，拊循勉百姓，悉所有佐军，如陈豨时。”客又说何曰：“君灭族不久矣。夫君位为相国，功第一，不可复加。然君初入关，本得百姓心，十余年矣。皆附君，尚复孳孳得民和。上所谓数问君，畏君倾动关中。今君胡不多买田地，贱贳貣以自汙？上心必安。”于是何从其计，上乃大说。

上罢布军归，民道遮行，上书言相国强贱买民田宅数千人。上至，何谒。上笑曰：“今相国乃利民！”民所上书皆以与何，曰：“君自谢民。”后何为民请曰：“长安地狭，上林中多空地，弃，愿令民得入田，毋收稾为兽食。”上大怒曰：“相国多受贾人财物，为请吾苑！”乃下何廷尉，械系之。数日，王卫尉侍，前问曰：“相国胡大罪，陛下系之暴也？”上曰：“吾闻李斯相秦皇帝，有善归主，有恶自予。今相国多受贾竖金，为请吾苑，以自媚于民。故系治之。”王卫尉曰：“夫职事苟有便于民而请之，真宰相事也。陛下奈何乃疑相国受贾人钱乎！且陛下距楚数岁，陈豨、黥布反时，陛下自将往，当是时相国守关中，关中摇足则关西非陛下有也。相国不以此时为利，乃利贾人之金乎！且秦以不闻其过亡天下，夫李斯之分过，又何足法哉！陛下何疑宰相之浅也！”上不怿。是日，使使持节赦出何。何年老，素恭谨，徒跣入谢。上曰：“相国休矣！相国为民请吾苑不许，我不过为桀、纣主，而相国为贤相。吾故系相国，欲令百姓闻吾过。”

高祖崩，何事惠帝。何病，上亲自临视何疾，因问曰：“君即百岁后，谁可代君？”对曰：“知臣莫如主。”帝曰：“曹参何如？”何顿首曰：“帝得之矣，何死不恨矣！”

何买田宅必居穷辟处，为家不治垣屋。曰：“今后世贤，师吾俭；不贤，毋为势家所夺。”

孝惠二年，何薨，谥曰文终侯。子禄嗣，薨，无子。高后乃封何夫人同为酂侯，小子延为筑阳侯。孝文元年，罢同，更封延为酂侯。薨，子遗嗣。薨，无子。文帝复以遗弟则嗣，有罪免。景帝二年，制诏御史：“故相国萧何，高皇帝大功臣，所与为天下也。今其祀绝，朕甚怜之。其以武阳县户二千封何孙嘉为列侯。”嘉，则弟也。薨，子胜嗣，后有罪免。武帝元狩中，复下诏御史：“以酂户二千四百封何曾孙庆为酂侯，布告天下，令明知朕报萧相国德也。”庆，则子也。薨，子寿成嗣，坐为太常牺牲瘦免。宣帝时，诏丞相、御史求问萧相国后在者，得玄孙建世等十二人，复下诏以酂户二千封建世为酂侯。传子至孙获，坐使奴杀人减死论。成帝时，复封何玄孙之子南䜌长喜为酂侯。传子至曾孙，王莽败乃绝。

【译文】

萧何，是沛县人。因为通晓法律办事公平而当了沛县的功曹。汉高祖还是平民的时候，萧何就曾多次以官吏的身份来保护他。高祖当亭长后，萧何仍然经常帮助他。高祖以一名官吏服差役的身份要到咸阳去，同僚们都送他三百钱，唯独萧何送给他五百钱。秦朝的御史前来监察郡中的事务时，萧何与其他的随员办理公务时有条不紊。萧何因此被授予泗水郡卒史一职，萧何的公务考核名列全郡的第一名。秦御史想要入朝建议调萧何进京任职，萧何再三推辞，才没有被调走。

高祖起兵当沛公后，萧何曾经担任县丞督办所有的事务。沛公到达咸阳后，诸位将领都争先恐后地奔走到府库私自分抢金银财物，只有萧何一人首先进宫收取秦朝丞相、御史府的律令文书、地理图册、户籍簿等重要的文献档案加以保存。沛公之所以可以掌握天下全部的要塞，户口有多少，各地的贫富强弱状况，百姓生活的疾苦情况，都是因为萧何收缴了秦朝这批文书档案的缘故。

当初，楚怀王曾经与项羽、刘邦等各路诸侯相互约定，谁可以率先入关灭秦谁就可以在关中为王。沛公首先平定了秦地，项羽随后到达，打算要攻击沛公，沛公好言解释才得以脱险。项羽于是就烧杀抢掠了咸阳城，又与范增商议："巴、蜀地区的道路非常艰险，秦朝迁移的百姓才定居在蜀地。"又说："蜀都、汉中都属于关中管辖的地区。"因此封立沛公为汉王，并且将关中地区一分为三，封给秦朝的降将章邯、司马欣、董翳三个人在这三个地方称王，来阻挡汉王出关向东进军。汉王大怒，想要出兵攻击项羽。部将周勃、灌婴、樊哙都来劝他，萧何劝阻道："虽然您讨厌在汉中称王，但这不是比前去送死好吗！"汉王说："送死是从哪里说起呢？"萧何说："如今我们的士兵不比人家多，一定会百战百败，不是去送死又是什么呢？"《周书》上说："上天给予如果不接受，反而会遭到祸殃。"俗语说"天上有河汉"，这是吉利的美名。屈居在一人以下，却能在万乘的大国之上施展自己才华的人，就是商汤以及周武王。臣希望大王您可以在汉中称王，休养百姓同时招揽贤人，收用巴、蜀两地的财力，然后再回军收复三秦地区，就可以夺得天下。"汉王说："这真是高见。"于是便去汉中地区称王，任命萧何为丞相。萧何又推荐了韩信，汉王拜韩信为大将军，建议汉王出兵向东进军夺取三秦。事见《韩信传》。

萧何以丞相的身份接管了留守巴、蜀的职责，镇抚喻告全境的百姓，命令供给他们军需的粮食。汉二年，汉王联合诸侯的军队一起进击楚王项羽，萧何镇守在关中，侍奉太子，在栎阳坐镇，制定法律规章制度，想要立宗庙、社稷、修建宫殿屋宇、县城乡镇，立即上奏汉王后，汉王准奏，准许萧何办理。如果来不及奏报，萧何可以立即临时处理，等汉王回来后汇报。萧何还负责统计户籍人口，按照户征收粮饷，派出去车船负责运送军需。汉王多次进攻损兵折将只能只身逃走，萧何常常征发关中的兵卒，补充兵员。汉王因此又委托萧何全权负责处理关中的大事。

汉三年，汉王与项羽在京县、索亭之间对峙，汉王曾经多次派遣使者慰劳丞相。鲍生曾经对萧何说："现在大王您日晒风吹、风餐露宿，却多次派人慰劳阁下，一定是有怀疑阁下的心。我替阁下您出个主意，不如派遣您的子孙兄弟中凡是能作战的人全部都赴军中供职，大王就会更加信任阁下您。"萧何依计而行，汉王果然非常高兴。

汉五年，汉王击杀项羽，即位称帝，评议朝臣的功劳进行封赏，群臣都争抢功劳，一年多都商议而没有决断。皇上认为萧何的功劳最高，先行封他为酂侯，封赏给他食邑八千户。功臣们都说："我们这些武将身披铠甲、手执兵器前去冲锋陷阵，多的有人身经百战，少的有人交锋数十个回合，攻占城池夺取领地，功劳大小各不相等。如今萧何没有一点儿汗马之劳，只是舞文弄墨动动嘴皮子，也不去作战，反而功劳在我们这些人之上，这是为什么呢？"皇上回答说："诸位将军都知道打猎吗？"众人回答说："知道。"又问道："你们知道猎狗吗？"众人回答说："知道。"皇上说："打猎时，追杀野兽的是狗，然而放开系狗的绳索、指示野兽在什么地方的是人。今天诸位只能追逐捕获野兽，功劳可以说与猎狗类似；至于萧何，就与放开系狗的绳索，指示你们猎取目标，功劳与猎人是一样的。再者说，诸位都是独自一个人跟随着我，最多的也只有一家中有两三个人从军；然而萧何的全族中有数十人都跟随着我参军，这样的功劳不可以忘记！"群臣都不敢再说些什么。

列侯封赏完毕后，上报名次时，大家都说："平阳侯曹参曾经身受七十处创伤，攻城夺地时，功劳也是最多，应该让他排在第一位。"皇上已说服功臣多多封赏萧何，位次就不能再让他们难堪，然而在心里还是想将萧何列为第一。关内侯鄂秋当时担任谒者，就上前进言说："群臣说得都非常对。曹参虽然有野战夺地的功劳，但这只是一时的事。皇上与楚军相持了五年，损失全军伤亡的士兵，只身逃离险境的情况就有许多次，而萧何经常从关中派兵员补充缺额来解除我军的困境。这都不是皇上您下令让他做的，而且关中的数万将士开赴前线之时正是皇上兵尽粮绝的危急时刻，这样的光景发生过许多次。汉与楚在荥阳对峙了数年，军中没有存粮，萧何水陆两路运送关中的粮饷，这样军粮的供给才从不缺乏。陛下虽然多次失去关中以东的大片土地，但是萧何总是可以保全关中使之成为陛下您可靠的后方基地，这是万世不朽的大功。现在就是缺少上百个曹参这样的人，对于汉又有什么损失呢？汉室得到了他们也未必可以保全下来。怎能让一旦的功劳凌驾在万世之功的上面呢！萧何应当列为第一，曹参居次位。”皇上说：“这是高论。”于是就让萧何名列第一，特许他可以带剑穿鞋上殿进见皇上，入朝时可以不按寻常的礼节小步快走。皇上说：“我听说推荐贤人的人应该接受上等赏赐，萧何功劳虽高，但是经过鄂君的申辩就更加明显。”于是在鄂秋原本享受关内侯食邑二千户的基础上。又加封他为安平候。这一天，萧何的父母兄弟等十余人全都受了封赏，而且都有食邑。又加封给萧何二千户，“这是用来报答过去我到咸阳服役时只有萧何比别人多送给我二百钱的恩情”。

陈豨谋反后，皇上亲自率兵出征，到达邯郸时。韩信又在关中地区谋反，吕后采纳了萧何的计策杀掉韩信。事情详见《韩信传》。皇上听到萧何设计杀死韩信消息后，就派使者拜任丞相为相国，加封他食邑五千户，派遣五百名士兵以及一名都尉作为相国卫队。诸君都向萧何道贺，只有召平哀悼。召平这个人，原本是秦东陵侯。秦灭亡后，他成了平民百姓，家中非常贫穷，在长安城的东面种瓜，瓜味道甜美，因此世人称为“东陵瓜”，来自召平的封号。召平曾对萧何说：“祸患从此就要开始。皇上在外日晒露宿，而阁下您却留守朝中，没有受到丝毫战场上生死伤残的危险，现在反而加封给阁下您卫队，这是由于淮阴侯韩信刚在朝中谋反，皇上有怀疑阁下的心。因此才设卫队护卫您，这并不是恩宠阁下。希望阁下您谢绝封赏，将全部的家财献出来资助军费。”萧何听从他的计谋，皇上非常高兴。

这一年的秋天，淮南王黥布反叛朝廷，皇上亲率大军征讨他，多次派遣使者打听萧相国在做什么。使者回报说：“由于皇上您在军中，相国在京城安抚劝勉百姓，而且拿出自己的财产资助军需，和您平定陈豨反叛时一样。”一位客人又来劝说萧何：“阁下离灭族的灾祸不远了。阁下您任职相国，功劳第一，已经到了无法复加的地步。然而当初阁下您入关，原本已经深得民心，十年多了。百姓都已敬佩阁下，您还要孜孜不倦地办事来求得百姓爱戴。皇上之所以多次询问阁下您的情况，是害怕阁下会控制关中动摇汉室啊。如今阁下为何不多买田地，低息借贷来玷污自己的名声？这样皇上必然会放心。”萧何听从他的计，皇上这才大为高兴。

皇上撤回讨伐黥布的大军回到了长安，百姓们拦路上书，状告相国强制低价购买数千百姓的田宅。皇上回朝后，萧何进宫拜见。皇上笑着说：“现在相国才是为民谋利！”将百姓的上书全部都交给萧何，说：“你自己去向百姓谢罪吧！”后来萧何为民请命说：“长安的地面十分狭窄，上林苑中有许多的空地，而且废弃不种，希望可以让百姓进入里面开垦种田，不收取禾秆、麦秸来作为禽兽的食料。”皇上大怒说道：“相国非常爱商人的钱财，竟然替他们求取我的上林苑！”于是将萧何交付给廷尉，戴上镣铐将他关押起来。过了数日后，一个姓王的卫尉在侍奉皇上时，上前问道：“相国犯了什么罪过，陛下要这样严厉地带铐关押他呢？”皇上说：“我听说李斯给秦始皇当丞相时，有好事就归功于主，办了坏事就自己承担罪名。现在相国受到那帮奸商的贿赂而替他们要我的上林苑，用来讨好百姓。因此才带铐关押他。”王卫尉说：“肩负着公务使命如果对百姓有利而请命，那才真正是宰相职责内的事。陛下怎能怀疑相国接受商人的金钱呢！况且陛下您过去抗击楚军数年，陈豨、黥布反叛时，陛下您亲自率军出征，相国驻守关中，他在关中地区一跺脚关西就不归陛下您所有了。相国没有在此时谋取大的利益，难道现在才开始贪图商人几个小钱吗？再者说秦始皇就是因为听不到自己的过失才会失去天下的，李斯这种分担过错的做法，又有什么值得效仿的呢！陛下何必把宰相看得如此浅薄呢！”皇上心中不快。这一天，派遣使者带上放人的凭证从狱中将萧何放出来。萧何虽然年老，但是向来恭谨，就赤脚上朝谢罪。皇上说：“相国还是算了吧！相国为百姓请求在上林苑耕种，我不准许，我不过是桀、纣一样的君主，而相国您是一位贤相。我故意关押相国您，是想让百姓听到我的过失。”

高祖驾崩后，萧何侍奉惠帝。萧何病重时，皇上亲自探视他的病情，就问道：“你要是死后，谁可以接替你的位置？”萧何回答说：“知道臣子的莫过于君主。”惠帝说：“曹参怎样？”萧何叩头道：“陛下已经得到了最好的人选。我没有遗憾了！”

萧何所买的田宅必定是在穷苦偏僻的地方，建造住房从不修院墙。

他说:“子孙后代如果贤能,就要效法我的节俭;如果没有贤德,也不会被权势的人家抢夺。”

惠帝二年,萧何去世后,谥号为文终侯。他的儿子萧禄继承了侯位,去世后,没有儿子后继。高后就封何夫人同为酂侯,小儿子延为筑阳侯。文帝元年,免去何夫人酂侯爵,改封萧延为酂侯。萧延去世侯,箕子萧遗继位,萧遗去世后,没有儿子继位。文帝又让萧遗的弟弟萧则继承侯位,萧则因为有罪被免去侯爵。景帝二年,皇上下诏给御史说:“原来的相国萧何,是高皇帝时的大功臣,之所以给予他最高的封赏是因为他与先帝共同创业打下天下。现在他的宗祠已经断绝了香火,朕非常怜悯他。应该把武阳县二千户封赐给萧何的孙子萧嘉为列侯食邑。”萧嘉是萧则的弟弟。萧嘉去世后,他的儿子萧胜继位,后来因为有罪被免侯爵。武帝元狩中年,皇上又下诏给御史说:“将酂县的二千四百户封给萧何的孙子萧庆为酂侯食邑,布告给天下,令天下都明白朕是在报答萧相国的恩德。”萧庆是萧则的儿子。萧庆去世后,他的儿子寿成继位,因为献给太常祭祀的供品牲畜太瘦而犯法被免去侯爵。宣帝时,皇上下诏让丞相、御史寻找萧相国的后人中在世的人,找到他的玄孙萧建世等十二人,又下诏把酂县二千户封赐给建世为酂侯食邑。传给他的儿子到他的孙子萧获,因为指使家奴杀人犯了死罪,按照减去死刑处理。成帝时,又封赐萧何的玄孙之南緣县令萧喜为酂侯。传他的爵位给他的儿子到曾孙,王莽亡国后萧何就断绝了继承人。

曹　参

曹参,沛人也。秦时为狱掾,而萧何为主吏,居县为豪吏矣。高祖为沛公也,参以中涓从击胡陵、方与,攻秦监公军,大破之。东下薛,击泗水守军薛郭西。复攻胡陵,取之。徙守方与。方与反为魏,击之。丰反为魏,攻之。赐爵七大夫。北击司马欣军砀东,取狐父、祁善置。又攻下邑以西,至虞,击秦将章邯车骑。攻辕戚及亢父,先登。迁为五大夫。北救东阿,击章邯军,陷陈,追至濮阳。攻定陶,取临济。南救雍丘,击李由军,破之,杀李由,虏秦候一人。章邯破杀项梁也,沛公与项羽引兵而东。楚怀王以沛公为砀郡长,将砀郡兵。于是乃封参执帛,号曰建成君。迁为戚公,属砀郡。

其后，从攻东郡尉军，破之成武南。击王离军成阳南，又攻杠里，大破之。追北，西至开封，击赵贲军，破之，围赵贲开封城中。西击秦将杨熊军于曲遇，破之，虏秦司马及御史各一人。迁为执珪。从西攻阳武，下轘辕、缑氏，绝河津。击赵贲军尸北，破之。从南攻犨，与南阳守齮战阳城郭东，陷陈，取宛，虏齮，定南阳郡。从西攻武关、峣关，取之。前攻秦军蓝田南，又夜击其北军，大破之，遂至咸阳，破秦。

项羽至，以沛公为汉王。汉王封参为建成侯。从至汉中，迁为将军。从还定三秦，攻下辨、故道、雍、斄。击章平军于好畤南，破之，围好畤，取壤乡。击三秦军壤东及高栎，破之。复围章平，平出好畤走。因击赵贲、内史保军，破之。东取咸阳，更名曰新城。参将兵守景陵二十三日，三秦使章平等攻参，参出击，大破之。赐食邑于宁秦。以将军引兵围章邯废丘；以中尉从汉王出临晋关。至河内，下修武，度围津，东击龙且、项佗定陶，破之。东取砀、萧、彭城。击项籍军，汉军大败走。参以中尉围取雍丘。王武反于外黄，程处反于燕，往击，尽破之。柱天侯反于衍氏，进破取衍氏。击羽婴于昆阳，追至叶。还攻武疆，因至荥阳。参自汉中为将军中尉，从击诸侯及项王，败，还至荥阳。

汉二年，拜为假左丞相，入屯兵关中。月余，魏王豹反，以假丞相别与韩信东攻魏将孙遬东张，大破之。因攻安邑，得魏将王襄。击魏王于曲阳，追至东垣，生获魏王豹。取平阳，得豹母妻子，尽定魏地，凡五十二县。赐食邑平阳。因从韩信击赵相国夏说军于邬东，大破之，斩夏说。韩信与故常山王张耳引兵下井陉，击成安君陈馀，而令参还围赵别将戚公于邬城中。戚公出走，追斩之。乃引兵诣汉王在所。韩信已破赵，为相国，东击齐，参以左丞相属焉。攻破齐历下军，遂取临淄。还定济北郡，收著、漯阴、平原、鬲、卢。已而从韩信击龙且军于上假密，大破之，斩龙且，虏亚将周兰。定齐郡，凡得七十县。得故齐王田广相田光，其守相许章，及故将军田既。韩信立为齐王，引兵东诣陈，与汉王共破项羽，而参留平齐未服者。

汉王即皇帝位，韩信徙为楚王。参归相印焉。高祖以长子肥为齐王，而以参为相国。高祖六年，与诸侯剖符，赐参爵列侯，食邑平阳万六百三十户，世世勿绝。

参以齐相国击陈豨将张春，破之，黥布反，参从悼惠王将车骑十二万，与高祖会击黥布军，大破之。南至蕲，还定竹邑、相、萧、留。

参功：凡下二国，县百二十二；得王二人，相三人，将军六人，大莫嚣、郡守、司马、候、御史各一人。

孝惠元年，除诸侯相国法，更以参为齐丞相。参之相齐，齐七十城。天下初定，悼惠王富于春秋，参尽召长老诸先生，向所以安集百姓。而齐故诸儒以百数，言人人殊，参未知所定。闻胶西有盖公，善治黄、老言，使人厚币请之。既见盖公，盖公为言"治道贵清静而民自定"，推此类具言之。参于是避正堂，舍盖公焉。其治要用黄、老术，故相齐九年，齐国安集，大称贤相。

萧何薨，参闻之，告舍人趣治行，"吾且入相。"居无何，使者果召参。参去，属其后相曰："以齐狱市为寄，慎勿扰也。"后相曰："治无大于此者乎？"参曰："不然。夫狱市者，所以并容也，今君扰之，奸人安所容乎？吾是以先之。"

始参微时，与萧何善，及为宰相，有隙。至何且死，所推贤唯参。参代何为相国，举事无所变更，一遵何之约束。择郡国吏长大，讷于文辞，谨厚长者，即召除为丞相史。吏言文刻深，欲务声名，辄斥去之。日夜饮酒。卿大夫以下吏及宾客见参不事事；来者皆欲有言。至者，参辄饮以醇酒，度之欲有言，复饮酒，醉而后去，终莫得开说，以为常。

相舍后园近吏舍，吏舍日饮歌呼。从吏患之，无如何，乃请参游后园。闻吏醉歌呼，从吏幸相国召按之。乃反取酒张坐饮，大歌呼与相和。

参见人之有细过，掩匿覆盖之，府中无事。

参子窋为中大夫。惠帝怪相国不治事，以为"岂少朕与？"乃谓窋曰："女归，试私从容问乃父曰：'高帝新弃群臣，帝富于春秋，君为相国，日饮，无所请事，何以忧天下？'然无言吾告女也。"窋既洗沐归，时间，自从其所谏参。参怒而笞之二百，曰："趣入侍，天下事非乃所当言也！"至朝时，帝让参曰："与窋胡治乎？乃者我使谏君也。"参免冠谢曰："陛下自察圣武孰与高皇帝？"上曰："朕乃安敢望先帝！"参曰："陛下观参孰与萧何贤？"上曰："君似不及也。"参曰："陛下言之是也。且高皇帝与萧何定天下，法令既明具，陛下垂拱，参等守职，遵而勿失，不亦可乎？"惠帝曰："善。君休矣！"

参为相三年，薨，谥曰懿侯。百姓歌之曰："萧何为法，讲若画一；曹参代之，守而勿失。载其清靖，民以宁壹。"

窋嗣侯，高后时至御史大夫。传国至曾孙襄，武帝时为将军，击匈奴，薨。子宗嗣，有罪，完为城旦。至哀帝时，乃封参玄孙之孙本始为平阳侯，二千户，王莽时薨。子宏嗣，建成中先降河北，封平阳侯。至今八侯。

赞曰：萧何、曹参皆起秦刀笔吏，当时录录未有奇节。汉兴，依日月之末光，何以信谨守管籥，参与韩信俱征伐。天下既定，因民之疾秦法，顺流与之更始，二人同心，遂安海内。淮阴、黥布等已灭，唯何、参擅功名，位冠群臣，声施后世，为一代之宗臣，庆流苗裔，盛矣哉！

【译文】

曹参，是沛县人。秦朝的时候做过沛县的狱吏，而且萧何做主吏，他们在县里的官吏中都很有威望。汉高祖做沛公时，曹参以中涓的身份跟随高祖。曹参率军进击胡陵、方与，攻击秦朝郡监的军队，大破秦军。他向东进军攻下薛县，在薛县外城的西面进击泗水郡守的军队。曹参再次攻打胡陵时，占领了县城。曹参转移去军队前去镇守方与县。然而方与已经反叛投降魏王，曹参就带兵进击方与。丰邑也反叛投降魏，曹参又攻打丰邑。沛公赐给他七大夫的爵位。曹参曾经率军在砀县的东面进攻秦朝司马欣的军队，夺取砀县、狐父和祁县的善置邑。又进军到下邑以西，打到了虞县，攻击章邯的车骑部队。攻打辕戚以及亢父时，曹参率先登上城楼。又被升为五大夫。曹参向北援救东阿县，进攻章邯的军队，攻陷了陈县，又追击敌军到濮阳。攻打定陶，夺取临济。曹参向南援救雍丘，攻打李由的军队，击破它，并且杀死了李由，俘虏秦军的一个军侯。这时秦将章邯打垮项梁的军队，杀死项梁。沛公以及项羽领军东去。楚怀王任命沛公为砀郡长，统领砀郡的军队。沛公便授予曹参执帛爵位，号称建成君，又升任曹参为戚县县令，隶属砀郡。

后来，曹参跟随沛公一同攻打东郡郡尉的军队，在成武的南面打败了敌军。又在咸阳南面进击王离军队，在杠里大败了敌军。曹参追击败军，向西到达开封，进攻赵贲的军队，打败了敌军，在开封城中围困赵贲的军队。向西进攻驻守曲遇的秦将杨熊的军队，打败敌军后，俘虏了秦王朝的司马以及御史各一个人。曹参被升为执珪。又跟随沛公攻打阳武，攻下轘辕、缑氏，封锁黄河渡的口海津口。在尸乡北面进攻赵贲的军队，打败敌军。跟随沛公一同向南攻打犨县，与南阳的郡守吕齮在阳城外城东交战，攻破敌军的阵列，夺取宛城，俘虏了吕齮，完全平定了南阳郡。

曹参跟随沛公率军向西进攻并且夺取了武关、峣关。继续前行在蓝田南攻打秦军，又连夜攻打蓝田北面，大败了秦军，于是到达咸阳，灭亡秦朝。

项羽到关中后，封沛公为汉王。汉王又封曹参为建成侯。曹参跟随汉王到汉中，被升任为将军。跟随汉王回军平定了三秦，攻下辩、故道、雍县、斄县。在好畤南面进击章平的军队，打败敌军，包围了好畤，夺取壤乡。在壤乡的东面和高栎一带进击三秦的军队，打败了敌军。再包围章平，章平从好畤突破重围逃走。曹参趁势攻击赵贲以及保内史的军队，打败了敌军。又向东攻占咸阳，改它的名字叫新城。曹参率军镇守景陵二十天，三秦派遣章平等人进攻曹参，曹参出兵迎击，大破了敌军。汉王将宁秦赐给曹参作为食邑。曹参以将军的身份领兵将章邯包围在废丘。曹参以中尉的身份跟随汉王出临晋关。到河内，攻下修武，从围津渡过了黄河，向东进攻龙且、项佗在定陶，打败敌军。向东攻取砀县、萧县、彭城。汉王带军进攻项籍的军队，汉军大败后逃走。曹参以中尉的身份带兵包围并且夺取了雍丘。汉将王武在外黄反叛，程处在燕地反叛，曹参率领军队前往进击，并且完全打败他们。柱天侯在衍氏反叛，曹参又进攻并且打败了叛军，夺取衍氏。在昆阳进攻羽婴，追到了叶县。回军攻打武强，趁势打到荥阳。曹参从汉中担任将军中尉后，跟随汉王攻击诸侯，项羽兵败后，回到了荥阳。

高祖二年，皇上任命曹参代理左丞相，领兵进驻到关中。一个多月后，魏王豹反叛，曹参以代理左丞相的身份分别与韩信率领军队向东攻打驻守在东张的魏将孙遬，大破了敌军。曹参趁势进攻安邑，俘虏魏将王襄。在曲阳进攻魏王，追到武垣，活捉了魏王。攻占平阳，俘虏魏王的母亲、妻子、儿女，完全平定了魏地，一共夺得五十二座城邑，汉王将平阳赐给曹参作为食邑。继而曹参又跟随韩信在邬县的东面进攻赵相国夏说的军队，大败了敌军，杀死夏说。韩信与原来的常山王张耳带兵，攻占了井陉，进攻成安君陈余，同时命令曹参回军在邬县城中包围了赵国的别将戚公。戚公突围逃走，后来被曹参追杀。于是曹参挥师抵达汉王所在的地方。此时韩信已经拿下了赵国，担任相国，向东进攻齐国。曹参以左丞相的身份隶属于韩信。击溃齐国历下的军队，占领了临淄。曹参回军平定了济北郡，攻打著县、漯阴、平原、鬲县、卢县。不久曹参跟随韩信在上假密进攻龙且的军队，大破了敌军，斩杀龙且，俘虏他的部将周兰。平定了齐地，一共夺得七十余县。俘虏了原来齐王田广相田光、代理相许章以及原齐将军田既。韩信被封为齐王后，领兵到达陈县，与汉王会合，二人合力共同打败了项羽，而曹参则留下来平定齐国还没降服的地方。

汉王做皇帝后，韩信被徙封为楚王。曹参归还了相印。高帝将长子刘肥封为齐王，同时任命曹参为齐国的相国。高祖六年，与诸侯约定分封，朝廷与诸侯各自手执半边封赏的凭据信物，封赐给曹参列侯的爵位。曹参受封平阳一万零六百三十户为食邑，代代相传不断绝。

曹参以齐国相国的身份领兵进攻陈豨的部将张春的军队，打败了叛军。黥布反叛后，曹参以齐国相国的身份跟随齐悼惠王率车骑共十二万人，与高祖合力攻击黥布的军队，大破叛军。向南攻打到蕲县，又回军平定了竹邑、相县、萧县、留县。

曹参的功绩有：共打下两个诸侯国、一百二十个县；俘虏两个诸侯王，三个诸侯国相，六个将军，大莫敖、郡守、司马、军候、御史各有一人。

汉惠帝元年，皇上废除了诸侯国设相国的规定，朝廷改任命曹参为齐国的丞相。曹参做齐国丞相，统管齐国七十座城邑。天下刚平定，悼惠王又年纪轻，曹参将长老、读书人全都招集来，向他们询问安定百姓的办法。齐国原来有数以百计的儒生，大家众说纷纭，曹参不知应该采纳哪种意见。他听说胶西有一位盖公，精研黄老的学说，就派人带着厚重的礼物将他请来。见到盖公后，盖公对他说，治理国家的最好办法就是清静无为，让百姓们自行安定。以此类推，这方面的道理盖公都一一对曹参说了。曹参于是就让出自己的正堂，请盖公住在里面。曹参治理齐国的纲领就是采用黄老学说，所以他当齐国丞相的九年间，齐国的百姓安居乐业，人们都称赞他是个贤明的丞相。

萧何去世时，曹参听到消息后，命令左右的随从快速整理行装，说道：“我将到朝廷去当相国。”不久，朝廷的使者果然来召唤曹参。曹参离开的时候，叮嘱后任的丞相说：“应该把齐国的监狱、法庭以及贸易市场作为兼容善恶的寄寓场所，对于监狱、法庭和贸易市场那些地方管理要谨慎，不要轻易去干扰它们。”后任丞相说：“难道治理国家的事情中就没有比这件事更重要的了吗？”曹参说：“不能这样看待问题。监狱、法庭和贸易市场是好人和坏人都可以容纳的地方，如果您干扰了它，那么坏人到哪里去容身呢？因此我把这方面的事摆在头等重要的位置上。”

曹参身份低微时，与萧何十分要好；等后来他们一个做了将军，一个做了相国，就有了隔阂。但到萧何临终时，萧何向皇上推荐的贤臣却只有曹参。曹参代替萧何做汉朝的相国后，办事都没有变更，完全遵循萧何之前制定的法令。曹参选择郡国的官吏中不擅文辞的忠厚的长者，就立即将他们召来任命为丞相史。官吏中有擅长言辞、苛求深究，一心追求好的声誉的人，曹参总是斥退撵走他们。曹参整日整夜地痛饮浓厚的美酒。卿大夫以下的官吏甚至是宾客，发现曹参不管理政事，都来拜访他的都想要进言劝告他。但是那些人一到，曹参总让他们痛快地饮浓厚的美酒，估计那些人又想说什么时，曹参就又劝他们饮酒，直到那些人喝醉后离去，终究没有机会开口劝谏。如此做法大家都习以为常。

相国住宅的后园更加靠近官吏们的宿舍，官吏们在宿舍整天饮酒歌唱，大呼大叫。曹参的随从非常讨厌他们，但又无可奈何，于是请曹参到后园游玩。听到官吏们在醉酒高歌、大呼大叫，随从的官吏希望相国可以把他们召来加以处罚。但是曹参却叫人取来美酒陈设座席痛饮，也歌唱欢呼，与官吏们互相应和。

曹参看到他人有微小的过失，一味替他们隐瞒遮盖，相国府中因此平安无事。

曹参的儿子曹窋任中大夫。汉惠帝惊怪相国不管理政事，以为曹参“难道是轻视我吗?”于是就对曹窋说:“你回家后，私下随意问问你的父亲:‘高帝刚离开群臣去世，皇上又很年轻，您身为相国，却每天饮酒，不向皇上请示报告事情，这怎么考虑天下的大事呀?’然而你不要说是我让你这样说的。”曹窋在例行的官休日回到家中，闲暇的时候侍奉父亲，将皇上的话变成自己的心意来劝谏曹参。曹参大怒，鞭笞了曹窋二百下，并且说道:“你赶快进宫去侍奉皇上，天下的事不是你应当说的。”到了朝会的时候，惠帝责备曹参道:“你为什么要惩治曹窋? 前一次是我让他劝谏你的。”曹参脱下自己的帽子谢罪说:“请陛下您仔细思考一下:圣明英武你与高皇帝谁强!”皇上说:“我怎敢比得上先帝呀!”曹参说:“陛下看我的才能与萧何比哪个更高明?”皇上说:“您似乎不如他。”曹参说:“陛下您说得对。况且高皇帝与萧何平定天下，法令已经明确没有错误，现在陛下您垂衣拱手，我们一班朝臣谨守各自的职责，遵循原有的法度不变，不就可以了吗?”惠帝说:“好，您休息去吧!”

曹参做汉朝的丞相，前后共三年时间。他去世后，谥为懿候。百姓歌颂曹参说:“萧何制定的法度，平和明确整齐划一；曹参接替萧何，坚守法度而不变更。执行他清静无为的政策，百姓才安宁不疑。”

曹窋承袭侯爵，高后的时候担任御史大夫。传国到他的曾孙曹襄，武帝时做将军，曾出击匈奴。他去世后。他的儿子曹宗继承爵位，后来因为犯罪，结案后被处罚在城门服役。到了哀帝的时候，又封曹参的玄孙的孙子曹本始为平阳侯，食邑二千户，曹本在王莽时去世，他的儿子曹宏继承爵位，建武年间，他率先降服河北的乱军，被封为平阳侯。到和帝时共有八人封侯。

称赞曹参说：萧何、曹参都是秦朝的狱吏出身，当时都平凡而没惊世的奇迹。汉朝兴起后，靠着刘邦的圣明之光，萧何凭借忠信谨慎守卫朝廷，曹参与韩信二人共同南征北战。天下平定后，二人顺从百姓痛恨秦朝严苛法律的心情，适应形势需要进行了变革，二人又同心辅佐刘邦，于是使天下开始安定。淮阴侯韩信、黥布等人已经被消灭，只有萧何、曹参依靠自己的功勋、声望、位冠群臣，美名流芳于后世，成为后代人景仰的名臣贤相，恩泽自己的后代，真是兴旺啊！

汉书卷四十

张良陈平传第十

张　良

张良字子房，其先韩人也。大父开地，相韩昭侯、宣惠王、襄哀王。父平，相釐王、悼惠王。悼惠王二十三年，平卒，卒二十岁，秦灭韩。良少，未宦事韩。韩破，良家僮三百人，弟死不葬，悉以家财求客刺秦王，为韩报仇，以五世相韩故。

良尝学礼淮阳，东见仓海君，得力士，为铁椎重百二十斤。秦皇帝东游，至博狼沙中，良与客狙击秦皇帝，误中副车。秦皇帝大怒，大索天下，求贼急甚。良乃更名姓，亡匿下邳。

良尝间从容步游下邳圯上，有一老父，衣褐，至良所，直堕其履圯下，顾谓良曰："孺子下取履！"良愕然，欲欧之。为其老，乃强忍，下取履，因跪进。父以足受之，笑去。良殊大惊。父去里所，复还，曰："孺子可教矣。后五日平明，与我期此。"良因怪，跪曰："诺。"五日平明，良往。父已先在，怒曰："与老人期，后，何也？去，后五日蚤会。"五日，鸡鸣往。父又先在，复怒曰："后，何也？去，后五日复蚤来。"五日，良夜半往。有顷，父亦来，喜曰："当如是。"出一编书，曰："读是则为王者师。后十年兴。十三年，孺子见我，济北穀城山下黄石即我已。"遂去不见。旦日视其书，乃《太公兵法》。良因异之，常习读诵。

居下邳，为任侠。项伯尝杀人，从良匿。

后十年，陈涉等起，良亦聚少年百余人。景驹自立为楚假王，在留。良欲往从之，行道遇沛公。沛公将数千人略地下邳，遂属焉。沛公拜良为厩将。良数以《太公兵法》说沛公，沛公喜，常用其策。良为它人言，皆不省。良曰："沛公殆天授。"故遂从不去。

沛公之薛，见项梁，共立楚怀王。良乃说项梁曰："君已立楚后，韩诸公子横阳君成贤，可立为王，益树党。"项梁使良求韩成，立为韩王。

以良为韩司徒，与韩王将千余人西略韩地，得数城，秦辄复取之，往来为游兵颍川。

沛公之从雒阳南出轘辕，良引兵从沛公，下韩十余城，击杨熊军。沛公乃令韩王成留守阳翟，与良俱南，攻下宛，西入武关。沛公欲以二万人击秦峣关下军，良曰："秦兵尚强，未可轻。臣闻其将屠者子，贾竖易动以利。愿沛公且留壁，使人先行，为五万人具食，益张旗帜诸山上，为疑兵，令郦食其持重宝啖秦将。"秦将果欲连和俱西袭咸阳，沛公欲听之。良曰："此独其将欲叛，士卒恐不从。不从必危，不如因其解击之。"沛公乃引兵击秦军，大破之。逐北至蓝田，再战，秦兵竟败。遂至咸阳，秦王子婴降沛公。

沛公入秦，宫室帷帐狗马重宝妇女以千数，意欲留居之。樊哙谏，沛公不听。良曰："夫秦为无道，故沛公得至此。为天下除残去贼，宜缟素为资。今始入秦，即安其乐，此所谓'助桀为虐'。且'忠言逆耳利于行，毒药苦口利于病'，愿沛公听樊哙言。"沛公乃还军霸上。

项羽至鸿门，欲击沛公，项伯夜驰至沛公军，私见良，欲与俱去。良曰："臣为韩王送沛公，今事有急，亡去不义。"乃具语沛公。沛公大惊，曰："为之奈何？"良曰："沛公诚欲背项王邪？"沛公曰："鲰生说我距关毋内诸侯，秦地可王也，故听之。"良田："沛公自度能却项王乎？"沛公默然，曰："今为奈何？"良因要项伯见沛公。沛公与伯饮，为寿，结婚，令伯具言沛公不敢背项王，所以距关者，备它盗也。项羽后解，语在《羽传》。

汉元年，沛公为汉王，王巴、蜀，赐良金百溢，珠二斗，良具以献项伯。汉王亦因令良厚遗项伯，使请汉中地。项王许之。汉王之国，良送至褒中，遣良归韩。良因说汉王烧绝栈道，示天下无还心，以固项王意。乃使良还。行，烧绝栈道。

良归至韩，闻项羽以良从汉王故，不遣韩王成之国，与俱东，至彭城杀之。时汉王还定三秦，良乃遗项羽书曰："汉王失职，欲得关中，如约即止，不敢〔复〕东。"又以齐反书遗羽，曰："齐与赵欲并灭楚。"项羽以故北击齐。

良乃间行归汉。汉王以良为成信侯，从东击楚。至彭城，汉王兵败而还。至下邑，汉王下马踞鞍而问曰："吾欲捐关已东等弃之，谁可与共功者？"良曰："九江王布，楚枭将，与项王有隙，彭越与齐王〔田荣〕

反梁地，此两人可急使。而汉王之将独韩信可属大事，当一面。即欲捐之，捐之此三人，楚可破也。”汉王乃遣随何说九江王布，而使人连彭越。及魏王豹反，使韩信特将北击之，因举燕、(伐)〔代〕、齐、赵。然卒破楚者，此三人力也。

良多病，未尝特将兵，常为画策臣，时时从。

汉三年，项羽急围汉王于荥阳，汉王忧恐，与郦食其谋桡楚权。郦生曰：“昔汤伐桀，封其后杞；武王诛纣，封其后宋。今秦无德，伐灭六国，无立锥之地。陛下诚复立六国后，此皆争戴陛下德义，愿为臣妾。德义已行，南面称伯，楚必敛衽而朝。”汉王曰：“善。趣刻印，先生因行佩之。”

郦生未行，良从外来谒汉王。汉王方食，曰：“客有为我计桡楚权者。”具以郦生计告良曰：“于子房何如？”良曰：“谁为陛下画此计者？陛下事去矣。”汉王曰：“何哉？”良曰：“臣请借前箸以筹之。昔汤、武伐桀、纣封其后者，度能制其死命也。今陛下能制项籍死命乎？其不可一矣。武王人殷，表商容闾，式箕子门，封比干墓，今陛下能乎？其不可二矣。发钜桥之粟，散鹿台之财，以赐贫穷，今陛下能乎？其不可三矣。殷事以毕，偃革为轩，倒载干戈，示不复用，今陛下能乎？其不可四矣。休马华山之阳，示无所为，今陛下能乎？其不可五矣。息牛桃林之野，天下不复输积，今陛下能乎？其不可六矣。且夫天下游士，离亲戚，弃坟墓，去故旧，从陛下者，但日夜望咫尺之地。今乃立六国后，唯无复立者，游士各归事其主，从亲戚，反故旧，陛下谁与取天下乎？其不可七矣。且楚唯毋强，六国复桡而从之，陛下焉得而臣之？其不可八矣。诚用此谋，陛下事去矣。”汉王辍食吐哺，骂曰：“竖儒，几败乃公事！”令趣销印。

后韩信破齐欲自立为齐王，汉王怒。良说汉王，汉王使良授齐王信印。语在《信传》。

五年冬，汉王追楚至阳夏南，战不利，壁固陵，诸侯期不至。良说汉王，汉王用其计，诸侯皆至。语在《高纪》。

汉六年，封功臣。良未尝有战斗功，高帝曰：“运筹策帷幄中，决胜千里外，子房功也。自择齐三万户。”良曰：“始臣起下邳，与上会留，此天以臣授陛下。陛下用臣计，幸而时中，臣愿封留足矣，不敢当三万户。”乃封良为留侯，与萧何等俱封。

上已封大功臣二十余人，其余日夜争功而不决，未得行封。上居雒阳南宫，从复道望见诸将往往数人偶语。上曰：“此何语？”良曰：“陛下不知乎？此谋反耳。”上曰：“天下属安定，何故而反？”良曰：“陛下起布衣，与此属取天下，今陛下已为天子，而所封皆萧、曹故人所亲爱，而所诛者皆平生仇怨。今军吏计功，天下不足以遍封，此属畏陛下不能尽封，又恐见疑过失及诛，故相聚而谋反耳。”上乃忧曰：“为将奈何？”良曰：“上平生所憎，群臣所共知，谁最甚者？”上曰：“雍齿与我有故怨，数窘辱我，我欲杀之，为功多，不忍。”良曰：“今急先封雍齿，以示群臣，群臣见雍齿先封，则人人自坚矣。”于是上置酒，封雍齿为什方侯，而急趣丞相、御史定功行封。群臣罢酒，皆喜曰：“雍齿且侯，我属无患矣。”

刘敬说上都关中，上疑之。左右大臣皆山东人，多劝上都雒阳：“雒阳东有成皋，西有殽、黾，背河乡雒，其固亦足恃。”良曰：“雒阳虽有此固，其中小，不过数百里，田地薄，四面受敌，此非用武之国。夫关中左殽、函，右陇、蜀，沃野千里，南有巴、蜀之饶，北有胡苑之利，阻三面而固守，独以一面东制诸侯。诸侯安定，河、渭漕挽天下，西给京师；诸侯有变，顺流而下，足以委输。此所谓金城千里，天府之国。刘敬说是也。”于是上即日驾，西都关中。

良从入关。性多疾，即道引不食谷，闭门不出岁余。

上欲废太子，立戚夫人子赵王如意。大臣多争，未能得坚决也。吕后恐，不知所为。或谓吕后曰：“留侯善画计，上信用之。”吕后乃使建成侯吕泽劫良，曰：“君常为上谋臣，今上日欲易太子，君安得高枕而卧？”良曰：“始上数在急困之中，幸用臣策；今天下安定，以爱欲易太子，骨肉之间，虽臣等百人何益！”吕泽强要曰：“为我画计。”良曰：“此难以口舌争也。顾上有所不能致者四人。四人年老矣，皆以上嫚娒士，故逃匿山中，义不为汉臣。然上高此四人。今公诚能毋爱金玉璧帛，令太子为书，卑辞安车，因使辨士固请，宜来。来，以为客，时从入朝，令上见之，则一助也。”于是吕后令吕泽使人奉太子书，卑辞厚礼，迎此四人。四人至，客建成侯所。

汉十一年，黥布反，上疾，欲使太子往击之。四人相谓曰：“凡来者，将以存太子。太子将兵，事危矣。”乃说建成侯曰：“太子将兵，有功即位不益，无功则从此受祸。且太子所与俱诸将，皆与上定天下枭将也，今乃使太子将之，此无异使羊将狼，皆不肯为用，其无功必矣。臣闻‘母爱者子抱’，今戚夫人日夜侍御，赵王常居前，上曰‘终不使不肖子居爱子上’，明其代太子位必矣。君何不急请吕后承间为上泣言：‘黥布，天下猛将，善用兵，今诸将皆陛下故等夷，乃令太子将，此属莫肯为用，且布闻之，鼓行而西耳。上虽疾，强载辎车，卧而护之，诸将不敢不尽力。上虽苦，强为妻子计。'"于是吕泽夜见吕后。吕后承间为上泣而言，如四人意。上曰："吾惟之，竖子固不足遣，乃公自行耳。"于是上自将而东，群臣居守，皆送至霸上。良疾，强起至曲邮，见上曰："臣宜从，疾甚。楚人剽疾，愿上慎毋与楚争锋。"因说上令太子为将军监关中兵。上谓"子房虽疾，强卧傅太子"。是时，叔孙通已为太傅，良行少傅事。

汉十二年，上从破布归，疾益甚，愈欲易太子。良谏不听，因疾不视事。叔孙太傅称说引古，以死争太子。上阳许之，犹欲易之。及晏，置酒，太子侍。四人者从太子，年皆八十有余，须眉皓白，衣冠甚伟。上怪，问曰："何为者？"四人前对，各言其姓名。上乃惊曰："吾求公，避逃我，今公何自从吾儿游乎？"四人曰："陛下轻士善骂，臣等义不辱，故恐而亡匿。今闻太子仁孝，恭敬爱士，天下莫不延颈愿为太子死者，故臣等来。"上曰："烦公幸卒调护太子。"

四人为寿已毕，趋去。上目送之，召戚夫人指视曰："我欲易之，彼四人为之辅，羽翼已成，难动矣。吕氏真乃主矣。"戚夫人泣涕，上曰："为我楚舞，吾为若楚歌。"歌曰："鸿鹄高飞，一举千里。羽翼以就，横绝四海。横绝四海，又可奈何！虽有矰缴，尚安所施！"歌数阕，戚夫人歔欷流涕。上起去，罢酒。竟不易太子者，良本招此四人之力也。

良从上击代，出奇计下马邑，及立萧相国，所与从容言天下事甚众，非天下所以存亡，故不著。良乃称曰："家世相韩，及韩灭，不爱万金之资，为韩报仇强秦，天下震动。今以三寸舌为帝者师，封万户，位列侯，此布衣之极，于良足矣。愿弃人间事，欲从赤松子游耳。"乃学道，欲轻举。高帝崩，吕后德良，乃强食之，曰："人生一世间，如白驹之过隙，何自苦如此！"良不得已，强听食。后六岁薨。谥曰文成侯。

良始所见下邳圯上老父与书者，后十三岁从高帝过济北，果得穀城山下黄石，取而宝祠之。及良死，并葬黄石。每上冢伏腊祠黄石。

子不疑嗣侯。孝文三年坐不敬，国除。

【译文】

张良，字子房，他的祖先原本是韩国人。他的祖父名叫开地，担任韩昭侯、宣惠王、襄哀王的宰相。他的父亲名平，任韩釐王和悼惠王时的宰相。悼惠王二十三年，张平去世。在他死后的二十年，秦国灭韩国。当时的张良很年轻，不曾在韩国朝中做官。韩国灭亡后，张良的家中还有三百奴仆，弟弟死后也不用厚礼安葬，却用全部的家产寻求谋刺秦王的勇士，想要替韩国报仇，就因为他的祖父、父亲曾做过五代韩王的宰相。

张良曾在淮阳学习礼制，还东游会见过仓海君，寻找到一个大力士，给他打造了一个重达一百二十斤的大铁椎。秦始皇巡游东方时，到了博浪沙，张良与这个大力士一起伏击秦始皇，但是失误打中了随从的车。秦始皇大怒，在全国进行大肆搜捕，急于抓捕刺客。于是，张良就改名换姓，逃到下邳躲藏了起来。

张良曾得空闲游到下邳的一座桥上，有个老人，身着粗布短衣，走到张良面前，故意将自己的鞋子掉到桥下，并对张良说："小伙子，你下去把鞋给我拾起来！"张良感到十分惊讶，想要揍他一顿。但是因为看他年老，就勉强忍住气，到桥下把鞋捡拾起来，顺势跪着递送给他。老人把脚伸出去接过自己的鞋穿上，就笑着扬长而去。张良非常惊讶。老人离开走了约一里路，又返回来说道："你这个小伙子值得教育。五天后的拂晓，与我在这里相见。"张良因此感到非常奇怪，就跪下说："好的。"五天后的天明，张良到达那里。老人已经先到，他生气地说："你跟年老的人约会，反而后到达，为什么呢？你走吧，过五天早点再来相会。"第五天，鸡刚叫张良就去了。老人又已经先到那里了，又生气地说："你比我后到，又为什么？走吧，过五天早点来相会。"过了五天，张良半夜就去了，过一会儿，老人也到了，高兴地说："就应当像这样。"随即掏出来一本书，对张良说道："你读了这本书就能做帝王的老师了。十年后你就会成功，十三年后小伙子来见我，济北谷城山下的那块黄石就是我。"于是老人就离开不见了。天亮后张良翻看这本书，也就是《太公兵法》。他觉得这本书很不寻常，因此经常温习背诵。

张良居住在下邳时，仗义行侠。项伯曾经杀人，后来就躲避在张良那里。

过十年，陈涉等人起义反秦，张良也聚集一百多个青年。景驹自立为代理楚王后，王都在留县。张良想去投靠他，在途中遇到沛公。沛公这时正率领几千人马刚攻占下邳，张良就归附了他。沛公任命张良为厩将。张良多次用《太公兵法》中的计策向沛公献策，沛公非常高兴，常采用他的计策。张良向别人讲述《太公兵法》时，别人都无法领悟。张良说："沛公大概是天赋的才华。”所以跟随着沛公，不再离去。

沛公到达薛邑，会见项梁，并且二人共同拥立楚怀王。张良劝项梁道：“您既然已经拥立楚王的后代，而且韩国的公子中横阳君韩成十分贤能，可以立他为王，这样也就更能培植起同盟的势力了。”项梁就派遣张良找到韩成，立他为韩王。任命张良为韩国司徒，与韩王一起率一千多人向西攻取原来韩国的领地，夺得几座城邑后，秦军却又立即夺了回去，韩军只能在颍川一带进行游击作战。

沛公率军从洛阳向南穿过越轘辕山，张良带兵跟随沛公，攻取韩地的十余座城邑，击溃杨熊的军队。沛公就让韩王韩成留守在阳翟，自己与张良一同南下，攻下了宛县，又向西进入武关。沛公想用二万士兵攻打秦峣关的守军，张良劝告他说：“秦军还是很强大的，不可以轻视他们。我听说那儿的守将是屠户的儿子，市侩的小人是很容易用钱财收买的。希望沛公您可以暂且留下来坚守营垒，派人率先向前去，准备五万士兵的锅灶，并在各个山头上张挂旗帜作疑兵，同时派遣郦食其携带贵重的宝物去贿赂秦军的将领。”秦的将领果然想与沛公联合出兵西进袭击咸阳。沛公打算要答应秦将的要求。张良说：“这恐怕只是那些秦朝将领想要反叛秦，士兵不一定会服从。士兵如果不服从必定会给我们带来危害，不如趁着他们懈怠的时候进攻他们。”沛公于是就率领军队进击秦军，大败秦军，并且追击逃兵直到了蓝田，再次交战时。秦军彻底失败。沛公于是能够进入咸阳，秦王子婴投降沛公。

沛公进入秦朝宫殿，看到宫室、帷帐、狗马、贵重的宝物、宫女数以千计，想要留下住在那里。樊哙前来进行劝阻，沛公不听从。张良说：“秦国实行的是暴虐无道的政策，所以沛公您才能到达这里。为天下人消除残害百姓的暴政，就应该该用节俭朴素来显示本色。现在您刚进入秦都，就想要要安享其乐，这就是人们所说的‘助桀为虐’。况且‘忠言逆耳利于行，良药苦口利于病’，希望沛公您可以听从樊哙的话。”沛公这才回军驻扎到霸上。

项羽来到鸿门后，打算进攻沛公。项伯连夜急驰到沛公的军营中，私下见张良，要张良与他一起离开。张良说：“我是替韩王护送沛公的，现在事情紧急，我如果逃离是不合道义的。”于是就将所有情况全部告诉沛公。沛公大吃一惊，道：“我该怎么办呢？”张良说：“沛公您果真想要背叛项羽吗？”沛公说：“是一个小人劝说我封锁函谷关不让其他诸侯的军队进来，占有秦的土地就可以称王，所以我就听从了他的意见。”张良说：“沛公您估量可以击退项羽吗？”沛公沉默一会儿，说道：“现在该怎么办呢？”张良于是邀请项伯进见沛公。沛公与项伯一起饮酒，敬酒祝福，并且约定结为儿女亲家。沛公请项伯向项羽详细地说明他不敢背叛项羽，之所以派兵把守函谷关，只是为防备其他的强盗。于是项羽就放弃了攻击沛公的打算，这些话被记载在《项羽传》中。

汉元年，沛公做汉王，领有巴蜀地区。汉王赐给张良百斤黄金，二斗珍珠，张良全都献给了项伯。汉王也顺便让张良送给项伯厚礼，使项伯代替他请求得到汉中地区，项王于是就答应了。汉王到封国后，张良送他到褒中，汉王让张良返回到韩国。张良便劝说汉王烧断栈道，来向天下人表示没有返回的心思，用以稳定项王的心思。汉王于是让张良返回。然后出发到了汉中，将栈道全部烧掉。

张良回到韩国后，就听说项羽因张良跟随汉王的缘故，不准许韩王韩成回到封国，而是同他一道东归，并且到彭城时便杀死了他。这时汉王也已经回军平定了三秦，张良于是给项羽送信，说：“汉王失职，是因为想要得到关中，只要您实现当初的盟约他便会停止进军，不敢再向东进军。”又因齐王谋反而下书给项羽，说：“齐国和赵国是想要共同灭亡楚国。”项羽因此率兵北上进击齐国。

张良抄小道返回到汉王处，汉王赐封张良为成信侯，与自己一道向东进击楚。到彭城时，汉王兵败而归。行到下邑时，汉王下马倚靠着马鞍问道：“我愿拿出函谷关以东的地方作为封赏，看看谁可以与我一同建立功业？”张良向他进言道：“九江王黥布，是楚国的猛将，但是同项王有怨嫌，彭越曾经和齐王田荣在梁地反叛楚，这两个人在紧要的关头都可以利用。而汉王您的将领中只有韩信一个人可以托付大事，独当一面。假如您想捐出函谷关以东的地方，不如就送给这三个人，这样做就可以打败楚国。”汉王于是就派随何前去游说九江王黥布，另外派人去联合彭越。等到魏王豹反叛汉时，汉王派遣韩信带兵进攻魏王，趁势攻占燕地、代地、齐地、赵地。这样的话，最后打败楚国，就是依靠这三个人的力量。

张良体弱多病，不曾独自带兵打仗，经常作为出谋划策的臣子，时时跟随着汉王。

汉三年，项羽将汉王紧紧围困在荥阳，汉王十分恐惧忧虑，与郦食其商议如何削弱楚国的势力。郦食其说道：“原来商汤讨伐夏桀时，封赏夏朝子孙在杞地；周武王讨伐商纣时，封赐商朝子孙在宋地。如今秦朝抛弃道义，攻伐消灭各个诸侯国，令他们的后代没有立锥之地。陛下如果真的能够重新封立六国的后代，那么他们都会感激陛下您的恩德道义，甘愿做您的臣民。恩德道义一旦推行起来，陛下就可以主宰并且称霸天下，楚王也就必然会整饰自己的衣冠毕恭毕敬地前来朝拜您了。”汉王说：“好主意。命人赶快刻制印信，先生前去给他们挂印吧。”

郦食其还没起程，正赶上张良从外面归来拜见汉王。汉王正在吃饭，就对他说道：“有一个客人为我想出一个削弱楚国力量的主意。”汉王就把郦食其的话全都告诉了张良，并且说道：“子房你看这个主意怎么样？”张良答道：“谁为陛下筹划了这个计策？陛下您大势已去。”汉王说：“为什么呢？”张良答道：“臣请求借用您面前的筷子来筹划一下现在的形势。”以前商汤、武王讨伐夏桀、商纣而且给他们的子孙封地，那是估量自己能够置夏桀、商纣于死地。如今陛下能够置项籍于死地吗？这是不可以赐封六国后代的第一个原因。周武王攻入殷后，在里门表彰商容，在箕子门前表彰箕子，修缮比干的坟墓。如今陛下您能够做到吗？这是不可以赐封的第二个原因。周武王曾发放钜桥粮仓的粮食，散发鹿台府库的金钱，全都拿来赏赐给贫苦的百姓。如今陛下您能够做到吗？这是不可以赐封的第三个原因。商朝灭亡后，周武王废弃了战车改成人乘车，将武器倒着放置，向天下人表示不会再使用了。如今陛下您能做到吗？这是不可以赐封的第四个原因。周武王在华山南麓放马，表示不再用战马了。如今陛下您能做到吗？这是不可以赐封的第五个原因。周武王将军事运输用的牛放逐桃林的荒野上，向天下人表示不再需要牛运输军粮了。如今陛下您能做到吗？这是不可以赐封的第六个原因。况且天下的游士之所以离开他们的父母妻子，弃去祖宗的坟墓，离别他们的乡亲故旧，来跟随陛下，不就是日夜盼望得到一点点封地。如今如果又恢复六国的后代，土地都被封赏尽了，没有土地可以用来封赏有功的人，那么天下的游士就会各自回去侍奉他们的君主，去会他们的亲戚，回到他们自己的故乡，陛下您又依靠谁来打下江山呢？这是不可以赐封的第七个原因。如今只有使楚国没有办法加强力量，如果楚国强盛，六国又要屈从于楚国，您又怎能让他们臣服呢？这是不可以赐封的第八个原因。如果真的采用这位客人的计谋，那么陛下您的事业就全完了。”汉王惊吓地饭也不吃了，吐出口中的食物，骂道：“这个下贱的文人，几乎坏了老子的大事！”汉王立即下令销毁印信。

后来韩信攻破齐国后，想要自立为齐王。汉王十分恼怒。张良劝说汉王，汉王才派张良授予齐王韩信王印。这些话被记载在《韩信传》中。

汉五年冬天，汉王追击楚王到了阳夏的南面，因为战斗不利，坚守固陵的营垒，诸侯到了约定的日期都没有来。张良劝说汉王，汉王采用他的计策，诸侯军队果然都来了。这些话被记载在《高祖纪》中。

汉六年，高帝大封功臣。张良不曾有任何战功，高帝却说："运筹定计在营帐中，决战决胜在千里之外，这就是子房的功劳。你自己选择齐地的三万户作为封邑。"张良说："当初我在下邳起兵，同皇上您在留县会合，这是上天将我交给陛下。陛下采用我的计谋，有时侥幸料中。我希望可以封赏给我留县就够了，不敢承受三万户的封邑。"于是就封张良为留侯，与萧何等人一起受封。

皇上封了二十多个大功臣，其余的人日夜争论功劳，一时没有办法决定高下，所以没能进行封赏。皇上居住在洛阳南宫，从天桥上望见将军们常常三三两两聚集在一起窃窃私语。皇上说："他们说些什么呢？"张良说："陛下您不知道吗？他们是在图谋造反啊！"皇上说："天下刚安定，是什么缘故他们要谋反呢？"张良说："陛下您以平民的身份起兵，靠这帮人夺取了天下，如今陛下您做了皇帝，所封赏的都是萧何、曹参这些向来受您信任的老朋友，所诛杀的都是您向来仇恨的人。现在军吏在计算功劳，然而天下的领地已经不够普遍封赏，这些人恐怕陛下不能封赏到每个人的头上，又怕陛下您怀疑他们过错将要杀害他们，因此聚在一起计议造反！"皇上忧恐地说："我该怎么办呢？"张良说："皇上您平生最憎恨的人，群臣都是知道的，哪个最厉害呢？"皇上说："雍齿曾与我有旧怨，他曾多次使我受辱受窘，我本想要杀死他，但是因为他功劳多，所以于心不忍。"张良说："现在您赶紧先封赏雍齿，给群臣树个榜样，群臣看到雍齿尚且先受封赏了，便会人人自安了。"于是皇上摆设酒宴，封雍齿为什方侯，而且催促丞相、御史对群臣论功封赏。群臣参加酒宴后，都高兴地说："雍齿尚且封了侯，我们就都不必担忧了。"

刘敬向高帝建议建都在关中，皇上对此表示十分怀疑。左右大臣都是关东地区的人，大多数都劝说皇上建都在洛阳，说："洛阳东面有成皋，西面有殽山、渑池，背靠着黄河，面向雒河，它的坚固地形足够让我们可依靠！"张良说："洛阳虽有这样险固的地势，但是它的境域很小，不过几百里，土地十分贫瘠，敌人可以在四面进攻那里，不是用武的好地方。关中地区左面有殽山、函谷关，右面有陇蜀山脉，肥沃的土地连绵至千里，南面有巴蜀地区的丰富资源，北面有草原的畜牧利益，南、北、西三面都有险阻可以凭借，只要东面一路钳制关东的诸侯就可以了。如果诸侯安定，就可以通过黄河、渭河转运天下粮食，西上供给到京都；如果诸侯反叛，我军可以顺流而下，足以聚集运送军粮。这就是所谓的金城千里，天府之国。刘敬的建议是正确的。”于是高帝当天就起驾，西迁定都在关中。

张良跟随高帝进入到函谷关后，身体多病，于是就静居导引，炼气不食用五谷，一年多的时间都闭门不出。

皇上想要废太子，另立戚夫人的儿子赵王如意。许多大臣出面进行劝阻，都没能改变高帝的决心。吕后十分惶恐，不知道该怎么办，有人对吕后说：“留侯善于筹划计谋，皇上十分相信他。”吕后就派遣建成侯吕泽前去恳求留侯，说道：“您经常当皇上的谋臣，如今皇上天天想着更换太子，您难道能高枕而卧吗？”张良说：“当初皇上多次处在危急之中，幸而采用我的计策；如今天下已经安定，只是因为偏爱的原因才想要更换太子，这是家人骨肉之间的事，就是我等百余人出面又能有什么用呢？”吕泽请求道：“您一定给我出个主意。”张良说：“这件事是很难用唇舌争抢到的。皇上想念而又不能招致的有四个人。这四个人都已年老，也都是因为皇上傲慢蔑视文人，才逃匿在山中，坚守自己的道义，不做汉朝的臣子。然而皇上又很敬重这四个人。现在您如果真的能够不吝惜金宝玉帛，叫太子写信给他们，言辞恭谦，再配备舒适的车辆，派遣能言善辩的人去诚恳地聘请他们，四人应该会来。将他们当成贵客招待，让他们经常随太子上朝，令皇上看见他们。这对太子是一个很大的帮助。”于是吕后让吕泽派遣人奉上太子的亲笔书信，用谦逊的言辞以及丰厚的礼物，去迎接这四个人。四人到后，被安置在建成侯的府邸中。

汉十一年，黥布反叛，皇上正在患病，想要派太子领兵，前去讨伐叛军。四位老人商议道：“我们来的目的，就是为了保全太子。如果太子领兵出战，事情就危险了。”于是四个人劝告建成侯说：“太子领兵出征，即使有战功地位也不会再有任何提高；如果没有功劳，从此就要遭受到祸害。而且与太子一同出征的将军们，都是和皇上打江山的猛将，现在叫太子去统率他们，这无异于是叫羊去统领狼，如果他们都不肯听从太子调遣，那么太子肯定不会有战功。我们听说‘母亲如果受宠，所生的孩子必定受抚爱，’现在戚夫人日夜陪伴侍奉着皇上，赵王如意也经常在皇上面前，皇上曾经说过

‘无论如何也不会让没出息的儿子位居在我的爱子之上’。这表明必定是要让赵王取代太子的地位。您为何不赶紧请求吕后找机会对皇上哭泣说：‘黥布，是天下的猛将，非常善于用兵，现在的将领都是陛下您早先的同辈，你让太子去率领他们，他们肯定不会听从指挥，而且如果让黥布知道这种情况，就会大张旗鼓地向西进犯我们。皇上您虽然有病，但是如果勉强乘坐在篷车中，安卧调护身体，将军们也不敢不听从您的命令尽力而为。皇上您虽然受些苦，但是强忍一下也要为妻子儿女着想。’”于是吕泽立即连夜去进见吕后，吕后找到机会向皇上哭泣着进言，说四个人所授意的话。皇上说：“我就想到这个孩子本来就不足以差遣，老子我自己去吧。”于是皇上就领兵东征，群臣留守，都来到霸上送行。张良患病，勉强支撑自己的身体起来，送到了曲邮，谒见皇上道：“我本应该随从前往，但是我病情沉重。楚国人马彪悍迅猛，希望皇上您不要和楚人硬拼。”并趁机劝说皇上让太子担任将军监护统领关中的将士。皇上说：“子房虽然生病，在卧养中也要勉强辅导太子。”这时叔孙通已经担任太傅，张良执行少傅的事宜。

汉十二年，皇上击败黥布后率大军返回，病情加重，更加想要更换太子。张良的劝阻皇上不听，张良就托病不再任事。叔孙太傅引用古今的事例以死保太子。皇上表面上假作允许，心里却仍想更换太子。等到宴会设置酒席时，太子侍奉在旁边，四个老人跟随太子左右，他们的年纪都已经八十多岁，胡须眉毛都已经雪白，衣冠十分奇特。皇上见此很惊讶，问道：“你们都是什么人？”四个老人上前对答，各自报出姓名。皇上大惊，说道：“我寻求各位，你们都避而不见，今天诸位为何自己前来跟随我的儿子呢？”四个老人都说道：“陛下您轻慢文人，动不动就辱骂文人，臣等绝不受辱，所以才因害怕而逃避隐藏起来。现在闻知太子仁厚孝顺，尊重敬爱文人，天下的人都仰望他并且期待前来为太子效死，因此臣等才前来。”皇上说：“敬烦诸位能都善始终地教导、保护太子。”

四个人向皇上斟酒祝颂后，有礼貌地快步离去了。皇上目送他们走后，叫戚夫人过来指着四个人道：“我想要更换太子，他们四人却维护太子，辅佐的大臣已经形成，难以改变了。吕后这次真的是你的主人了。”戚夫人就哭泣了起来，皇上道：“你给我跳楚舞，我为你唱楚歌。”皇上唱道：“鸿鹄高飞，一举千里。羽翼以就，横绝四海。横绝四海，又可奈何！虽有矰缴，尚安所施！”一连唱几遍，戚夫人哀叹着流涕，皇上起身离开，酒宴完毕。最终也没有更换太子，这就是张良招来这四个老人的结果。

张良跟随皇上攻取代地，出奇计攻取了马邑，又建议任命萧何为相国，他向皇上从容地计议了许多天下大事，因为有些事对国家存亡关系不大，所以没有一一记录。张良于是就说道："我家世代做韩国的宰相，在韩灭亡后，我不吝惜万金的家财，想要替韩国向暴秦复仇，天下都为之震动。如今凭借三寸不烂之舌当帝王的军师，封地有万户，官位至列侯爵位，这是一个平民最高的地位，对于我张良来说已经非常满足了。我愿抛弃人间的俗事，打算跟随赤松子游历天下！"从此以后就修习道家的辟谷，想要修炼成仙人。高帝死后，吕后感激张良，就强迫他吃饭，并且说："人生一世，就像白马跑过一道缝隙那样短暂，何必这样自讨苦吃呢！"张良迫不得已，勉强进食。又过了六年，去世，谥号为文成侯。

张良当初在下邳桥上见到的送给他《太公兵法》的老人，十三年后，他在随高帝经过济北时，果然在谷城山下看见了那块黄石，就取来珍重地供奉祭祀它。张良死后，一起安葬了黄石。每逢扫墓和伏日、腊日都要祭祀黄石。

张良儿子不疑继承侯位，孝文帝因为犯了不敬之罪，封国被废除。

陈　平

陈平，阳武户牖乡人也。少时家贫，好读书，治黄帝、老子之术。有田三十亩，与兄伯居。伯常耕田，纵平使游学。平为人长大美色，人或谓平："贫何食而肥若是？"其嫂疾平之不亲家生产，曰："亦食糠覈耳。有叔如此，不如无有！"伯闻之，逐其妇弃之。

及平长，可取妇，富人莫与者，贫者平亦愧之。久之，户牖富人张负有女孙，五嫁夫辄死，人莫敢取，平欲得之。邑中有大丧，平家贫侍丧，以先往后罢为助。张负既见之丧所，独视伟平，平亦以故后去。负随平至其家，家乃负郭穷巷，以席为门，然门外多长者车辙。张负归，谓其子仲曰："吾欲以女孙予陈平。"仲曰："平贫不事事，一县中尽笑其所为，独奈何予之女？"负曰："固有美如陈平长贫者乎？"卒与女。为平贫，乃假货币以聘，予酒肉之资以内妇。负戒其孙曰："毋以贫故，事人不谨。事兄伯如事乃父，事嫂如事乃母。"平既娶张氏女，资用益饶，游道日广。

里中社，平为宰，分肉甚均。里父老曰："善，陈孺子之为宰！"平曰："嗟乎，使平得宰天下，亦如此肉矣！"

陈涉起王，使周市略地，立魏咎为魏王，与秦军相攻于临济。平已前谢兄伯，从少年往事魏王咎，为太仆。说魏王，王不听。人或谗之，平亡去。

项羽略地至河上，平往归之，从之破秦，赐爵卿。项羽之东王彭城也，汉王还定三秦而东。殷王反楚，项羽乃以平为信武君，将魏王客在楚者往击，殷降而还。项王使项悍拜平为都尉，赐金二十溢。居无何，汉攻下殷。项王怒，将诛定殷者。平惧诛，乃封其金与印，使使归项王，而平身间行杖剑亡。度河，船人见其美丈夫，独行，疑其亡将，要下当有宝器金玉，目之，欲杀平。平心恐，乃解衣裸而佐刺船。船人知其无有，乃止。

平遂至修武降汉，因魏无知求见汉王，汉王召入。是时，万石君石奋为中涓，受平谒。平等十人俱进，赐食。王曰："罢，就舍矣。"平曰："臣为事来，所言不可以过今日。"于是汉王与语而说之，问曰："子居楚何官？"平曰："为都尉。"是日拜平为都尉，使参乘，典护军。诸将尽讙，曰："大王一日得楚之亡卒，未知高下，而即与共载，使监护长者！"汉王闻之，愈益幸平，遂与东伐项王。至彭城，为楚所败，引师而还。收散兵至荥阳，以平为亚将，属韩王信，军广武。

绛、灌等或谗平曰："平虽美丈夫，如冠玉耳，其中未必有也。闻平居家时盗其嫂；事魏王不容，亡而归楚；归楚不中，又亡归汉。今大王尊官之，令护军。臣闻平使诸将，金多者得善处，金少者得恶处。平，反覆乱臣也，愿王察之。"汉王疑之，以让无知，问曰："有之乎？"无知曰："有。"汉王曰："公言其贤人何也？"对曰："臣之所言者，能也；陛下所问者，行也。今有尾生、孝已之行，而无益于胜败之数，陛下何暇用之乎？今楚、汉相距，臣进奇谋之士，顾其计诚足以利国家耳。盗嫂、受金又安足疑乎？"汉王召平而问曰："吾闻先生事魏不遂，事楚而去，今又从吾游，信者固多心乎？"平曰："臣事魏王，魏王不能用臣说，故去事项王。项王不信人，其所任爱，非诸项即妻之昆弟，虽有奇士不能用。臣居楚闻汉王之能用人，故归大王。裸身来，不受金无以为资。诚臣计画有可采者，愿大王用之；使无可用者，大王所赐金具在，请封输官，得请骸骨。"汉王乃谢，厚赐，拜以为护军中尉，尽护诸将。诸将乃不敢复言。

其后，楚急击，绝汉甬道，围汉王于荥阳城。汉王患之，请割荥阳以西和。项王弗听。汉王谓平曰："天下纷纷，何时定乎？"平曰："项王为人，恭敬爱人，士之廉节好礼者多归之。至于行功赏爵邑，重之，士亦以此不附。今大王嫚而少礼，士之廉节者不来；然大王能饶人以爵邑，士之顽顿耆利无耻者亦多归汉。诚各去两短，集两长，天下指麾即定矣。然大王资侮人，不能得廉节之士。顾楚有可乱者，彼项王骨鲠之臣亚父、钟离昧、龙且、周殷之属，不过数人耳。大王能出捐数万斤金，行反间，间其君臣，以疑其心，项王为人意忌信谗，必内相诛。汉因举兵而攻之，破楚必矣。”汉王以为然，乃出黄金四万斤予平，恣所为，不问出入。

平既多以金纵反间于楚军，宣言诸将钟离昧等为项王将，功多矣，然终不得列地而王，欲与汉为一，以灭项氏，分王其地。项王果疑之，使使至汉。汉为太牢之具，举进，见楚使，即阳惊曰：“以为亚父使，乃项王使也！”复持去，以恶草具进楚使。使归，具以报项王，果大疑亚父。亚父欲急击下荥阳城，项王不信，不肯听亚父。亚父闻项王疑之，乃大怒曰：“天下事大定矣，君王自为之！愿乞骸骨归！”归未至彭城，疽发背而死。平乃夜出女子二千人荥阳东门，楚因击之。平乃与汉王从城西门出去。遂入关，收聚兵而复东。

明年，淮阴侯信破齐，自立为假齐王，使使言之汉王。汉王怒而骂，平蹑汉王。汉王寤，乃厚遇齐使，使张良往立信为齐王。于是封平以户牖乡。用其计策，卒灭楚。

汉六年，人有上书告楚王韩信反。高帝问诸将，诸将曰：“亟发兵坑竖子耳。”高帝默然。以问平，平固辞谢，曰：’诸将云何？”上具告之。平曰：“人之上书言信反，人有闻知者乎？”曰：“未有。”曰：“信知之乎？”曰：“弗知。”平曰：“陛下兵精孰与楚？”上曰：“不能过也。”平曰：“陛下将用兵有能敌韩信者乎？”上曰：“莫及也。”平曰：“今兵不如楚精，将弗及，而举兵击之，是趣之战也，窃为陛下危之。”上曰：“为之奈何？”平曰：“古者天子巡狩，会诸侯。南方有云梦，陛下弟出伪游云梦，会诸侯于陈。陈，楚之西界，信闻天子以好出游，其势必郊迎谒。而陛下因禽之，特一力士之事耳。”高帝以为然，乃发使告诸侯会陈，“吾将南游云梦”。上因随以行。行至陈，楚王信果郊迎道中。高帝豫具武士，见信，即执缚之。语在《信传》。

遂会诸侯于陈。还至雒阳，与功臣剖符定封，封平为户牖侯，世世勿绝。平辞曰：“此非臣之功也。”上曰：“吾用先生计谋，战胜克敌，非功而何？”平曰：“非魏无知臣安得进？”上曰：“若子可谓不背本矣！”

乃复赏魏无知。

其明年，平从击韩王信于代。至平城，为匈奴围，七日不得食。高帝用平奇计，使单于阏氏解，围以得开。高帝既出，其计秘，世莫得闻。高帝南过曲逆，上其城，望室屋甚大，曰："壮哉县！吾行天下，独见雒阳与是耳。"顾问御史："曲逆户口几何？"对曰："始秦时三万余户，间者兵数起，多亡匿，今见五千余户。"于是诏御史，更封平为曲逆侯，尽食之，除前所食户牖。

平自初从，至天下定后，常以护军中尉从击臧荼、陈豨、黥布。凡六出奇计，辄益邑封。奇计或颇秘，世莫得闻也。

高帝从击布军还，病创，徐行至长安。燕王卢绾反，上使樊哙以相国将兵击之。既行，人有短恶哙者。高帝怒曰："哙见吾病，乃几我死也！"用平计，召绛侯周勃受诏床下，曰："陈平乘驰传载勃代哙将，平至军中即斩哙头！"二人既受诏，驰传未至军，行计曰："樊哙，帝之故人，功多，又吕后女弟吕须夫，有亲且贵，帝以忿怒故欲斩之，即恐后悔。宁囚而致上，令上自诛之。"未至军，为坛，以节召樊哙。哙受诏，即反接，载槛车诣长安，而令周勃代将兵定燕。

平行闻高帝崩，平恐吕后及吕须怒，乃驰传先去。逢使者诏平与灌婴屯于荥阳。平受诏，立复驰至宫，哭殊悲，因奏事丧前。吕后哀之，曰："君出休矣！"平畏谗之就，因固请之得宿卫中。太后乃以为郎中令，日傅教帝。是后，吕须谗乃不得行。樊哙至，即赦复爵邑。

惠帝（六）〔五〕年，相国曹参薨，安国侯王陵为右丞相，平为左丞相。

【译文】

陈平，是阳武县户牖乡人。他年轻时家中十分贫穷，但他又喜欢读书，研究黄帝、老子的著术。他家中有三十亩田，与哥哥陈伯住在一起。陈伯在家中种田，而任由陈平出外去求学。陈平身材高大，相貌堂堂。有人在背后议论陈平道："家中那么穷，他吃什么长得那么胖？"陈平的嫂子嫉恨陈平不在家中劳动，就接口说："他也不过就是吃糠咽菜罢了。有这样的小叔子，还不如没有呢。"陈伯听到妻子的这番话后，气得将妻子赶走不要她了。

等陈平长大以后该成家的时候，有钱的人家不肯将女儿嫁给他，而娶穷人家的姑娘他又认为很丢面子。过很久以后，户牖乡有个富户叫张负，他有一个孙女前后嫁了五次，嫁一次就死一个丈夫，于是再也没人敢娶她。陈平却非常想要娶她。有一次，乡里有人办丧事，陈平因家中贫穷，就去帮忙料理杂事。他早出晚归，想要多得点儿报酬来补贴家用。张负在办丧事的人家中见到了陈平，看到他身材魁伟就很喜欢他，陈平也因为这样走得更晚。张负跟随陈平到他的家中看看，陈平的家住在城墙脚下一条穷巷子中，用一领破席子当门，但是门外却有不少很有地位、身份的人来往的车轮印迹。张负回到家中，对儿子张仲说："我打算将孙女嫁给陈平。"张仲说："陈平又穷又不从事生产，全县的人都笑话他，我为什么偏要把女儿嫁给他呢？"张负说："难道像陈平这样一表人才的人会贫贱一生吗？"最终将孙女嫁给陈平。因为陈平家中贫穷，张负就借给他钱当作聘礼，还给他办酒席的费用让他结婚。张负又告诫自己的孙女说："不要因为他穷，就不小心服侍他。侍奉哥哥陈伯要像侍奉自己的父亲一样，侍奉嫂嫂要像侍奉母亲一样。"陈平自从迎娶张家的女儿后，资用更加宽裕，交游也更加广泛。

有一次，乡里举行社祭，陈平负责主持分配祭肉，分配得很公平。父老们都说："好啊，陈平这孩子分得很好！"陈平说："唉，如果让我陈平主宰分配天下，我也会像分配这祭肉一样公平！"

陈胜在陈县起兵称王后，派周市平定魏国地区，拥立魏咎为魏王，与秦军在临济交战。在这之前陈平已辞别哥哥陈伯，跟随一些年轻人去到临济在魏王魏咎的手下做事，魏王任命他为太仆。陈平向魏王提出的建议，魏王根本不听从，加上有人背后说陈平的坏话，因此陈平逃离临济。

项羽领兵攻打到黄河边上时，陈平就去投奔了项羽，跟随项羽入关攻破了秦国，项羽赏赐给他卿一级的爵位。当项羽东归在彭城称王时，汉王回师北上平定三秦，又继续向东进军。殷王司马卬背叛了楚国。项羽就赐封陈平为信武君，让他率领魏王留在楚地的门客前去攻打殷王，陈平降服了殷王后凯旋而归。项羽派遣项悍封陈平为都尉，赏赐给他二十斤黄金。又过不久，汉王再次攻下殷地。项羽大怒，打算杀死那些当初平定殷王的将官。陈平害怕自己被杀，就把项羽封赏给他的黄金以及印信打包封好，派遣人送还给项羽，陈平单身带一把宝剑抄小路逃走。当他渡过黄河时，撑船的人见他仪表堂堂，而且单身独行，怀疑他是逃亡的将领，认为他的腰包中一定有金银财宝，就紧盯着他，想要杀掉陈平。陈平很害怕，就故意脱掉衣服光着上身帮助船夫撑船。撑船的人看到陈平的身上一无所有，才没有下手。

陈平于是到了修武投降汉军，因为魏无知的关系得以求见汉王，汉王就召见他进去。这时万石君石奋正在汉王的身边担任中涓，他接过陈平的名帖后，引陈平见汉王。当时与陈平一同进见的有十个人，都受到了汉王赏赐的饮食。汉王对他们说："吃完饭，你们就到客舍去休息吧。"陈平说："我是有要事才前来，我要讲的事不可以过今天。"于是汉王就与陈平交谈，对陈平所说的话很感兴趣，就问他说："你在楚国时担任什么官职呢？"陈平回答说："担任都尉。"于是汉王当天就任命陈平为都尉，让他做汉王的贴身侍卫，并且掌管监督诸位将领。将领们听到后都起哄说："大王当天得到一个楚军的逃兵，还不知道他的本事高低，就立刻同他共乘一车，而且还让他来监督我们这些老将！"汉王听说后，就更加宠幸陈平。汉王带陈平往东进军讨伐项王。到彭城时，被楚军击败。领兵撤退时，一路上收集败散的士兵退守到荥阳，汉王任命陈平为亚将，隶属于韩王信，率领军队在广武驻扎。

周勃、灌婴等人都在汉王面前说陈平坏话："陈平的相貌虽不错，但只怕就像帽子上的美玉一样，只能当作装饰，中看不中用。我们听说他在家中时，曾经与嫂子私通；在魏王身边做事的人家都不能容他，他只得逃跑归附楚；在楚军那不受重用，又逃跑归汉。如今大王您让他做高官，委命他监督诸位将领。我们还听说他曾接受诸将的贿赂，给贿赂多的人就被派遣到好地方，给贿赂少的人就被派到不好的地方。陈平是个反复无常的乱臣，希望大王您明察。"汉王于是开始怀疑陈平，召来魏无知责问他道："陈平有这些事吗？"魏无知说："有。"汉王问："那你为何说他是贤人呢？"魏无知回答说："我说的是才能，陛下您问的是品行。如今即使有像尾生、孝己那样品行的人，却对决定战争的胜负毫无益处，陛下您又哪里顾得上用他们呢？现在楚汉两军相持不下，我推荐给您的是奇才善谋的人，只考虑他的谋略是否有利于国家。至于他私通嫂嫂、接受贿赂又有什么值得怀疑呢？"汉王又召见陈平责问他道："侍奉魏王不能善终，侍奉楚王又半途离开，如今又来跟随我，有信用的人难道这样三心二意吗？"陈平说："我侍奉魏王，魏王不采纳我的意见，所以我去侍奉项王。项王不信任人，他信任宠爱的，不是项氏的宗族就是妻家兄弟，即使有奇才异能的人也不能任用，我就离开楚国。听说汉王能任用人，所以我又来归顺大王。我是空手而来，如果不接受一点钱财就无法办事。如果我的计策确实有可供您采用的，希望大王您采用；如果毫无可取的地方，那么钱财也都还在，您可以封查缴公，请大王允许我辞职回家。"汉王于是就向陈平表示歉意，又给他丰厚的赏赐，任命他为护军中尉，监督所有的将领。从此诸将再不敢说陈平的闲话了。

后来，楚军加紧攻击汉，切断汉军运输粮草的甬道，将汉王包围在了荥阳城。汉王因此非常担忧，与楚军谈判，请求割让荥阳以西的土地给汉，来与楚讲和。项王没有同意。汉王对陈平说："天下动乱，什么时候才可以安定呢？"陈平说："项羽为人能够恭敬爱人，那些廉节好礼的人都愿意归附他。至于论功行赏、封官爵授食邑，项羽却看得很重，很吝惜不赏赐给人，士人也因此都不愿意跟随他。如今大王您待人怠慢不注重礼节，那些讲究廉节的人不愿意来；但是大王您却非常舍得将爵位食邑封赏给有功之臣，因此那些不顾廉节、贪利无耻的人大都来归附汉。如果你们两位能够各自去除自己的短处，采取对方的长处，那么只要挥一挥手天下就可以安定了。可是大王您天生好侮辱人，所以得不到廉节之士。但是楚军中确实存在有可能分裂混乱的因素，项王身边忠直敢言的臣子像范增、钟离眜、龙且、周殷等人，也不过寥寥数人。大王您如果能舍出几万斤的黄金，使用反间计去离间他们君臣，使他们心中存有怀疑，项王为人信谗疑忌，他们的内部就一定会自相残杀。然后汉军就可以趁机派兵进攻，这样做的话就一定可以击破楚军。"汉王同意他的意见，就拨出了四万斤的黄金给他，让他随意使用，自己也不再过问黄金的进出情况。

陈平用许多黄金在楚军中进行离间的活动，在将官们中扬言说钟离眜作为项王的将军，明明有很大的功劳，却始终没有得到裂土封王的赏赐，所以他们打算与汉王联合，一起灭掉项氏，瓜分项王的土地，各自为王。项羽听说后果然开始不信任钟离眜等人。项王已经对钟离眜等人产生怀疑，就派遣使者到汉王那里打听虚实。汉王特地让人准备丰盛的酒席，端进去。见到楚的使者时，就假装惊讶地说："我还以为是亚父派来的使者，原来竟然是项王的使者！"然后就把酒菜端回去，换上粗劣的饭菜给楚国的使者吃。使者回去后把情况报告给项王，项王果然因此更加怀疑亚父。亚父想要快点儿攻下荥阳城，但是项王不信任他，根本不听取他的意见。亚父知道项王怀疑自己后，就生气地说："天下的大事已经成定局了，大王您自己干吧！我请求辞职回乡。"他回乡路上还没走到彭城，就因为背部的毒疮迸发病死了。陈平就在黑夜里派遣二千名妇女出了荥阳城的东门，楚国的军队不知道虚实，就集中兵力攻击这些妇女，陈平同汉王一起趁机冲出西门连夜逃走了。随即汉王率军进入关中，收集败散的士兵再次向东进军。

第二年，淮阴侯韩信攻破了齐国，立自己为代理齐王，派遣使者向汉王报告。汉王很恼怒，破口大骂韩信。陈平暗中踩了下汉王的脚，汉王很快明白过来了，就优厚地款待齐王的使者，并派遣张良前去册封韩信为齐王。又将户牖乡封赐给陈平。汉王采用陈平的奇计，终于灭掉了楚国。

汉六年，有人上书揭发楚王韩信谋反。高帝询问将领们该怎么办，众将说："马上发兵将这个小子活埋算了。"高帝默不作声。高帝又去问陈平，陈平再三推辞不回答，反问道："各位将军都说了些什么呢？"高帝将众将的意见告诉他。陈平说："有人上书揭发韩信谋反，这件事有旁人知道吗？"高帝说："没有。"陈平又问："韩信他本人知道吗？"高帝说："不知道。"陈平接着又问道："陛下您的精兵有楚的军队强吗？"高帝说："我比不过楚"。陈平再次问道："陛下您的将军中在用兵这件事上有可以胜过韩信的吗？"高帝说："没有人可以赶得上他。"陈平说："如今陛下您的军队不如楚军精锐，将领们又比不上韩信有才能，您却要起兵攻打他，这是在促使他与我们作战啊，我非常替陛下您的安危担忧。"高帝说："那我该怎么办呢？"陈平说："古时候天子经常巡察各地，会见诸侯。南方有个叫云梦的地方，陛下您只要假托说前去巡游云梦，在陈县那里会见诸侯。陈县就在楚国西部的边界，韩信听说天子是出于与诸侯会面的好意而来巡游，一定不会感到有什么奇怪而且会到郊外来迎接拜见您。当他来拜见您的时候，陛下就趁机把他抓起来，这不过是一个力士就可以办到的事情嘛。"高帝认为他的计策不错，就派遣使者通知各地的诸侯一同到陈县聚会，并且说"我即将南游云梦"。高帝随即动身。到达陈县时，楚王韩信果然到郊外的大路上迎接。高帝预先准备好武士，见到韩信，就立即将他捆绑起来，装在后面跟随的车上。这些事被记载在《韩信传》中。

于是汉王就与诸侯在陈县举行聚会。回到洛阳时，汉王和功臣剖符确定封地，封陈平为户牖侯，给陈平半爿符券由他收藏，让他代代相传不断绝。陈平推辞说："这不是我的功劳啊。"高帝说："我用先生你的计谋，才能克敌制胜，这不是功劳是什么呢？"陈平说："如果不是魏无知推荐我，我哪能向陛下您进言献计呢？"高帝赞赏说："像你这样做，真可以说是个不忘本的人了。"于是汉王也封赏了魏无知。

第二年，陈平以护军中尉的身份跟随高帝前往代地征讨韩王信叛乱。到平城时，大军被匈奴军包围，七天都吃不上饭。高帝采取陈平献的奇计，派遣人到单于夫人那里进行活动，才得以解围。高帝脱身后，对陈平的计策秘不示人，所以世人都不知道它的内容。高帝南归路过曲逆县时，他登上城墙，看见城中房屋非常广大，说道："好大的县！我走遍了天下，只见过洛阳和这里最大。"高帝回头问御史说："曲逆有多少户人家？"御史回答说："当初在秦朝时有三万多户，经过连年的战乱，许多人都逃亡散走，现在只还有五千户。"于是高帝就命令御史，改封陈平为曲逆侯，享有全县赋税收入，收回了从前所封给他的户牖乡。

陈平自跟随汉王，到天下平定，经常以护军中尉的身份跟随高帝讨伐平定陈豨和黥布的叛乱。前后一共出了六次奇计，每次都因为立功而增加封地。有的奇计相当秘密，世人都不知道。

高帝率军平定黥布的叛乱后归来，因为在战场上受伤而病倒，一路慢慢行进回到长安。听说燕王卢绾正在阴谋叛乱。就特意加给樊哙以相国的称号命令他领兵去征讨卢绾。出发后，有人在高帝面前说樊哙的坏话。高帝大怒道："樊哙见到我生病，就盼望着我死。"就采用陈平的计策召见绛侯周勃到自己的床前接受命令，说："陈平立即乘坐传车将周勃送过去代替樊哙统领军队，到军中后就马上将樊哙斩首！"陈平与周勃接受诏令后，迅速乘坐传车动了身，还没赶到军队，两人就在路上商量说："樊哙是皇上的老朋友，他的功劳很多，而且又是吕后的妹妹吕须的丈夫，可以说既是皇亲又很显贵，现在皇上因为一时愤怒，就要将他斩首，恐怕将来皇上会后悔。我们宁可将他囚禁交给皇上，让皇上自己去处决。"二人还没到达军营，就堆土筑坛，用节召命樊哙前来受诏。樊哙接受诏令后，就被反绑起来装上囚车，直接被送往长安。同时周勃接替了樊哙统率军队，平定燕国的反叛。

陈平在押送樊哙归京的路上听说高帝已经去世，害怕吕须会进谗言导致吕后发怒，就乘传车急驰先回到长安。在路上碰到使者携带诏书命令陈平以及灌婴领兵驻扎在荥阳。陈平接诏令后，立刻又乘车赶回到宫廷，在高帝的灵前哀声痛哭，而且就在灵堂里向吕太后奏明了处理樊哙的经过。吕太后很怜悯他，就对他说："你辛苦了，去好好休息吧。"陈平害怕吕须进的谗言会得逞，再三请求自己留宿在宫中进行守卫。太后便任命陈平为郎中令，并且对他说："请你好好辅助教导新立的皇帝。"从这以后，吕须的谗言才没有起作用，樊哙到长安后，当即就被赦罪而且恢复了原来的爵位以及封地。

孝惠帝六年，相国曹参去世，皇上任命安国侯王陵为右丞相，任命陈平为左丞相。

汉书卷五十六

董仲舒传第二十六

董仲舒，广川人也。少治《春秋》，孝景时为博士。下帷讲诵，弟子传以久次相授业，或莫见其面。盖三年不窥园，其精如此。进退容止，非礼不行，学士皆师尊之。

武帝即位，举贤良文学之士前后百数，而仲舒以贤良对策焉。

制曰："朕获承至尊休德，传之亡穷，而施之罔极，任大而守重，是以夙夜不皇康宁，永惟万事之统，犹惧有阙。故广延四方之豪俊，郡国诸侯公选贤良修絜博习之士，欲闻大道之要，至论之极。今子大夫褎然为举首，朕甚嘉之。子大夫其精心致思，朕垂听而问焉。

盖闻五帝三王之道，改制作乐而天下洽和，百王同之。当虞氏之乐莫盛于《韶》，于周莫盛于《勺》。圣王已没，钟鼓管弦之声未衰，而大道微缺，陵夷至乎桀、纣之行，王道大坏矣。夫五百年之间，守文之君，当涂之士，欲则先王之法以戴翼其世者甚众，然犹不能反，日以仆灭，至后王而后止，岂其所持操或悖谬而失其统与？固天降命不可复反，必推之于大衰而后息与？乌虖！凡所为屑屑，夙兴夜寐，务法上古者，又将无补与？三代受命，其符安在？灾异之变，何缘而起？性命之情，或夭或寿，或仁或鄙，习闻其号，未烛厥理。伊欲风流而令行，刑轻而奸改，百姓和乐，政事宣昭，何脩何饬而膏露降，百谷登，德润四海，泽臻草木，三光全，寒暑平，受天之祜，享鬼神之灵，德泽洋溢，施乎方外，延及群生？

子大夫明先圣之业，习俗化之变，终始之序，讲闻高谊之日久矣，其明以谕朕。科别其条，勿猥勿并，取之于术，慎其所出。乃其不正不直，不忠不极，枉于执事，书之不泄，兴于朕躬，毋悼后害。子大夫其尽心，靡有所隐，朕将亲览焉。

仲舒对曰：

陛下发德音，下明诏，求天命与情性，皆非愚臣之所能及也。臣谨案《春秋》之中，视前世已行之事，以观天人相与之际，甚可畏

也。国家将有失道之败，而天乃先出灾害以谴告之，不知自省，又出怪异以警惧之，尚不知变，而伤败乃至。以此见天心之仁爱人君而欲止其乱也。自非大亡道之世者，天尽欲扶持而全安之，事在强勉而已矣。强勉学习，则闻见博而知益明；强勉行道，则德日起而大有功：此皆可使还至而有效者也。《诗》曰“夙夜匪解”，《书》云“茂哉茂哉！”皆强勉之谓也。

道者，所繇适于治之路也，仁义礼乐皆其具也。故圣王已没，而子孙长久安宁数百岁，此皆礼乐教化之功也。王者未作乐之时，乃用先王之乐宜于世者，而以深入教化于民。教化之情不得，雅颂之乐不成，故王者功成作乐，乐其德也。乐者，所以变民风，化民俗也；其变民也易，其化人也著。故声发于和而本于情，接于肌肤，臧于骨髓。故王道虽微缺，而管弦之声未衰也。夫虞氏之不为政久矣，然而乐颂遗风犹有存者，是以孔子在齐而闻《韶》也。夫人君莫不欲安存而恶危亡，然而政乱国危者甚众，所任者非其人，而所繇者非其道，是以政日以仆灭也。夫周道衰于幽、厉，非道亡也，幽、厉不繇也。至于宣王，思昔先王之德，兴滞补弊，明文、武之功业，周道粲然复兴，诗人美之而作，上天祐之，为生贤佐，后世称通，至今不绝。此夙夜不解行善之所致也。孔子曰“人能弘道，非道弘人”也。故治乱废兴在于己，非天降命不可得反，其所操持悖谬失其统也。

臣闻天之所大奉使之王者，必有非人力所能致而自至者，此受命之符也。天下之人同心归之，若归父母，故天瑞应诚而至。《书》曰“白鱼入于王舟，有火复于王屋，流为乌”，此盖受命之符也。周公曰“复哉复哉”，孔子曰“德不孤，必有邻”，皆积善累德之效也。及至后世，淫佚衰微，不能统理群生，诸侯背畔，残贼良民以争壤土，废德教而任刑罚。刑罚不中，则生邪气；邪气积于下，怨恶畜于上。上下不和，则阴阳缪盭而妖孽生矣。此灾异所缘而起也。

臣闻命者天之令也，性者生之质也，情者人之欲也。或夭或寿，或仁或鄙，陶冶而成之，不能粹美，有治乱之所在，故不齐也。孔子曰：“君子之德风，小人之德草，草上之风必偃。”故尧、舜行德则民仁寿，桀、纣行暴则民鄙夭。未上之化下，下之从上，犹泥之在钧，唯甄者之所为，犹金之在镕，唯冶者之所铸。“绥之斯俫，动之斯和”，此之谓也。

臣谨案《春秋》之文，求王道之端，得之于正。正次王，王次春。春者，天之所为也；正者，王之所为也。其意曰，上承天之所为，而下以正其所为，正王道之端云尔。然则王者欲有所为，宜求其端于天。天道之大者在阴阳。阳为德，阴为刑；刑主杀而德主生。是故阳常居大夏，而以生育养长为事；阴常居大冬，而积于空虚不用之处。以此见天之任德不任刑也。天使阳出布施于上而主岁功，使阴入伏于下而时出佐阳；阳不得阴之助，亦不能独成岁。终阳以成岁为名，此天意也。王者承天意以从事，故任德教而不任刑。刑者不可任以治世，犹阴之不可任以成岁也。为政而任刑，不顺于天，故先王莫之肯为也。今废先王德教之官，而独任执法之吏治民，毋乃任刑之意与！孔子曰：“不教而诛谓之虐。”虐政用于下，而欲德教之被四海，故难成也。

臣谨案《春秋》谓一元之意，一者万物之所从始也，元者辞之所谓大也。谓一为元者，视大始而欲正本也。《春秋》深探其本，而反自贵者始。故为人君者，正心以正朝廷，正朝廷以正百官，正百官以正万民，正万民以正四方。四方正，远近莫敢不壹于正，而亡有邪气奸其间者。是以阴阳调而风雨时，群生和而万民殖，五谷孰而草木茂，天地之间被润泽而大丰美，四海之内闻盛德而皆徕臣，诸福之物，可致之祥，莫不毕至，而王道终矣。

孔子曰：“凤鸟不至，河不出图，吾已矣夫！”自悲可致此物，而身卑贱不得致也。今陛下贵为天子，富有四海，居得致之位，操可致之势，又有能致之资，行高而恩厚，知明而意美，爱民而好士，可谓谊主矣。然而天地未应而美祥莫至者，何也？凡以教化不立而万民不正也。夫万民之从利也，如水之走下，不以教化堤防之，不能止也。是故教化立而奸邪皆止者，其堤防完也；教化废而奸邪并出，刑罚不能胜者，其堤防坏也。古之王者明于此，是故南面而治天下，莫不以教化为大务。立大学以教于国，设庠序以化于邑，渐民以仁，摩民以谊，节民以礼，故其刑罚甚轻而禁不犯者，教化行而习俗美也。

圣王之继乱世也，埽除其迹而悉去之，复修教化而崇起之。教化已明，习俗已成，子孙循之，行五六百岁尚未败也。至周之末世，大为亡道，以失天下。秦继其后，独不能改，又益甚之，重禁文学，不得挟书，弃捐礼谊而恶闻之，其心欲尽灭先王之道，而颛为自恣苟简之治，故立为天子十四岁而国破亡矣。自古以来，未尝有以乱济乱，大败天下之民如秦者也。其遗毒馀烈，至今未灭，使习俗薄恶，人民嚚顽，抵冒殊扞，孰烂如此之甚者也。孔子曰："腐朽之木不可雕也，粪土之墙不可圬也。"今汉继秦之后，如朽木、粪墙矣，虽欲善治之，亡可奈何。法出而奸生，令下而诈起，如以汤止沸，抱薪救火，愈甚亡益也。窃譬之琴瑟不调，甚者必解而更张之，乃可鼓也；为政而不行，甚者必变而更化之，乃可理也。当更张而不更张，虽有良工不能善调也：当更化而不更化，虽有大贤不能善治也。故汉得天下以来，常欲善治而至今不可善治者，失之于当更化而不更化也。古人有言曰："临渊羡鱼，不如退而结网。"今临政而愿治七十余岁矣，不如退而更化；更化则可善治，善治则灾害日去，福禄日来。《诗》云："宜民宜人，受禄于天。"为政而宜于民者，固当受禄于天。夫仁、谊、礼、知、信五常之道，王者所当修饬也；五者修饬，故受天之祐，而享鬼神之灵，德施于方外，延及群生也。

天子览其对而异焉，乃复册之曰：

制曰：盖闻虞舜之时，游于岩郎之上，垂拱无为，而天下太平。周文王至于日昃不暇食，而宇内亦治。夫帝王之道，岂不同条共贯与？何逸劳之殊也？

盖俭者不造玄黄旌旗之饰。及至周室，设两观，乘大路，朱干玉戚，八佾陈于庭，而颂声兴。夫帝王之道岂异指哉？或曰良玉不瑑，又曰非文亡以辅德，二端异焉。

殷人执五刑以督奸，伤肌肤以惩恶。成、康不式，四十余年天下不犯，囹圄空虚。秦国用之，死者甚众，刑者相望，耗矣哀哉！

乌虖！朕夙寤晨兴，惟前帝王之宪，永思所以奉至尊，章洪业，皆在力本任贤。今朕亲耕籍田以为农先，劝孝弟，崇有德，使者冠盖相望，问勤劳，恤孤独，尽思极神，功烈休德未始云获也。今阴阳错缪，氛气充塞，群生寡遂，黎民未济，廉耻贸乱，贤不肖浑淆，未得其真，故详延特起之士，意庶几乎！今子大夫待诏百有余人，或道世务而未济，稽诸上古之不同，考之于今而难行，毋乃牵于文系而得不骋与？将所繇异术，所闻殊方与？各悉对，著于篇，毋讳有司。明其指略，切磋究之。以称朕意。

仲舒对曰：

臣闻尧受命，以天下为忧，而未以位为乐也，故诛逐乱臣，务求贤圣，是以得舜、禹、稷、卨、咎繇。众圣辅德，贤能佐职，教化大行，天下和洽，万民皆安仁乐谊，各得其宜，动作应礼，从容中道。故孔子曰："如有王者，必世而后仁，"此之谓也。尧在位七十载，乃逊于位以禅虞舜。尧崩，天下不归尧子丹朱而归舜。舜知不可辟，乃即天子之位，以禹为相，因尧之辅佐，继其统业，是以垂拱无为而天下治。孔子曰"《韶》尽美矣，又尽善矣"，此之谓也。至于殷纣，逆天暴物，杀戮贤知，残贼百姓。伯夷、太公皆当世贤者，隐处而不为臣。守职之人皆奔走逃亡，入于河海。天下耗乱，万民不安，故天下去殷而从周。文王顺天理物，师用贤圣，是以闳夭、大颠、散宜生等亦聚于朝廷。爱施兆民，天下归之，故太公起海滨而即三公也。当此之时，纣尚在上，尊卑昏乱，百姓散亡，故文王悼痛而欲安之，是以日昃而不暇食民。孔子作《春秋》，先正王而系万事，见素王之文焉。繇此观之，帝王之条贯同，然而劳逸异者，所遇之时异也。孔子曰"《武》尽美矣，未尽善也"，此之谓也。

臣闻制度文采玄黄之饰，所以明尊卑，异贵贱，而劝有德也。故《春秋》受命所先制者，改正朔，易服色，所以应天也。然则宫室旌旗之制，有法而然者也。故孔子曰："奢则不逊，俭则固。"俭非圣人之中制也。臣闻良玉不瑑，资质润美，不待刻瑑，此亡异于达巷党人不学而自知也。然则常玉不瑑，不成文章；君子不学，不成其德。

臣闻圣王之治天下也，少则习之学，长则材诸位，爵禄以养其德，刑罚以威其恶，故民晓于礼谊而耻犯其上。武王行大谊，平残贼，周公作礼乐以文之，至于成康之隆，囹圄空虚四十余年，此亦教化之渐而仁谊之流，非独伤肌肤之效也。至秦则不然。师申商之法，行韩非之说，憎帝王之道，以贪狼为俗，非有文德以教训于下也。诛名而不察实，为善者不必免，而犯恶者未必刑也。是以百官皆饰虚辞而不顾实，外有事君之礼，内有背上之心；造伪饰诈，趣利无耻；又好用憯酷之吏，赋敛亡度，竭民财力，百姓散亡，不得从耕织之业，群盗并起。是以刑者甚众，死者相望，而奸不息，俗化使然也。故孔子曰“导之以政，齐之以刑，民免而无耻”，此之谓也。

今陛下并有天下，海内莫不率服，广览兼听，极群下之知，尽天下之美，至德昭然，施于方外。夜郎、康居，殊方万里，说德归谊，此太平之致也。然而功不加于百姓者，殆王心未加焉。曾子曰：“尊其所闻，则高明矣；行其所知，则光大矣。高明光大，不在于它，在乎加之意而已。”愿陛下因用所闻，设诚于内而致行之，则三王何异哉！

陛下亲耕籍田以为农先，夙寤晨兴，忧劳万民，思惟往古，而务以求贤，此亦尧、舜之用心也，然而未云获者，士素不厉也。夫不素养士而欲求贤，譬犹不琢玉而求文采也。故养士之大者，莫大乎太学；太学者，贤士之所关也，教化之本原也。今以一郡一国之众，对亡应书者，是王道往往而绝也。臣愿陛下兴太学，置明师，以养天下之士，数考问以尽其材，则英俊宜可得矣。今之郡守、县令，民之师帅，所使承流而宣化也；故师帅不贤，则主德不宣，恩泽不流。今吏既亡教训于下，或不承用主上之法，暴虐百姓，与奸为市，贫穷孤弱，冤苦失职，甚不称陛下之意。是以阴阳错缪，氛气弃塞，群生寡遂，黎民未济，皆长吏不明，使至于此也。

夫长吏多出于郎中、中郎，吏二千石子弟选郎吏，又以富訾，未必贤也。且古所谓功者，以任官称职为差，非谓积日累久也。故小材虽累日，不离于小官；贤材虽未久，不害为辅佐。是以有司竭力尽知，务治其业而以赴功。今则不然。累日以取贵，积久以致官，是以廉耻贸乱，贤不肖浑淆，未得其真。臣愚以为使诸列侯、郡守、二千石各择其吏民之贤者，岁贡各二人以给宿卫，且以观大臣之能；所贡贤者有赏，所贡不肖者有罚。夫如是，诸侯、吏二千石皆尽心于求贤，天下之士可得而官使也。遍得天下之贤人，则三王之盛易为，而尧、舜之名可及也。毋以日月为功，实试贤能为上，量材而授官，录德而定位，则廉耻殊路，贤不肖异处矣。陛下加惠，宽臣之罪，令勿牵制于文，使得切磋究之，臣敢不尽愚！

于是天子复册之。

制曰：盖闻“善言天者必有征于人，善言古者必有验于今”。故朕垂问乎天人之应，上嘉唐虞，下悼桀纣，寖微寖灭寖明寖昌之道，虚心以改。今子大夫明于阴阳所以造化，习于先圣之道业，然而文采未极，岂惑乎当世之务哉？条贯靡竟，统纪未终，意朕之不明与？听若眩与？夫三王之教所祖不同，而皆有失，或谓久而不易者道也，意岂异哉？今子大夫既已著大道之极，陈治乱之端矣，其悉之究之，孰之复之。《诗》不云乎，“嗟尔君子，毋常安息，神之听之，介尔景福。”朕将亲览焉，子大夫其茂明之。

仲舒复对曰：

臣闻《论语》曰：“有始有卒者，其唯圣人乎！”今陛下幸加惠，留听于承学之臣，复下明册，以切其意，而究尽圣德，非愚臣之所能具也。前所上对，条贯靡竟，统纪不终，辞不别白，指不分明，此臣浅陋之罪也。

册曰：“善言天者必有征于人，善言古者必有验于今。”臣闻天者群物之祖也。故遍覆包函而无所殊，建日月风雨以和之，经阴阳寒暑以成之。故圣人法天而立道，亦博爱而亡私，布德施仁以厚之，设谊立礼以导之。春者天之所以生也，仁者君之所以爱也；夏者天之所以长也，德者君之所以养也；霜者天之所以杀也，刑者君之所以罚也。繇此言之，天人之征，古今之道也。孔子作《春秋》，上揆之天道，下质诸人情，参之于古，考之于今。故《春秋》之所讥，灾害之所加也；《春秋》之所恶，怪异之所施也。书邦家之过，兼灾异之变；以此见人之所为，其美恶之极，乃与天地流通而往来相应，此亦言天之一端也。古者修教训之官，务以德善化民，民已大化之后，天下常亡一人之狱矣。今世废而不修，亡以化民，民以故弃行谊而死财利，是以犯法而罪多，一岁之狱以万千数。以此见古之不可不用也，故《春秋》变古则讥之。天令之谓命，命非圣人不行；质朴之谓性，性非教化不成；人欲之谓情，情非度制不节。是故王者上谨于承天意，以顺命也；下务明教化民，以成性也；正法度之宜，别上下之序，以防欲也；修此三者，而大本举矣。人受命于天，固超然异于群生，入有父子兄弟之亲，出有君臣上下之谊，会聚相遇，则有耆老长幼之施，粲然有文以相接，欢然有恩以相爱，此人之所以贵也。生五谷以食之，桑麻以衣之，六畜以养之，服牛乘马，圈豹槛虎，是其得天之灵，贵于物也。故孔子曰：“天地之性人为贵。”明于天性，知自贵于物；知自贵于物，然后知仁谊；知仁谊，然后重礼节；重礼节，然后安处善；安处善，然后乐循理；乐循理，然后谓之君之。故孔子曰“不知命，亡以为君子”，此之谓也。

册曰：“上嘉唐、虞，下悼桀、纣，寖微寖灭寖明寖昌之道，虚心以改。”臣闻众少成多，积小致钜，故圣人莫不以晻致明，以微致显。是以尧发于诸侯，舜兴乎深山，非一日而显也，盖有渐以致之矣。言出于已，不可塞也；行发于身，不可掩也。言行，治之大者，君子之所以动天地也。故尽小者大，慎微者著。《诗》云：“惟此文王，小心翼翼。”胡尧兢兢日行其道，而舜业业日致其孝，善积而名显，德章而身尊，以其寖明寖昌之道也。积善在身，犹长日加益，而人不知也；积恶在身，犹火之销膏，而人不见也。非明乎情性察乎流俗者，孰能知之？此唐、虞之所以得令名，而桀纣之可为悼惧者也。夫善恶之相从，如景鄉之应形声也。故桀纣暴谩，谗贼并进，贤知隐伏，恶日显，国日乱，晏然自以如日在天，终陵夷而大坏。夫暴逆不仁者，非一日而亡也，亦以渐至，故桀、纣虽亡道，然犹享国十余年，此其寖微寖灭之道也。

册曰：“三王之教所祖不同，而皆有失，或谓久而不易者道也，意岂异哉？”臣闻夫乐而不乱复而不厌者谓之道；道者万世之弊，弊者道之失也。先王之道必有偏而不起之处，故政有眊而不行，举其偏者以补其弊而已矣。三王之道所祖不同，非其相反，将以捄溢扶衰，所遭之变然也。故孔子曰：“亡为而治者，其舜乎！”改正朔，易服色，以顺天命而已；其余尽循尧道，何更为哉！故王者有改制之名，亡变道之实。然夏上忠，殷上敬，周上文者，所继之捄，当用此也。孔子曰：“殷因于夏礼，所损益可知也；周因于殷礼，所损益可知也；其或继周者，虽百世可知也。”此言百王之用，以此三者矣。夏因于虞，而独不言所损益者，其道如一而所上同也。道之大原出于天，天不变，道亦不变，是以禹继舜，舜继尧，三圣相受而守一道，亡救弊之政也，故不言其所损益也。繇是观之，继治世者其道同，继乱世者其道变。今汉继大乱之后，若宜少损周之文致，用夏之忠者。

陛下有明德嘉道，愍世欲之靡薄，悼王道之不昭，故举贤良方正之士，论〔议〕考问，将欲兴仁谊之休德，明帝王之法制，建太平之道也。臣愚不肖，述所闻，诵所学，道师之言，廑能勿失耳。若乃论政事之得失，察天下之息秏，此大臣辅佐之职，三公九卿之任，非臣仲舒所能及也，然而臣窃有怪者。夫古之天下亦今之天下，今之天下亦古之天下，共是天下，古〔以〕大治，上下和睦，习俗美盛，不令而行，不禁而止，吏亡奸邪，民亡盗贼，囹圄空虚，德润草木，泽被四海，凤皇来集，麒麟来游，以古准今，壹何不相逮之远也！安所缪盭而陵夷若是？意者有所失于古之道与？有所诡于天之理与？试迹之〔于〕古，返之于天，党可得见乎。

夫天亦有所分予，予之齿者去其角，傅其翼者两其足，是所受大者不得取小也。古之所予禄者，不食于力，不动于末，是亦受大者不得取小，与天同意者也。夫已受大，又取小，天不能足，而况人乎！此民之所以嚣嚣苦不足也。身宠而载高位，家温而食厚禄，因乘富贵之资力，以与民争利天下，民安能如之哉！是故众其奴婢，多其牛羊，广其田宅，博其产业，畜其积委，务此而亡已，以迫蹴民，民日削月朘，寖以大穷。富者奢侈羡溢，贫者穷急愁苦；穷急愁苦而不上救，则民不乐生；民不乐生，尚不避死，安能避罪！此刑罚之所以蕃而奸邪不可胜者也。故受禄之家，食禄而已，不与民争业，然后利可均布，而民可家足。此上天之理，而亦太古之道，天子之所宜法以为制，大夫之所当循以为行也。故公仪子相鲁，之其家见织帛，怒而出其妻，食于舍而茹葵，愠而拔其葵，曰："吾已食禄，又夺园夫红女利乎！"古之贤人君子在列位者皆如是，是故下高其行而从其教，民化其廉而不贪鄙。及至周室之衰，其卿大夫缓于谊而急于利，亡推让之风而有争田之讼。故诗人疾而刺之，曰："节彼南山，惟石岩岩，赫赫师尹，民具尔瞻。"尔好谊，则民鄉仁而俗善；尔好利，则民好邪而俗败。由是观之，天子大夫者，下民之所视效，远方之所四面而内望也。近者视而放之，远者望而效之，岂可以居贤人之位而为庶人行哉！夫皇皇求财利常恐乏匮者，庶人之意也；皇皇求仁义常恐不能化民者，大夫之意也。《易》曰："负且乘，致寇至。"乘车者君子之位也，负担者小人之事也，此言居君子之位而为庶人之行者，其患祸必至也。若居君子之位，当君子之行，则舍公仪休之相鲁，亡可为者矣。

《春秋》大一统者，天地之常经，古今之通谊也。今师异道，人异论，百家殊方，指意不同，是以上亡以持一统；法制数变，下不知所守。臣愚以为诸不在六艺之科孔子之术者，皆绝其道，勿使并进。邪辟之说灭息，然后统纪可一而法度可明，民知所从矣。

对既毕，天子以仲舒为江都相，事易王。易王，帝兄，素骄，好勇。仲舒以礼谊匡正，王敬重焉。久之，王问仲舒曰："越王勾践与大夫泄庸、种、蠡谋伐吴，遂灭之。孔子称殷有三仁，寡人亦以为粤有三仁。桓公决疑于管仲，寡人决疑于君。"仲舒对曰："臣愚不足以奉大对。闻昔者鲁君问柳下惠：'吾欲伐齐，何如？'柳下惠曰：'不可。'归而有忧色，曰：'吾闻伐国不问仁人，此言何为至于我哉！'徒见问耳，且犹羞之，况设诈以伐吴乎？繇此言之，越本无一仁。夫仁人者，正其义不谋其利，明其道不计其功。是以仲尼之门，五尺之童羞称五伯，为其先诈力而后仁义也。苟为诈而已，故不足称于大君子之门也。五伯比于他诸侯为贤，其比三王，犹武夫之与美玉也。"王曰："善。"

仲舒治国，以《春秋》灾异之变推阴阳所以错行，故求雨，闭诸阳，纵诸阴，其止雨反是；行之一国，未尝不得所欲。中废为中大夫。先是辽东高庙、长陵高园殿灾，仲舒居家推说其意，草稿未上，主父偃候仲舒，私见，嫉之，窃其书而奏焉。上召视诸儒，仲舒弟子吕步舒不知其师书，以为大愚。于是下仲舒吏，当死，诏赦之，仲舒遂不敢复言灾异。

仲舒为人廉直。是时方外攘四夷，公孙弘治《春秋》不如仲舒，而弘希世用事，位至公卿。仲舒以弘为从谀，弘嫉之。胶西王亦上兄也，尤纵恣，数害吏二千石。弘乃言于上曰："独董仲舒可使相胶西王。"胶西王闻仲舒大〔儒〕，善待之。仲舒恐久获罪，病免。凡相两国，辄事骄王，正身以率下，数上疏谏争，教令国中，所居而治。及去位归居，终不问家产业，以修学著书为事。

仲舒在家，朝廷如有大议，使使者及廷尉张汤就其家而问之，其对皆有明法。自武帝初立，魏其、武安侯为相而隆儒矣。及仲舒对册，推明孔氏，抑黜百家。立学校之官，州郡举茂材孝廉，皆自仲舒发之。年老，以寿终于家，家徙茂陵，子及孙皆以学至大官。

仲舒所著，皆明经术之意，及上疏条教，凡百二十三篇。而说《春秋》事得失，《闻举》《玉杯》《蕃露》《清明》《竹林》之属，复数十篇，十余万言，皆传于后世。掇其切当世施朝廷者著于篇。

赞曰：刘向称："董仲舒有王佐之材，虽伊、吕亡以加，管、晏之属，伯者之佐，殆不及也。"至向子歆以为："伊、吕乃圣人之耦，王者不得则不兴。故颜渊死，孔子曰‘噫！天丧余。’唯此一人为能当之，自宰我、子贡、子游、子夏不与焉。仲舒遭汉承秦灭学之后，《六经》离析，下帷发愤，潜心大业，令后学者有所统壹，为群儒首。然考其师友渊源所渐，犹未及乎游、夏，而日管、晏弗及，伊、吕不加，过矣。”至向曾孙龚，笃论君子也，以歆之言为然。

【译文】

董仲舒，是广川人。年轻时擅长研究《公羊春秋》，汉景帝时，董仲舒当上了博士。他在自己的室内挂上帷幕，他坐在帷幕的后面讲学，弟子们按照入学的前后转相传授他们学业，有的学生甚至没有见过他。董仲舒潜心钻研学问，三年都没到园圃中观赏过一次景色。而且他进退仪容举止优雅，如果不符合礼仪的就绝不去做，学生们都将他尊为老师。

汉武帝继承帝位后，下命令荐举贤良文学，曾经先后推选一百多人，董仲舒也作为贤良之一回答皇帝的策问。

汉武帝问道：我继承先帝最崇高的地位以及最美好的德行，想要永久地传下去，延长到没有穷尽的未来，这项任务非常巨大而且职守很重要，因此我从早到晚都从没有时间享乐休息，长久地思考所有事情的原委，唯恐有思虑不周的地方。因此才广泛邀请全国各地的豪杰俊才，郡守、国王、诸侯公正地推选出贤良、修德、博学的才士们，我想要了解治国大道的纲要，安定百姓理论的最高原则。现在大夫们俨然是作为贤良的首选，我认为这是非常好的。大夫们要精心地思考，我非常想知道和想要问的问题如下。

我听说五帝三王治理国家时的道，是改革原来的制度，创作乐章，因此天下不治理也会变得安定，他们以后的百位国王也都是这么做的。虞舜的乐章以《韶乐》最为美好，周朝的乐章中《勺》最优美。圣明的君王死后，钟鼓管弦的乐音也依然存在，可是大道逐渐衰微，甚至变坏到桀纣那样的作为。王道被大大地败坏了。在这五百年中，遵循旧制度的国君以及当权的士人，想要通过学习先王的法制来辅助当时政局的人有很多，但是都没能扭转过来，王道还是一天天地走向灭亡，直到后来的王兴起了，这种没落的趋势才得到了遏制。难道这是因为他们所信奉的信念有错误，而失掉道的传统吗？还是说天命就是这样，不是人的力量所能够扭转的，一定要到国家危亡后才能停止呢？唉！所做的一切日夜勤劳，力求要效法遥远的古代，难道这些都没作用吗？那么，夏、商、周三代的君主承受了天命，他们的依据在哪里呢？灾异变故，又因什么而发生的呢？性命的实际，或夭亡，或长寿，或仁德，或鄙陋，我常常听到这些名称，但是没能透彻地明白其中的道理。想要用风俗教化的力量让命令推行；让刑罚减轻，让奸邪改变；使百姓和睦安乐，使政治开明。应怎样整顿政治才能让甘露普降，百谷获得丰收，使天下的百姓都受到德泽，连草木也可以得到滋润呢？怎样才能让日、月、星三光完全不会亏蚀，寒暑季节正常，才能够得到上天的福佑，被鬼神所歆享呢？使德泽洋溢，扩大到国外，普及到一切生命呢？

大夫们都通晓先代圣王的事业，熟悉风俗演变的道理，知晓事物从发生、发展到结束的次序，而且你们研究高深的道理的时间也已经很久了，希望你们可以把研究的结果明白地告诉我！对策要分清条理，不要笼统、混乱，提出的方案，也应该经过缜密考虑。如果有不正直、不忠实、邪曲不守中道的官吏，你们可以大胆告诉我，我绝对不会泄露出去，我将亲自拆看，希望你们不要有任何后顾之忧。大夫们尽管说出你们所知道的一切，不要有所隐瞒，我要亲自看！

董仲舒对策说：

陛下您发出有德的声音与英明的诏书，是为了寻求天命和情性的解答，这两个问题都不是我这样的愚臣所能够答复的。我谨慎依照《春秋》的记载，考察前代已做过的事情，来研究天与人相互作用的关系，结果发现情况是很可怕的呀！国家将发生败坏道德的事情，那么上天就会降下灾害来谴责与提醒它；如果国家不知醒悟，上天就又会生出怪异的事来警告和恐吓它；再不知道悔改，那么伤害与败亡就会降临。由此可见，上天对人君是仁爱的，希望可以帮助人君消弭祸乱。如果不是那些很是无道的时代，上天总都是想着扶持和保全它的，事情都在于君主的发奋努力罢了。发奋努力地钻研学问，就会见闻广博从而使自己更加聪明；奋发努力地推行道，德行也就会日渐崇高，而且愈加成功，这些都是可以很快得到的，并且是可以很快会有成效的。《诗经》上说："从早到晚，不敢丝毫地懈怠。"《尚书》中也说："努力呀！努力呀！"这些都是奋勉努力的意思。

"道"，就是通过这些达到治理国家的道路。仁、义、礼、乐它们都是治理国家的工具。因此虽然圣明的君王死去了，可是他的子孙们还是能够长久地统治，安宁达数百年之久，这都是礼乐教化的效果啊。君王在自己还没有制作乐章时，就选用先代君王的乐章中可以适合当时社会的，用它来深入地教化自己的百姓。得不到教化的实效，典雅、歌颂的乐也当然就做不成，所以君王都是在功成名就以后才作乐，用乐章来歌颂他的功德。乐是用来改变民风，感化民俗的；乐改变民风很容易，感化百姓也有明显的功效。所以，乐音是从和谐的气氛中发出来的，是依据于感情，接触到肌肤，深藏在骨髓之中的。因此王道虽然衰微，但是管弦之声却依然能够流传。虞舜的政治已经没有很久了，可是他们流传下来的乐颂却还依旧存在，所以孔子在齐国可以听到《韶》乐。身为人君没有不希望自己的国家安宁而且憎恶危亡的，然而最终政治混乱、国家危亡的有很多，这是因为任用的人员不得当，言行举止与治理国家的“道”不符，所以政事才一天天地衰败下去。周朝的“道”到周厉王、周幽王时就已经衰落了，但不是“道”亡了，而是厉王和幽王没有遵循这个“道”走。周宣王思念先代圣明君主的德行，兴复已经停滞很久的事业，补救时弊，发扬光大周文王、武王开创的功业，周朝的“道”因此又灿烂复兴起来。诗人们赞美他，为他作诗，认为这是上天在保佑他，为他出生贤良的辅佐的人。后世称颂周宣王，到现在也不断绝。这些都是周宣王日夜不懈地做好事而得来的。孔子说：“人能光大‘道’，而不是‘道’能光大人”。所以治与乱、废与兴，都在于人们自己。世遭衰乱也并不是天命不可以挽回，而是因为人君行为荒谬，已经失掉先王的优良传统啊。

臣听说受到上天的尊重，上天也使他得到天下而为王的人，必定会有依靠人力做不到而自然可以达到的事情，这就是王承受天命的凭证。天下人都同心归顺于他，就像归顺自己的父母一样，所以上天感应到他的诚意，祥瑞因此就出现了。《尚书》中说：“白鱼跳进王乘坐的船中，有火覆盖王屋，后来变成了乌鸦。”这就是承天命的凭证啊。周公说：“应该得到善报呀！应该得到善报呀！”孔子说：“有德的人绝对不会孤立，一定会得到他人的帮助。”这都是积善累德的功效啊。可是到后世时，君主大多淫逸奢侈，道德衰微，无法治理人民，诸侯都背叛他，杀害良善的百姓，相互争夺土地，废弃道德教化，滥用各种刑罚。刑罚使用不恰当，也就惹出邪气；邪气聚积在下面，怨恶聚集在上面，上下不和，所以就会阴阳错乱，有妖孽滋生，这就是灾害以及怪异现象发生的原因。

臣听说，命就是上天的命令，性就是人生来的本质，情就是人的欲望。有人夭折，有人长寿，有人仁慈，有人卑鄙，就好像是造瓦铸金，不可能全是纯粹美好的，因为社会治、乱的影响，所以人的寿命、品行也是不一样的。孔子说过："君子的德行像风一样，小人的德行就像草一样，风向着哪边吹，草就向着哪边倒。"因此尧、舜实行德政，百姓就仁慈长寿；桀纣肆行暴虐，百姓就贪鄙夭亡。在上面的人君教化在下面的百姓，下面的百姓服从在上面的人君，就好像将泥土放在模型里，任凭陶匠加工；也好像把金属放在容器中，听凭陶匠的铸造。《论语》中说："能使百姓安定，百姓就来归顺，使百姓得到鼓舞，百姓就会同心协力。"说的也就是这个意思。

臣仔细考察《春秋》中"春王正月"的意思，来寻求王道的开端，得到"正"。"正"次于"王"，"王"次于"春"。春是上天的作为。正是王的作为，这个意思是说，君主上面奉承上天的作为，下面用来端正自己的行为，"正"才是王道的开端啊！可是，王者如果想要有所作为，应该去向上天求取这个开端。天道之中最大的就是阴阳，阳作为德行，阴作为刑罚，刑罚主杀，德行主生，因此阳经常处在盛夏。将生育养长作为自己的事情；阴常常处在严冬，积聚在空虚没有作用的地方。由此可见，天是任用德教，而不是任用刑罚的。天让阳出现，并在上面布施。主管一年的收成；天让阴入内，在下面藏伏，经常出来帮助阳，阳如果没有阴的帮助，也不能独自完成年岁。阳从始至终都是以完成年岁为名的，这就是天意啊。王者应该秉承天意来做事情，所以应该任用德教而不能任用刑罚，刑罚不能用来治理社会，就像阴不能被用来完成年岁一样。执政而且任用刑罚，是没有顺从天意，所以先王没有愿意这样做的。现在您废除先王掌管德教的官员，反而只是任用执法的官吏来治理人民，这难道就是先王任用刑罚的本来意图吗？孔子说："不教育就杀人，那叫作暴虐。"将暴虐的政治施行到下面，却想让德教普及四海，这是很难办到的啊。

臣认真考察《春秋》中讲述的"一元"的意义，"一"就是万物的开始，“元”就是辞语中的“大”，说“一”是“元”，也就显示了大的开始并想正其根本。《春秋》中深入探究它的本源，原来却是要从尊贵的人开始。所以君主，先要正自己的心才可以正朝廷，只有正朝廷才能正百官，只有正百官才能正万民，只有正万民才能正四方。四方已经正了，那么远近就都没有敢不趋于正的，而且不会有邪气掺杂在里面。所以阴阳调和而且风雨及时，万物和谐而且人民长育，五谷丰收而且草木茂盛，天地间万物都会受到恩泽，并且呈现出很丰富美好的景象，四海之内的人们听到君主的盛德都会赶来称臣，一切幸福的东西，一切可以得到的祥瑞，都到来这里，这也就是王道完成了。

孔子说：“凤鸟不到来，‘河图’不出现，我恐怕就要完了吧！”他这是悲伤自己的德行本可以招致这些祥瑞，但是却因自己地位卑贱而不能招来。现在陛下您贵为天子，富有四海，正是处在可以招来祥瑞的地位，掌握可以招致祥瑞的形势，又有能够招致祥瑞的资质，行为高尚而且恩德广厚，才智聪明而且意向美好，爱护百姓而且喜欢文士，就可以说是有道义的君主了，然而天地没感应，美好的祥瑞也没到来，这是什么原因呢？大概就是因为教化没有建立起来，没有将百姓纳入正道吧。万民都追逐利益，就像水向下流一样，如果不用教化作为他们的堤防，就不能够制止，所以教化建立而且奸邪停止，是因为它的堤防完好；教化废止而且奸邪并出，即使用刑罚也不能够制止，这是因为它的堤防坏了。古代的王者明白这个道理，所以在坐朝治理天下时，没有一个王不将教化当作主要任务的。他们在国都设立大学施行教育，在县邑设立县学、乡学实施教化，用仁的思想来教育百姓，用义来感化百姓，用礼来节制百姓，所以，虽然刑罚很轻，但是却没人违犯禁令，这就是教化施行，习俗美好的缘故啊。

圣明的君王在承继乱世后，他会把乱世遗留的一切痕迹都扫除，恢复教化，并且特别推崇教化。等到教化已经明了，习俗已经养成了，子孙都遵循推行下去，过了五六百年仍然不会衰败，到了周朝末世，君主很无道，以致失去天下。秦承继周朝后，不但没有进行更改，君主反而比周朝末年更加无道，严禁文学，不许百姓私自藏书，摒弃了礼义，甚至厌恶听到关于礼义的话，他想将先王的道义完全毁掉，专用自己放肆、苟且、简陋的办法来治理国家，所以他做天子才仅过了十四年，国家就灭亡了。自古以来，还没有一个王朝像秦朝这样用乱救乱，最后导致严重危害天下人民的。秦朝遗留下来的毒素就像残余的火焰，到现在仍然没有熄灭，它让习俗薄恶，百姓欺诈顽劣，抵触抗拒，犯法乱德，腐败竟然达到如此严重的地步。孔子说："腐朽的木头，是不能雕饰的啊；泥糊的墙，是不能粉饰的啊。"现在汉朝在继承秦朝后，社会状况就像是朽木和泥墙，虽然想要很好地治理它，但是却没有好的办法。法令一经颁布，奸邪接着就会发生；命令刚一下达，欺骗接着就兴起，好像用热水去制止沸腾，抱着木柴去救火，只会让情况越来越糟，没有任何好处。就像琴瑟的音不协调，坏得严重的就必须将弦折下来重新进行安装，才能够弹奏；处理政事不行，坏得十分厉害的，必须要破旧立新，才能治理得好，所以汉朝得天下以来，君主经常想要好好治理国家，可是到现在还是没能治理好，问题就在于应该改革却没有改革。古人曾经说过："站在水潭边羡慕别人捕到鱼，不如自己也回去编织鱼网。"汉朝临政并想将政事治理好，到现在已经有七十多年了。倒不如回过头来进行改革，改革就能好好治理国家，国家治理好了，灾害就会一天天地消除，福禄自然就会一天天地到来。《诗经》上说："适合于百姓，适合于人，接纳天给予的福禄。"执政能够适合百姓，自然也会得到天给予的福禄。仁、义、礼、智、信是五种恒久不变的道，这才是王者应该培养整饬的。这五种道如果能够培养整饬好，就能够得到天的保佑，鬼神也会来赞助他接受祭祀，恩德就会普惠到国外，扩大到一切的生命。

汉武帝看了董仲舒的对策后认为他的见解很不寻常，于是又策问大夫们。

策问说：我听说在虞舜的时候，虞舜经常在宫殿的走廊散步，没有什么作为，可是天下非常太平。周文王整天忙碌到太阳偏西，连吃饭的时间都没有，天下也很太平。帝王治理天下的道，难道就没有共同的条理，一贯的主张吗？为什么安逸与劳苦会有这样大的差别呢？

那些崇尚勤俭的帝王连黑色、黄色的旌旗也没有制作。可是到周朝时，君主在宫门外筑起两座观望的台，乘坐用玉做装饰的车，制造红色的盾以及玉石做的斧柄，朝廷中排列着六十四人的舞蹈，到处响着歌颂的声音。帝王的道，难道意旨不相同吗？有人说：“好玉不需要雕琢”，也有人说“如果没有文采就不能够辅助德行”，这两种说法是不一样的。

殷朝的人制定了五种刑法来预防奸诈，用毁伤人身体的办法来惩戒邪恶。可是周成王与周康王放弃施行这些刑法四十多年，天下也没有犯法的人。监狱中空荡无人。秦国使用这些刑法，杀死很多人，受刑的人连续不断，天下空虚，人口减少，真是可悲呀！

唉！我每天晚睡早起，思虑先代帝王的法典，久久地思索用什么来适合我至尊的地位，光大祖宗留下的事业，我认为关键在于搞好农业，任用贤才。现在我亲自耕种籍田来为农民们做榜样，鼓励天下百姓孝敬自己的父母，友爱兄弟，还要尊敬有德行的人，并且派出去很多的使者，络绎不绝地前去慰问劳苦的人家，救济没有父母、子女的孤独的人，一切的办法我都想到了，但是并没有收到很大的成效和美好的德行。现在阴阳仍旧错乱，天地间充满恶劣的气氛，许多生物无法生长，百姓深陷在贫困的境地，廉洁的人同无耻的人混淆在一起，好人与坏人也分辨不清楚，得不到真实的情况，所以我广泛地邀请十分杰出的士人来请教，目的也可能达到吧！现在等待诏命的大夫们有一百多人，有的人谈论当今的事却不切实际，用古代的历史来印证却不符合，用现在的情况来考察却又难以实行，难道是因为他们受到文吏法令的牵累而不能自己任意发挥吗？还是因为他们学术的来源不同，所以得到的见解各不相同呢？每个人都可以随意对答，写在篇上，不用害怕主管的官吏，阐明你们的意旨和方略，进行深入切磋研究，以符合我的心意。

董仲舒对策说：

臣听说尧承受天命后，十分担心天下不容易治理，从来没有将处在天子的尊位作为欢乐，他诛杀、放逐祸乱国家的大臣，他努力寻求贤圣的人，因此才得到舜、禹、后稷、卨、咎繇，有如此众多圣明的人来帮助他提高德行，又有许多贤能的人帮助他恪尽职守，于是才能教化大行，天下太平，百姓都安于行仁，都乐于行义，各得其所，行动都合乎礼义，从容地在正确的道路上前进。所以孔子才说：“如果有王者，必须要经过三十年的时间，才能够实现仁政”，就是指这些说的啊。尧一共在位七十年，就禅让位给虞舜。尧死以后，天下的百姓没有归心于尧的儿子丹朱，反而归心于舜。舜知道自己没有办法逃避，于是就即位做了天子，任用禹做宰相，继续任用尧原来所任用的人，继承尧的传统与事业，所以垂衣拱手没有任何作为，就可以使天下太平。孔子说："韶乐十分优美，又十分友善啊"，说的就是这个意思啊。至于夏桀与商纣，他们违背天意，残毁掉万物，杀害贤良聪慧的人，残害百姓，伯夷、姜太公都是商纣时期的贤人，但是他们隐藏起来，不愿意出来做官。在职为官的人，也都逃亡到河边、海滨。天下十分黑暗混乱，百姓得不到安宁，所以天下的百姓都背弃了殷纣王，转而拥护周文王。周文王顺从天意治理天下万物，任用贤良有德的人为教师并且起用他们，因此闳夭、大颠、散宜生等贤士才都聚集到周的朝廷。将仁爱施于人民，天下人因此都归顺他，所以姜太公才从偏僻的海滨赶来投奔他，后来担任周朝的三公。这个时候，商纣王仍然做天子，尊卑次序很混乱，百姓四散逃亡，周文王感到非常痛心，想要让百姓过上安定的生活，因此他整天忙得日头偏西还没有时间吃饭，孔子写《春秋》时，先写王作为正，然后才记载各种事情，这表现在下位而有德行的所谓素王的文章。由此看来，帝王的条理系统是一致的，但是勤劳与安逸却不相同，是因为他们所遭逢的时代不一样。孔子说："武乐十分美，但是不够十分善啊"，说的就是这个意思。

臣听说制度文采以及黑色、黄色的装饰，全都是用来区分尊卑、贵贱并且劝勉人们要有德行的。《春秋》是用来承受天使著述的，所以它首先被制定，就是改变历法以及衣服的颜色，用这些来顺应天意。那么，宫室和旌旗的制度是应该有效法才那样的。所以孔子说："奢侈就不够谦逊，节俭便是简陋。"节俭并不是圣人所说的适中的制度。臣听说好玉不需要雕琢，那是因为它的质地本就滑润美好，不需再加以雕饰，这就好像项橐没有学习就可以自己知道一样。但是普通的玉如果不雕刻，就不能成为美丽的花；君子如果不学习，就不能成就美德。

臣听说圣明的君王在治理天下时，对年轻人就教他们形成学习的好习惯，对年长的人就授予他们职位来察看他们的才能。用职位以及俸禄来培养他们的德行，用刑罚来禁止他们做恶事，所以百姓都懂得礼义而且耻于触犯自己的上级。周武王和周康王时候的盛世，牢狱空虚四十多年。这都是教化的感染以及仁义的影响，不单单是会毁伤身体的刑罚的功效。到秦朝就不再是这样，它效法申不害、商鞅的做法，实行韩非的学说，憎恶古代的帝王治理天下时的道理，贪污成风，并没有用礼义来教化天下，秦朝只求名却不察实，行善的好人不一定可以免罪，犯罪的坏人也不一定会受到惩罚，所以百官都说谎言欺诈，不务实际，他们表面上都表现出尊敬君上的礼貌，但是内心却有叛君上的打算，依靠弄虚作假来掩饰狡诈，追逐自己的私利，没有羞耻心；又总爱使用残忍刻毒的官吏，没有限制地征收赋税，榨干净百姓的财力，导致百姓四处逃亡，无法从事耕田和纺织工作，于是强盗就到处起事。所以受刑的人有很多，死亡的人一个接一个，但是做坏事的人却并没有停止，这就是风俗教化所造成的。所以孔子说："用政法教导百姓，和刑罚来制裁百姓，百姓苟且要求免受惩罚却仍旧不知道羞耻。"说的就是这个意思。

现在陛下您已经统一天下，四海之内没有不顺服您的人。陛下广泛地观察，多方面听取建议，尽可能地多吸取群下的智慧，也就具备了天下的美德，崇高的德行显耀普照，就可以扩大到国外。远达万里的夜郎和康居也会悦服归心，那就真的是太平到来的景象啊。但是现在恩德并没有被施加到普通的百姓身上。大概是您还没注意到这个问题吧。曾子说过："尊崇自己所听到的道理，就会高明了；实践自己所知道的道理，就会光大了。高明与光大，不在于别的，只是在于对这些事的注意罢了。"希望陛下您可以采用所听到的道理，诚心诚意按照那些道理去做，那么，您跟三王又有什么不同呢？

陛下您亲自耕种籍田来倡导发展农业，早起晚睡，为百姓担忧，思念古代的治世，用心寻求贤人，这也是尧舜的用心啊，没有得到贤人，这是因为平时您没有鼓励劝勉士人的缘故。平时不培养人才现在却想寻求贤人，就好比不雕刻玉却反而要求玉有文采一样。所以培养人才没有比办好太学更重要的事情了，太学是产生贤士的地方，也是教化的本源，现在各个郡国的人口都很多，可是有些郡国还是没有应举贤良文学策问、作对策的人才，就是因为王道在那里经常被断绝。臣希望陛下您能够兴办太学，请高明的老师来教育天下的士人，经常考问他们而让他们可以充分发挥自己的才能，那么英俊的人才就能够得到了。现在的郡守县令，就是百姓的老师和表率，您是委派他们秉承君主的恩泽前去宣扬教化的，师表如果不贤良，那么君主的仁德就得不到宣扬，恩泽也就很难传布到下面。现在的官吏既然没有教育百姓，或者没有实行君主的法令，暴虐百姓，与坏人狼狈为奸，谋取个人私利，导致贫穷孤弱的人含冤受苦，流离失所，这是很不符合陛下您的意愿的，所以才会阴阳错乱，怨气充满，百姓无法生活，身在苦难之中却得不到救助，这都是郡守、县令们不贤明，才会造成这样的现象啊。

郡守、县令中的多数人出身于郎中、中郎，再年俸二千石的大官的子弟选任郎官，他们又仗着自己有钱财，不一定会贤明。而且古代考核官吏的功劳，是按照做官时是否称职来进行区分的，不是以做官的时间长短为标准。所以才能不足的人，即使任职时间很长，也仍然还是小吏；有才能的人，即使任职不久，并不妨碍他可以升迁为辅佐大臣。所以有职守的官吏，都会竭尽自己的才能与智慧，努力做好自己的工作，争取立功。然而现在却并不是这样，官吏们积累足够长的时间就能得到高位，日子一久，就可以升官，所以廉洁与无耻就开始混淆，好人与坏人不分，真正的贤才却没有办法得到。臣愚蠢地认为让各位诸侯、郡守、二千石自己选择他们管辖区域下的官吏以及百姓中的贤才，每年荐举两个人，任用他们在皇宫中值宿守卫，而且还可以用这件事来观察大臣们的能力，如果他们荐举的人的确贤能，就给予奖赏；如果荐举的人不好，就加以惩罚。如果像这样做，诸侯、二千石的官吏都会尽心寻求贤才，天下有才能的人也就可以得到了，授予他们官职加以任用了。遍得天下的贤才，那么三王的盛世也会容易就做到了，尧舜的声名也可以赶上了，千万不能用做官时间的多少来计算功劳，实际上考察官吏的贤能才是上策，衡量才能以后再授给他们官职，考察德行以后再定给他们职位，那样，廉洁与无耻的待遇不同，好人和坏人也就能够区别了。陛下给臣恩惠，宽恕臣的罪过，教导臣不害怕主管官吏，使臣能安心够切磋研究，臣不敢不倾吐自己肤浅的见解。

汉武帝又策问道：

听说善于言说天的，一定能够找到人事来印证它，善于说古的，一定能在现实之中得到证明。所以我想问你们天人感应之间的关系，往上赞美唐尧虞舜，往下哀悼夏桀商纣，看到这些渐渐灭亡以及逐步昌盛的道理，我想要虚心地改正错误。大夫们都明晓阴阳的变化与作用，熟悉先代圣王的道术与事业，可是在你们的文章中并没有将这些充分地表达出来，难道你们对现在的朝廷政务有什么疑惑吗？有些道理没有系统的整理和完整的表达，大概是因为我不聪明，或者是听话会迷惑吧。三王的教化，最初的时候各不相同，却都有各自的不足，有的人说道是恒久不变的，这两种说法难道有什么不同吗？现在大夫们既然已经写出大道的最高原则，陈述治理乱世的方法，那么就希望你们可以再说得详细些、深刻些、周到些。《诗经》上不是这样说："君子呀，请不要苟且安息，神是听着你的，帮助你获得大福的。"我想要亲自看你们的对策，大夫们要尽力阐明你们的见解。

董仲舒又对策说道：

臣听《论语》上说："能够有始有终的，只有圣人啊！"很荣幸承蒙陛下您的恩惠，留心听取我们这些学习过传统学问的臣子的意见，而且又颁下高明的册书，切合其中的意义，彻底地研究圣德，这不是愚臣我的能力所能够详细陈述的。先前臣所上的对策中，有些道理缺乏系统的整理和完整的表达，词句不很清晰，意旨不是很明了，这都是我浅陋的罪过。

策问中说："善于言天的，一定可以找到人事来印证；善于说古的，一定能够得到现实的证明。"臣听说，天是万物的始祖，所以天对万物都普遍地覆盖着、包含着，没有丝毫偏颇。天造日、月、风、雨来调和万物，通过阴、阳、寒、暑来孕育万物。所以圣人才效法天建立了道，道也是广施仁爱没有一点私心，布施恩德与仁爱来厚待百姓，设立义理和礼制来引导人民。春天是天用来生育万物的，仁是君主用来爱护百姓的；夏天是天用来滋长万物的，德是君主用来养育百姓的；秋霜是天用来诛杀万物的，刑法就是君主用来惩罚百姓的。由此可见，天和人的验证，是从古至今的道理。孔子作《春秋》时所讥讽的，就是灾害所侵犯的；《春秋》所憎恶的，就是怪异所触及到的。孔子写出国家的过失和灾异的变化，从这可以看出人们的行为好与坏，是和天地相通并且互相感应的，这也是谈天道的一种看法。古时候设立掌管教导训化的官职，职责是用德和善来教化百姓，百姓大受感化以后，天下常常没有一个人在监狱中，现在我们废弃了这种制度，没有办法教化百姓，因此百姓都不知道行义而是死于追逐财利，所以违法犯罪的人就增多了，一年之内，坐牢以及诉讼的人竟然有成千上万。由此可见，古代的法度是不能不采用的，所以《春秋》中凡遇到改变古代制度的事情就会加以讥讽。天的命令叫作命，这个命不是圣人就不能照着去做；生来的本性叫作性，这种性没有教化就不能完成；人的欲望叫作情，这种情没有法度就不能加以节制。所以做君王的，上面应该很谨慎地奉承天意来顺从天命；下面则必须要教化百姓，使百姓能够完成他们的性；建立应该遵守的法度，分辨清楚上下尊卑的次序，来防止个人贪欲；如果做好这三件事，国家的根本也就可以奠定了。人承受天命，本来是超越一般的，与其他生物不同。在家中有父子兄弟之亲，在外有君臣上下的名分，大家聚会时相遇，就有了尊敬老人和分辨长幼的规范，有了明确的礼节用来相互接待，欢欣地有恩德地互亲互爱，这就是作为人可贵的地方。人们种五谷作为食物，播桑麻来做衣服，饲养六畜，驾牛骑马，圈槛豹虎，这也就是人得到了天的灵气，比万物更加可贵的表现。所以孔子才说："天地所生的一切中，人是最可贵的。"人们明白了天性，也就知道自己比万物更可贵；知道了自己比万物可贵然后知道礼义；知道了礼义，然后注重礼节，然后再安心地处于善道；安心地处于善道，然后再乐于遵循道理做事；乐于遵循道理做事，然后就叫作君子。所以孔子说："不知道命，就不可以做君子"，说的也就是这个意思啊。

策问说："人们往上赞美唐尧、虞舜，往下悲悼夏桀、商纣。看到这些逐渐灭亡和逐渐昌盛的道理，我就要虚心地改正错误。"臣听说积少就能够成多，积小就能够成大，因此没有一个圣人不是通过积累暗淡的微明而达到光明的，从身处微贱的地位一步步达到显贵的。所以尧最终由诸侯升为天子，舜由在深山中耕种兴起，都不是一天就可以尊显的，而都是逐渐达到的。话已经由自己说出，就不能再去堵塞；行为已经由自己做出，也就没有办法再来掩盖。言和行都是治理国家最为重大的条件，君子之所以可以感动天地也是由于言行。所以积小可以成大，谨慎注意自己微细的行为就会著名。《诗经》上说："这文王啊，小心翼翼。"所以尧才每天战战兢兢地实行他的治国之道，舜也小心恐惧地每天尽孝道，做的好事积累多了，自然就会名声显达，德行彰著，他们自己也会受人尊重，这就是逐渐昌盛的道理。积善在自己身上，就好像人日渐长大自己却不觉察；积恶在自己身上，好像灯火耗油一样，人也不容易看出来。如果不是明白通晓情性和洞察世俗情况的人，谁又能够懂得这种道理呢？这就是唐尧、虞舜得到美名，夏桀、商纣却令人伤痛恐惧的原因。善或恶的行为所得的结果，就好像影子跟随着人形，就好像回响跟随着声音。所以桀、纣暴虐怠慢，谗恶的人因此都受到了进用，贤良智慧的人却都隐藏起来，于是桀纣的罪恶逐渐显著，国家也一天比一天混乱，可是他们却照旧安然怡得，自认为自己如太阳在天空一样，最终逐渐败坏以至于最终毁灭。那些残暴不仁的君主，并不是一下子就灭亡，也是慢慢造成的。所以桀、纣虽然无道，也都还在位十多年的时间，这就是逐渐衰微以致灭亡的道理啊。

策问说："三王的教化，效法的却各有相同，而且都有各自的不足，有人说道是永久不变的，这两种说法的用意有什么不同吗？"臣听说享乐却不至于淫乱，反复实行却不使人厌倦的叫作道；道是万世都不会有弊端的，出现弊端是因为违背了道。先王的道一定有偏颇而不能够实行的地方，所以在政治上才不时有昏暗而行不通的。举出它的偏向，补救它的弊病就可以了。三王的道虽然效法的不同，但并不是相反的，都是为补救过失，扶助衰败，之所以有所不同，则是因为它们所遇到的环境发生变化。所以孔子才说："无所作为而能够治理国家的人，就是舜呀！"舜仅是改变历法，改换车马、祭牲、服装的颜色，来顺承天命罢了，其他的完全遵循了尧的治国之道，为什么要改变呢？"所以王者只改变制度的名称，并没有改变道的实质，夏代注重忠，殷代崇尚敬，周朝崇尚文的原因，是由于朝代更替时，前代有这样的过失存在，为了补救，应当要这样做，孔子说："殷朝依据夏代礼制，有所增减，这是可以知道的；周朝依据殷朝礼制，有所增减，也是可以知道的；其他承继周朝兴起的朝代，虽然经历百世，这也是可以知道的。"这也就是说，百王所用的就是忠、敬、文这三者。夏朝沿袭虞舜，却独没说增减，那是因为夏朝和虞舜的道是一样的；夏崇尚的忠和虞舜是相同的。道的根本来源于天，天不变，道也不会变，所以禹继承舜的道，舜继承尧的道，三位圣人互相传授，共同遵守一个道，才没有补救弊病的措施，所以才不说他们对道的增减，由此看来，继承治世的君主，他们的道是相同的；继承乱世的君主，他们的道是需要改变的。现在汉朝承继在大乱之后，因此应当减少周朝的文而多用夏朝的忠。

陛下您拥有圣明的德与美好的道，痛心世俗的衰薄，悲伤王道的不明，因此选举贤良方正的士人，进行议论考问，打算要兴起仁义的美德，阐明帝王的法制，从而建立太平的治国之道。臣愚昧不肖，叙述自己曾经听到的，背诵自己曾经学过的，说的都是老师教的道理，仅能够记住不忘罢了。至于议论政事得失，研究社会兴盛以及贫弱，这是大臣辅佐的职责，三公九卿的责任，不是臣上仲舒我所能知道的。但是臣私下有一些感到奇怪的问题。古时候的天下也是现在的天下，现在的天下也是古时候的天下，同样是一个天下，古时候天下太平，上下十分和睦，习俗非常美好，不令而行，不禁而止，官吏没有奸邪之人，民间也没有盗贼，牢狱空空，没有犯罪的人，人主的恩德滋润草木，普及四海，凤凰飞来了，麒麟出现了，用古时候的情况来衡量现在的情况，为何相差那么远呢？有什么错误才致使天下衰落到这样的地步呢？我想也许是违背古代的治国之道吧？也许是违背了天理吧？如果尝试去考察过去的事情，追溯到天理，或许能够看出一些问题吧？

上天对生物是分别进行给予的，给予了利齿的就不再给予角，给予了翅膀的就不给予两只脚，也就是说如果接受了大的，就不能再取小的。古代领取俸禄的人，不靠体力劳动吃饭，也没有谋取工商之利，这也是接受了大的，因此不能再取小的，这和天意是相同的。假如已经得到大的，又去取小的，天尚且不能那样给予，何况是人呢？这也就是百姓纷纷因衣食不足感到愁苦的原因啊。那些受到君主宠爱而身居高位的人，家中得衣食饱暖并享有优厚的俸禄，依仗富厚的资产和势力，在下面与百姓争利，百姓怎能和他们相比呢？所以那些人驱使众多奴婢，拥有众多牛羊，扩大了他们的田宅，扩充了他们的产业，增加了他们的积蓄，他们致力于这些事而且没有止境，压迫百姓，令百姓感到十分惊惧，百姓天天受剥削，渐渐走向了穷困。富人奢侈浪费，穷人却穷急愁苦；穷人穷急愁苦但是在上位的人却不进行救济，就会最终导致民不聊生；民不聊生，百姓就会连死都不再惧怕，又怎么会害怕犯罪！这就是刑罚虽然繁多，奸邪却不能够禁止的原因啊。所以享受俸禄的人，应该只食俸禄就可以了，不应当与百姓争抢谋利的产业，这样的话利益就可以得到平均分配，百姓也可以家用充足。这就是上天的理，也是古时候的道，天子您应当效法并将它定为制度，大夫应该遵守实行它。所以公仪子在鲁国做宰相的时候，回到家中看见妻子在织帛，非常地生气，赶走他妻子；在家中吃饭，吃到自家园地种的葵菜，气愤地将园中的葵菜拔了，说："我已经有俸禄，难道还要去争夺种菜人和织布女的利益吗？"古代的贤人君子做官都是这样，因此百姓都尊敬他们的德行，听从他们的教化，百姓受到他们廉洁的感化，因此就没有贪婪、卑鄙的行为。到周朝末年时，卿大夫就不再讲求礼义反而急于求利，失掉了谦让的风气而且有争田的讼事。所以诗人憎恶、讽刺他们说道："高高的那座南山啊，山石是那样地叠积；赫赫有名的师尹啊，百姓都在瞻望着您！"做官的人爱好仁义，百姓自然也就爱好仁义，风俗也就随之善良；做官的人好谋利，百姓也就不正直，风俗就会败坏。由此看来，天子与大夫，是百姓仰望、效法的榜样，是远方的人遥望着模仿的对象，怎么能处在贤人的地位却做出平民的行为呢？那些忙于谋取财利，常常担心自己穷困的想法，是平民的意向；忙于寻求仁义，时常忧虑不能教化百姓的打算，才是大夫的思想。《周易》上说："背着东西又坐着车，因此招致强盗的到来。"乘车是说处于君子的地位，负担东西则是小人的事情，这也就是说，处于君子的地位却做出了庶人的行为，那么他的祸患就一定会到来。如果处在君子的地位，也做君子应当做的事，那么，除了像公仪休在鲁国做宰相时那样做，也就没有别的事可以做的了。

《春秋》推崇的是统一，这是天地需要遵循的永恒的原则，是古今共通的道理。如今老师所述的道理彼此各有不同，人们的议论也彼此各不相同，诸子百家所研究的方向不同，意旨也就不一样，所以处在上位的人君无法掌握统一的标准，法令制度多次被改变，在下面的百姓不知道究竟应当怎样去遵守。臣认为凡是不属六艺的科目以及孔子学术的学说都应当一律被禁止，不允许它们同样发展。让邪僻的学说消失，然后学术的系统才可以统一，法令制度就可以更加明白，百姓也就知道自己该服从的对象了。

对策结束后，汉武帝让董仲舒担任江都相，辅佐易王。易王刘非，是汉武帝的哥哥，平常非常骄横，喜好勇武。董仲舒就用礼义扶正了易王，易王非常敬重他。一段时间后，易王问董仲舒说："越王勾践与大夫泄庸、文种、范蠡秘密谋划攻打吴国，后来最终灭亡了吴国。孔子说殷纣王时有三位仁人，我认为越王勾践也有他的三位仁人。春秋时候的齐桓公有了疑难就让管仲解答，我有了疑问就请您解说。"董仲舒回答说："臣愚昧不能回答出您所提出的问题。我听说春秋鲁国的国君鲁僖公曾经问鲁国的大夫柳下惠：'我想要攻打齐国，怎么样呢？'柳下惠说：'不可行。'他回到家后面上有忧色，说：'我听说如果攻伐别的国家不会问有仁德的人，国君想要攻打齐国为什么会问我呢！'柳下惠只不过是被询问一句罢了，尚且会感到羞愧，何况是那些设谋作降攻打吴国的人呢？由此说来，越国根本就没有一位仁人。仁人会端正他的义却不会谋取私利，阐明他的道却也不会计较自己的功劳，因此在孔子的门徒中，即使是还未成年的儿童也羞于谈论当时的五霸，因为五霸是推崇欺诈武力而不注重仁义的，越王君臣也不过是实行了不正当的诈术罢了，因此不值得孔子的门徒谈论，五霸虽然比其他诸侯贤明可是与三王相比，就好像看似像玉的关石与美玉相比一样啊。"易王说："你讲得很好。"

董仲舒治理国家时，是用《春秋》中记载的灾异变化的方法来推究阴阳错行的原因，所以在求雨时，闭阳纵阴，在止雨时就闭阴纵阳。这种祈求雨停止涝的方法被推行到江都全国，没有一次不随心所欲的。后来，董仲舒被废降为中大夫。因为之前，辽东郡祭祀汉高祖的高庙以及汉朝皇帝祭祖的地方长陵高园殿先后发生了火灾，董仲舒在家中推论天降火灾与人世的关系，奏章的草稿写好后没有上呈。主父偃来探望董仲舒时，私自翻看奏章草稿，他平时就嫉妒董仲舒，就把奏章的草稿偷走了，上交给了汉武帝。汉武帝召集很多儒生，让他们看董仲舒的奏章草稿。董仲舒的学生吕步舒并不知道这个奏章草稿是由他的老师写的，认为其中的言论非常愚昧。于是汉武帝将董仲舒交官问罪，并判处了死刑，汉武帝后来下诏赦免了他。董仲舒从此竟然不敢再谈论灾异的变化。

董仲舒为人十分廉洁正直。这时候汉朝正在对周边少数民族用兵，公孙弘研究《公羊春秋》不如董仲舒，但是公孙弘懂得迎合世俗，因而掌握大权，位至公卿。董仲舒认为公孙弘善于奉承谄媚，公孙弘十分嫉恨董仲舒。胶西王刘端也是汉武帝的哥哥，他为人十分放纵，凶残蛮横，曾经多次谋杀朝廷派去的二千石官吏。公孙弘就对汉武帝说："只有董仲舒可以担任胶西王的相。”胶西王刘端听说董仲舒是非常有名的儒家大师，比较尊重他，董仲舒害怕时间长了自己会遭到不测之罪，就以自己年老有病为由辞职回到了家中。董仲舒共做过江都、胶西两国的相，都是在辅佐骄横的诸侯王，他以身作则为下属做出表率，曾经多次上疏直言规谏皇帝，制定教令颁行国中，他所在的江都、胶西两个诸侯国的国都治理得很好。辞官归家后，他根本不管理家庭产业，只是埋头诵读，专心著书。

董仲舒养病在家时，朝廷中如果在讨论重大的问题，就派遣使者与廷尉张汤到他的家中征询他的意见，董仲舒的解答都有根据。从汉武帝刚刚即位，魏其侯窦婴和武侯田蚡先后做了丞相，开始推崇儒学，到董仲舒对策时，同样推尊宣扬孔子，抑黜百家。设置管理学校的官吏，州郡举荐茂材、孝廉，都是由董仲舒开始的。董仲舒老年时在家中寿终。后来他的家人迁到茂陵县，他的儿子以及孙子都凭借学问做了大官。

董仲舒的著作，都是用来阐明儒家经学意旨的，加上奏疏教令，总共有一百二十三篇。解说《春秋》一书记事的得失，以及《闻举》《玉杯》《蕃露》《清明》和《竹林》之类的文章，还有几十篇，十多万字，这些都流传到后世。我（班固）挑选其中切合现在社会和朝廷的内容编写在文章里。

赞说：刘向称赞“董仲舒有做君王辅佐的才能，即使是伊尹、吕望也没办法超过他，管仲、晏婴之辈，也是霸主的辅佐，恐怕是不如他吧。”刘向的儿子刘歆认为：“伊尹、吕尚是圣人的伴偶，王者如果得不到他们就无法兴起。所以颜渊死后，孔子说‘噫！天要灭亡我。’只有颜渊一个人能够和伊尹、吕望相比，至于宰我、子贡、子游、子夏等人就不能被列入圣人之偶的行列了。董仲舒恰逢西汉承接秦朝焚灭学术之后，《六经》都分崩离析，于是他下帷发愤钻研，潜心于经学大业，致使后来的学者对儒家学说有了系统一致的认识，从而成为了群儒的首领。可是考察他师友的渊源，看他们彼此之间的影响，董仲舒还是比不上子游、子夏，却说管仲、晏婴不如他，伊尹、吕望都超不过他，这种看法是不对的。”刘向的曾孙刘龚则是善于准确恰当评论人物的君子，他认为刘歆对董仲舒的评价是十分恰当的。

汉书卷六十一

张骞传第三十一

张骞，汉中人也，建元中为郎。时匈奴降者言匈奴破月氏王，以其头为饮器，月氏遁而怨匈奴，无与共击之。汉方欲事灭胡，闻此言，欲通使，道必更匈奴中，乃募能使者。骞以郎应募，使月氏，与堂邑氏奴甘父俱出陇西，径匈奴，匈奴得之，传诣单于。单于曰："月氏在吾北，汉何以得往使？吾欲使越，汉肯听我乎？"留骞十余岁，予妻，有子，然骞持汉节不失。

居匈奴西，骞因与其属亡向月氏，西走数十日，至大宛。大宛闻汉之饶财，欲通不得，见骞，喜，问欲何之。骞曰："为汉使月氏而为匈奴所闭道，今亡，唯王使人道送我。诚得至，反汉，汉之赂遗王财物不可胜言。"大宛以为然，遣骞，为发译道，抵康居。康居传致大月氏。大月氏王已为胡所杀，立其夫人为王。既臣大夏而君之，地肥饶，少寇，志安乐，又自以远远汉，殊无报胡之心。骞从月氏至大夏，竟不能得月氏要领。

留岁余，还，并南山，欲从羌中归，复为匈奴所得。留岁余，单于死，国内乱，骞与胡妻及堂邑父俱亡归汉。拜骞太中大夫，堂邑父为奉使君。

骞为人彊力，宽大信人，蛮夷爱之。堂邑父胡人，善射，穷急射禽兽给食。初，骞行时百余人，去十三岁，唯二人得还。

骞身所至者，大宛、大月氏、大夏、康居，而传闻其旁大国五六，具为天子言其地形，所有。

骞曰："臣在大夏时，见邛竹杖、蜀布，问安得此，大夏国人曰：'吾贾人往市之身毒国。身毒国在大夏东南可数千里。其俗土著，与大夏同，而卑湿暑热。其民乘象以战。其国临大水焉。'以骞度之，大夏去汉万二千里，居西南。今身毒又居大夏东南数千里，有蜀物，此其去蜀不远矣。今使大夏，从羌中，险，羌人恶之；少北，则为所得；从蜀，宜径，又无寇。"天子既闻大宛及大夏、安息之属皆大国，多奇物，土著，颇与中国同俗，而兵弱，贵汉财物；其北则大月氏、康居之属，兵疆，可以赂遗设利朝也。诚得而以义属之，则广地万里，重九译，致殊俗，威德遍于四海。天子欣欣以骞言为然。乃令蜀犍为发间使，四道并出：出駹，出莋，出徙，邛，皆各行一二千里。其北方闭氐、莋，南方闭嶲、昆明。昆明之属无君长，善寇盗，辄杀略汉使，终莫得通。然闻其西可千余里，有乘象国，名滇越，而蜀贾间出物者或至焉，于是汉以求大夏道始通滇国。初，汉欲通西南夷，费多，罢之。及骞言可以通大夏，乃复事西南夷。

骞以校尉从大将军击匈奴，知水草处，军得以不乏，乃封骞为博望侯。是岁元朔六年也。后二年，骞为卫尉，与李广俱出右北平击匈奴。匈奴围李将军，军失亡多，而骞后期当斩，赎为庶人。是岁骠骑将军破匈奴西边，杀数万人，至祁连山。其秋，浑邪王率众降汉，而金城、河西西并南山至盐泽，空无匈奴。匈奴时有候者到，而希矣。后二年，汉击走单于于漠北。

天子数问骞大夏之属。骞既失侯，因曰："臣在匈奴中，闻乌孙王号昆莫。昆莫父难兜靡本与大月氏俱在祁连、敦煌间，小国也。大月氏攻杀难兜靡，夺其地，人民亡走匈奴。子昆莫新生，傅父布就翎侯亡置草中，为求食，还，见狼乳之，又乌衔肉翔其旁，以为神，遂归匈奴，单于爱养之，及壮，以其父民众与昆莫，使将兵，数有功。时，月氏已为匈奴所破，西击塞王。塞王南走远徙，月氏居其地。昆莫既健，自请单于报父怨，遂西攻破大月氏。大月氏复西走，徙大夏地。昆莫略其众，因留居，兵稍疆，会单于死，不肯复朝事匈奴。匈奴遣兵击之，不胜，益以为神而远之。今单于新困于汉，而昆莫地空。蛮夷恋故地，又贪汉物，诚以此时厚赂乌孙，招以东居故地，汉遣公主为夫人，结昆弟，其势宜听，则是断匈奴右臂也。既连乌孙，自其西大夏之属皆可招来而为外臣。"天子以为然，拜骞为中郎将，将三百人，马各二匹，牛羊以万数，赍金币帛直数千钜万，多持节副使，道可便遣之旁国。骞既至乌孙，致赐谕指，未能得其决。语在《西域传》。骞即分遣副使使大宛、康居、月氏、大夏。乌孙发译道送骞，与乌孙使数十人，马数十匹，报谢，因令窥汉，知其广大。

骞还，拜为大行。岁余，骞卒。后岁余，其所遣副使通大夏之属者皆颇与其人俱来，于是西北国始通于汉矣。然骞凿空，诸后使往者皆称博望侯，以为质于外国，外国由是信之。其后，乌孙竟与汉结婚。

【译文】

张骞，是汉中地方的人，建元期间（前140—前135）任郎官。当时，有匈奴投降汉朝的人说：“匈奴攻破了月氏王，把他的头当作饮器用。”月氏人逃亡到他地，很怨恨匈奴，只恨没有其他国家能和他共同攻击匈奴。汉朝廷正考虑出兵灭胡的事，听到这样的话，就想与月氏通使，而道途必须经过匈奴，于是招募能够出使的人。张骞以郎官的身份应召，出使月氏，与堂邑氏部落的奴隶甘父一起道出陇西。路经匈奴，被匈奴人擒获，送去见单于（匈奴的王称“单于”）。单于说：“月氏在我国北面，汉朝怎么能够得以与他通使？我想要派人去越国，汉朝肯听从我的意思吗？”单于把张骞羁留在匈奴十余年，给他娶了妻，并生了儿子。然而张骞始终手持着汉朝出使的符节而不丢失。

因居住地方在匈奴西边，张骞就和一起出使的下属逃往月氏，向西走了几十天，到达大宛。大宛听说汉朝物资富饶，早想与汉交通而苦无门路可得，见到张骞很高兴，问张骞要到什么地方去。张骞说：“我是为汉朝出使月氏而被匈奴阻挡住道路的，现在好容易才逃出来，只有请你派人路上护送我了。如果能够返回汉，汉朝廷一定会赠送给你大量财物。”大宛君主认为他的话有道理，就遣送张骞，为他派了翻译向导，抵达康居。康居又传送到大月氏。大月氏王已被胡人所杀，他的夫人被立为王。既而大月氏使大夏臣服于他并统治了其地区。这里土地肥饶，少敌国侵略，大月氏一心只想安享太平，又以为离汉朝很远，所以没有一点向胡人报复的意思。张骞从大月氏到大夏，自始至终没有能弄清楚月氏的主要意图。

在大夏逗留了一年多，要回汉朝。沿着南山，从羌中回汉朝途中，又一次被匈奴擒获。拘留了一年多，匈奴单于去世，国内发生纷乱，张骞带着胡妻和堂邑父一起逃离回到了汉朝。汉武帝拜封张骞做太中大夫，堂邑父为奉使君。

张骞平时做人，坚忍有毅力，待人厚道宽大，蛮夷人都敬爱他。堂邑父是胡人，擅长射箭，在穷急的时候就射禽猎兽以供食用。张骞初去西域时，有百余名随从，去西域十三年后，只有二人得以返回汉朝。

张骞亲自经历的国家有大宛、大月氏、大夏、康居，而间接听人传说的周围五六个大国家的地形、出产等情况，也都向武帝一一作了汇报。

张骞说：“我在大夏时，见到了邛竹杖、蜀布，问当地人是怎么得到这些的？大夏国的人说‘我们的商人到身毒国去贩运来的。身毒国在大夏东南大约数千里，那里的习惯是世代定居在一个地方，和大夏相同，但比较卑湿暑热。那里的人骑象作战。其国土面临大水’。因而我估计，大夏距离汉朝一万二千里，位处西南。现在身毒又位于大夏东南数千里。而有蜀地出产的物品，那它距离蜀不会太远的。现在出使大夏，要从羌中经过，路途险恶，羌人又讨厌不欢迎；少许北上，则是匈奴占领地区；从蜀中去，路径合适，又没有盗贼。”武帝听说大宛和大夏、安息等国都是大国，多奇物异产，人们世代定居，与中国风俗很多相同，而且这些国家军事力量不强，看重汉朝的财物；他们的北面则是大月氏、康居等国，军事力量较强，可送给财物施之以利，诱使他们入朝。如果真能不出兵马而使他们归属汉朝，则可以扩大疆土万里，重视殊方远国，招致不同习俗的人，使威德遍布四海。武帝喜乐自得地认为张骞说得很对。就下令负有伺隙行事使命的使者们，从蜀犍为出发，四路并出：出駹，出莋，出徙、邛。四路都各走出了一二千里。北方受阻截于氐、莋，南方受阻于巂、昆明。昆明等部族，没有君主长上，擅长攻击抢掠，常常杀掠汉朝使者，最终没得以开通。但是听说昆明之西大约千余里，有骑乘象的国家，叫滇越，蜀的商人间或有出卖滇越物产或去过那个国家的，于是汉朝因寻找通大夏的道路而始得以通滇国。起初，汉朝想要沟通西南夷，因花费太多而停止。到张骞说可以通大夏，于是沟通西南夷的事又提了出来。

张骞以校尉身份随从大将军霍去病攻打匈奴，知道何处有水草，军队因而得以不受困乏，朝廷于是封张骞为博望侯。这一年是元朔六年（前123）。两年后，张骞任卫尉，和李广同出右北平攻打匈奴。匈奴包围住李广，军队死伤较多，而张骞也因援救迟到，罪当论斩，终以功折赎罚被贬为平民。这一年，骠骑将军霍去病攻破匈奴西边，斩杀数万人，军抵祁连山。这年秋天，浑邪王率部众向汉朝投降，由是金城、河西以西，并南山到盐泽，都空无匈奴人了。匈奴虽时有巡逻侦察的人来，但很少了。后两年，汉朝把匈奴单于赶到大漠以北的地方去了。

武帝几次向张骞询问大夏等国的情况。这时张骞已失去爵位，因而说：“我居住匈奴时，听说乌孙王叫昆莫。昆莫的父亲难兜靡本来和大月氏都居住在祁连、敦煌之间，是小国家。大月氏攻杀了难兜靡，侵夺其地盘，老百姓逃亡到匈奴。他的儿子昆莫刚生下来不久。昆莫的傅父乌孙大将军（布就翎侯）抱着他逃了出来，把他藏匿在草丛中，出去找寻食物回来，看见狼在喂昆莫奶汁，又有乌鸦衔着肉在他身旁飞翔，以为是天神降生，就带着昆莫归顺匈奴，单于喜欢而留养了他。到昆莫成年，单于把他父亲原有的部民交还给他，让他率领兵将，屡次建立战功。这时，月氏被匈奴打败，就向西攻打塞王，塞王向南方远徙，月氏就留居那里。昆莫已刚强有力，请求单于让自己去报父仇，因而向西攻破大月氏。大月氏再次西迁，迁移到大夏地方。昆莫治理安揖当地民众，就留住下来，兵力稍强大，适逢匈奴单于去世，不再愿意臣服于匈奴。匈奴派兵攻打，没有取胜，更认为他有神帮助，因而远远离开了。现在单于刚被汉所困，而昆莫控制的地方也空无人。蛮夷依恋故地，又贪爱汉朝物品，如趁这时机送给乌孙厚礼，提出让他东移到故地居住，汉朝再下嫁公主为单于的夫人，结拜成为兄弟之国，事事就会听从于汉朝。如此则断了匈奴的右臂。既与乌孙联结和好了，自乌孙以西的大夏等国都可招来为国外之臣。武帝认为张骞所言极是。就拜张骞为中郎将，带领三百人，每人配备骑乘的马二匹，牛羊以万计，携带的金银丝绸价值数千万，张骞的副使也多持有出使符节，以便沿途可派遣去其他国家。张骞到了乌孙，把汉皇帝的示指告知了乌孙王，没有得到决定性的答复。所说的话语记载在《西域传》中。张骞派遣副使出使大宛、康居、月氏、大夏等国。乌孙发派翻译向导送张骞，有乌孙使者数十人，马数十匹相随张骞来汉，报谢汉皇帝，并趁此了解汉朝情况，知道汉朝国土广大。

张骞返回汉以后，封为大行。过了一年多，张骞去世。又过一年多，他派遣去交通大夏等国的副使，大多与那些国家的使者一起来汉，于是西北的国家开始与汉朝相往来。自张骞开始通西域，以后出使的使者都称博望侯，以便取信于外国，外国因此相信汉朝。以后，乌孙终于与汉朝结为婚姻之国。

汉书卷六十二

司马迁传第三十二

昔在颛顼，命南正重司天，火正黎司地。唐、虞之际，绍重、黎之后，使复典之，至于夏、商，故重、黎氏世序天地。其在周，程伯林甫其后也。当宣王时，官失其守而为司马氏。司马氏世典周史。惠、襄之间，司马氏适晋。晋中军随会奔魏，而司马氏入少梁。

自司马氏去周适晋，分散，或在卫，或在赵，或在秦。其在卫者，相中山。在赵者，以传剑论显，蒯聩其后也。在秦者错，与张仪争论，于是惠王使错将兵伐蜀，遂拔，因而守之。错孙蕲，事武安君白起。而少梁更名夏阳。蕲与武安君坑赵长平军，还而与之俱赐死杜邮，葬于华池。蕲孙昌，为秦王铁官。当始皇之时，蒯聩玄孙卬为武信君将而徇朝歌。诸侯之相王，王卬于殷。汉之伐楚，卬归汉，以其地为河内郡。昌生毋怿，毋怿为汉市长。毋怿生喜，喜为五大夫，卒，皆葬高门。喜生谈，谈为太史公。

太史公学天官于唐都，受《易》于杨何，习道论于黄子。太史公仕于建元、元封之间，愍学者不达其意而师悖，乃论六家之要指曰：

《易大传》曰："天下一致而百虑，同归而殊涂。"夫阴阳、儒、墨、名、法、道德，此务为治者也。直所从言之异路，有省不省耳。尝窃观阴阳之术，大详而众忌讳，使人拘而多畏，然其序四时之大顺，不可失也。儒者博而寡要，劳而少功，是以其事难尽从，然其叙君臣、父子之礼，列夫妇、长幼之别，不可易也。墨者俭而难遵，是以其事不可遍循；然其强本节用，不可废也。法家严而少恩，然其正君臣上下之分，不可改也。名家使人俭而善失真，然其正名实，不可不察也。道家使人精神专一，动合无形，澹足万物。其为术也，因阴阳之大顺，采儒、墨之善，撮名、法之要，与时迁徙，应物变化，立俗施事，无所不宜，指约而易操，事少而功多。儒者则不然，以为人主天下之仪表也，君唱臣和，主先臣随。如此，则主劳而臣佚。至于大道之要，去健羡，黜聪明，释此而任术。夫神大用则竭，形大劳则敝；神形蚤衰，欲与天地长久，非所闻也。

夫阴阳，四时、八位、十二度、二十四节各有教令，曰“顺之者昌，逆之者亡”，未必然也，故曰“使人拘而多畏”。夫春生、夏长、秋收、冬藏，此天道之大经也，弗顺，则无以为天下纪纲。故曰“四时之大顺，不可失也”。

夫儒者，以六艺为法，六艺经传以千万数，累世不能通其学，当年不能究其礼。故曰“博而寡要，劳而少功”。若夫列君臣、父子之礼，序夫妇、长幼之别，虽百家弗能易也。

墨者亦上尧、舜，言其德行，曰“堂高三尺，土阶三等，茅茨不剪，采椽不斫；饭土簋，歠土刑，粝粱之食，藜藿之羹；夏日葛衣，冬日鹿裘。”其送死，桐棺三寸，举音不尽其哀。教丧礼，必以此为万民率。故天下共若此，则尊卑无别也。夫世异时移，事业不必同，故曰“俭而难遵”也。要曰“强本节用”，则人给家足之道也。此墨子之所长，虽百家不能废也。

法家不别亲疏，不殊贵贱，壹断于法，则亲亲尊尊之恩绝矣，可以行一时之计，而不可长用也，故曰“严而少恩”。若尊主卑臣，明分职不得相逾越，虽百家不能改也。

名家苛察缴绕，使人不得反其意，钊决于名，时失人情，故曰“使人俭而善失真”。若夫控名责实，参伍不失，此不可不察也。

道家无为，又曰无不为，其实易行，其辞难知。其术以虚无为本，以因循为用。无成势，无常形，故能究万物之情。不为物先后，故能为万物主。有法无法，因时为业；有度无度，因物兴舍。故曰“圣人不巧，时变是守”。虚者，道之常也；因者，君之纲也。群臣并至，使各自明也。其实中其声者谓之端，实不中其声者谓之款。款言不听，奸乃不生，贤不肖自分，白黑乃形。在所欲用耳，何事不成！乃合大道，混混冥冥。光耀天下，复反无名。凡人所生者神也，所托者形也。神大用则竭，形大劳则敝，形神离则死。死者不可复生，离者不可复合，故圣人重之。由此观之，神者生之本，形者生之俱。不先定其神形，而曰“我有以治天下”，何由哉？

太史公既掌天官，不治民。有子曰迁。

迁生龙门，耕牧河山之阳。年十岁则诵古文。二十而南游江、淮，上会稽，探禹穴，窥九疑，浮沅、湘。北涉汶、泗，讲业齐鲁之都，观夫子遗风，乡射邹峄；阸困蕃、薛、彭城，过梁、楚以归。于是迁仕为郎中，奉使西征巴、蜀以南，略邛、莋、昆明，还报命。

是岁，天子始建汉家之封，而太史公留滞周南，不得与从事，发愤且卒。而子迁适反，见父于河、洛之间。太史公执迁手而泣曰："予先，周室之太史也。自上世尝显功名虞、夏，典天官事。后世中衰，绝于予乎？汝复为太史，则续吾祖矣。今天子接千岁之统，封泰山，而予不得从行，是命也夫！命也夫！予死，尔必为太史；为太史，毋忘吾所欲论著矣。且夫孝，始于事亲，中于事君，终于立身；扬名于后世，以显父母，此孝之大也。夫天下称周公，言其能论歌文、武之德，宣周、召之风，达大王、王季思虑，爰及公刘，以尊后稷也。幽、厉之后，王道缺，礼乐衰，孔子脩旧起废，论《诗》《书》，作《春秋》，则学者至今则之。自获麟以来四百有余岁，〔而〕诸侯相兼，史记放绝。今汉兴，海内壹统，明主贤君，忠臣义士，予为太史而不论载，废天下之文，予甚惧焉，尔其念哉！"迁俯首流涕曰："小子不敏，请悉论先人所次旧闻，不敢阙。"卒三岁，而迁为太史令，紬史记石室金鐀之书。五年而当太初元年，十一月甲子朔旦冬至，天历始改，建于明堂，诸神受记。

太史公曰："先人有言"'自周公卒五百岁而有孔子，孔子至于今五百岁，有能绍而明之，正《易传》，继《春秋》，本《诗》《书》《礼》《乐》之际。'意在斯乎！意在斯乎！小子何敢攘焉！"

上大夫壶遂曰："昔孔子为何作《春秋》哉？"太史公曰："余闻之董生：'周道废，孔子为鲁司寇，诸侯害之，大夫壅之。孔子知时之不用，道之不行也，是非二百四十二年之中，以为天下仪表，贬诸侯，讨大夫，以达王事而已矣。'子曰：'我欲载之空言，不如见之于行事之深切著明也。'《春秋》上明三王之道，下辨人事之经纪，别嫌疑，明是非，定犹与，善善恶恶，贤贤贱不肖，存亡国，继绝世，补弊起废，王道之大者也。《易》，著天地、阴阳、四时、五行，故长于变；《礼》，纲纪人伦，故长于行；《书》，记先王之事，故长于政；《诗》，记山川、溪谷、禽兽、草木、牝牡、雌雄，故长于风；《乐》，乐所以立，故长于和；《春秋》，辩是非，故长于治人。是故《礼》以节人，《乐》以发和，《书》以道事，《诗》以达意，《易》以道化，《春秋》以道义。拨乱世反之正，莫近于《春秋》。《春秋》文成数万，其指数千。万物之散聚皆在《春秋》。《春秋》之中，弑君三十六，亡国五十二，诸侯奔走不得保社稷者不可胜数。察其所以，皆失其本已。故《易》曰‘差以豪厘，谬以千里’。故‘臣弑君，子弑父，非一朝一夕之故，其渐久矣’。有国者不可以不知《春秋》，前有谗而不见，后有贼而不知。为人臣者不可以不知《春秋》，守经事而不知其宜，遭变事而不知其权。为人君父者而不通于《春秋》之义者，必蒙首恶之名。为人臣子不通于《春秋》之义者，必陷篡弑诛死之罪。其实皆以善为之，而不知其义，被之空言不敢辞。夫不通礼义之指，至于君不君，臣不臣，父不父，子不子。夫君不君则犯，臣不臣则诛，父不父则无道，子不子则不孝：此四行者，天下之大过也。以天下大过予之，受而不敢辞。故《春秋》者，礼义之大宗也。夫礼禁未然之前，法施已然之后；法之所为用者易见，而礼之所为禁者难知。”

壶遂曰：“孔子之时，上无明君，下不得任用，故作《春秋》，垂空文以断礼义，当一王之法。今夫子上遇明天子，下得守职，万事既具，咸各序其宜，夫子所论，欲以何明？”太史公曰：“唯唯，否否，不然。余闻之先人曰：‘虙戏至纯厚，作《易》八卦。尧、舜之盛，《尚书》载之，礼乐作焉。汤、武之隆，诗人歌之。《春秋》采善贬恶，推三代之德，褒周室，非独刺讥而已也。’汉兴已来，至明天子，获符瑞，封禅，改正朔，易服色，受命於穆清，泽流罔极，海外殊俗，重译款塞，请来献见者，不可胜道。臣下百官，力诵圣德，犹不能宣尽其意。且士贤能矣，而不用，有国者耻也；主〔上〕明圣，德不布闻，有司之过也。且余掌其官，废明圣盛德不载，灭功臣、贤大夫之业不述，堕先人所言，罪莫大焉。余所谓述故事，整齐其〔世〕传，非所谓作也，而君比之《春秋》，谬矣。”

于是论次其文。十年而遭李陵之祸，幽于累绁。乃喟然而叹曰：“是余之罪夫！身亏不用矣。”退而深惟曰：“夫《诗》《书》隐约者，欲遂其志之思也。”卒述陶唐以来，至于麟止，自黄帝始。《五帝本纪》第一，《夏本纪》第二，《殷本纪》第三，《周本纪》第四，《秦本纪》第五，《始皇本纪》第六，《项羽本纪》第七，《高祖本纪》第八，《吕后本纪》第九，《孝文本纪》第十，《孝景本纪》第十一，《今上本纪》第十二。《三代世表》第一，《十二诸侯年表》第二，《六国年表》第三，《秦楚之际月表》第四，《汉诸侯年表》第五，《高祖功臣年表》第六，《惠景间功臣年表》第七，《建元以来侯者年表》第八，《王子侯者年表》第九，《汉兴以来将相名臣年表》第十。《礼书》第一，《乐书》第二，《律书》第三，《历书》第四，《天官书》第五，《封禅书》第六，《河渠书》第七，《平准书》第

八。《吴太伯世家》第一,《齐太公世家》第二,《鲁周公世家》第三,《燕召公世家》第四,《管蔡世家》第五,《陈杞世家》第六,《卫康叔世家》第七,《宋微子世家》第八,《晋世家》第九,《楚世家》第十,《越世家》第十一,《郑世家》第十二,《赵世家》第十三,《魏世家》第十四,《韩世家》第十五,《田完世家》第十六,《孔子世家》第十七,《陈涉世家》第十八,《外戚世家》第十九,《楚元王世家》第二十,《荆燕王世家》第二十一,《齐悼惠王世家》第二十二,《萧相国世家》第二十三,《曹相国世家》第二十四,《留侯世家》第二十五,《陈丞相世家》第二十六,《绛侯世家》第二十七,《梁孝王世家》第二十八,《五宗世家》第二十九,《三王世家》第三十。《伯夷列传》经一,《管晏列传》第二,《老子韩非列传》第三,《司马穰苴列传》第四,《孙子吴起列传》第五,《伍子胥列传》第六,《仲尼弟子列传》第七,《商君列传》第八,《苏秦列传》第九,《张仪列传》第十,《樗里甘茂列传》第十一,《穰侯列传》第十二,《白起王翦列传》第十三,《孟子荀卿列传》第十四,《平原虞卿列传》第十五,《孟尝君列传》第十六,《魏公子列传》第十七,《春申君列传》第十八,《范雎蔡泽列传》第十九,《乐毅列传》第二十,《廉颇蔺相如列传》第二十一,《田单列传》第二十二,《鲁仲连列传》第二十三,《屈原贾生列传》第二十四,《吕不韦列传》第二十五,《刺客列传》第二十六,《李斯列传》第二十七,《蒙恬列传》第二十八,《张耳陈馀列传》第二十九,《魏豹彭越列传》第三十,《黥布列传》第三十一,《淮阴侯韩信列传》第三十二,《韩王信卢绾列传》第三十三,《田儋列传》第三十四,《樊郦滕灌列传》第三十五,《张丞相仓列传》第三十六,《郦生陆贾列传》第三十七,《傅靳蒯成侯列传》第三十八,《刘敬叔孙通列传》第三十九,《季布栾布列传》第四十,《爰盎朝错列传》第四十一,《张释之冯唐列传》第四十二,《万石张叔列传》第四十三,《田叔列传》第四十四,《扁鹊仓公列传》第四十五,《吴王濞列传》第四十六,《魏其武安列传》第四十七,《韩长孺列传》第四十八,《李将军列传》第四十九,《卫将军骠骑列传》第五十,《平津主父列传》第五十一,《匈奴列传》第五十二,《南越列传》第五十三,《闽越列传》第五十四,《朝鲜列传》第五十五,《西南夷列传》第五十六,《司马相如列传》第五十七,《淮南衡山列传》第五十八,《循吏列传》第五十九,《汲郑列传》第六十,《儒林列传》第六十一,《酷吏列传》第六十二,《大宛列传》第六十三,《游侠列传》第六十四,《佞幸列传》第六十五,《滑稽列传》第六十六,《日者列传》第六十七,《龟策列传》第六十八,《货殖列传》第六十九。

惟汉继五帝末流,接三代绝业。周道既废,秦拨去古文,焚灭《诗》《书》,故明堂、石室、金镄、玉版图籍散乱。汉兴,萧何次律令,韩信申军法,张苍为章程,叔孙通定礼仪,则文学彬彬稍进,《诗》《书》往往间出。自曹参荐盖公言黄、老,而贾谊、晁错明申、韩,公孙弘以儒显,百年之间,天下遗文古事靡不毕集。太史公仍父子相继篹其职,曰:“於戏!余维先人尝掌斯事,显于唐、虞;至于周,复典之。故司马氏世主天官,至于余乎,钦念哉!”网罗天下放失旧闻,王迹所兴,原始察终,见盛观衰,论考之行事,略三代,录秦、汉,上记轩辕,下至于兹,著十二本纪;既科条之矣,并时异世,年差不明,作十表;礼乐损益,律历改易,兵权、山川、鬼神,天人之际,承敝通变,作八书;二十八宿环北辰,三十辐共一毂,运行无穷,辅弼股肱之臣配焉,忠信行道以奉主上,作三十世家;扶义俶傥,不令已失时,立功名于天下,作七十列传:凡百三十篇,五十二万六千五百字,为《太史公书》。序略,以拾遗补蓺,成一家言,协《六经》异传,齐百家杂语,臧之名山,副在京师,以竢后圣君子。第七十,迁之自叙云尔。而十篇缺,有录无书。

迁既被刑之后,为中书令,尊宠任职。故人益州刺史任安予迁书,责以古贤臣之义。迁报之曰:

少卿足下:曩者辱赐书,教以慎于接物,推贤进士为务。意气勤勤恳恳,若望仆不相师用,而流俗人之言。仆非敢如是也。虽罢驽,亦尝侧闻长者遗风矣。顾自以为身残处秽,动而见尤,欲益反损,是以抑郁而无谁语。谚曰:“谁为为之,孰令听之?”盖锺子期死,伯牙终身不复鼓琴。何则?士为知己用,女为说己容。若仆大质已亏缺,虽材怀随、和,行若由、夷,终不可以为荣,适足以发笑而自点耳。

书辞宜答,会东从上来,又迫贱事,相见日浅,卒卒无须臾之间得竭指意。今少卿抱不测之罪,涉旬月,迫季冬,仆又薄从上上雍,恐卒然不可讳。是仆终已不得舒愤懑以晓左右,则长逝者魂魄私恨无穷。请略陈固陋。阙然不报,幸勿过。

仆闻之:修身者,智之府也;爱施者,仁之端也;取予者,义之符也;耻辱者,勇之决也;立名者,行之极也。士有此五者,然后可以托于世,列于君子之林矣。故祸莫憯于欲利,悲莫痛于伤心,行莫丑于辱先,而诟莫大于宫刑。刑余之人，无所比数，非一世也，所从来远矣！昔卫灵公与雍渠载，孔子适陈；商鞅因景监见，赵良寒心；同子参乘，爰丝变色：自古而耻之。夫中材之人，事关于宦竖，莫不伤气，况慷慨之士乎！如今朝虽乏人，奈何令刀锯之余荐天下豪隽哉！仆赖先人绪业，得待罪辇毂下，二十余年矣。所以自惟：上之，不能纳忠效信，有奇策材力之誉，自结明主；次之，又不能拾遗补阙，招贤进能，显岩穴之士；外之，不能备行伍，攻城野战，有斩将搴旗之功；下之，不能累日积劳，取尊官厚禄，以为宗族交游光宠。四者无一遂，苟合取容，无所短长之效，可见于此矣。鄉者，仆亦尝厕下大夫之列，陪外廷末议。不以此时引维纲，尽思虑，今已亏形为埽除之隶，在阘茸之中，乃欲卬首信眉，论列是非，不亦轻朝廷，羞当世之士邪！嗟乎！嗟乎！如仆，尚何言哉！尚何言哉！

且事本末未易明也。仆少负不羁之才，长无乡曲之誉，主上幸以先人之故，使得奉薄技，出入周卫之中。仆以为戴盆何以望天，故绝宾客之知，忘室家之业，日夜思竭其不肖之材力，务壹心营职，以求亲媚于主上。而事乃有大谬不然者。夫仆与李陵俱居门下，素非相善也，趣舍异路，未尝衔杯酒接殷勤之欢。然仆观其为人自奇士，事亲孝，与士信，临财廉，取予义，分别有让，恭俭下人，常思奋不顾身以徇国家之急。其素所畜积也，仆以为有国士之风。夫人臣出万死不顾一生之计，赵公家之难，斯已奇矣。今举事壹不当，而全躯保妻子之臣随而媒孽其短，仆诚私心痛之！且李陵提步卒不满五千，深践戎马之地，足历王庭，垂饵虎口，横挑强胡，卬亿万之师，与单于连战十余日，所杀过当。虏救死扶伤不给，旃裘之君长咸震怖，乃悉征左右贤王，举引弓之民，一国共攻而围之。转斗千里，矢尽道穷，救兵不至，士卒死伤如积。然李陵一呼劳军，士无不起，躬流涕，沫血饮泣，张空弮，冒白刃，北首争死敌。陵未没时，使有来报，汉公卿王侯皆奉觞上寿。后数日，陵败书闻，主上为之食不甘味，听朝不怡。大臣忧惧，不知所出。仆窃不自料其卑贱，见主上惨凄怛悼，诚欲效其款款之愚。以为李陵素与士大夫绝甘分少，能得人之死力，虽古名将不过也。身虽陷败，彼观其意，且欲得其当而报汉。事已无可奈何，其所摧败，功亦足以暴于天下。仆怀欲陈之，而未有路，适会召问，即以此指推言陵功，欲以广主上之意，塞睚眦之辞。未能尽明，明主不深晓，以为仆沮贰师，而为李陵游说，遂下于理。拳拳之忠，终不能自列。因为诬上，卒从吏议。家贫，财赂不足以自赎，交游莫救，左右亲近不为壹言。身非木石，独与法吏为伍，深幽囹圄之中，谁可告诉者！此正少卿所亲见，仆行事岂不然邪？李陵既生降，隤其家声，而仆又茸以蚕室，重为天下观笑。悲夫！悲夫！

事未易一二为俗人言也。仆之先人，非有剖符丹书之功，文史、星历，近乎卜祝之间，固主上所戏弄，倡优畜之，流俗之所轻也。假令仆伏法受诛，若九牛亡一毛，与蝼蚁何异！而世又不与能死节者比，特以为智穷罪极，不能自免，卒就死耳。何也？素所自树立使然。人固有一死，死有重于泰山，或轻于鸿毛，用之所趋异也。太上不辱先，其次不辱身，其次不辱理色，其次不辱辞令，其次诎体受辱，其次易服受辱，其次关木索被棰楚受辱，其次鬄毛发婴金铁受辱，其次毁肌肤断支体受辱，最下腐刑，极矣。传曰“刑不上大夫”，此言士节不可不厉也。猛虎处深山，百兽震恐，及其在阱槛之中，摇尾而求食，积威约之渐也。故士有画地为牢势不入，削木为吏议不对，定计于鲜也。今交手足，受木索，暴肌肤，受榜棰，幽于圜墙之中，当此之时，见狱吏则头枪地，视徒隶则心惕息。何者？积威约之势也。及已至此，言不辱者，所谓强颜耳，曷足贵乎！且西伯，伯也，拘牖里；李斯，相也，具五刑；淮阴，王也，受械于陈；彭越、张敖，南鄉称孤，系狱具罪；绛侯诛诸吕，权倾五伯，囚于请室；魏其，大将也，衣赭，关三木；季布为朱家钳奴；灌夫受辱居室；此人皆身至王侯将相，声闻邻国，及罪至罔加，不能引决自财。在尘埃之中，古今一体，安在其不辱也！由此言之，勇怯，势也；强弱，形也。审矣，曷足怪乎！且人不能蚤自财绳墨之外，已稍陵夷至于鞭棰之间，乃欲引节，斯不亦远乎！古人所以重施刑于大夫者，殆为此也。夫人情莫不贪生恶死，念亲戚，顾妻子，至激于义理者不然，乃有不得已也。今仆不幸，蚤失二亲，无兄弟之亲，独身孤立，少卿视仆于妻子何如哉？且勇者不必死节，怯夫慕义，何处不勉焉！仆虽怯耎欲苟活，亦颇识去就之分矣，何至自湛溺累绁之辱哉！且夫臧获婢妾犹能引决，况若仆之不得已乎！所以隐忍苟活，函粪土之中而不辞者，恨私心有所不尽，鄙没世而文采不表于后也。

古者富贵而名摩灭，不可胜记，唯俶傥非常之人称焉。盖西伯拘而演《周易》；仲尼戹而作《春秋》；屈原放逐，乃赋《离骚》；左丘失明，厥有《国语》，孙子膑脚，《兵法》修列；不韦迁蜀，世传《吕览》；韩非囚秦，《说难》《孤愤》。《诗》三百篇，大氐贤圣发愤之所为作也。此人皆意有所郁结，不得通其道，故述往事，思来者。及如左丘明无目，孙子断足，终不可用，退论书策以舒其愤，思垂空文以自见。仆窃不逊，近自托于无能之辞，网罗天下放失旧闻，考之行事，稽其成败兴坏之理，凡百三十篇，亦欲以究天人之际，通古今之变，成一家之言。草创未就，适会此祸，惜其不成，是以就极刑而无愠色。仆诚已著此书，藏之名山，传之其人，通邑大都，则仆偿前辱之责，虽万被戮，岂有悔哉！然此可为智者道，难为俗人言也。

且负下未易居，下流多谤议。仆以口语遇遭此祸，重为乡党戮笑，侮辱先人，亦何面目复上父母之丘墓乎？虽累百世，垢弥甚耳！是以肠一日而九回，居则忽忽若有所亡，出则不知所如往。每念斯耻，汗未尝不发背沾衣也。身直为闺阁之臣，宁得自引深臧于岩穴邪！故且从俗浮湛，与时俯仰，以通其狂惑。今少卿乃教以推贤进士，无乃与仆之私指谬乎？今虽欲自雕瑑，曼辞以自解，无益，于俗不信，祇取辱耳。要之死日，然后是非乃定。书不能尽意，故略陈固陋。

迁既死后，其书稍出。宣帝时，迁外孙平通侯杨恽祖述其书，遂宣布焉。至王莽时，求封迁后，为史通子。

赞曰：自古书契之作而有史官，其载籍博矣。至孔氏籑之，上(继)〔断〕唐尧，下讫秦缪。唐、虞以前，虽有遗文，其语不经，故言黄帝、颛顼之事未可明也。及孔子因鲁史记而作《春秋》，而左丘明论辑其本事以为之传，又籑异同为《国语》。又有《世本》，录黄帝以来至春秋时帝王、公、侯、卿、大夫祖世所出。春秋之后，七国并争，秦兼诸侯，有《战国策》。汉兴伐秦定天下，有《楚汉春秋》。故司马迁据《左氏》《国语》，采(世本》《战国策》，述《楚汉春秋》，接其后事，讫于(大)〔天〕汉。其言秦、汉，详矣。至于采经摭传，分散数家之事，甚多疏略，或有抵梧。亦其涉猎者广博，贯穿经传，驰骋古今，上下数千载间，斯以勤矣。又，其是非颇缪于圣人，论大道则先黄、老而后六经，序游侠则退处士而进奸雄，述货殖则崇势利而羞贱贫，此其所蔽也。然自刘向、扬雄博极群书，皆称迁有良史之材，服其善序事理，辨而不华，质而不俚，其文直，其事核，不虚美，不隐恶，故谓之实录。乌呼！以迁之博物洽闻，而不能以知自全，既陷极刑，幽而发愤，书亦信矣。迹其所以自伤悼，《小雅》巷伯之伦。夫唯《大雅》"既明且哲，能保其身"，难矣哉！

【译文】

从前在颛顼统治的时期，命令南王重掌管天文，命令火正黎掌管地理。唐尧虞舜统治的时期，继续任命重和黎的后代来掌管天文与地理，直到夏朝和商朝。因此姓重的与姓黎的世代掌管着天文地理，西周时，封为程伯的林甫就是他们的后代。到周宣王时，他们两家失去了主管天文地理的官职，而改为司马氏。司马氏世代负责主管周朝的历史。在周惠王和周襄王时，司马氏到了晋国。晋国的中军元帅随会逃奔到魏国后，司马氏也跟随他来到了少梁。

自从司马氏的家族离开周到晋国后，他们就分散开来，有的人在卫国，有的人在赵国，有的人在秦国。在卫国的司马氏，后来做了中山国的相。在赵国的司马氏，由于传播与剑术有关的理论而声名显赫，蒯聩就是他们的后代。在秦国的司马错，曾经与张仪争论讨伐蜀的事，秦惠王采纳他的建议，命令他率兵伐蜀。他取得胜利并且被任命为蜀郡守。司马错的孙子司马蕲是武安君白起的部下。此时少梁改名为夏阳。司马蕲与武安君白起共同在长平坑杀赵国的四十余万人的军队。回到秦国后，他与白起都被秦王赐死在杜邮，被埋葬在华池。司马错的孙子名叫司马昌，在秦国担任铁官。在秦始皇(应该是“秦二世”)时，蒯聩的玄孙司马卬担任武信君武臣的将军，领兵攻占朝歌。在项羽赐封十八个诸侯时，封司马卬为殷王。在汉王刘邦讨伐楚王羽时，司马卬归附汉，汉王将司马卬统治区改为内郡。司马昌生下了司马毋怿，司马毋怿担任汉朝长安的市长。司马毋怿生下司马喜，司马喜曾经为五大夫。他们死后，都被埋葬在高门。司马喜生下司马谈，司马谈曾经任太史公(令)。

太史公曾经向唐都学习天文学，在杨何处学习《周易》，在黄子处学习道论。太史公在汉武帝建元到元封年间做官，他担忧学习先秦各家学说的人，没能了解各家学说的本意，只是盲目信奉一些荒谬的说法，因此就论述六家的学说的主要精神道：

《易·大传》中说：“天下人的方向虽然一致，但是想法却是多种多样，目标相同，可是所走的路却不相同。”阴阳家、儒家、墨家、名家、法家、道德家，这几个学派都是将治理国家作为要务的，但他们的学说却不相同。我认为在阴阳家的学说中，崇尚祥瑞而且忌讳很多，常常让人受到限制因而产生许多畏惧，然而它所排列的一年四季顺序是不能被废弃的。儒家学说虽然广博但是缺少要领，费力不少却功效不大，因此它所提倡的学说是难以完全照办的。然而它所规定的君臣、父子之间的礼仪，夫妇、长幼之间的区别，是不能被改变的。墨家主张节俭却让人难以遵从，因此墨家主张的事情不能够全部采用。然而墨家学说中关于加强本业发展以及厉行节约的主张则是不可以被丢弃的。法家的主张十分严厉苛刻、缺少恩谊。然而他们要求端正君臣上下的名分这一点是不可以被改变的。名家过于拘泥于形式反而容易丧失对事物的正确认识，然而它的辩证名与实关系问题则不能不被认真考虑。道家让人精神合一，行动合乎无形的“道”，才可以使得万物丰足完美。他们的学说，因循阴阳排列四时的顺序，吸取儒、墨两家学说的长处，总取名、法家两家学说的精华。随着时间而转移，顺着事物而变化，这样来确立常规和处理事务，就没有不相适宜的。并且意旨简明而且易于掌握，所办的事情虽然不多，但是功效却很大。儒家却不是这样。他们认为君主是天下人的表率，所有事情是君主倡导而臣下应当应和，君主先行而臣下应当随从。像这样做，就会君主劳累而臣下却安逸。至于伟大道家的理论精髓，既去掉刚强和贪欲，又废黜聪明与智慧。儒家却抛开这些而任用儒术来进行统治。精神如果用得过分就会枯竭，身体如果过度劳累就会损坏；精神和身体如果过早衰竭，却想与天地一样长久，这样的事情还从没听说过。

阴阳学说对于一年四季、八卦方位、十二星次、二十四节气都各有规定与禁忌，还说什么，顺着这些做就会国家昌盛，违背这些就会国家灭亡，其实未必如此，所以才说它“使人受到限制而且产生许多畏惧”。至于春生、夏长、秋收、冬藏，这些是大自然运行的规律，如果不遵从它就没有可以被作为天下法则的了。所以，阴阳学说所规定的“一年四时的运行顺序是不能被丢掉的”。

儒家将六艺作为准则，六艺的经传文字数以千万计，人们连续几代人都无法弄通它的学说，花一辈子时间也不能够完全通晓它所说的礼仪。所以说儒家的学说“广博却缺少要领，费力不少但是功效却很小”。至于儒家学说中序列君臣、父子之间的礼仪，夫妇、长幼间的区别，这是其他各家的学说也不能够改变的。

墨家也崇尚尧舜，并且称述尧舜的德行说：“他们居住在三尺高的殿堂中，土筑的台阶有三层，茅草的房顶不加修剪，柞木的屋椽不加雕饰；盛饭用陶簋，装汤用瓦盆。吃的都是糙米饭，喝的都是豆叶汤；夏天穿着葛衣，冬日披着鹿皮”。他们埋葬死亡的人，用三寸薄的桐木板做棺材，哭的声音也并不悲哀。教育人民要遵循葬礼，一定以此作为标准。要使天下都像这样，那么也就没有尊贵与卑下的区别了。世道不同，时代变更，事业不必相同，所以才说“墨家所倡导的节俭人们难以遵循”。总之，墨家所主张的强本节用，是引导家富人足的办法。这是墨家学说的长处，即使百家也不能抛弃这一点。

法家不分辨关系的亲疏，不区分地位的尊卑，一律依法决断。这样就会把爱亲属、尊长的恩谊断绝了。因此可以用它作为临时的措施，但是不能够长期施用。因此才说法家“严厉苛刻但是缺少恩谊”。至于法家学说主张使君王尊贵使臣子卑下，明确职分界限不能够互相逾越，这是各家学说也不能够更改的。

名家的学说烦琐细碎、纠缠不清，让人无法推求它的真意，如果专注于名词概念的推理，反而会失去易于掌握的常理。所以说名家学说“使人受到约束反而容易丧失对事物的正确认识”。至于它所说的循名责实，综合考察事物的本质这一点，倒是不可不被认真考虑的。

道家宣扬的是无为，又说无不为，它实际上主张是容易实行的，但是其言辞却难于理解。它的学说将虚无作为理论基础，将顺应自然作为实践原则。既没有既成不变的势，也没有固定不变的形。所以才能够推究出万物的实情。既不能走在事物前边，也不会落在事物后边，因此才能够成为万物的主宰。法则的有无，应该顺应时势来确定，制度的兴废，应该根据事物的变化来决定。所以才说“圣人不巧取，顺应势进行变通”。虚无是道家学说的核心，因循是君主进行统治的纲领。群臣齐上朝，君主命他们各自表明自己的才干。实际情况与名声相符合的叫作端；实际情况与名声不相符的就叫作空。君主如果不听空而不实的话，奸邪就不会产生，贤与不肖自然可以分清了。黑白自然也就分明了。这就在于君主怎样运用它们了。这样做的话还有什么事情办不到呢！这样做就合乎大道，虽然看起来混混沌沌，但是光明却照耀天下，又返回到了无史的境界。人赖以生存的是精神，依托的是形体。精神如果用得过分就会枯竭，形体如果过分劳累就会损坏，形体与精神一旦分离人就会死亡。死去的人不能够再生，形神分离后就不会再复合，因此圣人非常重视这一问题。由此看来，精神是人们生存的根本，形体是人们生存的器具。如果不率先安定自己的精神和形体，反而侈谈什么“我的办法可以治理天下”凭借什么呢？

太史公职掌天文的工作，不管理民事。他有个儿子叫司马迁。

司马迁出生在龙门，曾经在龙门山南麓过着农耕放牧的生活。十岁的时候已经能够识读古文的著作。司马迁二十岁时到南方壮游江淮。他登上了会稽山，探访禹穴，到达九疑山，考察过舜的遗迹，泛舟在沅、湘水间。北渡汶水、泗水，在齐、鲁大都与人研讨学业，观察孔子教化的遗风，还曾在邹峄学习乡射的礼节；在游历蕃、薛、彭城等地时，司马迁一度遭危困，经过梁、楚地后回到长安。于是司马迁做了郎中，奉朝廷的命令出使西征巴蜀以南地区，略定邛、筰、昆明之后，司马迁回到长安向朝廷复命。

这一年，汉朝天子开始举行封禅典礼，而太史公却被留在周南，无法参与其事，因此心中十分愤懑得病将要死去。他的儿子司马迁恰巧此时出使返回，在洛阳见到自己的父亲。太史公抓住司马迁的手流着眼泪说："我们的祖先，曾经是周朝的太史。远在上古虞舜夏禹时期就取得过显赫的功名，主管天文的工作。后来衰落，难道就要断送在我这里吗？你继任为太史，就可以接续我们祖先的事业了。如今的天子继承汉朝千年一统的大业，要到泰山封禅，而我不能从行，这是命中注定的事情啊！我死后，你一定会担任太史；做了太史，你千万不要忘记我一心要编写的论著啊。况且孝，是从侍奉自己的双亲开始的，中间经过侍奉君主，最终才能够在社会上立足，从而扬名于后世，光耀自己的父母，这是孝中最主要的部分。天上称颂周公，就是说他可以歌颂周文王、武王的功德，宣扬周、召的遗风，使人们懂得周太王、王季的思想以及公刘的伟大功业，以使始祖后稷受到尊崇。周幽王、厉王之后，王道衰落，礼乐损坏，孔子研究、整理原有的文献典籍，振兴被废弃的王道以及礼乐。整理《诗》《书》，著作《春秋》，直到现在，学者们仍然将此为法则。从鲁哀公获麟到现在已经四百多年了，其间由于诸侯兼并发生混战、史书丢散、记载中断，当今汉朝兴起，海内统一，圣明的君主，忠贤的臣子、为赴义死难君子的事迹，我作为太史却没有进行评论记载，中断国家的历史文献，对此我感到非常不安，你可要记在心里啊！"司马迁低头流着眼泪说："小子虽然不聪明，但是一定将父亲编纂历史的计划全部完成，不敢有丝毫的缺漏。"太史公死后第三年，司马迁担任太史令，他阅读和摘抄石室金柜收藏的图书档案，又过五年，正当太初元年，十一月甲子初一凌晨冬至，汉朝开始改用太初历，新历法在明堂上公布，诸神受到记识。

太史公（司马迁）说："先父曾经说过：'从周公死后到五百年而有孔

子，从孔子到现在又五百年了。已经到了继承并且光大孔子的事业，修正《易传》，续写《春秋》，根据《诗》《书》《乐》来衡量一切的时候了。’意思就是这样吧！我怎敢推辞呢！”

上大夫壶遂问他：“当初孔子因为什么作《春秋》呢？”太史公答道：“我听董先生说：‘周朝的王道衰微，孔子作为鲁国的司寇，想要振兴王道。可是诸侯都陷害他，大夫都阻挠他。孔子知晓自己的主张在当时不会被君主采纳，王道没有办法推行。于是就把自己的是非褒贬寓意在《春秋》所记载的二百四十二年历史之中，来作为天下的准则。他贬斥僭礼的诸侯，声讨以下犯上的大夫，只不过是为实行王道罢了。’孔子说：‘我人为与其用空洞的说教去教育别的人，还不如去记载具体的历史事件，从事中见义，就会更为深切显明。’《春秋》一书，上能阐明三王的道，下能分辨人事伦理纲常，辨别嫌疑明辨是非，论定犹豫难决的事情，表彰善良，贬斥丑恶，尊重贤能的人，贱视不肖的人，保存已经灭亡了的国家的史迹，接续已经断绝的世系，弥补残缺，振兴衰废，这些都是王道的要点。《易》是专讲天地、阴阳、四时、五行的书，所以以变化见长；《礼》是用来规范人伦的，所以以行事见长；《书》是用来记载先王事迹的，所以以政事见长；《诗》是记载山川、溪谷、禽兽、草木、牝牡、雌雄的，所以以风土人情见长；《乐》是用来论述音乐经典的，所以以和谐见长；《春秋》是用来明辨是非的，所以以治人见长。由此可见，《礼》用来节制人欲，《乐》用来发扬和气，《书》用来指导政事，《诗》用来表达思想感情，《易》用来阐明事物变化，《春秋》用来指导人们遵守道义。治理乱世，让它走向正轨，没有比《春秋》再合适的了。《春秋》中的文字数万，旨意数以千计，万物的离散聚合都被集中在《春秋》里。在《春秋》中，记载着三十六起杀死君主的事件和五十二个亡国的事件，诸侯中奔走逃亡而不能保其国家的，简直多得无法统计。考察他们之所以会如此，都是因为失去礼义这个根本。所以《易》中说‘失之毫厘，差以千里’，因此‘臣弑君、子杀父，并不是一朝一夕的原因，而是逐渐发展而来的’。做国君的人不能不通晓《春秋》，否则就会前面有进谗言的人看不见，后面有奸贼作乱也不知道。作为人臣不能不通晓《春秋》，否则就会不知道日常事务如何处理才得当，遇到突发变故就不能采取权宜的计策去应对。作为人君、人父的，不能通晓《春秋》大义，一定会蒙上首恶的罪名。作为人臣、人子，不通晓《春秋》大义，一定会因为篡杀的罪名而被诛杀。其实他们都以为自己是在做好事，但却因为不知道其道义的所在，以致被加上空洞的罪名也不敢推卸。如果不通晓礼义的宗旨，就会导致君主不像君主，臣子不像臣子、父亲不像父亲、儿子不像儿子。君主不像君主，就会受到臣下的干犯，臣子不像臣子就会被诛杀，父亲不像父亲，就会没有人伦之道，儿子不像儿子就会忤逆不孝，这四种行为是天下最大的罪过。将天下最大罪过的罪名加在他们的头上，他们也只能接受而且不敢推辞。因此才说，《春秋》一书是礼义的根本。礼义的作用在于禁绝坏事的发生，法律的作用则是在坏事发生后进行制裁；法律所起的作用是显而易见的，而礼义所起到的防止作用却不容易被人了解。”

壶遂说：“孔子时，上面没有圣明的君主，下面臣子不被重用，所以才写作《春秋》，留下议论，用来裁断礼义，（当一王之法）作为统一的王法。如今您上面遇到圣明的君主，下面得以当官任职，万事俱备，各得其所，那么您所论述的，想要阐明什么呢？”太史公回答道：“啊啊，不不，不是这样的，我听我的父亲说：‘伏羲最为纯厚，他作《易》八卦。尧舜道德之盛，《尚书》对此予以记载，礼乐由此而兴起。商汤、周武功业兴隆，受到了诗人的歌颂。《春秋》扬善贬恶，推崇的是夏、商、周三代的盛德，褒扬周王室，不仅是讽刺而已。’从汉朝建立到现在的圣明天子，这期间曾获得吉祥的符瑞，举行封禅大典，改革历法，更换衣物的颜色，受命于天，天子的恩泽滋润无边际，即使处于海外异俗之地的国家也会辗转翻译叩关入境，请求献礼、朝见天子，这样的事多得说不完。臣下百官极力颂扬天子的圣德，尚且不能完全地表达自己的心意。况且，天下有贤能的人没有得到重用，是国君的耻辱；君主圣明，但是他的恩德不能传扬天下，这就是主管官员的过错。况且我担任史官工作，如果撇开当今天子的圣明功德不去记载，埋没功臣、贤大夫的功业不去论述，背弃我父亲的嘱咐，这是非常大的罪过。我所做的不过是记述历史故事，整理、归纳代代相传的史料，不是人们所说的著作，而您将它比作《春秋》就不对了。”

于是按照次序进行论述和编写。写作书的第十年，遭受到李陵之祸，被关进监狱。在狱中司马迁长叹道：“这是我的罪过啊！身体已经残废没有用了”。事后司马迁仔细思量道：“《诗》《书》的文义之所以会含蓄隐约，是作者想借此来更好地表达自己的深沉思想。”他于是着手记述由黄帝开始，直到武帝获麟期间的历史。它的篇目为：《五帝本纪》第一，《夏本纪》第二，《殷本纪》第三，《周本纪》第四，《秦本纪》第五，《始皇本纪》第六,《项羽本纪》第七,《高祖本纪》第八,《吕后本纪》第九,《孝文本纪》第十,《孝景本纪》第十一,《今上本纪》第十二。《三代世表》第一,《十二诸侯年表》第二,《六国年表》第三,《秦楚之际月表》第四,《汉诸侯年表》第五,《高祖功臣年表》第六,《惠景间功臣年表》第七,《建元以来侯者年表》第八,《王子侯者年表》第九,《汉兴以来将相名臣年表》第十。《礼书》第一,《乐书》第二,《律书》第三,《历书》第四,《天官书》第五,《封禅书》第六,《河渠书》第七,《平准书》第八。《吴太伯世家》第一,《齐太公世家》第二,《鲁周公世家》第三,《燕召公世家》第四,《管蔡世家》第五,《陈杞世家》第六,《卫康叔世家》第七,《宋微子世家》第八,《晋世家》第九,《楚世家》第十,《越世家》第十一,《郑世家》第十二,《赵世家》第十三,《魏世家》第十四,《韩世家》第十五,《田完世家》第十六,《孔子世家》第十七,《陈涉世家》第十八,《外戚世家》第十九,《楚元王世家》第二十,《荆燕王世家》第二十一,《齐悼惠王世家》第二十二,《萧相国世家》第二十三,《曹相国世家》第二十四,《留侯世家》第二十五,《陈丞相世家》第二十六,《绛侯世家》第二十七,《梁孝王世家》第二十八,《五宗世家》第二十九,《三王世家》第三十。《伯夷列传》第一,《管晏列传》第二,《老子韩非列传》第三,《司马穰苴列传》第四,《孙子吴起列传》第五,《伍子胥列传》第六,《仲尼弟子列传》第七,《商君列传》第八,《苏秦列传》第九,《张仪列传》第十,《樗里甘茂列传》第十一,《穰侯列传》第十二,《白起王翦列传》第十三,《孟子荀卿列传》第十四,《平原虞卿列传》第十五,《孟尝君列传》第十六,《魏公子列传》第十七,《春申君列传》第十八,《范雎蔡泽列传》第十九,《乐毅列传》第二十,《廉颇蔺相如列传》第二十一,《田单列传》第二十二,《鲁仲连列传》第二十三,《屈原贾生列传》第二十四,《吕不韦列传》第二十五,《刺客列传》第二十六,《李斯列传》第二十七,《蒙恬列传》第二十八,《张耳陈馀列传》第二十九,《魏豹彭越列传》第三十,《黥布列传》第三十一,《淮阴侯韩信列传》第三十二,《韩王信卢绾列传》第三十三,《田儋列传》第三十四,《樊郦滕灌列传》第三十五,《张丞相仓列传》第三十六,《郦生陆贾列传》第三十七,《傅靳蒯成侯列传》第三十八,《刘敬叔孙通列传》第三十九,《季布栾布列传》第四十,《爰盎晁错列传》第四十一,《张释之冯唐列传》第四十二,《万石张叔列传》第四十三,《田叔列传》第四十四,《扁鹊仓公列传》第四十五,《吴王濞列传》第四十六,《魏其武安列传》第四十七,《韩长孺列传》第四十八,《李将军列传》第四十九,《将军骠骑列传》第五十,《平津主父列传》第五十一,《匈奴列传》第五十二,《南越列传》第五十三,《闽越列传》第五十四,《朝鲜列传》第五十五,《西南夷列传》第五十六,《司马相如列传》第五十七,《淮南衡山列传》第五十八,《循吏列传》第五十九,《汲郑列传》第六十,《儒林列传》第六十一,《酷吏列传》第六十二,《大宛列传》第六十三,《游侠列传》第六十四,《佞幸列传》第六十五,《滑稽列传》第六十六,《日者列传》第六十七,《龟策列传》第六十八,《货殖列传》第六十九。

汉朝继承五帝的遗业,接续了被中断的三代事业,周朝王道衰微,秦朝毁弃古代的文化典籍,焚毁《诗》《书》,所以才造成明堂、石室金柜中的玉版图籍散乱。汉朝建立后,萧何颁布律令,韩信整顿军法,张苍制定章程,叔孙通制定礼仪。于是品学兼优的文人学者逐渐都被起用,《诗》《书》之类的典籍,也在全国各地不断被发现。自从曹参举荐用盖公,提倡黄老的学说,贾谊、晁错通晓申不害、韩非为代表的法家学说,公孙弘因为儒学而显达,一百年来,天下的遗留下的文章旧事都汇集到太史公这里。太史公父子相继担任这个职务,太史公说:"啊!我的祖先曾经担任这一官职,扬名于唐尧虞舜的时候,到周朝再次主管这一项工作。所以司马氏世世代代主管天下文史星历,一直到我啊,这一传统我必定恭敬不敢忘啊!"于是就搜集天下散佚的历史故事与传说,对于帝王兴起的业绩,进行追本溯源,探究始终。考察朝代盛衰的缘由,依据事实进行论述和考订。简略叙述三代,详细记录秦汉,从黄帝写起,一直到当朝的皇帝,著有十二篇本纪,已经列出大纲。同一时代或者是不同时代的纷繁历史事件,年代交叉很难明辨,因此作有十表。礼乐的增减,律历的改革,兵法权谋、山川形势、鬼神的问题,天人之间的关系,经济的变通,作有八书。像二十八宿围绕着北斗、三十根辐条共聚一毂而无穷地运行一样,辅佐得力的大臣与帝王相配合,忠诚行道,奉卫皇上,因此为他们作有三十世家。扶持正义,慷慨超群的人士,他们不让自己失去时机,而且立功名于天下,为他们作有七十列传。全书一共一百三十篇,五十二万六千五百字,这部书就是《太史公书》。本篇的《自序》概括地阐明了述作宗旨,就是拾取遗佚的史事来补充六艺的缺憾,形成了一家言的著作。它协调有关《六经》的各种不同解释,整齐百家杂说。将正本藏在名山,副本留放在京师,来等待后世的圣人君子观览。列传中的第七十篇,是司马迁的自叙。然而在这一百三十篇中缺少十篇，有目录但是没有内容。

司马迁受刑后，担任中书令，职高位尊。他的旧友益州刺史任安写信给他时，用古代贤臣的标准来要求他。司马迁回信说：

少卿足下：早些时候承蒙您写一封信给我，教我要谨慎地待人接物，并且担负起向皇帝举荐人才的义务。信中语言情真意切，好像在责备我没有遵从您的意见行事，反而听从世俗的流言，我是不敢这样做的。我虽才能平庸，但也曾经聆听过德高望重长者的遗教。我只是认为自己身体已经残废，而且又处在低贱的地位，稍微有举动就会受到责难，主观上想要有所作为，但是客观上反而会招来损害。因此我情绪苦闷却又找不到知心朋友去诉说。俗话说："为了谁这样做，又有谁可以来听我说呢？"所以，钟子期一死，伯牙终生都不再鼓琴。为什么呢？是因为士为知己者效力；女子为喜爱自己的人打扮。像我这样身体残废的人，即便怀有随侯珠、和氏璧那样的可贵之材，有如同许由、伯夷那样高尚的品德，终究也不能够以此为荣，相反会遭人耻笑而让自己更加污秽。

早就应该给你回信了，刚好随从皇帝东巡回来，又忙于烦琐的事务，彼此之间相见的日子越来越少，而我又匆忙没有空闲来详尽地说明我的心意。现在你遭受大难，再过一个月就接近行刑的日期了，我又将会随从皇帝前往雍地，恐怕转眼间你就会遭受不幸。这样，我将最终无法向你抒发我内心的愤懑，而你在九泉下的魂灵也会抱恨无穷。就请允许我说说自己固陋的见解吧。好久没给你回信，请原谅。

我曾听说过：加强自身修养是有智慧的象征；乐于施舍是仁德的开端；取舍得当是有道义的表现；正确对待耻辱则是判断勇敢的标准；树立好名声是品行的最高准则。士人只有具备这五条，才可以在社会上立足，进而步入君子之列。所以最惨的灾祸，莫过于贪图个人私利；最痛苦的悲哀，莫过于刺伤自尊心；最丑恶的行为，莫过于辱没了祖先；最大的耻辱，莫过于遭受到宫刑。受过宫刑的人，就没人愿意同他在一起，这不是一朝一代的事，而是已经由来已久了。从前，卫灵公和阉人雍渠一同坐一辆车，陪坐的孔子就感到十分耻辱，就离开卫国到陈国；商鞅依靠阉人景监的引荐，才得到秦孝公重用，赵良为此感到很恐惧；宦官赵同是文帝的参乘，袁盎怒而争谏。自古以来宦官就被视为可耻之人。就算是一般人，涉及有关宦官的事，也没有不挫伤锐气的，何况是那些慷慨激昂的士人呢！现在朝廷虽然缺乏人才，可是怎能让一个曾经受过宫刑的人去举荐天下的英雄豪杰呢？我依靠父亲的余业，才得以在京师任职，已经有二十多年了。平日里自己经常想：对上，我没能够竭尽忠诚，取得奇策高材的美誉，来博得圣明君主的赏识；其次，我也没能够替皇帝拾遗补缺、招贤进能，来让那些隐士的才干显露；对外，我也没参加军队去攻城野战，取得斩将拔旗那样的功绩；对下，我没能用积年的劳苦换取高官厚禄，来使宗族的朋友争光得宠。这四者，我没有一件事成功的，只不过是得过且过，受到了皇帝的收容罢了。我没有一点可以称道的长处，从这些就能看出来。过去，我也曾经居于下大夫行列，'事奉于朝堂之上，发表一些微不足道的议论，可我没能在那时候捍卫国家法度，为国家竭尽智谋，如今我身体残废了，做一个扫除的奴仆，处在这样卑贱的地位，却想要扬眉吐气、议论是非，这不是在轻蔑朝廷、羞辱当今的士人吗？唉！唉！像我这样的人，还有什么话可说呢？还有什么话可说呢？

况且，事情的原委是很不容易说清楚的。我年少时，才华横溢，长大成人后却没能博得乡里的称誉，幸好皇帝因我父亲的关系才使我得以贡献自己微薄的才能，出入戒备森严的宫禁中。我以为头顶着盆是看不到天空的，所以我就断绝朋友交往，将家庭的私事抛在一边，日夜想着竭尽我微薄的才能，专心致力于自己的本职工作，来博得皇帝的宠信。然而事情竟然出现与此完全相反的情况。我与李陵一同在宫中任职，平时并不十分要好，思想志趣也不相同，更没有在一起饮过酒，交过朋友。可是我观察他的为人，是一个能够自守节操的出众人物。他侍奉父母非常孝顺，结交士人很讲信用，对待财货廉洁奉公，取舍之间重德义，能够分辨尊卑长幼而且有礼让，谦恭自约，礼贤下士，又常想着奋不顾身，为了国家的危难而献身。从他平时的修养品德看，我认为他有国家杰出人才的风度。作为臣子，他出于宁肯万死，不求一生的考虑，奔赴国家危难，这已经是很了不起的了！如今因为他一件事做得不对，那些贪生怕死，只顾保全自己身家性命的臣子，就随意构陷他，夸大他的罪名，对此我感到十分痛心。况且，李陵率领不到五千名步兵，就长驱直入，足迹到达了匈奴的王庭。他的这支部队，虽不过是诱虎之师，但是他却能够主动出击，四处挑战，仰攻强敌，与匈奴单于的军队连战了十几天，所杀死的敌人超过自己军队的损失。杀得敌军连救死扶伤都顾不得。匈奴的君长都十分震惊，于是征调左、右贤王所属部队，发动全部能够拉弓打仗的人，动用全国的力量来围攻他们。李陵的军队转战千里，箭矢已经用尽，无路可走，但是救兵又不到，死伤的士卒堆积如山一样高。即使在这种情况下，李陵一声令下，疲惫的士卒没有一人不奋起，他们噙着眼泪，血流满面，咽下泪水，举起手中的空箭，冒着敌人的兵刃，向北争相与敌人决一死战。李陵的军队没覆没时，有使者来报告战况，朝廷的公卿王侯都向皇帝举杯祝贺。可是过几天，李陵兵败的消息传来，皇帝吃饭不香，听朝也不悦，大臣们十分担忧害怕，不知如何做是好。我不自量自己地位的卑下，看到主上极度悲伤，实在想对皇帝竭忠尽智。我认为李陵对部下能做到绝甘分少，因此也能得到部下的拼死出力，就是古代名将也比不上他。李陵虽失败被俘，我看他的心意，是想要在匈奴立功报答汉，来抵他败降之罪。事情到这种地步已经无法挽回，但他深入敌阵、摧败敌人的功劳，也足够光耀天下了。我抱着这样的想法想向主上陈说，但是没有机会。恰巧主上召问，我就本着上述意思来论说李陵的功绩，想通过这样宽慰主上，堵塞那些陷害李陵的谗言。可是因为我没有说清楚，圣明的主上没深入推究，以为我在诋毁贰师将军反而替李陵开脱罪责，于是就将我交给大理寺治罪。我诚恳的忠心始终没有机会表白，却落得一个欺君诬上的罪名，主上最终同意法吏的判决。我家中贫穷，没钱赎罪，朋友们没有谁可以来营救我，主上身边的亲信也没人不替我说一句话。我的身体不是草木石头，独自与法官打交道，被关进深深的监狱中，能向谁诉说我的苦处呢！这些是你亲眼看到的，我的遭遇难道不是这样吗？李陵已投降匈奴，败坏他家的名声，而我却被处以宫刑居住在蚕室中蒙受耻辱，着实被天下人耻笑。可悲呀！可悲呀！

有些事情是不容易对世俗之人一一说清的。我的祖先没有立下过受赐剖符丹书那样大的功劳，而且掌管文、史、星、历的官与卜官、祝官的地位很相似，本来就是供皇上驱使的，就像豢养的优伶一样，是被世俗轻视的官职。假如我伏法就死，就好像九牛身上失去一根毫毛那样微不足道，与一只蝼蛭、蚂蚁被踩死又有什么区别呢？而舆论也不会将我视为是为气节正义而死的人，只会认为我智虑穷尽，罪大恶极，不能够自我解脱，终于被杀死而已。为什么呢？因为平素自己所从事的职业必然让人们有这种看法。人总是要死去的，有的人死得重于泰山，有的人死得轻于鸿毛，这是因为他们的死在作用方面有所不同。一个人，最好是不让祖先受辱，其次是自身不受辱，再次是脸面不受辱，又其次则是不因为言辞而受辱，更次的是遭受到捆绑之辱，更要次之的就是穿上赭衣的耻辱，比这还要次的是遭受戴上刑具、被拷打、剔掉头发、戴打圈的耻辱，还有比这更次一等的就是遭受毁坏肌体的耻辱，最下等的是遭受腐刑的耻辱，腐刑让耻辱达到顶点。《礼记》上说："对大夫以上的人不施加刑辱。"这就是说士人不能够不严格地保持操守。猛虎在深山中，百兽感到很恐惧，可它一旦落入陷阱与笼子里，便会摇头摆尾向人求食，这种屈服于人威势的习性是渐渐形成的。所以有这样的士人，即使在地上划个圈儿作为监牢他也不敢进去，削根木头作为法吏他也不敢抬头答话，但是决计会在受辱之前自杀。现在，我被捆绑住手脚，戴上刑具，剥掉衣服鞭打，关在四面高墙的监狱中。这时候见到狱吏就知道叩头，碰到狱卒就十分胆战心惊。为什么呢？因为已经逐渐积累了对狱吏威势的恐怖。已经到这种地步，却说自己没有受辱，难道不是厚着脸皮，哪里还有什么尊贵可言呢？况且西伯，作为一方的诸侯，也曾经被关在羑里；李斯，曾经是丞相，也身遭五种刑罚；淮阴侯本来为王，却在陈地被逮捕了；彭越、张敖曾经南向称王，同样因为犯罪被关在监狱中；绛侯周勃灭掉诸吕，权势超越春秋五霸，结果也被关请室中，魏其侯曾是员大将，也穿上赭衣、戴上刑具；季布自受钳刑给朱家当作奴隶；灌夫也被下狱受辱。这些人都曾经是王侯将相，声名远扬，等到犯罪落入法网，没能够及早自杀。落入尘埃中的人，从古到今都一样，哪里有不受辱的呢？由此说来，勇怯强弱都是形势所决定的，明白这个道理，还有什么可奇怪的呢？一个人不能早在法律自裁之前就自尽，稍一迟疑，等到情况恶化、鞭子落到自己身上后，才想要为气节而死，不是就太晚了吗？古人很难对大夫施刑的原因大概就是如此吧。说到人之常情，没有人不是贪生怕死，怀恋父母兄弟、妻子儿女的，只有那些被义理激发的人们除外，然而也会有不得已的情况。现在我非常不幸，父母早已死去，又没有兄弟，孤身一人。少卿你看我对我的妻子儿女怎么样呢？勇敢的人不一定要为名节而死，怯懦的人如果仰慕节义，也会时处勉励自己的。我虽然软弱，也想要苟且偷生，但是也十分清楚舍生就义的分量。何必要遭受困在监牢的耻辱呢！况且奴仆婢妾尚且能够赴义死节，更何况像我这样要处于迫不得已的环境中的人呢！我之所以要忍辱苟活下来，甚至陷入到粪土之中也没有推辞，是因为我遗憾自己的意志还未表达出来，如果就这样默默地死去，我的文章著述就没有办法流传于后世了。

古代有许多富贵但是声名湮没无闻的人，多得难以统计，只有卓越非凡的人才能流芳后世。周文王被囚在羑里，推演出了《周易》；孔子受到困穷，著作了《春秋》；屈原被放逐，写出了《离骚》；左丘明双目失明，写出了《国语》；孙子受到膑刑，论著了《兵法》；吕不韦被放逐迁蜀，他的《吕览》流传于后世；韩非在秦被捕入狱，写出了《说难》《孤愤》《诗》三百篇，大都是圣贤抒发自己愤懑的作品。这些人都因为心中有所郁结。理想又难以实现，所以才会论述往事，以寄希望于后来的人。就像左丘明双目失明，孙子被废去了双足，终生再不能被世所用了，于是就引退著书，来抒发自己内心的愤懑并期望文章能够流传后世，使自己的心意得以表白。近年来，我自己不估量自己的力量，也将自己的思想表现在浅薄的文章之中，搜罗天下散佚的遗闻旧事，考核历史的事实，研究事业成败的缘由，探索朝代兴衰的道理，总共一百三十篇，也是想用它来反映自然与社会的关系，通晓从古至今的变化，从而形成一家的学说。初稿还没完成，恰巧赶上这场灾祸。我痛惜全部书稿没有完成，因此遭受到极刑却没有怨恨的表现。我现在果真完成这部书的写作，将它收藏在名山之中，传给通都大邑里与我志同道合的人，这样就可以偿还之前我所遭受到耻辱的债了，即使我万一被杀，也绝不后悔！然而这些只能对有学识的人讲，却很难对浅薄的俗人说。

而且，如果背负坏的名声，在社会上是难以立足的，自己因为卑贱的地位常常遭到毁谤。我因发表议论而遭到这场灾祸，着实被乡里的人讥笑，侮辱自己的祖先，还有什么面目到父母的坟墓前去祭奠呢？即使经历过百代，耻辱仍然会越来越深重！因此，我整日心绪不宁，待在家中恍惚像是丢失了什么；走到外面，又不知道要往哪里去，每当想到这个耻辱，冷汗就会浸透衣裳。我只不过是皇帝宫中的臣仆，哪能够隐居在深山呢！所以只好暂时随波逐流，得过且过地生活下去，来抒发自己内心的郁结。现在少卿让我推荐贤士，这恐怕是与我个人的想法相背离吧！如今即使我想要装饰自己，用美好的言辞来进行自我解脱，也没有用，世俗的人们是不会相信我的，相反只会招来耻辱。总之，只有到我死的那一天，是非才能有定论。这封信不能够详尽地表达我的心意，只是粗略地述说我浅薄的见解。

司马迁死后，他的书渐渐被流传开来。司马迁的外孙平通侯杨恽最先陈述司马迁的著作，于是才得以公布开来。到王莽时，有人请求赐封司马迁的后人，于是封他的后人为“史通子”。

称赞说：从古人有文字开始就有史官，并且写下许多史书。到孔子整理史书时，上起唐尧时期，下到秦穆公时期。唐尧、虞舜以前的情形虽有留下来的文字，但那些都算不上经典，所以说关于黄帝、颛顼的事迹就没有那么清楚。到后来孔子依据鲁国史书著作《春秋》、左丘明阐述整理有关的史实给《春秋》作传，又编撰与此相异同的史料而著有《国语》。又有《世本》，记录黄帝以来直到春秋时期的帝王、公侯、卿大夫的先祖、世系的由来，春秋以后，七个国家争雄，最后秦国兼并各诸侯国，记述这段历史的史书有《战国策》。汉朝兴起后推翻秦朝，平定了天下，记载这段历史的是《楚汉春秋》。所以司马迁依据《左氏春秋》《国语》，采集有《世本》《战国策》的一些史料，陈述《楚汉春秋》中的史实，接续记载之后的史事，截止到天汉年间。所讲的秦、汉时期的历史十分详尽。至于采录、摘取经传，分别记述其他几家的史事，有许多地方比较粗疏简略，有的甚至互相矛盾。还有他涉猎的范围十分广博，贯通经传，驰骋在古今上下几千年之间，这就是他勤奋努力的结果。再者他的是非观与圣人非常不同，论说大道就以黄老学说为主，以六经为辅；叙述游侠，就贬退隐士而推举奸雄；记述经济活动，就崇尚权势财利，而羞辱贫贱，这些都是他的短处。然而，从刘向到扬雄，这些人都博览群书，他们也都称赞司马迁有良史之材，佩服他善于述说事物的道理，明辨却不华丽，质朴却不鄙俗，他的文章秉笔直书，他所记述的史事真实没有虚假的赞美，不掩饰丑恶的东西，所以被称作实录。唉！司马迁博学广闻，却不能依靠智慧来保全自己，已经遭受到极刑仍然在狱中发愤写作，他给任安的信中所陈述的事情也是可信的。究察他之所以哀伤自己，是属于《诗经·小雅》中巷伯一类的人。像《诗经·大雅》所说的“既明辨又聪明，还能够保全自己”，能够做到这样的实在太难了。

汉书卷六十八

霍光传第三十八

霍光，字子孟，骠骑将军去病弟也。父中孺，河东平阳人也，以县吏给事平阳侯家，与侍者卫少儿私通而生去病。中孺吏毕归家，娶妇生光，因绝不相闻。久之，少儿女弟子夫得幸于武帝，立为皇后，去病以皇后姊子贵幸。既壮大，乃自知父为霍中孺，未及求问，会为骠骑将军击匈奴，道出河东，河东太守郊迎，负弩矢先驱至平阳传舍，遣吏迎霍中孺。中孺趋入拜谒，将军迎拜，因跪曰："去病不早自知为大人遗体也。"中孺扶服叩头，曰："老臣得托命将军，此天力也。"去病大为中孺买田宅奴婢而去。还，复过焉，乃将光西至长安，时年十余岁，任光为郎，稍迁诸曹侍中。去病死后，光为奉车都尉光禄大夫，出则奉车，入侍左右，出入禁闼二十余年，小心谨慎，未尝有过，甚见亲信。征和二年，卫太子为江充所败，而燕王旦、广陵王胥皆多过失。是时上年老，宠姬钩弋赵倢伃有男，上心欲以为嗣，命大臣辅之。察群臣唯光任大重，可属社稷。上乃使黄门画者画周公负成王朝诸侯以赐光。后元二年春，上游五柞宫，病笃，光涕泣问曰："如有不讳，谁当嗣者？"上曰："君未谕前画意邪？立少子，君行周公之事。"上以光为大司马大将军，日䃅为车骑将军，及太仆上官桀为左将军，搜粟都尉桑弘羊为御史大夫，皆拜卧内床下，受遗诏辅少主。明日，武帝崩，太子袭尊号，是为孝昭皇帝。帝年八岁，政事一决于光。遗诏封光为博陆侯。

光为人沉静详审，长才七尺三寸，白皙，疏眉目，美须髯。每出入下殿门，止进有常处，郎仆射窃识视之，不失尺寸，其资性端正如此。初辅幼主，政自己出，天下想闻其风采。殿中尝有怪，一夜群臣相惊，光召尚符玺郎，郎不肯授光。光欲夺之，郎按剑曰："臣头可得，玺不可得也！"光甚谊之。明日，诏增此郎秩二等。众庶莫不多光。

光与左将军桀结婚相亲，光长女为桀子安妻，有女年与帝相配，桀因帝姊鄂邑盖主内安女后宫为倢伃，数月立为皇后。父安为骠骑将军，封桑乐侯。光时休沐出，桀辄入代光决事。桀父子既尊盛，而德长公

主。公主内行不修，近幸河间丁外人。桀、安欲为外人求封，幸依国家故事以列侯尚公主者，光不许。又为外人求光禄大夫，欲令得召见，又不许。长主大以是怨光。而桀、安数为外人求官爵弗能得，亦惭。自先帝时，桀已为九卿，位在光右。及父子并为将军，有椒房中宫之重，皇后亲安女，光乃其外祖，而顾专制朝事，由是与光争权。

燕王旦自以昭帝兄，常怀怨望。及御史大夫桑弘羊建造酒榷盐铁，为国兴利，伐其功，欲为子弟得官，亦怨恨光。于是盖主、上官桀、安及弘羊皆与燕王旦通谋，诈令人为燕王上书，言光出都肄羽林，道上称跸，太官先置；又引苏武前使匈奴，拘留二十年不降，还乃为典属国，而大将军长史敞亡功为搜粟都尉；又擅调益莫府校尉；光专权自恣，疑有非常，臣旦愿归符玺，入宿卫，察奸臣变。候司光出沐日奏之。桀欲从中下其事，桑弘羊当与诸大臣共执退光。书奏，帝不肯下。

明旦，光闻之，止画室中不入。上问："大将军安在？"左将军桀对曰："以燕王告其罪，故不敢入。"有诏召大将军。光入，免冠军顿首谢，上曰："将军冠。朕知是书诈也，将军亡罪。"光曰："陛下何以知之？"上曰："将军之广明，都郎属耳。调校尉以来未能十日，燕王何以得知之？且将军为非，不须校尉。"是时帝年十四，尚书左右皆惊，而上书者果亡，捕之甚急。桀等惧，白上："小事不足遂。"上不听。

后桀党与有谮光者，上辄怒曰："大将军忠臣，先帝所属以辅朕身，敢有毁者坐之。"自是桀等不敢复言，乃谋令长公主置酒请光，伏兵格杀之，因废帝，迎立燕王为天子。事发觉，光尽诛桀、安、弘羊、外人宗族。燕王、盖主皆自杀。光威震海内。昭帝既冠，遂委任光，讫十三年，百姓充实，四夷宾服。

元平元年，昭帝崩，亡嗣。武帝六男独有广陵王胥在，群臣议所立，咸持广陵王。王本以行失道，先帝所不用。光内不自安。郎有上书言："周太王废太伯立王季，文王舍伯邑考立武王，唯在所宜，虽废长立少可也。广陵王不可以承宗庙。"言合光意。光以其书视丞相敞等，擢郎为九江太守，即日承皇太后诏，遣行大鸿胪事少府乐成、宗正德、光禄大夫吉、中郎将利汉迎昌邑王贺。

贺者，武帝孙，昌邑哀王子也。既至，即位，行淫乱。光忧懑，独以问所亲故吏大司农田延年。延年曰："将军为国柱石，审此人不可，何不建白太后，更选贤而立之？"光曰："今欲如是，于古尝有此否？"延年曰："伊尹相殷，废太甲以安宗庙，后世称其忠。将军若能行此，亦汉之伊尹也。"光乃引延年给事中，阴与车骑将军张安世图计，遂召丞相、御史、将军、列侯、中二千石、大夫、博士会议未央宫。光曰："昌邑王行昏乱，恐危社稷，如何？"群臣皆惊鄂失色，莫敢发言，但唯唯而已。田延年前，离席按剑，曰："先帝属将军以幼孤，寄将军以天下，以将军忠贤能安刘氏也。今群下鼎沸，社稷将倾，且汉之传谥常为孝者，以长有天下，令宗庙血食也。如令汉家绝祀，将军虽死，何面目见先帝于地下乎？今日之议，不得旋踵。群臣后应者，臣请剑斩之。"光谢曰："九卿责光是也。天下匈匈不安，光当受难。"于是议者皆叩头，曰："万姓之命在于将军，唯大将军令。"

光即与群臣俱见白太后，具陈昌邑王不可以承宗庙状。皇太后乃车驾幸未央承明殿，诏诸禁门毋内昌邑群臣。王入朝太后还，乘辇欲归温室，中黄门宦者各持门扇，王入，门闭，昌邑群臣不得入。王曰："何为？"大将军跪曰："有皇太后诏，毋内昌邑群臣。"王曰："徐之，何乃惊人如是！"光使尽驱出昌邑群臣，置金马门外。车骑将军安世将羽林骑收缚二百余人，皆送廷尉诏狱。令故昭帝侍中中臣侍守王。光敕左右："谨宿卫，卒有物故自裁，令我负天下，有杀主名。"王尚未自知当废，谓左右："我故群臣从官安得罪，而大将军尽系之乎？"顷之，有太后诏召王。王闻召，意恐，乃曰："我安得罪而召我哉！"太后被珠襦，盛服坐武帐中，侍御数百人皆持兵，期门武士陛戟，陈列殿下。群臣以次上殿，召昌邑王伏前听诏。光与群臣连名奏王……荒淫迷惑，失帝王礼谊，乱汉制度……当废。……皇太后诏曰："可。"光令王起拜受诏，王曰："闻天子有争臣七人，虽无道不失天下。"光曰："皇太后诏废，安得天子！"乃即持其手，解脱其玺组，奉上太后，扶王下殿，出金马门，群臣随送。王西面拜，曰："愚戆不任汉事。"起就乘舆副车。大将军光送至昌邑邸，光谢曰："王行自绝于天，臣等驽怯，不能杀身报德。臣宁负王，不敢负社稷。愿王自爱，臣长不复见左右。"光涕泣而去。群臣奏言："古者废放之人屏于远方，不及以政，请徙王贺汉中房陵县。"太后诏归贺昌邑，赐汤沐邑二千户。昌邑群臣坐亡辅导之谊，陷王于恶，光悉诛杀二百余人。出死，号呼市中曰："当断不断，反受其乱。"

光坐庭中，会丞相以下议定所立。广陵王已前不用，及燕刺王反诛，其子不在议中。近亲唯有卫太子孙号皇曾孙在民间，咸称述焉。光遂与丞相敞等上奏曰：“《礼》曰：‘人道亲亲故尊祖，尊祖故敬宗。’大宗亡嗣，择支子孙贤者为嗣。孝武皇帝曾孙病已，武帝时有诏掖庭养视，至今年十八，师受《诗》《论语》《孝经》，躬行节俭，慈仁爱人，可以嗣孝昭皇帝后，奉承祖宗庙，子万姓。臣昧死以闻。”皇太后诏曰：“可。”光遣宗正刘德至曾孙家尚冠里，洗沐赐御衣，太仆以軨车迎曾孙就斋宗正府，入未央宫见皇太后，封为阳武侯。而光奉上皇帝玺绶，谒于高庙，是为孝宣皇帝。

明年，下诏曰：“夫褒有德，赏元功，古今通谊也。大司马大将军光宿卫忠正，宣德明恩，守节秉谊，以安宗庙。其以河北、东武阳益封光万七千户。”与故所食凡二万户。赏赐前后黄金七千斤，钱六千万，杂缯三万匹，奴婢百七十人，马二千匹，甲第一区。

自昭帝时，光子禹及兄孙云皆中郎将，云弟山奉车都尉侍中，领胡越兵。光两女婿为东西宫卫尉，昆弟、诸婿、外孙皆奉朝请，为诸曹大夫，骑都尉、给事中。党亲连体，根据于朝廷。光自后元秉持万机，及上即位，乃归政。上谦让不受，诸事皆先关白光，然后奏御天子。光每朝见，上虚己敛容，礼下之已甚。

光秉政前后二十年。地节二年春病笃，车驾自临问光病，上为之涕泣。光上书谢恩曰：“愿分国邑三千户，以封兄孙奉车都尉山为列侯，奉兄骠骑将军去病祀。”事下丞相御史，即日拜光子禹为右将军。

光薨，上及皇太后亲临光丧。

【译文】

霍光，字子孟，是骠骑将军霍去病的弟弟。父亲霍中孺，河东郡平阳县人，以县吏的身份替平阳侯家办事，跟侍女卫少儿私通生下了霍去病。霍中孺办完事回家，娶妻生下了霍光，就此与卫少儿隔绝互相不知音讯。多年以后，卫少儿的妹妹卫子夫受到汉武帝宠幸，立为皇后，霍去病因为是皇后姐姐的儿子而尊贵得宠。长大以后，得自知父亲是霍中孺，还没顾上探访寻问，恰逢被任命为骠骑将军出击匈奴，路经河东郡，河东太守到郊外迎接，替他背着弓箭先驱马到平阳旅舍，派手下人迎接霍中孺。霍中孺急步进来拜见，将军也下拜迎候，跪着说：“去病没能早日自知是父亲大人给予之身。”霍中孺伏在地上叩头，说：“老臣能够把生命寄托在将军身上，这是上天的力量啊。”霍去病为霍中孺置买了大量的土地、房屋、奴婢而去。回来时，又从那儿经过，就带着霍光西行到了长安，当时霍光年纪才十几岁，任他为郎官，不久又升到诸曹侍中。霍去病死后，霍光任奉车都尉、光禄大夫，武帝出行他就照管车马，回宫就侍奉在左右，出入宫门二十多年，小心谨慎，未曾有什么过错，很受武帝的亲近和信任。征和二年，卫太子因受到江充的诬陷而自杀，而燕王旦、广陵王胥又都有很多过失。这时武帝已年老，他的宠妃钩弋宫赵倢伃有个男孩，武帝心里想让他继承皇位，命大臣辅助他。仔细观察众大臣，只有霍光能负此重任，可以把国家大事托付给他。武帝就叫黄门画工画了一幅周公抱着成王接受诸侯朝见的图画赐给霍光。后元二年春天，武帝出游五柞宫，得了重病，霍光流泪抽泣问道：“如果有了意外，该谁继承皇位？”武帝说：“你不明白上次图画的意思吗？立小儿子，你担当周公的职务。”武帝让霍光任大司马大将军，金日磾任车骑将军，加上太仆上官桀任左将军，搜粟都尉桑弘羊任御史大夫，都拜伏在卧室内的床下，接受遗诏辅佐少主。第二天，武帝逝世，太子继承天子的尊号，就是孝昭皇帝。昭帝年方八岁，国家大事全由霍光决断。武帝遗诏封霍光为博陆侯。

霍光为人沉着冷静、细致慎重，身高达七尺三寸，皮肤白皙，眉目疏朗，须髯很美。每次从下殿门进出，停顿、前进有固定的地方，郎仆射暗中做了标记一看，尺寸丝毫不差，他的资质本性端正就像这样。开始辅佐幼主，政令都由他亲自发出，天下人都想一睹他的风采。宫殿中曾出现过怪异的现象，一夜间大臣们互相惊扰，霍光召来符玺郎要玺，郎官不肯交给霍光。霍光想夺玺，郎官手按着剑把说：“臣子的头可以得到，国玺你不能得到！”霍光很赞赏他的忠义。第二天，下诏提升这位郎官官阶两级。老百姓没有不称颂霍光的。

霍光跟左将军上官桀是缔结婚姻的亲家，霍光的长女是上官桀儿子上官安的妻子，有个女儿年纪跟昭帝正相配，上官桀依靠昭帝的大姊鄂邑盖主把上官安的女儿送进后宫成了婕妤，几个月以后立为皇后。父亲上官安当上了骠骑将军，封桑乐侯。霍光有时休息沐浴离开朝廷，上官桀往往进宫代替霍光决定政务。上官桀父子位尊势盛以后，颇感长公主的恩德。公主私生活不太检点，宠幸河间郡的丁外人。上官桀、上官安想替丁外人求个封爵，希望按照国家以列侯匹配公主的惯例，霍光不同意。又为丁外人求光禄大夫之职，想让他能得到皇帝召见，也不同意。长公主为此对霍光大为怨恨。而上官桀、上官安多次为丁外人求官爵不能得到，也感到惭愧。在武帝时，上官桀已经是九卿，官位在霍光之上。现在父子又都是将军，有椒房中宫的关系可以倚重，皇后是上官安的亲生女儿，霍光只不过是她的外祖父，却独揽朝政，从此跟霍光争起权来。

燕王旦自以为是昭帝兄长，因不能继皇位而一直心怀不满。同时御史大夫桑弘羊建立了酒类盐铁的国营专卖制度，垄断了盐、铁的生产，为国家增加了财政收入，自以为功高，想为儿子兄弟弄个官做，未能如愿也怨恨霍光。于是盖主、上官桀、上官安和桑弘羊都和燕王旦勾结密谋，叫人冒充替燕王上书，说霍光外出聚集郎官和羽林骑练兵，在路上称“为皇上出行清道”，出发前安排宫中太官先行；又提到苏武过去出使匈奴，被扣留了二十年而不投降，回来才做了典属国，而大将军部下长史杨敞没立功就当了搜粟都尉；又擅自增调将军府的校尉。霍光专权，想怎样就怎样，恐怕有些不正常，臣子但愿缴回符玺，进宫参加值宿警卫，观察奸臣有什么事变。他乘霍光休假的日子上书。上官桀将从宫中批复有关部门处治，桑弘羊届时将和诸大臣一起拘捕霍光，将他逐出朝廷。奏书送上去，昭帝不肯批复。

第二天早上，霍光听说这件事，停留在画室中不进宫。昭帝问：“大将军在哪里？”左将军上官桀回答：“因为燕王告发他的罪状，所以不敢进来。”昭帝下诏召大将军。霍光进宫，除下将军帽子叩头自责，昭帝说：“请将军戴上帽子。我知道这奏书是假的，将军无罪。”霍光说：“陛下怎么知道的？”昭帝说：“将军到广明亭去，召集郎官部属罢了。调校尉到现在不到十天，燕王怎么能知道呢？况且将军要干坏事，并不需要校尉。”当时昭帝才十四岁，尚书和左右的人都感到惊讶，而上奏书的人果然失踪了，追捕得很紧。上官桀等人害怕了，对昭帝说：“小事不值得追究。”昭帝不听。

这以后上官桀的党羽有说霍光坏话的，昭帝就发怒说：“大将军是忠臣，先帝嘱托他辅佐我的，有谁敢诽谤我就办他的罪。”从此上官桀等人不敢再讲了，就计划让长公主摆宴席请霍光，埋伏兵士击杀他，乘机废昭帝，迎立燕王做天子。事情被发觉，霍光全部诛灭了上官桀、上官安、桑弘羊、丁外人的宗族。燕王、盖主都自杀了。霍光威震海内。昭帝年满二十举行冠礼以后，就把政事委托给霍光，共十三年，百姓衣丰食足，四夷归顺服从。

元平元年，昭帝故世，没有后代。武帝六个儿子只剩广陵王刘胥还在，众大臣议论立谁为帝，都主张广陵王。广陵王本来因为行为有失道义，不为武帝所重用。霍光内心感到不妥当。有郎官上奏书说："周太王不立长子太伯而立幼子王季，周文王舍弃伯邑考而立武王，只在于适当，即使废长立幼也是可以的。广陵王不能承继宗庙。"这话符合霍光心意。霍光把他的奏书拿给丞相杨敞等看，提拔郎官做九江太守，当天接受皇太后的诏令，派遣代理大鸿胪、少府史乐成、宗正刘德、光禄大夫丙吉、中郎将利汉迎接昌邑王刘贺。

刘贺是武帝的孙子，昌邑哀王的儿子。到了后来，即位，行为淫乱。霍光又担忧又气愤，单独问亲信的老部下大司农田延年。田延年说："将军是国家的柱子和基石，看这个人不行，为什么不向皇太后建议，另选贤明的立为皇帝？"霍光说："现在想这样，在古代有过这种例子吗？"田延年说："伊尹任殷朝的丞相，放逐太甲而保全了王室，后世称道他忠。将军如果能做到这点，也就是汉朝的伊尹了。"霍光就引荐田延年当了给事中，暗底下跟车骑将军张安世考虑大计，于是召集丞相、御史、将军、列侯、中二千石、大夫、博士在未央宫开会讨论。霍光说："昌邑王行为昏乱，恐怕要危害国家，怎么办？"众大臣都惊愕得变了脸色，没人敢开口说话，只是唯唯诺诺而已。田延年走上前，离开席位手按剑柄，说："先帝把年幼的孤儿托付给将军，把大汉的天下委任给将军，是因为将军忠诚而贤能，能够安定刘氏的江山。现在下边议论得像鼎水沸腾，国家可能倾覆，况且汉天子的谥号常带'孝'字，是为了能够长久保有天下，使宗庙祭祀不断啊。如果使汉皇室断了祭祀，将军就是死了，又有什么脸在地下见先帝呢？今天的会议，不准转过脚跟去不表态。诸位大臣有回答得晚的，我请求用剑把他杀了。"霍光自责说："九卿指责霍光指责得对。天下骚扰不安，霍光应该受到责难。"于是参加会议的都叩头，说："天下万民的性命都在将军手里，一切听从大将军的命令。"

霍光立即跟众大臣一起见告皇太后，列举昌邑王不能继承宗庙的种种情况。皇太后就坐车驾临未央宫承明殿，下诏各宫门不准放昌邑王的众臣子进入。昌邑王入殿朝见太后回去，乘车想回温室，中黄门的宦者分别把持着门扇，昌邑王一进来，就把门关上，跟随昌邑来的臣子不得进入。昌邑王说："干什么？"大将军霍光跪下说："有皇太后的诏令，不准放入昌邑的众臣。"昌邑王说："慢慢地嘛，为什么像这样吓人！"霍光命人把昌邑的臣子们全都赶出去，安置在金马门外面。车骑将军张安世带着羽林骑把两百多人绑起来，都送到廷尉和诏狱看押。命令过去做过昭帝侍中的内臣看好昌邑王。霍光下令左右："仔细值班警卫，昌邑王如果发生什么意外自杀身亡，会叫我对不起天下人，背上杀主上的罪名。"昌邑王还不知道自己要被废黜了，对左右说："我过去的臣子跟我来做官有什么罪，而大将军要把他们全抓起来呢？"一会儿，有皇太后的诏令召见昌邑王。昌邑王听到召见，心中惊慌，就说："我有什么罪要召见我啊！"皇太后身披珍珠短袄，盛妆坐在武帐中，几百名侍御都拿着武器，期门武士执戟护陛，排列在殿下。众大臣依次上殿，召昌邑王伏在殿前听诏。霍光与众大臣联名参奏昌邑王……荒淫迷惑，全失帝王的礼义，扰乱了汉朝的制度……应当废黜。……皇太后下诏说："同意。"霍光叫昌邑王起身下拜接受诏令，昌邑王说："听说天子只要有诤臣七个，即使无道也不会失天下。"霍光说："皇太后已诏令废黜，哪来的天子！"当即抓住他的手，解脱他的玺和绶带，捧给皇太后，扶着昌邑王下殿，出金马门，众大臣跟着送行。昌邑王向西拜了一拜，说："又笨又傻，干不了汉朝的事。"起身上了天子乘舆的副车。大将军霍光送到昌邑王的住所。霍光自责道："王的行为自绝于天，臣子等无能而胆怯，不能杀身以报恩德。臣子宁肯对不起王，不敢对不起国家。希望王能自爱，臣子今后长时期内不能再见到您了。"霍光流泪哭泣而去。众大臣进奏说："古代废黜的人要弃逐到远方，不让他接触朝政，请求把昌邑王贺迁徙到汉中郡房陵县去。"皇太后诏令把刘贺送回昌邑，赐给他私邑两千户。昌邑带来一批臣子因辅导不当，使王陷入邪恶，霍光把两百多人全杀了。这些人被推出执行死刑时，在市中号叫："该决断时不决断，反而遭受他祸害。"

霍光坐在朝廷中间，会合丞相以下大臣讨论决定立谁。广陵王已经不用在前，还有燕剌王因谋反而被诛灭，他儿子不在讨论范围中。近亲只有卫太子的孙子号称皇曾孙的在民间，大家都称道他。霍光就跟丞相杨敞等上奏书说："《礼记》说：'为人之道在于爱自己的亲人，所以尊崇祖先；尊崇祖先，所以敬重宗室。'宗没有子息，选择宗支子孙中贤能的作为继承人。孝武皇帝的曾孙病已，武帝在世时有诏命令掖庭养育照看，到今年十八岁了，从先生那里受学《诗经》《论语》《孝经》，亲自实行节俭，仁慈而能爱他人，可以嗣承孝昭皇帝之后，侍奉祖宗之庙，爱万姓如子。臣子冒死让太后知情。”皇太后下诏说：“同意。”霍光派宗正刘德到尚冠里曾孙家中，让他沐浴以后赐给他皇帝之服，太仆用軨车迎接曾孙到宗正府用斋，然后进未央宫见皇太后，受封为阳武侯。霍光捧上皇帝的玺和绶带，进谒了高皇帝庙，这就是孝宣皇帝。

第二年，宣帝下诏说：“褒奖有德行的，赏赐立首功的，是古今相通的道理。大司马大将军霍光值宿护卫宫殿忠心耿耿，显示德行，深明恩遇，保持节操，主持正义，安定宗庙。用河北、东武阳增加霍光封邑一万七千户。”加上以前的食邑共计两万户。赏赐先后有黄金七千斤，钱六千万，各色丝织物三万匹，奴婢一百七十人，马两千匹，华贵的住宅一所。

从昭帝时起，霍光的儿子霍禹和侄孙霍云都是中郎将，霍云的弟弟霍山任奉车都尉侍中，带领胡骑、越骑。霍光有两个女婿是东、西宫的卫尉，兄弟、几个女婿、外孙都得以定期朝见皇帝，任各部门的大夫、骑都尉、给事中。亲族连成一体，植根盘踞在朝廷中。霍光从后元年间起掌握国事，到宣帝就位，才归还政权。宣帝谦让不肯接受，凡事都先汇报霍光，然后才奏给天子。霍光每次朝见，宣帝都虚怀若谷，神色敬肃，礼节上屈已退让到了极点。

霍光主持朝政前后二十年。地节二年春天病重，宣帝亲自到来问候霍光病况，为他的病情流泪哭泣。霍光呈上奏书谢恩说：“希望把我国中之邑分出三千户，封给我侄孙奉车都尉霍山为列侯，来侍奉骠骑将军霍去病的庙祀。”皇帝把这事下达给丞相、御史，当天拜霍光的儿子霍禹为右将军。

霍光去世了，宣帝和皇太后亲临参加霍光的丧礼。

汉书卷九十九上

王莽传第六十九上

王莽字巨君，孝元皇后之弟子也。元后父及兄弟皆以元、成世封侯，居位辅政，家凡九侯、五大司马，语在《元后传》。唯莽父曼蚤死，不侯。莽群兄弟皆将军五侯子，乘时侈靡，以舆马声色佚游相高，莽独孤贫，因折节为恭俭。受《礼经》，师事沛郡陈参，勤身博学，被服如儒生。事母及寡嫂，养孤兄子，行甚敕备。又外交英俊，内事诸父，曲有礼意。阳朔中，世父大将军凤病，莽侍疾，亲尝药，乱首垢面，不解衣带连月。凤且死，以托太后及帝，拜为黄门郎，迁射声校尉。

久之，叔父成都侯商上书，愿分户邑以封莽，及长乐少府戴崇、侍中金涉、胡骑校尉箕闳、上谷都尉阳并、中郎陈汤，皆当世名士，咸为莽言，上由是贤莽。永始元年，封莽为新都侯，国南阳新野之都乡，千五百户。迁骑都尉、光禄大夫、侍中。宿卫谨敕，爵位益尊，节操愈谦。散舆马衣裘，振施宾客，家无所余。收赡名士，交结将相、卿、大夫甚众。故在位更推荐之，游者为之谈说，虚誉隆洽，倾其诸父矣。敢为激发之行，处之不惭恧。

莽兄永为诸曹，蚤死，有子光，莽使学博士门下。莽休沐出，振车骑，奉羊酒，劳遗其师，恩施下竟同学。诸生纵观，长老叹息。光年小于莽子宇，莽使同日内妇，宾客满堂。须臾，一人言太夫人苦某痛，当饮某药，比客罢者数起焉。尝私买侍婢，昆弟或颇闻知，莽因曰："后将军朱子元无子，莽闻此儿种宜子，为买之。"即日以婢奉子元。其匿情求名如此。

是时，太后姊子淳于长以材能为九卿，先进在莽右。莽阴求其罪过，因大司马曲阳侯根白之，长伏诛，莽以获忠直，语在《长传》。根因乞骸骨，荐莽自代，上遂擢为大司马。是岁，绥和元年也，年三十八矣。莽既拔出同列，继四父而辅政，欲令名誉过前人，遂克已不倦，聘诸贤良以为掾史，赏赐邑钱悉以享士，愈为俭约。母病，公卿列侯遣夫人问疾，莽妻迎之，衣不曳地，布蔽膝。见之者以为僮使，问知其夫人，皆惊。

辅政岁余，成帝崩，哀帝即位，尊皇太后为太皇太后。太后诏莽就第，避帝外家。莽上疏乞骸骨，哀帝遣尚书令诏莽曰："先帝委政于君而弃群臣，朕得奉宗庙，诚嘉与君同心合意。今君移病求退，以著朕之不能奉顺先帝之意，朕甚悲伤焉。已诏尚书待君奏事。"又遣丞相孔光、大司空何武、左将军师丹、卫尉傅喜白太后曰："皇帝闻太后诏，甚悲。大司马即不起，皇帝即不敢听政。"太后复令莽视事。

时哀帝祖母定陶傅太后、母丁姬在，高昌侯董宏上书言："《春秋》之义，母以子贵，丁姬宜上尊号。"莽与师丹共劾宏误朝不道，语在《丹传》。后日，未央宫置酒，内者令为傅太后张幄坐于太皇太后坐旁。莽案行，责内者令曰："定陶太后藩妾，何以得与至尊并！"彻去，更设坐，傅太后闻之，大怒，不肯会，重怨恚莽。莽复乞骸骨，哀帝赐莽黄金五百斤，安车驷马，罢就第。公卿大夫多称之者，上乃加恩宠，置使家，中黄门十日一赐餐。下诏曰："新都侯莽忧劳国家，执义坚固，朕庶几与为治。太皇太后诏莽就第，朕甚闵焉。其以黄邮聚户三百五十益封〔莽〕，位特进，给事中，朝朔望见礼如三公。车驾乘绿车从。"后二岁，傅太后、丁姬皆称尊号，丞相朱博奏："莽前不广尊尊之义，抑贬尊号，亏损孝道，当伏显戮，幸蒙赦令，不宜有爵土，请免为庶人。"上曰："以莽与太皇太后有属，勿免，遣就国。"

莽杜门自守，其中子获杀奴，莽切责获，令自杀。在国三岁，吏上书冤讼莽者以百数。元寿元年，日食，贤良周护、宋崇等对策深颂莽功德，上于是征莽。

始莽就国，南阳太守以莽贵重，选门下掾宛孔休守新都相。休谒见莽，莽尽礼自纳，休亦闻其名，与相答。后莽疾，休候之，莽缘恩意，进其玉具宝剑，欲以为好。休不肯受，莽因曰："诚见君面有瘢，美玉可以灭瘢，欲献其瑑耳。"即解其瑑，休复辞让。莽曰："君嫌其贾邪？"遂椎碎之，自裹以进休，休乃受。及莽征去，欲见休，休称疾不见。

莽还京师岁余，哀帝崩，无子，而傅太后、丁太后皆先薨，太皇太后即日驾之未央宫收取玺绶，遣使者驰召莽。诏尚书，诸发兵符节，百官奏事，中黄门、期门兵皆属莽。莽白："大司马高安侯董贤年少，不合众心，收印绶。"贤即日自杀。太后诏公卿举可大司马者，大司徒孔光、大司空彭宣举莽，前将军何武、后将军公孙禄互相举。太后拜莽为大司马，与议立嗣。安阳侯王舜，莽之从弟，其人修饬，太后所信爱也，莽白以舜为车骑将军，使迎中山王奉成帝后，是为孝平皇帝。帝年九岁，太后临朝称制，委政于莽。莽白赵氏前害皇子，傅氏骄僭，遂废孝成赵皇后、孝哀傅皇后，皆令自杀，语在《外戚传》。

莽以大司徒孔光名儒，相三主，太后所敬，天下信之，于是盛尊事光，引光女婿甄邯为侍中奉车都尉。诸哀帝外戚及大臣居位素所不说者，莽皆傅致其罪，为请奏，令邯持与光。光素畏慎，不敢不上之，莽白太后，辄可其奏。于是前将军何武、后将军公孙禄坐互相举免，丁、傅及董贤亲属皆免官爵，徙远方。红阳侯立，太后亲弟，虽不居位，莽以诸父内敬惮之，畏立从容言太后，令己不得肆意，乃复令光奏立旧恶："前知定陵侯淳于长犯大逆罪，多受其赂，为言误朝；后白以官婢杨寄私子为皇子，众言曰吕氏、少帝复出，纷纷为天下所疑，难以示来世，成襁褓之功。请遣立就国。"太后不听。莽曰："今汉家衰，比世无嗣，太后独代幼主统政，诚可畏惧，力用公正先天下，尚恐不从，今以私恩逆大臣议如此，群下倾邪，乱从此起！宜可且遣就国，安后复征召之。"太后不得已，遣立就国。莽之所以胁持上下，皆此类也。

于是附顺者拔擢，忤恨者诛灭。王舜、王邑为腹心，甄丰、甄邯主击断，平晏领机事，刘歆典文章，孙建为爪牙。丰子寻、歆子棻、涿郡崔发、南阳陈崇皆以材能幸于莽。莽色厉而言方，欲有所为，微见风采，党与承其指意而显奏之，莽稽首涕泣，固推让焉，上以惑太后，下用示信于众庶。

始，风益州令塞处蛮夷献白雉，元始元年正月，莽白太后下诏，以白雉荐宗庙。群臣因奏言太后："委任大司马莽定策定宗庙。故大司马霍光有安宗庙之功，益封三万户，畴其爵邑，比萧相国。莽宜如光故事。"太后问公卿曰："诚以大司马有大功当著之邪？将以骨肉故欲异之也？"于是群臣乃盛陈："莽功德致周成白雉之瑞，千载同符。圣王之法，臣有大功则生有美号，故周公及身在而托号于周。莽有定国安汉家之大功，宜赐号曰安汉公，益户，畴爵邑，上应古制，下准行事，以顺天心。"太后诏尚书具其事。

莽上书言："臣与孔光、王舜、甄丰、甄邯共定策，今愿独条光等功赏，寝置臣莽，勿随辈列。"甄邯白太后下诏曰："'无偏无党，王道荡荡。'属有亲者，义不得阿。君有安宗庙之功，不可以骨肉故蔽隐不扬。君其勿辞。"莽复上书让。太后诏谒者引莽待殿东箱，莽称疾不肯入。

太后使尚书令恂诏之曰："君以选故而辞以疾，君任重，不可阙，以时亟起。"莽遂固辞。太后复使长信太仆闳承制召莽，莽固称疾。左右白太后，宜勿夺莽意，但条孔光等，莽乃肯起。太后下诏曰："太傅博山侯光宿卫四世，世为傅相，忠考仁笃，行义显著，建议定策，益封万户，以光为太师，与四辅之政。车骑将军安阳侯舜积累仁孝，使迎中山王，折冲万里，功德茂著，益封万户，以舜为太保。左将军光禄勋丰宿卫三世，忠信仁笃，使迎中山王，辅导共养，以安宗庙，封丰为广阳侯，食邑五千户，以丰为少傅。皆授四辅之职，畴其爵邑，各赐第一区。侍中奉车都尉邯宿卫勤劳，建议定策，封邯为承阳侯，食邑二千四百户。"四人既受赏，莽尚未起，群臣复上言："莽虽克让，朝所宜章，以时加赏，明重元功，无使百僚元元失望。"太后乃下诏曰："大司马新都侯莽三世为三公，典周公之职，建万世策，功德为忠臣宗，化流海内，远人慕义，越〔裳〕氏重译献白雉。其以召陵、新息二县户二万八千益封莽，复其后嗣，畴其爵邑，封功如萧相国。以莽为太傅，干四辅之事，号曰安汉公。以故萧相国甲第为安汉公第，定著于令，传之无穷。"

于是莽为惶恐，不得已而起受策。策曰："汉危无嗣，而公定之；四辅之职，三公之任，而公干之；群僚众位，而公宰之；功德茂著，宗庙以安，盖白雉之瑞，周成象焉。故赐嘉号曰安汉公，辅翼于帝，期于致平，毋违朕意。"莽受太傅安汉公号，让还益封畴爵邑事，云愿须百姓家给，然后加赏。群公复争，太后诏曰："公自期百姓家给，是以听之。其令公奉、舍人赏赐皆倍故。百姓家给人足，大司徒、大司空以闻。"莽复让不受，而建言宜立诸侯王后及高祖以来功臣子孙，大者封侯，或赐爵关内侯食邑，然后及诸在位，各有第序。上尊宗庙，增加礼乐；下惠士民鳏寡，恩泽之政无所不施。语在《平纪》。

莽既说众庶，又欲专断，知太后猒政，乃风公卿奏言："往者，吏以功次迁至二千石，及州部所举茂材异等吏，率多不称，宜皆见安汉公。又太后不宜亲省小事。"令太后下诏曰："皇帝幼年，朕且统政，比加元服。今众事烦碎，朕春秋高，精气不堪，殆非所以安躬体而育养皇帝者也。故选忠贤，立四辅，群下劝职，永以康宁。孔子曰：'巍巍乎，舜、禹之有天下而不与焉！'自今以来，（非）〔惟〕封爵乃以闻。他事，安汉公、四辅平决。州牧、二千石及茂材吏初除奏事者，辄引入至近署对安汉公，考故官，问新职，以知其称否。"于是莽人人延问，致密恩意，厚加赠送，其不合指，显奏免之，权与人主侔矣。

莽欲以虚名说太后，白言："新承〔前〕孝哀丁、傅奢侈之后，百姓未赡者多，太后宜且衣缯练，颇损膳，以视天下。"莽因上书，愿出钱百万，献田三十顷，付大司农助给贫民。于是公卿皆慕效焉。莽帅群臣奏言："陛下春秋尊，久衣重练，减御膳，诚非所以辅精气，育皇帝，安宗庙也。臣莽数叩头省户下，白争未见许。今幸赖陛下德泽，间者风雨时，甘露降，神芝生，蓂荚、朱草、嘉禾、休征同时并至。臣莽等不胜大愿，愿陛下爱精休神，阔略思虑，遵帝王之常服，复太官之法膳，使臣子各得尽欢心，备共养。惟哀省察！"莽又令太后下诏曰："盖闻母后之义，思不出乎门阈。国不蒙佑，皇帝年在襁褓，未任亲政，战战兢兢，惧于宗庙之不安。国家之大纲，微朕孰当统之？是以孔子见南子，周公居摄，盖权时也。勤身极思，忧劳未绥，故国奢则视之以俭，矫枉者过其正，而朕不身帅，将谓天下何！夙夜梦想，五谷丰熟，百姓家给，比皇帝加元服，委政而授焉。今诚未皇于轻靡而备味，庶几与百僚有成，其勖之哉！"每有水旱，莽辄素食，左右以白。太后遣使者诏莽曰："闻公菜食，忧民深矣。今秋幸熟，公勤于职，以时食肉，爱身为国。"

莽念中国已平，唯四夷未有异，乃遣使者赍黄金、币、帛，重赂匈奴单于，使上书言："闻中国讥二名，故名囊知牙斯今更名知，慕从圣制。"又遣王昭君女须卜居次入待。所以诳耀媚事太后，下至旁侧长御，方故万端。

莽既尊重，欲以女配帝为皇后，以固其权，奏言："皇帝即位三年，长秋宫未建，液廷媵未充。乃者，国家之难，本从亡嗣，配取不正。请考论《五经》，定取礼，正十二女之义，以广继嗣。博采二王后及周公、孔子世列侯在长安者適子女。"事下有司，上众女名，王氏女多在选中者。莽恐其与己女争，即上言："身亡德，子材下，不宜与众女并采。"太后以为至诚，乃下诏曰："王氏女，朕之外家，其勿采。"庶民、诸生、郎吏以上守阙上书者日千余人，公卿大夫或诣廷中，或伏省户下。咸言："明诏圣德巍巍如彼，安汉公盛勋堂堂若此，今当立后，独奈何废公女？天下安所归命！愿得公女为天下母。"莽遣长安以下分部晓止公卿及诸生，而上书者愈甚。太后不得已，听公卿采莽女。莽复自白："宜博选众女。"公卿争曰："不宜采诸女以贰正统。"莽白："愿见女。"太后遣长乐少府、宗正、尚书令纳采见女，还奏言："公女渐渍德化，有窈窕之容，宜承天序，奉祭祀。”有诏遣大司徒、大司空策告宗庙，杂加卜筮，皆曰：“兆遇金水王相，封遇父母得位，所谓‘康强’之占，‘逢吉’之符也。”信乡侯佟上言：“《春秋》，天子将娶于纪，则褒纪子称侯，安汉公国未称古制。事下有司，皆曰：“古者天子封后父百里，尊而不臣，以重宗庙，孝之至也。佟言应礼，可许。请以新野田二万五千六百顷益封莽，满百里。”莽谢曰：“臣莽子女诚不足以配至尊，复听众议，益封臣莽。伏自惟念，得托肺腑，获爵士，如使子女诚能奉称圣德，臣莽国邑足以共朝贡，不须复加益地之宠。愿归所益。”太后许之。有司奏：“故事，聘皇后黄金二万斤，为钱二万万。”莽深辞让，受四千万，而以其三千三百万予十一媵家。群臣复言：“今皇后受聘，逾群妾亡几。”有诏，复益二千三百万，合为三千万。莽复以其千万分予九族贫者。

陈崇时为大司徒司直，与张敞孙竦相善。竦者博通士，为崇草奏，称莽功德，崇奏之，曰：

窃见安汉公自初束脩，值世俗隆奢丽之时，蒙两宫厚骨肉之宠，被诸父赫赫之光，财饶势足，亡所牾意，然而折节行仁，克心履礼，拂世矫俗，确然特立；恶衣恶食，陋车驽马，妃匹无二，闺门之内，孝友之德，众莫不闻；清静乐道，温良下士，惠于故旧，笃于师友。孔子曰：“未若贫而乐，富而好礼”，公之谓矣。

及为侍中，故定陵侯淳于长有大逆罪，公不敢私，建白诛讨。周公诛管、蔡，季子鸩叔牙，公之谓矣。

是以孝成皇帝命公大司马，委以国统。孝哀即位，高昌侯董宏希指求美，造作二统，公手劾之，以定大纲。建白定陶太后不宜在乘舆幄坐，以明国体。《诗》曰“柔亦不茹，刚亦不吐，〔不侮鳏寡〕，不畏强圉”，公之谓矣。

深执谦退，推诚让位。定陶太后欲立僭号，惮彼面刺幄坐之义，佞惑之雄，朱博之畴，惩此长、宏手劾之事，上下壹心，谗贼交乱，诡辟制度，遂成篡号，斥逐仁贤，诛残戚属，而公被胥、原之诉，远去就国，朝政崩坏，纲纪废驰，危亡之祸，不隧如发。《诗》云“人之云亡，邦国殄瘁，”公之谓矣。

当此之时，宫亡储主，董贤据重，加以傅氏有女之援，皆自知得罪天下，结仇中山，则必同忧，断金相翼，藉假遗诏，频用赏诛，先除所惮，急引所附，遂诬往冤，更征远属，事势张见，其不难矣！

赖公立人，即时退贤，及其党亲。当此之时，公远独见之明，奋亡前之威，盱衡厉色，振扬武怒，乘其未坚，厌其未发，震起机动，敌人摧折，虽有贲、育不及持刺，虽有樗里不及回知，虽有鬼谷不及造次，是故董贤丧其魂魄，遂自绞杀。人不还踵，日不移晷，霍然四除，更为宁朝。非陛下莫引立公，非公莫克此祸。《诗》云"惟师尚父，时惟鹰扬，亮彼武王，"孔子曰"敏则有功，"公之谓矣。

于是公乃白内故泗水相丰、斄令邯，与大司徒光、车骑将军舜建定社稷，奉节东迎，皆以功德受封益土，为国名臣。《书》曰"知人则哲"，公之谓也。

公卿咸叹公德，同盛公勋，皆以周公为比，宜赐号安汉公，益封二县，公皆不受。传曰申包胥不受存楚之报，晏平仲不受辅齐之封，孔子曰"能以礼让为国乎何有"，公之谓也。

将为皇帝定立妃后，有司上名，公女为首，公深辞让，迫不得已然后受诏。父子之亲天性自然，欲其荣贵甚于为身，皇后之尊侔于天子，当时之会千载希有，然而公惟国家之统，揖大福之恩，事事谦退，动而固辞。《书》曰"舜让于德不嗣，"公之谓矣。

自公受策，以至于今，亹亹翼翼，日新其德，增修雅素以命下国，逡俭隆约以矫世俗，割财损家以帅群下，弥躬执乎以逮公卿，教子尊学以隆国化。僮奴衣布，马不秣谷，食饮之用，不过凡庶。《诗》云"温温恭人，如集于木"，孔子曰：食无求饱，居无求安，"公之谓矣。

克身自约，籴食逮给，物物印市，日阕亡储。又上书归孝哀皇帝所益封邑，入钱献田，殚尽旧业，为众倡始。于是小大绑和，承风从化，外则王公列侯，内则帷幄侍御，翕然同时，各竭所有，或人金钱，或献田亩，以振贫穷，收赡不足者。昔令尹子文朝不及夕，鲁公仪子不茹园葵，公之谓矣。

开门延士，下及白屋，娄省朝政，综管众治，亲见牧守以下，考迹雅素，审知白黑。《诗》云"夙夜匪解，以事一人"，《易》曰"终日乾乾，夕惕若厉"，公之谓矣。

比三世为三公，再奉送大行，秉冢宰职，填安国家，四海辐凑，靡不得所。《书》曰："纳于大麓，列风雷雨不迷"，公之谓矣。

此皆上世之所鲜，禹、稷之所难，而公包其终始，一以贯之，可谓备矣！是以三年之间，化行如神，嘉瑞叠累，岂非陛下知人之效，得贤之致哉！故非独君之受命也，臣之生亦不虚矣。是以伯禹锡玄圭，周公受郊祀，盖以达天之使，不敢擅天之功也。揆公德行，为天下纪；观公功勋，为万世基。基成而赏不配，纪立而褒不副，诚非所以厚国家，顺天心也。

高皇帝褒赏元功，相国萧何邑户既倍，又蒙殊礼，奏事不名，入殿不趋，封其亲属十有余人。乐善无厌，班赏亡遴，苟有一策，即必爵之，是故公孙戎位在充郎，选繇旄头，壹明樊哙，封二千户。孝文皇帝褒赏绛侯，益封万户，赐黄金五千斤。孝武皇帝恤录军功，裂三万户以封卫青，青子三人，或在襁褓，皆为通侯。孝宣皇帝显著霍光，增户命畴，封者三人，延及兄孙。夫绛侯即因汉藩之固，杖朱虚之鲠，依诸将之递，据相扶之势，其事虽丑，要不能遂。霍光即席常任之重，乘大胜之威，未尝遭时不行，陷假离朝，朝之执事，亡非同类，割断历久，统政旷世，虽曰有功，所因亦易，然犹有计策不审过征之累。及至青、戎，摽末之功，一言之劳，然犹皆蒙丘山之赏。课功绛、霍，造之与因也；比于青、戎，地之与天也。而公又有宰治之效，乃当上与伯禹、周公等盛齐隆，兼其褒赏，岂特与若云者同日而论哉？然曾不得蒙青等之厚，臣诚惑之！

臣闻功亡原者赏不限，德亡首者褒不检。是故成王之于周公也，度百里之限，越九锡之检，开七百里之宇，兼商、奄之民，赐以附庸殷民六族，大路大旗，封父之繁弱，夏后之璜，祝宗卜史，备物典策，官司彝器，白牡之牲，郊望之礼。王曰："叔父，建尔元子。"子父俱延拜而受之。可谓不检亡原者矣。非特止此，六子皆封。《诗》曰："亡言不雠，亡德不报。"报当知之，不如非报也。近观行事，高祖之约非刘氏不王，然而番君得王长沙，下诏称忠，定著于令，明有大信不拘于制也。春秋晋悼公用魏绛之策，诸夏服从。郑伯献乐，悼公于是以半赐之。绛深辞让，晋侯曰："微子，寡人不能济河。夫赏，国之典，不可废也。子其受之。"魏绛于是有金石之乐，《春秋》善之，取其臣竭忠以辞功，君知臣以遂赏也。今陛下既知公有周公功德，不行成王之褒赏，遂听公之固辞，不顾《春秋》之明义，则民臣何称，万世何述？诚非所以为国也。臣愚以为宜恢公国，令如周公，建立公子，令如伯禽，所赐之品，亦皆如之。诸子之封，皆如六子。即群下较然输忠，黎庶昭然感德。臣诚输忠，民诚感德，则于王事何有？唯陛下深惟祖宗之重，敬畏上天之戒，仪形虞、周之盛，敕尽伯禽之赐，无遴周公之报，令天法有设，后世有祖，天下幸甚！

太后以视群公，群公方议其事，会吕宽事起。

初，莽欲擅权，白太后："前哀帝立，背恩义，自贵外家丁、傅，挠乱国家，几危社稷。今帝以幼年复奉大宗，为成帝后，宜明一统之义，以戒前事，为后代法。"于是遣甄丰奉玺绶，即拜帝母卫姬为中山孝王后，赐帝舅卫宝、宝弟玄爵关内侯，皆留中山，不得至京师。莽子宇，非莽隔绝卫氏，恐帝长大后见怨。宇即私遣人与宝等通书，教令帝母上书求人。语在《卫后传》。莽不听。宇与师吴章及妇兄吕宽议其故，章以为莽不可谏，而好鬼神，可为变怪以惊惧之，章因推类说令归政于卫氏。宇即使宽夜持血洒莽第门，吏发觉之，莽执宇送狱，饮药死。宇妻焉怀子，系狱，须产子已，杀之。莽奏言："宇为吕宽等所诖误，流言惑众，与管、蔡同罪，臣不敢隐，其诛。"甄邯等白太后下诏曰："夫唐尧有丹朱，周文王有管、蔡，此皆上圣亡奈下愚子何，以其性不可移也。公居周公之位，辅成王之主，而行管、蔡之诛，不以亲亲害尊尊，朕甚嘉之。昔周公诛四国之后，大化乃成，至于刑错。公其专意翼国，期于致平。"莽因是诛灭卫氏，穷治吕宽之狱，连引郡国豪桀素非议已者，内及敬武公主、梁王立、红阳侯立、平阿侯仁，使者迫守，皆自杀。死者以百数，海内震焉。大司马护军褒奏言："安汉公遭子宇陷于管、蔡之辜，子受至重，为帝室故不敢顾私。惟宇遭罪，喟然愤发作书八篇，以戒子孙。宜班郡国，令学官以教授。"事下群公，请令天下吏能诵公戒者，以著官簿，比《孝经》。

四年春，郊祀高祖以配天，宗祀孝文皇帝以配上帝。四月丁未，莽女立为皇后，大赦天下。遣大司徒司直陈崇等八人分行天下，览观风俗。

太保舜等奏言："《春秋》列功德之义，太上有立德，其次有立功，其次有立言，唯至德大贤然后能之。其在人臣，则生有大赏，终为宗臣，殷之伊尹，周之周公是也。"及民上书者八千余人，咸曰："伊尹为阿衡，周公为太宰，周公享七子之封，有过上公之赏。宜如陈崇言。"章下有司，有司请"还前所益二县及黄邮聚、新野田，采伊尹、周公称号，加公为宰衡，位上公。掾史秩六百石。三公言事，称'敢言之'。群吏毋得与公同名。出从期门二十人，羽林三十人，前后大车十乘。赐公太夫人号曰功显君，食邑二千户，黄金印赤韨。封公子男二人，安为褒新侯，临为赏都侯。加后聘三千七百万，合为一万万，以明大礼”。太后临前殿，亲封拜。安汉公拜前，二子拜后，如周公故事。莽稽首辞让，出奏封事，愿独受母号，还安、临印韨及号位户邑。事下太师光等，皆曰：“赏未足以直功，谦约退让，公之常节，终不可听。”莽求见固让。太后下诏曰：“公每见，叩头流涕固辞，今移病，固当听其让，令眂事邪？将当遂行其赏，遣归就第也？”光等曰：“安、临亲受印韨，策号通天，其义昭昭。黄邮、召陵、新野之田为入尤多，皆止于公，公欲自损以成国化，宜可听许。治平之化当以时成，宰衡之官不可世及。纳征钱，乃以尊皇后，非为公也。功显君户，止身不传。褒新、赏都两国合三千户，甚少矣。忠臣之节，亦宜自屈，而信主上之义。宜遣大司眂、大司空持节承制，诏公亟眂视事。诏尚书勿复受公之让奏。”奏可。

莽乃起眂事，上书言：“臣以元寿二年六月戊午仓卒之夜，以新都侯引入未央宫；庚申拜为大司马，充三公位；元始元年(二)〔正〕月丙辰拜为太傅，赐号安汉公，备四辅官；今年四月甲子复拜为宰衡，位上公。臣莽伏自惟，爵为新都侯，号为安汉公，官为宰衡、太傅、大司马，爵贵、号尊、官重，一身蒙大宠者五，诚非鄙臣所能堪。据元始三年，天下岁已复，官属宜皆置。《穀梁传》曰：‘天子之宰，通于四海。’臣愚以为，宰衡官以正百僚平海内为职，而无印信，名实不副。臣莽无兼官之材，今圣朝既过误而用之，臣请御史刻宰衡印章曰‘宰衡太傅大司马印’，成，授臣莽，上太傅与大司马之印。”太后诏曰：“可。韨如相国，朕亲临授焉。”莽乃复以所益纳征钱千万，遗与长乐长御奉共养者。太保舜奏言：“天下闻公不受千乘之土，辞万金之币，散财施予千万数，莫不鄉化。蜀郡男子路建等辍讼惭怍而退，虽文王却虞、芮何以加！宜报告天下。”奏可。宰衡出，从大车前后各十乘，直事尚书郎、侍御史、谒者、中黄门、期门羽林。宰衡常持节，所止，谒者代持之。宰衡掾史秩六百石，三公称“敢言之”。

是岁，莽奏起明堂、辟雍、灵台，为学者筑舍万区，作市、常满仓，制度甚盛。立《乐经》，益博士员，经各五人。征天下通一艺教授十一人以上，及有逸《礼》、古《书》《毛诗》《周官》《尔雅》、天文、图谶、钟律、月令、兵法、《史篇》文字，通知其意者，皆诣公车。网罗天下异能之士，至者前后千数，皆令记说廷中，将令正乖缪，壹异说云。群臣奏言："昔周公奉继体之嗣，据上公之尊，然犹七年制度乃定。夫明堂、辟雍，堕废千载莫能兴，今安汉公起于第家，辅翼陛下，四年于兹，功德烂然。公以八月载生魄庚子奉使，朝用书临赋营筑，越若翊辛丑，诸生、庶民大和会，十万众并集，平作二旬，大功毕成。唐、虞发举，成周造业，诚亡以加。宰衡位宜在诸侯王上，赐以束帛加璧，大国乘车、安车各一，骊马二驷。"诏曰："可。其议九锡之法。"

冬，大风吹长安城东门屋瓦且尽。

五年正月，祫祭明堂，诸侯王二十八人，列侯百二十人，宗室子九百余人，征助祭。礼毕，封孝宣曾孙信第三十六人为列侯，余皆益户赐爵，金、帛之赏各有数。是时，吏民以莽不受新野田而上书者前后四十八万七千五百七十二人，及诸侯、王公、列侯、宗室见者皆叩头言，宜亟加赏于安汉公。于是莽上书曰：

"臣以外属，越次备位，未能奉称。伏念圣德纯茂。承天当古，制礼以治民，作乐以移风，四海奔走，百蛮并臻，辞去之日，莫不陨涕，非有款诚，岂可虚致？自诸侯王已下至于吏民，咸知臣莽上与陛下有葭莩之故，又得典职，每归功列德者，辄以臣莽为余言。臣见诸侯面言事于前者，未尝不流汗而惭愧也。虽性愚鄙，至诚自知，德薄位尊，力少任大，夙夜悼栗，常恐侮辱圣朝。今天下治平，风俗齐风，百蛮率服，毕陛下圣德所自躬亲，太师光、太保舜等辅政佐治，群卿大夫莫不忠良，故能以五年之间至致此焉。臣莽实无奇策异谋。奉承太后圣诏，宣之于下，不能得什一；受群贤之筹画，而上以闻，不得能什伍。当被无益之辜，所以敢且保首领须臾者，诚上休陛下余光，而下依群公之故也。陛下不忍众言，辄下其章于议者。臣莽前欲立奏止，恐其遂不肯止。今大礼已行，助祭者毕辞，不胜至愿，愿诸章下议者皆寝勿上，使臣莽得尽力毕制礼作乐事。事成，以传示天下，与海内平之。即有所间非，则臣莽当被诖上误朝之罪；如无他谴，得全命赐骸骨归家，避贤者路，是臣之私愿也。惟陛下哀怜财幸！"

甄邯等白太后，诏曰："可。惟公功德光于天下，是以诸侯、王公、列侯、宗室、诸生、吏民翕然同辞，连守阙庭，故下其章。诸侯、宗室辞去之日，复见前重陈，虽晓喻罢遣，犹不肯去。告以孟夏将行厥赏，莫不欢悦，称万岁而退。今公每见，辄流涕叩头言愿不受赏，赏即加不敢当位。方制作未定，事须公而决，故且听公。制作毕成，群公以闻。究于前议，其九锡礼仪亟奏。”

于是公卿大夫、博士、议郎、列侯张纯等九百二人皆曰：“圣帝明王招贤劝能，德盛者位高，功大者赏厚。故宗臣有九命上公之尊，则有九锡登等之宠。今九族亲睦，百姓既章，万国和协，黎民时雍，圣瑞毕溱，太平已洽。帝者之盛莫隆于唐、虞，而陛下任之；忠臣茂功莫著于伊、周，而宰衡配之。所谓异时而兴，如合符者也。谨以《六艺》通义，经文所见，《周官》《礼记》宜于今者，为九命之锡。臣请命锡。”奏可。策曰：

惟元始五年五月庚寅，太皇太后临于前殿，延登，亲诏之曰：公进，虚听朕言。前公宿卫孝成皇帝十有六年，纳策尽忠，白诛故定陵侯淳于长，以弥乱发奸，登大司马，职在内辅。孝哀皇帝即位，骄妾窥欲，奸臣萌动，公手劾高昌侯董宏，改正故定陶共王母之僭坐。自是之后，朝臣论议，靡不据经。以病辞位，归于第家，为贼臣所陷。就国之后，孝哀皇帝觉寤，复还公长安，临病加剧，犹不忘公，复特进位。是夜仓卒，国无储主，奸臣充朝，危殆甚矣。朕惟定国之计莫宜于公，引纳于朝，即日罢退高安侯董贤，转漏之间，忠策辄建，纲纪咸张。绥和、元寿，再遭大行，万事皆举，祸乱不作。辅朕五年，人伦之本正，天地之位定。钦承神祇，经纬四时，复千载之废，矫百世之失，天下和会，大众方辑。《诗》之灵台，《书》之作雒，镐京之制，商邑之度，于今复兴。昭章先帝之元功，明著祖宗之令德，推显严父配天之义，修立郊禘宗祀之礼，以光大孝。是以四海雍雍，万国慕义，蛮夷殊俗，不召自至，渐化端冕，奉珍助祭。寻旧本道，遵术重古，动而有成，事得厥中。至德要道，通于神明，祖考嘉享。光耀显章，天符仍臻，元气大同。麟凤龟龙，众祥之瑞，七百有余。遂制礼作乐，有绥靖宗庙社稷之大勋。普天之下，惟公是赖，官在宰衡，位为上公。今加九命之锡，其以助祭，共文武之职，乃遂及厥祖。於戏，岂不休哉！

于是莽稽首再拜，受绿韨衮冕衣赏，玚琫玚珌，句履，鸾路乘马，龙旗九旒，皮弁素积，戎路乘马，彤弓矢，卢弓矢，左建朱钺，右建金戚，甲胄一具，秬鬯二卣，圭瓒二，九命青玉珪二，朱户纳陛。署宗官、祝官、卜官、史官，虎贲三百人，家令丞各一人，宗、祝、卜、史官皆置啬夫，佐官汉公。在中府外第，虎贲为门卫，当出入者傅籍。自四辅、三公有事府第，皆用传。以楚王邸为安汉公第，大缮治，通周卫。祖祢庙及寝皆为朱户纳陛。陈崇又奏："安汉公祠祖祢，出城门，城门校尉宜将骑士从。入有门卫，出有骑士，所以重国也。"奏可。

其秋，莽以皇后有子孙瑞，通子午道。子午道从杜陵直绝南山，径汉中。

风俗使者八人还，言天下风俗齐同，诈为郡国造歌谣，颂功德，凡三万言。莽奏定著令。又奏为市无二贾，官无狱讼，邑无盗贼，野无饥民，道不拾遗，男女异路之制，犯者象刑。刘歆、陈崇等十二人皆以治明堂，宣教化，封为列侯。

莽既致太平，北化匈奴，东致海外，南怀黄支，唯西方未有加。乃遣中郎将平宪等多持金币诱塞外羌，使献地，愿内属。宪等奏言："羌豪良愿等种，人口可万二千人，愿为内臣，献鲜水海、允谷盐池，平地美草皆予汉民，自居险阻处为藩蔽。问良愿降意，对曰：'太皇太后圣明，安汉公至仁，天下太平，五谷成熟，或禾长丈余，或一粟三米，或不种自生，或茧不蚕自成，甘露从天下，醴泉自地出，凤皇来仪，神爵降集。从四岁以来，羌人无所疾苦，故思乐内属。'宜以时处业，置属国领护。"事下莽，莽复奏曰："太后秉统数年，恩泽洋溢，和气四塞，绝域殊俗，靡不慕义。越裳氏重译献白雉，黄支自三万里贡生犀，东夷王度大海奉国珍，匈奴单于顺制作，去二名，今西域良愿等复举地为臣妾，昔唐尧横被四表，亦亡以加之。今谨案已有东海、南海、北海郡，未有西海郡，请受良愿等所献地为西海郡。臣又闻圣王序天文，定地理，因山川民俗以制州界。汉家地广二帝、三王，凡十二州，州名及界多不应经。《尧典》十有二州，后定为九州。汉家廓地辽远，州牧行部，远者三万余里，不可为九。谨以经义正十二州名分界，以应正始。"奏可。又增法五十条，犯者徙之西海。徙者以千万数，民始怨矣。

泉陵侯刘庆上书言："周成王幼少，称孺子，周公居摄。今帝富于春秋，宜令安汉公行天子事，如周公。"郡臣皆曰："宜如庆言。"

冬，荧惑入月中。

平帝疾，莽作策，请命于泰畤，戴璧秉圭，愿以身代。藏策金滕，置于前殿，敕诸公勿敢言。十二月，平帝崩，大赦天下。莽征明礼者宗伯凤等与定天下吏六百石以上皆服丧三年。奏尊孝成庙曰统宗，孝平庙曰元宗。时元帝世绝，而宣帝曾孙有见王五人，列侯广戚侯显等四十八人，莽恶其长大，曰："兄弟不得相为后。乃选玄孙中最幼广戚侯子婴，年二岁，托以为卜相最吉。

是月，前辉光谢嚣奏武功长孟通浚井得白石，上圆下方，有丹书著石，文曰："告安汉公莽为皇帝。"符命之起，自此始矣。莽命群公以白太后，太后曰："此诬罔天下，不可施行！"太保舜谓太后："事已如此，无可奈何，沮之力不能止。又莽非敢有它，但欲称摄以重其权，填服天下耳。"太后听许。舜等即共令太后下诏曰："盖闻天生众民，不能相治，为之立君以统理之。君年幼稚，必有寄托而居摄焉，然后能奉天施而成地化，群生茂育。《书》不云乎？'天工，人其代之。'朕以孝平皇帝幼年，且统国政，几加元服，委政而属之。今短命而崩，呜呼哀哉！已使有司征孝宣皇帝玄孙二十三人，差度宜者，以嗣孝平皇帝之后。玄孙年在襁褓，不得至德君子，孰能安之？安汉公莽辅政三世，比遭际会，安光汉室，遂同殊风，至于制作，与周公异世同符。今前辉光嚣、武功长通上言丹石之符，朕深思厥意，云'为皇帝'者，乃摄行皇帝之事也。夫有法成易，非圣人者亡法。其令安汉公居摄践祚，如周公故事，以武功县为安汉公采地，名曰汉光邑。具礼仪奏。"

于是群臣奏言："太后圣德昭然，深见天意，诏令安汉公居摄。臣闻周成王幼少，周道未成，成王不能共事天地，修文、武之烈。周公权而居摄，则周道成，王室安；不居摄，则恐周队失天命。《书》曰：'我嗣事子孙，大不克共上下，遏失前人光，在家不知命不易。天应棐谌，乃亡坠命。'说曰：周公服天子之冕，南面而朝群臣，发号施令，常称王命。召公贤人，不知圣人之意，故不说也。《礼·明堂记》曰'周公朝诸侯于明堂，天子负斧依南面而立。'谓'周公践天子位，六年朝诸侯，制礼作乐，而天下大服'也。召公不说。时武王崩，缞粗未除。由是言之，周公始摄则居天了之位，非乃六年而践阼也。《书》逸《嘉禾篇》曰：'周公奉鬯立于阼阶，延登，赞曰：假王莅政，勤和天下。'此周公摄政，赞者所称。成王加元服，周公则致政。《书》曰：'朕复子明辟'，周公常称王命，专行不报，故言我复子明君也。臣请安汉公居摄践祚，服天子韨冕，背斧依于户牖之间，南面朝群臣，听政事。车服出入警跸，民臣称臣妾，皆如天子之制。郊祀天地，宗祀明堂，共祀宗庙，享祭群神，赞曰'假皇帝'，民臣谓之'摄皇帝'，自称曰'予'。平决朝事，常以皇帝之诏称'制'、以奉顺皇天之心，辅翼汉室，保安孝平皇帝之幼嗣，遂寄托之义，隆治平之化。其朝见太皇太后、帝皇后，皆复臣节。自施政教于其宫家国采，如诸侯礼仪故事。臣昧死请。”太后诏曰：“可。”明年，改元曰“居摄”。

居摄元年正月，莽祀上帝于南郊，迎春于东郊，行大射礼于明堂，养三老五更，成礼而去。置柱下五史，秩如御史，听政事，侍旁记疏言行。

三月己丑，立宣帝玄孙婴为皇太子，号曰孺子。以王舜为太傅左辅，甄丰为太阿右拂，甄邯为太保后承。又置四少，秩皆二千石。

四月，安众侯刘崇与相张绍谋曰：“安汉公莽专制朝政，必危刘氏。天下非之者，乃莫敢先举，此宗室耻也。吾帅宗族为先，海内必和。”绍等从者百余人，遂进攻宛，不得入而败。绍者，张竦之从兄也。竦与崇族父刘嘉诣阙自归，莽赦弗罪。竦因为嘉作奏曰：

建平、元寿之间，大统几绝，宗室几弃。赖蒙陛下圣德，扶服振救，遮捍匡卫，国命复延，宗室明目。临明统政，发号施令，动以宗室为始，登用九族为先。并录支亲，建立王侯，南面之孤，计以百数。收复绝属，存亡续废，得比肩首，复为人者，嫔然成行，所以藩汉国，辅汉宗也。建辟雍，立明堂，班天法，流圣化，朝群后，昭文德，宗室诸侯，咸益土地。天下喁喁，引领而叹，颂声洋洋，满耳而入。国家所以服此美，膺此名，飨此福，受此荣者，岂非太皇太后日昃之思，陛下夕惕之念哉！何谓？乱则统其理，危则致其安，祸则引其福，绝则继其统，幼则代其任，晨夜屑屑，寒暑勤勤，无时休息，孳孳不已者，凡以为天下，厚刘氏也。

臣无愚智，民无男女，皆谕至意。而安众侯崇乃独怀悖惑之心，操畔逆之虑，兴兵动众，欲危宗庙，恶不忍闻，罪不容诛，诚臣子之仇，宗室之雠，国家之贼，天下之害也。是故亲属震落而告其罪，民人溃畔而弃其兵，进不跬步，退伏其殃。百岁之母，孩提之子，同时断斩，悬头竿杪，珠珥在耳，首饰犹存，为计若此，岂不悖哉！

臣闻古者畔逆之国，既以诛讨，则猪其宫室以为污池，纳垢浊焉，名曰凶虚，虽生菜茹，而人不食。四墙其社，覆上栈下，示不得通。辨社诸侯，出门见之，著以为戒。方今天下闻崇之反也，咸欲骞衣手剑而叱之。其先至者，则拂其颈，冲其匈，刃其躯，切其肌；后至者，欲拔其门，仆其墙，夷其屋，焚其器，应声涤地，则时成创。而宗室尤甚，言必切齿焉。何则？以其背畔恩义，而不知重德之所在也。宗室所居或远，嘉幸得先闻，不胜愤愤之愿，愿为宗室倡始，父子兄弟负笼荷锸，驰之南阳，猪崇宫室，令如古制。及崇社宜如亳社，以赐诸侯，用永监戒。愿下四辅公卿大夫议，以明好恶，视四方。

于是莽大说。公卿曰："皆宜如嘉言。"莽白太后下诏曰："惟嘉父子兄弟，虽与崇有属，不敢阿私，或见萌牙，相率告之，及其祸成，同共雠之，应合古制，忠孝著焉。其以杜衍户千封嘉为师礼侯，嘉子七人皆赐爵关内侯。"后又封竦为淑德侯。长安为之语曰："欲求封，过张伯松；力战斗，不如巧为奏。"莽又封南阳吏民有功者百余人，污池刘崇室宅。后谋反者，皆污池云。

群臣复白："刘崇等谋逆者，以莽权轻也。宜尊重以填海内。"五月甲辰，太后诏莽朝见太后称"假皇帝。"

冬十月丙辰朔，日有食之。

十二月，群臣奏请："益安汉公宫及家吏，置率更令，庙、厩、厨长丞，中庶子，虎贲以下百余人，又置卫士三百人。安汉公庐为摄省，府为摄殿，第为摄宫。"奏可。

莽白太后下诏曰："故太师光虽前薨，功效已列。太保舜、大司空丰、轻车将军邯、步兵将军建皆为诱进单于筹策，又典灵台、明堂、辟雍、四郊，定制度，开子午道，与宰衡同心说德，合意并力，功德茂著。封舜了匡为同心侯，林为说德侯，光孙寿为合意侯，丰孙匡为并力侯。益邯、建各三千户。"

是岁，西羌庞恬、傅幡等怨莽夺其地作西海郡，反攻西海太守程永，永奔走。莽诛永，遣护羌校尉窦况击之。

二年春，窦况等击破西羌。

五月，更造货：错刀，一直五千；契刀，一直五百；大钱，一直五十，与五铢钱并行。民多盗铸者。禁列侯以下不得挟黄金，输御府受直，然卒不与直。

九月，东郡太守翟义都试，勒车骑，因发奔命，立严乡侯刘信为天子，移檄郡国，言"莽毒杀平帝，摄天子位，欲绝汉室，今共行天罚诛莽"。郡国疑惑，众十余万。莽惶惧不能食，昼夜抱孺子告祷郊庙，放《大诰》作策，遣谏大夫桓谭等班于天下，谕以摄位当反政孺子之意。遣王邑、孙建等八将军击义，分屯诸关，守阨塞。槐里男子赵明、霍鸿等起兵，以和翟义，相与谋曰："诸将精兵悉东，京师空，可攻长安。"众稍多，至且十万人，莽恐，遣将军王奇、王级将兵拒之。以太保甄邯为大将军，受钺高庙，领天下兵，左杖节，右把钺，屯城外。王舜、甄丰昼夜循行殿中。

十二月，王邑等破翟义于圉。司威陈崇使监军上书言："陛下奉天洪范，心合宝龟，膺受元命，豫知成败，咸应兆占，是谓配天。配天之主，虑则移气，言则动物，施则成化。臣崇伏读诏书下日，窃计其时，圣思始发，而反虏仍破；诏文始书，反虏大败；制书始下，反虏毕斩，众将未及齐其锋芒，臣崇未及尽共愚虑，而事已决矣。"莽大说。

三年春，地震。大赦天下。

王邑等还京师，西与王级等合击明、鸿，皆破灭，语在《翟义传》。莽大置酒未央宫白虎殿，劳赐将帅，诏陈崇治校军功，第其高下。莽乃上奏曰："明圣之世，国多贤人，故唐、虞之时，可比屋而封，至功成事就，则加赏焉。至于夏后涂山之会，执玉帛者万国，诸侯执玉，附庸执帛。周武王孟津之上，尚有八百诸侯。周公居摄，郊祀后稷以配天，宗祀文王于明堂以配上帝，是以四海之内各以其职来祭，盖诸侯千八百矣。《礼记·王制》千七百余国，是以孔子著《孝经》曰：'不敢遗小国之臣，而况于公、侯、伯、子、男乎？故得万国之欢心以事其先王。'此天子之孝也。秦为亡道，残灭诸侯以为郡县，欲擅天下之利，故二世而亡。高皇帝受命除残，考功施赏，建国数百，后稍衰微，其余仅存。太皇太后躬统大纲，广封功德以劝善，兴灭继绝以永世，是以大化流通，旦暮且成。遭羌寇害西海郡，反虏流言东郡，逆贼惑众西土，忠臣孝子莫不奋怒，所征殄灭，尽备厥辜，天下咸宁。今制礼作乐，实考周爵五等，地四等，有明文；殷爵三等，有其说，无其文。孔子曰：'周监于二代，郁郁乎文哉！吾从周。'臣请诸将帅当受爵邑者爵五等，地四等。"奏可。于是封者高为侯、伯，次为子、男，当赐爵关内侯者更名曰附城，凡数百人。击西海者以"羌"为号，槐里以"武"为号，翟义以"虏"为号。

群臣复奏言："太后修功录德，远者千载，近者当世，或以文封，或以武爵，深浅大小，靡不毕举。今摄皇帝背依践祚，宜异于宰国之时，制作虽未毕已，宜进二子爵皆为公。《春秋》'善善及子孙'，'贤者之后，宜有土地'。成王广封周公庶子六人，皆有茅土。及汉家名相大将萧、霍之属，咸及支庶。兄子光，可先封为列侯；诸孙，制度毕已，大司徒、大司空上名，如前诏书。”太后诏曰：“进摄皇帝子褒新侯安为新举公，赏都侯临为褒新公，封光为衍功侯。”是时，莽还归新都国，群臣复白以封莽孙宗为新都侯。莽既灭翟义，自谓威德日盛，获天人助，遂谋即真之事矣。

九月，莽母功显君死，意不在哀，令太后诏议其服。少阿、羲和刘歆与博士诸儒七十八人皆曰：“居摄之义，所以统立天功，兴崇帝道，成就法度，安辑海内也。昔殷成汤既没，而太子蚤夭，其子太甲幼少不明，伊尹放诸桐宫而居摄，以兴殷道。周武王既没，周道未成，成王幼少，周公屏成王而居摄，以成周道。是以殷有翼翼之化，周有刑错之功。今太皇太后比遭家之不造，委任安汉公宰尹群僚，衡平天下。遭孺子幼少，未能共上下，皇天降瑞，出丹石之符，是以〔太皇〕太后则天明命，诏安汉公居摄践祚，将以成圣汉之业，与唐、虞三代比隆也。摄皇帝遂开秘府，会群儒，制礼作乐，卒定庶官，茂成天功。圣心周悉，卓尔独见，发得周礼，以明因监，则天稽古，而损益焉，犹仲尼之闻《韶》，日月之不可阶，非圣哲之至，孰能若兹！纲纪咸张，成在一匮，此其所以保佑圣汉，安靖元元之效也。今功显君薨，《礼》：‘庶子为后，为其母缌。’传曰：‘与尊者为体，不敢服其私亲也。摄皇帝以圣德承皇天之命，受太后之诏居摄践祚，奉汉大宗之后，上有天地社稷之重，下有元元万机之忧，不得顾其私亲。故太皇太后建厥元孙，俾侯新都，为哀侯后。明摄皇帝与尊者为体，承宗庙之祭，奉共养太皇太后，不得服其私亲也。《周礼》曰‘王为诸侯缌缞’，‘弁而加环绖’，同姓则麻，异姓则葛。摄皇帝当为功显君缌缞，弁而加麻环绖，如天子吊诸侯服，以应圣制。’莽遂行焉，凡壹吊再会，而令新都侯宗为主，服丧三年云。

司威陈崇奏，衍功侯光私报执金吾窦况，令杀人，况为收系，致其法。莽大怒，切责光。光母曰：“女自眂孰与长孙、中孙？”遂母子自杀，及况皆死。初，莽以事母、养嫂、抚兄子为名，及后悖虐，复以示公义焉。令光子嘉嗣爵为侯。

莽下书曰：“遏密之义，讫于季冬，正月郊祀，八音当奏。王公卿士，乐凡几等？五声八音，条各云何？其与所部儒生各尽精思，悉陈其义。”

是岁，广饶侯刘京，车骑将军千人扈云、太保属臧鸿奏符命。京言齐郡新井，云言巴郡石牛，鸿言扶风雍石，莽皆迎受。十一月甲子，莽〔上〕奏太后曰：

陛下至圣，遭家不造，遇汉十二世三七之阸，承天威命，诏臣莽居摄，受孺子之托，任天下之寄。臣莽兢兢业业，惧于不称。宗室广饶侯刘京上书言：“七月中，齐郡临淄县昌兴亭长辛当一暮数梦，曰：‘吾，天公使也。天公使我告亭长曰：“摄皇帝当为真。即不信我，此亭中当有新井。’亭长晨起视亭中，诚有新井，入地且百尺。”十一月壬子，直建冬至，巴郡石牛，戊午，雍石文，皆到于未央宫之前殿。臣与太保安阳侯舜等视，天风起，尘冥，风止，得铜符帛图于石前，文曰：天告帝符，献者封侯。承天命，用神令。”骑都尉崔发等眂说。及前孝哀皇帝建平二年六月甲子下诏书，更为太初元将元年，案其本事，甘忠可、夏贺良谶书臧兰台。臣莽以为元将元年者，大将居摄改元之文也。于今信矣。《尚书·康诰》“王若曰：‘孟侯，朕其弟，小子封。’”此周公居摄称王之文也。《春秋》隐公不言即位，摄也。此二经周公、孔子所定，盖为后法。孔子曰：“畏天命，畏大人，畏圣人之言。”臣莽敢不承用！臣请共事神祇宗庙，奏言太皇太后、孝平皇后，皆称假皇帝。其号令天下，天下奏言事，毋言“摄”。以居摄三年为初始元年，漏刻以百二十为度，用应天命。臣莽夙夜养育隆就孺子，令与周之成王比德，宣明太皇太后威德于万方，期于富而教之。孺子加元服，复子明辟，如周公故事。奏可。众庶知其奉符命，指意群臣博议别奏，以视即真之渐矣。

期门郎张充等六人谋共劫莽，立楚王。发觉，诛死。

梓潼人哀章，学问长安，素无行，好为大言。见莽居摄，即作铜匮，为两检，署其一曰“天帝行玺金匮图’，其一署曰“赤帝〔行〕玺某传予黄帝金策书”。某者，高皇帝名也。书言王莽为真天子，皇太后如天命。图书皆书莽大臣八人，又取令名王兴、王盛，章因自窜姓名，凡为十一人，皆署官爵，为辅佐。章闻齐井、石牛事下，即日皆时，衣黄衣，持匮至高庙，以付仆射。仆射以闻。戊辰，莽至高庙拜受金匮神嬗。御王冠，谒太后，还坐未央宫前殿，下书曰：“予以不德，托于皇初祖考黄帝之后，皇始祖考虞帝之苗裔，而太皇太后之末属。皇天上帝隆显大佑，成命统序，符契图文，金匮策书，神明诏告，属予以天下兆民。赤帝汉氏高皇帝之灵，承天命，传国金策之书，予甚祇畏，敢不钦受！以戊辰直定，御王冠，即真天子位，定有天下之号曰‘新’。其改正朔，易服色，变牺牲，殊徽帜，异器制。以十二月朔癸酉为建国元年正月之朔，以鸡

鸣为时。服色配德上黄，牺牲应正用白，使节之旄幡皆纯黄，其署曰'新使五威节'，以承皇天上帝威命也。"

【译文】

王莽，字巨君，是孝元皇后的侄儿。孝元皇后的父亲、兄弟们都在元帝、成帝时期受封了侯爵，身居要职，辅佐朝政，全家总共有九个列侯、五个大司马，这些事都被记载在《元后传》里。只有王莽的父亲王曼很早就死了，没有被封侯。王莽的堂兄弟们都是将军、列侯的儿子，趁着自己家有钱有势，奢侈浪费，用车马的众多、姬妾的漂亮、玩乐的新奇来互相比较高低。只有王莽一人十分贫寒，因此屈己下人，十分恭敬俭朴。他拜沛郡人陈参为老师，学习《礼经》，勤劳身心，广泛地读书，穿着好像普通的书生一样。他侍奉自己的母亲和守寡的嫂子，抚养没有父亲的侄儿，行为非常谨严检点。同时又在社会上广泛交结英俊之友，在家族中服侍伯父叔父，都很委婉周到，注意礼节。阳朔年间，王莽的伯父大将军王凤生病了，王莽侍候疾病，亲自尝药，以至于头发散乱，颜面肮脏，不脱衣服睡觉，接连几个月之久。王凤临死时，将他托付给王太后和成帝，王莽被任命为黄门郎，提升为射声校尉。

过了很久，他的叔父成都侯王商上报朝廷，表示愿意分自己的一部分封地赐封给王莽。此外长乐宫少府戴崇、侍中金涉、胡骑校尉箕闳、上谷郡都尉阳并以及中郎陈汤，都是当时的知名人士，都为王莽说好话，皇上从此就认为王莽很贤能。永始元年，皇上封王莽为新都侯，侯国建立在南阳郡新野县的城郊，有一千五百户居民。后来又提升他为骑都尉兼光禄大夫加侍中衔，居住在宫廷中日夜警卫，王莽谨慎小心，官职越尊贵，态度作风就越谦恭。他分散自己的车马衣服，施舍接济宾客，家中不留多余的财物。他接待供养知名的人士，结交很多将军、宰相、卿大夫。所以当权的许多大人物更加推崇他，社会上的知名人士也对他宣扬称赞，他的名声传遍朝廷和社会各界，甚至超过他的伯父叔父们。王莽善于虚假的表演，处于那样的场合也不会感到惭愧。

王莽的老兄王永曾经任职诸曹，早就已经死了，他有个儿子叫王光，王莽让他到博士的门下学习。王莽休假离开朝廷时，驾起车马，带着酒肉，去向王光的老师慰问赠送礼物，赏赐惠及他的同学。许多书生围着看热闹，老人们也在旁边赞叹。王光年龄比王莽的儿子王宇小一些，王莽让他们在同一天娶妻，宾客坐满一个堂屋。忽然间，有一个人说老太太发什么病痛，应当服什么药，等到宾客散去后，他坐立不安。有一次他秘密买下一个女奴，兄弟们中很多人都有耳闻，王莽便解释说："后将军朱子元没有儿子，我听说这个女孩的血统能多生儿子，因此才替他买下她。"当天就把女奴送给朱子元。他隐藏真情追求名誉竟然达到如此地步。

这时候，王太后的外甥淳于长因有才能担任九卿，因为发迹在先，所以名位在王莽之上。王莽秘密搜集他的罪过，通过大司马曲阳侯王根报告他的情况，淳于长因此伏法受诛，王莽因此获得了忠直的名声，这些事被记载在《淳于长传》里面。王根因此请求退休，推荐王莽接替自己的位置，皇上就提拔他担任大司马。这一年是绥和元年，他的年纪已经三十八岁了。王莽既然已经超过同辈而突起，继自己的四个伯父叔父之后辅佐朝政，他想要让自己的名誉超过前人，就不知疲倦地克己奉公，聘请许多贤良的人充当办事人员，皇帝的赏赐以及封邑的收入全都用来款待士人，自己更俭朴节约。他母亲生病，三公、九卿和列侯都派遣夫人来探问他母亲的病情，王莽的妻子出门迎接她们，衣裙都没有拖到地上，腰间系着布围裙。看见她的人都以为她是奴婢，一询问才知道她是夫人，都大吃一惊。

他辅佐朝政一年多后，成帝逝世，哀帝登上皇位，尊称皇太后为太皇太后。王太后命令王莽辞职回家，给哀帝的外家让权。王莽上报请求退休，哀帝派尚书令命令王莽说："去世的皇帝将政务委托给您而抛开臣子们，我能够继承皇位，的确是盼望能够跟您同心合意。现在您上报告说生病要求退休，显得我没能遵循先帝的意旨，我对此感到非常悲伤。我已经命令尚书等待您上朝奏事。"然后哀帝又派遣丞相孔光、大司空何武、左将军师丹、卫尉傅喜报告王太后说："皇帝听说太后的命令后，非常悲伤。大司马如果不来，皇帝就不敢处理政务。"王太后只得又命令王莽办理公务。

这时哀帝的祖母定陶国傅太后与母亲丁姬还在世，高昌侯董宏上报告说："《春秋》的原则中，母亲依靠儿子而尊贵，丁姬应当被加上尊贵的称号。"王莽与师丹共同弹劾董宏迷误朝廷，违反了原则，这些话被记载在《师丹传》里面。后来，在未央宫举行宴会时，内者令为傅太后设置篷帐，坐在太皇太后座位旁边。王莽巡视时，责备内者令说："定陶国傅太后是藩王的太后，原来是皇帝的妃子，怎能与最高最尊贵的太皇太后并列！”于是下令撤掉篷帐，改设座位。傅太后听说这件事后，大怒，不肯去参加宴会，因此十分怨恨王莽。王莽又请求退休，哀帝赏赐他五百斤黄金，一辆坐车和四匹套马，免职回家。三公、九卿以及大夫们多有称赞他的任，皇上就加以优待和尊敬，在他的家中设置侍候的专人，让宫内的太监每十天赏赐他一次酒席。皇上下诏书说：“新都侯王莽为国家操心效力，坚定按规矩办事，我也许可以依靠他实现太平。太皇后命王莽回家，我对此非常怜惜。应当将黄邮聚民户三百五十家加封给王莽，给予他特进的荣誉地位，加上给事中的官衔，每逢初一、十五的朝会，皇帝接见他的礼仪就像接见三公一样，皇帝出行时王莽可以乘坐绿车跟随。”过了两年，傅太后和丁姬都称起尊贵的名号了，丞相朱博报告说：“王莽从前不愿意广泛办理尊敬尊长的事项，压制太后的尊号，伤害皇上的孝敬之心，应当被明正典刑，幸而获得赦免的命令，但是他不应当拥有爵位和封地，请予免除王莽的爵位和封地，降他为平民。”皇上说：“由于王莽与太皇太后有亲属关系，就不要免除爵位和封地了，打发他回封国去吧。”

王莽随后闭门不出，自己十分安分守法，他的次子王获杀死奴仆，王莽深切地责备王获，让他自杀。他自己留在封国三年，官吏与平民中替王莽申辩冤枉的数以百计。元寿元年，天空出现日食，贤良周护、宋崇等人在对答皇帝的策问时深深歌颂王莽的功德，皇上于是调回了王莽。

当初王莽来到封国时，南阳郡太守因王莽地位显赫，选调了太守衙门的属官宛县人孔休临时担任新都国相。孔休在拜会王莽时，王莽用尽礼节主动结交他，孔休也听到他的名声，与他来往。后来王莽生病，孔休问候他时，王莽借报答孔休的情谊，送上了自己的用美玉装饰的宝剑，想要与他建立友好的关系。孔休不肯接受，王莽便说：“我就是看到您脸上的疤痕，美玉可以用来消除疤痕，所以想奉送您这个剑鼻罢了。”就取下了那个剑鼻，孔休还是推辞。王莽说：“您是顾虑它价值太高贵吗？”于是捶碎那个剑鼻，自己包裹着送给孔休，孔休这才接受了。等王莽被调上朝去后，想要会见孔休，孔休托词生病没有相见。

王莽回到国都一年多，哀帝去世，他没有儿子，而傅太后以及丁太后也都先后去世了，太皇太后当天坐车前往未央宫收取到御玺，派遣使者飞快前去召唤王莽。命令尚书，所有能调动军队的印信凭证，各部门的官吏汇报工作，宫廷的太监和期门亲兵都归由王莽节制。王莽报告：“大司马高安侯董贤年轻，不符大家的心愿，也应该收缴他的印信。”董贤当天就自杀了。王太后命令公卿大臣推举出适宜担任大司马的人，大司徒孔光与大司空彭宣推举王莽，前将军何武与左将军公孙禄互相推举。王太后最后任命王莽担任大司马，与他商量选定皇位的继承人。安阳侯王舜是王莽的堂弟，为人善良谨慎，是王太后所信任和宠爱的人，王莽提议让王舜担任车骑将军，打发他前去迎接中山王继承成帝之位，也就是孝平皇帝。平帝的年龄是九岁，王太后临朝代为执掌政权，她将政务委托给王莽。王莽提出赵氏曾杀害皇子，傅氏骄横僭越，于是就废黜孝成赵皇后以及孝哀傅皇后，令他们自杀，此事被记载在《外戚传》里。

王莽因大司徒孔光是当时著名的儒者，辅佐过三个皇帝，是王太后尊敬的人，全国的人都相信他，于是就极力尊敬地对待孔光，引荐任用孔光的女婿甄邯为奉车都尉加侍中衔。所有哀帝的外戚以及他向来不喜欢的在职的大臣，他都罗织他们的罪名，并且写成奏章，让甄邯拿着交给孔光。孔光素来小心谨慎，不敢不送，王莽再报告给王太后，总是会批准这些奏章。于是前将军何武以及后将军公孙禄因为互相推举而被免职，丁家、傅家以及董贤的亲属都被撤销了官职和爵位，被流放到很远的地方。红阳侯王立是王太后的亲弟弟，虽没有担任官职，王莽因为他是叔父而从内心畏惧他，恐怕王立会怂恿王太后，让自己不能够再为所欲为，便再次让孔光报告王立之前的劣迹："从前王立知道定陵侯淳于长犯大逆罪，但是仍然不接受他赠送的大量财物，为他说话，迷误朝廷。后来还建议将官婢杨寄的私生子作为皇子，大家都说这是吕后与少帝故事的重演，从而造成思想混乱，被全国的人怀疑。这样很难昭示后代，完成维护幼主的功业。请求打发王立到封国去。"王太后没有听从。王莽说："现在汉朝衰落，已经接连几代没有继承人了，太后您一个人代替幼主统领政权，的确需要小心谨慎，尽力用公正的态度来引导整个国家的人，还恐怕他们不顺从；如果像这样因私人的恩爱而违背大臣的意见，那么群臣就会滋长歪风邪气，祸乱就要由此发生了。可以暂且打发他到封国去，随后再将他调上来。"王太后不得已，只得打发王立到封国去。王莽所用来逼上迫下的手段，大概就是这一类。

当时依附他的人就被提拔，触犯他的人就被消灭。王舜与王邑成为了他的心腹，甄丰和甄邯负责掌管纠察弹劾，平晏管理机要的事务，刘歆主管典章制度，孙建成为王莽的得力助手。此外还有甄丰的儿子甄寻、刘歆的儿子刘棻以及涿郡人崔发、南阳郡人陈崇都因为有才而得到王莽的宠爱。王莽脸色十分严厉，说话一本正经，想要有所行动时，只需要略微示意，他的党羽就会秉承他的意图报告上去，王莽自己就磕头流涕，坚决地推辞，对上靠这种手段迷惑王太后，对下来显示自己的诚信。

早先王莽曾暗示益州郡的地方官让边界边上的外族进献白毛野鸡，元始元年正月，王莽建议王太后颁下诏书，用白毛野鸡来进献祖庙。大臣们就报告说："太后委任大司马王莽决策拥立新帝，从而安定国家。以前的大司马霍光有安定国家的功绩，就给他增加封邑三万户，并规定他的子孙可以原封不动地继承爵位与封邑，与萧相国一样。王莽也应当参照霍光的成例受到封赏。"王太后询问三公九卿说："你们果真因为大司马有大功应当突出他吗？还是因他是我的至亲而让他显得特殊呢？"于是大臣们就极力陈述"王莽的功德赢得像周成王获得白毛野鸡那样的祥瑞，虽然时隔千年，但符命相同。英明的帝王制度，臣子有大功，那么生前就可以获得光荣的称号，所以周公在世的时候就可以用周朝的国号作为他的称号。王莽有安定国家、宗庙的大功劳，应当赐号安汉公，增加他封邑的民户，子孙可以原封不动地继承他的爵位和封邑，远的适用于周公的古制，近的参照霍光的成例，来求得顺从天意。"王太后命令尚书将这些事情记录下来。

王莽报告说："我与孔光、王舜、甄丰、甄邯一同决策拥立新帝，现在希望只条陈孔光等人的功劳与应得的赏赐，放下我王莽的，不要同他们相提并论。"甄邯建议王太后下诏书说："'不偏私，不袒护，圣王的正道十分广大公平。'关系有亲戚的，不能有所偏私。您有安定国家的功劳，不可以由于是至亲的缘故就隐讳不予以褒扬。您应当不要推辞。"王莽又上报告推辞。王太后命令传达官引王莽在正殿的东厢房等待，王莽托词生病不肯上殿。王太后让尚书令姚恂命令他说："您由于论功行赏的缘故却拿生病来推辞，您责任重大，不能缺席，应当及时地迅速上朝办事。"王莽还是坚决地推辞。王太后再次让长信宫太仆王闳手捧制书前去召唤王莽，王莽坚决地推辞。侍从官吏建议王太后，应当不迫使王莽改变意志，就只列举孔光等人的功劳与赏赐，王莽才愿意出来办事。王太后就下诏书说："太傅博山侯孔光侍从保卫了四代皇帝，几代人都担任太傅、丞相，十分忠诚孝顺，仁爱笃厚，品行优良，在全国闻名，他们建议决策拥立新的皇帝，增加一万户封地，任命孔光担任太师，参与四辅决策。车骑将军安阳侯王舜一向仁爱孝顺，派他迎接中山王时，曾周旋辗转，经历许多艰难曲折，功勋德行卓著，增加封地一万户居民，任命王舜为太保。左将军光禄勋甄丰侍从保卫了三代皇帝，忠实诚信，仁爱笃厚，派遣他迎接中山王时，辅导供养，从而安定国家，赐封甄丰为广阳侯，赏赐他收取租税的地方五千户，任命甄丰担任少傅。都授予他们四辅的职位，子孙可以原封不动地继承他们的爵位与封邑，每人赏赐他们公馆一所。加侍中衔奉车都尉甄邯侍从保卫皇帝，十分辛勤劳累，建议决策拥立新皇帝有功，赐封甄邯为承阳侯，赏赐收取租税的地方二千四百户。”四个人都已经受到封赏，王莽还是没有上朝办事，大臣们又建议道：“王莽虽克己让人，但朝廷还是应该表彰，及时给予他赏赐，表明朝廷重视首功，不要让百官以及百姓失望。”王太后就下诏书说：“大司马新都侯王莽经历三代皇帝，都担任三公，承担像周公一样的职责，制定使子孙后代长治久安的规划，功勋德行是朝廷所有大臣中众望所归的头领，他崇高的品德、优良的作风传遍全国，远方异域的人也仰慕他的威望，所以越裳氏才派出带有厚礼的使节前来进献白毛野鸡。应当将召陵、新息两县的民户二万八千家加封给王莽，免除他后代的差役义务，规定他的子孙可以原封不动地继承爵位和封邑，褒赏他的功勋仿照萧何相国的成例。任命他担任太傅，主持四辅称号叫作安汉公。将从前萧相国的官邸作为安汉公的官邸，让法令明确的规定永远流传下去。”

当时王莽假装诚惶诚恐的样子，迫不得已才上朝接受了策命。策书中写道：“汉朝危机，皇位没有继承人，而您安定这个局面。四辅的职责，三公的任务，都由您来承担。众多官吏和职位，都由您统率。您功德卓著，国家依靠您才能够安定，看来白毛野鸡的祥瑞，十分有周公辅佐周成王的景象。因此才赏赐您光荣的称号‘安汉公’，来辅佐皇帝，希望能够实现天下太平，不要辜负我的意愿。”王莽接受太傅的官位以及安汉公的称号，辞谢了增加的封地以及规定子孙可以原封不动继承爵位、封邑的这两项赏赐，说希望等到百姓家家富足了，然后再给予他这样的赏赐。各位大臣又力争，王太后命令说：“他提出要等百姓家家都富足，因此我听从他的意见。应当将他的俸禄、家臣、赏赐都比原先增加一倍。等到百姓家家都富足时，大司徒、大司空就将情况报告上来。”王莽又推辞了没有接受，而时建议应当立起已经继绝的诸侯王后代与自从高祖以来的功臣的子孙，大功臣的子孙被赐封为列侯，有的被赐封关内侯爵位，但是并有收取租税的封邑，然后遍及所有的王侯和官吏，各有一定的等级次序。他上面尊敬祖宗，增加祭祀的礼仪和乐队；下面施恩惠给士人、平民直到鳏夫寡妇，一切的恩惠政策没有一项不推行的。这些事见《平帝纪》。

王莽已经赢得大家的好感，又想专权独断，知道王太后十分厌弃政事，就暗示公卿大臣报告说："过去一些官吏因为积累功绩已经升迁到二千石级，以及州部所举荐的特级秀才出身的官吏，大多都不称职，应当让他们都来进见安汉公接受他的考核。再者太后您不必亲自过问这些小事情。"就让王太后下诏书说："皇帝还在幼年，我暂时掌握政权，等皇帝成年为止。现在有许多政务麻烦，我已经年老，精神体力不支，恐怕对教育培养皇帝不利。所以要选用贤臣，设立四辅，让群臣都努力尽职，永远保卫国家以及我自己的平安。孔子说：'多么崇高哇，虞舜、夏禹治理的天下，都是依靠委任贤能来成其功，而不是亲自办理众事！''从今天起，只有赐封爵位这样的大事才报告上来。其他事情，都由安汉公带领四辅经过讨论决定。州牧、二千石级以及秀才出身的官吏中新近任命需要报告工作的人，就被引进到宫殿近署报告安汉公，考察原有的工作，询问新的职务，借以了解他是否称职。"于是王莽与这些官吏一一接见谈话，详尽周到地表示自己殷切地关注，丰厚地赠送他们礼物；如果见到不合意的，就明白地报请免除其官职，这样一来，王莽的权力与国君相等了。

王莽想用空名声来博得王太后欢心，就说是"紧接着哀帝时期丁、傅两家奢侈浪费后，百姓无法饱暖的有很多，太后您可以暂且穿着朴素的绸绢，饭食中略微减少些山珍海味，通过这样来昭示全国。"王莽接着上报告说，愿意出一百万钱，献三十顷田，交给大司农前去救济贫民。于是大官僚都纷纷闻风响应他的做法。王莽率领大臣们报告说："您的年事已经很高，长久地穿着粗糙的丝绸，减少山珍海味，的确不是保养身心的健康，教养皇帝，安定国家的方法。我王莽曾多次到宫中的大臣官署去磕头，禀告要求，都没被允许。现在幸依赖您的恩惠，近年来风调雨顺，甘露降落，灵芝生长，木具荚、朱草、嘉禾都出现过，各种吉祥的征兆同时来到。我王莽与大臣们表达不尽最大的愿望，就是希望您可以爱惜精力，休养心神，开阔心胸，减少思虑，穿着帝王平常应穿的衣服，恢复太官所规定的山珍海味，让臣子们各个得以尽到自己的孝心，完善地进行安排供养。希望您能够体谅！"王莽又让王太后下诏书道："听皇太后的准则，思想活动不应超出宫门。国家没得到上天的保佑，皇帝年龄幼小，不能够亲自执政，我战战兢兢，唯恐国家不能安宁。国家最高的统治权力，没有我谁适合执掌它呢？因此孔子才去进见南子，周公居摄政位，原本是根据时势的需要。我劳累身体，用尽了心思，忧患劳苦，没能得到安静，所以当社会风气崇尚奢侈时，我就用俭朴的作风来昭示全国，纠正偏差常需要超过应有的限度，如果我没有亲自倡导，全国的臣民该怎么办呢！我朝朝暮暮都在梦想五谷丰登，百姓家给人足，等皇帝加冕后，将政权交给他。现在的确不容许我享用精致的织物以及珍贵的味道，也许可以与百官一道才有所成就，应当勉励呀！”每逢发生水旱灾害，王莽就只吃蔬菜，不食用酒肉，侍从官吏将情况报告上去。王太后派使者命令王莽道：“我听说您只吃蔬菜，不食用酒肉，您关怀百姓很深切啊！今年的庄稼收成幸运的丰足，您尽职尽责，应按时吃肉食，爱护身体才能够治理好国家。”

王莽想到中国内部已经安定，只有四方的外族还没什么变化，于是就派遣使者携带着金钱财物，丰厚地赠送给匈奴的单于，让他人报告说：“我听说中国是讥诮双名的，我原名囊知牙斯，现在改名为知，来表示效法中国的英明制度。”又派王昭君的女儿须卜居次前来侍奉王太后。王莽用此来眩惑和谄媚王太后，甚至到她旁边随从的宦官，拉拢的手段也多种多样，千变万化。

王莽既然已经显赫，想把女儿许配平帝作为皇后，借此巩固自己的权力，报告说道：“皇帝登上皇位已经三年了，皇后没有聘娶，妃妾也没有配齐。从前国家危难，就是起因于没有继承人，婚配不当。应当根据《五经》之义，制定婚配的礼仪，确定十二女的原则，来求得多生育继承人。广泛选取商王、周王的后代以及周公、孔子的后代与在长安的列侯的正妻所生的女儿。”事情交给主管官吏办理，上报了许多女子的名单，王氏家族有很多女儿在候选的名单当中的。王莽恐怕她们与自己女儿竞争，就报告道：“我自己没有德行，女儿资质低下，不适宜跟许多女子一道被选。”王太后以为王莽是出于最大的诚意，就下诏书说：“王氏家族的女儿都是我的娘家人，应当不进行选择。”平民、儒生、郎官以上的官员守候在宫门前上报告的每天有一千多人，三公、九卿、大夫们有的人到朝堂上，有的人跪在大臣的官署门前，都报告说：“英明的诏令所表现出的大公无私的精神是那么崇高，可是安汉公的伟大功勋却这样明显，现在正当要选立皇后的时候，怎能偏不要安汉公的女儿呢？全国人往哪里寄托自己的命运！我们希望安汉公的女儿可以作为国母。”王莽派长史以下的属官分批前去晓喻劝阻三公、九卿与众儒生，可是上报告的人反而更加迫切。王太后迫不得已，只好听凭公卿大臣们选取王莽的女儿。王莽又自己申明："应广泛选择众多的女子。"公卿大臣们争辩道："不应选择许多女子来干扰皇后的正统地位。"王莽表示："我愿意让女儿出来相见。"王太后派长乐宫少府、宗正、尚书令前去致送彩礼看亲，回来报告说："安汉公的女儿长期受道德教育的熏陶，有美好容貌，适宜延续帝王的世系，侍奉祭礼的大事。"另外又诏令派遣大司徒、大司空用策书来祷告祖宗，采用许多占卜的方法来预测吉凶，都说："兆头遇着金旺盛、水充实，卦义遇着父母都可以得到正位，这也就是所谓自己康强的预兆，子孙大吉的象征。"信乡侯刘佟报告说："《春秋》中记载，天子将从纪国娶王后，就将纪君的子爵升任为侯爵，安汉公的封国并没有符合古代制度。"事情下交给主管的官吏讨论，都说："古代天子赐封的王后的父亲都有纵横各一百里的土地，尊敬他不将他当臣子看待，借此表示重视祖宗血统延续，这是孝道的最高表现。刘佟的话非常符合礼制，可以照办。请将新野县的二万五千六百顷田地加封给王莽，足够纵横各一百里。"王莽推辞道："我的女儿确实不够许配最高的君主，现在又听大家的说法，要给我增加封地。我自己俯伏考虑，能够被列为皇亲国戚，获得爵位与封地，假使我女儿真能配得上皇帝的崇高品德，我的侯国封地租税足够供给朝贡，不需要再给予我增加封地的恩宠。我愿归还增加的封地。"王太后许可这件事。主管的官吏报告："按照成例，聘皇后彩礼是二万斤黄金，算二万万钱。"王莽深切推辞，接受了四千万，又将其中的三千三百万分给十一户陪嫁女儿的人家。大臣们又说："现在皇后接受的聘礼，也没有超过那些妃妾多少。"又诏令，再增加二千三百万聘礼，合成三千万。王莽又派人将其中的一千万分给九族中的贫苦人家。

陈崇此时正担任大司徒司直，与张敞的孙子张竦十分要好。张竦是博学通才的人，替陈崇起草一个奏章，来称颂王莽的功德。

> 我见安汉公自从踏进政界，正值社会风气崇尚奢华的时候，他受太后和皇帝恩宠，沾着伯父叔父们的尊荣显耀光彩，金钱多，权势大，没人可以违反他的意志。然而他却降低自己的身份，实行仁爱，克制个人私心，遵行礼制，违抗世俗风气，矫正习俗，坚定不移独立行事。他穿粗劣的衣服，吃粗劣的饭菜，坐简陋的车子，驾低劣的马匹，配偶也没有两个，在家中孝敬尊长，友爱兄弟，大家没有不知道这些的。他不追求名利，乐于遵守坚贤的道理，温和善良，谦恭对待

士人，对待自己富贵以前的朋友常施以恩惠，对老师、朋友非常忠厚。孔子说“比不上贫穷却快乐，富有却爱好礼节”，这非常适合安汉公。

等到他担任侍中，原定的陵侯淳于长犯大逆罪，安汉公不敢照顾自己的私亲，建议给予他惩罚。周公惩罚管叔、蔡叔，季子毒死了叔牙，这都是安汉公的实践呀。

因此孝成帝任命安汉公担任大司马，将国家的命脉委托给他。哀帝登皇位后，高昌侯董宏因追求名位，迎合他们的意图，制造了两个皇位的系统，安汉公亲自上书弹劾他，从而明确大是大非。提出定陶国的太后不应在皇太后的篷帐里坐，借此申明朝廷的尊卑体制。《诗经》上说“软的也不吞，硬的也不吐，不欺负弱小，不害怕强暴”，这符合安汉公的性格。

安汉公深深抱着谦让的态度，出自内心要求让出了大司马的职位。定陶国的太后想建立超越本分的称号，害怕他会当面指责她不应在皇太后篷帐里坐的原则，于是就奸巧诈伪的朱博之流，鉴于他们淳于长、董宏遭他亲自弹劾的往事，他们上下一心，制造了流言蜚语，玩弄了阴谋诡计，纷至沓来，使用欺诈奸邪手段，破坏了制度，终于搞成篡窃的称号。他们排斥驱逐仁人贤士，杀伤宗室外戚，因而安汉公遭受到跟伍子胥、屈原类似的诽谤，远离了朝廷，回到自己的封国。这时朝廷政治很混乱，法制被败坏，危亡灾祸，犹如一发千钧。《诗经》上说“贤人逃者，诸侯各国都感到困苦”，这就是在评论安汉公。

当时，宫中没皇位继承人，董贤居于高位，掌握着大权，再加上傅家女儿的支持，他们都知道得罪了全国的人，与中山王结下仇恨，就定会考虑彼此共同的忧患，因而同心合力，坚定不移，假托遗诏，接连运用赏罚的大权，首先除掉畏惧的人，快速引用依附于他们的人，于是就诬蔑过去的冤仇，再征立皇族中的疏远亲属，事态的发展可以被窥见，那是不难办到的。幸亏安汉公立刻就入朝，及时驱逐了董贤及他的党羽。这时，安汉公运用他独到的明见，以及奋发一往无前的威力，张目扬眉，面露严厉的神色，发扬他刚强勇猛的气势，趁着他们阵脚不稳，阴谋还没发动，就将他们压倒了。像霹雳响起，像弩机扳动，敌人受到了致命打击，就算有孟贲、夏育也来不及反击，就算有樗里子也来不及预测，就算有鬼谷子也来不及应付，所以董贤只有丧魂落魄，终于自己吊死。人们没一转身，日影没稍移动，忽然天下就廓清，变成太平世界。不是陛下便没有人能引用安汉公，不是安汉公便没人能够战胜这个灾祸。《诗经》中说“统帅尚父，这样的威武，辅佐着武王”，孔子说“当机立断才能够成功”，这就是指安汉公。

于是安汉公就建议引入原泗水国相甄丰、郃县令甄邯，以及大司徒孔光、车骑将军王舜来安定国家，手捧朝廷的使节，前往东方去迎接新皇，他们都因有功、有德行而接受了封爵，增加了封地，成为了国家的名臣。《书经》说“能够辨识人才就算聪明”，这就是指安汉公。

公卿大臣们都赞叹安汉公的德行，一起称颂安汉公的功勋，都认为他可与周公媲美，应当赏赐他安汉公的称号，加封两个县，安汉公都没接受。古书上说申包胥不接受保全楚国的报酬，晏平仲没接受辅佐齐君的封赐，孔子说：“能够用礼让的原则来治理国家，那还能有什么困难呢？”，这是指安汉公。

将给皇帝聘娶后妃时，主管的官吏送上名单，安汉公的女儿被列在首位，但安汉公深切推辞，迫不得已才接受了诏令。父子间的亲爱是天性生成的，想儿女获得荣华富贵的用心比为自己争取还迫切，皇后尊贵地位相当于天子，当时机会千载难逢，然而安汉公却考虑国家的命脉，辞谢了大福的恩宠，事事谦让，坚决推辞。《书经》中说“虞舜自认为德行不足来继承唐尧的帝位”，这就是指安汉公。

自从安汉公接受策命直到现在，一直勤勤恳恳，恭恭敬敬，德行日新，检点日常生活的言行来感化各个王侯国，遵循俭朴、崇尚节约来矫正社会的风气，施舍自己的财物、减少家产来表率百官，约束自己、主持公道来带动大臣，教育儿子重视学习来振兴国家的教化。仆役穿着布衣，马不吃谷物，吃喝费用，不超过一般平民。《诗经》中说“温良谦恭的人，立身行事像鸟儿栖息在树上一样，生怕自己掉下去”，孔子说“吃东西不能追求满足。住房子不能追求安逸”，这就是指安汉公。

克制身体，约束自己，零星地购买粮食，刚够自家食用，样样东西都依靠市场供应，总是当天就用完，没有任何积蓄。又上报告归还了孝哀皇帝增加的封邑，交纳金钱，捐献田库，竭尽原有的产业，给大家带头。于是上下响应，受他的影响，紧跟着行动了起来，外有王公列侯，内有宫禁侍从，一唱百和，各人都竭尽所有，有的人交纳金钱，有的人捐献田亩，用来救济贫穷的人，收养缺衣少食的人。从前楚国令尹子文早晨没准备晚餐，鲁国的公仪子不吃自己园中的葵菜，这就是指安汉公的实践。

敞开大门来接待士人，直到茅屋寒士，还多次施行精兵简政，自己总揽了许多的行政工作，亲自出来接见州牧、郡太守以下的官吏，据实情考核他们日常的工作，详细地查明是非功过。《诗经》中说"从早到晚不知疲倦地服侍皇帝"，《易经》中说"整日自强不息，直到晚上还怀有警惕，像恐惧的样子"，这就是指安汉公。

接连经历三代皇帝他都担任三公，两次安葬了大行皇帝，掌管总揽大臣的职责，安定国家，全国的百姓都倾心向往，没有人没有得到适当的安置。《书经》中说"将他安排到总理国家大政的职位，经历了大变乱却不迷惑"，这就是指安汉公。

这些事都是古代所少有的，夏禹、后稷都很难能做到的，而安汉公经历从头到尾的整个的历史时期，用一种道理始终贯穿于事物中，可以称得上是尽善尽美啦！因此在三年时间里，教化流行地非常顺利，吉祥的征兆也接二连三，难道不是陛下您能够识才的效应，求得贤人的结果吗？所以这不仅表明圣君承受天命，也表明贤臣生逢其时。因此夏禹赏赐玄圭，周公享受郊祀，原来就是用这样的方法来表明上天赐降贤臣帮助圣君，因而圣君不敢贪求天之功为己有。估量安汉公的德行，可以被作为全国人的准则；考察安汉公的功勋，开辟子孙万代的基业。基业完成但是赏赐不相当，准则树立却表彰不相称，的确不是尊重国家、顺应天意的做法。

高皇帝表彰赏赐首功时，相国萧何封邑的民户已增加一倍，又受到了特殊礼节的待遇，报告工作时不称自己的名字，上殿不用小步快走，赐封他的十多个亲属。乐意与人为善，从来不厌倦，颁发赏赐，从来不吝惜，只要献一个良策，就一定会赏赐爵位，这就是所以公孙戎任职诸郎，从旄头郎被铨选，一次可以证明樊哙有功，就封赏二千户。孝文皇帝表彰赏赐绛侯，加封他一万户，赏赐五千斤黄金。孝武皇帝优抚军功，分三万户赏赐给卫青，卫青的三个儿子，有的甚至还在怀抱中，都被封赐为通侯。孝宣皇帝为了突出表彰霍光，增加封户，规定他的子孙可以原封不动地继承，受封的有三人，推恩到他的侄孙子。绛侯是依靠汉朝藩国巩固，倚仗朱虚侯刚直，依靠众将领团结，凭借互相扶持的形势，所以诸吕莱企图夺权，虽用心险恶，但总是不能成功的。霍光乃是凭借他长期执政掌权的有利条件，趁政治斗争屡获声威，没有遭遇到不利的时机，受冤枉迫害而离开了朝廷，朝廷负责的官吏都是他的同党，主宰一切经过很久的时间，掌握政权经过几代的传递，虽有功劳，但所经历的路比较平坦，然而还有筹划定策不慎重，错误迎立昌邑王的麻烦。至于卫青以及公孙戎，不过是刀枪之功，一言半语之劳，竟然都受到高爵厚禄的封赏。用安汉公的功劳与绛侯、霍光相比，那就是创造时势与利用时机的区别，与卫青、公孙戎去比较，那就是天与地的距离。而且安汉公还有统辖百官管理政务的实效，真应上与夏禹、周公一样伟大，一样崇高，同时获得像他们一样的表彰赏赐，哪里只跟像刚才所说的这些人相提并论呢？可是他还是还没受到像卫青等人一样的厚赏，我对此真感到迷惑不解！

我曾听说对于空前的功勋赏赐应不受限制。对最高德行的表彰不受限制。这就是所以周成王对待周公，超过纵横百里的限度，越过九锡的规格，开拓纵横达七百里的疆界，同时统治商国、奄国的百姓，将殷朝的遗民六族赏赐给他作为附属国，赏赐他大车和大旗，封父的大弓，夏后的玉璜，给他设太祝、太宗、太卜、太史的官职，赏赐给他美好的器物以及记载典章制度的文书，给他设置百官与祭器，准许用白色、雄性的牺牲去祭祀他，准许他举行郊祀、望祭的盛大的典礼。周成王说：叔父，赐给你的长子封土建国。周公父子就接连下拜，接受这些封赏。这可以说得上是不限制对空前伟大的功勋的表彰赏赐了。不止于这些，其他的六个儿子都有封国。《诗经》中说："没一句好话不被采纳，没一项功德不得到报偿。"报偿应当与功德相称，不相称就不算是报偿。再看近代的事例，高祖曾订立誓约，不是姓刘的人不得赐封，然而鄱郡却被封长沙王，并且下诏书称他为忠臣，在法令上明确规定，这表明为向全国的人昭示信用可不受到制度局限。春秋时期晋悼公采用魏绛的策略，华夏的各国都服从他。郑伯进献了乐队，晋悼公于是就拿一半赏赐魏绛。魏绛深切推辞，晋悼公说："没有您，我的势力就不可能越过黄河，封赏是依照国家的制度，不能废弃不用。您应该接受这些乐队。”魏绛于是就有钟磬之类的乐器，《春秋》褒扬这件事，肯定作为臣子的能够竭尽忠诚而且又推辞赏赐，作为国君的能够了解臣子而且坚持赏赐。现在您既了解安汉公的建树像周公一样的功德，可是却没实行像周成王那样的表彰赏赐，竟然听从安汉公坚决推辞，不考虑《春秋》的原则，那么百姓和臣下将称说什么，子孙后代将来记述什么呢？这的确不是治理国家的方法。我愚蠢地认为应该扩大安汉公封国，让他像周公一样；封立安汉公的长子，让他像伯禽一样。所赏赐他的东西，也都像周公一样。其他儿子的封赏，也都像周公的六个儿子一样。那么，臣子们就明显地受到了鼓舞，献出自己的忠诚；百姓就会明显地受到教育，因此感激恩德。臣子们果真会献出忠诚，老百姓果真会感激恩德，那么对国家大事还有什么无法办好呢？希望您可以深刻地考虑祖宗重托，敬谨地畏惧上天告诫，效法虞舜以及周成王的英明措施，完全给予他像对伯禽一样的赏赐，不要吝惜像对周公一样的报偿，让圣明的制度得以完备，子孙后代都有所遵循，全国的人都幸运得很！

王太后将奏章交给大臣传看，大臣们正讨论这件事，恰好吕宽的事发生了。

起初，王莽想专权，报告王太后说：“从前哀帝做皇帝，背叛恩情与道义，尊显他的外戚丁家、傅家，扰乱了国家，几乎危及了国家的命脉。现在皇帝尚在幼年，又继承长房，作为成帝后代，应明确一脉相承的正统原则，以之前的事例为鉴戒，为后代树立规范。”于是派甄丰手捧印信，就地赐封平帝母亲卫姬为中山孝王后，赏赐平帝舅父卫宝以及卫宝的老弟卫玄关内侯的爵位，他们都留在中山国，不准许到首都来。王莽儿子王宇反对王莽隔离卫家，恐怕平帝长大以后会怨恨他。王宇就私下派人与卫宝等人通信，告诉平帝母亲上报告请求到首都来。这些话被记载在《卫后传》里面。王莽没有答应。王宇与老师吴章和内兄吕宽商量此事，吴章认为王莽不可能被规劝，然而他相信鬼神，可以制造怪异令他害怕，吴章再因利乘便进行劝说让他把政权移交给卫家。王宇就让吕宽在夜晚拿血涂洒王莽的住宅，守门的小吏发觉这件事，王莽捉拿了王宇送到监狱，他服毒药死了。他的妻子吕焉正在怀孕，被囚禁在监狱中，要等生下小孩后才杀掉她。王莽报告说：“王宇被吕宽等人贻误，散布流言迷惑许多人，与管叔、蔡叔一样犯罪，我不敢隐瞒，应当处死他。”甄邯等人报告王太后下诏书道：“唐尧有丹朱那样的儿子，周文王也有管叔、蔡叔那样的儿子，这些人都是最高尚的圣人也不好说拿最愚蠢的儿子怎么办，因为他们的本性无法改变。您居于周公的职位，辅佐像周成王那样的幼主，因此实行像周公对待管叔、蔡叔一样的惩罚，不因爱自己儿子而妨害尊重朝廷的正统，我非常赞许这种作法。从前周公诛灭四国后，广泛深入的教化才能完成，最终达到没人犯法，刑罚被搁置不用。您应该专心专意地辅佐国家，希望能实现太平。”王莽借这件事诛灭了卫家，彻底追究吕宽的案件，牵连到地方上一直抨击自己的豪强，朝廷贵族的内部牵涉到了敬武公主、梁王刘立、红阳侯王立以及平阿侯王仁，派使者守候，逼迫他们都自杀而死。死的人数以百计，全国都震动了。大司马护军名叫褒的人报告说：“安汉公遭遇自己的儿子王宇犯像管叔、蔡叔一样的罪行，亲子的爱极为深切，却因为维护皇家利益，不敢顾全私亲。他想到王宇犯罪，感慨地奋发振作，写八篇文章，用来告诫子孙。应当将这些文章分发到各地，让学官用它们来教授学生。”事情下达到大臣，他们请命令全国吏员凡能够背诵安汉公的告诫文章的人，将他们登记在官府档案，将它们比作《孝经》看待。

四年春，祭祀天地让高祖配享上天，祭祀祖宗让孝文帝配享上帝。四月丁未日，王莽的女儿被立为皇后，宣布大赦全国。派遣大司徒司直陈崇等八个人分途巡视全国，考察风俗。

太保王舜等人报告道：“《春秋》叙列功德的原则，最高的是树立德业，其次是建立功绩，再次著书立说，只有最伟大的圣贤才能做到这些。如果身为臣子，在生前获得最高的赏赐，死后成为人们宗仰的大臣，殷朝的伊尹、周朝的周公他们就是这样的人物。”平民上报告的有八千多人，他们都说：“伊尹担任阿衡，周公担任太宰，周公享受七个儿子的封爵，获得超过上公的赏赐。应当按照陈崇说的办。”奏章下达到主管官吏，主管的官吏请予“归还他从前所加封的两县以及黄邮聚以及新野县的田亩，采用伊尹与周公的称号，给安汉公加宰衡的官号，位列上公。办事官吏的俸禄是六百石。三公向安汉公汇报工作时，自称‘冒昧说话’。所有的吏员都不准与安汉公同名字。外出时随从的期门亲兵有二十人，羽林骑士三十人，前后大车各有十辆。赐封他的老太太号称功显君，赏赐用来收取租税的地方二千户，佩带黄金的印章配上火红纽带。赐封他的两个儿子，王安被封褒新侯，王临被封赏都侯。增加皇后的彩礼三千七百万，合成为一万万，用来表明礼仪隆重”。王太后到前殿，亲自赐封给他爵位和称号。安汉公在前面下拜，两个儿子跟在后面下拜，按照周公的成例。王莽磕头推辞，出宫后送上密封的奏章，表示他只愿接受母亲的封号，而且退还王安、王临的印章以及爵位称号、封邑民户。事情下交给太师孔光等人，他们都说：“赏赐不足抵功劳，谦虚辞让是安汉公一贯作风，不可以听从。”王莽请求进见王太后，表示坚决推辞之意。王太后下诏说：“安汉公每次进见我，都叩头流泪坚决推辞，现在上报告说他身体有病，是应该权且听从他的推辞，让他办公？还是应坚持贯彻对他的封赏，让他退休回家呢？”孔光等人说：“王安、王临亲自接受印章，赏赐的爵位称号已经通告给上天，这个事实是很明白的。黄邮聚、召陵县、新野县的田亩所供的经济收入更多，但都只关系安汉公本人，他想要通过自我克制来促成国家教化，应当可以答应他。政治清明、社会安定的风气应及时实现，宰衡的官位是不能够世袭的。增加的彩礼钱，是用来尊敬皇后的，不是为安汉公本人。功显君的封邑，止于她本身，不能传递。褒新、赏都两国合计三千户，数量是很少的。忠臣的操守也应该自己委屈一下，来伸张主上您信赏必罚的原则。可以派大司徒、大司空拿着使节，捧制书，命令他迅速上朝办公。同时命令尚书不再接受他推辞封赏的奏章。”奏章被批准了。

王莽刚出来办公，就上报告道：“我在元寿二年六月戊午日突发变故的夜晚，以新都侯的身份被引入未央宫；庚申日受任为大司马，凑三公的职位，元始元年正月内辰日我受任太傅，被赐予了安汉公的称号，空占四辅的职位；今年四月甲子日又受任为宰衡，位列上公。我自己俯伏考虑，我爵位是新都侯，称号是安汉公，官职宰衡、太傅、大司马，爵位十分显赫，称号崇高，官职很重要，一个人承受五项大荣誉，的确不是我这样鄙陋的人所配承当的。查元始三年，全国收成已恢复正常，职官应当设齐全。《穀梁传》中说：‘天子的大臣，权力达到了全国。’我愚蠢地认为，宰衡的官位已经把匡正百官平治全国作为自己的职责，而且竟然没有印信，名称与实际不相符合。我本就没有兼任官职的才能，现在圣明的朝廷既错误地任用我，我请求御史刻制宰衡的印章叫作‘宰衡太傅大司马印’。制成后，授予给我王莽，我就缴上太傅与大司马的印章。”王太后命令说：“可以。新刻的印章纽带仿照相国印章的纽带，我亲自临朝授予他。”王莽于是又将增加的一千万彩礼钱，送给长乐宫侍候王太后起居饮食的随从宦官。太保王舜报告说:“全国的人听到安汉公没有接受相当于可以出一千辆兵车国家的封地,推辞万斤黄金的彩礼,施舍的金钱要以千万来计算,没有人不仰慕他的德化。蜀郡男子路建等人停止了诉讼惭愧地回去了,就是周文王感化了虞君、芮君,让他们自动停止了争执返回到本国,也没有超过安汉公!应当将这些事报告全国。”奏章被批准了。宰衡外出时,随从的大车前后各十辆,有值班办事的尚书郎、侍御史、谒者、中黄门、期门亲兵及羽林骑士。宰衡经常手拿符节,在停留的地方,由传达官代为拿着。宰衡手下办事的人员俸禄是六百石,三公向他汇报工作时自称“冒昧说话”。

这一年,王莽提议兴建明堂、辟雍以及灵台,给学员建筑一万间宿舍,举办了商场、常满仓,典章制度非常兴盛。在太学设立了《乐经》课程,增加博士的名额,每一经各有五个人。征求全国范围内精通一经的教授十一人以上,及藏有散失《礼经》、古文《尚书》《毛诗》《周官》《尔雅》、天文、图谶、钟律、月令、兵法、《史籀篇》文字,通晓它们意义的人,都前往到公车衙门。收罗具有卓越才能的士人,请他们来到首都的前前后后数以千计,都让他们在朝廷记录自己的解说,打算用这些来订正流传的错误,统一了各种分歧的说法。大臣们报告道:“从前周公曾拥戴一脉相承的君主,占据有上公的高位,然而经过七年典章制度才得以确立。那明堂、辟雍,被废弃已经有上千年,没人能够兴建,现在安汉公出身在一般的贵族家庭,辅佐您至今不过四年,功业德行彰明昭著。他在八月初二(或初三)庚子日接受了使命,早晨拿文书监督民夫经营建筑,第二天辛丑日,众儒生与平民大聚会,十万人齐集,大干了二十天,大功告成。唐尧、虞舜举办建设时,周公兴筑成周城时,也是无法超过这项工程的。宰衡的地位应在诸侯王之上,应该将丝绸一束、玉璧一枚,高级的乘车、坐车各一辆,黑马两套赏赐给他。”王太后下令道:“可以。应讨论赏赐给他九种器物的方案。”

冬季里,大风将长安城东门屋瓦几乎吹落净光。

五年正月间,在明堂合祭远近的祖宗,二十八位诸侯王,一百二十位列侯,九百多名皇族成员,应征参加了祭礼。典礼完后,赐封宣帝的曾孙刘信等三十六个人为列侯,其余的人都增加了封邑民户或者赏赐爵位,金钱绸绢的赏赐也都各有等级。这时候,官吏、平民因为王莽不接受新野县的田而上报告的前后达到四十八万七千五百七十二人,以及诸侯王、公卿、列侯与皇族被接见的人都叩头说，应当赶快给安汉公颁发奖赏。于是王莽就报告说：

我以外家亲属的身份，超越了顺序，空占着官位，却没能称职。俯伏思念您圣明的德行纯朴丰伟，遵循天意，符合古道，制定了礼法去治理人民，创作乐教来转移风气，全国人都很向往，四方外族来归，离开朝廷的那天，没有人不流下眼泪。如果不是发自内心，难道还可以用空话去求得吗？诸侯王以下直官吏、平民，都知道我上面与您有亲戚关系，又担任了要职，因此每次向您歌功颂德，总是顺便提到我。我看到诸侯在您跟前提到这些事的，总不免汗颜无地，羞愧不已。我虽生性愚蠢鄙陋，但由衷地认识到自己，德行薄却官位高，能力小却责任大，从早到晚戒慎恐惧，经常害怕会侮辱圣明的朝廷。现在全国安定平静，风俗都整齐划一，四方外族都归服，都是由于您圣明的德行亲自领导，太师孔光与太保王舜等人辅佐决策，协助治理，各位卿大夫没有不是忠臣良吏的，所以都能在五年的时间内达到这个地步。我实在没有什么高明的计策与特殊的谋略。秉承太后的英明懿旨，向下面传达，尚且不能体会其中的十分之一；接受了许多贤臣的计谋，向上报告，还不能归纳到十分之五。本应承担办事无能的罪责，之所以能暂且保全生命和官位的道理，的确是上面幸亏在您的大树底下好乘凉，而下面也依靠各位大臣的缘故。您忍耐不了众多议论，总是将那些奏章下交给议事的官吏。我王莽以前也想要立即报告，请求制止这件事，但恐怕他们不肯停止。现在大祭礼已举行，参加祭礼的人都已经告辞回去，我说不尽最为迫切的愿望，是希望所有交付的奏章都可以停止讨论，不要上报，让我王莽可以尽力完成制定礼法、创作乐教的工作。工作完成后，将它们公布到全国，让全国的人士来评论它们。如果有遭到指责的地方，那么我应当承担贻误主上、贻误朝廷的罪责；如果没有其他的罪过，能够得以保全性命、给予我退休回家的恩惠，给贤能让路，这就是我个人的愿望。希望您支持才好！

甄邯等人报告王太后，下令道："可以。只是安汉公的功勋与德行，光耀全国，因此诸侯王、公卿、列侯、皇族、诸生、官吏以及平民不期而会，异口同声，接连地守候在宫门前与广场上，所以交下他们的奏章。诸侯、皇族告辞回去那天，再次出现在宫殿前郑重地陈述意见，虽明白告知和命令他们解散，他们还是不肯离开。后来告知他们到初夏时会实行这项赏赐，没有人不是欢欣鼓舞，高呼着'万岁'退去。现在他每次进见时，总是会流着泪叩头说希望不给他赏赐，赏赐如果实行的话就不敢再担任现在的职位。制礼作乐的工作还没完成，事事都要等他作决定，所以姑且听从他的意见。等到制礼作乐地任务完成，各位大臣将情况上报。对以前的议论进行仔细考虑，将有关赏赐九种器物的礼仪程序迅速地报告上来。

公卿大夫、博士、议郎、列侯张纯等一共九百零二人于是都说："圣明的帝王才能招引贤德的人，奖励能干的人。德行盛的人官位高，功勋伟大的人赏赐就多。所以被大家敬仰的大臣可获得九级上公的这样崇高的地位，享受到九种赏赐的超等荣誉。现在皇族的外戚亲爱和睦，王侯公卿辨别的很分明，四方各国都和睦协调，全国的人善良和睦，圣王的祥瑞全都降临，太平的景象已在全国范围内出现。帝王伟业没有比唐尧、虞舜更加突出的，而您承担得了；忠臣的大功没有能比伊尹、周公更显著的了，而宰衡可以配得上。这也就是所谓在不同时代兴起，而功业德行却完全一致的历史奇迹。敬谨根据《六经》普遍的原则，经文所记载，《周官》《礼记》有关的规定还适合今天情况的，拟定了赏赐九种器物的实施方案。我们请求您下令实行这项赏赐。"奏章被批准了。策书上写道：

元始五年五月庚寅日，太皇太后来到了前殿，迎接安汉公上殿，亲自命令他说：您上前来，虚心地听取我的话。从前您侍从保卫孝成皇帝十六年，献计献策，竭尽忠诚，提出了惩办原定陵侯淳于长，揭露奸邪，消除祸乱，升任为大司马，职责是在朝廷内辅佐皇帝。孝哀皇帝登皇位后，骄横的妃妾想要实现野心，奸邪的大臣妄想要制造混乱，您亲自弹劾高昌侯董宏，改正原定陶恭王母亲超越本分的座位。自从这个事件后，朝廷的大臣议论政事，没有不依据经典的。后来您因病辞去大司马的职位，回到了家里，被奸贼陷害。去到封国后，孝哀皇帝觉悟时，又将您调回到长安，他临到病情更严重时，还没忘记您，给您恢复了特进的荣衔。这天晚上突发变故，国家没有皇位的继承人，奸臣充斥了朝廷，形势非常危险。我想安定国家的大计，没有比您更加合适的了，因此将您引进到朝廷，当天就罢免并且斥退高安侯董贤，顷刻间，忠诚的政策方针就被规划好了，国家的法制都恢复与健全起来了。绥和、元寿年间，两次遭到国丧，一切事宜都得到妥善处理，祸乱没有理由发生。辅佐我五年来，人伦关系的根本得到了摆正，天文地理的位置才得以确定。恭敬祭祀天地鬼神，调节四季的政治、生产活动，恢复上千年前被废弃的事物，矫正了上百代的失误，全国和平合作，大众十分和睦团结。《诗经》中歌唱的灵台，《书经》中称赞的雒邑，镐京的体制，商邑的规模，到现在又复兴了。显扬先帝伟大的功勋，宣传祖宗优秀的品德，宣扬尊敬祖先让他们配享上天的原则，敬谨地设立郊祀、禘祀与宗祀的典礼，用这些方法来发扬最大的孝道。因而全国和睦，各国都羡慕我国良好的风气，外族的风俗大不相同，也不用召唤自动前来，沾染我国的教化，改变了服饰，进献贵重的物品来参加祭礼。探求古代的典章制度，根据圣贤要求的基本原则，遵循儒家学术，尊重古代传统，工作就能够有所成就，办事就可以恰到好处。具备最高的德行，掌握切要的原则，感动天地鬼神，赢得祖宗的欣慰与赞赏。光辉灿烂，上天的符命频繁地降临，全国统一、和平。麒麟、凤凰、宝龟、蛟龙，许多吉祖的象征，共出现了七百多次。于是就制定礼法，创作乐教，建树安抚朝廷、平定国家的丰功伟绩。普天之下都将命运寄托在您身上，您官职担任宰衡，位列上公。现在给予您九级赏赐，应当用去供奉祭祀，供给文武两种用途，您所获得的荣誉终于可以光耀您的祖宗。哎哟，难道这不好吗！

王莽再次下拜磕头，接受绿色的围裙及礼帽、礼服，用纯金装饰过的佩刀，鼻头突出的靴子，响铃的大车和套马，装饰九束绦子的大龙旗，皮帽子以及白色的下衣，军车和套马，红色弓和箭，黑色弓和箭，左边竖着红色钺斧，右边竖金饰的戚斧，铠甲与头盔一套，两葫芦香酒，两只玉勺，两枚九级青玉圭，规定家中可以安装红漆的大门和修建檐内台阶。设置宗官、祝官、卜官、史官、勇士共三百人，家令、家丞各一个人，宗官、祝官、卜官、史官都设置了办事的人员，来辅佐安汉公。在官署和私邸，都由勇士担任门卫，想要进出的人必须登记在名册之上。从四辅、三公起如果有事要进入官署与私邸，都要用通行证。将楚王驻京的官邸作为安汉公的住宅，大加修理后，打通周围的警卫圈。祖宗的祠庙以及寝庙都可以安装红漆的大门和修建檐内台阶。陈崇又报告说："安汉公去祭礼祖宗时，出了城门，城门校尉应派骑士跟随他。入内有门卫的保护，出外有骑士的保护，这样做是为了尊重国家。"这个奏章被批准了。

这一年秋季，王莽认为王皇后有生男育女的吉兆，修通了子午道。子午道从杜陵县直穿过终南山，直通到汉中郡。

风俗使者八个人回来后，说全国的风俗整齐划一，欺骗代替各地编造了民歌民谣，颂扬功德，总共有三万字。王莽将它们报告上去，并且明确记载在文献上。又向上报告说做买卖没有两样的价格，官府中没有诉讼的案件，城市中没有盗贼，乡村里没有饥民，大路上没人拾取别人丢下的财物，实行男女不一起走路的制度，对违反的人给予象征性的刑罚。刘歆与陈崇等十二人都因修建明堂、宣扬教化有功，被封为列侯。

王莽既然已经实现太平，北边感化匈奴，东边招来海外的国家，南边怀柔黄支，只有西面没有施加影响。就派中郎将平宪等人多携带金钱礼物去招引边界外的羌人，使他们献出了土地，愿意归属汉朝。平宪等人报告说："羌人的首领良愿等部落，人口约有一万二千人，愿成为我国的臣民，献出了鲜水海以及允谷盐地；平地美草都交由汉朝的百姓，自己居住到艰险阻塞的地方，作为我国的一个屏障。我们询问良愿归降的原因，他回答说：'太皇太后非常圣明，安汉公最仁慈，天下十分太平，五谷成熟，有的禾苗甚至长到了一丈多长，有的一粒谷包含三粒米，有的不用种植就可以自己生长，有的茧子不用蚕子就可以自己生成，甘露从天上而降，清甜的泉水从地下涌出，凤凰因为向往而飞来，神雀也飞来栖息。四年以来，羌人没有遭过艰难困苦，所以希望并且喜欢归属汉朝。'应当及时地安排他们的生活与生产，设置附属国来统辖保护他们。"事情交由王莽处理，王莽回报道："太后主持总理国政的几年中，恩惠广泛地传播，和气充满了天下，极远的地方，风俗不同，也没有不羡慕我国的德义。越裳氏经过辗转进献白毛野鸡，黄支国从三万里之外而来进贡活犀牛，东夷王横渡过大海前来奉送国宝，匈奴单于也顺从我国的制度，去掉了双名，现在西域良愿等人又献出了土地当作我国的奴仆，从前唐尧的声威扩展到四周非常远的地方，也没有超过今天的成就。现在查考我国已经有东海郡、南海郡与北海郡，但是还没有西海郡，请您接受良愿等人所献的土地来作为西海郡。我又听说圣王序列了天文，规划了地理，根据山脉河流、民情风俗来划定州界。汉朝的疆域比唐、虞二帝以及夏、商、周三王时还要宽广，共有十二个州，州名和州界很多都不符合经书的记载。《尧典》说有十二州，后来划定了九州。汉朝开拓的土地达到遥远的地方，以至于州牧巡视辖区时，最远的到达三万多里，因此不可只划分九州。敬谨地根据经书记载订正十二州的名称和分界，以求树立良好开端。"奏章被批准了。又增订五十条法律，违犯的人就被流放到西海郡去。被流放的人以千、万计，人民开始有怨恨了。

泉陵侯刘庆上报说："周成王年龄幼小时，称为孺子，由周公来居位摄政。当今皇帝的年龄还轻，应让安汉公代行天子职务，像周公一样。"大臣们都说："应按照刘庆说的办。"

冬季里，火星运行时经过了月球背面。

平帝生病时，王莽写有策书，到泰畤为平帝请求解除疾病、保全他的性命，他佩戴玉璧，手捧玉圭，愿用自己的性命来顶替。他将策书收藏在保险柜中，放置在前殿，告诫各位大臣不准说出去。十二月间，平帝逝世，宣布大赦全国。王莽选调通晓礼仪的宗伯凤等人参与决定命全国六百石级以上的官吏都为平帝守服三年。上报告建议尊称成帝的庙为统宗，平帝的庙叫元宗。此时元帝的后代已经断绝了，而宣帝的曾孙中现在为王的有五个人，为列侯的有广戚侯刘显等四十八个人，王莽厌恶他们已成长，年纪比较大，便说："兄弟之间不能够互相作后代。"于是就选择玄孙中的年龄最小的——广戚侯的儿子——刘婴，年仅两岁，借口说他占卜、看相最吉利。

这个月，前辉光谢嚣转报武功的县长孟通疏浚水井时挖到一块白石头，上面是圆形，下部是四方形，有朱红的文字附在石头上，写的是"通告安汉公王莽做皇帝"。符命兴起，就从此开始了。王莽指使各大臣将这件事报告给王太后，王太后说："这是在诬蔑欺骗全国的人，不可施行！"太保王舜告诉王太后说："事态已发展到这个地步，不好能怎么办，想制止它什么力量也做不到了。而且王莽没有别的想法，只想要公开宣告他代行皇帝职权来加强权力，好前去镇服全国罢了。"王太后应允。王舜等人就让王太后下诏书说："听说上天生下众百姓，不可能互相进行治理，要设立君主来统治他们。当前君主年幼，一定要有人受到委托居位摄政，然后才能承天命以及完成大地的化育功能，让众位百姓繁荣健康。《书经》中说过'上天的职能，人们应当继承并且发展它。'我在孝平皇帝幼年时，暂时掌握国家政权，希望他成年后，可以把政权交给他。现在他却短命去世，哎哟，实在可悲呀！已打发负责官吏召集孝宣皇帝的二十三个玄孙，斟酌选择合适的人，让他继承孝平皇帝。玄孙的年龄还很幼小，如果没求得最高德行的君子，谁能维护他？安汉公王莽已经辅佐三代朝政，接连受到皇帝信任，安定汉朝政局，光大汉朝的王业，终于统一全国的风气，发展到制礼作乐的大好形势，与周公时代相隔很远，但功业却完全相同。现在前辉光谢嚣与武功县长孟通上报了丹书白石的符命，我深入地思索它的意思，说到‘为皇帝’的含义，其实就是代行皇帝职权。有法制成功就容易，不是圣人那样的人就不可以创立法制。应该让安汉公登皇位，代行职权，仿照周公成例，将武功县作为安汉公封地，起名为汉光邑。列出典礼仪式进行上报。”

于是大臣报告说：“太后您圣德英明，深深看到天意，下诏书命安汉公居位摄政。我们都知道周成王年龄小，周朝的治国原则还没确立，周成王无法敬地服侍天地，继承、发扬周文王、周武王的功业。周公根据形势需要，居位摄政，就能让周朝的治国原则确立，王族得到安全；如果周公不居位摄政，就恐怕会让周朝失去天命。《书经》中说：‘我们继承事业的子孙，无法恭敬地服侍上下，断绝前辈的光荣传统，小辈们不知受命的不容易。上天一定会辅助诚信的人，才不会失天命’。解释的文字是说：周公穿着天子礼服，面向南接受大臣们朝见，发号施令，常常自称王命。召公是贤人，不了解圣人的意图，所以不高兴。《礼记·明堂记》上说：‘周公在明堂接见诸侯时，像天子一样背靠斧形的图案屏风向南站立。’又说‘周公站在天子地位上，经过六年的时间，接见诸侯，制定礼法，创作乐教，全国的人都心悦诚服’。召公很不高兴，那时周武王刚死，丧服还没除。由此推论，周公开始摄政时就居于天子的地位，并不是六年之后才登上王位的。《书经》散失的《嘉禾篇》中说：‘周公手捧香酒站在东边台阶上，迎接大臣升阶上殿，赞辞说：‘代理国王主持政事，努力协调全国的各方面的关系。’这是周公摄行政事的时候，司仪的人称说的。周成王加冕后，周公就交还政权。《书经》上说‘我将明君的权力归还给您’，周公经常把自己的指标称为周王的命令，独立处理政务，不请示汇报，因此才说我将明君的权力归还您。我们请求安汉公登上皇位，代行皇上职权，穿着天子礼服，戴着天子礼帽，背靠设置在门窗间的斧形图案屏风，向着南面接受臣子朝见，处理政事。他进出时需要经过的地方要严加戒备，禁止行人通行，平民及臣下向他自称男奴女奴，全部按照天子礼仪制度办事。在郊外祭祀天地，在明堂隆重祭祀祖宗，在宗庙恭敬祭祀祖宗，祭礼各种神祇，赞辞称说‘假皇帝’，平民及臣下称他为‘摄皇帝’，他自称为‘予’。讨论决定朝廷大事时，他通常用皇帝诏书的形式，称为‘制书’，从而秉承及遵循上天的心意，辅佐汉朝，保安孝平皇帝幼小的继承人，完成委托义务，振兴治平教化。若是朝见太皇太后以及孝平皇后，都恢复臣下的身份。在他官署、家宅、封国、采邑可以独立施行政治教化，按诸侯礼仪的成例办理。

我们冒死请求。”王太后命令说：“可以。”第二年，改年号为居摄。

居摄元年正月，王莽到南郊去祭祀上帝，到东郊去迎接春神，在明堂举行了大射礼，招待三老、五更，典礼完毕就回去。设置柱下史五个人，俸禄与御史一样，王莽上朝处理政事时，让他们站旁边分条记录他的言语以及行动。

三月己丑日，立起宣帝的玄孙刘婴为皇太子，称号为孺子。任命王舜为太傅左辅，甄丰为太阿右弼，甄邯为太保后承。又设置了四个副职，俸禄均是二千石。

四月间，安众侯刘崇同国相张绍商量说：“安汉公王莽专断朝廷的政事，一定会危害刘家。全国反对他的人，竟然没人敢首先起事，这是皇族的耻辱。我率领同族的人倡首，全国的人必定会响应。”张绍等一百多人跟随他，便进攻宛县，没攻进去就失败了。张绍是张竦堂兄。张竦与刘崇的远房伯叔刘嘉到朝廷自首，王莽免除他们没有加罪。张竦就替刘嘉写奏章道：

建平、元寿年间，皇统几乎已经继绝，皇族几乎已经遭到了废弃。幸亏依赖您的圣明德行，艰苦地援助，维护扶持，国家的命脉才得以重新延续，皇族感觉眼光明亮，充满希望。您在朝廷掌握政权时，发号施令，总从皇族开始，首先起用了九族。推及旁支的亲属，建立了王国、侯国，向着南面称王称侯的人，要用百来进行计算。恢复已经断绝后代的封国，让已经灭亡的得以保存，让废除的得到延续，因而才得以并肩齐首地重新成为人上人的，纷纭众多，成行成列，这都是为维护汉朝廷，为辅助汉皇室。修建了太学，设立了庙堂，传布上天法则，传播圣人教化，召集全国的王侯举行朝会，宣扬礼乐教化来治理国家，皇族诸侯都增加土地。全国百姓仰慕您，伸长脖子盼望，歌颂之声洋洋洒洒，耳朵都装不下了。国家之所以能得到这样的美誉，获得这样大的盛名，享受这样多的幸福，赢得这样的光荣，难道不是因为太皇太后您朝朝暮暮的操心劳神，日日夜夜的殚精竭虑吗！为什么这样说呢？遇到混乱就为它整顿法纪，遇到危险就让它得到安全，遇到灾祸就替它引来幸福，遇到绝位就帮它延续后代，遇到幼主就替他承担责任，由早到晚忙忙碌碌，从冬到夏勤勤恳恳，没时间休息，孜孜不倦的目的，都是为造福全国的人，加强刘家王朝。

我们臣下不分智愚，百姓不论男女，都体会到您深切的用心。而安众侯刘崇却偏怀着荒谬思想，抱有叛逆意图，兴兵动众，想危害朝廷，他的丑恶言行让人不愿意听，罪恶极大，处死刑也还太轻，的确可以说是我们臣子的仇人，皇族的敌人，国家的蟊贼，天下的祸害。所以亲属震骇，告发他的罪行，百姓背叛，扔掉兵器，他前进没有几步，就败退下来，遭到应得的灾祸。他百岁的母亲，幼小的儿女，都同时被杀，脑袋被挂在竹篙尖上，珠玉环坠还在耳朵上，金银首饰还插在头顶，打这样的主意，难道不是荒谬绝伦吗？

我听说古代对待叛逆的国家，在实行讨伐与惩罚后，就会掘毁它的宫室成池沼，让它藏垢纳污，起名叫恶人的旧居，即使长出蔬菜，人们也不吃。在它土地神社的四周修筑了障壁，上面用东西覆盖，周围用竹木遮蔽，来表示弃绝，不让在此通天地的阴阳之气。将对安侯国社的处置方式通报给各位王侯，让他们各自仿造出一个模型，出门看到它时，就触目惊心，作为鉴戒。当今全国的臣民听说刘崇反叛，都想揭起衣服、手持利剑前去声讨他。那些先到的人，就砍断他的颈项，戳穿他的胸膛，劈开他的躯体，切割他的肌肉；后到的人，想要打碎他家的门窗，推倒他家的墙壁，挖平他家的房屋，烧毁他家的器具，同声扫荡那块地方，立刻来平定创伤。而皇族更加痛恨他，说到他一定会咬牙切齿。是什么道理呢？因为认为他背叛恩情与正义，不懂深恩厚德是从哪里来。皇族的住地有的相隔较远，我有幸能够首先听到，说不尽自己满腔的愤怒，愿意为皇族带头，父子兄弟身背畚箕，扛着铁锹，飞快跑到南阳郡去，掘毁刘崇宫室成为蓄积污水的池沼，让它像古代制度一样。还有刘崇的土地神社应当像亡国的亳社一样毁掉，将这个反面教材分发给各王侯，永远用来作为鉴戒。希望将我的意见交给四辅公卿的大夫讨论，借此表明我的爱憎，昭示全国。

当时王莽很高兴。公卿大臣都说："应按照刘嘉说的办。"王莽报告给王太后下诏书道："刘嘉的父子兄弟，虽与刘嘉有亲属关系，但不敢偏私，有的人看到有叛乱的萌芽，就接连告发他，等叛乱形成，都一致地仇视他，这很符合古礼，忠孝的思想鲜明地体现在这里。应该拿杜衍县的一千户赐封给刘嘉为帅礼侯，刘嘉的七个儿子都被赏赐了关内侯的爵位。"后来又赐封张竦为淑德侯。长安人将这件事编成俗语说："要想求封赏，可以去问张伯松；尽力战斗，比不上巧妙写个奏章。”王莽又封赏了南阳郡有功劳的官吏及平民一百多人，将刘崇的房屋掘毁成污池。以后凡谋反的人，都将他们的房屋掘毁成污池。

大臣们又报告说：“刘崇等人敢造反，就因为王莽的权力还小。应当提高他的权位来镇服全国。”五月甲辰日，王太后命王莽在朝见她时自称“假皇帝”。

冬季十月丙辰是本月的最后一天，出现日食。

十二月间，大臣们报告请求说：“增加安汉公的官署及家中官吏，设置率更令、庙长、庙丞、厩长、厩丞、厨长、厨丞、中庶子以及勇士以下一百多人，又设置了三百名卫士。将安汉公在皇宫的值班室称为摄省，将官署称为摄殿，将他的住宅称为摄宫。”奏章被批准了。

王莽报告给王太后下诏书说：“原太师孔光虽早就逝世，但功绩已经序列。太保王舜、大司空甄丰、轻车将军甄邯与步兵将军孙建都曾为招引单于出主意，又主持修建了天象台、大会堂、太学以及四郊祭坛，定立了制度，开通子午道，与宰衡有共同的思想，都很重视德行，齐心合力，功德十分卓著。赐封王舜儿子王匡为同心侯，王林为悦德侯，赐封孔光的孙子孔寿为合意侯，甄丰的孙子甄匡为并力侯。增加了甄邯和孙建的封邑各有三千户。”

这一年，西羌的庞恬和傅幡等人因怨恨王莽夺取他们的土地作西海郡，反攻西海郡的太守程永，程永逃跑了。王莽处死程永，派护羌校尉窦况前去进击西羌。

二年春季，窦况等人打败西羌。

五月间，王莽改铸货币：错刀，一枚价值五千钱；契刀，一枚价值五百钱；大钱，一枚价值五十钱，与五铢钱同时流通。民间有很多人私铸货币。下禁令说：从列侯以下的人不准私藏黄金，送到御府可得到相当的代价，然而最终没有给代价。

九月间，东郡的太守翟义召集考核官吏的会，统率车马，因此发动勇士，拥立了严乡侯刘信做皇帝，传递檄文到各地，说王莽“毒死了平帝，代理天子职位，想要断绝汉朝，现在我们严肃执行上天的惩罚，前去讨伐王莽”。各地方动摇起来，翟义有十多万军队。王莽很惶恐不安，吃不下饭，昼夜抱孺子到郊祀祭坛与宗庙祷告，模仿《大诰》写一篇策书，派谏大夫桓谭等人传布到全国，将自己代理皇位将来会将政权归还给孺子的意图晓喻全国。派王邑、孙建等八个将军进击翟义，分驻各个关口，防守在险要的地方。槐里县的男子赵明、霍鸿等人起兵来响应翟义，互相商量说："各位将军率领的精锐军队都开到东方去了，国都十分空虚，可进攻长安。"军队逐渐多了起来，发展到近十万人，王莽十分恐惧，派遣将军王奇及王级率领军队遣去抵御他们。任命太保甄邯为大将军，在高帝庙接受了钺斧，统率全国军队，左边执持符节，右边把握钺斧，在城外驻扎。王舜和甄丰昼夜巡视宫殿的区域。

十二月间，王邑等人在圉县打败翟义。司威陈崇被派去监督军队，上报告说："您承受上天伟大的规范，心意很符合伟大的先知，承受了天命，预先知道了成败的趋势，就像神机妙算，这就叫作像上天一样高明。像上天一样的高明君主，思考就能够改变命运，说话就能够影响万物，行动就可以造成理想的社会风气。我陈崇俯伏诵读诏书下达的日期，私自估计在那段时间，英明的思虑刚萌发，反贼接连受到挫折；诏文开始撰写时，反贼已经彻底失败；制书正好下达，反贼全部被消灭。各位将领还没来得及一致使出他们的锐气，我陈崇还没来得及献出自己的愚见，但形势已经最后决定啦。"王莽非常高兴。

三年春季里，发生地震。宣布大赦全国。

王邑等人回首都后，开到西方与王级等人会合进击赵明的霍鸿，都被粉碎，这些话被记载在《翟义传》里。王莽在未央宫的白虎殿大规模举行宴会，慰问、奖励将领们。他命令陈崇审核军功。区分他们的高低。王莽就上奏章道："圣明时代，国家会涌现很多贤人，所以唐尧、虞舜时代，可以挨家挨户封赏，遇功业完成、大事办妥，就要对有关的人员进行封赏。例如夏禹举行涂山大会时，有一万国携带礼物参加，诸侯手拿瑞玉，附庸拿束帛。周武王举行孟津大会，还有八百位诸侯参加。周公居位摄政，祭祀天地时让后稷配享上天，在明堂祭祀祖宗时让周文王配享上天，因此在全国范围内各自拿着贡物来参加祭礼，大概有一千八百位诸侯。《礼记·王制》记载了一千七百多个国家，因此孔子撰写《孝经》时说：'不敢遗漏任何一个小国的臣子，更何况对正式的诸侯——公侯伯子男呢？所以才能得到万国的欢心来祭祀先代的国王。'这就是帝王孝道的表现。秦朝实行不道德政策，毁灭了诸侯，建立了郡县，想要垄断整个国家的利益，所以只传递了两代就灭亡了。高皇帝承受天命，除灭了残贼，考核大臣功绩，施行封赏，建立了王国、侯国几百个，后来逐渐开始衰落，剩下的不多了。太皇太后您亲自掌握最高的统治权力，广泛赐封有功德的人，从而鼓励人们要做好事，恢复灭亡的国家，延续断绝的后代，从而来永保子孙的统治地位，因此才能让广远深入的教化普遍传播，早晚都要完成。遭到羌寇危害西海郡时，反贼在东郡那里散布流言，叛乱头目在西部惑乱民众，忠臣孝子没有人不奋发愤怒，锋芒所指的纷纷灭亡，全都受到他们应该得的惩罚，全国都变得安宁了。现在制定礼法，创作乐教，具体查考周朝爵位分为五等，封地分为四等，有明文的记载；殷朝的爵位分为三等，有这样的解说，却没有这样的经文。孔子说：'周代的制度是借鉴了夏代、殷代制度而建立起来的，多么丰富而美好哇！我愿遵循周代的制度。'我建议各位将领应该获得爵位和封邑的，爵位分为五等，封地分为四等。"奏章被批准了。于是受封赏的人高的是侯爵与伯爵，其次是子爵以及男爵，应当赏赐关内的侯爵位的改名为附城，共有几百人。进击西海郡的用"羌"字作称号，进击槐里县的用"武"字作称号，进击翟义的用"虏"字作称号。

大臣们又报告说："太后褒扬有功之人，记录有德之人，远的上推到千年，近的就在现代，有的人因有文德而受到封赏，有的人因有武功而获得爵位，关系有深有浅，功德有大有小，没有不包含进来的。现在摄皇帝背靠斧依，登上了皇位，应当不同于任职宰衡主持国政时，制礼作乐虽还没有全都完成，应当提高他两个儿子的爵位为公爵。《春秋》中主张'奖励贤人推及到他的子孙'，'贤人的后代应该享有土地'。周成王广泛地赐封周公的六个庶子，都得到封地。还有汉朝的名相大将萧何、霍光那样的人，都推广到旁支亲属。对于他的侄儿王光，也可以先赐封他为列侯；他的许多孙子，等制礼作乐全部完成，大司徒、大司空送上了名单，按照之前的诏书办理。"王太后命令说："提升摄皇帝的儿子褒新侯王安为新举公，赏赐都侯王临为褒新公，赐封王光为衍功侯。"这时，王莽交还新都国，大臣们又建议将新都国赐封给王莽的孙子王宗为新都侯。王莽既然已经消灭翟义，自认为声威德行一天天兴盛，得到天意人心的帮助，于是就考虑正式登上皇位的事了。

九月间，王莽母亲功显君死去，他的用意不在表示哀痛，而是让王太后命礼仪部门讨论他丧服的问题。少阿、羲、刘歆和博士、儒生共七十八个人都说："居位摄政的义务，在于统领全国的臣民完成上天使命，发扬光大做帝王的基本原则，制定法律制度，安定国家政局。从前殷朝成汤去世，而太子早已死去，他的儿子太甲尚且幼稚不懂事，伊尹将他逐放到桐宫而居位摄政，来振兴殷的治国原则。周武王去世后，周朝的治国原则还没确立，周成王的年龄幼小，周公摆开周成王居位摄政，来确定周朝治国的原则。因此殷朝实现整齐严肃的教化，周朝收到刑罚搁置不用的功效。现在太皇太后接连遭到皇族处境不顺利，委任安汉公来监督百官，实现全国公正平均。遇到孺子年幼，还不能恭敬地服侍天地，上天降祥瑞，出现丹书白石的符命，因此太皇太后遵循上天明白的意旨，命令安汉公登上皇位，代行天子职权，将要依靠他来完成圣汉的伟大事业，与唐、虞、夏、商、周媲美。摄皇帝于是就开放秘府，会集许多儒生，制定了礼法，创作了乐教，终于确立百官的体制，出色地完成上天的使命。英明的天才洞察周全，有卓越独到的见解，发掘出周朝的礼制，从而阐明继承与借鉴的脉络，效法天道，查考古制，对它进行删减或增补，好像仲尼能赶上欣赏《韶乐》，好像太阳月亮一样崇高，不能用阶梯攀登上去，如果您不是最伟大的全知全能，谁能够达到这个高度！大纲要目都已经整理了出来，大功告成就只差一步工夫之遥了，这就是用来辅助圣汉，安定百姓的功效。现在功显君已经逝世，《礼经》中规定‘庶子作为父亲的继承人，为他生母守缌麻服。’注解说‘与尊贵的父母成为一个整体，就不敢为生身的庶母守孝三年或一年丧服’。摄皇帝依靠圣明的德行，秉承上天意旨，接受太后诏令，登上了皇位，代行职权，继承汉朝嫡系长房后代，对上肩负服侍天地、治理国家的重任，对下要为全国人们的万事万物操心，不容许他顾及生母。所以太皇太后立他的长孙，让他作为新都侯，作为哀侯的后代。这表明摄皇帝与尊贵的汉朝皇族已经成为一个整体，要恭敬地主持宗庙祭礼，供养太皇太后，都不容许为他生母守三年丧服了。《周礼》中说‘国王为诸侯守缌麻服’，‘礼帽上加上环绕而成的孝带’，对同姓的诸侯就用麻带，对异姓的诸侯就用葛带。摄皇帝应该为功显君守缌麻服，礼帽上加用麻环绕而成的孝带，仿照天子吊唁诸侯时的丧服，来符合圣人制度。”王莽就采用上述办法，全部一吊再会的丧礼过程，都让新都侯王宗为主，由他守三年丧服。

司威陈崇报告说，衍功侯王光私下告知执金吾窦况，让窦况为他杀人，窦况替他拘禁那个人，将那个人处死。王莽大发怒火，严厉地责备王光。王光的亲说：“你看自己的身份比长孙、仲孙如何？”母子就自杀了，连窦况也死了。起初，王莽由于服侍母亲，供养嫂子，抚育侄儿求得名誉，等到后来变得狂妄凶暴，又这样做显示公正无私。让王光的儿子王嘉继承爵位作衍功侯。

王莽下达文告说："停止娱乐活动的规定，到今年冬季末终止，明年正月祭礼天地时，各种乐器都应演奏。诸侯公、公卿、士大夫，所用的音乐应当分为几等？五声八音，每一条各是什么？应当与所属的儒生各自尽力精心地思考，详细陈述它们的意义。"

这一年，有广饶侯刘京、车骑将军千人扈云以及太保属官臧鸿报告符命。刘京提出了齐郡的新井，扈云提出了巴郡的石牛，臧鸿提出了右扶风雍县的石头，王莽都欢喜地接受了。十一月甲子日，王莽上奏章给王太后："您是最完美的圣人，曾遇到皇族处境不顺利，经历了汉朝传递十二代、经历二百一十来年不幸的命运，接受上天威严的命令，命我居位摄政，接受孺子委托，担任全国人们的寄托。我兢兢业业，生怕自己不称职。皇族广饶侯刘京上报告道：'七月中，齐郡临淄县昌兴的亭长辛当一夜做了几个梦，梦见有人对他说："我是天老爷派来的使者。天老爷让我告诉亭长说：'摄皇帝应当为真皇帝。'如果不相信我的话，这个公所会出现一口新井。"亭长早起一看公所里，果然出现一口新井，深入到地下将近一百尺。'十一月壬子日，当建辰交冬至日，巴郡的石牛，戊午日，雍县的石文，都到了未央宫的前殿。我与太保安阳侯王舜等人前去看时，天空中刮起大风，飞沙走石，天地昏暗，大风停止，在石头前得到铜符帛图，上面文字是'上天通告皇帝符命，进献的人可以被封侯。承受天命，执行神的指令。'骑都尉崔发等人能认识并解说。以及从前孝哀皇帝在建平二年六月甲子日下诏书，改为太初元将元年，查考当年的事实，甘忠可与夏贺良的谶书被收藏在兰台。我认为元将元年的意思，其实就是大将居摄改元的天书，到今天事实已经被证明了。《尚书·康诰》记载这'王顺着说："强大的诸侯，我老弟，小子姬封。'"这是周公居位摄政时被称为王的记录。《春秋》记载鲁隐公不说自己登上君位，因为他是代理的鲁君。这两部经书是周公、孔子所编定的，原本是作为后代榜样的。孔子说：'畏惧上天意旨，畏惧尊长辈，畏惧圣人教导。'我敢不遵照实行！我请求恭敬地服侍神祇及祖宗，向太皇太后与孝平皇后汇报工作，都自称为假皇帝。至于向全国的臣民发号施令，全国的臣民向我报告工作时，都不要说'代理'。将居摄三年改为初始元年，将铜壶滴漏的刻度改为一百二十度，来符合上天的意旨。我王莽一定会日夜培养教育促让孺子成长，使他能够与周代的成王相媲美，将太皇太后的声威德行传到九州万国，让他们富足并教育他们。等到孺子加冕后，将明君的权力归还给他，仿照以前周公的成例。”奏章被批准。群众知道王莽信奉符命的意图，大臣们广泛地议论，分别报告王太后，来显示正式登皇位的发展趋势。期门郎张充等六个人策划一道劫持王莽，拥立楚王为皇帝。被发觉后，几个人被处死。

梓潼县人哀章在长安学习时，品行一向不好，喜欢说大话。他见王莽居位摄政，就制造一只铜箱子，制作两道封书题签，写明其中一张叫作“天帝行玺金匮图”，另一张写明叫“赤帝行玺某传予黄帝策书”。所谓某，是高皇帝的名字。文书说王莽作为真天子，皇太后遵照天意行事。图和书都写明王莽大臣八人，又起好名字王兴与王盛，哀章就把自己的姓名也塞进里面，共十一人，都写明官职和爵位，作为辅佐。哀章听说齐郡新井和巴郡的石牛事件已经下达，当天黄昏时，他穿着黄衣，拿铜箱子到高帝的祠庙，将它交给了仆射。仆射将这件事情上报。戊辰日，王莽到高帝的祠庙接受天神的命令转让统治权的铜箱子。他头戴王冠，进见王太后，转身坐到未央宫前殿，下文告说：“我德行不好，幸而依赖我是伟大的太初祖考黄帝的后代，我是伟大的发派祖考虞帝的子孙，我又是太皇太后的亲属。皇天上帝大加显扬，大加保佑，既然定好的天命，宣告皇统的开始，图文中所表现的上天降下符命与人事相适应，铜箱子中藏着金策书，神明晓喻，将全国千百万人的命运托付给我。赤帝汉朝高皇帝的神灵，秉承了上天命令，转让政权的金策书，我非常地恭敬畏惧，敢不敬谨地接受！于戊辰日，当定辰，我头戴王冠，登上真天子座位，确定统治天下国号为新朝。应当改定正月朔日，改变车马、服饰式样及颜色，改变祭礼用的牲畜的毛色，改变徽章和标志，改变器具式样。将今年十二月日癸酉定为刚建国元年正月的朔日，将鸡鸣时作为一天的开始。车马、服饰的颜色配合土德所崇尚黄色，祭礼用的牲畜适应正月建丑使用白色，使者符节的旄头都采用纯黄色，它的名称叫作‘新使五威节’，表明我们是秉承了皇天上帝的威严命令。”

汉书卷九十九中

王莽传第六十九中

始建国元年正月朔，莽帅公侯卿士奉皇太后玺韨，上太皇太后，顺符命，去汉号焉。

初，莽妻宜春侯王氏女，立为皇后。本生四男：宇、获、安、临。二子前诛死，安颇荒忽，乃以临为皇太子，安为新嘉辟。封宇子六人：千为功隆公，寿为功明公，吉为功成公，宗为功崇以，世为功昭公，利为功著公。大赦天下。

莽乃策命孺子曰："咨尔婴，昔皇天右乃太祖，历世十二，享国二百一十载，历数在于予躬。《诗》不云乎？'侯服于周，天命靡常。'封尔为定安公，永为新室宾。於戏！敬天之休，往践乃位，毋废予命。"又曰："其以平原、安德、漯阴、鬲、重丘，凡户万，地方百里，为定安公国。立汉祖宗之庙于其国，与周后并，行其正朔、服色。世世以事其祖宗，永以命德茂功，享历代之祀焉。以孝平皇后为定安太后。"读策毕，莽亲执孺子手，流涕歔欷，曰："昔周公摄位，终得复子明辟，今予独迫皇天威命，不得如意！"哀叹良久。中傅将孺子下殿，北面而称臣。百僚陪位，莫不感动。

又按金匮，辅臣皆封拜。以太傅、左辅、骠骑将军安阳侯王舜为太师，封安新公；大司徒就德侯平晏为太傅，就新公；少阿、羲和、京兆尹、红休侯刘歆为国师，嘉新公；广汉梓潼哀章为国将，美新公：是为四辅，位上公。太保、后承承阳侯甄邯为大司马，承新公；丕进侯王寻为大司徒，章新公；步兵将军成都侯王邑为大司空，隆新公：是为三公。大阿、右拂；大司空、卫将军广阳侯甄丰为更始将军，广新公；京兆王兴为卫将军，奉新公；轻车将军成武侯孙建为立国将军，成新公；京兆王盛为前将军，崇新公：是为四将。凡十一公。王兴者，故城门令史。王盛者，卖饼。莽按符命求得此姓名十余人，两人容貌应卜相，径从布衣登用，以视神焉。余皆拜为郎。是日，封拜卿大夫、侍中、尚书官凡数百人。诸刘为郡守，皆徙为谏大夫。

改明光宫为定安馆，定安太后居之。以〔故〕大鸿胪府为定安公第，皆置门卫使者监领。敕阿乳母不得与语，常在四壁中，至于长大，不能名六畜。后莽以女孙宇子妻之。

莽策群司曰："岁星司肃，东岳太师典致时雨，青炜登平，考景以晷。荧惑司哲，南岳太傅典致时奥，赤炜颂平，考声以律。太白司艾，西岳国师典致时阳，白炜象平，考量以铨。辰星司谋，北岳国将典致时寒，玄炜和平，考星以漏。月刑元股左，司马典致武应，考方法矩，主司天文，钦若昊天，敬授民时，力来农事，以丰年谷。日德元厷右，司徒典致文瑞，考圜合规，主司人道，五教是辅，帅民承上，宣美风俗，五品乃训。斗平元心中，司空典致物图，考度以绳，主司地里，平治水土，掌名山川，众殖鸟兽，蕃茂草木。"各策命以其职，如典诰之文。

置大司马司允，大司徒司直，大司空司若，位皆孤卿。更名大司农曰羲和，后更为纳言，大理曰作士，太常曰秩宗，大鸿胪曰典乐，少府曰共工，水衡都尉曰予虞，与三公司卿凡九卿，分属三公。每一卿置大夫三人，一大夫置元士三人，凡二十七大夫，八十一元士，分主中都官诸职。更名光禄勋曰司中，太仆曰太御，卫尉曰太卫，执金吾曰奋武，中尉曰军正，又置大赘官，主乘舆服御物，后又典兵秩，位皆上卿，号曰六监。改郡太守曰大尹，都尉曰太尉，县令长曰宰，御史曰执法，公车司马曰王路四门，长乐宫曰常乐室，未央宫曰寿成室，前殿曰王路堂，长安曰常安。更名秩百石曰庶士，三百石曰下士，四百石曰中士，五百石曰命士，六百石曰元士，千石曰下大夫，比二千石曰中大夫，二千石曰上大夫，中二千石曰卿。车服黻冕，各有差品。又置司恭、司徒、司明、司聪、司中大夫及诵诗工、彻膳宰，以司过。策曰："予闻上圣欲昭厥德，罔不慎修厥身，用绥于远，是用建尔司于五事。毋隐尤，毋将虚，好恶不愆，立于厥中。於戏，勖哉！"令王路设进善之旌，非谤之木，敢谏之鼓。谏大夫四人常坐王路门受言事者。

封王氏齐缞之属为侯，大功为伯，小功为子，缌麻为男，其女皆为任。男以"睦"、女以"隆"为号焉，皆授印韨。令诸侯立太夫人、夫人、世子，亦受印韨。

又曰："天无二日，土无二王，百王不易这道也。汉氏诸侯或称王，至于四夷亦如之，违于古典，缪于一统。其定诸侯王之号皆称公，及四夷僭号称王者皆更为侯。"

又曰："帝王之道，相因而通；盛德之祚，百世享祀。予惟黄帝、帝少昊、帝颛顼、帝喾、帝尧、帝舜、帝夏禹、皋陶、伊尹咸有圣德，假于皇天，功烈巍巍，光施于远。予甚嘉之，营求其后，将祚厥祀。"惟王氏，虞帝之后也，出自帝喾；刘氏，尧之后也，出自颛顼。于是封姚恂为初睦侯，奉黄帝后；梁护为脩远伯，奉少昊后；皇孙功隆公千，奉帝喾后；刘歆为祁烈伯，奉颛顼后；国师刘歆子叠为伊休侯，奉尧后；妫昌为始睦侯，奉虞帝后；山遵为褒谋子，奉皋陶后；伊玄为褒衡子，奉伊尹后。汉后定安公刘婴，位为宾。周后卫公姬党，更封为章平公，亦为宾。殷后宋公孔弘，运转次移，更封为章昭侯，位为恪。夏后辽西姒丰，封为章功侯，亦为恪。四代古宗，宗祀于明堂，以配皇始祖考虞帝。周公后褒鲁子姬就、宣尼公后褒成子孔钧，已前定焉。

莽又曰："予前在摄时，建郊宫，定祧庙，立社稷，神祇报况，或光自上复于下，流为乌，或典气熏烝，昭耀章明，以著黄、虞之烈焉。自黄帝至于济南伯王，(而)〔高〕祖世氏姓有五矣。黄帝二十五子，分赐厥姓十有二氏。虞帝之先，受姓曰姚，其在陶唐曰妫，在周曰陈，在齐曰田，在济南曰王。予伏念皇初祖考黄帝，皇始祖考虞帝，以宗祀于明堂，宜序于祖宗之亲庙。其立祖庙五，亲庙五，后夫人皆配食。郊祀黄帝以配天，黄后以配地。以新都侯东弟为大禖，岁时以祀。家之所尚，种祀天下。姚、妫、陈、田、王氏凡五姓者，皆黄、虞苗裔，予之同族也。《书》不云乎？'惇序九族'。其令天下上此五姓名籍于秩宗，皆以为宗室。世世复，无有所与。其元城王氏，勿令相嫁娶，以别族理亲焉。"封陈崇为统睦侯，奉胡王后；田丰为世睦侯，奉敬王后。

天下牧守皆以前有翟义、赵明等领州郡，怀忠孝，封牧为男，守以附城。又封旧恩戴崇、金涉、箕闳、杨并等子皆为男。

遣骑都尉嚣等分治黄帝园位于上都桥畤，虞帝于零陵九疑，胡王于淮阳陈，敬王于齐临淄，愍王于城阳莒，伯王于济南东平陵，孺王于魏郡元城，使者四时致祠。其庙当作者，以天下初定，且祫祭于明堂太庙。

以汉高庙为文祖庙。莽曰："予之皇始祖考虞帝受嬗于唐，汉氏初祖唐帝，世有传国之象，予复亲受金策于汉高皇帝之灵。惟思褒厚前代，何有忘时？汉氏祖宗有七，以礼立庙于定安国。其园寝庙在京师者，勿罢，祠荐如故。予以秋九月亲入汉氏高、元、成、平之庙。诸刘更属籍京兆大尹，勿解其复，各终厥身，州牧数存问，勿令有侵冤。"

又曰："予前在大麓，至于摄假，深惟汉氏三七之阨，赤德气尽，思索广求，所以辅刘延期之术，靡所不用，以故作金刀之利，几以济之。然自孔子作《春秋》以为后王法，至于哀之十四而一代毕，协之于今，亦哀之十四也。赤世计尽，终不可强济。皇天明威，黄德当兴，隆显大命，属予以天下。今百姓咸言皇天革汉而立新，废刘而兴王。夫'刘'之为字'卯、金、刀'也，正月刚卯，金刀之利，皆不得行。博谋卿士，佥曰天人同应，昭然著明。其去刚卯莫以为佩，除刀钱勿以为利，承顺天心，快百姓意。"乃更作小钱，径六分，重一铢，文曰"小钱直一"，与前"大钱五十"者为二品，并行。欲防民盗铸，乃禁不得挟铜炭。

四月，徐乡侯刘快结党数千人起兵于其国。快兄殷，故汉胶东王，时改为扶崇公。快举兵攻即墨，殷闭城门，自系狱。吏民距快，快败走，至长广死。莽曰："昔予之祖济南愍王困于燕寇，自齐临淄出保于莒。宗人田单广设奇谋，获杀燕将，复定齐国。今即墨士大夫复同心殄灭反虏，予甚嘉其忠者，怜其无辜。其赦殷等，非快之妻子它亲属当坐者皆勿治。吊问死伤，赐亡者葬钱，人五万。殷知大命，深疾恶快，以故辄伏厥辜。其满殷国户万，地方百里。"又封符命臣十余人。

莽曰："古者，设庐井八家，一夫一妇田百亩，什一而税，则国给民富而颂声作。此唐、虞之道，三代所遵行也。秦为无道，厚赋税以自供奉，罢民力以极欲，坏圣制，废井田，是以兼并起，贪鄙生，强者规田以千数，弱者曾无立锥之居。又置奴婢之市，与牛马同栏，制于民臣，颛断其命。奸虐之人因缘为利，至略卖人妻子，逆天心，悖人伦，缪于'天地之性人为贵'之义。《书》曰'予则奴戮女'，唯不用命者，然后被此辜矣。汉氏减轻田租，三十而税一，常有更赋，罢癃咸出，而豪民侵陵，分田劫假。厥名三十税一，实什税五也。父子夫妇终年耕芸，所得不足以自存。故富者犬马余菽粟，骄而为邪；贫者不厌糟糠，穷而为奸。俱陷于辜，刑用不错。予前在大麓，始令天下公田口井，时则有嘉禾之祥，遭以虏逆贼且止。今更名天下田曰'王田'，奴婢曰'私属'，皆不得卖买。其男口不盈八，而田过一井者，分余田予九族邻里乡党。故无田，今当受田者，如制度。敢有非井田圣制，无法惑众者，投诸四裔，以御魑魅，如皇始祖考虞帝故事。"

是时，百姓便安汉五铢钱，以莽钱大小两行难知，又数变改不信，皆私以五铢钱市买。讹言大钱当罢，莫肯挟。莽患之。复下书："诸挟五铢钱，言大钱当罢者，比非井田制，投四裔。”于是农商失业，食货俱废，民人至涕泣于市道。及坐卖买田宅、奴婢，铸钱，自诸侯、卿、大夫至于庶民，抵罪者不可胜数。

秋，遣五威将王奇等十二人班《符命》四十二篇于天下。德祥五事，符命二十五，福应十二，凡四十二篇。其德祥言文、宣之世黄龙见于成纪、新都，高祖考王伯墓门梓柱生枝叶之属。符命言井石、金匮之属。福应言雌鸡化为雄之属。其文尔雅依托，皆为作说，大归言莽当代汉有天下云。总有说之曰：“帝王受命，必有德祥之符瑞，协成五命，申以福应，然后能立巍巍之功，传于子孙，永享无穷之祚。故新室之兴也，德祥发于汉三七九世之后。肇命于新都，受瑞于黄支，开王于武功，定命于子同，成命于巴宕，申福于十二应，天所以保祐新室者深矣，固矣！武功丹石出于汉氏平帝末年，火德销尽，土德当代，皇天眷然，去汉与新，以丹石始命于皇帝。皇帝谦让，以摄居之，未当天意，故其秋七月，天重以三能文马。皇帝复谦让，未即位，故三以铁契，四以石龟，五以虞符，六以文圭，七以玄印，八以茂陵石书，九以玄龙石，十以神井，十一以大神石，十二以铜符帛图。申命之瑞，寖以显著，至于十二，以昭告新皇帝。皇帝深惟上天之威不可不畏，故去摄号，犹尚称假，改元为初始，欲以承塞天命，克厌上帝之心。然非皇天所以郑重降符命之意，故是日天复决（其）以（勉）〔龟〕书。又侍郎王盱见人衣白布单衣，赤缋方领，冠小冠，立于王路殿前，谓盱曰：‘今日天同色，以天下人民属皇帝。’盱怪之，行十余步，人忽不见。至丙寅暮，汉氏高庙有金匮图策：‘高帝承天命，以国传新皇帝。’明旦，宗伯忠孝侯刘宏以闻，乃召公卿议，未决，而大神石人谈曰：‘趣新皇帝之高庙受命。毋留！’于是新皇帝立登车，之汉氏高庙受命，受命之日，丁卯也。丁，火，汉氏之德也。卯，刘姓所以为字也。明汉刘火德尽，而传于新室也。皇帝谦谦，既备固让，十二符应迫著，命不可辞，惧然祗畏，苇然闵汉氏之终不可济，亹亹（在）左右之不得从意，为之三夜不御寝，三日不御食。延问公侯卿大夫，佥曰：‘宜奉如上天威命。’于是乃改元定号，海内更始。新室既定，神祇欢喜，申以福应，吉瑞累仍。《诗》曰：‘宜民宜人，受禄于天；保右命之，自天申之。’此之谓也。”五威将奉《符命》，赍印绶，王侯以下及吏官名更者，外及匈奴、西域，徼外蛮夷，皆即授新室印绶，因收故汉印绶。赐吏爵人二级，民爵人一级，女子百户羊、酒、蛮夷币、帛各有差。大赦天下。

五威将乘《乾》文车，驾《坤》六马，背负鷩鸟之毛，服饰甚伟。每一将各置左右前后中帅，凡五帅。衣冠车服驾马，各如其方面色数。将持节，称太一之使；帅持幢，称五帝之使。莽〔策〕命曰："普天之下，迄于四表，靡所不至。"其东出者，至玄菟、乐浪、高句骊、夫馀；南出者，逾徼外，历益州，贬句町王为侯；西出者，至西域，尽改其王为侯；北出者，至匈奴庭，授单于印，改汉印文，去"玺"曰"章"。单于欲求故印，陈饶椎破之。语在《匈奴传》。单于大怒，而句町、西域后卒以此皆畔。饶还，拜为大将军，封威德子。

冬，雷，桐华。

置五威司命，中城四关将军。司命司上公以下，中城主十二城门。策命统睦侯陈崇曰："咨尔崇。夫不用命者，乱之原也；大奸猾者，贼之本也；铸伪金钱者，妨宝货之道也；骄奢逾制者，凶害之端也；漏泄省中及尚书事者，'机事不密则害成'也；拜爵王庭，谢恩私门者，禄去公室，政从亡矣：凡此六条，国之纲纪。是用建尔作司命，'柔亦不茹，刚亦不吐，不侮鳏寡，不畏强圉'，帝命帅繇，统睦于朝。"命说符侯崔发曰："'重门击柝，以待暴客。'女作五威中城将军，中德既成，天下说符。"命明威侯王级曰："绕溜之固，南当荆楚。女作五威前关将军，振武奋卫，明威于前。"命尉睦侯王嘉曰："羊头之陒，北当燕、赵。女作五威后关将军，壶口捶扼，尉睦于后。"命(堂)〔掌〕威侯王奇曰："肴、黾之险，东当郑、卫。女作五威左关将军，函谷批难，掌威于左。"命怀羌子王福曰："汧陇之阻，西当戎狄。女作五威右关将军，成固据守，怀羌于右。"

又遣谏大夫五十人分铸钱于郡国。

是岁，长安狂女子碧呼道中曰："高皇帝大怒，趣归我国。不者，九月必杀汝！"莽收捕杀之。治者掌寇大夫陈(成)〔咸〕自免去官。真定刘都等谋举兵，发觉，皆诛。真定、常山大雨雹。

二年二月，赦天下。

五威将帅七十二人还奏事，汉诸侯王为公者，悉上玺绶为民，无违命者。封将为子，帅为男。

初设六管之令。命县官酤酒，卖盐铁器，铸钱，诸采取名山大泽众物者税之。又令市官收贱卖贵，赊贷予民，收息百月三。牺和置酒士，郡一人，乘传督酒利，禁民不得挟弩铠，徙西海。

匈奴单于求故玺，莽不与，遂寇边郡，杀略吏民。

十一月，立国将军建奏："西域将钦上言，九月辛巳，戊已校尉中陈良、终带共贼杀校尉刁护，劫略吏士，自称废汉大将军，亡入匈奴。又今月癸酉，不知何一男子遮臣建车前，自称'汉氏刘子舆，成帝下妻子也。刘氏当复，趣空宫。'收系男子，即常安姓武字仲。皆逆天违命，大逆无道。请论仲及陈良等亲属当坐者。奏可。汉氏高皇帝比著戒云，罢吏卒，为宾食，诚欲承天心，全子孙也。其宗庙不当在常安城中，及诸刘为诸侯者当与汉俱废。陛下至仁，久未定。前故安众侯刘崇、徐乡侯刘快、陵乡侯刘曾、扶恩侯刘贵等更聚众谋反。今狂狡之虏或妄自称亡汉将军，或称成帝子子舆，至犯夷灭，连未止者，此圣恩不蚤绝其萌牙故也。臣愚以为汉高皇帝为新室宾，享食明堂。成帝，异姓之兄弟；平帝，婿也；皆不宜复入其庙。元帝与皇太后为体，圣恩所隆，礼亦宜之。臣请汉氏诸庙在京师者皆罢。诸刘为诸侯者，以户多少就五等之差；其为吏者皆罢，待除于家。上当天心，称高皇帝神灵，塞狂狡之萌。"莽曰："可。嘉新公国师以符命为予四辅，明德侯刘龚、率礼侯刘嘉等凡三十二人皆知天命，或献天符，或贡昌言，或捕告反虏，厥功茂焉。诸刘与三十二人同宗共祖者勿罢，赐姓曰王。"唯国师以女配莽子，故不赐姓。改定安太后号曰"黄皇室主"，绝之于汉也。

冬十二月，雷。

更名匈奴单于曰"降奴服于。"莽曰："降奴服于知威侮五行，背畔四条，侵犯西域，延及边垂，为元元害，罪当夷灭。命遣立国将军孙建等凡十二将，十道并出，共行皇天之威，罚于知之身。惟知先祖故呼韩邪单于稽侯狦累世忠孝，保塞守徼，不忍以一知之罪，灭稽侯狦之世。今分匈奴国土人民以为十五，立稽侯狦子孙十五人为单于。遣中郎将蔺苞、戴级驰塞下，召拜当为单于者。诸匈奴人当坐虏知之法者，皆赦除之"。遣五威将军苗䜣、虎贲将军王况出五原，厌难将军陈钦、震狄将军王巡出云中，振武将军王嘉、平狄将军王萌出代郡，相威将军李棽、镇远将军李翁出西河，诛貉将军阳俊、讨秽将军严尤出渔阳，奋武将军王骏、定胡将军王晏出张掖，及偏裨以下百八十人。募天下囚徒、丁男、甲卒三十万人，转众郡委输五大夫衣裘、兵器、粮食，长吏送自负海江淮至北边，使者驰传督趣，以军兴法从事，天下骚动。先至者屯边郡，须皆具乃同时出。

莽以钱币讫不行，复下书曰："民以食为命，以货为资，是以八政以食为首。宝货皆重则小用不给，皆轻则僦载烦费，轻重大小各有差品，则用便而民乐。"于是造宝货五品，语在《食货志》。百姓不从，但行小大钱二品而已。盗铸钱者不可禁，乃重其法，一家铸钱，五家坐之，没入为奴婢。吏民出入，持布钱以副符传，不持者，厨传勿舍，关津苛留。公卿皆持以入宫殿门，欲以重而行之。

是时，争为符命封侯，其不为者相戏曰："独无天帝除书乎？"司命陈崇白莽曰："此开奸臣作福之路而乱天命，宜绝其原。"莽亦厌之，遂使尚书大夫赵并验治，非五威将率所班，皆下狱。

初，甄丰、刘歆、王舜为莽腹心，倡导在位，褒扬功德；"安汉"、"宰衡"之号及封莽母、两子、兄子，皆丰等所共谋，而丰、舜、歆亦受其赐，并富贵矣，非复欲令莽居摄也。居摄之萌，出于泉陵侯刘庆、前辉光谢嚣、长安令田终术。莽羽翼已成，意欲称摄。丰等承顺其意，莽辄复封舜、歆两子及丰孙。丰等爵位已盛，心意既满，又实畏汉宗室、天下豪桀。而疏远欲进者，并作符命，莽遂据以即真，舜、歆内惧而已。丰素刚强，莽觉其不说，故徙大阿、右拂、大司空丰、托符命文，为更始将军，与卖饼儿王盛同列。丰父子默默。时子寻为侍中京兆大君茂德侯，即作符命，言新室当分陕，立二伯，以丰为右伯，太傅平晏为左伯，如周、召故事。莽即从之，拜丰为右伯。当述职西出，未行，寻复作符命，言故汉氏平帝后黄皇室主为寻之妻。莽以诈立，心疑大臣怨谤，欲震威以惧下，因是发怒曰："黄皇室主天下母，此何谓也！"收捕寻。寻亡，丰自杀。寻随方士入华山，岁余捕得，辞连国师公歆子侍中东通灵将、五司大夫隆威侯棻，棻弟右曹长水校尉伐虏侯泳，大司空邑弟左关将军(堂)〔掌〕威侯奇，及歆门人侍中骑都尉丁隆等，牵引公卿党亲列侯以下，死者数百人。寻手理有"天子"字，莽解其臂入视之，曰："此一大子也，或曰一六子也。六者，戮也。明寻父子当戮死也。"乃流棻于幽州，放寻于三危，殛隆于羽山，皆驿车载其尸传致云。

莽为人侈口蹷顄，露眼赤精，大声而嘶。长七尺五寸，好厚履高冠，以氂装衣，反膺高视，瞰临左右。是时，有用方技待诏黄门者，或问以莽形貌，待诏曰："莽所谓鸱目虎吻豺狼之声者也，故能食人，亦当为人所食。"问者告之，莽诛灭待诏，而封告者。后常翳云母屏面，非亲近莫得见也。

是岁，以初睦侯姚恂为宁始将军。

三年，莽曰："百官改更，职事分移，律令仪法，未及悉定，且因汉律令仪法以从事。令公卿、大夫、诸侯、二千石举吏民有德行通政事能言语明文学者各一人，诣王路四门。

遣尚书大夫赵并使劳北边，还言五原北假膏壤殖谷，异时常置田官。乃以并为田禾将军，以戍卒屯田北假，以助军粮。

是时，诸将在边，须大众集，吏士放纵，而内郡愁于征发，民弃城郭流亡为盗贼，并州、平州尤甚。莽令七公六卿号皆兼称将军，遣著武将军逯並等填名都，中郎将、绣衣执法各五十五人，分填缘边大郡，督大奸猾擅弄兵者，皆便为奸于外，挠乱州郡，货赂为市，侵渔百姓。莽下书曰："虏知罪当夷灭，故遣猛将分十二部，将同时出，一举而决绝之矣。内置司命军正，外设军监十有二人，诚欲以司不奉命，令军人咸正也。今则不然，各为权势，恐猲良民，妄封人颈，得钱者去。毒蠚并作，农民离散。司监若此，可谓称不？自今以来，敢犯此者，辄捕系，以名闻。"然犹放纵自若。

而蔺苞、戴级到塞下，招诱单于弟咸、咸子登入塞，胁拜咸为孝单于，赐黄金千斤，锦绣甚多，遣去；将登至长安，拜为顺单于，留邸。

太师王舜自莽篡位后病悸，寖剧，死。莽曰："昔齐太公以淑德累世，为周氏太师，盖予之所监也。其以舜子延袭父爵，为安新公，延弟褒新侯匡为太师将军，永为新室辅。"

为太子置师友各四人，秩以大夫。以故大司徒马宫为师疑，故少府宗伯凤为傅丞，博士袁圣为阿辅，京兆尹王嘉为保拂，是为四师；故尚书令唐林为胥附，博士李充为奔走，谏大夫赵襄为先后，中郎将廉丹为御侮，是为四友。又置师友祭酒及侍中、谏议、《六经》祭酒各一人，凡九祭酒，秩上卿。琅邪左咸为讲《春秋》、颍川满昌为讲《诗》、长安国由为讲《易》、平阳唐昌为讲《书》、沛郡陈咸为讲《礼》、崔发为讲《乐》祭酒。遣谒者持安车印绶，即拜楚国龚胜为太子师友祭酒，胜不应征，不食而死。

宁始将军姚恂免，侍中、崇禄侯孔永为宁始将军。

是岁，池阳县有小人景，长尺余，或乘车马，或步行，操持万物，小大各相称，三日止。

濒河郡蝗生。

河决魏郡，泛清河以东数郡。先是，莽恐河决为元城冢墓害。及决东去，元城不忧水，故遂不堤塞。

四年二月，赦天下。

夏，赤气出东南，竟天。

厌难将军陈(歆)〔钦〕言捕虏生口，虏犯边者皆孝单于咸子角所为。莽怒，斩其子登于长安，以视诸蛮夷。

大司马甄邯死，宁始将军孔永为大司马，侍中大赘侯辅为宁始将军。

莽每当出，辄先搜索城中，名曰“横搜”。是月，横搜五日。

莽至明堂，授诸侯茅土。下书曰：“予以不德，袭于圣祖，为万国主。思安黎元，在于建侯，分州正域，以美风俗。追监前代，爰纲爰纪。惟在《尧典》，十有二州，卫有五服。《诗》国十五，抪遍九州。《殷颂》有‘奄有九有’之言。《禹贡》之九州无并、幽，《周礼·司马》则无徐、梁。帝王相改，各有云为。或昭其事，或大其本，厥义著明，其务一矣。昔周二后受命，故有东都、西都之居。予之受命，盖亦如之。其以洛阳为新室东都，常安为新室西都。邦畿连体，各有采任。州从《禹贡》为九，爵从周氏有五。诸侯之员千有八百，附城之数亦如之，以俟有功。诸公一同，有众万户，土方百里。侯伯一国，众户五千，土方七十里。子男一则，众户二千有五百，土方五十里。附城大者食邑九成，众户九百，土方三十里。自九以下，降杀以两，至于一成。五差备具，合当一则。今已受茅土者，公十四人、侯九十三人、伯二十一人、子百七十一人、男四百九十七人，凡七百九十六人。附城千五百一十一人。九族之女为任者，八十三人。及汉氏女孙中山承礼君、遵德君、修义君更以为任。十有一公，九卿，十二大夫，二十四元士。定诸国邑采之处，使侍中讲礼大夫孔秉等与州部众郡晓知地理图籍者，共校治于寿成朱鸟堂。予数与群公祭酒上卿亲听视，咸已通矣。夫褒德赏功，所以显仁贤也；九族和睦，所以褒亲亲也。予永惟匪解，思稽前人，将章黜陟，以明好恶，安元元焉。”

以图簿未定，未授国邑，且令受奉都内，月钱数千。诸侯皆困乏，至有庸作者。

中郎区博谏莽曰：“井田虽圣王法，其废久矣。周道既衰，而民不从。秦知顺民之心，可以获大利也，故灭庐井而置阡陌，遂王诸夏，讫今海内未厌其敝。今欲违民心，追复千载绝迹，虽尧、舜夏起，而无百年之渐，弗能行也。天下初定，万民新附，诚未可施行。”莽知民怨，乃下书曰：“诸名食王田，皆得卖之，勿拘以法。犯私买卖庶人者，且一切勿治。”

初，五威将帅出，改句町王以为侯，王邯怨怒不附。莽讽牂柯大尹周歆诈杀邯。邯弟承起兵攻杀歆。先是，莽发高句骊兵，当伐胡，不欲行，郡强迫之，皆亡出塞，因犯法为冦。辽西大尹田谭追击之，为所杀。州郡归咎于高句骊侯驺。严尤奏言：“貉人犯法，不从驺起，正有它心，宜令州郡且尉安之。今猥被以大罪，恐其遂畔，夫馀之属必有和者。匈奴未克，夫馀、秽貉复起，此大忧也。”莽不尉安，秽貉遂反，诏尤击之。尤诱高句骊侯驺至而斩焉，传首长安。莽大说，下书曰：“乃者，命遣猛将，共行天罚，诛灭虏知，分为十二部，或断其右臂，或斩其左腋，或溃其胸腹，或紬其两胁。今年刑在东方，诛貉之部先纵焉。捕斩虏驺，平定东域，虏知殄灭，在于漏刻。此乃天地群神、社稷、宗庙佑助之福，公卿、大夫、士民同心将率虓虎之力也。予甚嘉之。其更名高句骊为下句骊，布告天下，令咸知焉。”于是貉人愈犯边，东北与西南夷皆乱云。

莽志方盛，以为四夷不足吞灭，专念稽古之事，复下书曰：“伏念予之皇始祖考虞帝，受终文祖，在璇玑玉衡以齐七政，遂类于上帝，禋于六宗，望秩于山川，遍于群神，巡狩五岳，群后四朝，敷奏以言，明试以功。予之受命即真，到于建国五年，已五载矣。阳九之阸既度，百六之会已过。岁在寿星，填在明堂，仓龙癸酉，德在中宫。观晋掌岁，龟策告从，其以此年二月建寅之节东巡狩，具礼仪调度。”群公奏请募吏民人马布帛绵，又请内郡国十二买马，发帛四十五万匹，输常安，前后毋相须。至者过半，莽下书曰：“文母太后体不安，其且止待后。”

是岁，改十一公号，以“新”为“心”，后又改“心”为“信”。

五年二月，文母皇太后崩，葬渭陵，与元帝合而沟绝之。立庙于长安，新室世世献祭。元帝配食，坐于床下。莽为太后服丧三年。

大司马孔永乞骸骨，赐安车驷马，以特进就朝位。同风侯逯并为大司马。

是时，长安民闻莽欲都雒阳，不肯缮治室宅，或颇彻之。莽曰：“玄龙石文曰‘定帝德，国雒阳’。符命著明，敢不钦奉！以始建国八年，岁缠星纪，在雒阳之都。其谨缮修常安之都，勿令坏败。敢有犯者，辄以名闻，请其罪。”

是岁，乌孙大小昆弥遣使贡献。大昆弥者，中国外孙也。其胡妇子为小昆弥，而乌孙归附之。莽见匈奴诸边并侵，意欲得乌孙心，乃遣使者引小昆弥使置大昆弥使上。保成师友祭酒满昌劾奏使者曰："夷狄以中国有礼谊，故诎而服从。大昆弥，君也。今序臣使于君使之上，非所以有夷狄也。奉使大不敬！"莽怒，免昌官。

西域诸国以莽积失恩信，焉耆先畔，杀都护但钦。

十一月，彗星出，二十余日，不见。

是岁，以犯挟铜炭者多，除其法。

明年改元曰"天凤"。

天凤元年正月，赦天下。

莽曰："予以二月建寅之节行巡狩之礼，太官赍干乾肉，内者行张坐卧，所过毋得有所给。予之东巡，必躬载耒，每县则耕，以劝东作。予之南巡，必躬载耒，每县则耒，以劝南伪。予之西巡，必躬载铚，每县则获，以劝西成。予之北巡，必躬载拂，每县则粟，以劝盖藏。毕北巡狩之礼，即于土中居雒阳之都焉。敢有趋讙犯法，辄以军法从事。"群公奏言："皇帝至考，往年文母圣体不豫，躬亲供养，衣冠稀解。因遭弃群臣悲哀，颜色未复，饮食损少。今一岁四巡，道路万里，春秋尊，非糒干肉之所能堪。且无巡狩，须阕大服，以安圣体，臣等尽力养牧兆民，奉称明诏。"莽曰："群公、群牧、群司、诸侯、庶尹愿尽力相帅养牧兆民，欲以称予，繇此敬听，其勖之哉！毋食言焉。更以天凤七年，岁在大梁，仓龙庚辰，行巡狩之礼。厥明年，岁在实沈，仓龙辛巳，即土之中雒阳之都。"乃遣太傅平晏、大司空王邑之雒阳，营相宅兆，图起宗庙、社稷、郊兆云。

三月壬申晦，日有食之。大赦天下。策大司马逯并曰："日食无光，干戈不戢，其上大司马印韨，就侯氏朝位。太傅平晏勿领尚书事，省侍中、诸曹兼官者。以利（苗男）〔男苗〕䜣为大司马。"

莽即真，尤备大臣，抑夺下权，朝臣有言其过失者，辄拔擢。孔仁、赵博、费兴等以敢击大臣，故见信任，择名官而居之。公卿入宫，吏有常数，太傅平晏从吏过例，掖门仆射苛问不逊，戊曹士收系仆射。莽大怒，使执法发车骑数百围太傅府，捕士，即时死。大司空士夜过奉常亭，亭长苛之，告以官名，亭长醉曰："宁有符传邪？"士以马箠击亭长，亭长斩士，亡，郡县逐之。家上书，莽曰："亭长奉公，勿逐。"大司空邑斥士以谢。国将衷章颇不清，莽为选置和叔，敕曰："非但保国将闺门，当保亲属在西州者。"诸公皆轻贱，而章尤甚。

四月，陨霜，杀草木，海濒尤甚。六月，黄雾四塞。七月，大风拔树，飞北阙直城门屋瓦。雨雹，杀牛羊。

莽以《周官》《王制》之文，置卒正、连率、大尹，职如太守；属令、属长，职如都尉。置州牧、部监二十五人，见礼如三公。监位上大夫，各主五郡。公氏作牧，侯氏卒正，伯氏连率，子氏属令，男氏属长，皆世其官。其无爵者为尹。分长安城旁六乡，置帅各一人。分三辅为六尉郡，河东、河内、弘农、河南、颍川、南阳为六队郡，置大夫，职如太守；属正，职如都尉。更名河南大尹曰保忠信卿。益河南属县满三十。置六郊州长各一人，人主五县。及它官名悉改。大郡至分为五。郡县以亭为名者三百六十，以应符命文也。缘边又置竟尉，以男为之。诸侯国閒田，为黜陟增减云。莽下书曰："常安西都曰六乡，众县曰六尉。义阳东都曰六州，众县曰六队。粟米之内曰内郡，其外曰近郡。有鄣徼者曰边郡。合百二十有五郡。九州之内，县二千二百有三。公作甸(侯)〔服〕，是为惟城；诸在侯服，是为惟宁；在采、任诸侯，是为惟翰；在宾服，是为惟屏；在揆文教，奋武卫，是为惟垣；在九州之外，是为惟藩：各以其方为称，总为万国焉。"其后，岁复变更，一郡至五易名，而还复其故。吏民不能纪，每下诏书，辄系其故名，曰："制诏陈留大尹、太尉：其以益岁以南付新平。新平，故淮阳。以雍丘以东付陈定。陈定，故梁郡。以封丘以东付治亭。治亭，故东郡。以陈留以西付祈隧。祈隧，故荥阳。陈留已无复有郡矣。大尹、太尉，皆诣行在所。"其号令变易，皆此类也。

令天下小学，戊子代甲子为六旬首。冠以戊子为元日，昏以戊寅之旬为忌日。百姓多不从者。

匈奴单于知死，弟咸立为单于，求和亲。莽遣使者厚赂之，诈许还其侍子登，因购求陈良、终带等。单于即执良等付使者，槛车诣长安。莽燔烧良等于城北，令吏民会观之。

缘边大饥，人相食。谏大夫如普行边兵，还言"军士久屯塞苦，边郡无以相赡。今单于新和，宜因是罢兵。"校尉韩威进曰："以新室之威而吞胡虏，无异口中蚤虱。臣愿得勇敢之士五千人，不赍斗粮，饥食虏肉，渴饮其血，可以横行。"莽壮其言，以威为将军。然采普言，征还诸将在边者。免陈钦等十八人，又罢四关填都尉诸屯兵。会匈奴使还，单于知侍子登前诛死，发兵寇边，莽复发军屯。于是边民流入内郡，为人奴婢，乃禁吏民敢挟边民者弃市。

益州蛮夷杀大尹程隆，三边尽反。遣平蛮将军冯茂将兵击之。

宁始将军侯辅免，讲《易》祭酒戴参为宁始将军。

二年二月，置酒王路堂，公卿、大夫皆佐酒。大赦天下。

是时，日中见星。

大司马苗䜣左迁司命，以延德侯陈茂为大司马。

讹言黄龙堕死黄山宫中，百姓奔走往观者以万数。莽恶之，捕系问语所从起，不能得。

单于咸既和亲，求其子登尸，莽欲遣使送致，恐咸怨恨害使者，乃收前言当诛侍子者故将军陈钦，以他罪系狱。钦曰："是欲以我为说于匈奴也。"遂自杀。莽选儒生能颛对者济南王咸为大使，五威将琅邪伏黯等为帅，使送登尸。敕令掘单于知墓，棘鞭其尸。又令匈奴却塞于漠北，责单于马万匹，牛三万头，羊十万头，及稍所略边民生口在者皆还之。莽好为大言如此。咸到单于庭，陈莽威德，责单于背畔之罪，应敌从横，单于不能诎，遂致命而还之。入塞，咸病死，封其子为伯，伏黯等皆为子。

莽意以为制定则天下自平，故锐思于地理，制礼作乐，讲合《六经》之说。公卿旦入暮出，议论连年不决，不暇省狱讼冤结民之急务。县宰缺者，数年守兼，一切贪残日甚。中郎将、绣衣执法在郡国者，并乘权势，传相举奏。又十一公士分布劝农桑，班时令，案诸章，冠盖相望，交错道路，召会吏民，逮捕证左，郡县赋敛，递相赇赂，白黑纷然，守阙告诉者多。莽自见前颛权以得汉政，故务自揽众事，有司受成苟免。诸宝物名、帑藏、钱谷官，皆宦者领之；吏民上封事书，宦官左右开发，尚书不得知。其畏备臣下如此。又好变改制度，政令烦多，当奉行者，辄质问乃以从事，前后相乘，愦眊不渫。莽常御灯火至明，犹不能胜。尚书因是为奸寝事，上书待报者连年不得去，拘系郡县者逢赦而后出，卫卒不交代三岁矣。谷常贵，边兵二十余万人仰衣食，县官愁苦。五原、代郡尤被其毒，起为盗贼，数千人为辈，转入旁郡。莽遣捕盗将军孔仁将与兵郡县合击，岁余乃定，边郡亦略将尽。

邯郸以北大雨雾，水出，深者数丈，流杀数千人。

立国将军孙建死，司命赵闳为立国将军。宁始将军戴参归故官，南城将军廉丹为宁始将军。

三年二月乙酉，地震，大雨雪，关东尤甚，深者一丈，竹柏或枯。大司空王邑上书言："视事八年，功业不效，司空之职尤独废顿，至乃有地震之变。愿乞骸骨。"莽曰："夫地有动有震，震者有害，动者不害。《春秋》记地震，《易·系》《坤》动，动静辟胁，万物生焉。灾异之变，各有云为。天地动威，以戒予躬，公何辜焉，而乞骸骨，非所以助予者也。使诸吏散骑司禄大卫脩宁男遵谕予意焉。"

五月，莽下吏禄制度，曰："予遭阳九之阸，百六之会，国用不足，民人骚动，自公卿以下，一月之禄十緵布二匹，或帛一匹。予每念之，未尝不戚焉。今阸会已度，府帑虽未能充，略颇稍给，其以六月朔庚寅始，赋吏禄皆如制度。"四辅公、卿、大夫、士，下至舆僚，凡十五等。僚禄一岁六十六斛，稍以差增，上至四辅而为万斛云。莽又曰："普天之下，莫非王土；率土之宾，莫非王臣。盖以天下养焉。《周礼》膳羞百有二十品，今诸侯各食其同、国、则；辟、任、附城食其邑；公、卿、大夫、元士食其采。多少之差，咸有条品。岁丰穰则充其礼，有灾害则有所损，与百姓同忧喜也。其用上计时通计，天下幸无灾害者，太官膳羞备其品矣；即有灾害，以什率多少而损膳焉。东岳太师立国将军保东方三州一部二十五郡；南岳太傅前将军保南方二州一部二十五郡；西岳国师宁始将军保西方一州二部二十五郡；北岳国将卫将军保北方二州一部二十五郡；大司马保纳卿、言卿、仕卿、作卿、京尉、扶尉，兆队、右队、中部左洎前七部；大司徒保乐卿、典卿、宗卿、秩卿、翼尉、光尉、左队、前队、中部、右部，有五郡；大司空保予卿、虞卿、共卿、工卿、师尉、列尉、祈队、后队、中部洎后十郡；及六司，六卿，皆随所属之公保其灾害，亦以十率多少而损其禄。郎、从官、中都官吏食禄都内之委者，以太官膳羞备损而为节。诸侯、辟、任、附城、群吏亦各保其灾害。几上下同心，劝进农业，安元元焉。"莽之制度烦碎如此，课计不可理，吏终不得禄，各因官职为奸，受取赇赂以自共给。

是月戊辰，长平馆西岸崩，邕泾水不流，毁而北行。遣大司空王邑行视，还奏状，群臣上寿，以为《河图》所谓"以土填水"，匈奴灭亡之祥也。乃遣并州牧宋弘、游击都尉任萌等将兵击匈奴，至边止屯。

七月辛酉，霸城门灾，民间所谓青门也。

戊子晦，日有食之。大赦天下，复令公卿、大夫、诸侯、二千石举四行各一人。大司马陈茂以日食免，武建伯严尤为大司马。

十月戊辰，王路朱鸟门鸣，昼夜不绝，崔发等曰："虞帝辟四门，通四聪。门鸣者，明当修先圣之礼，招四方之士也。"于是令群臣皆贺，所举四行从朱鸟门入而对策焉。

平蛮将军冯茂击句町，士卒疾疫，死者什六七，赋敛民财什取五，益州虚耗而不克，征还下狱死。更遣宁始将军廉丹与庸部牧史熊击句町，颇斩首，有胜。莽征丹、熊，丹、熊愿益调度，必克乃还。复大赋敛，就都大尹冯英不肯给，上言"自越嶲遂久仇牛、同亭邪豆之属反畔以来，积且十年，郡县距击不已。续用冯茂，苟施一切之政。僰道以南，山险高深，茂多敺众远居，费以亿计，吏士离毒气死者什七。今丹、熊惧于自诡期会，调发诸郡兵、谷，复訾民取其十四，空破梁州，功终不遂。宜罢兵屯田，明设购赏。"莽怒，免英官。后颇觉寤，曰："英亦未可厚非。"复以英为长沙连率。

翟义党王孙庆捕得，莽使太医、尚方与巧屠共刳剥之，量度五藏，以竹筳导其脉，知所终始，云可以治病。

是岁，遣大使五威将王骏、西域都护李崇将戊己校尉出西域，诸国皆郊迎贡献焉。诸国前杀都护但钦，骏欲袭之，命佐帅何封、戊己校尉郭钦别将。焉耆诈降，伏兵击骏等，皆死。钦、封后到，袭击老弱，从车师还入塞。莽拜钦为填外将军，封剿胡子。何封为集胡男。西域自此绝。

【译文】

始建国元年正月朔日，王莽率公侯卿士手捧新制的皇太后御玺，送上太皇太后，遵从了符命的意思，去掉汉朝的名号。

原先，王莽娶宜春侯王家的女儿，立她作皇后。本来生有四个儿子：王宇、王获、王安、王临。有两个儿子早些时候已经被处死了，王安有点糊里糊涂，就把王临立为皇太子，将王安封为新嘉辟。赐封王宇的六个儿子——王千为功隆公，王寿为功明公，王吉为功成公，王宗为功崇公，王世为功昭公，王利为功著公。宣布大赦全国。

王莽就下策书命令孺子说："唉！你刘婴，从前上天帮你的始祖，已传递十二代，享有二百一十年国家政权，天命的历程已经轮到我。《诗经》不是说吗？'殷朝后代成为诸侯，臣服于了周朝，可见天命没有一定的。'

现在赐封你为定安公，永远作魏新朝的国宾。哎哟！你要感激上天好意，前去你的公位，不要违背我的命令。”接着又说：“应当将平原县、安德县、漯阴县、鬲县、重丘县的居民总共一万户，土地纵横各有一百里，作为定安的公国。在你的封国中建立汉朝祖宗的祠庙，与周朝的后代被同等看待，可以采用你自己的历法及车马、服饰的颜色。世代服侍你的祖宗，永远依靠崇高的德行及卓著的功绩，享有无穷后代的祭祀。将孝平皇后赐封为定安太后”。宣读策书完毕后，王莽亲自握着孺子的手，流下眼泪叹息，说道：“从前周公代理王位时，最后能够将明君的权力归还给周成王，现在我偏偏迫于上天的威令，不能如自己的意！”悲伤叹息了很久。中傅带孺子下了殿堂，向着北面自称为臣子。百官陪侍在旁边，没有人不受感动的。

又按照金匮图书中的说明，为辅政大臣都举行了授任仪式。任命太傅左辅、骠骑将军安阳侯王舜为太师，赐封为安新公；大司徒就德侯平晏为太傅，赐封为就新公；少阿、羲和、京兆尹红休侯刘歆为国师，赐封为嘉新公；广汉郡梓潼县人哀章为国将，赐封为美新公——这就是四辅，位列上公。太保后承承阳侯甄邯为大司马，赐封为承新功；丕进侯王寻为大司徒，赐封为章新公；步兵将军成都侯王邑为大司空，赐封为隆新公——这就是三公。太阿右弼、大司空、卫将军广阳侯甄丰为更始将军，赐封为广新公；京兆尹人王兴为卫将军，赐封为奉新公；轻车将军成武侯孙建为立国将军，赐封为成新公；京兆尹人王盛为前将军，赐封为崇新公——这是四将。总共十一公。王兴是原城门的令史。王盛本是卖饼的。王莽按照符命找到同样姓名的有十多个人，两人的相貌符合占卜及看相的要求，直接从平民被起用，来显示神奇。其他同姓名的人都被授任郎官。这天，授任卿大夫、侍中，尚书官职的总共有几百人。各刘姓皇族中凡担任郡太守的，都调任为谏大夫。

将明光宫改为定安馆，让定安太后居住在那里。将原大鸿胪的官署作为定安公住宅，都设置门卫、使者监管。告诫保育人员及奶妈不准同他谈话，让他常待在四壁合围的小屋子中，直到长安，还不会叫出六畜名称。后来王莽将孙女——王宇的女儿——嫁给了他。

王莽颁发了策书规定百官的职责说：“木星要求庄敬，是东方长官太师，负责雨水适时适量，青色的光辉让万物生育均平，考究日影及日规。火星要求明智，是南方长官太傅，负责炎热适时适度，红色光辉发展均平，考究声音及曲调。金星要求安定，是西方长官国师，负责干燥适时适度，白色光辉成长均平，考究度量及权衡。水星要求精明，是北方长官国将，负责寒冷适时适度，黑色光辉休养均平，考究星辰及漏刻。月亮象征威刑，好像皇帝的左腿，即大司马，负责武功要注意方正，效法矩尺，主管天文，恭敬顺从伟大的天，谨慎地传授百姓生产的季节，鼓励发展农业生产，让粮食获得丰收。太阳象征德政，好像皇帝的右臂，即大司徒，负责文治，要注意融和，合乎圆规，主管人道，辅助引导五种伦理道德，率领百姓服从上级，倡导改良风俗，五种人伦关系才能够正常。北斗象征最高标准，好像皇帝的内心，即大司空，负责实现太平景象，要注意事物规范化、标准化，以准绳作榜样，主管地理，开垦土地，兴修水利，管理大的山丘、大的河流，繁殖鸟兽，促使草木生长茂盛。”其他官吏都按照各自的职务作出了规定，就像典谟训诰的文章一样。

设置了大司马司允，大司徒司直，大司空司若，这些职位都是孤卿。将大司农改名叫羲和，后来又改为纳言，大理改叫作士，太常改叫秩宗，大鸿胪改叫典乐，少府改叫共工，水衡都尉改名予虞，加上三公司卿总共九卿，分别归属三公管辖。每个卿下面设置三个大夫，每一大夫下面设置三个元士，总共二十七个大夫，八十一个元士，分别主管首都各官府所有的职务。将光禄勋改叫司中，太仆改叫太御，卫尉改叫太卫，执金吾改叫奋武，中尉改叫军正，又设置了大赘官，主管皇帝车辆、衣服及用具，后来又负责掌管军需供应，职位都是上卿，被称为六监。把郡太守改叫大尹，都尉改叫太尉，县令、县长改叫宰，御史改叫执法，公车司马改叫王路四门，长乐宫改叫常乐室，未央宫改叫寿成室，前殿改叫王路堂，长安改叫常安。将俸禄百石级改叫庶士，三百石级改叫下士，四百石级改叫中士，五百石级改叫命士，六百石级改叫元士，千石级改叫下大夫，比二千石级改叫中大夫，二千石级改叫上大夫，中二千石级改叫卿。他们使用车马以及礼服、礼帽，各有不同等级。又设置了司恭大夫、司从大夫、司明大夫、司聪大夫、司睿大夫以及诵诗工、彻膳宰，前去侦察过失。策书上说：“我听说上圣想彰明自己的德行，没有不谨慎修养自己身心的，来贯彻到久远，因此才设置你们这些官职从五个方面监督。不要掩盖错误，也不要助长虚荣，才能做到对于自己爱好的事或厌恶的事都不产生差错，站在事理正中，大公无私。哎哟，勉励呀！”下令皇宫周围设建议的旗帜、批评的木牌与登闻鼓。派四个谏大夫经常坐在王路的四门接待反映情况的人。

赐封王家亲属中丧服是齐一年的为侯爵，丧服为九个月的为伯爵，丧服为五个月的为子爵，丧服为三个月的为男爵，这样的女亲属都为任爵。男亲属用“隆”字作称号，女亲属用“睦”字作称号，都授予他们印信。让诸侯立起太夫人、夫人及世子，也都授予印信。

又说道：“天上没两个太阳，地上没两个国王，这是百代的帝王所不能改变的原则。汉朝诸侯有的称王，一直到四方外族也仿照这样的称呼，违反古代制度，背离一统的原则。应当定诸侯王的名号都称为公，另外四方外族盗窃名号自称为王的都应改为侯”。

又说道：“帝王的道统，应当被继承、发展和贯通；具有崇高德行的世系，应长久地享受祭祀。我又想到黄帝、少昊、颛顼、帝喾、唐尧、虞舜、夏禹、皋陶、伊尹都有圣明的德行，能感通上天，功业巍巍，光辉流传地久远。我非常赞赏他们，寻找他们的后代，想要延续他们的祭祀。”他认为王姓是虞舜后代，出自帝喾；刘姓是唐尧后代，出自颛顼。于是就赐封姚恂为初睦侯，来继承黄帝的后代；赐封梁护为修远伯，来继承少昊的后代；皇孙功隆公王千，来继承帝喾的后代；赐封刘歆为祁烈伯，来继承颛顼的后代；赐封国师刘歆的儿子刘叠为伊休侯，来继承唐尧的后代；赐封妫昌为始睦侯，来继承虞舜的后代；赐封山遵为褒谋子，来继承皋陶的后代；赐封伊玄为褒衡子，来继承伊尹的后代。汉朝后代定安公刘婴，他的地位是国宾。周朝后代卫公姬党，改封为章平公，他也是国宾。殷朝后代宋公孔弘，时运转变后，位次也移动了，改封为章昭侯，他的地位是贵客。夏朝后代辽西郡人姒丰，赐封为章功侯，地位也是贵客。夏朝、殷朝、周朝、汉朝始祖，在明堂进行合祭，让他们跟随伟大的发派祖考虞舜配享。周公后代褒鲁子姬就，孔子后代褒成子孔钧，从前已经确定。

王莽又说：“我从前摄政的时候，建筑郊祀坛址，制定了远祖祠庙，设立土谷神社，神明的报应，有光华从上笼罩到下面，流下来后变成老鸦，有黄气升腾，照耀鲜明，来显扬黄帝、虞舜二人的余晖。从黄帝一直到济南伯王，祖辈姓氏有五个。黄帝共有二十五个儿子，分赐他们的姓氏有十二个。虞舜的先代接受的是姚姓，在陶唐时候姓妫，在周代姓陈，在齐国就姓田，在济南时姓王。我俯伏思念伟大远初祖考黄帝，伟大发派祖考虞舜，已在明堂合祭，还应列入祖宗亲庙。应建立五所祖庙，五所亲庙，他们的王后或夫人都应该配享。祭祀天地时让黄帝与上天配享，让黄后与大地配享。将新都侯东宅作为大庙，每年按时祭祀。民家尊敬的祖先，也应世世代代祭祀，朝廷已经为全国作出榜样。姓姚的、姓妫的、姓陈的、姓田的、姓王的一共五姓的人，都是黄帝、虞舜的后代，都是我的同族人。《书经》中不是说过吗？'按顺序促使九族都亲爱和睦'。应命令全国各地都把这五姓的名册上报秩宗，都将他们作为皇族。给他们世代免除赋税、劳役，不要有所牵涉。其中元城县王姓，不准许跟姚姓、妫姓、陈姓、田姓互相结亲，来区别宗族，分理亲疏。"赐封陈崇为统睦侯，继承胡王后代；赐封田丰为世睦侯，继承敬王后代。

全国的州牧及郡太守都因从前有翟义和赵明等人叛乱，却能据有州郡，心怀忠孝，被赐封州牧为男爵，太守为附城。又赐封旧日的恩人戴崇、金涉、箕闳、杨并等人的儿子为男爵。

派骑都尉嚣等人分别到上郡桥畤去修理黄帝坟墓，到零陵郡九疑册去修理虞舜的坟墓，到淮阳郡陈县去修理胡王的坟墓，到齐郡临淄县去修理敬王的坟墓，到城阳国莒县去修理愍王的坟墓，到济南郡东平陵县去修理伯王的坟墓，到魏郡元城县去修理孺王的坟墓，派使者按四季前往各地祭祀。他们的祠庙应修建的，因全国刚平定，暂且在明堂太庙举行合祭。

将汉高帝庙作为文祖庙。王莽说："我伟大的发派祖考虞舜从唐尧手中接受转让的政权，汉朝远初祖先是唐尧，他们世代有转让政权的风格，我又亲自在汉高帝神灵面前接受金策书。心中想表彰优待前朝，哪有忘记的时候呢？汉朝宗祖有七位，应在定安国按礼仪建立祠庙。他们在国都墓地附设的祠庙，也不要废除，祭礼照旧。我将在秋季九月亲自到汉朝高帝、元帝、成帝、平帝的祠庙去祭祀。各刘姓皇族名籍改归京兆大尹管理，不要取消他们免除赋税劳役的特权，各自止于他们本身，州牧要常去慰问，不要让他们遭受冤枉与迫害。"

又说道："我从前担任要职直到居位摄政时，深切考虑汉朝传到二百一十来年的所遭遇的不幸，汉朝命运气数已到了尽头，想方设法，凡能够用来辅佐刘家延长政权寿命的方法，没有不采用的。因此才制作金刀货币的便利，希望可以借此对它有益。然而自从孔子撰写了《春秋》作为后代帝王准则，写到鲁哀公十四年这一个时代就宣告结束，与今天来类比，也正是汉哀帝十四年。汉朝寿命期限已到了尽头，到底不可能勉强地挽救。上天显赫威灵，新朝命运应当兴起，隆重显示重大的命令，将国家统治权委托给我。现在百姓都说上天要革除汉朝，建立新朝，要抛弃刘家，振兴王家。‘到’字的形状结构就是‘卯、金、刀’，因此正月刚卯的佩饰以及金刀货币的便利，都不准许再通行。广泛征求公卿士大夫的意见，都说天道人事能互相感应，是很明白的。应摘掉刚卯不把它作为佩饰，废止刀钱不把它看作便利，这样做来遵循上天的意旨，满足百姓心愿”。就改铸小钱，直径六分，重一铢，上面铸有“小钱值一”字样，加以前“大钱五十”的货币为两类，同时流通。想防止民私自铸造，就下禁令不准私藏铜和炭。

四月间，徐乡侯刘快集结了党羽几千人在他封国起兵。刘快老兄刘殷，是原来汉朝的胶东王，这时已被改为扶崇公。刘快起兵进攻即墨城时，刘殷关闭了城门，自动投入进监狱。城里官吏和百姓抵抗刘快，刘快失败后逃跑，退到长广县就死了。王莽说：“从前我的祖先济南愍王被燕寇围困时，从齐国都城临淄退到莒邑自保。族人田单想出很多好计策，擒杀了燕国主将，重新安定齐国。现在即墨城的士大夫们又同心协力歼灭反贼，我非常赞许那些尽忠的人，也怜悯那些无罪的人。应赦免刘殷等人，除刘快的妻子儿女外，其他应当连坐受罚的亲属都不必惩办。吊唁死者，慰问伤者，赏赐死者丧葬费，每人给五万钱。刘殷懂天命，深刻地憎恨刘快，刘快因这样的缘故就受到了应得的惩罚。应当让刘殷的封国满足一万户，土地纵横各一百里”。又封赏进献符命的十多个臣子。

王莽说：“古代八家一同耕作一个井田，耕作时同住在一个棚子，一夫一妇分一百亩田，按十分之一交税，就能国家丰裕，百姓富足，于是歌颂的舆论就兴起来了。这就是唐、虞时代的政策，也是夏、商、周三代所遵行的。秦朝实行没有道德的政策，靠增加赋税来供自己享乐，竭尽民力来满足自己无穷的欲望、毁坏圣人的制度，废除了井田，因此富贵人家吞并贫苦人家财产的现象出现，贪婪卑鄙的行为发生，强者占田能用千计算，弱者竟没有立锥之地。又设置了买卖奴婢的市场，与牛马同栏，控制平民及奴隶，专横操纵他们的命运。奸诈残暴的人凭这些办法来牟利，甚至强行抢卖人家的妻子儿女，违抗上天的心意，违反人与人之间关系的准则，违背‘天地间的生命中人类最尊贵’的原则。《书经》中说‘我就是要奴役和侮辱你’，只有不遵行命令的人，才会遭到这样的罪殃。汉朝减轻了土地税，按照三十分之一征税，但经常有代役税，因病残而丧失劳力的人都要出，而且恶霸侵犯欺压百姓，利用租佃关系来掠夺财物。它名义上按三十分之一征税，但实际上征收十分之五的税。父子夫妇一年到头在田间劳作，所得收入却不足以维持自己生存。所以富人家畜都有吃不完的粮食，因为骄奢而做邪恶的事；穷人却还吃不饱酒渣糠皮，因贫困而做邪恶的事。他们都流于犯罪，刑罚因此也不能够搁置不用。我从前担任要职时，开始命令将全国公田按人口规划成井田，那时就出现嘉禾的祥瑞，但因为遭反贼及叛乱头目干扰而暂时停止。现在将全国的田改名为'王田'，奴婢叫'私属'，都不准许买卖。那些家庭人口中男性不满八人，但占有的田亩超过一井的，将多余的田亩分给亲属、乡邻。原来没有田人，现在应当分得田的人家，按照规定办。如果敢有反对井田这种圣人首创制度，无视法律惑乱百姓的，将他们流放到四方极远的地方去，从而杜绝坏的家伙，依照伟大发派祖考虞舜惩处四凶的成例。"

这时候，百姓习惯使用汉朝的五铢钱，认为王莽的钱大小两种钱同时流通难以预料，又多次改变没有守信用，都暗地中用五铢钱进行买卖。谣传说大钱会被废除，没有人愿意携带。王莽担心这件事，就再下文告说："所有私藏五铢钱，说大钱会被废除的人，比照反对井田制的人惩办，将他们流放到四方极远的地方去。"于是农民及商人失业，财政经济陷入瘫痪状态，百姓甚至在市场上、大路上伤心地流泪。以及因为买卖田宅、奴婢和私自铸钱，从诸侯、卿大夫一直到平民，因犯罪受罚的人数也数不清。

秋季里，王莽派遣五威将王奇等十二个人颁布《符命》四十二篇到全国。其中德祥类有五篇，符命类有二十五篇，福应类有十二篇，总共四十二篇。其中德祥类是说汉文帝、汉宣帝时期在成纪县、新都县都有黄龙出现，高祖考伯王墓门的梓木柱上长出了枝叶一类的事情。符命类是说武功县的井石、高帝庙金匮的图策一类的事情。福应类是说母鸡变公鸡一类的事情。那些文章都接近正式经文，都依据古义作出了解说，大意说王莽应代替汉朝统治国家。总括起来说明它们道："帝王承受了天命，就一定有依靠德行获取祥瑞的征兆，配合成为五命，加上凭借福气而获得报应，然后才能够建立伟大崇高的功业，传给自己的子孙后代，永享无穷国祚。所以新朝兴起，德祥发生在汉朝传递九代，经历二百一十年后。从新都国初始了受命，从黄支国接受了祥瑞，从武功县开创了王业，从子同县决定受命，到在巴郡岩渠县完成受命，再有十二次福应，上天保佑新朝的态度，既恳切又十分坚决！武功县丹书白石出现在汉朝平帝末年，汉朝的命运已经快完了，新朝权力应取而代之，上天关怀备至，抛弃了汉朝，扶助了新朝，用丹书白石来授命给皇帝。皇帝谦虚地进行推辞，用摄皇帝名义代居皇位，还不能符合上天的心意，因此在那年秋季七月间，上天又加三台星和文马。皇帝又谦虚地推辞，没有登皇位，因此第三次出现铁契，第四次出现石龟，第五次出现虞符，第六次出现文圭，第七次出现玄印，第八次出现茂陵石书，第九次出现玄龙石，第十次出现神井，第十一次出现大神石，第十二次出现铜符帛图。申明天命的祥瑞，越来越显著，直达到十二次之多，用来明白告示给新皇帝。皇帝深深想到上天的威严不可不畏惧，所以就去掉摄皇帝称号，还是称假皇帝，改年号为初始，想用这样的办法来抵挡天命，以满足上帝的心意。可是这样还不是上天所反复恳切地赐降符命的意图，因此这一天上天又赐降了金策书，来决断他的疑虑，劝勉他当皇帝。还有侍郎王盱看见了一个人身穿白布单衣，方形衣领上有火红彩画，戴小帽，站在王路殿的前面，告诉王盱说：'今日五方天神同心合意，将万民委托皇帝。'王盱感到十分惊异，走了十多步后，那个人忽然不见了。到了丙寅日傍晚，汉朝的高帝庙出现金匮图策：'高帝秉承天命，将国家传给新皇帝。'第二天早上，宗伯忠孝侯刘宏将这件事情上报，就召集公卿大臣进行商议，还没作出决定，而大神石像人一样说话道：'赶快叫新皇帝前往高帝庙去接受天命，不要耽搁了！'于是新皇帝就立即上车，前往汉朝的高帝庙接受天命。接受天命的那一天，是丁卯日，丁属火，是汉命运的象征。卯，是'到'字构成的一部分。这表明汉朝刘姓的命运已完，气运传到新朝。皇帝谦虚逊让，已经多次坚决推辞，十二次符应催促得很明显，天命不能够推辞，惊疑敬畏，忐忑不安，怜悯汉朝最终不可能挽救，千方百计帮它都无法如愿。为这件事，他三晚没有睡觉，三天没有吃饭、接见人。询问公侯、卿大夫，他们都说：'应按照上天的威严命令执行。'于是才改换年号，定国号，全国更新。新朝一经建立，神明十分欢喜，重新赐降了福应，祥瑞接二连三。《诗经》中说：'有功德于百姓因而受百姓爱戴的人，就能从上天承受福气；上天就会要保佑他，授予他帝王的高位，并申明这个意思。'说的就是这种情况。五威将恭敬地手拿《符命》，带着印信，给王侯以下及官吏的官名更改了，国外还有匈奴、西域各国以及边界外的外族，都就地授予他们新朝印信，并收缴了原来汉朝的印信。赏赐给官吏每人两级爵位，赏赐给民家家长每人一级爵位，赏赐给民家的主妇羊和酒，按每一百户为单位进行分配，赏赐给外族财物各有等级。宣布大赦全国。

五威将乘坐着绘有天文图象的车，套着六匹母马，背上插有锦鸡羽毛，服装佩饰很威武。每一个将下面都设置左帅、右帅、前帅、后帅和中帅，共有五帅。衣帽，车饰及套车的马，各自按照他们方位的颜色和数目。五威将高举使节，称为天帝太一的使者；五帅手举旗帜，分别称为五帝的使者。王莽下策书道："普天之下，一直到四周极远的地方，没有不能到达的。"那些前往东方的人，达到玄菟郡、乐浪郡、高句骊国和夫馀国；前往南方的人，越过边界，经过益州郡时，贬降句町王为侯；前往西方的人，达到西域，将那里的王全都改为侯；前往北方的人，达到匈奴王庭，授予单于印信，更改汉朝印信上的文字，去掉"玺"改叫"章"。单于想索取原来的印信，陈饶就把它打破了，这些话被记载在《匈奴传》里面。单于大发怒火，以至于句町及西域各国后来终于都因为这个缘故背叛了。陈饶回来后，被任命为大将军，赐封为威德子。

冬季里，天空响了雷，桐树开了花。

设置五威司命以及中城、四关将军。五威司命负责纠察弹劾上公以下的官吏，五威中城将军负责掌管国都的十二座城门。下策书命令统睦侯陈崇说："唉！你陈崇应该知道：不遵行命令，就是祸乱的根源；异常奸诈狡猾，是阴毒的本原；铸造假金钱，是损害货币的行为；骄横奢侈，超越了制度，是邪恶的开端；泄露省中及尚书的机密，'机密要事被泄露了就会妨害成功'；从朝廷接受官职爵位，却到私家去表示感谢，任官授爵的大权不由朝廷掌握，政权从此就会完蛋啦：概括这六条，都是国家根本的法纪。因此任命你为五威司命，'软的也不吞，硬的也不吐，既不欺负弱小，也不害怕强暴'，皇帝命你照办，在朝中统制百官，使他们能遵纪守法。"命令悦符侯崔发说："'关闭多层的门户，夜晚进行巡逻警戒，来防备盗贼。'你作为五威中城将军，国都的治安警卫任务完成，就会对全国治安保卫工作起榜样的作用。"命令明威侯王级说："七盘十二绕的坚固，南面有荆、楚古国的旧地。你作为五威前关将军，要发扬勇武，奋力保卫，在前锋面前显示威严。"命令尉睦侯王嘉说："羊头山险要，北面有燕国、赵国的旧地。你作为五威后关将军，可以凭壶口关的险要去攻击，在后卫安抚平定。"命令掌威侯王奇说："崤山、渑池的险要，东面有郑国、卫国的旧地。你作为五威左关将军，扼守住函谷关排除危险，在左翼执掌威权。"命令怀羌子王福说："汧山、陇阪及阻塞，西面当着西戎和北狄。你作为五威右关将军，据守在成固县，在右翼安抚外族。"

又派五十位谏大夫分别到各郡国去铸钱。

这一年，长安有一个名叫碧的女疯子在大路上大声呼喊道："高皇帝大发怒火，你赶快将国家归还我。否则的话，到九月一定杀死你！"王莽将她拘捕起来杀死。主管官吏掌寇大夫陈成主动请求撤职，丢了官位。真定国刘都等人想计划起兵，被发觉后，都被处死。真定国、常山郡落了大量冰雹。

二年二月间，王莽宣布大赦全国。

七十二位五威将帅回来报告工作，汉朝诸侯王中去掉王号改称为公的人，全部缴上印信为平民，没有违抗命令的。因此赐封将为子爵，封帅为男爵。

开始设立六项财政经济管理的制度。规定由官府专营卖酒，专卖食盐及铁器，铸钱，凡收取大山大湖各种资源的，向他们征收捐税。又规定让市官收购低价的货物，出售高价的货物，发贷款给百姓，按月利率百分之三收利息。羲和下面设酒士，每郡一个人，乘坐传车前去催缴卖酒的利润。下禁令在民间不准许私藏弩弓和铠甲，违犯的人将被流放到西海郡去。

匈奴单于索取原来汉朝的印信，王莽没有给，就侵犯沿边的郡县，杀戮、抢劫官吏及平民。

十一月间，立国将军孙建报告说："西域将领但钦上报说，九月辛巳日，戊己校尉的秘书陈良以及终带一道杀害了戊己校尉刁护，胁迫官吏与士兵，自称是已被废除的汉朝的大将军，逃往匈奴。又本月癸酉日，不知哪一个男子拦在我的车子前面，自称'汉朝刘子舆，是汉成帝小老婆的儿子。刘家应复兴，赶快空出皇宫来！'我拘禁了那个男子，原来他是常安人姓武名仲。都对抗上天，违背天命，大逆不道。请求判处武仲及陈良等人应连坐受罚的亲属。"奏章被批准后。他接着又报告说："汉朝高皇帝近来明白地告诫道，应撤销守卫汉朝宗庙的官吏及士兵，愿意作新朝宗庙中的宾客来分享祭祀。他的确是想顺从天意，保全子孙。他们的宗庙不应留在常安城中，所有刘姓皇族为诸侯的应当随汉朝一道被废除，您最仁慈，以至于很久都没有决定下来。以前原安众侯刘崇、徐乡侯刘快、陵乡侯刘曾及扶恩侯刘贵等人接连聚集军队，图谋反叛。现在有一些狂妄狡猾的家伙，有的狂妄自称是已被灭亡的汉朝的将军，有的冒称是汉成帝的儿子刘子舆，直到犯下了杀身灭族的罪行，也没有停止，这就是因为您的恩德没有及早杜绝他们的萌芽。我愚蠢地认为汉高帝可以作为新朝国宾，在明堂享受祭祀。汉成帝是您姑表兄弟，汉平帝是您女婿，都不应当再进入到他们的祠庙。汉元帝与皇太后成为夫妇一体，是您的恩情要尊崇的，依据礼制也适合那样做。我请求您全部废除设在国都的汉朝各个祠庙，所有为诸侯的刘姓皇族，依据封户多少来套公侯伯子男的等级；那些做官吏的都对他们予以罢免，在家中等待授予新官职。这样做，对上符合天意，符合汉高帝神灵的心愿，能杜绝狂妄狡猾思想的萌芽。”王莽回答说：“可以。嘉新公国师依据符命担任我的四辅，明德侯刘龚、率礼侯刘嘉等三十二个人都懂得天命，有的人进献天符，有的人提出好意见，有的人拘捕、告发反贼，他们功劳巨大。各刘姓皇族与这三十二人同宗共祖的不要罢免，赏赐他们姓王。”只有国师将女儿配给王莽的儿子，所以不赐姓。更改定安太后的称号为黄皇室主，表明她与汉朝断绝了关系。

冬季十二月间，天空响了雷。

将匈奴单于的名称改为降奴服于。王莽说：“降奴服于囊知牙斯侮辱了国家尊严，背叛了四条协议，侵犯我西域，蔓延到我国的边境，给百姓造成了危害，所犯的罪行应当被杀身灭族。派立国将军孙建等一共十二位将领，惩罚囊知牙斯本人。想到囊知牙斯的先祖原来的呼韩邪单于稽侯狦几代都忠孝，保卫边界险要之处，不忍因一个囊知牙斯的罪行，就消灭掉稽侯狦的后代。现决定将匈奴的国土和百姓分为十五国，立起稽侯狦的十五个子孙为单于。派中郎将蔺苞、戴级飞快地前往边界，召集、赐封那些应当为单于的人。所有应当与叛虏囊知牙斯犯法连坐判罪的人，都赦免他们。”派五威将军苗䜣及虎贲将军王况从五原郡出击，厌难将军陈钦及震狄将军王巡从云中郡出击，振武将军王嘉及平狄将军王萌从代郡出击，相威将军李棽及镇远将军李翁从西河郡出击，诛貉将军阳俊及讨秽将军严尤从渔阳郡出击，奋武将军王骏及定胡将军王晏从张掖郡出击，加上偏将裨将以下军官共有一百八十人。招集全国监狱的犯人、壮丁和武装士兵三十万人，传令到各郡转运军服皮衣、兵器与粮食，县级官吏从沿海长江、淮河流域运送到北部的边郡，使者乘快车监督催促，按战争状态的法令办事，全国十分骚动。先到达的部队在边郡处驻扎，要等到全部到齐才同时出击。

王莽因钱币一直不能流通，就再下文告说：“百姓把粮食看作性命，将物资和金钱看作生活需要，因此八项施政方针应把粮食放在首位。货币是贵重的，那么小用途就会不方便，如果都是轻贱的，那么运输装载就会麻烦费事，轻的、重的、大的、小的各自有等级，那么就使用方便，百姓就欢迎。”于是制造五种货币，这些话被记载在《食货志》里。百姓不依从，只通用小钱、大钱两种。私自铸钱无法被禁止，就加重那方面的刑法，一家如果铸钱，邻居五家都跟他连坐，没收这些人到官府为奴婢。官吏和百姓出外和回来，都要携带布钱作为通行证副证，不携带的人，饭店和旅社不准让他住宿，关卡和渡口都要盘问留难。公卿大臣都要携带它才可以进宫殿门，想要通过这样的办法提高它的身价从而让他得以流通。

这时人们争相制作符命来求封侯，那些没有做过的人互相开玩笑说：“独独你没有天帝的任命状吗？”五威司命陈崇报告给王莽说：“这是打开奸臣追求利禄的道路，而且混乱天命，应当断绝这个根源。”王莽也很讨厌这种事，就让尚书大夫赵并前去检查处理，不是五威将帅所颁的符命，制作的人都被关进监狱。

起初，甄丰、刘歆及王舜是王莽的心腹，他们首先提议让王莽据高位大权，赞美表彰他的功德。安汉公及宰衡的称号与赐封王莽的母亲、两个儿子和侄儿，都是甄丰等人共同策划的，从而甄丰、王舜与刘歆也得到他的恩惠，都获得名利，没有再想让王莽居位摄政。居位摄政的发端，来自于泉陵侯刘庆、前辉光谢嚣和长安令田终术。王莽的羽翼已丰满，内心想代掌政权。甄丰等人顺从他的意图，王莽就再次封赏王舜和刘歆的两个儿子及甄丰的孙子。甄丰等人的爵位已经尊显，欲望已经得到满足，又实在害怕汉朝的皇族和全国的权威人士。而那些统治核心的外围想要向上爬的人，纷纷制作符命，王莽就依靠这些势力正式登上了皇位，王舜和刘歆内心十分恐惧。甄丰一向刚强，王莽察觉到他不高兴，所以假借符命的文辞，将担任太阿右弼、大司空的甄丰调任为更始将军，让他与卖饼的王盛在一样的地位。甄丰父子默不吭声。此时甄丰的儿子甄寻正任职侍中京兆大尹，封爵为茂德侯，就制作符命，说新朝应该把国都附近的地区以陕县为界分开治理，设立两个地区的长官，任命甄丰为右伯，太傅平晏为左伯，仿照周公、召公的成例。王莽就照办了，授任甄丰为右伯，当他报告工作准备到西部地区去时，还没起行，甄寻又制作一道符命，说原来汉朝平帝的皇后黄皇室主是甄寻的妻子。王莽依靠骗术登上皇位，心中怀疑大臣怨恨诽谤，正要显示威严来慑服臣下，因此发怒道：“黄皇室主是国母，说她是甄寻的妻子，这是什么话！”就下令拘捕甄寻。甄寻逃跑，甄丰自杀。甄寻跟随江湖骗子躲进了华山，一年多以后被捉到了，供词牵涉国师公刘歆儿子侍中东通灵将、五司大夫隆威侯刘棻，刘棻老弟右曹长水校尉伐虏侯刘泳，大司空王邑老弟左关将军掌威侯王奇，以及刘歆的学生侍中骑都尉丁隆等人，牵连的人中公卿、亲族、列侯以下，死的有几百人。甄寻手上纹理有“天子”的字样，王莽砍下他的胳膊到皇宫中观察它，说：“这是‘一大子’。”有的人说：“‘一六子’。六，就是戮，这说明甄寻父子应当被杀死。”于是就把刘棻流放到幽州，将甄寻驱逐到三危，将丁隆杀死在羽山，都用驿站的传车装他们的尸体递送去的。

王莽相貌口腔大，下巴很短，眼球凸出，晶体血红，声音很粗大沙哑。他身高有七尺五寸，喜欢穿厚底的鞋子，戴高帽，用硬毛的絮衣，挺胸仰视，远远地从上向下看左右两边。这时有一个凭医术在黄门等候被任用的人，有人问他王莽的相貌时，那个人说：“王莽是一个人们所说的眼睛像猫头鹰，嘴巴像老虎，声音像豺狼的人，所以能吃人，将来也会被别人吃掉。”发问的人告发了这件事后，王莽处死那个等候任用的人，封赏那个告发的人。他以后就经常用云母屏面来遮掩自己，不是亲近的人没人看得见他。

这一年，王莽任命初睦侯姚恂为宁始将军。

三年，王莽说：“百官的名称有所更改，职务有所变动，法律制度和礼仪规则，还没来得及全部制定，暂时袭汉朝的法律制度及礼仪规则来办事。着令公卿大夫、诸侯、二千石级的官吏推举官吏或者平民中有道德修养、熟悉政策及法令、擅长辞令、精通文献典籍的专家各一人，前来到王路四门。”

派尚书大夫赵並出差并慰劳北方边郡驻军，回来报告说五原郡的北假地区土壤肥沃，能够繁殖谷物，从前经常在那里设置管理农田的官吏。王莽便任命赵并为田禾将军，发动驻防的士兵在北假地区开垦耕种田地，用来帮助军粮。

这时各个将领驻扎在边境，等待各路大军齐集，军官、士兵胡作非为，而内地的各郡正因为官府征发人员、物资弄得愁苦不堪，以致百姓抛弃家园流亡做盗贼，并州以及平州尤其厉害。王莽命七公六卿的官号都要兼称将军，派著武将军逯並等人镇守在著名的城市，派中郎将和绣衣执法各五十五个人，分别镇守靠近边境的大郡，监察擅自动干戈举兵作乱的大刁徒，而他们就都在外地做坏事，扰乱州郡，贿赂像做买卖一样公开进行交易，掠夺百姓财物。王莽下文告说："匈奴囊知牙斯所犯的罪行应当杀身灭族，所以才派猛将分为十二路大军，将同时出击，一举将他们消灭干净。朝廷设置司命军正。各路大军设军监十二，本来想要依靠他们来监察不遵行命令的现象，让全体将士都能行为正当。现在却不是这样子，每每有人玩弄权势，恐吓善良的百姓，胆大妄为，用锁链系着他们的脖子，强迫他们作奴隶，勒索到了金钱的才给取下。灾难一齐发生，以致农民流离失所。司命军正和军监履行职责像这个样子，可以称得上称职吗？从今以后，胆敢再犯这样罪行的人，就逮捕监禁，将名字报上来。"然而还是有人照样胡作非为。

蔺苞和戴级到达边界后，引诱单于的老弟成及成的儿子登入到边境，强迫赐封成为孝单于，赏赐一千斤黄金，很多高级绸缎，打发他回去。将登带到长安，赐封他为顺单于，留在外宾馆舍。

太师王舜自王莽窃取王位后害心悸病，逐渐厉害，最终死了。王莽说："从前齐太公依靠着善良美好的德行流传了许多代，做周朝的太师，本是我所取法的。应让王舜的儿子王延继承父亲爵位，为安新公；王延的老弟褒新侯王匡担任太师将军，长久地做新朝的辅佐。"

给太子设师和友各四个人，俸禄按照大夫标准。任命原来的大司徒马宫作师疑，原来的少府宗伯凤作傅丞，博士袁圣为阿辅，京兆尹王嘉为保弼，这是四师；原尚书令唐林为胥附，博士李充为奔走，谏大夫赵襄为先后，中郎将廉丹为御侮，这是四友。又调置师友祭酒和侍中祭酒、谏议祭酒以及《六经》祭酒各一人，共有九个祭酒，俸禄按照上卿标准。琅邪郡人左咸做讲《春秋》祭酒，颍川郡人满昌做讲《诗经》祭酒，长安人国由做讲《易经》祭酒，平阳县人唐昌做讲《书经》祭酒，沛郡人陈成做讲《礼经》祭酒，崔发做讲《乐经》祭酒。派传达官携带坐车和印信，就地授任楚人龚胜做太子师友祭酒，龚胜不接受任命，绝食而死。

宁始将军姚恂被免职，侍中崇禄侯孔永担任了宁始将军。

这一年，池阳县出现了小人影子，高有一尺多，有的乘坐车马，有的步行，它们拿着各种样的器物，器物的大小与人影正好配合得上，三天后才停止。

沿黄河的各郡发生了蝗虫。

黄河在魏郡境内决口，泛滥在清河郡以东几个郡。原先，王莽恐怕黄河决口会成为元城县他祖宗坟墓的灾害。等决口河水向东流时，元城县境不担心水灾，因此就没有筑堤堵水。

四年二月间，王莽宣布大赦全国。

夏季里，有火红的云气从东南升起，上与天际齐。

压难将军陈钦报告说捉得俘虏，敌人侵犯边境的事情都是孝单于成的儿子角所做的。王莽发火，在长安杀死成的儿子登，来给在长安的外族人士颜色看看。

大司马甄邯死后，宁始将军孔永担任了大司马，侍中大赘侯辅担任宁始将军。

王莽每次外出，总先搜查城里，称为“普遍搜查”。这个月，普遍搜查持续了五天。

王莽来到明堂后，授予诸侯象征封国的茅土。并下文告说：

我没有德行，继承黄帝、虞舜的事业，成为各个诸侯国的共主。想要安定百姓，在于建立诸侯，分州分国地划定疆界，从而可以改良风俗。取法古代，这是原则，是方法。根据《尧典》的记载，有十二州，帝王直属的领地以外分为五等地带。《诗经》中记载有十五国，分布在九州。《般颂》中有‘包括九州’的话。《书经·禹贡》中记载的九州中没有并州和幽州，《周礼·司马》记载中却没有徐州和梁州。帝王先后更改，各自有各自的意义及作用。有的意在显示他的事业，有的在扩大他的根基，这些意义都很明显。他们所致力追求的只是一个目的。从前周文王、周武王先后承受了天命，所以才有东都、西都的建设。我承受天命，本来也像他们一样。应该把洛阳作为新朝东都，将常安作为新朝的西都。两个都城及它们的外围地区连接成一个整体，包括一些公卿、任爵的封地。分州应依照《禹贡》分为九州，封爵应依照周朝的制度分五等。诗侯的名额定为一千八百名，附城的数目也像诸侯一样，来等待有功的人接受这些爵位。各个公爵的封地叫作一同，有一万户居民，土地纵横各一百里。侯爵伯爵的封地叫一国，有五千户居民，土地纵横各七十里。子爵男爵的封地叫一则，有二千五百户居民，土地纵横各五十里。附城最大封地九成，有九百户居民，土地纵横各三十里。从九成以下，每降一等减少两成，减少到一成为止。五个不同等级的附城封地总面积，相当于一个子爵男爵的封地。现在已经接受了茅土的，有公爵十四人，侯爵九十三人，伯爵二十一人，子爵一百七十一人，男爵四百九十七人，共有七百九十六人。附城一千五百一十一人。九族女儿受封任爵的，有八十三个人。以及汉朝的孙女中山国的承礼君、遵德君、修义君改称任爵。还有十一公，九卿，十二大夫，二十四元士。划定所有的封国、食邑、采地的地址，让侍中讲礼大夫孔秉等人以及各州部、各郡通晓地理图表与户籍册的官吏，在寿成室朱鸟堂一同核对整理。我多次与各公、祭酒、上卿亲自检查、听取汇报，都已了解了。表彰德行，赏赐功勋，是用来表明皇帝的仁爱、臣下的贤能；九族和睦，是用来宣扬亲属应互相亲爱的原则。我永远也不想没有作为。只是想效法古人，将要公开进行赏罚，从而表明爱憎，安定善良的百姓。

由于地图、户籍还没规划好，没有授予国土，暂时就让他们在首都的官署领取俸禄，每月给几千钱。诸侯生活困难，甚至有人受雇替别人做工的。

中郎区博劝王莽道："井田制虽是英明帝王的制度，但它被废弃已很久了。周朝的制度已衰落，因而百姓不依从。秦朝懂得顺从百姓心愿，可以获得巨大利益，所以废除了井田制，开垦闲废的土地，便统一中国，直到今天，全国百姓还没有嫌弃这种制度的弊害。现在想要违反百姓的心愿，回过头去想恢复千百年前卓越的功业，就是唐尧、虞舜再出现，如果没上百年时间的酝酿过程，也不可能实行。国家政权刚建立，全国百姓刚归附，的确不可以施行。"王莽知道百姓怨恨，便下文告说："凡是私人占有或朝廷赏赐的王田，都准许进行出卖，不要用法律限制。违犯了私自买卖平民禁令的人，暂时一概不追究。"

当初五威将帅出巡时，将句町王改为侯，句町王邯怨恨愤怒，不愿意服从。王莽示意牂柯郡大尹周歆采用欺骗的手段杀死邯。邯的老弟承率兵进攻，杀死了周歆。原先，王莽调动高句骊的军队，命令他们进攻匈奴，他们都不想去，郡里强迫他们，他们都逃出边界，于是触犯法律，抢劫杀人。辽西郡大尹田谭追击他们，被他们杀死。州郡长官将罪责归在高句骊侯驺身上。严尤报告说："貉人犯法，不是从驺开始的，假使他们别有用心，应当命令州郡暂时安抚他们。现在多加他们给重大罪名，恐怕他们会叛乱，夫馀的那些部族一定会有附和。匈奴没有打败，夫馀和秽貉又闹起来，这就是大忧患呀。"王莽不加安抚，秽貉就反叛，王莽命令严尤进击它。严尤引诱高句骊侯驺到来后就把他杀了，传递首级到了长安。

王莽非常高兴，下文告说：“前些日子，派猛将恭敬地执行上天的惩罚，前去剿灭匈奴囊知牙斯，分十二路大军，有的砍下他的右臂，有的斩断他的左肩，有的毁伤他的胸腹，有的拔掉他的两肋。今年刑罚杀戮将会出现在东方，讨伐貉人的部队先走一步。擒杀了驺奴辈，平定东方地区，匈奴囊知牙斯的歼灭，也就在眼前。这是天地、众神灵、土谷神、祖宗保佑帮助的福气，公卿大夫、士人、百姓同心同德和将领们英勇奋战的力量。我非常赞赏这些。应当将高句骊改名为下句骊，布告天下，让大家知道。”于是貉人更加侵犯边境，东北以及西南夷都乱起来。

王莽正在得意时，认为四方外族不用费多大力气就能吞并、消灭，一味想从古代典籍中寻找政策方针及理论根据，又下文告说：“俯伏思念我伟大的发派祖考虞舜，在文祖庙接受了政权的转让，观察天文，考究清楚了太阳、月亮和五大行星，就特别祭祀上帝，升烟祭祀天地间的各种自然的势力，遥望祭祀了大山大河，普遍祭祀了各种神灵，巡视了五大地区，分区集中会见了四方诸侯，让他们口头或者书面报告工作，根据事理详细准确地进行考核。我承受天命正式登上了皇位，到建国五年，已经有五年时间了。不幸的命运既然已经脱离，灾难的周期已过去。木星在寿星宫，土星在明堂座，太岁在癸酉，旺气就在北极天区。观卦、晋卦值年，占卜告诉人们应怎么行动，应在这一年二月建寅的初春时节到东部地区进行巡视，把礼仪程序安排列出来。”各大臣报告提议向官府和百姓征集人员、马匹、麻布、绸绢及丝绵，又提议“内地的十二个郡国购买马匹，征调四十五万匹绸绢，运送到常安，前后不要彼此观望等待”。到达的超过一半时，王莽下文告说：“文母太后身体不安康，应当暂时停止，等以后再看。”

这一年，更改十一公的称号，将“新”字改成“心”字，以后又把“心”改成“信”字。

五年二月间，文母皇太后逝世，被安葬在渭陵，与元帝合葬一处，中间开挖一条沟将他们隔开来。在长安设立了祠庙，规定新朝要世世代代进行上祭。元帝配享，他的神主被安放在她神主的龛架下面。王莽为王太后守三年丧服。

大司马孔永请求退休，赏赐他一辆坐车和四匹套马，按照特进的荣誉官衔来参加朝会。命令同风侯逯並担任大司马。

这时候，长安百姓听到王莽想要建都洛阳，不愿修理房屋，有的人部分地撤掉一些房屋。王莽说：“玄龙石上的文辞说‘安定皇帝的命运，国都就建在洛阳’。符命十分明白，敢不敬谨遵行！到始建国八年，木星居在星纪宫，奠定洛阳都城。应很好地修理常安都城，不让它毁败。敢有违犯的，就将名字报上来，查办他的罪行。”

这一年，乌孙国大昆弥和小昆弥派使者来进贡。大昆弥是中国外孙。前代昆弥的匈奴妻子的儿子做了小昆弥，可是乌孙人都归附他。王莽见到匈奴和许多边境外族同时入侵，心想要博得乌孙人欢心，便派使者带领小昆弥使者坐到大昆弥的使者的上位。保成师友祭酒满昌上书弹劾使者道：“外族因中国讲究礼义，所以才委屈服从。大昆弥是国君，现在却安排臣子的使者坐在国君使者的上位，这不是统治外族的方法。被派遣担任招待的使者式大不敬！”王莽发火了，罢免满昌的官职。

西域各国因为王莽长期失去好感和信用，焉耆国首先背叛，杀死西域都护但钦。

十一月间，彗星出现了，经过二十多天，才不见了。

这一年，因为违犯私藏铜炭禁令的人实在太多，就废除了那项法令。

第二年改年号叫天凤。

天凤元年正月间，王莽宣布大赦全国。

王莽说：“我将在二月建寅的初春时进行巡视活动，太官携带好干粮干肉，内者在途中陈设床席被帐，所经的地方不要有什么供给。我向东方巡视，一定要亲自携带犁铧，每到一县就要参与耕作，来倡导春耕。我往南方巡视，一定亲自带锄头，每到一县就参加锄草，从而显示鼓励中耕。我往西巡视，一定亲自带镰刀，每到一县就参加收割，从而鼓励盛秋收。我往北巡视，一定亲自带连枷，每到一县就参加打场，从而鼓励储藏。结束北方巡视活动后，就在全国中心奠定洛阳为都城。敢有奔跑吵闹触犯法纪的人，就按军法处理。”各大臣报告道：“皇帝最是孝顺，前年文母圣体不适，您亲自侍候，衣服都极少脱下。因遭遇文母逝世的悲痛，容颜还没有恢复，饮食减少。现在就要一年巡视四方，路程达上万里，年岁这样高，不是干粮干肉能适应的。应该暂时不要去巡视，等国丧期满，来保养圣体。我们尽力抚育管教全国的百姓，实现您的英明指示。”王莽说：“各公、各州牧、各主管的大臣、诸侯、各郡大尹愿尽力互相督促抚育管教好全国的百姓，力图符合我心愿，因此我采纳你们的意见，应当勉励呀！不要忘记自己的诺言。改到天凤七年，木星在大梁宫，太岁在庚辰，再进行巡视活动。再明年，木星在实沉宫，太岁在辛巳，前去全国的中心洛阳都城。”就派太傅平晏和大司空王邑前往洛阳，选择了地基，打算兴建皇家的祠庙、土谷神社及祭祀天地的坛址。

三月最后一天，天空出现日食。宣布大赦全国。下策书给大司马逯并说：“日食出现了，全部被吞没，战争没停止，你应缴上大司马的印信，按侯爵的身份参加朝会。太傅平晏不要再兼管尚书事务，取消兼任侍中诸曹。”又任命利苗男苗䜣为大司马。

王莽正式登皇位后，特别防备大臣，限制、削弱大臣权力，臣下有指责大臣错误的，总是受提拔。孔仁、赵博及费兴等人因敢于抨击大臣，所以获得了信任，选择好的官职让他们担任。公卿大臣进入宫殿时，随从的官吏有定额，有一次，太傅平晏携带的官吏超过规定，掖门仆射加以盘问时，他态度不好，太傅府的戊曹办事人员拘捕仆射。王莽大发怒火，让执法调动几百辆战车包围太傅府，逮捕那个办事人员，立刻处死。又有一次，大司空办事人员夜里经奉常亭，亭长责问他，他将自己的官职告诉亭长，亭长喝醉了，说道：“是不是有证明呢?”那个办事人员就用马鞭子打亭长，亭长砍伤办事人员，逃跑了，郡里县里想要追捕他。他家里上报告申诉，王莽说：“亭长奉行公事，不要追捕他了。”大司空王邑斥通那个办事人员来请罪。国将哀章行为非常不端正，王莽给他选择设置和叔，告诫道：“不仅要在公府里帮助国将，还应帮助他在西州的亲属。”各大臣都被人瞧不起，而哀章尤其厉害。

四月间，天降霜，冻死了草木，沿海地区尤其厉害。六月间，黄沙满天。七月间，大风吹倒树木，刮走北阙直城门屋上的瓦。天落冰雹，打死牛羊。

王莽按照《周官》和《王制》中的经文，设置卒正、连帅、大尹，职务像太守一样；设置属令、属长，职务像都尉一样。设置州牧，皇帝接见他们的礼仪像接见三公一样。设置二十五个部监，职位是上大夫，每人管辖五郡。公爵做州牧，侯爵做卒正，伯爵做连帅，子爵做属令，男爵做属长，这些官职都世袭。那些没有爵位的被称为大尹。将长安郊区划分六乡，每乡设乡帅一人。将三辅地区划分为六尉郡，将河东郡、河内郡、弘农郡、河南郡、颍川郡、南阳郡作为六队郡，都设大夫，职务像太守一样；设属正，职务像都尉一样。将河南郡大尹改名叫保忠信卿。增加河南郡属县满三十县。设六郊州长各一人，每人管辖五县。另外其他官名全部被改定。大郡甚至划分为五个郡。郡和县用“亭”字作名称的有三百六十个，用来符合符命文辞。边境地区又设境尉，用男爵去担任职务。各诸侯国间的剩余田地，留作赏赐有功或惩罚有罪的时候机动使用。王莽下文告说："常安西都的近郊区分为六乡，外围各县分属为六尉。义阳东都的远郊区分为六州，外围各县分属六队。离东都、西都四五百里以内的范围叫作内郡，以外的范围叫作近郡，有边界要塞的地方叫作边郡，合计一百二十五郡。九州的范围里，有二千二百零三个县。公爵作国甸报，这就是城堡；所有在侯服的诸侯，这就是依靠；在采服、任服的诸侯，这就是支柱；在宾服的诸侯，这就是屏障；在揆文教、奋武卫地带的诸侯，这就是墙垣；在九州以外的外族，这就是藩篱：各自按自己所在的区域来定称号，总起来就是整个世界。"这以后，每年都变动，一郡甚至改五次名称，终于恢复原来的名称。官吏和百姓不能记录这么多，每次下诏书时，总要附上原来的名称，比如说："命令陈留郡大尹、太尉：着令将益岁县以南地区划归新平郡——新平郡就是原淮阳郡；把雍丘县以东的地区划归于陈定郡——陈定郡就是原梁郡；将封丘县以东的地区划归治亭郡——治亭郡就是原东郡；将陈留县以西地区划归祈隧——祈隧就是原来的荥阳郡。陈留郡已不存在了。大尹和太尉都要到皇帝跟前来。"他政令的变化，都是这一类样子。

王莽命令全国的小学，用戊子日代甲子日作为每六十天的开始。举行冠礼时将戊子日作为吉利的日子，举行婚礼将从戊寅开始的十天作为不吉利的日子。百姓很多都不依从。

匈奴单于囊知牙斯死后，他的老弟咸做单于，要求与中国和好。王莽派遣使者多赠送财物给他，欺骗地答应要送还他来中国侍奉皇帝的儿子登，付出代价要求要引渡陈良和终带等人。单于就逮住陈良等人交给使者，用囚车送到长安。王莽在长安城北烧死了陈良等人，让官吏和百姓集合去看行刑。

沿边境地区发生严重的饥荒，人吃人。谏大夫如普巡视边境驻军后，回来说："士兵长期驻扎在边界，生活很苦，边郡没东西供应。现在单于与跟我们和好，应当趁此机会退兵。"校尉韩威建议说："凭新朝威力去吃掉匈奴，正好像吃掉口里的跳蚤虱子一样。我愿求得勇敢的五千士兵，不携带一斗粮食，饿了就吃敌人的肉，渴了就喝敌人的血，可以在匈奴境内横冲直撞。"王莽认为他的话非常豪壮，任命韩威为将军。然而采纳了如普的意见，调回驻扎在边境的各将领。免去陈钦等十八个人的将军职务，又撤销了前、后、左、右四关将军镇守都城和六尉的各路驻军。当匈奴使者回去后，单于知道来中国侍奉皇帝的儿子登已被处死，就出兵侵犯边境，王莽又调军队去驻守。于是边境百姓流亡到内郡，做人家的奴隶，便下禁令：官吏和平民敢有私藏边境的流亡百姓的处死刑。

益州郡部族杀死大尹程隆，边境许多部族都反叛。派平蛮将军冯茂率军队攻打他们。

宁始将军侯辅被免职，讲《易》祭酒戴参担任了宁始将军。

二年二月间，在王路堂举行了宴会，公卿大夫都参加宴会。宣布大赦全国。

这时，中午时分出现星光。

大司马苗䜣被降职担任司命，任命延德侯陈茂做大司马。

谣传说黄龙摔死在黄山宫中，老百姓飞跑前往那里看热闹的数以万计。王莽讨厌这件事，就拘捕一些人讯问谣言从哪个开始传起，没能够找到。

单于咸既然已跟中国和好，索取他儿子登的尸体，王莽想派遣使者送去，又恐怕咸怨恨伤害使者，就逮捕从前提议要处死咸派来侍子的原将军陈钦，用其他罪名把他送进监狱。陈钦说："这是想拿我当替罪羊向匈奴解释呀。"就自杀了。王莽挑选擅长交涉对答的儒生济南郡人王咸作为特使，五威将琅邪郡人伏黯等作为武官，让他们去送还登的尸体。命令匈奴方面去掘毁单于囊和牙斯的坟墓，并用刺条抽打他的尸体。又命令匈奴将边界撤退到大戈壁以北，向单于索要一万匹马、三万头牛和十万只羊，以及将他们随便抢去现在还活着的边民俘虏都交还回来。王莽喜欢说大话就像这个样子。王咸到单于的王庭后，陈述王莽的声威德行，谴责单于背叛的罪行，进行随机应变，对答如流，单于不能压倒他，于是传达完命令就回来了。进入边界后，王成病死，赐封他的儿子为伯爵，伏黯等人都被赐为子爵。

王莽心中认为制度只要一经确定，那么天下自然太平，所以精心思考地理，制定礼法，创作乐教，讲求符合《六经》理论。公卿大臣早晨上朝，傍晚出朝，议论连年，不还是能够作出决断，没工夫处理诉讼官司纠缠不清这些百姓迫切需要解决的问题。县长缺人的，时常好几年都由别人代理，贪赃枉法的现象，一天比一天厉害。派驻各郡国的中郎将及绣衣执法，都利用权势，到处牵连检举上报。还有十一公的办事人员分布在各地，督促农耕和蚕桑，颁行每个季度、每月份的中心工作，检查各种规章制度被执行的情况，车水马龙络绎不绝，在大路上来往，召集官吏和平民，逮捕见证人，郡里县里搜刮各种财物，层层贿赂，是非被混淆，清浊不分，守在朝廷申诉冤苦的人很多。王莽看到自己以前专权从而取得汉朝的政权，所以务必要自己包揽一切，负责官吏接受既定的政令，奉行故事，只为能够免除罪责。各个机要部门、国库和钱粮官，都由宦官进行管理；官吏和平民上密封报告，由宦官在他身边拆开，尚书不得而知。他提防臣下像这个样子。又喜欢改变制度，政令繁多，本应当由下面接受执行的，总是反复请示后才按照指示去办理，以至于前面的事没有处理，后面的事情又赶上来，昏乱糊涂，没完没了。王莽时常傍灯火直到天明，还没办完。尚书借此机会舞弊，阻塞了下情，上报告等待回答的几年不够离开，被关押在郡县监狱中的人要遇到大赦才得出去，首都卫戍士兵不更换长达三年之久。谷物常常很贵，边防部队二十多万人等着要吃穿，官府也大伤脑筋。五原郡与代郡尤其遭殃，百姓铤而走险进行抢劫，几千人成群结队，转到邻近的各郡。王莽派捕盗将军孔仁率军队会同地方部队联合进击，经过一年多时间才平定，边郡百姓流亡，差不多走光了。

邯郸城以北的地区降大雨大雾，地下水涌出，水深的地方深有几丈，冲走淹死几千人。

立国将军孙建死后，司命赵闳担任立国将军。宁始将军戴参回任到原职，南城将军廉丹担任了宁始将军。

三年二月乙酉日，发生地震，落大雪，关东地区更加厉害，雪深的地方有丈把深，竹子、柏树有的都枯死了。大司空王邑上报告说："我到职八年，没有功绩，司空的职务尤其几近于瘫痪，乃至发生地震这样的变故。我愿意请求退休。"王莽说："地有小动有大震，大震有害，小动没有害。《春秋》记载地震，《易·系辞上》说到地动，动的时候就张开，静的时候就合拢，万物都由此发生。灾害及怪异现象的发生，各有不同的意义与作用。天地表示威严，用来警戒我自己而已，您有什么过错呢，却要请求退休，这就不是想帮助我的态度了。派遣诸吏散骑司禄大卫修宁男遵转告我的意思。"

五月间，王莽下达官吏俸禄的制度，说道："我遭到不幸的命运，灾难的周期，国家财政开支不足，百姓骚动，从公卿以下，一个月俸禄只有八十缕麻线布二匹或者绸绢一匹。我每想到这件事，没有一日不忧愁的。现在困难时期已过去，国库储备虽还不充足，但略微比较宽裕，应从六月朔日庚寅开始，按制度发给官吏俸禄。”从四辅、公、卿、大夫、士，下至众多幕僚，共分为十五等。幕僚俸禄一年是六十六斛，逐步按等级增加，上至四辅是一万斛。王莽又说：“‘普天之下，没有一处地方不是国王的土地；全国范围内，没有一个人不是国王的臣下。’原是拿天下的财物来供养你们。《周礼》中规定进献给皇帝的美好食物有一百二十种，现在诸侯各自取给于他们的同、国、则；辟爵、任爵、附城各自取给于他们的封邑；公、卿、大夫、元士各自取给于他们的采地。多少不同的等级，都有一定条例。年成丰收就尽量按照礼制备足，遇到灾害了就有所减少，跟百姓同甘共苦。应采用年终决算的统计数目作根据，全国幸好没有灾害，太官进献的美好食物备齐种类；如果遇到灾害，按照百分比的多少来减少需要进献的食物。东岳太师及立国将军与东方三州五部二十五郡挂起钩来；南岳太傅及前将军与南方二州五部二十五郡挂起钩来；西岳国师同宁始将军与西方二州五部二十五郡挂起钩来；北岳国将及卫将军同北方二州五部二十五郡挂起钩来；大司马同纳卿、言卿、士卿、作卿与京尉、扶尉、兆队、右队——中部同左部到前部共十个郡挂起钩来；大司徒和乐卿、典卿、宗卿、秩卿与翼尉、光尉、左队、前队——中部同右部共五个郡挂起钩来；大司空与予卿、虞卿、共卿、工卿跟师尉、列尉、祈队、后队——中部到后部共有十郡挂起钩来；以及六司与六卿，都随他们所隶属的大臣同有关地区的灾害挂起钩来，也按照百分比的多少来减少俸禄。从国都仓库的储积粮里领取俸禄的郎官、侍从官与首都官吏，根据太官进献的美好食物的齐备或减少作尺度。诸侯、辟爵、任爵、附城同各种办事人员也各跟有关地区的灾害挂起钩来。希望君臣上下可以同心同德，鼓励、促进农业生产，安抚善良的百姓。”王莽的制度烦碎得像这个样子，核算全国的会计报表不好办理，官吏最终领不到俸禄，各自利用职权干坏事，靠收受贿赂来供给自己需要。

这个月戊辰日，长平馆的西岸坍塌，将泾河水流阻塞不通，冲决向北流去。派大司空王邑前去巡视，回来报告现场情况，大臣们向王莽表示祝贺，认为这就是《河图》所说的“用土来镇服水”，是匈奴将灭亡的好兆头。于是派并州牧宋弘及游击都尉任萌等人统率军队进击匈奴，到达边境时驻扎下来。

七月辛酉日，霸城门发生火灾，这里就是民间说的青门。

本月最后一天，天空出现日食。宣布大赦全国。又命公卿大夫、诸侯、二千石级官吏推举德行、政事、言语、文学四科专家各一个人。大司马陈茂因出现日食被免职，武建伯严尤担任大司马。

十月戊辰日，王路朱鸟门发出了叫声，白天晚上都没停止，崔发等人说道："虞帝曾打开四座门，让自己能远听四方。朱鸟门叫，表明新朝应修明古代圣王的礼制，招来四方的贤士。"于是让大臣们都前来祝贺，所推举的四科专家都从朱鸟门进宫殿回答皇帝的策问。

平蛮将军冯茂攻打句町时，士兵害瘟疫，死亡的有十分之六七，征收百姓财物，十分之中拿走五分，导致益州郡民穷财尽，而战争没取得胜利，王莽将他调回来关进监狱，死在了狱中。再派宁始将军廉丹及庸部牧史熊攻打句町，杀死一些敌人，取得一定的胜利。王莽调廉丹和史熊，廉丹和史熊希望可以增加军队及物资，一定要彻底打败敌人再回来。又大肆进行搜刮，就都郡大尹冯英不给，上报告说："自越巂郡遂久县的仇牛与同亭郡的邪豆这些部族反叛以来，前后差不多过十年了，郡县地方的军民进行抗击没停止过。接着任用冯茂，勉强推行了不顾后果的政策。僰道县以南的地区，山势险峻深邃，冯茂尽量把百姓赶到远地居住，所用的钱要用亿来计算，军官士兵遭受毒气死亡的多达十分之七。现在廉丹和史熊对在自己保证的规定期限（不能完成任务）而感到害怕，调用各郡士兵和粮食，又搜刮百姓财物，拿走他们的十分之四，弄得梁州地区民穷财尽，战功到底没有完成。应当立即停止战斗，派军队统守并且开垦耕种田地，明令规定设封赏，奖励那些抗击有功的军民。"王莽发火，免掉冯英的官职。后来有所觉悟，说："冯英也不便多加责怪。"又任命冯英为长沙郡连帅。

翟义的党羽王孙庆被捉到了，王莽让太医、药剂师及高明屠手一道解剖他，测量他的五脏，用小竹枝贯通他的脉管，弄清来龙去脉，说明可以用来治疗疾病。

这一年，派特使五威将王骏及西域都护李崇率领戊己校尉出使到西域，各国都到郊外迎接并且进献财物。各国以前杀死西域都护但钦，王骏想袭击他们，命令副帅何封与戊己校尉郭钦率领部队单独行动。焉耆国谎称投降，埋伏军队袭击了王骏等人，他们都死了。郭钦和何封来迟，袭击他们的老弱残余，取道车师国回转进入了边界。王莽授任郭钦为镇外将军，赐封为剿胡子，赐封何封为集胡男。西域各国从此断绝关系。

汉书卷九十九下

王莽传第六十九下

四年五月，莽曰："保成师友祭酒唐林、故谏议祭酒琅邪纪逡，孝弟忠恕，敬上爱下，博通旧闻，德行醇备，至于黄发，靡有愆失。其封林为建德侯，逡为封德侯，位皆特进，见礼如三公。赐弟一区，钱三百万，授几杖焉。"

六月，更授诸侯茅土于明堂，曰："予制作地理，建封五等，考之经艺，合之传记，通于义理，论之思之，至于再三，自始建国之元以来九年于兹，乃今定矣。予亲设文石之平，陈菁茅四色之土，钦告于岱宗泰社后土、先祖先妣，以班授之。各就厥国，养牧民人，用成功业。其在缘边，若江南，非诏所召，遣侍于帝城者，纳言掌货大夫且调都内故钱，予其禄，公岁八十万，侯、伯四十万，子、男二十万。"然复不能尽得。莽好空言，慕古法，多封爵人，性实遴啬，托以地理未定，故且先赋茅土，用慰喜封者。

是岁，复明六管之令。每一管下，为设科条防禁，犯者罪至死，吏民抵罪者浸众。又一切调上公以下诸有奴婢者，率一口出钱三千六百，天下愈愁，盗贼起。纳言冯常以六管谏，莽大怒，免常官。置执法左右刺奸。选用能吏侯霸等分督六尉、六队，如汉刺史，与三公士郡一人从事。

临淮瓜田仪等为盗贼，依阻会稽长州，琅邪女子吕母亦起。初，吕母子为县吏，为宰所冤杀。母散家财，以酤酒买兵弩，阴厚贫穷少年，得百余人，遂攻海曲县，杀其宰以祭子墓。引兵入海，其众浸多，后皆万数。莽遣使者即赦盗贼，还言："盗贼解，辄复合。问其故，皆曰愁法禁烦苛，不得举手。力作所得，不足以给贡税。闭门自守，又坐邻伍铸钱挟铜，奸吏因以愁民。民穷，悉起为盗贼。"莽大怒，免之。其或顺指，言"民骄黠当诛"。及言"时运适然，且灭不久"，莽说，辄迁之。

是岁八月，莽亲之南郊，铸作威斗。威斗者，以五石铜为之，若北斗，长二尺五寸，欲以厌胜众兵。既成，令司命负之，莽出在前，入在御旁。铸斗日，大寒，百官人马有冻死者。

五年正月朔，北军南门灾。

以大司马司允费兴为荆州牧，见，问到部方略，兴对曰："荆、扬之民率依阻山泽，以渔采为业。间者，国张六管，税山泽，妨夺民之利，连年久旱，百姓饥穷，故为盗贼。兴到部，欲令明晓告盗贼归田里，假贷犁牛种食，阔其租赋，几可以解释安集。"莽怒，免兴官。

天下吏以不得奉禄，并为奸利，郡尹县宰家累千金。莽下诏曰："详考始建国二年胡虏猾夏以来，诸军吏及缘边吏大夫以上为奸利增产致富者，收其家所有财产五分之四，以助边急。"公府士驰传天下，考覆贪饕，开吏告其将，奴婢告其主，几以禁奸，奸愈甚。

皇孙功崇公宗坐自画容貌，被服天子衣冠，刻印三：一曰"维祉冠存己夏处南山臧薄冰"，二曰"肃圣宝继"，三曰"德封昌图"。又宗舅吕宽家前徙合浦，私与宗通，发觉按验，宗自杀。莽曰："宗属为皇孙，爵为上公，知宽等叛逆族类，而与交通；刻铜印三，文意甚害，不知厌足，窥欲非望。《春秋》之义，'君亲毋将，将而诛焉。'迷惑失道，自取此辜，乌呼哀哉！宗本名会宗，以制作去二名，今复名会宗。贬厥爵，改厥号，赐谥为功崇缪伯，以诸伯之礼葬于故同穀城郡。"宗姊妨为卫将军王兴夫人，祝诅姑，杀婢以绝口。事发觉，莽使中常侍恽䵻责问妨，并以责兴，皆自杀。事连及司命孔仁妻，亦自杀。仁见莽免冠谢，莽使尚书劾仁："乘《乾》车，驾《巛》马，左苍龙，右白虎，前朱雀，后玄武，右杖威节，左负威斗，号曰赤星，非以骄仁，乃以尊新室之威命也。仁擅免天文冠，大不敬。"有诏勿劾，更易新冠。其好怪如此。

以真道侯王涉为卫将军。涉者，曲阳侯根子也。根，成帝世为大司马，荐莽自代，莽恩之，以为曲阳非令称，乃追谥根曰直道让公，涉嗣其爵。

是岁，赤眉力子都、樊崇等以饥馑相聚，起于琅邪，转钞掠，众皆万数。遣使者发郡国兵击之，不能克。

六年春，莽见盗贼多，乃令太史推三万六千岁历纪，六岁一改元，布天下。下书曰："《紫阁图》曰'太一、黄帝皆仙上天，张乐昆仑虔山之上。后世圣主得瑞者，当张乐秦终南山之上。'予之不敏，奉行未明，乃今谕矣。复以宁始将军为更始将军，以顺符命。《易》不云乎？'日新之谓盛德，生生之谓易。'予其飨哉！"欲以诳耀百姓，销解盗贼。众皆笑之。

初献《新乐》于明堂、太庙。群臣始冠麟韦之弁。或闻其乐声，曰：

劉
劉

"清厉而哀，非兴国之声也。"

是时，关东饥旱数年，力子都等党众寖多，更始将军廉丹击益州不能克，征还。更遣复位后大司马护军郭兴、庸部牧李晔击蛮夷若豆等，太傅牺叔士孙喜清洁江湖之盗贼。而匈奴寇边甚。莽乃大募天下丁男及死罪囚、吏民奴，名曰"猪突豨勇"，以为锐卒。一切税天下吏民，訾三十取一，缣帛皆输长安。令公卿以下至郡县黄绶皆保养军马，多少各以秩为差。又博募有奇技术可以攻匈奴者，将待以不次之位。言便宜者以万数：或言能度水不用舟楫，连马接骑，济百万师；或言不持斗粮，服食药物，三军不饥；或言能飞，一日千里，可窥匈奴。莽辄试之，取大鸟翮为两翼，头与身皆著毛，通引环纽，飞数百步堕。莽知其不可用，苟欲获其名，皆拜为理军，赐以车马，待发。

初，匈奴右骨都侯须卜当，其妻王昭君女也，尝内附。莽遣昭君兄子和亲侯王歙诱呼当至塞下，胁将诣长安，强立以为须卜善于后安公。始欲诱迎当，大司马严尤谏曰："当在匈奴右部，兵不侵边，单于动静，辄语中国，此方面之大助也。于今迎当置长安槁街，一胡人耳，不如在匈奴有益。"莽不听。即得当，欲遣尤与廉丹击匈奴，皆赐姓徵氏，号二徵将军，当诛单于舆而立当代之。出车城西横厩，未发。尤素有智略，非莽攻伐四夷，数谏不从，著古名将乐毅、白起不用之意及言边事凡三篇，奏以风谏莽。及当出廷议，尤固言匈奴可且以为后，先忧山东盗贼。莽大怒，乃策尤曰："视事四年，蛮夷猾夏不能遏绝，寇贼奸宄不能殄灭，不畏天威，不用诏命，皃佷自臧，持必不移，怀执异心，非沮军议。未忍致于理，其上大司马武建伯印韨，归故郡。"以降符伯董忠为大司马。

翼平连率田况奏郡县訾民不实，莽复三十税一。以况忠言忧国，进爵为伯，赐钱二百万。众庶皆詈之。青、徐民多弃乡里流亡，老弱死道路，壮者入贼中。

夙夜连率韩博上言："有奇士，长丈，大十围，来至臣府，曰欲奋击胡虏。自谓巨毋霸，出于蓬莱东南，五城西北昭如海濒，轺车不能载，三马不能胜。即日以大车四马，建虎旗，载霸诣阙。霸卧则枕鼓，以铁箸食，此皇天所以辅新室也。愿陛下作大甲高车，贲、育之衣，遣大将一人与虎贲百人迎之于道。京师门户不容者，开高大之，以视百蛮，镇安天下。"博意欲以风莽。莽闻恶之，留霸在所新丰，更其姓曰巨母氏，谓因文母太后而霸王符也。征博下狱，以非所宜言，弃市。

明年改元曰："地皇"，从三万六千岁历号也。

地皇元年正月乙未，赦天下。下书曰："方出军行师，敢有趋讙犯法者，辄论斩，毋须时，尽岁止。"于是春夏斩人都市，百姓震惧，道路以目。

二月壬申，日正黑。莽恶之，下书曰："乃者日中见昧，阴薄阳，黑气为变，百姓莫不惊怪。兆域大将军王匡遣吏考问上变事者，欲蔽上之明，是以適见于天，以正于理，塞大异焉。"

莽见四方盗贼多，复欲厌之，又下书曰："予之皇初祖考黄帝定天下，将兵为上将军，建华盖，立斗献，内设大将，外置大司马五人，大将军二十五人，偏将军百二十五人，裨将军千二百五十人，校尉万二千五百人，司马三万七千五百人，候十一万二千五百人，当百（一）〔二〕十二万五千人，士吏四十五万人，士千三百五十万人，应协于《易》'孤矢之利，以威天下'。予受符命之文，稽前人，将条备焉。"于是置前后左右中大司马之位，赐诸州牧号为大将军，郡卒正、连帅、大尹为偏将军，属令长裨将军，县宰为校尉。乘传使者经历郡国，日且十辈，仓无见谷以给，传车马不能足，赋取道中车马，取办于民。

七月，大风毁王路堂。复下书曰："乃壬午餔时，有列风雷雨发屋折木之变，予甚弁焉，予甚栗焉，予甚恐焉。伏念一旬，迷乃解矣。昔符命文立安为新迁王，临国雒阳，为统义阳王。是时予在摄假，谦不敢当，而以为公。其后金匮文至，议者皆曰：'临国雒阳为统，谓据土中为新室统也，宜为皇太子。'自此后，临久病，虽瘳不平，朝见挈茵舆行。见王路堂者，张于西厢及后阁更衣中，又以皇后被疾，临且去本就舍，妃妾在东永巷。壬午，列风毁王路西厢及后阁更衣中室。昭宁堂池东南榆树大十围，东僵，击东阁，阁即东永巷之西垣也。皆破折瓦坏，发屋拔木，予甚惊焉。又侯官奏月犯心前星，厥有占，予甚忧之。伏念《紫阁图》文，太一、黄帝皆得瑞以仙，后世褒主当登终南山。所谓新迁王者，乃太一新迁之后也。统义阳王乃用五统以礼义登阳上迁之后也。临有兄而称太子，名不正。宣尼公曰：'名不正，则言不顺，至于刑罚不中，民无错手足。'惟即位以来，阴阳未和，风雨不时，数遇枯旱蝗螟为灾，谷稼鲜耗，百姓苦饥，蛮夷猾夏，寇贼奸宄，人民正营，无所错手足。深惟厥咎，在名不正焉。其立安为新迁王，临为统义阳王，几以保全二子，子孙千亿，外攘四夷，内安中国焉。”

是月，杜陵便殿乘舆虎文衣废臧在室匣中者出，自树立外堂上，良久乃委地。吏卒见者以闻，莽恶之，下书曰：“宝黄厮亦，其令郎从官皆衣绛。

望气为数者多言有土功象，莽又见四方盗贼多，欲视为自安能建万世之基者，乃下书曰：“予受命遭阳九之戹，百六之会，府帑空虚，百姓匮乏，宗庙未修，且祫祭于明堂太庙，夙夜永念，非敢宁息。深惟吉昌莫良于今年，予乃卜波水之北，郎池之南，惟玉食。予又卜金水之南，明堂之西，亦惟玉食。予将新筑焉。”于是遂营长安城南，提封百顷。九月甲申，莽立载行视，亲举筑三下。司徒王寻、大司空王邑持节，及侍中常侍执法杜林等数十人将作。崔发、张邯说莽曰：“德盛者文缛，宜崇其制度，宣视海内，且令万世之后无以复加也。”莽乃博征天下工匠诸图画，以望法度算，乃吏民以义入钱、谷助作者，骆驿道路。坏彻城西苑中建章、承光、包阳、（大）〔犬〕台、储元宫及平乐、当路、阳禄馆，凡十余所，取其材瓦，以起九庙。是月，大雨六十余日。令民入米六百斛为郎，其郎吏增秩赐爵至附城。九庙：一曰黄帝太初祖庙，二曰帝虞始祖昭庙，三曰陈胡王统祖穆庙，四曰齐敬王世祖昭庙，五曰济北愍王王祖穆庙，凡五庙不堕云；六曰济南伯王尊祢昭庙，七曰元城孺王尊祢穆庙，八曰阳平顷王戚祢昭庙，九曰新都显王戚祢穆庙。殿皆重屋。太初祖庙东西南北各四十丈，高十七丈，余庙半之。为铜薄栌，饰以金银雕文，穷极百工之巧。带高增下，功费数百钜万，卒徒死者万数。

钜鹿男子马適求等谋举燕、赵兵以诛莽，大司空士王丹发觉以闻。莽遣三公大夫逮治党与，连及郡国豪杰数千人，皆诛死。封丹为辅国侯。

自莽为不顺时令，百姓怨恨，莽犹安之，又下书曰：“惟设此壹切之法以来，常安六乡巨邑之都，枹鼓稀鸣，盗贼衰少，百姓安土，岁以有年，此乃立权之力也。今胡虏未灭诛，蛮僰未绝焚，江湖海泽麻沸，盗贼未尽破殄，又兴奉宗庙社稷之大作，民众动摇。今复壹切行此令，尽二年止之，以全元元，救愚奸。”

是岁，罢大小钱，更行货布，长二寸五分，广一寸，真货钱二十五。货钱径一寸，重五铢，枚直一。两品并行。敢盗铸钱及偏行布货，伍人知不发举，皆没入为官奴婢。

太傅平晏死，以予虞唐尊为太傅。尊曰：“国虚民贫，咎在奢泰。”

乃身短衣小袖，乘（牡）〔牝〕马柴车，藉槁，瓦器，又以历遗公卿。出见男女不异路者，尊自下车，以象刑赭幡污染其衣。莽闻而说之，下诏申敕公卿思与厥齐。封尊为平化侯。

是时，南郡张霸、江夏羊牧、王匡等起云杜绿林，号曰："下江兵"，众皆万余人。武功中水乡民三舍垫为池。

二年正月，以州牧位三公，刺举怠解，更置牧监副，秩元士，冠法冠，行事如汉刺史。

是月，莽侯妻死，谥曰："孝睦皇后"，葬渭陵长寿园西，令永侍文母，名陵曰"亿年"。初莽妻以莽数杀其子，涕泣失明，莽令太子临居中养焉。莽妻旁侍者原碧，莽幸之。后临亦通焉，恐事泄，谋共杀莽。临妻愔，国师公女，能为星，语临宫中且有白衣会。临喜，以为所谋且成。后贬为统义阳王，出在外第，愈忧恐。会莽妻病困，临予书曰："上于子孙至严，前长孙、中孙年俱三十而死。今臣临复适三十，诚恐一旦不保中室，则不知死命所在！"莽候妻疾，见其书，大怒，疑临有恶意，不令得会丧。既葬，收原碧等考问，具服奸、谋杀状。莽欲秘之，使杀案事使者司命从事，埋狱中，家不知所在。赐临药，临不肯饮，自刺死。使侍中票骑将军同说侯林赐魂衣玺韨，策书曰："符命文立临为统义阳王，此言新室即位三万六千岁后，为临之后者乃当龙阳而起。前过听议者，以临为太子，有烈风之变，辄顺符命，立为统义阳王。在此之前，自此之后，不作信顺，弗蒙厥佑，夭年陨命，呜呼哀哉！迹行赐谥，谥曰：'缪王'。又诏国师公："临本不知星，事从愔起。"愔亦自杀。

是月，新迁王安病死。初，莽为侯就国时，幸侍者增秩、怀能、开明。怀能生男兴，增秩生男匡、女晔，开明生女捷，皆留新都国，以其不明故也。及安疾甚，莽自病无子，为安作奏，使上言："兴等母虽微贱，属犹皇子，不可以弃。"章视群公，皆曰："安友于兄弟，宜及春夏加封爵。"于是以王车遣使者迎兴等，封兴为功脩公，匡为功建公，晔为睦脩任，捷为睦逮任。孙公明公寿病死，旬月四丧焉。莽坏汉孝武、孝昭庙，分葬子孙其中。

魏成大尹李焉与卜者王况谋，况谓焉曰："新室即位以来，民田奴婢不得卖买，数改钱货，征发烦数，军旅骚动，四夷并侵，百姓怨恨，盗贼并起，汉家当复兴。君姓李，李者徵，徵，火也，当为汉辅。"因为焉作谶书言："文帝发忿，居地下趣军，北告匈奴，南告越人。江中刘信，执敌报怨，复续古先，四年当发军。江湖有盗，自称樊王，姓为刘氏，万人成行，不受赦令，欲动秦、雒阳。十一年当相攻，太白扬光，岁星入东井，其号当行。”又言莽大臣吉凶，各有日期。会合十余万言。焉令吏写其书，吏亡告之。莽遣使者即捕焉，狱治皆死。

三辅盗贼麻起，乃置捕盗都尉官，令执法谒者追击长安中，建鸣鼓攻贼幡，而使者随其后。遣太师牺仲景尚、更始将军护军王党将兵击青、徐，国师和仲曹放助郭兴击句町。转天下谷、币诣西河、五原、朔方、渔阳，每一郡以百万数，欲以击匈奴。

秋，陨霜杀菽，关东大饥，蝗。

民犯铸钱，伍人相坐，没入为官奴婢。其男子槛车，儿女子步，以铁锁琅当其颈，传诣钟官，以十万数。到者易其夫妇，愁苦死者什六七。孙喜、景尚、曹放等击贼不能克，军师放纵，百姓重困。

莽以王况谶言刑楚当兴，李氏为辅，欲厌之。乃拜侍中掌牧大夫李棽为大将军、扬州牧，赐名圣，使将兵奋击。

上谷储夏自请愿说瓜田仪，莽以为中郎，使出仪。仪文降，未出而死。莽求其尸葬之，为起(家)〔冢〕、祠室，谥曰“瓜宁殇男”，几以招来其余，然无肯降者。

闰月丙辰，大赦天下，天下大服、民私服在诏书前亦释除。

郎阳成脩献符命，言继立民母，又曰：“黄帝以百二十女致神仙。”莽于是遣中散大夫、谒者各四十五人分行天下，博采乡里所高有淑女者上名。

莽梦长乐宫铜人五枚起立，莽恶之，念铜人铭有“皇帝初兼天下”之文，即使尚方工镌灭所梦铜人膺文。又感汉高庙神灵，遣虎贲武士入高庙，拔剑四面提击，斧坏户牖，桃汤赭鞭鞭洒屋壁，令轻车校尉居其中，又令中军北垒居高寝。

或言黄帝时建华盖以登仙，莽乃造华盖九重，高八丈一尺，金瑵羽葆，载以秘机四轮车，驾六马，力士三百人黄衣帻，车上人击鼓，輓者皆呼“登仙”。莽出，令在前。成官窃言：“此似輀车，非仙物也。”

是岁，南郡秦丰众且万人。平原女子迟昭平能说(经博)〔博经〕以八投，亦聚数千人在河阻中。莽召问群臣禽贼方略，皆曰：“此天囚行尸，命在漏刻。”故左将军公孙禄征来与议，禄曰：“太史令宗宣典星历，候气变。以凶为吉，乱天文，误朝廷。太傅平化侯饰虚伪以偷名位，‘贼夫人之子’。国师嘉信公颠倒《五经》，毁师法，令学士疑惑。明学男张邯、地理侯孙阳造井田，使民弃土业。牺和鲁匡设六管，以穷工商。说符侯崔发阿谀取容，令下情不上通。宜诛此数子以慰天下！”又言：“匈奴不可攻，当与和亲。臣恐新室忧不在匈奴，而在封域之中也。”莽怒，使虎贲扶禄出。然颇采其言，左迁鲁匡为五原卒正，以百姓怨非故。六管非匡所独造，莽厌众意而出之。

初，四方皆以饥寒穷愁起为盗贼，稍稍群聚，常思岁熟得归乡里。众虽万数，亶称巨人、从事、三老、祭酒，不敢略有城邑，转掠求食，日阕而已。诸长吏牧守皆自乱斗中兵而死，贼非敢欲杀之也，而莽终不谕其故。是岁，大司马士按章豫州，为贼所获，贼送付县。士还，上书具言状。莽大怒，下狱以为诬罔。因下书责七公曰：“夫吏者，理也。宣德明恩，以牧养民，仁之道也。抑强督奸，捕诛盗贼，义之节也。今则不然。盗发不辄得，至成群党，遮略乘传宰士。士得脱者，又妄自言：我责数贼：‘何故为是？’贼曰：‘以贫穷故耳。’贼护出我。今俗人议者率多若此。惟贫困饥寒，犯法为非，大者群盗，小者偷穴，不过二科，今乃结谋连党以千百数，是逆乱之大者，岂饥寒之谓邪？七公其严敕卿大夫、卒正、连率、庶尹，谨牧养善民，急捕殄盗贼。有不同心并力，疾恶黜贼，而妄曰饥寒所为，辄捕系，请其罪。”于是群下愈恐，莫敢言贼情者，亦不得擅发兵，贼由是遂不制。

唯翼平连率田况素果敢，发民年十八以上四万余人，授以库兵，与刻石为约。赤糜闻之，不敢入界。况自劾奏，莽让况：“未赐虑符而擅发兵，此弄兵也。厥罪乏兴。以况自诡必禽灭贼，故且勿治。”后况自请出界击贼，所向皆破。莽以玺书令况领青、徐二州牧事。况上言：“盗贼始发，其原甚微，非部吏、伍人所能禽也。咎在长吏不为意，县欺其郡，郡欺朝廷，实百言十，实千言百。朝廷忽略，不辄督责，遂至延曼连州，乃遣将率，多发使者，传相监趣。郡县力事上官，应塞诘对，共酒食，具资用，以救断斩，不给复忧盗贼治官事。将率又不能躬率吏士，战则为贼所破，吏气寖伤，徒费百姓。前幸蒙赦令，贼欲解散，或反遮击，恐入山谷转相告语，故郡县降贼，皆更惊骇，恐见诈灭，因饥馑易动，旬日之间更十余万人，此盗贼所以多之故也。今雒阳以东，米石二千。窃见诏书，欲遣太师、更始将军，二人爪牙重臣，多从人众，道上空竭，少则亡以威视远方。宜急选牧、尹以下，明其赏罚。收合离乡、小国无城郭者，徙其老弱置大城中，积藏谷食，并力固守。贼来攻城，则不能下，所过无食，势不得群聚。如此，招之必降，击之则灭。今空复多出将率，郡县苦之，反甚于贼。宜尽征还乘传诸使者，以休息郡县。委任臣况以二州盗贼，必平定之。”莽畏恶况，阴为发代，遣使者赐况玺书。使者至，见况，因令代监其兵。况随使者西，到，拜为师尉大夫。况去，齐地遂败。

三年正月，九庙盖构成，纳神主。莽谒见，大驾乘六马，以五采毛为龙文衣，著角，长三尺。华盖车，元戎十乘有前。因赐治庙者司徒、大司空钱客千万，侍中、中常侍以下皆封。封都匠仇延为邯淡里附城。

二月，霸桥灾，数千人以水沃救，不灭。莽恶之，下书曰：“夫三皇象春，五帝象夏，三王象秋，五伯象冬。皇王，德运也；伯者，继空续乏以成历数，故其道驳。惟常安御道多以所近为名。乃二月癸巳之夜，甲午之辰，火烧霸桥，从东方西行，至甲午夕，桥尽火灭。大司空行视考问，或云寒民舍居桥下，疑以火自燎，为此灾也。其明旦即乙未，立春之日也。予以神明圣祖黄、虞遗统受命，至于地皇四年为十五年。正以三年终冬绝灭霸驳之桥，欲以兴成新室统壹长存之道也。又戒此桥空东方之道。今东方岁荒民饥，道路不通，东岳太师亟科条，开东方诸仓，赈贷穷乏，以施仁道。其更名霸馆为长存馆，霸桥为长存桥。”

是月，赤眉杀太师牺仲景尚。关东人相食。

四月，遣太师王匡、更始将军廉丹东，祖都门外，天大雨，沾衣止。长老叹曰：“是为泣军！”莽曰：“惟阳九之阸，与害气会，究于去年。枯旱霜蝗，饥馑荐臻，百姓困乏，流离道路，于春尤甚，予甚悼之。今使东岳太师特进褒新侯开东方诸仓，赈贷穷乏。太师公所不过道，分遣大夫谒者并开诸仓，以全元元。太师公因与廉丹大使五威司命位右大司马更始将军平均侯之兖州，填抚所掌，及青、徐故不轨盗贼未尽解散，后复屯聚者，皆清洁之，期于安兆黎矣。”太师、更始合将锐士十余万人，所过放纵。东方为之语曰：“宁逢赤眉，不逢太师！太师尚可，更始杀我！”卒如田况之言。

莽又多遣大夫谒者分教民煮草木为酪，酪不可食，重为烦费。莽下书曰：“惟民困乏，虽溥开诸仓以赈赡之，犹恐未足。其且开天下山泽之防，诸能采取山泽之物而顺月令者，其恣听之，勿令出税。至地皇三十年如故，是王光上戊之六年也。如令豪吏猾民辜而攉之，小民弗蒙，非予意也。《易》不云乎？‘损上益下，民说无疆。’《书》云：‘言之不从，是谓不艾。’咨乎群公，可不忧哉！”

是时，下江兵盛，新市朱鲔、平林陈牧等皆复聚众，攻击乡聚。莽遣司命大将军孔仁部豫州，纳言大将军严尤、秩宗大将军陈茂击荆州，各从吏士百余人，乘船从渭入河，至华阴乃出乘传，到部募士。尤谓茂曰：“遣将不与兵符，必先请而后动，是犹绁韩卢而责之获也。”

夏，蝗从东方来，蜚蔽天，至长安，入未央宫，缘殿阁。莽发吏民设购赏捕击。

莽以天下谷贵，欲厌之，为大仓，置卫交戟，名曰“政始掖门”。

流民入关者数十万人，乃置养赡官禀食之。使者监领，与小吏共盗其禀，饥死者十七八。先是，莽使中黄门王业领长安市买，贱取于民，民甚患之。业以省费为功，赐爵附城。莽闻城中饥馑，以问业，业曰：“皆流民也。”乃市所卖梁饭肉羹，持入视莽，曰：“居民食咸如此。”莽信之。

冬，无盐索卢恢等举兵反城。廉丹、王匡攻拔之，斩首万余级。莽遣中郎将奉玺书劳丹、匡，进爵为公，封吏士有功者十余人。

赤眉别校董宪等众数万人在梁郡，王匡欲进击之，廉丹以为新拔城罢劳，当且休士养威。匡不听，引兵独进，丹随之。合战成昌，兵败，匡走。丹使吏持其印韨符节付匡曰：“小儿可走，吾不可！”遂止，战死。校尉汝云、王隆等二十余人别斗，闻之，皆曰：“廉公已死，吾谁为生？”驰奔贼，皆战死。莽伤之，下书曰：“惟公多拥选士精兵，众郡骏马仓谷帑藏皆得自调，忽于诏策，离其威节，骑马呵噪，为狂刃所害，乌呼哀哉！赐谥曰‘果公’。

国将哀章谓莽曰：“皇祖考黄帝之时，中黄直为将，破杀蚩尤。今臣居中黄直之位，愿平山东。”莽遣章驰东，与太师匡并力。又遣大将军阳浚守敖仓，司徒王寻将十余万屯雒阳填南宫，大司马董忠养士习射中军北垒，大司空王邑兼三公之职。司徒寻初发长安，宿霸昌厩，亡其黄钺。寻士房扬素狂直，乃哭曰：“此经所谓‘丧其齐斧’者也！”自劾去。莽击杀扬。

四方盗贼往往数万人攻城邑，杀二千石以下。太师王匡等战数不利。莽知天下溃畔，事穷计迫，乃议遣风俗大夫司国宪等分行天下，除井田奴婢山泽六管之禁，即位以来诏令不便于民者皆收还之。待见未发，会世祖与兄齐武王伯升、宛人李通等帅春陵子弟数千人，招致新市平林朱鲔、陈牧等合攻拔棘阳。是时，严尤、陈茂破下江兵，成丹、王常等数千人别走，入南阳界。

十一月，有星孛于张、东南行，五日不见。莽数召问太史令宗宣，诸术数家皆缪对，言天文安善，群贼且灭。莽差以自安。

四年正月，汉兵得下江王常等以为助兵，击前队大夫甄阜、属正梁丘赐，皆斩之，杀其众数万人。初，京师闻青、徐贼众数十万人，讫无文号旌旗表识，咸怪异之。好事者窃言："此岂如古三皇无文书号谥邪？"莽亦心怪，以问群臣，群臣莫对。唯严尤曰："此不足怪也。自黄帝、汤、武行师，必待部曲旌旗号令，今此无有者，直饥寒群盗，犬羊相聚，不知为之耳。"莽大说，群臣尽服。及后汉兵刘伯升起，皆称将军，攻城略地，既杀甄阜，移书称说。莽闻之忧惧。

汉兵乘胜遂围宛城。初，世祖族兄圣公先在平林兵中。三月辛巳朔，平林、新市、下江兵将王常、朱鲔等共立圣公为帝，改年为更始元年，拜置百官。莽闻之愈恐。欲外视自安，乃染其须发，进所征天下淑女杜陵史氏女为皇后，聘黄金三万斤，车马、奴婢、杂帛、珍宝以巨万计。莽亲迎于前殿两阶间，成同牢之礼于上西堂。备和嫔、美御、和人三，位视公；嫔人九，视卿；美人二十七，视大夫；御人八十一，视元士：凡百二十人，皆佩印韨，执弓韣。封皇后父谌为和平侯，拜为宁始将军，谌子二人皆侍中。是日，大风发屋折木。群臣上寿曰："乃庚子雨水洒道，辛丑清靓无尘，其夕榖风迅疾，从东北来。辛丑。《巽》之宫日也。《巽》为风为顺，后谊明，母道得，温和慈惠之化也。《易》曰：'受兹介福，于其王母。'《礼》曰：'承天之庆，万福无疆。'诸欲依废汉火刘，皆沃灌雪除，殄灭无余杂矣。百谷丰茂，庶草蕃殖，元元欢喜，兆民赖福，天下幸甚！"莽日与方士涿郡昭尹等于后宫考验方术，纵淫乐焉。大赦天下，然犹曰："故汉氏舂陵侯群子刘伯升与其族人婚姻党与，妄流言惑众，悖畔天命，及手害更始将军廉丹、前队大夫甄阜、属正梁丘赐，及北狄胡虏逆舆洎南僰虏若豆、孟迁，不用此书。有能捕得此人者，皆封为上公，食邑万户，赐宝货五千万。"

又诏："太师王匡、国将哀章、司命孔仁、兖州牧寿良、卒正王闳、扬州牧李圣亟进所部州郡兵凡三十万众，迫措青、徐盗贼。纳言将军严尤、秩宗将军陈茂、车骑将军王巡、左队大夫王吴亟进所部州郡兵凡十万众，迫措前队丑虏。明告以生活丹青之信，复迷惑不解散，皆并力合击，殄灭之矣！大司空隆新公，宗室戚属，前以虎牙将军东指则反虏破坏，西击则逆贼靡碎，此乃新室威宝之臣也。如黠贼不解散，将遣大司空将百万之师征伐劋绝之矣！”遣七公干士隗嚣等七十二人分下赦令晓谕云。嚣等既出，因逃亡矣。

四月，世祖与王常等别攻颍州，下昆阳、郾、定陵。莽闻之愈恐。遣大司空王邑驰传至雒阳，与司徒王寻发众郡兵百万，号曰“虎牙五威兵，”平定山东。得颛封爵，政决于邑，除用征诸明兵法六十三家术者，各持图书，受器械，备军吏。倾府库以遣邑，多赍珍宝、猛兽，欲视饶富，用怖山东。邑至雒阳，州郡各选精兵，牧守自将，定会者四十二万人，余在道不绝，车甲士马之盛，自古出师未尝有也。

六月，邑与司徒寻发雒阳，欲至宛，道出颍川，过昆阳。昆阳时已降汉，汉兵守之。严尤、陈茂与二公会，二公纵兵围昆阳。严尤曰：“称尊号者在宛下，宜亟进。彼破，诸城自定矣。”邑曰：“百万之师，所过当灭，今属此城，喋血而进，前歌后舞，顾不快邪！”遂围城数十重。城中请降，不许。严尤又曰：“‘归师勿遏，围城为之阙’，可如兵法，使得逸出，以怖宛下。”邑又不听。会世祖悉发郾、定陵兵数千人来救昆阳，寻、邑易之，自将万余人行陈，敕诸营皆按部毋得动，独迎，与汉兵战，不利。大军不敢擅相救，汉兵乘胜杀寻。昆阳中兵出并战，邑走，军乱。（天）〔大〕风飞瓦，雨如注水，大众崩坏号呼，虎豹股栗，士卒奔走，各还归其郡。邑独与所将长安勇敢数千人还雒阳。关中闻之震恐，盗贼并起。

又闻汉兵言，莽鸩杀孝平帝。莽乃会公卿以下于王路堂，开所为平帝请命金縢之策，泣以视群臣。命明学男张邯称说其德及符命事，因曰：“《易》言‘伏戎于莽，升其高陵，三岁不兴。’‘莽’，皇帝之名，‘升’谓刘伯升。‘高陵’谓高陵侯子翟义也。言刘升、翟义为伏戎之兵于新皇帝世，犹殄灭不兴也。”群臣皆称万岁。又令东方槛车传送数人，言“刘伯升等皆行大戮”。民知其诈也。

先是，卫将军王涉素养道士西门君惠。君惠好天文谶记，为涉言：“星孛扫宫室，刘氏当复兴，国师公姓名是也。”涉信其言，以语大司马董忠，数俱至国师殿中庐道语星宿，国师不应。后涉特往，对歆涕泣言：“诚欲与公共安宗族，奈何不信涉也！”歆因为言天文人事，东方必成。涉曰：“新都哀侯小被病，功显君素耆酒，疑帝本非我家子也。董公主中军精兵，涉领宫卫，伊休侯主殿中，如同心合谋，共劫持帝，东降南阳天子，可以全宗族；不者，俱夷灭矣！”伊休侯者，歆长子也，为侍中五官中朗将，莽素爱之。歆怨莽杀其三子，又畏大祸至，遂与涉、忠谋，欲发。歆曰：“当待太白星出，乃可。”忠以司中大赘起武侯孙伋亦主兵，复与伋谋。伋归家，颜色变，不能食。妻怪问之，语其状。妻以告弟云阳陈邯，邯欲告之。七月，伋与邯俱告，莽遣使者分召忠等。时忠方进兵都肄，护军王咸谓忠谋久不发，恐漏泄，不如遂斩使者，勒兵入。忠不听，遂与歆、涉会省户下。莽令𫐄恽责问，皆服。中黄门各拔刃将忠等送庐，忠拔剑欲自刎，侍中王望传言大司马反，黄门持剑共格杀之。省中相惊传，勒兵至郎署，皆拔刃张弩。更始将军史谌行诸署，告郎吏曰：“大司马有狂病，发，已诛。”皆令驰兵，莽欲以厌凶，使虎贲以斩马剑挫忠，盛以竹器，传曰“反虏出”。下书赦大司马官属吏士为忠所诖误，谋反未发觉者。收忠宗族，以醇醯毒药、尺白刃丛棘并一坎而埋之。刘歆、王涉皆自杀。莽以二人骨肉旧臣，恶其内溃，故隐其诛。伊休侯叠又以素谨，歆讫不告，但免侍中中郎将，更为中散大夫。后日殿中钩盾土山仙人掌旁有白头公青衣，郎吏见者私谓之国师公。衍功侯喜素善卦，莽使筮之，曰：“忧兵火。”莽曰：“小儿安得此左道？是乃予之皇祖叔父子侨欲来迎我也。”

莽军师外破，大臣内畔，左右亡所信，不能复远念郡国，欲谑邑与计议。崔发曰：“邑素小心，今失大众而征，恐其执节引决，宜有以大慰其意。”于是莽遣发驰传谕邑：“我年老毋適子，欲传邑以天下。敕亡得谢，见勿复道。”邑到，以为大司马。大长秋张邯为大司徒，崔发为大司空，司中寿容苗䜣为国师，同说侯林为卫将军。莽忧懑不能食，亶饮酒，啖鳆鱼。读军书倦，因冯几寐，不复就枕矣。性好时日小数，及事迫急，亶为厌胜。遣使坏渭陵、延陵园门罘罳，曰：“毋使民复思也。”又以墨洿色其周垣。号将至曰“岁宿”，申水为“助将军”，右庚“刻木校尉”，前丙“耀金都尉”，又曰“执大斧，伐枯木；流大水，灭发火。”如此属不可胜记。

秋，太白星流入太微，烛地如月光。

成纪隗崔兄弟共劫大尹李育，以兄子隗嚣为大将军，攻杀雍州牧陈庆、安定卒正王旬，并其众，移书郡县，数莽罪恶万于桀、纣。

是月，析人邓晔、于匡起兵南乡百余人。时析宰将兵数千屯鄡亭，备武关。晔、匡谓宰曰："刘帝已立，君何不知命也！"宰请降，尽得其众。晔自称辅汉左将军，匡右将军，拔析、丹水，攻武关，都尉朱萌降。进攻右队大夫宋纲，杀之，西拔湖。莽愈忧，不知所出。崔发言："《周礼》及《春秋左氏》，国有大灾，则哭以厌之。故《易》称'先号咷而后笑'。宜呼嗟告天以求救。"莽自知败，乃率群臣至南郊，陈其符命本末，仰天曰："皇天既命授臣莽，何不殄灭众贼？即令臣莽非是，愿下雷霆诛臣莽！"因搏心大哭，气尽，伏而叩头。又作告天策，自陈功劳，千余言。诸生小民会旦夕哭，为设飧粥，甚悲哀及能诵策文者除以为郎，至五千余人。䢵恽将领之。

莽拜将军九人，皆以虎为号，号曰"九虎"将北军精兵数万人东，内其妻子宫中以为质。时省中黄金万斤者为一匮，尚有六十匮，黄门、钩盾、臧府、中尚方处处各有数匮。长乐御府、中御府及都内、平准帑藏钱、帛、珠玉财物甚众，莽愈爱之，赐九虎士人四千钱。众重怨，无斗意。九虎至华阴回溪，距隘，北从河南至山。于匡持数千弩，乘堆挑战。邓晔将二万余人从阌乡南出枣街、作姑，破其一部，北出九虎后击之。六虎败走。史熊、王况诣阙归死，莽使使责死者安在，皆自杀；其四虎亡。三虎郭钦、陈翬、成重收散卒，保京师仓。

邓晔开武关迎汉，丞相司直李松将二千余人至湖，与晔等共攻京师仓，未下。晔以弘农掾王宪为校尉，将数百人北度渭，入左冯翊界，降城略地。李松遣偏将军韩臣等径西至新丰，与莽波水将军战，波水走。韩臣等追奔，遂至长门宫。王宪北至频阳，所过迎降。大姓栎阳申砀、下邽王大皆率众随宪，属县斄严春、茂陵董喜、蓝田王孟、槐里汝臣、盩厔王扶、阳陵严本、杜陵屠门少之属，众皆数千人，假号称汉将。

时李松、邓晔以为，京师小小仓尚未可下，何况长安城！当须更始帝大兵到。即引军至华阴，治攻具。而长安旁兵四会城下，闻天水隗氏兵方到，皆争欲先入城，贪立大功卤掠之利。

莽遣使者分赦城中诸狱囚徒，皆授兵，杀豨饮其血，与誓曰："有不为新室者，社鬼记之！"更始将军史谌将度渭桥，皆散走。谌空还。众兵发掘莽妻子父祖冢，烧其棺椁及九庙、明堂、辟雍，火照城中。或谓莽曰："城门卒，东方人，不可信。"莽更发越骑士为卫，门置六百人，各一校尉。

十月戊申朔，兵从宣平城门入，民间所谓都门也。张邯行城门，逢兵见杀。王邑、王林、王巡、䠠恽等分将兵距击北阙下。汉兵贪莽封力战者七百余人。会日暮，官府邸第尽奔亡。二日己酉，城中少年朱弟、张鱼等恐见卤掠，趋讙并和，烧作室门，斧敬法闼，呼曰："反虏王莽，何不出降？"火及掖廷承明，黄皇室主所居也。莽避火宣室前殿，火辄随之。宫人妇女啼呼曰："当奈何！"时莽绀袀服，带玺韨，持虞帝匕首。天文郎桉栻于前，日时加某，莽旋席随斗柄而坐，曰："天生德于予，汉兵其如予何！"莽时不食，少气困矣。

三日庚戌，晨旦明，群臣扶掖莽，自前殿南下椒除，西出白虎门，和新公王揖奉车待门外，莽就车，之渐台，欲阻池水，犹抱持符命、威斗，公、卿、大夫、侍中、黄门郎从官尚千余人随之。王邑昼夜战，罢极，士死伤略尽，驰入宫，间关至渐台，见其子侍中睦解衣冠欲逃，邑叱之令还，父子共守莽。军人入殿中，谑曰："反虏王莽安在？"有美人出房曰"在渐台。"众兵追之，围数百重。台上亦弓弩与相射，稍稍落去。矢尽，无以复射，短兵接。王邑父子、䠠恽、王巡战死，莽入室。下餔时，众兵上台，王揖、赵博、苗䜣、唐尊、王盛、中常侍王参等皆死台上。商人杜吴杀莽，取其绶。校尉东海公宾就，故大行治礼，见吴问："绶主所在？"曰："室中西北陬间。"就识，斩莽首。军人分裂莽身，支节肌骨脔分，争相杀者数十人。公宾就持莽首诣王宪。宪自称汉大将军，城中兵数十万皆属焉，舍东宫，妻莽后宫，乘其车服。

六日癸丑，李松、邓晔入长安，将军赵萌、申屠建亦至，以王宪得玺绶不辄上、多挟宫女、建天子鼓旗，收斩之。传莽首诣更始，县宛市，百姓共提击之，或切食其舌。

莽扬州牧李圣、司命孔仁兵败山东，圣格死，仁将其众降，已而叹曰："吾闻食人食者死其事。"拔剑自刺死。及曹部监杜普、陈定大尹沈意、九江连率贾萌皆守郡不降，为汉兵所诛。赏都大尹王钦及郭钦守京师仓，闻莽死，乃降，更始义之，皆封为侯。太师王匡、国将哀章降雒阳，传诣宛，斩之。严尤、陈茂败昆阳下，走至沛郡谯，自称汉将，召会吏民。尤为称说王莽篡位天时所亡、圣汉复兴状，茂伏而涕泣。闻故汉钟武侯刘圣聚众汝南称尊号，尤、茂降之。以尤为大司马，茂为丞相。十余日败，尤、茂并死。郡县皆举城降，天下悉归汉。

初，申屠建尝事崔发为《诗》，建至，发降之。后复称说，建令丞相刘赐斩发以徇。史谌、王延、王林、王吴、赵闳亦降，复见杀。初，诸假号兵人人望封侯。申屠建既斩王宪，又扬言三辅黠共杀其主，吏民惶恐，属县屯聚，建等不能下，驰白更始。

二年二月，更始到长安，下诏大赦，非王莽子，他皆除其罪，故王氏宗族得全。三辅悉平，更始都长安，居长乐宫。府藏完具，独未央宫烧攻莽三日，死则案堵复故。更始至，岁余政教不行。明年夏，赤眉樊崇等众数十万人入关，立刘盆子，称尊号，攻更始，更始降之。赤眉遂烧长安宫室市里，害更始。民饥饿相食，死者数十万，长安为虚，城中无人行。宗庙园陵皆发掘，唯霸陵、杜陵完。六月，世祖即位，然后宗庙社稷复立，天下艾安。

赞曰："王莽始起外戚，折节力行，以要名誉，宗族称孝，师友归仁。及其居位辅政，成、哀之际，勤劳国家，直道而行，动见称述。岂所谓"在家必闻，在国必闻"，"色取仁而行违"者邪？莽既不仁而有佞邪之材，又乘四父历世之权，遭汉中微，国统三绝，而太后寿考为之宗主，故得肆其奸慝，以成篡盗之祸。推是言之，亦天时，非人力之致矣。及其窃位南面，处非所据，颠覆之势险于桀、纣，而莽晏然自以黄、虞复出也。乃始恣睢，奋其威诈，滔天虐民，穷凶极恶，流毒诸夏，乱延蛮貉，犹未足逞其欲焉。是以四海之内，嚣然丧其乐生之心，中外愤怨，远近俱发，城池不守，支体分裂，遂令天下城邑为虚，丘垅发掘，害遍生民，辜及朽骨，自书传所载乱臣贼子无道之人，考其祸败，未有如莽之甚者也。昔秦燔《诗》《书》以立私议，莽诵《六艺》以文奸言，同归殊途，俱用灭亡，皆炕龙绝气，非命之运，紫色蛙声，余分闰位，圣王之驱除云尔！

【译文】

四年五月，王莽说："保成师友祭酒唐林与原谏议祭酒琅邪郡人纪逡，孝顺父母，恭敬兄长，对事很忠诚，待人仁爱，尊敬上级，爱护下级，广泛通晓古代的知识，德行纯厚完美，一直到老年，都没有过失。应当赐封唐林为建德侯，赐封纪逡为封德侯，都给予他们特进的荣誉地位，接见他们的礼仪像接见三公一样。赏赐一所大宅子、三百万钱，授予凭几和拐杖。"

六月间，重新在明堂将象征封国的茅土授予诸侯，说道："我规划了土地制度，封建了五等诸侯，根据经典正文，符合经典解说，贯通经义事理，再三思考，再三讨论，自始建国元年以来到现在已经快九年了，今天才正式确定下来。我亲自设立文石台阶，陈列菁茅以及四色泥土，敬谨祷告于泰山、国家宗社、大地之神与先代的祖父祖母，来颁布给它。各归各自的封国，抚育管教百姓，以建立功业。那些在边境的地区或江南一带的诸侯，虽不是诏令所召唤而被派到京城来侍奉皇帝的，纳言掌货的大夫暂且调拨首都库存的金钱发放他们的俸禄，公爵每年有八十万钱，侯爵、伯爵每年有四十万钱，子爵、男爵每年有二十万年钱。”然而还不能完全得到。王莽喜欢说空话，羡慕古代制度，多给人赐封爵位，性格实在吝啬，拿土地规划没确定作托词，所以权且先授予人象征封国的茅土，来安慰喜欢封爵的人。

这一年，重申六项财政经济的管理制度。每项管理制度下达后，总要为它设法令条规来加以防范，违犯的人最重的甚至被处死，官吏及平民犯罪受罚的更多了。又对上公以下凡属蓄养奴婢的一律计算征税，都是每个奴婢出三千六百钱，天下人更加怨恨，盗贼兴起。纳言冯常就六管的制度问题进行规劝，王莽大发怒火，免去冯常的官职。设置执法左刺奸和执法右刺奸，选用能干的官吏侯霸等人分别负责督察六尉和六队，职权像汉朝的刺史一样，随带三公办事的人员每郡一人处理有关事项。

临淮郡瓜田仪等人做盗贼。盘踞会稽郡城长州苑，琅邪郡妇女吕母也起事。起初，吕母的儿子做县吏，被县长冤枉杀死。吕母拿家中财产，用来买酒肉、买武器，秘密优待贫穷小伙子，得到一百多人，便进攻海曲县，杀死县长去祭她儿子的坟墓。然后带兵到海上活动，她的队伍逐渐多起来，后来总共有上万人。王莽派使者就地赦免盗贼，回来说：“盗贼解散了，时常又会合拢到一起。询问他们的原由，都说是苦于禁令十分烦琐苛细，不能行动。努力耕作的收入，不够缴纳赋税。关门安分守己，又会受到邻居私自铸钱以及私藏原铜的连累，奸吏借以勒索百姓。百姓走投无路，只好都来做盗贼。”王莽大发怒火，免掉他们的官职。其中有人顺着他的意图，说“乱民放纵狡猾，应该惩办”，还说“时运合该这样，不久就会被消灭的”，王莽就很高兴，总是提拔他们。

这年八月间，王莽亲自到南郊，铸造威斗。威斗是用铜掺五色石子铸成的，形状像北斗，长二尺五寸，想要用来厌胜各部的农民军。威斗铸成后，让司命扛起它，王莽外出时它就“走”在前头，王莽进宫后它就被放在旁边。铸造威斗的那天，天气十分冷，百官人马都有冻死的。

五年正月初一，北军营垒的南门发生火灾。

任命大司马司允费兴做荆州牧，王莽接见他时，询问他到任所后的计划方案，费兴回答说："荆州、扬州的百姓大都依靠山林湖沼，靠捕挥、樵采为业。前一段时间，国家推行六管制度，征收了山林湖沼税，损害、剥夺了百姓的利益，加上连年的久旱，百姓饥饿穷困，所以才流为盗贼。我到任所以后，想要下令明白地晓喻盗贼返回家园，贷放农具、耕牛、种子、粮食，减免赋税，希望可以解散、安抚他们。"王莽发火，免掉费兴的官职。

全国的官吏因得不到俸禄，纷纷去牟取非法利益，郡大尹、县宰家产积累有上千斤黄金。王莽下诏书说："彻查自建国二年匈奴扰乱中国以来，所有的军官与边境官吏大夫以上牟取非法利益而增加产业发财的，没收他们家中的所有财产的五分之四，用来解决边防的急需。"各公府的办事人员乘坐快车跑遍了全国，仔细审查贪污的案件，动员军官告发他们的将领，动员奴婢告发他们的主人，希望用这样的办法来禁止奸邪，可是奸邪却反而越加厉害。

皇孙功崇公王宗因为给自己画了一幅相，穿着天子衣服，戴着天子冠冕，刻了三枚印章：第一枚刻的是"维祉冠，存己夏，处南山，藏薄冰"，第二枚刻的是"肃圣宝继"，第三枚刻的是"德封昌图"，因而犯罪。又有王宗的舅父吕宽家以前曾被流放到合浦郡，暗中跟王宗联系，被发觉后，并且经审查核实，王宗自杀。王莽说："王宗的亲属关系是皇孙，爵位是上公，明知道吕宽等人是叛逆分子，却跟他们来往；刻制三枚铜印，印文的意思很鬼祟，不知道满足，觊觎非分的希望。《春秋》原则是'对国君及父母不得存恶念，有恶念就要惩罚他。'被迷惑得背离正道，自己犯下这样的罪行，哎哟，可悲呀！王宗本名叫王会宗，因制度规定要取消双名，现在恢复原名的王会宗。贬低他的爵位，改变名号，赐给他谥号叫功崇谬伯，按伯爵的礼仪安葬在他原来封国的谷城郡。"王宗姐姐王妨是卫国将军王兴的夫人，祈祷鬼神给她的婆母降灾祸，为灭口杀死婢女。事情被发觉后，王莽让中常侍恽萇去责问王妨，并拿这件事责备王兴，二人都自杀了。事情牵连到司命孔仁的妻子，她也自杀了。孔仁见王莽便摘下帽子请罪，王莽让尚书弹劾孔仁说："坐着绘有天文图像的车子，套着母马，左边是青龙的标志，右边是白虎的标志，前头是朱雀的标志，后头是乌龟的标志，右手拿着五威节，左肩扛威斗，称号叫作赤星，这些都不是用来让孔仁为所欲为的，而是用来尊崇新朝威严命令的。孔仁擅自摘下了天文冠，这是犯不敬皇帝的罪行。”王莽又下诏指示不要弹劾他，更换一顶新帽子就可以了。他喜欢做离奇古怪的表演就像这个样子。

王莽任命直道侯王涉作卫将军。王涉是曲阳侯王根的儿子。王根在成帝的时期担任大司马，曾推荐王莽接替自己的职务，王莽因此很感激他，认为曲阳不是一个美好的名称，这才追谥王根为直道让公，并让王涉继承了他的爵位。

这一年，赤眉军力子都与樊崇等人因饥荒而聚集拢来，在琅邪郡起事，到处进行抢劫，部队共万人。王莽派使者调动郡国的地方部队攻打他们，没能取胜。

六年春季，王莽看到盗贼众多，便让太史推算出三万六千年的历法大纲，每六年更改一次年号，布告到全国。下文告说：“《紫阁图》说：‘太一与黄帝都成为神仙上天了，在昆仑山的虔山上演奏过仙乐。后代获得祥瑞的英明帝王，应当在秦地的终南山上演奏仙乐。’我不聪明，没有自觉遵行，到现在才刚懂得了。再将宁始将军称为更始将军，顺从符命的意思。《易经》不是说吗？‘日日更新就算优秀的品德，在运动变化的过程中不断有新的事物产生就叫作“易”。’我会享受这种幸福的！”想用这样的办法来眩惑百姓，消除盗贼。大家都讪笑他的这些做法。

初次向明堂太庙进献《新乐》时。大臣们开始戴鹿皮帽子。有人听到那些音乐的曲调，说道：“凄凉严肃而且很低沉，不是振兴国家的音乐。”

这时，关东地区接连几年遭受干旱饥荒，力子都等帮伙逐渐增多。更始将军廉丹率军攻打益州郡部族没能取胜，被调回来了。再派位后大司马护军郭兴与庸部牧李晔前去攻打部族首领若豆等，派遣太傅羲叔士孙喜前去平定各地的盗贼。同时匈奴侵犯边境非常厉害。王莽便大招全国的壮丁和死刑罪犯以及官吏、平民的家奴，起名为野猪突击队，将他们作为精锐士兵。毫无例外地向全国官吏和百姓征税，估量财产抽取其中的三十分之一，绸绢都被运送到长安。命令公卿以下直到郡县佩带有黄色印纽的官吏都要保养军马，马匹多少根据各人的俸禄规定了等级。又广泛招集有奇巧技术、可以来攻打匈奴的专门人才，打算要拿超级提升的职位来任用他们。建议对国家有利事的人以万计：有的人说能够不用舟船渡江河，人马连接，可渡过上百万的军队；有的人说不要携带一斗粮食，只服食药物，军队可以不饥饿；有的说能飞行，一天飞一千里，可以侦察匈奴。王莽就让他试试，那人拿大鸟的羽毛做两扇翅膀，头上和身上都附羽毛，遍身用环形的纽带缠绕，飞行几百步就掉了下来。王莽知道他们不能起作用，但硬要博得珍惜人才的名声，就都任命他们作参谋，拿车马赏赐他们，等待出发。

当初，匈奴的右骨都侯须卜当，他的妻子是王昭君的女儿，曾归附中国。王莽派王昭君的侄儿及亲侯王歙引诱须卜当到边界，胁迫他到长安，强迫立他为须卜善于后安公。开始王莽想引诱须卜当，大司马严尤规劝说："须卜当在匈奴的右部，他的军队没侵犯过边境，总是将单于的消息告诉中国，这是一个巨大的帮助。现在迎接须卜应当安置到长安槁街，不过一个匈奴人而已，不如将他留在匈奴有帮助。"王莽没有听从。已经将须卜当弄来了，想要派严尤和廉丹攻打匈奴，都给赐姓给徵氏，称为二徵将军，想要杀死单于舆立起须卜当去代替他。出兵到长安城西马栏，没能起行。严尤向来具有智谋和才干，他反对王莽攻打四方外族，屡次进行规劝，王莽都没听从，于是撰述古代名将乐毅与白起不被信任的历史教训以及边疆防务事宜的文章共三篇，委婉曲折地批评王莽。等到出席朝廷公开讨论时，严尤坚决说明匈奴还可以暂且放在后面，首先要忧虑山东的盗贼。王莽大发怒火，便下策书给严尤说："你就职四年了，外族扰乱中国不能被镇压下去，盗贼奸邪不能被消灭，不畏惧上天威严，不服从皇帝命令，相貌狠毒，还自以为善良，固执成见，不能改变，怀抱二心，破坏军事的计划。我不忍心将你交给司法处理，应当缴上大司马武建伯的印信，让你回到原籍去。"任命降符伯董忠做大司马。

翼平郡连帅田况报告郡里县里估算人民财产不实在，王莽又按照三十分之一征收一次税。认为田况说话忠诚，关心国家，将他的爵位提升为伯爵，赏赐二百万钱。广大百姓都咒骂他。青州、徐州的百姓很多抛弃家园流亡，老的弱的死在路上，强壮的加入盗贼的队伍。

夙夜郡连帅韩博上报告说："有一个奇士，身高一丈，体大十围，来到我公府中，说想奋力攻打匈奴。自己说名叫巨无霸，生长在蓬莱的东南、五城西北的昭如海边，轻便的车装不下，三匹马拖不动。立刻用大车套四匹马，坚立虎旗，装载巨无霸来到京城。巨无霸睡觉就枕鼓上，用铁筷吃饭，这是上天降下来辅佐新朝的。希望您能制造一辆大甲高车，一套孟贲、夏育穿着的衣服，派遣一个大将和一百个勇士到路上来迎接他。首都门户不能容纳他的，将它们开高些、开大些，将他给各外族看看，可以震慑、安定天下。”韩博的意思是想用来讥讽王莽。王莽听到后，很恼恨韩博，让巨无霸留在他所到达的新丰县，更改他的姓为巨母氏，意思说多亏文母太后降生了这个人，这是让自己成为霸王的符命。将韩博关进监狱，认为那些话不是他应当说的，处以死刑。

第二年改年号为地皇，是依照了三万六千年历法大纲上的年号。

地皇元年正月乙未日，宣布大赦全国。下文告说："正当出兵行军时，敢有奔跑吵闹触犯法律的人，就判处杀头，不等到行刑的季节，这道命令实行到年底停止。”于是春季夏季都在都市中杀人，百姓感到十分恐怖，路上相见时，只有以目标意，不敢交谈。

二月壬申日，太阳当顶时却天色黑暗。王莽讨厌这种现象，下文告说："前些时候日中出现了昏暗，这是阴气侵犯阳气，黑气形成了灾异，百姓中没有谁不惊怪。北城大将军王匡派属员去追究上报非常事故的人，都想要遮蔽皇帝的耳目，因此从上天发出谴责，应当让他受到法律制裁，来补救这样大的灾异。”

王莽看到四方的盗贼很多，再想要厌胜他们，就又下文告说："我伟大的太初祖考黄帝平定天下时，自己统率军队担任上将军，竖起华丽车盖，立起北斗形礼器，大本营设置大将，野战军设置大司马五个人、大将军二十五个人、偏将军一百二十五个人、裨将军一千二百五十个人、校尉一万二千五百个人、司马三万七千五百个人、军候十一万二千五百个人、百长二十二万五千个人、士官四十五五个人、战士一千三百五十万个人，符合《易经》所说的‘弓箭锐利，来威慑天下’。我接受符命的文辞，取法于古人，打算逐步设置起来。”于是设置了前大司马、后大司马、左大司马、右大司马、中大司马的官职，授予各州的牧军衔为大将军，各郡卒正、连帅、大尹的军衔为偏将军，属令、属长的军衔为裨将军，各县长的军衔为校尉。乘坐传车的使者来往经过各郡国，每天近十来批，仓库中没有现存粮食供给，驾传车的马匹不能满足，就征用道路上的车马，取给于民间。

七月间，大风损毁王路堂。王莽又下文告说：前向壬午日申时，发生暴风大雷雨掘房屋、摧折树木的变故，我对此感到非常惊疑，我对此非常战兢，我对此非常恐惧。俯伏考虑了十天，迷惑才解除。从前符命文辞说要封立王安为新仙王，让王临建国在洛阳。作统义阳王，这时我正代行皇帝职权，谦辞地不敢接受，让他们接受公爵。那以后金匮文辞来到，舆论界都说：‘王临在洛阳建国当统义阳王，是说他据有全国中心作为新朝的继承者，应当作为皇太子。’从此之后，王临久病，后来虽痊愈，但没完全康复，朝见时需坐在毯子上面，由别人举毯子放车厢里推着行进。在王路堂朝见时，要在西厢房及后阁更衣室中陈设帷帐休息，又因皇后害病，王临暂时离开原先的住处到这里安顿，他的妃妾住在东永巷。壬午日，暴风损毁王路的西厢房和后阁更衣室。昭宁堂池东南面有一棵大十围的榆树，向东倒下，撞击东阁，东阁就是东永巷西边的围墙。这些地方都已经破碎折断，屋瓦毁坏，发掘房屋，拔出树木，我对此十分惊骇。又天文官报告说月球侵犯了心宿前星，这有预兆，我非常担心这件事。俯伏考虑《紫阁图》中的文辞，太一和黄帝都因获得祥瑞而成仙，后代伟大的君主会登上终南山。所谓的新仙王，就是太一新仙的后继者。统义阳王就是推行五伦凭礼义登上皇位从而上升仙境的后继者。王临有老兄被称为太子，名分不正大。宣尼公说：‘名分不正大，讲起话来就会不顺当、不合理，以至于执行刑罚不正确、不恰当，百姓就不知道怎么办才好。’想到我登皇位以来，阴阳没调和，风雨不适时，屡次遭到大旱及蝗虫螟虫造成的灾害，粮食缺少，百姓让饥荒害苦了，外族扰乱中国，盗贼奸邪捣乱，以致百姓惶恐不安，不知怎么办。深深思考这些罪责，在于名分不正大。应立起王安作为新仙王，王临作为统义阳王，希望用这个措施来保全我的两个儿子，子孙发达，对外可以排除四方外族，对内安定中国。”

这个月，杜陵寝庙便殿中已废置不用，收藏在内室箱子中的皇帝用物虎文衣自己跑出来，到外堂自动竖立，很久才萎缩着落地。看见的官吏和士兵将这件事上报，王莽讨厌这件事，下文告说：“珍视黄色，贱视火红色，应让郎官、侍从官都穿着大红色衣服。”

专门观察云气的人中很多都说出现大兴土木的征象，王莽又看到各地的盗贼很多，想要显示自己是一个心胸坦荡能建立子孙万代的基业的人，就下文告说：“我承天命以来，遭遇到不幸的命运，灾难的周期，国库很空虚，百姓十分贫穷，祖宗祠庙没修建，权且在明堂太庙举行合祭，我日夜都惦念着，不敢淡忘。深深想到吉祥昌盛没比今年更好的了，我才选择波水北边；郎池南边，是很好的地址。我又选择在金水南边，明堂西边，也是好地址。我打算在这里亲自动土进行奠基。”于是在长安城南进行营建，基地面积总共有一百顷。九月甲申日，王莽站在车上进行巡视，亲自举起棒槌筑三下。大司徒王寻己大司空王邑手拿符节，还有侍中常侍执法杜林等几十个人监督指挥建造。崔发与张邯劝说王莽："德行崇高的人必然礼仪很丰富，应让这项工程的结构规模显得更加堂皇富丽，让全国人都知道，而且让千秋万代之后都无法超过。"王莽便广泛地征求全国的工匠来设计法人图样，运用勾股定理来进行测量计算，以及官吏、平民因为慷慨好义捐献钱粮来帮助建设的，在大路上络绎不绝。撤毁了长安城西上林苑中的建章宫、承光宫、包阳宫、犬台宫、储元宫以及平乐馆、当路馆、阳禄馆，共十多处所，用它们的木材砖瓦来修建九所祠庙。从这个月起，连下了六十多天的大雨。让平民缴纳米粮六百斛就可以作郎官，原本是郎官的可以增加俸禄以及赏赐爵位到附城为止。九所祠庙是，第一位是黄帝太初祖庙，第二位是虞帝始祖昭庙，第三位是陈胡王统祖穆庙，第四位是齐敬王世祖昭庙，第五位是济北愍王王祖穆庙，共五所祖庙永远不准许废除；第六位是济南伯王尊祢昭庙，第七位是元城孺王尊祢穆庙，第八位是阳平顷王砂祢昭庙，第九位是新都显王戚祢穆庙。殿堂都是层叠的房屋。太初祷庙东西南北四个方向各长四十丈，高十七丈，其余的祠庙相当于它的一半。用铜皮包裹着斗拱，用镶金镶银的花纹作装饰，用尽各种工艺美术的技巧。将高地作为基础，将旁边低下的地方增筑起来，工程费用难以计算，折磨死的奴隶以及民夫有上万人。

巨鹿郡的男子马适求等人计划要发动燕地、赵地的军队讨伐王莽，大司空的办事人员王丹发觉后，把它上报。王莽派三公大夫前去逮捕追究他的党羽，牵连到各郡国的权威人士几千人，都被处死。赐封王丹为辅国侯。

自从王莽的措施不合时令，百姓开始怨恨，王莽仍安于这种状况，又下文告说："想到从制定这样的权宜法令以来，常安是六乡大县中心城市，报警的鼓声响得很稀少了，盗贼减弱、减少了，百姓安居乡土，年成因此获得丰收，这就是采取的权宜措施的效力。现在匈奴没灭亡，西南夷没灭绝，四方各地像一窠乱麻，盗贼没被完全消灭，又在兴办恭敬祖宗及神祇的大建设，民众十分动摇。现在还是有必要实行这项法令，到二年年底终止它，来保全善良的老百姓，挽救愚蠢邪恶之人。"

这一年，废止了大钱和小钱，改用货布。货布长二寸五分，宽一寸，值二十五枚货钱。货钱直径长一寸，重五铢，每枚一个单位。两种货币同时流通。如果敢有私自铸钱与只用布货的人，邻居知情却不揭发检举的，都被没收作官府的奴婢。

太傅平晏死后，任命予虞唐尊做太傅。唐尊说："国家很空虚，人民很贫困，灾祸的根源在奢侈过度。”于是久身穿小袖短衣，乘坐母马驾的简陋车子，睡坐时用干草作为衬垫，用瓦器作为餐具，又用瓦器盛食物赠送给公卿大官。外出时看到不分开走路的男女，唐尊就自己下车，采用象征性的刑罚，用红土抹布弄脏他们的衣服。王莽听到后，很赞赏他的作法，下诏书明白告诫公卿大臣要向他看齐。赐封唐尊为平化侯。

这时候，南郡人张霸与江夏郡人羊牧、王匡等在云杜县绿林山起事，号称下江兵，部队有一万多人。武功县中水乡居民三家人的房屋陷下去成为池沼。

二年正月间，王莽将州牧提高到三公地位，调查揭发松垮的官吏，另外设置了州牧、部监的副职，俸禄是元士级，戴法冠，像汉朝的刺史一样执行任务。

这个月，王莽的妻子死去，赐给她谥号孝睦皇后，安葬在渭陵长寿园西边，让她永远地侍奉文母，给她的地方墓起名为亿年。当初王莽的妻子因为王莽几次杀死她的儿子，哭瞎眼睛，王莽让太子王临居住在宫照顾她。王莽妻子身边的侍者原碧，王莽奸淫她。后来王临也与她通奸，恐怕事情泄露，两人计划一同杀死王莽。王临妻子刘愔，是国师公的女儿，会观察星象，就告诉王临宫中将有白衣会。王临高兴了，以为自己计划的事将会成功。后来被贬降为统义阳王，被打发到外面的宅子居住，更加忧虑恐惧。当王莽的妻子病得厉害时，王临给她写一封信说：“皇上对于子孙极为严厉，以前长孙与仲孙都是三十岁就死了。现在我王临又刚好三十岁，恐怕一旦皇后有不幸，我就不知道会死在哪里了！”王莽来探望妻子病情，看见那封信，大发怒火，怀疑王临怀有恶意，不让他参加皇后丧礼。已经安葬了，逮捕了原碧等人审问，完全承认通奸、谋杀等情况。王莽想掩盖这件事，就派人杀死办案人员司命从事，将他埋在监狱里，家里不知他到哪里去了。赐给王临毒药，王临不肯喝，就自己刺死了。打发侍中骠骑将军同悦侯王林赐给他鬼衣和印信，下策书说：“符命文辞说要立王临为统义阳王，这是说新朝开国三万六千年后。作为王临的后代人才会像潜龙飞腾一样兴起。我以前错误地听从舆论的意见，将王临作为太子，后来发生暴风的灾异，就顺从了符命，立他作统义阳王。在此之前，从此以后，他没表示服从，以至于不能享受自己的福气，青年就短命而死，哎哟，可悲啊！考查他所作所为的事迹赐予谥号，叫谬王。”又命令国师公说：“王临本来不懂得星象，事情都是从刘愔发端的。”刘愔也自杀了。

这个月，新迁王王安病死。当初，王莽为列侯到封国的时候，宠爱侍者增秩、怀能与开明。怀能生下儿子王兴，增秩生下儿子王匡和女儿王晔，开明生下女儿王捷，都留在新都国，因他们的身份不明的缘故。等到王安病得厉害时，王莽担心自己没有儿子，替王安写一道奏章，让他上奏道："王兴等人的母亲虽出身微贱，亲属关系仍是皇子，不可以抛弃。"王莽将奏章交给各位大臣传阅，都说："王安友爱兄弟，应趁着春夏两季加给他封爵。"于是派使者用王车去迎接王兴等人，赐封王兴为功修公，王匡为功建公，王晔为睦修任，王捷为睦逯任。王莽的孙子功明公王寿病死，一个月里死四个人。王莽毁坏了汉武帝和汉昭帝的祠庙，将子孙分别埋葬在里面。

魏成郡大尹李焉与占卦的王况商量，王况对李焉说："新朝开国以后，田地和奴婢不准许买卖，几次变更货币，频繁征调民间的人力及物资，军队骚扰，四方的外族纷纷入侵，百姓怨恨，盗贼纷纷起事，汉朝将要复兴。您姓李，李同徵读音相近，徵声属火，应成为汉朝的辅佐。"于是就替李焉写作谶书，说道："文帝发怒，在阴间督促军队，北方通告给匈奴，南方通告给越人。江中的刘信，结成了仇敌，报复冤仇，要恢复并继承祖宗的事业，四年会要出兵。江湖有大盗，自称樊王，姓是刘姓，千万人成群结队，没有接受赦免的命令，将要动摇长安和洛阳。十一年就会要进攻，太白星发出了光辉，岁星进入到井宿，他的号令应当推行。"又说明王莽大臣们的吉凶祸害，各有日期。汇编成十多万字。李焉让属员抄写那本书，属员逃走并且告发了他。王莽派使者就地逮捕李焉，交付给司法官吏进行审判，都被处死。

三辅地区的盗贼纷纷起事，王莽就设置了捕盗都尉的官职，让执法与谒者在长安城郊追击盗贼，建立了鸣鼓攻贼的警报旗帜，使者跟随在他们后面进行监督。派遣太师羲仲景尚与更始将军护军王党一同率领军队攻打青州、徐州，国师及仲曹放协助郭兴攻打句町。转运全国钱粮前往到西河郡、五原郡、朔方郡以及渔阳郡，每一郡都以百万计，想要用它去攻打匈奴。

秋季里，天降霜，冻死了豆类，关东地区饥荒很严重，发生了蝗虫。

平民违犯铸钱的禁令，邻居也被连坐，都被没收作官府的奴婢。其中的男子坐囚车，儿童及妇女步行，用铁锁链束缚着他们的脖子，辗转前往铸钱的官府，数以十万计。到达后改变了他们的夫妻关系，因愁苦而死的十个中有六七个。士孙喜、景尚及曹放等人攻打盗贼没能取胜，军队胡作非为，百姓因此更加困苦。

王莽因王况的谶书说荆、楚地区会兴起，李姓将成为辅佐，想要厌胜它，于是授任侍中掌牧大夫李棽作为大将军、扬州牧，赐名叫李圣，让他统率军队奋勇地进击。

上谷郡人储夏自愿请求去劝说瓜田仪投降，王莽任命他为中郎，让他去叫瓜田仪投降。瓜田仪上文书表示投降，但还没有出来就死了。王莽要他的尸体并安葬了它，给他修起高大的坟墓及祠庙，赐谥号为瓜宁殇男，希望用这样的办法招来其他的人，可是没人肯投降。

闰月丙辰日，王莽宣布全国大赦，全民国丧和在诏书下达前的民间私人丧服也都被解除。

郎官阳成修进献符命，述说应当再立皇后，又说："黄帝就是靠着一百二十个女子成为神仙。"王莽于是就派遣中散大夫及谒者各四十五个人分途巡视全国，广泛选取被邻里推崇的美好女子送名册上来。

王莽梦见长乐宫的铜人有五个起立起来，他厌恶这件事，想到铜人身上刻着"皇帝刚统一全国"的字样，就打发尚方的工人凿掉梦见的铜人胸前的文字。又感应到汉高帝庙的神灵，派虎贲武士进入汉高帝的庙，抽出剑来四面掷击，用斧砍坏门窗，用桃木汤挥洒墙壁，用土红色鞭子抽打了墙壁，让轻车校尉居住在那里，又让北军中垒校尉居住在汉高帝的寝庙里。

有人说黄帝因为建造华丽的车盖而成为神仙，王莽便制造了九层的华丽车盖，高八丈一尺，用了黄帝装饰车盖的骨架，用羽毛来装饰车盖，用内部装有机械的四轮大车装载，套六匹马，由裹黄头巾、穿着黄衣服的三百名力士护卫，车上的人敲鼓，拉车的人都呼喊"登仙"的口号。王莽外出时，让它走在前面。官吏们私下说："这像灵柩车，不是神仙的用物。"

这一年，南郡人秦丰的部队将近有一万人。平原郡的女子迟昭平解说《博经》，用八枚博具投掷取胜，也在黄河险要地区聚集几千人。王莽召集大臣们询问捉拿盗贼的计划，都说："这些触犯天条的罪犯，是行走的死尸，活不了多久。"原左将军公孙禄应邀参加会议，他说："太史令宗宣掌管着天文历法，推测气运的转移变化，将凶险的征象当吉利的征象，淆乱天文，贻误了朝廷。太傅平化侯用虚伪的言行来装饰自己窃取名誉地位的企图，'害人家的子弟'。国师嘉信公颠倒了《五经》，毁坏老师的家法，造成学术界思想混乱。明学男张邯及地理侯孙阳要搞井田制，使百姓丧失了土地产业。羲和鲁匡设立六官的制度，使工商业者走投无路。

悦符侯崔发靠吹牛拍马讨好，使下情不能上达。应当处死这几位先生来安慰全国的人！”又说：“不可以去攻打匈奴，应当与它和好。我恐怕新朝的忧患不在于匈奴，而在于国家内部。”王莽发火，让虎贲武士搀扶着公孙禄走了。然而稍微采纳他的某些意见，将鲁匡降职作了五原郡卒正，因老百姓怨恨抨击的缘故。六管制度并不是鲁匡一人搞起来的，王莽为满足大家的愿望就把他抛弃了。

起初，各地百姓都由于饥寒贫苦才铤而走险去当盗贼，逐渐聚集成大伙，时常盼望年成丰收了能返回家园。部队虽以万计，为首的只称为巨人、从事、三老、祭酒，不敢攻占城市，只是到处抢劫弄饭吃，每天吃完就可以了。各县长官和州牧、郡太守都是由于自己乱碰乱撞被武器杀伤而死的，盗贼并非存心要杀死他们，可是王莽总不懂得这个道理。这一年，有个大司马的办事人员到豫州办案时，被盗贼俘虏，盗贼将他送交到县里。这个办事人员回来后，上报详细说明情况。王莽大发怒火，认为这是在诬蔑欺骗，将他送进监狱。于是下文告责备四辅三公说：“吏的意思是管理、治理百姓。宣扬德政，彰明恩泽，去管教抚育百姓，这是善良政治的原则。压制强梁，督察奸邪，逮捕并处死盗贼，这是正义行为的标准。现在却不是这个样子了。盗贼发生后，不能逮捕法办，直到结成大帮伙，拦劫乘坐传车的朝廷官吏。官吏脱了身，又妄自说‘我列举了罪状谴责盗贼“为什么缘故做这种事”，盗贼说“就因为贫穷罢了”。盗贼还护送我出来。’现在一些糊涂的人谈论通常多是这样的。想想看，因为贫困饥寒，犯法为非作歹，大的一伙人去抢劫，小的一个人去偷窃，不过就这样两种方式，现在竟有计划有组织的以千百计数，这是叛乱的罪魁祸首，难道是饥寒可以解释的吗？七公应当严肃地告诫卿大夫、卒正、连帅及各大尹，认真管教抚养善良的百姓，迅速捉拿并歼灭盗贼。如果有不同心合力，憎恨邪恶的行为，谴责盗贼，反而胡说他们是因为饥寒所迫才这样干，就逮捕他们监禁，查办他们的罪行。”于是官吏更加惶恐，没有人敢说盗贼的真实情况，又不准擅自调动军队，盗贼因此最终无法制服。

只有翼平郡连帅田况向来果断勇敢，他发动年龄在十八岁以上的百姓四万多人，发给他们库存的武器，将军事法令刻在石头上向他们宣布。赤眉军听到后，不敢进入郡界。田况自动弹劾并检举自己，王莽责备田况说：“没有发给虎符却擅自调集军队，这是在擅动干戈犯上作乱，这种罪名应与贻误军机同样处理。因你自己保证一定要捉拿消灭盗贼，所以姑且不予以处分。”后来田况自愿请求越过郡界去攻打盗贼，他率领军队所指向的盗贼都被打败。王莽用加盖御玺的诏书命令田况去代理青州与徐州两州牧的职务。田况上报告说：“盗贼刚刚发生，基础很薄弱，但也不是基层治安的官吏和邻里后备兵所能捉拿的。责任在于县级主要的官吏不在意，县里欺骗郡里，郡里欺骗朝廷，实际上一百人，只说十人，实际有一千人，只说一百人。朝廷因此忽略，不立刻进行督察，给予责罚，最终发展到蔓延几个州，才派遣将帅，多派使者，辗转督促。郡里县里尽力服侍上级的长官，应付责问检查，供给他们酒饭，准备物资、费用，来解救自己的死罪，根本没工夫再去考虑盗贼及办理公事。将帅又不能亲自率领军官以及士兵冲锋陷阵，一交战就会被盗贼打败，士气逐渐削弱，徒然耗费百姓。前次幸而得到赦免的命令，盗贼想要解散，有人却加以截击，他们惶恐地退入山谷，辗转相告，原先的各郡县已投降的盗贼，都更加惊骇，恐怕自己被欺骗以至于被消灭，因饥荒时人心容易动摇，十来天时间又十多万人，这就是盗贼之所以众多的缘故。现在洛阳以东的地区，米价每石价值两千钱。我看到了诏书，说想派太师将军和更始将军前来，他们二人是权威的大臣，一定会要多带人，而沿途百姓穷困财尽，无法供给，如果随从的人员太少，就无法用来威震远方。应当快速选择州牧、大尹以下的官吏，明确规定对他们的赏罚，让他们收集没城堡的分散的乡聚及小封国，将它们的老弱居民都迁移安顿到大城里，储积粮食，合力进行坚守。盗贼来攻城时，就不能攻下，所经之地没有粮食，凭借这样的发展趋势，他们就不能大规模聚集。像这样，招抚他们就一定能投降，攻打他们就一定能消灭。如果徒然再多派将帅，地方官民害怕他们，反而会比害怕盗贼更厉害。应当全部调回乘坐着传车的众多使者，让地方官民可以休养生息。您如果将平定两州盗贼的任务委托我，我一定能平定他们。”王莽畏忌、厌恶田况，悄悄地派出接替他的人，派使者赐给田况盖御玺的诏书。使者到达后，会见田况，便让接替的人监管他的部队。田况同使者西行，到达长安，授任他为师尉大夫。田况走以后，齐地的局势终于一发不可收拾了。

三年正月间，九所祠庙建筑完工，安放神主。王莽去拜见时，车队按最高规格组成，他的乘车套六匹马，套马披着用五彩羽毛织成的龙形图案的套子，头上装义角，有三尺长。华盖车及十辆大型战车走在前头。于是赏赐了主持建庙工程的大司徒及大司空各一千万钱，侍中与中常侍以下人员都有封赏。赐封建庙的大工匠仇延为邯淡里附城。

二月间，霸桥发生火灾。几千人用水浇泼，火不熄灭。王莽讨厌这件事，就下文告说："三皇就像春天，五帝就像夏天，三王就像秋天，五霸就像冬天。从三皇、五帝到三王，都是依靠德行来决定国家统治权的转移；五霸的出现，是因为这个时期没有权威帝王来统治，只好任由他们填补时代的空缺，因而获得天运，所以他们治国的原则是杂乱的。想起常安的大街多数是根据所邻近地方起名。前向二月癸巳日深夜，到甲午日早晨，火烧霸桥，从东端烧到了西端，直到甲午日的傍晚，桥烧光后火才熄灭。大司空巡视审问时，有人说贫民在桥下留宿，可能是因为他们烤火取暖，导致这场灾害。第二天就是乙未日，是立春日。我凭着神明的圣祖黄帝、虞帝的后代子孙的身份承受天命，到地皇四年是十五年。刚好就在三年冬季的尽头彻底被毁灭，反映杂乱的霸道霸桥，想用来完成新朝统一长存的治国原则。又是用毁灭这座桥来警告我们，要开拓东方道路。现在东方年岁正值灾荒，百姓饥饿，道路不通，东岳太师迅速制定了法令条规，开放东方各处的粮仓，救济贫苦百姓，实行仁慈的原则。应当将霸馆改名为长存馆，将霸桥改名为长存桥。"

这个月，赤眉军杀死太师牺仲景尚。关东地区出现人吃人的惨象。

四月间，派太师王匡及更始将军廉丹东征，到国都城门外送行，天下大雨，淋湿衣服才停止。老年人叹息道："这是为了军队哭泣！"王莽说："想起不幸的命运，与灾害之气相会合，到去年终止。大旱灾、霜灾、蝗灾不断地发生，饥荒接连来到，百姓生活十分困难，到处流浪，在今年春天更加厉害，我非常悲伤。现在派东岳太师特进褒新侯开放东方各处的粮仓，救济贫苦百姓。太师公不经过的地方，分派大夫及谒者同时开放各处的粮仓，以保全善良的老百姓。太师公随后与大使五威司命、位右大司马、更始将军平均侯廉丹一同前往兖州，镇抚所属官吏和百姓，还有青州与徐州原来无法无天的盗贼没完全解散或者后来又聚集起来的，都将他们消灭干净，以求安定亿万百姓。"太师和更始将军一同统率精锐的士兵十多万人，所经的地方放任士兵，没加约束。东部地区百姓为他们编成俗语说："宁肯遇着赤眉军，也不要遇着太师兵！太师兵抢劫还是小事，更始兵竟然屠杀我们！"终于像田况说的一样。

王莽又派很多大夫和谒者分途告诉百姓把草木熬成胶，胶不能吃，反倒还增加人力物力的浪费。王莽下达文告说："想到百姓生活困难，虽普遍开放各处粮仓救济他们，还恐怕不够。应当暂且开放全国的山林湖沼的禁令，凡属能采取山林湖沼的产物而且又符合季节时令规律的，都应当听任他们，不让他们缴纳捐税。到地皇三十年恢复到原来的状态，那是王光上戊的六年。如果让强梁的官吏及狡猾的豪民垄断那些利益，普通百姓得不到好处，那就不是我的用意了。《易经》中不是说过吗？‘削减贵族的利益，增加百姓的利益，百姓无比高兴。’《书经》中说：‘说了不能够做到，这就叫作不治安。’唉！大臣们呀，能够不担心吗！”

这时下江兵发展地顺利，新市人朱鲔与平林人陈牧等都又集合部队，攻打乡村的小集镇。王莽派司命大将军孔仁巡察豫州，派纳言大将军严尤及秩宗大将军陈茂攻打荆州，各随带军官与士兵一百多人，坐船从渭河入黄河，到达华阴县才上岸乘坐传车，到辖区招集了士兵。严尤对陈茂说：“派出将领却不发兵符，遇事一定要先请示才能行动，这就好像牵着猎犬却要求它去捉住野兽一样。”

夏季里，蝗虫从东飞来，飞行时遮蔽天空，飞到长安，飞进未央宫，附着在殿堂楼阁。王莽设置奖励发动官吏及平民去捕捉扑打。

王莽因全国粮价昂贵，想要厌胜它，就给大仓设卫兵，相对持戟交叉着守卫仓门，称为“朝政从旁边的小门开始”。

进入函谷关的流民多达几十万人，于是设赡养官吏发放粮食给他们吃。使者监督领导，与小官吏一起盗窃那些粮食，流民饿死的十人中有七八人。在此之前，王莽让中黄门王业管理长安的贸易，压低价格向百姓收购物资，百姓非常厌恨他。王业因为节省收购费用立功，赏赐附城的爵位。王莽听到城中发生了饥荒，向王业探问情况。王业说：“都是一些流民。”于是就买些市场上的精米饭及肉汁，拿进去给王莽看，说道：“居民的食物都是像这个样子。”王莽相信了他的话。

冬季，无盐县索卢恢等人占据了县城起兵造反。廉丹和王匡攻下县城，砍下脑袋有一万多枚。王莽派中郎将捧着加盖御玺的诏书去慰劳廉丹和王匡，进升他们为公爵，赐封有功的军官及士兵十多人。

赤眉军别部校尉董宪等人的几万人部队在梁郡活动，王匡想进攻他们，廉丹认为新近攻下县城士兵很疲劳了，应暂时让士兵休整来恢复战斗力。王匡不听从，单独带军队前进，廉丹只好跟随他。在成昌地方进行会战，军队吃败仗，王匡逃走。廉丹打发军官拿自己的印信和符节交给王匡，说：“小家伙可以逃跑，我不行！”就停下来，战斗而死。校尉汝云及王隆等二十多个人在另外地方进行战斗，听到这个消息后，都说：“廉将军已死，我还为谁活着？”飞马冲向了贼军，都战斗而死。王莽很伤痛他，下文告说：“想起您拥有很多精心挑选的精锐士兵，各郡的好马、仓储粮食、库存金钱都准许你调用。可是却忽略诏书里所指标的战略战术，离开自己的权威标志，骑马大喊大叫，被乱刀杀害，哎哟，可悲呀！赐给谥号为果公。”

国将哀章对王莽说：“伟大的祖考黄帝时，中黄直作大将，打败并杀死蚩尤。现在我居于中黄直的职位，愿去平定山东地区。”王莽派哀章赶到东方，与太师王匡合作。又派大将军阳浚去防守敖仓；大司徒王寻统率十多万人驻扎在洛阳，坐镇南宫；大司马董忠在北军中垒营地训练士兵武艺；大司空王邑兼理三公职务。大司徒王寻刚从长安出发，在霸昌厩过夜时，失掉他的黄金钺斧。他的办事官员房扬一向放纵直率，就哭着说：“这就是经书上所说‘失掉锐利的斧子’的意思哩！”他自我弹劾离职。王莽将房扬打死了。

各处的盗贼每每几万人进攻城邑，杀死了二千石级以下的官吏。太师王匡等人交战多次却不顺利。王莽知道全国的民心已经分离背叛，事势已到了尽头，再也无计可施，于是商量着派风俗大夫司国宪等人分途巡视全国，废除了有关井田制度、不准买卖奴婢及征收山林湖沼税等六管制度的禁令，登皇帝位以来所不便于民的诏令都收了回去。使者们正等待接见还没出发，恰好世祖（指刘秀）及老兄齐武王刘伯升、宛县人李通等人率领舂陵国子弟兵几千人，招来新市兵朱鲔与平林兵陈牧等部联合攻下了棘阳县。这时候，严尤和陈茂打败下江兵，成丹和王常等几千人单独逃走了，进入南阳郡境内。

十一月，在张宿天区有一颗星光芒四出扫射，向东南方向运行，经过五天才不见。王莽几次召见、询问太史令宗宣，许多的术数家都虚伪地回答，说天文现象是平安良好，各股的盗贼行将灭亡。王莽勉强用这些话安慰自己。

四年正月间，汉军得到下江兵王常等部作友军，进攻前队大夫甄阜与属正梁丘赐，将他们都杀了，歼灭他们的部队几万人。起初，国都听到青州及徐州盗贼部队几十万人，一直没文告、官号、旗帜、徽章，都对他们感到很惊奇。喜欢多事的人私下说：“这些人莫不像古代的三皇不要文书、称号吧？”王莽暗中感到奇怪，询问大臣们，大臣中没有人回答。只有严尤说：“这不足为奇。自从黄帝、商汤及周武王行军用兵，都一定会有建制、旗帜和号令，现在这些人没这些制度，只不过是一群饥寒的盗贼，像牲畜成群结伙一样，不懂得用这些办法罢了。”王莽非常高兴，大臣们都很佩服。等到后来汉军刘伯升起事，都自称为将军，攻打城市，占领地盘，杀死甄阜后，发布文告，宣传自己的主张，声讨王莽的罪行。王莽听到后，才担心和害怕起来。

汉军乘胜包围宛城。起初，世祖（指刘秀）的远房老兄刘圣公先参加平林兵。三月初一，平林兵、新市兵与下江兵的将领王常与朱鲔等人共同拥立刘圣公为皇帝，改年号为更始元年，任命各种官吏。王莽听到消息，更加惶恐。他想对外面表示自己心情是安定的，于是染黑自己的头发和胡子，召进所征选的全国美好的女子，立起杜陵县史家女儿作皇后，送彩礼三万斤黄金，车马、奴婢、各种绸绢和珍珠宝玉等贵重的物品以亿万计。王莽亲自在前殿两边台阶之间迎接她，在上西堂举行新婚夫妇聚餐仪式。设置和嫔、美御、和人共三个人，爵位比照三公；嫔人共九人，爵位比照九卿；美人共二十七人，爵位比照大夫；御人共八十一人，爵位比照元士；共有一百二十人，都佩带印信，拿弓袋。赐封史皇后父亲史谌为和平侯，授任他为宁始将军，史谌的两个儿子都做了侍中。这一天，刮起大风，发掘房屋，折断了树木。大臣们祝贺说：“昨庚子日的雨水洗涤道路，辛丑日清洁宁静，了无纤尘，那天晚上的东风强劲，从东北方向吹来。辛丑日这一天是《巽卦》主帝的日子。《巽卦》象征风，含义是卑顺，做皇后的原则明确了，做母亲的规范具备了，这就是温、慈惠的造化功能。《易经》中说：‘赐这样的洪福，给国王的母亲。’《礼经》中说：‘承受上天赐予的幸福，这种幸无限量、无止境。’凡是想要依靠已被推翻的汉朝、像火德称王的刘家势力，都被泼洒冲刷，消灭得彻底干净，庄稼丰茂，作物繁殖，百姓欢喜，全民托福，全国上下都幸运得很！”王莽每天与江湖骗子涿郡人昭君等在后宫考究房中之术，放肆荒淫地享乐。宣布全国大赦，可是还说：“原来汉朝舂陵侯的堂房侄儿刘伯升及他的族家、亲戚、党与，狂妄制造流言，迷惑群众，背叛了天命，还有亲手杀害了更始将军廉丹及前队大夫甄阜、属正梁丘赐的人，还有北狄匈奴的叛乱头目舆与南僰若豆、孟迁，不适用于这个文告。有能捉到这些人的，都被赐封为上公，封邑一万户，赏赐五千万钱现金。”

又下诏说：“太师王匡、国将哀章、司命孔仁、兖州牧寿良、卒正王闳与扬州牧李圣迅速推进所属的各州郡部队共三十万人之多，围剿追捕青州及徐州的盗贼。纳言将军严尤、秩宗将军陈茂、车骑将军王巡与左队大夫王吴迅速推进所属的各州郡的部队共有十万人之多，围剿追捕前队的丑类。将投降就有活路的公开保证向他们明确地宣布，如果再执迷不悟，不自行解散的，那就协力围剿，歼灭他们啦！大司空隆信公是皇族地亲属，从前以虎牙将军的身份指向东方反贼就溃败，向西进攻叛乱的头目就被粉碎，他是新朝有崇高权威和非凡才能的大臣。如果狡猾的盗贼还没解散，就会派大司空统率百万大军征伐剿灭他们啦！”于是就派七公干士隗嚣等七十二人分途下达赦免的命令晓喻各地。隗嚣等人一出京城，就逃跑了。

四月间，世祖（指刘秀）与王常等人另外进攻颍川郡，攻下昆阳县、郾县和定陵县。王莽听到这个消息后更加惶恐，派大司空王邑坐快车前往洛阳，与大司徒王寻调动各郡的部队上百万人，称为“虎牙五威兵”，平定了山东地区、有权自行赐封爵位，军政的大计由王邑决定，任用选调而来的许多通晓六十三家兵法及战略战术的专家，每人携带着图书，领用武器，候补军官。将所有仓库中的军需物资全拿出来交给王邑，多带贵重的物品和猛兽，想要显示朝廷富足，用来震慑山东地区。王邑到达洛阳后，各州郡分别选派精锐的军队，由州牧和郡太守亲自率领，按规定期限会合的有四十二万人，其余在路上的人还络绎不绝，人马以及武器装备的威武齐全，自古以来出兵都没有过的。

六月间，王邑与大司徒王寻从洛阳出发，想到宛县去，取道颍川郡，经过昆阳县时。昆阳城这时已投降汉军，汉军守卫它。严尤和陈茂与两位统帅会合了，两位统帅指挥大军包围昆阳城。严尤说：“自称皇帝的人在宛城，应当迅速地前进。那里攻下来，其他的城邑自然平定了。”王邑说：“百万的大军，经过的地方的敌人都应当给予消灭，现在攻下了这个县城，将里面的人杀光，踏着敌人血泊前进，前头的部队唱胜利歌，后头部队跳着胜利舞，难道不痛快吗！”就包围昆阳城几十层。城中的守军请求投降，没有被允许。严尤又说：“‘退回去的军队不要拦截他们，包围城邑要为里面的人留一个缺口’，可以按照兵法办，让他们有可能逃出去，借此震慑宛城方面。”王邑又没听从。恰好世祖调动全部郾县和定陵县的军队几千人来援救昆阳城，王寻及王邑轻视他们，自己带领一万多人去巡视阵地，告诫各军营要约束部下不能擅自行动，自己单独迎击，与汉军交战，很不顺利。大军不敢擅自援救，汉军乘胜杀死王寻。昆阳城中的守军冲出来进行两面夹攻，王邑逃走后，军队大乱。大风刮走屋瓦，大雨像泼水，大军崩溃，大喊大叫，老虎豹子也都吓得战憷起来，士兵奔逃，各自回到自己的郡县。王邑单独与他所率领的几千长安勇士回到洛阳。关中地区听到这个消息后，震动恐惧，盗贼们纷纷起事。

又听汉军说，王莽毒死汉平帝。王莽就集合公卿以下官吏到王路堂，打开了他所作的请求替平帝解除疾病、保全性命而后收藏在保险柜中的策书，流着泪将它给大臣们看。吩咐明学男张邯称道他的美好德行和有关符命的事情，最后说："《易经》说：'将军队埋伏在茂密的草丛中，登上高大的土山瞭望，不敢前进，直到三年都没能兴起。''莽'是皇帝名字。'升'是说刘伯升。'高陵'是说高陵侯的儿子翟义。说刘伯升及翟义在新皇帝时代建立了地下武装军队，还是会被消灭没能成功。"大臣们都喊"万岁"。又命东方用囚车传送几个人，并说"这就是刘伯升等人，都将会被处死"。百姓知道那是假的。

早先，卫将军王涉一直供养江湖骗子西君惠。西门君惠很爱好天文谶纬，对王涉说："有一颗星光芒四射，扫射到皇宫，刘家要复兴，国师公的姓名就是。"王涉相信他的话，将它告诉大司马董忠，多次一同到国师在殿中值班室谈论星宿，国师没回答。后来王涉特此前往，对刘歆流泪说："的确是想跟您共同保护我们两个家族的安全，您为什么不相信我呢！"刘歆于是就给他谈论天文人事，东方的集团必定会成功。王涉说："新都哀侯从小就害病，功显君一向好酒，怀疑皇帝本不是我们王家的儿子。董公主管中军的精兵，我率领宫廷的警卫军队，伊休侯主管殿中的警卫官员，如果我们几个同心合谋，共同劫持皇帝，向东方投降现在驻扎在南阳郡的天子，就能保全我们的家族；否则的话，都会被杀身灭族啦！"伊休侯是刘歆长子，担任侍中五官中郎将，王莽一向偏爱他。刘歆怨恨王莽杀死他三个儿女，又畏惧大祸临头，就跟王涉、董忠谋划，想要行动。刘歆说："应等待太白星出现，才可行动。"董忠因为司中、大赘起武侯孙伋一同商量。孙伋回到家中，脸色变了，吃不下饭。他的妻子感到很奇怪，便问他，他将那些情况告诉她。他的妻子将这些情况告诉她的老弟云阳县人陈邯，陈邯想告发他们。七月间，孙伋和陈邯一同去告发，王莽派使者分别召唤了董忠等人。这时董忠正讲习武事进行大练兵，护军王成说董忠的谋划已经很久却不行动，恐怕已经走漏了风声，不如就此杀掉使者，直接率领军队进去。董忠没听从，便跟刘歆、王涉在宫中大臣官署会合。王莽让恽虆责问他们，他们都承认了。宫内的太监们个个抽出刀来将董忠等人送到他们的值班室，董忠抽出剑来想抹脖子，侍中王望传告大司马造反，太监们拿剑一同杀死他。大臣官署一片惊慌，大家互相传告，正在集中训练的士兵纷纷涌到郎官的衙门，都刀出鞘、箭上弓。宁始将军史谌巡视到各郎官衙门，告诉郎官们说："大司马的神经错乱，妄图造反，刚发动，已经被处死。"命令他们放下武器。王莽想拿董忠来厌胜灾祸，让虎贲勇士用斩马剑剁碎了董忠，用竹器盛着，传告说"反贼出来了"下文告赦免大司马的下属官吏和军官士兵中被董忠蒙蔽的人，参与造反还没被发觉的。逮捕董忠的家族人，用浓醋、毒药及小刀子、刺条子合成一穴埋葬他们。刘歆与王涉都自杀了。王莽因这两个人是至亲、老部下，嫌厌人家说他内部崩溃，所以没公开宣布对他们的惩罚。伊休侯刘叠又因一向谨慎，刘歆一直没把他们的计划告诉他，只免掉侍中中郎将，改任为中散大夫。后来殿中的假山仙人掌旁边出现一个穿青衣的白发老头，看见的郎官私下里说那是国师公。衍功侯王喜一向擅长占卦，王莽让他用蓍草占一卦，说："担心兵灾火灾。"王莽说："小孩子怎么学会这些邪门旁道？这是我的伟大的祖先叔父王子侨要接我来了。"

王莽的军队在外吃败仗，大臣们在内部进行颠覆，身边没有可以信任的人了，不能够再考虑到远方的郡国，想叫王邑回来跟他商量。崔发说："王邑一向很小心，现在损失大军再去调回，恐怕他会因操持忠义而自杀，应当用什么方法好好安慰他的心情。"于是王莽派崔发坐快车去晓喻王邑说："我年老了，没有正妻生的儿子，想把国家政权传给你。命你不要检讨罪责，相见时也不要再说那些事情。"王邑到达时，任命他为大司马。大长秋张邯担任了大司徒，崔发担任了大司空，司中寿容苗䜣担任了国师，同悦侯王林担任了卫将军。王莽忧闷得吃不下饭，只喝酒，吃鲍鱼。阅读军书到疲倦时，就靠着几案打盹儿，不再上床睡觉。素性喜欢弄趋吉避凶的小名堂，临到事态紧急时，还一味企图厌胜敌人。派使者去拆毁渭陵和延陵墓门的屏网，说："不要让百姓再想起汉朝了。"又用墨汁去涂黑它们的围墙。称呼将军为"岁宿申水为助将军"，还有"右庚刻木校尉"、"前丙耀金都尉"。又说："拿大斧，砍伐枯木；流出大水，淹没了残火。"像这一类把戏，多得无法记尽。

秋季里，太白星流到太微垣，照耀得地面像月光一样。

成纪县人隗崔兄弟一道劫持了大尹李育，拥立他们的侄儿隗嚣为大将军，进攻并杀死雍州牧陈庆和安定郡卒正王旬，合并他们的军队，传递文告到各个郡县，列举王莽的罪恶甚至比夏桀、商纣还多一万倍。

这个月，析县人邓晔与于匡在南乡起兵，有一百多人。这时析县的县长率领几千人的军队驻扎在鄡亭，防守武关。邓晔与于匡对县长说：“刘家的皇帝已经登位，您怎么能不知道天命呢！”县长请求要投降，全部接收他的军队。邓晔自称为辅汉左将军，于匡自称是辅汉右将军，攻下析县与丹水县，进攻武关，都尉朱萌投降。进攻右队的大夫宋纲，杀死他，西进攻下湖县。王莽更加忧虑，不知道对策从何处来。崔发说：“《周礼》和《春秋左氏传》中说，国家有大灾难，就哭起来去厌胜它。所以《易经》中说‘首先放声大哭，后来才笑’。我们能长吁短叹祷告上天祈求救助。”王莽知道已经失败了，便率领大批的臣子到南郊，陈述他承受符命的首尾及经过，仰天说道：“上天既降命将国家政权交给我王莽，为什么不消灭那些盗贼呢？假使我王莽做得不对，希望您降下霹雷打死我！”于是捶胸大哭，哭不出声来，就伏着叩头。又写一篇告天的策书，陈说自己的功劳，有一千多字。众儒生和百姓每天早晚会集起来哭，为他们准备稀饭，哭得非常悲哀以及能够背诵策文的，就任命他们作郎官，达到五千多人。由恽蒉率领着他们。

王莽授任九个将军，都用“虎”作为将军名号，称为“九虎”，率领国都警卫部队的几万精锐士兵向东方开去，把他们的妻子儿子收到皇宫里作抵押。这时宫中储存的一万斤一箱的黄金还有六十箱，黄门、钩盾、藏府、中尚方每处都各有几箱。长乐宫御府、中御府以及都内、平准库存的钱币、绸绢、珍珠、宝玉等各种财物有很多，王莽为此更加吝惜它们，赏赐九虎部队的士兵每人四千钱。士兵们非常怨恨他，没有战斗的意志。九虎将军到达华阴县回溪，扼守住险要，北起黄河，南到崤山。于匡带领几千名弓箭手，登上了风陵堆挑战。邓晔率领两万多人从阌乡县向南到枣街和作姑一线，打败其中一部，向北绕到了九虎防线后面攻打他们。六虎败走——史熊及王况回到朝廷受死刑被处死，王莽命使者责问他们死的人在哪里，都自杀了；其他的四虎逃跑了。还有三虎郭钦、陈翚和成重收集了散兵，保卫京师仓。

邓晔打开了武关迎接汉军，丞相司直李松率领两千多人到达湖县，跟邓晔等人一起攻打京师仓，没能攻下来，邓晔派弘农郡吏员王宪作为校尉，带领几百人向北渡渭河，进入左冯翊境内，攻下了城邑，占领地盘。李松派偏将军韩臣等人径直西进，达到新丰县，与王莽的波水将军交战，波水将军败逃了。韩臣等人追赶逃跑的败兵，一直到长门宫。王宪向北到达频阳县，所经过的地方官都来迎接投降。世家大族栎阳县人申砀及下邽县人王大都率领的部队跟随王宪。三辅属县郃县人严春、茂陵县人董喜、蓝田县人王孟、槐里县人汝臣、周至县人王扶、阳陵县人严本与杜陵县人屠门少这帮人，部队都有几千人，自立名号称汉朝的将军。

这时李松与邓晔认为国都小小的仓储地还没能攻下来，更何况是长安城，只有等待更始帝大军来到才好进攻。就带军队到华阴县，制造攻城的器械。而长安附近的军队四百会合城下，听到天水郡隗家的军队正要到来，都争相想要先进城，贪图建立大功与抢劫财物的利益。

王莽派使者分途赦免城中各个监狱的犯人，都发给他们武器，杀猪喝它的血，与他们立誓说："如有不为新朝效力的人，社鬼就会记住他！"宁始将军史谌率领他们，渡过渭桥，都四散逃跑，史谌一个人回来。各部的士兵挖掘王莽妻子、儿子、父亲、祖父的坟墓，焚烧他们的棺材和九庙、明堂以及辟雍，火光照耀到城中。有人对王莽说："城门的守兵是东部地区的人，不可信任。"王莽改调越人骑兵担任了守卫，每座城门设六百人，各有一个校尉。

十月最后一天，攻城的部队从宣平城门进入，这就是民间说的都门。张邯巡视城门时，遇着士兵被杀。王邑、王林、王巡和恽䁖等人分别带士兵在北阙下抗击。汉军的士兵贪图更始帝所规定的捉到或者杀死王莽的封赏，因而有七百多人奋勇作战。恰好天黑了，官吏及贵族都逃跑了。二日己酉，城里的青年朱弟和张鱼等人恐怕遭到抢劫，成群结队，奔跑喧哗，焚烧尚方工厂门，砍开敬法殿小门，喊道："反贼王莽，怎么还不出来投降？"火攻到后宫的官署，这里正是黄皇室主居住的地方。王莽避火到达宣室和前殿，火总是跟随他。宫人妇女都哭叫着说："应当怎么办呢！"这时王莽穿着全套的天青色衣服，佩带御玺，拿着虞帝的匕首。天文郎在他前面按着栻，随时拨动指针，王莽转动坐席随斗柄所指的方向坐着，说道："上天将治理国家的圣德及使命赋予我，汉军能把我怎么样！"王莽这时没吃饭，精神有些困乏。

三日庚戌，早晨天亮时，大批的臣子搀扶王莽，从前殿向南走下宫中的大道，向西走出白虎门，与新公王揖安排车子在门口外等待。王莽登上车，坐车前往渐台，想要依靠池水来作为防御，仍然抱着符命和威斗，公卿大夫、侍中、黄门郎等随从的官吏还有一千多人跟随他。王邑白天黑夜都坚持战斗，疲倦极了，士兵死伤快光了，他飞马入宫，经过辗转周折来到了渐台，看见他的儿子侍中王睦脱下了衣帽想逃走，王邑喝住让他转回，父子俩共同守卫王莽。军人进入殿中，喊道："反贼王莽在哪？"有个美人走出房间说："他在渐台。"大批的士兵追上去，包围几百层。台上也都用弓箭与包围的士兵对射，包围的士兵略微后退。台上的箭已经射尽了，没有箭再发射了，短兵相接。王邑父子、恽戹、王巡都战斗而死，王莽躲进了内室。申时过后，大批的士兵上台，王揖、赵博、苗䜣、唐尊、王盛和中常侍王参等人都死在了台上。商人杜吴杀死王莽，取下他的系印纽带。校尉东海郡人公宾就是原来大行主治礼郎，看到杜吴就问这条纽带的主人在哪。杜吴回答说："在室内西北角的屋子中。"公宾一看认得出，就割下王莽的脑袋。军人们分裂王莽的身躯，四肢关节、肌肉、骨骼被切割成许多块，争着去砍杀他的有几十人。公宾就拿着王莽的脑袋到王宪那里。王宪自称为汉朝大将军，城里的几十万军队都归属了他，居住在长乐宫，将王莽的妃嫔都作为妻妾，使用王莽的车马、衣服及器物。

六日癸丑，李松和邓晔进入了长安，将军赵萌与申屠建也来到，因王宪缴获御玺没上交，私藏很多宫女，使用天子的仪仗，将他捉来杀掉了。传送王莽的脑袋前往到更始帝那里，挂在宛城街道上，百姓都去掷击它，有人切下他的舌头吃了。

王莽的扬州牧李圣与司命孔仁在山东地区打败仗，李圣因格斗而死，孔仁率领他的部队投降，随后又叹息说："我听说过，享受人家的俸禄，就要为人家的事业效死命。"便抽出剑来戳死自己。还有曹部监杜普、陈定郡大尹沈意及九江郡连帅贾萌都守卫郡城不肯投降，被汉军杀死。赏都尉大尹王钦和郭钦守卫京师仓，听到王莽已经死的消息，才投降，更始帝认为他们坚守节义，都赐封为侯爵。太师王匡与国将哀章在洛阳投降，传送到宛城时，杀掉他们。严尤和陈茂在昆阳城下被打败后，逃到了沛郡谯县，自称是汉军的将领，召集当地官吏和平民集会。严尤向他们宣讲王莽窃取了皇位、天意让他灭亡以及英明的汉朝复兴的情形，陈茂伏地哭泣。听到原汉朝钟武侯刘圣聚集了军队在汝南郡自称为皇帝，严尤和陈茂投降他。刘圣把严尤任命为大司，陈茂任命为宰相。他们搞十多天失败了，严尤和陈茂都死了。各郡县均全城投降，全国尽都回到汉朝的怀抱。

早先，申屠建曾追随崔发研究《诗经》，申屠建来到长安后，崔发投降他。后来又宣扬王莽取代汉朝的事情，申屠建让丞相刘赐杀死崔发示众。史谌、王延、王林、王吴及赵闳也投降，再被杀掉。起初，各处凡自立名号的军队人人指望封侯。申屠建已经杀掉王宪，又扬言三辅地区的百姓狡猾，一起杀死自己的君主。因此三辅地区的官吏及平民都很惶恐，所属的各县拥兵割据，申屠建等人没能攻下，派人飞马报告给更始帝。

更始二年二月，更始帝来到长安，下诏宣布大赦，只要不是王莽的子女，其他人都赦免他们的罪责，所以王家的族人才得以保全。三辅地区全部被平定，更始帝定都在长安，住在长乐宫。府库很完好，只有未央宫火攻了王莽三天，王莽死就安定下来恢复原状。更始帝到后，经过一年多时间，政令教化无法够推行到全国。第二年夏季，赤眉军樊崇等部几十万人进入到函谷关，拥立刘盆子，称他为皇帝，进攻更始帝，更始帝投降他们。赤眉军便焚烧长安宫室和街道，杀害更始帝。百姓饥饿到人吃人，有几十万死亡，长安城成为废墟，城中没有人行走。汉朝祖宗的祠庙、坟墓都被发掘，只有杜陵及霸陵还很完好。六月间，世祖登上皇位，然后国家的政权才得以重新建立，全国太平。

赞说：王莽开始以皇亲国戚起家，屈己下人，勉力而行，才博取名誉，赢得家族称赞他具有孝友品行，老师、朋友推许他有仁厚的品德。等他登上高位，辅佐朝政，在成帝、哀帝时期，为国家辛勤工作，本着正直的原则行事，一举一动常被人们称道。难道他是孔子所说的“在家族中一定有名声，在朝廷上也一定会有名声”，“表面上好像赞成宽仁厚道，行动中却违背了它”的人吗？王莽本没有仁厚的品德，却有花言巧语、虚伪奸诈的才能，又利用四个伯父、叔父经历元帝、成帝两代掌握的权力，遇到汉朝中途衰落，皇位三次没继承人，而王太后的寿命很长才得以长期作为他的保护人，因此才得以施逞他奸诈邪恶的手段，从而造成了篡夺皇位、窃取政权的灾祸。根据这些事实推论，这也是天时，不是人力能做得到的。等到他窃取皇位，居于不该他应当占据的地位，败亡的趋势比夏桀、商纣时还要来得快，而王莽却若无其事地认为自己是黄帝、虞舜再世。于是就开始放纵暴戾，放肆地施逞他的威势权术，欺忤上天，残害百姓，穷凶极恶，流毒到全国，灾祸蔓延四方的外族，还不足以满足他的欲望。因而全国百姓忧愁地丧失他们乐生的心意，朝廷及地方都怨愤，远处及近处一齐发动起来，京城守卫不住，躯体被分裂，终于使全国的城市都成为废墟，坟墓遭到了发掘，害尽活人，殃及死尸，自有文字记载的乱臣贼子这类没有道义的人，查考他们造成的灾祸和所遭到的失败，都没有像王莽这样厉害的。从前秦朝焚毁了《诗经》《书经》等典籍从而确立自己的主张，王莽引用《六经》来装饰谬论，他们的目的完全一样，手段更是截然不同，都由此导致灭亡，他们都是没德行而窃据君位，都不是天命命运，只是一些杂色的淫声，多余的闰月，被圣王扫荡的对象罢了。

后汉书

后汉书卷一

汉光武帝纪第一

世祖光武皇帝讳秀，字文叔，南阳蔡阳人，高祖九世之孙也，出自景帝生长沙定王发。发生舂陵节侯买，买生郁林太守外，外生钜鹿都尉回，回生南顿令钦，钦生光武。光武年九岁而孤，养于叔父良。身长七尺三寸，美须眉，大口，隆准，日角。性勤于稼穑，而兄伯升好侠养士，常非笑光武事田业，比之高祖兄仲。王莽天凤中，乃之长安，受《尚书》，略通大义。

莽末，天下连岁灾蝗，寇盗起。地皇三年，南阳荒饥，诸家宾客多为小盗。光武避吏新野，因卖谷于宛。宛人李通等以图谶说光武云："刘氏复起，李氏为辅。"光武初不敢当，然独念兄伯升素结轻客，必举大事，且王莽败亡已兆，天下方乱，遂与定谋，于是乃市兵弩。十月，与李通从弟轶等起于宛，时年二十八。

十一月，有星孛于张。光武遂将宾客还舂陵。时伯升已会众起兵。初，诸家子弟恐惧，皆亡逃自匿，曰："伯升杀我"。及见光武绛衣大冠，皆惊曰："谨厚者亦复为之"，乃稍自安。伯升于是招新市、平林兵，与其帅王凤、陈牧西击长聚。光武初骑牛，杀新野尉乃得马。进屠唐子乡，又杀湖阳尉。军中分财物不均，众恚恨，欲反攻诸刘。光武敛宗人所得物，悉以与之，众乃悦。进拔棘阳，与王莽前队大夫甄阜、属正梁丘赐战于小长安，汉军大败，还保棘阳。

更始元年，正月甲子朔，汉军复与甄阜、梁丘赐战于沘水西，大破之，斩阜、赐。伯升又破王莽纳言将军严尤、秩宗将军陈茂于淯阳，进围宛城。二月辛巳，立刘圣公为天子，以伯升为大司徒，光武为太常偏将军。三月，光武别与诸将徇昆阳、定陵、郾，皆下之。多得牛马财物，谷数十万斛，转以馈宛下。莽闻阜、赐死，汉帝立，大惧，遣大司徒王寻、大司空王邑将兵百万，其甲士四十二万人，五月到颍川，复与严尤、陈茂合。初，光武为舂陵侯家讼逋租于尤，尤见而奇之。及是时，城中出降尤者言光武不取财物，但会兵计策。尤笑曰："是美须眉者邪？何

王

为乃如是！”

初，王莽征天下能为兵法者六十三家数百人，并以为军吏；选练武卫，招募猛士，旌旗辎重，千里不绝。时有长人巨无霸，长一丈，大十围，以为垒尉；又驱诸猛兽虎豹犀象之属，以助威武。自秦、汉出师之盛，未尝有也。光武将数千兵，徼之于阳关。诸将见寻、邑兵盛，反走，驰入昆阳，皆惶怖，忧念妻孥，欲散归诸城。光武议曰：“今兵谷既少，而外寇强大，并力御之，功庶可立；如欲分散，势无俱全。且宛城未拔，不能相救，昆阳即破，一日之间，诸部亦灭矣。今不同心胆共举功名，反欲守妻子财物邪？”诸将怒曰：“刘将军何敢如是！”光武笑而起。会候骑还，言大兵且至城北，军陈数百里，不见其后，诸将遽相谓曰：“更请刘将军计之。”光武复为图画成败。诸将忧迫，皆曰：“诺”。时城中唯有八九千人，光武乃使成国上公王凤、廷尉大将军王常留守，夜自与骠骑大将军宗佻、五威将军李轶等十三骑，出城南门，于外收兵。时莽军到城下者且十万，光武几不得出。既到郾、定陵，悉发诸营兵，而诸将贪惜财货，欲分留守之。光武曰：“今若破敌，珍宝万倍，大功可成；如为所败，首领无余，何财物之有！”众乃从。

严尤说王邑曰：“昆阳城小而坚，今假号者在宛，亟进大兵，彼必奔走；宛败，昆阳自服。”邑曰：“吾昔以虎牙将军围翟义，坐不生得，以见责让。今将百万之众，遇城而不能下，何谓邪？”遂围之数十重，列营百数，云车十余丈，瞰临城中，旗帜蔽野，埃尘连天，钲鼓之声闻数百里。或为地道，冲棚橦城。积弩乱发，矢下如雨，城中负户而汲。王凤等乞降，不许。寻、邑自以为功在漏刻，意气甚逸。夜有流星坠营中，昼有云如环山，当营而陨，不及地尺而散，吏士皆厌伏。

六月己卯，光武遂与营部俱进，自将步骑千余，前去大军四五里而陈。寻、邑亦遣兵数千合战。光武奔之，斩首数十级。诸部喜曰：“刘将军平生见小敌怯，今见大敌勇，甚可怪也！且复居前，请助将军！”光武复进，寻、邑兵却，诸部共乘之，斩首数百千级。连胜，遂前。时伯升拔宛已三日，而光武尚未知，乃伪使持书报城中，云：“宛下兵到，”而阳堕其书。寻、邑得之，不喜。诸将既经累捷，胆气益壮，无不一当百。光武乃与敢死者三千人，从城西水上冲其中坚，寻、邑陈乱，乘锐崩之，遂杀王寻。城中亦鼓噪而出，中外合势，震呼动天地，莽兵大溃，走者相腾践，奔殪百余里间。会大雷风，屋瓦皆飞，雨下如注，滍川盛溢，虎豹皆股战，士卒争赴，溺死者以万数，水为不流。王邑、严尤、陈茂轻骑乘死人渡水逃去。尽获其军实辎重、车甲珍宝，不可胜算，举之连月不尽，或燔烧其余。

光武因复徇下颍阳。会伯升为更始所害，光武自父城驰诣宛谢。司徒官属迎吊光武，光武难交私语，深引过而已。未尝自伐昆阳之功，又不敢为伯升服丧，饮食言笑如平常。更始以是惭，拜光武为破虏大将军，封武信侯。

九月庚戌，三辅豪杰共诛王莽，传首诣宛。更始将北都洛阳，以光武行司隶校尉，使前整修宫府。于是置僚属，作文移，从事司察，一如旧章。时三辅吏士东迎更始，见诸将过，皆冠帻，而服妇人衣，诸于绣镼，莫不笑之，或有畏而走者。及见司隶僚属，皆欢喜不自胜。老吏或垂涕曰："不图今日复见汉官威仪！"由是识者皆属心焉。

及更始至洛阳，乃遣光武以破虏将军行大司马事。十月，持节北度河，镇慰州郡。所到部县，辄见二千石、长吏、三老、官属，下至佐史，考察黜陟，如州牧行部事。辄平遣囚徒，除王莽苛政，复汉官名。吏人喜悦，争持牛酒迎劳。进至邯郸，故赵缪王子林说光武曰："赤眉今在河东，但决水灌之，百万之众可使为鱼。"光武不答，去之真定。林于是乃诈以卜者王郎为成帝子子舆，十二月，立郎为天子，都邯郸，遂遣使者降下郡国。

二年正月，光武以王郎新盛，乃北徇蓟。王郎移檄购光武十万户，而故广阳王子刘接起兵蓟中以应郎，城内扰乱，转相惊恐，言邯郸使者方到，二千石以下皆出迎。于是光武趣驾南辕，晨夜不敢入城邑，舍食道旁。至饶阳，官属皆乏食。光武乃自称邯郸使者，入传舍。传吏方进食，从者饥，争夺之。传吏疑其伪，乃椎鼓数十通，绐言邯郸将军至，官属皆失色。光武升车欲驰，既而惧不免，徐还坐，曰："请邯郸将军入。"久乃驾去。传中人遥语门者闭之。门长曰："天下讵可知，而闭长者乎？"遂得南出。晨夜兼行，蒙犯霜雪，天时寒，面皆破裂。至呼沱河，无船，适遇冰合，得过，未毕数车而陷，进至下博城西，遑惑不知所之。有白衣老父在道旁，指曰："努力！信都郡为长安守，去此八十里。"光武即驰赴之，信都太守任光开门出迎。世祖因发旁县，得四千人，先击堂阳、贯县，皆降之。王莽和成卒正邳彤亦举郡降。又昌城人刘植，宋子人耿纯，各率宗亲子弟，据其县邑，以奉光武。于是北降下曲阳，众稍合，乐附者至有数万人。复北击中山，拔卢奴。所过发奔命兵，移檄边部，共击邯郸，郡县还复响应。南击新市、真定、元氏、防子，皆下之，因入赵界。

时，王郎大将李育屯柏人，汉兵不知而进，前部偏将朱浮、邓禹为育所破，亡失辎重。光武在后闻之，收浮、禹散卒，与育战于郭门，大破之，尽得其所获。

育还保城，攻之不下，于是引兵拔广河，会上谷太守耿况、渔阳太守彭宠各遣其将吴汉、寇恂等将突骑来助击王郎，更始亦遣尚书仆射谢躬讨郎，光武因大飨士卒，遂东围钜鹿。王郎守将王饶坚守，月余不下。郎遣将倪宏、刘奉率数万人救钜鹿，光武逆战于南䜌，斩首数千级。四月，进围邯郸，连战破之。五月甲辰，拔其城，诛王郎。收文书，得吏人与郎交关谤毁者数千章。光武不省，会诸将军烧之，曰："令反侧子自安。"

更始遣侍御史持节立光武为萧王，悉令罢兵诣行在所。光武辞以河北未平，不就征。自是始贰于更始。

是时长安政乱，四方背叛。梁王刘永擅命睢阳，公孙述称王巴蜀，李宪自立为淮南王，秦丰自号楚黎王，张步起琅邪，董宪起东海，延岑起汉中，田戎起夷陵，并置将帅，侵略郡县。又别号诸贼铜马、大彤、高湖、重连、铁胫、大抢、尤来、上江、青犊、五校、檀乡、五幡、五楼、富平、获索等，各领部曲，众合数百万人，所在寇掠。

光武将击之，先遣吴汉北发十郡兵。幽州牧苗曾不从，汉遂斩曾而发其众。秋，光武击铜马于鄡，吴汉将突骑来会清阳。贼数挑战，光武坚营自守，有出掳掠者，辄击取之，绝其粮道。积月余日，贼食尽，夜遁去，追至馆陶，大破之。受降未尽，而高湖、重连从东南来，与铜马余众合，光武复与大战于蒲阳，悉破降之，封其渠帅为列侯。降者犹不自安，光武知其意，敕令各归营勒兵，乃自乘轻骑按行部陈。降者更相语曰："萧王推赤心置人腹中，安得不投死乎！"由是皆服。悉将降人分配诸将，众遂数十万，故关西号光武为"铜马帝"。

赤眉别帅与大彤、青犊十余万众在射犬，光武进击，大破之，众皆散走。使吴汉、岑彭袭杀谢躬于邺。

青犊、赤眉贼入函谷关，攻更始。光武乃遣邓禹率六裨将引兵而西，以趁更始、赤眉之乱。时更始使大司马朱鲔、舞阴王李轶等屯洛阳，光武亦令冯异守孟津以拒之。

建武元年春正月，平陵人方望立前孺子刘婴为天子，更始遣丞相李松击斩之。光武北击尤来、大抢、五幡于元氏，追至右北平，连破之。又战于顺水北，乘胜轻进，反为所败。贼追急，短兵接，光武自投高岸，遇突骑王丰，下马授光武，光武抚其肩而上，顾笑谓耿弇曰："几为虏嗤。"弇频射却贼，得免。士卒死者数千人，散兵归保范阳。军中不见光武，或云已殁，诸将不知所为。吴汉曰："卿曹努力！王兄子在南阳。何忧无主？"众恐惧，数日乃定。贼虽战胜，而素慑大威，客主不相知，夜遂引去。大军复进至安次，与战，破之，斩首三千余级。贼入渔阳，乃遣吴汉率耿弇、陈俊、马武等十二将军追战于潞东，及平谷，大破灭之。

朱鲔遣讨难将军苏茂功温，冯异、寇恂与战，大破之，斩其将贾强。于是诸将议上尊号。马武先进曰："天下无主。如有圣人承敝而起，虽仲尼为相，孙子为将，犹恐无能有益。反水不收，后悔无及。大王虽执谦退，奈宗庙社稷何！宜且还蓟即尊位，乃议征伐。今此谁贼而驰骛击之乎？"光武惊曰："何将军出是言？可斩也！"武曰："诸将尽然。"光武使出晓之，乃引军还至蓟。

夏四月，公孙述自称天子。光武从蓟还，过范阳，命收葬吏士。至中山，诸将复上奏曰："汉遭王莽，宗庙废绝，豪杰愤怒，兆人涂炭。王与伯升首举义兵，更始因其资以据帝位，而不能奉承大统，败乱纲纪，盗贼日多，群生危蹙。大王初征昆阳，王莽自溃；后拔邯郸，北州弭定；参分天下而有其二，跨州据土，带甲百万。言武力则莫之敢抗，论文德则无所与辞。臣闻帝王不可以久旷；天命不可以谦拒，惟大王以社稷为计，万姓为心。"光武又不听。行到南平棘，诸将复固请之。光武曰："寇贼未平，四面受敌，何遽欲正号位乎？诸将且出。"耿纯进曰："天下士大夫捐亲戚，弃土壤，从大王于矢石之间者，其计固望其攀龙鳞，附凤翼，以成其所志耳。今功业即定，天人亦应，而大王留时逆众，不正号位，纯恐士大夫望绝计穷，则有去归之思，无为久自苦也。大众一散，难可复合。时不可留，众不可逆。"纯言甚诚切，光武深感，曰："吾将思之。"

行至鄗，光武先在长安时同舍生强华自关中奉《赤伏符》，曰："刘秀发兵捕不道，四夷云集龙斗野，四七之际火为主。"群臣因复奏曰："受命之符，人应为大，万里合信，不议同情，周之白鱼，曷足比焉？今上无天子，海内淆乱，符瑞之应，昭然著闻，宜答天神，以塞群望。"光武于是命有司设坛场于鄗南千秋亭五成陌。

六月己未，即皇帝位。燔燎告天，禋于六宗，望于群神。其祝文曰："皇天上帝，后土神祇，眷顾降命，属秀黎元，为人父母，秀不敢当。群下百辟，不谋同辞，咸曰：'王莽篡位，秀发愤兴兵，破王寻、王邑于昆阳，诛王郎、铜马于河北，平定天下，海内蒙恩。上当天地之心，下为元元所归。'谶记曰：'刘秀发兵捕不道，卯金修德为天子。'秀犹固辞，至于再，至于三。群下佥曰：'皇天大命，不可稽留。'敢不敬承。"于是建元为建武，大赦天下，改鄗为高邑。

是月，赤眉立刘盆子为天子。

甲子，前将军邓禹击更始定国公王匡于安邑，大破之，斩其将刘均。秋七月辛未，拜前将军邓禹为大司徒。丁丑，以野王令王梁为大司空。壬午，以大将军吴汉为大司马，偏将军景丹为骠骑大将军，大将军耿弇为建威大将军，偏将军盖延为虎牙大将军，偏将军朱祐为建义大将军，中坚将军杜茂为大将军。时宗室刘茂自号"厌新将军"，率众降，封为中山王。

己亥，幸怀。遣耿弇率强弩将军陈俊军五社津，备荥阳以东。使吴汉率朱祐及廷尉岑彭、执金吾贾复、扬化将军坚镡等十一将军围朱鲔于洛阳。

八月壬子，祭社稷。癸丑，祠高祖、太宗、世宗于怀宫。进幸河阳。更始廪丘王田立降。

九月，赤眉入长安，更始奔高陵。辛未，诏曰："更始破败，弃城逃走，妻子裸袒，流冗道路。朕甚愍之。今封更始为淮阳王。吏人敢有贼害者，罪同大逆。"甲申，以前密令卓茂为太傅。辛卯，朱鲔举城降。

冬十月癸丑，车驾入洛阳，幸南宫却非殿，遂定都焉。遣岑彭击荆州群贼。

十一月甲午，幸怀。刘永自称天子。十二月丙戌，至自怀。

赤眉杀更始，而隗嚣据陇右，卢芳起安定。破虏大将军叔寿击五校贼于曲梁，战殁。

二年春正月甲子朔，日有食之。大司马吴汉率九将军击檀乡贼于邺东，大破降之。庚辰，封功臣皆为列侯，大国四县，余各有差。下诏曰："人情得足，苦于放纵，快须臾之欲，忘慎罚之义。惟诸将业远功大，诚欲传于无穷，宜如临深渊，如履薄冰，战战栗栗，日慎一日，其显效未訓，各籍未立者，大鸿胪趣上，朕将差而录之。"博士丁恭议曰："古帝王封诸侯不过百里，故利以建侯，取法于雷，强干弱枝，所以为治也。今封诸侯四县，不合法制。”帝曰：“古之亡国，皆以无道，未尝闻功臣地多而灭亡者。”乃遣谒者即授印绶，策曰：“在上不骄，高而不危；制节谨度，满而不溢。敬之戒之。传尔子孙，长为汉藩。”壬午，更始复汉将军邓晔、辅汉将军于匡降，皆复爵位。壬子，起高庙，建社稷于洛阳，立郊兆于城南，始正火德，色尚赤。

是月，赤眉焚西京宫室，发掘园陵，寇掠关中。大司徒邓禹入长安，遣府掾奉十一帝神主，纳于高庙。

真定王杨、临邑侯让谋反，遣前将军耿纯诛之。二月己酉，幸修武。大司空王梁免。壬子，以太中大夫宋弘为大司空。遣骠骑大将军景丹率征虏将军祭遵等二将军击弘农贼，破之，因遣祭遵围蛮中贼张满。渔阳太守彭宠反，攻幽州牧朱浮于蓟。延岑自称武安王于汉中。辛卯，至自修武。

三月乙未，大赦天下，诏曰：“顷狱多冤人，用刑深刻，朕甚愍之。孔子云：‘刑罚不中，则民无所措手足。’其与中二千石、诸大夫、博士、议郎议省刑法。”

遣执金吾贾复率二将军击更始郾王尹遵，破降之。

骁骑将军刘植击密贼，战殁。遣虎牙大将军盖延率四将军伐刘永。夏四月，围永于睢阳。更始将苏茂杀淮阳太守潘蹇而附刘永。

甲午，封叔父良为广阳王，兄子章为太原王，章弟兴为鲁王，春陵侯嫡子祉为城阳王。五月庚辰，封更始元氏王歙为泗水王，故真定王杨子得为真定王，周后姬常为周承休公。癸未，诏曰：“民有嫁妻卖子欲归父母者，恣听之。敢拘执，论如律。”

六月戊戌，立贵人郭氏皇后，子强为皇太子，大赦天下。增郎、谒者、从官秩各一等。丙午，封宗子刘终为淄川王。

秋八月，帝自将征五校。丙辰，幸内黄，大破五校于羛阳，降之。

遣游击将军邓隆救朱浮，与彭宠战于潞，隆军败绩。盖延拔睢阳，刘永奔谯。破虏将军邓奉据淯阳反。

九月壬戌，至自内黄。骠骑大将军景丹薨。延岑大破赤眉于杜陵。关中饥，民相食。

冬十一月，以廷尉岑彭为征南大将军，率八将军讨邓奉于堵乡。铜马、青犊、尤来余贼共立孙登为天子于上郡。登将乐玄杀登，以其众五万余人降。遣偏将军冯异代邓禹伐赤眉。使太中大夫伏隆持节安辑青、徐二州，招张步降之。

十二月戊午，诏曰："惟宗室列侯为王莽所废，先灵无所依归，朕甚愍之。其并复故国。若侯身已歿，属所上其子孙见名尚书，封拜。"是岁，盖延等大破刘永于沛西。初，王莽末，天下旱蝗，黄金一斤易粟一斛；至是野谷旅生，麻菽尤盛，野蚕成茧，被于山阜，人收其利焉。

三年春正月甲子，以偏将军冯异为征西大将军，杜茂为骠骑大将军。大司徒邓禹及冯异与赤眉战于回溪，禹、异败绩。征虏将军祭遵破蛮中，斩张满。辛巳，立皇考南顿君已上四庙。壬午，大赦天下。闰月乙巳，大司徒邓禹免。

冯异与赤眉战于崤底，大破之，余众南向宜阳，帝自将征之。己亥，幸宜阳。甲辰，亲勒六军，大陈戎马，大司马吴汉精卒当前，中军次之，骁骑、武卫分陈左右。赤眉望见震怖，遣使乞降。丙午，赤眉君臣面缚，奉高皇帝玺绶，诏以属城门校尉。戊申，至自宜阳。己酉，诏曰："群盗纵横，贼害元元，盆子窃尊号，乱惑天下。朕奋兵讨击，应时崩解，十余万众束手降服，先帝玺绶归之王府。斯皆祖宗之灵，士人之力，朕曷足以享斯哉！其择吉日祠高庙，赐天下长子当为父后者爵，人一级。"

二月己未，祠高庙，受传国玺。刘永立董宪为海西王，张步为齐王。步杀光禄大夫伏隆而反。幸怀，遣吴汉率二将军击青犊于轵西，大破降之。

三月壬寅，以大司徒司直伏湛为大司徒。彭宠陷蓟城，宠自立为燕王。帝自将征邓奉，幸堵阳。夏四月，大破邓奉于小长安，斩之。冯异与延岑战于上林，破之。吴汉率七将军与刘永将苏茂战于广乐，大破之。虎牙大将军盖延围刘永于睢阳。

五月已酉，车驾还宫。乙卯晦，日有食之。

六月壬戌，大赦天下。耿弇与延岑战于穰，大破之。

秋七月，征南大将军岑彭率三将军伐秦丰，战于黎丘，大破之，获其将蔡宏。

庚辰，诏曰："吏不满六百石，下至墨绶长、相，有罪先请。男子八十以上，十岁以下，及妇人从坐者，自非不道、诏所名捕，皆不得系。当验问者即就验。女徒雇山归家。"

盖延拔睢阳，获刘永，而苏茂、周建立永子纡为梁王。

冬十月壬申，幸舂陵，祠园庙，因置酒旧宅，大会故人父老。十一月乙未，至自舂陵。涿郡太守张丰反。

是岁，李宪自称天子。西州大将军隗嚣奉奏。建义大将军朱祐率祭遵与延岑战于东阳，斩其将张成。

四年春正月甲申，大赦天下。二月壬子，幸怀。壬申，与至自怀。

遣右将军邓禹率二将军与延岑战于武当，破之。

夏四月丁巳，幸邺。己巳，进幸临平。遣大司马吴汉击五校贼于箕山，大破之。

五月，进幸元氏。辛巳，进幸卢奴。遣征虏将军祭遵率四将军讨张丰于涿郡，斩丰。

六月辛亥，车驾还宫。

七月丁亥，幸谯。遣捕虏将军马武、偏将军王霸围刘纡于垂惠。董宪将贲休以兰陵城降，宪围之。虎牙大将军盖延率平狄将军庞萌救贲休，不克，兰陵为宪所陷。

秋八月戊午，进幸寿春。太中大夫徐恽擅杀临淮太守刘度，恽坐诛。遣扬武将军马成率三将军伐李宪。九月，围宪于舒。

冬十月甲寅，车驾还宫。太傅卓茂薨。

十一月丙申，幸宛。遣建义大将军朱祐率二将军围秦丰于黎丘。十二月丙寅，进幸黎丘。

是岁，征西大将军冯异与公孙述将程焉战于陈仓，破之。

五年春正月癸巳，车驾还宫。二月丙午，大赦天下。

捕虏将军马武、偏将军王霸拔垂惠。乙丑，幸魏郡。壬申，封殷后孔安为殷绍嘉公。

彭宠为其苍头所杀，渔阳平。

大司马吴汉率建威大将军耿弇击富平、获索贼于平原，大破降之。夏遣耿弇率二将军讨张步。

三月癸未，徙广阳王良为赵王，始就国。平狄将军庞萌反，杀楚郡太守孙萌而东附董宪。

遣征南大将军岑彭率二将军伐田戎于津乡，大破之。

夏四月，旱、蝗。河西大将军窦融始遣使贡献。

五月丙子，诏曰："久旱伤麦，秋种未下，朕甚忧之。将残吏未胜，狱多冤结，元元愁恨，感动天气乎？其令中都官、三辅、郡、国出系囚，罪非犯殊死一切勿案，见徒免为庶人。务进柔良，退贪酷，各正厥事焉。”

六月，建义大将军朱祐拔黎丘，获秦丰；而庞萌、苏茂围桃城。帝时幸蒙，因自将征之。先理兵任城，乃进救桃城，大破萌等。

秋七月丁丑，幸沛，祠高原庙。诏修复西京园陵。进幸湖陵，征董宪。又幸蕃，遂攻董宪于昌虑，大破之。

八月己酉，进幸郯，留吴汉攻刘纡、董宪等，车驾转徇彭城、下邳。吴汉拔郯，获刘纡；汉进围董宪、庞萌于朐。

冬十月，还，幸鲁，使大司空祠孔子。

耿弇等与张步战于临淄，大破之。帝幸临淄，进幸剧。张步斩苏茂以降，齐地平。

初起太学。车驾还宫，幸太学，赐博士弟子各有差。

十一月壬寅，大司徒伏湛免，尚书令侯霸为大司徒。

十二月，卢苏自称天子于九原。西州大将军隗嚣遣子恂入侍。交阯牧邓让率七郡太守遣使奉贡。诏复济阳二年徭役。是岁，野谷渐少，田亩益广焉。

六年春正月丙辰，改舂陵乡为章陵县。世世复徭役，比丰、沛，无有所豫。辛酉，诏曰：“往岁水、旱、蝗虫为灾，谷价腾跃，人用困乏。朕惟百姓无以自赡，恻然愍之。其命郡国有谷者，给禀高年、鳏、寡、孤、独及笃癃、无家属贫不能自存者，如《律》。二千石勉加循抚，无令失职。”扬武将军马成等拔舒，获李宪。

二月，大司马吴汉拔朐，获董宪、庞萌，山东悉平。诸将还京师，置酒赏赐。

三月，公孙述遣将任满寇南郡。

夏四月丙子，幸长安，始谒高庙，遂有事十一陵。遣虎牙大将军盖延等七将军从陇道伐公孙述。

五月己未，至自长安。

隗嚣反，盖延等因与嚣战于陇阺，诸将败绩。

辛丑，诏曰：“惟天水、陇西、安定、北地吏人为隗嚣所诖误者，又三辅遭难赤眉，有犯法不道者，自殊死以下，皆赦除之。”

六月辛卯，诏曰：“夫张官置吏，所以为人也。今百姓遭难，户口耗少，而县官吏职所置尚繁，其令司隶、州牧各实所部，省减吏员。县国不足置长吏可并合者，上大司徒、大司空二府。”于是条奏并省四百余县，吏职减损，十置其一。

代郡太守刘兴击卢芳将贾览于高柳，战殁。初，乐浪人王调据郡不服。秋，遣乐浪太守王遵击之，郡吏杀调降。

遣前将军李通率二将军，与公孙述将战于西城，破之。

夏，蝗。

秋九月庚子，赦乐浪谋反大逆殊死已下。丙寅晦，日有食之。

冬十月丁丑，诏曰："吾德薄不明，寇贼为害，强弱相陵，元元失所。《诗》云：'日月告凶，不用其行。'永念厥咎，内疚于心。其敕公卿举贤良、方正各一人；百僚并上封事，无有隐讳；有司修职，务遵法度。"

十一月丁卯，诏王莽时吏人没入为奴婢不应旧法者，皆免为庶人。

十二月壬辰，大司空宋弘免。癸巳，诏曰："顷者师旅未解，用度不足，故行什一之税。今军士屯田，粮储差积。其令郡国收见田租三十税一，如旧制。"隗嚣遣将行巡寇扶风，征西大将军冯异拒破之。

是岁，初罢郡国都尉官，始遣列侯就国。匈奴遣使来献，使中郎将报命。

七年春正月丙申，诏中都官、三辅、郡、国出系囚，非犯殊死，皆一切勿案其罪。见徒免为庶人。耐罪亡命，吏以文除之。

又诏曰："世以厚葬为德，薄终为鄙，至于富者僭，贫者单财，法令不能禁，礼义不能止，仓促乃知其咎。其布告天下，令知忠臣、孝子、慈兄、悌弟薄葬送终之义。"

二月辛巳，罢护漕都尉官。

三月丁酉，诏曰："今国有众军，并多精勇，宜且罢轻车、骑士、材官、楼船士及军假吏，令还复民伍。"公孙述立隗嚣为朔宁王。

癸亥晦，日有食之，避正殿，寝兵，不听事五日。诏曰："吾德薄致灾，谪见日月，战栗恐惧，夫何言哉！今方念愆，庶消厥咎。其令有司各修职任，奉遵法度，惠兹元元。百僚各上封事，无有所讳。其上书者，不得言圣。"

夏四月壬午，诏曰："比阴阳错谬，日月薄食。百姓有过，在予一人，大赦天下。公、卿、司隶、州牧举贤良、方正各一人，遣诣公车，朕将览试焉。"

五月戊戌，前将军李通为大司空。甲寅，诏吏人遭饥乱及为青、徐贼所略为奴婢下妻，欲去留者，恣听之。敢拘制不还，以卖人法从事。

是夏，连雨水。汉忠将军王常为横野大将军。

八月丁亥，封前河间王邵为河间王。隗嚣寇安定，征西大将军冯异、征虏将军祭遵击却之。

冬，卢芳所置朔方太守田飒、云中太守乔扈各举郡降。是岁，省长水、射声二校尉官。

八年春正月，中郎将来歙袭略阳，杀隗嚣守将而据其城。夏四月，司隶校尉傅抗下狱死。隗嚣攻来歙，不能下。闰月，帝自征嚣，河西太守大将军窦融率五郡太守与车驾会高平。陇右溃，隗嚣奔西城，遣大司马吴汉、征南大将军岑彭围之；进幸上邽，不降，命虎牙大将军盖延、建威大将军耿弇攻之。颍川盗贼寇没属县，河东守守兵亦叛，京师骚动。

秋，大水。八月，帝自上邽晨夜东驰。九月乙卯，车驾还宫。庚申，帝自征颍川盗贼，皆降。安丘侯张步叛归琅邪，琅邪太守陈俊讨获之。戊寅，至自颍川。

冬十月丙午，幸怀。十一月乙丑，至自怀。

公孙述遣兵救隗嚣，吴汉、盖延等还军长安。天水、陇西复反归嚣。

十二月，高句丽王遣使奉贡。是岁大水。

九年春正月，隗嚣病死，其将王元、周宗复立嚣子纯为王。徙雁门吏人于太原。

三月辛亥，初置青巾左校尉官。公孙述遣将田戎、任满据荆门。

夏六月丙戌，幸缑氏，登轘辕。遣大司马吴汉率四将军击卢芳将贾览于高柳，战不利。

秋八月，遣中郎将来歙监征西大将军冯异等五将军讨隗纯于天水。骠骑大将军杜茂与贾览战于繁畤，茂军败绩。是岁，省关都尉，复置护羌校尉官。

十年春正月，大司马吴汉率捕虏将军王霸等五将军击贾览于高柳，匈奴遣骑救览，诸将与战，却之。修理长安高庙。

夏，征西大将军冯异破公孙述将赵匡于天水，斩之。征西大将军冯异薨。

秋八月己亥，幸长安，祠高庙，遂有事十一陵。戊戌，进幸汧。隗嚣将高峻降。

冬十月，中郎将来歙等大破隗纯于落门，其将王元奔蜀，纯与周宗降，陇右平。

先零羌寇金城、陇西，来歙率诸将击羌于五溪，大破之。

庚寅，车驾还宫。是岁，省定襄郡，徙其民于西河。泗水王歙薨。淄川王终薨。

十一年春二月己卯，诏曰："天地之性人为贵。其杀奴婢，不得减罪。"

三月己酉，幸南阳；还，幸章陵，祠园陵。城阳王祉薨。庚午，车驾还宫。

闰月，征南大将军岑彭率三将军与公孙述将田戎、任满战于荆门，大破之，获任满。威虏将军冯骏围田戎于江州，岑彭遂率舟师伐公孙述，平巴郡。

夏四月丁卯，省大司徒司直官。先零羌寇临洮。

六月，中郎将来歙率扬武将军马成破公孙述将王元、环安于下辩。安遣间人刺杀中郎将来歙。帝自将征公孙述。秋七月，次长安。八月，岑彭破公孙述将侯丹于黄石。辅威将军臧宫与公孙述将延岑战于沈水，大破之。王元降。至自长安。癸亥，诏曰："敢炙灼奴婢，论如律，免所炙灼者为庶。"

冬十月壬午，诏除奴婢射伤人弃市律。

公孙述遣间人刺杀征南大将军岑彭。马成平武都，因陇西太守马援击破先零羌，徙致天水、陇西、扶风。十二月，大司马吴汉率舟师伐公孙述。

是岁，省朔方牧，并并州。初断州牧自还奏事。

十二年春正月，大司马吴汉与公孙述将史兴战于武阳，斩之。

三月癸酉，诏陇、蜀民被略为奴婢自讼者，及狱官未报，一切免为庶。夏，甘露降南行唐。六月，黄龙见东阿。

秋七月，威虏将军冯骏拔江州，获田戎。九月，吴汉大破公孙述将谢丰于广都，斩之。辅威将军臧宫拔涪城，斩公孙恢。大司空李通罢。

冬十一月戊寅，吴汉、臧宫与公孙述战于成都，大破之。述被创，夜死。辛巳，吴汉屠成都，夷述宗族及延岑等。

十二月辛卯，扬武将军马成行大司空事。

是岁，九真徼外蛮夷张游率种人内属，封为归汉里君。省金城郡属陇西。参狼羌寇武都，陇西太守马援讨降之。诏边吏力不足战则守，追虏料敌不拘以逗留法。横野大将军王常薨。遣骠骑大将军杜茂将众郡施刑屯北边，筑亭候，修烽燧。

十三年春正月庚申，大司徒侯霸薨。戊子，诏曰："往年已敕郡国，异味不得有所献御，今犹未止，非徒有豫养导择之劳，至乃烦扰道上，疲费过所。其令太官勿复受。明敕下以远方口实所以荐宗庙，自如旧制。"

二月，遣捕虏将军马武屯虖沱河以备匈奴。卢芳自五原亡入匈奴。丙辰，诏曰："长沙王兴、真定王得、河间王邵、中山王茂，皆袭爵为王，不应经义。其以兴为临湘侯，得为真定侯，邵为乐成侯，茂为单父侯。"其宗室及绝国封侯者凡一百三十七人。丁巳，降赵王良为赵公，太原王章为齐公，鲁王兴为鲁公。庚午，以殷绍嘉公孔安为宋公，周承休公姬武为卫公。省并西京十三国：广平属钜鹿，真定属常山，河间属信都，城阳属琅邪，泗水属广陵，淄川属高密，胶东属北海，六安属庐江，广阳属上谷。

三月辛未，沛郡太守韩歆为大司徒。丙子，行大司空马成罢。

夏四月，大司马吴汉自蜀还京师，于是大飨将士，班劳策勋。功臣增邑更封，凡三百六十五人。其外戚恩泽封者四十五人。罢左右将军官。建威大将军耿弇罢。

益州传送公孙述瞽师、郊庙乐器、葆车、舆辇，于是法物始备。时兵革既息，天下少事，文书调役，务从简寡，至乃十存一焉。

甲寅，冀州牧窦融为大司空。

五月，匈奴寇河东。秋七月，广汉徼外白马羌豪率种人内属。九月，日南徼外蛮夷献白雉、白兔。

冬十二月甲寅，诏益州民自八年以来被略为奴婢者，皆一切免为庶人；或依托为人下妻，欲去者，恣听之；敢拘留者，比青、徐二州以略人法从事。复置金城郡。

十四年春正月，起南宫前殿。匈奴遣使奉献，使中郎将报命。

夏四月辛巳，封孔子后志为褒成侯。越巂人任贵自称太守，遣使奉计。秋九月，平城人贾丹杀卢芳将尹由来降。是岁，会稽大疫。莎车国、鄯善国遣使奉献。

十二月癸卯，诏益、凉二州奴婢，自八年以来自讼在所官，一切免为庶人，卖者无还直。

十五年春正月辛丑，大司徒韩歆免，自杀。丁未，有星孛于昴。汝南太守欧阳歙为大司徒。建义大将军朱祐罢。丁未，有星孛于营室。

二月，徙雁门、代郡、上谷三郡民，置常山关、居庸关以东。

初，巴蜀既平，大司马吴汉上书请封皇子，不许，重奏连岁。三月，乃诏群臣议。大司空融、固始侯通、胶东侯复、高密侯禹、太常登等奏议曰："古者封建诸侯，以藩屏京师。周封八百，同姓诸姬并为建国，夹辅王室，尊事天子，享国永长，为后世法。故《诗》云：'大启尔宇，为周室辅。'高祖圣德，光有天下，亦务亲亲，封立兄弟诸子，不违旧章。陛下德横天地，兴复宗统，褒德赏勋，亲睦九族，功臣宗室，咸蒙封爵，多受广地，或连属县。今皇子赖天，能胜衣趋拜，陛下恭谦克让，抑而未议，群臣百姓，莫不失望。宜因盛夏吉时，定号位，以广藩辅，明亲亲，尊宗庙，重社稷，应古合旧，厌塞众心。臣请大司空上舆地图，太常择吉日，具礼仪。"制曰："可。"

夏四月戊申，以太牢告祠宗庙。丁巳，使司空融告庙，封皇子辅为右翊公，英为楚公，阳为东海公，康为济南公，苍为东平公，延为淮阳公，荆为山阳公，衡为临淮公，焉为左翊公，京为琅邪公。癸丑，追谥兄伯升为齐武公，兄仲为鲁哀公。

六月庚午，复置屯骑、长水、射声三校尉官；改青巾左校尉为越骑校尉。诏下州郡检核垦田顷亩及户口年纪，又考实二千石长吏阿枉不平者。冬十一月甲戌，大司徒欧阳歙下狱死。十二月庚午，关内侯戴涉为大司徒。卢芳自匈奴入居高柳。是岁，骠骑大将军杜茂免。虎牙大将军盖延薨。

十六年春二月，交阯女子征侧反，略有城邑。三月辛丑晦，日有食之。

秋九月，河南尹张伋及诸郡守十余人，坐度田不实，皆下狱死。

郡国大姓及兵长、群盗处处并起，攻劫在所，害杀长吏。郡县追讨，到则解散，去复屯结。青、徐、幽、冀四州尤甚。冬十月，遣使者下郡国，听群盗自相纠擿，五人共斩一人者，除其罪。吏虽逗留回避故纵者，皆勿问，听以禽讨为效。其牧守令长坐界内盗贼而不收捕者，又以畏愞捐城委守者，皆不以为负，但取获贼多少为殿最，唯蔽匿者乃罪之。于是更相追捕，贼并解散。徙其魁帅于它郡，赋田受禀，使安生业。自是牛马放牧，邑门不闭。卢芳遣使乞降，十二月甲辰，封芳为代王。

初，王莽乱后，货币杂用布、帛、金、粟。是岁，始行五铢钱。

十七年春正月，赵公良薨。二月乙未晦，日有食之。

夏四月乙卯，南巡狩，皇太子及右翊公辅、楚公英、东海公阳、济南公康、东平公苍从，幸颍川，进幸叶、章陵。五月乙卯，车驾还宫。六月癸巳，临淮公衡薨。秋七月，妖巫李广等群起据皖城，遣虎贲中郎将马援、骠骑将军段志讨之。九月，破皖城，斩李广等。冬十月辛巳，废皇后郭氏为中山太后，立贵人阴氏为皇后。进右翊公辅为中山王，食常山郡。其余九国公，皆即旧封进爵为王。

甲申，幸章陵。修园庙，祠旧宅，观田庐，置酒作乐，赏赐。时宗室诸母因酣悦，相与语曰："文叔少时谨信，与人不款曲，唯直柔耳，今乃能如此！"帝闻之，大笑曰："吾理天下，亦欲以柔道行之。"乃悉为春陵宗室起祠堂。有五凤凰见于颍川之郏县。十二月，至自章陵。是岁，莎车国遣使贡献。

十八年春二月，蜀郡守将史歆叛，遣大司马吴汉率二将军讨之，围成都。

甲寅，西巡狩，幸长安。

三月壬午，祠高庙，遂有事十一陵。历冯翊界，进幸蒲坂，祠后土。

夏四月癸酉，车驾还宫。

甲戌，诏曰："今边郡盗谷五十斛，罪至于死，开残吏妄杀之路，其蠲除此法，同之内郡。"

遣伏波将军马援率楼船将军段志等击交阯贼征侧等。

甲申，幸河内。戊子，至自河内。五月，旱。卢芳复亡入匈奴。

秋七月，吴汉拔成都，斩史歆等。壬戌，赦益州所部殊死已下。

冬十月庚辰，幸宜城。还，祠章陵。

十二月乙丑，车驾还宫。是岁，罢州牧，置刺史。

十九年春正月庚子，追遵孝宣皇帝曰中宗。始祠昭帝、元帝于太庙，成帝、哀帝、平帝于长安，春陵节侯以下四世于章陵。

妖巫单臣、傅镇等反，据原武，遣太中大夫臧宫围之。夏四月，拔原城，斩臣、镇等。

伏波将军马援破交阯，斩征侧等。因击破九真贼都阳等，降之。

闰月戊申，进赵、齐、鲁三国公爵为王。

六月戊申，诏曰："春秋之义，立子以贵。东海王阳，皇后之子，宜承大统。皇太子强，崇执谦退，愿备藩国。父子之情，重久违之。其以强为东海王，立阳为皇太子，改名庄。"

秋九月，南巡狩。壬申，幸南阳，进幸汝南南顿县舍，置酒会，赐吏人，复南顿田租岁。父老前叩头言："皇考居此日久，陛下识知寺舍，每来辄加厚恩，愿赐复十年。"帝曰："天下重器，常恐不任，日复一日，安敢远期十岁乎？"吏人又言："陛下实惜之，何言谦也？"帝大笑，复增一岁。进幸淮阳、梁、沛。

西南夷寇益州郡，遣武威将军刘尚讨之。越嶲太守任贵谋叛。十二月，刘尚袭贵，诛之。

是岁，复置函谷关都尉。修西京宫室。

二十年春二月戊子，车驾还宫。夏四月庚辰，大司徒戴涉下狱死。大司空窦融免。

五月辛亥，大司马吴汉薨。匈奴寇上党、天水，遂至扶风。

六月庚寅，广汉太守蔡茂为大司徒，太仆朱浮为大司空。壬辰，左中郎将刘隆为骠骑将军，行大司马事。乙未，徙中山王辅为沛王。秋，东夷韩国人率众诣乐浪内附。

冬十月，东巡狩。甲午，幸鲁，进幸东海、楚、沛国。

十二月，匈奴寇天水。壬寅，车驾还宫。是岁，省五原郡，徙其吏人置河东。复济阳县徭役六岁。

二十一年春正月，武威将军刘尚破益州夷，平之。

夏四月，安定属国胡叛，屯聚青山，遣将兵长史陈䜣讨平之。

秋，鲜卑寇辽东，辽东太守祭肜大破之。

冬十月，遣伏波将军马援出塞击乌桓，不克。匈奴寇上谷、中山。

其冬，鄯善王、车师王等十六国皆遣子入侍奉献，愿请都护。帝以中国初定，未遑外事，乃还其侍子，厚加赏赐。

二十二年春闰月丙戌，幸长安，祠高庙，遂有事十一陵。二月己巳，至自长安。夏五月乙未晦，日有食之。

秋七月，司隶校尉苏邺下狱死。

九月戊辰，地震裂。制诏曰："日者地震，南阳尤甚。夫地者，任物至重，静而不动者也。而今震裂，咎在君上。鬼神不顺无德，灾殃将及吏人，朕甚惧焉。其令南阳勿输今年田租刍稿。遣谒者案行，其死罪系囚在戊辰以前，减死罪一等；徒皆弛解钳，衣丝絮。赐郡中居人压死者棺钱，人三千。其口赋逋税而庐宅尤破坏者，勿收责。吏人死亡，或在坏垣毁屋之下，而家羸弱不能收拾者，其以见钱谷取佣，为寻求之。"

冬十月壬子，大司空朱浮免。癸丑，光禄勋杜林为大司空。

是岁，齐王章薨。青州蝗。匈奴奥鞬日逐王比遣使诣渔阳请和亲，使中郎将李茂报命。乌桓击破匈奴，匈奴北徙，幕南地空。诏罢诸边郡亭侯吏卒。

二十三年春正月，南郡蛮叛，遣武威将军刘尚讨破之，徙其种人于江夏。

夏五月丁卯，大司徒蔡茂薨。秋八月丙戌，大司空杜林薨。九月辛未，陈留太守玉况为大司徒。冬十月丙申，太仆张纯为大司空。高句丽率种人诣乐浪内属。

十二月，武陵蛮叛，寇掠郡县，遣刘尚讨之，战于沅水，尚军败殁。

是岁，匈奴奥鞬日逐王比率部曲遣使诣西河内附。

二十四年春正月乙亥，大赦天下。

匈奴奥鞬日逐王比遣使款五原塞，求扞御北虏。

秋七月，武陵蛮寇临沅，遣谒者李嵩、中山太守马成讨蛮，不克，于是伏波将军马援率四将军讨之。诏有司申明旧制阿附蕃王法。

冬十月，匈奴奥鞬日逐王比自立为南单于，于是分为南、北匈奴。

二十五年春正月，辽东徼外貊人寇右北平、渔阳、上谷、太原，辽东太守祭肜招降之。乌桓大人来朝。

南单于遣使诣厥贡献，奉蕃称臣；又遣其左贤王击破北匈奴，却地千余里。三月，南单于遣子入侍。戊申晦，日有食之。伏波将军马援等破武陵蛮于临沅。冬十月，叛蛮悉降。夫余王遣使奉献。是岁，乌桓大人率众内属，诣厥朝贡。

二十六年春正月，诏有司增百官奉。其千石已上，减于西京旧制；六百石已下，增于旧秩。

初作寿陵。将作大匠窦融上言："园陵广袤，无虑所用。"帝曰："古者帝王之葬，皆陶人瓦器，木车茅马，使后世之人不知其处。太宗识终始之义，景帝能述遵孝道，遭天下反覆，而霸陵独完受其福，岂不美哉！令所制地不过二三顷，无为山陵陂池，裁令流水而已。"

遣中郎将段郴授南单于玺绶，令入居云中，始置使匈奴中郎将，将兵卫护之。南单于遣子入侍，奉奏诣厥。于是云中、五原、朔方、北地、定襄、雁门、上谷、代八郡民归于本土。遣谒者分将施刑补理城郭。发遣边民在中国者，布还诸县，皆赐以装钱，转输给食。

二十七年夏四月戊午，大司徒玉况薨。

五月丁丑，诏曰：“昔契作司徒，禹作司空，皆无‘大’名，其令二府去‘大’。”又改大司马为太尉。骠骑大将军行大司马刘隆即日罢，以太仆赵熹为太尉，大司农冯勤为司徒。益州郡徼外蛮夷率种人内属。北匈奴遣使诣武威乞和亲。

冬，鲁王兴、齐王石始就国。

二十八年春正月己巳，徙鲁王兴为北海王，以鲁国益东海。赐东海王强虎贲、旄头、钟虡之乐。

夏六月丁卯，沛太后郭氏薨，因诏郡县捕王侯宾客，坐死者数千人。

秋八月戊寅，东海王强、沛王辅、楚王英、济南王康、淮阳王延始就国。

冬十月癸酉，诏死罪系囚皆一切募下蚕室，其女子宫。北匈奴遣使贡献，乞和亲。

二十九年春二月丁巳朔，日有食之。遣使者举冤狱，出系囚。庚申，赐天下男子爵，人二级；鳏、寡、孤、独、笃癃、贫不能自存者粟，人五斛。

夏四月乙丑，诏令天下系囚自殊死已下及徒各减本罪一等，其余赎罪输作各有差。

三十年春正月，鲜卑大人内属，朝贺。

二月，东巡狩。甲子，幸鲁，进幸济南。闰月癸丑，车驾还宫。有星孛于紫宫。

夏四月戊子，徙左翊王焉为中山王。

五月，大水。赐天下男子爵，人二级；鳏、寡、孤、独、笃癃、贫不能自存者粟，人五斛。

秋七月丁酉，幸鲁国。复济阳县是年徭役。冬十一月丁酉，至自鲁。三十一年夏五月，大水。

戊辰，赐天下男子爵，人二级；鳏、寡、孤、独、笃癃、贫不能自存者粟，人六斛。癸酉晦，日有食之。是夏，蝗。秋九月甲辰，诏令死罪系囚皆一切募下蚕室，其女子宫。是岁，陈留雨谷，形如稗实。北匈奴遣使奉献。

中元元年春正月，东海王强、沛王辅、楚王英、济南王康、淮阳王延、赵王盱皆来朝。丁卯，东巡狩。二月己卯，幸鲁，进幸太山。北海王兴、齐王石朝于东岳。辛卯，柴望岱宗，登封太山；甲午，禅于梁父。

三月戊辰，司空张纯薨。

夏四月癸酉，车驾还宫。己卯，大赦天下。复嬴、博、梁父、奉高，勿出今年田租刍稿。改年为中元。行幸长安。戊子，祀长陵。五月乙丑，至自长安。

六月辛卯，太仆冯鲂为司空。乙未，司徒冯勤薨。

是夏，京师醴泉涌出，饮之者固疾皆愈，惟眇、蹇者不瘳。又有赤草生于水崖。郡国频上甘露。群臣奏言："地祇灵应而朱草萌生。孝宣帝每有嘉瑞，辄以改元、神爵、五凤、甘露、黄龙，列为年纪，盖以感致神祇，表彰德信。是以化致升平，称为中兴。今天下清宁，灵物仍降。陛下情存损挹，推而不居，岂可使祥符显庆，没而无闻？宜令太史撰集，以传来世。"帝不纳。常自谦无德，每郡国所上，辄抑而不当，故史官罕得记焉。秋，郡国三蝗。冬十月辛未，司隶校尉东莱李䜣为司徒。

甲申，使司空告祠高庙曰："高皇帝与群臣约，非刘氏不王。吕太后贼害三赵，专王吕氏，赖社稷之灵，禄、产伏诛，天命几坠，危朝更安。吕太后不宜配食高庙，同祧至尊。薄太后母德慈仁，孝文皇帝贤明临国，子孙赖福，延祚至今。其上薄太后尊号曰高皇后，配食地祇。迁吕太后庙主于园，四时上祭。"

十一月甲子晦，日有食之。是岁，初起明堂、灵台、辟雍，及北郊兆域。宣布图谶于天下。复济阳、南顿是年徭役。参狼羌寇武都，败郡兵，陇西太守刘盱遣军救之，及武都郡兵讨叛羌，皆破之。

二年春正月辛未，初立北郊，祀后土。东夷倭奴国王遣使奉献。

二月戊戌，帝崩于南宫前殿，年六十二。遗诏曰："朕无益百姓，皆如孝文皇帝制度，务从约省。刺史、二千石长吏皆无离城郭，无遣吏及因邮奏。"

初，帝在兵间久，厌武事，且知天下疲耗，思乐息肩。自陇、蜀平后，非儆急，未尝复言军旅。皇太子尝问攻战之事，帝曰："昔卫灵公问陈，孔子不对，此非尔所及。"每旦视朝，日仄乃罢。数引公卿、郎、将讲论经理，夜分乃寐。皇太子见帝勤劳不怠，承间谏曰："陛下有禹、汤之明，而失黄、老养性之福，愿颐爱精神，优游自宁。"帝曰："我自乐此，不为疲也。"虽身济大业，兢兢如不及，故能明慎政体，总揽权纲，量时度力，举无过事。退功臣而进文吏，戢弓矢而散马牛，虽道未方古，斯亦止戈之武焉。

【译文】

刘世祖光武皇帝名秀，字文叔，南阳郡蔡阳县人，汉高祖第九代孙，出自汉景帝所生长沙定王刘发的那个支系。刘发生春陵节侯刘买，刘买生郁林太守刘外，刘外生钜鹿都尉刘回，刘回生南顿令刘钦，刘钦生光武。光武九岁时成了孤儿，由叔父刘良收养。他身高七尺三寸，须眉浓秀，大嘴，高鼻梁，额骨隆起，生性喜欢种植庄稼，而哥哥刘伯升好行侠养士，曾讥笑光武经营农业，把他比作汉高祖的哥哥刘仲。王莽天凤年间，光武来到长安，拜师学习《尚书》，略通大义。

王莽末年，天下连年闹蝗灾，盗贼蜂起。地皇三年，南阳发生饥荒，各家的宾客大多去偷盗抢劫。光武为逃避官吏躲到新野，顺便在宛城出售粮食。宛人李通等人用图谶鼓动光武说："刘氏复兴，李氏为辅。"光武起初不敢答应，然而暗自思量哥哥伯升一向结交无业游民，必将发动起义，况且王莽败亡的征兆已经明显，天下正在动荡起来，于是同李通等人定下大计，从此就购置兵刃弩箭。十月，与李通从弟李轶等起兵于宛城，当时他二十八岁。

十一月，有彗星出现在南方张宿。光武于是率领宾客回到春陵。当时伯升已经聚众起兵。起初，各家子弟十分恐惧，都逃散躲藏起来，说："伯升要害我们。"等到看见光武身着武将的绛衣大冠，都吃惊地说："谨慎厚道的人也干这种事。"这才稍微心安了一些。伯升于是请来新市军和平林军，同他们的主帅王凤、陈牧一道向西进攻长聚。光武开始骑牛，杀死新野尉后才得以骑马，进占并屠戮了唐子乡，又杀死了湖阳尉。军中瓜分财物不均，众人愤恨不平，想反攻刘姓各部。光武收敛起宗族成员所得到的财物，全部给了他们，众人才喜悦起来。进占棘阳后，与王莽前队大夫甄阜、属正梁丘赐交战于小长安，汉军被打得大败，退守棘阳。

更始元年正月初一，汉军又与甄阜、梁丘赐交战于沘水西岸，大败敌军，斩杀了甄阜、梁丘赐。伯升又在淯阳击败王莽的纳言将军严尤和秩宗将军陈茂，进而包围了宛城。二月初一，拥立刘圣公为天子，以伯升为大司徒，光武为太常偏将军。三月，光武另与一些将领征讨昆阳、定陵、郾等地，全都攻占下来。缴获大批的牛马和财物，粮食数十万斛，转运到了宛城城下。王莽获悉甄阜、梁丘赐战死，汉帝已经登基，十分恐惧。派遣大司徒王寻、大司空王邑统兵百万，可以作战的士兵为四十二万人。五月，抵达颍川，又和严尤、陈茂会合。当初，光武曾替春陵侯家向严尤申诉拖欠租赋事，严尤召见后，很欣赏他的风度。到此时，汉军城中出来投降严尤的人说光武不掠夺财物，只是筹划军事策略。严尤笑道：“是那位须眉俊美的人吗？他怎么竟做这种事！”

起初，王莽征调天下精通兵法的六十三家学派中的数百人，一并任用为军吏；又选拔训练卫兵，招募猛士，组成庞大的军队开赴战场，各种军旗和军用物资在千里大道上络绎不绝。当时军中有巨人叫巨无霸，身高一丈，腰大十围，任命为垒尉；又驱赶各种猛兽如虎、豹、犀牛、大象之类，以助军威。自秦汉以来，出征的军队如此声势浩大，还从未有过。光武率领数千名士兵，巡逻到阳关。众将领见到王寻、王邑军容盛大，转而顺原路撤退，奔回昆阳城，全都心惊胆战，忧虑后方的妻子儿女，想分别返回各自原来驻守的城池。光武建议道：“现在士兵和军粮都很少，而外敌强大，合力抵御他们，或许可以立功；如果力量分散，势必全都难以保全。而且宛城尚未夺取，主力不能前来救援，昆阳一旦被攻破，一日之间，各部也将被消灭，今天不同心协力共同谋取功名，反而要去守护各自的妻子儿女和财物吗？”众将发怒道：“刘将军怎敢这样说话！”光武笑着起身走了。恰巧侦察的骑兵回来，说王莽大军将进抵城北，军队绵延数百里，看不见后尾。众将领窘迫地相互商量说：“还是重新请刘将军来商议对策吧。”光武再度剖析成败得失。众将忧虑窘迫，都同声称是。当时城中只有八九千人，光武便让成国上公王凤、廷尉大将军王常留守昆阳，晚上自己同骠骑大将军宗佻、五威将军李轶等十三人骑马，出昆阳城南门，到外地调集兵马。这时王莽军队来到城下的近十万人，光武等人几乎不能出城。他们到了郾、定陵，调动各营所有兵马，而那些将领贪恋钱财，想分兵留守它。光武说：“现在如果能够击败敌人，所得珍宝是已有的万倍，大功可以告成；如果被莽军打败，脑袋都没有了，还用什么财物！”大家这才听从了他的命令。

严尤劝说王邑说：“昆阳城小但坚固，现在假冒帝号的人在宛城，速派大兵前往，他们一定会逃走；宛城敌人被打败了，昆阳自然会降伏。”王邑说：“我过去以虎牙将军的身份围攻翟义，因为没能将他生擒，所以受到责备。今天率领百万大军，遇到敌人据守的城池而不能攻取，如何交代？”于是围绕昆阳城设下数十道防线，建立成百座营盘，树起云车高十余丈，靠近昆阳俯视城中，各类旗帜遮盖了田野，人马搅得尘埃满天，敲鼓击钲的军乐声传出数百里之远。莽军有的挖掘地道攻城，有的用冲车撞城和用篷车攀城。大批弓弩手连续不断发射，箭如雨下，城中军民不得不背着门板而汲水。王凤等人乞求投降，遭到拒绝。王寻、王邑自以为胜利已经为时不远，神态十分安闲。晚上有流星坠落在王莽军营地之中，白天有云，形如山丘，从营盘上空直落而下，离地一尺左右才崩散开来，莽军将士全都匍匐在地上。

六月初一，光武即与各部人马一齐进发，自己亲率步、骑兵一千余人，在离莽军四五里的地方排开阵势。王寻、王邑也派兵数千人前来交战。光武冲击敌营，斩下数十名敌军首级。其他各部将士高兴地说："刘将军平生见到小股敌人就害怕，今天遇到强敌却勇猛无畏，真叫人奇怪！还是继续在前，请让我们帮助将军！"光武再次进攻，王寻、王邑派出的军队又退去，义军各部一同乘机进攻，杀死莽军数百近千人。义军连续获胜，继续向昆阳进军。此时伯升攻取宛城已有三天了，而光武还不知道，于是派人伪装成宛城的使者携带书信通知昆阳守军，说："宛城的救兵即刻赶到。"却故意失落了这封书信。王寻、王邑得知后，十分不快。义军众将领屡战屡捷，胆气更壮，无不以一当百。光武就与三千名敢死队员，从城西涉水直扑莽军的中军，王寻、王邑的阵势大乱，义军一鼓作气打垮敌军，于是杀死了王寻。昆阳守军也击鼓呐喊着冲杀出来，内外夹击，喊杀声惊天动地，莽军大溃退，逃跑的士兵互相践踏，死尸僵卧在百余里的路上。恰逢雷声大作，狂风骤起，屋瓦全被风刮得乱飞，暴雨如注，滍水水势猛涨，吓得虎豹都四肢颤抖，士兵们争着渡河，淹死的人数以万计，河水为之断流。王邑、严尤、陈茂轻装骑马踏着死尸渡河逃走。义军全部缴获了莽军的各种军用物资，兵车、盔甲和珍宝，多得无法计算，运了几个月都没运完，有人把剩余的物资烧掉了。

光武再接再厉夺取颍阳。恰在此时伯升被更始帝所杀害，光武从父城赶回宛城请罪。伯升司徒府的属吏迎接光武并表示慰问，光武不便述说心里话，只能沉痛地引咎自责而已。他未曾自我表白昆阳的功劳，又不敢为伯升服丧，吃饭说笑如同平时一样。更始因此心中感到愧疚，便任命光武为破虏大将军、封武信侯。

九月初三，三辅的豪杰共同杀死了王莽，将首级送到宛城。更始帝将北上建都洛阳，以光武兼管司隶校尉事，命他前去整修宫室和官府。于是光武任命了属吏，写好文书发到各属县，行使起督促文书、察举非法的职责，一切按照汉朝的旧规定办事。当时三辅地区的官吏和士人到洛阳城东迎接更始帝，看见诸位将军经过，都是头上戴帻，身穿如同妇女所穿的衣裳，即诸于和绣䘿之类，无不感到可笑，甚至有人害怕不吉利而走掉了。等到看见司隶校尉的部下，都高兴得不知如何是好。老年的官吏有的流着泪说："不料想今天还能重新看到汉朝官员的威仪！"从此有识之士都倾心于光武。

待更始帝到达洛阳，就派光武以破虏将军的身份代理大司马事务。十月，持节向北渡过黄河，镇抚河北各州郡。所到郡县，便接见二千石、长吏、三老、官属，下至一般佐史，考察治政得失，如同州牧巡行辖区一样。他一到某地就审查释放囚徒，革除王莽苛政，恢复汉朝官吏的名称。吏民欢欣鼓舞，争着带上牛肉和酒，迎接慰劳光武一行人。进抵邯郸，原赵缪王之子刘林劝说光武道："赤眉军现在在河东，只要决堤放水淹他们，百万赤眉军全可以让他们成为鱼。"光武不理睬，又前往真定。刘林于是诡称卜者王郎是成帝的儿子刘子舆，在十二月，拥立王郎为天子，建都邯郸，并派遣使者劝降了许多郡国。

二年正月，光武鉴于王郎一兴起就比较强大，于是向北攻取蓟县。王郎下达快递文书，悬赏十万户侯捉拿光武。而原广阳王之子刘接于蓟城中起兵，以响应王郎。城内很混乱，谣言四起，人人惊恐，说邯郸使者刚刚到达，二千石以下官吏都前去迎接。于是光武急忙坐车南逃，无论白天黑夜都不敢进入城市，吃住全在道旁。到达饶阳，部下全断了炊。光武就自称是邯郸使者，进入传舍。传舍的官吏刚送进食物，光武的随从就因为饥饿而争抢食物。传吏怀疑他们是伪装的使者，就击鼓数十下，假称邯郸的将军来到，光武的部下都大惊失色。光武上车想跑，既而害怕出不去，慢慢回到座位，说："请邯郸的将军进来。"过了许久才驾车离去。传舍中的人远远地喊守护城门的人关闭大门。门长说："天下形势还难预料，能随便关闭长者吗？"于是光武得以从南门离去。他们日夜兼程，冒着霜雪，天气正寒冷，脸都冻裂了。到了呼沱河，没有船只，恰遇河水结冰，得以通过，还没全部过完而后面的几辆车陷入河中，进抵下博县城西，彷徨犹豫不知该向何方。有一个白衣老人在路边，指示说："努力！信都郡仍忠于刘玄，离这里八十里。"光武立即奔赴信都。信都太守任光开门出迎。世祖因此征发附近各县的兵卒，得到四千人。先攻打堂阳、贳县，全都降伏。王莽和成卒正邳彤也率全郡归降。又昌城人刘植、宋子人耿纯，各领宗亲子弟，占领各自的县城，以拥戴光武。于是北上迫降下曲阳，兵马初步集结，乐意投靠的人达到数万人。接着向北进攻中山，夺取卢奴。所过之处调发“奔命”兵，向周围各郡传递文书，要求共同打击邯郸势力，郡县又再次响应号召。又南下进攻新市、真定、元氏、防子，都占领下来，因此进入赵国地界。

当时王郎大将李育驻扎在柏人，汉兵不知情况而进军，前部偏将军朱浮、邓禹被李育打败，丧失了辎重。光武在后面听说此事，收容了朱浮、邓禹溃散的士兵，与李育大战于柏人的外城城门，大获全胜，全部夺回了被李育缴获的物资。

李育退守城池，光武攻不下它，就率军夺取广河。恰好上谷太守耿况、渔阳太守彭宠各派他们的将领吴汉、寇恂等人统帅突骑来协助攻打王郎，更始帝也派遣尚书仆射谢躬讨伐王郎，光武因而大肆犒劳士兵，于是东进围困钜鹿。王郎守将王饶坚守，经过一个多月仍攻打不下。王郎派将军倪宏、刘奉领兵数万援救钜鹿，光武迎战于南䜌，斩杀数千人。四月，围攻邯郸，连战连胜。五月初一，攻取邯郸，处死王郎。收缴文书，得到自己部下向王郎联络或诽谤自己的信件数千封。光武不查看，集合众将当面把信烧掉，说：“让为此事担忧的人心安。”

更始帝派侍御史持节封光武为萧王，命令他遣散军队回到更始帝身边。光武以河北地区尚未平定为由推辞，不应征召，从此开始脱离更始帝。

那时长安政治混乱，四方背叛。梁王刘永专命于睢阳，公孙述称王于巴、蜀，李宪自立为淮南王，秦丰自号楚黎王，张步起事于琅玡，董宪起事于东海，延岑起事于汉中，田戎起事于夷陵，都各任命将帅，侵占郡县。又有各种名号的贼兵如铜马、大肜、高湖、重连、铁胫、大抢、尤来、上江、青犊、五校、檀乡、五幡、五楼、富平、获索等，各自率领部队，人数合计达数百万人，在当地劫掠。

光武将攻击诸寇贼，先派遣吴汉到北方征发十郡兵马。幽州牧苗曾不听从调兵，吴汉就斩杀苗曾而征发了他的部下。秋天，光武进攻铜马于鄡县，吴汉率领突骑来到清阳会合。贼兵多次挑战，光武坚守营垒，贼兵有出外抢掠的人，就发兵消灭他们，断绝了贼兵的粮道。累计过了一月有余，贼兵粮食吃光，趁夜色逃去，光武追击到馆陶，大败贼军。接受投降一事尚未结束，而高湖、重连军从东南方前来，与铜马残部会合，光武又与他们大战于蒲阳，全部打败并降伏了他们，封他们首领为列侯。降人仍然心中不安，光武懂得他们的心意，命令他们各自回营整顿队伍，于是自己轻装骑马一一巡视各部队列。降人互相说道："萧王以赤心待我等，我等怎能不以死报效呢！"从此都顺服。光武把降人全部分配给各位将领，士兵于是多达数十万，因而关西称光武为"铜马帝"。

赤眉一个别帅与大彤、青犊军共十万人驻扎射犬，光武进击，大败他们，各军全都逃散。派吴汉、岑彭袭杀谢躬于邺城。青犊、赤眉贼开进函谷关，进攻更始帝。光武就派遣邓禹率领六员副将引兵向西进发，以利用更始、赤眉相争的动乱机会。当时更始帝派大司马朱鲔、舞阴王李轶等屯守洛阳，光武也命令冯异据守孟津予以抗衡。

建武元年春正月，平陵人方望拥立原来的孺子刘婴为天子，更始帝派遣丞相李松进攻并斩杀了他们。光武帝北上进攻尤来、大抢、五幡军于元氏，追击到右北平，连续打败他们。又战于顺水之北，乘胜冒进，反而被打败。贼兵追击得很紧，短兵相接，光武自己从高坡上跳下去，遇到突骑王丰，王丰下马让给光武，光武扶着王丰的肩膀上马，回过头来笑着对耿弇说："几乎被敌人所耻笑！"耿弇频频射箭击退贼兵，得以幸免。光武的士兵死了数千人，散兵回来后退守范阳。军中不见光武，有人说他已战死，众将不知如何是好。吴汉说："大家努力！萧王哥哥的儿子在南阳，何愁没有主公？"众人恐惧，几天以后才安定下来。贼兵虽然取胜，但平素折服于汉军军威，客主双方互不摸底，晚上就撤走了。大军重又前进到安次，与敌交锋，击败了他们，斩首三千余级。贼兵退入渔阳，于是派遣吴汉率领耿弇、陈俊、马武等十二位将军追击于潞县之东，一直进抵平谷，大败并消灭了贼军。

朱鲔派遣讨难将军苏茂进攻温县，冯异、寇恂与他们交锋，大败敌军，斩杀苏茂的将领贾强。于是众将商议给光武上尊号，马武先向光武进言："天下无主。如果有圣人利用天下凋敝的时候崛起，我们虽有仲尼为相，孙子为将，也恐怕难有作为。泼水难收，后悔无及。大王虽然执意谦让，叫宗庙社稷怎么办！应该返回蓟县登基，再商议征伐的事情。否则现在能说谁是逆贼而放手攻打他们呢？"光武震惊地说："将军为何说出这样的话？该斩首了！"马武说："众将领都这样说。"光武让他出去劝说众将。于是引军回到蓟。

夏四月，公孙述自称天子。光武从蓟县返回，路过范阳，下令收葬以前阵亡的将士。抵达中山，众将又上奏说："汉朝遭遇王莽之乱，宗庙废弃，祭祀断绝，豪杰愤怒，兆民惨遭涂炭。大王与伯升首举义兵，更始凭靠你们的努力才得以占有帝位，而不能维护好大业，破坏搅乱了纲纪，盗贼日益增多，百姓处于危难和窘境之中。大王初征昆阳，王莽不战自溃；后来夺取邯郸，河北的州郡归顺平定；三分天下而有其二，据有数州领土，军队多达百万。谈武力没有人敢于对抗，论文德更是无可挑剔。臣等听说帝王之位不可以长久空着，天命不可以谦让拒绝，愿大王一心以社稷为重，以百姓为念。”光武又不听从。行进到南平棘，众将又坚决地请求光武登基。光武说：“贼寇尚未平定，四面受敌，怎么能立即考虑正号位的事呢？诸位将军暂且出去吧。”耿纯又进来说：“天下士大夫丢弃亲戚，别离故土，追随大王来到箭石横飞的战场，他们的打算原本是想攀龙鳞，附凤翼，以实现建功立业的志向。现在功业已成，天人也相应合，而大王拖延良机而违逆众心，不定尊号，我恐怕士大夫失去希望，没有办法，就会有离去而归家的想法，不愿长此苦守下去。大军一旦离散，难以再度招集。良机不能久留，众心不可违背。”耿纯的言辞十分诚挚恳切，光武深受感动，说：“我将考虑这件事。”

进抵鄗城，与光武过去同在长安居住求学的强华从关中送来《赤伏符》，符文是：“刘秀发兵捕不道，四夷云集龙斗野，四七之际火为主。”群臣因而再次上奏道：“承受天命之符，与之相应的人当居大位，相距万里而符信相合，不经商议而情思相同，周代的白鱼之信，何足相比！现今上无天子，海内混乱，符瑞所示，昭然若揭，应该顺从天神的意愿，以满足大家的希望。”光武于是命令有关部门设立坛场于鄗县城南千秋亭的五成陌。

六月二十二日，即皇帝位。烧柴祭告上天，升烟以飨六宗，祭拜群神。祭祀祝文说：“皇天上帝，后土神祇，垂青于我而降下天命，将百姓托付给我刘秀，为人父母，秀不敢当。手下群臣，不谋而合，都说：‘王莽篡位，刘秀发愤起兵，破王寻、王邑于昆阳，杀王郎、铜马于河北，平定天下，海内蒙受恩惠。上应天地之心，下为百姓所归。’谶记说：‘刘秀发兵捕不道，卯金修德为天子。’秀仍然坚持，以至于一而再，再而三。群臣都说：‘皇天大命，不可拖延。’不敢不恭敬受命。”于是定年号为建武，大赦天下，改鄗县名为高邑。

这个月，赤眉军拥立刘盆子为天子。

二十七日，前将军邓禹攻击更始定国公王匡于安邑，大败王匡，斩杀将领刘均。秋天七月五日，拜前将军邓禹为大司徒。十一日，以野王令王梁为大司空。十六日，以大将军吴汉为大司马，偏将军景丹为骠骑大将军，大将军耿弇为建威大将军，偏将军盖延为虎牙大将军，偏将军朱祐为建义大将军，中坚将军杜茂为大将军。当时宗室刘茂自号“厌新将军”，率众投降，封为中山王。

八月初三，驾临怀县，派遣耿弇率领强弩将军陈俊驻扎五社津，守备荥阳以东。派吴汉率领朱祐以及廷尉岑彭、执金吾贾复、扬化将军坚镡等十一位将军，围困朱鲔于洛阳。

八月十六日，祭祀社稷。十七日，拜祭高祖、太宗、世宗于怀县离宫。进抵河阳，更始廪丘王田立归降。

九月，赤眉军攻入长安，更始帝逃到高陵。六月，下诏书说：“更始失败，弃城逃走，妻子儿女裸露，流散道路。朕非常怜悯他们。今天封更始为淮阳王。吏民有敢于伤害他们的，罪与大逆相同。”十九日，以原密县县令卓茂为太傅。二十六日，朱鲔举城投降。

冬天十月十八日，车驾进入洛阳，来到南宫却非殿，于是定都于此。派岑彭进攻荆州群贼。

十一月三十日，驾临怀县。刘永自称天子。十二月十一日，从怀县返回洛阳。

赤眉军杀死更始帝，而隗嚣占据陇右，卢芳起兵于安定。破虏大将军叔寿进攻五校贼于曲梁，战死。

二年春天正月初一，有日食。大司马吴汉率领九位将军进攻檀乡贼于邺城的东边，大败并降服了他们。十七日，封全部功臣为列侯，大国有四县，其余各有等差。下诏说：“人情得到满足，常被放纵所苦，为快一时的欲望，忘却应当谨慎对待刑法的宗旨。只因诸位将军功业远大，真诚希望能传之无穷，应当像面临深渊，或脚踏薄冰一样，战战栗栗，一天比一天谨慎。凡有显著功劳而未得到报答，没有列入封侯名册的人，大鸿胪迅速奏上，朕将分别封赏他们。”博士丁恭议论说：“古时候帝王分封各诸侯，土地不过百余里，所以利于诸侯建立，取法于雷卦，实行强干弱枝，通过这样的方法来把国家治理得更好。现在封给诸侯四县，不符合法制。”光武帝说：“古代凡是灭亡的国家，都是因为无道，没听说是因为功臣封地多而亡国的。”于是派遣谒者立即颁发印绶，策文说：“在高位而不骄傲，位虽高而没有危险；约束自己遵守法度，势虽盈满也不会溢出。要谨慎小心地对待此事，传爵位给你的子孙，长久成为汉朝的藩属。”十九日，更始的复汉将军邓晔、辅汉将军于匡投降，都恢复原有爵位。某日，筑起高庙，建社稷坛于洛阳，立郊兆坛于城南，开始以火德为正，以赤色为上色。

这个月，赤眉焚烧西京的宫室，挖掘园陵，抢掠关中。大司徒邓禹进入长安，派司徒府官吏护送西汉十一帝的神主，放入高庙。

真定王刘杨、临邑侯刘让谋反，派遣前将军耿纯杀了他们。二月十六日，驾临修武。大司空王梁被免除职务。十九日，以太中大夫宋弘为大司空。派遣骠骑大将军景丹率领征虏将军祭遵等二位将军进攻弘农贼，打败了他们，因而派遣祭遵围攻蛮中贼张满。渔阳太守彭宠造反，攻打幽州牧朱浮于蓟县。延岑自称武安王于汉中。某日，从修武返回到洛阳。

三月某日，大赦天下，诏书说："近来狱中多有冤屈的人，用刑深刻，朕非常怜悯他们。孔子说：'刑罚不得当，那么百姓的手脚就慌得不知所措。'和中二千石、诸大夫、博士、议郎商议削减刑罚。"

派遣执金吾贾复率领二位将军进攻更始郾王尹遵，打败并降伏了他。

骁骑将军刘植进攻密县贼，战死。派遣虎牙大将军盖延率领四位将军讨伐刘永。夏四月，包围刘永于睢阳。更始将领苏茂杀死淮阳太守潘蹇而依附刘永。

二日，封叔父刘良为广阳王，兄子刘章为太原王，刘章之弟刘兴为鲁王，春陵侯正妻之子刘祉为城阳王。五月十九日，封更始元氏刘歙为泗水王，原真定王刘杨之子刘得为真定王，周朝后代姬常为周承休公。二十二日，诏书说："百姓有被迫嫁出的女儿，卖掉的儿子想回到父母身边的，任凭他们抉择。敢扣留不放的，按律论处。"

六月七日，立贵人郭氏为皇后，儿子刘强为皇太子，大赦天下。增加郎、谒者、从官的官阶各一等。十五日，封宗子刘终为淄川王。

秋八月，光武帝亲自率军征伐五校。二十六日，驾临内黄，大败五校于滑阳，降伏了他们。

派遣游击将军邓隆救援朱浮，与彭宠交战于潞县，邓隆战败。盖延夺取睢阳，刘永逃到谯县。破虏将军邓奉占据淯阳反叛。

九月二日，从内黄返回京师。骠骑大将军景丹死了。延岑大败赤眉于杜陵。关中饥荒，百姓相食。

冬十一月，以廷尉岑彭为征南大将军，率领八位将军讨伐邓奉于堵乡。铜马、青犊、尤来剩余贼军共同于上郡拥立孙登为天子。孙登将领乐玄杀死孙登，率领他的部下五万余人投降。派遣偏将军冯异代替邓禹讨伐赤眉。让太中大夫伏隆持节安辑青、徐二州，招降张步归顺。

十二月三十日，诏书说：“宗室列侯被王莽废黜，先祖灵魂无所归依，朕十分哀悯。一并恢复他们的故国。如果列侯已经身亡，所在郡县将他的子孙的名字上报到尚书那里，予以封拜。”这一年，盖延等大败刘永于沛县之西。起初，王莽末年，天下闹旱灾、蝗灾，黄金一斤换小米一斛；到这时野谷丛生，麻和菽尤其多，野蚕结茧，覆盖在山岗之上，百姓从中得到好处。

三年春天正月初六，以偏将军冯异为征西大将军，杜茂为骠骑大将军。大司徒邓禹和冯异与赤眉战于回溪，邓禹、冯异被击败。征虏将军祭遵攻破蛮中，杀了张满。二十三日，立皇父南顿君以上四庙。二十四日，大赦天下。闰月十八日，大司徒邓禹被免职。

冯异与赤眉战于崤底，大败赤眉，赤眉残部向南逃往宜阳，光武帝亲自率军征讨他们。十二日，驾临宜阳。十七日，亲自统辖六军，大量部署兵马，大司马吴汉的精兵排列于前，中军在其后，骁骑、武卫分列左右。赤眉望见后震惊恐怖，派出使者请投降。十九日，赤眉君臣反绑双臂，献上高皇帝玺印绶带，光武命令交付城门校尉。二十一日，从宜阳回到洛阳。二十二日，诏书说：“群盗纵横，残害百姓，刘盆子窃据尊号，扰乱迷惑天下。朕出兵征伐，立刻土崩瓦解，十余万人束手降伏。先帝的玺印归于王府。这都是仰仗祖宗之灵，士人之力，朕怎配有此荣耀！选择吉日祭祀高庙，赏赐天下长子并将成为父亲后嗣的人以爵位，每人一级。”

二月二日，祭祀高庙，接受传国玺。刘永立董宪为海西王，张步为齐王。张步杀死光禄大夫伏隆而造反。驾监怀县。派遣吴汉率领二位将军攻击青犊于轵县之西，大败并降伏了他们。

三月十六日，以司直伏湛为大司徒。彭宠攻陷蓟城，自立为燕王。光武帝亲自率兵征伐邓奉，抵达堵阳。夏四月，大败邓奉于小长安，斩了他。冯异与延岑战于上林，击破了他。吴汉率领七位将军与刘永将领苏茂战于广乐，大败茂军。虎牙大将军盖延围困刘永于睢阳。

五月二十四日，车驾回宫。三十日，有日食。

六月七日，大赦天下。耿弇与延岑战于穰县，大败岑军。

秋七月，征南大将军岑彭率三位将军讨伐秦丰，战于黎丘，大败丰军，俘获他的将领蔡宏。

八月二十六日，诏书说：“官吏不满六百石，下至墨绶县长、国相，有罪需处置必先请示。男子八十岁以上，十岁以下，只要不是犯了不道之罪，或下诏具名特捕的人，都不许囚禁。应当查问的立即接受查问。女犯出钱雇山的可以放回家。”

盖延攻占睢阳，俘获刘永，而苏茂、周建拥立刘永的儿子刘纡为梁王。

冬天十月十九日，驾临舂陵，祭祀陵园祖庙，因而摆酒于旧住宅，广招故友和父老聚会。十一月十二日，从舂陵返京。涿郡太守张丰造反。

这一年，李宪自称天子。西州大将军隗嚣上书。建义大将军朱祐率祭遵与延岑交战于东阳，斩杀延岑的将领张成。

四年春天元月二日，大赦天下。二月初一，临驾怀县。二十一日从怀县抵达京师。

派遣右将军邓禹率领二位将军与延岑战于武当，打败了延岑。

夏天四月七日，驾临鄴城。十九日，驾临临平。派遣大司马吴汉进攻五校贼于箕山，大败五校。

五月，驾临元氏。初一，驾临卢奴。派遣征虏将军祭遵率领四位将军讨伐张丰于涿郡，斩了张丰。

六月二日，车驾还洛阳宫。

七月八日，驾临谯县。派遣捕虏将军马武、偏将军王霸围攻刘纡于垂惠。董宪将领贲休以兰陵城归降，董宪围困了该城。虎牙大将军盖延率平狄将军庞萌援救贲休，未成功，兰陵被董宪所攻陷。

秋天八月十日，驾临寿春。太中大夫徐恽擅自杀死临淮太守刘度，徐恽因此被处死。派遣扬武将军马成率领三位将军讨伐李宪。九月，围困李宪于舒城。

冬天十月七日，车驾回到洛阳宫中。太傅卓茂死了。

十一月十九日，驾临宛城。派遣建义大将军朱祐率二位将军围攻秦丰于黎丘。十二月二十日，驾临黎丘。

这一年，征西大将军冯异与公孙述的将领程焉交战于陈仓，打败了他。

五年春天正月十七日，车驾回到洛阳宫中。二月初一，大赦天下。

捕虏将军马武、偏将军王霸攻取垂惠。二十日，驾临魏郡。二十七日，封殷朝后人孔安为殷绍嘉公。

彭宠被他的苍头奴杀死，渔阳平定。

大司马吴汉率建威大将军耿弇进攻富平，获索贼等于平原郡，大败并降伏他们。又派耿弇率领二位将军征讨张步。

三月八日，改封广阳王刘良为赵王，开始前往封国。平狄将军庞萌造反，杀死楚郡太守孙萌并东去投靠董宪。

派遣征南大将军岑彭率领二位将军讨伐田戎于津乡，大败田戎。

夏四月，天旱，有蝗灾。河西大将军窦融开始派遣使者进贡。

五月二日，诏书说："久旱伤害麦子，秋粮未能下种，朕十分忧虑。是因为将领残暴，官吏不胜任，狱中多有冤枉之人，百姓既愁又恨，而引起天气失调吗？命令中都官、三辅、郡、国释放关押的囚犯，不是犯殊死之罪的人一概不再追究，现有的囚徒免罪为百姓。务必选用和柔贤良的人为官吏，斥退贪婪残暴的官吏，各自处理好政事。"

六月，建义大将军朱祐攻取黎丘，俘获秦丰；而庞萌、苏茂围困了桃城。光武帝当时驾临蒙县，因而亲自率兵征讨庞萌等。先整顿兵马于任城，才进而援救桃城，大败庞萌等军。

秋天七月四日，驾临沛县，祭祀高祖原庙。下诏修复西京的园陵。进而驾临湖陵，征讨董宪。又驾临蕃县，于是进攻董宪于昌虑，大败董宪。

八月六日，进而驾临郯县，留吴汉攻打刘纡、董宪等人，车驾转而攻取彭城、下邳。吴汉攻占郯县，俘获刘纡；吴汉进而围攻董宪、庞萌于朐县。

冬十月，开始回京，驾临鲁国，派大司空祭祀孔子。

耿弇等与张步交战于临淄，大败张步。光武帝驾临临淄，进而驾临剧县。张步杀苏茂来投降，齐地平定。

初建太学。车驾回到洛阳宫中，驾临太学，赏赐博士弟子各有等差。

十一月初一，大司徒伏湛被免职，尚书令侯霸为大司徒。

十二月，卢芳于九原自称天子。西州大将军隗嚣派遣儿子隗恂入侍。交阯牧邓让率领七郡太守派遣使者进贡。诏书免除济阳二年的徭役。这一年，野生谷物逐渐减少，田地更加广泛地被开垦出来。

六年春天正月十六日，改舂陵乡为章陵县。世世代代免除徭役，如同丰、沛一样，没有差别。二十一日，诏书说："去年水、旱、蝗虫为灾，粮价飞涨，民用物品缺乏。朕因百姓没有东西养活自己，忧伤地怜悯他们。命令郡国有粮食的，分发给年事已高的人，鳏夫、寡妇、孤儿、没有后代的老人和有痼疾或残废的人，无家可归贫困不能自谋生存的人，按《律》所规定的办理。二千石官员要尽力加以抚慰，不要出现失职现象。"扬武将军马成等人攻取舒城。俘获李宪。

二月，大司马吴汉夺取朐城，俘获董宪、庞萌，山东全部平定。众将军领回到京师，安排酒宴并颁布赏赐。

三月，公孙述派遣将军任满侵犯南郡。

夏天四月八日，驾临长安，首次拜谒高庙，于是逐个祭祀十一陵。派遣虎牙大将军盖延等七位将军从陇道讨伐公孙述。

五月二十一日，从长安回到洛阳。

隗嚣反叛，盖延等因此与隗嚣交战于陇抵，众将被打败。

某日，诏书说："天水、陇西、安定、北地各郡官吏百姓被隗嚣诱入歧途的人，又三辅遭赤眉之难时，犯有不道罪的人，从殊死罪以下，全部予以赦免。"

六月二十四日，诏书说："设官置吏，是为了管理百姓。现在百姓遭难，户口减少，而县级官吏设置仍很繁冗，命令司隶校尉、州牧各自核实所辖各部，裁减官员。县、国不足以安置长吏而可以合并的，上报大司徒、大司空二府。"于是分别上奏合并削减四百余县，吏职裁撤，十留其一。

代郡太守刘兴于高柳进攻卢芳将领贾览，战死。起初，乐浪人王调占据乐浪郡不归服。秋天，派遣乐浪太守王遵进攻他，郡吏杀死王调投降。

派遣前将军李通率领二位将军，与公孙述的将军交战于西城，打败了他们。

夏天，有蝗灾。

秋天九月四日，赦免乐浪郡犯谋反、大逆、殊死罪以下的犯人。三十日，有日食。

冬天十月十一日，诏书说："我德薄不明智，寇贼为害，强弱相陵，百姓失所。《诗经》说：'日月显示凶兆，不按其道运行。'长久考虑这一灾祸，心中很内疚。敕令公卿荐举贤良，方正各一人；百官都可以呈上密封的奏章，不要有所隐讳；各自办理职责内的事务，务必遵守法度。"

十一月某日，诏命王莽时吏民被罚为奴婢而不合乎旧有法律规定的，都释放为百姓。

十二月二十七日，大司空宋弘被免职。二十八日，诏书说："此前战事不断，费用不足，所以实行十一之税。现在军队屯田，粮食储备略有增加。命令郡国收取田租实行三十税一，如同旧制。"隗嚣派遣将领行巡侵犯扶风，征西大将军冯异抵御并击败了他。

这一年，初次废除郡国都尉官。开始派遣列侯前往各自的封国。匈奴派使者来进贡，让中郎将回报。

七年春天正月初二，诏命中都官、三辅、郡、国释放囚犯，不是犯死罪的人，都一律不再追究他的罪责。现有囚徒释放为平民。犯耐罪而逃亡的人，官吏行文免除他们的罪名。

又下诏说："世上以厚葬为有德，薄葬为鄙陋，以至于富有的人奢侈无度，贫穷者耗尽资财，法令不能禁止。礼义不能劝阻，战乱时坟墓被盗挖，才明白厚葬的祸害。布告天下，叫大家知道忠臣、孝子、慈兄、悌弟薄葬送终的道理。"

二月十七日，废除护漕都尉官。

三月四日，诏书说："现在国家有众多的军队，并且大多精壮勇武，应当暂且遣散轻车、骑士、材官、楼船士以及临时设置的军吏，让他们重新成为百姓。"公孙述立隗嚣为朔宁王。

三十日，有日食，光武避开正殿，停止军事行动，不听政事五天。诏书说："我德薄招来灾祸，谴责见于日月，战栗恐惧，还能说什么呢！现在正在考虑自己的过失，希望能消弭灾祸。命令官吏各自负起职责，遵守法令制度，加恩惠给百姓。众官僚各自呈上密封奏章，不要有所隐讳。凡上书的人，不得称我圣明。"

夏天四月十九日，诏书说："近年阴阳错乱，出现日食、月食、百姓有过失，责任全在我一人，大赦天下。公、卿、司隶、州牧荐举贤良、方正各一人，叫他们前往公车报到，朕将亲自召见考察他们。"

五月六日，前将军李通为大司空。二十二日，诏命吏民因遭遇饥荒战乱以及被青、徐二州贼人劫掠为奴婢或小妾的人，愿意离去或留下的，听任其便。敢于拘留不放的，以卖人法处置。这年夏天，出现连阴雨。以汉忠将军王常为横野大将军。

八月二十六日，封前河间王刘邵为河间王。隗嚣侵犯安定，征西大将军冯异、征虏将军祭遵打退了他们。

冬天，卢芳所任命的朔方太守田飒、云中太守乔扈各自举郡投降。这一年，撤销长水、射声二校尉官。

八年春正月，中郎将来歙袭击略阳，杀死隗嚣守将而占领了该城。夏天四月，司隶校尉傅抗下狱死。隗嚣进攻来歙，不能攻陷城池。闰月，光武帝亲自讨伐隗嚣，河西大将军窦融率领五郡太守与车驾相会于高平。陇右溃败，隗嚣逃到西城，派遣大司马吴汉、征南大将军岑彭围困了西城；车驾进抵上邽，敌军不降，命虎牙大将军盖延、建威大将军耿弇攻打敌军。颍川盗贼侵占属县，河东郡的守军也叛变了，京师骚动。

秋天，发了大水。八月，光武帝从上邽日夜东进。九月初一，车驾回到洛阳宫中。六日，光武帝亲自征讨颍川盗贼，盗贼全部投降了。安丘侯张步叛逃回琅邪，琅邪太守陈俊征讨并俘获了他。二十四日，从颍川回到京师。

冬天十月二十二日，驾临怀县。十一月二日，从怀县回到京师。

公孙述派兵援救隗嚣，吴汉、盖延等回到长安驻扎。天水、陇西重又叛变归顺隗嚣。

十二月，高句丽王派使者进贡。这一年闹大水。

九年春天正月，隗嚣病死，他的将领王元、周宗又拥立隗嚣的儿子隗纯为王。迁移雁门郡吏民到太原。

三月某日，初次设置青巾左校尉官。公孙述派遣将军田戎、任满据守荆门。

夏天六月六日，驾临缑氏，登上辕山。派遣大司马吴汉率四位将军打败卢芳的将领贾览于高柳，战斗不利。

秋天八月，派遣中郎将来歙监督征西大将军冯异等五位将军讨伐隗纯于天水。骠骑大将军杜茂与贾览交战于繁畤，杜茂被战败。这一年，撤销关都尉，重新设置护羌校尉官。

十年春天正月，大司马吴汉率领捕虏将军王霸等五位将军进攻贾览于高柳，匈奴派骑兵援救贾览，众将同他们交战，击退了他们。修理长安的高庙。

夏天，征西大将军冯异打败公孙述将领赵匡于天水，并斩杀了他。征西大将军冯异病死。

秋天八月二十五日，驾临长安，祭祀高庙，于是又祭十一陵。二十四日，进而驾临汧县。隗嚣将领高峻投降。

冬天十月，中郎将来歙等人大败隗纯于落门，隗纯的将领王元逃奔蜀地，隗纯与周宗投降，陇右平定。

先零羌人侵犯金城、陇西，来歙率领众将进攻羌人于五溪，大败羌人。

十七日，车驾回到洛阳宫中。这一年，撤销定襄郡，迁移该郡百姓到西河。泗水王刘歙死了。淄川王刘终死了。

十一年春天二月八日，诏书说："天地之性以人为贵。杀奴婢，不许减罪。"

三月九日，驾临南阳。返回的路上，驾临章陵，祭祀园陵。城阳王刘祉死了。三十日，车驾回到洛阳宫中。

闰月，征南大将军岑彭率领三位将军与公孙述将领田戎、任满交战于荆门，大败他们，俘获了任满。威虏将军冯骏围困田戎于江州，岑彭率领水军征伐公孙述，平定巴郡。

夏季四月二十八日，撤销大司徒司直官。先零羌人侵犯临洮。

六月，中郎将来歙率领扬武将军马成打败公孙述的将领王元、环安于下辩。环安派遣间谍刺杀了中郎将来歙。光武帝亲自率军征讨公孙述。秋天七月，临时驻扎长安。八月，岑彭击败公孙述的将领侯丹于黄石。辅威将军臧宫与公孙述将领延岑交战于沈水，大败岑军。王元投降。车驾从长安回到洛阳。二十六日，下诏书说："敢于烧灼奴婢的人，按律论罪。赦免被烧灼的人为平民。"

冬天十月某日，下诏废除奴婢射伤人要弃市的律令。

公孙述派间谍刺杀了征南大将军岑彭。马成平定武都，依靠陇西太守马援击败先零羌，将羌人分别迁到天水、陇西、扶风三郡。十二月，大司马吴汉率领水军讨伐公孙述。

这一年，撤销朔方牧，并入并州。初次停止州牧亲自进京奏事。

十二月春正月，大司马吴汉与公孙述将领史兴交战于武阳，斩了他。

三月九日，诏命陇、蜀百姓被掠卖为奴婢而自己到官府鸣冤的人，以及狱官未处理的，一概免为平民。夏天，甘露降于南行唐。六月，黄龙出现于东阿。

秋天七月，威虏将军冯骏攻取江州，俘获田戎。九月，吴汉大败公孙述的将领谢丰于广都，斩了他。辅威将军臧宫夺取涪城，斩了公孙恢。大司空李通被罢免。

冬天十一月十八日，吴汉、臧宫与公孙述交战于成都，大败述军。公孙述受伤，夜里死去。二十一日，吴汉血洗成都，诛灭公孙述的宗族以及延岑等人。

十二月初一，扬武将军马成代理大司空事务。

这一年，九真境外蛮夷人张游率领种族民众归附，封为归汉里君。撤销金城郡划归陇西。参狼羌侵犯武都，陇西太守马援讨伐并降伏了他们。诏命边地官员力量不足以出战的就固守，追击敌虏根据敌情以决定进退，不受逗留法的约束。横野大将军王常死了。派遣骠骑大将军杜茂率各郡驰刑徒驻屯北方边疆，建筑亭候，修造烽燧。

十三年春天正月初一，大司徒侯霸死了。二十九日，诏书说："往年已敕命郡国，地方特产不许有所贡献，现在仍未停止，非但有预先饲养选择的劳顿，还导致频频递送于路上，使所经过的地方劳扰破费。命令太官不再接受贡品，明确告诫地方远方的膳食只用来献给宗庙，自应按照旧规定办理。"

二月，派遣捕虏将军马武屯守呼沱河以防御匈奴。卢芳从五原逃亡到匈奴。二十七日，诏书说："长沙王刘永、真定王刘得、河间王刘邵、中山王刘茂，都袭爵为王，不符合经义。以刘兴为临湘侯，刘得为真定侯，刘邵为乐成侯，刘茂为单父侯。"刘氏皇族及原封国撤销而后代封侯的共计一百三十七人。二十八日，降赵王刘良为赵公，太原王刘章为齐公、鲁王刘兴为鲁公。三月十一日，以殷绍嘉公孔安为宋公，周承休公姬武为卫公。省并西京十三国：广平国属钜鹿，真定国属常山，河间国属信都，城阳国属琅邪，泗水国属广陵，淄川国属高密，胶东国属北海，六安国属庐江，广阳国属上谷。

三月十二日，沛郡太守韩歆为大司徒。十七日，代理大司空事务的马成被免职。

夏天四月，大司马吴汉从蜀地返回京师，于是大宴将士，并普遍慰劳将士，以策书记录下他们的功勋。功臣增加食邑重新封拜，凡三百六十五人。因外戚恩泽受封的人有四十五人。废除左右将军官。建威大将军耿弇被罢免。

益州传送来公孙述的瞽师，用于郊庙礼仪的乐器、葆车、舆辇，于是皇帝的车马仪仗才开始齐备。当时战争已经停息，天下很少有警事，公文的往来和差役的调遣，力求从简从少，以至于仅有过去的十分之一。

二十六日，以冀州牧窦融为大司空。

五月，匈奴侵犯河东。秋七月，广汉境外的白马羌首领率领他的族人内附。九月，日南境外蛮夷进贡白雉、白兔。

冬天十二月三十日，诏命益州百姓自建武八年以来被略卖为奴婢的人，全部释放为平民；有依托他人为妾的，愿意离去，听任离去；敢于扣留不放的，按照青、徐二州的前例以略人法处置。重新设置金城郡。

十四年春正月，建起南宫前殿。匈奴派遣使者进贡，命中郎将报聘。

夏天四月二十九日，封孔子后人孔志为褒成侯。越巂人任贵自称太守，派遣使者上报民户簿籍。秋九月，平城人贾丹杀死卢芳将领尹由来降。这一年，会稽郡闹瘟疫。莎车国、鄯善国派遣使者前来进贡。

十二月某日，诏命益、凉二州奴婢，自建武八年以来向所在地方官提出申诉的人，一律释放为平民，被卖者无须偿还卖身钱。

十五年春天正月二十三日，大司徒韩歆被免职，自杀。二十九日，有彗星出现在昴宿一带。汝南太守欧阳歙为大司徒。建义大将军吴祐被罢免。二十九日，有彗星出现于营室星区。

二月，迁徙雁门、代郡、上谷三郡的百姓，安置到常山关、居庸关以东一带。

起初，巴蜀已平定，大司马吴汉上书请求分封皇子，光武帝不许，连续几年反复上奏。三月，才诏命群臣商议。大司空窦融、固始侯李通、胶东侯贾复、高密侯邓禹、太常登等的奏议说："古代封建诸侯，用来藩卫京师。周代封侯八百，同姓诸姬氏都因此建国，辅佐王室，尊事天子，享国久长，成为后世的法范。所以《诗经》说：'打开你的领地，成为周王室的辅弼。'汉高祖圣德，君临天下，也重视亲族之间的关系，分封兄弟和诸子，不违背过去的规定。陛下圣德通贯天地，恢复了刘氏的大统，褒扬宿德，奖励功勋，和睦九族，功臣和宗室都蒙受封爵，大多授予广大的封地，有的拥有数县。现今皇子仰仗天恩，已能穿成人衣冠出入迎拜，陛下恭廉克让，有意压制而不让论议封爵，群臣百姓无不失望。应当在此盛夏吉时，定下号位，以增广藩辅，明示亲亲之道，尊宗庙，重社稷，应古法，合旧规，满足大家的心愿。臣等请求由大司空送上舆地图，由太常选择吉日，安排礼仪。"制书说："可以。"

夏天四月二日，以太牢祭告宗庙。十一日，派大司空窦融祭告先祖，封皇子刘辅为右翊公，刘英为楚公，刘阳为东海公，刘康为济南公，刘苍为东平公，刘延为淮阳公，刘荆为山阳公，刘衡为临淮公，刘焉为左翊公，刘京为琅邪公。七日，追谥帝兄伯升为齐武公，帝兄仲为鲁哀公。

六月二十五日，重新设置屯骑、长水、射声三个校尉官；改青巾左校尉为越骑校尉。诏下州郡核实垦田亩数和户口年龄，并查实二千石长吏中徇私舞弊的人。冬天十一月初一，大司徒欧阳歙下狱死。十二月二十七日，关内侯戴涉为大司徒。卢芳从匈奴进占高柳。这一年，骠骑大将军杜茂被免职。虎牙大将军盖延死了。

十六年春天二月，交阯女子征侧造反，占据城邑。三月三十日，有日食。

秋九月，河南尹张伋以及诸郡太守十余人，由于丈量田亩不实，都被下狱处死。

郡国大姓以及私人武装首领、群盗在各地纷纷起兵，在当地攻杀抢劫，杀害长吏。郡县派兵追击，兵马一到他们就逃散，兵马一走他们又集结在一起。青、徐、幽、冀四州尤为严重。冬十月，派遣使者到郡国，允许群盗自相揭发，五人共同斩杀一人的，免去他们的罪责。官吏虽然曾经犯有拖延、回避、放纵的过失，也都不追究，允许以讨伐盗贼来弥补。州牧、郡太守、县令、县长中因治内有盗贼而不去搜捕的，又有因畏惧放弃城池、擅离职守的，都不认为是失职，只按他们现在俘获盗贼多少来考察政绩的优劣，唯独藏匿盗贼的人才予以治罪。于是官吏们争相追捕盗贼，盗贼一并瓦解。迁徙盗贼的首领到其他郡，分给土地和粮食，让他们安心生产。从此以后牛马可以安心放牧，城门也可以不关闭。卢芳派遣使者来请求投降。十二月某日，封卢芳为代王。

起初，王莽之乱以后，布、帛、金、粟都可以当货币用。这一年，开始通行五铢钱。

十七年春天正月，赵公刘良死了。二月三十日，有日食。

夏天四月某日，巡视南方，皇太子和右翊公刘辅、楚公刘英、东海公刘阳、济南公刘康、东平公刘苍随行，驾临颍川，进而驾临叶县、章陵。五月二十一日，车驾返回洛阳宫中。六月二十九日，临淮公刘衡死了。秋七月，妖巫李广等聚众占据皖城，派遣虎贲中郎将马援、骠骑将军段志讨伐他们。九月，攻破皖城，斩杀李广等人。冬天十月十九日，废皇后郭氏为中山太后，立贵人阴氏为皇后。进封右翊公刘辅为中山王，食常山郡的赋税。其余九个国公，都依据旧封进爵为王。

二十二日，驾临章陵。修缮园庙，祭祀旧居，视察田地房舍，摆酒作乐，颁发赏赐。当时宗室中的女性长辈由于酒喝得高兴了，互相说道："文叔小的时候恭谨诚实，待人不殷勤，只是温和罢了。今天竟能如此！"光武帝听说后，大笑道："我治理天下，也想用柔道行事。"于是为春陵的宗室都建起祠堂。有五只凤凰出现在颍川郡的郏县。十二月，从章陵返回京师。这一年，莎车国派遣使者进贡。

十八年春天二月，蜀郡守将史歆叛变，派遣大司马吴汉率领二位将军讨伐，包围了成都。

某日，巡视西方，驾临长安。

三月某日，祭祀高庙，于是逐一祭拜十一陵。经过冯翊郡界，进而驾临蒲坂，祭祀后土。

夏天四月十四日，车驾返回洛阳宫中。

十五日，诏书说："当今边郡偷盗粮食五十斛，论罪可判处死刑，开酷吏妄杀之路，废除此法，处理和内郡相同。"

派遣伏波将军马援率领楼船将军段志等进攻交阯征侧等人。

二十五日，驾临河内。二十九日，从河内回到京师。五月，有旱灾。卢芳重新逃入匈奴。

秋天七月，吴汉攻取成都，斩了史歆等人。某日，赦免益州辖区犯殊死罪以下的罪徒。

冬天十月二十四日，驾临宜城。回来的路上，祭祀了章陵。

十二月十日，车驾回到宫中。

这一年，废除州牧官，改置刺史。

十九年春天正月十五日，追尊孝宣皇帝为中宗。开始祭祀昭帝、元帝于太庙，祭祀成帝、哀帝、平帝于长安，祭祀舂陵节侯以下四世于章陵。

妖巫单臣、傅镇等造反，占据原武，派遣太中大夫臧宫围剿他们。夏天四月，夺取原城，斩了单臣、傅镇等人。

伏波将军马援击败交阯叛贼，斩了征侧等人。接着击败九真贼都阳等人，降伏了他们。

闰月二十五日，进封赵、齐、鲁三国公爵为王。

六月二十六日，诏书说："春秋大义，立皇后的儿子为太子。东海王刘阳是皇后的儿子，应该继承大统。皇太子刘强崇尚谦让之道，愿意退居藩国地位。父子的情谊，应以不长久违背儿子的心愿为重。以刘强为东海王，立刘阳为皇太子，改名为刘庄。"

秋九月，巡视南方。二十一日，驾临南阳，进而驾临汝南郡顿县县衙，摆酒聚会，赏赐吏民，免征南顿县田租一年。父老上前叩头说："皇上的父亲担任南顿县令时间很长，陛下熟悉这个县衙，每次一来就施加厚恩，希望能降恩免征十年的赋税。"光武帝说："我享有天下重器，常常害怕不能胜任，过一天算一天，怎么敢预定十年这么远呢？"吏民又说："陛下实际上是舍不得，为什么说得这样谦恭呢？"光武帝大笑，又增免一年。进而驾临淮阳、梁、沛等地。

西南夷侵犯益州郡，派遣武威将军刘尚讨伐他们。越嶲太守任贵谋反。十二月，刘尚袭击任贵，杀了他。这一年，重新设置函谷关都尉。修复西京的宫室。

二十年春天二月十日，车驾返回宫中。夏天四月三日，大司徒戴涉被下狱处死。大司空窦融被免职。

五月四日，大司马吴汉死了。匈奴侵犯上党、天水，直至扶风。

六月十四日，广汉太守蔡茂为大司徒，太仆朱浮为大司空。十六日，左中郎将刘隆为骠骑将军，代理大司马事务。十九日，改封中山王刘辅为沛王。秋天，东夷韩国人率众到乐浪郡内附。

冬天十月，巡视东方。二十日，驾临鲁国，进而驾临东海、楚、沛等国。

十二月，匈奴侵犯天水。二十八日，车驾回到宫中。这一年，撤销五原郡，迁移该郡吏民，安置到河东。免除济阳县徭役六年。

二十一年春正月，武威将军刘尚击败益州夷人，平定该地。

夏四月，安定属国胡人叛变，屯聚在青山，派遣将兵长史陈䜣讨伐平定了他们。

秋天，鲜卑侵犯辽东，辽东太守祭肜大败鲜卑。

冬十月，派遣伏波将军马援出塞攻击乌桓，未取胜。匈奴侵犯上谷、中山。

这年冬天，鄯善王、车师王等十六国都派遣儿子入侍皇帝，并进献贡品，请求设置都护。光武帝因中国刚刚安定，顾不上境外的事情，于是送还他们的侍子，给予优厚的赏赐。

二十二年春天闰月十九日，驾临长安，祭祀高庙，于是逐一祭祀十一陵。二月某日，从长安回到京师。夏天五月三十日，有日食。

秋七月，司隶校尉苏邺死于狱中。

秋九月，地震造成地裂。下诏说："日前有地震，南阳尤为严重。大地，承受物体极重，所以静而不动。而今震裂，罪在君上。鬼神不顺从无德的人，灾祸降临到吏民的头上，朕十分恐惧。令南阳不必交今年的田租和饲草。派遣谒者巡察。凡死罪囚犯在地震那天以前定罪的，一律减死罪一等，囚徒全都解去脚镣，穿上丝绵衣服。赐给郡中被压死的人以棺材钱，每人三千。凡人头税和拖欠的田租而房屋损坏尤其严重的，不再收取。吏民死亡，或者还压在断垣毁屋下面，而家人羸弱不能收敛的，官府就出钱粮雇人，为他们寻找。"

冬天十月十九日，大司空朱浮被免职。二十日，光禄勋杜林为大司空。

这一年，齐王刘章死了，青州有蝗灾。匈奴奥鞬日逐王比派遣使者到渔阳请求和亲，派中郎将李茂回报。乌桓击败匈奴，匈奴北迁，大漠以南空虚。诏命撤去边郡亭候的吏卒。

二十三年春天正月，南郡蛮人造反，派武威将军刘尚征伐击败了他们，迁移蛮族人到江夏。

夏天五月八日，大司徒蔡茂死了。秋天八月，大司空杜林死了。九月十三日，陈留太守玉况为大司徒。冬天十月九日，太仆张纯为大司空。高句丽率族人到乐浪归附。

十二月，武陵蛮人造反，抢掠郡县，派刘尚去讨伐，交战于沅水，军败，刘尚战死。

这一年，匈奴奥鞬日逐王比率领部下并派使者到西河郡归附。

二十四年春天正月十九日，大赦天下。

匈奴奥鞬日逐王比率领部下并派遣使者到五原塞通好，请求替汉朝抵御北匈奴。

秋天七月，武陵蛮侵犯临沅，派遣谒者李嵩、中山太守马成讨伐蛮人，未能取胜，于是伏波将军马援率领四位将军去征伐。诏有关部门申明过去制定的阿附蕃王法。

冬天十月，匈奴奥鞬日逐王比自立为南单于，于是分化为南、北匈奴。

二十五年春天正月，辽东境外貊人侵犯右北平、渔阳、上谷、太原，辽东太守祭肜招降了他们。乌桓首领来朝见。

南单于派遣使者到京都进贡，自称藩臣；又派他的左贤王打败北匈奴，开地一千余里。三月，南单于派子入侍。三十日，有日食。伏波将军马援等击败武陵蛮人于临沅。冬天十月，反叛的蛮人全部投降。夫余王派遣使者进贡。这一年，乌桓首领率众内属，到京师朝贡。

二十六年春天正月，诏命有关部门增加百官的俸禄。千石以上，少于西汉旧制；六百石以下，多于旧制俸禄。

初建寿陵。将作大匠窦融上书说园陵广袤，不必计较花费。光武帝说："古时候帝王的葬具，都是陶俑瓦器，木车草马，让后世的人不知道墓室的所在。太宗懂得生死真义，景帝能谨遵孝道，遭遇大乱的变故之后，而唯独霸陵有幸保全，岂不是美事吗？今所建墓地不许超过二三顷，不堆土为山陵，不修池，只要不存水就可以了。"

派遣中郎将段彬授予南单于玺印绶带。令他居云中，开始设置使匈奴中郎将一职，率兵保护南单于。南单于派儿子入侍，奉奏章来到京师。于是云中、五原、朔方、北地、定襄、雁门、上谷、代等八个郡的百姓回到了本土。派遣谒者分别带着弛刑徒修补整治城郭。发送尚在中原地区的边民，陆续返回各县，都赐给治装费，转运粮食供给他们。

二十七年夏天四月二十一日，大司徒玉况死了。

五月十一日，下诏书说："过去契担任司徒，禹担任司空，都没有'大'字。命令二府去掉'大'字。"又改大司马为太尉。骠骑大将军行大司马事的刘隆当天被罢免，以太仆赵熹为太尉，大司农冯勤为司徒。益州郡境外蛮夷率族人内属。北匈奴派遣使者到武威乞求和亲。

冬天，鲁王刘兴、齐王刘石开始前往封国。

二十八年春天正月某日，徙封鲁王刘兴为北海王，把鲁国加封给东海王。赐给东海王刘强虎贲武士、骑兵仪仗、以木架钟虡设礼乐。

夏天六月七日，沛国太后郭氏死了，于是下诏郡县捕捉王侯的宾客，受牵连而死的有数千人。

秋天八月十九日，东海王刘强、沛王刘辅、楚王刘英、济南王刘康、淮阳王刘延开始前往封国。

冬天十月十五日，诏命死罪囚徒都一律叫到蚕室受腐刑，女子受宫刑。北匈奴派遣使者进贡，乞求和亲。

二十九年春天二月初一，有日食。派遣使者清理冤狱，释放囚徒。四日，赐给天下男子以爵位，每人二级；赐给鳏夫、寡妇、孤儿、无子女的老人、有痼疾或残废的人，贫困不能自保的人以粮食，每人五斛。

夏天四月十日，诏命天下关押起来的殊死罪以下的囚犯直到一般的刑徒减去原罪一等，其余的罪可用钱财赎罪或罚劳役各有差别。

三十年春正月，鲜卑头领内属，入朝庆贺。

二月，巡视东方。十三日，驾临鲁国，进而驾临济南。闰月十三日，车驾回到洛阳宫中。有彗星出现于紫宫星区。

夏天四月九日，徙封左翊王刘焉为中山王。

五月，发生严重水灾。赐给天下男子以爵位，每人二级；赐给鳏夫、寡妇、孤儿、无子女的老人、有痼疾或残废的人、贫困不能自保的人粮食，每人五斛。

秋天七月某日，驾临鲁国。免除济阳县当年的徭役。冬天十一月某日，从鲁国回到京师。三十一年夏天五月，发生严重水灾。

二十五日，赐给天下男子以爵位，每人二级；赐给鳏夫、寡妇、孤儿、无子女的老人、有痼疾或残废的人、贫困不能自保的人粮食，每人六斛。三十日，有日食。这年夏天，闹蝗灾。秋天九月三日，诏令死罪囚犯都一律募集到蚕室接受腐刑，女子接受宫刑。这一年，陈留下了谷子雨，形状像稗草籽。北匈奴派遣使者进贡。

中元元年春天正月，东海王刘强、沛王刘辅、楚王刘英、济南王刘康、淮阳王刘延、赵王刘盱都来朝见光武帝。二十八日，巡视东方。二月十日，驾临鲁国，进而驾临泰山。北海王刘兴、齐王刘石朝见光武帝于东岳。二十二日，焚柴望祭岱宗，登临泰山，聚土为坛而祭天；二十五日在梁父打扫干净场地而祭地。三月三十日，司空张纯死了。

夏天四月五日，车驾回到洛阳宫中。十一日，大赦天下。免征嬴、博、梁父、奉高等地的徭役，不交今年的田租和饲草。改年号为中元。驾临长安。二十日，祭祀长陵。五月二十八日，从长安回到洛阳。

六月二十四日，太仆冯鲂为司空。二十八日，司徒冯勤死了。

这年夏天，京师发现有甘美的泉水涌出，喝了这泉水的人所有顽症都可以痊愈，只有盲人、跛人不能治。又有赤草长在水边。郡国频频报告发现甘露。群臣上奏道："地神显灵而朱草萌生。孝宣帝每有嘉瑞，就改年号，神爵、五凤、甘露、黄龙，都用来纪年，这是为了把感应送达天地神灵，表彰德信。因此化为升平，称作中兴。当今天下清平安宁，灵物不断降世。陛下心存谦虚退让，推辞而不愿自应瑞征，然而怎么可以让吉祥的符应和明显的喜庆湮没而无闻呢？应当命令太史把祥瑞记录编集起来，传给后世。"光武帝不同意。他常常自己谦称无德，每当郡国上奏祥瑞，就压下而不接受，因此史官很少能记载下来。秋天，有三个郡国出现蝗灾。冬天十月六日，司隶校尉东莱人李䜣为司徒。

十九日，派司空告祭高庙说："高皇帝与群臣约定，非刘氏不封王。吕太后残害三个赵王，擅自封吕氏为王，仰仗社稷之灵，吕禄、吕产被诛除，天命几乎坠落，危急的朝廷重新安定。吕太后不应该配享高庙，与至尊同在祖庙。薄太后德行仁慈，孝文皇帝贤明治国，子孙仰赖他们的福荫，延续皇祚至今。上薄太后尊号为高皇后，配享地神。迁吕太后庙主到园寝，四时上祭。"

十一月三十日，有日食出现。这一年，初建明堂、灵台、辟雍，以及北郊兆域。宣布图谶于天下。免除济阳、南顿本年的徭役。参狼羌人侵犯武都，打败郡兵，陇西太守刘盱派兵援救武都，与武都郡兵一起讨伐反叛的羌人，全都打败了他们。

二年春天正月初八，开始建立北郊，祭祀后土。东夷倭奴国国王派来使者进贡。

二月五日，光武帝死于南宫前殿，享年六十二岁。遗诏说："朕无益于百姓，全照孝文皇帝制度，后事务必节省。刺史、二千石长吏都不要离开城池，不要派属吏或用邮传上书致哀。"

当初，武光帝久在军中，讨厌战争，而且知道天下疲惫不堪，盼望安定的生活。自从陇、蜀平定以后，不是紧急情况，未曾再谈论军事。皇太子曾经问起攻战的事情。光武帝说："过去卫灵公问战阵，孔子不回答，这种事不是你该做的。"他每天一大早就上朝，日头偏西才退朝。多次召见公卿、郎将讲论经书的道理，夜半时分才睡觉。皇太子见到光武帝勤劳不怠，找机会劝说道："陛下具有夏禹、商汤的贤明，而没有黄帝、老子养性的福气，希望能保养精神，优游自宁。"光武帝说："我自己乐意这样，不因此而感到劳累。"虽然亲身建立大业，却兢兢业业如同能力不够一样，所以能贤明慎重地对待国事，总揽大权，量时度力，所办的事没有什么过失。他辞退功臣而任用文官，收藏起弓箭而放马牛回归民间，虽然治国之道未能和古代圣贤的时候相比，这也算是配得上止息干戈的"武"字了。

后汉书卷十五

来歙列传第五

来歙字君叔，南阳新野人也。六世祖汉，有才力，武帝世，以光禄大夫副楼船将军杨仆，击破南越、朝鲜。父仲，哀帝时为谏大夫，娶光武祖姑，生歙。光武甚亲敬之，数共往来长安。

汉兵起，王莽以歙刘氏外属，乃收系之，宾客共篡夺，得免。更始即位，以歙为吏，从入关。数言事不用，以病去。歙女弟为汉中王刘嘉妻，嘉遣人迎歙，因南之汉中。更始败，歙劝嘉归光武，遂与嘉俱东诣洛阳。

帝见歙，大欢，即解衣以衣之，拜为太中大夫。是时方以陇、蜀为忧，独谓歙曰："今西州未附，子阳称帝，道里阻远，诸将方务关东，思西州方略，未知所任，其谋若何？"歙因自请曰："臣尝与隗嚣相遇长安。其人始起，以汉为名。今陛下圣德隆兴，臣愿得奉威名，开以丹青之信，嚣必束手自归，则述自亡之势，不足图也。"帝然之。建武三年，歙始使隗嚣。五年，复持节送马援，因奉玺书于嚣。既还，复往说嚣，嚣遂遣子恂随歙入质；拜歙为中郎将。时山东略定，帝谋西收嚣兵，与俱伐蜀，复使歙喻旨。嚣将王元说嚣，多设疑故，久冘豫不决。歙素刚毅，遂发愤质责嚣曰："国家以君知臧否，晓废兴，故以手书畅意。足下推忠诚，遣伯春委质，是臣主之交信也。今反欲用佞惑之言，为族灭之计，叛主负子，违背忠信乎？吉凶之决，在于今日。"欲前刺嚣，嚣起入，部勒兵，将杀歙，歙徐杖节就车而去。嚣愈怒，王元劝嚣杀歙，使牛邯将兵围守之。嚣将王遵谏曰："愚闻为国者慎器与名，为家者畏怨重祸。俱慎名器，则下服其命；轻用怨祸，则家受其殃。今将军遣子质汉，内怀它志，名器逆矣；外人有议欲谋汉使，轻怨祸矣。古者列国兵交，使在其间，所以重兵贵和而不任战也，何况承王命籍重质而犯之哉？君叔虽单车远使，而陛下之外兄也。害之无损于汉，而随以族灭。昔宋执楚使，遂有析骸易子之祸。小国犹不可辱，况于万乘之主，重以伯春之命哉！"歙为人有信义，言行不违，及往来游说，皆可案复，西州士大夫皆信重之，多为其言，故得免而东归。

八年春，歙与征虏将军祭遵袭略阳，遵道病还，分遣精兵随歙，合二千余人，伐山开道，从番须、回中径至略阳，斩嚣守将金梁，因保其城。嚣大惊曰："何其神也！"乃悉兵数万人围略阳，斩山筑堤，激水灌城。歙与将士固死坚守，矢尽，乃发屋断木以为兵。嚣尽锐攻之，自春至秋，其士卒疲弊。帝乃大发关东兵，自将上陇，嚣众溃走，围解。于是置酒高会，劳赐歙，班坐绝席，在诸将之右，赐歙妻缣千匹。诏使留屯长安，悉监护诸将。

歙因上书曰："公孙述以陇西、天水为藩蔽，故得延命假息。今二郡平荡，则述智计穷矣。宜益选兵马，储积资粮。昔赵之将帅多贾人，高帝悬之以重赏。今西州新破，兵人疲馑，或招以财谷，则其众可集。臣知国家所给非一，用度不足，然有不得已也。"帝然之。于是大转粮运，诏歙率征西大将军冯异、建威大将军耿卬、虎牙大将军盖延、扬武将军马成、武威将军刘尚入天水，击破公孙述将田卬、赵匡。明年，攻拔落门，隗嚣支党周宗、赵恢及天水属县皆降。

初王莽世，羌虏多背叛，而隗嚣招怀其酋豪，遂得为用。及嚣亡后，五谿、先零诸种数为寇掠，皆营堑自守。州郡不能讨。歙乃大修攻具，率盖延、刘尚及太中大夫马援等进击羌于金城，大破之，斩首虏数千人，获牛羊万余头，谷数十万斛。又击破襄武贼傅栗卿等。陇西虽平，而人饥，流者相望。歙乃倾仓廪，转运诸县，以赈赡之，于是陇右遂安，而凉州流通焉。

十一年，歙与盖延、马成进攻公孙述将王元、环安于河池、下辨，陷之，乘胜遂进。蜀人大惧，使刺客刺歙，未殊，驰召盖延。延见歙，因伏悲哀，不能仰视。歙叱延曰："虎牙何敢然！今使者中刺客，无以报国，故呼巨卿，欲相属以军事，而反效儿女子涕泣乎！刃虽在身，不能勒兵斩公邪！"延收泪强起，受所诫。歙自书表曰："臣夜人定后，为何人所贼伤，中臣要害。臣不敢自惜，诚恨奉职不称，以为朝廷羞。夫理国以得贤为本，太中大夫段襄，骨鲠可任，愿陛下裁察。又臣兄弟不肖，终恐被罪，陛下哀怜，数赐教督。"投笔抽刃而绝。

帝闻大惊，省书揽涕，乃赐策曰："中郎将来歙，攻战连年，平定羌、陇，忧国忘家，忠孝彰著。遭命遇害，呜呼哀哉！"使太中大夫赠歙中郎将、征羌侯印绶，谥曰节侯，谒者护丧事。丧还洛阳，乘舆缟素临吊送葬。以歙有平羌、陇之功，故改汝南之当乡县为征羌国焉。

子褒嗣。十三年，帝嘉歙忠节，复封歙弟由为宜西侯。褒子棱，尚显宗女武安公主。棱早殁，褒卒，以棱子历为嗣。

【译文】

来歙，字君叔，是南阳新野人。他的六世先祖来到汉朝，很有才智。汉武帝时，跟从光禄大夫作为楼船将军杨仆的副手，打败了南越、朝鲜。父亲来仲，在哀帝时做谏大夫，娶了光武帝父亲的姐妹为妻，生下来歙。光武帝对来歙很亲近而且尊敬，多次一起在长安和南阳间来来往往。

新朝末年，刘縯、刘秀在南阳起兵，举起复兴汉室的旗帜，王莽因为来歙是刘氏的外戚，于是下令逮捕了他，由于宾客共同努力把他夺回，才使他幸免于难。刘玄登极后，改年号为更始，任用来歙为吏掾，并随之进入到关中。来歙就军国大事，曾经多次进言，但均未被采用。所以，托病辞官离去。来歙的妹妹是汉中王刘嘉的妻子，刘嘉派人前来迎接来歙，于是来歙向南来到汉中。更始帝失败以后，来歙劝说刘嘉归附于光武帝，于是就同刘嘉一起向东来到洛阳。

光武帝看见来歙后，很高兴，立刻脱下自己所披的襜襦给来歙穿，并任命来歙作了太中大夫。这时，隗嚣、公孙述各自占据陇、蜀，拥兵自立。对此，光武帝深深感到忧虑。他单独对来歙说："现在隗嚣占据了西州，还没有归附，公孙述在蜀地自称为皇帝，路途遥远艰险，将领们正着力于函谷关以东，对西州的全盘计划和策略，还没有成熟的见解，你的见解如何？"来歙乘机请求道："我曾经与隗嚣在长安相遇，这个人刚起事，以拥汉的名义。现在陛下十分圣明，德能盛大兴旺，我希望能够尊奉您威严的命令，手持您明若丹青一样的手书，前往到陇地，隗嚣一定束手亲自来归。那么公孙述自取灭亡的趋势，不可以逆转，对他不值得谋取。"光武帝认为他的话是对的。建武三年，来歙开始出使各地，到隗嚣占据了的西州去。建武五年，来歙又手持节送马援回归，乘机恭敬地捧着玺书送给隗嚣。回来之后，又前往劝说隗嚣归降汉。隗嚣于是就派他的儿子隗恂跟随来歙到洛阳作为人质。光武帝任命隗嚣为中郎将。当时，太行山以东地区已经大体平定，光武帝正策划向西接受隗嚣的部队，与隗嚣共同伐蜀，又派来歙作为使者，再次前往告诉隗嚣，让其发兵，夹击公孙述。隗嚣的部将王元劝谏隗嚣。隗嚣反复地考虑，疑虑重重，长时间都不能决断。来歙向来刚强坚毅，于是就愤然责备隗嚣说："朝廷因为您知得失，识废兴，因此将手书明白地告诉您。您曾经效忠国家，遣子入侍，这就是君臣互相信任的标志。现在如果反而听信佞惑之言，做了灭族的傻事，叛君负子，忠信在哪里？吉凶之抉择，就在今天。"想要向前刺杀隗嚣，隗嚣站起进入大帐内，部署整顿军队，要杀死来歙。来歙却不慌不忙，杖节出庭，登车离开了。隗嚣更加恼怒，王元劝说隗嚣杀掉来歙，隗嚣于是就命令部将牛邯追赶来歙，并将来歙包围。隗嚣部将王遵规劝说："我愚钝，听说治理国家不可随便授车服爵号，治理家庭害怕因怨恨增加人祸。不随便授车服爵号，那么臣下就服从君主的命令；轻易用怨恨，那么家庭就要遭祸殃。现在将军派儿子到汉朝作人质，而内心却怀有其他的志向，这就是对名和器的背叛；局外之人对您有想暗算汉朝使者的议论，这轻易就能招怨惹祸。古时候诸侯国打仗时，使者在他们之间，这是重视军队，以和为贵，不放纵战争的原因，何况是侵犯承担王命，需要借重于人质的人呢？您虽然是单车远道前来出使，但他是陛下的外兄。杀害他对于汉朝没什么损失，但随之而来的却是被灭族，从前宋国捉拿楚使者，就召来劈开人骨头当柴烧、互相交换孩子吃的灾祸，对小国尚且不可以侮辱，更何况对于万乘之尊的君主呢？您要以伯春生命为重啊！"来歙为人讲信义，言行一致，以及来往多方的活动，陈述自己的见解、主张，希望被采纳，都可以进行核实，西州的读书人以及做官的人都信任尊重他，常替他说话，所以能够免于灾祸，向东回归。

建武八年春天，来歙与征虏将军祭遵奉命令率领军队前往袭击略阳，祭遵在中途生病回去了，于是就分派精兵随从来歙，共计二千余人，伐山开路，从番须、回中直达略阳，斩隗嚣的守城将领金梁，夺取这座城池，之后守卫着它。隗嚣大为震惊，说："怎么会这样神速！"于是就出动所有部队和上万人围攻略阳，挖得山上的土石修筑成堤坝，企图引水灌城，来歙以及将士们誓死坚守，箭射完后，就拆除房屋，将木头断开当作武器。隗嚣用所有精锐部队攻城，从春到秋，士兵们疲劳困顿。光武帝就大规模地调集函谷关以东的部队，亲自统率，进军陇上，隗嚣的军队溃败逃走，对略阳的包围解除了。于是光武帝就进入略阳，准备好酒举行盛宴，慰劳、赏赐来歙，把他的席位单独设立在将领们的上首。赐给来歙妻子一千匹绸缎。下诏命令来歙留住长安，监护所有将领。

来歙乘机上书说："公孙述把陇西、天水当作屏障，因此能够苟延残喘。现在这两个郡能够被平定，公孙述则无计可施了。我们应该多征调兵马，储备粮草。从前赵国的将帅大多是商人，高祖用重金奖赏了降将。现在西州破败，军民十分疲劳饥饿，如果用金钱粮食招引他们，当地军民能够快速集结起来。我知道国家所需要供给的不仅是一支军队，财政一定会困难，但这样做也是万不得已。"光武帝认为这是对的。于是大量地转运粮食，下诏命令来歙统率领征西大将军冯异、建威大将军耿印、虎牙大将军盖延、扬武将军马成、武威将军刘尚，攻入到天水，打垮了公孙述部将田印、赵匡。第二年，攻取了洛门，隗嚣党羽周宗、赵恢以及天水的辖县都投降了。

当初王莽在位的时候，羌虏多数背叛，而隗嚣招诱怀柔他的首领，于是能够为自己所用。等到隗嚣败亡以后，五豁、先零诸族多次侵扰抢掠，都挖掘了壕沟自己守卫，州郡不能讨伐。来歙于是大量修理进攻的器具，率领盖延、刘尚以及太中大夫马援等人在金城攻打羌人，将羌人打得大败而归，斩首了几千人，缴获一万余头牛羊、几十万斛谷物。又打垮了襄武县的贼人傅栗卿等人。陇西虽然平定，但百姓饥饿，流离失所来等待食物的人都在道路上相互守望，来歙就竭尽仓库所有，将粮食转运到各县，用来救济饥民，于是陇右逐渐趋于安定，并凉州的道路也打通了。

建武十一年，来歙与盖延、马成在河池、下辨进攻公孙述部将王元、环安，并攻陷这两个地方，于是乘胜追击。蜀郡人很恐慌，公孙述派遣刺客刺杀来歙，正中要害，但没有立刻气绝。来歙命领人紧急召见盖延。盖延看到来歙被刺时，伏地哀痛，不能够抬头。来歙斥责盖延道："你怎么敢这个样子！如今我被刺客刺中，不能报效国家，才叫你来，要将军政大事托付给你，你却像个小孩子哭个没完！刀在我身上，我就不能够统率军队杀了你吗？"盖延擦干眼泪，勉强起身，接受嘱托。来歙亲手书写了奏章，说道："我在夜深人静时，不知道被什么人刺伤，已经击中要害。我不敢痛惜自己，只恨自己没有尽到职责，给朝廷带来了羞辱。治理国家将任用贤才作为根本，太中大夫段襄，忠诚正直，可以重用他，希望陛下裁决明察。我的兄弟们都不贤，最终恐怕会犯法判罪，还请陛下您可怜他们，时常教诲监督他们。"写罢，就扔掉笔，拔出凶器自杀，气绝身亡。

光武帝听到消息后，极为震惊，一边看奏章，一边流泪。于是赐给策文说："中郎将来歙，曾连续多年攻城野战，平定羌人、陇西，为国家担忧，忘却了自家，忠孝双全，功劳显著，不幸被害，唉，悲哀呀！"命太中大夫追赠来歙为中郎将、征羌侯印绶，谥号为节侯，拜谒的人护送灵车。灵车回到洛阳，光武帝乘车，身穿丧服，亲临吊丧，送葬。因为来歙平定羌人、陇西的功劳，因此改汝南的当乡县为征羌国。

来歙的儿子来褒继承了他的爵位。建武十三年，光武帝表彰来歙的忠诚和气节，又封来歙的弟弟来由为宜西侯。来褒的儿子来棱，娶了显宗女武安公主为妻。来棱早死，来褒去世，让来棱的儿子来历做了继承人。

后汉书卷二十四

马援列传第十四

马援字文渊，扶风茂陵人也。其先赵奢为赵将，号曰马服君，子孙因为氏。武帝时，以吏二千石自邯郸徙焉。曾祖父通，以功封重合侯，坐兄何罗反，被诛，故援再世不显。援三兄况、余、员，并有才能，王莽时皆为二千石。

援年十二而孤，少有大志，诸兄奇之。尝受《齐诗》，意不能守章句，乃辞况，欲就边郡田牧。况曰："汝大才，当晚成。良工不示人以朴，且从所好。"会况卒，援行服期年，不离墓所，敬事寡嫂，不冠不入庐，后为郡督邮，送囚至司命府，囚有重罪，援哀而纵之，遂亡命北地。遇赦，因留牧畜，宾客多归附者，遂役属数百家。转游陇汉间，常谓宾客曰："丈夫为志，穷当益坚，老当益壮。"因处田牧，至有牛马羊数千头，谷数万斛，既而叹曰："凡殖货财产，贵其能施赈也，否则守钱虏耳。"乃尽散以班昆弟故旧，身衣羊裘皮绔。

王莽末，四方兵起，莽从弟卫将军林广招雄俊，乃辟援及同县原涉为掾，荐之于莽。莽以涉为镇戎大尹，援为新成大尹。及莽败，援兄员时为增山连率，与援俱去郡，复避地凉州。世祖即位，员先诣洛阳，帝遣员复郡，卒于官。援因留西州，隗嚣甚敬重之，以援为绥德将军，与决筹策。

是时公孙述称帝于蜀，嚣使援往观之。援素与述同里□，相善，以为既至当握手欢如平生，而述盛陈陛卫，以延援入，交拜礼毕，使出就馆，更为援制都布单衣、交让冠，会百官于宗庙中，立旧交之位。述鸾旗旄骑，警跸就车，磬折而入，礼飨官属甚盛，欲授援以封侯大将军位。宾客皆乐留，援晓之曰："天下雄雌未定，公孙不吐哺走迎国士，与图成败，反修饰边幅，如偶人形。此子何足久稽天下士乎？"因辞归，谓嚣曰："子阳井底蛙耳，而妄自尊大，不如专意东方。"

建武四年冬，嚣使援奉书洛阳。援至，引见于宣德殿。世祖迎笑谓援曰："卿遨游二帝间，今见卿，使人大惭。"援顿首辞谢，因曰："当今之世，非独君择臣也，臣亦择君矣。臣与公孙述同县，少相善。臣前至蜀，述陛戟而后进臣。臣今远来，陛下何知非刺客奸人，而简易若是？”帝复笑曰：“卿非刺客，顾说客耳。”援曰：“天下反复，盗名字者不可胜数。今见陛下，恢廓大度，同符高祖，乃知帝王自有真也。”帝甚壮之，援从南幸黎丘，转至东海。及还，以为待诏，使太中大夫来歙持节送援西归陇右。

隗嚣与援共卧起，问以东方流言及京师得失。援说嚣曰：“前到朝廷，上引见数十，每接宴语，自夕至旦，才明勇略，非人敌也。且开心见诚，无所隐伏，阔达多大节，略与高帝同。经学博览，政事文辩，前世无比。”嚣曰：“卿谓何如高帝？”援曰：“不如也。高帝无可无不可；今上好吏事，动如节度，又不喜饮酒。”嚣意不怿，曰：“如卿言，反复胜邪？”然雅信援，故遂遣长子恂入质，援因将家属随恂归洛阳。居数月而无它职任。援以三辅地旷土沃，而所将宾客猥多，乃上书求屯田上林苑中，帝许之。

会隗嚣用王元计，意更狐疑，援数以书记责譬于嚣，嚣怨援背己，得书增怒，其后遂发兵拒汉。援乃上疏曰：“臣援自念归身圣朝，奉事陛下，本无公辅一言之荐，左右为容之助。臣不自陈，陛下何因闻之。夫居前不能令人轾，居后不能令人轩，与人怨不能为人患，臣所耻也。故敢触冒罪忌，昧死陈诚，臣与隗嚣，本实交友。初，嚣遣臣东，谓臣曰：‘本欲为汉，愿足下往观之。于汝意可，即专心矣。’及臣还反，报以赤心，实欲导之于善，非敢谲以非义。而嚣自挟奸心，盗憎主人，怨毒之情遂归于臣。臣欲不言。则无以上闻。愿听诣行在所，极陈灭嚣之术，得空匈腹，申愚策，退就陇亩，死无所恨。”帝乃召援计事，援具言谋画。因使援将突骑五千，往来游说嚣将高峻、任禹之属，下及羌豪，为陈祸福，以离嚣支党。

援又为书与嚣将杨广，使晓劝于嚣，曰：

“春卿无恙，前别冀南，寂无音驿。援间还长安，因留上林，窃见四海已定，兆民同情，而季孟闭拒背畔，为天下表的，常惧海内切齿，思相屠裂，故遗书恋恋，以致恻隐之计。乃闻季孟归罪于援，而纳王游翁谄邪之说，自谓函谷以西，举足可定，以今而观，竟何如邪？援间至河内，过存伯春，见其奴吉从西方还，说伯春小弟仲舒望见吉，欲问伯春无它否，竟不能言，晓夕号泣，婉转尘中。又说其家悲愁之状，不可言也。夫怨仇可刺不可毁，援闻之，不自知泣下也。援素知季孟孝爱，曾、闵不过。夫孝于其亲，岂不慈于其子？可有子抱三木，而跳梁妄作，自同分羹之事乎？季孟平生自言所以拥兵众者，欲以保全父母之国而完坟墓也，又言苟厚士大夫而已。而今所欲全者将破亡之，所欲完者将毁伤之，所欲厚者将反薄之。季孟尝折愧子阳而不受其爵，今更共陆陆，欲往附之，将难为颜乎？若复责以重质，当安从得子主给是哉！往时子阳独欲以王相待，而春卿拒之；今者归老，更欲低头与小儿曹共槽枥而食，并肩侧身于怨家之朝乎？男儿溺死何伤而拘游哉！今国家待春卿意深，宜使牛孺卿与诸耆老大人共说季孟，若计画不从，真可引领去矣。前披舆地图，见天下郡国百有六所，奈何欲以区区二邦以当诸夏百有四乎？春卿事季孟，外有君臣之义，内有朋友之道。言君臣邪，固当谏争；语朋友邪，应有切磋。岂有知其无成，而但萎腇咋舌，叉手从族乎？及今成计，殊尚善也；过是，欲少味矣。且来君叔天下信士，朝廷重之，其意依依，常独为西州言。援商朝廷，尤欲立信于此，必不负约。援不得久留，愿急赐报。”

广竟不答。

八年，帝自西征嚣，至漆，诸将多以王师之重，不宜远入险阻，计攫豫未决，会召援，夜至，帝大喜，引入，具以群议质之。援因说隗嚣将帅有土崩之势，兵进有必破之状。又于帝前聚米为山谷，指画形势，开示众军所从道径往来，分析曲折，昭然可晓。帝曰：“虏在吾目中矣。”明旦，遂进军至第一，嚣众大溃。

九年，拜援为太中大夫，副来歙监诸将平凉州。自王莽末，西羌寇边。遂入居塞内，金城属县多为虏有。来歙奏言陇西侵残，非马援莫能定。十一年夏，玺书拜援陇西太守。援乃发步骑三千人，击破先零羌于临洮，斩首数百级，获马牛羊万余头。守塞诸羌八千余人诣援降。诸种有数万，屯聚寇钞，拒浩亹隘。援与扬武将军马成击之。羌因将其妻子辎重移阻于允吾谷，援乃潜行间道，掩赴其营。羌大惊坏，复远徙唐翼谷中，援复追讨之。羌引精兵聚北山上，援陈军向山，而分遣数百骑绕袭其后，乘夜放火，击鼓叫噪，虏遂大溃，凡斩首千余级。援以兵少，不得穷追，收其谷粮畜产而还。援中矢贯胫，帝以玺书劳之，赐牛羊数千头，援尽班诸宾客。

是时，朝臣以金城破羌之西，涂远多寇，议欲弃之。援上言，破羌以西城多完牢，易可依固；其田土肥壤，灌溉流通。如今羌在湟中，则为害不休，不可弃也。帝然之，于是诏武威太守，令悉还金城客民。归者三千余口，使各反旧邑。援奏为置长吏，缮城郭，起坞候，开导水田，劝以耕牧，郡中乐业。又遣羌豪杨封譬说塞外羌，皆来和亲。又武都氐人背公孙述来降者，援皆上复其侯王君长，赐印绶，帝悉从之。仍罢马成军。

十三年，武都参狼羌与塞外诸种为寇，杀长吏。援将四千余人击之，至氐道县，羌在山上，援军据便地，夺其水草，不与战，羌遂穷困，豪帅数十万户亡出塞，诸种万余人悉降，于是陇右清静。

援务开恩信，宽以待下，任吏以职，但总大体而已。宾客故人，日满其门。诸曹时白外事，援辄曰："此丞、掾之任，何足相烦。颇哀老子，使得遨游。若大姓侵小民，黠羌欲旅距，此乃太守事耳。"傍县尝有报仇者，吏民惊言羌反，百姓奔入城郭。狄道长诣门，请闭城发兵。援时与宾客饮，大笑曰："烧虏何敢复犯我。晓狄道长归守寺舍，良怖急者，可床下伏。"后稍定，郡中服之。视事六年，征入为虎贲中郎将。

初，援在陇西上书，言宜如旧铸五铢钱。事下三府，三府奏以为未可许，事遂寝。及援还，从公府求得前奏，难十余条，及随牒解释，更具表言。帝从之，天下赖其便。援自还京师，数被进见。为人明须发，眉目如画。闲于进对，尤善述前世行事。每言及三辅长者，下至闾里少年，皆可观听。自皇太子、诸王侍闻者，莫不属耳忘倦。又善兵策，帝常言"伏波论兵，与我意合"，每有所谋，未尝不用。

初，卷人维汜，讶言称神，有弟子数百人，坐伏诛。后其弟子李广等宣言汜神化不死，以诳惑百姓。十七年，遂共聚会徒党，攻没皖城，杀皖侯刘闵，自称"南岳大师"。遣谒者张宗将兵数千人讨之，复为广所败。于是使援发诸郡兵，合万余人，击破广等，斩之。

又交阯女子征侧及女弟征贰反，攻没其郡，九真、日南、合浦蛮夷皆应之，寇略岭外六十余城，侧自立为王。于是玺书拜援伏波将军，以扶乐侯刘隆为副，督楼船将军段志等南击交阯。军至合浦而志病卒，诏援并将其兵。遂缘海而进，随山刊道千余里，十八年春，军至浪泊上，与贼战，破之，斩首数千级，降者万余人。援追征侧等至禁谿，数败之，贼遂散走。明年正月，斩征侧、征贰，传首洛阳。封援为新息侯，食邑

三千户。援乃击牛酾酒，劳飨军士。从容谓官属曰："吾从弟少游常哀吾慷慨多大志，曰：'士生一世，但取衣食裁足，乘下泽车，御款段马，为郡掾史，守坟墓，乡里称善人，斯可矣。致求盈余，但自苦耳。'当吾在浪泊，西里间，虏未灭之时，下潦上雾，毒气重蒸，仰视飞鸢跕跕堕水中，卧念少游平生时语，何可得也！今赖士大夫之力，被蒙大恩，猥先诸君纡佩金紫，且喜且惭。"吏士皆伏称万岁。

援将楼船大小二千余艘，战士二万余人，进击九真贼征侧余党都羊等，自无功至居风，斩获五千余人，峤南悉平。援奏言西于县户有三万二千，远界去庭千余里，请分为封溪、望海二县，许之。援所过辄为郡县治城郭，穿渠灌溉，以利其民。条奏越律与汉律驳者十余事，与越人申明旧制以约束之，自后骆越奉行马将军故事。

二十年秋，振旅还京师，军吏经瘴疫死者十四五。赐援兵车一乘，朝见位次九卿。

援好骑，善别名马，于交阯得骆越铜鼓，乃铸为马式，还上之。因表曰："夫行天莫如龙，行地莫如马，马者甲兵之本，国之大用。安宁则以别尊卑之序，有变则以济远近之难。昔有骐骥，一日千里，伯乐见之，昭然不惑。近世有西河子舆，亦明相法。子舆传西河仪长孺，长孺传茂陵丁君都，君都传成纪杨子阿，臣援尝师事子阿，受相马骨法。考之于行事，辄有验效。臣愚以为传闻不如亲见，视景不如察形。今欲形之于生马，则骨法难备具，又不可传之于后。孝武皇帝时，善相马者东门京铸作铜马法献之，有诏立马于鲁班门外，则更名鲁班门曰金马门。臣谨依仪氏鞧，中帛氏口齿，谢氏唇鬐，丁氏身中，备此数家骨相以为法。"马高三尺五寸，围四尺五寸。有诏置于宣德殿下，以为名马式焉。

初，援军还，将至，故人多迎劳之，平陵人孟冀，名有计谋，于坐贺援。援谓之曰："吾望子有善言，反同众人邪？昔伏波将军路博德开置七郡，裁封数百户；今我微劳，猥飨大县，功薄赏厚，何以能长久乎？先生奚用相济？"冀曰："愚不及。"援曰："方今匈奴、乌桓尚扰北边，欲自请击之。男儿要当死于边野，以马革裹尸还葬耳，何能卧床上在儿女子手中邪？"冀曰："谅为烈士，当如此矣。"

还月余，会匈奴、乌桓寇扶风，援以三辅侵扰，园陵危逼，因请行，许之。自九月至京师，十二月复出屯襄国。诏百官祖道。援谓黄门郎梁松、窦固曰："凡人为贵，当使可贱，如卿等欲不可复贱，居高坚自持，勉思鄙言。”松后果以贵满致灾，固亦几不免。

明年秋，援乃将三千骑出高柳，行雁门、代郡、上谷障塞。乌桓候者见汉军至，虏遂散去，援无所得而还。

援尝有疾，梁松来候之，独拜床下，援不答。松去后，诸子问曰：“梁伯孙帝婿，贵重朝廷，公卿已下莫不惮之，大人奈何独不为礼？”援曰：“我乃松父友也。虽贵，何得失其序乎？”松由是恨之。

二十四年，武威将军刘尚击武陵五溪蛮夷，深入，军没，援因复请行。时年六十二，帝愍其老，未许之。援自请曰：“臣尚能被甲上马。”帝令试之。援据鞍顾眄，以示可用。帝笑曰：“矍铄哉是翁也！”遂遣援率中郎将马武、耿舒、刘匡、孙永等，将十二郡募士及驰刑四万余人征五溪。援夜与送者诀，谓友人谒者杜愔曰：“吾受厚恩，年迫余日索，常恐不得死国事。今获所愿，甘心瞑目，但畏长者家儿或在左右，或与从事，殊难得调，介介独恶是耳。”明年春，军至临乡，遇贼攻县，援迎击，破之，斩获二千余人，皆散走入竹林中。

初，军次下隽，有两道可入，从壶头则路近而水险，从充则涂夷而运远，帝初以为疑。及军至，耿舒欲从充道，援以为弃日费粮，不如进壶头，搤其喉咽，充贼自破。以事上之，帝从援策。三月，进营壶头，贼乘高守隘，水疾，船不得上，会暑甚，士卒多疫死，援亦中病，遂困，乃穿岸为室，以避炎气。贼每升险鼓噪，援辄曳足以观之，左右哀其壮意，莫不为之流涕。耿舒与兄好畤侯弇书曰：“前舒上书当先击充，粮虽难运而兵马得用，军人数万争欲先奋。今壶头竟不得进，大众怫郁行死，诚可痛惜。前到临乡，贼无故自致，若夜击之，即可殄灭。伏波类西域贾胡，到一处辄止，以是失利。今果疾疫，皆如舒言。”弇得书，奏之。帝乃使虎贲中郎将梁松乘驿责问援，因代监军。会援病卒，松宿怀不平，遂因事陷之。帝大怒，追收援新息侯印绶。

初，兄子严、敦并喜讥议，而通轻侠客。援前在交阯，还书诫之曰：“吾欲汝曹闻人过失，如闻父母之名，耳可得闻，口不可得言也。好论议人长短，妄是非正法，此吾所大恶也，宁死不愿闻子孙有此行也。汝曹知吾恶之甚矣，所以复言者，施衿结褵，申父母之戒，欲使汝曹不忘之耳。龙伯高敦厚周慎，口无择言，谦约节俭，廉公有威，吾爱之重之，愿汝曹效之。杜季良豪侠好义，忧人之忧，乐人之乐，清浊无所失，父丧致客，数郡毕至，吾爱之重之，不愿汝曹效也。效伯高不得，犹为谨敕之士，所谓刻鹄不成尚类鹜者也。效季良不得，陷为天下轻薄子，所谓画虎不成反类狗者也。讫今季良尚未可知，郡将下车辄切齿，州郡以为言，吾常为寒心，是以不愿子孙效也。”季良名保，京兆人，时为越骑司马。保仇人上书，讼保“为行浮薄，乱群惑众。伏波将军万里还书以诫兄子，而梁松、窦固以之交结，将扇其轻伪，败乱诸夏。”书奏，帝召责松、固，以讼书及援诫书示之，松、固叩头流血，而得不罪。诏免保官。伯高名述，亦京兆人，为山都长，由此擢拜零陵太守。

初，援在交阯，常饵薏苡实，用能轻身省欲，以胜瘴气。南方薏苡实大，援欲以为种，军还，载之一车。时人以为南土珍怪，权贵皆望之。援时方有宠，故莫以闻。及卒后，有上书谮之者，以为前所载还，皆明珠文犀。马武与於陵侯侯昱等皆以章言其状，帝益怒。援妻孥惶惧，不敢以丧还旧茔，裁买城西数亩地槁葬而已。宾客故人莫敢吊会。严与援妻子草索相连，诣阙请罪。帝乃出松书以示之，方知所坐，上书诉冤，前后六上，辞甚哀切，然后得葬。

又前云阳令同郡朱勃诣阙上书曰：

臣闻王德圣政，不忘人之功，采其一美，不求备于众。故高祖赦蒯通而以王礼葬田横，大臣旷然，咸不自疑。夫大将在外，谗言在内，微过辄记，大功不计，诚为国之所慎也。故章邯畏口而奔楚，燕将据聊而不下。岂其甘心末规哉，悼巧言之伤类也。

窃见故伏波将军新息侯马援，拔自西州，钦慕圣义，间关险难，触冒万死，孤立群贵之间，傍无一言之佐，驰深渊，入虎口，岂顾计哉！宁自知当要七郡之使，徼封侯之福邪？八年，车驾西讨隗嚣，国计狐疑，众营未集，援建宜进之策，卒破西州。及吴汉下陇，冀路断隔，唯独狄道为国坚守，士民饥困，寄命漏刻。援奉诏西使，镇慰边众，乃招集豪杰，晓诱羌戎，谋如涌泉，势如转规，遂救倒县之急，存几亡之城，兵全师进，因粮敌人，陇、冀略平，而独守空郡，兵动有功，师进辄克。铢锄先零，缘入山谷，猛怒力战，飞矢贯胫。又出征交阯，土多瘴气，援与妻子生诀，无悔吝之心，遂斩灭征侧，克平一州。间复南讨，立陷临乡，师已有业，未竟而死，吏士虽疫，援不独存。夫战或以久而立功，或以速而致败，深入未必为得，不进未必为非。人情岂乐久屯绝地，不生归哉！唯援得事朝廷二十二年，北出塞漠，南度江海，触冒害气，僵死军事，名灭爵绝，国土不传。海内不知其过，众庶未闻其毁，卒遇三夫之言，横被诬罔之谗，家属杜门，葬不归墓，怨隙并兴，宗亲怖慄。死者不能自列，生者莫为之讼，臣窃伤之。

夫明主醲于用赏，约于用刑。高祖尝与陈平金四万斤以间楚军，不问出入所为，岂复疑以钱谷间哉？夫操孔父之忠而不能自免于谗，此邹阳之所悲也。《诗》云："取彼谗人，投畀豺虎。豺虎不食，投畀有北。有北不受，投畀有昊。"此言欲令上天而平其恶。唯陛下留思竖儒之言，无使功臣怀恨黄泉。臣闻《春秋》之义，罪以功除；圣王之祀，臣有五义。若援，所谓以死勤事者也。愿下公卿平援功罪，宜绝宜续，以厌海内之望。

臣年已六十，常伏田里，窃感栾布哭彭越之义，冒陈悲愤，战慄阙庭。

书奏，报，归田里。

勃字叔阳，年十二能诵《诗》《书》。常候援兄况。勃衣方领，能矩步，辞言娴雅，援裁知书，见之自失。况知其意，乃自酌酒慰援曰："朱勃小器速成，智尽此耳，卒当从汝禀学，勿畏也，朱勃未二十，右扶风请试守渭城宰，及援为将军，封侯，而勃位不过县令。援后虽贵，常待以旧恩而卑侮之，勃愈身自亲，及援遇谗，唯勃能终焉。肃宗即位，追赐勃子谷二千斛。

初，援兄子婿王磐子石，王莽从兄平阿侯仁之子也。莽败，磐拥富资居故国、为人尚气节而爱士好施，有名江淮间。后游京师，与卫尉阴兴、大司空朱浮、齐王章共相友善，援谓姊子曹训曰："王氏，废姓也。子石当屏居自守，而反游京师长者，用气自行。多所陵折，其败必也。"后岁余，磐果与司隶校尉苏邺、丁鸿事相连，坐死洛阳狱。而磐子肃复出入北宫及王侯邸第。援谓司马吕种曰："建武之元，名为天下重开。自今以往，海内日当安耳，但忧国家诸子并壮，而旧防未立，若多通宾客，则大狱起矣。卿曹戒慎之！"及郭后薨，有上书者，以为肃等受诛之家，客因事生乱，虑致贯高、任章之变。帝怒，乃下郡县收捕诸王宾客，更相牵引，死者以千数。吕种亦豫其祸，临命叹曰："马将军诚神人也！"

永平初，援女立为皇后，显宗图画建武中名臣、列将于云台，以椒房故，独不及援。东平王苍观图，言于帝曰："何故不画伏波将军像？"帝笑而不言。至十七年，援夫人卒，乃更修封树，起祠堂。

建初三年，肃宗使五官中郎将持节追策，谥援曰忠成侯。四子：廖，防，光，客卿。客卿幼而歧嶷，年六岁，能应接诸公，专对宾客，尝有死罪亡命者来过，客卿逃匿不令人知。外若讷而内沈敏。援甚奇之。以为将相器，故以客卿字焉。援卒后，客卿亦夭没。

【译文】

马援，字文渊，是扶风茂陵人。他的祖先赵奢做过赵国的将军，爵号为马服君，子孙因此才以“马”为姓。汉武帝时，马家凭借吏二千石的身份被从邯郸迁移到茂陵。他的曾祖父马通，因功被封为重合侯，因为参与哥哥马何罗的反叛，被处以死刑，所以马援父祖辈的官位并不显达。马援有三个哥哥分别叫马况、马余、马员，都很有才干，王莽执政的时候都位居二千石。

马援十二岁时就成了孤儿，但年轻时就胸怀大志，哥哥们对他都感到很惊异。马援曾经拜师学习《齐诗》，因为心里不愿专注于分析经书的章节以及句读的学问，就告别马况，打算前往边郡地区去饲养牲畜。马况说：“你有大才能，不久之后必然成功。好的工匠不会将未经加工的材料拿给人看的，你姑且做你喜欢做的事情去吧。”恰逢马况去世，马援服丧一年后，没有离开墓地；恭敬侍奉守寡的嫂嫂，衣冠不整绝不进入寡嫂的房屋。后来作了郡督邮，有一次押送囚犯到司命府，囚犯犯了重罪，马援出于同情释放了囚犯，他就逃跑到北地郡。遇到大赦后，就留在那里放牧牲畜，许多宾客前来投奔，于是受他役使、归属他的有几百家。他在陇西、汉阳之间辗转游历，曾经对宾客说：“大丈夫立志，处境愈加穷困，意志愈坚定，年纪虽老，但志气更加豪壮。”他依据地理环境和自然条件，因地制宜地经营农牧业，最终拥有几千头牛、马、羊，几万斛谷物。过了不久又叹息说：“凡是增加了财货，贵在能够实施赈济，否则就是守财奴。”于是把牲畜粮食都分给兄弟和旧友，自己穿上了羊皮袍裤。

王莽末年，四方义军起义，王莽堂弟卫将军王林广泛招纳天下英雄俊杰，于是征召并授予马援及其同县的人原涉为掾吏，并推荐他到王莽那里。王莽任用原涉担任镇戎大尹，任用马援为新成大尹。等到王莽失败时，马援的哥哥马员正担任增山连率，和马援一同离开郡所，重新到凉州避难。光武帝刘秀即位后，马员首先到洛阳投奔刘秀，皇帝派马员回原来的郡任太守，后来死在任上。马援仍然留在西州，隗嚣非常敬重他，任用马援为绥德将军，让他参与筹划大计。

这时，公孙述在蜀地称帝，隗嚣指使马援去观察他的为人。马援以前和公孙述同住一个闾里之内，互通友好，以为到了之后公孙述必然会与他握手言欢，像过去那样。而公孙述却在宫殿台阶上安排了大批卫士，才命人请马援上殿，相互行完跪拜礼，便让马援前往驿馆，重新为马援缝制都布禅衣和交让冠，在祖庙之中会集百官，为马援设置旧友的座位。公孙述在鸾旗和旄头骑兵警卫的引导下，清道以后乘车前来，又在群臣的屈身恭迎下步入祖庙，设宴款待百官下属十分丰盛。并打算给马援封侯并授予大将军之位。马援的宾客都愿意留下。马援开导他们说："天下成败还没定，公孙述不是求贤心切，只是唯恐怠慢，去逢迎国内才能出众的人，同他们谋划成功的大计，反而像布帛修整边幅讲究礼仪，仿佛偶像一般。这种人怎能长久地留住天下的士人呢？"因此就告辞回去了。对隗嚣说："公孙子阳是一个井底之蛙，并狂妄自大，不如专心地投靠东方。"

建武四年冬天，隗嚣让马援到洛阳送信。马援到达后，被引见到了宣德殿。光武帝迎面笑着对马援说道："卿奔走周旋在两个皇帝之间，今天才看见卿，令人大感惭愧。"马援拜跪在地上，引头到地，只作短暂接触，就立刻举起，表示道歉，接着说："当今之世，并不只是君主选择臣，臣也可以选择君主。臣与公孙述是同县的人，小时候互通友好。臣此前到蜀地，公孙述先在宫殿外台阶上设武士而后再召见臣。臣今天从远方来，陛下怎能知道我不是刺客奸细，而如此地松懈呢？"光武帝又笑了，说道："卿不是刺客，而是说客罢了。"马援说："天下动乱无常，私占帝王名号的无法计算。今天见到陛下，您宽宏大度，与汉高祖相同，才知道帝王自有真命。"光武帝十分欣赏他的勇气。马援跟从光武帝南下到黎丘，转而到达另外东海。等返回京师，任用马援为待诏，让太中大夫来歙持节送马援西归到陇右。

隗嚣与马援一同起居，询问东方的传言与京师施政的得失。马援对隗嚣说："前番到朝廷时，皇上引见数十次，每次闲谈，从傍晚谈到天亮，他干练精明，勇武而且有谋略，不是一般人所能匹敌的。而且他坦白直率，真心诚意与人接触，无所隐藏，豁达不拘小节，大致与高祖相同。他博览经书，施政办事，文辞雄辩，前代无人可比。"隗嚣说："卿认为比汉高祖如何？"马援说："当然不如高祖，高祖没有什么能，也没有什么不能，当今的皇上爱好吏事，做事守规则，有分寸，又不喜好饮酒。"隗嚣心中不悦，说："如卿所说，难道不是超过了高祖吗？"但是他向来信任马援；所以就送长子隗恂作人质。马援于是带领家属跟随隗恂回到洛阳。住了几个月却没有任命他什么职务。马援认为三辅的土地宽广肥沃，而自己所带领宾客人数众多，就上书请求到上林苑屯田，光武帝答应了他。

恰巧碰上隗嚣听信王元建议，(对投靠刘秀)内心更加多疑不定。马援几次写信责备劝说隗嚣，隗嚣怨恨马援背叛自己，得到书信后更加恼怒，之后就起兵抵抗汉朝。马援就上疏说："臣马援自己思量归附圣朝，奉事陛下以后，没有上公辅弼大臣一句推荐的话，也没有身旁近臣相接纳的帮助。臣(如果)不自己上言，陛下又能如何听到我的意见呢。身居人前不能让人器重，身居人后不能让人推崇，与人结怨也不能被人忧虑，这是臣感到耻辱的地方。因此才敢冒着触犯忌讳获罪的风险，冒死陈述诚意，臣与隗嚣，本来确实相交友好。当初，隗嚣派遣臣东来，对臣说：'本来就打算辅佐汉朝，希望您前去考察，如果你认为可以归附汉，那我就一心投奔。'等臣返回之后，对他报以红心，确实是想要引他向善，并不敢用欺诈的方法陷他于不义。而隗嚣自怀阴险之心，如同盗贼憎恨主人一般，仇恨之情于是都发泄在臣的身上。臣想如果再不上言，那么就无法使皇上了解真情。愿听从召唤前往皇上起居所在的地方，详细陈述消灭隗嚣的办法，得以都说出肺腑之言，申明无知的计策，而后退归田亩，死也无所怨恨了。"光武帝于是就召马援商讨征伐隗嚣的事情，马援说出他的全部策划。于是让马援率领精锐骁勇之骑兵部队五千，前来劝说隗嚣的将领高峻、任禹等人，以及羌人的首领，采纳了自己的政治主张，为他们讲明利害得失，来离间隗嚣的党羽。

马援又写信给隗嚣的将领杨广，让他劝告隗嚣，信上说：

"春卿别来无恙。从前在冀县以南分别，至今杳无音信。马援闲暇的时候回到长安，所以屯留在上林。我看见天下大局已经定了，亿万百姓的看法一致，而季孟却闭关反叛，已成为天下所指责的对象。经常害怕海内之间切齿仇恨，互相屠杀，所以寄信来表达依依不舍的情意，献上同情你的解救策略。并听说季孟归罪于我马援，而采纳了王游翁献媚邪恶的主张，自认为函谷关以西，抬抬脚就可以平定，以现在的形势来看，竟是如何呢？马援我闲暇时到了河内，顺路探望伯春，见到他的奴仆吉刚从西方归来，说伯春的小兄弟伯舒见到吉刚，想问伯春有没有危险，却不能说出口，早晚大声哭，在路上辗转徘徊。又说到他家悲苦愁闷的情况，难于用语言表达出来。仇人可杀不可辱。马援听说以后，不自觉地流下泪来。马援一向知道季孟孝长爱幼，曾经子、闵子骞不过如此。孝顺他的双亲，岂能不疼爱他的儿子？可是儿子正遭到囚禁，父亲却强横妄动，这不是像吃用他儿子肉做的羹一样吗？季孟平素自己说之所以聚集兵马，是打算来保全父母居住的故乡而令祖坟完好，又说只想厚待当官的和读书人罢了。而如今他所打算保全的将遭破坏，他所打算完好的将会被毁伤，他所打算厚待的却将被冷遇。季孟曾经折辱公孙子阳而不接受他封的爵位，今天却改而平庸无能，打算要前往依附他，这不是使人感到难为情吗？如果公孙述再向他索要重要的人质，从哪里派一个子女给他呢！以前的时候，公孙子阳只是打算以王爵相待，而春卿你拒绝，现在辞官养老，难道打算低头同小儿同槽而食，并肩侧身在仇家的朝廷中吗？男儿淹没而死何必因为忧伤而害怕游水呢！现在国家对春卿情意深厚，应该让牛孺卿以及各位元老豪杰共同劝说季孟，如果不听从劝告，完全可以转身离去。前不久披阅地图，看见天下郡县和封国共一百零六处，奈何想以小小的陇、蜀二方的地方去抗华夏的一百零四个郡国呢？春卿侍奉季孟，外有君臣情义，内有朋友道德。就君臣而论，自然应该规劝；以朋友而言，也应该有所切磋。岂有明知道他不能成功，却一味怯懦不言，拱手跟他踏上灭族的道理呢？及早拿定主意，不失从善；失去这个机会，恐怕就没有多少滋味了。况且来君叔是天下有名的守信用的人，朝廷器重他，他心中也对你们十分不舍，经常独自一人向西州说好话。马援揣测朝廷，想以此事来树立信誉，一定不会负约。马援不能够长久等待，希望尽快得到回音。”

杨广竟然不答复。

建武八年，光武帝亲自向西征隗嚣。到达漆县，大多数将领认为王师因亲征而贵重，不应长途跋涉，深入到险要的地方，计策犹豫不能决断。恰巧赶上被召唤的马援晚上到达，光武帝十分高兴，让人带他进见，将众将的意见告诉他，请他定夺。马援乘机说隗嚣的将帅之间已经呈现土崩瓦解之势，一旦进兵，定会势如破竹。又在光武帝面前用米粒堆成山谷，指画山川的形势，摆出各路大军的进退往来路线，分析得深入细致，清晰易懂。光武帝说：“敌人已经全在我眼里了。”第二天早晨，就带兵进军到第一城。隗嚣的部队大败。

建武九年，任命马援为太中大夫，协助来歙，负责监督指挥众将平定凉州。自王莽末年以来，西羌侵扰边境，于是入居塞内。金城郡所管辖的县大多数被羌人所占领。来歙上奏说陇西受到羌人的侵犯和破坏，马援不去不能平定。建武十一年夏季，光武帝下玺书任命马援为陇西太守。马援于是调动步、骑兵三千人，在临洮打败先零羌，杀敌几百人，俘获一万多只马牛羊。守卫要塞的众羌人八千余人来到马援大营向他投降。羌人各部还有数万人，聚集起来抢掠，在浩亹（告门）据守着要隘进行抵抗。马援和扬武将军马成攻打他们。羌人就将他们的妻子儿女以及物资转移到允吾谷，堵塞道路，阻止汉军。马援率领部队在暗中抄小路前进，出其不意，袭击了羌人的营地。羌人十分惊恐，又远远迁移到唐翼谷中，马援重新追踪讨伐他们。羌人率领精兵聚集在北山之上，马援面向北山摆开阵势，并另外派出几百名骑兵前去绕道袭击羌人的后方，趁着黑夜放起大火。拼命擂鼓，大声呐喊。羌人于是大溃败，共斩一千多级羌人首级。马援因为所率兵少，不能够穷追羌人，收取了他们的粮食牲畜而归。在这次战斗中，马援小腿肚被箭射穿，光武帝下玺书慰劳他，赐给他几千只牛羊，马援全分给了众位客人。

这时，朝廷的一般大臣认为金城郡破羌县以西领土，路途遥远而有很多敌寇，便共同商议，打算要抛弃这个地方。马援上书说，破羌以西的城池多数都完整牢固，十分容易凭借它来固守；那一带的土地肥沃，灌溉便利，如果让羌人留在湟中，就会贻害无穷，不可以放弃该地。光武帝听从他的意见，于是下诏武威太守，下令他都放回从金城郡迁进武威的客居民户。归来的客户有三千多人，使他们各自返回旧邑。马援上奏为各县设置了地方官，修缮城郭，建筑起了坞壁亭候，开渠引水，灌溉农田，鼓励百姓耕作畜牧，郡中从此安居乐业。又派羌人贵族杨封说服塞外羌人，都来和亲。又有武都氐人背叛公孙述前来投降，马援都报告朝廷，恢复了他们侯王郡长的地位，赐给印绶，光武帝都照准了。于是撤回了马成的军队。

建武十三年，武都参狼羌与塞外各部羌人侵犯边境，杀掉了长史。马援统领四千多名军士攻击他们，抵达氐道县。羌人在山上，马援的军队占据了军事上的有利地势，夺取了羌人的水源和草地，不跟他们交战。羌人于是陷入困境之中，参狼羌首领带领几十万户逃出了塞外，各部羌人有一万多人都投降，于是陇右一带的战事平息，社会安定。

马援致力于广施恩惠并树立威信，对待下属宽容，任用下级官吏时，让他们有职有权，自己只处理大事、要事罢了。客人和旧友，每天都挤满他的家。众曹官员有时前来报告外面发生的事，马援总是说：“这都是丞、掾的职责，何必来麻烦我呢！还是体恤一下我这个老头子，叫我清闲清闲吧。如果有豪强侵吞百姓，狡黠的羌人打算要闹事，这才是我太守该办的事情。附近的郡县曾经发生复仇的事件，官吏和平民惊慌地传言说羌人造反了，百姓跑进城里。狄道长到马援的家门外，请求关闭城门，发兵征讨。马援当时正在与宾客饮酒，大笑说：“烧羌哪敢再来进犯我们呢！去告诉狄道长，让他赶快回去看好官舍。如果谁怕得要死，就叫他伏在床下躲起来好了。”后来城里逐渐平静下来，郡中人都非常佩服马援。马援治理了陇西六年，被调回朝廷后，升为虎贲中郎将。

当初，马援在陇西上书，说应当像过去一样统一铸造五铢钱。这件事传到了三府（指太尉、司徒、司空三公府），三府上奏认为不可行，事情就被搁置起来了。等马援调回朝廷以后，从三公府里找到自己先前的奏章，见上面批有十余条责难的意见，便一一加以解释，并且再次具表上书。光武帝听从他的建议，天下通过统一货币得到了好处。马援回到京师后，多次被召见。马援本人长得须发光亮，容貌如画，应对十分熟练，尤其善于陈说前代所做的事。每当说到三辅显贵的人，下到闾里的少年，都如见其人，如闻其声。甚至包括皇太子、诸侯王等随侍在光武帝身边旁听的人，大家都认真倾听，忘记疲劳。又善于兵书战策，光武帝常说：“伏波论兵，他与我内心想的相符合。”每次有所策划，光武帝没有不采纳的。

起初，卷县人维汜，妖言称神，有几百弟子，所以被处于死刑。后来他的弟子李广等宣称维汜已经化身为神，并没有死掉，来欺骗和迷惑百姓。建武十七年，他们一起聚集弟子党羽，攻陷皖城，杀死了皖侯刘闵，自称“南岳大师”。派谒者张宗率兵几千人讨伐他们，又被李广打败。于是派马援调动各郡的兵马，集合一万多人，打垮了李广等人，并杀死他们。

又有一次，交阯女子征侧与她的妹妹征贰造反，攻陷所在的郡，九真、日南、合浦的蛮夷都响应她们，侵夺五岭以南六十多座城池，征侧自立为王。于是皇帝传玺书任马援为伏波将军，任命扶乐侯刘隆为辅佐，监督指挥楼船将军段志等人南击交阯。大军到达合浦，段志病死了。光武帝下诏命令马援兼领水师。于是沿海滨进军，逢山开道达一千余里。建武十八年春天，大军到达浪泊山上，与贼兵交战，打垮他们，斩首几千级，投降一万多人。马援追击征侧等人到禁溪，多次打败他们，贼兵四散逃走。第二年正月，杀征侧、征贰，将首级传到洛阳。皇帝赐封马援为新息侯，享用三千户的赋税。马援于是就杀牛斟酒，犒劳将士。他从容地对下属说："我堂弟马少游曾经怜悯我慷慨多大志，说：'读书人这一世，只求衣食温饱，乘坐短毂车，骑着行动迟缓的马，做郡中小吏，守住祖宗坟墓，被乡里称作积善之人，这就可以了。追求过多的东西，只能自讨苦吃。'当初我在浪泊、西里间，敌人还没被消灭的时候，下有沼泽，上有雾气，被毒气熏蒸，仰望飞鹰，挣扎着落到水中，躺着想起马少游平日里说过的话，哪里能得到呢！今天仰仗大家的力量，蒙受大恩，先于各位君子佩戴朱紫，既高兴又惭愧。"吏士们都伏地欢呼万岁。

马援统率着大大小小的楼船二千余艘、战士二万余人，前去进攻九真郡贼人征侧的残余党羽都羊等人，从无功追到了居风，杀死、俘获五千多人，峤南一带都被平定。马援上奏说西于县有三万二千户人家，边远地区距离县城有一千余里，请求分为封溪、望海二县，皇帝答应了。马援每过一个地方总是为当地郡县修建城郭，开渠灌溉，以便利当地的百姓。他逐条上奏越地的法律与汉朝法律相违背的情况等十余多件事，与越族人申明旧法制来约束他们。从此以后，骆越奉行马将军成例。

建武二十年秋，马援整顿军队回到了京师。军吏因为瘴疫死去的有十分之四五。赐给马援一乘兵车，朝见时让他与九卿同列。

马援喜好骑马，善于鉴别名马，在交阯得到了骆越铜鼓，铸成好马的模型，回来后献给皇上。乘机上表说："在天上行走，没有像龙一样的。在地上行走，没有像马一样。马是军队之本，对国家大有用处的东西。安定时可以用来区别尊卑的次第，动乱时可以援救远近发生的危难。过去有匹马叫骐骥，一日可行千里，伯乐看见它，指明它是良马而没有被它落魄的形象所迷惑。近代有西河的子舆，也精通相马的方法。子舆将相马的方法传授给西河的仪长孺，仪长孺又传授给茂陵的丁君都，丁君都又传授给成纪的杨子阿，臣马援曾经同杨子阿学习，受到相马骨法的真传。考察相马实践，总会有实际成效。臣愚昧地认为传闻不如亲见，观远景不如察近形。今日想用活马来反映名马的标准。而骨法难以完全具备，又不可能传之于后世。孝武皇帝时，有个善于相马的名叫东门京的人曾经铸铜马模型，献给武帝，有诏令立铜马在鲁班门外，于是把鲁班门的名称改为金马门。臣谨依据仪氏相马头法，中帛氏的相马口齿法，谢氏的相马唇和马鬣法，丁氏的相马腹法，备齐了这几家骨相的标准来做成模型。”铜马高三尺五寸，身围有四尺五寸。有诏书令放置在宣德殿下，将它作为名马的样式。

当初，马援还军，快要到洛阳的时候，旧友大都去迎接和慰劳他。平陵人孟冀，以有谋略闻名，也在迎贺马援的客人中间。马援对他说：“我是希望您来进良言的。现在您也这样恭维我，不是混同一般人了吗？以前伏波将军路博德开辟了七郡（实为九郡）疆土，才分封几百户；如今我只有这么一点功劳，却辱没他人，受封了大县，功薄却赏厚，怎么能长久呢？先生您能用什么办法来帮我呢？”孟冀说：“这是我没有想过的问题。”马援说：“当今匈奴、乌桓还在骚扰北方边境，我想请求率领军队攻打他们。男儿若死，应死在边野，用马革裹尸，送回来安葬了事，怎么能躺在床上，在儿女手中消磨时光呢？”孟冀说：“人们真想成为一个建功立业、视死如归的人，就该像你讲的这样啊！”

马援从交阯回到京师一月有余，又恰巧赶上匈奴、乌桓入侵扶风。马援因三辅受到侵扰，汉家园陵遇到危险，于是就请求出征，光武帝批准了他的请求。九月到京师，十二月又离京去屯守襄国，光武帝下诏令百官为马援饯行。马援对黄门侍郎梁松、窦固说：“大凡人在富贵的时候，还要能过卑贱的生活才行。像卿等人不想再居卑贱的地位，居高位却顽固自负，还是请您好好想想我的鄙陋之言。”梁松后来果然因富贵盛满而招致了灾祸，窦固也难以幸免。

次年秋天，马援率领三千骑兵，从高柳出发，巡行雁门、代郡、上谷各险障要塞。乌桓侦探见到汉军来到，敌虏就四散逃走，马援没有缴获什么就回来了。

马援曾经生病，梁松来问候他，独自拜于床下，马援并不还礼。梁松离开后，儿子们问道：“梁伯孙是皇上女婿，在朝廷中地位尊贵而且重要，公卿以下没有不害怕他的。大人为什么对他不以礼相待呢？”马援说：“我是梁松他父亲的朋友，他虽贵重，怎能在长幼之序上有失呢？”梁松因此憎恨马援。

建武二十四年，武威将军刘尚率兵进攻武陵五溪的蛮夷，刘尚因为轻敌冒进，结果全军覆没。马援于是再次请求出征。这时他已六十二岁，光武帝怜惜他年老，没有答应。马援又请求说：“臣还能披甲上马！”光武帝让他试一试。马援飞身上马，手抓着马鞍，回过头来，看着光武帝表示可以被任用。光武帝笑道："真是个勇武的老头子啊"于是派马援率领中郎将马武、耿舒、刘匡、孙永等人，指挥从十二郡招募来的士兵和刑徒共四万余人讨伐五溪蛮夷。马援夜晚与送行的人告别，对友人谒者杜愔说："我受到国家厚恩，年已垂暮，已经活不长了，常担忧不能为国献身；今天能够如愿以偿，就是死了我也能瞑目了。我现在担心那些权贵子弟或者在身边掣肘，或者与他们共事，实在是难以协调，耿耿于怀，唯独厌恶这一点啊！"建武二十五年春季，马援进军武陵临乡，遇到贼兵攻县，马援率兵迎击，打败他们，杀死并俘获二千余人。蛮夷都分散逃到竹林之中。

当初，军队驻在下隽，有两条道路可以进发；从壶头山走的话，路近，但山高水险；从充县走的话，路途平坦，但运送军需遥远。光武帝当初也很犹豫。等军队到达时，耿舒打算从充县走，马援却认为那会拖延时间，耗费军粮，不如进入壶头，扼住对方的咽喉，充县的贼兵不攻自溃。马援将两个进军方案都上报了朝廷。光武帝采纳了马援的方案。三月，进军壶头，贼寇登高守险，水流湍急，船只难以行进。恰巧碰上天气炎热，士兵中的多数人得病而死。马援也得病，于是困难重重，只好凿石为屋，来避暑热。贼寇每次登上险要的地带，击鼓呐喊，马援总会拖着双脚走出来观察动静，身旁的人感受他壮烈的气概，无不为之落泪。耿舒给他哥哥好畤侯耿卬写信，说道："先前舒上书说应该攻打充县，粮食虽然难运但兵马可以用起来，几万军人争着当先锋。如今到达壶头，竟然不能够前进，大家忧闷将死，实在让人痛惜。以前我军到临乡，贼兵无故自来，如果在夜间袭击他们，立刻就可以消灭他们。伏波将军像西域的胡商一样，到一个地方就停留下来，因此失利。现在大军果然遇到疾疫，完全像我当初预料的一样。"耿卬得到信后，向光武帝上奏。光武帝于是派虎贲中郎将梁松乘驿车去责问马援，乘机接替他监军。恰巧赶上马援病死，梁松的旧恨未消，于是用此事陷害马援。光武帝勃然大怒，追回并没收马援的新息侯印绶。

当初，马援哥哥的儿子马严、马敦都爱做尖刻的议论，而且好结交秉性轻狂的侠客。马援在交阯时，回信告诫他们说："我希望你们听到别人的过失，就好像听到父母的名字一样，耳朵可以听，但嘴巴不能乱说。喜欢议论人家的长短，狂妄评定时政是非，这是我最讨厌的。我宁肯死也不愿听到自己的子孙有这样的行为。你们知道我最痛恨这一点，因此再次提醒，因我们是一衣相连的血亲，申明了父母的劝诫，想让你们不忘记罢了。龙伯高为人十分敦厚且周到谨慎，所说的话都无可挑剔，谦逊节俭，廉洁公正而且有威信，我爱戴他、敬重他，希望你们能够仿效他。杜季良为人豪侠仗义，忧他人之忧，乐他人之乐，处事稳重合宜，他父亲的丧礼招待吊唁的客人，几个郡的人都赶到了。我爱戴他、敬重他，但却不愿让你们效法他。仿效龙伯高但达不到，还算是一个恭谨的读书人，所谓刻天鹅不成还像鸭嘛；学杜季良但学不好，堕落为天下的轻薄儿，就是人们所说的画虎不成反像犬了。到现在为止杜季良的前途还不可知，郡太守上任后总是对他咬牙切齿，州郡都说他的坏话，我经常因此寒心，所以不愿子孙仿效他。”季良，名保，京兆人，当时担任越骑司马。杜保的仇人上书告杜保说：“他行为轻薄，或许会惹乱群众，伏波将军万里回信来告诫兄子，而梁松、窦固却因这样和他交结，将会煽动轻浮、虚伪的人，败坏、扰乱国家。”此书上奏后，光武帝召见了梁松、窦固，予以责备，用上告信以及马援劝诫兄子的信给他们看，梁松、窦固叩头到流血，才得以免罪。皇帝下诏，免去杜保官职。龙伯高名述，也是京兆人，做山都县县令，因此被提拔为零陵太守。

起初，马援在交阯时，常吃薏苡籽，吃后能轻身益气，消除杂念。可以去除瘴气对身体的危害。南方的薏苡籽大，马援计划留作种子，回师时装满一车。当时一般的世俗人认为装的一定是南国的珍奇宝物，权贵们都因此忌妒他。马援当时正受光武帝宠信，没人敢在光武帝面告他。马援死后，就有人上书诬告他，认为以前载回的都是明亮的珍珠以及有纹彩的犀牛角。马武与于陵侯侯昱等人全都上奏章告发这件事，光武帝因此更加恼怒。马援的妻子儿女十分惊惶恐惧，不敢将马援的遗体运回到故乡安葬，只在洛阳西郊买了几亩地，草草掩埋。马援生前的宾客、旧友谁也不敢前来吊丧。马严和马援的妻子都自己用草绳连带着捆绑起来，前往宫阙请罪。光武帝于是就拿出梁松的奏书给她们看，她们才知道自己被处罚的原因，于是上书诉说冤情，前后六次，言辞十分哀伤悲切，最后才得以迁葬故乡。

又前云阳令与马援同郡的朱勃到宫阙前面上书说：

臣听说圣明贤德帝王理政，不忘人臣的功绩，采用他的某一方面的美德，不苛求他有许多优点。所以汉高祖赦免了蒯通而且用王礼殡葬田横，大臣的心境开朗，都不会自己怀疑自己。大将在外面，谗言在内面，小过总是被记下，大功却从不计算，这实在是国家应当避免的。因为这种情况的存在，所以章邯才因为害怕谗言而投降项羽，燕国将军保守聊城而不敢回国。难道他们是甘心出此下策吗？实在是痛心谗言伤害善人啊。

我看见原来的伏波将军新息侯马援，出身于西州，因为钦慕皇上您的圣德仁义，历经艰险，甘愿冒万死，孤立在众权贵之间，身旁没有一句帮助的话，奔入深渊，深入虎口，难道是为了自己打算吗！难道他知道会担任七郡的使命，获得封侯的福分吗？建武八年，皇上您西征隗嚣，国家的决策多疑未定，众军没有被集中，马援提出了进军的建议，终于攻取西州。等到吴汉从陇右撤回时，进入冀县的道路隔断，唯独狄道为国坚守，士民十分饥饿困乏，命在旦夕。马援奉诏出使到西方，安抚慰问边地的民众，召集豪杰，劝诱羌戎，计谋像泉涌出，战势如转圆规，便解救边地的倒悬之急，保存几乎陷落的城池，部队保全且挥师进击，取敌人的粮食来食用，陇、冀大体被平定，而他独守空郡，兵一行动就有战功，师一进击就能取胜，诛除先零，追入了山谷，奋勇力战，飞箭穿射过小腿。又出征到交阯，当地很多瘴气，马援与自己的妻子儿女生死诀别，却没有悔恨的心，于是就杀灭征侧，平定了交州。以后再次南征，马上攻陷临乡，出师已经有业绩，事业没成却身先死，将士染疾病，而马援也没有独存。战争或者可以持久而建立功勋，或者可以速决而招致失败，深入进击不一定就是正确，迟疑不进不一定就是不正确。人情难道是愿意长久驻扎在遥远荒凉的地方，不想生还吗？只是马援他侍奉朝廷二十二年，北出到塞外大漠，南越过长江大海，触冒过害人的瘴气，僵死在战场上，名位爵禄也丧失了，食邑也不能传给后人。海内都不知道他的过失，百姓没听说他的丑行。忽然受到三个人言辞的攻击，横遭诬蔑诽谤，家属闭门不敢与人来往，遗体不能葬入祖坟，怨恨嫌隙一起袭来，宗族亲属战战兢兢，死者不能自己洗刷冤情，生者不能为他申辩冤枉，臣暗自悲伤。

明主乐于用赏，而且节简用刑。汉高祖曾经给陈平黄金四万斤来离间楚军，不问他怎样使用，难道能够怀疑他将钱粮贪污了吗？具有孔子的忠诚而不能免于谗言伤害，这是邹阳之所以悲哀的事情。《诗经》说："抓住那个造谣的人，扔给豺虎填饱肚皮。豺呀虎呀不吃他，扔到北方的不毛地。不毛地也不接受，只能扔给老天去追究。”这是说想让上天来评定他的罪恶。希望陛下能想想我这个无知儒生的话，不要使功臣在九泉之下怀恨。臣听说《春秋》的经义，罪过是可以用功劳来抵消的，圣王的祭祀礼仪，为臣的人做到五义就可以配享祭祀了。像马援，就是其中所说的是死于勤王之事的人。愿您下令公卿评议马援的功劳与罪过，该断的就断，该续的就续，来满足海内的愿望。

臣年已花甲，经常隐居民间，栾布不顾禁令就哭祭无辜被杀的功臣彭越，我受到他正义之举的感染，冒着死罪陈述心中的悲情，战战兢兢于宫阙之前。

书奏上，得回报，回到乡里。

朱勃，字叔阳，十二岁时就能朗诵《诗经》《书经》，曾经探望马援的哥哥马况。朱勃穿方领的服装，动作合乎规矩，说话沉静文雅，马援刚识字，见了朱勃，若有所失。马况知道他的想法，于是亲自斟酒安慰马援说：“朱勃小才之人，其成就早，智慧和能力，已经到顶，终究会向你讨教的，不要怕他。”朱勃二十岁不到，右扶风太守请他试着作渭城县宰，等到马援成为将军，封侯爵，而朱勃的职位不过县令。马援后来虽富贵，常以旧友对待朱勃且又爱戏弄他。朱勃愈加与他亲近。等马援遭谗言被陷害时，唯有朱勃能保全朋友之道。肃宗即位后，追赐给朱勃的儿子二千斛谷物。

当初，马援哥哥的女婿王磐，字子石，是王莽的堂兄平阿侯王仁的儿子。王莽失败之后，王磐拥有大量的资财住在原封国，为人尚气节而且爱结交读书人，喜好施舍，闻名于长江、淮河之间。后来他游历京师，与卫尉阴兴、大司空朱浮、齐王刘章一起结交亲善。马援对姐姐的儿子曹训说道：“王氏，是被废黜的姓氏。子石本应当闭门自守，反而结交了京师的豪侠权贵，任性妄为，多次凌辱他人。他失败是必然的。”过了一年多，王磐果然因为与司隶校尉苏邺、丁鸩犯的事相株连，死在了洛阳监狱里。而他的儿子王肃，又出入于北宫和王侯的府第。马援对司马吕种说：“建武这个年号，标志天下重新开辟了一个时代。从此以后，海内应当日益安定。只是担心皇帝的儿子们会一起长大，而诸王子不许结交宾客的旧法制未曾经重申，如果多交结宾客，那么大狱就兴起。你们要警惕和小心对待啊！”等郭皇后去世，有人上书，认为王肃等人被诛杀的罪臣家的宾客乘机作乱，恐怕会造成贯高、任章一类的事变。光武帝听后勃然大怒，下令各个郡县搜捕各王的宾客，大家互相牵连招引，因此而死的有一千余人。”吕种也遭受此祸，他临死时叹息说：“马将军真是个神人啊！”

永平初年，马援的女儿被册立为皇后，显宗命令人在南宫云台绘画建武时的名臣、名将的画像，但因为是外戚，只不画马援。东平王刘苍观看画像时，对明帝说：“为何不画伏波将军的像？”明帝笑而不答。到永平十七年，马援夫人去世后，才重新修整坟墓，植树将它当作标氾，建立了祠堂。

建初三年，肃宗派遣五官中郎将拿节追封，赐马谥号为忠成侯。马援有四个儿子，分别是马廖、马防、马光、马客卿。马客卿幼年就才华横溢，六岁时，就能够应酬接待贵客们，单独应对宾客。曾经有一个犯死罪逃亡的人来投靠他，马客卿将他藏起来不让别人知道。他外表质朴而且不善言辞，但内心却冷静、聪敏。马援非常惊奇，认为是他是将相的材料，所以就用客卿作字。马援去世后，马客卿也夭折了。

后汉书卷二十八上

桓谭列传第十八上

桓谭字君山，沛国相人也。父成帝时为太乐令。谭以父任为郎，因好音律，善鼓琴。博学多通，遍习《五经》，皆诂训大义，不为章句。能文章，尤好古学，数从刘歆、杨雄辩析疑异。性嗜倡乐，简易不修威仪，而喜非毁俗儒，由是多见排抵。

哀、平间，位不过郎。傅皇后父孔乡侯晏深善于谭。是时，高安侯董贤宠幸，女弟为昭仪，皇后日已疏，晏嘿嘿不得意。谭进说曰："昔武帝欲立卫子夫，阴求陈皇后之过，而陈后终废，子夫竟立。今董贤至爱而女弟尤幸，殆将有子夫之变，可不忧哉！"晏惊动，曰："然，为之奈何？"谭曰："刑罚不能加无罪，邪枉不能胜正人。夫士以才智要君，女以媚道求主。皇后年少，希更艰难，或驱使医巫，外求方技，此不可不备。又君侯以后父尊重而多通宾客，必借以重势，贻致讥议。不如谢遣门徒，务执谦悫，此修己正家避祸之道也。"晏曰"善"。遂罢遣常客，入白皇后，如谭所戒。后贤果风太医令真钦，使求傅氏罪过，遂逮后弟侍中喜，诏狱无所得，乃解，故傅氏终全于哀帝之时。及董贤为大司马，闻谭名，欲与之交。谭先奏书于贤，说以辅国保身之术，贤不能用，遂不与通。当王莽居摄篡弑之际，天下之士，莫不竞褒称德美，作符命以求容媚，谭独自守，默然无言。莽时为掌乐大夫，更始立，召拜太中大夫。

世祖即位，徵待诏，上书言事失旨，不用。后大司空宋弘荐谭，拜议郎给事中，因上疏陈时政所宜，曰：

臣闻国之废兴，在于政事；政事得失，由乎辅佐。辅佐贤明，则俊士充朝，而理合世务；辅佐不明，则论失时宜，而举多过事。夫有国之君，俱欲兴化建善，然而政道未理者，其所谓贤者异也。昔楚庄王问孙叔敖曰："寡人未得所以为国是也。"叔敖曰："国之有是，众所恶也，恐王不能定也。"王曰："不定独在君，亦在臣乎？"对曰："君骄士，曰士非我无从富贵；士骄君，曰君非士无从安存。人君或至失国而不悟，士或至饥寒而不进。君臣不合，则国是无从

定矣。”庄王曰：“善。愿相国与诸大夫共定国是也。”盖善政者，视俗而施教，察失而立防，威德更兴，文武迭用，然后政调于时，而躁人可定。昔董仲舒言：“理国譬若琴瑟，其不调者则解而更张。”夫更张难行，而拂众者亡，是故贾谊以才逐，而朝错以智死。世虽有殊能而终莫敢谈者，惧于前事也。

且设法禁者，非能尽塞天下之奸，皆合众人之所欲也，大抵取便国利事多者，则可矣。夫张官置吏，以理万人，县赏设罚，以别善恶，恶人诛伤，则善人蒙福矣。今人相杀伤，虽已伏法，而私结怨仇，子孙相报，后忿深前，至于灭户殄业，而俗称豪健，故虽有怯弱，犹勉而行之，此为听人自理而无复法禁者也。今宜申明旧令，若已伏官诛而私相伤杀者，虽一身逃亡，皆徙家属于边。其相伤者，加常二等，不得雇山赎罪。如此，则仇怨自解，盗贼息矣。

夫理国之道，举本业而抑末利，是以先帝禁人二业，锢商贾不得宦为吏，此所以抑并兼长廉耻也。今富商大贾，多放钱货，中家子弟，为之保役，趋走与臣仆等勤，收税与封君比入，是以众人慕效，不耕而食，至乃多通侈靡，以淫耳目。今可令诸商贾自相纠告，若非身力所得，皆以臧畀告者。如此，则专役一己，不敢以货与人，事寡力弱，必归功田亩。田亩修，则谷入多而地力尽矣。

又见法令决事，轻重不齐，或一事殊法，同罪异论，奸吏得因缘为市，所欲活则出生议，所欲陷则与死比，是为刑开二门也。今可令通义理明习法律者，校定科比，一其法度，班下郡国，蠲除故条。如此，天下知方，而狱无怨滥矣。

书奏，不省。

是时帝方信谶，多以决定嫌疑。又酬赏少薄，天下不时安定。谭复上疏曰：

臣前献瞽言，未蒙诏报，不胜愤懑，冒死复陈。愚夫策谋，有益于政道者，以合人心而得事理也。凡人情忽于见事而贵于异闻。观先王之所记述，咸以仁义正道为本，非有奇怪虚诞之事。盖天道性命，圣人所难言也。自子贡以下，不得而闻，况后世浅儒，能通之乎！今诸巧慧小才伎数之人，增益图书，矫称谶记，以欺惑贪邪，诖误人主，焉可不抑远之哉！臣谭伏闻陛下穷折方士黄白之术，甚为明矣；而乃欲听纳谶记，又何误也！其事虽有时合，譬犹卜数只偶之类。陛下宜垂明听，发圣意，屏群小之曲说，述《五经》之正义，略雷同之俗语，详通人之雅谋。

又臣闻安平则尊道术之士，有难则贵介胄之臣。今圣朝兴复祖统，为人臣主，而四方盗贼未尽归伏者，此权谋未得也。臣谭伏观陛下用兵，诸所降下，既无重赏以相恩诱，或至虏掠夺其财物，是以兵长渠率，各生狐疑，党辈连结，岁月不解。古人有言曰："天下皆知取之为取，而莫知与之为取。"陛下诚能轻爵重赏，与士共之，则何招而不至，何说而不释，何向而不开，何征而不克！如此，则能以狭为广，以迟为速，亡者复存，失者复得矣。

帝省奏，愈不悦。

其后有诏会议灵台所处，帝谓谭曰："吾欲以谶决之，何如？"谭默然良久，曰："臣不读谶。"帝问其故，谭复极言谶之非经。帝大怒曰："桓谭非圣无法，将下斩之。"谭叩头流血，良久乃得解。出为六安郡丞，意忽忽不乐，道病卒，时年七十余。

初，谭著书言当世行事二十九篇，号曰《新论》，上书献之，世祖善焉。《琴道》一篇未成，肃宗使班固续成之。所著赋、诔、书、奏，凡二十六篇。

元和中，肃宗行东巡狩，至沛，使使者祠谭冢，乡里以为荣。

【译文】

桓谭，字君山，是沛国相县人。父亲在汉成帝时做太乐令。桓谭因为父亲的功绩被保任为郎，因而爱好音乐，善于弹琴。他博学而且多能。遍习《五经》，注重解释大意，不讲求细究章句。擅长写文章，尤其喜好古代文字，多次跟刘歆、杨雄辩析疑义。生性喜好歌舞艺人的音乐，简慢而且不修边幅，喜欢非难、诋毁俗儒，所以时常遭到攻击。

哀帝、平帝年间，他的官位没有超过郎。傅皇后的父亲孔乡侯傅晏对桓谭非常友善。这时高安侯董贤受到皇帝宠幸，他的妹妹为昭仪，傅皇后日渐被疏远，傅晏也默默不得意。桓谭进言道："从前武帝想要立卫子夫为皇后，暗地里找寻陈皇后的过失，最终陈皇后被废，卫子夫被立为皇后。如今董贤备受宠爱而他的妹妹更受宠幸，大概要发生卫子夫一样的变故，这怎不令人忧虑呢！"孔乡侯傅晏非常震惊，说："是这样，那怎么办呢？"桓谭回答说："刑罚不能被加到无罪的人身上，邪枉不能战胜正直的人。士人凭借才智被君王信任，女子凭借妩媚被夫主宠幸。皇后年少，很少经历磨难，有人会驱使医巫，外求方技，这不可以不防备。又君侯您因为是皇后的父亲非常尊贵而交往众多宾客，必定会因为显赫的权势，招到非议，您不如谢绝遣散门徒，努力保持谦逊诚恳的态度，这才是修身正家避祸的好办法。”孔乡侯傅晏回答说：“太好了。”于是久遣散宾客，入内禀明皇后，正像桓谭告诫的那样。后来董贤果然暗示了太医令真钦，让他找寻傅氏的罪过，于是就逮捕皇后的弟弟侍中傅喜，奉诏审理却没有收获，才算了事，因此傅氏在整个哀帝时期才得以保全。等到董贤为大司马，听说了桓谭的名声，想与他结交。桓谭先上书董贤，用辅国保身的方法进行劝说，董贤没有采纳，于是就没和他交往。当王莽摄政弑君篡权时，天下的士人，没有不竞相称颂道德纯美，造符命来奉承谄媚以求欢心的，唯独桓谭能坚守己志，默然无言。王莽时做掌乐大夫。更始被立为皇帝，召拜为太中大夫。

光武帝即位，征召为待诏，因为上书论事违背旨意，没有被任用。后来大司空宋弘荐举了桓谭，任命为议郎给事中。于是上书陈述当时应该采取的措施说：

> 我听闻国家的兴废在于政事，政事的得失出自辅佐。辅佐贤明的人，那么出色的士人充满朝廷，而理论与社会形势相符；辅佐不贤明，那么理论不合时宜，而措施多失误。大凡是治理国家的君主，都想振兴教化、确立善政，但政治没有搞好，是因为他们所谓的贤不一样啊。从前时楚庄王问孙叔敖说：“用以治理国家的大政方针，我还没有得到。”叔敖回答说：“国家有大政方针，是众人所不喜欢的，恐怕君王您不能够确定啊。”庄王说：“不确定只在于君主，也在于臣下吗？”回答说：“君主对士人傲慢，说士人没有我就无法富贵；士人对君主傲慢，说君主没有士人就会无法安存。有的君主直到丧失国家还没觉悟，有的士人直到饥寒交迫还不做官。君臣不和睦，那么国家的大政方针就没有办法确定了。”庄王说道：“太好了。希望丞相与诸位大夫可以共同确定国家的大政方针。”原来所谓的善政，就是要依据世俗施行教化，考察失误来制定防范措施，威德兼施，文武并用，而后政治适合于时势，那么不守本分的人就可以安定下来。从前董仲舒说：“治理国家就好像弹奏琴瑟，对那些不协调的弦要解开重新调整。”重新调整不易办到，而违背众人的却会遭到灭亡，因此贾谊因才会因智被贬逐，而朝错因为才智遭杀身。世上虽然存在有特殊才能的

人，却没有一个人敢于进言，原因在于惧怕重蹈前人的覆辙啊。

况且制定法律禁令，并不能够全面制止天下的奸邪，都符合众人的欲望，大抵采用对国家对事情有比较多的好处的就行了。设置官吏，是为治理万民，悬赏施罚，是为区别善恶。恶人被杀伤，那么善人就得福了。如今人们互相杀伤，虽已经伏法，但私自结下怨仇，子孙相互报复，后来的怨恨比以前更深，甚至灭绝满门，倾家荡产，可是世俗却称作豪杰，因为尽管有的非常怯弱，还勉强这样做，这是听任人们自行其是而不再有法律禁令啊。现在应该申明旧令，如果已伏法还私下相互伤杀，虽然只身逃亡，也应将家属全都流放到边境。那些相互杀伤的，要加倍惩罚，不准雇人替罪。这样一来，怨仇自然解开，盗贼也就没有了。

治理国家的原则，是提倡农业而且抑制工商业，所以汉高祖对从事两种职业的人加以限制，约束商贾不准他们做官为吏，这是为了抑制兼并，勉励廉洁。如今富商大贾，大量放贷，中等家庭的子弟，做他们的佣工，奔走忙碌，和仆人一样勤快，收取的利息与享有封地的贵族的收入相等，所以众人羡慕效法，不耕而食，甚至大量地贩运奢侈浪费的东西，用来淫乱人们的耳目。现在可让商贾们相互揭发，如果不是自己的劳动所得，便将赃物都奖给告发的人。如此，就只能自己一个人奔走，不敢将货物委托给他人，事情少，力量弱，必定回到田亩劳作。田亩修整好，那么谷物收成就多而地力也得到充分利用了。

又见按法令判决案件，轻重不一，或同一事件所用法令有差别，同一罪行定罪两样，奸猾的官吏得到机会上下其手，想放条生路的就会提出不该死的意见，想陷害的就与死罪相提并论，这叫作刑开二门。现在可以让精通义理、明习法律的审定案例，统一法度，向下颁布到郡国，废除原有的条例。像这样，天下就会有法可依，那么狱讼就没有冤枉与不当了。

奏章奉上，没有下落。

这时皇帝正迷信谶记，多用来决定疑难。又俸禄微薄，赏赐少，天下长期难于安定。桓谭又上疏说：

我上次进献的不明事理的言论，未能蒙诏书回答，不胜烦闷，冒死作进一步陈述。愚蠢人出谋划策，之所以会对政事有好处，是因符合人心而得事理。大凡人之常情对眼前的事就容易忽略，对奇异的传闻非常重视。观察先王的记述，诚以仁义正道为本，没有奇怪虚诞的事。原来天道和性命，是圣人极少谈论的。由子贡以下，都没能够听到，何况后世浅薄的儒生能够将天道性命搞清楚吗？如今耍各种小聪明、小才干，掌握方技、术数的人，夸张符命，假托谶记，要用欺骗邪恶的手段，贻误君主，怎么能不压制疏远他们呢！臣桓谭伏闻陛下能穷究挫败方士的炼金术，实在是太高明了；但却又想听从接纳谶记，为何如此失策呢！谶记所说的事虽然偶尔应验，但就好比卜卦得到的奇数偶数是一样的。陛下应当集中圣明的听觉，开启圣明的思想，摒弃群小的邪说，阐述《五经》的正义，不理会雷同的俗语，详察通人的良谋。

臣又听闻天下太平就要尊重有道德学术的士人，天下的危难就崇尚披甲冠胄的臣子。如今圣朝已经复兴祖宗的传统，作为臣民的主子，而四方盗贼没有都归顺，这是由于没有掌握权谋的缘故。臣桓谭伏观陛下您用兵，对所有投降以及占领的地方，既不施重赏，用恩德加以诱导，有时甚至掳掠抢夺那里的财物，所以长官头领各自产生怀疑，结成朋党，成年累月不能拆散。古人曾说过："天下人都知道取之为取，却没有人知道与之为取。"陛下果真能轻视爵禄进行重赏，和士人一起享用，那么哪有召唤而不到来的，哪有解释而不明白的，哪有向前而不畅通的，哪有征讨而不克服的！果真这样的话，那么就能以狭为广，以迟为速，亡者可以复存，失者可以复得了。

皇帝察看奏章后，更加不高兴了。

后来下诏聚众研究灵台的建造地址，皇帝问桓谭："我想用谶语做决定，怎么样？"桓谭沉默很长时间，回答说："臣不读谶。"皇帝问他什么原因，桓谭再次极力阐释谶语不是经典。皇帝大怒说："桓谭毁谤圣人，无法无天，拉下去杀了。"桓谭叩头至流血，过好长时间才得到宽恕。被贬为六安郡丞，心思恍惚，闷闷不乐，在路上就病死了，时年七十多岁。

当初，桓谭著书论说当代行事共有二十九篇，称为《新论》，上书敬献后，光武帝非常赞赏。《琴道》一篇没完成，汉章帝命令班固续成。他所著赋、诔、书、奏共有二十六篇。

元和中，汉章帝前往东方巡视，来到沛地后，命使者到桓谭的墓前祭奠，乡里人都以此为荣。

后汉书卷二十九

郅恽列传第十九

郅恽字君章，汝南西平人也。年十二失母，居丧过礼。及长，理《韩诗》《严氏春秋》，明天文历数。

王莽时，寇贼群发，恽乃仰占玄象，叹谓友人曰："方今镇、岁、荧惑并在汉分翼、轸之域，去而复来，汉必再受命。福归有德，如有顺天发策者，必成大功。"时左队大夫逯并素好士，恽说之曰："当今上天垂象，智者以昌，愚者以亡。昔伊尹自鬻辅商，立功全人。恽窃不逊，敢希伊尹之踪，应天人之变。明府倘不疑逆，俾成天德。"并奇之，使署为吏。恽不谒，曰："昔文王拔吕尚于渭滨，高宗礼傅说于岩筑，桓公取管仲于射钩，故能立弘烈，就元勋。未闻师相仲父，而可为吏位也。非窥天者不可与图远。君不授骥以重任，骥亦俯首裹足而去耳。"遂不受署。

西至长安，乃上书王莽曰："臣闻天地重其人，惜其物，故运机衡，垂日月，含元包一，甄陶品类，显表纪世，图录豫设。汉历久长，孔为赤制，不使愚惑，残人乱时。智者顺以成德，愚者逆以取害，神器有命，不可虚获。上天垂戒，欲悟陛下，令就臣位，转祸为福。刘氏享天永命，陛下顺节盛衰，取之以天，还之以天，可谓知命矣。若不早图，是不免于窃位也。且尧舜不以天显自与，故禅天下，陛下何贪非天显以自累也。天为陛下严父，臣为陛下孝子。父教不可废，子谏不可拒，惟陛下留神。"莽大怒，即收系诏狱，劾以大逆。犹以恽据经谶，难即害之，使黄门近臣胁恽，令自告狂病恍忽，不觉所言。恽乃瞋目詈曰："所陈皆天文圣意，非狂人所能造。"遂系须冬，会赦得出，乃与同郡郑敬南遁苍梧。

建武三年，又至庐江，因遇积弩将军傅俊东徇扬州。俊素闻恽名，乃礼请之，上为将兵长史，授以军政。恽乃誓众曰："无掩人不备，穷人于厄，不得断人支体，裸人形骸，放淫妇女。"俊军士犹发冢陈尸，掠夺百姓。"恽谏俊曰："昔文王不忍露白骨，武王不以天下易一人之命，故能获天地之应，克商如林之旅。将军如何不师法文王，而犯逆天地之

禁，多伤人害物，虐及枯尸，取罪神明？今不谢天改政，无以全命。愿将军亲率士卒，收伤葬死，哭所残暴，以明非将军本意也。”从之，百姓悦服，所向皆下。

七年，俊还京师，而上论之。恽耻以军功取位，遂辞归乡里。县令卑身崇礼，请以为门下掾。恽友人董子张者，父先为乡人所害。及子张病，将终，恽往候之。子张垂殁，视恽，歔欷不能言。恽曰：“吾知子不悲天命，而痛仇不复也。子在，吾忧而不手；子亡，吾手而不忧也。”子张但目击而已。恽即起，将客遮仇人，取其头以示子张。子张见而气绝。恽因而诣县，以状自首。令应之达，恽曰：“为友报仇，吏之私也。奉法不阿，君之义也。亏君以生，非臣节也。”趋出就狱。令跣而追恽，不及，遂自至狱，令拔刃自向以要恽曰：“子不从我出，敢以死明心。”恽得此乃出，因病去。

久之，太守欧阳歙请为功曹。汝南旧俗，十月飨会，百里内县皆赍牛酒到府宴饮。时临飨礼讫，歙教曰：“西部督邮繇延，天资忠贞，秉性公方，摧破奸凶，不严而理。今与众儒共论延功，显之于朝。太守敬嘉厥休，牛酒养德。”主簿读教，户曹引延受赐。恽于下坐愀然前曰：“司正举觥，以君之罪，告谢于天。案延资性贪邪，外方内员，朋党构奸，罔上害人，所在荒乱，怨慝并作。明府以恶为善，股肱以直从曲，此既无君，又复无臣。恽敢再拜奉觥。”歙色惭动，不知所言。门下掾郑敬进曰：“君明臣直，功曹言切，明府德也，可无受觥哉？”歙意少解，曰：“实歙罪也，敬奉觥。”恽乃免冠谢曰：“昔虞舜辅尧，四罪咸服，谗言弗庸，孔任不行，故能作股肱，帝用有歌。恽不忠，孔任是昭，豺虎从政，既陷诽谤，又露所言，罪莫重焉。请收恽、延，以明好恶。”歙曰：“是重吾过也。”遂不宴而罢。恽归府，称病，延亦自退。

郑敬素与恽厚，见其言忤歙，乃相招去，曰：“子廷争繇延，君犹不纳。延今虽去，其势必还。直心无讳，诚三代之道。然道不同者不相为谋，吾不能忍见子有不容君之危，盍去之乎！”恽曰：“孟轲以强其君之所不能为忠，量其君之所不能为贼。恽业已强之矣，障君于朝，既有其直，而不死职，罪也。延退而恽又去！不可。”敬乃独隐于弋阳山中。居数月，歙果复召延，恽于是乃去。从敬止，渔钓自娱，留数十日。恽志在从政，既乃喟然而叹，谓敬曰：“天生俊士，以为人也，鸟兽不可与同群。子从我为伊吕乎？将为巢许，而父老尧舜乎？”敬曰：“吾足矣，初从生步重华于南野，谓来归为松子，今幸得全躯树类，还奉坟墓，尽学问道，虽不从政，施之有政，是亦为政也。吾年耄矣，安得从子？子勉正性命，勿劳神以害生。”恽于是告别而去，敬字次都，清志高世，光武连徵不到。

恽遂客居江夏教授，郡举孝廉，为上东城门候。帝尝出猎，车驾夜还，恽拒关不开。帝令从者见面于门间，恽曰："火明辽远。"遂不受诏。帝乃回从东中门入。明日，恽上书谏曰："昔文王不敢槃于游田，以万人惟忧，而陛下远猎山林，夜以继昼，其如社稷宗庙何？暴虎冯河，未至之戒，诚小臣所窥忧也。"书奏，赐布百匹，贬东中门候为参封尉。

后令恽授皇太子《韩诗》，侍讲殿中。及郭皇后废，恽乃言于帝曰："臣闻夫妇之好，父不能得之于子，况臣能得之于君乎？是臣所不敢言。虽然，愿陛下念其可否之计，无令天下有议社稷而已。"帝曰："恽善恕己量主，知我必不有所左右而轻天下也。"后既废，而太子意不自安，恽乃说太子曰："久处疑位，上违孝道，下近危殆。昔高宗明君，吉甫贤臣，及有纤介，放逐孝子。《春秋》之义，母以子贵。太子宜因左右及诸皇子引愆退身，奉养母氏，以明圣教，不背所生。"太子从之，帝竟听许。

恽再迁长沙太守。先是长沙有孝子古初，遭父丧未葬，邻人失火，初匍匐木柩上，以身扞火，火为之灭。恽甄异之，以为首举。后坐事左转芒长，又免归，避地教授，著书八篇。以病卒。子寿。

【译文】

郅恽，字君章，是汝南郡西平人。十二岁时，他就失去母亲，居丧哀过于礼。等到长大后，他治学于《韩诗》《严氏春秋》，明习天文历数。

王莽时，盗贼纷乱起，郅恽仰观天象，叹息着对他的朋友说："如今镇星、岁星、荧惑星都在汉分野的翼、轸二宿的界限，去了又回来，汉家必定会再次承受天命。而福归于有德之人，如果有顺应天道而起的人，必成大功。"当时左队大夫逯并素来礼贤好士，郅恽向他进言道："如今上天垂示星象，智者依靠它而昌兴，愚者依靠它而灭亡。郅恽不逊，敢企及于伊尹之踪迹，顺应天人之变化。明府如果不认为这是悖逆的说法，就请助成天德。"逯并非常欣赏他，就任命他为郡吏。郅恽不接受，说："往昔周文王于渭水之滨提拔吕尚，殷高宗于岩筑之役礼敬傅说，齐桓公于射钩之怨录用管仲，所以也都能立丰功，成元勋。我没听说师相、仲父而可待以属吏之位的。不能仰窥天象的人，就不可以与他共图远行，您不授予骏马重任，骏马也将会俯首裹足离去。”于是他就没有接受署任。

郅恽西行至长安后，便上书王莽说：“臣听闻天地重视世上之人，珍惜世上之物，因此运作机衡，垂象日月，浑元一气，创造了万物，预作图录，安排世代。汉朝历代久长，孔子为做光德尚赤的制度，使人不会被迷惑，以致残害百姓，扰乱天时。智者顺从它来成就功德，遇者逆之以致招祸害，天子的宝位是由天命注定，不能够凭空占有的。上天垂象警戒，是想要开悟陛下，让陛下回到臣子的位置，转祸为福。刘氏享有上天赐的永命，陛下应该顺应进节的盛衰，取之于天，还之于天，就能说是知命了。如果陛下您早作打算，就不免成了窃位了。况且尧、舜都不因是天赐之命而给予自家，所以禅让于天下，陛下为什么以并不是天赐之命而要做自己的累赘呢？天是陛下您的严父，臣是陛下的孝子。父亲的教诲不可以废弃，儿子的忠谏不可推拒，希望陛下三思。”王莽大怒，立刻将郅恽逮捕关押进诏狱，以大逆不道之罪判罪。但因为郅恽引据经书和谶纬，王莽还难于把他杀死，便让黄门近侍去威胁郅恽，让他自己承认是狂病恍惚，不知道自己说什么。郅恽就便瞪眼骂道：“我陈述的都是天象上显示的圣意，不是狂人所能编造的！”所以就把他关押起来，等待冬天行刑，因为赶上赦令才得以释放，于是和同郡的郑敬隐居到了南方的苍梧山。

汉光武帝建武三年，郅恽又到庐江，遇上积弩将军傅俊向东攻打扬州。傅俊素来知道郅恽的名声，就以礼聘请，举荐他为将兵长史，交给他军政。郅恽便率众立誓道：“不准偷袭无防备的人，穷追走投无路的人，不得断残人的肢体，不得裸露人的形骸，奸淫妇女。”傅俊的士兵仍掘坟陈尸，掠夺百姓。郅恽劝谏傅俊说：“以前周文王不忍让白骨暴露，周武王不肯因为天下而轻视一个人的性命，因此才能得到天地感应，击败了商朝如森林一般稠密的军队。将军为何不效法文王，却触犯天地禁规，大量伤人害物，虐及枯骨，得罪了神明呢？如果不向天地谢罪而且改变军政的话，就没有办法保全自己的性命。希望将军亲自做士卒的表率，收养伤残的人，埋葬死去的人，对被残害的人表示哀悼，来表明这不是将军的本意。”傅俊照他所说的做了，百姓悦服，所向之处没有人不归顺。

建武七年，傅俊回到了京城，荐举郅恽并论说他的功劳。郅恽认为因军功取官是羞耻的，就辞归乡里。县令卑躬厚礼，请郅恽做他的掾属。郅恽的朋友董子张，他的父亲此前被同乡的人所杀害。等董子张病倒，将要死的时候，郅恽前往探视。董子张就要死去，眼睛看着郅恽，抽泣着说不出话来。郅恽说："我知道你不是为寿终悲伤，而是为没有能复仇而痛苦。你活在世上，我为你心忧却不能动手；你要去世，我就动手也不必心忧了。"董子张只能用眼望着他而已。郅恽当即站起身，带宾客杀掉仇人，取来头颅让董子张观看。董子张看后就断气了。郅恽于是到了县中，具状自首。县令故意拖延很久才见他，郅恽说："为朋友报仇，是属于我的私情；奉法不曲，却是您的职责。为了自己活着而让您的品行受亏，这不合我的立身准则。"跑了出去自投入狱。县令顾不得穿鞋就追赶出去，却没有追上，就亲自到监狱中，拔出刀向着自己，胁迫郅恽说："你如果不答应我从监狱中出去，我就用死表明心迹。"郅恽到此时才出狱，后来借病离职。

过了一些时候，汝南太守欧阳歙聘请他担任郡功曹。汝南的旧俗，在每年的十月举行大宴会。百里内的属县都要带牛酒到郡府宴饮。宴前礼仪完毕，欧阳歙说："西部督邮繇延，他天资忠贞，秉性公正，摧毁奸凶，不严苛而政理。现在和众儒一起论繇延之功，表彰于朝廷。太守为了嘉奖他卓越的政绩，赐牛酒来养德。"主簿读教令，户曹领繇延接受了奖赏。郅恽从下座容色改变起身向前道："请司仪举起酒觥（罚酒所用的酒具），将您的过错上告于天。按繇延资性贪邪，表面方正而内心圆滑，结朋党，营奸私，欺罔君上，为害黎民，他所在之处都一片荒凉扰乱，怨恨、祸乱一同兴起。明府以恶为善，您的部下以正直迁就邪佞，这既没君上，又没臣下，郅恽敢再拜奉上酒觥。"欧阳歙面色惭愧慌乱，不知说什么才好。门下的掾吏郑敬进前说："君上英明，臣下才会刚直，功曹说的话非常诚恳，这是明府有德，能够不接受酒觥么？"欧阳歙的情绪逐渐缓和下来，说："这确实是我的错，我敬受此觥。"郅恽就摘冠谢罪道："往昔虞舜辅佐帝尧时，四凶（共工、欢兜、三苗、鲧，传说中那时的四个凶人）都服罪，谗言不被采纳，奸佞不能够得逞，因此他才能尽到股肱之责，而帝尧为之歌咏。是我没有忠于职守，才使得奸佞昭显，豺虎为政，不但使您受到指责，而且当众受窘，我的罪过实在是太重了。请逮捕我和繇延，借以昭明好恶。"欧阳歙说："这是更加重我的过错呀。"结果宴会没有进行就解散了。郅恽回到府中后，就告病假，繇延也自己引退了。

郑敬向来与郅恽交情深厚，见他用言语忤逆了欧阳歙，就召他前来，说："你当庭争辩繇延的事情，主公还不肯采纳。繇延如今虽然离去，但看他的势头是一定要回来的。存心正直而且无所忌讳，这确实是上古三代的道德。但道不同，不相为谋，我不忍心看见你有不被所容的危险，你为何不离开呢！”郅恽说：“孟轲以勉力促使其君所不能为者为忠诚的人，以认定其君所不能行者为贼人。我已经勉力促使他做了。阻拦君上于朝，已经有了忠直之名，但如果不能死于其职，就是有罪了。繇延已去职而我又离去，这是不对的。”郑敬就独自隐居在弋阳山中。过几个月，欧阳歙果然又召回繇延，郅恽于是离去，追随郑敬，以钓鱼自娱，留住数十天。郅恽的志向在从政，不久就喟叹，对郑敬说：“天生下俊杰的人，是为了百姓，不可以与鸟兽同群。你是与我一起去做伊尹、吕尚呢，还是做巢父、许由，当尧、舜的百姓呢？”郑敬说：“我已经知足了。我原本只想追随大舜于苍梧（意思是为皇帝效力），功成归来则要做赤松子一样的隐士，如今有幸能够保全自己并有了子嗣，还乡奉守祖先坟墓，从事学问，隐遁求道，虽没有从政，这也合乎为政的宗旨。我已经年纪老迈了，怎么能跟你去呢？你勉力端正性命的意义，不要劳神来戕害生命。”郅恽于是告别离开。郑敬字次都，志趣清高，远超于世，汉光武帝多次征聘他都不去。

于是郅恽客居于江夏，教授生徒，郡中推举他为孝廉，被任命为看管洛阳上东城门的官吏。光武帝曾经出外行猎，夜里才回都城，郅恽紧闭城门不打开。光武帝命令随从和他在城门间相见。郅恽说：“你们火炬的光亮延伸得非常远。”没有接受光武帝的命令。光武帝便改从东中门入城。第二天，郅恽上书谏道：“往昔周文王不敢游乐于田猎，唯以万民为忧。而陛下到很远的山林远打猎，夜以继日，您将社稷宗庙置于何处？暴虎冯河，要对灾祸预先儆戒，这实在是小臣的忧虑。”书奏上，光武帝赏赐他上百匹的布，贬东中门的官员为参封县尉。

后来光武帝命令郅恽教授皇太子《韩诗》，在殿中侍讲，等到郭皇后被废，郅恽便上言给光武帝道：“臣听说夫妇之好，连做父亲的都管不了儿子，何况臣子能管束君王么？这本是我不敢言进的。虽如此，仍希望陛下能考虑一下这样是否恰当，不要让天下人对社稷有议论。”光武帝说：“郅恽善于以宽厚之心体谅君主，知道我不会被人左右而忘记天下的。”郭后被废以后，太子的心非常不安，郅恽便说服太子道：“你长久地使自己处于忧悒之位，向上则违背孝道，向下则濒临危险。从前殷高宗是明君，尹吉甫是贤臣，因为纤芥的缘故，还将自己的孝顺的儿子放逐了。《春秋》之义，母凭子贵。太子应该通过左右和诸皇子引咎退位，奉养母亲，来申明圣教，不要背逆自己的父亲。”太子照郅恽所说的做了，光武帝竟批准太子退位的请求。

郅恽再升任为长沙太守。此前长沙有个名叫古初的孝子，父亲死后还没有被埋葬，邻居家失火，古初就匍匐在棺材上，用身体抵御大火，火竟然因此而熄灭了。郅恽觉得非常神异。就将他优先举荐为孝廉。后来郅恽因事被贬为芒县县长，又被罢免官职归家，隐居教授，著书八篇。因病去世。他的儿子名叫郅寿。

后汉书卷四十上

班彪列传第三十上

班彪字叔皮，扶风安陵人也。祖况，成帝时为越骑校尉。父稚，哀帝时为广平太守。

彪性沈重好古。年二十余，更始败，三辅大乱。时隗嚣拥众天水，彪乃避难从之。嚣问彪曰："往者周亡，战国并争，天下分裂，数世然后定。意者从横之事复起于今乎？将承运迭兴，在于一人也？愿生试论之。"对曰："周之废兴，与汉殊异。昔周爵五等，诸侯从政，本根既微，枝叶强大，故其末流有从横之事，势数然也。汉承秦制，改立郡县，主有专己之威，臣无百年之柄。至于成帝，假借外家，哀、平短祚，国嗣三绝，故王氏擅朝，因窃号位。危自上起，伤不及下，是以即真之后，天下莫不引领而叹。十余年间，中外搔扰，远近俱发，假号云合，咸称刘氏，不谋同辞。方今雄杰带州域者，皆无七国世业之资，而百姓讴吟，思仰汉德，已可知矣。"嚣曰："生言周、汉之势可也；至于但见愚人习识刘氏姓号之故，而谓汉家复兴，疏矣。昔秦失其鹿，刘季逐而羁之，时人复知汉乎？"

彪既疾嚣言，又伤时方艰，乃著《王命论》，以为汉德承尧，有灵命之符，王者兴祚，非诈力所致，欲以感之，而嚣终不寤，遂避地河西。河西大将军窦融以为从事，深敬待之，接以师友之道。彪乃为融画策事汉，总西河以拒隗嚣。

及融征还京师，光武问曰："年上章奏，谁与参之？"融对曰："皆从事班彪所为。"帝雅闻彪才，因召入见，举司隶茂才，拜徐令，以病免。后数应三公之命，辄去。

彪既才高而好述作，遂专心史籍之间。武帝时，司马迁著《史记》，自太初以后，阙而不录，后好事者颇或缀集时事，然多鄙俗，不足以踵继其书。彪乃继采前史遗事，傍贯异闻，作后传数十篇，因斟酌前史以讥正得失。其略论曰：

唐虞三代，《诗》《书》所及，世有史官，以司典籍，暨于诸侯，国自有史，故孟子曰"楚之《梼杌》，晋之《乘》，鲁之《春秋》，其事一也。”定哀之间，鲁君子左丘明论集其文，作《左氏传》三十篇，又撰异同，号曰《国语》，二十一篇，由是《乘》《梼杌》之事遂闇，而《左氏》《国语》独章。又有记录黄帝以来至春秋时帝王、公侯、卿大夫，号曰《世本》，一十五篇。春秋之后，七国并争，秦并诸侯，则有《战国策》三十三篇。汉兴定天下，太中大夫陆贾记录时功，作《楚汉春秋》九篇。孝武之世，太史令司马迁采《左氏》《国语》，删《世本》《战国策》，据楚、汉列国时事，上自黄帝，下讫获麟，作本纪、世家、列传、书、表凡百三十篇，而十篇缺焉。迁之所记，从汉元至武以绝，则其功也。至于采经摭传，分散百家之事，甚多疏略，不如其本，务欲以多闻广载为功，论议浅而不笃。其论术学，则崇黄老而薄《五经》；序货殖，则轻仁义而羞贫穷；道游侠，则贱守节而贵俗功；此其大敝伤道，所以遇极刑之咎也。然善述序事理，辩而不华，质而不野，文质相称，盖良史之才也。诚令迁依《五经》之法言，同圣人之是非。意亦庶几矣。

夫百家之书，犹可法也。若《左氏》《国语》《世本》《战国策》《楚汉春秋》《太史公书》，今之所以知古，后之所由观前，圣人之耳目也。司马迁序帝王则曰本纪，公侯传国则曰世家，卿士特起则曰列传。又进项羽、陈涉而黜淮南、衡山，细意委曲，条例不经。若迁之著作，采获古今，贯穿经传，至广博也。一人之精，文重思烦，故其书刊落不尽，尚有盈辞，多不齐一。若序司马相如，举郡县，著其字，至萧、曹、陈平之属，及董仲舒并时之人，不记其字，或县而不郡者，盖不暇也。今此后篇，慎核其事，整齐其文，不为世家，唯纪、传而已。传曰：“杀史见极，平易正直，《春秋》之义也。”

彪复辟司徒玉况府。时东宫初建，诸王国并开，而官属未备，师保多阙。彪上言曰：

孔子称“性相近，习相远也”。贾谊以为“习与善人居，不能无为善，犹生长于齐，不能无齐言也。习与恶人居，不能无为恶，犹生长于楚，不能无楚言也”。是以圣人审所与居，而戒慎所习。昔成王之为孺子，出则周公、邵公、太史佚，入则大颠、闳夭、南宫括、散宜生，左右前后，礼无违者，故成王一日即位，天下旷然太平。是以《春秋》“爱子教以义方，不纳于邪。骄奢淫佚，所自邪也”。《诗》云：“诒厥孙谋，以宴翼子。”言武王之谋遗子孙也。

汉兴，太宗使晁错导太子以法术，贾谊教梁王以《诗》《书》。及至中宗，亦令刘向、王褒、萧望之、周堪之徒，以文章儒学保训东宫以下，莫不崇简其人，就成德器。今皇太子诸王，虽结发学问，修习礼乐，而傅相未值贤才，官属多阙旧典。宜博选名儒有威重明通政事者，以为太子太傅，东宫及诸王国，备置官属。又旧制，太子食汤沐十县，设周卫交戟，五日一朝，因坐东箱，省视膳食，其非朝日，使仆、中允旦旦请问而已，明不媟黩，广其敬也。

书奏，帝纳之。后察司徒廉为望都长，吏民爱之。建武三十年，年五十二，卒官。所著赋、论、书、记、奏事合九篇。二子：固，超。

论曰：班彪以通儒上才，倾侧危乱之间，行不逾方，言不失正，仕不急进，贞不违人，敷文华以纬国典，守贱薄而无闷容。彼将以世运未弘，非所谓贱，焉耻乎？何其守道恬淡之笃也！

【译文】

班彪字叔皮，扶风安陵人。祖父班况，成帝时做越骑校尉。父班稚，哀帝时为广平太守。

班彪生性深沉庄重，好学习古书。他二十多岁时，更始皇帝刘玄兵败，长安及周边左冯翊、右扶风地区混乱不堪。当时隗嚣就在天水聚集百姓，班彪为避难跟随了他。隗嚣问班彪："过去东周灭亡，列国一起争夺霸权，天下分裂，历经几百年才平定下来。是不是合纵连横的事在今天又重新出现了？会有承受时运，纷纷兴起，最后总归于一人的情况吗？希望先生您试论一下。"班彪回答说："周朝废兴，与汉的情况不一样。过去，周朝的爵位分为五等，各诸侯从事政事，国家政权的根基非常微弱，而枝叶却非常强壮，所以在周朝末年会出现合纵连横的事，这是形势命运所必然的。汉代继承秦朝的制度，改立郡县制，主上拥有独揽一切的权威，大臣们却没有掌握百年的权力。到成帝时期，依靠外戚来管理国政，哀帝、平帝在位时间短促，这三帝都没有接续皇位的继承人，所以王氏能够专擅朝政，并乘机窃夺号位。危机起于朝廷，并未伤及百姓。因此王莽正式即位之后，天下百姓没有不为汉朝中衰叹息，并殷切盼望复兴的人。十多年间，朝廷内外、远近动荡骚乱，全都出现，假借号令，四处聚集，全都称自己是刘氏后裔，没有商议却说法一样。如今统领各个州郡的英雄豪杰，都没七国诸侯那样有世代功业的资本，而在百姓的讴歌吟诵中，都思慕汉皇的恩德，天下的形势由此便可以看出了。”隗嚣：“先生所谈的周朝、汉代的形势还是对的；至于只看到那些愚蠢的人沿用刘氏姓号做标志的缘故，便说刘汉能够复兴，就远离实际了。过去秦国失去帝位，刘季追逐并夺取它，那时候的人也知道有汉朝吗？”

班彪既厌恶隗嚣的言论，又很忧虑当时国情的险恶，于是作了《王命论》，认为汉是接继尧德，有神灵天命所示的福瑞，帝王建立王位，并不是用权谋和暴力的结果，试图用此说动他，但隗嚣却始终不醒悟，于是班彪就去到河西躲避。河西大将军窦融让他担任自己的从事，十分尊敬地对待他，并建立起了老师和朋友的友谊。班彪于是就对窦融奉卫汉朝出谋划策，让他统管西河一带来抗拒隗嚣。

后来窦融奉命回到了京师，光武帝问他：“你交来的章表奏疏，谁参与了策划和书写了？”窦融回答说：“都是我的从事班彪做的。”光武帝平素已耳闻班彪的才华，于是召他进京，推举他为司隶茂才，任命为徐县县令，由于有病而免去官职。此后，他多次执行三公给予他的命令，事情办完后，他就离职回家。

班彪才华杰出，又爱好著述，于是一心一意攻读、研究史籍。汉武帝时，司马迁著的《史记》从太初年之后的事，都没有记载。后来有很多喜欢撰述历史的人纷纷搜录记载时事，但大多十分鄙陋浅俗，不能作为《史记》的续篇。班彪于是继续采集以前史籍中的有关西汉历史的史料，旁征博引，征引多种材料，撰写了几十篇《后传》，顺便又研核之前的史籍，批评失误，肯定了成绩。他的评论大体上说：

唐虞三代，《诗》《书》所涉及的，世代都由史官来掌管典籍。至于诸侯，每个国家也都有自己的史官，因此《孟子》中说：“楚国的《梼杌》，晋国的《乘》，鲁国的《春秋》；它们都是记载时事的。”定公、哀公的时候，鲁国君子左丘明集合讨论这些著作，作《左氏传》三十篇，后来又收集和《左传》相同或不相同的记载，编纂为一书，称《国语》二十一篇。从此以后，《乘》《梼杌》记载的事情便消失没有听说了，而仅有《左氏》《国语》彰显天下。又有一部书记载黄帝以来至春秋时帝王公侯卿大夫史事，叫《世本》，一十五篇。春秋以后，七个国家争夺霸主，秦国最后统一诸侯，于是又出现《战国策》三十三篇。汉朝建国，平定了天下，太史大夫陆贾记述当时功业，作了《楚汉春秋》九篇。汉武帝时，太史令司马迁采录了《左氏》《国语》，删削《世本》《战国策》，依据楚、汉之际各国的时事，上自黄帝，下到获麟，作本纪、世家、列传、书、表共有一百三十篇，其中有十篇后来丢失了。司马迁的记载，从汉代建元至武帝是他的功绩所在。至于采摭经传，分别保留其他多家史籍记述的事情，则有很多疏阔缺漏的地方，不如原书，他一心只想要以广泛地记录各种传闻、逸事作为此书的优势，评议却肤浅不实。讨论学术，就崇尚黄老之学而不看重《五经》之说；记述当时经济活动，则轻视仁义道德而且以贫贱为耻辱；记述游侠，就以守节为低贱，而尊重功利，这些都是损害原则的大错，是由于他遭遇极刑惩罚。但司马迁善于条理，叙述史事，讲道理不浮华，记事属实却不粗俗，文字与内容相协调，这是良史之才啊！倘若司马迁能依凭《五经》的准则，与圣人同是非，想就差不多了吧。

以前的很多著述，还是值得效法的。如《左氏》《国语》《世本》《战国策》《楚汉春秋》《太史公书》，是现在能够知道古代，后世能够了解前世的依据，是圣人闻知天下大事的耳目。司马迁记载帝王的部分叫本纪，记载公侯世袭的部分叫世家，记载卿、士及杰出人物的部分叫列传。《史记》提高了项羽、陈涉的地位，却贬低了淮南王、衡山王这样的皇室成员的地位，详细地记录项羽、陈涉兴衰始末，这种体例本就不符合原则。像司马迁《史记》这样的著作，采古今史事，贯通经传的记载，十分广博。司马迁以一个人的精力，所著的书籍却是文字繁多，线索纷乱，所以《史记》有修改不完全的地方，还有一些多余的词句，体例、文字大多不够整齐划一。比如他叙述司马相如，写出他所属郡县，写出司马相如的字，对于萧何、曹参、陈平这些人，以及与他同时期的董仲舒，就不再记载他们的字，有的只是记县而不记郡，这大约是来不及统一文字所导致的。现在我著的《后篇》，谨慎核对史实，令文字整齐划一，不写作世家，只写作本纪、列传。传上说："编纂史书时，要简练到不能再简练的程度，按事情的实际情况朴实地叙述，这也就是《春秋》的指导思想。"

班彪再次被征召到司徒玉况的府内担任职务。当时东宫刚刚建立，诸王国也刚开始分封，但官没完备，师保多数空缺。班彪于是上书说：

孔子说："人性情本相近，只因为习染不同，所以相差非常远"。贾谊认为"习惯与善人住在一起，就不能不做善事，就好像生长在齐国，就不能没有齐国的方言一样。习惯与恶人住在一起，就不能不做恶事，就好像生长在楚国，不能没有楚的方言一样”。因此圣人要仔细观察和他居住的人，而谨慎对待自己的习惯。过去周成王还是小孩的时候，外出就有周公、邵公、太史佚等人伴陪，回朝就有大颠、闳夭、南宫括、散宜生等人环绕，左右前后，没违背礼的人，所以周成王一即位，天下就旷然太平。因此《春秋》有这样的话：“爱护儿子就要教他为义的方法，不要让他被邪气困扰。骄奢淫逸，这些都是他自身产生的邪恶。”《诗》中说：“留给孙子以善谋，以安敬之道来为儿子增加才能。”说的就是周武王将自己的谋略留给了子孙。

汉朝确立之后，文帝让晁错用法家理论教导太子，贾谊用《诗经》《尚书》来教育梁王。到了中宗，也让刘向、王褒、萧望之、周堪等人，用文章、儒学来训导东宫以下的子弟，没有不崇敬这些人而能够备德成器的。如今皇太子和诸侯王虽然从小就开始学习，进修礼乐，但傅相没贤才担任，官属没有按旧的制度配备完整。应该广泛地选择有威信、稳重、通晓政事的名儒，让他们担任太子太傅，东宫以及诸王国，将官属配备完整。又按照原有的制度，太子有十个县的赋税作为汤沐的用费，住地有兵严密防守，太子五天朝见一次皇上，坐在东厢，省视供给皇上的膳食，不朝见皇上的那几天，只要派太子仆、中允每天早上去皇上那里问安，这样做是为表明不轻慢、增加太子的敬意。

书谏上奏后，皇上采纳了这些意见。后来，司徒玉况因班彪廉洁而推荐他，班彪担任望都长，受官吏和百姓的喜爱。建武三十年，班彪五十二岁时，死在了望都任上。他所写的赋、论、书、记、奏总共有九篇。他的两个儿子：一个名固，一个名超。

议论说：班彪凭借他博通儒学的上等才能，倾侧在危乱之间，行动不超越原则，言谈不丧失正理，做官不争于升迁，作风正派又不违背人意，铺陈自己的文采来完善国家制度，恪守低贱菲薄但却没有苦闷的容颜。他是认为皇朝还没有兴旺发达，自己不是一般意义上的“贱”，怎么会觉得耻辱呢？班彪为固守原则而恬淡是多么地真诚啊！

后汉书卷四十下

班固列传第三十下

固字孟坚。年九岁，能属文诵诗赋，及长，遂博贯载籍，九流百家之言，无不穷究。所学无常师，不为章句，举大义而已。性宽和容众，不以才能高人，诸儒以此慕之。

永平初，东平王苍以至戚为骠骑将军辅政，开东阁，延英雄。时固始弱冠，奏记说苍曰：

将军以周、邵之德，立乎本朝，承休明之策，建威灵之号，昔在周公，今也将军，《诗书》所载，未有三此者也。传曰："必有非常之人，然后有非常之事；有非常之事，然事有非常之功。"固幸得生于清明之世，豫在视听之末，私以蝼螘，窃观国政，诚美将军拥千载之任，蹑先圣之踪，体弘懿之姿，据高明之势，博贯庶事，服膺《六艺》，白黑简心，求善无厌，采择狂夫之言，不逆负薪之议。窃见幕府新开，广延群俊，四方之士，颠倒衣裳。将军宜详唐、殷之举，察伊、皋之荐，令远近无偏，幽隐必达，期于总览贤才，收集明智，为国得人，以宁本朝。则将军养志和神，优游庙堂，光名宣于当世，遗烈著于无穷。窃见故司空掾桓梁，宿儒盛名，冠德州里，七十从心，行不逾矩，盖清庙之光晖，当世之俊颜也。京兆祭酒晋冯，结发修身，白首无违，好古乐道，玄默自守，古人之美行，时俗所莫及。扶风掾李育，经明行著，教授百人，客居杜陵，茅室土阶。京兆、扶风二郡更请，徒以家贫，数辞病去。温故知新，论议通明，廉清修絜，行能纯备，虽前世名儒，国家所器，韦、平、孔、翟，无以加焉。宜令考绩，以参万事。京兆督邮郭基，孝行著于州里，经学称于师门。政务之绩，有绝异之效。如得及明时，秉事下僚，进有羽翮奋翔之用，退有杞梁一介之死。凉州从事王雍，躬卞严之节，文之以术艺，凉州冠盖，未有宜先雍者也。古者周公一举则三方怨，曰"奚为而后己"。宜及府开，以慰远方。弘农功曹史殷肃，达学洽闻，才能绝伦，诵《诗》三百，奉使专对。此六子者，皆有殊行绝才，德隆当世，如蒙征纳，以辅高明，此山梁之秋，夫子所为叹也。昔卞和献宝，以离断趾，灵均纳忠，终于沈身，而和氏之璧，千载垂光，屈子之篇，万世归善。愿将军隆照微之明，信日昊之听，少屈威神，咨嗟下问，令尘埃之中，永无荆山、汨罗之恨。苍纳之。

父彪卒，归乡里。固以彪所续前史未详，乃潜精研思，欲就其业。既而有人上书显宗，告固私改作国史者。有诏下郡，收固系京兆狱，尽取其家书。先是扶风人苏朗伪言图谶事，下狱死。固弟超恐固为郡所核考，不能自明，乃驰诣阙上书，得召见，具言固所著述意，而郡亦上其书。显宗甚奇之，召诣校书部，除兰台令史，与前睢阳令陈宗、长陵令尹敏、司隶从事孟异共成《世祖本纪》。迁为郎，典校秘书。固又撰功臣、平林、新市、公孙述事，作列传、载记二十八篇，奏之，帝乃复使终成前所著书。

固以为汉绍尧运，以建帝业，至于六世，史臣乃追述功德，私作本纪，编于百王之末，侧于秦、项之列，太初以后，阙而不录，故探撰前记，缀集所闻，以为《汉书》。起元高祖，终于孝平王莽之诛，十有二世，二百三十年，综其行事，傍贯《五经》，上下洽通，为《春秋》考纪、表、志、传凡百篇。固自永平中始受诏，潜精积思二十余年，至建初中乃成。当世甚重其书，学者莫不讽诵焉。

自为郎后，遂见亲近。时京师修起宫室，浚缮城隍，而关中耆老犹望朝廷西顾。固感前世相如、寿王、东方之徒，造构文辞，终以讽劝，乃上《两都赋》，盛称洛邑制度之美，以折西宾淫侈之论。其辞曰：

有西都宾问于东都主人曰："盖闻皇汉之初经营也，尝有意乎都河洛矣。辍而弗康，实用西迁，作我上都。主人闻其故而睹其制乎？"主人曰："未也。愿宾摅怀旧之蓄念，发思古之幽情，博我以皇道，弘我以汉京。"宾曰："唯唯。"

汉之西都，在于雍州，实曰长安。左据函谷，二崤之阻，表以太华、终南之山。右界褒斜、陇首之险，带以洪河、泾、渭之川。华实之毛，则九州之上腴焉；防御之阻，则天下之奥区焉。是故横被六合，三成帝畿，周以龙兴，秦以虎视。及至大汉受命而都之也，仰寤东井之精，俯协《河图》之灵，奉春建策，留侯演成，天人合应，以发皇明，乃眷西顾，实惟作京。于是睎秦领，睋北阜，挟酆霸，据龙首，图皇基于亿载，度宏规而大起，肇自高而终平，世增饰

以崇丽，历十二之延祚，故穷奢而极侈。建金城其万雉，呀周池而成渊，披三条之广路，立十二之通门。内则街衢洞达，闾阎且千，九市开场，货别隧分，人不得顾，车不得旋，阗城溢郭，傍流百廛，红尘四合，烟云相连。于是既庶且富，娱乐无疆，都人士女，殊异乎五方。游士拟于公侯，列肆侈于姬、姜。乡曲豪俊游侠之雄，节慕原、尝，名亚春、陵，连交合众，骋骛乎其中。

若乃观其四郊，浮游近县，则南望杜、霸，北眺五陵，名都对郭，邑居相承。英俊之城，黻冕所兴，冠盖如云，七相五公。与乎州郡之豪杰，五都之货殖，三选七迁，充奉陵邑，盖以强干弱枝，隆上都而观万国。封畿之内，厥土吉里，逴荦诸夏，兼其所有。其阳则崇山隐天，幽林穹谷，陆海珍藏，兰田美玉，商、洛缘其隈，鄠、杜滨其足，源泉灌注，陂池交属，竹林果园，芳草甘木，郊野之富，号曰近蜀。其阴则冠以九嵕，陪以甘泉，乃有灵宫起乎其中。秦、汉之所极观，渊、云之所颂叹，于是乎存焉。下有郑、白之沃，衣食之源，隄封五万，疆埸绮分，沟塍刻镂，原隰龙鳞，决渠降雨，荷锸成云，五谷垂颖，桑麻敷菜。东郊则有通沟大漕，溃渭洞河，泛舟山东，控引淮、湖，与海通波。西郊则有上囿禁苑，林麓薮泽，陂池连乎蜀、汉，缭以周墙，四百余里，离宫别馆，三十六所，神池灵沼，往往而在。其中乃有九真之麟，大宛之马，黄支之犀，条枝之鸟，逾昆仑，越巨海，殊方异类，至三万里。

其宫室也，体象乎天地，经纬乎阴阳，据坤灵之正位，放太、紫之圆方。树中天之华阙，丰冠山之朱堂，因瑰材而究奇，抗应龙之虹梁，列棼橑以布翼，荷栋桴而高骧。雕玉瑱以居楹，裁金璧以饰珰，发五色之渥采，光焰朗以景彰。于是左墄右平，重轩三阶，闺房周通，门闼洞开，列钟虡于中庭，立金人于端闱，仍增崖而衡阈，临峻路而启扉。徇以离殿别寝，承以崇台闲馆，焕若列星，紫宫是环。清凉宣温，神仙长年，金华玉堂，白虎麒麟，区宇若兹，不可殚论。增槃业峨，登降炤烂，殊形诡制，每各异观，乘茵步辇，唯所息宴。后宫则有掖庭椒房，后妃之室，合欢增成，安处常宁，迴若椒风，披香发越，兰林蕙草，鸳鸾飞翔之列。昭阳特盛，隆乎孝成，屋不呈材，墙不露形，裛以藻绣，络以纶连，随侯明月，错落其间，金釭衔璧，是为列钱；翡翠火齐，流耀含英，悬黎垂棘，夜光在焉。于是玄墀钔切，玉阶彤庭，碝磩采致，琳珉青荧，珊瑚碧树，周阿而生。红罗飒缅，绮组缤纷，精曜华烛，俯仰如神。后宫之号，十有四位，窈窕繁华，更盛迭贵，处乎斯列者，盖以百数。左右廷中，朝堂百僚之位，萧曹魏邴，谋谟乎其上。佐命则垂统，辅翼则成化，流大汉之恺悌，荡亡秦之毒螫。故令斯人扬乐和之声，作画一之歌，功德著于祖宗，膏泽洽于黎庶。又有天禄石渠，典籍之府，命夫谆诲故老，名儒师傅，讲论乎《六艺》，稽合乎同异。又有承明金马，著作之庭，大雅宏达，于兹为群，元元本本，周见洽闻，启发篇章，校理秘文。周以钩陈之位，卫以严更之署，总礼官之甲科，群百郡之廉孝。虎贲赘衣，阉尹阍寺，陛戟百重，各有攸司。周庐千列，徼道绮错。辇路经营，修涂飞阁。自未央而连桂宫，北弥明光而亘长乐，陵蹬道而超西墉，混建章而外属，设璧门之凤阙，上柧棱而栖金雀。内则别风之嶕峣，眇丽巧而竦擢，张千门而立万户，顺阴阳以开阖。尔乃正殿崔巍，层构厥高，临乎未央，经骀汤而出驱娑，洞枍诣与天梁，上反宇以盖戴，激日景而纳光。神明郁其特起，遂偃蹇而上跻，轶云雨于太半，虹霓回带于棼楣，虽轻迅与僄狡，犹愕眙而不敢阶。攀井干而未半，目眴转而意迷，舍櫺槛而却倚，若颠坠而复稽，魂怳怳以失度，巡回涂而下低。既惩惧于登望，降周流以彷徨，步甬道以萦纡，又杳窱而不见阳。排飞闼而上出，若游目于天表，似无依而洋洋。前唐中而后太液，揽沧海之汤汤，扬波涛于碣石，激神岳之嶈嶈，滥瀛洲与方壶，蓬莱起乎中央。于是灵草冬荣，神木丛生，岩峻崔崒，金石峥嵘。抗仙掌以承露，擢双立之金茎，轶埃壒之混浊，鲜颢气之清英。骋文成之丕诞，驰五利之所刑，庶松乔之群类，时游从乎斯庭，实列仙之攸馆，匪吾人之所宁。

尔乃盛娱游之壮观，奋大武乎上囿，因兹以威戎夸狄，耀威而讲事。命荆州使起鸟，诏梁野而驱兽，毛群内阗，飞羽上覆，接翼侧足，集禁林而屯聚。水衡虞人，理其营表，种别群分，部曲有署。罘罔连紘，笼山络野，列卒周帀，星罗云布。于是乘舆备法驾，帅群臣，披飞廉，入苑门。遂绕酆镐，历上兰，六师发胄，百兽骇殚，震震爚爚，雷奔电激，草木涂地，山渊反覆，蹂躏其十二三，乃拗怒而少息。尔乃期门佽飞，列刃钻鍭，要趹追踪，鸟惊触丝，兽骇值锋，机不虚掎，弦不再控，矢无单杀，中必叠双，飑飑纷纷，矰缴相缠，风毛雨血，洒野蔽天。平原赤，勇士厉，猨狖失木，豺狼慑窜。尔乃移师趋险，并蹈潜秽，穷虎奔突，狂兕触蹶。许少施巧，秦成力折，掎僄狡，扼猛噬，脱角挫脰，徒搏独杀。挟师豹，拖熊螭，顿犀犛，曳豪罴，超迥壑，越峻崖，蹶巉岩，钜石隤，松柏仆，丛林摧，草木无余，禽兽殄夷。于是天子乃登属玉之馆，历长杨之榭，览山川之体势，观三军之杀获，原野萧条，目极四裔，禽相镇厌，兽相枕藉。然后收禽会众，论功赐胙，陈轻骑以行炰，腾酒车而斟酌，割鲜野食，举燧命爵。飨赐毕，劳逸齐，大辂鸣鸾，容与诽回，集乎豫章之宇，临乎昆明之池。左牵牛而右织女，似云汉之无崖，茂树荫蔚，芳草被堤，兰茝发色，晔晔猗猗，若摛锦布绣，烛耀乎其陂。玄鹤白鹭，黄鹄䴔䴖，鸧鸹鸨鶂，凫鸥鸿雁，朝发河海，夕宿江汉，沈浮往来，云集雾散。于是后宫乘辁总路，登龙舟，张凤盖，建华旗，袪黼帷，镜清流，靡微风，澹淡浮。櫂女讴，鼓吹震，声激越，謍厉天，鸟群翔，鱼窥渊。招白闲，下双鹄，揄文竿，出比目。抚鸿幢，御矰缴，方舟并骛，俛仰极乐。遂风举云摇，浮游普览，前乘秦领，后越九嵕雳，东薄河华，西涉岐雍，宫馆所历，百有余区，行所朝夕，储不改供。礼上下而接山川，究休□之所用，采游童之欢谣，第从臣之嘉颂。于斯之时，都都相望，邑邑相属，国藉十世之基，家承百年之业，士食旧德之名氏，农服先畴之畎亩，商修族世之所鬻，工用高曾之规矩，粲乎隐隐，各得其所。

若臣者，徒观迹乎旧墟，闻之乎故老，什分而未得其一端，故不能遍举也。"

主人喟然而叹曰："痛乎风俗之移人也！子实秦人，矜夸馆室，保界河山，信识昭襄而知始皇矣，恶睹大汉之云为乎？夫大汉之开原也，旧布衣以登皇极，由数期而创万世，盖六籍所不能谈，前圣靡得而言焉。当此之时，功有横而当天，讨有逆而顺人，故娄敬度势而献其说，萧公权宜以拓其制。时岂泰而安之哉？计不得以已也。吾子曾不是睹，顾耀后嗣之末造，不亦暗乎？今将语子以建武之理，永平之事，监乎太清，以变子之或志。

往者王莽作逆，汉祚中缺，天人致诛，六合相灭。于时之乱，生民几亡，鬼神泯绝、壑无完柩，郛罔遗室，原野猒人之肉，川谷流人之血，秦、项之灾犹不克半，书契已来未之或纪也。故下民号而上愬，上帝怀而降鉴，致命于圣皇。于是圣皇乃握乾符，阐坤珍，披皇图，稽帝文，赫尔发愤，应若兴云，霆发昆阳，凭怒雷震，遂超大河，跨北岳，立号高邑，都建河洛。绍百王之荒屯，因造化之荡涤，体元立制继天而作。系唐统，接汉绪，茂育群生，恢复疆宇，勋兼乎在昔，事勤乎三五。岂特方轨并迹，纷纶后辟，理近古之所务，蹈一圣之险易云尔哉？且夫建武之元，天地革命，四海之内，更造夫妇，肇有父子，君臣初建，人伦实始，斯乃虑羲氏之所以基皇德也。分州土，立市朝，作舟车，造器械，斯轩辕氏之所以开帝功也。龚行天罚，应天顺人，斯乃汤武之所以昭王业也。迁都改邑，有殷宗中兴之则焉；即土之中，有周成隆平之制焉。不阶尺土一人之柄，同符乎高祖。克己复礼，以奉终始，允恭乎孝文。宪章稽古，封岱勒成，仪炳乎世宗。案《六经》而校德，妙古昔而论功，仁圣之事既该，帝王之道备矣。

至于永平之际，重熙而累洽，盛三雍之上仪，修衮龙之法服，敷洪藻，信景铄，扬世庙，正予乐。人神之和允洽，君臣之序既肃。乃动大路，尊皇衢，省方巡狩，穷览万国之有无，考声教之所被，散皇明以烛幽。然后增周旧，修洛邑，翩翩巍巍，显显翼翼，光汉京于诸夏，总八方而为之极。是以皇城之内，宫室光明，阙庭神丽，奢不可逾，俭不能侈。外则因原野以作苑，顺流泉而为沼，发苹藻以潜鱼，丰圃草以毓兽，制同乎梁驺，义合乎灵囿。若乃顺时节而搜狩，简车徒以讲武，则必临之以《王制》，考之以《风雅》。历《驺虞》，览《驷驖》，嘉《车攻》，采《吉日》，礼官正仪，乘舆乃出。于是发鲸鱼，铿华钟，登玉辂，乘时龙，凤盖飒洒，和鸾玲珑，天官景从，祲威盛容。山灵护野，属御方神，雨师泛洒，风伯清尘，千乘雷起，万骑纷纭，元戎竟野，戈铤彗云，羽旄扫霓，旌旗拂天。焱焱炎炎，扬光飞文，吐焰生风，吹野燎山，日月为之夺明，丘陵为之摇震，遂集乎中囿，陈师案屯，骈部曲，列校队，勒三军，誓将帅。然后举烽伐鼓，以命三驱，轻车霆发，骁骑电骛，游基发射，范氏施御，弦不失禽，辔不诡遇，飞者未及翔，走者未及去。指顾倏忽，获车已实，乐不极般，杀不尽物，马踠余足，士怒未泄，先驱复路，属车案节。于是荐三牺，效五牲，礼神祇，怀百灵，觐明堂，临辟雍，扬缉熙，宣皇风，登灵台，考休征。俯仰乎乾坤，参象乎圣躬，目中夏而布德，瞰四裔而抗棱。西荡河源，东澹海漘，北动幽崖，南趯朱垠。殊方别区，界绝而不邻，自孝武所不能征，孝宣所不能臣，莫不陆讋水慄，奔走而来宾，遂绥哀牢，开永昌，春王三朝，会同汉京。是日也，天子受四海之图籍，膺万国之贡珍，内抚诸夏，外接百蛮。乃盛礼乐供帐，置乎云龙之庭，陈百僚而赞群后，究皇仪而展帝容。于是庭实千品，旨酒万钟，列金盏，班玉觞，嘉珍御，大牢飨。尔乃食举《雍》彻，太师奏乐，陈金石，布丝竹，钟鼓铿锵，管弦晔煜。抗五声，极六律，歌九功，舞八佾，《韶》《武》备，太古毕，四夷闲奏，德广所及，《佅》《侏》《兜离》，罔不具集。万乐备，百礼暨，皇欢浃，群臣醉，降烟煴，调元气，然后撞钟告罢，百僚遂退。

于是圣上睹万方之欢娱，久沐浴乎膏泽，惧其侈心之将萌，而怠于东作也，乃申旧章，下明诏，命有司，班宪度，昭节俭，示大素。去后宫之丽饰，损乘舆之服御，除工商之淫业，兴农桑之上务。遂令海内弃末而反本，背伪而归真，女修织纴，男务耕耘，器用陶匏，服尚素玄，耻纤靡而不服，贱奇丽而不珍，捐金于山，沈珠于渊。于是百姓涤瑕荡秽而镜至清，形神寂漠，耳目不营，嗜欲之原灭，廉正之心生，莫不优游而自得，玉润而金声，是以四海之内，学校如林，庠序盈门，献酬交错，俎豆莘莘，下舞上歌，蹈德咏仁。登降饫宴之礼既毕，因相与嗟叹玄德，谠言弘说，咸含和而吐气，颂曰：'盛载乎斯世'！

今论者但知诵虞夏之《书》，咏殷周之《诗》，讲羲、文之《易》，论孔氏之《春秋》，罕能精古今之清浊，究汉德之所由，唯子颇识旧典，又徒驰骋乎末流。温故知新已难，而知德者鲜矣！且夫辟界西戎，险阻四塞，修其防御，孰与处乎土中，平夷洞达，万方辐凑？秦领九嵕，泾渭之川，曷若四渎五岳，带河泝洛，图书之渊？建章甘泉，馆御列仙，孰与灵台明堂，统和天人？太液昆明，鸟兽之囿，曷若辟雍海流，道德之富？游侠逾侈，犯义侵礼，孰与同履法度，翼翼济济也？子徒习秦阿房之造天，而不知京洛之有制也；识函谷之可关，而不知王者之无外也。"

主人之辞未终，西都宾矍然失容，逡巡降阶，惵然意下，捧手欲辞。主人曰："复位，今将喻子五篇之诗。"宾既卒业，乃称曰："美哉乎此诗！义正乎杨雄，事实乎相如，非唯主人之好学，盖乃遭遇乎斯时也。小子狂简，不知所裁，既闻正道，请终身诵之。”其诗曰：

《明堂诗》：于昭明堂，明堂孔阳；圣皇宗祀，穆穆煌煌。上帝宴飨，五位时序；谁其配之，世祖光武。普天率土，各以其职；猗与缉熙，允怀多福。

《辟雍诗》：乃流辟雍，辟雍汤汤；圣皇莅止，造舟为梁。皤皤国老，乃父乃兄；抑抑威仪，孝友光明。于赫太上，示我汉行；鸿化惟神，永观厥成。

《灵台诗》：乃经灵台，灵台既崇；帝勤时登，爰考休征。三光宣精，五行布序；习习祥风，祁祁甘雨。百谷溱溱，庶卉蕃芜；屡惟丰年，于皇乐胥。

《宝鼎诗》：岳修贡兮川效珍，吐金景兮歊浮云。宝鼎见兮色纷缊，焕其炳兮被龙文。登祖庙兮享圣神，昭灵德兮弥亿年。

《白雉诗》：启灵篇兮披瑞图，获白雉兮效素乌。发皓羽兮奋翘英，容絜朗兮于淳精。章皇德兮侔周成，永延长兮膺天庆。

及肃宗雅好文章，固愈得幸。数入读书禁中，或连日继夜。每行巡狩，辄献上赋颂，朝廷有大议，使难问公卿，辩论于前，赏赐恩宠甚渥。固自以二世才术，位不过郎，感东方朔、杨雄自论，以不遭苏、张、范、蔡之时，作《宾戏》以自通焉。后迁玄武司马。天子会诸儒讲论《五经》，作《白虎通德论》，令固撰集其事。

时北单于遣使贡献，求欲和亲，诏问群僚。议者或认为“匈奴变诈之国，无内向之心，徒以畏汉威灵，逼惮南虏，故希望报命，以安其离叛。今若遣使，恐失南虏亲附之欢，而成北狄猜诈之计，不可”。固议曰：“窃自惟思，汉兴已来，旷世历年，兵缠夷狄，尤事匈奴。绥御之方，其涂不一，或修文以和之，或用武以征之，或卑下以就之，或臣服而致之。虽屈申无常，所因时异，然未有拒绝弃放，不与交接者也。故自建武之世，复修旧典，数出重使，前后相继，至于其末，始乃暂绝。永平八年，复议通之。而廷争连日，异同纷回，多执其难，少言其易。先帝圣德远览，瞻前顾后，遂复出使，事同前世。以此而推，未有一世阙而不修者也。今乌桓就阙，稽首译官，康居、月氏，自远而至，匈奴离析，名王来降，三方归服，不以兵威，此诚国家通于神明自然之征也。臣愚以为宜依故事，复遣使者，上可继五凤、甘露致远人之会，下不失建武、永平羁縻之义。虏使再来，然后一往，既明中国主在忠信，且知圣朝礼义有常，岂可逆诈示猜，孤其善意乎？绝之未知其利，通之不闻其害。设后北虏稍强，能为风尘，方复求为交通，将何所及？不若因今施惠，为策近长。”

固又作《典引篇》，述叙汉德。以为相如《封禅》，靡而不典，杨雄《美新》，典而不实，盖自谓得其致焉。其辞曰：

太极之原，两仪始分，烟烟煴煴，有沈而奥，有浮而清。沈浮交错，庶类混成。肇命人主，五德初始，同于草昧，玄混之中。喻绳越契，寂寥而亡诏者，《系》不得而缀也。厥有氏号，绍天阐绎者，莫不开元于大昊皇初之首，上哉琼乎，其书犹可得而修也。亚斯之世，通变神化，函光而未曜。

若夫上稽乾则，降承龙翼，而炳诸《典》《谟》，以冠德卓踪者，莫崇乎陶唐。陶唐舍胤而禅有虞，虞亦命夏后，稷契熙载，越成汤武。股肱既周，天乃归功元首，将授汉刘。俾其承三季之荒末，值亢龙之灾孽，悬象暗而恒文乖，彝伦斁而旧章缺。故先命玄圣，使缀学立制，宏亮洪业，表相祖宗，赞扬迪哲，备哉灿烂，真神明之式也。虽前圣皋、夔、衡、旦密勿之辅，比兹褊矣。是以高、光二圣，辰居其域，时至气动，乃龙见渊跃。拊翼而未举，则威灵纷纭，海内云蒸，雷动电熛，胡缢莽分，不莅其诛。然后钦若上下，恭揖群后，正位度宗，有于德不台渊穆之让，靡号师矢敦奋抝之容。盖以膺当天之正统，受克让之归运，蓄炎上之烈精，蕴孔佐之弘陈云尔。

洋洋乎若德，帝者之上仪，诰誓所不及已。铺观二代洪纤之度，其赜可探也。并开迹于一匮，同受侯甸之所服，奕世勤民，以伯方统牧。乘其命赐彤弧黄戚之威，用讨韦、顾、黎、崇之不格。至乎三五华夏，京迁镐亳，遂自北面，虎离其师，革灭天邑。是故义士伟而不敦，《武》称未尽，《护》有惭德，不其然与？然犹于穆猗那，翕纯皦绎，以崇严祖考，殷荐宗祀配帝，发祥流庆，对越天地者，舄奕乎千载。岂不克自神明哉？诞略有常，审言行于篇籍，光藻朗而不渝耳。

矧夫赫赫圣汉，巍巍唐基，泝测其源，乃先孕虞育夏，甄殷陶周，然后宣二祖之重光，袭四宗之缉熙。神灵日烛，光被六幽，仁风翔乎海表，威灵行于鬼区，慝亡迥而不泯，微胡琐而不颐。故夫显定三才昭登之绩，匪尧不兴，铺闻遗策在下之训，匪汉不弘。厥道至乎经纬乾坤，出入三光，外运混元，内浸豪芒，性类循理，品物咸亨，其已久矣。

盛哉！皇家帝世，德臣列辟，功君百王，荣镜宇宙，尊无与抗。乃始虔巩劳谦，兢兢业业，贬成抑定，不敢论制作。至令迁正黜色宾监之事焕扬宇内，而礼官儒林屯朋笃论之士而不传祖宗之仿佛，虽去优慎，无乃葸欤！

夫图书亮章，天哲也；孔猷先命，圣孚也；体行德本，正性也；逢吉丁辰，景命也。顺命以创制，定性以和神，答三灵之繁祉，展放唐之明文，兹事体大而允，寤寐次于圣心。瞻前顾后，岂蔑清庙惮敕天乎？伊考自邃古，乃降戾爰兹，作者七十有四人，有不俾而假素，罔光度而遗章，今其如台而独阙也！

是时圣上固已垂精游神，包举艺文，屡访群儒，谕咨故老，与之乎斟酌道德之渊源，肴核仁义之林薮，以望元符之臻焉。既成群后之谠辞，又悉经五繇之硕虑矣。将绯万嗣，炀洪晖，奋景炎，扇遗风，播芳烈，久而愈新，用而不竭，汪汪乎丕天之大律，其畴能亘之哉？唐哉皇哉，皇哉唐哉！

固后以母丧去官。永元初，大将军窦宪出征匈奴，以固为中护军，与参议。北单于闻汉军出，遣使款居延塞，欲修呼韩邪故事，朝见天子，请大使。宪上遣固行中郎将事，将数百骑与虏使俱出居延塞迎之。会南匈奴掩破北庭，固至私渠海，闻虏中乱，引还。及窦宪败，固先坐免官。

固不教学诸子，诸子多不尊法度，吏人苦之。初，洛阳令种兢尝行，固奴干其车骑，吏椎呼之。奴醉骂，兢大怒，畏宪不敢发，心衔之。及窦氏宾客皆逮考，兢因此捕系固，遂死狱中。时年六十一。诏以谴责兢，抵主者吏罪。

固所著《典引》《宾戏》《应讥》、诗、赋、铭、诔、颂、书、文、记、论、议、六言，在者凡四十一篇。

【译文】

班固，字孟坚。他九岁时，就能够写文章、诵诗和赋。长大后，逐渐博览群书，对于九流百家的著作，没有不彻底地钻研的。他学习没有固定的老师，不为章句之学，只抓住学问的主要意义而已。他生性宽和容众，不用自己的才能去压制别人，诸位儒生都因此敬慕他。

永平初年，东平王刘苍因为至亲的关系凭骠骑将军的名义助理国政，开东阁，招纳英雄。当时班固正年少，就上书给刘苍说：

将军您以周公、邵公的德行，屹立于本朝，沿袭了美好明智的策略，建立威武灵祥的称号，过去曾经是周公(有此殊荣)，今天是将军，《诗经》和《尚书》中所记载的，没有第三个人有此事了。《传》上说："必定先有非常之人，而后有非常之事，有非常之事，而后有非常之功。"班固我有幸生在这清明之世，安乐地处在视听的范围之外，私下用蝼蚁一样短浅的目光，悄悄观察国政，真诚地赞美将军您担负千载以来的重任，踏着先圣周公的足迹，摆开舒展着美好的姿态，雄踞着贵宠的地位，博贯一切的事务，服膺《六艺》、区分黑白是非，求善没有无厌倦，甚至对狂夫的言语也加以选择，不违背对百姓的诺言。我见您新开了幕府，广泛延揽俊杰，四方士人，(匆忙归附，)甚至穿翻了衣裳。将军应详细考察唐尧、唐汤对待皋陶、伊尹的举荐，使不论远近都不偏废，隐居的一定得到显达，寄希望于总揽贤才，聚集明智，为国得人，使本朝获得安宁。(达到这一目标，)将军您就能养志和神，悠游庙堂，光辉的名字必定在当代传扬，巨大的影响将在后代连绵不尽。

我看以前担任过司空掾的桓梁，是个老成博学的读书人，在州里德高望重，已经七十岁了，自己能够从心所欲，行为也不逾越法则，是参与助祭清庙的最佳人选、当代俊美之士。京兆祭酒晋冯，从小修身，头发白了也不改初衷，他好古乐道，默默坚持，具有古代美好的行为，世上没有人赶得上他的。扶风掾李育，通晓经典，行为卓著，教授了一百个学生，客居在杜陵，住的茅屋中，连阶梯都是土造的。京兆、扶风两个郡相继请他为官，由于家贫，他几次都借故有病辞归了。温故知新，议论通达明晰，遵循廉洁原则，行为和才能都兼备，虽是前世名儒，国家器重的人，却没有一个人可以与现在的韦贤、平当、孔光、翟方进相比的。应让他们主持考绩，进而让他们参与更多的事务。京兆督邮郭基，他孝顺的行为在州里非常出名，经学方面受到老师、同学的赞扬，政务方面也有决然不同于人的效果。如果郭基能到将军的身边，让他做您秉笔的僚属，那么进一步说他将会如鸿鹄高飞有大用，退一步说他会在危急之时奋不顾身为国如杞梁一样战斗而死。凉州从事王雍。躬行卞严一样的节义，倘若能增强礼乐方面的修养，凉州的达官贵人就没有能超越他们的了。古代的周公一举兵就有三国埋怨，说："为什么将我们安排在后面呢。"请将军尽快地开府理事，以慰远方。弘农功曹史殷肃，他广闻博学，才能绝伦，能吟诵《诗经》三百篇，奉使对答如流。（韦贤、平当、孔光、翟方进、王雍、殷肃）这六位先生，都有卓越的行为、绝代的才能，他们的道德高尚闻名于当代，如蒙将军征纳任用，成为将军您的辅佐，这就是孔子感叹山梁的雌雉一样，正赶上了他们的活动的好时候啊。过去卞和献宝，被施加刖刑；屈原尽忠报国，最终自沉在汨罗江，但和氏璧却千年之后也放射出光芒，屈原的文章万代后也受到赞赏。但愿将军能继续发射照耀细微的光明，发扬周公那种太阳西斜还来不及吃饭的勤恳精神，屈尊委威，不耻下问，让茫茫尘世中，永远再没有卞和、屈原的那种遗恨。刘苍采纳了班固的意见。

他的父亲班彪去世以后，班固回到家乡。班固认为班彪所续的前朝历史不详细，就潜心研究，想完成父亲未完成的事业。不久有人上书明帝，告发班固在改作国史。明帝有诏书下到郡，逮捕班固关进了京兆府的监狱里。把他家的书也全拿走了。原先扶风人苏朗由于造假图谶到处散布流言，被关进狱中死去了。班固的弟弟班超怕班固被郡县拷问，班固不能自己辩护清楚，就奔赴到京城上书，得到明帝的召见。班超把班固著作的意图详细地向明帝作了说明，而这时候郡里也上书（说明班固著作的本意）。明帝认为班固个奇才，就召他在校书部工作，任命他为兰台令史。班固与前任睢阳令的陈宗、长陵令尹敏、司徒从事孟异等人共同完成了《世祖本纪》。提升班固做了郎官，做典校秘书的工作。他又写功臣、平林、新市、公孙述等列传、载记共有二十八篇，上奏明帝。明帝就让他重新去完成之前他所写的著作。

班固认为汉继承的是帝尧的气运，在这个基础上建立皇帝的基业，帝位传到第六位皇帝汉武帝的时候，史臣司马谈和司马迁就追述了皇家的功德，私作本纪，将大汉朝历史编在百王之末，置于秦朝和项羽之侧，太初年之后的事，又付之阙如不予载录，所以他研究以往的史书，搜集所闻，写成《汉书》。《汉书》从汉高祖写起，到汉平帝之世以及王莽被诛杀结束，共计十二世，二百三十年，全书条理行事，依靠并且贯彻《五经》，上下博通，写下如《春秋》经一样形式的帝纪、表、志、一共有一百篇。班固自永平年中期受诏，潜精积思二十年，到建初年才完成。当时的人非常重视他写的书，学者没有不诵读的。

班固自从做郎官后，渐渐得到皇上的亲近。当时京师内正建造宫室，疏通城壕，而关中父老还是在盼望朝廷可以西顾。班固有感于前代司马相如、吾丘寿王、东方朔这些人创作的文章，归结到讽劝，于是给皇上献上《两都赋》。他在文中盛赞洛阳宫室、制度的完美，凭此来驳斥西宾主张淫侈的理论。《两都赋》是这样的：

有西都来的宾客问东都的主人说："我好像听说过大汉最初经营的时候，曾经打算建都洛阳。由于那里不安稳，所以才没有在洛阳建都，为寻求一个合适的地方，于是西迁，建筑成大汉的首都。请问主人听说过其中的缘由并看见建都的制度吗？"东都主人说："我没有听说过也没看见过。请贵客启怀旧的蓄念，发思古的幽情，让我把广博无边的皇道阐述一番，把宏伟的大汉都城描绘一二。"宾客说："好吧，好吧。"

大的西都，位于雍州之地，名叫长安。险要的函谷关、崤山雄踞于它的左侧，大华山、终南山是它的屏障。褒斜谷、陇首山居于它的右侧，连带黄河、泾水和渭水。这里的草木，是九州之中最茂盛的；可以作为防御的险阻，也是天下最深不可测的。所以长安由西向东可以控制四方上下，所以才成了周朝、秦朝、汉朝的京都。周朝是因龙而兴起的，秦朝是用猛虎般的暴力成就的。到了大汉朝受天命而建都在这里，抬头看五星聚于东井的祥瑞，俯合《河图》所显示的神灵，娄敬立议，张良实施，天人合应，激发高祖，于是神驰入关，在长安兴建京城。于是望秦岭，视北阜，傍酆水和霸水，倚靠龙首山，策划了亿万年皇帝的基业，确定宏伟的规模而大兴土木，从高祖开始，终于平帝，世代增建、雕饰让它更加壮丽，经历了十二位皇帝的努力，所以长安显得穷奢极侈。坚固的城墙高达万丈，扩大的水池成了深渊，铺了三条宽阔的道路，建立十二道城门。城内街道四通八达，居民的大门不下千数，九个集市开市，货物整齐地摆放在道边，人们来不及细看，车子不能调头，来往的人们充满城郭，市场旁边邸舍连接着邸舍，尘土高高扬起，烟雾与云霞相连。这时候长安十分富庶，快乐得没有边际，都人士女，以及和五方的其他人有显著的差别；在长安的游士都像公侯们一样，卖货的女子比大国的女子还奢侈。乡曲豪俊游侠英雄，仰慕平原君、孟尝君的气节，名声压过春申君和信陵君，广泛结交朋友，在长安城中奔走不暇。

如果我们到长安的四郊看看，到它相邻的县邑去游览，那就可以南望杜陵和霸陵，北眺长陵、安陵、阳陵、茂陵、平陵等五陵，名都所对的城郭，县邑里住着的人都与京城中的人相关。这里是盛产英雄俊杰的地方，很多当大官的人从这里兴起，出现过过七个丞相五个公，真是冠盖如云！把这些地方让给州郡的豪杰居住，让它成为像洛阳、邯郸、临淄、宛城、成都等五都一样的商业中心，选三等人七次进行迁徙，扩充陵邑，是为强干弱枝，繁荣皇都而俯视万国。在京城附近，沃野千里，超绝了中国，兼有各地出产。在长安南边有蔽天的崇山，幽深的树林深谷，埋藏着海陆各式珍宝，蓝田有美玉，商县以及上洛在山曲之中，鄠县和林县枕着南山山麓，山泉灌溉着庄稼，池塘星罗棋布，到处是一片片竹林果园、芳革甘木，郊区田野的富庶，号称与巴蜀相近。长安北边有高峻的九嵕山，陪伴它的有甘泉山，灵宫耸立在其中。这些都是秦、汉时代最为壮观的景象，受到过王褒和杨雄的颂叹，从那时起就流传至今。在九嵕山与甘泉山下有郑国渠以及白渠所滋养的沃野，是衣食的来源。天子畿内的五万井，疆界像丝织物的花纹般延伸到四方，沟洫和田畦交错如镂。原隰像龙鳞，打开水渠就如同降雨，农夫扛起锸就好似是一片片的云彩，五谷的穗都垂着头，茂盛的桑麻铺满大地。在长安东郊则有交通天下的水路，沟通渭水和黄河，打开黄河又可以与江、淮相连，舟船可以直通到山东，水道可引来淮河、洪泽湖的物产，长安的东面就经由黄河与大海的波涛连通了。长安的西面有皇上的林苑，山麓的林木、畦地、池塘，与巴蜀、汉中地区相连，有围墙将它们围绕起来，共有四百余里，其中有离宫别馆，共有三十六所，神池和灵沼，就在这些离宫别馆之间。在离宫别馆里，有九真郡所进献的麟，有大宛得来的马，黄支所贡上的犀，条支送来的鸟，它们越过昆仑山，渡过大海。各方的奇珍异类都不远千里而来，最远的来自于三万里之外。

长安的宫室建筑，布局如同天地，按照阴阳安排，依据坤灵定正位，模仿太微星座的方正，紫宫星座的圆形。耸立起中天华美的门阙，扩建山上的红色庙堂，用珍贵的材料穷尽奇妙，驾起如应龙、长虹般的曲梁，排列起椽子覆盖的屋顶，用粗大的楝将它们支撑起来。雕刻玉石来柱基，剪裁金玉装饰瓦王当，它们发出五色的光芒，在阳光的照耀下更加光彩夺目。于是在堂屋的左右阶上铺砖，两层地板三层阶，修建小门让各部分相互连通，敞开大门，在中庭悬挂起大钟，在宫殿正门排列起金人，为增加障碍横起门槛，在险峻的路上安置门扉。在宫殿周围建立起了离宫别寝，附设有高台闲馆，光辉灿烂好像星星环绕着紫微宫一样。清凉殿、宣室殿，中温室殿，神仙殿、长年殿、金华殿、大玉堂殿、白虎殿、麒麟殿，范围如此之大，就不一一详说了。盘曲伟峨，上下璀璨，殊形诡制，每座殿宇都不相同，皇上坐着褥子垫着的辇，到这些地方去休息宴饮。后宫居住的地方有掖庭、椒房，后妃居住的地方有合欢、增成、安宁、常宁，迥若、椒风、披香、发越，兰林、蕙草、鸳鸾、飞翔等室。其中以昭阳殿最为繁盛，在孝成帝时最为兴隆，建构材料不外露，墙不显现出形状，都用绣着花的丝织品包裹青丝绶带来缠绕着，随侯所得的珍宝，错落其中；黄金做釭上镶嵌玉璧，像钱一样罗列着；翡翠和明珠，流动着光辉，如悬黎和垂棘那样的宝珠，在夜里也闪耀着光芒。这个宫殿的地用黑漆涂刷、次等的玉石砌成，硬碱采致，琳石与珉石含着柔和的光，珊瑚做的假树，植立殿曲。穿红衣的侍女垂着长袖，有花纹的绶带随风飘舞，精美的装饰闪烁发光，时俯时仰恍若神女一样。后宫的名号，有十四等，悠闲美丽，一个比一个尊贵，处在这个序列中的，大约数百人。在朝廷左右，是百官的朝位，萧何、曹参、魏相、丙吉等丞相，在那里谋划。他们佐助帝命建立大业，辅翼皇上完成教化，大汉的欢乐和平易的政治从这里扩散到全国，亡秦的毒螫在这里遭到涤荡。因此人们扬起和谐的音乐，创作出“划一”的歌曲，功德归于祖宗，恩泽施于黎庶。又有天禄阁、石渠阁，那是收藏典籍的地方，任命谆谆诲人不倦的老人、有名的儒学大师，在这儿讲论《六艺》，探讨各种学说。又有承明和金马门，那是著作的场所，高雅君子和宏达的士人，在这里聚集，原原本本地把他们广博的见闻写出来，阐发过去文章的思想，校理秘府所藏的书籍。周围有紫微星座的外星似的位置，官署夜以继日地守卫着，他们总管着礼官所司的考试大权，集合着天下百郡的孝廉。虎贲、赘衣、阉尹、阍寺，一层又一层执戟之士，都各有职责。宿卫的数千房屋环绕着宫殿，传徼的道路纵横交错。皇上的辇路，长长伸向远方，两旁不时闪现出台阁。它把未央宫和桂宫连接起来，北面通向明光宫以及和长乐宫，登上殿前的台阶越过西城，把建章宫又连接起来，那里设置凤阙的壁门，在殿堂最高处栖息着金雀。建章宫内有着高高的别凤阙，华丽奇巧拔地而起，设立千门万户，依照晨昏阴阳而开合。这里的前殿巍峨，重叠高耸，俯视未央宫，经过骀汤殿而出馺娑殿，穿过枍诣殿和天梁殿，看见的都是飞檐盖顶，阳光将它们的影子投映在殿内。神明台在葱郁的林中耸立，指向蓝天像是还在上升一样，积雨云只是飘浮在它的半高处，彩虹在它的梁栋之间回旋，虽然让人感到飘飘欲仙，但还是由于它太高，心中害怕而不敢上登。攀上井干楼还不到一半的地方，就让人头昏目眩，倘不倚扶楼上的栏杆，就像是从高处落下来又暂时停住一般，神魂飘浮没有归宿，只好顺着上来的路下去。既然害怕登高远望，下来以后就在周围徜徉，踏上弯弯曲曲的甬道，又被深深的林荫吞没，见不到阳光。打开楼阁上的门走出来，就像放眼天外，人好像无依无靠不知所归。前面是唐中后面是太掖池，包容了大海的广阔，仿佛这里滚动着碣石的波涛，激荡着海中神山的云雾，瀛州和方壶山都被云埋雾葬了，只有蓬莱山仍还耸立在中央。在这里，灵草在冬天也长得非常茂盛，神木密密麻麻，高大挺拔，闪烁着金光的石头峥嵘排列。这里挺立着的（武帝所立的）仙人掌承受着甘露，支撑它的是两根闪闪发光的铜柱，它远离尘埃的混浊，搜集着自然的精华。它们尽情地显示文成将军李少翁的荒诞，彰显出五利将军栾大的方法，差不多是与神农时的雨师赤松子和周灵王时期的王子乔同一类型的人，他们时常跟从皇上在这里游览，实在是各位神仙美好的处所，而不是我们这些凡人所休憩的地方。

这里洋溢着娱乐游览的壮观的景象，振奋人心的射御在上苑展开，用这些活动来威慑戎狄，用讲习武事而耀武扬威。命令荆州进贡鸟，下诏梁地的山野捕来野兽，把兽群安顿在苑囿之中，让白鸟在空中翱翔，鸟儿翅膀接着翅膀遮天蔽日，野兽太多连脚也难以安插，都在森林中聚居。水衡和虞人，管理着这里的事务，区分鸟兽的种类，各类人员都属于相应的机构。捕兽的网一个连着一个，笼山罩野；列队的军士密密围一个圈，仿佛星罗云布。于是皇上起驾，率领着群臣，经过飞廉馆，进入上林苑的大门。这样，他们绕过酆、镐，经上兰观，军队一齐展开，百兽惊惧，冲突奔走，好似雷奔电击，踏平了草木，震动着山渊，杀射了十分之二三的野兽，才暂时抑制军队的怒气而稍作休息。这些军士都是期门、佽飞，他们或手持刀枪或挎着弓箭，追赶着奔逃的鸟兽，使惊慌的鸟儿投入罗网，恐惧的野兽遇上锋芒。他们的弩机绝不会虚发，弓弦绝不拉第二次，箭没有只射中一个目标的，必射中一双，鸟儿纷纷坠落，箭尾系的丝绳与箭相互纠缠，羽毛飘飞鸟血如雨，洒满山野，遮住了天空。平原被染红了，勇士的斗志仍然旺盛，猿和狖吓得离开树木，豺狼害怕得只好逃窜。这时候皇上就移师向险要处逼近，踏入榛芜之林，被紧逼的猛虎东奔西突，疯狂的兕跳起来用角乱顶。军士像许少一样施用了巧计，如秦成般有力量使野兽折服，抓住较小的，捉住凶猛的，折断了它们的角，扭断了它们的脖子，空手与它们搏斗，将它们杀掉。于是挟着豹，拖着熊，拉着犀，曳着罴，跨过了沟壑，越过悬崖，跳过巉岩，巨大的岩石粉碎，松柏倒下，丛林毁坏，草木没有了生机，禽兽也被杀尽了。于是天子就登上属玉观，走上了长杨宫的台榭，观览山川的景象，看到三军杀死和生擒的鸟兽，萧索的原野上，极目四望，只能见被射死的飞禽层层叠压，野兽纵横相枕。而后收拾飞禽，会合众人，论功行赏，轻骑列队颁发带毛的肉，酒车来往来供应斟酌，割下鲜美的野味在野外进行烹食，举着火把应命捧杯。赏赐、宴会结束后，劳与逸就能得以均和，于是皇上的大辂车鸣着金铃，从容地回旋在山野，又至豫章观里集会，而对着昆明池（昆明池中亭亭玉立着两个石像），左边是牵牛，右边是织女，池水像天河一样广阔无边，周围茂密的树叶笼罩下清凉的绿荫。芳香的草覆盖着池堤，兰草和迥草透出润泽，茂盛婆娑，如展开的锦缎、铺开的彩绣，倒映在池水之中。黑鹤白鹭，黄鹄、鱼鸡、鹳雀，鸧鸹、鸨、鶂、凫鸥、鸿雁，清晨从黄河入海的地方出发，黄昏就到长江、汉水住宿，沉浮往来，如云集雾散一般。这时，后宫嫔妃坐着卧车，登上龙舟，张开凤盖，树起彩旗，拉上黼纹的帷幕，以清澈池水为镜，沐浴着微风，让淡雅的裙衫随飞飘舞。划船的少女唱起歌，伴奏的音乐跟着响起来，声音高昂激越，在天空回荡，引来鸟群翱翔，鱼儿在水中偷看。举起弓箭，射下两只鹄；伸出以翠羽为饰的鱼杆，钓上一条比目鱼。手抚楼船粗大的支柱，身挎弓箭，两只船在池中急驶，极尽俯仰的快乐。乘风破浪，乱了水中的云彩，信舟观览，向前可越过秦岭，向后可越过九嵕山，向东能靠近黄河、华山，向西能跋涉到岐山、雍县，所经的宫馆，有一百多处，朝夕停留的地方，都提供一样的供给。祭祀天地山神，研究用什么东西才能得到保佑，采集游童欢快的歌谣，评赏从臣的颂歌。在这时，都市与都市相望，城邑连着城邑，国家有十世的雄厚的基础，家庭继承着百年以来的基业，士人依靠先辈的德行名声为食，农夫耕种先人的田地，商人经营祖辈所从事的行业，工人使用着曾祖所用过的工具，时代光辉就是来自于这隐隐约约的继承之中，使社会上的人都能各得其所。

像我这样的人，只不过是从旧墟中观察，听到老人们述说，那时的情况我知道的还不到十分之一，因此不能都描述出来。

东都主人又喟然叹息道："社会风气使人发生变化，太令人痛心了！先生确实是秦人，矜夸馆室，守卫河山之险自以为界，熟知秦昭王、襄王以及始皇帝，哪里看见大汉的兴起呢？大汉之初，是依靠布衣的奋斗登上皇帝之位的，争战数年而开创了万代的基业，大概这种事在《六经》中都没谈到过，前代的圣人都没说过的。那时，汉高祖功劳显赫，天象也有显示，讨伐叛逆顺应民心，因此娄敬从形势考虑向高祖阐明了自己的看法，萧何权衡利弊创造了建都的制度。当时难道是为了奢泰而苟安吗？是不得已而为之啊。先生您看不见这些，反而炫耀后嗣子孙末代所建造的东西，不是太不明白了吗？现在我要告诉您的是光武帝建武年间的情理，明帝永平年间的事，以无为为镜，这样来改变您的不同看法。

先前，王莽逆乱，汉朝的国运中断了，天人共诛，全国相灭。那时的动乱，民众几乎都要死去，鬼神都快泯绝了，山谷里没有完整的灵柩，外城没有存下的房屋，原野饮食人肉，川谷流淌着人血，秦朝和项羽造成的灾害还不及它的一半，有文字记载以来都没有这样的记载。所以下民哭号乞求上天，上帝悯怜百姓而下视四海，于是授命给光武帝。于是光武帝手执上天之命符，讲解祥瑞，披露图纬之文，并考察上帝的文书，赫然发愤，天下响应就像云一样涌动，迅雷滚过昆阳，盛怒震动天地。这样光武帝渡过黄河，占据北岳，即位于高邑，建都于洛阳。他承担了百王以来的大难，靠天地荡污涤垢，从头开始建立制度，按照天意而大肆兴作。东汉继承唐尧的统序，接续西汉的事业，繁衍教育，恢复疆土，勋功是以往时代的总和，做事甚至比三皇五帝更辛勤。难道光武帝仅仅是重新统一了天下，杂糅百王的优点，从事近古以来所从事的事务，而陷入过去一个圣王所遇到的离乱形势之中么？而且建武初年，天地发生变革，四海之内，夫妇重新组合，开始有正常的父子关系，君臣关系初步建立，人伦的观念才重新开始，这就像伏羲氏做皇时所凭借的社会情况一样。光武帝分州土，建立市朝，作舟车，造器械，这就如同轩辕氏建立帝业时所作的贡献一样。光武帝躬行天罚，应天顺人，就像商汤和周武王光大帝王的大业一样。他改城迁都，这是有殷代盘庚为榜样；就天下之中，有周成王兴盛隆平时的制度可以作为遵循。光武帝没有凭借尺土之封，一人之权，和汉高祖一样。克己复礼，始终遵循着这个原则，光武帝和汉文帝一样。光武帝以古代圣王为法则，封泰山并勒石记功，其礼仪发扬武帝时的制度。按《六经》来检查自己的德行，颂扬过去的功德而论评功勋，仁者圣人所做的事已经都做完，帝王应该有的原则就具备了。

到了永平年间，在社会安定、政治清明的基础上，在明堂、辟雍、灵台三处举行了盛大的皇家仪式，制定新的服饰制度，发布诏书，申明美好的前景，为光武帝上尊号为代祖，依照谶文改“大乐”为“大予乐”。人和神的关系变得融洽，君臣的尊卑得到严肃。于是启动了皇帝专用车路，沿着驰道，巡视各地，调查各国的物产，考察汉朝声教的覆盖面，使皇上的光明照亮那些幽暗的地方。而后在周代已有建筑的基础上扩建，修整洛阳，将它变得雄伟壮丽，繁华端庄，让汉朝的京城在中国放射出光辉，从中央总揽四面八方。这样一来，皇城之内的宫室就宽敞明亮，门阙高大、庭院秀丽，奢侈并没有超过限度，节俭也并不过分。城外则将原野修建了苑囿，顺引流泉挖水池，培养浮萍、水藻让鱼深藏，种植茂盛的草类而养育野兽，制度与梁邹那样的天子之田相同，道义与周文王的灵囿一样。如果遇上按时节举行的军事检阅以及狩猎，率领战车步卒讲习武事，就一定按《王制》所规定的办事，用《风》《雅》的诗句作为检查的依据。看过《驺虞》诗，读过《四驖》诗，赞扬了《车攻》诗，采撷了《吉日》诗，礼官进行完所有的仪式后，皇上才乘车出发。这时推动鲸鱼形的杵，撞击黄钟，登上玉车，驾起高大的马，张开凤盖，鸾铃叮当作响，百官跟从，一派威武盛大的景象。山神在野外守护，嘱托四方之神来共同防御，雨师在路上洒水，风伯清扫尘埃，千乘如雷霆般涌起，万骑浩浩荡荡，战车在原野上竞相奔驰，戈矛拨开云层，帽顶上的毛羽扫荡着天空的虹霓，旌旗蔽空。光芒闪烁，五彩斑斓，就像狂风卷裹着火焰，燃遍原野山峦，日月都失去光明，丘陵为之震撼。于是在囿中集结，三军排列整齐，部曲的小方阵组成了校尉的大方阵，整理队伍，将帅们誓师。而后举起烽火击打战鼓，行三驱之礼，轻车就像雷霆一样迅疾，骁骑如闪电般划过，跟养由基一样的神射手射出箭矢，与赵简子的御车范氏一样的人驾着车，开弓就不会射不着禽，驾车没有不符合礼，飞的东西来不及飞起，跑的东西来不及离去。不长的时间，装猎物的车已经填满，欢乐并不过分，杀伤并不绝尽，马尚有余力，士卒的怒气还未完全发泄，先锋队已经踏上归途，跟随的车子已经缓缓起程。于是以三牲祭天地宗庙，用五牲祭天，礼拜天神地神，缅怀诸神，诸侯们在明堂朝见，降临辟雍，传播光明，宣扬皇风，登上灵台，考察美好德行的征验。仰观天，俯察地，参考天子，按照中国的状况而布施惠德，依据四夷的情况加威。涤荡了西面的黄河源头，廓清东面的深海，震动北方的幽山深谷，越过南方红色的界线。各方的不同区域，远在边界之外的，汉武帝所不能征讨的，汉宣帝所不能使之臣服的，不管是陆地和水中的国家没有不感到害怕的，都急忙赶来臣服。于是云南的哀牢安定了，永昌得到开发了，正月初一，各地的王都前来朝见，在汉朝的京城会合。在这一天，天子接受四海的文书，接纳万国贡献的珍品，对内抚慰中国，对外接交诸蛮。就在帷帷中陈列着盛大的乐队、礼器，安置在云龙门的庭院中，文武百官排列整齐后再请诸王侯，举行皇帝的仪式，展示皇上的风采。这时候，庭中堆满千百种东西，一杯又一杯的甜酒，金杯玉盏错综排开，桌上摆着八珍食品，堆放着牛、羊、猪肉。在这里吃完饭后歌唱《诗经》中的《雍》，太师奏乐，金石一类的打击乐一字排开，丝竹之类的弦乐有条理地布置，钟、鼓铿锵，管弦和鸣。宫、商、角、徵、羽五声高昂，极尽黄钟、太蔟、姑洗、蕤宾、夷则、无射六律的精妙，歌颂金、木、水、火、土、谷、正德、利用、厚生九功，跳起了《八佾》舞，尧舜的《韶》、周武王的《武》乐都演奏了，远古的音乐也全都得到展示。四夷的音乐作为间奏，汉朝恩德所施及的地方，北方的《伶》、东方的《佅》、西方的《兜离》等音乐，没有一个不具备的。千万种音乐都已完，一百种仪礼都进行完毕，皇上欣然自得，群臣都陶醉，天降下祥和阴阳二气，调和人的精神，之后撞钟宣告宴会结束，文武百官于是退下。

这时，圣明的皇上看见四面八方的欢娱景象，（他们）长期地沐浴着大汉的恩泽，害怕他们萌动侈侈之心，而荒怠耕作，就重申旧的典章，下达圣明的诏书，命令各主管部门，颁布规定，明确节俭的要求，申明节俭的重要性。皇上去掉了后宫华丽的装饰，减少自己车乘的御者，清除多余的工商业，兴盛农垦这一重要的事业。这样一来就让海内各地的人都弃末而反本，背伪而归真了。女人学习纺织缝纫，男人从事耕耘，用具都使用陶器，衣服穿白、黑二色，以穿纤巧华靡的衣服为耻而不穿，以奇特美丽为低贱而并不看重（这些东西），将金子抛弃到山里，将宝珠扔进深渊。这样，百姓洗心革面，镜子就自然照不出瑕秽，形与神都安定下来，耳朵与眼睛都不寻求新鲜的东西，过分欲望产生的根本原因被消灭了，廉正之心就产生了，没有不悠哉悠哉、自得其乐，面露仁者玉一般地光润，声音都似有德者那样清朗。因此四海之内，郡国、县道的学校多如林，乡村的小学学生盈门，大家相互劝酒，盛置肉的几、盘摆得处处都是，下面跳着舞，上面唱着歌，歌唱舞蹈着德和仁。出席私宴的礼节，完毕后，就相互感叹自然无为的素质，美好言辞宏大的道理，都充满平和流露出满足，歌颂说：‘繁荣昌盛啊这个时代’！

现在议论的人只知诵读虞夏时代的《尚书》，吟咏殷周时代的《诗经》，讲解伏羲、文王的《易经》，论说孔子的《春秋》，极少能通晓古今的善恶，了解大汉朝德行的来由。只有先生您能理解过去的典章，但又徒然在诸子之间驰骋。温故知新已是很难的事，而能够知道德行的人就会更少！而且远远地将西戎作为边界，四面都有险阻，修构四面山关，哪里比得过处在国土中间，平坦洞达，万方如辐辏于轮毂呢？秦岭、九嵕山、泾水和渭水这样的河山，哪能比得上长江、黄河、淮河、济水四渎以及泰山、衡山、华山、恒山、嵩山五岳，把黄河作为带溯洛水而处，是出‘图’与‘书’的水渊呢？建章宫、甘泉宫，设台进御诸仙，哪个能比过灵台、明堂那样统和天人呢？太掖池、昆明池，这些充满鸟兽的苑囿，哪像广阔的陆地面临大海那样的富有道德呢？游侠奢侈，犯义侵礼，哪比得上都遵守法度、恭恭敬敬、互尊自重呢？先生只知道秦朝的阿房宫高入云天，而不知道东京洛阳已有建都的规模；只知道函谷可以立关，却不知为王的人是不分内外的。”

东都主人的话还未说完，西都宾客惊奇地望着东都主人脸色都变了。他徘徊下阶，恐惧得没有生气，拱起手想要说点什么。东都主人说：“请您回到座位上坐吧。现在我将告诉您五篇诗歌。”

西都宾听完这五篇诗作，就称赞说：“这些诗真美啊！它们的含义比杨雄的赋更加合乎道义，比司马相如的赋更符合事实，这不仅得力于东都主人您的好学，大约也是由于遇上了这个时代吧。我太粗陋薄学，不知怎样正确地判断是非，既然听到先生你听说的正确的道义，请允许我终身吟诵这些诗篇。”这些诗篇是：

《明堂诗》：“光辉的时堂，明堂宽敞而明亮；它是神圣祭祀的地方，庄严肃穆灿烂辉煌。上帝在这里享宴，五帝在这里按照方位享受祭祀，谁人来配祭？他就是世祖光武帝。普天之下率土之宾，都各按照自己的身份赶来助祭；美好恭敬熙熙攘攘，求来大福大吉。”

《辟雍诗》：“在辟雍中荡舟，辟雍中的水欢快地跳荡；神圣的皇上莅临这里，用船架起浮桥。白发苍苍的老人，皇上都将他们看成自己的父兄；堂堂皇上的威仪，孝敬友待他们，这种行为真是磊落光明。上古立德的贤圣之人啊，您们的德行在我们汉朝得到贯彻遵行；改造这个世界只能依靠神灵的威力，永远显示这些伟大的成就。”

《灵台诗》：“策划建筑灵台，将它建筑得又大又高。皇上勤劳地按时登临，在这里考察好的征验，日月星辰洒下光明，阴阳五行恰当地运行；清风习习，细雨飘洒。百谷茁壮，庄稼繁茂；连年丰收，皇上真是才智双全！”

《宝鼎诗》：“三山五岳都准备贡献，河川献出了珍宝，吐射出金光，映照着天上的浮云。宝鼎出现在人世间，色彩斑斓陆离，闪耀着光芒，通体雕刻的龙纹。安置在祖庙的宝鼎，享受着神圣的祭祀，发扬光大神灵的威德，亿万年。”

《白雉诗》：“开启《洛书》呵，打开祥瑞的《河图》，获得了白雉啊，献出素鸟。展开了洁白的翅膀呵，翘尾奋飞，体态明洁呵，精淳神清。宣扬皇上的德行呵，跟当年周成王一样，永远保有天下啊，享受上天的庆祝。”

后来遇上了喜好文章的汉章帝，班固就愈加受到宠信，多次到皇宫中为皇上读书，有时候甚至连续几天几夜。每次皇上巡视外地时，他都献上赋、颂。朝廷有重大的事情议论，皇上让他负责诘问公卿，在皇上面前展开辩论，对班固的赏赐恩宠非常厚。班固自认为有两代人的学问才识积累，但官位超不过郎官，所以对东方朔、杨雄对自己的议论颇有感触，悔恨自己没有遇上苏秦、张仪、范雎、蔡泽所处的时代，于是作《宾戏》来自荐。后来升任班固做玄武门的司马官。皇上与诸儒生讲论《五经》，班固作《白虎通德论》，皇上又命令他把当时讨论的情况撰写成文。

当时北单于派使臣前来纳贡，请求与汉朝和亲，皇上诏问商议。议论的人有的认为："匈奴是善于欺骗、狡猾的国家，没有归服汉朝的心意，只是畏惧汉朝的威望罢了，被南匈奴追逼，因此希望汉朝回访（借助汉朝）来安定他们众叛亲离的局面。现在我们如果派使臣前去，恐怕会失掉南匈奴亲附我们的友好，而助成北匈奴（狐假虎威）的奸诈之计，不能与北匈奴和亲。"班固议论说："我想，自汉朝兴起以来，旷世历年，军事上都与夷狄有纠缠，尤其是与匈奴之间的战事最多。安抚、防御的方法、手段都不一样，或者用政治手段同与他们讲和，或者用武力征讨他们，或者卑微地迁就他们，或者他们臣服汉朝。虽然屈伸没有固定的情况，原因因时而异，但是没拒绝与他们的往来而放任他们、不同与他们交接的。所以从光武开始，就重新整顿原有的典制，多次派使者，以至于使者前后相继，直到光武帝后期，才暂时断绝了与他们之间的关系。永平八年，又重新议论与他们通好。当时在朝廷上争论好几天，意见杂然纷陈，多数持与匈奴通好困难的意见，极少说与他们结好容易的一方面。先帝（汉明帝）圣明，高瞻远瞩，于是又派使者，与匈奴的关系恢复到以前那样了。以此推知，没有一代放弃而不发展与匈奴关系的。现在乌桓国来我朝，向翻译官稽首；康居、月氏，自远而来；匈奴已经分崩离析；有名的国王来降服，（西、北、南）三主都前来归服，都是在没使用武力的情况下出现的，这实在是国家与神相通的自然的征验呵。臣愚蠢地认为应依照过去的成例，再次派使者去匈奴，这样从远处说继承五凤、甘露年间接待远方归服之人的精神，从近处讲不抛弃建武、永平年间实行羁縻政策的意义。外族使者来访两次，我们派使者去一次，既可说明中国是以忠、信为主，又可使他们知道圣明的汉朝礼义是有规矩的，岂可叛背、辜负我们的好意呢？不与匈奴往来我不知会有什么好处，与他们通好我没听说什么害处。如果北匈奴稍微强大，能兴风作浪，那时候再寻求与他们通好，哪来得及呢？不如借助现在的情况施予恩惠，从眼前和长远的角度来制定对待他们的策略。"

班固又著《典引篇》，叙述汉朝的德属继承。他认为司马相如的《封禅赋》，文字虽绮丽但体裁没有什么依据，杨雄的《美新赋》，文体虽有依据但事实虚伪，大概是他自己认为达到各方面的最高成就。《典引篇》说：

混沌之气处于原始的状况，阴阳就划分出来了，阴阳之气升腾缭绕，有的下沉变得混浊，有的上浮变得清新。下沉的以及上浮的相互交错，就形成万物。于是才开始任命天子，（木、火、金、土、水）五德才开始运行，一切处于草创暗昧的状态，处在幽玄混沌之中。结绳记事以及有文字记载之前，寂寥而无文诰，是由于《易·系辞》不可能留传下来。那时有氏号，继天开陈于后，没有不以太昊（伏羲氏）为帝王的开端，因此关于遥远的上古的书籍，还可以进行修纂的。黄帝以后，虽通变神化，但因缺乏记载，所以蕴含的光辉没被宣扬开来。

假如从上稽考天的原则，依据稷、契等为尧的羽翼的事实，从《尧典》《皋陶谟》来看，为道德之冠首，踪迹之卓异者，没有比陶唐氏更加高的了。陶唐舍其子丹朱却禅让给虞氏，虞氏也舍其子商均却禅让给夏禹，稷、契在尧、舜之朝广立功劳，于是成就其子孙汤、武的事业。他们重大的影响支持周朝的事业，上天于是归功尧，又以帝位授刘汉。上天使刘汉皇朝继承三王的失败，将它置于《易》上所说的“亢龙有悔”的灾难之中，日月暗淡无光、运行失常，美好的伦理衰落、原有的典章制度缺乏。因此上天先就命令玄圣孔子，让他辍学来为汉家建立法制，发扬信义光大的事业，表彰刘家祖宗，赞扬蹈履哲智之君，一切都显得那么光辉灿烂，真是神明所制定的法则呵。虽皋陶、夔、伊尹、周公等精心地辅佐，比起孔子来都算不上什么了。所以高祖、光武帝这样圣明的皇上，像北斗星一样占据自己的位置，高祖在砀山聚彤云，光武在白水发佳气。（高祖、光武帝）像雄鸡一样还没振翅，天下英雄就已经纷纷而起，海内就已经云蒸霞涌，雷鸣电闪，胡亥自缢、王莽被杀，高祖、光武帝甚至不用亲自动手。而后他们敬顺天地，礼待诸侯，在即帝位之前，都有己德不能实现帝功的谦言，有此渊深穆敬的礼让，却没有号令陈师、敦迫奋武麾旌的态度。原因就在于：汉朝是理所当然的正统，接受尧的归运，蓄积火德的精气，蕴藏着孔子这位辅佐光明正大的期望。

大汉朝像这样的美德，可以说是五帝时代中最光辉的模范，是不用使用诰和誓的。遍观殷、周二代大小的法度，其幽深是可探知的。

他们都是从一小块地方发迹，同样受侯、甸的封号为诸侯，重世勤民，凭借方伯身份统领州牧。他们凭受命得赐赤弓与黄金装饰的斧的威势，讨伐韦、顾、黎、崇等国家不来朝的逆行。华夏经多次变动，周武王迁都到镐、商汤迁都于亳，于是以臣下的身份，调动如同虎、螭般勇猛的军队，革灭天子之都。因此义士对汤、武的作为感到惊异而且认为并不敦厚，周武王的音乐《武》没有尽善，商汤的音乐《护》有愧于德，不是有他们自己的道理吗？但诗歌中对他们有很多美好的赞叹，有华美谐和节奏鲜明的乐曲将他们颂扬，尊祖严父，宗祀配天于明堂之中，发祯祥以流泽子孙，德配天地，千年以来连绵不绝。岂不是彰显出他们是理所当然的神明吗？（殷周二代政化之迹）大略有一定的规矩，周密的言辞著在《诗》《书》之中，文藻光彩朗明而前后一致。

况且显赫神圣的汉朝，建立在唐尧的基础之上，逆流探源，它孕育于虞夏，造就于殷周，而后发出了高祖、世祖的光芒，继之以太宗（文帝）、代宗（武帝）、中宗（宣帝）、显宗（明帝）的光明。神灵如太阳一样照耀，光辉洒满了大地，仁义的风吹到天涯海角，威武精神激励着遥远的边区，凶恶者无远而不灭，微细者不论多少也不养。因此升天之功，非尧不能兴；广泛地宣传《尧典》对后代子孙的训诫，非汉朝不能宏大。它的精神到达了整顿乾坤，稳定着日、月、星的正常运行，大到调度天地，小到深入毫芒的程度。万物生育，顺应了天理，莫不亨通，这种状况由来已久。

至于嘉谷灵草，奇兽神禽，与瑞图相应与史谍相符，大吉大祥的，每个朝夕都出现在郊野，每日每月都出现在这个国家，在这块土地上卓绝出众，盈溢到了最荒凉的地区。以前周朝有白雉、朱鸟、黑黍、黄麦的事情出现，君臣之为动容，左右相随，聚集在一起小心翼翼、诚惶诚恐，表现出端庄、盛美的仪容。大概是用这样的姿态表明敬畏之心，承受神灵所赐予的福运。并以光宠文王武王的德行，将它传给后代子孙，继续发扬他们的美德，岂止为自己而有自专之辞呢？汉朝理所应当地承继这一切，也应时刻不忘他们的期望努力发奋来充实这一原则，打开恭馆中用金绳捆绑着的櫧子，拿出东序珍藏的秘宝，而进行普遍的占卜。

《河图》《洛书》确切、明白，是天的智慧；孔子的书、遗命，是圣人的信任；躬行道德的根本（孝道），是端正人性；逢遇吉祥之代，当封禅时，是天子所受的大命。顺从天命来创立制度，稳定人性以协和神灵，报答天、地、人之神所多次给予福瑞，展开效法唐尧封禅的明文，这件事情重大而且允当，不论醒着还是睡着都萦绕在皇上的心里。瞻前顾后，（一味推让，）难道不是轻视祖宗而难正天命吗？从远古开始考察，迄于今世，封禅的共有七十四人，其中虽然有天下不使其封禅而假为竹素之文者，没有光扬法度而弃其文章而不封禅的人，现在轮到我们为何使其独缺（不封禅）呢！

这时候圣上（章帝）既然已经倾注精神，全面掌握文化，多次访求儒者，倾听故老的意见，与他们讨论斟酌道德的渊源，探索仁义的深刻道理，用这样的行动来追求瑞符所显示的前景的完善。既听从各诸侯的直言，又依据占卜的爻辞广泛地思考。将要延续到万代，弘扬光辉，振奋博大的火德，激发以前的遗风，传播浓烈的芳香，久却愈新，用却不竭，深沉浩荡的上天大法，谁能使它完美无缺地施行呢？只有唐尧啊，只有大汉呵！

班固后来因为母亲的丧事而离职。永元初年，大将军窦宪出征到匈奴，任用班固为中护军，并参与议事。北单于收到汉军出征的消息，派使者叩访居延塞，想像以前呼韩邪一样与汉朝修好，朝见天子时，请求汉朝派使臣。窦宪派班固代行中郎将的权力，率领数百名骑兵与匈奴使者一起出居延塞迎接北匈奴单于。正赶上南匈奴击破了北匈奴的王庭，班固到了私渠海，听到这一匈奴战乱的消息，就带众人回到了塞内。后来窦宪战败了，班固由于连坐最先免去了官职。

班固对他的手下不加管教，他的手下人并不遵守法度，小吏们感到非常恼火。当初，洛阳令种兢在路上行走，班固的家奴惊扰了种兢的车辆马匹，小吏持椎大声向他呼喊。班固的家奴借酒醉叫骂，种兢大怒。只是因为畏惧窦宪而不敢发作，只好怀恨在心。到窦宪的宾客都遭到逮捕审问时，种兢由于旧恨而抓了班固并把他关起来，班固于是死在了监狱之中。他死的时候只有六十一岁。皇上下诏谴责种兢，种兢处罚主其事的小吏而搪塞过去了。

班固所写的《典引》《宾戏》《应讥》、诗、赋、铭、诔、颂、书、文、记、论、议、六言等作品，留下来的著述共有四十篇。

第七册

高山 主编

二十四史

光明日报出版社

目录

后汉书

三国志

后汉书卷四十一上

第五伦列传第三十一

第五伦，字伯鱼，京兆长陵人也。其先齐诸田，诸田徙园陵者多，故以次第为氏。伦少介然有义行，王莽末，盗贼起，宗族闾里争往附之。伦乃依险固筑营壁，有贼，辄奋厉其众，引强持满以拒之，铜马、赤眉之属前后数十辈，皆不能下。伦始以营长诣郡尹鲜于褒，褒见而异之，署为吏。后褒坐事左转高唐令，临去，握伦臂诀曰："恨相知晚。"

伦后为乡啬夫，平徭赋，理怨结，得人欢心。自以为久宦不达，遂将家属客河东，变名姓，自称王伯齐。载盐往来太原、上党、所过辄为粪除而去，陌上号为道士，亲友故人莫知其处。数年，鲜于褒荐之于京兆尹阎兴，兴即召伦为主簿，时长安铸钱多奸巧，乃署伦为督铸钱掾，领长安市。伦平铨衡，正斗斛，市无阿枉，百姓悦服。每读诏书，常叹息曰："此圣主也，一见决矣。"等辈笑之曰："尔说将尚不下，安能动万乘乎？"伦曰："未遇知己，道不同故耳。"

建武二十七年举孝廉，补淮阳国医工长，随王之国。光武召见，甚异之。二十九年，从王朝京师，随官属得会见。帝问以政事，伦因此酬对政道。帝大悦。明日，复特召入，与语至夕。帝戏谓伦曰："闻卿为吏篣妇公，不过从兄饭，宁有之邪？"伦对曰："臣三娶妻皆无父，少遭饥乱，实不敢妄过人食"。帝大笑。伦出，有诏以为扶夷长。未到官，追拜会稽太守。虽为二千石，躬自斩刍养马，妻执炊爨。受俸裁留一月粮，余皆贱贸与民之贫羸者，会稽俗多淫祀，好卜筮，民常以牛祭神，百姓财产以之困匮。其自食牛肉而不以荐祠者，发病且死先为牛鸣，前后郡将莫敢禁。伦到官，移书属县，晓告百姓，其巫祝有依托鬼神诈怖愚民，皆案论之。有妄屠牛者，吏辄行罚。民初颇恐惧，或祝诅妄言，伦案之愈急，后遂断绝，百姓以安。永平五年坐法征，老少攀车叩马，嗁呼相随，日裁行数里，不得前。伦乃伪止亭舍，阴乘船去。众知，复追之，及诣廷尉，吏民上书守阙者千余人。是时显宗方案梁松事，亦多为松讼者。帝患之，诏公车，诸为梁氏及会稽太守上书者勿复受。会帝幸廷尉

录囚徒，得免归田里。身自耕种，不交通人物。

数岁，拜为宕渠令，显拔乡佐玄贺，贺后为九江、沛二郡守，以清洁称，所以化行，终于大司农。伦在职四年，迁蜀郡太守。蜀地肥饶，人吏富实，掾史家资多至千万，皆鲜车怒马，以财货自达。伦悉简其丰赡者遣还之，更选孤贫志行之人以处曹任。于是争赇抑绝，文职修理。所举吏多至九卿、二千石，时以为知人。视事七岁，肃宗初立，擢自远郡，代牟融为司空。帝以明德太后故，尊崇舅氏马廖，兄弟并居职任。廖等倾身交结，冠盖之士争赴趣之。伦以后族过盛，欲令朝廷抑损其权，上疏曰："臣闻忠不隐讳，直不避害。不胜愚狷，昧死处表。书曰：'臣无作威作福，其害于而家，凶于而国。'传曰：'大夫无境外之交，束修之馈。'近代光烈皇后，虽友爱天至，而卒使阴就归国，徙废阴兴宾客；其后梁、窦之家，互有非法，明帝即位，竟多诛之。自是洛中无复权戚，书记请托一皆断绝。又譬诸外戚曰：'苦身待士，不如为国，戴盆望天，事不两施。'臣常刻著五臧，书著诸带。而今之议者，复以马氏为言。窃闻卫尉廖以布三千匹，城门校尉防以钱三百万，私赡三辅衣冠，知与不知，莫不毕给。又闻腊日亦遗其在洛中者钱各五千。越骑校尉光，腊用羊三百头，米四百斛，肉五千斤。臣愚以为不应经义，惶恐不敢不以闻。陛下情欲厚之，亦宜所以安之，臣今言此，诚欲上忠陛下，下全后家，裁蒙省察。"及马防为车骑将军，当出征西羌，伦又上疏曰："臣愚以为贵戚可封侯以富之，不当职事以任之。何者？绳以法则伤恩，私以亲则违宪。伏闻马防今当西征，臣以太后恩仁，陛下至孝，恐卒有纤介，难为意爱。闻防请杜笃为从事中郎，多赐财帛。笃为乡里所废，客居美阳，女弟为马氏妻，恃此交通，在所县令苦其不法，收系论之。今来防所，议者成致疑怪。况乃以为从事，将恐议及朝廷。今宜为选贤能以辅助之，不可复令防自请人，有损事望。苟有所怀，敢不自闻。"并不见省用。

伦虽峭直，然常疾俗吏苛刻，及为三公，值帝长者，屡有善政，乃上书褒称盛美，因以劝成风德，曰："陛下即位，躬天然之德，体晏晏之姿，以宽弘临下。出入四年，前岁诛刺史、二千石贪残者六人，斯皆明圣所鉴，非群下所及。然诏书每下宽和而政急不解，务存节俭而奢侈不止者，咎在俗敝，群下不称故也。光武承王莽之余，颇以严猛为政，后代因之，遂成风化。郡国所举，类多辨职俗吏，殊未有宽博之选以应上求者也。陈留令刘豫，冠军令驷协，并以刻薄之姿，临人宰邑，专念掠杀，务为严苦，吏民愁怨，莫不疾之。而今之议者反以为能，违天心，失经义，诚不可不慎也。非徒应坐豫、协，亦当宜谴举者。务进仁贤以任时政，不过数人，则风俗自化矣。臣尝读书记，知秦以酷急亡国，又目见王莽亦以苛法自灭，故勤勤恳恳，实在于此。又闻诸王主贵戚，骄奢逾制，京师尚然，何以示远？故曰：'其身不正，虽令不从。'以身教者从，以言教者讼；夫阴阳和，岁乃丰；君臣同心，化乃成也。其刺史、太守以下，拜除京师及道出洛阳者，宜皆召见，可因博问四方，兼以观察其人。诸上书言事有不合者，可但报归田里，不宜过加喜怒，以明在宽。臣愚不足采。"及诸马得罪归国，而窦氏始贵，伦复上疏曰："臣得以空虚之质，当辅弼之任；素性驽怯，位尊爵重；拘迫大义，思自策厉，虽遭百死，不敢择地，又况亲遇危言之世载！今承百王之敝，人尚文巧，咸趋邪路，莫能守正。伏见虎贲中郎将窦宪，椒房之亲，典司禁兵，出入省闼，年盛志美，卑谦乐善，此诚其好士交结之方。然诸出入贵戚者，类多瑕衅禁锢之人，尤少守约安贫之节，士大夫无志之徒更相贩卖，云集其门。众煦飘山，聚蚊成雷，盖骄佚所从生也。三辅论议者，至云以贵戚废锢，发复以贵戚浣濯之；犹解酲当以酒也。诐险趣执之徒，诚不可亲近。臣愚愿陛下中宫严敕宪等闭门自守，无妄交通士大夫，防其未萌，虑于无形，令宪永保福禄，君臣交欢，无纤介之隙，此臣之至愿也。"

伦奉公尽节，言事无所依违，诸子或时谏止，辄叱遣之。吏人奏记及便宜者，亦并封上，其无私若此。性质悫，少文采，在位以贞白称，时人方之前朝贡禹。然少蕴藉，不修威仪，亦以此见轻。或问伦曰："公有私乎？"对曰："昔人有与吾千里马者，吾虽不受，每三公有所选举，心不能忘，而亦终不用也。吾兄子常病，一夜十往，退而安寝；吾子有疾，虽不省视而竟夕不眠。若是者，岂可谓无私乎？"连以老病上疏乞身，元和三年，赐策罢，以二千石奉终其身，加赐钱五十万，公宅一区。后数年卒，时年八十余，诏赐秘器、衣衾、钱布。

【译文】

第五伦，字伯鱼，是京兆长陵人。他的祖先是战国时期齐国的田氏。田氏在西汉初迁徙至皇帝陵园的人非常多，因此按迁徙的次序作为姓氏。第五伦少年时耿介而且好义气。王莽末年，盗贼四起，宗族乡亲争着依附第五伦。第五伦于是在险要之处修筑堡垒，贼人来之后，他率众引弓持矛坚守自卫。先后有铜马、赤眉的军兵数十部前来围攻他们，都无法攻克。第五伦最初以营垒首领去见郡长官鲜于褒，鲜于褒见到他后，十分欣赏他的才干，征为自己的属吏。后来鲜于褒因为过失被降职为高唐县令，临行时，握着第五伦的手告别道："只恨与你相知太晚。"

第五伦后来担任乡里啬夫，均平徭役，调解怨愤，非常得乡里人欢心。他因为长久任官不能升迁，于是带家人迁居河东郡，改名变姓，自称为王伯齐。载盐来往于太原、上党之间，所过之处，把粪便打扫干净才离去，路人都称赞他为有道之士。亲友和以前的熟人却不知他在哪里。多年以后，鲜于褒把他举荐给京兆尹阎兴，阎兴当即征召他为主簿。当时长安铸钱的官吏大多耍奸弄巧，阎兴任命第五伦为督铸钱掾，负责管理长安的市场。第五伦统一衡器，纠正斗斛，市场上再也没有弄虚作假，欺骗买主的事情，百姓欢悦叹服。他每次读诏书，经常叹息说："这是圣明的君主，只要见他一面，就可以决大事。"同僚们笑他说："你连州将都没办法说服，怎能说动万乘的君王呢？"第五伦说："是由于没有遇到知己，道不同的缘故。"

建武二十七年，他被举为孝廉，补任淮阳国的医工长，随同淮阳王到了他的封国。光武帝召见他时，深感他与众不同。建武二十九年，随从淮阳王到京城，与其他官属一同被接见。光武帝向他询问政事，第五伦趁此机会对奏为政之道，光武帝十分高兴。第二天，又特地召见他入宫，和他一直谈到天黑。光武帝与第五伦开玩笑说："听说爱卿曾经殴打岳父，不让兄长和你一起吃饭，有这种事吗？"第五伦回答说："臣三次娶妻都没有父亲。少年时曾经受饥荒之苦，实在不敢随便请人吃饭。"光武帝听后大笑。第五伦出京，有诏任命他为扶夷县长，还没到任，又追任为会稽太守。他虽然身为二千石的官员，仍然亲自锄草喂马，妻子下炊做饭。得到的俸禄，也只留下一个月的口粮，其余的土地都低价卖给贫苦百姓。会稽地区风俗，大多滥设祀庙，喜欢占卜。民众经常杀牛祭神，百姓的财产因此困乏，那些自己食用牛肉而祭祀的人，发病将死时，先作出牛鸣。前后几任郡长官都不敢禁止杀牛祭祀的作法。第五伦到任后，给各属县发布文书，晓谕百姓，凡是巫祝有依托鬼神用诈术恐吓愚昧百姓的人，都要捉拿问罪。胡乱杀牛的人，官吏都必给予处罚。民众开始时都非常恐惧，有的巫祝胡言乱语加以诅咒，第五伦却追查得更紧，以后就逐渐绝灭了，百姓得以安定。永平五年，第五伦因为触犯法令被征召，郡中老少百姓攀住他的车子，拉着马，啼哭着跟随，每天只能走几里路，没办法赶路。第五伦于是假装住在亭舍里，却暗中乘船离开了。众人知道后，又前来追赶。及至被送到廷尉时，官民中到京城上书为他求情的有千余人。当时汉明帝正审理梁松的案子，也有很多人为梁松申冤。明帝深为不安，于是下诏给公车司马令，让他不要再接收为梁松和会稽太守申诉的上书。后来碰巧明帝巡查廷尉监狱，审录囚犯，第五伦才得以免罪，放归田里。他亲自下田耕种，不与官宦来往。

几年之后，他又被任命为宕渠县令，举荐乡中的佐吏玄贺为官。玄贺后来先后担任九江、沛郡两郡的郡守，以清正廉洁而著称，所到之处，教化才得以推行，官至大司农。第五伦任职四年，升为蜀郡太守。蜀郡田地肥沃，官民富裕，掾史家中的资财多至上千万，都乘坐漂亮的车子，以高头大马驾车，很多人由于有财产得以担任官职。第五伦把家境丰足的官吏都精简掉遣送回家，改选孤弱贫寒有节操的人担任属吏。从此争相贿赂之风就被禁绝了，官员的职守也得到了整饬。他所举荐的人多官至九卿或者二千石级的官，当时人们都认为他善于识别人才。任蜀郡太守的第七年，汉章帝继位，把第五伦从边远郡调入朝廷，代替牟融任司空。章帝因为明德太后的缘故，尊崇皇舅马廖，让他们兄弟全部居于要职。马廖倾心与达官显贵交往，官员、士大夫争相前往依附。第五伦认为太后家的势力太盛，便想让朝廷压抑削减他们的权力。就上疏说："臣下听说忠言不需要避讳隐瞒，直臣不逃避迫害。臣下不胜狂妄，冒死罪上疏表白意见。《尚书》说：'臣下不应当作威作福，否则将使自家受害，国家也会受损。'《谷梁传》说：'大夫不应在境外与人交往，不应接受一块肉的馈赠。'近代的光烈皇后，虽然十分亲近自己的家人，但却让兄弟阴就回到自己的封国，流徙和赶走阴兴的宾客。此后梁家与窦家，都有人犯法，明帝即位后，多加以诛杀，从此以后洛阳城中不再有手握大权的外戚，通过书信请托的事情也都没有了。她又告谕诸家的外戚说：'辛苦地交结士人，还不如一心报效国家，既然戴上盆子，又要望天，事情无法两全。'臣下将这些话铭记在心，书写在珮带上。而今议论又集中在马家。我听说卫尉马廖把三千匹布，城门校尉马防把三百万钱，私下送给三辅的士大夫，不论是否相识，没有不赠送的。还听说在腊祭之日，又送给洛阳的每个士人五千钱；越骑校尉马光，曾经在腊祭时用羊三百头，米四百斛，油五千斤。臣认为这不符合经义，心中惶恐，不敢不向陛下报告。陛下的本心是厚待他们，但也应当设法保证他们的安全。臣今天说的这些话，实在是要对上忠于陛下，对下保全外戚之家，请陛下您检查裁决。”当马防任车骑将军，准备出兵征讨西羌的时候，第五伦又上疏说：“臣下认为对外戚，可以封侯使他们富贵，不应任命官职，委以重任。为什么？对他们绳之以法，则损伤恩德，因为私人感情恩宠他们又违背国家法令。听说马防现在要西征，臣下认为太后恩德仁厚，陛下您极为孝敬，恐怕稍有过失，难以因为恩宠而不加惩罚。据说马防请杜笃为从事中郎，赐给他许多钱财绢帛。杜笃在乡里为人们所不耻，寄居在美阳，他妹妹是马氏的妻子，凭这种关系与马家来往，他们所在的县令深为他的不守法令所苦，将其收捕论罪。如今到了马防那里，议论的人都有怀疑，觉得奇怪，何况又任命他做从事，我怕将会因此议论朝廷。如今应选拔贤德有能力的人来辅助马防，不应让他自己请人，有损于他的事业与前途。我有这些想法，怎敢不上奏给您。”但他的意见都没有被采纳。

第五伦虽然刚烈耿直，但他也常憎恶庸碌官吏的苛刻。等到升达三公之位，又逢章帝是位忠厚长者，多有许多良好的政治措施，第五伦于是就上疏赞扬美好的盛德，借此来勉励教化和德行。上疏说：“陛下即位后亲自推广天生的德行，来体现温文的风姿，以宽宏大量对待臣民。即位四年时间，先后处死了六名贪婪、残暴的刺史，二千石级的官员。这都是英明圣德的裁断，远非各位臣属所能及。但诏书每次都要求宽和，施政却仍然不见宽松，务必要求节俭，可奢侈之风仍然不能制止的原因，就在于风俗有弊端，群臣不称职。光武皇帝在王莽动乱之后，大多用严厉的法令施政，后代又承袭了光武帝的做法，于是形成了风气。诸郡和封国举荐的人，大多是只知道守职的庸碌官吏，很少有宽厚博爱能够符合圣上要求的人。陈留县令刘豫，冠军县令驷协都是用刻薄的方式来治理百姓；处理政务时，一心想着诛杀，务必会使百姓窘迫困苦；官民忧愁怨恨，没有不痛恨的，可现在议论的人却认为他们能干。这是违背上天的意愿，不符合经典义理的，实在不能不慎重。不应只是将刘豫、驷协治罪，还应谴责举荐他们的人。若是一心进用仁德贤良的人，委任以政务，用不着多少人，风俗就会改变过来。臣下曾经读史书和记载，知道秦朝因为用法严酷急迫而亡国，又亲眼目睹王莽因为法令苛刻而自我毁灭，因此施政勤勤恳恳，就在于防止重蹈他们的覆辙。又听说诸王、公主、贵戚、骄奢僭越了国家的制度，京城中尚且这样，又怎能限制外地人呢？因此说：‘自己不端正，虽命令也没人执行，以身作则进行教育，别人就会愿意服从；用言论教训别人，则容易引起争论。阴阳调和，才会获得丰收；君臣一心，教化就会形成。对刺史、太守以下的官员，任命为京官及在洛阳之外的，陛下都应当召见，可乘机了解四方的情况，还可观察他们本人的品行能力。对各位官员上书提出建议，有不符合法令政策的，可让他们回乡，不应过分地凭借自己的喜怒而处罚，来明示施政宽厚。臣下的愚见，不足以让陛下采纳。”等到马氏诸人因罪而回到封国，窦氏又尊贵了。第五伦又上疏说：“臣下以空虚无能的才智，处于辅佐陛下的职位。平素性情迟钝怯懦，却地位尊贵，爵位非常高。因而遵循经典大义，暗自鞭策砥砺，即使处于百死的地位，也不敢逃避，又何况身处在清谈高论的时代。如今承袭了百王遗留的弊端，人人都崇尚文饰巧言，大多趋于邪路，没人能守正道。我见虎贲中郎将窦宪，属于后妃的亲属，掌领着禁卫军，出入宫廷，正值壮年，志向远大，谦卑而且喜好善事，这实在是他喜欢名士并且与他们交结的原因。但那些出入奔走于外戚门下的人，大多品行不端，曾经受过法令制裁，特别缺少遵守法令，安于贫穷的气节。士大夫中没有志向的人更是互相吹捧引见，云集在贵戚门下。众人一起吹气也会将山吹走，众多蚊子一起叫的声音也如同打雷一样，这也就是骄横佚产生的原因。三辅地区的议论的人甚至说，因为贵戚而被废职禁锢，应再由贵戚来洗清罪过，就犹如用酒来解除醉酒一样。那些阴险谄佞趋炎附势之徒，实在不可亲近。臣认为陛下与皇后应严令窦宪等闭门自守，不得任意交结官吏士人，来防止祸患于尚未萌生之日，思虑灾害尚未发生之时，使窦宪可以永久地保住幸福和俸禄，使君臣都欢喜，没有丝毫隔阂。这是臣下极大的愿望。”

第五伦一心奉公，他尽守节操，上书论说政事从不违心阿附。他的儿子们常劝他不要这样，他都予以训斥；吏员们上奏以及直接上奏的事，他都封好上报，第五伦就是这样公正无私。他天性质朴憨厚，没有文采来雕饰，任职以贞洁清白而著称，当时的人将他比作前代的贡禹。但他对人对事不太宽容，缺少威严仪表，所以受人轻视。有人问第五伦说：“您有私心吗?”回答道：“先前有人送给我一匹千里马，我虽没接受，每次三公选拔举荐官员时，我都无法忘记此事，但却始终没有任用此人。我哥哥的儿子经常生病，我一夜去看望十次，回来后却安然入睡；我儿子生病，虽没去看望，却整夜难眠。这样看来，怎么能说没有私心呢?”他接连以身老体病为由上疏请求辞职。元和三年，皇帝批准他的请求，终身给二千石级官员的俸禄，加赐给钱五十万，一所公宅。此后数年去世，享年八十余岁，诏令赐给安葬的秘器、衣衾和钱布。

后汉书卷四十一下

寒朗列传第三十一

寒朗，字伯奇，鲁国薛人也。生三日，遭天下大乱，弃之荆棘；数日兵解，母往视，犹尚气息，遂收养之。及长，好经学，博通书传，以尚书教授。举孝廉。

永平中，以谒者守侍御史，与三府掾属共考案楚狱颜忠、王平等，辞连及隧乡侯耿建、朗陵侯臧信、护泽侯郑邓鲤、曲成侯刘建。建等辞未尝与忠、平相见。是时显宗怒甚，吏皆惶恐，诸所连及，率一切陷入，无敢以情恕者。朗心伤其冤，试以建等物色独问忠、平，而二人错愕不能对。朗知其诈，乃上言建等无奸，专为忠、平所诬，疑天下无辜类多如此。帝乃召朗入，问曰："建等即如是，忠、平何故引之？"朗对曰："忠、平自知所犯不道，故多有虚引，冀以自明。"帝曰："即如是，四侯无事，何不早奏，狱竟而久系至今邪？"朗对曰："臣虽考之无事，然恐海内别有发其奸者，故未敢时上。"帝怒骂曰："吏持两端，促提下！"左右方引去，朗曰："愿一言而死。小臣不敢欺，欲助国耳。"帝问曰："谁与共为章？"对曰："臣自知当必族灭，不敢多污染人，诚冀陛下一觉悟而已。臣见考囚在事者，咸共言妖恶大故，臣子所宜同疾，今出之不如入之，可无后责。是以考一连十，考十连百。又公卿朝会，陛下问以得失，皆长跪言。旧制大罪祸及九族，陛下大恩，裁止于身，天下幸甚。及其归舍，口虽不言，而仰屋窃叹，莫不知其多冤，无敢牾陛下者。臣今所陈，诚死无悔。"帝意解，诏遣朗出。后二日，车驾自幸洛阳狱录囚徒，理出千余人。后平、忠死狱中，朗乃自系。会赦，免官。复举孝廉。

建初中，肃宗大会群臣，朗前谢恩，诏以朗纳忠先帝，拜为易长。岁余，迁济阳令，以母丧去官，百姓追思之。章和元年，上行东巡狩，过济阳，三老吏人上书陈朗前政治状。帝至梁，召见朗，诏三府为辟首，由是辟司徒府。永元中，再迁清河太守，坐法免。永初三年，太尉张禹荐朗为博士，徵诣公车，会卒，时年八十四。

【译文】

寒朗，字伯奇，鲁国薛县人。他出生三天，遭遇天下大乱，被丢弃到荆棘丛中；几天兵灾之后，母亲前去探视，见他仍有气息，就收养了他。等长大，他喜好经学，博通书传，教授学生们《尚书》。被举为孝廉。

汉明帝永平年间，寒朗以谒者身份代理侍御史，与三府的掾属共同调查楚王刘英一案中的颜忠、王平等人，供词牵连到隧乡侯耿建、郎陵侯臧信、护泽侯邓鲤、曲成侯刘建。耿建等人申诉说自己从来没有见过颜忠、王平。当时汉明帝正赶上在大怒，法吏都非常惶恐，凡是供词中所牵连的，都逮捕入狱，没有敢以人情宽恕的。寒朗心里十分为他们的冤枉难过，试图把耿建等人的外貌特征单独询问颜忠、王平，但二人都吃惊不能答对。寒朗知其中有诈，便上言耿建等人没有奸邪之心，完全是被颜忠、王平诬陷。可能天下有的人大多像他们一样无辜。明帝就召寒朗入见，问道："耿建等人既然没有奸谋，那么颜忠、王平为什么要牵扯他们？"寒郎答道："颜忠、王平自称所犯的罪大逆不道，因此大量捏造牵引，企图以此开脱自己。"明帝说："既然如此，四侯就没罪过了，你为什么不早奏上，一直等到案子审完，长久关押于此呢？"寒朗答道："我虽调查他们没有罪，但担心海内另有别人揭发他们有奸谋，因此我没敢及时上奏。"明帝怒骂道："小吏手持两端，赶快将他拉下去！"左右正要把他拉走，寒朗道："希望让我说一句话再死。小臣我不敢欺君，我是为帮助国家。"明帝问："你与谁一起写的奏章？"寒朗答道："我知道要为此灭族，不敢牵连多人，确实希望陛下觉悟而已。臣见到拷问囚犯的当事的官吏，都说造作妖言是大罪，被臣子嫉恨，对牵连的人放掉不如关起来，以后可没有责任。因此拷问一个牵连十个，拷问十个牵连到百个。另外公卿朝见时，陛下询问朝政得失，都是长跪而言。旧时规定大罪祸连九族，陛下的大恩，只罪及其身，天下幸甚。等到他们回到自己家，口中虽然不说，却暗自仰头长叹，没有不知道此案有许多冤枉的，但不敢与陛下相抵牾。臣今日所述的，就是死也不后悔。"明帝的怒气缓解，诏命寒朗出去。过两天，明帝亲自到洛阳监狱过录囚徒，清理出冤枉者千余人。后来颜忠、王平死于狱中，寒朗就自己关押进狱，正值有赦，被免官。后又被举孝廉。

建初年间，汉章帝大会群臣，寒朗走上前谢恩，章帝因寒朗尽忠于先帝，任命为易县长。过了一年多，被迁升为济阳县令，因母丧去职，百姓很是怀念他。章和元年，章帝巡狩东方，路经济阳，三老、吏民上书陈述寒朗以前治理济阳的情况。章帝到梁国后，召见寒朗，诏命三府首先征辟，因此被司徒府征辟。汉和帝永元年间，再升为清河太守，坐法免官。安帝永初三年，太尉张禹举荐寒朗为博士，征召他乘公车至京，正好此时他去世，时年八十四岁。

后汉书卷四十七

班超列传第三十七

班超字仲升，扶风平陵人，徐令彪之少子也。为人有大志，不修细节。然内孝谨，居家常执勤苦，不耻劳辱。有口辩，而涉猎书传。永平五年，兄固被召诣校书郎，超与母随至洛阳。家贫，常为官佣书以供养。久劳苦，尝辍业投笔叹曰："大丈夫无它志略，犹当效傅介子、张骞立功异域，以取封侯，安能久事笔研间乎？"左右皆笑之，超曰："小子安知壮士志哉"其后行诣相者，曰："祭酒，布衣诸生耳，而当封侯万里之外。"超问其状，相者指曰："生燕颔虎颈，飞而食肉，此万里侯相也。"久之，显宗问固："卿弟安在，"固对"为官写书，受直以养老母。"帝乃除超为兰台令史。后坐事免官。

十六年，奉车都尉窦固出击匈奴，以超为假司马，将兵别击伊吾，战于蒲类海，多斩首虏而还。固以为能，遣与从事郭恂俱使西域。

超到鄯善，鄯善王广奉超礼敬甚备，后忽更疏懈。超谓其官属曰："宁觉广礼意薄乎？此必有北虏使来，狐疑未知所从故也。明者睹未萌，况已著邪。"乃召侍胡诈之曰："匈奴使来数日，今安在乎？"侍胡惶恐，具服其状。超乃闭侍胡，悉会其吏士三十六人，与共饮，酒酣，因激怒之曰："卿曹与我俱在绝域，欲立大功，以求富贵。今虏使到裁数日，而王广礼敬即废；如令鄯善收吾属送匈奴，骸骨长为豺狼食矣。为之奈何？"官属皆曰："今在危亡之地，死生从司马。"超曰："不入虎穴，不得虎子。当今之计，独有因夜以火攻虏，使彼不知我多少，必大震怖，可殄尽也。灭此虏，则鄯善破胆，功成事立矣。"众曰："当与从事议之。"超怒曰："吉凶决于今日。从事文俗吏，闻此必恐而谋泄，死无所名，非壮士也！"众曰："善。"初夜，遂将吏士往奔虏营。会天大风，超令十人持鼓藏虏舍后，约曰："见火然，皆当鸣鼓大呼。"余人悉持兵弩夹门而伏。超乃顺风纵火，前后鼓噪。虏众惊乱，超手格杀三人，吏兵斩其使及从士三十余级，余众百许人悉烧死。明日乃还告郭恂，恂大惊，继而色动。超知其意，举手曰："掾虽不行，班超何心独擅之乎？"恂乃悦。

超于是召鄯善王广，以虏使首示之，一国震怖。超晓告抚慰，遂纳子为质。还奏于窦固，固大喜，具上超攻效，并求更选使使西域。帝壮超节，诏固曰："吏如班超，何故不遣而更选乎？今以超为军司马，令遂前功。"超复受使，固欲益其兵，超曰："愿将本所从三十余人足矣。如有不虞，多益为累。"

是时于窴王广德新攻破莎车，遂雄张南道，而匈奴遣使监护其国，超既西，先至于窴。广德礼意甚疏。且其俗信巫。巫言："神怒何故欲向汉？汉使騧有马，急求取以祠我。"广德乃遣使就超请马。超密知其状，报许之，而令巫自来取马。有顷，巫至，超即斩其首以送广德，因辞让之。广德素闻超在鄯善诛灭虏使，大惶恐，即攻杀匈奴使者而降超。超重赐其王以下，因镇抚焉。

时龟兹王建为匈奴所立，倚恃虏威，据有北道，攻破疏勒，杀其王，而立龟兹人兜题为疏勒王。明年者，超从间道至疏勒。去兜题所居槃橐城九十里，逆遣吏田虑先往降之，敕虑曰："兜题本非疏勒种，国人必不用命，若不即降，便可执之。"虑既到，兜题见虑轻弱，殊无降意。虑因其无备，遂前劫缚兜题。左右出其不意，皆惊惧奔走。虑驰报超，超即赴之，悉召疏勒将吏，说以龟兹无道之状，因立其故王兄子忠为王，国人大悦。忠及官属皆请杀兜题，超不听，欲示以威信，释而遣之。疏勒由是与龟兹结怨。

十八年，帝崩。焉耆以中国大丧，遂攻没都护陈睦。超孤立无援，而龟兹、姑墨数发兵攻疏勒。超守盘橐城，与忠为首尾，士吏单少，拒守岁余。肃宗初即位，以陈睦新没，恐超单危不能自立，下诏征超。超发还，疏勒举国忧恐。其都尉黎槃曰："汉使弃我，我必复为龟兹所灭耳。诚不忍见汉使去。"因以刀自刭。超还至于窴，王侯以下皆号泣曰："依汉使如父母，诚不可去。"互抱超马脚，不得行。超恐于阗终不听其东，又欲遂本志，乃更还疏勒。疏勒两城自超去后，复降龟兹，而与尉头连兵。超捕斩反者，击破尉头，杀六百余人，疏勒复安。

建初三年，超率疏勒、康居、于阗、拘弥兵一万人攻姑墨石城，破之，斩首七百级。超欲因此叵平诸国，乃上疏请兵。曰："臣窃见先帝欲开西城，故北击匈奴，西使外国。鄯善、于阗即时向化。今拘弥、莎车、疏勒、月氏、乌孙、康居复愿归附，欲共并力破灭龟兹，平通汉道。若得龟兹，则西域未服者百分之一耳。臣伏自惟念，卒伍小吏，实愿从谷吉效命绝域，庶几张骞弃身旷野。昔魏绛列国大夫，尚能和辑诸戎，况臣奉大汉之威，而无铅刀一割之用乎？前世议者皆曰取三十六国，号为断匈奴右臂。今西域诸国，自日之所入，莫不向化，大小欣欣，贡奉不绝，唯焉耆、龟兹独未服从。臣前与官属三十六人奉使绝域，备遭艰厄。自孤守疏勒，于今五载，胡夷情数，臣颇识之。问其城郭大小，皆言'倚汉与依天等'。以是效之，则葱岭可通，葱岭通则龟兹可伐。今宜拜龟兹侍子白霸为其国王，以步骑数百送之，与诸国连兵，岁月之间，龟兹可禽。以夷狄攻夷狄，计之善者也。臣见莎车、疏勒田地肥广，草牧饶衍，不比敦煌、鄯善间也。兵可不费中国而粮食自足。且姑墨，温宿二王，特为龟兹所置，既非其种，更相厌苦，其势必有降反。若二国来降，则龟兹自破。愿下臣章，参考行事。诚有万分，死复何恨。臣超区区，特蒙神灵，窃冀未便僵仆，目见西域平定，陛下举万年之觞，荐勋祖庙，布大喜于天下。"书奏，帝知其功可成，议欲给兵。平陵人徐干素与超同志，上疏愿奋身佐超。五年，遂以干为假司马，将驰刑及义从千人就超。

先是莎车以为汉兵不出，遂降于龟兹，而疏勒都尉番辰亦复反叛。会徐干适至，超遂与干击番辰，大破之，斩首千余级，多获生口。超既破番辰，欲进攻龟兹。以乌孙兵强，宜因其力，乃上言："乌孙大国，控弦十万，故武帝妻以公主，至孝宣皇帝，卒得其用。今可遣使招慰，与共合力。"帝纳之。八年，拜超为将兵长史。假鼓吹幢麾。以徐干为军司马，别遣卫候李邑护送乌孙使者，赐大小昆弥以下锦帛。

李邑始到于寘，而值龟兹攻疏勒，恐惧不敢前，因上书陈西域之功不可成，又盛毁超拥爱妻，抱爱子，安乐外国，无内顾心。超闻之叹曰："身非曾参而有三至之谗，恐见疑于当时矣。"遂去其妻。帝知超忠，乃切责邑曰："纵超拥爱妻，抱爱子，思归之士千余人，何能尽与超同心乎？"令邑诣超受节度。诏超："若邑任在外者，便留与从事。"超即遣邑将乌孙侍子还京师。徐干谓超曰："邑前亲毁君，欲败西域，今何不缘诏书留之，更遣它吏送侍子乎？"超曰："是何言之陋也！以邑毁超，故今遣之。内省不疚，何恤人言！快意留之，非忠臣也。"

明年，复遣假司马和恭等四人将兵八百诣超，超因发疏勒、于阗兵击莎车。莎车阴通使疏勒王忠，啖以重利，忠遂反从之。西保乌即城。超乃更立其府丞成大为疏勒王，悉发其不反者以攻忠。积半岁，而康居遣精兵救之，超不能下。是时月氏新与康居婚，相亲，超乃使使多赍锦帛遗月氏王，令晓示康居王，康居王乃罢兵，执忠以归其国，乌即城遂降于超。

后三年，忠说康居王借兵，还居损中，密与龟兹谋，遣使诈降于超。超内知其奸而外伪许之。忠大喜，即从轻骑诣超。超密勒兵待之，为供张设乐。酒行，乃叱吏缚忠斩之，因击破其众，杀七百余人，南道于是遂通。

明年，超发于阗诸国兵二万五千人，复击莎车。而龟兹王遣左将军发温宿、姑墨、尉头合五万人救之。超召将校及于阗王议曰："今兵少不敌，其计莫若各散去。于阗从是而东，长史亦于此西归，可须夜鼓声而发。"阴缓所得生口。龟兹王闻之大喜，自以万骑于西界遮超，温宿王将八千骑于东界徼于阗。超知二虏已出，密召诸部勒兵，鸡鸣驰赴莎车营，胡大惊乱奔走，追斩五千余级，大获其马畜财物。莎车遂降，龟兹等因各退散，自是威震西域。

初，月氏尝助汉击车师有功，是岁贡奉珍宝、符拔、师子，因求汉公主。超拒还其使，由是怨恨。永元二年，月氏遣其副王谢将兵七万攻超。超众少，皆大恐。超譬军士曰："月氏兵虽多，然数千里逾葱岭来，非有运输，何足忧邪？但当收谷坚守，彼饥穷自降，不过数十日决矣。"谢遂前攻超，不下，又钞掠无所得。超度其粮将尽，必从龟兹求救，乃遣兵数百于东界要之。谢果遣骑赍金银珠玉以赂龟兹。超伏兵遮击，尽杀之，持其使首以示谢。谢大惊，即遣使请罪，愿得生归。超纵遣之。月氏由是大震，岁奉贡献。

明年，龟兹、姑墨、温宿皆降，乃以超为都护，徐干为长史。拜白霸为龟兹王，遣司马姚光送之。超与光共胁龟兹废其王尤利多而立白霸，使光将尤利多还诣京师。超居龟兹它乾城，徐干屯疏勒。西域唯焉耆、危须、尉犁以前没都护，怀二心，其余悉定。

六年秋，超遂发龟兹、鄯善等八国兵合七万人，及吏士贾客千四百人讨焉耆。兵到尉犁界，而遣晓说焉耆、尉犁、危须曰："都护来者，欲镇抚三国。即欲改过向善，宜遣大人来迎，当赏赐王侯已下，事毕即还。今赐王綵五百匹。"焉耆王广遣其左将北鞬支奉牛酒迎超。超诘鞬支曰："汝虽匈奴侍子，而今秉国之权。都护自来，王不以时迎，皆汝罪也。"或谓超可便杀之。超曰："非汝所及。此人权重于王，今未入其国而杀之，遂令自疑，设备守险，岂得到其城下哉！"于是赐而遣之。广乃与大

聚豪城

人迎超于尉犁，奉献珍物。

焉耆国有苇桥之险，广乃绝桥，不欲令汉军入国。超更从它道厉度。七月晦，到焉耆，去城二十里，营大泽中。广出不意，大恐，乃欲悉驱其人共入山保。焉耆左候元孟先尝质京师，密遣使以事告超，超即斩之，示不信用。乃期大会诸国王，因扬声当重加赏赐，于是焉耆王广、尉犁王泛及北鞬支等三十人相率诣超。其国相腹久等十七人惧诛，皆亡入海，而危须王亦不至。坐定，超怒诘广曰："危须王何故不到？腹久等所缘逃亡？"遂叱吏士收广、泛等于陈睦故城斩之，传首京师。因纵兵钞掠，斩首五千余级，获生口万五千人，马畜牛羊三十余万头，更立元孟为焉耆王。超留焉耆半岁，慰抚之。于是西域五十余国悉皆纳质内属焉。

明年，下诏曰："往者匈奴独擅西域，寇盗河西，永平之末，城门昼闭。先帝深愍边萌婴罗寇害，乃命将帅击右地，破白山，临蒲类，取车师，城郭诸国震慑响应，遂开西域，署都护。而焉耆王舜，舜子忠独谋悖逆，恃其险隘，复没都护，并及吏士。先帝重元元之命，惮兵役之兴，故使军司马班超安集于阗以西。超遂逾葱岭，迄县度，出入二十二年，莫不宾从。改立其王，而绥其人。不动中国，不烦戎士，得远夷之和，同异俗之心，而致天诛，蠲宿耻，以报将士之仇。《司马法》曰：'赏不逾月，欲人速睹为善之利也。'其封超为定远侯，邑千户。"

超自以久在绝域，年老思土。十二年，上疏曰："臣闻太公封齐，五世葬周，狐死首丘，代马依风。夫周齐同在中土千里之间，况于远处绝域，小臣能无依风首丘之思哉？蛮夷之俗，畏壮侮老。臣超犬马齿歼，常恐年衰，奄忽僵仆，孤魂弃捐。昔苏武留匈奴中尚十九年，今臣幸得奉节带金银护西域，如自以寿终屯部，诚无所恨，然恐后世或名臣为没西域。臣不敢望到酒泉郡，但愿生入玉门关。臣老病衰困，冒死瞽言，谨遣子勇随献物入塞。及臣生在，令勇目见中土。"而超妹同郡曹寿妻昭亦上书请超曰：

妾同产兄西域都护定远侯超，幸得以微功特蒙重赏，爵列通侯，位二千石。天恩殊绝，诚非小臣所当被蒙。超之始出，志捐躯命，冀立微功，以自陈效。会陈睦之变，道路隔绝，超以一身转侧绝域，晓譬诸国，因其兵众，每有攻战，辄为先登，身被金夷，不避死亡。赖蒙陛下神灵，且得延命沙漠，至今积三十年。骨肉生离，不复相识。所与相随时人士众，皆已物故。超年最长，今且七十。衰老被病，头发无黑，两手不仁，耳目不聪明，扶杖乃能行。虽欲竭尽其力，以报塞天恩，迫于岁暮，犬马齿索。蛮夷之性，悖逆侮老，而超旦暮入地，久不见代，恐开奸宄之源，生逆乱之心。而卿大夫咸怀一切，莫肯远虑。如有卒暴，超之气力不能从心，便为上损国家累世之功，下弃忠臣竭力之用，诚可痛也。故超万里归诚，自陈苦急，延颈逾望，三年于今，未蒙省录。

妾窃闻古者十五受兵，六十还之，亦有休息不任职也。缘陛下以至孝理天下，得万国之欢心，不遗小国之臣，况超得备侯伯之位，故敢触死为超求哀，丐超余年。一得生还，复见阙庭，使国永无劳远之虑，西域无仓卒之忧，超得长蒙文王葬骨之恩，子方哀老之惠。《诗》云：'民亦劳止，汔可小康，惠此中国，以绥四方。'超有书与妾生诀，恐不复相见。妾诚伤超以壮年竭忠孝于沙漠，疲老则便捐死于旷野，诚可哀怜。如不蒙救护，超后有一旦之变，冀幸超家得蒙赵母、卫姬先请之贷。妾愚戆不知大义，触犯忌讳。书奏，帝感其言，乃征超还。

超在西域三十一岁，十四年八月至洛阳，拜为射声校尉。超素有胸胁疾，既至，病遂加。帝遣中黄门问疾，赐医药。其年九月卒，年七十一。朝廷愍惜焉，使者吊祭，赠赗甚厚。子雄嗣。

初，超被征，以戊己校尉任尚为都护。与超交代。尚谓超曰："君侯在外国三十余年，而小人猥承君后，任重虑浅，宜有以诲之。"超曰："年老失智，任君数当大位，岂班超所能及哉！必不得已，愿进愚言。塞外吏士，本非孝子顺孙，皆以罪过徙补边屯。而蛮夷怀鸟兽之心，难养易败。今君性严急。水清无大鱼，察政不得下和。宜荡佚简易，宽小过，总大纲而已。"超去后，尚私谓所亲："我以班君当有奇策，今所言平平耳。"尚至数年，而西域反乱，以罪被征，如超所戒。

【译文】

班超，字仲升，是扶风郡平陵县人，徐县县令班彪的小儿子。为人素有大志，不拘小节。但内心却很孝顺恭谨，在家常干重活，勤劳不怕吃苦，不以劳累为耻辱。十分有口才，博览群书。永平五年，班超的哥哥班固被召任为校书郎，班超与母亲随哥哥来到洛阳。家里清贫，班超经常替官府抄写文书来养家糊口。抄写很久了，枯燥乏味，苦不堪言，曾经中止抄写放下笔叹息着说："大丈夫没别的志向，应效法傅介子、张骞，在异域立功，来取得封侯，哪能长久地在笔砚间讨生活呢！"周围的人都对他发出哧哧的笑声。班超说："你们这些庸庸碌碌的人，哪能理解壮士的志向！"后来到看相的人那里去，看相的说："尊驾，你是个穿布衣的儒生，但当会封侯于万里之外。"班超询问其中的缘故，看相的说："你长着燕子一样的下巴和老虎一样的脖颈，象征要飞而食肉，这是万里封侯的长相。"过了很久，显宗问班固："你的弟弟在哪？"班固回答："替官府抄写文书，得些钱来奉养老母。"显宗就任命班超担任兰台令史，后来因事被免官职。

永平十六年，奉车都尉窦固出击匈奴，任用班超为代理司马，率军另取道进攻伊吾，在蒲类海交战，斩获很多敌军首级而回。窦固认为他有才能，派他与从事郭恂一起出使西域。班超来到鄯善，鄯善王广招待班超在礼仪上十分周到，后来忽然间变得疏远而懈怠。

班超告诉他的下属官员说："你们是否觉得王广的礼仪已变得淡薄了？这定是有北方匈奴的使者来到，鄯善王对依附哪一方多疑不决的缘故。聪明的人能察觉到将要发生的事情，何况现在的事情已经非常明了呢？"于是，班超将侍候他们的鄯善人找来，诈他说："匈奴使者已经来几天了？他们住在哪里？"侍者张皇失措，实话实说。班超将侍者关了起来。而后召集三十六名部下到一起，与他们一起喝酒，喝到酣畅耳热时，乘机激怒部下说："你们同我都处在偏僻遥远的西域，打算建大功，以便取得富贵。现如今匈奴使者才来几天，鄯善王广就对我们如此地无礼，如果让鄯善人将我们绑起来送往匈奴，那我们的躯体就要作为豺狼的食物了。对此怎么办呢？"部下都说："我们现在处于危险的境地，生死关头，我们全听命于司马。"班超说："不进老虎洞，怎么能捉到小老虎！依据现在的形势，只有趁黑夜用火攻击匈奴使者，让他们不知道我们人数多少，必然会异常震惊，可以都被消灭。消灭这批匈奴使者，那么鄯善就被吓破了胆，我们可以功成名就了。"大家说："此事应该与从事商量商量。"班超怒气冲天地说："成败决定在今天，从事是个普通的文官，他听到这个计划，必然恐惧，而使计谋泄露，我们将一无所成地死去。这绝不是壮士所干的！"众人一致说："好。"天刚刚黑，班超就带部下奔往匈奴的营地。恰巧碰上天刮起大风，班超命令十个人手里拿着战鼓藏在匈奴使者所住房屋的后面，约定说："看见火起，就要立刻猛力击鼓，大喊大叫。"其余的人都手拿兵器弩箭从两面封锁着大门埋伏。班超就顺着风势点起火来，前后埋伏的人都击鼓呐喊。匈奴人受惊乱窜，班超亲手格杀三个人，部下斩下了匈奴使者及其随从士兵三十多人，其余的一百多人都被烧死。第二天，班超才回来告诉郭恂，郭恂大惊，接着脸色有所变化。班超明白他的意思，举手说："你虽没有参加这次行动，但班超哪有心独占这份功劳呢？"郭恂这才变得高兴起来。班超于是召见鄯善王广，拿出匈奴使者的首级给他看，鄯善王为之震惊害怕。班超开导安抚鄯善王，鄯善王于是将自己的儿子送往汉朝，作为质子。班超回去后，把这一胜利向窦固作了汇报。窦固非常高兴，详细上报班超的功劳，并请求重新选拔使者出使西域。明帝赏识班超的气节，下诏书给窦固说："有像班超那样的官吏，为什么不派他去而另选呢？现在提升班超担任军司马，命令他继续完成以前的功业。"班超第二次受命出使。窦固打算给他增派士兵，班超说："我愿率领原来跟从我的三十多人就够了，如果出现什么意外，人多了反而是累赘。"

这时于阗王广德刚攻破莎车国，于是称雄在天山南路，而匈奴派使者监护他的国家。班超已出发西进，首先到达了于阗。广德接见的礼仪十分不周到。该国的风俗迷信神巫。神巫说："天神发怒了，问你为什么要归服汉朝？汉朝使者有一匹浅黑色的马，赶快把马牵来杀死祭我。"于阗王就派人去向班超讨马。班超暗中知道了这个消息，回答允许让马，不过要神巫自己来牵马。过了一会儿，神巫来了。班超立刻斩下他的首级送给广德，并指责他。广德以前听说班超在鄯善时消灭了匈奴使者的事情，十分恐慌，马上击杀匈奴使者，投降班超。班超重赏于阗王以及文臣武将，并乘机安抚他们。

当时龟兹王建是匈奴扶持起来的，他依靠匈奴的力量，占据天山北路，并派兵攻破了疏勒，杀了他们的国王，而立龟兹人兜题为疏勒王。第二年春天，班超率部下从小路来到疏勒。在离兜题居住的槃橐城有九十里的地方，派一个名叫田虑的小官去招降兜提，班超指示田虑道："兜题本不是疏勒人，该国的人一定不会服从他的命令，他如果不立刻投降，你就把他抓起来。"田虑只身一人来到槃橐兜题的王宫，兜题看到田虑位轻势弱，没有丝毫要投降的意思。田虑趁其不备，向前劫持并捆绑了他。兜题身旁的人因为事出意外，被田虑的突然行动吓得四散逃跑，田虑把兜题挟在腋下，纵身上马，飞一般赶去见班超。班超等人立刻扬鞭策马，奔向槃橐城。到那里，班超将疏勒的文武官员召集起来，向他们宣布龟兹攻灭疏勒的霸道的行径和兜题的种种暴行，乘机立被龟兹杀死的疏勒国王的侄子名叫忠的人来做国王，老百姓十分高兴。疏勒新国王忠和他的官员们一致请求班超，要求把兜题杀掉，班超不同意，打算从此树立威信，放走兜题。疏勒从此同龟兹结了怨。

永平十八年，明帝去世。焉耆因为中国有国丧，于是攻杀西域都护陈睦。班超孤立无援，而龟兹、姑墨也几次发兵进攻疏勒。班超固守槃橐城，与忠互为首尾。尽管他们兵力单薄，仍坚守了一年多。肃宗刚刚登极，因为西域都护陈睦刚战死，担心班超人单势危不能自保，下诏命班超撤回汉朝。班超于是撤回汉朝，疏勒举国忧虑恐惧。国中有一个叫黎的都尉说："汉朝使者一旦抛弃了我们，我们疏勒国会再一次被龟兹灭亡。实在不忍看见汉朝的使者离去。"说罢，就用刀自杀了。班超回到于阗，于阗王侯以下都呼号悲泣，说："我们依靠汉朝的使者如同孩子依靠父母一样，实在不能离我们而去。"互相抱着班超坐骑的脚，使班超无法前行。班超担心于阗国最终不会让他东进，又打算继续完成自己的志向，于是又回到疏勒。疏勒有两座城在班超离开后，又投降了龟兹，并和尉头国联合。班超逮捕斩杀反叛者，打败尉头国，杀了六百多人，疏勒再度安定下来。

建初三年，班超统率疏勒、康居、于阗、拘弥等国家的军队一万多人攻打姑墨国的石城，攻破了它，斩首了七百级。班超打算乘机平定各国，就上疏请求增加军队，说："臣看见先帝打算开通西域，因此北面进击匈奴，西面出使各国，鄯善、于阗立刻归附。而今拘弥、莎车、疏勒、月氏、乌孙、康居又愿意归附，打算共同合力消灭龟兹，打开通往汉朝的道路。如果得到龟兹，那么西域不顺从的只有百分之一了。臣伏地自思，我虽然出身于军队小官，实愿踏着谷吉的足迹，捐躯在偏僻遥远的边地，也许可以像张骞那样弃身于在空旷的原野。从前魏绛不过是诸侯国的一个大夫，尚能够与戎人和好，何况臣凭大汉的声威，却连铅刀一割的用处都没有吗？前朝评议的人说夺取西域三十六国，称为断了匈奴右臂。现在西域各国，从日落之处起，没有一个不归化的，大小国家喜悦，不断献物给朝廷，只有焉耆、龟兹还没有归服顺从。臣从前和部下三十六人出使偏僻遥远的西域，备遭艰难困苦。自从孤军坚守疏勒，至今已经有一年，胡夷的心理，臣能领会。问西域大小城郭的诸国，都说'依靠汉朝与依靠上天相同'。由此可以证验，那么葱岭之道可以被打通；葱岭之道打通后，那么龟兹不就可以讨伐了吗？现在应任命龟兹侍子白霸为该国国王，派步、骑兵几百人送他前往，与各国军队联合，年月之间，龟兹就可以擒服。用夷狄进攻夷狄，是上等计策。臣见莎车、疏勒的土地肥沃宽广，牧草十分丰盛，不比敦煌、鄯善之间的差，出征的士兵可不费中国的粮草而自给自足。况且姑墨、温宿二国地国王，是被龟兹所扶立，既不是这两国的人，更被这两国人民所厌恶，势必会有反叛、归降的事发生。如果二国的人前来投降，那么龟兹不攻自破。希望下发臣的奏章，让大臣来参考定计。实在有万分之一的可取之处，即使死又有什么怨恨的呢。臣班超渺小，特蒙神灵保佑，暗中希望不要让我现在就死去，让我能够亲眼看见西域的平定，陛下您举起祝贺的酒杯，告大功于祖庙，宣布大喜于天下。”此书奏上，章帝知道这事可以成功，打算派给部队。平陵人徐干一向与班超志同道合，上书愿意奋不顾身辅佐班超。建初五年，任用徐干为代理司马，率领驰刑徒和义从一千人去增援班超。

此前莎车认为汉军不会出塞，于是投降龟兹，而疏勒国都尉番辰也随着叛变。恰巧碰上徐干刚到，班超就与徐干进击番辰，大败番辰，斩首一千多级，捕获很多的俘虏。班超已击败番辰，打算进攻龟兹。认为乌孙兵力强大，应借助它的力量，就上书说：“乌孙是个大国，有十万士兵，因此武帝把公主嫁给乌孙王为妻，到孝宣皇帝时，终于得到乌孙的帮助。现在可以派使者去招抚他们，与他们齐心合力对付龟兹。”章帝接受了这个建议，建初八年，任命班超为将兵长史，给予他大将军的乐队、旗帜和仪仗。任用徐干为军司马，另外派卫侯李邑护送乌孙使者，赏赐大小昆弥以下的官员锦帛。

李邑刚到于阗，正当龟兹进攻疏勒，李邑十分害怕，不敢前行，因此上书陈述西域的事不会成功，又大肆地毁谤班超拥抱爱妻、爱子，在外国过着安乐的生活，没有内顾中国之心。班超听后，叹息说：“我不是曾参却遭到了接二连三谗言的攻击，恐怕要受当朝的怀疑了。”于是休退他的妻子。章帝知道班超十分忠诚，于是痛切责备李邑说：“即使班超拥爱妻、抱爱子，有一千多想回国的士兵，为什么都能与班超一条心呢？”命令李邑去班超那里接受部署和节制调度，下诏给班超：“如果李邑在你那儿有可以委派的任务，就可以留下来任职。”班超马上派李邑带乌孙侍子回京师。徐干对班超说：“李邑以前曾亲自诋毁您，打算破坏夺取西域的大计，现在为何不遵照诏书留下他，换派其他的官吏送侍子呢？”班超说：“为什么话说得这样粗陋？因为李邑毁谤我班超，因此今天派他回去。自己问心无愧，何必担忧别人说什么！图一时痛快而留下他，不是忠臣。”

第二年，又派代理司马和恭等四人率兵八百前往班超那里，班超乘机调发疏勒、于阗的军队进攻莎车。莎车暗地里派使者到疏勒王忠那里，以重利引诱他，忠于是就反叛顺从莎车，向西守卫乌即城。班超就另立疏勒国的府丞成大充做疏勒王，调发没有反叛的人去进攻忠，双方对峙达半年之久，而康居派精兵援救忠，班超无法取胜。当时大月氏新同康居结亲，互相友善，班超就派使者多带锦帛赠送给大月氏王，让他去说服康居王，康居王于是就罢兵，把疏勒王忠带回到他的国家，乌即城就向班超投降了。

过了三年，疏勒王忠说动康居王借军队，回来占据损中城，秘密地与龟兹策划，派使者向班超伪降。班超内心里知道他的奸计却外表装作答应他的样子。忠大为喜悦，立刻率领轻装骑兵前来见班超。班超秘密地安排伏兵来等待忠。为他摆宴奏乐，喝一会儿酒后，便大声呵斥部下把忠绑起来杀掉。乘机袭击打败他的队伍，杀死七百多人，天山南路于是畅通无阻了。

次年，班超调集于阗等国的二万五千军人，再次进攻莎车。而龟兹王派左将军调发温宿、姑墨、尉头等国共计五万人援救莎车。班超召集将校由于于阗王商议说："现在兵少难以匹敌，对付他们的计策不如各自散去。于阗的部队从这儿向东，长史也从这儿西归，等到夜里以鼓为号，听到鼓声，就各自出发。"消息传开后，班超暗中嘱咐看守俘虏的士兵放松戒备，让被俘的龟兹士兵逃走报告消息。龟兹王听后大喜，自己带领一万名骑兵在西部边界截击班超，让温宿王率八千骑兵在东部边界伏击于阗的部队。班超得知二支敌军已出发，秘密召集各部整装，鸡叫的时候奔赴莎车营地，胡人大惊，慌乱奔跑，追击斩首了五千余级，大量缴获马匹、牲畜、钱财以及物资。莎车于是就投降，龟兹等国的军队因此各自退走四散，从此班超威震西域。

当初，大月氏曾经帮助汉朝进击车师有功，这一年他们进贡奉献珍宝、符拔和狮子，因而求娶汉朝公主作妻子，班超拒绝大月氏王的请求，让大月氏使者回去，因此引起大月氏王的怨恨。永元二年，大月氏派他的副王谢率领部队七万人攻打班超。班超士兵较少，都十分害怕。班超开导士兵说："月氏兵虽然多，但跋涉几千里翻越葱岭而来，没有丝毫给养补充，有什么担忧的呢？但要坚壁清野，坚守不战，他们饿极了自然会来投降，不过几十天就可决定胜负。"谢于是前来攻打班超，久攻不下，便放纵士兵四处抢掠，但一无所获。班超估计他们的粮食要用光了，必定会向龟兹求救，于是派几百名士兵在东部的边界截击他们。谢果然派骑兵携带金银珠宝美玉等赠送龟兹。班超的伏兵拦击，将他们全杀死，手里拿着他们使者的首级给谢看。谢大为惊恐。马上派使者前来请罪，希望让他们活着回去。班超放回他们。大月氏大受震动，年年岁岁，向汉朝贡献方物。

第二年，龟兹、姑墨、温宿都前来投降，于是任用班超充当西域都护府的都护，徐干充当长史。任命白霸充当龟兹王，派司马姚光护送他。班超与姚光共同胁迫龟兹废掉国王尤利多而拥立白霸，让光带尤利多回到京师。班超居住在龟兹它乾城，徐干屯守疏勒。西域只有焉耆、危须、尉犁，因为从前曾经杀死过都护，怀有二心，其余的国家都平定。

永元六年，班超于是就调集龟兹、鄯善等八国兵共计七万人，以及部下和商人一千四百人讨伐焉耆。部队到达尉犁国界，便派使者晓谕焉耆、尉犁、危须说："我们都护之所以前来，是打算安抚三国，如果想改过从善，应该派高级官员来迎接都护。我们都护自会赏赐王侯以下。事情办完就会回师。现在赏赐国王五色丝绸五百匹。"焉耆王广派他的左将北犍支牵着牛抬着酒前来迎接班超。班超质问北犍支说："你虽是匈奴侍子，而今却掌握国家的权力，都护亲自前来，国王却不及时出迎，都是你的过错。"有人向班超建议，要乘机杀掉北犍支。班超说："那不是你所能考虑得到的，这人的权力比国王还大，现在我们还没进入焉耆，就先将他杀了，那会使他们增疑，一定会严加防备，扼守险要，我们难道能顺利到达他们的城下吗？"于是赏赐北犍支很多礼物，送他回去。广就与高级官员在尉犁迎接班超，并献上了珍奇的礼物。

焉耆国内有一座"苇桥"，是进入焉耆的通道，广于是封锁该桥，不想让汉军进入焉耆国。班超改从其他的道路越境。七月最后一天，到达焉耆，距离城二十里，安营在大泽之中。广因出乎意外，大惊失色，于是想要丢弃王城，驱赶百姓作为掩护，退居到山中的城堡里去。焉耆左侯元孟从前曾经在京师时作质子，秘密派使者把这件事告诉班超，班超马上把他斩杀，表示不信。于是约定某一天班超要与各国国王见面，还宣扬将重加赏赐，于是焉耆王广、尉犁王汎和北犍支等三十个人相跟着来见班超。焉耆国相腹久等十七人因害怕被杀，都逃亡人海里，而危须王也没赴会。坐下来后，班超怒气冲冲质问焉耆王广："危须王为什么没来？腹久等人为什么逃走？"于是喝令部下将广和汎等人当场捉拿，押到陈睦以前驻守的城址外杀掉，送首级回到京师。因而放纵士兵抄掠，斩首了五千余级，抓获俘虏一万五千人、马牛羊三十多万头，改立元孟为焉耆王。班超在焉耆留住半年，安抚他们。

第二年，皇帝下诏令说：“以往匈奴独占西域，抢掠河西地区，永平末年，城门白天也必须关闭。先帝深深地同情边民遭受敌寇杀害，就令将帅出击西部，攻破雪山，兵临蒲类，取得了车师，城郭各国因受到震慑，纷纷归附，于是开通了西域，设置了都护，而焉耆王舜、舜的儿子忠独自策划反叛，倚仗着该国有险要的关隘，杀害了西域都护，并加害到都护的部下。先帝很重视平民的生命，害怕再兴兵役，因此派军司马班超安抚于阗以西的城郭各国。班超于是就越过葱岭，抵达悬度，出入二十二年，城郭各国，没有一国不宾服的。改立各国国王，安定各国的人民，不动摇中国，不烦调发士兵，使远方夷人地区，呈现出一派和平兴旺的景象，统一不同风俗人们的心态，而行上天的诛伐，消除以前的耻辱，来报阵亡将士的仇恨。《司马法》说：‘奖赏不能够拖过一个月，想让人们能迅速看到做善事的好处。’封班超充当定远侯，享有一千户人家的赋税。”

班超感到在偏僻遥远的西域住得太久了，年老思念故土。永元十二年，他上书说：“臣听说太公封了在齐国，五代死后都埋葬在了周地，狐狸将死，头必然向狐穴所在山丘，代郡的马不忘故乡因而依恋北风。周、齐两地同在中原，只有千里之远，何况我处在遥远荒凉的边地，小臣怎能无依恋北风，头向故土的思念呢？蛮夷的风俗，畏惧壮年的人，欺侮老年的人。臣班超如同狗马变老，牙齿不全，时常害怕自己风烛残年，经不起风霜，一旦倒下，孤魂弃在他乡。昔日苏武被困留匈奴之中有十九年，而今臣有幸能奉节带印，监管领护西域，如果是以享年终老在驻守地，实在无所遗恨，但恐怕后世人有功业已成而身死异域之讥。臣不敢奢望能回到酒泉郡，但愿活着进入到玉门关。臣衰老多病，冒死妄言，谨派我的儿子班勇带进贡礼物进入塞内。趁臣还活着时，让班勇亲眼见到中原的故土。”而班超的妹妹、同郡人曹寿妻子班昭也上书为班超请求说：

妾同胞的哥哥西域都护定远侯班超，有幸能够凭小功特别蒙受重赏，爵位列在通侯，官秩等级有两千石。天恩特出，确不是小臣应该蒙受的。班超开始出使西域时，志在为国献身，希望能建立小功，以身报效。恰巧碰上陈睦败死这样的事变，道路被阻隔断绝，班超以一身辗转在偏僻遥远的地区，开导各国，利用他们的部队，每次战斗，总冲杀在前，身受金属武器的伤害，也不怕死亡。承蒙陛下的神异威灵，才能在沙漠之地延长寿命，至今累计已长达三十年。至亲生离，不再相识。原本跟随他的部下不少，都已去世。班超年龄最大，今年已经七十岁了。衰老多病，头发全白，双手都不听使唤。视觉、听觉不灵敏，扶着手杖才能够行走。虽想竭尽全力，用来报答帝王的恩赐。但苦于年迈，如狗马牙齿落尽。蛮夷习性，狂悖忤逆，欺侮老人。而班超在朝夕间可能去世，长久地不见有人接替，恐怕会造成为非作歹的人的出现和叛逆作乱之心的滋生。而卿大夫都心怀侥幸，没有人愿意作长远的考虑。如果出现突发暴乱，班超已经力不从心。那么对上会亏损国家多世建立的功业，对下会抛弃忠臣竭尽全力取得的成果。实在很值得痛惜，因此班超万里上书自述心中的甘苦与焦虑，伸着脖颈眺望，至今已经有三年，未见审察评议。

妾私下听说古时候的人十五岁服兵役，六十岁复员，也有休息不再任职的。因为陛下用至孝治天下，因此得到万国的欢心，不遗弃小国的臣属，何况班超已经得到侯伯的爵位，因此敢冒死替班超请求怜悯，乞求班超得享余年。一旦能活着回来，重见宫阙，使国家没有远征的顾虑，西域也无叛乱的忧患，班超能长久蒙受魏文侯葬骨般的恩宠、田子方哀怜老马般的仁惠。《诗经》说：“百姓也真劳苦啦！该让他们躺一躺。爱护京城这些人，因而安抚四方。”班超有书信同妾话着诀别，恐怕不能再次相见。妾确实伤心班超在壮年时竭忠尽孝于沙漠之地，疲惫衰老时捐躯于空旷的原野之上，实在让人哀痛怜悯。如果得不到救护，班超有一天遭遇变故，希望班超一家人有幸能得到赵括之母和卫姬那种不受到连坐的优待。妾愚直不懂大义，冒犯禁讳。汉和帝看了班昭的书奏后，被她的话感动，于是调班超回汉。

班超在西域三十一年。永元十四年八月到达洛阳，被任命为射声校尉。班超平素患有胸痛病，回来后，病情加重。和帝派中黄门探问病情，赐给他医药。这年九月病死，享年七十一岁。朝廷十分怜惜他，派使者前来吊祭、所赠葬具十分优厚。子班雄继承爵位。

当初，班超被调回，任用戊己校尉任尚做都护。与班超办理交接的事宜，任尚对班超说：“君侯在外国已经三十余年，小人卑下却继任君侯的职位，责任重大但是计谋思虑肤浅，应该对我有所教诲。”班超说：“我已经年老昏聩，任君多次担当重要的职务，难道是班超所能企望赶上的吗？实在不得已，愿进献愚钝的建议。塞外的吏士，本来不是孝子贤孙，都是因为罪过发配到边地军营中屯田的。而蛮夷因怀有鸟兽之心，难抚养而且易滋事。现在你性情严急，水太清无大鱼，苛察得不到属下的人的附和。应摆脱世务，自求安逸，治理简易，宽宥小过，只抓住大原则就行了。”班超离开后，任尚私下对亲信说：“我以为班君会有奇异的计谋相告，今天所说平平而已。”任尚来后的几年时间，西域便发生叛乱，他因为失职罪被调回，正如班超所告诫的那样。

后汉书卷四十九

王充王符仲长统列传第三十九

王　充

王充字仲任，会稽上虞人也，其先自魏郡元城徙焉。充少孤，乡里称孝。后到京师，受业太学，师事扶风班彪。好博览而不守章句。家贫无书，常游洛阳市肆，阅所卖书，一见辄能诵忆，遂博通众流百家之言。后归乡里，屏居教授。仕郡为功曹，以数谏争不合去。

充好论说，始若诡异，终有理实。以为俗儒守文，多失其真，乃闭门潜思，绝庆吊之礼，户牖墙壁各置刀笔。箸《论衡》八十五篇，二十余万言，释物类同异，正时俗嫌疑。

刺史董勤辟为从事，转治中，自免还家。友人同郡谢夷吾上书荐充才学，肃宗特诏公车徵，病不行。年渐七十，志力衰耗，乃造《养性书》十六篇，裁节嗜欲，颐神自守。永元中，病卒于家。

【译文】

王充，字仲任，是会稽上虞人，他的先辈从魏郡元城迁移到这里。王充从小便是孤儿，家乡的人称赞他十分孝顺。后来到达京城，在太学学习，从师于扶风班彪。喜好博览群书而且不死守章句。家中贫穷，没有书籍，经常出入洛阳的集市商铺，阅读那里出售的书籍，看一遍就能够背诵，因此博通各家各派的学说。后来回归到故里，隐居教书。在郡里做官到功曹，因为多次进谏争论不合而辞官。

王充喜好发表议论，开始好像十分奇特，与众不同，最终却能够有充分的理由和事实依据。认为世俗的儒生死守书本，大都违背真实的情况，于是就闭门深思，谢绝喜庆吊唁的礼节，门窗墙壁都放着书写用的刀笔，撰写了《论衡》八十五篇，二十多万言，辨析万事万物的异同，解决当时社会上的各种难问题。

刺史董勤征召他担任从事，升迁为治中，他自己辞官回家。同郡的友人谢夷吾上书推荐王充的才能以及学识，汉章帝特意下诏书用公车征召他，因为有病而没有成行。年近七十，精力衰减，于是就编写《养性书》十六篇，节制嗜好欲望，注意保养自己的精神。汉和帝永元（公元89—105年）中，王充在家中病逝。

王符

王符字节信，安定临泾人也。少好学，有志操，与马融、窦章、张衡、崔瑗等友善。安定俗鄙庶孽，而符无外家，为乡人所贱。自和、安之后，世务游宦，当涂者更相荐引，而符独耿介不同于俗，以此遂不得升进。志意蕴愤，乃隐居著书三十馀篇，以讥当时失得，不欲章显其名，故号曰《潜夫论》。其指讦时短，讨谪物情，足以观见当时风政，著其五篇云尔。

《贵忠篇》曰：

夫帝王之所尊敬者天也，皇天之所爱育者人也。今人臣受君之重位，牧天之所爱，焉可以不安而利之，养而济之哉？是以君子任职则思利人，达上则思进贤，故居上而下不怨，在前而后不恨也。《书》称“天工人其代之”。王者法天而建官，故明主不敢以私授，忠臣不敢以虚受。窃人之财犹谓之盗，况偷天官以私已乎！以罪犯人，必加诛罚，况乃犯天，得无咎乎？夫五代之臣，以道事君，泽及草木，仁被率土，是以福祚流衍，本支百世。季世之臣，以谄媚主，不思顺天，专杖杀伐。白起、蒙恬，秦以为功，天以为贼；息夫、董贤，主以为忠，天以为盗。《易》曰：“德薄而位尊，智小而谋大，鲜不及矣。”是故德不称，其祸必酷；能不称，其殃必大。夫窃位之人，天夺其鉴，虽有明察之资，仁义之志，一旦富贵，则背亲捐旧，丧其本心，疏骨肉而亲便辟，薄知友而厚犬马，宁见朽贯千万，而不忍贷人一钱，情知积粟腐仓，而不忍贷人一斗，骨肉怨望于家，细人谤讟于道。前人以败，后争袭之，诚可伤也。

历观前政贵人之用心也，与婴儿子其何异哉？婴儿有常病，贵臣有常祸，父母有常失，人君有常过。婴儿常病，伤于饱也；贵臣常祸，伤于宠也。哺乳多则生痫病，富贵盛而致骄疾。爱子而贼

之，骄臣而灭之者，非一也。极其罚者，乃有仆死深牢，衔刀都市，岂非无功于天，有害于人者乎？夫鸟以山为埤而增巢其上，鱼以泉为浅而穿穴其中，卒所以得者饵也。贵戚愿其宅吉而制为令名，欲其门坚而造作铁枢，卒其所以败者，非苦禁忌少而门枢朽也，常苦崇财货而行骄僭耳。

不上顺天心，下育人物，而欲任其私智，窃弄君威，反戾天地，欺诬神明。居累卵之危，而图太山之安；为朝露之行，而思传世之功，岂不惑哉！岂不惑哉！

《浮侈篇》曰：

王者以四海为家，兆人为子。一夫不耕，天下受其饥；一妇不织，天下受其寒。今举俗舍本农，趋商贾，牛马车舆，填塞道路，游手为巧，充盈都邑，务本者少，浮食者众。“商邑翼翼，四方是极。”今察洛阳，资末业者什于农夫，虚伪游手什于末业。是则一夫耕，百人食之，一妇桑，百人衣之，以一奉百，孰能供之！天下百郡千县，市邑万数，类皆如此。本末不足相供，则民安得不饥寒？饥寒并至，则民安能无奸轨？奸轨繁多，则吏安能无严酷？严酷数加，则下安能无愁怨？愁怨者多，则咎徵并臻。下民无聊，而上天降灾，则国危矣。

夫贫生于富，弱生于强，乱生于化，危生于安。是故明王之养民，忧之劳之，教之诲之，慎微防萌，以断其邪。故《易》美节以制度，不伤财，不害民。《七月》之诗，大小教之，终而复始。由此观之，人固不可恣也。

今人奢衣服，侈饮食，事口舌而习调欺。或以谋奸合任为业，或以游博持掩为事。丁夫不扶犁锄，而怀丸挟弹，携手上山遨游。或好取土作丸卖之，外不足御寇盗，内不足禁鼠雀。或作泥车瓦狗诸戏弄之具，以巧诈小儿。此皆无益也。

《诗》刺“不绩其麻，市也婆娑”。又妇人不修中馈，休其蚕织，而起学巫祝，鼓舞事神，以欺诬细民，荧惑百姓妻女。羸弱疾病之家，怀忧愦愦，易为恐惧。至使奔走便时，去离正宅，崎岖路侧，风寒所伤，奸人所利，盗贼所中。或增祸重祟，至于死亡，而不知巫所欺误，反恨事神之晚，此妖妄之甚者也。

或刻画好缯，以书祝辞；或虚饰巧言，希致福祚；或糜折金彩，令广分寸；或断截众缕，绕带手腕；或裁切绮縠，缝纵紩成幡。皆单费百缣，用功千倍，破牢为伪，以易就难，坐食嘉谷，消损白日。夫山林不能给野火，江海不能实漏卮，皆所宜禁也。

昔孝文皇帝躬衣弋绨，革舄韦带，而今京师贵戚，衣服饮食，车舆庐第，奢过王制，固亦甚矣。且其徒御仆妾，皆服文组彩牒，锦绣绮纨，葛子升越，筩中女布。犀象珠玉，虎魄瑇瑁，石山隐饰，金银错镂，穷极丽靡，转相夸咤。其嫁娶者，车軿斩数里，缇帷竟道，骑奴侍童，夹毂并引。富者竞欲相过，贫者耻其不逮，一飨之所费，破终身之业。古者必有命然后乃得衣缯丝而乘车马，今虽不能复古，宜令细民略用孝文之制。

古之葬者，厚衣之以薪，葬之中野，不封不树，丧期无数。后世圣人易之以棺椁，桐木为棺，葛采为缄，下不及泉，上不泄臭。中世以后，转用楸梓槐柏杶樗之属，各因方土，裁用胶漆，使其坚足恃，其用足任，如此而已。今者京师贵戚，必欲江南檽梓豫章之木。边远下土，亦竞相放效。夫檽梓豫章，所出殊远，伐之高山，引之穷谷，入海乘淮，逆河泝洛，工匠雕刻，连累日月，会众而后动，多牛而后致，重且千斤，功将万夫，而东至乐浪，西达敦煌，费力伤农于万里之地。古者墓而不坟，中世坟而不崇。仲尼丧母，冢高四尺，遇雨而崩，弟子请修之，夫子泣曰："古不修墓。"及鲤也死，有棺无椁。文帝葬芷阳，明帝葬洛南，皆不臧珠宝，不起山陵，墓虽卑而德最高。今京师贵戚，郡县豪家，生不极养，死乃崇丧。或至金缕玉匣，檽梓楩柟，多埋珍宝偶人车马，造起大冢，广种松柏，庐舍祠堂，务崇华侈。案鄗毕之陵，南城之冢，周公非不忠，曾子非不孝，以为褒君爱父，不在于聚财，扬名显亲，无取于车马。昔晋灵公多赋以雕墙，《春秋》以为不君；华元、乐举厚葬文公，君子以为不臣，况于群司士庶，乃可僭侈主上，过天道乎？

《实贡篇》曰：

国以贤兴，以谄衰；君以忠安，以佞危。此古今之常论，而时所共知也。然衰国危君，继踵不绝者，岂时无忠信正直之士哉，诚苦其道不得行耳。夫十步之间，必有茂草；十室之邑，必有忠信。是故乱殷有三仁，小卫多君子。今以大汉之广土，士民之繁庶，朝廷之清明，上下之修正，而官无善吏，位无良臣。此岂时之无贤，谅由取之乖实。夫志道者少与，逐俗者多畴，是以朋党用私，背实趋华。其贡士者，不复依其质干，准其才行，但虚造声誉，妄生羽毛。略计所举，岁且二百。览察其状，则德侔颜、冉，详核厥能，则鲜及中人，皆总务升官，自相推达。夫士者贵其用也，不必求备。故四友虽美，能不相兼；三仁齐致，事不一节。高祖佐命，出自亡秦；光武得士，亦资暴莽。况太平之时，而云无士乎！

夫明君之诏也若声，忠臣之和也如响。长短大小，清浊疾徐，必相应也。且攻玉以石，洗金以盐，濯锦以鱼，浣布以灰。夫物固有以贱理贵，以丑化好者矣。智者弃短取长，以致其功。今使贡士必核以实，其有小疵，勿强衣饰，出处语默，各因其方，则萧、曹、周、韩之伦，何足不致，吴、邓、梁、窦之属，企踵可待。孔子曰："未之思也，夫何远之有？"

《爱日篇》曰：

国之所以为国者，以有民也。民之所以为民者，以有谷也。谷之所以丰殖者，以有民功也。功之所以能建者，以日力也。化国之日舒以长，故其民闲暇而力有馀；乱国之日促以短，故其民困务而力不足。舒长者，非谓羲和安行，乃君明民静而力有馀也。促短者，非谓分度损减，乃上暗下乱，力不足也。孔子称"既庶则富之，既富乃教之"。是故礼义生于富足，盗窃起于贫穷；富足生于宽暇，贫穷起于无日。圣人深知力者民之本，国之基也，故务省徭役，使之爱日。是以尧敕羲和，"钦若昊天，敬授民时"。明帝时，公车以反支日不受章奏，帝闻而怪曰："民废农桑，远来诣阙，而复拘以禁忌，岂为政之意乎！"于是遂蠲其制。今冤民仰希申诉，而令长以神自畜，百姓废农桑而趋府廷者，相续道路，非朝铺不得通，非意气不得见。或连日累月，更相瞻视；或转请邻里，馈粮应对。岁功既亏，天下岂无受其饥者乎？

孔子曰："听讼吾犹人也。"从此言之，中才以上，足议曲直，乡亭训吏，亦有任决断者，而类多枉曲，盖有故焉。夫理直则恃正而不桡，事曲则谄意以行赇。不桡故无恩于吏，行赇故见于私法。若事有反覆，吏应坐之。吏以应坐之故，不得不枉之于庭。以羸民之少党，而与豪吏对讼，其势得无屈乎？县承吏言，故与之同。若事有反覆，县亦应坐之。县以应坐之故，而排之于郡。以一民之轻，而与一县为讼，其理岂得申乎？事有反覆，郡亦坐之。郡以共坐之故，而排之于州。以一民之轻，与一郡为讼，其事岂获胜乎？既不肯理，故乃远诣公府。公府复不能察，而当延以日月。贫弱者无以旷旬，强富者可盈千日。理讼若此，何枉之能理乎？正士怀怨结而不见信，猾吏崇奸轨而不被坐，此小民所以易侵苦，而天下所以多困穷也。

且除上天感痛致灾，但以人功见事言之。自三府州郡，至于乡县典司之吏，辞讼之民，官事相连更相检对者，日可有十万人。一人有事，二人经营，是为日三十万人废其业也。以中农率之，则是岁三百万人受其饥者也。然则盗贼何从而销，太平何由而作乎？《诗》云："莫肯念乱，谁无父母？"百姓不足，君谁与足？可无思哉！可无思哉！

《述赦篇》曰：

凡疗病者，必知脉之虚实，气之所结，然后为之方，故疾可愈而寿可长也。为国者，必先知民之所苦，祸之所起，然后为之禁，故奸可塞而国可安也。今日贼良民之甚者，莫大于数赦赎。赦赎数，则恶人昌而善人伤矣。何以明之哉？夫谨敕之人，身不蹈非，又有为吏正直，不避强御，而奸猾之党横加诬言者，皆知赦之不久故也。善人君子，被侵怨而能至阙庭自明者，万无数人；数人之中得省问者，百不过一；既对尚书而空遣去者，复什六七矣。其轻薄奸轨，既陷罪法，怨毒之家冀其辜戮，以解畜愤，而反一概悉蒙赦释，令恶人高会而夸咤，老盗服臧而过门，孝子见仇而不得讨，遭盗睹物而不敢取，痛莫甚焉！

夫养稂莠者伤禾稼，惠奸轨者贼良民。《书》曰："文王作罚，刑兹无赦。"先王之制刑法也，非好伤人肌肤，断人寿命也；贵威奸惩恶，除人害也。故经称"天命有德，五服五章哉，天讨有罪，五刑五用哉"；《诗》刺"彼宜有罪，汝反脱之"。古者唯始受命之君，承大乱之极，寇贼奸轨，难为法禁，故不得不有一赦，与之更新，颐育万民，以成大化。非以养奸活罪，放纵天贼也。夫性恶之民，民之豺狼，虽得放宥之泽，终无改悔之心。旦脱重梏，夕还囹圄，严明令尹，不能使其断绝。何也？凡敢为大奸者，才必有过于众，而能自媚于上者也。多散诞得之财，奉之以谄谀之辞，以转相驱，非有第五公之谦直，孰不为顾哉？论者多曰："久不赦则奸轨炽而吏不制，宜数肆眚以解散之。"此未昭政乱之本源，不察祸福之所生也。

后度辽将军皇甫规解官归安定，乡人有以货得雁门太守者，亦去职还家，书刺谒规。规卧不迎。既入而问："卿前在郡食雁美乎？"有顷，又白王符在门。规素闻符名，乃惊遽而起，衣不及带，屣履出迎，援符手而还，与同坐，极欢。时人为之语曰："徒见二千石，不如一缝掖。"言书生道义之为贵也。符竟不仕，终于家。

【译文】

王符，字节信，是安定临泾人。从小好学，有志向操守，与马融、窦章、张衡、崔瑗等人十分友好。安定地区社会上一般鄙视妾生的孩子，而王符的母亲家里没有人，因而被乡里人瞧不起。自汉和帝、安帝后，世俗致力于外出当官，掌握实权的大官更是相互引荐，而王符却性情十分耿介，不同于流俗，因为这便得不到进升。心情十分郁闷怨恨，于是隐居著书三十多篇，用来讥刺当时的社会的得失，不想要显露自己的名声，因此命名为《潜夫论》。书的中心思想在于抨击当时社会的弊端，声讨谴责物理与人情，足以看出当时社会的风俗政治，现在著录其中的五篇。

《贵忠篇》说：

帝王尊敬的是天，皇天爱护养育的是人。如今人臣接受了君主委任的重位，治理皇天钟爱的人民，怎能不使他们享受安宁而获得利益，养育而且救济他们呢？所以君子做官就想着让人民获得利益，向上表达意见就想着荐举贤能，因为这在上而下不怨，在前而后不恨。《尚书》说："皇天的职能，人理当代替它完成。"成就王业的人效法皇天而设置官位，因此英明的君主不敢凭借私情授官，忠臣不敢凭空任职。窃取人家的财物尚且被称为盗，何况偷取皇天的官位来满足一己的私利呢！以罪恶的手段侵害人，必定加以诛杀惩罚，何况是侵害皇天，怎能会不招灾惹祸呢？唐虞夏商周五代的臣子，用正道来侍奉君主，恩泽施及草木，仁爱覆盖大地，所以福祚流传繁衍，宗族延续了百世。末代的臣子，用谄媚来侍奉君主，不考虑顺从皇天，却专门依仗杀伐。白起、蒙恬，秦王朝将他们当作功臣，皇天将他们当作奸贼；息夫、董贤，君主把他们当作忠臣，皇天把他们当作强盗。《周易》说："德薄却位尊，智小却谋大，不遭到惩罚的实在是太少了。”因为这道德与职位不相称，遭到的祸害必定十分悲惨；才能与职位不相称，蒙受的灾殃一定大得惊人。那些窃据官位的人，皇天夺走他们看自己的镜子，尽管有善于明察的资质，施行仁义的志向，然而一旦富贵，就背弃亲朋故旧，丧失了他们的本心，疏远骨肉，亲近小人，薄待知心朋友，厚爱走狗坐骑，宁可眼看着金钱堆积成山，也不肯把一文钱借贷旁人，情知仓库里的存粮已经腐烂，也不肯将一斗米借贷旁人，骨肉怨恨于家，百姓咒骂于路。前人因此败亡，后人却争相沿袭，实在令人痛心啊！

纵观前代朝廷要人的用心，与幼小的婴儿有什么不同呢？婴儿有常出现的病痛，贵臣有常遭到的祸殃，父母有常出现的失误，君主有常犯的过错。婴儿常出现的病痛，是因为吃得过多造成的；贵臣常遭到的祸殃，是因为过于受宠造成的。哺乳太多就生癫痫病，富贵过头就犯骄横病。溺爱的孩子会遭到伤害，骄横的臣子被灭亡，并不在少数啊！惩罚得最厉害的，便是有的在大牢里趴着死，有的在大街上被斩首，难道不是对天无功，对人有害么！鸟儿以为山太低就将巢高筑在它的上面，鱼儿以为泉水太浅便在它的里面凿穴居住，最终会被人们捉住，是因为诱饵的缘故。贵戚希望自己的住宅吉利而替它取美名，想让住宅的门坚实而制造铁枢，最终遭到败亡，并非因为苦于禁忌太少和门枢腐朽，而是因为时常苦于崇尚财货和行为骄横不守本分啊。

不上顺天心，下育人物，却想凭自己个人的小聪明，私下去戏弄君主的权威，违背天地，欺诬神明，居累卵之危，却妄图泰山之安，行若朝露，却想要功传万世，难道不是太糊涂了吗！难道不是太糊涂了吗！

《浮侈篇》说：

帝王将天下当作家，将万民当作子。一个农夫不耕种，天下因为这有人挨饿；一个妇女不纺织，天下因为这有人受冻。如今所有世俗的人放弃了农业这个根本，争着经商谋利，牛马车辆，填塞了道路，游手好闲、投机取巧，充满了城镇。从事农业生产的人少，张嘴吃闲饭的人多。《诗经》上说：“繁华的都城，是四方的中心。”现在看看洛阳，从事商业的人十倍多于农夫，游手好闲的十倍多于商人。这就是一个农夫耕种，供给一百个人吃饭，一个妇女养蚕，供给一百个人穿衣，一个人养活一百人，怎能供给得了！天下有上百个郡，上千个县，城镇数以万计，大都是如此。农商不能够满足供给，那么百姓怎能不遭受饥寒？饥寒交迫，那么百姓怎能不做坏事？做坏事的人太多，那么官吏怎么能不严酷？屡遭严法酷刑，老百姓怎能不痛苦怨恨？痛苦怨恨的人多了，灾祸的征兆便一齐到来。百姓活不下去，上天又降灾难，国家就岌岌可危了！

贫穷是从富裕转化而来的，衰弱是从强盛转化而来的，祸乱是从太平转化来的，危亡是从安定转化来的。所以英明的君主教养人民，关心他们，慰劳他们，教育他们，开导他们，防微杜渐，来打消他们的不良企图。因此《周易》赞美从节约出发来制定各种的规范，不伤财，不害民。《诗经·七月》这首诗，教育百姓做各种农活，一年到头终而复始。这样看来，人本来是不可放纵的。

现在的人，衣着奢华，饮食侈靡，却专门搬弄是非，擅长尔虞我诈。有的人以图谋不轨合伙犯禁为业，有的人以嬉戏赌博为业。成年男子不扶犁把锄，反而怀夹弹丸，携手上山遨游。有的好用土做弹丸出卖，对外不能够防御寇盗，对内不能够消灭鼠雀。有的造泥车瓦狗等各种供玩乐的器具，来欺骗小孩。这些都是毫无益处的。

《诗经》中讽刺道："妇女不绩麻，街上舞婆娑。"妇女不料理家务，放弃了养蚕织布，却学做巫婆，装神弄鬼，来蒙骗百姓，迷惑百姓妻女。羸弱疾病的人家，心怀着忧虑，愁苦不堪，非常容易被吓倒。甚至使他们四处奔走以讨吉利，离开令人住宅，待在崎岖的山路旁，被风寒所伤，遭到奸人暗算，受强盗抢劫。有的加重灾祸，甚至死亡，却不知道是被巫婆欺骗伤害，反而悔恨侍奉鬼神太晚，这种事情实在荒唐到了极点。

有人用美丽的绸子剪裁绘画，书写祝词；有人花言巧语，希望能获得福祚；有人剪碎五彩的缎子，弄成只有分寸大小的小块；有人截断各种丝线，缠绕在手腕上；有人裁剪绮罗，拼缝成幡。这浪费成百匹的绸缎，花去成千倍的功夫，把牢固的东西破坏掉变得毫无用处，将简单的事情搞得十分繁难，白吃好的粮食，消耗宝贵的光阴。山林不能够满足野火，江海不能装满漏卮，所有这些都是应禁止的。

从前汉文帝身穿着粗绸，以皮做鞋，用革做带，如今京城的贵戚，衣服饮食，车辆房舍，奢侈的程度远远超过帝王规定的制度，实在太不像话了。而且贵戚们的家奴婢妾，都穿戴彩带花绸，锦绣绮纨，制作精细的葛布、越布、筒中布，犀角、象牙、珠玉、琥珀、玳瑁，雕着隐约的山水花纹，镶嵌金银丝线，穷极奢丽，转相夸耀。而那些嫁娶的人，车辆排至数里，帘幕遮满道路，骑马的家奴，侍候的僮仆，在车旁边前呼后拥。富人竞相地攀比，穷人羞愧不及，一次宴会的花销，破费一辈子的产业。古人一定要有官职而后才能穿丝绸，乘着车马，现在虽不能复古，也应令小民稍微效法汉文帝时的规定。

古代埋葬死人时，裹上厚厚的草，埋葬在野外，不起坟，不植树，丧期也没有固定的时间。后代的圣人改用了棺椁，用桐木做棺材，用葛藤捆紧，掘坑不见泉水，掩土不泄露臭味。中世后，改用楸、梓、槐、柏、杶、樗为棺，也都是就地取材，只用胶漆，让它坚固可靠，能够使用，如此而已。现在的京城贵戚，一定要用江南出产的槾、梓、豫章等珍贵的木材。边远的小地方，也都竞相仿效。槾、梓、豫章这些东西，出产在遥远的地方，从高山上砍伐下来，拖到了深谷里，弄到大海边，经过淮河，逆黄河，溯洛水，工匠们雕刻，连日累月，聚集众人才能够移动，使用很多牛才能运到，重达千斤，动用了近万人，东到乐浪，西至敦煌，在上万里的地方费力伤农。古代建墓，不起坟，中世起坟但不高大。孔子死了母亲后，坟高四尺，遇雨水崩塌，弟子们请求修筑，孔子哭泣说："古人不修坟。"到他的儿子孔鲤死时，只有棺，没有椁。汉文帝葬在了芷阳，汉明帝葬在了洛南，都不埋藏珠宝，不起山陵，坟墓虽低矮，道德却最为高尚。如今京城的贵戚，郡县豪家，活着时不尽心赡养，死后却大办丧事。有的人甚至用金缕玉匣，选用槾、梓、楩、柟木，大量地埋葬珍宝、偶人、车马，筑起高大的坟墓，种植很多松柏，建造了房屋祠堂，竭力崇尚奢华。考察周文王、武王在鄗、毕的陵墓，曾子父亲在南城的坟茔，并不是周公不忠，曾子不孝，他们以为，表彰君父，并不在于大量的财物；光宗耀祖，也不取决于车马。从前晋灵公通过增加赋税，用来装修墙壁，《春秋》认为那不像君主的样子；华元、乐举厚葬了宋文公，君子认为不像臣子的样子，何况是一般的官吏士大夫与庶民，怎能奢侈到僭越君主，违背了天道呢？

《实贡篇》说：

国家因为贤能兴起，因为谄媚衰微；君主因为忠臣安宁，因为奸佞危亡。这是古今的通论，得到了社会的共识。但衰败的国家，危亡的君主，络绎不绝，哪里是因为当时没有忠信正直的士人呢，实在是苦于他们的主张无法得到施行啊。在十步内，必定有茂盛的草；十户人家居住的地方，必定有忠信之人。因为这危乱的殷朝有三位仁人，弱小的卫国君子众多。现在凭借大汉朝如此广大的领土，士人百姓如此众多，朝廷如此清明，上下如此地善良正派，而做官的却没好官，在位的却没良臣。这哪是社会上没有贤能，想来是因为使用的人名不符实。原来坚持正道的人缺少知己，顺从世俗的同伙众多，因为这结党营私，放弃质朴，崇尚浮华。那些荐举士人的，不再依据他们的本质才干来衡量他们的能力操行，只是凭空地捏造名誉，胡乱抬高声望。粗略地估计举荐的人，每年差不多二百。察看他们的样子，那么品行可以与颜渊、冉求比美；认真考核他们的能力，那么极少赶得上中等人，都是伙同追求升官，相互地推举引荐。作为士人，重在如何使用，不必求十全十美。因为这孔子的四个弟子虽然都十分好，但才能并没相互兼有；殷朝的三位仁人一起招致，并没做同样的事情。汉高祖的辅佐之臣，来自于灭亡的秦朝；汉光武得到的士人，也都全靠残暴的王莽。何况是太平盛世，能说没有士人吗！

英明君主的诏令就像声音，忠臣的附和好比回响。声响的长短及大小，清浊快慢，必定相互适应。况且加工玉需要用石头，淘洗金子需要用盐，洗涤锦缎需要用鱼，漂洗布匹需要用灰。万物本就有用贱的治理贵的，用丑的来改变好的这种情形。聪明的人懂得弃短取长，来成就自己的功业。现在假如荐举士人都能考核真才实学，他们有点小毛病，不需要勉强掩饰，进退语默，各随他们的方便，那么萧何、曹参、周勃、韩信之辈，哪能招致不来，吴汉、邓禹、梁统、窦融之属，立等就可得。孔子说："没有加以考虑啊，哪里有什么遥远的呢？"

《爱日篇》说：

国家之所以成为国家，是因为有人民。人民之所以成为人民，是因为有粮食。粮食之所以能丰产，是因为有人的功绩。人的功绩之所以能建立，是因为有充足的时间。太平国家的日子十分漫长，因为这，人民闲暇而有余力；危乱国家的日子十分短促，因为这，人民苦于追求而没余力。日子漫长，不是说太阳慢慢地移动，乃是君主英明，百姓安宁而有余力。日子短促，不是说减损了时间刻度，乃是在上位者的昏庸，在下位者的胡来，没有余力。孔子说："既然人口众多，就该让他们富起来，已经富了，就加强对他们进行教育。"因此礼义的产生是因为富足，盗贼的出现是因为贫穷。富足的产生是因为时间充裕，贫穷的出现是因为没有时间。圣人深刻地理解劳力是人民的根本，国家的基础，因为这尽力简省徭役，使大家珍惜时间。所以尧命管历法的羲氏、和氏，"恭敬地顺从皇天，慎重地颁布农时"。汉明帝的时候，接待臣民上书的公车令因为凶日不接受奏章，皇帝听说后责怪说："百姓放弃农业生产，老远地来到宫门，却又用禁忌来限制他们，难道符合管理政事的本意吗？"于是就取消这种规定。如今冤民渴望申诉，但官吏却以神自居，百姓放弃了农业生产赶往官府衙门的，在路上排着队等候，不是从早到晚就得不到通报，不是行贿就不能被召见。有的连日累月，三番五次地探望；有的转请街坊邻居，给被囚禁的人送饭，听候召唤。一年的收成已经亏耗，天下怎么能没有受饥挨饿的呢？

孔子说："审理诉讼，我与别人差不多。"从这句话看起来，中等才能以上的人，足以审议是非曲直，乡长、亭长与部吏，也有能胜任判案的人，却大都造成冤案，这是有缘由的。理直就凭借正义而不屈，事亏就谄媚阿谀而行贿。不屈因此不会给官吏好处，行贿所以得到法律的偏袒。如果案情有反复，官吏会相应地受罚。官吏因为会相应受罚，不得不在公堂上冤枉好人。无依无靠的贫弱小民，同豪强滑吏对簿在公堂。在这种形势之下，怎会不遭冤屈呢？县官听从了小吏的说法，因此和小吏一模一样。如果案子有反复，县官也会相应地受罚。县官因为会相应受罚，于是在郡衙中串通一气。以一个微不足道的小民，却同一县的官吏对簿公堂，他的理由难道能得到伸张吗？案子有反复，郡守也会遭到处罚。郡守因为会一起受罚的缘故，便在州衙里串通一气。以一个微不足道的小民的身份，与一郡的官吏对簿公堂，在这种形势之下，难道能获胜吗？既然不肯秉公审理，因此才老远来到三公衙门。三公衙门又不能认真地核查，当然就拖延日期。贫弱的无法旷日持久，有权有势的富人能耗满千日。审理诉讼像这个样子的话，有什么样的冤枉能够得到昭雪呢！正直的人满怀怨恨却不能申冤，奸猾的官吏袒护着坏人而不受惩罚，这就是小民容易被侵害，而天下百姓多困苦贫穷的原因。

姑且排除上天因为感伤而降灾不说，单就花费在诉讼上的人工而论。从三公州郡衙门，到乡县主管的官吏，打官司的百姓，与官司相关联反复地审查对质的人，每天差不多有十万人。一个人参与了讼事，要两个人帮忙应付，这就是每天有三十万人荒废自己的本业。按中等农夫可以养活的人口计算，那么这也就是说每年有三百万人因为这要挨饿了。这样一来，盗贼怎会消灭，太平怎能实现呢！《诗经》上说：“莫肯念乱，谁无父母呢？”百姓不富有，君主哪来的富有？怎么能不想一想呢！怎么能不想一想呢！

《述赦篇》说：

凡要治疗疾病的，必须知道脉的虚实，气郁结不散的原因，而后开出药方，因此病能被治好且命可延长。治理国家的，必须首先知道百姓受苦的原因，灾祸产生的原因，而后加以禁止，因此奸邪可以被杜绝而国家能安宁。现在贼害良民最厉害的，没有超过多次赦免和赎罪的了。赦免和赎罪十分频繁，那么恶人就嚣张而善人就悲伤了。用什么说明了这个问题呢？原来严格要求自己的人，自己不去做坏事，又有的官吏非常正直，不避强暴，而奸猾的人却对他们横加诬陷，是因为都知道赦免不会时间太久的缘故。善人君子，被侵害怀恨而能够到宫廷自己剖白的，一万人中也没有几人；这几个人之中能够得到尚书省讯问的，百人之中不过一人而已；已对簿尚书省而凭空被打发回去的，又占了十分之六七了。那些轻薄奸猾为乱之徒，既已沦陷法网，怨恨的人便希望他们受到法律的制裁，来以解除心中的积愤，却反而一概被赦免释放，让恶人大举地宴会而放肆夸耀，盗贼老手服藏着赃物而经过家门。孝子看见仇人却不能声讨，被盗的人见到东西却不敢索要，悲痛之情没有比这些更厉害的了！

养杂草伤害庄稼，施惠奸邪的贼害良民。《尚书》中说：“文王制定了刑法，对恶人加以惩办不要赦免。”先王制定了刑法，不是喜好损伤人的肌肤，断送了人的寿命，而是注重威慑奸邪，惩治恶人，清除害人虫。因此经书上称赞“上天赏赐给有道德的人，制定了五种官服分五种色彩；上天惩治有罪的人，制定了五种刑法有五种用途”。《诗经》讽刺“他应判罪，你却将他开脱”。古时候只有最初接受天命的君主，达到天下大乱的顶点，盗贼奸邪难以被法令禁止，因为这不得不有所赦免，同他们一起更新社会，让百姓休养生息，来实现天下太平。并不是以此来培养奸邪，姑息罪恶，放纵天贼。性恶的人，是百姓中的豺狼，虽受宽宥、释放之恩，终究没有改悔的心意。早上摆脱沉重的枷锁，晚上又回到了关押的牢笼，严肃公正的长官，不能让他们永远绝迹。为什么呢？大凡敢于做大坏事的人，才能一定有超过众人的地方，而且能够自己取媚于上级。他们大量地分发不义之财，用谄媚阿谀之辞进行奉承，通过这样辗转相互驱使，没有第五公那样清廉正直的品行，谁能够不为之动心呢？议论的人都说："长期不能赦免，那么奸邪气焰就会嚣张，而官吏不能制服，应经常开脱过失将他们释放。"这是没弄清政治混乱的根本原因，不懂得祸福产生的根源啊。

后来度辽将军皇甫规辞官回安定，乡人中有一位用钱捐得雁门太守的人，也离职回家，写名片去拜见皇甫规。皇甫规躺着不起来迎接。进屋之后，便问道："你从前当太守时吃雁肉味道好吗？"过了一会儿，又禀报王符在门外。皇甫规素来听说过王符的名声，便很惊讶地赶紧起身，来不及系上衣带，拖着鞋就出外迎接，拉着王符的手走进来，和他坐在一起，高兴极了。当时的人评论道："可见郡太守不如一儒生。"是说书生注重道义非常值得推崇。王符始终不做官，最后死在家里。

仲长统

仲长统字公理，山阳高平人也。少好学，博涉书记，赡于文辞。年二十馀，游学青、徐、并、冀之间，与交友者多异之。并州刺史高干，袁绍甥也，素贵有名，招致四方游士，士多归附。统过干，干善待遇，访以当时之事。统谓干曰："君有雄志而无雄才，好士而不能择人，所以为君深戒也。"干雅自多，不纳其言，统遂去之。无几，干以并州叛，卒至于败。并、冀之士皆以是异统。

统性俶傥，敢直言，不矜小节，默语无常，时人或谓之狂生。每州郡命召，辄称疾不就。常以为凡游帝王者，欲以立身扬名耳，而名不常存，人生易灭，优游偃仰，可以自娱。欲卜居清旷，以乐其志，论之曰："使居有良田广宅，背山临流，沟池环帀，竹木周布，场圃筑前，果园树后。舟车足以代步涉之艰，使令足以息四体之役。养亲兼珍之膳，妻孥无苦身之劳。良朋萃止，则陈酒肴以娱之；嘉时吉日，则烹羔豚以奉之。踯躅畦苑，游戏平林，濯清水，追凉风，钓游鲤，弋高鸿。讽于舞雩之下，永归高堂之上。安神闺房，思老氏之玄虚；呼吸精和，求至人之仿佛。与达者数子，论道讲书，俯仰二仪，错综人物。弹《南风》之雅操，发清商之妙曲。消摇一世之上，睥睨天地之间。不受当时之责，永保性命之期。如是，则可以陵霄汉，出宇宙之外矣。岂羡夫入帝王之门哉！”又作诗二篇，以见其志。辞曰：

飞鸟遗迹蝉蜕亡壳。腾蛇弃鳞，神龙丧角。至人能变，达士拔俗。乘云无辔，骋风无足。垂露成帏，张霄成幄。沆瀣当餐，九阳代烛。恒星艳珠，朝霞润玉。六合之内，恣心所欲。人事可遗，何为局促？

大道虽夷，见几者寡。任意无非，适物无可。古来绕绕，委曲如琐。百虑何为，至要在我。寄愁天上，埋忧地下。叛散《五经》，灭弃《风》《雅》。百家杂碎，请用从火。抗志山栖，游心海左。元气为舟，微风为舵。敖翔太清，纵意容冶。

尚书令荀彧闻统名，奇之，举为尚书郎。后参丞相曹操军事。每论说古今及时俗行事，恒发愤叹息，因著论名曰昌言，凡三十四篇，十馀万言。

献帝逊位之岁，统卒，时年四十一。友人东海缪袭常称统才章足继西京董、贾、刘、杨。今简撮其书有益政者，略载之云。

《理乱篇》曰：

豪杰之当天命者，未始有天下之分者也。无天下之分，故战争者竞起焉。于斯之时，并伪假天威，矫据方国，拥甲兵与我角才智，程勇力与我竞雌雄，不知去就，疑误天下，盖不可数也。角知者皆穷，角力者皆负，形不堪复伉，势不足复校，乃始羁首系颈，就我之衔绁耳。夫或曾为我之尊长矣，或曾与我为等侪矣，或曾臣虏我矣，或曾执囚我矣。彼之蔚蔚，皆匈詈腹诅，幸我之不成，而以奋其前志，讵肯用此为终死之分邪？

及继体之时，民心定矣。普天之下，赖我而得生育，由我而得富贵，安居乐业，长养子孙，天下晏然，皆归心于我矣。豪杰之心既绝，士民之志已定，贵有常家，尊在一人。当此之时，虽下愚之才居之，犹能使恩同天地，威侔鬼神。暴风疾霆，不足以方其怒；阳春时雨，不足以喻其泽；周、孔数千，无所复角其圣；贲、育百万，无所复奋其勇矣。

彼后嗣之愚主，见天下莫敢与之违，自谓若天地之不可亡也，乃奔其私嗜，骋其邪欲，君臣宣淫，上下同恶。目极角牴之观，耳穷郑、卫之声。入则耽于妇人，出则驰于田猎。荒废庶政，弃亡人物，澶漫弥流，无所底极。信任亲爱者，尽佞谄容说之人也；宠贵隆丰者，尽后妃姬妾之家也。使饿狼守庖厨，饥虎牧牢豚，遂至熬天下之脂膏，斫生人之骨髓。怨毒无聊，祸乱并起，中国扰攘，四夷侵叛，土崩瓦解，一朝而去。昔之为我哺乳之子孙者，今尽是我饮血之寇仇也。至于运徙势去，犹不觉悟者，岂非富贵生不仁，沈溺致愚疾邪？存亡以之迭代，政乱从此周复，天道常然之大数也。

又政之为理者，取一切而已，非能斟酌贤愚之分，以开盛衰之数也。日不如古，弥以远甚，岂不然邪？汉兴以来，相与同为编户齐民，而以财力相君长者，世无数焉。而清洁之士，徒自苦于茨棘之间，无所益损于风俗也。豪人之室，连栋数百，膏田满野，奴婢千群，徒附万计。船车贾贩，周于四方；废居积贮，满于都城。琦赂宝货，巨室不能容；马牛羊豕，山谷不能受。妖童美妾，填乎绮室；倡讴伎乐，列乎深堂。宾客待见而不敢去，车骑交错而不敢进。三牲之肉，臭而不可食；清醇之酎，败而不可饮。睇盼则人从其目之所视，喜怒则人随其心之所虑。此皆公侯之广乐，君长之厚实也。苟能运智诈者，则得之焉；苟能得之者，人不以为罪焉。源发而横流，路开而四通矣。求士之舍荣乐而居穷苦，弃放逸而赴束缚，夫谁肯为之者邪！夫乱世长而化世短。乱世则小人贵宠，君子困贱。当君子困贱之时，跼高天，蹐厚地，犹恐有镇厌之祸也。逮至清世，则复入于矫枉过正之检。老者耄矣，不能及宽饶之俗；少者方壮，将复困于衰乱之时。是使奸人擅无穷之福利，而善士挂不赦之罪辜。苟目能辩色，耳能辩声，口能辩味，体能辩寒温者，将皆以修洁为讳恶，设智巧以避之焉，况肯有安而乐之者邪？斯下世人主一切之愆也。

昔春秋之时，周氏之乱世也。逮乎战国，则又甚矣。秦政乘并兼之势，放虎狼之心，屠裂天下，吞食生人，暴虐不已，以招楚、汉用兵之苦，甚于战国之时也。汉二百年而遭王莽之乱，计其残夷灭亡之数，又复倍乎秦、项矣。以及今日，名都空而不居，百里绝而无民者，不可胜数。此则又甚于亡新之时也。悲夫！不及五百年，大难三起，中间之乱，尚不数焉。变而弥猜，下而加酷，推此以往，可及于尽矣。嗟乎！不知来世圣人救此之道，将何用也？又不知天若穷此之数，欲何至邪？

《损益篇》曰：

作有利于时，制有便于物者，可为也。事有乖于数，法有玩于时者，可改也。故行于古有其迹，用于今无其功者，不可不变。变而不如前，易而多所败者，亦不可不复也。汉之初兴，分王子弟，委之以士民之命，假之以杀生之权。于是骄逸自恣，志意无厌。鱼肉百姓，以盈其欲；报蒸骨血，以快其情。上有篡叛不轨之奸，下有暴乱残贼之害。虽藉亲属之恩，盖源流形执使之然也。降爵削土，稍稍割夺，卒至于坐食奉禄而已。然其污秽之行，淫昏之罪，犹尚多焉。故浅其根本，轻其恩义，犹尚假一日之尊，收士民之用。况专之于国，擅之于嗣，岂可鞭笞叱咤，而使唯我所为者乎？时政凋敝，风俗移易，纯朴已去，智惠已来。出于礼制之防，放于嗜欲之域久矣，固不可授之以柄，假之以资者也。是故收其奕世之权，校其从横之执，善者早登，否者早去，故下土无壅滞之士，国朝无专贵之人。此变之善，可遂行者也。

井田之变，豪人货殖，馆舍布于州郡，田亩连于方国。身无半通青纶之命，而窃三辰龙章之服，不为编户一伍之长，而有千室名邑之役。荣乐过于封君，执力侔于守令，财赂自营，犯法不坐，刺客死士，为之投命。至使弱力少智之子，被穿帷败，寄死不敛，冤枉穷困，不敢自理。虽亦由网禁疏阔，盖分田无限使之然也。今欲张太平之纪纲，立至化之基趾，齐民财之丰寡，正风俗之奢俭，非井田实莫由也。此变有所败，而宜复者也。

肉刑之废，轻重无品，下死则得髡钳，下髡钳则得鞭笞。死者不可复生，而髡者无伤于人。髡笞不足以惩中罪，安得不至于死哉！夫鸡狗之攘窃，男女之淫奔，酒醴之赂遗，谬误之伤害，皆非值于死者也。杀之则甚重，髡之则甚轻。不制中刑以称其罪，则法令安得不参差，杀生安得不过谬乎？今患刑轻之不足以惩恶，则假臧货以成罪，托疾病以讳杀。科条无所准，名实不相应，恐非帝王之通法，圣人之良制也。或曰：过刑恶人，可也；过刑善人，岂可复哉？曰：若前政以来，未曾枉害善人者，则有罪不死也。是为忍于杀人，而不忍于刑人也。今令五刑有品，轻重有数，科条有序，名实有正，非杀人逆乱鸟兽之行甚重者，皆勿杀。嗣周氏之秘典，续吕侯之祥刑，此又宜复之善者也。

《易》曰："阳一君二臣，君子之道也；阴二君一臣，小人之道也。"然则寡者，为人上者也；众者，为人下者也。一伍之长，才足以长一伍者也；一国之君，才足以君一国者也；天下之王，才足以王天下者也。愚役于智，犹枝之附干，此理天下之常法也。制国以分人，立政以分事，人远则难绥，事总则难了。今远州之县，或相去数百千里，虽多山洿湾泽，犹有可居人种谷者焉，当更制其境界，使远者不过二百里，明版籍以相数阅，审什伍以相连持，限夫田以断并兼，定五刑以救死亡，益君长以兴政理，急农桑以丰委积，去末作以一本业，敦教学以移情性，表德行以厉风俗，核才艺以叙官宜，简精悍以习师田，修武器以存守战，严禁令以防僭差，信赏罚以验惩劝，纠游戏以杜奸邪，察苛刻以绝烦暴。审此十六者以为政务，操之有常，课之有限，安宁勿懈堕，有事不迫遽，圣人复起，不能易也。

向者，天下户过千万，除其老弱，但户一丁壮，则千万人也。遗漏既多，又蛮夷戎狄居汉地者尚不在焉。丁壮十人之中，必有堪为其什伍之长，推什长已上，则百万人也。又十取之，则佐史之才已上十万人也。又十取之，则可使在政理之位者万人也。以筋力用者谓之人，人求丁壮；以才智用者谓之士，士贵耆老。充此制以用天下之人，犹将有储，何嫌乎不足也？故物有不求，未有无物之岁也；士有不用，未有少士之世也。夫如此，然后可以用天性，究人理，兴顿废，属断绝，网罗遗漏，拱柙天人矣。

或曰：善为政者，欲除烦去苛，并官省职，为之以无为，事之以无事，何子言之云云也？曰：若是，三代不足摹，圣人未可师也。君子用法制而至于化，小人用法制而至于乱。均是一法制也，或以之化，或以之乱，行之不同也。苟使豺狼牧羊豚，盗跖主征税，国家昏乱，吏人放肆，则恶复论损益之间哉！夫人待君子然后化理，国待蓄积乃无忧患。君子非自农桑以求衣食者也，蓄积非横赋敛以取优饶者也。奉禄诚厚，则割剥贸易之罪乃可绝也；蓄积诚多，则兵寇水旱之灾不足苦也。故由其道而得之，民不以为奢；由其道而取之，民不以为劳。天灾流行，开仓库以禀贷，不亦仁乎？衣食有馀，损靡丽以散施，不亦义乎？彼君子居位为士民之长，固宜重肉累帛，朱轮四马。今反谓薄屋者为高，藿食者为清，既失天地之性，又开虚伪之名，使小智居大位，庶绩不咸熙，未必不由此也。得拘絜而失才能，非立功之实也。以廉举而以贪去，非士君子之志也。夫选用必取善士，善士富者少而贫者多，禄不足以供养，安能不少营私门乎？从而罪之，是设机置井以待天下之君子也。

盗贼凶荒，九州代作，饥馑暴至，军旅卒发，横税弱人，割夺吏禄，所恃者寡，所取者猥，万里悬乏，首尾不救，徭役并起，农桑失业，兆民呼嗟于昊天，贫穷转死于沟壑矣。今通肥饶之率，计稼穑之入，令亩收三斛，斛取一斗，未为甚多。一岁之间，则有数年之储，虽兴非法之役，恣奢侈之欲，广爱幸之赐，犹未能尽也。不循古法，规为轻税，及至一方有警，一面被灾，未逮三年，校计骞短，坐视战士之蔬食，立望饿殍之满道，如之何为君行此政也？二十税一，名之曰貊，况三十税一乎？夫薄吏禄以丰军用，缘于秦征诸侯，续以四夷，汉承其业，遂不改更，危国乱家，此之由也。今田无常主，民无常居，吏食日禀，班禄未定，可为法制，画一定科，租税十一，更赋如旧。今者土广民稀，中地未垦；虽然，犹当限以大家，勿令过制。其地有草者，尽曰官田，力堪农事，乃听受之。若听其自取，后必为奸也。

《法诫篇》曰：

《周礼》六典，冢宰贰王而理天下。春秋之时，诸侯明德者，皆一卿为政。爰及战国，亦皆然也。秦兼天下，则置丞相，而贰之以御史大夫。自高帝逮于孝成，因而不改，多终其身。汉之隆盛，是惟在焉。夫任一人则政专，任数人则相倚。政专则和谐，相倚则违戾。和谐则太平之所兴也，违戾则荒乱之所起也。光武皇帝愠数世之失权，忿强臣则窃命，矫枉过直，政不任下，虽置三公，事归台阁。自此以来，三公之职，备员而已；然政有不理，犹加谴责。而权移外戚之家，宠被近习之竖，亲其党类，用其私人，内充京师，外布列郡，颠倒贤愚，贸易选举，疲驽守境，贪残牧民，挠扰百姓，忿怒四夷，招致乖叛，乱离斯瘼，怨气并作，阴阳失和，三光亏缺，怪异数至，虫螟食稼，水旱为灾。此皆戚宦之臣所致然也。反以策让三公，至于死免，乃足为叫呼苍天，号咷泣血者也。又中世之选三公也，务于清悫谨慎，循常习故者。是妇女之检柙，乡曲之常人耳，恶足以居斯位邪？势既如彼，选又如此，而欲望三公勋立于国家，绩加于生民，不亦远乎？昔文帝之于邓通，可谓至爱，而犹展申徒嘉之志。夫见任如此，则何患于左右小臣哉？至如近世，外戚宦竖请托不行，意气不满，立能陷人于不测之祸，恶可得弹正者哉！曩者任之重而责之轻，今者任之轻而责之重。昔贾谊感绛侯之困辱，因陈大臣廉耻之分，开引自裁之端。自此以来，遂以成俗。继世之主，生而见之，习其所常，曾莫之悟。呜呼，可悲夫！左手据天下之图，右手刎其喉，愚者犹知难之，况明哲君子哉！光武夺三公之重，至今而加甚，不假后党以权，数世而不行，盖亲疏之势异也。母后之党，左右之人，有此至亲之势，故其贵任万世。常然之败，无世而无之，莫之斯鉴，亦可痛矣。未若置丞相自总之。若委三公，则宜分任责成。夫使为政者，不当与之婚姻；婚姻者，不当使之为政也。如此，在位病人，举用失贤，百姓不安，争讼不息，天地多变，人物多妖，然后可以分此罪矣。

或曰：政在一人，权甚重也。曰：人实难得，何重之嫌？昔者霍禹、窦宪、邓骘、梁冀之徒，籍外戚之权，管国家之柄；及其伏诛，以一言之诏，诘朝而决，何重之畏乎？今夫国家漏神明于媟近，输权重于妇党，筭十世而为之者八九焉。不此之罪而彼之疑，何其诡邪！

论曰：百家之言政者尚矣，大略归乎宁固根柢，革易时敝也。夫遭运无恒，意见偏杂，故是非之论，纷然相乖。尝试妄论之，以为世非胥、庭，人乖彀饮，化迹万肇，情故萌生，虽周物之智，不能研其推变；山川之奥，未足况其纡险。则应俗适事，难以常条。如使用审其道，则殊涂同会；才爽其分，则一豪以乖。何以言之？若夫玄圣御世，则天同极，施舍之道，宜无殊典。而损益异运，文朴递行。用明居晦，回沉于曩时；兴弋陈俎，参差于上世。及至戴黄屋，服絺衣，丰薄不齐，而致化则一；亦有宥公族，黥国储，宽惨巨隔，而防非必同。此其分波而共源，百虑而一致者也。若乃偏情矫用，则枉直必过。故葛屦履霜，敝由崇俭；楚楚衣服，戒在穷赊；疏禁厚下，以尾大陵弱，敛威峻罚，以苛薄分崩。斯《曹》《魏》之刺，所以明乎国风；周、秦末轨，所以彰于微灭。故用舍之端，兴败资焉。是以繁简唯时，宽猛相济。刑书镌鼎，事有可详；三章在令，取贵能约。太叔致猛政之褒，国子流遗爱之涕，宣孟改冬日之和，平阳循画一之法。斯实弛张之弘致，可以徵其统乎！数子之言当世失得皆究矣，然多谬通方之训，好申一隅之说。贵清静者，以席上为腐议；束名实者，以柱下为诞辞。或推前王之风，可行于当年；有引救敝之规，宜流于长世。稽之笃论，将为敝矣。如以舟无推陆之分，瑟非常调之音，不限局以疑远，不拘玄以妨素，则化枢各管其极，理略可得而言与？

赞曰：管视好偏，群言难一。救朴虽文，矫迟必疾。举端自理，滞隅则失。详观时蠹，成昭政术。

【译文】

仲长统，字公理，山阳高平人。从小好学，广泛地涉猎各种书籍，擅长文辞。二十多岁时，在青州、徐州、并州、冀州之间游学，与他交朋友的人都对他另眼相看。并州的刺史高干，是袁绍的外甥，向来高贵且有名望，招致四方游学的士人，士人前来归附的很多。仲长统路过时进见高干，高干非常友善地款待，征求他对时事的看法。仲长统对高干说："您有雄心却无雄才，喜好士人但不会选择人，这是我要深切告诫您的。"高干平时自视甚高，没有采纳他的意见，仲长统于是离去。没过多久，高干因为并州叛乱，最终遭到失败。并州、冀州的士人都因为这对仲长统另眼相看。

仲长统生性倜傥，敢于直言，不拘泥小节，默语无常，当时有人称他为狂生。每逢州里、郡里派人召见，他就称病不往。平素认为，凡是游说帝王的，是想以此来立身扬名，可是名声不长存，人生易逝，悠闲自在，可以自得其乐。想选择一个清静空旷的地方居住，来满足自己的愿望，并且议论说："如果居住的地方有良田，有宽敞的宅院，背山临水，沟池环绕，遍地都是竹木，房前建造场圃，屋后造果园。有舟车足以代步行的艰难，有使唤的人足以摆脱四肢的劳苦。奉养双亲有众多名贵的菜肴，妻儿也没有吃苦受累的劳作。高朋云集，就摆酒菜让他们高高兴兴；佳节吉日，烹猪羊来供奉先人。徘徊在田间林苑，游戏在平地树丛，濯洗清流，追随着凉风，垂钓游鲤，仰射飞鸿。在舞雩台下吟诵，歌咏着回高堂之上。闺房中安心养神，思考老子玄妙莫测的心境虚灵的意旨；呼吸精气和气，达到与至人无物无我相仿的境界。与几位胸襟开阔的人进行论道讲书，穷究天地，品评人物，弹奏高雅的琴曲《南风》，发出清高美妙的声音。逍遥在尘世之外，睥睨在天地之间。不承担当代的责任，永保性命来尽天年。像这样，就能凌于霄汉之上，出于宇宙之外了。哪还羡慕出入帝王之门呢！”又作诗两篇，来表达自己的志向，诗曰：

飞鸟留下了足迹，蝉儿脱掉了陈壳。腾蛇遗弃了鳞甲，神龙解除了头角。至人善于应变，达士超越了世俗。驾云不用马缰，御风无须双足。垂露形成了帷帘，天空便是幄幕。沆瀣被当作饮食，太阳权当灯烛。恒星艳丽如同珠子，朝霞滑润似玉。天地四方之间，听凭自己的心意所欲。人事全可以抛弃，哪还受拘束！

大道虽然平坦，察见征兆的人却少。随心所欲无过错，追随万物而不讨好。古来纠缠解不开，委曲求全就像锁套。千思百虑又何必，自身想得开最重要。愁云被寄放在天空，忧思被深埋在地下。背叛废置乃《五经》，毁灭抛弃是《风》《雅》。诸子百家的大杂烩，请让他们化为火花。坚定志向居住在山林，驰骋心意到天涯。元气姑且当作小舟，微风自然作为船舵。自由翱翔在太空，纵情打扮全都在我。

尚书令荀彧听说仲长统的名声，对他很赞赏，推荐他为尚书郎。仲长统后来曾经帮助丞相曹操办理军务。每次议论古今和现实的风气行事，经常恼怒叹息，因而写下了论著名叫《昌言》，共有三十四篇，十余万言。汉献帝让位那年，仲长统逝世，时年四十一岁。友人东海缪袭曾经赞美仲长统的才华、文章足以承接西汉的董仲舒、贾谊、刘向、杨雄。现在简要摘录他书中对政事有补益的文字，简略地加以记载。

《理乱篇》说：

顺应天命出现的豪杰，本没有占据天下的名分。没有占据天下的名分，因此争战便纷纷发生。在这时，都假借着天威，矫命占据一方自立为国，拥有军队与我较量才能智慧，比试勇气力量与我一争高低，不知道进退，贻误了天下，真是数不胜数。斗智的人都穷途末路，斗力的人都败下阵来，形不堪复抗，势力不足再争，于是才头颈套绳索，到我这儿来听从摆布。这些人有的曾经是我的尊长，有的曾经是我的同辈，有的曾经使唤过我，有的曾经拘禁过我。他们得意时，都在心中咒骂，庆幸我遭到了失败，并以此来奋力实现他们从前的志向，岂能把现在这种结果作为终身的名分呢？

到继承皇位时，民心已经安定了。普天之下，依靠我而得到生存繁衍，因为我而得到富贵，安居乐业，养育子孙，天下太平，全都归附于我了。豪杰的雄心已消逝，士民的志向已摆平，最贵的只有固定的一家，最尊贵的只有一个人。这时候，虽是最愚蠢的人当皇帝，但也能使他的恩德如同天地一样，威望好比鬼神。暴风迅雷，不足以来形容他的愤怒；阳春时雨，不足以来比喻他的恩泽；周公、孔子几千个，无法再与他的圣明争夺高下；孟贲、夏育上百万，无法再与他的勇武较长短了。

到后世继承帝位的昏君，见到天下没人敢违抗他，自认为像天地一样不会消亡，就放纵自己的私欲，驰骋自己的邪念，君臣公开地淫乱，上下一起胡为。目尽杂耍游戏，耳闻靡靡之音，入则沉溺于女色，出则玩命地打猎，荒废政事，抛弃人才，就像洪水泛滥，没有尽头。信任亲爱的人，都是献媚阿谀的人，受宠极贵的人，全都是后妃姬妾之家。让饿狼守护庖厨，饥虎管着猪圈，便发展到煎熬天下人的脂膏，敲碎吸食活人的骨髓。愤恨绝望，祸乱并起，国家一片混乱，外族侵夺背叛，土崩瓦解，一朝覆亡。从前我哺养的子孙，如今全变成了饮我鲜血的仇敌。直到天命已经转移，大势已去，仍然不觉悟的人，难道不是因为富贵产生了不仁，荒淫导致了昏庸吗？存亡因为这更替，治乱从此反复，这也正是天道永恒的规律。

又管理政事的人，只知道采取权宜之计罢了，不能认真地思考贤人与愚人的区别，来揭示国家盛衰的规律。一天天不如古时候，越往后就差得越远，难道不是这样吗？自汉朝兴起以来，大家都是普通百姓，凭借财力占据统治地位的，世上无计其数。可是清廉纯洁的士人，白白自己在荆棘丛中受苦，对世风世俗一点儿影响也没有。富豪人家的房屋，鳞次栉比有数百间，肥沃的田地布满了原野，上千奴婢，依附的人数以万计。用车船来贩货经商，通达四面八方；囤积居奇，遍布都市与城镇。珍奇宝物，巨大的房屋都容纳不下；马牛羊猪，深山大谷都难以承受。妖冶的童仆婢妾，填满了华丽的居室；歌舞弹唱的艺人，陈列在幽静的厅堂。宾客等待觐见而不敢离开，车辆马匹纵横交错却不敢前行。牛羊猪肉，多到坏臭不可食；清醇美酒，多到变质了不可饮用。稍有顾盼，大家就随他的目光探望；略显喜怒，大家就迎合他的心意而改容。这都是公侯们的享受，统治者的财富。如果能够运用智谋，就可以得到这些东西。如果能够得到这些东西，人们便不会认为这是一种罪恶。源头一旦打开便到处横流，道路一铺好就四通八达了。要求士人放弃了荣华享受而甘居穷苦，抛开自由自在而自找束缚，谁愿意这样做呢！乱世长而治世短。乱世则小人得到富贵荣宠，君子困穷卑贱。当君子困穷卑贱时，在高天下弯腰，在厚地上敛足，还唯恐会遭到压迫的灾祸。待到治世，却又深受矫枉过正的限制。老的已经快死了，还不能赶上轻松富裕的社会；年轻的人刚步入壮年，又将在衰乱时穷愁潦倒。这是让奸人专擅无穷的福利，而善士承担了不赦的罪孽。如果眼睛能够分辨颜色，耳朵能分辨声音，嘴巴能够分辨味道，身体能够分辨冷暖，都将把修养洁身当作难言的罪过，想方设法地加以避开，哪会有肯安贫乐道的人呢？这也正是后世君主权宜处事的过错啊！

过去春秋时，是周王朝的乱世。到战国，就更厉害了。秦始皇利用兼并各国的势头，放纵虎狼一般的野心，宰割天下，吞食幸存的国家，残暴极了，因此招来了楚汉争战的苦难，远远超过战国时代。汉王朝经历两百年又遇到王莽作乱，计算这次被杀戮死亡的人数，又超过秦始皇、项羽时一倍多。到了今天，著名的都市空虚、无人居住，百里之内绝迹到看不见人，不可胜数。这又超过王莽作乱的时候了。可悲啊！不到五百年的时间，出现三次大灾难，中间其他的祸乱尚不计算在内。越演变越可怕，越往后越残酷，这样发展下去，可能就达到都死光的地步了。唉！不知道后世的圣人将用什么样的方法来拯救社会危难啊！又不知上天如果让这种社会规律发展到尽头，还想让它走到哪里去呢？

《损益篇》：

措施如果对社会有利，制度如果对万物适宜，可以加以实行。事情违背礼数，法令忽略现实，应加以改变。因为这在古代推行产生过效益，用在今天没好处的，不可不进行改变。改变以后反而不如从前，替换以后反而失败更多的，也不可以不加以恢复。汉王朝刚兴起时，分封子弟为王，将士人百姓们的性命托付他们，把生杀大权交给他们。因为这骄奢放纵，欲望无度。鱼肉百姓，来满足他们的私欲；奸淫骨肉，来发泄他们的情欲。对上有篡逆背叛的不法行为，对下有暴虐凶残的严重的危害。虽是凭借亲属的恩典，但本也是历史的发展和形势使他们成为这个样子的。爵位被降低，封地被削减，权力慢慢被剥夺，最终导致坐食俸禄罢了。但他们污秽的行为，荒淫昏庸的罪行，还是很多的。因为这使他们的根基变浅，对他们的恩义逐渐减少，尚且假借一日的尊贵地位，让士人百姓为他效力，何况是专权于封国，擅自传位给后代时，怎能通过鞭打喝骂，来让他们完全听从我的摆布呢？政治衰败，风俗改变，纯朴丧失，奸诈出现。摆脱礼制约束，纵情于嗜欲之中已经很久了，原本就不该将权柄交给他们，将资本借给他们。所以收回他们世代继承的权力，阻止他们跋扈的势头，优秀的人尽快提升，邪恶的人及早铲除，因此地方上没有被埋没的士人，朝廷中没有专宠的贵人。这是变革十分出色，可一直推行下去的例子。

井田制被瓦解后，豪强经商营利，房产遍布在州郡，田地在方国连片。自身连当小吏的命都没有，却偷穿戴只有三公才能享有的彩服，连五户百姓的头领都不是，却役使有千户人家的名邑的百姓。荣华享乐甚至超过有封地的贵族，权势与郡守县令等同，财货私营不纳税，违犯法律不受惩罚，刺客和敢死之士替他卖命。使得力单忠厚的人，被破帘坏，死在他乡而无人收敛，蒙受冤枉，走投无路却不敢控诉。虽然也有法纪松弛的缘由，实则乃占有田地不受限制造成的。如今想要重振太平社会的纲纪，确立长治久安的基础，平分人民的财富，纠正奢侈的风俗，非实施井田制就实在没有别的出路了。这是变革失败，而应当恢复旧制的例子。

肉刑被废除后，各种罪行便没有了相应的惩治标准，不足够死刑的就处以髡刑与钳刑，不够髡刑、钳刑的就处以鞭笞。处死罪的人不能复生，但受髡刑的并没有多大伤害。髡刑和鞭笞不足而惩办犯中等罪行的人，哪里能不将他们处死呢？偷鸡摸狗，男女淫乱私奔，一般性的贿赂，误伤他人，都是不应处以死刑的。杀了他们太重，处以髡刑太轻。不制定中等刑罚来适合这样的罪行，那么法令怎能不混乱，生杀怎么能没有差错呢？如今忧虑刑罚太轻不足以惩治恶人，就虚增赃物来定成死罪，假托病死来掩盖极刑。法律条文中没办法找到依据，名实不相符，恐怕不是帝王的通用做法，圣人的良制吧！有人说："从重处罚恶人是可行的。从重处罚好人，哪里能挽回呢？"回答说："前朝以来，从没冤枉杀害过善人，就是由于有罪而不处以死刑。这种做法是对杀人能容忍，而对处死罪犯不能够容忍。现在让五种刑罚有明确的等级，定罪的轻重有准确的界限，法律井井有条，定罪与罪行完全能够相符，如果不是杀人、叛逆、作乱、乱伦等罪大恶极的人，一概都不杀。继承周朝罕有的典籍，接续吕侯已经制定的刑律，这又是应恢复旧制的最好例子。"

《易经》中说："阳卦是一君二臣，是君子之道；阴卦是二君一臣，是小人之道。"如此说来，那么少数的人是人上人，多数的人是人下人。五户人家的长官，是才能足用来管理五户的人；一国的君主，是才能足用来掌管一国的人；天下的王，是才能足用来称王天下的人。愚人被智者使唤，好像树枝依附树干，这个道理是天下的正常的法则。组建国家是为分头治理百姓，推行政事是为分头处理事务。百姓离得太远就会难于安抚，事务集中在一处就不易解决。现在边远的地区州府的属县，有的甚至相离数百千里，虽山陵湾泽很多，但仍可以住人种植谷物的地方，应重新划定管辖范围，使远的地方不超过二百里，把户籍登记清楚以便相互检查，将五户十户的地方组织详细划分以便相互帮助，限定农夫的占田数量来杜绝兼并，制定五种刑罚以拯救无辜的死亡，增加官员来振兴政事，抓紧农业生产来充实储备，舍弃工商业来专注农业，勉励教学来转变不良性情，表彰德行来改变风俗，考核才干技能来合理安排官员，选择精明强悍的人来学习军事，保养武器来应付战争，严肃法律禁令来防止越轨行为，信守赏罚来落实奖惩，督察游戏来杜绝奸邪，清查苛政来消除烦扰暴虐。确定这十六方面作为政务，长期地坚持实施，定期地检查考核，太平时也不懈怠，有事时则不慌乱，圣人再现，不能变更。

以前，天下的户数超过千万，除去其中的老弱之人，每户只有一个强壮男子，便有千万人。遗漏的已不少，在汉朝领域内居住的少数民族尚且没有计算在内。十个强壮的男子中，必有能够胜任什长伍长的人，按什长以上来计算，就有百万人。又从中取十分之一，那么可以做辅佐官吏的人才就能超过十万人。又从中取十分之一，那么可以担任政务长官的就有万人。凭借体力来发挥作用的称为人，对人要求强壮；凭借智力来发挥作用的称为士，对士要求老成。完全按照这种规定来使用天下人，还会有所储备，何必会担心不够用呢？因此物品有不去寻求的，没无物品的时候；士有不去使用的，没缺乏士人的社会。只有像这样，而后便可利用人的天性，穷尽人的道理，兴废继绝，网罗遗漏，包容天与人了。

有的人说：“善于管理政事的人，想清除烦扰苛刻，想要合并简省官职，用无为来求有为，以无事来求成功，您为什么说出这番话呢？”回答说：如果是这样，那么夏商周三代就不值得后人效法，圣人就不值得学习。君子利用法制就实现天下大治，小人利用法制就会造成天下大乱。都是同一个法制，有的用它实现大治，有的用它造成大乱，是因为做法完全不同啊。倘若任用豺狼去放猪羊，任用盗跖去管征税，国家就会昏乱，官吏就会放肆，那么对法制的损益还有什可以议论的呢？百姓待君子而后感化治理，国家待积蓄而后才没有忧患。君子不是依靠亲自从事农业生产来取得衣食，积蓄不是靠横征暴敛来求得富足。俸禄如果十分优厚，那么盘剥受贿的罪行才可消灭；积蓄如果十分充足，那么战争水旱的灾难就不用害怕。因此遵循正道得到俸禄，百姓不认为那是奢侈；遵循正道而征税，百姓不认为那是抢夺。天灾流行，就开仓库救济借贷，不也是仁政吗？衣食有富余，减少浪费奢华，进行施舍，不也是义举吗？那些居官位做士人百姓长官的君子，本应该享受大量的肉食和布帛，乘坐四匹马拉着的红轮车子。现在却反而说住破的房子的才高尚，吃豆叶的才是清高，既丧失天地的本性，又要提倡虚伪的名声，使不聪明的人占据着高位，使各种事业荒废，可能是从这里产生的。得到洁身自好的人却失去有才能的人，不是从建立功业的实际出发啊！凭借廉洁得到荐举却因贪婪被免职，这不是士君子的本意。选用官吏时必须取自善士，善士富的少但穷的多，俸禄不够用来供养，怎能不会多少做一些营私舞弊的事呢？因为这而惩治他们，是设置机关陷阱来等待天下的君子啊！

盗贼灾荒，九州交替着发生，饥馑突然出现，军队仓猝地出征，横征赋税让百姓更加贫穷，剥夺减少小吏的俸禄。可依靠的东西非常少，要收取的东西实在太多，上万里的地区长期的匮乏，首尾不能相救，徭役一齐进行征调，农业荒废，万民向苍天哭喊着呼叫，贫穷的流亡者死于沟壑。现在按照好田的平均产量，计算农业的收入，如果每亩收三斛征收，每斛征收一斗，并不多。一年之间，就会有数年的储备，即使征调非法徭役，放纵奢侈的欲望，大量地赏赐受宠幸的人，也不能用尽。不遵循古代法制，改为轻税，等到一方有警，一处受灾，不到三年时间，核算亏空，坐视战士的蔬食，立刻看见饿死的人满道，做君主的为何要推行这样的政策呢？二十税一，孟子称为这是野蛮人的做法，何况是三十税一呢？克扣小吏俸禄以充军用，起源于秦朝征讨诸侯，接着又征讨四夷。汉朝继承了秦朝的事业，于是有更改，使国家遭到危害，正是由于此造成的。现在田地没有固定的主人，百姓没有固定的住处，小吏吃着每天供给的东西，俸禄品级没有确定。应定立法制，统一条例，租税十一，更役赋税仍不变。如今土广人稀，中等以下的土地没能开垦。尽管如此，仍应当限制富家大族，不让他们超过规定。凡长草的田地，一概都称为官田，只有能力胜任农业劳动的，才允许分配。如果听凭他们自己占有，将来就一定会出现不法行为。

《法诫篇》说：

《周礼》中提到了六种立国的法规，是由冢宰掌管来辅佐君主治理天下的。春秋时，有道德修养的诸侯，都会任用一位上卿主持国政。到战国，也是这样。秦朝兼并天下，便设了丞相，用御使大夫作辅佐。从汉高祖到汉成帝，一直沿袭不变，大都一辈子坚持到底。汉朝昌盛，正在于此。任用一人就会政事专一，任用数人就会相互依赖。政事专一就会协调一致，相互依赖就会矛盾抵触。协调一致就是太平产生的根源，矛盾抵触就是混乱出现的原因。汉光武帝恼怒几代的皇帝丧失权柄，愤恨强臣窃据了帝位，矫枉过正，大权不下放，虽然设置三公，政事都归台阁管理。从此之后，三公的职位，不过是充数而已。但政事有处理不当的，还是要谴责。但权力移交给外戚之家，宠信遍及身边的宦者，亲信同党，任用私人，在内充京师，在外满洲郡，颠倒贤愚，舞弊选举，愚蠢无能的人掌管着地方，贪婪残暴的人统治着百姓，骚扰百姓，激怒了四夷，招致了叛乱，流离疾苦，怨气并作，阴阳失调，日月星辰出现了残缺，怪异的现象频繁地发生，害虫蚕食了庄稼，水旱造成了灾害。这些都是由外戚宦官当政带来的恶果，却来责怪三公，甚至处死或免职，这实在是令人呼喊苍天，号啕痛哭的事情啊！又中古时选拔三公，努力在清廉谨慎、循规蹈矩的人们中寻找。这种人是妇女中守本分的人，是乡间的普通人，哪能胜任那样的职务呢？形势既像那样，选举又像这样，却又想盼望三公为国家建立功勋，为百姓做出业绩，也太遥远了吧！从前汉文帝对待邓通，可以说宠爱到极点，尚且允许申徒嘉来施展秉公执法的志向。受信任到了这种程度，对君主身旁的小臣还有什么可以忧虑的呢？到近代，外戚宦官的请托受到阻挠，馈送得不到满足，马上就能陷入不测的灾祸中，哪还谈得上进行弹劾和纠正呢？从前任务重但责罚轻，现在任务轻但责罚重。以前贾谊有感于绛侯周勃被囚禁受辱，所以上书陈述有关大臣廉耻的名分，一旦开了大臣有罪却不受刑而自杀的头。从此以后，便会成为惯例。继位的君主，生下来就见到了这种情形，习以为常，从没有人觉悟。唉，太可悲了！左手握天下的版图，右手用刀割自己的脖子，愚蠢的人都知道很难办，何况明智的君子呢！汉光武帝剥夺了三公的重任，至今甚至更加厉害，不将权柄交给后党，几代以后就行不通，原来是由于亲疏的形势大不相同啊。母后的亲族，是不离他左右的人，有这种至亲的地位，因此他们贵幸万世。一般大臣失败，没有一个朝代没有出现，却没有一个人可以引以为鉴，也实在令人痛心啊。不如就设置丞相自己总揽大权。如果委任给三公，就应当分清职责负责将事办好。任命执政的人，不应和他通婚；通婚的人，不应让他执政。像这样，在位让百姓困穷，荐举任用的不是贤人，百姓不安，争讼不息，天地间多灾变，人物多妖孽，而后就可以分别承担这些罪行了。

有人说："政事握在一个人手中，权力太大。"回答说："人才实在是难得，何必嫌权力太大？从前霍禹、窦宪、邓骘、梁冀之辈，凭借外戚的势力，掌管着国家的权柄，等到他们被处死，仅凭一句话的诏书，第二天早上就解决问题，有多么大的权力值得畏惧呢？如今国家对宦官失于明察，将大权交付给外戚，算起来十当中这样做的占八九，不惩罚他们却要怀疑其他人，多么荒唐啊！"

评论说：诸子百家谈论政事由来已久，大体可以归结为巩固根基，变革时弊。遇国家命运无常，意见就偏颇杂乱，因为这对是非的论述，矛盾百出。试着对此妄加议论，认为社会已经不是远古赫胥氏、大庭氏的时代，人们放弃无私无欲的生活，世风万端，情欲萌生，虽然有赅备万物的智慧，也不能够弄清其中的推移变化；即使像山川那样的奥秘，也不足比喻人心的险恶。那么要适合世俗顺应万事，就不能用一成不变的章程。假如用人深知他的主张，就能够达到殊途同归的目的；才能同名分背离，差之毫厘失之千里。为什么要这样说呢？如果有道德的圣人治理社会时，效法自然，符合中道，那么振兴还是废除原则，就不会有不同的规定。而且随着时代不同有所减损或增益，只不过是文采与质朴交替施行而已。公开施行还是隐蔽推行，与以前不相一致；动用干戈或者举行祭祀，同前世互相有参差。等做帝王时，不论是乘高贵的黄盖车，还是穿着普通的葛布衣，丰俭虽然不一样，而实现太平则是相同的。也有的人宽宥公族的罪过，而对储君却施以黥刑，宽容与惨毒相距甚远，而防止非分之想必然会相同。这正是分流共源，百虑而一致啊！若果偏离了情理，一意孤行，那么就会矫枉过正。因此穿草鞋踏冰霜，其弊端来源于过分节俭；衣冠楚楚，警告在于过分地穷奢极欲；防范不严，分封的太多，就会因为尾大不掉，欺陵弱君；横征暴敛，严刑峻法，就会因为苛刻薄情而分崩离析。这也是受到《曹风》《魏风》讥刺的对象，在国风中十分鲜明的缘故；周、秦二朝的穷途末路，于灭亡的征兆里就特别显著的原因。因为这取舍的开始，就隐含着兴盛与失败。因为这繁简随时而易，宽猛相互补充。刑书刻在鼎上，事有周详；约法三章著为法规，贵在简明易行。由太叔将来执政，导致子产对猛政表扬；因子产遗爱，孔子流下激动的眼泪。赵盾如夏日一样可畏，一改赵衰如同冬日般平和；曹参为相，全遵守萧何统一的法规。这些的确是一张一弛，大概可以验证为政的传统吧！王充、王符、仲长统论说当代的得失都非常深刻，但却大多背离精辟的古训，喜好强调片面主张。崇尚清静无为的道家学说，将儒家讲席上的一套理论看作迂腐说教；拘泥于循名责实的名家，将老子的观点看作荒诞不经的言辞。有人推行前王教化，可以在当年实施；有人援引挽救弊端的法规，当永世流传。用纯正道理来考察它们，将会认为是一种弊端了。假如知道舟没有在陆地上推着走的功能，瑟不是只能弹奏一个永远不变的声音，不局限在眼前来怀疑远古，不拘泥于黑色来妨害白色，那么致力于天下太平的主要部门就各自把握准确的原则，各种的治国的方略可以评说了吧？

赞辞说：一孔的见解易偏，众人之言难统一，救质朴须文采，矫迟钝必定迅急。纲举自然目张，偏执肯定有失误。详审现实的弊病，成就光大治术。

后汉书卷五十九

张衡列传第四十九

张衡字平子，南阳西鄂人也。世为著姓。祖父堪，蜀郡太守。衡少善属文，游于三辅，因入京师，观太学，遂通《五经》，贯六艺。虽才高于世，而无骄尚之情。常从容淡静，不好交接俗人。永元中，举孝廉不行，连辟公府不就。时天下承平日久，自王侯以下，莫不逾侈。衡乃拟班固《两都》，作《二京赋》，因以讽谏。精思傅会，十年乃成。文多，故不载。大将军邓骘奇其才，累召不应。

衡善机巧，尤致思于天文、阴阳、历算。常耽好《玄经》，谓崔瑗曰："吾观《太玄》，方知子云妙极道数，乃与《五经》相拟，非徒传记之属，使人难论阴阳之事，汉家得天下二百岁之书也。复二百岁，殆将终乎？所以作者之数，必显一世，常然之符也。汉四百岁，《玄》其兴矣。"安帝雅闻衡善术学，公车特征拜郎中，再迁为太史令。遂乃研核阴阳，妙尽璇机之正，作浑天仪，著《灵宪》《算罔论》，言甚详明。

顺帝初，再转，复为太史令。衡不慕当世，所居之官，辄积年不徙。自去史职，五载复还，乃设客问，作《应闲》以见其志云：

原有闲余者曰：盖闻前哲首务，务于下学上达，佐国理民，有云为也。朝有所闻，则夕行之，立功立事，式昭德音。是故伊尹思使君为尧、舜，而民处唐、虞，彼岂虚言而已哉，必旌厥素尔。咎单、巫咸，实守王家，申伯、樊仲，实干周邦，服衮而朝，介圭作瑞。厥迹不朽，垂烈后昆，不亦丕欤！且学非以要利，而富贵萃之。贵以行令，富以施惠，惠施令行，故《易》称以"大业"。质以文美，实由华兴，器赖雕饰为好，人以舆服为荣。吾子性德体道，笃信安仁，约己博艺，无坚不钻，以思世路，斯何远矣！曩滞日官，今又原之。虽老氏曲全，进道若退，然行亦以需。必也学非所用，术有所仰，故临川将济，而舟楫不存焉。徒经思天衢，内昭独智，固合理民之式也？故尝见谤于鄙儒。深厉浅揭，随时为义，曾何贪于支离，而习其孤技邪？参轮可使自转，木雕犹能独飞，已垂翅而还故栖，盍亦调其机而铦诸？昔有文王，自求多福。人生在勤，不索何获。曷若卑体屈己，美言以相克？鸣于乔木，乃金声而玉振之。用后勋，雪前吝，婞很不柔，以意谁靳也。

应之曰：是何观同而见异也？君子不患位之不尊，而患德之不崇；不耻禄之不夥，而耻智之不博。是故艺可学，而行可力也。天爵高悬，得之在命，或不速而自怀，或羡旃而不臻，求之无益，故智者面而不思。阽身以侥幸，固贪夫之所为，未得而豫丧也。枉尺直寻，议者讥之，盈欲亏志，孰云非羞？于心有猜，则簋飧馔馎犹不屑餐，旌瞀以之。意之无疑，则兼金盈百而不嫌辞，孟轲以之。士或解裋褐而袭黼黻，或委锸筑而据文轩者，度德拜爵，量绩受禄也。输力致庸，受必有阶。

浑元初基，灵轨未纪，吉凶纷错，人用瞳朦。黄帝为斯深惨。有风后者，是焉亮之，察三辰于上，迹祸福乎下，经纬历数，然后天步有常，则风后之为也。当少昊清阳之末，实或乱德，人神杂扰，不可方物，重黎又相颛顼而申理之，日月即次，则重黎之为也。人各有能，因艺授任，鸟师别名，四叔三正，官无二业，事不并济。昼长则宵短，日南则景北。天且不堪兼，况以人该之。夫玄龙，迎夏则陵云而奋鳞，乐时也；涉冬则淈泥而潜蟠，避害也。公旦道行，故制典礼以尹天下，惧教诲之不从，有人〔之〕不理。仲尼不遇，故论《六经》以俟来辟，耻一物之不知，有事之无范。所考不齐，如何可一？

夫战国交争，戎车竞驱，君若缀旒，人无所丽。烛武县缒而秦伯退师，鲁连系箭而聊城弛柝。从往则合，横来则离，安危无常，要在说夫。咸以得人为枭，失士为尤。故樊哙披帷，入见高祖；高祖踞洗，以对郦生。当此之会，乃鼋鸣而鳖应也。故能同心戮力，勤恤人隐，奄受区夏，遂定帝位，皆谋臣之由也。故一介之策，各有攸建，子长谍之，烂然有第。夫女魃北而应龙翔，洪鼎声而军容息；溽暑至而鹑火栖，寒冰沍而鼋鼍蛰。今也，皇泽宣洽，海外混同，万方亿丑，并质共剂，若修成之不暇，尚何功之可立！立事有三，言为下列；下列且不可庶矣，奚冀其二哉！

于兹搢绅如云，儒士成林，及津者风摅，失涂者幽僻，遭遇难要，趋偶为幸。世易俗异，事势舛殊，不能通其变，而一度以揆之，斯契船而求剑，守株而伺兔也。冒愧逞愿，必无仁以继之，有道者所不履也。越王句践事此，故厥绪不永。捷径邪至，我不忍以投步；干进苟容，我不忍以歙肩。虽有犀舟劲楫，犹人涉卬否，有须者也。姑亦奉顺敦笃，守以忠信，得之不休，不获不吝。不见是而不惛，居下位而不忧，允上德之常服焉。方将师天老而友地典，与之乎高睨而大谈，孔甲且不足慕，焉称殷彭及周聃！与世殊技，固孤是求。子忧朱泙曼之无所用，吾恨轮扁之无所教也。子睹木雕独飞，愍我垂翅故栖，吾感去蛙附鸱，悲尔先笑而后号也。

斐豹以毙督燔书，礼至以掖国作铭；弦高以牛饩退敌，墨翟以萦带全城；贯高以端辞显义，苏武以秃节效贞；蒲且以飞矰逞巧，詹何以沈钩致精；弈秋以棋局取誉，王豹以清讴流声。仆进不能参名于二立，退又不能群彼数子。愍《三坟》之既颓，惜《八索》之不理。庶前训之可钻，聊朝隐乎柱史。且韫椟以待价，踵颜氏以行止。曾不慊夫晋、楚，敢告诚于知己。

阳嘉元年，复造候风地动仪。以精铜铸成，员径八尺，合盖隆起，形似酒尊，饰以篆文山龟鸟兽之形。中有都柱，傍行八道，施关发机。外有八龙，首衔铜丸，下有蟾蜍，张口承之。其牙机巧制，皆隐在尊中，覆盖周密无际。如有地动，尊则振龙机发吐丸，而蟾蜍衔之。振声激扬，伺者因此觉知。虽一龙发机，而七首不动，寻其方面，乃知震之所在。验之以事，合契若神。自书典所记，未之有也。尝一龙机发而地不觉动，京师学者咸怪其无征，后数日驿至，果地震陇西，于是皆服其妙。自此以后，乃令史官记地动所从方起。

时，政事渐损，权移于下，衡因上疏陈事曰：

伏惟陛下宣哲克明，继体承天，中遭倾覆，龙德泥蟠。今乘云高跻，磐桓天位，诚所谓将隆大位，必先倥偬之也。亲履艰难者知下情，备经险易者达物伪。故能一贯万机，靡所疑惑，百揆允当，庶绩咸熙。宜获福祉神祇，受誉黎庶。而阴阳未和，灾眚屡见，神明幽远，冥鉴在兹。福仁祸淫，景响而应，因德降休，乘失致咎，天道虽远，吉凶可见，近世郑、蔡、江、樊、周广、王圣，皆为效矣。故恭俭畏忌，必蒙祉祚，奢淫谄慢，鲜不夷戮，前事不忘，后事之师也。夫情胜其性，流遁忘反，岂唯不肖，中才皆然。苟非大贤，不能见得思义，故积恶成衅，罪不可解也。向使能瞻前顾后，援镜自戒，则何陷于凶患乎！贵宠之臣，众所属仰，其有愆尤，上下知之。褒美讥恶，有心皆同，故怨讟溢乎四海，神明降其祸辟也。顷年雨常不足，思求所失，则《洪范》所谓“僭恒阳若”者也。惧群臣奢侈，昏逾典式，自下逼上，用速咎征。又前年京师地震

土裂，裂者威分，震者人扰也。君以静唱，臣以动和，威自上出，不趣于下，礼之政也。窃惧圣思厌倦，制不专己，恩不忍割，与众共威。威不可分，德不可共。《洪范》曰：“臣有作威作福玉食，害于而家，凶于而国。”天鉴孔明，虽疏不失。灾异示人，前后数矣，而未见所革，以复往悔。自非圣人，不能无过。愿陛下思惟所以稽古率旧，勿令刑德八柄，不由天子。若恩从上下，事依礼制，礼制修则奢僭息，事合宜则无凶咎。然后神望允塞，灾消不至矣。

初，光武善谶，及显宗、肃宗因祖述焉。自中兴之后，儒者争学图纬，兼复附以訞言。衡以图纬虚妄，非圣人之法，乃上疏曰：

臣闻圣人明审律历以定吉凶，重之以卜筮，杂之以九宫，经天验道，本尽于此。或观星辰逆顺，寒燠所由，或察龟策之占，巫觋之言，其所因者，非一术也。立言于前，有征于后，故智者贵焉，谓之谶书。谶书始出，盖知之者寡。自汉取秦，用兵力战，功成业遂，可谓大事，当此之时，莫或称谶。若夏侯胜、眭孟之徒，以道术立名，其所述著，无谶一言。刘向父子领校秘书，阅定九流，亦无谶录。成、哀之后，乃始闻之。《尚书》尧使鲧理洪水，九载绩用不成，鲧则殛死，禹乃嗣兴。而《春秋谶》云“共工理水”。凡谶皆云黄帝伐蚩尤，而《诗谶》独以为‘蚩尤败，然后尧受命’。《春秋元命包》中有公输班与墨翟，事见战国，非春秋时也。又言“别有益州”。益州之置，在于汉世。其名三辅诸陵，世数可知。至于图中讫于成帝。一卷之书，互异数事，圣人之言，势无若是，殆必虚伪之徒，以要世取资。往者侍中贾逵摘谶互异三十余事，诸言谶者皆不能说。至于王莽篡位，汉世大祸，八十篇何为不戒？则知图谶成于哀、平之际也。且《河洛》《六艺》，篇录已定，后人皮傅，无所容篡。永元中，清河宋景遂以历纪推言水灾，而伪称洞视玉版。或者至于弃家业，入山林。后皆无效，而复采前世成事，以为证验。至于永建复统，则不能知。此皆欺世罔俗，以昧势位，情伪较然，莫之纠禁。且律历、卦候、九宫、风角，数有征效，世莫肯学，而竞称不占之书。譬犹画工。恶图犬马而好作鬼魅，诚以实事难形，而虚伪不穷也。宜收藏图谶，一禁绝之，则朱紫无所眩，典籍无瑕玷矣。

后迁侍中，帝引在帷幄，讽议左右。尝问衡天下所疾恶者。宦官惧其毁己，皆共目之，衡乃诡对而出。阉竖恐终为其患，遂共谗之。

衡常思图身之事，以为吉凶倚伏，幽微难明，乃作《思玄赋》，以宣寄情志。其辞曰：

仰先哲之玄训兮，虽弥高其弗违。匪仁里其焉宅兮，匪义迹其焉追？潜服膺以永靓兮，绵日月而不衰。伊中情之信修兮，慕古人之贞节。竦余身而顺止兮，遵绳墨而不跌。志团团以应悬兮，诚心固其如结。旌性行以制佩兮，佩夜光与琼枝。纗幽兰之秋华兮，又缀之以江蓠。美襞积以酷裂兮，允尘邈而难亏。既姱丽而鲜双兮，非是时之攸珍。奋余荣而莫见兮，播余香而莫闻。幽独守此仄陋兮，敢怠皇而舍勤。幸二八之遻虞兮，喜傅说之生殷；尚前良之遗风兮，恫后辰而无及。何孤行之茕茕兮，孑不群而介立？感鸾鷖之特栖兮，悲淑人之稀合。

彼无合其何伤兮，患众伪之冒真。旦获讟于群弟兮，启《金滕》而乃信。览蒸民之多僻兮，畏立辟以危身。曾烦毒以迷或兮，羌孰可与言己？私湛忧而深怀兮，思缤纷而不理。愿竭力以守义兮，虽贫穷而不改。执雕虎而试象兮，阽焦原而跟止。庶斯奉以周旋兮，要既死而后已。俗迁渝而事化兮，泯规矩之圜方。珍萧艾于重笥兮，谓蕙芷之不香。斥西施而弗御兮，羁要袅以服箱。行陂僻而获志兮，循法度而离殃。惟天地之无穷兮，何遭遇之无常！不抑操而苟容兮，譬临河而无航。欲巧笑以干媚兮，非余心之所尝。袭温恭之黻衣兮，披礼义之绣裳。辫贞亮以为鞶兮，杂技艺以为珩。昭彩藻与雕琢兮，璜声远而弥长。淹栖迟以恣欲兮，耀灵忽其西藏。恃己知而华予兮，罜㥄鸣而不芳。冀一年之三秀兮，遒白露之为霜。时亹亹而代序兮，畴可与乎比伉？咨妒婞之难并兮，想依韩以流亡，恐渐冉而无成兮，留则敝而不章。

心犹与而狐疑兮，即岐址而摅情。文君为我端蓍兮，利飞遁以保名。历众山以周流兮，翼迅风以扬声。二女感于崇岳兮，或冰折而不营。天盖高而为泽兮，谁云路之不平！勔自强而不息兮，蹈玉阶之峣峥。惧筮氏之长短兮，钻东龟以观祯。遇九皋之介鸟兮，怨素意之不逞。游尘外而瞥天兮，据冥翳而哀鸣。雕鹗竞于贪婪兮，我修絜以益荣。子有故于玄鸟兮，归母氏而后宁。

占既吉而无悔兮，简元辰而俶装。旦余沐于清原兮，晞余发于朝阳。漱飞泉之沥液兮，咀石菌之流英。翾鸟举而鱼跃兮，将往走乎八荒。过少皞之穷野兮，问三丘乎句芒。何道真之淳粹兮，去秽累而票轻。登蓬莱而容与兮，鳌虽抃而不倾。留瀛洲而采芝兮，聊且以乎长生。凭归云而遐逝兮，夕余宿乎扶桑。噏青岑之玉醴兮，餐沆瀣以为粮。发昔梦于木禾兮，谷昆仑之高冈。朝吾行于汤谷兮，从伯禹于稽山。集群神之执玉兮，疾防风之食言。

指长沙以邪径兮，存重华乎南邻。哀二妃之未从兮，翩傧处彼湘濒。流目覜夫衡阿兮，睹有黎之圮坟；痛火正之无怀兮，托山陂以孤魂。愁蔚蔚以慕远兮，越卬州而愉敖。跻日中于昆吾兮，憩炎天之所陶。扬芒熛而绛天兮，水泫沄而涌涛。温风翕其增热兮，惄郁邑其难聊。顴羁旅而无友兮，余安能乎留兹？

顾金天而叹息兮，吾欲往乎西嬉。前祝融使举麾兮，缅朱鸟以承旗。躔建木于广都兮，拓若华而踌躇。超轩辕于西海兮，跨汪氏之龙鱼。闻此国之千岁兮，曾焉足以娱余？

思九土之殊风兮，从蓐收而遂徂。欻神化而蝉蜕兮，朋精粹而为徒。蹶白门而东驰兮，云台行乎中野。乱弱水之潺湲兮，逗华阴之湍渚。号冯夷俾清津兮，棹龙舟以济予。会帝轩之未归兮，怅相佯而延伫。呬河林之蓁蓁兮，伟《关雎》之戒女。黄灵詹而访命兮，摎天道其焉如。日近信而远疑兮，六籍阙而不书。神逵昧其难覆兮，畴克谟而从诸？牛哀病而成虎兮，虽逢昆其必噬。鳖令殪而尸亡兮，取蜀禅而引世。死生错而不齐兮，虽司命其不晰。窦号行于代路兮，后膺祚无繁庑。王肆侈于汉庭兮，卒衔恤而绝绪。尉龙眉而郎潜兮，逮三叶而遘武。董弱冠而司衮兮，设王隧而弗处。夫吉凶之相仍兮，恒反侧而靡所。穆负天以悦牛兮，竖乱叔而幽主。文断袪而忌伯兮，阉谒贼而宁后。通人暗于好恶兮，岂爱惑之能剖？嬴擿谶而戒胡兮，备诸外而发内。或辇贿而违车兮，孕行产而为对。慎、灶显于言天兮，占水火而妄谇。梁叟患夫黎丘兮，丁厥子而事刃，亲所睇而弗识兮，矧幽冥之可信。毋绵挛以涬己兮，思百忧以自疢。彼天监之孔明兮，用棐忱而佑仁。汤蠲体以祷祈兮，蒙厖褫以拯人。景三虑以营国兮，荧惑次于它辰。魏颗亮以从理兮，鬼亢回以敝秦。咎繇迈而种德兮，德树茂乎英、六。桑末寄夫根生兮，卉既雕而已毓。有无言而不仇兮，又何往而不复？盍远迹以飞声兮，孰谓时之可蓄？

仰矫首以遥望兮，魂懒惘而无畴。逼区中之隘陋兮，将北度而宣游。行积冰之硙硙兮，清泉冱而不流。寒风凄而永至兮，拂穹岫之骚骚。玄武缩于壳中兮，螣蛇蜿而自纠。鱼矜鳞而并凌兮，鸟登木而失条。坐太阴之屏室兮，慨含欷而增愁。怨高阳之相寓兮，佃颛顼之宅幽。庸织络于四裔兮，斯与彼其何瘳？望寒门之绝垠兮，纵余绁乎不周。迅飙潚其媵我兮，骛翩飘而不禁。趋谽呺之洞穴兮，摽通渊之碄碄。经重阴乎寂寞兮，愍坟羊之潜深。

追慌忽于地底兮，轶无形而上浮。出右密之暗野兮，不识蹊之所由。速烛龙令执炬兮，过钟山而中休。瞰瑶谿之赤岸兮，吊祖江之见刘。聘王母于银台兮，羞玉芝以疗饥；戴胜慭其既欢兮，又诮余之行迟。载太华之玉女兮，召洛浦之宓妃。咸姣丽以蛊媚兮，增嫮眼而蛾眉。舒妙婧之纤腰兮，扬杂错之袿徽。离朱唇而微笑兮，颜的砺以遗光。献环琨与玙缡兮，申厥好以玄黄。虽色艳而赂美兮，志浩荡而不嘉。双材悲于不纳兮，并咏诗而清歌。歌曰：天地烟煴，百卉含蘤。鸣鹤交颈，雎鸠相和。处子怀春，精魂回移。如何淑明，忘我实多。

将答赋而不暇兮，爰整驾而亟行。瞻昆仑之巍巍兮，临萦河之洋洋。伏灵龟以负坻兮，亘螭龙之飞梁。登阆风之曾城兮，拘不死而为床。屑瑶蕊以为糇兮，斢白水以为浆。抨巫咸以占梦兮，迺贞吉之元符。滋令德于正中兮，(合)〔含〕嘉(秀)〔禾〕以为敷。既垂颖而顾本兮，尔要思乎故居。安和静而随时兮，姑纯懿之所庐。

戒庶寮以夙会兮，佥恭职而并迓。丰隆轩其震霆兮，列缺晔其照夜。云师䨴以交集兮，涷雨沛其洒涂。轙琱舆而树葩兮，扰应龙以服辂。百神森其备从兮，屯骑罗而星布。振余袂而就车兮，修剑揭以低昂。冠咢咢其映盖兮，佩綝缡以辉煌。仆夫俨其正策兮，八乘摅而超骧。氛旄溶以天旋兮，蜺旌飘而飞扬。抚轸轵而还睨兮，心灼药其如汤。羡上都之赫戏兮，何迷故而不忘？左青琱以揵芝兮，右素威以司钲。前长离使拂羽兮，委水衡乎玄冥。属箕伯以函风兮，澄淟涊而为清。曳云旗之离离兮，鸣玉鸾之嘤嘤。涉清霄而升遐兮，浮蔑蒙而上征。纷翼翼以徐戾兮，焱回回其扬灵。叫帝阍使辟扉兮，觌天皇于琼宫。聆广乐之九奏兮，展泄泄以肜肜。考理乱于律钧兮，意建始而思终。惟盘逸之无斁兮，惧乐往而哀来。素抚弦而余音兮，大容吟曰念哉。既防溢而静志兮，迨我暇以翱翔。出紫宫之肃肃兮，集大微之阆阆。命王良掌策驷兮，逾高阁之锵锵。建罔车之幕幕兮，猎青林之芒芒。弯威弧之拨刺兮，射嶓冢之封狼。观壁垒于北落兮，伐河鼓之磅硠。乘天潢之泛泛兮，浮云汉之汤汤。倚招摇、摄提以低回剹流兮，察二纪、五纬之绸缪遹皇。偃蹇夭矫婉以连卷兮，杂沓丛颉飒以方骧。戫汩飂戾沛以罔象兮，烂漫丽靡藐以迭遏。凌惊雷之硫磕兮，弄狂电之淫裔。逾庞澒于宕冥兮，贯倒景而高厉。廓荡荡其无涯兮，乃今穷乎天外。

据开阳而頫盼兮，临旧乡之暗蔼。悲离居之劳心兮，情悁悁而思归。魂眷眷而屡顾兮，马倚辀而俳回。虽遨游以媮乐兮，岂愁慕之可怀。出阊阖兮降天涂，乘飙忽兮驰虚无。云霏霏兮绕余轮，风眇眇兮震余旟。缤联翩兮纷暗暧，倏眩眃兮反常闾。

收畴昔之逸豫兮，卷淫放之遐心。修初服之娑娑兮，长余珮之参参。文章焕以粲烂兮，美纷纭以从风。御六艺之珍驾兮，游道德之平林。结典籍而为罟兮，欧儒、墨而为禽。玩阴阳之变化兮，咏《雅》《颂》之徽音。嘉曾氏之《归耕》兮，慕历陵之钦崟。共夙昔而不贰兮，固终始之所服也；夕惕若厉以省諐兮，惧余身之未敕也。苟中情之端直兮，莫吾知而不恧。墨无为以凝志兮，与仁义乎消摇。不出户而知天下兮。何必历远以劬劳？

系曰：天长地久岁不留，俟河之清祇怀忧。愿得远度以自娱，上下无常穷六区。超逾腾跃绝世俗。飘飖神举逞所欲。天不可阶仙夫希，柏舟悄悄吝不飞。松、乔高跱孰能离？结精远游使心攜。回志朅来从玄諆，获我所求夫何思！

永和初，出为河间相。时国王骄奢，不遵典宪；又多豪右，共为不轨。衡下车，治威严，整法度，阴知奸党名姓，一时收禽，上下肃然，称为政理。视事三年，上书乞骸骨，征拜尚书。年六十二，永和四年卒。

著《周官训诂》，崔瑗以为不能有异于诸儒也。又欲继孔子《易》说《彖》《象》残缺者，竟不能就。所著诗、赋、铭、七言、《灵宪》《应间》《七辩》《巡诰》《悬图》凡三十二篇。

永初中，谒者仆射刘珍、校书郎刘騊駼等著作东观，撰集《汉记》，因定汉家礼仪，上言请衡参论其事，会并卒，而衡常叹息，欲终成之。及为侍中，上疏请得专事东观，收捡遗文，毕力补缀。又条上司马迁、班固所叙与典籍不合者十余事。又以为王莽本传但应载篡事而已，至于编年月，纪灾祥，宜为元后本纪。又更始居位，人无异望。光武初为其将，然后即真，宜以更始之号建于光武之初。书数上，竟不听。及后之著述，多不详典，时人追恨之。

论曰：崔瑗之称平子曰“数术穷天地，制作侔造化”。斯致可得而言欤！推其围范两仪，天地无所蕴其灵；运情机物，有生不能参其智。故

(智)〔知〕思引渊微，人之上术。记曰："德成而上，艺成而下。"量斯思也，岂夫艺而已哉？何德之损乎！

赞曰：三才理通，人灵多蔽。近推形算，远抽深滞。不有玄虑，孰能昭晰？

【译文】

张衡字平子，南阳郡西鄂县人。世代为名门望族。祖父张堪，官至蜀郡太守。张衡青少年时善于写文章，他曾游历三辅，因而来到京都，在太学游学，于是通晓《五经》，贯通六艺。虽然才能高于世人，却没有骄傲的情绪。总是从容恬静，不喜欢结交庸俗之人。和帝永元年间，被举荐为孝廉科入仕，他没有去，屡次被三公官府征召，都未就职。当时国家长期和平安定，自王侯以下，没有不奢侈越制的。张衡便模拟班固的《两都赋》，写作了《西京赋》《东京赋》，以此来进行讽谏。经过精密构思，排比组合，历时十年才写成此赋。因字数太多，这里就不转载了。大将军邓骘认为他才能罕见，曾多次招聘，张衡都没有答应。

张衡擅长机械和工艺技巧，尤其精心钻研天文、阴阳、历算等学问。平素特别喜好《太玄经》，他曾对崔瑗说："我读《太玄经》，才知道杨雄极为通晓天道术数之妙，竟然能模拟《五经》，决非仅是传记之类，使人更难以探讨有关阴阳的问题了，这是汉朝取得天下两百年后才产生的著作。从《太玄》的写作至今又两百年了，这学问会过时吗？作者的命运所以必能显于一世，这是由于永恒规律的符验。汉朝天下四百年时，《太玄》之学定要兴起。"汉安帝素闻张衡擅长术数之学，派公车征召他，授予郎中官职，又升任太史令。于是他就研究阴阳，精移地掌握了天文历法的制定方法，制作了浑天仪，著有《灵宪》《算周论》二书，论述十分详细。

汉顺帝初年，两次转任之后，他再次出任太史令。张衡不羡慕出仕做官，所任职务往往多年不得升迁。从太史令任上调离五年后，他又重任该职，于是以答客问的形式，作了《应闲》一文，以表达自己的志向：

(下文为引张衡文章，在此不作翻译)

"有闲余者曰：盖闻前哲首务，务于下学上达，佐国理民，有云为也。朝有所闻，则夕行之。立功立事，式昭德音。是故伊尹思使君为尧舜，而民处唐虞，彼岂虚言而已哉，必旌厥素尔。咎单、巫咸，实守王家，申伯、樊仲，实干周邦，服衮而朝，介圭作瑞。厥迹不朽，垂烈后昆，不亦丕欤！且学非以要利，而富贵萃之。贵以行令，富以施惠，惠施令行，故《易》称以‘大业’。质以文美，实由华兴，器赖雕饰为好，人以舆服为荣。君子性德体道，笃信安仁，约己博艺，无坚不钻，以思世路，斯何远矣！曩滞日官，今又原之。虽老氏曲全，进道若退。然行亦以需。必也学非所用，术有所抑，故临川将济，而舟楫不存焉。徒经思天衢，内昭独智，固合理民之式也？故尝见谤于鄙儒。深厉浅揭，随时为义，曾何贪于支离，而习其孤技邪？参轮可使自转，木雕犹能独飞，已垂翅而还故栖，盍亦调其机而铦诸？昔有文王，自求多福。人生在勤，不索何获。曷若卑体屈己，美言以相克？鸣于乔木，乃金声而玉振之。用后勋，雪前吝，婞很不柔，以意谁靳也。

“应之曰：是何观同而见异也？君子不患位之不尊，而患德之不崇；不耻禄之不夥，而耻智之不博。是故艺可学，而行可力也。天爵高悬，得之在命，或不速而自怀，或羡旃而不臻，求之无益，故智者面而不思。阽身以侥幸，固贪夫之所为，未得而豫丧也。枉尺直寻，议者讥之，盈欲亏志，孰云非羞？于心有猜，则簋飧馔铺犹不屑餐，旌瞀以之。意之无疑，则兼金盈百而不嫌辞，孟轲以之。士或解裋褐而袭黼黻，或委锸筑而据文轩者，度德拜爵，量绩受禄也。输力致庸，受必有阶。

“浑元初基，灵轨未纪，吉凶纷错，人用朣朦。黄帝为斯深惨。有风后者，是焉亮之，察三辰于上，迹祸福乎下，经纬历数，然后天步有常，则风后之为也。当少昊清阳之末，实或乱德，人神杂扰，不可方物，重黎又相颛顼而申理之，日月即次，则重黎之为也。人各有能，因艺授任，鸟师别名，四叔三正，官无二业，事不并济。昼长则宵短，日南则景北。天且不堪兼，况以人该之。夫玄龙，迎夏则陵云而奋鳞，乐时也；涉冬则淈泥而潜蟠，避害也。公旦道行，故制典礼以尹天下，惧教诲之不从，有人之不理。仲尼不遇，故论《六经》以俟来辟，耻一物之不知，有事之无范。所考不齐，如何可一？

“夫战国交争，戎车竞驱，君若缀旒，人无所丽。烛武悬缒而秦伯退师，鲁连系箭而聊城弛柝。纵往则合，横来则离，安危无常，要在说夫。咸以得人为枭，失士为尤。故樊哙披帷，入见高祖；高祖踞洗，以对郦生。当此之会，乃鼋鸣而鳖应也，故能同心戮力，勤恤人隐，奄受区夏，遂定帝位，皆谋臣之由也。故一介之策，各有攸建，子长谍之，烂然有第。夫女魃北而应龙翔，洪鼎声而军容息；溽暑至而鹑火栖，寒冰沍而鼋鼍蛰。

今也，皇泽宣洽，海外混同，万方亿丑，并质共剂，若修成之不暇，尚何功之可立！立事有三，言为下列；下列且不可庶矣，奚冀其二哉！

“于兹搢绅如云，儒士成林，及津者风摅，失途者幽僻，遭遇难要，趋偶为幸。世易俗异，事势舛殊，不能通其变，而一度以揆之，斯契船而求剑，守株而伺兔也。冒愧逞愿，必无仁以继之，有道者所不履也。越王句践事此，故厥绪不永。捷径邪至，我不忍以投步；干进苟容，我不忍以歙肩。虽有犀舟劲楫，犹人涉卬否，有须者也。姑亦奉顺敦笃，守以忠信，得之不休，不获不吝。不见是而不惛，居下位而不忧，允上德之常服焉。方将师天老而友地典，与之乎高睨而大谈，孔甲且不足慕，焉称殷彭及周聃！与世殊技，固孤是求。子忧朱泙曼之无所用，吾恨轮扁之无所教也。子睹木雕独飞，愍我垂翅故栖，吾感去蛙附鸱，悲尔先笑而后号也。

“斐豹以毙督燔书，礼至以掖国作铭；弦高以牛饩退敌，墨翟以萦带全城；贯高以端辞显义，苏武以秃节效贞；蒱且以飞矰逞巧，詹何以沉钩致精；奕秋以棋局取誉，王豹以清讴流声。仆进不能参名于二立，退又不能群彼数子。愍《三坟》之既颓，惜《八索》之不理。庶前训之可钻，聊朝隐乎柱史。且韫椟以待价，踵颜氏以行止。曾不慊夫晋、楚，敢告诚于知己。”

汉顺帝阳嘉元年，张衡又创造了候风地动仪。它以精铜铸成，直径八尺，顶盖隆起，形状像酒樽，用篆文以及山龟鸟兽的图形作为装饰。中间有根中心柱，旁边伸出八条横杆，设置枢纽发动机件。仪器外部有八条龙，龙嘴里各衔一颗铜丸，下面与龙头相对的地方各有一只蛤蟆，张着嘴巴仰承龙首。那些枢纽件制作巧妙，都隐藏在樽腹中，顶盖周密无一丝缝隙。如果发生地震，铜樽中机件振动龙首，机关发动，龙嘴吐出铜丸，由蛤蟆嘴接住。振荡声音响亮，守候的人凭着响声察觉地震的发生。只有一条龙发动了机关，而其他七个龙首不动，寻觅下落铜丸的方位，就知道地震发生在何方。用事实一一检验，十分准确，灵验如神。自有文献典籍记载以来，从没有过这种发明。曾有一次，一条龙的机关发动了，而人们没有感觉到地动，京城中的学者都怪地动仪不灵验。过了几天，驿使来报，果然在陇西发生了地震，于是大家都叹服这仪器的妙处。从此以后，朝廷就命令史官用它来记录地震发生的方向。

当时政治逐渐损坏，朝权旁落，张衡因此上疏皇帝，陈述政事说：

“伏念陛下通达明智，继承皇位，承受天命，中途遭到倾覆，如龙陷泥潭。如今凌云登高，徘徊天位，真是所谓将升大位，必先遭受困顿啊！亲自经历过艰难的人了解下情，备受危难的人明白事情的真伪。所以能用一种道理贯穿于纷繁的政务，没有什么疑惑的事，各种处置平允得当，各项业绩都很完美。本该获得天地的赐福，受到黎民百姓的赞誉。可如今阴阳不和，灾祸屡现，神明显然幽远，但是暗示的鉴戒就在这里。福与仁，祸与淫，就像影与形，回响与声音一样相随相应。因有德而降美善，借失误而致灾祸，天道虽然遥远，吉凶却可显现。近世郑众、蔡伦、江京、樊丰、周广和王圣的事情，都是证明。所以，为人恭谨节俭、敬畏戒忌，必将蒙受福瑞；为人奢侈淫逸，谄谀傲慢，很少有不遭杀身之祸的。前事不忘，后事之师。大凡情欲胜过人性，就会迷失自己而不知回头，岂止是不肖之人如此，中等才能的人也都是这样。如果不是杰出的贤人，就不能见到所得的利而考虑到义，所以积恶成怨，罪责不可解脱。假使能瞻前顾后，以前事为镜而自戒，那怎么能陷于祸患呢！贵宠的大臣，大家都瞻目仰望，如有过失，上下知晓。褒扬美好，讥讽丑恶，人同此心，所以怨言一起将四海流传，神明就会降下灾祸与惩罚。近年雨水经常不足，寻思所犯的过失，即《洪范》所谓‘君王逾越本分，就会久旱不雨’的情况。最怕的是群臣奢侈，昏乱地超越法度，由下逼上，从而招致祸患的征兆。又如前年京都发生地震，土地崩裂，崩裂象征权威的分散，震动象征人心的扰乱。君主以静来号令，臣下以动来应和，权威出自上，不能移至下，这才是按礼法准则建立的政权。我怕圣上心绪厌倦，制度政令不肯自己专擅，恩惠不忍割舍，而与众臣共享权威。威势不可分占，恩德不能共享。《洪范》说：‘臣下占有权威、福禄和美食，则会祸害你的家和国。’上天的鉴察非常分明，虽然宽疏却无遗漏。灾异在人间的显示，前后已有多次了，但是未见皇上有所改变，以表示对以往过失的追悔。本不是圣人，不可能没有过错。愿陛下稽考古事、遵循旧例，不要让赏罚的八种权柄脱离天子的把握。如果施恩惠做到上下有序，处事依照礼法制度，礼制修备了，奢侈僭越之事就会停止，处事得当则不会发生凶祸。然后神明的愿望确实满足，灾祸就消失不再降临了。”

当初，汉光武帝喜好谶纬，到了明帝、章帝相继效法。自东汉建立之后，儒者争相学习图纬，又以惑众妖言相附宣。张衡认为图谶纬书虚假荒谬，并非圣人的准则，于是上疏皇帝说：

“我听说圣人明察律历来论定吉凶，再加之以卜筮占验，混杂以九宫推算，推测天命，检验事理，所依据的都在这里。有人观察星辰运行的逆顺轨迹，寒冷温暖的变化原由；有人察验龟策占卜，男觋女巫的预言，所依据的不是一种方法。他们预言在先，征验于后，所以聪明人珍重这些推测，称之为谶书。谶书刚出现时，大概知道的人很少。自从汉朝取代秦朝，是靠军事战争，功成业就，可说是大事情，可那个时候，并没有人用谶纬来预言。像夏侯胜、眭孟之类，以道术建立名望，在他们的著述中，却无一句谶语。刘向父子领衔校勘中秘藏书，汇集校定诸子著作，也没有谶讳载录。成帝、哀帝之后，才开始听说谶纬之学。《尚书》说尧派鲧治理洪水，历经九年，事业不成，鲧被处死，大禹继业而兴。可是《春秋谶》说'共工治理洪水'。凡是谶纬都说黄帝攻伐蚩尤，可《诗谶》认为'蚩尤失败，然后是尧受命即位'。《春秋元命包》中有公输班和墨翟，他们的事迹记载在战国，不在春秋时代。同书又说：'别有益州。'可是益州的设置是在汉代。书中记载了三辅的各个陵墓，世系清楚，而在图中仅至汉成帝为止。只有一卷的书，互相歧异的有好几件事情，圣人的言论，势必无此疏漏，定是虚伪之徒，以此骗取世人信任以谋求钱财。以前侍中贾逵曾摘出谶纬书中互相歧异之事三十余件，那些讲谶纬的人对此都无法解释。至于像王莽篡位之事，这等汉朝大的祸患，在《河洛》《六艺》八十篇中为什么不提出警诫呢？由此可知图谶形成于哀帝、平帝之际。况且《河洛》《六艺》篇目已经确定，后人以肤浅的见解来附会，也无法篡改。永元年间，清河人宋景就用历纪来预言水灾，而诡称祠察了玉版。有些人竟轻信谎言，抛弃家产。逃入山林。那些图谶都没有效验。于是仍采录前代所发生的事情，来作为图谶的证验。至于顺帝废而复立之事，则不能预知。这都是欺世盗名，罔害民俗，用来蒙骗有权势在官位之人的，真伪很显明，却无人检举禁止它。至于律历、卦候、九宫、风角，屡屡有征验，世人却没有肯学习的，而去竞相称赞那些不可信的纬书。这就像画工不喜欢画犬马，而喜欢画鬼魅一样，确实是因为实在的事物难以描绘，而虚幻假造的东西不易被穷究啊。现在应该收缴封藏图谶，把它们一律禁绝，那么正邪就无所混淆，典籍图书也就不会再有污点了。"

后来张衡升迁为侍中，顺帝将他召在宫中，留在自己身边劝谏、议事。一次，顺帝问张衡天下人所痛恨的是什么人。宦官唯恐张衡讲他们的坏话，都瞪眼注视着他，张衡便敷衍作答退了出来。宦官害怕他终将成为自己的祸患，就一同进谗言诽谤他。

张衡常考虑自己的未来，认为吉凶互为依存，幽深微妙，难以明了，于是写了《思玄赋》来宣泄寄托自己的情思志趣。其辞曰：

“仰先哲之玄训兮，虽弥高其弗违。匪仁里其焉宅兮，匪义迹其焉追？潜服膺以永靓兮，绵日月而不衰。伊中情之信修兮，慕古人之贞节。竦余身而顺止兮，遵绳墨而不跌。志团团以应悬兮，诚心固其如结。旌性行以制佩兮，佩夜光与琼枝。䌫幽兰之秋华兮，又缀之以江蓠。美襞积以酷裂兮，允尘邈而难亏。既姱丽而鲜双兮，非是时之攸珍。奋余荣而莫见兮，播余香而莫闻。幽独守此仄陋兮，敢怠皇而舍勤。幸二八之遻虞兮，喜傅说之生殷；尚前良之遗风兮，恫后辰而无及。何孤行之茕茕兮，孑不群而介立？感鸾鹥之特栖兮，悲淑人之稀合。

“彼无合其何伤兮，患众伪之冒真。旦获谠于群弟兮，启《金縢》而乃信。览蒸民之多僻兮，畏立辟以危身。曾烦毒以迷或兮，羌孰可与言己？私湛忧而深怀兮，思缤纷而不理。愿竭力以守义兮，虽贫穷而不改。执雕虎而试象兮，阽焦原而跟止。庶斯奉以周旋兮，要既死而后已。俗迁渝而事化兮，泯规矩之圜方。珍萧艾于重笥兮，谓蕙芷之不香。斥西施而弗御兮，羁要袅以服箱。行陂僻而获志兮，循法度而离殃。唯天地之无穷兮，何遭遇之无常！不抑操而苟容兮，譬临河而无航。欲巧笑以干媚兮，非余心之所尝。袭温恭之黻衣兮，披礼义之绣裳。辫贞亮以为鞶兮，杂技艺以为珩。昭彩藻与雕琢兮，璜声远而弥长。淹栖迟以恣欲兮，耀灵忽其西藏。恃己知而华予兮，罕僾鸣而不芳。冀一年之三秀兮，遒白露之为霜。时亹亹而代序兮，畴可与乎比伉？咨妒嫮之难并兮，想依韩以流亡，恐渐冉而无成兮，留则蔽而不章。

“心犹与而狐疑兮，即岐址而摅情。文君为我端著兮，利飞遁以保名。历众山以周流兮，翼迅风以扬声。二女感于崇岳兮，或冰折而不营。天盖高而为泽兮，谁云路之不平！勔自强而不息兮，蹈玉阶之峣峥。惧筮氏之长短兮，钻东龟以观祯。遇九皋之介鸟兮，怨素意之不逞。游尘外而瞥天兮，据冥翳而哀鸣。雕鹗竞于贪婪兮，我修絜以益荣。子有故于玄鸟兮，归母氏而后宁。

“占既吉而无悔兮，简元辰而俶装。旦余沐于清原兮，晞余发于朝阳。漱飞泉之沥液兮，咀石菌之流英。翾鸟举而鱼跃兮，将往走乎八荒。过少皞之穷野兮，问三丘乎句芒。何道真之淳粹兮，去秽累而票轻。登蓬莱而容与兮，鳌虽抃而不倾。留瀛洲而采芝兮，聊且以乎长生。凭归云而遐逝兮，夕余宿乎扶桑。噏青岑之玉醴兮，餐沆瀣以为粮。发昔梦于木禾兮，谷昆仑之高冈。朝吾行于汤谷兮，从伯禹于稽山。集群神之执玉兮，疾防风之食言。

“指长沙以邪径兮，存重华乎南邻。哀二妃之未从兮，翩傧处彼湘濒。流目觌夫衡阿兮，睹有黎之圮坟；痛火正之无怀兮，托山陂以孤魂。愁蔚蔚以慕远兮，越卬州而愉敖。跻日中于昆吾兮，憩炎天之所陶。扬芒熛而绛天兮，水泫沄而涌涛。温风翕其增热兮，惄郁邑其难聊。颠羁旅而无友兮，余安能乎留兹？

“顾金天而叹息兮，吾欲往乎西嬉。前祝融使举麾兮，缅朱鸟以承旗。躔建木于广都兮，拓若华而踌躇。超轩辕于西海兮，跨汪氏之龙鱼。闻此国之千岁兮，曾焉足以娱余？

“思九土之殊风兮，从蓐收而遂徂。欻神化而蝉蜕兮，朋精粹而为徒。蹶白门而东驰兮，云台行乎中野。乱弱水之潺湲兮，逗华阴之湍渚。号冯夷俾清津兮，棹龙舟以济予。会帝轩之未归兮，怅相佯而延伫。吅河林之蓁蓁兮，伟《关雎》之戒女。黄灵詹而访命兮，摎天道其焉如。日近信而远疑兮，六籍阙而不书。神逵昧其难覆兮，畴克谟而从诸？牛哀病而成虎兮，虽逢昆其必噬。鳖令殪而尸亡兮，取蜀禅而引世。死生错而不齐兮，虽司命其不晰。窦号行于代路兮，后膺祚而繁庑。王肆侈于汉庭兮，卒衔恤而绝绪。尉龙眉而郎潜兮，逮三叶而遘武。董弱冠而司衮兮，设王隧而弗处。夫吉凶之相仍兮，恒反侧而靡所。穆负天以悦牛兮，竖乱叔而幽主。文断祛而忌伯兮，阉谒贼而宁后。通人暗于好恶兮，岂爱惑之能剖？嬴擿谶而戒胡兮，备诸外而发内。或辇贿而违车兮，孕行产而为对。慎、灶显于言天兮，占水火而妄谇。梁叟患夫黎丘兮，丁厥子而事刃，亲所睇而弗识兮，矧幽冥之可信。毋绵挛以涬己兮，思百忧以自疢。彼天监之孔明兮，用棐忱而佑仁。汤蠲体以祷祈兮，蒙厖褫以拯人。景三虑以营国兮，荧惑次于它辰。魏颗亮以从理兮，鬼亢回以敝秦。咎繇迈而种德兮，德树茂乎英、六。桑末寄夫根生兮，卉既雕而已毓。有无言而不仇兮，又何往而不复？盍远迹以飞声兮，孰谓时之可蓄？

“仰矫首以遥望兮，魂懒惘而无畴。逼区中之隘陋兮，将北度而宣游。行积冰之硙硙兮，清泉冱而不流。寒风凄而永至兮，拂穹岫之骚骚。玄武缩于壳中兮，螣蛇蜿而自纠。鱼矜鳞而并凌兮，鸟登木而失条。坐太阴之屏室兮，慨含欷而增愁。怨高阳之相寓兮，伷颛顼之宅幽。庸织络于四裔兮，斯与彼其何瘳？望寒门之绝垠兮，纵余緤乎不周。迅飙潚其媵我兮，鹜翩飘而不禁。趋谽呀之洞穴兮，摽通渊之碄碄。经重阴乎寂寞兮，愍坟羊之潜深。

“追慌忽于地底兮，轶无形而上浮。出右密之暗野兮，不识蹊之所由。速烛龙令执炬兮，过钟山而中休。瞰瑶谿之赤岸兮，吊祖江之见刘。聘王母于银台兮，羞玉芝以疗饥；戴胜慭其既欢兮，又诮余之行迟。载太华之玉女兮，召洛浦之宓妃。咸姣丽以蛊媚兮，增嫮眼而蛾眉。舒妙婧之纤腰兮，扬杂错之袿徽。离朱唇而微笑兮，颜的砾以遗光。献环琨与玙缡兮，申厥好以玄黄。虽色艳而赂美兮，志浩荡而不嘉。双材悲于不纳兮，并咏诗而清歌。歌曰：天地烟煴，百卉含蘤。鸣鹤交颈，雎鸠相和。处子怀春，精魂回移。如何淑明，忘我实多。

“将答赋而不暇兮，爰整驾而亟行。瞻昆仑之巍巍兮，临萦河之洋洋。伏灵龟以负坻兮，亘螭龙之飞梁。登阆风之曾城兮，构不死而为床。屑瑶蕊以为糇兮，斟白水以为浆。抨巫咸以占梦兮，迺贞吉之元符。滋令德于正中兮，(合)〔含〕嘉(秀)〔禾〕以为敷。既垂颖而顾本兮，尔要思乎故居。安和静而随时兮，姑纯懿之所庐。

“戒庶寮以夙会兮，佥恭职而并迓。丰隆轩其震霆兮，列缺晔其照夜。云师䨴以交集兮，涷雨沛其洒涂。轙琱舆而树葩兮，扰应龙以服辂。百神森其备从兮，屯骑罗而星布。振余袂而就车兮，修剑揭以低昂。冠罗罗其映盖兮，佩綝缅以辉煌。仆夫俨其正策兮，八乘摅而超骧。氛旄溶以天旋兮，蜺旌飘而飞扬。抚軨轵而还睨兮，心灼药其如汤。羡上都之赫戏兮，何迷故而不忘？左青琱以揵芝兮，右素威以司钲。前长离使拂羽兮，委水衡乎玄冥。属箕伯以函风兮，澄澒涊而为清。曳云旗之离离兮，鸣玉鸾之嘤嘤。涉清霄而升遐兮，浮蔑蒙而上征。纷翼翼以徐戾兮，焱回回其扬灵。叫帝阍使辟扉兮，觌天皇于琼宫。聆广乐之九奏兮，展泄泄以肜肜。考理乱于律钧兮，意建始而思终。惟盘逸之无斁兮，惧乐往而哀来。素抚弦而余音兮，大容吟曰念哉。既防溢而静志兮，迨我暇以翱翔。出紫宫之肃肃兮，集大微之阆阆。命王良掌策驷兮，逾高阁之锵锵。建罔车之幕幕兮，猎青林之芒芒。弯威弧之拨刺兮，射嶓冢之封狼。观壁垒于北落兮，伐河鼓之磅硠。乘天潢之泛泛兮，浮云汉之汤汤。倚招摇、摄提以低回剹流兮，察二纪、五纬之绸缪遹皇。偃蹇夭矫娩以连卷兮，杂沓丛颡飒以方骧。㦸汩飂戾沛以罔象兮，烂漫丽靡藐以迭逿。凌惊雷之砊磕兮，弄狂电之淫裔。逾庬澒于宕冥兮，贯倒景而高厉。廓荡荡其无涯兮，乃今穷乎天外。

"据开阳而頫盼兮，临旧乡之暗蔼。悲离居之劳心兮，情悁悁而思归。魂眷眷而屡顾兮，马倚輈徘回。虽遨游以媮乐兮，岂愁慕之可怀。出阊阖兮降天涂，乘飙忽兮驰虚无。云霏霏兮绕余轮，风眇眇兮震余旟。缤联翩兮纷暗暧，倏眩眃兮反常闾。

"收畴昔之逸豫兮，卷淫放之遐心。修初服之娑娑兮，长余珮之参参。文章焕以粲烂兮，美纷纭以从风。御六艺之珍驾兮，游道德之平林。结典籍而为罟兮，欧儒、墨而为禽。玩阴阳之变化兮，咏《雅》《颂》之徽音。嘉曾氏之《归耕》兮，慕历陵之钦崟。共夙昔而不贰兮，固终始之所服也；夕惕若厉以省諐兮，惧余身之未敕也。苟中情之端直兮，莫吾知而不恧。墨无为以凝志兮，与仁义乎消摇。不出户而知天下兮，何必历远以劬劳？

"系曰：天长地久岁不留，俟河之清祇怀忧。愿得远度以自娱，上下无常穷六区。超逾腾跃绝世俗，飘飖神举逞所欲。天不可阶仙夫希，柏舟悄悄吝不飞。松、乔高跱孰能离？结精远游使心攡。回志朅来从玄谋，获我所求夫何思！"

汉顺帝永和初年，张衡离京出任河间王的相。当时河间王骄奢，不遵守典制宪章，又加之王国中多有豪门大族，一同违法犯禁。张衡一就任，就树立严肃的权威，整顿法律制度，暗中调查出奸恶集团成员名单，一举收捕，王国上下肃然起敬，交口称赞他为政有方。在任三年后，他上书皇帝请求退休，又征拜为尚书令。永和四年，张衡六十二岁时去世。

张衡所著《周官训诂》一书，崔瑗认为与其他儒生的训解没有区别。张衡还曾打算补充孔子解说《周易》所作《彖》《象》的残缺部分，但终未能完成。他写作的诗、赋、铭、七言诗、《灵宪》《应间》《七辩》《巡诰》《悬图》等共计三十二篇。

安帝永初（107—113）年间，谒者仆射刘珍、校书郎刘騊駼等人在东观著述，撰集《汉记》，并趁此确定汉朝礼仪，就上疏皇帝请求让张衡参与论定此事，恰巧此二人一同去世，所以张衡常常叹息，打算最终完成此事。到做了侍中时，他上疏请求专门在东观任职，收捡遗文残简，尽力补缀。又条奏司马迁、班固记述中与典籍不相符合的十多件史事。并认为王莽本传只应载他篡位之事，至于编年载事，记录灾异祥瑞，则应另写元后本纪。又因为更始帝刘玄即位时，人们并未期望他人，光武最初是更始的部将，后来才即位称帝，应该将更始的年号置于光武之前。他屡次上书，终未被采纳。等到后来的著述，大多不详备规范，时人都为当初张衡的建议未被采纳而追悔。

史家论曰：崔瑗称赞张衡说："数术之学可穷天地奥妙，制作之巧可同自然造化。"这话是评价张衡最恰当的语言了！推究他拟照天地而制作浑天仪，使得天地无法隐藏自身的奥秘；他运用精思研制的地动仪，任何人也无法再加入自己的智慧。所以他的智慧已进入事理深邃微妙之处，是人类的上乘学术。《礼记》说："以德行成就的居上位，以技艺成就的居下位。"以此估量张衡的才思，难道只是技艺而已吗？这样的技艺对德行有什么减损呢！

史家赞曰：天、地、人三才，其本质相通，而人却性灵多蔽，罕能知晓天道。近物可依形推算，远物则抽象难通。没有深远的考虑，谁能清晰明白？

后汉书卷七十

孔融荀彧列传第六十

孔　融

孔融字文举，鲁国人，孔子二十世孙也。七世祖霸，为元帝师，位至侍中。父宙，太山都尉。

融幼有异才。年十岁，随父诣京师。时，河南尹李膺以简重自居，不妄接士宾客，敕外自非当世名人及与通家，皆不得白。融欲观其人，故造膺门。语门者曰："我是李君通家子弟。"门者言之。膺请融，问曰："高明祖父尝与仆有恩旧乎？"融曰："然。先君孔子与君先人李老君同德比义，而相师友，则融与君累世通家。"众坐莫不叹息。太中大夫陈炜后至，坐中以告炜。炜曰："夫人小而聪了，大未必奇。"融应声曰："观君所言，将不早惠乎？"膺大笑曰："高明必为伟器。"

年十三，丧父，哀悴过毁，扶而后起，州里归其孝。性好学，博涉多该览。

山阳张俭为中常侍侯览所怨，览为刊章下州郡，以名捕俭。俭与融兄褒有旧，亡抵于褒，不遇。时融年十六，俭少之而不告。融见其有窘色，谓曰："兄虽在外，吾独不能为君主邪？"因留舍之。后事泄，国相以下，密就掩捕，俭得脱走，遂并收褒、融送狱。二人未知所坐。融曰："保纳舍藏者，融也，当坐之。"褒曰："彼来求我，非弟之过，请甘其罪。"吏问其母，母曰："家事任长，妾当其辜。"一门争死，郡县疑不能决，乃上谳之。诏书竟坐褒焉。融由是显名，与平原陶丘洪、陈留边让齐声称。州郡礼命，皆不就。

辟司徒杨赐府。时，隐核官僚之贪浊者，将加贬黜，融多举中官亲族。尚书畏迫内宠，召掾属诘责之。融陈对罪恶，言无阿挠。河南尹何进当迁为大将军，杨赐遣融奉谒贺进，不时通，融即夺谒还府，投劾而去。河南官属耻之，私遣剑客欲追杀融。客有言于进曰："孔文举有重

名，将军若造怨此人，则四方之士引领而去矣。不如因而礼之，可以示广于天下。”进然之，既拜而辟融，举高第，为侍御史。与中丞赵舍不同，托病归家。

后辟司空掾，拜中军侯。在职三日，迁虎贲中郎将。会董卓废立，融每因对答，辄有匡正之言。以忤卓旨，转为议郎。时黄巾寇数州，而北海最为贼冲，卓乃讽三府同举融为北海相。

融到郡，收合士民，起兵讲武，驰檄飞翰，引谋州郡。贼张饶等群辈二十万众从冀州还，融逆击，为饶所败，乃收散兵保朱虚县。稍复鸠集吏民为黄巾所误者男女四万余人，更置城邑，立学校，表显儒术，荐举贤良郑玄、彭璆、邴原等。郡人甄子然、临孝存知名早卒，融恨不及之，乃命配食县社。其余虽一介之善，莫不加礼焉。郡人无后及四方游士有死亡者，皆为棺具而敛葬之。时，黄巾复来侵暴，融乃出屯都昌，为贼管亥所围。融逼急，乃遣东莱太史慈求救于平原相刘备。备惊曰：“孔北海乃复知天下有刘备邪？”即遣兵三千救之，贼乃散走。

时，袁、曹方盛，而融无所协附。左丞祖者，称有意谋，劝融有所结纳。融知绍、操终图汉室，不欲与同，故怒而杀之。

融负其高气，志在靖难，而才疏意广，迄无成功。在郡六年，刘备表领青州刺史。建安元年，为袁谭所攻，自春至夏，战士所余裁数百人，流矢雨集，戈矛内接。融隐几读书，谈笑自若。城夜陷，乃奔东山，妻、子为谭所虏。

及献帝都许，征融为将作大匠，迁少府。每朝会访对，融辄引正定议，公卿大夫皆隶名而已。

初，太傅马日磾奉使山东，及至淮南，数有意于袁术。术轻侮之。遂夺取其节，求去又不听，因欲逼为军帅。日磾深自恨，遂呕血而毙。及丧还，朝廷议欲加礼。融乃独议曰：“日磾以上公之尊，秉髦节之使，衔命直指，宁辑东夏，而曲媚奸臣，为所牵率，章表署用，辄使首名，附下罔上，奸以事君。昔国佐当晋军而不挠，宜僚临白刃而正色。王室大臣，岂得以见胁为辞！又袁术僭逆，非一朝一夕，日磾随从，周旋历岁。《汉律》与罪人交关三日已上，皆应知情。《春秋》鲁叔孙得臣卒，以不发扬襄仲之罪，贬不书日。郑人讨幽公之乱，斫子家之棺。圣上哀矜旧臣，未忍追案，不宜加礼。”朝廷从之。

时论者多欲复肉刑。融乃建议曰：

古者敦庬，善否不别，吏端刑清，政无过失。百姓有罪，皆自取之。末世陵迟，风化坏乱，政挠其俗，法害其人。故曰上失其道，民散久矣。而欲绳之以古刑，投之以残弃，非所谓与时消息者也。纣斮朝涉之胫，天下谓为无道。夫九牧之地，千八百君，若各刖一人，是下常有千八百纣也。求俗休和，弗可得已。且被刑之人，虑不念生，志在思死，类多趋恶，莫复归正。夙沙乱齐，伊戾祸宋，赵高、英布，为世大患。不能止人遂为非也，适足绝人还为善耳。虽忠如鬻拳，信如卞和，智如孙膑，冤如巷伯，才如史迁，达如子政，一离刀锯，没世不齿。是太甲之思庸，穆公之霸秦，南睢之骨立，卫武之《初筵》，陈汤之都赖，魏尚之守边，无所复施也。汉开改恶之路，凡为此也。故明德之君，远度深惟，弃短就长，不苟革其政者也。

朝廷善之，卒不改焉。

是时，荆州牧刘表不供职贡，多行僭伪，遂乃郊祀天地，拟斥乘舆。诏书班下其事。融上疏曰：

窃闻领荆州牧刘表桀逆放恣，所为不轨，至乃郊祭天地，拟仪社稷。虽昏僭恶极，罪不容诛，至于国体，宜且讳之。何者？万乘至重，天王至尊，身为圣躬，国为神器，陛级县远，禄位限绝，犹天之不可阶，日月之不可逾也。每有一竖臣，辄云图之，若形之四方，非所以杜塞邪萌。愚谓虽有重戾，必宜隐忍。贾谊所谓“掷鼠忌器”，盖谓此也。是以齐兵次楚，唯责包茅；王师败绩，不书晋人。前以露袁术之罪，今复下刘表之事，是使跛牂欲窥高岸，天险可得而登也。案表跋扈，擅诛列侯，遏绝诏命，断盗贡篚，招呼元恶，以自营卫，专为群逆，主萃渊薮。郜鼎在庙，章孰甚焉！桑落瓦解，其势可见。臣愚以为宜隐郊祀之事，以崇国防。

五年，南阳王冯、东海王祗薨，帝伤其早殁，欲为修四时之祭，以访于融。融对曰：

圣恩敦睦，感时增思，悼二王之灵，发哀愍之诏，稽度前典，以正礼制。窃观故事，前梁怀王、临江愍王、齐哀王、临淮怀王并薨无后，同产昆弟，即景、武、昭、明四帝是也，未闻前朝修立祭祀。若临时所施，则不列传纪。臣愚以为诸在冲龀，圣慈哀悼，礼同成人，加以号谥者，宜称上恩，祭祀礼毕，而后绝之。至于一岁之限，不合礼意，又违先帝已然之法，所未敢处。

初，曹操攻屠邺城，袁氏妇子多见侵略，而操子丕私纳袁熙妻甄氏。融乃与操书，称“武王伐纣，以妲己赐周公”。操不悟，后问出何经典。对曰：“以今度之，想当然耳。”后操讨乌桓，又嘲之曰：“大将军远征，萧条海外。昔肃慎不贡楛矢，丁零盗苏武牛羊，可并案也。”

时，年饥兵兴，操表制酒禁，融频书争之，多侮慢之辞。既见操雄诈渐著，数不能堪，故发辞偏宕，多致乖忤。又尝奏宜准古王畿之制，千里寰内，不以封建诸侯。操疑其所论建渐广，益惮之。然以融名重天下，外相容忍，而潜忌正议，虑鲠大业。山阳郗虑承望风旨，以微法奏免融官。因显明仇怨，操故书激厉融曰：

盖闻唐、虞之朝，有克让之臣，故麟凤来而颂声作也。后世德薄，犹有杀身为君，破家为国。及至其敝，睚眦之怨必仇，一餐之惠必报。故晁错念国，遘祸于袁盎；屈平悼楚，受谮于椒、兰；彭宠倾乱，起自朱浮；邓禹威损，失于宗、冯。由此言之，喜怒怨爱，祸福所因，可不慎与！昔廉、蔺小国之臣，犹能相下；寇、贾仓卒武夫，屈节崇好；光武不问伯升之怨；齐侯不疑射钩之虏。夫立大操者，岂累细故哉！往闻二君有执法之平，以为小介，当收旧好；而怨毒渐积，志相危害，闻之怃然，中夜而起。昔国家东迁，文举盛叹鸿豫名实相副，综达经学，出于郑玄，又明《司马法》，鸿豫亦称文举奇逸博闻，诚怪今者与始相违。孤与文举既非旧好，又于鸿豫亦无恩纪，然愿人之相美，不乐人之相伤，是以区区思协欢好。又知二君群小所构，孤为人臣，进不能风化海内，退不能建德和人，然抚养战士，杀身为国，破浮华交会之徒，计有余矣。

融报曰：

猥惠书教，告所不逮。融与鸿豫州里比郡，知之最早。虽尝陈其功美，欲以厚于见私，信于为国，不求其覆过掩恶，有罪望不坐也。前者黜退，欢欣受之。昔赵宣子朝登韩厥，夕被其戮，喜而求贺。况无彼人之功，而敢枉当官之平哉！忠非三闾，智非晁错，窃位为过，免罪为幸。乃使余论远闻，所以惭惧也。朱、彭、寇、贾，为世壮士，爱恶相攻，能为国忧。至于轻弱薄劣，犹昆虫之相啮，适足还害其身，诚无所至也。晋侯嘉其臣所争者大，而师旷以为不如心竞。性既迟缓，与人无伤，虽出胯下之负，榆次之辱，不如贬毁之于己，犹蚊虻之一过也。子产谓人心不相似，或矜势者，欲以取胜为荣，不念宋人待四海之客，大炉不欲令酒酸也。至于屈谷巨瓠，坚而无窍，当以无用罪之耳。它者奉遵严教，不敢失坠。郗为故吏，融所推进。赵衰之拔郤谷，不轻公叔之升臣也。知同其爱，训诲发中。虽懿伯之忌，犹不得念，况恃旧交，而欲自外于贤吏哉！辄布腹心，修好如初。苦言至意，终身诵之。

岁余，复拜太中大夫。性宽容少忌，好士，喜诱益后进。及退闲职，宾客日盈其门。常叹曰："坐上客恒满，尊中酒不空，吾无忧矣。"与蔡邕素善，邕卒后，有虎贲士貌类于邕，融每酒酣，引与同坐，曰："虽无老成人，且有典刑。"融闻人之善，若出诸己，言有可采，必演而成之，面告其短，而退称所长，荐达贤士，多所奖进，知而未言，以为己过，故海内英俊皆信服之。

曹操既积嫌忌，而郗虑复构成其罪，遂令丞相军谋祭酒路粹枉状奏融曰：

少府孔融，昔在北海，见王室不静，而招合徒众，欲规不轨，云"我大圣之后，而见灭于宋，有天下者，何必卯金刀"。及与孙权使语，谤讪朝廷。又融为九列，不遵朝仪，秃巾微行，唐突宫掖。又前与白衣祢衡跌荡放言，云"父之于子，当有何亲？论其本意，实为情欲发耳。子之于母，亦复奚为？譬如寄物缻中，出则离矣"。既而与衡更相赞扬。衡谓融曰："仲尼不死。"融答曰："颜回复生。"大逆不道，宜极重诛。

书奏，下狱弃市。时年五十六。妻、子皆被诛。

初，女年七岁，男年九岁，以其幼弱得全，寄它舍。二子方弈棋，融被收而不动。左右曰："父执而不起，何也？"答曰："安有巢毁而卵不破乎！"主人有遗肉汁，男渴而饮之。女曰："今日之祸，岂得久活，何赖知肉味乎？"兄号泣而止。或言于曹操，遂尽杀之。及收至，谓兄曰："若死者有知，得见父母，岂非至愿！"乃延颈就刑，颜色不变，莫不伤之。

初，京兆人脂习元升，与融相善，每戒融刚直。及被害，许下莫敢收者，习往抚尸曰："文举舍我死，吾何用生为？"操闻大怒，将收习杀之，后得赦出。

魏文帝深好融文辞，每叹曰："杨、班俦也。"募天下有上融文章者，辄赏以金、帛。所著诗、颂、碑文、论议、六言、策文、表、檄、教令、书记凡二十五篇。文帝以习有栾布之节，加中散大夫。

论曰：昔谏大夫郑昌有言："山有猛兽者，藜藿为之不采。"是以孔父正色，不容弑虐之谋；平仲立朝，有纾盗齐之望。若夫文举之高志直情，其足以动义概而忤雄心。故使移鼎之迹，事隔于人存；代终之规，启机于身后也。夫严气正性，覆折而已。岂有员园委屈，可以每其生哉！懔懔焉，皓皓焉，其与琨玉秋霜比质可也。

【译文】

孔融，字文举。鲁国人。是孔子的二十世孙。他的七世祖名霸，曾是汉元帝的老师，官位达到侍中。父亲宙，曾为太山郡的都尉。

孔融幼年时就有特殊的才能。十岁时，他跟随父亲到达京城。当时，河南尹李膺以倨傲端重自居。不随便接待士人宾客，并命令守门人非当今世上名人及自己的世交，一律不得禀告。孔融很想见一见李膺这个人，便前往李府，对守门人说："我是李君世交的子弟。"守门的人照此通报后，李膺便邀请孔融相见。问道："您的祖先父辈曾和我有什么情谊呢?"孔融回答说："是啊，我的祖先孔子和您的祖先李老君因道德、仁义相同，成为师生朋友。那么，我与您自然应该是已延续多少代的世交了。"一席话，使在座的宾客无不赞叹。随后，太中大夫陈炜前来，在座的人把这件事告诉他。陈炜却说："一个人小时候聪慧懂事，长大不一定有惊人的才能。"孔融立即应声答道："听您的话，想必是您幼时不够聪明吧！"李膺哈哈大笑，夸奖说："您将来一定能干一番大事。"

孔融十三岁时，父亲过世。他因过度悲哀而损害了健康，被人扶着才能勉强起身。为此州郡乡里无不钦佩他的笃孝。孔融秉性好学，既能博览群书，又能掌握其中的精意。

山阳人张俭得罪了中常侍侯览。侯览便造匿名控告书发至各州郡，并以此借口逮捕张俭。张俭因同孔融的哥哥孔褒有交情，便逃往孔褒处避难，不巧未曾相遇。这时，孔隔年仅十六岁，张俭见他年龄太小不便将实情相告。孔融见张俭面带着急的神色，便对他说："哥哥虽然不在家，难道我就不能做您的东道主吗?"张俭因此暂时住在了孔府。后来此事泄露，国相以下，都遭到严密的突袭搜捕。因张俭已经逃脱，便把孔褒、孔融逮入监狱。但郡县官吏不知两人谁犯了罪。孔融就说："是我留他藏在家中的，应当判我的罪。"孔褒说："人来求助的是我，不该是弟弟的过失，请处罚我。"官吏见此无法判断，就又去问他们的母亲。其母却道："家里的事是长辈做主，所以应当由我担当这个罪责。"就这样，一家人争着承担死罪。郡县官吏疑惑不能断案，便将此案呈送朝廷定夺。最后，皇帝下诏仅判孔褒一人有罪。事后，孔融美名传扬，与平原人陶丘洪、陈留人边让享有同样的声誉。这时，州里郡里都送来任命的文书，而孔融却均未接受。

后来，司徒杨赐征召孔融在司徒府任职。按当时的规定，审核贪官罪证的官吏凡有隐瞒实情的，一律受降职处罚。孔融检举核查的大多是宦官的亲戚族人。尚书因畏惧宦官，便召办事官员诘问，孔融一一陈述贪官的罪恶，义正词严，一点也不阿谀曲附。河南尹何进刚晋升为大将军时，杨赐派孔融奉名帖前去祝贺。可是孔融进去后，却未待通报就夺回名帖，然后留下弹劾呈状返身回府了。河南尹官属人员，都认为这是耻辱，遂暗中派刺客想追杀孔融。这时，客中有人劝谏何进说："孔文举的名气很大，您若与他结立怨仇，各地的豪杰志士都将要远离、背弃您。还不如就此以礼相待，来向天下广泛显示您宽广的胸怀。"何进接受了这一建议。不久后，他又恭恭敬敬地征召孔融任职，因孔融在政绩考核中成绩优异，被迁升为侍御史。后来，孔融因与中丞赵舍意见不合，便托病辞官回家了。

此后，孔融再次被征召任司空署的部门负责人，官拜北军中侯。任职仅三日，又被改任为虎贲中郎将。这时期，恰逢董卓专权，废少帝立献帝。为此，孔融每有对策的机会，便阐发匡正国政的议论。因此他触犯了董卓的旨意，被转任为议郎。当时黄巾军已侵犯了几个州，其中北海郡正是黄巾军侵寇的要地。董卓正想报复孔融，便暗示太尉、司徒、司空三府共同荐举孔融，担任北海郡太守。

孔融到北海郡上任后，一面组织士人百姓练兵习武，一面迅速发布命令传递书信，征引有关州郡防务的计谋。当贼将张饶等率领二十万大军从冀州返回时，孔融出兵迎击，却被张饶的军队打败，于是只好收集散兵退保朱虚县。很快，孔融就又召集曾受黄巾蒙蔽的男女吏民四万余人，重新修建城邑，设立学校，表彰儒学，荐举贤良郑玄、彭璆、邴原等人。郡人甄子然、临孝存二人，都是德高望重却很早就故去了，孔融恨自己没能和他们相识，便命令地方在县社祠庙中祭祀他们。至于其他有点滴善行的人，孔融也都加以礼待。那些在郡中没有子女的百姓和暂住在此地的四方游士，凡有死亡的人，均给棺具予以安葬。就在此时，黄巾军又来侵扰劫掠，孔融遂出兵屯驻都昌，但又被贼军管辖部队围困住。孔融被逼迫急了，只好派东莱人太史慈向平原相刘备求救。刘备得知后，大为惊奇地说："孔北海竟然还知道天下有我刘备？"刘备随即遣兵三千前往营救。贼寇这才溃散而去。

此时，袁绍、曹操的势力正盛，而孔融却没有协附于任何一方。有个叫左丞祖的人，自称具有远见谋略，他劝说孔融对于袁、曹二人的势力应该有所结交。孔融深知袁绍、曹操这样的人，最终是要图谋汉朝政权，不愿意与他们同流合污，所以他便一怒之下将左丞祖杀了。

孔融自恃气节清高，一心立志要平定国难，但是他志虽大才却疏，所以最终也没能成功。在担任北海郡守的第六年，刘备推荐他任青州刺史。建安元年(196)，青州受到袁谭的围攻，激战从春到夏，战士仅剩下几百人了，当时，攻守双方的飞箭往来，就像急雨般簇集，戈矛相接就如同密针在缝纫。但是孔融却凭几读书，谈笑自若。到了夜里，城池终于陷落了，孔融遂奔逃向东山，而他的妻室儿女则被袁谭所俘获。

及至献帝迁都许昌，朝廷征召孔融担任将作大匠，复又迁任少府。每当朝见商议国政时，孔融便引证经典来论决议题，使得其余的公卿大夫只不过列名罢了。

起初，太傅马日磾奉命出使山东，但是待他到了淮南，却屡屡对袁术表示他的投靠之意。袁术轻视侮辱他，就夺去他的符节。马日磾请求离去，袁术又不允许，因为袁术想逼迫马日磾做自己的将帅。马日磾深感悔恨，终至吐血而死。等到马日磾的丧柩还朝，朝廷商议，想为他举行隆重的丧仪。对于这事，只有孔融独自上议说："日磾以上公的尊贵身份，担当使臣的使命，如此身负重任，本应不屈不挠，平和袁术的僭逆野心，然而他却曲意阿媚奸臣，受奸臣的摆布利用，让奸臣在所上的章表和签署的任命书中，把他的名字列在首位，而这也正是他迎附奸臣，欺罔皇上，以奸邪之心对待君主的表现。当初齐国的国佐面对强盛的晋军毫不屈服，宜僚不屈从白公胜反叛作乱的要求，面对威胁的刀尖也不改色。身为王室大臣，怎么能以受到威胁作为失节的借口！再说袁术的僭越逆行，也不是只有一朝一夕，日磾与他交往，先后周旋已达一年了，按照《汉律》规定，与罪人往来三日以上者，均属于知情。所以《春秋》在记载鲁国"叔孙得臣卒"事件时，因为叔孙得臣没有揭发襄仲想谋杀君主的罪行，便没有写明日期，以表示对他贬损的评价。而为了惩罚郑子家弑杀郑幽公的罪行，郑人则将他的棺木砍薄，不再让他享有卿的丧葬礼仪。如今圣上若因怜悯马日磾是侍从您多年的老臣，不忍心追究此事可以，但是绝对不应该再对他加以礼葬了。"朝廷同意了他的意见。

此时，很多人想要恢复残害肢体的酷刑。孔融便建议说：

“古人生性敦厚，好与不好之间没有多大差别，加上那时吏治端正，刑狱清明，政治上没有什么过失，所以老百姓有了罪，都怨他们自己自找。然而到了衰颓的末世，风俗教化变得败坏混乱，不仅政治扰乱了以往的习俗，而且法令也残害了敦厚的百姓。可以说现在是朝廷既已失去了以往的统治原则方式，百姓们也涣散不受约束很久了。这种情况下，如果对他们绳之以古代的酷刑，使他们的肢体遭到残废，我想这绝对不是什么依时变通的事情。当初殷纣王砍断清晨涉水人的脚，被天下人称为无道。中国九州之地，有千八百个国君，假若这些国君各残伤一个人，那么天下就该存在着千八百个纣王一样的暴君了。而那样再要求民间习俗平静和睦，也就绝不可能了。况且受到刑残的人，所考虑的已不再是如何生存，而是如何去死。这类人大多是走向罪恶，不再归复正路。如夙沙反叛齐君，伊戾祸害宋国，赵高、英布成为世上的大害等。这都说明肉刑并不能阻止人们去为非作歹，只能断绝刑人返恶归善的路罢了。而且尽管有如鬻拳那样忠诚的人，有如卞和那样守信的人，有如孙膑那样机智的人，有如巷伯那样冤屈的人，有如司马迁那样聪睿的人，有如子政那样通达的人，一旦因受刑而残废，则至死都会被人看不起。相反，之所以太甲能思念改过自新，秦穆公之所以能称霸西戎，南睢之所以骨瘦如柴，卫武公之所以能赋《宾之初筵》诗表示悔过，陈汤之所以能在都赖水上斩敌立功，魏尚之所以能在云中固守边塞，无不是对罪人不施肉刑，用其所长的缘故。汉代之所以要废除肉刑开创改恶向善的方式，也都是因为这个缘故。因此，理解德政意义的君主，都能远谋深虑，任人会弃其短而就其长，并不轻易改革他所施行的政策。”

朝廷认为孔融言之有理，终是没有改变恢复肉刑的政策。

这时，荆州牧刘表不仅不向朝廷供奉应纳的地方赋税，还做出有很多僭越非法的举动，到后来竟然祭祀天地，摹行起帝王的礼仪来。皇帝下诏书颁布这事后，孔融上疏说：

“我听说荆州牧刘表凶暴行逆不服管束，行为越出常轨，以至于祭祀天地，效仿国祭社稷的礼仪。但是臣认为，尽管刘表利令智昏，僭越恶极，然因涉及国家的大体，最好暂且避讳不去宣扬。这是为什么呢？因为帝王最重要，也最尊贵，陛下的身躯就是圣躯，陛下的国家就是神明的器物，而皇位高高在上，其禄位已经是达到极限，这就犹如天的高度不可攀登，日月的亮度不能逾越一样。每出现一逆臣，便说想谋篡皇位，对于这些假若都四处张扬披露，我想绝不是杜塞邪念萌生的办法。我认为尽管这些竖逆之臣有大罪，也应该隐忍不发。贾谊所说的‘掷鼠忌器’，正是这个道理。所以齐国的军队屯驻在楚国，并不揭露楚国的篡逆之罪，只是仅仅谴责其不向朝廷进贡包茅；周王朝的军队打了败仗，《春秋》并不写明是被晋人打败，以维护王者无敌的名誉。在此之前，朝廷已经揭露了袁术称帝的罪行，现在又下诏论列刘表的僭逆之事，这正是要让跛母羊存窥视陡峭直立高岸的妄想，以为天险也能攀登了。考察刘表的行为，他专横跋扈，擅自诛杀列侯，隔绝朝廷的诏令，劫掠地方向朝廷交纳的贡赋，招揽匪首，经营自己的势力，专门招降纳叛，萃集他们于草泽之涧，其一系列的罪恶逆行，早已像鲁桓公将宋国贿赂他的郜鼎放在太庙里一样罪证昭然，而又有什么能比这些事实更能揭示他的野心呢！如同桑叶枯黄败落，屋瓦分崩解体一样，逆贼的败势早已明显可见。所以臣下认为朝廷应该隐讳刘表在郊祀中僭越的事，而以加强国家的防务为重。”

建安五年(200)，献帝的儿子南阳王刘冯、东海王刘祗相继死去，献帝悲哀他们过早地殁没，要为他们举行四季祭祀，并为此事向孔融咨问商议。对此孔融回答说：

“皇上恩情亲厚和睦，而感伤现实发生的事情就更加重了思念的亲情，为了哀悼二王的亡灵，您发布了哀愍的诏书，并且还稽查核对了以往的典章制度，以此来修订现行的礼仪制度。对此我自己考察了历史，过去梁怀王、临江愍王、齐哀王、临淮怀王，去世时都是没有后代，他们的同母兄弟，就是景帝、武帝、昭帝和明帝，可是我并没有听说过前朝为他们设立祭祀的事。如果是临时措施，就不列入史籍。臣认为诸王均年龄幼小，圣上因慈爱而哀悼他们，对待他们采用同成年人一样的礼仪规格，还又加封了谥号，这样所表示的圣上恩爱之情应该说已经足够了，我想此时祭祀的礼仪完毕后，以后就不要这样了。至于对他们一年一祭的规定，既不合乎礼制，也有违先帝已定的法规，这点我是不敢贸然决断的。”

初时，曹操攻屠邺城，袁绍家的妇孺很多遭到侵凌。而曹操的儿子则私下迎娶了袁熙的妻子甄氏。于是孔融写信给曹操，说：“武王伐纣，把殷纣王的爱妃妲己赐给他的弟弟周公旦。”曹操看不明白什么意思，事后曹操问孔融这句话是出自什么经典。孔融回答说：“用现今发生的事推测，想当然罢了。”后来，曹操讨伐乌桓，孔融又嘲讽说：“大将军远征，使得海外萧条，这和以往肃慎氏不进贡楛矢，丁零人窃夺苏武牧放的牛羊使他陷入穷厄两件事，是可以相提并论的。”

当时，庄稼颗粒无收而且战事不断，曹操上表要求制定禁酒令，为此，孔融不断写信与曹操争辩，信中孔融对曹操常常带有侮辱的言辞。等见到曹操的奸雄诡诈日益显著，使人往往不能容忍时，孔融就更有意说一些偏激诡怪的言论，去冒犯曹操。孔融还曾经上奏文说，朝廷应该按照古代王畿制度，在方圆千里以内，不分封建置诸侯。曹操很担心孔融的这些言论会逐渐扩散出去对自己不利，便更加害怕。但是因为孔融的名声太大了，表面上只得容忍他。然而私下里却是非常忌讳孔融的这些正义言辞，忧虑这会对自己的一统大业造成阻碍、不利。有个山阳人郗虑，为了迎合曹操的心意，便伺机以一些细小的过失为理由，上奏罢免孔融的官职。由于这是明显的寻报私怨，所以曹操又写信激发孔融说：

“人们都听说在唐虞时代，因为有能够谦让的臣子，所以能有麒麟凤凰前来致意，并且产生出许多颂扬的诗歌。后世虽然道德浅薄了，但仍然有杀身为君，破家为国的忠臣。等到了敝败的衰世，睚眦类的小怨怼也都一定要报复，一餐饭类的小恩惠也一定要答谢。所以晁错虽为国家着想，却得罪了袁盎，最终导致自己遭到杀身的灾祸；屈平虽哀悼楚怀王，却受到子椒、子兰的诬陷；彭宠的叛乱，也是缘起于朱浮的陷害；而邓禹之所以战败，更是由于宗钦、冯愔的争斗。由此言之，喜怒怨爱等情绪，往往是引来福祸的起因，因此，对于这些又怎能不慎重呢！以前，廉颇、蔺相如虽然身为一个小国的臣子，犹能相互礼让；寇恂、贾复仅一介鲁莽的武夫，亦能委屈求和；光武帝没有深究朱鲔曾经劝说更始帝刘玄杀了自己哥哥刘伯升的罪过，齐桓公也不怀疑射中过自己带钩的管仲。因此，作为立有大志向的人，怎能计较些细小的事端呵！过去我听说你和郗虑二人都有执法公正的好名声，怎能为一些芥蒂般的小怨伤了和气，我想你们还是应该捐弃前嫌，恢复旧时的友谊；可是你们却怨怒不断积深，而且还决心相互侵害，知道这些，我深深地感到不安，睡卧也不能安宁，往往半夜而起。过去国都从洛阳东迁到许昌时，文举你还曾经盛赞过鸿豫名声与实际行为相符合，通达儒学，说他既师出于大学者郑玄，又了解古《司马法》；鸿豫也经常称叹文举你是奇才飘逸，博闻强识，我实在奇怪你们今天为什么会与开始时不一样了呢。其实我既与文举你不是旧时的好朋友，也与鸿豫间毫无恩情可言，但是我总希望人们相互赞美，不愿人们相互伤害。所以我诚心地希望帮助你们二人和好如初。我还知道你们二君的怨怼是因受到小人的离间造成的，对此，身为臣子的我虽说进不能教育感化海内的民风，退也不能建树美德使百姓和睦相处，但是抚养征战的士兵，杀身为国，戳穿浮华高谈的党徒的谋略还是绰绰有余的。”

孔融回信说：

“委屈您惠赐书信教诲我，指出我的不足。我与鸿豫的家是同州邻郡，很早就相互了解了。我虽然曾经讲过他的能力和美德，但那是希望我们之间的私人友谊更加深厚，对国家更为忠诚，而不是希望他掩覆我的过错，有罪不判。前不久他上书黜退我，我欣然接受。古时候，赵宣子早晨刚推举韩厥担任司马的职务，傍晚就被他诛杀了自己手下使役的人。但是赵宣子却欣喜地要求别人祝贺他推举得人。何况我又没有赵宣子的功劳，怎敢平白担当官吏好坏的评定人呢！本人的忠诚赶不上屈原，才智也不如晁错，占据的官位却有过之，能免除罪恶就已值得庆幸了。现在让我把话对您讲，这使我深深感到惭愧和惧怕。朱浮、彭宠、寇恂、贾复等人都是世上的壮士，他们虽然因为爱憎的不同而相互攻击，但是他们却能为国家考虑。至于那些轻浮薄劣之辈的争斗，就好比是昆虫的相互咬杀，只能使他们自己受害，实在达不到什么效果。晋侯嘉许赞扬他的臣子中能以力相争的人，可是师旷却认为力争不如心竞。性情迟缓的人，是不会伤害别人的，虽然他们会受到韩信那种从人胯下爬过的欺负，以及荆轲在榆次遭人怒目的那种污辱，但那些却不会令人感到是对自己的贬毁，而仅仅是好像蚊虻从身边擦过一样。然而正如子产所说的那样，人心是不相似的，有的人骄矜自负，总是以取胜为荣，而不考虑宋人本想接待四海宾客，造了大炉酿出很醇美的酒，却因为自己的凶犬吓走许多顾客，空让美酒变坏的事。至于屈谷的巨瓠，尽管既坚硬又无空穴，也只能担当无用的罪名罢了。其他的问题，我没有不尊奉您严厉的教诲，实不敢有所失误。郗虑作为我以前的属吏，是我一手推举提拔的。过去赵衰选拔郤谷的举动，与公叔提升家臣的意义同样重要。您与我是同样地爱护郗虑，可以对他提出发自内心的训诫教诲。敬叔虽然对懿伯存有怨忌，但还是没有以私仇影响到公务的办理，更何况我和郗虑本来就是旧交，我又凭什么要在自己和郗虑这么好的官吏之间造矛盾呢！从心里说，我是希望能与郗虑修好如初的。对于这事，您的苦心至意，我会终身不忘。”

一年以后，孔融又被升迁为太中大夫。孔融的性情很宽容因此很少有嫉恨他人的，他喜好与士人交朋友，也乐于帮助和诱导那些晚生后进的人。等他退居闲散的职位后，便每天宾客盈门。对此他常常感叹地说："座上的宾客常常盈满着，樽中的酒也总不空着，这样我就可以无忧无虑了。"孔融与蔡邕一向很友好，蔡邕去世后，有位虎贲军的兵士相貌酷似蔡邕，每当孔融酒喝得很痛快时，便把这位军士叫来同坐共饮，并且引用《诗经·大雅·荡》篇的意思说："现在虽然没有旧臣老朋友了，但还是有惯例故法可以照着做的。"每当孔融听到他人的优点，都是把它看作像是自己的一样，别人的言论中若是有有价值的意见，他也必定要帮助敷陈引申，使这些意见更加完善。他还往往当面指出他人的缺点，但是在背后称赞那人的长处。在他所荐举的达观贤能的人士中，有很多后来都受到奖励和晋升。孔融认为知道有才能的人而不举荐，则是自己的过失。因此，国内的英雄俊才都很信服他。

由于曹操本来已经对孔融存有很多积怨猜忌，再加上郗虑又给孔融捏造了罪名，于是曹操便令丞相军谋祭酒路粹，上奏文诬告孔融。奏文说：

"少府孔融，以往在北海郡时，见王室动荡多事，便招集徒众，妄想图谋非法的行为，声称：'我是大圣人商汤的后代，祖先是被宋国的华督所杀害，天下的人，为什么非要是姓刘的。'而等他与孙权的使者谈论时，他仍然妄意大肆谤毁讥讽朝廷。还有，孔融虽身列九卿之位，却不遵守朝廷的仪规，不戴巾帻，隐藏自己身份改装出行，冲犯后宫。再有，孔融以前与贱民祢衡放纵无礼，狂言'父亲对于子女，会有什么亲情，论其本意，不过是情欲发作罢了。子女对于母亲，又算得了什么，就好比在缸里寄存的物品，拿出来也就分离了'。而在此不久，他还与祢衡相互吹捧。祢衡称他是'仲尼不死'，他则答称祢衡为'颜回复生'。孔融的这些言行都是大逆不道的言行，应当对他严惩重诛。"

此状被朝廷准奏后，孔融便被逮入狱，不久就被处死街头。孔融当时的年龄是五十六岁。与此同时孔融的妻室儿女也都被诛杀。

当初，孔融的女儿七岁，儿子九岁，因为年幼的缘故，得以保全，寄养在其他人家里。那天，两个孩子正在弈棋，当孔融被抓走时，他们都没有动身。左右的邻人问："父亲被抓时，你们为什么不起身站起来呀？"他们回答说："哪里有鸟巢被毁掉，鸟卵不破的道理呢！"主人给他们喝肉汤，男孩子因为口渴，就接过来喝了。女孩却说："今天有这样的灾祸，又能活多久，还有什么心思去尝肉汤呢？"于是他的哥哥大哭起来，也不再喝汤了。有人把这些事告诉给曹操，便把兄妹二人也诛杀了。就在前来抓他们的时候，小妹妹对她的哥哥说："要是死了的人还能知晓此事，这样就能够见到父母了，这不正是我们最大的愿望吗！"于是伸着脖子接受刑戮，面色一点也没有变，在场的人没有不悲怜他们的。

孔融生前，有个名叫脂习字元升的京兆人，与他很要好，常常提醒他不要过分刚直。等到孔融被害后，许都内没有人敢去收尸，而脂习却前去抚着孔融的尸体说："文举抛下我先死了，我还活着干什么呢？"曹操听说了这件事勃然大怒，便下令将脂习逮捕监禁准备杀死，直到后来才被赦免放了出来。

魏文帝非常喜欢孔融的文辞，常常感叹说："孔融的文名足以与杨雄、班固齐名并列。"而且招募天下，凡有献上孔融文章的人，就赏赐给金钱绸帛。孔融一生所著有诗、颂、碑文、论议、六言、策文、表、檄、教令、书记共二十五篇。同时，魏文帝也因脂习有栾布一样的节义，特给他加官担任中散大夫。

史家评论道：过去谏大夫郑昌曾经说过："有猛兽出没的山中，野菜就没有人去采。"所以当孔父正直地主持朝政时，没人敢有弑君虐主的阴谋；而只要平仲还在朝廷执掌政事，陈氏便不敢有窃取齐国政权的狂想。像孔文举这种具有高洁的志向和直率真情的人，是足以感动正义抑制野心的。也正是因为这些缘故，才使曹操在生前不能实现他篡取汉家政权的企图，而由他的后代来完成。对于威严正义的人来说，只不过会遭受倾覆摧折罢了。但是，又怎会有委曲求全，贪恋生命的道理呢！颈烈呵，坚贞呵，孔融的品格是可以与白玉和积霜比美的。

荀　彧

荀彧字文若，颍川颍阴人，朗陵令淑之孙也。父绲，为济南相。绲畏惮宦官，乃为彧娶中常侍唐衡女。彧以少有才名，故得免于讥议。南阳何颙名知人，见彧而异之，曰："王佐才也。"

中平六年，举孝廉，再迁亢父令。董卓之乱，弃官归乡里。同郡韩融时将宗亲千余家，避乱密西山中。彧谓父老曰："颍川，四战之地也。天下有变，常为兵冲。密虽小固，不足以扞大难，宜亟避之。"乡人多怀土不能去。会冀州牧同郡韩馥遣骑迎之，彧乃独将宗族从馥，留者后多为董卓将李傕所杀略焉。

彧比至冀州，而袁绍已夺馥位，绍待彧以上宾之礼。彧明有意数，见汉室崩乱，每怀匡佐之义。时，曹操在东郡，彧闻操有雄略，而度绍终不能定大业。初平二年，乃去绍从操。操与语大悦，曰："吾子房也。"以为奋武司马，时年二十九。明年，又为操镇东司马。

兴平元年，操东击陶谦，使彧守甄城，任以留事。会张邈、陈宫以兖州反操，而潜迎吕布。布即至，诸城悉应之。邈乃使人谲彧曰："吕将军来助曹使君击陶谦，宜亟供军实。"彧知邈有变，即勒兵设备，故邈计不行。豫州刺史郭贡率兵数万来到城下，求见彧。彧将往，东郡太守夏侯淳等止之。曰："何知贡不与吕布同谋，而轻欲见之。今君为一州之镇，往必危也。"彧曰："贡与邈等分非素结，今来速者，计必未定，及其犹豫，宜时说之，纵不为用，可使中立。若先怀疑嫌，彼将怒而成谋，不如往也。"贡既见彧无惧意，知城不可攻，遂引而去。彧乃使程昱说范、东阿，使固其守，卒全三城以待操焉。

二年，陶谦死，操欲遂取徐州，还定吕布。彧谏曰：

昔高祖保关中，光武据河内，皆深根固本，以制天下。进可以胜敌，退足以坚守，故虽有困败，而终济大业。将军本以兖州首事，故能平定山东，此实天下之要地，而将军之关河也。若不先定之，根本将何寄乎？宜急分讨陈宫，使虏不得西顾，乘其间而收熟麦，约食蓄谷，以资一举，则吕布不足破也。今舍之而东，未见其便。多留兵则力不胜敌，少留兵则后不足因。布乘虚寇暴，震动人心，纵数城或全，其余非复己有，则将军尚安归乎？且前讨徐州，威罚实行，其子弟念父兄之耻，必人自为守。就能破之，尚不可保。彼若惧而相结，共为表里，坚壁清野，以待将军，将军攻之不拔，掠之无获，不出一旬，则十万之众未战而自困矣。夫事固有弃彼取此，以权一时之势，愿将军虑焉。操于是大收熟麦，复与布战。布败走，因分定诸县，兖州遂平。

建安元年，献帝自河东还洛阳，操议欲奉迎车驾，徙都于许。众多以山东未定，韩暹、杨奉负功恣睢，未可卒制。彧乃劝操曰："昔晋文公纳周襄王，而诸侯景从；汉高祖为义帝缟素，而天下归心。自天子蒙尘，将军首唱义兵，徒以山东扰乱，未遑远赴，虽御难于外，乃心无不在王室。今銮驾旋轸，东京榛芜，义士有存本之思，兆人怀感旧之哀。诚因此时奉主上以从人望，大顺也；秉至公以服天下，大略也；扶弘义以致英俊，大德也。四方虽有逆节，其何能为？韩暹、杨奉，安足恤哉！若不时定，使豪桀生心，后虽为虑，亦无及矣。”操纵之。

及帝都许，以彧为侍中，守尚书令。操每征伐在外，其军国之事，皆与彧筹焉，彧又进操计谋之士从子攸，及钟繇、郭嘉、陈群、杜袭、司马懿、戏志才等，皆称其举。唯严象为扬州，韦康为凉州，后并负败焉。

袁绍既兼河朔之地，有骄气。而操败于张绣，绍与操书甚倨。操大怒，欲先攻之，而患力不敌，以谋于彧。彧量绍虽强，终为操所制，乃说先取吕布，然后图绍，操从之。三年，遂擒吕布，定徐州。

五年，袁绍率大众以攻许，操与相距。绍甲兵甚盛，议者咸怀惶惧。少府孔融谓彧曰："袁绍地广兵强，田丰、许攸智计之士为其谋，审配、逢纪尽忠之臣任其事，颜良、文丑勇冠三军，统其兵，殆难克乎？”彧曰："绍兵虽多而法不整，田丰刚而犯上，许攸贪而不正，审配专而无谋，逢纪果而自用，颜良、文丑匹夫之勇，可一战而擒也。”后皆如彧之筹，事在《袁绍传》。

操保官度，与绍连战，虽胜而军粮方尽，〔书〕与彧议，欲还许以致绍师。彧报曰："今谷食虽少，未若楚汉在荥阳、成皋间也。是时刘、项莫肯先退者，以为先退则势屈也。公以十分居一之众，画地而守之，扼其喉而不得进，已半年矣。情见势竭，必将有变，此用奇之时，不可失也。”操从之，乃坚壁持之。遂以奇兵破绍，绍退走。封彧万岁亭侯，邑一千户。

六年，操以绍新破，未能为患，但欲留兵卫之，但欲南征刘表，以计问彧。彧对曰："绍既新败，众惧人扰，今不因而定之，而欲远兵江汉，若绍收离纠散，乘虚以出，则公之事去矣。”操乃止。

九年，操拔邺，自领冀州牧。有说操宜复置九州者，以为冀部所统既广，则天下易服。操将从之。彧言曰："今若依古制，是为冀州所统，悉有河东、冯翊、扶风、西河、幽、并之地也。公前屠邺城，海内震骇，各惧不得保其土宇，守其兵众。今若一处被侵，必谓以次见夺，人心易动，若一旦生变，天下未可图也。愿公先定河北，然后修复旧京，南临楚郢，责王贡之不入。天下咸知公意，则人人自安。须海内大定，乃议古制，此社稷长久之利也。”操报曰："微足下之相难，所失多矣！”遂寝九州议。

十二年，操上书表彧曰：

昔袁绍作逆，连兵官度，时众寡粮单，图欲还许。尚书令荀彧深建宜住之便，远恢进讨之略，起发臣心，革易愚虑，坚营固守，徼其军实，遂摧扑大寇，济危以安。绍既破败，臣粮亦尽，将舍河北之规，改就荆南之策。彧复备陈得失，用移臣议，故得反旆冀土，克平四州。向使臣退军官度，绍必鼓行而前，敌人怀利以自百，臣众怯沮以丧气，有必败之形，无一捷之势。复若南征刘表，委弃兖、豫，饥军深入，逾越江、沔，利既难要，将失本据。而彧建二策，以亡为存，以祸为福，谋殊功异，臣所不及。是故先帝贵指纵之功，薄搏获之赏；古人尚帷幄之规，下攻拔之力。原其绩效，足享高爵。而海内未喻其状所受不侔其功，臣诚惜之，乞重平议，增畴户邑。

彧深辞让。操譬之曰："昔介子推有言：'窃人之财，犹谓之盗。'况君奇谟拔出，兴亡所系，可专有之邪？虽慕鲁连冲高之迹，将为圣人达节之义乎！"于是增封千户，并前二千户。又欲授以正司，彧使荀攸深自陈让，至于十数，乃止。操将伐刘表，问彧所策。彧曰："今华夏以平，荆、汉知亡矣，可声出宛、叶而间行轻进，以掩其不意。"操从之。会表病死。

十七年，董昭等欲共进操爵国公，九锡备物，密以访彧。彧曰："曹公本兴义兵，以匡振汉朝，虽勋庸崇著，犹秉忠贞之节。君子爱人以德，不宜如此。"事遂寝。操心不能平。会南征孙权，表请彧劳军于谯，因表留彧曰："臣闻古之遣将，上设监督之重，下建副二之任，所以尊严国命，谋而鲜过者也。臣今当济江，奉辞伐罪，宜有大使肃将王命。文武并用，自古有之。使持节侍中守尚书令万岁亭侯彧，国之(望)〔重〕臣，德洽华夏，既停军所次，便宜与臣俱进，宣示国命，威怀丑虏。军礼尚速，不及先请，臣辄留彧，依以为重。"书奏，帝从之，遂以彧为侍中、光禄大夫，持节，参丞相军事。至濡须，彧病留寿春，操馈之食，发视，乃空器也，于是饮药而卒。时年五十。帝哀惜之，祖日为之废宴乐。谥曰敬侯。明年，操遂称魏公云。

论曰：自迁帝西京，山东腾沸，天下之命倒悬矣。荀君乃越河、冀，间关以从曹氏。察其定举措，立言策，崇明王略，以急国艰，岂云因乱假义，以就违正之谋乎？诚仁为己任，期纾民于仓卒也。及阻董昭之议，以致非命，岂数也夫！世言荀君者，通塞或过矣。常以为中贤以下，道无求备，智算有所研疏，原始未必要末，斯理之不可全诘者也。夫以卫赐之贤，一说而毙两国。彼非薄于仁而欲之，盖有全必有丧也，斯又功之不兼者也。方时运之屯邅，非雄才无以济其溺，功高势强，则皇器自移矣。此又时之不可并也。盖取其归正而已，亦杀身以成仁之义也。

赞曰：公业称豪，骏声升腾。权诡时逼，挥金僚朋。北海天逸，音情顿挫。越俗易惊，孤音少和。直辔安归，高谋谁佐？彧之有弼，诚感国疾。功申运改，迹疑心一。

【译文】

荀彧字文若，颍川郡颍阴县人，郎陵县令荀淑的孙子。荀彧的父亲叫荀绲，是济南王国的相。荀绲害怕宦官，于是替荀彧娶了中常侍唐衡的女儿为妻。荀彧因为年少有才，闻名天下，才得以免遭时人讥笑。南阳郡的何颙以知人闻名，见到荀彧，认为荀彧不是普通人，说："荀彧是帝王的辅佐。"

汉灵帝中平六年，荀彧被郡中推举为孝廉，经过两次升迁，成为亢父县县令。董卓反叛的事情发生后，荀彧抛弃官职，回归故里。当时颍川郡的韩融正带着同宗族的人一千多家，在密县西山避乱。荀彧跟家乡的父老乡亲说："颍川是四百平坦，无险可守，容易受攻击的地方。天下发生战乱时，常常成为军队的交通要道。密县虽然有小的险固形势，但不足以抵抗大的战乱，应当赶快离开这里。"乡人大多怀恋故土不能够离开。恰逢冀州刺史韩馥派遣骑兵来迎接荀彧，荀彧于是只率领他同宗同族的人跟从韩馥，那些留在颍川的人中大多数都被董卓的将领李傕杀死劫掠。

荀彧刚到冀州，而袁绍已经夺取了韩馥的位置。袁绍用上宾的礼仪对待荀彧。荀彧心中颇有打算，看见汉王朝崩溃瓦解，经常怀着匡正现实，辅佐王者的志向。当时曹操在东都，荀彧听说曹操有大略，而认为袁绍终究不能完成恢复汉室的大业。在汉献帝初平二年，荀彧就离开袁绍追随曹操去了。曹操与荀彧谈话，听了荀彧的议论，很是高兴，说："荀彧是我的张良啊！"于是曹操任用荀彧为奋武司马，当时荀彧刚刚二十九岁。第二年，又成为曹操的镇东司马。

汉献帝兴平元年，曹操向东进攻陶谦，派荀彧驻守济阳郡的甄城，任用荀彧做留守。恰逢张邈、陈宫在兖州反对曹操，并且暗中迎接吕布。吕布一到兖州，各县全都响应他。张邈于是派人欺骗荀彧说："吕将军帮助曹操进攻陶谦，您现在应该赶快供给吕布将军军粮马草。"荀彧知道张邈心生叛意，就整备兵马，设置防备，所以张邈的计划没有得以实现。豫州刺史郭贡率兵几万来到甄城城下，求见荀彧。荀彧将去见郭贡，东郡太守夏侯淳等人制止荀彧，说："我们怎么能知道郭贡不是和吕布阴谋计划好了，你却轻易地去见他。现在您是一州的镇守，您一去就很危险。"荀彧说："郭贡和张邈并不是老朋友，现在他来得这么快，一定是他还没有决定下来到底是跟吕布还是跟曹操，现在他正在犹豫，我应该及时劝说他，即使将来郭贡不为我们所用，也可以使他保持中立。如果我们先有疑心，郭贡就会生气，转而和吕布等合谋，对我们不利。不如我现在就去见他。"郭贡见到荀彧没有害怕的意思，知道甄城不可以进攻，于是就带领他的部队离开了。荀彧于是派程昱游说范县、东阿县的长官，让他们坚守城池，终于保全了甄城、范县、东阿县三座县城，而等待曹操的到来。

兴平二年，陶谦死了，曹操想直取徐州，返回平定吕布。荀彧劝谏说：

"过去汉高祖刘邦常留萧何保守关中，汉光武帝刘秀据守河内，都是极力地巩固自己的根本，来制衡天下。向前进，可以战胜敌人，向后退，可以坚城自守，所以他们虽然有困难失败的时候，但最终成就了伟大的事业。曹将军您本来是在兖州做兖州牧，进兵打败黄巾军，所以能够平定山东。兖州确实是天下的险要地方，也是将军您的关中、河内。如果不先安定兖州，您想把根本放在哪里呢？将军现在应该赶快分兵讨伐陈宫，使敌人不能够照顾到西边，我们乘机收熟麦，节约粮食，积累粮谷，来资助大事，那么吕布不值一击。今天舍弃这种打算而向东，我没有看见这其中的好处。您如果去攻取徐州，那么多留一些兵力，您前线的力量就不够；少留一些兵，后方就不稳固。吕布乘机侵略我们，震动人心，即使有几座城得以保全，其余的已不是我们所有，那么将军您能平安归来吗？况且前次征讨徐州，您在那里实行了威猛政治，徐州人的子弟考虑到父亲兄弟的耻辱，一定会团结坚守。就算您能攻下徐州，尚且不可以保住它。他们如果因为害怕您的进攻而互相联合，互为内外，坚壁清野，来等待将军您的到来，将军进攻徐州城，不能攻克；掠夺财物，也得不到什么，不出十天，十万大军就会不战自困。事情总有个弃短取长，权衡一时的形势和利害，希望将军您再考虑考虑这件事。"曹操于是大力收割已成熟的小麦，又与吕布打仗。吕布失败逃走。曹操于是分别平定了各县，兖州境内就安定了。

汉献帝建安元年，汉献帝从河东回到洛阳。曹操计划想派车马去迎接汉献帝，把首都迁移到许地。大多数人都认为山东没有安定，韩暹、杨奉仰仗有功而大肆张牙舞爪，最终不可以制服他们。荀彧于是规劝曹操说："过去晋文公迎进周襄王，天下诸侯都像影子跟随物体一样追随着晋文公；汉高祖为义帝发丧，士兵都穿白色的衣服，天下人心都归向汉高祖。自从汉献帝蒙难，将军您最早倡导正义之师，只是因为山东扰乱，没有来得及奔赴汉献帝，将军虽然身在外抗敌御难，但您的心无时不在王室。现在汉献帝的车驾回到洛阳，洛阳荒芜，忠臣义士都有保存国家根本的心思，众多的人民都有感念往事的哀思。如果确实能在这个时候尊敬汉献帝而顺从天下人心，这是大的顺处；心存至公来服天下人心，这是大的战略；主持大义招致天下英俊豪杰，这是大的德惠。四方即使有人违背臣节，他们还能做什么？韩暹、杨奉，怎么值得忧虑！如果不在此时定下大局，就会让天下豪杰产生别的想法，以后您再来考虑这些事，也来不及啦！"曹操接受了荀彧的建议。

等到汉献帝把许作为首都，就任用荀彧当侍中，署理尚书令。曹操每次在外征伐作战，军事、政治方面的大事，都跟荀彧商量。荀彧又向曹操推荐富有权谋的人士、自己的侄子荀攸，以及钟繇、郭嘉、陈群、杜袭、司马懿、戏志才等人，这些人都名副其实，符合荀彧的推举。只有严象为扬州刺史、韦康为凉州刺史，后来他们二人都失败了。

袁绍兼并河朔广大地区后，很骄傲。而曹操在和张绣的战斗中失败了，袁绍给曹操的书信很不礼貌。曹操特别恼怒，想先下手进攻袁绍，但担心自己军队的力量比不上袁绍的兵力，就把这件事跟荀彧商量。荀彧估量袁绍虽然很强，最终还是得被曹操制服，于是就陈述要先攻下吕布，然后再来图谋袁绍，曹操接受了他的意见。建安三年，于是擒获吕布，平定了徐州。

建安五年，袁绍率领大军来进攻许都，曹操率兵和袁绍对峙。袁绍的军队阵容强大，议论的人都心怀惶恐。少府孔融对荀彧说："袁绍地大兵强，智谋之士田丰、许攸替他出谋划策，尽忠之臣审配、逢纪为他做事，颜良、文丑勇冠三军，统率部队，大概很难攻破他们吧？"荀彧说："袁绍兵力虽强大但军法不严，田丰刚强但冒犯皇帝，许攸贪财并且行为不端，审配专横但没有计谋，逢纪果敢但刚愎自用，颜良、文丑只有普通人的勇气，这些人都可以在战斗中擒获。"后来战事的发展果然都像荀彧预料的那样，这些事记载在《袁绍传》中。

曹操镇守官度，与袁绍多次作战，虽然略有胜利但军粮快用完了，写信跟荀彧商量，想回到许都并招致袁绍的军队。荀彧回信说："现在大军虽然粮食很少，但是这不像楚霸王项羽、汉王刘邦在荥阳、成皋之间时粮食那么少。那时，刘邦和项羽没有谁肯先向后退却的，认为先退就失败了。现在您用仅仅是袁绍部队十分之一的军力，画地作界隔并且保守我方，扼住咽喉使袁绍不能前进已经半年了。现在战争胜负已略见分晓，一定会有一个大的转折。现在是用奇兵奇计的时候，千万不可失去时机。”曹操接受了荀彧的意见，这才坚固壁垒控制官度。于是用奇兵攻破袁绍，袁绍先从官度退走。荀彧受封为万岁亭侯，享受一千户人家的租粮。

建安六年，曹操认为袁绍刚被打败，不能再为患，只想留下部分兵力守卫许，自己想向南进军征讨刘表，就向荀彧询问计谋。荀彧回答说："袁绍刚刚失败，人人忧虑担心，现在不乘机平定袁绍，却想向远方的江淮进军，如果袁绍纠集离散的兵力，乘着您去南方攻打刘表而许都人员少的机会再来进犯，那么您要成就大事的机会就没有了。”曹操才停止向南征战刘表。

建安九年，曹操攻取邺城，自己兼任冀州州牧。有人劝说曹操应该再设置九州，认为冀州统辖的地区广大，那么天下各州郡容易服从。曹操就要接受这个建议了，荀彧说："现在如果依照古代的制度，那么冀州统辖的地区，全部占有河东郡、冯翊郡、扶风郡、西河郡、幽州、并州等广大地区。您前次屠杀邺城，天下都很震惊，人们都担心今后将不能保全自己的区域和人员了。现在如果冀州一个地方被敌人侵略，那么其他各地也会依次被敌人夺过去，老百姓的心是很容易变的，如果一旦发生事变，那么不可以再图谋天下了。我希望您先平定河北，然后再收复洛阳，南面靠近楚地郢城，责问那些不对王室尽忠的人。天下人都知道您的意图，那么人民自己就安定了。等到天下安定，再讨论恢复旧制度，这才有利于国家长久。”曹操回答荀彧说："没有您的责备，我的计划将会造成很大损失啊！”于是就打消了恢复九州的想法。

建安十二年，曹操向汉献帝推荐荀彧说：

"过去袁绍做不忠于汉室的事，反叛汉军，在官渡集结兵力，当时我方兵力少粮食也不够，我计划回首都许都。尚书令荀彧极力建议应该驻守官渡的便力之处，大力恢复进攻讨伐敌人的战略，他的建议启发了我的心思，去掉了我愚蠢的思虑，于是我坚固营垒保守官渡，半路截取袁绍的军资，于是摧毁敌人，转危为安。袁绍已经失败，我方的粮食也吃完了，我打算舍弃保守河北的计策，改向荆南的策略。荀彧又详细陈述得失利害，因此改变了我的意图，所以我方才返回冀州，克服平定冀、青、幽、并四州。假使我当时在官渡退兵，袁绍军队一定会鸣鼓向前无所畏惧；敌人就会谋求利益一人能当百人用，我方的兵士就会怯懦而丧气，就会有必败的形势，没有一次胜利的道理。再假若向南征讨刘表，放弃兖州、豫州，饥饿的军队深入南方，跨越长江、沔水，既难以取得胜利，还将失去我们本来所占有的地区。而荀彧提出两项计策，转危亡为生存，转灾祸为幸福，谋略卓越，功劳奇异，这是我比不上他的。因此汉高祖尊重能发出指令的功劳，而不重视听从指令去捕获野兽的功劳；所以古人崇尚运筹帷幄之中，轻视攻城略地的力量。计算荀彧的功绩，他足可以享受很高的爵赏。但天下没有人能明白荀彧的情况，他现在所接受的爵禄和他的功劳相比，实在太不相称了。我确实爱惜荀彧。我请求重新评议，增加他享受的食邑。"

荀彧极力推辞。曹操用例证比喻说："过去介子推有话说：'偷别人的财物，还说他是盗。'况且您多次提出不同寻常的计谋，这些都关系到国家的兴亡，我怎么可以专有这大功呢？您即使羡慕鲁仲连谦虚高尚的节操，难道这是圣人所说的达节的意思吗？"于是再增加荀彧享受的租粮人家一千户，加上以前的共两千户。又打算授给荀彧尚书令的职务，荀彧派荀攸去极力陈述辞让，达到十多次，曹操才放下授给荀彧尚书令职务的念头。曹操将攻讨刘表，向荀彧询问计谋。荀彧说："现在中原地区已经平定，刘表、刘备被灭的日子不远了，将军可以大造声势从宛、叶出发，但实际上抄小路轻装前进，以出其不意，攻其不备。"曹操接受了荀彧的计谋。恰遇上刘表病死。

建安十七年，董昭等想共同劝汉献帝授国公的爵号给曹操，并且准备了车马、衣服、乐器、朱户、纳陛、百人虎贲、斧钺、弓矢、秬鬯九种王室赐予的物品以及人员，秘密地向荀彧询访这件事。荀彧说："曹操本来是兴举正义之师，来匡复振兴汉朝，虽然功勋显著，他还是对汉室尽忠贞的节操。君子应该用德去爱惜他人，不应该这样。"封曹操为国公这件事于是就停止了。曹操内心颇感不平。恰逢曹操向南征讨孙权，曹操就上表汉献帝奏请派荀彧到谯慰劳军队。荀彧到了谯县，曹操于是又上表留住荀彧，说："我听说过去派遣将帅，既设监督的重任，又有副佐的职任，目的是使国家的命令得到尊严，谋划事情少出错误。现在我正当渡江，接受您的命令讨伐有罪的人，应该有大使严肃地主持国家的命令。文才武将一起使用，这是自古以来就有的。派持符节、侍中、署理尚书令万岁亭侯荀彧，国家的重要臣僚，德行滋润华夏，现在他已经停止在大军驻扎地，不需请示、根据需要和我一起向前进发，宣布朝廷的命令，用威德去安抚敌人。军礼崇尚快速，我来不及先向皇帝陛下请示，就留下荀彧，作为重要依靠。”曹操的书疏被送交汉献帝，汉献帝听从了曹操的意见，于是任用荀彧担任侍中、光禄大夫、持符节，参与总领丞相的军事。到了濡须，荀彧病了，留在寿春，曹操赠送食物给荀彧，荀彧打开盒子一看，不过是一个空的盒子，于是荀彧就喝了毒药，死了。当时年仅五十岁。汉献帝哀怜荀彧，在祭祀祖神的日子里，为荀彧停了宴乐。荀彧死后，朝廷赠送给荀彧的称号是敬侯。第二年，曹操于是称自己为魏公。

史家论曰：自从董卓把汉献帝迁到长安，山东州郡沸腾，天下人民困苦不堪，就像被倒挂着一样。荀彧就越过河南、冀州，经过辗转跋涉而追随曹操。考察荀彧决定自己的行动，为曹操建言立策，尊崇光大汉室的谋略，来挽救国家的危难，怎么能说荀彧是趁天下大乱的时机，假借仁义的名义，来趋向违背正道的阴谋呢？荀彧确实是以仁为己任，期望从困难中解救老百姓。等到荀彧阻挠董昭进爵曹操国公的建议，他因此就招致了使自己死于非命的灾难，这难道是命运吗？世人说到荀彧，所说荀彧的通达与不通达，有时超过了实际情况。我常常认为中等贤人以下的人，对他的道不能求全责备，智谋计略有精细有疏略；推究事物的本源未必能看到事物的将来，这是常理，不可以求全责备。就凭端木赐的贤能，一次游说就使齐、吴两国或乱或败。他不是缺少仁义而想这么做，大概事物的规律是有成全的事必有失败的事，这又是成就事功和自己的仁义之心不可两全啊！当社会遭遇困境时，不是雄才不足以解救其困难，曹操功高势强，那么国家的大权自然归向他。这又是时势不可并有。我大概推崇荀彧能归向正义的一方，也是符合杀身成仁的道义！

史家赞说：郑泰称豪，美名直上云天。诡辞以回答董卓，散金钱财产给自己的朋友、同僚。孔融有天纵之才，言辞抑扬顿挫。违背世俗就容易让人吃惊，曲高音孤就少有附和。孔融的直道无所归向，他的高谋深算将用来辅佐谁呢？荀彧有辅弼的才能和功业，确实是为救国难。他的功业完成，但时运已经改变了；他的行事值得怀疑，但他忠于汉室的心却始终如一。

后汉书卷七十二

董卓列传第六十二

董卓字仲颖，陇西临洮人也。性粗猛有谋。少尝游羌中，尽与豪帅相结。后归耕于野，诸豪帅有来从之者，卓为杀耕牛，与共宴乐。豪帅感其意，归相敛得杂畜千余头以遗之，由是以健侠知名。为州兵马掾，常徼守塞下。卓膂力过人，双带两鞬，左右驰射，为羌胡所畏。

桓帝末，以六郡良家子为羽林郎，从中郎将张奂为军司马，共击汉阳叛羌，破之，拜郎中，赐缣九千匹。卓曰："为者则己，有者则士。"乃悉分与吏兵，无所留。稍迁西域戊己校尉，坐事免。后为并州刺史，河东太守。

中平元年，拜东中郎将，持节，代卢植击张角于下曲阳，军败抵罪。其冬，北地先零羌及枹罕河关群盗反叛，遂共立湟中义从胡北宫伯玉、李文侯为将军，杀护羌校尉泠徵。伯玉等乃劫致金城人边章、韩遂，使专任军政，共杀金城太守陈懿，攻烧州郡。明年春，将数万骑入寇三辅，侵逼园陵，托诛宦官为名，诏以卓为中郎将，副左车骑将军皇甫嵩征之。嵩以无功免归，而边章、韩遂等大成盛。朝廷复以司空张温为车骑将军，假节，执金吾袁滂为副。拜卓破虏将军，与荡冠将军周慎并统于温。并诸郡兵步骑合十余万，屯美阳，以卫园陵。章、遂亦进兵美阳。温、卓与战，辄不利。十一月，夜有流星如火，光长十余丈，照章、遂营中，驴马尽鸣。贼以为不祥，欲归金城。卓闻之喜，明日，乃与右扶风鲍鸿等并兵俱攻，大破之，斩首数千级。章、遂败走榆中，温乃遣周慎将三万人追讨之。温参军事孙坚说慎曰："贼城中无谷，当外转粮食。坚愿得万人断其运道，将军以大兵继后，贼必困乏而不敢战。若走入羌中，并力讨之，则凉州可定也。"慎不从，引军围榆中城。而章、遂分屯葵园狭，反断慎运道。慎惧，乃弃车重而退。温时亦使卓将兵三万讨先零羌，卓于望垣北为羌胡所围，粮食乏绝，进退逼急。乃于所度水中伪立隅，以为捕鱼，而潜从阳下过军。比贼追之，决水已深，不得度。时众军败退，唯卓全师而还，屯于扶风，封邰乡侯，邑千户。

三年春，遣使者持节就长安拜张温为太尉。三公在外，始之于温。其冬，徵温还京师，韩遂乃杀边章及伯玉、文侯，拥兵十余万，进围陇西。太守李相如反，与遂连和，共杀凉州刺史耿鄙。而鄙司马扶风马腾，亦拥兵反叛，又汉阳王国，自号“合众将军”，皆与韩遂合。共推王国为主，悉令领其众，寇掠三辅。五年，围陈仓。乃拜卓前将军，与左将军皇甫嵩击破之。韩遂等复共废王国，而劫故信都令汉阳阎忠，使督统诸部。忠耻为众所胁，感恚病死。遂等稍争权利，更相杀害，其诸部曲并各分乖。

六年，徵卓为少府，不肯就，上书言：“所将湟中义从及秦胡兵皆诣臣曰：‘牢直不毕，禀赐断绝，妻子饥冻。’牵挽臣车，使不得行。羌胡敝肠狗态，臣不能禁止，辄将顺安慰。增异复上。”朝廷不能制，颇以为虑。及灵帝寝疾，玺书拜卓为并州牧，令以兵属皇甫嵩。卓复上书言曰：“臣既无老谋，又无壮事，天恩误加，掌戎十年，士卒大小相狎弥久，恋臣畜养之恩，为臣奋一旦之命，乞将之北州，效力边垂。”于是驻兵河东，以观时变。

乃帝崩，大将军何进、司隶校尉袁绍谋诛阉宦，而太后不许，乃私呼卓将兵入朝，以胁太后。卓得召，即时就道。并上书曰：“中常侍张让等窃倖承宠，浊乱海内。臣闻扬汤止沸，莫若去薪；溃痈虽痛，胜于内食。昔赵鞅兴晋阳之甲，以逐君侧之恶人。今臣辄鸣钟鼓如洛阳，请收让等，以清奸秽。卓未至而何进败，虎贲中郎将袁术乃烧南宫，欲讨宦官，而中常侍段珪等劫少帝及陈留王夜走小平津。卓远见火起，引兵急进，未明到城西，闻少帝在北芒，因往奉迎。帝见卓将兵卒至，恐怖涕泣。卓与言，不能辞对；与陈留王语，遂及祸乱之事。卓以王为贤，且为董太后所养，卓自以与太后同族，有废立意。

初，卓之入也，步骑不过三千，自嫌兵少，恐不为远近所服，率四五日辄夜潜出军近营，明旦乃大陈旌鼓而还，以为西兵复至，洛中无知者。寻而何进及弟苗先所领部曲皆归于卓，卓又使吕布杀执金吾丁原而并其众，卓兵士大盛。乃讽朝廷策免司空刘弘而自代之。因集议废立。百僚大会。卓乃奋首而言曰：“大者天地，其次君臣，所以为政。皇帝暗弱，不可以奉宗庙，为天下主。今欲王，何如？”公卿以下莫敢对。卓又抗言曰：“昔霍光定策，延年案剑。有敢沮大议，皆以军法从之。”坐者震动。尚书卢植独曰：“昔太甲既立不明，昌邑罪过千余，故有废立之事。

今上富于秋，行无失德，非前事之比也。”卓大怒，罢坐。明日复集群僚于崇德前殿，遂胁太后，策废少帝。曰：“皇帝在丧，无人子之心，威仪不类人君，今废为弘农王。”乃立陈留王，是为献帝。又议太后蹙迫永乐太后，至令忧死，逆妇姑之礼，无孝顺之节，迁于永安宫，遂以弑崩。

卓迁太尉，领前将军事，加节传斧钺虎贲，更封郿侯。卓乃与司徒黄琬、司空杨彪，俱带铁锧诣阙上书，追理陈蕃、窦武及诸党人，以从人望。于是悉复蕃等爵位，擢用子孙。

寻进卓为相国，入朝不趋，剑履上殿。封母为池阳君，置令丞。

是时洛中贵戚室第相望，金帛财产，家家殷积。卓纵放兵士，突其庐舍，淫略妇女，剽虏资物，谓之“搜牢”。人情崩恐，不保朝夕。及何后葬，开文陵，卓悉取藏中珍物。又奸乱公主，妻略宫人，虐刑滥罚，睚眦必死，群僚内外莫能自固。卓尝遣军至阳城，时人会于社下，悉令就斩之，驾其车重，载其妇女，以头系车辕，歌呼而还。又坏五铢钱，更铸小钱，悉取洛阳及长安铜人、锺虡、飞廉、铜马之属，以充铸焉。故货贱物贵，谷石数万。又钱无轮郭文章，不便人用。时人以为秦始皇见长于临洮，乃铸铜人。卓，临洮人也，而今毁之。虽成毁不同，凶暴相类焉。

卓素闻天下同疾阉官诛杀忠良，及其在事，虽行无道，而犹忍性矫情，擢用群士。乃任吏部尚书汉阳周珌、侍中汝南伍琼、尚书郑公业、长史何颙等，以处士荀爽为司空。其染党锢者陈纪、韩融之徒，皆为列卿。幽滞之士，多所显拔，以尚书韩馥为冀州刺史，侍中刘岱为兖州刺史，陈留孔伷为豫州刺史，颍川张咨为南阳太守。卓所亲爱，并不处显职，但将校而已。初平元年，馥等到官，与袁绍之徒十余人，各兴义兵，同盟讨卓，而伍琼、周珌阴为内主。

初，灵帝末，黄巾余党郭太等复起西河白波谷，转寇太原，遂破河东，百姓流转三辅，号为“白波贼”，众十余万。卓遣中郎将牛辅击之，不能却。及闻东方兵起，惧，乃鸩杀弘农王，欲徙都长安。会公卿议，太尉黄琬、司徒杨彪廷争不能得，而伍琼、周珌又固谏之。卓因大怒曰：“卓初入朝，二子劝用善士，故相从，而诸君到官，举兵相图。此二君卖卓，卓何用相负！”遂斩琼、珌。而彪、琬恐惧，诣卓谢曰：“小人恋旧，非欲沮国事也，请以不及为罪。”卓既杀琼、珌，旋亦悔之，故表彪、琬为光禄大夫。于是迁天子西都。

初，长安遭赤眉之乱，宫室营寺焚灭无余，是时唯有高庙、京兆府舍，遂便时幸焉。后移未央宫。于是尽徙洛阳人数百万口于长安，步骑驱蹙，更相蹈藉，饥饿寇掠，积尸盈路。卓自屯留毕圭苑中，悉烧宫庙官府居家，二百里内无复孑遗。又使吕布发诸帝陵，及公卿已下冢墓，收其珍宝。

时长沙太守孙坚亦率豫州诸郡兵讨卓。卓先遣将徐荣、李蒙四出虏掠。荣遇坚于梁，与战，破坚，生擒颍川太守李旻，亨之。卓所得义兵士卒，皆以布缠裹，倒立于地，热膏灌杀之。

时河内太守王匡屯兵河阳津，将以图卓。卓遣疑兵挑战，而潜使锐卒从小平津过津北，破之，死者略尽。明年，孙坚收合散卒，进屯梁县之阳人。卓遣将胡轸、吕布攻之。布与轸不相能，军中自惊恐，士卒散乱。坚追击之，轸、布败走。卓遣将李傕诣坚求和。坚拒绝不受，进军大谷，距洛九十里。卓自出与坚战于诸陵墓间。卓败走，却屯黾池，聚兵于陕。坚进洛阳宣阳城门，更击吕布，布复破走，坚乃扫除宗庙，平塞诸陵，分兵出函谷关，至新安、黾池间，以截卓后。卓谓长史刘艾曰："关东诸将数败矣，无能为也。唯孙坚小戆，诸将军宜慎之。"乃使东中郎将董越屯黾池，中郎将段煨屯华阴，中郎将牛辅屯安邑，其余中郎将、校尉布在诸县，以御山东。

卓讽朝廷使光禄勋宣播持节拜卓为太师，位在诸侯王上。乃引还长安，百官迎路拜揖。卓遂僭拟车服，乘金华青盖，爪画两轓，时人号"竿摩车"，言其服饰近天子也。以弟□为左将军，封鄠侯，兄子璜为侍中、中军校尉，皆典兵事。于是宗族内外，并居列位。其子孙虽在髫龀，男皆封侯，女为邑君。

数与百官置酒宴会，淫乐纵恣。乃结垒于长安城东以自居。又筑坞于郿，高厚七丈，号曰"万岁坞"。积谷为三十年储。自云："事成，雄据在下，不成，守此足以毕老。"尝至郿行坞，公卿已下祖道于横门。卓施帐幔饮设，诱降北地反击数百人，于坐中杀之。先断其舌，次斩手足，次凿其眼目，以镬煮之。未及得死，偃转杯案间。会者战栗，亡失匕箸，而卓饮食自若。诸将有言语蹉跌，便戮于前。又稍诛关中旧族，陷以叛逆。

时太史望气，言当有大臣戮死者。卓乃使人诬卫尉张温与袁术交通，遂笞温于市，杀之，以塞天变，前温出屯美阳，令卓与边章等战，无功。温召又不时应命，即到而辞对不逊。时孙坚为温参军，劝温陈兵斩

之。温曰："卓有威名，方倚以西行。"坚曰："明公亲帅王师，威振天下，何恃于卓而赖之乎？坚闻古之名将，杖钺临众，未有不断斩以示威武者也。故穰苴斩庄贾，魏绛戮杨干。今若纵之，自亏威重，后悔何及！"温不能从，而卓犹怀嫉恨，故及于难。

温字伯慎，少有名誉，累登公卿。亦阴与司徒王允共谋诛卓，事未及发而见害。越骑校尉汝南伍孚，忿卓凶毒，志手刃之，乃朝服怀佩刀以见卓。孚语毕辞去，卓起送至阁，以手抚其背，孚因出刀刺之，不中。卓自奋得免，急呼左右执杀之，而大诟曰："虏欲反耶！"孚大言曰："恨不得磔裂奸贼于都市，以谢天地！"言未毕而毙。

时王允与吕布及仆射士孙瑞谋诛卓。有人书"吕"字于布上，负而行于市，歌曰："布乎！"有告卓者，卓不悟。三年四月，帝疾新愈，大会未央殿。卓朝服升车，既而马惊堕泥，还入更衣。其少妻止之，卓不从，遂行。乃陈兵夹道，自垒及宫，左步右骑，屯卫周帀，令吕布等扞卫前后。王允与士孙瑞密表其事，使瑞自书诏以授布，令骑都尉李肃与布同心勇士十余人，伪著卫士服于北掖门内待卓。卓将至，马惊不行，怪惧欲还。吕布劝令进，遂入门。肃以戟刺之，卓衷甲不入，伤臂堕车，顾大呼曰："吕布何在？"布曰："有诏讨贼臣。"卓大骂曰："庸狗敢如是邪！"布应声持矛刺卓，趣兵斩之。主簿田仪及卓仓头前赴其尸，布又杀之。驰赍赦书，以令宫陛内外。士卒皆称万岁，百姓歌舞于道。长安中士女卖其珠玉衣装市酒肉相庆者，填满街肆。使皇甫嵩攻卓弟□于郿坞，杀其母妻男女，尽灭其族。乃尸卓于市。天时始热。卓素充肥，脂流于地。守尸吏然火置卓脐中，光明达曙，如是积日，诸袁门生又聚董氏之尸，焚灰扬之于路。坞中珍藏有金二三万斤，银八九万斤，锦绮缋縠纨素奇玩，积如丘山。

初，卓以牛辅子婿，素所亲信，使以兵屯陕。辅分遣其校尉李傕、郭汜、张济将步骑数万，击破河南尹朱儁于中牟。因掠陈留、颍川诸县，杀略男女，所过无复遗类。吕布乃使李肃以诏命至陕讨辅等，辅等逆与肃战，肃败走弘农，布诛杀之。其后牛辅营中无故大惊，辅惧，乃赍金宝逾城走。左右利其货，斩辅，送首长安。

傕、汜等以王允、吕布杀董卓，故忿怒并州人，并州人其在军者男女数百人，皆诛杀之。牛辅既败，众无所依，欲各散去。傕等恐，乃先遣使诣长安，求乞赦免。王允以为一岁不可再赦，不许之。傕等益怀忧惧，不知所为。武威人贾诩时在傕军，说之曰："闻长安中议欲尽诛凉州人。诸君若弃军单行，则一亭长能束君矣。不如相率而西，以攻长安，为董公报仇。事济，奉国家以正天下；若其不合，走未后也。"傕等然之，各相谓曰："京师不赦我，我当以死决之。若攻长安克，则得天下矣；不克，则钞三辅归女财物，西归乡里，尚可延命。"众以为然，于是共结盟，率军数千，晨夜西行。王允闻之，乃遣卓故将胡轸、徐荣击之于新丰。荣战死，轸以众降。傕随道收兵，比至长安，已十余万，与卓故部典樊稠、李蒙等合，围长安，城峻不可攻，守之八日，吕布军有叟兵内反，引傕众得入。城溃，放兵虏掠，死者万余人，杀卫尉种拂等。吕布战败出奔。王允奉天子保宣平城门楼上。于是大赦天下，李傕、郭汜、樊稠等皆为将军。遂围门楼，共表请司徒王允出，问"太师何罪？"允穷蹙乃下，后数日见杀。傕等葬董卓于郿，并收董氏所焚尸之灰，合敛一棺而葬之。葬日，大风雨，霆震卓墓，流水入藏，漂其棺木。

【译文】

董卓，字仲颖，是陇西郡临洮县人。性情粗猛但有智谋。他年轻时曾经游历于羌人地区，与羌人的酋长全都互相结交。后来他回去到田野中耕地，羌人酋长又来找他的，他就为众人杀死耕牛，与他们共相宴乐。酋长被他的情意感动，回去就聚敛各种牲畜千余头送给他。从此他便凭借豪健任侠而闻名。他担任州中兵马掾，经常巡守到塞下。董卓膂力过人，身佩两套弓箭，能左右驰射，被羌人畏惧。

汉桓帝末年，征募六郡的良家子弟担任羽林郎，董卓随从中郎将张奂担任了军司马，共同讨伐在汉阳郡叛乱的羌人，击破了羌人，拜官为郎中，赏赐给他帛九千匹，董卓道："立功的虽是我自己，但有赏赐则是将士的。"便都分给了官兵们，自己一无所留。稍升为西域戊己校尉，因为犯事而被免职。后来又担任过并州刺史与河东太守。

汉灵帝中平元年，董卓拜中郎将，拿符节，代替卢植攻打张角在曲阳，兵败而抵罪。这年冬天，北地先零羌人袍罕、河关群盗反叛，于是就共同拥立义从胡人北宫伯玉、李文侯为将军，杀死了护羌校尉泠徵。李伯玉等人又劫持金城人边章、韩遂，让他们专门负责主持军政，共同杀死金城太守陈懿，攻打焚烧州郡。第二年春季，他们率数万骑兵入寇三辅，侵逼汉帝园陵，假借诛灭宦官的名义。朝廷下诏任命董卓为中郎将，作为左车骑将军皇甫嵩的副职，前往征讨。皇甫嵩因为师出无功免职归乡，而边章、韩遂就声势益盛。朝廷又任命司空张温为车骑将军，假节，执金吾袁滂担任副职。任命董卓为破虏将军，与荡寇将军周慎一同受张温统率。归并诸郡的步兵骑兵共计十余万，屯驻在美阳，来护卫园陵。边章、韩遂也进兵美阳。张温、董卓与他们交战，屡屡受挫。十一月，夜间有流星如火一般，光长十余丈，照耀边章、韩遂军营之中，驴马都因受惊而鸣叫起来。贼军认为这是不祥之兆，想回归金城。董卓听了很是高兴，第二天，便与右扶风人鲍鸿等联合出击，大败敌军，斩首数千级。边章、韩遂败逃榆中，张温便派周慎率领三万人追讨。张温手下的参军事孙坚向周慎建议说："贼寇城中没谷物，必会从外面运输粮食。我愿得万人来切断其粮道，将军以大军随后进击，贼寇必会困乏而不敢接战。如果他们逃入到羌中，我们并力进讨，那么凉州就可以平定了。"周慎不肯听从，率兵包围榆中城。而边章与韩遂分兵屯扎葵园峡，反而断绝周慎的粮道。周慎害怕，便抛弃辎重而退军。张温当时也派董卓率兵三万人征讨先零羌，董卓在望垣之北被羌人围困，粮食乏绝，进退都非常危急。董卓便在准备涉渡的河中假装建造堤埝捕鱼，而悄悄地从堤埝下转移了军队。等敌人追来，决开的水已经非常深，不能涉渡。当时诸路军队败退，只有董卓能够全师而还。董卓屯驻在扶风，封郚乡侯，食邑千户。

中平三年春，朝廷派使者至长安，拜张温为太尉。三公在朝廷之外，从张温开始。这年冬天，朝廷征调了张温回到京师。韩遂就杀死边章及北宫伯玉、李文侯，拥兵达十余万，进兵包围了陇西郡城。陇西太守李相如造反，同韩遂联合，共同杀死凉州刺史耿鄙。而耿鄙的司马，扶风人马腾，也同样拥兵反叛；还有汉阳人王国，自称为"合众将军"，都与韩遂联合。他们共推王国为首，让他统领所有兵众，寇掠三辅。中平五年，他们包围陈仓。于是朝廷任命董卓为前将军，与左将军皇甫嵩，一起击破敌军。韩遂等人又一起废黜王国，而劫持以前的信都县令汉阳人阎忠，让他统率诸部。阎忠因为被人胁持而感到羞耻，怨恨生病而死。韩遂等人渐渐争夺权力，互相杀害，他们诸部曲之间都已经各自分裂了。

中平六年，朝廷征调董卓担任少府。董卓不肯就任，上书说："我率领的湟中义从和秦胡兵，都赶来见我，说：'供应不能够保证，食粮已断绝，老婆孩子又冻又饿。'牵挽我的车，让我不能起行。羌人良心不好，情态如同狗一样，我不能够强行禁止，只可以顺情安慰。如果有新变化当再奏闻。”朝廷不能够控制董卓，很是担忧。及至灵帝卧病，用玺书拜董卓为并州牧，让他把军队交给皇甫嵩。董卓又上书道：“我既没有老谋深算，又没有丰功伟绩，只是天恩误加于我，才使我执掌十年戎马。如今将士大小与我熟悉已久，留恋我畜养之恩，肯为我献出自己的生命。请允许我率领他们到北部州郡，效力于边疆。”于是他就驻兵在河东，静观时局的变化。

等到灵帝驾崩，大将军何进、司隶校尉袁绍共同策划诛灭宦官，但何太后不同意，于是他们私自招呼董卓率兵入朝，来要挟太后。董卓得到召命，立刻上路，并上书道：“中常侍张让等人侥幸承受皇帝的恩宠，扰乱天下。我听人说：扬汤止沸，倒不如釜底抽薪；溃烂的痈疽虽疼，但胜在让好肉腐烂。古时赵鞅发动晋阳的兵马，来逐除君王身旁的恶人。如今我就要鸣钟擂鼓地前往洛阳，请允许我收捕张让一伙人，以扫清奸恶。”董卓没到达洛阳，而何进已被宦官杀害，虎贲中郎将袁术就纵火南宫，企图讨伐宦官，而中常侍段珪等人，劫持少帝以及陈留王，趁夜逃奔到小平津。董卓从很远的地方就看见起火，率兵疾进，天没亮就赶到了洛阳城西。他听说少帝在北邙山，于是就前往奉迎。少帝见董卓率领的军队突然来到，害怕得哭起来。董卓与他说话，他都无法应对。与陈留王谈话，才讲起了发生祸乱的事。董卓认为陈留王很有才能，并且是董太后的养子，董卓又自认为与董太后同族，便产生废立皇帝的念头。

起初董卓进入洛阳时，不过三千步兵骑兵，他自己嫌兵少，唯恐不为远近所畏服，便每隔四五天就让军队悄悄地出城接近营地，次日早晨就大张旗鼓地回城，使人认为西面的军队又来了，洛阳人没有能看透这把戏的。不久，何进与他弟弟何苗所属的军队都归属董卓，董卓又让吕布杀死了执金吾丁原，吞并了他的部属，董卓的军队便强盛起来，他便示意朝廷免去司空刘弘，由自己代替。于是召集商议废立皇帝的事。百官大集会，董卓就昂首而言道：“首先是天地，其次才是君臣，从事政治就依靠这些。皇帝昏昧软弱，不可以奉事宗庙，成为天下的主宰。现在我想要仿照伊尹废太甲、霍光废昌邑王的事，改立陈留王为皇帝，怎么样？”公卿以下没有人敢应声的。董卓又高声说道：“当年霍光决定废立皇帝时，田延年手按宝剑，准备要处斩反对的人。今天有人敢阻止这个重大决定的，都要用军法处置。”在座的人无不震惊，只有尚书卢植说道：“当年太甲既然立为王，暗昧不明，昌邑王的罪过千余条，因此有废立的事。当今皇上少年力强，行为也没有过失，不能用太甲、昌邑王来比拟的。”董卓大怒，中止了会议。第二天，他又重新召集百官在崇德前殿，胁持何太后，定策来废黜少帝，道："皇帝在服丧期内，缺少为人子的孝心，威仪不像君主，今废为弘农王。"于是就立陈留王，是为献帝。又定议何太后逼迫灵帝之母永乐太后，致使其忧惧而死，悖逆婆媳的礼节，毫无孝顺之节，于是何太后迁移至永安宫，接着便被董卓弑杀。

董卓改官为太尉，兼领前将军事，加节传、斧钺、虎贲，加封为郿侯。董卓就与司徒黄琬、司空杨彪，都携带斧砧诣阙上书，要求重新审理陈蕃、窦武以及诸党人案，来顺从人们的心愿。于是将陈蕃等人的爵位都恢复，选拔任用他们的子孙。

不久董卓又被晋升为相国，入朝时可以不小步快走，还可以佩剑着履上殿。封赐他的母亲为池阳君，家中配置令丞。

当时洛阳城中的贵戚的甲第比比相望，金帛财产，家家充积。董卓放纵他手下的士兵，冲进屋舍，奸淫掠夺妇女，剽劫抢掠财物，称之为"搜牢"。人心失望而且畏惧，朝不保夕。等到葬埋何太后，打开文陵，董卓将陵墓中所藏的珍宝财物卷取一空。他还奸淫公主，将把宫女抢去作姬妾，虐刑滥罚，睚眦必死，内外的群臣，不能自保。董卓曾经派军队至阳城，当时人们正集会在社庙之下，董卓命令把他们都斩杀，而后驾上他们的车马，载上他们的妇女，将人头系在车辕上，歌唱呼叫而还。他还销毁了五铢钱，改铸小钱，将洛阳的铜人、锺虡、铜飞廉、铜马全都取来，用为做熔铸铜钱的材料。故而货币贬值，物价上涨，每石谷物价值数万。他铸的钱没有轮廓文字，人们不便使用。当时人认为，秦始皇时在临洮看见巨人，于是铸铜人；而董卓是临洮人，现在销毁铜人。他们虽一个熔铸，一个销毁，但凶暴却是一样的。

董卓平时就听说，天下之人都愤恨宦官诛杀忠良，因此他把持大权之后，虽然肆行无道，但还要耐性矫情，选拔启用士大夫。于是他任用了吏部尚书汉阳周珌，侍中汝南伍琼，尚书郑公业，长史何颙等人，任命以处士荀爽为司空；那些为党锢之禁所牵连的陈纪、韩融等人，都用为列卿；幽困住不得志的士人，很多得到提拔。他还任用尚书韩馥为冀州刺史，侍中刘岱为兖州刺史，陈留孔伷为豫州刺史，颍川张咨为南阳太守。董卓所亲信宠爱的人，并不给安排显要的职位，只是担任将校而已。汉献帝初平元年，韩馥等人到任后，与袁绍等十余人，各发起义兵，联盟去征讨董卓，而伍琼、周珌暗中为内应。

先前在灵帝末年，黄巾军的余党郭太等人，在西河郡的白波谷重新起兵，转战入寇太原郡，接着击破河东郡，百姓流亡到了三辅地区，称他们为“白波贼”，有部众十余万人。董卓派中郎将牛辅讨击，不能够击退。及至闻听东方袁绍等人义兵兴起，董卓害怕，便鸩杀弘农王，想迁都长安。集合公卿商议，太尉黄琬、司徒杨彪在朝廷上极力反对而不接受，伍琼、周珌又坚决地劝阻。董卓大怒道：“我开始入朝，你二人劝说我用善士，因为这我才听从。可是那些人刚一上任，就举兵图谋我。这是二位出卖了我，我没什么对不住你们的！”于是斩伍琼和周珌。而杨彪、黄琬恐惧，便登门向董卓道歉，说：“小人留恋着旧地，不是想阻挠国事，请处罚我们思虑不及之罪吧。”董卓既已杀死伍琼、周珌，很快就后悔了，因为这表举杨彪、黄琬为光禄大夫。于是将天子迁往西都长安。

早先，长安遭受赤眉军之乱，宫室官廨被焚烧得一干二净，此时只有高祖宗庙和京兆府衙，于是就临时安排天子住下，后来才迁到未央宫。接着把洛阳数百万人都迁徙到长安，步兵骑兵驱赶，互相践踏，加上饥饿以及强盗的掳掠，路上满是尸体。董卓自己屯留在洛阳的毕圭苑，把宫室、宗庙、官府、居民全都焚烧了，二百里以内没有人家。他又让吕布挖掘诸帝的陵墓以及公卿以下的坟茔，搜刮其中的珍宝。

当时长沙太守孙坚也率豫州诸郡兵马讨伐董卓。董卓先派将领徐荣、李蒙四出掳掠。徐荣在梁县遭遇孙坚，与他交战，击破孙坚，生擒了颍川太守李旻，用沸水烹死。董卓所俘虏义兵士卒，都用布缠裹起来，倒立在地，用热油灌死。

当时河内太守王匡屯兵在河阳津，准备图谋董卓。董卓派疑兵挑战，而悄悄用精锐部队从小平津过到河阳津之北，击破王匡，几乎都被杀光了。第二年，孙坚收聚败散的兵卒，进兵屯驻梁县的阳人。董卓派将领胡轸、吕布进攻。吕布同胡轸不合，军中自相惊恐，士卒散乱逃走。孙坚乘机追击，胡轸、吕布败逃。董卓派遣将领李傕去见孙坚求和，孙坚拒绝不肯答应，进军到大谷，距洛阳九十里。董卓亲自出兵与孙坚战在诸陵墓间。董卓败逃，退屯于渑池，聚兵在陕县。孙坚进洛阳城宣阳门，再击吕布。吕布二次被击败逃走。孙坚便清扫宗庙，填平陵墓的盗洞，而后分兵出函谷关，至新安、渑池之间，来攻击董卓的身后。董卓对长史刘艾说：“关东诸将已经多次被我击败，无所作为。只有孙坚憨勇，诸位将军应该谨慎些。”便派遣东中郎将董越屯渑池，中郎将段煨屯华阴，中郎将牛辅屯安邑，其余的中郎将、校尉分布诸县，以抵御山东诸军。

董卓示意朝廷派遣光禄勋宣播持节杖拜自己为太师，位次在诸侯王以上。于是就率兵回长安，百官在路上行大礼相迎。董卓僭拟天子的车服制度。车盖为青色，饰以金花，车厢两侧画着纹彩，当时的人称为“竿摩车”，意思说他的服饰接近天子。他安排弟弟董旻为左将军，封鄠侯，安排哥哥的儿子董璜为侍中、中军校尉，都掌管兵权。于是宗族内外，并居显要。他的子孙虽尚且年幼，但男的都封侯，女的都封县君。

他经常与百官置酒宴会，淫乐无度，放纵恣肆。他在长安城的东面建造城垒，自己居住。他还在郿县兴修坞堡，城墙高厚各七丈，号称“万岁坞”。积存谷物可以食用三十年。他自己说：“事情如果成功，我雄踞天下；事情如果不成，守此足以终老。”他曾经前往郡县的坞堡，公卿以下百官送行到横门之外。董卓搭设帐幔，摆下筵席，将数百名诱降的北地造反者，就在宴会上处死。先割下舌头，而后斩下手足，再剜掉眼睛，用锅来煮。那些人还没有咽气，身体在酒案之间翻来覆去，不断转动。与会者全身都战栗，连筷子都拿不住，但董卓却饮食自若。诸将如果有言语不当，就立刻杀戮于面前。他还诬陷以叛逆罪，诛杀关中的旧豪族。

当时太史望气占卜，说应要有大臣被戮死。董卓就命人诬陷卫尉张温与袁术勾结，于是在闹市中鞭笞张温，而后杀死他，以应付天变。以前张温曾经出兵屯驻美阳，命令董卓同边章作战，董卓不能够取胜，张温召董卓，他又不遵命赶到，来到之言词又很不逊。当时孙坚任张温的参军，劝张温陈列兵伍，用董卓示众。张温道：“董卓有威名，我正想要靠他向西进军呢。”孙坚说：“明公亲率王师，威震天下，何必仗恃董卓呢？我听说，古代名将，手持斧钺来临众，没有不断然地处斩以显示威武的。因此齐将军司马穰苴敢于斩杀迟到的监军庄贾，晋大夫魏绛敢于诛戮乱行杨干的仆人。今天您假如宽纵了他，您自己就丧失威严，必将后悔无及！”张温不肯听从，但董卓却还心怀嫉恨，因此张温终于遇难。

张温，字伯慎，年轻时就有声誉，多次位至公卿。他也暗中与司徒王允一起策划诛除董卓，事情还没有开始就被害了。越骑校尉汝南人伍孚，痛恨董卓的凶狠恶毒，立志要亲手杀死他，便身穿朝服，怀藏佩刀，来拜见董卓。伍孚说完话告辞，董卓起身送至门阁，用手拍抚伍孚的后背，伍孚于是就出刀刺之，没有刺中。董卓自己挣扎着脱身，急忙吆喝左右捉住了伍孚杀掉，大骂道：“奴才要造反么！”伍孚高声道：“我恨不得能碎割奸贼于都市，来谢天下！”话未说完就死了。

当时王允与吕布以及仆射士孙瑞共同阴谋策划诛除董卓。有人在布上写“吕”字，背着行走于市，唱着：“布啊！”有人告诉了董卓，董卓还不醒悟。初平三年四月，献帝的病刚痊愈，在未央殿召集群臣集会。董卓身穿朝服登上车，接着马受惊了，他掉到泥地上，又回到屋换衣服。他的小妾劝他不要上朝。董卓不听，便走了。于是他陈兵在夹列道路两旁，从他住的城垒一直到皇宫，左步右骑，层层屯卫，命吕布等人捍卫前后。王允便与士孙瑞秘密向献帝表奏自己诛杀董卓的计划，让士孙瑞书写诏书交给吕布，命骑都尉李肃与吕布心腹将士十余人，穿着皇宫卫士的服装，埋伏在北掖门，来等候董卓。董卓将至，马惊不行，董卓觉得奇怪，想回去。吕布劝他进宫，于是他进入了北掖门。李肃用戟刺之，董卓内有铁甲，没能刺入，他的胳臂受伤而跌落车下，回头大呼道：“吕布在哪里！”吕布道：“有诏书讨贼臣！”董卓大骂：“蠢狗岂敢如此！”吕布应声持矛刺杀董卓，催促兵士斩首。主簿田仪以及董卓的仓头奔向董卓的尸体，吕布又杀他们。派人携带皇帝的命令，驰马宣示宫廷内外。士卒都高呼万岁，百姓在路上歌舞起来。长城中的士女卖掉珠宝衣服，买酒肉相庆贺的，填满了街道。又派皇甫嵩往郿坞攻打他的弟弟董旻，杀死他的母亲、妻子、女儿，诛灭全族。于是将董卓的尸体横陈于街市，当时天气刚开始热，董卓非常胖，尸体中的油脂流了一地。夜间看守尸体的官就点着火放在董卓肚脐中，光亮直照到天明，这样接连好几天。袁氏的门生们又把董卓一族人的尸首聚敛起来，烧化成为灰，扬弃在道路上。郿坞中的珍藏，有两三万斤黄金，有八九万斤白银，绫罗绸缎、珍宝奇玩，堆积如山。

开初，董卓认为牛辅是他的女婿，一向亲近信任，派他带兵屯驻陕县。牛辅分别派他手下的校尉李傕、郭汜、张济率步骑数万，击破了河南尹朱儁于中牟，因而掳掠陈留、颍川等县，杀掠男女，所过之处没有人烟。吕布就派李肃以诏命至陕县讨伐牛辅等人。牛辅等迎战李肃，李肃败逃到弘农，吕布诛杀他。此后牛辅军营无故大惊，牛辅十分害怕，便携带金货宝物翻城逃走。左右的人贪他的财货，便杀死他，把他的首级送到长安。

李傕、郭汜等因王允、吕布杀死了董卓，因为这愤恨并州人。并州人在他们军队中有男女数百人，都被杀掉了。牛辅败死之后，众人无所依托，就想各自逃散。李傕等人害怕，便选派使者去长安，请求被赦免。王允认为一年之中不可以大赦两次，不肯答应。武威人贾诩当时在李傕军中，对李傕说道："听说长安城中都议论要杀尽凉州人，各位如果抛弃军队单独逃走，那么一个亭长就能生擒诸君。还不如率领军队西进，攻打长安，替董公报仇。事情成功，就奉社稷来平定天下；如若失败，再逃走不晚。"李傕等人以为不错，便对众将道："京师不赦免我们，我们就应以死相拼。如果攻克长安，就得到天下；攻不克，就抄掠三辅的妇女财物，西归到乡里，还可以存活。"众人认为有理，于是共同结盟，率军数千，昼夜兼行。王允听说了，便派董卓的旧时将领胡轸、徐荣攻击于新丰。徐荣战死，胡轸率众投降。李傕一路收聚散兵，及至长安，已有十余万人。他们又与董卓的旧部樊稠、李蒙等会合，包围长安。城墙高峻，不可强攻，守城八天，吕布军中有蜀兵反叛，引导李傕兵众入城。长安城溃，纵兵掳掠，死者有数万人，杀卫尉种拂等。吕布战败出逃。王允奉天子命令退守于宣平门城楼之上。于是就大赦天下，李傕、郭汜、樊稠等都做了将军。李傕等包围了城楼，共上表要求司徒王允出来，问道："太师有什么罪"。王允穷蹙无奈，就走下城楼，数日之后就被杀。李傕等在郿县埋葬董卓，并收敛董氏焚尸的骨灰，合聚在一口棺材而埋葬。埋葬那天，风雨大作，雷霆震毁了董卓的坟墓，水流入墓穴漂走棺木。

后汉书卷七十六

王景列传第六十六

王景字仲通，乐浪诹邯人也。八世祖仲，本琅邪不其人。好道术，明天文。诸吕作乱，齐哀王襄谋发兵，而数问于仲。及济北王兴居反，欲委兵师仲，仲惧祸及，乃浮海东奔乐浪山中，因而家焉。父闳，为郡三老。更始败，土人王调杀郡守刘宪，自称大将军、乐浪太守。建武六年，光武遣太守王遵将兵击之。至辽乐，闳与郡决曹史杨邑等共杀调迎遵，皆封为列侯，闳独让爵。帝奇而征之，道病卒。

景少学《易》，遂广窥众书，又好天文术数之事，沉深多伎艺。辟司空伏恭府，时有荐景能理水者，显宗诏与将作谒者王吴共修作浚仪渠。吴用景墕流法，水乃不复为害。

初，平帝时，河汴决坏，未及得修。建武十年，阳武令张汜上言："河决，积久，日月，侵毁济渠，所漂数十许县。修理之费，其功不难。宜改修堤防，以安百姓。"书奏，光武即为发卒。方营河功，而浚仪令乐俊复上言："昔元光之间，人庶炽盛，缘堤垦殖，而瓠子河决，尚二十余年，不即拥塞。今居家稀少，田地饶广，虽未修理，其患犹可。且新被兵革，方兴役力，劳怨既多，民不堪命。宜须平静，更议其事。"光武得此遂止。后汴渠东侵，日月弥广，而水门故处，皆在河中，兖、豫百姓怨叹，以为县官恒兴佗役，不先民急。永平十二年，议修汴渠，乃引见景，问以理水形便。景陈其利害，应对敏给，帝善之。文以尝修浚仪，功业有成，乃赐《山海经》《河渠书》《禹贡图》，及钱帛衣物。夏，遂发卒数十万，遣景与王吴修渠筑堤，自荥阳东至千乘海口千余里。景乃商度地势，凿山阜，破砥绩，直截沟涧，防遏冲要，疏决壅积，十里立一水门，令更相洄注，无复溃漏之患。景虽简省役费，然犹以百亿计。明年夏，渠成。帝亲自巡行，诏滨河郡国置河堤员吏，如西京旧制。景由是知名。王吴及诸从事掾史皆增秩一等。景三迁为侍御史。十五年，从驾东巡狩，至无盐，帝美其功绩，拜河堤谒者，赐车马缣钱。

建功七年，迁徐州刺史。先是杜陵杜笃奏上《论都赋》，欲令车驾

迁还长安。耆老闻者，皆动怀土之心，莫不眷然伫立西望。景以宫庙已立，恐人情疑惑，会时有神雀诸瑞，乃作《金人论》，颂洛邑之美，天人之符，文有可采。

明年，迁庐江太守。先是百姓不知牛耕，致地力有余而食常不足。郡界有楚相孙叔敖所起芍陂稻田。景乃驱率吏民，修起芜废，教用犁耕，由是垦辟倍多，境内丰给。遂铭石刻誓，令民知常禁。又训令蚕织，为作法制，皆著于乡亭，庐江传其文辞，卒于官。

初，景以为《六经》所载，皆有卜筮，作事举止，质于蓍龟，而众书错糅，吉凶相反，乃参纪众家数术文书，冢宅禁忌，堪舆日相之属，适于事用者，集为《大衍玄基》云。

【译文】

王景，字仲通，是乐浪讷邯的人。上世八代祖王仲，本是琅邪不其人。王仲喜好道术，熟知天文。吕氏家族作乱时，齐哀王刘襄谋划发兵讨吕，曾经数次询问王仲。到了济北王刘兴居谋反时，曾经想把军队交他领导，王仲惧怕灾祸会波及，就渡海向东来到乐浪山里，因为这定居。父亲王闳，是郡中三老。更始皇帝刘玄战败，当地人王调杀死郡守刘宪，自称为大将军、乐浪太守。建武六年（公元30年），光武皇帝刘秀派太守王遵率兵打王调。兵马到辽东，王闳与郡决曹史杨邑等人一起杀死王调，迎接王遵，因为这王闳等人都封为列侯，只有王闳推辞爵位。皇帝认为其人奇异，可任用，就征辟他到朝廷来，王闳在途中因病而死。

王景年轻时学习《周易》，于是他看了很多的书，他又喜欢天文术数，他秉性深沉而且多会技艺。被征辟到司空伏恭府任职，当时有人荐举王景会同治理水利，显宗皇帝诏令王景和将作偈者王吴一同修建浚仪渠。王吴使用了王景的堨流之法，河水就再也没有成灾。

当初汉平帝时，黄河在汴河一带决口，没有及时修建。建武十年，阳武令张汜上书说："黄河泛滥业有许多年，济渠因为长期浸毁，也决口了，被水漂没的有数十个县，修筑起来，是很麻烦费力的，其事却不难做。应当改造修护河堤，来让百姓安居乐业"。奏书上呈后，光武皇帝很快就征发役卒。正准备修建河防时，浚仪令乐俊又上书说："以前汉武帝元光年间，人口繁盛，顺沿河堤之处都开种植，瓠子河决口之后，几乎经过二十多年，仍不能从事堵塞。现在人家稀少，却土田广阔，虽然不加修筑，它的灾害仍然难以承受。而且刚刚打完仗，就兴征民役，劳苦怨恨一定会增多，民众就不堪忍受。还是等到平安时，再来商议这件事吧。”光武皇帝看到这个上书，就停止修堤工程。后来汴渠向东浸漫，越来越广，原有的水闸，都被淹在河里，兖州、豫州的百姓都怨恨叹息，认为这县官们一味兴修其他工程，而不优先考虑百姓所急迫的工程。永平十二年，朝中讨论修筑汴渠的事，皇帝召见王景，向他询问准备治理河段的地理形势，王景陈述各处地势是否有危害性，答对敏捷。皇帝认为非常好，又因为王景曾经修建浚仪渠，很有成绩，就赏赐给王景《山海经》《河渠书》《禹贡图》，以及钱帛衣物。夏天，征发役卒数十万人，派王景和王吴修理渠道，筑建堤防，从荥阳向东到千乘海口一共一千多里长。王景研究计算沿途的地形，开凿山岭，劈破砥绩山，开直与堵截沟涧，在重要地方设立防堤，疏通壅塞积滞，每隔十里就建立一个水闸，依据需要使水流或洄流或径注，不再出现决溃和漏水的患害。王景虽节约劳役、减少用费，但工程费用还是以上百亿的钱计算。第二年夏天，整个渠道建成。皇帝亲自进行巡行视察，诏令洞河的郡国都设置管理河堤的员吏，像西汉以前的制度一样。王景因为这闻名，王吴与所有下属官员都增加一级的俸禄。王景被升任三级为侍御史。建武十五年（公元 39 年），跟随皇帝车驾到东方巡行视察，到无盐，皇帝赞赏王景治理河渠的功劳，任命他为河堤谒者，并赐赏给他车、马、缣、钱等物。

建初七年（公元 82 年），王景迁升为徐州刺史。先此杜陵杜笃上奏《论都赋》，想要皇帝将首都迁回长安。听到此事的老臣们，怀念故土的情感都被拨动，没有不眷恋地伫立向西眺望。王景认为宫殿祖庙已经建好，深恐人们会疑虑不安，正遇到当时有神雀等祥瑞出现，他就作《金人论》，颂赞洛阳的美好，天人的符应，其文辞优美，殊可采集。

第二年，他迁任庐江太守。先前，当地百姓不懂用牛耕种，竟导致土地大有余力，但粮食常不够吃。庐江郡内有楚相孙叔敖时建起的芍陂稻田。王景就督领吏役百姓，整治荒芜的废地，教民使用牛耕，从此垦殖开辟的土地成倍增长，郡境之内人都非常富足。王景立石碑铭刻誓言，来使人们知道伦常律禁。他又训教命令人们学习养蚕纺织，并制定有关的法令，都写在乡亭，庐江至今还流传有他的文章。王景死于任上。

当初，王景认为《六经》所记载的内容，都有占卜筮卦，做事举止活动，都要询问蓍草龟甲，但是众多书籍相互牴牾，所说的吉凶甚至有相反的情况，王景于是就研究整理众多的术数之书，以及葬送、造宅、五行禁忌之法，风水算命相面之类的内容，把适合于人们日常生活的内容，汇集成了《大衍玄基》。

后汉书卷七十七

董宣列传第六十七

董宣字少平，陈留圉人也。初为司徒侯霸所辟，举高第，累迁北海相。到官，以大姓公孙丹为五官掾。丹新造居宅，而卜工以为当有死者，丹乃令其子杀道行人，置尸舍内，以塞其咎。宣知，即收丹父子杀之。丹宗族亲党三十余人，操兵诣府，称冤叫号。宣以丹前附王莽，虑交通海贼，乃悉收系剧狱，使门下书佐水丘岑尽杀之。青州以其多滥，奏宣考岑，宣坐征诣廷尉。在狱，晨夜讽诵，无忧色。及当出刑，官属具馔送之，宣乃厉色曰："董宣生平未曾食人之食，况死乎！"升车而去。时同刑九人，次应及宣，光武驰使驺骑特原宣刑，且令还狱。遣使者诘宣多杀无辜，宣具以状对，言水丘岑受臣旨意，罪不由之，愿杀臣活岑。使者以闻，有诏左转宣怀令，令青州勿案岑罪。岑官至司隶校尉。

后江夏有剧贼夏喜等寇乱郡境，以宣为江夏太守。到界，移书曰："朝廷以太守能禽奸贼，故辱斯任。今勒兵界首，檄到，幸思自安之宜。"喜等闻，惧，即时降散。外戚阴氏为郡都尉，宣轻慢之，坐免。

后特征为洛阳令。时湖阳公主苍头白日杀人，因匿主家，吏不能得。及主出行，而以奴骖乘，宣于夏门亭候之，乃驻车叩马，以刀划地，大言数主之失，叱奴下车，因格杀之。主即还宫诉帝，帝大怒，召宣，欲棰杀之。宣叩头曰："愿乞一言而死。"帝曰："欲何言？"宣曰："陛下圣德中兴，而纵奴杀良人，将何以理天下乎？臣不须棰，请得自杀。"即以头击楹，流血被面，帝令小黄门持之，使宣叩头谢主，宣不从，强使顿之，宣两手据地，终不肯俯。主曰：文叔为白衣时，藏亡匿死，吏不敢至门。今为天子，威不能行一令乎？"帝笑曰："天子不与白衣同。"因敕强项令出。赐钱三十万。宣悉以班诸吏。由是搏击豪强，莫不震慄。京师号为"卧虎"。歌之曰："枹鼓不鸣董少平。"

在县五年。年七十四，卒于官。诏遣使者临视，唯见布被覆尸，妻子对哭，有大麦数斛、敝车一乘。帝伤之，曰："董宣廉洁，死乃知之！"以宣尝为二千石，赐艾绶，葬以大夫礼。拜子并为郎中，后官至齐相。

【译文】

董宣，字少平，是陈留圉（今河南杞县南）人。起初被司徒侯霸所辟举提拔为高职位，多次迁官为北海相。董宣到官，任命大姓公孙丹为五官掾。公孙丹新建的住宅，而占卜者说此地当有人死去，公孙丹就叫他儿子杀死一个过路人，将尸首放在新屋内，就算应占卜的预言。董宣知道后，立刻逮捕公孙丹父子，将他们杀死了。公孙丹的宗族亲友三十多人，拿兵器来到官署前称冤叫闹。董宣因为公孙丹以前曾经附从王莽，恐怕他会与海贼相联结，于是将他们全收捕进剧县监狱，并让门下书佐水丘岑把他们都杀掉。青州刺史因为董宣杀人过多，上奏控告董宣行事，并拷问水丘岑。董宣因为这被传讯到廷尉那里。董宣在监狱里，早晚读书，毫无忧虑的神色。到当被拉出受刑时，他以前的属官们准备饭菜来送他。董宣严厉地说："我董宣生平从没吃过别人的食物，何况现在要死了呢！"上了囚车而去。当时一同受刑的共有九人，依次将轮到董宣，光武帝派人骑着快马特免董宣的死刑，并命令他回到监狱。光武帝派使者诘问董宣多杀无辜的事。董宣就照事实回答，说水丘岑是执行我的意旨，罪不在于他，请求杀我赦免水丘岑。使者向光武帝报告董宣的供状，光武帝下诏贬董宣为怀县令，并命令青州不要再查问水丘岑的罪责。水丘岑后来官至司隶校尉。

后来江夏郡有剧盗夏喜等人在郡内抢掠作乱，朝廷任命董宣为江夏太守。董宣刚到郡界，就发出公告说："朝廷认为我太守能擒拿奸贼，因此居此职。现在我带兵到郡界，发布的檄文一到，为非作歹的人应当考虑怎样自安的办法。"夏喜等听到，非常害怕，立时解散投降。后因为皇家亲戚阴氏有人做了郡都尉，董宣对他傲慢，所以被免官。

后来他被特别徵召为洛阳令。当时湖阳公主家奴白天杀人，作案后藏匿在公主的家中，官府抓不到他。等到公主出行时，却让这个家奴陪她一起乘车。董宣在夏门亭等公主，见到后叫停住车马，用刀划着地，毫不顾忌地指责公主过失，叱令家奴下车，把他杀了。公主就回宫向光武帝诉说，光武帝大怒，将董宣叫来，要打死他。董宣叩头说："请让我说一句话再死。"光武帝说："你想说什么？"董宣说："陛下您有圣德而中兴，却纵容奴隶杀害良民，将怎样治理天下呢？我不需棍杖，请求让我自杀。"说着，董宣就用头去撞柱，流血满面。光武帝叫小黄门制止他，并让董宣对公主叩头谢罪，董宣不肯。别人按他着的头颈，硬让他低头，董宣两手支着地，最终不肯低头。公主说："文叔（光武帝刘秀字）做平民时，藏匿逃亡与被判死罪的人，官府不敢上门追索。现在做了皇帝，威信竟不能命令一个县令吗？"光武帝笑道："皇帝与平民不一样。"因此下令让"硬脖子县令"出去，赐他钱三十万。董宣把钱都分给吏佐们。从此他惩处豪强，无所惧怕。京城中称之为"卧虎"。有民谣唱道："鼓槌不敲鼓不鸣，吏治清明董少平。"

董宣在洛阳县共任职五年，七十四岁死在官任上。光武帝派使者到他家察看，只看见董宣的尸体用布覆盖，只有妻子和儿子相对哭泣。家中仅有几斛大麦，破车一辆。光武帝知道后非常感伤，说："董宣的廉洁，我直到他死后才知道！"因为董宣曾经官至二千石，赐他艾绶，以大夫礼节下葬。任命其子董并为郎中，后来董并官至齐相。

后汉书卷八十四

列女列传第七十四

诗书之言女德尚矣。若夫贤妃助国君之政，哲妇隆家人之道，高士弘清淳之风，贞女亮明白之节，则其徽关未殊也，而世典成漏焉，故自中兴以后，综其成事，述为《列女篇》。如马、邓、梁后别见前纪，梁冀、李姬各附家传，若斯之类，并不兼书。余但搜次才行尤高秀者，不必专在一操而已。

勃海鲍宣妻者，桓氏之女也，字少君。宣尝就少君父学，父奇其清苦，故以女妻之，装送资贿甚盛。宣不悦，谓妻曰："少君生富骄，习美饰，而吾实贫贱，不敢当礼。"妻曰："大人以先生修德守约，故使贱妾侍执巾栉。既奉承君子，唯命是从。"宣笑曰："能如是，是吾志也。"妻乃悉归侍御服饰，更著短布裳，与宣共挽鹿车归乡里。拜姑礼毕，提瓮出汲。修行妇道，乡邦称之。

宣，哀帝时官至司隶校尉，子永，中兴初为鲁郡太守。永子昱从容问少君曰："太夫人宁复识挽鹿车时不？"对曰："先姑有言：'存不忘亡，安不忘危。'吾焉敢忘乎！"永、昱已见前传。

太原王霸妻者，不知何氏之女也。霸少立高节，光武时，连征不仕。霸已见《逸人传》。妻亦美志行。初，霸与同郡令孤子伯为友，后子伯为楚相，而其子为郡功曹。子伯乃令子奉书于霸，车马服从，雍容如也。霸子时方耕于野，闻宾至，投耒而归，见令孤子，沮怍不能仰视。霸目之，有愧容，客去而久卧不起。妻怪问其故，始不肯告，妻请罪，而后言曰："吾与子伯素不相若，向见其子容服甚光，举措有适，而我儿曹蓬发历齿，未知礼则，见客而有惭色。父子恩深，不觉自失耳。"妻曰："君少修清节，不顾荣禄，今子伯之贵孰与君之高？奈何忘宿志而惭儿女子乎！"霸屈起而笑曰："有是哉！"遂共终身隐遁。

广汉姜诗妻者，同庞盛之女也。诗事母至孝，妻奉顺尤笃，母好饮江水，水去舍六七里，妻常溯流而汲。后值风，不时得还，母渴，诗责而遣之。妻乃寄止邻舍，昼夜纺绩，市珍羞，使邻母以意自遗其姑。如是者久之，姑怪问邻母，邻母具对。姑感惭呼还，恩养愈谨。其子后因远汲溺死。妻恐姑哀伤，不敢言，而托以行学不在。姑嗜鱼鲙，又不能独食，夫妇常力作供鲙，呼邻母共之。舍侧辄有涌泉，味如江水，每旦忽出双鲤鱼，常以供二母之膳。赤眉散贼经诗里，弛兵而过，曰："惊大孝必触鬼神。"时岁荒，贼乃遗诗米肉，受而埋之，比落蒙其安全。

永平三年，察孝廉，显宗诏曰："大孝入朝，凡诸举者一听平之。"由是皆拜郎中。诗寻除江阳令，卒于官。所居治，乡人为立祀。

沛郡周郁妻者，同郡赵孝之女也，字阿，少习仪训，闲于妇道，而郁骄淫轻躁，多行无礼。郁父伟谓阿曰："新妇贤者女，当以道匡夫。郁之不改，新妇过也。"阿拜而受命，退谓左右曰："我无樊卫二姬之行，故君以责我。我言而不用，君必谓我不奉教令，则罪在我矣。若言而见用，是为子违父而从妇，则罪在彼矣。生如此，亦何聊哉！"乃自杀，莫不伤之。

扶风曹世叔妻者，同郡班彪之女也，名昭，字惠班，一名姬。博学高才。世叔早卒，有节行法度。兄固著《汉书》，其八表及《天文志》未及竟而卒，和帝诏昭就东观臧书阁踵而成之。帝数召入宫，令皇后诸贵人师事焉，号曰大家。每有贡献异物，辄诏大家作赋颂。及邓太后临朝，与闻政事。以出入之勤，特封子成关内侯，官至齐相。时《汉书》始出，多未能通者，同郡马融伏于阁下，从昭受读，后又诏融兄续继昭成之。

永初中，太后兄大将军邓骘以母忧，上书乞身，太后不欲许，以问昭。昭因上疏曰："伏惟皇太后陛下，躬盛德之美，隆唐虞之政，辟四门而开四聪，采狂夫之瞽言，纳刍荛之谋虑。妾昭得以愚朽，身当盛明，敢不披露肝胆，以效万一？妾闻谦让之风，德莫大焉，故典坟述美，神祇降福。昔夷齐去国，天下服其廉高；太伯违□，孔子称为三让。所以光昭令德，扬名于后者也。《论语》曰：'能以礼让为国，于从政乎何有。'由是言之，推让之诚，其致远矣。今四舅深执忠孝，引身自退，而以方垂未静，拒而不许；后有毫毛加于今日，诚恐推让之名不可再得，缘见逮及，故敢昧死竭其愚情。自知言不足采，以示虫蚁之赤心。"太后从而许之，于是骘等各还里第焉。

作《女诫》七篇，有助内训。其辞曰：

鄙人愚暗，受性不敏，蒙先君之余宠，赖母师之典训。年十有四，执箕帚于曹氏，于今四十余载矣。战战兢兢，常惧黜辱，以增父母之羞，

以益中外之累。夙夜劬心，勤不告劳，而今而后，乃知免耳。吾性疏顽，教道无素，恒恐子谷负辱清朝。圣恩横加，猥赐金紫，实非鄙人庶几所望也。男能自谋矣，吾不复以为忧也。但伤诸女方当适人，而不渐训诲，不闻妇礼，惧失容它门，取耻宗族。吾今疾在沈滞，性命无常，念汝曹如此，每用惆怅。间作《女诫》七章，愿诸女各写一通，庶有补益，裨助汝身。去矣，其勖勉之！

《卑弱第一》：古者生女三日，卧之床下，弄之瓦砖，而斋告焉。卧之床下，明其卑弱，主下人也。弄之瓦砖，明其习劳，主执勤也。斋告先君，明当主继祭祀也。三者盖女人之常道，礼法之典教矣。谦让恭敬，先人后己，有善莫名，有恶莫辞，忍辱含垢，常若畏惧，是谓卑弱下人也。晚寝早作，勿惮夙夜，执务私事，不辞剧易，所作必成，手迹整理，是谓执勤也。正色端操，以事夫主，清静自守，无好戏笑，洁齐酒食，以供祖宗，是谓继祭祀也。三者苟备，而患名称之不闻，黜辱之在身，未之见也。三者苟失之，何名称之可闻，黜辱之可远哉！

《夫妇第二》：夫妇之道，参配阴阳，通达神明，信天地之弘义，人伦之大节也。是以《礼》贵男女之际，《诗》著《关雎》之义。由斯言之，不可不重也。夫不贤，则无以御妇；妇不贤，则无以事夫。夫不御妇，则威仪废缺；妇不事夫，则义理堕阙。方斯二事，其用一也。察今之君子，徒知妻妇之不可不御，威仪之不可不整，故训其男，检以书传，殊不知夫主之不可不事，礼义之不可不存也。但教男而不教女，不亦蔽于彼此之数乎！《礼》，八岁始教之书，十五而至于学矣。独不可依此以为则哉！

《敬慎第三》，阴阳殊性，男女异行。阳以刚为德，阴以柔为用，男以强为贵，女以弱为美。故鄙谚有云："生男如狼，犹恐其□；生女如鼠，犹恐其虎。"然则修身莫若敬，避强莫若顺。故曰敬顺之道，妇人之大礼也。夫敬非它，持久之谓也。夫顺非它，宽裕之谓也。持久者，知止足也。宽裕者，尚恭下也。夫妇之好，终身不离。房室周旋，遂生媟黩。媟黩既生，语言过矣。语言既过，纵恣必作。纵恣既作，则侮夫之心生矣。此由于不知止足者也。夫事有曲直，言有是非。直者不能不争，曲者不能不讼。讼争既施，则有忿怒之事矣。此由于不尚恭下者也。侮夫不节，谴呵从之；忿怒不止，楚挞从之。夫为夫妇者，义以和亲，恩以好合，楚挞既行，何义之存？谴呵既宣，何恩之有？恩义俱废，夫妇离矣。

《妇行第四》：女有四行，一曰妇德，二曰妇言，三曰妇容，四曰妇功。夫云妇德，不必才明绝异也；妇言，不必辩口利辞也；妇容，不必颜色美丽也；妇功，不必工巧过人也。清闲贞静，守节整齐，行已有耻，动静有法，是谓妇德。择辞而说，不道恶语，时然后言，不厌于人，是谓妇言。盥浣尘秽，服饰鲜洁，沐浴以时，身不垢辱，是谓妇容。专心纺绩，不好戏笑，洁齐酒食，以奉宾客，是谓妇功。此四者，女人之大德，而不可乏之者也。然为之甚易，唯在存心耳。古人有言："仁远乎哉？我欲仁，而仁斯至矣。"此之谓也。

《专心第五》：《礼》，夫有再娶之义，妇无二适之文，故曰夫者天也。天固不可逃，夫固不可离也。行违神祇，天则罚之；礼义有愆，夫则薄之。故《女宪》曰："得意一人，是谓永毕；失意一人，是谓永讫。"由斯言之，夫不可不求其心。然后求者，亦非谓佞媚苟亲也，固莫若专心正色。礼义居洁，耳无途听，目无邪视，出无诒容，人无废饰，无聚会群辈，无看视门户，此则谓专心正色矣。若夫动静轻脱，视听陕输，入则乱发坏形，出则窈窕作态，说所不当道，观所不当视，此谓不能专心正色矣。

《曲从第六》：夫得意一人，是谓永毕，失意一人，是谓永讫。欲人定志专心之言也。舅姑之心，岂当可失哉？物有以恩自离者，亦有以义自破者也。夫虽云爱，舅姑云非，此所谓以义自破者也。然则舅姑之心奈何？固莫尚于曲从矣。姑云不尔而是，固宜从令；姑云尔而非，犹宜顺命。勿得违戾是非，争分曲直。此则所谓曲从矣。故《女宪》曰："妇如影响，焉不可赏。"

《和叔妹第七》：妇人之得意于夫主，由舅姑之爱己也；舅姑之爱己，由叔妹之誉己也。由此言之，我臧否誉毁，一由叔妹，叔妹之心，复不可失也。皆莫知叔妹之不可失，而不能和之以求亲，其蔽也哉！自非圣人，鲜能无过，故颜子贵于能改，仲尼嘉其不贰，而况妇人者也。虽以贤女之行，聪哲之性，其能备乎！是故室人和则谤掩，外内离则恶扬。此必然之势也。《易》曰："二人同心，其利断金。同心之言，其臭如兰。"此之谓也。夫嫂妹者，体敌而尊，恩疏而义亲。若淑媛谦顺之人，则能依义以笃好，崇恩以结援，使徽美显章，而瑕过隐塞，舅姑矜善，而夫主嘉美，声誉曜于邑邻，休光延于父母。若夫蠢愚之人，于嫂则托名以自高，于妹则因宠以骄盈。骄盈既施，何和之有！恩义既乖，何誉之臻！是以美隐而过宣，姑忿而夫愠，毁訾布于中外，耻辱集于厥身，进增父母之羞，退益君子之累。斯乃荣辱之本，而显否之基也。可不慎哉！然则求叔妹之心，固莫尚于谦顺矣。谦则德之柄，顺则妇之行，凡斯二者，足以和矣。《诗》云："在彼无恶，在此无射。"其斯之谓也。

马融善之，令妻女习焉。

昭女妹曹丰生，亦有才惠，为书以难之，辞有可观。

昭年七十余卒，皇太后素服举哀，使者监护丧事。所著赋、颂、铭、诔、问、注、哀辞、书、论、上疏、遗令，凡十六篇。子妇丁氏为撰集之，又作《大家赞》焉。

河南乐羊子之妻者，不知何氏之女也。羊子尝行路，得遗金一饼，还以与妻。妻曰："妾闻志士不饮盗泉之水，廉者不受嗟来之食，况拾遗求利，以污其行乎！"羊子大惭，乃捐金于野，而远寻师学。一年来归，妻跪问其故。羊子曰："久行怀思，无它异也。"妻乃引刀趋机而言曰："此织生自蚕茧，成于机杼，一丝而累，以至于寸，累寸不已，遂成丈匹。今若断斯织也，则捐失成功，稽废时月。夫子积学，当日知其所亡，以就懿德。若中道而归，何异断斯织乎？"羊子感其言，复还终业，遂七年不反。妻常躬勤养姑，又远馈羊子。

尝有它舍鸡谬入园中，姑盗杀而食之，妻对鸡不餐而泣。姑怪问其故。妻曰："自伤居贫，使食有它肉。"姑竟弃之。

后盗欲有犯妻者，乃先劫其姑。妻闻，操刀而出。盗人曰："释汝刀从我者可全，不从我者，则杀汝姑。"妻仰天而叹，举刀刎颈而死。盗亦不杀其姑。太守闻之，即捕杀贼盗，而赐妻缣帛，以礼葬之，号曰"贞义"。

汉中程文矩妻者，同郡李法之姊也，字穆姜。有二男，而前妻四子。文矩为安众令，丧于官。四子以母非所生，憎毁日积，而穆姜慈爱温仁，抚字益隆，衣食资供皆兼倍所生。或谓母曰："四子不孝甚矣，何不别居以远之？"对曰："吾方以义相导，使其自迁善也。"及前妻长子兴遇疾困笃，母恻隐自然，亲调药膳。恩情笃密。兴疾久乃瘳，于是呼三弟谓曰："继母慈仁，出自天受。吾兄弟不识恩养，禽兽其心。虽母道益隆，我曹过恶亦已深矣！"遂将三弟诣南郑狱，陈母之德，状己之过，乞就刑辟。县言之于郡，郡守表异其母，蠲除家徭，遣散四子，许以修革，自后训导愈明，并为良士。

穆姜年八十余卒。临终敕诸子曰："吾弟伯度，知达士也。所论薄葬，其义至矣。又临亡遗令，贤圣法也。令汝曹遵承，勿与俗同，增吾之累。”诸子奉行焉。

孝女曹娥者，会稽上虞人也。父盱，能弦歌，为巫祝。汉安二年五月五日，于县江溯涛婆娑迎神，溺死，不得尸骸。娥年十四，乃沿江号哭，昼夜不绝声，旬有七日，遂投江而死。至元嘉元年，县长度尚改葬娥于江南道傍，为立碑焉。

吴许升妻者，吕氏之女也，字荣。升少为博徒，不理操行，荣尝躬勤家业，以奉养其姑。数劝升修学，每有不善，辄流涕进规。荣父积忿疾升，乃呼荣欲改嫁之。荣叹曰：“命之所遭，义无离贰！”终不肯归。升感激自厉，乃寻师远学，遂以成名。寻被本州辟命，行至寿春，道为盗所害。刺史尹耀捕盗得之。荣迎丧于路，闻而诣州，请甘心仇人。耀听之。荣乃手断其头，以祭升灵。后郡遭寇贼，贼欲犯之，荣逾垣走，贼拔刀追之。贼曰：“从我则生，不从我则死。”荣曰：“义不以身受辱寇虏也！”遂杀之。是日疾风暴雨，雷电晦冥，贼惶惧叩头谢罪，乃殡葬之。

汝南袁隗妻者，扶风马融之女也。字伦。伦少有才辩。融家世丰豪，装遣甚盛。及初成礼，隗问之曰：“妇奉箕帚而已，何乃过珍丽乎？”对曰：“慈亲垂爱，不敢逆命。君若欲慕鲍宣、梁鸿之高者，妾亦请从少君、孟光之事矣。”隗又曰：“弟先兄举，世以为笑。今处姊未适，先行可乎？”对曰：“妾姊高行殊邈，未遭良匹，不似鄙薄，苟然而已。”又问曰：“南郡君学穷道奥，文为辞宗，而所在之职，辄以货财为损，何邪？”对曰：“孔子大圣，不免武叔之毁；子路至贤，犹有伯寮之诉。家君获此，固其宜耳。”隗默然不能屈，帐外听者为惭。隗既宠贵当时，伦亦有名于世。年六十余卒。

伦妹芝，亦有才义。少丧亲长而追感，乃作《申情赋》云。

酒泉庞淯母者，赵氏之女也，字娥。父为同县人所杀，而娥兄弟三人，时俱病物故，仇乃喜而自贺，以为莫已报也。娥阴怀感愤，乃潜备刀兵，常帷车以候仇家。十余年不能得。后遇于都亭，刺杀之。因诣县自首。曰：“父仇已报，请就刑戮。”禄福长尹嘉义之，解印绶欲与俱亡。娥不肯去。曰：“怨塞身死，妾之明分；结罪理狱，君之常理。何敢苟生，以枉公法！”后遇赦得免。州郡表其闾。太常张奂嘉叹，以束帛礼之。

沛刘长卿妻者，同郡桓鸾之女也。生一男五岁而长卿卒，妻防远嫌疑，不肯归宁。儿年十五，晚又夭殁。妻虑不免，乃豫刑其耳以自誓。

宗妇相与愍之，共谓曰：“若家殊无它意；假令有之，犹可因姑姊妹以表其诚，何贵义轻身之甚哉！”对曰：“昔我先君五更，学为儒宗，尊为帝师。五更已来，历代不替，男以忠孝显，女以贞顺称。《诗》云：‘无忝尔祖，聿修厥德。’是以豫自刑翦，以明我情。”沛相王吉上奏高行，显其门闾，号曰“行义桓厘”，县邑有祀必膰焉。

安定皇甫规妻者，不知何氏女也。规初丧室家，后更娶之。妻善属文，能草书，时为规答书记，众人怪其工。及规卒时，妻年犹盛，而容色美。后董卓为相国，承其名，聘以軿辎百乘，马二十匹，奴婢钱帛充路。妻乃轻服诣卓门，跪自陈情，辞甚酸怆。卓使傅奴侍者悉拔刀围之，而谓曰：“孤之威教，欲充四海风靡，何有不行于一妇人乎！”妻知不免，乃立骂卓曰：“君羌胡之种，毒害天下犹未足邪！妾之先人，清德奕世。皇甫氏文武上才，为汉忠臣。君亲非其趣使走吏乎？敢欲行非礼于尔君夫人邪！”卓乃引车庭中，以其头悬轭，鞭扑交下。妻谓持杖者曰：“何不重乎？速尽为惠。”遂死车下。后人图画，号曰“礼宗”云。

南阳阴瑜妻者，颍川荀爽之女也，名采，字女荀。聪敏有才艺。年十七，适阴氏。十九产一女，而瑜卒。采时尚丰少，常虑为家所逼，自防御甚固。后同郡郭奕丧妻，爽以采许之，因诈称病笃，召采。既不得已而归，怀刃自誓。爽令傅婢执夺其刃，扶抱载之，犹忧致愤激，敕卫甚严。女既到郭氏，乃伪为欢悦之色，谓左右曰：“我本立志与阴氏同穴，而不免逼迫，遂至于此，素情不遂，奈何？”乃命使建四灯，盛装饰，请奕入相见，共谈，言辞不辍。奕敬惮之，遂不敢逼，至曙而出。采因敕令左右办浴。既入室而掩护，权令侍人避之，以粉书扉上曰：“尸还阴。”“阴”字未及成，惧有来者，遂以衣带自缢。左右玩之不为意，比视，已绝，时人伤焉。

犍为盛道妻者，同郡赵氏之女也，字媛姜。建安五年，益部乱，道聚众起兵，事败，夫妻执系，当死。媛姜夜中告道曰：“法有常刑，必无生望，君可速潜逃，建立门户，妾自留狱，代君塞咎。”道依违未从。媛姜便解道桎梏，为齎粮货。子翔时年五岁，使道携持而走。媛姜代道持夜，应对不失。度道已远，乃以实告吏，应时见杀。道父子会赦得归。道感其义，终身不娶焉。

孝女叔先雄者，犍为人也。父泥和，永建初为县功曹。县长遣泥和拜檄谒巴郡太守，乘船堕湍水物故，尸丧不归。雄感念怨痛，号泣昼夜，心不图存，常有自沈之计。所生男女二人，并数岁，雄乃各作囊，盛珠环以系儿，数为诀别之辞。家人每防闲之，经百许日后稍懈，雄因乘小船，于父堕处恸哭，遂自投水死。弟贤，其夕梦雄告之：“却后六日，当共父同出。”至期伺之，果与父相持，浮于江上。郡县表言，为雄立碑，图象其形焉。

陈留董祀妻者，同郡蔡邕之女也，名琰，字文姬。博学有才辩，又妙于音律。适河东卫仲道。夫亡无子，归宁于家。兴平中，天下丧乱，文姬为胡骑所获，没于南匈奴左贤王，在胡中十二年，生二子。曹操素与邕善，痛其无嗣，乃遣使者以金璧赎之，而重嫁于祀。

祀为屯田都尉，犯法当死，文姬诣曹操请之。时公卿名士及远方使驿坐者满堂，操谓宾客曰：“蔡伯喈女在外，今为诸君见之。”及文姬进，蓬首徒行，叩头请罪，音辞清辩，旨甚酸哀，众皆为改容。操曰：“诚实相矜，然文状已去，奈何？”文姬曰：“明公厩马万匹，虎士成林，何惜疾足一骑，而不济垂死之命乎！”操感其言，乃追原祀罪。时且寒，赐以头巾履袜。操因问曰：“闻夫人家先多坟籍，犹能忆识之不？”文姬曰：“昔亡父赐书四千许卷，流离涂炭，罔有存者，今所诵忆，裁四百余篇耳。”操曰：“今当使十吏就夫人为之。”文姬曰：“妾闻男女之别，礼不亲授。乞给纸笔，真草唯命。”于是缮书送之，文无遗误。后感伤乱离，追怀悲愤，作诗二章。

【译文】

《诗经》《尚书》里所说的女性美德距今已经很远了。至于说贤惠的妃子有功于国君的施行美政，明白事理的妇人使家中的人和睦相处，品行卓绝的人弘扬清雅淳朴的风尚，坚贞的女子使鲜明纯洁的节操更加昭彰，那她们的美好之处并没有什么不同，但是世上的书籍都没有把她们的事迹记载下来。因此，自从中兴以后，把她们的事迹收集起来，写成《列女篇》。像马、邓、梁后已经在前面的“纪”中记载了，梁冀、李姬各自附在家传中，这一类，这里不再叙述。其余的只要才学、品行都特别突出优秀，不一定只具备一种操守，都在搜罗编述的范围之内。

勃海鲍宣的妻子，是桓氏的女儿，字少君。鲍宣曾经跟随少君的父亲读书。她父亲对他的清苦生活称奇，因此把女儿嫁给了他，并准备了丰厚的财物作为嫁妆。鲍宣不乐意，对他妻子说：“少君你娇生惯养，习惯了漂亮的服饰，而我的确贫穷微贱，不敢接受这些礼物。”他妻子说：“父亲大人因为先生你学行美德遵守简约，所以使贱妾我侍候您。既已经奉命服侍君子，我便只听您的吩咐。”鲍宣笑着说：“能做到这样，正合了我的心愿。”他妻子于是把所有的仆人服饰全部还给她父亲，改穿短的粗布衣裳，跟鲍宣一道拉着鹿车来到鲍家。拜见婆婆的礼仪一结束，她就提着罐子出去打水。她品行美好并谨守妇女规范，乡里邦人都称赞她。

鲍宣在哀帝时官做到了司隶校尉。儿子鲍永，中兴初年曾做鲁郡太守。鲍永的儿子鲍昱开玩笑地问少君说：“祖奶奶难道还记得拉鹿车时的情景吗？”回答说：“我死去的婆婆说过：‘活着不能忘记死亡，安全时不能忘记有危险存在。’我怎么会忘掉了呢！”永、昱已经见于前边的传记。

太原王霸的妻子，不知道是姓什么的人的女儿。王霸从小树立了高尚的品德，光武帝时连续多次被征召都没有出去做官。王霸已经见于《逸人传》。他妻子的志向行为也很美好。当初，王霸跟同郡人令孤子伯做朋友，后来子伯做了楚国的宰相，而他的儿子做了郡功曹（地方长官）。子伯于是命令他儿子拿着他的书信去见王霸，车马服饰随从，一派豪华景象。王霸的儿子当时正在田野耕种，听说有宾客来了，放下农具就回了家，见到令孤的儿子，沮丧惭愧不敢仰脸看他。王霸看到他这副模样，流露出惭愧的样子，客人离开后，很长时间都躺着不起来。他妻子感到奇怪，问他什么原因，开始时不肯告诉她，她妻子向他请罪，他才说：“我跟子伯向来就不一样，刚才看见他的儿子容貌服饰都有光彩，言谈举止都很恰当，而我的儿子们却蓬乱着头发咧着嘴巴，不懂得礼仪规矩，见到客人而有羞愧的脸色。只是因为父子恩情深厚，才不知不觉地就失态了。”他妻子说：“您从小培养清高的品德，不考虑荣禄。现在子伯的富贵怎么比得上您的高尚呢？怎么反倒忘了素来的志向而替儿女感到羞愧呢！”王霸听后坐起来笑着说：“讲得有道理。”就一起终身过着隐居遁世的生活。

广汉人姜诗的妻子，是同郡人庞盛的女儿。姜诗侍奉母亲十分孝顺，他妻子侍奉孝顺更加诚恳。母亲喜欢喝江水，而江水离住处六七里路，他妻子便常常去江边挑水。后来有一次遇上大风，没能及时回家。母亲口渴，姜诗责怪她并且休了她。他妻子于是寄住在邻居家里，日夜纺织，买了好吃的东西，让邻居家母亲用自己名义送给她的婆婆。这样过了很久，婆婆感到奇怪，问邻居的母亲，邻居的母亲讲了实情。婆婆感慨惭愧把她叫回家里，亲爱赡养更加恭谨。她儿子后来因为到远处打水溺死了，他妻子怕婆婆哀伤，不敢告诉她，而假说其出去游学了不能待在家里。婆婆喜欢吃鲙鱼，但又不喜欢一个人吃，夫妇二人便常常努力劳动以供给鲙鱼，招呼邻家母一起分享。房屋旁边忽然出现了涌泉，味道跟江水一样，每天早晨涌出两条鲙鱼，常常可以供给两位妇人的饭食。赤眉军的散兵经过姜诗的家乡，没有停留就远去了，并说："惊动大孝的人家一定会冒犯了鬼神。"当时正是荒年，贼人于是赠送姜诗米和肉，他接受后把它们埋在地下，邻近村落都托他的福而安然无损。

永平三年，考察孝廉，显宗下诏令说："大孝的人提拔到朝廷做官，所以发现并推荐的人也都得到同样的待遇。"因此，都被任命为郎中的官。姜诗被封为江阳县令，死在任上。他所居住治理的地方，老百姓为他立了祀堂。

沛郡人周郁的妻子，是同郡人赵孝的女儿，字阿。从小学习礼仪训诫，对做女人的道理很娴熟，而周郁却骄傲淫荡轻薄浮躁，做了很多不合礼仪的事情。周郁的父亲周伟对赵阿说："你是贤人的女儿，应当用道理来扶助丈夫。周郁不能改过，是你的过错。"阿行着礼接受了命令，去后对身边的人说："我没有樊姬、卫姬的德行，因此他老人家来要求我。我说了话而没有效果，他老人家一定会说我没有奉行他的教导命令，那么罪责也在我身上。如果我的话有了效果，那是让儿子违背他父亲却顺从了妻子，那么，罪过就在他身上了。这样活着，又有什么意思呢！"于是自杀了，没有人不为她感到悲哀。

扶风人曹世叔的妻子，是同郡人班彪的女儿，名昭，字惠班，一名姬。学问广博，天赋也高。曹世叔死得早，为人有气节德行，做事也合乎法度。她哥哥班固著《汉书》，其中八个表及《天文志》没来得及写完就死了。和帝便下令让班昭到东观藏书阁继续完成这部书。和帝多次征召她入宫，命令皇后以及各位贵人跟她学习，号称大家。每当遇到有人向皇帝进贡奇异的东西，就命令大家写赞颂的文章。到邓太后临朝执政时，她参与商量政治大事。因为她进出勤勉，特别加封她的儿子成为关内侯，官做到齐地的宰相。当时《汉书》刚刚传出，人们都不能通读，同郡人马融伏身在楼阁下面，跟班昭学习句读，后来又命令马融的哥哥马续接替班昭完成这件事。

永初中年，太后的哥哥大将邓骘因为母亲去世，上书请求回家尽孝，太后不想同意，把这事问班昭。班昭于是上了一道奏章，说："在下私心里想，皇太后陛下亲身倡导了盛大的美德，使唐、虞时的政治更加兴隆，打开四门和耳朵，采用狂傲的人的不明智的话，接纳微贱的人的谋略。贱女昭因为愚钝老朽，身处隆盛清明的时候，胆敢不披露肝胆，以效万分之一的劳？我听说谦让是最高尚的品德，因此，文献都记述它的美好，神祇为它降福。从前伯夷、叔齐离开国家，天下的人都叹服他们清廉高尚；吴太伯离开□地，孔子称赞他三次禅让。因此使美好的品德更加光亮明白，扬名后世。《论语》说：'能凭礼让替国家利益考虑，从事政治活动就更不在话下了。'由此看来，推广谦让的诚意，就能达到远大的目标了。现在四个舅舅都深沉地坚持忠孝之道，自己引退，但您因为边境没有宁静，拒绝不答应；假如今后有丝毫的过错，我的确担心推让的名声不能再得到了。借着我能见到您，所以冒死竭尽我的愚钝心意。自己知道我的话不值得采纳，只是为了说出虫蚁一样的赤心。"太后听从了她的建议，并答应了自己的哥哥。于是邓骘等人各自回到了家乡定居。

班昭写了《女诫》七篇，有助内训。文章说：

鄙人愚昧不明事理，接受能力迟钝，承蒙先父的余宠，依赖着母亲老师的教导。十四岁时，嫁给了曹氏，到今天已经四十多年了。战战兢兢，常常害怕被斥逐，因此增加父母的耻辱和内外的累赘。日夜操劳心思，勤勉不敢说劳苦，而从今往后，才知道免去了担忧操劳。我本性粗疏冥顽，教育子女没有经验，常怕子谷对不起政治清明的朝廷。皇家的恩惠出乎意料地加给我，过于隆重地赏赐给我金印紫绶，实在不是鄙人所期望的啊。儿子已经能为自己考虑了，用不着我再担心。只是担忧女儿们正该嫁人的时候，却没有逐步训导教诲，没让她们了解做女人的礼数，害怕她们在别人家不被容纳，让宗族蒙受耻辱。我今天病得沉重，性命没有保障，想想你们这样，每每因此感到惆怅。空闲的时候写了《女诫》七章，希望各位女儿各写一遍，大概会有好处，使之能帮助你们自己。过去的已经过去了，希望相互学习，相互勉励！

《卑弱第一》：古时候生女儿后三日，睡在床下，手里把弄砖瓦，吃斋祷告。睡在床下，表明她卑下软弱，充当低一等的人，把弄砖瓦，表明她需要学习的劳动，负责执行勤杂事务。吃斋向先人祷告，表明能够主持继承祖先的祭祀仪式。这三方面，就是做女人不变的道，就是礼制法度典礼教导了。谦让恭敬，先人后己，做了好事不自我吹嘘，做了坏事不推卸过错，忍受屈辱包容委屈，常常像是很害怕，这就叫卑贱软弱的下等人啊。

晚睡早起，不怕夙兴夜寐，执行私家事务时，不推辞难做的事情，要做一定做成功，亲手整治处理，这就叫执行勤杂事务。脸色纯洁操守端庄，去侍奉丈夫，清静自处，不喜欢嬉戏玩笑，准备清洁齐备的酒食，用来供奉祖宗，这就叫继承祖先负责祭祀。如果具备了这三个方面，却担心名字不传扬四方，斥逐耻辱降在身上，这样的事情还没有见过。如果这三方面没有做到，有什么名声可以传扬，斥逐耻辱又怎么能够不降临呢！

《夫妇第二》：夫妻的道，配合阴阳，跟神明沟通，的确是天地的大道理，人伦关系的重要节操。因此，《礼》看重男女之间的关系，《诗经》宣扬《关雎》的道理。从这里说，不能不看重它。丈夫不贤明，就无法指使妻子；妻子不贤惠，就无法侍候丈夫。丈夫不指使妻子，威仪就废弃残缺；妻子不侍候丈夫，道义真理就毁坏不齐。比较这两件事，它们的功能是一样的。看看当今的君子，只知道妻子妇女的不能不指使，威仪的不能不整顿，所以在教育他们儿子时，用古书传记来对照，但是不懂得丈夫必须侍候，礼义也必须保存。但只教育儿子，而不教育女儿，不是不明白彼此关系的规律吗！《礼》，八岁时开始教育他们的书，十五岁就可以开始正式的学习了。难道单单不能依据这个把它当作法则吗！

《敬慎第三》：阴阳性别不同，男女行为相异。阳性以刚强作为品德，阴性以柔韧作为用场，男性以强健为贵，女性以柔弱为美。因此民间谚语说："生男如狼，犹恐他不威风；生女如鼠，仍担心她太凶猛。"但是，修正自身不如恭敬，躲避强敌不如顺从。因此说恭敬顺从的道，是妇女的大礼。那恭敬不是别的，是持久的意思。那顺从不是别的，宽裕的意思。持久，就是懂得止步知足。宽裕，就是对地位比自己低的人能尊重。夫妻和好，一生都不分离。在房间室内周旋相处，就会产生矛盾。矛盾一产生，说话就会过了头。说话一过头，骄纵放肆一定出现。骄纵放肆一出现，欺侮丈夫的想法就会产生。这是因为不懂得止步知足的缘故。事情总有曲直的区别，言语总有个是非的分别。直的不能不坚持，曲的不能不辩解。有了辩解与坚持，就会有愤怒的事情了。这是因为不注意待下人恭敬有礼啊。欺负丈夫没有节制，于是就谴责呵斥他，怒气还消不掉，接着就动手打人。大凡做了夫妻，讲道理是为了和好亲爱，施恩情是为了相处美满，相打一开始，还有什么道理？谴责呵斥的话一说出口，又有什么恩情可说？恩情道理都没有了，夫妻也就分离了。

《妇行第四》：女性有四种品行，一叫妇女的品德，二叫妇女的言语，三叫妇女的姿容，四叫妇女的功课。至于说妇女的品德，不一定非得才智聪明都卓绝奇特；妇女的言语，不一定非得能言善辩；妇女的姿容，不一定非得容貌美丽；妇女的功课，不一定非得精工巧妙超过别人。清静悠闲贞洁宁静，坚持操守坚定不移，一行一止避开耻辱，一动一静符合法度，这就叫妇女的品德。说话有所选择，不说人坏话，别人许可后再说出，不讨人嫌，这就叫妇女的言语。洗漱掉尘土污秽，服饰鲜明整洁，按时沐浴，身体保持清洁不受肮脏污辱，这就叫妇女的姿容。专心纺织，不喜欢随意说笑，用清洁干净的斋饭酒食来招待宾客，这就叫妇女的功课。这四项，是女人的重要品格，因此不能少了它们。但是做起来是很容易的，只要用心去做。古人说："仁爱很遥远吗？我想做到仁爱，仁爱就会有了。"说的就是这个道理。

《专心第五》:《仪礼》这书里，有丈夫第二次娶妻的道理，没有妻子第二回嫁人的文字，因此说丈夫就是天。天自然是逃避不了的，丈夫自然也是不能脱离的。行为违背了神祇，天就会惩罚她；礼仪道理有了过错，丈夫就会疏远她。因此《女宪》说："让一个人满意了，就会永远妥帖；让一个人不满意了，就会永远完结。"由此说来，对丈夫不能不求取他的心。但所要得到的，也不是指巧言谄媚的苟且亲近，那当然不如专心正色。讲究礼仪家居整洁，耳朵里没有路上听来的话，眼睛里没有淫邪的视线，出门没有妖艳的打扮，回到屋里没有弃置不用的首饰，不成群地聚集同辈人，不窥视门户以外，这就叫专心正色了。至于说举止轻率脱略，眼睛飘忽不定，到了屋里就头发蓬乱样子难看，出门就打扮妖艳举动轻佻，说些不该说的话，看些不该看的事物，这就叫不能专心正色了。

《曲从第六》:所谓让一个人满意了，就永远妥帖；让一个人不满意了，就永远完结。这是劝人坚定志向专一心思的话。公婆的心思，难道是可以失掉的吗？事物有时候会有虽恩爱而离异的，也有合乎道理却破坏了的。丈夫虽然说恩爱，公婆却不说好，这就是所谓的合乎道理却也会坏事的。但是，公婆的心思又怎么样呢？自然最好是委曲顺从。婆婆说不对的事是对的，当然应该听从；婆婆说对的事错了，还是应该听她的话。不去违背是非，也不争执辩解曲直，这就是所谓的曲从了。所以《女宪》说："妻子如同影子和回响，怎能不得到赞扬。"

《和叔妹第七》:妻子让她丈夫感到满意，那是由于公婆喜欢自己；公婆喜欢自己，那是由于叔叔妹妹说自己的好话。由此说来，对我的说好说坏，都由叔叔妹妹来决定，叔叔妹妹的心也不能失去。人们都不懂得叔叔妹妹的心不能失掉，因而不能与他们和好来求得亲近，真是不明智啊！人当然不是圣人，很少有人能不犯错误。因此颜回的可贵之处便在于他能够改正，孔子夸奖他同样的错误不犯两次，更何况女人呢？即使有着贤女的品行，聪明智慧的禀赋，但是能万无一失吗！所以，同屋的人和好，诽谤就被掩盖住了，内外分离坏名声就会传扬出去了。这是必然会发生的。《易》说："二人同心，其利（锋利）断金。同心之言，其臭（香气）如兰。"说的就是这个道理。嫂子与妹妹，处境不同却能相互尊敬，恩情疏远在道义上却能亲近。如果是贤淑谦和的人，就能凭着道义使友好加强，加重恩情来结成援军，使美好的方面更加显著明白，而不好的方面则被掩盖起来，公婆同情亲善，而丈夫赞扬她的好处，声誉就会在乡邻之间传扬，父母也会感到光荣。至于那些愚蠢的人，做嫂子就借着身份自高自大，做妹妹就仗着得宠骄横。骄横一旦做出，还谈什么和好！恩情道义一旦不协调，还会有什么赞誉出现！因此美好的方面就会被掩盖起来，而过错则会被张扬开去，婆婆生气丈夫也跟着发怒，内外人都说坏话，耻辱都会集中到她身上，继续生活下去就会增加父母的羞耻，被遣回家就会更让丈夫受连累。这一条的确是荣耀和受辱的根本，美誉恶名的基础。能不慎重吗！而讨得叔叔妹妹的欢心，自然没有比谦虚和顺更好的办法了。谦虚是美德的把儿，和顺是妻子的品行。有了这两点，便足以和好了。《诗经》说："在那里不讨人嫌，在这里不遭人厌。"说的就是这个道理。

马融认为写得很好，命令妻子女儿们学习这文章。

班昭女婿的妹妹曹丰生，也有才学而且贤惠，写了书信去跟班昭讨论，文笔也有可观之处。

班昭七十多岁时死去，皇太后穿着素服表示哀悼，派使者监督维护丧事。她所写的赋、颂、铭、诔、问、注、哀辞、书、论、上疏、遗令，共十六篇。儿媳妇丁氏替她结成文集，并且作了一篇《大家赞》附在里边。

河南乐羊子的妻子，不知道是谁家的女儿。羊子有一次走路，捡到一块金子，回到家后就给了他妻子。他妻子说："我听说志士不喝名叫盗泉的泉水，廉洁的人不接受嗟来之食，更何况是捡别人丢掉的东西来得到好处，以致玷污其品行呢？"羊子非常惭愧，就把金子扔回野地，而出远门去寻师学习。一年后回到家里，他妻子跪下问他什么原因。羊子说："出门久了就想念家里，没有别的。"他妻子就拿起刀子跑到织布机旁说道:“这布出自蚕茧,成于机杼,由一根丝开始往上加,就会织成一寸,由一寸不断往上加,就织成了一丈一匹。现在如果砍断这些,就会前功尽弃,拖延空耗时日。读书人积累学识,应当每天都清楚自己缺少什么,这样才能去接近更美好的品德。如果中途回家,跟砍断这些丝又有什么不同呢?”羊子被她的话打动了,回去完成学业,于是七年不回家。妻子一直亲自操劳奉养婆婆,并且老远地给羊子送吃食。

有一次别人家的鸡走错了路跑到园里,婆婆偷着把它杀掉吃了,妻子对着鸡不吃却反而哭了。婆婆感到奇怪,问她缘故。妻子说:“为自己家穷,却能吃别人家的肉而感到伤心。”婆婆听后竟把鸡肉倒了。

后来有强盗想侵犯她,就先劫持了她婆婆。他妻子听说后,握着刀子就冲了出去。强盗说:“放下你的刀,顺从我就可以保全性命,如果不顺从我,就杀了你婆婆。”他妻子仰天叹息,举起刀子刎颈而死。强盗也没有杀掉她婆婆。太守听到这件事,就捕捉那强盗并杀了他,赏赐给羊子妻子细绢类丝织品,根据礼数埋葬了她,称之为“贞义”。

汉中人程文矩的妻子,是同郡人李法的姐姐,字穆姜。她有两个儿子,她丈夫的前妻有四个孩子。文矩做安众县令时,死于任上。四个孩子因为母亲不是自己的亲生母亲,憎恨诽谤一天比一天厉害,而穆姜却慈祥爱护温厚仁爱,抚养爱护也更加殷勤,衣食费用的供给都比她自己所生的儿子多出一倍。有人对她说:“那四个孩子太不孝顺了,为什么不和他们分开住,来疏远他们呢?”她回答说:“我正在用道理来诱导,让他们自己变好。”等到前妻长子兴生病非常困难时,母亲真诚地动了恻隐之心,亲自调作药物饭食,恩情实在细致。兴生了很长时间的病才痊愈,病好后便叫了三位弟弟对他们说:“继母的慈祥仁爱,出于本性。我们兄弟却不理解她的养育之恩,心像禽兽一样狠。即使母亲的道义越来越隆重了,我们的过错罪恶也已经很深了!”于是带着三个弟弟去了南郑的监狱,陈述母亲的美德,交代自己的罪过,请求给他们以惩罚。县把这件事报告给郡,郡的长官表扬了他们的母亲的特异品格,免除了他们家的徭役,遣散了四个孩子,让他们修身改过,从此以后对他们的教育更加明确,都成为有品行的人。

穆姜八十多岁时死去。临终时告诫孩子们说:“我弟弟伯度,是聪明贤达的读书人。他论述薄葬,其道理非常正确。并且临死时留下命令,是贤明圣智的法度。我要你们遵从他的话,不要跟世俗一样,给我增添累赘。”她的孩子们都听从了她的话。

孝女曹娥，是会稽上虞人。父亲盱，会弹琴唱歌，做巫祝。汉安帝二年五月五日，在县城的江上迎着波浪歌舞着迎接江神，溺水而死，找不到尸体。曹娥当年十四岁，于是沿着江边呼喊哭泣，日夜不停，十七天后，就跳江死了。到元嘉元年，县长度尚把曹娥改葬在江南边的路旁，替她立了块碑。

吴地人许升的妻子，是吕氏的女儿，字荣。许升年轻时候是个赌徒，操守德行很不注意，荣曾经亲自为家业勤劳，用以赡养她婆婆。多次规劝许升修身学习，每次遇到不好的事情，往往哭着进言规劝。荣的父亲向来愤恨许升，于是叫过荣想将她改嫁。荣叹息说：“这是命运所遭遇的，从道义上讲不能离弃，所以不能第二次嫁人！”最终也不肯回家。许升感激她并自己勉励，于是寻找老师远出求学，终于成名。不久被本州征召任命，走到寿春，在路上被强盗杀害。刺史尹耀捕捉到了强盗。荣在路上迎丧，听说后到了州上，请求惩罚仇人以偿心愿。尹耀答应了她。荣就亲手砍断了强盗的头，用来祭奠许升的灵魂。后来郡上被寇贼占领，贼人想侵犯她，荣越过围墙逃跑，贼人拔出刀子追赶她。贼人说：“顺从我就可以活，不顺从就得死。”荣说：“为了道义不能让身体受到寇虏的污辱！”于是被杀害了。这天急风暴雨，雷电晦暝，贼人惶惑恐惧叩头谢罪，于是殡葬了她。

汝南人袁隗的妻子，是扶风人马融的女儿，字伦。伦从小有才能，口才也好。马融家历代都是富家，嫁妆很丰盛。到刚完成婚礼时，袁隗问她说：“妇人不过侍弄簸箕笤帚罢了，何必这样过分珍奇美丽呢？”回答说：“仁慈的亲人体恤怜爱，我不敢违抗命令。你如果要羡慕鲍宣、梁鸿的清高，我也请求让我仿效少君、孟光的事迹。”袁隗又说：“弟弟比哥哥先被提拔，世人以为可嘲笑。现在姐姐还没有嫁出去，妹妹先行嫁人可以吗？”回答说：“我姐姐行为卓绝，没有遇到嫁的匹配，不像鄙陋浅薄的我，只是苟且罢了。”又问道：“南郡君学业精通深奥的道义，文章成为宗师，但他担任的职务，却因为财货受到攻击，为什么？”她回答说：“孔子是大圣人，也免不了叔孙武叔的诽谤；子路是最贤明的，还有公伯寮向季孙诉怨。我父亲有这样的遭遇，不是很正常吗？”袁隗因说不过她而默不作声，帐外听见的人都感到惭愧。袁隗在当时受宠而贵，马伦在世上也有名声。她六十多岁时死去。

马伦的妹妹马芝，也有才学道义。小时候死了，长辈亲人，因为怀念，就写了《申情赋》。

酒泉的庞淯的母亲，是赵某的女儿，字娥。她父亲被同县人杀害，而赵娥兄弟三人，当时都为父亲的死悲痛伤心，仇人高兴地庆贺自己，以为不向自己报仇了。娥暗暗怀着仇恨愤怒，于是暗地里准备了刀子兵器，经常藏在有帏布的车子里等候仇人的到来。十多年都没有等到机会。后来在都亭相遇，就刺杀了他。接着便到县里自首。说："父亲的大仇已经报了，请求惩罚我。"禄福县长尹嘉认为她的行为是合乎道德的，解下官印绶带准备跟她一同逃亡。娥不肯离开。说："怨恨消除了去死掉，是我的应得；根据罪状判刑，是您的正常时务。怎么敢苟且偷生，来歪曲国家的法律！"后来遇到大赦免于刑罚。州郡表扬她的里巷。太常博士官张奂嘉许赞叹，用成捆的布帛送给她。

沛县刘长卿的妻子，是同郡人桓鸾的女儿。生了一个儿子，孩子五岁时长卿便死了，他妻子为了防止外人起疑心，不肯回到娘家。儿子快十六岁时又死了。他妻子担心很难不被改嫁，就先割了自己的耳朵发誓。同宗的妇女们都同情她，对她说："你家里实在没有别的用意；如果有，还可以借助于婆婆姐姐妹妹去表明你的忠诚，为什么要为了看重道义而如此轻慢身体呢！"回答说："从前我的五代祖先，学业上是儒学的宗师，有着皇帝老师的尊贵。五代以来，历代不变，男子以忠孝著名，女子以贞顺为人称颂。《诗经》说：'不要玷污你的祖宗，要学习他们的品德。'因此，事先自己刑罚自己，来表明我的心境。"沛地相王吉向朝廷报告了她高尚的行为，表扬她的里巷，号称"行义桓寡妇"，县邑每逢祭祀活动总要给她送去多余的祭肉。

安定人皇甫规的妻子，不知道是哪家的女子。皇甫规当初死了妻子，后来又另娶了她。他妻子善于写文章，会草书，常替皇甫规代写书信札记，人们都称赞她字迹工巧。到皇甫规死的时候，他妻子还是中年，而且容貌美好。后来董卓做了相国，爱慕她的名声，聘礼用了一百辆有帷幕和盖子的车子，二十匹马，奴婢钱帛塞满道路。皇甫规妻子于是穿着随便的衣服到了董卓的门前，跪着陈述情怀，言辞非常辛酸悲怆。董卓指使手下人都拔出刀子围住她，并对她说："我的威力教化，要让全国风靡，怎么能在一个女人身上行不通呢！"皇甫规妻子明白摆脱不了，就站起来痛骂董卓："你是羌胡少数民族的种，毒害天下还不满足吗！我的祖先，历代都有清高的品德。皇甫规文武都是上等人才，是汉朝廷的忠臣。你父亲难道不是他手下的官吏吗？竟胆敢对你太君夫人做非礼的事！”董卓于是把车子拉到庭院中，把她的头悬挂在车轭上，不断用鞭棍打她。皇甫规妻子对拿着棍子的人说：“为什么不用力点呢？快点打死我就算你的恩惠了。”于是死在棍下。后人给她画了像，号为“礼宗”。

南阳人阴瑜的妻子，是颍川人荀爽的女儿，名采，字女荀。聪明灵敏又有才艺。十七岁时，嫁给阴瑜。十九岁时生了一个女儿，而阴瑜却死了。荀采当时还年轻，常担忧会被自己家里逼迫，自己防御很强。后来同郡人郭奕死了妻子，荀爽便把她许配给他，故意谎称自己病得很重，把荀采叫回家。既然不得已要回去，就在怀里藏着刀子暗中发誓。荀爽命令用人抓住她并夺下她的刀子，扶抱着用车载她，还担心她一时愤激，守卫很严密。她到郭家后，装出高兴的样子，对身边的人说：“我原来立下志向要跟阴氏死后葬在同一墓穴中，但摆脱不了被逼迫，到了这个地步，我的心愿实现不了，怎么办？”于是命人点起四盏灯，换上盛妆，请郭奕进来相见，一块说话，说个不停。郭奕对她又尊敬又害怕，于是不敢相逼，到天亮时才出去。荀采于是命令佣人们准备洗澡用具。进屋后把窗户也关上，暂时让仆人回避一下，用化妆粉在门扇上写“尸还阴（尸体还给阴氏）”三个字。“阴”字没有写好，害怕人进来，就用衣带上吊死了。佣人们都不当回事，等到看见时，已经断气了，当时人们都为她感到悲伤。

犍为人盛道的妻子，是同郡人赵某的女儿，字媛姜。建安五年，益部发生暴乱，盛道聚众起兵，事情失败，夫妻二人都被捉拿，将要处死。媛姜半夜告诉盛道说：“法律有规定的刑罚，一定没有活下去的指望，你可以赶快逃跑，成家立业，我一人留在狱中，代替你抵罪。”盛道犹豫不决。媛姜就解开盛道身上的镣铐，替他准备了粮食财物。他们的儿子当时五岁，让盛道抱着他逃跑。媛姜代替盛道守夜，应对回答都没有露出破绽。估计盛道已经走远，就把实情告诉官吏，当时就被杀害了。盛道父子逢大赦回家。盛道被她的义气所感动，终身不再娶妻。

孝女叔先雄，是犍为人。父亲泥和，永建初年做过县功曹的官。县长派遣泥和拿着信件去见巴郡太守，乘船时落入急流中溺死，找不到尸首。叔先雄感念悲痛，日夜哭喊，心里也不想再活下去，一直有投水自杀的念头。她生了两个孩子，都只几岁，叔先雄于是为他们各自做了一个口袋，装上珠环系住孩子，几次说过诀别的话。家里人一直提防着她，经过一百多天以后才稍微松懈，叔先雄便乘着小船，在父亲落水的地方痛哭，后来投水自杀了。她弟弟叔贤，当夜梦见叔先雄跟他说：“分别后六日，应当跟父亲一同出现。”到那个时候等着，果然与她父亲抱在一起，浮出江面。郡县都赞扬了她，为叔先雄立了碑，把她的像画在上面。

陈留人董祀的妻子，是同郡人蔡邕的女儿，名琰，字文姬。博学多才，善于言辞，又精通音律，嫁给河东人卫仲道。丈夫死后没有孩子，回到家中。兴平年间，天下丧乱，文姬被胡人的骑兵俘虏，没收给了南匈奴左贤王，在胡地生活了十二年，生了两个孩子。曹操一向与蔡邕友善，为她没有后代感到伤心，就派遣使节用金银玉璧赎还她，而重新嫁给董祀。

董祀做屯田都尉时，犯了法应当处死，文姬去找曹操替他求情。当时公卿名士远方使节坐了满满一屋，曹操对客人们说：“蔡伯喈的女儿在外边，现在让各位见见她。”等到文姬进来时，头发蓬乱地走着进来，叩头请罪，声音清脆，言辞动听，意思非常酸楚悲哀，众人都被她感动得变了脸色。曹操说：“我的确很同情你，但是文书状子已经发下去了，怎么办？”文姬说：“您马厩里有上万匹马，如虎一般勇猛的兵士像树林一样多，为什么怜惜坏一匹马的腿，却不去救一条快要死掉的性命呢！”曹操被她的话打动了，于是派人追回董祀并原谅了他的罪。当时天快要冷起来了，便赐给她头巾鞋子袜子。曹操顺便问她说：“听说夫人家里从前有很多古书，还能记住认识它们吗？”文姬说：“从前我死去的父亲赐给我四千多卷书，流离涂炭，没有保存下来的了。现在能够背诵的，只有四百多篇了。”曹操说：“现在我让十名官吏跟夫人把它们记下来。”文姬说：“我听说男女的分别，按照礼制不应该当面传授。请求提供纸笔，用楷书还是用草书就听您的吩咐了。”于是缮写出来，文字没有遗漏错误的。后来感伤乱离，追怀悲愤，作了二首诗。

三国志

三国志

三国志卷一·魏书一

武帝纪

太祖武皇帝，沛国谯人也，姓曹，讳操，字孟德，汉相国参之后。桓帝世，曹腾为中常侍大长秋，封费亭侯。养子嵩嗣，官至太尉，莫能审其生出本末。嵩生太祖。

太祖少机警，有权数，而任侠放荡，不治行业，故世人未之奇也；惟梁国桥玄、南阳何颙异焉。玄谓太祖曰："天下将乱，非命世之才不能济也，能安之者，其在君乎！"年二十，举孝廉为郎，除洛阳北部尉，迁顿丘令，征拜议郎。

光和末，黄巾起。拜骑都尉，讨颍川贼。迁为济南相，国有十余县，长吏多阿附贵戚，赃污狼藉，于是奏免其八；禁断淫祀，奸宄逃窜，郡界肃然。久之，征还为东郡太守；不就，称疾归乡里。

顷之，冀州刺史王芬、南阳许攸、沛国周旌等连结豪杰，谋废灵帝，立合肥侯，以告太祖，太祖拒之。芬等遂败。

金城边章、韩遂杀刺史郡守以叛，众十余万，天下骚动。征太祖为典军校尉。会灵帝崩，太子即位，太后临朝。大将军何进与袁绍谋诛宦官，太后不听。进乃召董卓，欲以胁太后，卓未至而进见杀。卓到，废帝为弘农王而立献帝，京都大乱。卓表太祖为骁骑校尉，欲与计事。太祖乃变易姓名，间行东归。出关，过中牟，为亭长所疑，执诣县，邑中或窃识之，为请得解。卓遂杀太后及弘农王。太祖至陈留，散家财，合义兵，将以诛卓。冬十二月，始起兵于己吾，是岁中平六年也。

初平元年春正月，后将军袁术、冀州牧韩馥、豫州刺史孔伷、兖州刺史刘岱、河内太守王匡、勃海太守袁绍、陈留太守张邈、东郡太守桥瑁、山阳太守袁遗、济北相鲍信同时俱起兵，众各数万，推绍为盟主。太祖行奋武将军。

二月，卓闻兵起，乃徙天子都长安。卓留屯洛阳，遂焚宫室。是时绍屯河内，邈、岱、瑁、遗屯酸枣，术屯南阳，伷屯颍川，馥在邺。卓兵强，绍等莫敢先进。太祖曰："举义兵以诛暴乱，大众已合，诸君何疑？

向使董卓闻山东兵起，倚王室之重，据二周之险，东向以临天下；虽以无道行之，犹足为患。今焚烧宫室，劫迁天子，海内震动，不知所归，此天亡之时也。一战而天下定矣，不可失也。”遂引兵西，将据成皋。邈遣将卫兹分兵随太祖。到荥阳汴水，遇卓将徐荣，与战不利，士卒死伤甚多。太祖为流矢所中，所乘马被创，从弟洪以马与太祖，得夜遁去。荣见太祖所将兵少，力战尽日，谓酸枣未易攻也，亦引兵还。

太祖到酸枣，诸军兵十余万，日置酒高会，不图进取。太祖责让之，因为谋曰：“诸君听吾计，使勃海引河内之众临孟津，酸枣诸将守成皋，据敖仓，塞轘辕、太谷，全制其险；使袁将军率南阳之军军丹、析，入武关，以震三辅：皆高垒深壁，勿与战，益为疑兵，示天下形势，以顺诛逆，可立定也。今兵以义动，持疑而不进，失天下之望，窃为诸君耻之！”邈等不能用。

太祖兵少，乃与夏侯惇等诣扬州募兵，刺史陈温、丹杨太守周昕与兵四千余人。还到龙亢，士卒多叛。至铚、建平，复收兵得千余人，进屯河内。

刘岱与桥瑁相恶，岱杀瑁，以王肱领东郡太守。

袁绍与韩馥谋立幽州牧刘虞为帝，太祖拒之。绍又尝得一玉印，于太祖坐中举向其肘，太祖由是笑而恶焉。

二年春，绍、馥遂立虞为帝，虞终不敢当。

夏四月，卓还长安。

秋七月，袁绍胁韩馥，取冀州。

黑山贼于毒、白绕、眭固等十余万众略魏郡、东郡，王肱不能御，太祖引兵入东郡，击白绕于濮阳，破之。袁绍因表太祖为东郡太守，治东武阳。

三年春，太祖军顿丘，毒等攻东武阳。太祖乃引兵西入山，攻毒等本屯。毒闻之，弃武阳还。太祖要击眭固，又击匈奴於夫罗于内黄，皆大破之。

夏四月，司徒王允与吕布共杀卓，卓将李傕、郭汜等杀允攻布，布败，东出武关。傕等擅朝政。

青州黄巾众百万入兖州，杀任城相郑遂，转入东平。刘岱欲击之，鲍信谏曰：“今贼众百万，百姓皆震恐，士卒无斗志，不可敌也。观贼众群辈相随，军无辎重，唯以钞略为资，今不若畜士众之力，先为固守。彼欲战不得，攻又不能，其势必离散，后选精锐，据其要害，击之可破也。”岱不从，遂与战，果为所杀。信乃与州吏万潜等至东郡迎太祖领兖州牧。遂进兵击黄巾于寿张东。信力战斗死，仅而破之。购求信丧不得，众乃刻木如信形状，祭而哭焉。追黄巾至济北。乞降。冬，受降卒三十余万，男女百余万口，收其精锐者，号为青州兵。

袁术与绍有隙，术求援于公孙瓒，瓒使刘备屯高唐，单经屯平原，陶谦屯发干，以逼绍。太祖与绍会击，皆破之。

四年春，军鄄城。荆州牧刘表断术粮道，术引军入陈留，屯封丘，黑山余贼及於夫罗等佐之。术使将刘详屯匡亭。太祖击详，术救之，与战，大破之。术退保封丘，遂围之，未合，术走襄邑，追到太寿，决渠水灌城。走宁陵，又追之，走九江。夏，太祖还军定陶。

下邳阙宣聚众数千人，自称天子；徐州牧陶谦与共举兵，取泰山华、费，略任城。秋，太祖征陶谦，下十余城，谦守城不敢出。

是岁，孙策受袁术使渡江，数年间遂有江东。

兴平元年春，太祖自徐州还。初，太祖父嵩，去官后还谯，董卓之乱，避难琅邪，为陶谦所害，故太祖志在复仇东伐。夏，使荀彧、程昱守鄄城，复征陶谦，拔五城，遂略地至东海。还过郯，谦将曹豹与刘备屯郯东，要太祖。太祖击破之，遂攻拔襄贲，所过多所残戮。

会张邈与陈宫叛迎吕布，郡县皆应。荀彧、程昱保鄄城，范、东阿二县固守，太祖乃引军还。布到，攻鄄城不能下，西屯濮阳。太祖曰：“布一旦得一州，不能据东平，断亢父、泰山之道，乘险要我，而乃屯濮阳，吾知其无能为也。”遂进军攻之。布出兵战，先以骑犯青州兵。青州兵奔，太祖阵乱，驰突火出，坠马，烧左手掌。司马楼异扶太祖上马，遂引去。未至营止，诸将未与太祖相见，皆怖。太祖乃自力劳军，令军中促为攻具，进复攻之，与布相守百余日。蝗虫起，百姓大饿，布粮食亦尽，各引去。

秋九月，太祖还鄄城。布到乘氏，为其县人李进所破，东屯山阳。于是绍使人说太祖，欲连和。太祖新失兖州，军食尽，将许之。程昱止太祖，太祖从之。冬十月，太祖至东阿。

是岁谷一斛五十余万钱，人相食，乃罢吏兵新募者。陶谦死，刘备代之。

二年春，袭定陶。济阴太守吴资保南城，未拔。会吕布至，又击破之。夏，布将薛兰、李封屯钜野，太祖攻之，布救兰，兰败，布走，遂斩兰等。布复从东缗与陈宫将万余人来战，时太祖兵少，设伏，纵奇兵击，大破之。布夜走，太祖复攻，拔定陶，分兵平诸县。布东奔刘备，张邈从布，使其弟超将家属保雍丘。秋八月，围雍丘。冬十月，天子拜太祖兖州牧。十二月，雍丘溃，超自杀，夷邈三族。邈诣袁术请救，为其众所杀，兖州平，遂东略陈地。

是岁，长安乱，天子东迁，败于曹阳，渡河幸安邑。

建安元年春正月，太祖军临武平，袁术所置陈相袁嗣降。

太祖将迎天子，诸将或疑，荀彧、程昱劝之，乃遣曹洪将兵西迎，卫将军董承与袁术将苌奴拒险，洪不得进。

汝南、颍川黄巾何仪、刘辟、黄邵、何曼等，众各数万，初应袁术，又附孙坚。二月，太祖进军讨破之，斩辟、邵等，仪及其众皆降。天子拜太祖建德将军，夏六月，迁镇东将军，封费亭侯。秋七月，杨奉、韩暹以天子还洛阳，奉别屯梁。太祖遂至洛阳，卫京都，暹遁走。天子假太祖节钺，录尚书事。洛阳残破，董昭等劝太祖都许。九月，车驾出轘辕而东，以太祖为大将军，封武平侯。自天子西迁，朝廷日乱，至是宗庙社稷制度始立。

天子之东也，奉自梁欲要之，不及。冬十月，公征奉，奉南奔袁术，遂攻其梁屯，拔之。于是以袁绍为太尉，绍耻班在公下，不肯受。公乃固辞，以大将军让绍。天子拜公司空，行车骑将军。是岁用枣祗、韩浩等议，始兴屯田。

吕布袭刘备，取下邳。备来奔。程昱说公曰："观刘备有雄才而甚得众心，终不为人下，不如早图之。"公曰："方今收英雄时也，杀一人而失天下之心，不可。"

张济自关中走南阳。济死，从子绣领其众。二年春正月，公到宛，张绣降，既而悔之，复反。公与战，军败，为流矢所中，长子昂、弟子安民遇害。公乃引兵还舞阴，绣将骑来钞，公击破之。绣奔穰，与刘表合。公谓诸将曰："吾降张绣等，失不便取其质，以至于此，吾知所以败。诸卿观之，自今已后不复败矣。"遂还许。

袁术欲称帝于淮南，使人告吕布。布收其使，上其书。术怒，攻布，为布所破。秋九月，术侵陈，公东征之。术闻公自来，弃军走，留其将桥蕤、李丰、梁纲、乐就；公到，击破蕤等，皆斩之。术走渡淮。公还许。

公之自舞阴还也，南阳章陵诸县复叛为绣，公遣曹洪击之，不利，还屯叶，数为绣、表所侵。冬十一月，公自南征，至宛。表将邓济据湖阳。攻拔之，生擒济，湖阳降。攻舞阴，下之。

三年春正月，公还许，初置军师祭酒。三月，公围张绣于穰。夏五月，刘表遣兵救绣，以绝军后。公将引还，绣兵来追，公军不得进，连营稍前。公与荀彧书曰："贼来追吾，虽日行数里，吾策之，到安众，破绣必矣。"到安众，绣与表兵合守险，公军前后受敌。公乃夜凿险为地道，悉过辎重，设奇兵。会明，贼谓公为遁也，悉军来追。乃纵奇兵步骑夹攻，大破之。秋七月，公还许。荀彧问公："前以策贼必破，何也？"公曰："虏遏吾归师，而与吾死地战，吾是以知胜矣。"

吕布复为袁术使高顺攻刘备，公遣夏侯惇救之，不利。备为顺所败。九月，公东征布。冬十月，屠彭城，获其相侯谐。进至下邳，布自将骑逆击。大破之，获其骁将成廉。追至城下，布恐，欲降。陈宫等沮其计，求救于术，劝布出战，战又败，乃还固守，攻之不下。时公连战，士卒罢，欲还，用荀攸、郭嘉计，遂决泗、沂水以灌城。月余，布将宋宪、魏续等执陈宫，举城降，生禽布、宫，皆杀之。太山臧霸、孙观、吴敦、尹礼、昌豨各聚众。布之破刘备也，霸等悉从布。布败，获霸等，公厚纳待，遂割青、徐二州附于海以委焉，分琅邪、东海、北海为城阳、利城、昌虑郡。

初，公为兖州，以东平毕谌为别驾。张邈之叛也，邈劫谌母弟妻子；公谢遣之，曰："卿老母在彼，可去。"谌顿首无二心，公嘉之，为之流涕。既出，遂亡归。及布破，谌生得，众为谌惧，公曰："夫人孝于其亲者，岂不亦忠于君乎！吾所求也。"以为鲁相。

四年春二月，公还至昌邑。张杨将杨丑杀杨，眭固又杀丑，以其众属袁绍，屯射犬。夏四月，进军临河，使史涣、曹仁渡河击之。固使杨故长史薛洪、河内太守缪尚留守，自将兵北迎绍求救，与涣、仁相遇犬城。交战，大破之，斩固。公遂济河，围射犬。洪、尚率众降，封为列侯，还军敖仓。以魏种为河内太守，属以河北事。

初，公举种孝廉。兖州叛，公曰："唯魏种且不弃孤也。"及闻种走，公怒曰："种不南走越、北走胡，不置汝也！"既下射犬，生禽种，公曰："唯其才也！"释其缚而用之。

是时袁绍既并公孙瓒，兼四州之地，众十余万，将进军攻许。诸将以为不可敌，公曰："吾知绍之为人，志大而智小，色厉而胆薄，忌克而少威，兵多而分画不明，将骄而政令不一，土地虽广，粮食虽丰，适足以为吾奉也。"秋八月，公进军黎阳，使臧霸等入青州破齐、北海、东安，留于禁屯河上。九月，公还许，分兵守官渡。冬十一月，张绣率众降，封列侯。十二月，公军官渡。

袁术自败于陈，稍困，袁谭自青州遣迎之。术欲从下邳北过，公遣刘备、朱灵要之。会术病死。程昱、郭嘉闻公遣备，言于公曰："刘备不可纵。"公悔，追之不及。备之未东也，阴与董承等谋反，至下邳，遂杀徐州刺史车胄，举兵屯沛。遣刘岱、王忠击之，不克。

庐江太守刘勋率众降，封为列侯。

五年春正月，董承等谋泄，皆伏诛。公将自东征备，诸将皆曰："与公争天下者，袁绍也。今绍方来而弃之东，绍乘人后，若何？"公曰："夫刘备，人杰也，今不击，必为后患。袁绍虽有大志，而见事迟，必不动也。"郭嘉亦劝公，遂东击备，破之，生擒其将夏侯博。备走奔绍，获其妻子。备将关羽屯下邳，复进攻之，羽降。昌豨叛为备，又攻破之。公还官渡，绍卒不出。

二月，绍遣郭图、淳于琼、颜良攻东郡太守刘延于白马，绍引兵至黎阳，将渡河。夏四月，公北救延。荀攸说公曰："今兵少不敌，分其势乃可。公到延津，若将渡兵向其后者，绍必西应之，然后轻兵袭白马，掩其不备，颜良可擒也。"公从之。绍闻兵渡，即分兵西应之。公乃引军兼行趣白马，未至十余里，良大惊，来逆战。使张辽、关羽前登，击破，斩良。遂解白马围，徙其民，循河而西。绍于是渡河追公军，至延津南。公勒兵驻营南阪下，使登垒望之，曰："可五六百骑。"有顷，复白："骑稍多，步兵不可胜数。"公曰："勿复白。"乃令骑解鞍放马。是时，白马辎重就道。诸将以为敌骑多，不如还保营。荀攸曰："此所以饵敌，如何去之！"绍骑将文丑与刘备将五六千骑前后至。诸将复白："可上马。"公曰："未也。"有顷，骑至稍多，或分趣辎重。公曰："可矣。"乃皆上马。时骑不满六百，遂纵兵击，大破之，斩丑。良、丑皆绍名将也，再战，悉禽，绍军大震。公还军官渡。绍进保阳武。关羽亡归刘备。

八月，绍连营稍前，依沙埴为屯，东西数十里。公亦分营与相当，合战不利。时公兵不满万，伤者十二三。绍复进临官渡，起土山地道。公亦于内作之，以相应。绍射营中，矢如雨下，行者皆蒙楯，众大惧，时

明人传奇剧本《古城记》插图之“关云长叔嫂权降”图，描绘了刘备与曹操作战兵败，关羽无奈之下保护二位嫂嫂投降曹操之事。

公粮少，与荀彧书，议欲还许。彧以为：“绍悉众聚官渡，欲与公决胜败。公以至弱当至强，若不能制，必为所乘，是天下之大机也。且绍，布衣之雄耳，能聚人而不能用。夫以公之神武明哲而辅以大顺，何向而不济！”公从之。

孙策闻公与绍相持，乃谋袭许，未发，为刺客所杀。

汝南降贼刘辟等叛应绍，略许下。绍使刘备助辟，公使曹仁击破之。备走，遂破辟屯。

袁绍运谷车数千乘至，公用荀攸计，遣徐晃、史涣邀击，大破之，尽烧其车。公与绍相拒连月，虽比战斩将，然众少粮尽，士卒疲乏，公谓运者曰：“却十五日为汝破绍，不复劳汝矣。”冬十月，绍遣车运谷，使淳于琼等五人将兵万余人送之，宿绍营北四十里。绍谋臣许攸贪财，绍不能足，来奔，因说公击琼等。左右疑之，荀攸、贾诩劝公。公乃留曹洪守，自将步骑五千人夜往，会明至。琼等望见公兵少，出陈门外。公急击之，琼退保营，遂攻之。绍遣骑救琼。左右或言“贼骑稍近，请分兵拒之”。公怒曰：“贼在背后，乃白！”士卒皆殊死战，大破琼等，皆斩之。绍初闻公之击琼，谓长子谭曰：“就彼攻琼等，吾攻拔其营，彼固无所归矣！”乃使张郃、高览攻曹洪。郃等闻琼破，遂来降。绍众大溃，绍及谭弃军走，渡河。追之不及，尽收其辎重图书珍宝，虏其众。公收绍书中，得许下及军中人书，皆焚之。冀州诸郡多举城邑降者。

初，桓帝时有黄星见于楚、宋之分，辽东殷馗善天文，言后五十岁当有真人起于梁、沛之间，其锋不可当。至是凡五十年，而公破绍，天下莫敌矣。

六年夏四月，扬兵河上，击绍仓亭军，破之。绍归，复收散卒，攻定诸叛郡县。九月，公还许。绍之未破也，使刘备略汝南，汝南贼共都等应之。遣蔡扬击都，不利，为都所破。公南征备。备闻公自行，走奔刘表，都等皆散。

七年春正月，公军谯，令曰：“吾起义兵，为天下除暴乱。旧土人民，死丧略尽，国中终日行，不见所识，使吾凄怆伤怀。其举义兵已来，将士绝无后者，求其亲戚以后之，授土田，官给耕牛，置学师以教之。为存者立庙，使祀其先人，魂而有灵，吾百年之后何恨哉！”遂至浚仪，治睢阳渠，遣使以太牢祀桥玄。进军官渡。

绍自军破后，发病欧血，夏五月死。小子尚代，谭自号车骑将军，屯黎阳。秋九月，公征之，连战。谭、尚数败退，固守。

八年春三月，攻其郭，乃出战，击，大破之，谭、尚夜遁。夏四月，进军邺。五月还许，留贾信屯黎阳。

己酉，令曰："《司马法》'将军死绥'，故赵括之母，乞不坐括。是古之将者，军破于外，而家受罪于内也。自命将征行，但赏功而不罚罪，非国典也。其令诸将出征，败军者抵罪，失利者免官爵。"

秋七月，令曰："丧乱已来，十有五年，后生者不见仁义礼让之风，吾甚伤之。其令郡国各修文学，县满五百户置校官，选其乡之俊造而教学之，庶几先王之道不废，而有以益于天下。"

八月，公征刘表，军西平。公之去邺而南也，谭、尚争冀州，谭为尚所败，走保平原。尚攻之急，谭遣辛毗乞降请救。诸将皆疑，荀攸劝公许之，公乃引军还。冬十月，到黎阳，为子整与谭结婚。尚闻公北，乃释平原还邺。东平吕旷、吕翔叛尚，屯阳平，率其众降，封为列侯。

九年春正月，济河，遏淇水入白沟以通粮道。二月，尚复攻谭，留苏由、审配守邺。公进军到洹水，由降。既至，攻邺，为土山、地道。武安长尹楷屯毛城，通上党粮道。夏四月，留曹洪攻邺，公自将击楷，破之而还。尚将沮鹄守邯郸，又击拔之。易阳令韩范、涉长梁岐举县降，赐爵关内侯。五月，毁土山、地道，作围堑，决漳水灌城；城中饿死者过半。秋七月，尚还救邺，诸将皆以为"此归师，人自为战，不如避之"。公曰："尚从大道来，当避之；若循西山来者，此成禽耳。"尚果循西山来，临滏水为营。夜遣兵犯围，公逆击破走之，遂围其营。未合，尚惧，遣故豫州刺史阴夔及陈琳乞降，公不许，为围益急。尚夜遁，保祁山，追击之。其将马延、张颉等临陈降，众大溃，尚走中山。尽获其辎重，得尚印绶节钺，使尚降人示其家，城中崩沮。八月，审配兄子荣夜开所守城东门内兵。配逆战，败，生禽配，斩之，邺定。公临祀绍墓，哭之流涕；慰劳绍妻，还其家人宝物，赐杂缯絮，廪食之。

初，绍与公共起兵，绍问公曰："若事不辑，则方面何所可据？"公曰："足下意以为何如？"绍曰："吾南据河，北阻燕、代，兼戎狄之众，南向以争天下，庶可以济乎？"公曰："吾任天下之智力，以道御之，无所不可。"

九月，令曰："河北罹袁氏之难，其令无出今年租赋！"重豪强兼并之法，百姓喜悦。天子以公领冀州牧，公让还兖州。

公之围邺也，谭略取甘陵、安平、勃海、河间。尚败，还中山。谭攻之，尚奔故安，遂并其众。公遗谭书，责以负约，与之绝婚，女还，然后进军。谭惧，拔平原，走保南皮。十二月，公入平原，略定诸县。

十年春正月，攻谭，破之，斩谭，诛其妻子，冀州平。下令曰："其与袁氏同恶者，与之更始。"令民不得复私仇，禁厚葬，皆一之于法。是月，袁熙大将焦触、张南等叛攻熙、尚，熙、尚奔三郡乌丸。触等举其县降，封为列侯。初讨谭时，民亡椎冰，令不得降。顷之，亡民有诣门首者，公谓曰："听汝则违令，杀汝则诛首，归深自藏，无为吏所获。"民垂泣而去；后竟捕得。

夏四月，黑山贼张燕率其众十余万降，封为列侯。故安赵犊、霍奴等杀幽州刺史、涿郡太守。三郡乌丸攻鲜于辅于犷平。秋八月，公征之，斩犊等，乃渡潞河救犷平，乌丸奔走出塞。

九月，令曰："阿党比周，先圣所疾也。闻冀州俗，父子异部，更相毁誉。昔直不疑无兄，世人谓之盗嫂；第五伯鱼三娶孤女，谓之挝妇翁；王凤擅权，谷永比之申伯；王商忠议，张匡谓之左道：此皆以白为黑，欺天罔君者也。吾欲整齐风俗，四者不除，吾以为羞。"冬十月，公还邺。

初，袁绍以甥高幹领并州牧，公之拔邺，幹降，遂以为刺史。幹闻公讨乌丸，乃以州叛，执上党太守，举兵守壶关口。遣乐进、李典击之，幹还守壶关城。十一年春正月，公征幹。幹闻之，乃留其别将守城，走入匈奴，求救于单于，单于不受。公围壶关三月，拔之。幹遂走荆州，上洛都尉王琰捕斩之。

秋八月，公东征海贼管承，至淳于，遣乐进、李典击破之，承走入海岛。割东海之襄贲、郯、戚以益琅玡，省昌虑郡。

三郡乌丸承天下乱，破幽州，略有汉民合十余万户。袁绍皆立其酋豪为单于，以家人子为己女，妻焉。辽西单于蹋顿尤强，为绍所厚，故尚兄弟归之，数入塞为害。公将征之，凿渠，自呼沲入泒水，名平虏渠；又从泃河口凿入潞河，名泉州渠，以通海。

十二年春二月，公自淳于还邺。丁酉，令曰："吾起义兵诛暴乱，于今十九年，所征必克，岂吾功哉？乃贤士大夫之力也。天下虽未悉定，吾当要与贤士大夫共定之；而专飨其劳，吾何以安焉！其促定功行封。"于是大封功臣二十余人，皆为列侯，其余各以次受封，及复死事之孤，轻重各有差。

将北征三郡乌丸，诸将皆曰："袁尚，亡虏耳，夷狄贪而无亲，岂能为尚用？今深入征之，刘备必说刘表以袭许。万一为变，事不可悔。"惟郭嘉策表必不能任备，劝公行。夏五月，至无终。秋七月，大水，傍海道不通，田畴请为乡导，公从之。引军出卢龙塞，塞外道绝不通，乃堑山堙谷五百余里，经白檀，历平冈，涉鲜卑庭，东指柳城。未至二百里，虏乃知之。尚、熙与蹋顿、辽西单于楼班、右北平单于能臣抵之等将数万骑逆军。八月，登白狼山，卒与虏遇，众甚盛。公车重在后，被甲者少，左右皆惧。公登高，望虏陈不整，乃纵兵击之，使张辽为先锋，虏众大崩，斩蹋顿及名王已下，胡、汉降者二十余万口。辽东单于速仆丸及辽西、北平诸豪，弃其种人，与尚、熙奔辽东，众尚有数千骑。初，辽东太守公孙康恃远不服。及公破乌丸，或说公遂征之，尚兄弟可擒也。公曰："吾方使康斩送尚、熙首，不烦兵矣。"九月，公引兵自柳城还，康即斩尚、熙及速仆丸等，传其首。诸将或问："公还而康斩送尚、熙，何也？"公曰："彼素畏尚等，吾急之则并力，缓之则自相图，其势然也。"十一月至易水，代郡乌丸行单于普富卢、上郡乌丸行单于那楼将其名王来贺。

十三年春正月，公还邺，作玄武池以肄舟师。汉罢三公官，置丞相、御史大夫。夏六月，以公为丞相。

秋七月，公南征刘表。八月，表卒，其子琮代，屯襄阳，刘备屯樊。九月，公到新野，琮遂降，备走夏口。公进军江陵，下令荆州吏民，与之更始。乃论荆州服从之功，侯者十五人，以刘表大将文聘为江夏太守，使统本兵，引用荆州名士韩嵩、邓义等。益州牧刘璋始受征役，遣兵给军。十二月，孙权为备攻合肥。公自江陵征备，至巴丘，遣张憙救合肥。权闻憙至，乃走。公至赤壁，与备战，不利。于是大疫，吏士多死者，乃引军还。备遂有荆州江南诸郡。

十四年春三月，军至谯，作轻舟，治水军。秋七月，自涡入淮，出肥水，军合肥。辛未，令曰："自顷已来，军数征行，或遇疫气，吏士死亡不归，家室怨旷，百姓流离，而仁者岂乐之哉？不得已也。其令死者家无基业不能自存者，县官勿绝廪，长吏存恤抚循，以称吾意。"置扬州郡县长吏，开芍陂屯田。十二月，军还谯。

十五年春，下令曰："自古受命及中兴之君，曷尝不得贤人君子与之共治天下者乎！及其得贤也，曾不出闾巷，岂幸相遇哉？上之人不求之耳。今天下尚未定，此特求贤之急时也。'孟公绰为赵、魏老则优，不可以为滕、薛大夫'。若必廉士而后可用，则齐桓其何以霸世！今天下得无有被褐怀玉而钓于渭滨者乎？又得无盗嫂受金而未遇无知者乎？二三子其佐我明扬仄陋，唯才是举，吾得而用之。"冬，作铜雀台。

十六年春正月，天子命公世子丕为五官中郎将，置官属，为丞相副。太原商曜等以大陵叛，遣夏侯渊、徐晃围破之。张鲁据汉中，三月，遣钟繇讨之。公使渊等出河东与繇会。

是时关中诸将疑繇欲自袭，马超遂与韩遂、杨秋、李堪、成宜等叛。遣曹仁讨之。超等屯潼关，公敕诸将："关西兵精悍，坚壁勿与战。"秋七月，公西征，与超等夹关而军。公急持之，而潜遣徐晃、朱灵等夜渡蒲阪津，据河西为营。公自潼关北渡，未济，超赴船急战。校尉丁斐因放牛马以饵贼，贼乱取牛马，公乃得渡，循河为甬道而南。贼退，拒渭口，公乃多设疑兵，潜以舟载兵入渭，为浮桥，夜，分兵结营于渭南。贼夜攻营，伏兵击破之。超等屯渭南，遣信求割河以西请和，公不许。九月，进军渡渭。超等数挑战，又不许；固请割地，求送任子，公用贾诩计，伪许之。韩遂请与公相见，公与遂父同岁孝廉，又与遂同时侪辈，于是交马语移时，不及军事，但说京都旧故，拊手欢笑。既罢，超等问遂："公何言？"遂曰："无所言也。"超等疑之。他日，公又与遂书，多所点窜，如遂改定者；超等愈疑遂。公乃与克日会战，先以轻兵挑之，战良久，乃纵虎骑夹击，大破之，斩成宜、李堪等。遂、超等走凉州，杨秋奔安定，关中平。诸将或问公曰："初，贼守潼关，渭北道缺，不从河东击冯翊而反守潼关，引日而后北渡，何也？"公曰："贼守潼关，若吾入河东，贼必引守诸津，则西河未可渡，吾故盛兵向潼关；贼悉众南守，西河之备虚，故二将得擅取西河；然后引军北渡，贼不能与吾争西河者，以有二将之军也。连车树栅，为甬道而南，既为不可胜，且以示弱。渡渭为坚垒，虏至不出，所以骄之也；故贼不为营垒而求割地。吾顺言许之，所以从其意，使自安而不为备，因畜士卒之力，一旦击之，所谓疾雷不及掩耳，兵之变化，固非一道也。"始，贼每一部到，公辄有喜色。贼破之后，诸将问其故。公答曰："关中长远，若贼各依险阻，征之，不一二年不可定也。今皆来集，其众虽多，莫相归服，军无适主，一举可灭，为功差易，吾是以喜。"

冬十月，军自长安北征杨秋，围安定。秋降，复其爵位，使留抚其民人。十二月，自安定还，留夏侯渊屯长安。

十七年春正月，公还邺。天子命公赞拜不名，入朝不趋，剑履上殿，如萧何故事。马超余众梁兴等屯蓝田，使夏侯渊击平之。割河内之荡阴、朝歌、林虑，东郡之卫国、顿丘、东武阳、发干，钜鹿之陶、曲周、南和，广平之任城，赵之襄国、邯郸、易阳以益魏郡。

冬十月，公征孙权。

十八年春正月，进军濡须口，攻破权江西营，获权都督公孙阳，乃引军还。诏书并十四州，复为九州。夏四月，至邺。

五月丙申，天子使御史大夫郗虑持节策命公为魏公曰：朕以不德，少遭愍凶，越在西土，迁于唐、卫。当此之时，若缀旒然，宗庙乏祀，社稷无位；群凶觊觎，分裂诸夏，率土之民，朕无获焉，即我高祖之命将坠于地。朕用夙兴假寐，震悼于厥心，曰"惟祖惟父，股肱先正，其孰能恤朕躬"？乃诱天衷，诞育丞相，保乂我皇家，弘济于艰难，朕实赖之。今将授君典礼，其敬听朕命。

昔者董卓初兴国难，群后释位以谋王室，君则摄进，首启戎行，此君之忠于本朝也。后及黄巾反易天常，侵我三州，延及平民，君又翦之以宁东夏，此又君之功也。韩暹、杨奉专用威命，君则致讨，克黜其难，遂迁许都，造我京畿，设官兆祀，不失旧物，天地鬼神于是获乂，此又君之功也。袁术僭逆，肆于淮南，慑惮君灵，用丕显谋，蕲阳之役，桥蕤授首，棱威南迈，术以陨溃，此又君之功也。回戈东征，吕布就戮，乘辕将返，张杨殂毙，眭固伏罪，张绣稽服，此又君之功也。袁绍逆乱天常，谋危社稷，凭恃其众，称兵内侮，当此之时，王师寡弱，天下寒心，莫有固志，君执大节，精贯白日，奋其武怒，运其神策，致届官渡，大歼丑类，俾我国家拯于危坠，此又君之功也。济师洪河，拓定四州，袁谭、高幹，咸枭其首，海盗奔迸，黑山顺轨，此又君之功也。乌丸三种，崇乱二世，袁尚因之，逼据塞北，束马县车，一征而灭，此又君之功也。刘表背诞，不供贡职，王师首路，威风先逝，百城八郡，交臂屈膝，此又君之功也。马超、成宜，同恶相济，滨据河、潼，求逞所欲，殄之渭南，献馘万计，遂定边境，抚和戎狄，此又君之功也。鲜卑、丁零，重译而至，箄于、白屋，请吏率职，此又君之功也。君有定天下之功，重之以明德，班叙海内，宣美风俗，旁施勤教，恤慎刑狱，吏无苛政，民不怀慝；敦崇帝族，表继绝世，旧德前功，罔不咸秩；虽伊尹格于皇天，周公光于四海，方之蔑如也。

朕闻先王并建明德，胙之以土，分之以民，崇其宠章，备其礼物，所以藩卫王室，左右厥世也。其在周成，管、蔡不静，惩难念功，乃使邵康公赐齐太公履，东至于海，西至于河，南至于穆陵，北至于无棣，五侯九伯，实得征之，世祚太师，以表东海；爰及襄王，亦有楚人不供王职，又命晋文登为侯伯，锡以二辂、虎贲、鈇钺、秬鬯、弓矢，大启南阳，世做盟主。故周室之不坏，繄二国是赖。今君称丕显德，明保朕躬，奉答天命，导扬弘烈，绥爰九域，莫不率俾，功高于伊、周，而赏卑于齐、晋，朕甚恧焉。朕以眇眇之身，托于兆民之上，永思厥艰，若涉渊水，非君攸济，朕无任焉。今以冀州之河东、河内、魏郡、赵国、中山、常山、钜鹿、安平、甘陵、平原凡十郡，封君为魏公。锡君玄土，苴以白茅，爰契尔龟，用建冢社。昔在周室，毕公、毛公入为卿佐，周、邵师保出为二伯，外内之任，君实宜之。其以丞相领冀州牧如故。又加君九锡，其敬听朕命。以君经纬礼律，为民轨仪，使安职业，无或迁志，是用锡君大辂、戎辂各一，玄牡二驷。君劝分务本，穑人昏作，粟帛滞积，大业惟兴，是用锡君衮冕之服，赤舄副焉。君敦尚谦让，俾民兴行，少长有礼，上下咸和，是用锡君轩县之乐，六佾之舞。君翼宣风化，爰发四方，远人革面，华夏充实，是用锡君朱户以居。君研其明哲，思帝所难，官才任贤，群善必举，是用锡君纳陛以登。君秉国之钧，正色处中，纤毫之恶，靡不抑退，是用锡君虎贲之士三百人。君纠虔天刑，章厥有罪，犯关干纪，莫不诛殛，是用锡君鈇钺各一。君龙骧虎视，旁眺八维，掩讨逆节，折冲四海，是用锡君彤弓一，彤矢百，玈弓十，玈矢千。君以温恭为基，孝友为德，明允笃诚，感于朕思，是用锡君秬鬯一卣，珪瓒副焉。魏国置丞相已下群卿百寮，皆如汉初诸侯王之制。往钦哉，敬服朕命！简恤尔众，时亮庶功，用终尔显德，对扬我高祖之休命！

秋七月，始建魏社稷宗庙。天子聘公三女为贵人，少者待年于国。九月，作金虎台，凿渠引漳水入白沟以通河。冬十月，分魏郡为东西部，置都尉。十一月，初置尚书、侍中、六卿。

马超在汉阳，复因羌、胡为害，氐王千万叛应超，屯兴国。使夏侯渊讨之。

十九年春正月，始耕籍田。南安赵衢、汉阳尹奉等讨超，枭其妻子，超奔汉中。韩遂徙金城，入氐王千万部，率羌、胡万余骑与夏侯渊战，击，大破之，遂走西平。渊与诸将攻兴国，屠之。省安东、永阳郡。

安定太守毌丘兴将之官，公戒之曰："羌、胡欲与中国通，自当遣人来，慎勿遣人往。善人难得，必将教羌、胡妄有所请求，因欲以自利；不从便为失异俗意，从之则无益事。"兴至，遣校尉范陵至羌中，陵果教羌，使自请为属国都尉。公曰："吾预知当尔，非圣也，但更事多耳。"

三月，天子使魏公位在诸侯王上，改授金玺、赤绂、远游冠。

秋七月，公征孙权。

初，陇西宋建自称河首平汉王，聚众枹罕，改元，置百官，三十余年。遣夏侯渊自兴国讨之。冬十月，屠枹罕，斩建，凉州平。

公自合肥还。

十一月，汉皇后伏氏坐昔与父故屯骑校尉完书，云帝以董承被诛怨恨公，辞甚丑恶，发闻，后废黜死，兄弟皆伏法。

十二月，公至孟津。天子命公置旄头，宫殿设钟虡。乙未，令曰："夫有行之士未必能进取，进取之士未必能有行也。陈平岂笃行，苏秦岂守信邪？而陈平定汉业，苏秦济弱燕。由此言之，士有偏短，庸可废乎！有司明思此义，则士无遗滞，官无废业矣。"又曰："夫刑，百姓之命也，而军中典狱者或非其人，而任以三军死生之事，吾甚惧之。其选明达法理者，使持典刑。"于是置理曹掾属。

二十年春正月，天子立公中女为皇后。省云中、定襄、五原、朔方郡，郡置一县领其民，合以为新兴郡。

三月，公西征张鲁，至陈仓，将自武都入氐；氐人塞道，先遣张郃、朱灵等攻破之。夏四月，公自陈仓以出散关，至河池。氐王窦茂众万余人，恃险不服，五月，公攻屠之。西平、金城诸将麹演、蒋石等共斩送韩遂首。秋七月，公至阳平。张鲁使弟卫与将杨昂等据阳平关，横山筑城十余里，攻之不能拔，乃引军还。贼见大军退，其守备解散。公乃密遣解㦸、高祚等乘险夜袭，大破之，斩其将杨任，进攻卫，卫等夜遁，鲁溃奔巴中。公军入南郑，尽得鲁府库珍宝。巴、汉皆降。复汉宁郡为汉中；分汉中之安阳、西城为西城郡，置太守；分锡、上庸郡，置都尉。

八月，孙权围合肥，张辽、李典击破之。

九月，巴七姓夷王朴胡、賨邑侯杜濩举巴夷、賨民来附，于是分巴郡，以胡为巴东太守，濩为巴西太守，皆封列侯。天子命公承制封拜诸侯守相。

冬十月，始置名号侯至五大夫，与旧列侯、关内侯凡六等，以赏军功。

十一月，鲁自巴中将其余众降。封鲁及五子皆为列侯。刘备袭刘璋，取益州，遂据巴中；遣张郃击之。

十二月，公自南郑还，留夏侯渊屯汉中。

二十一年春二月，公还邺。三月壬寅，公亲耕籍田。夏五月，天子进公爵为魏王。代郡乌丸行单于普富卢与其侯王来朝。天子命王女为公主，食汤沐邑。秋七月，匈奴南单于呼厨泉将其名王来朝，待以客礼，遂留魏，使右贤王去卑监其国。八月，以大理钟繇为相国。

冬十月，治兵，遂征孙权，十一月至谯。

二十二年春正月，王军居巢，二月，进军屯江西郝谿。权在濡须口筑城拒守，遂逼攻之，权退走。三月，王引军还，留夏侯惇、曹仁、张辽等屯居巢。

夏四月，天子命王设天子旌旗，出入称警跸。五月，作泮宫。六月，以军师华歆为御史大夫。冬十月，天子命王冕十有二旒，乘金根车，驾六马，设五时副车，以五官中郎将丕为魏太子。

刘备遣张飞、马超、吴兰等屯下辩；遣曹洪拒之。

二十三年春正月，汉太医令吉本与少府耿纪、司直韦晃等反，攻许，烧丞相长史王必营，必与颍川典农中郎将严匡讨斩之。

曹洪破吴兰，斩其将任夔等。三月，张飞、马超走汉中，阴平氐强端斩吴兰，传其首。

夏四月，代郡、上谷乌丸无臣氐等叛，遣鄢陵侯彰讨破之。

六月，令曰："古之葬者，必居瘠薄之地。其规西门豹祠西原上为寿陵，因高为基，不封不树。《周礼》冢人掌公墓之地，凡诸侯居左右以前，卿大夫居后，汉制亦谓之陪陵。其公卿大臣列将有功者，宜陪寿陵，其广为兆域，使足相容。"

秋七月，治兵，遂西征刘备，九月，至长安。

冬十月，宛守将侯音等反，执南阳太守，劫略吏民，保宛。初，曹仁讨关羽，屯樊城，是月使仁围宛。

二十四年春正月，仁屠宛，斩音。

夏侯渊与刘备战于阳平，为备所杀。三月，王自长安出斜谷，军遮要以临汉中，遂至阳平。备因险拒守。

夏五月，引军还长安。

秋七月，以夫人卞氏为王后。遣于禁助曹仁击关羽。八月，汉水溢，灌禁军，军没，羽获禁，遂围仁。使徐晃救之。

九月，相国钟繇坐西曹掾魏讽反免。

冬十月，军还洛阳。孙权遣使上书，以讨关羽自效。王自洛阳南征羽，未至，晃攻羽，破之，羽走，仁围解。王军摩陂。

二十五年春正月，至洛阳。权击斩羽，传其首。

庚子，王崩于洛阳，年六十六。遗令曰："天下尚未安定，未得遵古也。葬毕，皆除服。其将兵屯戍者，皆不得离屯部。有司各率乃职。敛以时服，无藏金玉珍宝。"谥曰武王。二月丁卯，葬高陵。

评曰：汉末，天下大乱，雄豪并起，而袁绍虎视四州，强盛莫敌。太祖运筹演谋，鞭挞宇内，揽申、商之法术，该韩、白之奇策，官方授材，各因其器，矫情任算，不念旧恶，终能总御皇机，克成洪业者，惟其明略最优也。抑可谓非常之人，超世之杰矣。

【译文】

太祖武皇帝，他是沛国谯县人，姓曹名操，字孟德，西汉相国曹参的后代。汉桓帝时，曹腾任中常侍大长秋，被封为费亭侯。曹腾去世后，养子曹嵩继承了他的爵位，官做到太尉，但没有人知道曹嵩出生前后的情况。曹嵩生太祖曹操。

太祖从小机灵聪明，很有谋略、权术，但任性仗义、放荡不羁，不重视品德修养和学业的研习，所以人们并不觉得他有什么过人之处；只有梁国人桥玄、南阳人何颙认为他不同寻常。桥玄对太祖说："天下将大乱，不是一代英才是不能够扭转局面的，能够安定天下的，应当是你了！"太祖二十岁时，被推荐为孝廉做了郎官，后来被任命为洛阳北部尉，升迁顿丘县令，又受朝廷征召做了议郎。

光和末年，黄巾军起义。太祖被任命为骑都尉，讨伐颍川的贼寇。后升迁为济南相，济南管辖的十几个县，当地的官吏大多是依附皇亲国戚，贪赃枉法，声名狼藉，于是太祖奏请朝廷，罢免了其中八个人的官；并禁止滥设祭祀活动，违法作乱的人都逃走了，济南辖区从此安定下来。不久，太祖又被朝廷征召，任命为东郡太守；他没去赴任，告病回乡。

不久，冀州刺史王芬、南阳人许攸、沛国人周旌等串连、勾结当地豪强，图谋废黜灵帝，立合肥侯为新帝，把这件事告诉了太祖，希望太祖能加入他们，太祖拒绝了他们。王芬等人以失败告终。

金城郡人边章、韩遂杀害刺史起兵叛乱，聚集了十多万人，天下骚动不安。朝廷征召太祖曹操为典军校尉。恰逢灵帝驾崩，太子即位，何太后临朝主政。大将军何进与袁绍谋划诛杀宦官，何太后不同意。何进便召集董卓进京，想以此来胁迫威胁何太后同意，董卓还没到何进就被杀了。董卓到达京城，废除灵帝为弘农王而另立献帝，京城大乱。董卓上表推荐曹操为骁骑校尉，想和他共同商议大事。太祖便改名换姓，从小路向东逃回家乡。出了虎牢关，路过中牟县时，被亭长所怀疑，将他捉送到县里，县中有人暗中认出了他，为他求情才得以释放。董卓便杀掉何太后和弘农王。太祖曹操到了陈留郡，分散家财，聚集义兵，准备以此诛讨董卓。冬季十二月，开始在己吾县起兵。这一年是汉灵帝中平六年。

献帝初平元年正月，后将军袁术、冀州牧韩馥、豫州刺史孔伷、兖州刺史刘岱、河内郡太守王匡、勃海郡太守袁绍、陈留郡太守张邈、东郡太守桥瑁、山阳郡太守袁遗、济北国相鲍信纷纷起兵，各自领兵数万，推举袁绍为盟主。太祖曹操以代理奋武将军的身份而入盟。

二月，董卓听说袁绍等人起兵，便把献帝迁徙到新都长安。董卓留在京都洛阳屯驻，于是焚烧宫室。当时袁绍军屯驻在河内郡，张邈、刘岱、桥瑁、袁遗军屯驻在酸枣县，袁术军屯驻在南阳郡，孔伷军屯驻在颍川郡，韩馥军屯驻在邺城。董卓兵强，袁绍等人没有敢率先进军的。太祖说："起义兵来诛讨暴乱，大军已经会合，诸位还迟疑什么？假使董卓听说崤山以东诸侯起兵的消息，就会凭借着朝廷的威势，据拥二周之地的险要地形，向东以控制天下；尽管董卓的行为不合道义，也足以成为祸患。现在董卓焚烧宫室，劫持迁徙天子，海内为之震动，不知道该归附谁，这正是上天要灭亡董卓的好时机。只需一战天下就可安定，这个机会不可失去。"于是领兵西进，准备占据成皋。张邈派遣将军卫兹分出一部分兵马随从太祖。太祖抵达荥阳汴水时，遇到了董卓部将徐荣，太祖与之交战失利，士兵死伤很多。太祖也被乱箭射中，所乘的马也受了伤，太祖的堂弟曹洪把自己的马让给了太祖，才得以乘夜色逃走。徐荣见太祖所率领的兵将很少，双方又奋战了一整天，认为酸枣县不容易攻下，也领兵回去了。

太祖回到酸枣县，各路义军已经有十多万人，将领们每天摆酒设宴，不考虑进军。太祖责备他们，因此给他们谋划说："请诸位听从我的计划，让勃海太守袁绍带领河内的军队进攻孟津，驻守酸枣的各将领防守成皋，占据敖仓，封锁轘辕、太谷两关口，完全控制这里的险要地势；让袁术将军率领南阳的军队进驻丹、析两地，挺近武关，来震慑关中：各路义军都高筑营垒，深挖壕沟，暂不与董卓交战，多虚设兵阵来迷惑对方，表明天下群起而讨伐董卓，用正义之师来讨伐叛逆，天下很快就可以平定。现在我们已经高举义旗，行动迟疑而不敢进攻，会令天下人失望，我私下里为诸位感到羞耻！"张邈等人并没有采纳太祖的计策。

太祖兵少，就和夏侯淳等人到扬州招募军队，扬州刺史陈温、丹阳太守周昕给了他四千多兵。回到龙亢县时，新招募的士兵大多数都逃跑了。太祖到铚县和建平县，又招募了一千多名士兵，进军驻扎在河内郡。

刘岱与桥瑁反目，刘岱杀掉桥瑁，让王肱兼任东郡太守。

袁绍与韩馥计划立幽州牧刘虞为帝，太祖不同意。袁绍曾经得到一枚玉印，当与太祖坐在一起的时候向太祖曹操炫耀，太祖因此嘲笑并厌恶他。

初平二年春天，袁绍、韩馥还是拥立刘虞为帝，刘虞始终不敢承当。

夏四月，董卓回到长安。

秋七月，袁绍胁迫韩馥，取得了冀州。

黑山叛军于毒、白绕、眭固等率十多万人攻略魏郡、东郡，王肱抵御不住，太祖领兵进入东郡，在濮阳进击白绕，将其打败。袁绍因此上表太祖为东郡太守，治理东武阳县。

初平三年春天，太祖进军顿丘县，于毒等人攻打东武阳县。太祖便领兵向西进山，攻打于毒等人的大本营。于毒听说，放弃攻打东武阳回军。太祖截击眭固，又在内黄县进击匈奴首领於夫罗，这些人全都把太祖曹操他们打败。

夏四月，司徒王允与吕布一起杀掉董卓。董卓部将李傕、郭汜等杀害王允攻打吕布，吕布兵败，向东逃出武关。李傕等专擅朝政。

青州黄巾军一百多万人进入兖州，杀死任城国相郑遂，转入东平。刺史刘岱想要发兵征讨，鲍信劝阻说："现在黄巾军人众百万，百姓惊恐，士兵没有斗志，是打不过的。我看贼兵和家属成群结伙地相随，军队也没有粮草物资，只靠抢掠为生，如今不如养精蓄锐，暂且防守。敌欲战不得，攻又不能，他们势必离散；然后挑选精锐部队，占据要害之地，发动进攻，就可以把他击溃。”刘岱不听，于是与黄巾军作战，果然被黄巾军所杀。鲍信就和州吏万潜等到东郡迎接太祖代理兖州牧。于是到寿张县东攻打黄巾军。鲍信力战而死，这才勉强把黄巾军击败。太祖悬赏寻求鲍信的尸体，没有找到，于是大家雕刻木头有如鲍信的形状，祭奠他时人们都哭了。接着追击黄巾军到济北。黄巾军请求投降。这年冬季，接受降兵三十多万，男女百余万口，择取其中的精锐之士，号称青州兵。

袁术与袁绍关系出现裂痕，袁术向公孙瓒求援，公孙瓒派刘备屯驻高唐，单经驻扎在平原县，陶谦驻扎在发干县，以此来进逼袁绍。太祖与袁绍合力进击，把袁术军全都打败。

初平四年春天，太祖进军鄄城县。荆州牧对表截断袁术粮道，袁术退军进入陈留郡，驻扎在封丘县，黑山军的残部和匈奴首领於夫罗等人帮助袁术。袁术派部将刘详屯驻匡亭。太祖进攻刘详，袁术来救援，太祖与袁术军交战，大胜敌军。袁术退保封丘，太祖便包围袁术，包围还没形成，袁术便逃到了襄邑县，太祖军追到太寿，挖开渠水淹城。袁术又逃到宁陵县，太祖仍追击袁术，袁术便到达九江郡。这年夏天，太祖撤军回到定陶县。

下邳人阙宣聚集了几千人，自称天子；徐州牧陶谦与阙宣共同起兵，攻取了泰山郡华县、费县，又攻取任城。秋天，太祖征讨陶谦，攻下十多座城池，陶谦守城不敢出战。

这一年，孙策受袁术派遣渡过长江，几年之间便据有了江东。

兴平元年春季，太祖从徐州返回。当初，太祖的父亲曹嵩，卸任以后回到谯县，董卓作乱的时候，他到琅玡避难，被陶谦杀害，所以太祖立志要东征复仇。这年夏天，太祖派荀彧、程昱驻守鄄城，自己再次出兵讨伐陶谦，攻下了五座城池，一直打到了东海郡地界。回军经过郯县时，陶谦部将曹豹和刘备驻扎在郯县东面，截击太祖。太祖打败了他们，接着攻克了襄贲，经过的地方大多遭到破坏和屠杀。

正在这时，张邈和陈宫叛变，迎接吕布进入兖州。各郡县纷纷响应。只有荀彧和程昱保卫鄄城，范、东阿两县坚守，太祖于是领军撤回。吕布率军赶到，攻不下鄄城，就驻扎在西面的濮阳。太祖说：“吕布突然轻易地得到了一个州，却没有去占据东平，切断亢父、泰山的通道，凭借险要地形来截击我，反而驻扎在濮阳，我断定他不会有什么作为。”于是进军攻打吕布。吕布出兵迎战，先用骑兵冲击青州兵。青州兵败逃，太祖的军阵大乱，从火中往外突奔而出，却从马上坠落，烧伤了左手掌。司马楼异搀扶太祖上了马，才得以撤出。他们还没有返回营寨时，将领们没有看见太祖，都很惊慌。太祖于是勉强撑着去慰劳将士，下再次攻打吕布，曹军与吕布对峙了百余日。这时蝗虫泛滥，老百姓十分饥饿，吕布的军粮也吃完了，双方各自退兵。

秋季九月，太祖回到鄄城。吕布到达乘氏，被他的同县人李进打败，便往东驻扎在山阳县。这时，袁绍派人来游说太祖，想与他结盟。太祖新近失去兖州，军中粮食也吃尽了，准备答应袁绍。程昱劝阻，太祖听从了他的意见。冬季十月，太祖到了东阿县。

这一年谷物一斛值五十多万钱，出现了人吃人的现象，太祖于是解散了一批新招募的官吏和士兵。陶谦去世，刘备接替了他做了徐州牧。

二年春，袭击定陶。济阴太守吴资守定陶南城，没有能攻下。这时吕布兵到，太祖又打败了他。夏季，吕布的部将薛兰、李封驻扎在钜野，太祖攻巨野，吕布救薛兰，薛兰战败，吕布逃走，于是杀死薛兰等。吕布又从东缗与陈宫率领万余人来战，当时太祖兵少，便设下埋伏，出奇兵攻击，把吕布军打得大败。吕布夜里逃跑，太祖再次进攻，打下定陶，并分兵平定各县。吕布往东投奔刘备，张邈带领家属跟随吕布，让他弟弟张超率领家眷驻守雍丘。八月间，太祖包围雍丘。十月，汉献帝任命太祖为兖州牧。十二月，雍丘被攻破，张超自杀，太祖杀了张邈三族。张邈去向袁术求救，被部下杀死，兖州平定，于是进一步东攻打陈国一带。

这一年，长安大乱，汉献帝东迁，在曹阳战败，渡过黄河到达安邑县。

建安元年春正月，太祖大军到达武平县，袁术任命的陈国国相袁嗣投降。

太祖打算迎去接汉献帝，部将们有的心中怀疑这个举措，荀彧、程昱却极力劝阻他，太祖便派遣曹洪率兵向西迎接献帝，汉朝的卫将军董承与袁术部将苌奴凭借险要地形阻挡，曹洪不能前进。

汝南、颍川二郡的黄巾军何仪、刘辟、黄邵、何曼等人，各自拥有数万兵众，开始响应袁术，后又依附孙坚。二月，太祖进军并打败了他们，斩杀了刘辟、黄邵等人，何仪及其部众全都投降。汉献帝拜太祖为建德将军，夏六月，升迁为镇东将军，封爵费亭侯。秋七月，杨奉、韩暹护卫汉献帝回到洛阳，杨奉单独驻扎在梁县，太祖便到达洛阳，护卫京都，韩暹逃走。献帝授给太祖节杖和黄钺，让他总管尚书台的事务。由于洛阳残破，董昭等人劝说太祖把都城移往许县。九月，献帝的车队出轘辕关向东，任命太祖为大将军，封爵武平侯。自从献帝西迁，朝政一天比一天混乱，至此，祭祀宗庙、土神和谷神的制度才开始建立。

献帝迁都许县的时候，杨奉打算从梁县出兵半路上加以堵截，但没有赶上。十月，太祖征讨杨奉，杨奉南逃投奔袁术，太祖就攻打杨奉在梁县的营寨，攻破了。这时候献帝任命袁绍为太尉，袁绍认为太尉之职在大将军之下，等级比太祖低是一种耻辱，不肯接受。太祖就坚决辞去大将军职位，把它让给袁绍。献帝改任太祖为司空，兼任车骑将军。这一年，太祖采纳了枣祗、韩浩等人的建议，开始实行屯田。

吕布袭击刘备，夺取了下邳。刘备来投奔太祖。程昱劝诫太祖说："我看刘备有雄才大略，而且深得民心，不会久居人下，不如趁早除掉他。"太祖说："现在正是招纳英雄的时候，为杀一个人而失去天下人心，不可以。"

张济从关中逃到南阳。张济死后，他的侄儿张绣统领他的军队。建安二年春季正月，曹公到达宛城，张绣投降，但不久就后悔了，再次发动反叛。曹公与他交战，曹军战败，曹公被流箭射中，长子曹昂、侄子曹安民遇难。曹公领兵退回舞阴，张绣率领骑兵来追击，被曹公打败。张绣逃到穰县，与刘表合兵。曹公对将领们说："我接受张绣投降，却犯了没有立即扣押他们人质的错误，才弄到这种地步，我已明白了失败的原因。诸位看着吧，从今以后我不会再失败了。"于是返回了许都。

袁术想在淮南称帝，派人告诉吕布。但吕布扣留了他的使者，并把他的来信呈献给了朝廷。袁术很愤怒，攻打吕布，被吕布打败。秋季九月，袁术进犯陈县，曹公东征袁术。袁术听说曹公亲自前来，丢下军队逃跑，留下部将桥蕤、李丰、梁纲、乐就进行抵御；曹公到达后，打败了桥蕤等人，将他们全部斩杀。袁术逃过淮河。曹公返回许都。

曹公从舞阴返回后，南阳、章陵等县再次反叛归附了张绣，曹公派曹洪前去征讨，曹洪战败，退兵驻守叶县，经常遭到张绣、刘表的攻击。冬季十一月，曹公亲自南征，抵达宛城。刘表部将邓济据守湖阳。曹公攻下湖阳，活捉了邓济，湖阳投降。接着进攻舞阴，也攻下了。

建安三年春正月，曹公回到许都，开始设置军师祭酒的官职。三月，曹公在穰县围攻张绣。夏五月，刘表派兵救援张绣，且截断了曹公大军的后路。曹公将要撤军，张绣军队前来追赶，曹公军无法前进，只得把各军营连在一起慢慢前行。曹公给荀彧写信说:“敌人前来追赶我,我军虽然一天才走几里地,但我预料,一到安众县,就一定能够打败张绣。”到达安众县后,张绣与刘表合兵守险,曹公军队前后受敌。曹公便深夜在险要地方开凿地道,把军用物资全都运过去,然后设下伏兵。到天明的时候,敌人认为曹公逃跑了,出动全部兵力追赶。曹公便出动埋伏的步骑兵夹攻,大败张绣、刘表。秋七月,曹公回到许都。荀彧问曹公:“公先前预料敌人必被打败,为什么呢?”曹公说:“贼寇阻遏我的军队,而与处于绝地的军队作战,我因此知道会取胜的。”

吕布又帮助袁术派高顺攻打刘备,曹公派遣夏侯惇救他,失利。刘备被高顺打败。九月,曹公东征吕布。冬十月,屠戮彭城,擒获了彭城国相侯谐。曹公进军到下邳,吕布亲自率骑兵迎击。曹公大破吕布,擒获吕布骁将成廉。曹军乘胜追到城下,吕布害怕,想投降。陈宫等人阻止了吕布的打算,又向袁术求救,劝吕布出战,吕布出战又失败,便回城固守,曹公攻打不下。当时曹公连连作战,士卒疲惫,就打算撤军,便采用荀攸、郭嘉的计策,掘开泗水、沂水来淹没城池。一个多月后,吕布部将宋宪、魏续等人捉住陈宫,献城投降,曹公活捉了吕布、陈宫,把二人全都杀掉。太山人臧霸、孙观、吴敦、尹礼、昌豨各自聚集兵众。吕布攻破刘备以后,臧霸等人全都归从了吕布。吕布被打败,曹公擒获了臧霸等人,接纳并厚待了臧霸等人,于是分割出青州、徐州二州的滨海地区交给臧霸等人管理,又分出琅玡、东海、北海等郡国的土地置城阳、利城、昌虑郡。

原先,曹操担任兖州牧,以东平人毕谌为别驾。张邈叛乱时,曾劫持毕谌的母亲、弟弟、妻子和子女;曹操解去毕谌职务而派遣他去投张邈,说:“你的老母亲在那里,你应该去。”毕谌当时叩首表示绝对没有二心,曹操赞叹毕谌,为他感动流泪。毕谌走后,就没有回来。后来吕布兵败,毕谌被曹操生擒,大家都为毕谌担心恐惧,曹操说:“人如果能孝顺双亲,岂不是也必然能忠诚于君主!这正是我所需要的人。”仍然任命毕谌为鲁相。

建安四年春天二月,曹公回到昌邑县。张杨的部将杨丑杀了张杨,眭固又杀了杨丑,率众归顺了袁绍,屯驻在射犬。夏天四月,曹公进军临河,派史涣、曹仁渡河攻击眭固。眭固派张杨的旧长史薛洪、河内太守缪尚留守,自己率兵北迎袁绍求救,与史涣、曹仁相遇在犬城。双方交战,曹军大败敌军,斩了眭固。曹公便渡过黄河,包围射犬。薛洪、缪尚带领众将士投降,被封为列侯,曹军返回敖仓。任魏种为河内太守,把河北事务交托给他。

当初，曹公举荐魏种为孝廉。兖州反叛，曹公说：“唯有魏种是不会背叛孤的。”及至听闻魏种逃跑，曹公发怒说：“除非魏种南跑到越地、北跑到胡地，否则我不放过他！”攻下射犬，生擒了魏种，曹公说：“只因他有才！”解了他的绳缚而任用他。

这个时候袁绍已经吞并了公孙瓒，兼并了青州、冀州、幽州、并州四州之地，拥兵十余万，准备进攻许都。众将都认为袁绍势大难以抵挡，曹公说：“我了解袁绍的为人，他志大才疏，色厉内荏，妒忌刻薄而缺乏威信，兵多而指挥混乱，将领骄横而政令不一，他的土地虽然广阔，粮食虽然丰足，正好奉献给我。”秋天八月，曹公进军黎阳，派臧霸等人进入青州攻占齐国、北海、东安，留下于禁屯兵黄河边上。九月，曹公返回许都，分兵把守官渡。冬天十一月，张绣率众投降，被封为列侯。十二月，曹公进军官渡。

袁术自从在陈国被打败以后，处境日益困窘，袁谭从青州派人迎接他。袁术打算经下邳北上，曹公派刘备、朱灵进行截击。正好在这时袁术病死了。程昱、郭嘉听说曹公派刘备出征，对曹公说：“刘备可不能放出去。”曹公后悔了，派人去追赶刘备，却没有追上。在刘备还没东去的时候，曾经暗中和董承等人商议反曹，到达下邳后，刘备就杀了徐州刺史车胄，率军驻扎在沛县。曹公派遣刘岱、王忠攻打刘备，未能取胜。

庐江太守刘勋率领部下前来归顺，被封为列侯。

建安五年春季正月，董承等人的反叛阴谋败露，全部被处死。曹公准备亲自东征刘备，将领们都劝阻说：“和您争夺天下的是袁绍。现在袁绍正要前来进攻我们，而您却撇开他东征刘备，要是袁绍乘机袭击我们的后路，怎么办？”曹公说：“刘备是人中豪杰，现在不攻打他，一定会成为后患。袁绍虽然有远大的志向，但遇事优柔寡断，一定不会出兵。”郭嘉也支持曹公的看法，于是曹公东征刘备，将他打败，活捉了他的部将夏侯博。刘备前去逃奔袁绍，曹公俘获了他的妻儿。刘备的部将关羽驻军下邳，曹公乘胜进攻，关羽投降。昌豨先前叛变，投靠了刘备，曹公也进军打败了他。直到曹公回到官渡，袁绍始终没有出兵。

二月，袁绍派遣郭图、淳于琼、颜良进攻驻扎在白马的东郡太守刘延，袁绍率兵抵达黎阳，准备渡过黄河。夏季四月，曹公北上援救刘延。荀攸劝曹公说：“现在我们兵力少，难以抵挡袁军，必须分散他的兵力才可取胜。您到延津后，做出像要渡河袭击其后方的样子，袁绍必定会分兵向西应战，然后，您率军轻装急进，袭击白马，攻其不备，就可击败颜良。”曹公采纳了他的意见。袁绍听说曹军渡河，果然立即派兵往西去应战。曹公于是率军日夜兼程奔向白马，离白马还有十多里时，颜良才得信，大为吃惊，慌忙前来迎战。曹公派张辽、关羽出阵，打败袁军，斩杀颜良。于是解了白马之围，曹公将当地百姓沿黄河向西迁徙。此时，袁绍渡黄河追赶太祖，到达延津南面。太祖部署军队在南面的山坡扎营，派人登上营垒观察敌情，瞭望的人报告：“大约有五六百骑兵。”过了一会儿，又报告：“骑兵逐渐增多，步兵多得数不清。”太祖：“不用再报了。”命令骑兵解下马鞍放开战马。这时，从白马缴获的军用物资已经上路。众将领认为敌人多骑兵，不如把物资撤回充实军营。荀攸说：“这样是诱敌上钩，怎么能撤呢！”袁绍的将领文丑和刘备率领五六千骑兵先后到达。众将又说：“可以上马。”太祖：“还不行。”又过了一会儿，袁军骑兵多了起来，有一部分奔向路上的物资。太祖：“可以。”于是全部上马。当时曹军骑兵不足六百，就出兵发起攻击，大破袁军，杀了文丑。颜良、文丑都是袁绍的名将，两次交战，全被擒杀，袁军感到十分震惊。太祖撤回官渡。袁绍守卫阳武。关羽逃回到刘备那里。

八月，袁绍大军前后连营步步推进，靠着沙堆扎营，东西相连长达几十里。太祖设下营垒应击袁军，交战失利。当时太祖的总兵力不足万人，受伤的人又占了十之二三。袁绍大军逼近官渡，堆土成山挖出地道。太祖也在营垒内筑土山挖地道来应战。袁绍的箭像雨点落在曹营，营内行走都得用盾牌掩蔽，大家都很恐惧，此时曹军军粮匮乏，太祖给荀彧写信，打算撤回许都。荀彧认为：“袁绍的全部兵力都聚集在官渡，想和您决战。您用极弱的兵力对抗强敌，如果不能战胜，这可是关系到争夺天下成败的重要时机啊。况且袁绍只是凡人之中的豪杰，能招揽贤才却不会使用。凭借您的英武，再加上以天子的名义讨伐叛逆，一定会所向披靡、战无不胜！”太祖听从了他的建议。

孙策听说曹公与袁绍两军对峙，就密谋袭击许都，结果还没有出兵，就被刺客杀死了。

汝南投降的贼寇刘辟等人发动叛变，响应袁绍，在许都城外抢掠。袁绍派刘备去支援刘辟，曹公派出曹仁将其打败。刘备逃跑，曹军攻克了刘辟的营寨。

袁绍数千辆运粮谷的车辆来到，曹公使用荀攸的计策，派遣徐晃、史涣前去截击，大破敌军，将粮车全部烧毁。曹公与袁绍相持了数月，虽然连连交战都斩杀敌将，然而兵少粮尽，士兵疲惫困乏，曹公对运送物资的人说："再过十五天我就给你们打败袁绍，不再使你们劳累了。"冬十月，袁绍派遣车辆运粮谷，派淳于琼等五人领一万多兵众护送，住宿在袁绍大营北面四十里的地方。袁绍谋臣许攸贪财，袁绍不能满足他，许攸就来投奔曹公，劝说曹公进击淳于琼等人。左右都怀疑许攸，荀攸、贾诩却劝曹公听从许攸的计策。曹公便留曹洪守卫大营，亲自率领步骑兵五千人乘黑夜出发，天亮时到达。淳于琼等人看见曹公兵少，就在大门外布阵迎战。曹公下令冲击，淳于琼退回到营内固守，曹军展开围攻。袁绍派骑兵救援淳于琼。左右的人中有人说："敌人骑兵越来越近了，请分兵迎敌。"曹公大怒说："等敌人到了背后再来报告！"曹军士兵都殊死奋战，把淳于琼等打得大败，并予斩杀。袁绍刚得到曹公攻打淳于琼的消息，对大儿子袁谭说："趁他攻打淳于琼之机，我们去攻占他的大本营，他就无处可归了！"便派张郃、高览进攻曹洪。张郃等人听说淳于琼被打败，就投降了曹公。袁军一败涂地，袁绍和袁谭弃军逃跑，仓皇渡过黄河。曹军追赶不及，缴获了他们的全部辎重物资、图书册籍及珍宝，俘虏了他的部众。曹公在缴获的袁绍的书信中，发现了许都官员和军队中的人写给袁绍的信件，全部都烧掉不予追究。冀州各郡见状，纷纷献出城邑投降。

起初，桓帝时有黄星出现在楚、宋两国故地的分野，辽东人殷馗精于天文，预言过五十年应当有真人出现在梁国和沛国之间，他的锋芒不可阻挡。到这时候共五十年，而曹公打败袁绍，天下无敌。

建安六年夏四月，曹公在黄河边炫耀武力，进击袁绍仓亭驻军，打败了他。袁绍回到冀州，重新收集散兵，攻打并平定了那些叛变的郡县。九月，曹公回到许都。袁绍没被打破的时候，派刘备攻略汝南郡，汝南郡的反贼共都等人都响应他。曹公派遣蔡扬攻打共都，失利，被共都打败。曹公南征刘备。刘备听说曹公亲自来伐，逃奔刘表，共都等人也全都逃散。

建安七年春正月，曹公率军到达谯县，下令说："我兴起义军，为天下扫除暴乱。故乡的人民，死得几乎都没有了，在境内行走一天，见不到一个认识的人，这使我悲痛伤心。现在我下令，自我兴起义军以来，将士们断绝了后代的，可以寻找将士的亲戚来继承其后，并授给田地，国家给予耕牛，设立学校请老师来教这些人。替活着的人修立祠庙，使这些人能祭祀先人，如果死者有灵魂，我百年之后还有什么遗憾呢！”于是到了浚仪县，修治睢阳渠，派人用牛、羊、猪三牲的礼仪祭祀桥玄。然后又领兵前往官渡。

袁绍自从兵败后，发病吐血，夏五月死去。他的小儿子袁尚接替了袁绍的权位，大儿子袁谭自称车骑将军，屯驻在黎阳。秋九月，曹公征伐袁军，接连战斗。袁谭、袁尚多次战败，退回城中固守。

建安八年春三月，曹公攻打黎阳的外城，袁谭、袁尚出城迎战，曹军进击，大败袁军，袁谭、袁尚乘夜逃走。夏四月，曹公进军邺城。五月回到许都，留下贾信屯驻在黎阳。

五月己酉日，曹公下令说：“《司马法》有‘将军败退要处死’的说法，所以赵括的母亲请求赵王不要让自己受赵括打败仗的连累。这说明古代的将军，如果在外面打了败仗，将军的家人就会牵连在内受到惩罚。自从我受命为将领兵出征以来，只奖赏有功的而不惩罚有罪的，这不符合国家制度。现在我宣布将领们出征，军队被打垮的将领抵罪，作战失利的免除官职爵位。”

秋季七月，曹操下令说：“自从国家动乱以来，已经十五年了，年轻人没有见过仁义礼让的好风气，我很担心。现在下令各郡国都要开办文化学业，有五百户以上的县设置校官，选择乡中杰出的青年加以教诲，这样大概能让先王的大道不至于废绝，而对天下一定有好处。”

八月，曹公征讨刘表，驻军西平县。当曹公离开邺县南征之后，袁谭、袁尚争夺冀州，袁谭被袁尚打败，跑回平原郡据守。袁尚加紧进攻，袁谭派遣辛毗前来请降并请求援救。诸将都怀疑袁谭，而荀攸劝曹公答应他，于是曹公又率军回来。冬季十月，到达黎阳，为儿子曹整娶了袁谭的女儿。袁尚听说曹公北进，于是放弃对平原的进攻而回到邺城。东平人吕旷、吕翔反叛袁尚，屯军阳平，率领部下来投降，被封为列侯。

九年春季正月，渡过黄河，拦截淇水进入白沟以通粮道。二月，袁尚又进攻袁谭，留苏由、审配守邺城。曹公进军到洹水，苏由投降。待大军到达，就攻打邺城，垒土山，挖地道。袁尚所任命的武安县长尹楷驻扎在毛城，守护上党至邺的粮道。夏季四月，曹公留曹洪攻邺，亲自带兵打尹楷，击溃尹楷之后方才回师。袁尚的部将沮鹄守邯郸，曹公又进攻沮鹄，攻克邯郸。袁尚所任易阳县令韩范、涉县长梁岐各以本县投降，赐爵关内侯。五月，平毁土山地道，挖掘围城壕沟，决开漳水灌邺城；城里人饿死过半。七月，袁尚回兵救邺，众将都认为“这是归来的军队，人自为战，不如避开它。”曹公说：“袁尚要是从大路来，应当退避；如果他沿着西山来，那就只能是自投罗网。”袁尚果然沿西山来，靠近滏水扎营。夜里派兵进犯曹公围城的部队，曹公迎击，把他打得大败而逃，进而包围他的军营。还没有合围，袁尚害怕，派前豫州刺史阴夔和陈琳来请降，曹公不许，包围越发加紧。袁尚乘夜晚逃走，据守祁山，曹军追击。袁尚部将马延、张颉等临阵投降，袁军大溃，袁尚逃往中山。缴获了他的全部军用物资，并且得到袁尚的官印、绶带、符节、黄钺，又使袁尚部下来降的人拿回去给其家属看，于是城中人心瓦解。八月，审配兄子审荣晚上打开他所把守的城东门，把曹公的兵放进城。审配迎战失败，被生擒斩首，邺城平定。曹公亲临袁绍墓前进行祭奠，哀哭流泪；又慰劳袁绍的妻室，把宝物还给他的家人，并赐给各种缯帛丝絮，由官府供给口粮。

当初，袁绍与曹公共同起兵，袁绍问曹公说：“如果起事不能成功，那么有什么地方可以据守呢？”曹公说：“足下认为哪里可以呢？”袁绍说：“我南据黄河，北靠燕、代之地，兼有戎狄之众，向南去争夺天下，也许能成功吧？”曹公说：“我任用天下有智慧和有勇力的人，用道义来管理他们，到哪儿都能成功。”

九月，曹公下令说：“黄河以北的地区遭受了袁氏带来的灾难，现在命令这个地区不用缴纳今年的田租赋税！”他又颁布了加重惩治豪强兼并土地的法令，百姓们对此感到非常高兴。献帝命曹公兼任冀州牧，曹公于是辞去了兖州牧的官职。

曹公包围邺城的时候，袁谭掠取了甘陵、安平、勃海、河间。袁尚战败，返回中山。袁谭攻打他，袁尚就逃奔到故安，袁谭于是就吞并了他的部众。曹公写信给袁谭，责备他负约，与他断绝婚姻，把袁谭的女儿送还，然后进军。袁谭恐惧，撤离平原，退守南皮。十二月，曹公进入平原，攻取平定了各县。

建安十年正月，太祖出兵攻打袁谭，将其打败，杀了袁谭及其妻儿，冀州平定。太祖下令说：“与袁氏一起作恶的人，给他们改过自新的机会。”又命令百姓不得报私仇，禁止厚葬，一切按法制办事。该月，袁熙手下的大将焦触、张南等人叛变，并攻打袁熙、袁尚，袁熙、袁尚投奔三郡乌丸族。焦触等人献城投降，被封为列侯。当初讨伐袁谭时，不愿承担凿冰通航劳役的人都跑了，太祖下令不得接受他们的投降。不久，逃跑的人有的前来自首，太祖对他们说："若接受你们自首，不法办就违反了法令，若杀了你们就杀了自首的人，你们好好躲藏起来吧，不要被官兵抓住。"逃跑的人流着眼泪离开；后来终究被抓。

夏季四月，黑山贼寇张燕率十多万人投降，被封为列侯。故安人赵犊、霍奴等人杀了幽州刺史和涿郡太守。三郡乌丸族在犷平一带攻打鲜于辅。秋季八月，太祖出兵征讨赵犊等人，将其杀死，渡潞河救犷平，乌丸族逃往塞外。

九月，太祖下令："结党营私是古代圣人所痛恨的。听说冀州有一种风俗，即使是父子也各结一帮，互相诽谤。从前，直不疑没有哥哥，有人却说他和嫂子私通；第五伯鱼三次娶的都是孤女，却有人说他殴打岳父；王凤独揽大权，谷永却把他比作忠于周王室的申伯；王商忠诚公正，张匡却说他搞旁门邪道：这些都是颠倒是非，欺天骗君的例子。我要整治社会风气，这些恶俗不除掉是十分耻辱的。"冬季十月，太祖返回邺城。

起初，袁绍任用他的外甥高幹为并州牧，曹公攻下邺城后，高幹投降，曹公仍让他任并州刺史。高幹听说曹公讨伐乌丸，就在并州发动了叛乱，劫持上党太守，发兵守卫壶关口。曹公派乐进、李典进击，高幹退守壶关城。建安十一年春季正月，曹公亲自征讨高幹。高幹听到消息后，留下其他将领守城，自己跑到匈奴那儿，向单于求救，但单于没有答应。曹军围城三个月，攻下了壶关。高于想逃往荆州，在路上被上洛都尉王琰抓获并斩杀。

秋季八月，曹公东征海盗管承，抵达淳于，派乐进、李典进军击败了管承，管承逃到了海岛。曹公把原来东海郡的襄贲、郯、戚三县划归琅琊郡，撤销了昌虑郡。

三郡乌丸乘天下大乱时，攻破幽州，掳掠了十多万户汉族百姓。袁绍曾经把他们的部落首领都立为单于，将族人的女儿认作自己的女儿嫁给他们为妻。其中辽西单于蹋顿势力尤其强大，受到过袁绍的厚待，所以袁尚兄弟投奔了他，他们多次进入边塞扰乱破坏。曹公准备出兵征伐，先开凿河渠以便运输粮草，一条从呼沲河通到泒水，命名为平虏渠；又从泃河口凿渠连通潞水，起名泉州渠，通往大海。

建安十二年春季二月，曹公从淳于回到邺城。丁酉那天下令说："从我起兵诛除暴乱，到现在已经十九年了，每次征讨的对象都能平定，难道这是我个人的功劳吗？都是由于贤能的士大夫们的力量啊。天下现在虽然还没有完全平定，我必定会和各位贤能的士大夫一起平定它；但独自享有这些功劳，我怎么能心安理得呢！现在要赶快论定大家的功劳，进行封赏。”于是大封功臣二十多人为列侯，其余的人也按功劳大小依次受封，还免除了死难将士后代的赋役，其轻重多少各有一定的等级。

曹公将要北上征讨三郡乌丸，众将都说：“袁尚不过是个四处逃亡的敌人而已，少数民族的人贪婪而不看重亲情，怎么会替袁尚出力呢？如今深入其境征讨他们，刘备必定劝说刘表乘机袭击许都。万一局势有变化，后悔都晚了。”只有郭嘉预料刘表一定不能信任刘备，劝曹公北征。夏五月，大军到达无终县。秋七月，发大水，靠海地区的道路不能通行，田畴请求充当向导，曹公接受了。田畴带领大军出了卢龙塞，塞外的道路断绝不通，军队挖山填谷行进五百多里，经过白檀县、平冈县，穿过鲜卑单于的驻地，向东直奔柳城县。离柳城县不到二百里时，敌人得知消息。袁尚、袁熙与蹋顿、辽西单于楼班、右北平单于能臣抵之等人率领数万骑兵迎战。八月，曹公大军登上白狼山，突然与敌人相遇，敌人众多。曹公军运送军用物资的重车在后面，前锋部队身穿甲胄的士兵不多，左右的人都很害怕。曹公登上高处，看到敌人阵容不整，派遣张辽为先锋，率先主动冲击敌阵，敌军崩溃，曹军斩杀了蹋顿和乌丸族首领以下多人，胡、汉两族前来投降的有二十多万人。辽东属国的乌丸族单于速仆丸及辽西、右北平乌丸的众位首领，丢下他本部落的人，与袁尚、袁熙逃奔辽东郡，身边只有几千骑兵。

当初，辽东太守公孙康自恃地处偏远，不服从管辖。等到曹公打败了乌丸，有人劝曹公立即征伐公孙康，那样就可以活捉袁氏兄弟。曹公说：“我正要叫公孙康砍下袁尚、袁熙的脑袋送来，不劳烦用兵了。”九月，曹公带兵从柳城返回，公孙康随即斩了袁尚、袁熙、速仆丸等人，把首级送到曹公军中。有将领问：“主公回兵，而公孙康却砍下他们的脑袋送来，这是为什么呢？”曹公说：“公孙康害怕袁尚等人，攻打太急，他们就会合力对付我们，暂缓进攻，他们就将自相残杀，这是势必会发生的事情。”十一月，曹公到达易水岸边，代郡乌丸的代理单于普富卢、上郡乌丸的代理单于那楼带领本族的著名首领赶来拜贺。

建安十三年正月，曹操回到邺城，并建造玄武池，用以操练水师。汉朝廷撤销三公官职，设置丞相和御史大夫。六月，任曹操为丞相。

秋七月，曹操派兵向南方征讨刘表。八月，刘表死，刘表之子刘琮担任荆州牧，驻军在襄阳，刘备驻军在樊城。九月，曹操兵到新野，刘琮投降，刘备退到夏口。曹操进军江陵，下令重新安置荆州官民。于是论功行赏荆州服从的功劳，封侯的有十五人，任命刘表大将文聘为江夏太守，让他统领当地士兵，引荐使用荆州名士韩嵩、邓义等人。益州牧刘璋开始受命征召士卒，派遣将士补充军队。十二月，孙权为帮助刘备而进攻合肥。曹操从江陵进兵征讨刘备，到巴丘，派张憙领兵去救合肥。孙权听说张憙到来，便退兵了。曹操兵到赤壁，与刘备交战不利。这时军中疫病大为流行，很多兵将病死，曹操只好率军回去，刘备于是据有荆州和江南各郡。

建安十四年三月，军队到达谯县，建造轻舟，训练水军。秋七月，从涡水进入淮水，从肥水上岸，驻兵合肥。辛未这天，下令说："近年以来，军队多次出征，有时还遇上瘟疫，兵士死亡不能回家，妻子失去丈夫，百姓流离失所，有仁爱之心的人难道喜欢这样吗？这是不得已啊。现命令死者家中没有产业不能维生的，官府不得停发口粮，地方长官要加以抚恤慰问，以称我的心意。"设置扬州各郡县的长官，兴办芍陂地区的屯田。十二月，军队回到谯县。

建安十五年春，太祖下令说："自古以来，受天命开国或者中兴的君主，哪个不是在贤人的帮助下共同治理天下的呢！而君主得到的贤人，大都是深居简出，难道是侥幸碰上的吗？是当政的人去搜求的。现在，天下尚未平定，正是格外需要贤才的时候。'孟公绰做赵、魏两家的家臣是绰绰有余的，却不能胜任居、薛这样小国的官员职位'。如果一定得是廉洁的人才可用，那么齐桓公怎能称霸！现在难道没有像吕尚那样身穿布衣，才华超群，在渭水边垂钓的人吗？难道没有像陈平那样蒙受盗嫂受金之恶名，还没有遇到像魏无知那样能赏识其才能的人吗？诸位要帮助我发现那些出身卑微的贤人，只要有才能就举荐出来，使我能够任用他们。"这年冬，修建了铜雀台。

建安十六年正月，汉献帝任命太祖的儿子曹丕做五官中郎将，并且设置官属，担当丞相的副手。太原人商曜等据守大陵反动叛乱，太祖派大将夏侯渊、徐晃率兵包围并击败了他们。张鲁称雄汉中，三月，太祖遣钟繇讨伐张鲁。并且命夏侯渊等人从河东出发与钟繇会合。

这时，关中很多将领都怀疑钟繇想袭击他们，于是马超和韩遂、杨秋、李堪、成宜等人联合反叛。太祖派遣大将曹仁出兵讨伐他们。马超等人坚守潼关，太祖告诫诸将："关西士兵精锐强悍，你们坚守营盘不要与他们交战。”秋七月，太祖率军西征，在潼关外驻扎，太祖正面紧逼牵制马超等人，秘密遣徐晃、朱灵等人夜渡蒲阪津，占据黄河西岸。太祖北渡黄河，还没来得及渡过，马超赶来攻打曹军渡船。校尉丁斐趁机放出牛马，引诱贼军，贼军忙着抢夺牛马，太祖才得以安全渡河，沿黄河构筑通道向南推进。贼军后撤，拒守渭口，太祖多处设置疑兵，暗地用船运兵进入渭水，架设浮桥，夜间，分派军队在渭水南岸安营扎寨，贼军趁着夜色攻打曹营，埋伏的曹军将他们击退。马超等人驻守渭水南岸，派人送信请求割让黄河以西来讲和，太祖不答应。九月，太祖渡过渭水。马超等人多次前来挑衅，太祖不予理睬；马超等人请求割让土地，并且送其儿子做人质，太祖采用贾诩的计谋，假装答应他们。韩遂请求与太祖见面，太祖与韩遂的父亲同年被举荐为孝廉，又与韩遂年龄相当，于是两人见面，他们马靠马地交谈了很久，不涉及军事，只是谈一些故友旧事，两人拍手欢笑。见面以后，马超等人问韩遂："曹操说了些什么？"韩遂答道："没有说什么。"马超等人起了疑心。又一天，太祖又给韩遂写了一封信，信上多处涂改，好像是韩遂自己改动的；马超等人更加怀疑。太祖与马超等人约定日期会战，先派出轻装部队，交战很久，再出动骑兵两面夹攻，将关中军击败，杀了成宜、李堪等人。韩遂、马超等人逃往凉州，杨秋逃到安定，关中平定。众将有人问太祖："起初，贼军据守潼关，渭水北岸守备空虚，我们不从河东攻打冯翊反而威逼潼关，拖延一段时间后北渡黄河，为什么呢？"太祖说："贼军据守潼关，如果我们进入河东，贼军一定会调兵防守各渡口，那么我们就无法渡西河了，所以我故意派大军威逼潼关；贼军集中兵力防守南面，西河守备空虚，所以徐晃、朱灵能够夺取西河；然后我军北渡黄河，贼军不能与我们争夺西河，就是因为已经有二将的军队。我们军车联结，树立栅栏，构筑通道向南延伸，既形成了我军不可战胜的条件，又可以造成我军兵力薄弱的假象，迷惑敌人。过渭水后筑营垒，敌军来了我们不出战，是为了使敌人产生骄傲情绪；所以贼军不筑营垒而请求割让土地。我顺势答应了他们的请求，顺从他们的心意，是为了使他们安心而不作防备，我们乘机积蓄兵力，以迅雷不及掩耳之势发起进攻，用兵之道在于变化，本来就不止一种方法。”最初的时候，每有一支部队开来，加入贼军的行列，太祖就面露笑容。贼军溃败以后，众将问其中的缘由。太祖答道："关中辽阔偏远，如果贼军各自据险固守，要征讨他们，没有一两年的时间是不能平定的。现在都聚集到了一起，兵马虽然多，但谁也不服谁，军中没有主帅，一战消灭他们，成功较容易，我因此感到高兴。”

冬季十月，曹军从长安出发向北征讨杨秋，包围了安定。杨秋投降后，曹公又恢复了杨秋的爵位，让他留在那里安抚民众。十二月，曹公从安定返回，留夏侯渊驻守长安。

建安十七年的春季正月，曹公回到邺城。汉献帝命令在曹公去拜见皇帝的时候，司仪官只称他的官职，不称名字，进来拜见皇帝时不用小步快走，还可以穿靴、佩剑上殿，遵照汉初萧何的先例。马超的余部梁兴等驻扎在蓝田，曹公派夏侯渊前去征讨，平定了他们。划出河内郡的荡阴、朝歌、林虑，东郡的卫国、顿丘、东武阳、发干，钜鹿郡的廖陶、曲周、南和，广平郡的任城，赵郡的襄国、邯郸、易阳并入魏郡，扩大魏郡的管辖范围。

冬季十月，曹公征讨孙权。

建安十八年春季正月，曹公进军濡须口，攻破了孙权设在长江以西的营塞，俘获了孙权的都督公孙阳，然后率军撤回北方。献帝下诏合并全国的十四个州，恢复为九州。夏季四月，曹公到达邺城。

五月丙申那天，汉献帝派遣御史大夫郗虑手持符节册封曹公为魏公说：我由于德行浅薄，从小就遭受祸难，被劫持到西京长安，后又逃到古代的唐国、卫国一带。那个时候，我好像联结在旗帜上的飘带一样飘忽不定。宗庙没有人去祭祀，社稷没有地方安置。大批恶徒都觊觎皇位，想篡夺政权，分裂了天下。全国所有百姓，我都无权管理，高祖开创的基业眼看就要颠覆崩溃。我因此日夜不能安息，内心非常哀痛，默念说：“我的祖辈父辈，先朝的辅佐大臣啊，谁能怜悯我呢？”这样才感动上天，诞生了丞相，保护我们皇室的平安，把我们从危难困苦的环境中拯救出来，使我有了依靠。现在为您举行册命典礼，望您敬听朕的命令。

曾经董卓刚一发动叛乱，各地的诸侯都离开自己管辖的地方来保卫王室，是您督促他们进军，首先向敌军攻击，这是您忠心于本朝的功绩。后来黄巾军违背天意，侵占了我们三个州，连平民百姓都受到危害，您把他们消灭，平定了东方，这又是您的功劳。韩暹和杨奉专权，您前去讨伐，消除了祸害，接着迁都到许昌，修建了京城，设置了百官，恢复宗庙祭祀，旧日的制度没有丧失，天地鬼神都得到安宁，这又是您的功劳。袁术伪称皇帝叛乱，在淮南横行霸道，但他也惧怕您的威严，您施展高妙的谋略，在蕲阳的交战中，杀死了桥蕤，乘着军队向南进军，把袁术军队打败，这又是您的功劳。回师东征，把吕布捕获处死，大军将要返回时，又把张杨消灭，眭固认罪被诛，张绣叩头降服，这都是您的功劳。袁绍叛乱，淆乱天道，阴谋危害社稷，他凭借自己兵马众多，发动军队挑起内战。在这个时候，国家的军队力量薄弱，天下的人民都感到失望恐惧，没有坚定的意志，您坚守大节，您的精诚使上天也显示出征兆，振奋您的勇武气魄，运用您的神妙计策，到达官渡，歼灭大量敌人，从危难中拯救了我的国家，这又是您的功劳。带领军队渡过大河，平定了四州，袁谭、高幹等人都被您斩首，海盗逃窜，黑山贼人投降，这又是您的功劳。乌丸三支部族，两代人都在扰乱边疆，袁尚利用他们，占据塞北，您整顿军队，不费吹灰之力，一举歼灭了他们，这又是您的功劳。刘表荒谬昏乱，背叛朝廷，不交纳租赋，国家的军队一上路出征，刘表就丧失了威风，八个郡的上百座城市纷纷投降，这又是您的功劳。马超、成宜狼狈为奸，占据了黄河、潼关一带，企图实现他们的妄想，您在渭南消灭了他们，杀死的敌人数以万计，从此平定了边境，安抚了戎狄部族，这又是您的功劳。鲜卑、丁零这些民族，靠多次辗转来到京城朝贡。箄于、白屋这些民族，称臣纳贡。请求派遣官吏去治理，这又是您的功劳。您有平定天下的功绩，再加上高尚的德行，整顿了全国的秩序，推行良好的社会风俗，普遍认真地施行教育，体恤下情，谨慎处理刑事案件，官吏们不使用苛刻的政令，百姓们没有欺诈、狡猾之心；您真诚地尊敬和优待皇室亲族，上表让绝后的王族有人继承，对过去的功臣和有道德的人，全都给予官职任用；即便说伊尹的功德感动了上天，周公的政绩照耀了四海之内，但和您相比都不如啊！

“我听说以前的帝王都给德行崇高的人封爵，赐给他们土地，分给他们人民，给他们极高的荣誉，为他们备齐礼仪制度用品，用他们保卫王室，辅佐君王治理天下。在周成王时，管叔、蔡叔叛乱，平定祸乱后评定功臣，就派邵康公赐给齐太公鞋履，向东到海边，向西到黄河，向南到穆陵，向北到无棣，其中的五侯九伯，齐太公都可以去征讨；周成王让他世代担任太师，在东海边立表宣扬他的功绩；到了周襄王的时候，楚国不履行对周王的义务，不纳贡，周王就任用晋文公为诸侯的盟主，赐给他两辆大车、护卫的勇士、斧钺、米酒与弓箭，让他在南阳大量开拓土地，世代做诸侯的盟主。周王室之所以没有衰灭，全靠了这两个国家。现在您有崇高的品行，全心保卫我，顺应天意，做出伟大的功绩，使九州安宁，百姓循规蹈矩，您的功劳比伊尹、周公还要高，而得到的奖赏却比齐太公、晋文公少，对此我感到很惭愧。我这个渺小的人，位居亿万人民之上，经常想到执政的艰难，就如身临深渊、足履薄冰一样，没有您的帮助，我就无法胜任了。现在把冀州的河东、河内、魏郡、赵国、中山、常山、钜鹿、安平、甘陵、平原一共十个郡赐给您，封您为魏公。赐给您黑色的土壤，包上白色茅草，您可以去刻灼龟占卜，选地建立魏国的宗庙社稷。过去在周朝，毕公、毛公到朝廷来做辅佐大臣，周公、邵公以太师太保的身份到外地做方伯，朝廷内外的重任，您都适合担当。您还可以像以前一样以丞相的官职兼任冀州牧。又给您加赐九锡，您敬听我的命令。因为您安排制定了礼仪和法律，让它们成为人民的规范准则，使人民安于自己的职业，没有人三心二意，所以我赐给您一辆君王的大车、一辆兵车、八匹黑马。您劝说百姓们守住本分，发展农业，农民努力耕作，粮食布帛有了大量的储存，国家兴旺发达，因此赐给您衮冕礼服，配上红色的厚底鞋。您真诚地提倡谦让，让人民仿效实行，年轻人和老年人都很有礼貌，上下之间都非常和睦，因此赐给您成套的乐器，六队舞人演出的舞乐。您推广宣传风化，让四方都传扬，远方的人们洗心革面，中原地区富裕充实，因此赐给您的居室红色大门。您研究贤王的智慧，为帝王分担难事，给有才能的人官职，任用贤人，所有的优秀人才都得到推荐，因此赐给您从殿檐下的阶梯上殿的荣誉。您掌握国家的权柄，庄严地处在公正的地位，哪怕有一丝一毫的邪恶，也不会不予以斥退及抑制，因此赐给您三百名护卫勇士。您认真地监察朝廷的刑罚，揭露那些有罪的人，违犯国家法律的人没有不受到诛杀的，因此赐给您斧、钺各一件。您像龙马一样奔驰，像猛虎一样环视，旁观八方，征讨叛臣逆贼，击败四海之内的敌人，因此赐给您一张红色的弓、一百枝红色的箭、十张黑色的弓、一千支黑色的箭。您以温恭为基本，把孝敬父母、友爱兄弟作为美德，聪明、守信、真诚、忠实，这使我非常感动，因此赐给您芬芳的美酒一坛，配上玉制的酒勺。魏国可以设置丞相以下的各级官员，全和汉代初年诸侯王的官属制度一样，您去魏国吧。要恭敬地听从我的命令！选拔和抚慰您的部下，经常建立功勋，来完善您的崇高品德，回报并颂扬我们高祖皇帝的美好遗命。”

秋七月，开始建立魏国的土神、谷神祭坛和宗庙。汉献帝迎娶魏公的三个女儿为贵人，小女儿留在魏国等待成年再完婚。九月，曹公建造金虎台，开凿河渠引漳河水进入白沟以通连黄河。冬十月，把魏郡分为东西两部分，设置都尉进行管理。十一月，魏国首次设置尚书、侍中、六卿的官职。

马超在汉阳郡县，又凭借羌人和胡人的力量作乱，氐人王千万叛变响应马超，屯驻在兴国。魏公派夏侯渊去讨伐。

建安十九年春正月，曹公第一次举行籍田亲耕仪式。南安郡赵衢、汉阳郡尹奉等人率兵讨伐马超，杀害了他的妻子儿女，马超逃往汉中。韩遂迁到金城，进入氐族王千万的部落中，率领羌胡一万多骑兵与夏侯渊交战，夏侯渊出击，大破韩军，韩遂逃往西平郡。夏侯渊与众将一同进攻兴国，攻克后大举屠城。朝廷撤销了安江、永阳二郡。

安定太守毋丘兴即将赴任，太祖告诫他说："羌人、胡人如果要和中原交往，应该要他们派人来，我们千万不要派人去。好人很难找，不好的人一定会教唆羌人、胡人提出非分的要求，以便从中谋利；我们不答应他们就会感到失望；答应的话对我们又没有好处。"毋丘兴到了安定郡，派校尉范陵到羌人那里，范陵果然教唆羌人，让他们请求由自己担任属国都尉。太祖说："我料到会这样，不是因为我高明，只是经历的事多点罢了。"

三月，汉献帝把魏公曹操的地位列在诸侯王以上，改授给他金印、红色的绶带和远游冠。

秋季七月，曹操征讨孙权。

当初，陇西人宋建自称为河首平汉王，在枹罕县聚集兵马，改换年号，设置百官，已经有三十多年了。魏公派遣夏侯渊从兴国去讨伐他。冬季十月，曹军攻陷屠抱罕城，杀死了宋建，平定了凉州。

曹操从合肥回到邺城。

十一月，皇后伏氏过去给她的父亲伏完写信，信中说皇帝因为董承被杀而怨恨太祖，言辞恶毒，处死，其兄弟也未幸免。

十二月，太祖到达孟津。设置警卫先锋骑兵，在宫殿中设置钟虡乐器。十二月十九日，太祖下令说："有德行的人不一定进取，进取的人不一定有德行。陈平难道有德行吗？苏秦恪守信义吗？但陈平奠定了汉朝基业，苏秦扶助了弱小的燕国。由此可见，有才能的人即使有缺点，怎么能弃之不用呢！官员们要好好考虑这个问题，有才能的人就不会被遗漏，官府也就没有被废弃的政事了。"又说："刑法，关系到黎民的性命，但军中主管刑狱的人有的不称职，把事关三军将士生死的大事交给他们，我十分不放心。要选用精通法律、明晓事理的人掌管刑法。"因此，专门设置了管理刑罚的理曹掾属。

二十年正月，天子立曹公的次女为皇后。废除云中、定襄、五原、朔方四郡，每郡改置为一县以管辖当地民户，并将这四县合起来设立新兴郡。

三月，曹公向西征讨张鲁，到了陈仓，想从武都郡进入氐人地区。氐人堵塞道路，因此先派张郃、朱灵等打败氐人。四月，曹公从陈仓出大散关，到达河池县。氐王窦茂部众万余人，仗恃险阻而不顺从。五月，曹公进攻并屠戮窦茂部。西平郡、金城郡的将领麴演、蒋石等共同杀了韩遂，并送来首级。七月，曹公到阳平。张鲁派他的弟弟张卫和部将杨昂等据守阳平关，依山筑城，横亘十余里，曹公军进攻未能攻下，于是率军撤回。敌人见大军后退，解除守备。曹公于是秘密派遣解（忄剽）、高祚等凭借险要的地势进行夜袭，大破张鲁军，杀了他的部将杨任，进攻张卫，张卫等乘夜逃遁，张鲁溃败，逃奔巴中。曹公军进入南郑，全部缴获了张鲁的府库珍宝。巴郡、汉中郡都来投降。将汉宁郡恢复为汉中郡；分汉中郡的安阳、西城两县立西城郡，设置太守；又分锡、上庸二县为上庸郡，设置都尉。

八月，孙权围合肥，张辽、李典击败吴军。

九月，巴人七姓夷王朴胡、賨邑侯杜濩率领巴夷、賨民前来归附，于是分巴郡为二郡，用朴胡做巴东太守，杜濩做巴西太守，都封为列侯。天子命令曹公代表皇帝封立或任命诸侯、太守、国相。

十月，开始设置名号侯至五大夫四等爵，与原有的列侯、关内侯共六等，以奖励军功。

十一月，张鲁自巴中率领余众归降，于是封张鲁和他的五个儿子都为列侯。刘备袭刘璋，夺取益州，从而占据巴中，曹公派张郃前去攻打。

十二月，曹公从南郑返回，留夏侯渊驻守汉中。

建安二十一年二月，太祖回到邺城。三月壬寅日，太祖亲自耕籍田。五月，汉献帝封太祖为魏王。代郡乌丸的代理单于普富卢和他的侯王前来朝贺。汉献帝封魏王的女儿为公主，赏赐给汤沐邑。秋七月，匈奴南单于呼厨泉率其侯王前来朝贺，魏王以礼相待，将其留在魏国，命右贤王去卑代理其国事。八月，魏王任命大理钟繇为相国。

十月，魏王训练军队，征讨孙权，十一月至谯县。

建安二十二年春季正月，魏王驻扎军队居巢，二月，又进军驻扎在长江西岸的郝谿。孙权在濡须口筑城防守，魏军步步逼攻，孙权撤退。三月，魏王率军回到邺城，留下夏侯惇、曹仁、张辽等驻守居巢。

夏季四月，汉献帝同意魏王使用天子专用的旌旗，出入时和天子一样，用警卫清道戒严。五月，魏王修建泮宫。六月，任命军师华歆为魏国的御史大夫。冬季十月，汉献帝允许魏王戴皇帝使用的悬垂十二条玉串的头冠，乘坐金根车，套六马拉车，并设置帝王外出时才享用的五时副车，立五官中郎将曹丕为魏国的太子。

刘备派张飞、马超、吴兰等人驻兵下辩；魏王派曹洪前去拒敌。

建安二十三年春正月，汉太医令吉本与少府耿纪、司直韦晃等人密谋造反，进攻许都，烧了丞相长史王必的军营，王必与颍川典农中郎将严匡讨伐。斩杀了他们。

曹洪攻破吴兰，斩杀了他的将领任夔等人。三月，张飞、马超逃回汉中，阴平郡氐人强端斩杀吴兰，用驿车送来他的头颅。

夏四月，代郡、上谷郡的乌丸首领无臣氐等人反叛，魏王派遣鄢陵侯曹彰打败了他们。

六月，魏王下令说："古代埋葬人，一定要选择贫瘠的土地。我把西门豹祠西边的高地作为我的陵园，利用它自然的高度作为墓基，墓穴上不堆土也不种树。《周礼》上说冢人负责管理贵族的公共墓地，诸侯死后埋在左右的前面，大夫埋在后面，汉代制度也称为陪陵。凡公卿大臣列将有功劳的，死后应该在我的陵园陪葬，要加大陵园的地域范围，使它足以容纳他们。"

秋七月，魏王训练军队，然后向西征讨刘备，九月，到达长安。

冬十月，宛城守将侯音等人造反，抓住南阳太守，劫持官吏和百姓，据守宛城。当初，曹仁征讨关羽，驻扎在樊城，当月派曹仁包围宛城。

建安二十四年春正月，曹仁血洗宛城，斩杀侯音。

夏侯渊与刘备大战于阳平，被刘备杀死。三月，魏王从长安经斜谷出兵，派出先头部队扼守险要之处逼攻汉中，于是到达阳平。刘备依仗险要地势抵抗。

夏五月，魏王带兵回长安。

秋七月，魏王册封夫人卞氏为王后。魏王派遣于禁帮助曹仁攻打关羽。八月，汉水暴涨泛滥，淹了于禁军营，于禁全军覆灭，关羽活捉于禁，随即包围了曹仁。魏王派徐晃去救援。

九月，魏相国钟繇因西曹掾魏讽谋反一事被免职。

冬十月，魏王大军回到洛阳。孙权派使者送来书信，表示自愿讨伐关羽，以此报效魏王。魏王从洛阳出发南征关羽，大军还没到，徐晃先期击败关羽，关羽逃走，曹仁已得解围。魏王驻军摩陂。

二十五年正月，到洛阳。孙权袭击并杀了关羽，将首级传送过来。

庚子那天，魏王在洛阳逝世，享年六十六岁。遗令说："天下还没有安定，还不能遵照古礼。安葬完毕，都脱去丧服。带兵驻防的将领，都不准离开部队。各级官吏要坚守本职。以平时所穿的衣服入敛，不要埋藏金玉珍宝。"谥号叫武王。二月丁卯，葬于高陵。

评论说：汉朝末年，天下大乱，英雄豪杰同时兴起，袁绍虎视眈眈，占据四州，强盛无敌。魏太祖魏王运用谋略，用武力征讨四方，采纳申不害、商鞅的治国方法，通晓韩信、白起用兵的奇谋良策。按照每个人的不同才能授予不同的官职，发挥他们各自的特长。克制感情，讲求策略，不计私仇，最终能够总揽朝廷大权，完成建国大业，这都是因为他具有非常卓越的聪明谋略。他可以称得上是个非凡的人物，盖世的豪杰。

三国志卷二·魏书二

文帝纪

文皇帝讳丕，字子桓，武帝太子也。中平四年冬，生于谯。建安十六年，为五官中郎将、副丞相。二十二年，立为魏太子。太祖崩，嗣位为丞相、魏王。尊王后曰王太后。改建安二十五年为延康元年。

元年二月壬戌，以大中大夫贾诩为太尉，御史大夫华歆为相国，大理王朗为御史大夫。置散骑常侍、侍郎各四人，其宦人为官者不得过诸署令；为金策著令，藏之石室。

初，汉熹平五年，黄龙见谯，光禄大夫桥玄问太史令单飏："此何祥也？"飏曰："其国后当有王者兴，不及五十年，亦当复见。天事恒象，此其应也。"内黄殷登默而记之。至四十五年，登尚在。三月，黄龙见谯，登闻之曰："单飏之言，其验兹乎！"

己卯，以前将军夏侯惇为大将军。濊貊、扶余单于、焉耆、于阗王皆各遣使奉献。

夏四月丁巳，饶安县言白雉见。庚午，大将军夏侯惇薨。

五月戊寅，天子命王追尊皇祖太尉曰太王，夫人丁氏曰太王后，封王子叡为武德侯。是月，冯翊山贼郑甘、王照率众降，皆封列侯。

酒泉黄华、张掖张进等各执太守以叛。金城太守苏则讨进，斩之。华降。

六月辛亥，治兵于东郊，庚午，遂南征。

秋七月庚辰，令曰："轩辕有明台之议，放勋有衢室之问，皆所以广询于下也。百官有司，其务以职尽规谏，将率陈军法，朝士明制度，牧守申政事，缙绅考六艺，吾将兼览焉。"

孙权遣使奉献。蜀将孟达率众降。武都氐王杨仆率种人内附，居汉阳郡。

甲午，军次于谯，大飨六军及谯父老百姓于邑东。八月，石邑县言凤凰集。

冬十月癸卯，令曰："诸将征伐，士卒死亡者或未收敛，吾甚哀之；

其告郡国给槥椟殡敛，送致其家，官为设祭。”丙午，行至曲蠡。

汉帝以众望在魏，乃召群公卿士，告祠高庙。使兼御史大夫张音持节奉玺绶禅位，册曰：“咨尔魏王：昔者帝尧禅位于虞舜，舜亦以命禹，天命不于常，惟归有德。汉道陵迟，世失其序，降及朕躬，大乱兹昏，群凶肆逆，宇内颠覆。赖武王神武，拯兹难于四方，惟清区夏，以保绥我宗庙，岂予一人获乂，俾九服实受其赐。今王钦承前绪，光于乃德，恢文武之大业，昭尔考之弘烈。皇灵降瑞，人神告征，诞惟亮采，师锡朕命，佥曰尔度克协于虞舜，用率我唐典，敬逊尔位。於戏！天之历数在尔躬，允执其中，天禄永终；君其祗顺大礼，飨兹万国，以肃承天命。乃为坛于繁阳。庚午，王升坛即阼，百官陪位。事讫，降坛，视燎成礼而反。改延康为黄初，大赦。

黄初元年十一月癸酉，以河内之山阳邑万户奉汉帝为山阳公，行汉正朔，以天子之礼郊祭，上书不称臣，京都有事于太庙，致胙；封公之四子为列侯。追尊皇祖太王曰太皇帝，考武王曰武皇帝，尊王太后曰皇太后。赐男子爵人一级，为父后及孝悌力田人二级。以汉诸侯王为崇德侯，列侯为关中侯。以颍阴之繁阳亭为繁昌县，封爵增位各有差。改相国为司徒，御史大夫为司空，奉常为太常，郎中令为光禄勋，大理为廷尉，大农为大司农。郡国县邑，多所改易。更授匈奴南单于呼厨泉魏玺绶，赐青盖车、乘舆、宝剑、玉玦。十二月，初营洛阳宫，戊午幸洛阳。

是岁，长水校尉戴陵谏不宜数行弋猎，帝大怒；陵减死罪一等。

二年春正月，郊祀天地、明堂。甲戌，校猎至原陵，遣使者以太牢祠汉世祖。乙亥，朝日于东郊。初令郡国口满十万者，岁察孝廉一人；其有秀异，无拘户口。辛巳，分三公户邑，封子弟各一人为列侯。壬午，复颍川郡一年田租。改许县为许昌县。以魏郡东部为阳平郡，西部为广平郡。

诏曰：“昔仲尼资大圣之才，怀帝王之器，当衰周之末，无受命之运，在鲁、卫之朝，教化乎洙、泗之上，凄凄焉，遑遑焉，欲屈己以存道，贬身以救世。于时王公终莫能用之，乃退考五代之礼，修素王之事，因鲁史而制《春秋》，就太师而正《雅》《颂》，俾千载之后，莫不宗其文以述作，仰其圣以成谋，咨！可谓命世之大圣，亿载之师表者也。遭天下大乱，百祀堕坏，旧居之庙，毁而不修，褒成之后，绝而莫继，阙里不闻讲颂之声，四时不睹蒸尝之位，斯岂所谓崇礼报功，盛德百世必祀者哉！其以议郎孔羡为宗圣侯，邑百户，奉孔子祀。”令鲁郡修起旧庙，置百户吏卒以守卫之，又于其外广为室屋以居学者。

三月，加辽东太守公孙恭为车骑将军。初复五铢钱。夏四月，以车骑将军曹仁为大将军。五月，郑甘复叛，遣曹仁讨斩之。六月庚子，初祀五岳四渎，咸秩群祀。丁卯，夫人甄氏卒。戊辰晦，日有食之，有司奏免太尉，诏曰：“灾异之作，以谴元首，而归过股肱，岂禹、汤罪己之义乎？其令百官各虔厥职，后有天地之眚，勿复劾三公。”

秋八月，孙权遣使奉章，并遣于禁等还。丁巳，使太常邢贞持节拜权为大将军，封吴王，加九锡。冬十月，授杨彪光禄大夫。以谷贵，罢五铢钱。己卯，以大将军曹仁为大司马。十二月，行东巡。是岁筑陵云台。

三年春正月丙寅朔，日有蚀之。庚午，行幸许昌宫。诏曰：“今之计、孝，古之贡士也；十室之邑，必有忠信，若限年然后取士，是吕尚、周晋不显于前世也。其令郡国所选，勿拘老幼；儒通经术，吏达文法，到皆试用。有司纠故不以实者。”

二月，鄯善、龟兹、于阗王各遣使奉献，诏曰：“西戎即叙，氐、羌来王，《诗》《书》美之。顷者西域外夷并款塞内附，其遣使者抚劳之。”是后西域遂通，置戊己校尉。

三月乙丑，立齐公叡为平原王，帝弟鄢陵公彰等十一人皆为王。初制封王之庶子为乡公，嗣王之庶子为亭侯，公之庶子为亭伯。甲戌，立皇子霖为河东王。甲午，行幸襄邑。夏四月戊申，立鄄城侯植为鄄城王。癸亥，行还许昌宫。五月，以荆、扬、江表八郡为荆州，孙权领牧故也；荆州江北诸郡为郢州。

闰月，孙权破刘备于夷陵。初，帝闻备兵东下，与权交战，树栅连营七百余里，谓群臣曰：“备不晓兵，岂有七百里营可以拒敌者乎！‘苞原隰险阻而为军者为敌所擒’，此兵忌也。孙权上事今至矣。”后七日，破备书到。

秋七月，冀州大蝗，民饥，使尚书杜畿持节开仓廪以振之。八月，蜀大将黄权率众降。

九月甲午，诏曰：“夫妇人与政，乱之本也。自今以后，群臣不得奏事太后，后族之家不得当辅政之任，又不得横受茅土之爵；以此诏传后世，若有背违，天下共诛之。”庚子，立皇后郭氏。赐天下男子爵人二级；鳏寡笃癃及贫不能自存者赐谷。

冬十月甲子，表首阳山东为寿陵，作终制曰：“礼，国君即位为椑，存不忘亡也。昔尧葬穀林，通树之，禹葬会稽，农不易亩，故葬于山林，则合乎山林。封树之制，非上古也，吾无取焉。寿陵因山为体，无为封树，无立寝殿，造园邑，通神道。夫葬也者，藏也，欲人之不得见也。骨无痛痒之知，冢非栖神之宅，礼不墓祭，欲存亡之不黩也，为棺椁足以朽骨，衣衾足以朽肉而已。故吾营此丘墟不食之地，欲使易代之后不知其处。无施苇炭，无藏金银铜铁，一以瓦器，合古涂车、刍灵之义。棺但漆际会三过，饭含无以珠玉，无施珠襦玉匣，诸愚俗所为也。季孙以玙璠敛，孔子历级而救之，譬之暴骸中原。宋公厚葬，君子谓华元、乐莒不臣，以为弃君于恶。汉文帝之不发，霸陵无求也；光武之掘，原陵封树也。霸陵之完，功在释之；原陵之掘，罪在明帝。是释之忠以利君，明帝爱以害亲也。忠臣孝子，宜思仲尼、丘明、释之之言，鉴华元、乐莒、明帝之戒，存于所以安君定亲，使魂灵万载无危，斯则贤圣之忠孝矣。自古及今，未有不亡之国，亦无不掘之墓也。丧乱以来，汉氏诸陵无不发掘，至乃烧取玉匣金缕，骸骨并尽，是焚如之刑，岂不重痛哉！祸由乎厚葬封树。‘桑、霍为我戒’，不亦明乎？其皇后及贵人以下，不随王之国者，有终没皆葬涧西，前又以表其处矣。盖舜葬苍梧，二妃不从，延陵葬子，远在嬴、博，魂而有灵，无不之也，一涧之间，不足为远。若违今诏，妄有所变改造施，吾为戮尸地下，戮而重戮，死而重死。臣子为蔑死君父，不忠不孝，使死者有知，将不福汝。其以此诏藏之宗庙，副在尚书、秘书、三府。”

是月，孙权复叛。复郢州为荆州。帝自许昌南征，诸军兵并进，权临江拒守。十一月辛丑，行幸宛。庚申晦，日有食之。是岁，穿灵芝池。

四年春正月，诏曰：“丧乱以来，兵革未戢，天下之人，互相残杀。今海内初定，敢有私复仇者皆族之。”筑南巡台于宛。三月丙申，行自宛还洛阳宫。癸卯，月犯心中央大星。丁未，大司马曹仁薨。是月大疫。

夏五月，有鹈鹕鸟集灵芝池，诏曰：“此诗人所谓污泽也。《曹诗》‘刺恭公远君子而近小人，今岂有贤智之士处于下位乎？否则斯鸟何为而至？其博举天下俊德茂才、独行君子，以答曹人之刺。”

六月甲戌，任城王彰薨于京都。甲申，太尉贾诩薨。太白昼见。是月大雨，伊、洛溢流，杀人民，坏庐宅。秋八月丁卯，以廷尉钟繇为太尉。辛未，校猎于荥阳，遂东巡。论征孙权功，诸将已下进爵增户各有差。九月甲辰，行幸许昌宫。

五年春正月，初令谋反大逆乃得相告，其余皆勿听治；敢妄相告，以其罪罪之。三月，行自许昌还洛阳宫。夏四月，立太学，制五经课试之法，置《春秋穀梁》博士。五月，有司以公卿朝朔望日，因奏疑事，听断大政，论辨得失。秋七月，行东巡，幸许昌宫。八月，为水军，亲御龙舟，循蔡、颍，浮淮，幸寿春。扬州界将吏士民，犯五岁刑已下，皆原除之。九月，遂至广陵，赦青、徐二州，改易诸将守。冬十月乙卯，太白昼见。行还许昌宫。十一月庚寅，以冀州饥，遣使者开仓廪振之。戊申晦，日有食之。

十二月，诏曰："先王制礼，所以昭孝事祖，大则郊社，其次宗庙，三辰五行，名山大川，非此族也，不在祀典。叔世衰乱，崇信巫史，至乃宫殿之内，户牖之间，无不沃酹，甚矣其惑也。自今，其敢设非祀之祭，巫祝之言，皆以执左道论，著于令典。"是岁穿天渊池。

六年春二月，遣使者循行许昌以东尽沛郡，问民所疾苦，贫者振贷之。三月，行幸召陵，通讨虏渠。乙巳，还许昌宫。并州刺史梁习讨鲜卑轲比能，大破之。辛未，帝为舟师东征。五月戊申，幸谯。壬戌，荧惑入太微

六月，利成郡兵蔡方等以郡反，杀太守徐质。遣屯骑校尉任福、步兵校尉段昭与青州刺史讨平之；其见胁略及亡命者，皆赦其罪。

秋七月，立皇子鉴为东武阳王。八月，帝遂以舟师自谯循涡入淮，从陆道幸徐。九月，筑东巡台。冬十月，行幸广陵故城，临江观兵，戎卒十余万，旌旗数百里。是岁大寒，水道冰，舟不得入江，乃引还。十一月，东武阳王鉴薨。十二月，行自谯过梁，遣使以太牢祀故汉太尉桥玄。

七年春正月，将幸许昌，许昌城南门无故自崩，帝心恶之，遂不入。壬子，行还洛阳宫。三月，筑九华台。夏五月丙辰，帝疾笃，召中军大将军曹真、镇军大将军陈群、征东大将军曹休、抚军大将军司马宣王，并受遗诏辅嗣主。遣后宫淑媛、昭仪已下归其家。丁巳，帝崩于嘉福殿，时年四十。六月戊寅，葬首阳陵。自殡及葬，皆以终制从事。

初，帝好文学，以著述为务，自所勒成垂百篇。又使诸儒撰集经传，随类相从，凡千余篇，号曰《皇览》。

评曰：文帝天资文藻，下笔成章，博闻强识，才艺兼该；若加之旷大

之度，励以公平之诚，迈志存道，克广德心，则古之贤主，何远之有哉！

【译文】

文帝曹丕，字子桓，是武帝曹操的太子。中平四年冬，出生在谯县。建安十六年，任五官中郎将、副丞相。二十二年，立为魏国太子。太祖去世后，继位为丞相、魏王。尊奉王后为王太后。改建安二十五年为延康元年。

延康元年二月十六日，任命大中大夫贾诩为太尉，御史大夫华歆为相国，大理王朗为御史大夫。设置散骑常侍、侍郎各四人，规定宦官的官位不能超过少府下属各署的令；把诏书制成金册，收藏在石室中。

初，东汉熹平五年，黄龙出现在谯县，光禄大夫桥玄问大史令单飏："这是什么征兆？"单飏说："那个地方以后会有帝王兴起，不到五十年，黄龙会再次出现。上天所安排的事总会有具体的现象在人间预示，这就是一个证明。"当时内黄县人殷登暗自把这件事记录下来。四十五年以后，殷登还健在。这年三月，黄龙又出现在谯县，殷登听说后说："单飏的话，要在这时应验了吧！"

三月初三日，魏王任命前将军夏侯惇为大将军。灭濊貊、扶余单于、焉耆、于阗国王都各自派遣使节朝贡奉献。

夏季四月十二日，饶安县报告说有白雉出现。二十五日，大将军夏侯惇去世。

五月初三日，天子献帝下诏命魏王追尊祖父太尉曹嵩曰太王，曹嵩的夫人丁氏曰王太后，封王子曹叡为武德侯。当月，冯翊山区的叛乱者郑甘、王照率领众投降，都被封为列侯。

酒泉郡黄华、张掖郡张进等人各自拘捕了本郡的太守造反，金城郡太守苏则讨伐张进，将他斩首。黄华投降。

六月初七日，曹操在邺城东郊训练军队，庚午，魏王率大兵南征。

秋七月初六日，曹操下令说："轩辕黄帝曾经设立有议政的明台，唐尧也曾设立有问政的衢室，这都是用来广泛征求下面的意见。各级官员，一定要根据本职情况尽量给我提出规劝，将领要陈说军队法规，朝廷大臣要阐明政治制度，州牧和郡太守要报告行政事务，讨论改事的人要从儒家的六经中考求治国之道，我将广为阅览。"

孙权派遣使者前来进贡。刘备的部将孟达率领人马投降。武都郡的氐族首领杨仆率领本部落的人进入内地归附朝廷，被安置在汉阳郡。

七月二十日，曹丕统率大军抵达故乡谯县，在东郊为随行军队及谯县的父老乡亲举行盛宴。八月，石邑县上书报告说有凤凰聚集。

冬，十月初一日，曹丕下令说："诸位将领在进行征伐时，战死的士兵有的还没有被埋葬，对这件事我非常伤心；命令各郡、国预备棺材，把战死士兵装殓，送回他的家中，由官府为他安排祭礼。"初四，曹丕率军抵达曲蠡。

汉献帝因为大家都希望魏王称帝，就召集公卿百官，在汉高祖庙举行祭祀，禀告列祖列宗。派遣兼任御史大夫的张音手持符节，拿着皇帝的玉玺、绶带，将皇位禅让给魏王，册封说："啊，魏王：以前帝尧把皇位禅让给虞舜，虞舜也同样禅让给大禹，上天不把皇位交给固定的人，一定要由有德行的人统治。汉朝的统治已经衰败很久了，天下失去了应有的秩序，传位到我身上时，天下大乱，凶暴的人横行不法，汉朝的统治已经颠覆崩溃。幸亏魏武王神明英武，四方奔波，把天下从危难中拯救出来，平定中原，保护了我宗庙的安定，这难道只是让我一个人获益了吗？全天下的百姓都得感激魏武王的厚赐。现在魏王继承了父亲的事业，德行显赫，恢复了文治武功的事业，继续施展父亲的宏图大计。皇天有灵，降下祥瑞，人与神都显示了应有的征兆，诞生了像您这样才能出众的人，让我认清了自己的使命。众人都说您的气度能与虞舜相媲美，我遵循唐尧的典故，恭敬地把皇位禅让给您。呜呼！天命已经转移到您身上，运用得当，上天的福禄就会永远延续下去；您应恭敬地接受大礼，领受万国的朝拜，来顺承天命。"于是在繁阳修筑举行仪式的祭坛。庚午那天，魏王登坛接受了皇帝之位，文武百官都参加了他的即位仪式。仪式结束后，魏王下坛，参加完燃火祭祀天地的礼仪后返回宫殿。将年号延康改为黄初，并大赦天下。

黄初元年十一月癸酉，文帝册封汉献帝刘协做山阳公，把河内郡山阳县的一万户百姓的居地给他做封地，在他的封地内依然使用汉朝的历法，山阳公可按汉天子原有的礼仪举行郊祭，给魏帝上书也不必自称臣。天子在京都太庙祭祀时，送给山阳公祭肉；文帝还封山阳公的四个儿子为列侯。文帝将祖父太王曹嵩追尊为太皇帝，父亲武王曹操称为武皇帝，尊奉母亲王太后称皇太后。赐天下的男人每人晋升爵位一级，做父亲的以及孝敬父母、尊敬兄长和努力耕田的，每人晋升爵位二级。文帝还将汉朝封的诸侯王改为崇德侯，列侯改为关中侯。将颍阴的繁阳亭改为繁昌县，朝中大臣分别受到了增加爵位和提升官职的赏赐。文帝还改相国为司徒，御史大夫为司空，奉常为太常，郎中令为光禄勋，大理为廷尉，大农为大司农。文帝对很多郡国县邑的名称有所改动。重新授予匈奴南单于呼厨泉魏国的印玺、绶带，并赐给他青盖车、乘舆、宝剑和玉玦。这年十二月，文帝下令开始营建洛阳宫，戊午日他到达洛阳。

也是这一年，长水校尉戴陵规劝文帝不应该经常出外射猎，文帝大怒；戴陵被判处轻于死刑一等的刑罚。

黄初二年春天正月，祭祀天地、明堂。初三日，到原陵打猎，派使者用太牢祭祀汉世祖。初四，在东郊朝拜太阳。初次下令郡县人口超过十万的，每年举荐孝廉一人；如果有特别优异的，不受户口限制。初十日，划分三公的食邑，封三公的子弟各一人为列侯。十一日，免颍川郡一年的田租。改称许县为许昌县。划出魏郡东部为阳平郡，魏郡西部为广平郡。

下诏说："以前仲尼凭借大圣的才能，胸怀帝王的气度，在衰败周朝的末年，没有承受天命的机会，在鲁国、卫国的朝廷，在洙水、泗水一带进行教化，悲伤凄凉，惊慌不安，想委屈自己来保存正道，贬低自己来拯救当世。当时的诸侯王公终究不能任用他，孔子于是退隐考察五代的礼仪，编修上古帝王的事迹，根据鲁史而制定《春秋》，就教乐官长而订正《雅》《颂》，使得千年之后，没有不依据他的文章来著述的，没有不仰仗他的圣才来成就大谋划的，啊！孔子真可谓顺应天命而生的大圣人，亿万年的师表啊。遭逢天下大乱，百祀毁坏，孔子旧居的祠庙，毁了没有修葺，褒成侯的后人，断绝了没有人继承，阙里听不见讲学朗诵的声音，四季看不到祭祀的神位，这样岂是所谓的尊崇礼仪、酬报有功，有盛德的人百世都必被祭祀呢！现在任命议郎孔羡为宗圣侯，赐予食邑一百户，敬奉孔子的祭祀。"下令鲁郡修葺孔庙，设置百户官兵来守卫，又在庙外广建房屋给学生居住。

这年三月，辽东太守公孙恭被文帝册封为车骑将军。这个月，魏国各地开始恢复使用五铢钱。夏季四月，文帝册封车骑将军曹仁做了大将军。五月，郑甘又一次造反，文帝派曹仁率兵讨伐，郑甘兵败被杀。六月庚子日，文帝首次祭祀泰山、华山、衡山、恒山、嵩山五岳和长江、黄河、淮河、济水四渎，并依次规定了各种祭祀的规格。丁卯，文帝夫人甄氏去世。戊辰日是三十，这一天出现日食，官员奏请应该罢免太尉，文帝下诏书说："上天降下灾异，是为了警示君主，人们却把过错归到辅臣身上，这难道符合夏禹、商汤的责己之道吗？如今朕下令文武百官各自敬守职责，日后如再有天地灾异现象发生，不要再弹劾三公了。"

秋季八月，孙权派使者呈递奏章，并派遣送于禁等人回来。丁巳，文帝派遣太常邢贞持符节授任孙权为大将军，封为吴王，加九锡。这年十月，杨彪被授予光禄大夫的官职。因为粮食价格昂贵，五铢钱被停止使用。己卯，文帝任命大将军曹仁为大司马。十二月，文帝到东方巡视。这一年修筑陵云台。

黄初三年春正月初一，出现日食现象。初五日，文帝亲自到许昌宫。下诏说："现在的上计吏、孝廉，相当于古代的贡士；只有十户的小邑，也一定有忠信的人，如果限定年龄然后再选拔能任事的人，那么姜子牙、周公子晋就无法在前世显名了。下令郡国所选拔的人才，不论年老年少；儒生只要通晓经学，官吏只要通晓法令条文，到后都可以试用。主管官员要检举以前不弄虚作假的人。"

二月，鄯善、龟兹、于阗王让使者到魏国进贡，文帝下诏说："西戎安定顺从，氐、羌前来拜见中原君主，《诗》《书》都曾赞美他们。近来西域各部族一起来归附，要派遣使者前去安抚慰劳他们。"从此以后，西域得与中原往来，并设置了戊己校尉。

三月初一日，宣布册封齐公曹叡为平原王，文帝的弟弟鄢陵公曹彰等皇族近亲十一人也都封王。当初规定始封王的庶子为乡公，继承父亲王爵的庶子是亭侯，皇族公爵庶子为亭伯。初十日，册封皇子曹霖为河东王。三十日，文帝巡察到达襄邑县。夏四月十四日，封鄄城侯曹植为鄄城王。二十九日，文帝巡察回到许昌皇宫。五月，以荆、扬二州在长江以南的八个郡为荆州，这是由于占据着这八个郡的孙权兼任了荆州牧的缘故；荆州在长江以北的各郡改为郢州。

闰六月，孙权在夷陵打败了刘备的蜀军。起初，曹丕听说刘备统领军队东下，与孙权交战，建立营寨有七百余里，就告诉大臣们说："刘备不懂得军事，哪里有七百里连营可以进攻敌人的！'在大片低洼和险要地区驻扎军队的，很容易被敌人擒获'，这是兵法中的大忌。孙权报捷的奏书就要到了。"过了七天，孙权击败刘备的奏书果然送到。

秋七月，冀州蝗灾很严重，百姓饥荒，朝廷派尚书杜畿持符节打开官府粮库赈济饥民。八月，蜀军大将黄权率领部下投降魏国。

九月初三日，曹丕下诏说："妇人干预朝政，是祸乱的根源。从此之后，大臣们不能向太后奏报政事，外戚不能担任辅政的职务，也不能无故接受封爵；要把这个诏书传给后世，如果有人违背，天下共诛之。"初九月，立郭氏为皇后。赐天下男子每人晋爵二级；对鳏、寡、病重有残疾以及贫困无法生活的人赐给粮食。

这年冬季甲子那天，文帝在首阳山东面给自己提前修建陵墓，发布了有关丧礼制度的文告说：“按照礼制，国君即位以后，就应该制作棺材，表示活着的时候不忘记死亡。从前尧葬在谷林，周围都是茂盛的树木，禹葬在会稽，农夫不用迁移田地。因为埋葬在山林中，就能与山林合为一体。聚土造坟，植树作为标记，不是上古的制度，我不采用。我的陵墓要依仗山势修建，不准堆土做成高丘和在四面种植树木，也不要修建寝殿、园林和神道。死后安葬就是为了把尸体埋藏起来，不让别人看见。尸骨没有痛痒的感觉，坟墓也不是神灵存身的地方，礼制规定不到墓上祭祀，是想让后者都不受污辱。制作的棺材可以装下尸骨，衣服能够遮掩尸体就可以了。所以我选择在这不长庄稼的地方建造坟墓，想让后代人找不到我葬在哪里。不要放置防腐的苇草木炭，也不用金银铜铁，随葬品全部使用陶器，这样才符合古代用涂彩的泥车、茅草扎成的人马殉葬的规定。棺材只在应该油漆的时候漆刷三遍，死后口中不必含有珠玉，也不要穿珍珠做的衣服，放在玉制的匣子中，这些都是愚蠢的俗人才做的事。季孙氏用美玉丧敛，孔子赶忙登上台阶前去劝阻，说这样做就像要把尸骨暴露在荒原中一样。华元、乐莒为宋公文厚葬，有识的君子说他们没有尽到做臣子的职责，是眼看君主犯错。汉文帝的陵墓没有被人挖掘，是因为霸陵中没有什么东西让人贪图；光武帝坟被发掘，是因为原陵堆土造坟，四周种树的缘故。霸陵得以保全，功劳在于张释之；原陵被掘毁，要怪罪明帝。利于君主，而明帝的爱心却害了自己的亲人。你想想孔仲尼、左丘明、张释之的话，以华元、乐莒、明帝为前车之鉴，心中想着怎样君主亲人尸骨安定、魂灵永远不受危害，这就是圣贤的忠和孝了。从古到今，没有不灭亡的国家，也没有不被发掘的坟墓。自从祸乱发生以来，汉朝历代皇帝的陵墓没有不被发掘的，甚至放火焚烧，来拿取玉匣器、金缕衣，使得骸骨也一同化为灰烬。这犹如在遭受被焚烧的刑罚一样，难道不令人哀痛吗？祸害的根源就在于厚葬和种树作为标志。前人说‘要以桑弘羊和霍显因骄奢而招祸为戒’，不是很明显的道理吗？

皇后以及贵人之下的妃嫔，凡是不跟随自己的儿子到王国去的，死了以后都葬在涧西，以前我已经划定那里作为墓地了。舜帝安葬在苍梧，两个妃子都没有和他葬在一起；延陵季子把儿子远远埋葬在嬴县、博县之间。魂魄如果有灵验，没有不能去的地方，一涧之隔，并不很远；如果谁违我在地下就会被戮尸，戮后还会再戳，死了一遍还要再死一遍；为臣下、儿子的人要是那样做，就是轻视已死去的君王、父亲，是不忠不孝，假如死者灵魂有知，将不会保佑你们。希望把这个诏书保存在宗庙中，副本存在尚书、秘书和三府之中。”

这个月，孙权又一次反叛。恢复郢州为荆州。文帝从许昌出发南征，众军一起前进，孙权临江拒守。十一月十一日，文帝巡行到了宛城。三十日，阴暗不明，出现日食。这年，挖掘灵芝池。

黄初四年春天正月，下诏说：“动乱以来，兵战没有停止，天下的人，互相残杀。现在海内初定，有胆敢私自报仇的都处以灭族。”在宛城修筑南巡台。三月初八日，文帝从宛城返回洛阳宫。十五日，月亮侵犯心宿中央的大星。十九日，大司马曹仁去世。这月发生大疫病。

夏天五月，有鹈鹕鸟聚集在灵芝池，下诏说：“这是诗人所说的污泽鸟。《曹风》诗‘讽刺曹恭公疏远君子而亲近小人’，现在难道有贤智的人处于下位吗？否则这鸟为何到这呢？现在要广泛推荐天下才德优秀的人才、独行不随俗的君子，以回答曹人的讽刺。”

六月十七日，任城王曹彰在京都去世。二十七日，太尉贾诩去世。太白星在白昼出现。这月下大雨，伊水、洛水满溢，淹死百姓，冲坏家宅。秋天八月十一日，任廷尉钟繇为太尉。十五日，文帝在荥阳打猎，东巡。讨论征讨孙权的功劳，众将以下晋升爵位增加食邑各有等差。九月十九日，文帝到达许昌宫。

黄初五年正月，文帝第一次下令只有犯有谋反等大逆罪过的，才允许互相揭发举报，其余的小罪都不受理，胆敢任意诬告的，按诬告罪惩罚诬告者。三月，文帝从许昌巡视返回洛阳宫。四月，文帝下令设立太学，制定五经考试的办法，设置春秋榖梁博士。五月，有关部门制定规程：公卿大臣在每月初一、十五朝见皇帝，趁机上奏有疑难的政事，听取决断国家的大政，研究辩论政事的得失。七月，文帝向东巡视，到达许昌宫。八月，文帝下令建水军，他亲自登上龙舟，顺着蔡河、颍水，经过淮河，到达寿春。扬州境内不论官吏还是百姓，凡是犯罪处五年徒刑以下的，都被赦免。九月，文帝巡行到广陵，赦免青州、徐州的犯人，调换各将领、太守。十月乙卯，这天白天天空出现太白星。文帝返回许昌宫。十一月庚寅，冀州发生饥荒，文帝派使者打开粮仓救济饥民。戊申日是三十，本日出现日食。

十二月，文帝下诏书说："之前的君王制定礼仪，目的是显明孝道、侍奉祖先，最重要的是到郊外祭祀天地，然后是祭祀宗庙，日、月、星三辰和水、火、木、金、土五行，名山大川，都不属于这一类，不在祭祀的礼仪之内。在衰乱时期，人们尊崇信仰巫史，以至于宫殿之内，门窗之间，无处不洒酒祭祀，这样的做法太糊涂愚蠢了。从现在起，有胆敢设立不合礼仪的祭祀，听信巫祝的话，一律按照歪门邪道论处，把这些写入法令典章中。"这一年文帝下令开掘天渊池。

黄初六年春二月，文帝派使者视察许昌以东地区一直到沛郡，了解百姓的疾苦，对穷人进行赈济。三月，文帝出行来到召陵县，开通讨虏渠。二十八日，回到许昌宫。并州刹史梁习讨伐鲜卑族首领轲比能，把他打得大败。闰三月二十四日，文帝组织水军东征孙权。五月初二日，文帝率军到达谯县。十四日，火星进入太微垣星区。

六月，利成郡的士兵蔡方等人发生叛变，杀害太守徐质占领该郡。朝廷派遣屯骑校尉任福、步兵校尉段昭与青州刺史一起平定了叛乱；那些被胁迫参加和畏罪逃亡的士兵，都被赦免了罪行。

秋七月，册封皇子曹鉴为东武阳王。八月，文帝和水军从谯县沿着涡水进入淮河，又从陆路到达徐州。九月，修筑东巡台。冬十月，到达广陵故城。在长江边上检阅军队，显示武力，兵众十多万人，旌旗延伸数百里。这一年特别寒冷，河道结冰，战船不能进入长江，于是率军退回。十一月，东武阳王曹鉴去世。十二月，文帝从谯县经过梁国，派遣使者用三牲太牢礼祭祀已故的汉太尉桥玄。

黄初七年春正月，文帝即将到达许昌时，许昌城的南门不知为何崩塌，文帝心里很不愉快，于是就不进许昌城。初十日，回到洛阳宫。三月，修筑九华台。夏五月十六日，文帝病重，召中军大将军曹真、镇军大将军陈群、征东大将军曹休、抚军大将军司马懿，同受遗诏辅佐继位的皇帝。遣散后宫淑媛、昭仪以下的妃子回家。十七日，文帝在嘉福殿去世，终年四十岁。六月初九日，埋葬在首阳陵。从殡殓到入葬，全都按照遗嘱办理。

起初，文帝喜欢文学，专心从事著述，写成作品将近一百篇。又让众多的儒生们从经传中搜集资料，分类排列，共一千多卷，定名为《皇览》。

评论说：文帝先天具备文采，提笔就能写成文章，学识广博，记忆力强，才艺兼备；如果再加上更宽宏的度量，用公平的诚心勉励自己，立志高远，留心正道，广施仁德，那么和古代的贤明君主相比，差距就不远了！

三国志卷三·魏书三

明帝纪

明皇帝讳叡，字元仲，文帝太子也。生而太祖爱之，常令在左右。年十五，封武德侯，黄初二年为齐公，三年为平原王。以其母诛，故未建为嗣。七年夏五月，帝病笃，乃立为皇太子。丁巳，即皇帝位，大赦。尊皇太后曰太皇太后，皇后曰皇太后。诸臣封爵各有差。癸未，追谥母甄夫人曰文昭皇后。壬辰，立皇弟蕤为阳平王。

八月，孙权攻江夏郡，太守文聘坚守。朝议欲发兵救之，帝曰："权习水战，所以敢下船陆攻者，几掩不备也。今已与聘相持，夫攻守势倍，终不敢久也。"先时遣治书侍御史荀禹慰劳边方，禹到，于江夏发所经县兵及所从步骑千人乘山举火，权退走。

辛巳，立皇子冏为清河王。吴将诸葛瑾、张霸等寇襄阳，抚军大将军司马宣王讨破之，斩霸，征东大将军曹休又破其别将于浔阳。论功行赏各有差。冬十月，清河王冏薨。十二月，以太尉钟繇为太傅，征东大将军曹休为大司马，中军大将军曹真为大将军，司徒华歆为太尉，司空王朗为司徒，镇军大将军陈群为司空，抚军大将军司马宣王为骠骑大将军。

太和元年春正月，郊祀武皇帝以配天，宗祀文皇帝于明堂以配上帝。分江夏南部，置江夏南部都尉。西平麴英反，杀临羌令、西都长，遣将军郝昭、鹿磐讨斩之。二月辛未，帝耕于籍田。辛巳，立文昭皇后寝庙于邺。丁亥，朝日于东郊。夏四月乙亥，行五铢钱。甲申，初营宗庙。秋八月，夕月于西郊。冬十月丙寅，治兵于东郊。焉耆王遣子入侍。十一月，立皇后毛氏。赐天下男子爵人二级，鳏寡孤独不能自存者赐谷。十二月，封后父毛嘉为列侯。新城太守孟达反，诏骠骑将军司马宣王讨之。

二年春正月，宣王攻破新城，斩达，传其首。分新城之上庸、武陵、巫县为上庸郡，锡县为锡郡。

蜀大将诸葛亮寇边，天水、南安、安定三郡吏民叛应亮。遣大将军曹真都督关右，并进兵。右将军张郃击亮于街亭，大破之。亮败

《三国志通俗演义》版画之孔明挥泪斩马谡图，描绘了诸葛亮率兵伐魏派马谡守街亭，而马谡败于魏将张郃，街亭失守之事。

走，三郡平。丁未，行幸长安。夏四月丁酉，还洛阳宫。赦系囚非殊死以下。乙巳，论讨亮功，封爵增邑各有差。五月，大旱。六月，诏曰："尊儒贵学，王教之本也。自顷儒官或非其人，将何以宣明圣道？其高选博士，才任侍中、常侍者。申敕郡国，贡士以经学为先。"秋九月，曹休率诸军至皖，与吴将陆议战于石亭，败绩。乙酉，立皇子穆为繁阳王。庚子，大司马曹休薨。冬十月，诏公卿近臣举良将各一人。十一月，司徒王朗薨。十二月，诸葛亮围陈仓，曹真遣将军费曜等拒之。辽东太守公孙恭兄子渊，劫夺恭位，遂以渊领辽东太守。

三年夏四月，元城王礼薨。六月癸卯，繁阳王穆薨。戊申，追尊高祖大长秋曰高皇帝，夫人吴氏曰高皇后。

秋七月，诏曰："礼，王后无嗣，择建支子以继大宗，则当纂正统而奉公义，何得复顾私亲哉！汉宣继昭帝后，加悼考以皇号；哀帝以外藩援立，而董宏等称引亡秦，惑误时朝，既尊恭皇，立庙京都，又宠藩妾，使比长信，叙昭穆于前殿，并四位于东宫，僭差无度，人神弗祐，而非罪师丹忠正之谏，用致丁、傅焚如之祸。自是之后，相踵行之。昔鲁文逆祀，罪由夏父；宋国非度，讥在华元。其令公卿有司，深以前世行事为戒。后嗣万一有由诸侯入奉大统，则当明为人后之义；敢为佞邪导谀时君，妄建非正之号以干正统，谓考为皇，称妣为后，则股肱大臣，诛之无赦。其书之金策，藏之宗庙，著于令典。"

冬十月，改平望观曰听讼观。帝常言"狱者，天下之性命也"，每断大狱，常幸观临听之。

初，洛阳宗庙未成，神主在邺庙。十一月，庙始成。使太常韩暨持节迎高皇帝、太皇帝、武帝、文帝神主于邺，十二月己丑至，奉安神主于庙。

癸卯，大月氏王波调遣使奉献，以调为亲魏大月氏王。

四年春二月壬午，诏曰："世之质文，随教而变。兵乱以来，经学废绝，后生进趣，不由典谟。岂训导未洽，将进用者不以德显乎？其郎吏学通一经，才任牧民，博士课试，擢其高第者，亟用；其浮华不务道本者，皆罢退之。"戊子，诏太傅三公：以文帝《典论》刻石，立于庙门之外。癸巳，以大将军曹真为大司马，骠骑将军司马宣王为大将军，辽东太守公孙渊为车骑将军。夏四月，太傅钟繇薨。六月戊子，太皇太后崩。丙申，省上庸郡。秋七月，武宣卞后祔葬于高陵。诏大司马曹真、大将军司马宣王伐蜀。八月辛巳，行东巡，遣使者以特牛祠中岳。乙未，幸许昌宫。九月，大雨，伊、洛、河、汉水溢，诏真等班师。冬十月乙卯，行还洛阳宫。庚申，令："罪非殊死听赎各有差。"十一月，太白犯岁星。十二月辛未，改葬文昭甄后于朝阳陵。丙寅，诏公卿举贤良。

五年春正月，帝耕于籍田。三月，大司马曹真薨。诸葛亮寇天水，诏大将军司马宣王拒之。自去冬十月至此月不雨，辛巳，大雩。夏四月，鲜卑附义王轲比能率其种人及丁零大人兒禅诣幽州贡名马。复置护匈奴中郎将。秋七月丙子，以亮退走，封爵增位各有差。乙酉，皇子殷生，大赦。

八月，诏曰："古者诸侯朝聘，所以敦睦亲亲协和万国也。先帝著令，不欲使诸王在京都者，谓幼主在位，母后摄政，防微以渐，关诸盛衰也。朕惟不见诸王十有二载，悠悠之怀，能不兴思！其令诸王及宗室公侯各将适子一人朝。后有少主、母后在宫者，自如先帝令，申明著于令。"冬十一月乙酉，月犯轩辕大星。戊戌晦，日有蚀之。十二月甲辰，月犯镇星。戊午，太尉华歆薨。

六年春二月，诏曰："古之帝王，封建诸侯，所以藩屏王室也。《诗》不云乎，'怀德维宁，宗子维城'。秦、汉继周，或强或弱，俱失厥中。大魏创业，诸王开国，随时之宜，未有定制，非所以永为后法也。其改封诸侯王，皆以郡为国。"三月癸酉，行东巡，所过存问高年鳏寡孤独，赐谷帛。乙亥，月犯轩辕大星。夏四月壬寅，行幸许昌宫。甲子，初进新果于庙。五月，皇子殷薨，追封谥安平哀王。秋七月，以卫尉董昭为司徒。九月，行幸摩陂，治许昌宫，起景福、承光殿。冬十月，殄夷将军田豫帅众讨吴将周贺于成山，杀贺。十一月丙寅，太白昼见。有星孛于翼，近太微上将星。庚寅，陈思王植薨。十二月，行还许昌宫。

青龙元年春正月甲申，青龙见郏之摩陂井中。二月丁酉，幸摩陂观龙，于是改年；改摩陂为龙陂，赐男子爵人二级，鳏寡孤独无出今年租赋。三月甲子，诏公卿举贤良笃行之士各一人。夏五月壬申，诏祀故大将军夏侯惇、大司马曹仁、车骑将军程昱于太祖庙庭。戊寅，北海王蕤薨。闰月庚寅朔，日有蚀之。丁酉，改封宗室女非诸王女皆为邑主。诏诸郡国山川不在祠典者勿祠。六月，洛阳宫鞠室灾。

保塞鲜卑大人步度根与叛鲜卑大人轲比能私通，并州刺史毕轨表，辄出军以外威比能，内镇步度根。帝省表曰："步度根以为比能所诱，有自疑心。今轨出军，适使二部惊合为一，何所威镇乎？"促敕轨，以出军者慎勿越塞过句注也。比诏书到，轨以进军屯阴馆，遣将军苏尚、董弼追鲜卑。比能遣子将千余骑迎步度根部落，与尚、弼相遇，战于楼烦，二将败没。步度根部落皆叛出塞，与比能合寇边。遣骁骑将军秦朗将中军讨之，虏乃走漠北。

秋九月，安定保塞匈奴大人胡薄居姿职等叛，司马宣王遣将军胡遵等追讨，破降之。

冬十月，步度根部落大人戴胡、阿狼泥等诣并州降，朗引军还。

十二月，公孙渊斩送孙权所遣使张弥、许晏首，以渊为大司马乐浪公。

二年春二月乙未，太白犯荧惑。癸酉，诏曰："鞭作官刑，所以纠慢怠也，而顷多以无辜死。其减鞭杖之制，著于令。"三月庚寅，山阳公薨，帝素服发哀，遣使持节典护丧事。己酉，大赦。夏四月，大疫。崇华殿灾。丙寅，诏有司以太牢告祠文帝庙。追谥山阳公为汉孝献皇帝，葬以汉礼。

是月，诸葛亮出斜谷，屯渭南，司马宣王率诸军拒之。诏宣王："但坚壁拒守以挫其锋，彼进不得志，退无与战，久停则粮尽，虏略无所获，则必走矣。走而追之，以逸待劳，全胜之道也。"

五月，太白昼见。孙权入居巢湖口，向合肥新城，又遣将陆议、孙韶各将万余人入淮、沔。六月，征东将军满宠进军拒之。宠欲拔新城守，致贼寿春。帝不听，曰："昔汉光武遣兵县据略阳，终以破隗嚣，先帝东置合肥，南守襄阳，西固祁山，贼来辄破于三城之下者，地有所必争也。纵权攻新城，必不能拔。敕诸将坚守，吾将自往征之，比至，恐权走也。"秋七月壬寅，帝亲御龙舟东征，权攻新城，将军张颖等拒守力战，帝军未至数百里，权遁走，议、韶等亦退。群臣以为大将军方与诸葛亮相持未解，车驾可西幸长安。帝曰："权走，亮胆破，大将军以制之，吾无忧矣。"遂进军幸寿春，录诸将功，封赏各有差。八月己未，大曜兵，飨六军，遣使者持节犒劳合肥、寿春诸军。辛巳，行还许昌宫。

司马宣王与亮相持，连围积日，亮数挑战，宣王坚垒不应。会亮卒，其军退还。

冬十月乙丑，月犯镇星及轩辕。戊寅，月犯太白。十一月，京都地震，从东南来，隐隐有声，摇动屋瓦。十二月，诏有司删定大辟，减死罪。

三年春正月戊子，以大将军司马宣王为太尉。己亥，复置朔方郡。京都大疫。丁巳，皇太后崩。乙亥，陨石于寿光县。三月庚寅，葬文德郭后，营陵于首阳陵涧西，如终制。

是时，大治洛阳宫，起昭阳、太极殿，筑总章观。百姓失农时，直臣杨阜、高堂隆等各数切谏，虽不能听，常优容之。

秋七月，洛阳崇华殿灾。八月庚午，立皇子芳为齐王，询为秦王，丁巳，行还洛阳宫。命有司复崇华，改名九龙殿。冬十月己酉，中山王衮薨。壬申，太白昼见。十一月丁酉，行幸许昌宫。

四年春二月，太白复昼见，月犯太白，又犯轩辕一星，入太微而出。夏四月，置崇文观，征善属文者以充之。五月乙卯，司徒董昭薨。丁巳，肃慎氏献楛矢。

六月壬申，诏曰："有虞氏画象而民弗犯，周人刑错而不用。朕从百王之末，追望上世之风，邈乎何相去之远？法令滋章，犯者弥多，刑罚愈众，而奸不可止。往者按大辟之条，多所蠲除，思济生民之命，此朕之至意也。而郡国蔽狱，一岁之中尚过数百，岂朕训导不醇，俾民轻罪，将苛法犹存，为之陷阱乎？有司其议狱缓死，务从宽简，及乞恩者，或辞未出而狱以报断，非所以究理尽情也。其令廷尉及天下狱官，诸有死罪具狱以定，非谋反及手杀人，亟语其亲治，有乞恩者，使与奏当文书俱上，朕将思所以全之。其布告天下，使明朕意。"

秋七月，高句骊王宫斩送孙权使胡卫等首，诣幽州。甲寅，太白犯轩辕大星。冬十月己卯，行还洛阳宫。甲申，有星孛于大辰，乙酉，又孛于东方。十一月己亥，彗星见，犯宦者天纪星。十二月癸巳，司空陈群薨。乙未，行幸许昌宫。

景初元年春正月壬辰，山茌县言黄龙见。于是有司奏，以为魏得地统，宜以建丑之月为正。三月，定历改年为孟夏四月。服色尚黄，牺牲用白，戎事乘黑首白马。建大赤之旂，朝会建大白之旗。改太和历曰景初历。其春夏秋冬孟仲季月虽与正岁不同，至于郊祀、迎气、礿祠、蒸尝、巡狩、蒐田、分至启闭、班宣时令、中气早晚、敬授民事，皆以正岁斗建为历数之序。

五月己巳，行还洛阳宫。己丑，大赦。六月戊申，京都地震。己亥，以尚书令陈矫为司徒，尚书右仆射卫臻为司空。丁未，分魏兴之魏阳、锡郡之安富、上庸为上庸郡。省锡郡，以锡县属魏兴郡。

有司奏：武皇帝拨乱反正，为魏太祖，乐用武始之舞。文皇帝应天受命，为魏高祖，乐用咸熙之舞。帝制作兴治，为魏烈祖，乐用章斌之舞。三祖之庙，万世不毁。其余四庙，亲尽迭毁，如周后稷、文、武庙祧之制。

秋七月丁卯，司徒陈矫薨。孙权遣将朱然等二万人围江夏郡，荆州刺史胡质等击之，然退走。初，权遣使浮海与高句骊通，欲袭辽东。遣幽州刺史毌丘俭率诸军及鲜卑、乌丸屯辽东南界，玺书征公孙渊。渊发兵反，俭进军讨之，会连雨十日，辽水大涨，诏俭引军还。右北平乌丸单于寇娄敦、辽西乌丸都督王护留等居辽东，率部众随俭内附。己卯，诏辽东将吏士民为渊所胁略不得降者，一切赦之。辛卯，太白昼见。渊自俭还，遂自立为燕王，置百官，称绍汉元年。

诏青、兖、幽、冀四州大作海船。九月，冀、兖、徐、豫四州民遇水，遣侍御史循行没溺死亡及失财产者，在所开仓振救之。庚辰，皇后毛氏卒。冬十月丁未，月犯荧惑。癸丑，葬悼毛后于愍陵。乙卯，营洛阳南委粟山为圜丘。十二月壬子冬至，始祀。丁巳，分襄阳临沮、宜城、旍阳、邔四县，置襄阳南部都尉。己未，有司奏文昭皇后立庙京都。分襄阳郡之鄀叶县属义阳郡。

二年春正月，诏太尉司马宣王帅众讨辽东。

二月癸卯，以大中大夫韩暨为司徒。癸丑，月犯心距星，又犯心中央大星。夏四月庚子，司徒韩暨薨。壬寅，分沛国萧、相、竹邑、符离、蕲、铚、龙亢、山桑、洨、虹十县为汝阴郡。宋县、陈郡苦县皆属谯郡。以沛、杼秋、公丘、彭城丰国、广戚，并五县为沛王国。庚戌，大赦。五月乙亥，月犯心距星，又犯中央大星。六月，省渔阳郡之狐奴县，复置安乐县。

秋八月，烧当羌王芒中、注诣等叛，凉州刺史率诸郡攻讨，斩注诣首。癸丑，有彗星见张宿。

丙寅，司马宣王围公孙渊于襄平，大破之，传渊首于京都，海东诸郡平。冬十一月，录讨渊功，太尉宣王以下增邑封爵各有差。初，帝议遣宣王讨渊，发卒四万人。议臣皆以为四万兵多，役费难供。帝曰："四千里征伐，虽云用奇，亦当任力，不当稍计役费。"遂以四万人行。及宣王至辽东，霖雨不得时攻，群臣或以为渊未可卒破，宜诏宣王还。帝曰："司马懿临危制变，擒渊可计日待也。"卒皆如所策。

壬午，以司空卫臻为司徒，司隶校尉崔林为司空。闰月，月犯心中央大星。十二月乙丑，帝寝疾不豫。辛巳，立皇后。赐天下男子爵人二级，鳏寡孤独谷。以燕王宇为大将军，甲申免，以武卫将军曹爽代之。

初，青龙三年中，寿春农民妻自言为天神所下，命为登女，当营卫帝室，蠲邪纳福。饮人以水，及以洗疮，或多愈者。于是立馆后宫，下诏称扬，甚见优宠。及帝疾，饮水无验，于是杀焉。

三年春正月丁亥，太尉宣王还至河内，帝驿马召到，引入卧内，执其手谓曰："吾疾甚，以后事属君，君其与爽辅少子。吾得见君，无所恨！"宣王顿首流涕。即日，帝崩于嘉福殿，时年三十六。癸丑，葬高平陵。

评曰：明帝沉毅断识，任心而行，盖有君人之至概焉。于时百姓凋弊，四海分崩，不先聿修显祖，阐拓洪基，而遽追秦皇、汉武，宫馆是营，格之远猷，其殆疾乎！

【译文】

明皇帝名叡，字元仲，是魏文帝曹丕的太子。他一生下来就深受太祖的宠爱，常常被曹操带在身边。十五岁被册封为武德侯，文帝黄初二年升为齐王，第二年进封平原王。由于生母甄皇后被赐死的缘故，他一直未被册立为太子。黄初七年夏五月十六日，文帝病危，才正式立他为太子。十七日文帝驾崩，曹叡即皇帝位，大赦天下，尊皇太后为太皇太后，文帝郭皇后为皇太后。朝中公卿大臣晋爵加俸各有等级。六月十四日，追谥生母甄夫人为文昭皇后。二十三日，封弟曹蕤为阳平王。

八月，孙权攻打江夏郡，太守文聘坚守城池。朝中大臣商议发兵救援，明帝说："孙权的军队善于水战，这次他们所以敢离开战船转到陆地上作战，不过是想趁我们不备打一个措手不及。可眼下文聘已和他们形成相持之势，进攻要以倍力量，所以他不敢相持太久的。"在这之前，明帝曾派遣治书侍御史荀禹慰劳戍边将士，荀禹便在所经江夏诸县召集兵马及随从卫士共得步骑兵千余人，荀禹指挥军队借山势举火虚张声势，孙权率兵退走。

八月十二日，册封皇子曹冏为清河王。东吴将领诸葛瑾、张霸等领兵侵犯襄阳，抚军大将军司马懿打败了他们，斩杀了张霸，征东大将军曹休又在浔阳打败了东吴另外一支军队。论功行赏，各自给予奖励。冬季十月，清河王曹冏去世。十二月，任命太尉钟繇为太傅，征东大将军曹休为大司马，中军大将军曹真为大将军，司徒华歆为太尉，司空王朗为司徒，镇军大将军陈群为司空，抚军大将军司马懿为骠骑大将军。

太和元年春正月，明帝在京郊祭祀武皇帝与天配享，在明堂祭祀文皇帝与上帝配享。划出江夏郡南部，设置江夏南部都尉。西平郡麴英反叛，杀死临羌县令、西都县县长，朝廷派遣将军郝昭、鹿磐讨伐并杀了他。二月初五日，明帝在籍田耕种。十五日，在邺城修建文昭皇后的寝庙。二十一日，在东郊祭祀太阳。夏四月初十，发行使用五铢钱。十九日，开始营建宗庙。秋八月，在西郊祭祀月亮。冬十月初四日，在东郊训练军队。西域焉耆王送自己的儿子入朝侍奉。十一月，立毛氏为皇后。赏赐天下男子爵位每人二级，对鳏寡孤独不能自己谋生的赐给粮食。十二月，封皇后的父亲毛嘉为列侯。新城太守孟达反叛，下诏命令骠骑将军司马宣王去讨伐他。

太和二年春正月，司马宣王攻占新城郡，斩杀了孟达，把他的头传送到京都。划分新城郡的上庸、武陵、巫县为上庸郡，改锡县为锡郡。

蜀汉大将诸葛亮攻打边境，天水、南安、安定三郡官吏和百姓背叛魏响应诸葛亮。朝廷派大将军曹真督统关右各路军马，一起进兵。右将军张郃在街亭进攻诸葛亮，大破蜀军。诸葛亮败走，三郡平定。二月十七日，明帝到达长安。夏四月初八日，明帝回到洛阳宫。赦免被囚禁的不是死罪的犯人。十六日，评定讨伐诸葛亮的战功，封官进爵，扩大封地各有差别。五月，大旱。六月，明帝下诏说："尊儒学，重教育，是实行王教的根本。近来，负责儒学教育的官员有的不称职，这样怎么能宣扬光大圣人之道？要用高标准选拔博士，他们的才能要能胜任侍中、常侍的职务。告诫各个郡国，向朝廷举荐人才要以是否通经学为首要标准。"秋九月，曹休率各路军到达皖县，与吴将陆议在石亭大战，被打败。二十九日，封皇子曹穆为繁阳王。十月十四目，大司马曹休去世。冬十月，下诏公卿和近臣每人举荐一名优秀的将领。十一月，司徒王朗去世。十二月，诸葛亮围攻陈仓，曹真派遣将军费曜等进行抵御。辽东太守公孙恭的侄子公孙渊，篡夺了公孙恭的职位，于是，朝廷任命公孙渊兼任辽东太守。

太和三年夏季四月，元城王曹礼去世。六月癸卯，繁阳王曹穆去世。戊申日，追加大长秋的高祖曹腾为高皇帝，曹腾的夫人吴氏为高皇后。

秋七月，下诏说："按礼制，王后没有子嗣，择庶子来继承大宗，但是必须继承正统，尊奉公义，怎么能再顾念原来的亲人呢！宣帝继承昭帝皇位之后，为死去的生父加了皇号；哀帝以藩王的身份被立为帝王，而董宏等人却引用了亡秦的例子，迷惑误导当时的朝廷，让哀帝既尊自己的生父为恭皇，又为他在京城建立宗庙，还加宠于那些姬妾，使她们与太皇太后的地位等同。在宗庙中把自己的生父列入昭穆次序，又在后宫设立了四位皇太后，把皇家礼制破坏无遗，使得人神共怒，师丹忠言直谏反而受到惩处，后来遭到坟墓被挖掘，尸体被焚烧的灾祸。从此之后，类似情况的帝王纷纷仿效哀帝的做法。当年鲁文公颠倒祭祀祖先的秩序，是由于听信了夏父的话；宋国君主超越规格厚葬，世人都批评执政的华元。现命令公卿和有关部门，一定要以前事为戒。今后万一出现由诸侯王继承帝位的情况，务必让他明白作为皇位继承人的大义；如果敢于用邪道引诱和阿谀当时的君主，妄自建立不应当的尊号来扰乱皇室正统，尊新君的父亲为皇，母亲为后，那么朝廷的辅政大臣应该诛杀他，决不能宽恕。将这道诏书写在金册上，收藏在宗庙内，并载进国家的法典中。”

冬季十月，把平望观改称为听讼观。明帝经常说“断案，是关系到天下人性命的大事”，每当审定重大的案子，他经常亲自到听讼观旁听。

起初，洛阳的宗庙还没建成，先君的神位都供奉在邺城的宗庙里。十一月，洛阳的宗庙才建成。明帝派太常韩暨持符节到邺城迎取高皇帝、太皇帝、武帝、文帝的神主牌位，十二月己丑到达洛阳，把神位安放在宗庙里。

癸卯，大月氏王波调派使者前来进奉贡品，任命波调为亲魏大月氏王。

太和四年春天二月初四日，下诏说：“社会的质朴和浮华，是随着政教而改变的。兵乱以后，经学废弛，年轻后生的进取，不再通过学习经典。难道不是训练教导不恰当，进用的官吏不因德行显著的缘故吗？现在开始，郎官小吏要能学通一经，具有管治百姓的才能，要由博士主试，选取成绩优异的人，优先录用；那些浮华不务本业的，都要罢退。”初十日，下诏给太傅三公：把文帝的《典论》刻在石头上，石碑立在庙门外面。十五日，任大将军曹真为大司马，骠骑将军司马宣王为大将军，辽东太守公孙渊为车骑将军。夏天四月，太傅钟繇去世。六月十一日，太皇太后去世。十九日，取消上庸郡。秋天七月，把武宣卞后合葬在高陵。下诏让大司马曹真和大将军司马宣王讨伐蜀国。八月初五日，明帝东巡，派遣使者用公牛祭祀中岳嵩山。十九日，明帝到达许昌宫。九月，下大雨，伊水、洛水、黄河、汉水泛滥，下诏曹真等人班师回朝。冬天十月十一日，明帝返回洛阳宫。十六日，下令：“罪名不是死罪的，可以按等级交纳赎金赎罪。”十一月，太白金星侵犯岁星。十二月辛未日，改葬文昭甄后到朝阳陵。二十三日，下诏让公卿举荐贤良之士。

太和五年春正月，明帝亲自耕籍田。三月，大司马曹真去世。诸葛亮派兵侵犯天水郡，明帝下诏让大将军司马懿领兵迎战。从去年冬天到这个月一直没有下雨，初九日，朝廷举行祭祀求雨。夏四月，鲜卑族附义王轲比能率领本部落族人以及丁零族首领兒禅到幽州贡献骏马。朝廷重新设置护匈奴中郎将。秋七月初六日，因为诸葛亮退兵，晋爵加官各有差别。十五日，皇子曹殷出生，大赦天下。

八月，明帝下诏说："古代诸侯都是定期朝见天子，这是用来和睦亲戚团结诸侯的。先皇帝明确下令，不让诸位亲王留在京都的原因，是考虑到幼主在位，由母后代为执政，这是需要防微杜渐的，否则会影响到国运的盛衰。朕回想与诸位亲王分别已经十二年，怎能不令人思念！现在请诸位宗室亲王、公侯，各自带一个嫡子进京朝见。如果以后出现幼主即位而母后在宫中代为执政的情况，那时再按先皇帝的指令办，把这一申明写进法令中。"冬十一月十七日，月亮接触到轩辕座的大星。三十日，发生日食。十二月初六日，月亮接触到土星。这月二十日，太尉华歆去世。

太和六年春季二月，明帝下诏说："古代帝王册封诸侯，是为了作为王室的屏障。《诗经》不是说吗，'实施德政来安定国家，宗子就像城墙一样是国家的屏障'。秦朝、汉朝继承了周代的统治后，对诸侯王权力的规定有时太强，有时太弱，都不够妥当。我大魏王朝创业以来，诸侯王的封国制度，都是随时制宜，没有固定的制度，不能为后世确立永久的法规。现在改封诸侯王，每个封国统辖一个郡的范围。"三月癸酉那天，明帝巡视东方，沿途慰问年老者、鳏夫、寡妇和孤独没有依靠的人，赐给谷物和布帛。壬寅那天，明帝到达许昌宫。甲子那天。开始向祠庙进献时鲜水果。五月，皇子曹殷去世，追封谥号为安平哀王。秋季七月，任命卫尉董昭为司徒。九月，明帝到达摩陂，修建许昌宫，新建了妻福、承光二殿。冬季十月，殄夷将军田豫率部在成山征讨吴国将领周贺，杀死了周贺。十一月庚寅那天，陈思王曹植去世。十二月，明帝回到许昌宫。

青龙元年春季正月，在郏县摩陂的水井里出现青龙。二月丁酉那一天，明帝到摩陂去观看青龙，在那里把年号太和改为青龙，将摩陂改为龙陂：赐给天下的男子每人爵位二级，鳏夫、寡妇和孤独无靠的人免除当年田租赋税。三月甲子那天，下诏让公卿每人举荐道德好尚、品行淳厚的人各一名。夏季五月壬申那天，下诏在太祖曹操的祠庙，配享祭祀去世的大将军夏侯惇、大司马曹仁、车骑将军程昱。戊寅那天，北海王曹蕤去世。闰月丁酉那天，将宗室中不是诸侯王女儿的女子都封为邑主。下诏各郡国，凡是没有列入典籍祭祀范围的山川，都不要进行祭祀。六月，洛阳宫中的鞠室发生了火灾。

保危边塞的鲜卑首领步度根和已经造反的鲜卑首领轲比能悄悄地勾结，并州刺史毕轨上表，说他即将出兵，对外威胁轲比能，对内震慑步度根。明帝阅览后说："步度根由于被轲比能诱惑，心里还有些疑惧。如今毕轨出兵，正好使这两部分人因受惊而合为一部，哪里谈得上什么威镇？"立即命令毕轨，已经派出去的军队千万不要越过边界上的句注山。诏书到时，毕轨已率军屯驻在阴馆，并派遣将军苏尚、董弼追击鲜卑。轲比能派遣儿子率领一千多骑兵迎接步度根部落，与苏尚、董弼相遇，在楼烦进行战斗，苏、董二将战死。步度根部落全部都叛离逃出边境，与轲比能部落合在一起进犯边塞。朝廷派遣骁骑将军秦朗率领中军讨伐，鲜卑人便都逃到大漠北面去了。

秋季九月，安定郡守护边塞的匈奴部族胡薄居姿职等人叛乱，司马宣王派将军胡遵等人追击讨伐，战胜了他们，并使他们投降。

十月，步度根的部落首领戴胡、阿狼泥等人到并州投降，秦朗率军返回。

十二月，公孙渊杀了孙权派遣的使者张弥、许晏，并砍下他们的首级，送到洛阳。任命公孙渊为大司马、乐浪公。

青龙二年二月乙未，太白星运行到火星附近。癸酉这一天，明帝发布命令说："鞭打作为官刑，目的是纠正轻忽怠慢的行为，但最近有很多人被无辜鞭打致死。现下令减轻鞭杖刑罚的制度，记录在法令上。"三月庚寅，山阳公去世，明帝穿上丧服为刘协发丧，并派遣使者持符节办理丧事。己酉，大赦天下。四月，有大瘟疫流行。崇华殿发生火灾。丙寅，明帝下诏书命令有关官员用太牢的规格祭祀文帝庙。追赐山阳公刘协谥号为汉孝献皇帝，按汉朝的礼制安葬。

本月，诸葛亮通过斜谷，驻兵在渭南，司马宣王带领各军抵抗他。明帝下诏书给司马宣王："只要坚守防御来挫败敌军的锐气，他们前进达不到目的，后退又没人和他们交战，长期滞留粮草就会耗尽，四处抢掠也抢不到什么东西，就一定会退兵了。退兵时我们再追击他们，以逸待劳，这是稳获全胜的策略。"

五月，太白金星出现在白天。孙权进入居巢湖口，向合肥新城进军，又派将领陆议、孙韶每人带一万余人进入淮河、沔水。六月，征东将军满宠进军抵抗。满宠想撤退新城的防守，把敌人骗到寿春，明帝不同意，说："从前汉光武帝派兵据守略阳，最终以此打败隗嚣，先帝在东面置防合肥，在南面防守襄阳，在西面巩固祁山，敌人到来总是败于这三城之下的原因，是因这三地是必争之地。纵使孙权攻打新城，必然不能攻下。下令诸将坚守，我将亲自前往征讨，等我到了，恐怕孙权已经逃走了。"秋天七月壬寅日，明帝亲自乘龙舟东征，孙权攻打新城，将军张颖等人拒守力战，明帝军未到几百里，孙权就逃跑了，陆议、孙韶等人亦撤退了。群臣认为大将军刚与诸葛亮相持未分胜负，明帝车驾可以西到长安。明帝说："孙权逃了，诸葛亮被吓破胆，大将军以此制敌，我无忧了。"于是明帝进军到寿春，记录诸将的功劳，封赏各有等差。八月初七日，大阅兵，犒赏六军，派遣使者持符节慰劳合肥、寿春诸军。二十九日，明帝返回许昌宫。

司马懿与诸葛亮僵持，一直围攻了多日，诸葛亮挑战了很多次，司马懿坚守营垒不予回应。正在这时诸葛亮去世，蜀军撤退了回去。

冬季十月十四日，月亮和土星及轩辕星相接触。这时候，月亮侵犯太白星。十一月，京城洛阳地震，从东南方向传来隐隐之声，震动屋顶的瓦片。十二月，下诏命令有关官员删定死刑的条例，减少判处死刑的人。

青龙三年春正月初八日，任命大将军司马懿为太尉。十九日，重新设置朔方郡。京城瘟疫盛行。二月初八日，皇太后郭氏去世。二十六日，有陨石落在寿光县。三月十一日，安葬文德郭皇后，在首阳陵涧西营建陵墓，完全按照曹丕生前颁布的文告办理。

当时，由于大规模修建洛阳宫，建造昭阳殿、太极殿和总章观。百姓错过了农时，耿直的大臣杨阜、高堂隆等多次恳切地进谏，曹叡虽然不能听从，但常常宽容他们。

秋季七月，洛阳崇华殿发生火灾。八月二十四日，封皇子曹芳为齐王，曹询为秦王，十一日，明帝返回洛阳宫。命令有关官员修复崇华殿，改名九龙殿。冬季十月初三日，中山王曹衮去世。二十六日，太白星在白天出现。十一月二十二日，明帝到达许昌宫。

青龙四年春二月，太白星又在白昼出现，月犯金星，又接触到轩辕星座中一星，入太微星而出。夏四月，明帝诏令设置崇文观，征召天下善写文章的人进观。五月十三日，司徒董昭病逝。十五日，北方肃慎国进献用楛木制成的弓箭。

六月壬申日，明帝下诏说："以前，有虞氏在罪犯的衣服上画上五刑的图像表示惩罚，百姓也就不犯法，周朝时因为没有人触犯法律，刑法搁置不用。朕在百王之后，仰慕前世的民风，今天怎么差距这么远呢？法令规则越多，犯法的人也越多，刑罚日趋广泛，却还是不能制止奸恶。起初，将审查判处死刑的法令条文减除了很多条，我本来是想以此拯救百姓的生命。但各郡国处死的人，每年还是要超过数百人，难道是我训导不够，使百姓轻易犯法，还是法令严苛，已经成为百姓的陷阱？有关部门在审理死刑案时，要以宽大为本，乞求恩典来赦免的情况，有的还没有及时申诉，但已经判决，这不是追究法理、尽人情的做法。现在，我命令廷尉以及天下的司法官员，凡是犯死罪，已经判定的，只要不是谋反和亲手杀人的，都要立即告诉他的亲属，有乞求宽大处理的，让他们将申诉和奏报判决的文书一起呈送上来，我将考虑如何宽免。现在布告天下，使百姓都能知道朕的心意。"

秋七月，高句骊国王宫斩杀了孙权的使臣胡卫等人，并且把首级送到幽州。甲寅日，金星犯扰轩辕星座的大星。冬十月己卯日，明帝回到洛阳宫。甲申日，大辰星旁出现光芒四射的彗星，乙酉日，东方又出现光芒四射的彗星。十一己亥日，出现彗星，犯扰宦者天纪星。十二月癸巳日，司空陈群去世。乙未日，明帝到许昌宫。

景初元年春正月壬辰日，山茌县向上级报告说有黄龙出现。于是有关部门上奏，认为魏朝得地统，应该把夏历十二月改为正月。三月，定历法改年号，把三月改为孟夏四月。服饰的颜色以黄为贵，祭祀的牺牲用白色，有战事时乘黑头白马。用纯赤色的旗帜，朝会时用纯白色的旗帜。改太和历为景初历。新历法的春夏秋冬各个月份上虽然与夏历不同，至于郊祀、迎气、礿祠、蒸尝、巡狩、蒐田、春分秋分、冬至夏至、立春立夏、立秋立冬、颁布时令、节气的早晚、指挥农事活动等，都以夏历的建寅之月为历法的顺序。

五月二日，明帝从许昌宫回到驾洛阳宫。二十二日，天下实行大赦。六月十二日，洛阳发生地震。七月初三日，尚书令陈矫出任司徒，尚书仆射卫臻为司空。十一日，从魏兴郡中分出魏阳，锡郡中分出安富、上庸，新设上庸郡。同时撤销锡郡，把锡县划归魏兴郡。

有关官员上奏说：武皇帝在乱世的时候拨乱反正，是为魏太祖，采用

《武始》之舞为祭祀乐舞。文皇帝应天受命，是魏高祖，采用《咸熙》之舞为祭祀乐舞。如今圣上继承先帝大业，使国家得以大治，是魏烈祖，祭祀当采用《章斌》这一乐舞。三祖之庙，将永远存留万世不毁。其余四庙，则随着后世历代新君的不断登基嗣位而陆续变更，其礼制与周朝后稷、文王、武王的庙祧制度完全相同。

秋季七月丁卯那天，司徒陈矫去世。孙权派将军朱然等带领两万人围攻江夏郡，荆州刺史胡质等迎战，朱然等撤退。开始时，孙权派使者走海路到高句骊国进行联络，想袭击辽东。明帝派幽州刺史毌丘俭率领各路军队以及鲜卑、乌丸的军队驻扎在辽东南界，又下诏征公孙渊入朝。公孙渊起兵反叛，毌丘俭进军讨伐，正好碰上大雨连续十天不停，辽河水大涨，明帝下诏令毌丘俭率军撤退。右北平的乌丸单于寇娄敦、辽西的乌丸都督王护留等居住在辽东，他们带领部属随毌丘俭内迁依附魏国。乙卯那天，下诏辽东的将领、官吏、士人及百姓，凡是因为受到公孙渊胁迫而不能投降的，全部赦免。辛卯，太白星在白天出现。公孙渊自从毌丘俭退兵后，就自封为燕王，设置朝臣百官，并称这年为绍汉元年。

明帝下诏令青州、兖州、幽州、冀州制造了大量的海船。九月，冀州、兖州、徐州、豫州发生水灾，明帝派侍御史到灾区巡查被淹死以及由于水灾丧失钱财的人，所到之处都打开官仓放粮进行赈济。庚辰那天，毛皇后去世。冬十月癸丑那天，为毛皇后举行葬礼并安葬在愍陵。乙卯那天，在洛阳以南的委粟山营造用来祭天的圜丘。十二月壬子冬至那天，开始在那举行祭祀。丁巳那天，从襄阳郡分出临沮、宜城、旍阳、邔四县，设置襄阳南部都尉管理当地军政。己未那天，有关部门奏请在京师为明帝生母文昭皇后建立祠庙。从襄阳郡中分出鄀叶县划归义阳郡。

景初二年春季正月，明帝下诏命令太尉司马懿统率大军征讨辽东的公孙渊。

二月癸卯那天，任命大中大夫韩暨为司徒。癸丑，月亮触犯中心巨星，又触犯中间大星。夏季四月庚子那天，司徒韩暨去世。壬寅那天，划出沛国的萧、相、竹邑、符离、蕲、铚、龙亢、山桑、洨、虹十县设置汝阴郡。宋县和原属陈郡的苦县划归谯郡。以沛、杼秋、公丘和彭城郡的丰国、广戚五县合成沛王国。庚戌那天，大赦天下。五月乙亥，月犯心距星，又犯中央大星。六月，撤销渔阳郡的狐奴县，重新设置安乐县。

秋天八月，烧当羌王芒中、注诣等人发生叛乱，凉州刺史率诸郡攻打讨伐，斩了注诣的首级。癸丑日，有彗星在张宿出现。

丙寅日，司马宣王在襄平围攻公孙渊，打败了公孙渊，把公孙渊的首级送到京都，海东诸郡平定。冬天十一月，记下了讨伐公孙渊的功劳，太尉宣王以下的增加食邑封赏爵位各有等差。起初，明帝商议派遣司马宣王讨伐公孙渊，发兵四万人。群臣都认为四万兵太多，役费难以供给。明帝说："四千里路途的征伐，虽说用奇兵，也应当有军力，不该太计较役费。"于是就发兵四万人。及至司马宣王到了辽东，遇到连日大雨不能适时攻打，群臣有的认为公孙渊不能很快被打败，应该诏令司马宣王回来。明帝说："司马懿临危会随机应变，捉拿公孙渊计日可待。"果然都如他所计算的那样。

二十四日，任命司空卫臻为司徒，司隶校尉崔林为司空。闰十一月，月亮侵犯到心宿中央大星。十二月初八日，明帝卧病。二十四日，册立皇后。赐天下男子每人爵位二级，赐给鳏寡孤独的人粮食。任命燕王曹宇为大将军，二十七日免职，以武卫将军曹爽代替。

当初，青龙三年间，寿春有个农民的妻子说自己是天神下凡，名字叫登女，应该护卫帝室，驱邪接福。她用神水让人喝，又用神水给人洗毒疮，有很多人都被治好了。于是明帝为她在后宫建立馆舍，下诏赞扬，对她特别优宠。等到明帝生病的时候，喝她的神水没有效果，就把她杀了。

景初三年春正月初一日，太尉司马懿回到河内。明帝用驿马将他召回，带到卧室内，握着他的手说："我病得很严重，把后事托付给您，望您与曹爽共同辅佐我的小儿子。我能见到您，就没有什么遗憾了！"司马懿叩头流泪。当天，明帝在嘉福殿去世，终年三十六岁。二十七日，安葬在高平陵。

评论说：曹叡沉着、刚毅、果断有胆识，坚持自己的主张，有君王的宏大气概。当时百姓贫困，天下分崩离析，但他不首先去光大祖先的功德，开拓宏伟的基业，却急于追仿秦始皇、汉武帝的做法，大规模营造宫殿馆阁，用具有远大抱负的标准来衡量，恐怕是他的不足吧！

三国志卷四·魏书四

三少帝纪

齐王讳芳，字兰卿。明帝无子，养王及秦王询；宫省事秘，莫有知其所由来者。青龙三年，立为齐王。景初三年正月丁亥朔，帝病甚，乃立为皇太子。是日，即皇帝位，大赦。尊皇后曰皇太后。大将军曹爽、太尉司马宣王辅政。诏曰："朕以眇身，继承鸿业，茕茕在疚，靡所控告。大将军、太尉奉受末命，夹辅朕躬，司徒、司空、冢宰、元辅总率百僚，以宁社稷，其与群卿大夫勉勖乃心，称朕意焉。诸所兴作宫室之役，皆以遗诏罢之。官奴婢六十以上，免为良人。"二月，西域重译献火浣布，诏大将军、太尉临试以示百僚。

丁丑诏曰："太尉体道正直，尽忠三世，南擒孟达，西破蜀虏，东灭公孙渊，功盖海内。昔周成建保傅之官，近汉显宗崇宠邓禹，所以优隆隽乂，必有尊也。其以太尉为太傅，持节统兵都督诸军事如故。"三月，以征东将军满宠为太尉。夏六月，以辽东东沓县吏民渡海居齐郡界，以故纵城为新沓县以居徙民。秋七月，上始亲临朝，听公卿奏事。八月，大赦。冬十月，以镇南将军黄权为车骑将军。

十二月，诏曰："烈祖明皇帝以正月弃背天下，臣子永惟忌日之哀，其复用夏正；虽违先帝通三统之义，斯亦礼制所由变改也。又夏正于数为得天正，其以建寅之月为正始元年正月，以建丑月为后十二月。"

正始元年春二月乙丑，加侍中中书监刘放、侍中中书令孙资为左右光禄大夫。丙戌，以辽东汶、北丰县民流徙渡海，规齐郡之西安、临菑、昌国县界为新汶、南丰县，以居流民。

自去冬十二月至此月不雨。丙寅，诏令狱官亟平冤枉，理出轻微；群公卿士谠言嘉谋，各悉乃心。夏四月，车骑将军黄权薨。秋七月，诏曰："《易》称损上益下，节以制度，不伤财，不害民。方今百姓不足而御府多作金银杂物，将奚以为？今出黄金银物百五十种，千八百余斤，销冶以供军用。"八月，车驾巡省洛阳界秋稼，赐高年力田各有差。

二年春二月，帝初通《论语》，使太常以太牢祭孔子于辟雍，以颜渊配。

夏五月，吴将朱然等围襄阳之樊城，太傅司马宣王率众拒之。六月辛丑，退，己卯，以征东将军王淩为车骑将军。冬十二月，南安郡地震。

三年春正月，东平王徽薨。三月，太尉满宠薨。秋七月甲申，南安郡地震。乙酉，以领军将军蒋济为太尉。冬十二月，魏郡地震。

四年春正月，帝加元服，赐群臣各有差。夏四月乙卯，立皇后甄氏，大赦。五月朔，日有食之，既。秋七月，诏祀故大司马曹真、曹休、征南大将军夏侯尚、太常桓阶、司空陈群、太傅钟繇、车骑将军张郃、左将军徐晃、前将军张辽、右将军乐进、太尉华歆、司徒王朗、骠骑将军曹洪、征西将军夏侯渊、后将军朱灵、文聘、执金吾臧霸、破虏将军李典、立义将军庞德、武猛校尉典韦于太祖庙庭。冬十二月，倭国女王俾弥呼遣使奉献。

五年春二月，诏大将军曹爽率众征蜀。夏四月朔，日有蚀之。五月癸巳，讲《尚书》经通，使太常以太牢祀孔子于辟雍，以颜渊配；赐太傅、大将军及侍讲者各有差。丙午，大将军曹爽引军还。秋八月，秦王询薨。九月，鲜卑内附，置辽东属国，立昌黎县以居之。冬十一月癸卯，诏祀故尚书令荀攸于太祖庙庭。己酉，复秦国为京兆郡。十二月，司空崔林薨。

六年春二月丁卯，南安郡地震。丙子，以骠骑将军赵俨为司空；夏六月，俨薨。八月丁卯，以太常高柔为司空。癸巳，以左光禄大夫刘放为骠骑将军，右光禄大夫孙资为卫将军。冬十一月，祫祭太祖庙，始祀前所论佐命臣二十一人。十二月辛亥，诏故司徒王朗所作《易传》，令学者得以课试。乙亥，诏曰："明日大会群臣，其令太傅乘舆上殿。"

七年春二月，幽州刺史毌丘俭讨高句骊，夏五月，讨濊貊，皆破之。韩那奚等数十国各率种落降。秋八月戊申，诏曰："属到市观见所斥卖官奴婢，年皆七十，或癃疾残病，所谓天民之穷者也。且官以其力竭而复鬻之，进退无谓，其悉遣为良民。若有不能自存者，郡县振给之。"

己酉，诏曰："吾乃当以十九日亲祠，而昨出已见治道，得雨当复更治，徒弃功夫。每念百姓力少役多，夙夜存心。道路但当期于通利，闻乃挝捶老小，务崇修饰，疲困流离，以至哀叹，吾岂安乘此而行，致馨德于宗庙邪？自今已后，明申敕之。"冬十二月，讲《礼记》通，使太常以太牢祀孔子于辟雍，以颜渊配。

八年春二月朔，日有蚀之。夏五月，分河东之汾北十县为平阳郡。

秋七月，尚书何晏奏曰："善为国者必先治其身，治其身者慎其所习。所习正则其身正，其身正则不令而行；所习不正则其身不正，其身不正则虽令不从。是故为人君者，所与游必择正人，所观览必察正象，放郑声而弗听，远佞人而弗近，然后邪心不生而正道可弘也。季末闇主，不知损益，斥远君子，引近小人，忠良疏远，便辟亵狎，乱生近昵，譬之社鼠；考其昏明，所积以然，故圣贤谆谆以为至虑。舜戒禹曰'邻哉邻哉'，言慎所近也。周公戒成王曰'其朋其朋'，言慎所与也。《书》云：'一人有庆，兆民赖之。'可自今以后，御幸式乾殿及游豫后园，皆大臣侍从，因从容戏宴，兼省文书，询谋政事，讲论经义，为万世法。"冬十二月，散骑常侍谏议大夫孔乂奏曰："礼，天子之宫，有斲砻之制，无朱丹之饰，宜循礼复古。今天下已平，君臣之分明，陛下但当不懈于位，平公正之心，审赏罚以使之。可绝后园习骑乘马，出必御辇乘车，天下之福，臣子之愿也。"晏、乂咸因阙以进规谏。

九年春二月，卫将军中书令孙资，癸巳，骠骑将军中书监刘放，三月甲午，司徒卫臻，各逊位，以侯就第，位特进。四月，以司空高柔为司徒；光禄大夫徐邈为司空，固辞不受。秋九月，以车骑将军王淩为司空。冬十月，大风发屋折树。

嘉平元年春正月甲午，车驾谒高平陵。太傅司马宣王奏免大将军曹爽、爽弟中领军羲、武卫将军训、散骑常侍彦官，以侯就第。戊戌，有司奏收黄门张当付廷尉，考实其辞，爽与谋不轨。又尚书丁谧、邓飏、何晏、司隶校尉毕轨、荆州刺史李胜、大司农桓范皆与爽通奸谋，夷三族。语在《爽传》。丙午，大赦。丁未，以太傅司马宣王为丞相，固让乃止。

夏四月乙丑，改年。丙子，太尉蒋济薨。冬十二月辛卯，以司空王淩为太尉。庚子，以司隶校尉孙礼为司空。

二年夏五月，以征西将军郭淮为车骑将军。冬十月，以特进孙资为骠骑将军。十一月，司空孙礼薨。十二月甲辰，东海王霖薨。乙未，征南将军王昶渡江，掩攻吴，破之。

三年春正月，荆州刺史王基、新城太守州泰攻吴，破之，降者数千口。二月，置南郡之夷陵县以居降附。三月，以尚书令司马孚为司空。四月甲申，以征南将军王昶为征南大将军。壬辰，大赦。丙午，闻太尉王淩谋废帝，立楚王彪；太傅司马宣王东征淩。五月甲寅，淩自杀。六月，彪赐死。秋七月壬戌，皇后甄氏崩。辛未，以司空司马孚为太尉。

戊寅，太傅司马宣王薨，以卫将军司马景王为抚军大将军，录尚书事。乙未，葬怀甄后于太清陵。庚子，骠骑将军孙资薨。十一月，有司奏诸功臣应飨食于太祖庙者，更以官为次，太傅司马宣王功高爵尊，最在上。十二月，以光禄勋郑冲为司空。

四年春正月癸卯，以抚军大将军司马景王为大将军。二月，立皇后张氏，大赦。夏五月，鱼二，见于武库屋上。冬十一月，诏征南大将军王昶、征东将军胡遵、镇南将军毌丘俭等征吴。十二月，吴大将军诸葛恪拒战，大破众军于东关。不利而还。

五年夏四月，大赦。五月，吴太傅诸葛恪围合肥新城，诏太尉司马孚拒之。秋七月，恪退还。

八月，诏曰："故中郎西平郭脩，砥节厉行，秉心不回。乃者蜀将姜维寇钞脩郡，为所执略。往岁伪大将军费祎驱率群众，阴图窥阙，道经汉寿，请会众宾，脩于广坐之中手刃击祎，勇过聂政，功逾介子，可谓杀身成仁，释生取义者矣。夫追加褒宠，所以表扬忠义；祚及后胤，所以奖劝将来。其追封脩为长乐乡侯，食邑千户，谥曰威侯；子袭爵，加拜奉车都尉赐银千饼，绢千匹，以光宠存亡，永垂来世焉。"

自帝即位至于是岁，郡国县道多所置省，俄或还复，不可胜纪。

六年春二月己丑，镇东将军毌丘俭上言："昔诸葛恪围合肥新城，城中遣士刘整出围传消息，为贼所得，考问所传，语整曰：'诸葛公欲活汝，汝可具服。'整骂曰：'死狗，此何言也！我当必死为魏国鬼，不苟求活，逐汝去也。欲杀我者，便速杀之。'终无他辞。又遣士郑像出城传消息，或以语恪，恪遣马骑寻围迹索，得像还。四五人靮头面缚，将绕城表，敕语像，使大呼，言'大军已还洛，不如早降'。像不从其言，更大呼城中曰：'大军近在围外，壮士努力！'贼以刀築其口，使不得言，像遂大呼，令城中闻知。整、像为兵，能守义执节，子弟宜有差异。"诏曰："夫显爵所以褒元功，重赏所以宠烈士。整、像召募通使，越蹈重围，冒突白刃，轻身守信，不幸见获，抗节弥厉，扬六军之大势，安城守之惧心，临难不顾，毕志传命。昔解杨执楚，有陨无贰，齐路中大夫以死成命，方之整、像，所不能加。今追赐整、像爵关中侯，各除士名，使子袭爵，如部曲将死事科。"

庚戌，中书令李丰与皇后父光禄大夫张缉等谋废易大臣，以太常夏侯玄为大将军。事觉，诸所连及者皆伏诛。辛亥，大赦。三月，废皇后

聂政、要离、专诸三人合像。聂政、要离、专诸，是春秋时期的三位刺客。

张氏。夏四月，立皇后王氏，大赦。五月，封后父奉车都尉王夔为广明乡侯、光禄大夫，位特进，妻田氏为宣阳乡君。秋九月，大将军司马景王将谋废帝，以闻皇太后。甲戌，太后令曰："皇帝芳春秋已长，不亲万机，耽淫内宠，沉漫女德，日延倡优，纵其丑谑；迎六宫家人留止内房，毁人伦之叙，乱男女之节；恭孝日亏，悖慠滋甚，不可以承天绪，奉宗庙。使兼太尉高柔奉策，用一元大武告于宗庙，遣芳归藩于齐，以避皇位。"是日迁居别宫，年二十三。使者持节送卫，营齐王宫于河内之重门，制度皆如藩国之礼。

丁丑，令曰："东海王霖，高祖文皇帝之子。霖之诸子，与国至亲，高贵乡公髦有大成之量，其以为明皇帝嗣。"

高贵乡公讳髦，字彦士，文帝孙，东海定王霖子也。正始五年，封郯县高贵乡公。少好学，夙成。齐王废，公卿议迎立公。十月己丑，公至于玄武馆，群臣奏请舍前殿，公以先帝旧处，避止西厢；群臣又请以法驾迎，公不听。庚寅，公入于洛阳，群臣迎拜西掖门南，公下舆将答拜，傧者请曰："仪不拜。"公曰："吾人臣也。"遂答拜。至止车门下舆。左右曰："旧乘舆入。"公曰："吾被皇太后征，未知所为！"遂步至太极东堂，见于太后。其日即皇帝位于太极前殿，百僚陪位者欣欣焉。诏曰："昔三祖神武圣德，应天受祚。齐王嗣位，肆行非度，颠覆厥德。皇太后深惟社稷之重，延纳宰辅之谋，用替厥位，集大命于余一人。以眇眇之身，托于王公之上，夙夜祗畏，惧不能嗣守祖宗之大训，恢中兴之弘业，战战兢兢，如临于谷。今群公卿士股肱之辅，四方征镇宣力之佐，皆积德累功，忠勤帝室；庶凭先祖先父有德之臣，左右小子，用保乂皇家，俾朕蒙闇，垂拱而治。盖闻人君之道，德厚侔天地，润泽施四海，先之以慈爱，示之以好恶，然后教化行于上，兆民听于下。朕虽不德，昧于大道，思与宇内共臻兹路。《书》不云乎：'安民则惠，黎民怀之。'"大赦，改元。减乘舆服御，后宫用度，及罢尚方御府百工技巧靡丽无益之物。

正元元年冬十月壬辰，遣侍中持节分适四方，观风俗，劳士民，察冤枉失职者。癸巳，假大将军司马景王黄钺，入朝不趋，奏事不名，剑履上殿。戊戌，黄龙见于郏井中。甲辰，命有司论废立定策之功，封爵、增邑、进位、班赐各有差。

二年春正月乙丑，镇东将军毌丘俭、扬州刺史文钦反。戊寅，大将军司马景王征之。癸未，车骑将军郭淮薨。闰月己亥，破钦于乐嘉。钦遁走，遂奔吴。甲辰，安风津都尉斩俭，传首京都。壬子，复特赦淮南士民诸为俭、钦所诖误者。以镇南将军诸葛诞为镇东大将军。司马景王薨于许昌。二月丁巳，以卫将军司马文王为大将军，录尚书事。

甲子，吴大将孙峻等众号十万至寿春，诸葛诞拒击破之，斩吴左将军刘赞，献捷于京都。三月，立皇后卞氏，大赦。夏四月甲寅，封后父卞隆为列侯。甲戌，以征南大将军王昶为骠骑将军。秋七月，以征东大将军胡遵为卫将军，镇东大将军诸葛诞为征东大将军。

八月辛亥，蜀大将军姜维寇狄道，雍州刺史王经与战洮西，经大败，还保狄道城。辛未，以长水校尉邓艾行安西将军，与征西将军陈泰并力拒维。戊辰，复遣太尉司马孚为后继。九月庚子，讲《尚书》业终，赐执经亲授者司空郑冲、侍中郑小同等各有差。甲辰，姜维退还。冬十月，诏曰："朕以寡德，不能式遏寇虐，乃令蜀贼陆梁边陲。洮西之战，至取负败，将士死亡，计以千数，或没命战场，冤魂不反，或牵掣虏手，流离异域，吾深痛愍，为之悼心。其令所在郡典农及安抚夷二护军各部大吏慰恤其门户，无差赋役一年；其力战死事者，皆如旧科，勿有所漏。"

十一月甲午，以陇右四郡及金城连年受敌，或亡叛投贼，其亲戚留在本土者不安，皆特赦之。癸丑，诏曰："往者洮西之战，将吏士民或临陈战亡，或沉溺洮水，骸骨不收，弃于原野，吾常痛之。其告征西、安西将军，各令部人于战处及水次钩求尸丧，收敛藏埋，以慰存亡。"

甘露元年春正月辛丑，青龙见轵县井中。乙巳，沛王林薨。

夏四月庚戌，赐大将军司马文王衮冕之服，赤舄副焉。

丙辰，帝幸太学，问诸儒曰："圣人幽赞神明，仰观俯察，始作八卦，后圣重之为六十四，立爻以极数，凡斯大义，罔有不备，而夏有《连山》，殷有《归藏》，周曰《周易》，《易》之书，其故何也？"《易》博士淳于俊对曰："包羲因燧皇之图而制八卦，神农演之为六十四，黄帝、尧、舜通其变，三代随时，质文各繇其事。故《易》者，变易也，名曰《连山》，似山出内云气，连天地也；《归藏》者，万事莫不归藏于其中也。"帝又曰："若使包羲因燧皇而作《易》，孔子何以不云燧人氏没包羲氏作乎？"俊不能答。帝又问曰："孔子作彖、象，郑玄作注，虽圣贤不同，其所释经义一也。今彖、象不与经文相连，而注连之，何也？"俊对曰："郑玄合彖、象于经者，欲使学者寻省易了也。"帝曰："若郑玄合之，于学诚便，则孔子曷为不合以了学者乎？"俊对曰："孔子恐其与文王相乱，是以不合，此圣人以不合为谦。”帝曰：“若圣人以不合为谦，则郑玄何独不谦邪？”俊对曰：“古义弘深，圣问奥远，非臣所能详尽。”帝又问曰：“《系辞》云‘黄帝、尧、舜垂衣裳而天下治’，此包羲、神农之世为无衣裳。但圣人化天下，何殊异尔邪？”俊对曰：“三皇之时，人寡而禽兽众，故取其羽皮而天下用足，及至黄帝，人众而禽兽寡，是以作为衣裳以济时变也。”帝又问：“乾为天，而复为金，为玉，为老马，与细物并邪？”俊对曰：“圣人取象，或远或近，近取诸物，远则天地。”

讲《易》毕，复命讲《尚书》。帝问曰：“郑玄曰‘稽古同天，言尧同于天也’。王肃云‘尧顺考古道而行之’。二义不同，何者为是？”博士庾峻对曰：“先儒所执，各有乖异，臣不足以定之。然《洪范》称‘三人占，从二人之言’。贾、马及肃皆以为‘顺考古道’。以《洪范》言之，肃义为长。”帝曰：“仲尼言‘唯天为大，唯尧则之’，尧之大美，在乎则天，顺考古道，非其至也。今发篇开义以明圣德，而舍其大，更称其细，岂作者之意邪？”峻对曰：“臣奉遵师说，未喻大义，至于折中，裁之圣思。”次及四岳举鲧，帝又问曰：“夫大人者，与天地合其德，与日月合其明，思无不周，明无不照，今王肃云‘尧意不能明鲧，是以试用’。如此，圣人之明有所未尽邪？”峻对曰：“虽圣人之弘，犹有所未尽，故禹曰‘知人则哲，惟帝难之’。然卒能改授圣贤，缉熙庶绩，亦所以成圣也。”帝曰：“夫有始有卒，其唯圣人。若不能始，何以为圣？其言‘惟帝难之’，然卒能改授，盖谓知人。圣人所难，非不尽之言也。经云：‘知人则哲，能官人。’若尧疑鲧，试之九年，官人失叙，何得谓之圣哲？”峻对曰：“臣窃观经传，圣人行事不能无失，是以尧失之四凶，周公失之二叔，仲尼失之宰予。”帝曰：“尧之任鲧，九载无成，汩陈五行，民用昏垫。至于仲尼失之宰予，言行之间，轻重不同也。至于周公、管、蔡之事，亦《尚书》所载，皆博士所当通也。”峻对曰：“此皆先贤所疑，非臣寡见所能究论。”次及“有鳏在下曰虞舜”，帝问曰：“当尧之时，洪水为害，四凶在朝，宜速登贤圣济斯民之时也。舜年在既立，圣德光明，而久不进用，何也？”峻对曰：“尧咨嗟求贤，欲逊己位，岳曰‘否德忝帝位’。尧复使岳扬举仄陋，然后荐舜。荐舜之本，实由于尧，此盖圣人欲尽众心也。”帝曰：“尧既闻舜而不登用，又时忠臣亦不进达，乃使岳扬仄陋而后荐举，非急于用圣恤民之谓也。”峻对曰：“非臣愚见所能逮及。”

于是复命讲《礼记》。帝问曰：“‘太上立德，其次务施报’。为治何由而教化各异，皆修何政而能致于立德，施而不报乎？”博士马照对曰：“太上立德，谓三皇五帝之世以德化民，其次报施，谓三王之世以礼为治也。”帝曰：“二者致化薄厚不同，将主有优劣邪？时使之然乎？”照对曰：“诚由时有朴文，故化有薄厚也。”

五月，邺及上洛并言甘露降。夏六月丙午，改元为甘露。乙丑，青龙见元城县界井中。秋七月己卯，卫将军胡遵薨。

癸未，安西将军邓艾大破蜀大将姜维于上邽。诏曰：“兵未极武，丑虏摧破，斩首获生，动以万计，自顷战克，无如此者。今遣使者犒赐将士，大会临飨，饮宴终日，称朕意焉。”

八月庚午，命大将军司马文王加号大都督，奏事不名，假黄钺。癸酉，以太尉司马孚为太傅。九月，以司徒高柔为太尉。冬十月，以司空郑冲为司徒，尚书左仆射卢毓为司空。

二年春二月，青龙见温县井中。三月，司空卢毓薨。

夏四月癸卯，诏曰：“玄菟郡高显县吏民反叛，长郑熙为贼所杀。民王简负担熙丧，晨夜星行，远致本州，忠节可嘉。其特拜简为忠义都尉，以旌殊行。”

甲子，以征东大将军诸葛诞为司空。

五月辛未，帝幸辟雍，会命群臣赋诗。侍中和逌、尚书陈骞等作诗稽留，有司奏免官。诏曰：“吾以暗昧，爱好文雅，广延诗赋，以知得失，而乃尔纷纭，良用反仄。其原逌等。主者宜敕自今以后，群臣皆当玩习古义，修明经典，称朕意焉。”

乙亥，诸葛诞不就征，发兵反，杀扬州刺史乐綝。丙子，赦淮南将吏士民为诞所诖误者。丁丑，诏曰：“诸葛诞造为凶乱，荡覆扬州。昔黥布逆叛，汉祖亲戎，隗嚣违戾，光武西伐，及烈祖明皇帝躬征吴、蜀，皆所以奋扬赫斯，震耀威武也。今宜皇太后与朕暂共临戎，速定丑虏，时宁东夏。”己卯，诏曰：“诸葛诞造构逆乱，迫胁忠义，平寇将军临渭亭侯庞会、骑督偏将军路蕃，各将左右，斩门突出，忠壮勇烈，所宜嘉异。其进会爵乡侯，蕃封亭侯。”

六月乙巳，诏：“吴使持节都督夏口诸军事镇军将军沙羡侯孙壹，贼之枝属，位为上将，畏天知命，深鉴祸福，翻然举众，远归大国，虽微子去殷，乐毅遁燕，无以加之。其以壹为侍中车骑将军、假节、交州牧、吴侯，开府辟召仪同三司，依古侯伯八命之礼，衮冕赤舄，事从丰厚。”

甲子，诏曰："今车驾驻项，大将军恭行天罚，前临淮浦。昔相国大司马征讨，皆与尚书俱行，今宜如旧。"乃令散骑常侍裴秀、给事黄门侍郎钟会咸与大将军俱行。秋八月，诏曰："昔燕剌王谋反，韩谊等谏而死，汉朝显登其子。诸葛诞创造凶乱，主簿宣隆、部曲督秦絜秉节守义，临事固争，为诞所杀，所谓无比干之亲而受其戮者。其以隆、絜子为骑都尉，加以赠赐，光示远近，以殊忠义。"

九月，大赦。冬十二月，吴大将全端、全怿等率众降。

三年春二月，大将军司马文王陷寿春城，斩诸葛诞。三月，诏曰："古者克敌，收其尸以为京观，所以惩昏逆而章武功也。汉孝武元鼎中，改桐乡为闻喜，新乡为获嘉，以著南越之亡。大将军亲总六戎，营据丘头，内夷群凶，外殄寇虏，功济兆民，声振四海。克敌之地，宜有令名，其改丘头为武丘，明以武平乱，后世不忘，亦京观二邑之义也。"

夏五月，命大将军司马文王为相国，封晋公，食邑八郡，加之九锡，文王前后九让乃止。

六月丙子，诏曰："昔南阳郡山贼扰攘，欲劫质故太守东里衮，功曹应余独身捍衮，遂免于难。余颠沛殒毙，杀身济君。其下司徒，署余孙伦吏，使蒙伏节之报。"

辛卯，大论淮南之功，封爵行赏各有差。

秋八月甲戌，以骠骑将军王昶为司空。丙寅，诏曰："夫养老兴教，三代所以树风化垂不朽也，必有三老、五更以崇至敬，乞言纳诲，著在惇史，然后六合承流，下观而化。宜妙简德行，以充其选。关内侯王祥，履仁秉义，雅志淳固。关内侯郑小同，温恭孝友，帅礼不忒。其以祥为三老，小同为五更。"车驾亲率群司，躬行古礼焉。

是岁，青龙、黄龙仍见顿丘、冠军、阳夏县界井中。

四年春正月，黄龙二，见宁陵县界井中。夏六月，司空王昶薨。秋七月，陈留王峻薨。冬十月丙寅，分新城郡，复置上庸郡。十一月癸卯，车骑将军孙壹为婢所杀。

五年春正月朔，日有蚀之。夏四月，诏有司率遵前命，复进大将军司马文王位为相国，封晋公，加九锡。

五月己丑，高贵乡公卒，年二十。皇太后令曰："吾以不德，遭家不造。昔援立东海王子髦，以为明帝嗣，见其好书疏文章，冀可成济，而情性暴戾，日月滋甚。吾数呵责，遂更忿恚，造作丑逆不道之言以诬谤吾，遂隔绝两宫。其所言道，不可忍听，非天地所覆载。吾即密有令语大将军，不可以奉宗庙，恐颠覆社稷，死无面目以见先帝。大将军以其尚幼，谓当改心为善，殷勤执据。而此儿忿戾，所行益甚，举弩遥射吾宫，祝当令中吾项，箭亲堕吾前。吾语大将军，不可不废之，前后数十。此儿具闻，自知罪重，便图为弑逆。赂遗吾左右人，令因吾服药，密行鸩毒，重相设计。事已觉露，直欲因际会举兵入西宫杀吾，出取大将军。呼侍中王沈、散骑常侍王业、尚书王经，出怀中黄素诏示之，言今日便当施行。吾之危殆，过于累卵。吾老寡，岂复多惜余命邪？但伤先帝遗意不遂，社稷颠覆为痛耳。赖宗庙之灵，沈、业即驰语大将军，得先严警，而此儿便将左右出云龙门，雷战鼓，躬自拔刃，与左右杂卫共入兵陈间，为前锋所害。此儿既行悖逆不道，而又自陷大祸，重令吾悼心不可言。昔汉昌邑王以罪废为庶人，此儿亦宜以民礼葬之，当令内外咸知此儿所行。又尚书王经，凶逆无状，其收经及家属皆诣廷尉。”

庚寅，太傅孚、文王、太尉柔、司徒冲稽首言：“伏见中令，故高贵乡公悖逆不道，自陷大祸，依汉昌邑王罪废故事，以民礼葬。臣等备位，不能匡救祸乱，式遏奸逆，奉令震悚，肝心悼栗。《春秋》之义，王者无外，而书‘襄王出居于郑’，不能事母，故绝之于位也。今高贵乡公肆行不轨，几危社稷，自取倾覆，人神所绝，葬以民礼，诚当旧典。然臣等伏惟殿下仁慈过隆，虽存大义，犹垂哀矜。臣等之心实有不忍，以为可加恩以王礼葬之。”太后从之。

使使持节行中护军中垒将军司马炎北迎常道乡公璜嗣明帝后。辛卯，群公奏太后曰：“殿下圣德光隆，宁济六合，而犹称令，与藩国同。请自今殿下令书，皆称诏制，如先代故事。”

癸卯，大将军固让相国、晋公、九锡之宠。太后诏曰：“夫有功不隐，《周易》大义，成人之美，古贤所尚，今听所执，出表示外，以章公之谦光焉。”

戊申，大将军文王上言：“高贵乡公率将从驾人兵，拔刃鸣金鼓向臣所止；惧兵刃相接，即敕将士不得有所伤害，违令以军法从事。骑督成倅弟太子舍人济，横入兵陈伤公，遂至殒命；辄收济行军法。臣闻人臣之节，有死无二，事上之义，不敢逃难。前者变故卒至，祸同发机，诚欲委身守死，唯命所裁，然惟本谋乃欲上危皇太后，倾覆宗庙。臣忝当大任，义在安国，惧虽身死，罪责弥重。欲遵伊、周之权，以安社稷之难。即骆驿申饬，不得迫近辇舆，而济遽入陈间，以致大变。哀怛痛恨，五内摧裂，不知何地可以陨坠？科律大逆无道，父母妻子同产皆斩。济凶戾悖逆，干国乱纪，罪不容诛。辄敕侍御史收济家属，付廷尉，结正其罪。”太后诏曰：“夫五刑之罪，莫大于不孝。夫人有子不孝，尚告治之，此儿岂复成人主邪？吾妇人不达大义，以谓济不得便为大逆也。然大将军志意恳切，发言恻怆，故听如所奏。当班下远近，使知本末也。”

六月癸丑，诏曰：“古者人君之为名字，难犯而易讳。今常道乡公讳字甚难避，其朝臣博议改易，列奏。”

陈留王讳奂，字景明，武帝孙，燕王宇子也。甘露三年，封安次县常道乡公。高贵乡公卒，公卿议迎立公。六月甲寅，入于洛阳，见皇太后，是日即皇帝位于太极前殿，大赦，改年，赐民爵及谷帛各有差。

景元元年夏六月丙辰，进大将军司马文王位为相国，封晋公，增封二郡，并前满十，加九锡之礼，一如前诏；诸群从子弟，其未有侯者皆封亭侯，赐钱千万，帛万匹，文王固让乃止。己未，故汉献帝夫人节薨。帝临于华林园，使使持节追谥夫人为献穆皇后。及葬，车服制度皆如汉氏故事。癸亥，以尚书右仆射王观为司空，冬十月，观薨。

十一月，燕王上表贺冬至，称臣。诏曰：“古之王者，或有所不臣，王将宜依此义。表不称臣乎！又当为报。夫后大宗者，降其私亲，况所继者重邪！若便同之臣妾，亦情所未安。其皆依礼典处当，务尽其宜。”有司奏，以为“礼莫崇于尊祖，制莫大于正典。陛下稽德期运，抚临万国，绍大宗之重，隆三祖之基。伏惟燕王体尊戚属，正位藩服，躬秉虔肃，率蹈恭德以先万国；其于正典，阐济大顺，所不得制。圣朝诚宜崇以非常之制，奉以不臣之礼。臣等平议以为燕王章表，可听如旧式。中诏所施，或存好问，准之义类，则‘燕觌之敬’也。可少顺圣敬，加崇仪称，示不敢斥，宜曰‘皇帝敬问大王侍御’。至于制书，国之正典，朝廷所以辨章公制，宣昭轨仪于天下者也。宜循法，故曰‘制诏燕王’。凡诏命、制书、奏事、上书诸称燕王者，可皆上平。其非宗庙助祭之事，皆不得称王名。奏事、上书、文书及吏民皆不得触王讳，以彰殊礼，加于群后。上遵王典尊祖之制，俯顺圣敬烝烝之心，二者不愆，礼实宜之，可普告施行”。

十二月甲申，黄龙见华阴县井中。甲午，以司隶校尉王祥为司空。

二年夏五月朔，日有食之。秋七月，乐浪外夷韩、濊貊各率其属来朝贡。八月戊寅，赵王幹薨。甲寅，复命大将军晋爵晋公，加位相国，备礼崇锡，一如前诏；又固辞乃止。

三年春二月，青龙见于轵县井中。夏四月，辽东郡言肃慎国遣使重译入贡。献其国弓三十张，长三尺五寸，楛矢长一尺八寸，石砮三百枚，皮骨铁杂铠二十领，貂皮四百枚。冬十月，蜀大将姜维寇洮阳，镇西将军邓艾拒之。破维于侯和，维遁走。是岁，诏祀故军祭酒郭嘉于太祖庙庭。

四年春二月，复命大将军进位爵赐一如前诏，又固辞乃止。

夏五月，诏曰："蜀，蕞尔小国，土狭民寡，而姜维虐用其众，曾无废志；往岁破败之后，犹复耕种沓中，刻剥众羌，劳役无已，民不堪命。夫兼弱攻昧，武之善经，致人而不致于人，兵家之上略。蜀所恃赖，唯维而已，因其远离巢窟，用力为易。今使征西将军邓艾督帅诸军，趣甘松、沓中以罗取维，雍州刺史诸葛绪督诸军趣武都、高楼，首尾蹙讨。若擒维，便当东西并进，扫灭巴蜀也。又命镇西将军钟会由骆谷伐蜀。

秋九月，太尉高柔薨。冬十月甲寅，复命大将军进位爵赐一如前诏。癸卯，立皇后卞氏，十一月，大赦。

自邓艾、钟会率众伐蜀，所至辄克。是月，蜀主刘禅诣艾降，巴蜀皆平。十二月庚戌，以司徒郑冲为太保。壬子，分益州为梁州。癸丑，特赦益州士民，复除租赋之半五年。

乙卯，以征西将军邓艾为太尉，镇西将军钟会为司徒。皇太后崩。

咸熙元年春正月壬戌，槛车征邓艾。甲子，行幸长安。壬申，使使者以璧币祀华山。是月，钟会反于蜀，为众所讨；邓艾亦见杀。二月辛卯，特赦诸在益土者。庚申，葬明元郭后。三月丁丑，以司空王祥为太尉，征北将军何曾为司徒，尚书左仆射荀顗为司空。己卯，进晋公爵为王，封十郡，并前二十。丁亥，封刘禅为安乐公。夏五月庚申，相国晋王奏复五等爵。甲戌，改年。癸未，追命舞阳宣文侯为晋宣王，舞阳忠武侯为晋景王。六月，镇西将军卫瓘上雍州兵于成都县获璧玉印各一，印文似"成信"字。依周成王归禾之义，宣示百官，藏于相国府。

初，自平蜀之后，吴寇屯逼永安，遣荆、豫诸军掎角赴救。七月，贼皆遁退。八月庚寅，命中抚军司马炎副贰相国事，以同鲁公拜后之义。

癸巳，诏曰："前逆臣钟会构造反乱，聚集征行将士，劫以兵威。始吐奸谋，发言桀逆，逼胁众人，皆使下议，仓卒之际，莫不惊慑。相国左司马夏侯和、骑士曹属朱抚时使在成都，中领军司马贾辅、郎中羊琇各参会军事；和、琇、抚皆抗节不挠，拒会凶言，临危不顾，词指正烈。辅语散将王起，说‘会奸逆凶暴，欲尽杀将士’，又云‘相国已率三十万众西行讨会’，欲以称张形势，感激众心。起出，以辅言宣语诸军，遂使将士益怀奋励。宜加显宠，以彰忠义。其进和、辅爵为乡侯，琇、抚爵关内侯。起宣传辅言，告令将士，所宜赏异。其以起为部曲将。”

癸卯，以卫将军司马望为骠骑将军。九月戊午，以中抚军司马炎为抚军大将军。

辛未，诏曰："吴贼政刑暴虐，赋敛无极。孙休遣使邓句，敕交阯太守锁送其民，发以为兵。吴将吕兴因民心愤怒，又承王师平定巴蜀，即纠合豪杰，诛除句等。驱逐太守长吏，抚和吏民，以待国命。九真、日南郡闻兴去逆即顺，亦齐心响应，与兴协同。兴移书日南州郡，开示大计，兵临合浦，告以祸福；遣都尉唐谱等诣进乘县，因南中都督护军霍弋上表自陈。又交阯将吏各上表，言‘兴创造事业，大小承命。郡有山寇，入连诸郡，惧其计异，各有携贰。权时之宜，以兴为督交阯诸军事、上大将军、定安县侯，乞赐褒奖，以慰边荒’。乃心款诚，形于辞旨。昔仪父朝鲁，《春秋》所美；窦融归汉，待以殊礼。今国威远震，抚怀六合，方包举殊裔，混一四表。兴首向王化，举众稽服，万里驰义，请吏帅职，宜加宠遇，崇其爵位。既使兴等怀忠感悦，远人闻之，必皆竞劝。其以兴为使持节、都督交州诸军事、南中大将军，封定安县侯，得以便宜从事，先行后上。"策命未至，兴为下人所杀。

冬十月丁亥，诏曰："昔圣帝明王，静乱济世，保大定功，文武殊涂，勋烈同归。是故或舞干戚以训不庭，或陈师旅以威暴慢。至于爱民全国，康惠庶类，必先修文教，示之轨仪，不得已然后用兵，此盛德之所同也。往者季汉分崩，九土颠覆，刘备、孙权乘间作祸。三祖绥宁中夏，日不暇给，遂使遗寇僭逆历世。幸赖宗庙威灵，宰辅忠武，爰发四方，拓定庸、蜀，役不浃时，一征而克。自顷江表衰弊，政刑荒暗，巴、汉平定，孤危无援，交、荆、扬、越，靡然向风。今交阯伪将吕兴已帅三郡，万里归命；武陵邑侯相严等纠合五县，请为臣妾；豫章庐陵山民举众叛吴，以助北将军为号。又孙休病死，主帅改易，国内乖违，人各有心。伪将施绩，贼之名臣，怀疑自猜，深见忌恶。众叛亲离，莫有固志，自古及今，未有亡征若此之甚。若六军震曜，南临江、汉，吴会之域必扶老携幼以迎王师，必然之理也。然兴动大众，犹有劳费，宜告喻威德，开示仁信，使知顺附和同之利。相国参军事徐绍、水曹掾孙彧，昔在寿春，并见虏获。绍本伪南陵督，才质开壮；彧，孙权支属，忠良见事。其遣绍南还，以彧为副，宣扬国命，告喻吴人，诸所示语，皆以事实，若其觉悟，不损征伐之计，盖庙胜长算，自古之道也。其以绍兼散骑常侍，加奉车都尉，封都亭侯；彧兼给事黄门侍郎，赐爵关内侯。绍等所赐妾及男女家人在此者，悉听自随，以明国恩，不必使还，以开广大信。"

丙午，命抚军大将军新昌乡侯炎为晋世子。是岁，罢屯田官以均政役，诸典农皆为太守，都尉皆为令长；劝募蜀人能内移者，给禀二年，复除二十岁。安弥、福禄县各言嘉禾生。

二年春二月甲辰，朐腮县获灵龟以献，归之于相国府。庚戌，以虎贲张脩昔于成都驰马至诸营言钟会反逆，以至没身，赐脩弟倚爵关内侯。夏四月，南深泽县言甘露降。吴遣使纪陟、弘璆请和。

五月，诏曰："相国晋王诞敷神虑，光被四海；震耀武功，则威盖殊荒；流风迈化，则旁洽无外。愍恤江表，务存济育，戢武崇仁，示以威德。文告所加，承风响慕，遣使纳献，以明委顺，方宝纤珍，欢以效意。而王谦让之至，一皆簿送，非所以慰副初附，从其款愿也。孙晧诸所献致，其皆还送，归之于王，以协古义。"王固辞乃止。又命晋王冕十有二旒，建天子旌旗，出警入跸，乘金根车、六马，备五时副车，置旄头云罕，乐舞八佾，设钟虡宫县。进王妃为王后，世子为太子，王子、王女、王孙，爵命之号如旧仪。癸未，大赦。秋八月辛卯，相国晋王薨。壬辰，晋太子炎绍封袭位，总摄百揆，备物典册，一皆如前。是月，襄武县言有大人见，长三丈余，迹长三尺二寸，白发，著黄单衣，黄巾，拄杖，呼民王始语云："今当太平。"九月乙未，大赦。戊午，司徒何曾为晋丞相。癸亥，以骠骑将军司马望为司徒，征东大将军石苞为骠骑将军，征南大将军陈骞为车骑将军。乙亥，葬晋文王。闰月庚辰，康居、大宛献名马，归于相国府，以显怀万国致远之勋。

十二月壬戌，天禄永终，历数在晋。诏群公卿士具仪设坛于南郊，使使者奉皇帝玺绶册，禅位于晋嗣王，如汉魏故事。甲子，使使者奉策。遂改次于金墉城，而终馆于邺，时年二十。

评曰：古者以天下为公，唯贤是与。后代世位，立子以適；若適嗣不继，则宜取旁亲明德。若汉之文、宣者，斯不易之常准也。明帝既不能然，情系私爱，抚养婴孩，传以大器，托付不专，必参枝族。终于曹爽诛夷，齐王替位。高贵公才慧夙成，好问尚辞，盖亦文帝之风流也；然轻躁忿肆，自蹈大祸。陈留王恭己南面，宰辅统政，仰遵前式，揖让而禅，遂飨封大国，作宾于晋，比之山阳，班宠有加焉。

【译文】

齐王名芳，字兰卿。明帝没有儿子，于是抱养齐王曹芳和秦王曹询；宫禁中的事情都很机密，没有人知道两个人的来历。青龙三年，拥立他做了齐王。景初三年正月初一，明帝病重，才立曹芳为皇太子。当天，曹芳即帝位，发布大赦令。尊皇后为皇太后。大将军曹爽、太尉宣王司马懿辅政。下诏说："朕以渺小之身，继承宏大的基业，孤独且沉浸在丧事的悲痛中，没有地方倾诉。大将军、太尉接受先帝的遗命，辅佐在朕的左右，司徒、司空、冢宰、元辅统率朝廷百官，使国家得到安宁，诸君要和公卿大夫们勉励自己的意志，以使朕满意。那些正在兴建的宫殿工程，全都按照先帝遗诏停止。官府中六十岁以上的奴婢，放免为良人。"二月，西域地区派译使进献火浣布，下诏让大将军、太尉亲自演示给百官看。

二十一日，下诏说："太尉坚守正直之道，给本朝三代君主尽忠，南擒孟达，西破蜀军，东灭公孙渊，功勋海内第一。以前周成王建立太保太傅这样的官职，近代的汉明帝很宠爱邓禹，是因为要优待才能出众的人，必然要给予尊崇职位。现在任命太尉司马懿为太傅，仍像以前那样持符节统率都督诸军事。"三月，任命征东将军满宠为太尉。夏六月，因为辽东郡新沓县的官吏民众渡海居住到齐郡界内，把原来的纵城改为新沓县安置迁徙的民众。秋七月，皇帝开始亲自临朝，听取公卿百官上奏政事。八月，宣布大赦。冬十月，任命镇南将军黄权为车骑将军。

十二月，皇帝下诏说："烈祖明皇帝在正月放弃天下而离开，作为臣子要永远记着先皇忌日的哀痛，现在恢复使用夏历；这虽然违背先帝通行三统的意思，然而，这是由于礼制的原因所决定的。还有夏历在历数上与天时季节的变化正相符，现改为以夏历的正月为正始元年正月，以夏历的十二月为后十二月。"

正始元年春季二月乙丑这一天，加封侍中中书监刘放、侍中中书令孙资为左右光禄大夫。丙戌那天，由于辽东郡的汶、北丰两县百姓大规模渡海迁徙，所以又划出齐郡的西安、临淄、昌国三个县设置新汶、南丰县，让迁徙来的流民定居。

自前一年冬天十二月到这个月一直没有下雨。丙寅那天，下诏令各地司法官员马上平反冤案，清理并且释放犯轻罪的人；公卿群臣有什么高见和谋略，各自尽管提出来。夏季四月，车骑将军黄权去世。秋季七月，少帝曹芳下诏说："《易经》说'损上益下'，用制度进行调节，不白白耗费资财，不伤害百姓。现在百姓贫困，不得温饱，而宫中却大量用金银制作杂物，要用来干什么呢？现在拿出用黄金白银做成的用品一百五十种，共一千八百多斤，全部销毁重新冶炼，来供给军用。"八月，少帝曹芳视察洛阳一带秋季的庄稼，对于老年与努力种田的人给予不同程度的赏赐。

正始二年春二月，皇帝开始学习研读《论语》，派遣太常带着牛、羊、猪三牲到太学辟雍祭祀孔子，以颜渊配祭。

夏五月，孙吴将领朱然等攻打襄阳的樊城，太傅宣王司马懿率军队抵御。六月辛丑日，吴军撤退，己卯日，任命征东将军王凌为车骑将军。冬十二月，南安郡发生地震。

正始三年春正月，东平王曹徽去世。三月，太尉满宠去世。秋七月甲申日，南安郡发生地震。乙酉日，任命领军将军蒋济为太尉。冬十二月，魏郡发生地震。

正始四年春正月，皇帝举行冠礼，赏赐群臣都不同。夏四月乙卯日，把甄氏立为皇后，发布大赦令。五月初一日，发生日食，太阳全被吞没。秋七月，皇帝下诏在太祖庙中祭祀已故的大司马曹真、曹休、征南大将军夏侯尚、太常桓阶、司空陈群、太傅钟繇、车骑将军张郃、左将军徐晃、前将军张辽、右将军乐进、太尉华歆、司徒王朗、骠骑将军曹洪、征西将军夏侯渊、后将军朱灵、文聘、执金吾臧霸、破虏将军李典、立义将军庞德、武猛校尉典韦。冬十二月，日本国女王倭弥呼派遣使臣进贡奉献。

正始五年春季二月，下诏命令大将军曹爽率领军队征伐蜀国。夏季四月初一，出现日食。五月初八日，曹芳讲《尚书》的寓意，命令太常用太牢礼在辟雍祭祀孔子，以颜渊配享；赏赐太傅、大将军及侍讲的人各有差别。二十一日，大将军曹爽率军返回。秋季八月，秦王曹询去世。九月，鲜卑来归附，设置辽东属国，建立昌黎县给他们居住。冬季十一月，下诏在曹操庙庭祭祀已故尚书令荀攸。二十七日，恢复秦国为京兆郡。十二月，司空崔林去世。

正始六年春季二月十七日，南安郡发生地震。二十六日，任命骠骑将军赵俨为司空；夏季六月，赵俨去世。八月十九日，任命太常高柔为司空。九月十六日，任命左光禄大夫刘放为骠骑将军，右光禄大夫孙资为卫将军。冬季十一月，在太祖庙合祭祖先神主，开始祭祀前已经评定了祭祀的二十一位辅佐大臣。十二月初五日，下诏把已经去世的司徒王朗所撰《易传》，作为学习《易》学的人必须考核的内容。二十九日，下诏说："明天大会群臣，太傅司马懿可乘车上殿。"

正始七年春二月，幽州刺史毌丘俭讨伐高句骊，夏五月，又出征濊貊，两次出征都打败敌军。韩那奚等数十国各率其部族投降。秋八月六日，皇帝下诏说："我派人到市上看到官府所辞退而出卖的奴婢，年纪都在七十岁上下，其中就有病弱残废者，正是通常所说百姓中的穷困者。而官府却以他们年老力衰而卖掉，使他们进退无路，现在把这些人一律免放为良民，对其中已失去生活能力的，由郡县负责救济他们。"

初七日，下诏书说："我应该在十九日亲自去祭祀祖先，昨天出去看见在修整道路，如果遇到下雨又要重新修筑，白白地浪费了工夫。每当想到百姓劳力少徭役多，日夜都把这事放在心上。道路只要畅通便利就好，听说为此鞭打了老少民工，一味重视修饰，百姓疲劳困苦，以致哀叹不已，我怎能安心沿着这条路乘车而走，向宗庙敬献美好的德行呢？从今以后，要公开明确我的意思。"冬十二月，讲述《礼记》，派遣太常用三牲在辟雍祭祀孔子，以颜渊配享。

正始八年春二月初一日，发生日食。夏五月，分出河东郡汾水以北十县为平阳郡。

秋季七月，尚书何晏上奏说："善于治理国家的人一定要先修治自身，善于修治自身的人要慎重地对待他可能习染的东西。所习染的东西是正当的，那么他自身就会公正，自身公正那么没有法令的约束也会择善而行。所习染的东西是不正当的，那么他自身就不会公正，自身不公正则明明知道法令禁止仍然要肆意妄为。所以作为君主的人，与人交往必须要选择有德行的正人君子，所观看的必须是合乎礼法的东西，抛弃奢靡的郑声不要去听，疏远奸邪的人不去亲近，这样就不会产生邪念而一心弘扬正道了。末代昏庸的帝王，不知道应该如何做，排斥和疏远君子，宠幸小人，疏远忠良，崇信阿谀奉承的人。祸乱往往从他们亲近的人中产生，这种帝王身边仗势作恶的人，就好像托身土地庙的老鼠；帝王昏庸还是圣明，都是慢慢积累起来的。所以圣贤总是谆谆教诲，认为这是最应该考虑的。舜告诫禹大说‘邻哉邻哉’，是说要谨慎选择所接近的臣子。周公告诫成王说‘其朋其朋’，是说要慎重选择交往的友人。《尚书》中说‘为君王者一人做了好事，天下百姓都赖以享受好处’。恳请从今以后，陛下亲临式乾殿或到后园游乐的时候，都由大臣陪同侍奉。以便在游乐宴饮的同时，审阅文书奏章，商议朝政大事，探讨经书大义。可以把这确定为世世代代效法的准则。”

冬季十二月，散骑常侍、谏议大夫孔乂进奏说：“按照礼制，天子的宫室，屋椽要加以雕饰、磨平，但是没有用朱红色涂饰的。应该遵循礼制，恢复古代的制度。现在天下已经平定，君臣的地位分明，陛下只要不松懈自己的职责，用公正之心，审慎地行使赏罚的权力来使用臣下。可以不必再在后园学习骑马，外出时一定要乘坐车轿。这是天下的福分，也是我们臣子的愿望。”何晏、孔乂都是针对曹芳的不足来进行规劝的。

正始九年春二月，卫将军中书令孙资，癸巳，骠骑将军中书监刘放，三月初一日，司徒卫臻，各自退位，以侯爵的身份回家，授以特进之位。四月，任命司空高柔为司徒；任命光禄大夫徐邈为司空，徐邈坚决推辞不接受。秋九月，任命车骑将军王淩为司空。冬十月，大风掀翻屋顶，吹折树木。

嘉平元年春季正月初六日，皇帝临幸高平陵。太傅司马懿上奏罢免大将军曹爽、曹爽的弟弟中领军曹羲、武卫将军曹训、散骑常侍曹彦官职，以侯爵身份回家。初十日，有关官员上奏逮捕黄门张当交付廷尉，查实他的口供，确认曹爽和他图谋不轨。还有尚书丁谧、邓飏、何晏、司隶校尉毕轨、荆州刺史李胜、大司农桓范都与曹爽勾结谋反。被处死，诛灭三族。这件事被记载在《曹爽传》里。十八日，实行大赦。十九日，任命太傅司马懿为丞相，司马懿坚决辞让，才作罢。

夏四月乙丑日，改年号。丙子日，太尉蒋济去世。冬十二月辛卯日，任司空王淩为太尉。庚子日，任命司隶校尉孙礼为司空。

嘉平二年夏五月，任命征西将军郭淮为车骑将军。冬十月，任命特进孙资为骠骑将军。十一月，司空孙礼去世。十二月甲辰日，东海王曹霖去世。乙未日，征南将军王昶渡过长江，突然向吴军发起攻击，将吴军打败。

嘉平三年春正月，荆州刺史王基、新城太守州泰攻打吴军，打败了吴军，敌军投降的有几千人。二月，设置南郡的夷陵县来让降附者居住。三月，任命尚书令司马孚为司空。四月甲申日，任命征南将军王昶为征南大将军。壬申日，发布大赦令。五月丙午日，听说太尉王凌谋划废黜皇帝，另立楚王曹彪为帝；太傅司马懿东征王凌。五月甲寅日，王凌自杀。六月，赐曹彪死。秋七月壬戌日，皇后甄氏去世。辛未日，任司空司马孚为太尉。八月戊寅日，太傅宣王司马懿去世，任命卫将军景王司马师为抚军大将军，录尚书事。乙未日，把甄皇后安葬在太清陵。庚子日，骠骑将军孙资去世。十一月，有关部门上奏，应当在太祖庙中飨食的功臣，重新根据职位的高低排顺序，已故太傅宣王司马懿功高位尊，在最上。十二月，任光禄勋郑冲为司空。

嘉平四年正月癸卯这一天，任命抚军大将军司马师为大将军。二月，册立张皇后，天下大赦。夏季五月，有两条鱼在京师兵器仓库的屋顶上被发现。冬季十一月，派遣征南大将军王昶、征东将军胡遵、镇南将军毌丘俭等征讨吴国。十二月，吴国大将军诸葛恪率军迎战，在东关大败各路军队，魏军失败撤退。

嘉平五年夏季四月，大赦天下。五月，吴国太傅诸葛恪围攻合肥新城，少帝曹芳下诏令太尉司马孚迎战。秋季七月，诸葛恪撤兵。

八月，少帝曹芳下诏说："已经去世的中郎西平人郭脩，节操高尚，行为可嘉，保持忠心，坚贞不屈。以前蜀国将领姜维进犯西平郡，郭脩被蜀军俘虏。去年，蜀国大将军费祎率领兵马，阴谋侵犯我国边境。路经汉寿的时候，大宴宾客，郭脩在大庭广众之中，亲手刺死费祎。他的勇敢超过了聂政，功绩高过了傅介子。真可以说是杀身成仁、舍生取义的壮士。追加荣誉，是为了表扬忠诚正义的行为；赐福给他的后人，是为了鼓励后来的人仿效。现追封郭修为长乐乡侯，享受一千户的赋税，赐谥号威侯；由他的儿子继承爵位，另外再任命为奉车都尉，赐白银一千，绢帛一千匹，以此来作为死者和生者的荣耀，并使郭脩的行为永远流传后世。"

从曹芳即帝位到这一年，有很多的郡国县道被撤销或新增，不久又恢复原样，事例太多不能全记下来。

嘉平六年春二月初一日，镇东将军毌丘俭上书说："当初诸葛恪围困合肥新城的时候，城中派遣士兵刘整突围传递消息，被敌人抓住，拷问他所传的消息，他们对刘整说：'诸葛将军想饶你不死，你要彻底交代。'刘整大骂道：'死狗，说的什么话！我死为魏国的鬼，绝对不会苟安偷生，按你的要求做。要杀就杀。'始终没说别的话。城中又派遣士兵郑像出城传递消息，有人告诉了诸葛恪。诸葛恪派遣骑兵寻找搜索，把郑像抓住并且带回。四五个士兵用马缰绳拴住郑像的头，带着他在城外绕，并让他对城内喊话，说‘救援大军已撤回洛阳，不如早早投降’。郑像不但没有听他们的话，反而对城中大喊，说：‘救援大军近在城外，壮士们努力呀！’敌人用刀拍打他的嘴，使他不能说话，郑像便大喊大叫，让城中听见。刘整、郑像身为士兵，能坚守大义保持节操，他们的子弟应当受到封赏。”皇帝下诏说：“显贵的爵位用来褒奖大功，重赏用来尊崇烈士。刘整、郑像是招募来传递消息的，跨越重围，冒敌刀剑，不惜生命，坚守信义，不幸被捕，刚正的气节越发昂扬，宣扬朝廷军队的强大威势，安定守城士兵的恐惧心理，不顾危难，完成传达消息的使命。过去解杨被楚军俘获，宁死也不说二话，齐国的路中大夫用生命来完成使命，与刘整、郑像相比，也没有超过他们。现在追赐刘整、郑像关中侯的爵位，从士家名册上除名，让他们的儿子承袭爵位，对他们的待遇应像阵亡的部将一样。”

二十二日，中书令李丰和皇后的父亲光禄大夫张缉等人暗地里谋划废除改换执政大臣，让太常夏侯玄做大将军。事情泄露，与此事有联系的人都被处死。二十三日，实行大赦。三月，废黜皇后张氏。夏季四月，立王氏为皇后，实行大赦。五月，封皇后的父亲奉车都尉王夔为广明乡侯、光禄大夫，赐位特进，封王夔的妻子田氏为宣阳乡君。秋季九月，大将军司马师想要废掉曹芳，上告皇太后。十九日，太后下令说：“皇帝曹芳已经成年，不亲理国家大事，却沉溺姬妾之中，迷恋女色，每天让倡优歌舞，恣意戏谑，丑态百出；把后宫的家人留住在内房，败坏了人伦次序，搞乱了男女礼节；恭敬孝顺的品德逐渐减少，狂乱傲慢的行为越加厉害，不可以继承帝业，奉祀宗庙。派遣兼太尉高柔持策书，用礼牛告祭宗庙，遣送曹芳回封地齐国，以让出皇帝之位。”当天，曹芳迁到另外的宫室居住，时年二十三岁。使节持符节护送出宫，在河内郡的重门营建齐王宫，礼制与诸侯国一样。

二十二日，郭太后下令说：“东海王曹霖，是高祖文皇帝的儿子。曹霖的儿子们，与皇族关系十分密切，高贵乡公曹髦能成就帝王之业，让他作为明皇帝的继承人。”

高贵乡公名曹髦，字彦士，文帝的孙子，是东海定王曹霖的儿子。正始五年，分封爵位郯县高贵乡公。从小喜欢学习，早年就有成人的智慧。齐王曹芳被废后，公卿商议迎立高贵乡公。十月初四日，高贵乡公到达玄武馆，群臣上奏请他住在前殿。高贵乡公认为那是先帝住过的地方，就回避到西厢房；群臣又请求用皇帝的礼仪专车进城，高贵乡公不让。初五日，高贵乡公进入洛阳，群臣在西掖门跪拜迎接他。他要下车拜答，礼宾司仪说："按照礼仪不必回拜。"高贵乡公说："我也是臣子呀。"于是下车答拜。到止车门下车要步行。左右侍从说："按照以往的制度皇帝不下车。"高贵乡公说："皇太后征召我，还不知道要干什么。"就步行到达太极殿东堂，参见太后。当天便在太极前殿登上皇帝位，参加仪式的百官们无不欣慰和喜悦。皇帝下诏说："过去太祖、高祖、烈祖建有非凡的武功和圣明的美德，应天受命。齐王即位，任意胡为无视法度，败坏道德。皇太后深知江山社稷的重要，采纳辅臣的意见，改变了他的皇位，把重大的责任交给了我。我这微小的人，居于王公之上，日夜敬畏，害怕不能恪守祖宗的重大训诫，光大中兴的大事业，战战兢兢，像站在深渊边上一样。现在在朝廷辅佐的公卿大臣，在地方镇守的得力将领，全都积累了功德，忠于王朝；我希望先祖先父的有德之臣辅佐我，来保护安定大魏皇室，使我这个蒙昧无知的人，能够垂衣拱手治理天下。我听说做君主的，应该具有天地一般高尚、深厚的美德，使所有的人都得到恩惠；给他们慈爱，告诉他们什么是对什么是错。这样就会上边朝廷实行教化，下面百姓俯首听命。我虽然没有美德，不懂得治国大道，但却想和天下人一起到达这样的目标。《尚书》说：'使百姓安定就是恩惠，百姓就会怀念。'"于是实行大赦，改换年号。减少所用车辆、服饰和后宫的开销，停止尚方府工匠生产华丽精巧却没有用处的东西。

正元元年冬十月初七日，派遣侍中持符节分别奔赴四方，观察各地的风俗，慰问士人百姓，审察平民遭受冤枉、官吏玩忽职守的情况。初八日，赐给大将军司马师黄钺，入朝可以不必快步走，上奏也不称名，可以佩剑穿鞋上殿。十三日，黄龙在邺城的井中出现。十九日，命令有关官员评定参与废立之事人的功劳，分封爵位、增加食邑、提升官职、奖赐各不相同。

正元二年春正月十二日，镇东将军毌丘俭、扬州刺史文钦造反。二十五日，大将军司马师征讨他们。三十日，车骑将军郭淮去世。闰正月十六日，司马师在乐嘉县打败文钦。文钦逃走，投奔吴国。二十一日，安风津都尉斩杀毌丘俭，把他的首级送到京都洛阳。二十九日，又特赦那些被毌丘俭、文钦欺骗的淮南士人和老百姓。任命镇南将军诸葛诞为镇东大将军。司马师在许昌去世。二月初五日，任命卫将军司马昭为大将军，总领尚书政事。

十二日，吴国大将孙峻等号称率领十万人到达寿春，诸葛诞迎击并且打败了他们，斩杀了吴国左将军刘赞，将俘虏和战利品进献京都。三月，立卞氏为皇后，实行大赦。夏四月初三日，册封皇后的父亲卞隆为列侯。二十三日，任命征南大将军王昶为骠骑将军。秋七月，任命征东大将军胡遵为卫将军，镇东大将军诸葛诞为征东大将军。

八月辛亥日，蜀国大将军姜维攻打狄道县，雍州刺史王经与姜维在洮西战斗，王经被打败，退保狄道城。辛未日，朝廷以长水校尉邓艾代理安西将军，与征西将军陈泰合力迎战姜维。戊辰日，朝廷又派遣太尉司马孚率军作邓艾、陈泰的后援。九月庚子日，为皇帝讲授《尚书》结束，赏赐手持经书亲自教授的司空郑冲、侍中郑小同等各有差别。甲辰日，姜维退军。冬十月，皇帝下诏说："朕因为缺少德泽，不能够遏制敌寇肆虐，才致使蜀贼在边境猖狂。洮西之战，招致失败，将士死亡，计以千数，有的死亡在战场，冤魂不返，有的被敌人俘虏，流离在异地，我深感悲痛，为死亡的将士悼念伤心。现在命令这些阵亡和被俘将士家乡所在的郡太守、典农官，以及安夷护军、抚夷护军，各自派遣重要官员慰问抚恤死亡将士的家属，免除赋役一年；对于努力作战而阵亡的，全都按照从前的规定进行抚恤，不能有所遗漏。"

十一月十六日，因为陇右四郡及金城等地连年受到侵扰，很多人叛逃到西蜀，留在本乡的家人和亲戚出现恐惧不安的情况，特下诏对这些人一律给予特赦。十二月初五日，皇帝又下诏说："前不久的洮西之战，我方将吏士民有的战死沙场，有的溺死于洮水，尸骨无人收敛，暴露在荒野之中，我常常为此事心中难过。特告征西、安西两将军，令部下到战场旧地及河道中寻找阵亡者尸骨，收敛安葬，以慰生者和死者。"

甘露元年春季正月辛丑那天，轵县的水井中出现了青龙。乙巳那天，沛王曹林去世。

夏季四月庚戌这一天，赐给大将军司马昭穿戴绣龙的礼服和冠冕，配上红色的礼鞋。

丙辰那天，皇帝来到太学，问各位儒生说："圣人深明幽深的神明之道，抬头看天象，俯察地理，开始制作八卦，后来的圣贤进而发展成六十四卦，又创立爻辞来穷尽事物的道理，凡是天地人间的事物，没有不包罗在内的，但这部书夏代称作《连山》，殷代称作《归藏》，周代又叫《周易》，《易经》这部书在各代名称不同，是怎么回事？”《易经》博士淳于俊回答说：“包羲氏依据燧皇的图而创立八卦，神农氏将其发展为六十四卦，黄帝、尧、舜分别进行了变通，三代根据时代的变化而变更，文辞有时质朴，有时华美。之所以称作‘易’，意思就是变易，把它叫作《连山》，是形容它好像大山出纳云气，连接天地；把它叫作《归藏》，意思是说天下万事莫不归藏在其中。”皇帝又说：“如果说是包羲氏根据燧皇的图而制作了《易经》，那孔子为什么不说燧人氏死后，包羲氏作《易经》呢？”淳于俊答不出来。皇帝又问：“孔子为《易经》作了彖辞、象辞，郑玄为《易经》作了注，虽然他们的圣明贤能有高低之分，但是对《易经》经义的解释是相同的。现在孔子的彖辞、象辞不和《易经》的正文连在一起，而是与郑玄的注连为一体，这是什么原因？”淳于俊回答说：“郑玄把彖辞、象辞和自己的注合在一起，是想让学者在翻阅时比较省力。”皇帝说：“如果郑玄把彖辞、象辞和自己的注合起来，的确能使学习更为方便，那孔子为什么不把彖辞、象辞和《易经》正文合在一起呢？”淳于俊回答说：“孔子担心他的解释与文王所作的解释混淆起来，所以没有合起来，这是圣人因为谦虚而不合在一起。”皇帝说：“如果说圣人认为不将自己的解释与前人的合在一起是谦虚，郑玄为什么独独不谦虚呢？”淳于俊回答说：“古典经义弘大博深，圣上您所问的又如此深奥玄远，不是臣下我所能解释清楚的。”

皇帝又问：“《系辞》说‘黄帝、尧、舜垂衣裳而天下治’，这是因为包羲、神农的时代还没有出现衣裳。但是圣人教化天下，为什么差别这么大呢？”淳于俊回答说：三皇的时代，世上人少而禽兽多，所以取用鸟的羽毛和兽皮就足够人们穿用了。到了黄帝时代，变得人多而禽兽少，所以制作衣裳来适应时代的变化。”皇帝又问：“乾代表天，但又代表金，代表玉，代表老马，这不是与细微的东西相提并论了吗？”淳于俊回答说：“圣人用意象进行比喻时，有的远，有的近。近的取眼前的各种东西，远的则取天地。”

讲完《周易》之后，又下令讲《尚书》。皇帝问道：“郑玄说‘稽古同天，意思是尧的功业和天一样高。’王肃说‘唐尧能够考察古代的正道并且实行之。’两种解释意思不同，哪个对呢？”博士庾峻回答：“先儒所持观点，不尽相同，为臣不能决定对错。但《洪范》说‘三个人占卜的结果，就相信其中两个相同的’。贾逵、马融以及王肃都解释为

'考察古代的正道'。按照《洪范》所说，王肃的解释应该更好些。"皇帝说："孔子说'只有天为最大，只有尧能效法它，尧的美德伟大，他能够效法上天，顺考古代的正道，这并不是他最伟大的美德。现在舍弃他最伟大的，却称颂他次要的，这是作者的本意吗？"庾峻回答说："为臣是遵循师教所说，未能明了其中含义，至于正确的解释，还要依圣上的理解定夺。"讨论到四岳推举鲧的事情，皇帝又问道："伟大的人物，应该是与天地齐德，日月同光，思考问题没有不周密的，明察秋毫几乎没有毫厘之差，如今王肃说：'尧由于不了解鲧，所以要对他加以试用。'这样说来，圣人也有不英明的地方了？"庾峻回答："虽说圣人英明，非常人可比，但他们也有自己的局限，所以禹说：善识人者即是哲人，但对帝王来说这仍是一件难事'。但尧帝最终改正了自己用人的失误，将自己的帝位传授给了圣贤，各种事业都重新发展起来，所以他不愧为圣人。"皇上又问："善始善终，称之为圣人。如果连个好的开始都没有，又怎么能称之为圣贤呢？禹说'识人一事对帝王来说确是一件难事'，然而尧帝最终做到了，也算得上是识人了。所谓圣人所难，其实并非指圣人有不完备之处。经上说：'知人者为圣哲，能任人以贤'。若尧对鲧的才德本来就有认识，仍然试用九年之久，致使即位选择大失章法，这又怎能称得上是圣哲呢？"庾峻回答："臣读经，发现圣人处事并不是没有一点失误。如尧帝信用四凶。周公失误于管叔、蔡叔，孔子更错误地对待宰予。"皇上说："尧任用鲧治水，九年没有取得成效，反而弄乱了五行之序，同时搞得民不聊生。至于仲尼于宰予，失之于言而非失之于行，与尧用鲧的失误有着根本的区别。说到周公和管、蔡之间的复杂关系，是《尚书》中的记载，作为博士应该知道得很清楚才对！"庾峻说："这些事情连先贤们都说不清楚，臣下孤陋寡闻就更难以细究其是非曲直了。"接下来又谈到"有鳏在下曰虞舜"这句话。皇上问："在尧那个时代，天下洪水为害，又有四凶在朝为虐，急需选拔贤明的圣主来解民倒悬。舜当时已经到自立之时，德行昭明却长期得不到重用，这又是什么原因呢？"庾峻回答："尧帝也曾咨询四岳以征求贤者，想禅让自己的帝位。四岳告诉他，如果挑选一个仁德不足的人就会辱没帝位祸及百姓。尧又让他们向他举荐那些贫贱无名的贤士，这才举荐了舜。所以说舜被四岳推举，主要原因还在于尧。尧这样做也是为了让天下的人都满意啊！"皇上又问："尧既然已经听说了舜的贤名而不提拔，同时对一些忠臣也未见重用，最后还是让四岳向他举荐，这好像不是急于选用圣贤治理天下以解救受难百姓的说法？”庾峻说：“这就不是微臣愚见所能解释的问题了。”

于是又下令讲《礼记》。皇帝问道：“‘远古时代非常注重道德，后代要求施予和报答。’实施怎样的教化而使社会的道德风尚各不相同，都采取什么样的政治才能使社会注重道德，给予施予而不图回报呢？”博士马照回答：“远古时代注重道德，是说三皇五帝时代用道德教化民众；其次施报，是说以后的夏、商、周三王时代用礼仪治理社会。”皇帝说：“两个时代所造成的社会风尚薄厚不同，是因为君主有优有劣，还是因为时代的发展使风尚成为这样呢？”马照回答：“确实是因为时代发展有质朴和修饰的区别，所以道德风尚有浅薄和醇厚的不同。”

五月，邺城及上洛县都说有甘露降。夏六月初丙午日，改年号为甘露。乙丑日，有青龙出现在元城县境内的井中。秋七月己卯日，卫将军胡遵去世。

癸未日，安西将军邓艾在上邽大破蜀国的大将姜维，皇帝下诏说：“我们的军队还没充分发挥极大的威力，敌人就被摧毁攻破，斩杀俘获，动辄以万计，近来军事上的胜利，从来没有像这次的巨大。现在派遣使者犒劳赏赐将士，举行盛大宴会，让大家宴饮一天，以符合朕的意愿。”

八月二十六日，任命大将军司马昭加授大都督封号，奏报政事的时候不称姓名，并赐给黄钺。二十九日，任命太尉司马孚为太傅。九月，任命司徒高柔为太尉。冬十月，任命司空郑冲为司徒，尚书左仆射卢毓为司空。

甘露二年春二月，有青龙出现在温县井中。三月，司空卢毓去世。

夏季四月初三日，下诏书说：“玄菟郡高显县的官吏百姓发生叛变，县长郑熙被杀害。平民王简背着郑熙的遗体，日夜兼程，运送到本州，忠义节操值得嘉奖。现特别授王简以忠义都尉的官职，来表彰他突出的行为。”

二十四日，任命征东大将军诸葛诞为司空。

五月初一日，曹髦亲自到达辟雍，会集群臣让大家赋诗。侍中和逌、尚书陈骞等因为做诗迟缓，有关官员上奏请求免去他们的官职。皇帝下诏书说：“我愚昧不聪明，尚且爱好艺文礼乐，广引诗赋，予明得失，现在却招致纷纭多事，我深感不安。要原谅和逌等人。从今以后，群臣都应玩味研习古文精义，明白理解经典深意，以符合我的意愿。”

初五日，诸葛诞不服从朝廷征召，带兵造反，杀死了扬州刺史乐綝。初六日，朝廷赦免淮南地区被诸葛诞所胁迫的将士、官吏、士大夫和百姓。初七日，下诏说："诸葛诞犯上作乱，使扬州动荡，凶暴一时。从前，黥布反叛，汉高祖刘邦亲自讨伐，隗嚣违抗朝廷，光武帝刘秀西征，本朝烈祖明皇帝曹叡也曾亲征吴、蜀，都是为了奋扬军威，维护朝廷的尊严。如今，皇太后与我应当亲自征讨，迅速平定反叛，使东部安定。"初九日，下诏说："诸葛诞造反叛逆，胁迫忠义，平寇将军临渭亭侯庞会、骑督、偏将军路蕃等，各自率领部下，冲出扬州，复归朝廷，忠勇壮烈之举，应当予以嘉奖。现在，晋封庞会为乡侯，路蕃为亭侯。"

六月初六日，皇帝下诏说："孙吴的使者持节都督夏口诸军事镇军将军沙羡侯孙壹，是孙吴宗室，并且是高级将领，畏天知命，深知祸福，毅然率领部下，投奔我朝，即使微子离开殷商，乐毅逃离燕国，也都比不上孙壹的行为。现在，任命孙壹为侍中车骑将军、假节、交州牧、吴侯，开府辟召仪同三司，依照古代侯伯八命之礼，赐给公爵的礼服礼帽和红色鞋子，诸事都按特殊的标准办理。"

二十五日，皇帝下诏说："现在朕和皇太后的御驾驻扎在项县，大将军亲自执行天罚，前行淮河。从前相国和大司马出兵征讨，他们都带着尚书行台一起出征，现在也应按照旧法。"便令散骑常侍裴秀、给事黄门侍郎钟会随大将军司马昭前行。秋八月，又下诏说："过去燕刺王谋反，韩谊等人劝谏被杀害，汉朝重用他的儿子。诸葛诞制造叛乱，主簿宣隆、部曲督秦絜坚持节操恪守忠义，坚决劝阻，被诸葛诞所杀，虽说是没有像比干与商纣那样的亲戚关系却和比干一样的被杀。现在任命宣隆、秦絜的儿子为骑都尉，给予馈赠赏赐，向远近之人显示光荣，以表彰他们的忠义。"

九月，发布大赦令。冬十二月，孙吴大将全端、全怿等率领部众投降。

甘露三年春季二月，大将军司马昭攻打战胜了寿春，杀死了诸葛诞。三月，皇帝下诏说："古代的军队打了胜仗，都要把敌军的尸首堆积起来，封土起冢，叫作京观，目的是为了惩罚叛逆并且彰显国家的武功。西汉武帝元鼎年间改桐乡为闻嘉县，新乡为获嘉县，都是为了纪念攻克南越。大将军亲自率领六军，驻扎在丘头，对内征伐叛乱的反贼，对外抵御敌国的进犯，拯救了广大百姓，名声震动天下。克敌取胜的地方应该有好的名称。现在将丘头改名为武丘，表明是用武力平定的叛乱，让后代永不忘记。这也是京观和汉朝更改两地名称的原意。"

夏季五月，任命大将军司马昭为相国，封晋公，享受八个郡的赋税，加赐九锡。司马昭前后一共辞让了九次，皇帝才收回成命。

六月丙子那天，皇帝下诏说："以前南阳郡有强盗作乱，打算劫持太守东里衮做人质。功曹应余独自挺身而出保护太守，才使东里衮幸免于难。应余在颠沛流离之中，因为掩护长官而身亡。现命令司徒处置此事，安排应余的孙子应伦为官，来回报应余坚持节义的行为。"

辛卯日，大规模评定征讨淮南的功劳，封爵赏赐各有差别。

秋八月甲戌日，任命骠骑将军王昶为司空。丙寅日，皇帝下诏说："供养老人振兴教化，这是三代之所以能够建立良好的社会风尚并且永垂不朽的原因，必须要设立三老、五更来表示对老年人的无比敬意，向老年人请求治国的道理，接受老年人安邦的教诲，把老年人的教诲记录下来，然后天下百姓才会接受影响，受到上面的感化。应该选择有德行的老人，充当三老五更。关内侯王祥，履行仁德，坚持大义，志向淳厚坚定。关内侯郑小同，温和恭敬，孝顺友爱，尊礼不误。任命王祥为三老，郑小同为五更。"皇帝乘坐车驾亲自率领官员，施行古代的礼仪。

这一年，青龙、黄龙在顿丘县、冠军县、阳夏县的井中频繁出现。

甘露四年春正月，两条黄龙，出现在宁陵县境内的井里。夏六月，司空王昶去世。秋七月，陈留王曹峻去世。冬十月十四日，把新城郡分开，又设置上庸郡。十一月十八日，车骑将军孙壹被婢女杀死。

甘露五年春正月初一日，发生日食。夏四月，下诏给有关官吏按照以前的命令，再次晋升大将军司马文王为相国，封晋公，加赐九锡。

五月十三日，高贵乡公曹髦被杀，这一年他才二十岁。皇太后下令说："我因为仁德不够，所以家中多次遭遇不幸。当初我推荐了东海王曹霖的儿子曹髦，让他来继承明帝的嗣位，见他爱好书疏文章，以为他会有所作为，没想到他性情暴戾，一天比一天厉害。我多次责备他，他由此对我心怀怨恨，散布种种卑鄙恶劣的谣言来攻击我，并且不再与我来往。至于他所攻击我的一些话，简直让人无法听下去，为天地所不容。我曾密令大将军说，曹髦不堪奉祀宗庙，恐怕会使社稷颠覆，使我无颜见先帝于九泉之下。大将军觉得他年纪尚轻，认为他会改过从善，并一再坚持自己的意见。谁知此儿越发放肆无礼，竟持弓箭遥射我的住处，祈祷一箭射中我的喉咙，那箭矢就落在我的面前。我只好告诉大将军，不可不废掉，前后说了不下数十次。此儿都知道这些，他自知罪重，企图杀掉我。他买通我身边的人，让他们借我服药之机，伺机投毒将我杀害，并设计了种种方案。事情败露后，他又想找机会拥兵闯入西宫杀死我，再去伤害大将军。他招来侍中王沈、散骑常侍王业、尚书王经，掏出黄素诏书出示给他们，让他们马上就去执行。我处境危险，恰如覆巢下的累卵。我本是个年老守寡的人，难道还会吝惜自己这条残命？只是伤心先帝遗志未得实现，江山社稷即将倾覆。幸赖祖宗在天之灵保佑，王沈、王业两人把曹髦的阴谋马上报告了大将军，得以提前戒备。而这小子还是带领身边的士兵冲出皇宫云龙门，亲自擂鼓举刀，指挥左右的卫士及其他随从与大将军的军队交锋，结果被前锋杀死。此儿既行大逆不道之事，又致使自己惹祸丧身，这使我越发伤心难以述说。过去昌邑王因有罪废为庶人，眼下此儿也应以平民的身份下葬，并让朝廷内外都知道这小子的所作所为。另有尚书王经，也是罪恶累累的逆臣，着令将他和他的家人全部逮捕交付廷尉治罪。”

庚寅那天，太傅司马孚、大将军司马昭、太尉高柔、司徒郑冲一起叩头上奏说：“我们看到了皇太后的命令，说已去世的高贵乡公皇帝悖逆不道，自己惹祸上身，按照汉朝昌邑王由于犯罪被废的先例，用百姓的礼仪来埋葬他。我们身居大臣之位，不能匡救祸乱，遏制悖逆的行为，接到命令之后内心惶恐，非常哀痛悔恨。按照《春秋》的体例，为王的人将整个天下作为自己的家，但又写道‘襄王离开家，居住在郑’，这是因为他不能侍奉自己的母亲，所以没有沿用天子的体例来写他。现在高贵乡公肆意妄为，几乎危害了国家社稷，自取灭亡，为人与神所不容，按照百姓的丧礼来安葬他，确实符合旧有的制度。但是臣等考虑到太后您非常仁慈，虽然心中考虑到大义，但还是为他的死感到哀痛怜悯。臣等实在于心不忍，认为可以加恩用对待藩王的丧礼来安葬他。”太后同意了他们的请求。

皇太后派遣使者持节、代理中护军、中垒将军司马炎去北方迎接常道乡公曹璜做明帝的继承人。辛卯那天，群臣上奏太后说：“太后您圣德广大，使得四方安宁，但下达的文书仍只叫作令，与藩国王侯相同。恳请从今以后，太后下达的文书命令全部改称为诏，像前代的旧例一样。”

癸卯那天，大将军司马昭极力推辞赐给他的相国职位、晋公封号和授予九锡的恩宠。皇太后下诏说：“有了功劳不隐瞒，是《周易》的根本原则，成人之美，也是古代圣贤们所推崇的，现接受大将军的意见，将他的奏章明示天下，来彰显他的谦虚美德。”

二十六日，大将军司马昭上书说：“高贵乡公带领随从和兵士，带着刀击鼓冲向我的住所；我怕交锋伤人，即命令将士不得伤害他们，违反命令者以军法从事。骑督成倅的弟弟太子舍人成济，冲入兵阵当中伤害高贵乡公，以至于丧命；我擅自决定逮捕成济实行军法。臣听说为臣的气节，面临危险的时候只有死，没有其他选择，侍奉君主的大义，我不敢逃避。此前这场变故发生突然，就像引发弓弩的机关一样，我确实应当献身死节，听从命运的裁决，然而，想到曹髦的本意是要上对皇太后造成危害，颠覆宗庙社稷。臣当大任，使国家安定才是大义所在，虽然死亡可怕，但是失职的罪责更重。所以我想遵照伊尹、周公权宜之计的办法，来平定面临的危难。当即不断地发出指令，任何人不准伤害高贵乡公。可是成济却突然冲入阵中，致使发生重大变故。悲痛恐惧后悔，使我五脏俱裂，不知道在什么地方可以撞死？大逆不道的按照律法，父母妻子儿女同胞兄弟姐妹都要斩首。成济凶残暴逆，触犯国法破坏纪律，罪不容诛。所以我擅自下令侍御史逮捕成济的家属，交付廷尉，结案判决他们的罪行。”皇太后下诏说：“五刑所惩处的罪行之中，没有比不孝更大的。百姓有不孝顺的儿子，可以告发官府惩治他，而曹髦又如何算是君主呢？我是妇道人家不懂得大道理，认为成济不能算大逆不道。然而大将军的态度非常恳切，言辞悲怆，所以我依从了上奏。应当把他的奏章发给远近之人，使他们知道事情的全貌。”

六月初一这一天，皇太后发布诏书说：“古代君主起名字，都是取那些难以冒犯且容易避讳的字。而今常道乡公的名字很难避讳，请朝臣们讨论更改，上奏。”

陈留王名奂，字景明，他是武帝曹操的孙儿，燕王曹宇的儿子。甘露三年这一年，封为安次县常道乡公。高贵乡公曹髦去世，公卿商议迎立他为皇帝。六月初二日，曹奂到达洛阳，拜见皇太后，当天在太极殿前厅即皇帝位，大赦天下，改年号为景元，赏赐百姓的爵位和粮食、布帛各有差别。

景元元年夏六月初四日，追加升迁大将军司马昭做了相国，封晋公，增加两郡的封地，加上以前的共为十郡，奖给九锡的特殊礼器，与之前的诏书完全一样；他的亲族和他们的儿子们，凡是没有封侯的都封为亭侯。另外，又赏赐钱一千万，布帛一万匹。司马昭坚决辞让，事情又被搁置下来。初七日，已经死去的汉献帝的夫人曹节去世，皇帝在华林园悼念死者，派使者持节杖追谥曹节为献穆皇后，下葬时的车辆服饰制度都按汉朝的旧制办理。十一日，以尚书右仆射王观为司空，冬十月，王观去世。

十一月，燕王曹宇上书皇帝祝贺冬至，并且宣布臣服。皇帝下诏说："古代的诸侯王，有的不被作为臣子看待，燕王也应该照这种情况办。上表不用称臣了。我要回复，文书中就不好称呼了。继承大统的人，要把亲生父母放到次一等的位置，更何况我呢！但是，如果就这样把生父视为同臣僚，又使我心中有所不安。要按照礼典商定办法，使之处理得最为适宜妥当。"有关官员上奏说，"礼仪当中没有比尊崇祖先更高的，制度中没有比正式典章更大的。陛下具备君主的德行应运而登帝位，统治万国，继承大统，振兴三祖的基业。我们觉得燕王论亲缘关系是皇帝的尊长，论地位是正式藩王，自持虔敬严肃的态度，遵守履行恭顺的礼仪，为万国做出榜样；对于正式的典章来说，能够开创完成符合礼仪的顺序，这是不能制止他的原因。但是另一方面确实应当有特别的尊敬燕王的办法，用不是对臣僚的礼仪对待他。臣等斟酌商议认为燕王所上奏章，可以允许按照旧制上表称臣。皇帝下达诏书，有时表示良好问候的时候，用同类的事例来比较，像《礼记》所说的是'亲属宴会上相敬之礼了，可以稍微表示皇帝的敬意，在称呼上有所提高，以此表示不敢直呼其名，可以说'皇帝敬问大王侍御'。皇帝下达的诏书，那是国家正式的典章，是朝廷用来辨明制度的，是白天下昭示法则的当遵照，所以要用'制诏燕王'之句。凡是诏命、制书、奏事、上书中提到燕王的地方，应提到下行的顶端。不是宗庙助祭之类的事情，都不能称燕王的名字；奏事、上书、文书以及官民都不能触犯燕王的名讳，以表明特殊的礼节，突出燕王崇高的地位。这样，既遵循王朝典章规定的尊崇祖先制度，又顺应了皇上深厚的孝心，二者不矛盾，在礼仪上确实妥当，可以普告实行"。

十二月十三日，黄龙出现在华阴县的井里。二十三日，升任司隶校尉王祥为司空。

景元二年夏五月初一日，天空出现日食。秋七月，乐浪郡外族的韩、濊貊各自带领他们的从属前来朝贡。八月初三日，赵王曹幹去世。九月初九日，又下令晋升大将军的晋爵为晋公，加封相国之位，准备了崇高的九锡之礼，一切都像以前下达的命令一样；司马昭又坚决辞让才没有实行。

景元三年春二月，青龙出现在轵县的井中。夏四月，辽东郡报告说，肃慎国派遣译使前来进贡。进献当地所产的良弓三十张，每张长达三尺五寸，楛木制成的利箭若干，箭长一尺八寸，石制的弩机三百件，皮、骨、铁制成的铠甲二十领，貂皮四百张。冬十月，蜀军大将姜维进犯洮阳，征西将军邓艾前往迎战，在侯和击破蜀军，姜维率军逃走。同年，皇帝下诏在太祖的神庙中配祭已故的军祭酒郭嘉。

景元四年春二月，又像以前的诏书一样下令大将军司马昭晋升官位爵位以及赏赐，又因为大将军坚决推辞而没落实。

夏五月，皇帝下诏说："蜀汉，这个小小的国家，土地狭小，人口稀少，而姜维却暴虐地驱使百姓，从来没有停止的意思；往年被打败以后，还在沓中耕种屯田，盘剥压榨羌人，使羌人劳役无休止，百姓已经不能活命。兼并势力弱者，进攻政治昏庸者，这是兵书上所赞赏的原则，调动敌人而不被敌人调动，这是用兵的上等策略。蜀汉所依赖的人，只有姜维而已，趁着姜维远离大本营，就能轻易打败姜维。现在派征西将军邓艾督率各军，急速赶往甘松、沓中活捉姜维，派雍州刺史诸葛绪督统各军急速奔武都、高楼，与邓艾首尾夹击。如果捉住姜维，就可以东西一齐推进，扫灭巴蜀。"又命令镇西将军钟会从骆谷道征伐蜀国。

秋九月，太尉高柔去世。冬十月二十二日，又像之前的诏书一样下令大将军晋升官爵以及赏赐。十一日，立卞氏为皇后，十一月，大赦天下。

自从邓艾、钟会率领兵众伐蜀以来，所到的地方全被攻克。这一月，蜀国君主刘禅到邓艾之处投降，巴蜀被平定。十二月十九日，任命司徒郑冲为太保。二十一日，分出益州一部分地方设立梁州。二十二日，对益州士民实行特赦，五年之内免除他们的一半租赋。

二十四日，任命征西将军邓艾为太尉，镇西将军钟会为司徒。皇太后去世。

咸熙元年春正月初一这一天，下诏发布命令用囚车押送邓艾回京城。初三日，皇帝到长安巡视。十一日，派遣使者持玉璧绢帛祭祀华山山神。这月钟会在蜀地反叛，被其他将领讨灭；邓艾也被杀死。二月初一，朝廷特赦益州境内的人。三十日，礼葬明元郭皇后。三月十七日，任命司空王祥为太尉，征北将军何曾为司徒，尚书左仆射荀顗为司空。十九日，皇帝加封大将军、晋公司马昭为晋王，增加食邑十郡，连同之前所有共二十郡。二十七日，封前蜀主刘禅为安乐公。夏五月初一，相国、晋王司马昭奏请恢复五等爵位制度。十五日，改年号景元为咸熙。二十四日，皇帝追封舞阳宣文侯司马懿为晋宣王，舞阳忠武侯司马师为晋景王。六月，镇西将军卫瓘的部下在成都县得到玉璧玉印各一块，印文好像是"成信"二字。依照古代周成王馈赠嘉禾与周公的事例，将此二玉宣示朝廷百官，然后收藏在相国府。

当初在平定蜀国之后，吴国军队进逼永安，皇帝派遣荆州、豫州的各路军队赶往救援，形成掎角之势互相策应。七月，吴军全部撤退。八月庚寅那天，任命中抚军司马炎协助相国处理政事，效仿以前封伯禽为鲁公之后的原则。

癸巳，皇帝下诏说："先前叛逆的臣子钟会在蜀地图谋不轨，聚集征伐蜀国的将士，先用武力进行威胁，然后才告知大家他的阴谋，言语凶狠忤逆，逼迫众人表达意见。在突发事变面前，众人无不惊慌失措。当时相国左司马夏侯和、骑士曹属朱抚正出吏成都，中领军司马贾辅、郎中羊琇受命参谋钟会的军事活动。夏侯和、羊琇、朱抚都坚守节义而不屈服，拒绝了钟会的恶言威胁，临危不惧，言辞激烈。贾辅告诉散将王起说：'钟会奸险凶暴，准备将不听指挥的将士全部杀死'，又说'相国已经率领三十万大军前来讨伐钟会'，想向将士表明形势，来激励他们反抗。王起出去将贾辅的话告诉了各路军队，使得将土更加振奋。应该给予他们恩宠，来表彰忠义的行为。现在封夏侯和、贾辅为乡侯，羊琇、朱抚为关内侯。王起将贾辅的话传递给将士，也应给予奖励，任命王起为部曲将。"

十六日，让卫将军司马望做了骠骑将军。九月初一这一天，任命中抚军司马炎为抚军大将军。

十四日，皇帝下诏说："吴贼政治刑法残暴，无休止地聚敛财富。孙休遣使臣邓句，到交州命令太守用锁链绑缚百姓，充当士兵。吴将吕兴利用民心愤怒的机会，借助我军平定巴蜀的声威，联合豪杰，诛杀了邓句等一些人。赶走了太守县令，安抚官员百姓，等待我朝的命令。九真、日南等郡听说吕兴背离孙吴归顺我朝，也同声响应，与吕兴联合。吕兴发文给日南的州郡，向他们指明长远的前途所在，又出兵到合浦，告诉他们利害祸福；派遣都尉唐谱等人到进乘县，通过南中都督护军霍弋上书朝廷表示忠心。交阯郡的官兵纷纷上表，说'吕兴起大事，上下官员皆听命于他。交阯郡山贼，与各郡勾结，害怕有不良发生，使大家产生异心。考虑到当时的情况，任命吕兴为都督交阯诸军事、上大将军、安定县侯，祈求朝廷给他褒奖，以安定边远地区的人心'。他们诚恳的心情，在言辞中充分表现出来。过去邾仪父朝见鲁国君主，被《春秋》所称美；窦融归降汉光武帝，被给予优厚的待遇。如今我朝威名远震，安抚天下，正在纳入包容边远地区，以统一四方。吕兴首先归顺朝廷教化，带领部众叩降，不远万里前来归附。请求作为国家官吏并且尽其职责，应当给予特殊优待，提高他的爵位。使吕兴等人怀有忠心感到高兴，使边远的人听说后，必定勉励争先。现在任吕兴为使持节、都督交州诸军事、南中大将军，封定安县侯，可以根据情况自行决定处理事务，先实行后上报。”策命还没到，吕兴就被手下的人杀害。

冬十月初一日，皇帝下诏说：“过去的圣明帝王，平定战乱，拯救天下苍生，保有天下，建立功绩，虽然有文武不同途径，但所建立的业绩都是相同的。所以有的舞动盾牌和长斧来警告那些不服从统治的人，有的展示军队威猛来威慑粗暴怠惰的人。爱护百姓保全国家，给百姓以安宁，一定要先进行文化教育，告诉他们法规制度，不得已才用兵，这是盛德君主们的共同做法。以往汉朝末期分崩离析，九州颠覆，刘备、孙权乘机兴起祸乱。太祖、高祖、烈祖为了安定中原，忙无时间，所以使得吴蜀代代僭越称帝。幸好有祖宗之威灵，大臣的忠诚和才干，征集四方精兵，平定庸、蜀，不足三月而胜。近来孙吴衰败昏暗，刑罚荒废，蜀汉灭后，孤立无援，交、荆、扬、越等地，望风披靡。如今交阯郡吴将吕兴已带领三个郡，不远万里前来投降；武陵邑侯相严等人合五县，请求做我朝的臣民；豫章、庐陵二个郡的山民也起来背叛东吴，首领自号为助北将军。还有孙休病死，主帅变更，国内分离，各怀心事。施绩是孙吴的名臣，受到怀疑猜忌和忌恨。国内众叛亲离，人没有了坚定的意志，从古到今，没有像这样严重的亡国征兆。如果我大军扬威，南下长江、汉水，孙吴境内的民众一定会扶老携幼迎接我们，一定是这样的。然而兴师以远，就要有劳力和费用，当向他们宣示我朝之威德，明仁爱之信义，使其知道归顺降服的好处。相国参军事徐绍、水曹掾孙彧，过去在寿春，都是被我们俘获的孙吴官员。徐绍本来担任南陵督，才能卓越，气宇不凡；孙彧，是孙权的宗族成员，忠良之人能看清事理。现在派遣徐绍回到孙吴，以孙彧为他的副手，宣布国家的命令，告谕吴人，说的话，都有事实根据，如果他们察觉到我们的意图，也不会危害我们的征讨计划，因为事先在朝廷制定好克敌制胜的谋略，是自古以来的用兵之道。现在任命徐绍兼散骑常侍，加授奉车都尉，封都亭侯；孙彧兼给事黄门侍郎，赐爵关内侯。赐给徐绍的小妾及其在这里的家人，全都可以随他走，以表明国家恩典，也不用再回来，以显示朝廷的大信。”

二十日这一天，皇帝下诏命令抚军大将军新昌乡侯司马炎做了晋王世子。这一年，朝廷撤销各地的屯田设置，免去田官改任相应的职务，原任典农都改任太守，诸典农都尉皆为县令、县长；又在蜀地劝募民众移民，迁往内地，由官府供给两年的生活用粮，并在二十年内不征赋税。安弥、福禄等县都上报有嘉禾生长于田中。

咸熙二年春二月十九日，朐䏰县以灵龟进献朝廷，然后收归于相国府。二十五日，天子追念虎贲张脩昔日在成都驰马至诸军营报告钟会谋反的消息，以至为此献身的事，特赐张脩的弟弟张倚为关内侯。夏四月，南深泽县上报天降甘露。东吴遣特使纪陟、弘璆来请和。

五月，皇帝下发诏书说："相国晋王充分发挥超人的智慧，光辉照耀四海；显示武功，则威震边远地区；传播良好的社会风尚和教化，则普遍润泽没有例外。怜悯抚恤东吴百姓，一心要拯救养育东吴百姓，不用武力崇尚仁德，向东吴百姓显示威信和美德。晋王文告所发布的地方，人们都望风倾慕，孙吴派遣使臣贡献，来表明自己的归顺之心，地方的宝物和精细的丝织品，都欢欢喜喜地送来表示心意。而晋王却非常谦让，把这些全都登记造册然后送到宫中，然而这不是用来抚慰刚刚降附的人心的做法。现在把孙晧所贡献的东西，全都送回，归还给晋王，以符合古代的事例。"晋王坚决推辞，皇帝才没有那样做。又诏命晋王的冠冕可以有十二串玉珠，使用天子旌旗，出入警戒清道，乘坐金根车、六匹马驾驶，配备五时副车，设置旄头云罕仪仗，使用八佾乐舞，演奏的时候在四面都悬挂编钟。晋升王妃为王后，世子为太子，王子、王女、王孙等爵号的称呼都按过去的礼仪。癸未日，宣布大赦。秋八月辛卯日，相国晋王去世。壬辰日，晋王太子司马炎承袭封爵继位，总统百官，各种物品和有关文件，全都依照以前的规格。这个月，襄武县报告说有巨人出现，三丈多高，脚印长三尺二寸，白发，穿黄单衣，戴黄头巾，拄手杖，叫着百姓王始的名字说："现在天下要太平了。"九月乙未日，发布大赦令。戊午日，任命司徒何曾为晋国的丞相。癸亥日，任命骠骑将军司马望为司徒，征东大将军石苞为骠骑将军，征南大将军陈骞为车骑将军。乙亥日，埋葬晋文王司马昭。闰十一月庚辰日，康居、大宛等国贡献名马，放养在相府之中，以彰显晋王安抚万国使远人来朝的功勋。

十二月壬戌日，上天赐给的禄位永远没有了，帝王相继的顺序轮到了晋王。皇帝下诏让群公百官准备仪式并在南郊开设祭坛，派使者给晋王送去皇帝的御玺绶带和诏书，让位给晋王来继承，就像过去汉帝让位给曹魏的旧事一样。甲子日，派使者送上策书，于是改住在金墉城，后来终身住在邺城，退位时年二十岁。

评论说：古代的君主以天下为公，将皇位让给贤能的人来继承。后代世系，由嫡长子继承王位；如果没有嫡子来继承，就在旁系亲属中选择有德行的人。汉代的文帝、宣帝都是如此，这是不能改变的传位原则。明帝不能做到，而是以私爱为重，抱养婴儿来传与皇位，托付辅攻大臣又不专一，一定要加上宗室旁支。终于使曹爽被诛杀，齐王曹芳被废。高贵乡公聪明好学，大器早成，勤学好问，崇尚文辞，大体上有文帝曹丕的风度；然而他处事不够沉着，肆意行动，终于自酿大祸。陈留王曹奂不问政事，朝政交给宰辅处理，又仿效汉献帝禅位给曹丕的先例，禅位给晋，他因此被封为大国之王，成为晋的宾客，比起仅被封为山阳公的汉献帝来，所得到的宠信与赏赐要多得多。

三国志卷五·魏书五

后妃传

《易》称“男正位乎外，女正位乎内；男女正，天地之大义也”。古先哲王，莫不明后妃之制，顺天地之德，故二妃嫔妫，虞道克隆；任、姒配姬，周室用熙，废兴存亡，恒此之由。《春秋说》云天子十二女，诸侯九女，考之情理，不易之典也。而末世奢纵，肆其侈欲，至使男女怨旷，感动和气，惟色是崇，不本淑懿，故风教陵迟而大纲毁泯，岂不惜哉！呜呼，有国有家者，其可以永鉴矣！

汉制，帝祖母曰太皇太后，帝母曰皇太后，帝妃曰皇后，其余内官十有四等。魏因汉法，母后之号，皆如旧制，自夫人以下，世有增损。太祖建国，始命王后，其下五等：有夫人，有昭仪，有倢伃，有容华，有美人。文帝增贵嫔、淑媛、修容、顺成、良人。明帝增淑妃、昭华、修仪；除顺成官。太和中始复命夫人，登其位于淑妃之上。自夫人以下爵凡十二等：贵嫔、夫人，位次皇后，爵无所视；淑妃位视相国，爵比诸侯王；淑媛位视御史大夫，爵比县公；昭仪比县侯；昭华比乡侯；修容比亭侯；修仪比关内侯；倢伃视中二千石；容华视真二千石；美人视比二千石；良人视千石。

武宣卞皇后，琅邪开阳人，文帝母也。本倡家，年二十，太祖于谯纳后为妾。后随太祖至洛。及董卓为乱，太祖微服东出避难。袁术传太祖凶问，时太祖左右至洛者皆欲归，后止之曰：“曹君吉凶未可知，今日还家，明日若在，何面目复相见也？正使祸至，共死何苦！”遂从后言。太祖闻而善之。建安初，丁夫人废，遂以后为继室。诸子无母者，太祖皆令后养之。文帝为太子，左右长御贺后曰：“将军拜太子，天下莫不欢喜，后当倾府藏赏赐。”后曰：“王自以丕年大，故用为嗣，我但当以免无教导之过为幸耳，亦何为当重赐遗乎！”长御还，具以语太祖。太祖悦曰：“怒不变容，喜不失节，故是最为难。”

二十四年，拜为王后，策曰：“夫人卞氏，抚养诸子，有母仪之德。今进位王后，太子诸侯陪位，群卿上寿，减国内死罪一等。”二十五年，太祖崩，文帝即王位，尊后曰王太后，及践阼，尊后曰皇太后，称永寿宫。明帝即位，尊太后曰太皇太后。

黄初中，文帝欲追封太后父母，尚书陈群奏曰："陛下以圣德应运受命，创业革制，当永为后式。案典籍之文，无妇人分土命爵之制。在礼典，妇因夫爵。秦违古法，汉氏因之，非先王之令典也。"帝曰："此议是也，其勿施行。以作著诏下藏之台阁，永为后式。"至太和四年春，明帝乃追谥太后祖父广曰开阳恭侯，父远曰敬侯，祖母周封阳都君及敬侯夫人，皆赠印绶。其年五月，后崩。七月，合葬高陵。

初，太后弟秉，以功封都乡侯；黄初七年进封开阳侯，邑千二百户，为昭烈将军。秉薨，子兰嗣。少有才学，为奉车都尉、游击将军，加散骑常侍。兰薨，子晖嗣。又分秉爵，封兰弟琳为列侯，官至步兵校尉。兰子隆女为高贵乡公皇后，隆以后父为光禄大夫，位特进，封睢阳乡侯，妻王为显阳乡君。追封隆前妻刘为顺阳乡君，后亲母故也。琳女又为陈留王皇后，时琳已没，封琳妻刘为广阳乡君。

文昭甄皇后，中山无极人，明帝母，汉太保甄邯后也。世吏二千石。父逸，上蔡令。后三岁失父。后天下兵乱，加以饥馑，百姓皆卖金银珠玉宝物，时后家大有储谷，颇以买之。后年十余岁，白母曰："今世乱而多买宝物，匹夫无罪，怀璧为罪。又左右皆饥乏，不如以谷振给亲族邻里，广为恩惠也。"举家称善，即从后言。

建安中，袁绍为中子熙纳之。熙出为幽州，后留养姑。及冀州平，文帝纳后于邺，有宠，生明帝及东乡公主。延康元年正月，文帝即王位。六月，南征，后留邺。黄初元年十月，帝践阼。践阼之后，山阳公奉二女以嫔于魏，郭后、李、阴贵人并爱幸。后愈失意，有怨言。帝大怒，二年六月，遣使赐死，葬于邺。

明帝即位，有司奏请追谥。使司空王朗持节奉策以太牢告祠于陵，又别立寝庙。太和元年三月，以中山魏昌之安城乡户千，追封逸，谥曰敬侯；適孙像袭爵。四月，初营宗庙，掘地得玉玺，方一寸九分，其文曰"天子羡思慈亲"，明帝为之改容，以太牢告庙。又尝梦见后，于是差次舅氏亲疏高下，叙用各有差，赏赐累钜万；以像为虎贲中郎将。是月，后母薨，帝制缌服临丧，百僚陪位。四年十一月，以后旧陵庳下，使像兼太尉，持节诣邺，昭告后土。十二月，改葬朝阳陵。像还，迁散骑常侍。青龙二年春，追谥后兄俨曰安城乡穆侯。夏，吴贼寇扬州，以像为伏波将军，持节监诸将东征。还，复为射声校尉。三年薨，追赠卫将军，改封魏昌县，谥曰贞侯；子畅嗣。又封畅弟温、韡、艳皆为列侯。四年，改逸、俨本封皆曰魏昌侯，谥因故。封俨世妇刘为东乡君，又追封逸世妇张为安喜君。

景初元年夏，有司议定七庙。冬，又奏曰："盖帝王之兴，既有受命之君，又有圣妃协于神灵，然后克昌厥世，以成王业焉。昔高辛氏卜其四妃之子皆有天下，而帝挚、陶唐、商、周代兴。周人上推后稷，以配皇天。追述王初，本之姜嫄，特立宫庙，世世享尝。《周礼》所谓'奏夷则，歌中吕，舞《大濩》，以享先妣'者也。诗人颂之曰：'厥初生民，时维姜嫄。'言王化之本，生民所由。又曰：'閟宫有侐，实实枚枚，赫赫姜嫄，其德不回。'《诗》《礼》所称姬宗之盛，其美如此。大魏期运，继于有虞，然崇弘帝道，三世弥隆，庙祧之数，实与周同。今武宣皇后、文德皇后各配无穷之祚，至于文昭皇后膺天灵符，诞育明圣，功济生民，德盈宇宙；开诸后嗣，乃道化之所兴也。寝庙特祀，亦姜嫄之宫也，而未著不毁之制，惧论功报德之义，万世或阙焉，非所以昭孝示后世也。文昭庙宜世世享祀奏乐，与祖庙同，永著不毁之典，以播圣善之风。"于是与七庙议并勒金策，藏之金匮。

帝思念舅氏不已。畅尚幼，景初末，以畅为射声校尉，加散骑常侍，又特为起大第，车驾亲自临之。又于其后园为像母起观庙，名其里曰渭阳里，以追思母氏也。嘉平三年正月，畅薨，追赠车骑将军，谥曰恭侯；子绍嗣。太和六年，明帝爱女淑薨，追封谥淑为平原懿公主，为之立庙。取后亡从孙黄与合葬，追封黄列侯。以夫人郭氏从弟德为之后，承甄氏姓，封悳为平原侯，袭公主爵。青龙中，又封后从兄子毅及像弟三人，皆为列侯。毅数上疏陈时政，官至越骑校尉。嘉平中，复封畅子二人为列侯。后兄俨孙女为齐王皇后，后父已没，封后母为广乐乡君。

文德郭皇后，安平广宗人也。祖世长吏。后少而父永奇之曰："此乃吾女中王也。"遂以女王为字。早失二亲，丧乱流离，没在铜鞮侯家。太祖为魏公时，得入东宫。后有智数，时时有所献纳。文帝定为嗣，后有谋焉。太子即王位，后为夫人，及践阼，为贵嫔。甄后之死，由后之宠也。黄初三年，将登后位，文帝欲立为后，中郎栈潜上疏曰："在昔帝王之治天下，不惟外辅，亦有内助，治乱所由，盛衰从之。故西陵配黄，英娥降妫，并以贤明，流芳上世。桀奔南巢，祸阶末喜；纣以炮烙，怡悦妲己。是以圣哲慎立元妃，必取先代世族之家，择其令淑以统六宫，虔奉宗庙，阴教聿修。《易》曰：‘家道正而天下定。’由内及外，先王之令典也。《春秋》书宗人衅夏云，无以妾为夫人之礼。齐桓誓命于葵丘，亦曰‘无以妾为妻’。今后宫嬖宠，常亚乘舆。若因爱登后，使贱人暴贵，臣恐后世下陵上替，开张非度，乱自上起也。”文帝不从，遂立为皇后。

后早丧兄弟，以从兄表继永后，拜奉车都尉。后外亲刘斐与他国为婚。后闻之，敕曰：“诸亲戚嫁娶，自当与乡里门户匹敌者，不得因势强与他方人婚也。”后姊子孟武还乡里，求小妻，后止之。遂敕诸家曰：“今世妇女少，当配将士，不得因缘取以为妾也。宜各自慎，无为罚首。”

五年，帝东征，后留许昌永始台。时霖雨百余日，城楼多坏，有司奏请移止。后曰：“昔楚昭王出游，贞姜留渐台。江水至，使者迎而无符，不去，卒没。今帝在远，吾幸未有是患，而便移止，奈何？”群臣莫敢复言。六年，帝东征吴，至广陵，后留谯宫。时表留宿卫，欲遏水取鱼。后曰：“水当通运漕，又少材木，奴客不在目前，当复私取官竹木作梁遏。今奉车所不足者，岂鱼乎？”

明帝即位，尊后为皇太后，称永安宫。太和四年，诏封表安阳亭侯，又进爵乡侯，增邑并前五百户，迁中垒将军。以表子详为骑都尉。其年，帝追谥太后父永为安阳乡敬侯，母董为都乡君。迁表昭德将军，加金紫，位特进；表第二子训为骑都尉。及孟武母卒，欲厚葬，起祠堂。太后止之曰：“自丧乱以来，坟墓无不发掘，皆由厚葬也；首阳陵可以为法。”青龙三年春，后崩于许昌。以终制营陵，三月庚寅，葬首阳陵西。帝进表爵为观津侯，增邑五百，并前千户。迁详为驸马都尉。四年，追改封永为观津敬侯，世妇董为堂阳君。追封谥后兄浮为梁里亭戴侯，都为武城亭孝侯，成为新乐亭定侯，皆使使者奉策，祠以太牢。表薨，子详嗣，又分表爵封详弟述为列侯。详薨，子钊嗣。

明悼毛皇后，河内人也。黄初中，以选入东宫，明帝时为平原王，进御有宠，出入与同舆辇。及即帝位，以为贵嫔。太和元年，立为皇后。后父嘉，拜骑都尉，后弟曾，郎中。

初，明帝为王，始纳河内虞氏为妃，帝即位，虞氏不得立为后，太皇卞太后慰勉焉。虞氏曰：“曹氏自好立贱，未有能以义举者也。然后职内事，君听外政，其道相由而成，苟不能以善始，未有能令终者也。殆必由此亡国丧祀矣！”虞氏遂绌还邺宫。进嘉为奉车都尉，曾骑都尉，宠赐隆渥。顷之，封嘉博平乡侯，迁光禄大夫，曾驸马都尉。嘉本典虞车工，卒暴富贵。明帝令朝臣会其家饮宴，其容止举动甚蚩骇。语辄自谓“侯身”，时人以为笑。后又加嘉位特进，曾迁散骑侍郎。青龙三年，嘉薨，追赠光禄大夫，改封安国侯，增邑五百，并前千户，谥曰节侯。四年，追封后母夏为野王君。

帝之幸郭元后也，后爱宠日弛。景初元年，帝游后园，召才人以上曲宴极乐。元后曰“宜延皇后”，帝弗许。乃禁左右，使不得宣。后知之。明日，帝见后，后曰：“昨日游宴北园，乐乎？”帝以左右泄之，所杀十余人。赐后死，然犹加谥，葬愍陵。迁曾散骑常侍，后徙为羽林虎贲中郎将、原武典农。

明元郭皇后，西平人也，世河右大族。黄初中，本郡反叛，遂没入宫。明帝即位，甚见爱幸，拜为夫人。叔父立为骑都尉，从父芝为虎贲中郎将。帝疾困，遂立为皇后。齐王即位，尊后为皇太后，称永宁宫。追封谥太后父满为西都定侯，以立子建绍其爵。封太后母杜为郃阳君。芝迁散骑常侍、长水校尉，立，宣德将军，皆封列侯。建兄德，出养甄氏。德及建俱为镇护将军，皆封列侯，并掌宿卫。值三主幼弱，宰辅统政，与夺大事，皆先咨启于太后而后施行。毌丘俭、钟会等作乱，咸假其命而以为辞焉。景元四年十二月崩，五年二月，葬高平陵西。

评曰：魏后妃之家，虽云富贵，未有若衰汉乘非其据，宰割朝政者也。鉴往易轨，于斯为美。追观陈群之议，栈潜之论，适足以为百王之规典，垂宪范乎后叶矣。

【译文】

《周易》这本书中说“男在外主政，女在内主家；家道正，天下就会安定”。古代的先哲圣王，没有不明确建立后妃制度的，顺应天地的道德，所以尧的两个女儿在妫水之滨出嫁，虞舜的事业才能够兴旺；太任、太姒嫁给姬姓的男子，周朝因此而兴盛。一个政权的兴废存亡，总是和后妃们有紧密的联系。《春秋说》记载天子有十二个妻妾，诸侯有九个妻妾，考察其中的情理，这是永远不可改变的制度。然而末世王朝的君主生活奢侈，放纵情欲，造成男女长期分离不结合，使天地阴阳和谐的气氛动荡不安，末世王朝的君主选择后妃时只注重容貌，不以善良高尚为根本标准，所以使社会风气衰败，维系社会的基本准则毁灭，难道不令人痛惜吗！唉，有国有家的人，要永远以此作为借鉴呀！

汉代制度，皇帝的祖母称作太皇太后，皇帝的母亲称作皇太后，皇帝的正妻称作皇后，其余的妃嫔又分为十四个等级。大魏承袭汉代制度，太皇太后、皇太后、皇后等称号，都依旧制不改，但是自夫人以下的等级各个时期却都有所增减。太祖建立魏国的时候，开始设立王后，王后以下的妃嫔又分为夫人、昭仪、倢伃、容华、美人五等。文帝时增加了贵嫔、淑媛、修容、顺成、良人这五种妃嫔。明帝时取消了妃嫔中顺成这一种，但是又增加了淑妃、昭华和修仪这三种。太和年间明帝又恢复了设置夫人，把夫人列于淑妃之前。至此，魏王朝的妃嫔自夫人以下共有十二等：贵嫔、夫人，地位仅次于皇后，没有与之相当的爵位；淑妃地位相当于相国，爵位和诸侯王一样；淑媛地位相当于御史大夫，爵位和县公相同；昭仪爵位和县侯相同；昭华爵位和乡侯相同；修容爵位和亭侯相同；修仪爵位和关内侯相同；倢伃的地位相当于中二千石一级的官员；容华的地位相当于真二千石一级的官员；美人的地位相当于比二千石一级的官员；良人的地位相当于千石一级的官员。

武宣卞皇后，琅玡郡开阳县人，她是文帝的母亲。卞皇后出身艺人家庭，二十岁时，太祖在谯县纳她为妾。后来武宣卞皇后随太祖到了洛阳。董卓作乱的时候，太祖改变服装东出避难。后来，袁术传来太祖的死讯，当时随太祖到洛阳的一些随从都想回去，卞后制止说："曹君是凶是吉，还不知道，现在我们回去，如果曹君还活着，还有什么脸面再相见呢？即使真的有大祸到来，和他一同死去又有什么可怕的呢！"大家听从了卞后的话。太祖听说后觉得卞后很好。建安初年，原配丁夫人被废，以卞后为继室。儿子中有些没了母亲的，太祖都要卞后来抚养他们。文帝被立为太子的时候，左右女官都向卞后祝贺说："将军被立为太子，天下人都欢喜，王后应当把府库的财宝都拿出来进行赏赐。"卞后说："魏王只因曹丕年纪最大，所以决定他做继承人，我只应该庆幸自己没有了教导无方的过失，有什么理由去重赏呢！"女官回来，把这些话详细告诉了太祖。太祖听了很高兴地说："生气时不改神色，高兴时不失去节度，是最难得的。"

建安二十四年，太祖下书封卞后为王后，书中说："卞氏夫人，尽心抚养儿子们，有做天下母亲们表率的德行。现在特进位为王后，太子、诸侯陪同，众官也纷纷表示祝颂，减免死刑犯人的罪刑一等。"二十五年，太祖去世，文帝继承王位，尊卞后为王太后，到文帝当了皇帝以后，尊卞后为皇太后，称永寿宫。明帝继承皇位以后，尊卞后为太皇太后。

黄初年间，文帝想追封卞太后的父母，尚书陈群上奏皇上说：“陛下因为有圣德而应运做了皇帝，现在正是创新业、革旧制的时候，当永远成为后世奉行的榜样。考察典籍条文，还没有妇女分封受爵的制度。礼仪典规，妇女只能享受丈夫爵位的待遇。秦朝违背古代法规，汉代又沿袭了下来，但这不是上古先王的好制度。”文帝说：“这个建议很对，这件事就不要施行了。把今天的奏议记录下来，写成诏令藏在尚书台，永远为后世遵守。”直到太和四年春天，明帝才追谥卞太后的祖父卞广为开阳恭侯，父亲卞远为敬侯，祖母周氏被封为阳都君以及敬侯夫人，都颁赐了官印绶带。这年五月，卞后去世。七月，与太祖合葬于高陵。

当初，卞太后的弟弟卞秉因为有功而被封作都乡侯；黄初七年又晋封为开阳侯，食邑一千二百户，任昭烈将军。卞秉去世后，儿子卞兰继承爵位。卞兰年少有才学，任奉车都尉、游击将军，又加官散骑常侍。卞兰死后，儿子卞晖继承爵位，又分出卞秉的爵禄，另封卞兰的弟弟卞琳为列侯，官至步兵校尉。卞兰的儿子卞隆的女儿是高贵乡公曹髦的皇后，卞隆以皇后父亲的身份被任为光禄大夫，位列特进，被封为睢阳乡侯，妻子王氏被封为显阳乡君。并追封卞隆前妻刘氏为顺阳乡君，因为她是皇后母亲的缘故。卞琳的女儿又为陈留王的皇后，当时卞琳已经去世，就封卞琳的妻子刘氏为广阳乡君。

文昭甄皇后，她是中山国无极县人，明帝的母亲，汉太保甄邯的后代，世代任郡国首相一类的官职。她的父亲甄逸，任上蔡县令。文昭皇后三岁时失去父亲。后来天下兵荒马乱，百姓们全都出卖金银珠宝，当时甄后家储藏了很多谷物，用谷物买了宝物。当时甄后才十几岁，对母亲说：“当今世道混乱，我们却买了很多宝物，匹夫无罪，怀璧才是罪。何况我们周围的百姓令薛舍全都饥饿乏粮，不如把粮谷救济亲族邻里，广施恩惠。”全家都称好，当即听从了她的话。

建安年间，袁绍为次子袁熙娶了甄氏作为老婆。袁熙出京城做了幽州刺史，甄氏留下来侍奉婆婆。冀州被平定后，文帝在邺城纳甄氏为妇，受到宠爱，生明帝和东乡公主。延康元年正月，文帝登上王位。文帝南征，甄后留在邺城。黄初元年十月，文帝登帝位。登位之后，山阳公刘协把两个女儿嫁给魏帝，与郭后、李贵人、阴贵人一起受到宠爱，甄后非常失意，有怨恨之言。文帝大怒，黄初二年六月，派遣使臣将甄后赐死，埋葬在邺城。

明帝即位后，有部门上奏请求追谥甄后。明帝派司空王朗持符节、捧着文书，用牛、羊、猪三牲作祭品到甄后的陵墓祭祀，又另外为甄后修建了寝庙。太和元年三月，明帝把中山国魏昌县安城乡的一千户，追封给甄后的父亲甄逢，加谥号为敬侯；让甄逸的嫡孙甄像承袭爵位。四月，开始营建宗庙，挖地时得到一枚玉玺，一寸九分见方，上边的文字是"天子羡思慈亲"，明帝见后大为悲伤，用牛、羊、猪三牲作为祭品到宗庙中祭祀祷告。又曾经在梦中见到甄后，于是区分舅舅家族成员的亲疏长幼，加以任用各有差等，赏赐累计达一万；又任甄像为虎贲中郎将。这一月，甄后的母亲去世，明帝身穿丧服亲自出席葬礼，文武百官相陪。太和四年十一月，因为甄后的陵墓过于低矮，派甄像兼太尉，持符节到邺城，祭告土神。十二月，将甄后改葬在朝阳陵。甄像回来以后，升迁为散骑常侍。青龙二年春，明帝追加甄后兄甄俨谥号为安城乡穆侯。夏天，吴贼侵犯扬州，任甄像为伏波将军，持节监督各军东征。回来后，又任命为射声校尉。青龙三年甄像去世，追赠卫将军，改封在魏昌县，谥号为贞侯；由儿子甄畅承袭爵位。又封甄畅弟弟甄温、甄韡、甄艳为列侯。青龙四年，改变甄逸、甄俨本来的封号全都为魏昌侯，谥号依旧。封甄俨的夫人刘氏为东乡君，又追封甄逸的夫人张氏为安喜君。

景初元年夏天，有关官员共同商量制定七庙制度。冬天，他们又上奏说："帝王之兴起，既有承受天命的君主，又有圣明的后妃秉神灵之意来辅助，然后才能世代昌盛，成就王业。过去高辛氏占卜他四个妃子的儿子都会拥有天下，果然后来的帝挚、唐尧、商朝、周朝一代代兴起。周人上推后稷为他们的始祖，用后稷来配享皇天。追述后稷的出生，姜嫄是本源，特意为她建立宗庙，世代祭祀。就像《周礼》中所说的'奏夷则乐，唱中吕之曲，跳《大濩》之舞，用以祭祀先妣'。《诗经》歌颂姜嫄说：'最早生育周人的，就是姜嫄。'这是在说周王朝基业的本源，民众的由来。又说：'姜嫄的神庙清静，建筑宏伟精细，显赫的姜嫄，美德是那样纯正。'《诗经》《周礼》所称颂周朝祖先的伟大，是那样的美好。我大魏顺天应运，继承虞舜，在弘扬帝王功德方面，太祖、高祖、烈祖三代均享有特别隆重的待遇，在庙祧的数量上，实际与周朝相同。如今武宣卞皇后、文德郭皇后都各自配享武帝、文帝永久的祭祀，而文昭甄皇后，接受上天神圣的旨意，生育了圣明的君主，具有拯救民众的功劳，充满天地的美德；使皇族得到繁衍，是道德和教化兴起的根本。虽然为她特建神庙，如同姜嫄的閟宫，却未明确列入万世不毁的行列，害怕后代议论陛下报答母后的功德时，会认为不能充分显示孝心。因此，文昭甄皇后的神庙应代代享受祭祀音乐，和祖庙相同，写进永远不迁毁的法令，以传扬圣上的仁善风范。”于是明帝便下令把这个奏议与有关七庙的奏议一起铸在金属板上，藏入金匮之中。

明帝十分想念舅舅家族的人。甄畅年纪尚小，景初末年，让甄畅做了射声校尉，并加散骑常侍的官衔，又特别为他建造高大宽敞的住宅，明帝还亲自到他那里。又在后园为甄像母亲起观庙，并把他所住的里弄命名为渭阳里，借以来追念母氏。嘉平三年正月，甄畅去世，追封为车骑将军，议定的谥号叫恭侯；儿子甄绍继承父位。太和六年，明帝的爱女曹淑死去，追封谥号为平原懿公主，并为她立庙。将甄后死去的侄孙甄黄同她合葬在一起，追封甄黄为列侯。又以夫人郭氏的堂弟郭悳做他的后代，改姓甄氏，册封郭悳为平原侯，承袭公主的爵位。青龙年间，又封甄后堂兄的儿子甄毅和甄像的三个弟弟为列侯。甄毅多次上书陈述时政，官至越骑校尉。嘉平年间，又封甄畅的两个儿子为列侯。甄后哥哥甄俨的孙女是齐王皇后，她的父亲已死，封她的母亲为广乐乡君。

文德郭皇后，为安平郡广宗县人。祖先世代为官。郭后小时候，她的父亲郭永就认为她不一般，他说：“这是个女中之王呀。”便给她取字为女王。郭后很早就失去双亲，在动乱中流浪，后沦落在铜鞮侯家。曹操为魏公时，选进太子曹丕的宫中。郭后有智谋，常有献被曹丕所愿意采纳的建议。曹丕被定为继承人，郭后是出了主意的。曹丕继王位以后，郭后被立为夫人，曹丕登帝位以后，又为贵嫔。甄后的死，就是由于郭后受到宠爱的缘故。黄初三年，要确立皇后，文帝想立她为皇后，中郎栈潜上疏说：“古时候帝王治理天下，不仅有外臣的辅弼，也有内在后妃的帮助，后妃是导致稳定和动乱的根源，国家盛衰也因此受影响。所以西陵氏之女嫁给黄帝，娥皇女英嫁给虞舜，皆源于她们的贤明，上古时有美名。夏桀失败逃到南巢，祸患宠爱妺喜；商纣王用炮烙之刑，取悦妲己。所以圣王明君在立嫡妻的时候非常谨慎，一定要在祖先世代为官的高门之女中，择善良贤惠者统领后宫，侍奉宗庙。《周易》说：‘家道正，天下定。’由此推及，这是先王总结的好经验。《春秋》记载宗人衅夏说，没有以小妾为夫人的礼仪。齐桓公在葵丘与诸侯盟誓，也说‘不要以妾为妻’。如今后宫得到宠幸的嫔妃，待遇优隆。如果因受宠而登皇后之位，使其突然高贵，臣怕以后会发生下欺上、上衰弱，妃妾的势力无节度扩张的局面，动乱就要从上边发生了。”文帝不听，便立郭氏为皇后。

郭后很早就没有了兄弟，文帝就让郭后的堂兄郭表作为郭后父亲郭永的继承人，让他做了奉车都尉。郭后的娘家亲戚刘斐与外郡的人家联姻。郭后听说后，告诫他们说：“各位亲戚的嫁女娶妇，应当找本乡门户相当的人家，不可凭借权势强迫其他地方的人结亲。”郭后姐姐的儿子孟武回到家乡想找个小妾，郭后制止了这事。告诫各家亲属说：“当今之世妇女较少，应当配给前方的将士，不得借故娶为小妾。大家都要各自谨慎，不要成为被惩罚的祸首。”

黄初五年，文帝向东征讨吴国，郭后留在许昌永始台。当时连绵的大雨下了一百多天，许昌的城楼多处损坏，有关官员奏请郭后换一下居住的地方。郭后说：“古时楚昭王外出巡游，妃子贞姜留在渐台。江水泛滥，去迎接她的使者没带符节，贞姜不肯离开，最后被洪水吞没。现今皇帝远在他方，我幸而还没有遇到贞姜遇到的灾难，却要随便迁换住地，这怎么可以呢？”大臣们都不敢再提挪移之事。黄初六年，文帝到广陵去征讨吴国，郭后留在谯县的行宫里。当时郭表亦留下担任宿卫，他想筑坝拦水捕鱼。郭后说：“河道应当畅通无阻以保证漕运，眼下又缺少木料，而你的奴仆、门客又不在，免不了要私下使用官府的竹木和人力去建造堤坝。如今你奉车都尉所缺少的，难道就是鱼吗？”

明帝即位后，尊奉郭皇后为皇太后，叫作永安宫。太和四年，明帝下诏册封郭表为安阳亭侯，不久又晋爵为乡侯，增加食邑连同以前所有共五百户，不久迁升为中垒将军。其子郭详也被任命为骑都尉。这一年，明帝追谥皇太后的父亲郭永为安阳乡敬侯，母亲董氏为都乡君。提升郭表为昭德将军，赐金章紫绶，特进职位；郭表的次子郭训也被任命为骑都尉。后来孟武的母亲病故，明帝想予以厚葬，为她建祠。皇太后制止道：“自天下大乱以来，许多陵墓都遭到盗掘，其原因大都在于厚葬；如今安葬亡人应以文帝首阳陵的薄葬为准则。”青龙三年春天，皇太后驾崩于许昌。朝廷按遗诏的丧葬制度为她营建陵墓，三月十一日，安葬在首阳陵的西侧。明帝晋封郭表为观津侯，增加食邑五百户，连同以前所有共千户。又提升郭详为驸马都尉。青龙四年，明帝发布诏令，改封皇太后的父亲郭永为观津敬侯，母亲董氏为堂阳君。追封皇太后的哥哥郭浮为梁里亭戴侯，郭都为武城亭孝侯，郭成为新乐亭定侯，分别派出使节奉朝廷追谥典册，以太牢之礼祭祀。郭表死后，长子郭详继承了爵位，又分郭表的食邑封其三子郭述为列侯。郭详逝世，其子郭钊继嗣。

明悼毛皇后，是河内人。黄初年间，被选进东宫，明帝那时候是平原王，对毛皇后非常宠爱，出入都和她一起乘坐舆辇。明帝即位后，升她为贵嫔。太和元年，被立为皇后。毛皇后的父亲毛嘉，官拜骑都尉，皇后的弟弟毛曾任郎中。

起初，明帝为平原王时，娶河内郡的虞氏为妻，明帝即位后，虞氏没有被立为皇后，太皇太后卞氏去安慰她。虞氏说："曹氏喜欢立卑贱的人为皇后，没有因符合德义标准而被立的。皇后主管后宫，君主管国家朝政，二者相辅相成。如果不能善始善终，恐怕要因此亡国，断绝宗庙祭祀！"虞氏因此语便被废黜送到邺宫。晋升毛嘉为奉车都尉，毛曾为骑都尉，对他们赏赐非常优厚。不久，封毛嘉为平乡侯，升迁为光禄大夫，毛曾为驸马都尉。毛嘉本来是典虞都尉统辖制造车辆的工匠，突然富贵起来了。明帝令群臣在毛嘉家饮宴聚会，毛嘉的举止令人可笑。说话就自称"侯身"，人们将此事引为笑谈。后来又升毛嘉为特进，至散骑侍郎。青龙三年毛嘉去世，追赠为光禄大夫，改封安国侯，增加封邑五百户，与前面所封共一千户，谥号为节侯。青龙四年，追封毛后的母亲夏氏为野王君。

明帝后来又喜欢郭夫人，毛皇后受到的恩宠日渐淡漠。景初元年（237年），明帝到皇宫的后花园宴饮游玩，召集后宫才人以上的妃嫔参加，极为欢乐。郭夫人对明帝说："该把皇后请来。"明帝不同意，并且向左右随从下令，不准他们走漏消息给毛后。但毛皇后还是得知此事，第二天，明帝和毛后见面时，毛后问："陛下昨天晏游后园，玩得开心吗？"明帝以为是左右侍从泄露了消息，下令处死了十几名随身的人。又赐毛皇后死，不过在她死后仍给她加了谥号，并安葬在愍陵，又提升毛曾为散骑常侍，后转任羽林中郎将、虎贲中郎将、原武典农校尉。

明元郭皇后，是西平郡人，她们家世代都是河右地区的大族。黄初年间，西平郡发生叛乱，她因此被收入皇宫中。明帝即位后，郭氏特别受宠爱，被册封为夫人。她的叔父郭立被任命为骑都尉，从父郭芝任虎贲中郎将。明帝病重时，便立郭氏为皇后。齐王曹芳即位，尊郭后为皇太后，称为永宁宫。追封追谥郭太后的父亲郭满为西都定侯，让郭立的儿子郭建继承郭满的封爵。封太后的母亲杜氏为郃阳君。郭芝升迁为散骑常侍、长水校尉，郭立为宣德将军，全部都封为列侯。郭建的哥哥郭德，出离本宗为甄氏的继承人。郭德和郭建全都为镇护将军，封为列侯，并掌管宫廷值宿守卫。正好赶上三少帝年幼暗弱，宰辅大臣执政，任命罢免官员，全都先禀报咨询太后然后执行。毌丘俭、钟会等人发动叛乱，全都假借太后的名义发布讨伐檄文。景元四年十二月郭太后去世，五年二月，被埋葬在高平陵西。

评论说：魏一代后妃之家，虽然几乎都荣华富贵，但却从未像东汉末年那样，凭借势力，趁机把持朝政。如果以历史作为借鉴来改变不合理的制度，应该说魏王朝在这个方面还是很出色的。回顾文帝时期陈群的建议，栈潜的进奏，足以成为百代君主的规章典制，流传于后世。

三国志卷六·魏书六

董二袁刘传

董卓字仲颖，陇西临洮人也。少好侠，尝游羌中，尽与诸豪帅相结。后归耕于野，而豪帅有来从之者，卓与俱还，杀耕牛与相宴乐。诸豪帅感其意，归相敛，得杂畜千余头以赠卓。汉桓帝末，以六郡良家子为羽林郎。卓有才武，旅力少比，双带两鞬，左右驰射。为军司马，从中郎将张奂征并州有功，拜郎中，赐缣九千匹，卓悉以分与吏士。迁广武令，蜀郡北部都尉，西域戊己校尉，免。征拜并州刺史、河东太守，迁中郎将，讨黄巾，军败抵罪。韩遂等起凉州，复为中郎将，西拒遂。于望垣硖北，为羌、胡数万人所围，粮食乏绝。卓伪欲捕鱼，堰其还道当所渡水为池，使水渟满数十里，默从堰下过其军而决堰。比羌、胡闻知追逐，水已深，不得渡。时六军上陇西，五军败绩，卓独全众而还，屯住扶风。拜前将军，封斄乡侯，征为并州牧。

灵帝崩，少帝即位。大将军何进与司隶校尉袁绍谋诛诸阉官，太后不从。进乃召卓使将兵诣京师，并密令上书曰："中常侍张让等窃幸乘宠，浊乱海内。昔赵鞅兴晋阳之甲，以逐君侧之恶。臣辄鸣钟鼓如洛阳，即讨让等。"欲以胁迫太后。卓未至，进败。中常侍段珪等劫帝走小平津，卓遂将其众迎帝于北芒，还宫。时进弟车骑将军苗为进众所杀，进、苗部曲无所属，皆诣卓。卓又使吕布杀执金吾丁原，并其众，故京都兵权唯在卓。

先是，进遣骑都尉太山鲍信所在募兵，适至，信谓绍曰："卓拥强兵，有异志，今不早图，将为所制；及其初至疲劳，袭之可擒也。"绍畏卓，不敢发，信遂还乡里。

于是以久不雨，策免司空刘弘而卓代之，俄迁太尉，假节钺虎贲。遂废帝为弘农王。寻又杀王及何太后。立灵帝少子陈留王，是为献帝。卓迁相国，封郿侯，赞拜不名，剑履上殿；又封卓母为池阳君，置家令、丞。卓既率精兵来，适值帝室大乱，得专废立，据有武库甲兵，国家珍宝，威震天下。卓性残忍不仁，遂以严刑胁众，睚眦之隙必报，人不自

董卓像，图出自《图像三国志》。

保。尝遣军到阳城。时适二月社，民各在其社下，悉就断其男子头，驾其车牛，载其妇女财物，以所断头系车辕轴，连轸而还洛，云攻贼大获，称万岁。入开阳城门，焚烧其头，以妇女与甲兵为婢妾。至于奸乱宫人公主。其凶逆如此。

初，卓信任尚书周毖、城门校尉伍琼等，用其所举韩馥、刘岱、张咨、张邈等出宰州郡。而馥等至官，皆合兵将以讨卓。卓闻之，以为毖、琼等通情卖己，皆斩之。

河内太守王匡，遣泰山兵屯河阳津，将以图卓。卓遣疑兵若将于平阴渡者，潜遣锐众从小平北渡，绕击其后，大破之津北，死者略尽。卓以山东豪杰并起，恐惧不宁。初平元年二月，乃徙天子都长安。焚烧洛阳宫室，悉发掘陵墓，取宝物。卓至西京，为太师，号曰尚父。乘青盖金华车，爪画两轓，时人号曰"竿摩车"。卓弟旻为左将军，封鄠侯；兄子璜为侍中中军校尉典兵；宗族内外并列朝廷。公卿见卓，谒拜车下，卓不为礼。召呼三台尚书以下自诣卓府启事。筑郿坞，高与长安城埒，积谷为三十年储。云事成，雄据天下，不成，守此足以毕老。尝至郿坞，公卿已下祖道于横门外。卓豫施帐幔饮，诱降北地反者数百人。于坐中先断其舌，或斩手足，或凿眼，或镬煮之。未死，偃转杯案间，会者皆战栗亡失匕箸，而卓饮食自若。太史望气，言当有大臣戮死者。故太尉张温时为卫尉，素不善卓。卓心怨之，因天有变，欲以塞咎，使人言温与袁术交关，遂笞杀之。法令苛酷，爱憎淫刑，更相被诬，冤死者千数。百姓嗷嗷，道路以目。悉椎破铜人、钟虡，及坏五铢钱。更铸为小钱，大五分，无文章，肉好无轮郭，不磨鑢。于是货轻而物贵，谷一斛至数十万。自是后钱货不行。

三年四月，司徒王允、尚书仆射士孙瑞、卓将吕布共谋诛卓。是时，天子有疾新愈，大会未央殿。布使同郡骑都尉李肃等，将亲兵十余人，伪著卫士服守掖门。布怀诏书。卓至，肃等格卓。卓惊呼："布所在？"布曰"有诏"，遂杀卓，夷三族。主簿田景前趋卓尸，布又杀之；凡所杀三人，余莫敢动。长安士庶咸相庆贺，诸阿附卓者皆下狱死。

初，卓女婿中郎将牛辅典兵别屯陕，分遣校尉李傕、郭汜、张济略陈留、颍川诸县。卓死，吕布使李肃至陕，欲以诏命诛辅。辅等逆与肃战，肃败走弘农，布诛肃。其后辅营兵有夜叛出者，营中惊，辅以为皆叛，乃取金宝，独与素所厚支胡赤儿等五六人相随，逾城北渡河，赤儿等利其金宝，斩首送长安。

比傕等还，辅已败。众无所依，欲各散归。既无赦书，而闻长安中欲尽诛凉州人，忧恐不知所为。用贾诩策，遂将其众而西，所在收兵，比至长安，众十余万，与卓故部曲樊稠、李蒙、王方等合围长安城。十日城陷，与布战城中，布败走。傕等放兵略长安老少，杀之悉尽，死者狼藉。诛杀卓者，尸王允于市。葬卓于郿，大风暴雨震卓墓，水流入藏，漂其棺椁。傕为车骑将军、池阳侯，领司隶校尉、假节。汜为后将军、美阳侯。稠为右将军、万年侯。傕、汜、稠擅朝政。济为骠骑将军、平阳侯，屯弘农。

是岁，韩遂、马腾等降，率众诣长安。以遂为镇西将军，遣还凉州，腾征西将军，屯郿。侍中马宇与谏议大夫种邵、左中郎将刘范等谋，欲使腾袭长安，已为内应，以诛傕等。腾引兵至长平观，宇等谋泄，出奔槐里。稠击腾，腾败走，还凉州；又攻槐里，宇等皆死。时三辅民尚数十万户，傕等放兵劫略，攻剽城邑，人民饥困，二年间相啖食略尽。

诸将争权，遂杀稠，并其众。汜与傕转相疑，战斗长安中。傕质天子于营，烧宫殿城门，略官寺，尽收乘舆服御物置其家。傕使公卿诣汜请和，汜皆执之。相攻击连月，死者万数。

傕将杨奉与傕军吏宋果等谋杀傕，事泄，遂将兵叛傕。傕众叛，稍衰弱。张济自陕和解之，天子乃得出。至新丰、霸陵间。郭汜复欲胁天子还都郿。天子奔奉营，奉击汜破之。汜走南山，奉及将军董承以天子还洛阳。傕、汜悔遣天子，复相与和，追及天子于弘农之曹阳。奉急招河东故白波帅韩暹、胡才、李乐等合，与傕、汜大战。奉兵败，傕等纵兵杀公卿百官，略宫人入弘农。天子走陕，北渡河，失辎重，步行，唯皇后、贵人从，至大阳，止人家屋中。奉、暹等遂以天子都安邑，御乘牛车。太尉杨彪、太仆韩融近臣从者十余人。以暹为征东、才为征西、乐征北将军，并与奉、承持政。遣融至弘农，与傕、汜等连和，还所略宫人公卿百官，及乘舆车马数乘。是时蝗虫起，岁旱无谷，从官食枣菜。诸将不能相率，上下乱，粮食尽。奉、暹、承乃以天子还洛阳。出箕关，下轵道，张杨以食迎道路，拜大司马。语在《杨传》。天子入洛阳，宫室烧尽，街陌荒芜，百官披荆棘，依丘墙间。州郡各拥兵自卫，莫有至者。饥穷稍甚，尚书郎以下，自出樵采，或饥死墙壁间。

太祖乃迎天子都许。暹、奉不能奉王法，各出奔，寇徐、扬间，为刘备所杀。董承从太祖岁余，诛。建安二年，遣谒者仆射裴茂率关西诸将诛傕，夷三族。汜为其将五习所袭，死于郿。济饥饿，至南阳寇略，为穰人所杀，从子绣摄其众。才、乐留河东，才为怨家所杀，乐病死。遂、腾自还凉州，更相寇。后腾入为卫尉，子超领其部曲。十六年，超与关中诸将及遂等反，太祖征破之。语在《武纪》。遂奔金城，为其将所杀。超据汉阳，腾坐夷三族。赵衢等举义兵讨超，超走汉中从张鲁，后奔刘备，死于蜀。

袁绍字本初，汝南汝阳人也。高祖父安，为汉司徒。自安以下四世居三公位，由是势倾天下。绍有姿貌威容，能折节下士，士多附之，太祖少与交焉。以大将军掾为侍御史，稍迁中军校尉，至司隶。

灵帝崩，太后兄大将军何进与绍谋诛诸阉官，太后不从。乃召董卓，欲以胁太后。常侍、黄门闻之，皆诣进谢，唯所错置。时绍劝进便可于此决之，至于再三，而进不许。令绍使洛阳方略武吏，检司诸宦者。又令绍弟虎贲中郎将术选温厚虎贲二百人，当入禁中，代持兵黄门陛守门户。中常侍段珪等矫太后命，召进入议，遂杀之，宫中乱。术将虎贲烧南宫嘉德殿青琐门，欲以迫出珪等。珪等不出，劫帝及帝弟陈留王走小平津。绍既斩宦者所署司隶校尉许相，遂勒兵捕诸阉人，无少长皆杀之。或有无须而误死者，至自发露形体而后得免。宦者或有行善自守而犹见及。其滥如此。死者二千余人。急追珪等，珪等悉赴河死。帝得还宫。

董卓呼绍，议欲废帝，立陈留王。是时绍叔父隗为太傅，绍伪许之，曰："此大事，出当与太傅议。"卓曰："刘氏种不足复遗。"绍不应，横刀长揖而去。绍既出，遂亡奔冀州。侍中周毖、城门校尉伍琼、议郎何颙等，皆名士也，卓信之。而阴为绍，乃说卓曰："夫废立大事，非常人所及。绍不达大体，恐惧故出奔，非有他志也。今购之急，势必为变。袁氏树恩四世，门生故吏遍于天下。若收豪杰以聚徒众，英雄因之而起，则山东非公之有也。不如赦之，拜一郡守，则绍喜于免罪，必无患矣。"卓以为然，乃拜绍勃海太守，封邟乡侯。

绍遂以勃海起兵，将以诛卓。语在《武纪》。绍自号车骑将军，主盟，与冀州牧韩馥立幽州牧刘虞为帝，遣使奉章诣虞，虞不敢受。后馥军安平，为公孙瓒所败。瓒遂引兵入冀州，以讨卓为名，内欲袭馥。馥怀不自安。会卓西入关，绍还军延津。因馥惶遽，使陈留高幹、颍川荀谌等说馥曰："公孙瓒乘胜来向南，而诸郡应之。袁车骑引军东向，此其意不可知，窃为将军危之。”馥曰：“为之奈何？”谌曰：“公孙提燕、代之卒，其锋不可当。袁氏一时之杰，必不为将军下。夫冀州，天下之重资也。若两雄并力，兵交于城下，危亡可立而待也。夫袁氏，将军之旧，且同盟也。当今为将军计，莫若举冀州以让袁氏。袁氏得冀州，则瓒不能与之争，必厚德将军。冀州入于亲交，是将军有让贤之名，而身安于泰山也。愿将军勿疑！”馥素恇怯，因然其计。馥长史耿武、别驾闵纯、治中李历谏馥曰：“冀州虽鄙，带甲百万，谷支十年。袁绍孤客穷军，仰我鼻息，譬如婴儿在股掌之上，绝其哺乳，立可饿杀。奈何乃欲以州与之？”馥曰：“吾，袁氏故吏，且才不如本初。度德而让，古人所贵，诸君独何病焉！”从事赵浮、程奂请以兵拒之，馥又不听。乃让绍，绍遂领冀州牧。

从事沮授说绍曰：“将军弱冠登朝，则播名海内；值废立之际，则忠义奋发；单骑出奔，则董卓怀怖；济河而北，则勃海稽首。振一郡之卒，撮冀州之众，威震河朔，名重天下。虽黄巾猾乱，黑山跋扈，举军东向，则青州可定；还讨黑山，则张燕可灭；回众北首，则公孙必丧；震胁戎狄，则匈奴必从。横大河之北，合四州之地，收英雄之才，拥百万之众，迎大驾于西京，复宗庙于洛邑。号令天下，以讨未复。以此争锋，谁能敌之？比及数年，此功不难。”绍喜曰：“此吾心也。”即表授为监军、奋威将军。卓遣执金吾胡母班、将作大匠吴脩赍诏书喻绍，绍使河内太守王匡杀之。卓闻绍得关东，乃悉诛绍宗族太傅隗等。当是时，豪侠多附绍，皆思为之报。州郡蜂起，莫不假其名。馥怀惧，从绍索去，往依张邈。后绍遣使诣邈，有所计议，与邈耳语。馥在座上，谓见图构，无何起至溷自杀。

初，天子之立非绍意，及在河东，绍遣颍川郭图使焉。图还说绍迎天子都邺，绍不从。会太祖迎天子都许，收河南地，关中皆附。绍悔，欲令太祖徙天子都鄄城以自密近，太祖拒之。天子以绍为太尉，转为大将军，封邺侯，绍让侯不受。顷之。击破瓒于易京，并其众。出长子谭为青州，沮授谏绍：“必为祸始。”绍不听，曰：“孤欲令诸儿各据一州也。”又以中子熙为幽州，甥高干为并州。众数十万，以审配、逢纪统军事，田丰、荀谌、许攸为谋主，颜良、文丑为将率，简精卒十万，骑万匹，将攻许。

先是，太祖遣刘备诣徐州拒袁术。术死，备杀刺史车胄，引军屯沛。

绍遣骑佐之。太祖遣刘岱、王忠击之，不克。建安五年，太祖自东征备。田丰说绍袭太祖后，绍辞以子疾，不许。丰举杖击地曰："夫遭难遇之机，而以婴儿之病失其会，惜哉！"太祖至，击破备；备奔绍。

绍进军黎阳，遣颜良攻刘延于白马。沮授又谏绍："良性促狭，虽骁勇不可独任。"绍不听。太祖救延，与良战，破斩良。绍渡河，壁延津南，使刘备、文丑挑战。太祖击破之，斩丑，再战，禽绍大将。绍军大震。太祖还官渡。沮授又曰："北兵数众而果劲不及南，南谷虚少而货财不及北；南利在于急战，北利在于缓搏。宜徐持久，旷以日月。"绍不从。连营稍前，逼官渡，合战。太祖军不利，复壁。绍为高橹，起土山，射营中。营中皆蒙楯，众大惧。太祖乃为发石车，击绍楼，皆破，绍众号曰霹雳车。绍为地道，欲袭太祖营。太祖辄于内为长堑以拒之，又遣奇兵袭击绍运车，大破之，尽焚其谷。太祖与绍相持日久，百姓疲乏，多叛应绍，军食乏。会绍遣淳于琼等将兵万余人北迎运车，沮授说绍："可遣将蒋奇别为支军于表，以断曹公之钞。"绍复不从。琼宿乌巢，去绍军四十里。太祖乃留曹洪守，自将步骑五千，候夜潜往攻琼。绍遣骑救之，败走。破琼等，悉斩之。太祖还，未至营。绍将高览、张郃等率其众降。绍众大溃，绍与谭单骑退渡河。余众伪降，尽坑之。沮授不及绍渡，为人所执。诣太祖，太祖厚待之。后谋还袁氏，见杀。

初，绍之南也，田丰说绍曰："曹公善用兵，变化无方。众虽少，未可轻也，不如以久持之。将军据山河之固，拥四州之众，外结英雄，内修农战；然后简其精锐，分为奇兵，乘虚迭出，以扰河南，救右则击其左，救左则击其右，使敌疲于奔命，民不得安业；我未劳而彼已困，不及二年，可坐克也。今释庙胜之策，而决成败于一战，若不如志，悔无及也。"绍不从。丰恳谏，绍怒甚，以为沮众，械系之。绍军既败，或谓丰曰："君必见重。"丰曰："若军有利，吾必全；今军败，吾其死矣。"绍还，谓左右曰："吾不用田丰言，果为所笑。"遂杀之。绍外宽雅，有局度，忧喜不形于色，而内多忌害，皆此类也。

冀州城邑多叛，绍复击定之。自军败后发病，七年，忧死。

绍爱少子尚，貌美，欲以为后而未显。审配、逢纪与辛评、郭图争权，配、纪与尚比，评、图与谭比。众以谭长，欲立之。配等恐谭立而评等为己害，缘绍素意，乃奉尚代绍位。谭至，不得立，自号车骑将军。由是谭、尚有隙。太祖北征谭、尚。谭军黎阳，尚少与谭兵，而使逢纪从谭。谭求益兵，配等议不与。谭怒，杀纪。太祖渡河攻谭，谭告急于尚。尚欲分兵益谭，恐谭遂夺其众。乃使审配守邺，尚自将兵助谭，与太祖相拒于黎阳。自九月至二月，大战城下，谭、尚败退，入城守。太祖将围之，乃夜遁。追至邺，收其麦，拔阴安，引军还许。太祖南征荆州，军至西平。谭、尚遂举兵相攻，谭败奔平原。尚攻之急，谭遣辛毗诣太祖请救。太祖乃还救谭，十月至黎阳。尚闻太祖北，释平原还邺。其将吕旷、吕翔叛尚归太祖，谭复阴刻将军印假旷、翔。太祖知谭诈，与结婚以安之，乃引军还。尚使审配、苏由守邺，复攻谭平原。太祖进军将攻邺，到洹水，去邺五十里。由欲为内应，谋泄，与配战城中，败，出奔太祖。太祖遂进攻之，为地道，配亦于内作堑以当之。配将冯礼开突门，内太祖兵三百余人。配觉之，从城上以大石击突中栅门，栅门闭，入者皆没。太祖遂围之，为堑，周四十里，初令浅，示若可越。配望而笑之，不出争利。太祖一夜掘之，广深二丈，决漳水以灌之。自五月至八月，城中饿死者过半。尚闻邺急，将兵万余人还救之。依西山来，东至阳平亭，去邺十七里，临滏水，举火以示城中，城中亦举火相应。配出兵城北，欲与尚对决围。太祖逆击之，败还，尚亦破走，依曲漳为营，太祖遂围之。未合，尚惧，遣阴夔、陈琳乞降，不听。尚还走滥口，进复围之急，其将马延等临陈降。众大溃，尚奔中山。尽收其辎重，得尚印绶、节钺及衣物，以示其家，城中崩沮。配兄子荣守东门，夜开门内太祖兵，与配战城中，生禽配。配声气壮烈，终无挠辞，见者莫不叹息。遂斩之。高幹以并州降，复以幹为刺史。

太祖之围邺也。谭略取甘陵、安平、勃海、河间，攻尚于中山。尚走故安从熙，谭悉收其众。太祖将讨之，谭乃拔平原，并南皮，自屯龙凑。十二月，太祖军其门，谭不出，夜遁奔南皮，临清河而屯。十年正月，攻拔之，斩谭及图等。熙、尚为其将焦触、张南所攻，奔辽西乌丸。触自号幽州刺史，驱率诸郡太守令长，背袁向曹，陈兵数万，杀白马盟。令曰："违命者斩！"众莫敢语，各以次歃。至别驾韩珩，曰："吾受袁公父子厚恩，今其破亡，智不能救，勇不能死，于义阙矣；若乃北面于曹氏，所弗能为也。"一坐为珩失色。触曰："夫兴大事，当立大义，事之济否，不待一人，可卒珩志，以励事君。"高幹叛，执上党太守，举兵守壶口关。遣乐进、李黄击之，未拔。十一年，太祖征幹。幹乃留其将夏昭、邓升守城，自诣匈奴单于求救，不得，独与数骑亡，欲南奔荆州，上洛都尉捕斩之。十二年，太祖至辽西击乌丸。尚、熙与乌丸逆军战，败走奔辽东，公孙康诱斩之，送其首。太祖高韩珩节，屡辟不至，卒于家。

袁术字公路，司空逢子，绍之从弟也。以侠气闻。举孝廉，除郎中，历职内外，后为折冲校尉、虎贲中郎将。董卓之将废帝，以术为后将军；术亦畏卓之祸，出奔南阳。会长沙太守孙坚杀南阳太守张咨，术得据其郡。南阳户口数百万，而术奢淫肆欲，征敛无度，百姓苦之。既与绍有隙，又与刘表不平而北连公孙瓒；绍与瓒不和而南连刘表。其兄弟携贰，舍近交远如此。引军入陈留。太祖与绍合击，大破术军。术以余众奔九江，杀扬州刺史陈温，领其州。以张勋、桥蕤等为大将军。李傕入长安，欲结术为援。以术为左将军，封阳翟侯，假节，遣太傅马日磾因循行拜授。术夺日磾节，拘留不遣。

时沛相下邳陈珪，故太尉球弟子也。术与珪俱公族子孙，少共交游。书与珪曰："昔秦失其政，天下群雄争而取之，兼智勇者卒受其归。今世事纷扰，复有瓦解之势矣，诚英乂有为之时也。与足下旧交，岂肯左右之乎？若集大事，子实为吾心膂。"珪中子应时在下邳，术并胁质应，图必致珪。珪答书曰："昔秦末世，肆暴恣情，虐流天下，毒被生民，下不堪命，故遂土崩。今虽季世，未有亡秦苛暴之乱也。曹将军神武应期，兴复典刑；将拨平凶慝，清定海内，信有征矣。以为足下当勠力同心，匡翼汉室，而阴谋不轨，以身试祸，岂不痛哉！若迷而知反，尚可以免。吾备旧知，故陈至情，虽逆于耳，骨肉之惠也。欲吾营私阿附，有犯死不能也。"

兴平二年冬，天子败于曹阳。术会群下谓曰："今刘氏微弱，海内鼎沸。吾家四世公辅，百姓所归，欲应天顺民，于诸君意如何？"众莫敢对。主簿阎象进曰："昔周自后稷至于文王，积德累功，三分天下有其二，犹服事殷。明公虽奕世克昌，未若有周之盛。汉室虽微，未若殷纣之暴也。"术嘿然不悦。用河内张炯之符命，遂僭号。以九江太守为淮南尹。置公卿，祠南北郊。荒侈滋甚，后宫数百皆服绮縠，余粱肉，而士卒冻馁，江淮间空尽，人民相食。术前为吕布所破，后为太祖所败，奔其部曲雷薄、陈兰于灊山。复为所拒，忧惧不知所出。将归帝号于绍，欲至青州从袁谭，发病道死。妻子依术故吏庐江太守刘勋，孙策破勋，复见收视。术女入孙权宫，子耀拜郎中，耀女又配于权子奋。

刘表字景升，山阳高平人也。少知名，号八俊。长八尺余，姿貌甚伟。以大将军掾为北军中侯。灵帝崩，代王睿为荆州刺史。是时山东兵起，表亦合兵军襄阳。袁术之在南阳也，与孙坚合从，欲袭夺表州，使坚攻表。坚为流矢所中死，军败，术遂不能胜表。李傕、郭汜入长安，欲连表为援，乃以表为镇南将军、荆州牧，封成武侯，假节。天子都许，表虽遣使贡献，然北与袁绍相结。治中邓羲谏表，表不听，羲辞疾而退，终表之世。张济引兵入荆州界，攻穰城，为流矢所中死。荆州官属皆贺，表曰："济以穷来，主人无礼，至于交锋，此非牧意，牧受吊，不受贺也。"使人纳其众；众闻之喜，遂服从。长沙太守张羡叛表，表围之连年不下。羡病死，长沙复立其子怿，表遂攻并怿。南收零、桂，北据汉川，地方数千里，带甲十余万。

太祖与袁绍方相持于官渡。绍遣人求助，表许之而不至，亦不佐太祖。欲保江汉间，观天下变。从事中郎韩嵩、别驾刘先说表曰："豪杰并争，两雄相持，天下之重，在于将军。将军若欲有为，起乘其弊可也；若不然，固将择所从。将军拥十万之众，安坐而观望。夫见贤而不能助，请和而不得，此两怨必集于将军，将军不得中立矣。夫以曹公之明哲，天下贤俊皆归之，其势必举袁绍。然后称兵以向江汉，恐将军不能御也。故为将军计者，不若举州以附曹公，曹公必重德将军；长享福祚，垂之后嗣，此万全之策也。"表大将蒯越亦劝表，表狐疑，乃遣嵩诣太祖以观虚实。嵩还，深陈太祖威德，说表遣子入质。表疑嵩反为太祖说，大怒，欲杀嵩；考杀随嵩行者，知嵩无他意，乃止。表虽外貌儒雅，而心多疑忌，皆此类也。

刘备奔表，表厚待之，然不能用。建安十三年，太祖征表，未至，表病死。

初，表及妻爱少子琮，欲以为后，而蔡瑁、张允为之支党，乃出长子琦为江夏太守，众遂奉琮为嗣。琦与琮遂为仇隙。越、嵩及东曹掾傅巽等说琮归太祖，琮曰："今与诸君据全楚之地，守先君之业，以观天下，何为不可乎？"巽对曰："逆顺有大体，强弱有定势。以人臣而拒人主，逆也；以新造之楚而御国家，其势弗当也；以刘备而敌曹公，又弗当也。三者皆短，欲以抗王兵之锋，必亡之道也。将军自料何与刘备？"琮曰："吾不若也。"巽曰："诚以刘备不足御曹公乎，则虽保楚之地，不足以自存也；诚以刘备足御曹公乎，则备不为将军下也。愿将军勿疑。"太祖军到襄阳，琮举州降。备走奔夏口。

太祖以琮为青州刺史、封列侯。蒯越等侯者十五人。越为光禄勋；嵩，大鸿胪；羲，侍中；先，尚书令；其余多至大官。

评曰：董卓狼戾贼忍，暴虐不仁；自书契已来，殆未之有也。袁术奢淫放肆，荣不终己，自取之也。袁绍、刘表，咸有威容、器观，知名当世。表跨蹈汉南，绍鹰扬河朔，然皆外宽内忌，好谋无决；有才而不能用，闻善而不能纳；废嫡立庶，舍礼崇爱。至于后嗣颠蹶，社稷倾覆，非不幸也。昔项羽背范增之谋，以丧其王业；绍之杀田丰，乃甚于羽远矣！

【译文】

董卓字仲颖，他是陇西临洮人。从小热爱武功，曾经到羌人聚集的地方游玩，与他们所有的首领全都相识。后来回乡耕种，羌人首领来看望他，董卓和他们一起回到家里，把耕牛杀掉请他们一起宴饮享乐。羌族首领们被他的诚意感动，回去之后搜获各种牲畜一千多头送给董卓。汉桓帝末年，董卓以六郡良家子弟身份被选拔为羽林郎。董卓有武艺，力大无人可比，携带双弓，在飞驰的马背上左右开弓。因此被任命为中郎将张奂军司马，跟随征讨并州有功，拜为郎中，赐给九千匹缣，董卓把这些赏赐全都分给了手下的官兵。后又被升迁为广武县令，蜀郡北部都尉，在西域戊己校尉职上被免职。不久又被任命为并州刺史，河东郡太守，升迁为中郎将，讨伐黄巾军，因为战败被撤职。韩遂等人在凉州起兵，董卓又被任命为中郎将，西征韩遂。在望垣硖北面，被羌、胡数万人包围，粮食都吃完了。董卓假借要捕鱼，在其撤军要渡过的河上筑坝截流，数十里河道的水全都蓄满。董卓率军悄然自坝下通过，然后决开堤坝。等到羌、胡人马知道追来，河水已深，没法渡过了。当时有六军出兵陇西，五支军队打了败仗，只有董卓一支军队完好无损地回来，屯驻在扶风郡。朝廷拜其为前将军，封爵斄乡侯，又调任并州牧。

汉灵帝刘宏死，少帝刘辩即位。大将军何进和司隶校尉袁绍打算悄悄地诛除宦官，被何太后否决了。何进于是就召董卓让董卓带领兵众到京城，并秘密地指示董卓给朝廷上书说："中常侍张让等人窃取并倚仗皇帝的宠爱，把天下搞得浊乱不堪。过去赵鞅在晋阳起兵，以驱逐君主旁边的恶人。臣鸣钟击鼓领兵到洛阳，就是为了讨伐张让等人。"何进的目的是想胁迫太后同意自己的计划。董卓还没有到达京城，何进便败亡。中常侍段珪等人劫持少帝逃到小平津，董卓便率领兵众在北芒山迎接少帝，返回宫中。当时何进的弟弟车骑将军何苗被何进的部众所杀，何进、何苗的部众没有了首领，全都到了董卓那里。董卓又指使吕布杀了执金吾丁原，吞并了他的部众，所以京都的兵权只掌握在董卓一人手里。

在这之前，何进派遣骑都尉泰山人鲍信到鲍信的家乡各地招募兵马，正好到达洛阳，鲍信对袁绍说："董卓拥有强兵，有异图，现在不早点除掉董卓，日后就要被董卓所控制；趁着董卓刚到疲劳，进袭董卓就可将其擒获。"袁绍畏惧董卓，不敢行动，鲍信于是回到乡里。

那之后因为许久不下雨，皇帝下令免除司空刘弘的职务而让董卓代之，不久又升为太尉，赐给符节、斧钺和虎贲卫士。废黜少帝为弘农王。随即又杀掉弘农王和何太后。立灵帝的小儿子陈留王为帝，就是汉献帝。董卓升迁为相国，封爵郿侯，朝见天子时不称其名，可以穿鞋佩剑进入宫殿；又让朝廷封他的母亲为池阳君，并且设置了家令、家丞。董卓率精兵来到以后，正遇朝廷大乱，所以能够独断废立，控制了武库和羽林军，占有了国家珍宝，威震天下。董卓生性残暴不仁，常常用酷刑来威慑百官，一点小仇怨都要报复，朝中人人害怕自身难保。他曾派军队到阳城。正赶上二月民间祭祀土神，百姓们都在社坛下祭祀，董卓的士兵们冲上去就砍下所有男子的头颅，驾驶着百姓的牛车，装载着妇女和财物，把砍下的头颅系在车辕和车轴上，一辆接着一辆地回到洛阳，说是进攻贼寇所获，并高呼万岁。进入开阳城门后，焚烧掉所带回的头颅，把妇女分散给士兵做婢妾。董卓甚至入宫奸淫宫女和公主。他就是这样凶残暴逆。

起初，董卓信赖尚书周毖、城门校尉伍琼等人，并让他们所推荐的韩馥、刘岱、张咨、张邈等人出任州郡长官。然而韩馥等人到任后，又都联合起来讨伐董卓。董卓听说后，认为周毖、伍琼等人出卖自己，把他们全杀了。

河内太守王匡派到泰山郡的军队就驻扎在河阳县境内的黄河渡口，准备讨伐董卓；董卓派疑兵做出准备在平阴渡河的样子，暗地里派遣精锐部队从小平津渡河到达北岸，绕到王匡军队的背后进行袭击，在河阳津北面战胜了王匡，王匡差不多全军覆没。董卓东方的诸侯纷纷起兵讨伐自己，恐惧不安。初平元年二月，他胁迫献帝迁都长安，出发前焚烧了洛阳的宫殿官府，并挖掘历代皇帝陵寝和公卿及以下官员的墓地，搜罗珍宝。

董卓到长安后，被任命为太师，尊称为尚父。董卓坐的车是有青盖的金华车，车厢两边都有彩绘，当时的人称它为竿摩车。董卓的弟弟董旻被任命为左将军，封为鄠侯；他哥哥的儿子董璜担任侍中中军校尉掌管兵权，董氏家族及其亲属都在朝廷为官。公卿大官见到董卓，自报姓名拜在车下，董卓也不回礼，还招呼三台尚书以下的官员亲自到董卓府中禀告政事。他又在自己的封地郡县修筑私人城池郿坞，城墙与长安城一样高，里面储藏的粮食足够三十年用。董卓扬言说如果大事成功，就雄踞天下，如果不成，守着这里也完全可以度过余生。他曾经到郿行坞巡视，公卿以下的官员都在横门外为他送行。董卓预先设置了帐篷酒席，押解来在北地郡诱降的反叛者几百人，在宴会上先割掉他们的舌头，有的斩掉手脚，有的挖掉眼睛，有的用大锅煮，没有死的，跌倒在座席中间挣扎哀号。参与宴会的人都胆战心惊，筷子和汤勺都掉了，而董卓却像平常一样饮食自如。太史观察天象，说会有大臣被杀。原来的太尉张温当时担任卫尉，和董卓关系一直都不好，董卓心里很怨恨他，就借助天象有灾变为理由，想用他来替罪塞责，派人诬告张温和袁术相互勾结，把他活活鞭打致死。董卓施行的法令严厉残酷，又凭借自己的好恶滥用刑罚，被治罪的人互相诬告，冤死的人数以千计。百姓苦不堪言，路上遇到只敢用眼睛打招呼。董卓把所有铜人、钟鼓乐器全部砸碎，并废弃了五铢钱，另外铸造小钱，每枚值五分，上面没有文字和花纹，钱边缘没有轮廓，也不打磨。结果造成货币贬值，物价飞涨，一斛谷子要卖到几十万钱，从此以后货币便不通行了。

初平三年四月，司徒王允、尚书仆射士孙瑞、董卓手下大将吕布一起密谋诛杀董卓。那时，献帝患病刚刚好，在未央宫大会群臣。吕布让同郡的骑都尉李肃等人，率领自己的亲兵十几人，穿上卫士的衣服假装守卫掖门。吕布怀里藏着诛杀董卓的诏书。等董卓一到，李肃等人就上前用兵器袭击他。董卓惊慌失措，大叫道：“吕布在哪里？”吕布说：“皇帝有诏书在此”，于是杀掉董卓，并且将三族以内的人全部杀掉。主簿田景上前扑向董卓的尸体，吕布就又杀掉了田景；如此这样一共杀了三个人，董卓的手下没有人再敢有所行动了。长安的士人百姓都互相庆贺董卓被杀的事情，那些讨好且依附董卓的人都被抓进牢狱处死了。

当初，董卓的女婿中郎将牛辅带领军队驻扎在陕县，分别派校尉李傕、郭汜、张济劫掠陈留、颍川各县。董卓死后，吕布派李肃到陕县，打算以皇帝的名义杀牛辅。牛辅等人不服，反抗迎战李肃，李肃大败逃走到弘农，吕布杀了李肃。后来牛辅营中的士兵有趁夜叛逃的，兵营中慌乱不安。牛辅以为都叛变了，于是就带上金银珠宝，单独同素来友好的支胡赤儿等五六个人一起逃走，穿越城北渡过黄河后，支胡赤儿等人贪其金银珠宝，便杀了牛辅将头送到长安。

等到李傕等人回来的时候，牛辅已经被打败。部众没有了统领，他们想自散回家。可是当时既没有赦免令，又听说长安城中要杀尽凉州人，所以都感到忧恐不知怎么办。后来贾诩出了一条计策，便向西杀向长安，中途又招收了许多兵士，到长安时，已有部众十多万人，与董卓以前的部将樊稠、李蒙、王方等人合围长安城。十日后城破，与吕布在城中大战，吕布兵败逃走。李傕等人纵兵大掠城中百姓，几乎将他们杀尽，死尸遍地。又追杀杀害董卓的人，把王允的尸体陈放于街市。当把董卓运放在郿县，欲埋葬时，突然狂风暴雨大作，雷声震动董卓墓地，大水把董卓的棺椁冲出。李傕担任车骑将军，封池阳侯，兼任司隶校尉、假节。郭汜为后将军，封爵美阳侯。樊稠为右将军，封万年侯。李傕、郭汜、樊稠专擅朝政。张济任骠骑将军，封平阳侯，屯驻在弘农。

这一年，韩遂、马腾等人投降，并且率领部众到长安。朝廷任命韩遂为镇西将军，并且派遣韩遂回到凉州，任马腾为征西将军，屯驻在郡县。侍中马宇与谏议大夫种邵、左中郎将刘范等人密谋，打算让马腾袭击长安，自己做内应，来诛杀李傕等人，待马腾领兵到达长平观，马宇等人的密谋泄露，出逃到槐里县。樊稠进击马腾，马腾败走，回到凉州；樊稠又进攻槐里，马宇等人全都被杀死。当时三辅地区还有民户几十万，李傕等人放兵劫掠，攻打城邑，人民饥饿困苦，两年之间，人吃人几乎使人迹断绝。

董卓的部将们争权夺利，于是就杀掉了樊稠，吞并了董卓的部众。郭汜与李傕又互相产生猜疑，在长安城中战斗。李傕把天子作为人质放在营中，烧毁宫殿城门，并且攻占了略官寺，把那里的车马衣服及皇帝的用品全都抢回家。李傕派公卿到郭汜那里去请求和解，郭汜把李傕的公卿全都扣押。两个人一连几个月互相攻击，死亡的人数以万计。

李傕的部将杨奉与李傕的军吏宋果等人密谋要杀掉李傕，事情败露以后，便率众叛离李傕。李傕的势力渐渐衰弱。张济自陕县来给两个人调和，献帝才得以脱身，来到新丰、霸陵二县之间。郭汜又想胁迫献帝回郿县定都。献帝跑到杨奉营中，杨奉进击郭汜把他打败。郭汜逃到南山，杨奉和将军董承送献帝回洛阳。李傕、郭汜后悔放回献帝，彼此又和好，在弘农郡的曹阳县追上了献帝。杨奉急忙召唤河东过去的白波军将领韩暹、胡才、李乐等前来汇合，与李傕、郭汜大战。杨奉兵败，李傕等纵容兵士杀害百官，抢走献帝的宫女进入弘农郡。献帝逃到陕县，向北渡过黄河，辎重车马丢失，只好步行，身边只有皇后贵人随从，到大阳县，住在百姓家里。杨奉、韩暹等人便奉献帝在安邑定都。皇帝乘牛车，身边只有太尉杨彪、太仆韩融等近臣十多人。献帝任韩暹为征东将军、胡才为征西将军、李乐为征北将军，与杨奉、董承一起掌握朝政。又派韩融到弘农，与李傕、郭汜等人讲和，李傕、郭汜归还了掠夺的宫人、百官及乘舆车马数辆。是时蝗虫起，岁旱无谷，皇帝随从的官员们只能吃青枣野菜。将领们也统管不了军队，一片混乱。杨奉、韩暹、董承便护送献帝回洛阳。出箕关，沿着轵县而下，张杨带粮在路边迎接，献帝任他为大司马。这件事被记载在《张杨传》。献帝进入洛阳，洛阳的宫殿全被烧光，街道荒芜，百官们只好拨开草丛，在断壁残垣间栖身。州郡长官各自拥兵，没人前来洛阳。饥饿和困窘日益严重，尚书郎以下的官员，只好亲自去采摘野果野菜，有的就饿死在残垣断壁间。

因此太祖迎接献帝在许昌建都。韩暹、杨奉不遵守王法，率兵逃跑，在徐州、扬州一带侵扰掳掠，后来被刘备杀掉。董承跟随太祖一年多，因为这个原因被杀。建安二年，朝廷派谒者仆射裴茂带领关西诸将诛杀了李傕，灭了他的三族。郭汜被其部将五习袭击，死在郿县。张济因缺乏粮食，到南阳一带抢劫，被穰人杀死，张绣统领了他的队伍。胡才、李乐留在河东郡，胡才被仇家杀死，李乐病亡。韩遂、马腾回到凉州后，不久又互相攻击。后来马腾入朝当了卫尉，儿子马超统领了他的部队。建安十六年，马超与关中诸将以及韩遂等人造反，太祖出兵征讨平定了他们。这事被记载在《武帝纪》中。韩遂逃到金城，被他的部将杀死。马超占据汉阳，马腾受到牵连而被灭三族。赵衢等兴军讨伐马超，马超逃到汉中归附张鲁，后来投奔刘备，死在了蜀地。

袁绍字本初，是汝南汝阳人。他的高祖父袁安，担任汉司徒。自袁安以下四代人都居三公之位，势力震动天下。袁绍外貌英俊而威严，并且能够降低自己，尊重士人，很多士人都依附他，曹操也从少年时代就与他交往。袁绍从入大将军的属官升任侍御史，逐渐升到中军校尉，一直到司隶校尉。

灵帝死后，大将军何进与袁绍密谋诛除宦官，何太后不同意。何进于是就召集董卓进京，想用这个方法来威逼太后。中常侍、黄门等宦官听说后，都到何进处谢罪，愿意由他处置。袁绍劝何进趁机会解决宦官问题，劝了两三次，何进都没有听从，何进只是命袁绍让洛阳县派一些有谋略且配备了卫士的监察人员监视宦官；又令绍弟、虎贲中郎将袁术选拔温和忠厚的虎贲二百人，入宫当值，代替手持兵器的宦官站在殿阶上把守宫门。中常侍段珪等假借皇太后的命令，召何进进宫议事，乘机杀掉何进，宫中大乱。袁术率虎贲军焚烧了南宫嘉德殿的青琐门，想以此逼使段珪等人出来。段珪等人不出来，并劫持献帝及陈留王逃到小平津。袁绍斩杀了宦官任命的司隶校尉许相后，又指挥士兵搜捕宦官，无论老少全都杀掉。有的人因为没有胡须而被误作宦官杀死，以至于有的不得不脱掉衣服露出形体才得以幸免。宦官中那些行善守法的人也被殃及，被杀死的有两千多人。袁绍就是这样滥杀，又率兵急追段珪等人，段珪等人跳黄河自杀了。献帝回到皇宫。

董卓把袁绍召去，商议把少帝废掉，另外立陈留王为帝。当时，袁绍的叔叔袁隗任太傅，袁绍假装答应董卓，说："这是大事，我回去还得与太傅商量一下。"董卓说："刘姓的后代不值得再保存了。"袁绍不再答腔，把玉佩横过来，深深作了个揖出去了。袁绍出宫以后，就逃往了冀州。侍中周毖、城门校尉伍琼、议郎何颙等人都是知名人士，受到董卓的信任，暗中却替袁绍出力。他们劝董卓说："废立皇帝这种大事，不是平常人所能明白的。袁绍不识大体，得罪了您以后，心里害怕而出逃，并没有别的想法。如今急着悬赏捉拿他，势必会促使他反叛。袁氏家族连续四世建立恩德，门生、故吏遍布天下，假使袁绍收罗豪杰，招买兵马，各地的英雄就会乘机举兵，那样的话，崤山以东地区就很难控制了。不如赦免袁绍，任命他做个郡守，袁绍因为得到免罪而高兴，就肯定不会成为您的祸患了。"董卓认为有道理，于是任命袁绍为勃海太守，封为邟乡侯。

袁绍因此以勃海郡为基地起兵，准备杀了董卓，这事记载在《武帝纪》中。袁绍自称车骑将军，主持讨伐董卓的联盟。他与冀州牧韩馥共同立幽州牧刘虞为帝，派遣使者带着劝刘虞即位的奏章去见刘虞，但是刘虞不敢接受。后来，韩馥的军队驻扎在安平，被公孙瓒打败。公孙瓒领兵进入冀州，名义上打着讨伐董卓的旗号，私下却打算袭击韩馥，夺取冀州。韩馥心里非常担心。正好这时董卓挟持献帝西入函谷关，袁绍率军回到延津。袁绍因为韩馥担心公孙瓒，就派陈留人高幹、颍川人荀谌等劝韩馥说："公孙瓒乘胜挥师南下，各郡纷纷响应。袁绍又率军向东进发，也不知他有什么意图，我们暗地里替将军担心。”韩馥说：“那该怎么办呢？”荀谌说：“公孙瓒统率燕、代两地的精锐军队，势不可当！袁绍是当代的人中豪杰，肯定不会屈居将军您之下。您占据的冀州是物产丰富的争夺要地，他如果与公孙瓒合力夺取冀州，将军立刻就会陷入危亡的困境。袁绍是将军的旧交，又曾结盟共同讨伐董卓。现在我们替将军考虑，不如把冀州让给袁绍。袁绍得到冀州，而公孙瓒无力与他争夺，必然感谢您的厚德。这样冀州落入亲密朋友手中，将军也有了让贤的美名，则比泰山还要安稳。希望将军不要迟疑。”韩馥一向胆小怕事，认为荀谌的说法很有道理。韩馥的长史耿武、别驾闵纯、治中李历都劝谏韩馥说：“冀州虽然偏远，但是有披甲的百万将士，粮食也足以维持十年。而袁绍的军队势单力薄，还要仰仗我们的鼻息，就好像是一个怀抱中的婴儿，要是不让他喝到乳汁，就立即会饿死他。为什么要把冀州让给他呢？”韩馥说：“我是袁绍的老部下，才能也不如他。因为自己不够贤能而让位，这是连古人都夸赞的品质，诸位又为什么要这么担忧呢？”从事赵浮、程奂又请求以兵力抵抗袁绍，韩馥也不同意。于是把冀州让给了袁绍，袁绍做了冀州牧。

从事沮授劝诫袁绍说：“将军年轻的时候在朝廷做官，扬名于海内；当年董卓废少帝、立献帝的时候，你又发扬忠义；只身跑出京城，董因此卓感到恐怖；渡过黄河向北而去，则勃海的豪杰低头下拜。振举的军队只有勃海一郡，但是很快掌握了冀州的人马，河北都为您的声威所震动，名声重于天下。虽然黄巾狡诈作乱，黑山强横野蛮，只要将军带兵东征，那么就可以平定青州的黄巾；回军再讨伐黑山，那么就可以灭掉张燕；部队掉转头向北进军，那么公孙瓒就只有死路一条；以强大的军威震撼威胁戎狄，那么匈奴必会服从。横扫黄河以北地区，四州的土地合并在一起，聚集英雄人才，统领百万大军，在西京迎接皇帝，恢复洛阳宗庙，向全国发号施令，讨伐还没有归附朝廷的州郡，以这样的力量推荐沮授担任监军、奋威将军。董卓派遣执金吾胡母班、将作大匠吴脩带了皇帝的命令劝导袁绍，河内太守王匡在袁绍的指使下杀了他们。董卓听说关东地区被袁绍所得到，就把袁绍家族的太傅袁隗等人都杀死了。这个时候，豪杰侠士大都依附袁绍，都想替他报仇，州郡蜂起，没有不假借他的名义的。韩馥心里害怕，于是就向袁绍要求离去，前往投靠张邈。后来袁绍派使者到张邈那里，有事商议，使者和张邈附耳密语。在座位上的韩馥看见这一情景，以为要被谋害，没有多久就起身到厕所自杀了。

当初，立献帝不是袁绍的本来的意思。献帝在河东郡的时候，袁绍派颍川人郭图作为使者前去朝见。郭图回来后劝袁绍把献帝迎到邺城，袁绍没有听从。正这时太祖把献帝迎到许县建立都城，收复了黄河以南的地区，关中诸侯全都降服。袁绍后悔没接受郭图的意见，想让太祖把献帝迁到鄄城建都就和自己近，太祖拒绝了。献帝任袁绍为太尉，转为大将军，封邺侯，袁绍辞让侯爵不接受。不久，在易京打败了公孙瓒，吞并了公孙瓒的兵众。袁绍派长子袁谭出任青州刺史，沮授劝阻说："这样必定会引发祸乱。"袁绍不听，说："孤想让每个儿子都据有一个州。"又任命次子袁熙为幽州刺史，外甥高幹为并州刺史。袁绍时拥有几十万人马，以审配、逢纪统领军事，田丰、荀谌、许攸为主要谋士，颜良、文丑为将领，挑选十万精兵，万匹战马，准备进攻许县。

在此以前，太祖曾经派遣刘备到徐州抵挡袁术。袁术死了以后，刘备杀死了徐州刺史车胄，领兵屯驻在沛县。袁绍派遣骑兵帮助刘备。太祖派刘岱、王忠进攻刘备，不能取胜。建安五年，太祖亲自东征刘备。田丰劝袁绍袭击太祖后方，袁绍以儿子有病为由，没有答应。田丰用手杖敲击地面说："碰到这样难得的机会，却因为婴儿的病失掉了，可惜呀！"太祖到了沛县，大败刘备；刘备投奔袁绍。

袁绍进军到黎阳，派遣颜良在白马这个地方攻打刘延。沮授又进谏袁绍说："颜良性格气量狭小，虽然骁勇但不能够独自担当大任。"袁绍不听从。太祖救援刘延，与颜良交战，打败并斩杀了颜良。袁绍渡河，在延津南面扎营，让刘备、文丑去挑战。太祖打败了他们，斩了文丑，再次交战，捉了袁绍的大将。袁绍军中大为震动。太祖返回官渡。沮授又说："北兵数量众多，但果敢勇猛不及南兵，南兵粮食少而且物资不及北兵；南兵利在急速决战，北兵利在缓慢搏斗。应该慢慢打持久战，拖以日月。"袁绍不听从建议。连营稍为前进，逼近官渡，交战，太祖军队不利，再次坚壁驻扎。袁绍建造了高大的楼橹，堆起土山，射箭到曹营中，曹营中都用盾牌遮挡，士兵非常恐惧。太祖于是制作发石车，打击袁绍的楼橹，都打毁了，袁绍的士兵称其为"霹雳车"。袁绍挖掘地道，想要袭击太祖兵营。太祖就在营内挖长壕沟来拒敌，又派遣奇兵袭击袁绍的运粮车，大败袁军，全部焚毁了粮食。太祖与袁绍旷日持久，百姓疲乏，很多叛变响应袁绍，曹军军粮缺乏。遇上袁绍派遣淳于琼等人率兵一万余人往北迎接运粮车，沮授劝袁绍说："可以派遣将领蒋奇另外带一支军队在外围，以此阻断曹公的抢劫。”袁绍又不听从。淳于琼留宿在乌巢，离开袁绍军队四十里。太祖便留曹洪守营，自己率步骑兵五千人等候夜晚来临就偷偷前往攻打淳于琼。袁绍派遣骑兵救援，败逃。曹军打败了淳于琼等人，全部斩杀了他们。太祖返回，还没有到兵营，袁绍的将领高览、张郃等人就率其兵众投降。袁绍的军队大溃败，袁绍与袁谭单骑撤退渡河。余下的兵众假意投降，全部被坑杀。沮授来不及和袁绍一起渡河，被人捉到，押去见太祖，太祖厚待了他。后来沮授密谋回到袁氏那里，被杀害了。

当初，袁绍南下的时候，田丰劝告说袁绍：“曹操善于用兵，变化多端。他的部队虽少，却不能低估他，不如跟他作持久战的打算。将军现在据有险固的山河，拥有四州众多的兵卒，对外结交各地英雄，对内修明农事战备；然后挑选军队中最精锐的，分别组成奇诡莫测的部伍，乘着对方出现的空隙出兵，扰击黄河以南的地区，他要救右边，我们就袭击他的左边，他想救左边，我们就袭击他的右边，使敌人疲于奔命，他辖区内的人民也不得安居乐业；这样，我们还没消耗力气，而对方早已疲困不堪，不需要等到两年，就可以轻易地把他们克服。现在舍弃坐在庙堂内策划便可操胜算的谋略，而以一次战役来决定成败，万一不能如愿，那就后悔莫及了。”袁绍不肯听从，田丰恳切力谏，袁绍大怒，认为他在涣散军心，而把田丰囚禁起来。等到袁绍兵败，有人向田丰说：“您一定要被重用了。”田丰说：“要是出师有利，我可以保全性命；现在战败，我一定活不成了。”袁绍回来后，对左右的人说：“我没有听田丰的话，现在一定被他嘲笑。”于是把田丰杀掉了。袁绍外表上看来宽容儒雅，器度不凡，真正的忧愁和喜悦从不表现在脸上，内心却充满了猜忌嫉害，像田丰的被杀，就是一个很好的例子。

冀州城邑大多开始背叛袁绍，袁绍又派兵把这些地方都平定了。而袁绍也自从军队战败后就生了病，建安七年，忧郁而死。

袁绍喜欢小儿子袁尚，因为袁尚容貌俊美，袁绍想把他为自己的继承人，但是没有公开宣布。审配、逢纪与辛评、郭图争权，审配、逢纪与袁尚交好，辛评、郭图与袁谭结党。很多人认为袁谭年长，想立他为主。审配等人怕袁谭立后辛评等人祸害自己，便根据袁绍一向的意愿，推举袁尚接替了袁绍的位置。袁谭在冀州，没有成为继承人，于是便自称车骑将军。从此，袁谭、袁尚兄弟间便产生了矛盾。曹操北征袁谭、袁尚。袁谭屯军在黎阳，袁尚只给袁谭很少的兵马，并且还让逢纪在袁谭身边监视他。袁谭要求增加兵马，审配等人建议不给。袁谭非常愤怒，杀了逢纪。曹操渡过黄河进攻袁谭，袁谭向袁尚告急。袁尚想分出一些兵马救援，又害怕袁谭把这些兵据为己有不再归还。便让审配守邺城，袁尚亲自率兵援助袁谭，与曹操在黎阳对峙。从九月到第二年二月，双方在黎阳城下展开大战，袁谭、袁尚战败，退入城中坚守。曹操准备围城，袁谭、袁尚趁夜色逃跑了。曹军追到邺城，收割了邺城已经成熟的麦子，又攻下阴安，然后撤军回到许县。曹操南下征讨荆州，行军到了西平。这时袁谭、袁尚互相攻击，袁谭败逃到平原郡。袁尚进攻非常紧急，袁谭就派辛毗去向曹操求救。曹操就带兵救援袁谭，十月到达黎阳。袁尚听说曹操北进，就退回邺城。他的部将吕旷、吕翔叛变投降了曹操，袁谭私下刻制了将军的官印送给吕旷、吕翔。曹操不信任袁谭，就以和他结为儿女亲家为名来稳住他，然后就领兵回去了。袁尚让审配、苏由镇守邺城，再次进攻袁谭据守的平原。曹军准备攻打邺城，到达洹水，距邺城五十里。苏由降曹预做内应，计谋泄露后就和审配在城中交战，败后逃出，投奔了曹操。曹操于是就挖地道攻城，审配也在城内挖壕沟来抵挡。审配的部将冯礼偷开城下的小门，放进了三百多名曹兵。审配发觉了，从城头上用大石击中了栅门，栅门关闭，进入的曹兵都被杀死了。曹操把邺城围困起来，挖掘堑壕，有四十里长，开始时挖得很浅，看起来好像一步就能越过去。审配感到好笑，并不出城争夺。一夜之间，曹兵把壕沟的宽、深各挖到二丈，决开漳水灌入沟中。从五月围困到八月，城里饿死的人超过一半。袁尚听说邺城危急，率领一万多士兵回赶救援。沿着西山行军，进到阳平亭，离邺城十七里的时候，隔着滏水燃起火来向城中报信，城里也燃火呼应。审配从北门出击，打算和袁尚内外夹击突破包围。曹操迎战审配，把他打败，袁尚也战败逃跑，靠曲漳扎营，曹操就把他包围起来。还没有合围，袁尚就害怕了，派阴夔、陈琳祈求投降，曹操没有接受。袁尚退到滥口，曹操又把他围困起来，袁尚的部将马延等人临阵投降。袁军溃散，袁尚逃到中山。曹操缴获了他的全部物资，搜缴了袁尚的印信、符节、斧钺以及衣物，把这些东西拿给他家人去看，邺城守军丧失了斗志，再也守不住了。审配的侄子审荣防守东门，在夜里偷偷地开城放进曹兵，曹军与审配在城中交战，擒获了审配。审配意气壮烈，一直没有屈服，见到的人无不叹息。曹操把他杀了。高幹献出并州投降曹操，曹操仍让高幹任并州刺史。

曹操包围邺城的时候，袁谭趁这个机会攻下了甘陵、安平、勃海、河间等地，又在中山攻打袁尚。袁尚逃到故安县依仗袁熙，袁谭把袁尚的部众全都收拢。曹操要讨伐袁谭，袁谭于是就撤出平原，合并了南皮的军队，驻扎在龙凑。十二月，曹操军进到袁谭大营门外，袁谭闭门不出；夜里逃奔南皮，依清河扎下大营。建安十年正月，曹军攻克了袁谭大营，杀了袁谭和郭图等人。袁熙、袁尚被他们的将领焦触、张南所攻，逃奔辽西乌丸。焦触自称幽州刺史，强迫各郡太守、县令、县长背袁向曹，排起了数万军队，杀白马盟誓，并下令说："违命不加盟者斩！"众人没有敢说话的，全都按照顺序歃血盟誓。轮到别驾韩珩的时候，韩珩说："我承受袁公父子厚恩，如今他们破败逃亡，我没有救他的智谋，没有以死相殉的勇气，在道义上是欠缺的；如果再让我向曹氏称臣，这是我不能做的事情。"在座的人都替他害怕得变了脸色。焦触说："凡做大事，当立大义，事情成功与否，不在乎一个人的态度，可以成全韩珩的志向，来激励那些侍奉君主的人。"高幹叛变，抓捕了上党郡太守，出兵把守壶口关。曹操派乐进、李典征讨他们，没有取胜。建安十一年，曹操亲征高幹。高幹留将领夏昭、邓升守城，自己到匈奴单于处请求援救，没有成功；独自与几名骑兵逃跑，想南奔荆州，被上洛县都尉逮捕斩杀。建安十二年，曹操到辽西郡攻击乌丸，袁尚、袁熙与乌丸迎战曹军，兵败后逃到辽东郡，被公孙康斩杀，把首级送给曹操。曹操非常钦佩韩珩的气节，多次征召他，韩珩都不出来，后在家中去世。

袁术字公路，他是司空袁逢的儿子，袁绍的堂弟，因为任侠讲义气而闻名，被推举为孝廉，官拜郎中。他先后担任了中央、地方的许多官职，最后做到折冲校尉、虎贲中郎将。董卓准备废掉少帝的时候，任命袁术为后将军；袁术也害怕董卓作乱而祸及自身，逃出京师，到了南阳。当时正好长沙太守孙坚杀了南阳太守张咨，袁术得以占有南阳郡。南阳的居民有几百万，袁术骄奢荒淫，滥收租税，百姓困苦不堪。袁术既与袁绍有矛盾，又与刘表不和，而同北方的公孙瓒结成同盟。袁绍则与公孙瓒不和，而与南边的刘表结盟。他们兄弟两条心，弃舍近邻而去远方结交，竟到了这样的程度。

袁术率军进入陈留，曹操与袁绍联合起来合击，打败了袁术。袁术带领余部逃到九江，杀掉扬州刺史陈温，占领了扬州，任命张勋、桥蕤等人为大将军。李傕进入长安后，想结交袁术做他的外援，任命袁术为左将军，封阳翟侯，授予符节，派太傅马日磾借巡视的名义去袁术那里任命授爵。袁术夺了马日磾的符节，扣留他不让他回去。

在那时沛相下邳人陈珪，是已经去世太尉陈球弟弟的儿子。袁术与陈珪都是三公家族的子孙，少年时代就互相交往，袁术给陈珪写信说："当初秦朝失去政权，天下群雄争相夺取，智勇兼备的人最终取得天下。如今政局混乱，天下又有瓦解的趋势，这正是英雄豪杰大有作为的时候。我和你是旧交，难道你不肯帮助我吗？如果我要干成大事，足下的确是我亲信得力的人。"陈珪的二儿子陈应当时在下邳，袁术同时威胁并把陈应作为人质，想着一定要陈珪投靠自己。陈珪给袁术回信说："过去秦朝末世，皇帝暴虐放纵，天下人受其虐待，百姓受其荼毒，下面不堪忍受，所以秦朝才土崩瓦解。如今虽然也是末世，但是没有秦朝苛政暴虐所引起的动乱。曹将军武略超群应天受命，正在恢复过去的典章刑律，将要扫平凶恶之人，使海内清平安定，的确是有征兆可以证明的。我以为足下会和曹将军同心努力，匡扶汉室，然而足下却图谋不轨，以身试祸，岂不令人痛心！如果足下迷途知返，还可以免祸。我暂且还在足下的老朋友中充数，所以和足下讲最知心的话，虽然不中听，但是这是至亲的人才能给足下的忠告。要让我为了私利而依附足下，我是宁死也不会如此的。"

兴平二年冬天，天子的军队在曹阳被打败了。袁术召集部下说："如今刘室已经衰弱，海内人心鼎沸，我们袁家四代都是汉朝的王公，更是百姓们心愿的归向。我想要配合天意顺应民心，不晓得各位的意见如何？"大家都沉默不敢应对。只有主簿阎象向前进谏说："从前的周代，自从后稷到文王，不知积累了多少的道德功迹，在三分的天下中才占有其中的两分，尚且归顺殷。您虽然世代昌明，可还没有当年周文王的兴盛吧？汉室虽然衰微，可还不至于像殷纣的残暴罢？"袁术听了默不作声，心里却非常不高兴。于是用了河内张炯的符命，擅自僭称名号；另外任命九江太守为淮南尹；设立公卿，在城南设宗庙祭祖，城北设置郊坛祭天。袁术极尽荒淫奢靡之能事，一方面是后宫里几百名妇女都穿戴绮丽的绸缎，每天有吃不完的肥肉美食；一方面却是士卒挨饿受冻。长江、淮河一带成为空地，百姓互相吃人。袁术先是被吕布攻破，后来又被曹操打败，于是便逃奔到灊山他的部下雷薄、陈兰那儿去，又被他们拒绝。袁术忧愁害怕，不知道该往哪里去才好。后来，他想要将帝号送给袁绍，自己则打算到青州去依靠袁谭，却因为疾病死在半路。袁术的妻子儿女依附他以前的部下庐江太守刘勋。后来，孙策打败刘勋，袁术的妻子儿女又给孙策收留了。袁术的女儿嫁到孙权宫中，儿子袁耀则官拜郎中，袁耀的女儿又婚配给孙权的儿子孙奋。

刘表，字景升，是山阳郡高平县人。年少时就很有名气，被称为八俊之一。身高八尺有余，身材魁梧、姿容伟岸。凭借大将军属官的身份被任命为北军中侯。汉灵帝驾崩，他取代王睿成为荆州刺史。这个时候山东发生兵变，刘表也集合兵士驻扎于襄阳。袁术在南阳时，与孙坚联合，想袭击并夺取刘表的荆州，让孙坚攻打刘表。结果孙坚被流箭射中而死，军队战败，袁术于是无法打败刘表。李傕、郭汜进入长安，想联合刘表得其援助，就把刘表任命为镇南将军、荆州牧，加封成武侯，授予符节。天子建都于许，刘表虽派了使者进贡，却依旧和北边的袁绍相勾结。治中邓羲为此事向刘表进谏，刘表没有听取，邓羲就以有病为理由辞官而退，直到刘表去世。张济率兵进入荆州境内，攻打穰城，被流箭射中而死。荆州官员全来道贺，刘表说："张济因为处境困窘才来，主人没有尽到礼节，以至于交战，这不是我的本意，我只接受哀悼，不接受祝贺。"刘表还派人收纳了张济的部下；张济的兵士听说后很高兴，于是归顺了刘表。长沙太守张羡背叛了刘表，刘表围攻他，但是好多年都未攻下。张羡病逝后，他的儿子张怿又被拥立。于是刘表就攻打并吞并了张怿的部众，向南收取了零陵、桂阳，向北占领了汉川，所辖地界不下千里，旗下军队也十万有余。

曹操同袁绍的军队在官渡对峙，袁绍派遣军队来求援。刘表答应了袁绍的要求，却没有去袭击曹操后方。他也不帮助曹操，想保全长江汉水一带地区，观望天下局势的变化。从事中郎韩嵩、别驾刘先劝刘表说："现在豪杰相争，袁绍、曹操两雄相持，天下的重心在于将军。如果您想有所作为，可以乘他们斗得两败俱伤的时候起兵；如果没有那个意思，就应当选择所应归附的对象。怎么能拥兵十万，坐观成败呢。遇到贤能的人而不能相助，答应别人的事又不去做。双方的怨恨必定都集中到您身上，您恐怕就不能中立了。凭借曹操的雄才大略，天下贤才俊杰又都愿意归附于他，势必战胜袁绍，然后他再进军长江、汉水一带，恐怕将军您抵御不住。如今您最好的办法，不如率荆州归附曹操，曹操一定会感激将军，将军就可以长期享受富贵的生活，并传给后代，这是万全之策。"刘表的大将蒯越也劝刘表这样做，刘表犹豫不决，于是派韩嵩前往曹操之处打探虚实。韩嵩从许都返回后，大力赞扬朝廷和曹操的恩德，劝刘表把儿子送到朝廷做人质。刘表怀疑韩嵩反而已成为曹操的说客，大怒，准备处死韩嵩。他用重刑拷问跟随韩嵩出使的官员，有的被拷打致死，终于知道韩嵩没有背叛自己的意思，才没有杀韩嵩。刘表虽然外貌儒雅，但是内心多疑猜忌，在许多事情的处理上都是这样。

刘备投奔刘表，刘表对他厚礼相待，却不予重用。建安十三年，曹操讨伐刘表。曹军还没到荆州，刘表就病死了。

起初，刘表及妻子喜爱他们的幼子刘琮，想让他为继承人，蔡瑁、张允等人是刘琮支党，便让长子刘琦外任江夏太守，众人便尊奉刘琮继承了刘表的地位。刘琦和刘琮因此结下仇怨。蒯越、韩嵩以及东曹掾傅巽等人劝刘琮依附曹操，刘琮说："现今我与诸位据有整个楚地，守着先父留下的基业，观天下之变，有什么不行呢？"傅巽回答说："叛逆和忠顺应符合大体，力量强弱的程度受一定因素的制约。身为人臣而抗拒人主，就是逆；以新据不久的荆州来抗拒朝廷，并不相当；以刘备和曹操对抗，也不是对手。三方面我们都处劣势，用它来对抗朝廷的大兵，是必亡之路。将军与刘备比怎样？"刘琮说："我不如他。"傅巽说："如果刘备不能抵御曹公，那么即使有楚国故地，也不能保全自己；如果认为刘备可以抵御曹公，那么刘备也不会甘心居将军之下。希望将军不要再迟疑了。"曹操大军到达襄阳，刘琮献州投降。刘备逃奔夏口。

曹操让刘琮做了青州刺史，封列侯。蒯越等被封列侯的有十五人。蒯越为光禄勋；韩嵩任大鸿胪；邓羲任侍中；刘先任尚书令；其余的人大多也都升了官。

评论说：董卓凶狠残忍，暴虐不仁；自从有文字记载以来，几乎是没有的。袁术奢侈荒淫，放纵不羁，兴旺景象不到死时就结束，这是咎由自取。袁绍、刘表，全都生得威严，有风度，在社会上很有名气。刘表占据了汉水以南，袁绍也在河朔地区大展雄才，然而二人都是外表宽容，内心猜忌，喜好谋略而不能决断；有人才而不能用，听到好计谋而不能采纳；废除嫡长子而立庶子，舍弃礼法只讲情爱。以至于后代困顿挫折，社稷覆灭，这不是意外的不幸。过去项羽不用范增的计谋，因此丧失了王霸之业；袁绍杀害田丰，所犯的错误要比项羽严童多了！

三国志卷七·魏书七

吕布张邈臧洪传

吕布字奉先，五原郡九原人也，以骁武给并州。刺史丁原为骑都尉，屯河内，以布为主簿，大见亲待。灵帝崩，原将兵诣洛阳。与何进谋诛诸黄门，拜执金吾。进败，董卓入京都，将为乱，欲杀原，并其兵众。卓以布见信于原，诱布令杀原。布斩原首诣卓，卓以布为骑都尉，甚爱信之，誓为父子。

布便弓马，膂力过人，号为飞将。稍迁至中郎将，封都亭侯。卓自以遇人无礼，恐人谋己，行止常以布自卫。然卓性刚而褊，忿不思难，尝小失意，拔手戟掷布。布拳捷避之，为卓顾谢，卓意亦解。由是阴怨卓。卓常使布守中阁，布与卓侍婢私通，恐事发觉，心不自安。

先是，司徒王允以布州里壮健，厚接纳之。后布诣允，陈卓几见杀状。时允与仆射士孙瑞密谋诛卓，是以告布使为内应。布曰："奈如父子何！"允曰："君自姓吕，本非骨肉。今忧死不暇，何谓父子？"布遂许之，手刃刺卓。语在《卓传》。允以布为奋武将军，假节，仪比三司，进封温侯，共秉朝政。布自杀卓后，畏恶凉州人，凉州人皆怨。由是李傕等遂相结还攻长安城。布不能拒，傕等遂入长安。卓死后六旬，布亦败。将数百骑出武关，欲诣袁术。

布自以杀卓为术报仇，欲以德之。术恶其反覆，拒而不受。北诣袁绍，绍与布击张燕于常山。燕精兵万余，骑数千。布有良马曰赤兔。常与其亲近成廉、魏越等陷锋突陈，遂破燕军。而求益兵众，将士钞掠，绍患忌之。布觉其意，从绍求去。绍恐还为己害，遣壮士夜掩杀布，不获。事露，布走河内，与张杨合。绍令众追之，皆畏布，莫敢逼近者。

张邈字孟卓，东平寿张人也。少以侠闻，振穷救急，倾家无爱，士多归之。太祖、袁绍皆与邈友。辟公府，以高第拜骑都尉，迁陈留太守。董卓之乱，太祖与邈首举义兵。汴水之战，邈遣卫兹将兵随太祖。袁绍既为盟主，有骄矜色，邈正议责绍。绍使太祖杀邈，太祖不听。责绍曰："孟卓，亲友也，是非当容之。今天下未定，不宜自相危也。"邈知之，益德太祖。太祖之征陶谦，敕家曰："我若不还，往依孟卓。"后还，见邈，垂泣相对。其亲如此。

吕布之舍袁绍从张杨也，过邈临别，把手共誓。绍闻之，大恨。邈畏太祖终为绍击己也，心不自安。兴平元年，太祖复征谦。邈弟超，与太祖将陈宫、从事中郎许汜、王楷共谋叛太祖。宫说邈曰："今雄杰并起，天下分崩。君以千里之众，当四战之地，抚剑顾眄，亦足以为人豪，而反制于人，不以鄙乎！今州军东征，其处空虚，吕布壮士，善战无前，若权迎之，共牧兖州。观天下形势，俟时事之变通，此亦纵横之一时也。"邈从之。太祖初使宫将兵留屯东郡，遂以其众东迎布为兖州牧，据濮阳。郡县皆应，唯鄄城、东阿、范为太祖守。太祖引军还，与布战于濮阳。太祖军不利，相持百余日。是时岁旱、虫蝗、少谷，百姓相食，布东屯山阳。二年间，太祖乃尽复收诸城，击破布于钜野。布东奔刘备。邈从布，留超将家属屯雍丘。太祖攻围数月，屠之，斩超及其家。邈诣袁术请救未至，自为其兵所杀。

备东击术，布袭取下邳，备还归布。布遣备屯小沛。布自称徐州刺史。术遣将纪灵等步骑三万攻备，备求救于布。布诸将谓布曰："将军常欲杀备，今可假手于术。"布曰："不然。术若破备，则北连太山诸将，吾为在术围中，不得不救也。"便严步兵千、骑二百，驰往赴备。灵等闻布至，皆敛兵不敢复攻。布于沛西南一里安屯，遣铃下请灵等，灵等亦请布共饮食。布谓灵等曰："玄德，布弟也。弟为诸君所困，故来救之。布性不喜合斗，但喜解斗耳。"布令门候于营门中举一只戟，布言："诸君观布射戟小支，一发中者诸君当解去，不中可留决斗。"布举弓射戟，正中小支。诸将皆惊，言"将军天威也"！明日复欢会，然后各罢。

术欲结布为援。乃为子索布女，布许之。术遣使韩胤以僭号议告布，并求迎妇。沛相陈珪恐术、布成婚，则徐、扬合从，将为国难。于是往说布曰："曹公奉迎天子，辅赞国政，威灵命世，将征四海。将军宜与协同策谋，图太山之安。今与术结婚，受天下不义之名，必有累卵之危。"布亦怨术初不己受也，女已在涂，追还绝婚，械送韩胤，枭首许市。珪欲使子登诣太祖，布不肯遣。会使者至，拜布左将军。布大喜，即听登往，并令奉章谢恩。登见太祖，因陈布勇而无计，轻于去就，宜早图之。太祖曰："布，狼子野心，诚难久养，非卿莫能究其情也。"即增珪秩中二千石，拜登广陵太守。临别，太祖执登手曰："东方之事，便以相付。”令登阴合部众以为内应。

始，布因登求徐州牧，登还，布怒，拔戟斫几曰：“卿父劝吾协同曹公，绝婚公路；今吾所求无一获，而卿父子并显重，为卿所卖耳！卿为吾言，其说云何？”登不为动容，徐喻之曰：“登见曹公言：‘待将军譬如养虎，当饱其肉，不饱则将噬人。’公曰：‘不如卿言也。譬如养鹰，饥则为用，饱则扬去。’其言如此。”布意乃解。

术怒，与韩暹、杨奉等连势，遣大将张勋攻布。布谓珪曰：“今致术军，卿之由也，为之奈何？”珪曰：“暹、奉与术，卒合之军耳，策谋不素定，不能相维持。子登策之，比之连鸡，势不俱栖，可解离也。”布用珪策，遣人说暹、奉，使与己并力共击术军，军资所有，悉许暹、奉。于是暹、奉从之，勋大破败。

建安三年，布复叛为术，遣高顺攻刘备于沛，破之。太祖遣夏侯惇救备，为顺所败。太祖自征布，至其城下，遗布书，为陈祸福。布欲降，陈宫等自以负罪深，沮其计。布遣人求救于术，自将千余骑出战，败走，还保城，不敢出。术亦不能救。布虽骁猛，然无谋而多猜忌，不能制御其党，但信诸将。诸将各异意自疑，故每战多败。太祖堑围之三月，上下离心，其将侯成、宋宪、魏续缚陈宫，将其众降。布与其麾下登白门楼。兵围急，乃下降。遂生缚布，布曰：“缚太急，小缓之。”太祖曰：“缚虎不得不急也。”布请曰：“明公所患不过于布，今已服矣，天下不足忧。明公将步，令布将骑，则天下不足定也。”太祖有疑色。刘备进曰：“明公不见布之事丁建阳及董太师乎！”太祖颔之。布因指备曰：“是儿最叵信者。”于是缢杀布。布与宫、顺等皆枭首送许，然后葬之。

太祖之禽宫也，问宫欲活老母及女不，宫对曰：“宫闻孝治天下者不绝人之亲，仁施四海者不乏人之祀，老母在公，不在宫也。”太祖召养其母终其身，嫁其女。

陈登者，字元龙，在广陵有威名。又掎角吕布有功，加伏波将军，年三十九卒。后许汜与刘备并在荆州牧刘表坐，表与备共论天下人。汜曰：“陈元龙湖海之士，豪气不除。”备谓表曰：“许君论是非？”表曰：“欲言非，此君为善士，不宜虚言；欲言是，元龙名重天下。”备问汜：“君言豪，宁有事邪？”汜曰：“昔遭乱过下邳，见元龙。元龙无客主之意，久不相与语，自上大床卧，使客卧下床。”备曰：“君有国士之名，今天下大乱，帝主失所，望君忧国忘家，有救世之意，而君求田问舍，言无可采，是元龙所讳也，何缘当与君语？如小人，欲卧百尺楼上，卧君于地，何但上下床之间邪？”表大笑。备因言曰：“若元龙文武胆志，当求之于古耳，造次难得比也。”

臧洪字子源，广陵射阳人也。父旻，历匈奴中郎将、中山、太原太守，所在有名。洪体貌魁梧，有异于人，举孝廉为郎。时选三署郎以补县长；琅邪赵昱为莒长，东莱刘繇下邑长，东海王朗菑丘长，洪即丘长。灵帝末，弃官还家，太守张超请洪为功曹。

董卓杀帝，图危社稷。洪说超曰：“明府历世受恩，兄弟并据大郡。今王室将危，贼臣未枭，此诚天下义烈报恩效命之秋也。今郡境尚全，吏民殷富，若动枹鼓，可得二万人，以此诛除国贼，为天下倡先，义之大者也。”超然其言，与洪西至陈留，见兄邈计事。邈亦素有心，会于酸枣。邈谓超曰：“闻弟为郡守，政教威恩，不由己出，动任臧洪，洪者何人？”超曰：“洪才略智数优超，超甚爱之，海内奇士也。”邈即引见洪，与语大异之。致之于刘兖州公山、孔豫州公绪，皆与洪亲善。乃设坛场，方共盟誓，诸州郡更相让，莫敢当，咸共推洪。洪乃升坛操槃歃血而盟曰：“汉室不幸，皇纲失统，贼臣董卓乘衅纵害，祸加至尊，虐流百姓，大惧沦丧社稷，翦覆四海。兖州刺史岱、豫州刺史伷、陈留太守邈、东郡太守瑁、广陵太守超等，纠合义兵，并赴国难。凡我同盟，齐心勠力，以致臣节，殒首丧元，必无二志。有渝此盟，俾坠其命，无克遗育。皇天后土，祖宗明灵，实皆鉴之！”洪辞气慷慨，涕泣横下。闻其言者，虽卒伍厮养，莫不激扬，人思致节。顷之，诸军莫适先进，而食尽众散。

超遣洪诣大司马刘虞谋，值公孙瓒之难，至河间，遇幽、冀二州交兵，使命不达。而袁绍见洪，又奇重之，与结分合好。会青州刺史焦和卒，绍使洪领青州以抚其众。洪在州二年，群盗奔走。绍叹其能，徙为东郡太守，治东武阳。

太祖围张超于雍丘，超言：“唯恃臧洪，当来救吾。”众人以为袁、曹方睦，而洪为绍所表用，必不败好招祸，远来赴此。超曰：“子源，天下义士，终不背本者，但恐见禁制，不相及逮耳。”洪闻之，果徒跣号泣，并勒所领兵；又从绍请兵马，求欲救超，而绍终不听许。超遂族灭。洪由是怨绍，绝不与通。绍兴兵围之，历年不下。绍令洪邑人陈琳书与洪，喻以祸福，责以恩义。洪答曰：

隔阔相思，发于寤寐。幸相去步武之间耳，而以趣舍异规，不得相见，其为怆悢，可为心哉！前日不遗，比辱雅贶，述叙祸福，公私切至。所以不即奉答者，既学薄才钝，不足塞诘；亦以吾子携负侧室，息肩主人，家在东州，仆为仇敌。以是事人，虽披中情，堕肝胆，犹身疏有罪，言甘见怪，方首尾不救，何能恤人？且以子之才，穷该典籍，岂将暗于大道，不达余趣哉？然犹复云云者，仆以是知足下之言，信不由衷，将以救祸也。必欲算计长短，辩谘是非；是非之论，言满天下，陈之更不明，不言无所损。又言伤告绝之义，非吾所忍行也，是以捐弃纸笔，一无所答。亦冀遥忖其心，知其计定，不复渝变也。重获来命，援引古今，纷纭六纸，虽欲不言，焉得已哉！

仆小人也。本因行役，寇窃大州，恩深分厚，宁乐今日自还接刃！每登城勒兵，望主人之旗鼓，感故友之周旋，抚弦搦矢，不觉流涕之覆面也。何者？自以辅佐主人，无以为悔。主人相接，过绝等伦。当受任之初，自谓究竟大事，共尊王室。岂悟天子不悦，本州见侵，郡将遘牖里之厄，陈留克创兵之谋，谋计栖迟，丧忠孝之名，杖策携背，亏交友之分。揆此二者，与其不得已，丧忠孝之名与亏交友之道，轻重殊涂，亲疏异画。故便收泪告绝。若使主人少垂故人，住者侧席，去者克己，不汲汲于离友，信刑戮以自辅，则仆抗季札之志，不为今日之战矣。何以效之？昔张景明亲登坛喢血，奉辞奔走，卒使韩牧让印，主人得地；然后但以拜章朝主，赐爵获传之故，旋时之间，不蒙观过之贷，而受夷灭之祸。吕奉先讨卓来奔，请兵不获，告去何罪？复见斫刺，滨于死亡。刘子璜奉使逾时，辞不获命，畏威怀亲，以诈求归，可谓有志忠孝，无损霸道者也；然辄僵毙麾下，不蒙亏除。仆虽不敏，又素不能原始见终，睹微知著，窃度主人之心，岂谓三子宜死，罚当刑中哉？实且欲一统山东，增兵讨仇，惧战士狐疑，无以沮劝，故抑废王命以崇承制，慕义者蒙荣，待放者被戮，此乃主人之利，非游士之愿也。故仆鉴戒前人，困穷死战。仆虽下愚，亦尝闻君子之言矣。此实非吾心也，乃主人招焉。凡吾所以背弃国民，用命此城者，正以君子之违，不适敌国故也。是以获罪主人，见攻逾时，而足下更引此义以为吾规，无乃辞同趋异，非君子所为休戚者哉！

吾闻之也，义不背亲，忠不违君。故东宗本州以为亲援，中扶郡将以安社稷；一举二得以徼忠孝，何以为非？而足下欲使吾轻本破家，均君主人。主人之于我也，年为吾兄，分为笃友，道乖告去，以安君亲，可谓顺矣。若子之言，则包胥宜致命于伍员，不当号哭于秦庭矣。苟区区于攘患，不知言乖乎道理矣。足下或者见城围不解，救兵未至，感婚姻之义，惟平生之好；以屈节而苟生，胜守义而倾覆也。昔晏婴不降志于白刃，南史不曲笔以求生，故身著图象，名垂后世。况仆据金城之固，驱士民之力，散三年之畜，以为一年之资，匡困补乏，以悦天下，何图筑室反耕哉！但惧秋风扬尘，伯珪马首南向，张杨、飞燕，膂力作难，北鄙将告倒县之急，股肱奏乞归之诚耳。主人当鉴我曹辈，反旌退师，治兵邺垣，何宜久辱盛怒，暴威于吾城下哉？足下讥吾恃黑山以为救，独不念黄巾之合从邪！加飞燕之属悉以受王命矣。昔高祖取彭越于钜野，光武创基兆于绿林，卒能龙飞中兴，以成帝业。苟可辅主兴化，夫何嫌哉！况仆亲奉玺书，与之从事。

行矣孔璋！足下徼利于境外，臧洪授命于君亲；吾子托身于盟主，臧洪策名于长安。子谓余身死而名灭，仆亦笑子生死而无闻焉，悲哉！本同而末离，努力努力，夫复何言！

绍见洪书，知无降意，增兵急攻。城中粮谷以尽，外无强救，洪自度必不免，呼吏士谓曰："袁氏无道，所图不轨，且不救洪郡将。洪于大义，不得不死，念诸君无事空与此祸！可先城未败，将妻子出。"将吏士民皆垂泣曰："明府与袁氏本无怨隙，今为本朝郡将之故，自致残困，吏民何忍当舍明府去也！"初尚掘鼠煮筋角，后无可复食者。主簿启内厨米三斗，请中分稍以为糜粥。洪叹曰："独食此何为！"使作薄粥，众分歠之，杀其爱妾以食将士。将士咸流涕，无能仰视者。男女七八千人相枕而死，莫有离叛。

城陷，绍生执洪。绍素亲洪，盛施帏幔，大会诸将见洪，谓曰："臧洪，何相负若此！今日服未？"洪据地瞋目曰："诸袁事汉，四世五公，可谓受恩。今王室衰弱，无扶翼之意，欲因际会，希冀非望，多杀忠良以立奸威。洪亲见呼张陈留为兄，则洪府君亦宜为弟，同共戮力，为国除害，何为拥众观人屠灭！惜洪力劣，不能推刃为天下报仇，何谓服乎！"绍本爱洪，意欲令屈服，原之；见洪辞切，知终不为己用，乃杀之。洪邑人陈容少为书生，亲慕洪，随洪为东郡丞；城未败，洪遣出。绍令在坐，见洪当死，起谓绍曰："将军举大事，欲为天下除暴，而专先诛忠义，岂合天意！臧洪发举为郡将，奈何杀之？"绍惭，左右使人牵出，谓曰："汝非臧洪俦，空复尔为？"容顾曰："夫仁义岂有常，蹈之则君子，背之则小人。今日宁与臧洪同日而死，不与将军同日而生！”复见杀。在绍坐者无不叹息，窃相谓曰：“如何一日杀二烈士！”先是，洪遣司马二人出，求救于吕布；比还，城已陷，皆赴敌死。

评曰：吕布有虓虎之勇，而无英奇之略，轻狡反覆，唯利是视。自古及今，未有若此不夷灭也。昔汉光武谬于庞萌，近魏太祖亦蔽于张邈。知人则哲，唯帝难之，信矣！陈登、臧洪并有雄气壮节，登降年夙陨，功业未遂；洪以兵弱敌强，烈志不立，惜哉！

【译文】

吕布字奉先，他是五原郡九原县人。因为骁勇有武艺在并州当差。刺史丁原任骑都尉后，在河内驻兵，任吕布为主簿，很受丁原的亲近和厚待。灵帝死后，丁原带兵到洛阳，被任命为执金吾，和何进策划杀掉宦官。何进失败，董卓进入京城，准备制造动乱，想杀死丁原，吞并他的队伍。董卓因为吕布受丁原的信任不敢妄动，就诱使吕布让他杀掉丁原。吕布斩下丁原的头去见董卓，董卓任命吕布担任骑都尉，十分宠爱信任他，两人立誓认为父子。

吕布骑马射箭技艺娴熟，体力超人，号称飞将军。他逐渐升到中郎将，封都亭侯。董卓感到自己对人无礼，害怕有人来谋害自己，所以出入都让吕布护卫。然而董卓性情刚猛狭隘，怒起不计后果，曾因小小不满，以手戟掷刺吕布；吕布因为身手敏捷躲避过去，又向董卓道歉，董卓的怒气才消解。因此吕布心中暗暗怨恨董卓。董卓经常让吕布守卫内室小门，吕布与董卓的奴婢私通，又怕被发觉，因此心中不安。

先前，司徒王允因为吕布是同乡又勇健，就用厚礼待他。后来吕布到王允处，述说自己几乎被董卓刺杀的事。当时王允和仆射士孙瑞正密谋诛杀董卓，所以把计划告诉了吕布，让他做内应。吕布说：“可我们就像父子一样啊！”王允说：“您本姓吕，与他根本没有血缘关系。如今您担心被他杀死还来不及，何谈亲如父子？”吕布于是就答应了，并亲手刺死董卓。这件事记载在《董卓传》。王允任吕布为奋武将军，授符节，仪同三司，进封温侯，共同主持朝政。吕布自从杀死董卓后，害怕厌恶凉州人，凉州人也都恨他，因此李傕等人便联合反攻长安。吕布不能抵挡，李傕等人便进入了长安。董卓死后的六十天，吕布也被打败，带领几百骑兵逃出武关，想去投奔袁术。

吕布自以为杀了董卓也是替袁术报了大仇，袁术肯定会感激他。然而袁术却恼恨他反复无常，拒不接纳他。吕布又向北投袁绍。袁绍与吕布一起在常山攻打张燕。张燕有精兵一万多，骑兵数千。吕布有一匹名为赤兔的好马，经常与手下亲信成廉、魏越等人冲锋陷阵，终于打败了张燕的兵马。吕布要求增加自己的士兵，然而他的将士又到处掳掠，袁绍对他很担心顾忌。吕布觉察到袁绍的心思，向袁绍要求离去。袁绍害怕他反会成为自己以后的大患，便派壮士乘夜去暗杀吕布，却没有成功，事败，投奔河内，与张杨联合。袁绍派兵去追他，追兵们都害怕吕布，只是虚张声势没有人敢逼近他。

张邈字孟卓，他是东平郡寿张县人，年轻的时候以侠义闻名，救济穷困之人，倾家荡产也不吝惜，很多士人都依附他。曹操、袁绍都和张邈友好。后被辟为三公的下属，以上等考绩任骑都尉，升迁为陈留郡太守。董卓作乱，曹操与张邈首起义兵讨伐。汴水之战中，张邈派卫兹率兵随从曹操。袁绍担任讨董联盟盟主，露出高傲自负的神色，张邈义正严词地责备他。袁绍让曹操杀张邈，曹操不听。责备袁绍说："孟卓是我们的亲友，有不对的地方应当宽容他。如今天下未定，不应自相残杀呀。"张邈知道后，更加感激曹操。曹操东征陶谦，对家人说："我如果不回来，你们就去投奔孟卓。"后来曹操回来，见到张邈，二人相对而泣。他们的关系就是这样亲密。

吕布离开袁绍依附张杨，到张邈处和他告别，两个人手拉手立下誓言。袁绍听说以后，非常愤恨。张邈担心曹操最终会替袁绍攻击自己，心中惶惶不安。兴平元年，曹操再征陶谦。张邈弟张超，与曹将陈宫、从事中郎许汜、王楷一起密谋背叛曹操。陈宫劝张邈说："如今豪杰们一起起兵，天下分崩。您拥土千里和数万民众，处在四方必争之地，抚剑环顾，足以成为人杰，却反受制于人，不是太没出息了吗！如今曹军东征，后方空虚，吕布英勇善战，所向无敌，如果把他请来，共同管理兖州。坐观天下形势，等待时局的变化，这样也能称雄一时呀。"张邈听从了他的话。曹操当初让陈宫领兵屯在东郡，陈宫便率领他的部众向东迎接吕布为兖州牧，占领了濮阳县。兖州的各个郡县全都响应吕布，只有鄄城、东阿、范县为曹操据守。曹操领军回来，与吕布在濮阳大战，曹军失利，却仍相持了一百多天。当时大旱、蝗灾、庄稼歉收，百姓人吃人，吕布向东驻扎在山阳郡。经过两年的时间，曹操收复了兖州全部城郡，在钜野打败了吕布。吕布向东投奔刘备。张邈随从吕布，留下张超和家属屯驻雍丘。曹操围攻雍丘几个月，破城后屠城，杀了张超及其全家。张邈到袁术那里请求救援，还没到就被部下所杀。

刘备东征袁术，吕布乘机偷袭并且夺取了下邳，刘备回来以后只得归附吕布。吕布让刘备驻扎在小沛。吕布自称徐州刺史。袁术派将军纪灵等率步、骑兵三万进攻刘备，刘备向吕布求救。吕布的手下将领对吕布说："将军一直想杀了刘备，这次可以借助袁术的手来除掉他。"吕布说："不能这样。袁术如果打败刘备，就可以向北联络泰山一带的各位将领，我将陷入袁术的包围之中，不能不救刘备。"吕布于是调集了一千步兵、二百骑兵，急速赶赴刘备那里。纪灵等人听说吕布前来，都收兵回营，停止了攻战。吕布在沛县西南一里处安营，派遣侍卫去请纪灵等人，纪灵等也派人来请吕布一起宴饮。吕布对纪灵等人说："刘备是我的弟弟。弟弟被你们围困了，所以我来救他。我生来不喜欢和别人打斗，只喜欢化解别人的争斗。"吕布命令守门的士兵在营门竖立起一支战戟，吕布说："你们看我射戟头旁边的戟支，如果射中了，你们就各自罢兵，如果射不中，你们可以留下厮杀。"吕布举起弓来射戟，正中戟支。纪灵等人全都大吃一惊，说："将军真是天赋神威！"第二天，吕布又与纪灵等设酒欢宴，然后各自班师。

袁术为联合吕布互相援助。要求吕布的女儿做儿媳，吕布答应了。袁术派使者韩胤把自己即位称号之事告诉吕布，并求迎娶吕布的女儿。沛国相陈珪怕袁术、吕布结成亲家，那么徐州、扬州联合起来，将成为国家的灾难。于是前去见吕布说："曹操奉迎皇上，辅助国家，威灵命世，征讨天下。将军该和他共同策划，使天下像泰山那么安稳。现在如果跟袁术结亲，天下人都说您不义，那危险就跟把鸡蛋堆起来一样了。"吕布本来就怨袁术当初不收容自己，虽然女儿已上了路，仍然派人追回，和袁术断绝婚姻关系，并且扣留了韩胤，送到许昌斩首。陈珪要让他儿子陈登去见曹操，吕布不许。朝廷派使臣来，任用吕布做左将军。吕布大喜，马上答应陈登上许昌，并且让陈向皇上谢恩。陈登见了曹操，对他说吕布是个有勇而无谋、想走就走的人，该早一点打主意解决他。曹操说："吕布野心，像一只狼，不能长久蓄养，不是你说，我还不知细情呢！"曹操马上提高陈珪的俸禄为中二千石，并且任陈登为广陵太守。陈登临别时，曹操握着他的手说："东方的事，都交给你们了。"命陈登暗中集结部队作为内应。

当初，吕布派遣陈登去见曹公为自己请求夺取徐州牧，陈登回来，吕布发怒，拔戟砍案几说："你父亲劝我协同曹公，断绝与袁术的亲事；现在我所要求的一无所获，而你父子却都得到显重，我被你出卖了！你给我说说，曹公是怎样说的？"陈登没有因此而动容，慢慢地说："我见到曹公就说：'对待将军就像养老虎，应当让它吃饱肉，不饱就会吃人。'曹公说：'不是像你说的那样。是像养鹰，饥饿则为我所用，吃饱则飞扬而去了。'他就是这样说的。"吕布的怒意才消了。

袁术大怒，和韩暹、杨奉等人联合，派遣大将张勋攻打吕布。吕布对陈珪说："现今招致袁术军队，是因为你的缘故，应该怎么办呢？"陈珪说："韩暹、杨奉与袁术，乌合之众而已，计策不是预早制定的，不会维持太久。我的儿子陈登估计，他们就像捆在一起的鸡，势必不能一起栖息，可以离间他们。"吕布采用陈珪的计策，派人劝韩暹、杨奉，让他们与自己合力共同抗击袁术军队，所有军资，全部答应归韩暹、杨奉所有。于是韩暹、杨奉同意，大败张勋。

建安三年，吕布又叛变改为支持袁术，派遣高顺进攻屯驻小沛的刘备，并攻破了刘备。太祖派遣夏侯惇救援刘备，又被高顺打败。太祖亲自征讨吕布，兵临下邳城下，又给吕布写了一封信，向吕布陈说利害。吕布想要投降，陈宫等人自以为身负重罪，阻挠吕布投降。吕布派人向袁术求救，自己又率领一千多骑兵出战，战败，逃回城内自保，不敢出战。袁术也不能来救。吕布虽然骁勇，但没有谋略而且多猜忌，不能驾驭部下，只是对部下诸将言听计从。诸将也各怀心思互不信任，所以每次打仗多以失败告终。太祖挖堑壕围困了下邳三个月，吕布军队上下离心，部将侯成、宋宪、魏续等人绑缚陈宫，率众投降。吕布和部下登上白门楼。曹军围攻急，吕布便下城投降。曹军便把吕布捆绑起来，吕布说："捆得太紧了，稍微松一点。"太祖说："绑虎不能不紧呀。"吕布对太祖说："明公所担心的不过是吕布，如今我已经降服了，天下没有什么可担心的了。明公率领步兵，让吕布率领骑兵，天下就不难平定。"太祖脸上现出了犹豫的神色。刘备进言说："明公没看见吕布是怎样对待丁建阳和董太师的吗！"太祖微微点头赞同。吕布就冲着刘备说："这个家伙最不可信。"于是太祖下令勒死了吕布。吕布与陈宫、高顺等人的首级全都被砍下送到许县，然后尸身被埋葬。

曹操活捉陈宫后，问他想不想留老母及子女一条生路，陈宫说："我听说以孝治天下的人不会杀死别人的父母，施仁爱于四海的人不会灭绝别人的后代，老母的死活在您而不在我。”曹操把陈宫的母亲接来供养终身，又把陈宫的女儿许配给好人家。

陈登，字元龙，在广陵郡有威望。因为牵制吕布有功，加封他做了伏波将军，三十九岁时去世。后来许汜和刘备在荆州牧刘表处，一起评论天下人物。许汜说：“陈元龙是湖海之士，粗豪之气不改。”刘备对刘表说：“许君的评论对还是不对？”刘表说：“如果说不对，许君是个好人，评论不应该是虚言；如果说对，陈元龙又是名重天下之人。”刘备问许汜：“您说他傲慢，可有事实？”许汜说：“当年我避乱路过下邳，见到元龙。他没有主人待客的情意，长时间不和我说话，自己在大床躺下，让客人睡在小床上。”刘备说：“您有国士名声，如今天下大乱，君主流离失所，他希望您忧国忘家，有拯救社会的志向，而您却买田盖屋，没有什么有用的言论，这些都是元龙所厌恶的，他为什么要和您说话呢？要是我，就睡在百尺高楼之上，让您睡在地下，岂止上下床而已呢？”刘表听了大笑。刘备说：“元龙的文武才能、胆略志向，只有在古代贤人的身上才能找到，在当今人物中很难找到能和他相比的人。”

臧洪，字子源，广陵郡射阳县人。他的父亲臧旻历任匈奴中郎将、中山和太原太守，所到之处都很有声望。臧洪身体魁梧，相貌端庄，与常人不同，他被推举为孝廉做了郎官，当时选拔三署郎来增补县长，琅玡人赵昱做了莒县县长，东莱人刘繇做了下邑县长，东海人王朗做了蓄丘县长，臧洪做了即丘县长。汉灵帝末年，臧洪弃官回乡，太守张超请臧洪做功曹。

董卓杀害了年少的皇帝，意图独占国家。臧洪对张超说：“太守您世受恩典，兄弟都担任大郡的郡守。如今皇室危机，乱臣贼子未除，这是天下的烈士效命朝廷之时。现在您治理下的郡境完好，民士众多而富有。如果组合军队，可得两万人，用这支军队诛除国贼，为天下人做出表率，这是最大的道义呀！”张超认为他说得对，就和臧洪到西面的陈留，与哥哥张邈商议举义大事。张邈也有这个心意，他们在酸枣县相会。张邈对张超说：“我听说弟弟任郡守，赏罚教令，都不是由自己发出，动辄就交给臧洪去办，臧洪是什么人啊？”张超说：“臧洪才干胆略心计皆比我强，我特别喜欢他，是个海内奇人呀！”张邈立即请见臧洪，谈话以后大为惊奇。便把他引见给兖州刺史刘岱、豫州刺史孔伷，他们都和臧洪关系亲密友善。于是便筑起坛场盟誓，各州郡长官互相推让，没有人敢当盟主，大家一致推举臧洪。臧洪登上誓坛，端起血盘，把血抹在嘴上盟誓说："汉朝不幸，秩序失控，贼子董卓乘机作乱，害死了皇帝，危害天下百姓，我们非常担心国家因此灭亡，天下从此大乱。兖州刺史刘岱、豫州刺史孔伷、陈留太守张邈、东郡太守桥瑁、广陵太守张超等，集义兵，赴国难。凡盟誓之人，要齐心协力，竭尽臣子气节，即使掉头，也不能有二心。有违盟誓的，让他立即丧命，断子绝孙。皇天后土，祖宗神灵，都请加以审查！"臧洪言词慷慨气势激昂，涕泪横流，听到这番话的，即使是普通士兵和杂役，没有人不激奋昂扬，人人都想为国尽忠，但没过多久，各路军马谁也不敢冲在前面，粮食吃光后都散去了。

张超派遣臧洪去见大司马刘虞一同策划，正遇公孙瓒进攻，到了河间，碰上幽、冀二州的军队交战，使命不能传达。袁绍见到臧洪，特别器重，和他结成好友。正在这时青州刺史焦和死去，袁绍要臧洪兼任青州刺史以抚民心。臧洪在青州两年，盗匪绝迹。袁绍叹服其才能，改任他为东郡太守，治所在东武阳。

曹操派遣军队在雍丘把张超包围，张超说："所倚仗的力量只有臧洪了，他一定会来救我。"众人都认为袁绍、曹操关系正好，而臧洪是被袁绍上表任用的，一定不会与袁绍断交，远来救援。张超说："子源，天下名士也，不会背叛根本，只是怕他被袁绍限制，不能到达。"臧洪听说张超被围，连鞋都来不及穿，光脚跑着召集部下，又向袁绍请求兵马，想救张超，而袁绍始终不答应。于是，张超遭到灭族之灾。臧洪因此怨恨袁绍，和他断绝关系。袁绍起兵围攻臧洪，一年多都没有攻下。袁绍命臧洪的同乡陈琳给臧洪写信，向他讲明利害，并用忘恩负义的话责备他。臧洪回答说：

因为久别而产生思念，不论是醒着还是睡着都会产生。幸好彼此之间离得很近，只是因为志向不同，不能相见，这种悲伤，难道可以忍受吗！前些时候承蒙君不遗弃，一再地雅赠书信，叙述利害，公私两方面的道理都讲到家了。之所以没有立即回复，既因为自己学薄才钝，不能够回答君的责问；也因为君携带家眷小妾，留在袁绍那里，家在东边的徐州，我又是袁绍的仇敌。带着这些不利的条件侍奉袁绍，即使献出内心的真实感情，取出自己的肝胆，还是会怕和袁绍不亲密将会得罪袁绍，对袁绍说好话又可能引起袁绍的反感，君自己都进退维谷难以两全，怎么能照顾他人？况且以君的才能，读遍了典籍，怎么会不明白大道理，不知道我的志趣呢！然而君还是说了信中的这些话，我因此知道君所说的这些，确实不是由心发出的，只是用来解救自己使自己免于灾祸呀。如果一定要计较长短，明辨是非，那么是非之论，天下人都已经做出回答，说也不可能说得更明白，不说倒是没有什么损伤。再加上让我说出伤害断绝友情的话，不是我能够忍心去做的，所以丢弃了纸笔，没有回复。也希望君能远远地忖度我的心，知道我的计议已定，不会改变。再一次得到君的来信，信中援引古今的道理，洋洋洒洒写了六张纸，尽管我原来不想回答，但是怎么能够控制得了呢！

在下小仆人是个无用的人，我只是奉命出来，凑巧竟掌管了大州，受人大恩，岂愿今天这样刀枪相对呢？每逢上城巡阅，看见主人的旗鼓，想想旧友们交往的情形，摸一摸手边武器，不觉得已涕泪满面了。为什么呢？自想帮助主人，没有做过后悔的事。主人对待我，比待别人都好。当初一受任，自以为成就了大事，可以共尊王室。谁想到皇上不喜欢，本州被侵犯，郡将张超在牖里遭难，由于我思虑迟钝，才丧失了忠孝之名。持了策上马告辞，证明我不会交朋友。想想这两样丧忠孝和对不起朋友，轻重不同，关系远近也不同，只有收泪告别朋友。如果主人也顾念一点老面子，对来客收容他，对离去的只责备自己，不要过分记念老友，不要过分相信刑罚，那么小仆也可学季札的退让，停止今天的战争了。有什么证明吗？从前张景明亲自登盟坛宣誓，侍奉奔走，最终韩馥让出了州牧印，让主人得到了地盘；然后，仅仅因为上表给皇上而获得爵位和传见之赏赐的缘故，很快就不原谅他的过失，遭到杀身之祸。吕布讨伐董卓后投奔来，请兵不许而打算离去，这有罪吗？又受了惩罚，几乎死掉。刘子璜奉命出去，过了时限，请求回来又没有得到命令，又害怕又想家，说谎使诈才得以回来，真是有志于忠孝，对霸道并没有影响；可是结果却被处死在军门，得不到宽赦。小仆虽然不聪明，又不能在开始的时候顾虑到结果，由小事测透大事，私自揣测主人的意思，是说上面那三人都该死，惩罚他们都得当吗？实在是打算统一山东，加兵讨伐仇人，只怕士兵疑心，不能阻挡，所以宁可压制王命，提高自己地位。慕义的人得到光荣，等待放逐的被杀，这对主人有利，却不是游说之士的愿望。因而小仆以前人为诫，虽然困难，也要死战到底。虽然我是个愚不可及的人，却也曾听过君子的教诲。这确实不是我的本意，而是主人逼迫的。我之所以背弃国家、民众，把命运与孤城连在一起，是因为恪守君子出来，不投奔敌国的原因。所以得罪了主人，长时间的、受到围攻。您用这种道理来规劝我，又怕结论相反，君子所悲也！

我听说，讲究义气不应背弃双亲，谈论忠不应违抗君主，所以将本州作为亲人的根基，来防备将来安定国家，一举而得忠孝之名声，有什么不对呢？而您却想让我轻弃忠孝之根本、破毁家园，和您一同听命于主人。主人对我来说，在年龄上是我的兄长，情分上是我的好友。因为认识不同而分手，去安定君主和双亲，可以说是名正言顺。如果按照您的说法，那么包胥就该为伍子胥卖命，而不应到秦庭去哭救了。如果只想避祸，岂不知这话已经违背道理了。您也许见到城池被围而无法解除，救兵迟迟没有来到，念及您我有亲戚的情义，看在平生友好的分上，认为屈节生存，比坚守大义而灭亡好得多。从前晏婴面对刀刃而不改己志，南史不以篡改史实来换取活命，因此他们被画成图像，名声流传于世。何况我据有坚固的城池，凭借将士民众的力量，三年积蓄做一年之费用，救助困难，补助缺乏，使天下人欣慰；哪怕主人就地建营、士兵种田从而长期围困呢？我只担心秋天将至，公孙瓒就要出兵南方，张杨和张飞燕再一起发难，北疆将会告燃眉之急，他的心腹也会表示要求退兵回家。主人应当考察我的为人，掉头撤退兵马，加强邺城的警戒，怎么能发大怒气，在我城下耀武扬威呢？您讥讽我依仗黑山军的援救，为什么唯独不想自己和黄巾军的联合呢！张飞燕所部已经接受王命归顺朝廷了。从前汉高祖在钜野收编了彭越部众，光武帝靠绿林军开创了基业，最终登上皇座，成就帝业。如果能辅佐皇上以兴大业，这有什么妨碍呢！何况亲捧皇帝的诏书，与之合作。

别了，孔璋！您在外乡谋利，我臧洪则听命于君主、双亲；您托身于袁绍，我则效忠于朝廷。您说我会身死名灭，我也笑您死活都会默默无闻。悲也！我们本来志同道合，最后却分道扬镳，各自努力吧！没什么可说的了！

袁绍见到臧洪的信，知道他没有投降的意思，便增加兵力加紧攻城。城中粮食已经耗尽，城外又无强兵救援，臧洪知道走投无路。召集将士说："袁绍无道，图谋不轨，且对我的上司见死不救。臧洪为大义，不得不死，而你们却不要承受灾难。现城池未破，带领妻儿出城吧！"官兵百姓都流着泪说："您和袁绍并没有仇怨，如今为朝廷太守的缘故，却招致残害和围困，我们怎忍心离您而去！"开始城里人还能挖老鼠、煮筋角吃，到后来什么都没有了。主簿说橱内还有三斗米，想要分成几份熬粥给臧洪。臧洪叹气说:“我独自喝有什么用!”便下令熬成稀粥,给大家分着喝,又杀掉了自己的爱妾让将士们吃。将士们都泪流满面,没有人能抬起头来。城中男女七八千人全都死在一起,没有人背叛逃离。

城破之后,袁绍活捉了臧洪。袁绍与臧洪一向亲善,用帷幔隆重布置厅堂,召集众将一起见臧洪,说:“臧洪,怎样对我不起?今天服否?”臧洪站在地上瞪着眼睛说:“袁家侍奉汉朝,四代五人担任三公之职,可说世受皇恩。如今皇室衰弱,不但没有辅佐之意,反而乘机,企求非分,杀害忠良,立己之威。臧洪亲见你称张邈为兄,那么张超就是弟,本当共同努力,为国除害,为什么却拥强兵而眼看着被人所灭!可惜我力量弱小,不能杀了你为天下人报仇,怎能服你!”袁绍本爱臧洪,想让他屈服,并且宽恕他;见到臧洪言辞如此激烈,知道他终不会为己所用,便把他杀了。臧洪的同乡陈容年轻时是个书生,仰慕臧洪,随臧洪任东郡丞;城未破的时候,臧洪派他出城。袁绍让他也在座,眼见臧洪被处死,陈容起身对袁绍说:“将军做大事,要为天下除暴,却先杀忠义之士,这不合天意!臧洪为郡守而反抗,为什么要杀他!”袁绍面有愧色,左右的人把他拉出去,说:“你不是臧洪的同党,送死干什么!”陈容回过头说:“实现仁义,并没有常规,遵循是君子,违背是小人。今天宁与臧洪同日死,也不与将军同日生。”也被杀了。座席上的人无不叹息,悄然互议说:“怎能一天杀死二位烈士!”此前,臧洪派两个司马出城,向吕布求救;等到他们回来,城已经被攻破,二人全都冲入敌阵战死。

评论说:吕布如咆哮的老虎一样勇猛,却没有神奇的谋略,轻率狡猾,反复无常,唯利是图。从古至今,像这种人是没有不灭亡的。从前汉光武帝没有看准庞萌,近代魏太祖也受张邈的蒙蔽。善于了解人才是智者,连帝尧都感到困难,的确如此啊!陈登、臧洪都有英雄气概和高尚节操,陈登英年早逝,没能建功立业;臧洪敌强己弱,壮志未酬,真是可惜呀!

三国志卷八·魏书八

二公孙陶四张传

公孙瓒字伯珪，辽西令支人也。为郡门下书佐。有姿仪，大音声。侯太守器之，以女妻焉，遣诣涿郡卢植读经。后复为郡吏。刘太守坐事征诣廷尉，瓒为御车，身执徒养。及刘徙日南，瓒具米肉，于北芒上祭先人。举觞祝曰："昔为人子，今为人臣，当诣日南。日南瘴气，或恐不还，与先人辞于此。"再拜慷慨而起，时见者莫不歔欷。刘道得赦还。瓒以孝廉为郎，除辽东属国长史。尝从数十骑出行塞，见鲜卑数百骑，瓒乃退入空亭中，约其从骑曰："今不冲之，则死尽矣。"瓒乃自持矛，两头施刃，驰出刺胡。杀伤数十人，亦亡其从骑半，遂得免。鲜卑惩艾，后不敢复入塞。迁为涿令。光和中，凉州贼起。发幽州突骑三千人，假瓒都督行事传，使将之。军到蓟中，渔阳张纯诱辽西乌丸丘力居等叛，劫略蓟中，自号将军，略吏民攻右北平、辽西属国诸城，所至残破。瓒将所领，追讨纯等有功，迁骑都尉。属国乌丸贪至王率种人诣瓒降。迁中郎将，封都亭侯，进屯属国，与胡相攻击五六年。丘力居等钞略青、徐、幽、冀，四州被其害，瓒不能御。

朝议以宗正东海刘伯安既有德义，昔为幽州刺史，恩信流著，戎狄附之，若使镇抚，可不劳众而定，乃以刘虞为幽州牧。虞到，遣使至胡中，告以利害，责使送纯首。丘力居等闻虞至，喜，各遣译自归。瓒害虞有功，乃阴使人徼杀胡使。胡知其情，间行诣虞。虞上罢诸屯兵，但留瓒将步骑万人屯右北平。纯乃弃妻子，逃入鲜卑，为其客王政所杀，送首诣虞。封政为列侯。虞以功即拜太尉，封襄贲侯。会董卓至洛阳，迁虞大司马，瓒奋武将军，封蓟侯。

关东义兵起，卓遂劫帝西迁。征虞为太傅，道路隔塞，信命不得至。袁绍、韩馥议，以为少帝制于奸臣，天下无所归心。虞，宗室知名，民之望也，遂推虞为帝。遣使诣虞，虞终不肯受。绍等复劝虞领尚书事，承制封拜，虞又不听，然犹与绍等连和。虞子和为侍中，在长安。天子思东归，使和伪逃卓，潜出武关诣虞，令将兵来迎。和道经袁术，为说天子意。术利虞为援，留和不遣，许兵至俱西，令和为书与虞。虞得和书，乃遣数千骑诣和。瓒知术有异志，不欲遣兵，止虞，虞不可。瓒惧术闻而怨之，亦遣其从弟越将千骑诣术以自结，而阴教术执和，夺其兵。由是虞、瓒益有隙。和逃术来北，复为绍所留。

是时，术遣孙坚屯阳城拒卓，绍使周昂夺其处。术遣越与坚攻昂，不胜，越为流矢所中死。瓒怒曰："余弟死，祸起于绍。"遂出军屯磐河，将以报绍。绍惧，以所佩勃海太守印绶授瓒从弟范，遣之郡，欲以结援。范遂以勃海兵助瓒，破青、徐黄巾，兵益盛，进军界桥。以严纲为冀州，田楷为青州，单经为兖州，置诸郡县。绍军广川，令将麹义先登与瓒战，生禽纲。瓒军败走勃海，与范俱还蓟，于大城东南筑小城，与虞相近，稍相恨望。

虞惧瓒为变，遂举兵袭瓒。虞为瓒所败，出奔居庸。瓒攻拔居庸，生获虞，执虞还蓟。会卓死，天子遣使者段训增虞邑，督六州；瓒迁前将军，封易侯。瓒诬虞欲称尊号，胁训斩虞。瓒上训为幽州刺史。瓒遂骄矜，记过忘善，多所贼害。虞从事渔阳鲜于辅、齐周、骑都尉鲜于银等，率州兵欲报瓒。以燕国阎柔素有恩信，共推柔为乌丸司马。柔招诱乌丸、鲜卑，得胡、汉数万人，与瓒所置渔阳太守邹丹战于潞北，大破之，斩丹。袁绍又遣麹义及虞子和，将兵与辅合击瓒。瓒军数败，乃走还易京固守。为围堑十重，于堑里筑京，皆高五六丈，为楼其上；中堑为京，特高十丈，自居焉，积谷三百万斛。瓒曰："昔谓天下事可指麾而定，今日视之，非我所决。不如休兵，力田畜谷。兵法，百楼不攻。今吾楼橹千重，食尽此谷，足知天下之事矣。"欲以此弊绍。绍遣将攻之，连年不能拔。建安四年，绍悉军围之。瓒遣子求救于黑山贼，复欲自将突骑直出，傍西南山，拥黑山之众，陆梁冀州，横断绍后。长史关靖说瓒曰："今将军将士，皆已土崩瓦解，其所以能相守持者，顾恋其居处老小，以将军为主耳。将军坚守旷日，袁绍要当自退；自退之后，四方之众必复可合也。若将军今舍之而去，军无镇重，易京之危，可立待也。将军失本，孤在草野，何所成邪！"瓒遂止不出。救至，欲内外击绍。遣人与子书，刻期兵至，举火为应。绍候者得其书，如期举火。瓒以为救兵至，遂出欲战。绍设伏击，大破之，复还守。绍为地道，突坏其楼，稍至中京。瓒自知必败，尽杀其妻子，乃自杀。

鲜于辅将其众奉王命。以辅为建忠将军，督幽州六郡。太祖与袁绍相拒于官渡，阎柔遣使诣太祖受事，迁护乌丸校尉。而辅身诣太祖，拜左度辽将军，封亭侯，遣还镇抚本州。太祖破南皮，柔将部曲及鲜卑献名马以奉军。从征三郡乌丸，以功封关内侯。辅亦率其众从。文帝践阼，拜辅虎牙将军，柔度辽将军，皆进封县侯，位特进。

陶谦字恭祖，丹杨人。少好学，为诸生，仕州郡，举茂才，除卢令，迁幽州刺史，征拜议郎，参车骑将军张温军事，西讨韩遂。会徐州黄巾起，以谦为徐州刺史，击黄巾，破走之。董卓之乱，州郡起兵，天子都长安，四方断绝。谦遣使间行致贡献，迁安东将军、徐州牧，封溧阳侯。是时，徐州百姓殷盛，谷米丰赡，流民多归之。而谦背道任情：广陵太守琅玡赵昱，徐方名士也，以忠直见疏；曹宏等，谗慝小人也，谦亲任之。刑政失和，良善多被其害，由是渐乱。下邳阙宣自称天子，谦初与合从寇钞，后遂杀宣，并其众。

初平四年，太祖征谦，攻拔十余城，至彭城大战。谦兵败走，死者万数，泗水为之不流。谦退守郯。太祖以粮少引军还。兴平元年，复东征，略定琅邪、东海诸县。谦恐，欲走归丹杨。会张邈叛迎吕布，太祖还击布，是岁，谦病死。

张杨字稚叔，云中人也。以武勇给并州，为武猛从事。灵帝末，天下乱。帝以所宠小黄门蹇硕为西园上军校尉，军京都，欲以御四方，征天下豪杰以为偏裨。太祖及袁绍等皆为校尉，属之。并州刺史丁原遣杨将兵诣硕，为假司马。灵帝崩，硕为何进所杀。杨复为进所遣，归本州募兵，得千余人，因留上党，击山贼。进败，董卓作乱。杨遂以所将攻上党太守于壶关，不下，略诸县，众至数千人。山东兵起，欲诛卓。袁绍至河内，杨与绍合，复与匈奴单于於夫罗屯漳水。单于欲叛，绍、杨不从。单于执杨与俱去，绍使将麴义追击于邺南，破之。单于执杨至黎阳，攻破度辽将军耿祉军，众复振。卓以杨为建义将军、河内太守。天子之在河东，杨将兵至安邑，拜安国将军，封晋阳侯。杨欲迎天子还洛，诸将不听；杨还野王。建安元年，杨奉、董承、韩暹挟天子还旧京，粮乏。杨以粮迎道路，遂至洛阳。谓诸将曰："天子当与天下共之，幸有公卿大臣，杨当捍外难，何事京都？"遂还野王。即拜为大司马。杨素与吕布善。太祖之围布，杨欲救之，不能。乃出兵东市，遥为之势。其将杨丑，杀杨以应太祖。杨将眭固杀丑，将其众，欲北合袁绍。太祖遣史涣邀击，破之于犬城，斩固，尽收其众也。

公孙度字升济，本辽东襄平人也。度父延，避吏居玄菟，任度为郡吏。时玄菟太守公孙琙，子豹，年十八岁，早死。度少时名豹，又与琙子同年，琙见而亲爱之，遣就师学，为取妻。后举有道，除尚书郎，稍迁冀州刺史，以谣言免。同郡徐荣为董卓中郎将，荐度为辽东太守。度起玄菟小吏，为辽东郡所轻。先时，属国公孙昭守襄平令，召度子康为伍长。度到官，收昭，笞杀于襄平市。郡中名豪大姓田韶等宿遇无恩，皆以法诛，所夷灭百余家，郡中震栗。东伐高句骊，西击乌丸，威行海外。初平元年，度知中国扰攘，语所亲吏柳毅、阳仪等曰："汉祚将绝，当与诸卿图王耳。"时襄平延里社生大石，长丈余，下有三小石为之足。或谓度曰："此汉宣帝冠石之祥，而里名与先君同。社主土地，明当有土地，而三公为辅也。"度益喜。故河内太守李敏，郡中知名，恶度所为，恐为所害，乃将家属入于海。度大怒，掘其父冢，剖棺焚尸，诛其宗族。分辽东郡为辽西中辽郡，置太守。越海收东莱诸县，置营州刺史。自立为辽东侯、平州牧，追封父延为建义侯。立汉二祖庙，承制设坛墠于襄平城南，郊祀天地，籍田，治兵，乘鸾路，九旒，旄头羽骑。太祖表度为武威将军，封永宁乡侯，度曰："我王辽东，何永宁也！"藏印绶武库。度死，子康嗣位，以永宁乡侯封弟恭。是岁建安九年也。

十二年，太祖征三郡乌丸，屠柳城。袁尚等奔辽东，康斩送尚首。语在《武纪》。封康襄平侯，拜左将军。康死，子晃、渊等皆小，众立恭为辽东太守。文帝践阼，遣使即拜恭为车骑将军、假节，封平郭侯；追赠康大司马。

初，恭病阴消为阉人，劣弱不能治国。太和二年，渊胁夺恭位。明帝即拜渊扬烈将军、辽东太守。渊遣使南通孙权，往来赂遗。权遣使张弥、许晏等，赍金玉珍宝，立渊为燕王。渊亦恐权远不可恃，且贪货物，诱致其使，悉斩送弥、晏等首。明帝于是拜渊大司马，封乐浪公，持节、领郡如故。使者至，渊设甲兵为军陈，出见使者，又数对国中宾客出恶言。景初元年，乃遣幽州刺史毌丘俭等赍玺书征渊。渊遂发兵，逆于辽隧，与俭等战。俭等不利而还。渊遂自立为燕王，置百官有司。遣使者持节，假鲜卑单于玺；封拜边民，诱呼鲜卑，侵扰北方。二年春，遣太尉司马宣王征渊。六月，军至辽东。渊遣将军卑衍、杨祚等步骑数万屯辽隧，围堑二十余里。宣王军至，令衍逆战。宣王遣将军胡遵等击破之。宣王令军穿围，引兵东南向，而急东北，即趋襄平。衍等恐襄平无守，夜走。诸军进至首山，渊复遣衍等迎军殊死战。复击，大破之，遂进军造城下，为围堑。会霖雨三十余日，辽水暴长，运船自辽口径至城下。雨霁，起土山、修橹，为发石连弩射城中。渊窘急，粮尽，人相食，死者甚多。将军杨祚等降。八月丙寅夜，大流星长数十丈，从首山东北坠襄平城东南。壬午，渊众溃，与其子修将数百骑突围东南走。大兵急击之，当流星所坠处，斩渊父子。城破，斩相国以下首级以千数，传渊首洛阳，辽东、带方、乐浪、玄菟悉平。

初，渊家数有怪，犬冠帻绛衣上屋，炊有小儿蒸死甑中。襄平北市生肉，长围各数尺，有头目口喙，无手足而动摇。占曰："有形不成，有体无声，其国灭亡。"始度以中平六年据辽东，至渊三世，凡五十年而灭。

张燕，常山真定人也，本姓褚。黄巾起，燕合聚少年为群盗，在山泽间转攻。还真定，众万余人。博陵张牛角亦起众，自号将兵从事，与燕合。燕推牛角为帅，俱攻瘿陶。牛角为飞矢所中，被创且死。令众奉燕，告曰："必以燕为帅。"牛角死，众奉燕，故改姓张。燕剽捍捷速过人，故军中号曰飞燕。其后人众寖广，常山、赵郡、中山、上党、河内诸山谷皆相通，其小帅孙轻、王当等，各以部众从燕，众至百万，号曰黑山。灵帝不能征，河北诸郡被其害。燕遣人至京都乞降，拜燕平难中郎将。是后，董卓迁天子于长安。天下兵数起，燕遂以其众与豪杰相结。袁绍与公孙瓒争冀州，燕遣将杜长等助瓒，与绍战，为绍所败，人众稍散。太祖将定冀州，燕遣使求佐王师，拜平北将军；率众诣邺，封安国亭侯，邑五百户。燕薨，子方嗣。方薨，子融嗣。

张绣，武威祖厉人，骠骑将军济族子也。边章、韩遂为乱凉州，金城麹胜袭杀祖厉长刘隽。绣为县吏，间伺杀胜，郡内义之。遂招合少年，为邑中豪杰。董卓败，济与李傕等击吕布，为卓报仇。语在《卓传》。绣随济，以军功稍迁至建忠将军，封宣威侯。济屯弘农，士卒饥饿，南攻穰，为流矢所中死。绣领其众，屯宛，与刘表合。太祖南征，军淯水，绣等举众降。太祖纳济妻，绣恨之。太祖闻其不悦，密有杀绣之计。计漏，绣掩袭太祖。太祖军败，二子没。绣还保穰，太祖比年攻之，不克。太祖拒袁绍于官渡，绣从贾诩计，复以众降。语在《诩传》。绣至，太祖执其手，与欢晏，为子均取绣女，拜扬武将军。官渡之役，绣力战有功，迁破羌将军。从破袁谭于南皮，复增邑凡二千户，是时天下户口减耗，十裁一在，诸将封未有满千户者，而绣特多。从征乌丸于柳城，未至，薨，谥曰定侯。子泉嗣，坐与魏讽谋反诛，国除。

张鲁字公祺，沛国丰人也。祖父陵，客蜀，学道鹄鸣山中，造作道书以惑百姓，从受道者出五斗米，故世号米贼。陵死，子衡行其道。衡死，鲁复行之。益州牧刘焉以鲁为督义司马，与别部司马张脩将兵击汉中太守苏固，鲁遂袭脩杀之，夺其众。焉死，子璋代立，以鲁不顺，尽杀鲁母家室。鲁遂据汉中，以鬼道教民，自号“师君”。其来学道者，初皆名“鬼卒”。受本道已信，号“祭酒”。各领部众，多者为治头大祭酒。皆教以诚信不欺诈，有病自首其过，大都与黄巾相似。诸祭酒皆作义舍，如今之亭传。又置义米肉，县于义舍，行路者量腹取足；若过多，鬼道辄病之。犯法者，三原，然后乃行刑。不置长吏，皆以祭酒为治，民夷便乐之。雄踞巴、汉垂三十年。汉末，力不能征，遂就宠鲁为镇民中郎将，领汉宁太守，通贡献而已。民有地中得玉印者，群下欲尊鲁为汉宁王。鲁功曹巴西阎圃谏鲁曰：“汉川之民，户出十万，财富土沃，四面险固；上匡天子，则为桓、文，次及窦融，不失富贵。今承制署置，势足斩断，不烦于王。愿且不称，勿为祸先。”鲁从之。韩遂、马超之乱，关西民从子午谷奔之者数万家。

建安二十年，太祖乃自散关出武都征之，至阳平关。鲁欲举汉中降，其弟卫不肯，率众数万人拒关坚守。太祖攻破之，遂入蜀。鲁闻阳平已陷，将稽颡归降。圃又曰：“今以迫往，功必轻；不如依杜濩赴朴胡相拒，然后委质，功必多。”于是乃奔南山入巴中。左右欲悉烧宝货仓库，鲁曰：“本欲归命国家，而意未达。今之走，避锐锋，非有恶意。宝货仓库，国家之有。”遂封藏而去。太祖入南郑，甚嘉之。又以鲁本有善意，遣人慰喻。鲁尽将家出，太祖逆拜鲁镇南将军，待以客礼，封阆中侯，邑万户。封鲁五子及阎圃等皆为列侯。为子彭祖取鲁女。鲁薨，谥之曰原侯。子富嗣。

评曰：公孙瓒保京，坐待夷灭。度残暴而不节，渊仍业以载凶，只足覆其族也。陶谦昏乱而忧死，张杨授首于臣下，皆拥据州郡。曾匹夫之不若，固无可论者也。燕、绣、鲁舍群盗，列功臣，去危亡，保宗祀，则于彼为愈焉。

【译文】

公孙瓒字伯珪，是辽西令支人。他做了辽西郡门下书佐。姿貌魁美，仪表堂堂，声音洪亮，侯太守十分看好他，把女儿嫁给了他，还派他到涿郡卢植那里学习儒家经典。后来又担任郡吏。刘太守囚犯事被招到廷尉受审，公孙瓒为他驾车，亲自充任杂役。当刘太守被判流徙日南郡的时候，公孙瓒带着米肉等祭品，在北芒山祭祀祖先，举杯祷告说："过去我是家里的儿子，如今是上司的属臣。日南多瘴气，或许就回不来了，所以与祖先在此辞别。"再次拜礼后，慨然站起。看见这个情景，没有人不叹息的。刘太守中途遇赦。公孙瓒因为举孝廉而任郎官，又被任命为辽东属国长史。他曾经带着几十个骑兵巡视边塞，与鲜卑几百名骑兵相遇。公孙瓒就退到空亭中，和他的骑兵们商议说："现在不进行冲击，我们都会被杀死。"公孙瓒手持长矛，两头装上利刃，飞马冲出刺杀鲜卑骑兵，杀伤几十人，自己人伤亡过半，终于得以脱身。鲜卑人受到惩诫，便不敢再进入边塞了。后来公孙瓒升任为涿县令。光和年间，凉州贼人起兵，朝廷征幽州突击骑兵三千人，授给公孙瓒行使都督权力的信符，率领骑兵前往。行到蓟县的时候，渔阳人张纯引诱辽西郡乌丸丘力居等人反叛，在蓟县地区攻城略地，自称将军，又强迫当地官民进攻右北平和辽西属国的各个城池，所到之处摧残破坏。公孙瓒率部下，追剿张纯等人有功，被升迁为骑都尉。辽西属国乌丸贪至王率族人至公孙瓒处投降。公孙瓒又升为中郎将，封爵都亭侯，屯驻在辽东属国，和胡人互相攻打五六年。丘力居等在青、徐、幽、冀侵扰抢掠，四州遍遭其害，公孙瓒也无法抵挡。

朝廷议论认为宗正东海人刘虞既有道义，之前又担任过幽州刺史，恩德信义广泛而卓著，戎狄愿意归附他，如果派他前去镇抚，可以不兴师动众而得到安定，于是任命刘虞为幽州牧。刘虞到任后，派使臣到鲜卑部落去，告诉他们利害关系，责令他们交出张纯的人头。丘力居等听说刘虞来到幽州，都很高兴，分别派使者来晋见刘虞，主动归降。公孙瓒嫉妒刘虞有功，暗中派人截杀鲜卑使者。鲜卑人得知这个情况，就走小路去拜见刘虞。刘虞上奏撤回各路驻军，只留下公孙瓒率领步、骑兵一万人，驻扎在右北平。张纯于是抛弃妻子儿女，逃到鲜卑人居住区，被他的门客王政所杀，首级献给了刘虞。王政被封为列侯。刘虞因为有功被任命为太尉，封襄贲侯。正好这时董卓来到洛阳，他又提升刘虞为大司马，公孙瓒为奋武将军，封为蓟侯。

关东义军起来征讨董卓后，董卓胁迫献帝西迁，征召刘虞任太傅，由于道路被阻断，命令未能送到。袁绍、韩馥商议，认为献帝被奸臣控制，天下人不知该听命于谁。刘虞是皇族中的知名人物，是百姓归心的对象，于是力挺推立刘虞做皇帝。他们派遣使者去见刘虞，刘虞始终不肯接受权力，刘虞又没有答应，但他还是和袁绍等人保持联系。刘虞的儿子刘和任侍中，住在长安。天子想返回洛阳，让刘和伪装逃出董卓的控制，偷偷出武关去见刘虞，让他带兵来迎接自己。刘和路过袁术处，向他说明了献帝的意思。袁术企图利用刘虞为自己的外援，便扣留了刘和，答应在刘虞的军队到达以后一起向西开拔，让刘和写信给刘虞告知这件事。刘虞接到信以后，便派数千名骑兵去见刘和。公孙瓒知道袁术素来有称帝的野心，不想派兵，就劝阻刘虞，刘虞不听。公孙瓒害怕袁术知道此事后会怨恨自己，也派堂弟公孙越率领一千名骑兵去见袁术，主动和袁术结交，而暗中挑唆袁术扣留刘和，夺取刘虞派去的队伍。因此刘虞与公孙瓒之间的仇怨更大了。刘和从袁术处逃了出来，在北上的途中又被袁绍扣留。

当时，袁术派遣孙坚屯驻在阳城反抗董卓，袁绍派周昂攻取了孙坚屯驻的地方。袁术派遣公孙越与孙坚攻打周昂，没有获得胜利，公孙越被流箭射中而死。公孙瓒大怒说："我堂弟的死，灾祸由袁绍而起。"于是出兵屯驻在磐河，准备报复袁绍。袁绍害怕了，把所佩带的勃海郡太守的印绶给了公孙瓒的堂弟公孙范，派公孙范到该郡，想借此与公孙瓒结好。公孙范便以勃海郡的兵众帮助公孙瓒，打败了青州、徐州的黄巾军，公孙瓒的势力就更加强盛，又向前推进到了界桥。公孙瓒任命严纲做冀州刺史，田楷为青州刺史，单经为兖州刺史，在各地设置郡县。袁绍屯军广川县，命令部将麴义打先锋和公孙瓒交战，活捉了严纲。公孙瓒军败后逃到勃海郡，和公孙范一起回到蓟县，在蓟县大城东南修筑小城，与刘虞所在的地方离得很近，两个人逐渐产生了怨恨。

刘虞害怕公孙瓒作乱，便派遣军队攻击公孙瓒。刘虞被公孙瓒打败，逃亡居庸关。公孙瓒攻占并活捉了刘虞，将刘虞押回蓟城。那时正赶上董卓死了，献帝派使者段训来增加刘虞的食邑，命他总督六州军事；公孙瓒升任为前将军，封易侯。公孙瓒诬陷刘虞想做皇帝，胁迫段训杀了刘虞。并向献帝推举段训任幽州刺史。公孙瓒便骄傲蛮横起来，只记别人的过失而忘掉别人的好处，被他陷害的人非常多。刘虞的从事渔阳人鲜于辅、齐周、骑都尉鲜于银等，率幽州兵马要报复公孙瓒。燕人阎柔素有德信，他们共同推举他担任乌丸司马。阎柔召诱乌丸、鲜卑等少数民族，一共得到胡、汉几万人，同公孙瓒任命的渔阳太守邹丹在潞北大战，大败邹丹军，并斩了邹丹。袁绍又派麴义和刘虞的儿子刘和，带兵和鲜于辅联合进攻公孙瓒。公孙瓒多次失败，于是就逃回易县坚守。在易县四周挖了十道壕沟，在沟里兴筑高大土丘，每个土丘都有五六丈高，在土丘上又盖起高楼；位于中间壕沟里的土丘最高，有十丈，公孙瓒自己住里面，积存粮食三百万斛。他说："过去以为天下很容易就可平定，但今天看来，天下事不是我能够解决的，不如休兵，种田蓄粮。兵书上说，百尺高楼是不能攻打的。现在我的防御高台有千尺之高，等到吃完了里面的粮食，就完全可以看清天下的形势了。"他想用这种方法把袁绍拖垮。袁绍派部队攻打高楼，连续几年都不能攻克。建安四年，袁绍率军又包围了公孙瓒。公孙瓒派遣儿子向黑山军求援，又想亲自带突击骑兵直接冲出去，沿着西南山，加上黑山军，在冀州继续抵抗，拦腰截断袁绍的退路。长史关靖劝公孙瓒说："现在将军的兵马，已土崩瓦解，之所以还能够坚守，是因为眷恋一家老小，要依靠将军做主心骨罢了。将军不动而拖延时日，袁绍自当撤退；他退兵以后，四方分散的队伍一定可以再聚合起来。如将军今日舍他们而去，军队没有主帅，易京的危机，就在眼前了啊！将军失去根本，孤身在外，如何能有成就！"公孙瓒听了以后便打消念头不再突围。想待黑山救兵到后，准备内外夹攻袁绍。公孙瓒派人送信给他的儿子，限定援兵到达的日期，以点火作为信号。袁绍得到了这封信，按期点火。公孙瓒以为救兵到了，便出城会战。袁绍设置埋伏，大败其军，公孙瓒再回城防守。袁军挖掘地道，以突袭的手段摧毁了城楼，逐渐推进到中间的高丘。公孙瓒自己知道必然失败，杀了妻子儿女，就引火自焚了。

鲜于辅率领他属下的军队接受王命。朝廷让鲜于辅做了建忠将军，统领幽州六郡。太祖曹操和袁绍在官渡相抗衡，阎柔派遣使者前往太祖处接受调命，于是升任阎柔为乌丸校尉。鲜于辅则亲自前去拜谒太祖，授拜左度辽将军，封亭侯，派回去安抚本州。太祖攻破南皮，阎柔率领部下军队归附太祖，并且把鲜卑人所进献的名马，供给军用，接着又出征三郡乌丸，因有功劳封关内侯。鲜于辅也统领他自己属下的军队跟随太祖。文帝曹丕登基，封鲜于辅为虎牙将军，阎柔为度辽将军，都晋封为县侯，被赐位三公之下的特进荣衔。

陶谦字恭祖，丹杨人。年轻时爱好学习，做了儒生，在州郡做官，被举荐为茂才，任命为卢县县令，迁升幽州刺史，又被朝廷征召为议郎，参议车骑将军张温的军事，西去讨伐韩遂。正好这个时候徐州黄巾军起兵，于是任命陶谦为徐州刺史，进攻黄巾军。陶谦打败黄巾军，将他们赶出了徐州。董卓作乱的时候，各州郡起兵征讨，天子迁都长安，同外界断绝了联系，陶谦派使者从小路去向天子进贡，被提升为安东将军、徐州牧，封溧阳侯。当时徐州百姓富足，粮食非常充足，很多流民拥向那里。但陶谦违背道义，感情用事。广陵太守琅玡人赵昱是徐州的名士，因为忠言直谏而被疏远；曹宏等是谄媚邪恶的小人，陶谦却亲近信任他们。司法和政务都管理得不好，善良的人大多遭到迫害，因此徐州局势逐渐混乱。下邳人阙宣自称天子，陶谦起初和他联手抢劫，后来又杀死阙宣，收编了他的部队。

初平四年，曹操派兵讨伐陶谦，攻取了了十几座城池。他抵达彭城后，与陶谦展开大战。陶谦战败逃走，战死的人数以万计，泗水都被尸体堵塞了。陶谦退守郯城，曹操也因粮食缺乏而领兵撤退了。兴平元年，曹操再次东征，攻占了琅玡、东海各县。陶谦害怕，想退回丹杨。正在这时，张邈背叛曹操，迎接吕布入兖州，曹操于是回师攻打吕布。这一年，陶谦病死。

张杨字稚叔，他是云中郡人。因为勇猛且有计谋为并州府效力，被任命做了武猛从事。灵帝末期，天下大乱，灵帝任命受宠信的小黄门蹇硕为西园上军校尉，驻扎在京都，想以此控制四方，并征召天下的豪杰任偏将和裨将。太祖及袁绍等人全都任校尉，受蹇硕统辖。并州刺史丁原派遣张杨率领兵马到蹇硕处，担任代理司马。灵帝死后，蹇硕被何进所杀。张杨又被何进派遣，回并州招募军队，得到一千多人，便留在上党郡，进击山中的反贼。何进失败后，董卓作乱。张杨就率领所统辖的军队在壶关攻打上党太守，没有攻下，便抢掠各县，部众发展到数千人。山东兴起义兵，准备诛讨董卓。袁绍到河内郡，张杨与袁绍联合，又与匈奴单于於夫罗屯驻在漳水一带。匈奴单于想反叛，袁绍、张杨不答应。单于劫持张杨一起走，袁绍派部将麹义追击单于到邺城南面，将他打败。单于劫持张杨到黎阳县，击溃度辽将军耿祉，队伍重新振作起来。董卓任张杨为建义将军、河内太守。献帝在河东郡的时候，张杨率兵到达安邑，被拜为安国将军，封晋阳侯。张杨想迎接献帝回洛阳，诸将不答应；张杨回到野王县。建安元年，杨奉、董承、韩暹护卫献帝回旧京洛阳，粮食匮乏。张杨带着粮食在路上迎接，于是回到了洛阳。张杨对诸将说：“天子应当是天下人共有的天子，朝内幸好有公卿大臣辅助，张杨应当抵御外敌入侵，何必要留在京城里面呢？”于是回到了野王县。随即被拜为大司马。张杨一向和吕布关系很好。太祖围攻吕布的时候，张杨想去救援，未能去成。便出兵驻在东市，从远处做吕布的声援。张杨部将杨丑，杀张杨响应太祖。张杨部将眭固又杀杨丑，率领杨丑的部众，想北上联兵袁绍。太祖派遣史涣截杀，在犬城将眭固打败，斩杀了眭固，全部收编了眭固的部众。

公孙度字升济，辽东襄平人。他的父亲公孙延，因逃避做小吏而躲避在玄菟郡，公孙度被任为玄菟郡吏。当时玄菟郡太守公孙琙，他的儿子公孙豹，十八岁时就早死了。公孙度小时名豹，又和公孙琙的儿子同岁，所以公孙琙一见到他就十分喜欢，派他随老师学习，为他娶妻。后来公孙度被举为有道，任命为尚书郎，渐渐升到冀州刺史，因为民间的谣言对他不利而被免。公孙度同郡人徐荣任董卓的中郎将，举荐公孙度为辽东太守。公孙度起家于玄菟郡小吏，被辽东人所轻视。先前，辽东属国人公孙昭代理襄平县县令，曾经征召公孙度的儿子公孙康为伍长。公孙度到任以后，就逮捕了公孙昭，在襄平的集市上用棍棒把他打死。辽东郡中的名豪大姓田韶等人过去对公孙度不好，都被以犯法的名义处死，所诛灭的家族有一百多家，郡中震恐。公孙度又东伐高句骊，西击乌丸，声震海外。初平元年，公孙度见中原地区争战不断，对亲信下属柳毅、阳仪等人说：“汉运将绝，我和你们应当共谋称王。”当时襄平延里的社坛旁长出大石头，长一丈多，下面有三块小石头做它的脚。有人对公孙度说：“这和汉宣帝冠石的祥瑞之兆是一样的，这里名与先君的名字又是一样的。社是土地的象征，说明您当有土地，由三公做您的辅佐。”公孙度听了更加高兴。旧时的河内郡太守李敏，是郡中名人，厌恶公孙度的所为，害怕被他所害，便带家眷渡海迁居。公孙度大怒，挖掘了李敏父亲的坟墓，劈棺焚尸，又诛杀了他的族人。分辽东郡为辽西中辽郡，设置太守。又渡海攻占东莱郡的各县，设置营州刺史。公孙度自立为辽东侯、平州牧，追封其父公孙延为建义侯。又建立汉高祖刘邦和世祖刘秀的神庙，自称受天子之命在襄平城南祭祀天地。他还亲自耕籍田，检阅军队，乘坐天子专用的礼仪车，戴九旒皇冠，配备皇帝专用的仪仗。曹操上表任公孙度做武威将军，封爵永宁乡侯。公孙度说：“我要做辽东王，要永宁侯有什么用！”把朝廷给的印绶收进武库。公孙度死，儿子公孙康即位，把永宁乡侯的爵位转封给弟弟公孙恭。这一年是建安九年。

建安十二年，曹操带兵征讨三郡乌丸，血洗了柳城。袁尚等人逃到辽东，公孙康斩了袁尚的头献给曹操。这件事记在《武帝纪》中。朝廷封公孙康为襄平侯，任命为左将军。公孙康死后，他的儿子晃、渊等年纪都还小，大家便拥戴公孙恭为辽东太守。曹丕即位以后，遣使者任公孙恭为车骑将军，授以符节，封平郭侯；追赠公孙康为大司马。

当初，公孙恭因为生殖器萎缩，成为阉人，身体非常衰弱不能治理他管辖的领地。太和二年，公孙渊强行夺取公孙恭的位置。明帝即任命公孙渊为扬烈将军、辽东太守。公孙渊派使节南下与孙权通好，彼此往来互有馈赠。孙权派使臣张弥、许晏等人。带珠宝来到辽东，立公孙渊为燕王。公孙渊又害怕孙权离自己太远不能依靠，但又贪图他的礼物，便引诱孙吴的使者上岸，将张弥、许晏等斩杀，首级送给朝廷。明帝又拜公孙渊为大司马，封乐浪公，持节、仍兼任辽东太守。朝廷使者到来，公孙渊让士兵们披甲列阵，然后出来见使者，又多次对宾客们恶语相向。景初元年，朝廷派遣幽州刺史毌丘俭等人持玺书征召公孙渊入京。公孙渊便出动兵力，在辽隧迎战毌丘俭。毌丘俭失败撤回。公孙渊便自立为燕王，设置百官；又派遣使者手持符节，授予鲜卑单于印玺，对边境官民封官赐爵，引诱鲜卑族人，侵扰北方边境。景初二年春天，明帝派遣太尉司马懿征讨公孙渊。六月，大军到达辽东。公孙渊派将军卑衍、杨祚等人率领步骑兵数万驻扎辽遂，在营寨外挖掘堑壕二十多里长。司马懿军到，公孙渊令卑衍迎战。司马懿派将军胡遵等击破卑衍。司马懿令军士破围堑，向东南方向进击，又突然转而指向东北，直扑襄平。卑衍等人害怕襄平失守，连夜撤回。曹魏大军到首山，公孙渊又派遣卑衍等人殊死迎战。魏军再次出击，大破卑衍后，便进军抵达襄平城下，挖掘堑壕施行包围。碰巧当时大雨下了三十多天，辽水暴涨，魏军运输船自辽口直达城下。大雨停后，魏军堆起土山、高楼，用发石车、连弩射击城中。公孙渊窘急无路。粮食吃完了，就吃人，死的人非常多。将军杨祚等投降。八月初七日夜晚，有一颗光芒长达数十丈的流星，从首山东北向襄平东南坠落。二十三日，公孙渊兵溃，和儿子公孙修率百骑突围向东南逃走。司马懿令大军急行追击他们，就在流星坠落的地方斩杀了公孙渊父子。襄平城被攻陷后，斩杀相国以下的人员数以千计，把公孙渊的头送到洛阳，辽东、带方、乐浪、玄菟四郡相继平定了。

当初，公孙渊家里多次发生怪事，狗戴上头巾穿着红衣蹿上屋；做饭的时候小孩在饭甑里被蒸死。襄平北市上生出一块肉，长宽各几尺，有脑袋、眼睛、嘴巴，没有手脚却能动。占筮说：“有形状而不完全，有躯体而不能发声，这个国家必然灭亡。”公孙度在中平六年占据辽东，到公孙渊传了三代，五十年而灭。

张燕，常山真定人，本姓褚。黄巾军起义时，张燕聚集一群少年为强盗，在山水间辗转攻强掠夺，回到真定县时，已有部众一万多人。博陵郡人张牛角也聚众起兵，自称“将兵从事”，与张燕合在一起。张燕推举张牛角为帅，一起进攻廮陶县。张牛角被飞箭射中，受重伤将死，让他的部众拥戴张燕，说：“一定要以他为主帅。”张牛角死后，众人拥护张燕，所以张燕改姓张。张燕勇猛强悍，敏捷逾常人，所以军中称他为飞燕。后来张燕兵众逐渐多起来，常山、赵郡、中山、上党、河内等郡的山区都互相联络，小帅孙轻、王当等人，都率领部众依附张燕，张燕的部众达到百万，号称黑山军。灵帝无法讨平他们，河北诸郡遍受其害。张燕派人到京都乞求投降，朝廷拜张燕为平难中郎将。以后，董卓迁献帝到长安，各州郡纷纷起兵，张燕便率领部下与各地豪杰联络。袁绍与公孙瓒争夺冀州，张燕派部将杜长等人协助公孙瓒，与袁绍争战，被袁绍打败，部众渐散。曹操要平定冀州，张燕派遣使臣请求参战，被任为平北将军；张燕率领部众到达邺城，被封为安国亭侯，封邑五百户。张燕死后，儿子张方承袭爵位。张方死后，他的儿子张融承袭爵位。

张绣，是武威郡祖厉人，他是骠骑将军张济的堂侄。边章、韩遂在凉州叛乱，金城人麹胜偷袭杀了祖厉县长刘隽。张绣时任县吏，暗中找机会杀了麹胜，郡里的人认为他做了一件好事。于是他就募集了一批年轻人，成为乡里中的豪杰。董卓失败以后，张济和李傕等人进攻吕布，替董卓报仇。事在《董卓传》中。张绣跟着张济，凭军功逐步升为建忠将军，封爵宣威侯。张济驻军弘农郡，因为士兵缺粮，便向南攻打穰城，被流箭射中身死。张绣统领了他的部众，驻扎在宛城，和刘表联合。曹操南征，驻军在清水，张绣等人率军投降。曹操占有了张济的妻子，张绣为此非常恨他。曹操听说他不满，就暗中定下了杀害张绣的计划。由于计划泄露，张绣乘其不备突袭曹操。曹操兵败，两个儿子战死。张绣回军坚守穰城，曹操连年攻打，都没能够攻下。曹操和袁绍在官渡对峙时，张绣采纳了贾诩计谋，再次率部投降曹操。事在《贾诩传》中。张绣到时，曹操握着他的手，高兴地和他宴饮，还为儿子曹均迎娶张绣的女儿为妻，任张绣为扬武将军。官渡之战中，张绣奋勇作战有功，升为破羌将军。后又追随曹操在南皮打败袁谭，再次增封食邑共二千户。这个时候天下人口大幅度减少，十户仅存一家，各将领的封邑没有满一千户的，而张绣的封户数量特别多。后跟随曹操到柳城征伐乌丸，还未到达就去世了，加谥号为定侯。儿子张泉继承爵位，因参与魏讽谋反案被杀，封地被取消。

张鲁字公祺，是沛国丰县人。祖父张陵，作为客居住四川，在鹄鸣山中学道，编造道书来蛊惑百姓，跟随他学道的人都要出五斗米，所以世人称他们为“米贼”。张陵死后，儿子张衡继续奉行五斗米道，张衡死了以后，张鲁又奉行五斗米道。益州牧刘焉任命张鲁为督义司马，与别部司马张脩率军进攻汉中太守苏固，张鲁趁机袭击并杀死了张脩，收编了他的军队。刘焉死后，他的儿子刘璋继任益州牧。刘璋认为张鲁不顺从，杀了张鲁母亲全家。张鲁于是占据汉中，用他的鬼道教化百姓，自称“师君”。那些前来学道的人，最初都叫“鬼卒”。接受该教而不再怀疑以后，称为“祭酒”。每位祭酒统领一支队伍，兵马多的称为治头大祭酒。张鲁教人诚实守信、不要欺诈，有病时坦陈自己的过失，在很多方面与黄巾军类似。各位祭酒都修建有义舍，如同现在的驿站。又设置义米、义肉，悬挂在义舍里面，过路的人根据自己的饭量吃饱，如果吃得过多，鬼神就会让他得病。对于犯法的教民，前三次予以原谅，然后才使用刑罚。不设置官吏，一切都由祭酒来管理，百姓与夷人都感到很方便并愿意接受。

张鲁雄踞巴郡、汉中大概有三十年。汉朝末年，朝廷无力进行讨伐，于是只好安抚，任命张鲁为镇民中郎将，兼汉宁太守。张鲁对待朝廷只不过进贡当地土特产而已。从地里掘出一颗玉印，张鲁的部下准备尊奉张鲁为汉宁王。张鲁的功曹、巴西人阎圃劝阻张鲁说：“汉川的百姓有十万户，土地肥沃，物产丰富，四面地势险要，有利于进行固守。对上辅佐天子，则有望建成齐桓公、晋文公那样的功业；其次也可以像窦融一样割据一方，不失富贵。现在奉皇帝之命设置百官，凡事都能自己发号施令，根本不必用王的称号。希望您暂且不称王，不要惹祸上身。”张鲁听从了阎圃的意见。韩遂、马超作乱时，关西百姓从子午谷前来汉中投奔的有几万户。

建安二十年，曹操从散关出武都攻打张鲁，一直到了阳平关。张鲁想交出汉中投降，其弟张卫不肯，率领数万人凭借阳平关拒守。曹操攻破阳平关，张卫逃入蜀中。张鲁听说阳平关已经失守，又准备投降。阎圃又说:“因为迫不得已而投降,功劳必轻;不如依从杜濩到朴胡那里抵抗一下,然后投降,这样功劳必重”。于是张鲁便奔南山进入巴中。左右的人想把宝货仓库全部烧掉,张鲁说:“我本来想投降朝廷,意愿还未实现。如今是避兵锋而逃走,没有恶意。宝库应当归国家所有。”便把仓库封好离去。曹操进入南郑,对张鲁的行为特别赞许。又因为张鲁本来就有归降之意,便派人对他进行慰问劝说。张鲁带领全家出来投降,曹操亲自迎接,任他为镇南将军,用客礼对待他,封爵阆中侯,封邑一万户。又封张鲁的五个儿子以及阎圃等人都为列侯。为儿子彭祖娶张鲁的女儿为妻。张鲁去世以后,加谥号为原侯。他的儿子张富承袭爵位。

评论说:公孙瓒据守保易京,坐等被消灭。公孙度残暴而没有节制,公孙渊用继承的基业来实现自己的凶恶,都只能使自己的宗族灭亡。陶谦昏乱忧郁而死,张杨被部下割下首级,二人都曾占据州郡,却连一般人都不如,没什么值得评论的。张燕、张绣、张鲁放弃了群盗生涯,进入功臣之列,离开了危险和灭亡,保全了祖宗的祭祀,比那些人要好多了。

三国志卷九·魏书九

诸夏侯曹传

夏侯惇字元让，沛国谯人，夏侯婴之后也。年十四，就师学，人有辱其师者，惇杀之，由是以烈气闻。太祖初起，惇常为裨将，从征伐。太祖行奋武将军，以惇为司马，别屯白马，迁折冲校尉，领东郡太守。太祖征陶谦，留惇守濮阳。张邈叛迎吕布，太祖家在鄄城，惇轻军往赴，适与布会，交战。布退还，遂入濮阳，袭得惇军辎重。遣将伪降，共执持惇，责以宝货，惇军中震恐。惇将韩浩乃勒兵屯惇营门，召军吏诸将，皆案甲当部不得动，诸营乃定。遂诣惇所，叱持质者曰："汝等凶逆，乃敢执劫大将军，复欲望生邪！且吾受命讨贼，宁能以一将军之故，而纵汝乎？"因涕泣谓惇曰："当奈国法何！"促召兵击持质者。持质者惶遽叩头，言"我但欲乞资用去耳"！浩数责，皆斩之。惇既免，太祖闻之，谓浩曰："卿此可为万世法。"乃著令，自今已后有持质者，皆当并击，勿顾质。由是劫质者遂绝。

太祖自徐州还，惇从征吕布，为流矢所中，伤左目。复领陈留、济阴太守，加建武将军，封高安乡侯。时大旱，蝗虫起，惇乃断太寿水作陂，身自负土，率将士劝种稻，民赖其利。转领河南尹。太祖平河北，为大将军后拒。邺破，迁伏波将军，领尹如故，使得以便宜从事，不拘科制。建安十二年，录惇前后功，增封邑千八百户，并前二千五百户。二十一年，从征孙权还，使惇都督二十六军，留居巢。赐伎乐名倡，令曰："魏绛以和戎之功，犹受金石之乐，况将军乎！"二十四年，太祖军于摩陂，召惇常与同载，特见亲重，出入卧内，诸将莫得比也。拜前将军，督诸军还寿春，徙屯召陵。文帝即王位，拜惇大将军，数月薨。

惇虽在军旅，亲迎师受业。性清俭，有余财辄以分施，不足资之于官，不治产业。谥曰忠侯。子充嗣。帝追思惇功，欲使子孙毕侯。分惇邑千户，赐惇七子二孙爵皆关内侯。惇弟廉及子楙素自封列侯。初，太祖以女妻楙，即清河公主也。楙历位侍中尚书、安西镇东将军，假节。充薨，子廙嗣。廙薨，子劭嗣。

曹操手下大将夏侯惇像，图出自《图像三国志》。

韩浩者，河内人。沛国史涣与浩俱以忠勇显。浩至中护军，涣至中领军，皆掌禁兵，封列侯。

夏侯渊字妙才，惇族弟也。太祖居家，曾有县官事，渊代引重罪，太祖营救之，得免。太祖起兵，以别部司马、骑都尉从，迁陈留、颍川太守。及与袁绍战于官渡，行督军校尉。绍破，使督兖、豫、徐州军粮；时军食少，渊传馈相继，军以复振。昌豨反，遣于禁击之，未拔；复遣渊与禁并力，遂击豨，降其十余屯，豨诣禁降。渊还，拜典军校尉。济南、乐安黄巾徐和、司马俱等攻城，杀长吏。渊将泰山、齐、平原郡兵击，大破之，斩和；平诸县，收其粮谷以给军士。十四年，以渊为行领军。太祖征孙权还，使渊督诸将击庐江叛者雷绪，绪破，又行征西护军，督徐晃击太原贼，攻下二十余屯，斩贼帅商曜，屠其城。从征韩遂等，战于渭南。又督朱灵平隃麋、汧氐。与太祖会安定，降杨秋。

十七年，太祖乃还邺，以渊行护军将军，督朱灵、路招等屯长安。击破南山贼刘雄，降其众。围遂、超余党梁兴于鄠，拔之，斩兴，封博昌亭侯。马超围凉州刺史韦康于冀，渊救康，未到，康败。去冀二百余里，超来逆战，军不利。汧氐反，渊引军还。十九年，赵衢、尹奉等谋讨超，姜叙起兵卤城以应之。衢等谲说超，使出击叙，于后尽杀超妻子。超奔汉中，还围祁山。叙等急求救，诸将议者欲须太祖节度。渊曰："公在邺，反覆四千里，比报，叙等必败，非救急也。"遂行，使张郃督步骑五千在前，从陈仓狭道入，渊自督粮在后。郃至渭水上，超将氐羌数千逆郃。未战，超走，郃进军收超军器械。渊到，诸县皆已降。韩遂在显亲，渊欲袭取之，遂走。渊收遂军粮，追至略阳城，去遂二十余里，诸将欲攻之，或言当攻兴国氐。渊以为遂兵精，兴国城固，攻不可卒拔，不如击长离诸羌。长离诸羌多在遂军，必归救其家。若舍羌独守则孤，救长离则官兵得与野战，可必虏也。渊乃留督将守辎重，轻兵步骑到长离，攻烧羌屯，斩获甚众。诸羌在遂军者，各还种落。遂果救长离，与渊军对陈。诸将见遂众，恶之，欲结营作堑乃与战。渊曰："我转斗千里，今复作营堑，则士众罢弊，不可久。贼虽众，易与耳。"乃鼓之，大破遂军，得其旌麾。还略阳，进军围兴国。氐王千万逃奔马超，余众降。转击高平屠各，皆散走，收其粮谷牛马。乃假渊节。

初，枹罕宋建因凉州乱，自号河首平汉王。太祖使渊帅诸将讨建。渊至，围枹罕，月余拔之，斩建及所置丞相已下。渊别遣张郃等平河关，渡河入小湟中。河西诸羌尽降，陇右平。太祖下令曰：“宋建造为乱逆三十余年，渊一举灭之，虎步关右，所向无前。仲尼有言：‘吾与尔不如也。’”二十一年，增封三百户，并前八百户。还击武都氐羌下辩，收氐谷十余万斛。太祖西征张鲁，渊等将凉州诸将侯王已下，与太祖会休亭。太祖每引见羌、胡，以渊畏之。会鲁降，汉中平，以渊行都护将军，督张郃、徐晃等平巴郡。太祖还邺，留渊守汉中，即拜渊征西将军。二十三年，刘备军阳平关，渊率诸将拒之，相守连年。二十四年正月，备夜烧围鹿角。渊使张郃护东围，自将轻兵护南围。备挑郃战，郃军不利。渊分所将兵半助郃，为备所袭，渊遂战死。谥曰愍侯。

初，渊虽数战胜，太祖常戒曰：“为将当有怯弱时，不可但恃勇也。将当以勇为本，行之以智计；但知任勇，一匹夫敌耳。”

渊妻，太祖内妹。长子衡，尚太祖弟海阳哀侯女，恩宠特隆。衡袭爵，转封安宁亭侯。黄初中，赐中子霸，太和中，赐霸四弟，爵皆关内侯。霸，正始中为讨蜀护军右将军，进封博昌亭侯，素为曹爽所厚。闻爽诛，自疑，亡入蜀。以渊旧勋赦霸子，徙乐浪郡。霸弟威，官至兖州刺史。威弟惠，乐安太守。惠弟和，河南尹。衡薨，子绩嗣，为虎贲中郎将。绩薨。子褒嗣。

曹仁字子孝，太祖从弟也。少好弓马弋猎。后豪杰并起，仁亦阴结少年，得千余人。周旋淮、泗之间，遂从太祖为别部司马，行厉锋校尉。太祖之破袁术，仁所斩获颇多。从征徐州，仁常督骑，为军前锋。别攻陶谦将吕由，破之，还与大军合彭城，大破谦军。从攻费、华、即墨、开阳，谦遣别将救诸县，仁以骑击破之。太祖征吕布，仁别攻句阳，拔之，生获布将刘何。太祖平黄巾，迎天子都许，仁数有功，拜广阳太守。太祖器其勇略，不使之郡，以议郎督骑。太祖征张绣，仁别徇旁县，虏其男女三千余人。太祖军还，为绣所追，军不利，士卒丧气，仁率厉将士甚奋，太祖壮之，遂破绣。

太祖与袁绍久相持于官渡，绍遣刘备徇㶏彊诸县，多举众应之。自许以南，吏民不安，太祖以为忧。仁曰：“南方以大军方有目前急，其势不能相救，刘备以强兵临之，其背叛固宜也。备新将绍兵，未能得其用，击之可破也。”太祖善其言，遂使将骑击备，破走之，仁尽复收诸叛县而还。绍遣别将韩荀钞断西道，仁击荀于鸡洛山，大破之。由是绍不敢复分兵出。复与史涣等钞绍运车，烧其粮谷。

河北既定，从围壶关。太祖令曰："城拔，皆坑之。"连月不下。仁言于太祖曰："围城必示之活门，所以开其生路也。今公告之必死，将人自为守。且城固而粮多，攻之则士卒伤，守之则引日久；今顿兵坚城之下，以攻必死之虏，非良计也。"太祖从之，城降。于是录仁前后功，封都亭侯。

从平荆州，以仁行征南将军，留屯江陵，拒吴将周瑜。瑜将数万众来攻，前锋数千人始至，仁登城望之，乃募得三百人，遣部曲将牛金逆与挑战。贼多，金众少，遂为所围。长史陈矫俱在城上，望见金等垂没，左右皆失色。仁意气奋怒甚，谓左右取马来，矫等共援持之。谓仁曰："贼众盛，不可当也。假使弃数百人何苦，而将军以身赴之！"仁不应，遂被甲上马，将其麾下壮士数十骑出城。去贼百余步，迫沟；矫等以为仁当住沟上，为金形势也。仁径渡沟直前，冲入贼围，金等乃得解。余众未尽出，仁复直还突之，拔出金兵，亡其数人，贼众乃退。矫等初见仁出，皆惧，及见仁还，乃叹曰："将军真天人也！"三军服其勇。太祖益壮之，转封安平亭侯。

太祖讨马超，以仁行安西将军，督诸将拒潼关，破超渭南。苏伯、田银反，以仁行骁骑将军，都督七军讨银等，破之。复以仁行征南将军，假节，屯樊，镇荆州。侯音以宛叛，略傍县众数千人，仁率诸军攻破音，斩其首，还屯樊，即拜征南将军。关羽攻樊，时汉水暴溢，于禁等七军皆没，禁降羽。仁人马数千人守城，城不没者数板。羽乘船临城，围数重，外内断绝，粮食欲尽，救兵不至。仁激厉将士，示以必死，将士感之皆无二。徐晃救至，水亦稍减，晃从外击羽，仁得溃围出，羽退走。

仁少时不修行检，及长为将，严整奉法令，常置科于左右，案以从事。鄢陵侯彰北征乌丸，文帝在东宫，为书戒彰曰："为将奉法，不当如征南邪！"及即王位，拜仁车骑将军，都督荆、扬、益州诸军事，进封陈侯，增邑二千，并前三千五百户。追赐仁父炽谥曰陈穆侯，置守冢十家。后召还屯宛。孙权遣将陈邵据襄阳，诏仁讨之。仁与徐晃攻破邵，遂入襄阳，使将军高迁等徙汉南附化民于汉北，文帝遣使即拜仁大将军。又诏仁移屯临颍，迁大司马，复督诸军据乌江，还屯合肥。黄初四年薨，谥曰忠侯。子泰嗣，官至镇东将军，假节，转封宁陵侯。泰薨，子初嗣。又分封泰弟楷、范，皆为列侯，而牛金官至后将军。

仁弟纯，初以议郎参司空军事，督虎豹骑从围南皮。袁谭出战，士卒多死。太祖欲缓之，纯曰："今千里蹈敌，进不能克，退必丧威；且县师深入，难以持久。彼胜而骄，我败而惧，以惧敌骄，必可克也。"太祖善其言，遂急攻之，谭败。纯麾下骑斩谭首。及北征三郡，纯部骑获单于蹋顿。以前后功封高陵亭侯，邑三百户。从征荆州，追刘备于长坂，获其二女辎重，收其散卒。进降江陵，从还谯。建安十五年薨。文帝即位，追谥曰威侯。子演嗣，官至领军将军，正元中进封平乐乡侯。演薨，子亮嗣。

曹洪字子廉，太祖从弟也。太祖起义兵讨董卓，至荥阳。为卓将徐荣所败。太祖失马，贼追甚急，洪下，以马授太祖，太祖辞让，洪曰："天下可无洪，不可无君。"遂步从到汴水，水深不得渡。洪循水得船，与太祖俱济，还奔谯。扬州刺史陈温素与洪善，洪将家兵千余人，就温募兵，得庐江上甲二千人，东到丹杨复得数千人，与太祖会龙亢。太祖征徐州，张邈举兖州叛迎吕布。时大饥荒，洪将兵在前，先据东平、范，聚粮谷以继军。太祖讨邈、布于濮阳，布破走，遂据东阿，转击济阴、山阳、中牟、阳武、京、密十余县，皆拔之。以前后功拜鹰扬校尉，迁扬武中郎将。天子都许，拜洪谏议大夫。别征刘表，破表别将于舞阳、阴叶、堵阳、博望，有功，迁厉锋将军，封国明亭侯。累从征伐，拜都护将军。文帝即位，为卫将军，迁骠骑将军，进封野王侯，益邑千户，并前二千一百户，位特进；后徙封都阳侯。

始，洪家富而性吝啬，文帝少时假求不称，常恨之，遂以舍客犯法，下狱当死。群臣并救莫能得。卞太后谓郭后曰："令曹洪今日死，吾明日敕帝废后矣。"于是泣涕屡请，乃得免官削爵土。洪先帝功臣，时人多为觖望。明帝即位，拜后将军，更封乐城侯，邑千户，位特进，复拜骠骑将军。太和六年薨，谥曰恭侯。子馥，嗣侯。初，太祖分洪户封子震列侯。洪族父瑜，修慎笃敬，官至卫将军，封列侯。

曹休字文烈，太祖族子也。天下乱，宗族各散去乡里。休年十余岁，丧父，独与一客担丧假葬，携将老母，渡江至吴。以太祖举义兵，易姓名转至荆州，间行北归，见太祖。太祖谓左右曰："此吾家千里驹也。"使与文帝同止，见待如子。常从征伐，使领虎豹骑宿卫。刘备遣将吴兰屯下辩，太祖遣曹洪征之，以休为骑都尉，参洪军事。太祖谓休曰："汝虽参军，其实帅也。"洪闻此令，亦委事于休。备遣张飞屯固山，欲断军后。众议狐疑，休曰："贼实断道者，当伏兵潜行。今乃先张声势，此其不能也。宜及其未集，促击兰，兰破则飞自走矣。”洪从之，进兵击兰，大破之，飞果走。太祖拔汉中诸军还长安，拜休中领军。文帝即王位，为领军将军，录前后功，封东阳亭侯。夏侯惇薨，以休为镇南将军，假节都督诸军事。车驾临送，上乃下舆执手而别。孙权遣将屯历阳，休到，击破之，又别遣兵渡江，烧贼芜湖营数千家。迁征东将军，领扬州刺史，进封安阳乡侯。帝征孙权，以休为征东大将军，假黄钺，督张辽等及诸州郡二十余军。击权大将吕范等于洞浦，破之。拜扬州牧。明帝即位，进封长平侯。吴将审德屯皖，休击破之，斩德首，吴将韩综、翟丹等前后率众诣休降。增邑四百，并前二千五百户，迁大司马，都督扬州如故。太和二年，帝为二道征吴，遣司马宣王从汉水下，休督诸军向寻阳。贼将伪降，休深入，战不利，退还宿石亭。军夜惊，士卒乱，弃甲兵辎重甚多。休上书谢罪，帝遣屯骑校尉杨暨慰谕，礼赐益隆。休因此痈发背薨，谥曰壮侯。子肇嗣。

肇有当世才度，为散骑常侍、屯骑校尉。明帝寝疾，方与燕王宇等属以后事。帝意寻变，诏肇以侯归第。正始中薨，追赠卫将军。子兴嗣。初，文帝分休户三百封肇弟纂为列侯，后为殄吴将军，薨，追赠前将军。

曹真字子丹，太祖族子也。太祖起兵，真父邵募徒众，为州郡所杀。太祖哀真少孤，收养与诸子同，使与文帝共止。常猎，为虎所逐，顾射虎，应声而倒。太祖壮其鸷勇，使将虎豹骑。讨灵丘贼，拔之，封灵寿亭侯。以偏将军将兵击刘备别将于下辩，破之，拜中坚将军。从至长安，领中领军。是时，夏侯渊没于阳平，太祖忧之。以真为征蜀护军，督徐晃等破刘备别将高详于阳平。太祖自至汉中，拔出诸军，使真至武都迎曹洪等还屯陈仓。文帝即王位，以真为镇西将军，假节都督雍、凉州诸军事。录前后功，进封东乡侯。张进等反于酒泉，真遣费曜讨破之，斩进等。黄初三年还京都，以真为上军大将军，都督中外诸军事，假节钺。与夏侯尚等征孙权，击牛渚屯，破之。转拜中军大将军，加给事中。七年，文帝寝疾，真与陈群、司马宣王等受遗诏辅政。明帝即位，进封邵陵侯，迁大将军。

诸葛亮围祁山，南安、天水、安定三郡反应亮。帝遣真督诸军军郿，遣张郃击亮将马谡，大破之。安定民杨条等略吏民保月支城，真进军围之。条谓其众曰：“大将军自来，吾愿早降耳。”遂自缚出。三郡皆平。

真以亮惩于祁山，后出必从陈仓，乃使将军郝昭、王生守陈仓，治其城。明年春，亮果围陈仓，已有备而不能克。增邑，并前二千九百户。四年，朝洛阳，迁大司马，赐剑履上殿，入朝不趋。真以“蜀连出侵边境，宜遂伐之，数道并入，可大克也”。帝从其计。真当发西讨，帝亲临送。真以八月发长安，从子午道南入。司马宣王泝汉水，当会南郑。诸军或从斜谷道，或从武威入。会大霖雨三十余日，或栈道断绝，诏真还军。

真少与宗人曹遵、乡人朱赞并事太祖。遵、赞早亡，真愍之，乞分所食邑封遵、赞子。诏曰：“大司马有叔向抚孤之仁，笃晏平久要之分。君子成人之美，听分真邑赐遵、赞子爵关内侯，各百户。”真每征行，与将士同劳苦，军赏不足，辄以家财班赐，士卒皆愿为用。真病还洛阳，帝自幸其第省疾。真薨，谥曰元侯。子爽嗣。帝追思真功，诏曰：“大司马蹈履忠节，佐命二祖，内不恃亲戚之宠，外不骄白屋之士，可谓能持盈守位，劳谦其德者也。其悉封真五子羲、训、则、彦、皑皆为列侯。”初，文帝分真邑二百户，封真弟彬为列侯。

爽字昭伯，少以宗室谨重，明帝在东宫，甚亲爱之。及即位，为散骑侍郎，累迁城门校尉，加散骑常侍，转武卫将军，宠待有殊。帝寝疾，乃引爽入卧内，拜大将军，假节钺，都督中外诸军事，录尚书事，与太尉司马宣王并受遗诏辅少主。明帝崩，齐王即位，加爽侍中，改封武安侯，邑万二千户，赐剑履上殿，入朝不趋，赞拜不名。丁谧画策，使爽白天子，发诏转宣王为太傅，外以名号尊之，内欲令尚书奏事，先来由己，得制其轻重也。爽弟羲为中领军，训武卫将军，彦散骑常侍侍讲，其余诸弟，皆以列侯侍从、出入禁闼，贵宠莫盛焉。南阳何晏、邓飏、李胜、沛国丁谧、东平毕轨咸有声名，进趣于时，明帝以其浮华，皆抑黜之；及爽秉政，乃复进叙，任为腹心。飏等欲令爽立威名于天下，劝使伐蜀，爽从其言，宣王止之不能禁。正始五年，爽乃西至长安，大发卒六七万人，从骆谷入。是时，关中及氐、羌转输不能供，牛马骡驴多死，民夷号泣道路。入谷行数百里，贼因山为固，兵不得进。爽参军杨伟为爽陈形势，宜急还，不然将败。飏与伟争于爽前，伟曰：“飏、胜将败国家事，可斩也。”爽不悦，乃引军还。

初，爽以宣王年德并高，恒父事之，不敢专行。及晏等进用，咸共推戴，说爽以权重不宜委之于人。乃以晏、飏、谧为尚书，晏典选举，轨司隶校尉，胜河南尹，诸事希复由宣王。宣王遂称疾避爽。晏等专政，共分割洛阳、野王典农部桑田数百顷，及坏汤沐地以为产业，承势窃取官物，因缘求欲州郡。有司望风，莫敢忤旨。晏等与廷尉卢毓素有不平，因毓吏微过，深文致毓法，使主者先收毓印绶，然后奏闻。其作威如此。爽饮食车服，拟于乘舆；尚方珍玩，充牣其家；妻妾盈后庭，又私取先帝才人七八人，及将吏、师工、鼓吹、良家子女三十三人，皆以为伎乐。诈作诏书，发才人五十七人送邺台，使先帝倢伃教习为伎。擅取太乐乐器，武库禁兵。作窟室，绮疏四周，数与晏等会其中，纵酒作乐。羲深以为大忧，数谏止之。又著书三篇，陈骄淫盈溢之致祸败，辞旨甚切，不敢斥爽，托戒诸弟以示爽。爽知其为己发也，甚不悦。羲或时以谏喻不纳，涕泣而起。宣王密为之备。九年冬，李胜出为荆州刺史，往诣宣王。宣王称疾困笃，示以羸形。胜不能觉，谓之信然。

十年正月，车驾朝高平陵，爽兄弟皆从。宣王部勒兵马，先据武库，遂出屯洛水浮桥。奏爽曰："臣昔从辽东还，先帝诏陛下、秦王及臣升御床，把臣臂，深以后事为念。臣言'二祖亦属臣以后事，此自陛下所见，无所忧苦，万一有不如意，臣当以死奉明诏'。黄门令董箕等，才人侍疾者，皆所闻知。今大将军爽背弃顾命，败乱国典，内则僭拟，外专威权；破坏诸营，尽据禁兵，群官要职，皆置所亲；殿中宿卫，历世旧人皆复斥出，欲置新人以树私计；根据槃互，纵恣日甚。外既如此，又以黄门张当为都监，专共交关，看察至尊，候伺神器，离间二宫，伤害骨肉。天下汹汹，人怀危惧，陛下但为寄坐，岂得久安！此非先帝诏陛下及臣升御床之本意也。臣虽朽迈，敢忘往言？昔赵高极意，秦氏以灭；吕、霍早断，汉祚永世。此乃陛下之大鉴，臣受命之时也。太尉臣济、尚书令臣孚等，皆以爽为有无君之心，兄弟不宜典兵宿卫，奏永宁宫。皇太后令敕臣如奏施行。臣辄敕主者及黄门令罢爽、羲、训吏兵，以侯就第，不得逗留以稽车驾；敢有稽留，便以军法从事。臣辄力疾将兵屯洛水浮桥，伺察非常。"

爽得宣王奏事，不通，迫窘不知所为。大司农沛国桓范闻兵起，不应太后召，矫诏开平昌门，拔取剑戟，略将门候，南奔爽。宣王知，曰："范画策，爽必不能用范计。"范说爽使车驾幸许昌，招外兵。爽兄弟犹豫未决，范重谓羲曰："当今日，卿门户求贫贱复可得乎？且匹夫持质一人，尚欲望活，今卿与天子相随，令于天下，谁敢不应者？"羲犹不能纳。侍中许允、尚书陈泰说爽，使早自归罪。爽于是遣允、泰诣宣王，归罪请死，乃通宣王奏事。遂免爽兄弟，以侯还第。

初，张当私以所择才人张、何等与爽。疑其有奸，收当治罪。当陈爽与晏等阴谋反逆，并先习兵，须三月中欲发，于是收晏等下狱。会公卿朝臣廷议，以为"《春秋》之义，'君亲无将，将而必诛'。爽以支属，世蒙殊宠，亲受先帝握手遗诏，托以天下，而包藏祸心，蔑弃顾命，乃与晏、飏及当等谋图神器，范党同罪人，皆为大逆不道"。于是收爽、羲、训、晏、飏、谧、轨、胜、范、当等，皆伏诛，夷三族。嘉平中，绍功臣世，封真族孙熙为新昌亭侯，邑三百户，以奉真后。

晏，何进孙也。母尹氏，为太祖夫人。晏长于宫省，又尚公主，少以才秀知名，好老庄言，作《道德论》及诸文赋著述凡数十篇。

夏侯尚字伯仁，渊从子也。文帝与之亲友。太祖定冀州，尚为军司马，将骑从征伐，后为五官将文学。魏国初建，迁黄门侍郎。代郡胡叛，遣鄢陵侯彰征讨之，以尚参彰军事。定代地，还。太祖崩于洛阳，尚持节，奉梓宫还邺。并录前功，封平陵亭侯，拜散骑常侍，迁中领军。文帝践阼，更封平陵乡侯，迁征南将军，领荆州刺史，假节都督南方诸军事。尚奏："刘备别军在上庸，山道险难，彼不我虞，若以奇兵潜行，出其不意，则独克之势也。"遂勒诸军击破上庸，平三郡九县，迁征南大将军。孙权虽称藩，尚益修攻讨之备，权后果有贰心。黄初三年，车驾幸宛，使尚率诸军与曹真共围江陵。权将诸葛瑾与尚军对江，瑾渡入江中渚，而分水军于江中。尚夜多持油船，将步骑万余人，于下流潜渡，攻瑾诸军，夹江烧其舟船，水陆并攻，破之。城未拔，会大疫，诏敕尚引诸军还。益封六百户，并前千九百户，假钺，进为牧。荆州残荒，外接蛮夷，而与吴阻汉水为境，旧民多居江南。尚自上庸通道，西行七百余里，山民蛮夷多服从者，五六年间，降附数千家。五年，徙封昌陵乡侯。尚有爱妾嬖幸，宠夺適室；適室，曹氏女也，故文帝遣人绞杀之。尚悲感，发病恍惚；既葬埋妾，不胜思见，复出视之。文帝闻而恚之曰："杜袭之轻薄尚，良有以也。"然以旧臣，恩宠不衰。六年，尚疾笃，还京都，帝数临幸，执手涕泣。尚薨，谥曰悼侯。子玄嗣。又分尚户三百，赐尚弟子奉爵关内侯。

玄字太初。少知名，弱冠为散骑黄门侍郎。尝进见，与皇后弟毛曾并坐，玄耻之，不悦形之于色。明帝恨之，左迁为羽林监。正始初，曹爽辅政。玄，爽之姑子也。累迁散骑常侍、中护军。

太傅司马宣王问以时事，玄议以为："夫官才用人，国之柄也。故铨衡专于台阁，上之分也，孝行存乎闾巷，优劣任之乡人，下之叙也。夫欲清教审选，在明其分叙，不使相涉而已。何者？上过其分，则恐所由之不本，而干势驰骛之路开；下逾其叙，则恐天爵之外通，而机权之门多矣。夫天爵下通，是庶人议柄也；机权多门，是纷乱之原也。自州郡中正品度官才之来，有年载矣。缅缅纷纷，未闻整齐，岂非分叙参错，各失其要之所由哉！若令中正但考行伦辈，伦辈当行均，斯可官矣。何者？夫孝行著于家门，岂不忠恪于在官乎？仁恕称于九族，岂不达于为政乎？义断行于乡党，岂不堪于事任乎？三者之类，取于中正，虽不处其官名，斯任官可知矣。行有大小，比有高下，则所任之流，亦涣然明别矣。奚必使中正干铨衡之机于下，而执机柄者有所委仗于上，上下交侵，以生纷错哉？且台阁临下，考功校否，众职之属，各有官长，旦夕相考，莫究于此；闾阎之议，以意裁处，而使匠宰失位，众人驱骇，欲风俗清静，其可得乎？天台县远，众所绝意。所得至者，更在侧近，孰不修饰以要所求？所求有路，则修己家门者，已不如自达于乡党矣。自达乡党者，已不如自求之于州邦矣。苟开之有路，而患其饰真离本。虽复严责中正，督以刑罚，犹无益也。岂若使各帅其分，官长则各以其属能否献之台阁，台阁则据官长能否之第，参以乡闾德行之次，拟其伦比，勿使偏颇。中正则唯考其行迹，别其高下，审定辈类，勿使升降。台阁总之，如其所简，或有参错，则其责负自在有司。官长所第，中正辈拟，比随次率而用之，如其不称，责负在外。然则内外相参，得失有所，互相形检，孰能相饰？斯则人心定，而事理得，庶可以静风俗而审官才矣。"又以为："古之建官，所以济育群生，统理民物也，故为之君长以司牧之。司牧之主，欲一而专，一则官任定而上下安，专则职业修而事不烦。夫事简业修，上下相安而不治者，未之有也。先王建万国，虽其详未可得而究，然分疆画界，各守土境，则非重累羁绊之体也。下考殷、周五等之叙，徒有小大贵贱之差，亦无君官臣民而有二统互相牵制者也。夫官统不一，则职业不修；职业不修，则事何得而简？事之不简，则民何得而静？民之不静，则邪恶并兴，而奸伪滋长矣。先王达其如此，故专其职司而一其统业。始自秦世，不师圣道，私以御职，奸以待下；惧宰官之不修，立监牧以董之，畏督监之容曲，设司察以纠之；宰牧相累，监察相司，人怀异心，上下殊务。汉承其绪，莫能匡改。魏室之隆，日不暇及，五等之典，虽难卒复，可粗立仪准以一治制。今之长吏，皆君吏民，横重以郡守，累以刺史。若郡所摄，唯在大较，则与州同，无为再重。宜省郡守，但任刺史；刺史职存则监察不废，郡吏万数，还亲农业，以省烦费，丰财殖谷，一也。大县之才，皆堪郡守，是非之讼，每生意异，顺从则安，直己则争。夫和羹之美，在于合异，上下之益，在能相济，顺从乃安，此琴瑟一声也，荡而除之，则官省事简，二也。又干郡之吏，职监诸县，营护党亲，乡邑旧故，如有不副，而因公掣顿，民之困弊，咎生于此，若皆并合，则乱原自塞，三也。今承衰弊，民人凋落，贤才鲜少，任事者寡，郡县良吏，往往非一，郡受县成，其剧在下，而吏之上选，郡当先足，此为亲民之吏，专得底下，吏者民命，而常顽鄙，今如并之，吏多选清良者造职，大化宣流，民物获宁，四也。制使万户之县，名之郡守，五千以上，名之都尉，千户以下，令长如故，自长以上，考课迁用，转以能升，所牧亦增，此进才效功之叙也，若经制一定，则官才有次，治功齐明，五也。若省郡守，县皆径达，事不拥隔，官无留滞，三代之风，虽未可必，简一之化，庶几可致，便民省费，在于此矣。”又以为：“文质之更用，犹四时之迭兴也。王者体天理物，必因弊而济通之，时弥质则文之以礼，时泰侈则救之以质。今承百王之末，秦汉余流，世俗弥文，宜大改之以易民望。今科制自公、列侯以下，位从大将军以上，皆得服绫锦、罗绮、纨素、金银饰镂之物，自是以下，杂彩之服，通于贱人。虽上下等级，各示有差，然朝臣之制，已得侔至尊矣，玄黄之采，已得通于下矣。欲使市不鬻华丽之色，商不通难得之货，工不作雕刻之物，不可得也。是故宜大理其本，准度古法，文质之宜，取其中则，以为礼度。车舆服章，皆从质朴，禁除末俗华丽之事，使干朝之家，有位之室，不复有锦绮之饰，无兼采之服，纤巧之物。自上以下，至于朴素之差，示有等级而已，勿使过一二之觉。若夫功德之赐，上恩所特加，皆表之有司，然后服用之。夫上之化下，犹风之靡草。朴素之教兴于本朝，则弥侈之心自消于下矣。”

宣王报书曰：“审官择人，除重官，改服制，皆大善。礼乡间本行，朝廷考事，大指如所示。而中间一相承习，卒不能改。秦时无刺史，但有郡守长吏。汉家虽有刺史，奉六条而已，故刺史称传车，其吏言从事，居无常治，吏不成臣，其后转更为官司耳。昔贾谊亦患服制，汉文虽身服弋绨，犹不能使上下如意。恐此三事，当待贤能然后了耳。”玄又书曰：“汉文虽身衣弋绨，而不革正法度，内外有僭拟之服，宠臣受无限之赐，由是观之，似指立在身之名，非笃齐治制之意也。今公侯命世作宰，追踪上古，将隆至治，抑末正本，若制定于上，则化行于众矣。夫当宜改之时，留殷勤之心，令发之日，下之应也犹响寻声耳，犹垂谦谦，曰‘待贤能’，此伊周不正殷姬之典也。窃未喻焉。”

顷之，为征西将军，假节都督雍、凉州诸军事。与曹爽共兴骆谷之役，时人讥之。爽诛，征玄为大鸿胪，数年徙太常。玄以爽抑绌，内不得意。中书令李丰虽宿为大将军司马景王所亲待，然私心在玄，遂结皇后父光禄大夫张缉，谋欲以玄辅政。丰既内握权柄，子尚公主，又与缉俱冯翊人，故缉信之。丰阴令弟兖州刺史翼求入朝，欲使将兵入，并力起。会翼求朝，不听。嘉平六年二月，当拜贵人。丰等欲因御临轩，诸门有陛兵，诛大将军，以玄代之，以缉为骠骑将军。丰密语黄门监苏铄、永宁署令乐敦、冗从仆射刘贤等曰：“卿诸人居内，多有不法，大将军严毅，累以为言，张当可以为诫。”铄等皆许以从命。大将军微闻其谋，请丰相见，丰不知而往，即杀之。事下有司，收玄、缉、铄、敦、贤等送廷尉。廷尉钟毓奏：“丰等谋迫胁至尊，擅诛冢宰，大逆无道，请论如法。”于是会公卿朝臣廷尉议，咸以为“丰等各受殊宠，典综机密，缉承外戚椒房之尊，玄备世臣，并居列位，而包藏祸心，构图凶逆，交关阉竖，授以奸计，畏惮天威，不敢显谋，乃欲要君胁上，肆其诈虐，谋诛良辅，擅相建立，将以倾覆京室，颠危社稷。毓所正皆如科律，报毓施行”。诏书：“齐长公主，先帝遗爱，原其三子死命。”于是丰、玄、缉、敦、贤等皆夷三族，其余亲属徙乐浪郡。玄格量弘济，临斩东市，颜色不变，举动自若，时年四十六。正元中，绍功臣世，封尚从孙本为昌陵亭侯，邑三百户，以奉尚后。

初，中领军高阳许允与丰、玄亲善。先是有诈作尺一诏书，以玄为大将军，允为太尉，共录尚书事。有何人天未明乘马以诏版付允门吏，曰“有诏”，因便驰走。允即投书烧之，不以开呈司马景王。后丰等事觉，徙允为镇北将军，假节督河北诸军事。未发，以放散官物，收付廷尉，徙乐浪，道死。

清河王经亦与允俱称冀州名士。甘露中为尚书，坐高贵乡公事诛。始经为郡守，经母谓经曰：“汝田家子，今仕至二千石，物太过不祥，可以止矣。”经不能从，历二州刺史，司隶校尉，终以致败。允友人同郡崔赞，亦尝以处世太盛戒允云。

评曰：夏侯、曹氏，世为婚姻，故惇、渊、仁、洪、休、尚、真等并以亲旧肺腑，贵重于时，左右勋业，咸有效劳。爽德薄位尊，沉溺盈溢，此固《大易》所著，道家所忌也。玄以规格局度，世称其名，然与曹爽中外缱绻；荣位如斯，曾未闻匡弼其非，援致良才。举兹以论，焉能免之乎！

【译文】

夏侯惇字元让，是沛国谯县人，夏侯婴的后代。十四岁的时候，跟随老师学习，当时有人侮辱他的老师，夏侯惇因愤怒而杀了他，因此以刚正勇敢而闻名。曹操起兵时，夏侯惇以副将身份，跟随征伐。后来曹操兼任奋武将军，便以夏侯惇做司马，领军单独驻扎在白马，并且升为折冲校尉，兼任东郡太守。曹操征伐陶谦，留夏侯惇驻守濮阳。张邈背叛并迎接吕布，当时曹操家在鄄城，于是夏侯惇便率领部队轻装赶去保护，和吕布遭遇，便同他交战。吕布退回，随即占领了濮阳，袭取了夏侯惇部的军资，又派遣将领假投降，内外配合，扣押了夏侯惇，逼迫他交出财物，夏侯惇的部队十分惊慌。这时夏侯惇的部将韩浩便部署队伍守候在夏侯惇的营门口，召集官兵将领和其他守备人员等，按兵坚守岗位，不许妄动，各兵营才安定下来。来到夏侯惇关押的地方，叱责劫持人质的人说："你们这些凶恶悖逆的人，竟敢劫持扣押大将军，不想活命了？况且我受命讨伐反贼，怎能因为一位将军的缘故而纵容你们呢？"又哭着对夏侯惇说："为了国法我没别的办法了"。又紧急召集士兵攻击劫持人质的人。这些人非常恐惧，急忙叩头说："我们只是想搞点物品就离开。"韩浩反复训斥后，将他们都杀掉了。夏侯惇已经被赦免，太祖听说了，对韩浩说：您这种行为可为千秋万世所效法。"于是制定条令："规定从今以后如再有劫持人质的，当一概打击，不必顾虑人质。"因此劫持人质的事情便再没发生。

曹操从徐州归来，夏侯惇又跟随讨伐吕布，被箭矢击中左眼。后又任陈留、济阴等郡太守，加授建武将军，封爵高安乡侯。时逢大旱，蝗虫四起，夏侯惇便截断太寿河水修成塘堰，并亲自背土，鼓励将士种稻，百姓得到了好处。后来夏侯惇转任河南尹。曹操平定河北，夏侯惇为大军断后。攻克邺县以后，升迁为伏波将军，依旧兼任河南尹，并特别允许他随机而制，自行处理公务。建安二十年，依据夏侯惇前后所立功劳，增加封邑一千八百户，与前面所封共二千五百户。建安二十一年，跟随曹操征孙权，曹操回来，让夏侯惇都督二十六军，留居巢县。赐给他乐人歌伎舞女，下令说："魏绛因主张与少数民族和睦有功，还被授予乐器，何况将军你呢！"建安二十四年，曹操在摩陂驻军时，经常让夏侯惇与他同乘一辆车，特别看重；可以出入曹操的卧室。诸将无人相比。后来任前将军，督领各路军回到寿春，又转屯召陵。文帝曹丕即位后，任夏侯惇为大将军，几个月以后便去世了。

夏侯惇虽身在军营之中，却亲自迎接老师，接受教育。他生性清廉节俭，有多余的财物就分发给下面，用度不够就靠官府资助，自己从不置办家产。谥号为忠侯。他的儿子夏侯充继承。文帝追念夏侯惇的功劳，让他的子孙全都封侯，从夏侯惇的食邑中分出一千户，赐给夏侯惇的七个儿子两个孙子，爵位都是关内侯。夏侯惇的弟弟夏侯廉以及夏侯惇的儿子夏侯楙原就凭借自己的功劳被封为列侯。当初，曹操把女儿嫁给夏侯楙，就是清河公主。夏侯楙历任侍中尚书、安西镇东将军，被授予符节。夏侯充去世以后，其子夏侯廙继承。夏侯廙去世，其子夏侯劭成为了继承人。

韩浩，他是河内人。沛国人史涣和韩浩都以忠勇闻名。韩浩官至中护军，史涣官至中领军，都执掌禁军，被封为列侯。

夏侯渊字妙才，是夏侯惇的同一宗族的兄弟。太祖当年住在家里的时候，曾吃官司；夏侯渊代他受过，太祖去营救他，才得免罪。太祖起兵，即任夏侯渊为别部司马、骑都尉，跟随太祖，升迁为陈留太守，又转为颍川太守。到和袁绍在官渡作战时，兼任为督军校尉。袁绍的军队被攻破后，太祖就派他督领兖州、豫州、徐州的军粮；当时军中粮食非常缺乏，夏侯渊即刻用骑兵传送粮食，使得粮食不断，军队才得以振复。后来昌豨造反，太祖派于禁去镇压，没有攻拔下来。于是再次派遣夏侯渊和于禁合力征讨，最后击败了昌豨，使得昌豨的十多个屯全都归降，昌豨也前往向于禁投降。夏侯渊带兵回来后，拜为典军校尉。济南、乐安的黄巾贼徐和、司马俱等人率兵攻城，杀害长吏。夏侯渊率领泰山、齐、平原郡的军队出击，一举斩杀了徐和，平定了各县，收缴了他们的粮食。建安十四年，以夏侯渊代领军。太祖征讨孙权回来以后，即派遣夏侯渊率领众将追击庐江一带的反叛者雷绪，雷绪兵败。接着夏侯渊又代征西护军，统率徐晃出击太原一带的贼兵，攻下了他们二十多个屯，斩杀了贼兵的主帅商曜，屠灭了他所守的城镇。又追随太祖征伐韩遂等人，在渭南一带作战。又督导朱灵平定了隃糜和汧县的氐族。和太祖在安定会合，迫使杨秋投降。

建安十七年，太祖回到邺城，让夏侯渊代为做了护军将军，督统朱灵、路招等人屯驻长安，击败南山的叛贼刘雄，收降了刘雄的部众。又在鄠县围攻韩遂、马超的余党梁兴，攻克了县城，斩杀了梁兴，被封为博昌亭侯。马超在冀县包围了梁州刺史韦康，夏侯渊营救他，还没到，韦康兵败。离冀县二百多里的时候，马超前来迎战，夏侯渊军失利。这时，汧县的氐人反叛，夏侯渊领军撤回。建安十九年，赵衢、尹奉等人密谋讨伐马超，姜叙在卤城起兵响应。赵衢等人心怀诡诈劝马超，让马超出击姜叙，却在后面把马超的妻子儿女杀尽。马超直奔汉中，又回军包围祁山。姜叙等人在危急中求救，诸将中有人建议必须等待太祖的命令。夏侯渊说："曹公在邺城，使者往返要四千里，等到批复回来，姜叙等必定早被打败，这不是救急的办法。"于是便决定进行救援，派张郃督统五千步骑兵在前面，从陈仓狭道进入，夏侯渊亲自在后指挥运粮。张郃到达渭水边，马超率领数千氐、羌兵迎战张郃。还没有交战，马超就逃走了，张郃进军收缴了马超军中的器械。夏侯渊到达的时候，各县已经全都投降。韩遂驻扎在显亲县，夏侯渊将要袭击攻取韩遂，韩遂逃走。夏侯渊缴获了韩遂的军粮，追到了略阳城，离韩遂二十多里，将领们要进攻韩遂，也有人说应当进攻兴国氐人。夏侯渊认为韩遂兵力精良，兴国城又坚固，进攻不可能马上攻下，不如攻打长离的各部羌人。长离的各部羌人有很多在韩遂的军队中，如果攻打长离，羌人一定会去救援家乡。韩遂如果让羌人回去，自己独自守城力量就会孤单；如果韩遂去救长离，我军就可在野外同韩遂作战，一定能够俘虏韩遂。于是夏侯渊便留下来督将看守军用物资，率轻步骑兵到达长离，进攻焚烧羌人的村落，杀死俘获了很多羌人。在韩遂军中的羌人，各自赶回自己的部落。韩遂果然率军救援长离，和夏侯渊军对阵。众将见韩遂兵多，有些害怕，想扎下营垒，挖好战壕，再与之作战。夏侯渊说："我军转战千里，现在再扎营挖堑，兵众就会疲惫，不能持久。敌人兵虽然多，却容易对付。"便击鼓进攻，大破韩遂军队，缴获了韩遂的指挥旗帜，然后回兵略阳，进军包围兴国。氐王千万逃奔马超，余下的部众投降。夏侯渊又转而进攻高平地区的屠各族人，屠各族人全都逃走，夏侯渊缴获了屠各族人的粮食牛马。朝廷授予夏侯渊假节。

起初，枹罕人宋建乘凉州发生叛乱，称自己是河首平汉王。曹操派夏侯渊带领一些将领征讨宋建。夏侯渊到达后，围攻枹罕达一个多月，攻克建及他任命的丞相以下官员；夏侯渊又派张郃等去定河关，他们渡过黄河进入小湟中，河西的羌族部落全部归降，陇山以西地区得到平定。曹操下令说："宋建叛乱已经三十多年，夏侯渊一举便消灭了他，像猛虎一样纵横关右，所向无敌；正如孔子所说的：'你我都不如他啊。'"建安二十一年，增加夏侯渊食邑三百户，加上以前所封共八百户。夏侯渊回师，在下辩攻打武都的氐人与羌人，缴获了氐人粮谷十多万斛。

曹操向西征讨张鲁，夏侯渊率领凉州的将领、侯王及官员，与曹操在休亭会师。曹操每次接见羌人、胡人，都用夏侯渊作陪来威慑他们。恰逢张鲁归降，曹操于是任命夏侯渊代理都护将军，率领张郃、徐晃等平定巴郡；曹操返回邺城，留夏侯渊守卫汉中，随即任命其为征西将军。建安二十三年，刘备进军阳平关，夏侯渊带领各位将领前去抵抗，双方相持了一年多。建安二十四年正月，刘备乘夜派兵焚烧魏军用来围营的鹿角树障。夏侯渊派张郃领兵保护营东的围栏，自己率领轻兵保护营南的围栏。刘备向张郃发动攻击，张郃失利。夏侯渊分出一半兵力去援助张郃，自己却遭到刘备袭击，夏侯渊战死。赐予的谥号为愍侯。

当初，夏侯渊虽然屡战屡胜，曹操却经常告诫他说："作为将领，也应有胆怯的时候，不能单凭勇猛。将领应当以勇为本，但又要有智慧和计谋；只有勇猛，一名莽汉就能对付他。"

夏侯渊的妻子，是太祖的妻子的妹妹。长子夏侯衡，迎娶了太祖弟弟海阳哀侯的女儿，因而恩信宠爱更加隆重兴盛。夏侯衡承袭父亲的爵位，后转封为安宁亭侯。文帝黄初年年间，赐给夏侯渊的中子夏侯霸爵位；到了太和年间，又赐予夏侯霸四个弟弟爵位，都是关内侯。夏侯霸，在正始年年间任讨蜀护军、右将军，进封为博昌亭侯，素来深受曹爽的厚待。后来听到曹爽被杀，自己怕被连累，逃入蜀中。朝廷因为顾念夏侯渊从前的勋业而赦免了夏侯霸的儿子，把他流放到乐浪郡。夏侯霸的弟弟夏侯威，官至兖州刺史；夏侯威的弟弟夏侯惠，官至乐安太守；夏侯惠的弟弟夏侯和，官至河南尹。夏侯衡死了以后，他的儿子夏侯绩嗣位，官至虎贲中郎将。夏侯绩死，他的儿子夏侯褒嗣位。

曹仁，字子孝，是太祖的堂弟。他年少时喜好骑马拉弓箭打猎。后来豪杰并起，曹仁也暗中聚集少年，聚得一千余人，游历在淮水、泗水之间，于是跟从太祖任别部司马，代理厉锋校尉。太祖打败了袁术，曹仁所斩获的士兵颇多。跟从太祖征伐徐州，曹仁常常率领骑兵，作为军队的前锋。另外，攻打陶谦的将领吕由，打败了他。返回与大军会师彭城，大败陶谦的军队。后来攻打费县、华县、即墨县、开阳县，陶谦派别将救援诸县，曹仁带骑兵击败了他。太祖征伐吕布，曹仁另外去攻打句阳，攻下了，生擒了吕布的将领刘何。太祖平定黄巾，迎接天子建都许昌。曹仁数次立功，被任命为广阳太守。太祖器重他的勇武谋略，不让他到郡里就任，曹仁以议郎的身份统率骑兵。太祖征伐张绣，曹仁另外去攻打旁边的县，掳得男女三千多人。太祖军队返回时，被张绣所追击，军队失利，士气低落，曹仁激励将士振奋，太祖赞叹他的豪壮，于是打败了张绣。

曹操与袁绍在官渡长久对峙，袁绍派刘备攻隐彊等县，各县纷纷起兵响应刘备。许县以南，官员百姓很不安心，曹操为此而忧虑。曹仁说："因我军目前形势紧急，许县以南，势必不能出兵救援，又加上刘备强兵压境，因此背叛我们是可以理解的。刘备刚刚率领袁绍的部队，未必能指挥得了他们，是可以打败他的。"曹操认为说得对，便派他率领骑兵进击刘备。刘备被打跑，收复全部叛县凯旋。袁绍又另外派将领韩荀截断敌方西边的道路，曹仁在鸡洛山攻打韩荀，大败敌人。因此袁绍不敢再分兵出来。曹仁又与史涣等人劫掠袁绍的运粮车，焚烧他的粮食。

河北平定以后，又随曹操包围攻打壶关。曹操下令说："攻取城池以后，城里的人全部被埋。"结果连月攻不下来。曹仁对曹操说："围攻城池必定要留下一个门不攻，为的是给里面的人留一条生路。如今公开宣告他们必死，他们就会人人顽强抵抗。壶关城坚固，粮食储备充足，进攻士卒会伤亡很大，围困则旷日持久；现在我们把军队部署在坚固的城池之下，攻打抱定必死之心来守城的敌人，这不是好办法。"曹操听从了他的话，城里人投降了。评定曹仁前后所立功劳，封他为都亭侯。

曹仁跟随曹操平定荆州，曹操让曹仁代理征南将军，军队驻扎在在江陵县，抵抗孙吴将领周瑜。周瑜率数万人前来攻打，前锋数千人到达城下。曹仁登上城楼，招集三百人，派部将牛金带领前往应战。敌兵多，牛金兵少，很快就被包围。当时长史陈矫等都在城上，看见牛金等人即将覆没，都大惊失色。曹仁怒气冲冲，让左右牵马来，陈矫等人一起拦住他，说："敌人众多，不可抵挡。就算损失这几百人算得了什么，将军何必亲自赴敌！"曹仁不理睬，披甲上马，率领他部下几十名壮士骑马冲出城。离敌人一百多步的时候，临近一条河沟，陈矫等人都以为曹仁会停在河沟边，为牛金壮声势。不料曹仁直冲过河，闯入包围圈中，牛金等人才得解脱危险。当发现还有人没出来的时候，曹仁又冲回去，救出牛金所领的士兵，又杀死了几个敌人，敌人才退走。陈矫等人开始见曹仁出城的时候，全部都很恐惧，认为完了，等见到曹仁回来，才赞叹说："将军真是神人啊！"三军将士都佩服他的勇敢。曹操更觉得他气概威猛，转封他为安平亭侯。

曹操征讨马超的时候，任曹仁为安西将军，带领各位将领拒守潼关，在渭河南岸大破了马超。苏伯、田银发动反叛，又任曹仁代理骁骑将军，都督七路兵马讨伐田银等人，大获全胜。后来曹操又让曹仁代理征南将军，授予符节，有权诛杀军中违令将士，驻扎在樊城，镇守荆州。侯音占据宛城反叛，劫略了附近郡县的几千百姓，曹仁率军打败侯音，斩了他的首级，又回师驻扎樊城，曹操随即任命曹仁为征南将军。

关羽进攻樊城，当时汉水突然上涨，于禁等带领的七路军队都被洪水淹没，于禁投降了关羽。曹仁带领几千人马守城，城墙只差几层木板的高度而侥幸没有被洪水淹没。关羽乘船来到城外，将樊城围了好几层，隔断了曹军城内与城外的联系。城内粮食将要吃完，而救兵却不见到来。曹仁激励将士，表示了誓死守城的决心，将士被他的精神感动，都没有二心。徐晃的援军赶到的时候，城外的水势也稍有减退。徐晃从外围攻打关羽，曹仁得以突围而出，关羽领兵退走。

曹仁年少的时候不知道约束自己的行为举止，等到了年长身为将领，却能都做到行为严整而奉公守法，常把教条法令携带在身边，一律按法来行事。当时鄢陵侯曹彰向北征讨乌丸，文帝是太子居东宫，即写信告诫曹彰说："身为大将的人奉公守法，不应像征南将曹仁吗！"等到文帝即王位，拜曹仁为车骑将军，督领荆、扬、益三州的军事，晋封为侯，增加二千的封邑，合并以前的共有三千五百户。而且追赐曹仁的父亲曹炽谥号陈穆侯，设置有十户人家为他守坟冢。后来又把曹仁征召回来驻军在宛城。孙权派遣大将陈邵据有襄阳。文帝立即下诏书命曹仁出兵征讨。曹仁和徐晃攻破了陈邵的军队，于是进军襄阳，又派遣将军高迁等人把汉水以南归附的百姓迁徙到汉北，文帝派遣使者即刻升拜曹仁为大将军。随后又诏命曹仁移兵驻守临颍，升迁为大司马。又督领各路军据守乌江，后来又回来屯守在合肥。黄初四年，曹仁去世，谥号忠侯。他的儿子曹泰嗣位，官至镇东将军、假节，转封为宁陵侯。曹泰死后，他的儿子曹初嗣位。又分别封曹泰的弟弟曹楷、曹范为列侯，而牛金官也做到后将军。

曹仁的弟弟曹纯，刚刚开始的时候以议郎身份参司空军事，领有指挥虎豹骑兵队随太祖围攻南皮。袁谭出来迎战，曹军士兵死亡很多。太祖想暂缓进攻，曹纯说："现在我军不远千里，前进不能攻克，后退必定丧失军威；况且孤军深入，难以持久。袁谭取胜而骄傲，我军兵败而戒惧，用有戒惧之心的军队打击有骄傲之心的军队，一定能够战胜。"太祖认为曹纯说得很对，便加紧了对袁谭的进攻，袁谭果然失败。曹纯部下的骑兵斩下了袁谭的首级。后来跟随太祖北征三郡乌丸，曹纯的骑兵擒获了乌丸单于蹋顿。根据曹纯前后所立功劳封曹纯为高陵亭侯，封邑三百户。后来随从太祖征荆州，在长坂追上刘备，俘获了刘备两个女儿和军用物资，收容了刘备的散兵。又进军迫使江陵投降，随从太祖回到谯县。建安十五年曹纯去世。文帝曹丕继帝位以后，追加谥号为威侯。儿子曹演承袭了爵位，官做到了领军将军。高贵乡公曹髦正元年间晋封为平乐乡侯。曹演去世，儿子曹亮承袭爵位。

曹洪字子廉，是曹操的堂弟。曹操派遣军队讨伐董卓，在荥阳的时候，被董卓将领徐荣打败。曹操失去马匹，后面敌人追得很急，曹洪从马上下来，把自己的马给了曹操。曹操推辞不骑，曹洪说："天下可以没有我曹洪，但不能没有您。"便步行跟随曹操到达汴水。河水很深不能渡过，曹洪顺河找到一条船，和曹操一起渡过了汴水，逃回谯县。扬州刺史陈温一向与曹洪交好，曹洪带一千多家兵到陈温那里去招募兵马，招募到庐江善战甲士两千人；东到丹杨郡又得到数千人，在龙亢和曹操会合。曹操征讨徐州，张邈献兖州叛曹迎接吕布。当时发生大荒，曹洪领兵在前，先占据东平、范两个县，收集粮食接济大队。曹操在濮阳讨伐张邈、吕布，吕布败逃，占据了东阿县，转而攻取了济阴、山阳、中牟、阳武、京、密等十多个县。根据曹洪前后所立功劳任他为鹰扬校尉，又升迁为扬武中郎将。汉献帝在许县定都，任曹洪为谏议大夫。后来曹洪又征伐刘表，在舞阳、阴叶、堵阳、博望等地打败了刘表的其他将领，又立军功，升迁为厉锋将军，封爵国明亭侯。数次随曹操征伐，被任命为都护将军。文帝曹丕即位，任他为卫将军，又升迁骠骑将军，晋封野王侯，增加封邑一千户，与以前所封共二千一百户，赐特进之位；后改封为都阳侯。

当初，曹洪家境富裕且又生性吝啬，曹丕年轻的时候向他借东西多不如愿，因此心怀忌恨。借曹洪门客犯法之机，把他送进大牢准备处死。群臣都来相救，但是没能成功。卞太后对文帝的皇后郭氏说："曹洪如被处死，我明天就令皇帝废皇后。”于是，郭皇后哭着屡屡为曹洪求情，曹洪才得以受到免官削爵的处罚。曹洪是先帝的功臣，有许多人为此感到失望和不满。明帝曹叡即位，任命曹洪为后将军，转封乐城侯，封邑千户，赐特进之位，再一次被任为骠骑将军。明帝太和六年曹洪去世，谥号为恭侯。儿子曹馥，承袭侯位。当初，曹操把曹洪的封户分出来一部分封曹洪的儿子曹震为列侯。曹洪的族父曹瑜，做事谨慎，对人恭敬，官至卫将军，封列侯。

曹休字文烈，是曹操同族的侄子。汉末天下大乱的时候，曹氏族人分别散乡逃走。曹休十多岁的时候，他的父亲去世。他自己与一位门客抬着棺材暂时把父亲埋葬了，然后带着老母亲，渡江来到了吴地。因为曹操举义兵，曹休于是改名换姓辗转到达荆州，接着从小路回到北方，见曹操。曹操对身边的人说：“这是我们家的千里马啊！”让他与后来的文帝曹丕一起起卧居止，对待他就像自己的儿子一样。

曹休经常跟随曹操出兵打仗，曹操让他带领虎豹骑兵并且负责宿卫。刘备派将军吴兰驻扎在下辩，曹操派曹洪前去征讨，任曹休为骑都尉，参议曹洪的军事，曹操对曹休说：“你的职务虽然是参军，其实也是这支部队的统率。”曹洪听了曹操这话后，也把军机大事委托给曹休处理。刘备派张飞驻扎在固山，想切断曹军后路，众人商议对策时瞻前顾后，曹休说：“敌人如果真想切断我军后路，应当暗中伏兵悄悄进行。现在首先虚张声势，说明他们没有能力这么做。应当在他们还没有集结时，赶快痛击吴兰，把吴兰击败，张飞也就会不战自退。”曹洪听从了曹休的建议，进攻并大败吴兰，张飞果然撤兵。曹操攻下汉中后，各路军队返回长安，曹休被任命为中领军。

曹丕坐上魏王的位置后，任曹休为领军将军，总计曹休前后的功劳，封他做了东阳亭侯，夏侯惇去世后，任曹休为镇南将军，授予符节，都督各路军队的军事。曹丕亲自替他送行，离开的时候还下车与曹休握手道别。孙权派将领驻扎在历阳，曹休到达后，进军击败了吴军，又派遣另外一些人马渡过长江，烧掉了吴国在芜湖的几千家兵营。升迁为征东将军，兼任扬州刺史，晋封为安阳乡侯。文帝征讨孙权，任曹休为征东大将军，授他象征皇权的黄钺，统率张辽等将领及各州郡的二十多路军队，在洞浦进攻孙权大将吕范等人，取胜后被任命为扬州牧。

明帝即位，晋封曹休为长平侯。要驻扎在皖城，曹休进攻打败他，斩了审德的首级，吴将韩综、翟丹等先后率部到曹休那里投降。于是增加给他食邑四百户，加上以前的共计二千五百户，升任大司马统领扬州事务。

太和二年，明帝分兵两路征伐吴国，派遣司马懿沿汉水而下，曹休统率各军进军寻阳。敌将假装要投降。曹休领兵深入敌境，作战失利，退回石亭宿营。夜里营房中发生骚动，士兵一片混乱，丢掉了很多盔甲兵器和辎重。曹休上书请罪，明帝派屯骑校尉杨暨前去慰问，给予的礼遇和赏赐比从前更加优厚。曹休愧悔交加，后背发痈而去世，谥号为壮侯。

曹肇有治世的才能，他就被任命为散骑常侍、屯骑校尉。明帝病重起不来床，对燕王曹宇和曹肇等人嘱托后事。但明帝不久又改变了主意，竟然命令曹肇以侯爵身份回家。正始年间曹肇去世，追封为卫将军。儿子曹兴接位。以前，曹丕分出曹休的食邑三百户封给曹肇的弟弟曹纂为列侯，后来曹纂担任了殄吴将军，死后，追封前将军。

曹真字子丹，他是曹操的同族侄子。曹操起兵后，曹真的父亲曹邵招募兵马，被本州官员所杀。曹操怜悯曹真从小是孤儿，就把他收养和他的儿子们同等待遇，让他和曹丕住在一起。有一次随曹操出去打猎，被一头猛虎追赶，曹真转身射虎，老虎被射中而倒下了。曹操喜欢他的骁勇，让他率领虎豹骑兵，到灵丘县讨伐反叛，攻克了灵丘县，被封为灵寿亭侯。以偏将军的职务在下辩进击刘备的兵马，将他们打败，被任为中坚将军。随曹操到长安后，兼任中领军将军。夏侯渊在阳平关阵亡，曹操很是担忧。任曹真为征蜀护军，指挥徐晃等人在阳平关打败刘备的将领高详。曹操亲到汉中，带领全军撤退，又派曹真到武都迎接曹洪等人回到陈仓县屯驻。曹丕即王位以后，任曹真为镇西将军，持符节都督雍、梁州诸军事。以其前后所立功劳，爵封东乡侯。张进等在酒泉发生叛乱，曹真派费曜讨伐，斩杀了他们等人。黄初三年回到京都，曹丕任曹真为上军大将军，都督中外诸军事，授予节钺。曹真与夏侯尚等人征讨孙权，攻打吴军牛渚的营寨，攻克了它。转任中军大将军，加授给事中职务。黄初七年，文帝卧病在床，曹真与陈群、司马懿等人在床前接受遗诏辅佐朝政。曹叡即帝位，晋封曹真邵陵侯，升迁为大将军。

诸葛亮围攻祁山的时候，南安、天水、安定三郡反叛来响应诸葛亮。明帝派曹真带领各军驻扎在郿县，派遣张郃攻击诸葛亮的将领马谡，大败马谡。安定郡的百姓杨条等人挟持了官民据守月支城，曹真进军包围了他们。杨条对他的部众说："大将军亲自前来，我愿意早日出降。"于是自己缚着自己出城，三郡都平定。曹真认为诸葛亮失利于祁山，日后必然从陈仓出兵。于是就派将军郝昭、王生驻守陈仓，修整城池。第二年春天，诸葛亮果然围攻陈仓，魏军已有准备，诸葛亮不能攻克。明帝增加曹真的食邑，算上之前的共有二千九百户。太和四年，曹真到洛阳朝拜，升任大司马，明帝赐他佩剑着鞋上殿，入朝不需小步快走。曹真认为“蜀国连连出兵侵扰边境，应该讨伐蜀国，数路大军一起进攻，可以大胜”。明帝听从了他的计策。曹真要出发西征时，明帝亲自来送别。曹真八月从长安出发，从子午道向南进军。司马宣王沿汉水进军，准备在南郑会师。各军有的从斜谷取道，有的从武威进入。正好赶上大雨连下了三十多日，有的栈道断绝了，明帝下诏曹真退兵。

曹真年轻的时候和同宗族人曹遵、同乡人朱赞一起追随曹操。曹遵、朱赞很早的时候就死了，曹真特别哀怜他们，请求从自己的封邑中分出一部分给曹遵、朱赞的儿子。明帝下诏说：“大司马曹真具有抚恤已经去世的朋友儿子那样的仁慈之心，笃守着晏婴虽穷困也终不忘老友的处事原则。准许分出曹真的封邑赐给曹遵、朱赞的儿子关内侯的爵位，封邑各一百户。”曹真每次出征，总是与将士们同甘共苦，军中赏赐不够，他就把家财拿出来分发，士卒们都愿意为他效力。后来曹真有病回到洛阳，明帝亲自到他的家中看望。曹真去世，加谥号为元侯。儿子曹爽承袭了爵位。明帝追念曹真的功绩，下诏说：“大司马一生忠诚果敢，节操骄人，辅佐先祖两代皇帝，在朝廷内不因自己是皇亲而傲慢，在朝廷外不轻视怠慢卑下的平民，可以说具有满而不溢、居高位有功劳仍然谦虚的品德呀！现在封曹真的五个儿子曹羲、曹训、曹则、曹彦、曹皑都为列侯。”当初，文帝曹丕曾分出曹真二百户封邑，封曹真的弟弟曹彬为列侯。

曹爽字昭伯，年轻的时候就因为是皇室成员而谨慎稳重，处事小心，明帝曹叡还是太子的时候，就特别喜欢亲近他。明帝即位后，任命曹爽做了散骑侍郎，逐渐升迁到城门校尉，加授散骑常侍，又转为武卫将军，受到特殊的恃宠。明帝重病，便把曹爽召到卧室，任他为大将军，持节钺，都督中外诸军事，总管尚书台事务，与太尉司马懿一起接受遗诏辅佐幼主。明帝死后，齐王曹芳即位以后，加授曹爽侍中职务，改封为武安侯，封邑一万二千户，允许他佩剑穿鞋进入宫殿，朝见天子不必小步快走，礼官不直呼其名。丁谧为他出谋，让他报告曹芳，发诏把司马懿的职位转为太傅。表面上给他以尊贵的名号，实际是让尚书台上奏政事时，先要经过曹爽，这样，朝廷事务的控制权就由曹爽掌握了。曹爽的弟弟曹羲任中领军将军，曹训担任武卫将军，曹彦任散骑常侍侍讲，其余的几个弟弟，全都以列侯的身份侍从皇帝，自由地出入皇宫禁地。他们地位尊贵，荣宠优厚，没有人能比得上。南阳人何晏、邓飏、李胜、沛国人丁谧、东平人毕轨名声都很大，他们急于进身取位，明帝认为他们互相吹捧，结党营私，把他们全都罢黜出朝；到曹爽掌握大权时，便又把他们提拔起来，作为自己的心腹任用。邓飏等人想让曹爽建立威名，劝他讨伐蜀汉，曹爽听从了他们的话，司马懿也阻止不了。正始五年，曹爽西进到达长安，调拨了六七万兵马，从骆谷进入蜀汉辖地。当时，关中地区和氐、羌居住区的物资运输都接济不上，牲畜死亡很多，沿途百姓怨声载道。曹军进入骆谷走了几百里，蜀军依山固守，军队无法前进。参军杨伟为曹爽分析形势，认为应当迅速撤军，不然将会大败。邓飏与杨伟发生了争执，杨伟说："邓飏、李胜会败坏军国大事，当斩。"曹爽很不高兴，便撤军回来。

当初，曹爽因为司马懿德高望重，总是像对待父亲那样敬重他向他请教，不敢独断。等到他任用何晏等人的时候，他们都劝说曹爽不能把大权交付他人。曹爽便任何晏、邓飏、丁谧等人为尚书，何晏主持官员选拔，毕轨为司隶校尉，李胜为河南尹，很多政事不再通过司马懿。司马懿就称病回家避开曹爽。何晏等人专权，共同分割洛阳、野王典农中郎将所管理的桑田数百顷，又把皇族公主的封地瓜分变为私产；又借权势窃取财物，向各州郡的地方官员进行勒索。有关的官员完全顺从他们，没有人敢违背他们的意思。何晏等人与廷尉卢毓素来不合，借着卢毓手下的官员犯点小错，就严厉地引用法律条文把卢毓法办，又命令主办官收缴了卢毓的印绶，然后才上奏皇帝。他们就是这样肆无忌惮。曹爽的饮食、车马、服饰，都按照皇帝的规格；尚方署所制造的御用珍宝和观赏品，在他的家里比比皆是。后庭中蓄满了妻妾，又私自占有了先帝的七八个宫女，强占了将吏、工匠、吹鼓手和良民百姓的子女三十三人，作为歌乐演奏人；又假做诏书，征调五十七名宫女送往邺城过去的王宫，让先帝的嫔妃把她们训练成音乐舞蹈的表演者；又擅自拿走太乐署的乐器、武库中的兵器。他还建造了地下室，四周用精美的丝织品装饰，多次与何晏等人在里面欢聚，饮酒作乐。曹羲对曹爽的作为深感不安，多次劝阻。又写了三篇文章，陈述骄奢淫逸会招致灾祸的道理，词深意切，但是不敢直接指责曹爽，假借告诫各个弟弟而拿给曹爽看。曹爽知道是为自己而写，很不高兴。曹羲有时因为劝谏不被采纳，而哭着离开。司马懿暗地里准备对付他。正始九年冬，李胜被任命为荆州刺史，到司马懿那里去告别。司马懿称自己的病情严重，并装出一副羸弱的样子。李胜没有察觉，认为真是这样。

正始十年正月，皇帝离开京城前往高平陵祭祀明帝，曹爽兄弟几人全都随从。宣王部署指挥兵马，先夺取了中央武器库，然后领兵出来驻扎在洛水浮桥边。宣王上奏弹劾曹爽说："当初为臣从辽东回来，先帝下诏让陛下、秦王和臣来到床边上，拉着臣手臂，为身后的大事感到担忧。为臣说'太祖、高祖也曾把后事托付给臣，这是陛下亲眼所见，不要担忧，万一发生意外，臣当以死来执行陛下的命令'。当时黄门令董箕等人，还有旁边侍奉皇帝养病的宫女，全都听到臣的话。如今大将军曹爽背叛先帝嘱托，败坏扰乱国家典章，对内超越本分，对外专权；破坏军营编制，把禁卫军完全控制在自己手里，各个重要职务，全都安排自己的亲信担任；宫殿中的宿值守卫、历代的旧人全都被排斥出去，用新人来为自己个人的目的服务；曹爽的势力盘根错节，放纵恣意，一天比一天厉害。不仅对外如此，又用宦官张当为都监，和张当勾结串通，专门监视陛下，企图篡夺皇位，还在皇太后与陛下之间挑拨离间，破坏母子之间的骨肉关系。天下骚动，人人自危，陛下仅仅成了摆设，国家怎么能够长治久安！这不是当初先帝召见陛下以及为臣来到御床边上的本意呀。为臣虽然老朽年迈，但是怎么敢忘记当时的承诺？过去赵高野心极度扩张，秦朝因此灭亡；吕氏、霍氏的势力被及早铲除，汉朝的江山才得以长久。这正是陛下最好的借鉴，也是臣受命行动的时候啊。太尉蒋济、尚书令司马孚等人，全都认为曹爽有无视君主的野心，兄弟不适于统领军队宿值守卫皇宫，为此向永宁宫皇太后进奏，皇太后下令让臣按照奏章上的请求行事。臣就命令主管官员和黄门令罢免曹爽、曹羲、曹训的官兵，以列侯的身份回家，不得延误时间，使陛下在外面久留；如果敢逗留抗命，就以军法处置。为臣强力支撑病体，率军屯驻在洛水浮桥边，密切监视着有无意外情况发生。"

曹爽得到司马宣王的奏事表，不通报，迫窘得不知该做什么。大司农沛国人桓范听说起兵，不响应太后的召见，并且伪造诏令打开了平昌门，拔取了剑戟，杀掠了将门候，向南跑到曹爽那里。司马宣王得知后说："桓范出计策，曹爽必然不能采用桓范的计策。"桓范劝曹爽让皇帝车驾去许昌，招募外兵。曹爽兄弟犹豫未决，桓范又对曹羲说："时至今日，您一家想当贫贱百姓还可以吗？况且匹夫挟持一个人质，尚且想要活下来。现在您与天子相随，号令天下，谁敢不响应？”曹羲仍然不能采纳。侍中许允、尚书陈泰劝曹爽，让他早日亲自回去请罪。曹爽于是派遣许允、陈泰去见司马宣王，回去认罪请死，并向皇帝通报司马宣王的奏表。于是罢免了曹爽兄弟，以侯爵的身份返回府第。

当初，张当私底下把他选择的才人张氏、何氏等一些人进献给曹爽。因此他被怀疑与曹爽有阴谋，就抓了张当问罪。张当揭发曹爽和何晏等阴谋造反，共同训练军队，到三月中旬就要发兵，于是逮捕了何晏等关进牢里。皇帝召集公卿大臣在朝廷商议，认为“《春秋》的道理是‘对于君亲不能萌生叛逆之念，否则定当诛杀’。曹爽以皇亲旁系资格，世代受恩，得先帝握手嘱托后事的遗诏，把国家大事托付于他。而他却包藏祸心，蔑弃遗命，与何晏、邓飏及张当等人阴谋篡位，桓范与罪犯同党，均属大逆不道”。于是逮捕曹爽、曹羲、曹训、何晏、邓飏、丁谧、毕轨、李胜、桓范、张当等处死，诛灭三族。嘉平年间，为了延续功臣的后嗣，封曹真侄孙曹熙为新昌亭侯，食邑三百户，以接续曹真后代。

何晏，是何进的孙子。他的母亲尹氏，是太祖的妻子。何晏在宫廷里长大，又娶了皇帝的女儿，年轻的时候因文采出众而闻名，喜好老庄之学，著有《道德论》及各种文章辞赋共几十篇。

夏侯尚字伯仁，夏侯渊的侄子。曹丕和他关系很好。曹操平定冀州的时候，夏侯尚为军司马，率领骑兵随曹操征伐，后任五官将的文学。魏国初建时，夏侯尚升任黄门侍郎。代郡反叛，朝廷派鄢陵侯曹彰征讨，以夏侯尚任参军，平定代郡后回来。曹操在洛阳去世，夏侯尚持节，护送曹操灵柩回到邺城。根据夏侯尚前后所立功劳，封平陵亭侯，拜任散骑常侍，迁为中领军将军。曹丕登上帝位，改封他为平陵乡侯，升迁为征南将军，兼任荆州刺史，持符节都督南方诸军事。夏侯尚上奏说：“刘备的一部分军队驻扎在上庸，山高路险，他们不会防备我们去攻打。如果我们派出骑兵悄悄前往，出其不意，一定能够攻克。”于是指挥各路军马一举攻破上庸，平定了三郡九县，被升为征南大将军。孙权虽对曹魏称臣，夏侯尚却暗中加紧做着讨伐他的准备，孙权后来果然反叛。黄初三年，文帝到宛县，派夏侯尚率各路军与曹真共同进攻江陵。孙权部将诸葛瑾和夏侯尚军隔江对峙，诸葛瑾率军进驻江中的洲岛，把水军部署在江中。夏侯尚让士兵在夜里抬着很多小船，带着一万多名步骑兵，在下游悄悄地渡江，突然进攻诸葛瑾军。焚烧船只，水陆齐攻，大破孙吴军。江陵城还没有攻下，突然发生了瘟疫，文帝下诏让夏侯尚撤军。加封夏侯尚封邑六百户，与前封合并共一千九百户，授予黄钺，晋升为州牧。荆州残破荒凉，和少数民族接壤，又与吴国以汉水为界，以前那里的百姓大都迁到江南去了。夏侯尚从上庸打开通道，向西行进七百多里，山里很多人都表示服从，五六年间，有数千家归附。黄初五年，改封昌陵乡侯。夏侯尚很宠爱一个小妾，超过了正妻。正妻是曹氏皇族的女儿，所以文帝派人将这个小妾绞杀。夏侯尚十分悲伤，每日精神恍惚。把小妾埋葬以后，又忍不住想见她，就把她挖出来。文帝听说后愤恨地说："杜袭看不起夏侯尚，确实是有原因的。"然而，因为他是旧臣，所以对他仍然很好。黄初六年，夏侯尚病重，回到京都，曹丕多次去看他，拉着他的手流泪。夏侯尚去世，加谥号为悼侯。儿子夏侯玄承袭爵位。文帝又分出夏侯尚封邑的三百户，赐夏侯尚的侄子夏侯奉关内侯的爵位。

夏侯玄字太初，年轻的时候就很有名声，二十岁时任散骑黄门侍郎。曾经进见皇帝，被安排与皇后的弟弟毛曾坐在一起。因为毛曾出身卑贱，夏侯玄深以为耻，很不高兴。明帝恨他，就把他降为羽林监。正始初年，曹爽辅政。夏侯玄是曹爽姑姑的儿子，之后又不断升迁为散骑常侍、中护军。

太傅司马懿向他咨询政事，夏侯玄发表议论说："依照才能使用授予官职，这是国家的权力。所以尚书台就是专管官员的挑选和衡量的部门，这是朝廷所具有的职责；人才的品行表现在所居住的街巷中，他的优劣由同乡的人来给予评价，这是地方上的事。要想使教化清明，择人得当，关键在于分清朝廷和地方的权力，不要使他们互相干扰。为什么呢？如果朝廷不遵守它的职责，恐怕会使进入仕途的人不走品行培养的这条根本途径，就会使巴结权势投机、钻营的大门打开；如果地方上超越了权力，就会使朝廷的官职与地方发生联系，朝廷的权力就会分散。朝廷的官职和地方发生联系，平民百姓就会随便议论国家的政权；朝廷权力的分散，也是政治纷乱的根源。自从州郡设中正品评人才并衡量人才所应得到的官职以来，已经好几年了，但是却出现纷乱不堪、标准不统一不公平衡量的局面，这难道不是朝廷的职责和地方权力混淆交错、两方面都没有把握好自己的职权范围所造成的吗？如果让中正负责人才的品行考察，再加以分类，只要恰当、公正，就可以作为授官的依据了。为什么呢？如果一个人的孝顺品德受到家庭的称赞，他一旦当了官怎么会不尽忠职守呢？如果一个人的仁爱宽恕被族人所赞赏，他一旦做了官怎么会不善于行使职权呢？如果一个人的义举和决断在乡里表现突出，他一旦当了官怎么能不称职呢？这三种人的考察分类，都决定于中正。虽然没有标明具体该授什么官职，但是这样的人可以授予官职是毫无疑问的。品行有优劣，比较的顺序有高低，应当授予官职的等级，也就一目了然了。何必要使地方官属的中正侵犯国家选择衡量官员的权力，而让执掌权力的国家机构委托倚仗地方中正来选任官员、使上下交错而生出混乱呢？况且尚书台治理下面的各级官署，考察官员的功劳、核准他们的过失，这些工作各自都有专门的官员负责。尽管他们都在忙碌，对此也不能彻底明白；何况中正对人才优劣的评价，只是以中正个人的意见来做结论，以至于国家掌管选择权衡的大臣丧失了这方面的权力。大家混作一团，要使风气清静，能够做到吗？朝廷的尚书台高高在上，众人难以与它拉上关系；所能够靠上关系的，就是身旁的中正，谁又不粉饰自己来谋取所需呢？既然有这样一条简捷的门路，那么在家里培养自己品行的，就不如使用手段在乡里出名的；使用手段在乡里出名的，就不如直接去托请州郡的中正了。担忧他们弄虚作假，脱离根本，只要开后门有门路就是再严格要求中正奉公守法，甚至用刑罚去监督他们，也是没有什么用处的。还不如使他们各自遵守本分，各级府衙的长官各自考察下属的才能，把结果上报尚书台，尚书台根据这些考察出来的结果，同时参考乡里对他品行评定的结果，再拟定出相应的类别，不使之发生偏颇。中正则只负责考察人才的行为，区别他的高下，审定等级，不使他偏高或偏低。尚书台汇总以上所有人的资料，在选择时如果出现问题，那么尚书台的有关官员就应该负责。长官的考核，中正的排比，考察他们的高下再按照顺序加以任用。如果所任用的人不称职，责任过失就由尚书台以外的长官和中正来负。这样内外配合，得失有依，相互对比检查，谁还能弄虚作假？这样就能够使人心安定、条理分明、让风气清正，审官授职的局面就有希望了。”他又认为：“古代设置官职，是用来拯救教育、统率治理民众的，上司和长官应该去管理他们。上司和长官是统一和专职的，统一才会官位确定，相安无事；专职才能尽职尽责而精简不繁。事物精简，公事完成，上下相安却没有治理好天下的事，这是从来没有过的。以前的君主建立许多邦国，虽然其中的详情难以弄清，然而在小国之间分化疆界，各守疆土，这是重复和错乱的体制。往上考察殷商、姬周所建的五等爵位制度，也只有大小高低的差别，没有君臣官民行使两套行政系统相互牵制的现象。置官的系统不统一，公务就很难办好，公务办不好，事情就不能得到精简；事情得不到精简，百姓怎么能够安定呢？老百姓不能安定，邪恶就会兴起，奸邪就会滋长。古代的君主深知这些道理，所以使官职专门系统统一。从秦朝开始，就不遵从先圣的办法，从私利出发驾驭臣僚，用奸诈的手段对待臣下；害怕治理百姓的官员不办事，就专门设立监督官员去监督他们；又怕督监的官员贪赃枉法，又设置纠察官员来督监；行政官员和监察官员互相重复，监察官员和督察官员互相监视，人人自危，上下做事怎么能够一致呢，汉朝承袭了秦朝的制度，没有什么改变。大魏兴起，时间紧、事情多，顾不上解决这个问题，五等爵位制度，虽然难以很快恢复，但是可以大体建立一个标准来统一行政体制。现在的县令县长，都直接治理下属官员和百姓，却又重复设置了郡守一级，上面还有刺史。如果郡一级的管理，只是把握大政方针，那么他就与州一级的管理一样，不必再重设。应当省去郡守一级的官员，只保留州刺史；刺史的职位存在，则监察的功能就不会取消。郡衙门中数以万计的官员，都回乡去从事农耕，可以节省繁杂的行政费用，使财富增加、粮食增产，这是第一个好处。担任大县县令的人，几乎都有担任郡守的才干，所以在郡和县之间，有关诉讼案的是非判断，常常意见不一致，同意自己的意见就安然无事，否则就争执不休。厨师能够做出鲜美的肉汤，在于融合了不同的调味品；上下级之间要想得到和谐，就应该相辅相成，才能安定，这就像琴瑟合鸣时声调要一致一样。把郡太守省去，就会使官员减少、事情简单，这是第二个好处。在郡政府中的重要官员，有监督下属各县的职权，他们会庇护同乡、亲属和朋友，如果有不满，就借机在公事上牵制阻挠，老百姓的困苦无助，原因就在于此。如果加以并省，祸乱的根源就会被堵塞，这是第三个好处。如今我们继汉衰之后，民众人口锐减，贤能人才不多，能够胜任官职的人就更少，郡里和县里能干的官吏是不均衡的。郡太守只是接受县令县长已经办好的公事，繁重的工作在下面。而官员中的上等人才，都首先满足州郡的需要；直接管理百姓的官员，只能由下等人才充任，他们直接操纵着百姓的命运，却大多数是顽固而没教养的人。如果并省郡一级机构，就能选出优秀大量人才去直接管理百姓，有巨大效果的教化就会遍布全国，民众就会获得安宁，这是第四个好处。建立制度是万户以上的县，县令改称为郡太守，五千户以上的县，县令称作都尉，一千户以下的县，仍然称为县令县长，县长以上的官吏，经过考核后再提拔任用，根据才能任用官职的大小，同时所管理的人民数量也会增加，这才是进用人才、考察政绩的顺序。这样的制度一旦制定出来，使用人才、任命官职就会秩序井然，政治的成效也会显著，这是第五个好处。如果省去郡守这一级，县级能够直接上达朝廷，公务不会受到阻碍，官员办事也不敢拖拉，夏、商、周三代的清明风气，虽然不一定可以完全实现，但是行政统一的局面，还是有希望实现的，有利于民众而节省国家费用，就在于此。”夏侯玄还认为：“华丽和质朴交替运用，就像春、夏、秋、冬四季的更替，君主效法上天的规律治理国家，必须要根据当时的弊病加以补救和变通，时代的风俗过于质朴就用礼仪来修饰，时代的风俗过于奢华就用质朴来弥补。如今我们处在从前百代帝王之末，秦汉两朝浮华风气影响下来，社会民风过于奢侈，应该加强改变来改变民众的喜好。如今朝廷规定自三公、列侯以下，官位在从大将军之上的，都可以穿绫锦、罗绮、纨素衣服，佩带金银雕刻的装饰，而从大将军以下的官员，以至于小民，都可以穿各种颜色的衣服。虽然等级分明，显示出差别，但是大臣的衣服装饰，差不多可以和皇帝相比了，玄黄两种颜色，下面的小民也能使用。要想市场不卖色彩华丽的商品，让商人不买卖难得的珍稀宝物，工匠不做精雕细刻的工艺品，都是不可能的。所以要花大力气来治理，以古法为准则，文采和质朴取一个适中的比例，作为礼仪的标准。乘坐的车辆和服装上的花纹图案，都要俭朴，禁止和剔除衰落时期不良风俗所崇尚的华丽之物，使效力于朝廷的家庭，只享有爵位的门第，不再有绫罗之类的衣物，也不再拥有多种颜色的服装和精巧的工艺品，从上到下，只要表示出等级就可以了，不要超过一分二分的程度。对功劳德行的赏赐、圣上特别恩赐的物品，都要向有司衙门报告以后，再穿戴使用。上面对下面的教育感化，就像风吹小草一样容易。只要朝廷实行朴素教育，下面的奢侈之风自然就会消除。”

司马懿回信说：“您说的任用官员，选拔人才，撤销重复的官职，改变服装制度，这些都非常好。古代的礼制规定，乡里考察人的品行，朝廷考察政绩，大体就像你所说的。后来承袭并习惯了现在的制度，不能一下子改变。秦朝时没有刺史，只有郡太守、县长、县令。汉虽有刺史，但只是奉行诏书的六条规定进行监察而已，所以刺史又称传车，下属称为从事，处理公务没有固定的治所，属下的官吏也不是他的臣僚。以后才逐渐形成了正式的部门。当初贾谊也曾担心服制问题，汉文帝虽然身穿粗厚的弋绨衣服来显示节俭，也未能使上下仿效。这三件事恐怕只能等待贤人出现才能办好。”夏侯玄又写信说：“汉文帝虽然身穿弋绨衣服，但是不从根本上变革法规，宫廷内外都有人穿超越身份可以和皇帝比拟的衣服；宠臣的赏赐没有限制。由此看来，似乎只想为自己博取名声，没有认真整顿制度的想法。如今您秉承天命，荣膺执政大臣，应当效法古代，建立最理想的政治制度，抑制不良风气，以正根本。如果上面制度清明，下面就会受到感化。只要您有足够的热忱，政令颁发，下面一定会像回响跟随发声一样。可是您还是表现出谦虚的样子，‘等待贤能’。这就好像伊尹、周公不纠正殷朝、周朝的典章。我自己对此感到困惑不解。”

不久，夏侯玄被任命做了征西将军，授予他假节，都督雍、凉州诸军事。与曹爽共同发起骆谷之役，受到当时人们的讥评。曹爽被杀，朝廷征召夏侯玄入朝担任大鸿胪，几年后转任太常。夏侯玄由于曹爽的缘故受到压抑和贬黜，心中不满意。中书令李丰虽一向被大将军景王司马师所亲信厚待，然而内心却偏向夏侯玄，于是就勾结皇后的父亲光禄大夫张缉，图谋想让夏侯玄辅政。李丰既掌握了朝内大权，儿子又娶公主为妻，又和张缉都是冯翊人，所以张缉听信于李丰。李丰暗地里让弟弟兖州刺史李翼请求入朝，想让李翼带兵进京，一起起事。正好这时李翼请求入朝，没被允许。嘉平六年二月，皇帝要封贵人，李丰等人想借皇帝到正殿前的露台参加册封仪式的时机，在宫内设置伏兵，诛杀大将军司马师，以夏侯玄代替司马师的职务，以张缉为骠骑将军。李丰秘密地对黄门监苏铄、永宁署令乐敦、冗从仆射刘贤等人说：“卿等在宫内，不法的事做了很多，大将军严厉刚毅，多次说要惩治卿等，张当的下场可以作卿等的鉴诫。”苏铄等人全都答应听李丰的指挥。大将军司马师暗地里得知了李丰等人的计划，请李丰相见，李丰毫无防备前往，当即就被杀了。司马师把这件事交给主管部门追查，逮捕了夏侯玄、张缉、苏铄、乐敦、刘贤等人送到廷尉那里。廷尉钟毓上奏说：“李丰等人图谋胁迫皇帝，擅自杀害执政大臣，大逆不道，请依法判决。”于是，朝廷召集公卿朝臣廷尉合议，全都认为“李丰等人全都受到特殊恩宠，掌管机密，张缉身受皇亲的尊贵，夏侯玄世代为朝廷大臣，都是身居高位，却包藏祸心，密谋逞凶造反，勾结宦官，授以奸计，又畏惧天子的威严，不敢公开密谋，就想要挟皇上，蓄意作乱，图谋杀害优秀的辅政大臣，擅自互相委任，将要颠覆皇室，危害国家社稷。钟毓给李丰等人所定的罪名完全符合法律条文，批复钟毓执行”。皇帝下诏说：“齐长公主，是先帝遗留下来的爱女，宽恕齐长公主的三个儿子免于处死。”于是，李丰、夏侯玄、张缉、乐敦、刘贤等人全都处死并且诛灭三族，其他的亲属流放到乐浪郡。夏侯玄风度气量博大宏达，在东市被斩杀的时候，脸不变色，举止如常，当时年龄四十六岁。正元年间，朝廷为断绝了后代的功臣安排继承人，封夏侯尚的重孙夏侯本为昌陵亭侯，封邑三百户，直接继承为夏侯尚的后代。

当初，中领军高阳人许允和李丰、夏侯玄关系亲密友好。在这之前有人伪造了一尺一寸大的诏书，任命夏侯玄为大军，许允为太尉，共同总领尚书的事务。不知道是什么人在天没亮的时候骑着马把诏书交给许允的看门人，说“有诏书”，接着就飞快地骑着马跑了。许允立刻把所谓的诏书扔进火里烧了，不把它交给司马景王。后来李丰等人的事被发觉，调任许允为镇北将军，授给符节统领黄河以北各军事。还没有出发，以挥霍公家财物的罪名，被逮捕交付廷尉，流放到乐浪郡，在半路上死去。

清河人王经也和许允一样都是冀州的知名人士。甘露年间担任尚书，因为受到高贵乡公一案的牵连而被杀。开始王经担任郡守，王经的母亲对王经说：“你是农家的儿子，现在官做到能够领二千石了俸禄了，得到的东西太过分了不吉祥，可以到此为止了。”王经不能够接受，历任二州刺史，司隶校尉，终于导致失败。许允的友人同郡人崔赞，也曾经以处世不要太盛的话劝诫过许允。

评论说：夏侯、曹氏两家世代通婚，所以夏侯惇、夏侯渊、曹仁、曹洪、曹休、夏侯尚、曹真等人，皆因友好的亲戚关系贵重一时。他们辅佐朝廷，卫护国家，都有功劳。曹爽品德不佳却地位尊贵，沉溺享乐又自满骄傲，这是《周易》上已经指明的，道家所忌讳的祸患。夏侯玄的风度和气量，受到世人的赞扬，虽然他和曹爽是情深谊厚的表兄弟，有这样的名誉和地位，却没听说过他指正曹爽的过失，举荐过优秀人才。就此而论，不能免祸也就在情理之中了！

三国志卷十·魏书十

荀彧荀攸贾诩传

荀彧字文若，颍川颍阴人也。祖父淑，字季和，朗陵令。当汉顺、桓之间，知名当世。有子八人，号曰八龙。彧父绲，济南相。叔父爽，司空。

彧年少时，南阳何颙异之，曰："王佐才也。"永汉元年，举孝廉，拜守宫令。董卓之乱，求出补吏。除亢父令，遂弃官归，谓父老曰："颍川，四战之地也，天下有变，常为兵冲，宜亟去之，无久留。"乡人多怀土犹豫，会冀州牧同郡韩馥遣骑迎之，莫有随者，彧独将宗族至冀州。而袁绍已夺馥位，待彧以上宾之礼。彧弟谌及同郡辛评、郭图，皆为绍所任。彧度绍终不能成大事，时太祖为奋武将军，在东郡，初平二年，彧去绍从太祖。太祖大悦曰："吾之子房也。"以为司马，时年二十九。是时，董卓威陵天下，太祖以问彧，彧曰："卓暴虐已甚，必以乱终，无能为也。"卓遣李傕等出关东，所过虏略，至颍川、陈留而还。乡人留者多见杀略。明年，太祖领兖州牧，后为镇东将军，彧常以司马从。兴平元年，太祖征陶谦，任彧留事。会张邈、陈宫以兖州反，潜迎吕布。布既至，邈乃使刘翊告彧曰："吕将军来助曹使君击陶谦，宜亟供其军食。"众疑惑。彧知邈为乱，即勒兵设备，驰召东郡太守夏侯惇，而兖州诸城皆应布矣。时太祖悉军攻谦，留守兵少，而督将大吏多与邈、宫通谋。惇至，其夜诛谋叛者数十人，众乃定。豫州刺史郭贡帅众数万来至城下，或言与吕布同谋，众甚惧。贡求见彧，彧将往。惇等曰："君，一州镇也，往必危，不可。"彧曰："贡与邈等，分非素结也，今来速，计必未定；及其未定说之，纵不为用，可使中立，若先疑之，彼将怒而成计。"贡见彧无惧意，谓鄄城未易攻，遂引兵去。又与程昱计，使说范、东阿，卒全三城，以待太祖。太祖自徐州还击布濮阳，布东走。二年夏，太祖军乘氏，大饥，人相食。

陶谦死，太祖欲遂取徐州，还乃定布。彧曰："昔高祖保关中，光武据河内，皆深根固本以制天下，进足以胜敌，退足以坚守，故虽有困败而终济大业。将军本以兖州首事，平山东之难，百姓无不归心悦服。且河、济，天下之要地也，今虽残坏，犹易以自保，是亦将军之关中、河内也，不可以不先定。今以破李封、薛兰，若分兵东击陈宫，宫必不敢西顾，以其间勒兵收熟麦，约食畜谷，一举而布可破也。破布，然后南结扬州，共讨袁术，以临淮、泗。若舍布而东，多留兵则不足用，少留兵则民皆保城，不得樵采。布乘虚寇暴，民心益危，唯鄄城、范、卫可全，其余非己之有，是无兖州也。若徐州不定，将军当安所归乎？且陶谦虽死，徐州未易亡也。彼惩往年之败，将惧而结亲，相为表里。今东方皆以收麦，必坚壁清野以待将军，将军攻之不拔，略之无获，不出十日，则十万之众未战而自困耳。前讨徐州，威罚实行，其子弟念父兄之耻，必人自为守，无降心，就能破之，尚不可有也。夫事固有弃此取彼者，以大易小可也，以安易危可也，权一时之势，不患本之不固可也。今三者莫利，愿将军熟虑之。”太祖乃止。大收麦，复与布战，分兵平诸县。布败走，兖州遂平。

建安元年，太祖击破黄巾。汉献帝自河东还洛阳。太祖议奉迎都许，或以山东未平，韩暹、杨奉新将天子到洛阳，北连张杨，未可卒制。彧劝太祖曰：“昔晋文纳周襄王而诸侯景从，高祖东伐为义帝缟素而天下归心。自天子播越，将军首倡义兵，徒以山东扰乱，未能远赴关右，然犹分遣将帅，蒙险通使，虽御难于外，乃心无不在王室，是将军匡天下之素志也。今车驾旋轸，东京榛芜，义士有存本之思，百姓感旧而增哀。诚因此时，奉主上以从民望，大顺也；秉至公以服雄杰，大略也；扶弘义以致英俊，大德也。天下虽有逆节，必不能为累，明矣。韩暹、杨奉其敢为害！若不时定，四方生心，后虽虑之，无及。”太祖遂至洛阳，奉迎天子都许。天子拜太祖大将军，进彧为汉侍中，守尚书令。常居中持重，太祖虽征伐在外，军国事皆与彧筹焉。太祖问彧：“谁能代卿为我谋者？”彧言“荀攸、钟繇”。先是，彧言策谋士，进戏志才。志才卒，又进郭嘉。太祖以彧为知人，诸所进达皆称职，唯严象为扬州，韦康为凉州，后败亡。

自太祖之迎天子也，袁绍内怀不服。绍既并河朔，天下畏其强。太祖方东忧吕布，南拒张绣，而绣败太祖军于宛。绍益骄，与太祖书，其辞悖慢。太祖大怒，出入动静变于常，众皆谓以失利于张绣故也。钟繇以问彧，彧曰：“公之聪明，必不追咎往事，殆有他虑。”则见太祖问之，太祖乃以绍书示彧，曰："今将讨不义，而力不敌，何如？"彧曰："古之成败者，诚有其才，虽弱必强，苟非其人，虽强易弱，刘、项之存亡，足以观矣。今与公争天下者，唯袁绍尔。绍貌外宽而内忌，任人而疑其心，公明达不拘，唯才所宜，此度胜也。绍迟重少决，失在后机，公能断大事，应变无方，此谋胜也。绍御军宽缓，法令不立，士卒虽众，其实难用，公法令既明，赏罚必行，士卒虽寡，皆争致死，此武胜也。绍凭世资，从容饰智，以收名誉，故士之寡能好问者多归之，公以至仁待人，推诚心不为虚美，行己谨俭，而与有功者无所吝惜，故天下忠正效实之士咸愿为用，此德胜也。夫以四胜辅天子，扶义征伐，谁敢不从？绍之强其何能为！"太祖悦。彧曰："不先取吕布，河北亦未易图也。"太祖曰："然。吾所惑者，又恐绍侵扰关中，乱羌、胡，南诱蜀汉，是我独以兖、豫抗天下六分之五也。为将奈何？"彧曰："关中将帅以十数，莫能相一，唯韩遂、马超最强。彼见山东方争，必各拥众自保。今若抚以恩德，遣使连和，相持虽不能久安，比公安定山东，足以不动。钟繇可属以西事。则公无忧矣。"

三年，太祖既破张绣，东禽吕布，定徐州，遂与袁绍相拒。孔融谓彧曰："绍地广兵强；田丰、许攸，智计之士也，为之谋；审配、逢纪，尽忠之臣也，任其事；颜良、文丑，勇冠三军，统其兵：殆难克乎！"彧曰："绍兵虽多而法不整。田丰刚而犯上，许攸贪而不治。审配专而无谋，逢纪果而自用，此二人留知后事，若攸家犯其法，必不能纵也，不纵，攸必为变。颜良、文丑，一夫之勇耳，可一战而擒也。"五年，与绍连战。太祖保官渡，绍围之。太祖军粮方尽，书与彧，议欲还许以引绍。彧曰："今军食虽少，未若楚、汉在荥阳、成皋间也。是时刘、项莫肯先退，先退者势屈也。公以十分居一之众，画地而守之，扼其喉而不得进，已半年矣。情见势竭，必将有变，此用奇之时，不可失也。"太祖乃住。遂以奇兵袭绍别屯，斩其将淳于琼等，绍退走。审配以许攸家不法，收其妻子，攸怒叛绍；颜良、文丑临阵授首；田丰以谏见诛：皆如彧所策。

六年，太祖就谷东平之安民，粮少，不足与河北相支，欲因绍新破，以其间击讨刘表。彧曰："今绍败，其众离心，宜乘其困，遂定之；而背兖、豫，远师江、汉，若绍收其余烬，承虚以出人后，则公事去矣。"太祖复次于河上。绍病死。太祖渡河，击绍子谭、尚，而高幹、郭援侵略河东，关右震动，钟繇帅马腾等击破之。语在《繇传》。八年，太祖录彧前后功，表封彧为万岁亭侯。九年，太祖拔邺，领冀州牧。或说太祖“宜复古置九州，则冀州所制者广大，天下服矣”。太祖将从之，彧言曰：“若是，则冀州当得河东、冯翊、扶风、西河、幽、并之地，所夺者众。前日公破袁尚，禽审配，海内震骇，必人人自恐不得保其土地，守其兵众也；今使分属冀州，将皆动心。且人多说关右诸将以闭关之计；今闻此，以为必以次见夺。一旦生变，虽有守善者，转相胁为非，则袁尚得宽其死，而袁谭怀贰，刘表遂保江、汉之间，天下未易图也。愿公急引兵先定河北，然后修复旧京，南临荆州，责贡之不入，则天下咸知公意。人人自安。天下大定，乃议古制，此社稷长久之利也。”太祖遂寝九州议。

是时荀攸常为谋主。彧兄衍以监军校尉守邺，都督河北事。太祖之征袁尚也，高幹密遣兵谋袭邺，衍逆觉，尽诛之，以功封列侯。太祖以女妻彧长子恽，后称安阳公主。彧及攸并贵重，皆谦冲节俭，禄赐散之宗族知旧，家无余财。十二年，复增彧邑千户，合二千户。

太祖将伐刘表，问彧策安出，彧曰：“今华夏已平，南土知困矣。可显出宛、叶而间行轻进，以掩其不意。”太祖遂行。会表病死，太祖直趋宛、叶如彧计，表子琮以州逆降。

十七年，董昭等谓太祖宜进爵国公，九锡备物，以彰殊勋，密以谘彧。彧以为太祖本兴义兵以匡朝宁国，秉忠贞之诚，守退让之实；君子爱人以德，不宜如此。太祖由是心不能平。会征孙权，表请彧劳军于谯，因辄留彧，以侍中光禄大夫持节，参丞相军事。太祖军至濡须，彧疾留寿春，以忧薨，时年五十。谥曰敬侯。明年，太祖遂为魏公矣。

子恽，嗣侯，官至虎贲中郎将。初，文帝与平原侯植并有拟论，文帝曲礼事彧。及彧卒，恽又与植善，而与夏侯尚不穆，文帝深恨恽。恽早卒，子甝、霬，以外甥故犹宠待。恽弟俣，御史中丞，俣弟诜，大将军从事中郎，皆知名，早卒。诜弟顗，咸熙中为司空。恽子甝嗣，为散骑常侍，进爵广阳乡侯，年三十薨。子頵嗣。霬官至中领军，薨，谥曰贞侯，追赠骠骑将军。子恺嗣。霬妻，司马景王、文王之妹也，二王皆与亲善。咸熙中，开建五等，霬以著勋前朝，改封恺南顿子。

荀攸字公达，彧从子也。祖父昙，广陵太守。攸少孤。及昙卒，故吏张权求守昙墓。攸年十三，疑之，谓叔父衢曰：“此吏有非常之色，殆将有奸！”衢寤，乃推问，果杀人亡命。由是异之。何进秉政，征海内名士攸等二十余人。攸到，拜黄门侍郎。董卓之乱，关东兵起，卓徙都长安。攸与议郎郑泰、何颙、侍中种辑、越骑校尉伍琼等谋曰："董卓无道，甚于桀纣，天下皆怨之，虽资强兵，实一匹夫耳。今直刺杀之以谢百姓，然后据崤、函，辅王命，以号令天下，此桓文之举也。"事垂就而觉，收颙、攸系狱，颙忧惧自杀，攸言语饮食自若，会卓死得免。弃官归，复辟公府，举高第，迁任城相，不行。攸以蜀汉险固，人民殷盛，乃求为蜀郡太守，道绝不得至，驻荆州。

太祖迎天子都许，遗攸书曰："方今天下大乱，智士劳心之时也，而顾观变蜀汉，不已久乎！"于是征攸为汝南太守，入为尚书。太祖素闻攸名，与语大悦，谓荀彧、钟繇曰："公达，非常人也，吾得与之计事，天下当何忧哉！"以为军师。建安三年，从征张绣。攸言于太祖曰："绣与刘表相恃为强，然绣以游军仰食于表，表不能供也，势必离。不如缓军以待之，可诱而致也；若急之，其势必相救。"太祖不从，遂进军之穰，与战。绣急，表果救之。军不利。太祖谓攸曰："不用君言至是。"乃设奇兵复战，大破之。

是岁，太祖自宛征吕布，至下邳，布败退固守，攻之不拔，连战，士卒疲，太祖欲还。攸与郭嘉说曰："吕布勇而无谋，今三战皆北，其锐气衰矣。三军以将为主，主衰则军无奋意。夫陈宫有智而迟，今及布气之未复，宫谋之未定，进急攻之，布可拔也。"乃引沂、泗灌城，城溃，生禽布。

后从救刘延于白马，攸画策斩颜良。语在《武纪》。太祖拔白马还，遣辎重循河而西。袁绍渡河追，卒与太祖遇。诸将皆恐，说太祖还保营，攸曰："此所以禽敌，奈何去之！"太祖目攸而笑。遂以辎重饵贼，贼竞奔之，陈乱。乃纵步骑击，大破之，斩其骑将文丑，太祖遂与绍相拒于官渡。军食方尽，攸言于太祖曰："绍运车旦暮至，其将韩莫锐而轻敌，击可破也。"太祖曰："谁可使？"攸曰："徐晃可。"乃遣晃及史涣邀击破走之，烧其辎重。会许攸来降，言绍遣淳于琼等将万余兵迎运粮，将骄卒惰，可要击也。众皆疑，唯攸与贾诩劝太祖。太祖乃留攸及曹洪守。太祖自将攻破之，尽斩琼等。绍将张郃、高览烧攻橹降，绍遂弃军走。郃之来，洪疑不敢受，攸谓洪曰："郃计不用，怒而来，君何疑？"乃受之。

七年，从讨袁谭、尚于黎阳。明年，太祖方征刘表，谭、尚争冀州。谭遣辛毗乞降请救，太祖将许之，以问群下。群下多以为表强，宜先平之，谭、尚不足忧也。攸曰："天下方有事，而刘表坐保江、汉之间，其无四方志可知矣。袁氏据四州之地，带甲十万，绍以宽厚得众，借使二子和睦以守其成业，则天下之难未息也。今兄弟遘恶，此势不两全。若有所并则力专，力专则难图也。及其乱而取之，天下定矣，此时不可失也。"太祖曰："善。"乃许谭和亲，遂还击破尚。其后谭叛，从斩谭于南皮。冀州平，太祖表封攸曰："军师荀攸，自初佐臣，无征不从，前后克敌，皆攸之谋也。"于是封陵树亭侯。十二年，下令大论功行封，太祖曰："忠正密谋，抚宁内外，文若是也。公达其次也。"增邑四百，并前七百户，转为中军师。魏国初建，为尚书令。

攸深密有智防，自从太祖征伐，常谋谟帷幄，时人及子弟莫知其所言。太祖每称曰："公达外愚内智，外怯内勇，外弱内强，不伐善，无施劳，智可及，愚不可及，虽颜子、甯武不能过也。"文帝在东宫，太祖谓曰："荀公达，人之师表也，汝当尽礼敬之。"攸曾病，世子问病，独拜床下，其见尊异如此。攸与钟繇善，繇言："我每有所行，反覆思惟，自谓无以易；以咨公达，辄复过人意。"公达前后凡画奇策十二，唯繇知之。繇撰集未就，会薨，故世不得尽闻也。攸从征孙权，道薨。太祖言则流涕。

长子缉，有攸风，早没。次子適嗣，无子，绝。黄初中，绍封攸孙彪为陵树亭侯，邑三百户，后转封丘阳亭侯。正始中，追谥攸曰敬侯。

贾诩字文和，武威姑臧人也。少时人莫知，唯汉阳阎忠异之，谓诩有良、平之奇。察孝廉为郎，疾病去官，西还至汧，道遇叛氐，同行数十人皆为所执。诩曰："我段公外孙也，汝别埋我，我家必厚赎之。"时太尉段颎，昔久为边将，威震西土，故诩假以惧氐。氐果不敢害，与盟而送之，其余悉死。诩实非段甥，权以济事，咸此类也。

董卓之入洛阳，诩以太尉掾为平津都尉，迁讨虏校尉。卓婿中郎将牛辅屯陕，诩在辅军。卓败，辅又死，众恐惧，校尉李傕、郭汜、张济等欲解散，间行归乡里。诩曰："闻长安中议欲尽诛凉州人，而诸君弃众单行，即一亭长能束君矣。不如率众而西，所在收兵，以攻长安，为董公报仇，幸而事济，奉国家以征天下，若不济，走未后也。"众以为然。傕乃西攻长安。语在《卓传》。后诩为左冯翊，傕等欲以功侯之，诩曰："此救命之计，何功之有！"固辞不受。又以为尚书仆射，诩曰："尚书仆射，官之师长，天下所望，诩名不素重，非所以服人也。纵诩昧于荣利，奈国朝何！”乃更拜诩尚书，典选举，多所匡济，傕等亲而惮之。会母丧去官，拜光禄大夫。傕、汜等斗长安中，傕复请诩为宣义将军。傕等和，出天子，祐护大臣，诩有力焉。天子既出，诩上还印绶。是时将军段煨屯华阴，与诩同郡，遂去傕托煨。诩素知名，为煨军所望。煨内恐其见夺，而外奉诩礼甚备，诩愈不自安。

张绣在南阳，诩阴结绣，绣遣人迎诩。诩将行，或谓诩曰：“煨待君厚矣，君安去之？”诩曰：“煨性多疑，有忌诩意，礼虽厚，不可恃，久将为所图。我去必喜，又望吾结大援于外，必厚吾妻子。绣无谋主，亦愿得诩，则家与身必俱全矣。”诩遂往，绣执子孙礼，煨果善视其家。诩说绣与刘表连和。太祖比征之，一朝引军退，绣自追之。诩谓绣曰：“不可追也，追必败。”绣不从，进兵交战，大败而还。诩谓绣曰：“促更追之，更战必胜。”绣谢曰：“不用公言，以至于此。今已败，奈何复追？”诩曰：“兵势有变，亟往必利。”绣信之，遂收散卒赴追，大战，果以胜还。问诩曰：“绣以精兵追退军，而公曰必败；退以败卒击胜兵，而公曰必克。悉如公言，何其反而皆验也？”诩曰：“此易知耳。将军虽善用兵，非曹公敌也。军虽新退，曹公必自断后；追兵虽精，将既不敌，彼士亦锐，故知必败。曹公攻将军无失策，力未尽而退，必国内有故；已破将军，必轻军速进，纵留诸将断后，诸将虽勇，亦非将军敌，故虽用败兵而战必胜也。”绣乃服。是后，太祖拒袁绍于官渡，绍遣人招绣，并与诩书结援。绣欲许之，诩显于绣坐上谓绍使曰：“归谢袁本初，兄弟不能相容，而能容天下国士乎？”绣惊惧曰：“何至于此！”窃谓诩曰：“若此，当何归？”诩曰：“不如从曹公。”绣曰：“袁强曹弱，又与曹为仇，从之如何？”诩曰：“此乃所以宜从也。夫曹公奉天子以令天下，其宜从一也。绍强盛，我以少众从之，必不以我为重。曹公众弱，其得我必喜，其宜从二也。夫有霸王之志者，固将释私怨，以明德于四海，其宜从三也。愿将军无疑！”绣从之，率众归太祖。太祖见之，喜，执诩手曰：“使我信重于天下者，子也。”表诩为执金吾，封都亭侯，迁冀州牧。冀州未平，留参司空军事。袁绍围太祖于官渡，太祖粮方尽，问诩计焉出，诩曰：“公明胜绍，勇胜绍，用人胜绍，决机胜绍，有此四胜而半年不定者，但顾万全故也。必决其机，须臾可定也。”太祖曰：“善。”乃并兵出，围击绍三十余里营，破之。绍军大溃，河北平。太祖领冀州牧，徙诩为太中大夫。建安十三年，太祖破荆州，欲顺江东下。诩谏曰：“明公昔破袁氏，今收汉南，威名远著，军势既大；若乘旧楚之饶，以飨吏士，抚安百姓，使安土乐业，则可不劳众而江东稽服矣。”太祖不从，军遂无利。太祖后与韩遂、马超战于渭南，超等索割地以和，并求任子。诩以为可伪许之。又问诩计策，诩曰：“离之而已。”太祖曰：“解。”一承用诩谋。语在《武纪》。卒破遂、超，诩本谋也。

是时，文帝为五官将，而临菑侯植才名方盛，各有党与，有夺宗之议。文帝使人问诩自固之术，诩曰：“愿将军恢崇德度，躬素士之业，朝夕孜孜，不违子道。如此而已。”文帝从之，深自砥砺。太祖又尝屏除左右问诩，诩嘿然不对。太祖曰：“与卿言而不答，何也？”诩曰：“属适有所思，故不即对耳。”太祖曰：“何思？”诩曰：“思袁本初、刘景升父子也。”太祖大笑，于是太子遂定。诩自以非太祖旧臣，而策谋深长，惧见猜疑，阖门自守，退无私交，男女嫁娶，不结高门，天下之论智计者归之。

文帝即位，以诩为太尉，进爵魏寿乡侯，增邑三百，并前八百户。又分邑二百，封小子访为列侯。以长子穆为驸马都尉。帝问诩曰：“吾欲伐不从命以一天下，吴、蜀何先？”对曰：“攻取者先兵权，建本者尚德化。陛下应期受禅，抚临率土，若绥之以文德而俟其变，则平之不难矣。吴、蜀虽蕞尔小国，依阻山水，刘备有雄才，诸葛亮善治国，孙权识虚实，陆议见兵势，据险守要，泛舟江湖，皆难卒谋也。用兵之道，先胜后战，量敌论将，故举无遗策。臣窃料群臣，无备、权对，虽以天威临之，未见万全之势也。昔舜舞干戚而有苗服，臣以为当今宜先文后武。”文帝不纳。后兴江陵之役，士卒多死。诩年七十七，薨，谥曰肃侯。子穆嗣，历位郡守。穆薨，子模嗣。

评曰：荀彧清秀通雅，有王佐之风，然机鉴先识，未能充其志也。荀攸、贾诩，庶乎算无遗策，经达权变，其良、平之亚欤！

【译文】

“荀彧字文若，是颍川郡颍阴县人。他的祖父荀淑，字季和，曾任朗陵县令。在汉顺帝、桓帝期间，颇有名气。荀淑有八个儿子，号称“八龙”。荀彧的父亲荀绲，任济南国相。荀彧的叔父荀爽，任司空。

荀彧年轻的时候，南阳人何颙就认为他和其他人不一样，评价他说：“这是个可以辅佐帝王的人才呀！”献帝永汉元年，荀彧被推举为孝廉，担任守宫令。董卓作乱的时候，荀彧要求出任地方官，被任命为亢父县令，于是他弃官回乡，对乡亲父老们说：“颍川是个容易四面受敌的地方，每当天下发生动乱，常成必争之地，应马上离开这里，不能久留。”乡里许多人因眷恋本土，犹豫不决。这时担任冀州牧的颍川郡人韩馥派骑兵来迎接荀彧，但没有多少人愿意和荀彧一起去，荀彧只好带领宗族到冀州。到达冀州时，袁绍已取代了韩馥的职位，用上宾之礼接待荀彧。荀彧弟荀谌及同郡人辛评、郭图，都受到袁绍的委任。荀彧预料到袁绍最终难成大事。曹操时任奋武将军，驻扎东郡。初平二年，荀彧便离开袁绍投奔了他。曹操非常高兴地说：“你就是我的谋士张良啊！”以荀彧为司马，其时荀彧二十九岁。当时董卓淫威天下，曹操以此问荀彧，荀彧说：“董卓残酷暴虐，必因作乱而亡，无可作为。”董卓派李傕等人出关东，所过之处全都遭到抢掠，直到颍川、陈留才返回。荀彧留在颍川的乡人多被杀掠。第二年，曹操兼任兖州牧，后为镇东将军，荀彧以司马之职随从。献帝兴平元年，曹操征讨陶谦，委荀彧主持留守。这时张邈、陈宫在兖州反叛，暗迎吕布。吕布到达以后，张邈便派刘翊告诉荀彧说：“吕将军前来帮助曹使君攻打陶谦，你们应当赶快供给他军粮辎重。”大家都很疑惑。荀彧知道张邈叛变，指挥马上士兵设防，并飞马召东郡太守夏侯惇回军援助，这时兖州许多城都响应吕布。当时曹操正在全力攻打陶谦，留守兵少，而督官们又大多与张邈、陈宫勾结。夏侯惇到后，当夜便诛杀了几十个图谋反叛的人，局面才安定下来。豫州刺史郭贡率几万兵马来到城下，有人说郭贡与吕布是同谋，众人非常慌恐。郭贡要求面见荀彧，荀彧准备前往。夏侯惇等人说：“您是一州的重心，此去必有危险，不能去。”荀彧说：“郭贡与张邈等人，二人平素没有交往，如今来得这样快，主意一定没有打定。趁此时机去劝说他，即使他不为我所用，亦可使之中立；如果我们先怀疑他，他就会恼怒而与张邈联合。”荀彧见到郭贡，郭贡见他毫无惧意，认为鄄城不易攻下，便带兵走了。荀彧又和程昱商议，派他去劝说范、东阿两个县。终于保全了这三座城，等待曹操回来。曹操从徐州回军在濮阳打败吕布，吕布向东逃走。初平二年夏天，太祖驻军乘氏县，当时发生了大饥荒，出现了人吃人的现象。

陶谦死了以后，太祖想趁机夺取徐州，回来再平定吕布。荀彧建议说：“以前高祖保卫关中，光武据守河内，都是深固根本以威制天下，前进可以战胜敌兵，后退可以坚守阵地；所以虽然有困顿破败的时候，而终于完成了大业。将军本来由兖州开始起事，平定了山东的劫难，所有百姓都诚心前来归附。而且黄河、济水一带，是天下险要的地区；如今虽然被摧残破坏，仍然很容易用以自卫，也就等于将军的关中、河内，不能不先平定这一带。目前已经平定了李封、薛兰，如果再分派军队往东攻击陈宫，陈宫一定不敢向西回顾，即可以利用空隙的时候派兵收割成熟了的麦子，节约粮食，积蓄谷米，那么就可一举而攻破吕布。攻破了吕布之后，继续向南方结合扬州兵，共同来讨伐袁术，从而靠近淮河、泗水。如果舍弃攻打吕布的时机而往东进兵，兵留多了，其他地区的兵力就不够用，兵留少了，那么百姓都忙着保卫城镇，没有时间到城外去采柴草。吕布便会乘虚来寇犯，人心势必更加危乱，那时只可保全鄄城、范县、卫县，其他都保不住，那么也就等于失去了兖州。如果不平定徐州，将军你将以什么地方做根据地呢？况且陶谦虽然死了，徐州的兵力也并不容易消灭。他们将会以往年的失败作为惩戒，于是心中惧怕便相互结合亲好，内外呼应。现在东方都已经收割了麦子，一定会坚壁清野等待你进攻，你攻进去没有粮食，攻城打不下来，劫掠又毫无所获，不到十天，那么十万多的军队还没作战就要先自困而死了。以前攻讨徐州的时候，对徐州表现的军威和刑罚过重，他们的子弟想到当时父兄所蒙受的耻辱，一定会人人各自坚守阵地，不会有求降归服的心；就是能把徐州攻破，仍然是不可能占据有这个地方。凡事原本就有得有失，以大的来换取小的是可以的，以安全来换取危险也可以，完全要权衡当时的形势，就不必忧患根本不稳固了。如今三方面看来都对我们都不利，希望将军深思熟虑为要。”太祖于是停止攻打徐州的计划，按照荀彧的建议大举收割了麦子，再和吕布作战，分兵平定了各个县城。吕布兵败逃走，兖州因而平定。

建安元年，曹操战胜了黄巾军。汉献帝从河东回到洛阳，曹操商议奉迎献帝定都许县。有人认为崤山函谷的东面尚未平定，韩暹、杨奉刚把献帝送到洛阳，北面与张杨联合，不能很快制服他们。荀彧劝曹操说：“从前晋文公接周襄王而诸侯如影跟从，高祖刘邦东伐项羽时为义帝穿丧服而天下归心。自从天子流亡，将军首先兴起义兵，只是因为山东一带纷扰战乱，没能远赴长安保驾，然而还是分派将帅冒险与朝廷联系，虽然在外面抵御乱贼，心中却无时不思念王室，这是将军匡扶天下的夙愿啊。如今天子虽然回到洛阳，那里却是一片荒芜，义士有保护朝廷的想法，百姓感怀旧日而对今日更加悲伤。果然能趁此拥戴主上来顺从民众的愿望，这是合乎潮流的；从最大的公心使天下豪杰归服，这是大谋略；匡扶大义来招收天下英杰，这是大德行。天下虽然有不服从的人，必定不能成为大患，这是很明显的。韩暹、杨奉怎么敢作乱为害！如果不及时解决，万一等到其他的人生出此心，再来考虑这些，恐怕就来不及了。”曹操于是到洛阳，把献帝迎到许县。献帝任命曹操为大将军，升荀彧为汉朝侍中，代理尚书令，经常居朝承担重任。曹操虽然在外征伐，但军国大事都与荀彧一起筹划。曹操问荀彧：“谁能代替您为我谋划呢？”荀彧说“荀攸、钟繇”。在此之前，荀彧谈到谋士，曾举荐戏志才。戏志才死了以后，又举荐郭嘉。曹操认为荀彧善于识人，他所举荐的人才都很称职，只有扬州刺史严象、凉州刺史韦康，后来是战败被杀的。

自从太祖迎接天子之后，袁绍心里不服。袁绍已经兼并北方，天下人都畏惧他的强盛。太祖正东忧吕布，南拒张绣，而张绣在宛县打败太祖的军队。这一来，袁绍更加骄傲，给太祖写信，言辞无理而傲慢。太祖大怒，出入的举动不同于平常，众人都说是因为失利于张绣的缘故。钟繇为这事问荀彧，荀彧说：“曹公是个聪明人，必不追究往事，恐怕有其他忧虑。”于是去见太祖，询问缘由，太祖便将袁绍的信给荀彧看，说：“我现在想要讨伐不义，而力量敌不过他，怎么办？”荀彧说：“古来争胜败的人，真有才能的，纵使起初弱小，也必将强盛；如果是无能的人，即使起初强大，也容易弱小。从汉高祖与项羽的存亡，就足以看出这一点。现今同您争天下的人，只有袁绍罢了。袁绍这人貌似宽容然而内心忌刻，任人而又疑其心；而您明白豁达，不拘小节，用人唯才，这说明您在度量方面胜过袁绍。袁绍处事迟缓，优柔寡断，往往错过时机，造成失败；而您能决断大事，随机应变，不守成规，这说明您在谋略方面胜过袁绍。袁绍治军不严，法令不行，士卒虽然多，其实难用；而您法令严明，信赏必罚，士卒虽少，都争先效死，这说明您在用兵方面胜过袁绍。袁绍凭借世代门第，装模作样地玩弄小聪明，以博取名誉，因此士人中缺乏才能而喜好虚名的人很多都归附于他；而您以仁爱之心待人，推诚相见，不求虚誉，对待自己谨慎节俭，而赏赐有功的人却无所吝惜，因此天下忠诚正直、有真才实能的人士都愿意为您所用，这说明您在品德方面胜过袁绍。用以上四个方面的优势辅佐天子，扶持正义，讨伐不臣，谁敢不从？袁绍虽强，又有何用！”太祖很高兴。荀彧又说：“不先打败吕布，河北也还是不容易谋取。”太祖说：“对！我所感到疑惑的是，又恐怕袁绍侵扰关中，联合羌人、胡人为乱，再向南勾引占据巴蜀、汉中的刘璋。这一来，我独自以兖、豫二州对抗全国的六分之五。你说该怎么办？”荀彧说：“关中将帅数以十计，没人能统一起来，只有韩遂、马超最强。他们见山东正在争战，必定各自拥兵自保。现在如果用恩德安抚他们，派遣使者连和，维持友好，即使不能长久安定，但在您平定山东之前，足以使他们中立不动。关西的事情可以交给钟繇，这样您就可以高枕无忧了。”

建安三年，太祖打败张绣以后，向东擒杀吕布，平定徐州，于是就和袁绍对抗。孔融对荀彧说：“袁绍地广兵强，田丰、许攸，都是智谋之士，为袁绍出谋划策；审配、逢纪，都是尽忠之臣，在为袁绍做事；颜良、文丑，勇冠三军，为袁绍统领军队：恐怕很难打败袁绍啊！”荀彧说：“袁绍兵马虽多却法令不严整。田丰性格刚愎而冒犯上司，许攸贪婪而不检点。审配专权而没有谋略，逢纪独断专行而刚愎自用，这两个人留在袁绍后方主持事务，如果许攸家犯了法，必定不能宽容，得不到宽容，许攸必定反叛。颜良、文丑，只不过是匹夫之勇，可一战而擒获二人。”建安五年，与袁绍连连交战。太祖固守官渡，袁绍围攻太祖。太祖军粮即将吃完，给荀彧写信，商议想回许都来引诱袁绍军深入。荀彧说：“现在我军粮食虽少，但不像刘邦和项羽在荥阳、成皋间相持那样的情况。当时刘邦、项羽没有人肯先退，因为先退的一方必定陷于被动。现在曹公用仅是敌人十分之一的兵力，划地固守，扼住敌人的咽喉使敌人不能前进，已经坚持了半年。袁绍军气势衰竭的情况已经出现，局势必将有所变化，这正是使用奇谋的时候，不可失去机会。”太祖于是就放弃了还许都的打算。于是出奇兵袭击袁绍大本营以外的驻地，斩杀其将淳于琼等人，袁绍退走。审配因为许攸家不守法度，逮捕了许攸的妻子儿女，许攸一怒之下叛离袁绍；颜良、文丑在战斗中被杀；田丰因为劝谏触怒袁绍而被杀。一切都像荀彧预料的那样。

建安六年，太祖到附近的东平的安民筹划粮草，粮食很少，不足够和河北敌军相持，于是就想趁袁绍新败，乘间隙攻击讨伐刘表。荀彧说：“现今袁绍刚败，他的部众不同心，适宜趁他疲困之际去平定他；而背离兖州、豫州，远征长江、汉水一带，若袁绍收整余烬，趁虚出兵我后方，则您的大事就远去了。”太祖再次驻扎在黄河边。袁绍病死。太祖渡过黄河，攻击袁绍的儿子袁谭、袁尚，而高幹、郭援侵略河东，关西震动，钟繇率马腾等人打败了他们。这事记载在《钟繇传》里。建安八年，太祖追记荀彧前后的功劳，上表请封荀彧为万岁亭侯。建安九年，太祖攻下邺城，领任冀州牧。有人劝说太祖“应再次设置古代的九州，这样冀州所管辖的地方就广大了，天下就顺服了”。太祖准备听从，荀彧说道：“如果这样做，则冀州应当得到河东、冯翊、扶风、西河、幽州、并州的土地，夺取的土地很多。之前您打败了袁尚，擒拿了审配，海内都震骇。一定人人自危，怕不能保全自己的土地、保全自己的兵众；现今使到这些地方分属冀州，将会令到他们都动心。而且很多人劝关西诸将闭关自守；现在他们听到这个消息，会认为必定会按次序被攻夺。一旦生变，即使有守善的人，也会因为胁逼转为干坏事，则袁尚得以宽缓他的死亡，而袁谭怀有二心，刘表就保住了江汉之间，天下就未易图谋了。希望您急速带兵先平定河北，然后修复旧京都，向南逼近荆州，谴责荆州不纳贡，则天下都知道您的意思，人人自安。天下大定，再商议恢复古制，这是社稷长久的利益啊！”太祖于是搁置了恢复九州的讨论。

当时荀攸一直是曹操的主要谋士。荀彧的哥哥荀衍出任监军校尉驻守邺城，总督河北事宜。曹操征讨袁尚的时候，高幹暗地里派兵图谋袭击邺城，荀衍事先就发觉了，把偷袭者全都诛杀，因此被封为列侯。曹操把女儿嫁给荀彧的长子荀恽，后称安阳公主。荀彧和荀攸的地位都很尊贵重要，但他们都谦虚节俭，所得到的俸禄、赏赐全都分给宗族好友，家里并没有多余的财产。建安十二年，又给荀彧增加了一千户，加上以前所封共二千户。

曹操准备讨伐刘表，并且请教荀彧采用什么计策好，荀彧说：“如今中原地区已经平定，南方已经知道他的处境困难了。丞相可以明里出兵宛、叶二县，但暗中从小路轻装前进，出其不意对刘表进行攻击。”曹操于是出兵。正在这时刘表却病死，曹操率军按照荀彧的计策直取宛、叶二县，刘表的儿子刘琮便献出荆州投降了。

建安十七年，董昭等人认为曹操应该进爵位为国公，应得到九锡的赏赐，用以表彰他特殊的功勋，他们就此事秘密请示荀彧。荀彧认为曹操兴起义兵的本意是为了匡扶朝廷、安定国家，怀着忠贞的诚心，保持谦让的品质；君子爱一个人表现在品德的培养上，所以不应该这样做。曹操因此心中对荀彧不满。正好这时在征讨孙权，曹操便上表请荀彧到谯县慰劳军队，趁机擅自把他留下了，让他以侍中光禄大夫的身份持节，参政军事。曹操进军到濡须，荀彧因病留在寿春，因内心忧郁病死了，当时年龄五十岁。他被追封为敬侯。第二年，曹操便成为魏公。

荀彧的儿子荀恽，嗣位侯爵，官职做到虎贲中郎将。那时候，文帝和平原侯曹植同时都有拟议事项，文帝曲礼侍奉荀彧。等到荀彧死后，荀恽又和曹植私交友好，而和夏侯尚不和，文帝因而深切憎恨荀恽。荀恽早死，儿子荀甝、荀霬因为是文帝的外甥，仍然受到宠幸的待遇。荀恽的弟弟荀俣，官做到御史中丞；荀俣的弟弟荀诜，官做到大将军从事中郎，在当时都很有名，但都早死。荀诜的弟弟荀颛，在咸熙年间任司空。荀恽的儿子荀甝，继父位为散骑常侍，晋封爵位为广阳乡侯，年三十岁死。儿子荀頵嗣位。荀霬官也做到中领军，死后谥号为贞侯，追赠骠骑将军。他的儿子荀恺嗣位。荀霬的妻子，是司马师和司马昭的妹妹，二王都和他非常亲近友善。咸熙年间，开始设立五等爵位，荀霬因在前朝有大功勋，改封他的儿子荀恺为南顿子爵。

荀攸字公达，荀彧的侄子。他的祖父荀昙，曾经担任广陵太守。荀攸年少的时候就死了父亲。后来祖父也去世了，有位旧吏张权自己要求看守荀昙的坟墓。当时荀攸才十三岁，就觉得很可疑，告诉他叔父荀衢说："这位小吏面有特殊的容色，大概是犯了法吧！"荀衢醒悟，于是详细地审问他，果然是个杀人亡命之徒，从此对荀攸就另眼看待。何进执政，征用了海内有名人士荀攸等二十多人。荀攸到后，任黄门侍郎。董卓作乱，关东起兵讨董卓，董卓迁都长安。当时荀攸和议郎郑泰、何颙、侍中种辑、越骑校尉伍琼等人商量说："董卓无道，更甚于当年的夏桀商纣，天下人都怨恨他；虽然表面上拥有强大的兵力，实际上只是个匹夫而已。如今应该直接把他刺杀，来向天下百姓谢罪；然后以崤山、函谷关为据点，辅佐君王，号召天下，这也就是当年齐桓公、晋文公一举而霸天下的作为了。"事情已经快要成功了，却被发觉，董卓于是收捕了何颙、荀攸，拘囚在牢狱中。何颙忧惧而自杀身死，荀攸言语饮食自如，正好遇上董卓败亡而被赦免。于是抛弃了官位回归故里，又被荐用到公府中，被选举高第，升迁为任城相，却没有就任。荀攸因为蜀汉险要稳固，百姓殷实丰盛，因而求任蜀郡太守；却因为道路中断无法到达，于是留驻在荆州。

太祖迎接献帝定都许县，然后给荀攸写信说："现在天下大乱，正是智谋的人发挥智慧的时候，而君却在等待蜀郡、汉中郡的时局变化，不是等待得太久了吗？"于是，征召任命荀攸为汝南郡太守，又入朝任尚书。太祖素来就听说荀攸的大名，与荀攸谈话以后非常高兴，对荀彧、钟繇说："公达，不是一般的人呀，我能够与荀攸一起谋划大事，平定天下还有什么可忧虑的！"任荀攸为军师。建安三年，荀攸随从太祖征讨张绣。荀攸对太祖说："张绣与刘表互相依赖力量才强大，然而张绣是流动军队，依赖于刘表的粮食供应，一旦刘表不能供给，张绣部势必离散。不如暂缓进军等待张绣部离散，可以把张绣招诱来归附；如果急着攻打张绣部，张绣部将会互相救援。"太祖没有听从荀攸的建议，就进军到达穰县，与张绣战。张绣危急，刘表果然来救。曹军失利。太祖对荀攸说："我不听君的计策才招致这个结果。"又设置奇兵再战，大破张绣。

这一年，太祖从宛县征伐吕布，到达下邳的时候，吕布败退固守，太祖攻打不下来。由于连连作战，士兵们都疲倦了，太祖打算撤兵。荀攸和郭嘉劝阻说："吕布有勇无谋，如今三战全都失败，吕布的锐气已经衰退了。三军以大将为主宰，主宰锐气一衰，军队也就没有斗志了。至于陈宫虽有智谋却动作迟缓，现在应趁着吕布的锐气没有恢复，陈宫的计谋没有确定，加紧攻打吕布，吕布就可以被拿下了。"太祖便引沂水、泗水淹城，城内守军溃败，吕布被生擒。

后来荀攸跟随曹操到白马援救刘延。荀攸设计杀死了颜良。这件事《武帝纪》中有所记载。曹操攻下白马回来，派遣运送物资的车队沿黄河向西撤退。袁绍得知后渡河追赶，与曹操相遇。将领们恐慌不已，都劝说曹操后撤以守卫军营，荀攸说："这些车辆正是用来捉拿敌人的，怎么能弃之不顾呢？"曹操看着荀攸会心一笑。于是用物资车辆来引诱袁军，袁军哄抢物资车辆，阵列大乱。曹操就出动步兵骑兵迎头痛击，大败袁军，斩杀袁军骑兵将领文丑。曹操于是回头驻守，和袁绍在官渡相互对峙。军粮快要吃完的时候，荀攸向曹操进言说："袁绍的粮草车队很快就要到达，押车的将领韩莫勇悍但却轻敌，派兵偷袭就可以攻克。"曹操说："派谁去能胜任呢？"荀攸说："徐晃可以。"于是，派徐晃和史涣率军半路截击，把他们打得败退逃跑，烧掉了他们押运的物资车辆。正赶上许攸前来归降，说袁绍派遣淳于琼等率一万多士兵运送粮草，这些人将领骄傲，士卒懈怠，可以半路截击。大家都感到怀疑，只有荀攸和贾诩力劝曹操采纳许攸的建议。曹操于是留下荀攸和曹洪守卫军营。他亲率军队打败运粮的敌人，杀掉淳于琼等人。袁绍的将领张郃、高览烧毁了攻敌的前哨堡垒前来投降，袁绍只得弃军而逃。张郃等人前来投降，曹洪心中怀有疑惧，不敢接纳，荀攸对曹洪说："张郃是因为计策未被袁绍采纳，恼怒不已才来投降，您怀疑什么呢？"曹洪才接纳了他们。

建安七年，荀攸随曹操来到黎阳讨伐袁谭、袁尚。第二年，正当曹操征伐刘表的时候，袁谭、袁尚争夺冀州，袁谭派辛毗向曹操乞降，并请求曹操的救援。曹操打算应许，询问部下关于此事的意见。部将大多认为刘表强大，应该先平定刘表，袁谭、袁尚不足为患。荀攸说："天下正是纷乱多变的时候，刘表却安坐守护长江、汉水之地，可见他没有攻夺天下的雄心。袁氏曾经占据四川的地盘，拥军十万之多。袁绍宽厚所以赢得人心，假如他的两个儿子和睦相处，保住袁绍的基业，那么天下的苦难将不能止息了；如今他们兄弟结下怨仇，这使他们势不两立。如果其中一方被兼并，他们的力量就会统一起来，力量统一就很难对付了。趁他们内乱的时候一举攻取，天下就可以平定了，这个时机不可丧失。"曹操说："好。"于是答应同袁谭结亲，回军击败袁尚，后来袁谭反叛，荀攸随曹操斩杀袁谭于南皮。冀州平定后，曹操上表请封荀攸："军师荀攸，自当初辅佐臣下起，没有哪次征战不跟随，臣先后打败强敌，都是荀攸的计谋。"于是朝廷封荀攸为陵树亭侯。建安十二年，朝廷下令大肆论功行赏，曹操说："忠心正直，周密谋划，安抚内外的是文若，其次是公达。"于是给荀攸增加食邑四百户，加上以前的共七百户，改任他为中军师。曹操刚建立魏国的时候，任命荀攸为尚书令。

荀攸沉稳老练，有预防意外的智谋，自从跟随曹操南征北战的时候起，常常能够运筹帷幄，当时的人以及他的子弟都不知道他说了些什么。曹操常常称赞他说："公达虽然外表愚钝怯懦，但是内在却充满了智慧与勇敢，他从不夸耀自己的好处，不表白自己的功劳。他的聪明别人可以达到，但他外表的愚钝别人做不到，即使是颜回、宁武子也不能超过他。"曹丕还是太子的时候，曹操就对他说："荀公达，可以做老师，你应当用最高的礼节敬重他。"有一次，荀攸生病，曹丕前去问候，独自在床下跪拜，荀攸就是这样被异常尊敬。荀攸与钟繇关系很好，钟繇说："我每次要有所行动的时候，总要反复考虑，自认为无可改动，然后拿去咨询公达，他的看法总是高过我。"荀攸前后共筹划奇计妙策共十二条，这件事只有钟繇知道。钟繇想把这些奇计妙策编成一本书，还没有完成就去世了，所以谁也不知道它的全部内容。荀攸随从曹操征伐孙权，途中去世。曹操一提起他就伤心流泪。

荀攸的长子荀缉虽然有荀攸的风范，但很早就去世了。次子荀適承袭了他的爵位，荀適没有儿子，承袭因此断绝。黄初年间，续封荀攸的孙子荀彪为陵树亭侯，封邑三百户，后又封为丘阳亭侯。正始年间，追封荀攸为敬侯。

贾诩字文和，是武威郡姑臧县人。年轻时很多人都不看好他，只有汉阳人阎忠认为他和别人不一样，说贾诩有张良、陈平的奇异才能。他被推荐为孝廉，担任郎官之后，因病辞职，西行回乡时来到汧县，在路上遇到叛乱的氐族人，同行的几十人都被抓去。贾诩说："我是段公的外孙，你们把我另外关起来，我家一定会用重金来赎的。"当时的太尉段颎，过去曾担任边关守将，威震西方，所以贾诩借他来恐吓氐族人。氐人果然不敢伤害贾诩，还和他结拜为兄弟并送他回家，但是其他人都被杀死了。贾诩其实不是段颎的外孙，他常采用随机应变的方法来解决事情。

董卓进入洛阳，贾诩以太尉掾的身份出任平津都尉，后来又升迁为讨虏校尉。董卓的女婿中郎将牛辅驻扎在陕县，贾诩就在牛辅军中。董卓失败以后，牛辅也死了，众人恐惧，校尉李傕、郭汜、张济等人想解散队伍，从小路返回乡里。贾诩说："我听说在长安人们议论要把西凉人都杀光，而你们若独自行动，一个亭长就能把你们逮住。不如率领将士向西，沿途招兵买马，进攻长安，为董公报仇，如果有幸把事情办成功，就挟天子以令诸侯，如果事情不能成功，再走也不晚。"众人认为他说得对。李傕便向西进攻长安。这件事记载在《董卓传》中。后来贾诩担任左冯翊，李傕等人想因为他的功劳封他为列侯，贾诩说："那不过是救命的办法，有什么功劳可言！"坚决推辞不接受。李傕等人又要任命他为尚书仆射，贾诩说："尚书仆射是众官的师长，被天下人所瞩望，我并不是早就有名望的人，不可能使人心服。即使我没有把名利看得很重，但是对国家朝廷，又有什么好处呢！"朝廷便改任贾诩为尚书，主持官员的选拔任用，做了许多扶持救助朝廷的事情，李傕等人对他既亲近却又害怕。贾诩母亲去世了，他辞官为母亲守孝，回朝以后被任为光禄大夫。李傕、郭汜在长安城中争斗，李傕又请贾诩为宣义将军。后来李傕等人和解，放出天子，保护大臣，这些事都有贾诩的功劳。天子被放出之后，贾诩交还官印辞职。当时将军段煨屯驻在华阴县，段煨与贾诩是同乡，贾诩便离开李傕投靠段煨。贾诩本来就很有名气，他受到段煨军中将士敬服。段煨害怕他取代自己的地位，表面上对贾诩礼遇特别周到，贾诩更加感到不安。

张绣在南阳的时候，贾诩暗中和他结交，张绣派人迎接贾诩。贾诩准备起程时，有人对贾诩说："段煨待你不薄，你为什么要离他而去呢？"贾诩说："段煨生性多疑，猜忌我，礼遇虽优，但是不能作为依靠，时间长了一定会遭他暗算。我离开，他一定会很高兴，还会希望我在外为他交结强大的外援，他定会厚待我的妻儿；张绣身边没有谋士，也希望我去。这样一来，我的家室和我自身都能保全了。”于是贾诩就去了张绣那里，张绣以晚辈之礼节来接待他。段煨果然很优待他的家室。贾诩劝张绣与刘表联合。曹操不断地攻打张绣，一天早上突然撤兵，张绣亲自去追击。贾诩对张绣说：“不能追击，追击一定会打败仗。”张绣不听，带兵与曹操交战，结果失败而回。贾诩对张绣说：“赶快再去追击，一定获胜。”张绣谢绝说：“先前没有听您的话，以至于到了这个地步，怎么能再去追击呢？”贾诩说：“局势有了变化，赶快追上去定能取胜。”张绣听信了贾诩的话，马上组织溃散的部队前去追击，一场大战，果然得胜而回。张绣问贾诩：“我用精兵追击撤退的敌军，您却说一定失败；后来用败兵追击获胜的敌军，您却说定会取胜。结果完全一样，为什么如此反常呢？”贾诩说：“这很容易理解。将军您虽然善于用兵，但不是曹操的对手。敌军虽刚刚撤退，曹操一定会亲自断后；您的追兵虽然精良，但将领既不是对方的敌手，曹军的士气也很旺盛，所以知道一定会失败。曹操并没有失误之处，兵力还没有耗尽却突然撤退，一定是国内有了变故；他已经打败了您，必定会轻装快速回军，即使留下几位将领断后，那些人虽然勇猛，也不是将军您的对手，所以即使用败兵去追击也定能获胜。”张绣这才信服。后来曹操在官渡抗拒袁绍，袁绍派人招揽张绣，并写信给贾诩要求结盟。张绣想答应袁绍，贾诩在张绣的座席上直接对袁绍的使者说：“请回去向本初转达我们的歉意，他连兄弟都容不下，难道能容纳天下的人物吗？”张绣惊恐地说：“怎么能这样说话？”私下对贾诩说：“现在这样，该去归附谁呢？”贾诩说：“不如归顺曹操。”张绣说：“袁绍强大而曹操弱小，我又和曹操有仇，为什么要归顺他呢？”贾诩说：“这正是应该归附他的原因。曹操奉天子的名义来号令天下，这是应当归顺他的原因之一。袁绍势力强盛，我们用这样少的兵众归附他，一定不会看重我们。曹操兵力弱小，得到我们必然高兴，这是应该归顺他的第二个原因。大凡有称霸天下志向的人，一定会放弃个人恩怨，来向天下显示恩德，这是应该归附他的第三个原因。希望将军不要犹疑！”张绣听从了贾诩的话，率众归附曹操。曹操见到他们，非常高兴，拉着贾诩的手说：“让我的信誉受到天下人看重的人，就是您啊！”上表奏请任命贾诩为执金吾，封为都亭侯，升迁冀州牧。由于冀州还没有被平定，就留下贾诩参司空军事。袁绍在官渡包围了曹军，曹操的军粮将要吃完，向贾诩问计，贾诩说：“您的明智胜过袁绍，武勇胜过袁绍，用人胜过袁绍，果断地把握时机胜过袁绍，有这四点优势而半年没有平定袁绍，是考虑万无一失的原因。必须要看准时机果断出击，很快就会将其平定。”曹操说：“好。”于是集中全部兵力出击，袭击了袁绍三十多里长的营地，打败了他。袁军大败，黄河以北地区被平定。曹操兼任冀州牧，改任贾诩为太中大夫。建安十三年，曹操攻破荆州，想顺江东下。贾诩劝谏说：“明公过去打败袁氏，现在又收复汉水以南地区，威名远扬，军事力量已经很强大；如果利用荆州的富饶，赏赐官兵，安抚百姓，使他们安居乐业，就可以不劳师动众使江东臣服了。”曹操不听，结果进军失败。曹操后来与韩遂、马超在渭水南交战，马超等人请求割地讲和，并以儿子做人质。贾诩认为可以假装答应他。曹操又问计贾诩，贾诩说：“可以离间他们。”曹操说：“我懂了。”完全采用了贾诩的计谋。这件事记载在《武帝纪》中。最终打败韩遂、马超，贾诩是最初的谋划者。

这时候，文帝任五官中郎将，而临菑侯曹植才华名气正是显著的时候，各自拥有自己的党羽，时有曹植会取代文帝继承宗位的说法。文帝派人去请教贾诩巩固自己地位的方法，贾诩说：“希望将军您恢宏崇德气度，亲自像寒士那样学习，早晚孜孜不倦，不违背作为人子的道理。如此而已。”文帝听从了，努力砥砺。太祖又曾经屏退了身边的人问贾诩，贾诩默然不回答。太祖说：“和您说话，您不回答，这是为什么呢？”贾诩说：“刚才正好在思考，所以没有立即回答。”太祖说：“思考什么呢？”贾诩说：“想到袁本初、刘景升父子。”太祖大笑，于是太子就定下来了。贾诩自己认为不是太祖的旧臣，而谋划的都是深远大计，害怕被猜疑，就闭门自守，退隐没有私交，儿女娶嫁，也不攀附高门，天下人讨论谁是谋之士都认为是贾诩。

曹丕登上帝位，任贾诩为太尉，晋爵为魏寿乡侯，增加封邑三百户，和以前所封加在一起一共八百户。又分出封邑二百户，封给贾诩的小儿子贾访为列侯。任命贾诩的长子贾穆为驸马都尉。文帝曹丕问贾诩说：“我想讨伐不服从政令的人来统一天下，吴国、蜀国先打哪一个？”贾诩回答说：“致力于攻取敌国的人把武力放在首位，创建大业的人崇尚道德教化。陛下顺应天命接受禅让，抚慰天下，如果用文教道德来安抚他们，等待他们变化，那么平定这些地方就不难。吴、蜀虽然是小国，但是他们依靠山水险阻，刘备有雄才大略，诸葛亮善于治国，孙权能识别敌我虚实，陆议会观察军事形势，他们依据险阻要塞，扼守长江大湖，都难以一下子谋取。用兵的原则，是先创造取胜的条件然后再战，衡量敌人的力量再选合适将领，所以行动起来就不会失算。我私下里估量朝臣将领中，没有人是刘备、孙权的对手，即使以天子的威势逼压对方，也看不到万无一失的趋势。过去虞舜舞动盾牌和长斧，苗人就臣服，我认为当今应该先修文德后用武力。”曹丕不听。后来发动江陵战役，将士伤亡非常多。贾诩七十七岁时去世，谥号为肃侯。儿子贾穆承袭爵位，做过郡太守。贾穆去世，儿子贾模承袭爵位。

评论说：“荀彧人品清高，杰出不俗，通达儒雅，有帝王辅臣的风范，然而他对人对事的洞察和预见能力，因未能结合他的志向，所以没能充分实现。荀攸、贾诩，几乎没有失误的时候，灵活应变，仅次于张良、陈平啊！”

三国志卷十一·魏书十一

袁张凉国田王邴管传

袁涣字曜卿，陈郡扶乐人也。父滂，为汉司徒。当时诸公子多越法度，而涣清静，举动必以礼。郡命为功曹，郡中奸吏皆自引去。后辟公府，举高第，迁侍御史。除谯令，不就。刘备之为豫州，举涣茂才。后避地江、淮间，为袁术所命。术每有所咨访，涣常正议，术不能抗，然敬之不敢不礼也。顷之，吕布击术于阜陵，涣往从之，遂复为布所拘留。布初与刘备和亲，后离隙。布欲使涣作书詈辱备，涣不可，再三强之，不许。布大怒，以兵胁涣曰："为之则生，不为则死。"涣颜色不变，笑而应之曰："涣闻唯德可以辱人，不闻以骂。使彼固君子邪，且不耻将军之言，彼诚小人邪，将复将军之意，则辱在此不在于彼。且涣他日之事刘将军，犹今日之事将军也，如一旦去此，复骂将军，可乎？"布惭而止。

布诛，涣得归太祖。涣言曰："夫兵者，凶器也，不得已而用之。鼓之以道德，征之以仁义，兼抚其民而除其害。夫然，故可与之死而可与之生。自大乱以来十数年矣，民之欲安，甚于倒悬，然而暴乱未息者，何也？意者政失其道欤！涣闻明君善于救世，故世乱则齐之以义，时伪则镇之以朴；世异事变，治国不同，不可不察也。夫制度损益，此古今之不必同者也。若夫兼爱天下而反之于正，虽以武平乱而济之以德，诚百王不易之道也。公明哲超世，古之所以得其民者，公既勤之矣，今之所以失其民者，公既戒之矣，海内赖公，得免于危亡之祸，然而民未知义，其惟公所以训之，则天下幸甚！"太祖深纳焉。拜为沛南部都尉。

是时新募民开屯田，民不乐，多逃亡。涣白太祖曰："夫民安土重迁，不可卒变，易以顺行，难以逆动，宜顺其意，乐之者乃取，不欲者勿强。"太祖从之，百姓大悦。迁为梁相。涣每敕诸县："务存鳏寡高年，表异孝子贞妇。常谈曰'世治则礼详，世乱则礼简'，全在斟酌之间耳。方今虽扰攘，难以礼化，然在吾所以为之。"为政崇教训，恕思而后行，外温柔而内能断。以病去官，百姓思之。后征为谏议大夫、丞相军祭酒。前后得赐甚多，皆散尽之，家无所储，终不问产业，乏则取之于人，不为皦察之行，然时人服其清。

魏国初建，为郎中令，行御史大夫事。涣言于太祖曰："今天下大难已除，文武并用，长久之道也。以为可大收篇籍，明先圣之教，以易民视听，使海内斐然向风，则远人不服可以文德来之。"太祖善其言。时有传刘备死者，群臣皆贺；涣以尝为备举吏，独不贺。居官数年卒，太祖为之流涕，赐谷二千斛，一教"以太仓谷千斛赐郎中令之家"，一教"以垣下谷千斛与曜卿家"，外不解其意。教曰："以太仓谷者，官法也；以垣下谷者，亲旧也。"又帝闻涣昔拒吕布之事，问涣从弟敏："涣勇怯何如？"敏对曰："涣貌似和柔，然其临大节，处危难，虽贲育不过也。"涣子侃，亦清粹闲素，有父风，历位郡守尚书。

初，涣从弟霸，公恪有功干，魏初为大司农，及同郡何夔并知名于时。而霸子亮，夔子曾，与侃复齐声友善。亮贞固有学行，疾何晏、邓飏等，著论以讥切之，位至河南尹、尚书。霸弟徽，以儒素称。遭天下乱，避难交州。司徒辟，不至。徽弟敏，有武艺而好水功，官至河堤谒者。

张范字公仪，河内修武人也。祖父歆，为汉司徒。父延，为太尉。太傅袁隗欲以女妻范，范辞不受。性恬静乐道，忽于荣利，征命无所就。弟承字公先，亦知名，以方正征，拜议郎，迁伊阙都尉。董卓作乱，承欲合徒众与天下共诛卓。承弟昭时为议郎，适从长安来，谓承曰："今欲诛卓，众寡不敌，且起一朝之谋，战阡陌之民，士不素抚，兵不练习，难以成功。卓阻兵而无义，固不能久；不若择所归附，待时而动，然后可以如志。"承然之，乃解印绶间行归家，与范避地扬州。袁术备礼招请，范称疾不往，术不强屈也。遣承与相见，术问曰："昔周室陵迟，则有桓、文之霸；秦失其政，汉接而用之。今孤以土地之广，士民之众，欲徼福齐桓，拟迹高祖，何如？"承对曰："在德不在强。夫能用德以同天下之欲，虽由匹夫之资，而兴霸王之功，不足为难。若苟僭拟，干时而动，众之所弃，谁能兴之？"术不悦。是时，太祖将征冀州，术复问曰："今曹公欲以弊兵数千，敌十万之众，可谓不量力矣！子以为何如？"承乃曰："汉德虽衰，天命未改，今曹公挟天子以令天下，虽敌百万之众可也。"术作色不怿，承去之。

太祖平冀州，遣使迎范。范以疾留彭城，遣承诣太祖，太祖表以为谏议大夫。范子陵及承子戬为山东贼所得，范直诣贼请二子，贼以陵还范。范谢曰："诸君相还儿厚矣。夫人情虽爱其子，然吾怜戬之小，请以陵易之。”贼义其言，悉以还范。太祖自荆州还，范得见于陈，以为议郎，参丞相军事，甚见敬重。太祖征伐，常令范及邴原留，与世子居守。太祖谓文帝：“举动必咨此二人。”世子执子孙礼。救恤穷乏，家无所余，中外孤寡皆归焉。赠遗无所逆，亦终不用，及去，皆以还之。建安十七年卒。魏国初建，承以丞相参军祭酒领赵郡太守，政化大行。太祖将西征，征承参军事，至长安，病卒。

凉茂字伯方，山阳昌邑人也。少好学，论议常据经典，以处是非。太祖辟为司空掾，举高第，补侍御史。时泰山多盗贼，以茂为泰山太守，旬月之间，襁负而至者千余家。转为乐浪太守。公孙度在辽东，擅留茂，不遣之官，然茂终不为屈。度谓茂及诸将曰：“闻曹公远征，邺无守备，今吾欲以步卒三万，骑万匹，直指邺，谁能御之？”诸将皆曰：“然。”又顾谓茂曰：“于君意何如？”茂答曰：“比者海内大乱，社稷将倾，将军拥十万之众，安坐而观成败，夫为人臣者，固若是邪！曹公忧国家之危败，愍百姓之苦毒，率义兵为天下诛残贼，功高而德广，可谓无二矣。以海内初定，民始安集，故未责将军之罪耳！而将军乃欲称兵西向，则存亡之效，不崇朝而决。将军其勉之！”诸将闻茂言，皆震动。良久。度曰：“凉君言是也。”后征还为魏郡太守、甘陵相，所在有绩。文帝为五官将，茂以选为长史，迁左军师。魏国初建，迁尚书仆射，后为中尉奉常。文帝在东宫，茂复为太子太傅，甚见敬礼。卒官。

国渊字子尼，乐安盖人也。师事郑玄。后与邴原、管宁等避乱辽东。既还旧土，太祖辟为司空掾属，每于公朝论议，常直言正色，退无私焉。太祖欲广置屯田，使渊典其事。渊屡陈损益，相土处民，计民置吏，明功课之法，五年中仓廪丰实，百姓竞劝乐业。太祖征关中，以渊为居府长史，统留事。田银、苏伯反河间，银等既破，后有余党，皆应伏法。渊以为非首恶，请不行刑。太祖从之，赖渊得生者千余人。破贼文书，旧以一为十，及渊上首级，如其实数。太祖问其故，渊曰：“夫征讨外寇，多其斩获之数者，欲以大武功，且示民听也。河间在封域之内，银等叛逆，虽克捷有功，渊窃耻之。”太祖大悦，迁魏郡太守。

时有投书诽谤者，太祖疾之，欲必知其主。渊请留其本书，而不宣露。其书多引《二京赋》，渊敕功曹曰：“此郡既大，今在都辇，而少学问者。其简开解年少，欲遣就师。”功曹差三人，临遣引见，训以“所学未及，《二京赋》，博物之书也，世人忽略，少有其师，可求能读者从受

曹操手下大将夏侯惇像，图出自《图像三国志》。

之。”又密喻旨。旬日得能读者，遂往受业。吏因请使作笺，比方其书，与投书人同手。收摄案问，具得情理。迁太仆。居列卿位，布衣蔬食，禄赐散之旧故宗族，以恭俭自守，卒官。

田畴字子泰，右北平无终人也。好读书，善击剑。初平元年，义兵起，董卓迁帝于长安。幽州牧刘虞叹曰：“贼臣作乱，朝廷播荡，四海俄然，莫有固志。身备宗室遗老，不得自同于众。今欲奉使展效臣节，安得不辱命之士乎？”众议咸曰：“田畴虽年少，多称其奇。”畴时年二十二矣。虞乃备礼请与相见，大悦之，遂署为从事，具其车骑。将行，畴曰：“今道路阻绝，寇虏纵横，称官奉使，为众所指名。愿以私行，期于得达而已。”虞从之。畴乃归，自选其家客与年少之勇壮慕从者二十骑俱往。虞自出祖而遣之。既取道，畴乃更上西关，出塞，傍北山，直趣朔方，循间径去，遂至长安致命。诏拜骑都尉。畴以为天子方蒙尘未安，不可以荷佩荣宠，固辞不受。朝廷高其义。三府并辟，皆不就。得报，驰还，未至，虞已为公孙瓒所害。畴至，谒祭虞墓，陈发章表，哭泣而去。瓒闻之大怒，购求获畴，谓曰：“汝何自哭刘虞墓，而不送章报于我也？”畴答曰：“汉室衰颓，人怀异心，唯刘公不失忠节。章报所言，于将军未美，恐非所乐闻，故不进也。且将军方举大事以求所欲，既灭无罪之君，又仇守义之臣，诚行此事，则燕、赵之士将皆蹈东海而死耳，岂忍有从将军者乎！”瓒壮其对，释不诛也。拘之军下，禁其故人莫得与通。或说瓒曰：“田畴义士，君弗能礼，而又囚之，恐失众心。”瓒乃纵遣畴。

畴得北归，率举宗族他附从数百人，扫地而盟曰：“君仇不报，吾不可以立于世！”遂入徐无山中，营深险平敞地而居，躬耕以养父母。百姓归之，数年间至五千余家。畴谓其父老曰：“诸君不以畴不肖，远来相就。众成都邑，而莫相统一，恐非久安之道，愿推择其贤长者以为之主。”皆曰：“善。”同佥推畴。畴曰：“今来在此，非苟安而已，将图大事，复怨雪耻。窃恐未得其志，而轻薄之徒自相侵侮，偷快一时，无深计远虑。畴有愚计，愿与诸君共施之，可乎？”皆曰：“可。”畴乃为约束相杀伤、犯盗、诤讼之法，法重者至死，其次抵罪，二十余条。又制为婚姻嫁娶之礼，兴举学校讲授之业，班行其众，众皆便之，至道不拾遗。北边翕然服其威信，乌丸、鲜卑并各遣译使致贡遗，畴悉抚纳，令不为寇。袁绍数遣使招命，又即授将军印，因安辑所统，畴皆拒不受。绍死，其子尚又辟焉，畴终不行。

畴常忿乌丸昔多贼杀其郡冠盖，有欲讨之意而力未能。建安十二年，太祖北征乌丸，未至，先遣使辟畴，又命田豫喻指。畴戒其门下趣治严。门人谓曰：“昔袁公慕君，礼命五至，君义不屈；今曹公使一来而君若恐弗及者，何也？”畴笑而应之曰：“此非君所识也。”遂随使者到军，署司空户曹掾，引见谘议。明日出令曰：“田子泰非吾所宜吏者。”即举茂才，拜为蓨令，不之官，随军次无终。时方夏水雨，而滨海湾下，泞滞不通，虏亦遮守蹊要，军不得进。太祖患之，以问畴。畴曰：“此道，秋夏每常有水，浅不通车马，深不载舟船，为难久矣。旧北平郡治在平冈，道出卢龙，达于柳城；自建武以来，陷坏断绝，垂二百载，而尚有微径可从。今虏将以大军当由无终，不得进而退，懈弛无备。若嘿回军，从卢龙口越白檀之险，出空虚之地，路近而便，掩其不备，蹋顿之首可不战而禽也。”太祖曰：“善。”乃引军还，而署大木表于水侧路旁曰：“方今暑夏，道路不通，且俟秋冬，乃复进军。”虏候骑见之，诚以为大军去也。太祖令畴将其众为乡导，上徐无山，出卢龙，历平冈，登白狼堆，去柳城二百余里，虏乃惊觉。单于身自临陈，太祖与交战，遂大斩获，追奔逐北，至柳城。军还入塞，论功行封，封畴亭侯，邑五百户。畴自以始为居难，率众遁逃，志义不立，反以为利，非本意也，固让。太祖知其至心，许而不夺。

辽东斩送袁尚首，令“三军敢有哭之者斩”。畴以尝为尚所辟，乃往吊祭。太祖亦不问。畴尽将其家属及宗人三百余家居邺。太祖赐畴车马谷帛，皆散之宗族知旧。从征荆州还，太祖追念畴功殊美，恨前听畴之让，曰：“是成一人之志，而亏王法大制也。”于是乃复以前爵封畴。畴上疏陈诚，以死自誓。太祖不听，欲引拜之，至于数四，终不受。有司劾畴狷介违道，苟立小节，宜免官加刑。太祖重其事，依违者久之。乃下世子及大臣博议，世子以畴同于子文辞禄，申胥逃赏，宜勿夺以优其节。尚书令荀彧、司隶校尉钟繇亦以为可听。太祖犹欲侯之。畴素与夏侯惇善，太祖语惇曰：“且往以情喻之，自从君所言，无告吾意也。”惇就畴宿，如太祖所戒。畴揣知其指，不复发言。惇临去，乃拊畴背曰：“田君，主意殷勤，曾不能顾乎！”畴答曰：“是何言之过也！畴，负义逃窜之人耳，蒙恩全活，为幸多矣。岂可卖卢龙之塞，以易赏禄哉？纵国私畴，畴独不愧于心乎？将军雅知畴者，犹复如此，若必不得已，请愿效死刎首于前。”言未卒，涕泣横流。惇具答太祖。太祖喟然知不可屈，乃拜为议郎。年四十六卒。子又早死。文帝践阼，高畴德义，赐畴从孙续爵关内侯，以奉其嗣。

王修字叔治，北海营陵人也。年七岁丧母。母以社日亡，来岁邻里社，修感念母，哀甚。邻里闻之，为之罢社。年二十，游学南阳，止张奉舍。奉举家得疾病，无相视者，修亲隐恤之，病愈乃去。初平中，北海相孔融召以为主簿，守高密令。高密孙氏素豪侠，人客数犯法。民有相劫者，贼入孙氏，吏不能执。修将吏民围之，孙氏拒守，吏民畏惮不敢近。修令吏民："敢有不攻者与同罪。"孙氏惧，乃出贼。由是豪强慑服。举孝廉，修让邴原，融不听。时天下乱，遂不行。顷之，郡中有反者。修闻融有难，夜往奔融。贼初发，融谓左右曰："能冒难来，唯王修耳！"言终而修至。复署功曹。时胶东多贼寇，复令修守胶东令。胶东人公沙卢宗强，自为营堑，不肯应发调。修独将数骑径入其门，斩卢兄弟，公沙氏惊愕莫敢动。修抚慰其余，由是寇少止。融每有难，修虽休归在家，无不至。融常赖修以免。

袁谭在青州，辟脩为治中从事，别驾刘献数毁短脩。后献以事当死，脩理之，得免。时人益以此多焉。袁绍又辟脩除即墨令，后复为谭别驾。绍死，谭、尚有隙。尚攻谭，谭军败，脩率吏民往救谭。谭喜曰："成吾军者，王别驾也。"谭之败，刘询起兵漯阴，诸城皆应。谭叹息曰："今举州背叛，岂孤之不德邪！"脩曰："东莱太守管统虽在海表，此人不反，必来。"后十余日，统果弃其妻子来赴谭，妻子为贼所杀，谭更以统为乐安太守。谭复欲攻尚，脩谏曰："兄弟还相攻击，是败亡之道也。"谭不悦，然知其志节。后又问脩："计安出？"脩曰："夫兄弟者，左右手也。譬人将斗而断其右手，而曰'我必胜'，若是者可乎？夫弃兄弟而不亲，天下其谁亲之！属有谗人，固将交斗其间，以求一朝之利，愿明使君塞耳勿听也。若斩佞臣数人，复相亲睦，以御四方，可以横行天下。"谭不听，遂与尚相攻击，请救于太祖。太祖既破冀州，谭又叛。太祖遂引军攻谭于南皮。脩时运粮在乐安，闻谭急，将所领兵及诸从事数十人往赴谭。至高密，闻谭死，下马号哭曰："无君焉归？"遂诣太祖，乞收葬谭尸。太祖欲观脩意，默然不应。脩复曰："受袁氏厚恩，若得收敛谭尸，然后就戮，无所恨。"太祖嘉其义，听之。以脩为督军粮，还乐安。谭之破，诸城皆服，唯管统以乐安不从命。太祖命脩取统首，脩以统亡国之忠臣，因解其缚，使诣太祖。太祖悦而赦之。袁氏政宽，在职势者多畜聚。太祖破邺，籍没审配等家财物赀以万数。及破南皮，阅脩家，谷不满十斛，有书数百卷。太祖叹曰："士不妄有名。"乃礼辟为司空掾，行司金中郎将，迁魏郡太守。为治，抑强扶弱，明赏罚，百姓称之。魏国既建，为大司农郎中令。太祖议行肉刑，脩以为时未可行，太祖采其议。徙为奉尚。其后严才反，与其徒属数十人攻掖门。脩闻变，召车马未至，便将官属步至宫门。太祖在铜雀台望见之，曰："彼来者必王叔治也。"相国钟繇谓脩："旧，京城有变，九卿各居其府。"脩曰："食其禄，焉避其难？居府虽旧，非赴难之义。"顷之，病卒官。子忠，官至东莱太守、散骑常侍。初，脩识高柔于弱冠，异王基于幼童，终皆远至，世称其知人。

邴原字根矩，北海朱虚人也。少与管宁俱以操尚称，州府辟命皆不就。黄巾起，原将家属入海，住郁洲山中。时孔融为北海相，举原有道。原以黄巾方盛，遂至辽东，与同郡刘政俱有勇略雄气。辽东太守公孙度畏恶欲杀之，尽收捕其家，政得脱。度告诸县："敢有藏政者与同罪。"政窘急，往投原，原匿之月余，时东莱太史慈当归，原因以政付之。既而谓度曰："将军前日欲杀刘政，以其为己害。今政已去，君之害岂不除哉！"度曰："然。"原曰："君之畏政者，以其有智也。今政已免，智将用矣，尚奚拘政之家？不若赦之，无重怨。"度乃出之。原又资送政家，皆得归故郡。原在辽东，一年中往归原居者数百家，游学之士，教授之声，不绝。

后得归，太祖辟为司空掾。原女早亡，时太祖爱子仓舒亦没，太祖欲求合葬，原辞曰："合葬，非礼也。原之所以自容于明公，公之所以待原者，以能守训典而不易也。若听明公之命，则是凡庸也，明公焉以为哉？"太祖乃止，徙署丞相征事。崔琰为东曹掾，记让曰："征事邴原、议郎张范，皆秉德纯懿，志行忠方，清静足以厉俗，贞固足以干事，所谓龙翰凤翼，国之重宝。举而用之，不仁者远。"代凉茂为五官将长史，闭门自守，非公事不出。太祖征吴，原从行，卒。

是后大鸿胪钜鹿张泰、河南尹扶风庞迪以清贤称，永宁太仆东郡张阁以简质闻。

管宁字幼安，北海朱虚人也。年十六丧父，中表愍其孤贫，咸共赠赗，悉辞不受，称财以送终。长八尺，美须眉。与平原华歆、同县邴原相友，俱游学于异国，并敬善陈仲弓。天下大乱，闻公孙度令行于海外，遂与原及平原王烈等至于辽东。度虚馆以候之。既往见度，乃庐于山谷。时避难者多居郡南，而宁居北，示无迁志，后渐来从之。太祖为司空，辟宁，度子康绝命不宣。

王烈者，字彦方，于时名闻在原、宁之右。辞公孙度长史，商贾自秽。太祖命为丞相掾征事，未至，卒于海表。

中国少安，客人皆还，唯宁晏然若将终焉。黄初四年，诏公卿举独行君子，司徒华歆荐宁。文帝即位，征宁，遂将家属浮海还郡，公孙恭送之南郊，加赠服物。自宁之东也，度、康、恭前后所资遗，皆受而藏诸。既已西渡，尽封还之。诏以宁为太中大夫，固辞不受。明帝即位，太尉华歆逊位让宁，遂下诏曰："太中大夫管宁，耽怀道德，服膺六艺，清虚足以侔古，廉白可以当世。曩遭王道衰缺，浮海遁居，大魏受命，则襁负而至，斯盖应龙潜升之道，圣贤用舍之义。而黄初以来，征命屡下，每辄辞疾，拒违不至。岂朝廷之政，与生殊趣，将安乐山林，往而不能反乎！夫以姬公之圣，而耇德不降，则鸣鸟弗闻。以秦穆之贤，犹思询乎黄发。况朕寡德，曷能不愿闻道于子大夫哉！今以宁为光禄勋。礼有大伦，君臣之道，不可废也。望必速至，称朕意焉。"又诏青州刺史曰："宁抱道怀贞，潜翳海隅，比下征书，违命不至，盘桓利居，高尚其事。虽有素履幽人之贞，而失考父兹恭之义，使朕虚心引领历年，其何谓邪？徒欲怀安，必肆其志，不惟古人亦有翻然改节以隆斯民乎！日逝月除，时方已过，澡身浴德，将以曷为？仲尼有言：'吾非斯人之徒与而谁与哉！'其命别驾从事郡丞掾，奉诏以礼发遣宁诣行在所，给安车、吏从、茵蓐、道上厨食，上道先奏。"宁称草莽臣上疏曰："臣海滨孤微，罢农无伍，禄运幸厚。横蒙陛下纂承洪绪，德侔三皇，化溢有唐。久荷渥泽，积祀一纪，不能仰答陛下恩养之福。沈委笃痾，寝疾弥留，逋违臣隶颠倒之节，夙宵战怖，无地自厝。臣元年十一月被公车司马令所下州郡，八月甲申诏书征臣，更赐安车、衣被、茵蓐，以礼发遣，光宠并臻，优命屡至，怔营竦息，悼心失图。思自陈闻，申展愚情，而明诏抑割，不令稍修章表，是以郁滞，迄于今日。诚谓乾覆，恩有纪极，不意灵润，弥以隆赫。奉今年二月被州郡所下三年十二月辛酉诏书，重赐安车、衣服，别驾从事与郡功曹以礼发遣，又特被玺书，以臣为光禄勋，躬秉劳谦，引喻周、秦，损上益下。受诏之日，精魄飞散，靡所投死。臣重自省揆，德非园、绮而蒙安车之荣，功无窦融而蒙玺封之宠，棨棁驽下，荷栋梁之任，垂没之命，获九棘之位，惧有朱博鼓妖之眚。又年疾日侵，有加无损，不任扶舆进路以塞元责，望慕閶闔，徘徊阙庭，谨拜章陈情，乞蒙哀省，抑恩听放，无令骸骨填于衢路。”自黄初至于青龙，征命相仍，常以八月赐牛酒。诏书问青州刺史程喜：“宁为守节高乎，审老疾尫顿邪？”喜上言：“宁有族人管贡为州吏，举宁邻比，臣常使经营消息。贡说：‘宁常著皂帽、布襦袴、布裙，随时单复，出入闺庭，能自任杖，不须扶持。四时祠祭，辄自力强，改加衣服，著絮巾，故在辽东所有白布单衣，亲荐馔馈，跪拜成礼。宁少而丧母，不识形象，常特加觞，泫然流涕。又居宅离水七八十步，夏时诣水中澡洒手足，窥于园圃。’臣揆宁前后辞让之意，独自以生长潜逸，耆艾智衰，是以栖迟，每执谦退。此宁志行所欲必全，不为守高。”

正始二年，太仆陶丘一、永宁卫尉孟观、侍中孙邕、中书侍郎王基荐宁曰：

臣闻龙凤隐耀，应德而臻，明哲潜遁，俟时而动。是以鸑鷟鸣岐，周道隆兴，四皓为佐，汉帝用康。伏见太中大夫管宁，应二仪之中和，总九德之纯懿，含章素质，冰洁渊清，玄虚澹泊，与道逍遥；娱心黄老，游志六艺，升堂入室，究其阃奥，韬古今于胸怀，包道德之机要。中平之际，黄巾陆梁，华夏倾荡，王纲弛顿。遂避时难，乘桴越海，羁旅辽东三十余年。在乾之姤，匿景藏光，嘉遁养浩，韬韫儒墨，潜化傍流，畅于殊俗。

黄初四年，高祖文皇帝畴谘群公，思求隽乂，故司徒华歆举宁应选，公车特征。振翼遐裔，翻然来翔。行遇屯厄，遭罹疾病，即拜太中大夫。烈祖明皇帝嘉美其德，登为光禄勋。宁疾弥留，未能进道。今宁旧疾已瘳，行年八十，志无衰倦。环堵筚门，偃息穷巷，饭鬻糊口，并日而食，吟咏《诗》《书》，不改其乐。困而能通，遭难必济，经危蹈险，不易其节，金声玉色，久而弥彰。揆其终始，殆天所祚，当赞大魏，辅亮雍熙。衮职有阙，群下属望。昔高宗刻象，营求贤哲，周文启龟，以卜良佐。况宁前朝所表，名德已著，而久栖迟，未时引致，非所以奉遵明训，继成前志也。陛下践阼，纂承洪绪。圣敬日跻，超越周成。每发德音，动谘师傅。若继二祖招贤故典，宾礼俊迈，以广缉熙，济济之化，侔于前代。

宁清高恬泊，拟迹前轨，德行卓绝，海内无偶。历观前世玉帛所命，申公、枚乘、周党、樊英之俦，测其渊源，览其清浊，未有厉俗独行若宁者也。诚宜束帛加璧，备礼征聘，仍授几杖，延登东序，敷陈坟素，坐而论道，上正璇玑，协和皇极，下阜群生，彝伦攸叙，必有可观，光益大化。若宁固执匪石，守志箕山，追迹洪崖，参踪巢、许。斯亦圣朝同符唐、虞，优贤扬历，垂声千载。虽出处殊涂，俯仰异体，至于兴治美俗，其揆一也。

于是特具安车蒲轮，束帛加璧聘焉。会宁卒，时年八十四。拜子邈郎中，后为博士。初，宁妻先卒，知故劝更娶，宁曰："每省曾子、王骏之言，意常嘉之，岂自遭之而违本心哉？"

时钜鹿张臶，字子明，颍川胡昭，字孔明，亦养志不仕。臶少游太学，学兼内外，后归乡里。袁绍前后辟命，不应，移居上党。并州牧高幹表除乐平令，不就，徙遁常山，门徒且数百人，迁居任县。太祖为丞相，辟，不诣。太和中，诏求隐学之士能消灾复异者，郡累上臶，发遣，老病不行。广平太守卢毓到官三日，纲纪白承前致版谒臶。毓教曰："张先生所谓上不事天子，下不友诸侯者也。此岂版谒所可光饰哉！"但遣主簿奉书致羊酒之礼。青龙四年辛亥诏书："张掖郡玄川溢涌，激波奋荡，宝石负图，状像灵龟，宅于川西，嶷然磐峙，仓质素章，麟凤龙马，焕炳成形，文字告命，粲然著明。太史令高堂隆上言：古皇圣帝所未尝蒙，实有魏之祯命，东序之世宝。"事颁天下。任令于绰连赍以问臶，臶密谓绰曰："夫神以知来，不追已往，祯祥先见而后废兴从之。汉已久亡，魏已得之，何所追兴征祥乎！此石，当今之变异而将来之祯瑞也。"正始元年，戴鵀之鸟，巢臶门阴。臶告门人曰："夫戴鵀阳鸟，而巢门阴，此凶祥也。"乃援琴歌咏，作诗二篇，旬日而卒，时年一百五岁。是岁，广平太守王肃至官，教下县曰："前在京都，闻张子明，来至问之，会其已亡，致痛惜之。此君笃学隐居，不与时竞，以道乐身。昔绛县老人屈在泥涂，赵孟升之，诸侯用睦。愍其耄勤好道，而不蒙荣宠，书到，遣吏劳问其家，显题门户，务加殊异，以慰既往，以劝将来。"

胡昭始避地冀州，亦辞袁绍之命，遁还乡里。太祖为司空丞相，频加礼辟。昭往应命，既至，自陈一介野生，无军国之用，归诚求去。太祖曰："人各有志，出处异趣，勉卒雅尚，义不相屈。"昭乃转居陆浑山中，躬耕乐道，以经籍自娱。闾里敬而爱之。建安二十三年，陆浑长张固被书调丁夫，当给汉中。百姓恶惮远役，并怀扰扰。民孙狼等因兴兵杀县主簿，作为叛乱，县邑残破。固率将十余吏卒，依昭住止，招集遗民，安复社稷。狼等遂南附关羽。羽授印给兵，还为寇贼，到陆浑南长乐亭，自相约誓，言："胡居士贤者也，一不得犯其部落。"一川赖昭，咸无怵惕。天下安辑，徙宅宜阳。正始中，骠骑将军赵俨、尚书黄休、郭彝、散骑常侍荀顗、钟毓、太仆庾嶷、弘农太守何桢等递荐昭曰："天真高洁，老而弥笃。玄虚静素，有夷、皓之节。宜蒙征命，以励风俗。"至嘉平二年，公车特征，会卒，年八十九。拜子纂郎中。初，昭善史书，与钟繇、邯郸淳、卫觊、韦诞并有名，尺牍之迹，动见模楷焉。

评曰：袁涣、邴原、张范躬履清蹈，进退以道，盖是贡禹、两龚之匹。凉茂、国渊亦其次也。张承名行亚范，可谓能弟矣。田畴抗节，王脩忠贞，足以矫俗；管宁渊雅高尚，确然不拔；张臶、胡昭阖门守静，不营当世：故并录焉。

【译文】

袁涣字曜卿，是陈郡扶乐县人。他的父亲袁滂，曾任汉司徒。当时的王公大臣的子弟很多人都不遵守法度，而袁涣却恬淡清静，举止遵循礼法。郡守任命他为功曹，郡里奸猾有恶行的吏员都因害怕自行引退。后来袁涣被公府征召进京，考核名列优等，升为侍御史，授予谯县县令，袁涣不愿赴任。刘备任豫州牧的时候，曾举荐袁涣为茂才。后来到江、淮之间避乱，被袁术所任用。每次袁术有所询问，袁涣总是义正词严地阐明道理，袁术无法辩驳他，然而又敬重他，不敢不以礼相待。不久，吕布在阜陵攻击袁术，袁涣随袁术前去，于是又被吕布所强留。吕布起初与刘备和好，后来发生矛盾又分开。吕布让袁涣写信辱骂刘备，袁涣不肯，吕布再三强迫，他仍然不肯。吕布大怒，拔出刀来威胁袁涣说："写就让你活命，不写就死。"袁涣面不改色，笑着回答说："我听说只有高尚的品德可以使别人感到羞惭，没听说用谩骂可使人感到羞辱的。如果刘备本来就是一个君子，对将军的辱骂会不屑一顾；如果刘备确实是个小人，就会回骂将军，这样羞辱的是你而不是他。况且我过去侍奉刘将军就像现在为将军效力一样，如果有一天我离开这里，就反过来骂将军，可以吗？"吕布听了自感惭愧，就不再逼他。

吕布被杀以后，袁涣得以归附太祖。袁涣说："用兵的事情，属于凶器，不得已的时候才用。用道德来宣扬教化，用仁义来征伐，加上安抚民众为民众除害。如果这样做了，才可以和民众同生共死。自从天下大乱以来已经有十多年了，百姓希望安定，比被倒吊起来的人渴望解救还迫切，然而暴乱还是不能止息，为什么？大概是政治失去了正道吧！袁涣听说贤明的君主善于救世，所以世道乱了就用大义来规范，世风虚伪就用质朴来克制；世道不同，事势变易，治国的方法也应当不同，这是不能不明白的。制度的损益，古代和现在是不一定相同的。如果怀着对天下广施仁爱之心去拨乱反正，虽然以武力平定动乱而又能用道德来救济于人，这是百代不变的道理。曹公的明哲超出世人，古时候那些用来获得民心的措施，曹公已经尽力实行了，今天那些失去民心的教训，曹公也全都借鉴了，天下依仗曹公，得以免除了危亡的灾祸，然而民众还不知道义，奢望曹公用道义来教诲民众，那就是天下的大幸了！”太祖完全接受了袁涣的建议。袁涣被任命为沛郡的南部都尉。

这个时候曹操刚开始招募百姓实行屯田，百姓都很不乐意，有很多人逃亡。袁涣向曹操报告说：“百姓安于故土不肯轻易迁移，短时间内很难使他们改变。顺从他们的心愿做事就容易，违逆他们的心愿做事就困难。应当顺着他们的心愿，愿意参加屯田的就接收，不愿意的也不勉强。”曹操采纳了这个建议，百姓也非常高兴。袁涣被升迁为梁国相。袁涣常常告诫下属各县说：“一定要照顾好鳏寡孤独高龄老人，表彰孝子和贞妇。常言说‘世道安宁礼仪就周详，世道混乱礼仪就粗略’，这个分寸全在于自己把握。如今虽然动荡纷乱，难以用礼教化，但是也要看我们怎么做。”袁涣在任上崇尚教育训导，用宽厚之心思考之后再行动，外表温柔而内心决断，后来因病辞官，百姓都非常思念他。后被任为谏议大夫、丞相军祭酒，先后得到很多赏赐，他全都分送给别人，家里没有什么积蓄，也始终不过问置办产业的事；钱物缺乏就到别人那里去取，不要故意标榜自己的品行，然而当时的人都钦佩他的清廉。

魏国刚刚建立时，袁涣任郎中令，代理御史大夫的事务。袁涣对曹操说：“现如今天下的大灾难已经消除，文德武功应同时并举，这是长治久安的做法。我以为可以收集文献典籍，弘扬先圣的教诲，来改变百姓的视听，使国内民众接受教化，风气良好，如果偏远地方的人不服也可以用文治德化使他们归心。”曹操非常赞赏他的建议。这时有人传说刘备死了，群臣们都纷纷庆贺，唯独袁涣因为自己曾经被刘备推举做官，所以不表示庆贺。袁涣在任几年后去世，曹操为此而悲伤，赐给他家粮食二千斛，写了两条手令，一条命令说：“把京都太仓的粮食一千斛赐给郎中令家”，另一条命令说：“把官署小仓的粮食一千斛给赐曜卿家”。外人不解何意，曹操说：“赐给太仓的粮食，是依照官府的法度；赐给官仓的粮食，是因为我与他有亲旧关系。”魏文帝听说袁涣曾经拒绝吕布威逼的事，问袁涣的堂弟袁敏：“袁涣胆大还是胆小？”袁敏回答说：“袁涣外貌好像温和柔顺，然而在关键时刻、危难之中时，即使是古代的勇士孟贲、夏育也无法和他相比。”袁涣的儿子袁侃，也清净自守、性情恬淡，有父亲的遗风，曾经历任郡守、尚书之职。

起初，袁涣的堂弟袁霸，恪尽公职很有办事才能，魏初任大司农，和同郡人何夔在当时都很有名。袁霸的儿子袁亮、何夔的儿子何曾，与袁侃又同样有名气，也很要好。袁亮正直，有学问，品行好，痛恨何晏、邓飏等人，还写文章对他们进行谴责，官做到河南尹、尚书。袁霸的弟弟袁徽，以儒雅清白著称。当时天下大乱，他到交州避难。司徒任命他为下属，他也不去。袁徽的弟弟袁敏，有武艺，又喜欢水利，官做到河堤谒者。

张范，字公仪，是河内郡修武县人。他的祖父张歆，曾任汉朝司徒。父亲张延，任太尉。太傅袁隗想把他的女儿嫁给张范，张范谢辞不接受。张范性情恬淡，崇尚道义，轻视名利，征召任命都不接受。他的弟弟张承，字公先，也很有名气，因为善良正直被征召，任议郎，升迁为伊阙都尉。董卓作乱，张承想召集天下豪杰共同诛杀董卓。张承的弟弟张昭当时任议郎，正好从长安来，对张承说：“如今想诛杀董卓，敌众我寡，力量不足，况且临时谋划策略，使用刚从田间召集来的农民作战，士兵没经过训练不熟悉战争，恐怕难以成功。董卓仗强兵不守道义，不可能长久；不如选择一个可以归附的地方，等待时机再行动，这样才能实现我们的愿望。”张承认为说得很对，便丢下官印从小路回到家乡，与张范到扬州躲避战乱。袁术带着礼物前去召请张范，张范称病不出，袁术没有办法强迫他屈从。张范派张承去见袁术，袁术问道：“过去周王室衰颓，产生了齐桓公、晋文公那样的霸主；秦朝失去天下，有汉朝接替。如今我有这样广大的土地，这么多的士兵和百姓，想谋求齐桓公那样的福分，追随汉高祖的足迹，你看怎么样？”张承说：“这种事在于德行不在于强大。如果能用德行来使天下人的愿望统一，即使只有平民的资历，要兴建霸业，也不难。如果超越本分，违背时势，就会被众人所抛弃，怎么还能兴旺呢？”袁术听了非常不高兴。当时，曹操将征讨冀州，袁术又问张承：“现在曹公想用他几千疲敝的士兵，和十万大兵对抗，是自不量力呀！你以为会怎样？”张承说：“汉朝国运虽然衰颓，但它秉承的天命还没改变，如今曹公扶持天子号令天下，即使与百万兵众对抗也是可行的。”袁术勃然变色，很不高兴，张承便离开了。

曹操平定了冀州之后，派使者前去迎接张范。张范因为有病留在彭城，派张承去见曹操，曹操便上表朝廷任命张承为谏议大夫。张范的儿子张陵与张承的儿子张戬被山东的强盗扣为人质，张范直接去强盗那里请求放还两个孩子，强盗把张陵还给张范。张范对强盗说：“你们把儿子还给我，这恩意非常深厚。虽说疼爱自己的儿子是人之常情，但是我却可怜张戬还小，请允许我用张陵来换张戬。”强盗觉得他很讲义气，便把两个孩子都还给了张范。曹操从荆州回来，张范在陈县拜见曹操，曹操任命他为议郎、参丞相军事，对他很敬重。曹操外出征伐，常常让张范、邴原和世子曹丕一起留守。曹操对曹丕说：“无论做什么事一定要征求他们的意见。”曹丕像对长辈一样敬重张范和邴原。张范常常救济穷困的人，家里并没有多余的财物，远近的孤儿寡母都从心里感激他。别人送他的礼物他都接受，但是一直没有动用，等到离开时全都归还给人家。建安十七年张范去世。魏国建立初年，张承以丞相参军祭酒的身份兼任赵郡太守，很有政绩。曹操将要西征，征召张承参与军事，张承到了长安，因病去世。

凉茂字伯方，是山阳郡昌邑县人。小时候就很好学，发议论常常引经据典，用经典来判定是非。太祖任命凉茂做了司空掾，考核成绩优等，补侍御史。当时泰山郡盗贼很多，朝廷任凉茂为泰山郡太守，个把月之内，几千家人口背负着婴儿前来归附。转任为乐浪郡太守。公孙度在辽东郡，擅自留下凉茂，不让凉茂赴任，然而凉茂始终没有屈服。公孙度对凉茂及诸将说：“听说曹公远征，邺城没有守备，现在我想用三万步兵，一万骑兵，直指邺城，谁能抵挡？”诸将都说：“将军说得对。”公孙度又看着凉茂说：“君意以为如何？”凉茂回答说：“近来海内大乱，国家将要倾覆，将军统领十万之众，安然稳坐观望成败，作为人臣，难道就该这样吗！曹公担忧国家的危亡覆败，怜悯百姓的痛苦，率领正义之师为天下诛除残暴的叛贼，功高而德广，可以说没有第二个人。只不过因为国家刚刚平定，百姓刚刚得到安宁，所以没有追究将军的罪责罢了！然而将军还想举兵西向，那么生存与灭亡的结果，不到一个早晨就可以决定。将军好自为之吧！”众将闻听凉茂的话，全都受到震动。过了许久，公孙度才说：“凉君的话是对的。”后来凉茂被征还升迁为魏郡太守、甘陵国相，所在任上都有政绩。文帝那时为五官将，凉茂被选为长史，升迁为左军师。魏国刚刚建立，又升迁为尚书仆射，后又任中尉奉常。文帝还是东宫太子的时候，凉茂又任太子太傅，受到特别的尊敬和礼遇。后来死在任上。

国渊字子尼，是乐安国盖县人。曾经拜郑玄为师。后来和邴原、管宁等人到辽东郡躲避战乱。回到家乡后，曹操任命国渊为司空掾属，每当在司空府上议论政事时，常常是正色直言，回到家里后却没有什么私人交往。曹操想广开屯田，派国渊主持。国渊屡次提出减少或增加的事项，测量土地，安置屯田民众，计算百姓数量设置屯田官司吏，明确官方与屯田民之间收入的分成办法。五年之中仓库就存满了粮食，百姓之间相互勉励，乐于从事屯田。曹操征讨关中时，让国渊担任居府长史，统管留守事宜。田银、苏伯在河间反叛，被打败后，还有余党，全都是应该处死的。国渊认为他们不是首恶，请求不要执行死刑。曹操听从了，因为国渊建议而活命的有一千多人。以往写报捷文书，都是以一为十，而国渊上报战功的时候，毫无虚假。曹操问是为什么？国渊说："征讨敌人，多报斩杀的数量，是为了扩大武功，有意让老百姓听。河间国在您治理的冀州境内，田银等人反叛，虽战胜他有功，我私下却为之感到遗憾。"曹操非常高兴，升任他为魏郡太守。

这个时候有人写匿名信进行诽谤，曹操对这件事很痛恨，想要查明写信的人。国渊请求留下这封信不要向外透露。这封匿名信中多处引用《二京赋》，国渊就命令郡里的功曹说："我们这个郡本来就大，现在又是都城，但是有学问的人不多。请挑选一些聪明懂事的年轻人，送他们去拜师学习。"功曹找来了三个人，临走前国渊接见他们，并训导他们说："你们的学问还不到家。《二京赋》是一本博记事物的书，但是很多人都不重视它，很少有这方面的老师，你们可以寻找能够读懂这本书的人，拜他为师，向他学习。"然后又秘密地告诉他们事情的原委和他的真正意图。过了十天果然找到了能读懂《二京赋》的人，于是他们就前去学习。衙吏乘机请学生让这人写一张便条，然后再把便条的笔迹与匿名信相比较，发现与匿名信同是一笔迹。于是就将这人逮捕详加审问，终于弄清了事情的全部情况。国渊升为太仆，居于九卿的地位，但是他平日仍穿布衣，粗茶淡饭俸禄赏赐都分给朋友和宗族的人，自己却过着恭谨节俭的生活，最后死在任上。

田畴字子泰，是右北平郡无终县人。他很喜欢读书，并且擅长剑术。初平元年，关东起义兵，董卓把献帝迁往长安。幽州牧刘虞叹息说：“贼臣叛乱，皇帝流离失所，国内形势不稳，谁也没有坚定的信心。我身为皇族遗老，不能和其他人一样。现在我想派使者到朝廷说明我效忠的愿望，怎样才能找到不辱使命的人呢？”众人都建议说：“田畴虽然年轻，但很多人都称赞他是个奇才。”田畴这个时候才二十二岁。于是刘虞准备礼物派人请田畴引他相见，刘虞非常喜欢他，任命他为从事史，并给他准备了车马。将要出发的时候，田畴说：“如今道路阻断，贼寇横行，公然打出奉命使臣的旗号，太容易惹人注意了。我希望以私人身份前行，只能够达到目的。”刘虞依从了他。田畴回到家里，亲自挑选他的家客和年轻的勇壮，愿意随从他的有二十人。刘虞亲自为他饯行。上路后，田畴便改道，西上居庸关，出塞之后，靠近阴山，直奔朔方郡，顺着小路前行，最后到达长安终于完成了使命。朝廷下诏任田畴为骑都尉。田畴认为天子正在流亡，还没有安定，自己不能接受这样的尊荣宠幸，坚辞不受。朝廷对他的明义之举评价很高。三公府同时聘任他，他都不去。得到朝廷的回复以后，田畴又飞马返回，还没有到达，刘虞已经被公孙瓒所害。田畴拜祭了刘虞墓，打开朝廷的回复文书放在刘虞墓前，痛哭之后离开。公孙瓒听说后大怒，悬赏捉住了田畴，对他说：“你为什么亲自到刘虞墓去哭拜，而不是把朝廷的回复文书送给我？”田畴回答说：“汉朝衰颓，人人怀有异心，只有刘公不失忠诚。朝廷复文所说的，对将军不是什么美言，也不是您愿意听的，所以没有进献给您。况且将军正兴办大事来追求您想要的东西，既杀害了无罪的上司，又要加害守义的下属，果真这样的话，燕、赵的人将会全部投东海而死，又怎么会有跟随将军您的人呢！”公孙瓒认为田畴的回答理直气壮就没有加害他，他把田畴拘留在营中，禁止他的朋友与他沟通。有人劝公孙瓒说：“田畴是个忠义之士，您不能以礼相待，反而把他囚禁起来，恐怕会失掉人心啊！”公孙瓒便释放了田畴。

田畴回到家以后，带领宗族以及依附他的几百人，打扫干净地面，共同盟誓说：“州官的仇不报，我们就没脸活在世上！”于是进入徐无山中，在幽深险要的山中寻得一块平坦开阔的地方定居下来，亲自耕作来奉养家小。老百姓都来归附他，几年之间就有了五千多户。田畴对父老长辈说：“各位不嫌弃田畴没有出息，远道前来投奔，现在人口众多，已经形成了部落，但是没有人统一管理，恐怕不是长久之计，希望大家推选一位贤明而德高的人来当头领。”大家都说：“好。”并且一致推举田畴为首。田畴说：“今天我们来到这里，并非为了苟且偷安，而是要图谋大事，报仇雪耻。我担心我们的目的还没有达到，一些信念不坚的人就自相侵凌欺侮，只贪图眼前一时的快乐，没有长远的打算。我有一个办法，愿意与大家一起遵行可以吗？”大家都说：“行。”田畴为他们制定限制互相杀伤、偷盗、争讼的法规，最重的判死刑，其他的都根据情节轻重来定罪共二十多条。又制定了婚姻嫁娶的礼仪，并兴办教育，把制定的规章制度向整个部落推行。田畴所管辖的地方民风淳朴、路不拾遗。北方边境居民对他的威信都很服信，乌丸、鲜卑各派使者前来纳贡送礼，田畴都加以安抚接纳，并且叮嘱他们不要来侵扰边境。袁绍多次派遣使者前来招抚他做官，还授给他将军的官印，想乘势收编田畴所统领的部众，田畴都拒不接受。袁绍死了以后，他的儿子袁尚又来招抚田畴做官，田畴始终不去。

田畴经常愤恨乌丸过去杀了很多本郡的士大夫，想讨伐乌丸但是却有心无力。建安十二年，曹操北上讨伐乌丸，还没到达，就先派遣使者任命田畴为下属，又命田豫前来说明自己的心意。田畴命手下的人赶快整理行装。手下的人问：“当初袁公仰慕您，派使者礼聘五次，您都不答应；现在曹公的使臣只来一次您就生怕来不及归附，这是为什么？”田畴笑着说：“这不是你所能够明白的。”便随使者到了曹操军中，被任命为司空户曹掾，曹操召见并向他咨询。第二天说：“田子泰不是我应当任命为下属的人。”当即举荐为茂才，任命他为蓨县县令，田畴并没有前去上任，而是随大军驻扎在无终县。当时正值雨季，沿海地区地势低洼，道路泥泞难行，敌人又把守险地，大军没法前进。曹操很忧虑，问田畴怎么办。田畴说：“这条路，每到秋夏两季便常常积水，说它浅又不能通行车马，说它深又不能承载船只，这种情况已经很久了。旧北平郡的治所在平冈县，从那里出卢龙塞可以直通柳城；自建武年间以来，这条道路被破坏不能通行将近二百年了，然而还有小路可以通行。如今敌人认为我军因道路不通而撤退，一定会放松戒备。如果我们悄悄地调整进军方向，从卢龙口越过白檀险关，从敌人防守薄弱的地方走出，道路又近又方便，出其不意发动攻击，蹋顿的头颅就可以不战而砍下来。”曹操说：“好。”就率领军队撤回，又在路旁的水边立起一个大木牌上面写着：“现在是暑热夏季，道路不能通行，暂且等到秋冬季节，再行进军。”敌人的侦察骑兵见了，以为曹操大军真的离开了。曹操于是就令田畴为向导带领大军，翻过徐无山，出卢龙塞，经平冈县，登上白狼堆，离柳城还有二百多里时，敌人才发觉。乌丸单于亲自出战，曹操和他交战，大获全胜，一直追到柳城。大军返回进入塞内，论功行赏，封田畴为亭侯，封邑五百户。田畴自认为当初自己是因为有难，才率领众人逃入深山，报仇的愿望还没实现，反而因此获取利禄，这不是自己的本意，所以坚决推辞。曹操深知他的心意，所以没有强迫他接受。

辽东公孙康砍了袁尚的首级送过来，太祖下令"三军中有人胆敢为袁尚哀哭的人斩首"。田畴因为曾经被袁尚所任命，便前往吊唁祭奠。太祖对此也不问罪。田畴率领家眷亲属及族人三百多户全部迁到邺县居住。太祖赏赐给田畴车马谷帛，田畴全都分送给宗族和朋友。随从太祖征讨荆州回来，太祖追念田畴的大功，后悔上次听从了田畴的辞让，说："这是成全了一个人的志向，而损害了朝廷的法令制度啊！"于是，就又把上次的爵位封给田畴。田畴上书陈述自己的诚意，誓死不愿接受。太祖不听，想把田畴请出来授予官职，再三再四，田畴始终不接受。有关部门弹劾田畴洁身自好，违背正道，只知道固守小节，应该免去田畴的官职处以刑罚。太祖认为这件事很重要，犹豫不决了很长时间。便把这件事交给世子和大臣们广泛议论，世子认为田畴的行为和过去楚国的令尹子文推辞荣禄，吴国的申包胥逃避封赏相同，不应该强迫田畴以成全田畴的节操。尚书令荀彧、司隶校尉钟繇也认为可以依从田畴的意愿。然而太祖还是给田畴封侯。田畴素来与夏侯惇关系很好，太祖对夏侯惇说："君先到田畴那里用你们的情谊劝说，任君怎么说都行，只是不要告诉田畴是我的意思。"夏侯惇到田畴那里住宿，所言如同太祖告诫的那样。田畴揣测到了夏侯惇的意图，不再说话。夏侯惇临走的时候，抚摸着田畴的后背说："田君，主上的情意这么诚恳周到，君都不考虑一下吗！"田畴回答说："这话说得多么过分！田畴，是个负信义逃避困难之人，蒙朝廷恩典能够全身活命，就是万幸了。怎能够用出卖卢龙要塞，来换取封赏俸禄呢？即使国家特别照顾田畴，田畴能问心无愧吗？将军是一向了解田畴的，还说这样的话，如果万不得已，我请求在将军面前自刎明志。"话还没说完，就已经涕泪横流了。夏侯惇把这些话全都告诉了太祖。太祖喟然感叹，知道田畴不可屈服，就任命田畴为议郎。田畴四十六岁时去世。他的儿子又死得早。文帝登位，高度评价田畴的德行信义，赐给田畴的从孙田续关内侯的爵位，来充当田畴的继承人。

王修字叔治，是北海郡营陵县人。在他七岁的时候母亲去世，他的母亲是在祭土地神的那天亡故的。到了第二年社日祭祀的时候，王修触景生情，想起母亲，非常伤感。邻里们知道后，就停止了庆典活动。二十岁那年，王修到南阳求学，借住在张奉家。张奉全家得病，没有谁与之来往，王修亲自照顾他们，直到他们全家的病都好了才离去。初平年间，北海太守孔融招聘他担任主簿，代理高密县令。高密的孙家一向豪横霸道，他家族里的人和门客多有犯法的行为。百姓遭到抢劫，强盗逃进孙家，官吏都不敢去抓。王修率领官吏和百姓包围了孙家，孙家抗拒不从，官吏百姓都害怕得不敢靠近。王修命令官吏百姓："谁敢不进攻就和孙家同样治罪。"孙家人才真的害怕了，就把盗贼交了出来。由此县里的豪强都畏惧王修，不得不服从。王修被孔融举荐为孝廉后，要把它让给邴原，孔融没有同意。当时天下纷乱，事情也就搁下了。不久，郡中有人进行叛乱，王修听说孔融有危险，就连夜赶到孔融那里。反贼刚刚动手，孔融对左右的人说："能不顾危难而来帮助我的，只有王修！"话刚说完，王修就到了，孔融再次任命王修为功曹。这个时候胶东贼寇猖獗，又命令王修代理胶东县令。胶东人公沙卢宗族强盛有人马很多，又构筑营垒壕沟，不肯承担官府的徭役不缴纳赋税。王修自带几名随从骑马直接走进公沙卢家，杀了公沙卢兄弟。公沙家的人都吓呆了，不敢轻举妄动。王修安抚慰劝了其余的人，从此以后，贼寇有所收敛。孔融每次有难，王修即使在家休息，也都赶去。孔融常依靠王修得以免遭厄运。

袁谭在青州的时候，任命王脩为治中从事，别驾刘献好几次诬陷王脩。后来刘献因出事当判死罪，王脩为他申诉，才免得一死。当时人因为此事更加称赞王脩。袁绍又任命王脩为即墨县令，后来又做了袁谭手下的别驾。袁绍死了以后，袁谭、袁尚关系破裂。袁尚进攻袁谭，袁谭兵败，王脩率众前往救援袁谭。袁谭高兴地说："保全我军队的人，是王别驾啊！"袁谭失败，刘询在漯阴县起兵，各城都响应他。袁谭叹息说："现在整个州都背叛了我，难道是因为我没有仁德吗？"王脩说："东莱郡太守虽然远在海边，但是这个人不会反叛，一定会来。"十几天以后，管统果然别妻离子来救援袁谭，妻子儿女却被叛贼所杀，袁谭改任管统为乐安郡太守。袁谭又想攻打袁尚，王脩劝谏说："亲兄弟互相攻打，这是败亡的道路啊！"袁谭听了非常不高兴，但是理解他的志向。后来袁谭又问王脩："有什么计策？"王脩说："兄弟，就像左右手。譬如人在打斗前先折断自己的一根手指，却说‘我一定能胜’，有这样的吗？弃亲兄弟而不亲近，天下人还有谁可以亲近呢！遇有挑拨是非，就是在你们兄弟相斗以求眼前利益者，望您塞耳勿听。如果能斩杀奸邪谄媚之人，恢复兄弟间的和睦亲情，以抵御四方之敌，就可以雄霸天下了。”袁谭没有听从。仍然与袁尚相攻，又向曹操求救。曹操攻破冀州后，袁谭又叛变了。曹操就率军在南皮攻打袁谭。王脩当时在乐安运送粮草，听说袁谭危急，便率部下兵马和从事几十人前往救援。到达高密时，听说袁谭已经死了，下马大哭说：“上司没了，我将回到哪里去？”便来到曹操那里，乞求收葬袁谭的尸体。曹操想看看王脩的诚意，默不作声。王脩说：“我蒙受袁氏大恩，如能够收敛袁谭的尸体，然后去死，也不会有遗憾了。”曹操嘉许他的义气，答应了他。又让王脩担任督运军粮的官，回到乐安。袁谭被攻破的时候，各城全都降服，只有管统据守乐安不服。曹操让王脩取管统首级，王脩认为管统是亡国忠臣，便为他松绑，让他去见曹操。曹操高兴地赦免了他。袁氏政令不严，手下有权势的人大多都积蓄财物。曹操攻破邺城，没收审配等人的家财数以万计。等到攻破南皮，检查王脩家的时候，只有谷物十斛，书籍百卷。曹操感叹说：“王脩的名声不是随便得来的。”就以礼辟王脩为司空掾，代理司金中郎将，又升任为魏郡太守。王脩在任施政，抑强扶弱，赏罚分明，百姓都拥护他。魏国建立以后，王脩任大司农郎中令。曹操与人商议实行肉刑，王脩认为时机未到不能施行，曹操采纳了他的建议。改任他为奉常。后来严才反叛，与其党羽数十人攻打掖门。王脩听说了，不等通告到来，就率领官属步行到了宫门。曹操在铜雀台远远望，说：“那个赶来的人一定是王叔治。”相国钟繇对王脩说：“过去，京城发生变乱的时候，九卿是守在自己官府中的。”王脩说：“吃国家俸禄，怎能避国家危难？守在自己的官府中，虽是旧制，但是不合赴国难之大义。”不久，病死在任上。儿子王忠，官做到了东莱郡太守、散骑常侍。当初，王脩在高柔二十岁时就认为他有才干，王基还是少年时就看出他不同他人，后来这两个人都成了大器，当时世人因此称赞王脩慧眼识人。

邴原字根矩，是北海国朱虚县人。他年轻的时候和管宁都以节操高尚著称，州府任命都不接受。黄巾军起，邴原带家人逃入海中，住在郁洲岛的山中。孔融时任北海国相，举荐邴原为有道。邴原因黄巾军势力正盛，就到辽东郡。同郡人刘政勇谋兼备，有英雄气概。辽东太守公孙度畏惧刘政，想把他杀掉，就逮捕了他的全家，刘政却逃脱了。公孙度遍告各县："敢有藏匿刘政者与其同罪。"刘政危急，前往投奔邴原，邴原把他藏匿了一个多月。这时，东莱郡人太史慈要回家乡，邴原就把刘政托付给他带走。然后对公孙度说："将军日前要杀刘政，认为他要危害您。如今刘政已经远离，就解除了对您的危害！"公孙度说："是这样。"邴原说："您之所以厌恶刘政，是因为他有智谋。现在刘政走，他的智谋将到别处发挥，为什么还要关押他的家属呢？不如放了，以消除下一仇怨。"公孙度于是就把刘政的家属放了。邴原又出资送走刘政家属，使他们都得以回到故乡。邴原在辽东郡，一年中有数百家前往归附他；游学的士人，教授讲学的声音，不绝于耳。

后来邴原回到家乡，曹操任命他为司空掾。邴原的女儿很早就死去了，这时候曹操的爱子仓舒也死了，曹操求邴原将他们俩合葬，邴原辞谢说："这样的合葬不合乎礼仪。我之所以自愿投靠您，您也之所以能以礼待我，是因为我能恪守典则古训而不改初衷。如果依从了您的意愿，我就变成了庸俗之辈，您认为呢？"于是曹操打消了主意，调任邴原代理丞相征事。崔琰担任东曹掾，他在记载贤臣时写道："征事邴原、议郎张范，都具有纯正美好的德行，志向方正行为忠诚，清廉淡泊足以为世人之典范，坚贞果断足以成大事。他们是国之重宝。选拔并且重用他们，那些无仁义之人就会远远地躲开。"邴原代替凉茂任五官中郎将长史，常闭门谢客，无事不出门。曹操南征东吴，邴原随行，在途中去世。

此后，大鸿胪钜鹿人张泰、河南尹扶风人庞迪、永宁太仆东郡人张阁均以清廉贤明、简朴质实著称于世。

管宁，字幼安，是北海郡朱虚县人。他十六岁时丧父，表亲同情他孤贫，都赠送他一些丧事的物品，管宁一概辞谢不接受，衡量自己的财力来办丧事。管宁身长八尺，须眉俊美。他和平原人华歆、同县邴原相友善。他们曾一起游学他郡，也同对陈仲弓敬重。当时天下大乱，管宁听说公孙度威令普行辽东，于是和邴原、平原人王烈等人前往，公孙度设馆招待他们。见过公孙度以后，管宁就在山谷中盖起草庐居住。当时避难的人多数住在郡南，而管宁住在郡北，表示不迁移的意志，稍后渐渐有人跟着他住郡北。曹操为司空时，召请管宁，公孙度的儿子公孙康暗藏这道命令而不宣布。

王烈，字彦方，那时，他的声名在邴原、管宁之上。他辞退了担任公孙度长史的职务，从事商业，来使自己隐处下层社会。曹操任命他为丞相掾征事，还未到任，就死在海外了。

中原地区稍微安定之后，逃难到辽东的人都回到了故乡，只有管宁没有动身，好像要老死在这里一样。黄初四年，朝廷诏令公卿大臣为国家举荐操行高尚的人，司徒华歆就将管宁举荐了上去。文帝即位之后，立刻征召管宁，管宁就携其家眷渡海回到故乡，公孙恭亲自送他到了城南郊，一并赠送给他许多衣服、财物。自管宁至辽东以后，公孙度、公孙康、公孙恭都先后赠送给管宁许多财物，当时他都接受，并把它们收藏起来。西渡回乡的时候，管宁将那些赠送的财物全部封好，归还给他们。魏文帝下诏委任管宁为太中大夫，他坚决推辞不肯接受。明帝即位以后，太尉华歆主动要求让位给管宁，于是明帝下达诏书说："太中大夫管宁，胸怀高尚的道德，熟习六艺，清静虚心足可以与古代高士相媲美，其清正廉洁足可以为朝廷谋事。过去遭遇了王朝衰微和暴乱，越海隐居，眼下大魏承天命，管宁就携儿带女回归故乡，这大概是印证了应龙藏匿、飞升的本领，圣贤做官、归隐的道理。可是自从黄初年间以来，朝廷的任命诏令多次下达，你每次都称病推辞，不肯接受任命。难道是朝廷政事与你志趣不合，你更愿意在山林中安逸享乐，一去不复返吗，以周姬公的圣明，年事已高，胸怀道德的人不出来做官，凤凰的鸣叫声再美也听不到。以秦穆公的贤德，还想着向白发老人征询。何况像我这样缺少德行的人呢，怎么能不希望从您那里听到治理国家的真理呢！现任命管宁为光禄勋。礼仪有至高无上的原则，君臣之间的关系准则不可废弃。希望您迅速前来，满足我的心愿。"

明帝又下诏书给青州刺史说："管宁胸怀道德，心怀贞节，隐居海边，朝廷接连几次下达诏书来征召他，他都不肯应召，徘徊乡间，贪恋闲情野趣，以为这样很高尚。虽然这样有隐士清白质朴的操守，却失掉了孝父亲恭敬地接受君主任命的风范，使我虚心等待、引颈期盼这么多年，这到底是为什么呢？只想着自己安然清闲，一定要满足自己的意愿，同时是否也应该想想古人也有很快改变自己节操，以求为民谋福的例子吗？日月流转，时光飞逝，洁身自好、修养品德，是用来干什么的呢？孔子说过：'我不跟这样的人交往又跟谁交往呢？现命令青州的驾从事，北海郡的郡丞、郡掾，奉诏按礼节送管宁到京城宫中，路上供给他安车、随从、坐垫、膳食，上路之前要先行禀报。"

管宁称自己是草莽臣，上疏道："我只不过是海边一个孤单而微贱的人，不从事农耕劳作，也没有人和我为伍，却享受着丰厚的俸禄。又幸运地遇上陛下您继承大业，陛下德行可与三皇相媲美，教化超越唐尧。长久以来我承受着陛下您的恩惠，就算是穷尽我一生为陛下祈福，也不能报答陛下对我的厚恩。我身染重病，久治不愈，违背了君臣之间不能颠倒的关系准则，日夜惊恐，无地自容。我在青龙元年十一月接到了公车司马令下达给州郡的文书，八月二十六日朝廷下达诏书征召我，又将安车、衣被、坐垫按礼节发送给我，光荣与宠幸一起到来，优裕的任命多次下达，这让我惊恐紧张，不知所措。我想清楚地表达自己的心情，申诉我的情况，可是朝廷下诏明确禁止我再上表推辞，想说的话在心里憋着，十分压抑，直到今天。我本以为陛下您的恩泽应该有终点，没想到您的恩泽更加丰厚。接到今年二月由州郡转发的青龙三年十二月十六日的诏书，陛下再次赏赐给我安车、衣服、褥垫，要求别驾从事和功曹按礼节发送我，又特地下达给我诏书，任命我为光禄勋，并且陛下亲自谦和地劝喻，援引周、秦二代的事例，有损陛下的龙威而恩宠我。接到诏书的时候，我震惊得魂飞魄散，只恨无处寻死。我反复思量，论德行我不如东园公、绮里季，却得到了安车的赏赐，论功劳我不及窦融，却蒙受玺封的恩宠，我本才能低下，却要担负起栋梁的重任，行将入土的人却获得了九卿的荣耀，恐怕会有朱博那样的灾祸。加上我的疾病日益严重，有增无减，不能乘车上路来担当起大任。我内心里对皇宫十分仰慕，现在徘徊在自己的院落里，呈上表章陈述实情，乞求陛下哀怜，收回恩泽将我放归故乡，不要让我的尸骨埋葬在进京的路上。”

从文帝黄初年间到明帝青龙年间，朝廷下达征召管宁的诏令接连不断，并且经常在八月赏赐给他牛酒。明帝下诏书问青州刺史程喜：“管宁的行为是坚守自己的节操以彰显清高呢，还是确实年老多病身体衰弱呢？”程喜上奏：“管宁有个族人名叫管贡，在州里担任小吏，和管宁是邻居，我经常派他去打听消息。管贡说：‘管宁经常戴着黑色帽子、穿着布衣，随着季节的改变而更换单衣或添加衣服，出入家门，能够拄着拐杖走路，不需要别人的扶持。一年四季的祭祀，他总是自己尽量参加，换上衣服，头戴粗布包巾，穿上过去在辽东时就有的白布单衣，亲自献上祭品，跪拜行礼。管宁很小的时候就没有了母亲，不记得母亲的容貌，祭祀时常常特意为母亲敬上一杯酒，伤心流泪。并且他的住宅离水边只有七八十步远，夏天他常常到水里清洗手脚，还常到园圃中散步观看，为臣猜测管宁之所以会前后辞让，是因为他想过隐逸的生活，并且他又上了年纪，智力衰退，因此想留在家乡，坚决辞让朝廷的征召，这是管宁想要保全自己的志向操行，并不是故意要彰显自己的清高。”

正始二年，太仆陶丘一、永宁宫卫尉孟观、侍中孙邕、中书侍郎王基一并推荐管宁上奏说：

臣听说龙和凤隐藏它们的光彩，遇到有德的君主才会显露；聪明贤达的人隐居不仕，是等待时机。因此，鸾凤鸣叫，于岐山上，周朝国运就兴隆昌盛；四皓出山辅佐，汉朝天下才得以康宁。臣等看到，太中大夫管宁，体现了天地阴阳的中正和谐，具有九种操行的精华，品德既光彩又朴实，像冰一样洁白，像溪水一样清澈。内心清静谦虚，淡泊寡欲，与天道同游；乐于黄、老之术，游心于儒家六艺，登堂入室，造诣精深，究明其深妙之理；胸怀古今韬略，总道德之要旨。中平年间，黄巾军猖獗，中原动荡不安，朝政废弛衰败。管宁躲避战乱，乘船渡海，旅居辽东三十多年。像“乾”之“始”卦那样，藏匿起身形和光彩，乐于隐遁，养浩然正气，拥有儒、墨二家之学说。贯通九流之旁支，通晓异国他乡的风俗。

黄初四年，高祖文皇帝向群臣咨询，想征求贤能的人，当时的司徒华歆举荐管宁应该当选，用公车特别征召，管宁在边远地区很快动身前来。途中遭遇厄运，身患疾病，于是朝廷派使者前往任命管宁为太中大夫。烈祖明皇帝赞美管宁的德行，晋升管宁为光禄勋。管宁因病重留居，没有能够上路。如今管宁旧病已痊愈，年龄也八十岁了，志向毫不衰倦。居处鄙室柴门，止息在穷陋的街巷，以粥饭糊口，两天吃一天的口粮，但是却吟咏《诗经》《尚书》，不改其乐。能够通过困厄，渡过危难，不改变管宁的节操，竟像金属的声音和玉器的颜色，时间越久越明亮清晰。考察这个过程，恐怕是上天的赐福，让管宁来辅助我魏朝，使天下太平。现在三公的职位空缺，众人关心。昔日殷高宗刻画人的形象，来寻求贤哲辅助；周文王用龟甲占卜，来选择良臣辅佐。何况管宁是前朝所表彰的人，名声德行著称于世，却长久停留在家，没有及时请来，这不是遵奉先人的明训，继承前人的意志呀。陛下即位，继承宏大的基业。圣明的德泽日益增进，超过了周成王。每每发布施加德泽的圣旨，都向太师、太傅咨询。如果继承太祖、高祖招引贤才的旧例，尊敬礼遇优秀杰出的人才，来光大事业，那么兴盛的教化就会超过前代。

管宁操行高尚，淡泊宁静，他是效法前人的楷模，他的德行超群卓越，天下无双。观察历代朝廷礼聘的贤才，比如申公、枚乘、周党、樊英等，查看他们学识的深浅，观测他们品行的优劣，没有谁能像管宁那样激励世俗，节操高尚独特的。实在应准备好丝帛、玉璧，礼聘征召，并且赏赐给他凭几、拐杖，请他登上太学的讲席，讲解古代的圣贤经典，谈论治国之道，上可匡正朝廷，协调天子的治国方略，下可使百姓安居乐业，使伦常关系规范有序，这样一来一定会有好的效果，使国家教化发扬光大。如果管宁坚守志节，一心归隐，追随洪崖，效仿巢父、许由。那也可以说明我朝圣明与唐尧、舜虞不相上下，优待贤良并显扬其功迹，贤朝美名将会万古流芳。虽然出仕和隐逸两者途径不同，表现也不一样，但对于治理国家、美化风俗的作用却是一样的。

因此朝廷备好安车，用蒲草包上车轮，备全礼品来礼聘管宁。正好碰上管宁去世，享年八十四岁。朝廷任命管宁的儿子管邈为郎中，后担任博士。当初，管宁之妻先行辞世，其老友规劝他再娶，管宁说："每次读到曾子、王骏不肯续弦的话，心里赞许他们的说法，自己遇到这样的事怎能违背本意呢？"

钜鹿郡张臶，字子明，颍川郡人胡昭，字孔明，他们都是在家养志不愿出来做官。张臶年轻的时候到太学学习，经学和图谶之学都很精通，后来回到乡里。袁绍多次任命他，他都不应，后来迁居到上党郡居住。并州牧高幹上表任命他为乐平县令，张臶不应，又迁徙到常山郡，门徒有几百人，又迁居任县。曹操为丞相的时候，征召他也不到。太和年间，明帝下诏征求有学问而且能够消除灾难和特异现象的隐居者。州郡多次推荐张臶，路上因为有病而没去成。广平郡太守卢毓到任三天，主簿请求按照惯例给张臶送名片去拜访他。卢毓说："张先生是人们所说的那种上不侍奉天子，下不与诸侯交结的人。岂能因送名片去拜访就使他感到增光呢！"只是派主簿给张臶送去书信和羊酒为礼。青龙四年明帝下诏说："张掖郡有暗河涌出，波涛冲出了带有图形的神石，形状如灵龟，立于河川西边；青蓝色的质地白色的花纹，有麟凤龙马图案，清晰鲜明，还有昭示天命的文字，字迹清楚。太史令高堂隆上书说：这宝物是古代圣帝都未尝遇到的，乃是大魏之吉兆也，此事被公布之后，任县县令于绰把诏书与石头上的文字一起拿去给张臶看，张臶密对于绰说："神明只预示未来，不追究以往，吉凶的征兆先出现，然后国家兴废才接着发生。汉朝早就灭亡了，大魏也已经得到了天下，哪里还用得着事后再显示征兆呢！此石是预示今后发生异常之变的征兆啊！”正始元年，有戴胜鸟在张臶家门后筑巢。张臶告诉门人说：“戴胜属于阳鸟，却把窝搭在门后，这是凶兆啊！”就拿出琴来唱歌吟咏，做诗二篇，十多天后就去世了，终年一百零五岁。这一年，广平郡太守王肃到任，给县里下指示说：“我在京都的时候，即以耳闻张子明大名，来到后才知，他已然亡故，深感痛惜。此公专心学问，隐居不仕，不与时人争竞，用道义快乐自身。从前绛县老人被迫做挖土修城的苦役，赵孟却提拔了他，诸侯因此而和睦。我怜惜张子明年老而勤勉于道，却没有等到宠幸。文书到达以后，要派遣官员慰问其家眷，在门口显要处题字表彰，务必给予特别照顾，以慰其亡灵，也劝勉后人。”

胡昭当初逃避战乱到了冀州，后因推辞袁绍的征召，逃回故乡。曹操任司空丞相时，多次礼聘胡昭，胡昭才应召前往。到了曹操那里，自称是乡野书生，于军国大事毫无用处，真诚地请求离去。曹操说：“人各有志，出隐志趣不同，我不勉强你很快改变高雅的志向，从道义上我不强迫你做不愿做的事。”于是，胡昭耕读于陆浑山中，安贫乐道，以研经释典为娱。邻里对他爱戴有加。建安二十三年，陆浑县长张固依公文要征调壮丁到汉中。百姓不愿意到远方服役，心情混乱而躁动不安。乡民孙狼等人乘机发动叛乱，杀了主簿，县城被毁，张固带着十几名官吏兵丁，前去依靠胡昭安身。又招集剩余百姓，维护秩序恢复安定。孙狼等人就南下依附关羽，关羽授予孙狼官印，并且拨给他部分士兵。孙狼回陆浑县当了盗贼，在县城南长乐亭订约发誓，说：“胡居士是贤人，谁也不准侵犯他居住的地方。”这一带的老百姓都因胡昭而不再担惊受怕。安定以后，胡昭移居宜阳县。正始年间，骠骑将军赵俨，尚书黄休、郭彝，散骑常侍荀觊、钟毓，太仆庾嶷，弘农太守何桢等人相继举荐胡昭说：“胡昭本性高洁，出于自然，年老而愈虔诚，淡泊清风，有伯夷四皓的节操，应当受朝廷征召，以激励社会风俗。”嘉平二年，朝廷派公车特地前去征召，此时胡昭去世，享年八十九岁。于是任他的儿子胡纂为郎中。当初，胡昭善于隶书，与钟繇、邯郸淳、卫觊、韦诞都有名气，他所写的书信手迹常被人当作模仿的范本。

评论说：袁涣、邴原、张范亲履清高之道，进退都遵循道义，和贡禹、龚胜、龚舍相仿佛，仅次于凉茂、国渊。张承的名声行为亦如张范，不愧是他的弟弟。田畴节操高尚，王脩忠诚坚贞，足以为世俗之楷模；管宁深沉文雅高尚，坚定不移；张臶、胡昭闭门守静，不在世上钻营。所以，把他们一并记录在此。

第八册

高山 主编

二十四史

光明日报出版社

目 录

三国志

三国志卷十二·魏书十二

崔毛徐何邢鲍司马传

崔琰字季珪，清河东武城人也。少朴讷，好击剑，尚武事。年二十三，乡移为正，始感激，读《论语》《韩诗》。至年二十九，乃结公孙方等就郑玄受学。学未期，徐州黄巾贼攻破北海，玄与门人到不其山避难。时谷籴县乏，玄罢谢诸生。琰既受遣，而寇盗充斥，西道不通。于是周旋青、徐、兖、豫之郊，东下寿春，南望江、湖。自去家四年乃归，以琴书自娱。

大将军袁绍闻而辟之。时士卒横暴，掘发丘陇，琰谏曰："昔孙卿有言：'士不素教，甲兵不利，虽汤武不能以战胜。'今道路暴骨，民未见德，宜敕郡县掩骼埋胔，示憯怛之爱，追文王之仁。"绍以为骑都尉。后绍治兵黎阳，次于延津，琰复谏曰："天子在许，民望助顺，不如守境述职，以宁区宇。"绍不听，遂败于官渡。及绍卒，二子交争，争欲得琰。琰称疾固辞，由是获罪，幽于囹圄，赖阴夔、陈琳营救得免。

太祖破袁氏，领冀州牧，辟琰为别驾从事，谓琰曰："昨案户籍，可得三十万众，故为大州也。"琰对曰："今天下分崩，九州幅裂，二袁兄弟亲寻干戈，冀方蒸庶暴骨原野。未闻王师仁声先路，存问风俗，救其涂炭，而校计甲兵，唯此为先，斯岂鄙州士女所望于明公哉！"太祖改容谢之。于时宾客皆伏失色。

太祖征并州，留琰傅文帝于邺。世子仍出田猎，变易服乘，志在驱逐。琰书谏曰："盖闻盘于游田，《书》之所戒，鲁隐，观鱼，《春秋》讥之，此周、孔之格言，二经之明义。殷鉴夏后，《诗》称不远，子卯不乐，《礼》以为忌。此又近者之得失，不可不深察也。袁族富强，公子宽放，盘游滋侈，义声不闻，哲人君子，俄有色斯之志，熊罴壮士，堕于吞噬之用，固所以拥徒百万，跨有河朔，无所容足也。今邦国殄瘁，惠康未洽，士女企踵，所思者德。况公亲御戎马，上下劳惨，世子宜遵大路，慎以行正，思经国之高略，内鉴近戒，外扬远节，深惟储副，以身为宝。而猥袭虞旅之贱服，忽驰骛而陵险，志雉兔之小娱，忘社稷之为重，斯诚有

战官渡本初败绩图，出自《图像三国志》。

识所以恻心也。唯世子燔翳捐褶，以塞众望，不令老臣获罪于天。”世子报曰：“昨奉嘉命，惠示雅数，欲使燔翳捐褶。翳已坏矣，褶亦去焉。后有此比，蒙复诲诸。”

太祖为丞相，琰复为东西曹掾属征事。初授东曹时，教曰：“君有伯夷之风，史鱼之直，贪夫慕名而清，壮士尚称而厉，斯可以率时者已。故授东曹，往践厥职。”魏国初建，拜尚书。时未立太子，临菑侯植有才而爱。太祖狐疑，以函令密访于外。唯琰露板答曰：“盖闻《春秋》之义，立子以长，加五官将仁孝聪明，宜承正统。琰以死守之。”植，琰之兄女婿也。太祖贵其公亮，喟然叹息，迁中尉。

琰声姿高畅，眉目疏朗，须长四尺，甚有威重，朝士瞻望，而太祖亦敬惮焉。琰尝荐钜鹿杨训，虽才好不足，而清贞守道，太祖即礼辟之。后太祖为魏王，训发表称赞功伐，褒述盛德。时人或笑训希世浮伪，谓琰为失所举。琰从训取表草视之，与训书曰：“省表，事佳耳！时乎时乎，会当有变时。”琰本意讥论者好谴呵而不寻情理也。有白琰此书傲世怨谤者，太祖怒曰：“谚言‘生女耳’，‘耳’非佳语。‘会当有变时’，意指不逊。”于是罚琰为徒隶，使人视之，辞色不挠。太祖令曰：“琰虽见刑，而通宾客，门若市人，对宾客虬须直视，若有所瞋。”遂赐琰死。

始琰与司马朗善，晋宣王方壮，琰谓朗曰：“子之弟，聪哲明允，刚断英跱，殆非子之所及也。”朗以为不然，而琰每秉此论。琰从弟林，少无名望，虽姻族犹多轻之，而琰常曰：“此所谓大器晚成者也，终必远至。”涿郡孙礼、卢毓始入军府，琰又名之曰：“孙疏亮亢烈，刚简能断，卢清警明理，百炼不消，皆公才也。”后林、礼、毓咸至鼎辅。及琰友人公孙方、宋阶早卒，琰抚其遗孤，恩若己子。其鉴识笃义，类皆如此。

初，太祖性忌，有所不堪者，鲁国孔融、南阳许攸、娄圭，皆以恃旧不虔见诛。而琰最为世所痛惜，至今冤之。

毛玠字孝先，陈留平丘人也。少为县吏，以清公称。将避乱荆州，未至，闻刘表政令不明，遂往鲁阳。太祖临兖州，辟为治中从事。玠语太祖曰：“今天下分崩，国主迁移，生民废业，饥馑流亡，公家无经岁之储，百姓无安固之志，难以持久。今袁绍、刘表，虽士民众强，皆无经远之虑，未有树基建本者也。夫兵义者胜，守位以财，宜奉天子以令不臣，修耕植，畜军资，如此则霸主之业可成也。”太祖敬纳其言，转幕府功曹。

太祖为司空丞相，玠尝为东曹掾，与崔琰并典选举。其所举用，皆清正之士，虽于时有盛名而行不由本者，终莫得进。务以俭率人，由是天下之士莫不以廉节自励，虽贵宠之臣，舆服不敢过度。太祖叹曰：“用人如此，使天下人自治，吾复何为哉！”文帝为五官将，亲自诣玠，属所亲眷。玠答曰：“老臣以能守职，幸得免戾，今所说人非迁次，是以不敢奉命。”大军还邺，议所并省。玠请谒不行，时人惮之，咸欲省东曹。乃共白曰：“旧西曹为上，东曹为次，宜省东曹。”太祖知其情，令曰：“日出于东，月盛于东，凡人言方，亦复先东，何以省东曹？”遂省西曹。初，太祖平柳城，班所获器物，特以素屏风素冯几赐玠，曰：“君有古人之风，故赐君古人之服。”玠居显位，常布衣蔬食，抚育孤兄子甚笃，赏赐以振施贫族，家无所余。迁右军师。魏国初建，为尚书仆射，复典选举。时太子未定，而临菑侯植有宠，玠密谏曰：“近者袁绍以嫡庶不分，覆宗灭国。废立大事，非所宜闻。”后群僚会，玠起更衣，太祖目指曰：“此古所谓国之司直，我之周昌也。”

崔琰既死，玠内不悦。后有白玠者：“出见黥面反者，其妻子没为官奴婢，玠言曰‘使天不雨者盖此也’。”太祖大怒，收玠付狱。大理钟繇诘玠曰：“自古圣帝明王，罪及妻子。《书》云：‘左不共左，右不共右，予则孥戮女。’司寇之职，男子入于罪隶，女子入于舂稿。汉律，罪人妻子没为奴婢，黥面。汉法所行黥墨之刑，存于古典。今真奴婢祖先有罪，虽历百世，犹有黥面供官，一以宽良民之命，二以宥并罪之辜。此何以负于神明之意，而当致旱？案典谋，急恒寒若，舒恒燠若，宽则亢阳，所以为旱。玠之吐言，以为宽邪，以为急也？急当阴霖，何以反旱？成汤圣世，野无生草，周宣令主，旱魃为虐。亢旱以来，积三十年，归咎黥面，为相值不？卫人伐邢，师兴而雨，罪恶无征，何以应天？玠讥谤之言，流于下民，不悦之声，上闻圣听。玠之吐言，势不独语，时见黥面，凡为几人？黥面奴婢，所识知邪？何缘得见，对之叹言？时以语谁？见答云何？以何日月？于何处所？事已发露，不得隐欺，具以状对。”玠曰：“臣闻萧生缢死，困于石显；贾子放外，谗在绛、灌；白起赐剑于杜邮；晁错致诛于东市；伍员绝命于吴都：斯数子者，或妒其前，或害其后。臣垂龆执简，累勤取官，职在机近，人事所窜。属臣以私，无势不绝，语臣以冤，无细不理。人情淫利，为法所禁，法禁于利，势能害之。青蝇横生，为臣作谤，谤臣之人，势不在他。昔王叔、陈生争正王廷，宣子平理，命举其契，是非有宜，曲直有所，《春秋》嘉焉，是以书之。臣不言此，无有时、人。说臣此言，必有征要。乞蒙宣子之辨，而求王叔之对。若臣以曲闻，即刑之日，方之安驷之赠；赐剑之来，比之重赏之惠。谨以状对。”时桓阶、和洽进言救玠。玠遂免黜，卒于家。太祖赐棺器钱帛，拜子机郎中。

徐奕字季才，东莞人也。避难江东，孙策礼命之。奕改姓名，微服还本郡。太祖为司空，辟为掾属，从西征马超。超破，军还。时关中新服，未甚安，留奕为丞相长史，镇抚西京，西京称其威信。转为雍州刺史，复还为东曹属。丁仪等见宠于时，并害之，而奕终不为动。出为魏郡太守。太祖征孙权，徙为留府长史，谓奕曰：“君之忠亮，古人不过也，然微太严。昔西门豹佩韦以自缓，夫能以柔弱制刚强者，望之于君也。今使君统留事，孤无复还顾之忧也。”魏国既建，为尚书，复典选举，迁尚书令。

太祖征汉中，魏讽等谋反，中尉杨俊左迁。太祖叹曰：“讽所以敢生乱心，以吾爪牙之臣无遏奸防谋者故也。安得如诸葛丰者，使代俊乎！”桓阶曰：“徐奕其人也。”太祖乃以奕为中尉，手令曰：“昔楚有子玉，文公为之侧席而坐；汲黯在朝，淮南为之折谋。《诗》称‘邦之司直’，君之谓与！”在职数月，疾笃乞退，拜谏议大夫，卒。

何夔字叔龙，陈郡阳夏人也。曾祖父熙，汉安帝时官至车骑将军。夔幼丧父，与母兄居，以孝友称。长八尺三寸，容貌矜严。避乱淮南。后袁术至寿春，辟之，夔不应，然遂为术所留。久之，术与桥蕤俱攻围蕲阳，蕲阳为太祖固守。术以夔彼郡人，欲胁令说蕲阳。夔谓术谋臣李业曰：“昔柳下惠闻伐国之谋而有忧色，曰‘吾闻伐国不问仁人，斯言何为至于我哉’！”遂遁匿灊山。术知夔终不为己用，乃止。术从兄山阳太守遗母，夔从姑也，是以虽恨夔而不加害。

建安二年，夔将还乡里，度术必急追，乃间行得免，明年到本郡。顷之，太祖辟为司空掾属。时有传袁术军乱者，太祖问夔曰：“君以为信不？”夔对曰：“天之所助者顺，人之所助者信。术无信顺之实，而望天人之助，此不可以得志于天下。夫失道之主，亲戚叛之，而况于左右乎！以夔观之，其乱必矣。”太祖曰：“为国失贤则亡。君不为术所用；乱，不亦宜乎！”太祖性严，掾属公事，往往加杖；夔常畜毒药，誓死无辱，是以终不见及。出为城父令。迁长广太守。郡滨山海，黄巾未平，豪杰多背叛，袁谭就加以官位。长广县人管承，徒众三千余家，为寇害。

议者欲举兵攻之。夔曰："承等非生而乐乱也，习于乱，不能自还，未被德教，故不知反善。今兵迫之急，彼恐夷灭，必并力战。攻之既未易拔，虽胜，必伤吏民。不如徐喻以恩德，使容自悔，可不烦兵而定。"乃遣郡丞黄珍往，为陈成败，承等皆请服。夔遣吏成弘领校尉，长广县丞等郊迎奉牛酒，诣郡。牟平贼从钱，众亦数千，夔率郡兵与张辽共讨定之。东牟人王营，众三千余家，胁昌阳县为乱。夔遣吏王钦等，授以计略，使离散之。旬月皆平定。

是时太祖始制新科下州郡，又收租税绵绢。夔以郡初立，近以师旅之后，不可卒绳以法，乃上言曰："自丧乱已来，民人失所，今虽小安，然服教日浅。所下新科，皆以明罚敕法，齐一大化也。所领六县，疆域初定，加以饥馑，若一切齐以科禁，恐或有不从教者。有不从教者不得不诛，则非观民设教随时之意也。先王辨九服之赋以殊远近，制三典之刑以平治乱，愚以为此郡宜依远域新邦之典，其民间小事，使长吏临时随宜，上不背正法，下以顺百姓之心。比及三年，民安其业，然后齐之以法，则无所不至矣。"太祖从其言。征还，参丞相军事。海贼郭祖寇暴乐安、济南界，州郡苦之。太祖以夔前在长广有威信，拜乐安太守。到官数月，诸城悉平。

入为丞相东曹掾。夔言于太祖曰："自军兴以来，制度草创，用人未详其本，是以各引其类，时忘道德。夔闻以贤制爵，则民慎德；以庸制禄，则民兴功。以为自今所用，必先核之乡闾，使长幼顺叙，无相逾越。显忠直之赏，明公实之报，则贤不肖之分，居然别矣。又可修保举故不以实之令，使有司别受其负。在朝之臣，时受教与曹并选者，各任其责。上以观朝臣之节，下以塞争竞之源，以督群下，以率万民，如是则天下幸甚。"太祖称善。魏国既建，拜尚书仆射。文帝为太子，以凉茂为太傅，夔为少傅；特命二傅与尚书东曹并选太子诸侯官属。茂卒，以夔代茂。每月朔，太傅入见太子，太子正法服而礼焉；他日无会仪。夔迁太仆，太子欲与辞，宿戒供，夔无往意；乃与书请之，夔以国有常制，遂不往。其履正如此，然于节俭之世，最为豪汰。文帝践阼，封成阳亭侯，邑三百户。疾病，屡乞逊位。诏报曰："盖礼贤亲旧，帝王之常务也。以亲则君有辅弼之勋焉，以贤则君有醇固之茂焉。夫有阴德者必有阳报，今君疾虽未瘳，神明听之矣。君其即安，以顺朕意。"薨，谥曰靖侯。子曾嗣，咸熙中为司徒。

邢颙字子昂，河间鄚人也。举孝廉，司徒辟，皆不就。易姓字，适右北平，从田畴游。积五年，而太祖定冀州。颙谓畴曰："黄巾起来二十余年，海内鼎沸，百姓流离。今闻曹公法令严。民厌乱矣，乱极则平。请以身先。"遂装还乡里。田畴曰："邢颙，民之先觉也。"乃见太祖，求为乡导以克柳城。

太祖辟颙为冀州从事，时人称之曰："德行堂堂邢子昂。"除广宗长，以故将丧弃官。有司举正，太祖曰："颙笃于旧君，有一致之节。"勿问也。更辟司空掾，除行唐令，劝民农桑，风化大行。入为丞相门下督，迁左冯翊，病，去官。是时，太祖诸子高选官属，令曰："侯家吏，宜得渊深法度如邢辈。"遂以为平原侯植家丞。颙防闲以礼，无所屈挠，由是不合。庶子刘桢书谏植曰："家丞邢颙，北土之彦，少秉高节，玄静澹泊，言少理多，真雅士也。桢诚不足同贯斯人，并列左右。而桢礼遇殊特，颙反疏简，私惧观者将谓君侯习近不肖，礼贤不足，采庶子之春华，忘家丞之秋实。为上招谤，其罪不小，以此反侧。"后参丞相军事，转东曹掾。初，太子未定，而临菑侯植有宠，丁仪等并赞翼其美。太祖问颙，颙对曰："以庶代宗，先世之戒也。愿殿下深重察之！"太祖识其意，后遂以为太子少傅，迁太傅。文帝践阼，为侍中尚书仆射，赐爵关内侯，出为司隶校尉，徙太常。黄初四年薨。子友嗣。

鲍勋字叔业，泰山平阳人也，汉司隶校尉鲍宣九世孙。宣后嗣有从上党徙泰山者，遂家焉。勋父信，灵帝时为骑都尉，大将军何进遣东募兵。后为济北相，协规太祖，身以遇害。语在《董卓传》《武帝纪》。建安十七年，太祖追录信功，表封勋兄邵新都亭侯。辟勋丞相掾。

二十二年，立太子，以勋为中庶子。徙黄门侍郎，出为魏郡西部都尉。太子郭夫人弟为曲周县吏，断盗官布，法应弃市。太祖时在谯，太子留邺，数手书为之请罪。勋不敢擅纵，具列上。勋前在东宫，守正不挠，太子固不能悦，及重此事，恚望滋甚。会郡界休兵有失期者，密敕中尉奏免勋官。久之，拜侍御史。延康元年，太祖崩，太子即王位，勋以驸马都尉兼侍中。

文帝受禅，勋每陈"今之所急，唯在军农，宽惠百姓。台榭苑囿，宜以为后"。文帝将出游猎，勋停车上疏曰："臣闻五帝三王，靡不明本立教，以孝治天下。陛下仁圣恻隐，有同古烈。臣冀当继踪前代，令万世可则也。如何在谅闇之中，修驰骋之事乎！臣冒死以闻，唯陛下察焉。"

帝手毁其表而竟行猎，中道顿息，问侍臣曰："猎之为乐，何如八音也？"侍中刘晔对曰："猎胜于乐。"勋抗辞曰："夫乐，上通神明，下和人理，隆治致化，万邦咸乂。移风易俗，莫善于乐。况猎，暴华盖于原野，伤生育之至理，栉风沐雨，不以时隙哉？昔鲁隐观渔于棠，《春秋》讥之。虽陛下以为务，愚臣所不愿也。"因奏："刘晔佞谀不忠，阿顺陛下过戏之言。昔梁丘据取媚于遄台，晔之谓也。请有司议罪以清皇朝。"帝怒作色，罢还，即出勋为右中郎将。

黄初四年，尚书令陈群、仆射司马宣王并举勋为宫正，宫正即御史中丞也。帝不得已而用之，百僚严惮，罔不肃然。六年秋，帝欲征吴，群臣大议，勋面谏曰："王师屡征而未有所克者，盖以吴、蜀唇齿相依，凭阻山水，有难拔之势故也。往年龙舟飘荡，隔在南岸，圣躬蹈危，臣下破胆。此时宗庙几至倾覆，为百世之戒。今又劳兵袭远，日费千金，中国虚耗，令黠虏玩威，臣窃以为不可。"帝益忿之，左迁勋为治书执法。

帝从寿春还，屯陈留郡界。太守孙邕见，出过勋。时营垒未成，但立标埒，邕邪行不从正道，军营令史刘曜欲推之，勋以堑垒未成，解止不举。大军还洛阳，曜有罪，勋奏绌遣，而曜密表勋私解邕事。诏曰："勋指鹿作马，收付廷尉。"廷尉法议："正刑五岁。"三官驳："依律罚金二斤。"帝大怒曰："勋无活分，而汝等敢纵之！收三官已下付刺奸，当令十鼠同穴。"太尉钟繇、司徒华歆、镇军大将军陈群、侍中辛毗、尚书卫臻、守廷尉高柔等并表"勋父信有功于太祖"，求请勋罪。帝不许，遂诛勋。勋内行既修，廉而能施，死之日，家无余财。后二旬，文帝亦崩，莫不为勋叹恨。

司马芝字子华，河内温人也。少为书生，避乱荆州，于鲁阳山遇贼，同行者皆弃老弱走，芝独坐守老母。贼至，以刃临芝，芝叩头曰："母老，唯在诸君！"贼曰："此孝子也，杀之不义。"遂得免害，以鹿车推载母，居南方十余年，躬耕守节。

太祖平荆州，以芝为菅长。时天下草创，多不奉法。郡主簿刘节，旧族豪侠，宾客千余家，出为盗贼，入乱吏治。顷之，芝差节客王同等为兵，掾史据白："节家前后未尝给繇，若至时藏匿，必为留负。"芝不听，与节书曰："君为大宗，加股肱郡，而宾客每不与役，既众庶怨望，或流声上闻。今调同等为兵，幸时发遣。"兵已集郡，而节藏同等，因令督邮以军兴诡责县，县掾史穷困，乞代同行。芝乃驰檄济南，具陈节罪。

太守郝光素敬信芝，即以节代同行，青州号芝“以郡主簿为兵”。迁广平令。征虏将军刘勋，贵宠骄豪，又芝故郡将，宾客子弟在界数犯法。勋与芝书，不著姓名，而多所属托，芝不报其书，一皆如法。后勋以不轨诛，交关者皆获罪，而芝以见称。

迁大理正。有盗官练置都厕上者，吏疑女工，收以付狱。芝曰：“夫刑罪之失，失在苛暴。今赃物先得而后讯其辞，若不胜掠，或至诬服。诬服之情，不可以折狱。且简而易从，大人之化也。不失有罪，庸世之治耳。今宥所疑，以隆易从之义，不亦可乎！”太祖从其议。历甘陵、沛、阳平太守，所在有绩。黄初中，入为河南尹，抑强扶弱，私请不行。会内官欲以事托芝，不敢发言，因芝妻伯父董昭。昭犹惮芝，不为通。芝为教与群下曰：“盖君能设教，不能使吏必不犯也。吏能犯教，而不能使君必不闻也。夫设教而犯，君之劣也；犯教而闻，吏之祸也。君劣于上，吏祸于下，此政事所以不理也。可不各勉之哉！”于是下吏莫不自励。门下循行尝疑门干盗簪，干辞不符，曹执为狱。芝教曰：“凡物有相似而难分者，自非离娄，鲜能不惑。就其实然，循行何忍重惜一簪，轻伤同类乎！其寝勿问。”

明帝即位，赐爵关内侯。顷之，特进曹洪乳母当，与临汾公主侍者共事无涧神系狱。卞太后遣黄门诣府传令，芝不通，辄敕洛阳狱考竟，而上疏曰：“诸应死罪者，皆当先表须报。前制书禁绝淫祀以正风俗，今当等所犯妖刑，辞语始定，黄门吴达诣臣，传太皇太后令。臣不敢通，惧有救护，速闻圣听，若不得已，以垂宿留。由事不早竟，是臣之罪，是以冒犯常科，辄敕县考竟，擅行刑戮，伏须诛罚。”帝手报曰：“省表，明卿至心，欲奉诏书，以权行事，是也。此乃卿奉诏之意，何谢之有？后黄门复往，慎勿通也。”芝居官十一年，数议科条所不便者。其在公卿间，直道而行。会诸王来朝，与京都人交通，坐免。

后为大司农。先是诸典农各部吏民，末作治生，以要利入。芝奏曰：“王者之治，崇本抑末，务农重谷。《王制》：‘无三年之储，国非其国也。’《管子·区言》以积谷为急。方今二虏未灭，师旅不息，国家之要，惟在谷帛。武皇帝特开屯田之官，专以农桑为业。建安中，天下仓廪充实，百姓殷足。自黄初以来，听诸典农治生，各为部下之计，诚非国家大体所宜也。夫王者以海内为家，故传曰：‘百姓不足，君谁与足！’富足之由，在于不失天时而尽地力。今商旅所求，虽有加倍之显利，然于一统之计，已有不赀之损，不如垦田益一亩之收也。夫农民之事田，自正月耕种，耘锄条桑，耕熯种麦，获刈筑场，十月乃毕。治廪系桥，运输租赋，除道理梁，墐涂室屋，以是终岁，无日不为农事也。今诸典农，各言‘留者为行者宗田，计课其力，势不得不尔。不有所废，则当素有余力。’臣愚以为不宜复以商事杂乱，专以农桑为务，于国计为便。”明帝从之。每上官有所召问，常先见掾史，为断其意故，教其所以答塞之状，皆如所度。芝性亮直，不矜廉隅。与宾客谈论，有不可意，使面折其短，退无异言。卒于官，家无余财，自魏迄今为河南尹者莫及芝。

芝亡，子岐嗣，从河南丞转廷尉正，迁陈留相。梁郡有系囚，多所连及，数岁不决。诏书徙狱于岐属县，县请豫治牢具。岐曰：“今囚有数十，既巧诈难符，且已倦楚毒，其情易见。岂当复久处囹圄邪！”及囚至，诘之，皆莫敢匿诈，一朝决竟，遂超为廷尉。是时大将军爽专权，尚书何晏、邓飏等为之辅翼。南阳圭泰尝以言迕指，考系廷尉。飏讯狱，将致泰重刑。岐数飏曰：“夫枢机大臣，王室之佐，既不能辅化成德，齐美古人，而乃肆其私忿，枉论无辜。使百姓危心，非此焉在？”飏于是惭怒而退。岐终恐久获罪，以疾去官。居家未期而卒，年三十五。子肇嗣。

评曰：徐奕、何夔、邢颙贵尚峻厉，为世名人。毛玠清公素履，司马芝忠亮不倾，庶乎不吐刚茹柔。崔琰高格最优，鲍勋秉正无亏，而皆不免其身，惜哉！《大雅》贵“既明且哲”，《虞书》尚“直而能温”，自非兼才，畴克备诸！

【译文】

崔琰字季珪，是清河郡东武城县人。小的时候性格朴实，语言迟钝，喜欢击剑，喜爱武功。二十三岁那年，由乡兵转为正卒，才由感慨而发奋，研读《论语》《韩诗》。二十九岁，与公孙方等人结交，到郑玄门下学习。尚未满一年，徐州的黄巾军攻破了北海，郑玄与其弟子到不其山躲避兵难。由于粮谷十分匮乏，郑玄只好辞退弟子停止授学。崔琰看见到处都是盗寇，西去的道路不通，于是在青、徐、兖、豫四州郊野徘徊，东到寿春，向南也几乎到达长江、洞庭湖一带。从离开家算起，四年之后才返回，自此以弹琴读书自娱。

袁绍听说后任命崔琰为下属。当时士兵暴虐无度，挖坟掘墓，崔琰劝谏说：“过去荀子曾经说过：士兵平素不约束训练，铠甲兵器不坚固锋利，即使是汤、周二王也不能靠这样的军队取胜。如今平地上尸骨暴露，百姓还没有看到德政。应当命令各郡县掩埋尸骨，以示您哀痛死者的爱心，效法周文王的仁慈。”袁绍任崔琰为骑都尉。后来袁军在黎阳训练，驻扎在延津渡口。崔琰又劝谏说：“天子在许县，百姓支持顺从朝廷的一方，我们为何不坚守辖境向天子进贡述职，来安定地方呢！”袁绍不听，终于官渡失败。袁绍死后，他的两个儿子互相争斗，都想得到崔琰的帮助。崔琰以有病为由坚决推辞，因此获罪，被关进监狱，后靠阴夔、陈琳的营救才得以免祸。

曹操击败袁氏以后，同时担任冀州牧，召崔琰为别驾从事，得意地对崔琰说：“昨天统计户籍，冀州有三十万人，这倒是个大州啊！”崔琰回答说：“目前天下分崩，九州离析，袁谭、袁尚兄弟相互争战，冀州百姓曝尸荒野。还没有听说王师的仁声先到，来慰问百姓的状况，拯救人民的苦难，倒先看到统计多少武器人口，这难道是冀州百姓对您的期望吗！”曹操立刻改变得意之色，向崔琰谢罪。这时其他宾客也都吓得变色低头。

曹操征讨并州的时候，崔琰作为曹丕的师傅留在邺城。曹丕喜欢外出打猎，换了服装车辆，只想着驱兽逐猎。于是崔琰上书劝谏说：“热衷游乐打猎，是《尚书》所禁戒的；鲁隐公观鱼，受到《春秋》讥讽。这是周公、孔子的格言，经典中已经明确大义。殷商以夏朝的教训为鉴，《诗经》说为时不远；碰到甲子、乙卯的日子不能行乐，《礼记》上认为这是忌讳的日子，也是近人的教训，应深刻省察啊！袁氏家族富裕强大，他的儿子耽于游乐，对益言充耳不闻，贤明的君子马上就有察其言、观其色而离去的想法；勇猛的壮士成为袁氏兄弟互相吞并的臂助。所以，虽然拥有百万之众，据有河北广袤土，最后却弄得无处容身。现在国家贫弱，还未康宁，百姓都踮足以待渴望德政。况且你父亲率兵为，驰骋辛劳，您作为世子应恪守正道，慎行其事，思考治国之策，对内以近事为戒，对外以先哲节操为鉴，深思魏公继承者的重任，珍爱自己。而您却忘记身份穿上猎官的服装，在险山峻地纵马驰骋，寄情于猎鸟射兔的小娱乐，将社稷之重抛却一边，这实在让人痛心。望世子烧掉猎具，丢掉猎装骑服，不辜负魏王厚望，不要老臣使我得罪苍天。”曹丕回答说：“昨天知道了你的好意，告知我深刻的道理。现在弓矢猎装已经毁弃，以后再有这样的事发生，仍然希望得到你的教诲。”

太祖出任丞相，崔琰又任东西曹掾属征事。刚任命崔琰为东曹的时候，太祖下令说："君有伯夷的风范，史鱼的刚直，贪婪的人因仰慕君的大名而变得清廉，壮士因崇拜君的声誉而勉励自己，这可以做时代的表率了。所以授给君东曹的职务，前去上任吧！"魏国刚刚建立的时候，拜任为尚书。当时还没立太子，临淄侯曹植因有才而受到宠爱。太祖犹豫不决，用密封的信函征求外面官员们的意见。只有崔琰用不封口的文书公开答复说："我听说《春秋》上的原则，要立年长的儿子为继承人，再加上五官将仁孝聪明，应当继承正统。崔琰将以死来坚持这个观点。"曹植是崔琰哥哥的女婿。太祖赞赏崔琰的公正坦荡，喟然叹息，晋升崔琰为中尉。

崔琰体态魁伟，声音洪亮，眉疏目朗，须长四尺，仪态威重，朝廷中的人很是敬仰他，曹操对他也非常敬畏。崔琰曾推荐过钜鹿人杨训，杨训这人虽才能不足，却清廉贞洁，遵守正道，曹操于是按礼仪征召了杨训。后来曹操当了魏王，杨训上表称赞功绩，夸述曹操盛德。当时就有人讥笑杨训迎合献媚，认为崔琰举荐人不当。崔琰从杨训那里取来表文的底稿看后，就写信给杨训说："读表文，是事情做得好罢了！时代啊，总是在变化的啊！"崔琰的本意是抨击那些批评者好谴责而不循情理。有人却说崔琰这是傲视世人，胸怀怨恨，曹操怒说："谚语说'生女耳'，'耳'不是个好词。'会有变的时候'，意思非常不恭顺。"便罚崔琰为囚徒，派人监督他做苦工，崔琰一点也没有屈服。曹操的下令说："崔琰虽然被判刑，却与宾客来往，门庭若市，在宾客面前放浪形骸，好像有所怨怼。"于是下令赐崔琰死。

当初崔琰和司马朗关系很好，司马懿正当壮年，崔琰对司马朗说："你弟弟聪敏明哲，刚毅果断，才德优异，日后定能超过你。"司马朗不这样认为，崔琰却总坚持自己的看法。崔琰弟崔林，年轻时没有名望，亲戚们也大多轻视他，崔琰却说："崔林大器晚成，最终必定大有作为。"涿郡的孙礼、卢毓刚进入魏王军府，崔琰又称赞他们说："孙礼诚信耿直，刚毅果断，卢毓清醒机警，深明事理，不屈不挠，都是可做三公的人。"后来崔林、孙礼、卢毓三人都官至宰辅。崔琰的朋友公孙方、宋阶死得早，崔琰抚养他们留下的孤儿，像对待自己的子女一样恩爱。他的明鉴卓识，笃于情义，大都像这个样子。

当初，曹操性情忌刻，有一些所不能容忍的人，如鲁国的孔融、南阳的许攸、娄圭，都因自己是曹操的故旧而言语不敬被杀。而崔琰之死最被世人痛惜，至今还为他感到冤屈。

毛玠字孝先，是陈留郡平丘县人。年轻的时候任县政府的办事官员，凭借清廉公正著称。后来要到荆州避乱，还没有到荆州，听说刘表政令不严明，便前往鲁阳县。太祖主持兖州政务，任命毛玠为治中从事。毛玠对太祖说："现在天下分崩，君主流亡，民众失业，饥饿流亡，公家没有维持一年的储备，百姓没有安定的心思，这种情况是难以支撑很久的。如今袁绍、刘表，虽然兵民众多力量强盛，但是二人都没有长远的考虑，没有进行建设基础树立根本的工作。用兵要符合道义才能取胜，保守地位需要有财力的支持，应当拥戴天子以号令那些不臣服的人，发展农业，积蓄军资，这样霸王之业就可以建成了。"太祖恭敬地采纳了毛玠的建议，改任毛玠为将军幕府中的功曹。

太祖担任司空、丞相的时候，毛玠曾经做东曹掾，和崔琰一起主管选举。他所举用的都是清廉正直的人士，那些尽管在当时有盛名，但是行为虚浮、不务根本的人，始终没能得到提拔任用。他力求用俭朴的作风引导人们，因此全国的士人无不以清廉的节操来勉励自己，即使是地位高贵、受到宠信的大臣，车子、衣服也不敢超过制度。太祖叹息说："用这样的人，让天下人自己治理自己，我还有什么可做的呢！"魏文帝做五官中郎将时，曾亲自去见毛玠，托他任用自己所亲信的人。毛玠回答说："老臣因为能够恪守职责，才幸而得以免于获罪。现在您所说的人不符合升迁的次第，所以我不敢奉命。"大军回邺以后，讨论省并官府。当时很多人由于曾经向毛玠请托为官被他拒绝，很害怕他，因此都想要废除东曹，就一起禀告太祖说："按照旧制，西曹为上，东曹为次，应该撤销东曹。"太祖知道其中实情，下令说："日出于东方，月明于东方，凡人说到方位，也是先说东方，为什么省东曹？"结果省去西曹。起初，太祖平定柳城，将缴获的器物赏赐群臣，特意以素屏风和素凭几赐给毛玠，说："您有古人的作风，所以赐给你古人的用具。"毛玠居于显要的官位，但是经常穿布衣吃素菜，抚育哥哥的孤儿情意深厚，所得的赏赐都用来救济贫困的族人，家里没有剩余的财物。后来升任右军师。魏国建立之初，做尚书仆射，再次掌管选举。当时太子还没有确定，而临菑侯曹植受到太祖宠爱，毛玠秘密劝告太祖说："今日袁绍因为嫡庶不分，导致破家亡国。废立太子是件大事，您想要废嫡子丕而立临菑侯植，这是我不愿意听到的事。"后来有一次群僚聚会，毛玠起身上厕所，太祖用眼睛指着他说："这人正是古人所说的'国之司直'，也是我的周昌啊！"

崔琰被赐死之后，毛玠心中不高兴。后来有人检举毛玠，说："毛玠看见因反叛而被黥面的人，这些人的妻子儿女被贬入官衙做奴婢。毛玠说：'上天不下雨，大概就是这个缘故吧。'"曹操大怒，将毛玠逮捕下狱。大理钟繇审问毛玠，说："自古圣明帝王的律令，都是一人有罪，连及妻子儿女。《尚书》说：'若车左的人不恭行左方的命令，车右的人不恭行右方的命令，我就杀了你们的妻子儿女。司寇的职责是，男子有罪入为奴隶，女子有罪就罚入官府舂米、做箭杆。汉朝的律令，罪人的妻子儿女收为奴婢，并且黥面。汉法所执行的黥墨之刑，是符合古代法典的。现在奴婢的祖先有罪，虽然经过百代，还有黥面供官衙差使的，一则宽恕百姓的生命，再则原谅他们同罪的过失。这又怎么违背了神明的旨意，而要引起旱灾？按照典籍的说法，政治苛急则气候常寒冷，舒和则常温暖，宽缓则阳光炽烈，所以引起干旱。毛玠的话，是认为宽缓呢？还是苛急？若苛急，应当阴雨，为什么反而干旱？成王、商汤的时代是个盛世，然而郊野寸草不生；周宣王是位英明的君主，却干旱肆虐。自从干旱以来，已经有三十年，而归咎于黥面的刑罚，这合理吗？卫人讨伐，军队一出动就下雨，罪恶本无征兆，如何与天相应呢？毛玠你那些讥讽毁谤的言论，已经在百姓中流传；不满怨恨的声音，也已被圣上听闻。因此，你毛玠的话，必然不是单独说的。当时看到黥面的人有多少？认不认得那些黥面的奴婢？怎么能看见他们，而对他们感叹？当时对谁说？别人怎么回答？在什么时候？什么地点？事情已经暴露了，不得隐瞒欺骗，据实招供。"毛玠说："臣听说：萧望自缢身死，是因为被石显陷害；贾谊流放长沙，是因为绛侯周伯、灌婴进谗言；在杜邮，白起被赐剑自刎；在东市，晁错被诛死；在吴都，伍员被迫自杀。这几位先人，有的当面受人嫉妒，有的背后遭人陷害。臣自幼读书，辛辛苦苦取得官位，职掌机要，人事安排都在此处。如果请办私事，不论其权势如何，一概拒绝；如果诉冤屈，不论事情大小，一定处理。任何人枉法贪利，都是法律所禁止的；法律禁止这种事，有权有势的人却能妨害法律。诡邪的人到处诽谤我，诽谤我的人，必定不是他人。春秋时代，王叔、陈生两人在周王的朝廷争夺权利，由晋国的范宣子评理。他命双方对质，结果是非曲直判断得很恰当，《春秋》称赞这件事，所以记载下来。臣不谈在何时、有何人。说臣曾经作此言，必须有证据。请求您要像宣子那样明辨，找出诽谤的人来对质。如果我果真理亏，受刑那天，就好比是赠我安适的马匹；赐剑自杀，就好比是对我的重赏。谨以实情对答。”这时桓阶、和洽出来说话，营救毛玠。毛玠终被罢官，死于家中。曹操赐他棺木、钱帛，任他的儿子毛机为郎中。

徐奕字季才，是东莞人。他到江东避难，得到孙策的礼聘。徐奕改换姓名，穿着民服逃回家乡。曹操任司空，任命徐奕为掾属，随曹操西征马超。败马超后，大军撤回。当时关中刚被征服，还没完全安定下来，曹操便把徐奕留下来任丞相长史，镇守安抚长安，长安人都称颂他的威信。转任雍州刺史，后回朝廷任东曹掾属。当时丁仪等人很受宠信，一起诽谤他，而徐奕始终没有屈服。后来又出任魏郡太守。曹操征讨孙权，任徐奕为留府长史，对他说：“您的忠诚坦荡，直追古人，但有些过于严厉。过去西门豹佩软皮带以提醒自己不要太急，以柔克刚，这是我对您的期望。如今您统管留守大事，我没有后顾之忧了。”魏国建立后，徐奕任尚书，又主持官员选举，升迁为尚书令。

曹操征讨汉中，魏讽等人发生叛乱，中尉杨俊因为这件事被降职。曹操叹息说：“魏讽之所以敢生叛逆之心，是因为大臣们没有能遏制阴谋的人。上哪能找到像诸葛丰那样的人，以替代杨俊呢！”桓阶说：“徐奕就是这样的人呀！”曹操便任徐奕为中尉，发手令说：“过去楚有子玉，晋文公因此担忧得难以正坐；汲黯在汉，淮南王不敢谋反。《诗经》说‘主持国家正道的人’，应该说的就是您吧！”在职几个月，因病重请求退职，被任为谏议大夫，不久去世。

何夔字叔龙，是陈郡阳夏人。他的曾祖父何熙，是汉安帝时任车骑将军。何夔幼年失父，与母亲、哥哥一起生活，以孝顺父母、友爱兄弟为人称道。何夔身高八尺三寸，容貌庄重严肃。曾到淮南避乱。后来袁术到寿春，征召他，何夔没有答应，但还是被袁术留下。不久，袁术与桥蕤都去攻围蕲阳，蕲阳被曹操守住。袁术因何夔是蕲阳郡人，想胁迫他去说降蕲阳守军。何夔对袁术的谋臣李业说：“过去柳下惠听说鲁君欲伐齐之谋而生忧虑，说：‘我听说攻伐别国的事不应向仁者询问，这话为什么要和我说’！”于是出逃，躲藏在灊山。袁术知道何夔最终不会为自己所用，才不再追逼。袁术的堂兄山阳太守袁遗的母亲，是何夔的堂姑，虽然袁术很恼恨何夔，但却未加害于他。

建安二年，何夔准备回乡，他估计袁术一定会来追赶，于是就走小道逃避了追捕，第二年回到郡里。不久，曹操征辟何夔为司空掾属。当时有传闻说袁术的部队发生内乱，曹操问何夔说：“你信不信？”何夔回答说：“上天要帮助的是顺应民心的人，人们要帮助的是取信于民的人，袁术没有信用、顺民的行为，却企望得到上天和百姓的帮助，这是不可能实现的。失去道义的君主，连亲戚都要背叛他，更何况周围的人呢！依我看，他的部队发生内乱是必然的。”曹操说：“治家失贤就会灭亡。你不被袁术所重用，他的内部发生叛乱是理所当然的。”曹操执法甚严，在掾属任职的官员往往受到杖责，何夔常常备毒药，宁死不受污辱，但是没有受到责罚。后来，出任城父县令，升为长广太守。这个郡依山傍海，黄巾军还没有平完，当地的豪强大多与他们都有联系，袁谭就给他们加封官职，希望以此来转化他们的心。长广县人管承有部众三千多家，抢劫掳掠，危害地方。有人提出派兵去攻打。何夔说：“管承等人不是天生就喜欢作乱的，因为没有受到德教，而不能自拔，还不知道改邪归正。如果军队逼得太急，他们唯恐被剿灭，一定会拼命抵抗。就不易取胜，即便取胜，也会伤害很多官吏百姓。不如慢慢地用德义开导，使他们逐渐醒悟，不用兴师动众就能平定他们。”于是，就派郡丞黄珍前去，给他们讲明利害得失，于是管承等人都请求归降。何夔派县吏成弘兼任校尉长。县丞等人带着牛、酒到郊外迎接管承等人的到来。牟平的贼寇从钱手下有几千人马，何夔率领郡中的部队和张辽一起讨伐并且平定了他们。东牟人王营有部众三千多家，胁迫昌阳县作乱。何夔派官吏王钦等人，以计谋使王营等分崩溃散，不到一月就都平定了。

此时曹操制定节新的法令并且颁发到各州、郡，而且征收租税丝绵织品。何夔认为各郡刚从乱离中恢复建制，屡遭兵火，不宜仓促间便以法令约束。于是上书说：“自离乱以来，百姓流离失所，现虽初步安定，但教化时间尚短。此次所颁之新条令，是靠严厉刑罚整顿秩序，以统一教化。长广郡辖六县，疆域初定，加之灾荒肆虐，如一切皆用法令统一，恐有人不服政教，就不得不戮杀这些人，那样就不是观民风而设教化来顺天时了。先代圣王以距王畿之远近而辨‘九服’，征收九种不同的赋税，制定轻、中、重三类不同程度的刑典以平治乱。我认为，长广郡应依循离王畿较远之地域和新邦轻典来对待，小的纠纷，就让负责管理的官吏临时采取措施处理。这样对上既不违正大法典，对下又顺遂了百姓心意。三年之后，民众安居乐业，然后再施予统一的法律，就可以行通了。”曹操采纳了何夔的意见。何夔后被召回，参谋丞相府军事。海贼郭祖作乱于乐安、济南地界，州郡官吏百姓深受其害。曹操因何夔以前在长广郡很有威信，任命他为乐安太守。何夔到任几个月后，各县城均被平定。

何夔又任丞相东曹掾。他给曹操进言说："自从您起兵以来，制度开始建立，用人时未能详察其本质，所以人们各自引荐同类，忽略了对道德的考察。我听说据贤能予爵位，百姓就重视道德；依功劳与俸禄，百姓就乐于立功。我认为从现在开始所用之人，应先在其家乡进行考核，使长幼有序，不相互逾越。公开奖励忠正之人，予奉公诚实的人以报酬。这样就使好坏，判然有别，又可以制定惩治举荐人才弄虚作假的法令，使有关官员也同时承担责任。在朝的大臣，与东曹共同选任官员的时候，也能各负其责。这样既可以上观朝臣之节操，又下塞追名逐利之根源，借以监督下级，统率民众，此天下人之大幸也。"曹操认为这个建议非常好。魏国建立以后，任何夔为尚书仆射。曹丕为太子的时候，以凉茂为太子太傅，何夔为太子少傅；特许二人与尚书东曹一起选拔辅佐太子的官属。凉茂去世，曹操以何夔代替凉茂太子太傅的职务。每月初一日，太傅入宫见太子，太子端端正正穿好礼服向太傅行礼；平常则没有这样的相会礼仪。何夔升迁为太仆，太子曹丕想和他辞别，头一天晚上就备下酒菜，何夔没有前往；太子写信请他，何夔认为国家有制度不往。他就是这样遵守正道。然而，在当时节俭的风气中，何夔又最为豪奢。曹丕登位，封何夔为成阳亭侯，封邑三百户。由于疾病，何夔多次辞位。文帝下诏回复说："礼遇贤能亲近故旧，是帝王常做的事。从亲近的角度说您有辅助的功劳，从贤能的角度说您有纯真的美德；有阴德的人必有阳报。如今您的病虽然没有痊愈，但是神明对您的所有功德全部都知道。请您安心养病，以顺遂我的心愿。"何夔去世后，加谥号为靖侯。儿子何曾承袭了爵位，咸熙年间任司徒。

邢颙字子昂，时河间郡鄚县人。有人举荐他为孝廉，司徒征召他，他都不接受。并且改名换姓来到右北平，与田畴交游。过了五年，曹操平定了冀州，邢颙对田畴说："黄巾军兴起已有二十多年，国内动乱，百姓离所。听说曹公法令严明，百姓又厌恶战乱，乱极必会转向安定，请让我先去投奔他。"就整装回到故乡。田畴说："邢颙是百姓中的先知先觉者。"邢颙去见曹操，请求担任向导去夺取柳城。

曹操征召邢颙为冀州从事，时人称赞他说："邢子昂品行端正。"被任命为广宗县长，因旧主死而弃官不做。官署举报纠察这事，曹操说："邢颙对旧友情深谊厚，有一贯的节操。”没有追究。改征为司空掾，任命他为行唐县令，他勉励百姓从事农桑，风俗教化遍行于世。后来邢颙入京，任丞相府门下督，迁任左冯翊，因病辞职。这时，曹操的几个儿子都高标准征求官属，下令说：“侯爵家的官吏，应得到法度谨严如邢颙那样的人。”于是邢颙就成了平原侯曹植的家丞。邢颙严守礼仪防禁曹植，一点不妥协，因此二人关系始终若即若离。庶子刘桢写信劝谏曹植说：“家丞邢颙，北方俊彦之士，少时即秉持高节，沉稳干练，淡泊寡欲，是真雅士。我不足以和他，并列您的左右。但是我的礼遇特殊，邢颙反被简慢，我私下里担心旁观的人会说您对贤者礼遇不够，为春花，而忘秋果；顾庶子，而忘家丞。为你招来指责，因此辗转不能自安。”后来邢颙参丞相军事，转任东曹掾。当初，太子尚未确定，临菑侯曹植受到宠爱，丁仪等人一同赞颂帮助他。曹操以这件事询问邢颙，邢颙回答说：“以庶代嫡，是前代警戒。望殿下慎重考虑！”曹操懂得他的心意，后来就任命邢颙为太子少傅，又升为太傅。文帝即位后，邢颙任侍中尚书仆射，爵封关内侯，出任司隶校尉，调升太常。邢颙在黄初四年去世，儿子邢友继承了他的爵位。

鲍勋字叔业，是泰山郡平阳县人，他是汉朝司隶校尉鲍宣的第九代孙。鲍宣的后代有人从上党迁徙到泰山，之后便在那里安了家。鲍勋的父亲鲍信，汉灵帝时任都尉，大将军何进派他到东方募兵。后任济北国相，协助曹操，受伤阵亡。这件事记载在《董卓传》《武帝纪》中。建安十七年，曹操追录鲍信的功劳，上表封鲍勋的哥哥鲍邵为新都亭侯。任命鲍勋为丞相掾。

建安二十二年，曹操立曹丕为太子，任命鲍勋为中庶子。调任黄门侍郎，出任魏郡西部都尉。太子郭夫人的弟弟是曲周县小吏，因偷盗官家布匹被判，根据法律应处死示众。曹操当时在谯县，曹丕留守邺城，几次亲自写信为他承担罪责。鲍勋不敢擅自释放，详细把情况向上禀报。鲍勋以前在东宫的时候，严守正直而不屈于权势，曹丕本来就不喜欢，又加上这件事，怨恨之心更重。正好遇上郡界休整的士兵中有超过期限不归队的，就密令中尉奏请罢免了鲍勋的官职。过了很久，任命鲍勋为侍御史。延康元年，曹操去世，曹丕继承了王位，鲍勋以驸马都尉的身份兼任侍中。

文帝接受禅让登上帝位以后，鲍勋常常跟他说：“当今的急务，就在于军事和农业，给百姓实惠。楼台亭榭园林的建设，应该放在后面”。文帝将要外出打猎，鲍勋拦住车子上奏说："臣听说五帝三王，没有不明确根本树立教化，以孝道治理天下的。陛下仁慈圣明具有恻隐之心，同古代的明君一样。臣希望陛下应当效法前代圣王，给后代树立榜样。怎么能在居丧守孝期间，去做打猎这样的事呢！臣冒着死罪进言，希望陛下深思。"文帝亲手撕碎鲍勋的奏章竟自出猎，中途休息时，问身旁的侍臣说："打猎的快乐，与听音乐相比怎么样？"侍中刘晔回答："打猎的快乐胜于听音乐。"鲍勋驳斥说："音乐，上可以通神明，下可以调和人际关系，使政治兴隆教化大行，万邦安定。移风易俗，没有比音乐更好的了。何况打猎，要在原野中暴露帝王的贵体，损伤生长繁育的天理，栉风沐雨，不按照四时有间隙地进行呢？过去鲁隐公在棠地观看捕鱼，《春秋》对这件事进行批评。虽然陛下把打猎作为急务，这是臣不愿意看到的。"于是就上奏说："刘晔奸猾谄媚不忠，阿谀顺承陛下过分玩笑的话。过去梁丘据在遄台向齐侯献媚，刘晔就是这样的人。请有关部门议定刘晔的罪名以使皇朝清静。"文帝气得脸色大变，停止打猎回朝，立即让鲍勋出任右中郎将。

黄初四年，尚书令陈群、仆射司马懿共同举荐鲍勋任宫正，也就是御史中丞。曹丕没有办法不得不任用他，公卿百官都很敬畏他，没有谁敢不庄重严肃。黄初六年秋天，曹丕想讨伐吴国，群臣广议，鲍勋当面进谏说："大军屡征而未能取胜，其原因是因为吴、蜀两国唇齿相依，依山水之险，而难以攻克的缘故。当年龙舟被阻于大江之上漂荡，其险境让臣心惊胆战。宗庙几乎要倾覆了，应当作为世代之教训。现在又要劳军远袭，每天耗费逾千两，使国库空虚，狡敌得以炫耀，臣认为不能这样。"曹丕更加恼恨鲍勋，将他降职为治书执法。

文帝从寿春回来之后，驻扎在陈留郡。太守孙邕晋见，要经过鲍勋的营地。当时营垒还没建成，只是立好了标志，孙邕斜穿营地而没走正门，军营令史刘曜要追究他的罪责，鲍勋认为营垒还没建成，不让他举报。大军回到洛阳以后，刘曜有罪，鲍勋上奏要求将他废黜遣送回家，刘曜则秘密上表揭发鲍勋私下为孙邕讲情的事情。文帝下诏说："鲍勋指鹿为马，将他逮捕交付廷尉处置。"廷尉依法："判处五年徒刑。"廷尉三官驳回说："依照律令只应判处罚金二斤。"文帝愤怒地说："鲍勋没有活命的道理，而你们竟敢宽纵他！逮捕三官以下的人员交付刺奸处置，要把他们一起处死。"太尉钟繇、司徒华歆、镇军大将军陈群、侍中辛毗、尚书卫臻、代理廷尉高柔等一起上表说“鲍勋的父亲鲍信对太祖有功”，请求赦免鲍勋的死罪。文帝不准，便杀了鲍勋。鲍勋品质修养很好，廉洁而能施舍，死的时候，家里没有多余的财物。鲍勋死后二十天，文帝也去世了，当时没有人不为鲍勋感到叹息遗憾。

司马芝字子华，是河内郡温县人。他小时候读书，后到荆州避乱。在鲁阳山遇到盗贼，同行的人都扔下老弱跑掉，只有司马芝坐守老母。盗贼来到面前，把刀架在司马芝的脖子上，司马芝叩头说：“母亲年老，请各位手下留情！”盗贼说：“这是孝子，杀他不义。”终于免遭杀戮，用独轮车推载着老母而去。司马芝在南方住了十多年，读史耕种，坚守节操。

曹操平定荆州，任用司马芝任管县县长。当时天下草创，很多人不守法。郡主簿刘节，出身巨族宾客有一千多家，成为盗贼，扰乱郡内吏治。不久，司马芝差遣刘节的门客王同等人服役，掾史据情禀报说：“刘节家从来没有出过徭役，如果到期他把王同等人藏匿起来，必定会留下负担。”司马芝不听从，写信给刘节说：“您是巨族大宗，又是郡守的辅佐，但您的宾客都不肯服役，这已使众百姓怨恨失望，有可能会让上面知道。现在派王同等人服兵役，希望按时派出他们。”新兵已经在郡里集中，刘节却真的藏起了王同等人，于是令督邮用战时法令责求县府。县掾史没有办法，只得请求代替王同等人上路。司马芝派人飞马向济南呈报檄文，详细陈述了刘节的罪行。太守郝光素来敬信于他，立即让刘节代替王同服役，青州人称司马芝“让郡主簿当兵”。司马芝升任广平县令。征虏将军刘勋，恃宠骄横，又因为是司马芝故乡河内郡的大将，他的宾客子弟也多次犯法。刘勋给司马芝寄信，不署姓名，却常常有事请求嘱托，司马芝对此不予回复，全都依法办事。后来刘勋以图谋不轨罪被诛杀，和他有关系的人都获了罪，而司马芝则以有见识被人称道。

司马芝升迁为大理正。有人偷了官府的丝绢藏在厕所里，官吏怀疑是个女工干的，于是就把她逮捕入狱。司马芝说：“惩治犯罪的失误，在于暴虐。现在先得到赃物以审讯取得口供，犯人常常经不住拷打，有可能导致屈招。这是不可以作为断狱根据的。况且法律简明而易于遵守，是明君的教化原则。不放过有罪的人，是中等的世道所采用的方法。现在我们宽恕被怀疑的人，以便建立简明而易遵守的原则，也是可行的！”曹操听从了他的建议。司马芝历任甘陵、沛、阳平等郡的太守，在任职的地方都有政绩。黄初年间，入朝为河南尹，抑强扶弱，对私人请托不予理睬。有一次，宫中的妃子想要请托司马芝办事，又不敢直接向他说，便通过司马芝妻子的伯父董昭来传达意思。董昭也畏惧怕司马芝，不敢通话。司马芝对下属们说：“上司能规定教令，不能使下属不去违犯；下属犯令，不能使上司无所闻。规定教令而下属不遵，是上司无能；违反了被上司发觉，是下属的祸患。上司无能，下属遭祸，这是政事不能治理的原因。各位努力吧！”于是下属们没有人不自我勉励。门下巡视人员曾经怀疑门卫偷盗自己的发簪，门卫不承认，有司将他逮捕下狱。司马芝说：“凡是事物有相比的地方，如果不具有离娄的眼光，就会被迷惑。就这件事而言，巡视人员只看重一只簪子，把伤害同僚看得很轻！这件事压下来不要追究了。”

明帝即位的时候，赐封司马芝为关内侯。没过多久，曹洪的乳母当氏和临汾公主侍者因共同奉祀无涧山神被拘捕入狱。卞太后派太监到司马芝府中传达懿旨，司马芝不让他进门通报，立即命洛阳狱吏将被拘者拷问致死，上疏说：“各种死罪的情况，都应事先上奏以待回报。先前曾经下书明确禁绝淫祀以正风一化，现当氏等人触犯了有关刑法，供词刚确定，黄门吴达就来到这里，传达太皇太后命令。臣不敢让他通报，恐有人为她们求请，速报圣上得知。此事如不早结，乃臣之罪。所以冒犯常规，擅自执行刑罚，臣等待皇上降罪。”明帝手书答复说：“看了奏表，明白了你的忠心，遵奉诏书，权宜行事，是对的。这是奉接诏书的本意，哪里用得着请罪？以后黄门再去你处，仍然禁止他们通报。”司马芝任大理正官十一年，处理了几个法规所不便处理的案子。在公卿之间，他秉持原则行事。适逢诸王来京朝见，和京都人交往串通，司马芝获罪被免职。

司马芝后来担任大司农。在这之前各典农官属下的官员，大多数靠经商来获取财利。司马芝上奏说：“王道治政，推崇农耕而抑制工商，使百姓致力于农事。《王制》上说：‘没有三年的储备，国家不成国。’《管子·区言》就把积蓄粮食看作是当务之急。如今吴、蜀尚未被平定，军队得不到休息，国家大事，是谷物和布匹。武皇帝特意设屯田官吏，专职发展农桑。建安年间，天下仓廪充实，百姓富庶。自黄初以来，各典农官自谋生计，这不是国家大计所应用的办法。王者以天下为家，所以《论语》上说：‘百姓不富，国君与谁足富呢？’富足的途径，在于不丧失天时而充分发挥地力。现在商贾所求，虽有丰厚利润，但是对国之大计，已经产生了不可估量的损失，与多开一亩地的收入无法相比。农民从正月开始耕种，除草修桑耕地种麦，到十月才收割打场。接着修缮仓库，加固桥梁，运粮交租，平整道路，粉刷房屋，这样一年到头，没有一天不为农事而操劳。现在的典农官吏说什么‘留下的人为外出经商者管理农田，依能力，不得不这样做。要使两处都不废弃，应当有大余力才行。’我认为，不该再用商业来干扰农业，而应该专心从事农桑，这于国更为有利。”明帝听取了他的意见。每逢上官有所召问，司马芝常先召见属下掾吏，替他们判断上级的意图，教他们怎样回答的具体办法，结果都和他所预料的一样。司马芝正直不骄，廉洁方正。和宾客谈论，有不同意的地方就当面批评，背后从不说别的闲话。司马芝死在任上，家里没有多余的钱财，从魏朝到现在历任河南尹的人没有一个比上司马芝的。

司马芝去世以后，他的儿子司马岐承袭了爵位，从河南丞转任廷尉正，后来又升迁为陈留国相。梁郡有关在狱中的囚犯，牵连面广，几年也不能结案。皇帝下诏书要求把这些案件转到司马岐所在的县处理，县里请求预先准备牢具。司马岐说：“如今囚犯有好几十，囚犯既难以串通供词作假，又加上已经被拷打够了，真实的案情容易发现。还用得着再让囚犯长时间关在监狱中吗！”等到囚犯来了，司马岐审问囚犯，没有人敢隐瞒欺诈，一下子就把案子判完了，朝廷便提拔司马岐为廷尉。当时大将军曹爽专权，尚书何晏、邓飏等人都是囚犯党羽。南阳人圭泰曾因言论违反了囚犯的意旨，被送入廷尉审讯。邓飏到监狱审问，要对圭泰动用重刑。司马岐多次对邓飏说：“中枢机要大臣，是王室的辅佐，既不能辅助教化培养道德，与古人比美，却要发泄私愤，使无辜的人受冤屈。使百姓心中感到恐慌的，不是因为这个原因又是因为什么呢？”邓飏于是又羞又恼地离去。司马岐怕时间长了会被邓飏的人陷害，便称病离职。在家不到一年就去世了，终年三十五岁。儿子司马肇承袭了爵位。

评论说：徐奕、何夔、邢颙尊贵而冷峻严厉，当世之名人。毛玠清廉公正，司马芝忠贞坦荡，从不欺软怕硬。崔琰品格高尚无双，鲍勋正义无私，但都没有避免杀身之祸，可惜呀！《诗经·大雅》以“既明白事理又适应形势”为贵，《虞书》推崇“刚直而又温和”，对于这些如果不是品格兼备的人才，有谁能够具备呢！

三国志卷十三·魏书十三

钟繇华歆王朗传

钟繇字元常，颍川长社人也。尝与族父瑜俱至洛阳，道遇相者，曰：“此童有贵相，然当厄于水，努力慎之！”行未十里，度桥，马惊，堕水几死。瑜以相者言中，益贵繇，而供给资费，使得专学。举孝廉，除尚书郎、阳陵令，以疾去。辟三府，为廷尉正、黄门侍郎。是时，汉帝在西京，李傕、郭汜等乱长安中，与关东断绝。太祖领兖州牧，始遣使上书。傕、汜等以为“关东欲自立天子，今曹操虽有使命，非其至实”，议留太祖使，拒绝其意。繇说傕、汜等曰：“方今英雄并起，各矫命专制，唯曹兖州乃心王室，而逆其忠款，非所以副将来之望也。”傕、汜等用繇言，厚加答报，由是太祖使命遂得通。太祖既数听荀彧之称繇，又闻其说傕、汜，益虚心。后傕胁天子，繇与尚书郎韩斌同策谋。天子得出长安，繇有力焉。拜御史中丞，迁侍中尚书仆射，并录前功封东武亭侯。

时关中诸将马腾、韩遂等，各拥强兵相与争。太祖方有事山东，以关右为忧。乃表繇以侍中守司隶校尉，持节督关中诸军，委之以后事，特使不拘科制。繇至长安，移书腾、遂等，为陈祸福，腾、遂各遣子入侍。太祖在官渡，与袁绍相持，繇送马二千余匹给军。太祖与繇书曰：“得所送马，甚应其急。关右平定，朝廷无西顾之忧，足下之勋也。昔萧何镇守关中，足食成军，亦适当尔。”其后匈奴单于作乱平阳，繇帅诸军围之，未拔；而袁尚所置河东太守郭援到河东，众甚盛。诸将议欲释之去，繇曰：“袁氏方强，援之来，关中阴与之通，所以未悉叛者，顾吾威名故耳。若弃而去，示之以弱，所在之民，谁非寇仇？纵吾欲归，其得至乎！此为未战先自败也。且援刚愎好胜，必易吾军，若渡汾为营，及其未济击之，可大克也。”张既说马腾会击援，腾遣子超将精兵逆之。援至，果轻渡汾，众止之，不从。济水未半，击，大破之，斩援，降单于。语在《既传》。其后河东卫固作乱，与张晟、张琰及高幹等并为寇，繇又率诸将讨破之。自天子西迁，洛阳人民单尽，繇徙关中民，又招纳亡叛以充之，数年间民户稍实。太祖征关中，得以为资，表繇为前军师。

魏国初建，为大理，迁相国。文帝在东宫，赐繇五熟釜，为之铭曰：“于赫有魏，作汉藩辅。厥相惟钟，实干心膂。靖恭夙夜，匪遑安处。百寮师师，楷兹度矩。”数年，坐西曹掾魏讽谋反，策罢就第。文帝即王位，复为大理。及践阼，改为廷尉，进封崇高乡侯。迁太尉，转封平阳乡侯。时司徒华歆、司空王朗，并先世名臣。文帝罢朝，谓左右曰：“此三公者，乃一代之伟人也，后世殆难继矣！”明帝即位，进封定陵侯，增邑五百，并前千八百户，迁太傅。繇有膝疾，拜起不便。时华歆亦以高年疾病，朝见皆使载舆车，虎贲舁上殿就坐。是后三公有疾，遂以为故事。

初，太祖下令，使平议死刑可宫割者。繇以为“古之肉刑，更历圣人，宜复施行，以代死刑”。议者以为非悦民之道，遂寝。及文帝临飨群臣，诏谓“大理欲复肉刑，此诚圣王之法。公卿当善共议”。议未定，会有军事，复寝。太和中，繇上疏曰：“大魏受命，继踪虞、夏。孝文革法，不合古道。先帝圣德，固天所纵，坟典之业，一以贯之。是以继世，仍发明诏，思复古刑，为一代法。连有军事，遂未施行。陛下远追二祖遗意，惜斩趾可以禁恶，恨入死之无辜，使明习律令，与群臣共议。出本当右趾而入大辟者，复行此刑。《书》云：‘皇帝清问下民，鳏寡有辞于苗。’此言尧当除蚩尤、有苗之刑，先审问于下民之有辞者也。若今蔽狱之时，讯问三槐、九棘、群吏、万民，使如孝景之令，其当弃市，欲斩右趾者许之。其黥、劓、左趾、宫刑者，自如孝文，易以髡、笞。能有奸者，率年二十至四五十，虽斩其足，犹任生育。今天下人少于孝文之世，下计所全，岁三千人。张苍除肉刑，所杀岁以万计。臣欲复肉刑，岁生三千人。子贡问能济民可谓仁乎？子曰：‘何事于仁，必也圣乎，尧、舜其犹病诸！’又曰：‘仁远乎哉？我欲仁，斯仁至矣。’若诚行之，斯民永济。”书奏，诏曰：“太傅学优才高，留心政事，又于刑理深远。此大事，公卿群僚善共平议。”司徒王朗议，以为“繇欲轻减大辟之条，以增益刖刑之数，此即起偃为竖，化尸为人矣。然臣之愚，犹有未合微异之意。夫五刑之属，著在科律，自有减死一等之法，不死即为减。施行已久，不待远假斧凿于彼肉刑，然后有罪次也。前世仁者，不忍肉刑之惨酷，是以废而不用。不用已来，历年数百。今复行之，恐所减之文未彰于万民之目，而肉刑之问已宣于寇雠之耳，非所以来远人也。今可按繇所欲轻之死罪，使减死之髡、刖。嫌其轻者，可倍其居作之岁数。内有以生易死不訾之恩，外无以刖易钛骇耳之声。”议者百余人，与朗同者多。帝以吴、蜀未平，且寝。

太和四年，繇薨。帝素服临吊，谥曰成侯。子毓嗣。初，文帝分毓户邑，封繇弟演及子劭、孙豫列侯。

毓字稚叔。年十四为散骑侍郎，机捷谈笑，有父风。太和初，蜀相诸葛亮围祁山，明帝欲西征，毓上疏曰：“夫策贵庙胜，功尚帷幄，不下殿堂之上，而决胜千里之外。车驾宜镇守中土，以为四方威势之援。今大军西征，虽有百倍之威，于关中之费，所损非一。且盛暑行师，诗人所重，实非至尊动轫之时也。”迁黄门侍郎。时大兴洛阳宫室，车驾便幸许昌，天下当朝正许昌。许昌逼狭，于城南以毡为殿，备设鱼龙曼延，民罢劳役。毓谏，以为“水旱不时，帑藏空虚，凡此之类，可须丰年”。又上“宜复关内开荒地，使民肆力于农”。事遂施行。正始中，为散骑常侍。大将军曹爽盛夏兴军伐蜀，蜀拒守，军不得进。爽方欲增兵，毓与书曰：“窃以为庙胜之策，不临矢石；王者之兵，有征无战。诚以干戚可以服有苗，退舍足以纳原寇，不必纵吴汉于江关，骋韩信于井陉也。见可而进，知难而退，盖自古之政。惟公侯详之！”爽无功而还。后以失爽意，徙侍中，出为魏郡太守。爽既诛，入为御史中丞、侍中廷尉。听君父已没，臣子得为理谤，及士为侯，其妻不复配嫁，毓所创也。

正元中，毌丘俭、文钦反，毓持节至扬、豫州班行赦令，告谕士民，还为尚书。诸葛诞反，大将军司马文王议自诣寿春讨诞。会吴大将孙壹率众降，或以为“吴新有衅，必不能复出军。东兵已多，可须后问”。毓以为“夫论事料敌，当以己度人。今诞举淮南之地以与吴国，孙壹所率，口不至千，兵不过三百。吴之所失，盖为无几。若寿春之围未解，而吴国之内转安，未可必其不出也。”大将军曰：“善。”遂将毓行。淮南既平，为青州刺史，加后将军，迁都督徐州诸军事，假节，又转都督荆州。景元四年薨，追赠车骑将军，谥曰惠侯。子骏嗣。毓弟会，自有传。

华歆字子鱼，平原高唐人也。高唐为齐名都，衣冠无不游行市里。歆为吏，休沐出府，则归家阖门。议论持平，终不毁伤人。同郡陶丘洪亦知名，自以明见过歆。时王芬与豪杰谋废灵帝。语在《武纪》。芬阴呼歆、洪共定计，洪欲行，歆止之曰：“夫废立大事，伊、霍之所难。芬性疏而不武，此必无成，而祸将及族。子其无往！”洪从歆言而止。后芬果败，洪乃服。举孝廉，除郎中，病，去官。灵帝崩，何进辅政，征河南郑泰、颍川荀攸及歆等。歆到，为尚书郎。董卓迁天子长安，歆求出为下邽令，病不行，遂从蓝田至南阳。时袁术在穰，留歆。歆说术使进军讨卓，术不能用。歆欲弃去，会天子使太傅马日磾安集关东，日磾辟歆为掾。东至徐州，诏即拜歆豫章太守，以为政清静不烦，吏民感而爱之。孙策略地江东，歆知策善用兵，乃幅巾奉迎。策以其长者，待以上宾之礼。后策死。太祖在官渡，表天子征歆。孙权欲不遣，歆谓权曰："将军奉王命，始交好曹公，分义未固，使仆得为将军效心，岂不有益乎？今空留仆，是为养无用之物，非将军之良计也。"权悦，乃遣歆。宾客旧人送之者千余人，赠遗数百金。歆皆无所拒，密各题识，至临去，悉聚诸物，谓诸宾客曰："本无拒诸君之心，而所受遂多。念单车远行，将以怀璧为罪，愿宾客为之计。"众乃各留所赠，而服其德。

歆至，拜议郎，参司空军事，入为尚书，转侍中，代荀彧为尚书令。太祖征孙权，表歆为军师。魏国既建，为御史大夫。文帝即王位，拜相国，封安乐乡侯。及践阼，改为司徒。歆素清贫，禄赐以振施亲戚故人，家无担石之储。公卿尝并赐没入生口，唯歆出而嫁之。帝叹息，下诏曰："司徒，国之俊老，所与和阴阳理庶事也。今大官重膳，而司徒蔬食，甚无谓也。"特赐御衣，及为其妻子男女皆作衣服。三府议："举孝廉，本以德行，不复限以试经。"歆以为"丧乱以来，六籍堕废，当务存立，以崇王道。夫制法者，所以经盛衰。今听孝廉不以经试，恐学业遂从此而废。若有秀异，可特征用。患于无其人，何患不得哉"？帝从其言。

黄初中，诏公卿举独行君子，歆举管宁，帝以安车征之。明帝即位，进封博平侯，增邑五百户，并前千三百户，转拜太尉。歆称病乞退，让位于宁。帝不许。临当大会，乃遣散骑常侍缪袭奉诏喻指曰："朕新莅庶事，一日万几，惧听断之不明。赖有德之臣，左右朕躬，而君屡以疾辞位。夫量主择君，不居其朝，委荣弃禄，不究其位，古人固有之矣，顾以为周公、伊尹则不然。絜身徇节，常人为之，不望之于君。君其力疾就会，以惠予一人。将立席几筵，命百官总己，以须君到，朕然后御坐。"又诏袭："须歆必起，乃还。"歆不得已，乃起。

太和中，遣曹真从子午道伐蜀，车驾东幸许昌。歆上疏曰："兵乱以来，过逾二纪。大魏承天受命，陛下以圣德当成康之隆，宜弘一代之治，绍三王之迹。虽有二贼负险延命，苟圣化日跻，远人怀德，将襁负而至。夫兵不得已而用之，故戢而时动。臣诚愿陛下先留心于治道，以征伐为后事。且千里运粮，非用兵之利；越险深入，无独克之功。如闻今年征役，颇失农桑之业。为国者以民为基，民以衣食为本。使中国无饥寒之患，百姓无离土之心，则天下幸甚，二贼之衅，可坐而待也。臣备位宰相，老病日笃，犬马之命将尽，恐不复奉望銮盖，不敢不竭臣子之怀，唯陛下裁察！”帝报曰：“君深虑国计，朕甚嘉之。贼凭恃山川，二祖劳于前世，犹不克平，朕岂敢自多，谓必灭之哉！诸将以为不一探取，无由自弊，是以观兵以窥其衅。若天时未至，周武还师，乃前事之鉴，朕敬不忘所戒。”时秋大雨，诏真引军还。太和五年，歆薨，谥曰敬侯。子表嗣。初，文帝分歆户邑，封歆弟缉列侯。表，咸熙中为尚书。

王朗字景兴，东海郯人也。以通经，拜郎中，除菑丘长。师太尉杨赐，赐薨，弃官行服。举孝廉，辟公府，不应。徐州刺史陶谦察朗茂才。时汉帝在长安，关东兵起，朗为谦治中，与别驾赵昱等说谦曰：“《春秋》之义，求诸侯莫如勤王。今天子越在西京，宜遣使奉承王命。”谦乃遣昱奉章至长安。天子嘉其意，拜谦安东将军。以昱为广陵太守，朗会稽太守。孙策渡江略地。朗功曹虞翻以为力不能拒，不如避之。朗自以身为汉吏，宜保城邑，遂举兵与策战，败绩，浮海至东冶。策又追击，大破之。朗乃诣策。策以朗儒雅，诘让而不害。虽流移穷困，朝不谋夕，而收恤亲旧，分多割少，行义甚著。

太祖表征之，朗自曲阿展转江海，积年乃至。拜谏议大夫，参司空军事。魏国初建，以军祭酒领魏郡太守，迁少府、奉常、大理。务在宽恕，罪疑从轻。钟繇明察当法，俱以治狱见称。

文帝即王位，迁御史大夫，封安陵亭侯。上疏劝育民省刑曰：“兵起已来三十余年，四海荡覆，万国殄瘁。赖先王芟除寇贼，扶育孤弱，遂令华夏复有纲纪。鸠集兆民，于兹魏土，使封鄙之内，鸡鸣狗吠，达于四境，蒸庶欣欣，喜遇升平。今远方之寇未宾，兵戎之役未息，诚令复除足以怀远人，良宰足以宣德泽，阡陌咸修，四民殷炽，必复过于曩时而富于平日矣。《易》称敕法，《书》著祥刑，一人有庆，兆民赖之，慎法狱之谓也。昔曹相国以狱市为寄，路温舒疾治狱之吏。夫治狱者得其情，则无冤死之囚；丁壮者得尽地力，则无饥馑之民；穷老者得仰食仓廪，则无馁饿之殍；嫁娶以时，则男女无怨旷之恨；胎养必全，则孕者无自伤之哀；新生必复，则孩者无不育之累；壮而后役，则幼者无离家之思；二毛不戎，则老者无顿伏之患。医药以疗其疾，宽繇以乐其业，威罚以抑其强，恩仁以济其弱，赈贷以赡其乏。十年之后，既笄者必盈巷。二十年之后，胜兵者必满野矣。”

及文帝践阼，改为司空，进封乐平乡侯。时帝颇出游猎，或昏夜还宫。朗上疏曰：“夫帝王之居，外则饰周卫，内则重禁门，将行则设兵而后出幄，称警而后践墀，张弧而后登舆，清道而后奉引，遮列而后转毂，静室而后息驾，皆所以显至尊，务戒慎，垂法教也。近日车驾出临捕虎，日昃而行，及昏而反，违警跸之常法，非万乘之至慎也。”帝报曰：“览表，虽魏绛称虞箴以讽晋悼，相如陈猛兽以戒汉武，未足以喻。方今二寇未殄，将帅远征，故时入原野以习戎备。至于夜还之戒，已诏有司施行。”

初，建安末，孙权始遣使称藩，而与刘备交兵。诏议“当兴师与吴并取蜀不？”朗议曰：“天子之军，重于华、岱，诚宜坐曜天威，不动若山。假使权亲与蜀贼相持，搏战旷日，智均力敌，兵不速决，当须军兴以成其势者，然后宜选持重之将，承寇贼之要，相时而后动，择地而后行，一举更无余事。今权之师未动，则助吴之军无为先征。且雨水方盛，非行军动众之时。”帝纳其计。黄初中，鹈鹕集灵芝池，诏公卿举独行君子。朗荐光禄大夫杨彪，且称疾，让位于彪。帝乃为彪置吏卒，位次三公。诏曰：“朕求贤于君而未得，君乃翻然称疾，非徒不得贤，更开失贤之路，增玉铉之倾。无乃‘居其室，出其言不善’，见违于君子乎！君其勿有后辞。”朗乃起。

孙权欲遣子登入侍，不至。是时车驾徙许昌，大兴屯田，欲举军东征。朗上疏曰：“昔南越守善，婴齐入侍，遂为冢嗣，还君其国。康居骄黠，情不副辞，都护奏议以为宜遣侍子，以黜无礼。且吴濞之祸，萌于子入，隗嚣之叛，亦不顾子。往者闻权有遣子之言而未至，今六军戒严，臣恐舆人未畅圣旨，当谓国家愠于登之逋留，是以为之兴师。设师行而登乃至，则为所动者至大，所致者至细，犹未足以为庆。设其傲狠，殊无入志，惧彼舆论之未畅者，并怀伊邑。臣愚以为宜敕别征诸将，各明奉禁令，以慎守所部。外曜烈威，内广耕稼，使泊然若山，澹然若渊，势不可动，计不可测。”是时，帝以成军遂行，权子不至，车驾临江而还。

明帝即位，进封兰陵侯，增邑五百，并前千二百户。使至邺省文昭皇后陵，见百姓或有不足。是时方营修宫室，朗上疏曰：“陛下即位已来，恩诏屡布，百姓万民莫不欣欣。臣顷奉使北行，往反道路，闻众徭

句践三战灭东吴图

役，其可得蠲除省减者甚多。愿陛下重留日昃之听，以计制寇。昔大禹将欲拯天下之大患，故乃先卑其宫室，俭其衣食，用能尽有九州，弼成五服。勾践欲广其御儿之疆，馘夫差于姑苏，故亦约其身以及家，俭其家以施国，用能囊括五湖，席卷三江，取威中国，定霸华夏。汉之文、景亦欲恢弘祖业，增崇洪绪，故能割意于百金之台，昭俭于弋绨之服，内减太官而不受贡献，外省徭赋而务农桑，用能号称升平，几致刑错。孝武之所以能奋其军势，拓其外境，诚因祖考畜积素足，故能遂成大功。霍去病，中才之将，犹以匈奴未灭，不治第宅。明恤远者略近，事外者简内。自汉之初及其中兴，皆于金革略寝之后，然后凤阙猥闶，德阳并起。今当建始之前足用列朝会，崇华之后足用序内官，华林、天渊足用展游宴，若且先成阊阖之象魏，使足用列远人之朝贡者，修城池，使足用绝逾越，成国险，其余一切，且须丰年。一以勤耕农为务，习戎备为事，则国无怨旷，户口滋息，民充兵强，而寇戎不宾，缉熙不足，未之有也。”转为司徒。

时屡失皇子，而后宫就馆者少，朗上疏曰：“昔周文十五而有武王，遂享十子之祚，以广诸姬之胤。武王既老而生成王，成王是以鲜于兄弟。此二王者，各树圣德，无以相过，比其子孙之祚，则不相如。盖生育有早晚，所产有众寡也。陛下既德祚兼彼二圣，春秋高于姬文育武之时矣，而子发未举于椒兰之奥房，藩王未繁于掖庭之众室。以成王为喻，虽未为晚，取譬伯邑，则不为夙。《周礼》六宫内官百二十人，而诸经常说，咸以十二为限，至于秦汉之末，或以千百为数矣。然虽弥猥，而就时于吉馆者或甚鲜，明‘百斯男’之本，诚在于一意，不但在于务广也。老臣偻偻，愿国家同祚于轩辕之五五，而未及周文之二五，用为伊邑。且少小常苦被褥泰温，泰温则不能便柔肤弱体，是以难可防护，而易用感慨。若常令少小之缊袍，不至于甚厚，则必咸保金石之性，而比寿于南山矣。”帝报曰：“夫忠至者辞笃，爱重者言深。君既劳思虑，又手笔将顺，三复德音，欣然无量。朕继嗣未立，以为君忧，钦纳至言，思闻良规。”朗著《易》《春秋》《孝经》《周官》传，奏议论记，咸传于世。太和二年薨，谥曰成侯。子肃嗣。初，文帝分朗户邑，封一子列侯，朗乞封兄子详。

肃字子雍。年十八，从宋忠读《太玄》，而更为之解。黄初中，为散骑黄门侍郎。太和三年，拜散骑常侍。四年，大司马曹真征蜀，肃上疏曰："前志有之，'千里馈粮，士有饥色，樵苏后爨，师不宿饱'，此谓平涂之行军者也。又况于深入阻险，凿路而前，则其为劳必相百也。今又加之以霖雨，山坂峻滑，众逼而不展，粮县而难继，实行军者之大忌也。闻曹真发已逾月而行裁半谷，治道功夫，战士悉作。是贼偏得以逸而待劳，乃兵家之所惮也。言之前代，则武王伐纣，出关而复还；论之近事，则武、文征权，临江而不济。岂非所谓顺天知时，通于权变者哉！兆民知圣上以水雨艰剧之故，休而息之，后日有衅，乘而用之，则所谓'悦以犯难，民忘其死者'矣。"于是遂罢。又上疏："宜遵旧礼，为大臣发哀，荐果宗庙。"事皆施行。又上疏陈政本曰："除无事之位，损不急之禄，止浮食之费，并从容之官；使官必有职，职任其事，事必受禄，禄代其耕，乃往古之常式，当今之所宜也。官寡而禄厚，则公家之费鲜，进仕之志劝。各展才力，莫相倚仗。敷奏以言，明试以功，能之与否，简在帝心。是以唐、虞之设官分职，申命公卿，各以其事，然后惟龙为纳言，犹今尚书也，以出内帝命而已。夏、殷不可得而详。《甘誓》曰'六事之人'，明六卿亦典事者也。《周官》则备矣，五日视朝，公卿大夫并进，而司士辨其位焉。其《记》曰：'坐而论道，谓之王公；作而行之，谓之士大夫。'及汉之初，依拟前代，公卿皆亲以事升朝。故高祖躬追反走之周昌，武帝遥可奉奏之汲黯，宣帝使公卿五日一朝，成帝始置尚书五人。自是陵迟，朝礼遂阙。可复五日视朝之仪，使公卿尚书各以事进。废礼复兴，光宣圣绪，诚所谓名美而实厚者也。"

青龙中，山阳公薨，汉主也。肃上疏曰："昔唐禅虞，虞禅夏，皆终三年之丧，然后践天子之尊。是以帝号无亏，君礼犹存。今山阳公承顺天命，允答民望，进禅大魏，退处宾位。公之奉魏，不敢不尽节。魏之待公，优崇而不臣。既至其薨，榇敛之制，舆徒之饰，皆同之于王者，是故远近归仁，以为盛美。且汉总帝皇之号，号曰皇帝。有别称帝，无别称皇，则皇是其差轻者也。故当高祖之时，土无二王，其父见在而使称皇，明非二王之嫌也。况今以赠终，可使称皇以配其谥。"明帝不从，使称皇，乃追谥曰汉孝献皇帝。

后肃以常侍领秘书监，兼崇文观祭酒。景初间，宫室盛兴，民失农业，期信不敦，刑杀仓卒。肃上疏曰："大魏承百王之极，生民无几，干戈未戢，诚宜息民而惠之以安静遐迩之时也。夫务畜积而息疲民，在于省徭役而勤稼穑。今宫室未就，功业未讫，运漕调发，转相供奉。是以丁夫疲于力作，农者离其南亩，种谷者寡，食谷者众，旧谷既没，新谷莫继。斯则有国之大患，而非备豫之长策也。今见作者三四万人，九龙可以安圣体，其内足以列六宫，显阳之殿，又向将毕，惟泰极已前，功夫尚大，方向盛寒，疾疢或作。诚愿陛下发德音，下明诏，深愍役夫之疲劳，厚矜兆民之不赡，取常食廪之士，非急要者之用，选其丁壮，择留万人，使一期而更之，咸知息代有日，则莫不悦以即事，劳而不怨矣。计一岁有三百六十万夫，亦不为少。当一岁成者，听且三年。分遣其余，使皆即农，无穷之计也。仓有溢粟，民有余力：以此兴功，何功不立？以此行化，何化不成？夫信之于民，国家大宝也。仲尼曰：'自古皆有死，民非信不立。'夫区区之晋国，微微之重耳，欲用其民，先示以信，是故原虽将降，顾信而归，用能一战而霸，于今见称。前车驾当幸洛阳，发民为营，有司命以营成而罢。既成，又利其功力，不以时遣。有司徒营其目前之利，不顾经国之体。臣愚以为自今以后，倘复使民，宜明其令，使必如期。若有事以次，宁复更发，无或失信。凡陛下临时之所行刑，皆有罪之吏，宜死之人也。然众庶不知，谓为仓卒。故愿陛下下之于吏而暴其罪。钧其死也，无使污于宫掖而为远近所疑。且人命至重，难生易杀，气绝而不续者也，是以圣贤重之。孟轲称杀一无辜以取天下，仁者不为也。汉时有犯跸惊乘舆马者，廷尉张释之奏使罚金，文帝怪其轻，而释之曰：'方其时，上使诛之则已。今下廷尉。廷尉，天下之平也，一倾之，天下用法皆为轻重，民安所措其手足？'臣以为大失其义，非忠臣所宜陈也。廷尉者，天子之吏也，犹不可以失平，而天子之身，反可以惑谬乎？斯重于为己，而轻于为君，不忠之甚也。周公曰：'天子无戏言；言则史书之，工诵之，士称之。'言犹不戏，而况行之乎？故释之之言不可不察，周公之戒不可不法也。"又陈"诸鸟兽无用之物，而有刍谷人徒之费，皆可蠲除"。

帝尝问曰："汉桓帝时，白马令李云上书言：'帝者，谛也。是帝欲不谛。'当何得不死？"肃对曰："但为言失逆顺之节。原其本意，皆欲尽心，念存补国。且帝者之威，过于雷霆，杀一匹夫，无异蝼蚁。宽而宥之，可以示容受切言，广德宇于天下。故臣以为杀之未必为是也。"帝又问："司马迁以受刑之故，内怀隐切，著《史记》非贬孝武，令人切齿。"对曰："司马迁记事，不虚美，不隐恶。刘向、扬雄服其善叙事，有良史之才，谓之实录。汉武帝闻其述《史记》，取孝景及已本纪览之，于是大怒，削而投之。于今此两纪有录无书。后遭李陵事，遂下迁蚕室。此为隐切在孝武，而不在于史迁也。”

正始元年，出为广平太守。公事征还，拜议郎。顷之，为侍中，迁太常。时大将军曹爽专权，任用何晏、邓飏等。肃与太尉蒋济、司农桓范论及时政，肃正色曰：“此辈即弘恭、石显之属，复称说邪！”爽闻之，戒何晏等曰：“当共慎之！公卿已比诸君前世恶人矣。”坐宗庙事免。后为光禄勋。时有二鱼长尺，集于武库之屋，有司以为吉祥。肃曰：“鱼生于渊而亢于屋，介鳞之物失其所也。边将其殆有弃甲之变乎？”其后果有东关之败，徙为河南尹。嘉平六年，持节兼太常，奉法驾，迎高贵乡公于元城。是岁，白气经天，大将军司马景王问肃其故，肃答曰：“此蚩尤之旗也，东南其有乱乎？君若修己以安百姓，则天下乐安者归德，唱乱者先亡矣。”明年春，镇东将军毌丘俭、扬州刺史文钦反，景王谓肃曰：“霍光感夏侯胜之言，始重儒学之士，良有以也。安国宁主，其术焉在？”肃曰：“昔关羽率荆州之众，降于禁于汉滨，遂有北向争天下之志。后孙权袭取其将士家属，羽士众一旦瓦解。今淮南将士父母妻子皆在内州，但急往御卫，使不得前，必有关羽土崩之势矣。”景王从之，遂破俭、钦。后迁中领军，加散骑常侍，增邑三百，并前二千二百户。甘露元年薨，门生缞绖者以百数。追赠卫将军，谥曰景侯。子恽嗣。恽薨，无子，国绝。景元四年，封肃子恂为兰陵侯。咸熙中，开建五等，以肃著勋前朝，改封恂为丞子。

初，肃善贾、马之学，而不好郑氏，采会同异，为《尚书》《诗》《论语》《三礼》《左氏》解，及撰定父朗所作《易传》，皆列于学官。其所论驳朝廷典制、郊祀、宗庙、丧纪、轻重，凡百余篇，时乐安孙叔然，受学郑玄之门，人称东州大儒。征为秘书监，不就。肃集圣证论以讥短玄，叔然驳而释之，及作《周易》《春秋例》，《毛诗》《礼记》《春秋三传》《国语》《尔雅》诸注，又著书十余篇。自魏初征士燉煌周生烈，明帝时大司农弘农董遇等，亦历注经传，颇传于世。

评曰：钟繇开达理干，华歆清纯德素，王朗文博富赡，诚皆一时之俊伟也。魏氏初祚，肇登三司，盛矣夫！王肃亮直多闻，能析薪哉！

【译文】

钟繇，字元常，是颍川郡长社县人。钟繇小时候和同族的一位叔父钟瑜一去去洛阳，路上遇到一个相面的人，那人说："这个孩子有贵人相，但注定要在水上遭厄，要小心避免啊！"钟繇走了没有十里，过桥时马惊了，掉下河去差点淹死。钟瑜因为相面的人说得准，更加看重钟繇，就供给资费，让他专心学习。钟繇后被举荐为孝廉，任尚书郎、阳陵县令，因病离职。又被三公府任命为下属，改任廷尉正、黄门侍郎。其时，汉献帝在长安，李傕、郭汜等人在长安城中作乱，与关东断绝联系。曹操兼任兖州牧后，开始派遣使者进贡上书。李傕、郭汜等人认为，"关东早想要自行拥立天子，现在曹操虽然派使者来，却不是真的"，商量扣留太祖的使者，拒绝他的上贡。钟繇劝李傕、郭汜等人说："现今英雄并起，很多人都假称奉皇帝的命令而独断专行，只有曹兖州心系王室，如果拒绝他的诚意，就断绝了那些准备前来向天子致意的人的希望。"李傕、郭汜等人采用了钟繇的建议，对曹操给予优厚的回报，从此得与朝廷通使。曹操已经几次听荀彧称赞钟繇，得知他对李傕、郭汜的劝说，更加深对他的好感。后来李傕胁迫献帝，钟繇和尚书郎韩斌一同策划，献帝得以离开长安，钟繇是出了力的。后来被任命为御史中丞，升任侍中、尚书仆射，还根据他的功劳封为东武亭侯。

当时关中诸将马腾、韩遂等人，各自拥强兵相争。太祖在山东正有战事，忧虑关西。于是就上表举荐钟繇以侍中的身份暂任司隶校尉，持符节统领关中各军，把后方事务委托给他，特别让他不受拘于科范条例。钟繇到了长安，写信给马腾、韩遂等人，为他们陈述祸福，马腾、韩遂准备送子入朝侍奉。太祖在官渡，和袁绍军队相持，钟繇送战马二千余匹供给军队。太祖写信给钟繇说道："获得你所送的马，很应急。关西平定以后，朝廷就没有西顾之忧了，这是足下的功勋。从前萧何镇守关中，供应粮草给军队，你就像萧何一样。"其后匈奴单于在平阳作乱，钟繇率诸军围攻匈奴，未攻下；而袁尚所设置的河东太守郭援到了河东，兵众非常多。诸将商议想放弃平阳离开，钟繇说："袁氏正强大，郭援之所以到来，是关中暗中与他沟通，之所以没有全部叛逆，是顾忌到我的威名而已。如果我们放弃平阳离去，以弱示人，那么那里的民众，谁不是我们的仇敌？纵使我想回去，还回得去吗？这是未交战就自己先失败。况且郭援刚愎好胜，必定轻视我军，如果渡过汾水扎营，趁他们未渡过河之前攻击，就可以克敌。"张既劝马腾会师攻击郭援，马腾派儿子马超率精兵迎战。郭援到了，果然轻率渡过汾水，众人阻止，他不听从。渡河未到一半，钟繇的军队攻击郭军，大败郭军，斩了郭援，降服了单于。详细记载在《张既传》里。其后河东的卫固作乱，卫固与张晟、张琰及高幹等人一起为寇，钟繇又率领诸将讨伐打败了他们。自从天子西迁，洛阳的百姓减少殆尽，钟繇迁徙关中的百姓去洛阳，又招纳逃亡的人来充数，数年间民众的户口才略微充实。太祖征伐关中，得以作为资本，上表举荐钟繇为前军师。

魏国刚刚建立时，钟繇担任大理，后来被提升为相国。文帝做太子的时候，曾经赏赐给钟繇五熟釜，为他做铭文说："于赫有魏国，是汉朝的藩屏辅佐。相国繇是国家的栋梁啊，日夜为国家操劳，不能安心睡觉，百官应该向您学习，您是他们的楷模啊！"几年之后，钟繇受到西曹掾魏讽谋反这件事的牵连，被罢官回家了。当魏文帝登上了王位，又任命他做大理。等到文帝登上了皇位，改任为廷尉，晋封为崇高乡侯。后来升为太尉，转封为平阳乡侯。这时候司徒华歆、司空王朗都是前朝的名臣。文帝罢朝后，对身边的人说："这三公啊，是一代的伟人啊，后代是难以继承了！"等到明帝即位以后，晋封钟繇为定陵侯，增加食邑五百户，连同以前的一共是一千八百户，升他做太傅。钟繇的膝盖有疾病，跪拜不方便。这时华歆也因为年龄大了有疾病，每次朝见，明帝都明令手下用车拉着他们，由虎贲抬着上殿就坐。这以后，三公有病，就以这作为惯例。

当初，曹操下令，朝臣评议判处死刑的人可否改判为宫刑。钟繇认为："古代的肉刑，曾经历过许多圣人名主，应该恢复施行，以此来代替死刑。"其他评议的人认为这不是悦民的好办法，于是被搁置。到文帝酒宴飨群臣时，下诏说，"应该恢复肉刑，这确是圣王之法，公卿们应当好好议一下"。定论尚未止，赶上战事，此事又被搁置。明帝太和年间，钟繇上书说："魏受天命，追舜禹之道。汉孝文帝废除旧法，不合古道。先帝圣德，为天所赐；籍载功业，一直贯穿下来。所以，继世之君主，才接连发出明诏，要恢复古时的肉刑，用以成法。皆为战事连连，就没有施行。陛下追武帝、文皇二祖遗意，认为斩趾之刑可以禁恶，遗憾没有死罪的人被处死，让明习法律的人，和群臣共议此事。放出那些本当施行肉刑却被投入死牢的人。《尚书》说：'上帝问下情，鳏寡无辜小民对有苗氏有埋怨之词。'是说帝尧在将废除蚩尤、有苗的酷刑到达时候，先到下民中对有苗之刑不满的人那里去查问。就像现在断案有疑问，去问讯公卿、群吏和民众一样，使情形如汉孝景帝诏令中所说本已处死罪的如愿意被斩右趾以充死罪，允许他；原该治以黥、劓、左趾、宫刑等刑的人，应当像汉孝文帝分别以髡刑、笞刑代替那样。犯罪之人，年龄大约在二十到四五十岁之间，即使斩掉了他们的脚，但是仍然可以生育。现今人口少于汉孝文帝时，臣的下计所能全活的，每年有三千人。汉代张苍废除肉刑，但是每年所杀之人以万计。臣要恢复肉刑，每年可多活三千人。子贡曾问过，救助百姓是仁吗？孔子说：'不仅仅是仁，那是圣德，尧舜或许都难以做到呢！'孔子又说：'仁，离我们远吗？只要想行仁，这个仁也就来了。'如果真的能实行肉刑，百姓们就得救了。"钟繇的表章上奏以后，明帝下诏说："太傅学识渊博，才华出众，留心政事，对刑法理解深远。这是大事，公卿们再共同评议。"司徒王朗认为"钟繇要以减少死刑的条文，增加刖刑的条文，是要使本应躺着的人站起来，把死尸变成活人。然而，臣仍有些与他稍有差异的想法。墨、劓、刖、宫、大辟五刑，明著在律法之中，其中本来就有减死一等的规定，当死不死就是减刑。此种办法施行已久，不必假手斧钺实行肉刑，然后罪罚才有等次。上世仁者，因肉刑酷烈，才废而不用。数百年已经过去了，现在再重新施行，恐怕减刑条文百姓还没看明，这个消息就已经传到敌国了，这可不是笼络远人的做法。我认为把所要减轻的死罪，改为髡、刖之刑。如果觉得太轻了，还可以将服苦役的年限增加一倍。这样，内有以生换死无可比拟的仁德，外无改刖足为剁脚趾之刑的恶名"。当时参加评议的有一百多人，大多数人和王朗意见相同。明帝因吴、蜀尚未平定，这件事又搁置起来。

太和四年的时候，钟繇去世。明帝穿着白服前去吊唁，并且封谥号为成侯。钟繇的儿子钟毓继承爵位。当初，魏文帝曹丕从钟繇的食邑中分出一部分给了钟毓，封钟繇的弟弟钟演以及其子钟劭、其孙钟豫为列侯。

钟毓字稚叔。十四岁就担任散骑侍郎，他机敏善谈，有他父亲钟繇的风度。太和初年，蜀国丞相诸葛亮围攻祁山，明帝要亲自西征，钟毓上疏说："谋划在庙堂，战功也以运筹于帷幄之中为上，不用亲身征讨，以决胜负。皇帝应镇守中原，为四方军事之后援。大军西征，即使有百倍的威力，对于关中的损失仍然不小。现在是盛暑季节，以前诗人把它看得很重，至尊车驾不宜行动。"迁升钟毓为黄门侍郎。当时洛阳营造宫殿，工程浩大，明帝就到了许昌，全国官员都到许昌来朝见。许昌地方狭窄，于是就在城南铺上毛毡，上演鱼龙曼、鳌江分壕乐，百姓疲于劳役。

钟毓进谏说“现在水旱无常，国库空虚，现在所行之事，应当待丰收年时再去进行”。又上书说，“应当恢复在关内垦荒的措施，使百姓致力于农耕”。所奏之事都得以施行。正始年间，钟毓任散骑常侍。大将军曹爽在盛夏时征讨蜀国，蜀国拒守，魏军不能前进。曹爽正准备增加兵力，钟毓给他写信说：“我认为朝廷的决胜策略，不应该冒箭石之危险；王者之兵，应只征讨而不交战。舜舞干戚征服有苗，晋文公后退三十里便降服原国，而不必像吴汉那样直入江关，像韩信那样奔战井陉。机而进，难而退，是古来征战之正道。望公侯考虑！”最后曹爽无功而返。因为钟毓不合曹爽心意，被调离，出任魏郡太守。曹爽被杀后，钟毓又入京担任御史中丞、侍中廷尉。听到君父已经死了，臣下可以出面辩诬；士人有了侯位，妻子不得再嫁，所有这些规定都是钟毓所设。

正元年间，毌丘俭、文钦叛乱，钟毓持符节到扬州、豫州颁布并且执行赦免令，他告诉那里的官民，回来的时候可以担任尚书。诸葛诞造反，大将军司马文王商量着亲自前往寿春讨伐诸葛诞。正巧吴国的大将孙壹带领着部下归降，有的人认为“吴国现在出现了新的矛盾，肯定不会再出兵了。我们东面的军队已经足够多了，可以以后再打算”。钟毓却认为，“处理事情猜测敌人，一定要根据自己的情况去估计情况。现在诸葛诞把淮南的地方都给了吴国，孙壹手下的，只有三百兵力和一千口人。吴国等于没有任何损失。要是寿春的围困还不能解除，吴国的内乱被平息了，他们没准会出兵的。”大将军说：“实在太好了。”于是按照钟毓说的办。淮南被平定以后，钟毓担任青州刺史，加封为后将军，提升为都督徐州诸军事，持皇帝节符，又转任荆州都督。景元四年去世，追赠他做车骑将军，谥号为惠侯。他的儿子钟骏继承爵位。钟毓的弟弟钟会，自己有传。

华歆字子鱼，是平原高唐人。高唐是齐地名城，士大夫几乎都到街市上去游玩。华歆任县吏时，歇息时出府，就回家闭门读书。华歆谈论问题很公平，从不无中生有地伤害别人。同郡的陶丘洪也很有名望，自认为见解高明超过华歆。当时王芬正和地方列强密谋废掉汉灵帝。事记《武帝纪》中。王芬暗中邀约华歆、陶丘洪共谋此事，陶丘洪想去，华歆阻止他说：“废立皇帝事关重大，就是伊尹、霍光也感到为难。王芬性情粗鲁又不勇烈，一定不会成功，还会带来灾难累及家族。你千万别去！”陶丘洪听了华歆的话没有去。后来王芬果然失败，陶丘洪这才佩服华歆。华歆被推举为孝廉，担任郎中，因病离职。灵帝去世，何进辅助朝政，征召河南郑泰、颍川荀攸和华歆等人。华歆到京，担任尚书郎。董卓把天子迁往长安，华歆请求出京担任下邽令，因病没有去，就从蓝田来到南阳。当时袁术在穰县，款留华歆。华歆劝袁术进军讨伐董卓，袁术没有同意。华歆想要离开，碰上皇上派马日磾在关东招集民士，马日磾征召华歆为属官。华歆来到徐州，皇帝任命他为豫章太守，认为华歆处事冷静公允，官吏和百姓都很拥戴他。孙策占据江东，华歆知道孙策善于用兵，连帽子都没戴缠着头巾去迎接孙策。孙策因为华歆年长，用上宾之礼接待了他。后来孙策死了。曹操在官渡，上表请求天子征召华歆。孙权不想放他去，华歆对孙权说："将军您奉行王命，与曹公交好，情分未浓，我能为将军效力，不是很有好处吗？现在留下我，是白养着无用的东西，这不是好的计策啊！"孙权高兴地送走了华歆。一千多友人为华歆送行，赠送他几百两金子。华歆都收下了，并一一留下记号，临走的时候，把所收的礼品都集在一起，对众宾客说："我不是拒绝各位的好意，但是财物太多了。想我独自远行，匹夫无罪，怀璧其罪，望朋友们为我着想。"大家都取回了本来送给华歆的东西，很钦佩华歆的美德。

华歆到了以后，被任命为议郎，参与司空军事，并且担任尚书的职务，后来转任侍中，代替荀彧担任尚书令。曹操征讨孙权的时候，上表委任华歆为军师。魏国建立后，任命华歆为御史大夫。文帝即位以后，任命华歆为相国，加封安乐乡侯。文帝即位后，改任华歆为司徒。华歆一向过着清贫的生活，所得到的俸禄和奖赏都用来接济亲友，家里甚至连一石粮食的储存都没有。各位公卿曾经一起被赏赐给官府没收来的奴婢，只有华歆自己将被赏赐给的女婢全放出去嫁了人。文帝十分感叹，下诏书说："司徒，是三公元老之一，参与调和处理各种事务。现在的高官都享受着丰盛的膳食，而司徒却吃粗茶淡饭，这实在是没有必要。"特赏赐给华歆御衣，并且为其妻儿都做了衣服。三公官府提议："根据德行举荐孝廉，不用再测试经书。"华歆认为，"自丧乱以来，六经荒废，应当尽力保存这些经典精华，用来尊崇王道。制定法令，是为了整治衰败。如果放任举荐孝廉不考察六经，学业恐怕就会因此而荒废。如果有特别优异的人才，可以采取特别的办法另行征用。只怕是没有这样的人，还怕得不到吗？"文帝听从了其建议。

黄初年间，下诏令公卿举荐有独特品行的君子，华歆举荐管宁，文帝就用安车去征召管宁。明帝即位以后，晋封华歆为博平侯，增加食邑五百户，合并从前封的共一千三百户，转任华歆为太尉。华歆称病乞求辞官，要把自己的官位让给管宁。明帝没有答应。将要举行朝堂大会的时候，明帝派遣散骑常侍缪袭奉诏晓谕华歆说："朕刚刚亲政处理众事，日理万机，常常担心听政断事不明。要依靠有德的大臣，左右辅助朕，然而君却屡次以病辞让官位。考察和选择君主，不在君主的朝中任职，抛弃荣禄，不计较自己的官位，古人中本来是有这样做的，但是朕认为对周公、伊尹这样的人来说就不能这样。洁身全节，是常人所做的事，但朕却不希望君这样。君就勉力到会，以此加惠朕一个人吧！朕将站立在几席旁，命令百官全体站立，以等待君到来，然后朕才就座。"又诏令缪袭说："要等华歆一定起身前来，才能回来。"华歆不得已，才起身赴会。

太和年间，明帝派遣曹真从子午道进军讨伐蜀国，自己则东进许昌。华歆上书说："自战乱以来，已经二十多年。大魏秉承天意接续帝位，以您陛下的圣德，当像周成王、周康王那样治世，以宏大政治，继三王之圣迹。吴、蜀两国依险阻抗，但如果我大魏圣德兴盛，远方的人必会扶老携幼前来归附。兵者，凶也，不得已才用，要把它暂时收藏起来，必要的时候再使用。望陛下专心于圣道，把征伐放后。况且千里运粮，本就不利。越险入敌境，未必有打败敌人的必胜把握。臣听说今年百姓因徭役，农耕已经受影响了。君主应以百姓为根，衣食则是百姓生活的根本。能使我大魏没有饥寒的忧患，百姓们没有离乡背井的想法，实在天下之大幸也。吴、蜀内乱，可以坐等。臣居宰相高位，但是年迈多病，病情日笃，命将耗尽，恐不能再侍奉陛下了。臣不敢不忠怀，望陛下明察！"明帝回复说："您为国大计深虑，朕甚为嘉许。吴、蜀恃山川之阻，武帝、文皇二祖也曾屡次征伐，尚且未能平定，朕不敢自夸，能一定消灭他们。不过众将认为如果不进攻，它不会无故自灭，所以才出兵以示军威，或许可有破绽可寻。如时机未到，像周武王出兵再还师，也是可以借鉴的前事。我没有忘记您所告诫的话。"明帝诏令曹真退军。太和五年，华歆去世，谥号叫敬侯。他的儿子华表继承爵位。当初，文帝分出华歆的食邑，封华歆的弟弟华缉为列侯。华表，咸熙年间任尚书。

王朗字景兴，是东海郡人。因为对经学十分熟悉，被授予官郎中，并且被任命为菑丘县长。太尉杨赐是他的老师，杨赐去世，他辞官守孝。被推荐为孝廉，为三公府征召，没有应征。王朗被徐州刺史陶谦察举为茂才。当时汉献帝在长安，关东发生战事，王朗担任陶谦的治中，与别驾越昱等人劝陶谦说:“按《春秋》的义理，想当诸侯不如为帝王尽力。现在天子在遥远的西京，应当派遣使者前去接受帝王的命令。”陶谦就派遣赵昱拿着奏章前往长安。他们的意愿为天子所嘉许，陶谦被任命为安东将军。任用赵昱为广陵太守，王朗为会稽太守。孙策渡过长江占据地盘，王朗的功曹虞翻认为他们的力量不能抵抗孙策，不如避开他。王朗认为自己是汉朝的官吏，保卫城邑是他的责任，于是带兵和孙策作战，被打败，渡海到了东冶。孙策断续追击，大败王朗。王朗就到了孙策那里。王朗被孙策视作博学的儒士，责备他但是不伤害。王朗虽然流离穷困，朝不保夕，可是他收容、抚恤亲朋故旧，分多割少，他的操行与道义为人们所称道。

太祖上表征召王朗，王朗从曲阿县辗转江河湖泊，一共花了一年时间才到达。他被任命为谏议大夫，参与司空府的军事谋划。魏国初建的时候，王朗以军祭酒身份兼任魏郡太守，后升任少府、奉常、大理。尽力宽恕办案，从轻处置那些难以决断的案情。钟繇明察当时的法令，他们都以治理诉讼案件著称。

文帝即王位，提升王朗担任御史大夫，并且封他做安陵亭侯。王朗上奏劝谏文帝要养育百姓，减轻刑罚。他说:“自从战事发生已经快三十余年了，全国各地动荡不安，各个诸侯国都遭受苦难。依靠先王清除贼寇，扶育孤寡老弱，使国家有了法度。把百姓聚集到魏国的土地上，让我们的疆域之内，鸡鸣狗叫的声音传到四方去，百姓生活快快乐乐，都很高兴赶上了好年代。现在远方的贼寇还没有被平定，战争还没有停止，应该下令免除赋税和徭役，这样的话就能让远方的人信服，想归顺我们，有才德的官员能够宣扬您的恩德，把农田都修治好，使百姓生活富裕，士农工商富裕兴旺。《易经》上提倡整顿法令，《尚书》提倡用适当的刑罚，天子一个人做了好事，那么全民就会得到幸福，这就是说要谨慎恰当地实行法律。从前曹相国把断案交给了后来的继承人，路温舒痛恨管理刑狱的官吏。执法的人能够知道真实的情况，那么就不会有冤死在狱中的人了；那些年轻身壮的人，要是能使出自己的力气，那么就不会有挨饿的人了；要是那些老人能够得到粮仓供应的粮食，那么就不会有饿死的人了；嫁娶能够及时的话，那么就不会有男子娶不到媳妇和女子找不到婆家的怨恨了；要是胎儿得到健全的保养，那么孕妇就不会有自己伤痛的悲哀了；新生的孩子要是能够得到好的养育，那么就没有养育不好孩子的忧患了；先让他们长大成人了之后再让他们服役，那么就不会有少年时就离开家的思念了；头发白了的老人不服兵役，那么老人就没有困顿摔倒的忧虑了。要是得了病能够及时就医，放宽徭役让百姓能够安居乐业，用严厉的刑罚来惩罚强暴，对弱小的施加恩惠，当他们困乏的时候救济他们。这样做十年之后，成年的妇女一定满大街都有。二十年之后，能够服兵役的人一定会充满原野的。

等到文帝即帝位，改任王朗为司空，晋封为乐平乡侯。那时候文帝非常喜欢出外游猎，有时黄昏夜晚才回宫。王朗上疏说："帝王居住之处，在外则有警卫，在内侧有几重禁门，将要出行则预设卫兵然后才步出帷幄，设置好警卫才踏上台阶，警卫拉开弓弦然后才登上车舆，清除道路然后才引导车驾，掩护队列然后才转动车轮，清理宫室然后才息驾，这都是用以显示帝王的至尊地位，务必警戒谨慎，留下可以效法的典范。近日陛下的车驾出外捕虎，太阳偏西出行，等到黄昏才返回，这有违警卫的常法，并非万乘之尊应有的谨慎。"文帝回复说："看了你的奏表，即使是魏绛引用虞官的箴言来劝晋悼公，相如陈述猛兽之害来告诫汉武帝，都未足以来比喻。现今二寇未除，率师远征，故而有时进入原野来练习军备。至于夜晚回来的警戒，已经下诏有关部门施行。"

当初，建安末年的时候，孙权开始派遣使者以属国自称，来和刘备交战。皇帝下诏让众臣僚商议"是否出兵和吴国共同攻打蜀国"？王朗说："天子军队，重于华山、泰山，应坐耀天子之威严，山一样不动不摇。如吴、蜀相持日久，力智匹敌，争战不能很快结束而必须出兵的话，应以稳重可靠且能征惯战的将领，选择时机、地利之势，然后出动，一战就要成功不留遗漏。现在，东吴兵马还没有行动，我们的部队就不要先行出征。且此时雨多，都不是兴兵之时。"皇帝采纳了他的意见。文帝黄初年间，鹈鹕飞聚灵芝池，皇帝下诏让公卿大臣推举志行高洁的人。王朗推荐光禄大夫杨彪，上奏说自己有病，把职位让给杨彪。皇帝就为杨彪设置了属吏和士卒，位比三公。文帝下诏说："朕向你求贤未得，你却说自己有病，朕非但没有得到贤人，还要失去贤人，丧失重臣。是朕在宫中说过不好的话，违背了你的心愿么！你不要再推辞了。"王朗就继续在官位上。

孙权想要派儿子孙登入朝为侍臣。还没有到，文帝就已经移居许昌，大兴屯田，要东征孙权。王朗上疏说："从前南越奉行善举，派遣太子婴齐入侍汉朝，成就了他一代君主的霸业。康居弄虚作假，阳奉阴违，都护郭舜上奏，认为应当把他入朝做侍臣的儿子遣送回去，以回应他的无礼。当初吴王刘濞的灾祸，就源于他的儿子入侍汉廷；隗嚣反叛，也没有顾虑他的儿子隗恂会被杀掉。早就听说孙权要送儿子来朝，但是却不见到来。现在六军整备，臣恐有人不明白您的旨意，之所以出兵是恼恨孙登拖延入朝。如果兵马未动而孙登突然来到，其所引发的事情就大了，而原因却极小，没有任何值得庆贺的理由。假如他傲慢无理，根本就没有侍朝的意思，那些没有弄懂圣旨的议论，会有同样的抑郁和怨怼。臣认为应命令各路出征的将领，明确各自奉行的禁令，认真掌握所率领的部队。对外炫耀声威，在内则积极从事耕稼，像将士们如山安稳，如潭平静，威势不可动摇，计谋不可预测。”此时文帝因为已经集结好兵马，终于出征了。孙权的儿子没有来到，文帝到了长江边返回。

明帝即位以后，晋封王朗为兰陵侯，并且增加食邑五百户，合并以前封的共一千二百户。明帝派遣王朗到邺城巡视文昭皇后的陵墓，在那里见到百姓们有的还不富足。这时正在营建宫室，王朗上书说：“陛下即位以来，施恩的诏书屡屡颁布，百姓没有不感到欢欣鼓舞的。臣前不久奉命北行，往返于道路，听到还有很多的徭役，其中可以免除省减的很多。希望陛下重新保留废寝忘食勤于政事的治理，以谋划制伏敌寇。从前大禹将要拯救天下最大的忧患，故而先使自己住的宫室卑矮低小，节俭衣食用品，所以大禹能把九州尽数拥有，将天下分为五服。勾践想要扩大御儿一带的疆界，把吴王夫差斩首在姑苏，故而也节俭自身和家人，把节俭出来的财富用于国家，所以勾践能囊括五湖，席卷三江，在中原建立威势，奠定在华夏的霸主地位。汉朝的文帝、景帝也想要增进世代流传的帝业，故而能抛弃建造百金露台的主意，用身穿弋绨这样粗糙的衣服来显示节俭，对内减少太官用度而不接受臣下的贡献，对外减税赋而大力发展农桑，所以文帝、景帝为帝的时候能号称升平之世，刑罚几乎被闲置了起来。汉孝武皇帝之所以能奋扬军队的威势，拓展疆界，实在是因为孝武帝的祖父和父亲蓄积充足，所以才能成就大功。霍去病，是中等才略的将领，尚且能够因为匈奴未灭，不肯建造个人的府第。这都说明顾及久远大业的人会忽略眼前的微利，有事业于外部的人会对内部比较简朴。自从汉朝初年至其中兴，都是在战事大体停息以后，然后再让凤阙龙楼交叠环绕，德阳诸殿一时并起。而现在建始殿之前足可用来布列朝会，崇华殿之后足可用来排列内官，华林园、天渊池足可以用来游玩饮宴。如果暂且先建成阊阖的观阙，使排列朝贡远人的场地足够使用，修筑城池，使城池足以用来阻绝敌军的逾越，建成保卫国家的防御险地，那么其余的一切，且等到丰年时再说。如果一心以勤耕力农为急务，以演习武备为要事，那么国中就不会有长期分离的夫妻，人口也会滋生繁衍，百姓充足兵势强盛，而寇贼羌戎还不宾服，光辉仍然不能普照，那是不会有的。”王朗转任为司徒。

那时候皇帝的儿子一个又一个死掉，而宫中与皇帝同居的妃嫔却很少。王朗上疏说：“周文王十五岁生武王，才享有十个儿子的福祚，增加了姬姓的后代；周武王年老后才生了周成王，因此成王兄弟少。两位周王，各树大德，难分轩轾，但是说到享有子孙的福祚，则大不相同。大概和他们生育子女早晚和多少有关，陛下德行福祚查追周朝三圣，年龄高于文王诞育武王之时，而您却没有像姬发一样的儿子，藩王们也生得不多。以周成王的出生作比喻，虽然还不算晚，但是如果与文王生伯邑相比，就不早了。《周礼》规定六宫宫人为百二十人，而其他经典的说法，都以十二人为限，到秦汉末年，就数以千百计了。纵使姬妾很多，而及时育子的却极少。其根本原因，在于心意合一，不在于贪多务广。臣多么希望国家有像轩辕黄守生育二十五个儿子那样的福祚啊！可是现在还不及周文王生育十个儿子，臣因此担忧被褥太保暖，就不适宜于幼儿柔嫩的肌肤，也很难让他不生病。如丝袍不至于太厚，就有可能使他的体魄如金石般坚强，而寿比岳山。”明帝答复说：“言辞恳切，爱心深厚，是您的忠诚所至。您殚精竭虑书写奏章，述有德之言，以成善事，我非常欣喜。太子还没有确立，您为此而忧虑，我恭敬地接受您的至诚之言和善意的规劝。”王朗著有《易》《春秋》《孝经》《周官》诸传，以攻各类著作，都流传于世。太和二年去世，谥号为成侯。他的儿子王肃继承爵位。当初，文帝分王朗封邑，准备封他的一个儿子为列侯，王朗请求封给他哥哥的儿子王详。

王肃字子雍，十八岁那年，跟随宋忠学《太玄经》，并为这本书重新作了注解。黄初年间，王肃任散骑黄门侍郎。太和三年，被任命为散骑常侍。太和四年，大司马曹真率军征蜀，王肃上书：“《前汉书》说：‘千里运军粮，士兵就面有饥色；做饭时再临时打柴，也不会常有饱饭吃。’这是指在坦途行军的情境。对于那些需要逢山开路、遇水搭桥的军队来说，付出的辛苦还要多出数倍。现在连月大雨，士兵拥挤在陡滑的山路上无法展开，粮食又运输难以为继，这实在是行军者大忌。曹真将军率军出发已经一月有余，所走的路只有子午谷路程的一半，几乎所有的将士都在开凿修路。蜀军则以逸待劳，这是最堪忧的事。前代，武王伐纣，出关又返回；近事，武、文二帝南征孙权，兵临长江却不渡过，这是顺应天意晓时务，通权变的例证。百姓知道圣上是因为雨大难行，才让大军退回休息，待日后机会成熟的时候，再遣军出征，这就应了‘让百姓高兴后再去作战，他们就会舍生忘死’这句话。”征蜀兵马撤回。王肃又上疏说：“应遵循旧制，为已经去世的大臣发丧，向宗庙进贡果品。”这些事都得以施行。王肃又上书陈述为政一事：“现在，应该除去虚设的职位，减免不急需的俸禄。立即停止不劳而食的费用，合并无所事事的官员。是官员就要有职守，有职守就要承担事务，承担事务就享受俸禄，以此来代替他们在农田中的耕作，此古之常式，也是当今所应施行的制度。官位少，其他的官员俸禄就提高了，费用就会减少，仕人为官的意愿也能得到鼓励。他们就会展示才能，便消除了相互攀比的现象。用口头奏陈的政绩，考察他们的实际功效，贤能与否，都存于帝王心中。尧、舜的设官分职，是向公卿们申明职责的任命，只委派龙一人为纳言官，就像今日的尚书，专掌传达皇帝的诏命一样。夏、商设官分职的情况已经不清楚。《尚书·甘誓》说‘六事之人’，此说六卿也是掌管职事的人。《周官》的记载则详备得多：天子五日一朝，临朝时公卿大夫一同进入朝堂，由司士来排定位置。《考工记》说：‘坐论治理国家大事，称为天子、诸侯；起来执行政令的，称为士大夫。’等到汉初，仍仿前代旧制，公卿们都自带政事入朝。所以汉高祖可以亲自追回复返的周昌，汉武帝远准汲黯的奏章。汉宣帝诏令公卿们五日一朝，汉成帝才开始设置尚书五人。此后，五日一朝的制度废弃，于是短缺了天子升朝的礼仪。现在，应当恢复古代五日一朝的制度，让公卿们以所掌司职奏报。使废弛已久的礼制得以复兴，大魏的帝王圣业得以发扬光大，这就是人们所说的名声美好、效果显著的事情啊！”

青龙年间，山阳公去世了，山阳公也就是汉朝的皇帝。王肃上疏说：“以前的唐尧把君位禅让给虞，虞又禅让给夏启，都是守完了三年的丧，然后才登上了天子的位置。因此帝号没有改变，原先的君主的礼仪制度还是存在的。现在山阳公承接上天的命令，顺应百姓的愿望把王位禅让给大魏，自己退处在宾客的位置上。您现在侍奉魏国，魏国国君对待您，也还是非常尊崇您不称臣。他逝世以后葬殓的礼节，灵车的装饰，都是按照帝王的标准，因此远近的人都很归顺仁德，他们都认为这是很美好的事情。并且汉朝拥有帝号和皇号，叫作皇帝。这和称呼帝与单独称呼皇是有区别的，因为皇的帝级比帝轻一些。因此汉高祖的时候，国土上就没有两个帝王，要是父亲还在的话，就只称皇，主要是为了避免两个帝王的误会。况且现在是寿终正寝了，就可以称为皇来和他的谥号相配。”明帝还是没有采纳，不想让他称皇，于是追赠他谥号为汉孝献皇帝。

后来王肃以常侍的身份兼任秘书监，同时还做了崇文观祭酒。景初年间，朝廷大举建造宫室，百姓不能安心从事农业生产，服役期限也没有固定时间，刑罚也太过随意。王肃上书说：“大魏承帝业于危难，幸存百姓很少，战乱又久久没有能休止息。应以安稳的环境让百姓休养生息，以蓄积财物，减免徭役，让百姓致力于农桑。现在，宫室建筑没有完工，霸业未成，漕运频发，转运供给；壮丁疲于劳役，农民也被迫离开田地，种粮的人少，吃粮的人多，仓廪已经没有陈粮，新粮却接续不上。此国大患，不是早备之良策也！现劳役有三四万人，九龙宫可使陛下安居也足以置列六宫妃嫔；显阳殿又即将竣工，唯有泰极殿所余工程甚大。时节已近严冬，可能会有疾病，在役夫中流行。臣望陛下发仁德，赐明诏，怜悯民夫，同情百姓，只留下职责重要的士兵；不是要务的劳役，选择强壮的，留一万人，干完一年再更换。他们得知可以被人替换，就会很乐意去做事，也不会有怨言。这样，每年都有三百六十万个役夫在做工，数量也不算少了。原来一年就完工的工程，缓做三年完成。让其余的役夫都回家务农，来消除贫困。这样，仓里就会有充足的粮食，百姓就会有剩余的劳力。用这种办法，什么样的功业建立不了呢！什么样的教化推行不成呢！取信于民，是国之大宝啊！孔子说：‘古来没有谁都免死，如果百姓失去了信心，国家是站不起来的。’区区晋国，小小重耳，使用百姓，还要先示信用。所以，原国已经投降，但是重耳仍将军队后退一舍之地，以守信用。所以，成一方霸主，被人称颂。前些时陛下要巡幸洛阳，官吏征发百姓修建行营，当时允诺建成行营后，百姓即可返回。可是，行营建成以后，没有让他们走。官员只求眼前利益，忘却治国根本。臣以为，今后倘若再使用民役，应申明官府，必须如期遣返。宁可再征调其他百姓做别的事，也不要失信于民。凡陛下临时要判处死刑的人，都是有罪该死的人。可是百姓并不知详情，会说陛下草菅人命。故而，臣望陛下对要判死刑的罪吏公开他们的罪行，不要让他们玷污了朝廷德政，而被人所怀疑。杀来容易活来难，气断了无法再续，所以，古代圣贤都重视它。孟轲谈，如果杀无辜的人以取天下，仁德之人决不能做。汉代时有冒犯警跸惊了皇辇的人，廷尉张释之判他交纳罚金，汉文帝嫌张释之判得太轻，释之说：'当犯事的时候，皇上让人杀了他也就算了。现在将他交付廷尉，廷尉执法如一，如果妄断，百姓连手足都会无处放了。臣以为张释之此话有失臣子道义，不是忠臣所奏。廷尉是天子的官吏，尚且不能失去齐一的标准，难道天子就可以随意杀人吗？张释之是看重自己，却轻视君主。他对君主并不忠诚。周公说道：'天子不说玩笑话。他说话史官就要记录下来，乐工就要朗诵起来，士人就要称颂起来。说话尚且不能儿戏，何况是做事呢？故而对张释之的话不可不察，对周公的告诫也不可不遵奉。"王肃又陈奏说"诸般鸟兽等玩乐的东西，还要在它们身上花费草料粮食人力，都可以摒弃"。

明帝曾经问道："汉桓帝时，白马县令李云上书说：'帝的意思就是谛。现在是皇帝不想要谛了。'有办法让李云免死吗？"王肃回答说："李云没有掌握好君臣说话的尺度。就其本意而言，是要尽己之力，弥补残缺。帝王之威，逾比雷霆，杀死一个匹夫，和踩死一只蚂蚁没什么两样。但是宽容李云那样的人，可以使帝王容言纳论的胸襟得以示明，把德行推到全国。臣认为杀掉李云未必是正确的。"明帝又询问说："司马迁因受宫刑，内怀怨恨，以《史记》指责汉武帝，令人痛恨。"王肃回答说："司马迁记事，不虚伪，不滥溢，不隐恶。刘向、扬雄佩服他善于记事，有优秀史官的才能，认为那是如实记录。汉武帝听说他在写作《史记》，于是就索取汉景帝和他自己的本纪阅览，看后大怒，削去字迹后把它丢掉。所以这两篇本纪只有目录，没有文字。司马迁后来因为李陵事件，竟被下蚕室处以宫刑。可见，深怨是在汉武帝心中，而不在司马迁。"

正始元年，王肃出京担任广平太守。后来又应召回朝，任议郎。不久，改任侍中，升为太常。当时大将军曹爽专权，任用何晏、邓飏等人。王肃和太尉蒋济、司农桓范一同谈论时政，王肃严肃地说："这些人和弘恭、石显同类，还值得称道吗！"曹爽听说以后，告诫何晏等人说："你们都应谨慎！公卿大夫已经把你们比作前代的恶人了。"因祭祀宗庙有误，王肃被免职。后来又任光禄勋。当时有两条一尺长的鱼，跃上武器库的房顶，很多人都认为是吉祥。王肃说："鱼应生活在水里，现在却在高房上，这是有甲鳞的动物失去了它们赖以生存的地方。戍边将领要发生丢盔弃甲的事故。"后来果然在东关被吴国打败。王肃又调任河南尹。嘉平六年，持符节兼任太常，护送御用车驾在元城迎接高贵乡公。这一年，有一股白气经过天空，大将军司马昭向王肃询问这一现象的原因，王肃回答说："这是蚩尤的旗帜，东南方将出现叛乱。您如果以身来安抚百姓，那么天下就会安定而归服德化，叛首就会灭亡。"第二年春天，镇东将军毌丘俭、扬州刺史文钦发生叛乱。司马昭对王肃说："霍光有感于夏侯胜的话，开始尊重读书人，的确是有原因的。安邦定国，使君主与百姓得享安宁，这有什么办法吗？"王肃说："过去关羽在汉水打败于禁，蜀国已经有争夺天下的想法。后来，孙权又掳去他将士的家属，关羽的部队就溃散了。现在，淮南将士的父母、妻子都在内地，因此要立即派兵去抵抗，阻挡他们前进，就一定会出现土崩瓦解的局面，就像关羽部队那样。"司马昭用了王肃的计策，终于打败了毌丘俭和文钦。后来，王肃被升为中领军，加封散骑常侍，增加食邑三百户，加上以前的共计二千二百户。甘露元年王肃去世，为他送葬的门生有好几百人。朝廷追赠他为卫将军，谥号为景侯。他的儿子王恽继承爵位。王恽去世，因为无子而撤销封国。景元四年，封王肃的另一个儿子王恂为兰陵侯。咸熙年间，开始建立五等爵位，因为王肃在前朝颇建功勋，改封王恂为丞县的子爵。

那时候，王肃通晓大儒贾逵、马融的学说，不喜欢郑玄之说，他融汇儒家各学派之长，为《尚书》《诗经》《论语》《三礼》《春秋左氏传》等作注解，又编定父亲王朗所作的《易传》，这些著作都被列为国学的参考书。他所阐述、论证有关朝廷典章制度中的祭祀天地、皇祖以及丧服区别等问题的文章，一共有一百多篇。乐安国人孙叔然，曾经在郑玄门下学习过，人称为东州大儒。朝廷征召他为秘书监，没有上任。王肃编纂《圣证论》讥讽和贬低郑玄，孙叔然进行了反驳和解释，他后来为《周易》《春秋例》《毛诗》《礼－记》《春秋三传》《国语》《尔雅》等数种经书做解，又注书十多篇。再者，魏初就受到朝廷征召而没有做官的敦煌郡人周生烈、明帝时的大司农弘农郡人董遇等，也都为经传作了注解，在当时广为流传。

评论说：钟繇开朗豁达，华歆为人清正纯朴，非常有仁德的修养，王朗的文才很渊博，很有才学，他们都是一个时代的伟大的人物。魏国刚刚建立的时候，他们都已经登上了三公的位置上了，真是显盛一时啊！王肃这个人非常忠诚正直，而且见多识广，非常擅长分析事理！

三国志卷十四·魏书十四

程郭董刘蒋刘传

程昱字仲德，东郡东阿人也。长八尺三寸，美须髯。黄巾起，县丞王度反应之，烧仓库。县令逾城走，吏民负老幼东奔渠丘山。昱使人侦视度，度等得空城不能守，出城西五六里止屯。昱谓县中大姓薛房等曰："今度等得城郭不能居，其势可知。此不过欲虏掠财物，非有坚甲利兵攻守之志也。今何不相率还城而守之？且城高厚，多谷米，今若还求令，共坚守，度必不能久，攻可破也。"房等以为然。吏民不肯从，曰："贼在西，但有东耳。"昱谓房等："愚民不可计事。"乃密遣数骑举幡于东山上，令房等望见，大呼言"贼已至"，便下山趣城，吏民奔走随之，求得县令，遂共城守。度等来攻城，不能下，欲去。昱率吏民开城门急击之，度等破走。东阿由此得全。

初平中，兖州刺史刘岱辟昱，昱不应。是时岱与袁绍、公孙瓒和亲，绍令妻子居岱所，瓒亦遣从事范方将骑助岱。后绍与瓒有隙。瓒击破绍军，乃遣使语岱，令遣绍妻子，使与绍绝。别敕范方："若岱不遣绍家，将骑还。吾定绍，将加兵于岱。"岱议连日不决，别驾王彧白岱："程昱有谋，能断大事。"岱乃召见昱，问计，昱曰："若弃绍近援而求瓒远助，此假人于越以救溺子之说也。夫公孙瓒，非袁绍之敌也。今虽坏绍军，然终为绍所禽。夫趣一朝之权而不虑远计，将军终败。"岱从之。范方将其骑归，未至，瓒大为绍所破。岱表昱为骑都尉，昱辞以疾。

刘岱为黄巾所杀。太祖临兖州，辟昱。昱将行，其乡人谓曰："何前后之相背也！"昱笑而不应。太祖与语，说之，以昱守寿张令。太祖征徐州，使昱与荀彧留守鄄城。张邈等叛迎吕布，郡县响应，唯鄄城、范、东阿不动。布军降者，言陈宫欲自将兵取东阿，又使氾嶷取范，吏民皆恐。彧谓昱曰："今兖州反，唯有此三城。宫等以重兵临之，非有以深结其心，三城必动。君，民之望也，归而说之，殆可！"昱乃归，过范，说其令靳允曰："闻吕布执君母弟妻子，孝子诚不可为心！今天下大乱，英雄并起，必有命世，能息天下之乱者，此智者所详择也。得主者昌，失主者亡。陈宫叛迎吕布而百城皆应，似能有为，然以君观之，布何如人哉！夫布，粗中少亲，刚而无礼，匹夫之雄耳。宫等以势假合，不能相君也。兵虽众，终必无成。曹使君智略不世出，殆天所授！君必固范，我守东阿，则田单之功可立也。孰与违忠从恶而母子俱亡乎？唯君详虑之！”允流涕曰：“不敢有二心。”时汜嶷已在县，允乃见嶷，伏兵刺杀之，归勒兵守。昱又遣别骑绝仓亭津，陈宫至，不得渡。昱至东阿，东阿令枣祗已率厉吏民，拒城坚守。又兖州从事薛悌与昱协谋，卒完三城，以待太祖。太祖还，执昱手曰：“微子之力，吾无所归矣。”乃表昱为东平相，屯范。

太祖与吕布战于濮阳，数不利。蝗虫起，乃各引去。于是袁绍使人说太祖连和，欲使太祖遣家居邺。太祖新失兖州，军食尽，将许之。时昱使适还，引见，因言曰：“窃闻将军欲遣家，与袁绍连和，诚有之乎？”太祖曰：“然。”昱曰：“意者将军殆临事而惧，不然何虑之不深也！夫袁绍据燕、赵之地，有并天下之心，而智不能济也。将军自度能为之下乎？将军以龙虎之威，可为韩、彭之事邪？今兖州虽残，尚有三城。能战之士，不下万人。以将军之神武，与文若、昱等，收而用之，霸王之业可成也。愿将军更虑之！”太祖乃止。

天子都许，以昱为尚书。兖州尚未安集，复以昱为东中郎将，领济阴太守，都督兖州事。刘备失徐州，来归太祖。昱说太祖杀备，太祖不听。语在《武纪》。后又遣备至徐州要击袁术，昱与郭嘉说太祖曰：“公前日不图备，昱等诚不及也。今借之以兵，必有异心。”太祖悔，追之不及。会术病死，备至徐州，遂杀车胄，举兵背太祖。顷之，昱迁振威将军。袁绍在黎阳，将南渡。时昱有七百兵守鄄城，太祖闻之，使人告昱，欲益二千兵。昱不肯，曰：“袁绍拥十万众，自以所向无前，今见昱兵少，必轻易，不来攻。若益昱兵，过则不可不攻，攻之必克，徒两损其势。愿公无疑！”太祖从之。绍闻昱兵少，果不往。太祖谓贾诩曰：“程昱之胆，过于贲、育。”昱收山泽亡命，得精兵数千人，乃引军与太祖会黎阳，讨袁谭、袁尚。谭、尚破走，拜昱奋武将军，封安国亭侯。太祖征荆州，刘备奔吴。论者以为孙权必杀备，昱料之曰：“孙权新在位，未为海内所惮。曹公无敌于天下，初举荆州，威震江表，权虽有谋，不能独当也。刘备有英名，关羽、张飞皆万人敌也，权必资之以御我。难解势分，备资以成，又不可得而杀也。”权果多与备兵，以御太祖。是后中夏

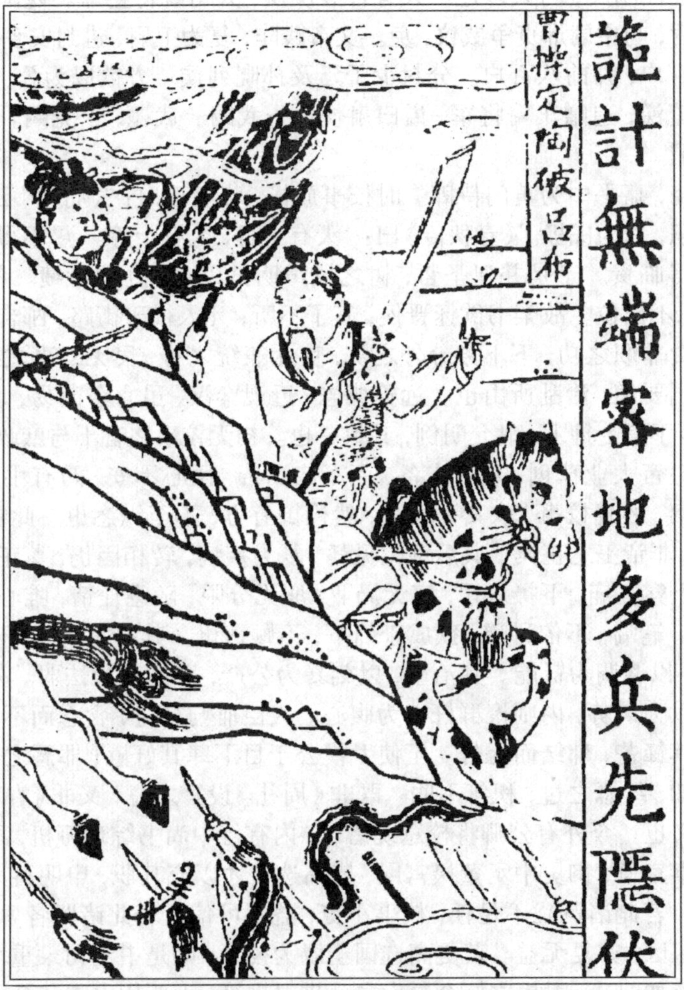

《三国志通俗演义》版画之曹操定陶破吕布图

渐平，太祖拊昱背曰："兖州之败，不用君言，吾何以至此？"宗人奉牛酒大会，昱曰："知足不辱，吾可以退矣。"乃自表归兵，阖门不出。

昱性刚戾，与人多迕。人有告昱谋反，太祖赐待益厚。魏国既建，为卫尉，与中尉邢贞争威仪，免。文帝践阼，复为卫尉，进封安乡侯，增邑三百户，并前八百户。分封少子延及孙晓列侯。方欲以为公，会薨，帝为流涕，追赠车骑将军，谥曰肃侯。子武嗣。武薨，子克嗣。克薨，子良嗣。

晓，嘉平中为黄门侍郎。时校事放横，晓上疏曰："《周礼》云：'设官分职，以为民极。'《春秋传》曰：'天有十日，人有十等。'愚不得临贤，贱不得临贵。于是并建圣哲，树之风声明试以功，九载考绩。各修厥业，思不出位。故栾书欲拯晋侯，其子不听；死人横于街路，邴吉不问。上不责非职之功，下不务分外之赏，吏无兼统之势，民无二事之役，斯诚为国要道，治乱所由也。远览典志，近观秦汉，虽官名改易，职司不同，至于崇上抑下，显允明例，其致一也。初无校事之官干与庶政者也。昔武皇帝大业草创，众官未备，而军旅勤苦，民心不安，乃有小罪，不可不察，故置校事，取其一切耳，然检御有方，不至纵恣也。此霸世之权宜，非帝王之正典。其后渐蒙见任，复为疾病，转相因仍，莫正其本。遂令上察宫庙，下摄众司，官无局业，职无分限，随意任情，唯心所适。法造于笔端，不依科诏；狱成于门下，不顾覆讯。其选官属，以谨慎为粗疏，以谌调为贤能。其治事，以刻暴为公严，以循理为怯弱。外则托天威以为声势，内则聚群奸以为腹心。大臣耻与分势，含忍而不言，小人畏其锋芒，郁结而无告。至使尹模公于目下肆其奸慝；罪恶之著，行路皆知，纤恶之过，积年不闻。既非《周礼》设官之意，又非《春秋》十等之义也。今外有公卿将校总统诸署，内有侍中尚书综理万机，司隶校尉督察京辇，御史中丞董摄宫殿，皆高选贤才以充其职，申明科诏以督其违。若此诸贤犹不足任，校事小吏，益不可信。若此诸贤各思尽忠，校事区区，亦复无益。若更高选国士以为校事，则是中丞司隶重增一官耳。若如旧选，尹模之奸今复发矣。进退推算，无所用之。昔桑弘羊为汉求利，卜式以为独烹弘羊，天乃可雨。若使政治得失必感天地，臣恐水旱之灾，未必非校事之由也。曹恭公远君子，近小人，《国风》托以为刺。卫献公舍大臣，与小臣谋，定姜谓之有罪。纵令校事有益于国，以礼义言之，尚伤大臣之心，况奸回暴露，而复不罢，是衮阙不补，迷而不返也。”于是遂罢校事官。晓迁汝南太守，年四十余薨。

郭嘉字奉孝，颍川阳翟人也。初，北见袁绍，谓绍谋臣辛评、郭图曰：“夫智者审于量主，故百举百全而功名可立也。袁公徒欲效周公之下士，而未知用人之机。多端寡要，好谋无决，欲与共济天下大难，定霸王之业，难矣！”于是遂去之。先是时，颍川戏志才，筹画士也，太祖甚器之。早卒。太祖与荀彧书曰：“自志才亡后，莫可与计事者。汝、颍固多奇士，谁可以继之？”彧荐嘉。召见，论天下事。太祖曰：“使孤成大业者，必此人也。”嘉出，亦喜曰：“真吾主也。”表为司空军祭酒。

征吕布，三战破之，布退固守。时士卒疲倦，太祖欲引军还，嘉说太祖急攻之，遂禽布。语在《荀攸传》。

孙策转斗千里，尽有江东，闻太祖与袁绍相持于官渡，将渡江北袭许。众闻皆惧，嘉料之曰：“策新并江东，所诛皆英豪雄杰，能得人死力者也。然策轻而无备，虽有百万之众，无异于独行中原也。若刺客伏起，一人之敌耳。以吾观之，必死于匹夫之手。”策临江未济，果为许贡客所杀。

从破袁绍，绍死，又从讨谭、尚于黎阳，连战数克。诸将欲乘胜遂攻之，嘉曰：“袁绍爱此二子，莫适立也。有郭图、逢纪为之谋臣，必交斗其间，还相离也。急之则相持，缓之而后争心生。不如南向荆州若征刘表者，以待其变；变成而后击之，可一举定也。”太祖曰：“善。”乃南征。军至西平，谭、尚果争冀州。谭为尚军所败，走保平原，遣辛毗乞降。太祖还救之，遂从定邺。又从攻谭于南皮，冀州平。封嘉洧阳亭侯。

太祖将征袁尚及三郡乌丸，诸下多惧刘表使刘备袭许以讨太祖，嘉曰：“公虽威震天下，胡恃其远，必不设备。因其无备，卒然击之，可破灭也。且袁绍有恩于民夷，而尚兄弟生存。今四州之民，徒以威附，德施未加，舍而南征，尚因乌丸之资，招其死主之臣，胡人一动，民夷俱应，以生蹋顿之心，成觊觎之计，恐青、冀非已之有也。表，坐谈客耳，自知才不足以御备，重任之则恐不能制，轻任之则备不为用，虽虚国远征，公无忧矣。”太祖遂行。至易，嘉言曰：“兵贵神速。今千里袭人，辎重多，难以趣利，且彼闻之，必为备；不如留辎重，轻兵兼道以出，掩其不意。”太祖乃密出卢龙塞，直指单于庭。虏卒闻太祖至，惶怖合战。大破之，斩蹋顿及名王已下。尚及兄熙走辽东。

嘉深通有算略，达于事情。太祖曰："唯奉孝为能知孤意。"年三十八，自柳城还，疾笃，太祖问疾者交错。及薨，临其丧，哀甚，谓荀攸等曰："诸君年皆孤辈也，唯奉孝最少。天下事竟，欲以后事属之，而中年夭折，命也夫！"乃表曰："军祭酒郭嘉，自从征伐，十有一年。每有大议，临敌制变。臣策未决，嘉辄成之。平定天下，谋功为高。不幸短命，事业未终。追思嘉勋，实不可忘。可增邑八百户，并前千户。"谥曰贞侯。子奕嗣。

后太祖征荆州还，于巴丘遇疾疫，烧船，叹曰："郭奉孝在，不使孤至此。"初，陈群非嘉不治行检，数廷诉嘉，嘉意自若。太祖愈益重之，然以群能持正，亦悦焉。奕为太子文学，早薨。子深嗣。深薨，子猎嗣。

董昭字公仁，济阴定陶人也。举孝廉，除廮陶长、柏人令，袁绍以为参军事。绍逆公孙瓒于界桥，钜鹿太守李邵及郡冠盖，以瓒兵强，皆欲属瓒。绍闻之，使昭领钜鹿。问："御以何术？"对曰："一人之微，不能消众谋，欲诱致其心，唱与同议，及得其情，乃当权以制之耳。计在临时，未可得言。"时郡右姓孙伉等数十人专为谋主，惊动吏民。昭至郡，伪作绍檄告郡云："得贼罗候安平张吉辞，当攻钜鹿，贼故孝廉孙伉等为应，檄到收行军法，恶止其身，妻子勿坐。"昭案檄告令，皆即斩之。一郡惶恐，乃以次安慰，遂皆平集。事讫白绍，绍称善。会魏郡太守栗攀为兵所害，绍以昭领魏郡太守。时郡界大乱，贼以万数，遣使往来，交易市买。昭厚待之，因用为间，乘虚掩讨，辄大克破。二日之中，羽檄三至。

昭弟访，在张邈军中。邈与绍有隙，绍受谗将致罪于昭。昭欲诣汉献帝，至河内，为张杨所留。因杨上还印绶，拜骑都尉。时太祖领兖州，遣使诣杨，欲令假涂西至长安，杨不听。昭说杨曰："袁、曹虽为一家，势不久群。曹今虽弱，然实天下之英雄也，当故结之。况今有缘，宜通其上事，并表荐之；若事有成，永为深分。"杨于是通太祖上事，表荐太祖。昭为太祖作书与长安诸将李傕、郭汜等，各随轻重致殷勤。杨亦遣使诣太祖。太祖遗杨犬马金帛，遂与西方往来。天子在安邑，昭从河内往，诏拜议郎。

建安元年，太祖定黄巾于许，遣使诣河东。会天子还洛阳，韩暹、杨奉、董承及杨各违戾不和。昭以奉兵马最强而少党援，作太祖书与奉曰："吾与将军闻名慕义，便推赤心。今将军拔万乘之艰难，反之旧都，翼佐之功，超世无畴，何其休哉！方今群凶猾夏，四海未宁，神器至重，事在维辅；必须众贤以清王轨，诚非一人所能独建。心腹四支，实相恃赖，一物不备，则有阙焉。将军当为内主，吾为外援。今吾有粮，将军有兵，有无相通，足以相济，死生契阔，相与共之。”奉得书喜悦，语诸将军曰：“兖州诸军近在许耳，有兵有粮，国家所当依仰也。”遂共表太祖为镇东将军，袭父爵费亭侯；昭迁符节令。

太祖朝天子于洛阳，引昭并坐，问曰：“今孤来此，当施何计？”昭曰：“将军兴义兵以诛暴乱，入朝天子，辅翼王室，此五伯之功也。此下诸将，人殊意异，未必服从，今留匡弼，事势不便，惟有移驾幸许耳。然朝廷播越，新还旧京，远近跂望，冀一朝获安。今复徙驾，不厌众心。夫行非常之事，乃有非常之功，愿将军算其多者。”太祖曰：“此孤本志也。杨奉近在梁耳，闻其兵精，得无为孤累乎？”昭曰：“奉少党援，将独委质。镇东、费亭之事，皆奉所定，又闻书命申束，足以见信。宜时遣使厚遗答谢，以安其意。说‘京都无粮，欲车驾暂幸鲁阳，鲁阳近许，转运稍易，可无县乏之忧’。奉为人勇而寡虑，必不见疑，比使往来，足以定计。奉何能为累！”太祖曰：“善。”即遣使诣奉。徙大驾至许。奉由是失望，与韩暹等到定陵钞暴。太祖不应，密往攻其梁营，降诛即定。奉、暹失众，东降袁术。三年，昭迁河南尹。时张杨为其将杨醜所杀，杨长史薛洪，河内太守缪尚城守待绍救。太祖令昭单身入城，告喻洪、尚等，即日举众降。以昭为冀州牧。

太祖令刘备拒袁术，昭曰：“备勇而志大，关羽、张飞为之羽翼，恐备之心未可得论也！”太祖曰：“吾已许之矣。”备到下邳，杀徐州刺史车胄，反。太祖自征备，徙昭为徐州牧。袁绍遣将颜良攻东郡，又徙昭为魏郡太守，从讨良。良死后，进围邺城。袁绍同族春卿为魏郡太守，在城中，其父元长在扬州，太祖遣人迎之。昭书与春卿曰：“盖闻孝者不背亲以要利，仁者不忘君以徇私，志士不探乱以徼幸，智者不诡道以自危。足下大君，昔避内难，南游百越，非疏骨肉，乐彼吴会，智者深识，独或宜然。曹公愍其守志清恪，离群寡俦，故特遣使江东，或迎或送，今将至矣。就令足下处偏平之地，依德义之主，居有泰山之固，身为乔松之偶，以义言之，犹宜背彼向此，舍民趣父也。且邾仪父始与隐公盟，鲁人嘉之，而不书爵，然则王所未命，爵尊不成，《春秋》之义也。况足下今日之所托者乃危乱之国，所受者乃矫诬之命乎？苟不逞之与群，而厥父之不恤，不可以言孝。忘祖宗所居之本朝，安非正之奸职，难可以言忠。忠孝并替，难以言智。又足下昔日为曹公所礼辟，夫戚族人而疏所生，内所寓而外王室，怀邪禄而叛知己，远福祚而近危亡，弃明义而收大耻，不亦可惜邪！若能翻然易节，奉帝养父，委身曹公，忠孝不坠，荣名彰矣。宜深留计，早决良图。”邺既定，以昭为谏议大夫。后袁尚依乌丸蹋顿，太祖将征之。患军粮难致，凿平虏、泉州二渠入海通运，昭所建也。太祖表封千秋亭侯，转拜司空军祭酒。

后昭建议：“宜修古建封五等。”太祖曰：“建设五等者，圣人也，又非人臣所制，吾何以堪之？”昭曰：“自古以来，人臣匡世，未有今日之功。有今日之功，未有久处人臣之势者也。今明公耻有惭德而未尽善，乐保名节而无大责，德美过于伊、周，此至德之所极也。然太甲、成王未必可遭，今民难化，甚于殷、周，处大臣之势，使人以大事疑已，诚不可不重虑也。明公虽迈威德，明法术，而不定其基，为万世计，犹未至也。定基之本，在地与人，宜稍建立，以自藩卫。明公忠节颖露，天威在颜，耿弇床下之言，朱英无妄之论，不得过耳。昭受恩非凡，不敢不陈。”后太祖遂受魏公、魏王之号，皆昭所创。

及关羽围曹仁于樊，孙权遣使辞以“遣兵西上，欲掩取羽江陵、公安累重。羽失二城，必自奔走，樊军之围，不救自解。乞密不漏，令羽有备”。太祖诘群臣，群臣咸言宜当密之。昭曰：“军事尚权，期于合宜。宜应权以密，而内露之。羽闻权上，若还自护，围则速解，便获其利。可使两贼相对衔持，坐待其弊。秘而不露，使权得志，非计之上。又，围中将吏不知有救，计粮怖惧，倘有他意，为难不小。露之为便。且羽为人强梁，自恃二城守固，必不速退。”太祖曰：“善。”即敕救将徐晃以权书射著围里及羽屯中，围里闻之，志气百倍。羽果犹豫。权军至，得其二城，羽乃破败。

文帝即王位，拜昭将作大匠。及践阼，迁大鸿胪，进封右乡侯。二年，分邑百户，赐昭弟访爵关内侯，徙昭为侍中。三年，征东大将军曹休临江在洞浦口，自表：“愿将锐卒虎步江南，因敌取资，事必克捷；若其无臣，不须为念。”帝恐休便渡江，驿马诏止。时昭侍侧，因曰：“窃见陛下有忧色，独以休济江故乎？今者渡江，人情所难，就休有此志，势不独行，当须诸将。臧霸等既富且贵，无复他望，但欲终其天年，保守禄祚而已，何肯乘危自投死地，以求徼幸？苟霸等不进，休意自沮。臣恐陛下虽有敕渡之诏，犹必沉吟，未便从命也。”是后无几，暴风吹贼船，悉诣休等营下，斩首获生，贼遂进散。诏敕诸军促渡。军未时进，贼救船遂至。

大驾幸宛，征南大将军夏侯尚等攻江陵，未拔。时江水浅狭，尚欲乘船将步骑入渚中安屯，作浮桥，南北往来，议者多以为城必可拔。昭上疏曰：“武皇帝智勇过人，而用兵畏敌，不敢轻之若此也。夫兵好进恶退，常然之数。平地无险，犹尚艰难，就当深入，还道宜利，兵有进退，不可如意。今屯渚中，至深也；浮桥而济，至危也；一道而行，至狭也：三者兵家所忌，而今行之。贼频攻桥，误有漏失，渚中精锐，非魏之有，将转化为吴矣。臣私戚之，忘寝与食，而议者怡然不以为忧，岂不惑哉！加江水向长，一旦暴增，何以防御？就不破贼，尚当自完。奈何乘危，不以为惧？事将危矣，惟陛下察之！”帝悟昭言，即诏尚等促出。贼两头并前，官兵一道引去，不时得泄，将军石建、高迁仅得自免。军出旬日，江水暴长。帝曰：“君论此事，何其审也！正使张、陈当之，何以复加。”五年，徙封成都乡侯，拜太常。其年，徙光禄大夫、给事中。从大驾东征，七年还，拜太仆。明帝即位，进爵乐平侯，邑千户，转卫尉。分邑百户，赐一子爵关内侯。

太和四年，行司徒事，六年，拜真。昭上疏陈末流之弊曰：“凡有天下者，莫不贵尚敦朴忠信之士，深疾虚伪不真之人者，以其毁教乱治，败俗伤化也。近魏讽则伏诛建安之末，曹伟则斩戮黄初之始。伏惟前后圣诏，深疾浮伪，欲以破散邪党，常用切齿；而执法之吏皆畏其权势，莫能纠擿，毁坏风俗，侵欲滋甚。窃见当今年少，不复以学问为本，专更以交游为业；国士不以孝悌清修为首，乃以趋势游利为先。合党连群，互相褒叹，以毁訾为罚戮，用党誉为爵赏，附己者则叹之盈言，不附者则为作瑕衅。至乃相谓‘今世何忧不度邪，但求人道不勤，罗之不博耳；又何患其不知己矣，但当吞之以药而柔调耳’。又闻或有使奴客名作在职家人，冒之出入，往来禁奥，交通书疏，有所探问。凡此诸事，皆法之所不取，刑之所不赦，虽讽、伟之罪，无以加也。”帝于是发切诏，斥免诸葛诞、邓飏等。昭年八十一薨，谥曰定侯。子胄嗣。胄历位郡守、九卿。

刘晔字子扬，淮南成德人，汉光武子阜陵王延后也。父普，母脩，产涣及晔。涣九岁，晔七岁，而母病困。临终，戒涣、晔以普之侍人，有谄害之性。“身死之后，惧必乱家。汝长大能除之，则吾无恨矣。”晔年十三，谓兄涣曰：“亡母之言，可以行矣。”涣曰：“那可尔！”晔即入室杀侍者，径出拜墓。舍内大惊，白普。普怒，遣人追晔。晔还拜谢曰：“亡母顾命之言，敢受不请擅行之罚。”普心异之，遂不责也。汝南许劭名知人，避地扬州，称晔有佐世之才。

扬士多轻侠狡桀，有郑宝、张多、许乾之属，各拥部曲。宝最骁果，才力过人，一方所惮。欲驱略百姓越赴江表，以晔高族名人，欲强逼晔使唱导此谋。晔时年二十余，心内忧之，而未有缘。会太祖遣使诣州，有所案问。晔往见，为论事势，要将与归，驻止数日。宝果从数百人赍牛酒来候使，晔令家僮将其众坐中门外，为设酒饭；与宝于内宴饮。密勒健儿，令因行觞而斫宝。宝性不甘酒，视候甚明，觞者不敢发。晔因自引取佩刀斫杀宝，斩其首以令其军，云：“曹公有令，敢有动者，与宝同罪。”众皆惊怖，走还营。营有督将精兵数千，惧其为乱，晔即乘宝马，将家僮数人，诣宝营门，呼其渠帅，喻以祸福，皆叩头开门内晔。晔抚慰安怀，咸悉悦服，推晔为主。晔睹汉室渐微，己为支属，不欲拥兵；遂委其部曲与庐江太守刘勋。勋怪其故，晔曰：“宝无法制，其众素以钞略为利，仆宿无资，而整齐之，必怀怨难久，故相与耳。”时勋兵强于江、淮之间。孙策恶之，遣使卑辞厚币，以书说勋曰：“上缭宗民，数欺下国，忿之有年矣。击之，路不便，愿因大国伐之。上缭甚实，得之可以富国，请出兵为外援。”勋信之，又得策珠宝、葛越，喜悦。外内尽贺，而晔独否。勋问其故，对曰：“上缭虽小，城坚池深，攻难守易，不可旬日而举，则兵疲于外，而国内虚。策乘虚而袭我，则后不能独守。是将军进屈于敌，退无所归。若军必出，祸今至矣。”勋不从。兴兵伐上缭，策果袭其后。勋穷踧，遂奔太祖。

太祖至寿春，时庐江界有山贼陈策，众数万人，临险而守。先时遣偏将致诛，莫能禽克。太祖问群下，可伐与不？咸云：“山峻高而溪谷深隘，守易攻难；又无之不足为损，得之不足为益。”晔曰：“策等小竖，因乱赴险，遂相依为强耳，非有爵命威信相伏也。往者偏将资轻，而中国未夷，故策敢据险以守。今天下略定，后伏先诛。夫畏死趋赏，愚知所同，故广武君为韩信画策，谓其威名足以先声后实而服邻国也。岂况明公之德，东征西怨，先开赏募，大兵临之，令宣之日，军门启而虏自溃矣。”太祖笑曰：“卿言近之！”遂遣猛将在前，大军在后，至则克策，如晔所度。太祖还，辟晔为司空仓曹掾。

太祖征张鲁，转晔为主簿。既至汉中，山峻难登，军食颇乏。太祖曰："此妖妄之国耳，何能为有无？吾军少食，不如速还。"便自引归，令晔督后诸军，使以次出。晔策鲁可克，加粮道不继，虽出，军犹不能皆全，驰白太祖："不如致攻。"遂进兵，多出弩以射其营。鲁奔走，汉中遂平。晔进曰："明公以步卒五千，将诛董卓，北破袁绍，南征刘表，九州百郡，十并其八，威震天下，势慑海外。今举汉中，蜀人望风，破胆失守，推此而前，蜀可传檄而定。刘备，人杰也，有度而迟，得蜀日浅，蜀人未恃也。今破汉中，蜀人震恐，其势自倾。以公之神明，因其倾而压之，无不克也。若小缓之，诸葛亮明于治而为相，关羽、张飞勇冠三军而为将，蜀民既定，据险守要，则不可犯矣。今不取，必为后忧。"太祖不从，大军遂还。晔自汉中还，为行军长史，兼领军。延康元年，蜀将孟达率众降。达有容止才观，文帝甚器爱之，使达为新城太守，加散骑常侍。晔以为"达有苟得之心，而恃才好术，必不能感恩怀义。新城与吴、蜀接连，若有变态，为国生患"。文帝竟不易，后达终于叛败。

黄初元年，以晔为侍中，赐爵关内侯。诏问群臣令料刘备当为关羽出报吴不。众议咸云："蜀，小国耳，名将唯羽。羽死军破，国内忧惧，无缘复出。"晔独曰："蜀虽狭弱，而备之谋欲以威武自强，势必用众以示其有余。且关羽与备，义为君臣，恩犹父子；羽死不能为兴军报敌，于终始之分不足。"后备果出兵击吴。吴悉国应之，而遣使称藩。朝臣皆贺，独晔曰："吴绝在江、汉之表，无内臣之心久矣。陛下虽齐德有虞，然丑虏之性，未有所感。因难求臣，必难信也。彼必外迫内困，然后发此使耳，可因其穷，袭而取之。夫一日纵敌，数世之患，不可不察也。"备军败退，吴礼敬转废，帝欲兴众伐之，晔以为"彼新得志，上下齐心，而阻带江湖，必难仓卒"。帝不听。五年，幸广陵泗口，命荆、扬州诸军并进。会群臣，问："权当自来不？"咸曰："陛下亲征，权恐怖，必举国而应。又不敢以大众委之臣下，必自将而来。"晔曰："彼谓陛下欲以万乘之重牵己，而超越江湖者在于别将，必勒兵待事，未有进退也。"大驾停住积日，权果不至，帝乃旋师。云："卿策之是也。当念为吾灭二贼，不可但知其情而已。"

明帝即位，进爵东亭侯，邑三百户。诏曰："尊严祖考，所以崇孝表行也；追本敬始，所以笃教流化也。是以成汤、文、武，实造商、周，

《诗》《书》之义，追尊稷、契，歌颂有娀、姜嫄之事，明盛德之源流，受命所由兴也。自我魏室之承天序，既发迹于高皇、太皇帝，而功隆于武皇、文皇帝。至于高皇之父处士君，潜修德让，行动神明，斯乃乾坤所福飨，光灵所从来也。而精神幽远，号称罔记，非所谓崇孝重本也。其令公卿已下，会议号谥。”晔议曰：“圣帝孝孙之欲褒崇先祖，诚无量已。然亲疏之数，远近之降，盖有礼纪，所以割断私情，克成公法，为万世式也。周王所以上祖后稷者，以其佐唐有功，名在祀典故也。至于汉氏之初，追谥之义，不过其父。上比周室，则大魏发迹自高皇始；下论汉氏，则追谥之礼不及其祖。此诚往代之成法，当今之明义也。陛下孝思中发，诚无已已，然君举必书，所以慎于礼制也。以为追尊之义，宜齐高皇而已。”尚书卫臻与晔议同，事遂施行。辽东太守公孙渊夺叔父位，擅自立，遣使表状。晔以为公孙氏汉时所用，遂世官相承，水则由海，陆则阻山，外连胡夷，绝远难制，而世权日久。今若不诛，后必生患。若怀贰阻兵，然后致诛，于事难。不如因其新立，有党有仇，先其不意，以兵临之，开设赏募，可不劳师而定也。后渊竟反。

晔在朝，略不交接时人。或问其故，晔答曰：“魏室即阼尚新，智者知命，俗或未咸。仆在汉为支叶，于魏备腹心，寡偶少徒，于宜未失也。”太和六年，以疾拜太中大夫。有间，为大鸿胪，在位二年逊位，复为太中大夫，薨。谥曰景侯。子寓嗣。少子陶，亦高才而薄行，官至平原太守。

蒋济字子通，楚国平阿人也。仕郡计吏、州别驾。建安十三年，孙权率众围合肥。时大军征荆州，遇疾疫，唯遣将军张喜单将千骑，过领汝南兵以解围，颇复疾疫。济乃密白刺史伪得喜书，云步骑四万已到雩娄，遣主簿迎喜。三部使赍书语城中守将，一部得入城，二部为贼所得。权信之，遽烧围走，城用得全。明年使于谯，太祖问济曰：“昔孤与袁本初对官渡，徙燕、白马民，民不得走，贼亦不敢钞。今欲徙淮南民，何如？”济对曰：“是时兵弱贼强，不徙必失之。自破袁绍，北拔柳城，南向江、汉，荆州交臂，威震天下，民无他志。然百姓怀土，实不乐徙，惧必不安。”太祖不从，而江、淮间十余万众，皆惊走吴。后济使诣邺，太祖迎见大笑曰：“本但欲使避贼，乃更驱尽之。”拜济丹杨太守。大军南征还，以温恢为扬州刺史，济为别驾。令曰：“季子为臣，吴宜有君。今君还州，吾无忧矣。”民有诬告济为谋叛主率者，太祖闻之，指前令与左将军于禁、沛相封仁等曰:"蒋济宁有此事!有此事,吾为不知人也。此必愚民乐乱,妄引之耳。"促理出之。辟为丞相主簿西曹属。令曰:"舜举皋陶,不仁者远;臧否得中,望于贤属矣。"关羽围樊、襄阳。太祖以汉帝在许,近贼,欲徙都。司马宣王及济说太祖曰:"于禁等为水所没,非战攻之失,于国家大计未足有损。刘备、孙权,外亲内疏,关羽得志,权必不愿也。可遣人劝蹑其后,许割江南以封权,则樊围自解。"太祖如其言。权闻之,即引兵西袭公安、江陵。羽遂见禽。

文帝即王位,转为相国长史。及践阼,出为东中郎将。济请留,诏曰:"高祖歌曰'安得猛士守四方'!天下未宁,要须良臣以镇边境。如其无事,乃还鸣玉,未为后也。"济上万机论,帝善之。入为散骑常侍。时有诏,诏征南将军夏侯尚曰:"卿腹心重将,特当任使。恩施足死,惠爱可怀。作威作福,杀人活人。"尚以示济。济既至,帝问曰:"卿所闻见天下风教何如?"济对曰:"未有他善,但见亡国之语耳。"帝忿然作色而问其故,济具以答,因曰:"夫'作威作福',《书》之明诫。'天子无戏言',古人所慎。惟陛下察之!"于是帝意解,遣追取前诏。黄初三年,与大司马曹仁征吴,济别袭羡谿。仁欲攻濡须洲中,济曰:"贼据西岸,列船上流,而兵入洲中,是为自内地狱,危亡之道也。"仁不从,果败。仁薨,复以济为东中郎将,代领其兵。诏曰:"卿兼资文武,志节慷慨,常有超越江湖吞吴会之志,故复授将率之任。"顷之,征为尚书。车驾幸广陵,济表水道难通,又上《三州论》以讽帝。帝不从,于是战船数千皆滞不得行。议者欲就留兵屯田,济以为东近湖,北临淮,若水盛时,贼易为寇,不可安屯。帝从之,车驾即发。还到精湖,水稍尽,尽留船付济。船本历适数百里中,济更凿地作四五道,蹴船令聚;豫作土豚遏断湖水,皆引后船,一时开遏入淮中,帝还洛阳,谓济曰:"事不可不晓。吾前决谓分半烧船于山阳池中,卿于后致之,略与吾俱至谯。又每得所陈,实入吾意。自今讨贼计画,善思论之。"

明帝即位,赐爵关内侯。大司马曹休帅军向皖,济表以为"深入虏地,与权精兵对,而朱然等在上流,乘休后,臣未见其利也"。军至皖,吴出兵安陆,济又上疏曰:"今贼示形于西,必欲并兵图东,宜急诏诸军往救之。"会休军已败,尽弃器仗辎重退还。吴欲塞夹石,遇救兵至,是以官军得不没。迁为中护军。时中书监、令号为专任,济上疏曰:"大臣太重者国危,左右太亲者身蔽,古之至戒也。往者大臣秉事,外内扇动。陛下卓然自览万机，莫不祗肃。夫大臣非不忠也，然威权在下，则众心慢上，势之常也。陛下既已察之于大臣，愿无忘于左右。左右忠正远虑，未必贤于大臣，至于便辟取合，或能工之。今外所言，辄云中书，虽使恭慎不敢外交，但有此名，犹惑世俗。况实握事要，日在目前，倘因疲倦之间有所割制，众臣见其能推移于事，即亦因时而向之。一有此端，因当内设自完，以此众语，私招所交，为之内援。若此，臧否毁誉，必有所兴，功负赏罚，必有所易；直道而上者或壅，曲附左右者反达。因微而入，缘形而出，意所狎信，不复猜觉。此宜圣智所当早闻，外以经意，则形际自见。或恐朝臣畏言不合而受左右之怨，莫适以闻。臣窃亮陛下潜神默思，公听并观，若事有未尽于理而物有未周于用，将改曲易调，远与黄、唐角功，近昭武、文之迹，岂近习而已哉！然人君犹不可悉天下事以适己明，当有所付。三官任一臣，非周公旦之忠，又非管夷吾之公，则有弄机败官之弊。当今柱石之士虽少，至于行称一州，智效一官，忠信竭命，各奉其职，可并驱策，不使圣明之朝有专吏之名也。”诏曰：“夫骨鲠之臣，人主之所仗也。济才兼文武，服勤尽节，每军国大事，辄有奏议，忠诚奋发，吾甚壮之。”就迁为护军将军，加散骑常侍。

景初中，外勤征役，内务宫室，怨旷者多，而年谷饥俭。济上疏曰：“陛下方当恢崇前绪，光济遗业，诚未得高枕而治也。今虽有十二州，至于民数，不过汉时一大郡。二贼未诛，宿兵边陲，且耕且战，怨旷积年。宗庙宫室，百事草创，农桑者少，衣食者多，今其所急，唯当息耗百姓，不至甚弊。弊劫之民，倘有水旱，百万之众，不为国用。凡使民必须农隙，不夺其时。夫欲大兴功之君，先料其民力而燠休之。勾践养胎以待用，昭王恤病以雪仇，故能以弱燕服强齐，羸越灭劲吴。今二敌不攻不灭，不事即侵，当身不除，百世之责也。以陛下圣明神武之略，舍其缓者，专心讨贼，臣以为无难矣。又欢娱之耽，害于精爽；神太用则竭，形太劳则弊。愿大简贤妙，足以充‘百斯男’者。其冗散未齿，且悉分出，务在清静。”诏曰：“微护军，吾弗闻斯言也。”

齐王即位，徙为领军将军，晋爵昌陵亭侯，迁太尉。初，侍中高堂隆论郊祀事，以魏为舜后，推舜配天。济以为舜本姓妫，其苗曰田，非曹之先，著文以追诘隆。是时，曹爽专政，丁谧、邓飏等轻改法度。会有日蚀变，诏群臣问其得失，济上疏曰：“昔大舜佐治，戒在比周；周公辅政，慎于其朋；齐侯问灾，晏婴对以布惠；鲁君问异，臧孙答以缓役。

应天塞变，乃实人事。今二贼未灭，将士暴露已数十年，男女怨旷，百姓贫苦。夫为国法度，惟命世大才，乃能张其纲维以垂于后，岂中下之吏所宜改易哉？终无益于治，适足伤民，望宜使文武之臣各守其职，率以清平，则和气祥瑞可感而致也。”以随太傅司马宣王屯洛水浮桥，诛曹爽等，进封都乡侯，邑七百户。济上疏曰：“臣忝宠上司，而爽敢包藏祸心，此臣之无任也。太傅奋独断之策，陛下明其忠节，罪人伏诛，社稷之福也。夫封宠庆赏，必加有功。今论谋则臣不先知，语战则非臣所率，而上失其制，下受其弊。臣备宰司，民所具瞻，诚恐冒赏之渐自此而兴，推让之风由此而废。”固辞，不许。是岁薨，谥曰景侯。子秀嗣。秀薨，子凯嗣。咸熙中，开建五等，以济著勋前朝，改封凯为下蔡子。

刘放字子弃，涿郡人，汉广阳顺王子西乡侯宏后也。历郡纲纪，举孝廉。遭世大乱，时渔阳王松据其土，放往依之。太祖克冀州，放说松曰：“往者董卓作逆，英雄并起，阻兵擅命，人自封殖，惟曹公能拔拯危乱，翼戴天子，奉辞伐罪，所向必克。以二袁之强，守则淮南冰消，战则官渡大败；乘胜席卷，将清河朔，威刑既合，大势以见。速至者渐福，后服者先亡，此乃不俟终日驰骛之时也。昔黥布弃南面之尊，仗剑归汉，诚识废兴之理，审去就之分也。将军宜投身委命，厚自结纳。”松然之。会太祖讨袁谭于南皮，以书招松，松举雍奴、泉州、安次以附之。放为松答太祖书，其文甚丽。太祖既善之，又闻其说，由是遂辟放。建安十年，与松俱至。太祖大悦，谓放曰：“昔班彪依窦融而有河西之功，今一何相似也！”乃以放参司空军事，历主簿记室，出为郃阳、祋祤、赞令。

魏国既建，与太原孙资俱为秘书郎。先是，资亦历县令，参丞相军事。文帝即位，放、资转为左右丞。数月，放徙为令。黄初初，改秘书为中书，以放为监，资为令，各加给事中；放赐爵关内侯，资为关中侯，遂掌机密。三年，放进爵魏寿亭侯，资关内侯。明帝即位，尤见宠任，同加散骑常侍；进放爵西乡侯，资乐阳亭侯。太和末，吴遣将周贺浮海诣辽东，招诱公孙渊。帝欲邀讨之，朝议多以为不可。惟资决行策，果大破之，进爵左乡侯。放善为书檄，三祖诏命有所招喻，多放所为。青龙初，孙权与诸葛亮连和，欲俱出为寇。边候得权书，放乃改易其辞，往往换其本文而傅合之，与征东将军满宠，若欲归化，封以示亮。亮腾与吴大将步骘等，骘等以见权。权惧亮自疑，深自解说。是岁，俱加侍中、光禄大夫。景初二年，辽东平定，以参谋之功，各进爵，封本县，放方城侯，资中都侯。

其年，帝寝疾，欲以燕王宇为大将军，及领军将军夏侯献、武卫将军曹爽、屯骑校尉曹肇、骁骑将军秦朗共辅政。宇性恭良，陈诚固辞。帝引见放、资，入卧内，问曰："燕王正尔为？"放、资对曰："燕王实自知不堪大任故耳。"帝曰："曹爽可代宇不？"放、资因赞成之。又深陈宜速召太尉司马宣王，以纲维皇室。帝纳其言，即以黄纸授放作诏。放、资既出，帝意复变，诏止宣王勿使来。寻更见放、资曰："我自召太尉，而曹肇等反使吾止之，几败吾事！"命更为诏，帝独召爽与放、资俱受诏命，遂免宇、献、肇、朗官。太尉亦至，登床受诏，然后帝崩。齐王即位，以旅、资决定大谋，增邑三百，放并前千一百，资千户；封爱子一人亭侯，次子骑都尉，余子皆郎中。正始元年，更加放左光禄大夫，资右光禄大夫，金印紫绶，仪同三司。六年，放转骠骑，资卫将军，领监、令如故。七年，复封子一人亭侯，各年老逊位，以列侯朝朔望，位特进。曹爽诛后，复以资为侍中，领中书令。嘉平二年，放薨，谥曰敬侯。子正嗣。资复逊位归第，就拜骠骑将军，转侍中，特进如故。三年薨，谥曰贞侯。子宏嗣。

放才计优资，而自修不如也。放、资既善承顺主上，又未尝显言得失，抑辛毗而助王思，以是获讥于世。然时因群臣谏诤，扶赞其义，并时密陈损益，不专导谀言云。及咸熙中，开建五等，以放、资著勋前朝，改封正方城子，宏离石子。

评曰：程昱、郭嘉、董昭、刘晔、蒋济才策谋略，世之奇士，虽清治德业，殊于荀攸，而筹画所料，是其伦也。刘放文翰，孙资勤慎，并管喉舌，权闻当时，雅亮非体，是故讥谀之声，每过其实矣。

【译文】

程昱字仲德，他是东郡东阿县人。身高八尺三寸，有美丽的胡须。黄巾军起义，东阿县丞王度反叛朝廷响应黄巾军，烧毁仓库。县令跳城墙逃走，许多百姓都逃到了东面的渠丘山。程昱派人打探到王度没有据守空城，而是在距城五六里的地方屯驻。程昱对县中的大姓薛房等人说："从王度等人无力据守城郭的情形来看，他不过是想掠劫财富，并没有用兵攻城守地的打算。我们可以让吏民回城防守。城墙高厚，粮食充足，如果找回县令，由他带领守城，王度用不了多长时间一定失败。"薛房等人认为程昱说得很对。但是，有些人都不肯回城，他们说："贼在西面，我们只能向东。"程昱对薛房等人说："无法和愚昧的百姓商议大事。"便秘密派遣几名骑兵在东山上举起旗帜，让薛房等人看见，又大声喊"贼寇来了"，就下山急跑县城，吏民们也随之跟回，找到县令，一起坚守城池。王度等人又来攻城，不能攻克，就想离开。程昱率领吏民打开城门迅速出击，王度等人大败而逃。东阿县因此得以保全。

初平年间，兖州刺史刘岱发出公文征召程昱，程昱没有去。此时刘岱正与袁绍、公孙瓒亲近，袁绍让妻儿居住在刘岱处，公孙瓒也派从事范方率骑兵帮助刘岱。后来，袁绍与公孙瓒产生了仇怨，公孙瓒初次击败袁军后，便派遣使节让刘岱把袁绍的妻儿送回去，并与袁绍断绝交往。公孙瓒又对范方说："如刘岱不遣送袁绍的家眷，你就率骑兵回来。待我平定袁绍以后，就调遣大军直逼刘岱。"刘岱议论这件事多日不能决断。别驾王彧对刘岱说："程昱谋略，能断大事，还是找他问问吧！"于是，刘岱就召见了程昱，向他求计。程昱说："现在，如果放弃了袁绍的近援而祈求公孙瓒的远助，就像到遥远的越国去求告别人来拯救眼前溺水的孩子一样可笑。公孙瓒决不是袁绍的对手。现在他只能小胜袁军，最终还是要被袁绍所败。趋一时利，只求权宜之计，最终一定会失败。"刘岱听从了程昱的劝告。范方便率骑兵回去，还没回到公孙瓒处，公孙瓒已经被袁绍击溃。于是，刘岱表荐程昱为骑都尉。程昱以有病为由辞退了表荐。

刘岱被黄巾军杀害。太祖统管兖州，征召程昱做官。程昱就要出发的时候，乡里人对程昱说："你前后的行为为什么相反呢？"程昱笑而不答。太祖与程昱谈话，非常喜欢，任命程昱代理寿张县令。太祖征讨徐州，让程昱和荀彧留守鄄城。张邈等人叛离太祖接应吕布，郡中各县全都响应，只有鄄城、范县、东阿县不动摇。吕布军中前来投降的人，说陈宫将要亲自率兵攻取东阿县，又派汜嶷攻取范县，官民非常恐慌。荀彧对程昱说："现在兖州郡县大都反叛，只有这三个城没有反叛。陈宫等人用重兵前去攻打，如果不能想办法来稳定人心，三城必将动摇。君是当地特别有民望的人，如果回到家乡去说服三城百姓，一定可以成功！"程昱于是就回到家乡，路过范县的时候，对那里的县令靳允说："听说吕布抓住了君的母亲、弟弟、妻子、儿女，孝子的心里真是不可忍受！如今天下大乱，各路英雄全都起兵，其中一定会有命世的英才，能够平息天下大乱的人，是智者所仔细选择的。得主者昌盛，失主者灭亡。陈宫反叛，接应吕布，而百城全都响应，好像是能有作为，然而依君看来，吕布是什么样的人呢！吕布，内心粗疏而少有亲近者，刚猛而不讲礼义，只不过是个匹夫英雄罢了。陈宫是形势所迫，暂时和吕布合作，不会把吕布作为君主的。陈宫等兵虽然多，最终必成不了大事。曹使君的智慧谋略人间少有，大概是上天所授给的。君一定要坚守范县，我坚守东阿，那么我们就可以立下像田单那样的功劳了。具有田单那样的功劳，和违背忠义随从凶恶而使母子都死亡相比哪个好呢？希望君仔细考虑呀！”靳允流着泪说：“我不敢对曹使君有二心。”这时汜嶷已经在县里，靳允就召见汜嶷，设伏并将他刺杀，回去指挥士兵守城。程昱又派遣另一支骑兵堵住仓亭渡口，陈宫到达以后，不能渡过黄河。程昱到东阿，东阿县令枣祗已经率领并且鼓励官民，据城坚守。再加上兖州从事薛悌与程昱共同谋划，终于使三城得以保全，等待太祖。太祖回来以后，拉住程昱的手说：“没有君出力，我就无处可归了。”就上表任程昱为东平相，屯驻在范县。

曹操与吕布在濮阳战斗，战斗多次都失败了。正在这时发生蝗灾，双方各自带兵回去。袁绍派人劝说曹操与自己联合，让曹操把家眷送邺城居住。曹操刚失去了兖州，粮食已尽，准备答应。这时程昱出使正好回来，程昱对曹操说：“我听说将军要送走家眷，与袁绍联合，真有这事吗？”曹操说：“有。”程昱说：“我认为将军是在危难临头而恐惧，否则，不会考虑问题如此短浅。袁绍据燕、赵之地，有吞并天下的野心，但是此人刚愎而无谋，将军怎能屈做他的下属？将军有龙虎之威，决不是韩信、彭越！兖州虽然已经失去，尚有三城存在，兵士也不下万人。凭将军的武略与文若及我等，再集余众，兴霸大事可成。望将军深思。”曹操于是就放弃了原来的打算。

汉献帝迁都许昌，让程昱做尚书。当时兖州还没有安定，又让程昱做了东中郎将，兼任济阴太守，统管兖州。刘备失利，丢了徐州，前来投奔曹操。程昱劝说曹操杀了刘备，曹操没有听从。事记《武帝纪》中。后来，曹操派刘备到徐州去截击袁术，程昱与郭嘉向曹操说：“您以前不想除掉刘备，宽宏气度无人可及。但是现在调兵给他，他定有二心。”曹操猛然醒悟，马上派人追赶，却没有赶上。正赶上袁术病死，刘备夜袭徐州杀了刺史车胄，正式反叛曹操。不久，程昱升任振威将军。袁绍在黎阳准备渡河南侵，当时，程昱手下只有七百名士兵镇守鄄城。曹操听到消息以后，打算增兵二千助他守城。程昱不肯接受，说："袁绍拥十万大军，自恃强大。见到我的兵少，必然不放在心上而不来进攻。如果给我增兵防守，他一定会进攻，鄄城就会被他攻下，我们的损失就会很严重。希望您不要有所顾虑。"曹操听从了。袁绍听说程昱的兵很少，果然没有去进攻。曹操对贾诩说："程昱的胆量，超过了古代的勇士孟贲和夏育。"程昱收编了山泽中的流寇，得到几千精兵。就领兵到黎阳会师与曹操，征讨袁谭、袁尚，二袁战败逃走。曹操任命程昱为奋武将军，封安国亭侯。曹操征讨荆州，刘备投奔吴国。谋士和其他将领大多数人认为孙权肯定会杀掉刘备，程昱推测说："孙权新掌大权，海内英雄并不畏惧于他。曹公无敌于天下，夺荆州临吴越，威震江南，孙权即使有谋略，也不能独自抵挡。刘备一向有英名，关羽、张飞皆万人敌，孙权一定与他联合来抵抗我们。等到危机解除，孙、刘势必分离，刘备得一臂之助而养成羽翼，孙权绝杀不了他。"果然，孙权给刘备许多兵马，来抵抗曹操。后来，中原地区逐渐平定，曹操拍着程昱的背说："兖州失败的时候，如果不是听了你的话，我不会有今天的成功啊！"程昱的族人带着牛酒来庆贺，程昱说："知足就不会受辱，我可以引退了。"于是，上书交还兵权，闭门不出。

程昱性情刚直，与人相交从来没有什么避讳。有人告程昱叛乱，曹操也不解释，对他的赏赐和待遇反而更加丰厚。魏国建立，程昱任卫尉，因与中尉邢贞争仪仗和随从，被免职。曹丕即位后，复官为卫尉，晋封为安乡侯，增加封邑三百户，连同以前的共八百户。又分封程昱的小儿子程延及孙子程晓为列侯。正要封程昱为公的时候，他却去世了。文帝伤心不已，追赠程昱为车骑将军，谥号肃侯。他的儿子程武继承爵位。程武去世，儿子程克继承。程克去世，儿子程良继承。

程晓，在嘉平年间做了黄门侍郎。有校事官残忍凶狠没有法度，程晓上疏说："《周礼》说：'设官分职，作为百姓的准则。'《春秋·左传》说：'天上有十日，人间有十等。'愚人不得统治贤人，贱人不得统治贵人。同建良好的道德风尚，对官吏的政绩进行严明的考察。这样，人们都专注于自己的职业，也不会产生超越自己本位的想法。栾书想救晋厉公，他的儿子认为不妥；死尸横陈大街，邴吉视而不见。君主对臣子不要求过分的功劳，臣不祈求分外的奖赏，官吏没有统管的权力，百姓没有两种以上的劳役，所有这些都是治国的重要原则，也是国家安定或动乱的重要原因啊！远览古代典籍，近看秦、汉王朝，虽然官名和职责范围不同，但是尊崇君权，抑制臣子的职责范围，其根本原则是一致的。校事官没有权力参与或干预政务。从前魏武皇帝草创大业的时候，职配还不完整，而且将士劳苦，百姓也未安定，如官吏有小罪，不能及时省察，所以置校事一职，也仅是权宜之计。但是，由于制御有方，因而没有恣意混乱的局面出现。这只是称霸时期的暂行办法，并不是朝廷的正式法典。后来，又增加了对校事官的信任，也成了干预朝政的弊政所在，辗转因袭，无人校正，下统各个官府，终于使校事官职权膨胀，上察宫殿宗庙全凭主观意愿行事。法规在他们的笔下，根本不依国家法令；所有官司就在门下结案，从不复审。他们选用官员，把粗疏草率当成果断，把虚妄夸张当成贤能；管理政务，把暴虐视为严明，把循礼视为怯弱。对外，他们以皇帝的名义来标榜自己；对内，纠集奸佞小人为心腹。众大臣耻于与他们争夺权势，隐忍着愤怒不说；百姓们畏惧他们的蛮横无理而欲诉无门。以至于让尹模这样的人公开在天子眼下大行其恶；罪恶和过错许多年不为天子所知。这既不符合《周礼》设官之意，也不是《春秋》所说的十等的意思。如今朝廷外有文武大臣总管各个官署，内有侍中尚书总理各种事务，司隶校尉督察京城地区，御史中丞统管宫殿，全都是由高标准选拔的贤才来担任，又以制度法令和皇帝诏命对他们进行监督。如果对这些贤才还不放心，校事一职就更不可信任。贤才尽忠，校事也就毫无用处。如果用贤才来任校事，那么，御史中丞、司隶校尉那样的官员就重叠了。如果现任校事再继续下去，那么，类似尹模那样的邪恶行为就会重新出现。仔细考虑，校事一职根本没有用处。桑弘羊一直为汉朝谋利，而卜式却主张只有杀了桑弘羊，上天才能降雨。如果以政治上的得失看天地静动，那么现在的水旱之灾，就是因校事官们引起的。过去，曹恭公疏远君子，亲近小人，《诗经·国风》借物以讽刺；卫献公不用大臣而与小臣商议，定姜说他有罪。即使校事一职对国家有利，从礼义上说，也伤了大臣们的心，更何况他们奸邪横暴，这是君主的过失呀！”于是朝廷便取消了校事官这个一职务。程晓升迁为汝南郡太守，四十多岁时去世。

郭嘉字奉孝，他是颍川郡阳翟县人。年轻的时候，他北上去拜见袁绍，对袁的谋臣辛评、郭图说：“良臣择主而仕，所以凡事皆能功成。袁公虽仿效周公礼贤下士，却不懂得用人的谋略；想法虽多却无法实施；喜谋算却不能决断。要同他共救天下危难而成就大业，太难了！”于是，就离开了袁绍。此前，颍川的戏志才也是一个颇有谋略之人，很受曹操器重，可惜很早就去世了。曹操给荀彧写信说：“自戏志才死后，无人可与我商议大事啊。汝南、颍川一带奇异之士很多，你看谁可以接替他呢？”荀彧就推荐了郭嘉。曹操和郭嘉见面后，一起讨论天下大事。曹操说：“助我成大业者，奉孝也。”郭嘉退出以后，也高兴地说：“这才是我真正的主人。”于是，曹操上表奏请朝廷任命郭嘉为司空军祭酒。

曹操征讨吕布，只打了三仗就击败了他。吕布只得逃回城中固守。当时曹军士卒已很疲惫，曹操便想退军。郭嘉劝说曹操一定要继续攻击，于是擒获了吕布。此事记录在《荀攸传》中。

孙策转战几千里，江东诸州郡很快就被他全部攻取。当听说曹操与袁绍正在官渡相持，孙策就想渡江突袭许昌。曹军众人闻听以后都很恐惧，只有郭嘉沉稳冷静地说：“孙策刚刚兼并了江东，被他所诛杀的大都是英雄豪杰，都是能得到别人出死力相助的人。然而，孙策轻率刚猛而不防备，虽然有兵众百万，也和他个人独行中原没什么区别。如果有刺客突起行刺，他就成了一个人的对手了。在我看来，他必定要死在匹夫之手。”孙策兵临长江，还未及渡过，就被许贡的门客暗杀。

郭嘉随从曹操大破袁绍，袁绍死，又随从曹操在黎阳征讨袁谭、袁尚，连战连胜。将领们都想乘胜进攻，郭嘉说：“袁绍很爱这两个儿子，却不能确定立长子做继承人。郭图、逢纪分别做他们的谋臣，一定会使他们互相争斗。如果我们进攻急迫，他们就会互相支持；我们暂缓攻打，他们之间就会争斗起来。不如南向荆州，虚做出征刘表之态，待二袁之间关系发生变化，我们再攻打他们，可一举平定。”曹操说：“好。”便挥军南征。大军到达西平县，袁谭、袁尚果然为争夺冀州争斗起来。袁谭被袁尚打败，逃到平原县，派辛毗至曹营请求投降。曹操乘势回军救援袁谭，平定了邺城。郭嘉又随从曹操在南皮县进攻袁谭，平定了冀州。封郭嘉为洧阳亭侯。

太祖准备去征讨袁尚和三郡乌丸，部下里很多人担心刘表会派遣刘备袭击许县以征讨曹操。郭嘉说：“明公您虽然威震天下，但胡人仗着地处僻远，必定不作防备。趁他们没有防备，我军突袭，可以打败他们。况且袁绍对百姓和夷人有恩，而袁尚兄弟还在。现在青、冀、幽、并四州的百姓，只是震慑于我们的威势才归附，还没有受到我们的恩惠。如果舍弃这四州而南征，袁尚就会凭借乌丸的资助，招纳为其拼死效命的人。胡人一动，汉胡百姓一起响应，就会使蹋顿产生入侵边境的野心，产生非分的企图，到时恐怕青州、冀州就不是我们所有的了。刘表是个空谈家而已，自知才能不足以驾驭刘备，重用刘备则担心不能控制他，不重用刘备则刘备不会为他所用，所以即使我们全军远征，明公您也不用担忧。”太祖于是率军出发。到了易县，郭嘉说：“兵贵神速。现在行军千里攻击敌人，辎重多，难以迅速得到有利时机，况且敌人听到消息，一定会有所防备；不如留下辎重，轻装兼程进发，攻打他一个出其不意。”太祖于是悄悄通过卢龙塞，直指单于所在地。敌人听说太祖来了，惶恐间仓促应战。曹军大败敌军，斩了蹋顿以及名王以下许多将领。袁尚及其兄袁熙逃到了辽东。

郭嘉沉稳练达，谋略超过常人，通晓人情世故。太祖说：“只有郭奉孝能够猜透我的心思。”郭嘉三十八岁时，从柳城回来。他病得很重，太祖派去探望他的人络绎不绝。郭嘉去世后，太祖亲自为他吊丧，非常悲伤，并对荀攸等人说：“你们诸位都是我这一辈的人，只有郭嘉最年轻。我本来想，在统一天下之后把之后的事交托给他，没想到他这么早就去世了，这真是命啊！”于是上表朝廷：“军祭酒郭嘉，跟从我征战，已经有十一年了。每次有大事要商议，面临危难的境地需要制定应敌之策的时候，总是我还没有想出来，他就已经都想周全了。在平定天下的大业中，他出谋划策的功劳是很大的。但是他不幸早逝，事业没有最后完成。追思郭嘉的功勋，实在不能忘记。应该给他增加食邑八百户，连同以前赏赐的一共一千户。”郭嘉的谥号为贞侯，他的儿子郭奕继承他的爵位。

后来太祖征讨荆州返回时，在巴丘遇上瘟疫，只得焚烧了船只，他叹息说：“如果郭奉孝在，不会使我落到这个地步。”起初，陈群批评郭嘉行为不检点，数次当场指责郭嘉。郭嘉神情自若。太祖因此更加器重他，但是因为陈群能够公正行事，也很高兴。郭奕被任命为太子文学，年纪轻轻就去世了。他的儿子郭深继承其爵位。郭深去世以后，他的儿子郭猎继承其爵位。

董昭字公仁，济阴郡定陶县人。曾经被举荐为孝廉，做了廮陶县长、柏人县令，袁绍任用他为参军事。袁绍在界桥和公孙瓒迎战，钜鹿太守李邵和郡吏认为公孙瓒兵力强盛，都想归附他。袁绍听说以后，让董昭兼任钜鹿太守，并问他：“你有办法驾驭他们吗？”董昭回答说：“凭我一人微力，无法消弭众人的预谋，我想假做应和的样子，得到实情，然后再以计对之。计策只能临机而动，现在没法预先谈论。”当时郡里的大姓孙伉等数十人是主要的谋划者，煽动官吏和百姓。董昭到钜鹿，伪造了一份袁绍的檄文通告全郡说：“得到公孙瓒挥马安平、张吉的供词，他们准备进攻钜鹿，由他们以前的孝廉孙伉等人为内应，檄文到日，看即将孙伉等人逮捕入狱只惩治他们本人，不能连坐妻儿。”随即董昭将孙伉等人斩首。全郡人惊恐慌乱，董昭逐一予以安慰，于是安定下来。事情结束后向袁绍禀报，袁绍十分赞许。时逢魏郡太守栗攀被乱兵所杀，袁绍就让董昭兼任魏郡太守。当时魏郡边境混乱，贼人数以万计，派遣使者往来沟通，或者买卖贸易。董昭厚待使者，并找机会在他们中行离间计，乘他们内部空虚时发兵征讨，大破贼军。两天之中，告捷文书三次传来。

董昭的弟弟董访，在张邈的军队里。张邈与袁绍关系不好，袁绍受谗言蛊惑要惩罚董昭。董昭就逃离袁营到献帝那里去，到河内时，被张杨扣押。他让张杨把袁绍所给印绶上交朝廷，被任为骑都尉。当时曹操兼任兖州刺史，派使者去见张杨，想向他借路西到长安，张杨不答应。董昭劝张杨说：“袁绍、曹操现在虽然合为一处，但是势必不会长久。曹操力量虽弱，但他是天下的英雄，应当有意和他结交。现在机会来了，应当借路给他，并向朝廷上表举荐他。如若事成，您就和他结下深厚的交情了。”张杨于是为曹操向朝廷上事提供便利，并上表举荐曹操。董昭为曹操写信给长安诸将李傕、郭汜等人，根据他们地位的不同分别表示情意。张杨也派遣使臣到曹操那里。曹操送给张杨犬马金帛，从此和西部有了往来。献帝在安邑，董昭从河内郡赶往献帝那里，献帝下诏任他为议郎。

建安元年，曹操在许昌平定了黄巾军，派遣使臣到河东去。当时天子正好回到洛阳，韩暹、杨奉、董承及张杨相互间意见对立而不和。董昭见杨奉兵马最强却缺少帮手，就以曹操的名义写信给杨奉，说：“我对将军早已倾慕，所以推心置腹，坦诚相见。现在，将军您将天子从艰难中解救出来，归还旧都，此功劳无人能比，多么了不起啊！现今群凶并起，国家不宁，天子至重，关键在于维护和辅佐；应该依靠众多贤士来重建王朝秩序，这不是一个人就可以独力承担的。腹心与四肢互相依赖，缺一不可。将军您在京城主持大局，我做外援。我有军粮，您有军队，我们互通有无，互相接济，当患难与共。”杨奉接到信以后十分高兴，对各位将军说：“兖州的军队近在许昌，他们兵精粮足，朝廷应当依仗他们。”于是众人一同上表举曹操为镇东将军，继承他父亲的爵位为费亭侯；董昭迁任符节令。

曹操在洛阳朝见皇帝，拉董昭一块儿坐下，问他说："我现在来这里，该怎么办才好？"董昭说："将军带领义兵讨伐暴乱，辅佐王室，这是像五霸一样的功绩。这里的将领们，各有主张，未必会服从你。现在您留在这里辅佐朝廷，看来形势不利，只有把天子迁移许昌。但朝廷流离日久，刚回旧都，所有人都企盼能安定下来。如果再次移驾，又会引发不满。应做非常之事，建非常之功业。希望将军权衡得失，采用利多弊少的办法。"曹操说："这合我意。杨奉近在梁县，他兵强马壮，该不会碍我的事吧？"董昭说："杨奉缺少外援，孤掌难鸣。你任镇东将军、承袭费亭侯，都是由杨奉促成，又听信了你信中的申饬，完全能够取得他的信任。应当经常派人送礼答谢，以安其心，并且告诉他：'京都粮食短缺，想让皇帝暂时临幸鲁阳。鲁阳邻近许昌，运输便利，可免粮食匮乏之忧。'杨奉虽勇猛却无谋略，定不会疑心，等到使者回来就足以定下迁都之事。杨奉不会碍事。"曹操说："好。"马上派使者去见杨奉。曹操把皇帝迁到许昌，杨奉很失望，于是就同韩暹等人去定陵劫掠。曹操不予理会，率兵偷袭杨奉在梁的营地，迅速平定了骚乱。杨奉、韩暹失去部众，便往东投奔袁术。建安三年，董昭升任河南尹。当时张杨被他的部将杨醜所杀，张杨的长史薛洪、河内太守缪尚据城坚守，等待袁绍的救援。曹操派董昭只身入城去劝说，薛洪、缪尚等人当天就率众投降。董昭被任命为冀州牧。

曹操命刘备半路进攻袁术，董昭说："刘备志向远大，又有关羽、张飞辅佐，他的心思很难预料啊！"曹操说："我已经答应他了。"刘备到下邳后，杀掉徐州刺史车胄，反叛了。曹操亲自征讨刘备，改任董昭为徐州牧。袁绍派将军颜良攻打东郡，曹操又改任董昭为魏郡太守，随大军讨伐颜良。颜良死了以后，曹操进围邺城。袁绍的同族人袁春卿任魏郡太守，曹操派人把他的父亲袁元长从扬州接来。董昭写信给袁春卿说："孝顺之人不背离双亲去谋利，忠义之人不弃主去徇私，有志之士不参与动乱以求万一，明智之人不背离正道而陷危地。您的父亲，当初为避乱，南到扬州，他绝不愿意远离亲情，以吴地为乐土，而是见识深远，才是明智之举。曹公赞赏他志向清高，况且孤身在外，所以，特遣使臣到江东，接送到这里。即使您所居之外远静，依靠之人仁德，守地如山稳固，寿命像仙人长久，然而从道义而言，亦应舍袁绍而顺曹公，弃外人而投父亲。春秋时邾仪父和鲁隐公会盟，鲁人称赞他，却在史书中不书写他的爵位，可见，如果王室没有任命，爵位之尊便不能实现，此《春秋》之原则。今天您所托身于危乱之际，接受的是假天子之名的虚妄任命。如果您与那些邪恶之人为伍，您的父亲就得不到体恤，这是孝吗？祖宗在汉，却承非正统之伪职，这是忠吗？忠孝全都废弃，更难说是智。再有，您过去被曹公礼遇，现在却亲袁绍而远生父，以托身之地为近，以朝廷为远，恋利禄而叛离知己，远福祉而近危亡，弃大义而留耻，不是太可惜吗！您如果能幡然改节，尊奉皇帝，赡养父亲，归顺曹公，就能够忠孝不废，荣名彰显。希望您深思早做打算。”邺城平定后，曹操任董昭为谏议大夫。后来袁尚投靠乌丸，曹操要征讨他，又担心粮草难以为继，就开凿平虏、泉州两条河渠入海中连接水道，这个主意就是董昭提出的。曹操上表封董昭为千秋亭侯，又转任他为司空军祭酒。

后来，董昭建议说：“应该重新修建古制，建公、侯、伯、子、男五等爵位。”曹操说：“建五等爵位的人，是圣人，不是为人臣子者所能自己控制。您让我这么做，我怎么做得起呢？”董昭说：“自古以来，为人臣匡扶君主的，没有谁建有您这么大的功勋；有大功勋的，也没有谁像您这样久处臣位位高权重的。可明公还认为自己德行不够，还没有达到尽善尽美的境界。您只想保全自己的名节，远离重大的罪责。您品德的高尚已超过伊尹、周公，是古今贤臣中的极顶。就是商太甲、周成王这样的圣主，也非常难遇到。如今民众难以教化程度，比殷、周时还要严重。您虽在大臣位上，但是让人有功高震主之嫌，这实在应慎重考虑啊！明公虽仁德有威，深明权术，但是如果不早定基业、为子孙万世考虑，势必有患！而定基业之根本，就在于地利之占有与人势之强叹。以愚之见，明公应在这两点上有所建树，以便藩卫自己。明公忠节，锋锐骄人，强劲之威，总在面上。耿弇当年在床下对汉光武帝说的话，朱英昔日对春申君讲的‘天妄’之论，用来说您也是不过分的。董昭受明公大恩非比寻常，所以，不揣冒昧倾心而诉。”后来曹操就接受了魏公和魏王的名号，这些都出自董昭的建议。

关羽将曹仁围困在樊城，孙权派遣使者告诉曹操说：“我想出兵西上，突袭关羽，江陵、公安两地十分重要，关羽失掉这两座城池，一定会奔逃，樊城重围必能自解。请您保密，以免关羽有备。”曹操询问大臣们该如何对待，众人都说应替他保密。董昭说：“军中之事注重权变，要合乎时宜。当表面答应孙权保密的要求，暗中泄露出去。关羽听此消息，必退兵自保，樊城之围可解，我们得益，还可以使孙权、关羽相互残杀，我们则作壁上观，收渔人之利。如此密不泄，孙权之谋得逞，不是上策也。另外，樊城将士不知外有救兵，粮草短缺，恐惧情绪必然产生，危难也将随之而来，所以，泄密对我们有利。况且关羽剽悍勇猛，自认江陵、公安防守坚固，一定不会马上退兵。”曹操同意。随即，命令前去救助曹仁的大将徐晃把孙权的来信射到城里和关羽的营中，樊城的曹军知道了这个消息，斗志倍增，关羽果然犹疑不定。孙权夺得江陵、公安二城，关羽竟然遭惨败。

曹丕即魏王位，任命董昭为将作大匠。到曹丕登帝位时，又升迁他做了大鸿胪，加封右乡侯。黄初二年，从董昭的封邑中分出一百户，赐昭弟董访爵为关内侯，改任董昭为侍中。黄初三年，征东大将军曹休驻兵在洞浦口，上表说：“臣愿率精兵直捣江南，以敌物资供给自己，事情必成功；如果我不幸战死，望陛下不必挂念。”文帝担心曹休很快渡江，派驿马下诏阻止他。当时董昭在文帝身边，便问：“臣看见陛下面有忧色，是为曹休渡江之事吗？现在渡江，很多人都认为非常难，即便曹休有心，也不能独自进行，须有其他将领协助。臧霸等人有财有势，只是想怡享天年，保住官禄而已，决不会甘冒着危险到可能会死亡的地方寻求万一的成功。如臧霸等人不出兵，曹休就会打消此念。臣担心即使陛下让他渡江，他也会犹豫，不会马上出兵。”后不久，大风吹散东吴的船队，都漂流到曹休等人的水寨。曹军斩杀活捉吴兵无数，其余四散逃脱了。文帝下令让各路兵马立即渡江。还没有进军，敌人的救兵便到了。

文帝巡幸宛城，征南大将军夏侯尚等人率军攻打江陵，没有能够取下。由于江水水浅狭小，夏侯尚要乘船带步骑部众入江中沙洲安营屯驻，修建浮桥以连接南北。许多人认为假如这样江陵必能攻克。董昭上疏说：“太祖武皇帝智勇过人，但用兵时非常谨慎，绝不轻忽大意。用兵喜进而恶退，这自然在常理之中。平地上没有险阻，用兵进退仍还有不少艰难。即使应当深入，回撤的道路也必须比较便利。兵家进退有序，不可能以人的意愿而转移。如今屯兵小洲，四围环水，这是最深的过浮桥，这是最危险的；进出唯浮桥一条路，这是最狭窄的。这三条，均犯兵家大忌，而今天却都施行。如果贼兵不断地攻击浮桥，浮桥一旦失守，江洲上的精锐士卒，就不再归我大魏所有，而将为吴军所获。臣为此忧愁，睡觉和吃饭都忘了，而有些人却怡然自得，不以为忧，这怎么能不让人困惑呢！现在江水不断增长，若遇洪水增，又怎样来防御呢？即使不破贼寇，也应保全自己呀。遇此危险，却不防御，令人害怕。险情就要出现了，只有靠陛下尽快察觉它。”文帝领悟了董昭的话，当即诏令夏侯尚等人赶紧从江渚中退出。恰好吴兵正从两边夹击，魏军像潮水一样从浮桥撤退。可是无法马上退尽。石建、高迁所部士卒未能退出，仅两人得脱。大军刚从江洲撤出十来天，江水就暴涨了。文帝说：“董君议论此事，说得对呀！就是张良、陈平遇上此事，也不会说得如此恰当。”黄初五年，董昭徙封为成都乡侯，拜为太常。那年，又徙任光禄大夫、给事中，随从文帝大驾东征。黄初七年师还，董昭又被拜为太仆。曹叡即位以后，晋封董昭爵位为乐平侯，食邑千户，转任为卫尉。朝廷又从董昭食邑中分出百户，赐封董昭的一个儿子爵号为关内侯。

太和四年，董昭掌管司徒职事，太和六年，正式任命他做了司徒。董昭上书述说浮华风气的弊端说：“凡是占据天下的人，没有不崇尚纯朴忠信之士，深恨虚伪不真之人的，因为虚伪之人坏教化，扰乱政治，伤风败俗。近年就有魏讽在建安末年被诛杀，曹伟在黄初初年受斩戮的事。臣深思圣上前后所发的诏旨，深恨浮华虚伪，想要击破解散那些邪恶朋党，常常因为邪恶奸党的存在而切齿痛恨；然而执法的官吏们全都畏惧邪恶奸党的权势，没有人能够对邪恶奸党揭发纠举，因此伤风败俗，越来越严重。臣私下里看到当今一些年轻人，不再以学问为根本，专门以交游为本业；国士不以孝顺友爱清廉修身为第一，反而把追求势力放在首要地位。拉帮结党，互相吹捧，把诋毁作为刑罚杀戮，把吹捧视为封爵和赏赐，对依附自己的人赞不绝口，对不依附的人则故意找碴儿挑错。甚至于互相议论说：‘这一生何必担心日子不好过，只看自己人情交际是否频繁，网罗的朋友是否广泛就行；又何愁别人不知道自己呢？只要是用笼络的手段搞好关系就行。又听说还有人让家奴门客冒充自己贴身家丁，出入禁地，传带书信，打听消息。上面说的这些事，都是国法不许、刑法不赦的行为，即使是魏讽、曹伟那样的罪恶，也不能超过。”明帝于是发出措辞严厉的诏书，训斥罢免了诸葛诞、邓飏等人。董昭八十一岁时去世，加谥号为定侯。他的儿子董胄承袭了爵位。董胄历任郡守、九卿等官。

刘晔字子扬，他是淮南成德人，东汉光武帝刘秀的儿子阜陵王刘延的后代。他父亲刘普、母亲脩氏有刘涣和刘晔两个儿子。在刘涣九岁、刘晔七岁时，他们的母亲就有病了。临终时，母亲告诫刘涣、刘晔兄弟说："你们父亲的侍婢，经常陷害人，我死之后，她必然要祸乱我家。你们长大后能替我除掉她，我就没什么遗恨了。"刘晔十三岁那年，对兄长刘涣说："亡母遗言，现在可以施行了。"刘涣忙说："哪里可以这样呢？"刘晔不听，当即进入内室杀了那个侍婢，径直走出家门祭拜母亲的坟墓去了。家人惊慌，急忙告诉了刘普。刘普非常愤怒，立即派人去追赶刘晔。刘晔却自行回家告拜说："我执行的是亡母临终遗命，现在我接受父亲对我不先请示就擅行诛杀的一切惩罚。"刘普听了他这番陈词，感到惊异，就没有责罚他。汝南许劭以知人著名，他避难来到扬州，称赞刘晔有辅佐世主的英才。

扬州豪强中多郑宝、张多、许乾等人，每人都有兵马，因为郑宝最为骁勇，猛力过人，当地人都怕他。郑宝想迁移百姓到江南去，因为刘晔是当地大族中名人，就想强迫刘晔出面推动此事。其时刘晔才二十来岁，心中虽忧虑，却没有机会除掉郑宝。正好曹操派使者来扬州查询有关事宜。刘晔去见使者，为他分析本州形势，并邀使者回家同住。郑宝果然带着几百人带着牛酒前来迎接问候使者，刘晔命家人安排郑宝的部下坐在中门以外，设置酒饭款待；自己和郑宝在内厅宴饮，又密令壮士趁酣酒的机会刺杀郑宝。可郑宝生性不喜饮酒，室内动静看得很清楚，醉酒的人不敢动手。刘晔便自己抽出佩刀杀死郑宝，割下首级号令郑宝的部下说："曹公有令，擅敢反抗者，与郑宝同罪。"郑宝的部下都惊恐万状，逃回营寨。营里还有督将精兵数千人，刘晔害怕他们作乱，当即骑上郑宝的马，带上几名家人，来到营门前，叫出其他首领，陈明利害。这些人都下跪叩头，打开寨门让刘晔进去。刘晔安抚他们，众人都心悦诚服，共同推举刘晔为首领。刘晔已见汉室衰微，作为汉室皇族，不想拥有兵马，便把部属托付给庐江太守刘勋。刘勋非常奇怪，询问原因，刘晔说："郑宝目无纲纪，他的部下一向靠劫掠为生；我向来没有什么地位；如果对他们约束严紧，他们必心怀怨恨，维持秩序难以持久，所以我把他们交给你。"当时刘勋的兵力在江、淮一带比较强大，孙策很不满，但仍派使者带着措词恭谦的信件和厚重的礼物去见刘勋，信上说："上缭土著，征伐已有多年，攻打它，路远不便，希望借助大国的兵力去讨伐他们。上缭十分殷实，占了它可以富国，请你出兵做我的外援。"刘勋相信了，又得到孙策赠送的珠宝、葛布，十分高兴。很多人都来祝贺他。只有刘晔否定说:“上缭虽小,但城坚濠深,易守难攻,不能短期内就攻克,时间一长,兵马就会疲劳,国内也日渐空虚。孙策乘虚来攻,后方就无法坚守。如果这样,将军进则被敌挫败,退却没有归处。如果一定要出兵,灾祸必然临头。”刘勋不听,发兵征伐上缭,孙策果然袭击其后方。刘勋走投无路,就投奔了曹操。

曹操到达寿春县时,庐江境山贼陈策,手里掌握几万兵众,占据险地据守。从前曾派遣副将前去攻打,没有攻打下来。曹操询问部下,可讨伐否?部下说:“那里山势险峻,山谷窄深,易防难攻;而且没有它也造不成我们的损失,得到它也不能带来好处。”刘晔说:“陈策贼,趁动乱而赴险地,依险地而成豪梁,不是因为爵位和威信使人信服。过去派去的副将资望勇力不够,中原又未平定,所以,陈策敢于凭险据守。现在天下初定,可以先征讨后降服。大凡惧死求赏之心,智愚都是一样的。因此,广武君为韩信筹谋,说韩信的威名足以先用声威再用兵马而使邻国服从。更何况明公仁德,已布天下,虽东征而西望大军;应公开以赏招降,再大军威逼,诏令宣告之日,陈策军营就会大门四开而贼兵自溃。”曹操笑着说:“您说得很对。”随即派遣猛将在前先行,大军殿后,到那里就收服了陈策,就像刘晔所预料的那样。曹操回去以后,任命刘晔为司空仓曹掾。

曹操征讨张鲁,任命刘晔为主簿。到了汉中以后,由于山势险峻很难攀登,军粮又非常缺乏。曹操说:“这是邪教盛行的地方,有它没它都没什么用。我军缺粮,不如撤还。”便自己动身先退,命刘晔督统后军按顺序撤出。刘晔料定张鲁可以攻破,即使撤出,军粮接济不上,兵马也会有所损失。就飞马报告曹操:“不如进攻张鲁。”于是曹操下令进兵,调集众弓弩手射击张鲁的军营。张鲁逃走,汉中便平定了。刘晔进言说:“明公当初率五千步兵,讨伐董卓,北破袁绍,南征刘表,全国百郡,已经占据了八处,威震天下,扬名海外。如今攻克汉中,蜀人听到这个消息,不敢拒守;我们再乘胜进击,蜀地可轻易平定。刘备乃人中豪杰,有计谋却行动迟疑,虽然占据了蜀地,但是时间尚短,蜀人还没有完全依附于他。如今我们攻破汉中,蜀人震动,自己就会瓦解。以您的神武英名,利用他们分崩离析的状况再施加压力,没有不能攻克的。如果稍一迟缓,诸葛亮明于治国,关羽、张飞勇冠三军,蜀地百姓就能安定,如据险守之,就不能攻破他们了。现在不取蜀地,日后必为后患。”曹操不听,大军便撤回了。从汉中回来以后,刘晔为行军长史,兼任领军。延康元年,蜀汉将领孟达率众投降。孟达有容貌，举止有风度，文帝特别器重宠爱他，任命他新城郡太守，加散骑常侍。刘晔认为“孟达心思乖戾，倚仗有才能，喜欢玩弄手段，一定不能对陛下感恩有忠心。新城郡与吴、蜀连接，一旦有变，必将成为国家的祸患”。文帝没有改变，后来孟达果然叛变后失败。

黄初元年，任刘晔为侍中，并且赐封关内侯。曹丕下诏，让众臣一起来讨论刘备是否会出兵攻吴替关羽报仇。大家都认为：“蜀是小国，名将只有关羽，关羽已经死了，军力削弱，国内惊恐不安，不会出兵。”只有刘晔说：“蜀国虽地狭兵弱，但刘备必以炫武来证明自己的强大，一定会大举用兵。而且关羽和刘备名分上是君臣，实际上却情如兄弟。必然会为关羽之死而发兵报仇，以显示他们生死与共结义之情。”果然刘备出兵攻吴。吴倾全国之力抵抗，并派使者向魏称臣。朝廷上下都为此庆贺，只有刘晔说：“吴国远在江、汉之外，一向没有臣服之心；陛下虽然德比虞舜，但是他没有被感化。现因有难而来称臣，让人怀疑。我们可趁此之机发兵攻克它一天放纵敌人，几世都会成为祸患，当明察。”蜀军败退后，吴国不再敬魏国。曹丕要举兵讨伐。刘晔认为：“东吴刚刚击败蜀军，士气正盛，且有江湖阻隔，肯定难以取胜。”曹丕不听。黄初五年，曹丕亲率大军到广陵泗口，命令荆州、扬州诸军齐头并进。他召集群臣问道：“孙权会亲自来吗？”大家都说：“陛下亲征，孙权一定惊恐，一定会倾全国兵力来迎战，他又不会把大军委托给其他将领，肯定会亲自率军前来。”刘晔说：“孙权认为陛下是以天子之尊来牵制自己，跨江征战是将领的事。他一定会整备兵马以观事态，不会轻易进退。”曹丕等待多日，孙权果然没来，于是退兵。他对刘晔说：“你的推测是正确的。应当为我考虑如何消灭吴、蜀二贼，仅仅了解敌情还不行。”

明帝即位以后，把刘晔晋爵为东亭侯。明帝下诏说：“尊崇祖宗，目的是是为了彰显孝顺的行为；重视根本，目的是为了推广教育。成汤、周文王、周武王，是商、周的实际缔造者，《诗经》《尚书》上追尊稷、契，赞颂有娀、姜嫄，是为了阐明明主盛德的源流和秉承天命的由来。我大魏顺承上天的安排，从高皇帝、太皇帝开始到武皇帝、文皇帝始兴隆。高皇帝的父亲处士君，默默修养谦让美德，感动上天神明，这是天地赐福的开始。虽然他的精神深邃，都没有尊崇的称号，这不是崇尚孝顺、重视根本。现在，命令公卿以下的官员，会商他的谥号。”刘晔建议说：“圣上褒奖先祖，这是非常大的好事。然而亲疏关系，是有礼制规定的。礼制不徇私情，是万世所遵循的原则。周王之所以以后稷为始祖，是因为他有辅佐唐尧的功绩，名字列入祭祀典章的缘故。到汉初，追谥祖先，也只追到父亲一辈。向上与周朝相比，大魏始于高皇帝；向下以汉朝而论，追谥制度也不涉及祖父。这是过去的成法、当今明确的事例呀！陛下孝念发自内心，没有止境，但是，君主的所有言行都会被记录下来，目的是要重视礼制，谨慎行事。臣以为追尊祖先谥号，应当以高皇帝为限。”尚书卫臻的意见和刘晔一样，于是这件事就按照刘晔所建议的施行。辽东太守公孙渊篡夺了叔父的位置，自立为王，派使臣前来报告。刘晔认为，公孙氏是汉朝所任用的官员，世代承袭，到辽东从水路要渡海，走陆路要翻山，至今地处偏远难以钳制，所以，公孙氏世袭权位得以延续至今。如果不对他进行诛讨，日后一定会生出祸患。如果等他反叛抗拒，再事征讨，就难办了。应乘他刚刚自立，出其不意，出兵进击，再悬赏招募男士，一举可平定公孙氏。后来公孙渊果然反叛。

刘晔在朝中的时候，从来不和人交往。有人就问他原因，刘晔说：“魏王刚刚登基，很多事有赖于新人。聪明的人知道命运，凡俗之人也许还没有都明白。我在汉朝为宗室亲族，在魏室又备受宠信。像我这样身份特殊的人，友寡朋稀，绝非失宜。”太和六年，他因为有病，被拜为闲职太中大夫。不久，又升为大鸿胪。在职二年，就逊位，仍为太中大夫。时间不长，就逝世了。朝廷赐谥号景侯，爵位由他的儿子刘寓继承。刘晔的少子刘陶，才学很高，而品行却很轻薄，官职曾做到平原太守。

蒋济字子通，是楚国平阿县人。他曾做过郡计吏、州别驾。建安十三年，孙权率领大军围攻合肥。当时，曹操正征讨荆州，遇上了瘟疫，只派将军张喜独自率领一千骑兵，让他再集结起汝南郡的兵力去解合肥之围。不料，张喜的兵马也染上瘟疫。蒋济暗中建议刺史，假装接到了张喜的书信，说有四万步骑兵已抵雩娄，又派主簿去迎接。张喜便三次派人带书信去告通知城中守将，只有一次入了城，另两次被吴军截获。孙权相信了，马上烧毁围城营寨撤走，合肥得以保全。第二年，蒋济出使谯县，曹操问他：“以前我和袁绍在官渡相持，想迁徙燕地及白马县的百姓，百姓没有走，袁军也不敢抢掠。现在，我想迁移淮南的百姓，你看怎么样？”蒋济回答说：“那时你弱敌强，不迁移百姓就会失去他们。从打败袁绍开始，北克柳城，南向江、汉，兵陈荆州，威震天下，人心向我，况且百姓留恋故土，实在不愿迁移，那样，他们会因为惊恐而逃离。”曹操不听。于是，江、淮间十余万人，逃奔去了吴国。后来蒋济出使邺城，曹操见了他大笑，说：“我只想让百姓躲避吴军抢掠，没想到反而把他们全逼到那边去了。”任命蒋济为丹杨太守。大军南征回师，任温恢为扬州刺史，蒋济为别驾。令说：“吴季札让国为臣，吴国仍然应有君主。现在你回扬州，我就没有什么可担忧的了。”有人诬告蒋济是谋反的主谋，曹操听说以后，指着上次的命令对左将军于禁、沛相封仁等人说：“蒋济不会干这种事！我了解他。这是有人要搞混乱，嫁祸于人罢了。”要求马上查清此事，任蒋济为丞相主簿西曹属。命令说：“虞舜任用皋陶，不仁之人远远避开；品评选拔人才不出偏差，就需要你们这些贤明的部属了。”关羽围攻樊城、襄阳，曹操因汉献帝在许昌，临敌太近，打算迁都。司马懿和蒋济劝曹操说：“于禁等人因水遭擒，不是作战的失误，对国家大计没有带来太大的损失。刘备与孙权表面联合，实际是貌合神离，关羽虽然大胜，孙权一定不满意。开始派人去劝孙权偷袭关羽后方，并且允诺把江南封给他，这样樊城危机自然会解。”曹操按计行事。孙权听从了曹操的劝说，带兵西袭公安、江陵。关羽遂被吴擒。

曹丕登上魏王位后，蒋济转任做了相国长史。等到文帝登极即帝位以后，又让蒋济出京任东中郎将。蒋济请求留京任职，文帝说：“当年汉高祖曾作歌说：‘安得猛士兮守四方！’现今天下远没有安宁，须用贤良大臣去镇守边境。如果那里没有什么事了，我就让您车马的玉珂再响，调您回京，也还不晚呀！”不久，蒋济写了一篇《万机论》上呈，魏文帝很是喜爱。就宣他入京，为散骑常侍。魏文帝下诏对征南将军夏侯尚说：“卿是我的心腹重将，所以特让你为我任使之用。对你的恩德，可以让你去死。对你的宠爱，也值得你记住。天子威重九重，作威作福，既能杀人，也能救人。”夏侯尚把诏书拿给蒋济看了。蒋济到达京城以后，文帝问他说：“卿路上所闻所见如何呀？”蒋济回答说：“没什么好的见闻，只听见几句亡国之语罢了。”文帝愤怒地问原因，蒋济告知事情的原委，说：“‘作威作福’，是《尚书》中非常明白的告诫。‘天子无戏言’，是古人慎重对人对事的原则。望陛下深思。”于是，文帝怒气消解，派人追回了发给夏侯尚的诏书。黄初三年，与大司马曹仁征伐孙吴，蒋济另外领兵袭击羡谿。曹仁打算进攻濡须水中的洲地，蒋济说：“吴兵已经在西岸据守，列好战船，如果我们开进洲中，必陷入危地。”曹仁不听，果然失败。曹仁去世，朝廷又任蒋济为东中郎将，代领曹仁的兵马。文帝下诏说：“您兼具文武之才，志气豪迈，常怀跨江湖、吞吴会的志向，所以，再次授给您将帅之任。”不久，又任命他为尚书。文帝要到广陵，蒋济上表说水路难于通行，又作《三州论》来劝告。文帝不听，结果几千艘船只全都搁浅在水中不能行进。有人建议就此留下军队进行屯田，蒋济认为此地东与大湖靠近，北临淮河，水大的时候，易受侵犯，不能安营。文帝听从了，当即撤回。回到精湖的时候，水就渐渐地没有了，文帝把所有的船只都留下来交给蒋济处理。战船原本疏密不一、参差不齐地排列在几百里的水道上，蒋济命令再开凿四五道水沟，推着把船聚集在一起，用准备好的土袋截断湖水，把水全部引向后面的船，然后挖开堤坝，把船推入淮河中。文帝回到洛阳，对蒋济说：“事理不可不知。我原来准备在山阳池烧掉一半船只，您现在再把船只全都带回来，几乎和我一同到达谯县。再有，我每次得到您所陈述的意见，实在符合我的心意。以后凡是有关讨伐敌人的计划，您都要很好地为我筹谋。”

曹叡即位以后，赐蒋济关内侯。大司马曹休率领兵马向皖地进击，蒋济上表说：“我军深入敌方，和孙权以逸待劳的士兵相抗衡，吴将朱然等人又在曹休后方寻找时机，我实在看不到出兵的好处。”魏军到达皖地，吴国出兵安陆。蒋济又上疏说：“现在孙吴兵马有向西行动的迹象，定是想合兵进攻东面，应当急调兵马前去接迎。”此时，曹休已经被打败，丢下兵器辎重后退。吴军正准备封堵夹石，魏军援兵到了，曹休才没有被覆没。蒋济升任中护军。当时，中书监刘放、中书令孙资独擅大权，蒋济上疏说：“大臣权力过重，朝廷就有危险；君主过于亲近身边的人，就会受到蒙蔽，这是古来最重要的告诫。过去，已经有过大臣执掌大事而引得内外不宁的情况。陛下圣明地处理政务，群臣无不钦敬。不是大臣不忠诚，如威望权力在大臣手中，朝廷内外就会轻慢皇上。陛下既然已明了大臣专权之事，更希望不要忘记明察身边之人。他们的远见卓识未必胜过大臣，但是谄媚逢迎确是专长。现在中书名声很盛，虽然可以使他们不敢轻易结交外界，但既然有了名声，就能迷惑人。更何况他们掌握着机要实权，倘若他们乘陛下一时疏忽而擅自决定某些事，众臣以为他们能影响或者改变皇上的决定，便会对他们趋炎附势，就会私结交情，引为内助。如果这样，任意贬誉之风气必然产生，功过赏罚就会不当。循正途而仕的人没有受到重视，谄媚之人却显赫起来，他们借机缘入朝为官，攀缘权势而出人头地，君主亲近信任他们，从没有所怀疑。圣明的君主早应该留心注意，就会发现他们劣迹。许多大臣害怕得罪陛下身边之人，上达见解便分外小心。臣相信陛下冷静而睿智，对不合理的事情必能改弦易辙。以陛下的仁德智慧远可比黄帝、唐尧，近可以彰明武帝、文帝的伟业，绝非囿于世俗的庸主！但是，再聪明的君主也不可能一个人看清天下所有的事，应该有所托付。一个大臣身兼数职，如他既无周公的忠诚，又无管仲的公正，必然会产生弄权渎职的现象。当今国家柱石之才虽然不多，但是品行能合州官的要求，智慧能胜任一官的职责，这样的人还是能够恪守其职供朝廷使用。这样，就可免除圣明王朝有独断专行之官的污名了。"皇帝下诏说："正直的大臣，是君主的臂助。蒋济兼文武之才，恪守节操，每有大事，均能奏议，其忠正之心，我十分赞赏。"便升蒋济为护军将军，加授散骑常侍荣衔。

景初年间，由于征伐、徭役和大兴宫殿，怨男旷女有很多，又赶上连年歉收，粮谷缺乏。蒋济上疏说："陛下，现在正是弘扬前王德政，光大先帝伟业的时候。如果陛下还不能完成统一四海，那么，也就达不到垂衣而治。如今大魏虽然已经有十二州，而人口的总数，却连汉朝时的一个大郡都没有超过。吴、蜀二贼尚未诛灭，军队久戍边陲，一边耕田，一边作战。男女分离，旷怨多年。建造宗庙宫室等各种事务，都才刚刚开始。致力于农桑的人少，穿衣、吃饭的人却越来越多。现在的急务之处，是停息对百姓的人力、物力的消耗，使他们不至于太贫穷。本来就已经贫苦、疲惫的民众，倘若再遇水旱灾年，虽聚百万之众，也不能为国家所用。要役使百姓，应当在农事闲暇之余，不要抢占农忙时节。凡是想大兴土木、兵革等大事的君主，应预先想到民力的多寡与强弱，要不断地给予温暖和休憩的时间。越王勾践抚养幼儿，用以等待他们成年后使用；燕昭王体恤病民，用以稳固人心，以雪耻前仇。所以衰小的越国能荡平雄劲的吴国，弱小的燕国能征服强大的齐国。吴、蜀二国，不会自己灭亡；你不征讨他们，他们就要来侵犯你。现在如果不能彻底铲除他们，日后定会成为我大魏百世的祸患。以陛下的雄才大略，应把修建宫室等不急之事，先暂缓放后，专事讨伐吴、蜀二贼。臣以为，若能这样，平定他们也就为期不远了。此外，陛下不应该沉迷男欢女娱，精力用得太过，就会枯竭；身形劳累太过了，就会羸弱。希望陛下简选后宫美女，把能够为陛下生养'百斯男'的佳丽留下，将那些闲散而应婚配和年龄幼小的女子，分遣出宫，以求得清静。"魏明帝诏答说："只有蒋护军，才能对我说这番良言啊！”

齐王曹芳即位以后，蒋济调任领军将军，并且晋封昌陵亭侯，升为太尉。当初，侍中高堂隆谈论郊祀之事，认为魏是舜的后裔，祭天时舜让配享。蒋济认为舜本姓妫，后代姓田，并非曹氏祖先，于是，写文章追问高堂隆。这时，曹爽专政，丁谧、邓飏等人随意篡改法度。恰有日食出现，曹芳问众大臣日食现象有何得失？蒋济上疏说：“大舜治国，以结党营私为戒；周公辅佐，对于任命故旧亲朋小心谨慎；齐景公问灾情，晏子说当广施恩德；鲁僖公施问灵异，臧孙说应减缓劳役。顺应天意以防灾变，其实质在于人事。现今吴蜀二国尚未剿灭，将士们征战十年，男怨女旷，百姓劳苦。为国订法，唯治世贤方可以胜任，普通官吏岂能随意改动？于国无益之举，足以使民众受到损伤，陛下如能让文武大臣恪尽职守，遵循清平之道，吉瑞自然会感应而至。”蒋济因随司马懿在洛水浮桥驻军、诛杀曹爽等，晋封为都乡侯，食邑七百户。蒋济上疏说：“臣下愧对被圣上宠任，授职太尉，而曹爽竟敢蔑视皇权，是臣失职。若非太傅果断，陛下信任于他，使罪人受惩，国家之福，封赏应该施予有功之人。论谋划，臣不能先知；论战功，士兵不是臣所统率。分封制度不能违背，否则就会有弊端出现。臣任宰相，言行都为众人瞩目，臣担心冒领封赏的行为从我这里开始，而谦让的风气就会自此废弃。”于是，坚决辞让，没有被允许。蒋济于当年去世，谥号为景侯。儿子蒋秀继承。蒋秀去世，儿子蒋凯继承爵位。咸熙年间，开设五等爵位，因蒋济在前朝功勋卓著，改封蒋凯为下蔡子。

刘放字子弃，是涿郡人，他是汉广阳顺王的儿子西乡侯刘宏的后代。曾经担任郡主簿，举孝廉。当时正赶上大乱，渔阳郡人王松占据了本郡，刘放投靠了他。曹操攻克冀州，刘放劝王松说：“以前董卓作乱，各路英雄纷纷起兵，拥兵割据，只有曹公拯救危乱，辅佐天子，奉命争讨四方，所向披靡。像袁绍、袁术那样强大的势力，均已在淮南和官渡被打败；曹公乘胜肃清河朔，把权刑合为一体，天下形势已十分明显。识时务者均已得福，逆此趋势者大多被消灭。现在我们应立即行动，归附曹公。过去黥布放弃称王归降汉朝，是看清兴亡趋势、明白了依附和背离的区别。将军应投靠曹公，呈上丰厚的礼物。”王松认为刘放说得对。曹操此时正在南皮讨伐袁谭，写信招降王松，王松便献出雍奴、泉州、安次等县归附了曹操。刘放为王松写了给曹操的回信，文采非常华美。曹操既喜欢这封信，又听说他劝王松投降的话，便任命他为下属。建安十年，刘放和王松一起到了曹操那里。曹操非常高兴，对刘放说："过去班彪归附窦融而建立了河西的功业，今天您的行为和他是多么相似啊！"任命刘放为参司空军事，后历任主簿、记室，又出任郃阳、祋祤、赞三县县令。

魏国建立后，刘放和太原人孙资同时为秘书郎。在这之前，孙资也曾任过县令、参丞相军事。曹丕即帝位后，刘放、孙资转任左、右丞。几个月后，刘放升任秘书令。黄初初年，改秘书为中书，让刘放任中书监，孙资为中书令，各加授给事中的官衔；刘放被赐关内侯的爵位，孙资赐关中侯，共管机密。黄初三年，刘放晋爵为魏寿亭侯，孙资为关内侯。曹叡即位后，更加宠信二人，同时被升为散骑常侍，晋封刘放西乡侯的爵位，孙资为乐阳亭侯。太和末年，吴国派将军周贺渡海到辽东去招降公孙渊。曹叡打算在中途截击，朝臣聚议都认为这样做没有把握。只有孙资果断地支持曹叡，果然大破吴军，于是孙资晋封又为左乡侯。刘放善写书信、檄文，曹操、曹丕、曹叡的许多诏书中的告谕文字，大多出自刘放的手笔。青龙初年，吴蜀联合，准备出兵攻魏。探马截获给诸葛亮的信，刘放便更改其中的词句，换掉原文；把信弄成是写给征东将军满宠的样子，好像孙权打算归顺魏国，然后把信封好送给诸葛亮。诸葛亮把信誊抄给吴国大将军步骘等人，步骘等把信转呈给孙权。孙权担心诸葛亮误解自己就又写信说明此事。这一年，刘放、孙资同时被加授为侍中、光禄大夫。景初二年，辽东被平定，刘、孙二人都因为参与谋划有功，而又晋封爵位，封给本县之地，刘放为方城侯，孙资为中都侯。

这一年，明帝病重，想任命燕王曹宇担任大将军，和领军将军夏侯献、武卫将军曹爽、屯骑校尉曹肇、骁骑将军秦朗等人共同辅佐朝政。曹宇性情恭良，极力推辞。明帝在卧室内召见刘放、孙资，问："燕王为何如此？"刘放、孙资回答说："燕王知道自己不能担此重任。"明帝问："曹爽可以吗？"刘放、孙资随即表示赞成。又竭力陈述应当马上召回太尉司马懿，以维护朝廷和皇室。明帝采纳了他们的意见，当即让刘放书写诏书。刘放、孙资刚出去，明帝又改变了想法，下诏不让司马懿回京。不久又召见刘放、孙资说："我要召回太尉，而曹肇等人从中阻挠回来，险些误了大事！"命令他们再写诏书，只召见曹爽、刘放、孙资等一起接受诏命，罢免了曹宇、夏侯献、曹肇、秦朗等人的官职。司马懿也回到朝中，在明帝床前受命。明帝去世。齐王曹芳即位，因为刘放、孙资参与决定大事，增加刘放封邑三百户，加上以前所封共一千一百户，孙资封邑达到一千户；又各封他们的爱子一人为亭侯，次子为骑都尉，其余的儿子全都为郎中。正始元年，加刘放官职左光禄大夫，孙资右光禄大夫，授金印紫绶，仪制与三公相同。正始六年，刘放转为骠骑将军，孙资为卫将军，仍然像以前那样兼任中书监、中书令。正始七年，又封他们的儿子各一人为亭侯。刘放、孙资年老退位，只以列侯身份初一和十五日朝见皇帝，加特进之位。曹爽被杀以后，又任孙资为侍中，兼中书令。嘉平二年，刘放去世，谥号敬侯。儿子刘正承袭爵位。孙资又退位回家，朝廷派使者到家中拜他为骠骑将军，转任侍中，仍特进之位。嘉平三年，孙资去世，谥号为贞侯。儿子孙宏承袭爵位。

刘放的才谋比孙资要高一些，但是修养却不如孙资。刘放、孙资都善于奉承君主，又没有过多语失。但他们二人抵制辛毗帮助王思，让世人讥讽。然而，他们也常在群臣谏诤中，支持部分人观点，并密述国事的得失。据说，也不是全都用阿谀的言语诱导君主。咸熙年中，建五等爵制度，因为刘放、孙资在前朝的功勋，而封刘正为方城子，孙宏为离石子。

评论说：程昱、郭嘉、董昭、刘晔、蒋济五人以才华、谋略论，当可说是世之奇士，虽然他们的清正与仁德，与荀攸有别，但谋划的方面，却和荀攸类相同。刘放文辞华美，孙资勤劳谨慎，二人同为君王之喉舌，威重闻名当时；虽雅清不足。但对二人的讥讽和阿谀的评价，还是不免有言过其实之嫌。

三国志卷十五·魏书十五

刘司马梁张温贾传

刘馥字元颖，沛国相人也。避乱扬州，建安初，说袁术将戚寄、秦翊，使率众与俱诣太祖。太祖悦之，司徒辟为掾。后孙策所置庐江太守李述攻杀扬州刺史严象，庐江梅乾、雷绪、陈兰等聚众数万在江、淮间，郡县残破。太祖方有袁绍之难，谓馥可任以东南之事，遂表为扬州刺史。

馥既受命，单马造合肥空城，建立州治，南怀绪等，皆安集之，贡献相继。数年中恩化大行，百姓乐其政，流民越江山而归者以万数。于是聚诸生，立学校，广屯田，兴治芍陂及茹陂、七门、吴塘诸堨以溉稻田，官民有畜。又高为城垒，多积木石，编作草苫数千万枚，益贮鱼膏数千斛，为战守备。

建安十三年卒。孙权率十万众攻围合肥城百余日，时天连雨，城欲崩，于是以苫蓑覆之，夜然脂照城外，视贼所作而为备，贼以破走。扬州士民益追思之，以为虽董安于之守晋阳，不能过也。及陂塘之利，至今为用。

馥子靖，黄初中从黄门侍郎迁庐江太守，诏曰："卿父昔为彼州，今卿复据此郡，可谓克负荷者也。"转在河内，迁尚书，赐爵关内侯，出为河南尹。散骑常侍应璩书与靖曰："入作纳言，出临京任。富民之术，日引月长。藩落高峻，绝穿窬之心。五种别出，远水火之灾。农器必具，无失时之阙。蚕麦有苫备之用，无雨湿之虞。封符指期，无流连之吏。鳏寡孤独，蒙廪振之实。加之以明擿幽微，重之以秉宪不挠；有司供承王命，百里垂拱仰办。虽昔赵、张、三王之治，未足以方也。"靖为政类如此。初虽如碎密，终于百姓便之，有馥遗风。母丧去官，后为大司农卫尉，进封广陆亭侯，邑三百户。上疏陈儒训之本曰："夫学者，治乱之轨仪，圣人之大教也。自黄初以来，崇立太学二十余年，而寡有成者，盖由博士选轻，诸生避役，高门子弟，耻非其伦，故无学者。虽有其名而无其人，虽设其教而无其功。宜高选博士，取行为人表，经任人师者，掌教国子。依遵古法，使二千石以上子孙，年从十五，皆入太学。明制黜陟荣辱之路，其经明行修者，则进之以崇德；荒教废业者，则退之以惩恶；举善而教不能则劝，浮华交游，不禁自息矣。阐弘大化，以绥未宾；六合承风，远人来格。此圣人之教，致治之本也。”后迁镇北将军，假节都督河北诸军事。靖以为“经常之大法，莫善于守防，使民夷有别”。遂开拓边守，屯据险要。又修广戾陵渠大堨，水灌溉蓟南北；三更种稻，边民利之。嘉平六年薨，追赠征北将军，进封建成乡侯，谥曰景侯。子熙嗣。

司马朗字伯达，河内温人也。九岁，人有道其父字者，朗曰：“慢人亲者，不敬其亲者也。”客谢之。十二，试经为童子郎，监试者以其身体壮大，疑朗匿年，劾问。朗曰：“朗之内外，累世长大，朗虽稚弱，无仰高之风，损年以求早成，非志所为也。”监试者异之。后关东兵起，故冀州刺史李邵家居野王，近山险，欲徙居温。朗谓邵曰：“唇齿之喻，岂唯虞、虢，温与野王即是也；今去彼而居此，是为避朝亡之期耳。且君，国人之望也，今寇未至而先徙，带山之县必骇，是摇动民之心而开奸宄之原也，窃为郡内忧之。”邵不从。边山之民果乱，内徙，或为寇钞。

是时董卓迁天子都长安，卓因留洛阳。朗父防为治书御史，当徙西，以四方云扰，乃遣朗将家属还本县。或有告朗欲逃亡者，执以诣卓，卓谓朗曰：“卿与吾亡儿同岁，几大相负！”朗因曰：“明公以高世之德，遭阳九之会，清除群秽，广举贤士，此诚虚心垂虑，将兴至治也。威德以隆，功业以著，而兵难日起，州郡鼎沸，郊境之内，民不安业，捐弃居产，流亡藏窜，虽四关设禁，重加刑戮，犹不绝息，此朗之所以于邑也。愿明公监观往事，少加三思，即荣名并于日月，伊、周不足侔也。”卓曰：“吾亦悟之，卿言有意！”

朗知卓必亡，恐见留，即散财物以赂遗卓用事者，求归乡里。到谓父老曰：“董卓悖逆，为天下所仇，此忠臣义士奋发之时也。郡与京都境壤相接，洛东有成皋，北界大河，天下兴义兵者若未得进，其势必停于此。此乃四分五裂战争之地，难以自安，不如及道路尚通，举宗东到黎阳。黎阳有营兵，赵威孙乡里旧婚，为监营谒者，统兵马，足以为主。若后有变，徐复观望未晚也。”父老恋旧，莫有从者，惟同县赵咨，将家属俱与朗往焉。后数月，关东诸州郡起兵，众数十万，皆集荥阳及河内。诸将不能相一，纵兵钞掠，民人死者且半。久之，关东兵散，太祖与吕

焚金阙董卓行凶图，出自《图像三国志》，描绘了董卓胁迫汉献帝迁都长安之事。

布相持于濮阳，朗乃将家还温。时岁大饥，人相食，朗收恤宗族，教训诸弟，不为衰世解业。

年二十二，太祖辟为司空掾属，除成皋令，以病去，复为堂阳长。其治务宽惠，不行鞭杖，而民不犯禁。先时，民有徙充都内者，后县调当作船，徙民恐其不办，乃相率私还助之，其见爱如此。迁元城令，入为丞相主簿。朗以为天下土崩之势，由秦灭五等之制，而郡国无搜狩习战之备故也。今虽五等未可复行，可令州郡并置兵，外备四夷，内威不轨，于策为长。又以为宜复井田。往者以民各有累世之业，难中夺之，是以至今。今承大乱之后，民人分散，土业无主，皆为公田，宜及此时复之。议虽未施行，然州郡领兵，朗本意也。迁兖州刺史，政化大行，百姓称之。虽在军旅，常粗衣恶食，俭以率下。雅好人伦典籍，乡人李觌等盛得名誉，朗常显贬下之；后觌等败，时人服焉。钟繇、王粲著论云："非圣人不能致太平。"朗以为"伊、颜之徒虽非圣人，使得数世相承，太平可致"。建安二十二年，与夏侯惇、臧霸等征吴。到居巢，军士大疫，朗躬巡视，致医药。遇疾卒，时年四十七。遗命布衣幅巾，敛以时服，州人追思之。明帝即位，封朗子遗昌武亭侯，邑百户。朗弟孚又以子望继朗后。遗薨，望子洪嗣。

初朗所与俱徙赵咨，官至太常，为世好士。

梁习字子虞，陈郡柘人也，为郡纲纪。太祖为司空，辟召为漳长，累转乘氏、海西、下邳令，所在有治名。还为西曹令史，迁为属。并土新附，习以别部司马领并州刺史。时承高幹荒乱之余，胡狄在界，张雄跋扈，吏民亡叛，入其部落；兵家拥众，作为寇害，更相扇动，往往棊跱。习到官，诱谕招纳，皆礼召其豪右，稍稍荐举，使诣幕府；豪右已尽，乃次发诸丁强以为义从；又因大军出征，分请以为勇力。吏兵已去之后，稍移其家，前后送邺，凡数万口；其不从命者，兴兵致讨，斩首千数，降附者万计。单于恭顺，名王稽颡，部曲服事供职，同于编户。边境肃清，百姓布野，勤劝农桑，令行禁止。贡达名士，咸显于世，语在《常林传》。太祖嘉之，赐爵关内侯，更拜为真。长老称咏，以为自所闻识，刺史未有及习者。建安十八年，州并属冀州，更拜议郎、西部都督从事，统属冀州，总故部曲。又使于上党取大材供邺宫室。习表置屯田都尉二人，领客六百夫，于道次耕种菽粟，以给人牛之费。后单于入侍，西北无虞，习之绩也。文帝践阼，复置并州，复为刺史，进封申门亭侯，邑百户；政治常为天下最。太和二年，征拜大司农。习在州二十余年，而居处贫穷，无方面珍物，明帝异之，礼赐甚厚。四年，薨，子施嗣。

初，济阴王思与习俱为西曹令史。思因直日白事，失太祖指。太祖大怒，教召主者，将加重辟。时思近出，习代往对，已被收执矣，思乃驰还，自陈己罪，罪应受死。太祖叹习之不言，思之识分，曰："何意吾军中有二义士乎！"后同时擢为刺史，思领豫州。思亦能吏，然苛碎无大体，官至九卿，封列侯。

张既字德容，冯翊高陵人也。年十六，为郡小吏。后历右职，举孝廉，不行。太祖为司空，辟，未至，举茂才，除新丰令，治为三辅第一。袁尚拒太祖于黎阳，遣所置河东太守郭援，并州刺史高幹及匈奴单于取平阳，发使西与关中诸将合从。司隶校尉钟繇遣既说将军马腾等，既为言利害，腾等从之。腾遣子超将兵万余人，与繇会击幹、援，大破之，斩援首。幹及单于皆降。其后幹复举并州反。河内张晟众万余人无所属，寇崤、渑间，河东卫固、弘农张琰各起兵以应之。太祖以既为议郎，参繇军事，使西征诸将马腾等，皆引兵会击晟等，破之。斩琰、固首，幹奔荆州。封既武始亭侯。太祖将征荆州，而腾等分据关中。太祖复遣既喻腾等，令释部曲求还。腾已许之而更犹豫，既恐为变，乃移诸县促储偫，二千石郊迎。腾不得已，发东。太祖表腾为卫尉，子超为将军，统其众。后超反，既从太祖破超于华阴，西定关右。以既为京兆尹，招怀流民，兴复县邑，百姓怀之。魏国既建，为尚书，出为雍州刺史。太祖谓既曰："还君本州，可谓衣绣昼行矣。"从征张鲁，别从散关入讨叛氐，收其麦以给军食。鲁降，既说太祖拔汉中民数万户以实长安及三辅。其后与曹洪破吴兰于下辩，又与夏侯渊讨宋建，别攻临洮、狄道，平之。是时，太祖徙民以充河北，陇西、天水、南安民相恐动，扰扰不安，既假三郡人为将吏者休课，使治屋宅，作水碓，民心遂安。太祖将拔汉中守，恐刘备北取武都氐以逼关中，问既。既曰："可劝使北出就谷以避贼，前至者厚其宠赏，则先者知利，后必慕之。"太祖从其策，乃自到汉中引出诸军，令既之武都，徙氐五万余落出居扶风、天水界。

是时，武威颜俊、张掖和鸾、酒泉黄华、西平麹演等并举郡反，自号将军，更相攻击。俊遣使送母及子诣太祖为质，求助。太祖问既，既曰："俊等外假国威，内生傲悖，计定势足，后即反耳。今方事定蜀，且宜两存而斗之，犹卞庄子之刺虎，坐收其毙也。"太祖曰："善。"岁余，鸾遂杀俊，武威王秘又杀鸾。是时不置凉州，自三辅拒西域，皆属雍州。文帝即王位，初置凉州，以安定太守邹岐为刺史。张掖张进执郡守举兵拒岐，黄华、麴演各逐故太守，举兵以应之。既进兵为护羌校尉苏则声势，故则得以有功。既晋爵都乡侯。凉州卢水胡伊健妓妾、治元多等反，河西大扰。帝忧之，曰："非既莫能安凉州。"乃召邹岐，以既代之。诏曰："昔贾复请击郾贼，光武笑曰：'执金吾击郾，吾复何忧？'卿谋略过人，今则其时。以便宜从事，勿复先请。"遣护军夏侯儒、将军费曜等继其后。既至金城，欲渡河，诸将守以为"兵少道险，未可深入"。既曰："道虽险，非井陉之隘，夷狄乌合，无左车之计，今武威危急，赴之宜速。"遂渡河。贼七千余骑逆拒军于鹯阴口，既扬声军由鹯阴，乃潜由且次出至武威。胡以为神，引还显美。既已据武威，曜乃至，儒等犹未达。既劳赐将士，欲进军击胡。诸将皆曰："士卒疲倦，虏众气锐，难与争锋。"既曰："今军无见粮，当因敌为资。若虏见兵合，退依深山，追之则道险穷饿，兵还则出候寇钞。如此，兵不得解，所谓'一日纵敌，患在数世'也。"遂前军显美。胡骑数千，因大风欲放火烧营，将士皆恐。既夜藏精卒三千人为伏，使参军成公英督千余骑挑战，敕使阳退。胡果争奔之，因发伏截其后，首尾进击，大破之，斩首获生以万数。帝甚悦，诏曰："卿逾河历险，以劳击逸，以寡胜众，功过南仲，勤逾吉甫。此勋非但破胡，乃永宁河右，使吾长无西顾之念矣。"徙封西乡侯，增邑二百，并前四百户。

酒泉苏衡反，与羌豪邻戴及丁令胡万余骑攻边县。既与夏侯儒击破之，衡及邻戴等皆降。遂上疏请与儒治左城，筑鄣塞，置烽侯、邸阁以备胡。西羌恐，率众二万余落降。其后西平麴光等杀其郡守，诸将欲击之，既曰："唯光等造反，郡人未必悉同。若便以军临之，吏民羌胡必谓国家不别是非，更使皆相持著，此为虎傅翼也。光等欲以羌胡为援，今先使羌胡钞击，重其赏募，所虏获者皆以畀之。外沮其势，内杂其交，必不战而定。"乃檄告谕诸羌，为光等所诖误者原之；能斩贼帅送首者当加封赏。于是光部党斩送光首，其余咸安堵如故。

既临二州十余年，政惠著闻，其所礼辟扶风庞延、天水杨阜、安定胡遵、酒泉庞淯、燉煌张恭、周生烈等，终皆有名位。黄初四年薨。诏曰："昔荀桓子立勋翟土，晋侯赏以千室之邑；冯异输力汉朝，光武封其二子。故凉州刺史张既，能容民畜众，使群羌归土，可谓国之良臣。不幸薨陨，朕甚愍之，其赐小子翁归爵关内侯。”明帝即位，追谥曰肃侯。子缉嗣。

缉以中书郎稍迁东莞太守。嘉平中，女为皇后，征拜光禄大夫，位特进，封妻向为安城乡君。缉与中书令李丰同谋，诛。语在《夏侯玄传》。

温恢字曼基，太原祁人也。父恕，为涿郡太守，卒。恢年十五，送丧还归乡里，内足于财。恢曰：“世方乱，安以富为？”一朝尽散，振施宗族。州里高之，比之郇越。举孝廉，为廪丘长，鄢陵、广川令，彭城、鲁相，所在见称。入为丞相主簿，出为扬州刺史。太祖曰：“甚欲使卿在亲近，顾以为不如此州事大。故《书》云：‘股肱良哉！庶事康哉！’得无当得蒋济为治中邪？”时济见为丹杨太守，乃遣济还州。又语张辽、乐进等曰：“扬州刺史晓达军事，动静与共咨议。”

建安二十四年，孙权攻合肥，是时诸州皆屯戍。恢谓兖州刺史裴潜曰：“此间虽有贼，不足忧，而畏征南方有变。今水生而子孝县军，无有远备。关羽骁锐，乘利而进，必将为患。”于是有樊城之事。诏书召潜及豫州刺史吕贡等，潜等缓之。恢密语潜曰：“此必襄阳之急欲赴之也。所以不为急会者，不欲惊动远众。一二日必有密书促卿进道，张辽等又将被召。辽等素知王意，后召前至，卿受其责矣！”潜受其言，置辎重，更为轻装速发，果被促令。辽等寻各见召，如恢所策。

文帝践阼，以恢为侍中，出为魏郡太守。数年，迁凉州刺史，持节领护羌校尉。道病卒，时年四十五。诏曰：“恢有柱石之质，服事先帝，功勤明著。及为朕执事，忠于王室，故授之以万里之任，任之以一方之事。如何不遂，吾甚愍之！”赐恢子生爵关内侯。生早卒，爵绝。

恢卒后，汝南孟建为凉州刺史，有治名，官至征东将军。

贾逵字梁道，河东襄陵人也。自为儿童，戏弄常设部伍，祖父习异之，曰：“汝大必为将率。”口授兵法数万言。初为郡吏，守绛邑长。郭援之攻河东，所经城邑皆下，逵坚守，援攻之不拔，乃召单于并军急攻之。城将溃，绛父老与援要，不害逵。绛人既溃，援闻逵名，欲使为将，以兵劫之，逵不动。左右引逵使叩头，逵叱之曰：“安有国家长吏为贼叩头！”援怒，将斩之。绛吏民闻将杀逵，皆乘城呼曰：“负要杀我贤君，宁俱死耳！”左右义逵，多为请，遂得免。初，逵过皮氏，曰：“争地先据者胜。”及围急，知不免，乃使人间行送印绶归郡，且曰“急据皮氏”。援既并绛众，将进兵。逵恐其先得皮氏，乃以他计疑援谋人祝奥，援由是留七日。郡从逵言,故得无败。

后举茂才,除渑池令。高幹之反,张琰将举兵以应之。逵不知其谋,往见琰。闻变起,欲还,恐见执,乃为琰画计,如与同谋者,琰信之。时县寄治蠡城,城堑不固,逵从琰求兵修城。诸欲为乱者皆不隐其谋,故逵得尽诛之。遂修城拒琰。琰败,逵以丧祖父去官,司徒辟为掾,以议郎参司隶军事。太祖征马超,至弘农,曰"此西道之要",以逵领弘农太守。召见计事,大悦之,谓左右曰:"使天下二千石悉如贾逵,吾何忧?"其后发兵,逵疑屯田都尉藏亡民。都尉自以不属郡,言语不顺。逵怒,收之,数以罪,挝折脚,坐免。然太祖心善逵,以为丞相主簿。太祖征刘备,先遣逵至斜谷观形势。道逢水衡,载囚人数十车,逵以军事急,辄竟重者一人,皆放其余。太祖善之,拜谏议大夫,与夏侯尚并掌军计。太祖崩洛阳,逵典丧事。时鄢陵侯彰行越骑将军,从长安来赴,问逵先王玺绶所在。逵正色曰:"太子在邺,国有储副。先王玺绶,非君侯所宜问也。"遂奉梓宫还邺。

文帝即王位,以邺县户数万在都下,多不法,乃以逵为邺令。月余,迁魏郡太守。大军出征,复为丞相主簿祭酒。逵尝坐人为罪,王曰:"叔向犹十世宥之,况逵功德亲在其身乎?"从至黎阳,津渡者乱行,逵斩之,乃整。至谯,以逵为豫州刺史。是时天下初复,州郡多不摄。逵曰:"州本以御史出监诸郡,以六条诏书察长吏二千石已下,故其状皆言严能鹰扬有督察之才,不言安静宽仁有恺悌之德也。今长吏慢法,盗贼公行,州知而不纠,天下复何取正乎?"兵曹从事受前刺史假,逵到官数月,乃还;考竟其二千石以下阿纵不如法者,皆举奏免之。帝曰:"逵真刺史矣。"布告天下,当以豫州为法。赐爵关内侯。

州南与吴接,逵明斥候,缮甲兵,为守战之备,贼不敢犯。外修军旅,内治民事,遏鄢、汝,造新陂,又断山溜长溪水,造小弋阳陂,又通运渠二百余里,所谓贾侯渠者也。黄初中,与诸将并征吴,破吕范于洞浦,进封阳里亭侯,加建威将军。明帝即位,增邑二百户,并前四百户。时孙权在东关,当豫州南,去江四百余里。每出兵为寇,辄西从江夏,东从卢江。国家征伐,亦由淮、沔。是时州军在项,汝南、弋阳诸郡,守境而已。权无北方之虞,东西有急,并军相救,故常少败。逵以为宜开直道临江,若权自守,则二方无救;若二方无救,则东关可取。乃移屯潦口,陈攻取之计,帝善之。

吴将张婴、王崇率众降。太和二年，帝使逵督前将军满宠、东莞太守胡质等四军，从西阳直向东关，曹休从皖，司马宣王从江陵。逵至五将山，休更表贼有请降者，求深入应之。诏宣王驻军，逵东与休合进。逵度贼无东关之备，必并军于皖；休深入与贼战，必败。乃部署诸将，水陆并进，行二百里，得生贼，言休战败，权遣兵断夹石。诸将不知所出，或欲待后军。逵曰："休兵败于外，路绝于内，进不能战，退不得还，安危之机，不及终日。贼以军无后继，故至此；今疾进，出其不意，此所谓先人以夺其心也，贼见吾兵必走。若待后军，贼已断险，兵虽多何益！"乃兼道进军，多设旗鼓为疑兵，贼见逵军，遂退。逵据夹石，以兵粮给休，休军乃振。初，逵与休不善。黄初中，文帝欲假逵节，休曰："逵性刚，素侮易诸将，不可为督。"帝乃止。及夹石之败，微逵，休军几无救也。

会病笃，谓左右曰："受国厚恩，恨不斩孙权以下见先帝。丧事一不得有所修作。"薨，谥曰肃侯。子充嗣。豫州吏民追思之，为刻石立祠。青龙中，帝东征，乘辇入逵祠，诏曰："昨过项，见贾逵碑像，念之怆然。古人有言，患名之不立，不患年之不长。逵存有忠勋，没而见思，可谓死而不朽者矣。其布告天下，以劝将来。"充，咸熙中为中护军。

评曰：自汉季以来，刺史总统诸郡，赋政于外，非若曩时司察之而已。太祖创基，迄终魏业，此皆其流称誉有名实者也。咸精达事机，威恩兼著，故能肃齐万里，见述于后也。

【译文】

刘馥字元颖，是沛郡相县人，因为避乱来到扬州。建安初年，他前去劝说袁术部将戚寄、秦翊，使他们率部众和自己一同投奔曹操。曹操对他很赏识，从司徒府召为掾吏。后来，孙策设置的庐江太守李述引兵攻打扬州，杀死扬州刺史严象。庐江的梅乾、雷绪、陈兰等人聚集起几万人马，于江淮一带劫掠，州县因此残破不堪。当时曹操与袁绍相持，无暇顾此，便将管理东南政事交付刘馥，上表朝廷任命刘馥为扬州刺史。

刘馥受命以后，独自一个人来到合肥，设立州治。又安抚雷绪等人，使他们都得到安顿，贡献来的物品接连不断。几年内，刘馥大力推行仁惠教化，众百姓都欢迎他的政令，原来，离乡在外数以万计的人也都翻山过江来归顺他。刘馥又聚集儒士，设立学校，扩大屯田，发动民众治理芍陂以及茄陂、七门、吴塘等许多拦水的堤坝，以灌溉农田，使官吏和民众的生活都有改善。刘馥又动员民众修建高墙以加强防守的能力。又囤积了许多木材石料，用茅草编织了几千万张苫盖，增加几千斛的粮食储备，作为战时防守的用品。

建安十三年，刘馥去世。孙权率领十万大军围攻合肥长达一百多天。当时连降大雨，城墙都要坍塌了。士兵和百姓用草苫蓑席紧密覆盖，夜间点燃鱼脂灯照亮城外，以观察敌方的动向并及时采取防御措施。吴军终因损失严重无功而返。扬州的官吏、百姓对刘馥更加怀念，认为刘馥的守御策略比春秋时期守晋国的董安还要出色。他所倡导和带领兴修的水利设施，至今还在发挥作用。

刘馥的儿子叫刘靖，黄初年间他从黄门侍郎升迁到庐江太守，文帝下诏说："您的父亲曾经在那里任刺史，现在您又去那里任郡守，这个重任你可以担当得起。"又转任河内太守，升迁为尚书，赐爵关内侯，出任河南尹。散骑常侍应璩给刘靖写信说："您入朝任尚书，出朝任河南尹。您长年累月为朝廷出力使百姓富足。屏障修得高大险峻，绝了盗贼偷盗的念头；分别种植五谷，远离了水旱之灾；农具齐备，不误农时；养蚕种麦有备用的草席，不被雨水冲淋；公函上加好封缄，限期送达；鳏寡孤独，都得到赈济；执法公正，对朝廷的指派，从不拖欠。凡此种种，即使是赵广汉、张昌、王尊、王章、王骏等人也不能和您相比。"刘靖的政绩就是这样。开始时看好像有些细碎烦琐，但是最终看到的是百姓满意，有父亲刘馥的遗风。因为母亲去世离职，后来任大司农卫尉，晋封广陆亭侯，封邑三百户。刘靖上书阐述儒家教育的根本，说："学习，是对治乱有影响的规范，是圣人最重要的教诲。自黄初以来，设立太学已二十多年了，却很少有成就。究其原因就在于博士的选择标准低下，儒生是为逃避徭役而来就读，高门大族的子弟，瞧不起太学生，所以，不愿意到太学学习。使得太学名存实亡。应该用高标准来选择可为人师表的博士，教导官僚子弟，让二千石以上官员十五岁的子孙入太学学习。明确奖惩制度，对通晓经典、修养良好的，就进用他们以推崇美德；对荒废教育和学业的，则贬退他们以惩罚恶行。这样，就可抑制住浮华不实、结党营私的风气。以弘扬儒家教化，来安抚还没有归附的人，天下人都承蒙教化，自然前来归顺，这是大治的根本。"后来，刘靖升迁做了镇北将军，假节、督河北诸军事。刘靖认为"国家要平安，只有守卫边防屯兵，让汉族和少数民族分开”。于是，开拓边防，在险要的地方屯兵。又修整扩大戾陵渠的大堰，引水灌溉蓟县南北的农田，可以种植三茬稻谷，边疆百姓受益。嘉平六年，刘靖去世，朝廷追赠他为征北将军，晋封建成乡侯，加谥号为景侯。儿子刘熙承袭了爵位。

司马朗字伯达，是河内温县人。九岁的时候，有人直呼他父亲的名字，司马朗说：“轻慢别人父母的人，就是不尊敬他自己的父母。”宾客惊讶地向他道歉。十二岁时，司马朗考试经学成为童子郎，监考的人见司马朗身材高大，怀疑他隐瞒了实际年龄，就责问他。司马朗说：“我家族历代人都长得身高体体壮，我虽年幼，却没有向上攀附的习气，少报年龄而求得早有成就，我绝不做这样的事情。”监考的人都认为他很奇特。后来关东兵马起事，原冀州刺史李邵家住在野王，害怕有危险，打算迁居到温县。司马朗就对李邵说：“唇齿相依的比喻，并不是只是指虞国和虢国，温县与野王也是这样。现在您离开那里住到温县，只是躲开了早晨灭亡的期限。郡国百姓都寄希望于您，如今敌寇还没到来您就先迁移家眷，必然引起环山而居的各县百姓的骚乱，这样的结果是动摇了民心，我为郡内的安危担心。”李邵不听劝告。沿山而居的百姓果然慌乱，纷纷向内地迁徙，有的人还趁乱抢劫。

这个时候董卓强迫皇帝迁都长安，自己却留在都城洛阳。司马朗的父亲司马防官居治书御史，理应随皇帝同往长安，由于到处混乱，就让司马朗带家眷先回家乡。于是，有人举报司马朗要逃跑，抓他去见董卓。董卓说：“你和我死去的儿子同岁，可是却辜负了我。”司马朗回答说：“明公望重，在这混乱时期，为国除凶，招纳贤士，真可说是处心积虑，使国家得到治理。您的威德因此更高，功勋也因此更加卓著。但是，战乱越来越重，各州郡人心惶惶，京城内的百姓也都抛弃居室产业而流亡藏匿。尽管四城设卡，用杀戮惩罚逃亡的人，还是禁止不住百姓的逃离。这就是我要回家乡的原因，希望明公洞察，稍加深思，那样您的荣誉功名就会与日月同辉。那么，您的功绩即使尹伊、周公也难以相比。”董卓说：“我也想到了这些，你的话很对。”

司马朗知道董卓一定会灭亡，恐怕被董卓羁留，于是就散发财物来贿赂董卓手下有权力的官吏，希望请求回到家乡。司马朗回到家乡后，对父老说：“董卓大逆不道，被天下人所仇恨，这正是忠臣义士奋起立功的时候。河内郡与京城连壤接境，洛阳的东面有成皋县，北面有黄河，天下征讨董卓的各路军队如果进展不利，势必会停留在这里。这是一个四分五裂的战争之地，很难自保安全，不如趁着现在路还畅通，把整个宗族东迁到黎阳县。黎阳县有营兵，赵威孙是同乡，又和本乡有姻亲关系，现在任营兵的长官，统率兵马，足以成为乡邻的主人。今后如果形势有什么变化，到那里慢慢地观察也不算晚。”父老们依恋旧土，没有人跟随司马朗去，只有同县人赵咨带领家属与司马朗一起前往黎阳。几个月以后，关东各州郡纷纷起兵，多达几十万，全都集中在荥阳和河内。不能统一，放纵士兵抢掠百姓，百姓死了将近一半。过了很久以后，关东兵才四散而去，太祖与吕布在濮阳相持，司马朗才率领家人回到温县。当时发生了大饥荒，人吃人，司马朗收养抚恤宗族，教育自己的弟弟们，没有因为世道衰败而放弃了学业。

二十二岁的时候，曹操任命他为司空掾属，又转任他为成皋县令，因为生病离职，后又任堂阳县长。他为官宽厚仁慈，从不用鞭杖等刑罚，百姓也极少有犯法的。此前，成皋县民有迁徙到京城的，后来，县里受到朝廷指派制造战船，迁徙的老百姓怕司马朗不能如期完成，便又返回来帮助造船，司马朗就是这样被百姓爱戴。后改任元城县令，又升迁为丞相主簿。司马朗认为，天下之所以分崩离析，是由于五等爵制度被废除以后，各郡国没有做好打仗准备的缘故。虽然五等爵制度不可能再实行，但可以让州郡都设立军队，以防备入侵者，并威慑那些图谋不轨的人；还应该恢复井田制度。以往百姓几乎都有自己世代相承的土地，不可能收为国有，所以没有实行井田制度。天下大乱以后，百姓四处逃散，土地无人经管，都成为公田，应该趁这个机会恢复井田制。他的建议虽然没有完全实行，但州郡领兵制度，却是司马朗的本意。又迁为兖州刺史，教化得到全面推行，百姓们都称赞他。虽然身在军旅，却粗食布衣，很是俭朴。他很喜欢评价人物优劣的典籍，同乡人李觌等人很有名声，司马朗常公开批评他们的行为。后来李觌等人身败，人们都佩服司马朗的见识。钟繇、王粲写文章认为：“非圣人不足使天下太平。”司马朗说“伊尹、颜渊等不是圣人，但是如果连续几代出现这样的人，天下也会太平”。建安二十二年，与夏侯惇、臧霸等人一起征讨孙吴。到居巢县时，发生了传染病，司马朗亲自巡视军营，给兵士送药。不幸染上疾病去世，时年四十七岁。遗命给自己穿布衣带头巾装殓，兖州百姓都怀念他。明帝即位以后，封司马朗的儿子司马遗为昌武亭侯，封邑一百户。司马朗的弟弟司马孚又把自己的儿子司马望过继给司马朗。司马遗去世，司马望的儿子司马洪承袭爵位。

当初和司马朗一起迁徙到黎阳的同县人赵咨，官做到太常，是个很杰出的人才。

梁习字子虞，是陈郡柘县人，任过郡国主簿。曹操担任司空时，征召为漳县长，又担任乘氏、海西、下邳县令，所在之处皆有善名。后入朝任西曹令史，升迁西曹属。建安十一年，并州刚刚归附，梁习以别部司马的身份兼任并州刺史。当时，因高幹作乱的影响，南匈奴部落就在并州边界劫掠民财，官吏百姓有的逃跑加入到匈奴部落。州中豪强也组织兵马，危害乡里，和官府对抗。梁习到任以后，以劝谕、招抚的策略，对于那些豪强大户都以礼召请，并稍加荐举，让他们进入幕府担任官职。豪强大户得到安置以后，又征发他们的部下，随大军出征，并请求统兵将领让他们充当勇士。官吏和兵士走后，梁习又把他们的家眷迁往邺县，达好几万人。对那些抗命不遵的，梁习派兵讨伐，杀死一千多人，上万人归顺。南匈奴单于恭敬地服从了梁习，各部落酋长民众也都听从梁习的调拨，和入籍百姓一样。边境自此清平，百姓都安于故土。梁习经常鼓励农桑，令行禁止。州里的儒生、名士经梁习推荐，都得到朝廷的任用，事记载《常林传》。曹操赐梁习关大侯，正式任命他为并州刺史。州中父老称颂梁习的行为，认为，从来没有哪一任刺史能够赶得上梁习。建安十八年，并州并属冀州，任命梁习为议郎、西部都督从事，总揽冀州事务，统领原来的部下。又出使上党，督运高大木材供修建邺城宫殿。梁习上表请求设置两名屯田都尉，带了六百个民夫，在大道边种植粮食，来满足来往人畜的需要。后来，单于入朝称臣，西北边境没有了忧患，都是梁习的功劳。曹丕即位，重新设置并州，梁习又担任刺史，晋封申门亭侯，食邑百户。他治理的地方总是全国最好的。太和二年，担任大司农。梁习在并州任刺史二十多年，生活十分简朴，家里没有一点当地的珍贵财物，魏明帝感觉很诧异，对他很尊重，赏赐优厚。太和四年，梁习逝世，儿子梁施承袭爵位。

当初，济阴人王思和梁习一同担任西曹令史。一次，王思上报西曹公务，却遗漏了曹操的指示。曹操很生气，命令把主事的人叫来，施予重刑。当时王思外出还没走远，梁习替他前往应对，被拘入狱。王思听说以后飞马赶回，向曹操陈述事情的经过，认为自己才该处死。曹操感叹梁习不为自己申辩一句，而王思又非常明理，就说：“没想到在我的军中还有这样两个操行高尚的人！”后来，两个人同时被升为刺史，王思兼领豫州。王思也是个能干的官吏，但是他办事苛求细节，忽视重点，为官至九卿，封为列侯。

张既字德容，是冯翊郡高陵县人。十六岁的时候任郡小吏。后来才被重用，推举为孝廉，但是没去京城。曹操任司空，征召他，他也没去；举茂才，任新丰县令，治绩为三辅第一。袁尚在黎阳与曹操对抗，派遣所任命的河东太守郭援、并州刺史高幹以及匈奴单于攻取平阳县，又向西与关中联合。司隶校尉钟繇派张既劝说马腾等人，马腾听从了张既的话，派马超率兵马一万多人，和钟繇共同进击高幹、郭援，大破其军，斩杀了郭援，高幹与单于投降。后来，高幹又在并州反叛。河内郡人张晟所率领的一万多人不归附任何人，在崤山、渑县一带抢掠，河东人卫固、弘农人张琰各自起兵响应他。曹操任命张既为议郎，参钟繇军事，派他入关中征召马腾合击张晟等人，打败并斩杀了张琰、卫固，只有高幹逃往荆州。朝廷封张既为武始亭侯。曹操要征讨荆州，而马腾仍然占据关中。曹操又派张既去劝说马腾等人，放弃兵马入朝任职。马腾答应了，之后又犹豫起来。张既害怕他改变主意，便给沿途各县发下文书，催促他们准备犒劳马腾，并出城迎接。马腾不得已，就东行入京。曹操上表任马腾卫尉，马超为将军统率马腾的部众。后来马超反叛，张既跟随曹操在华阴打败马超，平定了关中。朝廷任张既为京兆尹。张既安抚流民，恢复秩序，百姓都感怀于他。魏国建立以后，张既任尚书，又出为雍州刺史。曹操对张既说：“您到家乡所在的州任职，可说是衣锦还乡了。”后随曹操讨伐张鲁，又率军入散关讨伐叛变的氐人，收获麦子供给军用。张鲁投降，张既劝曹操迁徙汉中数万户百姓补充长安以及三辅地区。其后与曹洪在下辩打败吴兰，又和夏侯渊讨伐宋建，攻打临洮、狄道等县，平定了那里。当时，由于迁徙百姓，陇西、天水、南安等郡的百姓惶恐不安。张既给这三个郡在军中担任将吏的人放假，让他们修建房屋，制作水碓，民心才安定下来。曹操准备撤回驻守汉中的兵马，又怕刘备乘机进攻武都氐人，进逼关中，问张既怎么办。张既说：“可以劝说武都的氐人北上以避贼寇，先到的人厚加赏赐，先到者得到好处，后面的人一定会效法他们。”曹操采纳了张既的建议，亲到汉中撤出各军。张既到武都，迁徙那里的氐人五万多户居扶风、天水境内。

当时，武威郡人颜俊、张掖郡人和鸾、酒泉郡人黄华、西平郡人麴演等人都据郡反叛，自称为将军，又互相攻击。颜俊派遣使臣把母亲和儿子送到太祖那里为人质，请求帮助。太祖问张既，张既说："颜俊等人对外凭借国家的权威，内心却傲慢不顺，计划周全、势力壮大以后，就会反叛。如今我们正在从事平定蜀地，应当让颜俊及其对手都存在，相互斗杀，就像卞庄子杀虎，坐等颜俊及其对手毙命。"太祖说："对。"一年多以后，和鸾便杀颜俊，武威人王秘又杀了和鸾。当时没有设置凉州，从三辅地区到西域，全都隶属雍州。文帝继魏王位时，开始设置凉州，以安定郡太守邹岐为凉州刺史。张掖郡人张进抓住郡守，起兵抗拒邹岐，黄华、麴演也各自驱逐旧太守，起兵响应张进。张既进兵，作为护羌校尉苏则的声援，所以苏则才能够进击张进立功。张既被晋爵都乡侯。凉州卢水胡人伊健妓妾、治元多等反叛，河西地区被严重扰乱。文帝对此非常担心，说："除了张既没有人能安定凉州。"便召回邹岐，让张既代替。文帝下诏说："过去贾复请求进击郾县敌人，光武帝笑着说：'执金吾进击郾县，我还有什么可担心的？'卿谋略过人，现在正是施展的时候。可以见机行事采取行动，不需要事先请示。"又派遣护军夏侯儒、将军费曜等领兵作为后续部队。张既到金城以后，准备渡过黄河，诸位将领们认为"兵少道险，不可深入"。张既说："道路虽然险要，但是并不像井陉口那样狭隘，夷人、狄人是一群乌合之众，并没有像李左车那样的计谋。如今武威危急，应该急速前往。"于是就渡过黄河。敌人有七千多骑兵在鹯阴口迎战张既军，张既公开说从鹯阴县进军，却悄悄地从且次县出兵到武威。胡人以为是神兵天降，退回到显美县。张既占领武威以后，费曜才到达，而夏侯儒等还没到。张既慰劳赏赐将士，准备进军打击胡人。诸将都说："士兵已经疲倦，敌人士气正旺，很难和敌人一争高下。"张既说："如今我军没有现成的军粮，应当用敌人的物资自给。如果敌人发现我们合兵，退进深山，到那个时候，我们追击则道路险要，士兵饥饿，撤军则敌人又出来抢掠。如果这样，战事就没办法结束，正如人们所说的，一旦放跑了敌人，就会危及几代'。"于是进军到显美县。胡人数千骑兵，趁大风想放火焚烧军营，张既军中的将士全部都很恐慌。张既深夜埋伏三千精兵，派参军成公英督一千多骑兵挑战，让成公英假装败退。胡人果然争着追击，魏军的伏兵出来截断了胡人的后路，两头夹击，大破敌军，斩杀生擒敌人数以万计。文帝特别高兴，下诏说："卿此番过黄河，历险境，以劳击逸，以寡胜众，功劳超过了南仲，辛勤超过了伊吉甫。这个功劳不仅仅是打败了卢水胡人，而且在于使河右地区永远安宁，让我长久不用担心西面的局势了。”改封张既为西乡侯，增加封邑二百户，加上前面所封共四百户。

酒泉人苏衡叛变，与羌族首领邻戴以及丁零胡人一万多骑兵攻打邻县。张既和夏侯儒出兵打败了他们，苏衡和邻戴等全都投降。张既上书请求和夏侯儒共同修复左城，设置烽侯、仓库，以防止再受侵袭。西羌人害怕了，率领二万多户前来投降。后来西平郡人麹光等杀害郡守，众将想攻击他，张既说：“只有麹光等人造反，百姓未必都和他一样。如果轻易出兵，必然会使他们反感，说朝廷不分孰是孰非，迫使他们联合，这是为虎添翼呀。麹光等想以羌人为援，我们就让羌人去进攻他，允以重赏，所俘获的人也都送给他们。内外夹击，破坏他们的联合，便可不战而使那里平定。”于是，发布檄文告谕羌人，原谅被麹光所蛊惑的，把敌统帅首级送来的给予封赏。手下人斩杀麹光送来首级，其余的全都安居不动。

张既统治雍、凉十多年，凭借治政宽厚仁德而为人称颂。他按照礼制调用的扶风人庞延、天水人杨阜、安定人胡遵、酒泉人庞淯、燉煌人张恭和周生烈等人，都得到名号和地位。黄初四年张既去世。诏书说：“过去荀桓子在翟土建立功勋，晋侯周拥有一千户的城邑赏赐他；冯异为汉朝尽力，光武帝加封他的两个儿子。原凉州刺史张既，宽待百姓，养育民众，使众羌安心本土，可以称得上是国之良臣。他不幸去世，朕备感伤心，赐予他的小儿子张翁归关内侯爵位。”曹叡即位以后，又追加谥号为肃侯。张既的儿子张缉承嗣。

张缉从中书郎渐升为东莞太守。嘉平年间，他的女儿被封为皇后，曹叡召他入朝封任光禄大夫，封特进，封他的妻子为安城乡君。后来张缉和中书令李丰共同谋反被杀。事情记载在《夏侯玄传》中。

温恢字曼基，是太原祁县人。他的父亲温恕，曾任涿郡太守，去世。温恢十五岁的时候，扶柩回乡，发现家里积蓄了不少资财。温恢说：“世道正乱，要这么多家财有什么用？”他便散尽家财救济本族的人。州里认为他的做法高尚，把他与西汉郇越相比。后来温恢被举为孝廉，前后担任廪丘县长，鄢陵、广川县令，彭城、鲁国的国相，所在都有好评。入朝任丞相主簿，继而又出任扬州刺史。曹操对他说：“我很想留您在身边，但是扬州事重。《尚书》说‘股肱臣良，诸事安宁。’让蒋济任治中辅助您吧。”当时蒋济是丹阳太守。于是派遣蒋济返回扬州。曹操对张辽、乐进等人说：“扬州刺史温恢通晓兵法，凡事都要和他商议。”

建安二十四年，孙权进攻合肥，各州郡同时派兵屯守边境。温恢对兖州刺史裴潜说：“虽然有敌人，但是不必担忧，现在怕的是征讨南方不利。如今江水暴涨，曹子孝孤军深入，没有远征的准备。关羽勇猛善战，如果乘胜前来，必将给我们带来灾难。”诏书征召裴潜和豫州刺史吕贡等人，裴潜等还没有启程，温恢密告裴潜说：“一定是襄阳危急，应去那里。之所以没有紧急会合其原因就是不想惊动远方的百姓，引起不必要的恐慌。一两天之内一定有秘密书信催促您上路，张辽等人也将被征召。张辽等一向了解曹公的用意，如果他后来被征召而先行到达，您就得到受责罚！”裴潜接受了温恢的意见，留下辎重，轻装出发，果然接到催促令。张辽等不久也被征召，正像温恢事先估计的那样。

曹丕登上皇位，让温恢做了侍中，又出为魏郡太守。几年以后，升迁凉州刺史，持节领护羌校尉。中途病逝，时年四十五岁。文帝下诏说：“温恢乃朝廷栋梁，侍奉先帝，功勋卓著。后来为朕执事，因其忠于王室，故授他以万里之任。可为何天不遂人愿，悲伤啊！”赐温恢的儿子温生关内侯爵位。温生死得早，爵位断绝。

温恢去世后，汝南郡人孟建任凉州刺史，名声颇佳，官至征东将军。

贾逵字梁道，他是河东襄陵人。在他小时候，经常玩设置军队游戏，他的祖父贾习认为他很奇特，说：“你长大以后一定会成为将帅。”便向贾逵口授几万字的兵法。贾逵最早任郡吏，代理绛邑县长。郭援攻打河东，所经过的城邑都被攻克，贾逵却坚守城邑，郭援不能攻下，就召聚单于联合攻城。城快要被攻破的时候，绛邑的父老与郭援约定，不能杀害贾逵。绛邑人逃散后，郭援打算让贾逵做将军，并用武器威胁他，贾逵却一动不动。郭援手下人拉着贾逵让他叩头，贾逵大声呵斥道：“哪有国家县官向敌人叩头的！”郭援非常气恼，要杀死贾逵。绛邑的官吏百姓听说要杀贾逵，都登上城墙大声呼喊说：“你们违背约定杀死县长，我们宁可一同去死！”郭援手下的人都也认为贾逵有气节可嘉，大多替他求情，贾逵才免于一死。当初，贾逵经过皮氏县时说：“攻城略地必先得到人心才算胜利。”到郭援围城急迫的时候，贾逵知道自己难以脱身，就派人暗地出城把印绶送回河东说：“赶快占领皮氏。”郭援兼并绛邑的部众后，又要出兵。贾逵唯恐他抢先攻占皮氏，就用计策迷惑替郭援谋划的人祝奥，郭援因此滞留了七天。郡中人听从了贾逵的话，因此才没有失败。

之后，贾逵被举为茂才，被任命做了渑池县令。高幹发动叛乱，弘农郡的张琰要举兵响应。贾逵不知道张琰的阴谋，去见他。到达以后，听说叛乱已成定局，想回去，又怕被张琰扣留，就替张琰出谋，张琰相信了他。当时渑池县寄治于蠡城，城外的壕堑很不坚固，贾逵向张琰借兵准备修城。贾逵都清楚那些要谋反叛乱的人，所以，贾逵才能够把他们一网打尽。张琰败亡以后，贾逵因为祖父去世离官，后来被司徒征召为掾吏，以议郎身份参与司隶军事。曹操征讨马超，到达弘农郡，说："这里是西行的要冲。"任命贾逵为弘农太守，并和他一起商议国事，曹操十分满意，对左右的人说："如果所有食禄二千石的官吏都能像贾逵这样，我还担忧什么呢？"后来，大军进发，贾逵怀疑屯田都尉藏匿逃亡的百姓，都尉不服管制，又出言不逊。贾逵大怒，把他扣押起来，打折了脚。结果贾逵因罪被免官。但是曹操心里还是喜欢他，召他入京城授予丞相主簿之职。曹操征讨刘备，先派遣贾逵去斜谷观察地形。路遇水衡押解几十车犯人，贾逵认为此时正是用人的时候，就让水衡只把一名重犯押走，其余的全放了。曹操更赏识贾逵，任命他为谏议大夫，与夏侯尚共掌军机。曹操在洛阳逝世，贾逵主管丧事，这时，鄢陵侯曹彰率兵从长安赶来奔丧，问贾逵先王印绶存放的地方。贾逵严肃地说："太子在邺县，国家已经有了储君，先王的玺绶，不是您应当问的。"于是护送曹操灵柩回到邺县。

曹丕登上皇位后，认为邺县有几万户百姓在京城，有很多不遵守法度的人，就让贾逵任做了邺县县令。一个多月后，又晋升他做了魏郡太守。兵马出征时，又任丞相主簿祭酒。贾逵因受他人牵连而有罪，曹丕说："叔向尚且传到十代还得到宽宥，何况贾逵的功业和德行就在他自己身上呢？"贾逵随曹丕到达黎阳，很多想要渡河的人混乱地争抢船只，贾逵杀了那些人，这才恢复了秩序。到谯县，曹丕任命贾逵为豫州刺史。此时天下刚定，多数州郡法纪不严。贾逵说："设置州府本来是要任用御史来监察各部的，按照六条诏书的规定督察二千石以下的官员，但是他们上报的时候都是说州官严厉有御史的才能，从不说有仁爱平和的美德。由于官吏们不遵法令，所以盗贼才肆无忌惮，州里知情却不管束，天下人又怎么知道什么才是正确的行为标准呢？"兵曹从事由从前的刺史批准休假，贾逵到任几个月以后他才回来。贾逵追究那些二千石以下徇私枉法的人，把他们一一列罪弹劾，奏请免掉他们的官职。曹丕说：“贾逵是真正的刺史。”于是布告天下人，应该以豫州作为标准行事。贾逵赐爵关内侯。

豫州的南边与东吴相接，贾逵放出探马，制造军械，做好防御和进攻的准备，东吴一直不敢进犯。贾逵一方面休整兵马，一方面治理民事，阻截了鄢水和汝水，修建了陂塘，又截断山中的溪流，建造了小弋阳陂，疏通运渠二百多里，也就是后人所说的贾侯渠。黄初年间，贾逵与其他将领一起征伐孙吴，在洞浦打败吕范，晋封阳里亭侯，加建威将军。明帝即位以后，为贾逵增加封邑二百户，加上前面所封共四百户。当时孙权在东关，豫州之南，距离长江四百多里。每次出兵，都是西从江夏，东从庐江进犯。魏国征伐孙吴，也总是从淮、沔两个方向。豫州军在项县汝南、弋阳各郡驻扎，只是守住本境从没有参与出征。孙权没有北面的顾虑，如东西面吃紧，便合军相救，所以很少失败。贾逵认为应开辟一条直通江边的路，如果孙权坐守，东西两边就得不到救援；如果东西两方得不到救援，那么东关就可以攻取。便把豫州兵马移到潦口屯驻，又向明帝陈述攻取孙吴的计策，明帝认为很好。

吴将张婴、王崇率部下向魏国投降。太和二年，明帝让贾逵总督前将军满宠、东莞太守胡质等四路兵马从西阳直向东关进军，曹休从安徽、司马懿从江陵同时进兵征伐吴国。贾逵到达五将山，曹休再次上表说吴军又有请求投降的，要求深入吴境接应。明帝下诏，命令司马懿就地驻扎，贾逵向东同曹休会师共同进发。贾逵料定吴军既已失去了东关，一定会在皖县聚集防守，曹休如果深入敌境，一定会失败。便调遣兵将，水陆齐进，走了二百里，捉到一名俘虏，说曹休打了败仗，孙权派兵截断了夹石。魏军不知道出山的道路，想等待援军的到来。贾逵说：“曹休兵败夹石，退路被断。进不能战，退又退不回来。正是生死存亡的时候，一天都不能等待。敌人认为曹休公然没有后援，所以才如此公然部署。现在我们迅速出击，出其不意，先动于敌必可挫敌锐气。吴军发现我军一定会逃跑。如果等待后面的援军，天险就都被敌人抢占，兵将再多也没用了。”于是，昼夜兼程，并多装旗帜，击鼓而进。吴军发现贾逵的兵马，果然撤走。贾逵占据夹石，送补给曹休，曹休的人马才又振作起来。当初，贾逵与曹休不和。黄初年间，曹丕打算授符节与贾逵，曹休说：“贾逵性情刚烈，轻慢诸将，不能让他担任都督。”文帝于是就打消了原来的想法。

但是夹石之败，要不是贾逵，曹休几乎就要全军覆没了。

贾逵生了大病，他对左右说：“我接受国家的大恩，只恨没有杀死孙权于再见先帝于地下。后事一概从俭，不得铺张。”贾逵去世，谥号肃侯。他的儿子贾充承嗣。豫州的官员和百姓思念贾逵，为他刻碑、立祠堂。青龙年间，曹叡东征路过豫州，乘车进入贾逵祠堂，下诏书说：“昨天路过项县，看见贾逵的石碑、石像，因为思念他而悲痛不已。古人说，恐名声不立，怕年寿不永。贾逵功勋留于王室，死了以后仍然不被人们忘记，称得上是死而不朽的人。现布告天下，以鼓励将来的人们。”贾充，在咸熙年间担任中护军。

评论说：从汉末以来，刺史就成为一州各郡的总管，在地方上具有行政权力，不像过去那样只有监察地方官员的权力。太祖开创基业，一直到曹魏的终结，本卷记述的这些人都有声誉流传而且名实相符。这些人全都能洞察事物的关键，恩威并用，所以能够治理好万里辖域，被后人所称道。

三国志卷十六·魏书十六

任苏杜郑仓传

任峻字伯达，河南中牟人也。汉末扰乱，关东皆震。中牟令杨原愁恐，欲弃官走。峻说原曰："董卓首乱，天下莫不侧目，然而未有先发者，非无其心也，势未敢耳。明府若能唱之，必有和者。"原曰："为之奈何？"峻曰："今关东有十余县，能胜兵者不减万人，若权行河南尹事，总而用之，无不济矣。"原从其计，以峻为主簿。峻乃为原表行尹事，使诸县坚守，遂发兵。会太祖起关东，入中牟界，众不知所从，峻独与同郡张奋议，举郡以归太祖。峻又别收宗族及宾客家兵数百人，愿从太祖。太祖大悦，表峻为骑都尉，妻以从妹，甚见亲信。太祖每征伐，峻常居守以给军。是时岁饥旱，军食不足，羽林监颍川枣祗建置屯田，太祖以峻为典农中郎将，募百姓屯田于许下，得谷百万斛，郡国列置田官，数年中所在积粟，仓廪皆满。官渡之战，太祖使峻典军器粮运。贼数寇钞绝粮道，乃使千乘为一部，十道方行，为复陈以营卫之，贼不敢近。军国之饶，起于枣祗而成于峻。太祖以峻功高，乃表封为都亭侯，邑三百户，迁长水校尉。

峻宽厚有度而见事理，每有所陈，太祖多善之。于饥荒之际，收恤朋友孤遗，中外贫宗，周急继乏，信义见称。建安九年薨，太祖流涕者久之。子先嗣。先薨，无子，国除。文帝追录功臣，谥峻曰成侯。复以峻中子览为关内侯。

苏则字文师，扶风武功人也。少以学行闻，举孝廉茂才，辟公府，皆不就。起家为酒泉太守，转安定、武都，所在有威名。太祖征张鲁，过其郡，见则悦之，使为军导。鲁破，则绥定下辩诸氐，通河西道，徙为金城太守。是时丧乱之后，吏民流散饥穷，户口损耗，则抚循之甚谨。外招怀羌胡，得其牛羊，以养贫老。与民分粮而食，旬月之间，流民皆归，得数千家。乃明为禁令，有干犯者辄戮，其从教者必赏。亲自教民耕种，其岁大丰收，由是归附者日多。李越以陇西反，则率羌胡围越，越即请服。太祖崩，西平麴演叛，称护羌校尉。则勒兵讨之。演恐，乞降。文帝以其功，加则护羌校尉，赐爵关内侯。

后演复结旁郡为乱，张掖张进执太守杜通，酒泉黄华不受太守辛机，进、华皆自称太守以应之。又武威三种胡并寇钞，道路断绝。武威太守毌丘兴告急于则。时雍、凉诸豪皆驱略羌胡以从进等，郡人咸以为进不可当。又将军郝昭、魏平先是各屯守金城，亦受诏不得西度。则乃见郡中大吏及昭等与羌豪帅谋曰："今贼虽盛，然皆新合，或有胁从，未必同心；因衅击之，善恶必离，离而归我，我增而彼损矣。既获益众之实，且有倍气之势，率以进讨，破之必矣。若待大军，旷日持久，善人无归，必合于恶，善恶既合，势难卒离。虽有诏命，违而合权，专之可也。"于是昭等从之，乃发兵救武威，降其三种胡，与兴击进于张掖。演闻之，将步骑三千迎则，辞来助军，而实欲为变。则诱与相见，因斩之，出以徇军，其党皆散走。则遂与诸军围张掖，破之，斩进及其支党，众皆降。演军败，华惧，出所执乞降，河西平。乃还金城。进封都亭侯，邑三百户。

征拜侍中，与董昭同僚。昭尝枕则膝卧，则推下之，曰："苏则之膝，非佞人之枕也。"初，则及临菑侯植闻魏氏代汉，皆发服悲哭，文帝闻植如此，而不闻则也。帝在洛阳，尝从容言曰："吾应天受禅，而闻有哭者，何也？"则谓为见问，须髯悉张，欲正论以对。侍中傅巽则曰："不谓卿也。"于是乃止。文帝问则曰："前破酒泉、张掖，西域通使，燉煌献径寸大珠，可复求市益得不？"则对曰："若陛下化洽中国，德流沙漠，即不求自至，求而得之，不足贵也。"帝默然。后则从行猎，槎桎拔，失鹿，帝大怒，踞胡床拔刀，悉收督吏，将斩之。则稽首曰："臣闻古之圣王不以禽兽害人，今陛下方隆唐尧之化，而以猎戏多杀群吏，愚臣以为不可。敢以死请！"帝曰："卿，直臣也。"遂皆赦之。然以此见惮。黄初四年，左迁东平相。未至，道病薨，谥曰刚侯。子怡嗣。怡薨，无子，弟愉袭封。愉，咸熙中为尚书。

杜畿字伯侯，京兆杜陵人也。少孤，继母苦之，以孝闻。年二十，为郡功曹，守郑县令。县囚系数百人，畿亲临狱，裁其轻重，尽决遣之，虽未悉当，郡中奇其年少而有大意也。举孝廉，除汉中府丞。会天下乱，遂弃官客荆州，建安中乃还。荀彧进之太祖，太祖以畿为司空司直，迁护羌校尉，使持节，领西平太守。

太祖既定河北，而高幹举并州反。时河东太守王邑被征，河东人卫固、范先外以请邑为名，而内实与幹通谋。太祖谓荀彧曰：“关西诸将，恃险与马，征必为乱。张晟寇殽、渑间，南通刘表，固等因之，吾恐其为害深。河东被山带河，四邻多变，当今天下之要地也。君为我举萧何、寇恂以镇之。”彧曰：“杜畿其人也。”于是追拜畿为河东太守。固等使兵数千人绝陕津，畿至不得渡。太祖遣夏侯惇讨之，未至。或谓畿曰：“宜须大兵。”畿曰：“河东有三万户，非皆欲为乱也。今兵迫之急，欲为善者无主，必惧而听于固。固等势专，必以死战。讨之不胜，四邻应之，天下之变未息也；讨之而胜，是残一郡之民也。且固等未显绝王命，外以请故君为名，必不害新君。吾单车直往，出其不意。固为人多计而无断，必伪受吾。吾得居郡一月，以计縻之，足矣。”遂诡道从郖津度。范先欲杀畿以威众。且观畿去就，于门下斩杀主簿已下三十余人，畿举动自若。于是固曰：“杀之无损，徒有恶名；且制之在我。”遂奉之。畿谓卫固、范先曰：“卫、范，河东之望也，吾仰成而已。然君臣有定义，成败同之，大事当共平议。”以固为都督，行丞事，领功曹；将校吏兵三千余人，皆范先督之。固等喜，虽阳事畿，不以为意，固欲大发兵，畿患之，说固曰：“夫欲为非常之事，不可动众心。今大发兵，众必扰，不如徐以赀募兵。”固以为然，从之，遂为赀调发，数十日乃定，诸将贪多应募而少遣兵。又入喻固等曰：“人情顾家，诸将掾史，可分遣休息，急缓召之不难。”固等恶逆众心，又从之。于是善人在外，阴为己援；恶人分散，各还其家，则众离矣。会白骑攻东垣，高幹入濩泽，上党诸县杀长吏，弘农执郡守，固等密调兵未至。畿知诸县附已，因出，单将数十骑，赴张辟拒守，吏民多举城助畿者，比数十日，得四千余人，固等与幹、晟共攻畿，不下，略诸县，无所得。会大兵至，幹、晟败，固等伏诛，其余党与皆赦之，使复其居业。

是时天下郡县皆残破，河东最先定，少耗减。畿治之，崇宽惠，与民无为。民尝辞讼，有相告者，畿亲见为陈大义，遣令归谛思之，若意有所不尽，更来诣府。乡邑父老自相责怒曰：“有君如此，奈何不从其教？”自是少有辞讼。班下属县，举孝子、贞妇、顺孙，复其繇役，随时慰勉之。渐课民畜牸牛、草马，下逮鸡豚犬豕，皆有章程。百姓勤农，家家丰实。畿乃曰：“民富矣，不可不教也。”于是冬月修戎讲武，又开学宫，亲自执经教授，郡中化之。

韩遂、马超之叛也，弘农、冯翊多举县邑以应之。河东虽与贼接，民无异心。太祖西征至蒲阪，与贼夹渭为军，军食一仰河东。及贼破，余畜二十余万斛。太祖下令曰："河东太守杜畿，孔子所谓'禹，吾无间然矣'。增秩中二千石。"太祖征汉中，遣五千人运，运者自率勉曰："人生有一死，不可负我府君。"终无一人逃亡，其得人心如此。魏国既建，以畿为尚书。事平，更有令曰："昔萧何定关中，寇恂平河内，卿有其功，间将授卿以纳言之职；顾念河东吾股肱郡，充实之所，足以制天下，故且烦卿卧镇之。"畿在河东十六年，常为天下最。

文帝即王位，赐爵关内侯，征为尚书。及践阼，进封丰乐亭侯，邑百户，守司隶校尉。帝征吴，以畿为尚书仆射，统留事。其后帝幸许昌，畿复居守。受诏作御楼船，于陶河试船，遇风没。帝为之流涕，诏曰："昔冥勤其官而水死，稷勤百谷而山死。故尚书仆射杜畿，于孟津试船，遂至覆没，忠之至也。朕甚愍焉。"追赠太仆，谥曰戴侯。子恕嗣。

恕字务伯，太和中为散骑黄门侍郎。恕推诚以质，不治饰，少无名誉。及在朝，不结交援，专心向公。每政有得失，常引纲维以正言，于是侍中辛毗等器重之。

时公卿以下大议损益，恕以为"古之刺史，奉宣六条，以清静为名，威风著称，今可勿令领兵，以专民事"。俄而镇北将军吕昭又领冀州，乃上疏曰：

帝王之道，莫尚乎安民；安民之术，在于丰财。丰财者，务本而节用也。方今二贼未灭，戎车亟驾，此自熊虎之士展力之秋也。然缙绅之儒，横加荣慕，扼腕抗论，以孙、吴为首，州郡牧守，咸共忽恤民之术，修将率之事。农桑之民，竞干戈之业，不可谓务本。帑藏岁虚而制度岁广，民力岁衰而赋役岁兴，不可谓节用。今大魏奄有十二州之地，而承丧乱之弊，计其户口不如往昔一州之民，然而二方僭逆，北虏未宾，三边遘难，绕天略帀；所以统一州之民，经营九州之地，其为艰难，譬策羸马以取道里，岂可不加意爱惜其力哉？以武皇帝之节俭，府藏充实，犹不能十州拥兵；郡且二十也。今荆、扬、青、徐、幽、并、雍、凉缘边诸州皆有兵矣，其所恃内充府库外制四夷者，惟兖、豫、司、冀而已。臣前以州郡典兵，则专心军功，不勤民事，宜别置将守，以尽治理之务；而陛下复以冀州宠秩吕昭。冀州户口最多，田多垦辟，又有桑枣之饶，国家征求之府，诚不当复任以兵事也。若以北方当须镇守，自可专置大将以镇安之。计所置吏士之费，与兼官无异。然昭于人才尚复易；中朝苟乏人，兼才者势不独多。以此推之，知国家以人择官，不为官择人也。官得其人，则政平讼理；政平故民富实，讼理故囹圄空虚。陛下践阼，天下断狱百数十人，岁岁增多，至五百余人矣。民不益多，法不益峻。以此推之，非政教陵迟，牧守不称之明效欤？往年牛死，通率天下十能损二；麦不半收，秋种未下。若二贼游魂于疆埸，飞刍挽粟，千里不及。究此之术，岂在强兵乎？武士劲卒愈多，愈多愈病耳。夫天下犹人之体，腹心充实，四支虽病，终无大患；今兖、豫、司、冀亦天下之腹心也。是以愚臣偻偻，实愿四州之牧守，独修务本之业，以堪四支之重。然孤论难持，犯欲难成，众怨难积，疑似难分，故累载不为明主所察。凡言此者，类皆疏贱；疏贱之言，实未易听。若使善策必出于亲贵，亲贵固不犯四难以求忠爱，此古今之所常患也。

时又大议考课之制，以考内外众官。恕以为用不尽其人，虽才且无益，所存非所务，所务非世要。上疏曰：

《书》称"明试以功，三考黜陟"，诚帝王之盛制。使有能者当其官，有功者受其禄，譬犹乌获之举千钧，良、乐之选骥足也。虽历六代而考绩之法不著，关七圣而课试之文不垂。臣诚以为其法可粗依，其详难备举故也。语曰："世有乱人而无乱法。"若使法可专任，则唐、虞可不须稷、契之佐，殷、周无贵伊、吕之辅矣。今奏考功者，陈周、汉之法为，缀京房之本旨，可谓明考课之要矣。于以崇揖让之风，兴济济之治，臣以为未尽善也。其欲使州郡考士，必由四科，皆有事效，然后察举，试辟公府，为亲民长吏，转以功次补郡守者，或就增秩赐爵，此最考课之急务也。臣以为便当显其身，用其言，使具为课州郡之法，法具施行，立必信之赏，施必行之罚。至于公卿及内职大臣，亦当俱以其职考课之也。

古之三公，坐而论道，内职大臣，纳言补阙，无善不纪，无过不举。且天下至大，万机至众，诚非一明所能遍照。故君为元首，臣作股肱，明其一体相须而成也。是以古人称廊庙之材，非一木之支；帝王之业，非一士之略。由是言之，焉有大臣守职辨课可以致雍熙者哉！且布衣之交，犹有务信誓而蹈水火，感知己而披肝胆，徇声名而立节义者；况于束带立朝，致位卿相，所务者非特匹夫之信，所感者非徒知己之惠，所徇者岂声名而已乎！

诸蒙宠禄受重任者，不徒欲举明主于唐、虞之上而已；身亦欲厕稷、契之列。是以古人不患于念治之心不尽，患于自任之意不足，此诚人主

《东周列国志》版画之商鞅像。商鞅复姓公孙，名鞅，战国时期法学家。在秦国实行变法，被秦王封于商地，故又称商鞅、商君。

使之然也。唐、虞之君，委任稷、契、夔、龙而责成功，及其罪也，殛鲧而放四凶。今大臣亲奉明诏，给事目下，其有夙夜在公，恪勤特立，当官不挠贵势，执平不阿所私，危言危行以处朝廷者，自明主所察也。若尸禄以为高，拱默以为智，当官苟在于免负，立朝不忘于容身，洁行逊言以处朝廷者，亦明主所察也。诚使容身保位，无放退之辜，而尽节在公，抱见疑之势，公义不修而私议成俗，虽仲尼为谋，犹不能尽一才，又况于世俗之人乎！今之学者，师商、韩而上法术，竟以儒家为迂阔，不周世用，此最风俗之流弊，创业者之所致慎也。

后考课竟不行。

乐安廉昭以才能拔擢，颇好言事。恕上疏极谏曰：

伏见尚书郎廉昭奏左丞曹璠以罚当关不依诏，坐判问。又云“诸当坐者别奏”。尚书令陈矫自奏不敢辞罚，亦不敢以处重为恭，意至恳恻。臣窃悯然为朝廷惜之！夫圣人不择世而兴，不易民而治，然而生必有贤智之佐者，盖进之以道，率之以礼故也。古之帝王之所以能辅世长民者，莫不远得百姓之欢心，近尽群臣之智力。诚使今朝任职之臣皆天下之选，而不能尽其力，不可谓能使人；若非天下之选，亦不可谓能官人。陛下忧劳万机，或亲灯火，而庶事不康，刑禁日弛，岂非股肱不称之明效欤？原其所由，非独臣有不尽忠，亦主有不能使。百里奚愚于虞而智于秦，豫让苟容中行而著节智伯，斯则古人之明验矣。今臣言一朝皆不忠，是诬一朝也；然其事类，可推而得。陛下感帑藏之不充实，而军事未息，至乃断四时之赋衣，薄御府之私谷，帅由圣意，举朝称明，与闻政事密勿大臣，宁有恳恳忧此者乎？

骑都尉王才，幸乐人孟思所为不法，振动京都，而其罪状发于小吏，公卿大臣初无一言。自陛下践阼以来，司隶校尉、御史中丞宁有举纲维以督奸宄，使朝廷肃然者邪？若陛下以为今世无良才，朝廷乏贤佐，岂可追望稷、契之遐踪，坐待来世之俊乂乎！今之所谓贤者，尽有大官而享厚禄矣，然而奉上之节未立，向公之心不一者，委任之责不专，而俗多忌讳故也。臣以为忠臣不必亲，亲臣不必忠。何者？以其居无嫌之地而事得自尽也。今有疏者毁人不实其所毁，而必曰私报所憎，誉人不实其所誉，而必曰私爱所亲，左右或因之以进憎爱之说。非独毁誉有之，政事损益，亦皆有嫌。陛下当思所以阐广朝臣之心，笃厉有道之节，使之自同古人，望与竹帛耳。反使如廉昭者扰乱其间，臣惧大臣遂将容身保位，坐观得失，为来世戒也！

昔周公戒鲁侯曰“无使大臣怨乎不以”，不言贤愚，明皆当世用也。尧数舜之功，称去四凶，不言大小，有罪则去也。今者朝臣不自以为不能，以陛下为不任也；不自以为不智，以陛下为不问也。陛下何不遵周公之所以用，大舜之所以去？使侍中、尚书坐则侍帷幄，行则从华辇，亲对诏问，所陈必达，则群臣之行，能否皆可得而知；忠能者进，暗劣者退，谁敢依违而不自尽？以陛下之圣明，亲与群臣论议政事，使群臣人得自尽，人自以为亲，人思所以报，贤愚能否，在陛下之所用。以此治事，何事不办？以此建功，何功不成？每有军事，诏书常曰：“谁当忧此者邪？吾当自忧耳。”近诏又曰：“忧公忘私者必不然，但先公后私即自办也。”伏读明诏，乃知圣思究尽下情，然亦怪陛下不治其本而忧其末也。人之能否，实有本性，虽臣亦以为朝臣不尽称职也。明主之用人也，使能者不敢遗其力，而不能者不得处非其任。选举非其人，未必为有罪也；举朝共容非其人，乃为怪耳。陛下知其不尽力也，而代之忧其职，知其不能也，而教之治其事，岂徒主劳而臣逸哉？虽圣贤并世，终不能以此为治也。

陛下又患台阁禁令之不密，人事请属之不绝，听伊尹作迎客出入之制，选司徒更恶吏以守寺门，威禁由之，实未得为禁之本也。昔汉安帝时，少府窦嘉辟廷尉郭躬无罪之兄子，犹见举奏，章劾纷纷。近司隶校尉孔羡辟大将军狂悖之弟，而有司嘿尔，望风希指，甚于受属。选举不以实，人事之大者也。嘉有亲戚之宠，躬非社稷重臣，犹尚如此；以今况古，陛下自不督必行之罚以绝阿党之原耳。伊尹之制，与恶吏守门，非治世之具也。使臣之言少蒙察纳，何患于奸不削灭，而养若昭等乎！

夫纠擿奸宄，忠事也，然而世憎小人行之者，以其不顾道理而苟求容进也。若陛下不复考其终始，必以违众忤世为奉公，密行白人为尽节，焉有通人大才而更不能为此邪？诚顾道理而弗为耳。使天下皆背道而趋利，则人主之所最病者，陛下将何乐焉，胡不绝其萌乎！夫先意承旨以求容美，率皆天下浅薄无行义者，其意务在于适人主之心而已，非欲治天下安百姓也。陛下何不试变业而示之，彼岂执其所守以违圣意哉？夫人臣得人主之心，安业也；处尊显之官，荣事也；食千钟之禄，厚实也。人臣虽愚，未有不乐此而喜干迕者也，迫于道，自强耳。诚以为陛下当怜而佑之，少委任焉，如何反录昭等倾侧之意，而忽若人者乎？

今者外有伺隙之寇，内有贫旷之民，陛下当大计天下之损益，政事之得失，诚不可以怠也。

恕在朝八年，其论议亢直，皆此类也。

出为弘农太守，数岁转赵相，以疾去官。起家为河东太守，岁余，迁淮北都督护军，复以疾去。恕所在，务存大体而已，其树惠爱，益得百姓欢心，不及于畿。顷之，拜御史中丞。恕在朝廷，以不得当世之和，故屡在外任。复出为幽州刺史，加建威将军，使持节，护乌丸校尉。时征北将军程喜屯蓟，尚书袁侃等戒恕曰："程申伯处先帝之世，倾田国让于青州。足下今俱杖节，使共屯一城，宜深有以待之。"而恕不以为意。至官未期，有鲜卑大人儿，不由关塞，径将数十骑诣州，州斩所从来小子一人，无表言上。喜于是劾奏恕，下廷尉，当死。以父畿勤事水死，免为庶人，徙章武郡，是岁嘉平元年。恕倜傥任意，而思不防患，终致此败。

初，恕从赵郡还，陈留阮武亦从清河太守征，俱自薄廷尉。谓恕曰："相观才性可以由公道而持之不厉，器能可以处大官而求之不顺，才学可以述古今而志之不一，此所谓有其才而无其用。今向闲暇，可试潜思，成一家言。"在章武，遂著《体论》八篇。又著《兴性论》一篇，盖兴于为己也。四年，卒于徙所。

甘露二年，河东乐详年九十余，上书讼畿之遗绩，朝廷感焉。诏封恕子预为丰乐亭侯，邑百户。

恕奏议论驳皆可观，掇其切世大事著于篇。

郑浑字文公，河南开封人也。高祖父众，众父兴，皆为名儒。浑兄泰，与荀攸等谋诛董卓，为扬州刺史，卒。浑将泰小子袤避难淮南，袁术宾礼甚厚。浑知术必败。时华歆为豫章太守，素与泰善，浑乃渡江投歆。太祖闻其笃行，召为掾，复迁下蔡长、邵陵令。天下未定，民皆剽轻，不念产殖；其生子无以相活，率皆不举。浑所在夺其渔猎之具，课使耕桑，又兼开稻田，重去子之法。民初畏罪，后稍丰给，无不举赡；所育男女，多以郑为字。辟为丞相掾属，迁左冯翊。

时梁兴等略吏民五千余家为寇钞，诸县不能御，皆恐惧，寄治郡下。议者悉以为当移就险，浑曰："兴等破散，窜在山阻。虽有随者，率胁从耳。今当广开降路，宣喻恩信。而保险自守，此示弱也。"乃聚敛吏民，治城郭，为守御之备。遂发民逐贼，明赏罚，与要誓，其所得获，十以七赏。百姓大悦，皆愿捕贼，多得妇女、财物。贼之失妻子者，皆还求降。浑责其得他妇女，然后还其妻子，于是转相寇盗，党与离散。又遣吏民有恩信者，分布山谷告喻，出者相继，乃使诸县长吏各还本治以安集之。兴等惧，将余众聚鄜城。太祖使夏侯渊就助郡击之，浑率吏民前登，斩兴及其支党。又贼靳富等，胁将夏阳长、邵陵令并其吏民入硙山，浑复讨击破富等，获二县长吏，将其所略还。及赵青龙者，杀左内史程休，浑闻，遣壮士就枭其首。前后归附四千余家，由是山贼皆平，民安产业。转为上党太守。

太祖征汉中，以浑为京兆尹。浑以百姓新集，为制移居之法，使兼复者与单轻者相伍，温信者与孤老为比，勤稼穑，明禁令，以发奸者。由是民安于农，而盗贼止息。及大军入汉中，运转军粮为最。又遣民田汉中，无逃亡者。太祖益嘉之，复入为丞相掾。文帝即位，为侍御史，加驸马都尉，迁阳平、沛郡二太守。郡界下湿，患水涝，百姓饥乏。浑于萧、相二县界，兴陂遏，开稻田。郡人皆以为不便，浑曰："地势洿下，宜溉灌，终有鱼稻经久之利，此丰民之本也。"遂躬率吏民，兴立功夫，一冬间皆成。比年大收，顷亩岁增，租入倍常，民赖其利，刻石颂之，号曰郑陂。转为山阳、魏郡太守，其治如此。又以郡下百姓，苦乏材木，乃课树榆为篱，并益树五果；榆皆成藩，五果丰实。入魏郡界，村落齐整如一，民得财足用饶。明帝闻之，下诏称述，布告天下。迁将作大匠。浑清素在公，妻子不免于饥寒。及卒，以子崇为郎中。

仓慈字孝仁，淮南人也。始为郡吏。建安中，太祖开募屯田于淮南，以慈为绥集都尉。黄初末，为长安令，清约有方，吏民畏而爱之。太和中，迁燉煌太守。郡在西陲，以丧乱隔绝，旷无太守二十岁，大姓雄张，遂以为俗。前太守尹奉等，循故而已，无所匡革。慈到，抑挫权右，抚恤贫羸，甚得其理。旧大族田地有余，而小民无立锥之土；慈皆随口割赋，稍稍使毕其本直。先是属城狱讼众猥，县不能决，多集治下；慈躬往省阅，料简轻重，自非殊死，但鞭杖遣之，一岁决刑曾不满十人。又常日西域杂胡欲来贡献，而诸豪族多逆断绝；既与贸迁，欺诈侮易，多不得分明。胡常怨望，慈皆劳之，欲诣洛者，为封过所，欲从郡还者，官为平取，辄以府见物与共交市，使吏民护送道路，由是民夷翕然称其德惠。数年卒官，吏民悲感如丧亲戚，图画其形，思其遗像。及西域诸胡闻慈死，悉共会聚于戊己校尉及长吏治下发哀，或有以刀画面，以明血诚，又为立祠，遥共祠之。

自太祖迄于咸熙，魏郡太守陈国吴瓘、清河太守乐安任燠、京兆太守济北颜斐、弘农太守太原令狐邵、济南相鲁国孔乂，或哀矜折狱，或推诚惠爱，或治身清白，或擿奸发伏，咸为良二千石。

评曰：任峻始兴义兵，以归太祖，辟土殖谷，仓庾盈溢，庸绩致矣。苏则威以平乱，既政事之良，又矫矫刚直，风烈足称。杜畿宽猛克济，惠以康民。郑浑、仓慈，恤理有方。抑皆魏代之名守乎！恕屡陈时政，经论治体，盖有可观焉。

【译文】

任峻，字伯达，他是河南尹中牟县人。汉末天下大乱，关东形势动荡不安，中牟县令杨原非常恐惧，打算弃官逃走。任峻劝他说："董卓作乱，天下人都怨恨他，可至今还不见有人起兵讨伐他，您如果站出来号召天下，一定会有人响应。"杨原问："具体应该怎么办呢？"任峻说："关东有十多个县，加起来能聚集上万人马，您以河南尹的名望，把他们集中起来调遣，没有办不成的事。"杨原听从了任峻的计策，任命他为主簿。任峻便替杨原发布自代河南尹的文告，让各县坚守自己的辖地，并且发兵征讨董卓。这个时候曹操也在关东起兵，进入中牟县，许多人不知道该跟着谁，只有任峻与同郡的张奋，率领河南郡的人支持曹操。任峻又召集宗族、门客及家兵几百人，跟随曹操作战。曹操非常高兴，上表请求任命任峻为骑都尉，并且将自己的堂妹嫁给他，对他十分信任。曹操每次出征，经常让任峻在后方组织粮草。由于连年干旱，粮草缺乏，任羽林监的颍川郡人枣祗建议推行屯田制，曹操就任任峻为典农中郎将，招募百姓在许县一带屯田，获百万斛粮食，此后各郡都纷纷效仿，几年间各屯田区的仓库堆满了，储备了粮食。官渡之战，太祖命任峻掌管军械和粮食运输，袁军几次偷袭粮道。任峻便以一千辆粮车为一部，列成十路方队，又布置环形阵式在外层护卫粮车，袁军不敢靠近。军队之所以粮食充足，功劳起于枣祗而成于任峻。因为任峻功高，曹操上表请封他为都亭侯，封邑三百户，又升任长水校尉。

任峻对待他人宽厚有度量，通晓事理，每次提出意见，曹操总是很满意。发生荒灾的年份，他收养抚恤朋友死后留下的妻子儿女，周济贫困的亲戚，人们都称赞他为人义气有信用。建安九年，任峻去世，曹操很长时间悲伤不已。他的儿子任先继承了爵位，任先没有儿子，死后，封地撤销。后来魏文帝追谥任峻为成侯，又赐封任峻的次子任览为关内侯。

苏则，字文师，他是扶风郡武功县人。年轻时就以学问操行闻名乡里，被举荐为孝廉和茂才，三公任命他为下属，他都没有接受。后来出仕，初次做官就担任酒泉郡太守，又调任安定郡、武都郡太守，在他这些地方他都有威严的名声。曹操讨伐张鲁，过苏则辖郡，对他很欣赏，让他任前导。败张鲁后，苏则安抚下辩县的各氐族部落，打通了河西走廊，转任金城太守。当时战乱稍平，百姓流离失所，户口锐减，苏则安抚照顾流民百姓。与羌人结纳，得到他们的牛羊，用来赡养贫困老弱的人。他和百姓平分口粮，一个多月以后，流民陆续都回来了，一共有几千家。于是苏则宣布禁令若干，谁违犯就杀谁，对听从教化的一定奖励。他亲自教百姓耕种，当年就获得了大丰收，从那以后，前来归附的人越来越多。陇西郡李越发动叛乱。苏则率领羌族军包围了他，李越投降。曹操去世，西平郡的麹演造反，自称护羌校尉。苏则指挥士兵讨伐，麹演害怕投降。魏文帝因为苏则的功劳，任命他兼任护羌校尉，赐关内侯。

之后，麹演又勾结附近的郡反叛，张掖郡的张进扣留了太守杜通，酒泉郡的黄华不让新任太守辛机入境。黄华都自称太守响应麹演，加之武威郡的三个少数民族也趁势掳掠，河西道路再度断绝。太守毋丘兴向苏则求援，当时雍、凉的豪强大族都迫羌人追随张进等，金城郡的人也认为张进势力强大。此前，将军郝昭、魏平在金城驻守，又接到不许西进的诏书。苏则召集郡中的重要官员和郝昭等人同羌族首领商议，说："敌人的势力虽然强盛，但是都是乌合之众，许多人是被迫参加的，一定不能同心合力。应利用他们的矛盾进行打击，好、坏人必定会分离，好的分离出来归顺我军，我军数量增加而敌人的数量便会减少，我军气势定会壮大。时机一到，再出动讨敌，一定会将他们打败。如果坐等大军支援，时日一久，好人找不到归宿，就要和坏人同流合污，善恶搅在一块，就很难把他们分开了。现在虽然有朝廷不许西进的诏命，然而制先机以便宜，可以自行决定。"郝昭等人听从了苏则建议，发兵去救武威，迫使作乱的少数族人投降。苏则和毋丘兴率军在张掖攻击张进，麹演得到消息，率领步、骑兵三千人来迎接苏则，明说是前来援助，暗地里却打算发动突然袭击。苏则假意约他来见面，趁机将他斩首，其余党羽四散逃走。苏则与各路人马包围了张掖，杀死了张进和他的党羽，其他人全部投降。黄华听说麴演被打败，感到很恐惧，交出了他所扣押的人质投降，河西一带又被平定。苏则回到金城，晋爵为都亭侯，食邑三百户。

朝廷征召苏则入朝，命苏则做了侍中，与董昭为同事。董昭曾经把头枕在苏则的膝上睡觉，苏则把董昭的头推下去，说："苏则的膝盖，不是佞人的枕头。"当初，苏则和临菑侯曹植听说魏将要取代汉室，都穿上丧服悲愤痛哭，文帝只听说曹植这样做，却没有听到苏则也曾这样做。文帝在洛阳，曾经随便地问群臣说："我上应天命接受汉室禅让，却听说有人为此痛哭，这是为什么？"苏则以为自己被文帝问到，须髯都竖立了起来，想用正当的观点答对。侍中傅巽对苏则说："这不是说卿。"于是苏则才没有作声。文帝问苏则说："前些时候击败酒泉、张掖的叛军以后，西域的使节得以来朝，敦煌献来了直径一寸的大珍珠，现在还能够在集市上买到吗？"苏则回答说："如果陛下以圣道教化治理中国，仁德流布于沙漠，大珍珠不用寻求自己就来了；经过寻求而得到的宝物，不值得珍贵。"文帝听了默然无语。后来苏则随从魏文帝行围射猎，因为围困鹿的树杈被拔出了一个缺口，鹿走失，文帝于是非常愤怒，坐在胡床上拔出佩剑，把掌管围猎的官吏全部抓起来，要杀掉。苏则对魏文帝下跪叩拜说："臣听说古代的圣王不因为禽兽而伤害人，现在陛下正要兴盛唐尧的教化，真因为打猎围戏这样的小事杀害这么多的官吏，愚臣以为不可以。臣敢以死来请求陛下！"魏文帝回答说："卿，真是忠直的臣子呀！"于是将这些人全部赦免。然而苏则也因为这使魏文帝有些忌惮自己。黄初四年，苏则被降职为东平相，还没有到任，在道上得病去世，谥号为刚侯。儿子苏怡继承爵位。苏怡去世，没有儿子，弟弟苏愉继承爵位。苏愉，咸熙年间任职尚书。

杜畿，字伯侯，他是京兆杜陵县人。小时候父亲病死，继母又虐待他，而他却以孝顺出名。二十岁时在郡中任功曹，又代理郑县县令。县衙关押了几百囚犯，杜畿亲自审问，依犯人罪行的轻重，全部判决后遣送执行。虽然不是都判决得很恰当，但是郡中的人见他这样年轻却对重大问题很有主见都感到惊奇。后来被举荐为孝廉，担任汉中郡丞。此时天下大乱，他弃官客居荆州，建安年间才回到故乡。荀彧把他推荐给曹操，曹操任命他为司空府司直，升任护羌校尉，持节，兼任西平郡太守。

曹操平定了河北，高幹在并州发动叛乱。河东太守王邑被朝廷征召，河东人卫固、范先表面上上表请求答应王邑留任，背地里却同高幹勾结。曹操对荀彧说："关西将领凭借险地和骑兵，如果征伐他们定会引起大的混乱。张晟在崤山、渑县间烧杀抢掠，又与刘表联络，卫固等人也借张晟之力起事，我担心会有更严重危害出现。河东郡依山傍河，邻郡又总是发生变乱，是当今的战略要地。请您为我推荐像萧何、寇恂那样的人去镇守河东。"荀彧说："杜畿就是合适的人选。"于是，曹操派人追赶正在前往西平郡上任的杜畿，改派到河东郡。卫固派了几千人马截断陕津，杜畿没有渡过黄河。曹操派夏侯惇征讨卫固，兵还没有到。有人对杜畿说："应该等大兵到来再走。"杜畿说："河东三万户人家，不是人人都想叛乱。如大兵压境，他们必定恐慌，想做好事也找不到带头人，会因惧怕而投靠卫固，卫固力量集中，必然要拼死抵抗，四周邻郡也会响应他。我们讨伐就更加难以取胜，变乱就不能平息。即使我们战胜了他，也要使一郡的百姓受害。况且卫固等人还没有公开抗拒朝廷，表面上仍然以请留太守任为名，不会加害于新太守。我单身前去，卫固虽然计谋多却不能决断，一定会假装接受我。我只要一个月，就能设计困住他。"于是，明说从另外的路走而暗地里从郖津北渡黄河。范先想杀杜畿以威慑部下，更想观察一下杜畿的反应，便在郡府门前连续杀了郡主簿以下官吏三十多人，杜畿目睹惨状却假作无事。卫固说："杀了他也没用，反而给咱们添上恶名，况且他完全控制在我们手中。"于是，承认杜畿为本郡的太守。杜畿对卫固、范先说："你们是河东的希望，我只能仰仗你们完成我的心愿。但是上下之间规矩已定，成败祸福共同承当，遇到大事应共同商议。"于是，下令任命卫固为都督，代理郡丞，又兼任功曹。将军、校尉、吏员、士兵三千多人，都归范先统管。卫固等人非常高兴，虽然表面上假装服从杜畿，心里却不把他当回事。卫固要大举征兵，杜畿非常担忧，劝卫固说："要成大事，就不能动摇民心。如果现在大规模征兵，百姓就会骚乱不安，不如慢慢用钱财来招募人马。"卫固认为他说得很对，就悬赏来招募，拖了几十天才准备好。而下面的将领都多领钱财而少招兵丁，从中贪污。杜畿又劝告卫固说："人们都顾恋家眷，可以让他分批回家休息，有紧急情况再召集回来也不难。"卫固等人也害怕违背人心，又听从了杜畿的劝告。这样一来，不愿意谋反的好人留在外边，暗地里支持杜畿；而坏人各自回家，势力就分散了。碰上义军首领张白骑的兵马攻打东垣县，高幹也进入濩泽县，上党郡各县杀死县官，弘农郡扣押了郡太守，卫固等人也想乘机公开反叛，密令调兵而兵马却集中起来。

杜畿知道周围各县都支持自己，就借机出城，自带几十名骑兵到一处坚固的壁垒固守，官吏百姓得知后都全力帮助杜畿，仅仅几十天就聚集了四千多人。卫固等人与高幹、张晟联合起来攻打杜畿的壁垒，却久攻不破。抢掠附近县城，又一无所得。这时朝廷大兵到达，高幹、张晟都被打败，卫固等人被砍头。杜畿赦免了其他的余党，让他们回到过去的住所。

当时许多郡县都残破不全，河东郡最先平定，所以损失较小。杜畿治理河东，以刑法宽敞的政策让百姓休养生息。有人曾打官司而相互告发，杜畿亲为双方讲明道理，让他们回去仔细想一想，如果觉不妥，可以再来郡府上诉。乡亲们都责备打官司的人："有这么好的太守，你们为什么不听他的教诲？"从那以后，就很少再有打官司的了。杜畿向下属各县颁布法令，要求推选孝顺子孙、贞洁妇女，中选的人都免除徭役，而且由官府出面慰问勉励。又敦促百姓饲养母牛、母马，以及鸡、猪、狗，都有具体的章程。由于百姓勤劳地耕作，家家户户都丰衣足食。杜畿说："百姓富足了，应该进行教育。"于是就在冬天训练军队，又开设学校，亲自讲授儒家经典，郡中风气越来越好。

韩遂、马超发动叛乱的时候，弘农、冯翊的很多县都起兵响应。只有河东郡虽与西凉相连，百姓却没有发动叛乱。曹操西征到达蒲阪，与敌隔渭河相对峙，粮草完全依赖河东郡供给。马超被打败，郡中储备的粮食还剩二十多万斛。曹操说："河东太守杜畿，完全可以用孔子所说的'禹，完美得使我对他没有任何批评'这句话来形容。把他的俸禄增加到中二千石。"后来曹操讨伐汉中，调遣河中郡的五千民夫运送粮草。这些人互相勉励说："人总不免一死，可不能辜负了我们的好太守。"始终没有一个人逃跑，杜畿就是这样得人心。魏国建立以后，杜畿为尚书。任命文书刚通过审议，曹操又写信给杜畿说："萧何定关中，寇恂定河内，您也有他们那样的功劳。最近将授予您尚书的职位，但是又想到河东郡是可以起支柱作用的要地，储备充实，有了它就可以控制全国。所以还需要您在那里坐镇。"杜畿在河东十六年，他的政绩总是全国最好的。

曹丕即魏王位，赏赐杜畿做了关内侯，任命他为尚书。曹丕称帝以后，晋封杜畿为丰乐亭侯，食邑百户，代理司隶校尉。曹丕亲征吴国，任命杜畿为尚书仆射，在京城处理留守事宜。后来文帝去许昌，仍命杜畿留守。杜畿奉命制造御用楼船，在陶河试航，遭遇大风沉没而死。文帝为他的死而流泪，下诏说："从前冥治水而死在水里，后稷播谷而死在山上。已故的尚书仆射杜畿，在孟津试航，结果沉没，这是非常忠诚的表现，朕痛惜他。”追赠杜畿太仆的官衔，谥为戴侯，他的儿子杜恕继承了爵位。

杜恕，字务伯，他是太和年间任散骑侍郎、黄门侍郎。他为人质朴真诚，从不虚假掩饰自己，所以没什么名声。到了朝中，也不拉帮结派，而是勤勉做事。每当政令有误，他总是引用统治国家的准则发表正直的言论，因此，很受侍中辛毗等人的器重。

在那时，自公卿以下的官员都在议论朝廷制度的问题，杜恕觉得“古代的刺史，奉行和宣示六条诏令，以清静、威严受到赞赏，现在应收回刺史的兵权，以便专心管民”。不久，镇北将军吕昭又兼任冀州刺史，杜恕上奏说：

帝王的道义，以安民为最；安民的法度，在于增富；而要增富，必加强农耕并节简支出。现吴、蜀二贼未灭，争伐时有发生，此正是勇武人奋斗之时。但是，其中以儒学见长的文臣，竟也羡慕起建立功勋的战将，握住手腕激动得高声议论，认为孙武、吴起是第一流人物。州、郡政吏，也把安抚百姓放置一旁，而把精力花在充当将帅上。种地养蚕的百姓，争着进行打仗的准备，这样，农耕还会衰败下去。国库逐年空虚而重叠的官属每年都有增加；民力连年衰弱而赋役却连年增多，这不能说是在节省支出。现在，魏国虽然拥有十个州的土地，但由于动乱，十州的户口加起来还不如过去一州的多；吴、蜀均称帝与我们分庭抗礼，北方的鲜卑族也没有臣服，南、西、北三面也都有敌对势力，我们几乎处在一个包围圈中。用只有过去一个州的人力，而想要统治广袤的地域，这之中的艰难，就如同赶着一匹瘦马走远路，能不特别爱惜它的力量吗？当初武皇帝是何等的节俭，仓廪中是何等的充实，也没有让所有的州、郡都拥有自己的兵马。而现在的荆州、扬州、青州、徐州、幽州、并州、雍州、凉州都有军卒了，只有兖州、豫州、司州、冀州，能够用来给国家提供粮食物资而控制四方。我以前曾说过，州郡的长官如果兼领军队，就只会在建立军功上用心，而不关心民生疾苦。应该安排专人带领兵马，让州郡长官尽心治理地方。但是由于陛下喜欢吕昭而让他兼任冀州刺史。冀州人口最多，田地大多已经开垦耕种，并且种植了桑果，是重要的粮食产业地，实在不该让冀州再承担军备之事。如果北方派兵镇守，也应当委派专门的将军去冀州，其所需费用，与州长官兼任军职时的费用也差不多。何况吕昭并非特别优秀，就是要设军政两兼的官员，也应在朝中选派；即使朝中缺乏这样的人才，也不必一定要挑选吕昭不可。由此可知陛下是因人设官，而不是因为职位选人。如果官吏都是称职的人，那么秩序就会稳定，百姓就会富足；诉讼也会得到审理，监狱就没有太多的囚犯。陛下即位之时，全国每年判决的死刑犯只有一百多人，而现在每年已经达到五百多人。百姓没有增加很多，法律也没有更严苛。死刑犯的增多，只能说明是教化的衰落，是州郡长官的不称职。去年耕牛大量死亡，全国约十头牛里就有两头死去。麦子只收获上五成，而秋天的种子还没有播下。如果吴、蜀再来进犯，我们即使鞭打牛马搬运粮草，千里之遥也无法企及。治国的方略，难道就是加强兵力吗？就现今的情况而言，兵马越多越容易发生事故。国家就如同人的身体，心腹充实了，四肢即使生了病，也不会有大的妨害。兖州、豫州、司州、冀州就是国家的心腹，臣恳切地希望四州的刺史官吏鼓励百姓，加紧农桑，来供国家所需。我一个人的提议因为众人的不满而没有实现，多年来也没有被陛下所理解。臣地位低下，所以所提建议不被重视也不容易被采纳。如果好的建议是从尊贵的大臣口里说出来，陛下必然会采纳，而这正是古往今来常见的政治弊病啊！

在那时又对官吏的考核广泛地议论，所有的内外官吏都要考核。杜恕认为，用人如果不能让他充分发挥自己的才能，那么即便制定了考核制度也没有多大用处。亟待解决的问题没有去解决，于是他又上疏说：

《尚书》中说："认真考察官吏的成绩"，"通过三次考察后，黜退成绩差的，提拔成绩好的。"看成是帝王英明的创建。让有才德的人做官，有功人受禄，就像乌获力举千钧，王良、伯乐识别千里马一样让人心悦诚服。虽然历经唐、虞、夏、商、周、汉六代而考核制度仍不明确，不完善；历经了唐尧、虞舜、夏禹、商汤、周文王、周武王、周公七位圣人而考核的规章却没有流传下来。这是因为考核是粗略的，条款却难以完备的缘故。俗话说"世有作乱之人无作乱之法"。要是治理国家只依靠法规的话，尧、舜也就用不着稷、契的辅助，商、周也就不会重视伊尹、吕望的帮助了。现在，臣上奏请求实施考核，陈述周、汉两朝的有关说法和做法，继承京房制定考课法的原则，可以说是懂得考核制度的要点了。但是对于推崇礼让的风尚和建立美好的秩序，臣以为还没有达到尽善的程度。不过，官员上奏中提到州郡考察人才时，应从品德、学问、处理公文、管理才干四方面衡量，要有具体的事例效果才举荐，并由三公府先试用，再担任县令、县长，之后按照政绩和年资升任官职，特殊的可以就地增加品级、赐予爵位，这才是当前考核官吏中最为紧要之事。臣以为应立即表彰提出上述建议的官员，采纳他们的意见，并且详细制定出考核州郡官员的措施。制度一旦付诸实施，有功的一定奖赏，有过的一定处罚。就是公卿和皇帝身边的侍臣，也应根据实际操行进行考核。

古代三公，坐论大政方针，侍从大臣进献建议，君主的善事没有一条不记录，君主的过失没有一条不指出。国家太大了，事务太多了，仅靠一个人的光明不能照亮所有的地方。所以皇帝被称为头，臣僚被称为体，他们是相辅相成的关系。古人云：朝之殿堂，非一木所撑；王之功业，亦非独谋所成。为臣者不能只弄清考核条文就以为是在尽本分，天下太平了。百姓之间交往，尚且看重为信义赴汤蹈火，因为知己而披肝沥胆操行高尚的人，何况是朝廷卿相，所追求所感动的不仅仅是这样的信义、恩惠和名声的那些大臣呢！

朝中重臣，不只是想把君主推到尧、舜的位置，自己也想与稷、契平行。因此，古人对朝政不是特别关注，担心是受信任程度，而这与君主是关系很密切的。尧、舜任用稷、契、夔、龙要求他们办事公允，而当官员犯了罪，便处死鲧也放逐了四凶。现在大臣们受诏在天子脚下行事，有的人早晚都忙于公务，勤恳超过常人，不对权贵屈服，不徇私情，是正直的臣子，陛下您对他们都非常清楚。但是有些人却只拿俸禄不干事还自认清高，遇事从不发表意见，一心想着逃避责任；明哲保身，谨小慎微，陛下自然也都很清楚。如果只让那些为保职位的臣子在朝做官，而让那些为朝廷尽忠的臣子受委屈，正义得不到伸张，那么，即使请孔子出来谋划，也不可能让一个人充分展示自己的才能，更何况那些普通人呢！现在的学者，以商鞅、韩非为师而崇尚法律，指责儒家学说不适合现代，这是不良风气中最坏的弊病，望陛下谨慎对待。

后来考核官吏的制度还是没有得到施行。

乐安国的廉昭因有才能被提拔，非常喜欢发表意见，杜恕上疏规劝说：

我看到尚书郎廉昭的奏折，上面说尚书左丞曹璠在惩罚吏员时没有向上报告，因此被判定有罪，又说“其他有关人员应当判罪的另外上奏”。尚书令陈矫自己上奏说不敢逃避处罚，也不敢为自己辩诉，情辞十分恳切。臣深为朝廷惋惜。圣人自己不能挑选时代，治理天下也不能挑选人民，但圣人出现必有贤能之人辅佐，原因在于用道义为标准选择，用礼仪为规范来统领。古代能治国育民的帝王，都能得到百姓的欢心，群臣的尽心竭力。如果现任官员都是从全国选拔出来的优秀人才，却不能让他们充分发挥力量的话，那就不能算会用人；如果他们不是全国推选出来的优秀人才的话，那就算不上会选拔人。陛下日理万机，夜以继日，然仍诸事盘结，法令废弛，这明显是因为辅政大臣不称职而造成的。其原因不仅是臣子有不尽忠的作为，君主也有不善用人的缺点。百里奚在虞国时愚钝，而在秦国就表现出很高的智慧；豫让在中行氏手下表现平庸，而在智伯手下就能展示非凡的才华，这是古人显著的例证。现在说满朝臣僚都不忠，是诬蔑满朝的人，但是其中事理，可以推求得到。陛下感慨库存不充，征战不息，以至于停止赏赐臣子四季的衣服，减少宫廷的口粮供给，满朝文武都称赞陛下英明。但当今参与政事机密的大臣，又有几人像您一样心忧国事的呢？

骑都尉王才，宠爱乐师孟思，干了许多非法的事，京城为之震动，而他的罪状却是一个小吏发现的，公卿大臣连一句批评的话也没说过。自陛下即位以来，司隶校尉、御史中丞没有谁依法纪监察官员使朝廷秩序得到整肃的。若陛下认为没有良才，朝廷缺乏贤明的辅佐，难道可以空追稷、契，坐等优秀人才出世吗？现在所谓之贤者，均居高位而享厚禄。于辅佐君主之大节未立，为朝廷办事心意不专，原因就在于委任给他们的职责不确定，而习惯上又有很多忌讳的缘故。我认为，忠臣不一定和君主非常亲热，而与君主非常亲热的臣子不一定就有忠心。为何呢？忠臣做事尽心尽力，无愧于天啊。现在如果有一位不受陛下宠爱的臣子批评他人而情况不真实，有人就会说他是报私仇；如果他赞扬他人而情况也不真实，人们就会说他有偏爱，也包括您身边的人。褒贬人有这种现象，国策的增加和减少，也有相似的地方。陛下应考虑怎样开阔朝臣们的胸襟，鼓励高尚的节操，让他们以古作为榜样，以名留青史。而现在，却让廉昭这种人独霸朝纲，臣担心从此以后大臣们都设法保全自己而观望，为后世之笑柄。

在从前，周公谆谆告诫儿子伯禽说："不要让大臣埋怨不受重用。"他没有说大臣中还要分出贤愚高下，说明所有人都可以发挥作用，只是位置不同，尧赞舜之功绩，称赞他能除去四恶人，尧没有说四恶人的罪恶大小，意思是只要有罪就该除掉。现在朝臣并不认为自己没有才能，只是认为陛下没有信任他们；不认为自己没有智谋，而是陛下不向他们咨询。陛下何不遵循周公用人说、大舜处罚人的标准呢？让侍中、尚书侍奉在您的旁边，当面回答您的询问，这样，臣子的品行，能力的高低您就能够知道；忠诚有才能的人就进用，昏庸无能的人就斥退，那么，谁还敢办事敷衍而不尽力呢？陛下和群臣论政，使群臣都能尽心竭力，人人都自认为是亲信，都想报答陛下。贤明和愚钝，全在于陛下的知人善任。这样来治理国家，还有什么事办不好呢？还有什么功业建不成呢？每当有紧急军情，陛下常说："谁会为这担忧呢？只有我自己担忧罢了。"最近的诏书又说："公而忘私不一定做得到，只要能先公后私也就办好事情了。"拜读陛下的诏书，知道陛下的完全清楚下边的情况，但是还是对陛下不从根本上解决而只担忧那些枝节问题感到不解。人之贤愚，受天赋制约，即使是臣也认为朝臣并不都称职。英明的君主，应该使能干的不敢留有余力，不能干的不给他不该担任的职务。推选上来的人不合格，不一定就是犯罪，而满朝都容忍不称职的人，岂非怪事！陛下明知臣僚不尽力，却替臣僚担忧他们做不好分内的事；知道臣僚没有能力，却勉强教导他如何处理公务，这难道是君主劳碌而臣子舒服的简单问题吗？即使是圣贤再世，也不能这样来治理国家呀！

陛下又担心尚书台禁令不严，人情现象制止不住，因此才让辅政大臣制定了尚书台的会客制度，又让司徒重新选用严厉的吏员守卫尚书台大门，可这并不是禁绝不正之风的关键。汉安帝的时候，少府窦嘉任命廷尉郭躬清白的侄子为下属，还被人举报，弹劾的奏章纷纷递上。而最近司隶校尉孔羡任用大将军司马懿行为不端的弟弟为下属，官员们对这件事却一言不发。这件事表现更为恶劣。选拔人才弄虚作假，是人事中最大的问题。窦嘉是皇亲国戚受皇帝宠爱，他任命的郭躬又不是社稷重臣，可最终还是受到了弹劾。和古相比，是陛下自己没有督行法纪来杜绝结党营私的根源。辅政大臣制定会客制度，让凶吏守门，并不是治理天下的措施。假使臣的话能被您稍微采纳，奸党就能铲除，又怎么会豢养像廉昭这样的人啊！

纠察举报奸恶之人，是忠诚的体现。然而许多人都讨厌做这种事，因为他们的目的只是想以不正当的手段谋求自己的利益。倘若陛下不去询问事情的整个过程，就很容易把违背人心抵触社会当作奉公的行为，把背地告发他人当作尽忠。未必通达情理的人就不会干这样的事，只是因为遵守做人的原则而不肯那样干罢了。如果天下人都违背道义而去争名遂利，那才是君主最担忧的啊！陛下应将这些切断于萌芽之中。整日设法揣摩君主心意然后迎合以求取悦君主的人，是世上最浅薄无聊，最不讲信义之辈，他们心里想的只是如何得到君主的欢心，而不是怎样治理天下来安定百姓。陛下试一试他们，就能看他们是否会坚持自己原来的立场了。臣子得君主欢心，是安全的事；担任显要的官职，是光荣的事；享受厚禄，是实惠的事情。即使再愚蠢的臣僚，也不会不喜欢这些去冒犯君主。而冒犯君主的人，是迫于道义，才强制自己这样做的。臣希望陛下怜惜和保护他们，并且加以信任。却怎么听信廉昭等人有意陷害而置那些忠良之臣于不顾呢？现今外有伺机而动的敌寇，内有贫困不满的百姓，陛下应好好考虑国政得失，实在不可以懈怠。

杜恕在朝八年，他的言论刚正不阿，就像上面所记载的那样。

杜恕出任弘农郡太守，在这之后转任赵国相，因生病离职。在任职的地方，治政着眼于大的方面，但是在恩惠仁爱和得到百姓爱戴的程度上，却比不上他的父亲杜畿。不久，朝廷任命他为御史中丞。因为和当权的大臣不睦，所以屡次出外任职。后来担任幽州刺史，加建威将军，持节杖，兼任护乌丸校尉。当时，征北将军程喜在蓟县驻扎，尚书袁侃等人告诫杜恕说："程喜于先帝的时候，曾在青州排挤田国让。现在您和他都持有节杖节制兵马，又驻扎在同一座城，应小心应对。"但他并不为意，到任不满一月，有一个鲜卑族首领的儿子，带领几十名骑兵，没有经过边境上的关卡就擅自来到州治蓟县，州衙处死了其中一名随从，没有上报，于是，程喜上奏弹劾杜恕，杜恕被入狱，依照法规应当处死。因为他父亲杜畿勤于国事又以身殉职，得以减刑，削职为民，流放到章武，这一年是嘉平元年。杜恕为人豪放不羁，没有防人之心，终于招致灾祸。

当初杜恕从赵郡回到京城，陈留郡的阮武也由清河郡太守之职被召入朝，两人同时被叫到廷尉公堂对证，见面之后阮武对杜恕说："您的品德以遵循公正为道，但是还不够严格；您的能力可以担任重要官职，但是仕途之路很不顺利；您的才学贯通古今，但才能却没有发挥作用。空闲来了，应该深思一下，并写出自己的独立见解来。"在章武，杜恕撰写了《体论》八篇，《兴性论》一篇，都是有感于自己的遭遇而写的。嘉平四年，死于流放地。

甘露二年，河东郡九十多岁的乐详，上书申诉杜畿留下的功绩，朝廷很是感动，下诏封杜恕的儿子杜预为丰乐亭侯，食邑一百户。

杜恕的奏议论辩等文章都值得认真读一下，这里选取其中切合时政大事的几篇记载在他的传记中。

郑浑，字文公，他是河南开封县人。他的曾祖父叫郑众，郑众的父亲叫郑兴，都是当时著名的儒学家；郑浑的哥哥郑泰，曾和荀攸等人谋划诛杀董卓，在扬州刺史任上去世。郑浑带着郑泰的小儿子郑袤到淮南避难，袁术对他非常尊重。但是，郑浑知道袁术不会成功，当时华歆任豫章太守，与郑泰是很好的朋友，郑浑于是就渡过长江去投靠华歆。曹操听说他忠厚诚实，召他担任下属，又升任下蔡县长、邵陵县令。天下还没有平定，百姓强悍不受管束，不想从事农桑，那些生了儿女没法养活的，就把婴儿丢弃。郑浑每到一个地方任职，就没收当地人的渔猎工具，督促他们种地养蚕，开辟水田种稻，又加重对弃婴者的处罚。开始百姓害怕犯法不敢怀孩子，生活逐渐富裕以后，就再没有不怀孕和不养育婴儿的现象了。生下来的男女婴儿，很多都取“郑”字为名字。后来郑浑被任命为丞相府下属，又升任左冯翊。

在那时当梁兴等人控制了左冯翊五千多户百姓，逼迫他们跟随烧杀抢掠，周围各县无力抵抗，非常害怕，县令都把自己的官署迁移到郡治所在的临近县城。很多人认为应把郡治迁到更险要的地方。郑浑说：“梁兴等都是被击溃的散兵游勇，流窜在附近的山区，虽然人马很多，但是大多数都是被迫跟随他的。现在应当大力宣传朝廷的德信，鼓励被迫的人来投降。要是跑到险要地形防守，那是向敌人示弱啊。”于是就召集吏民，修筑城墙做好防御的准备。又发动民众追捕流寇，明确赏罚制度：凡是百姓缴获的财物，七成奖给本人。老百姓都非常高兴，很愿意捕捉贼寇。结果，贼寇中失去妻子儿女的，都回来请求投降。郑浑责令他们去捉获同伙的妇女，然后再还给他们自己的妻子。这样一来，梁兴的内部开始互相抢夺，其党羽也分散瓦解。郑浑又派遣有威信的吏民到山中去劝告，出山投降的人接连不断。郑浑让各县令都回到原来管辖的县，安抚和召集回来投诚的百姓。梁兴等人害怕了，率余众聚集在鄜城。曹操派夏侯渊率军协助郑浑进击，郑浑带领下属和民众打头阵，杀死梁兴及其同党。另有贼寇靳富等人，挟持夏阳县长、邵陵县令和很多官吏百姓进入硙山，郑浑再次带兵围剿，击败靳富，解救出两县长官和被劫持的百姓回到家乡。又有一个叫赵青龙的人，杀死左内史程休，郑浑就派遣壮士砍下了赵青龙的头。前后归附郑浑的百姓达到四千多家，从此山贼都被扫平，地方稳定了，郑浑转任上党太守。

太祖征讨汉中时，让郑浑做了京兆尹。郑浑因为百姓们刚刚聚集起来安居，为百姓们制定了有关移家迁居的制度，让家族人口众多与家族人口很少的家庭相邻居住，让温和诚信的人与孤寡老人作邻居，让百姓们勤于农耕，又严明法令，以便发现奸恶之人。从此以后百姓安心务农，而盗贼也止息不见了。等到大军进入汉中以后，军粮的运输供应以郑浑所领的京兆承担的最多。郑浑又发遣京兆的百姓到汉中去屯田，没有人逃亡。太祖更加赞赏郑浑，又调郑浑入朝出任丞相掾。文帝即魏王位的时候，郑浑出任侍御史，加官驸马都尉，升任阳平、沛郡二郡的太守。这两个郡地势下洼潮湿，水涝为患，百姓们饥饿困乏。郑浑于是在萧、相二县地界上兴建堤坝蓄水，开垦稻田。郡中的人都认为这样做不便利，郑浑说："此处地势低洼，正适宜引水灌溉，这样做终究会有养鱼种稻长久的利益，这是使百姓富裕的根本。"于是亲自率领官民，开始兴建水利工程，用了一个冬天的时间全部建成。第二年，大获丰收，生产的粮稻逐年增加，交纳的租税是常年的两倍，百姓依赖郑浑大获其利，撰文刻石歌颂郑浑，把那个水利工程取名叫作郑陂。郑浑转任山阳、魏郡太守，在那里的治理也是一样的。郑浑又因为郡内百姓缺乏木材生活不方便，于是督令百姓栽植榆树作篱笆，而且再增加种植五种果树。后来家家榆树都长成了高高的篱笆墙，五种果树都果实丰硕。进入到魏郡地界，村落整齐如一，百姓家家都是财产丰足，物用富裕。明帝闻听说以后，下诏予以表扬，布告天下。升任将作大匠。郑浑为官清廉朴素，一心为公，妻儿们常常不免于饥寒。等到郑浑去世以后，朝廷任用郑浑的儿子郑崇为郎中。

仓慈，字孝仁，他是淮南郡人。他开始被任命为本郡小吏。建安年间，曹操在淮南屯田，让仓慈做了绥集都尉。黄初末年，任长安县令，为官清简又有威严，吏员百姓既怕他，又爱戴他。太和年间，仓慈升任敦煌太守。敦煌在西部边陲，由于动乱和内地隔绝，已有二十年没有委派太守了。当地的豪强大族霸道嚣张，百姓贫苦。前任太守尹奉等人，依照惯例敷衍了事，从来不匡正加以改变。仓慈到任以后，抑制豪强大族，抚恤贫弱百姓，很符合做官之道。豪强大族田地都有剩余，而很多百姓却没有土地。仓慈按人口多少把大族的田地划出一部分给百姓，让他们逐步偿还田地所值的价钱。起初，下面县的案件又多又杂，县里不能决断，就都推到郡城。仓慈亲自审阅案卷，除了重刑犯之外，其余犯人都处以鞭杖的刑罚然后释放。一年当中判决死刑的还不到十个人。以往西域少数族人要到京城进贡，郡中的豪强总是阻挠不让通过。和这些少数族人进行贸易，也经常欺压对方，少数族人一直不满，仓慈亲自安抚他们。有到京城去的，就为他们办好通行证；有从郡城回国的，官府与他们公平交易，让官吏百姓沿途护送他们。从此，汉族与少数民族百姓都一致称赞仓慈的仁德。几年后他死在任上，吏民都像死了亲戚一样悲痛，画出他的肖像来怀念他。西域族人听到仓慈去世的消息，纷纷聚集到戊己校尉的官署和县城中致哀，有的人甚至用刀割破自己的脸，以鲜血表示心意，又为他建立祠堂祭祀。

从曹操时起到魏末的咸熙年间，魏郡太守有陈国的吴瓘，清河郡太守有乐安的任燠，京兆郡太守有济北的颜斐，弘农郡太守有太原的令狐邵，济南相有鲁国的孔乂，他们或是断案宽容，或是德泽恩惠，或是廉洁自律，或是不惧奸佞，都是郡太守当中的佼佼者。

评论说：任峻在始发义军讨伐董卓时就率部下归顺曹操，开荒种地，种植粮食，建立大功。苏则威仪八方，平定叛乱，是治政的良才，他的行为和政绩都很值得称颂。杜畿宽猛相济，于民有利。郑浑、仓慈，治理体恤百姓很有办法。他们应该都是魏朝有名的郡太守吧。杜恕屡次陈述时政，常议论政体问题，其言论颇值得一读。

三国志卷十七·魏书十七

张乐于张徐传

张辽字文远，雁门马邑人也。本聂壹之后，以避怨变姓。少为郡吏。汉末，并州刺史丁原以辽武力过人，召为从事，使将兵诣京都。何进遣诣河北募兵，得千余人。还，进败，以兵属董卓。卓败，以兵属吕布，迁骑都尉。布为李傕所败，从布东奔徐州，领鲁相，时年二十八。太祖破吕布于下邳，辽将其众降，拜中郎将，赐爵关内侯。数有战功，迁裨将军。袁绍破，别遣辽定鲁国诸县。与夏侯渊围昌豨于东海，数月粮尽，议引军还，辽谓渊曰："数日已来，每行诸围，豨辄属目视辽。又其射矢更稀，此必豨计犹豫，故不力战。辽欲挑与语，傥可诱也？"乃使谓豨曰："公有命，使辽传之。"豨果下与辽语，辽为说"太祖神武，方以德怀四方，先附者受大赏"。豨乃许降。辽遂单身上三公山，入豨家，拜妻子。豨欢喜，随诣太祖。太祖遣豨还，责辽曰："此非大将法也。"辽谢曰："以明公威信著于四海，辽奉圣旨，豨必不敢害故也。"从讨袁谭、袁尚于黎阳，有功，行中坚将军。从攻尚于邺，尚坚守不下。太祖还许，使辽与乐进拔阴安，徙其民河南。复从攻邺，邺破，辽别徇赵国、常山，招降缘山诸贼及黑山孙轻等。从攻袁谭，谭破，别将徇海滨，破辽东贼柳毅等。还邺，太祖自出迎辽，引共载，以辽为荡寇将军。复别击荆州，定江夏诸县，还屯临颍，封都亭侯。从征袁尚于柳城，卒与虏遇，辽劝太祖战，气甚奋，太祖壮之，自以所持麾授辽。遂击，大破之，斩单于蹋顿。

时荆州未定，复遣辽屯长社。临发，军中有谋反者，夜惊乱起火，一军尽扰。辽谓左右曰："勿动。是不一营尽反，必有造变者，欲以动乱人耳。"乃令军中，其不反者安坐。辽将亲兵数十人，中陈而立。有顷定，即得首谋者杀之。陈兰、梅成以氐六县叛，太祖遣于禁、臧霸等讨成，辽督张郃、牛盖等讨兰。成伪降禁，禁还。成遂将其众就兰，转入灊山。灊中有天柱山，高峻二十余里，道险狭，步径裁通，兰等壁其上。辽欲进，诸将曰："兵少道险，难用深入。"辽曰："此所谓一与一，勇者得前耳。”遂进到山下安营，攻之，斩兰、成首，尽虏其众。太祖论诸将功，曰：“登天山，履峻险，以取兰、成，荡寇功也。”增邑，假节。

太祖既征孙权还，使辽与乐进、李典等将七千余人屯合肥。太祖征张鲁，教与护军薛悌，署函边曰“贼至乃发”。俄而权率十万众围合肥，乃共发教，教曰：“若孙权至者，张、李将军出战；乐将军守，护军勿得与战。”诸将皆疑。辽曰：“公远征在外，比救至，彼破我必矣。是以教指及其未合逆击之，折其盛势，以安众心，然后可守也。成败之机，在此一战，诸君何疑？”李典亦与辽同。于是辽夜募敢从之士，得八百人，椎牛飨将士，明日大战。平旦，辽被甲持戟，先登陷陈，杀数十人，斩二将，大呼自名，冲垒入，至权麾下。权大惊，众不知所为，走登高冢，以长戟自守。辽叱权下战，权不敢动，望见辽所将众少，乃聚围辽数重。辽左右麾围，直前急击，围开，辽将麾下数十人得出，余众号呼曰：“将军弃我乎！”辽复还突围，拔出余众。权人马皆披靡，无敢当者。自旦战至日中，吴人夺气，还修守备，众心乃安，诸将咸服。权守合肥十余日，城不可拔，乃引退。辽率诸军追击，几复获权。太祖大壮辽，拜征东将军。建安二十一年，太祖复征孙权，到合肥，循行辽战处，叹息者良久。乃增辽兵，多留诸军，徙屯居巢。

关羽围曹仁于樊，会权称藩，召辽及诸军悉还救仁。辽未至，徐晃已破关羽，仁围解。辽与太祖会摩陂。辽军至，太祖乘辇出劳之，还屯陈郡。文帝即王位，转前将军。分封兄汎及一子列侯。孙权复叛，遣辽还屯合肥，进辽爵都乡侯。给辽母舆车，及兵马送辽家诣屯，敕辽母至，导从出迎。所督诸军将吏皆罗拜道侧，观者荣之。文帝践阼，封晋阳侯，增邑千户，并前二千六百户。黄初二年，辽朝洛阳宫，文帝引辽会建始殿，亲问破吴意状。帝叹息顾左右曰：“此亦古之召虎也。”为起第舍，又特为辽母作殿，以辽所从破吴军应募步卒，皆为虎贲。孙权复称藩。辽还屯雍丘，得疾。帝遣侍中刘晔将太医视疾，虎贲问消息，道路相属。疾未瘳，帝迎辽就行在所，车驾亲临，执其手，赐以御衣，太官日送御食。疾小差，还屯。孙权复叛，帝遣辽乘舟，与曹休至海陵，临江。权甚惮焉，敕诸将：“张辽虽病，不可当也，慎之！”是岁，辽与诸将破权将吕范。辽病笃，遂薨于江都。帝为流涕，谥曰刚侯。子虎嗣。六年，帝追念辽、典在合肥之功，诏曰：“合肥之役，辽、典以步卒八百，破贼十万，自古用兵，未之有也。使贼至今夺气，可谓国之爪牙矣。其分辽、典邑各百户，赐一子爵关内侯。”虎为偏将军，薨。子统嗣。

乐进字文谦，阳平卫国人也。容貌短小，以胆烈从太祖，为帐下吏。遣还本郡募兵，得千余人，还为军假司马、陷陈都尉。从击吕布于濮阳，张超于雍丘，桥蕤于苦，皆先登有功，封广昌亭侯。从征张绣于安众，围吕布于下邳，破，别将击眭固于射犬，攻刘备于沛，皆破之，拜讨寇校尉。渡河攻获嘉，还，从击袁绍于官渡，力战，斩绍将淳于琼。从击谭、尚于黎阳，斩其大将严敬，行游击将军。别击黄巾，破之，定乐安郡。从围邺，邺定，从击袁谭于南皮，先登，入谭东门。谭败，别攻雍奴，破之。建安十一年，太祖表汉帝，称进及于禁、张辽曰：“武力既弘，计略周备，质忠性一，守执节义，每临战攻，常为督率，奋强突固，无坚不陷，自援枹鼓，手不知倦。又遣别征，统御师旅，抚众则和，奉令无犯，当敌制决，靡有遗失。论功纪用，宜各显宠。”于是禁为虎威；进，折冲；辽，荡寇将军。

进别征高幹，从北道入上党，回出其后。幹等还守壶关，连战斩首。幹坚守未下，会太祖自征之，乃拔。太祖征管承，军淳于，遣进与李典击之。承破走，逃入海岛，海滨平。荆州未服，遣屯阳翟。后从平荆州，留屯襄阳，击关羽、苏非等，皆走之，南郡诸县山谷蛮夷诣进降。又讨刘备临沮长杜普、旌阳长梁大，皆大破之。后从征孙权，假进节。太祖还，留进与张辽、李典屯合肥，增邑五百，并前凡千二百户。以进数有功，分五百户，封一子列侯；进迁右将军。建安二十三年薨，谥曰威侯。子綝嗣。綝果毅有父风，官至扬州刺史。诸葛诞反，掩袭杀綝，诏悼惜之，追赠卫尉，谥曰愍侯。子肇嗣。

于禁字文则，泰山钜平人也。黄巾起，鲍信招合徒众，禁附从焉。及太祖领兖州，禁与其党俱诣为都伯，属将军王朗。朗异之，荐禁才任大将军。太祖召见与语，拜军司马，使将兵诣徐州，攻广威，拔之，拜陷陈都尉。从讨吕布于濮阳，别破布二营于城南，又别将破高雅于须昌。从攻寿张、定陶、离狐，围张超于雍丘，皆拔之。从征黄巾刘辟、黄邵等，屯版梁，邵等夜袭太祖营，禁帅麾下击破之，斩邵等，尽降其众。迁平虏校尉。从围桥蕤于苦，斩蕤等四将。从至宛，降张绣。绣复叛，太祖与战不利，军败，还舞阴。是时军乱，各间行求太祖，禁独勒所将数百人，且战且引，虽有死伤不相离。虏追稍缓，禁徐整行队，鸣鼓而还。未至太祖所，道见十余人被创裸走，禁问其故，曰：“为青州兵所劫。”

关云长水淹七军图，出自清·马骀《百将传图》。

初，黄巾降，号青州兵，太祖宽之，故敢因缘为略。禁怒，令其众曰："青州兵同属曹公，而还为贼乎！"乃讨之，数之以罪。青州兵遽走诣太祖自诉。禁既至，先立营垒，不时谒太祖。或谓禁："青州兵已诉君矣，宜促诣公辨之。"禁曰："今贼在后，追至无时，不先为备，何以待敌？且公聪明，谮诉何缘！"徐凿堑安营讫，乃入谒，具陈其状。太祖悦，谓禁曰："淯水之难，吾其急也，将军在乱能整，讨暴坚垒，有不可动之节，虽古名将，何以加之！"于是录禁前后功，封益寿亭侯。复从攻张绣于穰，禽吕布于下邳，别与史涣、曹仁攻眭固于射犬，破斩之。

太祖初征袁绍，绍兵盛，禁愿为先登。太祖壮之，乃遣步卒二千人，使禁将，守延津以拒绍，太祖引军还官渡。刘备以徐州叛，太祖东征之。绍攻禁，禁坚守，绍不能拔。复与乐进等将步骑五千，击绍别营，从延津西南缘河至汲、获嘉二县，焚烧保聚三十余屯，斩首获生各数千，降绍将何茂、王摩等二十余人。太祖复使禁别将屯原武，击绍别营于杜氏津，破之。迁裨将军，后从还官渡。太祖与绍连营，起土山相对。绍射营中，士卒多死伤，军中惧。禁督守土山，力战，气益奋。绍破，迁偏将军。冀州平。昌豨复叛，遣禁征之。禁急进攻豨；豨与禁有旧，诣禁降。诸将皆以为豨已降，当送诣太祖，禁曰："诸君不知公常令乎！围而后降者不赦。夫奉法行令，事上之节也。豨虽旧友，禁可失节乎！"自临与豨决，陨涕而斩之。是时太祖军淳于，闻而叹曰："豨降不诣吾而归禁，岂非命耶！"益重禁。东海平，拜禁虎威将军。后与臧霸等攻梅成，张辽、张郃等讨陈兰。禁到，成举众三千余人降。既降复叛，其众奔兰。辽等与兰相持，军食少，禁运粮前后相属，辽遂斩兰、成。增邑二百户，并前千二百户。是时，禁与张辽、乐进、张郃、徐晃俱为名将，太祖每征伐，咸递行为军锋，还为后拒；而禁持军严整，得贼财物，无所私入，由是赏赐特重。然以法御下，不甚得士众心。太祖常恨朱灵，欲夺其营。以禁有威重，遣禁将数十骑，赍令书，径诣灵营夺其军，灵及其部众莫敢动；乃以灵为禁部下督，众皆震服，其见惮如此。迁左将军，假节钺，分邑五百户，封一子列侯。

建安二十四年，太祖在长安，使曹仁讨关羽于樊，又遣禁助仁。秋，大霖雨，汉水溢，平地水数丈，禁等七军皆没。禁与诸将登高望水，无所回避，羽乘大船就攻禁等，禁遂降，惟庞德不屈节而死。太祖闻之，哀叹者久之，曰："吾知禁三十年，何意临危处难，反不如庞德邪！"会孙权禽羽，获其众，禁复在吴。文帝践阼，权称藩，遣禁还。帝引见禁，须发皓白，形容憔悴，泣涕顿首。帝慰谕以荀林父、孟明视故事，拜为安远将军。欲遣使吴，先令北诣邺谒高陵。帝使豫于陵屋画关羽战克、庞德愤怒、禁降服之状。禁见，惭恚发病薨。子圭嗣封益寿亭侯。谥禁曰厉侯。

张郃字俊乂，河间鄚人也。汉末应募讨黄巾，为军司马，属韩馥。馥败，以兵归袁绍。绍以郃为校尉，使拒公孙瓒。瓒破，郃功多，迁宁国中郎将。太祖与袁绍相拒于官渡，绍遣将淳于琼等督运屯乌巢，太祖自将急击之。郃说绍曰："曹公兵精，往必破琼等；琼等破，则将军事去矣，宜急引兵救之。"郭图曰："郃计非也。不如攻其本营，势必还，此为不救而自解也。"郃曰："曹公营固，攻之必不拔，若琼等见禽，吾属尽为虏矣。"绍但遣轻骑救琼，而以重兵攻太祖营，不能下。太祖果破琼等，绍军溃。图惭，又更谮郃曰："郃快军败，出言不逊。"郃惧，乃归太祖。

太祖得郃甚喜，谓曰："昔子胥不早寤，自使身危，岂若微子去殷、韩信归汉邪？"拜郃偏将军，封都亭侯。授以众，从攻邺，拔之。又从击袁谭于渤海，别将军围雍奴，大破之。从讨柳城，与张辽俱为军锋，以功迁平狄将军。别征东莱，讨管承，又与张辽讨陈兰、梅成等，破之。从破马超、韩遂于渭南。围安定，降杨秋。与夏侯渊讨鄜贼梁兴及武都氐。又破马超，平宋建。太祖征张鲁，先遣郃督诸军讨兴和氐王窦茂。太祖从散关入汉中，又先遣郃督步卒五千于前通路。至阳平，鲁降，太祖还，留郃与夏侯渊等守汉中，拒刘备。郃别督诸军，降巴东、巴西二郡，徙其民于汉中。进军宕渠，为备将张飞所拒，引还南郑。拜荡寇将军。刘备屯阳平，郃屯广石。备以精卒万余，分为十部，夜急攻郃。郃率亲兵搏战，备不能克。其后备于走马谷烧都围，渊救火，从他道与备相遇，交战，短兵接刃。渊遂没，郃还阳平。当是时，新失元帅，恐为备所乘，三军皆失色。渊司马郭淮乃令众曰："张将军，国家名将，刘备所惮；今日事急，非张将军不能安也。"遂推郃为军主。郃，勒兵安陈，诸将皆受郃节度，众心乃定。太祖在长安，遣使假郃节。太祖遂自至汉中，刘备保高山不敢战。太祖乃引出汉中诸军，郃还屯陈仓。

文帝即王位，以郃为左将军，进爵都乡侯。及践阼，进封鄚侯。诏郃与曹真讨安定卢水胡及东羌，召郃与真并朝许宫，遣南与夏侯尚击江陵。郃别督诸军渡江，取洲上屯坞。明帝即位，遣南屯荆州，与司马宣王击孙权别将刘阿等，追至祁口，交战，破之。诸葛亮出祁山。加郃位特进，遣督诸军，拒亮将马谡于街亭。谡依阻南山，不下据城。郃绝其汲道，击，大破之。南安、天水、安定郡反应亮，郃皆破平之。诏曰："贼亮以巴蜀之众，当虓虎之师。将军被坚执锐，所向克定，朕甚嘉之。益邑千户，并前四千三百户。"司马宣王治水军于荆州，欲顺沔入江伐吴，诏郃督关中诸军往受节度。至荆州，会冬水浅，大船不得行，乃还屯方城。诸葛亮复出，急攻陈仓，帝驿马召郃到京都。帝自幸河南城，置酒送郃，遣南北军士三万及分遣武卫、虎贲使卫郃，因问郃曰："迟将军到，亮得无已得陈仓乎！"郃知亮县军无谷，不能久攻，对曰："比臣未到，亮已走矣；屈指计亮粮不至十日。"郃晨夜进至南郑，亮退。诏郃还京都，拜征西车骑将军。

郃识变数，善处营陈，料战势地形，无不如计，自诸葛亮皆惮之。郃虽武将而爱乐儒士，尝荐同乡卑湛经明行修，诏曰："昔祭遵为将，奏置五经大夫，居军中，与诸生雅歌投壶。今将军外勒戎旅，内存国朝。朕嘉将军之意，今擢湛为博士。"

诸葛亮复出祁山，诏郃督诸将西至略阳，亮还保祁山，郃追至木门，与亮军交战，飞矢中郃右膝，薨，谥曰壮侯。子雄嗣。郃前后征伐有功，明帝分郃户，封郃四子列侯。赐小子爵关内侯。

徐晃字公明，河东杨人也。为郡吏，从车骑将军杨奉讨贼有功，拜骑都尉。李傕、郭汜之乱长安也，晃说奉，令与天子还洛阳，奉从其计。天子渡河至安邑，封晃都亭侯。及到洛阳，韩暹、董承日争斗，晃说奉令归太祖；奉欲从之，后悔。太祖讨奉于梁，晃遂归太祖。

太祖授晃兵，使击卷、卷音墟权反。原武贼，破之，拜裨将军。从征吕布，别降布将赵庶、李邹等。与史涣斩眭固于河内。从破刘备，又从被颜良，拔白马，进至延津，破文丑，拜偏将军。与曹洪击㶏彊贼祝臂，破之，又与史涣击袁绍运车于故市，功最多，封都亭侯。太祖既围邺，破邯郸，易阳令韩范伪以城降而拒守，太祖遣晃攻之。晃至，飞矢城中，为陈成败。范悔，晃辄降之。既而言于太祖曰："二袁未破，诸城未下者倾耳而听，今日灭易阳，明日皆以死守，恐河北无定时也。愿公降易阳以示诸城，则莫不望风。"太祖善之。别讨毛城，设伏兵掩击，破三屯。从破袁谭于南皮，讨平原叛贼，克之。从征蹋顿，拜横野将军。从征荆州，别屯樊，讨中庐、临沮、宜城贼。又与满宠讨关羽于汉津，与曹仁击周瑜于江陵。十五年，讨太原反者，围大陵，拔之，斩贼帅商曜。韩遂、马超等反关右，遣晃屯汾阴以抚河东，赐牛酒，令上先人墓。太祖至潼关，恐不得渡，召问晃。晃曰："公盛兵于此，而贼不复别守蒲坂，知其无谋也。今假臣精兵渡蒲坂津，为军先置，以截其里，贼可擒也。"太祖曰："善。"使晃以步骑四千人渡津。作堑栅未成，贼梁兴夜将步骑五千余人攻晃，晃击走之，太祖军得渡。遂破超等，使晃与夏侯渊平隃麋、汧诸氐，与太祖会安定。太祖还邺，使晃与夏侯渊平鄜、夏阳余贼，斩梁兴，降三千余户。从征张鲁。别遣晃讨攻椟、仇夷诸山氐，皆降之。迁平寇将军。解将军张顺围。击贼陈福等三十余屯，皆破之。

太祖还邺，留晃与夏侯渊拒刘备于阳平。备遣陈式等十余营绝马鸣阁道，晃别征破之，贼自投山谷，多死者。太祖闻，甚喜，假晃节，令曰："此阁道，汉中之险要咽喉也。刘备欲断绝外内，以取汉中。将军一举，克夺贼计，善之善者也。"太祖遂自至阳平，引出汉中诸军。复遣晃助曹仁讨关羽，屯宛。会汉水暴溢，于禁等没。羽围仁于樊，又围将军吕常于襄阳。晃所将多新卒，以羽难与争锋，遂前至阳陵陂屯。太祖复还，遣将军徐商、吕建等诣晃，令曰："须兵马集至，乃俱前。"贼屯偃城。晃到，诡道作都堑，示欲截其后，贼烧屯走。晃得偃城，两面连营，稍前，去贼围三丈所。未攻，太祖前后遣殷署、朱盖等凡十二营诣晃。贼围头有屯，又别屯四冢。晃扬声当攻围头屯，而密攻四冢。羽见四冢欲坏，自将步骑五千出战，晃击之，退走，遂追陷与俱入围，破之，或自投沔水死。太祖令曰："贼围堑鹿角十重，将军致战全胜，遂陷贼围，多斩首虏。吾用兵三十余年，及所闻古之善用兵者，未有长驱径入敌围者也。且樊、襄阳之在围，过于莒、即墨，将军之功，逾孙武、穰苴。"晃振旅还摩陂，太祖迎晃七里，置酒大会。太祖举卮酒劝晃，且劳之曰："全樊、襄阳，将军之功也。"时诸军皆集，太祖案行诸营，士卒咸离陈观，而晃军营整齐，将士驻陈不动。太祖叹曰："徐将军可谓有周亚夫之风矣。"

文帝即王位，以晃为右将军，进封逯乡侯。及践阼，进封杨侯。与夏侯尚讨刘备于上庸，破之。以晃镇阳平，徙封阳平侯。明帝即位，拒吴将诸葛瑾于襄阳。增邑二百，并前三千一百户。病笃，遗令敛以时服。

性俭约畏慎，将军常远斥候，先为不可胜，然后战，追奔争利，士不暇食。常叹曰："古人患不遭明君，今幸遇之，当以功自效，何用私誉为！”终不广交援。太和元年薨，谥曰壮侯。子盖嗣。盖薨，子霸嗣。明帝分晃户，封晃子孙二人列侯。

初，清河朱灵为袁绍将。太祖之征陶谦，绍使灵督三营助太祖，战有功。绍所遣诸将各罢归，灵曰：“灵观人多矣，无若曹公者，此乃真明主也。今已遇，复何之？”遂留不去。所将士卒慕之，皆随灵留。灵后遂为好将，名亚晃等，至后将军，封高唐亭侯。

评曰：太祖建兹武功，而时之良将，五子为先。于禁最号毅重，然弗克其终。张郃以巧变为称，乐进以骁果显名，而鉴其行事，未副所闻。或注记有遗漏，未如张辽、徐晃之备详也。

【译文】

张辽字文远，他是雁门马邑人。开始是聂壹的后代，因躲避仇家才改变姓氏。年轻时当郡吏。东汉末年，并州刺史丁原因张辽勇武过人，征召他担任兵曹从事，命他领兵去京都。何进派他到河北招募士兵，招到了一千多人。回来的时候，何进已经被杀，张辽便带兵跟随了董卓。董卓失败，又带兵归属吕布，吕布升他为骑都尉。吕布被李傕打败，张辽随吕布逃到徐州，兼任鲁国相，时年二十八岁。曹操在下邳打败吕布，张辽投降，被任命为中郎将，赐关内侯。因为战功显著，升为裨将军。袁绍兵败，曹操派张辽另率兵马平定鲁国各县。张辽同夏侯渊在东海围攻昌豨，几个月之后粮草用尽，众将商议撤军，张辽对夏侯渊说：“多天来，我每次到阵前观察，昌豨都紧紧盯着我。我还看到，他们射的箭一天比一天少，这是昌豨心中犹豫不定，所以没有全力应战。我想用话语去劝说他，或许可以让他归降。”于是派人对昌豨说：“曹公有令，派张辽前来传达给您。”昌豨果然下来和张辽交谈。张辽劝他说：“曹公神明英武，德安四方，先归顺的人必会得到重赏。”昌豨投降。张辽只身上了三公山，来到昌豨家，拜见他的家小。昌豨非常高兴，随张辽去见曹操。曹操让昌豨回去，责备张辽道：“这不是大将应用的做法。”张辽道歉并解释说：“我是靠您的威信，说是奉您的旨意行事，昌豨不一定敢加害于我。”又跟随曹操到黎阳征讨袁谭、袁尚，立下战功，代行中坚将军职。跟随曹操在邺城攻打袁尚，没有攻下。曹操回到许昌，派张辽和乐进攻下阴安，迁百姓到河南。随曹操故攻邺城，另外率军攻下赵国、常山，招降沿山一带的各路贼寇和黑山孙轻等人。又追随曹操击败袁谭，另率军攻占海滨，击溃辽东柳毅等人。回邺城后，曹操亲自出城迎接张辽，牵着他的手共乘一辆车，任命张辽为荡寇将军。张辽又率军攻打荆州，平定江夏等县返回后驻扎于临颍，被封为都亭侯。随曹操征讨柳城的袁尚，中途突遇胡兵，张辽劝曹操应战，士气十分振奋，曹操大加鼓励，将令旗授予张辽。张辽率军出击，大破胡兵，斩了单于蹋顿。

在那时荆州还没有平定，曹操派张辽在长社驻军。临出发时，军营中有图谋造反的，乘夜放火呼叫，全军都被扰乱。张辽对左右卫士说："不要动。决不是全营都反叛了，只是少数人在制造混乱，想以此扰乱军心。"于是，传令军中，不想造反的都安静地坐下，张辽带着几十个亲兵，站在大营中间。不一会，各营都安定下来，就抓到了带头谋反的人处死。陈兰、梅成煽动六安县的氐人叛变，曹操派于禁、臧霸等领兵征讨梅成，命令张辽率张郃、牛盖等人征讨陈兰。梅成佯装投降，于禁便撤军了。梅成就同陈兰合兵一处，转入灊山。灊山中有天柱峰，高耸陡峭，达二十多里，山道狭窄崎岖，宽度仅容一人通过，陈兰等在上面筑起营垒。张辽想要进军，众将都说："兵少路险，难以深入。"张辽说："这正是一对一拼搏的时候，谁勇猛谁就能占得先机。"于是就逼近到山下安营，随即发起攻击，将陈兰、梅成斩首，其余全部成了俘虏。曹操论众将功劳时说："登天柱，历险境，打败陈兰、梅成，此荡寇将军之功。"增加张辽食邑，持节。

太祖征讨孙权后，命令张辽与乐进、李典等人率七千余人驻军合肥。太祖向西征讨张鲁，把密令给护军薛悌，在信封外写着"敌人来到才能启封"。不久，孙权率十万人围攻合肥，于是大家拆开信封，令上说："如果孙权到，张辽、李典二将军迎战，护军薛悌不许参战。"众将都因敌军势盛而疑虑。张辽说："曹公远征在外，如等待救援来的话，孙权一定已经打败我们了，因此密令指出，趁敌人尚未完全包围我们时，迎战他们，挫其锐气，以安众心，然后可以坚守。成败之机在这一战，各位何必犹疑呢？"李典的意见也与张辽一样。于是，张辽连夜征募有胆量跟从他的士兵，招得八百人，杀牛来慰劳将士，明日大战。第二天天亮，张辽披甲执戟，带头冲锋陷阵，杀了敌兵数十人，斩杀了两名敌将，大喊着自己的名字，冲入敌营，直达孙权麾下。孙权大惊，众人都不知道该怎么办，跑上登高土山，以长戟自卫。张辽大叫孙权下来决战，孙权不敢动，望见张辽所率领的兵少，就聚兵包围了张辽几重。张辽左右突围，又猛向前攻击，包围冲开，张辽率领麾下数十人得以冲出，其他的士兵大喊道：“将军扔下我们吗？”张辽又返回，救出其余的士兵。孙权的人马全都溃败，没有敢抵挡的。自早上交战到中午，吴兵士气低落，张辽修护防守工事，众人的心才安定下来，众将都很佩服。孙权围守合肥十多日，城池攻不下来，就率兵撤退。张辽率众军追击，几乎捉获孙权。太祖对张辽大加赞赏，任命他为征东将军。建安二十一年，太祖又出征孙权，到了合肥，巡视之前张辽交战之处，叹息了很久。于是增加张辽的士兵，多留军队，移驻居巢。

关羽在樊城围攻曹仁时，正赶上孙权向魏称臣，太祖下诏张辽和众军回来搭救曹仁。张辽还未到达，徐晃就已打败关羽，解除了曹仁的围困。张辽和太祖在摩陂会合。张辽大军赶到时，太祖乘车出来迎接，并且慰劳他们。张辽回来驻守陈郡。文帝继魏王位，转任张辽为前将军。他的哥哥张汎和一个儿子为列侯。孙权又反叛，文帝派张辽回合肥驻守，并晋升他做了都乡侯。文帝还将车子赐给张辽的母亲，又派军队把他的家人护送到驻地，并下诏：张辽母亲到达时，仪仗队要出来迎接。张辽的部下将士都在道旁下拜，围观的人都认为张辽非常荣耀。文帝即帝位以后，封张辽为晋阳侯，增加食邑一千户，加上以前的封赏共二千六百户。

黄初二年，张辽到洛阳宫上朝，参见文帝。文帝在建始殿召见张辽，询问他当年打败吴军的具体情形！文帝听后感叹地回头对左右说：“这也是古代召虎那样的勇将啊！”他下令为张辽修建府邸，又特意为他的母亲修建房屋，当年跟随张辽打败吴军的兵士，都任作虎贲郎。孙权又一次向魏国称臣。张辽返回驻地雍丘，生了病。文帝派侍中刘晔带太医前来看望张辽，询问他病情的虎贲郎在路上络绎不绝；病未好，文帝迎接张辽到自己的行宫，亲自看望，握着他的手，赐给他自己的衣服。主管御膳的太官每天给他送去皇帝吃的饭菜。病稍有好转，张辽就回到了自己的驻地。孙权再一次叛变。文帝派张辽和曹休乘船到达海陵，在长江岸边驻扎。孙权非常害怕张辽，告诫众将说：“张辽虽然有病，但是依然勇不可当，一定要小心。”这一年，张辽和众将打败孙权的将领吕范。张辽病重，死于江都。文帝为他流下泪来，追封谥号为刚侯。儿子张虎承袭爵位。黄初六年，曹丕追念张辽、李典在合肥的功绩，下诏说：“合肥之战，张辽、李典只率步兵八百人，就击败东吴十万人马，自古用兵，从不曾有过。此战令贼寇至今丧胆。可说是国家东征西讨的能将啊！从张辽、李典食邑中各分出一百户，赐他们各一个儿子为关内侯。”张虎担任职将军，去世。张虎的儿子张统继承爵位。

乐进字文谦，他是阳平郡卫国县人。乐进身材瘦小，因为勇猛果断跟随太祖，为帐下吏。太祖派遣乐进回本郡招募士兵，得到一千多人，回来后出任军假司马、陷陈都尉。跟随太祖在濮阳攻打吕布，在雍丘攻打张超，在苦县攻打桥蕤，都能率先攻入敌阵，立下战功，封广昌亭侯。跟随太祖在安众征讨张绣，在下邳围攻吕布，打败了张绣、吕布，另外率军在射犬攻打眭固，在沛县攻打刘备，都打败敌军取得胜利，被任命为讨寇校尉。渡过黄河攻打获嘉，回师后跟随曹操在官渡攻打袁绍，奋勇作战，斩杀了袁绍大将淳于琼。跟随太祖在黎阳攻打袁谭、袁尚，斩杀敌方的大将严敬，代理游击将军。又另外率军攻打黄巾军，大败黄巾军，平定乐安郡。跟随太祖围攻邺城，邺城平定以后，跟随太祖在南皮攻打袁谭，率先陷敌阵，攻入南皮城东门。袁谭失败之后，又另外率军攻打雍奴，击败敌军。建安十一年，太祖上表汉献帝，称赞乐进和于禁、张辽说："这三人不仅武艺高强，谋略周备，而且忠心耿耿，信守节义，每当临战攻击敌人，常为督率，奋勇向前，无坚不摧，亲擂战鼓，手不知疲倦。又派三人单独率兵征伐，统率军队，抚慰将士有方，遵守命令不违军纪，临敌果断，军务处置没有差错。论功叙用，应当使三人分别受到恩宠，出任显要的职务。"于是，于禁出任虎威将军，乐进出任折冲将军，张辽出任荡冠将军。

乐进率军讨伐高幹，从北路进入上党，迂回至敌军后方。高幹撤军守护壶关。乐进连续作战，杀伤许多敌兵。高幹坚守壶关，未能攻破。曹操亲自率兵前来，才攻下。曹操征讨管承，驻军淳于，派乐进和李典进攻。管承抵挡不住逃进海岛，海滨一带得以平定。当时荆州还没有平定，曹操派乐进屯兵阳翟。从此以后，乐进随曹操平定荆州，留驻襄阳，进攻关羽、苏非等人，南郡各山谷中蛮夷部落都到乐进那里投降。乐进又奉命讨伐刘备治下的临沮县杜普、旌阳县梁大，都打败了他们。乐进跟随曹操征讨孙权，被授节杖。曹操回京以后，留乐进、张辽和李典驻军合肥，增加乐进食邑五百户，连同以前的共一千二百户。因为乐进多次立功，特意分其食邑五百户，封他的一个儿子为列侯。乐进升任右将军，建安二十三年去世，谥号威侯。他的儿子乐綝袭爵。乐綝勇敢刚毅，有父亲的遗风，官至扬州刺史。诸葛诞谋反，突袭乐綝，杀死了他。朝廷下诏深表哀悼，追赠卫尉，谥号愍侯。儿子乐肇承袭爵位。

于禁字文则，他是泰山钜平县人。黄巾军起兵造反，鲍信聚集徒众，于禁参加了他的队伍。曹操担任兖州牧时，于禁与众人都去投奔，担任队长，在将军王朗的治下。王朗对于禁的才能感到很惊异，就推荐他，认为他的才能可任大将军。曹操召见与他谈话，很是欣喜任命他为军中司马，派他率兵马到徐州，攻打广威。破广威以后，曹操任命他为陷陈都尉。随曹操到濮阳征讨吕布，于禁单独率兵在城南攻破了吕布的两支人马，又在须昌打败了高雅。跟随曹操攻打寿张、定陶、离狐，在雍丘围攻张超，全都攻克。又随曹操讨伐黄巾军刘辟、黄邵，屯驻版梁。黄邵等乘夜偷袭曹营，于禁率部下迎击，杀死了黄邵等，使敌全部投降。升任平虏校尉。随曹操在苦县包围桥蕤，斩桥蕤等四名敌将。又随曹操进军宛县，张绣投降。后来张绣反叛，曹操败退回舞阴。当时魏军混乱，各队人马都擅自行动回到曹操处，只有于禁率领几百名部下的士兵，且战且退，虽然有负伤战死的也没有离散。追势稍缓，于禁从容整编队伍，敲着战鼓回营。还没有到曹操驻地，途中看到十多个狼狈不堪的伤兵，正在逃跑，于禁问其缘故，回答说："被青州兵抢劫。"当初黄巾军投降的时候，号称青州兵，曹操对他们很宽容，所以敢乘机抢掠。于禁大怒，发布命令说："青州兵也属曹公统辖，还胆敢继续为贼吗！"于是就领兵声讨他们，列举他们的罪过。青州兵当即跑到曹操那儿去告状。于禁到达后，先设立营寨，没有直接去见曹操。有人劝他说："青州兵已经告你的状了，应当赶快去曹公那里说明。"于禁说："现在敌兵还在后面，不一定什么时候就会追来，不事先做好防备，怎么能抵抗敌人呢？曹公明智，诬告又有什么用呢！"等到壕沟营垒都已经建好，于禁才去拜见曹操。把事情经过讲述以后，曹操高兴地对于禁说："清水大败，我都非常着急，将军在混乱中能够约束兵马，教训暴徒，坚固营垒，有不可动摇的节操，你已经超过了古代名将！"根据于禁前后战功，封益寿亭侯。又跟随曹操在穰县攻打张绣，在下邳抓获吕布，又另外和史涣、曹仁率军在射犬攻打眭固，打败并且斩杀了他。

曹操当初征讨袁绍时，袁绍兵力很强盛，许多人都担心，于禁却愿意担当先锋。曹操赞赏他的勇气，让于禁带领步兵两千人，守延津以对抗袁军，曹操则率军退回官渡。刘备占据徐州反叛，曹操出兵东征。袁绍乘机进攻于禁，于禁坚守，袁绍屡攻不下。于禁又和乐进等率步、骑兵五千，攻击袁绍的其他营寨，从延津西南沿黄河至汲县、获嘉，连烧袁军营垒三十余处，斩首、俘获袁兵数千人，降服袁绍部将何茂、王摩等二十余人。曹操又派于禁另率军屯驻原武，进攻袁绍在杜氏津的另一营寨，将其摧毁。被升为裨将军，跟随曹操回到官渡。曹操和袁绍相距不远，都垒起土山对峙。袁军向曹营射箭，士兵死伤非常多，军心恐慌。于禁督守土山，奋力作战，士气才振奋起来。打败袁绍，于禁升任偏将军。平定冀州以后，昌豨又反叛，曹操派于禁去征讨。于禁率兵马进攻昌豨，昌豨与于禁原本有交情，就前去见于禁投降。众将领都认为应该把昌豨送交曹操。于禁说："各位难道忘了曹公的命令吗？被包围以后再投降的人不能赦免。奉行法令，是为将者应有的气节。昌豨虽然是我的旧友，我又怎能为此失节？"便与昌豨诀别，流着泪将他杀了。这时曹操驻军淳于，听说此事后叹息道："昌豨投降不来找我却去找于禁，这难道不是命吗？"因此更加器重于禁。平定东海以后，任于禁为虎威将军。后来同臧霸等将攻打梅成，张辽、张郃等讨伐陈兰。于禁军到，梅成率部三千余人投降。没多久又反叛投靠陈兰。张辽与陈兰对峙，粮草缺少，于禁运粮不断地供给张辽，张辽这才打败并且并斩杀了陈兰、梅成。曹操增加于禁二百户食邑，加上以前的共一千二百户。此时，于禁和张辽、乐进、张郃、徐晃都已经是声名显赫的大将，曹操每次出征，都交替任命他们为先锋，回军的时候则担任后卫；又因于禁治军严整，缴获财物从不私自占有，得到的赏赐特别多。虽然于禁统率部下严明，却不十分得士兵的心。曹操平素厌恶朱灵，想削夺他的兵权。鉴于于禁的威望，便派于禁率数十名骑兵，带着命令，到朱灵军营夺了他的兵权，朱灵及其部下谁也不敢乱动。曹操就命令朱灵为于禁部将，大家都十分慑服。于禁使人畏惧到如此地步。升左将军，假节钺，分出他的食邑五百户，封他一个儿子为列侯。

建安二十四年，曹操住在长安，派遣曹仁到樊城讨伐关羽，让于禁协助曹仁。这一年秋天，连降大雨，汉水泛滥，平地水深数丈，于禁等七军都被水淹没。于禁和众将登上高处观察，没有地方可以躲避，关羽乘大船攻击于禁等人，于禁投降，只有庞德不肯投降而战死。曹操听说以后，哀叹了很久，说："我了解于禁三十年，怎么也没想到反不如庞德啊！"后来孙权抓获关羽，于禁又到了吴国。曹丕称帝，孙权称臣，把于禁送回来。曹丕召见于禁，他须发皆白，容貌憔悴，流泪磕头。曹丕用古人荀林父、孟明视的事安慰他，又任命他为安远将军。准备派遣他出使吴国，先让他去邺城拜谒高陵。曹丕预先让人在陵屋画上关羽战庞德、于禁投降的图形。于禁看后，羞恨不已，发病去世。他的儿子于圭继承爵位。赐于禁谥号厉侯。

张郃，字俊乂，他是河间郡鄚县人。东汉末年响应征募征讨黄巾军，做了军司马，隶属于韩馥部下，韩馥兵败，他率军归附袁绍。袁绍任他为校尉，派他抵挡公孙瓒。张郃打败公孙瓒，因战功卓越，被任为宁国中郎将。太祖曹操和袁绍在官渡对决，袁统派将领淳于琼等人驻扎在乌巢，监管粮食运送。太祖亲自带领军队猛攻乌巢。张郃向袁绍建议："曹公兵力精锐，定将淳于琼打败。如果淳于琼等人被打败，将军您的事业就付诸东流了，应当赶紧带兵去救援淳于琼他们。"郭图说："张郃的计策不好。我们不如攻打曹公的大本营，曹军势必退兵解救，这样自然就解围了。"张郃说："曹公的营垒坚固，如果去攻打，一定不能攻下。如果淳于琼人被擒，我们这些人也将会成为俘虏。"袁绍只派小股骑兵去救淳于琼，而率领重兵攻打太祖军营，不能攻下。太祖果然打败了淳于琼等人，袁绍的军队溃败逃散。郭图感到惭愧，于是进一步诬陷张郃说："张郃对我军战败感到高兴，出言不逊。"张郃非常害怕，担心被袁绍治罪，于是就逃跑，归顺了太祖。

太祖得到张郃很开心，对张郃说："从前伍子胥没有早点省悟，结果使自己身处危境，他怎比得上微子离开商纣、韩信归附汉王的智慧呢？"太祖授张郃为偏将军，封他为都亭侯；给他兵力，跟随大军去攻打邺，攻克。他又随太祖到渤海攻打袁谭，并带领军队围攻雍奴，大败他们；跟随太祖征讨柳城，和张辽一同做部队先锋，因为战功显赫，被升任为平狄将军；又带兵出征东莱郡，讨伐管承；又和张辽一起讨伐陈兰、梅成等人，将他们打败；跟随太祖在渭南打败马超、韩遂；围攻安定，使杨秋归降；和夏侯渊一同讨伐鄜县盗贼梁兴和武都郡的氐人；又打败马超，铲平宋建的势力。太祖征讨张鲁，先遣张郃监督众军去讨伐兴和氐人首领窦茂。太祖由散关进入汉中，又先派张郃监督五千步兵在前面开路。到达阳平县以后，张鲁投降，太祖退兵返回，留下张郃和夏侯渊等驻守汉中，抵抗刘备。张郃又统领各军，占领巴东、巴西，迁徙两郡的百姓到汉中。他进军宕渠，受到张飞拦截，于是返回南郑；被任命为荡寇将军。刘备在阳平驻扎，张郃在广石驻兵。刘备派一万多精兵，分成十队，夜间发起猛攻。张郃率亲兵迎战，刘备不能取胜。此后刘备在走马谷放火烧曹军的营寨，夏侯渊赶出城来救火的道上和刘备相遇，双方短兵相接。夏侯渊战死，张郃只好退守阳平。这时，曹军刚刚失去主帅，担心被刘备追击，所有部将都惊慌失色。夏侯渊的司马郭淮于是传令军中说："张将军是我方的名将，连刘备都很畏惧他；眼下形势危急，除了张将军，没人能安定军心。"于是推举张郃为军中主帅。张郃就任以后，整顿军队，安营扎寨，众将都接受他的调度，士兵情绪才安定下来。当时太祖在长安，派遣使者赐予张郃任命的符节。后来，太祖亲自来到汉中，刘备在高山上死守，不敢出来迎战。太祖就将军队撤出汉中，派张郃回师驻守陈仓。

文帝即王位，让张郃做了左将军，并晋升他为都乡侯。等到文帝即帝位时，加封他鄚侯。下诏令张郃和曹真讨伐安定卢水胡和东羌，叫张郃和曹真一同到许宫朝见，派遣他们往南与夏侯尚一同攻打江陵。张郃另外统领诸军渡过长江，夺取江洲营垒。明帝即位以后，派张郃南下驻守荆州，和司马宣王攻打孙权手下别将刘阿等人。追击到祁口，双方交战，张郃将刘阿打败。诸葛亮出兵祁山。明帝提升张郃的官位为特进，命他监督各军，在街亭抵御诸葛亮的大将马谡。马谡在南山上扎营，不下山来占据城堡驻守。张郃截断马谡的水道，发起攻击，大败马谡。南安、天水、安定三郡都反叛来响应诸葛亮，张郃一一平定了这些叛乱的郡县。明帝下诏说："贼人诸葛亮率领巴蜀兵士，阻挡张将军猛虎一般的军队。将军身披铠甲、手执利器，锋芒所指，全都攻克平定，朕非常赞赏你。给你增加食邑一千户，算上以前的封赏共四千三百户。"司马宣王在荆州训练水军，打算顺着沔江进入长江去讨伐吴国。明帝诏令张郃统领关中各军去荆州接受司马宣王的调度。到了荆州，遇上冬季水浅，大船不能航行，于是撤军驻扎在方城。诸葛亮再次出征，猛攻陈仓，明帝派驿马召张郃回京师。明帝亲自到河南城，设置酒宴为张郃送行，派遣南北军士三万人及部分武卫、虎贲保护张郃。明帝问张郃说："等将军到达，诸葛亮会不会已经攻下陈仓？"张郃知道诸葛亮孤军深入境内，没有粮草后援，不能持久作战，就回答说："臣等还没有到，诸葛亮就已经退兵了；屈指计算诸葛亮的粮食还不够十天吃的。"张郃日夜兼程进军南郑，诸葛亮退走。明帝诏令张郃返回京都，授予他征西车骑将军的官职。

张郃熟习战术，善于安营布阵，预测战况地形都很准确，从诸葛亮以下的蜀将都很害怕他。张郃虽然为武将，却爱儒士，曾推荐通晓儒经行为端正的同乡卑湛，明帝下诏说："从前祭遵为将帅的时候，奏请设置五经大夫，在军中常和儒生作雅歌投壶之戏。现在将军虽在外统领兵马，却惦记朝廷大事。我赞赏将军的美意，现在提拔卑湛为博士。”

诸葛亮再一次出师祁山。明帝诏令张郃带领诸将西到略阳，诸葛亮退守祁山，张郃追到木门，和诸葛亮军交战，流箭射中张郃的右膝，去世，谥号壮侯。儿子张雄继承侯位。张郃前后征伐立下许多战功，明帝从张郃食邑中分出部分，封张郃四个儿子为列侯。赐他的小儿子爵关内侯。

徐晃字公明，他是河东郡杨县人。在他做郡吏时，跟随车骑将军杨奉征讨贼寇有功，授骑都尉。李傕、郭汜乱长安时，徐晃劝说杨奉，让他和汉献帝退到洛阳，杨奉听从了他的建议。汉献帝渡过黄河到安邑后，封徐晃为都亭侯。到了洛阳，韩暹、董承每天争斗，徐晃劝杨奉归顺曹操，杨奉开始听从了他的建议，后来又反悔了。曹操到梁县讨伐杨奉，徐晃归顺了曹操。

曹操派徐晃攻打卷县、原武的贼寇，徐晃大获全胜，曹操升他任裨将军。徐晃随曹操征伐吕布，徐晃单独逼降吕布的部将赵庶、李邹等人。又同史涣在河内郡斩了眭固，接着又随曹操大破刘备。随后打败颜良，攻取白马城，进军到延津，大败袁绍手下另一名大将文丑，任偏将军。又和曹洪一起击败㶏彊的贼军祝臂，同史涣在故市截获袁绍粮车，功劳最多，晋封都亭侯。曹操围邺城，破邯郸，易阳县令韩范佯装献城却又负隅顽抗，曹操命徐晃进攻。徐晃来到易阳，向城中射箭传书，陈说利害，韩范悔悟要投降徐晃。徐晃对曹操说：“袁谭、袁还没有灭，那些没有被攻取的城池都在见风使舵，现在要是用武力平灭易阳，其他城就会拼死抗拒，那样河北就没有平定的日子了。希望您允许易阳投降，其余各城就都会效仿。”曹操认为非常好。徐晃又单独率兵突袭毛城，攻占了三屯。跟随曹操在南皮击败袁谭，平定平原诸郡的叛乱。跟随曹操征讨乌丸单于蹋顿，被任命为横野将军。随曹操征讨荆州，另率一军屯驻樊城，讨伐中庐、临沮、宜城的叛军。又与满宠在汉津与关羽争战，与曹仁在江陵进攻周瑜。建安十五年，徐晃率领军队讨伐太原叛军，攻克大陵，杀了叛军统帅商曜。韩遂、马超等人在关中反叛，曹操派遣徐晃屯驻汾阴以安抚河东，又赐给他牛酒，让他到祖先坟上扫墓。曹操到潼关，担心没办法渡过黄河，向徐晃询问有什么办法，徐晃说：“您统重兵准备进击，贼兵却不增派兵马驻守蒲坂，可知他们没有谋略。请让我统率精兵为先锋，渡过蒲坂津，从敌后截击，贼兵就可以擒获。”曹操说：“好！”派徐晃率领步骑兵四千人渡过蒲坂津。徐晃的将士挖战壕设栅栏安营还没有完成，敌军梁兴乘黑夜率步骑兵五千多人进攻徐晃，徐晃打退他们，曹军渡过黄河，打败马超。曹操派徐晃和夏侯渊平定隃糜、汧县的氐人，在安定与曹操会师。曹操回到邺城，又派遣徐晃和夏侯渊平定鄜县、夏阳等地的残余叛军，斩杀梁兴，招降叛众三千多户。跟随曹操征讨张鲁。徐晃又另外率兵马攻打椟县、仇夷山中的氐人，将他们全部招降。升任平寇将军。又率军为将军张顺解围，攻破叛军陈福等人三十多个堡垒。

太祖回师邺城，留下徐晃与夏侯渊在阳平对抗刘备。刘备派遣陈式等十余营士兵截断马鸣阁道，徐晃独自带领兵击败陈式部，敌兵被迫跳下山涧，死者众多。太祖听说后极为高兴，授予徐晃假节的权位，下令说：“这个阁道是汉中的咽喉要地。刘备想占据阁道切断内外联系，以夺取汉中。将军一举粉碎了敌人的计划，这是好上加好的事情。”太祖于是亲自到阳平，接应撤出汉中诸军。又派遣徐晃帮助曹仁讨伐关羽，屯驻宛县。恰好遇到汉水暴涨，于禁等军被水淹没。关羽在樊县围攻曹仁，又在襄阳围攻将军吕常。徐晃所率领的大多是新兵，难以与关羽争锋，于是就前进至阳陵陂屯驻。太祖又率军返回，派遣将军徐商、吕建等人来见徐晃，下令说：“等到我军兵马全部到齐以后，才可以一起进攻。”敌兵屯驻偃城。徐晃到偃城后，假装要修建一条大沟堑，显示出要断截敌军后路的态势，敌军见状，烧掉营垒撤走。徐晃占领偃城以后，营垒左右相连，慢慢前进，在离敌人包围圈三丈远的地方扎下营寨。还没有发动进攻时，太祖先后派遣殷署、朱盖等共十二个营的兵力来与徐晃会合。敌军在围头有驻军，另外在四冢也驻有军队。徐晃扬言说要攻打围头的驻军，却暗地里进军袭击四冢。关羽看到四冢要被攻破，亲自率步骑兵五千人出来与徐晃交战，徐晃进击，关羽兵败逃走。于是徐晃乘胜追击，和关羽一起进入包围圈内，终于打败敌人，有的敌人无路可逃，跳入沔水被淹死。太祖下令说：“敌军围城的战壕防御工事有十重。将军进军，大获全胜，终于攻破敌人的包围，斩杀许多敌人首级。我用兵三十多年，以及所听说的古代擅长用兵的人，没有敢长驱直入冲进敌人包围圈的。况且樊县、襄阳被围困的程度比当年莒县、即墨还要严重，将军的功劳，超过了古代名将孙武、司马穰苴。”徐晃整顿部队还师回到摩陂，太祖在城外七里处迎接徐晃，设置酒宴大会众将。太祖举杯向徐晃劝酒，并且慰劳徐晃说："保全樊县、襄阳，是将军的功劳啊！"当时各军都集合在这里，太祖巡视各营，其他营的士兵都离开队列观看太祖，只有徐晃军营整齐，将士站在队列里一动不动。太祖赞叹说："徐将军可以说是有汉名将周亚夫的风范啊！"

曹丕即王位，命徐晃做了右将军，加封逯乡侯。曹丕称帝，徐晃进封杨侯，与夏侯尚在上庸打败了刘备。曹丕让徐晃镇守阳平，改封阳平侯。曹叡即位后，徐晃在襄阳抵御吴将诸葛瑾。增封食邑二百户，加上以前封的共三千一百户。徐晃病重，遗嘱令家人按当时普通的衣服来装殓。

徐晃生性节俭谨慎，带领军对出征常远派探马，以观敌情，先使自己立于不败之地，再与敌交战，一旦态势有利就追击逃敌，有时士兵连吃饭的时间都没有。他常感叹说："古人担忧遇不上贤明的君主，现在我幸运地遇上了，当立功以报效，个人名利不必追求！"从不结交明党。太和元年去世，谥号壮侯。他的儿子徐盖继承爵位。徐盖去世，他的儿子徐霸继承爵位。从徐晃食邑中分出一部分，封徐晃的子孙二人为列侯。

当初，清河人朱灵在袁绍手下。曹操征讨陶谦的时候，袁绍派朱灵统领三营将士援助曹操，作战有功。后来，袁绍派来将士都返回，朱灵说："我见过的人多了，曹公才是真正贤明的君主啊。现在我已经遇上了，还去哪里呢？"于是留下来没有回到袁绍那里。他手下的士兵拥戴他，也都追随他留了下来。朱灵后来终成良将，名声仅次于徐晃等人，官至后将军，封高唐亭侯。

评论说：太祖建立如此辉煌的大业，其良将以这五位为最。于禁坚毅稳重，却没能全始全终。张郃机智巧变勇猛，乐进以骁勇果敢显名，但是但对照他们的行事，与所听到的不太相符，可能是在收录记载时所遗漏，不如张辽、徐晃二人的详备吧！

三国志卷十八·魏书十八

二李臧文吕许典二庞阎传

李典字曼成，山阳钜野人也。典从父乾，有雄气，合宾客数千家在乘氏。初平中，以众随太祖，破黄巾于寿张，又从击袁术，征徐州。吕布之乱，太祖遣乾还乘氏，慰劳诸县。布别驾薛兰、治中李封招乾，欲俱叛，乾不听，遂杀乾。太祖使乾子整将乾兵，与诸将击兰、封。兰、封破，从平兖州诸县有功，稍迁青州刺史。整卒，典徙颍阴令，为中郎将，将整军，迁离狐太守。

时太祖与袁绍相拒官渡，典率宗族及部曲输谷帛供军。绍破，以典为裨将军，屯安民。太祖击谭、尚于黎阳，使典与程昱等以船运军粮。会尚遣魏郡太守高蕃将兵屯河上，绝水道，太祖敕典、昱："若船不得过，下从陆道。"典与诸将议曰："蕃军少甲而恃水，有懈怠之心，击之必克。军不内御；苟利国家，专之可也，宜亟击之。"昱亦以为然。遂北渡河，攻蕃，破之，水道得通。刘表使刘备北侵，至叶，太祖遣典从夏侯惇拒之。备一旦烧屯去，惇率诸军追击之，典曰："贼无故退，疑必有伏。南道狭窄，草木深，不可追也。"惇不听，与于禁追之，典留守。惇等果入贼伏里，战不利，典往救，备望见救至，乃散退。从围邺，邺定，与乐进围高幹于壶关，击管承于长广，皆破之。迁捕虏将军，封都亭侯。典宗族部曲三千余家，居乘氏，自请愿徙诣魏郡。太祖笑曰："卿欲慕耿纯邪？"典谢曰："典驽怯功微，而爵宠过厚，诚宜举宗陈力；加以征伐未息，宜实郊遂之内，以制四方，非慕纯也。"遂徙部曲宗族万三千余口居邺。太祖嘉之，迁破虏将军。与张辽、乐进屯合肥，孙权率众围之，辽欲奉教出战。进、典、辽皆素不睦，辽恐其不从，典慨然曰："此国家大事，顾君计何如耳，吾可以私憾而忘公义乎！"乃率众与辽破走权。增邑百户，并前三百户。

典好学问，贵儒雅，不与诸将争功。敬贤士大夫，恂恂若不及，军中称其长者。年三十六薨，子祯嗣。文帝践阼，追念合肥之功，增祯邑百户，赐典一子爵关内侯，邑百户；谥典曰愍侯。

李通字文达，江夏平春人也。以侠闻于江、汝之间。与其郡人陈恭共起兵于朗陵，众多归之。时有周直者，众二千余家，与恭、通外和内违。通欲图杀直而恭难之。通知恭无断，乃独定策，与直克会，酒酣杀直。众人大扰，通率恭诛其党帅，尽并其营。后恭妻弟陈郃，杀恭而据其众。通攻破郃军，斩郃首以祭恭墓。又生禽黄巾大帅吴霸而降其属。遭岁大饥，通倾家振施，与士分糟糠，皆争为用，由是盗贼不敢犯。

建安初，通举众诣太祖于许。拜通振威中郎将，屯汝南西界。太祖讨张绣，刘表遣兵以助绣，太祖军不利。通将兵夜诣太祖，太祖得以复战，通为先登，大破绣军。拜裨将军，封建功侯。分汝南二县，以通为阳安都尉。通妻伯父犯法，朗陵长赵俨收治，致之大辟。是时杀生之柄，决于牧守，通妻子号泣以请其命。通曰："方与曹公戮力，义不以私废公。"嘉俨执宪不阿，与为亲交。太祖与袁绍相拒于官渡。绍遣使拜通征南将军，刘表亦阴招之，通皆拒焉。通亲戚部曲流涕曰："今孤危独守，以失大援，亡可立而待也，不如亟从绍。"通按剑以叱之曰："曹公明哲，必定天下。绍虽强盛，而任使无方，终为之虏耳。吾以死不贰。"即斩绍使，送印绶诣太祖。又击郡贼瞿恭、江宫、沈成等，皆破残其众，送其首。遂定淮、汝之地。改封都亭侯，拜汝南太守。时贼张赤等五千余家聚桃山，通攻破之。刘备与周瑜围曹仁于江陵，别遣关羽绝北道。通率众击之，下马拔鹿角入围，且战且前，以迎仁军，勇冠诸将。通道得病薨，时年四十二。追增邑二百户，并前四百户。文帝践阼，谥曰刚侯。诏曰："昔袁绍之难，自许、蔡以南，人怀异心。通秉义不顾，使携贰率服，朕甚嘉之。不幸早薨，子基虽已袭爵，未足酬其庸勋。基兄绪，前屯樊城，又有功。世笃其劳，其以基为奉义中郎将，绪平虏中郎将，以宠异焉。"

臧霸字宣高，泰山华人也。父戒，为县狱掾，据法不听太守欲所私杀。太守大怒，令收戒诣府，时送者百余人。霸年十八，将客数十人径于费西山中要夺之，送者莫敢动，因与父俱亡命东海，由是以勇壮闻。黄巾起，霸从陶谦击破之，拜骑都尉。遂收兵于徐州，与孙观、吴敦、尹礼等并聚众，霸为帅，屯于开阳。太祖之讨吕布也，霸等将兵助布。既禽布，霸自匿。太祖募索得霸，见而悦之，使霸招吴敦、尹礼、孙观、观兄康等，皆诣太祖。太祖以霸为琅邪相，敦利城、礼东莞、观北海、康城阳太守，割青、徐二州，委之于霸。太祖之在兖州，以徐翕、毛晖为将。兖州乱，翕、晖皆叛。后兖州定，翕、晖亡命投霸。太祖语刘备，令语霸送二人首。霸谓备曰："霸所以能自立者，以不为此也。霸受公生全之恩，不敢违命。然王霸之君可以义告，愿将军为之辞。"备以霸言白太祖，太祖叹息，谓霸曰："此古人之事而君能行之，孤之愿也。"乃皆以翕、晖为郡守。时太祖方与袁绍相拒，而霸数以精兵入青州，故太祖得专事绍，不以东方为念。太祖破袁谭于南皮，霸等会贺。霸因求遣子弟及诸将父兄家属诣邺，太祖曰："诸君忠孝，岂复在是！昔萧何遣子弟入侍，而高祖不拒，耿纯焚室舆榇以从，而光武不逆，吾将何以易之哉！"东州扰攘，霸等执义征暴，清定海岱，功莫大焉，皆封列侯。霸为都亭侯，加威虏将军。又与于禁讨昌豨，与夏侯渊讨黄巾余贼徐和等，有功，迁徐州刺史。沛国武周为下邳令，霸敬异周，身诣令舍。部从事謥詷不法，周得其罪，便收考竟，霸益以善周。从讨孙权，先登，再入巢湖，攻居巢，破之。张辽之讨陈兰，霸别遣至皖，讨吴将韩当，使权不得救兰。当遣兵逆霸，霸与战于逢龙，当复遣兵邀霸于夹石，与战破之，还屯舒。权遣数万人乘船屯舒口，分兵救兰，闻霸军在舒，遁还。霸夜追之，比明，行百余里，邀贼前后击之。贼窘急，不得上船，赴水者甚众。由是贼不得救兰，辽遂破之。霸从讨孙权于濡须口，与张辽为前锋，行遇霖雨，大军先及，水遂长，贼船稍进，将士皆不安。辽欲去，霸止之曰："公明于利钝，宁肯捐吾等邪？"明日果有令。辽至，以语太祖。太祖善之，拜扬威将军，假节。后权乞降，太祖还，留霸与夏侯惇等屯居巢。

文帝即王位，迁镇东将军，进爵武安乡侯，都督青州诸军事。及践阼，进封开阳侯，徙封良成侯。与曹休讨吴贼，破吕范于洞浦，征为执金吾，位特进。每有军事，帝常咨访焉。明帝即位，增邑五百，并前三年五百户。薨，谥曰威侯。子艾嗣。艾官至青州刺史、少府。艾薨，谥曰恭侯。子权嗣。霸前后有功，封子三人列侯，赐一人爵关内侯。

而孙观亦至青州刺史，假节，从太祖讨孙权，战被创，薨。子毓嗣，亦至青州刺史。

文聘字仲业，南阳宛人也，为刘表大将，使御北方。表死，其子琮立。太祖征荆州，琮举州降，呼聘欲与俱，聘曰："聘不能全州，当待罪而已。"太祖济汉，聘乃诣太祖，太祖问曰："来何迟邪？"聘曰："先日不能辅弼刘荆州以奉国家，荆州虽没，常愿据守汉川，保全土境，生不负于孤弱，死无愧于地下，而计不得已，以至于此。实怀悲惭，无颜早见耳。”遂欷歔流涕。太祖为之怆然，曰：“仲业，卿真忠臣也。”厚礼待之。授聘兵，使与曹纯追讨刘备于长阪。太祖先定荆州，江夏与吴接，民心不安，乃以聘为江夏太守，使典北兵，委以边事，赐爵关内侯。与乐进讨关羽于寻口，有功，进封延寿亭侯，加讨逆将军。又攻羽重辎于汉津，烧其船于荆城。文帝践阼，进爵长安乡侯，假节。与夏侯尚围江陵，使聘别屯沔口，止石梵，自当一队，御贼有功，迁后将军，封新野侯。孙权以五万众自围聘于石阳，甚急。聘坚守不动，权住二十余日乃解去。聘追击破之。增邑五百户，并前千九百户。

聘在江夏数十年，有威恩，名震敌国，贼不敢侵。分聘户邑封聘子岱为列侯，又赐聘从子厚爵关内侯。聘薨，谥曰壮侯。岱又先亡，聘养子休嗣。卒，子武嗣。

嘉平中，谯郡桓禺为江夏太守，清俭有威惠，名亚于聘。

吕虔字子恪，任城人也。太祖在兖州，闻虔有胆策，以为从事，将家兵守湖陆。襄贲校尉杜松部民炅母等作乱，与昌豨通。太祖以虔代松。虔到，招诱炅母渠率及同恶数十人，赐酒食。简壮士伏其侧，虔察炅母等皆醉，使伏兵尽格杀之。抚其余众，群贼乃平。太祖以虔领泰山太守。郡接山海，世乱，闻民人多藏窜。袁绍所置中郎将郭祖、公孙犊等数十辈，保山为寇，百姓苦之。虔将家兵到郡，开恩信，祖等党属皆降服，诸山中亡匿者尽出安土业。简其强者补战士，泰山由是遂有精兵，冠名州郡。济南黄巾徐和等，所在劫长吏，攻城邑。虔引兵与夏侯渊会击之，前后数十战，斩首获生数千人。太祖使督青州诸郡兵以讨东莱群贼李条等，有功。太祖令曰：“夫有其志，必成其事，盖烈士之所徇也。卿在郡以来，禽奸讨暴，百姓获安，躬蹈矢石，所征辄克。昔寇恂立名于汝、颍，耿弇建策于青、兖，古今一也。”举茂才，加骑都尉，典郡如故。虔在泰山十数年，甚有威惠。文帝即王位，加裨将军，封益寿亭侯，迁徐州刺史，加威虏将军。请琅邪王祥为别驾，民事一以委之，世多其能任贤。讨利城叛贼，斩获有功。明帝即位，徙封万年亭侯，增邑二百，并前六百户。虔薨，子翻嗣。翻薨，子桂嗣。

许褚字仲康，谯国谯人也。长八尺余，腰大十围，容貌雄毅，勇力绝人。汉末，聚少年及宗族数千家，共坚壁以御寇。时汝南葛陂贼万余人攻褚壁，褚众少不敌，力战疲极。兵矢尽，乃令壁中男女，聚治石如杅斗者置四隅。褚飞石掷之，所值皆摧碎。贼不敢进。粮乏，伪与贼和，以牛与贼易食，贼来取牛，牛辄奔还。褚乃出陈前，一手逆曳牛尾，行百余步。贼众惊，遂不敢取牛而走。由是淮、汝、陈、梁间，闻皆畏惮之。

太祖徇淮、汝，褚以众归太祖。太祖见而壮之曰："此吾樊哙也。"即日拜都尉，引入宿卫。诸从褚侠客，皆以为虎士。从征张绣，先登，斩首万计，迁校尉。从讨袁绍于官渡。时常从士徐他等谋为逆，以褚常侍左右，惮之不敢发。伺褚休下日，他等怀刀入。褚至下舍心动，即还侍。他等不知，入帐见褚，大惊愕。他色变，褚觉之，即击杀他等。太祖益亲信之，出入同行，不离左右。从围邺，力战有功，赐爵关内侯。从讨韩遂、马超于潼关。太祖将北渡，临济河，先渡兵，独与褚及虎士百余人留南岸断后。超将步骑万余人，来奔太祖军，矢下如雨。褚白太祖，贼来多，今兵渡已尽，宜去，乃扶太祖上船。贼战急，军争济，船重欲没。褚斩攀船者，左手举马鞍蔽太祖。船工为流矢所中死，褚右手并溯船，仅乃得渡。是日，微褚几危。其后太祖与遂、超等单马会语，左右皆不得从，唯将褚。超负其力，阴欲前突太祖，素闻褚勇，疑从骑是褚。乃问太祖曰："公有虎侯者安在？"太祖顾指褚，褚瞋目盻之。超不敢动，乃各罢。后数日会战，大破超等，褚身斩首级，迁武卫中郎将。武卫之号，自此始也。军中以褚力如虎而痴，故号曰虎痴；是以超问虎侯，至今天下称焉，皆谓其姓名也。

褚性谨慎奉法，质重少言。曹仁自荆州来朝谒，太祖未出，入与褚相见于殿外。仁呼褚入便坐语，褚曰："王将出。"便还入殿，仁意恨之。或以责褚曰："征南宗室重臣，降意呼君，君何故辞？"褚曰："彼虽亲重，外藩也。褚备内臣，众谈足矣，入室何私乎？"太祖闻，愈爱待之，迁中坚将军。太祖崩，褚号泣欧血。文帝践祚，进封万岁亭侯，迁武卫将军，都督中军宿卫禁兵，甚亲近焉。初，褚所蒋为虎士者从征伐，太祖以为皆壮士也，同日拜为将，其后以功为将军封侯者数十人，都尉、校尉百余人，皆剑客也。明帝即位，进封牟乡侯，邑七百户，赐子爵一人关内侯。褚薨，谥曰壮侯。子仪嗣。褚兄定，亦以军功为振威将军，都督徼道虎贲。太和中，帝思褚忠孝，下诏褒赞，复赐褚子孙二人爵关内侯。仪为钟会所杀。泰始初，子综嗣。

典韦，陈留己吾人也。形貌魁梧，膂力过人，有志节任侠。襄邑刘氏与睢阳李永为仇，韦为报之。永故富春长，备卫甚谨。韦乘车载鸡酒，伪为候者，门开，怀匕首入杀永，并杀其妻，徐出，取车上刀戟，步去。永居近市，一市尽骇。追者数百，莫敢近。行四五里，遇其伴，转战得脱。由是为豪杰所识。初平中，张邈举义兵，韦为士，属司马赵宠。牙门旗长大，人莫能胜，韦一手建之，宠异其才力。后属夏侯惇，数斩首有功，拜司马。太祖讨吕布于濮阳。布有别屯在濮阳西四五十里，太祖夜袭，比明破之。未及还，会布救兵至，三面掉战。时布身自搏战，自旦至日昳数十合，相持急。太祖募陷陈，韦先占，将应募者数十人，皆重衣两铠，弃楯，但持长矛撩戟。时西面又急，韦进当之，贼弓弩乱发，矢至如雨，韦不视，谓等人曰："虏来十步，乃白之。"等人曰："十步矣。"又曰："五步乃白。"等人惧，疾言"虏至矣"！韦手持十余戟，大呼起，所抵无不应手倒者。布众退。会日暮，太祖乃得引去。拜韦都尉，引置左右，将亲兵数百人，常绕大帐。韦既壮武，其所将皆选卒，每战斗，常先登陷陈。迁为校尉。性忠至谨重，常昼立侍终日，夜宿帐左右，稀归私寝。好酒食，饮啖兼人，每赐食于前，大饮长歠，左右相属，数人益乃供，太祖壮之。韦好持大双戟与长刀等，军中为之语曰："帐下壮士有典君，提一双戟八十斤。"

太祖征荆州，至宛，张绣迎降。太祖甚悦，延绣及其将帅，置酒高会。太祖行酒，韦持大斧立后，刃径尺，太祖所至之前，韦辄举斧目之。竟酒，绣及其将帅莫敢仰视。后十余日，绣反，袭太祖营，太祖出战不利，轻骑引去。韦战于门中，贼不得入。兵遂散从他门并入。时韦校尚有十余人，皆殊死战，无不一当十。贼前后全稍多，韦以长戟左右击之，一叉入，辄十余矛摧。左右死伤者略尽。韦被数十创，短兵接战，贼前搏之。韦双挟两贼击杀之，余贼不敢前。韦复前突贼，杀数人，创重发，瞋目大骂而死。贼乃敢前，取其头，传观之，覆军就视其躯。太祖退住舞阴，闻韦死，为流涕，募间取其丧，亲自临哭之，遣归葬襄邑，拜子满为郎中。车驾每过，常祠以中牢。太祖思韦，拜满为司马，引自近。文帝即王位，以满为都尉，赐爵关内侯。

庞德字令明，南安狟道人也。少为郡吏州从事。初平中，从马腾击反羌叛氐，数有功，稍迁至校尉。建安中，太祖讨袁谭、尚于黎阳，谭遣郭援、高幹等略取河东，太祖使锺繇率关中诸将讨之。德随腾子超拒援、幹于平阳，德为军锋，进攻援、幹，大破之，亲斩援首。拜中郎将，封都亭侯。后张白骑叛于弘农，德复随腾征之，破白骑于两殽间。每战，常陷陈却敌，勇冠腾军。后腾征为卫尉，德留属超。太祖破超于渭南，德随超亡入汉阳，保冀城。后复随超奔汉中，从张鲁。太祖定汉中，德随众降。太祖素闻其骁勇，拜立义将军，封关门亭侯，邑三百户。

侯音、卫开等以宛叛，德将所领与曹仁共攻拔宛，斩音、开，遂南屯樊，讨关羽。樊下诸将以德兄在汉中，颇疑之。德常曰："我受国恩，义在效死。我欲身自击羽。今年我不杀羽，羽当杀我。"后亲与羽交战，射羽中额。时德常乘白马，羽军谓之白马将军，皆惮之。仁使德屯樊北十里，会天霖雨十余日，汉水暴溢，樊下平地五六丈，德与诸将避水上堤。羽乘船攻之，以大船四面射堤上。德被甲持弓，箭不虚发。将军董衡、部曲将董超等欲降，德皆收斩之。自平旦力战至日过中，羽攻益急，矢尽，短兵接战。德谓督将成何曰："吾闻良将不怯死以苟免，烈士不毁节以求生，今日，我死日也。"战益怒，气愈壮，而水浸盛，吏士皆降。德与麾下将一人，五伯二人，弯弓傅矢，乘小船欲还仁营。水盛船覆，失弓矢，独抱船覆水中，为羽所得，立而不跪。羽谓曰："卿兄在汉中，我欲以卿为将，不早降何为？"德骂羽曰："竖子，何谓降也！魏王带甲百万，威振天下。汝刘备庸才耳，岂能敌邪！我宁为国家鬼，不为贼将也。"遂为羽所杀。太祖闻而悲之，为之流涕，封其二子为列侯。文帝即王位，乃遣使就德墓赐谥，策曰："昔先轸丧元，王蠋绝脰，陨身徇节，前代美之。惟侯戎昭果毅，蹈难成名，声溢当时，义高在昔，寡人愍焉，谥曰壮侯。"又赐子会等四人爵关内侯，邑各百户。会勇烈有父风，官至中卫将军，封列侯。

庞淯字子异，酒泉表氏人也。初以凉州从事守破羌长，会武威太守张猛反，杀刺史邯郸商，猛令曰："敢有临商丧，死不赦。"淯闻之，弃官，昼夜奔走，号哭丧所讫，诣猛门，衷匕首，欲因见以杀猛。猛知其义士，敕遣不杀，由是以忠烈闻。太守徐揖请为主簿。后郡人黄昂反，围城。淯弃妻子，夜逾城出围，告急于张掖、燉煌二郡。初疑未肯发兵，淯欲伏剑，二郡感其义，遂为兴兵。军未至而郡城邑已陷，揖死。淯乃收敛揖丧，送还本郡，行服三年乃还。太祖闻之，辟为掾属。文帝践阼，拜驸马都尉，迁西海太守，赐爵关内侯。后征拜中散大夫，薨。子曾嗣。

初，淯外祖父赵安为同县李寿所杀，淯舅兄弟三人同时病死，寿家喜。淯母娥自伤父仇不报，乃帏车袖剑，白日刺寿于都亭前，讫，徐诣县，颜色不变，曰："父仇已报，请受戮。"禄福长尹嘉解印绶纵娥，娥不肯去，遂强载还家。会赦得免，州郡叹贵，刊石表闾。

阎温字伯俭，天水西城人也。以凉州别驾守上邽令。马超走奔上邽，郡人任养等举众迎之。温止之，不能禁，乃驰还州。超复围州所治冀城甚急，州乃遣温密出，告急于夏侯渊。贼围数重，温夜从水中潜出。明日，贼见其迹，遣人追遮之，于显亲界得温，执还诣超。超解其缚，谓曰："今成败可见，足下为孤城请救而执于人手，义何所施？若从吾言，反谓城中，东方无救，此转祸为福之计也。不然，今为戮矣。"温伪许之，超乃载温诣城下。温向城大呼曰："大军不过三日至，勉之！"城中皆泣，称万岁。超怒数之曰："足下不为命计邪？"温不应。时超攻城久不下，故徐诱温，冀其改意。复谓温曰："城中故人，有欲与吾同者不？"温又不应。遂切责之，温曰："夫事君有死无贰，而卿乃欲令长者出不义之言，吾岂苟生者乎？"超遂杀之。

先是，河右扰乱，隔绝不通，燉煌太守马艾卒官，府又无丞。功曹张恭素有学行，郡人推行长史事，恩信甚著，乃遣子就东诣太祖，请太守。时酒泉黄华、张掖张进各据其郡，欲与恭并势。就至酒泉，为华所拘执，劫以白刃。就终不回，私与恭疏曰："大人率厉燉煌，忠义显然，岂以就在困厄之中而替之哉？昔乐羊食子，李通覆家，经国之臣，宁怀妻孥邪？今大军垂至，但当促兵以掎之耳；愿不以下流之爱，使就有恨于黄壤也。"恭即遣从弟华攻酒泉沙头、乾齐二县。恭又连兵寻继华后，以为首尾之援。别遣铁骑二百，迎吏官属，东缘酒泉北塞，径出张掖北河，逢迎太守尹奉。于是张进须黄华之助；华欲救进，西顾恭兵，恐急击其后，遂诣金城太守苏则降。就竟平安。奉得之官。黄初二年，下诏褒扬，赐恭爵关内侯，拜西域戊己校尉。数岁征还，将授以侍臣之位，而以子就代焉。恭至燉煌，固辞疾笃。太和中卒，赠执金吾。就后为金城太守，父子著称于西州。

评曰：李典贵尚儒雅，义忘私隙，美矣。李通、臧霸、文聘、吕虔镇卫州郡，并著威惠。许褚、典韦折冲左右，抑亦汉之樊哙也。庞德授命叱敌，有周苛之节。庞淯不惮伏剑，而诚感邻国。阎温向城大呼，齐解、路之烈焉。

【译文】

李典字曼成，他是山阳钜野人。李典的叔父李乾，威武雄壮，聚集宾客数千家住在乘氏。初平中，李典带领大家随曹操在寿张打败黄巾军，又跟随曹操攻击袁术，征讨徐州。吕布叛乱后，曹操派李乾回乘氏，安抚各县。吕布的别驾薛兰、治中李封联络李乾，想一起反叛曹操，李乾不从，于是薛兰、李封就将李乾杀了。曹操派李乾的儿子李整统率李乾的兵马和其他将一起攻打薛兰、李封。薛兰、李封被打败以后，李典跟随太祖平定兖州各县，立有战功，官至青州刺史。李整死了以后，李典转任颍阴令，兼任中郎将，统领李整的部众，升离狐太守。

当时太祖和袁绍在官渡对峙，李典带领领宗族及部下运输粮食布匹供应大军。袁绍失败后，太祖任命李典为裨将军，在安民城驻兵。太祖在黎阳攻打袁谭、袁尚，命李典和程昱等人用船运送军粮。正好赶上袁尚派遣魏郡太守高蕃领兵驻扎在黄河边，断绝水道，太祖命令李典、程昱："如果船只不能通过，就下改从陆路走。"李典和众将商议说："高蕃的将士缺少铠甲，只是凭着黄河水险，有懈怠之心，攻击高蕃一定能取胜。军队的行动不能由后方决定，如果对国家有利，自己决断也可以，应当赶快进攻敌人。"程昱也认为李典的意见很正确。于是北渡黄河进攻高蕃，打败了高蕃，水路得以畅通。刘表命令刘备率军北犯，到达叶县，太祖派遣李典跟随夏侯惇抵御刘备。一天清晨，刘备突然烧掉军营撤走，夏侯惇统率诸军追击，李典说："敌人无故退走，我怀疑敌人一定有埋伏。南边的道路狭窄，草木茂密，不能追击。"夏侯惇不听李典的劝告，和于禁去追赶刘备，李典留守军营。夏侯惇等人果然中了刘备的埋伏，交战失利，李典率军前往救援，刘备看见救兵到了，才率军分散撤退。李典跟随太祖围攻邺县，邺县平定以后，与乐进在壶关围攻高幹，在长广攻击管承，都打败了敌军。升任捕虏将军，封都亭侯。李典的宗族和私人武装三千多家，住在乘氏，李典自己请求把这些人迁徙到魏郡。太祖笑着说："卿想仿效耿纯吗？"李典辞谢说："李典怯懦无能，功劳微小，而爵位宠幸过于优厚，实在应该率领整个宗族来报效；加上现在征伐之事还没有止息，应当充实京畿地区，来控制四方，不是仿效耿纯。"于是迁徙部下宗族一万三千多人到邺县居住。太祖对李典很是赞赏，升职为破虏将军。和张辽、乐进驻守合肥，孙权率兵包围合肥，张辽想遵照太祖的指示出城迎战。乐进、李典、张辽平常都不很和睦，张辽担心乐进、李典二人不跟从自己出战，李典慨然说："这是国家大事，只看君的计策怎么样，我怎么会因为私怨而不顾公义呢！"于是，率领士众和张辽击败孙权，迫使其退军。太祖给李典增加食邑百户，加上以前封的共三百户。

李典好学问，尚儒雅，从不来与众将争功夺利。他尊敬贤良的士大夫，谦恭谨慎唯恐失礼，军中诸将士称他为长者。三十六岁去世，他的儿子李祯继承爵位。曹丕称帝，追念李典的战功，增封李祯食邑百户，赐予李典一个儿子关内侯的爵位，食邑百户，赐予李典谥号愍侯。

李通字文达，他是江夏平春人。李通因为侠义尚仁在长江、汝水一带著名。与同郡人陈恭在朗陵起兵造反，很多人都来归附他。当时有个叫周直的，部下有两千多户人家，与陈恭、李通面和而实疏，李通要杀掉周直，但陈恭感到为难。李通知道陈恭没有决断，便独自定计，与周直约定日期聚会，趁酒酣的时候杀了周直，众人大乱，李通带领陈恭诛杀周直部属中的首领，并吞并了他的人马，后来陈恭的妻弟陈郃，杀死陈恭并且占有了他的部众。李通击败陈郃，斩下陈郃的人头来祭奠陈恭，又活捉了黄巾军大头目吴霸并且招降了他的部属。正赶上大饥荒，李通倾其家产救济灾民，和部下同食糠菜，大家都争着为他效力。从那以后，盗贼不敢来犯。

建安初年，李通带领部众到许昌投奔曹操。曹操任命他为振威中郎将，驻军汝南西界。曹操讨伐张绣，刘表派兵帮助张绣，曹军没有取得胜利。李通连夜率兵来见曹操，曹操得以再次出战。李通首先攻入敌阵，大败张绣，被任命为裨将军，封建功侯。曹操从汝南郡分出两个县，任命李通为阳安都尉管理两个县。李通妻子的伯父犯法，郎陵县长赵俨将他抓起来处以死刑。当时生杀大权由州牧、郡守掌握，李通妻子哭泣着请求李通饶恕他伯父。李通说："我正和曹公努力成就大业，从道义上讲不能以私废公。"他赞赏赵俨秉公执法，还与他结为朋友。曹操与袁绍在官渡相持，袁绍派使者任命李通为征南将军，刘表也暗中招纳李通，李通都拒绝了。李通的亲属和部下流着泪说："现在您力孤势单，已经失去有力的援助，被消灭只是早晚的事，不如趁势归顺袁绍。"李通按剑斥责他们说："曹公明智，一定会扫清天下。袁绍虽然强盛，但是他任人不当，终究要为曹公战败。我即使死也不会有二心。"当即杀了袁绍的使者，派人把印绶送给曹操。又进攻郡里的反叛瞿恭、江宫、沈成等人，打败他们，将他们的首级送给曹操。于是淮河、汝水平定。改封都亭侯，被任命为汝南太守。叛军张赤等五千余家聚集在桃山，李通率兵马剿灭他们。刘备与周瑜把曹仁围困在江陵，关羽又断绝北面的通道。李通率军进击，下马拔升鹿角，攻入敌军包围圈，救出曹仁。李通在路上得病去世，时年四十二岁。朝廷追增他食邑二百户，加上以前封的共四百户。曹丕称帝，赐谥号刚侯，下诏说："从前袁绍作乱，自许、蔡以南，人人怀有异心。李通以道义为本，使心怀二心的人纷纷归服，我非常赞赏他。他不幸早逝，他的儿子李基虽然已经继承了爵位，但是还不足以酬报他的功勋。李基的哥哥李绪，以前驻扎樊城，又立有战功。现在任命李基为奉义中郎将，李绪为平虏中郎将。以恩宠优待他们。"

臧霸字宣高，他是泰山华县人。臧霸的父亲臧戒任县狱掾时，太守想要报私仇杀人，臧戒依照法律坚决不同意。太守大怒，下令逮捕臧戒并送到郡府，当时被押送的有一百多人。臧霸这年十八岁，带着宾客数十人抄近路在费城西面的山中拦截囚队抢夺他父亲。押送的人没有一个敢动，于是他和父亲一起逃亡到东海郡，臧霸也以勇壮而闻名。黄巾军起事，臧霸跟随陶谦打败了他们，被任为骑都尉。到徐州招兵，和孙观、吴敦、尹礼等人一起聚集人马，臧霸为首领，屯驻开阳。曹操征讨吕布时，臧霸等带兵帮助吕布。吕布被擒之后，臧霸躲了起来。曹操悬赏找到了臧霸，见面后非常欣赏他，又让臧霸招来吴敦、尹礼、孙观、孙观的哥哥孙康等人。曹操任命臧霸为琅玡相，吴敦为利城太守，尹礼为东莞太守，孙观为北海太守，孙康为城阳太守，划出青、徐二州，委托给臧霸管理。曹操驻扎在兖州的时候，以徐翕、毛晖为将。兖州发生动乱，徐翕、毛晖都反叛。后来兖州平定，徐翕、毛晖逃奔臧霸。曹操让刘备转告臧霸送来徐翕、毛晖二人的首级。臧霸对刘备说："我之所以能够自立，就是因为不做这种事。曹公对我有救命之恩，不敢违背他的命令。然而成就王霸大业的君主，可以用合乎道义的话来告求他，望将军代我向曹公说明。"刘备便把臧霸的话回告曹操，曹操很感叹，对臧霸说："以前古人做到的事你也能做，这正是我的愿望啊！"于是重新任命徐翕、毛晖为郡守。当时曹操正和袁绍相持，臧霸几次率精兵进入青州，所以曹操才能专心，对付袁绍，而没有东顾之忧。曹操在南皮打败袁谭以后，臧霸等人到曹操那里聚会。臧霸便请求让自己和众将家眷都到邺县来，曹操说："诸位忠孝可嘉，难道非用这种做法吗？从前萧何派子弟入京侍奉皇帝，汉高祖没有拒绝，耿纯烧掉房舍带着棺材追随光武帝，光武帝也没有阻拦，我还能怎么办呢！"后来青州发生暴乱，臧霸等出兵征讨叛军，平定了海滨泰山一带，因为有功都被封为列侯。臧霸进封都亭侯，加威虏将军。和于禁讨伐昌豨；与夏侯渊讨伐黄巾军余部徐和等，立有战功，升任徐州刺史。沛国人武周任下邳县令，臧霸很尊敬他，亲自到县府去拜访。徐州的部从事史不遵守法纪，武周掌握他的罪行后，将他依法处死，臧霸更加敬重武周。后来，臧霸跟随曹操征讨孙权，总是冲在前面。又进巢湖，攻居巢，打败了吴军。张辽征剿陈兰的时候，臧霸率兵讨伐皖县的吴将韩当，使孙权不能援救陈兰。韩当派兵在逢龙大战，又派兵在夹石口迎击臧霸，都被臧霸打败，臧霸回军屯驻舒县。东吴数万兵马乘船屯扎舒口，分兵援救陈兰，听说臧霸在舒县，于是就退了回去。臧霸乘夜追击。一百多里，到天明时，前后夹击使吴军腹背受敌，慌乱不已，又上不了船，很多人落入水中。吴军援助陈兰没有成功，张辽得以击溃了陈兰的军队。此后，臧霸又随曹操在濡须口与孙权交战，他与张辽任先锋，半路遇到大雨，水势渐涨，敌船渐渐靠近，曹军将士都很不安。张辽想撤退，臧霸阻止他说："曹公明察利弊，他怎么会抛弃我们！"第二天，果然接到了命令。回去后张辽把臧霸的话对曹操说了，曹操很赞赏，任命臧霸为扬威将军，授予符节。孙权称臣，曹操留下臧霸和夏侯惇屯驻居巢，自率军回去了。

曹丕即王位，晋升臧霸做了镇东将军，加封爵武安乡侯，总领青州军事。曹丕即帝位，又进封他为开阳侯，转封良成侯。和曹休讨伐吴国，在洞浦打败吕范，应召进京任执金吾，加特进。每遇军情，文帝常向臧霸咨询。明帝即位，增封食邑五百户，加上以前封的共三千五百户。去世以后，谥号威侯。他的儿子臧艾继侯位。臧艾官至青州刺史、少府。臧艾死，谥号恭侯。儿子臧权继侯位。臧霸前后立功，封三个儿子为列侯，赐一个儿子爵关内侯。

孙观也官至青州刺史，假节，随曹操讨伐孙权，与东吴交战受伤，去世。他的儿子孙毓继承爵位，也官至青州刺史。

文聘字仲业，他是南阳宛县人，原来是刘表手下大将，被派出守御北方。刘表死后，儿子刘琮继任青州刺史。曹操讨伐荆州，刘琮率众投降，叫文聘一起去，文聘说："我不能保全荆州，应在家待罪。"曹操渡过汉水，文聘才来投奔。曹操问他："你为什么来得这样晚？"文聘说："先前不能辅助刘表为国家出力，刘荆州虽然去世，但是我还是想固守汉川，守卫荆州，生不负刘氏孤儿，死不愧于地下旧主。但是势迫至此，实在惭愧，有何脸面早来相见！"说完流泪不止。曹操也为之感动，说："仲业忠臣也。”以重礼待之，拨给他军队，让他同曹纯一起追击刘备到长阪。曹操安定了荆州。江夏郡与东吴相连民心不稳，就任命文聘任江夏太守，统领北方兵马，把边境事宜都托付给他，赐关内侯。文聘与乐进至寻口讨伐关羽，立功，晋封为延寿亭侯，加官讨逆将军。又在汉津截击关羽的运粮车队，在荆城毁了关羽的战船。曹丕即帝位以后，进封文聘为长安乡侯，予符节。文聘与夏侯尚围攻江陵，曹丕命文聘另率一队人马在沔口屯驻，据守石梵。因为抵御吴军有功，升任后将军，封新野侯。孙权亲率五万军马在石阳城攻打文聘，围攻甚急，文聘坚守不动。孙权围了二十多天，退兵而去，文聘随后追击吴军。文帝增加文聘食邑五百户，连同以前的共一千九百户。

文聘在江夏驻守数十年，非常有威信，爱护百姓，名震敌国，东吴不敢侵犯。从文聘食邑中分出一部分封文聘的儿子文岱为列侯，又赐文聘的侄子文厚关内侯爵。文聘去世，谥号壮侯。文岱又早死，文聘的养子文休继侯位。文休去世，他的儿子文武继侯位。

嘉平中，谯郡桓禺任江夏太守，清廉仁爱，很有威信，名声仅次于文聘。

吕虔字子恪，他是任城县人。曹操在兖州时，听说吕虔胆识谋略过人，就任命他做了从事，让他带领家兵守卫湖陆。襄贲校尉杜松的部民炅母等人作乱，和昌豨勾结。曹操让吕虔代替杜松的职务。吕虔到任，设宴招待炅母和他共同叛乱的几十个人，给他们酒肉；又挑选强健的士兵埋伏在府衙旁边，炅母等人都喝醉了，伏兵冲出来将他们全部杀掉。吕虔又安抚余众，叛乱得以平定。曹操让吕虔兼任泰山太守。泰山郡依山连海，世道乱了以后，很多百姓都隐藏起来。袁绍设置的中郎将郭祖、公孙犊等数十个人，踞山为寇，百姓深受其苦。吕虔带家兵到达泰山，以恩德和威信，使郭祖等全都降服，藏匿在山中的百姓也都出来重新开始生活。吕虔又挑选百姓之中强壮的补充兵营，泰山郡拥有精兵，在州郡中很是有名。济南黄巾军徐和等人到处劫杀地方官吏，攻占城池。吕虔领兵与夏侯渊一同攻打他们，前后数十战，斩首俘获数千人。曹操又派吕虔率青州各郡兵马讨伐东莱郡贼寇李条等人，立有战功。曹操下令说：“志者事成，是为功业而献身的勇士所希望的。你在泰山郡任职以来，亲自冒着箭石，擒拿奸凶，讨伐强暴，使得百姓获得安宁。从前寇恂在汝南、颍川成名，耿弇在青州、兖州献策，古今都有一样的贤才啊！”举荐吕虔为茂才，授骑都尉衔，仍然掌管泰山郡。吕虔在泰山郡十多年，很有威信。曹丕即王位，加授吕虔为裨将军，封为益寿亭侯，后又升为徐州刺史，加授威虏将军。吕虔请琅玡人王祥担任别驾，把民事政务全部委托给他，世人都称赞他任能用贤。又讨伐利城的叛贼，因而有功。曹叡即位，改封吕虔为万年亭侯，增加食邑二百户，加上以前的共六百户。吕虔去世，他的儿子吕翻继嗣。吕翻去世，吕翻儿子吕桂继嗣。

许褚字仲康，他是谯郡谯县人。身高八尺多，腰阔十围，相貌雄壮，勇猛强壮大异常人。汉朝末年，许褚聚集年轻人及本族几千家，坚壁清野抵抗贼寇。汝南、葛陂有强盗一万多人来进攻许褚的壁垒。许褚人少抵敌不住，疲劳乏力，弩箭也用光了，就让堡垒中的男女老少，把石头堆成盂斗一样放在堡垒四面。许褚捡石头向敌人扔去，碰上的都被砸倒，骨头碎裂。贼人不敢向前。堡垒内缺少粮食，许褚假装和敌人讲和，用牛和贼人换粮食，贼人来取牛，牛都掉头跑回去。许褚走出阵前，一手拽住牛尾，行走一百多步。贼人惊恐，连牛也不敢要就撤走了。从此淮水、汝水、陈、梁一带的人，听到许褚的名都很害怕。

曹操占据淮水、汝南，许褚带领部众归附曹操。曹操一见到许褚便确定他是壮士，说："这是我的樊哙啊！"曹操任命他做了都尉，让他在身边警卫。跟随许褚一起来的人，曹操都用他们当虎贲卫士。许褚跟从曹操征讨张绣，他率先冲阵，斩敌数以万计，被升为校尉。又跟随曹操在官渡讨伐袁绍。当时经常跟在曹操身边的谋士徐他等人阴谋叛变想杀害曹操，因许褚时常侍卫在曹操身边而不敢动手。徐他等趁许褚休息的时候，怀藏利刃进入曹操营帐。许褚回到住处，突然心里不安，马上回到曹操大帐。徐他等人不知道，进了营帐后见到许褚，惊愕得脸色大变，许褚察觉到他们目的不善，立即拔刀杀了徐他等人。曹操更加亲信许褚，出入都带他同行，从不离身边。许褚跟从曹操围攻邺城，立有功劳，被赐予关内侯。又随曹操到潼关讨伐韩遂、马超。曹操率军北渡黄河，过河的时候，让士兵先上船，自己与许褚及一百多虎贲军在南岸断后。马超带步骑兵一万多人，向曹操兵马冲来，箭矢如雨。许褚报告曹操，说敌人来得非常多，现在大队人马已全部渡过河去，我们该离开了，便扶着曹操上船。马超追杀得很急，曹兵争相过河。船因为超载要沉没，许褚右手挥刀砍杀攀上船的士兵，左手举着马鞍为曹操挡住敌人射来的箭矢。船工被流箭射中，许褚就用右手撑船，才勉强渡过。如果没有许褚，曹操就危险了。从此以后，曹操和韩遂、马超等单马会谈，只带许褚一个人。马超恃勇，想偷偷向前突袭曹操。以前听说许褚勇猛，怀疑随从曹操的就是许褚。于是马超问曹操："曹公手下称作虎侯的人在哪儿？"曹操回头用手指指许褚，许褚圆睁双目，怒视马超。马超没敢妄动，于是各自回营。几天以后，双方交战，大败马超。许褚亲手杀死了许多敌人，升任武卫中郎将。武卫的称号，就是从这时开始的。军中因为许褚力壮如虎又憨痴，所以都叫他虎痴；因而马超有"虎侯"之问，至今天下都这样称呼他，还认为这是他的姓名。

许褚生性谨慎守法，不爱说话，朴实憨厚。曹仁从荆州入朝拜见太祖，太祖还没出来，曹仁进来在殿外碰到许褚。曹仁招呼许褚进厢房坐下谈谈，许褚说："魏王就要出来了。"说完就回头进入大殿，曹仁非常恼怒。有的人因此事责备许褚说："征南将军是曹公的宗室重臣，屈尊与君打招呼交谈，君为什么推辞？"许褚说："将军虽然亲近贵重，终究是外臣。许褚备位内臣，有事当众谈就可以了，进到房间里有什么私事吗？"太祖听说，更加喜爱厚待许褚，升任许褚为中坚将军。太祖去世以后，许褚痛哭流涕，口吐鲜血。文帝称帝，晋封许褚为万岁亭侯，升任武卫将军，都督中军宿卫禁兵，非常亲近许褚。当初，许褚所统领的做虎士的人跟随太祖征伐，太祖认为这些人都是壮士，同一天任命这些人为将军，此后因功任命为将军封侯的有数十人，做都尉、校尉的有一百余人，都是剑客。明帝即帝位以后，晋封许褚为牟乡侯，食邑七百户，赐许褚一个儿子关内侯爵位。许褚去世，谥号为壮侯。许褚儿子许仪继承爵位。许褚的哥哥许定，也因为军功出任振威将军，都督徼道虎贲。太和年间，明帝思念许褚的忠孝，下诏褒奖，又赐许褚的子孙二人关内侯的爵位。许仪后来被钟会杀害。泰始初年，许仪的儿子许综继承爵位。

典韦，他是陈留己吾县人。臂力过人，身材魁梧，有志向操行，好侠义。襄邑刘氏和睢阳李永结仇，典韦为刘氏报仇。李永曾任富春县长，家中戒备森严。典韦车载鸡、酒，假装是来拜访的人，院门打开后，用匕首杀了李永，又杀了他的妻子，然后慢慢出来，取出车上的双戟，步行离去。李永的居住地靠近街市，一市的人都很害怕，有数百人追赶他，但没有人敢靠近。走了四五里路，典韦的伙伴来接应他，边战边退才得以逃身。典韦从此被豪杰所了解。初平年间，张邈起兵，典韦归司马赵宠统领。因为牙门旗十分高大，没有人能拿得动，典韦一只手就把大旗竖了起来，赵宠惊异他的力量。后来归夏侯惇统领，屡立战功，任命为官司马。曹操在濮阳讨伐吕布，吕布有一支人马驻扎在濮阳西四五十里处，曹操率兵夜间去偷袭，天亮的时候击败了敌军。还没有来得及撤回，遭遇到吕布的救兵，三面围攻曹操的兵马。吕布亲身搏战，从早到午双方交战数十次，非常激烈。曹操招募敢冲锋陷阵的士卒，典韦抢先报名，率领应募的几十个人，穿着双层铠甲，丢下盾牌，只手持长矛大戟。此时西面危急，典韦率兵抵挡敌人，只见弓弩乱发，箭下如雨，典韦对身边的士兵说："敌距十步再告诉我。"士兵说："十步了。"又命令说："距五步再告我。"士兵们都着急地喊："敌人到了！"典韦手持十几支戟，大吼一声，飞戟刺敌，敌人应手而倒。吕布退回。正好天色已晚，曹操于是领兵撤离。曹操任命典韦为都尉，跟随自己左右，率领亲兵数百人，经常环绕大帐巡逻。典韦不仅自己雄壮威武，他所统领的士兵也都是经过特别挑选的，每次战斗，都冲锋在前。晋升为校尉。典韦忠诚稳重，常常白天站着侍卫一天，晚上还睡在大帐附近，很少回到住处。喜欢喝酒吃肉，酒量饭量是常人的一倍。每次曹操赏赐饮食放在面前，看他吃喝，左右人也都匀给他酒菜，要几个人给他才够吃，曹操很欣赏他的豪放。典韦喜欢持大双戟，军中歌谣说："帐下壮士有典君，提一双戟八十斤。"

曹操讨伐荆州，到达宛城，张绣归顺投降。曹操很是高兴，设宴款待他及其他将领，曹操依次敬酒，典韦手持大斧侍立在后，斧刃长达一尺，曹操每到一个人面前敬酒，典韦就举着大斧注视对方。直到酒宴结束，张绣和他的将领没有一人敢抬头看一眼。十多天以后，张绣反叛，偷袭曹营。曹操迎战失利，骑马奔逃。典韦在营门前阻击，张绣士兵无法进入，于是分散着从其他营门攻了进去。当时典韦手下有十几个人，都拼命死战，无不以一当十。赶到的敌兵越来越多，典韦长戟舞动，一戟下去，敌人就有十多支矛被折断。手下的人差不多死伤殆尽，典韦也身受数十处创伤，却仍然和敌搏斗而不退。典韦左右两腋各挟死一个敌兵，其余的都吓得不敢上前。典韦又冲入敌群，杀死数人，最终因为创伤迸发，瞪眼大骂而死。敌兵这才敢上前，砍下他的头相互传看，消灭了其他曹兵之后又去观看他的尸体。曹操退到舞阴，听说典韦战死，而泪流满面，悬赏募人偷偷取回他的尸体，亲自到灵前哭吊，派人将灵柩送回原籍襄邑安葬，任用典韦的儿子典满为郎中。曹操的车驾每次路过襄邑，都用猪羊祭祀他。曹操思念典韦，任命典满为司马，安排在自己身旁。曹丕即王位，任命典满为都尉，赐关内侯。

庞德字令明，他是南安狟道县人。少时曾经做了郡吏、州从事。初平年间，庞德跟随马腾击败羌、氐叛军，屡立战功，逐渐升到校尉。建安年间，曹操在黎阳讨伐袁谭、袁尚。袁谭派郭援、高幹等一些人去夺占河东，曹操命钟繇率关中诸将讨伐他们。庞德随马腾的儿子马超在平阳迎战郭援、高幹，庞德任先锋，进攻郭援、高幹，大败敌军，亲手斩杀了郭援。升中郎将，封都亭侯。后来，张白骑在弘农郡反叛，庞德再次随马腾出征，在两郩之间击败张白骑。每次出战，庞德总是攻敌在前，击退敌人，在马腾军中最为勇猛。后来马腾被征召做了卫尉，庞德归马超统领。曹操在渭南打败马超，庞德随马超逃入汉阳，据冀城自保。后来，又随马超逃奔汉中，跟随张鲁。曹操平定汉中，庞德跟随众人一起投降。曹操早就听说庞德骁勇，任命他为立义将军，封关门亭侯，食邑三百户。

侯音、卫开等人据宛县反叛，庞德率部下和曹仁一起进攻宛县，杀死了侯音、卫开，又驻军樊城，征战关羽。樊城众将因庞德的堂兄在蜀国效力，很有些猜疑。庞德说："我深受曹公之恩，义在为国捐躯。我要亲自击杀关羽。今年不是我杀他，就是关羽杀我。"后来和关羽交战，箭射关羽的额头。当时庞德常骑白马，关羽军中称他为白马将军，都非常畏惧他。曹仁派庞德驻扎在樊城北十里处，正赶上大雨连降十多天，汉水暴涨，平地水深五六丈，庞德与众将登上堤坝避水。关羽乘船进攻，用大船四面包围向堤上射箭。庞德披甲持弓，箭不虚发。将军董衡、部曲将董超等人想要投降，庞德把他们都杀掉。从天亮力战过午，关羽的进攻越来越猛，庞德军箭矢用尽。庞德对督将成何说："我听说良将在死亡面前决不苟生，有气节的人不自毁节操而求生，今天就是我死的日子。"于是作战更加勇猛，气势更加雄壮，而水势也越来越大，将士们都投降了。庞德和麾下将领一人、五伯二人，乘小船准备回到曹仁大营。因水大船被掀翻，弓矢尽失，被关羽抓到。庞德立而不跪。关羽对他说："你兄长在汉中，我想让你做将军，你为什么不早投降？"庞德骂关羽说："小子，什么叫投降！魏王带兵百万，威震天下。刘备只是庸才罢了，怎么能和我们为敌！我宁做国家的鬼，也不做贼军的将。"于是，被关羽杀掉。曹操听说后很是悲痛，为他泪流，封他的两个儿子为列侯。曹丕即王位后，派使者到庞德墓前赐给他谥号，策书说："从前先轸丢掉脑袋，王蠋绞断头颈，他们为全节而不惜性命，受到前代和后人的赞美。您的勇敢坚毅，赴汤蹈火，已经声誉远扬，道义超过了前贤，我深感痛惜，赐予你谥号为壮侯。”又赐给庞德的儿子庞会等四人为关内侯，食邑各一百户。庞会勇猛刚烈，有其父的遗风，官至中尉将军，封为列侯。

庞淯字子异，他是酒泉表氏县人。当初以凉州从事代理破羌县长，正赶上当时武威太守张猛反叛，杀了凉州刺史邯郸商，张猛下达命令说：“敢为邯郸商吊丧者，一概处死。”庞淯听说了，弃官兼程，大哭着拜祭邯郸商，之后，怀揣匕首来到张猛门前，想乘见面时刺杀他。张猛知他是义士，下令放他走了。从此以后庞淯以忠烈闻名凉州内外。酒泉太守徐揖请他任主簿。后来酒泉人黄昂造反，围攻郡城，庞淯抛妻别子乘夜越城逃出，向张掖、敦煌两郡告急。两郡的太守犹疑着不肯发兵，庞淯便拔剑要自杀，两郡太守被他的义气感动，发兵救援。援军未到酒泉已攻破，徐揖被害。庞淯于是就收敛徐揖的遗体，送回他的老家安葬，为他守丧三年。曹操听说后，征召他为掾属。曹丕登极，任命他为驸马都尉，又调任西海郡太守，赐封关内侯，后来拜为中散大夫。逝世，儿子庞曾承袭爵位。

起初，庞淯的外祖父赵安被同县人李寿杀了，庞淯的三个舅舅也一同病死，李寿家非常开心。庞淯的母亲赵娥伤心父仇未报，便乘着带篷的车子，袖中藏着利剑，白天在都亭前刺杀了李寿，然后从容地来到县衙，面不改色地说：“父仇已报，请求受刑。”禄福县长尹嘉宁肯弃官也要放她逃走，赵娥不走，尹嘉就强行把她拉到车里送回家。正赶上大赦得以免刑，州郡的人都赞叹她的义烈品质，刻石立碑以表彰她的孝行和她的家庭。

阎温字伯俭，他是天水西城县人。以凉州别驾代理上邽县令。马超逃亡到了上邽，郡民任养等人带领众人迎接他。阎温想阻止他们，但没有做到，于是，骑马驰还凉州治所冀城。马超又围攻冀城，攻势猛烈，凉州刺史派阎温偷偷出城，向夏侯渊求救。包围圈有好几层，阎温乘夜从水道中潜水出城。第二天，马超的巡哨发现了他的行踪，就追赶拦截，在显亲县界抓到了他，押送回来见马超。马超亲自解开他的绑绳，说：“现在成败已经成定局，您为孤城请救兵却被抓住，还向哪里去施行道义？听我的话去对城里说，救兵不会来了，这是您自救的办法。不这样做，必然被杀。”阎温假意答应了，马超就用车拉着阎温来到城下。阎温向城中大声喊道：“大军不过三天就到了，要坚守啊！”城里人都感动得哭了，高呼万岁。马超恼怒地说:“你真的不想活了?”阎温不答。马超因为很长时间攻城不下,所以想让阎温投降,就又对阎温说:“城里的旧友,有没有想跟随我的?”阎温还不回答。于是马超又严厉地斥责他,阎温说:“侍奉君主的人,即使死了也不能有二心,而你却想让我这个做县令的说出不义的话做出不仁的事,我决不贪生怕死!”马超杀了他。

在这之前,黄河以西纷扰混乱,交通阻断,和朝廷没有联系,敦煌太守马艾死在任上,郡府中又没有郡丞。功曹张恭学识品行一向被众人称赞,郡里人都推举他代行长史的职务,恩德信誉很得人心。他派儿子张就去见曹操,请求派一位太守。当时酒泉人黄华、张掖人张进各自占据本郡,想与张恭联合割据一方。张就到了酒泉,被黄华截留,又用刀威逼他。张就始终不肯回去,暗地里写信给张恭说:“父亲管理敦煌,忠义昭著,怎么能因为我处在危险之中而改变操行呢?从前乐羊喝儿子的肉煮成的羹;李通不惜全家覆没。为国效力的大臣,怎可顾及妻子儿女?如今大军马上到了,应督促兵士抵制敌人;希望您不要因对儿子的爱怜,而使我遗恨九泉。”张恭立即派堂弟张华进攻酒泉郡的沙头、乾齐二县。张恭又亲率兵作为张华的后续部队,使之首尾相援。又另外派遣二百名铁骑,沿酒泉北部和张掖北面的河流,去迎候太守尹奉。此时,张进正等着黄华的援助;黄华虽想救张进,又担心张恭突袭自己的后方,于是,到金城太守苏则那儿投降。张就平安返回。尹奉上任。黄初二年,朝廷下诏嘉奖,赐张恭关内侯的爵位,任命他为西域戊己校尉。几年之后应召还朝,并且让他在朝廷为官,由他的儿子张就代替他的职务。张恭到达敦煌,因为病情严重就推辞了。太和年间张恭去世,朝廷追赠他执金吾职衔。张就后来担任金城太守,父子二人在凉州都很有名。

评论说:李典崇尚儒雅,因为公义而不计较私怨,品行真是美好!李通、臧霸、文聘、吕虔镇守州郡,都很有威信。许褚、典韦在曹操左右制敌取胜,这和汉代的樊哙是一样的吧!庞德不顾性命斥责敌人,有汉代周苛的节操。庞淯不害怕伏剑自刎,用他的真诚感动了邻郡。阎温在敌人押解之下向城内大呼,可以与晋之解扬、齐之路中大夫的忠烈相媲美啊!

三国志卷十九·魏书十九

任城陈萧王传

任城威王彰，字子文。少善射御，膂力过人，手格猛兽，不避险阻。数从征伐，志意慷慨。太祖尝抑之曰：“汝不念读书慕圣道，而好乘汗马击剑，此一夫之用，何足贵也！”课彰读《诗》《书》，彰谓左右曰：“丈夫一为卫、霍，将十万骑驰沙漠，驱戎狄，立功建号耳，何能作博士邪？”太祖尝问诸子所好，使各言其志。彰曰：“好为将。”太祖曰：“为将奈何？”对曰：“被坚执锐，临难不顾，为士卒先；赏必行，罚必信。”太祖大笑。建安二十一年，封鄢陵侯。

二十三年，代郡乌丸反，以彰为北中郎将，行骁骑将军。临发，太祖戒彰曰：“居家为父子，受事为君臣，动以王法从事，尔其戒之！”彰北征，入涿郡界，叛胡数千骑卒至。时兵马未集，唯有步卒千人，骑数百匹。用田豫计，固守要隙，虏乃退散。彰追之，身自搏战，射胡骑，应弦而倒者前后相属。战过半日，彰铠中数箭，意气益厉，乘胜逐北，至于桑乾，去代二百余里。长史诸将皆以为新涉远，士马疲顿，又受节度，不得过代，不可深进，违令轻敌。彰曰：“率师而行，唯利所在，何节度乎？胡走未远，追之必破。从令纵敌，非良将也。”遂上马，令军中：“后出者斩。”一日一夜与虏相及，击，大破之，斩首获生以千数。彰乃倍常科大赐将士，将士无不悦喜。时鲜卑大人轲比能将数万骑观望强弱，见彰力战，所向皆破，乃请服。北方悉平。时太祖在长安，召彰诣行在所。彰自代过邺，太子谓彰曰：“卿新有功，今西见上，宜勿自伐，应对常若不足者。”彰到，如太子言，归功诸将。太祖喜，持彰须曰：“黄须儿竟大奇也！”

太祖东还，以彰行越骑将军，留长安。太祖至洛阳，得疾，驿召彰，未至，太祖崩。文帝即王位，彰与诸侯就国。诏曰：“先王之道，庸勋亲亲，并建母弟，开国承家，故能藩屏大宗，御侮厌难。彰前受命北伐，清定朔土，厥功茂焉。增邑五千，并前万户。”黄初二年，进爵为公。三年，立为任城王。四年，朝京都，疾薨于邸，谥曰威。至葬，赐銮辂、龙旗，虎贲百人，如汉东平王故事。子楷嗣，徙封中牟。五年，改封任城县。太和六年，复改封任城国，食五县二千五百户。青龙三年，楷坐私遣官属诣中尚方作禁物，削县二千户。正始七年，徙封济南，三千户。正元、景元初，连增邑，凡四千四百户。

陈思王植字子建。年十岁余，诵读《诗》《论》及辞赋数十万言，善属文。太祖尝视其文，谓植曰：“汝倩人邪？”植跪曰：“言出为论，下笔成章，顾当面试，奈何倩人？”时邺铜雀台新成，太祖悉将诸子登台，使各为赋。植援笔立成，可观，太祖甚异之。性简易，不治威仪。舆马服饰，不尚华丽。每进见难问，应声而对，特见宠爱。建安十六年，封平原侯。十九年，徙封临菑侯。太祖征孙权，使植留守邺，戒之曰：“吾昔为顿丘令，年二十三。思此时所行，无悔于今。今汝年亦二十三矣，可不勉与！”植既以才见异，而丁仪、丁廙、杨脩等为之羽翼。太祖狐疑，几为太子者数矣。而植任性而行，不自彫励，饮酒不节。文帝御之以术，矫情自饰，宫人左右，并为之说，故遂定为嗣。二十二年，增植邑五千，并前万户。植尝乘车行驰道中，开司马门出。太祖大怒，公车令坐死。由是重诸侯科禁，而植宠日衰。太祖既虑终始之变，以杨脩颇有才策，而又袁氏之甥也，于是以罪诛脩。植益内不自安。二十四年，曹仁为关羽所围。太祖以植为南中郎将，行征虏将军，欲遣救仁，呼有所敕戒。植醉不能受命，于是悔而罢之。

文帝即王位，诛丁仪、丁廙并其男口。植与诸侯并就国。黄初二年，监国谒者灌均希指，奏“植醉酒悖慢，劫胁使者”。有司请治罪，帝以太后故，贬爵安乡侯。其年改封鄄城侯。三年，立为鄄城王，邑二千五百户。

四年，徙封雍丘王。其年，朝京都。上疏曰：

臣自抱衅归藩，刻肌刻骨，追思罪戾，昼分而食，夜分而寝。诚以天罔不可重离，圣恩难可再恃。窃感《相鼠》之篇，无礼遄死之义，形影相吊，五情愧赧。以罪弃生，则违古贤“夕改”之劝，忍活苟全，则犯诗人“胡颜”之讥。伏惟陛下德象天地，恩隆父母，施畅春风，泽如时雨。是以不别荆棘者，庆云之惠也；七子均养者，尸鸠之仁也；舍罪责功者，明君之举也；矜愚爱能者，慈父之恩也：是以愚臣徘徊于恩泽而不能自弃者也。

前奉诏书，臣等绝朝，心离志绝，自分黄耇无复执珪之望。不图圣诏猥垂齿召，至止之日，驰心辇毂。僻处西馆，未奉阙廷，踊跃之怀，瞻望反仄。谨拜表献诗二篇，其辞曰："於穆显考，时惟武皇，受命于天，宁济四方。朱旗所拂，九土披攘，玄化滂流，荒服来王。超商越周，与唐比踪。笃生我皇，奕世载聪，武则肃烈，文则时雍，受禅炎汉，临君万邦。万邦既化，率由旧则；广命懿亲，以藩王国。帝曰尔侯，君兹青土，奄有海滨，方周于鲁，车服有辉，旗章有叙，济济隽乂，我弼我辅。伊予小子，恃宠骄盈，举挂时网，动乱国经。作藩作屏，先轨是堕，傲我皇使，犯我朝仪。国有典刑，我削我绌，将置于理，元凶是率。明明天子，时笃同类，不忍我刑，暴之朝肆，违彼执宪，哀予小子。改封兖邑，于河之滨，股肱弗置，有君无臣，荒淫之阙，谁弼予身？茕茕仆夫，于彼冀方，嗟予小子，乃罹斯殃。赫赫天子，恩不遗物，冠我玄冕，要我朱绂。朱绂光大，使我荣华，剖符授玉，王爵是加。仰齿金玺，俯执圣策，皇恩过隆，祗承怵惕。咨我小子，顽凶是婴，逝惭陵墓，存愧阙廷。匪敢傲德，实恩是恃，威灵改加，足以没齿。昊天罔极，性命不图，常惧颠沛，抱罪黄垆。愿蒙矢石，建旗东岳，庶立豪氂，微功自赎。危躯授命，知足免戾，甘赴江、湘，奋戈吴、越。天启其衷，得会京畿，迟奉圣颜，如渴如饥。心之云慕，怆矣其悲，天高听卑，皇肯照微！"又曰："肃承明诏，应会皇都，星陈夙驾，秣马脂车。命彼掌徒，肃我征旅，朝发鸾台，夕宿兰渚。芒芒原隰，祁祁士女，经彼公田，乐我稷黍。爰有樛木，重阴匪息；虽有糇粮，饥不遑食。望城不过，面邑匪游，仆夫警策，平路是由。玄驷蔼蔼，扬镳漂沫；流风翼衡，轻云承盖。涉涧之滨，缘山之隈，遵彼河浒，黄阪是阶。西济关谷，或降或升；騑骖倦路，再寝再兴。将朝圣皇，匪敢晏宁；弭节长骛，指日遄征。前驱举燧，后乘抗旌；轮不辍运，鸾无废声。爰暨帝室，税此西墉；嘉诏未赐，朝觐莫从。仰瞻城阈，俯惟阙廷；长怀永慕，忧心如酲。"

帝嘉其辞义，优诏答勉之。

六年，帝东征，还过雍丘，幸植宫，增户五百。太和元年，徙封浚仪。二年，复还雍丘。植常自愤怨，抱利器而无所施，上疏求自试曰：

臣闻士之生世，入则事父，出则事君；事父尚于荣亲，事君贵于兴国。故慈父不能爱无益之子，仁君不能畜无用之臣。夫论德而授官者，成功之君也；量能而受爵者，毕命之臣也。故君无虚授，臣无虚受；虚授谓之谬举，虚受谓之尸禄，《诗》之"素餐"所由作也。昔二虢不辞两国之任，其德厚也；旦、奭不让燕、鲁之封，其功大也。今臣蒙国重恩，三世于今矣。正值陛下升平之际，沐浴圣泽，潜润德教，可谓厚幸矣。而窃位东藩，爵在上列，身被轻煖，口厌百味，目极华靡，耳倦丝竹者，爵重禄厚之所致也。退念古之受爵禄者，有异于此，皆以功勤济国，辅主惠民。今臣无德可述，无功可纪，若此终年无益国朝，将挂风人“彼其”之讥。是以上惭玄冕，俯愧朱绂。

方今天下一统，九州晏如，而顾西有违命之蜀，东有不臣之吴，使边境未得脱甲，谋士未得高枕者，诚欲混同宇内以致太和也。故启灭有扈而夏功昭，成克商、奄而周德著。今陛下以圣明统世，将欲卒文、武之功，继成、康之隆，简贤授能，以方叔、召虎之臣镇御四境，为国爪牙者，可谓当矣。然而高鸟未挂于轻缴，渊鱼未县于钓饵者，恐钓射之术或未尽也。昔耿弇不俟光武，亟击张步，言不以贼遗于君父。故车右伏剑于鸣毂，雍门刎首于齐境，若此二士，岂恶生而尚死哉？诚忿其慢主而陵君也。夫君之宠臣，欲以除患兴利；臣之事君，必以杀身靖乱，以功报主也。昔贾谊弱冠，求试属国，请系单于之颈而制其命；终军以妙年使越，欲得长缨缨其王，羁致北阙。此二臣，岂好为夸主而耀世哉？志或郁结，欲逞其才力，输能于明君也。昔汉武为霍去病治第，辞曰：“匈奴未灭，臣无以家为！”夫忧国忘家，捐躯济难，忠臣之志也。今臣居外，非不厚也，而寝不安席，食不遑味者，伏以二方未克为念。

伏见先武皇帝武臣夙将，年耆即世者有闻矣。虽贤不乏世，宿将旧卒，犹习战陈，窃不自量，志在效命，庶立毛发之功，以报所受之恩。若使陛下出不世之诏，效臣锥刀之用，使得西属大将军，当一校之队，若东属大司马，统偏舟之任，必乘危蹈险，骋舟奋骊，突刃触锋，为士卒先。虽未能禽权馘亮，庶将虏其雄率，歼其丑类，必效须臾之捷，以灭终身之愧，使名挂史笔，事列朝策。虽身分蜀境，首县吴阙，犹生之年也。如微才弗试，没世无闻，徒荣其躯而丰其体，生无益于事，死无损于数，虚荷上位而忝重禄，禽息鸟视，终于白首，此徒圈牢之养物，非臣之所志也。流闻东军失备，师徒小衄，辍食弃餐，奋袂攘衽，抚剑东顾，而心已驰于吴会矣。

臣昔从先武皇帝南极赤岸，东临沧海，西望玉门，北出玄塞，伏见所以行军用兵之势，可谓神妙矣。故兵者不可豫言，临难而制变者也。志欲自效于明时，立功于圣世。每览史籍，观古忠臣义士，出一朝之命，以徇国家之难，身虽屠裂，而功铭著于鼎钟，名称垂于竹帛，未尝不拊心而叹息也。臣闻明主使臣，不废有罪。故奔北败军之将用，秦、鲁以成其功；绝缨盗马之臣赦，楚、赵以济其难。臣窃感先帝早崩，威王弃世，臣独何人，以堪长久！常恐先朝露，填沟壑，坟土未干，而身名并灭。臣闻骐骥长鸣，则伯乐照其能；卢狗悲号，则韩国知其才。是以效之齐、楚之路，以逞千里之任；试之狡兔之捷，以验搏噬之用。今臣志狗马之微功，窃自惟度，终无伯乐、韩国之举，是以于邑而窃自痛者也。

夫临博而企竦，闻乐而窃抃者，或有赏音而识道也。昔毛遂，赵之陪隶，犹假锥囊之喻，以寤主立功，何况巍巍大魏多士之朝，而无慷慨死难之臣乎！夫自衒自媒者，士女之丑行也。干时求进者，道家之明忌也。而臣敢陈闻于陛下者，诚与国分形同气，忧患共之者也。冀以尘雾之微补益山海，荧烛末光增辉日月，是以敢冒其丑而献其忠。

三年，徙封东阿。五年，复上疏求存问亲戚，因致其意曰：

臣闻天称其高者，以无不覆；地称其广者，以无不载；日月称其明者，以无不照；江海称其大者，以无不容。故孔子曰："大哉尧之为君！惟天为大，惟尧则之。"夫天德之于万物，可谓弘广矣。盖尧之为教，先亲后疏，自近及远。其《传》曰："克明峻德，以亲九族；九族既睦，平章百姓。"及周之文王亦崇厥化，其《诗》曰："刑于寡妻，至于兄弟，以御于家邦。"是以雍雍穆穆，风人咏之。昔周公吊管、蔡之不咸，广封懿亲以藩屏王室，《传》曰："周之宗盟，异姓为后。"诚骨肉之恩爽而不离，亲亲之义实在敦固，未有义而后其君，仁而遗其亲者也。

伏惟陛下资帝唐钦明之德，体文王翼翼之仁，惠洽椒房，恩昭九族，群后百寮，番休递上，执政不废于公朝，下情得展于私室，亲理之路通，庆吊之情展，诚可谓恕己治人，推惠施恩者矣。至于臣者，人道绝绪，禁锢明时，臣窃自伤也。不敢过望交气类，修人事，叙人伦。近且婚媾不通，兄弟乖绝，吉凶之问塞，庆吊之礼废，恩纪之违，甚于路人，隔阂之异，殊于胡越。今臣以一切之制，永无朝觐之望，至于注心皇极，结情紫闼，神明知之矣。然天实为之，谓之何哉！退唯诸王常有戚戚具尔之心，愿陛下沛然垂诏，使诸国庆问，四节得展，以叙骨肉之欢恩，全怡怡之笃义。妃妾之家，膏沐之遗，岁得再通，齐义于贵宗，等惠于百司，如此，则古人之所叹，风雅之所咏，复存于圣世矣。

臣伏自惟省，无锥刀之用。及观陛下之所拔授，若以臣为异姓，窃自料度，不后于朝士矣。若得辞远游，戴武弁，解朱组，佩青绂，驸马、奉车，趣得一号，安宅京室，执鞭珥笔，出从华盖，入侍辇毂，承答圣问，拾遗左右，乃臣丹诚之至愿，不离于梦想者也。远慕《鹿鸣》君臣之宴，中咏《常棣》匪他之诫，下思《伐木》友生之义，终怀《蓼莪》罔极之哀；每四节之会，块然独处，左右惟仆隶，所对惟妻子，高谈无所与陈，发义无所与展，未尝不闻乐而拊心，临觞而叹息也。臣伏以为犬马之诚不能动人，譬人之诚不能动天。崩城、陨霜，臣初信之，以臣心况，徒虚语耳。若葵藿之倾叶太阳，虽不为之回光，然向之者诚也。窃自比于葵藿，若降天地之施，垂三光之明者，实在陛下。

臣闻《文子》曰："不为福始，不为祸先。"今之否隔，友于同忧，而臣独倡言者，窃不愿于圣世使有不蒙施之物。有不蒙施之物，必有惨毒之怀，故《柏舟》有"天只"之怨，《谷风》有"弃予"之叹。故伊尹耻其君不为尧舜，孟子曰："不以舜之所以事尧事其君者，不敬其君者也。"臣之愚蔽，固非虞、伊，至于欲使陛下崇光被时雍之美，宣缉熙章明之德者，是臣慺慺之诚，窃所独守，实怀鹤立企伫之心。敢复陈闻者，冀陛下倘发天聪而垂神听也。

诏报曰："盖教化所由，各有隆弊，非皆善始而恶终也，事使之然。故夫忠厚仁极草木，则《行苇》之诗作；恩泽衰薄，不亲九族，则《角弓》之章刺。今令诸国兄弟，情理简怠，妃妾之家，膏沐疏略，朕纵不能敦而睦之，王援古喻义备悉矣，何言精诚不足以感通哉？夫明贵贱，崇亲亲，礼贤良，顺少长，国之纲纪，本无禁固诸国通问之诏也，矫枉过正，下吏惧谴，以至于此耳。已敕有司，如王所诉。"

植复上疏陈审举之义，曰：

臣闻天地协气而万物生，君臣合德而庶政成；五帝之世非皆智，三季之末非皆愚，用与不用，知与不知也。既时有举贤之名，而无得贤之实，必各援其类而进矣。谚曰："相门有相，将门有将。"夫相者，文德昭者也；将者，武功烈者也。文德昭，则可以匡国朝，致雍熙，稷、契、夔、龙是也；武功烈，则所以征不庭，威四夷，南仲、方叔是矣。昔伊尹之为媵臣，至贱也，吕尚之处屠钓，至陋也，及其见举于汤武、周文，诚道合志同，玄谟神通，岂复假近习之荐，因左右之介哉。《书》曰："有不世之君，必能用不世之臣；用不世之臣，必能立不世之功。"殷周二王是矣。若夫龌龊近步，遵常守故，安足为陛下言哉？故阴阳不和，三光不畅，官旷无人，庶政不整者，三司之责也。疆埸骚动，方隅内侵，没军丧众，干戈不息者，边将之忧也。岂可虚荷国宠而不称其任哉？故任益隆者负益重，位益高者责益深，《书》称“无旷庶官，《诗》有“职思其忧”，此其义也。

陛下体天真之淑圣，登神机以继统，冀闻康哉之湑，偃武行文之美。而数年以来，水旱不时，民困衣食，师徒之发，岁岁增调，加东有覆败之军，西有殪没之将，至使蚌蛤浮翔于淮、泗，鼪鼬讙哗于林木。臣每念之，未尝不辍食而挥餐，临觞而搤腕矣。昔汉文发代，疑朝有变，宋昌曰：“内有朱虚、东牟之亲，外有齐、楚、淮南、琅玡，此则磐石之宗，愿王勿疑。”臣伏惟陛下远览姬文二虢之援，中虑周成召、毕之辅，下存宋昌磐石之固。昔骐骥之于吴阪，可谓困矣，及其伯乐相之，孙邮御之，形体不劳而坐取千里。盖伯乐善御马，明君善御臣；伯乐驰千里，明君致太平；诚任贤使能之明效也。若朝司惟良，万机内理，武将行师，方难克弭。陛下可得雍容都城，何事劳动銮驾，暴露于边境哉？

臣闻“羊质虎皮，见草则悦，见豺则战，忘其皮之虎也”。今置将不良，有似于此。故语曰：“患为之者不知，知之者不得为也。”昔乐毅奔赵，心不忘燕；廉颇在楚，思为赵将。臣生乎乱，长乎军，又数承教于武皇帝，伏见行师用兵之要，不必取孙、吴而暗与之合。窃揆之于心，常愿得一奉朝觐，排金门，蹈玉陛，列有职之臣，赐须臾之间，使臣得一散所怀，摅舒蕴积，死不恨矣。

被鸿胪所下发士息书，期会甚急。又闻豹尾已建，戎轩鹜驾，陛下将复劳玉躬，扰挂神思。臣诚竦息，不遑宁处。愿得策马执鞭，首当尘露，撮风后之奇，接孙、吴之要，追慕卜商起予左右，效命先驱，毕命轮毂，虽无大益，冀有小补。然天高听远，情不上通，徒独望青云而拊心，仰高天而叹息耳。屈平曰：“国有骥而不知乘，焉皇皇而更索！”昔管、蔡放诛，周、召作弼；叔鱼陷刑，叔向匡围。三监之衅，臣自当之；二南之辅，求必不远。华宗贵族，藩王之中，必有应斯举者。故《传》曰：“无周公之亲，不得行周公之事。”唯陛下少留意焉。

近者汉氏广建藩王，丰则连城数十，约则餐食祖祭而已，未若姬周之树国，五等之品制也。若扶苏之谏始皇，淳于越之难周青臣，可谓知时变矣。夫能使天下倾耳注目者，当权者是矣，故谋能移主，威能慑下。豪右执政，不在亲戚；权之所在，虽疏必重，势之所去，虽亲必轻，盖取齐者田族，非吕宗也。分晋者赵、魏，非姬姓也。唯陛下察之。苟吉专其位，凶离其患者，异姓之臣也。欲国之安，祈家之贵，存共其荣，没同其祸者，公族之臣也。今反公族疏而异姓亲，臣窃惑焉。

臣闻孟子曰："君子穷则独善其身，达则兼善天下。"今臣与陛下践冰履炭，登山浮涧，寒温燥湿，高下共之，岂得离陛下哉？不胜愤懑，拜表陈情。若有不合，乞且藏之书府，不便灭弃，臣死之后，事或可思。若有豪厘少挂圣意者，乞出之朝堂，使夫博古之士，纠臣表之不合义者。如是，则臣愿足矣。

帝辄优文答报。

其年冬，诏诸王朝六年正月。其二月，以陈四县封植为陈王，邑三千五百户。植每欲求别见独谈，论及时政，幸冀试用，终不能得。既还，怅然绝望。时法制，待藩国既自峻迫，寮属皆贾竖下才，兵人给其残老，大数不过二百人。又植以前过，事事复减半，十一年中而三徙都，常汲汲无欢，遂发疾薨，时年四十一。遗令薄葬。以小子志，保家之主也，欲立之。初，植登鱼山，临东阿，喟然有终焉之心，遂营为墓。子志嗣，徙封济北王。景初中诏曰："陈思王昔虽有过失，既克己慎行，以补前阙，且自少至终，篇籍不离于手，诚难能也。其收黄初中诸奏植罪状，公卿已下议尚书、秘书、中书三府、大鸿胪者皆削除之。撰录植前后所著赋颂诗铭杂论凡百余篇，副藏内外。"志累增邑，并前九百九十户。

萧怀王熊，早薨。黄初二年追封谥萧怀公。太和三年，又追封爵为王。青龙二年，子哀王炳嗣，食邑二千五百户。六年薨，无子，国除。

评曰：任城武艺壮猛，有将领之气。陈思文才富艳，足以自通后叶，然不能克让远防，终致携隙。《传》曰"楚则失之矣，而齐亦未为得也"，其此之谓欤！

【译文】

任城威王曹彰，字子文。年少时就擅长驾车、驭马、射箭，力量凶猛超过常人，能赤手与猛兽搏斗，不避危险。多次跟随曹操出征，意气激昂。曹操曾批评他说："你不读书，不明白圣人的道理，只喜欢骑马舞剑，此匹夫之用，不值得骄傲！"督促曹彰研读《诗经》《尚书》，曹彰对身边的人说："大丈夫应该像卫青、霍去病那样，率领十万大军驰骋沙场，驱逐戎狄，博取功名，怎么能去做只通一经的博士呢？"曹操曾询问儿子们的爱好，让他们各谈自己的志向。曹彰说："我喜欢当将军。"曹操说："你怎样去当将军呢？"曹彰答道："披甲执兵，临危不惧，身先士卒，有功必赏，有罪必罚。"曹操大笑。建安二十一年，封他为鄢陵侯。

建安二十三年，代郡乌丸发动叛乱，曹操让曹彰做北中郎将，兼任骁骑将军带兵出征。临出发时，曹操告诫曹彰："在家里我们是父子，接受国命就是君臣，都得按王法办事，你要小心谨慎呀！"曹彰北征进入涿郡境内，叛军几千骑兵突然攻到。此时曹军尚未集结，只有步兵一千人，战马几百匹。曹彰用田豫计，坚守拒敌。叛军退走。曹彰追击，亲自与敌搏斗，箭射敌骑，应声而倒的连成一串。战斗持续了大半天，曹彰的铠甲中了几箭，精神反而更加威猛，乘胜追赶逃敌，一直到桑乾河，距代郡有二百多里。众将都认为兵马刚刚远道而来，人马困乏，不宜再追。又有指令不得越过代郡，深入敌境。曹彰说："率军出征，只看有利与否，怎能盲目接受遥控呢？敌人还没有跑远，追上去就能消灭他们。为指行命令而放纵敌人，决不是良将。"于是就上马，命令部队："落后者斩！"一天一夜追上了敌军，大获全胜，斩首及俘获敌兵数以千计。曹彰超常加倍地犒赏将士，众将士都很高兴。当时，鲜卑族首领轲比能率几万人马观望双方强弱，看到曹彰勇猛无敌，所向披靡，于是臣服。北方便都平定了。曹超召曹彰来长安相见。曹彰从代郡经过邺城，太子对曹彰说："你刚刚立了功，现在去面见父王，切记不要骄傲自夸，回答问题要谦虚一点。"曹彰到了长安，按照太子所说，把功劳都归于众将。曹操高兴地握着曹彰的胡子说："黄须儿居然大出我的意料啊！"

太祖东征归来，让曹彰做代理越骑将军，留守长安。太祖到了洛阳，得了疾病，快马传召曹彰，曹彰还没赶到，太祖就驾崩了。文帝即王位，曹彰与其他诸侯都回到自己的属地。文帝下诏说："先王之道，重用功臣亲护亲属，并封赏同母兄弟，建立诸侯国承继家业，所以能保护长房，抵御外侮克服祸难。曹彰之前受命北伐，平定北土，功劳非常大。增赐食邑五千，算上之前的共一万户。"黄初二年，曹彰被晋封为公爵。黄初三年，他被立认为城王。黄初四年，曹彰到京都朝见，在官邸病死，谥号为威。到安葬的时候，赐给御车、龙旗，用一百名虎贲卫士护送，就像汉朝东平王的先例那样。曹彰的儿子曹楷继承爵位，改封到中牟。黄初五年，改封任城县。太和六年，又改封任城国，食邑包括五个县的二千五百户。青龙三年，曹楷因为私自派属官到皇宫的尚方署制作禁物，而被削去食邑两千户。正始七年，改封济南，食邑三千户。正元与景元初年，接连增加食邑，共有食邑四千四百户。

陈思王曹植字子建。十岁多时，他就能背诵并且讲解《诗经》《论语》和辞赋几十万字，擅长作文章。曹操有一次看了他写的文章，对曹植说："你是请人代作的吧？"曹植跪下说："出口成论，下笔成文，父亲可当面考试，怎么是请人代作的呢？"邺城铜雀台建成的时候，曹操带着几个儿子登上台，让他们各自作赋。曹植挥笔而就，文采可观。曹操非常惊异他的才华。曹植性情随和，不拘小节，不注意举止装束；车马服饰也不尚华丽。每次觐见，曹操提出难题，都能应声而答，因此特别受到宠爱。建安十六年，封平原侯。建安十九年，改封临菑侯。曹操征伐孙权时，让曹植留守邺县，告诫他说："我从前做顿丘县令时，二十三岁。回想当时做的事，到今天也没有可后悔的。现在你也二十三岁了，要努力啊！"曹植因才华受到曹操的宠爱，丁仪、丁廙、杨脩等人成为他的友党，曹操为此犹豫，好几次都想立曹植为太子。然而，曹植做事率性而为，不注意言行，饮酒无制。曹丕则善于掩藏真情笼络人心，宫人和左右侍臣都为他说话，最终被立为太子。建安二十二年，曹操增封曹植食邑五千户，加上以前封的共一万户。曹植曾乘车在驰道上行驶，开司马门出宫。曹操得知后大怒，主管宫门的公车令因此被处死。曹操从此加重了限制诸侯的法令，对曹植的宠爱也渐渐淡了。曹操很忧虑王位更替的变故。因主簿杨脩与曹植交好，有才干有谋略，是袁氏的外甥，便假借罪名杀了杨脩。曹植内心非常是惶恐。建安二十四年，曹仁被关羽围困。曹操任命曹植为南中郎将，代理征虏将军，准备派他去救曹仁，便唤他进宫要有所训诫。曹植因饮酒大醉，无法受命。曹操很是恼怒，就罢去曹植新任的官职，没让他带兵出征。

曹丕即王位后，杀了丁仪、丁廙和他们家中的男子。曹植和诸侯都回到自己的封国。黄初二年，监国谒者灌均暗承曹丕的意旨，举奏"曹植酒后叛逆傲慢，要挟使者"。主管官吏请求治曹植的罪。文帝因为太后的缘故，贬他为安乡侯。同年改封鄄城侯。三年，封鄄城王，邑二千五百户。

黄初四年，曹植被改封做了雍丘王。这一年，他到京城朝见文帝。曹植上疏说：

臣自从戴罪返回藩国，感受十分深刻，并且认真追悔反思自己的罪过，白天到日中才吃饭，晚上至夜半才入眠。确实因为国家的法度不可一再违犯，君上的恩德难以屡次依赖。我私下里思索《相鼠》的诗篇中不守礼法何不早早死去的道理，形影相吊，内心十分羞愧。我如果因罪而自绝，就违背了古代贤人“早上有错要在晚上就改正”的劝诫。如果忍辱负重苟且偷生，又触犯了诗人“有何脸面活下去”的讥刺。我埋首思考陛下的仁德如天地般博大，恩情如父母般深厚，仁慈如春风般畅行，恩泽如及时雨般润泽万物。因此可见，不将无用的荆棘与其他草木区别对待，这是祥云的恩惠；对七个孩子平等抚养，这是布谷鸟的仁爱；赦免罪过责令立功，这是贤明君王的举动；怜惜愚笨者，爱护聪明者，这是慈父的恩情：所以愚臣在陛下的恩泽中徘徊不已，不能自弃生命。

之前接到诏书，臣等被禁止上朝去拜见君主，臣心灰意冷，自己觉得直到老年都再也不会有执珪上朝的机会了。不料诏书下达，圣上征召我们入京朝见。接到诏书的那天，我就心驰神往，渴望早日与陛下相见。如今我住在偏僻的西馆，未能到宫内侍奉陛下，心中急切不已，抬头仰望宫廷，辗转不安，难以入眠。在此谨呈奏章并献诗二首，诗的内容如下：“完美光荣的父亲，就是那武皇，他接受上天的使命，安定拯济四方。红旗所到的地方，九州纷纷归降，道德教化流布天下，边远之地也前来归顺。他的业绩超出商朝与周朝，可以和唐尧的功德齐名。我皇天生敦厚纯正，世代聪颖，武功能肃清各方危害，文才能令天下安定，接受汉帝的禅让，统辖了四海八荒。天下得到教化，都遵循古代的典章制度；广泛封命亲族属臣，来护卫王国。皇帝说封我为侯，统辖青州境内，拥有海滨地区，就像周朝分封的鲁一样。车马朝服闪耀，印花旌旗列队，人才济济，来做我的辅弼。但是我倚仗皇恩宠信，骄傲自大，举动触犯纲纪，破坏先王法律，违背国家礼仪。国家有明确的刑律，将我削职罢黜，打算送我入狱，作为元凶对待。圣明的天子，出于胞兄深情，不忍心对我行刑，将我暴尸朝市，于是改变了执法官的判决，哀怜我，将我改封到兖州的鄄城，在那黄河岸边，没有设置辅弼的属官，有封君臣下。我犯了放荡不拘的过失，还有谁来辅佐我呢？孤独的仆人，留在冀州的邺城。可叹我遭受这样的灾祸。光辉显赫的天子，恩泽万物无一遗漏，给我戴上玄冕，系上朱绂。朱绂光彩散放，使我荣耀显达，剖开符节授予玉圭，加赐我王位。仰首来接受金玺，俯身去捧着策书。皇帝的恩惠浩荡无边，我恭敬地接受而又心怀谨慎。可叹我罪恶缠身，顽冥不化，死了愧对先帝的陵墓，活着愧对陛下和朝廷。我不敢轻视陛下的恩德，实在是仰仗陛下的厚待，威严的陛下对我改封加爵，已经足以使我难忘终生？苍天广阔无边，寿命不可强求，我经常害怕死去，会戴罪埋入黄土。我愿意冒着生命危险，在东岳竖起我军的大旗，希望建立哪怕丝毫的功劳，来赎回自己的罪过。即使身临危境也要献出生命，只要能因此免罪我就知足了。我甘愿奔赴长江、湘水，在吴、越一带征战驰骋。皇上您敞开胸怀，让我们来京城朝见。我等待拜见侍奉陛下，心中惦念，如饥似渴。心中非常思慕，悲伤不已。上天崇高无比，还能倾听人间的事情。皇帝的恩泽，必定肯眷顾卑微的我！”又说：“我恭敬庄严地接受皇帝的诏命，前来京城朝会。我星夜备好行装，清晨就驾车出发，将马喂饱，给车轴涂上油脂。命令随行侍从主管，告诫出行的队伍，早晨从鸾台出发，晚上在兰渚歇息。茫茫的原野上，有众多的男女百姓，经过开垦的公田，我高兴地看到庄稼都生长茂盛。遇见虬曲的大树，也不敢在浓密的树荫下歇息；虽然带有干粮，饿了也没工夫去吃。看见城镇不进去享受，面对村寨也不观光游览。车夫挥动长鞭，在平坦的大路上催马疾驰；四驾车的黑马体壮气盛，昂首飞跑，直到累得口吐白沫。疾风在车前的横木上拂过，轻云在车上的伞盖边联结。车过山涧水边，沿着曲折的山路奔驰，顺着河岸的走向，爬上了黄土坡；向西穿越关口山谷，有时下坡有时上；驾车的马儿疲劳不已，几次倒地又几次爬起。因为将要去朝见圣明的皇上，所以不敢安闲漫游；驾着车子，催马奔驰，数着时间快速行进。队伍的前车举起火把，后车飘着旌旗；车轮不停地滚动，车铃不停地叮当响。等到到了京城，住在京城的西部；皇上的诏书还没有下达，我没办法前去朝见。抬头仰望城门，低头思念皇上。我长久地怀念，不尽地思慕，心中忧闷，酒醉般昏沉。”

文帝赞赏他的文辞和情义，下诏好言答复他，并给予勉励。

黄初六年，文帝东征吴国，回来的时候路过雍丘。驾幸曹植的王宫，增封食邑五百户。太和元年，改封浚仪。太和二年，又重新回雍丘。曹植常常感慨抱怨，徒负才学而无处施展，上疏请求明帝任用他，说：

臣听说士人在世，居家侍奉父，出门侍奉君主；侍奉父母最崇尚的是光耀亲属，侍奉君主贵在使国家昌盛。所以慈父不会疼爱没有出息的儿子，仁君不会任用无用的大臣。据德行予官位，是成大业之君主；量才能而受爵是承使命之臣。所以，君主不无故授官，大臣不无功受爵；无德而授官位是荒谬之举，无功而受爵为白赌俸禄。《诗经·伐檀》就是为尸位素餐之人而作。从前周文王的弟弟虢仲、虢叔不辞两国的任命，是因为德行敦厚；周公旦、召公奭不谦让燕鲁的封国，是因为他们的功劳大。现在，臣承家之大恩，已经经历三代君主。时值太平盛世，沐浴皇上恩泽，浸润德义教化，可谓是十分幸运。臣无德而处东藩，爵列上等，身穿绢帛，吃腻百味，看遍了华丽之物，听倦了丝竹之乐，此皆爵重禄厚所成。回想古代爵禄之人，与我不同，都因为功大于国有益，辅君爱民所致。臣无德行可称，无功劳可记，如就这样死去，不但与国无益，还要受采风人对在位的大夫不配穿其官服的讥刺。臣惭王冠，下愧朱绂。

现在天下虽然九州和睦，但西边有抗王命之蜀国，东有不肯臣服之吴国。戍边将士还不能脱卸甲胄，谋士们也还不能高枕无忧，确实要统一天下以达太平！过去启灭有扈氏而夏朝武功昭彰，武王克商灭奄，周之威德才得以显著。今陛下以圣贤之道治理天下，完成文王、武王那样的功业，重现成王、康王的鼎盛，用方叔、召虎那样的臣子镇守四方，可以说是再恰当不过。然而，高飞的鸟没有挂在箭绳上，渊中的鱼还没有悬在钓竿上，其原因大概是钓、射之技还没有精湛。耿廙不待光武帝到，就迅速攻击张步，是为了不把贼寇留给君父。正因如此，从前齐王的车右卫士因左轮鸣响而伏剑自刎，雍门狄因越兵妃齐而自杀。难道这两个人厌生喜死吗？其实是对怠慢、凌驾于君主之上的行为深恶痛绝。大凡君主宠爱臣下，就是要用他们兴利除弊；臣子侍奉君主，一定要以身赴难，报答君主。过去，贾谊二十岁时请求试用自己为属国之官，要捆住匈奴单于的脖子让他臣服；终军以少年出使南越，要用长缨缚捆南越王，将他献给朝廷。这两个臣子难道是向君主夸口、向世人炫耀吗？是因为他们的志向没有施展，想要向明君表现自己的能力。从前汉武帝要为霍去病建造府邸，霍去病推辞说："匈奴还没有消灭，何以为家。"忧国忘家，捐躯赴难，本来就是忠臣的志向。臣身居封国，皇恩优厚，而臣寝食不安的原因，就是挂念吴蜀两国尚未消灭啊！

臣俯伏看见先武皇帝时的武臣宿将，因为年老去世的时候有所闻。虽然社会上不缺乏贤才，宿将老兵还熟习战斗，但臣私下不自量力，志在为国效命，希望立下微不足道的一点儿功劳，来报答所受到的恩德。如果陛下颁下非凡的诏书，让臣用锥般的微小本领来效力，使臣向西归属大将军曹真的统辖，率领一队士兵，或者向东归属大司马曹休的统辖，另外率一支水军，臣一定不避艰险，乘船骑马，冲锋陷阵，身先士卒。即使不能擒获孙权，斩杀诸葛亮，希望能俘虏敌人的大将，歼灭众敌群丑，一定要取得一时的胜利，来消除臣终身的羞愧，使臣的名字载入史册，事迹列在朝廷封赏的策书上。即使身首分裂在蜀境，头颅悬挂在吴国的宫门上，但是臣却像活着一样。如果臣这微薄才能不能一试，一辈子无声无息，只是身享荣华养肥身体，活着对国家政事没有用处，死了对国家也没有损失，虚居高位而空食厚禄，犹如笼里养的禽鸟，养尊处优直至老年，这只是圈牢里豢养的动物，不是臣的志向。传闻东边军队疏于防备，将士们受了点小挫折，臣听到这个消息，推开饭碗弃食而起，挽起袖子，撩起衣襟，按着宝剑向东方凝视，而心早就已经飞到吴郡、会稽郡了。

臣以前跟随已经去世的武皇帝出征，向南征战走到赤岸，东去到达沧海，西去望见玉门关，向北玄塞出关，看到武皇帝指挥行军用兵的方法，可以说是变幻莫测。所以用兵这种事情是没法预言的，在遇到危急情况时要随机应变。我立志要在治政清明的明君时代建功效命，报答国家。每次阅读史书，看到古代的忠臣义士，抛弃自己短暂的生命，为国家的危难而牺牲自己的生命，身体即使被屠杀肢解，但是功勋铭刻在鼎钟上，名字记载在竹帛上，我一直抚胸叹息。我听说贤明的君主任用臣子的时候，不会废弃有罪的人。所以秦国战败逃走的孟明视、曹沫等将军仍被国君任命为将帅，秦国、鲁国便靠他们得以成就了功业；扯断帽缨、盗走御马的臣民被赦免，楚国、赵国就依赖他们得以渡过了危难。臣暗自感伤先帝去世过早，任城威王曹彰也离开人世，唯独臣这种无用之人，竟然能活得如此长久！我常常担心突然死去像朝露般消失，埋进沟壑，坟上的新土还没有干，名字就和躯体就一同消失了。我听说千里马长嘶，伯乐就察知了它的才能；黑狗悲伤地吠叫，韩国就了解它的才干了。因此让马在通往齐国、楚国的遥远征途上效力，来显示它奔驰千里的能力；让黑狗去对付敏捷的狡兔，以此来证明它扑咬的本领。现在我立志像千里马和黑狗样立下微薄的功劳，但是我暗自思量，始终没有伯乐、韩国那样的人为我举荐，因此在封邑抑郁不平，悲伤不已。

看到博戏就踮起脚来观看，听到音乐就暗暗打起拍子的人，当中或许有能够欣赏音乐、熟知博道的人。以前毛遂，是赵国一个陪送的奴隶，还能借锥处囊中的譬喻，以此来打动平原君，建立功勋，更何况巍巍大魏，这样一个人才济济的朝廷上，难道就没有意气激昂愿意为国献身的人吗？自己炫耀自己，或者给自己做媒，都是男女的可耻行为。迎合时势获取升迁，是道家的大忌。可是臣冒昧地向陛下陈述这些，实在是因为我和国家虽然形体不一，但是呼吸相通，患难与共。希望能以微小的尘露填充山海，以萤火虫和蜡烛的弱光增添日月的光辉，因此胆敢冒着蒙受丑恶名声而奉献忠心。

太和三年，曾植的封地改到了东阿县。太和五年，曹植又上疏请求回家探访亲戚，说：

臣听说天之所以称作高，是因为没有不被它覆盖的；地之所称作广，是因为没有不被它承载的；日月称作光明，是因为没有不被它照耀的；江海称作浩大，是因为没有不被它容纳的。所以孔子说："伟大啊，尧为君主！只有天最高最大，只有尧能效法。"天予万物之恩德，宏大广阔。尧树立教化，由亲而疏，由近而远。《传》说："尧彰明贤德，亲近九族；九族和睦，再品评百土。"至周文王的时候，也推崇这样的教化。《诗经》说："以嫡妻做出示范，影响到兄弟，推广到治理家国。"因为和睦融洽，诗人才歌颂他们。从前周公痛心管叔、蔡叔的不和便广泛分封宗亲，以屏卫王室。《传》说："周代诸侯朝见，异姓的人排在后面。"实是因骨肉情深，即使对有过错的也不分离，不尊敬君主的为无义之人，而仁爱的君主是不会遗弃自己的亲戚的。

陛下天生拥有尧明察之德，效仿周文王谨慎之仁，恩泽波及后妃，惠爱九族，列侯百官轮流入值，使朝政不废、亲族间正常交往的道路畅通，遇有喜丧可以互表情意，这样就能广施恩惠了。臣与亲族没有往来，孤独得只能暗自悲伤。近来甚至与亲戚音讯不通，婚丧嫁娶的慰问礼节也废弃了，亲人之间的疏远连陌生人都不如，彼此隔膜的程度像相距遥远的胡越一样。臣为规定所缚，永远没有朝见陛下的可能了，而内心对陛下眷恋，神明知道。然而这是皇上安排的，还有什么可说的呢？臣常想各诸王兄弟也都有休戚相关的心情，希望陛下迅即下诏，让诸侯国间互祝问候的礼仪能在各节日顺利进行，以成全兄弟间和睦融洽的深厚情谊。妃子之家互赠油脂，一年可以有两次，与贵戚、百官获得同等的恩惠。这样，古人所赞叹的《诗》中所歌颂的，就重现于当今盛世了。

臣暗中思量，连刀锥那样的一点用途都没有。看到陛下任命官员，如果我是异姓之人，也不比朝廷上的官员差。如果臣能够脱掉王冠，戴上武官的帽子，佩上朝官的青绂，驸马都尉、奉车都尉两个官职，能得其一，居王室，执马鞭，帽插笔，进出门都侍奉在皇上左右，承答圣问，拾遗补缺，这些才是臣梦寐以求的事情。臣仰慕《鹿鸣》的君臣同宴，记颂《常棣》诗中所说兄弟不是外人的告诫，思念《伐木》诗中宴请故旧的道义，常怀有《蓼莪》诗中报答父母无限恩德而臣却无从报答的哀伤。每逢四时聚会的时候，臣左右只有仆人和妻子儿女，谈论没有对象，阐义理没有知音；听到音乐、举起酒杯就抚胸叹息。臣认为犬马的真诚不能打动人，就如同人的真诚不能感动上天一样。城墙崩塌、夏日降霜的故事，臣当初还相信，但是以臣现在的心境来看，那只是假话罢了。就像葵花倾身对太阳，虽然太阳并非有意照耀葵花，但葵花朝着太阳却是一片真诚。臣把自己比作葵花，如果能承接天地的恩惠，日、月、星的光辉，确为陛下所赐啊！

臣见到《文子》上说道："不做首先取得幸福的人，也不做首先招致祸患的人。"现在各个诸侯彼此隔绝，兄弟们都同样伤心。而只有臣首先说出来，是不愿意在圣明时代存在没有蒙受陛下恩惠的人；没有蒙受恩惠的人，必定有深切怨愤的情怀。所以《柏舟》中有"天呀，为什么如此不相信我"的怨愤之词，《谷风》中有"如今已经安乐，你却遗弃了我"的感叹之语。所以伊尹为他的君主不是尧舜而感到耻辱。《孟子》中说："不像舜侍奉尧那样来侍奉自己君主的人，就是不尊敬君主的人。"臣愚钝不明白，本来就不是虞舜、伊尹那样的人，至于想要使陛下树立起普照盛世的丰功伟绩，显示出光明辉煌的美德，这是我的一片赤诚之心。臣私下独自守护的，确实是仙鹤一般独立翘首企盼的心情。臣所以敢再次向您陈述，是希望陛下可能会听一听它。

明帝下达诏书回答说："教化之所以有兴隆和衰弊出现，并非是由好而变坏的，而是事势使它成了那样子。所以忠厚施之于草木，就有了《行苇》的赞美；恩衰义薄，不亲九族，就有了《角弓》的讥刺。现在各诸侯国兄弟之间情义淡漠了；妃妾家庭间脂膏的互赠也减少了，我虽然不能使他们亲近和睦，而你援引古训的道理也够全面了，为什么还说不够精诚呢？判明贵贱等级，崇尚亲族和睦，优待贤良之士，理顺长少关系，是国家的根本秩序和法则，从没有过禁止各封国之间互通问候的诏令。由于矫枉过正，官吏害怕被处罚，所以才形成今天这个样子。着令有关部门，遵照你的意见去办。"

曹植又上书陈述慎重选拔官吏的道理，说：

臣听说天地和谐，万物才能蓬勃生长；君臣同心协力，各项政事才能步步成功。五帝时代不都是聪明的人，三代的末世不都是愚笨的人，关键在于用与不用，了解与不了解。既然世上只有举荐贤才之名，而没有任用贤才之实，那大臣们一定是各自援引自己的同类进身任职。谚语说："宰相门下曲宰相，将军门下出将军。"宰相是深明礼乐教化的人，将军是武功超群的人。深明礼乐教化，就可以辅佐朝政，带来和乐升平之世，稷、契、夔、龙就是这样的宰相。武功显赫，就可以征伐不向朝廷称臣的人，威震四夷，南仲、方叔就是这样的将军。从前伊尹在做陪嫁的臣仆的时候，是最卑贱的，吕尚在做屠夫和渔翁时，是最鄙陋的人，等到二人被商汤、周文王任用，实在是因为二人彼此志同道合，深远的谋略互相神通，难道还要凭亲信近臣的举荐，通过左右随从的介绍吗！《尚书》说："有非凡的君主，一定能任用非凡的大臣；任用非凡的大臣，一定能建立非凡的功业。"商汤、周文王就是这样的君主。至于那些心胸狭窄、拘谨浅陋、墨守成规的人，怎么值得对陛下说呢？所以阴阳不合，日、月、星三光不明亮，官位空缺无，各项政务不得治理，是三公的责任。边疆骚乱，境内被侵，军队失败，士兵战死，战事不能止息，是边将的忧患。难道可以白白受到国家恩宠而不认真履行职责吗？所以承担的职事越高的人，所担负的责任越重；位置越显重的人，对他们的要求就越高。《尚书》说"不要让不称职的人旷废了庶政要职"，《诗经》说"还要常常想到自己的忧患"，就是这个道理。

陛下天拥有美德，登帝位，继承大统，希望天下出现安定康宁秩序，战争停止而文教修明。但这几年来，水旱灾害经常发生，百姓缺衣少食，赋税徭役每年都有增加，征讨吴国失败，讨蜀亡兵，致使吴贼在淮、泗横行，蜀寇在山林肆虐。臣每想到这些，就放箸不食，扼腕叹息。汉文帝由代国去京城继承帝位，怀疑朝廷里有变故发生，宋昌说："京城中有朱虚侯刘章、东牟侯刘兴居等亲属，外面有齐王、楚王、淮南王、琅玡王等诸侯，这些都是像磐石般忠诚的宗亲，大王不要迟疑。"臣希望陛下远看周文王有虢仲、虢叔的援助，再想想周成王有召公奭、毕公高的辅佐，最后把宋昌关于宗族坚如磐石的话记在心里。据说千里马在吴地山坡拉盐车，可以说是困窘已极，直到伯乐才发现它，孙邮驾驭而日行千里。伯乐善于相马，明君善于使用臣子；伯乐驭马能驰骋千里，明君用人能使天下兴盛：这就是任用贤能的成效。如果大臣贤良，处理政事有条不紊，武将统兵各方战乱及时平定，陛下就从容地安坐都城，又哪来的御驾亲征而饱受风尘之苦呢?

臣听说山羊即使披着虎皮,但见到青草就高兴,看见豺狼就害怕,忘了它披着虎皮。现在设置的将官大多没有能力,就像羊披着虎皮。俗话说:"就怕做这些事的人不了解情况,了解情况的人不做这样的事。"从前乐毅逃奔赵国,心不忘燕国;廉颇客居楚国,却仍怀念做赵的将帅。臣生逢乱世,长在军旅之中,屡受武皇帝教诲,故私下认为用兵的关键,不必照搬孙吴的做法,只要合乎兵法就行。臣常常渴望能接到陛下允许我朝觐的诏书,排金马门,踩宫殿玉阶,位列任职的大臣之中,哪怕赐臣短暂的时间,使臣能施展抱负,死亦无憾了。

接到鸿胪下达的征发士族子弟的文书,期限很紧急。又听说皇帝的车驾已备好,兵车很快调集,陛下又将使玉体操劳,精神烦扰。臣实在惶恐不安,不能静下心来。希望能够驱马执鞭,最先踏上征途,借鉴风后的奇计妙策,把握孙武、吴起的精髓,追慕卜商领会陛下的意图,充当先锋拼命效力,为陛下献出生命。虽然没有大的收获,也希望有小的补益。然而上天高旷能听到远方,臣的心情却不能上达陛下,只能面对青天白云而捶胸,仰望高天而叹息。屈平说:"国内有骏马却不知道乘坐,还急急忙忙地上别处寻求。"昔日管叔、蔡叔或被流放,或者被诛杀,周公、召公做辅弼的大臣;过去晋国大夫叔鱼被陷刑狱,其哥哥叔向仍然判他有罪,是为了匡扶国家。管叔、蔡叔、霍叔的罪过,由臣自己来承担;周公、召公一样的辅弼,一定会在不远的地方寻到。皇亲贵族和诸侯藩王中,一定会有这样合适的人选。所以《传》上说:"没有周公那样的亲族,就不能做周公所做的事情。"希望陛下稍稍留意这一点。

汉代大举分封藩王,大的藩王拥有数十座城池,小的则只够祭祀祖宗,不像周代建立公、侯、伯、子、男五爵之制。像扶苏力劝始皇,淳于越驳斥周青臣,他们可说是了解时势的变化。能使天下倾耳注目的,是掌握权力的人,所以,他们的谋略能改变君主的旨意,威严能震慑群臣。执掌朝政,不在于是不是宗亲,即使没有宗亲关系地位也一定重要;权力失去,即使是宗亲地位也一定非常轻。所以,取代齐国的是田氏而不是吕尚的同宗,分裂晋国的是赵氏、魏氏,而不是周王室的姬姓。望陛下明察。看到有利可图就把持官位,看到处境险恶就丢弃官位而远离的,一定是异姓大臣。希望国家安定,祈求家族尊贵,无论荣辱都一起承担的,一定是同宗大臣。现在却是皇族被疏远而异姓大臣得到亲近,臣深感不解。

我听说孟子说过："君子因厄之时，当修身善性，显贵之时就要改善天下人的处境。"现在我和陛下踏冰、踩火，登山涉涧，无论寒暖都在一起，怎能离开陛下呢？心中郁闷，难以承受，拜送奏章以述隐情。如果有不妥请暂收书府，不要毁掉，我死了之后，许还可供追思。如有丝毫触犯圣意，请公示于朝堂，让学问渊博的大臣们，指摘出不合大义的地方。倘能如此，臣愿足矣。

明帝下诏用好言抚慰他。

这一年冬天，明帝诏令诸王于太和六年正月在京师朝见。当年二月，任用陈县等四县封曹植为陈王，食邑三千五百户。曹植一直想要单独拜见皇上，谈论当时的政事，希望能被任用，但他的愿望始终没有实现。回来后，心情沮丧，感到绝望。当时的法令，对诸侯王已十分刻薄，属吏都是商贩一类的庸俗之辈，兵士配给一些老弱伤残的人，数量不过二百人。曹植因为以前的过错，所有这些都要减半。十一年里，三次迁徙封地。常年抑郁寡欢，终于得病去世，时年四十一岁，嘱令家人薄葬。他认为小儿子曹志志趣不俗，立他为继承人。当初，曹植爬上鱼山，俯视东阿，感叹间突然有了在此终老的想法，于是，就在这儿营建坟墓。儿子曹志继承王位，改封济北王。景初年间，诏书说："陈思王以前虽然有过失，但约束自己，行事小心，且书不离手，实属难能可贵。现在收回黄初年间那些弹劾曹植的奏章，公卿以下在尚书、秘书、中书三府、大鸿胪府有关文件一律毁掉，编辑曹植所著赋、颂、诗、铭、杂论一百余篇，抄正副本，收藏在宫内外。"曹志又增封食邑，加上以前封的共九百九十户。

萧怀王曹熊，很早就去世。黄初二年加封谥号为萧怀公。太和三年，又追封爵位为王。青龙二年，他的儿子哀王曹炳继承王位，食邑二千五百户。青龙六年去世，没有儿子，封国取消。

评论说：任城王艺高刚直，雄壮威猛，有大将气概。陈思王文才富丽，足以传至后世，然而他不能防患，终于招致嫌怨。《传》说"楚国失去了，齐国也没有得到"，说的可能就是这类事吧！

三国志卷二十·魏书二十

武文世王公传

武皇帝二十五男：卞皇后生文皇帝、任城威王彰、陈思王植、萧怀王熊，刘夫人生丰愍王昂、相殇王铄，环夫人生邓哀王冲、彭城王据、燕王宇，杜夫人生沛穆王林、中山恭王衮，秦夫人生济阳怀王玹、陈留恭王峻，尹夫人生范阳闵王矩，王昭仪生赵王幹，孙姬生临邑殇公子上、楚王彪、刚殇公子勤，李姬生穀城殇公子乘、郿戴公子整、灵殇公子京，周姬生樊安公均，刘姬生广宗殇公子棘，宋姬生东平灵王徽，赵姬生乐陵王茂。

丰愍王昂字子脩。弱冠举孝廉。随太祖南征，为张绣所害。无子。黄初二年追封，谥曰丰悼公。三年，以樊安公均子琬奉昂后，封中都公。其年徙封长子公。五年，追加昂号曰丰悼王。太和三年改昂谥曰愍王。嘉平六年，以琬袭昂爵为丰王。正元、景元中，累增邑，并前二千七百户。琬薨，谥曰恭王。子廉嗣。

相殇王铄，早薨，太和三年追封谥。青龙元年，子愍王潜嗣，其年薨。二年，子怀王偃嗣，邑二千五百户，四年薨。无子，国除。正元二年，以乐陵王茂子阳都乡公竦继铄后。

邓哀王冲字仓舒。少聪察岐嶷，生五六岁，智意所及，有若成人之智。时孙权曾致巨象，太祖欲知其斤重，访之群下，咸莫能出其理。冲曰："置象大船之上，而刻其水痕所至，称物以载之，则校可知矣。"太祖大悦，即施行焉。时军国多事，用刑严重。太祖马鞍在库，而为鼠所啮，库吏惧必死，议欲面缚首罪，犹惧不免。冲谓曰："待三日中，然后自归。"冲于是以刀穿单衣，如鼠啮者，谬为失意，貌有愁色。太祖问之，冲对曰："世俗以为鼠啮衣者，其主不吉。今单衣见啮，是以忧戚。"太祖曰："此妄言耳，无所苦也。"俄而库吏以啮鞍闻，太祖笑曰："儿衣在侧，尚啮，况鞍县柱乎？"一无所问。冲仁爱识达，皆此类也。凡应罪戮，而为冲微所辨理，赖以济宥者，前后数十。太祖数对群臣称述，有欲传后意。年十三，建安十三年疾病，太祖亲为请命。及亡，哀甚。

文帝宽喻太祖，太祖曰：“此我之不幸，而汝曹之幸也。”言则流涕，为聘甄氏亡女与合葬，赠骑都尉印绶，命宛侯据子琮奉冲后。二十二年，封琮为邓侯。黄初二年，追赠谥冲曰邓哀侯，又追加号为公。三年，进琮爵，徙封冠军公。四年，徙封己氏公。太和五年，加冲号曰邓哀王。景初元年，琮坐于中尚方作禁物，削户三百，贬爵为都乡侯。三年，复为己氏公。正始七年，转封平阳公。景初、正元、景元中，累增邑，并前千九百户。

彭城王据，建安十六年封范阳侯。二十二年，徙封宛侯。黄初二年，进爵为公。三年，为章陵王，其年徙封义阳。文帝以南方下湿，又以环太妃彭城人，徙封彭城。又徙封济阴。五年，诏曰：“先王建国，随时而制。汉祖增秦所置郡，至光武以天下损耗，并省郡县。以今比之，益不及焉。其改封诸王，皆为县王。”据改封定陶县。太和六年，改封诸王，皆以郡为国，据复封彭城。景初元年，据坐私遣人诣中尚方作禁物，削县二千户。三年，复所削户邑。正元、景元中累增邑，并前四千六百户。

燕王宇字彭祖。建安十六年，封都乡侯。二十二年，改封鲁阳侯。黄初二年，进爵为公。三年，为下邳王。五年，改封单父县。太和六年，改封燕王。明帝少与宇同止，常爱异之。及即位，宠赐与诸王殊。青龙三年，征入朝。景初元年，还邺。二年夏，复征诣京都。冬十二月，明帝疾笃，拜宇为大将军，属以后事。受署四日，宇深固让；帝意亦变，遂免宇官。三年夏，还邺。景初、正元、景元中，累增邑，并前五千五百户。常道乡公奂，宇之子，入继大宗。

沛穆王林，建安十六年封饶阳侯。二十二年，徙封谯。黄初二年，进爵为公。三年，为谯王。五年，改封谯县。七年，徙封鄄城。太和六年，改封沛。景初、正元、景元中，累增邑，并前四千七百户。林薨，子纬嗣。

中山恭王衮，建安二十一年封平乡侯。少好学，年十余岁能属文。每读书，文学左右常恐以精力为病，数谏止之，然性所乐，不能废也。二十二年，徙封东乡侯，其年又改封赞侯。黄初二年，进爵为公，官属皆贺，衮曰：“夫生深宫之中，不知稼穑之艰难，多骄逸之失。诸贤既庆其休，宜辅其阙。”每兄弟游娱，衮独覃思经典。文学防辅相与言曰：“受诏察公举错，有过当奏，及有善，亦宜以闻，不可匿其美也。”遂共表称陈衮美。衮闻之，大惊惧，责让文学曰：“修身自守，常人之行耳，而诸君乃以上闻，是适所以增其负累也。且如有善，何患不闻，而遽共如是，是非益我者。”其戒慎如此。三年，为北海王。其年，黄龙见邺西漳水，衮上书赞颂。诏赐黄金十斤，诏曰：“昔唐叔归禾，东平献颂，斯皆骨肉赞美，以彰懿亲。王研精坟典，耽味道真，文雅焕炳，朕甚嘉之。王其克慎明德，以终令闻。”四年，改封赞王。七年，徙封濮阳。太和二年就国，尚约俭，教敕妃妾纺绩织纴，习为家人之事。五年冬，入朝。六年，改封中山。

初，衮来朝，犯京都禁。青龙元年，有司奏衮。诏曰：“王素敬慎，邂逅至此，其以议亲之典议之。”有司固执。诏削县二，户七百五十。衮忧惧，戒敕官属愈谨。帝嘉其意，二年，复所削县。三年秋，衮得疾病，诏遣太医视疾，殿中、虎贲赍手诏、赐珍膳相属，又遣太妃、沛王林并就省疾。衮疾困，敕令官属曰：“吾寡德忝宠，大命将尽。吾既好俭，而圣朝著终诰之制，为天下法。吾气绝之日，自殡及葬，务奉诏书。昔卫大夫蘧瑗葬濮阳，吾望其墓，常想其遗风，愿托贤灵以弊发齿，营吾兆域，必往从之。《礼》：男子不卒妇人之手。亟以时成东堂。”堂成，名之曰遂志之堂，舆疾往居之。又令世子曰：“汝幼少，未闻义方，早为人君，但知乐，不知苦；不知苦，必将以骄奢为失也。接大臣，务以礼。虽非大臣，老者犹宜答拜。事兄以敬，恤弟以慈。兄弟有不良之行，当造膝谏之；谏之不从，流涕喻之；喻之不改，乃白其母。若犹不改，当以奏闻，并辞国土。与其守宠罹祸，不若贫贱全身也。此亦谓大罪恶耳，其微过细故，当掩覆之。嗟尔小子，慎修乃身，奉圣朝以忠贞，事太妃以孝敬。闺闱之内，奉令于太妃；阃阈之外，受教于沛王。无怠乃心，以慰予灵。”其年薨。诏沛王林留讫葬，使大鸿胪持节典护丧事，宗正吊祭，赠赗甚厚。凡所著文章二万余言，才不及陈思王而好与之侔。子孚嗣。景初、正元，景元中，累增邑，并前三千四百户。

济阳怀王玹，建安十六年封西乡侯。早薨，无子。二十年，以沛王林子赞袭玹爵邑，早薨，无子。文帝复以赞弟壹绍玹后。黄初二年，改封济阳侯。四年，进爵为公。太和四年，追进玹爵，谥曰怀公。六年，又进号曰怀王，追谥赞曰西乡哀侯。壹薨，谥曰悼公。子恒嗣。景初、正元、景元中，累增邑，并前千九百户。

陈留恭王峻字子安，建安二十一年封郿侯。二十二年，徙封襄邑。

黄初二年，进爵为公。三年，为陈留王。五年，改封襄邑县。太和六年，又封陈留。甘露四年薨。子澳嗣。景初、正元、景元中，累增邑，并前四千七百户。

范阳闵王矩，早薨，无子。建安二十二年，以樊安公均子敏奉矩后，封临晋侯。黄初三年，追封谥矩为范阳闵公。五年，改封敏范阳王。七年，徙封句阳，太和六年，追进矩号曰范阳闵王，改封敏琅玡王。景初、正元、景元中，累增邑，并前三千四百户。敏薨，谥曰原王。子焜嗣。

赵王幹，建安二十年封高平亭侯。二十二年，徙封赖亭侯。其年改封弘农侯。黄初二年，进爵，徙封燕公。三年，为河间王。五年，改封乐城县。七年，徙封钜鹿。太和六年，改封赵王。幹母有宠于太祖。及文帝为嗣，幹母有力。文帝临崩，有遗诏，是以明帝常加恩意。青龙二年，私通宾客，为有司所奏，赐幹玺书诫诲之，曰："《易》称'开国承家，小人勿用'，《诗》著'大车惟尘'之诫。自太祖受命创业，深睹治乱之源，鉴存亡之机，初封诸侯，训以恭慎之至言，辅以天下之端士，常称马援之遗诫，重诸侯宾客交通之禁，乃使与犯妖恶同，夫岂以此薄骨肉哉？徒欲使子弟无过失之愆，士民无伤害之悔耳。高祖践阼，祗慎万机，申著诸侯不朝之令。朕感诗人《常棣》之作，嘉《采菽》之义，亦缘诏文曰'若有诏得诣京都'，故命诸王以朝聘之礼。而楚、中山并犯交通之禁，赵宗、戴捷咸伏其辜。近东平王复使属官殴寿张吏，有司举奏，朕裁削县。今有司以曹纂、王乔等因九族时节，集会王家，或非其时，皆违禁防。朕惟王幼少有恭顺之素，加受先帝顾命，欲崇恩礼，延乎后嗣，况近在王之身乎？且自非圣人，孰能无过？已诏有司宥王之失。古人有言：'戒慎乎其所不睹，恐惧乎其所弗闻，莫见乎隐，莫显乎微，故君子慎其独焉。'叔父兹率先圣之典，以纂乃先帝之遗命，战战兢兢，靖恭厥位，称朕意焉。"景初、正元、景元中，累增邑，并前五千户。

临邑殇公子上，早薨。太和五年，追封谥。无后。

楚王彪字朱虎。建安二十一年，封寿春侯。黄初二年，晋爵，徙封汝阳公。三年，封弋阳王。其年徙封吴王。五年，改封寿春县。七年，徙封白马。太和五年冬，朝京都。六年，改封楚。初，彪来朝，犯禁，青龙元年，为有司所奏，诏削县三，户千五百。二年，大赦，复所削县。景初三年，增户五百，并前三千户。嘉平元年，兖州刺史令狐愚与太尉王凌谋迎彪都许昌。语在《凌传》。乃遣傅及侍御史就国案验，收治诸相连及者。廷尉请征彪治罪。于是依汉燕王旦故事，使兼廷尉大鸿胪持节赐彪玺书切责之，使自图焉。彪乃自杀。妃及诸子皆免为庶人，徙平原。彪之官属以下及监国谒者，坐知情无辅导之义，皆伏诛。国除为淮南郡。正元元年诏曰："故楚王彪，背国附奸，身死嗣替，虽自取之，犹哀矜焉。夫含垢藏疾，亲亲之道也，其封彪世子嘉为常山真定王。"景元元年，增邑，并前二千五百户。

刚殇公子勤，早薨。太和五年追封谥。无后。

穀城殇公子乘，早薨。太和五年追封谥。无后。

郿戴公子整，奉从叔父郎中绍后。建安二十二年，封郿侯。二十三年薨，无子。黄初二年追进爵，谥曰戴公。以彭城王据子范奉整后。三年，封平氏侯。四年，徙封成武。太和三年，进爵为公。青龙三年薨。谥曰悼公。无后。四年，诏以范弟东安乡公阐为郿公，奉整后。正元、景元中，累增邑，并前千八百户。

灵殇公子京，早薨。太和五年追封谥。无后。

樊安公均，奉叔父蓟恭公彬后。建安二十二年，封樊侯。二十四年薨。子抗嗣。黄初二年，追进公爵，谥曰安公。三年，徙封抗蓟公。四年，徙封屯留公。景初元年薨，谥曰定公。子谌嗣。景初、正元、景元中，累增邑，并前千九百户。

广宗殇公子棘，早薨。太和五年追封谥。无后。

东平灵王徽，奉叔父朗陵哀侯玉后。建安二十二年，封历城侯。黄初二年，进爵为公。三年，为庐江王。四年，徙封寿张王。五年，改封寿张县。太和六年，改封东平。青龙二年，徽使官属挝寿张县吏，为有司所奏。诏削县一，户五百。其年复所削县。正始三年薨。子翕嗣。景初、正元、景元中，累增邑，并前三千四百户。

乐陵王茂，建安二十二年封万岁亭侯。二十三年，改封平舆侯。黄初三年，晋爵，徙封乘氏公。七年，徙封中丘。茂性傲佷，少无宠于太祖。及文帝世，又独不王。太和元年，徙封聊城公，其年为王。诏曰："昔象之为虐至甚，而大舜犹侯之有庳。近汉氏淮南、阜陵，皆为乱臣逆子，而犹或及身而复国，或至子而锡土。有虞建之于上古，汉文、明、章行之乎前代，斯皆敦叙亲亲之厚义也。聊城公茂少不闲礼教，长不务善道。先帝以为古之立诸侯也，皆命贤者，故姬姓有未必侯者，是以独不王茂。太皇太后数以为言。如闻茂顷来少知悔昔之非，欲修善将来。君子与其进，不保其往也。今封茂为聊城王，以慰太皇太后下流之念。”六年，改封曲阳王。正始三年，东平灵王薨，茂称嗌痛，不肯发哀，居处出入自若。有司奏除国土，诏削县一，户五百。五年，徙封乐陵，诏以茂租奉少，诸子多，复所削户，又增户七百。嘉平、正元、景元中，累增邑，并前五千户。

文皇帝九男：甄氏皇后生明帝，李贵人生赞哀王协，潘淑媛生北海悼王蕤，朱淑媛生东武阳怀王鉴，仇昭仪生东海定王霖，徐姬生元城哀王礼，苏姬生邯郸怀王邕，张姬生清河悼王贡，宋姬生广平哀王俨。

赞哀王协，早薨。太和五年追封谥曰经殇公。青龙二年，更追改号谥。三年，子殇王寻嗣。景初三年，增户五百，并前三千户。正始九年薨。无子。国除。

北海悼王蕤，黄初七年，明帝即位，立为阳平县王。太和六年，改封北海。青龙元年薨。二年，以琅玡王子赞奉蕤后，封昌乡公。景初二年，立为饶安王。正始七年，徙封文安。正元、景元中，累增邑，并前三千五百户。

东武阳怀王鉴，黄初六年立。其年薨。青龙三年赐谥。无子。国除。

东海定王霖，黄初三年立为河东王。六年，改封馆陶县。明帝即位，以先帝遗意，爱宠霖异于诸国。而霖性粗暴，闺门之内，婢妾之间，多所残害。太和六年，改封东海。嘉平元年薨。子启嗣。景初、正元、景元中，累增邑，并前六千二百户。高贵乡公髦，霖之子也，入继大宗。

元城哀王礼，黄初二年封秦公，以京兆郡为国。三年，改为京兆王。六年，改封元城王。太和三年薨。五年，以任城王楷子悌嗣礼后。六年，改封梁王。景初、正元、景元中，累增邑，并前四千五百户。

邯郸怀王邕，黄初二年封淮南公，以九江郡为国。三年，进为淮南王。四年，改封陈。六年，改封邯郸。太和三年薨。五年，以任城王楷子温嗣邕后。六年，改封鲁阳。景初、正元、景元中，累增邑，并前四千四百户。

清河悼王贡，黄初三年封。四年薨。无子。国除。

广平哀王俨，黄初三年封。四年薨。无子。国除。

评曰：魏氏王公，既徒有国土之名，而无社稷之实，又禁防壅隔，同于囹圄；位号靡定，大小岁易；骨肉之恩乖，常棣之义废。为法之弊，一至于此乎！

【译文】

武皇帝一共有二十五个儿子：卞皇后生文皇帝、任城威王曹彰、陈思王曹植、萧怀王曹熊，刘夫人生愍王曹昂、相殇王曹铄，环夫人生邓哀王曹冲、彭城王曹据、燕王曹宇，杜夫人生沛穆王曹林、中山恭王曹衮，秦夫人生济阳怀王曹玹、陈留恭王曹峻，尹夫人生范阳闵王曹矩，王昭仪生赵王曹幹，孙姬生临邑殇公子曹上、楚王曹彪、刚殇公子曹勤，李姬生榖城殇公子曹乘、郿戴公子曹整、灵殇公子曹京，周姬生樊安公曹均，刘姬生广宗殇公子曹棘，宋姬生东平灵王曹徽，赵姬生乐陵王曹茂。

丰愍王曹昂字子脩。二十岁时人们举孝他做了孝廉。随曹操南征，张绣在宛城将他杀害。没有儿子。黄初二年追封为公，加谥号丰悼公。黄初三年，以樊安公曹均的儿子曹琬为曹昂的后嗣，封中都公，当年又改封为长子公。黄初五年，追加曹昂封号为丰悼王。太和三年，改曹昂谥号为愍王。嘉平六年，让曹琬承袭曹昂爵位为丰王。正元、景元年间，多次给曹琬增加封邑，加上以前所封共有二千七百户。曹琬去世，加谥号为恭王。其子曹廉继承爵位。

相殇王曹铄很早就去世，太和三年追封谥号。青龙元年，他儿子愍王曹潜继承王位，当年就去世了。青龙二年，曹潜的儿子怀王曹偃继承王位，食邑二千五百户，青龙四年去世。他没有子嗣，封国被撤销。正元二年，让乐陵王曹茂的儿子阳都乡公曹竦过继曹铄为后嗣。

邓哀王曹冲字仓舒，从小就聪慧，五六岁时，智力就像成年人那样机敏。孙权送来大象，曹操想知道它的重量，群臣中没有人能想出办法。曹冲说："把大象放在船上，在水痕所至的船舷上刻出记号，然后在船上放置达到水痕同样地方的东西，计算东西的重量就可以知道了。"曹操非常高兴，就用这个办法知道了大象的重量。那时候军国事繁多，刑罚既严厉。曹操的马鞍存在库中，被老鼠咬坏，管库的官吏怕被处死，就商量着绑上自己向曹操自首认罪，仍怕不能免死。曹冲对他们说："三天后再去自首。"于是曹冲用刀戳破自己的单衣，就像被老鼠咬了一样，面带愁色，假装不高兴的样子。曹操问曹冲怎么了，曹冲回答说："百姓认为被老鼠咬了衣服，衣服的主人就不吉祥。现在我的单衣被老鼠咬破了，所以担心。"曹操说："这些说法没有根据，没有什么可担心的。"过一会儿，库吏就把老鼠咬马鞍的事报告曹操，曹操笑着说："我儿的衣服就在身边，尚且被咬，何况马鞍挂在柱子上呢？"就没有追查。曹冲的仁爱心地，见识通达，都是这样。获罪应该被杀的，通过曹冲委婉含蓄表达而获得宽宥的，前后有几十个人。曹操多次对群臣称赞曹冲，有把王位传给他的意思。建安十三年，曹冲十三岁，得病，曹操亲自为他祈祷神灵为他延长生命，后来，曹冲去世，曹操特别悲痛。曹丕劝慰，曹操说："这是我的不幸，而是你们的幸事啊！"一说到曹冲，曹操就流泪，又为曹冲聘娶甄氏死亡的女儿与之合葬，追赠骑都尉的印绶，命宛侯曹据的儿子曹琮为曹冲的后人。建安二十二年，封曹琮为邓侯。黄初二年，追赠曹冲谥号为邓哀侯，又追加封爵为公。黄初三年，晋升曹琮的封爵，转封为冠军公。黄初四年，转封为己氏公。太和五年，加曹冲封号为邓哀王。景初元年，曹琮因在中尚方制作禁物而获罪，削夺封户三百，贬爵为都乡侯。景初三年，又恢复为己氏公。正始七年，转封平阳公。景初、正元、景元年间，多次增加曹琮的封邑，加上以前所封共一千九百户。

彭城王曹据，建安十六年封他做了范阳侯。建安二十二年，升职为宛侯。黄初二年晋升为公爵。黄初三年，晋升为章陵王，同年迁移封地到义阳。文帝由于南方潮湿，又因曹据的母亲环太妃是彭城人，迁移曹据的封地到彭城；后又迁移到济阴。黄初五年，文帝下诏书说："前代帝王立国，随时势变化而设建制。汉高祖增加了秦朝所置郡的数量，汉光武帝因国家损耗过多而合并减少了郡县。现在就更没有那时多了。还是将各王都改封为县王。"曹据改封定陶县。太和六年，改封各王，都以郡为封国，曹据恢复封号为彭城王。景初元年，曹据因私自派人到中尚方制作违禁器物获罪，削减封邑两千户。景初三年，恢复了所削减的封邑。正元、景元年间屡次为曹据增至封邑，连同以前的共四千六百户。

燕王曹宇字彭祖。建安十六年，封他做了都乡侯。建安二十二年，改封他做了鲁阳侯。文帝黄初二年，晋封爵位为公。黄初三年，又做了下邳王。黄初五年，改封地在单父县。明帝太和六年，改封为燕王。明帝从小与曹宇共同居住，非常喜爱曹宇。等到即帝位以后，对曹宇的宠爱和赏赐优于其他诸王。青龙三年，被征入朝。景初元年，曹宇回到邺县。景初二年夏，又被征到京都。当年十二月，明帝病情加重，拜曹宇为大将军，把后事托付给曹宇。接受任命四天，由于曹宇坚决辞谢不接受，明帝也改变了主意，于是将曹宇免官。景初三年夏，回到邺县。景初、正元、景元年间，多次被增加封邑，加上以前所封，共五千五百户。常道乡公曹奂，是曹宇的儿子，进宫做了皇位继承人。

沛穆王曹林，建安十六年封为饶阳侯。建安二十二年，改曹林封地在谯郡。文帝黄初二年，晋封其爵位为公。黄初三年，做了谯王。黄初五年，改曹林封地在谯县。黄初七年，改曹林封地在鄄城。明帝太和六年，改曹林封地在沛县。景初、正元、景元年间，多次增加曹林的封邑，加上以前所封共四千七百户。曹林死，儿子曹纬继承爵位。

中山恭王曹衮于建安二十一年封为平乡侯。小时候很爱学习，十多岁便能写文章。每次读书，侍从们常常担心他精力消耗过多而致病，多次劝谏他不要那么努力，但他生性喜欢读书，从来没有停止过。建安二十二年，改封东乡侯，同年又改封为赞侯，属官都向他祝贺，曹衮说："我生长在深宫禁院，不知耕种收获的不容易，多有骄横安逸的过失。希望各位贤者庆贺这美事之后，还应该帮助我改正缺点。"每当兄弟们游玩娱乐时，曹衮都独自沉思在典籍之中。文学防辅们一起商量说："我们接受皇上的诏命观察衮公的言行举止，有过错应当上奏，有善行也应报告皇上，不能掩没他的美德。"于是，一起上表称述曹衮的美德。曹衮知道后，很是恐慌，责问文学说："修养品德自我完善，这是很多人应有的操行，而你们却奏闻皇上，这于我无益，反而增加了我的负担啊！如有善行，何必非得让人家知道呢？你们这样不是对我有所帮助。"他就是这样的小心谨慎。黄初三年，封为北海王。同样是在这一年，黄龙出现在邺城西的漳水里，曹衮上书赞颂。曹丕下诏赐给黄金十斤，诏书说："从前唐叔馈送嘉禾，东平王刘苍敬献《光武受命中兴颂》，这都是皇家骨肉之间的挚诚赞美，以表彰皇家亲情。你研究古代典籍，沉浸于大义真理之中，文章典雅、辞采斐然，我很是欣赏。希望你能谨守大德，始终保持美好的名声。"黄初四年，改封为赞王。黄初七年，改封地在濮阳县。太和二年，前往自己的封国，崇尚节俭，教育妃妾们纺纱织布，练习做家务事。太和五年冬，觐见皇上。太和六年，改封到中山国。

起初，曹衮入朝时，触犯了京都禁令。青龙元年，有关部门奏劾曹衮。明帝下诏说："北海王一向恭敬谨慎，偶然犯禁，应用评议皇亲犯罪的条文规定处理这件事。"有关部门坚持意见，明帝下诏削夺曹衮县二、户七百五十。曹衮告诫约束下属更加谨慎。明帝对他的表现很是赞赏，青龙二年，恢复他所削夺的县。青龙三年秋，曹衮得了疾病，明帝派太医看病；带着皇帝手诏和赏赐珍馐膳食前去探望的殿中虎贲接连不断。明帝又让太妃杜氏、沛王曹林一起去探望曹衮。曹衮病重，饬令属官说：

"我缺少美德，有愧于皇帝宠爱，寿命将尽。我生性俭朴，朝廷又有清明的治丧制度，为天下之法。我去世之后，从殡殓到下葬，一定要遵奉诏书。过去卫国大夫蘧瑗埋葬在濮阳，我看到他的坟墓，常想象他遗留的风范，希望借托他的贤灵来遮蔽我的遗骸；我的坟墓，要建在他的坟墓旁。《礼记》说：'男子不应死在妇女之手。'抓紧为我建东堂。"东堂建成后，取名为"遂志之堂"，曹衮抱病前去居住。他又命令长子说："你年纪尚小，还不懂道理规矩，这么早就做别人的主子，只知道享乐，不知道艰苦；不知艰苦，就一定会有骄横、奢侈的过失。接见大臣，要以礼相待；即使不是大臣，对老年人也应该答拜。侍奉兄长、体恤弟弟要恭敬慈爱；兄弟如有不良行为，应当面规劝。规劝不听，当流着泪开导他；开导仍不改正，就去告诉他的母亲；如果还不改正，就应禀告皇上，辞退掉他的封国。与其守着皇上的恩宠而遭罹难，不如过贫贱的生活而保身。这说的是大罪，至于那些不值一提的小错就掩藏起来。你呀，要谨慎修身，忠心朝廷，用孝顺恭敬之心侍奉太妃。在内，要听从太妃的懿旨；在外，要接受沛王的教诲。不要泯灭你们的心志，以慰我在天之灵。"这一年，曹衮去世。明帝下诏沛王曹林协助办丧事，派大鸿胪符节主持，派宗正官吊唁、祭祀，馈赠了许多殉葬之物。曹衮所写的文章有两万多字，他的文才虽不如陈思王曹植，却喜欢和曹植进行比较。儿子曹孚继嗣。景初、正元、景元年间，几次增加食邑，连同以前所封的共三千四百户。

济阳怀王曹玹，建安十六年封西乡侯。很早就去世了，没有儿子。建安二十年，朝廷以沛王曹林之子曹赞继承曹玹的爵位和封邑，曹赞很早就去世，没有儿子。文帝又以曹赞之弟曹壹为曹玹之后。黄初二年，改封曹壹为济阳侯。黄初四年，晋封为公。太和四年，追加曹玹爵位，谥号为怀公。太和六年，又进为怀王，追加曹赞谥号为西乡哀侯。曹壹死，谥号悼公。其子曹恒继承爵位。景初、正元、景元年间，多次增加其封邑，加上以前所封共一千九百户。

陈留恭王曹峻字子安，建安二十一年封郿侯。建安二十二年，把封地改为襄邑。黄初二年，晋爵为公。黄初三年，做了陈留王。黄初五年，改封地为襄邑县。太和六年，又封陈留。高贵乡公甘露四年曹峻死。其子曹澳继承爵位。景初、正元、景初年间，多次增加封邑，加上以前所封共四千七百户。

范阳闵王曹矩，早逝，没有儿子。建安二十二年，让樊安公曹均的儿子曹敏继曹矩为后，册封他做了临晋侯。黄初三年追谥曹矩为范阳闵公。黄初五年，改封曹敏为范阳王。黄初七年，迁封地为句阳。太和六年，追封曹矩谥号为范阳闵王，改封曹敏为琅玡王。景初、正元、景元年间，屡次为曹敏增加封邑，连同以前的共三千四百户。曹敏去世，谥号原王。儿子曹焜继承。

赵王曹幹，建安二十年封为高平亭侯。建安二十二年，改封他做了赖亭侯，同年又改封为弘农侯。黄初二年，晋爵做了燕公。黄初三年，封为河间王。黄初五年，改封到乐城县。黄初七年，改封到钜鹿。太和六年，改封为赵王。曹幹的母亲受宠于曹操。定曹丕为继承人时，曹幹的母亲出了力。曹丕临死时，留有遗诏，因此明帝对曹幹时常给予关照。青龙二年，曹幹因与宾客私自交结，被有司奏劾，明帝赐曹幹玺书告诫他说："《周易》称'开国承家，小人勿用'，《诗经》也有'大车惟尘'的告诫。自太祖秉天命开创大业、察治乱之根本、明存亡之关键、始封诸侯之时，用谨慎、至理之言对他们加以训诫，以正直之士辅助他们，常引用马援对侄子和部下的告诫，严禁诸侯宾客间私下交往，以至于把这种行为与恶罪等同。这难会使骨肉亲情淡薄吗？这是让曹氏子弟们不犯错误，士民不受到伤害。高祖即位后，慎重地处理国大事，颁布了诸侯不得私自入朝的命令。我有感于诗人作《常棣》诗篇，赞叹《采薇》的主旨，也遵循诏书所说'有诏才得进京'的规定，所以命令诸侯王们行朝觐之礼。而楚王、中山王都触犯了不得私自交往的禁令，赵宗、戴捷也因此而伏法。此前东平王让属官殴打寿张县的属吏，有司举报此事，我也只是处以削减封县作为处罚。如今有司认为曹纂、王乔借宗室聚会之机在赵王家聚会违背了禁令，我想您自幼就一直孝顺，再加上有先帝遗命，想对您恩宠优待，并延及到您的后人。人非圣贤，孰能无错？我已下诏有司宽宥您的过失。古人说：'对看不见的东西要有所警惕，对听不到的东西要有所害怕。没有什么事情能一直隐藏而不显现，也没有什么东西细小得看不见，所以君子独处也极为谨慎。'请叔父您遵循先世圣人的教诲，承先帝遗命，恭敬保守你的王位，以称我心意。"景初、正元、景元年间，多次给曹幹增加封邑，连同以前的共五千户。

临邑殇公子曹上，很早就去世了。太和五年，追加封爵谥号，没有留下后代。

楚王曹彪字朱虎，建安二十一年，封他做了寿春侯。黄初二年，改封他为汝阳公。黄初三年，封弋阳王；当年又改封吴王。黄初五年，改封地为寿春县。黄初七年，改封地为白马县。太和五年冬，入京朝觐。太和六年，改封楚。当初，曹彪入京朝觐，触犯禁令，青龙元年，被有司奏劾，明帝下诏削夺曹彪封地三县、一千五百户。青龙二年，大赦，恢复了曹彪所削夺的县。景初三年，增加其封户五百，加上以前所封共三千户。嘉平元年，兖州刺史令狐愚与太尉王淩图谋迎立曹彪定都许昌。此事记载在《王淩传》。朝廷派遣侍御史到曹彪封国核实，逮捕惩治与此事有关联的人。廷尉请求招曹彪进京治罪。于是依照西汉燕王刘旦之事，派廷尉、大鸿胪持节赐曹彪玺书严厉谴责他。曹彪自杀。曹彪妃及诸子贬为庶人，迁徙到平原郡。曹彪的官属及监国谒者，因犯有知情而不辅正罪，把他们都处死。将其国除为淮南郡。正元元年皇帝下诏说："已故楚王曹彪，背叛国家，依附奸人，自己死亡，继承人被废，虽是自取其咎，实是可怜可哀。容忍他人的过失，是爱护亲人的原则，封曹彪世子曹嘉为常山真定王。"景元元年，增加他的封邑，加上以前所封共二千五百户。

刚殇公子曹勤，早早就去世了。太和五年追加封爵谥号。没有后代。

穀城殇公子曹乘，早早就去世了。太和五年追加封爵谥号。没有后代。

郿戴公子曹整，绍继堂叔父郎中曹绍为其后代。建安二十二年，封郿侯。建安二十三年死。没有子嗣。黄初二年追加晋升爵位，谥号叫作戴公。以彭城王曹据之子曹范绍继曹整为曹整后代。黄初三年，封平氏侯。黄初四年，改曹范封地为成武县。明帝太和三年，晋封曹范爵位为公。青龙三年曹范死。加曹范谥号为悼公。没有后代。青龙四年，下诏以曹范弟弟东安乡公曹阐为郿公，绍继曹整后代。正元、景元年间，多次增加其封邑，加上以前所封共一千八百户。

灵殇公子曹京，早死。太和五年追加封爵谥号。没有后代。

樊安公曹均，绍继叔父蓟恭公曹彬做了后代。建安二十二年，封他做了樊侯。建安二十四年死。儿子曹抗继承爵位。黄初二年，追进公爵，谥号为安公。黄初三年，改封曹抗为蓟公。黄初四年，改封为屯留公。明帝景初元年死，谥号为定公。其子曹谌继承爵位。景初、正元、景元年间，多次增加其封邑，加上以前所封共一千九百户。

广宗殇公子曹棘，早死。太和五年追加封爵谥号。没有后代。

东平灵王曹徽，绍继叔父朗陵哀侯曹玉为后代。建安二十二年，封他做了历城侯。黄初二年，晋爵为公。黄初三年，为庐江王。黄初四年，改封寿张王。黄初五年，改曹徽封地为寿张县。明帝太和六年，改曹徽封地为东平郡。青龙二年，曹徽让手下殴打寿张县吏，被有关部门奏劾。明帝下诏削夺曹徽封地一个县、五百户。当年又恢复其所削夺县。齐王正始三年曹徽死。其子曹翕继承爵位。景初、正元、景元年间，多次增加其封邑，加上以前所封共三千四百户。

乐陵王曹茂，建安二十二年封他做了万岁亭侯。建安二十三年，改封平舆侯。文帝黄初三年，晋升爵位，改封乘氏公。黄初七年，改曹茂封地为中丘。曹茂性格傲慢凶横，从小不被太祖宠爱。到文帝在位的时候，又只有曹茂没有封王。明帝太和元年，改封曹茂为聊城公，当年又封为王。明帝下诏说："过去像这个人残暴到了极点，而大舜还把这个人封在有庳为侯。近代西汉淮南王、东汉阜陵王，都是乱臣逆子，而这些人有的在活着的时候就被恢复封国，有的到儿子时被赐予土地。这种做法在上古虞舜时就创建了，又被前代汉文帝、明帝、章帝继续实行，这都是先帝重视亲情和睦的深情厚谊呀！聊城公曹茂自幼不懂礼教，长大后不走正道。先帝认为古代封立诸侯，所任命的都是贤者，所以周朝姬姓的皇亲也不一定都封侯，因此唯独不封曹茂为王。太皇太后多次说到了这件事。据说曹茂近来稍微知道改悔过去的错误了，想在以后修身向善。君子嘉许一个人今天的进步，不死死盯住其过去的错误。如今封曹茂为聊城王，以安慰太皇太后对子孙的顾念。"太和六年，改封曹茂为曲阳王。齐王正始三年，东平灵王曹徽死，曹茂说咽喉痛，不肯哭泣，起居出入跟没事一样。有关部门上奏要求除去曹茂国土，朝廷下诏削夺曹茂封地一县，户五百。正始五年，改曹茂封地为乐陵，又下诏以曹茂封地租赋俸禄少，子女多，恢复其被削夺之户，又增加七百户。嘉平、正元、景元年间，多次增加其封邑，加上以前所封共五千户。

文皇帝九个儿子他们分别是：甄皇后生明帝曹叡，李贵人生赞哀王曹协，潘淑媛生北海悼王曹蕤，朱淑媛生东武阳怀王曹鉴，仇昭仪生东海定王曹霖，徐姬生元城哀王曹礼，苏姬生邯郸怀王曹邕，张姬生清河悼王曹贡，宋姬生广平哀王曹俨。

赞哀王曹协，早早地就去世了。太和五年追加封爵谥号为经殇公。青龙二年，又追改谥号。青龙三年，其子殇王曹寻继承爵位。景初三年，增加封户五百，加上以前所封共三千户。正始九年曹寻死。没有儿子，封国废除。

北海悼王曹蕤，黄初七年，明帝即位，立他做了阳平县王。太和六年，改封北海王。青龙元年死。青龙二年，以琅玡王之子曹赞绍继曹蕤后代，封昌乡公。景初二年，立为饶安王。正始七年，改封地为文安。正元、景元年间，多次增加封邑，加上以前所封共三千五百户。

东武阳怀王曹鉴，黄初六年立。当年死。青龙三年赐谥号。没有子嗣，封国废除。

东海定王曹霖，黄初三年封他作为河东王。黄初六年，改封地为馆陶县。明帝登上皇位，因先帝有遗愿，所以对曹霖的爱宠与其他诸王不同。而曹霖性情粗暴，家中婢妾们多被其残杀。太和六年，改封地为东海郡。嘉平元年死。其子曹启继承爵位。景初、正元、景元年间，多次增加封邑，加上以前所封共六千二百户。高贵乡公曹髦，是曹霖的儿子，入宫为皇位继承人。

元城哀王曹礼，黄初二年封秦公，把京兆郡作为封国。黄初三年，改为京兆王。黄初六年，改封元城王。太和三年去世。太和五年，以任城王曹楷之子曹悌继承曹礼后代。太和六年改封曹悌梁王。景初、正元、景元年间，多次增加封邑，加上以前所封共四千五百户。

邯郸怀王曹邕，黄初二年封为淮南公，把九江郡作为他的封国。黄初三年，晋爵为淮南王。黄初四年，改封地为陈郡。黄初六年，改封地为邯郸县。太和三年曹邕死。太和五年，以任城王曹楷之子曹温继承曹邕的后代。太和六年，改封地为鲁阳县。景初、正元、景元年间，多次增加曹温的封邑，加上以前所封共四千四百户。

清河悼王曹贡，黄初三年封。黄初四年死。没有子嗣，封国废除。

广平哀王曹俨，黄初三年封。黄初四年死。没有子嗣，封国废除。

评论说：魏朝的王公，只名义上有封地，而实际上并不拥有国家，加之朝廷用各种禁令予以防范，使他们如在牢狱之中；爵位、封号也不固定，时大时小，年年改变；骨肉之间感情不和，违背了《诗经·常棣》篇中称颂的兄弟之情。魏国定法立制的弊病，竟然到了这种地步！

三国志卷二十一·魏书二十一

王卫二刘傅传

王粲字仲宣，山阳高平人也。曾祖父龚，祖父畅，皆为汉三公。父谦，为大将军何进长史。进以谦名公之胄，欲与为婚，见其二子，使择焉。谦弗许。以疾免，卒于家。

献帝西迁，粲徙长安，左中郎将蔡邕见而奇之。时邕才学显著，贵重朝廷，常车骑填巷，宾客盈坐。闻粲在门，倒屣迎之。粲至，年既幼弱，容状短小，一坐尽惊。邕曰："此王公孙也，有异才，吾不如也。吾家书籍文章，尽当与之。"年十七，司徒辟，诏除黄门侍郎，以西京扰乱，皆不就。乃之荆州依刘表。表以粲貌寝而体弱通侻，不甚重也。表卒。粲劝表子琮，令归太祖。太祖辟为丞相掾，赐爵关内侯。太祖置酒汉滨，粲奉觞贺曰："方今袁绍起河北，仗大众，志兼天下，然好贤而不能用，故奇士去之。刘表雍容荆楚，坐观时变，自以为西伯可规。士之避乱荆州者，皆海内之俊杰也；表不知所任，故国危而无辅。明公定冀州之日，下车即缮其甲卒，收其豪杰而用之，以横行天下；及平江、汉，引其贤俊而置之列位，使海内回心，望风而愿治，文武并用，英雄毕力，此三王之举也。"后迁军谋祭酒。魏国既建，拜侍中。博物多识，问无不对。时旧仪废弛，兴造制度，粲恒典之。

初，粲与人共行，读道边碑，人问曰："卿能闇诵乎？"曰："能。"因使背而诵之，不失一字。观人围棋，局坏，粲为覆之。棋者不信，以帊盖局，使更以他局为之。用相比校，不误一道。其强记默识如此。性善算，作算术，略尽其理。善属文，举笔便成，无所改定，时人常以为宿构；然正复精意覃思，亦不能加也。著诗、赋、论、议垂六十篇。建安二十一年，从征吴。二十二年春，道病卒，时年四十一。粲二子，为魏讽所引，诛。后绝。

始文帝为五官将，及平原侯植皆好文学。粲与北海徐幹字伟长、广陵陈琳字孔璋、陈留阮瑀字元瑜、汝南应玚字德琏、东平刘桢字公幹并见友善。

干为司空军谋祭酒掾属，五官将文学。

琳前为何进主簿。进欲诛诸宦官，太后不听，进乃召四方猛将，并使引兵向京城，欲以劫恐太后。琳谏进曰："《易》称'即鹿无虞'。谚有'掩目捕雀'。夫微物尚不可欺以得志，况国之大事，其可以诈立乎？今将军总皇威，握兵要，龙骧虎步，高下在心；以此行事，无异于鼓洪炉以燎毛发。但当速发雷霆，行权立断，违经合道，天人顺之；而反释其利器，更征于他。大兵合聚，强者为雄，所谓倒持干戈，授人以柄；功必不成，只为乱阶。"进不纳其言，竟以取祸。琳避难冀州，袁绍使典文章。袁氏败，琳归太祖。太祖谓曰："卿昔为本初移书，但可罪状孤而已，恶恶止其身，何乃上及父祖邪？"琳谢罪，太祖爱其才而不咎。

瑀少受学于蔡邕。建安中都护曹洪欲使掌书记，瑀终不为屈。太祖并以琳、瑀为司空军谋祭酒，管记室，军国书檄，多琳、瑀所作也。琳徙门下督，瑀为仓曹掾属。

玚、桢各被太祖辟为丞相掾属。玚转为平原侯庶子，后为五官将文学。桢以不敬被刑，刑竟署吏。咸著文赋数十篇。

瑀以十七年卒。干、琳、玚、桢二十二年卒。文帝书与元城令吴质曰："昔年疾疫，亲故多离其灾，徐、陈、应、刘，一时俱逝。观古今文人，类不护细行，鲜能以名节自立。而伟长独怀文抱质，恬淡寡欲，有箕山之志，可谓彬彬君子矣。著《中论》二十余篇，辞义典雅，足传于后。德琏常斐然有述作意，其才学足以著书，美志不遂，良可痛惜！孔璋章表殊健，微为繁富，公干有逸气，但未遒耳。元瑜书记翩翩，致足乐也。仲宣独自善于辞赋，惜其体弱，不起其文；至于所善，古人无以远过也。昔伯牙绝弦于钟期，仲尼覆醢于子路，痛知音之难遇，伤门人之莫逮也。诸子但为未及古人，自一时之俊也。"

自颍川邯郸淳、繁钦、陈留路粹、沛国丁仪、丁廙、弘农杨脩、河内荀纬等，亦有文采，而不在此七人之例。

玚弟璩，璩子贞，咸以文章显。璩官至侍中。贞咸熙中参相国军事。

瑀子籍，才藻艳逸，而倜傥放荡，行己寡欲，以庄周为模则。官至步兵校尉。

时又有谯郡嵇康，文辞壮丽，好言老、庄，而尚奇任侠。至景元中，坐事诛。

景初中，下邳桓威出自孤微，年十八而著《浑舆经》，依道以见意。

从齐国门下书佐、司徒署吏，后为安成令。

吴质，济阴人，以文才为文帝所善，官至振威将军，假节都督河北诸军事，封列侯。

卫觊字伯儒，河东安邑人也。少夙成，以才学称。太祖辟为司空掾属，除茂陵令、尚书郎。太祖征袁绍，而刘表为绍援，关中诸将又中立。益州牧刘璋与表有隙，觊以治书侍御史使益州，令璋下兵以缀表军。至长安，道路不通，觊不得进，遂留镇关中。时四方大有还民，关中诸将多引为部曲，觊书与荀彧曰："关中膏腴之地，顷遭荒乱，人民流入荆州者十万余家，闻本土安宁，皆企望思归。而归者无以自业，诸将各竞招怀，以为部曲。郡县贫弱，不能与争，兵家遂强。一旦变动，必有后忧。夫盐，国之大宝也，自乱来散放，宜如旧置使者监卖，以其直益市犁牛。若有归民，以供给之。勤耕积粟，以丰殖关中。远民闻之，必日夜竞还，又使司隶校尉留治关中以为之主，则诸将日削，官民日盛，此强本弱敌之利也。"彧以白太祖。太祖从之，始遣谒者仆射监盐官，司隶校尉治弘农。关中服从，乃白召觊还，稍迁尚书。魏国既建，拜侍中，与王粲并典制度。文帝即王位，徙为尚书。顷之，还汉朝为侍郎，劝赞禅代之义，为文诰之诏。文帝践阼，复为尚书，封阳吉亭侯。

明帝即位，进封阌乡侯，三百户。觊奏曰："九章之律，自古所传，断定刑罪，其意微妙。百里长吏，皆宜知律。刑法者，国家之所贵重，而私议之所轻贱；狱吏者，百姓之所县命，而选用者之所卑下。王政之弊，未必不由此也。请置律博士，转相教授。"事遂施行。时百姓凋匮而役务方殷，觊上疏曰："夫变情厉性，强所不能，人臣言之既不易，人主受之又艰难。且人之所乐者富贵显荣也，所恶者贫贱死亡也，然此四者，君上之所制也，君爱之则富贵显荣，君恶之则贫贱死亡；顺指者爱所由来，逆意者恶所从至也。故人臣皆争顺指而避逆意，非破家为国，杀身成君者，谁能犯颜色，触忌讳，建一言，开一说哉？陛下留意察之，则臣下之情可见矣。今议者多好悦耳，其言政治则比陛下于尧舜，其言征伐则比二虏于狸鼠。臣以为不然。昔汉文之时，诸侯强大，贾谊累息以为至危。况今四海之内，分而为三，群士陈力，各为其主。其来降者，未肯言舍邪就正，咸称迫于困急，是与六国分治，无以为异也。当今千里无烟，遗民困苦，陛下不善留意，将遂凋弊不可复振。礼，天子之器必有金玉之饰，饮食之肴必有八珍之味，至于凶荒，则彻膳降服。然则奢俭之节，必视世之丰约也。武皇帝之时，后宫食不过一肉，衣不用锦绣，茵蓐不缘饰，器物无丹漆，用能平定天下，遗福子孙。此皆陛下之所亲览也。当今之务，宜君臣上下，并用筹策，计校府库，量入为出。深思勾践滋民之术，由恐不及，而尚方所造金银之物，渐更增广，工役不辍，侈靡日崇，帑藏日竭。昔汉武信求神仙之道，谓当得云表之露以餐玉屑，故立仙掌以承高露。陛下通明，每所非笑。汉武有求于露，而由尚见非，陛下无求于露而空设之；不益于好而糜费功夫，诚皆圣虑所宜裁制也。”觊历汉、魏，时献忠言，率如此。

受诏典著作，又为《魏官仪》，凡所撰述数十篇。好古文、鸟篆、隶草，无所不善。建安末，尚书右丞河南潘勖，黄初时，散骑常侍河内王象，亦与觊并以文章显。觊薨，谥曰敬侯。子瓘嗣。瓘咸熙中为镇西将军。

刘廙字恭嗣，南阳安众人也。年十岁，戏于讲堂上，颍川司马德操拊其头曰：“孺子，孺子，‘黄中通理’，宁自知不？”廙兄望之，有名于世，荆州牧刘表辟为从事。而其友二人，皆以谗毁，为表所诛。望之又以正谏不合，投传告归。廙谓望之曰：“赵杀鸣、犊，仲尼回轮。今兄既不能法柳下惠和光同尘于内，则宜模范蠡迁化于外。坐而自绝于时，殆不可也！”望之不从，寻复见害。廙惧，奔扬州，遂归太祖。太祖辟为丞相掾属，转五官将文学。文帝器之，命廙通草书。廙答书曰：“初以尊卑有逾，礼之常分也。是以贪守区区之节，不敢修草。必如严命，诚知劳谦之素，不贵殊异若彼之高，而惇白屋如斯之好，苟使郭隗不轻于燕，九九不忽于齐，乐毅自至，霸业以隆。亏匹夫之节，成巍巍之美，虽愚不敏，何敢以辞？”魏国初建，为黄门侍郎。

太祖在长安，欲亲征蜀，廙上疏曰：“圣人不以智轻俗，王者不以人废言。故能成功于千载者，必以近察远，智周于独断者，不耻于下问，亦欲博采必尽于众也。且韦弦非能言之物，而圣贤引以自匡。臣才智闇浅，愿自比于韦弦。昔乐毅能以弱燕破大齐，而不能以轻兵定即墨者，夫自为计者虽弱必固，欲自溃者虽强必败也。自殿下起军以来，三十余年，敌无不破，强无不服。今以海内之兵，百胜之威，而孙权负险于吴，刘备不宾于蜀。夫夷狄之臣，不当冀州之卒，权、备之籍，不比袁绍之业，然本初以亡，而二寇未捷，非闇弱于今而智武于昔也。斯自为计者，与欲自溃者异势耳。故文王伐崇，三驾不下，归而修德，然后服之。秦为诸侯，所征必服，及兼天下，东向称帝，匹夫大呼而社稷用隳。是力毙于外，而不恤民于内也。臣恐边寇非六国之敌，而世不乏才，土崩之势，此不可不察也。天下有重得，有重失：势可得而我勤之，此重得也；势不可得而我勤之，此重失也。于今之计，莫若料四方之险，择要害之处而守之，选天下之甲卒，随方面而岁更焉。殿下可高枕于广夏，潜思于治国；广农桑，事从节约，修之旬年，则国富民安矣。"太祖遂进前而报廙曰："非但君当知臣，臣亦当知君。今欲使吾坐行西伯之德，恐非其人也。"

魏讽反，廙弟伟为讽所引，当相坐诛。太祖令曰："叔向不坐弟虎，古之制也。"特原不问，徙署丞相仓曹属。廙上疏谢曰："臣罪应倾宗，祸应覆族。遭乾坤之灵，值时来之运，扬汤止沸，使不燋烂；起烟于寒灰之上，生华于已枯之木。物不答施于天地，子不谢生于父母，可以死效，难用笔陈。"廙著书数十篇，及与丁仪共论刑礼，皆传于世。文帝即王位，为侍中，赐爵关内侯。黄初二年卒。无子。帝以弟子阜嗣。

刘劭字孔才，广平邯郸人也。建安中，为计吏，诣许。太史上言："正旦当日蚀。"劭时在尚书令荀彧所，坐者数十人，或云当废朝，或云宜却会。劭曰："梓慎、裨灶，古之良史，犹占水火，错失天时。《礼记》曰诸侯旅见天子，及门不得终礼者四，日食在一。然则圣人垂制，不为变异豫废朝礼者，或灾消异伏，或推术谬误也。"彧善其言。敕朝会如旧，日亦不蚀。

御史大夫郗虑辟劭，会虑免，拜太子舍人，迁秘书郎。黄初中，为尚书郎、散骑侍郎。受诏集五经群书，以类相从，作《皇览》。明帝即位，出为陈留太守，敦崇教化，百姓称之。征拜骑都尉，与议郎庾嶷、荀诜等定科令，作《新律》十八篇，著《律略论》。迁散骑常侍。时闻公孙渊受孙权燕王之号，议者欲留渊计吏，遣兵讨之。劭以为"昔袁尚兄弟归渊父康，康斩送其首，是渊先世之效忠也。又所闻虚实，未可审知。古者要荒未服，修德而不征，重劳民也。宜加宽贷，使有以自新"。后渊果斩送权使张弥等首。劭尝作《赵都赋》，明帝美之，诏劭作《许都》《洛都赋》。时外兴军旅，内营宫室，劭作二赋，皆讽谏焉。

青龙中，吴围合肥，时东方吏士皆分休，征东将军满宠表请中军兵，并召休将士，须集击之。劭议以为"贼众新至，心专气锐。宠以少人自战其地，若便进击，不必能制。宠求待兵，未有所失也。以为可先遣步兵五千，精骑三千，军前发，扬声进道，震曜形势。骑到合肥，疏其行队，多其旌鼓，曜兵城下，引出贼后，拟其归路，要其粮道。贼闻大军来，骑断其后，必震怖遁走，不战自破贼矣。”帝从之。兵比至合肥，贼果退还。

时诏书博求众贤。散骑侍郎夏侯惠荐劭曰：“伏见常侍刘劭，深忠笃思，体周于数，凡所错综，源流弘远，是以群才大小，咸取所同而斟酌焉。故性实之士服其平和良正，清静之人慕其玄虚退让，文学之士嘉其推步详密，法理之士明其分数精比，意思之士知其沈深笃固，文章之士爱其著论属辞，制度之士贵其化略较要，策谋之士赞其明思通微，凡此诸论，皆取适己所长而举其支流者也。臣数听其清谈，览其笃论，渐渍历年，服膺弥久，实为朝廷奇其器量。以为若此人者，宜辅翼机事，纳谋帏幄，当与国道俱隆，非世俗所常有也。惟陛下垂优游之听，使劭承清闲之欢，得自尽于前，则德音上通，辉耀日新矣。”

景初中，受诏作《都官考课》。劭上疏曰：“百官考课，王政之大较，然而历代弗务，是以治典阙而未补，能否混而相蒙。陛下以上圣之宏略，愍王纲之弛颓，神虑内鉴，明诏外发。臣奉恩旷然，得以启矇，辄作都官考课七十二条，又作《说略》一篇。臣学寡识浅，诚不足以宣畅圣旨，著定典制。”又以为宜制礼作乐，以移风俗，著《乐论》十四篇，事成未上。会明帝崩，不施行。正始中，执经讲学，赐爵关内侯。凡所撰述，《法论》《人物志》之类百余篇。卒，追赠光禄勋。子琳嗣。

劭同时东海缪袭亦有才学，多所述叙，官至尚书、光禄勋。

袭友人山阳仲长统，汉末为尚书郎，早卒。著《昌言》，词佳可观省。

散骑常侍陈留苏林、光禄大夫京兆韦诞、乐安太守谯国夏侯惠、陈郡太守任城孙该、郎中令河东杜挚等亦著文赋，颇传于世。

傅嘏字兰石，北地泥阳人，傅介子之后也。伯父巽，黄初中为侍中尚书。嘏弱冠知名，司空陈群辟为掾。时散骑常侍刘劭作考课法，事下三府。嘏难劭论曰：“盖闻帝制宏深，圣道奥远，苟非其才，则道不虚行，神而明之，存乎其人。暨乎王略亏颓而旷载罔缀，微言既没，六籍泯玷。何则？道弘致远而众才莫晞也，案劭考课论，虽欲寻前代黜陟之文，然其制度略以阙亡。礼之存者，惟有周典，外建侯伯，藩屏九服，内立列司，筦齐六职，土有恒贡，官有定则，百揆均任，四民殊业，故考绩可理而黜陟易通也。大魏继百王之末，承秦、汉之烈，制度之流，靡所修采。自建安以来，至于青龙，神武拨乱，肇基皇祚，扫除凶逆，芟夷遗寇，旌旗卷舒，日不暇给。及经邦治戎，权法并用，百官群司，军国通任，随时之宜，以应政机。以古施今，事杂义殊，难得而通也。所以然者，制宜经远，或不切近，法应时务，不足垂后。夫建官均职，清理民物，所以立本也；循名考实，纠励成规，所以治末也。本纲未举而造制未呈，国略不崇而考课是先，惧不足以料贤愚之分，精幽明之理也。昔先王之择才，必本行于州闾，讲道于庠序，行具而谓之贤，道修则谓之能。乡老献贤能于王，王拜受之，举其贤者，出使长之，科其能者，入使治之，此先王收才之义也。方今九州之民，爰及京城，未有六乡之举，其选才之职，专任吏部。案品状则实才未必当，任薄伐则德行未为叙，如此则殿最之课，未尽人才。述综王度，敷赞国式，体深义广，难得而详也。”

正始初，除尚书郎，迁黄门侍郎。时曹爽秉政，何晏为吏部尚书，嘏谓爽弟羲曰：“何平叔外静而内铦巧，好利，不念务本。吾恐必先惑子兄弟，仁人将远，而朝政废矣。”晏等遂与嘏不平，因微事以免嘏官。起家拜荥阳太守，不行。太傅司马宣王请为从事中郎。曹爽诛，为河南尹，迁尚书。嘏常以为“秦始罢侯置守，设官分职，不与古同。汉、魏因循，以至于今。然儒生学士，咸欲错综以三代之礼，礼弘致远，不应时务，事与制违，名实未附，故历代而不至于治者，盖由是也。欲大改定官制，依古正本，今遇帝室多难，未能革易”。

时论者议欲自伐吴，三征献策各不同。诏以访嘏，嘏对曰：“昔夫差陵齐胜晋，威行中国，终祸姑苏；齐闵兼土拓境，辟地千里，身蹈颠覆。有始不必善终，古之明效也。孙权自破关羽并荆州之后，志盈欲满，凶宄以极，是以宣文侯深建宏图大举之策。今权以死，托孤于诸葛恪。若矫权苛暴，蠲其虐政，民免酷烈，偷安新惠，外内齐虑，有同舟之惧，虽不能终自保完，犹足以延期挺命于深江之外矣。而议者或欲泛舟径济，横行江表；或欲四道并进，攻其城垒；或欲大佃疆场，观衅而动：诚皆取贼之常计也。然自治兵以来，出入三载，非掩袭之军也。贼之为寇，几六十年矣，君臣伪立，吉凶共患，又丧其元帅，上下忧危，设令列船津要，坚城据险，横行之计，其殆难捷。惟进军大佃，最差完牢。兵出民表，寇钞不犯；坐食积谷，不烦运；乘衅讨袭，无远劳费：此军之急务也。昔樊哙愿以十万之众，横行匈奴，季布面折其短。今欲越长江，涉

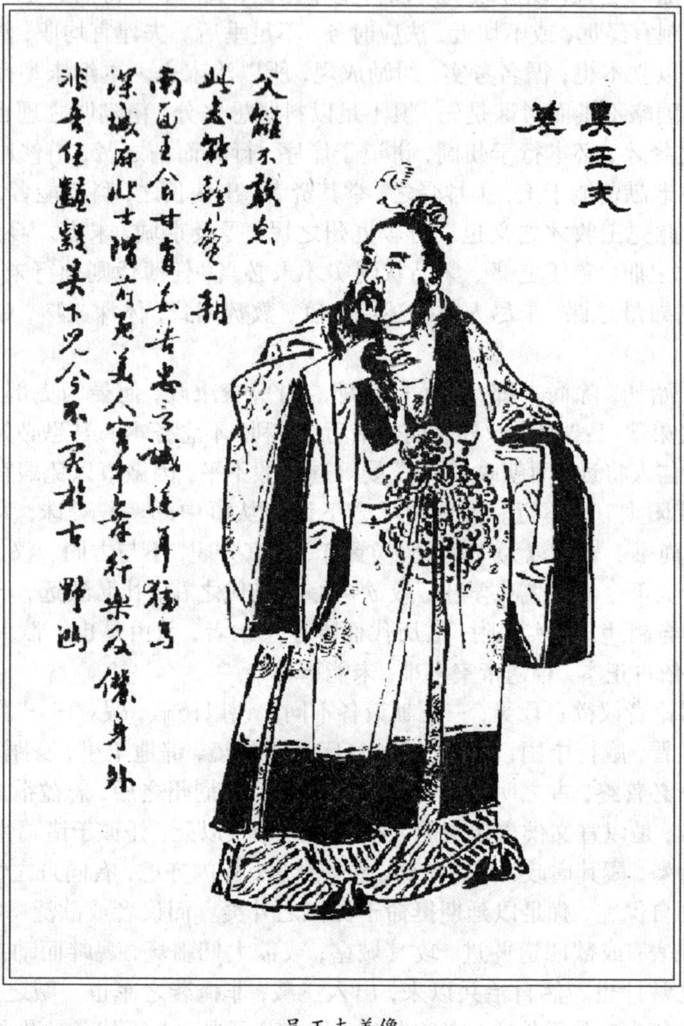

吴王夫差像

虏庭，亦向时之喻也。未若明法练士，错计于全胜之地，振长策以御敌之余烬，斯必然之数也。”后吴大将诸葛恪新破东关，乘胜扬声欲向青、徐，朝廷将为之备。嘏议以为“淮海非贼轻行之路，又昔孙权遣兵入海，漂浪沉溺，略无孑遗，恪岂敢倾根竭本，寄命洪流，以徼乾没乎？恪不过遣偏率小将素习水军者，乘海溯淮，示动青、徐，恪自并兵来向淮南耳”。后恪果图新城，不克而归。

嘏常论才性同异，钟会集而论之。嘉平末，赐爵关内侯。高贵乡公即尊位，进封武乡亭侯。正元二年春，毌丘俭、文钦作乱。或以司马景王不宜自行，可遣太尉孚往，惟嘏及王肃劝之。景王遂行。以嘏守尚书仆射，俱东。俭、钦破败，嘏有谋焉。及景王薨，嘏与司马文王径还洛阳，文王遂以辅政。语在《钟会传》。会由是有自矜色，嘏戒之曰：“子志大其量，而勋业难为也，可不慎哉！”嘏以功进封阳乡侯，增邑六百户，并前千二百户。是岁薨，时年四十七，追赠太常，谥曰元侯。子祗嗣。咸熙中开建五等，以嘏著勋前朝，改封祗泾原子。

评曰：昔文帝、陈王以公子之尊，博好文采，同声相应，才士并出，惟粲等六人最见名目。而粲特处常伯之官，兴一代之制，然其冲虚德宇，未若徐幹之粹也。卫觊亦以多识典故，相时王之式。刘劭该览学籍，文质周洽。刘廙以清鉴著，傅嘏用才达显云。

【译文】

王粲字仲宣，山阳高平县人。曾祖父是王龚，祖父是王畅，他们都是官居汉代的三公之职。父亲王谦，是大将军何进的长史。何进把持朝政时因为王谦是著名三公的后裔，想要和他联姻，把自己的两个女儿叫出来给王谦看，任他挑一个。王谦没答应。因病免官，死在家中。

献帝西迁，王粲移居住到长安。右中郎将蔡邕一见王粲，就觉得他不同一般。当时蔡邕的才学已名满天下，举朝敬重，他家门前经常是车来人往，客厅也经常是宾客满堂。有一天，蔡邕听说王粲在门口求见，急忙出去迎接，连鞋子都穿倒了也顾不得正过来。王粲年纪不大，身材又矮，一进门满屋的人都很吃惊。蔡邕说：“这位就是司空王畅的孙子王粲，满腹才华，我比不上他。我家里收藏的书籍典章，应当全部送给他。”十七岁时，受司徒推荐，朝廷征召王粲为黄门侍郎。那时候长安混乱，王粲未曾赴任。后来去荆州投奔刘表。刘表见王粲其貌不扬，身体孱弱，又不拘小节，很是看不起他。刘表死后，王粲力劝刘表的儿子刘琮归附曹操。曹操任他为丞相掾，赐关内侯。一次，曹操在汉水边设宴款待百官，王粲举杯祝贺说："如今袁绍崛起河北，兵多将广，其志在夺取天下，但他有贤才却不能任用，因此豪杰之士纷纷离他而去。刘表坐镇荆楚，静观时势变化，常以西伯周文王自喻。那些避乱到荆州来的贤士，都是海内俊杰，可刘表却不信任他们，结果在危难之际无人辅佐。明公平定冀州时，一下车就忙着整顿冀州的军队，招集当地的豪杰各尽其用。到平定江、汉，又征召这一带的贤才，给他们适当的官职。因此天下归心，望风归附，英雄尽力，这些都是夏、商、周三代开国之君才能做到的事啊！"后来，王粲升迁为军师祭酒。魏国建立后，任侍中。他博学多识，总能做到有问必答。当时由于旧的礼仪制度废弛，需重新制定，常由王粲主持建立。

起初，王粲和别人同行，阅读路边的石碑，同行的人问他："您能背诵下来吗？"王粲说："能。"那人就让他转过身去背诵，结果没漏掉一个字。有一次观看别人下棋，棋局乱了，王粲为他们恢复成原来的样子。下棋的人不相信，用巾帕盖住棋面，让他用另一副棋摆出棋局，两个进行比较，一个子也没错。他强记默识就是这么好。王粲擅长计算，推理演算得很周密；撰写文章，挥笔而就，没有需要修正的，当时有人常认为是他事先构思好的，但别人即使精心思考，反复推敲，也没有比他写得更好。著有诗、赋、论、议近六十篇。建安二十一年，随曹操征讨吴国。建安二十二年春天，在路上得病去世，时年四十一岁。王粲有两个儿子，因魏讽的案子牵连，被杀。没有什么后代。

当初，魏文帝曹丕做五官中郎将时，和平原侯曹植都爱好文学。王粲与北海徐幹字伟长、广陵陈琳字孔璋、陈留阮瑀字元瑜、汝南应玚字德琏、东平刘桢字公幹，都是曹丕、曹植的好朋友。

徐幹曾任司空军谋祭酒、掾属、五官中郎将文学等官职。

陈琳先前做何进的主簿。何进打算诛杀宦官，何太后不允许他这么做，何进便征召四方猛将，并叫他们带兵开向京城，想以此要挟太后。陈琳劝谏何进说："《易经》称'猎鹿而无猎人指引，空入山林'，谚语也有'掩目捕雀'的话。捕猎鹿与雀这样的小东西尚且不能用自欺的方法达到目的，况且是国家大事，怎么可以用欺诈的方式来完成呢！现在将军总揽皇帝的权威，掌握军队的枢要，龙腾虎步，随心所欲，凭借这样的条件而行事，诛除宦官，无异于鼓洪炉以烧毛发，轻而易举。不过要以迅雷不及掩耳之势，当机立断，虽是非常行动，然而合乎正道，顺天应人。您不这样做，反而放下自己手中的利器，求助于人。到时大兵会合，强者称雄，所谓倒持干戈，授人以柄，功必不成，反招祸乱。”何进没有接受他的意见，终于因此遭到杀身之祸。后来陈琳避难到冀州，袁绍叫他负责起草文章。袁绍失败后，陈琳归太祖。太祖对他说：“你过去替袁绍起草声讨我的檄文，只列举我的罪状就可以了。古人说‘恨恶人只恨他本人’，为什么你竟骂到我的父亲、祖父呢？”陈琳谢罪，太祖爱他的才，所以没有追究。

阮瑀年轻时曾经在蔡邕门下学习。建安年间，都护曹洪想让阮瑀做自己的掌管文书，阮瑀始终不肯答应。太祖后来命陈琳、阮瑀一起担任司空军谋祭酒，掌管记室。军国的书檄文告等，大多是陈琳、阮瑀撰写的。陈琳改任门下督，阮瑀出任仓曹掾属。

玚、刘桢都被太祖征召，出任丞相掾属。应玚转任平原侯庶子，后来任五官将文学。刘桢因为不敬罪被判刑，刑期满后又被任用为署吏。二人都撰文赋数十篇。

瑀在建安十七年去世。徐幹、陈琳、应玚、刘桢在建安二十二年去世。皇上写信给元城县令吴质说：“去年瘟疫流行，亲戚故旧多遭受其祸。徐幹、陈琳、应玚、刘桢，一时都去世了。观察古今的文人，大多不拘小节，很少有能以名誉节操而自立的。唯独徐伟长既有文才又有品德，恬淡寡欲，有箕山隐居不仕的志向，可以说是彬彬君子了。撰著《中论》二十余篇，辞义典雅，足以流传后世。应德琏很有文采，常有撰写著作的愿望，才学也足以著书立说，但应德琏的美好愿望没能实现，令人非常痛惜！陈孔璋善作章表，文笔强健，但稍微有些烦琐。刘公幹的文章秀丽，但刚劲有力不够。阮元瑜的书信报告写得很优美，读这样的书信报告是一种享受。王仲宣独擅长辞赋，可惜身体衰弱，撑不起文章的气势；至于王仲宣作的那些好文章，古人也不比王仲宣强很多。从前伯牙为钟子期断绝琴弦，孔仲尼为子路倒掉肉酱，是因为这些人痛惜知音难遇，伤感门徒没人能赶得上啊！这几位虽然赶不上古人，但自是一代的俊杰啊。”

那时候颍川人邯郸淳、繁钦，陈留人路粹，沛国人丁仪、丁廙，弘农人杨脩，河内人荀纬等，也都很有文采，但不在这七人之中。

应玚的弟弟应璩，应璩的儿子应贞，都以文章著名。应璩官至侍中。应贞咸熙年间任参相国军事。

阮瑀的儿子阮籍，富有才华，风流潇洒，不拘小节，为人恬淡寡欲，以庄周为师。官至步兵校尉。

还有谯郡人嵇康，文辞雄壮华彩艳丽，喜欢称道老庄，又喜仗义行侠。景元年间，因罪被杀。

景初年间，出身卑微的下邳人桓威，十八岁时著《浑舆经》，用道家思想表达自己的主张，初任齐国门下书佐、司徒属吏，后来任安成县令。

吴质，济阴人，因才学出众受到文帝的欣赏，官至振威将军，持节总领河北军事，封列侯。

卫觊字伯儒，他是河东安邑县人。小时候时就以才能、学识为人们知晓。曹操招聘他做了司空府属官，让他做了茂陵县令、尚书郎。曹操征讨袁绍，刘表声援袁绍，关中各将领拥兵观望。益州牧刘璋与刘表有矛盾，卫觊以治书侍御史的身份出使益州，要刘璋出兵以牵制刘表的人马。到了长安，因道路不通，卫觊就驻留在关中。那时候各地有许多流民返回关中，关中将领大多把他们招去做部属，卫觊写信给荀彧说："关中土地肥沃，不久前遭战乱袭扰，有十万多家居民逃到荆州，现在听说家乡已经安定，都日夜盼望回到家乡。但回来的人无业谋生，众将领争相招募他们收为部属。郡县官府资金缺乏，没有能力与他们相争，众将领的力量就更强了。一旦发生变故，必定会造成后患。食盐是国家的重要物资，自动乱以来就失去管理。应该恢复到以前那样设置官员监管出售，用售盐的钱购买农具、耕牛，供给回乡的百姓使用，让他们努力耕种，积蓄粮食，使关中富庶起来。远方的乡民听说了，一定会日夜兼程地赶回乡里；再派司隶校尉治理关中，这样就会逐渐削弱各将领的力量，官府百姓一天天强大，这是增强根本、削弱敌人的好办法。"荀彧告诉了曹操。曹操就派遣谒者仆射监督盐务，由司隶校尉主办农事。关中平定后，曹操奏报朝廷召回卫觊，不久升为尚书。曹操当上魏王后，任命他为侍中，与王粲一起主持制定典章制度。曹丕继王位后，任他为尚书。不久，又到皇帝身边任侍郎。他劝汉献帝将皇位让给曹魏，并一再阐明禅让的意义，又替献帝撰写禅位诏书。曹丕即位后，再次任命卫觊为尚书，让他做了阳吉亭侯。

曹叡登上皇位，晋封卫觊为阌乡侯，食三百户的俸禄。卫觊上奏说：

“九章，是从古代流传下来的律法，审罪判刑，意义微妙。掌管一县的县令长，都应当了解律法。刑法，对国家来说是非常重要的，但有的人都把它看得很轻贱；狱吏，掌握着百姓的生死，但选用狱吏的官吏却瞧不起他们，认为很卑下。政治弊端的出现，未必不是因为这。请求朝廷设置法律博士并教授法律。”明帝采纳了他的建议，于是这件事得到施行。当时，百姓的生活十分困苦，还要不断地服劳役。卫觊上疏说：“改变常理，强迫他人去做不能做的事情，对臣子来说已不容易，想让君主采纳意见就更难了。况且人们追求的是荣华富贵，厌恶的是贫贱死亡，但是，这四种境况都是由君主来决定的。君主喜爱谁谁就会富贵通达，厌恶谁谁就会贫贱乃至死亡；顺从君主的旨意就能赢得君主的欢心，违背君主的意志就会遭到君主的厌恶。因此，多数做臣子的都争着顺君旨而从不违君意。只有那些不怕破家杀身的忠臣良将，敢顶撞君主，提不同意见，发一家之言。请陛下留心观察，您就可以看得很清楚。现在发议论的都爱说悦耳的话，说起治国教化，就把陛下比作尧舜；说起征战杀伐，就把吴蜀比作狸鼠。臣不认为这样。过去汉文帝时，诸侯强大，贾谊尚且恐惧得呼吸急促，认为到了最危急的时候。何况现在三分鼎立，群臣各为其主。那些来归降的，谁都不愿说是弃邪归正，而说是迫于无奈。这和当初六国分治有什么区别呢？放眼远方千里之内一片荒芜，百姓困苦不堪，若长此以往，国家就会更败落而不可复振。礼规定，天子所用器具一定要有金玉的装饰，饮食也一定要有八珍等佳味。现在是战乱之时，就应该降低规格，要根据国家的富裕贫困状况进行调节。武皇帝时，后宫吃饭不超过一种肉菜，衣服不用锦绣制作，褥垫不加修饰，器物不涂丹漆，因此才天下平定，子孙延福。这都是陛下亲眼所见。当务之急，应君臣一齐想办法，核校府库积蓄，量入为出，借鉴勾践增长人口的办法，这样还唯恐不及；但尚方所制造的金银器物，却越来越多，徭役没有止息，侈靡之风日益盛行，国库储蓄日益见少。从前汉武帝追求神仙之道，认为露水和玉屑一起食用便可长生，所以建造仙人手掌以承接云露。陛下博识明达，常讥笑于他。汉武帝求长生，尚且遭到嘲笑，而陛下不求云露却空设承露台，实为无益。陛下应考虑制止。”卫觊历汉魏两朝，常进献忠言，大多都像这样。

卫觊受诏令掌管文书，又写了《魏官仪》，撰写文章数十篇。他喜欢古文、鸟篆、隶书、草书，样样精通。建安末年任尚书右丞的河南人潘勖，黄初时任散骑常侍的河内人王象，也都和卫觊一样因文章著名。卫觊去世，谥号敬侯。儿子卫瓘继承侯位。卫瓘咸熙年间任镇西将军。

刘廙字恭嗣，南阳安众县人。在他十岁时，在讲堂上嬉闹玩耍，颍川人司马德操拍着他的头说："小子，'应当培养美好的品德而通达事理'，难道你不知道吗？"刘廙的哥哥刘望之，很有名声，刘表征召他为从事，而他的两个朋友，都因受人诬陷被刘表杀掉。刘望之又因忠言劝谏不合刘表心意，弃官回乡。刘廙对哥哥说："赵简子杀了铎鸣、犊犨，孔子听说后就掉转车轮不去赵国见他。现在，哥哥既然不能像柳下惠和光同尘那样保护自己，也应像范蠡那样应变避祸。您只安坐家中，恐怕不行吧！"刘望之不听劝告，没过多久被杀害了。刘廙害怕，逃到扬州归附曹操。曹操任刘廙为丞相掾属，又转任五官将文学。曹丕看中他，让他用草书写文书章奏。刘廙写信回答说："当初因尊卑有别，不敢随便以草书承览。现在听到您的命令，确实知道您谦虚的本意，以如此高贵的身份，重视我这样贫贱之士。要使郭隗不被燕国轻视，献九九之术的人不被齐国忽略，乐毅这样的人才自然会来到，霸业也得以兴盛。抛开我个人的节操，成就您崇高的美德，我就是再愚昧不明事理，又怎敢推辞呢！"魏国刚建立时，刘廙任黄门侍郎。

太祖在长安，准备亲自率领军队征伐蜀国，刘廙上书说："圣人不因自己富于智慧而轻视世俗的观点，王者不因建议者的身份而废弃建议。所以能建立千载功业的，一定是从近处就能观察到远处，智谋比独断专行的人周密的人，不以向不如自己的人提问为耻，也是想最大限度地听取众人的意见。况且熟皮琴弦是不会说话的东西，但圣贤用熟皮琴弦匡正自己。臣才智浅陋，愿意把自己比作熟皮琴弦。从前乐毅能以弱小的燕国打败强大的齐国，却不能以轻兵平定即墨的原因，是因为如果自己好好筹划，虽然力量弱小也一定能稳固，想要自取溃败，虽然力量强大也一定会失败。自从您起兵以来，已经过了三十多年了，敌人没有不被打败的，强者没有不屈服的。现在凭借着全国的兵力、百战百胜的威势，然而孙权还在吴地依仗天险进行顽抗，刘备还在蜀地不肯归顺称臣。孙权、刘备统领的夷狄之众，抵不过袁绍冀州的士兵，孙权、刘备凭借的实力，也无法和袁绍的基业进行比较，但袁绍被消灭了，而吴、蜀却未被战胜，这不是因为陛下现在庸懦而过去智勇。这是自己好好筹划，与想自我毁坏这两种做法形势不同的缘故。所以周文王讨伐崇国，三次亲征都未能攻克，回师修行德政，然后才得以征服。秦国还是诸侯时，打仗没有不胜利的，等到兼并了天下，东向称帝，一个百姓大喊一声秦朝就覆亡了。这是对外用兵耗尽了国力，而对内不又能体恤百姓所造成的。臣担心边界的敌人非秦时六国的敌人可比，而且世上不乏人才，对土崩瓦解的形势，这是不能不明察的事情。天下有重要的得利，也有严重的失策：形势可以得到而我也努力争取得到，这是重要的得利；形势不能得到而我要拼命争取得到，这是严重的失策。于今之计，不如估量四方边境的险要，选择要害的地方派军队镇守，挑选天下的士兵，根据各方面的形势需要而每年更换。殿下可以在高屋广厦之下高枕无忧，潜心思考治国方略，扩大农桑生产，做事务行节约，这样实行十年，就会国富民安了。”太祖还是挥军前进并回复刘廙说：“不仅仅是君主应当了解臣子，臣子也应当明白君主。现在君想让我坐着施行周文王的德政，恐怕我不是这种人。”

魏讽发动叛乱，刘廙之弟刘伟受到牵连，刘廙也遭到连坐。曹操下令说：“叔向不受其弟羊舌虎犯法的牵连，这是古制。”特别赦免刘廙，改任他为丞相府仓曹的属官。刘廙上疏感谢说：“我的罪名当株连全家、祸及宗族。幸亏有天地保佑，赶上好运，扬汤止沸，使我不至于焦烂，如死灰复燃，枯木逢春。万物无法答谢天地的施予，儿子无法感谢父母的生养之恩，我却可以牺牲性命报答您，笔墨难以描述我的心情。”刘廙著书数十篇，和丁仪一起论述刑法礼仪的典籍，都流传于世。曹丕即魏王位，他出任侍中，赐关内侯。黄初二年去世，没有儿子。文帝让刘廙弟弟的儿子刘阜做刘廙的后嗣。

刘劭字孔才，他是广平邯郸县人。建安年间任上计吏，来到许昌。太史报告说：“正月初一会发生日食。”当时刘劭正在尚书令荀彧的府上，在座的有几十个人，众人议论纷纷，有的说这一天不应当上朝，有的说诸侯百官元日朝见皇帝的典礼应当停止。刘劭说：“虽然梓慎、裨灶是古代优秀的太史官，但还是在占卜水火之灾时弄错了天时。《礼记》说，诸侯一同朝见天子，到了门口都不能完毕礼仪的情况有四种，日食只是其中之一。然而圣人留下的礼制，并不完全因天有变异而预先废除朝仪，有时灾异消除了，有时是由于推算错误。”荀彧认为他说得有道理，下令朝会大典依旧举行，那天没有发生日食。

御史大夫郗虑征召刘劭入朝做官，却恰好赶上郗虑被免职，朝廷就任命刘劭做了太子舍人，晋升为秘书郎。黄初年间，刘劭任尚书郎、散骑侍郎。受诏搜集五经群书，进行分类，撰著《皇览》。曹叡即帝位，刘劭出任陈留太守，推崇教化，受到百姓的称颂。朝廷召他还京，任命他为骑都尉，和议郎庾嶷、荀诜等人制定法令，做《新律》十八篇，撰著《律略论》。升任散骑常侍。此时朝廷听说公孙渊接受了孙权给他的燕王封号，有人主张扣留公孙渊的计吏，并派兵讨伐他。刘劭认为“从前袁尚兄弟逃奔公孙康，公孙康把他们的首级送来，这是公孙渊的先辈对魏国效忠。传闻是否真实，还没搞清楚。古代的时候，如果有远方不服从，就修德政而不征伐他们，重视劳役百姓的事情。应当不追究公孙渊，给他改过的机会”。后来，公孙渊果然砍下孙权使者张弥等人的首级送来。刘劭曾作《赵都赋》，明帝很看好，诏令刘劭作《许都赋》《洛都赋》。当时明帝对外不断兴兵征伐，又大举修建宫室，刘劭作这两篇赋，进行委婉含蓄的劝谏。

青龙年间，吴军围攻合肥，而东面的将士又在轮流休假。征东将军满宠上表请求派遣中军的将士前来救援，并召回休假的将士，集大军迎击敌人。刘劭认为：“敌人刚到达合肥，气势正盛，如果现在集兵进击，不一定能制住敌人。满宠请求援兵，这是正确的。我认为，先派遣步兵五千，精锐骑兵三千去救援，出发时，故意放出大军进发的风声，以迷惑吴军。骑兵到后，排成稀疏队列，多设旗帜战鼓，壮大声势，另派人马绕到敌人背后，截断他们的粮道。敌人听说大军来了，骑兵断了他们的后路，一定会迅速退走，不用交战就可破敌军。”明帝听从了他的建议。魏军一到合肥，吴军果然撤走了。

那时候皇帝下诏广求贤才。散骑侍郎夏侯惠特别推荐刘劭说：“我看常侍刘劭，忠诚敦厚，办事合乎礼仪，所说之事，都有依据可查，对各种人才的评价，都能找出相同之处进行比较，正因如此，诚实的人佩服他的平和端正，淡泊的人敬慕他的清雅谦让；博学之士推许他的议论翔实，有深度的人钦佩他思维缜密，文才出众的人喜爱他的文章辞采，通晓法律的人推崇他的治略精要，有智谋的人赞赏他的谋划精妙。总观这些评论，都是取自己所擅长的和他的某些才能相比较的结果。我曾经多次倾听他的见解，阅读他的著述，佩服的感觉随时间的推移而越加深长，他实在是国家难得的人才啊！臣认为，像他这样的人应该协助处理军国大事，运筹于帷幄，与国之命运一同兴隆。他不是世俗中常有的人才。恳请陛下抬爱，使刘劭能得到您的欢心和信赖，让他所有的才华都展现在您的面前，那样，您的耳边就会有贤德的声音响起，国家在您光辉照耀下也会日趋辉煌。”

景初年间，刘劭受诏制定《都官考课》。他上疏说：“考核百官，是王政的要务，然而历代都不认真实行，所以有关治理的典籍缺少一门，贤愚混杂难以分清。陛下以圣明之心，担忧国家法纪废弛，自己一边思考审视，一边发布制定考课制度的诏书。臣终于启蒙发聩，依陛下之旨制定了《都官考课》七十二条，又写《说略》一篇。臣学艺不精，不足以表达圣意。”刘劭又认为应该制定礼制、创作雅乐，以此来移风易俗，又写了《乐论》十四篇，尚未完成呈上，明帝逝世。没有实施。正始年间，讲授经学，封他做了关内侯。他所撰写的《法论》《人物志》等共一百多篇。去世后追赠为光禄勋。儿子刘琳继承了封爵。

与刘劭同时的东海人缪袭也有才学，著述很多，做官到尚书、光禄勋。

缪袭的朋友山阳人仲长统，东汉末年任尚书郎，去世比较早。他撰写的《昌言》，文笔优美，值得一读。

散骑常侍陈留人苏林、光禄大夫京兆人韦诞、乐安太守谯国人夏侯惠、陈郡太守任城人孙该、郎中令河东人杜挚等人也都有文章、辞赋在世上流传。”

傅嘏字兰石，北地泥阳县人，他是汉代傅介子的后代。他的伯父名字叫傅巽，黄初年间是侍中尚书。傅嘏二十岁时就很有威望，司空陈群征召他为掾属。当时，散骑常侍刘劭正制定考课法，并送达三公府讨论。傅嘏责难刘劭的考课论说：“听说帝王的制度宏大精深，圣人之道奥妙深远，不得其人不明其道，所以，圣人之道不能凭空推行，体明圣道，在于其心而已。到了王制毁坏，圣道无人记载以后，精微的言论已无人再说，六籍也都消失或玷污。这是为什么？是因为众人无法去探索圣道的博大精深。刘劭的考课论，虽是在寻求前代考核任免百官的制度，但这些体制都已亡佚，只有周代的典章制度保存下来。在王畿以外建立诸侯，屏卫王朝，在内设立百官，管理六个方面的政事；封地要向朝廷缴纳固定的贡赋，官吏要遵守一定的法度，百官各司其职，士农工商各得其业，这样，百官的考核和任免也才能够顺利做到。大魏继百代之末，承秦、汉之功业，在制度上实在无处学习和借鉴。从建安年间至青龙年间，武皇帝扫除叛逆奠定帝业，征伐不断，日理万机。及至后来治理军国，权法一起使用，百官都要兼理军政事务，根据情况随时制定法令，以应对国家政事的需要。古制今施，意义不同，不切合现在的需要；法令符合当时的需要，却不都能够传之后世。设置百官，分担职责，治理百姓政务，是用来建立国家根本的；根据法令考核实际，鼓励执行已形成的制度，是治理的旁枝末节。在根本还没有建立，法令也没有确定，国家的大政方针还没有得到尊崇而先实行官吏考核，恐怕很难判定贤愚，精辨善恶。以前先王选贤，必须在州里就品行端正，以经论讲学。品行具备就叫作贤，道德修明就叫作能。乡老向先王举荐贤能，先王下拜接受他们的推荐，选择其中的贤者到地方去任长官，再选择其中的能者，任朝官治理百政，这是先王收罗人才的方法。现在进京任职的人，都没有六乡的举荐，选拔人才的权力，都掌握在吏部手中。考察吏部品评的有才之士未必都合适，任用了无功的人，选拔官吏就不能以德行为根据，那么，如此考察治绩好坏的制度就不能使人才得到充分任用。综述王制，论议国法，内容实在深广而意义深奥，确实难以体会完全。”

正始初年，任命他做尚书郎，后来又改任黄门侍郎。那时候曹爽执政，何晏担任吏部尚书，傅嘏对曹爽的弟弟曹羲说：“何平叔外表温和而内心尖刻，贪图私利，从不着眼于大局。我担心他会先迷惑你的兄长，有仁德的人将被疏远，朝政也要败坏了。”何晏因此对傅嘏不满，以小事为借口免去了傅嘏的官职。之后又召他出任荥阳太守，他没有去。司马懿聘请他任从事中郎。曹爽被诛后，傅嘏任河南尹，升为尚书。他认为，“秦代始废诸侯置郡守，设官吏分别职务，与古代不同。汉、魏沿袭了秦制，直到现在。可有些儒生、学士还想综合夏、商、周的礼制，尽管那些东西博大宏远，但不适应当前的制度与事实，名义与实际，所以历代不能达到太平盛世，原因就是墨守成规。应大规模改定官制，依古代情况以正根本。但现在皇室乖违，还不能进行改革”。

那时候有人请求朝廷派遣自己出兵征讨吴国，朝中的将军们也都提出不同的用兵策略。皇帝下诏问傅嘏，傅嘏回答说：“从前夫差战胜齐、晋，但最终败亡于姑苏；齐闵王兼并土地拓展国土，扩大了一千里，但最终国破身亡。古代的鉴戒告诉我们，有好的开端不一定会有好的结局。孙权自从打败关羽兼并荆州以后，志得意满，所以，宣文侯司马懿提出了宏图远略之策。现在孙权死了，由诸葛恪辅助朝政。如果他们改变孙权过去的做法，废除残虐的制度，百姓不再遭受迫害，在荆州施行新策略，上下同心，同舟共济，虽最终不能保全，但还可以在江东残喘一段时间。现在的大臣有的要直渡长江，横扫江东；有的要兵分四路，同时攻打吴国的城垒；有的要在边境大举屯田，以待时机：这些确实都是取敌之常略。但是，自治兵已有三年，证明我们军力尚有不足。吴国与我们对立将近六十年了，他们伪立君臣，患难与共，新君即位以后，他们更是时时防备，在重要渡口排列战船，凭险坚守。因此像渡长江那样的计划，是很难实行的。只有在边境上大举屯垦等待时机，或有可能。兵马戍卫在外，吴军无法得到我百姓的财物；粮食积存有余，不必后方长途运送，乘机出击，这才是军事上的当务之急。从前樊哙想带十万大军征伐匈奴，季布当面指出他的不足。现在有人想越长江，入险境，攻敌巢穴，这和樊哙想做的事是一样的。不如严明法令，操练士兵，制定完备的计划以抵御敌兵。”后来，吴国大将诸葛恪攻破东关，宣称要杀向青、徐二州，魏国匆忙备战。傅嘏认为：“敌军不敢轻易渡过淮海。以前孙权兵船入海遇浪沉没，没有几人幸存，诸葛恪又怎么敢这样以图侥幸呢？诸葛恪不过是以小部分人马佯装由海路至淮水，做样子给青、徐的守军看，他极有可能进攻淮南。”诸葛恪果然带兵攻打新城，没有攻克，便撤退了。

傅嘏常说道世人才能和品性的异同，钟会综合他的观点做了叙述。嘉平末年，傅嘏被赐予关内侯。高贵乡公即帝位后，晋封傅嘏为武乡亭侯。正元二年春天，毌丘俭、文钦反叛。有人认为景王司马师不宜亲自征讨，派遣太尉司马孚率兵就可以了，只有傅嘏和王肃主张他亲征。于是，司马师亲自率军，任命傅嘏为代理尚书仆射，随自己一起东征。毌丘俭、文钦被打败，傅嘏有谋划之功。司马师去世，傅嘏和文王司马昭直接回到洛阳，司马昭辅佐朝政。事情记录在《钟会传》中。钟会有居功自得之色，傅嘏劝他说：“虽然您的志向大于气量，但功业难成，能不谨慎吗？”傅嘏因功晋封阳乡侯，增加食邑六百户，加上以前封的共一千二百户。在这一年去世，时年四十七岁，追赠太常，谥号元侯。他的儿子傅祗继承爵位。咸熙年间设立五等爵位制，因傅嘏在前朝屡立功勋，改封傅祗为泾原子。

评论说：从前魏文帝、陈思王以公子的尊贵身份，通晓并且爱好文学辞藻，同声相应，有文才的士人一时并出，只有王粲等六人名气最大。特别是王粲出任侍中一职，兴建一代制度；但王粲的淡泊和气度，不如徐幹那么纯粹。卫觊也因熟习旧时的典章制度，辅佐文帝完成接受禅让称帝的仪式。刘劭博览群书，文采和品行都很出众。刘廙以卓识明察著称，傅嘏因多才多艺显达。

三国志卷二十二·魏书二十二

桓二陈徐卫卢传

桓阶字伯绪，长沙临湘人也。仕郡功曹。太守孙坚举阶孝廉，除尚书郎。父丧还乡里。会坚击刘表战死，阶冒难诣表乞坚丧，表义而与之。后太祖与袁绍相拒于官渡，表举州以应绍。阶说其太守张羡曰："夫举事而不本于义，未有不败者也。故齐桓率诸侯以尊周，晋文逐叔带以纳王。今袁氏反此，而刘牧应之，取祸之道也。明府必欲立功明义，全福远祸，不宜与之同也。"羡曰："然则何向而可？"阶曰："曹公虽弱，仗义而起，救朝廷之危，奉王命而讨有罪，孰敢不服？今若举四郡保三江以待其来，而为之内应，不亦可乎！"羡曰："善。"乃举长沙及旁三郡以拒表，遣使诣太祖。太祖大悦。会绍与太祖连战，军未得南。而表急攻羡，羡病死。城陷，阶遂自匿。久之，刘表辟为从事祭酒，欲妻以妻妹蔡氏。阶自陈已结婚，拒而不受，因辞疾告退。

太祖定荆州，闻其为张羡谋也，异之，辟为丞相掾主簿，迁赵郡太守。魏国初建，为虎贲中郎将侍中。时太子未定，而临菑侯植有宠。阶数陈文帝德优齿长，宜为储副，公规密谏，前后恳至。又毛玠、徐奕以刚蹇少党，而为西曹掾丁仪所不善，仪屡言其短，赖阶左右以自全保。其将顺匡救，多此类也。迁尚书，典选举。曹仁为关羽所围，太祖遣徐晃救之，不解。太祖欲自南征，以问群下。群下皆谓："王不亟行，今败矣。"阶独曰："大王以仁等为足以料事势不也？"曰："能。""大王恐二人遗力邪？"曰："不。""然则何为自往？"曰："吾恐虏众多，而晃等势不便耳。"阶曰："今仁等处重围之中而守死无贰者，诚以大王远为之势也。夫居万死之地，必有死争之心；内怀死争，外有强救，大王案六军以示余力，何忧于败而欲自往？"太祖善其言，驻军于摩陂。贼遂退。

文帝践阼，迁尚书令，封高乡亭侯，加侍中。阶疾病，帝自临省，渭曰："吾方托六尺之孤，寄天下之命于卿。勉之！"徙封安乐乡侯，邑六百户，又赐阶三子爵关内侯。祐以嗣子不封，病卒，又追赠关内侯。后阶疾笃，遣使者即拜太常，薨，帝为之流涕，谥曰贞侯。子嘉嗣。以

《东周列国志》版画之会葵丘义戴周天子图。讲述齐桓公于葵丘大会诸侯，拥戴周天子，成为“春秋五霸”之首之事。

阶弟纂为散骑侍郎，赐爵关内侯。嘉尚升迁亭公主，会嘉平中，以乐安太守与吴战于东关，军败，没，谥曰壮侯。子翊嗣。

陈群字长文，颍川许昌人也。祖父寔，父纪，叔父谌，皆有盛名。群为儿时，寔常奇异之，谓宗人父老曰："此儿必兴吾宗。"鲁国孔融高才倨傲，年在纪、群之间，先与纪友，后与群交，更为纪拜，由是显名。刘备临豫州，辟群为别驾。时陶谦病死，徐州迎备，备欲往，群说备曰："袁术尚强，今东，必与之争。吕布若袭将军之后，将军虽得徐州，事必无成。"备遂东，与袁术战。布果袭下邳，遣兵助术，大破备军，备恨不用群言。举茂才，除柘令，不行，随纪避难徐州。属吕布破，太祖辟群为司空西曹掾属。时有荐乐安王模、下邳周逵者，太祖辟之。群封还教，以为模、逵秽德，终必败，太祖不听。后模、逵皆坐奸宄诛，太祖以谢群。群荐广陵陈矫、丹杨戴乾，太祖皆用之。后吴人叛，乾忠义死难，矫遂为名臣，世以群为知人。除萧、赞、长平令，父卒去官。后以司徒掾举高第，为治书侍御史，转参丞相军事。魏国既建，迁为御史中丞。

时太祖议复肉刑，令曰："安得通理君子达于古今者，使平斯事乎！昔陈鸿胪以为死刑有可加于仁恩者，正谓此也。御史中丞能申其父之论乎？"群对曰："臣父纪以为汉除肉刑而增加笞，本兴仁恻而死者更众，所谓名轻而实重者也。名轻则易犯，实重则伤民。《书》曰：'惟敬五刑，以成三德。'《易》著劓、刖、灭趾之法。所以辅政助教，惩恶息杀也。且杀人偿死，合于古制；至于伤人，或残毁其体而裁剪毛发，非其理也。若用古刑，使淫者下蚕室，盗者刖其足，则永无淫放穿窬之奸矣。夫三千之属，虽未可悉复，若斯数者，时之所患，宜先施用。汉律所杀殊死之罪，仁所不及也，其余逮死者，可以刑杀。如此，则所刑之与所生足以相贸矣。今以笞死之法易不杀之刑，是重人支体而轻人躯命也。"时钟繇与群议同，王朗及议者多以为未可行。太祖深善繇、群言，以军事未罢，顾众议，故且寝。

群转为侍中，领丞相东西曹掾。在朝无适无莫，雅杖名义，不以非道假人。文帝在东宫，深敬器焉，待以交友之礼，常叹曰："自吾有回，门人日以亲。"及即王位，封群昌武亭侯，徙为尚书。制九品官人之法，群所建也。及践，迁尚书仆射，加侍中，徙尚书令，晋爵颍乡侯。帝征孙权，至广陵，使群领中领军。帝还，假节，都督水军。还许昌，以群为镇军大将军，领中护军，录尚书事。帝寝疾，群与曹真、司马宣王等并受遗诏辅政。明帝即位，进封颍阴侯，增邑五百，并前千三百户，与征东大将军曹休、中军大将军曹真、抚军大将军司马宣王并开府。顷之，为司空，故录尚书事。

是时，帝初莅政，群上疏曰："《诗》称'仪刑文王，万邦作孚'；又曰'刑于寡妻，至于兄弟，以御于家邦'。道自近始，而化洽于天下。自丧乱已来，干戈未戢，百姓不识王教之本，惧其陵迟已甚。陛下当盛魏之隆，荷二祖之业，天下想望至治，唯有以崇德布化，惠恤黎庶，则兆民幸甚。夫臣下雷同，是非相蔽，国之大患也。若不和睦则有雠党，有雠党则毁誉无端，毁誉无端则真伪失实，不可不深防备，有以绝其源流。"太和中，曹真表欲数道伐蜀，从斜谷入。群以为"太祖昔到阳平攻张鲁，多收豆麦以益军粮，鲁未下而食犹乏。今既无所因，且斜谷阻险，难以进退，转运必见钞截，多留兵守要，则损战士，不可不熟虑也"。帝从群议。真复表从子午道。群又陈其不便，并言军事用度之计。诏以群议下真，真据之遂行。会霖雨积日，群又以为宜诏真还，帝从之。

后皇女淑薨，追封谥平原懿公主。群上疏曰："长短有命，存亡有分。故圣人制礼。或抑或致，以求厥中。防墓有不修之俭，嬴、博有不归之魂。夫大人动合天地，垂之无穷，又大德不逾闲，动为师表故也。八岁下殇，礼所不备，况未期月，而以成人礼送之，加为制服，举朝素衣，朝夕哭临，自古已来，未有此比。而乃复自往视陵，亲临祖载。愿陛下抑割无益有损之事，但悉听群臣送葬，乞车驾不行，此万国之至望也。闻车驾欲幸摩陂，实到许昌，二宫上下，皆悉俱东，举朝大小，莫不惊怪。或言欲以避衰。或言欲于便处移殿舍，或不知何故。臣以为吉凶有命，祸福由人，移徙求安，则亦无益。若必当移避，缮治金墉城西宫，及孟津别宫，皆可权时分止。可无举宫暴露野次，废损盛节蚕农之要。又贼地闻之，以为大衰。加所烦费，不可计量。且吉士贤人，当盛衰，处安危，秉道信命，非徙其家以宁，乡邑从其风化，无恐惧之心。况乃帝王万国之主，静则天下安，动则天下扰；行止动静，岂可轻脱哉？"帝不听。

青龙中，营治宫室，百姓失农时。群上疏曰："禹承唐、虞之盛，犹卑宫室而恶衣服，况今丧乱之后，人民至少，比汉文、景之时，不过一大郡。加边境有事，将士劳苦，若有水旱之患，国家之深忧也。且吴、蜀未灭，社稷不安。宜及其未动，讲武劝农，有以待之。今舍此急而先宫室，臣惧百姓遂困，将何以应敌？昔刘备自成都至白水，多作传舍，兴费人役，太祖知其疲民也。今中国劳力，亦吴、蜀之所愿。此安危之机也，惟陛下虑之。”帝答曰：“王者宫室，亦宜并立。灭贼之后，但当罢守耳，岂可复兴役邪？是故君之职，萧何之大略也。”群又曰：“昔汉祖唯与项羽争天下，羽已灭，宫室烧焚，是以萧何建武库、太仓，皆是要急，然犹非其壮丽。今二虏未平，诚不宜与古同也。夫人之所欲，莫不有辞，况乃天王，莫之敢违。前欲坏武库，谓不可不坏也；后欲置之，谓不可不置也。若必作之，固非臣下辞言所屈；若少留神，卓然回意，亦非臣下之所及也。汉明帝欲起德阳殿，钟离意谏，即用其言，后乃复作之；殿成，谓群臣曰：‘钟离尚书在，不得成此殿也。’夫王者岂惮一臣，盖为百姓也。今臣曾不能少凝圣听，不及意远矣。”帝于是有所减省。

初，太祖时，刘廙坐弟与魏讽谋反，当诛。群言之太祖，太祖曰：“廙，名臣也，吾亦欲赦之。”乃复位。廙深德群，群曰：“夫议刑为国，非为私也；且自明主之意，吾何知焉？”其弘博不伐，皆此类也。青龙四年薨，谥曰靖侯。子泰嗣。帝追思群功德，分群户邑，封一子列侯。

泰字玄伯。青龙中，除散骑侍郎。正始中，徙游击将军，为并州刺史，加振威将军，使持节，护匈奴中郎将，怀柔夷民，甚有威惠。京邑贵人多寄宝货，因泰市奴婢，泰皆挂之于壁，不发其封，及征为尚书，悉以还之。嘉平初，代郭淮为雍州刺史，加奋威将军。蜀大将军姜维率众依麴山筑二城，使牙门将句安、李歆等守之，聚羌胡质任等寇逼诸郡。征西将军郭淮与泰谋所以御之，泰曰：“麴城虽固，去蜀险远，当须运粮。羌夷患维劳役，必未肯附。今围而取之，可不血刃而拔其城；虽其有救，山道阻险，非行兵之地也。”淮从泰计，使泰率讨蜀护军徐质、南安太守邓艾等进兵围之，断其运道及城外流水。安等挑战，不许，将士困窘，分粮聚雪以稽日月。维果来救，出自牛头山，与泰相对。泰曰：“兵法贵在不战而屈人。今绝牛头，维无反道，则我之禽也。”敕诸军各坚垒勿与战，遣使白淮，欲自南渡白水，循水而东，使淮趣牛头，截其还路，可并取维，不惟安等而已。淮善其策，进率诸军军洮水。维惧，遁走，安等孤县，遂皆降。

淮薨，泰代为征西将军，假节都督雍、凉诸军事。后年，雍州刺史王经白泰，云姜维、夏侯霸欲三道向祁山、石营、金城，求进兵为翅，使凉州军至枹罕，讨蜀护军向祁山。泰量贼势终不能三道，且兵势恶分，凉州未宜越境，报经："审其定问，知所趣向，须东西势合乃进。"时维等将数万人至枹罕，趣狄道。泰敕经进屯狄道，须军到，乃规取之。泰进军陈仓。会经所统诸军于故关与贼战不利，经辄渡洮。泰以经不坚据狄道，必有他变，并遣五营在前，泰率诸军继之。经已与维战，大败，以万余人还保狄道城，余皆奔散。维乘胜围狄道。泰军上邽，分兵守要，晨夜进前。邓艾、胡奋、王秘亦到，即与艾、秘等分为三军，进到陇西。艾等以为"王经精卒破衄于西，贼众大盛，乘胜之兵既不可当，而将军以乌合之卒，继败军之后，将士失气，陇右倾荡。古人有言：'蝮蛇螫手，壮士解其腕。'《孙子》曰：'兵有所不击，地有所不守。'盖小有所失而大有所全故也。今陇右之害，过于蝮蛇，狄道之地，非徒不守之谓。姜维之兵，是所辟之锋。不如割险自保，观衅待弊，然后进救，此计之得者也。"泰曰："姜维提轻兵深入，正欲与我争锋原野，求一战之利。王经当高壁深垒，挫其锐气。今乃与战，使贼得计，走破王经，封之狄道。若维以战克之威，进兵东向，据栎阳积谷之实，放兵收降，招纳羌、胡，东争关、陇，传檄四郡，此我之所恶也。而维以乘胜之兵，挫峻城之下，锐气之卒，屈力致命，攻守势殊，客主不同。兵书云'修橹轒辒，三月乃成，拒堙三月而后已'。诚非轻军远入，维之诡谋仓卒所办。县军远侨，粮谷不继，是我速进破贼之时也，所谓疾雷不及掩耳，自然之势也。洮水带其表，维等在其内，今乘高据势，临其项领，不战必走。寇不可纵，围不可久，君等何言如此？"遂进军度高城岭，潜行，夜至狄道东南高山上，多举烽火，鸣鼓角。狄道城中将士见救者至，皆愤踊。维始谓官救兵当须众集乃发，而卒闻已至，谓有奇变宿谋，上下震惧。自军之发陇西也，以山道深险，贼必设伏。泰诡从南道，维果三日施伏。定军潜行，卒出其南，维乃缘山突至，泰与交战，维退还。凉州军从金城南至沃干阪。泰与经共密期，当共向其还路，维等闻之，遂遁，城中将士得出。经叹曰："粮不至旬，向不应机，举城屠裂，覆丧一州矣。泰慰劳将士，前后遣还，更差军守，并治城垒，还屯上邽。"

初，泰闻经见围，以州军将士素皆一心，加得保城，非维所能卒倾。表上进军晨夜速到还。众议以经奔北，城不足自固，维若断凉州之道，兼四郡民夷，据关、陇之险，敢能没经军而屠陇右。宜须大兵四集，乃致攻讨。大将军司马文王曰："昔诸葛亮常有此志，卒亦不能。事大谋远，非维所任也。且城非仓卒所拔，而粮少为急，征西速救，得上策矣。”泰每以一方有事，辄以虚声扰动天下，故希简白上事，驿书不过六百里。司马文王语荀顗曰：“玄伯沈勇能断，荷方伯之重，救将陷之城，而不求益兵，又希简上事，必能办贼故也。都督大将，不当尔邪！”

后征泰为尚书右仆射，典选举，加侍中光禄大夫。吴大将孙峻出淮、泗。以泰为镇军将军，假节都督淮北诸军事，诏徐州监军已下受泰节度。峻退，军还，转为左仆射。诸葛诞作乱寿春，司马文王率六军军丘头，泰总署行台。司马景王、文王皆与泰亲友，及沛国武陔亦与泰善。文王问陔曰：“玄伯何如其父司空也？”陔曰：“通雅博畅，能以天下声教为己任者，不如也；明统简至，立功立事，过之。”泰前后以功增邑二千六百户，赐子弟一人亭侯，二人关内侯。景元元年薨，追赠司空，谥曰穆侯。子恂嗣。恂薨，无嗣。弟温绍封。咸熙中开建五等，以泰著勋前朝，改封温为慎子。

陈矫字季弼，广陵东阳人也。避乱江东及东城，辞孙策、袁术之命，还本郡。太守陈登请为功曹，使矫诣许，谓曰：“许下论议，待吾不足；足下相为观察，还以见诲。”矫还曰：“闻远近之论，颇谓明府骄而自矜。”登曰：“夫闺门雍穆，有德有行，吾敬陈元方兄弟；渊清玉洁，有礼有法，吾敬华子鱼；清修疾恶，有识有义，吾敬赵元达；博闻强记，奇逸卓荦，吾敬孔文举；雄姿杰出，有王霸之略，吾敬刘玄德：所敬如此，何骄之有！余子琐琐，亦焉足录哉？”登雅意如此，而深敬友矫。

郡为孙权所围于匡奇，登令矫求救于太祖。矫说太祖曰：“鄙郡虽小，形便之国也！若蒙救援，使为外藩，则吴人剉谋，徐方永安，武声远震，仁爱滂流，未从之国，望风景附，崇德养威，此王业也。”太祖奇矫，欲留之。矫辞曰：“本国倒悬，本奔走告急，纵无申胥之效，敢忘弘演之义乎？”太祖乃遣赴救。吴军既退，登多设间伏，勒兵追奔，大破之。

太祖辟矫为司空掾属，除相令，征南长史，彭城、乐陵太守，魏郡西部都尉。曲周民父病，以牛祷，县结正弃市。矫曰：“此孝子也。”表赦之。迁魏郡太守。时系囚千数，至有历年。矫以为周有三典之制，汉约三章之法，今惜轻重之理，而忽久系之患，可谓谬矣。悉自览罪状，一时论决。大军东征，入为丞相长史。军还，复为魏郡，转西曹属。从征汉中，还为尚书。行前未到邺，太祖崩洛阳，群臣拘常，以为太子即位，当须诏命。矫曰：“王薨于外，天下惶惧。太子宜割哀即位，以系远近之望。且又爱子在侧，彼此生变，则社稷危矣。”即具官备礼，一日皆办。

入关约法图，出自明·张居正《帝鉴图说》。公元前206年，刘邦带兵攻入咸阳，约法三章：杀人者死，伤人及盗抵罪。其余秦朝苛法，尽皆废除。

明旦，以王后令，策太子即位，大赦荡然。文帝曰："陈季弼临大节，明略过人，信一时之俊杰也。"帝即践阼，转署吏部，封高陵亭侯，迁尚书令。明帝即位，晋爵东乡侯，邑六百户。车驾尝卒至尚书门，矫跪问帝曰："陛下欲何之？"帝曰："欲案行文书耳。"矫曰："此自臣职分，非陛下所宜临也。若臣不称其职，则请就黜退。陛下宜还。"帝惭，回车而反。其亮直如此。加侍中光禄大夫，迁司徒。景初元年薨，谥曰贞侯。

子本嗣，历位郡守、九卿。所在操纲领，举大体，能使群下自尽。有统御之才，不亲小事，不读法律而得廷尉之称，优于司马岐等，精练文理。迁镇北将军，假节都督河北诸军事。薨，子粲嗣。本弟骞，咸熙中为车骑将军。

初，矫为郡功曹，使过泰山。泰山太守东郡薛悌异之，结为亲友。戏谓矫曰："以郡吏而交二千石，邻国君屈从陪臣游，不亦可乎！"悌后为魏郡及尚书令，皆承代矫云。

徐宣字宝坚，广陵海西人也。避乱江东，又辞孙策之命，还本郡。与陈矫并为纲纪，二人齐名而私好不协，然俱见器于太守陈登，与登并心于太祖。海西、淮浦二县民作乱，都尉卫弥、令梁习夜奔宣家，密送免之。太祖遣督军扈质来讨贼，以兵少不进。宣潜见责之，示以形势，质乃进破贼。太祖辟为司空掾属，除东缗、发干令，迁齐郡太守，入为门下督，从到寿春。会马超作乱，大军西征，太祖见官属曰："今当远征，而此方未定，以为后忧，宜得清公大德以镇统之。"乃以宣为左护军，留统诸军。还，为丞相东曹掾，出为魏郡太守。太祖崩洛阳，群臣入殿中发哀。或言可易诸城守，用谯、沛人。宣厉声曰："今者远近一统，人怀效节，何必谯、沛，而沮宿卫者心。"文帝闻曰："所谓社稷之臣也。"帝既践阼，为御史中丞，赐爵关内侯，徙城门校尉，旬月迁司隶校尉，转散骑常侍。从至广陵，六军乘舟，风浪暴起，帝船回倒，宣病在后，陵波而前，群僚莫先至者。帝壮之，迁尚书。

明帝即位，封津阳亭侯，邑二百户。中领军桓范荐宣曰："臣闻帝王用人，度世授才，争夺之时，以策略为先，分定之后，以忠义为首。故晋文行舅犯之计而赏雍季之言，高祖用陈平之智而托后于周勃也。窃见尚书徐宣，体忠厚之行，秉直亮之性；清雅特立，不拘世俗；确然难动，有社稷之节；历位州郡，所在称职。今仆射缺，宣行掌后事；腹心任重，莫宜宣者。"帝遂以宣为左仆射，后加侍中光禄大夫。车驾幸许昌，总统留事。帝还，主者奏呈文书。诏曰："吾省与仆射何异？"竟不视。尚方令坐猥见考竟，宣上疏陈威刑大过，又谏作宫殿穷尽民力，帝皆手诏嘉纳。宣曰："七十有县车之礼，今已六十八，可以去矣。"乃固辞疾逊位，帝终不许。青龙四年薨，遗令布衣疏巾，敛以时服。诏曰："宣体履至实，直内方外，历在三朝，公亮正色，有托孤寄命之节，可谓柱石臣也。常欲倚以台辅，未及登之，惜乎大命不永！其追赠车骑将军，葬如公礼。"谥曰贞侯。子钦嗣。

卫臻字公振，陈留襄邑人也。父兹，有大节，不应三公之辟。太祖之初至陈留，兹曰："平天下者，必此人也。"太祖亦异之，数诣兹议大事。从讨董卓，战于荥阳而卒。太祖每涉郡境，辄遣使祠焉。夏侯惇为陈留太守，举臻计吏，命妇出宴，臻以为"末世之俗，非礼之正"。惇怒，执臻，既而赦之。后为汉黄门侍郎。东郡朱越谋反，引臻。太祖令曰："孤与卿君同共举事，加钦令问。始闻越言，固自不信。及得荀令君书，具亮忠诚。"会奉诏命，聘贵人于魏，因表留臻参丞相军事。追录臻父旧勋，赐爵关内侯，转为户曹掾。文帝即王位，为散骑常侍。及践阼，封安国亭侯。时群臣并颂魏德，多抑损前朝。臻独明禅授之义，称扬汉美。帝数目臻曰："天下之珍，当与山阳共之。"迁尚书，转侍中吏部尚书。帝幸广陵，行中领军，从。征东大将军曹休表得降贼辞，"孙权已在濡须口"。臻曰："权恃长江，未敢抗衡，此必畏怖伪辞耳。"考核降者，果守将诈所作也。

明帝即位，进封康乡侯，后转为右仆射，典选举如前，加侍中。中护军蒋济遗臻书曰："汉祖遇亡虏为上将，周武拔渔父为太师；布衣厮养，可登王公，何必守文，试而后用？"臻答曰："古人遗智慧而任度量，须考绩而加黜陟；今子同牧野于成、康，喻断蛇于文、景，好不经之举，开拔奇之津，将使天下驰骋而起矣。"诸葛亮寇天水，臻奏："宜遣奇兵入散关，绝其粮道。"乃以臻为征蜀将军，假节督诸军事，到长安，亮退。还，复职，加光禄大夫。是时，帝方隆意于殿舍，臻数切谏。及殿中监擅收兰台令史，臻奏案之。诏曰："殿舍不成，吾所留心，卿推之何？"臻上疏曰："古制侵官之法，非恶其勤事也，诚以所益者小，所堕者大也。臣每察校事，类皆如此，惧群司将遂越职，以至陵迟矣。"亮又出斜谷；征南上："朱然等军已过荆城。"臻曰："然，吴之骁将，必下从权，且为势以缀征南耳。"权果召然入居巢，进攻合肥。帝欲自东征，臻曰：

"权外示应亮，内实观望。且合肥城固，不足为虑。车驾可无亲征，以省六军之费。"帝到浔阳而权竟退。

幽州刺史毌丘俭上疏曰："陛下即位已来，未有可书。吴、蜀恃险，未可卒平，聊可以此方无用之士克定辽东。"臻曰："俭所陈皆战国细术，非王者之事也。吴频岁称兵，寇乱边境，而犹案甲养士，未果寻致讨者，诚以百姓疲劳故也。且渊生长海表，相承三世，外抚戎夷，内修战射，而俭欲以偏军长驱，朝至夕卷，知其妄矣。"俭行军遂不利。

臻迁为司空，徙司徒。正始中，进爵长垣侯，邑千户，封一子列侯。初，太祖久不立太子，而方奇贵临菑侯。丁仪等为之羽翼，劝臻自结，臻以大义拒之。及文帝即位，东海王霖有宠，帝问臻："平原侯何如？"臻称明德美而终不言。曹爽辅政，使夏侯玄宣指，欲引臻入守尚书令，及为弟求婚，皆不许。固乞逊位。诏曰："昔干木偃息，义压强秦；留侯颐神，不忘楚事。谠言嘉谋，望不吝焉。"赐宅一区，位特进，秩如三司。薨，追赠太尉，谥曰敬侯。子烈嗣。咸熙中为光禄勋。

卢毓字子家，涿郡涿人也。父植，有名于世。毓十岁而孤，遇本州乱，二兄死难。当袁绍、公孙瓒交兵，幽冀饥荒，养寡嫂孤兄子，以学行见称。文帝为五官将，召毓署门下贼曹。崔琰举为冀州主簿。时天下草创，多逋逃，故重士亡法，罪及妻子。亡士妻白等，始适夫家数日，未与夫相见，大理奏弃市。毓驳之曰："夫女子之情，以接见而恩生，成妇而义重。故《诗》云'未见君子，我心伤悲；亦既见止，我心则夷'。又《礼》'未庙见之妇而死，归葬女氏之党，以未成妇也'。今白等生有未见之悲，死有非妇之痛，而吏议欲肆之大辟，则若同牢合卺之后，罪何所加？且《记》曰'附从轻'，言附人之罪，以轻者为比也。又《书》云'与其杀不辜，宁失不经'，恐过重也。苟以白等皆受礼聘，已入门庭，刑之为可，杀之为重。"太祖曰："毓执之是也。又引经典有意，使孤叹息。"由是为丞相法曹议令史，转西曹议令史。

魏国既建，为吏部郎。文帝践阼，徙黄门侍郎，出为济阴相，梁、谯二郡太守。帝以谯旧乡，故大徙民充之，以为屯田。而谯土地谯瘠，百姓穷困，毓愍之，上表徙民于梁国就沃衍，失帝意。虽听毓所表，心犹恨之，遂左迁毓，使将徙民为睢阳典农校尉。毓心在利民，躬自临视，择居美田，百姓赖之。迁安平、广平太守，所在有惠化。

青龙二年，入为侍中。先是，散骑常侍刘劭受诏定律，未就。毓上论古今科律之意，以为法宜一正，不宜有两端，使奸吏得容情。及侍中高堂隆数以宫室事切谏，帝不悦，毓进曰："臣闻君明则臣直，古之圣王恐不闻其过，故有敢谏之鼓。近臣尽规，此乃臣等所以不及隆。隆诸生，名为狂直，陛下宜容之。"在职三年，多所驳争。诏曰："官人秩才，圣帝所难，必须良佐，进可替否。侍中毓禀性贞固，心平体正，可谓明试有功，不懈于位者也。其以毓为吏部尚书。"使毓自选代，曰："得如卿者乃可。"毓举常侍郑冲，帝曰："文和，吾自知之，更举吾所未闻者。"乃举阮武、孙邕，帝于是用邕。

前此诸葛诞、邓飏等驰名誉，有四聪八达之诮，帝疾之。时举中书郎，诏曰："得其人与否，在卢生耳。选举莫取有名，名如画地作饼，不可啖也。"毓对曰："名不足以致异人，而可以得常士。常士畏教慕善，然后有名，非所当疾也。愚臣既不足以识异人，又主者正以循名案常为职，但当有以验其后。故古者敷奏以言，明试以功。今考绩之法废，而以毁誉相进退，故真伪浑杂，虚实相蒙。"帝纳其言，即诏作考课法。会司徒缺，毓举处士管宁，帝不能用。更问其次，毓对曰："敦笃至行，则太中大夫韩暨；亮直清方，则司隶校尉崔林；贞固纯粹，则太常常林。"帝乃用暨。毓于人及选举，先举性行，而后言才。黄门李丰尝以问毓，毓曰："才所以为善也，故大才成大善，小才成小善。今称之有才而不能为善，是才不中器也。"丰等服其言。

齐王即位，赐爵关内侯。时曹爽秉权，将树其党，徙毓仆射，以侍中何晏代毓。顷之，出毓为廷尉，司隶毕轨又枉奏免官。众论多讼之，乃以毓为光禄勋。爽等见收，太傅司马宣王使毓行司隶校尉，治其狱。复为吏部尚书，加奉车都尉，封高乐亭侯，转为仆射，故典选举，加光禄大夫。高贵乡公即位，进封大梁乡侯。封一子亭侯。毌丘俭作乱，大将军司马景王出征，毓纲纪后事，加侍中。正元三年，疾病，逊位。迁为司空，固推骠骑将军王昶、光禄大夫王观、司隶校尉王祥。诏使使者即授印绶，进爵封容城侯，邑二千三百户。甘露二年薨，谥曰成侯。孙藩嗣。毓子钦、珽，咸熙中钦为尚书，珽泰山太守。

评曰：桓阶识睹成败，才周当世。陈群动仗名义，有清流雅望；泰弘济简至，允克堂构矣。魏世事统台阁，重内轻外，故八座尚书，即古六卿之任也。陈、徐、卫、卢，久居斯位，矫、宣刚断骨鲠，臻、毓规鉴清理，咸不忝厥职云。

【译文】

桓阶字伯绪，长沙临湘县人。起初担任郡功曹。太守孙坚荐举桓阶做孝廉，任命为尚书郎。桓阶父亲死，回家乡奔丧。这时孙坚因攻击刘表战死，桓阶冒着危险去见刘表，乞求孙坚的尸体要为他安葬。刘表被他的义气感动，就将孙坚的尸体给了他。后来曹操与袁绍在官渡相峙，刘表在荆州响应袁绍。桓阶劝说长沙太守张羡说："举大事而不遵循道义，没有不失败的。所以，齐桓公统率诸侯是为了尊奉周王，晋文公驱逐叔带是为了迎接周王。现在袁绍与曹公对峙，而刘表响应他，我看这是自取祸患。您如果想立下功劳，保全家族，远离灾祸，就不要加入他们。"张羡说："那么我依靠谁才行呢？"桓阶说："虽然曹公现在势力较弱，但仗义起兵，解救朝廷危难，奉皇命讨伐有罪之人，日后一定可以成功。现在您率四郡之地保住三江等待他的到来，并做他的内应，您看这样行吗？"张羡说："好！"于是率领长沙和其他三郡的兵马抗拒刘表，并派使者去见曹操。曹操非常高兴。这时袁绍和曹操接连发生争战，曹操军队不能南进。这时候，刘表也加紧攻打张羡，张羡病死，长沙城遂被攻破，桓阶便躲了起来。又过了很长时间，刘表任命他为从事祭酒，并想把妻妹嫁给他。桓阶说自己已有妻子，拒绝了，并乘机托病辞去了官职。

曹操平定荆州后，从别人那里听说桓阶曾替张羡谋划，觉得他很有主见，征召他为丞相掾主簿，又晋升他担任赵郡太守。魏国刚建立时，桓阶担任虎贲中郎将、侍中。当时太子未定，临菑侯曹植正受宠爱。桓阶却多次向曹操说曹丕品德优良，且又是长子当立为太子。此后或公开规劝，或私下进谏，态度都很恳切。毛玠、徐奕由于刚烈正直、少有党羽，为西曹掾丁仪所嫉妒。屡次暴露他们的隐私，全靠桓阶在旁帮助才得以保全。桓阶扶持善良，补救别人过失，大多如此。之后升任尚书，负责选举。曹仁被关羽围困，曹操派徐晃前去援救，仍无法解围。曹操想亲自南征，征求群臣意见。很多人都说："丞相应赶快去，不然就失败了。"唯独桓阶说："丞相认为曹仁等人能预料形势的变化吗？"曹操说："能。""丞相担心曹仁、徐晃二人不肯尽力吗？"曹操说："不担心。""那么为什么还要亲自去呢？"曹操说："我只是担心蜀兵众多，徐晃等会处于不利的境遇。"桓阶说："现在曹仁等人身处重围却能坚守而无二心，是因为丞相在远方形成声援形势的缘故。身处死境，必有拼死争斗的决心；有拼死争斗的决心和有力的救兵，加上丞相稳住朝廷兵马以表示力量有余，就不必担心他们会失败。”曹操认为他说得对，便把兵马驻扎在摩陂。蜀兵撤退。

曹丕称帝后，桓阶做了尚书令，加封高乡亭侯，加官侍中。桓阶生病，文帝亲去探望，对他说：“我想要把年少的孤儿和朝廷的重任委托给你。您要努力啊！”改封安乐乡侯，食邑六百户，又赐予桓阶三个儿子为关内侯。桓祐是桓阶的嫡长子没被封侯就病死，又追赠他为关内侯。后来桓阶病重，文帝派使者当面任命桓阶为太常。桓阶去世，文帝为他流泪，谥号贞侯。他的儿子桓嘉继承爵位。任命桓阶的弟弟桓纂为散骑侍郎，赐爵关内侯。桓嘉娶升迁亭公主为妻，嘉平年间，他担任乐安太守时与吴国在东关交战，兵败战死，谥号壮侯。他的儿子桓翊继承爵位。

陈群字长文，他是颍川许昌县人。祖父叫陈寔，父亲叫陈纪，叔父叫陈谌，都是当时名流。陈群还小的时候，陈寔就认为他与众不同，对宗族父老说：“这孩子将是我们宗族的希望。”鲁国的孔融才学很高却待人傲慢，年龄在陈纪、陈群之间，先与陈纪为友，后与陈群结交，便改视陈纪为长辈，陈群因此名声显扬。刘备在豫州任刺史时，聘召陈群为别驾。徐州牧陶谦病死，徐州官吏迎请刘备主持徐州政事，刘备准备前往，陈群劝刘备说：“袁术现在很强大，您现在东去，一定会和他发生争战，吕布也会乘机袭击您的后方。您即便得到徐州，也必定不会成功。”刘备没听还是向东进发，和袁术进行战斗。吕布果然袭击下邳，并派兵相助袁术，刘备大败。刘备这才后悔没有听取陈群的意见。陈群被荐举为茂才，任命为柘县令，他没有去上任，跟着父亲陈纪到徐州避难。正值吕布战败，曹操征召陈群任司空西曹掾属。当时还有人推荐乐安人王模、下邳人周逵，曹操要征召他们。陈群封还曹操征召王模、周逵的命令，认为他二人道德败坏，最终会因犯罪败亡，曹操没有听从。后来，王模、周逵都因作奸犯科被处死，于是曹操向陈群道歉。陈群推荐广陵人陈矫、丹杨人戴乾，曹操都任用了他们。后来东吴反叛，戴乾战死，陈矫成为名臣。世人都认为陈群善于识别人才，他先后被任命为萧县、赞县、长平县令，因父亲去世离开职位，后来任司徒掾时因政绩优等，任治书侍御史，转任参丞相军事。魏国建立后，升任御史中丞。

当时曹操商量恢复肉刑，说：“怎样才能让通达古今事理的君子来评判这件事呢？从前陈鸿胪认为死刑犯中有可以施恩免死的，御史中丞能阐明你父亲的观点吗？”陈群回答说：“臣父认为，汉代废除肉刑而增加笞刑，是出于仁爱之心，但是实际上死的人反而更多了，这就是所谓的名轻实重啊。名义上的减轻使百姓因不经意而轻易犯法，事实上的加重又伤害了百姓。《尚书》说：‘只有慎施五刑，才能成就三德。’《易经》记载的削鼻、砍足、削趾等刑罚，是用来辅佐王政，帮助教化、惩罚罪恶的。更何况杀人偿命，与古制相合；至于伤害人体，剪掉头发，就不合乎道理。施行古刑，把淫荡之人下蚕室，施宫刑，砍掉盗窃犯的脚，就轻易不会有淫荡、翻墙偷窃的罪行发生。三千条刑律，虽然不能全部恢复，但像这几条，是最有威慑力的，应当首先施行，汉律规定罪大恶极的必须处死，皇上不能赦免，其他不够死刑的罪可施以肉刑。只有这样，被处死和活下来的人就大致相当了。现在用容易置人于死地的笞刑替代肉刑，是重视肢体而轻视生命。”钟繇与陈群的意见相同，但王朗和其他人则认为不能恢复肉刑。曹操非常赞赏钟繇、陈群的建议。由于战争还没有止息，这件事就搁置下来。

陈群转任为侍中，兼任丞相东西曹掾。在朝廷里，他对任何事都没有偏见，也从不做违背道义、假公济私的事。曹丕为太子时，就非常尊敬他并引以为友。常感叹地把他比作颜回，说：“陈群如颜回，我自从有了他，许多人都日益近我了。”曹丕即王位，封陈群昌武亭侯，改任尚书。九品官人法令，也是由陈群提议起草而制定的。曹丕即皇帝位，升为尚书仆射，加官侍中改任尚书令，升爵位为颍乡侯。讨伐孙权，驾临广陵，派陈群兼任中领军。退兵时，让陈群持节，总领水军。回到许昌，任命陈群为镇军大将军，兼任中护军，录尚书事。文帝病危，陈群和曹真、司马懿等人一起受诏辅佐朝政。曹叡即帝位，晋封陈群为颍阴侯，增封食邑五百户，加上以前封的共一千三百户，与征东大将军曹休、中军大将军曹真、抚军大将军司马懿一样可以开府置吏。没过多久，任司空，仍录尚书事。

那时候，明帝刚刚执政，陈群上书说：“《诗经》称‘只要好好效法周文王，天下诸国就会信服’；又说‘给嫡妻做出示范，又影响到各位弟兄，以推广来治理家国’。从近处开始建立道德，就能改变天下风气。自从天下大乱以来，战争一直不断，百姓不知道帝王教化的根本，恐怕教化已经衰败得太严重了。陛下正当魏国的昌盛局面，担负着武皇帝、文皇帝二祖的基业，天下人都向往美好安定的政治局面，希望陛下崇尚道德推行教化，体恤百姓，那天下的百姓就太幸运。大臣们相互随声附和，是非不分，这是国家的大患。但是如果大臣们不和睦就会结成仇党，有仇党，诋毁赞誉就会没有根据，诋毁赞誉没有根据就会真假失实，这不能不深加防备，以用来断绝其源流。”太和年间，曹真上表，想数路并进讨伐蜀国，从斜谷道进攻蜀国。陈群认为“太祖从前到阳平关攻打张鲁，多收豆子麦子以补充军粮，但张鲁还没攻下，粮食就不够吃了。现在不仅粮食无所凭借，而且斜谷道地势非常险要，进退都很困难，运输粮草也一定会受到敌人的劫持，多留士兵把守险要之处，就会减少作战的士兵，不能不深思熟虑”。明帝听从了陈群的建议。曹真又上表请求从子午道进攻蜀国。陈群又陈说此法的不便之处，并提出了解决军队开支用度的办法。明帝下令把陈群的建议交给曹真，曹真便按照陈群的建议去做，然后大军才出发。正好赶上连日大雨不断，陈群又认为应当诏令曹真回师，明帝听从了陈群的建议。

明帝的女儿曹淑去世，追封谥号为平原懿公主。陈群上书说：“人的寿命长短、生死都有定数。因此，圣人制定礼法，在情感和仪制上要有所区别，以求恰当合适。孔子父母的坟墓在防，不加修整，非常简陋。延陵季子的儿子葬在嬴、博之间，没有回乡归葬。圣人的言行举止都合乎天地正道，流传后世；有大德的人做事不越礼法，均可为人师表。八岁的孩子死了为下殇，都不备办礼仪，更何况公主还未满一月，就以成人之礼为她送葬，加封丧服，朝廷上下都穿素衣，自古以来，这样的事情从没有过。而且陛下还要亲去视察陵墓、参加车载灵柩、行祖祭之礼的仪式，这更是不妥。望陛下不要去参加葬礼，收回成命，只让大臣去送葬就可以了，这是天下最大的愿望。听说陛下名义上驾临摩陂，实际是要去许昌，太后及宫中上下人等，都一起东行，满朝文武，都感到惊讶。有的说您想要东行避灾，有的说您打算找个合适的地方迁移宫殿，更多的是根本猜不出其中的原因。臣觉得，吉凶有命，祸福由人，即使迁徙求安，也不见得会有什么益处。如果一定要躲避，就修缮一下金墉城的西宫，或是孟津的别宫，都是可以居住的。这样，也可免除两宫上下露宿荒野、耽误百姓春耕的弊端。再说，如果吴、蜀听到这个消息，必认为是帝宫遭遇大祸，加上移徙所费，实不可胜算。善士贤人面对盛衰安危，秉执道义，笃信天命，决不以搬迁其家以求安宁。更何况，您一动周围的人就会受到影响而产生恐惧心理。陛下乃万乘之尊，您稳定天下就会安宁，您躁动天下就会纷乱，您的行、止、动、静，怎能轻率呢？”明帝不听。

青龙年间，为营造宫殿，百姓耽误了农业生产。陈群上疏说："大禹继尧、舜盛世以后，还住简陋的宫室，穿一般的衣服。何况现在是在战乱刚刚过去，人口锐减，和汉文帝、汉景帝时期相比，几个州郡还赶不上那时的一个大郡。边境时常有战事发生，将士劳苦，如果再发生水旱灾害，国家将面临巨大的忧患。而且吴、蜀还没有被消灭，国家还不安定。应当趁现在还很平稳之时，就操演人马，鼓励农耕，做好准备以对付吴蜀的进攻。现在放弃这些而先修建宫室，臣担心百姓因此贫困，将来靠什么去打击敌人呢？从前刘备从成都到白水建了很多驿站，耗费人力，太祖说他是劳民伤财。现在我们耗费人力财力，正是吴、蜀所希望的。这是国家安危的关键，请陛下明察。"明帝答说："成就王业与修造宫室，并不相悖。消灭敌国之后，边防撤掉就行了，怎么还能再兴徭役？因此你的职责，与萧何大致相同。"陈群又说："从前汉高祖只与项羽一人争天下，项羽败亡后，阿房宫就被焚毁了。萧何建造武库、太仓，当时都是紧要之事，但汉高祖还是批评他修得过于华丽。现在，吴、蜀二国未灭，实不应与古代相比。普通人想要得到一种东西，还要找借口，何况那是天子，谁敢于违抗呢。先前想要拆毁武库，说不可不拆；后来又要再建造武库，又说不可不建。如果一定要营造宫室，本非臣三言两语所能说服；让皇上幡然转意，也不是臣力所能及的。汉明帝想建德阳殿，钟离意劝阻，汉明帝采纳了他的意见。后来重又修建德阳殿，建成后对群臣说：'钟离尚书还在的话，就不可能建成此殿。'帝王为什么会怕一个臣子？那是为百姓着想啊！现在臣不能使陛下稍微倾听一些意见，实在比钟离意差得远了。"明帝稍稍有所减省。

曹操时，刘廙因弟弟受魏讽谋反而遭到连坐，按理应该处死。陈群为刘廙向曹操求情，曹操说："刘廙是名臣，本来与他无关，我也想赦免他。"于是恢复了刘廙的官职。刘廙非常感激陈群，陈群说："评议刑罚的轻重是为了国家，不是为了私情，而且，这是丞相的本意，我没做什么。"他宽宏大量，不张扬自己的善行，都像这些事一样。青龙四年去世，谥号靖侯。他的儿子陈泰继承爵位。明帝追忆陈群的功德，从陈群封邑中分出一部分，封他另一个儿子为列侯。

陈泰字玄伯。青龙年间，任命他做了散骑侍郎。正始年间，改任命他为游击将军，任并州刺史，加振威将军，手拿节符，护匈奴中郎将，以仁德安抚匈奴百姓，很有威信。京师的一些达官贵人托人给他捎来宝物，想让他帮助购买奴婢，陈泰把这些东西都挂在墙上，连书信都不启封。到应召回京任尚书时，又将原物还给了他们。嘉平初年，代替郭淮任雍州刺史，加奋威将军。西蜀大将姜维率军依麹山修筑了两座城池，派牙门将句安、李歆等据守，并聚集起羌胡人众，进犯魏国州郡。征西将军郭淮就和陈泰商量如何抵御，陈泰说："麹城虽然坚固，但是远离西蜀，道路险峻，只能靠运输供给粮食；羌胡人不甘心为姜维服劳役，必定心志不一。现在只要围住这两座城池，时间一久就可唾手而得。虽然西蜀可能发来救兵，但山道险阻，不是用兵之地。"郭淮采纳了陈泰的计策，让陈泰率领讨蜀护军徐质、南安太守邓艾等进兵围住麹城，切断蜀军粮道和城外水源。句安等人挑战，也不允许应战。城里蜀军日渐困窘，一个人的口粮要分几个人用，融化积雪当水饮用，以等待救援。姜维果然亲自领兵前来，出牛头山后和陈泰两军相对。陈泰说："兵法云，不战而屈人之兵，我们只要切断牛头山的通道，使姜维没有了退路，就能把他擒获。"于是，下令全军各自坚守营寨不许出战，又派使者通知郭淮，说自己打算南渡白水沿河向东，请郭淮带兵赶赴牛头山，截断姜维的归路。这样就不仅仅只取麹山的句安、李歆，连姜维也可能一并围歼。郭淮连称此计巧妙，马上率军出动，一直进发到洮水附近，扎下了营寨。姜维见救城无望，赶紧退兵。句安、李歆等就孤立无援，都投降了。

郭淮去世，陈泰担任征西将军，持符节统领雍、凉州军务。第三年，雍州刺史王经禀报说，姜维、夏侯霸分三路向祁山、石营、金城进犯，请求让他进军为翅，凉州军到枹罕，讨蜀护军向祁山进兵。陈泰估计蜀军的兵力不可能兵分三路，而且用兵作战最忌讳兵力分散，凉州军又不宜越境进攻，他对王经说："要打探蜀军的确切消息，明确他们进军的方向，等我们东西两边的人马会合后才能进兵。"这个时候姜维等人已率领几万人马到达枹罕，正向狄道而来。陈泰下令王经进驻狄道，等待大军到达，再商议进攻的办法。陈泰进驻陈仓。王经所率各军在故关与蜀军作战失利，王经便渡过洮水。陈泰得知王经没有坚守狄道，定有变故发生，于是，同时派遣五营兵力做先行，陈泰率各军随后出发。王经已被姜维战败，只剩一万多人退保狄道城，其余的士兵都溃散了。姜维乘胜围攻狄道。陈泰驻军上邽，分兵把守要害，而后日夜兼程向前推进。邓艾、胡奋、王秘也赶到，陈泰与邓艾、王秘等人兵分三路进入陇西。邓艾等人认为"王经的兵马在西线战败，蜀军士气正盛，将军率乌合之众，随败军之后，将士们已灰心丧气，此败已震动陇右。古人说：‘蝮蛇螫手，壮士断腕。’《孙子兵法》上也说：‘有可以不攻击的敌军，有可以不防守的地方。’这是舍车保帅的原因。现在陇右的灾难，比蝮蛇咬手还严重，狄道也已经成为不仅仅是守不守的问题。姜维军锋芒正盛，我们应该暂时避开。不如据险坚守，待敌疲惫之时，再进军救援，当是上策。”陈泰说：“姜维率轻兵深入，急于想和我们在平野上较量，以求迅速去的胜利。王经本应坚固壁垒，不与交战，以挫其锐气。现在却战败，使敌计策得逞，被困狄道。如果姜维乘大胜之势向东进军，占据大量存粮的栎阳，招降溃散的士卒，抚纳羌、胡人众，和我们争夺关、陇，再发布檄文向西郡诱降，这是我们最不愿看到的事。若姜维率得胜士兵，在高城坚垒下攻击受挫，我将士拼力死战，攻守形势必然转换。兵书上说‘制造大盾牌和攻城用的轒辒车，需要三个月的时间才能完成，建造土山则需要更长的时间’。姜维以轻军深入仓促间无法办到。蜀军孤军深入，粮草一定接济不上，这是我们以迅雷之势迅速进攻的大好时机，必能取得胜利。洮水在狄道之南，姜维在洮水以北，我们占据了有利地形，扼其咽喉，不用出兵就能让蜀军败走。敌人不能放纵，围困必不能太久。你们为什么要这样说呢？”于是，魏军越过高城岭，悄悄行军，夜里来到狄道东南面的高山上，多举烽火，擂起战鼓，吹起号角。狄道城中的魏军将士看见救兵到了，个个精神振奋。姜维原以为魏国救兵要等到完全集合好后才能进发，现在突然见到魏国援兵已到，认为一定是魏军事先定好的计策，顿时慌乱起来。魏军从陇西出发时，因山道艰险，预料蜀军一定会设下埋伏。于是，陈泰假装要从南道进军，姜维果然连续三天设下伏兵。陈泰军悄悄前进，忽然出现在狄道南面。姜维沿山突击魏军，陈泰与他交战，姜维退回蜀地。这时，凉州兵马已从金城关赶到沃干阪。陈泰和王经秘密约定日期，一同攻击姜维返回的通道。姜维得知这个消息后，慌忙逃走，狄道城解围。王经慨叹道：“所余粮食已不足十日，如果救兵再不到，全城定会遭到屠戮，一州也都会丢失了！”陈泰慰劳将士，各路援军也陆续返回。陈泰派人驻守险要关隘，加紧整修城垒，然后才撤军屯留上邽。

起初，陈泰听说王经被包围了，认为雍州将士平时都很齐心协力，拼命也要保住城池，姜维不可能很快就能攻破。于是，他将情况上报朝廷后昼夜进军，救援了王经之围后回来。朝臣认为王经战败，狄道城不能固守，姜维若截断凉州与内地的联系，兼并四郡的汉胡百姓，占据关、陇的险要之处，完全有可能消灭王经。应从四方调集兵马，然后才能讨伐。大将军司马昭说：“以前诸葛亮常有这个想法，但最终也没有能够实现。此事非比寻常，不是姜维所能办到的。再说狄道城也不是一下子就能攻破，倒是城中粮草缺少才是当务之急，征西将军迅速前去救援，这是上策。”陈泰认为，一个地方有事，用不着就此大张旗鼓地扰动天下，所以他很少将一些不太重要的事上报，通过驿站传递公文也不超过六百里。司马昭对荀颉说：“陈玄伯沉着果断，担负镇守一方的重任，救援即将陷落的城池，而不要求增补兵力，又很少将事情上报，定是有把握处置突发事件。担任都督、大将的人，难道不应当这样吗？”

在这之后征召陈泰任尚书右仆射，掌管选举官吏，加侍中光禄大夫。吴国大将孙峻出兵淮、泗地区。朝廷以陈泰为镇南将军，持节都督淮北军事，诏令徐州监军以下都接受陈泰的调遣。孙峻退兵后，陈泰也退兵，转任左仆射。诸葛诞在寿春谋反，司马昭率六军驻扎丘头，陈泰总领随行的尚书台。景王司马师、文王司马昭都和陈泰亲近友善，沛国武陔也和陈泰交好。司马昭问武陔说：“陈玄伯和他父亲司空陈群相比怎么样？”武陔说：“通达儒雅，渊博明畅，能以朝廷教化为己任方面，陈玄伯不如他父亲；深识制体，笃行简易，立功成事方面，比他父亲强。”陈泰前后因功增加食邑两千六百户，朝廷赐他子弟一人为亭侯，二人为关内侯。景元元年去世，追赠司空，谥号穆侯。他的儿子陈恂继承爵位，没有留下后嗣。他的弟弟陈温接续爵位。咸熙年间建立五等爵制，因陈泰在前朝功勋卓著，改封陈温为慎子。

陈矫字季弼，他是广陵郡东阳县人。当年为躲避战乱，陈矫先后到江东和东城，推掉孙策和袁术的征召，回到本郡。广陵太守陈登请陈矫出任功曹，并派遣陈矫到许县公干，对陈矫说：“许县人的议论，有批评我的，足下替我留意观察一下，回来以后见教于足下。”陈矫回来后说：“我听了远近不少人的议论，都说明府骄傲自大。”陈登说：“闺门清整和睦，德行兼备，我佩服陈元方兄弟；冰清玉洁，循礼守法，我敬佩华子鱼；清修操守，疾恶如仇，有识有义，我敬佩赵元达；博学强记，卓尔不群，我敬佩孔文举；雄才大略，有建立王霸之业的谋略，我敬佩刘玄德。我这样敬佩这些人，还有什么骄傲自大！剩下的人絮絮叨叨，也值得去信？”陈登素来的为人确实是这样，但他非常尊敬友善陈矫。

孙权在广陵匡奇围困陈登时，陈登令陈矫去向太祖求救。陈矫劝说太祖，说："鄗郡地方虽小，但却是利于用兵的要地，如果能得到援救，成为明公的外藩，吴国人的阴谋就能挫败，徐州可以永远安定，明公威武之声远震，仁爱之，转播四方，尚未归服明公的郡县，就会望风来归附。推崇仁德，积累威严，这是王霸之业。"太祖很惊奇陈矫的才智，想留下陈矫。陈矫推辞说："我的家乡正处于危难之中，本来是来告急求援的，我纵然没有楚国申包胥搬取救兵的本领，又怎敢忘记卫国弘演舍身救国的义举呢？"太祖于是派兵赴匡奇救援。吴军撤退时，陈登在小路上设下很多埋伏，统率军队追击，大败吴国军队。

曹操征召陈矫为司空掾属，又任命他做了相县令，而且先后任征南将军长史、彭城太守、乐陵太守、魏郡西部都尉等职。曲周有个百姓的父亲生病了，违令杀牛为父亲祈福，县官依法判他死罪。陈矫说："这是个孝子呀！"上表请求赦免了他。升任魏郡太守。当时魏郡关押的囚犯有一千多人，甚至有些关押多年还没有判决。陈矫认为，周代有三套刑法以分轻重，汉代有约法三章。而现在只重视判罪的轻重，却忽视了长期关押的弊病，这是错误的。他亲审案卷，时间不长就全部判决结案。魏军东征时，陈矫入京任丞相长史。大军还师，又任魏郡太守，转任丞相西曹属。随曹操讨伐汉中，回来后任尚书。曹操还师刚到洛阳就去世了。朝臣依常规认为，曹丕即王位应有朝廷诏命。陈矫说："丞相在外逝世，天下惶恐，太子应节哀，尽快即王位，以定人心。况且丞相宠爱的儿子就在旁边，一旦发生争夺王位的变故，国家就危险了。"立即召集百官，备办登位仪礼，仅用了一天就筹办好了。第二天清早，以王后命令的名义，曹丕即魏王位，大赦天下。曹丕说："陈季弼每临大事，见识过人，确实是一代俊杰。"曹丕称帝，陈矫转任吏部尚书，封高陵亭侯，升任尚书令。曹叡即帝位，晋封陈矫为东乡侯，食邑六百户。有一次，明帝突然来到尚书台门前，陈矫跪问明帝："陛下要去哪里？"明帝说："想察看一下尚书台的文书。"陈矫说："这是臣的职责，不是陛下做的事。如果臣不称职，就请陛下立即罢免我。陛下请回吧！"明帝惭愧无言，掉转车头回去了。他的坦诚率直大都像这事一样。又加官侍中光禄大夫，迁任司徒。景初元年去世，谥号贞侯。

儿子陈本继承爵位，历任郡守、九卿。在他当职期间，都能以大局为重，善于使部下尽职尽责，很有统领众官的才能，对琐碎小事从不亲自过问。他不太懂法律，却任职廷尉，比司马岐等还优秀，而且精通文理。后升任镇北将军，持符节都督黄河以北诸军事务。陈本死后，儿子陈粲承继。陈本的弟弟陈骞，咸熙年间任车骑将军。

起初，陈矫任郡功曹时，出使路过泰山郡。泰山太守东郡人薛悌很钦佩他的才能，与之结为密友。他曾开玩笑地对陈矫说："您以郡吏的身份与郡太守结交，就像邻国的君主屈尊与陪臣游玩，不也挺好吗！"但薛悌后来任魏郡太守和尚书令，却都是接替陈矫的职位。

徐宣字宝坚，是广陵海西县人。因为避乱到江东，他没有答应孙策的任命又回到本郡。后来与陈矫一同担任郡府纲纪，二人虽然名声一样都私交不好，但都被太守陈登所器重，又都一心向着曹操。海西、淮浦二县有人叛乱，都尉卫弥、县令梁习连夜逃到徐宣家里，徐宣将他们秘密送走才免遭于难。曹操派督军扈质前来讨伐乱贼，因为兵少而不敢向前。徐宣密见扈质并责备他，和他一起分析形势，就这样，扈质进军打败了乱贼。曹操征召徐宣为司空府掾属，先后任命他为东缗和发干县县令，又升为齐郡太守，后仍调回司空府担任门下督，跟随曹操到寿春。马超起兵，魏军西征马超，曹操召见官属说："现在，我要率兵远征，可这里还未平定，我很忧虑，要选一个清廉公正有大德的人在这里统军镇守。"于是，任命徐宣为左护军，留下来统领诸军。曹操还师后，徐宣被任命为丞相东曹掾，出任魏郡太守。曹操在洛阳去世，群臣进殿吊唁志哀。有人提出应该更换各县郡的长官，改用曹操的同乡谯人和沛人。徐宣严厉地说："国家要统一，人人怀着报效家国的忠心，难道只有谯人和沛人可以重用吗？宿卫将必然寒心。"曹丕听了徐宣的话，说："这才是真正的社稷之臣呀！"曹丕称帝，徐宣出任御史中丞，赐爵关内侯，改任城门校尉；一个月后升任司隶校尉，又转任散骑常侍。随文帝到广陵，六军乘船前进，突遇风浪，文帝乘的船被刮得掉转了船头，徐宣破浪前进，第一个先到。文帝赞赏他的勇敢，升任他做了尚书。

曹叡登上帝位，册封徐宣为津阳亭侯，食邑二百户。中领军桓范举荐徐宣的时候说："臣听说帝王任用人才，是根据时势的变化而用。争夺天下之时，以策略的高下为标准；国家安定之后，以是否忠于朝廷为要求。所以，晋文公采纳舅犯的计策却赞赏雍季的言论，汉高祖用陈平之谋却将后事托付于周勃。臣觉得，尚书徐宣品行高尚，正直忠厚，不流于世俗，具有辅佐朝廷的才能和节操；曾担任过州郡的职务，所到之处都很得人心。现在仆射空缺，徐宣有能力掌管仆射的事务；仆射是君主的腹心，职责重要，徐宣是最合适的人选。”于是，明帝任命徐宣为尚书左仆射，后又加官侍中、光禄大夫。明帝到许昌，徐宣总管京师留守事务。明帝回京，主管官员向他奏呈文书。明帝说：“我审阅与徐仆射审阅都是一样的。”没有看文书。尚方令因滥造器物被拷打致死，徐宣上疏陈说刑法过于严酷，又上疏劝阻兴建宫殿，以免耗费民力。明帝都亲手书写诏书，欣然接受。徐宣说：“礼法有七十岁离官去职的规定，我已六十八岁，可以离开了。”于是，托病辞官，明帝一直没有答应。青龙四年去世，遗嘱家人用与当时时令相应的普通衣服装殓。明帝下诏说：“徐宣诚实正直，表里如一，历任三朝，公正清廉，有托孤辅臣的节操，是国家难得的柱石之臣。刚想让他任三公宰辅之职，可惜他命不长！追赠他做了车骑将军，按公爵的礼节安葬。”谥号贞侯。他的儿子徐钦继承爵位。

卫臻，字公振，是陈留襄邑县人。他的父亲卫兹，气节高尚，曾经拒绝三公的征召。曹操初到陈留，卫兹就说：“平天下者，此公也。”曹操也觉得卫兹不同一般，几次与他商议大事。后来，卫兹随曹操讨伐董卓，战死在荥阳。曹操每次路过陈留，都派使者去祭扫他的坟墓。夏侯惇任陈留太守时，举荐卫臻担任计吏。夏侯惇偕夫人出席宴会，卫臻认为此举不合正礼，是末世才有的败俗行为。夏侯惇大怒，把他抓了起来，不久又把他放了。后来，卫臻任汉朝的黄门侍郎。东郡朱越反叛，供认卫臻是同谋之一。曹操说：“我和你父亲共同起事，又钦佩你的才能和名声。听朱越的供述，我就不相信。看了荀令君的书信，就像看到了你的忠诚。”此时，卫臻接到朝廷诏书，命他到魏国为汉献帝迎接贵人，曹操乘机上表，请留卫臻任参丞相军事，又追奖卫臻父亲过去的功勋，赐卫臻关内侯的爵位，转任丞相户曹掾；曹丕即魏王位后，任散骑常侍。曹丕称帝，封卫臻为安国亭侯。当时许多朝臣都称颂魏国的功德，而过多地贬低前朝。只有卫臻申明汉献帝禅让帝位的美德。文帝几次看着卫臻说：“天下的珍宝，我将和禅让帝位的山阳公一起享有。”卫臻升任尚书，转任侍中、吏部尚书。文帝驾临广陵，卫臻代理中领军跟随，征东大将军曹休上表，说得到吴国归降人的口供，“孙权已到濡须口”。卫臻说：“孙权凭借长江天险，尚且不敢和我们抗衡，这一定是有些人因为害怕而编造的假话。”仔细拷问来降的人，果然是守将捏造的。

曹叡登上帝位，晋封卫臻为康乡侯，后来转任尚书右仆射，掌管选举，加官侍中。中护军蒋济给卫臻写信说：“汉高祖任用曾逃跑的人为上将，周武王选择渔父为太师；平民都可以做王公，您何必要试过后才任用呢？”卫臻回答说：“古人不是靠智慧而是依据考察才能来选拔官吏，也必须是在考核政绩后才决定官职的升降。现在您用牧野之战时的周武王与成王、康王相比，用仗剑斩蛇的汉高祖与后来的文帝、景帝相喻，开启选拔奇才的大门，必将引起天下的纷争呀！”诸葛亮进攻天水，卫臻上奏说：“应派奇兵入散关，切断敌人的粮道。”明帝就任命卫臻为征蜀将军，持符节总督诸军。兵马刚到长安，诸葛亮便退兵了。卫臻恢复原职，加光禄大夫。当时，明帝正大修宫殿，卫臻曾多次规劝。殿中监擅自拘留兰台令史，卫臻又上奏弹劾。明帝说：“宫殿没有盖成，是我时刻关注的问题。拘扣令史不是应关心的事。”卫臻上疏说：“古制有关处理官员侵权的法规，并不是限制他们的权力，而因为这样做利小而弊大。臣见校事官多是如此，担心将来各职司会逐渐越职，致使整个制度混乱而衰落。”诸葛亮又兵出斜谷，征南将军上表说：“东吴朱然等人也兵出荆城。”卫臻说：“朱然是东吴的一员骁将，这次一定是听孙权之命出兵做个样子，牵制征南将军罢了。”果然，孙权召朱然进驻居巢，攻打合肥。明帝打算亲征，卫臻说：“孙权表面上响应诸葛亮，其实并非一心。况且合肥城池坚固，不是轻易攻得下的。陛下可不必亲征。”明帝没有听从，待到浔阳时，孙权就退兵了。

幽州刺史毌丘俭上书说：“陛下登基以来，还没树立功德。吴、蜀凭仗天然的险势，也不能很快平定，暂时可用幽州闲兵去平定辽东。”卫臻说：“毌丘俭的策略是战国时常用的小术，不是帝王做的事。吴国连年侵扰边境，我大魏之所以屯兵不动的原因，实是因百姓过于疲劳的缘故。公孙渊长在海边，已袭三代，招抚戎夷，操练兵马，实力不可小觑。毌丘俭想以偏军一仗就平定那里，狂妄得让人担忧。”毌丘俭进军辽东，没能取胜。

卫臻升任司空，后来改任司徒。正始年间，晋爵长垣侯，食邑千户，他的一个儿子被封为列侯。当年，曹操很长时间不立太子，并且非常宠爱临淄侯曹植。丁仪等为曹植党羽，劝卫臻结交曹植，卫臻没有答应。曹丕即位，东海王曹霖受宠，文帝问卫臻：“平原侯怎么样？”卫臻称赞他德行美好，而这些言论以前卫臻从未对别人提起过。曹爽辅政，派夏侯玄转达，想让卫臻任尚书令，并为他弟弟求婚，卫臻都没有答应。他要求辞官，明帝下诏说：“从前段干木隐居，都以道义压服了强大的秦国；留侯张良养病在家，仍不忘楚汉争战之事。您无论何时，只要有正直的言论和好的计策，都请告诉我。”赐住宅一座，特进如三公。卫臻去世，追赠为太尉，谥号敬侯。他的儿子卫烈继承爵位，咸熙年间任职光禄勋。

卢毓字子家，是涿郡涿县人。他的父亲卢植，在当时非常有名声。卢毓十岁的时候就成了孤儿，遇上动乱，他的两个哥哥死于本州战乱之中。袁绍和公孙瓒交战时，幽州、冀州发生饥荒，卢毓抚养着寡嫂和侄儿，因学识和品行受到称颂。曹丕为五官将时，召卢毓任门下贼曹之职。崔琰举荐他为冀州主簿。那时候魏国正值初创，很多人都逃亡了。为了控制士兵，就加重了对逃亡士兵的惩罚，还要连及妻子。有一个逃兵的妻子名白，刚嫁到夫家没几天，还未能和丈夫相见，审案官大理就要判她弃市的死罪。卢毓驳斥说：“大凡女子之情，是和丈夫相处才产生恩爱和情义。《诗经》上说‘未见君子，我心伤悲；亦既见止，我心则夷’；《礼记》上有‘未庙见之妇而死，归葬女氏之党，以未成妇也’之句。今白氏生有未曾和丈夫见面的悲哀，死有未成妇人的痛苦，都还要把她处以极刑，真要如此的话，如她已和丈夫行合卺之礼，又当给她加什么罪呢？况且《礼记》上还有句话叫‘附从轻’，说的是依附于他人的罪责，以轻刑为好。《尚书》上也说：‘与其杀不辜，宁失不经’，恐怕对白氏的判罚过重。如果因为白氏已经嫁进了丈夫的家门，最多判她几年刑，处死实在是太严酷了。”曹操说：“此话有理。不仅引经据典阐述自己的意见，而且情意真切让我感叹不已。”任丞相法曹议令史，后转任西曹议令史。

魏国建立后，担任吏部郎。曹丕登上皇帝位后，改任黄门侍郎，济阴相，之后又出任梁、谯二郡太守。文帝因为谯郡是自己的故乡，所以大量迁徙百姓充实那里，并实行屯田。但谯郡土地贫瘠，百姓生活困苦，卢毓非常怜悯他们，上表请求迁徙百姓到土地肥沃的梁国去。文帝虽然听从了他的建议，但心里很不高兴，于是降了卢毓的职，让他管理迁徙的百姓，任睢阳典农校尉。卢毓一心为民，亲去视察，为百姓挑选肥沃的土地居住生产，百姓都很拥戴他。后升任安平、广平太守。卢毓无论在哪里做官，都对百姓施行德政。

青龙二年，卢毓入朝担任侍中。此前，散骑常侍刘劭受诏制定律条，还没有完成。卢毓上疏论述古今律法的宗旨，认为法律只应有一种正确的解释，不宜有两种不同的定义，使奸吏有隙可乘，卖放私情。侍中高堂隆因修建宫室一事屡次劝谏明帝，明帝很不高兴，卢毓就进言说：“臣听说‘君明则臣直’，古代圣明的君主唯恐听不到臣子指出自己过错的言辞，而设立了‘敢谏鼓’。在尽力规劝君主这方面，臣等不如高堂隆啊。高堂隆是个儒生，大家都认为他直率，陛下应宽容他。”卢毓任侍中三年，多次和明帝辩驳、争论。明帝下诏说：“量才而用，因才予授，不是所有的君主都能做到的事，必须要有好的佐臣，才能保证官员适时地升降或替换。侍中卢毓，禀性忠贞，心怀宽广坦荡，是一个不懈于位的有功之臣。因此任命卢毓为吏部尚书。”又让卢毓挑选一个合适的人接替自己原来的职务，说：“必须像你一样才行。”卢毓推荐散骑常侍郑冲。明帝说：“郑文和，我了解他了，请再推荐我没有听说过的人。”卢毓又推荐了阮武、孙邕，于是任用了孙邕。

之前，诸葛诞、邓飏等人追逐名誉，当时有“四聪”“八达”的嘲讽，明帝对这件事很反感。这时要荐举能胜任中书郎职务的人，明帝下诏说：“能否得到合适的人选，就取决于卢先生了。选拔人才不要只看取有名的人，名声如同在地上画饼，安能食用?!”卢毓回答说：“依靠名声选拔不能得到奇才，却可以得到一般的人才。这样的人服从政令、素有善行，后有名声，陛下对此不应有所反感。愚臣主管的是以名声考察一般人才的职责，负责检验其任职后是否适合职务的要求。因此，古代要让臣下自己陈述治理的情况，然后凭政绩来检查。现在考绩之法已经废弃，是根据名声的好坏来决定官吏的升降，所以真假难辨。”明帝采纳了他的意见，下诏制定考察官吏的办法。司徒的职位空缺，卢毓推举处士管宁，明帝没有任用。又问还有谁可任用，卢毓回答说：“为人忠厚品行高尚有太中大夫韩暨；正直清廉有司隶校尉崔林；名贞纯正有太常常林。”明帝任用韩暨。卢毓选举用人，首先看他的品行，然后才论及才干。黄门李丰曾经问卢毓为何如此，卢毓说：“才干是用来做善事的，所以大才干成就大善事，小才干只成就小善事。现在，许多被称为有才干的人却不做善事，这样的才干要他何用。”李丰等人佩服他的见解。

曹芳即位以后，赐爵关内侯。当时曹爽掌权，他想笼络和形成自己的党羽，于是就调卢毓为仆射，以侍中何晏代替卢毓原来的职务。不久，又让卢毓任廷尉，司隶毕轨又妄加罪名陷害卢毓，卢毓被免官。许多大臣为他鸣不平，于是，任卢毓为光禄勋。曹爽等被捕后，宣王司马懿任卢毓代理司隶校尉，审理曹爽的案子。后又任吏部尚书，加奉车都尉，封高乐亭侯，转任仆射，仍掌选举，加光禄大夫。曹髦即位后，进封卢毓为大梁乡侯。封卢毓的一个儿子为亭侯。毌丘俭发动叛乱，大将军司马师率兵出征，卢毓总领朝中事务，加侍中。正元三年，卢毓患病，辞去官位。朝廷又迁升他为司空，他坚持推荐骠骑将军王昶、光禄大夫王观、司隶校尉王祥来任此职。皇帝下诏派使者当面授印，并进升为容城侯，食邑二千三百户。甘露二年去世，谥号成侯。他的孙子卢藩继承爵位。卢毓的儿子有卢钦、卢珽，咸熙年间，卢钦任尚书，卢珽任泰山太守。

评论说：桓阶明识成败的道理，才冠当世。陈群言行恪守道义，有很高的声望；陈泰宽宏大度，为官清简有古人风范。魏朝的政事归尚书台统管，重内轻外，所谓八座尚书，就是古代的六卿。陈矫、徐宣、卫臻、卢毓等人长期居于这个位置，陈矫、徐宣果断方直，卫臻、卢毓的规谏之言足以借鉴，都没有愧对自己的职务啊！

三国志卷二十三·魏书二十三

和常杨杜赵裴传

和洽字阳士，汝南西平人也。举孝廉，大将军辟，皆不就。袁绍在冀州，遣使迎汝南士大夫。洽独以“冀州土平民强，英桀所利，四战之地。本初乘资，虽能强大，然雄豪方起，全未可必也。荆州刘表无他远志，爱人乐士，土地险阻，山夷民弱，易依倚也”。遂与亲旧俱南从表，表以上客待之。洽曰：“所以不从本初，辟争地也。昏世之主，不可黩近，久而阽危，必有谗慝间其中者。”遂南度武陵。

太祖定荆州，辟为丞相掾属。时毛玠、崔琰并以忠清干事，其选用先尚俭节。洽言曰：“天下大器，在位与人，不可以一节检也。俭素过中，自以处身则可，以此节格物，所失或多。今朝廷之议，吏有著新衣、乘好车者，谓之不清；长吏过营，形容不饰，衣裘敝坏者，谓之廉洁。至令士大夫故污辱其衣，藏其舆服；朝府大吏，或自挈壶餐以入官寺。夫立教观俗，贵处中庸，为可继也。今崇一概难堪之行以检殊涂，勉而为之，必有疲瘁。古之大教，务在通人情而已。凡激诡之行，则容隐伪矣。”

魏国既建，为侍中。后有白毛玠谤毁太祖，太祖见近臣，怒甚。洽陈玠素行有本，求案实其事。罢朝，太祖令曰：“今言事者白玠不但谤吾也，乃复为崔琰觖望。此损君臣恩义，妄为死友怨叹，殆不可忍也。昔萧、曹与高祖并起微贱，致功立勋。高祖每在屈笮，二相恭顺，臣道益彰，所以祚及后世也。和侍中比求实之，所以不听，欲重参之耳。”洽对曰：“如言事者言，玠罪过深重，非天地所覆载。臣非敢曲理玠以枉大伦也，以玠出群吏之中，特见拔擢，显在首职，历年荷宠，刚直忠公，为众所惮，不宜有此。然人情难保，要宜考核，两验其实。今圣恩垂含垢之仁，不忍致之于理，更使曲直之分不明，疑自近始。”太祖曰：“所以不考，欲两全玠及言事者耳。”洽对曰：“玠信有谤上之言，当肆之市朝；若玠无此，言事者加诬大臣以误主听；二者不加检核，臣窃不安。”太祖曰：“方有军事，安可受人言便考之邪？狐射姑刺阳处父于朝，此为君之诫也。”

太和中，散骑常侍高堂隆奏：“时风不至，而有休废之气，必有司不勤职事以失天常也。”诏书谦虚引咎，博谘异同。洽以为“民稀耕少，浮食者多。国以民为本，民以谷为命。故废一时之农，则失育命之本。是以先王务蠲烦费，以专耕农。自春夏以来，民穷于役，农业有废，百姓嚣然，时风不至，未必不由此也。消复之术，莫大于节俭。太祖建立洪业，奉师徒之费，供军赏之用，吏士丰于资食，仓府衍于谷帛，由不饰无用之宫，绝浮华之费。方今之要，固在息省劳烦之役，损除他余之务，以为军戎之储。三边守御，宜在备豫。料贼虚实，蓄士养众，算庙胜之策，明攻取之谋，详询众庶以求厥中。若谋不素定，轻弱小敌，军人数举，举而无庸，所谓‘悦武无震’，古人之诫也。”

转为太常，清贫守约，至卖田宅以自给。明帝闻之，加赐谷帛。薨，谥曰简侯。子离嗣。离弟逌，才爽开济，官至廷尉、吏部尚书。

洽同郡许混者，许劭子也。清醇有鉴识，明帝时为尚书。

常林字伯槐，河内温人也。年七岁，有父党造门，问林：“伯先在否？汝何不拜！”林曰：“虽当下客，临子字父，何拜之有？”于是咸共嘉之。太守王匡起兵讨董卓，遣诸生于属县微伺吏民罪负，便收之，考责钱谷赎罪，稽迟则夷灭宗族，以崇威严。林叔父挝客，为诸生所白，匡怒收治，举宗惶怖，不知所责多少，惧系者不救。林往见匡同县胡母彪曰：“王府君以文武高才，临吾鄙郡。鄙郡表里山河，土广民殷，又多贤能，惟所择用。今主上幼冲，贼臣虎据，华夏震栗，雄才奋用之秋也。若欲诛天下之贼，扶王室之微，智者望风，应之若响，克乱在和，何征不捷。苟无恩德，任失其人，覆亡将至，何暇匡翼朝廷，崇立功名乎？君其藏之！”因说叔父见拘之意。彪即书责匡，匡原林叔父。林乃避地上党，耕种山阿。当时旱蝗，林独丰收，尽呼比邻，升斗分之。依故河间太守陈延壁。陈、冯二姓，旧族冠冕。张杨利其妇女，贪其资货。林率其宗族，为之策谋。见围六十余日，卒全堡壁。

并州刺史高幹表为骑都尉，林辞不受。后刺史梁习荐州界名士林及杨俊、王淩、王象、荀纬，太祖皆以为县长。林宰南和，治化有成，超迁博陵太守、幽州刺史，所在有绩。文帝为五官将，林为功曹。太祖西征，田银、苏伯反，幽、冀扇动。文帝欲亲自讨之，林曰：“昔忝博陵，又在幽州，贼之形势，可料度也。北方吏民，乐安厌乱，服化已久，守善者多。银、伯犬羊相聚，智小谋大，不能为害。方今大军在远，外有强敌，将军为天下之镇也，轻动远举，虽克不武。”文帝从之，遣将往伐，应时克灭。

出为平原太守、魏郡东部都尉，入为丞相东曹属。魏国既建，拜尚书。文帝践阼，迁少府，封乐阳亭侯，转大司农。明帝即位，进封高阳乡侯，徙光禄勋太常。晋宣王以林乡邑耆德，每为之拜。或谓林曰：“司马公贵重，君宜止之。”林曰：“司马公自欲敦长幼之叙，为后生之法。贵非吾之所畏，拜非吾之所制也。”言者踧踖而退。时论以林节操清峻，欲致之公辅，而林遂称疾笃。拜光禄大夫。年八十三，薨，追赠骠骑将军，葬如公礼，谥曰贞侯。子旹嗣，为泰山太守，坐法诛。旹弟静绍封。

杨俊字季才，河内获嘉人也。受学陈留边让，让器异之。俊以兵乱方起，而河内处四达之衢，必为战场，乃扶持老弱诣京、密山间，同行者百余家。俊振济贫乏，通共有无。宗族知故为人所略作奴仆者凡六家，俊皆倾财赎之。司马宣王年十六七，与俊相遇，俊曰：“此非常之人也。”又司马朗早有声名，其族兄芝，众未之知，惟俊言曰：“芝虽夙望不及朗，实理但有优耳。”俊转避地并州。本郡王象，少孤特，为人仆隶，年十七八，见使牧羊而私读书，因被箠楚。俊嘉其才质，即赎象著家，聘娶立屋，然后与别。

太祖除俊曲梁长，入为丞相掾属，举茂才，安陵令，迁南阳太守。宣德教，立学校，吏民称之。徙为征南军师。魏国既建，迁中尉。太祖征汉中，魏讽反于邺，俊自劾诣行在所。俊以身方罪免，笺辞太子。太子不悦，曰：“杨中尉便去，何太高远邪！”遂被书左迁平原太守。文帝践阼，复在南阳。时王象为散骑常侍，荐俊曰：“伏见南阳太守杨俊，秉纯粹之茂质，履忠肃之弘量，体仁足以育物，笃实足以动众，克长后进，惠训不倦，外宽内直，仁而有断。自初弹冠，所历垂化，再守南阳，恩德流著，殊邻异党，襁负而至。今境守清静，无所展其智能，宜还本朝，宣力辇毂，熙帝之载。”

俊自少及长，以人伦自任。同郡审固、陈留卫恂本皆出自兵伍，俊资拔奖致，咸作佳士；后固历位郡守，恂御史、县令，其明鉴行义多此类也。初，临菑侯与俊善，太祖适嗣未定，密访群司。俊虽并论文帝、临菑才分所长，不适有所据当，然称临菑犹美，文帝常以恨之。黄初三年，车驾至宛，以市不丰乐，发怒收俊。尚书仆射司马宣王、常侍王象、荀纬请俊，叩头流血，帝不许。俊曰：“吾知罪矣。”遂自杀。众冤痛之。

杜袭字子绪，颍川定陵人也。曾祖父安，祖父根，著名前世。袭避乱荆州，刘表待以宾礼。同郡繁钦数见奇于表，袭喻之曰："吾所以与子俱来者，徒欲龙蟠幽薮，待时凤翔。岂谓刘牧当为拨乱之主，而规长者委身哉？子若见能不已，非吾徒也。吾其与子绝矣！"钦慨然曰："请敬受命。"袭遂南适长沙。

建安初，太祖迎天子都许。袭逃还乡里，太祖以为西鄂长。县滨南境，寇贼纵横。时长吏皆敛民保城郭，不得农业。野荒民困，仓庾空虚。袭自知恩结于民，乃遣老弱各分散就田业，留丁强备守，吏民欢悦。会荆州出步骑万人来攻城，袭乃悉召县吏民任拒守者五十余人，与之要誓。其亲戚在外欲自营护者，恣听遣出；皆叩头愿致死。于是身执矢石，率与戮力。吏民感恩，咸为用命。临陈斩数百级，而袭众死者三十余人，其余十八人尽被创，贼得入城。袭帅伤痍吏民决围得出，死丧略尽，而无反背者。遂收散民，徙至摩陂营，吏民慕而从之如归。

司隶钟繇表拜议郎参军事。荀彧又荐袭，太祖以为丞相军祭酒。魏国既建，为侍中，与王粲、和洽并用。粲强识博闻，故太祖游观出入，多得骖乘，至其见敬不及洽、袭。袭尝独见，至于夜半。粲性躁竞，起坐曰："不知公对杜袭道何等也？"洽笑答曰："天下事岂有尽邪？卿昼侍可矣，悒悒于此，欲兼之乎！"后袭领丞相长史，随太祖到汉中讨张鲁。太祖还，拜袭驸马都尉，留督汉中军事。绥怀开导，百姓自乐出徙洛、邺者，八万余口。夏侯渊为刘备所没，军丧元帅，将士失色。袭与张郃、郭淮纠摄诸军事，权宜以郃为督，以一众心，三军遂定。太祖东还，当选留府长史，镇守长安，主者所选多不当，太祖令曰："释骐骥而不乘，焉皇皇而更索？"遂以袭为留府长史，驻关中。

时将军许攸拥部曲，不附太祖而有慢言。太祖大怒，先欲伐之。群臣多谏："可招怀攸，共讨强敌。"太祖横刀于膝，作色不听。袭入欲谏，太祖逆谓之曰："吾计以定，卿勿复言。"袭曰："若殿下计是邪，臣方助殿下成之；若殿下计非邪，虽成宜改之。殿下逆臣，令勿言之，何待下之不阐乎？"太祖曰："许攸慢吾，如何可置乎？"袭曰："殿下谓许攸何如人邪？"太祖曰："凡人也。"袭曰："夫惟贤知贤，惟圣知圣，凡人安能知非凡人邪？方今豺狼当路而狐狸是先，人将谓殿下避强攻弱，进不为勇，退不为仁。臣闻千钧之弩不为鼷鼠发机，万石之钟不以莛撞起音，今区区之许攸，何足以劳神武哉？"太祖曰："善。"遂厚抚攸，攸即归服。时夏侯尚昵于太子，情好至密。袭谓尚非益友，不足殊待，以闻太祖。文帝初甚不悦，后乃追思。语在《尚传》。其柔而不犯，皆此类也。

文帝即王位，赐爵关内侯。及践阼，为督军粮御史，封武平亭侯，更为督军粮执法，入为尚书。明帝即位，进封平阳乡侯。诸葛亮出秦川，大将军曹真督诸军拒亮，徙袭为大将军军师，分邑百户赐兄基爵关内侯。真薨，司马宣王代之，袭复为军师，增邑三百，并前五百五十户。以疾征还，拜太中大夫。薨，追赠少府。谥曰定侯。子会嗣。

赵俨字伯然，颍川阳翟人也。避乱荆州，与杜袭、繁钦通财同计，合为一家。太祖始迎献帝都许，俨谓钦曰："曹镇东应期命世，必能匡济华夏，吾知归矣。"建安二年，年二十七，遂扶持老弱诣太祖，太祖以俨为朗陵长。县多豪猾，无所畏忌。俨取其尤甚者，收缚案验，皆得死罪。俨既囚之，乃表府解放，自是威恩并著。时袁绍举兵南侵，遣使招诱豫州诸郡，诸郡多受其命。惟阳安郡不动，而都尉李通急录户调。俨见通曰："方今天下未集，诸郡并叛，怀附者复收其绵绢，小人乐乱，能无遗恨！且远近多虞，不可不详也。"通曰："绍与大将军相持甚急，左右郡县背叛乃尔。若绵绢不调送，观听者必谓我顾望，有所须待也。"俨曰："诚亦如君虑；然当权其轻重，小缓调，当为君释此患。"乃书与荀彧曰："今阳安郡当送绵绢，道路艰阻，必致寇害。百姓困穷，邻城并叛，易用倾荡，乃一方安危之机也。且此郡人执守忠节，在险不贰。微善必赏，则为义者劝。善为国者，藏之于民。以为国家宜垂慰抚，所敛绵绢，皆俾还之。"彧报曰："辄白曹公，公文下郡，绵绢悉以还民。"上下欢喜，郡内遂安。

入为司空掾属主簿。时于禁屯颍阴，乐进屯阳翟，张辽屯长社，诸将任气，多共不协；使俨并参三军，每事训喻，遂相亲睦。太祖征荆州，以俨领章陵太守，徙都督护军，护于禁、张辽、张郃、朱灵、李典、路招、冯楷七军。复为丞相主簿，迁扶风太守。太祖徙出故韩遂、马超等兵五千余人，使平难将军殷署等督领，以俨为关中护军，尽统诸军。羌虏数来寇害，俨率署等追到新平，大破之。屯田客吕并自称将军，聚党据陈仓，俨复率署等攻之，贼即破灭。

时被书差千二百兵往助汉中守，署督送之。行者卒与室家别，皆有忧色。署发后一日，俨虑其有变，乃自追至斜谷口，人人慰劳，又深戒署。还宿雍州刺史张既舍。署军复前四十里，兵果叛乱，未知署吉凶。而俨自随步骑百五十人，皆与叛者同部曲，或婚姻，得此问，各惊，被甲持兵，不复自安。俨欲还，既等以为“今本营党已扰乱，一身赴之无益，可须定问。”俨曰：“虽疑本营与叛者同谋，要当闻行者变，乃发之。又有欲善不能自定，宜及犹豫，促抚宁之。且为之元帅，既不能安辑，身受祸难，命也。”遂去。行三十里止，放马息，尽呼所从人，喻以成败，慰励恳切。皆慷慨曰：“死生当随护军，不敢有二。”前到诸营，各召料简诸奸结叛者八百余人，散在原野，惟取其造谋魁率治之，余一不问。郡县所收送，皆放遣，乃即相率还降。俨密白：“宜遣将诣大营，请旧兵镇守关中。”太祖遣将军刘柱将二千人，当须到乃发遣，而事露，诸营大骇，不可安喻。俨谓诸将曰：“旧兵既少，东兵未到，是以诸营图为邪谋。若或成变，为难不测。因其狐疑，当令早决。”遂宣言当差留新兵之温厚者千人镇守关中，其余悉遣东。便见主者，内诸营兵名籍，案累重，立差别之。留者意定，与俨同心。其当去者亦不敢动，俨一日尽遣上道，因使所留千人，分布罗落之。东兵寻至，乃复胁喻，并徙千人，令相及共东，凡所全致二万余口。

关羽围征南将军曹仁于樊。俨以议郎参仁军事南行，与平寇将军徐晃俱前。既到，羽围仁遂坚，余救兵未到。晃所督不足解围，而诸将呵责晃促救。俨谓诸将曰：“今贼围素固，水潦犹盛。我徒卒单少，而仁隔绝不得同力，此举适所以弊内外耳。当今不若前军逼围，遣谍通仁，使知外救，以励将士。计北军不过十日，尚足坚守。然后表里俱发，破贼必矣。如有缓救之戮，余为诸军当之。”诸将皆喜，便作地道，箭飞书与仁，消息数通，北军亦至，并势大战。羽军既退，舟船犹据沔水，襄阳隔绝不通，而孙权袭取羽辎重，羽闻之，即走南还。仁会诸将议，咸曰：“今因羽危惧，必可追禽也。”俨曰：“权邀羽连兵之难，欲掩制其后，顾羽还救，恐我承其两疲，故顺辞求效，乘衅因变，以观利钝耳。今羽已孤迸，更宜存之以为权害。若深入追北，权则改虞于彼，将生患于我矣。王必以此为深虑。”仁乃解严。太祖闻羽走，恐诸将追之，果疾敕仁，如俨所策。

文帝即王位，为侍中。顷之，拜驸马都尉，领河东太守，典农中郎将。黄初三年，赐爵关内侯。孙权寇边，征东大将军曹休统五州军御之，征俨为军师。权众退，军还，封宜土亭侯，转为度支中郎将，迁尚书。从征吴，到广陵，复留为征东军师。明帝即位，进封都乡侯，邑六百户，监荆州诸军事，假节。会疾，不行，复为尚书，出监豫州诸军事，转大司马军师，入为大司农。齐王即位，以俨监雍、凉诸军事，假节，转征蜀将军，又迁征西将军，都督雍、凉。正始四年，老疾求还，征为骠骑将军，迁司空。薨，谥曰穆侯。子亭嗣。初，俨与同郡辛毗、陈群、杜袭并知名，号曰辛、陈、杜、赵云。

裴潜字文行，河东闻喜人也。避乱荆州，刘表待以宾礼。潜私谓所亲王粲、司马芝曰："刘牧非霸王之才，乃欲西伯自处，其败无日矣。"遂南适长沙。太祖定荆州，以潜参丞相军事，出历三县令，入为仓曹属。太祖问潜曰："卿前与刘备俱在荆州，卿以备才略何如？"潜曰："使居中国，能乱人而不能为治也。若乘间守险，足以为一方主。"

时代郡大乱，以潜为代郡太守。乌丸王及其大人，凡三人，各自称单于，专制郡事。前太守莫能治正，太祖欲授潜精兵以镇讨之。潜辞曰："代郡户口殷众，士马控弦，动有万数。单于自知放横日久，内不自安。今多将兵往，必惧而拒境，少将则不见惮。宜以计谋图之，不可以兵威迫也。"遂单车之郡。单于惊喜。潜抚之以静。单于以下脱帽稽颡，悉还前后所掠妇女、器械、财物。潜案诛郡中大吏与单于为表里者郝温、郭端等十余人，北边大震，百姓归心。在代三年，还为丞相理曹掾，太祖褒称治代之功，潜曰："潜于百姓虽宽，于诸胡为峻。今计者必以潜为理过严，而事加宽惠；彼素骄恣，过宽必弛，既弛又将摄之以法，此讼争所由生也。以势料之，代必复叛。"于是太祖深悔还潜之速。后数十日，三单于反问至，乃遣鄢陵侯彰为骁骑将军征之。

潜出为沛国相，迁兖州刺史。太祖次摩陂，叹其军陈齐整，特加赏赐。文帝践阼，入为散骑常侍。出为魏郡、颍川典农中郎将，奏通贡举，比之郡国，由是农官进仕路泰。迁荆州刺史，赐爵关内侯。明帝即位，入为尚书。出为河南尹，转太尉军师、大司农，封清阳亭侯，邑二百户。入为尚书令，奏正分职，料简名实，出事使断官府者百五十余条。丧父去官，拜光禄大夫。正始五年薨，追赠太常，谥曰贞侯。子秀嗣。遗令俭葬，墓中惟置一坐，瓦器数枚，其余一无所设。秀，咸熙中为尚书仆射。

评曰：和洽清和干理，常林素业纯固，杨俊人伦行义，杜袭温粹识统，赵俨刚毅有度，裴潜平恒贞干，皆一世之美士也。至林能不系心于三司，以大夫告老，美矣哉！

【译文】

和洽字阳士，是汝南西平县人。被举为孝廉，大将军府征召他为属吏，但是他都没有去。袁绍在冀州的时候，派人去迎请汝南的士大夫。只有和洽认为："冀州的土地平坦，百姓强悍，此是兵亲必争之地，容易受到四面的攻击。袁绍凭借祖上留下来的人力和财势，虽然看起来很强大，但现在英雄并起，袁绍未必能保住冀州。荆州刘表没有什么远大的志向，但他喜欢儒士，那里地势险要，少数民族都很贫穷，可以作为依靠。"于是和亲友一起南下荆州，去追随刘表，刘表用上宾礼接待了他。和洽说："我之所以不追随袁本初，是为了避开兵家必争的是非之地。对昏庸的君主也不能过于接近，时间一久，必有危险发生，因为一定会有人进谗言离间。"又南下武陵。

曹操平定荆州，下令征召和洽出任丞相掾属。当时毛玠、崔琰都凭借忠诚清廉主持政事，他们选用官吏首先看重节俭的人。和洽对他们说："国家最重要是官位和任职的人，如只用节俭作为考察人的标准，有失偏颇。把节俭用作处世之道还可以，但用节俭推究一切事物，就可能失去很多的东西。现在朝廷上议论，穿新衣坐好车说他不清廉；不修边幅，衣衫破烂，就说他廉洁。以至于士大夫们都故意弄脏自己的衣服，把标明自己等级的车子、衣冠都收藏起来；朝廷和相府的官员，自己带着菜饭到府衙办公。建立教化的标准和良好的社会风气，贵在适中，这样才能延续下去。现在推崇一个使人都难以接受的行为来要求不同的人，虽然勉强可以推行下去，必然会产生害处。古代最重要的教化，在于努力做到人情通畅。凡是过激而离奇的做法，却容易掩盖假象。"

魏国建立以后，和洽出任侍中。后来有人举报毛玠诽谤太祖，太祖召见近臣的时候，非常生气。和洽陈述叙说毛玠素来行为端正，请求查实此事。罢朝后，太祖下令说："现在检举人禀告说毛玠不但诽谤我，而且还为崔琰抱怨。这损伤了君臣的情义。妄自为自己去世的好朋友怨叹，这恐怕无法容忍。从前萧何、曹参与汉高祖都起于微贱，二人在创立汉的基业中建立了功勋。汉高祖后来每次在处境窘迫时，萧何、曹参二丞相反而更加恭敬汉高祖，更加遵守做臣子的礼节，所以二人的福分一直延续到后代。和侍中最近要求我查证此事，我没有听从和洽的原因，是想慎重对待这件事。"和洽回答说："如果真像检举人说的那样，毛玠罪恶深重，那么天地难容。臣不敢曲意为毛玠辩白以破坏君臣大伦。只是因为毛玠出自群吏，又特别受到明公的提拔，现在处于众官首位，历年来深受恩宠，毛玠刚正不阿，忠心为公，素来被群臣畏惧，应该不会做出这种事来。但人情难以保证，关键是应当进行审查，两边对质查出真相。现在明公出于仁爱之心而容忍了污垢，不忍将毛玠交与司法官员，更会使曲直不分，疑虑将从明公的身边开始。”太祖说：“我所以不审查这件事的原因，是想让毛玠和检举人都得到保全。”和洽回答说：“毛玠如果真的说了诽谤明公的话，就应当在街市上斩首示众；如果毛玠没做这件事，就是检举人诬陷大臣迷惑上主。两方面都不加审核，臣私下里深感不安。”太祖说：“现在正有战事，怎么可以听了人家的话就来审查呢？狐射姑在朝廷上刺杀了阳处父，这是做君主应当注意的。”

太和年间，散骑常侍高堂隆上奏：“本该有风的时节但是却没有风，只有衰败之气，一定是官吏荒废政事而引起的天道失调。”明帝下诏书把过错归到自己身上，又广泛咨询朝臣对朝政的意见。和洽认为“人口本来就稀少，而从事农耕的人就更少，游手好闲、不劳而获的人很多。国家以人民为根本，人民以粮食为生命。所以，农耕荒废了一个季节，就会失去养命之本。因此先王力求免除繁杂费用，专门发展农业。今年春夏以来，百姓疲于徭役，穷困不堪，农田荒废，百姓怨声四起，时风不来，未必不是由此引起的。消除天灾，恢复时风的办法，节俭最为重要。太祖初建大事，供给兵马和军赏的费用以及将士的粮食供应都很丰富，仓库里的粮谷布匹储存很多，这是太祖不装饰宫殿、断绝浮华而节省下来的。现在应停止繁杂的劳役，减少多余的事务，以补充军队物资。边疆也应预作守御准备。探测敌人虚实，养兵蓄锐，制定好克敌制胜的策略，广泛征求意见以求稳妥。如不预先制定好策略，盲目发兵，不但劳而无功，也应了‘喜武力却不能制胜’，的古人的告诫。”

和洽转任太常。他清贫俭朴，有的时候要靠变卖田产房宅维持生活。明帝听说这件事以后，加赐给他谷子和绢帛。和洽死后，谥号简侯。他的儿子和离继承爵位。和离的弟弟和逌，很有才干，也有所建树，官至廷尉和吏部尚书。

和洽同郡人许混，是许劭的儿子。高洁淳朴，有见识，明帝时任尚书。

常林字伯槐，是河内温县人。他七岁时，有位父亲的朋友来访问常林："伯先在吗？你怎么不拜见我！"常林回答说："虽然我应当向您下拜，但是你当着儿子的面就直称他父亲的名字，我能拜您吗？"因此人们都赞誉他。河内太守王匡起兵讨伐董卓，派人到属下各县暗中查访，如发现有罪过的，无论官民就逮捕起来，然后索取钱谷用来赎罪，稍有拖延就杀他全族，以此来提高自己的威严。常林的叔父拷打佃户，被王匡的门生告发，王匡就逮捕了常林的叔父处罪，全族的人都很惊恐，不知要被索取多少钱财，又怕被关押的人无法解救。常林去拜见王匡的同县人胡母彪，说："太守以文武高才，治理鄗县。鄗县依山靠河，土地广阔，人民殷富，又有许多贤士能人，听凭他选择录用。当今皇上尚小，叛臣割据一方称雄，举国震惊，这正是英豪大展雄图之时。消灭乱贼，重扶王室，贤能之人就会望风而来，群起响应。讨平乱贼首要的是上下一心，这样，有什么征战不能取胜呢。如果缺恩少德，用人不当，覆灭就会在眼前，哪还能去匡扶朝廷，建立功业呢？请您认真考虑这一点。"又乘机说出叔父被捕的事情。胡母彪当即写信责备王匡，王匡便放了常林的叔父。于是，常林避乱到了上党，在高山深处耕种隐居。那时候，又发生了旱灾和蝗灾，只有常林的庄稼获得了丰收。他把邻居们都叫来，把粮食分给了大家。他依附在原河间太守陈延的坞堡里。这个坞堡里有陈、冯两户，都是大姓官宦人家。张杨看中了陈、冯两家的女子，又贪图两家的财产，率兵来攻。常林率领自己的宗族，为陈、冯两家谋划出力，坞堡虽被围六十多天，最终还是得到了保全。

并州刺史高幹上疏举荐常林为骑都尉，常林推辞不受。后来刺史梁习又举荐常林本州名士以及杨俊、王凌、王象、荀纬，曹操都任命他们为县长。常林任南和县令，因治绩教化突出，先后提升为博陵太守、幽州刺史，所在之处，政绩斐然。曹丕任五官中郎将时，常林为属下功曹。曹操西征，田银、苏伯乘机反叛，幽州、冀州动荡不安。曹丕要亲自带兵去讨伐他们，常林说："我以前在博陵，又到了幽州，我可以判断敌人的形势。北方的官民喜安定而厌恶动乱，朝廷的教化已推行好久了，百姓们都安分守己，田银、苏伯如犬羊相聚，是乌合之众，野心很大却都是一勇之夫，无谋略而言，不会酿成大患。现在，我大军远征在外，将军坐镇京师威慑天下，如轻率远征怕有强敌偷袭，再说，即使战胜了也不算勇武。"文帝听从了他的意见，另派将领前去讨伐，很快就消灭了叛贼。

常林出任平原太守、魏郡东部都尉，之后又入京为丞相东曹属。魏国建立后，他担任尚书。曹丕即皇帝位后，升任少府，封乐阳亭侯，转任大司农。曹叡即位后，晋封高阳乡侯，转任光禄勋太常。司马懿因常林年老德高，每次见到他都下拜问候。有人对常林说："司马公地位尊贵，您应当不让他行礼。"常林说："司马公亲身力行长幼有序的礼制，为后辈人做榜样。地位尊贵我不畏惧，下拜我不制止。"说这话的人惭愧地走了。大臣都认为常林节操高尚，想让他任公辅，但常林却声称年老体弱。授光禄大夫。八十三岁去世，追赠骠骑将军，按公的规格举行葬礼，谥号贞侯，儿子常旹承继，任泰山太守，犯法被杀。常旹的弟弟常静继承封号。

杨俊，字季才，是河内获嘉县人。曾经是陈留人边让的弟子，边让认为他不同凡响于是很是器重他。杨俊见当时兵荒马乱，河内郡又处于交通要道，迟早会成为争夺之地。便带着家眷来到京、密附近的大山里，同去的共有一百多家。杨俊热心帮助贫困人家，不断救济他们。宗族和朋友中有六户人家被掠去做奴仆，杨俊拿出家财把他们赎回。司马朗十六七岁时，和杨俊相遇，杨俊说："这人绝非平常。"司马朗很早就有了名声，但对他的族兄司马芝，都不太了解。只有杨俊说道："司马芝虽然声望不如司马朗，实际上可能更优秀。"后来杨俊到并州避乱。郡里有个王象，小时候孤单贫穷，给人家当仆役，十七八岁时，主人让他放羊他却偷偷地读书，而遭到主人鞭打。杨俊赞赏他的志气，当即把他赎出来带回家中，为他娶妻成家，然后才和他分手。

曹操任命杨俊为曲梁县长，之后入京任丞相掾属，后来被举荐为茂才，担任安陵县令，又升任南阳太守。他在南阳宣扬教化，开办学校，官吏百姓都非常称颂他。改任征南军师。魏国建立后，升任中尉。曹操征伐汉中，魏讽在邺县谋反，杨俊认为自己有责任，就到曹操营中请罪。被赦免，所以写信向太子辞职。曹丕不高兴地说："杨中尉说走就走，未免有些不近情理吧？"就这样，将杨俊贬为平原太守。曹丕称帝，杨俊又任南阳太守。当时王象任散骑常侍，推荐杨俊说："臣见杨俊有优秀品质，忠诚谨慎气度不凡；实行仁爱足以感动众人，敦促后进，诲人不倦，宽和而又正直，仁慈却不失果断。自任职以来，都卓有成效，两次任南阳太守，广施恩德，相邻地方的百姓都背着孩子来投奔他。现在境内安定，不能埋没他的才能，应该调他回京，在陛下跟前效力，以光大帝业。"

杨俊从少年到成年，一直都非常喜欢品评人物。同郡人审固、陈留人卫恂都出身军营，经过杨俊的提拔，都成为优秀的人才；审固历任郡守，卫恂也历任御史和县令。杨俊明鉴识人，大多如此。当初，临菑侯曹植和杨俊的关系很友好。曹操尚未确定太子时，曾为此秘密地询问各职司府署。杨俊说曹丕和曹植各有所长，评价他们应公允客观，但话语间对曹植的优点似乎说得更多一些，曹丕因此对他有所怨恨。黄初三年，曹丕到宛城，以市面不丰盛、百姓不安乐为由大发雷霆，把杨俊收监下狱。尚书仆射司马懿，常侍王象、荀纬都为杨俊求情，以致叩头流出血来，曹丕还是没有答应。杨俊说："我已经知罪了。"于是自杀。众人都为他的死感到冤屈和悲痛。

杜袭字子绪，是颍川定陵县人。他的曾祖父杜安，祖父杜根，在前朝都非常有名声。杜袭到荆州避乱，刘表按宾客礼接待了他。同郡人繁钦表现很出色。几次使刘表惊奇他的才能。杜袭告诫繁钦说："我和你来到这儿，像龙潜伏一样只想等待时机大展宏图。难道说你认为刘表是匡扶社稷、消除战乱的君主让长者委身于他吗？你如果再表现自己，就不是我的朋友了。我就要和你断绝关系。"繁钦毅然说："我一定接受您的教诲。"杜袭南下到长沙。

建安初年，曹操迎接天子迁都许昌。杜袭逃回了家乡，曹操任命他担任西鄂县长。西鄂近南，经常有敌寇骚扰。当时，西鄂的长官就把百姓都动员起来守城，致使农耕误时，田园荒芜，百姓穷困，仓廪空虚。杜袭知道只为老百姓多做些好事，才能体现朝廷的恩德。于是，让年老体弱的百姓分散到城外去耕种田地，留下青壮年守城。官员和百姓们都很高兴。不久荆州有一万多骑来攻城，杜袭就把守城的官民五十多人全召集在一起，和他们立盟起誓，又允许这些人的亲戚中如有要求出城自保的可以出去。五十多人全都跪下磕头，表示要拼死守住县城。于是，杜袭亲自拿着弓箭和石头，率领众人奋力杀敌。百姓们感激他的恩惠，都拼力死战。杀敌数百人，杜袭的部下死了三十多人，其余十八人也都受了伤，敌人终于攻下县城。杜袭率领受伤的百姓突围，虽然部下伤亡殆尽，但没有一个人背叛他。杜袭又聚拢分散的百姓，到摩陂安下营寨，百姓敬仰他，像回家一样纷纷归附。

司隶钟繇上表推荐他，被授予官议郎参军事。荀彧又推荐杜袭，曹操任命他做了丞相军祭酒。魏国建立后，任侍中，和王粲、和洽都受到重用。王粲知识渊博，典籍掌故都很熟悉，所以曹操每次出游，多让他陪着，但对他则不如对和洽、杜袭那样敬重。杜袭曾经单独去见曹操，有时到半夜才出来。王粲性情急躁，从座位上站起来说：“不知曹公对杜袭说了些什么？”和洽笑着说：“天下的事岂能都知道？你白天服侍曹公就行了，何必为此郁郁不乐？你想替代他吗？”后来杜袭兼任丞相长史，随曹操到汉中讨伐张鲁。曹操回师时，授杜袭为驸马都尉，留下总领汉中军事。他以仁德安抚开导百姓，百姓们自愿迁徙到洛阳和邺城的有八万多人。夏侯渊被刘备杀害，兵马失去统领，将士们都很恐慌。杜袭和张郃、郭淮联合主持诸军事务，让张郃暂任统帅，就这样，三军安定下来。曹操要回许昌，选择留府长史，主事者推荐的人曹操都不满意，说：“放着千里马不用，还四处寻找什么呢？”于是，让杜袭任留府长史，驻守关中。

当时将军许攸坐拥手下将士，不归附太祖并且出言不逊。太祖非常生气，准备先讨伐许攸。群臣大多劝谏说：“可以招抚许攸，共同讨伐强敌。”太祖把刀横在膝上，绷着脸不肯听从。杜袭进来想上前劝谏，太祖迎着许攸说：“我的主意已定，卿不要再说了。”杜袭说：“如果殿下的主意对，臣当然帮助殿下做成此事；如果殿下的主意不对，虽然定了也应该改变。殿下迎着臣，让臣不要说话，为何不等手下的人把话说完呢？”太祖说：“许攸怠慢我，我怎么能饶了许攸呢？”杜袭说：“殿下认为许攸是个什么样的人？”太祖说：“是个平凡的人。”杜袭说：“只有贤人才能知道贤人，只有圣人才能明白圣人，平凡的人怎能知道非凡的人呢？现在豺狼当路却要先去消灭狐狸，人们将会说殿下避强攻弱，进兵不算勇敢，退兵也不算仁爱。臣听说千钧的弓弩不对鼷鼠发动扳机，万石的钟不胡草秆来撞出音来，现在小小的许攸，怎么值得劳动神明威武的陛下呢？”太祖说：“好。”于是着意安抚许攸，许攸立即降服。当时夏侯尚亲近太子曹丕，关系极为密切。杜袭认为夏侯尚不是什么好朋友，不值得用特殊的礼节来对待，并告诉太祖知道。文帝起初非常不开心，后来才追念杜袭的好处。这件事记载在《夏侯尚传》中。杜袭处事柔和又不顶撞君主，都像这件事情一样。

曹丕登上王位后，赐爵关内侯。即皇帝位后，之后又任杜袭为督军粮御史，封武平亭侯，又任督军粮执法，进京任尚书。曹叡登上皇位，进封平阳乡侯。诸葛亮出兵秦川，大将军曹真督率各军抵抗诸葛亮，改任杜袭为大将军军师，从封邑中分出一百户赐给他哥哥杜基，爵关内侯。曹真去世后，宣王司马懿代替了曹真的职务，杜袭又任军师，增封食邑三百户，加上以前封的共五百五十户。因病征召回京，官拜太中大夫。他死后，追赠少府，谥号定侯。儿子杜会承继。

赵俨字伯然，是颍川阳翟县人。他避乱到荆州，和杜袭、繁钦三家合为一家，钱财并在一起使用。曹操刚迎接献帝定都许昌时，赵俨对繁钦说："镇东曹将军顺应时势，定能匡复社稷，平定叛军，我找到自己的归宿了。"建安二年，二十七岁的赵俨就扶老携幼去投奔曹操，曹操任命赵俨为朗陵县长。朗陵有很多不法豪强，胡作非为无所顾忌。赵俨查出其中最凶恶的，逮捕刑办，打入死牢。又上书州府，请予宽恕，从此他的威严和恩德同时闻名。袁绍南侵，派遣使者诱降豫州各郡，当时有许多郡县都响应袁绍，只有阳安郡无动于衷，而该郡的都尉李通却急于登记每户应征的赋税。赵俨去见李通说："现在天下很不安定，各郡都背叛朝廷，对那些感恩来归附的人又要征收他们的捐税，乘机作乱的小人们，一定会挑起事端！而且本郡周围令人忧虑的事已经够多了，不能不仔细考虑啊！"李通说："袁绍与曹公交战正紧，附近郡县又背叛朝廷，如果绵绢不能及时调送，就会有人以为我们在观望成败，故意在等待时机。"赵俨说："确实像您顾虑的那样。但也应权衡轻重，暂缓征调，我能够为您解除这一忧虑。"于是写信给荀彧说："阳安郡应当运送给朝廷绵绢，但道路艰险，担心会遭到敌人的劫掠。现在百姓穷困，邻近的郡县都背叛了，豫州很容易全部溃乱，保证一方安危才是关键。而且阳安人坚守忠义，身处险境也没有二心。善行不分大小一定都应得到奖赏，才能勉励人们的忠义心怀。善于治理国家的人，藏财富于民。我认为国家应当对百姓进行抚慰，把征收的绵绢，都送还给他们。"荀彧回信说："我将你的意见已禀告给曹公，公文已颁发各郡，绵绢全部发还给百姓。"于是，阳安郡上下欢喜，郡内也安定下来了。

后来赵俨入朝担任司空掾属主簿。当时于禁屯驻颍阴，乐进屯驻阳翟，张辽屯驻长社，将军之间各行其是，经常不能协调一致。于是，派赵俨同时担任这三个地方的参军，每每开导劝谕，终于使三位将军渐渐亲近和睦起来。曹操征讨荆州，派赵俨兼任章陵太守，又调任都督护军，监领于禁、张辽、张郃、朱灵、李典、路招、冯楷七路人马。后又任丞相主簿，调任扶风太守。曹操把原来在韩遂、马超手下的五千多人调出，派平难将军殷署等督领，任命赵俨为关中护军，统帅各部。其间，羌人多次骚扰，赵俨率殷署等直追到新平，大破羌兵。有个被招募来屯田的外地农民吕并自称将军，纠集人众攻占了陈仓，赵俨又率领殷署等剿灭了他们。

当时赵俨接到命令要调遣一千二百名士兵助守汉中，由殷署督送。出发的兵士突然要和家人分别，大家都面有忧色。殷署率兵出发后一天，赵俨担心他们在路上会发生变故，就亲自带人追到斜谷，对士兵好言劝慰，又再三告诫殷署注意戒备。回来时留宿在雍州刺史张既家里。殷署率队又行进了四十里，果然发生兵变，也不知殷署怎么样了。赵俨带领的一百五十名步、骑兵，与叛军都同属一营，有的还互通婚姻。他们知道这个消息后，个个紧张，都穿上甲胄手执兵刃，面露忧恐之色。赵俨想再回去查看殷署的情况，张既等人认为“现在叛乱已经发生，单身赶去没什么用处，不如等待消息”。赵俨说：“对本营士兵和叛兵是否同谋只是怀疑，关键是听到出征士兵叛乱的消息后，他们才这样。还有一些并不想叛乱的人，正在犹豫，趁这个时候，应当赶快去安抚他们。身为将帅，如不能稳住部下，那遭受杀身之祸，也是命该如此。”于是出发。赵俨率部下行三十里后停下，放马休息，他把兵士都招呼过来，对他们讲明利害，并诚恳地抚慰勉励他们，士兵们都慷慨激昂地说：“我们愿和护军同生死，不敢有二心。”到达营地，聚集属下核查统计，合谋叛乱的共有八百多人，都逃散到旷野上去了。赵俨只将反叛的头目抓起来治罪，其余的一律不问，其他郡县抓获送来的叛兵，也全都释放，于是叛兵相继回来投降。赵俨向曹操秘密禀告：“应当派遣将领到大营去，用原来的兵镇守关中。”曹操便派将军刘柱带领两千人前来，并让他们一到营地就把原来的士兵送往汉中。不料事情暴露，各营士兵又惊又怕，混乱得连安抚都没有作用。赵俨对众将说：“咱们这里朝廷的旧兵本来就少，东面的兵马又还没到，眼下各营几乎都躁动不安，如再酿成叛乱，后果难以预料。应乘他们犹豫不决时，及早解决。”于是当众宣布要留下一千名温良厚道的新兵镇守关中，其余全部派去东方。赵俨立即召见有关官员，把各营士兵的花名册按家属财产重新分类，加以区别对待。留下来的士兵安心了，都听从赵俨的指挥。那些要离开的也不敢轻举妄动，赵俨在一天之内便把他们全部送走，又将留下来的一千多人，分散到各营加以控制。十天后朝廷援兵赶来，赵俨才又把留下来的一千士兵也都送往汉中，一共送回两万余人。

关羽将曹仁围困在樊城。赵俨凭借议耶职参事和平寇将军徐晃一起前往救援。到樊城以后，见关羽对曹仁的包围更紧，后续救兵还没有到，徐晃的兵马不足以解围，但诸将纷纷要求徐晃赶快救援。赵俨对诸将说："蜀兵的包围本来就很坚固，水势又很大。我们的兵力太少，曹仁又无法和我们通消息，不能内外夹攻，如果贸然进兵，只能遭受挫败。当今之计不如前锋接近包围，派遣士卒通知曹仁，让他知道有救兵到来，以激励将士。估计北面的援军不过十天就会到达，城内还能坚守得住。然后内外一起发动，里应外合，一定会打败关羽。如果救援迟缓，丞相怪罪，我愿替诸将承当。"众将都很高兴，便挖地道，把箭信射给曹仁，通过几次消息后，北边的援军也赶到了，里外合力大战。关羽军撤退，但蜀军的战船仍封锁着沔水，和襄阳的联系也被切断。这时，孙权袭取了关羽的辎重，关羽听说后，立即回军南撤。曹仁召集众将商议，都说："趁关羽紧急后撤之时，发兵追击，一定能把他擒获。"赵俨说："孙权趁关羽与我军交战，想偷袭他的后方，可又顾虑关羽回军救援，还怕我们趁他们疲惫之机攻击他们。因此，他才主动地请求攻打关羽为我效力，实际是想利用机会，从中渔利。现在关羽已成孤军，应当保留他以为孙权后患，如果再深入追击关羽，孙权就会转而防备我们，那样我们就会被动。请将军深思。"于是，曹仁解除了战争状态。曹操听说关羽撤走，恐怕众将去追击，果然紧急下命令给曹仁，和赵俨的预测一样。

曹丕即王位以后，赵俨担任侍中。不久，他又任命为驸马都尉，兼任河东太守、典农中郎将。黄初三年，赐爵关内侯。孙权侵犯边境，征东大将军曹休统领五郡州兵马抵御，征召赵俨为军师。孙权退兵，大军返回，赵俨被封为宜土亭侯，调任度支中郎将，升尚书。后赵俨随曹丕征伐东吴，到广陵后，留任征东将军军师。曹叡登上皇位，晋封为都乡侯，食邑六百户，监领荆州各军事，授符节。因病而未能成行，仍任尚书，出京监督豫州各郡军事。后转任大司马军师，入朝任大司农。曹芳即位，命赵俨监督雍、凉各郡军事，授符节转任征蜀将军，又调任征西将军，都督雍、凉各军。正始四年，赵俨因年老多病请求回京。于是，入朝任骠骑将军，升任司空。去世，谥号穆侯。他的儿子赵亭继承爵位。起初，赵俨和同郡人辛毗、陈群、杜袭都很出名，号称辛、陈、杜、赵。

裴潜，字文行，是河东闻喜县人。因为避乱来到荆州，刘表待以上宾之礼。裴潜对他亲近的王粲、司马芝说:“刘荆州不是霸王之才,却想以周文王自居,他是不会成功。”于是到长沙。曹操平定荆州,任命裴潜为丞相参军,后出京连任三县县令,又回京任丞相府仓曹属。曹操问他:“以前你和刘备在荆州相识,你认为刘备的才略怎么样?”裴潜说:“如果让他执掌中原,必会生乱不能治理好;如果让他居险而据,则足以成为一方霸主。”

当时代郡混乱,曹操任命裴潜做代郡太守。乌丸王和大人三人,自称单于,干涉代郡政事。前任太守不能管治,曹操想授裴潜以精兵镇抚他们,裴潜推辞说:“代郡人口众多,能征善射之人,数以万计,单于自知横行日久,内心自是不安。现在,带兵去讨伐,他们一定因恐惧而聚合抗拒;少带兵去,就不会惊动他们。”于是裴潜一个人单车来到代郡,单于又惊又喜。裴潜以好言劝慰他们,单于以下都摘帽跪下叩头,把抢掠的妇女、器械和财物全部归还。裴潜又追查处死了和单于勾结的郡吏郝温、郭端等十余人。北边地区受到震动,百姓都真心拥戴他。他在代郡三年,回京任丞相理曹掾,曹操称赞他治理代郡的功劳,裴潜说:“我对百姓宽和,但对胡人是严厉的。现在的太守认为我治理过严故而对胡人施加恩惠。那些胡人平素就骄纵放满,对他们太宽,他们一定会更加放纵,所以用刑法来慑服,这就是争斗所发生的原因。我预料,代郡一定会再次叛乱。”曹操很后悔召回裴潜。过了几十天,代郡三个单于叛乱,曹操派鄢陵侯曹彰任骁骑将军领兵前去讨伐。

此后,裴潜出京担任沛国相,升任兖州刺史。曹操在摩陂驻兵的时候,对裴潜军阵严谨赞叹不已,特加赏赐。曹丕即帝位以后,裴潜入朝任散骑常侍,又出任魏郡、颍川郡的典农中郎将,上奏陈述意见和推荐人才,相当于郡守与国相,从此,农官的仕途逐渐宽通起来。后调任荆州刺史,赐爵关内侯。曹叡即位,裴潜入朝任尚书。在这之后出任河南尹,转任太尉军师、大司农,封清阳亭侯,食邑二百户。后又入朝任尚书令,陈述职位与权利的责任并予以纠正,出京处理事务准确恰当,判断官府事件的条文一百五十多条。因父亲去世辞官守孝,又授光禄大夫。正始五年去世,追赠为太常,谥号贞侯。儿子裴秀承继了爵位。裴潜临死留下遗言,办丧事要节俭,墓中只准备一个座位,几件瓦器,其余一概不得设置。咸熙年间,裴秀任尚书仆射。

评论说:和洽清平有才,办事公允,常林淳朴专一,常守清素之业,杨俊善评人物，行仁义之事，杜袭温和厚重，深明大义，赵俨刚毅正直，为政宽严有度，裴潜精明干练，行事有毅力恒心，他们都是一代杰士。尤以常林放弃三公职位，只以大夫身份告老，更值得赞美！

三国志卷二十四·魏书二十四

韩崔高孙王传

韩暨字公至，南阳堵阳人也。同县豪右陈茂，谮暨父兄，几至大辟。暨阳不以为言，庸赁积资，阴结死士，遂追呼寻禽茂，以首祭父墓，由是显名。举孝廉，司空辟，皆不就。乃变名姓，隐居避乱鲁阳山中。山民合党，欲行寇掠。暨散家财以供牛酒，请其渠帅，为陈安危。山民化之，终不为害。避袁术命召，徙居山都之山。荆州牧刘表礼辟，遂遁逃，南居孱陵界，所在见敬爱，而表深恨之。暨惧，应命，除宜城长。

太祖平荆州，辟为丞相士曹属。后迁乐陵太守，徙监冶谒者。旧时冶，作马排，每一熟石用马百匹；更作人排，又费功力；暨乃因长流为水排，计其利益，三倍于前。在职七年，器用充实。制书褒叹，就加司金都尉，班亚九卿。文帝践阼，封宜城亭侯。黄初七年，迁太常，进封南乡亭侯，邑二百户。

时新都洛阳，制度未备，而宗庙主祏皆在邺都。暨奏请迎邺四庙神主，建立洛阳庙，四时蒸尝，亲奉粢盛。崇明正礼，废去淫祀，多所匡正。在官八年，以疾逊位。景初二年春，诏曰："太中大夫韩暨，澡身浴德，志节高洁，年逾八十，守道弥固，可谓纯笃，老而益劭者也。其以暨为司徒。"夏四月薨，遗令敛以时服，葬为土藏。谥曰恭侯。子肇嗣。肇薨，子邦嗣。

崔林字德儒，清河东武城人也。少时晚成，宗族莫知，惟从兄琰异之。太祖定冀州，召除邬长，贫无车马，单步之官。太祖征壶关，问长吏德政最者，并州刺史张陟以林对，于是擢为冀州主簿，徙署别驾、丞相掾属。魏国既建，稍迁御史中丞。

文帝践阼，拜尚书，出为幽州刺史。北中郎将吴质统河北军事，涿郡太守王雄谓林别驾曰："吴中郎将，上所亲重，国之贵臣也。仗节统事，州郡莫不奉笺致敬，而崔使君初不与相闻。若以边塞不修斩卿，使君宁能护卿邪？"别驾具以白林，林曰："刺史视去此州如脱屣，宁当相累邪？此州与胡虏接，宜镇之以静，扰之则动其逆心，特为国家生北顾

黄帝像，图出自明·天然撰《历代古人像赞》。黄帝，五帝之一，传说中的中华民族始祖。

忧，以此为寄。”在官一期，寇窃寝息；犹以不事上司，左迁河间太守，清论多为林怨也。

迁大鸿胪。龟兹王遣侍子来朝，朝廷嘉其远至，褒赏其王甚厚。余国各遣子来朝，间使连属，林恐所遣或非真的，权取疏属贾胡，因通使命，利得印绶，而道路护送，所损滋多。劳所养之民，资无益之事，为夷狄所笑，此曩时之所患也。乃移书燉煌喻指，并录前世待遇诸国丰约故事，使有恒常。明帝即位，赐爵关内侯，转光禄勋、司隶校尉。属郡皆罢非法除过员吏。林为政推诚，简存大体，是以去后每辄见思。

散骑常侍刘劭作《考课论》，制下百僚。林议曰：“案《周官》考课，其文备矣，自康王以下，遂以陵迟，此即考课之法存乎其人也。及汉之季，其失岂在乎佐吏之职不密哉？方今军旅，或猥或卒，备之以科条，申之以内外，增减无常，固难一矣。且万目不张举其纲，众毛不整振其领。皋陶仕虞，伊尹臣殷，不仁者远。五帝三王未必如一，而各以治乱。《易》曰：‘易简，而天下之理得矣。’太祖随宜设辟，以遗来今，不患不法古也。以为今之制度，不为疏阔，惟在守一勿失而已。若朝臣能任仲山甫之重，式是百辟，则孰敢不肃？”

景初元年，司徒、司空并缺，散骑侍郎孟康荐林曰：“夫宰相者，天下之所瞻效，诚宜得秉忠履正本德仗义之士，足为海内所师表者。窃见司隶校尉崔林，禀自然之正性，体高雅之弘量。论其所长以比古人，忠直不回则史鱼之俦，清俭守约则季文之匹也。牧守州郡，所在而治，及为外司，万里肃齐，诚台辅之妙器，衮职之良才也。”后年遂为司空，封安阳亭侯，邑六百户。三公封列侯，自林始也。顷之，又进封安阳乡侯。

鲁相上言：“汉旧立孔子庙，褒成侯岁时奉祠，辟雍行礼，必祭先师，王家出谷，春秋祭祀。今宗圣侯奉嗣，未有命祭之礼，宜给牲牢，长吏奉祀，尊为贵神。”制三府议，博士傅祗以《春秋》传言立在祀典，则孔子是也。宗圣适足继绝世，章盛德耳。至于显立言，崇明德，则宜如鲁相所上。林议以为“宗圣侯亦以王命祀，不为未有命也。周武王封黄帝、尧、舜之后，及立三恪，禹、汤之世，不列于时，复特命他官祭也。今周公已上，达于三皇，忽焉不祀，而其礼经亦存其言。今独祀孔子者，以世近故也。以大夫之后，特受无疆之祀，礼过古帝，义逾汤、武，可谓崇明报德矣，无复重祀于非族也。”

明帝又分林邑，封一子列侯。正始五年薨，谥曰孝侯。子述嗣。

高柔字文惠，陈留圉人也。父靖，为蜀郡都尉。柔留乡里，谓邑中曰："今者英雄并起，陈留四战之地也。曹将军虽据兖州，本有四方之图，未得安坐守也。而张府君先得志于陈留，吾恐变乘间作也，欲与诸君避之。"众人皆以张邈与太祖善，柔又年少，不然其言。柔从兄幹，袁绍甥也，在河北呼柔，柔举宗从之。会靖卒于西州，时道路艰涩，兵寇纵横，而柔冒艰险诣蜀迎丧，辛苦荼毒，无所不尝，三年乃还。

太祖平袁氏，以柔为菅长。县中素闻其名，奸吏数人，皆自引去。柔教曰："昔邴吉临政，吏尝有非，犹尚容之。况此诸吏，于吾未有失乎！其召复之。"咸还，皆自励，咸为佳吏。高幹既降，顷之以并州叛。柔自归太祖，太祖欲因事诛之，以为刺奸令史；处法允当，狱无留滞，辟为丞相仓曹属。太祖欲遣钟繇等讨张鲁，柔谏，以为今猥遣大兵，西有韩遂、马超，谓为己举，将相扇动作逆，宜先招集三辅，三辅苟平，汉中可传檄而定也。繇入关，遂、超等果反。

魏国初建，为尚书郎。转拜丞相理曹掾，令曰："夫治定之化，以礼为首。拨乱之政，以刑为先。是以舜流四凶族，皋陶作士。汉祖除秦苛法，萧何定律。掾清识平当，明于宪典，勉恤之哉！"鼓吹宋金等在合肥亡逃。旧法，军征士亡，考竟其妻子。太祖患犹不息，更重其刑。金有母妻及二弟皆给官，主者奏尽杀之。柔启曰："士卒亡军，诚在可疾，然窃闻其中时有悔者。愚谓乃宜贷其妻子，一可使贼中不信，二可使诱其还心。正如前科，固已绝其意望，而猥复重之，柔恐自今在军之士，见一人亡逃，诛将及己，亦且相随而走，不可复得杀也。此重刑非所以止亡，乃所以益走耳。"太祖曰："善。"即止不杀金母、弟，蒙活者甚众。

迁为颍川太守，复还为法曹掾。时置校事卢洪、赵达等，使察群下，柔谏曰："设官分职，各有所司。今置校事，既非居上信下之旨。又达等数以憎爱擅作威福，宜检治之。"太祖曰："卿知达等，恐不如吾也。要能刺举而辨众事，使贤人君子为之，则不能也。昔叔孙通用群盗，良有以也。"达等后奸利发，太祖杀之以谢于柔。

文帝践阼，以柔为治书侍御史，赐爵关内侯，转加治书执法。民间数有诽谤妖言，帝疾之，有妖言辄杀，而赏告者。柔上疏曰："今妖言者必戮，告之者辄赏。既使过误无反善之路，又将开凶狡之群相诬罔之渐，诚非所以息奸省讼，缉熙治道也。昔周公作诰，称殷之祖宗，咸不顾小人之怨。在汉太宗，亦除妖言诽谤之令。臣愚以为宜除妖谤赏告之法，以降天父养物之仁。”帝不即从，而相诬告者滋甚。帝乃下诏：“敢以诽谤相告者，以所告者罪罪之。”于是遂绝。校事刘慈等，自黄初初数年之间，举吏民奸罪以万数，柔皆请惩虚实；其余小小挂法者，不过罚金。四年，迁为廷尉。

魏初，三公无事，又希与朝政。柔上疏曰：“天地以四时成功，元首以辅弼兴治；成汤仗阿衡之佐，文、武凭旦、望之力，逮至汉初，萧、曹之俦并以元勋代作心膂，此皆明王圣主任臣于上，贤相良辅股肱于下也。今公辅之臣，皆国之栋梁，民所具瞻，而置之三事，不使知政，遂各偃息养高，鲜有进纳，诚非朝廷崇用大臣之义，大臣献可替否之谓也。古者刑政有疑，辄议于槐棘之下。自今之后，朝有疑议及刑狱大事，宜数以咨访三公。三公朝朔望之日，又可特延入，讲论得失，博尽事情，庶有裨起天听，弘益大化。”帝嘉纳焉。

帝以宿嫌，欲枉法诛治书执法鲍勋，而柔固执不从诏命。帝怒甚，遂召柔诣台；遣使者承指至廷尉考竟勋，勋死乃遣柔还寺。

明帝即位，封柔延寿亭侯。时博士执经，柔上疏曰：“臣闻遵道重学，圣人洪训；褒文崇儒，帝者明义。昔汉末陵迟，礼乐崩坏，雄战虎争，以战陈为务，遂使儒林之群，幽隐而不显。太祖初兴，愍其如此，在于拨乱之际，并使郡县立教学之官。高祖即位，遂阐其业，兴复辟雍，州立课试，于是天下之士，复闻庠序之教，亲俎豆之礼焉。陛下临政，允迪睿哲，敷弘大猷，光济先轨，虽夏启之承基，周成之继业，诚无以加也。然今博士皆经明行修，一国清选，而使迁除限不过长，惧非所以崇显儒术，帅励怠惰也。孔子称‘举善而教不能则劝，故楚礼申公，学士锐精，汉隆卓茂，搢绅竞慕。臣以为博士者，道之渊薮，六艺所宗，宜随学行优劣，待以不次之位。敦崇道教，以劝学者，于化为弘。”帝纳之。

后大兴殿舍，百姓劳役；广采众女，充盈后宫；后宫皇子连夭，继嗣未育。柔上疏曰：“二虏狡猾，潜自讲肄，谋动干戈，未图束手；宜畜养将士，缮治甲兵，以逸待之。而顷兴造殿舍，上下劳扰；若使吴、蜀知人虚实，通谋并势，复俱送死，甚不易也。昔汉文惜十家之资，不营小台之娱；去病虑匈奴之害，不遑治第之事。况今所损者非惟百金之费，所忧者非徒北狄之患乎？可粗成见所营立，以充朝宴之仪。乞罢作者，使得就农。二方平定，复可徐兴。昔轩辕以二十五子，传祚弥远；周室以姬国四十，历年滋多。陛下聪达，穷理尽性，而顷皇子连多夭逝，熊罴之祥又未感应。群下之心，莫不悒戚。周礼，天子后妃以下百二十人，嫔嫱之仪，既以盛矣。窃闻后庭之数，或复过之，圣嗣不昌，殆能由此。臣愚以为可妙简淑媛，以备内官之数，其余尽遣还家。且以育精养神，专静为宝。如此，则螽斯之征，可庶而致矣。”帝报曰：“知卿忠允，乃心王室，辄克昌言；他复以闻。”

时猎法甚峻。宜阳典农刘龟窃于禁内射兔，其功曹张京诣校事言之。帝匿京名，收龟付狱。柔表请告者名，帝大怒曰：“刘龟当死，乃敢猎吾禁地。送龟廷尉，廷尉便当考掠，何复请告者主名，吾岂妄收龟邪？”柔曰：“廷尉，天下之平也，安得以至尊喜怒而毁法乎？”重复为奏，辞指深切。帝意寤，乃下京名。即还讯，各当其罪。

时制，吏遭大丧者，百日后皆给役。有司徒吏解弘遭父丧，后有军事，受敕当行，以疾病为辞。诏怒曰：“汝非曾、闵，何言毁邪？”促收考竟。柔见弘信甚羸劣，奏陈其事，宜加宽贷。帝乃诏曰：“孝哉弘也！其原之。”

初，公孙渊兄晃，为叔父恭任内侍，先渊未反，数陈其变。及渊谋逆，帝不忍市斩，欲就狱杀之。柔上疏曰：“《书》称‘用罪伐厥死，用德彰厥善’，此王制之明典也。晃及妻子，叛逆之类，诚应枭县，勿使遗育。而臣窃闻晃先数自归，陈渊祸萌，虽为凶族，原心可恕。夫仲尼亮司马牛之忧，祁奚明叔向之过，在昔之美义也。臣以为晃信有言，宜贷其死；苟自无言，便当市斩。今进不赦其命，退不彰其罪，闭著囹圄，使自引分，四方观国，或疑此举也。”帝不听，竟遣使赍金屑饮晃及其妻子，赐以棺、衣，殡敛于宅。

是时，杀禁地鹿者身死，财产没官，有能觉告者厚加赏赐。柔上疏曰：“圣王之御世，莫不以广农为务，俭用为资。夫农广则谷积，用俭则财畜，畜财积谷而有忧患之虞者，未之有也。古者，一夫不耕，或为之饥；一妇不织，或为之寒。中间已来，百姓供给众役，亲田者既减，加顷复有猎禁，群鹿犯暴，残食生苗，处处为害，所伤不赀。民虽障防，力不能御。至如荥阳左右，周数百里，岁略不收，元元之命，实可矜伤。方今天下生财者甚少，而麋鹿之损者甚多。卒有兵戎之役，凶年之灾，将无以待之。惟陛下览先圣之所念，愍稼穑之艰难，宽放民间，使得捕鹿，遂除其禁，则众庶久济，莫不悦豫矣。”

顷之，护军营士窦礼近出不还。营以为亡，表言逐捕，没其妻盈及男女为官奴婢。盈连至州府，称冤自讼，莫有省者。乃辞诣廷尉。柔问曰："汝何以知夫不亡？"盈垂泣对曰："夫少单特，养一老妪为母，事甚恭谨，又哀儿女，抚视不离，非是轻狡不顾室家者也。"柔重问曰："汝夫不与人有怨仇乎？"对曰："夫良善，与人无仇。"又曰："汝夫不与人交钱财乎？"对曰："尝出钱与同营士焦子文，求不得。"时子文适坐小事系狱，柔乃见子文，问所坐。言次，曰："汝颇曾举人钱不？"子文曰："自以单贫，初不敢举人钱物也。"柔察子文色动，遂曰："汝昔举窦礼钱，何言不邪？"子文怪知事露，应对不次。柔曰："汝已杀礼，便宜早服。"子文于是叩头，具首杀礼本末，埋藏处所。柔便遣吏卒，承子文辞往掘礼，即得其尸。诏书复盈母子为平民。班下天下，以礼为戒。

在官二十三年，转为太常，旬日迁司空，后徙司徒。太傅司马宣王奏免曹爽，皇太后诏召柔假节行大将军事，据爽营。太傅谓柔曰："君为周勃矣。"爽诛，进封万岁乡侯。高贵乡公即位，进封安国侯，转为太尉。常道乡公即位，增邑并前四千，前后封二子亭侯。景元四年，年九十薨，谥曰元侯。孙浑嗣。咸熙中，开建五等，以柔等著勋前朝，改封浑昌陆子。

孙礼字德达，涿郡容城人也。太祖平幽州，召为司空军谋掾。初丧乱时，礼与母相失，同郡马台求得礼母，礼推家财尽以与台。台后坐法当死，礼私导令逾狱，自首，既而曰："臣无逃亡之义。"径诣刺奸主簿温恢。恢嘉之，具白太祖，各减死一等。

后除河间郡丞，稍迁荥阳都尉。鲁中贼数百人，保固险阻，为民作害；乃徙礼为鲁相。礼至官，出俸谷，发吏民，募首级，招纳降附，使还为间，应时平泰。历山阳、平原、平昌、琅琊太守。从大司马曹休征吴于夹石，礼谏以为不可深入，不从而败。迁阳平太守，入为尚书。

明帝方修宫室，而节气不和，天下少谷。礼固争罢役，诏曰："敬纳谠言，促遣民作。"时李惠监作，复奏留一月，有所成讫。礼径至作所，不复重奏，称诏罢民，帝奇其意而不责也。

帝猎于大石山，虎趋乘舆，礼便投鞭下马，欲奋剑斫虎，诏令礼上马。明帝临崩之时，以曹爽为大将军，宜得良佐，于床下受遗诏，拜礼大将军长史，加散骑常侍。礼亮直不挠，爽弗便也，以为扬州刺史，加伏波将军，赐爵关内侯。吴大将全琮帅数万众来侵寇，时州兵休使，在者无几。礼躬勒卫兵御之，战于芍陂，自旦及暮，将士死伤过半。礼犯蹈白刃，马被数创，手秉枹鼓，奋不顾身，贼众乃退。诏书慰劳，赐绢七百匹。礼为死事者设祀哭临，哀号发心，皆以绢付亡者家，无以入身。

征拜少府，出为荆州刺史，迁冀州牧。太傅司马宣王谓礼曰："今清河、平原争界八年，更二刺史，靡能决之；虞、芮待文王而了，宜善令分明。"礼曰："讼者据墟墓为验，听者以先老为正，而老者不可加以榎楚，又墟墓或迁就高敞，或徙避仇雠。如今所闻，虽皋陶犹将为难。若欲使必也无讼，当以烈祖初封平原时图决之。何必推古问故，以益辞讼？昔成王以桐叶戏叔虞，周公便以封之。今图藏在天府，便可于坐上断也，岂待到州乎？"宣王曰："是也。当别下图。"礼到，案图宜属平原。而曹爽信清河言，下书云："图不可用，当参异同。"礼上疏曰："管仲霸者之佐，其器又小，犹能夺拍氏骈邑，使没齿无怨言。臣受牧伯之任，奉圣朝明图，验地著之界，界实以王翁河为限；而鄃以马丹候为验，诈以鸣犊河为界。假虚讼诉，疑误台阁。窃闻众口铄金，浮石沈木，三人成市虎，慈母投其杼。今二郡争界八年，一朝决之者，缘有解书图画，可得寻案擿校也。平原在两河，向东上，其间有爵堤，爵堤在高唐西南，所争地在高唐西北，相去二十余里。可谓长叹息流涕者也。案解与图奏而鄃不受诏，此臣软弱不胜其任，臣亦何颜尸禄素餐。辄束带著履，驾车待放。"爽见礼奏，大怒。劾礼怨望，结刑五岁。在家期年，众人多以为言，除城门校尉。

时匈奴王刘靖部众强盛，而鲜卑数寇边，乃以礼为并州刺史，加振武将军，使持节，护匈奴中郎将。往见太傅司马宣王，有忿色而无言。宣王曰："卿得并州，少邪？恚理分界失分乎？今当远别，何不欢也！"礼曰："何明公言之乖细也！礼虽不德，岂以官位往事为意邪？本谓明公齐踪伊、吕，匡辅魏室，上报明帝之托，下建万世之勋。今社稷将危，天下凶凶，此礼之所以不悦也。"因涕泣横流。宣王曰："且止，忍不可忍。"爽诛后，入为司隶校尉，凡临七郡五州，皆有威信。迁司空，封大利亭侯，邑一百户。礼与卢毓同郡时辈，而情好不睦。为人虽互有长短，然名位略齐云。嘉平二年薨，谥曰景侯。孙元嗣。

王观字伟台，东郡廪丘人也。少孤贫励志，太祖召为丞相文学掾，出为高唐、阳泉、酂、任令，所在称治。文帝践阼，入为尚书郎、廷尉监，出为南阳、涿郡太守。涿北接鲜卑，数有寇盗，观令边民十家已上，屯居，筑京候。时或有不愿者，观乃假遣朝吏，使归助子弟，不与期会，但敕事讫各还。于是吏民相率不督自劝，旬日之中，一时俱成。守御有备，寇钞以息。明帝即位，下诏书使郡县条为剧、中、平者。主者欲言郡为中平，观教曰："此郡滨近外虏，数有寇害，云何不为剧邪？"主者曰："若郡为外剧，恐于明府有任子。"观曰："夫君者，所以为民也。今郡在外剧，则于役条当有降差。岂可为太守之私而负一郡之民乎？"遂言为外剧郡，后送任子诣邺。时观但有一子而又幼弱。其公心如此。观治身清素，帅下以俭，僚属承风，莫不自励。

明帝幸许昌，召观为治书侍御史，典行台狱。时多有仓卒喜怒，而观不阿意顺指。太尉司马宣王请观为从事中郎，迁为尚书，出为河南尹，徙少府。大将军曹爽使材官张达斫家屋材，及诸私用之物，观闻知，皆录夺以没官。少府统三尚方御府内藏玩弄之宝，爽等奢放，多有干求，惮观守法，乃徙为太仆。司马宣王诛爽，使观行中领军，据爽弟羲营，赐爵关内侯，复为尚书，加驸马都尉。高贵乡公即位，封中乡亭侯。顷之，加光禄大夫，转为右仆射。常道乡公即位，进封阳乡侯，增邑千户，并前二千五百户。迁司空，固辞，不许，遣使即第拜授。就官数日，上送印绶，辄自舆归里舍。薨于家，遗令藏足容棺，不设明器，不封不树。谥曰肃侯。子悝嗣。咸熙中，开建五等，以观著勋前朝，改封悝胶东子。

评曰：韩暨处以静居行化，出以任职流称；崔林简朴知能；高柔明于法理；孙礼刚断伉厉；王观清劲贞白：咸克致公辅。及暨年过八十，起家就列；柔保官二十年，元老终位；比之徐邈、常林，于兹为疚矣。

【译文】

韩暨字公至，是南阳堵阳县人。同县的豪强大户陈茂，诬告韩暨的父亲和哥哥，差一点被处死刑。韩暨表面上不动声色，只是给人帮工来积累资财，暗中结交不怕死勇士，寻机会追踪擒杀了陈茂，把他的首级拿到父亲的墓前祭奠，因此韩暨就出了名。后被荐举为孝廉，司空征聘，他都没有去。改名换姓，隐居在鲁阳县的山中。一些山民结伙成党，当盗贼进行抢劫。韩暨就拿出家财供给他们牛酒，并请他们的首领来，说明利害。山民受到感化，终于没有成为一方的祸害。韩暨为躲避袁绍的征召，又迁居到山都县的山中。刘表以礼征召他，他又暗暗逃走，南迁孱陵县。韩暨所在之处都受到人们的敬重，而刘表却很恨他。韩暨害怕，只得接受刘表的命令，任宜城县长。

曹操平定荆州以后，征召他做丞相士曹属。后来，被选任为乐陵太守，又转任监冶谒者。过去冶铁都用马排做动力，每冶炼一炉铁需要用一百匹马；用人排，又耗费人力。经过考察韩暨利用水流做排，用水排创造的价值是以前的三倍。任职七年，所有器具都很充实。曹操下制书褒奖他，加封司金都尉，地位仅次于九卿。曹丕即皇帝位后，封他为宜城亭侯。黄初七年升任大常，晋封为南乡亭侯，封邑二百户。

当时刚开始在洛阳建都的时候，法令礼仪还不完备，但是宗庙和祖先牌位，都还在邺城。韩暨上奏请求迎接邺城四庙中的先祖神主，建立洛阳庙，以便四季祭祀。为了辨明正统礼仪，废除不合礼制的祭祀，韩暨提出了很多修改的措施。在职八年，因病退职。景初二年春天，明帝下诏说："太中大夫韩暨，志节高尚操守纯洁，年过八十，执守道义更加坚定，可说是老成敦厚，自励自强。授予他司徒职位。"夏四月韩暨去世，遗嘱入殓时只穿当时衣服，土掩即可。谥号恭侯。儿子韩肇承继爵位。韩肇去世，儿子韩邦继承。

崔林字德儒，是清河东武城人。他年轻时毫不出众，同族人都不了解他，只有堂兄崔琰认为他和别人不同。曹操平定冀州，征召他任邬县县长，他穷得没有车马代步，就步行去上任。曹操征讨壶关，询问哪位官员最有德政，并州刺史张陟推举崔林，于是提拔崔林为冀州主簿，又任代理别驾、丞相掾属。魏国建立后，逐渐升为御史中丞。

曹丕即帝位，任命崔林为尚书，后来出京任幽州刺史。当时，北中郎将吴质统领黄河以北的军事，涿郡太守王雄对崔林的别驾说："吴中郎将，是皇上亲近看重的人。他持节统军，各州郡都给他写信致敬，只有崔使君不和他来往。如果他以边塞未能治理好的罪名杀你，崔使君保护得了您吗？"别驾把这些话都告诉了崔林，崔林说："我把丢掉幽州刺史这个职位看得像脱鞋一样，难道还会连累您么？幽州与少数民族相接，应当用平和的方法来治理，过分的强硬措施就会激发他们叛逆的心理，为国家造成北边的忧患，我把这件事托付给你了。"崔林在任上一年，州内平静无事，却因为不敬奉上司，被降职成了河间太守，许多人都为崔林抱不平。

后来升为大鸿胪。龟兹王派遣他的儿子前来朝见，朝廷为了奖励他从远方而来，赏赐给龟兹王很丰厚的礼物。其他各国见此情景也都派了王子来觐见，一时间使者接连不断。崔林怀疑他们派来的人中有不是真的，只是假借比较远的亲属中经商的胡人，来通使命，以图获得封赏的好处。而一路上还要派人护送，花费多不说，烦劳自己的百姓，去做没有实际意义的事，空被夷狄所讥笑，这也是过去曾经发生而为之苦恼的事。崔林就发说明文书到敦煌，并抄录前朝接待各国使节和赏赐丰厚或简省的旧例，使接待外宾的礼节有了固定的标准。曹叡即位，封崔林为关内侯，改任为光禄勋、司隶校尉。他属下的各郡都免掉非正式任命的官吏。崔林治政以诚，简明而坚持原则，所以，也离任后常被百姓思念。

散骑常侍刘劭作《考课论》，明帝下达诏令给各级官吏。崔林上疏说："《周官》中关于检验官吏成绩的条文已经非常完备，自周康王以后才逐渐衰落，这说明考绩的方法不在考绩本身，而在于执行的人。汉末失败的原因并不是因为官吏的组织法规不健全而招致的。现在，战争频繁又突然重申法令条规，但又增减无常，难以一致。万目不张，应举其纲，众毛不整，应抖其领。皋陶当舜的刑官，伊尹在殷为臣，不仁义的人都远远地避开。三皇五帝的方略未必一致，但各人都凭借它得到天下大治。《易经》上说：'平易简单，天下的道理就能得到。'太祖根据需要制定的法规，现在还在使用，也不怕别人说不效法古人。我认为，如今的制度，不是不周，只要一致执行不发生差错就行。如果朝臣都能像仲山甫那样承担重任，为百官做出好模范，那么谁能不恪尽职守呢？"

景初元年，司徒、司空的职位都空缺，散骑侍郎孟康就推荐崔林说："宰相被天下人敬仰仿效，应当选用忠心正直、有德仗义并且足以成为海内师表的人担当。臣见司隶校尉崔林，禀受了天地自然的正气，为人正派，有气质、有气度，拿他与古人相比，忠心秉正、意志坚定和史鱼相同，清廉淳朴则和季文一样。掌管州郡，他无论在哪里，哪里就得到治理。任大鸿胪后，万里边疆清肃安稳，确实是担任台辅的好人选，出任三公的杰出人才。"第三年，任司空，封安阳亭侯，食邑六百户。三公封列侯，是从崔林开始的。没过多久，又晋封为安阳乡侯。

鲁国相上奏说："以前汉代设立孔庙，是由孔子后裔褒成侯每年按时节敬奉供品祭祀；太学举行典礼，也一定祭祀先师孔子，所有费用均由王室支出且每年春秋祭奠。现在宗圣侯虽然继承封爵，却没有规定祭祀的礼仪。应供给祭祀的牲口，由地方长官奉祀，尊奉孔子为贵神。"皇帝令三公府商议，博士傅祗上表认为，根据《春秋传》中说在祭祀的典制中，孔子是应该祭祀的。宗圣侯正应该继承已断绝的世祀，来彰明大德。至于光大孔子学说，推崇孔子美德，则应该像鲁国相所说的那样去做。崔林发表意见认为："宗圣侯是遵照朝廷诏令祭祀孔子的，不能说没有受命举行祭祀的仪式。周武王封黄帝、唐尧、虞舜的后代。设立三恪，到了夏、商时，三恪没有了，只派其他官员去祭祀。如今自周公以上，直到三皇，都没有祭祀，然而礼经中还记载着他们的言论。现在唯独祭祀孔子，是因为他所处的时代离我们最近。孔子享受了没有止境的祭祀，礼仪上超过了古代的君主，也超过了商汤王、周武王，既然已经报答了他的恩德，也就无须再由官府重复祭祀孔子了。"

明帝又分出崔林的食邑，封崔林的一个儿子为列侯。正始五年，崔林去世，谥号孝侯。儿子崔述承继爵位。

高柔字文惠，是陈留圉县人。他的父亲高靖，任蜀郡都尉。高柔在家乡对同乡人说："当今英雄并起，陈留容易受四方之敌。曹将军占据兖州，但不会就此坐守，一统天下才是他的意愿。太守张邈抢先占领了陈留郡，灾变恐怕就要来了，我想与各位一起出去躲避。"众人都认为张邈与曹操关系很好，高柔又年轻，就没把他的话当回事。高柔的堂兄高幹，是袁绍的外甥，驻守在黄河以北，召高柔去，高柔带着族人跟从了他。此时父亲高靖在蜀郡去世，由于道路难行，战乱四起，高柔冒着艰险到蜀郡迎丧，历尽磨难，三年后才归来。

曹操打败袁绍后，任高柔为菅县县长。县里人以前就听到过高柔的名声，几个不法奸吏，都逃走了。高柔说："以前邴吉任职时，对曾犯过错的官吏还很宽容，何况这几个属吏在我手下并没有犯过错！告诉他们回来官复原职。"于是属吏都回来了，向高柔表示不会再犯法了，后来都成为很好的吏员。高幹投降以后，不久又在并州发动叛乱。高柔自己逃走投奔了曹操，曹操正想借故杀他，就让他任刺奸令史。高柔执法公允，从没有滞留不办的案件，曹操赞赏他并转变了态度，任命他为丞相仓曹属。曹操打算派钟繇等人讨伐张鲁，高柔认为，现在派遣大军，就会让西面的韩遂、马超误解，认为是冲着他们去的，很可能引发叛乱。应当先安抚三辅，三辅稳定了，发一封檄书给汉中就会平定。曹操不听，钟繇入关，韩遂、马超等人果然发动叛乱。

魏国刚建立时，高柔任尚书郎，转任丞相理曹掾。曹操为此下指令说："政治安定后的教化，以礼为首；乱后求治，以刑为要。因此，舜流放四凶，任皋陶掌管刑法。汉高祖废除秦朝苛暴的法律，让萧何制定新律。理曹掾高柔见识高超，精通法典。希望你再努力！”兵士宋金在合肥逃跑。法律规定，士兵逃跑，妻子儿女就要全部处死。曹操担心这样还不能制止，便要再加重惩罚。宋金母亲妻子及两个弟弟都在为官府服役，主事官员上奏要把他们全部杀掉。高柔上书说：“士兵逃离，确实让人痛恨，然而，我又听说在逃跑的士兵中也有改悔的。我认为，应当宽恕他们的亲人，这样不仅使他们所逃往的敌国不相信他们，也能使他们产生回来自首的想法。依照旧法，就已经断绝了他们归来的念头，如再加重惩罚，恐怕今后在军中的士兵，见一个人逃走，怕连累自己，也会相随逃走。这说明重刑不但不能制止逃亡，而且还助长了逃跑。”曹操说：“对。”当即下令赦免宋金的母亲、弟弟，因为这得到活命的人很多。

高柔担任颍川太守，后来又回任法曹掾。当时设置校事卢洪、赵达等人，让他们探察百官的言行。高柔劝谏说：“设立官职，置官员各掌共事。现在设置校事，不符合朝廷应信任臣子的宗旨。赵达等人监察百官多次凭自己的意志表达喜恶，不应再任用他们。”曹操说：“你了解赵达等人，恐怕不如我。让他们刺探举报能辩明许多情况，让贤良君子去做这种事，是不行的。从前叔孙通利用强盗做事，也是有他的原因的。”在这之后，赵达等人为恶不仁，谋取暴利，被曹操杀了，并向高柔表示歉意。

曹丕登基以后，任命高柔为治书侍御史，赐封关内侯，后来又调任治书执法。有一段时间民间屡有诽谤朝廷的谣言出现，文帝十分痛恨，抓住传播谣言的人就地斩杀，并奖赏告发的人。高柔上疏说：“见到传谣言的就杀，告发的人就奖赏，这不但使有过失的人没有改正的机会，也将为凶狡之徒诬陷别人设置方便，这不是除奸、减讼的治国之道。过去周公作《无逸》，称颂殷代的祖先，而不计较平民的怨言。汉文帝时，也废除了追查诽谤的法令。臣以为，应废除奖赏告发者的法令，施予上天养育百姓的仁德。”文帝没有接受。再后来，诬告之气越来越重，文帝才下诏：“再有诽谤他人者，即以他所告发的罪名来惩治他。”于是，诬告之风渐绝。校事刘慈等人，在黄初初期，检举有罪的官吏百姓数以万计，高柔都请求调查证实后再分类惩处；其余小犯法令的，只处以罚金。黄初四年，高柔升为廷尉。

魏朝建立之初，三公又都很少参与朝政。高柔上疏说：“天地有四季才能生成万物，皇帝依靠大臣的辅助才能治理兴隆；殷汤王依靠阿衡伊尹的辅佐，周文王和周武王凭周公和吕望的帮助成就大业，汉初，萧何、曹参等人也都以功臣身份成为皇帝的倚重，这些都是圣明的君主信任臣下，臣子为股肱的例证。现在的三公及辅佐之臣，均是国之栋梁、民之瞩目，却把他们置于赋闲，致使他们悄然保养清高，极少进言献策，这不是朝廷尊重大臣，亦非大臣进献建议、兴旺国家的做法。古有疑难，官员们常聚集槐、棘树下进行讨论。此后，朝廷有疑难问题及刑罚大事，应咨询三公。每月初一、十五上朝时，把他们一起请来，议论朝政得失，广泛征询意见。希望通过这些有助于陛下听取政事，弘扬教化。”文帝赞同并接受了他的建议。

文帝因为过去的旧怨，想不按照法律诛杀治书执法鲍勋，但是高柔却坚持不听从诏命。文帝非常恼怒，便召高柔到尚书台；又派遣使者秉承旨意到廷尉把鲍勋拷问杀死，鲍勋死后才让高柔回到廷尉府。

魏明帝即位以后，封高柔为延寿亭侯。当时由博士讲授儒家经学，高柔上疏说：“臣听说遵从道义，重视学问，是圣人的伟大教训；褒扬文化，重视儒家，是帝王明确的义务。汉朝末年政治衰颓，礼崩乐坏，群雄争战，以战争为首要任务，于是使得儒生学士被埋没隐藏，不受重视。太祖在兴起的时候，痛心于此，在拨乱反正之际，让各地郡县都设立教学官员。高祖文帝即位，进一步弘扬这个事业，兴建恢复太学，每州都建立考试儒生的制度，于是天下的儒生学士，又能听到学校的教书声，又能亲自参加学校的祭祀礼仪了。陛下亲政，用圣明的智慧，推行和发展宏大的教育计划，把先辈的事业发扬光大，即使是夏启、周成王继承先王基业，也不能超过陛下。但是现在博士虽然全都是精通经学，修养品德，是国内的优秀人才，但博士升迁官职却不能超过县长一级，这恐怕不是用来尊崇和显扬儒术，鞭策和激励怠惰学者的好办法。孔子说‘提拔优秀人才、教育能力差的人，那么大家都会受到鼓励，所以楚国礼待申公，国内的学者都锐意钻研学问；汉朝提拔卓茂，士大夫们争相羡慕。臣以为博士，是道义的蕴藏者，儒家经学传播的根本，应该根据博士学问品性的优劣，不拘常规来安排职位。尊崇儒家教育，用以勉励学者，对教化将会有巨大的作用。”魏明帝采纳了高柔的建议。

后来，明帝征发百姓服劳役来兴建宫室；然后又在全国挑选淑女，充实后宫。当时后宫妃子生下的皇子连连夭折，明帝还没有子嗣。高柔上疏说：“吴、蜀两国都在悄悄地操演人马，图谋吞并我们；如果不想束手就擒，就应该蓄兵来抵御，制造武器，以备战时之用。但最近兴役建造宫殿，百姓被劳役捆束，如果吴、蜀两国得知这种情况，就会联合起来攻打我们，而我们要打败他们却很不易。从前，汉文帝舍不得耗费十家的财产建造露台；霍去病忧虑匈奴为害，不修建府邸。可现在耗费的何止百金？忧虑的又何止匈奴？如非要建造，可以简略建成现在正在修建的宫殿，满足朝廷礼仪需要就可以了。请陛下停止百姓的劳役，让他们回去专心从事农耕。待平定吴、蜀之后，再建造宫殿也不迟。轩辕黄帝有二十五个儿子，所以继嗣延续久远；周朝有四十多个同姓诸侯国，所以享有八百年的天下。陛下圣明，对事物认识透彻，皇子接连夭折，要诞育皇子的吉兆却没有出现。我们做臣子的无不感到抑郁悲伤。按照周礼，天子的后妃以下有一百二十人，已经够多了。可臣听说现在后宫妃嫔的数量，已超过了周朝礼仪的规定，臣想圣上的后代不昌盛，可能与这有关。我以为，可以仔细选择固定数目贤淑妃子，其余的全部遣送回家。以使您保持旺盛的精神，以生养皇子。如果能够如此，多生儿女的征兆，或许就会出现了。”明帝说：“我知道你是为了王室的昌盛，我要用您正直的话来克制自己；其他的事也希望能听到您的意见。”

当时禁止打猎的法律很严厉。宜阳县典农中郎将刘龟私自在皇家禁苑里射兔，功曹张京到校事那里告发了他。曹叡没有透露张京的名字，直接命人逮捕了刘龟。高柔上表请问明帝告发者的姓名，曹叡怒说：“刘龟该死，他竟敢在皇室禁苑中打猎，廷尉应当拷问，为什么要说出告发者的姓名呢？我不会随便逮捕刘龟的。”高柔说：“廷尉是天下公正的法官，怎么能以皇上的喜怒而破坏法律呢？”又重新上奏，言辞恳切，用义深刻。明帝也醒悟了，于是告诉了张京的名字。高柔立即进行审理，按罪判处。

当时规定，官吏遇到丧事，一百天之后都要回衙署。司徒府吏员解弘遇上父亲去世，不久，兵马有行动，命他前去，他却以生病为由推辞。明帝愤怒地说：“你又不是曾参和闵子骞那样的孝子，为什么拿哀痛过度而身体有病当借口呢？”命令廷尉将解弘拷打致死。高柔见解弘身体很虚弱，确实有病，就上表说明，认为应宽恕他。就这样，明帝下诏说：“解弘确是孝子啊，赦免他吧！”

起初，公孙渊的哥哥公孙晃，被叔父公孙恭送到京城做人质。在公孙渊没反叛以前，曾经多次向朝廷陈述公孙渊会反叛。公孙渊反叛后，明帝不忍心在街市上处死公孙晃，想让他悄悄地死在狱中。高柔上疏说：“《尚书》说‘宣布罪行并惩治应当处死的人，宣布德行并表彰做了好事的人’，这是帝王制度中明确的规定。公孙晃和他的妻子儿女虽与反叛者是同族，应当斩首，但臣听说公孙晃先前多次表以忠诚，陈说公孙渊将要反叛的征兆，因此，根据表现是可以宽恕的。孔子开释司马牛的忧愁，祁奚曾解救叔向的生命，这些都传为美谈。臣以为，公孙晃如果确实有揭发公孙渊的言论，就应该宽恕他；如果没有，则应当斩首。如今即不赦免他的死罪，又不公布他的罪行，而是在监狱中让他自杀，远近的人知道了，就会有人对此产生疑惑。”明帝没有听从，还是派人带着金粉让公孙晃及其妻子儿女吞下自杀，尔后赐棺木、衣服，葬在公孙晃的住宅中。

当时法令规定，猎杀皇帝禁地里的鹿就要被处死，财产没收充公，而且知情举报的人可以得到丰厚的赏赐。高柔上疏说：“圣主统治天下，都以扩大农耕为要务，以节约开支为正本。农业扩大了就可以多积蓄粮谷，开支节约了就可以积蓄财物，积蓄了财物和粮食的国家自古以来就没有忧患。在古代，一个男子不耕田，就要有人挨饿，一个妇女不织布，就要有人没衣服穿。自陛下统御天下以来，百姓们要担负繁重的劳役，进行农耕的人本来就少，又加上有禁止打猎的法令，鹿群四处乱窜，糟蹋庄稼，造成的损失不计其数。百姓虽然设栅栏防范，但作用有限，很难有效地防范。尤其荥阳周围数百里，耕种一年几乎所剩无几，百姓的生活，实在可怜。现在财富生产的很少，而麋鹿损害的却很多。万一突发战争，或遇上灾年，用什么去应付呢？望陛下以前代圣明君主所挂念的事务为念，哀怜务农的艰难，宽容百姓，解除禁令允许他们抓捕麋鹿，这样百姓就会得到长久的好处而十分欢喜。”

不久，护军营士兵窦礼出营之后没有回来。军营将领都以为他逃走了，上表要追捕他，还要收押他的妻子盈和儿女为官家的奴婢。盈到州府喊冤申诉，但是没人过问。最后告到廷尉，高柔问：“你怎么知道丈夫不会逃跑？”盈流泪回答说：“我丈夫小时孤单，奉养一个老太太为母亲，怜爱儿女，从不曾远离，他不是不顾家室的登徒子。”高柔又问道：“你丈夫与别人有怨仇吗？”回答说：“我丈夫很善良，与别人没有怨仇。”又问道：“你丈夫与别人在钱财上有来往吗？”回答说：“曾经借钱给同营军士焦子文，让他还，他没有还。”此时焦子文正好因犯小罪坐牢，就这样，高柔去见焦子文，调查他所犯的罪行。言谈中，高柔问道：“你向他人借过钱吗?”焦子文说:“我因为自幼孤独贫困,从不敢向人借钱物。”高柔看到了焦子文脸色的变化,就说:“你借过窦礼的钱,怎么说没借过呢?”焦子文很惊奇,以为事情败露,说话语无伦次。高柔说:“你杀了窦礼,就应该早早认罪。”焦子文叩头请罪,坦白交代了杀害窦礼的经过,以及埋藏尸体的地方。高柔便派吏卒衙役,按焦子文所说的地点,寻找到了窦礼的尸体。明帝下诏恢复盈母子为平民,又向全国发布告,以处理窦礼的事件为借鉴。

高柔任职二十三年,调任太常,十天之后又升为司空,后来又任司徒。太傅司马懿奏请罢免曹爽,皇太后下诏召高柔授予符节代大将军之职,进驻曹爽军营。司马懿对高柔说:“你就是周勃了。”曹爽被杀后,晋封高柔为万岁乡侯。曹髦即帝位,进封高柔为安国侯,任太尉。曹奂即帝位,增加高柔食邑,加上以前的共计四千户,封他的两个儿子为亭侯。景元四年,高柔九十岁时去世,谥号元侯。他的孙子高浑继嗣。咸熙年间,设立五等爵位,因为高柔等人在前朝功勋卓著,改封高浑为昌陆子。

孙礼字德达,是涿郡容城县人。曹操平定幽州以后,征召孙礼为司空军谋掾。天下大乱的时候,孔礼与母亲走散,同郡人马台找到了孙礼的母亲,孙礼便把家财全都给了马台。后来,马台犯法应当被处死,孙礼私下让他越狱逃走,后又说:“做臣民的不应逃跑。”便来到刺奸主簿温恢处投案陈说罪行。温恢赞许他们的行为,并如实向曹操汇报,各减死罪一等。

后来,孙礼担任河间郡丞,渐渐升至荥阳都尉。鲁山中有土匪数百名,凭险固守,劫掠百姓。于是,任孙礼为鲁国相。孙礼上任后,拿出自己作为俸禄的谷子,分发给属吏和百姓,招募他们去杀强盗,又让已投降过来的土匪回去做内应,约定时间,里应外合平定了匪患。又先后历任山阳、平原、平昌、琅玡太守。跟随大司马曹休到夹石征伐吴国,孙礼劝谏曹休不能孤军深入,曹休不听,以致失败。升阳平太守,进京任尚书。

明帝开始大修宫殿,但是这时,由于天时不正,导致全国粮食歉收。孙礼坚决地要求停止兴建宫殿的劳役,明帝下诏说:“采纳您正直的进言,马上遣散劳作的民工。”当时李惠是监工,他上奏要求把民工再留一个月,部分建筑就可以完成了。孙礼径直来到建筑工地,自作主张地宣布皇帝诏书,遣散了民工。明帝深感意外,但没有责备他。

明帝在大石山狩猎的时候,有只老虎奔向明帝的车子,孙礼下马扔鞭，挥剑想斩杀老虎，明帝让他上马。明帝临死时，任命曹爽为大将军，又让曹爽在床边接受遗诏，任命孙礼为大将军长史，加散骑常侍。孙礼为人磊落坦诚，正直不屈，曹爽认为他来辅佐自己多有不便，就让孙礼改任扬州刺史，加伏波将军，封关内侯。东吴大将全琮率领几万军队侵犯魏郡，此时正值州兵休假，留下来的没有多少人。孙礼亲率卫兵抵御，在芍陂与吴军交战，从早到晚，将士死伤过半。孙礼不顾安危，冲杀在刀丛剑林中，战马多处受伤，他依然手执战鼓，率兵击敌退兵。皇上下诏慰劳，赐绢七百匹。孙礼为死亡将士举行祭祀，悲痛号哭，把绢全部分给战死将士的家人，自己一匹也没有留下。

孙礼奉诏回京担任少府，又出任荆州刺史，后来任冀州刺史。太傅司马懿对孙礼说："清河、平原两郡为了边界已经争夺八年，换了两任刺史，都没有解决。虞、芮二国国君争田要周文王才了断，你要好好地劝他们分清边界。"孙礼说："争讼的双方凭墓葬为证据，听讼的则以为故世的老人所说的是正确的，而对故世的人又不可能去拷问。有的墓葬迁移到高敞的地方，有的因躲避仇人而迁走。如用现在以所听到的来判断，即使皋陶也会感到很困难。要让这一争执不再存在，就要根据烈祖明皇帝当初为平原王时所绘地图来决断。何必推求古代的情形和询问老年人，使这场争执加剧呢？过去成王用桐树叶与叔虞开玩笑，周公就把唐地封给了叔虞。如今，地图就收藏在皇家的馆室中，有了它我们坐在这里就可以决断了，何必要等我到了冀州才去解决呢？"司马懿说："你说得对。我会把地图送到冀州。"孙礼到任后，按照地图，争议的地方当属平原郡。曹爽却相信清河郡的话，下文书说："此图不可用，应重新考虑。"孙礼上疏说："管仲只是霸主的辅佐，气量比较小，但还能剥夺伯氏的封地，使伯氏终身没有怨言。臣接受冀州牧的任命，依据圣朝明晰的地图，勘验两郡标界，此以王翁河划分；而清河郡的鄃县却以马丹候为凭据，谎称以鸣犊河为界，使台阁产生疑误。众口铄金，会不辨真假；浮石沉木，则是非颠倒；三人成虎，可以混淆视听；慈母扔掉织布梭，说明传闻可以动摇原来的信心。如今平原、清河八年争界，之所以一下就得到解决，是因为有能解释分析的证书和有可供判断的地图。平原郡在两河地带，上流与平原间有爵堤，爵堤在高唐西南，而二郡所争之地却在高唐西北，相距二十多里。根据证书与地图的判断而鄃县仍不受诏，是我太软弱了，无颜再占据官位享受俸禄。"于是，束好腰带，穿上鞋子，驾好车等待免官。

曹爽看了孙礼的奏表，大怒，弹劾孙礼对上司心怀不满，判刑五年。孙礼在家一年，很多人为他上言说好话，推举他，于是又被任命为城门校尉。

当时匈奴王刘靖兵马强盛，而鲜卑人又多次侵犯边境，皇帝命孙礼任并州刺史，加振武将军，持节，任护匈奴中郎将。他去拜见太傅司马懿，满面怒容又不说话。司马懿说："你得到并州，还嫌少吗？是因为划分郡界受到不公正待遇而不满吗？现在就要远征了，为什么这样不高兴！"孙礼说："明公此话谬矣！我孙礼虽然无德无能，但岂会对官位和已往之事在意？本以为明公追随伊尹、吕尚，辅佐皇室，上报明帝嘱托，下建万世之功勋。可现在却是国有危难，朝廷上下骚动不安，实在让人忧心啊！"说着泪流满面。司马懿说："不要说了，先忍着吧！"曹爽被杀后，进京任司隶校尉，在他统领的七郡五州中，都很有威信。升任司空，封大利亭侯，食邑一百户。孙礼和卢毓同是涿郡人，年龄差不多，但两人关系却不好。虽然为人互有长短，但名声官位大致相当。嘉平二年去世，谥号景侯。孙子孙元继后嗣。

王观字伟台，是东郡廪丘县人。他年轻的时候虽孤苦贫穷，但是却能勤勉奋进。曹操征召他为丞相文学掾，先后出任高唐、阳泉、纮、任诸县县令，所管辖的地方都有很好的治绩。曹丕登基后，入朝任尚书郎、廷尉监，出任南阳、涿郡太守。涿郡北与鲜卑相连，屡遭贼寇骚扰。王观命边境居民十家以上屯居一处，在高处修建瞭望哨所。当时有的人不愿意去做，王观就借派朝廷官员之机，让他们回去帮助各自子弟，不规定期限，只要把该做的事情做完就回去。就这样，吏卒和百姓，自相鼓励，不用监督，只十几天就全部完成了。防御有了准备，遭受掠夺的事也就再没发生。曹叡即位，下诏书要各郡、县按繁难、中等、平治三个等级分条上报。主事官想把涿郡列为中或平，王观说："涿郡靠近边境，经常有敌人侵犯，为什么不能列为繁难呢？"主办官说："如果把涿郡划为边郡，恐怕您的儿子就要送京城做人质。"王观说："当官就是要为百姓。把涿郡划为边郡，百姓的劳役种类就会降低。我怎能为一己之私而有负一郡百姓呢？"便上言涿郡为边郡，在这之后，把儿子送到邺城为人质。当时，王观只有一个儿子而且小时候身体比较弱。他就是这样公正无私。王观一生清廉俭朴，为下属做出表率，下属受他的影响，都勤勉自强。

明帝到了许昌，征召王观为治书侍御史，主管尚书台的案件审理。当时明帝常常喜怒无常，而王观却不阿谀奉承。太尉宣王司马懿请王观担任从事中郎，后又升迁为尚书，出任河南尹，改任少府。大将军曹爽派材官张达为自己砍伐建造房屋的木材，又制作许多其他的私人用品，王观听说后，把用品全都没收。少府掌管中左右三尚方官署以及御府珍藏的供玩赏的珍宝，曹爽等人奢侈放纵，好几次想求得这些珍宝，畏惧王观守法严格，便改任王观为太仆。司马懿诛杀曹爽以后，让王观代理中领军将军，占据曹爽弟弟曹羲的营垒，赐给王观关内侯的爵位，又让王观出任尚书，加驸马都尉。高贵乡公曹髦即位，封王观为中乡亭侯。没过多长时间，又加光禄大夫官职，转为右仆射。常道乡公曹奂即位，晋封王观为阳乡侯，增加封邑一千户，与以前所封加在一起共二千五百户。又升任司空，王观坚决推辞，朝廷不允许，派遣使臣到王观家中授予官职。王观几天后，就把印绶交还给上面，自己坐着车回家了。在家中去世，遗命墓室只要容下棺材就可以了，不用器物陪葬，墓穴上不起坟不种树。朝廷给王观加谥号为肃侯。儿子王悝承袭爵位。咸熙年间，设置了立五等爵位，因为王现在前朝功勋卓著，改封王悝为胶东子。

评论说：韩暨在家时用静心安居施行教化，做官后因政绩凸显而留下好名声；崔林清廉俭朴，有见识才能；高柔精通法律，善于审理案件；孙礼刚正、倔强、严厉、有威仪；王观刚劲、正直、清白坦诚：他们都因此而做到三公的职位。韩暨年过八十，重新出来做官；高柔处廷尉二十多年，以元老的身份终于任上；与之相比，徐邈、常林在对待官禄上，两人应当感到惭愧。

三国志卷二十五·魏书二十五

辛毗杨阜高堂隆传

辛毗字佐治，颍川阳翟人也。其先建武中，自陇西东迁。毗随兄评从袁绍。太祖为司空，辟毗，毗不得应命。及袁尚攻兄谭于平原，谭使毗诣太祖求和。太祖将征荆州，次于西平。毗见太祖致谭意，太祖大悦。后数日，更欲先平荆州，使谭、尚自相弊。他日置酒，毗望太祖色，知有变，以语郭嘉。嘉白太祖，太祖谓毗曰："谭可信？尚必可克不？"毗对曰："明公无问信与诈也，直当论其势耳。袁氏本兄弟相伐，非谓他人能间其间，乃谓天下可定于己也。今一旦求救于明公，此可知也。显甫见显思困而不能取，此力竭也。兵革败于外，谋臣诛于内，兄弟谗阋，国分为二；连年战伐，而介胄生虮虱，加以旱蝗，饥馑并臻，国无囷仓，行无裹粮，天灾应于上，人事困于下，民无愚智，皆知土崩瓦解，此乃天亡尚之时也。兵法称有石城汤池带甲百万而无粟者，不能守也。今往攻邺，尚不还救，即不能自守。还救，即谭踵其后。以明公之威，应困穷之敌，击疲弊之寇，无异迅风之振秋叶矣。天以袁尚与明公，明公不取而伐荆州。荆州丰乐，国未有衅。仲虺有言：'取乱侮亡。'方今二袁不务远略而内相图，可谓乱矣；居者无食，行者无粮，可谓亡矣。朝不谋夕，民命靡继，而不绥之，欲待他年；他年或登，又自知亡而改修厥德，失所以用兵之要矣。今因其请救而抚之，利莫大焉。且四方之寇，莫大于河北；河北平，则六军盛而天下震。"太祖曰："善。"乃许谭平，次于黎阳。明年攻邺，克之，表毗为议郎。

久之，太祖遣都护曹洪平下辩，使毗与曹休参之，令曰："昔高祖贪财好色，而良、平匡其过失。今佐治、文烈忧不轻矣。"军还，为丞相长史。

文帝践阼，迁侍中，赐爵关内侯。时议改正朔。毗以魏氏遵舜、禹之统，应天顺民；至于汤、武，以战伐定天下，乃改正朔。孔子曰"行夏之时"，《左氏传》曰"夏数为得天正"，何必期于相反。帝善而从之。

帝欲徙冀州士家十万户实河南。时连蝗民饥，群司以为不可，而帝

《三国志通俗演义》版画之袁谭袁尚争冀州图

意甚盛。毗与朝臣俱求见，帝知其欲谏，作色以见之，皆莫敢言。毗曰："陛下欲徙士家，其计安出？"帝曰："卿谓我徙之非邪？"毗曰："诚以为非也。"帝曰："吾不与卿共议也。"毗曰："陛下不以臣不肖，置之左右，厕之谋议之官，安得不与臣议邪！臣所言非私也，乃社稷之虑也，安得怒臣！"帝不答，起入内；毗随而引其裾，帝遂奋衣不还，良久乃出，曰："佐治，卿持我何太急邪？"毗曰："今徙，既失民心，又无以食也。"帝遂徙其半。尝从帝射雉，帝曰："射雉乐哉！"毗曰："于陛下甚乐，而于群下甚苦。"帝默然，后遂为之稀出。

上军大将军曹真征朱然于江陵，毗行军师。还，封广平亭侯。帝欲大兴军征吴，毗谏曰："吴、楚之民，险而难御，道隆后服，道洿先叛，自古患之，非徒今也。今陛下祚有海内，夫不宾者，其能久乎？昔尉佗称帝，子阳僭号，历年未几，或臣或诛。何则，违逆之道不久全，而大德无所不服也。方今天下新定，土广民稀。夫庙算而后出军，犹临事而惧，况今庙算有阙而欲用之，臣诚未见其利也。先帝屡起锐师，临江而旋。今六军不增于故，而复循之，此未易也。今日之计，莫若修范蠡之养民，法管仲之寄政，则充国之屯田，明仲尼之怀远；十年之中，强壮未老，童龀胜战，兆民知义，将士思奋，然后用之，则役不再举矣。"帝曰："如卿意，更当以虏遗子孙邪？"毗对曰："昔周文王以纣遗武王，唯知时也。苟时未可，容得已乎！"帝竟伐吴，至江而还。

明帝即位，进封颍乡侯，邑三百户。时中书监刘放、令孙资见信于主，制断时政，大臣莫不交好，而毗不与往来。毗子敞谏曰："今刘、孙用事，众皆影附，大人宜小降意，和光同尘；不然必有谤言。"毗正色曰："主上虽未称聪明，不为闇劣。吾之立身，自有本末。就与刘、孙不平，不过令吾不作三公而已，何危害之有？焉有大丈夫欲为公而毁其高节者邪？"冗从仆射毕轨表言："尚书仆射王思精勤旧吏，忠亮计略不如辛毗，毗宜代思。"帝以访放、资，放、资对曰："陛下用思者，诚欲取其效力，不贵虚名也。毗实亮直，然性刚而专，圣虑所当深察也。"遂不用。出为卫尉。

帝方修殿舍，百姓劳役，毗上疏曰："窃闻诸葛亮讲武治兵，而孙权市马辽东，量其意指，似欲相左右。备豫不虞，古之善政，而今者宫室大兴，加连年谷麦不收。《诗》云：'民亦劳止，迄可小康，惠此中国，以绥四方。'唯陛下为社稷计。"帝报曰："二虏未灭而治宫室，直谏者立名之时也。夫王者之都，当及民劳兼办，使后世无所复增，是萧何为汉规摹之略也。今卿为魏重臣，亦宜解其大归。”帝又欲平北芒，令于其上作台观，则见孟津。毗谏曰：“天地之性，高高下下，今而反之，既非其理；加以损费人功，民不堪役。且若九河盈溢，洪水为害，而丘陵皆夷，将何以御之？”帝乃止。

青龙二年，诸葛亮率众出渭南。先是，大将军司马宣王数请与亮战，明帝终不听。是岁恐不能禁，乃以毗为大将军军师，使持节；六军皆肃，准毗节度，莫敢犯违。亮卒，复还为卫尉。薨，谥曰肃侯。子敞嗣，咸熙中，为河内太守。

杨阜字义山，天水冀人也。以州从事为牧韦端使诣许，拜安定长史。阜还，关右诸将问袁、曹胜败孰在，阜曰：“袁公宽而不断，好谋而少决；不断则无威，少决则失后事，今虽强，终不能成大业。曹公有雄才远略，决机无疑，法一而兵精，能用度外之人，所任各尽其力，必能济大事者也。”长史非其好，遂去官。而端征为太仆，其子康代为刺史，辟阜为别驾。察孝廉，辟丞相府，州表留参军事。

马超之战败渭南也，走保诸戎。太祖追至安定，而苏伯反河间，将引军东还。阜时奉使，言于太祖曰：“超有信、布之勇，甚得羌、胡心，西州畏之。若大军还，不严为之备，陇上诸郡非国家之有也。”太祖善之，而军还仓卒，为备不周。超率诸戎渠帅以击陇上郡县，陇上郡县皆应之，惟冀城奉州郡以固守。超尽兼陇右之众，而张鲁又遣大将杨昂以助之，凡万余人，攻城。阜率国士大夫及宗族子弟胜兵者千余人，使从弟岳于城上作偃月营，与超接战，自正月至八月拒守而救兵不至。州遣别驾阎温循水潜出求救，为超所杀，于是刺史、太守失色，始有降超之计。阜流涕谏曰：“阜等率父兄子弟以义相励，有死无二；田单之守，不固于此也。弃垂成之功，陷不义之名，阜以死守之。”遂号哭。刺史、太守卒遣人请和，开城门迎超。超入，拘岳于冀，使杨昂杀刺史、太守。

杨阜字义山，天水冀人也。以州从事为牧韦端使诣许，拜安定长史。阜还，关右诸将问袁、曹胜败孰在，阜曰：“袁公宽而不断，好谋而少决；不断则无威，少决则失后事，今虽强，终不能成大业。曹公有雄才远略，决机无疑，法一而兵精，能用度外之人，所任各尽其力，必能济大事者也。”长史非其好，遂去官。而端征为太仆，其子康代为刺史，辟阜为别驾。察孝廉，辟丞相府，州表留参军事。

马超之战败渭南也，走保诸戎。太祖追至安定，而苏伯反河间，将引军东还。阜时奉使，言于太祖曰："超有信、布之勇，甚得羌、胡心，西州畏之。若大军还，不严为之备，陇上诸郡非国家之有也。"太祖善之，而军还仓卒，为备不周。超率诸戎渠帅以击陇上郡县，陇上郡县皆应之，惟冀城奉州郡以固守。超尽兼陇右之众，而张鲁又遣大将杨昂以助之，凡万余人，攻城。阜率国士大夫及宗族子弟胜兵者千余人，使从弟岳于城上作偃月营，与超接战，自正月至八月拒守而救兵不至。州遣别驾阎温循水潜出求救，为超所杀，于是刺史、太守失色，始有降超之计。阜流涕谏曰："阜等率父兄子弟以义相励，有死无二；田单之守，不固于此也。弃垂成之功，陷不义之名，阜以死守之。"遂号哭。刺史、太守卒遣人请和，开城门迎超。超入，拘岳于冀，使杨昂杀刺史、太守。

阜内有报超之志，而未得其便。顷之，阜以丧妻求葬假。阜外兄姜叙屯历城。阜少长叙家，见叙母及叙，说前在冀中时事，歔欷悲甚。叙曰："何为乃尔？"阜曰："守城不能完，君亡不能死，亦何面目以视息于天下！马超背父叛君，虐杀州将，岂独阜之忧责，一州士大夫皆蒙其耻。君拥兵专制而无讨贼心，此赵盾所以书弑君也。超强而无义，多衅易图耳。"叙母慨然，敕叙从阜计。计定，外与乡人姜隐、赵昂、尹奉、姚琼、孔信、武都人李俊、王灵结谋，定讨超约，使从弟谟至冀语岳，并结安定梁宽、南安赵衢、庞恭等。约誓既明，十七年九月，与叙起兵于卤城。超闻阜等兵起，自将出。而衢、宽等解岳，闭冀城门，讨超妻子。超袭历城，得叙母。叙母骂之曰："汝背父之逆子，杀君之桀贼，天地岂久容汝，而不早死，敢以面目视人乎！"超怒，杀之。阜与超战，身被五创，宗族昆弟死者七人。超遂南奔张鲁。

陇右平定，太祖封讨超之功，侯者十一人，赐阜爵关内侯。阜让曰："阜君存无扞难之功，君亡无死节之效，于义当绌，于法当诛；超又不死，无宜苟荷爵禄。"太祖报曰："君与群贤共建大功，西土之人以为美谈。子贡辞赏，仲尼谓之止善。君其剖心以顺国命。姜叙之母，劝叙早发，明智乃尔，虽杨敞之妻盖不过此。贤哉，贤哉！良史记录，必不坠于地矣。"

太祖征汉中，以阜为益州刺史。还，拜金城太守，未发，转武都太守。郡滨蜀汉，阜请依龚遂故事，安之而已。会刘备遣张飞、马超等从沮道趣下辩，而氐雷定等七部万余落反应之。太祖遣都护曹洪御超等，超等退还。洪置酒大会，令女倡著罗縠之衣，蹋鼓，一坐皆笑。阜厉声责洪曰：“男女之别，国之大节，何有于广坐之中裸女人形体！虽桀、纣之乱，不甚于此。”遂奋衣辞出。洪立罢女乐，请阜还坐，肃然惮焉。

及刘备取汉中以逼下辩，太祖以武都孤远，欲移之，恐吏民恋土。阜威信素著，前后徙民、氐，使居京兆、扶风、天水界者万余户，徙郡小槐里，百姓襁负而随之。为政举大纲而已，下不忍欺也。文帝问侍中刘晔等：“武都太守何如人也？”皆称阜有公辅之节。未及用，会帝崩。在郡十余年，征拜城门校尉。

阜常见明帝着绣帽，被缥绫半褎，阜问帝曰：“此于礼何法服也？”帝默然不答，自是不法服不以见阜。

迁将作大匠。时初治宫室，发美女以充后庭，数出入弋猎。秋，大雨震电，多杀鸟雀。阜上疏曰：“臣闻明主在上，群下尽辞。尧、舜圣德，求非索谏；大禹勤功，务卑宫室；成汤遭旱，归咎责己；周文刑于寡妻，以御家邦；汉文躬行节俭，身衣弋绨：此皆能昭令问，贻厥孙谋者也。伏惟陛下奉武皇帝开拓之大业，守文皇帝克终之元绪，诚宜思齐往古圣贤之善治，总观季世放荡之恶政。所谓善治者，务俭约、重民力也；所谓恶政者，从心恣欲，触情而发也。惟陛下稽古世代之初所以明赫，及季世所以衰弱至于泯灭，近览汉末之变，足以动心诫惧矣。曩使桓、灵不废高祖之法，文、景之恭俭，太祖虽有神武，于何所施其能邪？而陛下何由处斯尊哉？今吴、蜀未定，军旅在外，愿陛下动则三思，虑而后行，重慎出入，以往鉴来，言之若轻，成败甚重。顷者天雨，又多卒暴，雷电非常，至杀鸟雀。天地神明，以王者为子也，政有不当，则见灾谴。克己内讼，圣人所记。惟陛下虑患无形之外，慎萌纤微之初，法汉孝文出惠帝美人，令得自嫁；顷所调送小女，远闻不令，宜为后图。诸所缮治，务从约节。《书》曰：‘九族既睦，协和万国。’事思厥宜，以从中道，精心计谋，省息费用。吴、蜀以定，尔乃上安下乐，九亲熙熙。如此以往，祖考心欢，尧舜其犹病诸。今宜开大信于天下，以安众庶，以示远人。”时雍丘王植怨于不齿，藩国至亲，法禁峻密，故阜又陈九族之义焉。诏报曰：“间得密表，先陈往古明王圣主，以讽阍政，切至之辞，款诚笃实。退思补过，将顺匡救，备至悉矣。览思苦言，吾甚嘉之。”

后迁少府。是时大司马曹真伐蜀，遇雨不进。阜上疏曰：“昔文王有赤乌之符，而犹日昃不暇食；武王白鱼入舟，君臣变色。而动得吉瑞，犹尚忧惧，况有灾异而不战竦者哉？今吴、蜀未平，而天屡降变，陛下宜深有以专精应答，侧席而坐，思示远以德，绥迩以俭。间者诸军始进，便有天雨之患，稽阂山险，以积日矣。转运之劳，担负之苦，所费以多，若有不继，必违本图。《传》曰：'见可而进，知难而退，军之善政也。'徒使六军困于山谷之间，进无所略，退又不得，非主兵之道也。武王还师，殷卒以亡，知天期也。今年凶民饥，宜发明诏损膳减服，技巧珍玩之物，皆可罢之。昔邵信臣为少府于无事之世，而奏罢浮食；今者军用不足，益宜节度。"帝即召诸军还。

后诏大议政治之不便于民者，阜议以为："致治在于任贤，兴国在于务农。若舍贤而任所私，此忘治之甚者也。广开宫馆，高为台榭，以妨民务，此害农之甚者也。百工不敦其器，而竞作奇巧，以合上欲，此伤本之甚者也。孔子曰：'苛政甚于猛虎。'今守功文俗之吏，为政不通治体，苟好烦苛，此乱民之甚者也。当今之急，宜去四甚，并诏公卿郡国，举贤良方正敦朴之士而选用之，此亦求贤之一端也。"

阜又上疏欲省宫人诸不见幸者，乃召御府吏问后宫人数。吏守旧令，对曰："禁密，不得宣露。"阜怒，杖吏一百，数之曰："国家不与九卿为密，反与小吏为密乎？"帝闻而愈敬惮阜。

帝爱女淑，未期而夭，帝痛之甚，追封平原公主，立庙洛阳，葬于南陵。将自临送，阜上疏曰："文皇帝、武宣皇后崩，陛下皆不送葬，所以重社稷、备不虞也。何至孩抱之赤子而可送葬也哉？"帝不从。

帝既新作许宫，又营洛阳宫殿观阁。阜上疏曰："尧尚茅茨而万国安其居，禹卑宫室而天下乐其业；及至殷、周，或堂崇三尺，度以九筵耳。古之圣帝明王，未有极宫室之高丽以凋弊百姓之财力者也。桀作璇室、象廊，纣为倾宫、鹿台，以丧其社稷，楚灵以筑章华而身受其祸；秦始皇作阿房而殃及其子，天下叛之，二世而灭。夫不度万民之力，以从耳目之欲，未有不亡者也。陛下当以尧、舜、禹、汤、文、武为法则，夏桀、殷纣、楚灵、秦皇为深诫。高高在上，实监后德。慎守天位，以承祖考，巍巍大业，犹恐失之。不夙夜敬止，允恭恤民，而乃自暇自逸，惟宫台是侈是饰，必有颠覆危亡之祸。《易》曰：'丰其屋，蔀其家，窥其户，阒其无人。'王者以天下为家。言丰屋之祸，至于家无人也。方今二虏合从，谋危宗庙，十万之军，东西奔赴，边境无一日之娱；农夫废业，民有饥色。陛下不以是为忧，而营作宫室，无有已时。使国亡而臣可以独存，臣又不言也；君作元首，臣为股肱，存亡一体，得失同之。《孝经》曰：‘天子有争臣七人，虽无道不失其天下。’臣虽驽怯，敢忘争臣之义？言不切至，不足以感寤陛下。陛下不察臣言，恐皇祖烈考之祚，将坠于地。使臣身死有补万一，则死之日，犹生之年也。谨叩棺沐浴，伏俟重诛。”奏御，天子感其忠言，手笔诏答。每朝廷会议，阜常侃然以天下为己任。数谏争，不听，乃屡乞逊位，未许。会卒，家无余财。孙豹嗣。

高堂隆字升平，泰山平阳人，鲁高堂生后也。少为诸生，泰山太守薛悌命为督邮。郡督军与悌争论，名悌而呵之。隆按剑叱督军曰：“昔鲁定见侮，仲尼历阶；赵弹秦筝，相如进缶。临臣名君，义之所讨也。”督军失色，悌惊起止之。后去吏，避地济南。

建安十八年，太祖召为丞相军议掾，后为历城侯徽文学，转为相。徽遭太祖丧，不哀，反游猎驰骋；隆以义正谏，甚得辅导之节。黄初中，为堂阳长，以选为平原王傅。王即尊位，是为明帝。以隆为给事中、博士、驸马都尉。帝初践阼，群臣或以为宜飨会，隆曰：“唐、虞有遏密之哀，高宗有不言之思，是以至德雍熙，光于四海。”以为不宜为会，帝敬纳之。迁陈留太守。犊民酉牧，年七十余，有至行，举为计曹掾；帝嘉之，特除郎中以显焉。征隆为散骑常侍，赐爵关内侯。

青龙中，大治殿舍，西取长安大钟。隆上疏曰：“昔周景王不仪刑文、武之明德，忽公旦之圣制，既铸大钱，又作大钟，单穆公谏而弗听，泠州鸠对而弗从，遂迷不反，周德以衰，良史记焉，以为永鉴。然今之小人，好说秦、汉之奢靡以荡圣心，求取亡国不度之器，劳役费损，以伤德政，非所以兴礼乐之和，保神明之休也。”是日，帝幸上方，隆与卞兰从。帝以隆表授兰，使难隆曰：“兴衰在政，乐何为也？化之不明，岂钟之罪？”隆曰：“夫礼乐者，为治之大本也。故箫韶九成，凤皇来仪，雷鼓六变，天神以降，政是以平，刑是以错，和之至也。新声发响，商辛以陨，大钟既铸，周景以弊，存亡之机，恒由斯作，安在废兴之不阶也？君举必书，古之道也，作而不法，何以示后？圣王乐闻其阙，故有箴规之道；忠臣愿竭其节，故有匪躬之义也。”帝称善。

迁侍中，犹领太史令。崇华殿灾，诏问隆：“此何咎？于礼，宁有祈禳之义乎？”隆对曰：“夫灾变之发，皆所以明教诫也，惟率礼修德，可以胜之。《易传》曰：‘上不俭，下不节，孽火烧其室。’又曰：‘君高其台，

梦赉良弼图，选自明·张居正《帝鉴图说》，讲述商高宗武丁求贤若渴，于梦中得良臣傅说之事。

天火为灾。'此人君苟饰宫室，不知百姓空竭，故天应之以旱，火从高殿起也。上天降鉴，故谴告陛下；陛下宜增崇人道，以答天意。昔太戊有桑穀生于朝，武丁有雊雉登于鼎，皆闻灾恐惧，侧身修德，三年之后，远夷朝贡，故号曰中宗、高宗。此则前代之明鉴也。今案旧占，灾火之发，皆以台榭宫室为诫。然今宫室之所以充广者，实由宫人猥多之故。宜简择留其淑懿，如周之制，罢省其余。此则祖己之所以训高宗，高宗之所以享远号也。"诏问隆："吾闻汉武帝时，柏梁灾，而大起宫殿以厌之，其义云何？"隆对曰："臣闻《西京》'柏梁既灾，越巫陈方，建章是经，以厌火祥'。乃夷越之巫所为，非圣贤之明训也。《五行志》曰：'柏梁灾，其后有江充巫蛊卫太子事。'如志之言，越巫建章无所厌也。孔子曰：'灾者修类应行，精祲相感，以戒人君。'是以圣主睹灾责躬，退而修德，以消复之。今宜罢散民役。宫室之制，务从约节，内足以待风雨，外足以讲礼仪。清埽所灾之处，不敢于此有所立作蓮莆、嘉禾必生此地，以报陛下虔恭之德。岂可疲民之力，竭民之财！实非所以致符瑞而怀远人也。"帝遂复崇华殿，时郡国有九龙见，故改曰九龙殿。

陵霄阙始构，有鹊巢其上，帝以问隆，对曰："《诗》云'维鹊有巢，维鸠居之'。今兴宫室，起陵霄阙，而鹊巢之，此宫室未成身不得居之象也。天意若曰，宫室未成，将有他姓制御之，斯乃上天之戒也。夫天道无亲，惟与善人，不可不深防，不可不深虑。夏、商之季，皆继体也，不钦承上天之明命，惟谗谄是从，废德适欲，故其亡也忽焉。太戊、武丁，睹灾竦惧，祗承天戒，故其兴也勃焉。今若休罢百役，俭以足用，增崇德政，动遵帝则，除普天之所患，兴兆民之所利，三王可四，五帝可六，岂惟殷宗转祸为福而已哉！臣备腹心，苟可以繁祉圣躬，安存社稷，臣虽灰身破族，犹生之年也。岂惮忤逆之灾，而令陛下不闻至言乎？"于是帝改容动色。

是岁，有星孛于大辰。隆上疏曰："凡帝王徙都立邑，皆先定天地社稷之位，敬恭以奉之。将营宫室，则宗庙为先，厩库为次，居室为后。今圜丘、方泽、南北郊、明堂、社稷，神位未定，宗庙之制又未如礼，而崇饰居室，士民失业。外人咸云宫人之用，与兴戎军国之费，所尽略齐。民不堪命，皆有怨怒。《书》曰'天聪明自我民聪明，天明畏自我民明威'，舆人作颂，则向以五福，民怒吁嗟，则威以六极，言天之赏罚，随民言，顺民心也。是以临政务在安民为先，然后稽古之化，格于上下，自古及今，未尝不然也。夫采椽卑宫，唐、虞、大禹之所以垂皇风也；玉台琼室，夏癸、商辛之所以犯昊天也。今之宫室，实违礼度，乃更建立九龙，华饰过前。天彗章灼，始起于房心，犯帝坐而干紫微，此乃皇天子爱陛下，是以发教戒之象，始卒皆于尊位，殷勤郑重，欲必觉寤陛下；斯乃慈父恳切之训，宜崇孝子祗耸之礼，以率先天下，以昭示后昆，不宜有忽，以重天怒。”

时军国多事，用法深重。隆上疏曰：“夫拓迹垂统，必俟圣明，辅世匡治，亦须良佐，用能庶绩其凝而品物康乂也。夫移风易俗，宣明道化，使四表同风，回首面内，德教光熙，九服慕义，固非俗吏之所能也。今有司务纠刑书，不本大道，是以刑用而不措，俗弊而不敦。宜崇礼乐，班叙明堂，修三雍、大射、养老，营建郊庙，尊儒士，举逸民，表章制度，改正朔，易服色，布恺悌，尚俭素，然后备礼封禅，归功天地，使雅颂之声盈于六合，缉熙之化混于后嗣。斯盖至治之美事，不朽之贵业也。然九域之内，可揖让而治，尚何忧哉！不正其本而救其末，譬犹棼丝，非政理也。可命群公卿士通儒，造具其事，以为典式。”隆又以为改正朔，易服色，殊徽号，异器械，自古帝王所以神明其政，变民耳目，故三春称王，明三统也。于是敷演旧章，奏而改焉。帝从其议，改青龙五年春三月为景初元年孟夏四月，服色尚黄，牺牲用白，从地正也。

迁光禄勋。帝愈增崇宫殿，雕饰观阁，凿太行之石英，采穀城之文石，起景阳山于芳林之园，建昭阳殿于太极之北，铸作黄龙凤皇奇伟之兽，饰金墉、陵云台、陵霄阙。百役繁兴，作者万数，公卿以下至于学生，莫不展力，帝乃躬自掘土以率之。而辽东不朝。悼皇后崩。天作淫雨，冀州水出，漂没民物。隆上疏切谏曰：

盖“天地之大德曰生，圣人之大宝曰位；何以守位？曰仁；何以聚人？曰财”。然则士民者，乃国家之镇也；谷帛者，乃士民之命也。谷帛非造化不育，非人力不成。是以帝耕以劝农，后桑以成服，所以昭事上帝，告虔报施也。昔在伊唐，世值阳九厄运之会，洪水滔天，使鲧治之，绩用不成，乃举文命，随山刊木，前后历年二十二载。灾眚之甚，莫过于彼，力役之兴，莫久于此，尧、舜君臣，南面而已。禹敷九州，庶士庸勋，各有等差，君子小人，物有服章。今无若时之急，而使公卿大夫并与厮徒共供事役，闻之四夷，非嘉声也，垂之竹帛，非令名也。是以有国有家者，近取诸身，远取诸物，妪煦养育，故称“恺悌君子，民之父母”。今上下劳役，疾病凶荒，耕稼者寡，饥馑荐臻，无以卒岁；宜加愍恤，以救其困。

臣观在昔书籍所载，天人之际，未有不应也。是以古先哲王，畏上天之明命，循阴阳之逆顺，矜矜业业，惟恐有违。然后治道用兴，德与神符，灾异既发，惧而修政，未有不延期流祚者也。爰及末叶，暗君荒主，不崇先王之令轨，不纳正士之直言，以遂其情志，恬忽变戒，未有不寻践祸难，至于颠覆者也。

天道既著，请以人道论之。夫六情五性，同在于人，嗜欲廉贞，各居其一。及其动也，交争于心。欲强质弱，则纵滥不禁；精诚不制，则放溢无极。夫情之所在，非好则美，而美好之集，非人力不成，非谷帛不立。情苟无极，则人不堪其劳，物不充其求。劳求并至，将起祸乱。故不割情，无以相供。仲尼云：“人无远虑，必有近忧。”由此观之，礼义之制，非苟拘分，将以远害而兴治也。

今吴、蜀二贼，非徒白地小虏、聚邑之寇，乃据险乘流，跨有士众，僭号称帝，欲与中国争衡。今若有人来告，权、禅并修德政，复履清俭，轻省租赋，不治玩好，动咨耆贤，事遵礼度。陛下闻之，岂不惕然恶其如此，以为难卒讨灭，而为国忧乎？若使告者曰，彼二贼并为无道，崇侈无度，役其士民，重其征赋，下不堪命，吁嗟日甚。陛下闻之，岂不勃然忿其困我无辜之民，而欲速加之诛，其次，岂不幸彼疲弊而取之不难乎？苟如此，则可易心而度，事义之数亦不远矣。

且秦始皇不筑道德之基，而筑阿房之宫，不忧萧墙之变，而修长城之役。当其君臣为此计也，亦欲立万世之业，使子孙长有天下，岂意一朝匹夫大呼，而天下倾覆哉？故臣以为使先代之君知其所行必将至于败，则弗为之矣。是以亡国之主自谓不亡，然后至于亡；贤圣之君自谓将亡，然后至于不亡。昔汉文帝称为贤主，躬行约俭，惠下养民，而贾谊方之，以为天下倒悬，可为痛哭者一，可为流涕者二，可为长叹息者三。况今天下凋弊，民无儋石之储，国无终年之畜，外有强敌，六军暴边，内兴土功，州郡骚动，若有寇警，则臣惧版筑之士不能投命虏庭矣。

又，将吏奉禄，稍见折减，方之于昔，五分居一；诸受休者又绝廪赐，不应输者今皆出半：此为官入兼多于旧，其所出与参少于昔。而度支经用，更每不足，牛肉小赋，前后相继。反而推之，凡此诸费，必有所在。且夫禄赐谷帛，人主所以惠养吏民而为之司命者也，若今有废，是夺其命矣。既得之而又失之，此生怨之府也。《周礼》，大府掌九赋之财，以给九式之用，入有其分，出有其所，不相干乘而用各足。各足之后，乃以式贡之余，供王玩好。又上用财，必考于司会。今陛下所与共坐廊庙治天下者，非三司九列，则台阁近臣，皆腹心造膝，宜在无讳。若见丰省而不敢以告，从命奔走，惟恐不胜，是则具臣，非鲠辅也。昔李斯教秦二世曰："为人主而不恣睢，命之曰天下桎梏。"二世用之，秦国以覆，斯亦灭族。是以史迁议其不正谏，而为世诫。

书奏，帝览焉，谓中书监、令曰："观隆此奏，使朕惧哉！"隆疾笃，口占上疏曰：

曾子有疾，孟敬子问之。曾子曰："鸟之将死，其鸣也哀；人之将死，其言也善。"臣寝疾病，有增无损，常惧奄忽，忠款不昭。臣之丹诚，岂惟曾子，愿陛下少垂省览！涣然改往事之过谬，勃然兴来事之渊塞，使神人向应，殊方慕义，四灵效珍，玉衡曜精，则三王可迈，五帝可越，非徒继体守文而已也。

臣常疾世主莫不思绍尧、舜、汤、武之治，而蹈踵桀、纣、幽、厉之迹，莫不蚩笑季世惑乱亡国之主，而不登践虞、夏、殷、周之轨。悲夫！以若所为，求若所致，犹缘木求鱼，煎水作冰，其不可得，明矣。寻观三代之有天下也，圣贤相承，历载数百，尺土莫非其有，一民莫非其臣，万国咸宁，九有有截；鹿台之金，巨桥之粟，无所用之，仍旧南面，夫何为哉！然癸、辛之徒，恃其旅力，知足以拒谏，才足以饰非，谄谀是尚，台观是崇，淫乐是好，倡优是说，作靡靡之乐，安濮上之音。上天不蠲，眷然回顾，宗国为墟，下夷于隶，纣县白旗，桀放鸣条；天子之尊，汤、武有之，岂伊异人，皆明王之胄也。且当六国之时，天下殷炽，秦既兼之，不修圣道，乃构阿房之宫，筑长城之守，矜夸中国，威服百蛮，天下震竦，道路以目；自谓本枝百叶，永垂洪晖，岂寤二世而灭，社稷崩圮哉？近汉孝武乘文、景之福，外攘夷狄，内兴宫殿，十余年间，天下嚣然。乃信越巫，怼天迁怒，起建章之宫，千门万户，卒致江充妖蛊之变，至于宫室乖离，父子相残，殃咎之毒，祸流数世。

臣观黄初之际，天兆其戒，异类之鸟，育长燕巢，口爪胸赤，此魏室之大异也，宜防鹰扬之臣于萧墙之内。可选诸王，使君国典兵，往往棋跱，镇抚皇畿，翼亮帝室。昔周之东迁，晋、郑是依，汉吕之乱，实赖朱虚，斯盖前代之明鉴。夫皇天无亲，惟德是辅。民咏德政，则延期过历，下有怨叹，掇录授能。由此观之，天下之天下，非独陛下之天下也。臣百疾所钟，气力稍微，辄自舆出，归还里舍，若遂沈沦，魂而有知，结草以报。

诏曰："生廉追伯夷，直过史鱼，执心坚白，謇謇匪躬，如何微疾未除，退身里舍？昔邴吉以阴德，疾除而延寿；贡禹以守节，疾笃而济愈。生其强饭专精以自持。"隆卒，遗令薄葬，敛以时服。

初，太和中，中护军蒋济上疏曰"宜遵古封禅"。诏曰："闻济斯言，使吾汗出流足。"事寝历岁，后遂议修之，使隆撰其礼仪。帝闻隆没，叹息曰："天不欲成吾事，高堂生舍我亡也。"子琛嗣爵。

始，景初中，帝以苏林、秦静等并老，恐无能传业者。乃诏曰："昔先圣既没，而其遗言余教，著于六艺。六艺之文，礼又为急，弗可斯须离者也。末俗背本，所由来久。故闵子讥原伯之不学，荀卿丑秦世之坑儒，儒学既废，则风化曷由兴哉？方今宿生巨儒，并各年高，教训之道，孰为其继？昔伏生将老，汉文帝嗣以晁错；《穀梁》寡畴，宣帝承以十郎。其科郎吏高才解经义者三十人，从光禄勋隆、散骑常侍林、博士静，分受四经三礼，主者具为设课试之法。夏侯胜有言：'士病不明经术，经术苟明，其取青紫如俯拾地芥耳。'今学者有能究极经道，则爵禄荣宠，不期而至。可不勉哉！"数年，隆等皆卒，学者遂废。

初，任城栈潜，太祖世历县令，尝督守邺城。时文帝为太子，耽乐田猎，晨出夜还。潜谏曰："王公设险以固其国，都城禁卫，用戒不虞。《大雅》云：'宗子维城，无俾城坏。'又曰：'犹之未远，是用大谏。'若逸于游田，晨出昏归，以一日从禽之娱，而忘无垠之衅，愚窃惑之。"太子不悦，然自后游出差简。黄初中，文帝将立郭贵嫔为皇后，潜上疏谏，语在《后妃传》。明帝时，众役并兴，戚属疏斥，潜上疏曰："天生蒸民而树之君，所以覆焘群生，熙育兆庶，故方制四海匪为天子，裂土分疆匪为诸侯也。始自三皇，爰暨唐、虞，咸以博济加于天下，醇德以洽，黎元赖之。三王既微，降逮于汉，治日益少，丧乱弘多，自时厥后，亦罔克乂。太祖浚哲神武，芟除暴乱，克复王纲，以开帝业。文帝受天明命，廓恢皇基，践阼七载，每事未遑。陛下圣德，纂承洪绪，宜崇晏晏，与民休息。而方隅匪宁，征夫远戍，有事海外，县旌万里，六军骚动，水陆转运，百姓舍业，日费千金。大兴殿舍，功作万计，徂来之松，刊山穷谷，怪石珷玞，浮于河、淮，都圻之内，尽为甸服，当供稿秸铚粟之调，而为

汉宣帝刘询像，图出自明万历刻本《三才图会》。

苑囿择禽之府，盛林莽之秽，丰鹿兔之薮；伤害农功，地繁茨棘，灾疫流行，民物大溃，上减和气，嘉禾不植。臣闻文王作丰，经始勿亟，百姓子来，不日而成。灵沼、灵囿，与民共之。今宫观崇侈，彫镂极妙，忘有虞之总期，思殷辛之琼室，禁地千里，举足投网，丽拟阿房，役百乾谿，臣恐民力彫尽，下不堪命也。昔秦据殽函以制六合，自以德高三皇，功兼五帝，欲号谥至万叶，而二世颠覆，愿为黔首，由枝干既扤，本实先拔也。盖圣王之御世也，克明俊德，庸勋亲亲；俊乂在官，则功业可隆，亲亲显用，则安危同忧；深根固本，并为干翼，虽历盛衰，内外有辅。昔成王幼冲，未能莅政，周、吕、召、毕，并在左右；今既无卫侯、康叔之监，分陕所任，又非旦、奭。东宫未建，天下无副。愿陛下留心关塞，永保无极，则海内幸甚。”后为燕中尉，辞疾不就，卒。

评曰：辛毗、杨阜，刚亮公直，正谏匪躬，亚乎汲黯之高风焉。高堂隆学业修明，志在匡君，因变陈戒，发于悬诚，忠矣哉！及至必改正朔，俾魏祖虞，所谓意过其通者欤！

【译文】

辛毗，字佐冶，是颍川阳翟县人。他的祖先于光武帝建武年间从陇西迁徙过来。辛毗和哥哥辛评追随袁绍。曹操任司空，征聘辛毗，辛毗不从。到袁尚在平原进攻袁谭之时，袁谭派辛毗到曹操处求援。曹操正要征讨荆州，兵马驻扎在西平。辛毗见到曹操，曹操十分高兴。不久，曹操又改变主意决定还是先平定荆州，让袁谭、袁尚自行残杀。几天后，曹操设宴，辛毗观察曹操脸色，知道有了变化，于是，把心里的疑问告诉了郭嘉。郭嘉又转告给曹操。曹操问辛毗：“袁谭可信吗？他能打败袁尚吗？“辛毗回答说：“我们不必讨论信与诈的问题，只论其形势就够了。袁氏兄弟相互攻打，从不想他人可以乘虚而入，只认为天下可由他们自己定夺。而今袁谭向您求救，其势已见竭；袁尚明知袁谭如困兽犹斗，却不能攻取，说明袁尚也已精疲力竭。互相杀伐，兄弟火并，领地各占一半。因为连年争战，士兵铠甲里生了虱子，又遇上旱灾和蝗灾，国库没有一点储备，行军打仗，士兵身上也无干粮，真是上有天灾，下有人祸。无论是智者还是愚者，都知道他们会彻底失败。这是天亡袁氏呵！兵法说，没有粮食，即使是坚固的城堡和精良的武装，也无法攻占，现在若攻打邺城，袁尚就要回师援救，如果回师援救，而袁谭又随后穷追。以丞相的声威，迎击困疲之敌，如秋风扫落叶一样。上天把消灭袁尚的机会交给您，您不利用时机却要攻打荆州，荆州物产丰富百姓安稳，坚固得没有空子可钻。仲虺说过：'攻取乱亡之地。'而今二袁不做长远考虑却自相图谋，百姓没有粮食储存，打仗的人没有粮食可带，很快就要灭亡了。袁氏统治下的百姓生命无法保障，现在不去安抚他们，却要等到来年；来年如果收成好，袁氏觉察到灭亡就要来临而改行德政，丞相就失去了用兵的机会。如今借此机会安抚那里的百姓，可取得最大的利益。更何况如今的敌对势力，没有比河北袁氏再大的了；河北平定了，明公的军力就会大大增强而震慑天下。"曹操说："很好。"便接受了袁谭的请求，兵马开到黎阳。第二年攻克邺城，上表任辛毗为议郎。

之后，曹操派都护将军曹洪去平定下辩县，让辛毗和曹休随军参谋，并且下令说："从前汉高祖贪财好色，张良、陈平曾指正他的过失。今天辛佐治、曹文烈要操心的事不轻呵！"曹洪军返回后，辛毗被任命为丞相长史。

曹丕即位，辛毗升迁做了侍中，赐关内侯。当时正在论改换历法。辛毗认为，魏朝遵舜、禹禅让的传统，应天顺民；商汤王、周武王以武力平定天下，才改变历法。孔子说"要使用夏朝的历法"，《左传》说"夏朝的历法符合上天的运行状况"，何必非得让历法与前朝不同呢？文帝认为很对，便听从了。

文帝当时曾想把冀州的百姓十万户迁来以充实河南这个地方。当时连年遭受蝗虫灾害，百姓饥饿贫苦。朝臣们都认为不能迁民来河南。但是曹丕的决心很大。辛毗和大臣们一起要求皇上接见。文帝知道他们是想要规劝迁民的事，就满面怒色地出来。大臣们都噤若寒蝉不敢讲话了。辛毗说："陛下您是怎么想起来要迁移百姓的呢？"文帝说："难道这件事不合理吗？"辛毗说："我觉得它确实不合常理。"文帝说："我不想和你们商议这件事。"辛毗说："陛下不认为我才能低下。让我服侍在您的左右，承担了出谋议论的责任，怎么能袖手不和您讨论呢？臣子的话不是出于私利，而是为了国家的利益，您怎么能向臣下发怒呢？"文帝不回答，起身回宫去了。辛毗紧着跟着他，拉住他的衣襟。文帝便扔掉外衣，头也不回走进内室，过了很长时间才出来，对辛毗说："佐治，你是不是把我逼得太急了？"辛毗说："现在迁徙民户，既失去民心，又不能供给他们粮食。"文帝便迁徙了原来的一半。辛毗曾随文帝猎射野鸡，文帝说："射野鸡真是快乐！”辛毗说：“这对陛下来说是快乐。对臣下却是劳苦。”文帝没有说话，以后便很少外出射猎了。

上军大将军曹真讨伐驻扎在江陵的朱然，辛毗代理军师的职务。回来以后，被封为广平亭侯。文帝想大规模调集军队征伐孙吴，辛毗劝谏说：“吴、楚故地的居民，凶恶而难以控制，政治兴隆时这些居民最后服从，政治衰败时这些居民最先反叛，自古以来就令人忧患，并非现在才是这样。如今陛下享有天下，那些不服从的人，还能长久吗？当初尉佗称帝，公孙述冒充天子，没过几年，有的臣服，有的被杀。为什么呢，就是因为违逆的道路是不能长久保全的，而伟大的品德是无所不服的。现在天下刚刚平定，土地广阔民众稀少。在朝廷中制定好了策略然后出兵，尚且在出兵的时候还有所担心，况且现在还没有必胜的把握就想用兵，臣确实看不出有什么好处。先帝几次兴起精兵南征，到了长江边上都撤了回来。如今军队数量不比以前多，而又依照以前的办法行事，结果是不会有什么改变的。今天的打算，不如实行从前范蠡养育人民的策略，模仿管仲给加强军事实力披上行政外衣的办法，效法赵充国推广屯田，明确按照孔子的话安抚远方的人；这样坚持十年，强壮的人还没老，儿童已经能够从事战斗，全国的百姓懂得了道义，全军的将士思念奋勇杀敌，然后再用兵，就可以一举成功了。”文帝说：“按照卿的意思，要把敌人留给子孙去解决吗？”辛毗回答：“过去周文王把商纣王留给武王去解决，因为周文王看清了时势。如果时势不允许，能够实现目的吗！”文帝还是出兵攻打吴国，到了长江边后撤回。

明帝即位，封辛毗为颍乡侯，食邑三百户。当时中书监刘放、中书令孙资很得明帝宠信，专断朝政。许多大臣都想办法和他们二人接近，只有辛毗不与他们往来。辛毗的儿子辛敞劝说道：“现在刘放、孙资当权，人们像影子一样依附他们，父亲您应该稍微圆通一下，不然会出现诽谤您的言论。”辛毗很严肃地说：“皇上不是很聪明，但也不是昏庸之主。我立身处世，自有原则。不和刘放、孙资来往的最大弊端，只能是让我不做三公罢了。大丈夫不能因想做三公就毁掉高尚的节操！”冗从仆射毕轨上表说：“尚书仆射王思是勤恳的老资格官员，但坦荡与谋略不如辛毗，辛毗应替代王思的职位。”明帝询问刘放、孙资，他们回答说：“陛下任用王思，是想发挥他实干的才能，不是重视虚名。辛毗确实坦荡正直，然而性情倔强，望陛下深思。”明帝便没有任用辛毗。辛毗出任卫尉。

皇帝大修宫殿，百姓劳役沉重而且又耽误了农耕。辛毗上书说：“臣听说诸葛亮在排演阵法，训练士卒，孙权在辽东购买战马，推测他们的意图，很可能是要相互联合，向我们进攻。预先防备突发事件，是古代的好策略。而现在却大修宫殿，粮食连年歉收。《诗经》说：‘百姓已非常劳苦，应爱护百姓，使他们安康，以安抚天下’。愿陛下多为国家着想。”明帝回答说：“吴、蜀尚未消灭，伐兴土木，正可给敢于直谏的人以建立功名的机会。帝王之都，应让百姓共同修筑，免得后世再劳民伤财，这也是萧何为汉朝国都规划的基本策略。你是朝中重臣，应当明白这个道理。”明帝又想削平北芒山，在上面建造高台，以望孟津。辛毗上谏说：“天地品性，该高则高，该低则低，而今都反行其道，既不合天理，又劳民伤财，百姓苦不堪言。再者，如河流洪水泛滥，山陵都夷为平地，还怎么防御呢？”明帝这才罢手。

青龙二年，诸葛亮出兵征讨渭南。此前，大将军司马懿曾多次请求和诸葛亮作战。明帝始终不答应。此时已不能制止了，就派辛毗持节为大将军军师，魏国兵士全都听从辛毗的指挥调动，没有人敢违抗他的命令。诸葛亮死后，辛毗再次回来做卫尉。辛毗死后，赠肃侯谥号。儿子辛敞承继爵位。咸熙年间，辛敞被任命为河内太守。

杨阜字义山，是天水冀县人。以州从事的身份替州刺史韦端出使许昌，被任命为安定郡长史。杨阜回来以后，关西众将领问他袁绍与曹操谁胜谁败，杨阜说：“袁绍外宽而内忌，多得而少断。太宽容就没有威信，少决断就会失去机会。现在虽然看似强大，终不成大业。曹操雄才伟略，果敢决断，政令统一，兵马精良，能破格用人，所任用之人都能各尽其力，定能成就大事。”他对长史这个职位不感兴趣，于是，辞官而去。韦端被任为太仆，他的儿子韦康代替他任刺史，征召杨阜任别驾从事史。后杨阜被举为孝廉，要征召到丞相府去任职。州里上表请留下他任军参。

马超在渭南战败，逃到边塞胡人那里，曹军追到安定；苏伯又在河间叛变，曹操要率领军队东还。此时，杨阜作为使节正在曹营，对曹操说：“马超有韩信、黥布的勇猛，极得羌、胡等族人的拥戴，西境的人都敬畏他。如果大军回师，不做严密的防守，恐怕陇上诸郡就不再是国家所有了。”曹操深表赞同。然而，曹军仓促撤离，没来得及做更周密的部署，马超就率各部胡人攻击陇上诸郡县，各郡县都纷纷响应，只有冀城在固守。马超集陇右兵马与张鲁所派大将杨昂约万余人一起攻城。杨阜率郡吏和宗族子弟中能上阵的有千人，又让堂弟杨岳在城上修筑偃月营，与马超交战，从正月至八月一直坚守而救兵也没来。州府派别驾从事阎温顺着城边的河水潜游出去搬救兵，被马超抓住杀了。刺史和太守们吓得脸色都变了，暗中串联开始有了投降马超的想法。杨阜留着泪劝道："我杨阜与家乡父老兄弟以忠义互勉，至死没有二心，即使田单的即墨，也不能比冀城更坚固。放弃了就要落下不义的恶名，请誓死坚守。"说完大哭了起来。刺史和太守还是派人请和，开城门迎接马超。马超进城后，把杨岳拘捕，又让杨昂杀死州刺史和郡太守。

杨阜始终怀着报复马超的想法，却一直没有找到合适的机会。不久，杨阜的妻子死了，请求给假安葬。杨阜的表兄姜叙领兵驻在历城，杨阜小时在姜家长大。见到姜叙的母亲和姜叙时，就说起前不久在冀城发生的事，叹息流泪，十分伤感。姜叙说："为什么这样难过呢？"杨阜说："我没有使城池保住，上司死了又不能随他们一起去死，有何脸面生存于世！马超弃父叛朝，残害州刺史，这不光是我，也是全凉州士大夫的耻辱。您镇守一方却没有讨逆之心，这就是晋国史官认为是赵盾谋杀了君主的原因。马超虽强但没有道义，他内部不合不难对付。"姜叙的母亲感慨地要求姜叙听从杨阜的计策。计策定下来后，又到外面与同乡人姜隐、赵昂、尹奉、姚琼、孔信，武都县人李俊、王灵等一同商议，约定讨伐马超的日期；姜叙又派堂弟姜谟到冀城告诉杨岳，并联络安定郡人梁宽、南安郡人赵衢、庞恭等人。建安十七年九月，杨阜与姜叙在卤城起兵。马超听说杨阜等人发兵，亲自率兵出战。梁宽、赵衢等人乘机解救了杨岳，关闭了冀县城门，又杀了马超的妻子儿女。马超袭击历城，抓住了姜叙的母亲。姜母骂他说："你这抛弃父亲的逆子，杀害长官的恶贼，天地不会容你，你还不早死，有何脸面见人！"马超大怒，杀了姜叙的母亲。杨阜与马超作战，身上五处受伤，同族中的兄弟死了七人。马超南逃，归降张鲁。

陇右平定，曹操封赏讨伐马超的功臣，封侯的共有十一人，赐封杨阜为关内侯。杨阜辞让说："我没有能保护好州君性命，也没有尽节。从道义上来说我应该被贬退，法律上讲我也应负罪加刑。况且马超又没死，我不该接受爵禄。"曹操说："你与群贤共建大功，西部百姓至今传为美谈。子贡辞让封赏，孔子认为不妥。你尽心报国，其志可嘉，姜母劝姜叙起兵，实是明大义之举，即使杨敞的妻子也不过如此。贤能可贵啊！史官记录历史，是不会忘记你们的。”

曹操征讨汉中，以杨阜为益州刺史。回来以后，担任金城郡太守，还没赴任，又转任武都郡太守。武都与蜀汉临界，杨阜请求依过去龚遂治理勃海旧事，以安定百姓为要。此时正赶上刘备遣张飞、马超等人从沮道进攻下辩，氐人雷定等七部一万多家反叛响应。曹操派都护曹洪抵御马超，马超撤退。曹洪摆酒宴庆贺，令女艺人穿轻而透明的丝衣，边跳舞边用脚踢鼓，在座的人都尽情欢笑。杨阜严厉地指责曹洪说：“男女有别，是有关风化的大事，为什么在大庭广众之下裸露女人的形体！就是夏桀、商纣的淫乱之举，也没像现在这样。”猛甩衣袖告辞而去。曹洪立即停止了女艺人的表演，请杨阜回到座上并道歉，对他非常恭敬。

刘备攻取汉中，进逼下辩。曹操考虑到武都孤立且远在边陲，想让民众迁移到内地，可又担心当地官兵眷恋故土。杨阜以威望和信誉，顺利地迁徙汉、氐人一万多户，安置在京兆、扶风、天水等界内，郡治移到小槐里，百姓扶老携幼随行。杨阜做太守只抓大事，下面的人也不忍心在小事上欺骗他。文帝问侍中刘晔等人：“武都太守是个怎样的人？”刘晔等都一致称赞杨阜是担任三公之职的人才。还没有来得及任用，文帝去世了。杨阜在郡职十几年，才被召任为城门校尉。

杨阜看到明帝戴着绣花的帽子，披着青白色花绫的半袖衣，就问明帝：“这在礼法中叫什么服装呢？”明帝无法回答。自此以后，明帝都是穿礼法规定的服装出来见杨阜。

杨阜升任将作大匠。明帝大兴土木，广选美女充实后宫，还经常出宫到禁苑中巡猎。这年秋天，大雨雷电，伤了很多鸟雀。杨阜上书说：“圣主在位，群臣敢直言不讳。尧、舜都是明主，他们还公开地让群臣批评劝谏；大禹功高业显，而所居宫室却很窄小；成汤王遇上旱灾，归罪于自己；周文王先让自己的妻子树立榜样，然后才进而治理国家；汉文帝崇尚节俭，身着粗布衣服。前代帝王之所以这样，都是能够听取好的建议，为后代子孙着想。臣望陛下在承继武皇帝伟业的同时，再恪守文皇帝全始全终的传统，向古圣贤善政看齐，摒弃末代亡国的恶政。所谓善政，就是崇尚节俭，看重民力；人们说的恶政，就是任意放纵，无所顾忌。考察古代各朝刚建立时显赫的原因，推究末世衰弱以至灭亡的缘故；近看汉末天下混乱之由，陛下，能不使人心生警惕！如果汉桓帝和灵帝不废弃汉高祖制定的法度，不丢掉汉文帝、景帝的俭朴的美德，我大魏太祖又怎能施展他的神明英武呢？陛下又怎能高居九五之尊呢？现在，吴、蜀两国还没有平定，兵马常年在外，有什么举措都要考虑成熟后再行动，以旧事为鉴，慎之又慎，此对国家的兴衰成败至关重要。近来天降大雨，又多次突发霹雳闪电，以至打死鸟雀。天地神明，把人间帝王当作儿子，如果施政不当，就会以灾害谴责。约束自己，检查自责，是圣人的训教。希望陛下在问题还没有完全暴露以前就预先考虑到，谨慎对待刚出现的事物，效法汉文帝遣散惠帝妃嫔让她们另嫁他人的做法。近来从民间征调美女入宫，已对远方造成不利的影响，要另外再打算。皇宫的修缮各项工程，务必遵循节俭的原则。《尚书》说：'家庭和睦，国才和谐。'皇族的事务要符合中庸之道，要精心谋划，节省费用。只有平定吴、蜀，才会和谐愉快，逝去的祖父、父亲才会高兴，因为尧、舜也难以全部做到这些。如今，应向天下显示信用，以安抚国内民众，也让远方的人都能看到。"雍丘王曹植一直怀有不满，朝廷又使用严厉的法规监视宗室亲王，所以，杨阜又在上疏中陈述了皇族问题。明帝回复说："看了您的密封奏疏，以古代的明君圣主来批评昏暗的朝政，恳切的言辞，忠诚而实在。对于如何弥补过失，也说得很全面。虽然听着不好听，却是忠言，我非常赞赏。"

后来，又升杨阜为少府。当时大司马曹真征伐蜀国，正好遇上连雨天，兵马没有办法前进。杨阜上表说："过去周文王有红色乌鸦的符箓，还忙得太阳西斜了都没有工夫吃饭；武王伐纣时，白鱼跳进船里，君王和大臣都为此变了脸色而忧疑。兵马进行中得到了吉祥的征兆，尚且还要小心谨慎，何况有了灾难变异而惧怕的人呢？现在吴、蜀没有平定，老天却多次降下异灾。陛下，您应该专注恭敬地回答上天，坐侧席想，怎样把德行昭示给远方，以节俭的行为使近处安定。曹真兵马刚开始进军，就天降大雨，被困崇山之中。几天来，转运粮草非常艰难，费用特别多。万一粮食无法后继，就难免前功尽弃。《左传》说：'见可而进，知难而退，军之善政也。'现在大军困于山谷，进退两难，这不是用兵之理。武王见白鱼跳船而还师，殷商最终还是被灭掉，因天意如此。现在年成歉收，百姓疾苦，应发布告示，减少宫廷中衣食的花销，免掉珍玩之物。从前邵信臣在天下太平时任少府，但还是上奏请示停止浮食之政。如今兵马用度不足，更应节俭。"明帝下诏让各路大军班师。

在这之后，明帝下诏广议朝政中对百姓不利的地方，杨阜认为："朝政清明在于任用贤能，振兴国家在于致力农耕。如果放弃贤人不用而任用自己所宠爱的人，这就是最严重的败坏朝政；建立宫殿，修筑高台，妨碍了百姓生产，这就是最大的破坏农耕；工匠们不去制造生产用的器具，而争看去做奇巧的玩赏品，这是最严重的伤害根本。孔子说：‘苛政猛于虎。’一些墨守成规的官吏，不懂体制，无原则地喜好苛刻，这是最严重的虐待民众。现在当务之急，应当去除这四个最严重，并下诏给公卿百官以及各郡国太守，让他们举荐贤良、方正、忠诚的人才供朝廷选用，这也是征求贤才的一个方法。”

杨阜还想上疏要裁减那些没被皇帝召用过的宫女，就把御府的官吏招来询问后宫宫女的人数。御府官吏遵循以往的规定，回答说：“这是宫禁中的秘密，不便泄露。”杨阜怒打了御府官吏一百杖，斥责他说：“国家大事不和九卿一同保密，倒和你这个小吏同保秘密吗？”明帝听了以后，更加敬畏杨阜。

公主曹淑，不到一周岁就夭折了，明帝非常伤心，追封她为平原公主，在洛阳为她建庙，把她安葬在南陵，还准备亲自参加送葬。杨阜上疏说：“文皇帝和武宣皇后驾崩，陛下都没有为他们送葬，这是因为天下为重，以防不测之事发生。现在却要为婴儿送葬呢？”明帝没有听从。

明帝在修建完许昌行宫以后，又营造洛阳的宫殿。杨阜上疏说：“尧住茅屋而天下人安居，禹建造简陋的住所而天下人乐业；殷商、周朝的殿基高不过三尺，室内的宽度也不过摆下九张九尺见方的竹席。古代的圣主，没有使用百姓的财力让自己的宫殿高大华丽的。夏桀造璇室、象廊，商纣建造高耸入云的宫殿、鹿台，都因为这丧失了天下；楚灵王修筑章华台而葬身火海；秦始皇修阿房宫传到二世就灭亡了。无休止地使用民力，以满足无休止的欲望，没有不灭亡的。陛下当以尧、舜、禹、汤、周文王、周武王为榜样，以桀、纣、楚灵王、秦始皇为借鉴。天虽高，却时时处处观察着人间帝王的操守德行。谨守帝位，承祖父和父亲大业，还仍应担心有失王业。您还没有达到日夜恭谨，完全将百姓的事放在首位的地步，只想把宫殿楼阁修建得豪华奢侈，那么覆没的祸患就会随之而来。《周易》说：‘房屋建得高大，房顶盖着厚草，从门缝往里看，里面却阒无一人。’王者以天下为家，如把自己的房屋修建得高大，以至于家里不见人影。现如今吴、蜀正在联合，图谋危害国家，我十万兵马，东奔西杀，边境上没一天安静的日子；农田荒废，百姓忍饥。陛下不忧此事，却接连营造宫殿，没有休止。假若国家灭亡而臣却独活，臣就不会说这些话；然而，君主是头颅，臣子是四肢，存亡在一起。《孝经》说：‘天子有直言进谏的七个臣子，即使他无道也不会失去天下。’为臣虽才能低劣，却不敢忘直言进谏的责任；话说得不恳切直率，陛下就不能有所感悟。望陛下思考为臣的忠言，使先王创下的基业，不至于垮塌在地上。如为臣的死能对此事有万分之一的补救，那么处死为臣之日，就是臣再生之时。谨备好棺材，沐浴身体，跪下来等待陛下的诛旨。”明帝看过后，被他的忠诚感动，亲笔书诏答复。朝廷每有大臣聚议，杨阜常侃侃而谈，以天下事为己任。后又多次谏诤，明帝不接受，便多次请求让位归乡，又不被批准。不久去世，家中没有多余的财产。孙子杨豹承袭爵位。

高堂隆字升平，泰山平阳县人，是鲁国人高堂生的后裔。小时候为儒生，泰山郡太守薛悌任他为督邮。郡督军与薛悌因为一些事发生争议，直呼薛悌的名字来呵斥他。高堂隆按剑斥责督军说：“从前鲁定公被侮辱，孔子两次登上台阶慨然陈辞；赵王被迫弹奏秦筝，蔺相如送上瓦缶让秦王击缶。直呼长官的名字，按礼法应受到惩治。”督军吓得变了脸色，薛悌也慌忙站起止住高堂隆。后来，高堂隆辞去吏职，到济南避难。

建安十八年，曹操让他做了丞相军议掾，后任历城侯曹徽的文学，转为历城国相。曹操逝世，曹徽不但不哀悼，反而四处游猎。高堂隆严厉劝谏，尽到了辅佐侯王的职责。黄初年间，任堂阳长，后为平原王曹叡太傅，曹叡登上皇位，任命高堂隆为给事中、博士、驸马都尉。明帝刚登基，群臣认为应大摆筵宴以示庆贺。高堂隆说：“尧、舜逝世，百姓悲哀得三年静绝音乐，殷高宗思虑兴复殷室，三年不言政事，因此德行深厚，能光照四海。”认为不宜大摆筵宴。明帝采纳了他的意见。升迁做了陈留郡太守。有一个放牛的人叫酉牧，七十多岁，有高尚的品行，高堂隆推举他为计曹掾；明帝赞赏高堂隆的做法，特地任命酉牧为郎中以示表彰。任高堂隆为散骑常侍，赐爵关内侯。

青龙年间，明帝大量建造宫殿，还把西面旧京长安的大钟运来。高堂隆上书说：“过去周景王不效法文王、武王的美德，把周公定下的神圣制度放一边，既铸大钱，又铸大钟，单穆公劝谏周景王也不听，泠州鸠阻止周景王也不从，迷途不知返，周朝政治因此衰败，优秀的史官把这些记载下来，作为永远的鉴戒。然而现在的小人，喜欢鼓吹秦、汉的奢侈靡费来打动陛下的心，还要取得大钟这种使国家灭亡而不合制度的器物，劳民伤财，败坏德政，这不是振兴和谐的礼仪音乐，尊敬美好的神灵所应采取的做法。”这一天，明帝到上方署，高堂隆与卞兰随从。明帝把高堂隆的表章交给卞兰，让卞兰责问高堂隆说：“国家的兴衰在于政治，音乐能起什么作用？教化不昌明，难道是大钟的罪过吗？”高堂隆说：“礼乐，是国家政治的根本。所以，虞舜制定的《箫韶》音乐加以变化演奏了九遍；凤凰就成双成对地飞舞，祭祀的雷鼓节奏变化敲击六遍，天神就会降临，政治因有音乐而安定，刑法因有音乐而放置一边不用，从而到达最和谐的状态。新的靡靡之音一演奏，商纣因为这而走向灭亡，大钟铸成之后，周景王的统治就走向衰败，存亡的关键，都因此而产生，怎能说政治兴废与音乐没有关系呢？君主的一举一动都要被记载下来，这是古代创立的规矩，定下了规矩而不遵守，将给后人做出什么榜样？圣明的君王乐意听到别人指出过失，所以会有告诫和劝谏之道；忠臣愿意尽全力表现节操，所以有奋不顾身的表现。”明帝认为说得很好。

高堂隆升官做了侍中，兼任太史令。崇华殿被火烧毁了，明帝问高堂隆：“这是什么过错造成的？在礼法上，有什么可以免灾的方法吗？”高堂隆回答说：“凡是灾祸变异的发生，都是为了表明上天的教诲和告诫。只有遵循道德礼义，修养品德，才能避免灾祸的发生。《易传》中说：‘上不节俭，下不节制，突降的火灾烧毁他们的房屋。’又说：‘君王把楼台修得高了，天上的火就会降下。’君主任意修饰宫殿，不顾百姓贫困，所以天降干旱，火从高高的宫殿上烧起。上天垂鉴，是把天的责备告诉陛下。陛下应着意尊崇人间正道，以仁德来报答天的意志。太戊时有桑树和谷子从朝廷中长出来；武丁时有鸣叫的野鸡登上大鼎。他们都是见到异变后心生愧惧，身坐侧位，修养道德，过了三年之后，远方的夷族来朝拜进贡，所以，被称作中宗、高宗。这就是前代明白的事例。现在查阅过去的占卜记录，火灾的发生，都是对大修宫殿楼台的警告。其实现在要扩建宫殿，是因为宫女太多。应该对宫女进行选择，留下贤淑美丽的宫妃，按照周代的制度人数也不超过一百二十人，剩下的遣散回家。这就是祖己劝诫武丁、武丁之所以享有长久美名的原因。”明帝又问高堂隆：“我听说汉武帝时，柏梁台发生火灾，而他用修建宫殿来制止灾祸，这又怎么解释呢？”高堂隆说：“《西京赋》写道‘柏梁台发生火灾，越人巫师陈说方术，因此才兴建更宏伟的建章宫以克制火灾’。这是越人巫师的主意，不是圣贤的训导。《五行志》说：‘柏梁台火灾以后，发生江充诬告太子使用妖术欲伤害武帝的祸事。’按照《五行志》所说，修建章宫并没有起作用。孔子说：‘灾异按类与人们的行为相对应，人神相感，用以鉴戒君主。’因此，古之圣贤见灾异发生就躬身自省，修养道德。如今应停止民役，宫室规格也应力从俭约，只要能遮风避雨、够举行礼仪就行。清理好灾祸发生的地方；不在这里再建造宫殿，嘉禾就会从这里生长，用来图报陛下诚敬上天的品德。百姓疲劳，国库空竭，又怎么能招致吉祥、抚慰远方呢？”明帝还是修复崇华殿，当时郡国奏称出现了九条龙，又改名为九龙殿。

陵霄阙刚刚建成，就有喜鹊在上边筑巢。明帝问高堂隆这是什么预示？高堂隆回答说：“《诗经》说：‘鹊巢鸠占。’现在建起了陵霄阙，却让喜鹊筑了巢。这是宫殿即使已建成，自己也不能住进去的预示啊！天意大概是想说：宫室没有建成，就会有其他姓氏的人来管理它了。这就是上天的警戒吧。天的大法是不偏袒任何人，只把王权授予有德之人。对此应该提防，仔细考虑。夏、商末年，都是即位的国君不敬奉上天的告诫，听信谗言，不修德政，满足欲望，所以，他们很快灭亡。太戊、武丁看到灾祸就惊惧担忧，所以，他们的事业就兴盛起来。现在，如果停止百姓的劳役，节约用度，继续施行德政，举止言行遵循帝王的规则，剔除对百姓有害的事，兴建对万民有利的事情，那么，人们所称颂的三皇就会有第四个，五帝可以有第六个，由弱而强的难道只是殷商的祖先吗？臣为朝廷之信臣，若能为陛下增添福祉，安定国家，即使身灭，也和活着一样。怎么会因害怕顶撞圣上而使陛下听不到最应该听到的话呢？”明帝听了，神色凝重。

这一年，彗星出现在心宿所在的方位。高堂隆上疏说：“凡是帝王迁都或新建立京城，首先要确定祭祀天地、谷神和土神的位置，恭敬地对待。首先建宗庙，然后建仓廪，宫室放在最后。现在天、地、明堂、社稷的祭祀位置还没有确定，宗庙的制度又不合礼制，却抢先修建自己的宫室，使百姓疲于劳役，无法从事农耕生产。臣听说后宫妃嫔的费用和调动兵马所用几乎相等。百姓已不能承受，还有了怨怒之气。《尚书》说‘上天以百姓的视听为视听，以百姓的愿望为愿望’。君主得到百姓的拥戴，上天就让他享受五种福分；老百姓都怨恨君主，上天就用六大不幸惩罚他。这就是听随民众的话，顺民众的心。因此，要使国家安全，就要把安民放在第一位，再仿照古代进行教化，才能感动上天和百姓，古今都是这样。用不高大的柞树作屋椽建造低矮的宫室，这是尧、舜、禹能留下美好风范的原因；修建华贵的玉台琼室，这是桀、纣触怒上天的原因。现在的宫室和重建的九龙殿不但违背了礼制，华丽的装饰也超过了以前。天上出现的彗星先在房、心宿之间，后来靠近帝座侵入紫微垣，这是天帝对陛下的慈爱，因此显示景象给您教导和告诫，彗星运行的起点和终点都在尊贵的位置上，天意殷切，是想使陛下觉悟；这是慈父的训示，您应该用孝子的恭敬礼节，为天下做出表率，以昭示后代子孙，均不可有忽视的表现，以免加重上天的愤怒。”

那时候军国大事经常会有变故发生，因而使用的刑法过于严厉。高堂隆上疏说：“开创帝业，建立世代相传的践祚，一定要有圣君明主出现。辅助朝政，纠正治理的错误之处，也需要优秀的王佐人才，因为他们能把各种繁杂事务处理好而使百姓安定。那种彰明道德、使四境之内遵循同一种教化，在这之后，又都回向朝廷，使德行教化越发光大，九种地域的民族都羡慕中央的道义，这本来就不是一般的官吏所能做的。现在，刑事断案都以刑名书籍为准，不遵循大的道义，所以，刑法滥用，风俗败坏。应该推崇礼乐，在明堂上明确地分出尊卑等级，修建三雍，推行大射、养老等礼制；建造郊庙，尊重儒士，选举隐逸名人，制定礼仪，修改正朔，重订服色，提倡孝顺友爱，崇尚节俭，然后实行封禅大典。把功劳归于天地，让雅颂之乐遍传天地之间，让后人以教化为教化，这才是不朽的盛事！因此，四海之内不必用武，就垂衣而治，还有什么可忧虑的呢？不正本求源，只关注微末细节，只能是一团乱丝。应让朝廷官员和知识渊博的儒生制定法规，以为国家规范。”高堂隆还觉得，修改正朔，规定服色，改换徽号，变动器具，这是自古以来的帝王为新人耳目而改弦易辙的基本方法。所以，要在三春称王，以显明天、地、人三统不同的历法制度。又论述旧的规章制度的弊端，上奏改变。明帝听从他的建议，将青龙五年春三月改为景初元年孟夏四月，朝服改为黄色，宗庙祭品尚白，按地正建丑，以农历十二月为正月。

高堂隆升迁光禄勋。明帝更大规模地修建宫殿，从太行山开采好石料，运回穀城带有漂亮花纹的石头，在芳林园起景阳山，在太极殿北建造昭阳殿，铸造了黄龙凤凰等神奇鸟兽，装饰金墉、凌云台、凌霄阙。所有工程一齐开工，民役数以万计，公卿以下的官员至太学学生，没有不出力的，明帝也亲自挖土以做表率。此时，辽东公孙渊反叛。毛皇后自杀。大雨不停，冀州发大水，淹没了百姓和房屋。高堂隆上疏恳切地劝谏说：

“天地的恩德是让万物生长，君主的宝物是帝位。用什么来守住帝位？是仁；用什么来聚集民众？是财”。那么，士人民众就是国家的基础，粮食布帛就是士人民众的命脉。没有天地的化育粮食就不能生产，没有人才国家就没有基础。因此，帝王要亲自耕种来鼓励农桑，皇后亲自采桑，来促进织布制衣，这是明奉上帝，报答上天恩德的做法。唐尧之时，阳九数穷，厄运四起，洪水泛滥，鲧去治水，不见成效，于是，又推举大禹，劈山砍树疏通浚道，历经二十二年。灾异之严重，不逾此时；而百姓劳作之辛苦的年月，也没有比这更长的。而尧、舜，却只是南面而坐发号施令而已。大禹治水，设置九州，吏民功臣各有不同的等级，君子小人，各有服饰。现在并没有大禹时那样危急，却动用了公卿与民众一起大兴土木之事，不好的名声已传到四边邻国。如果载入史册，更不会流芳千古。因此，有国有家之人，近取诸身，远取诸物，温馨养育，所以说‘圣贤君子，民之父母。’如今上下劳作，疾病流行，农耕人少，饥饿灾荒齐全，许多人连年关都难熬过。陛下应抚恤下民，以解救他们的困苦。

我观览书籍的记述，上天和人间之间，没有不发生感应的。所以古代明智的帝王，畏惧上天现象，遵循阴阳的顺逆秩序，兢兢业业，唯恐有所违背。这样，国运才由此兴起，道德与神灵相符合；若有灾害或反常的现象出现，马上应感到恐惧而加以改进，使王朝的寿命长久延续。每到末代，昏庸荒淫的君主，从不尊崇先王制定的好规矩，不采纳直臣的中正之言，恣意妄为，毫不在意上天发出的告诫，以至于步步走向灾难，最后丧失天下。

天道很显然，陛下，请允许我再用人生的道理讲一下。有六种感情，五种本性，对每个人而言都共同存在，满足欲望和廉洁正直，人只能在二者中选占一种。如这两种情性都动了起来，在心中争斗，欲望越强烈，本质就越软弱，进而就会因纵欲而沉溺于嗜好中不能自禁。坚强的信心不能去制止，就会放任而无有止境。人的欲望所追求的，既好又美，而美好的事物，没有人力不能成功，没有谷帛不能建立。但是，欲望如果没有止境，民众就会忍受不了劳苦，物品也不能满足要求，劳苦和索求一同产生，祸乱就会发生。所以，不割断欲望，就不能满足供给。孔子说：“人无远虑，必有近忧。”从这里看，礼制不只是拘于等级划分，还要用它远离危害而提倡治理啊！

“吴、蜀两国，决不是地小人寡的小贼。他们据天险，拥众兵，各自称帝，都想吞没我大魏。如果有人来说，孙权、刘备都在修养道德，减省租赋，不沉湎于玩乐，行动就询问年老德高的人，办事则遵守礼法，陛下，您能够不警惕、不厌恶他们所做的这些，而认为很难剿灭，不把这作为国家的忧患吗？如果说，孙权、刘备邪恶无道，奢侈无度，劳民伤财，横征暴敛，日甚一日，陛下您难道不会勃然奋起，讨伐逆贼，解救百姓吗？敌人疲弊征伐就容易，从这个角度来思考，道理就更明确了。

秦始皇不建筑道德的根基，却修建阿房宫，不担忧宫墙内的变化，却去修筑长城。那时候他们君臣的设想，也是要建立万世的基业，让他的子孙无限占有天下。哪里想到有一天一个百姓大喊一声，就天下颠覆，皇朝灭亡了呢？所以，臣认为，如果前代君王知道他的行为最终会导致灭亡，他还会去做吗？所以，亡国之君都自认为不会亡，最后还是灭亡；圣明的君主警惕灭亡，才发展到不灭亡。汉文帝之所以被称为贤明的君主，是因为他亲自奉行简朴节约，给百姓以恩惠。而由贾谊衡量起来，还是认为当时天下处于倒悬状态，可以为它痛哭的事有一件，为它流泪的事有二件，为它长叹的事有三件。何况，现在天下还很贫穷，百姓家中没有一石粮的储蓄，国家没有可以供养一年的粮食，外有强敌，朝廷不断地派士兵在边境作战，国内则还大兴土木，各州、郡都躁动不安。如果敌人侵犯，臣担心服劳役的人都要投降敌人以保全性命了。

又有，将领和官吏的薪水俸禄，也削减到过去的五分之一；对已退养的官员又停止了粮食的供给，原来不用缴纳的赋税，现在也让他们交纳一半。这说明，官府的收入比过去增加一倍，支出的比过去少了三分之一。但是，从已规划计算的开支看，又常常不够，像牛肉这样的小赋税，都接连不断地催讨。那么，各种增加的费用，用到哪去了呢？俸禄和赏赐的谷物布帛，是君主让吏民活命的东西，如果废除了，等于是要他们的命。已经得到的东西又失掉，这也是产生怨恨的根源。《周礼》规定，大府掌管的各种赋税，是用来各种开销的，财物的收入有一定的尺度，支出也有相应的用途。这样，各项用度才会充足，才能把多余的贡赋部分供君主个人支配。然而，皇上使用财物，也要由司会考核。现在和陛下在朝廷治理天下的人，不是三司九列，就是台阁近臣，如果他们看见财物的增减而不敢指明，一味应声附和，只担心官位不保，这是滥竽充数，不是直臣。从前李斯曾对秦二世说："皇帝不敢为所欲为，天下就是监狱一样。"二世遵循此言，结果亡国，李斯也遭灭族之祸。司马迁认为，李斯不能正直劝谏，所以，特别提出来告诫后世。

明帝看了高堂隆的上疏，对中书监、中书令说：“高堂隆的奏疏，使我感到恐惧呀！”

高堂隆病重，在病床上口述上疏说：

曾子有病的时候，孟敬子去探望他。曾子说：“鸟之将死，其鸣也哀；人之将死，其言也善。”臣之病只会加重不会减轻，所以担心会突然死去，却来不及昭示自己的忠诚。臣之赤诚，不只是曾子所说的“其言也善”，望陛下稍加留意。如果陛下能纠正以往的过失，认真考虑长远之事，使神灵和民众都赞赏，远方的人也都心向朝廷，各种珍禽灵物就会出现，天上的吉星也会放光，则三皇可以超越，五帝可以胜出，就不仅仅是继承先辈基业、守住祖宗成法了。

臣常伤痛所有的君主没有不想承袭尧、舜、商汤、武王的圣明治理，实际上，走上桀、纣、周幽王、周厉王老路的也不乏其人；没有谁不嘲笑末代昏聩的亡国之君，却谁也不走舜、禹、商汤、文王的正道。可悲啊！用这样的作为，求理想目的，无异于缘木求鱼、烧水制冰。看夏、商、周三代治御天下，圣贤君主层出不穷，每个朝代都经历几百年，土地是他们的，臣民也是他们的，各地安宁，上下一致；九州整齐划一；露台存储着黄金，巨桥积存着粮食，君主稳安其位，这该是多么好的时候啊！然而夏桀、商纣自恃力量，拒绝劝谏，掩饰过错，喜欢阿谀奉承，推崇修建亭阁楼台，沉溺在淫乐之中，宠爱歌唱的艺人，安于柔媚之音。但是，上天没有宽恕，而是让他们的宗庙变成了废墟，夏桀从鸣条逃亡；商纣挂起了白旗；天子的尊位，被商汤、周武王据有，难道说夏桀、殷纣是他们本王族的外人吗？他们都是圣君明主的后代啊！战国时期，天下富足，秦朝兼并天下后，却不奉行圣人之道，建造阿房宫，又建长城，企图用威力镇服外族，百姓只能在道路上侧目而示；秦始皇自以为会百代相传，哪里会想到第二代就灭亡了。近代汉武帝，享受文帝、景帝的福分，平定外族，大修宫殿，十多年间，天下混乱不安。又相信越人巫师的妖言，建起有千门万户的建章宫，结果导致江充诬告太子、宫室背离，父子相残的灾祸，一直影响了后世几代人。

臣见黄初年间，天象已垂鉴戒，有怪禽在燕窝里长大，口爪及胸部都是赤红色，这是魏室要有异变的预示。应提防朝廷出现暗藏野心之人。可挑选诸王，让他们掌管国事和兵权，辅佐王室。周平王东迁，依靠晋、郑；吕后做乱，朱虚侯刘章予以平定。这都是前代的经验教训。上天公正无私，只与有德之人相亲。百姓感戴恩德，国运就会长久；如果怨声载道，上天就要重新选择有才能的人来统治天下。从这里可以知道，所谓天下，决不是一人的天下，而是天下人的天下，陛下当明鉴！臣身患疾病，气力在逐渐微弱，就自己被人抬着，回到家中。如果死去，魂灵有知的话也将结草衔环，报答陛下。

明帝下诏说：“先生廉洁赶得上伯夷，耿直超过了史鱼，心地坚贞，忠正无私，为何因一点小病未愈，就要退位返乡呢？邴吉因积有阴德，而消除了疾病益寿延年；贡禹因保持节操，重病得愈。望先生多多进餐，专心保养自己。”高堂隆死了，留下遗嘱要求薄葬，用平时穿的衣服收殓。

起初，在太和年间，中护军蒋济上奏章说：“应遵照古制去封禅。”诏书回答说：“听到这些话，让我浑身大汗。”这件事又搁置好几年。后来，朝廷商量依古制封禅，准备让高堂隆撰写封禅的礼制。明帝听到高堂隆死的消息后，叹息道：“上天不想让我办成这件事，先生扔下我去了。”高堂隆的儿子高堂琛承继了爵位。

景初年间，明帝要考虑到苏林、秦静等人都已年老，担心没有人能再传承儒学，便下诏说：“孔圣人去世后，他的言论和教诲，留在了六经之中。而六经又以礼仪的内容最为重要，时刻都不能离开它。末世衰风背离根本，正应了闵子讽刺原伯不谈学问，荀子厌恶秦代的焚书坑儒。儒学废止了，教化还怎么振兴呢？如今先生和学者，都已年老，教导后生的事，由谁来继承？过去伏生老了，汉文帝以晁错继承；蔡千秋对《穀梁传》的研究无人能比，宣帝选十名郎官跟他学习。朕命，从郎官中选出有高才、了解经义的三十人，随从光禄勋高堂隆、散骑常待苏林、博士秦静，分别向他们学习《周易》《尚书》《诗经》《春秋》四部经典和《周礼》《仪礼》《礼记》三部礼仪著作，主办官要详制考试办法。夏侯胜曾经说过：‘读书人就怕不精通儒学，儒学一旦精通了，取得官位就像弯腰拔取地上的小草一样容易。’如学者有能精通经学的，爵位俸禄就会突然来到身边。要努力啊！”几年之后，高堂隆等人都去世了，学习的事也就荒置了。

起初，任城人栈潜，在曹操的时候任过县令，曾督守邺城。那时候曹丕还是太子，喜爱打猎，每天早出晚归。栈潜上书劝诫说：“在险要处设防来巩固国家抵御外寇，都城的禁卫，是用来防止意外事件发生。《大雅》

中说：'国君的嫡子就像是城墙，别让城墙受破坏。'又说：'执政无远见，极力劝君王。'您如果一味喜欢游猎，早出晚归，为了得到追禽逐兽的快乐，而忘记还有无穷的危害，臣实在不解。"曹丕听了虽然不高兴，但此后游猎的次数却减少了。黄初年间，文帝准备立郭贵妃为皇后，栈潜上疏劝谏，奏疏记录在《后妃传》中。曹叡执政时，大量征发劳役，百万氏又为他们立了君主，目的是让君主庇护众生。所以，统御四海不仅是为了天子，裂土分封不仅是为了诸侯。从三皇到尧、舜，都对天下人广加拯救，施以深厚的德泽，百姓们也都依赖他们。自从夏、商、周到汉代，天下太平的日子少，动乱的时候多，没有能够得到完全治理。太祖以博大的智慧、非凡的才能，铲除暴乱，恢复秩序，开创了魏国的基业。文帝受天命，承继大统，在位七年，因为时间紧急，并没有把每件事都做好。陛下圣德，继承伟业，当以温和的态度施政，给百姓以休养生息的时间。如今东西两方都不安宁，将士远征达海外辽东，跋涉万里，运输艰难，百姓荒芜了田地，一天的军费支出超过千金。如今，陛下又大建宫殿，耗费的人工以万计，铲平山岩后徂来山生长的松木才从深谷里运出来；罕见的优质石料，从黄河、淮河送到京城。京城和京城以外的州郡，都要为皇家提供物资，而且还要抛荒良田让它生长林木，以便皇家放养鹿、兔等动物成为养殖飞禽的园林。农业被伤损，地上长满荆棘，灾害不断发生，疾病流行，民众大量死亡，和谐之气大减，地里也不再生长禾苗了。臣听说周文王在丰地建立都城，当时就下令不要太急，然而，百姓们全都自动赶来，没用多少日子工程就完成了；所修建的灵沼、灵囿，也与百姓共同享受。现在，宫殿高大，雕刻装饰极尽华丽，不记得虞舜兴建礼堂的简朴，却想着纣王琼室的奢侈；又划定了方圆千里的禁区，百姓在里面走一步都是犯法，华丽的程度比得上阿房宫，使用的民力是楚灵王建章华台的百倍，臣担心民力就要耗尽，百姓也就要活不下去了。从前秦国以殽、函险阻据有天下，自以为德比三皇，功盖五帝，想把帝位传到万世，没想到却只两代就覆灭了，秦二世想去当一个百姓也不能够。这都是因为枝干动摇，树根已先被拔出来了。圣明的君主治理天下，能尊重有德之人，任用亲人建立功业；有才德的人担任官职，事业就可以兴隆；亲属被提拔重用，他们就可以和朝廷同忧共欢；深固根本，亲属均为支柱和辅佐，无论盛衰兴亡，内外都有人帮助。周成王年幼登基，尚未亲政，周公、吕尚、召公、毕公，都辅助于他；现在既没有卫侯、康叔那样监视和防备危险地域的亲属，在重地镇守的要员，也不是像周公、召公那样的宗室至亲。太子没有确立，天下没有仁者的君主。希望陛下留心国事，让大魏永远地传承下去，那就是国家的幸运了。”后来，任栈潜燕国中尉，他以有病为由推辞不受，没过多久去世。

评论说：辛毗、杨阜刚直忠诚，犯颜直谏不顾个人安危，高风亮节仅次于汲黯。高堂隆学问渊博，直言正君，利用异常现象对君主告诫，内心诚恳，确是忠臣。至于他坚持要改换历法，推断虞舜是魏朝远祖，这是以臆测代替了精通的学问。

三国志卷二十六·魏书二十六

满田牵郭传

满宠字伯宁，山阳昌邑人也。年十八，为郡督邮。时郡内李朔等各拥部曲，害于平民，太守使宠纠焉。朔等请罪，不复钞略。守高平令。县人张苞为郡督邮，贪秽受取，干乱吏政。宠因其来在传舍，率吏卒出收之，诘责所犯，即日考竟，遂弃官归。

太祖临兖州，辟为从事。及为大将军，辟署西曹属，为许令。时曹洪宗室亲贵，有宾客在界，数犯法，宠收治之。洪书报宠，宠不听。洪白太祖，太祖召许主者。宠知将欲原，乃速杀之。太祖喜曰："当事不当尔邪？"故太尉杨彪收付县狱，尚书令荀彧、少府孔融等并属宠："但当受辞，勿加考掠。"宠一无所报，考讯如法。数日，求见太祖，言之曰："杨彪考讯无他辞语。当杀者宜先彰其罪；此人有名海内，若罪不明，必大失民望，窃为明公惜之。"太祖即日赦出彪。初，彧、融闻考掠彪，皆怒，及因此得了，更善宠。

时袁绍盛于河朔，而汝南绍之本郡，门生宾客布在诸县，拥兵拒守。太祖忧之，以宠为汝南太守。宠募其服从者五百人，率攻下二十余壁，诱其未降渠帅，于坐上杀十余人，一时皆平。得户二万，兵二千人，令就田业。

建安十三年，从太祖征荆州。大军还，留宠行奋威将军，屯当阳。孙权数扰东陲，复召宠还为汝南太守，赐爵关内侯。关羽围襄阳，宠助征南将军曹仁屯樊城拒之，而左将军于禁等军以霖雨水长为羽所没。羽急攻樊城，樊城得水，往往崩坏，众皆失色。或谓仁曰："今日之危，非力所支。可及羽围未合，乘轻船夜走，虽失城，尚可全身。"宠曰："山水速疾，冀其不久。闻羽遣别将已在郏下，自许以南，百姓扰扰，羽所以不敢遂进者，恐吾军掎其后耳。今若遁去，洪河以南，非复国家有也；君宜待之。"仁曰："善。"宠乃沈白马，与军人盟誓。会徐晃等救至，宠力战有功，羽遂退。进封安昌亭侯。文帝即王位，迁扬武将军。破吴于江陵有功，更拜伏波将军，屯新野。大军南征，到精湖，宠帅诸军在前，与贼隔水相对。宠敕诸将曰:“今夕风甚猛,贼必来烧军,宜为其备。”诸军皆警。夜半,贼果遣十部伏夜来烧,宠掩击破之,进封南乡侯。黄初三年,假宠节钺。五年,拜前将军。明帝即位,进封昌邑侯。太和二年,领豫州刺史。三年春,降人称吴大严,扬声欲诣江北猎,孙权欲自出。宠度其必袭西阳而为之备,权闻之,退还。秋,使曹休从庐江南入合肥,令宠向夏口。宠上疏曰:“曹休虽明果而希用兵,今所从道,背湖旁江,易进难退,此兵之洼地也。若入无彊口,宜深为之备。”宠表未报,休遂深入。贼果从无彊口断夹石,要休还路。休战不利,退走。会朱灵等从后来断道,与贼相遇。贼惊走,休军乃得还。是岁休薨,宠以前将军代都督扬州诸军事。汝南兵民恋慕,大小相率,奔随道路,不可禁止。护军表上,欲杀其为首者。诏使宠将亲兵千人自随,其余一无所问。四年,拜宠征东将军。其冬,孙权扬声欲至合肥,宠表召兖、豫诸军,皆集。贼寻退还,被诏罢兵。宠以为今贼大举而还,非本意也,此必欲伪退以罢吾兵,而倒还乘虚,掩不备也,表不罢兵。后十余日,权果更来,到合肥城,不克而还。其明年,吴将孙布遣人诣扬州求降,辞云:“道远不能自致,乞兵见迎。”刺史王凌腾布书,请兵马迎之。宠以为必诈,不与兵,而为凌作报书曰:“知识邪正,欲避祸就顺,去暴归道,甚相嘉尚。今欲遣兵相迎,然计兵少则不足相卫,多则事必远闻。且先密计以成本志,临时节度其宜。”宠会被书当入朝,敕留府长史:“若凌欲往迎,勿与兵也。”凌于后索兵不得,乃单遣一督将步骑七百人往迎之。布夜掩击,督将迸走,死伤过半。初,宠与凌共事不平,凌支党毁宠疲老悖谬,故明帝召之。既至,体气康强,见而遣还。宠屡表求留,诏报曰:“昔廉颇强食,马援据鞍,今君未老而自谓已老,何与廉、马之相背邪?其思安边境,惠此中国。”

明年,吴将陆逊向庐江,论者以为宜速赴之。宠曰:“庐江虽小,将劲兵精,守则经时。又贼舍船二百里来,后尾空县,尚欲诱致,今宜听其遂进,但恐走不可及耳。”整军趋杨宜口。贼闻大兵东下,即夜遁。时权岁有来计。青龙元年,宠上疏曰:“合肥城南临江湖,北远寿春,贼攻围之,得据水为势;官兵救之,当先破贼大辈,然后围乃得解。贼往甚易,而兵往救之甚难,宜移城内之兵,其西三十里,有奇险可依,更立城以固守,此为引贼平地而掎其归路,于计为便。”护军将军蒋济议,以为:“既示天下以弱,且望贼烟火而坏城,此为未攻而自拔。一至于此，劫略无限，必以淮北为守。”帝未许。宠重表曰：“孙子言，兵者，诡道也。故能而示之以弱不能，骄之以利，示之以慑。此为形实不必相应也。又曰‘善动敌者形之’。今贼未至而移城却内，此所谓形而诱之也。引贼远水，择利而动，举得于外，则福生于内矣。”尚书赵咨以宠策为长，诏遂报听。其年，权自出，欲围新城，以其远水，积二十日不敢下船。宠谓诸将曰：“权得吾移城，必于其众中有自大之言，今大举来欲要一切之功，虽不敢至，必当上岸耀兵以示有余。”乃潜遣步骑六千，伏肥城隐处以待之。权果上岸耀兵，宠伏军卒起击之，斩首数百，或有赴水死者。明年，权自将号十万，至合肥新城。宠驰往赴，募壮士数十人，折松为炬，灌以麻油，从上风放火，烧贼攻具，射杀权弟子孙泰。贼于是引退。三年春，权遣兵数千家佃于江北。至八月，宠以为田向收熟，男女布野，其屯卫兵去城远者数百里，可掩击也。遣长史督三军循江东下，摧破诸屯，焚烧谷物而还。诏美之，因以所获尽为将士赏。

景初二年，以宠年老征还，迁为太尉。宠不治产业，家无余财。诏曰：“君典兵在外，专心忧公，有行父、祭遵之风。赐田十顷，谷五百斛，钱二十万，以明清忠俭约之节焉。”宠前后增邑，凡九千六百户，封子孙二人亭侯。正始三年薨，谥曰景侯。子伟嗣。伟以格度知名，官至卫尉。

田豫字国让，渔阳雍奴人也。刘备之奔公孙瓒也，豫时年少，自托于备，备甚奇之。备为豫州刺史，豫以母老求归，备涕泣与别，曰：“恨不与君共成大事也。”

公孙瓒使豫守东州令，瓒将王门叛瓒，为袁绍将万余人来攻。众惧欲降。豫登城谓门曰：“卿为公孙所厚而去，意有所不得已也；今还作贼，乃知卿乱人耳。夫挈瓶之智，守不假器，吾既受之矣；何不急攻乎？”门惭而退。瓒虽知豫有权谋而不能任也。瓒败而鲜于辅为国人所推，行太守事，素善豫，以为长史。时雄杰并起，辅莫知所从。豫谓辅曰：“终能定天下者，必曹氏也。宜速归命，无后祸期。”辅从其计，用受封宠。太祖召豫为丞相军谋掾，除颍阴、朗陵令，迁弋阳太守，所在有治。

鄢陵侯彰征代郡，以豫为相。军次易北，虏伏骑击之，军人扰乱，莫知所为。豫因地形，回车结圜陈，弓弩持满于内，疑兵塞其隙。胡不能进，散去。追击，大破之，遂前平代，皆豫策也。

迁南阳太守。先时，郡人侯音反，众数千人在山中为群盗，大为郡患。前太守收其党与五百余人，表奏皆当死。豫悉见诸系囚，慰谕，开其自新之路，一时破械遣之。诸囚皆叩头，愿自效，即相告语，群贼一朝解散，郡内清静。具以状上，太祖善之。

文帝初，北狄强盛，侵扰边塞，乃使豫持节护乌丸校尉，牵招、解俊并护鲜卑。自高柳以东，濊貊以西，鲜卑数十部，比能、弥加、素利割地统御，各有分界；乃共要誓，皆不得以马与中国市。豫以戎狄为一，非中国之利，乃先搆离之，使自为仇敌，互相攻伐。素利违盟，出马千匹与官，为比能所攻，求救于豫。豫恐遂相兼并，为害滋深，宜救善讨恶，示信众狄。单将锐卒，深入虏庭，胡人众多，钞军前后，断截归路。豫乃进军，去虏十余里结屯营，多聚牛马粪然之，从他道引去。胡见烟火不绝，以为尚在，去，行数十里乃知之。追豫到马城，围之十重，豫密严，使司马建旌旗，鸣鼓吹，将步骑从南门出，胡人皆属目往赴之。豫将精锐自北门出，鼓噪而起，两头俱发，出虏不意，虏众散乱，皆弃弓马步走，追讨二十余里，僵尸蔽地。又乌丸王骨进桀黠不恭，豫因出塞案行，单将麾下百余骑入进部。进逆拜，遂使左右斩进，显其罪恶以令众。众皆怖慑不敢动，便以进弟代进。自是胡人破胆，威震沙漠。山贼高艾，众数千人，寇钞，为幽、冀害，豫诱使鲜卑素利部斩艾，传首京都。封豫长乐亭侯。为校尉九年，其御夷狄，恒摧抑兼并，乖散强猾。凡逋亡奸宄，为胡作计不利官者，豫皆构刺搅离，使凶邪之谋不遂，聚居之类不安。事业未究，而幽州刺史王雄支党欲令雄领乌丸校尉，毁豫乱边，为国生事。遂转豫为汝南太守，加殄夷将军。

太和末，公孙渊以辽东叛，帝欲征之而难其人，中领军杨暨举豫应选。乃使豫以本官督青州诸军，假节，往讨之。会吴贼遣使与渊相结，帝以贼众多，又以渡海，诏豫使罢军。豫度贼船垂还，岁晚风急，必畏漂浪，东随无岸，当赴成山。成山无藏船之处，辄便循海，案行地势，及诸山岛，徼截险要，列兵屯守。自入成山，登汉武之观。贼还，果遇恶风，船皆触山沉没，波荡著岸，无所逃窜，尽虏其众。初，诸将皆笑于空地待贼，及贼破，竞欲与谋，求入海钩取浪船。豫惧穷虏死战，皆不听。初，豫以太守督青州，青州刺史程喜内怀不服，军事之际，多相违错。喜知帝宝爱明珠，乃密上：“豫虽有战功而禁令宽弛，所得器仗珠金甚多，放散皆不纳官。”由是功不见列。

后孙权号十万众攻新城，征东将军满宠欲率诸军救之。豫曰："贼悉众大举，非徒投射小利，欲质新城以致大军耳。宜听使攻城，挫其锐气，不当与争锋也。城不可拔，众必罢怠；罢怠然后击之，可大克也。若贼见计，必不攻城，势将自走。若便进兵，适入其计。又大军相向，当使难知，不当使自画也。"豫辄上状，天子从之。会贼遁走。后吴复来寇，豫往拒之，贼即退。诸军夜惊，云："贼复来！"豫卧不起，令众"敢动者斩"。有顷，竟无贼。

景初末，增邑三百，并前五百户。正始初，迁使持节护匈奴中郎将，加振威将军，领并州刺史。外胡闻其威名，相率来献。州界宁肃，百姓怀之。征为卫尉。屡乞逊位，太傅司马宣王以为豫克壮，书喻未听。豫书答曰："年过七十而以居位，譬犹钟鸣漏尽而夜行不休，是罪人也。"遂固称疾笃。拜太中大夫，食卿禄。年八十二薨。子彭祖嗣。

豫清俭约素，赏赐皆散之将士。每胡、狄私遗，悉簿藏官，不入家；家常贫匮。虽殊类，咸高豫节。嘉平六年，下诏褒扬，赐其家钱谷。语在《徐邈传》。

牵招字子经，安平观津人也。年十余岁，诣同县乐隐受学。后隐为车骑将军何苗长史，招随卒业。值京都乱，苗、隐见害，招俱与隐门生史路等触蹈锋刃，共殡敛隐尸，送丧还归。道遇寇钞，路等皆悉散走。贼欲斫棺取钉，招垂泪请赦。贼义之，乃释而去。由此显名。

冀州牧袁绍辟为督军从事，兼领乌丸突骑。绍舍人犯令，招先斩乃白，绍奇其意而不见罪也。绍卒，又事绍子尚。建安九年，太祖围邺。尚遣招至上党，督致军粮。未还，尚破走，到中山。时尚外兄高幹为并州刺史，招以并州左有恒山之险，右有大河之固，带甲五万，北阻强胡，劝幹迎尚，并力观变。幹既不能，而阴欲害招。招闻之，间行而去，道隔不得追尚，遂东诣太祖。太相领冀州，辟为从事。

太祖将讨袁谭，而柳城乌丸欲出骑助谭。太祖以招尝领乌丸，遣诣柳城。到，值峭王严，以五千骑当遣诣谭。又辽东太守公孙康自称平州牧，遣使韩忠赍单于印绶往假峭王。峭王大会群长，忠亦在坐。峭王问招："昔袁公言受天子之命，假我为单于；今曹公复言当更白天子，假我真单于；辽东复持印绶来。如此，谁当为正？"招答曰："昔袁公承制，得有所拜假；中间违错，天子命曹公代之，言当白天子，更假真单于，是也。辽东下郡，何得擅称拜假也？"忠曰："我辽东在沧海之东，拥兵百万，又有扶余、濊貊之用；当今之势，强者为右，曹操独何得为是也？”招呵忠曰：“曹公允恭明哲，翼戴天子，伐叛柔服，宁静四海，汝君臣顽嚚，今恃险远，背违王命，欲擅拜假，侮弄神器，方当屠戮，何敢慢易咎毁大人？”便捉忠头顿筑，拔刀欲斩之。峭王惊怖，徒跣抱招，以救请忠，左右失色。招乃还坐，为峭王等说成败之效，祸福所归。皆下席跪伏，敬受敕教，便辞辽东之使，罢所严骑。

太祖灭谭于南皮，署招军谋掾，从讨乌丸。至柳城，拜护乌丸校尉。还邺，辽东送袁尚首，县在马市，招睹之悲感，设祭头下。太祖义之，举为茂才。从平汉中，太祖还，留招为中护军。事罢，还邺，拜平虏校尉，将兵督青、徐州郡诸军事，击东莱贼，斩其渠率，东土宁静。

文帝践阼，拜招使持节护鲜卑校尉，屯昌平。是时，边民流散山泽，又亡叛在鲜卑中者，处有千数。招广布恩信，招诱降附。建义中郎将公孙集等，率将部曲，咸各归命；使还本郡。又怀来鲜卑素利、弥加等十余万落，皆令款塞。

大军欲征吴，召招还，至，值军罢，拜右中郎将，出为雁门太守。郡在边陲，虽有候望之备，而寇钞不断。招既教民战陈，又表复乌丸五百余家租调，使备鞍马，远遣侦候。虏每犯塞，勒兵逆击，来辄摧破，于是吏民胆气日锐，荒野无虞。又搆间离散，使虏更相猜疑。鲜卑大人步度根、泄归泥等与轲比能为隙，将部落三万余家诣郡附塞。敕令还击比能，杀比能弟苴罗侯，及叛乌丸归义侯王同、王寄等，大结怨雠。是以招自出，率将归泥等讨比能于云中故郡，大破之。招通河西鲜卑附头等十余万家，缮治陉北故上馆城，置屯戍以镇内外，夷虏大小，莫不归心，诸叛亡虽亲戚不敢藏匿，咸悉收送。于是野居晏闭，寇贼静息。招乃简选有才识者，诣太学受业，还相授教，数年中庠序大兴。郡所治广武，井水咸苦，民皆担辇远汲流水，往返七里。招准望地势，因山陵之宜，凿原开渠，注水城内，民赖其益。

明帝即位，赐爵关内侯。太和二年，护乌丸校尉田豫出塞，为轲比能所围于故马邑城，移招求救。招即整勒兵马，欲赴救豫。并州以常宪禁招，招以为节将见围，不可拘于吏议，自表辄行。又并驰布羽檄，称陈形势，云当西北掩取虏家，然后东行，会诛虏身。檄到，豫军踊跃。又遗一通于虏蹊要，虏即恐怖，种类离散。军到故平城，便皆溃走。比能复大合骑来，到故平州塞北。招潜行扑讨，大斩首级。招以蜀虏诸葛亮数出，而比能狡猾，能相交通，表为防备，议者以为县远，未之信也。会亮时在祁山，果遣使连结比能。比能至故北地石城，与相首尾。帝乃诏招，使从便宜讨之。时比能已还漠南，招与刺史毕轨议曰："胡虏迁徙无常。若劳师远追，则迟速不相及。若欲潜袭，则山溪艰险，资粮转运，难以密办。可使守新兴、雁门二牙门，出屯陉北，外以镇抚，内令兵田，储畜资粮，秋冬马肥，州郡兵合，乘衅征讨，计必全克。"未及施行，会病卒。招在郡十二年，威风远振。其治边之称，次于田豫，百姓追思之。而渔阳傅容在雁门有名绩，继招后，在辽东又有事功云。

招子嘉嗣。次子弘，亦猛毅有招风，以陇西太守随邓艾伐蜀有功，咸熙中为振威护军。嘉与晋司徒李胤同母，早卒。

郭淮字伯济，太原阳曲人也。建安中举孝廉，除平原府丞。文帝为五官将，召淮署为门下贼曹，转为丞相兵曹议令史，从征汉中。太祖还，留征西将军夏侯渊拒刘备，以淮为渊司马。渊与备战，淮时有疾不出。渊遇害，军中扰扰，淮收散卒，推荡寇将军张郃为军主，诸营乃定。其明日，备欲渡汉水来攻。诸将议众寡不敌，备便乘胜，欲依水为陈以拒之。淮曰："此示弱而不足挫敌，非算也。不如远水为陈，引而致之，半济而后击，备可破也。"既陈，备疑不渡，淮遂坚守，示无还心。以状闻，太祖善之，假郃节，复以淮为司马。文帝即王位，赐爵关内侯，转为镇西长史。又行征羌护军，护左将军张郃、冠军将军杨秋讨山贼郑甘、卢水叛胡，皆破平之。关中始定，民得安业。

黄初元年，奉使贺文帝践阼，而道路得疾，故计远近为稽留。及群臣欢会，帝正色责之曰："昔禹会诸侯于涂山，防风后至，便行大戮。今溥天同庆而卿最留迟，何也？"淮对曰："臣闻五帝先教，导民以德，夏后政衰，始用刑辟。今臣遭唐虞之世，是以自知免于防风之诛也。"帝悦之，擢领雍州刺史，封射阳亭侯，五年为真。安定羌大帅辟蹏反，讨破降之。每羌、胡来降，淮辄先使人推问其亲理，男女多少，年岁长幼；及见，一二知其款曲，讯问周至，咸称神明。

太和二年，蜀相诸葛亮出祁山，遣将军马谡至街亭，高详屯列柳城。张郃击谡，淮攻详营，皆破之。又破陇西名羌唐蹏于枹罕，加建威将军。五年，蜀出卤城。是时，陇右无谷，议欲关中大运，淮以威恩抚循羌、胡，家使出谷，平其输调，军食用足，转扬武将军。青龙二年，诸葛亮出斜谷，并田于兰坑。是时司马宣王屯渭南；淮策亮必争北原，宜先据之，议者多谓不然。淮曰："若亮跨渭登原，连兵北山，隔绝陇道，摇荡民、夷，此非国之利也。"宣王善之，淮遂屯北原。堑垒未成，蜀兵大至，淮逆击之。后数日，亮盛兵西行，诸将皆谓欲攻西围，淮独以为此见形于西，欲使官兵重应之，必攻阳遂耳。其夜果攻阳遂，有备不得上。

正始元年，蜀将姜维出陇西。淮遂进军，追至彊中，维退，遂讨羌迷当等，按抚柔氐三千余落，拔徙以实关中。迁左将军。凉州休屠胡梁元碧等，率种落二千余家附雍州。淮奏请使居安定之高平，为民保障，其后因置西州都尉。转拜前将军，领州如故。

五年，夏侯玄伐蜀，淮督诸军为前锋。淮度势不利，辄拔军出，故不大败。还假淮节。八年，陇西、南安、金城、西平诸羌饿何、烧戈、伐同、蛾遮塞等相结叛乱，攻围城邑，南招蜀兵，凉州名胡治无戴复叛应之。讨蜀护军夏侯霸督诸军屯为翅。淮军始到狄道，议者佥谓宜先讨定枹罕，内平恶羌，外折贼谋。淮策维必来攻霸，遂入沨中，转南迎霸。维果攻为翅，会淮军适至，维遁退。进讨叛羌，斩饿何、烧戈，降服者万余落。九年，遮塞等屯河关、白土故城，据河拒军。淮见形上流，密于下渡兵据白土城，击，大破之。治无戴围武威，家属留在西海。淮进军趋西海，欲掩取其累重，会无戴折还，与战于龙夷之北，破走之。令居恶虏在石头山之西，当大道止，断绝王使。淮还过讨，大破之。姜维出石营，从彊川，乃西迎治无戴，留阴平太守廖化于成重山筑城，敛破羌保质。淮欲分兵取之。诸将以维众西接强胡，化以据险，分军两持，兵势转弱，进不制维，退不拔化，非计也，不如合而俱西，及胡、蜀未接，绝其内外，此伐交之兵也。淮曰："今往取化，出贼不意，维必狼顾。比维自致，足以定化，且使维疲于奔命。兵不远西，而胡交自离，此一举而两全之策也。"乃别遣夏侯霸等追维于沓中，淮自率诸军就攻化等。维果驰还救化，皆如淮计。进封都乡侯。

嘉平元年，迁征西将军，都督雍、凉诸军事。是岁，与雍州刺史陈泰协策，降蜀牙门将句安等于翅上。二年，诏曰："昔汉川之役，几至倾覆。淮临危济难，功书王府。在关右三十余年，外征寇虏，内绥民夷。比岁以来，摧破廖化，禽虏句安，功绩显著，朕甚嘉之。今以淮为车骑将军、仪同三司，持节、都督如故。"进封阳曲侯，邑凡二千七百八十户，分三百户，封一子亭侯。正元二年薨，追赠大将军，谥曰贞侯。子统嗣。统官至荆州刺史，薨。子正嗣。咸熙中，开建五等，以淮著勋前朝，改封汾阳子。

评曰：满宠立志刚毅，勇而有谋。田豫居身清白，规略明练。牵招秉义壮烈，威绩显著。郭淮方策精详，垂问秦、雍。而豫位止小州，招终于郡守，未尽其用也。

【译文】

满宠，字伯宁，他是山阳昌邑县人。十八岁时，任郡督邮。那时候郡里的李朔等人，拥有私兵，为害百姓。太守派满宠去抚慰他们。李朔等人向官府认罪，不再去掠夺百姓。满宠代理高平县令。后来，郡督邮高平县人张苞，贪污贿赂，扰乱了吏政，满宠趁他住在县驿馆中时，率属吏和士兵把他抓了起来，审问他犯的罪恶，当天就审问完毕，便弃官回家了。

曹操任兖州牧时，招聘他做了从事。后来，曹操为大将军，又聘他暂代西曹属官，任许县县令。曹洪是曹操的亲戚，地位显贵，可他的门客在许县境内却多次犯法，满宠把这个门客抓起来治罪。曹洪写信向满宠求情，满宠不予理睬。曹洪就把这件事告诉了曹操，曹操召见许县办案的官吏。满宠知道曹操要赦免这个罪犯，就立即把他杀了。曹操高兴地说："处理事情就应该这样啊！"前太尉杨彪被逮捕交付许县监狱审讯，尚书令荀彧、少府孔融等人都嘱咐满宠说："对杨彪只能听取他的供词，不能用刑拷打。"满宠不答复他们，照旧依法审问。几天后，满宠求见曹操，说："经过拷问，杨彪没有交代出什么犯罪事实。要杀一个人首先应当公布他的罪行；这个人在海内很有名气，如果罪证不确定就被处死，定会大失民心，我为您感到惋惜。"曹操立刻便把杨彪释放了。当初，荀彧、孔融听说满宠拷问杨彪，都很生气，等到听说因被拷问杨彪的事得以了结，便对满宠赞赏有加了。

那时候，袁绍在河北势力很强大，袁绍的家乡在汝南，门生宾客分布在各个县，都拥兵占领固守。曹操对此很担忧，便委任满宠为汝南郡太守。满宠招募了五百多个服从自己的人，率领他们攻下二十多个壁垒，又引诱还没有投降的头目，在宴席上杀死十多个人，汝南郡很快平定了。得到百姓两万多户，士兵两千多人，满宠命令他们都从事农耕生产。

建安十三年，满宠随曹操讨伐荆州。兵马返回后，留下满宠代理奋威将军，驻军当阳。孙权多次出兵袭扰东部边界，曹操又召回满宠任汝南太守，赐关内侯爵位。关羽围攻襄阳，满宠协助征南将军曹仁驻扎樊城抵御关羽；左将军于禁等人的兵马则因久雨涨水而被关羽擒灭。关羽加紧进攻樊城，樊城因受洪水冲击，城墙时有崩塌，大家都惊恐不定。有人对曹仁说："眼下的局势，不是我们能控制得住的。趁关羽的包围圈还没有形成，应该乘轻便小船在夜里撤走，虽然丢了城池，但还能保全众人的性命。"满宠说："山水来得快去得也快，估计不会持久。听说关羽已另派将领率军到达郏下，许县以南的百姓都惊恐不安，关羽之所以没有马上实施进攻，是担心我军牵制他的后方。假如我们现在逃跑，洪河以南就不再是朝廷的地方了，您应该等待时机。"曹仁说："对啊！"于是，满宠将一匹白马沉进水里，与将士们立盟发誓。恰好徐晃等人的救兵赶到，满宠奋力冲杀，立下战功，关羽退走了。满宠晋封为安昌亭侯。曹丕登上王位，升迁满宠为扬武将军。因为在江陵打败吴军，升为伏波将军，屯兵新野。大军南征东吴到精湖，满宠率军在前，与敌隔水相对。满宠命令手下将领："今夜风很急，东吴人马定会来放火烧营，应做好准备。"各路军都提高了警惕。半夜，果然有十来部敌兵来烧军营。满宠率兵突然出击打败了他们，晋封南乡侯。黄初三年，授满宠符节和斧钺。黄初五年，任命为前将军。曹叡即位，晋封昌邑侯。太和二年，兼任豫州刺史。太和三年春，来投降的人说，东吴正在紧急备战，听说孙权要亲自出征，要进攻长江以北。满宠估计吴兵要袭击西阳，于是也加紧战备。孙权闻讯退兵。这一年秋天，曹休从庐江郡南进兵合肥，满宠进驻夏口。满宠上疏说："曹休虽然聪明果敢，但是很少用兵。现所行路线，背后是巢湖，旁边是长江，已入易进难退的境地。如果进入了无彊口，应该特别加以防范。"满宠的上疏还没有通报，曹休已深入到无疆口。东吴兵马果然在无疆口断了去夹石的路，又截住曹休的退路。曹休苦战不利，步步退却，正遇朱灵等从后面将敌拦住，吴兵逃走，曹休退还。这一年曹休去世。满宠以前将军身份代理都督扬州诸军事。汝南士民都仰慕和留恋满宠，扶老携幼，要随满宠一起走，不能禁止。护军上表要求捕杀首领。明帝让满宠带一千亲兵相随，其余的都不要过问。太和四年，满宠为征东将军。冬，孙权扬言要进军合肥。满宠上表请求召集兖州、豫州各军。两州兵力云集后，又很快退兵了，朝廷让满宠遣散集结的兵马。满宠认为，现在东吴撤军，不是真实的目的，一定是以假退兵诱使我遣散人马，然后乘虚攻击。上表不遣散各军。十多天后，孙权果然又到了合肥城，没有取胜，带着军队撤离。第二年，吴将孙布派人到扬州请求投降，说："因路远不能亲来，请派兵马接迎。"扬州刺史王淩把孙布的信送给满宠，想派兵马去接迎。满宠认为此人必有诈，就替王淩给孙布写回信，说："你能认清邪正，想脱离灾祸前来归顺回到正道，特别值得赞许。很想派兵接迎，但考虑到如果派的兵少就无法护卫，派的兵多，又怕走漏消息。因此，暂先密议怎样才能成全你的志向，随机采取适当的措施。"正在这时，满宠接到要他入朝的诏书，临走时命令留府长史说："如果王淩要前去接迎孙布，不要给他兵马。"后来王淩便单独派遣一个部将率七百步骑兵前去接迎。半夜，孙布突袭曹军，部将逃走，七百人死伤过半。起初，满宠与王淩处事不和，王淩的同伙便诋毁满宠年老智衰、行事荒唐，因此，明帝召他入朝。满宠入朝后，明帝见他身体非常强壮，就又让他回去。满宠多次上表请求留下，明帝下诏说："过去廉颇勉力吃饭，马援上马环顾，都为了证明自己不老。现在你以衰老为由，怎么与廉颇、马援相反呢？你要想着安定边境，为国家谋利益呀！"

第二年，吴国将领陆逊向庐江郡进兵，众多官员以为，应该马上去救援。满宠说："庐江虽狭小，但将领强悍、兵马精良，还能坚守。再说敌军弃船跋涉二百里路赶来，后方必然空虚，我想诱引他们再深入一些。现在让他们顺利推进，不要吓跑了，我军就追不上他们了。"于是，整顿兵马直趋杨宜口。吴军听说魏军东下，就连夜逃走了。那时候，孙权每年都有前来进攻的打算。青龙元年，满宠上疏说："合肥南近长江、巢湖，北又远离寿春，敌围攻合肥，必依水上优势。我军若救援，应先破其主力，之后才能解围。敌包围我军甚易，而我救援则难。应转移城内的兵力向西三十里，那里有险可依，再修新城来加强防守，这是将敌引到地面上来而断其退路的上计。"护军将军蒋济则以为："此法是向敌示弱，而且见敌烟火就毁坏自己的城池，这是敌未进攻就自己打败了自己，那将是纵敌掠夺。我军须以淮北作基地。明帝没有赞同满宠的建议。"满宠又上表说："孙子说，兵者，诡异也。以有力而故意示弱，使敌骄傲、麻痹，认为我们受到震慑。这就是说表面与实际不必相符。孙子又说'善动敌者形之'。在敌来到之时就转移城内守军，这是以假象诱敌。诱敌远水，择机而制，这是在朝廷外得胜，在朝廷内得福的举措呀。"尚书赵咨认为满宠的计策很好，明帝便批准了满宠的计策。这一年，孙权亲自领兵，想围攻合肥新城，因新城远离水路，所以，在水上停留了二十天不敢下船。满宠对诸将说："孙权得知我迁城的消息，必定在众人中自吹大话，现在大举出兵本想一下子获得成功，虽然不敢直抵新城，但也会上岸炫耀一下武力。"便暗中派遣六千步骑兵，在合肥旧城的隐蔽处埋伏待敌。孙权果然上岸炫耀兵力，满宠的伏兵突然发起攻击，杀敌数百，有的敌人落水淹死。第二年，孙权亲自率兵号称十万，来到合肥新城。满宠飞驰救援，招募了几十名壮士，折下松枝做成火炬，又灌上麻油，顺风放火，烧掉敌人的攻城器具，射死孙权的侄子孙泰。孙权于是退兵。青龙三年春，孙权派兵数千家在江北屯田。这一年八月，满宠认为田里的庄稼将成熟收割，男女老少遍布田野，而屯田的卫兵离城远的有几百里，可以突然袭击他。便派遣长吏督三军顺江东下，摧毁吴军各屯兵据点，焚烧了谷物而归。皇帝下诏赞扬他，又将所获的物资全部给将士作为奖赏。

景初二年，因为满宠年老，征召他回京城做官，升任太尉。满宠不经营产业，家里没有多余的财产。明帝下诏说："您在外统领兵马，专心为公，有中行父和祭遵那样高尚的风格。赏赐给您田地十顷，谷子五百斛，钱二十万。以表明您具有清白、忠诚、俭朴的节操。"满宠前后几次被增加封邑，一共有九千六百户。又有两个儿孙被封为亭侯。满宠在正始三年去世，赠谥号景侯。他的儿子满伟继承了爵位。满伟以遵守法度闻名，官至卫尉。

田豫，字国让，他是渔阳雍奴人。刘备投奔公孙瓒时，田豫还很年轻，就自己投靠刘备。刘备认为他很不得了。刘备任豫州刺史，田豫因母亲年老请求回家。刘备流着泪与他分别，说："很遗憾，不能和你共创大业了。"

公孙瓒让田豫暂理东州县令，公孙瓒的部将王门发动叛乱，代替袁绍率一万多人去进攻。众人害怕想要投降。田豫登上城楼对王门说："你被公孙公所厚待却离他而去，我还以为你有迫不得已的原因；如今却做了贼，才知你是个乱臣。只具有提瓶取水这样小智的人，尚且知道守住瓶子不借给别人，我已接守城的任务了，你为什么不猛攻呢？"王门羞惭而退。公孙瓒虽然知道田豫有谋略却不能任用他。公孙瓒败亡而鲜于辅被国人所推举，代理渔阳郡太守，他一向对田豫很好，任田豫为长吏。当时群豪并起，鲜于辅不知道该依附谁。田豫对鲜于辅说："最后能平定天下的人，一定是曹公。应该马上归附他，以免灾祸的来临。"鲜于辅听从了田豫的意见，因此受到曹操的封赏和宠信。曹操征召田豫为丞相军谋掾，又任命他为颍阴县令、朗陵县令，升迁为弋阳郡太守，所到之处都有政绩。

鄢陵侯曹彰征伐代郡，任命用田豫为代相。军队到达易北，敌人埋伏的骑兵袭击他们，士兵们骚乱不安，不知道该怎么办。田豫利用地形，把车联结成圆阵，让士兵拉开弓弩在里边守卫，用机动的士兵堵住阵营的空隙。胡人不能攻进去，就退走了。田豫派兵追击，把他们打得大败，便向前平定了代郡。这都是田豫的计策。

田豫调任南阳太守。在这之间，南阳郡人侯音发动叛乱，聚集了几千人在山中做强盗，成为南阳郡的一大祸害。前任太守抓捕了侯音的党羽五百多人，上奏应全部处死。田豫去看这些囚犯，对他们安慰开导，并指明改过自新的道路，当场打开镣铐全都释放了他们。囚犯们都叩头谢恩，表示愿意效力，立刻把事情相互转告山中其他的强盗，这群盗贼马上都解散了，郡内从此清静安宁了。田豫将这些情况具文上奏，曹操大为赞赏。

文帝初年，北方狄族十分强盛，常常侵犯边境，于是，派遣田豫手持节符任护乌丸校尉，牵招、解俊同时担任护鲜卑校尉。自从高柳以东、濊貊以西，鲜卑有几十个部落，比能、弥加、素利各据一方。于是共同盟誓，不得用马和中原进行贸易。田豫认为，他们各部落合在一起对中原不利，于是，设计离间，让他们之间产生仇恨，进而互相进攻。素利首先违背誓约，出售一千匹马给官府。为此，比能进攻素利。素利向田豫求救。田豫担心他们相互兼并，为害更甚，应当讨伐首恶，鼓励行善之人，以信义昭示少数民族。便率领精锐部卒，深入狄区，因为胡人众多，前后包围，截断了退路。田豫不为所动继续进军，离敌十里结成营寨，收集了许多牛马粪，燃起烟火，自己则率兵从旁路撤走。敌人见烟火不息，以为田豫还在，等田豫他们走了几十里以后才发现。他们在马城追上田豫，包了十重，田豫在城中严密地做好准备，让司马举起战旗，奏起军乐，率步骑兵从南门出来，敌人全都被吸引到南门。而田豫则率领精锐从北门冲出，杀声四起，两头夹击，敌人意想不到，顿时溃不成军，丢兵弃马地都逃走了，田豫追杀了二十多里，敌尸遍野。乌丸族首领骨进为人奸猾且对朝廷不恭，田豫借出塞巡视之机，独率百余骑进入骨进部落。骨进跪拜迎接，田豫命手下将其斩首，并公布了罪状，对他的部众下达了不许乱动的命令。众人全都吓得不敢乱动，田豫便让骨进的弟弟代替了骨进的职位。从这以后胡人非常害怕，田豫之名威震大漠。山寇高艾有几千人马，常常抢掠烧杀，是幽州和冀州的一大祸害。田豫诱使鲜卑族素利的部属斩杀了高艾，将其首级传送京城。田豫被封为长乐亭侯。田豫任护乌丸校尉九年，对乌丸鲜卑部落，经常采用挫败、控制、兼并等手段，离散强大狡猾的部落。凡是那些为胡人谋利而对朝廷构成威胁的人，田豫都能设计，使其阴谋破灭，并让他们感到不安。很多事情还未做完，幽州刺史王雄的党羽想让王雄兼领乌丸校尉，上奏诋毁田豫，在边境无事生非。就这样，田豫调任汝南太守，加封殄夷将军。

太和末年，公孙渊占领了辽东发动叛乱，明帝想讨伐他又一时找不到适当的人，中领军杨暨推荐田豫应选。于是让田豫以汝南太守的身份督领青州各军，假节，前往征讨。在这时，东吴派使节与公孙渊勾结，明帝考虑到敌军众多，征讨的兵马又要渡海，便下令田豫停兵待命。田豫估计东吴的船只很快就要返回，冬季的海风很急，他们一定害怕风浪，东面无岸可靠，一定会开往成山。成山没有隐匿船只的地方，就这样，便沿着海岸察看地形，走遍了各个山头、岛屿，在险要的地方布置士兵防守。他自己来到成山，登上汉武帝修筑的高台。吴人返回时，果然遇到大风，船都触礁沉没，吴兵被海浪冲到岸上，无处可逃，都成了俘虏。开始，田豫手下众将全都笑他在空地待敌，等到敌人被击败后，又都争相出谋，请求下海去夺取敌人的船只。田豫担心那些无路可走的敌人会拼死抵抗，全都没有接受。当初，田豫以汝南郡太守身份都督青州各路军时，青州刺史程喜心中不服，在实施军事行动时，常和田豫对着来。程喜知道明帝喜爱明珠，便秘密上奏说："田豫虽有战功但军纪不严，缴获的武器珠宝金银非常多，却都分散在部下手中没有上交朝廷。"因此，田豫的战功没有得到朝廷奖励。

在那之后，孙权号称十万大军大举进攻合肥新城，征东将军满宠打算派遣领各军去援救。田豫说："贼兵全部出动大举进犯，不是想投机占点小便宜，而是想把赌注压在新城以引诱我们的大队人马。我们应该让他们去攻城，必能挫折他们的锐气，不应与他们急争高下。攻不下城来，吴军必然疲乏，等他们懈怠之后再攻击他们，就能大胜。如果贼兵看穿我们的计谋，必定不会攻城而自行退走。假如我们现在就进军，正好中了他们的计。再者大军所向，应使敌难以捉摸，不应自己限制自己。"田豫又向朝廷上奏，明帝采纳了他的意见。此时，敌军悄悄退走。之后吴军又来进犯，田豫前去抵御，敌军马上退兵。夜里，各军士兵惊醒，说：“敌人又来了！”田豫躺在床上不起身，命令兵众说：敢乱动者斩首。过了一会儿，没有发现敌情。

景初末年，增加田豫食邑三百户，加上以前的五百户，一共是八百户。正始初年，晋升为使持节护匈奴中郎将，加封振威将军，兼任并州刺史。塞外匈奴等族都听到田豫的威名，相继前来进贡。州郡内秩序良好，百姓十分怀念他。后召为卫尉。他屡次祈求逊位，太傅司马懿认为田豫精力尚壮，下书告知他朝廷不许。田豫又写信给司马懿说：“我已年过七十却还占据官位，就好像在深夜钟鸣漏尽之时仍行走不停一样，是有罪的。”于是，坚决说自己有病。征拜为太中大夫，俸禄与九卿相同。八十二岁去世。儿子田彭祖承继爵位。

田豫清廉朴素，所得赏赐全都分给士兵。每当北方少数民族私下送他礼物时，他都登记后收藏在官府，从不放在家中；家里生活常常贫穷匮乏。即使是少数民族的百姓，也都钦佩田豫高尚的节操。嘉平六年，朝廷下诏褒扬田豫，赐他家金钱谷物。这件事记载在《徐邈传》中。

牵招，字子经，安平郡观津人。十几岁时，拜同县人乐隐为师，学习儒学。后来，乐隐做车骑将军何苗的长史，牵招一直跟着乐隐把学业完成。正好碰见京城大乱，何苗、乐隐都被杀害，牵招和乐隐门生史路等人一起迎着锋利的刀剑，去收殓乐隐的尸体，并送灵柩回乡。路上遇到强盗抢掠，史路等人都分散逃走了。贼人想把棺材砍碎拿走钉子。牵招哭着请求他们手下留情，不要损坏棺材。贼人们被他的义气所动，就放他走了。从这儿开始，牵招的名气显赫起来。

冀州牧袁绍征召牵招为督军从事，兼领乌丸突骑。袁绍的家人违犯法令，牵招先斩后奏。袁绍很欣赏他办事果断也没有追究。袁绍去世后，又追随袁绍的儿子袁尚。建安九年，曹操包围邺城。袁尚派牵招到上党督送军粮，还未回来，袁尚已败逃中山。那时候，袁尚表兄高幹任并州刺史。牵招认为，并州左有恒山之险，右有大河可守，又拥兵五万，北有强大的胡兵，他劝高幹接袁尚过来，联合起来观察时势变化。高幹才能低下，还想暗中害死牵招。牵招知情后，悄悄逃走。因为离袁尚太远，于是，向东投奔曹操。曹操兼任冀州牧，征牵招为从事。

曹操打算征讨袁谭，但柳城乌丸部族却想带领骑兵帮助袁谭。因为牵招曾经统领过乌丸人，曹操就派遣他到柳城去。牵招到了柳城，正赶上乌丸部落峭王在整顿兵马，准备把五千骑兵派给袁谭。与此同时，辽东太守公孙康自称平州刺史，派使者韩忠带着单于的印绶授予峭王。峭王大会各部酋长，韩忠也在座，峭王问牵招："过去袁绍说受天子之命，任我为单于；现在，曹公又说要重新禀报天子，任我为真单于；辽东又送来印绶。像这样，究竟谁是真的呢？"牵招回答说："过去，袁公秉承皇上的旨意，他有任命权；之后中间有过错出现，天子命曹公代替他并说要禀告天子，再授予真单于称号，这是对的。辽东只是朝廷的一个郡，有什么权力擅自授命呢？"韩忠说："我们辽东在大海以东，拥有百万大军，又有扶余、濊涉貊等国支援。现在的形势，强者为尊，曹操凭什么说只有他才是正确的呢？"牵招斥责韩忠说："曹公允恭明哲，辅佐天子，征叛抚顺，故四海安宁。你辽东上下顽劣嚣张，今又倚仗地处远险，违背王命，还想擅自封官拜职，侮辱皇权，正应处死，还敢侮辱轻视曹公？"便抓住韩忠的头往地上撞，拔刀就要杀了他。峭王又惊又怕，光着脚抱住牵招，请求放过韩忠，左右也吓得变了脸色。牵招便回到座位上，向峭王等人陈说成败及祸福归属，众人都离席跪下，恭敬地接受他的教诲，峭王也辞退了辽东使臣，遣散了准备援助袁谭的骑兵。

曹操在南皮灭了袁谭，任命牵招代理军谋掾，随从征讨乌丸。到柳城，任命为护乌丸校尉。回到邺城，辽东送来袁尚的首级，悬挂在马市。牵招见状，悲感交集，在首级下设坛祭奠。曹操被牵招的义气所感动，举荐他为茂才。随曹操平定汉中。曹操返回，留牵招任中护军。汉中平定，回到邺城，任平虏校尉，率兵总督青、徐二州诸军事。击败东莱叛兵，杀死首领，东部平静。

曹丕继帝位，任命牵招持节护卫鲜卑校尉，屯兵昌平。当时，边地居民大多流散在山间河谷，还有逃入鲜卑部落的，各处有一千多人。牵招发布告示，劝说人们回归故地。建义中郎将公孙集等率部下归附，牵招让他们回到本郡。又安抚鲜卑素利、弥加等十余万家，命他们与中原友好往来。

大军准备讨伐吴国，召牵招回去，到达时恰逢停止出兵，被任命为右中郎将，出任雁门太守。雁门郡在边疆，虽然有防守瞭望的措施，但敌人的抢掠仍不断出现。牵招既训练百姓结阵作战，又上奏免除五百多家乌丸人的租税，让他们备好鞍马，到远处去侦察。敌人每次进犯关塞，牵招都整顿兵马迎击，来犯都被粉碎，于是，吏民的胆气越来越壮，即使在荒野也不担心了。牵招又设计离间胡人，让他们自相怀疑。鲜卑大人步度根、泄归泥等人和轲比能有矛盾，率本部落三万多家人到雁门郡归附塞内。牵招奉朝命让他们回去攻击比能，杀死了比能的弟弟苴罗侯和背叛的乌丸归义侯王同、王寄等人，结下了深深的仇怨。因为这样，牵招亲自出兵，率领归泥等人到云中旧郡去征讨比能，把他打败。牵招和河西鲜卑附头等十几万家，共同整修陉北的上馆故城并驻扎在这里，以镇守边塞内外，少数民族不论大小，全都心悦诚服，那些叛逃的人即使是亲戚也不敢藏匿，都把他们送交官府。于是，居住在野外的百姓感到像关上门一样安宁，盗贼也销声匿迹了。牵招又挑选有才能见识的人，送到太学学习，回来再教授别人，没过几年时间学校就兴旺起来。郡治所在地广武，井水又咸又苦，老百姓都肩挑车运到远地打水，来回有七里路。牵招观测地形，依山势开凿河渠，引水入城，老百姓都得到了好处。

明帝即位，赐牵招关内侯。太和二年，护写丸校尉田豫到国外，被轲比能包围在过去的马邑城，发公文向牵招求救。牵招马上整顿部署兵马，想去救援田豫。并州府根据通常的法规禁止牵招出兵，牵招认为持有节杖的将军被敌人包围，不能受官吏议论的拘束，上表朝廷后自行出兵。又驰马发布羽檄，宣传形势，说要从西北袭取敌人家属，然后东行，诛杀轲比能。公文一到，田豫军心大振。又在敌人必经的交通要道放了一份檄文，敌人立刻产生了恐怖，纷纷离散。牵招大军到达原来的平城，敌人便都溃散。轲比能又纠集了骑兵杀回来，到达原来的平州边塞北边。牵招秘密行军发起突袭，斩下许多敌人的首级。牵招认为蜀汉诸葛亮多次出兵，而轲比能又很狡猾，有可能互相勾结，上表请求朝廷戒备，议论的人都以为对方相距太远，不相信牵招的话。正好赶上诸葛亮这时在祁山，果然派遣使臣与轲比能联络。轲比能到达原来的北地石城，与诸葛亮军队首尾呼应。明帝给牵招下诏，让牵招根据情况出兵讨伐轲比能。当时轲比能已经回到大漠南，牵招和并州刺史毕轨商议说："胡虏迁徙不定，如果派兵远追，则胡虏跑得快不容易追上。假如要偷袭，则山水阻隔，物资和粮食的运输，也难以秘密进行。可以让守卫新兴、雁门二郡的牙门将，驻扎在陉山以北，对外镇抚敌人，对内实行军屯，储蓄物资粮食，等到秋冬季马匹肥壮的时候，集中州郡的兵力，乘机进攻，必获全胜。"牵招的计策还没来得及实行，就病逝了。牵招在雁门郡任职十二年，威名远扬。招牵治理边境的名声，仅次于田豫，百姓们都追念牵招。

而渔阳郡的傅容在雁门也有名声政绩，任职在牵招之后，在辽东郡也建立了功勋。

牵招的儿子牵嘉承袭了爵位。他的第二个儿子牵弘，也勇猛刚毅，有牵招的风范，以陇西太守的身份随邓艾征伐蜀汉有功，咸熙年间任振威护军。牵嘉与晋朝司徒李胤同母，死得很早。

郭淮字伯济，他是太原阳曲县人。建安年间举做了孝廉，被授予平原郡府丞之职。曹丕任五官中郎将时，调他任门下贼曹属官，又改任丞相府兵曹议令史，跟随曹操征讨汉中。曹操返回时，留下征西将军夏侯渊抵御刘备，郭淮任夏侯渊司马。夏侯渊和刘备交战时，郭淮正生病没有出征。夏侯渊阵亡，军中惶恐不安，郭淮召集散兵，推举荡寇将军张郃为军中主帅，各营才安定下来。第二天，刘备准备渡汉水来攻。将领们认为寡不敌众，刘备也将会乘胜追击，打算在汉水边布阵抵御。郭淮说："这是向敌示弱而不能挫败他们，不是好办法。不如远离汉水列阵，他们渡过一半时进行攻击，刘备才能击败。"阵摆好后，刘备犹豫不敢贸然渡江，郭淮便坚守以示不退的决心。又上书向曹操报告，曹操很赞同，授张郃假节，仍让郭淮任司马。曹丕做了魏王后，赐他关内侯的爵位，转任镇西将军长史；又兼任征羌护军，协助左将军张郃、冠军将军杨秋讨伐山贼郑甘和卢水一带叛乱的胡人，都击败平定了他们。自此，关中安定，民乐安业。

黄初元年，文帝登上皇位，郭淮奉命出使朝贺，在途中得了重病，所以错过了时间。群臣聚集时，皇帝声色俱厉，责备说："过去禹在涂山聚集诸侯时，防风来迟，禹就将他杀了。现在普天同庆而你延期到达，是何缘故？"郭淮回答说："臣听说五帝用道德来教化引导百姓，夏后时朝纲不振，方才开始使用刑法。现在我正遇上唐尧、虞舜那样的盛世，因此知道自己不会得到防风那样的刑杀。"文帝很是高兴，于是提升他兼任雍州刺史，封为射阳亭侯，五年后正式任命他为雍州刺史。曾安定羌的大将辟蹏如今反叛，郭淮前去征讨，将其打败，并使之归降。每当羌人、胡人前来归附，郭淮总是先派人了解他们的亲戚关系，家中人口多少，年纪大小；到见面时，能逐一知道他们的详细情况，问起来周到详尽，别人都称赞他神明。

太和二年，蜀相诸葛亮向祁山进军，派遣将军马谡驻守街亭，高详留守柳城。张郃进攻马谡，郭淮进攻高详，打败他们。郭淮又在枹罕打败了著名的羌族首领唐蹏，朝廷加授他为建威将军。太和五年，蜀国攻打卤城。这时候，陇右没有粮食，众将商议从关中运粮，郭淮恩威并重，于是羌人、胡人每家都捐献口粮，与运输征调的粮食相当，军粮充足。郭淮被转任为扬武将军。青龙二年这一年，诸葛亮出兵斜谷，并在兰坑开荒屯田。此时司马宣王在渭南驻守；郭淮预计诸葛亮必想争夺北原，所以应该先将北原占据，别人都不这样认为。郭淮说："如果诸葛亮跨过渭水占据北原，将势力延伸到北山，截断我军与陇右的通路，使老百姓和夷人动荡不定，这对国家不利。"司马宣王认为他的意见正确，于是派郭淮驻兵北原。壕沟堡垒还未修好，蜀国大军便已抵达，但遭郭淮迎头痛击。几天之后，诸葛亮率大军向西进发。将领都认为他们是想去攻打西围，只有郭淮认为这是假装向西，想让我军用重兵向西对付他们，然后他们一定掉头攻打阳遂。这天夜里蜀军果然来攻打阳遂，魏军早有防备，所以没有攻打下来。

正始元年，蜀将姜维率军出征陇西。郭淮于是进军追赶，到疆中一带，姜维撤退。郭淮于是就去讨伐羌人迷当等，巡行安抚氐人部落三千多个，将他们迁移来关中，以充实民力。朝廷升任郭淮为左将军。凉州休屠胡人梁元碧等，带领部落二千多家投靠雍州。郭淮向朝廷递交奏章，请求拨给安定郡的高平作他们的居住地，让他们作为护卫当地百姓的屏障。后来由此设置了西州都尉。郭淮转任前将军，兼任雍州刺史，跟从前一样。

正始五年，夏侯玄征讨蜀国，郭淮督率各路军马担任前锋。因为他估计形势不利，就自行引兵撤退，因此未遭到太大的失败。回京城后，授予假节。正始八年，陇西、南安、金城、西平等地的羌族首领饿何、烧戈、伐同、蛾遮塞等部落联合起来叛乱，围攻城邑，并向南招引蜀军，同时，凉州胡人著名的首领治无戴也叛变来响应他们。讨蜀护军夏侯霸督领各军驻扎为翅。郭淮军刚抵狄道，议论的人都认为应该先平定枹罕，这样，在内平定凶恶的羌人，对外可以挫败蜀军的计谋。郭淮估计姜维一定会来进攻夏侯霸，便进军沨中，转到南面去接应夏侯霸。姜维果然进攻为翅，恰好郭淮的兵马来到，姜维只得撤退。郭淮又讨伐叛乱的羌人，斩饿何、烧戈，投降归服的有一万多个村落。正始九年，蛾遮塞等人屯兵河关、白土城旧址，依托黄河抗拒郭淮。郭淮假装要从上游渡河，暗中却从下游渡河突占白土城，发兵大破蛾遮塞军。治无戴围攻武威，家属留在西海。郭淮军直趋西海，打算夺取治无戴的家眷和辎重，正赶上治无戴带兵返回，双方会战于龙夷以北，郭淮打败了他们。令居县的恶贼屯兵在石头山以西，拦阻在大道上，隔绝了朝廷使者的往来。郭淮回军讨伐，打败了他们。蜀将姜维自石营出兵，过羌川，向西迎接治无戴，留阴平太守廖化在成重山筑城堡，收合被击败逃散的羌兵，保护蜀军将士的家眷。郭淮想要分兵攻取。诸将都认为姜维西与强胡相连，廖化又据险要之地，如果分两路，兵力就会转弱，前进无法制服姜维，后退又无法攻克廖化，不是取胜之计，不如合兵力在一起向西进攻，乘蜀军还没与胡族相连，就断绝他们的联系，这才是消灭外援的用兵策略。郭淮说："如今前往攻取廖化，是出敌不意，姜维定有后顾之虑。等到姜维前来救援的时候，我军早已平定了廖化，又能使姜维疲于奔命。军马不必向西远征，蜀军与胡族的联合也就自然离开，这是一举两全之策呀！"于是，另外派夏侯霸等朝沓中方向追击姜维，郭淮亲率各军攻打廖化。姜维果然赶回营救，都像郭淮所预料的那样。晋封郭淮为都乡侯。

嘉平元年，晋升做了征西将军，统领雍州、凉州诸军事。这一年，与雍州刺史陈泰共同策划，在翅上迫降蜀牙门将句安等人。嘉平二年，皇帝下诏说："以前在汉川战役中，几乎全军覆没。郭淮临危济难，功记在册。在关右三十多年，外征敌寇，内抚黎民。近年来，又连续打败廖化，生擒句安，功绩显著，我特别嘉赏他：现任命郭淮为车骑将军、仪同三司，持节、都督照旧。"晋封阳曲侯，食邑二千七百八十户，分出三百户，封一个儿子为亭侯。正元二年，逝世，追赠为大将军。谥号贞侯。儿子郭统承继爵位。郭统官至荆州刺史。去世后，儿子郭正承爵。咸熙年间，设立五等爵，因为郭淮在前朝屡建功勋，改封郭正为汾阳子。

评论说：满宠立志刚毅，勇而有谋。田豫居身清白，经略谋划均英明练达。牵招秉义壮烈，威绩显著；郭淮谋略精详，名声传遍秦、雍。而田豫的官位只是小州刺史，牵招也做到郡守，实在没有充分发挥出他们的作用。

三国志卷二十七·魏书二十七

徐胡二王传

徐邈字景山，燕国蓟人也。太祖平河朔，召为丞相军谋掾，试守奉高令，入为东曹议令史。魏国初建，为尚书郎。时科禁酒，而邈私饮至于沈醉。校事赵达问以曹事，邈曰："中圣人。"达白之太祖，太祖甚怒。度辽将军鲜于辅进曰："平日醉客谓酒清者为圣人，浊者为贤人，邈性修慎，偶醉言耳。"竟坐得免刑。后领陇西太守，转为南安。文帝践阼，历谯相，平阳、安平太守，颍川典农中郎将，所在著称，赐爵关内侯。车驾幸许昌，问邈曰："颇复中圣人不？"邈对曰："昔子反毙于穀阳，御叔罚于饮酒，臣嗜同二子，不能自惩，时复中之。然宿瘤以丑见传，而臣以醉见识。"帝大笑，顾左右曰："名不虚立。"迁抚军大将军军师。

明帝以凉州绝远，南接蜀寇，以邈为凉州刺史，使持节领护羌校尉。至，值诸葛亮出祁山，陇右三郡反，邈辄遣参军及金城太守等击南安贼，破之。河右少雨，常苦乏谷，邈上修武威、酒泉盐池以收虏谷，又广开水田，募贫民佃之，家家丰足，仓库盈溢。乃支度州界军用之余，以市金帛犬马，通供中国之费。以渐收敛民间私仗，藏之府库。然后率以仁义，立学明训，禁厚葬，断淫祀，进善黜恶，风化大行，百姓归心焉。西域流通，荒戎入贡，皆邈勋也。讨叛羌柯吾有功，封都亭侯，邑三百户，加建威将军。邈与羌、胡从事，不问小过；若犯大罪，先告部帅，使知，应死者乃斩以徇，是以信服畏威。赏赐皆散与将士，无入家者，妻子衣食不充；天子闻而嘉之，随时供给其家。弹邪绳枉，州界肃清。

正始元年，还为大司农。迁为司隶校尉，百寮敬惮之。公事去官。后为光禄大夫，数岁即拜司空，邈叹曰："三公论道之官，无其人则缺，岂可以老病忝之哉？"遂固辞不受。嘉平元年，年七十八，以大夫薨于家，用公礼葬，谥曰穆侯。子武嗣。六年，朝廷追思清节之士，诏曰："夫显贤表德，圣王所重；举善而教，仲尼所美。故司空徐邈、征东将军胡质、卫尉田豫皆服职前朝，历事四世，出统戎马，入赞庶政，忠清在公，忧国忘私，不营产业，身没之后，家无余财，朕甚嘉之。其赐邈等家谷二千斛，钱三十万，布告天下。”邈同郡韩观曼游，有鉴识器干，与邈齐名，而在孙礼、卢毓先，为豫州刺史，甚有治功，卒官。卢钦著书，称邈曰：“徐公志高行洁，才博气猛。其施之也，高而不狷，洁而不介，博而守约，猛而能宽。圣人以清为难，而徐公之所易也。”或问钦：“徐公当武帝之时，人以为通，自在凉州及还京师，人以为介，何也？”钦答曰：“往者毛孝先、崔季珪等用事，贵清素之士，于时皆变易车服以求名高，而徐公不改其常，故人以为通。比来天下奢靡，转相仿效，而徐公雅尚自若，不与俗同，故前日之通，乃今日之介也。是世人之无常，而徐公之有常也。”

胡质字文德，楚国寿春人也。少与蒋济、朱绩俱知名于江、淮间，仕州郡。蒋济为别驾，使见太祖。太祖问曰：“胡通达，长者也，宁有子孙不？”济曰：“有子曰质，规模大略不及于父，至于精良综事过之。”太祖即召质为顿丘令。县民郭政通于从妹，杀其夫程他，郡吏冯谅系狱为证。政与妹皆耐掠隐抵，谅不胜痛，自诬，当反其罪。质至官，察其情色，更详其事，检验具服。

入为丞相东曹议令史，州请为治中。将军张辽与其护军武周有隙。辽见刺史温恢求请质，质辞以疾。辽出谓质曰：“仆委意于君，何以相辜如此？”质曰：“古人之交也，取多知其不贪，奔北知其不怯，闻流言而不信，故可终也。武伯南身为雅士，往者将军称之不容于口，今以睚眦之恨，乃成嫌隙。况质才薄，岂能终好？是以不愿也。”辽感言，复与周平。

太祖辟为丞相属。黄初中，徙吏部郎，为常山太守，迁任东莞。士卢显为人所杀，质曰：“此士无雠而有少妻，所以死乎！”悉见其比居年少，书吏李若见问而色动，遂穷诘情状。若即自首，罪人斯得。每军功赏赐，皆散之于众，无入家者。在郡九年，吏民便安，将士用命。

迁荆州刺史，加振威将军，赐爵关内侯。吴大将朱然围樊城，质轻军赴之。议者皆以为贼盛不可迫，质曰：“樊城卑下，兵少，故当进军为之外援；不然，危矣。”遂勒兵临围，城中乃安。迁征东将军，假节都督青、徐诸军事。广农积谷，有兼年之储，置东征台，且佃且守。又通渠诸郡，利舟楫，严设备以待敌。海边无事。

性沉实内察，不以其节检物，所在见思。嘉平二年薨，家无余财，惟有赐衣书箧而已。军师以闻，追进封阳陵亭侯，邑百户，谥曰贞侯。

子威嗣。六年，诏书褒述质清行，赐其家钱谷。语在《徐邈传》。威，咸熙中官至徐州刺史，有殊绩，历三郡守，所在有名。卒于安定。

王昶字文舒，太原晋阳人也。少与同郡王凌俱知名。凌年长，昶兄事之。文帝在东宫，昶为太子文学，迁中庶子。文帝践阼，徙散骑侍郎，为洛阳典农。时都畿树木成林，昶斫开荒莱，勤劝百姓，垦田特多。迁兖州刺史。明帝即位，加扬烈将军，赐爵关内侯。昶虽在外任，心存朝廷，以为魏承秦、汉之弊，法制苛碎，不大釐改国典以准先王之风，而望治化复兴，不可得也。乃著《治论》，略依古制而合于时务者二十余篇，又著《兵书》十余篇，言奇正之用，青龙中奏之。

其为兄子及子作名字，皆依谦实，以见其意，故兄子默字处静，沈字处道，其子浑字玄冲，深字道冲。遂书戒之曰：

夫人为子之道，莫大于宝身全行，以显父母。此三者人知其善，而或危身破家，陷于灭亡之祸者，何也？由所祖习非其道也。夫孝敬仁义，百行之首，行之而立，身之本也。孝敬则宗族安之，仁义则乡党重之，此行成于内，名著于外者矣。人若不笃于至行，而背本逐末，以陷浮华焉，以成朋党焉；浮华则有虚伪之累，朋党则有彼此之患。此二者之戒，昭然著明，而循覆车滋众，逐末弥甚，皆由惑当时之誉，昧目前之利故也。夫富贵声名，人情所乐，而君子或得而不处，何也？恶不由其道耳。患人知进而不知退，知欲而不知足，故有困辱之累，悔吝之咎。语曰："如不知足，则失所欲。"故知足之足常足矣。览往事之成败，察将来之吉凶，未有干名要利，欲而不厌，而能保世持家，永全福禄者也。欲使汝曹立身行己，遵儒者之教，履道家之言，故以玄默冲虚为名，欲使汝曹顾名思义，不敢违越也。古者盘杅有铭，几杖有诫，俯仰察焉，用无过行；况在己名，可不戒之哉！夫物速成则疾亡，晚就则善终。朝华之草，夕而零落；松柏之茂，隆寒不衰。是以大雅君子恶速成，戒阙党也。若范匄对秦客而武子击之，折其委笄，恶其掩人也。夫人有善鲜不自伐，有能者寡不自矜，伐则掩人，矜则陵人。掩人者人亦掩之，陵人者人亦陵之。故三郤为戮于晋，王叔负罪于周，不惟矜善自伐好争之咎乎？故君子不自称，非以让人，恶其盖人也。夫能屈以为伸，让以为得，弱以为强，鲜不遂矣。夫毁誉，爱恶之原而祸福之机也，是以圣人慎之。孔子曰："吾之于人，谁毁谁誉；如有所誉，必有所试。"又曰："子贡方人。赐也贤乎哉，我则不暇。"以圣人之德，犹尚如此，况庸庸之徒而轻毁誉哉？

昔伏波将军马援戒其兄子，言："闻人之恶，当如闻父母之名；耳可得而闻，口不可得而言也。"斯戒至矣。人或毁己，当退而求之于身。若己有可毁之行，则彼言当矣；若己无可毁之行，则彼言妄矣。当则无怨于彼，妄则无害于身，又何反报焉？且闻人毁己而忿者，恶丑声之加人也，人报者滋甚，不如默而自修己也。谚曰："救寒莫如重裘，止谤莫如自修。"斯言信矣。若与是非之士，凶险之人，近犹不可，况与对校乎？其害深矣。夫虚伪之人，言不根道，行不顾言，其为浮浅较可识别；而世人惑焉，犹不检之以言行也。近济阴魏讽、山阳曹伟皆以倾邪败没，荧惑当世，挟持奸慝，驱动后生。虽刑于铁钺，大为炯戒，然所污染，固以众矣。可不慎与！

若夫山林之士，夷、叔之伦，甘长饥于首阳，安赴火于绵山，虽可以激贪励俗，然圣人不可为，吾亦不愿也。今汝先人世有冠冕，惟仁义为名，守慎为称，孝悌于闺门，务学于师友。吾与时人从事，虽出处不同，然各有所取。颍川郭伯益，好尚通达，敏而有知。其为人弘旷不足，轻贵有余；得其人重之如山，不得其人忽之如草。吾以所知亲之昵之，不愿儿子为之。北海徐伟长，不治名高，不求苟得，澹然自守，惟道是务。其有所是非，则托古人以见其意，当时无所褒贬。吾敬之重之，愿儿子师之。东平刘公幹，博学有高才，诚节有大意，然性行不均，少所拘忌，得失足以相补。吾爱之重之，不愿儿子慕之。乐安任昭先，淳粹履道，内敏外恕，推逊恭让，处不避洿，怯而义勇，在朝忘身。吾友之善之，愿儿子遵之。若引而伸之，触类而长之，汝其庶几举一隅耳。及其用财先九族，其施舍务周急，其出入存故老，其论议贵无贬，其进仕尚忠节，其取人务实道，其处世戒骄淫，其贫贱慎无戚，其进退念合宜，其行事加九思，如此而已。吾复何忧哉？

青龙四年，诏"欲得有才智文章，谋虑渊深，料远若近，视昧而察，筹不虚运，策弗徒发，端一小心，清修密静，乾乾不解，志尚在公者，无限年齿，勿拘贵贱，卿校已上各举一人"。太尉司马宣王以昶应选。正始中，转在徐州，封武观亭侯，迁征南将军，假节都督荆、豫诸军事。昶以为国有常众，战无常胜；地有常险，守无常势。今屯宛，去襄阳三百余里，诸军散屯，船在宣池，有急不足相赴，乃表徙治新野，习水军于二州，广农垦殖，仓谷盈积。

嘉平初，太傅司马宣王既诛曹爽，乃奏博问大臣得失。昶陈治略五事：其一，欲崇道笃学，抑绝浮华，使国子入太学而修庠序；其二，欲用考试，考试犹准绳也，未有舍准绳而意正曲直，废黜陟而空论能否也；其三，欲令居官者久于其职，有治绩则就增位赐爵；其四，欲约官实禄，励以廉耻，不使与百姓争利；其五，欲绝侈靡，务崇节俭，令衣服有章，上下有叙，储谷畜帛，反民于朴。诏书褒赞。因使撰百官考课事，昶以为唐虞虽有黜陟之文，而考课之法不垂。周制冢宰之职，大计群吏之治而诛赏，又无校比之制。由此言之，圣主明于任贤，略举黜陟之体，以委达官之长，而总其统纪，故能否可得而知也。其大指如此。

二年，昶奏："孙权流放良臣，適庶分争，可乘衅而制吴、蜀；白帝、夷陵之间，黔、巫、秭归、房陵皆在江北，民夷与新城郡接，可袭取也。"乃遣新城太守州泰袭巫、秭归、房陵，荆州刺史王基诣夷陵，昶诣江陵，两岸引竹絙为桥，渡水击之。贼奔南岸，凿七道并来攻。于是昶使积弩同时俱发，贼大将施绩夜遁入江陵城，追斩数百级。昶欲引致平地与合战，乃先遣五军案大道发还，使贼望见以喜之，以所获铠马甲首，驰环城以怒之，设伏兵以待之。绩果追军，与战，克之。绩遁走，斩其将钟离茂、许旻，收其甲首旗鼓珍宝器仗，振旅而还。王基、州泰皆有功。于是迁昶征南大将军、仪同三司，进封京陵侯。毌丘俭、文钦作乱，引兵拒俭、钦有功，封二子亭侯、关内侯，进位骠骑将军。诸葛诞反，昶据夹石以逼江陵，持施绩、全熙使不得东。诞既诛，诏曰："昔孙膑佐赵，直凑大梁。西兵骤进，亦所以成东征之势也。"增邑千户，并前四千七百户，迁司空，持节、都督如故。甘露四年薨，谥曰穆侯。子浑嗣，咸熙中为越骑校尉。

王基字伯舆，东莱曲城人也。少孤，与叔父翁居。翁抚养甚笃，基亦以孝称。年十七，郡召为吏，非其好也，遂去，入琅邪界游学。黄初中，察孝廉，除郎中。是时青土初定，刺史王凌特表请基为别驾，后召为秘书郎，凌复请还。顷之，司徒王朗辟基，凌不遣。朗书劾州曰："凡家臣之良，则升于公辅，公臣之良，则入于王职，是故古者侯伯有贡士之礼。今州取宿卫之臣，留秘阁之吏，所希闻也。"凌犹不遣。凌流称青土，盖亦由基协和之辅也。大将军司马宣王辟基，未至，擢为中书侍郎。

明帝盛修宫室，百姓劳瘁。基上疏曰："臣闻古人以水喻民，曰'水所以载舟，亦所以覆舟'。故在民上者，不可以不戒惧。夫民逸则虑易，苦则思难，是以先王居之以约俭，俾不至于生患。昔颜渊云东野子之御，马力尽矣而求进不已，是以知其将败。今事役劳苦，男女离旷，愿陛下深察东野之弊，留意舟水之喻，息奔驷于未尽，节力役于未困。昔汉有天下，至孝文时唯有同姓诸侯，而贾谊忧之曰：'置火积薪之下而寝其上，因谓之安也。'今寇贼未殄，猛将拥兵，检之则无以应敌，久之则难以遗后，当盛明之世，不务以除患，若子孙不竞，社稷之忧也。使贾谊复起，必深切于曩时矣。"

散骑常侍王肃著诸经传解及论定朝仪，改易郑玄旧说，而基据持玄义，常与抗衡。迁安平太守，公事去官。大将军曹爽请为从事中郎，出为安丰太守。郡接吴寇，为政清严有威惠，明设防备，敌不敢犯。加讨寇将军。吴尝大发众集建业，扬声欲入攻扬州，刺史诸葛诞使基策之。基曰："昔孙权再至合肥，一至江夏，其后全琮出庐江，朱然寇襄阳，皆无功而还。今陆逊等已死，而权年老，内无贤嗣，中无谋主。权自出则惧内衅卒起，痈疽发溃；遣将则旧将已尽，新将未信。此不过欲补定支党，还自保护耳。"后权竟不能出。时曹爽专柄，风化陵迟，基著《时要论》以切世事。以疾征还，起家为河南尹，未拜，爽伏诛，基尝为爽官属，随例罢。

其年为尚书，出为荆州刺史，加扬烈将军，随征南王昶击吴。基别袭步协于夷陵，协闭门自守。基示以攻形，而实分兵取雄父邸阁，收米三十余万斛，虏安北将军谭正，纳降数千口。于是移其降民，置夷陵县。赐爵关内侯。基又表城上昶，徙江夏治之，以逼夏口，由是贼不敢轻越江。明制度，整军农，兼修学校，南方称之。时朝廷议欲伐吴，诏基量进趣之宜。基对曰："夫兵动而无功，则威名折于外，财用穷于内，故必全而后用也。若不资通川聚粮水战之备，则虽积兵江内，无必渡之势矣。今江陵有沮、漳二水，溉灌膏腴之田以千数。安陆左右，陂池沃衍。若水陆并农，以实军资，然后引兵诣江陵、夷陵，分据夏口，顺沮、漳，资水浮谷而下。贼知官兵有经久之势，则拒天诛者意沮，而向王化者益固。然后率合蛮夷以攻其内，精卒劲兵以讨其外，则夏口以上必拔，而江外之郡不守。如此，吴、蜀之交绝，交绝而吴禽矣。不然，兵出之利，未可必矣。"于是遂止。

司马景王新统政，基书戒之曰："天下至广，万机至猥，诚不可不矜矜业业，坐而待旦也。夫志正则众邪不生，心静则众事不躁，思虑审定则教令不烦，亲用忠良则远近协服。故知和远在身，定众在心。许允、傅嘏、袁侃、崔赞皆一时正士，有直质而无流心，可与同政事者也。”景王纳其言。

高贵乡公即尊位，进封常乐亭侯。毌丘俭、文钦作乱，以基为行监军、假节，统许昌军，适与景王会于许昌。景王曰：“君筹俭等何如？”基曰：“淮南之逆，非吏民思乱也，俭等诳胁迫惧，畏目下之戮，是以尚群聚耳。若大兵临逼，必土崩瓦解，俭、钦之首，不终朝而县于军门矣。”景王曰：“善。”乃令基居军前。议者咸以俭、钦慓悍，难与争锋。诏基停驻。基以为：“俭等举军足以深入，而久不进者，是其诈伪已露，众心疑沮也。今不张示威形以副民望，而停军高垒，有似畏懦，非用兵之势也。若或虏略民人，又州郡兵家为贼所得者，更怀离心；俭等所迫胁者，自顾罪重，不敢复还，此为错兵无用之地，而成奸宄之源。吴寇因之，则淮南非国家之有，谯、沛、汝、豫危而不安，此计之大失也。军宜速进据南顿，南顿有大邸阁，计足军人四十日粮。保坚城，因积谷，先人有夺人之心，此平贼之要也。”基屡请，乃听进据㶏水。既至，复言曰：“兵闻拙速，未睹工迟之久。方今外有强寇，内有叛臣，若不时决，则事之深浅未可测也。议者多欲将军持重。将军持重是也，停军不进非也。持重非不行之谓也，进而不可犯耳。今据坚城，保壁垒，以积实资虏，县运军粮，甚非计也。”景王欲须诸军集到，犹尚未许。基曰：“将在军，君令有所不受。彼得则利，我得亦利，是谓争城，南顿是也。”遂辄进据南顿，俭等从项亦争欲往，发十余里，闻基先到，复还保项。时兖州刺史邓艾屯乐嘉，俭使文钦将兵袭艾。基知其势分，进兵逼项，俭众遂败。钦等已平，迁镇南将军，都督豫州诸军事，领豫州刺史，进封安乐乡侯。上疏求分户二百，赐叔父子乔爵关内侯，以报叔父拊育之德。有诏特听。

诸葛诞反，基以本官行镇东将军，都督扬、豫诸军事。时大军在项，以贼兵精，诏基敛军坚垒。基累启求进讨。会吴遣朱异来救诞，军于安城。基又被诏引诸军转据北山，基谓诸将曰：“今围垒转固，兵马向集，但当精修守备以待越逸，而更移兵守险，使得放纵，虽有智者不能善后矣。”遂守便宜上疏曰：“今与贼家对敌，当不动如山。若迁移依险，人心摇荡，于势大损。诸军并据深沟高垒，众心皆定，不可倾动，此御兵之要也。”书奏，报听。大将军司马文王进屯丘头，分部围守，各有所统。基督城东城南二十六军，文王敕军吏入镇南部界，一不得有所遣。城中食尽，昼夜攻垒，基辄拒击，破之。寿春既拔，文王与基书曰："初议者云云，求移者甚众，时未临履，亦谓宜然。将军深算利害，独秉固志，上违诏命，下拒众议，终至制敌禽贼，虽古人所述，不是过也。"文王欲遣诸将轻兵深入，招迎唐咨等子弟，因衅有荡覆吴之势。基谏曰："昔诸葛恪乘东关之胜，竭江表之兵，以围新城，城既不拔，而众死者太半。姜维因洮上之利，轻兵深入，粮饷不继，军覆上邽。夫大捷之后，上下轻敌，轻敌则虑难不深。今贼新败于外，又内患未弭，是其修备设虑之时也。且兵出逾年，人有归志，今俘馘十万，罪人斯得，自历代征伐，未有全兵独克如今之盛者也。武皇帝克袁绍于官渡，自以所获已多，不复追奔，惧挫威也。"文王乃止。以淮南初定，转基为征东将军，都督扬州诸军事，进封东武侯。基上疏固让，归功参佐，由是长史司马等七人皆侯。

是岁，基母卒，诏秘其凶问，迎基父豹丧合葬洛阳，追赠豹北海太守。甘露四年，转为征南将军，都督荆州诸军事。常道乡公即尊位，增邑千户，并前五千七百户。前后封子二人亭侯、关内侯。

景元二年，襄阳太守表吴贼邓由等欲来归化，基被诏，当因此震荡江表。基疑其诈，驰驿陈状。且曰："嘉平以来，累有内难，当今之务，在于镇安社稷，绥宁百姓，未宜动众以求外利。"文王报书曰："凡处事者，多曲相从顺，鲜能确然共尽理实。诚感忠爱，每见规示，辄敬依来指。"后由等竟不降。

是岁基薨，追赠司空，谥曰景侯。子徽嗣，早卒。咸熙中，开建五等，以基著勋前朝，改封基孙廙，而以东武余邑赐一子爵关内侯。晋室践阼，下诏曰："故司空王基既著德立勋，又治身清素，不营产业，久在重任，家无私积，可谓身没行显，足用励俗者也。其以奴婢二人赐其家。"

评曰：徐邈清尚弘通，胡质素业贞粹，王昶开济识度，王基学行坚白，皆掌统方任，垂称著绩。可谓国之良臣，时之彦士矣。

【译文】

徐邈，字景山，他是燕国蓟县人。曹操平定河北，让徐邈做了丞相军谋掾，试任奉高县令，之后调任东曹议令史。魏国初建，任尚书郎。当时法令禁酒，但徐邈常私饮以至大醉。校事赵达询问政事，徐邈回答说“中圣人”。赵达把这话禀报曹操，曹操大怒。度辽将军鲜于辅劝说道：“平常喝醉酒的人称清酒为圣人，浊酒为贤人。徐邈性情谨慎，这只是一时的醉话罢了。”由此免于刑罚。后兼任陇西太守，又调任南安太守。曹丕即位，徐邈历任谯相，平阳、安平太守，颍川典农中郎将，所在之处，都留下好名声，赐封关内侯。文帝巡视许昌，问徐邈说：“还经常中圣人吗？”徐邈回答说：“从前子反在穀阳喝醉，夜里逃跑；御叔饮酒被罚以重赋。臣的嗜好与二人相同，不能自禁，因而时常饮酒。宿瘤因长得丑而被载入史册，我则因醉酒而被皇上记得。”文帝大笑，对身边的人说：“果然名不虚立。”调任抚军大将军军师。

明帝因凉州地处边远，南边与蜀国相连，便让徐邈以凉州刺史，使持节领护羌校尉。徐邈到任时，正值诸葛亮出祁山，陇西三郡发动叛乱。徐邈马上派参军和金城太守等攻击南安反贼，打败了他们。河西少雨，常为粮食缺乏而苦恼。徐邈在北面的武威、酒泉修建盐池，来换取胡人的谷物，又广开水田，招募贫民来租种，使家家富足，仓库里都装满了粮食。就拿出全州内剩余的军费，买黄金、丝绸、名犬、好马，供中原朝廷使用。他又逐渐收缴民间私人武器，收藏在官府的武库中，之后，用仁义引导民众，建立学校，阐明圣人的教诲，禁止厚葬，废除不合章法的祭祀，选拔善良，罢黜恶徒，良好的风气得以风行，老百姓都一心向着他。西域与中原沟通后，远方的少数民族纷纷前来进贡，这都是徐邈的功劳。因讨伐叛乱的羌人柯吾有功，封都亭侯，食邑三百户，加授建威将军。徐邈与羌、胡共事，不计较他们的小错；如犯了大罪，就先告知他们部落的首领，让他们知道后，把该处死的人斩首示众，所以羌、胡人对他都很信服敬畏。他得到的赏赐都分给将士，从没有拿回家的，自己的妻子儿女吃穿都不足。天子知道后嘉奖他，按时供给他家用。他镇压邪恶惩治犯罪，所辖州县清静无事，秩序井然。

正始元年，回到京城做了大司农，之后升为司隶校尉，百官也全部敬畏他。因公事免官。后为光禄大夫，几年后，升为司空。徐邈感叹说：“三公是论道之官，没有合适的人就应该空缺，怎么能让我这病老之人担任呢？”于是，坚持辞让。嘉平元年，徐邈七十八岁，以光禄大夫之职死在家中，按三公礼葬，谥号穆侯。儿子徐武承继爵位。嘉平六年，朝廷追思清节之士，下诏说：“显示贤能，表彰品德，是圣王历来就重视的；推举善人，引导后学，是孔子赞美的。已经去世的司空徐邈、征东将军胡质、卫尉田豫都在前朝任职，历任四代，出外统兵，入朝则处理政务，忠心为公，忧国忘私，不营家产，身死之后，家无余财，我特别嘉赏他们：赐给徐邈等人每家粮食二千斛，钱三十万，布告天下。”徐邈同郡人韩观字曼游，有器识才干，与徐邈齐名，而在孙礼、卢毓之先，为豫州刺史，治政有功，死在官任上。卢钦著书，称赞徐邈说：“徐公志高行洁，富有才能，气势刚猛。做人清高而不固执，廉洁而不孤傲，有才能不炫耀，刚猛却能宽容他人。圣人认为，做人要达到清高的境界很难，而在徐公那里是很容易的事。”有人问卢钦：“徐公在武帝时，人们认为他通达，自打当了凉州刺史和回京任职后，有人认为他孤傲了，这是为什么？”卢钦说：“过去毛孝先、崔季珪等人主事，推崇清廉朴素的人，那时候人都改换车辆和服饰以追求好名声，而徐公却不改以往，因此，人们认为他通达。近来天下讲究奢靡，竞相效仿，而徐公仍然如此，不与俗同，所以以前的通达，就变成了现在的孤傲了。这是世人的变化无常，而徐公是始终不变。”

胡质，字文德，他是楚国寿春人。年少时和蒋济、朱绩都在江、淮间有名，并在州、郡中做官。蒋济为别驾，被派做使节去见曹操。曹操问他：“胡通达，长者也，难道没有子孙吗？”蒋济说：“有个儿子叫胡质，规划大方略不如其父，而精明并善于综合事理，就超过了他的父亲。”曹操就召请胡质为顿丘令。县民郭政和堂妹私通，杀死了堂妹的丈夫程他。郡里的吏员冯谅作为证人，也被关进监狱。郭政和他的堂妹都抗住拷打，隐瞒抵赖。冯谅受不住刑伤疼痛，自己说是诬告，应该反坐。胡质到了任上，观察他的神情，又更详细地查问这件案子，判定郭政有罪。经过检查验证，罪犯全都认罪伏法。

胡质入朝任丞相府东曹议令史，扬州刺史请求把胡质调去担任治中。将军张辽和他的护军武周有矛盾。张辽去见刺史温恢请求调胡质去取代武周，胡质以有病为由推辞不去。张辽出来对胡质说：“我有意于你，为什么要这样辜负我的好心呢？”胡质回答说：“古人交往，对方索取的虽多却知道他不是贪婪，临阵逃跑知道他不是因为胆怯，听到流言蜚语而不信，所以双方的友谊就能长久。武伯南是才德俱佳之人，过去将军您对他赞不绝口，现在却为一点小的怨恨，就成对头。况且胡质我才能浅薄，怎能与您很好地长久相处呢？所以我不愿做护军。”张辽很有感触，就与武周重新和好。

曹操任胡质为丞相属官。黄初年间，胡质改任吏部郎，任常山郡太守，之后改任东莞郡太守。士兵卢显被人所杀，胡质说："此人没有仇人，只有个年轻的妻子，可能与他被杀有关！"便把与卢显相邻居住的年轻人全都叫来，有个在官府抄写文书的小吏李若见到胡质后神色异常，胡质便进一步询问。李若随即交代了罪行，罪人便抓住。每当胡质受到军功赏赐，都分给众人，从不带回家去。在东莞郡任职九年，官民安定，将士效命。

晋升做了荆州刺史，加封振威将军，赐封关内侯。东吴大将朱然围困樊城，胡质率轻兵赶去援救。很多人认为，敌众而势盛，不能迫近交战。胡质说："樊城地势低下，兵力又少，所以当进军给予外援，不然，樊城就危险了。"于是，率兵赶赴樊城外围，城中军兵得以安定。升任征东将军，持符节督青、徐诸军事，大量地种植粮食，有够吃二年的储备。修筑东征台，一面耕种，一面派兵守卫，又与其他郡以渠道相通，准备船只，严阵以待来敌。沿海一带平静无战事。

胡质性情稳笃而明察，不以自己的行为去要求别的人和事，他所在之地都怀念他。嘉平二年去世，家中没有多余的财物，只有赏赐给他的衣服和书匣而已。军师把这些情况报告朝廷，追封他阳陵亭侯，食邑百户，赠谥号贞侯。他的儿子胡威承继爵位。六年，下诏书褒奖胡质的清白操行，赐给他家钱粮。这件事记录在《徐邈传》中。胡威，在咸熙年中，官至徐州刺史，政绩突出，曾历任三个郡的太守，所在之处都有名望。在安定郡去世。

王昶字文舒，他是太原晋阳县人。年轻时时和同郡人王淩都很出名。王淩年长，王昶把他当兄长一样看待。曹丕还是太子时，王昶任太子文学官，又任中庶子。曹丕即位，改任他为散骑侍郎，又调任洛阳典农官。当时京郊一带树木成林，王昶砍树开荒，劝勉百姓努力耕种，开垦的农田特别多。后任兖州刺史。明帝即位后，加授扬烈将军，赐爵关内侯。王昶虽在外地做官，心里却想着朝廷大事，他认为，魏朝沿袭秦、汉弊政，法制苛刻琐碎，不大力改进国家典制以符合先王遗风，而希望朝政和社会风气复兴，是不可能的，于是，就写了《治论》一书，大体依古制又合乎实务的文章有二十多篇，又著《兵书》十多篇，阐述了"奇正"这一用兵策略的具体运用，在青龙年间上奏给朝廷。

王昶为哥哥的儿子和自己的儿子取名字时，都以谦虚和诚实为寓意，来表达自己的情趣，因此，他哥哥的儿子取名王默字处静，王沈字处道，自己的儿子王浑字玄冲，王深字道冲。又写信告诫他们说：

为子的道理，没有比珍爱身体、培养好的品行、让父母享受荣誉更重要的。这三件事人人都知道好，而有的人却身死家破，陷入灭亡的灾祸中，这是为什么？是因为他们所学的不是正道。孝敬仁义，为百行之首，实行了就能站得住，此立身之本。行孝敬，则家族安定，行仁义，就会受到乡亲们的尊重，就是说修养好了自身的品德，名声就会传到外面去。人若不至行品德，而背本求末，就会陷入到互相吹捧、拉帮结党之中；相互吹捧就会虚伪，拉帮结党就会亲疏有别。此二者之戒，显而易见，然仍有很多人蹈袭覆辙，更加逐末，这都是因一时的赞誉而迷惑，被眼前的利益弄昏了头的缘故。其富贵名声，人情所喜，而君子有时得到了却并不安然处之，这是为什么？是厌恶它来路不正。担心人们知进不知退，知道需求而不知满足，所以有窘困受辱之累和悔恨之祸。俗话说："不知满足，得到的也会失去。"所以，知足者足以常得满足。看往事之成败，察将来之吉凶，从没有追名逐利，贪得无厌而能保持家世不衰，永享福禄的。望你们立身行事，要遵从儒家教诲，实践道家思想，所以，用玄默、冲虚等字做你们的名字，是让你们顾名思义，不要违背它。古代盘盂上铸有铭文，几案和手杖上刻有诫训，无论低头还是抬头都能看见，所以才不会有越轨的行为；更何况已成为自己的名字，能不时时警戒吗！大凡事物成长得快，衰亡也快，成就得晚，结果就好。早晨开的花，晚上就凋落了；而松柏茂盛，即使严冬也不枯萎。所以，大雅君子不喜速成，孔子在阙里也曾因此劝诫过。从前范匄在秦国客人前过于狂妄，被他的祖父武子打断发簪，是因为恼恨范匄掩盖了别人的才能。有优点的人很少有不自夸的，有才能的人很少有不自傲的，自夸就会掩盖别人的优点，自傲就会凌驾别人之上，掩盖别人，别人也会掩盖他，凌驾于人，别人也不把他放在眼里。所以，晋国杀死三郤而百姓无动于衷；王叔争强好胜，竟有罪于周朝，这不正是他们自以为比别人强、自夸自傲、咎由自取的结果吗？所以，君子不称赞自己，并非是礼让他人，而是讨厌这样做贬低了别人。以屈为伸，以让为得，以弱当强，只有这样，才会万事顺遂。毁人声誉，是为害的根源，是招致灾难的机缘。所以圣人特别谨慎。孔子说："我对于别人，少誉少毁。如有赞誉，一定要有根据。"又说："子贡爱讥评别人。他难道够贤能啊，我却没这闲工夫。"像孔子这样的圣人，尚且如此，更何况像我们这些平庸人怎能轻易就能毁誉别人呢？

从前，伏波将军马援劝告他的侄子说：“听到别人的过错，应当像听到父母的名字一样；耳朵可以听见，嘴巴却不能说出来。”这训诫太恳切了。如人诋毁自己，就应当退而反省自身。倘若自己确有该受指责的行为，那么，他所说的就是对的；如果自己没有该受指责的行为，那么，他所说的就是虚妄的。说得正确就不要怨恨别人，说得不正确对自己也没什么害处，又何必反过来报复他呢？况且听到别人诋毁自己就愤怒的人，就会以更狠毒的语言回敬他，别人的报复也会更加厉害，都不如默默地修养自己。谚语说：“御寒莫如厚重的裘皮，要想制止别人诽谤的最好办法是修炼品德。”这话太正确了。若与那些搬弄是非或凶狠险毒的人靠近，尚且不可，更何况与他们面对面地争论是非呢？这样做的危害太深了。虚伪之人，言不循道义，行不合己言，其肤浅行为是很容易识别的，但世人被他们迷惑，是因为不比较他们的言行。近来，济阴郡人魏讽、山阳郡人曹伟皆因邪恶而被处死，他们迷惑世人，心怀奸邪，煽动年轻人。虽然被杀，为世人之警戒，但他们污染了风气，影响了很多人。怎么能不谨慎呢？

至于那山林隐逸之士，像伯夷、叔齐一类的人物，甘心长期在首阳山忍饥挨饿，安然地在绵山让火烧死，虽可以激贪励俗，不但圣人不可以这样做，就是我也不愿意这样做。现在，你们的先辈世代有人做官，是靠仁义出名，以谨慎而被人称誉；在家中孝敬父母友爱兄弟，于师友中努力学习。我与同代人往来共事，尽管显落各异，但都各有得益。颍川人郭伯益，崇尚通达，敏而好学，但为人宽宏不足，计较却有余；他认为谁有德就把谁看得如山一样重，认为谁无德就把谁看得如草一样轻。我因为明白，所以亲近他，但不希望你们效仿他。北海人徐伟长，不追求显赫的名声，不攫取不正当所得，淡泊自守，追求正道。如决断是非之事，也都假托古人的话来表示，从不直接进行评判。我敬重他，也希望你们效仿他。东平人刘公幹，博学才高，节操忠诚，志向远大，但他性情和品行不很端正，少有约束和顾忌，优、缺点正好相抵。我喜欢和看重他，但你们不要敬慕他。乐安人任昭先，淳朴而遵行道义，聪敏而对人宽恕，谦逊忍让，处身不畏避困苦，表面看好像胆怯实际是义勇兼备，身在朝廷公而忘私。我与他友善，希望你们以他为榜样。假如对这些你们能由此及彼，触类旁通，就可以举一反三了。分财产的时候要先考虑家族其他人，施舍助人务求救急，进出家内外问候年长老人，发表议论注意不贬损他人，出仕为官崇尚忠节，结交朋友务实正道，立身处世力戒骄奢淫逸，身处贫贱也绝不悲苦，进身退避要合乎时宜，办理事情要深思熟虑，若能这样也就行了。我还有什么可担忧的呢？

青龙四年，皇帝下诏书说："要想求得有才智、擅文章、深谋远虑、预测远方事而能明察、计算不虚、策略不白白运用、行端品正而小心谨慎、德行安美、自强不懈、志向是为公家效力的人，不拘贵贱，自九卿和校尉以上的官员各推举一人。"太尉司马宣王推举王昶应选。正始年中，王昶改任在徐州，封武观亭侯，升征南将军，假节都督荆、豫诸军事。王昶觉得，国家有常备的兵众，争战却没有经常获胜的；地势有长久的险要，防守却没有经常的优势。如今，驻屯宛城，距襄阳三百多里，各支军队分散屯田，船又都在宣池，有了急事来不及赶到。就上奏请求迁移治所到新野，在荆、豫二州教练水军，推广农业，垦田种地，仓库里的粮食都堆积满了。

嘉平初年，大傅司马懿诛杀了曹爽，向大臣质问治政好坏。王昶陈述了五条方法：第一，崇尚道统，专心学业，抑制浮华，让学生们入太学，修建学校；第二，设立有标准的考试制度，没有舍弃标准就能衡量曲直的，对官吏的迁、降仅凭主观判断是否有才能也是空洞的；第三，让官吏者任一个职务的时间长些，有政绩的就升官赐爵；第四，省减官员数量、增加他们的实际收入，以廉耻约束，不让他们和百姓争利；第五，杜绝奢侈，务崇节俭，使官员服饰有别，上下有序，储粮备棉，促使人们返璞归真。皇帝下诏褒扬王昶。又让王昶修撰百官考试的制度，王昶认为，尧、舜时虽有升、降官吏的公文，但如何考核的方法却没有流传下来。周朝虽有冢宰职位的制度，根据郡吏的政绩给予赏罚，但又没有如何比较的标准。从这方面来说，圣主懂得如何任用贤人，并提出任贤黜劣的总体办法，让宰相负责具体实施，只掌总纲，所以对官员是否贤能就大概了解了。王昶的主要意思大致就是这样。

嘉平二年，王昶上奏说："孙权流放良臣，嫡庶争权，可乘他内部不和而制服吴、蜀；从白帝城、夷陵之间到黔、巫、秭归、房陵都在江北，那里的汉夷百姓和我新城郡百姓来往密切，可袭击攻取。"就这样，朝廷就派新城太守州泰袭击巫县、秭归、房陵，派荆州刺史王基，攻打夷陵，王昶攻打江陵，他在两岸架起粗大的竹索做桥梁，兵马渡河攻击吴军，敌兵逃往南岸，开通了七条通道一起来攻打魏军。于是，王昶让连弩齐发，敌大将施绩连夜逃入江陵城，魏军追斩敌首级数百。王昶想把敌人引到平地与他们交战，就先让五路大军沿大路回撤，使敌人看见而高兴，又另外派骑兵拿着缴获的战利品，循环奔驰在江陵城四周给敌人看以激怒他们，暗中却埋下伏兵等待时机。施绩果然追击曹军，王昶与之交战，大败了他们。施绩逃走，曹军斩杀了吴将钟离茂、许旻，缴获了敌人铠甲、旌旗、战鼓、珍宝、兵器等战利品，得胜而归。王基、州泰也都立有战功。于是，升迁王昶为征南大将军、仪同三司，晋封京陵侯。毌丘俭、文钦反叛，王昶率兵抵抗有功，朝廷封他的两个儿子亭侯、关内侯，升任王昶为骠骑将军。诸葛诞发动叛乱，王昶据夹石进逼江陵，牵制吴将施绩、全熙使他们不能东进救援，诸葛诞被杀。皇帝下诏说："以往孙膑帮助赵国，设计直驱大梁。如今王基率军由西推进，也成就了东征胜利的局势。"增加封邑一千户，与以前所封加在一起共四千七百户，又升迁他为司空，仍旧持节、都督各军。甘露四年王昶去世，加谥号穆侯。儿子王浑承袭爵位，咸熙年间任越骑校尉。

王基字伯舆，他是东莱曲城县人。小的时候成为孤儿，和叔父王翁生活在一起，王翁抚养他十分尽心尽力，王基也因孝敬叔父而被人称赞。十七岁时，郡里招聘他为小吏，王基的兴趣爱好不在这方面，就辞去职务到琅玡郡寻师求学。黄初年间，被荐举为孝廉，任为郎中。当时青州一带刚刚平定，刺史王凌特地上奏朝廷请求任命王基担任他的别驾，后来，朝廷召王基进京任秘书郎，王凌又请求让王基回青州任职。没过多久，司徒王朗征召王基，王浚不放他走。王朗上书弹劾王凌说："凡家臣中的优秀人才，要送给公卿宰辅；公卿宰辅属下的优秀人才，则入侍给皇上为天子朝臣，因此，古代诸侯有进贡人才的礼仪。如今州里却取宿卫朝廷的官员，强留秘阁官吏，这是很少听说的事呀。"王凌仍然不放王基。王凌美名流传青州，与王基的协助和辅佐有关。大将军司马懿征召王基，还没到任，朝廷又提升他为中书侍郎。

明帝大修宫室，百姓劳苦，王基上疏说："臣听说古人把百姓比作水，说：'水所以载舟，亦所以覆舟。'因而，万民之上的天子不能不随时戒惧。百姓安逸，一切事情就会顺利，如果困顿，就会作难。因此，先王的居处很简朴，是为了防止祸患发生。从前颜渊见东野子驾驭马匹，马已用尽气力而东野子仍驱赶不止，所以，颜渊知道他就要出事。如今劳役繁重，男旷女怨，望陛下深思东野子之弊，留意舟、水之喻，让那些还没有力竭的马匹休息一下，让还未困极致的百姓省减劳役。之前汉代天下，到汉文帝时，只有同姓的诸侯，为此，贾谊忧虑说：‘火在柴上已经点燃，还有人躺在上边睡觉，这能说是安全吗？’今敌未灭，猛将拥兵，若约束他们就无以应敌，长久下去则帝位难以传续。当此盛明之世，不致力于消除祸患，倘若子孙再不争气，国家就危险了。如果让贾谊再生，也一定要发表比过去更深刻的感慨了。”

散骑常侍王肃为各部儒家经典撰写解释以及评论朝廷礼仪，改变郑玄的旧理论，而王基则坚持郑玄的观点，常与王肃争论。之后出任安平太守，因公事离职。大将军曹爽请他任从事中郎，出为安丰太守。安丰郡与东吴毗邻，王基政清行严，恩威并用，明设防备，东吴不敢侵犯。朝廷加封讨寇将军。东吴在建业大规模集结兵马，扬言要攻打扬州，刺史诸葛诞问计于王基。王基说：“过去孙权两次进攻合肥，一次进攻江夏，随后全琮出兵庐江，朱然进犯襄阳，都无功而返。现在陆逊等人已死，孙权又已年老，内无优秀的继承人，朝中又没有主事的谋臣。孙权若亲自出兵则担忧国内突发变故，如毒疮一样迸发而崩溃；若派将则老将已经没有了，新将又不能信任。这次不过是要取得一些局部的好处，回去自保而已。”之后，孙权终究没有出兵。当时曹爽专权，风气衰败，王基撰写《时要论》来评论世事。因有病被调回京，又在家中被任为河南尹，还没有正式就职，曹爽被杀害了，王基因曾为曹爽属官，依例被免职。

同年王基被任命为尚书，出了京城为荆州刺史，加扬烈将军，随征南将军王昶进攻吴国。王基另外出兵到夷陵袭击步协。步协闭城固守。王基以佯攻样子给他看，实际上却分兵夺取了雄父的粮仓，得米三十多万斛，俘虏了安北将军谭正，收降了几千人。于是，把这些投降的平民迁移，并设置夷陵县。赐王基关内侯。王基又写信给王昶，建议把州治迁至江夏，以逼近夏口，自此吴兵不敢轻易渡江。王基又申明制度，整顿军队和农村，兼修学校，南方百姓都称赞他。当时朝廷计议要征伐吴国，下诏让王基考虑适当的进攻计划。王基说：“出兵而不能取胜，对外威名受损，对内耗费钱粮，因此，必须考虑周全后方能用兵。如果不以通畅的水路聚草屯粮做好水战的准备，那么，虽然在江北屯兵，也很难保证一定能渡过长江。如今，江陵有沮、漳两河灌溉千亩肥田。安陆一带，也有池塘和大片沃土。假如水、陆军都在这里屯田，积累充足的军用物资，然后出兵江陵、夷陵，再分兵据夏口，沿沮、漳水路，用船载着粮食顺流而下。敌人得知我军有久战之势，那么，抗伐之人则斗志沮丧，有心投降的人就会更加坚定。然后，联合吴境内少数民族由其内部攻击，我精锐兵卒征讨于外，则夏口以西定被攻克，长江以南的各郡也无法固守。如果能这样，吴、蜀就会绝交，一旦绝交，孙吴就会束手就擒。不这样做，出兵是否有利，则很难断定。”于是，出兵就停止了。

景王司马师才执掌朝政，王基上书告诫司马师说：“天下极大，政事极多，君确实不能不兢兢业业，日夜操劳。志向端正，各种邪念就不会滋生；内心平静，处理各种事务就不会急躁；深思熟虑，政令就不会繁杂；亲近任用忠良，远近的人就会一致服从。因此，人们知道使远方的人归顺关键在于自身，要使民众安定关键在于用心。许允、傅嘏、袁侃、崔赞都是当今的正派人士，有正直的品质而没有多变的内心，可以和这些人一起处理政事。”司马师采纳了王基的意见。

高贵乡公即皇帝位，晋封王基做了常乐亭侯。毌丘俭、文钦反叛，朝廷任命王基为行监军，持符节，统领许昌兵马，恰好与司马师在许昌会合。司马师问王基：“您看毌丘俭等人将会怎样？”王基说：“淮南叛乱，不是当地吏民想作乱，是受到毌丘俭的胁迫，怕眼前被杀，所以不得不暂随大流罢了。若大兵压境，必土崩瓦解。毌丘俭、文钦的首级不久就会悬挂在辕门上。”司马师说：“说得好。”就这样，派王基为先锋。很多人认为毌丘俭、文钦勇猛，难与争锋。朝廷下诏让王基停军驻扎。王基认为：“毌丘俭等人完全可以驱兵直入，但他们迟迟未动，说明虚伪狡诈的计谋已露，部众心有所疑。我们此时不声张威势以副民望，反而停军筑垒，无异于显示我们的怯懦，此非用兵之道。假如叛军抢掠百姓，其中又有我方士兵家属被虏获，那些士兵就会有离心。为毌丘俭所威胁的人，觉得自己罪孽深重，不敢逃回来，这就把大军置于无用的境地，反倒成为叛贼为非作歹的根源。那时吴兵再乘机进犯，那么，淮南将不是朝廷所有，谯、沛、汝、豫等地也将会动荡不安，这是策略上的大失误。我军应迅速进据南顿，南顿有很大的物资仓库，有足够我军吃四十天的食粮。保有坚固的城池，利用积存的粮食，先一步夺敌之心，此平乱之关键。”王基多次陈请，才被允许进据㶏水。到了之后，他又向司马师进言说：“只听说用兵宁拙而求速胜，从未见过因求巧而久拖不决的。眼下外有强敌，内有乱臣贼子，如果不马上解决，事情发展的顺逆就很难预料了。发议论的人大多想要将军行事慎重。将军慎重是对的，但停军不前就不对了。慎重并非不行动，而是不让敌人有可乘之机。如今，大军据守坚城、保有壁垒，让储存的物资去资助敌人，自己却要远道运粮，这实在不是办法呀！”司马师想待各军聚集后再前进，所以还是犹豫未定。王基说：“将在外，君令有所不受。敌人得到对敌有利，我们得到对我们有利，此即争城之说，南顿就是这样一个地方。”便自主进据南顿，毌丘俭等出项县也想争夺南顿，走了十多里后，听说王基先到，就又回保项县。当时兖州刺史邓艾屯驻乐嘉，毌丘俭派文钦率兵袭击邓艾。王基得知他已分兵，便进逼项县，毌丘俭兵败。平定了文钦等人，王基升迁为镇南将军，都督豫州诸军事，兼任豫州刺史，晋封安乐乡侯。王基上书请求分出自己二百户封邑，赐给叔父的儿子王乔爵关内侯，以报答叔父的抚育之恩。朝廷下诏特予批准。

诸葛诞发动叛乱，王基以自己的官职代理镇东将军，都督扬、豫诸军事。那时候大军屯驻项城，因为贼军兵力精猛，诏书命王基集拢兵马坚守堡垒。王基多次请求进军讨伐。正遇上东吴派朱异来援救诸葛诞，军驻安城。王基又接到诏书，命令他率诸军转北山据守。王基对众将领说：“现在堡垒和围堑已然坚固，兵马又已聚集，只该精心守备，待敌逃时予以消灭，现在，却将军队移去险要防守，使敌得以逃跑，这样，即使智者也不会得到好的结果。”仍按照以前那样坚守，同时上奏章说：“现在与敌对阵，当稳固如山。若移军依险，势必军心浮动，于作战形势损失太大。诸军都据守在深沟高垒之内，众心安定，不可轻移，这是统率士兵的要点啊！”书信送上后，批准了王基的建议。大将军司马昭进兵丘头，分部包围，各有所统。王基督领城东城南二十六军，司马昭向下属发布命令说：兵马进入镇南将军的辖区，一概不准向他派遣任务。城中敌人的粮食吃完了，便昼夜攻打王基的营垒，王基都给予迎击，打败了他们。攻克寿春后，司马昭给王基写信说：“当初人们议论纷纷，主张移兵者很多，当时我没在现场，也说应当如此。将军深算利害，独持已见，上违诏命，下拒众议，最终战胜了敌人，即使是古人所记述的战例，也超不过这个。”司马昭想派遣诸将率轻兵深入敌区，招迎唐咨等人的子弟，乘机形成荡平东吴之势。王基劝谏说：“当初诸葛恪乘东关之胜，出动江东全部兵力，围攻合肥新城，城没攻克，兵众却死伤大半。姜维乘洮水之胜，派轻兵深入，结果粮草难以接继，在上邽全军覆没。这是因为大胜之后，上下都会轻敌，轻敌则会对困难考虑不周。今敌刚败在外，内患又未平息，正是他们思虑专一、严加防备之时。况且我们出兵已逾一年，人人都盼着回家，现今俘获和杀死叛军十万，罪人也已抓获，历代的征讨，没有像现今这样以小的代价换来这样大的胜利的战例。武皇帝在官渡打败袁绍后，认为收获已经很大，不再追击，就是担心威风受挫呀。”司马昭便停止进兵。因为淮南刚刚平定，转任王基为征东将军，都督扬州诸军事，晋封东武侯。王基上疏坚决推让，归功于手下的参军、将佐，因此，他的长史、司马等七人都被封为侯。

这一年，王基的母亲去世，皇帝下诏暂时不把消息告诉王基，把王基的父亲王豹的灵柩移到洛阳与王基的母亲合葬，追赠王豹为北海太守。甘露四年，转任王基为征南将军，都督荆州诸军事。常道乡公即帝位，增加王基封邑一千户，与前面所封加在一起共五千七百户。前后封王基的两个儿子为亭侯、关内侯。

景元二年，襄阳太守上表说孙吴人邓由等人想来投降，王基接到诏书，让自己乘这个机会进攻东吴。王基怀疑孙吴有诈，派使者乘驿站快马进朝陈述情况。并且说：“嘉平年间以来，多次发生内难，现在所应全力从事的，是稳定国家，安抚百姓，不应该出动兵力谋取对外作战的胜利。”文王司马昭回信说：“和我共事的人，大多都是曲意顺从，很少有人能够明确地向我充分说明道理和实情。我确实感到了君的忠诚和厚爱，常常得到君的规劝和指示，就恭敬地采纳君的意见。”后来邓由等人也没有前来投降。

这一年王基去世，朝廷追赠王基为司空，加谥号为景侯。他的儿子王徽承袭了爵位，死得很早。咸熙年间，建立五等爵位制度，因为王基在前朝功勋卓著，改封王基的孙子王廙，而把东武县其余的封邑赐给王基的另一个儿子，赐爵关内。晋朝建立后，皇帝下诏说：“已故司空王基既立德立功，又修养自身，清廉高尚，不经营私人产业，久居重要职位，家中没有私人的财产，可以说是身死之品行显扬，足以激励风俗。赐给王基家两个奴婢。”

评论说：徐邈清高而通达，胡质事业清素，纯粹正直，王昶创业济世，能识大度，王基学识弘博，操行纯贞，他们都担负着镇守一方的重任，留下了被人称颂的著名功绩。可说是国之良臣，时之俊彦的人物。

三国志卷二十八·魏书二十八

王毌丘诸葛邓钟传

王淩字彦云，太原祁人也。叔父允，为汉司徒，诛董卓。卓将李傕、郭汜等为卓报仇，入长安，杀允，尽害其家。淩及兄晨，时年皆少，逾城得脱，亡命归乡里。淩举孝廉，为发干长，稍迁至中山太守，所在有治，太祖辟为丞相掾属。

文帝践阼，拜散骑常侍，出为兖州刺史，与张辽等至广陵讨孙权。临江，夜大风，吴将吕范等船漂至北岸。淩与诸将逆击，捕斩首虏，获舟船，有功，封宜城亭侯，加建武将军，转在青州。是时海滨乘丧乱之后，法度未整。淩布政施教，赏善罚恶，甚有纲纪，百姓称之，不容于口。后从曹休征吴，与贼遇于夹石，休军失利，淩力战决围，休得免难。仍徙为扬、豫州刺史，咸得军民之欢心。始至豫州，旌先贤之后，求未显之士，各有条教，意义甚美。初，淩与司马朗、贾逵友善，及临兖、豫，继其名迹。正始初，为征东将军，假节都督扬州诸军事。二年，吴大将全琮数万众寇芍陂，淩率诸军逆讨，与贼争塘，力战连日，贼退走。进封南乡侯，邑千三百五十户。迁车骑将军、仪同三司。

是时，淩外甥令狐愚以才能为兖州刺史，屯平阿。舅甥并典兵，专淮南之重。淩就迁为司空。司马宣王既诛曹爽，进淩为太尉，假节钺。淩、愚密协计，谓齐王不任天位，楚王彪长而才，欲迎立彪都许昌。嘉平元年九月，愚遣将张式至白马，与彪相问往来。淩又遣舍人劳精诣洛阳，语子广。广言："废立大事，勿为祸先。"其十一月，愚复遣式诣彪，未还，会愚病死。二年，荧惑守南斗，淩谓："斗中有星，当有暴贵者。"三年春，吴贼塞涂水。淩欲因此发，大严诸军，表求讨贼；诏报不听。淩阴谋滋甚，遣将军杨弘以废立事告兖州刺史黄华，华、弘连名以白太傅司马宣王。宣王将中军乘水道讨淩，先下赦淩罪，又将尚书广东，使为书喻淩，大军掩至百尺逼淩。淩自知势穷，乃乘船单出迎宣王，遣掾王彧谢罪，送印绶、节钺。军到丘头，淩面缚水次。宣王承诏遣主簿解缚反服，见淩，慰劳之，还印绶、节钺，遣步骑六百人送还京都。淩至项，饮药死。宣王遂至寿春。张式等皆自首，乃穷治其事。彪赐死，诸相连者悉夷三族。朝议咸以为《春秋》之义，齐崔杼、郑归生皆加追戮，陈尸斲棺，载在方策。淩、愚罪宜如旧典。乃发淩、愚冢，剖棺，暴尸于所近市三日，烧其印绶、朝服，亲土埋之。进弘、华爵为乡侯。广有志尚学行，死时年四十余。

毌丘俭字仲恭，河东闻喜人也。父兴，黄初中为武威太守，伐叛柔服，开通河右，名次金城太守苏则。讨贼张进及讨叛胡有功，封高阳乡侯。入为将作大匠。俭袭父爵，为平原侯文学。明帝即位，为尚书郎，迁羽林监。以东宫之旧，甚见亲待。出为洛阳典农。时取农民以治宫室，俭上疏曰："臣愚以为天下所急除者二贼，所急务者衣食。诚使二贼不灭，士民饥冻，虽崇美宫室，犹无益也。"迁荆州刺史。

青龙中，帝图讨辽东，以俭有干策，徙为幽州刺史，加度辽将军，使持节，护乌丸校尉。率幽州诸军至襄平，屯辽隧。右北平乌丸单于寇娄敦、辽西乌丸都督率众王护留等，昔随袁尚奔辽东者，率众五千余人降。寇娄敦遣弟阿罗槃等诣阙朝贡，封其渠率二十余人为侯、王，赐舆马缯采各有差。公孙渊逆与俭战，不利，引还。明年，帝遣太尉司马宣王统中军及俭等众数万讨渊，定辽东。俭以功进封安邑侯，食邑三千九百户。

正始中，俭以高句骊数侵叛，督诸军步骑万人出玄菟，从诸道讨之。句骊王宫将步骑二万人，进军沸流水上，大战梁口，宫连破走。俭遂束马悬车，以登丸都，屠句骊所都，斩获首虏以千数。句骊沛者名得来，数谏宫，宫不从其言。得来叹曰："立见此地将生蓬蒿。"遂不食而死，举国贤之。俭令诸军不坏其墓，不伐其树，得其妻子，皆放遣之。宫单将妻子逃窜。俭引军还。六年，复征之，宫遂奔买沟。俭遣玄菟太守王颀追之，过沃沮千有余里，至肃慎氏南界，刻石纪功，刊丸都之山，铭不耐之城。诸所诛纳八千余口，论功受赏，侯者百余人。穿山溉灌，民赖其利。

迁左将军，假节监豫州诸军事，领豫州刺史，转为镇南将军。诸葛诞战于东关，不利，乃令诞、俭对换。诞为镇南，都督豫州。俭为镇东，都督扬州。吴太傅诸葛恪围合肥新城，俭与文钦御之，太尉司马孚督中军东解围，恪退还。

初，俭与夏侯玄、李丰等厚善。扬州刺史前将军文钦，曹爽之邑人也，骁果粗猛，数有战功，好增虏获，以徼宠赏，多不见许，怨恨日甚。

俭以计厚待钦，情好欢洽。钦亦感戴，投心无贰。正元二年正月，有彗星数十丈，西北竟天，起于吴、楚之分。俭、钦喜，以为己祥。遂矫太后诏，罪状大将军司马景王，移诸郡国，举兵反。迫胁淮南将守诸别屯者，及吏民大小，皆入寿春城，为坛于城西，歃血称兵为盟，分老弱守城，俭、钦自将五六万众渡淮，西至项。俭坚守，钦在外为游兵。

大将军统中外军讨之，别使诸葛诞督豫州诸军从安风津拟寿春，征东将军胡遵督青、徐诸军出于谯、宋之间，绝其归路。大将军屯汝阳，使监军王基督前锋诸军据南顿以待之。令诸军皆坚壁勿与战。俭、钦进不得斗，退恐寿春见袭，不得归，计穷不知所为。淮南将士，家皆在北，众心沮散，降者相属，惟淮南新附农民为之用。大将军遣兖州刺史邓艾督泰山诸军万余人至乐嘉，示弱以诱之，大将军寻自洙至。钦不知，果夜来欲袭艾等，会明，见大军兵马盛，乃引还。大将军纵骁骑追击，大破之，钦遁走。是日，俭闻钦战败，恐惧夜走，众溃。比至慎县，左右人兵稍弃俭去，俭独与小弟秀及孙重藏水边草中。安风津都尉部民张属就射杀俭，传首京都。属封侯。秀、重走入吴。将士诸为俭、钦所迫胁者，悉归降。

俭子甸为治书侍御史，先时知俭谋将发，私出将家属逃走新安灵山上。别攻下之，夷俭三族。

钦亡入吴，吴以钦为都护、假节、镇北大将军、幽州牧、谯侯。

诸葛诞字公休，琅邪阳都人，诸葛丰后也。初以尚书郎为荥阳令，入为吏部郎。人有所属托，辄显其言而承用之，后有当否，则公议其得失以为褒贬，自是群僚莫不慎其所举。累迁御史中丞尚书，与夏侯玄、邓飏等相善，收名朝廷，京都翕然。言事者以诞、飏等修浮华，合虚誉，渐不可长。明帝恶之，免诞官。会帝崩，正始初，玄等并在职。复以诞为御史中丞尚书，出为扬州刺史，加昭武将军。

王淩之阴谋也，太傅司马宣王潜军东伐，以诞为镇东将军、假节都督扬州诸军事，封山阳亭侯。诸葛恪兴东关，遣诞督诸军讨之，与战，不利。还，徙为镇南将军。

后毌丘俭、文钦反，遣使诣诞，招呼豫州士民。诞斩其使，露布天下，令知俭、钦凶逆。大将军司马景王东征，使诞督豫州诸军，渡安风津向寿春。俭、钦之破也，诞先至寿春。寿春中十余万口，闻俭、钦败，恐诛，悉破城门出，流迸山泽，或散走入吴。以诞久在淮南，乃复以为镇东大将军、仪同三司、都督扬州。吴大将孙峻、吕据、留赞等闻淮南乱，会文钦往，乃帅众将钦径至寿春；时诞诸军已至，城不可攻，乃走。诞遣将军蒋班追击之，斩赞，传首，收其印节。进封高平侯，邑三千五百户，转为征东大将军。

诞既与玄、飏等至亲，又王淩、毌丘俭累见夷灭，惧不自安，倾帑藏振施以结众心，厚养亲附及扬州轻侠者数千人为死士。甘露元年冬，吴贼欲向徐堨，计诞所督兵马足以待之，而复请十万众守寿春，又求临淮筑城以备寇，内欲保有淮南。朝廷微知诞有自疑心，以诞旧臣，欲入度之。二年五月，征为司空。诞被诏书，愈恐，遂反。召会诸将，自出攻扬州刺史乐綝，杀之。敛淮南及淮北郡县屯田口十余万官兵，扬州新附胜兵者四五万人，聚谷足一年食，闭城自守。遣长史吴纲将小子靓至吴请救。吴人大喜，遣将全怿、全端、唐咨、王祚等，率三万众，密与文钦俱来应诞。以诞为左都护、假节、大司徒、骠骑将军、青州牧、寿春侯。是时镇南将军王基始至，督诸军围寿春，未合。咨、钦等从城东北，因山乘险，得将其众突入城。

六月，车驾东征，至项。大将军司马文王督中外诸军二十六万众，临淮讨之。大将军屯丘头。使基及安东将军陈骞等四面合围，表里再重，堑垒甚峻。又使监军石苞督兖州刺史州泰等，简锐卒为游军，备外寇。钦等数出犯围，逆击走之。吴将朱异再以大众来迎诞等，渡黎浆水，泰等逆与战，每摧其锋。孙綝以异战不进，怒而杀之。城中食转少，外救不至，众无所恃。将军蒋班、焦彝，皆诞爪牙计事者也，弃诞，逾城自归大将军。大将军乃使反间，以奇变说全怿等，怿等率众数千人开门来出。城中震惧，不知所为。

三年正月，诞、钦、咨等大为攻具，昼夜五六日攻南围，欲决围而出。围上诸军，临高以发石车火箭逆烧破其攻具，弩矢及石雨下，死伤者蔽地，血流盈堑。复还入城，城内食转竭，降出者数万口。钦欲尽出北方人，省食，与吴人坚守，诞不听，由是争恨。钦素与诞有隙，徒以计合，事急愈相疑。钦见诞计事，诞遂杀钦。钦子鸯及虎将兵在小城中，闻钦死，勒兵驰赴之，众不为用。鸯、虎单走，逾城出，自归大将军。军吏请诛之，大将军令曰："钦之罪不容诛，其子固应当戮，然鸯、虎以穷归命，且城未拔，杀之是坚其心也。"乃赦鸯、虎，使将兵数百骑驰巡城，呼语城内云："文钦之子犹不见杀，其余何惧？"表鸯、虎为将军，各赐爵关内侯。城内喜且扰，又日饥困，诞、咨等智力穷。大将军乃自临围，四面进兵，同时鼓噪登城，城内无敢动者。诞窘急，单乘马，将其麾下突小城门出。大将军司马胡奋部兵逆击，斩诞，传首，夷三族。诞麾下数百人，坐不降见斩，皆曰："为诸葛公死，不恨。"其得人心如此。唐咨、王祚及诸裨将皆面缚降，吴兵万众，器仗军实山积。

初围寿春，议者多欲急攻之，大将军以为："城固而众多，攻之必力屈，若有外寇，表里受敌，此危道也。今三叛相聚于孤城之中，天其或者将使同就戮，吾当以全策縻之，可坐而制也。"诞以二年五月反，三年二月破灭。六军按甲，深沟高垒，而诞自困，竟不烦攻而克。及破寿春，议者又以为淮南仍为叛逆，吴兵室家在江南，不可纵，宜悉坑之。大将军以为古之用兵，全国为上，戮其元恶而已。吴兵就得亡还，适可以示中国之弘耳。一无所杀，分布三河近郡以安处之。

唐咨本利城人。黄初中，利城郡反，杀太守徐箕，推咨为主。文帝遣诸军讨破之，咨走入海，遂亡至吴，官至左将军，封侯、持节。诞、钦屠戮，咨亦生禽，三叛皆获，天下快焉。拜咨安远将军，其余裨将咸假号位，吴众悦服。江东感之，皆不诛其家。其淮南将吏士民诸为诞所胁略者，惟诛其首逆，余皆赦之，听鸯、虎收敛钦丧，给其车牛，致葬旧墓。

邓艾字士载，义阳棘阳人也。少孤，太祖破荆州，徙汝南，为农民养犊。年十二，随母至颍川，读故太丘长陈寔碑文，言"文为世范，行为士则"，艾遂自名范，字士则。后宗族有与同者，故改焉。为都尉学士，以口吃，不得作干佐。为稻田守丛草吏。同郡吏父怜其家贫，资给甚厚，艾初不称谢。每见高山大泽，辄规度指画军营处所，时人多笑焉。后为典农纲纪，上计吏，因使见太尉司马宣王。宣王奇之，辟之为掾，迁尚书郎。

时欲广田畜谷，为灭贼资，使艾行陈、项已东至寿春。艾以为"田良水少，不足以尽地利，宜开河渠，可以引水浇溉，大积军粮，又通运漕之道"。乃著《济河论》以喻其指。又以为"昔破黄巾，因为屯田，积谷于许都以制四方。今三隅已定，事在淮南，每大军征举，运兵过半，功费巨亿，以为大役。陈、蔡之间，土下田良，可省许昌左右诸稻田，并水东下。令淮北屯二万人，淮南三万人，十二分休，常有四万人，且田且守。水丰常收三倍于西，计除众费，岁完五百万斛以为军资。六七年间，可积三千万斛于淮上，此则十万之众五年食也。以此乘吴，无往而不克矣。”宣王善之，事皆施行。正始二年，乃开广漕渠，每东南有事，大军兴众，泛舟而下，达于江、淮，资食有储而无水害，艾所建也。

出参征西军事，迁南安太守。嘉平元年，与征西将军郭淮拒蜀偏将军姜维。维退，淮因西击羌。艾曰：“贼去未远，或能复还，宜分诸军以备不虞。”于是留艾屯白水北。三日，维遣廖化自白水南向艾结营。艾谓诸将曰：“维今卒还，吾军人少，法当来渡而不作桥。此维使化持吾，令不得还。维必自东袭取洮城。”洮城在水北，去艾屯六十里。艾即夜潜军径到，维果来渡，而艾先至据城，得以不败。赐爵关内侯，加讨寇将军，后迁城阳太守。

是时并州右贤王刘豹并为一部，艾上言曰：“戎狄兽心，不以义亲，强则侵暴，弱则内附，故周宣有猃狁之寇，汉祖有平城之围。每匈奴一盛，为前代重患。自单于在外，莫能牵制长卑。诱而致之，使来入侍。由是羌夷失统，合散无主。以单于在内，万里顺轨。今单于之尊日疏，外土之威浸重，则胡虏不可不深备也。闻刘豹部有叛胡，可因叛割为二国，以分其势。去卑功显前朝，而子不继业，宜加其子显号，使居雁门。离国弱寇，追录旧勋，此御边长计也。”又陈：“羌胡与民同处者，宜以渐出之，使居民表崇廉耻之教，塞奸宄之路。”大将军司马景王新辅政，多纳用焉。迁汝南太守，至则寻求昔所厚己吏父，久已死，遣吏祭之，重遗其母，举其子与计吏。艾所在，荒野开辟，军民并丰。

诸葛恪围合肥新城，不克，退归。艾言景王曰：“孙权已没，大臣未附，吴名宗大族，皆有部曲，阻兵仗势，足以建命。恪新秉国政，而内无其主，不念抚恤上下以立根基，竞于外事，虐用其民，悉国之众，顿于坚城，死者万数，载祸而归，此恪获罪之日也。昔子胥、吴起、商鞅、乐毅皆见任时君，主没而败。况恪才非四贤，而不虑不患，其亡可待也。”恪归，果见诛。迁兖州刺史，加振威将军。上言曰：“国之所急，惟农与战，国富则兵强，兵强则战胜。然农者，胜之本也。孔子曰‘足食足兵’，食在兵前也。上无设爵之劝，则下无财畜之功。今使考绩之赏，在于积粟富民，则交游之路绝，浮华之原塞矣。”

高贵乡公即尊位，进封方城亭侯。毌丘俭作乱，遣健步赍书，欲疑惑大众，艾斩之，兼道进军，先趣乐嘉城，作浮桥。司马景王至，遂据之。文钦以后大军破败于城下，艾追之至丘头。钦奔吴。吴大将军孙峻等号十万众，将渡江，镇东将军诸葛诞遣艾据肥阳，艾以与贼势相远，非要害之地，辄移屯附亭，遣泰山太守诸葛绪等于黎浆拒战，遂走之。其年征拜长水校尉。以破钦等功，进封方城乡侯，行安西将军。解雍州刺史王经围于狄道，姜维退驻钟提，乃以艾为安西将军，假节、领护东羌校尉。议者多以为维力已竭，未能更出。艾曰："洮西之败，非小失也；破军杀将，仓廪空虚，百姓流离，几于危亡。今以策言之，彼有乘胜之势，我有虚弱之实，一也。彼上下相习，五兵犀利，我将易兵新，器杖未复，二也。彼以船行，吾以陆军，劳逸不同，三也。狄道、陇西、南安、祁山，各当有守，彼专为一，我分为四，四也。从南安、陇西，因食羌谷，若趣祁山，熟麦千顷，为之县饵，五也。贼有黠数，其来必矣。"顷之，维果向祁山，闻艾已有备，乃回从董亭趣南安，艾据武城山以相持。维与艾争险，不克，其夜，渡渭东行，缘山趣上邽，艾与战于段谷，大破之。甘露元年诏曰："逆贼姜维连年狡黠，民夷骚动，西土不宁。艾筹画有方，忠勇奋发，斩将十数，馘首千计；国威震于巴、蜀，武声扬于江、岷。今以艾为镇西将军、都督陇右诸军事，进封邓侯。分五百户封子忠为亭侯。"二年，拒姜维于长城，维退还。迁征西将军，前后增邑凡六千六百户。景元三年，又破维于侯和，维却保沓中。四年秋，诏诸军征蜀，大将军司马文王皆指授节度，使艾与维相缀连；雍州刺史诸葛绪要维，令不得归。艾遣天水太守王颀等直攻维营，陇西太守牵弘等邀其前，金城太守杨欣等诣甘松。维闻钟会诸军已入汉中，引退还。欣等追蹑于彊川口，大战，维败走。闻雍州已塞道，屯桥头，从孔函谷入北道，欲出雍州后。诸葛绪闻之，却还三十里。维入北道三十余里，闻绪军却，寻还，从桥头过，绪趣截维，较一日不及。维遂东引，还守剑阁。钟会攻维未能克。艾上言："今贼摧折，宜遂乘之，从阴平由邪径经汉德阳亭趣涪，出剑阁西百里，去成都三百余里，奇兵冲其腹心。剑阁之守必还赴涪，则会方轨而进；剑阁之军不还，则应涪之兵寡矣。军志有之曰：'攻其无备，出其不意。'今掩其空虚，破之必矣。"

冬十月，艾自阴平道行无人之地七百余里，凿山通道，造作桥阁。山高谷深，至为艰险，又粮运将匮，频于危殆。艾以毡自裹，推转而下。将士皆攀木缘崖，鱼贯而进。先登至江由，蜀守将马邈降。蜀卫将军诸葛瞻自涪还绵竹，列陈待艾。艾遣子惠唐亭侯忠等出其右，司马师纂等出其左。忠、纂战不利，并退还，曰："贼未可击。"艾怒曰："存亡之分，在此一举，何不可之有？"乃叱忠、纂等，将斩之。忠、纂驰还更战，大破之，斩瞻及尚书张遵等首，进军到雒。刘禅遣使奉皇帝玺绶，为笺诣艾请降。

艾至成都，禅率太子诸王及群臣六十余人面缚舆榇诣军门，艾执节解缚焚榇，受而宥之。检御将士，无所虏略，绥纳降附，使复旧业，蜀人称焉。辄依邓禹故事，承制拜禅行骠骑将军，太子奉车、诸王驸马都尉。蜀群司各随高下拜为王官，或领艾官属。以师纂领益州刺史，陇西太守牵弘等领蜀中诸郡。使于绵竹筑台以为京观，用彰战功。士卒死事者，皆与蜀兵同共埋藏。艾深自矜伐，谓蜀士大夫曰："诸君赖遭某，故得有今日耳。若遇吴汉之徒，已殄灭矣。"又曰："姜维自一时雄儿也，与某相值，故穷耳。"有识者笑之。

十二月，诏曰："艾曜威奋武，深入虏庭，斩将搴旗，枭其鲸鲵，使僭号之主，稽首系颈，历世逋诛，一朝而平。兵不逾时，战不终日，云彻席卷，荡定巴蜀。虽白起破强楚，韩信克劲赵，吴汉禽子阳，亚夫灭七国，计功论美，不足比勋也。其以艾为太尉，增邑二万户，封子二人亭侯，各食邑千户。"艾言司马文王曰："兵有先声而后实者，今因平蜀之势以乘吴，吴人震恐，席卷之时也。然大举之后，将士疲劳，不可便用，且徐缓之；留陇右兵二万人，蜀兵二万人，煮盐兴冶，为军农要用，并作舟船，豫顺流之事，然后发使告以利害，吴必归化，可不征而定也。今宜厚刘禅以致孙休，安士民以来远人，若便送禅于京都，吴以为流徙，则于向化之心不劝。宜权停留，须来年秋冬，比尔吴亦足平。以为可封禅为扶风王，锡其资财，供其左右。郡有董卓坞，为之宫舍。爵其子为公侯，食郡内县，以显归命之宠。开广陵、城阳以待吴人，则畏威怀德，望风而从矣。"文王使监军卫瓘喻艾："事当须报，不宜辄行。"艾重言曰："衔命征行，奉指授之策，元恶既服；至于承制拜假，以安初附，谓合权宜。今蜀举众归命，地尽南海，东接吴会，宜早镇定。若待国命，往复道途，延引日月。《春秋》之义，大夫出疆，有可以安社稷，利国家，专之可也。今吴未宾，势与蜀连，不可拘常以失事机。兵法，进不求名，退不避罪，艾虽无古人之节，终不自嫌以损于国也。"钟会、胡烈、师纂等皆白艾所作悖逆，变衅以结。诏书槛车征艾。

艾父子既囚，钟会至成都，先送艾，然后作乱。会已死，艾本营将士追出艾槛车，迎还。瓘遣田续等讨艾，遇于绵竹西，斩之。子忠与艾俱死。余子在洛阳者悉诛，徙艾妻子及孙于西域。

初，艾当伐蜀，梦坐山上而有流水，以问殄虏护军爰邵。邵曰："按《易》卦，山上有水曰《蹇》。《蹇》繇曰：'《蹇》利西南，不利东北。'孔子曰：'《蹇》利西南，往有功也；不利东北，其道穷也。'往必克蜀，殆不还乎！"艾怃然不乐。

泰始元年，晋室践阼，诏曰："昔太尉王淩谋废齐王，而王竟不足以守位。征西将军邓艾，矜功失节，实应大辟。然被书之日，罢遣人众，束手受罪，比于求生遂为恶者，诚复不同。今大赦得还，若无子孙者听使立后，令祭祀不绝。"三年，议郎段灼上疏理艾曰："艾心怀至忠而荷反逆之名，平定巴蜀而受夷灭之诛，臣窃悼之。惜哉，言艾之反也！艾性刚急，轻犯雅俗，不能协同朋类，故莫肯理之。臣敢言艾不反之状。昔姜维有断陇右之志，艾修治备守，积谷强兵。值岁凶旱，艾为区种，身被乌衣，手执耒耜，以率将士。上下相感，莫不尽力。艾持节守边，所统万数，而不难仆虏之劳，士民之役，非执节忠勤，孰能若此？故落门、段谷之战，以少击多，摧破强贼。先帝知其可任，委艾庙胜，授以长策。艾受命忘身，束马悬车，自投死地，勇气陵云，士众乘势，使刘禅君臣面缚，叉手屈膝。艾功名以成，当书之竹帛，传祚万世。七十老公，反欲何求！艾诚恃养育之恩，心不自疑，矫命承制，权安社稷；虽违常科，有合古义，原心定罪，本在可论。钟会忌艾威名，搆成其事。忠而受诛，信而见疑，头县马市，诸子并斩，见之者垂泣，闻之者叹息。陛下龙兴，阐弘大度，释诸嫌忌，受诛之家，不拘叙用。昔秦民怜白起之无罪，吴人伤子胥之冤酷，皆为立祠。今天下民人为艾悼心痛恨，亦犹是也。臣以为艾身首分离，捐弃草土，宜收尸丧，还其田宅。以平蜀之功，绍封其孙，使阖棺定谥，死无余恨。赦冤魂于黄泉，收信义于后世，葬一人而天下慕其行，埋一魂而天下归其义，所为者寡而悦者众矣。"九年，诏曰："艾有功勋，受罪不逃刑，而子孙为民隶，朕常愍之。其以嫡孙朗为郎中。"

艾在西时，修治障塞，筑起城坞。泰始中，羌虏大叛，频杀刺史，凉州道断。吏民安全者，皆保艾所筑坞焉。

艾州里时辈南阳州泰，亦好立功业，善用兵，官至征虏将军、假节都督江南诸军事。景元二年薨，追赠卫将军，谥曰壮侯。

钟会字士季，颍川长社人，太傅繇小子也。少敏惠夙成。中护军蒋济著论，谓"观其眸子，足以知人。"会年五岁，繇遣见济，济甚异之，曰："非常人也。"及壮，有才数技艺，而博学精练名理，以夜续昼，由是获声誉。正始中，以为秘书郎，迁尚书中书侍郎。高贵乡公即尊位，赐爵关内侯。

毌丘俭作乱，大将军司马景王东征，会从，典知秘事，卫将军司马文王为大军后继。景王薨于许昌，文王总统六军，会谋谟帷幄。时中诏敕尚书傅嘏，以东南新定，权留卫将军屯许昌为内外之援，令嘏率诸军还。会与嘏谋，使嘏表上，辄与卫将军俱发，还到雒水南屯住。于是朝廷拜文王为大将军、辅政，会迁黄门侍郎，封东武亭侯，邑三百户。

甘露二年，征诸葛诞为司空，时会丧宁在家，策诞必不从命，驰白文王。文王以事已施行，不复追改。及诞反，车驾住项，文王至寿春，会复从行。

初，吴大将全琮，孙权之婚亲重臣也，琮子怿、孙静、从子端、翩、缉等，皆将兵来救诞。怿兄子辉、仪留建业，与其家内争讼，携其母，将部曲数十家渡江，自归文王。会建策，密为辉、仪作书，使辉、仪所亲信赍入城告怿等，说吴中怒怿等不能拔寿春，欲尽诛诸将家，故逃来归命。怿等恐惧，遂将所领开东城门出降，皆蒙封宠，城中由是乖离。寿春之破，会谋居多，亲待日隆，时人谓之子房。军还，迁为太仆，固辞不就。以中郎在大将军府管记室事，为腹心之任。以讨诸葛诞功，晋爵陈侯，屡让不受。诏曰："会典综军事，参同计策，料敌制胜，有谋谟之勋，而推宠固让，辞指款实，前后累重，志不可夺。夫成功不处，古人所重，其听会所执，以成其美。"迁司隶校尉。虽在外司，时政损益，当世与夺，无不综典。嵇康等见诛，皆会谋也。

文王以蜀大将姜维屡扰边陲，料蜀国小民疲，资力单竭，欲大举图蜀。惟会亦以为蜀可取，豫共筹度地形，考论事势。景元三年冬，以会为镇西将军、假节都督关中诸军事。文王敕青、徐、兖、豫、荆、扬诸州，并使作船，又令唐咨作浮海大船，外为将伐吴者。四年秋，乃下诏使邓艾、诸葛绪各统诸军三万余人，艾趣甘松、沓中连缀维，绪趣武街、桥头绝维归路。会统十余万众，分从斜谷、骆谷入。先命牙门将许仪在前治道，会在后行，而桥穿，马足陷，于是斩仪。仪者，许褚之子，有功王室，犹不原贷。诸军闻之，莫不震竦。蜀令诸围皆不得战，退还汉、乐二城守。魏兴太守刘钦趣子午谷，诸军数道平行，至汉中。蜀监军王含守乐城，护军蒋斌守汉城，兵各五千。会使护军荀恺、前将军李辅各统万人，恺围汉城，辅围乐城。会径过，西出阳安口，遣人祭诸葛亮之墓。使护军胡烈等行前，攻破关城，得库藏积谷。姜维自沓中还，至阴平，合集士众，欲赴关城。未到，闻其已破，退趣白水，与蜀将张翼、廖化等合守剑阁拒会。

会移檄蜀将吏士民曰：

往者汉祚衰微，率土分崩，生民之命，几于泯灭。太祖武皇帝神武圣哲，拔乱反正，拯其将坠，造我区夏。高祖文皇帝应天顺民，受命践阼。烈祖明皇帝奕世重光，恢拓洪业。然江山之外，异政殊俗，率土齐民未蒙王化，此三祖所以顾怀遗恨也。今主上圣德钦明，绍隆前绪，宰辅忠肃明允，劬劳王室，布政垂惠而万邦协和，施德百蛮而肃慎致贡。悼彼巴蜀，独为匪民，愍此百姓，劳役未已。是以命授六师，龚行天罚，征西、雍州、镇西诸军，五道并进。古之行军，以仁为本，以义治之；王者之师，有征无战；故虞舜舞干戚而服有苗，周武有散财、发廪、表闾之义。今镇西奉辞衔命，摄统戎重，庶弘文告之训，以济元元之命，非欲穷武极战，以快一朝之政，故略陈安危之要，其敬听话言。

益州先主以命世英才，兴兵朔野，困踬冀、徐之郊，制命绍、布之手，太祖拯而济之，与隆大好。中更背违，弃同即异，诸葛孔明仍规秦川，姜伯约屡出陇右，劳动我边境，侵扰我氐、羌，方国家多故，未遑修九伐之征也。今边境乂清，方内无事，畜力待时，并兵一向，而巴蜀一州之众，分张守备，难以御天下之师。段谷、侯和沮伤之气，难以敌堂堂之陈。比年以来，曾无宁岁，征夫勤瘁，难以当子来之民。此皆诸贤所亲见也。蜀相壮见禽于秦，公孙述授首于汉，九州之险，是非一姓。此皆诸贤所备闻也。明者见危于无形，智者规祸于未萌，是以微子去商，长为周宾，陈平背项，立功于汉。岂晏安鸩毒，怀禄而不变哉？今国朝隆天覆之恩，宰辅弘宽恕之德，先惠后诛，好生恶杀。往者吴将孙壹举众内附，位为上司，宠秩殊异。文钦、唐咨为国大害，叛主仇贼，还为戎首。咨困逼禽获，钦二子还降，皆将军、封侯；咨与闻国事。壹等穷踧归命，犹加盛宠，况巴蜀贤知见机而作者哉！诚能深鉴成败，邈然高蹈，投迹微子之踪，错身陈平之轨，则福同古人，庆流来裔，百姓士民，安堵旧业，农不易亩，市不回肆，去累卵之危，就永安之福，岂不美与！若偷安旦夕，迷而不反，大兵一发，玉石皆碎，虽欲悔之，亦无及已。其详择利害，自求多福，各具宣布，咸使闻知。

邓艾阴平凿险图，出自清·马骀《百将传图》。描绘了魏将邓艾伐蜀，涉险偷渡阴平小道而获成功之事。

邓艾追姜维到阴平，简选精锐，欲从汉德阳入江由、左儋道诣绵竹，趣成都，与诸葛绪共行。绪以本受节度邀姜维，西行非本诏，遂进军前向白水，与会合。会遣将军田章等从剑阁西，径出江由。未至百里，章先破蜀伏兵三校，艾使章先登。遂长驱而前。会与绪军向剑阁，会欲专军势，密白绪畏懦不进，槛车征还。军悉属会，进攻剑阁，不克，引退，蜀军保险拒守。艾遂至绵竹，大战，斩诸葛瞻。维等闻瞻已破，率其众东入于巴。会乃进军至涪，遣胡烈、田续、庞会等追维。艾进军向成都，刘禅诣艾降，遣使敕维等令降于会。维至广汉郪县，令兵悉放器仗，送节传于胡烈，便从东道诣会降。会上言曰："贼姜维、张翼、廖化、董厥等逃死遁走，欲趣成都。臣辄遣司马夏侯咸、护军胡烈等，经从剑阁，出新都、大渡截其前，参军爰彰、将军句安等蹑其后，参军皇甫闿、将军王买等从涪南出冲其腹，臣据涪县为东西势援。维等所统步骑四五万人，擐甲厉兵，塞川填谷，数百里中首尾相继，凭恃其众，方轨而西。臣敕咸、闿等令分兵据势，广张罗罔，南杜走吴之道，西塞成都之路，北绝越逸之径，四面云集，首尾并进，蹊路断绝，走伏无地。臣又手书申喻，开示生路，群寇困逼，知命穷数尽，解甲投戈，面缚委质，印绶万数，资器山积。昔舜舞干戚，有苗自服；牧野之师，商旅倒戈：有征无战，帝王之盛业。全国为上，破国次之；全军为上，破军次之：用兵之令典。陛下圣德，侔踪前代，翼辅忠明，齐轨公旦，仁育群生，义征不譓，殊俗向化，无思不服，师不逾时，兵不血刃，万里同风，九州共贯。臣辄奉宣诏命，导扬恩化，复其社稷，安其闾伍，舍其赋调，弛其征役，训之德礼以移其风，示之轨仪以易其俗，百姓欣欣，人怀逸豫，后来其苏，义无以过。"会于是禁检士众不得钞略，虚己诱纳，以接蜀之群司，与维情好欢甚。十二月诏曰："会所向摧弊，前无强敌，缄制众城，罔罗迸逸。蜀之豪帅，面缚归命，谋无遗策，举无废功。凡所降诛，动以万计，全胜独克，有征无战。拓平西夏，方隅清晏。其以会为司徒，进封县侯，增邑万户。封子二人亭侯，邑各千户。"

会内有异志，因邓艾承制专事，密白艾有反状，于是诏书槛车征艾。司马文王惧艾或不从命，敕会并进军成都，监军卫瓘在会前行，以文王手笔令宣喻艾军，艾军皆释仗，遂收艾入槛车。会所惮惟艾，艾既禽而会寻至，独统大众，威震西土。自谓功名盖世，不可复为人下，加猛将锐卒皆在己手，遂谋反。欲使姜维等皆将蜀兵出斜谷，会自将大众随其后。既至长安，令骑士从陆道，步兵从水道顺流浮渭入河，以为五日可到孟津，与骑会洛阳，一旦天下可定也。会得文王书云："恐邓艾或不就征，今遣中护军贾充将步骑万人径入斜谷，屯乐城，吾自将十万屯长安，相见在近。"会得书，惊呼所亲语之曰："但取邓艾，相国知我能独办之；今来大重，必觉我异矣，便当速发。事成，可得天下；不成，退保蜀汉，不失作刘备也。我自淮南以来，画无遗策，四海所共知也。我欲持此安归乎！"会以五年正月十五日至，其明日，悉请护军、郡守、牙门骑督以上及蜀之故官，为太后发丧于蜀朝堂。矫太后遗诏，使会起兵废文王，皆班示坐上人，使下议讫，书版署置，更使所亲信代领诸军。所请群官，悉闭著益州诸曹屋中，城门宫门皆闭，严兵围守。会帐下督丘建本属胡烈，烈荐之文王，会请以自随，任爱之。建愍烈独坐，启会，使听内一亲兵出取饮食，诸牙门随例各内一人。烈绐语亲兵及疏与其子曰："丘建密说消息，会已作大坑，白棓数千，欲悉呼外兵入，人赐白帢，拜为散将，以次棓杀坑中。"诸牙门亲兵亦咸说此语，一夜传相告，皆遍。或谓会："可尽杀牙门骑督以上。"会犹豫未决。十八日日中，烈军兵与烈儿雷鼓出门，诸军兵不期皆鼓噪出，曾无督促之者，而争先赴城。时方给与姜维铠杖，白外有匈匈声，似失火，有顷，白兵走向城。会惊，谓维曰："兵来似欲作恶，当云何？"维曰："但当击之耳。"会遣兵悉杀所闭诸牙门郡守，内人共举机以柱门，兵斫门，不能破。斯须，门外倚梯登城，或烧城屋，蚁附乱进，矢下如雨，牙门、郡守各缘屋出，与其卒兵相得。姜维率会左右战，手杀五六人，众既格斩维，争赴杀会。会时年四十，将士死者数百人。

初，艾为太尉，会为司徒，皆持节、都督诸军如故，咸未受命而毙。会兄毓，以四年冬薨，会竟未知问。会兄子邕，随会与俱死。会所养兄子毅及峻、辿敕连反。等下狱，当伏诛。司马文王表天子下诏曰："峻等祖父繇，三祖之世，极位台司，佐命立勋，飨食庙庭。父毓，历职内外，干事有绩。昔楚思子文之治，不灭鬬氏之祀。晋录成宣之忠，用存赵氏之后。以会、邕之罪，而绝繇、毓之类，吾有愍然！峻、辿兄弟特原，有官爵者如故。惟毅及邕息伏法。"或曰，毓曾密启司马文王，言会挟术难保，不可专任，故宥峻等云。

初，文王欲遣会伐蜀，西曹属邵悌求见曰："今遣钟会率十余万众伐蜀，愚谓会单身无重任，不若使余人行。"文王笑曰："我宁当复不知此耶？蜀为天下作患，使民不得安息，我今伐之如指掌耳，而众人皆言蜀不可伐。夫人心豫怯则智勇并竭，智勇并竭而强使之，适为敌禽耳。惟钟会与人意同，今遣会伐蜀，必可灭蜀。灭蜀之后，就如卿所虑，当何所能一办耶？凡败军之将不可以语勇，亡国之大夫不可与图存，心胆以破故也。若蜀以破，遗民震恐，不足与图事；中国将士各自思归，不肯与同也。若作恶，祇自灭族耳。卿不须忧此，慎莫使人闻也。”及会白邓艾不轨，文王将西，悌复曰：“钟会所统，五六倍于邓艾，但可敕会取艾，不足自行。”文王曰：“卿忘前时所言邪，而更云可不须行乎？虽尔，此言不可宣也。我要自当以信义待人，但人不当负我，我岂可先人生心哉！近日贾护军问我，言：‘颇疑钟会不？’我答言：‘如今遣卿行，宁可复疑卿邪？’贾亦无以易我语也。我到长安，则自了矣。”军至长安，会果已死，咸如所策。

会尝论《易》无互体、才性同异。及会死后，于会家得书二十篇，名曰《道论》，而实刑名家也，其文似会。初，会弱冠与山阳王弼并知名。弼好论儒道，辞才逸辩，注《易》及《老子》，为尚书郎，年二十余卒。

评曰：王淩风节格尚，毌丘俭才识拔干，诸葛诞严毅威重，钟会精练策数，咸以显名，致兹荣任，而皆心大志迂，不虑祸难，变如发机，宗族涂地，岂不谬惑邪！邓艾矫然强壮，立功立事，然闇于防患，咎败旋至，岂远知乎诸葛恪而不能近自见，此盖古人所谓目论者也。

【译文】

王淩字彦云，是太原郡祁县人。他的叔父王允，为东汉司徒，诛杀了董卓。董卓的部将李傕、郭汜等人为董卓报仇，攻入长安，杀死王允，屠杀了其全家。王淩和他的哥哥王晨当时年纪都小，翻过城墙得以脱难，逃回乡里保命。王淩被举为孝廉，任发干县长。后又升迁中山太守，所在任上有治绩，曹操任他为丞相掾属。

曹丕登上皇位，任命王淩为散骑常侍，出任兖州刺史，和张辽等人一起到广陵讨伐孙权。到达长江后，夜里突然狂风大作，吴将吕范等人的船只被吹到了北岸。王淩与众将迎击，杀了敌人的首领，缴获敌人船只，立下战功，封为宜城亭侯，加封建武将军，又调任青州刺史。由于汉季衰亡，海滨等地秩序很乱。王淩布政施教，赏善罚恶，使当地纲纪井然，百姓无不交口称赞。之后跟随曹休征伐东吴，在夹石与敌军相遇，曹休军失利，王淩拼死突围，使曹休幸免于难。王淩又被调任扬州、豫州刺史，颇得军民欢心。刚刚到豫州时，就表彰先贤后代，征召没有出名的俊杰之士，各方面都有律条教化，影响极好。当初，王淩和司马朗、贾逵的关系友善，等他到兖州、豫州上任后，又承继和发扬了他们在任时的好名声。正始初年，任征东将军，持节都督扬州诸军事。正始二年，东吴大将全琮统数万人进犯芍陂。王淩率诸军与之在芍陂展开争夺战，苦战几天，终使吴军退走。晋封南乡侯，食邑一千三百五十户，迁车骑将军、仪同三司。

此时，王淩的外甥令狐愚凭借自己的才能做了兖州刺史，屯驻在平阿。娘舅外甥一起统率兵马，专门负责镇守淮南的重任。不久，王淩就地升为司空。司马懿杀了曹爽后，晋升王淩为太尉，授节钺。王淩与令狐愚秘密商议，认为齐王曹芳不能胜任天子之位，楚王曹彪年长且有才干，想要迎立曹彪在许昌称帝。嘉平元年九月，令狐愚派遣将领张式到白马，与曹彪相互问候往来。王淩又派遣中书舍人劳精到洛阳，把这事告诉了儿子王广。王广说："废立皇帝事情重大，不要首先惹来祸患。"这年十一月，令狐愚又派张式去见曹彪，还没有回来，令狐愚病死。嘉平二年，火星移到南斗星旁，王淩说："斗宿中有别的星，当有凸显富贵的人出现。"嘉平三年春，吴军堵塞涂水，王淩想借机发兵，便大力整军，上表请求讨伐敌人，皇帝下诏不同意。王淩更加快了阴谋的脚步，遣将军杨弘把废立皇帝之事告诉兖州刺史黄华，黄华、杨弘联名把事况报告太傅司马懿。司马懿率大军沿水路征讨王淩，先下令赦免王淩的罪，又带着尚书王广东行，让他写信劝谕王淩，大军迅速赶到百尺堰逼近王淩。王淩自知大势已去，便只身乘船迎接司马懿，又遣属官王彧前去谢罪，送还朝廷授予的印绶、节钺。司马懿大军到达丘头，王淩反绑双手，站在水边。司马懿承诏书派主簿解开王淩的绑缚，重新穿上官服，又接见王淩，抚慰他，并归还他的印绶、节钺，又派遣步骑兵六百人送王淩回京。到项县王淩服毒自杀。司马懿便到了寿春，张式等人全都自首，司马懿深入追查此事。曹彪被赐死，与此事有关联的全部被诛杀三族。朝臣议论觉得，依《春秋》大义，齐国崔杼、郑国归生都是被处死后追加刑戮，开棺暴尸，这是记载在典籍中的。王淩、令狐愚的罪应按古代法典处置。就这样，挖开王淩、令狐愚的坟墓，剖棺于就近的市上，暴尸三日，烧掉他们的印绶、朝服，将他们直接埋在土里。晋升杨弘、黄华的爵位为乡侯。

王广有志向、学问和品行，死时四十多岁。

毌丘俭字仲恭，是河东闻喜县人。他的父亲毌丘兴，黄初年间担任武威太守，讨伐叛逆，安抚百姓，开通黄河以西地区，名望仅次于金城太守苏则。因讨伐盗贼张进及叛逆的胡人有功，被封高阳乡侯。之后入朝为将作大匠。毌丘俭承继父爵，任平原侯曹叡的文学官。曹叡即位，任他为尚书郎，升羽林监。凭着与太子的旧谊，非常受皇帝的亲近厚待。又出任洛阳典农。那时候征调农民修建宫室，毌丘俭上疏说："臣愚见认为，天下之急务是剪除吴蜀二敌，急于处理的政务是百姓的衣食问题。假若两敌不剿灭，百姓忍冻挨饿。即便有高大华丽的宫殿，又有什么益处呢。"被升为荆州刺史。

青龙年间，明帝企图讨伐辽东，因为毌丘俭有才干策略，转任做了幽州刺史，加度辽将军官号，使持节，护乌丸校尉。毌丘俭率幽州诸军到达襄平，屯驻辽隧。右北平乌丸单于寇娄敦、辽西乌丸都督率众王护留等人，以及当初随袁尚投奔辽东的将领，率五千余众降附。寇娄敦派遣其弟阿罗槃等人进京朝贡，朝廷封乌丸首领二十多人为侯、王，赐给对方车马及丝织品多少不等。公孙渊迎毌丘俭，毌丘俭失利，退回。第二年，明帝派遣太尉宣王司马懿统率朝廷军及毌丘俭军等数万军讨伐公孙渊，平定辽东。毌丘俭因功晋封安邑侯，食邑三千九百户。

正始年间，毌丘俭因为高句骊多次入侵叛乱，就督统步骑兵万人出玄菟郡，分几路讨伐他。高句骊王名宫率部骑兵两万人，进军沸流水上游，两军在梁口大战，宫接连败退而逃走。毌丘俭于是命令包裹马蹄，抬起车辆，进攻丸都，屠灭宫的都城，斩杀数千人。高句骊有个名叫得来的沛者之官，多次劝谏宫，宫并不听得来的话。得来叹息说："马上就能看见此地变为废墟了。"于是绝食而死。高句骊举国都认为得来是贤明之人。毌丘俭命令军队不得破坏得来的坟墓，不得砍伐其坟墓上的树木，俘获得来的妻子儿女，全部放掉。宫只身率妻子逃窜。毌丘俭率军还。正始六年，毌丘俭再次征伐高句骊，宫于是逃到买沟。毌丘俭派玄菟太守王颀追赶，越过沃沮国一千多里，到达肃慎国的南界，刻石纪功，先后在丸都山、不耐城刊刻石碑。所诛杀俘虏的人口有八千多人，论功受赏，封侯者达一百多人。又在所征之处开山修渠，引水灌溉，百姓深得其利。

毌丘俭升左将军，持节杖，监督豫州诸军，兼任豫州刺史，后又转为镇南将军。诸葛诞于东关失利，朝廷命毌丘俭、诸葛诞对换职务。诸葛诞任镇南将军，督领豫州各军。毌丘俭为镇东将军，都督扬州各军。东吴太傅诸葛恪包围合肥新城，毌丘俭与文钦合力抵御。太尉司马孚统领京都兵马东下解围，诸葛恪撤军。

当初，毌丘俭和夏侯玄、李丰关系很好。扬州刺史前将军文钦与曹爽同乡，骁勇果敢，多次立战功，喜欢夸大缴获的战果，想获取朝廷更多的宠赏，但朝廷大多时候都不给，因此文钦的怨恨与日俱增。毌丘俭以计谋与文钦交好，两人关系融洽。文钦感恩戴德，忠心不二。正元二年正月，天上出现数十丈长的彗星，直贯西北天空，起于吴、楚分界处。毌丘俭、文钦十分高兴，认为这是自己吉祥的征候，于是，假称皇太后的诏命，宣布大将军司马师的罪状，向诸郡国发布公文，起兵反叛。又胁迫戍守别屯的淮南将士以及大小吏民，都入寿春城，在城西设坛，歃血结盟，分老弱兵留下守城，毌丘俭、文钦亲自率领五六万人渡淮河，西到项城。毌丘俭坚守城池，文钦在外机动。

司马师统领朝廷和各州郡的士兵讨伐毌丘俭，另外派诸葛诞督领豫州各军从安风津准备攻取寿春，征东将军胡遵督领青、徐二州各军从谯郡、宋国之间出击，截断毌、文的退路。大将军驻扎汝阳，派监军王基督前锋各军据守南顿严阵以待。命各军坚壁清野不与交战。毌丘俭、文钦进不能与朝廷军队作战，后撤又担心寿春被袭击，不能回去，无计可施亦不知如何是好。淮军将士的家乡都在北方，人心涣散，投降官军的人接连不断，只有淮南新归附的农民为他们效力。司马师派兖州刺史邓艾督领泰山郡各部一万多人到乐嘉，装出疲惫不堪的样子引诱叛军，自己则自汝阳赶到。文钦不知是计谋，果然乘夜想袭击邓艾，天亮时，见朝廷兵马甚多，便撤退了。司马师派骁勇骑兵追击，大破叛军，文钦逃走。当天，毌丘俭听说文钦战败，恐惧得连夜逃走，兵众溃散。到慎县时，身边的人逐渐地离开毌丘俭而去。毌丘俭只身与小弟毌秀以及孙子毌重藏在河边的草丛中。安风津都尉部民张属靠近射杀毌丘俭，将首级送到京城。张属封侯。毌秀、毌重逃到东吴。被毌丘俭、文钦所胁迫的将士，全都投降。

毌丘俭的儿子毌甸任治书侍御史，提前得知毌丘俭将要起兵造反，便自己出来带领家属逃到新安灵山上。朝廷另外出兵攻破，毌丘俭被诛杀三族。

文钦逃到东吴，东吴任其为都护、假节、镇北大将军、幽州牧，封谯侯。

诸葛诞字公休，是琅琊阳都县人，诸葛丰的后裔。开始时以尚书郎的资格任荥阳令，后入京任吏部郎。别人请他推荐，他就公开请托人的话并接受他予以试用，是否适当，则由众人公开评议他们的得失来作为评价，从此，众官员无不慎重地对待自己的荐举。后来，又多次升迁至御史中丞、尚书，与夏侯玄、邓飏等人交好，在朝野内外取得了名声，京都人士都争相趋附他们。谏官们认为诸葛诞、邓飏等人虚夸浮华，追求名誉，应该有所抑制。明帝厌恶他们，罢免了诸葛诞的官职。明帝去世。正始初年，夏侯玄等人都在朝任职，仍用诸葛诞为御史中丞、尚书，后出任扬州刺史，加昭武将军。

王淩密谋废立皇帝，太傅司马懿暗动大军东下讨伐，任命诸葛诞为镇东将军，持节杖，都督扬州各军，封山阳亭侯。东吴大将诸葛恪围攻东关，朝廷派诸葛诞统领大军迎战，失利。退还后，改任镇南将军。

后毌丘俭、文钦反叛，派使臣到诸葛诞处，想让他召集豫州军民参与反叛。诸葛诞斩杀使者，又向天下发布公告，揭露毌丘俭、文钦的叛逆罪行。大将军司马师东征，派诸葛诞都统豫州兵马，渡安风津向寿春进发，毌丘俭、文钦被打败。诸葛诞先到寿春，寿春城中十万多人，听说毌丘俭、文钦兵败，恐怕被杀，全都打破城门而出，流散在山林大泽之中，有的逃到东吴。朝廷因诸葛诞久在淮南，于是，又任命他为镇东大将军、仪同三司，都督扬州。东吴大将孙峻、吕据、留赞等听说淮南已乱，正好文钦前往寿春，于是派文钦率诸将夺取寿春。此时诸葛诞已抵达寿春，无法攻城，于是退走。诸葛诞派大将蒋班追击，杀死留赞，首级传送京城，又收其印节。诸葛诞被封为高平侯，食邑三千五百户，又转为征东大将军。

诸葛诞本来就与夏侯玄、邓飏等人关系亲密，又看到王淩、毌丘俭被诛灭，因而心中恐惧不安，就拿出所蓄钱财分散给部下以收买人心，又用优厚的待遇豢养投靠自己的人以及扬州轻生重义的豪侠几千人组成敢死营。甘露元年冬，吴军想攻打徐堨，朝廷估计，诸葛诞督领的兵马足够对付敌军，而诸葛诞却又请求朝廷再调十万人来防守寿春，又以在近淮河之地修筑城池防备吴军为借口，一心要保下淮南。朝廷对诸葛诞怀有疑虑之心略有察觉，因诸葛诞是前朝老臣，想把他调入朝廷后再进行观察。甘露二年五月，征他入朝为司空。诸葛诞接到诏书，很是恐慌，于是就发动叛乱了。他召集众将，亲自率兵攻打扬州刺史乐綝，并杀了他。征集淮南和淮北各郡县屯田的十多万官兵和扬州新归附的能作战的四五万人，又积聚了足够吃一年的粮谷，闭城自守。同时，又派遣长史吴纲带领小儿子诸葛靓到东吴求援。东吴大喜，即派大将全怿、全端、唐咨、王祚等人，率兵众三万，与文钦一起秘密接应诸葛诞。任诸葛诞为左都护、假节、大司徒、骠骑将军、青州牧、寿春侯。那时候，镇南将军王基刚到，正指挥各军包围寿春，包围圈还没形成，唐咨、文钦等从寿春城东北，凭借山势，带兵冲入城中。

六月，皇帝御驾东征，到达项地。大将军司马昭率领二十六万大军，亲临淮河征讨，屯兵于丘头，派王基和安东将军陈骞等四面围攻，将城围了两重，挖堑壕、筑堡垒。又派监军石苞、兖州刺史州泰等人，以精兵为机动，防备东吴兵马进攻。文钦等几次想冲出包围，都被击退。吴将朱异又派重兵来接应诸葛诞，渡过黎浆水。州泰等人在此迎战，每次都挫败了他们的进攻。孙綝因朱异出师不利，一怒杀了朱异。城中粮食渐少，外援又不到，已成孤军。将军蒋班、焦彝，都是诸葛诞的亲信部下，这时也丢弃了诸葛诞，翻越城墙向司马昭投降。司马昭又使反间计，劝说全怿等人率数千人打开城门投降。城中震恐，慌乱得不知所措。

甘露三年正月，诸葛诞、文钦、唐咨等大量制造进攻的器械，连续五六天不分昼夜向南强攻，想由此突围而出。魏军从高处用发石车发射石块和火箭烧毁城中的器械，石块和弩箭像雨点一样落下，城中都是死伤的人，血满堑壕。诸葛诞等人只得又退进城去死守，城内粮食就要吃光了，前后有数万人出城投降。文钦想把北方士卒全都驱赶出去，以节省粮食，与吴人一起坚守。诸葛诞不同意，因此两人产生争执，相互怨恨。文钦与诸葛诞素来不和，只不过聚合在一起只是事态所迫，一有分歧就更不信任对方。文钦去见诸葛诞商议军情，诸葛诞却趁机杀掉文钦。文钦的儿子文鸯、文虎领兵驻扎在小城中，听说父亲被杀，便挥军赶去报仇，可他们的部下却不肯效力。就这样，文鸯、文虎独自逃走，投奔司马昭。军中的执法官要处死他们。司马昭说：“文钦之罪即使诛杀也不能抵偿，其子本当斩首，但文鸯、文虎因走投无路而来归降，且寿春城还未攻下，杀了他们会使叛军更加顽抗到底。”于是，赦免了文鸯、文虎，让他们带数百骑兵绕城池奔走，向城里喊话，说：“文钦的儿子都未被杀，其余的人更没什么可怕的！”司马昭上表奏封文鸯、文虎为将军，分别赐爵关内侯。城内的人惊喜而动，加之一天比一天饥饿窘困，诸葛诞、唐咨等人也智穷力竭。司马昭亲自来到外围，指挥士兵从四面进攻，同时，击鼓呐喊登城，城内人都放弃了抵抗。诸葛诞因窘迫而急，单身匹马带领帐下兵丁冲出小城门想逃。大将军司马胡奋率兵迎击，斩杀诸葛诞，首级传送到京师，灭其三族。诸葛诞帐下数百人都因不投降而被杀，他们都说："为诸葛公而死，无遗憾。"诸葛诞确实很得人心。唐咨、王祚以及各副将都自缚而降，吴兵有一万多人投降，兵器等军用物资堆积如山。

当初大军包围寿春的时候，有很多人都建议快速强攻。司马昭却认为："寿春城池坚固且守军众多，强攻伤亡一定很大，如果再有外援夹击，腹背受敌，是非常危险的。如今诸葛诞、文钦、唐咨聚在孤城之中，就好像上天要让他们一起接受死刑，我当以万全之策束缚他们，安坐而制伏叛贼。"诸葛诞于甘露二年五月反叛，三年二月败亡。大军按兵不动，挖深沟、筑高垒，诸葛诞困守孤城，不用强攻而自破。攻破寿春后，又有人认为淮南多次出现反叛，被俘虏的一万多东吴士兵家在江南，不能放过他们，应该都活埋。大将军司马昭认为，古来用兵之道，征服整个敌国为上策，杀死罪首就行了。东吴士兵有能逃回江南去的，也正好向东吴显示中原的宽大。最后一个也没杀，把他们分别安置在河东、河内、河南三郡附近的各郡居住。

唐咨本是利城郡人，文帝黄初年间，利城郡反叛，杀死太守徐箕，推举唐咨为首领。文帝派各军征讨攻破了他们，唐咨逃到海上，后又逃到吴国，官至左将军，封侯爵、持符节。诸葛诞、文钦被杀，唐咨被活捉，三个叛逆被一网打尽，天下人心大快。朝廷封唐咨为安远将军，其余的副将也都有临时性的称号和官位，吴人都心悦诚服。东吴为此也深受震动，都不诛杀降魏吴人的家属。那些被诸葛诞胁迫的淮南将领、官士百姓，只诛杀其中为首叛逆的人，其余的都赦免了。并允许文鸯、文虎收殓了文钦的尸体，提供牛车，拉到祖坟安葬。

邓艾字士载，是义阳郡棘阳县人。他从小父亲就去世了，太祖攻破荆州后便流徙到汝南，给当地的农民放牛。十二岁的时候，邓艾随母亲来到颍川，在那里读到太丘长陈寔的碑文，其中有"文为世范，行为士则"的话，邓艾于是给自己取名叫范，字士则。后因宗族中已有叫这个名字的，所以就改了。邓艾开始时任都尉学士，由于口吃，不适宜做官府的办事员，只能做看守稻田中稻草堆的小吏。同郡一个官吏的父亲可怜他家贫穷，常常资助他，邓艾起初也不致谢。当他看到高山大湖的时候，总是规划考虑在哪里安排军营，别人常常嘲笑他。后来他担任典农纲纪、上计吏，因出使朝廷，得以结识太尉司马懿。司马懿认为邓艾不同一般，于是任命他为府中下属，又升任尚书郎。

当时朝廷打算扩大耕地以积蓄粮谷，为消灭敌人做物资储备，派遣邓艾巡视陈县、项县以东至寿春的地区。邓艾认为那里“土质优良而水少，不能够充分利用土地的效益，应该开凿河渠，这样可以引水浇灌，既可以大积军粮，又可以开通水运之道”。便写了《济河论》来说明自己的意图。又认为“从前太祖击破黄巾军以后，实行屯田制度，在许都囤积粮食用来制御天下。如今东、北、西三方已经平定，重大战事都在淮南，每逢大军征伐，一半以上的兵力用来运输，功力耗费巨大，成为很大的劳役。而陈县、上蔡县之间，土地低平肥沃，应该减少许昌周围的稻田，把那里用的河水集中起来引到东边。令淮河北屯兵两万人，淮河南屯兵三万人，按十分之二的比例轮休，经常保持四万人，一边种地一边戍守。收成好时，产量将是许都地区的三倍。扣除各种费用，每年可以收五百万斛粮食作为军用物资。六七年的时间，就可以在两淮地区积蓄三千万斛粮食，足够十万兵众吃五年。以此攻吴，则无往而不胜”。司马懿认为这个建议很好，全都照此施行。正始二年，便开始挖掘和拓宽漕渠，每当东南有事发生，大军出动，乘船而下，就可以到达江、淮地区，使军粮有储备又免去了水患，这些都是出自邓艾的建议。

邓艾出任征西将军参军，又升任为南安太守。嘉平元年，和征西将军郭淮一道抵御蜀国的偏将姜维。姜维撤退，郭淮乘机向西去攻打羌人。邓艾说：“蜀国贼敌离开这里还不远，或许还会回来，我们应该分兵把守，以防万一。”于是郭淮留邓艾驻军白水北面。三天后，姜维派廖化从白水南岸面对邓艾的驻地驻扎下来。邓艾对将领们说：“姜维现在突然返回，我军人少，按常理说他们应当渡河，而不是架桥。这是他们的计谋，姜维派廖化来牵制我，使我们不能返回。因此姜维一定会从东面袭击洮城。”洮城在之水以北，距离邓艾军营六十里。邓艾当夜秘密行军赶到洮城，姜维果然渡河夺城。但是邓艾已抢先到达并占据了洮城，才没有战败。朝廷赐给邓艾关内侯的爵位，加授讨寇将军的官衔，后来升任他为城阳太守。

此时，并州右贤王刘豹把匈奴各族合并为一部，邓艾上书说：“戎狄的兽心，是不能用礼义来使他们亲附的，他们强大就侵凌施暴，弱小就依顺归附，故而周宣王时有猃狁的寇患，汉高祖时有在平城的被围。每当匈奴强盛，就成为前代的重大祸患。自从单于在塞外，没有人能牵制他们的大小各级。引诱招致他们，使他们前来入朝侍奉。从此羌夷失去统一，聚散无主。因为单于在内陆，所以万里之地都遵守法度。现今单于的尊贵地位日益缩小，塞外的威信却日益增加，那么胡虏就不能不着重防备了。听闻刘豹部下有叛乱的胡人，可趁他们叛乱把他们分割为两国，分散他们的威势。去卑在前朝功劳显著，但儿子不能继承他的功业，应该给他的儿子加封显赫的名号，使他居住在雁门。分离敌国削弱敌寇，追录旧日的功勋，这是守御边塞的长久之计啊。”又陈述说：“羌人胡人与汉人同居一地的，应该慢慢将他们分离出来，把他们分在居民户口之外，对他们进行礼义廉耻的教化，杜塞他们作奸犯科的道路。”大将军司马景王刚刚辅政，采纳了很多邓艾的意见。改任邓艾为汝南太守，邓艾一到任，就寻求从前所厚待过自己的那个官吏的父亲，那人已经去世很久了，邓艾就派官吏去祭祀他，送了很多礼物给那官吏的母亲，举荐他的儿子做了计吏。邓艾所在之处，开辟荒野，军民都富足起来。

吴国将领诸葛恪包围了合肥新城，但是没能攻下，于是退兵。邓艾向司马景王进言说：“孙权已经死了，群臣无首，没有人衷心拥护孙亮。吴国的名宗大族都有自己的私兵，他们凭借武力依仗权势，足以违抗朝中的命令。诸葛恪刚刚执掌国家政权，却不把新君孙亮放在眼里，不考虑扎稳自己的根基，而抢先发动对外的战事，残暴地驱使百姓，出动全国的军备，驻守在坚固的城池下，因为这战死的人数以万计。他只能带着灾祸返回吴国，这就是诸葛恪获罪的日子。以前伍子胥、吴起、商鞅、乐毅都受到当时君主的宠信，君主一死他们就败亡了。何况诸葛恪的才能远逊于这四位贤人，却不考虑自己的忧患，他的灭亡指日可待。”诸葛恪返回吴国后，果然被杀害了。

邓艾升任兖州刺史，又被加授为振威将军。他上奏章说：“国家的当务之急，是发展农业和加强战备。国富则兵强，兵强方能取得战争的胜利。然而重视农业生产的发展，是胜利的根本。孔子说‘充足粮食，充足军备’，把粮食放在军备的前面。如果朝廷不设置爵位的鼓励措施，那么下面的百姓就不会有积蓄财富的成效。现今如果把考核官员政绩的奖赏，重点放在囤积粮食、使百姓富足上面，那么交结游说权贵的路子就断绝了，浮华不实的风气就杜绝了。”

高贵乡公即位，晋封邓艾为方城亭侯。毌丘俭叛乱，派手下的人带书信见邓艾，想煽动他一起起事，邓艾斩杀其使，兼程讨伐，抢先赶到乐嘉城，建造浮桥。司马师率军至，占据了乐嘉城。文钦因为后到乐嘉，所以在城下就被打败，邓艾追击至丘头。文钦投奔东吴，东吴将孙峻等号称十万兵众，准备渡江，镇东将军诸葛诞遣邓艾据守肥阳，邓艾认为肥阳距敌很远，又非要害，便自行移到附亭驻扎，派遣泰山太守诸葛绪等在黎浆阻击吴军，将之打退。这一年，征拜邓艾为长水校尉。又因邓艾破文钦之功，晋封方城乡侯，代理安西将军。雍州刺史王经被困于狄道，邓艾前往解围。西蜀大将姜维退守钟提，朝廷任命邓艾为安西将军，持符节，兼任护东羌校尉。当时议事的人认为，姜维力已用完，不会再出击了。邓艾说："洮西我军失败，不是小的失利，军心涣散，仓库空虚，百姓流离失所，几乎一败涂地。今以兵法论之，敌有乘胜追击之势，而我方则虚弱不堪，此一也；敌上下呼应彼此了解，兵器锐利，而我方则将领更换，士兵大多为新增的，器械陈旧，此二也；敌乘船行进，我们是陆地行走，劳逸不同，此三也；狄道、陇西、南安、祁山这四个地方均应守备，蜀军可以集中攻打我们一处，而我们却要分成四部，此四也；敌进攻南安、陇西，可以征调羌人的粮食，如进军祁山，则那里千顷麦子已经成熟，可补给军粮，此五也。姜维狡诈有谋，一定会再来。"没过多久，姜维果然进军祁山，听说邓艾已有防备，便回军由董亭进攻南安，邓艾据守武城山与之对峙。姜维与邓艾争夺险要之地，不能攻克，当夜渡过渭水向东，沿山路直逼上邽，邓艾与他在段谷交战，大破蜀军。甘露元年，皇帝下诏说："反贼姜维连年入侵，边境各族骚动，西地难于安宁。邓艾筹划有方，忠诚勇敢，斩敌将数十，杀敌兵数千，国威震动巴、蜀，武力显扬在长江、岷江。现任命邓艾为镇西将军、都督陇右诸军事，晋封邓侯。分五百户封其子邓忠为亭侯。"甘露二年，邓艾又在长城地区抵御姜维，姜维退还，邓艾升任征西将军，前后封邑增加到六千六百户。景元三年，在侯和又破姜维。姜维退沓中固守。景元四年秋，朝廷下令各路军伐蜀，由大将军司马昭总督，派邓艾牵制姜维，雍州刺史诸葛绪断其后路。邓艾派天水太守王颀等直冲姜维兵营，陇西太守牵弘等在前面截击，金城太守杨欣等进兵甘松。姜维听说钟会诸军已进汉中，便率兵退走。杨欣等追至彊川口，姜维败逃。听说雍州刺史诸葛绪已截断道路，屯兵桥头，于是，姜维从孔函谷向北，想绕到诸葛绪兵马后面逃出。诸葛绪闻迅，退回三十里。姜维进入北道三十余里，听说诸葛绪已退出桥头，马上引军折回，从桥头通过，诸葛绪急忙赶奔桥头拦截，却迟了一天，姜维向东逃走，回蜀驻守剑阁。钟会进攻姜维，没能取胜。邓艾上书说："现在敌兵已折锋芒，应乘胜追击。从阴平沿小路，经汉德阳亭，赴涪县，由剑阁西，距成都只有三百多里，可说是奇兵入敌腹心。这样，剑阁守敌必然回救涪县，钟会就可以长驱直入，如剑阁守敌不回师，守在涪县的敌兵就一定不多。兵法上说：'攻其无备，出其不意。'如今，攻敌空虚之处，一定可以击破。"

冬十月，邓艾从阴平小路进军，在没有人烟的山中走了七百多里，一路上凿山开道，架设栈道桥梁。山高谷深，很是艰险，加上军粮将要用尽，全军濒临灭亡的危机。邓艾用毛毡包住自己的身体，从山上滚落下来。将士们都攀援树木，贴着山崖，一个接一个向前行进。邓艾军前锋到达江由，蜀国的驻将马邈投降。蜀国的卫将军诸葛瞻从涪县返回绵竹，布置军队准备迎击邓艾。邓艾派遣他的儿子惠唐亭侯邓忠等人进攻蜀军右翼，司马师纂等人向蜀军的左翼进攻。邓忠、师纂二人相继失利，都退了回来，说："敌人不可以攻击。"邓艾大怒，说："生死存亡，在此一举，还有什么不可以的？"大声怒斥邓忠、师纂等人，要将他们斩首。邓忠、师纂急忙领军返回迎战，再与蜀军交战，最后大破蜀军，临阵斩杀诸葛瞻和蜀国尚书张遵等人，向雒县进军。蜀国君主刘禅派遣使者献上皇帝印绶，写来书信请求向邓艾投降。

邓艾到达成都后，刘禅率领太子、诸王及群臣六十多人反绑了自己，抬着棺材，来到邓艾的军营门前。邓艾手持符节，解开刘禅的绳索，烧掉棺材，接受他的投降并宽恕了他。邓艾检查约束将士，士兵没有抢掠，安抚收纳降附的人，让他们恢复旧业，蜀人都对他大加赞赏。邓艾依照汉代邓禹的先例，承制任命刘禅为代理车骑将军，太子为奉车都尉，诸王为驸马都尉。蜀国官员都根据各自职位的高低被任命为魏国官员，有的兼任邓艾的属官。让师纂兼任益州刺史，陇西太守牵弘等人兼任蜀地各郡太守。让人在绵竹修建高台，称为京观，用来表彰战功。魏国的阵亡士卒，都和蜀国的战死士卒一同埋葬。邓艾很自负地对蜀国士大夫说："诸位幸好是遇到我，才能到现在的地步。假如是遇到吴汉那样的人，早就被杀光了。"他又说："姜维固然是一时的英雄，但遇到了我，因此陷入困境。"有见识的人都讥笑他。

十二月，皇帝下诏说："邓艾扬耀武力显扬威风，深入敌寇腹地，杀死敌将，而且拔除敌旗，斩杀凶暴的敌人军领，使伪称帝王的人脖子上套着绳索，磕头投降；使逃亡几代的罪人，一个早上就平定了。他用兵没有超过一个季度，战斗没超过一整天，军队相接不超过一个时辰，就像席卷残云一样，轻而易举地扫荡平定了巴、蜀。即使是白起攻破强大的楚国，韩信攻克强劲的赵国，吴汉活捉益州割据的公孙述，周亚夫平定七国之乱，计算功绩，评定美德，都比不上邓艾的功勋。现在任命邓艾为太尉，增加食邑二万户，分封其二子为亭侯，每人食邑一千户。"邓艾向司马文王上书说："用兵打仗，有先声夺人再采取行动的，现在借平定蜀国的声势去征伐吴国，吴国人肯定震惊恐惧。这正是席卷吴国的大好时机。然而大规模的用兵作战之后，将士疲累，不能立即再战，所以先延缓一段时间。在蜀国留下陇右的军队二万人、蜀国的降兵二万人，煮盐炼铁，作为军队和农业的急需之用；同时建造舟船，预先做好顺流而下攻打吴国的准备，然后派遣使者到吴国陈述利害，吴国一定会归顺投降，这样就可以不经征战而平定吴国了。如今应该优待刘禅以劝降孙休，安抚蜀地的民众让远方的人前来归顺。假如当下把刘禅押送到京都，吴国人会以为我们流放了他，起不到鼓励他们归顺投降的作用。我们应该暂时把刘禅留下来，让他居住在蜀地，等到明年秋冬，那时吴国也足以平定了，到那时再做安置。我认为可以封刘禅为扶风王，赐给他财物，供他和他的左右使用。扶风郡有董卓坞，可以作为刘禅的宫室。封他的儿子为公侯，把扶风郡里的县作为其子的食邑，以显示我们对归降者的恩宠。并且建议设广陵、城阳为王国，作为吴国归顺后的封赏，这样吴国就会畏惧朝廷的雄威，感念朝廷的恩德，顺应形势而归顺了。"

司马文王派监军卫瓘告诉邓艾说："凡事应当等待朝廷答复，不应擅自行动。"邓艾再次上书说："我受命出征，奉行朝廷的指示，首恶已经降伏；至于秉承皇帝旨意，授予一些临时性官职来安定刚刚归附的蜀人的心，我认为是合乎时势的权宜之策。现在蜀国全部官民都已归顺，南到南海，东接吴会，我们应当及早平定。如果等待朝廷的命令，道路往返，必将延误时间。《春秋》中曾说过，大夫离开了边境，对能够安社稷、利国家的事情，是可以擅自做出决断的。现在吴国还没有归顺，势必会与蜀国的某些人相勾连，我们不能恪守常规而失去有利时机。兵书上说，进取不是为了追求个人功名，退让也不是为了逃避个人的罪责。我邓艾虽然没有古人那样的节操，但终究不会因为自己避嫌而使国家蒙受损失。”钟会、胡烈、师纂等人都上报说邓艾的所作所为是抗命叛逆，叛乱的迹象已经很明显了。朝廷于是下诏将邓艾用囚车押解回京。

邓艾父子被囚禁以后，钟会到了成都，他先送走邓艾，然后反叛。钟会死后，邓艾本营的将士追上押送他的囚车，将他迎回。卫瓘派田续等截击邓艾，在绵竹县西与之相遇，将邓艾杀死。邓艾的儿子邓忠也同时被杀。其余在洛阳的儿子都全部被杀。他的妻子及孙子被流放到西城县。

当初，邓艾受命讨伐蜀国的时候，梦到坐在山上而山上有流水，邓艾让殄虏护军爰邵解梦。爰邵说：“《易》卦中，山上有水叫作《蹇》。《蹇》卦的占辞说：‘《蹇》利西南，不利东北。’孔子说：‘《蹇》利于西南，往有功也；不利东北，其一道穷也。’你此去定能攻下蜀国，但是恐怕回不来了！”邓艾听了茫然不乐。

泰始元年，西晋建立，武帝下诏说：“当初太尉王淩企图废掉齐王曹芳，而齐王最终也没能守住皇位。征西将军邓艾，居功自傲，丧失臣节，实在该杀。然而，他接到诏书后，遣散部众，甘愿领罪，比起那些为生存而反叛的人，确实不一样。现在，他们的家属可以赦回，没有子孙的，可自己选立继承人，以使祭祀不断。”泰始三年，议郎段灼上书为邓艾申诉说：“邓艾本有忠心却背上叛逆的罪名，平定巴蜀有功却被诛杀，臣私下为之哀叹。可惜呀，说邓艾要反叛！邓艾性情刚烈急躁，容易犯上，与同僚不融洽，所以，没人替他说话。臣斗胆请陈邓艾不是反叛的理由。从前，姜维意图截断陇右，对此，邓艾在任认真做好防备，积蓄粮谷，加强兵力。遇有大旱，邓艾实行区种法，身穿黑衣，手持农具，为将士做表率。因此，上行下效，无不尽力。邓艾受命戍守边境，统率万人，却仍像奴仆、百姓一样的劳役，若无忠勤节操，怎么能这样？因此，落门、段谷之战，邓艾以少击多，战胜强敌。先帝知他可担重任，所以，每次战前都让他为朝廷制定好克敌制胜的策略，并让他跨马亲征。邓艾不顾自身安危，束马悬车，勇气凌云，将士乘势猛进，使刘禅君臣束手就擒，屈膝而降。邓艾功名已成，当将其书写于竹帛之上，使福分传承万代。他年已七十，谋反又能得到什么呢？邓艾确是倚仗了君主的恩德，心不自疑，假传诏旨代表朝廷，以求暂安敌国；虽违朝廷常规，却合古义，追究他的用心而适当定罪，原来是可以商量的。而钟会却妒忌邓艾的威名，虚言定他谋反之事。忠而受诛，信而被疑，头悬马市示众，几个儿子全都被杀，看见的人流泪，听见的人叹息。陛下创立新朝，宽宏大度，消除猜忌，使遭受诛杀的人家不拘前嫌分别录用。从前秦朝百姓怜悯白起无罪被杀，吴国百姓痛惜伍子胥蒙冤之深，都为他们建立了祠庙。现在，天下百姓都为邓艾伤心痛恨，也像这种情况。臣认为，邓艾身首分离，被弃荒郊，应给他收尸发丧，归还田产。以其平蜀之功，继续册封他的子孙，盖棺时议定一个谥号，让他死无遗恨。赦免黄泉下冤魂的罪名，取信义于百世，葬一人而使天下人仰慕，埋一冤魂而使天下人归附朝廷仁义，做的事虽少而高兴的人很多。”泰始九年，皇帝下诏说：“邓艾有功，蒙受罪名也不避刑，而他的子孙却成为平民奴仆，朕怜悯他们。现在任命他的嫡孙邓朗为郎中。”

邓艾在陇西的时候，修理整治障堡，修筑了小型城堡。泰始年间，羌人大举反叛，频繁杀死刺史，凉州的道路断绝。官民安全的，都有赖于邓艾所修筑的城堡。

邓艾州里的同辈南阳人州泰，也喜好建功立业。他善于用兵，官至征虏将军、持节统领江南各军事。景元二年去世，追赠为卫将军，谥号为壮侯。

钟会字士季，是颍川郡长社县人，太傅钟繇最小的儿子。从小就聪明早慧。中护军蒋济曾经发表议论说“看一个人的瞳仁，就知道这人是什么样的人”。五岁的时候，钟繇派钟会去见蒋济，蒋济感到特别惊异，说：“这孩子不是一般人啊。”钟会长大后，多才多艺，知识广博又精通名理之学，夜以继日读书，因此而获得声誉。正始年间，朝廷任命钟会为秘书郎，又升迁钟会为尚书、中书侍郎。高贵乡公即帝位，赐爵关内侯。

毌丘俭起兵叛乱，大将军景王司马师率军东征，钟会随从，负责处理机要文书，卫将军文王司马昭为大军后援。司马师死于许昌，司马昭总统各路军马，钟会在军府帐下出谋划策。当时天子从宫中发布诏书给尚书傅嘏，说由于东南刚刚平定，暂且留卫将军司马昭屯驻许昌以为朝廷的内外援助，令傅嘏率领各路军马还朝。钟会与傅嘏合谋，让傅嘏上表，又自作主张与司马昭一起出发，回到洛水南屯驻。为此朝廷拜司马昭为大将军，辅佐朝政。钟会升迁为黄门侍郎，封东武亭侯，食邑三百户。

甘露二年，征召诸葛诞为司空，当时，钟会母亲去世在家守孝，估计诸葛诞不会听从朝廷任命，便驰马禀告了司马昭。司马昭因为任命已下，所以不便追回改变。待到诸葛诞叛乱时，皇帝停驻在项城，司马昭到达寿春，钟会又随从同行。

起初，吴将全琮，是与孙权有姻亲关系的重臣，全琮儿子全怿、孙子全静、侄儿全端、全翩、全缉等都率兵来救诸葛诞。全怿兄长的儿子全辉、全仪留在建业，与家人发生争执，就带着母亲，率家丁几十家渡过长江，归顺了司马昭。钟会出了一条计谋，密代全辉、全仪写了一封信，让全辉、全仪亲信的人带信进城告诉全怿等人，说吴国朝廷对全怿等没有攻下寿春十分恼怒，想把众将领的家属全部杀掉，所以逃走归顺了司马昭。全怿等人都很恐惧，就率部下打开管辖的东城门，出来投降。这些人都受到封赏。城中因此分离不和。攻破寿春，钟会谋划最多，所以，越来越得到司马昭的宠信。当时人们叫他张良。大军回师后，升为太仆，坚决辞让不就职。后以中郎官在大将军府任记室，为司马昭心腹。因讨伐诸葛诞有功，钟会被封为陈侯，反复辞让。皇帝下诏说："钟会参与军事，料敌制胜，有谋划的功绩，但不受封赏，言辞恳切，先后数次，志向不变。凡居功不傲的人，古来就受人尊重。现在就听从钟会的请求，成全他的美德。"升迁为司隶校尉。虽在外任职，但朝廷大小事，官吏任免等，钟会无不参与。嵇康等人被杀，都是钟会出的策略。

司马昭因为蜀将姜维多次侵扰西部边境，估计蜀地狭小，百姓大都疲惫，物力和人力将要枯竭，想大举出兵伐蜀。朝臣中只有钟会认为蜀国可以攻取，于是与司马昭共同研究地形，分析事势。景元三年冬天，朝廷任命钟会为镇西将军，持节，都督关中诸军。司马昭命令青州、徐州、兖州、豫州、荆州、扬州等郡建造战船，又命令唐咨建造航海用的大船，表面上装出要进攻东吴的样子。景元四年秋，朝廷下诏，派邓艾、诸葛绪统领诸军三万多人，邓艾趋至甘松、沓中牵制姜维，诸葛绪进军武街、桥头切断姜维归路。钟会统领十多万人，分别由斜谷、骆谷入蜀境内。钟会先派牙门将许仪在前修路，自己率军在后。过桥时桥面开裂，马蹄被陷进去，于是，把许仪斩首。许仪是许褚的儿子，许褚有功于王室，尚且不能宽赦，其他储军知道后，没有不震惊害怕的。蜀国命令各个城均不许出城迎战，因此撤回到汉城、乐城坚守。魏兴郡太守刘钦进军子午谷，各军几路并进，到达汉中。蜀国监军王含守卫乐城，护军蒋斌守卫汉城，各领兵五千。钟会派护军荀恺、前将军李辅各率万余兵马，荀恺围汉城，李辅围乐城。钟会率兵长驱直入，西出阳安口，派人扫祭诸葛亮的坟墓，同时，让护军胡烈等率军为先锋，攻破关城，获得仓库中的粮食。姜维从沓中撤回，行至阴平，集合兵力，想赶赴关城，还没有到达，听说关城已陷，于是，退向白水，与将领张翼、廖化联合守卫剑阁，抵御钟会。

钟会向蜀国兵民发布文告说：

以前汉朝皇室衰微，君位不振，整个国家分崩离析，人民的生命，几乎消灭殆尽。太祖武皇帝神武圣哲，拨乱反正，拯救了即将灭亡的汉朝，造就了我们华夏中原，并且高祖文皇帝上应天意下承民心，接受天命登上皇位。烈祖明皇帝继承先王的功德如世间重放光明，开疆拓土扩展帝王大业。然而除魏国现有江山以外，还有各自为政和习俗不同的地方，整个国家和所有百姓还没有完全接受天子的教化，这是太祖、高祖、烈祖三祖念念不忘、抱憾而死的原因。当今圣上具有崇高的美德、睿达的才智，继承发扬前人的功业。朝中的辅佐大臣忠诚恭敬、贤明公正，为王室辛勤操劳；皇上行仁政，予恩惠，使天下和睦融洽，对百蛮夷族施行德化，使肃慎国前来朝贡。可悲啊，巴蜀的人民，唯独你们不被当人看待。怜悯这里的百姓，劳役苦力无休无止。因此授命六军，恭敬地奉行上天的意旨进行惩罚，征西将军、雍州刺史、镇西将军所属各军，并进。古代出兵征伐，以仁为根本，用大义来治理；天子的军队，只需征讨而不必实战就可获胜；所以虞舜手持盾和斧舞蹈就使有苗氏前来归服，周武王有广散钱财、发放粮食、表彰闾里的义举。现在镇西将军奉行皇上的意旨，率军前来，是希望光大皇上文告的训导力量，来拯救黎民百姓的性命，并不是想滥用武力、拼命奋战，来求得一朝快意，因此我简略地陈说一下安危存亡的重要性，希望你们聆听思考。

益州先主凭天生的英勇才干，兴兵朔野，被困在踬冀、徐州的郊外遭遇困迫和挫折，性命为袁绍和吕布掌控，太祖拯救帮助他，与他友善相交。可是刘备中途又背离太祖，抛弃同盟，走向敌对。诸葛孔明再三图谋攻占秦川，姜伯约屡次出兵进攻陇右，使我国边境一带动荡不安，使我国氐、羌部族受到侵扰，那时正值国家多灾多难，没有闲暇出征讨伐。如今边境安宁清静，国内太平稳定，我们积蓄力量等待时机，集中兵力向一个方向进攻。而巴蜀一州的军队，分散防守，难以抵御我国的军队。段谷、侯和之战蜀军士气受挫，难以对抗我方强大严整的军阵。这几年以来，蜀国就不曾有过安宁的岁月，征战的将士劳苦疲累，仍难阻挡百姓归附我朝廷，如子女奔向父母那样。这都是各位贤士所亲眼所见的。古时候蜀相陈壮被秦国擒获，公孙述被汉朝斩首，九州之中的险要之地，不是某一姓的人能长期占有的。这都是各位贤士所熟知的。聪明者能看到尚未显露的危险，明达者能窥见尚未萌芽的祸患，因此微子离开了商朝，成为周朝的长期贵宾，陈平背弃了项羽，为汉朝立下赫赫战功。难道要贪于安逸自饮毒酒，留恋荣禄而不知顺应时势吗？现在大魏皇朝降下恩泽，如上天覆盖万物一般，辅佐大臣发扬宽恕仁慈的德化，先施予恩惠然后诛罚有罪之人，爱护生灵而厌恶杀戮。以前，吴国将领孙壹率众来归，地位显贵，得到特殊的宠禄。文钦、唐咨是国中大害，背叛君主成为仇敌，但回归魏国后仍成为军中主将。唐咨在困窘中被擒获，文钦的两个儿子前来归降，都被授任将军，封为列侯；唐咨还参与国家政事。孙壹等人在走投无路时归顺，都给予极大的宠幸，更何况巴蜀贤德智者能看清形势适时而动呢！如果真能吸取历史成败得失的教训，脱离危境前行，追寻微子的踪迹，效法陈平的选择，那么洪福等同于古人，吉庆流布于后代，百姓安心生活，仍操旧业，农民不必逃到别处耕种，商人仍拥有自己原有的店铺，走向长久安宁的幸福，难道不是美好的事情吗！假如贪图片刻的安逸，陷于迷误而不知回头，待大军出动，美玉和石头尽皆粉碎，到那时候即便后悔，也为时已晚。望各位在利益和危害之间审慎地选择，为自己寻求更多的幸福，希望各位广泛宣传，使大家都能知道朝廷的政策。

邓艾追赶姜维到了阴平，在这里挑选精锐的士兵，想从汉代的德阳亭进入江由、左儋道，到达绵竹，直趋成都，他让诸葛绪和自己同行。诸葛绪因只受命拦截姜维，朝廷诏命并没让自己向西进发，所以进军白水，与钟会会合。钟会派将军田章等人率军从剑阁西出江由。在距江由还有一百里处，田章率先攻破蜀国的伏兵三千人，邓艾命田章先进江由城，自己则挥军向前。钟会与诸葛绪两军向剑阁进发，钟会想独揽军权，便密告诸葛绪畏缩怯懦不敢前进，朝廷下令用囚车将诸葛绪押回京城。兵马就全归钟会统率，进攻剑阁，未能攻下，引军退回，蜀军据险坚守。邓艾军到达绵竹，与蜀军大战，斩杀蜀将诸葛瞻。姜维等人听说诸葛瞻战败，便率部众向东进入巴郡。钟会进军到涪县，派胡烈、田续、庞会等人追击姜维。邓艾向成都进军，刘禅到邓艾军营投降，并派使者命令姜维等人向钟会投降。姜维到达广汉郡郪县，命令士兵全部放下武器，把符印送交给胡烈，便从东路到钟会军营投降。钟会上书朝廷说："逆贼姜维、张翼、廖化、董厥等为避免灭亡而逃跑，想直接去成都。臣派司马夏侯咸、护军胡烈等过剑阁，穿新都、大渡赶在他的前面堵截，参军爰彭、将军句安等人在后紧追，参军皇甫闿、将军王买等从涪县南拦腰截击，我则占据涪县为东西两路增援。姜维等统领步、骑兵四五万人，身披坚甲、手执利器，堵塞河道和山谷数百里向西移兵。我命夏侯咸、皇甫闿等分兵几路占据有利地形，张开网罗，南断其逃往吴地去路，西堵住回成都退路，北阻断出逃的小路，使他无路可走。我又发布告示，指出其生还之路。敌知气数已尽，只得解甲投诚，收缴印绶上万，辎重粮草堆积如山。从前虞舜舞干戚而有苗氏臣服；武王伐纣，陈师牧野，商纣人都反戈攻打纣王。有征伐无战，是帝王盛大的业绩。使敌国全部投降为上策，武力击破为下策；保有全军为上策，武力破军为下策：此用兵之道。陛下圣德如前代圣王，宰辅忠心德如周公。恩泽哺育百姓，以正义讨伐不义，异俗之地也都向往仁德教化，无不心悦诚服。出师不超过预定的时间，兵不血刃，万里同风，九州齐心。臣奉诏宣扬王道，恢复秩序，安抚将士，免去他们的租赋和劳役，以道德法规易其风俗，百姓欢欣，人怀安乐。圣王来而下民复生，仁义无可比拟。”钟会下令禁止将士抢掠，依礼安抚蜀地官吏，与姜维保持很好的关系。十二月，朝廷下诏书说：“钟会摧朽，所向无敌，控制各城，布下罗网。蜀国大将，束手归降。谋划缜密没有遗漏，所以战无不胜。被歼或降之敌，数以万计，全胜而归，有征无战。平定安抚西蜀，四方边境太平。封钟会为司徒，晋封县侯，增邑万户。封他的两个儿子为亭侯，封邑各一千户。”

钟会心怀叛逆之志，邓艾因为秉承意旨有独断行事的权利，就密告邓艾有谋反的迹象，于是皇帝下诏用囚车押解邓艾入京。司马昭担心邓艾不服从皇命，下令钟会同时进军成都，监军卫瓘在钟会前面先行，用司马昭的亲笔令向邓艾的部众宣读告谕，邓艾的部卒都放下了武器，于是收押邓艾关进囚车。钟会所忌惮的人只有邓艾，邓艾被擒钟会随即赶到，他独统各军，威震西蜀。他自己觉得功盖于世，不想再居人之下，加之猛将精兵都在自己手上，就密谋反叛。便想派姜维等人统领蜀军出兵斜谷，钟会自带大军紧随其后。大军到达长安后，就命骑兵走陆路，步兵由水路顺流而下经渭水进入黄河，大概五天可到孟津，与骑兵会师洛阳，一下子就可平定天下。钟会收到司马昭的信，说：“邓艾也许会不服从朝廷的征召，现在派中护军贾充率步、骑兵一万直入斜谷，屯驻乐城，我自带大军十万驻长安，马上就能和你相见了。”钟会见信，惊恐地叫来亲信说：“逮捕邓艾，相国知道我单独就能办理；现在来了大量兵马，必是察觉我有异心了，应迅速发兵。这件事如果能够成功，可得天下；若不成功，可退守蜀汉，也不失为刘备那样的人物。我自淮南平叛以来，谋划从不失策，这是天下人都知道的。我想凭这样的才能到哪里去呢！”钟会于景元五年正月十五日到成都，第二天，遍请护军、郡守、牙门、骑督以上的官员及蜀汉旧臣，在蜀汉朝堂上为郭太后发丧。假传太后遗诏，让钟会起兵废黜司马昭，并将遗诏给座上每个人看，让他们发表自己的意见。又在木板上写下任命书，委派亲信率领各军。被请来的那些官员，都被关在原蜀廷内各官属的房屋中，城门和皇宫门全部关闭，派兵严加看守。钟会的随从武官丘建，原是胡烈的下属，胡烈把他推荐给司马昭，钟会又请求让他跟随自己伐蜀，很是信任喜爱他。丘建怜悯胡烈独坐斗室，就报告钟会，说服他同意派一名原来服侍胡烈的亲兵为胡烈送饭送水，其他的牙门将也随之配备了一名亲兵。胡烈编造谎话告诉亲兵，又写在纸上交给外面的儿子，说：“丘建密告我说，钟会已挖好大坑，准备了几千根树棒，想把外面所有兵士都叫进来，每人送一顶丝帽，并授以散将的官衔，然后依次用棒打死埋在坑中。”其他牙门将的亲兵也传说此事，一夜之间全都传遍了。有人建议钟会：“可尽杀牙门、骑督以上的人。”钟会犹豫不决。十八日中午，胡烈的部下与胡烈的儿子敲起军鼓冲出门来，其他军兵不约而同全击鼓喧嚣而出，并没有谁督促，都争先奔向宫城。那时候，钟会刚将铠甲和兵器给予姜维，有人报告说外面有喧嚷之声，像是失火了。过一会儿，又报告说是众兵向城中奔来。钟会大惊，对姜维说：“这些兵来像是要作乱，怎么办？”姜维说：“只有反击了。”钟会便派兵去杀所关闭的牙门、郡守，里边的人一起举起几案顶住屋门，士兵用刀砍门，没有打破。过了片刻，城门外的兵树起梯子登上城墙，有的放火焚烧城楼，像蚂蚁一样涌进，箭如雨下。被关闭的牙门、郡守各从屋内出来，与自己的士兵会合。姜维率钟会的侍从奋力迎战，手杀五六人。众兵先杀死姜维，然后又争抢着杀死钟会。钟会死时四十岁，死亡的将士有数百人。

平定蜀国后任命邓艾为太尉，钟会为司徒，都持节杖，依旧指挥各军，结果还没有正式就职就死于非命。钟会的哥哥钟毓，在景元四年死去，钟会竟然不知道消息。钟会的侄子钟邕，也与钟会一起被杀。钟会收养的侄子钟毅及另外两个侄子钟峻、钟辿也被下狱，应当处死。司马昭上奏后皇帝下诏说：“钟峻等人的祖父钟繇，在太祖、高祖、烈祖三朝，位至三公，辅立魏朝而功勋卓著，并在皇室宗庙中享受祭祀。其父钟毓，历任宫内外职务，颇有政绩。从前楚国怀念子文之治，而不灭绝他的子孙；晋国铭记赵衰、赵盾的忠诚，也存留赵家之后。若因钟会、钟邕的罪行而断绝钟繇、钟毓后嗣，我有所不忍。可赦免钟峻、钟辿兄弟，有官爵的依旧不变。只有钟毅、钟邕的儿子应当处死。”有人说，钟毓曾秘密向司马昭报告，说钟会自恃权谋难保节操，不能委以重任，因此，朝廷才赦免了钟峻兄弟。

当初，司马昭想派钟会讨伐蜀，西曹属邵悌求见说：“现在派钟会率领十万大军伐蜀，我认为不能单独委钟会以重任，不如派其他人去。”司马昭笑着说：“我难道不懂这个道理吗？西蜀为天下灾难，百姓不宁。我今讨伐，易如反掌，而众人都说不能伐蜀。若心有胆怯，则智慧与英勇就会丧失，而勉强使之，则必为敌所擒。只有钟会与我想法一致，今派他伐蜀，定能灭蜀。平蜀之后，即便如你所虑，该如何办理呢？不与败军之将论勇，不与亡国大夫论救国，这是因为他们吓破了胆。如蜀国灭亡，活下来的人必惊恐万状，就不足以图谋复国了。而中原将士思乡早回，不会愿意和钟会一起反叛。如果作乱，只有自取灭亡。你不必为此担忧，但请要保密。”等到钟会密告邓艾要反叛，司马昭要率兵西进，邵悌又说：“钟会的兵力比邓艾多五六倍，只需下令让钟会抓住邓艾就行，阁下不必亲自远征。”司马昭说：“你难道忘了以前说的话了吗？怎么又说我不能前行呢？尽管如此，这些话也还是不要泄露，我自当以信义待人，只要别人不辜负我。我怎能先对人生疑心呢？近日贾护军问我：‘怀疑钟会吗？’我说：‘如果今天派你外出，难道又怀疑你吗？’贾充无语对我。我到长安，自然就明白了。”大军到了长安，钟会果然已死，完全如他所预料的那样。

钟会曾论述《周易》的卦形没有互体，又论述才能与品行的异同。钟会死后，在他家得到一部书有二十篇，名《道论》，实际是属于刑名家，以文风看很像是钟会所做。当初，钟会二十岁时与山阳人王弼都很出名。王弼好论儒、道学问，有高超的论辩之才，注释过《周易》《老子》，任过尚书郎，二十多岁就死了。

评论说：王淩节操高尚，毌丘俭才识过人，诸葛诞威严刚毅，钟会精于策略，他们都因此出名，荣任高官，然而他们都心高志大却不切实际，不虑祸患，结果突发变故，宗族涂地，这不是糊涂吗！邓艾志气昂扬，建立功业，但却不能防患于未然，很快就失败了，他能预料诸葛恪的结果，却看不见自己近处的危险，这大概就是古人所说的眼睛能看到毫毛却看不见自己的睫毛吧。

第九册

高山　主编

二十四史

光明日报出版社

目 录

三国志

三国志卷二十九·魏书二十九

方技传

华佗字元化，沛国谯人也，一名旉。游学徐土，兼通数经。沛相陈珪举孝廉，太尉黄琬辟，皆不就。晓养性之术，时人以为年且百岁而貌有壮容。又精方药，其疗疾，合汤不过数种，心解分剂，不复称量，煮熟便饮，语其节度，舍去辄愈。若当灸，不过一两处，每处不过七八壮，病亦应除。若当针，亦不过一两处，下针言“当引某许，若至，语人”。病者言“已到”，应便拔针，病亦行差。若病结积在内，针药所不能及，当须刳割者，便饮其麻沸散，须臾便如醉死无所知，因破取。病若在肠中，便断肠湔洗，缝腹膏摩，四五日差，不痛，人亦不自寤，一月之间，即平复矣。

故甘陵相夫人有娠六月，腹痛不安，佗视脉，曰：“胎已死矣。”使人手摸知所在，在左则男，在右则女。人云“在左”，于是为汤下之，果下男形，即愈。

县吏尹世苦四支烦，口中乾，不欲闻人声，小便不利。佗曰：“试作热食，得汗则愈；不汗，后三日死。”即作热食而不汗出，佗曰：“藏气已绝手内，当啼泣而绝。”果如佗言。

府吏儿寻、李延共止，俱头痛身热，所苦正同。佗曰：“寻当下之，延当发汗。”或难其异，佗曰：“寻外实，延内实，故治之宜殊。”即各与药，明旦并起。

盐渎严昕与数人共候佗，适至，佗谓昕曰：“君身中佳否？”昕曰：“自如常。”佗曰：“君有急病见于面，莫多饮酒。”坐毕归，行数里，昕卒头眩堕车，人扶将还，载归家，中宿死。

故督邮顿子献得病已差，诣佗视脉，曰：“尚虚，未得复，勿为劳事，御内即死。临死，当吐舌数寸。”其妻闻其病除，从百余里来省之，止宿交接，中间三日发病，一如佗言。

督邮徐毅得病，佗往省之。毅谓佗曰：昨使医曹吏刘租针胃管讫，便苦咳嗽，欲卧不安。”佗曰：“刺不得胃管，误中肝也，食当日减，五日不救。”遂如佗言。

东阳陈叔山小男二岁得疾，下利常先啼，日以羸困。问佗，佗曰：“其母怀躯，阳气内养，乳中虚冷，儿得母寒，故令不时愈。”佗与四物女宛丸，十日即除。

彭城夫人夜之厕，虿螫其手，呻呼无赖。佗令温汤近热，渍手其中，卒可得寐，但旁人数为易汤，汤令暖之，其旦即愈。

军吏梅平得病，除名还家，家居广陵，未至二百里，止亲人舍。有顷，佗偶至主人许，主人令佗视平，佗谓平曰：“君早见我，可不至此。今疾已结，促去可得与家相见，五日卒。”应时归，如佗所刻。

佗行道，见一人病咽塞，嗜食而不得下，家人车载欲往就医。佗闻其呻吟，驻车往视，语之曰：“向来道边有卖饼家蒜齑大酢，从取三升饮之，病自当去。”即如佗言，立吐蛇一枚，悬车边，欲造佗。佗尚未还，小儿戏门前，逆见，自相谓曰：“似逢我公，车边病是也。”疾者前入坐，见佗北壁悬此蛇辈约以十数。

又有一郡守病，佗以为其人盛怒则差，乃多受其货而不加治，无何弃去，留书骂之。郡守果大怒，令人追捉杀佗。郡守子知之，属使勿逐。守瞋恚既甚，吐黑血数升而愈。

又有一士大夫不快，佗云：“君病深，当破腹取。然君寿亦不过十年，病不能杀君，忍病十岁，寿俱当尽，不足故自刳裂。”士大夫不耐痛痒，必欲除之。佗遂下手，所患寻差，十年竟死。

广陵太守陈登得病，胸中烦懑，面赤不食。佗脉之曰：“府君胃中有虫数升，欲成内疽，食腥物所为也。”即作汤二升，先服一升，斯须尽服之。食顷，吐出三升许虫，赤头皆动，半身是生鱼脍也，所苦便愈。佗曰：“此病后三期当发，遇良医乃可济救。”依期果发动，时佗不在，如言而死。

太祖闻而召佗，佗常在左右。太祖苦头风，每发，心乱目眩，佗针鬲，随手而差。

李将军妻病甚，呼佗视脉，曰：“伤娠而胎不去。”将军言：“闻实伤娠，胎已去矣。”佗曰：“案脉，胎未去也。”将军以为不然。佗舍去，妇稍小差。百余日复动，更呼佗，佗曰：“此脉故事有胎。前当生两儿，一儿先出，血出甚多，后儿不及生。母不自觉，旁人亦不寤，不复迎，遂不得生。胎死，血脉不复归，必燥著母脊，故使多脊痛。今当与汤，并针

华佗画像

一处，此死胎必出。”汤针既加，妇痛急如欲生者。佗曰：“此死胎久枯，不能自出，宜使人探之。”果得一死男，手足完具，色黑，长可尺所。

佗之绝技，凡此类也。然本作士人，以医见业，意常自悔，后太祖亲理，得病笃重，使佗专视。佗曰：“此近难济，恒事攻治，可延岁月。”佗久远家思归，因曰：“当得家书，方欲暂还耳。”到家，辞以妻病，数乞期不反，太祖累书呼，又敕郡县发遣。佗恃能厌食事，犹不上道。太祖大怒，使人往检。若妻信病，赐小豆四十斛，宽假限日；若其虚诈，便收送之。于是传付许狱，考验首服。荀彧请曰：“佗术实工，人命所悬，宜含宥之。”太祖曰：“不忧，天下当无此鼠辈耶？”遂考竟佗。佗临死，出一卷书与狱吏，曰：“此可以活人。”吏畏法不受，佗亦不强，索火烧之。佗死后，太祖头风未除。太祖曰：“佗能愈此。小人养吾病，欲以自重，然吾不杀此子，亦终当不为我断此根原耳。”及后爱子仓舒病困，太祖叹曰：“吾悔杀华佗，令此儿强死也。”

初，军吏李成苦咳嗽，昼夜不寤，时吐脓血，以问佗。佗言：“君病肠臃，咳之所吐，非从肺来也。与君散两钱，当吐二升余脓血讫，快自养，一月可小起，好自将爱，一年便健。十八岁当一小发，服此散，亦行复差。若不得此药，故当死。”复与两钱散。成得药，去五六岁，亲中人有病如成者，谓成曰：“卿今强健，我欲死，何忍无急去药，以待不祥？先持贷我，我差，为卿从华佗更索。”成与之，已故到谯，适值佗见收，匆匆，不忍从求。后十八岁，成病竟发，无药可服，以至于死。

广陵吴普、彭城樊阿皆从佗学。普依准佗治，多所全济。佗语普曰：“人体欲得劳动，但不当使极尔。动摇则谷气得消，血脉流通，病不得生，譬犹户枢不朽是也。是以古之仙者为导引之事，熊颈鸱顾，引挽腰体，动诸关节，以求难老。吾有一术，名五禽之戏，一曰虎，二曰鹿，三曰熊，四曰猿，五曰鸟，亦以除疾，并利蹄足，以当导引。体中不快，起作一禽之戏，沾濡汗出，因上著粉，身体轻便，腹中欲食。”普施行之，年九十余，耳目聪明，齿牙完坚。阿善针术。凡医咸言背及胸藏之间不可妄针，针之不过四分，而阿针背入一二寸，巨阙胸藏针下五六寸，而病辄皆瘳。阿从佗求可服食益于人者，佗授以漆叶青黏散。漆叶屑一升，青黏屑十四两，以是为率，言久服去三虫，利五藏，轻体，使人头不白。阿从其言，寿百余岁。漆叶处所而有，青黏生于丰、沛、彭城及朝歌云。

杜夔字公良，河南人也。以知音为雅乐郎，中平五年，疾去官。州郡司徒礼辟，以世乱奔荆州。荆州牧刘表令与孟曜为汉主合雅乐，乐备，表欲庭观之，夔谏曰："今将军号为天子合乐，而庭作之，无乃不可乎！"表纳其言而止。后表子琮降太祖，太祖以夔为军谋祭酒，参太乐事，因令创制雅乐。

夔善钟律，聪思过人，丝竹八音，靡所不能，惟歌舞非所长。时散郎邓静、尹齐善咏雅乐，歌师尹胡能歌宗庙郊祀之曲，舞师冯肃、服养晓知先代诸舞，夔总统研精，远考诸经，近采故事，教习讲肄，备作乐器，绍复先代古乐，皆自夔始也。

黄初中，为太乐令、协律都尉。汉铸钟工柴玉巧有意思，形器之中，多所造作，亦为时贵人见知。夔令玉铸铜钟，其声均清浊多不如法，数毁改作。玉甚厌之，谓夔清浊任意，颇拒捍夔。夔、玉更相白于太祖，太祖取所铸钟，杂错更试，然后知夔为精而玉之妄也，于是罪玉及诸子，皆为养马士。文帝爱待玉，又尝令夔与左骈等于宾客之中吹笙鼓琴，夔有难色，由是帝意不悦。后因他事系夔，使骈等就学，夔自谓所习者雅，仕宦有本，意犹不满，遂黜免以卒。

弟子河南邵登、张泰、桑馥，各至太乐丞，下邳陈颃司律中郎将。自左延年等虽妙于音，咸善郑声，其好古存正莫及夔。

朱建平，沛国人也。善相术，于闾巷之间，效验非一。太祖为魏公，闻之，召为郎。文帝为五官将，坐上会客三十余人，文帝问己年寿，又令遍相众宾。建平曰："将军当寿八十，至四十时当有小厄，愿谨护之。"谓夏侯威曰："君四十九位为州牧，而当有厄，厄若得过，可年至七十，致位公辅。"谓应璩曰："君六十二位为常伯，而当有厄，先此一年，当独见一白狗，而旁人不见也。"谓曹彪曰："君据藩国，至五十七当厄于兵，宜善防之。"

初，颍川荀攸、钟繇相与亲善。攸先亡，子幼。繇经纪其门户，欲嫁其妾。与人书曰："吾与公达曾共使朱建平相，建平曰：'荀君虽少，然当以后事付钟君。'吾时啁之曰：'惟当嫁卿阿骛耳。'何意此子竟早陨没，戏言遂验乎！今欲嫁阿骛，使得善处。追思建平之妙，虽唐举、许负何以复加也！"

文帝黄初七年，年四十，病困，谓左右曰："建平所言八十，谓昼夜也，吾其决矣。"顷之，果崩。夏侯威为兖州刺史，年四十九，十二月上旬得疾，念建平之言，自分必死，豫作遗令及送丧之备，咸使素办。至下旬转差，垂以平复。三十日日昃，请纪纲大吏设酒，曰："吾所苦渐平，明日鸡鸣，年便五十，建平之戒，真必过矣。"威罢客之后，合瞑疾动，夜半遂卒。璩六十一为侍中，直省内，欻见白狗，问之众人，悉无见者。于是数聚会，并急游观田里，饮宴自娱，过期一年，六十三卒。曹彪封楚王，年五十七，坐与王凌通谋，赐死。凡说此辈，无不如言，不能具详，故粗记数事。惟相司空王昶、征北将军程喜、中领军王肃有蹉跌云。肃年六十二，疾笃，众医并以为不愈。肃夫人问以遗言，肃云："建平相我逾七十，位至三公，今皆未也，将何虑乎！"而肃竟卒。

建平又善相马。文帝将出，取马外入，建平道遇之，语曰："此马之相，今日死矣。"帝将乘马，马恶衣香，惊啮文帝膝，帝大怒，即便杀之。建平黄初中卒。

周宣字孔和，乐安人也。为郡吏。太守杨沛梦人曰："八月一日曹公当至，必与君杖，饮以药酒。"使宣占之。是时黄巾贼起，宣对曰："夫杖起弱者，药治人病，八月一日，贼必除灭。"至期，贼果破。

后东平刘桢梦蛇生四足，穴居门中，使宣占之，宣曰："此为国梦，非君家之事也。当杀女子而做贼者。"顷之，女贼郑、姜遂俱夷讨，以蛇女子之祥，足非蛇之所宜故也。

文帝问宣曰："吾梦殿屋两瓦堕地，化为双鸳鸯，此何谓也？"宣对曰："后宫当有暴死者。"帝曰："吾诈卿耳！"宣对曰："夫梦者意耳，苟以形言，便占吉凶。"言未毕，而黄门令奏宫人相杀。无几，帝复问曰："我昨夜梦青气自地属天。"宣对曰："天下当有贵女子冤死。"是时，帝已遣使赐甄后玺书，闻宣言而悔之，遣人追使者不及。帝复问曰："吾梦摩钱文，欲令灭而更愈明，此何谓邪？"宣怅然不对。帝重问之，宣对曰："此自陛下家事，虽意欲尔而太后不听，是以文欲灭而明耳。"时帝欲治弟植之罪，逼于太后，但加贬爵。以宣为中郎，属太史。

尝有问宣曰："吾昨夜梦见刍狗，其占何也？"宣答曰："君欲得美食耳！"有顷，出行，果遇丰膳。后又问宣曰："昨夜复梦见刍狗，何也？"宣曰："君欲堕车折脚，宜戒慎之。"顷之，果如宣言。后又问宣："昨夜复梦见刍狗，何也？"宣曰："君家欲失火，当善护之。"俄遂火起。语宣曰："前后三时，皆不梦也。聊试君耳，何以皆验邪？"宣对曰："此神灵动君使言，故与真梦无异也。"又问宣曰："三梦刍狗而其占不同，何也?”宣曰:“刍狗者,祭神之物。故君始梦,当得饮食也。祭祀既讫,则刍狗为车所轹,故中梦当堕车折脚也。刍狗既车轹之后,必载以为樵,故后梦忧失火也。”宣之叙梦,凡此类也。十中八九,世以比建平之相矣。其余效故不次列。明帝末卒。

管辂字公明,平原人也。容貌粗丑,无威仪而嗜酒,饮食言戏,不择非类,故人多爱之而不敬也。

父为利漕,利漕民郭恩兄弟三人,皆得躄疾,使辂筮其所由。辂曰:“卦中有君本墓,墓中有女鬼,非君伯母,当叔母也。昔饥荒之世,当有利其数升米者,排著井中,啧啧有声,推一大石,下破其头,孤魂冤痛,自诉于天。”于是恩涕泣服罪。

广平刘奉林妇病困,已买棺器。时正月也,使辂占,曰:“命在八月辛卯日日中之时。”林谓必不然,而妇渐差,至秋发动,一如辂言。

辂往见安平太守王基,基令作卦,辂曰:“当有贱妇人,生一男儿,堕地便走入灶中死。又床上当有一大蛇衔笔,小大共视,须臾去之也。又乌来入室中,与燕共斗,燕死,乌去。有此三怪。”基大惊,问其吉凶。辂曰:“直客舍久远,魑魅魍魉为怪耳。儿生便走,非能自走,直宋无忌之妖将其入灶也。大蛇衔笔,直老书佐耳。乌与燕斗,直老铃下耳。今卦中见象而不见其凶,知非妖咎之征,自无所忧也。”后卒无患。

时信都令家妇女惊恐,更互疾病,使辂筮之。辂曰:“君北堂西头,有两死男子,一男持矛,一男持弓箭,头在壁内,脚在壁外。持矛者主刺头,故头重痛不得举也。持弓箭者主射胸腹,故心中悬痛不得饮食也。昼则浮游,夜来病人,故使惊恐也。”于是掘徙骸骨,家中皆愈。

清河王经去官还家,辂与相见。经曰:“近有一怪,大不喜之,欲烦作卦。”卦成,辂曰:“爻吉,不为怪也。君夜在堂户前,有一流光如燕爵者,入君怀中,殷殷有声,内神不安,解衣彷徉,招呼妇人,觅索余光。”经大笑曰:“实如君言。”辂曰:“吉,迁官之征也,其应行至。”顷之,经为江夏太守。

辂又至郭恩家,有飞鸠来在梁头,鸣甚悲。辂曰:“当有老公从东方来,携豚一头,酒一壶。主人虽喜,当有小故。”明日果有客,如所占。恩使客节酒、戒肉、慎火,而射鸡作食,箭从树间激中数岁女子手,流血惊怖。

辂至安德令刘长仁家,有鸣鹊来在阁屋上,其声甚急。辂曰:“鹊言东北有妇昨杀夫，牵引西家人夫离娄，候不过日在虞渊之际，告者至矣。”到时，果有东北同伍民来告，邻妇手杀其夫，诈言西家人与夫有嫌，来杀我婿。

辂至列人典农王弘直许，看飘风高三尺余，从申上来，在庭中幢幢回转，息以复起，良久乃止。直以问辂，辂曰：“东方当有马吏至，恐父哭子，如何！”明日胶东吏到，直子果亡。直问其故，辂曰：“其日乙卯，则长子之候也。木落于申，斗建申，申破寅，死丧之候也。日加午而风发，则马之候也。离为文章，则吏之候也。申未为虎，虎为大人，则父之候也。”有雄雉飞来，登直内铃柱头，直大以不安，令辂作卦，辂曰：“到五月必迁。”时三月也，至期，直果为勃海太守。

馆陶令诸葛原迁新兴太守，辂往祖饯之，宾客并会。原自起取燕卵、蜂窠、蠨蛸著器中，使射覆。卦成，辂曰：“第一物，含气须变，依乎宇堂，雄雌以形，翅翼舒张，此燕卵也。第二物，家室倒悬，门户众多，藏精育毒，得秋乃化，此蜂窠也。第三物，觳觫长足，吐丝成罗，寻网求食，利在昏夜，此蠨蛸也。”举坐惊喜。

辂族兄孝国，居在斥丘，辂往从之，与二客会。客去后，辂谓孝国曰：“此二人天庭及口耳之间同有凶气，异变俱起，双魂无宅，流魂于海，骨归于家，少许时当并死也。”复数十日，二人饮酒醉，夜共载车，牛惊下道入漳河中，皆即溺死也。

当此之时，辂之邻里，外户不闭，无相偷窃者。清河太守华表，召辂为文学掾。安平赵孔曜荐辂于冀州刺史裴徽曰：“辂雅性宽大，与世无忌，仰观天文则同妙甘公、石申，俯览《周易》则齐思季主。今明使君方垂神幽薮，留精九皋，辂宜蒙阴和之应，得及羽仪之时。”徽于是辟为文学从事，引与相见，大善友之。徙部钜鹿，迁治中别驾。

初应州召，与弟季儒共载，至武城西，自卦吉凶，语儒云：“当在故城中见三狸，尔者乃显。”前到河西故城角，正见三狸共踞城侧，兄弟并喜。正始九年举秀才。

十二月二十八日，吏部尚书何晏请之，邓飏在晏许。晏谓辂曰：“闻君著爻神妙，试为作一卦，知位当至三公不？”又问：“连梦见青蝇数十头，来在鼻上，驱之不肯去，有何意故？”辂曰：“夫飞鸮，天下贱鸟，及其在林食椹，则怀我好音，况辂心非草木，敢不尽忠？昔元、凯之弼重华，宣惠慈和，周公之翼成王，坐而待旦，故能流光六合，万国咸宁。此乃履道休应，非卜筮之所明也。今君侯位重山岳，势若雷电，而怀德者鲜，畏威者众，殆非小心翼翼多福之仁。又鼻者艮，此天中之山，高而不危，所以长守贵也。今青蝇臭恶，而集之焉。位峻者颠，轻豪者亡，不可不思害盈之数，盛衰之期。是故山在地中曰谦，雷在天上曰壮；谦则裒多益寡，壮则非礼不履。未有损己而不光大，行非而不伤败。愿君侯上追文王六爻之旨，下思尼父彖象之义，然后三公可决，青蝇可驱也。”飏曰：“此老生之常谭。”辂答曰：“夫老生者见不生，常谭者见不谭。”晏曰：“过岁更当相见。”辂还邑舍，具以此言语舅氏，舅氏责辂言太切至。辂曰：“与死人语，何所畏邪？”舅大怒，谓辂狂悖。岁朝，西北大风，尘埃蔽天，十余日，闻晏、飏皆诛，然后舅氏乃服。

始辂过魏郡太守钟毓，共论《易》义，辂因言“卜可知君生死之日”。毓使筮其生日月，如言无蹉跌。毓大愕然，曰：“君可畏也。死以付天，不以付君。”遂不复筮。毓问辂：“天下当太平否？”辂曰：“方今四九天飞，利见大人，神武升建，王道文明，何忧不平？”毓未解辂言，无几，曹爽等诛，乃觉寤云。

平原太守刘邠取印囊及山鸡毛著器中，使筮。辂曰：“内方外圆，五色成文，含宝守信，出则有章，此印囊也。高岳岩岩，有鸟朱身，羽翼玄黄，鸣不失晨，此山鸡毛也。”邠曰：“此郡官舍，连有变怪，使人恐怖，其理何由？”辂曰：“或因汉末之乱，兵马扰攘，军尸流血，污染丘山，故因昏夕，多有怪形也。明府道德高妙，自天祐之，愿安百禄，以光休宠。”

清河令徐季龙使人行猎，令辂筮其所得。辂曰：“当获小兽，复非食禽，虽有爪牙，微而不强，虽有文章，蔚而不明，非虎非雉，其名曰狸。”猎人暮归，果如辂言。季龙取十三种物，著大箧中，使辂射。云：“器中藉藉有十三种物。”先说鸡子，后道蚕蛹，遂一一名之，惟以梳为枇耳。

辂随军西行，过毌丘俭墓下，倚树哀吟，精神不乐。人问其故，辂曰：“林木虽茂，无形可久；碑诔虽美，无后可守。玄武藏头，苍龙无足，白虎衔尸，朱雀悲哭，四危以备，法当灭族。不过二载，其应至矣。”卒如其言。后得休，过清河倪太守。时天旱，倪问辂雨期，辂曰：“今夕当雨。”是日旸燥，昼无形似，府丞及令在座，咸谓不然。到鼓一中，星月皆没，风云并起，竟成快雨。于是倪盛修主人礼，共为欢乐。

正元二年，弟辰谓辂曰：“大将军待君意厚，冀当富贵乎？”辂长叹曰：“吾自知有分直耳，然天与我才明，不与我年寿，恐四十七八间，不见女嫁儿娶妇也。若得免此，欲作洛阳令，可使路不拾遗，枹鼓不鸣。但恐至太山治鬼，不得治生人，如何！”辰问其故，辂曰：“吾额上无生骨，眼中无守精，鼻无梁柱，脚无天根，背无三甲，腹无三壬，此皆不寿之验。又吾本命在寅，加月食夜生，天有常数，不可得讳，但人不知耳。吾前后相当死者过百人，略无错也。”是岁八月，为少府丞。明年二月卒，年四十八。

评曰：华佗之医诊，杜夔之声乐，朱建平之相术，周宣之相梦，管辂之术筮，诚皆玄妙之殊巧，非常之绝技矣。昔史迁著扁鹊、仓公、日者之传，所以广异闻而表奇事也。故存录云尔。

【译文】

华佗，字元化，他是沛国谯县人，又名叫作旉。在徐州一带游历求学，通晓数种经史典籍。沛国相陈珪荐举其为孝廉，太尉黄琬征辟，他不去。华佗精通养生之方，当时人以为他年龄已经将近一百岁而有年轻人的容貌，又精于医方用药，给人治疗疾病时，不过配制几味药物；对药物的分量心中有数，从不重复称量，煮熟了就让病人饮服，告诉病人服药的多少和注意事项，这样，药服完病就好了。如需艾灸，只选一两处穴位，每处不过灸七八次，病痛便消除了；如需扎针，也不过选一两处穴位，并告诉病人：“针应当到达哪里，针若已到达，就告诉我。”病人说：“已经到了。”随即拔针，病随之消除。若体内患病，扎针服药的效用达不到患处，需动手术切除的，便让病人服下麻沸散，一会儿工夫病人就像醉了一样什么都不知道，于是，华佗就破腹取患。病患如在肠里，就开肠清洗，再将腹部缝合，敷上药膏，四五天后，伤口便痊愈了，不再疼痛，病人自己也没有感觉，一个月左右，伤口就会完全长好。

原甘陵相的夫人怀孕半年，腹部疼痛得厉害。华佗诊脉，说：“胎儿已死。”又让人用手摸胎儿的位置，如在左是男胎，在右则是女胎。那人说“胎位在左”，于是，让孕妇吃打胎药，果然生下一男胎。夫人的病就好了。

县吏尹世苦于四肢疲劳，口中干渴，不愿听见人的声音，小便困难。华佗说：“试着吃些热饭，如能出汗，病就好了；如不出汗，三天后就没救了。”这人赶紧做热食吃，仍不出汗，华佗说：“元气已然耗尽，当哭泣而死。”果如华佗所料。

府吏儿寻、李延在一起住，都感到头痛身上发热，所患的病痛一样。华佗说："儿寻当催泻，李延应发汗。"有人质问他为什么治疗方法不同，华佗说："儿寻外实内虚，李延内实外虚，所以治疗时应有区别。"于是，分别给他们服药，第二天，两人就好起来了。

盐渎县的严昕和几个人一起等候华佗，华佗刚刚到达，就对严昕说："你的身体哪里不舒服吗？"严昕说："和平时一样。"华佗说："从你的面色上看，你得了急病，不要多喝酒。"这些人坐了一会儿就回家，走了几里远，严昕突然感觉头晕并从车上掉了下来，大家扶着他回家。回到家中，第二天夜里就死了。

原督邮顿子献得病已经差不多好了，请华佗去诊脉，华佗说："您身体还很虚弱，没有完全恢复，不要太劳累，如果同房可能会发病而死。死之前，会吐着几寸长的舌头。"他的妻子听说他的病好了，从百余里远的地方过来探望他，当夜留下来同房。隔了三天顿子献病发身亡，情状和华佗说得一模一样。

督邮徐毅生病，华佗前去给他看病。徐毅对华佗说："昨天让医曹吏刘租针刺胃管之后，就苦于咳嗽，想躺下也不得安宁。"华佗说："针没有刺到胃管，误刺中肝了，你的食量会一天天减少，五天后就没救了。"一切都像华佗说得那样。

东阳县陈叔山的小儿子两岁时得了大病，下泻前常常先啼哭，一天天瘦弱下来。询问华佗，华佗说："他母亲怀孕时阳气内敛，乳汁虚冷，孩子受了母亲的寒气，因此不能应时而愈。"华佗给他吃四物女宛丸，十天病就好了。

彭城的王夫人晚上上厕所，被蝎子蜇了手，痛得呻吟呼叫，没有办法。华佗让人把汤药烧热，让她将手浸在里面，终于可以睡着，但旁边的人要为她多次换热汤，汤要让她的手保持温暖，第二天早上病就痊愈了。

军吏梅平得病，除去军籍回家，他家住在广陵郡，还有两百里路才到，留宿在亲戚家中。过了不久，华佗偶然来到了主人家，主人请华佗给梅平看病，华佗对梅平说："如果你早点见到我，就不会到这地步。现在疾病已经郁结，赶快回去还可以和家人相见，五天后就要死了。"梅平马上赶回去，一如华佗所预料的那样。

华佗走在路上，看见一个人得了咽喉阻塞的病，想吃东西但是又咽不下去，他的家人用车载着病人想去看医生。华佗听见病人的呻吟声，停下车来前往探视，对病人说："刚才我来的路边有个卖饼的人家，那里有蒜泥调和的酸醋，买三升喝下去，病自然就会好了。"病人依照华佗的话去做，立刻吐出一条蛇状的虫子，把它挂在车边，想到华佗家去致谢。当时华佗还没有回家，有小孩在门前玩耍，迎面看见来人，互相说："这些人好像碰到了我家公公，看车边挂的那种致病的东西就知道了。"病人进屋坐下，看见华佗家北面墙上挂着大约十条这样的蛇状虫子。

又有一个郡守得了病，华佗认为郡守的病只有经过极其愤怒才能治好，便收了郡守很多钱却不给郡守治病，不久又丢下郡守走了，并留下一封信谩骂郡守。郡守果然非常愤怒，令人追赶捉拿华佗并将华佗杀掉。郡守的儿子知道其中的内情，让那些人不要追。郡守愤怒到极点，吐出几升黑血后病就好了。

又有一个当官的人感到不舒服，华佗说："你的病在体内深处，当剖腹治痛。但君的寿命也超不过十年，这个病不能致命，忍病十年，君的寿命也到头了，不值得特意剖腹治病。"那人忍耐不了病痛，一定要去除病患。华佗便动手为那人治病，病症很快消除，十年后这个人也死了。

广陵太守陈登得病，胸中烦闷，面色发红，不思饮食。华佗为陈登诊脉后说："府君的胃中有几升虫子，将要结成肿毒，是生腥食物吃得太多造成的。"当即配制了药汤二升，先让陈登喝了一升，过一会儿又让陈登全都喝光。过了一顿饭的工夫，陈登吐出大约三升虫子，红头，躯体都会蠕动，有半截是切细的生鱼肉，病也马上痊愈。华佗说："这个病三年后还会复发，遇到好医生才能解救。"三年后陈登果然发病，当时华佗不在，结果就像华佗所说不治而死。

太祖曹操听说华佗的医术后召见华佗，让他跟随在自己身边服侍。太祖苦于头风病，每次发病时，心乱眼花，华佗用针扎他的鬲间，手到病除。

李将军的妻子病得很严重，让华佗来诊断，华佗说："怀孕后伤了胎但没有打胎。"将军说："以前确实伤了胎，但是已经打胎了。"华佗说："根据脉象，胎还没有打。"将军认为华佗说得不对。华佗离开了，将军的妻子稍微有些好转。一百多天后病情又发作，再次找来华佗。华佗说："这个脉象的惯例是有胎。前一次应当生两个孩子，一个孩子先出来了，出了太多血，后一个孩子来不及出来。母亲自己没察觉，旁边的人也不明白，没有帮忙再接生，因此没有生下来。胎儿死了，血脉不再通畅，一定会干枯贴在母亲脊背内部，所以您妻子经常感到后背疼痛。现在应该给她汤药，同时用针扎一个地方，这个死胎一定能出来。”用完汤药和针灸后，将军的妻子痛得和要生孩子时一样。华佗说：“这个死胎已经干枯很长时间了，不能自己生下它，应当让人掏出来。”果然取出一个男胎，脚都齐全了，颜色发黑，大约有一尺左右。

华佗的绝技，都像这一样。但他本来是士人，而以医作为职业，心中常感到懊悔。后来太祖亲自处理国事，得病很严重，叫华佗专门医治。华佗说：“这种病一时很难治好，长期治疗，方可延迟岁月。”华佗长期离家，想要回去，因而说：“适才得到家书，想暂时回去。”到家后，借口妻子病了，多次请假不返。太祖几次写信叫他，又命令郡县官吏遣送他回来。华佗仗恃自己的技能，厌恶为人役使以求食，仍然不上路。太祖大怒，叫人前往调查核实。如果他妻子真的病了，便赐给小豆四十石，宽限假期；如果他弄虚作假，便拘捕送回。于是用驿车押送到许都的监狱，经拷问，本人认罪服罪。荀彧请求说：“华佗的医术的确很高明，事关人命，应该宽赦他。”太祖说：“别担忧，天下难道会没有这等鼠辈吗？”于是将他拷打，以至死于狱中。华佗临死，拿出一卷书送给狱吏，说：“这书可以活人。”狱吏怕犯法不敢接受，华佗也不勉强他，索火烧了。华佗死后，太祖头风还是没有好。太祖说：“华佗能治愈这种病。小人留下我的病，是想以此抬高自己。但如果我不杀这小子，也终究不会为我断绝这病根的。”后来爱子仓舒病危，太祖叹息说：“我后悔杀了华佗，使得这孩子枉死。”

当初，小军官李成因为咳嗽不止，整天都昏昏沉沉的，还经常吐脓血，因此去问华佗。华佗说：“你是肠痈病，咳嗽时吐的脓血，不是从肺里来的。我给你两钱散剂，服下后吐出二升多脓血就会止住，然后好好调养，一个月就可起床。但要小心保重，一年就会恢复健康。十八年后会小有复发，服用此药，就会好转的。如果没有这种药，就会有生命危险。”便又给李成两钱散剂。过了五六年，李成亲戚中有个人得了与他相同的病，对李成说：“你现在身体强壮，我快要死了。你能忍心收藏你的药，眼见我死去吗？先借给我，等我病好了，再为你到华佗那儿去要。”李成把药给了他。后因事到谯县，正值华佗被抓起来，仓促间不忍心追着华佗要药。十八年后，李成终又病发，无药可服，结果病死。

广陵人吴普、彭城人樊阿都曾随华佗学习医术。吴普参照华佗传授的方法给人诊治，病人大多痊愈。华佗对吴普说："人需要活动，但不能过度疲劳。活动了，食物就能消化，血脉也得以流通，就不会生病，户枢不蠹就是这个道理。所以，古代先人做导引活动，模仿熊的脖子转动、鹰的回头顾视，伸曲腰肢，活动各个关节，以求延缓衰老。我有一种运动方法，叫作'五禽戏'，一是虎戏，二是鹿戏，三是熊戏，四是猿戏，五是鸟戏，既能减少疾病，又能灵活腿脚，以此来做导引。如身上不舒服，就做一禽之戏，出一身汗，敷上一些粉，身体就会感到轻快，肚子里想吃东西。"吴普照这个方法去做，九十多岁，仍是耳聪目明，牙齿完好而坚固。樊阿善针术，一般行医的人都说背、胸之间不可随便下针，即使下针也不能超过四分深，而樊阿在背部扎针深达一两寸，在胸腹之间的巨阙穴扎进五六寸，病人都能痊愈。樊阿向华佗索求有益于身体健康的药物，华佗传授给他漆叶青黏散。用漆叶屑一升、青黏屑十四两的比例配制，长期服用能驱散体内的三种寄生虫，益于五脏，使人身轻体健、头发不白。樊阿照他的话去做，活到一百多岁。漆叶随处可见，青黏出产在丰县、沛县、彭城及朝歌等地。

杜夔字公良，他是河南郡人，因为通晓音律被任命为雅乐郎。汉灵帝中平五年，因病去职。州、郡司徒以礼招聘他，他因时世动乱而投奔荆州。荆州牧刘表命他和孟曜为朝廷排练雅乐，排练好后刘表想在厅堂上观看，杜夔劝他说："将军以皇上名义排练雅乐，现在却要在自己的厅堂上演奏，这恐怕不妥吧！"便停止了演奏。后来，刘表的儿子刘琮投降了曹操，曹操任命杜夔为军谋祭酒，参与太乐署的事务，又命他创制雅乐。

杜夔善识钟律，聪颖过人，各种乐器都能演奏，只是不擅长歌舞。那时，散骑侍郎邓静、尹齐都善吟雅乐，歌师尹胡能演唱宗庙祭祀的歌曲，舞师冯肃、服养知晓前代的各种舞蹈，杜夔统管乐署，细心研究，远考前代经典，近采朝廷旧例，教习、讲授乐理知识，制作及完备各种乐器，继承和恢复前代及古代雅乐事业，都是从杜夔开始的。

文帝黄初年，杜夔做了太乐令、协律都尉。起初，汉朝的铸钟工匠柴玉心灵手巧，制作和创新了许多物品，为当时的高官显贵们所赏识。杜夔命柴玉铸造铜钟，但铜钟铸成后，声韵清浊多不符合音律，因此，杜夔屡次命柴玉熔毁重铸。但柴玉很不服气，说杜夔对声韵的清浊没有固定标准，随意而定，常常拒绝杜夔的指令。于是，杜夔与柴玉都向曹操告状，曹操让人把所铸的铜钟取来，交错排列后敲击比较声音，知道杜夔判断精确而柴玉判断谬误，便降罪柴玉及其儿子们，让他们去兵营养马。文帝曹丕喜欢柴玉，又因曾经让杜夔和左騏等人在宾客中吹笙弹琴，杜夔面有难色，为此，曹丕不喜杜夔。后来，曹丕借别的事由把杜夔囚禁起来，让左騏等人到狱中跟杜夔学习音乐，杜夔认为，自己所做之事文雅，做官也很守本分，对得到这样境遇很不满，结果被罢官而死。

杜夔的弟子有河南尹人邵登、张泰、桑馥，官职都做到了太乐丞，下邳人陈颃任司律中郎将。左延年等人虽然也精通音乐，但他们都只擅长通俗的音乐，在继承和保存古典正统音乐方面都不如杜夔。

朱建平，沛国人。擅长相面之术，在街巷中为人看相，有效验的事很多。曹操为魏公时，听说朱建平的名声，召他为郎官。曹丕为五官将，在座宾客有三十多人，曹丕问朱建平自己的年寿，又让他给宾客看相。朱建平说："将军寿命当在八十，四十岁时候当有小难，望您好生保护自己。"又对夏侯威说："您四十九岁时可任州牧，但会有难，如能度过此劫，可活到七十岁，位至三公。"对应璩说："您六十二岁时任侍中，也会遇到灾难，此前一年，当独自看见一条白狗，而旁人都看不见。"对曹彪说："您是亲王，住在自己的封地，五十七岁时有被兵器损伤的灾祸，要好好预防。"

起初，颍川的荀攸和钟繇关系亲好。荀攸先一步去世，孩子很小。钟繇帮助料理家事。想把荀攸的妾嫁出去，给人写信说："我和荀攸曾经一起让朱建平相面，朱建平说：'荀攸虽然年少，但他将以后事托付钟君。'我当时开玩笑说：'只是把你的阿鹜嫁出去就是了。'没想到荀攸真的早死，当时的戏言竟应验了！现在想把阿鹜嫁出去，让她找个好人家。回想朱建平的神奇，令人惊叹，即使是古代相人名家唐举、许负也不能与他相比。"

黄初七年，曹丕四十岁，病势严重，曹丕对身边的人说："朱建平说我年命八十，是将白天、黑夜合起来计算的，我要到寿了。"不久，去世。夏侯威四十九岁任兖州刺史，十二月上旬得病，他想起朱建平的话，自己已经预料到肯定会死，就预先写好遗嘱又置办丧事用品。到了当月下旬病情好转，几近康复。三十日太阳偏西时，请总管设宴说："我病已逐渐转好，明天鸡一叫就满五十岁了，朱建平的告诫肯定要渡过了。"客人走后，他刚睡下就旧病复发，半夜就死了。应璩六十一岁时任侍中，有一天，在宫中当值，忽然看见一只白狗，问其他的人，都说没看见。于是，频繁聚会亲友，忙着四处游玩，超过朱建平预言的寿命一年，六十三岁去世。曹彪被封为楚王，五十七岁那年，因与王淩合谋反叛，被赐死。凡朱建平所预言的，都已应验，不能一一列举，只能大概记几件事而已。只有给司空王昶、征北将军程喜、中领军王肃相面有出入。王肃年六十二岁时，病重，所有的医生都认为治不好。王肃夫人问王肃有何遗言，王肃说："朱建平相面说我能活过七十岁，官至三公，如今还未实现，不必忧虑。"但王肃还是死了。

朱建平还擅长相马。曹丕要外出，侍从牵马过来，在路上遇见朱建平，他说："这匹马今天要死了。"曹丕刚要上马，马闻不惯他衣服上的香味而受惊，咬了曹丕的膝盖。曹丕大怒，马上就把它杀了。朱建平在黄初年间去世。

周宣，字孔和，乐安人，为郡吏。太守杨沛梦见有人对他说："八月一日曹公来，一定会给您仪仗，还会给你药酒喝。"杨沛叫周宣占梦。此时黄巾起义已开始。周宣说："仪仗，是为病弱之人预备的，药是为人治病的。八月一日，叛贼一定被击败。"到这一天，黄巾军果然被打败。

之后，东平的刘桢梦见一蛇生了四个足，在门中打穴而居。便让周宣为他占梦，周宣说："这与国家有关，不是您的家事。当有女子做贼而被杀。"没过多久，女贼郑氏、姜氏都被诛杀。由于蛇是女子的征兆，蛇不应有脚。

文帝问周宣说："我梦见宫殿有两片屋瓦掉在地上，化为一对鸳鸯，这是什么征兆？"周宣回答说："后宫当有人突然死去。"曹丕说："我骗你呢！"周宣回答说："梦是心中的意念，如果具体说出来，就有相应的吉凶出现。"话没说完，黄门令奏报说有宫人互相杀害。过了不久，曹丕又问周宣："我昨夜梦见有一股青气从地面升到天上。"周宣回答说："天下会有一个高贵的女子含冤而死。"当时，曹丕已经派人赐给甄皇后盖有印玺的诏书，听到周宣的话后悔了，马上派人去追使者，但没有追上。曹丕又问周宣："我梦见磨砺钱上的文字，想让它们消失，然而，却越磨越清楚，这是什么意思？"周宣犹豫着不回答，曹丕一再追问，周宣才说："此陛下家事，虽然您想按自己的意愿办事，但太后不允许，所以，文字越磨越清楚。"当时，曹丕想治弟曹植之罪，但碍于皇太后的态度，因此，只对曹植贬爵。曹丕任周宣为中郎，属太史令。

曾经有人问周宣说："我昨天夜里梦见一条祭祀时用草编的狗，这是什么征兆?”周宣回答说:“君要得到美食了!”不久,那个人出门,果然遇到丰盛的美餐。后来那人又问周宣说:“昨天夜里又梦见草编的狗了,又是什么征兆?”周宣说:“君将要从车上摔下来折断脚,应该小心谨慎了。”没过多久,果然出现了像周宣所预言的情况。后来那人又问周宣:“昨夜又梦见草编的狗了,又是什么征兆呢?”周宣说:“君家要失火了,应该好好保护。”不一会儿果然起了火。那人对周宣说:“前后三次说的梦,全都不是真梦到的,只不过编出来要试试君的占梦术,为什么全都应验了呢?”周宣说:“这是神灵指使君这样说的,所以与真梦没有什么区别。”那个人又问:“我三次都说梦见草编的狗而所占卜的结果都不同,这是为什么?”周宣说:“草编的狗,是祭祀神灵的物品。君开始的梦,预兆君当得到祭祀剩余的食品。祭祀完毕以后草狗将被车所碾压,因此第二个梦预示君将从车上摔下来折断脚。草狗被车碾压之后,必将被带回去当柴烧,所以最后的梦预示君家有失火之忧。”周宣所占卜的梦,都和这样的事一样灵验。周宣所占卜的梦十有八九都说中了,当世拿周宣与朱建平的相面相比较。其他应验的事例不一一列举。明帝末年周宣去世。

管辂字公明,他是平原人。容貌粗陋,没有堂堂仪表,但是喜欢喝酒,谈吐诙谐,不论身份,因此人们大多喜爱他,但并不敬重他。

管辂的父亲为利漕令,利漕百姓郭恩兄弟三人,都是瘸腿,他就让管辂占卜其中的原因。管辂说:“卦中有您自己的坟墓,墓中有一女鬼,不是您伯母,是您叔母。从前饥荒时期,有人为贪图几升米,把她推下井,井中啧啧有声,这人又推下一块大石头,砸破了她的头,冤魂含痛,向上天申诉。”郭恩痛哭流涕,俯首认罪。

广平郡人刘奉林的妻子病危,已经买好了棺木。那时候是正月,让管辂占卦,管辂说:“她的寿命要活到八月辛卯日的中午。”刘奉林不以为然。在此之后,他妻子的病却渐渐好了,直到秋天才复发,诚如管辂所说。

管辂去拜见安平太守王基,王基请他卜卦,管辂说:“根据卦象,应该有个地位低贱的女人,生下一男孩,一落地就走进灶中死去;床上会有一衔笔大蛇,大人小孩都看得到,不一会就不见了;又有一只乌鸦飞进屋里,与燕子争斗,燕子死而乌鸦飞去。如此三件怪事。”王基非常吃惊,问这些怪事主吉还是主凶。管辂说:“你所住这客舍年代久远,有精怪在兴妖。孩子生下来就走,并非自己能走,是火精宋无忌驱使他走入灶中。大蛇叼笔，是老书佐成精变化的。乌鸦与燕相斗，是老铃下成精坠下。现卦上有象无凶，没有灾难，不必担心。”后来果然没有。

信都县令家的女眷们没有原因的恐惧，相继得病，让管辂卜卦。管辂说：“您家北面堂屋西边地下，埋着两个死去的男子。一持长矛，一持弓箭，头在墙壁之内，脚在墙壁之外。持长矛的管刺头，所以妇女们头痛得抬不起来；持弓箭的主管射胸腹部，所以妇女们心中苦痛不能饮食。那两个鬼魂白日浮游，夜里作祟，所以你家中女眷们惊恐不安。”于是，信都县令叫人把那两具骸骨挖出来迁走，家中的妇女全都好了。

清河郡的王经离职归乡，管辂与他相见。王经说：“近来出现个大怪事，使我很不高兴，麻烦您算上一卦。”管辂说：“爻呈吉象，不会作怪。您所说的怪事，是有一天夜里您在堂屋门前，突然有一道流光像燕子和麻雀一样，飞入您的怀里，还发出声音，您就心神不安，解开衣服走来走去，还叫来女眷，帮助寻找流光。”王经大笑说：“正是这样。”管辂说：“吉兆呀，是升官的预兆，很快就要应验了。”没过多久，王经就被任为江夏郡太守。

管辂在郭恩家里，有一只斑鸠飞落在梁上，叫声很悲切。管辂说：“有一位老人从东方来你家，带着一头小猪、一壶酒，主人虽然高兴，但会有小事故。”第二天客人果然来到，如管辂所说的一样。郭恩劝客人少喝酒，不要吃肉，小心火烛，然后射一只野鸡来做菜，箭射到树丛中反弹出来击在了一个只有几岁的小女孩的手上，女孩因出血而大哭。

管辂曾经到安德县令刘长仁家，有一只喜鹊落在屋顶上，叫声非常急切。管辂说：“喜鹊说东北方向有一个女人昨天杀了她的丈夫，会牵扯到西邻另一妇女的丈夫离娄，不到黄昏，告状的人就会来到。”临近黄昏时，果然东北方向有同村的人来告状，说邻家的妇女亲手杀死了丈夫，却诬赖西邻与他丈夫有仇，杀死她的丈夫。

管辂到列人县典农校尉王弘直那里不久，有一股三尺多高的旋风，从西南方刮来，在庭院中旋转不定，停息了又吹起来，过了好久才停止。王弘直以此询问管辂，管辂说：“将有骑马的吏员从东方来，恐怕父亲要哭儿子了，怎么办呢！”第二天，有胶东的吏员赶到，禀告王弘直儿子的死讯。王弘直询问其中原故，管辂说：“这一天是乙卯日，长子的象征。木衰于西南方的申，北斗的斗柄指向申，申冲寅破，是死亡的征兆。太阳在午时而有旋风，午是马的征候为离，代表文章，是吏员的征候。申未为虎，虎为大人，是父亲的征兆。”有一只雄野鸡飞来，停在王弘直办公地的柱头上，王弘直心中很是不安，请管辂占卦。管辂说：“到了五月你一定会升官。”当时是三月，等到五月，王弘直果然升为勃海太守。

管陶让诸葛原升迁为新兴太守，管辂前去和他饯别，宾客聚集在一起。诸葛原亲自取燕卵、蜂穴、蜘蛛放在器皿中，让管辂猜测。卜卦后，管辂说：“第一件物品，含生气以待变化，靠在房屋上，有雌雄形体，羽翼舒张，这是燕卵。第二件物品，家室倒悬，门户众多，藏精育毒，到秋天就转化，这是蜂穴。第三件物品，抖动长足，吐丝成网，结网寻食，在天黑时能多获利，这是蜘蛛。”举座惊喜。

管辂的族兄管孝国，住在斥丘县，管辂前去看望他，正好与两个客人相遇。客人走后，管辂对管孝国说：“此二人天庭及口耳之间都有凶气，变故将一起发生，他们的灵魂无处安定，魂流海外，尸骨归家，用不了多久会同时死去。”几十天后，二人饮酒大醉，夜里共同乘车，牛惊跑出了道路摔入漳河中，当即全都淹死了。

当时，管辂的邻居，不关外门，没有偷东西的人。清河太守华表召管辂为文学掾。安平赵孔曜向冀州刺史裴徽推荐管辂说：“管辂性雅宽大，与世无怨，仰观天文可同甘公、石申相媲美，俯览《周易》，思维同美于司马季主。现在您留意隐士，在民间寻找贤人，管辂应该像阴顺从阳一样跟随您，得到受人尊重的机会。”于是裴徽拜管辂为文学从事，与他相见，非常赞许管辂并与他友好。迁移到钜鹿，升为治中、别驾。

起初响应州里的征召，管辂和弟弟季儒同车到武城西，自己算卦占卜吉凶，对弟说：“在城里会看见三狸。那样，你就会显达。”刚到河西故城的墙脚，正好看见三只狸蹲在城边。二人很是高兴。正始九年，季儒为秀才。

十二月二十八日，吏部尚书何晏请管辂做客，当时邓飏也在那做客。何晏对管辂说：“听说您卦爻神妙，请试卜一卦，看看我的官位会不会到三公？”又问：“近日几次梦见数十头苍蝇落在鼻子尖上，轰都轰不走，这是什么意思？”管辂说：“飞鸮，天下之贱鸟，在树林中吃了桑椹，也会叫出好听的声音，况且我管辂心非草木，怎敢不对您竭尽忠心。从前有八元、八凯辅佐舜帝，对百姓慈善平和，周公辅成王，常为公事夜以继日，所以能光照天下，万国安宁。这都是履行正道的好报应。这不是卜筮所能达到的结果。如今，您的位置重于山岳，威如雷电，但怀念您恩德的人少，害怕您威严的人多，这恐怕不是小心翼翼获得多福仁政的表现。鼻与《艮》卦相对，位如天中，只有高而不危，才能长久富贵。苍蝇喜欢恶臭，如今却集中在鼻子上。位高者易覆，轻浮强横者会灭亡，不能不考虑物极必反，物盛而衰的道理。所以，山在地下是《谦》卦，雷在天上是《壮》卦；谦，就是减多，增少，壮，就是不做非礼之事。没有损己利人而不壮大，为非作歹而不伤败的。望您上想文王演绎八卦的含义，下思孔子对卦象的解释，三公之位就可达到，苍蝇也可以驱走了。”邓飏说：“此老生常谈。”管辂说：“老生看见了不能生存的人，长谈者看见了不能再谈话的人。”何晏说：“过了年我们再见面。”管辂回到城中住所，把说过的话都对舅舅说了，舅舅责备他说话太直率。管辂说：“与死人讲话，有什么可怕的？”舅舅大怒，说管辂狂妄悖理。正月初一朝会，西北刮起大风，尘埃遮天，十多天之后，听说何晏、邓飏全都被杀，管辂的舅舅这才佩服管辂的神奇。

此前，管辂曾经去看望魏郡太守钟毓，共同讨论《易》理，管辂顺便说：“占卜能预知您的生死之日。”钟毓让他卜算自己的出生日月，结果和管辂说的完全一致。钟毓大为惊讶，说：“您真令人可怕啊。我的死期交给上天去决定，不敢交给你了。”于是不再占卜。钟毓问管辂：“天下会太平吗？”管辂说：“现在‘四九’，龙飞上天，利于大人出现，神明英武的人执掌大权，仁义行于天下，何必担忧天下不太平呢？”钟毓没有理解管辂的话，不多久，曹爽等人被诛，才明白其中的道理。

平原太守刘邠把印囊和山鸡毛放在容器里，让管辂卜筮。管辂说：“内方外圆，有五色花纹，里面的宝物表示信用，取出来就能盖上字样，这就是是印囊。高山险峻，有鸟红身，羽翼黄色，鸣叫在早晨，这是山鸡毛。”刘邠说：“郡府房舍，接连发生鬼怪之事，让人恐怖，是什么原因？”管辂说：“或许因汉末大乱，兵马纷纭，士兵尸体流血，污染山丘，因此，黄昏和晚上多有怪形出现。您道德高尚，自有天佑，愿您安享百福，以示朝廷美好的荣宠。”

清河县令徐季龙派人出去打猎，让管辂卜筮所获的猎物。管辂说：“只能获得小猎物，不是能吃的飞禽，虽有爪牙，但弱小而不强壮，皮毛虽有花纹，但不很分明，不是虎不是山鸡，是狐狸。”猎人晚上回来，果如管辂所筮。徐季龙拿出十三种物品，放在一个大箱子里，让管辂猜。管辂说：“箱子里乱糟糟放了十三样物品。”先说鸡蛋，再说蚕蛹，其他的东西也一一说出，只是把梳子说成了篦子。

管辂随军西行，经过毌丘俭的坟墓，倚树哀吟，情绪低沉。有人问他为什么这样，管辂说：“林木虽茂，但不会长久；碑文虽美，却没有后人看守。玄武藏头，苍龙无足，白虎衔尸，朱雀悲鸣，四危已备，法当灭族。不过二年，就会应验了。”果如其言。后来休假，管辂去看望清河倪太守。那时候天旱，太守问管辂什么时候有雨。管辂说：“今晚会下大雨。”当时，烈日炎炎，白天看不出有雨的迹象，府丞和清河县令都在座，都说根本不会下雨。到一更中时，星月被遮住，风云骤起，竟下起了大雨。于是，倪太守盛宴款待管辂，一起欢庆。

正元二年，他的弟弟管辰对他说：“大将军对你很好，你会富贵吗?”管辂叹说：“我自然知道大将军对我有情分，然而上天予我才智，却不让我长寿，恐怕我四十七八岁的时候，看不到女儿出嫁儿子娶妻了。如到时不死，我想当洛阳县令，可以把洛阳治理得路不拾遗，战鼓不响。但恐怕我要到泰山去治鬼，不能治理活人了，有什么办法呀！”管辰问他为什么，管辂说：“我额无生骨，眼中无神，鼻无梁骨，脚无天根，背部无三甲，腹部无三壬，这些都是寿命不长的征兆。我本命是寅年，又是在月食之夜出生，天命有定数，不能违背，只是人们不知道罢了。我前后给当死的人看相超过百人，几乎没有差错呀。”这年八月，管辂任少府丞。第二年二月去世，终年四十八岁。

评论说：华佗的医术，杜夔的音乐，朱建平的相术，周宣的占梦术，管辂的卜筮术，确实都是玄妙特殊，不同寻常的绝技。过去司马迁为扁鹊、仓公、日者做传记，以扩大异闻，记载奇事。所以这里也加以记述。

三国志卷三十·魏书三十

乌丸鲜卑东夷传

《书》载“蛮夷猾夏”，《诗》称“猃狁孔炽”，久矣其为中国患也。秦、汉以来，匈奴久为边害。孝武虽外事四夷，东平两越、朝鲜，西讨贰师、大宛，并邛苲、夜郎之道，然皆在荒服之外，不能为中国轻重。而匈奴最逼于诸夏，胡骑南侵则三边受敌，是以屡遣卫、霍之将，深入北伐，穷追单于，夺其饶衍之地。后遂保塞称藩，世以衰弱。建安中，呼厨泉南单于入朝，遂留内侍，使右贤王抚其国，而匈奴折节，过于汉旧。然乌丸、鲜卑稍更强盛，亦因汉末之乱，中国多事，不遑外讨，故得擅漠南之地，寇暴城邑，杀略人民，北边仍受其困。会袁绍兼河北，乃抚有三郡乌丸，宠其名王而收其精骑。其后尚、熙又逃于蹋顿。蹋顿又骁武，边长老皆比之冒顿，恃其阻远，敢受亡命，以雄百蛮。太祖潜师北伐，出其不意，一战而定之，夷狄慑服，威振朔土。遂引乌丸之众服从征讨，而边民得用安息。后鲜卑大人轲比能复制御群狄，尽收匈奴故地，自云中、五原以东抵辽水，皆为鲜卑庭。数犯塞寇边，幽、并苦之。田豫有马城之围，毕轨有陉北之败，青龙中，帝乃听王雄，遣剑客刺之。然后种落离散，互相侵伐，强者远遁，弱者请服。由是边陲差安，漠南少事，虽时颇钞盗，不能复相扇动矣。乌丸、鲜卑即古所谓东胡也。其习俗、前事，撰汉记者已录而载之矣。故但举汉末魏初以来，以备四夷之变云。

汉末，辽西乌丸大人丘力居，众五千余落，上谷乌丸大人难楼，众九千余落，各称王，而辽东属国乌丸大人苏仆延，众千余落，自称峭王，右北平乌丸大人乌延，众八百余落，自称汗鲁王，皆有计策勇健。中山太守张纯叛入丘力居众中，自号弥天安定王，为三郡乌丸元帅，寇略青、徐、幽、冀四州，杀略吏民。灵帝末，以刘虞为幽州牧，募胡斩纯首，北州乃定。后丘力居死，子楼班年小，从子蹋顿有武略，代立，总摄三王部，众皆从其教令。袁绍与公孙瓒连战不决，蹋顿遣使诣绍求和亲，助绍击瓒，破之。绍矫制赐蹋顿、峭王、汗鲁王印绶，皆以为单于。

后楼班大，峭王率其部众奉楼班为单于，蹋顿为王。然蹋顿多画计策。广阳阎柔，少没乌丸、鲜卑中，为其种所归信。柔乃因鲜卑众，杀乌丸校尉邢举代之，绍因宠慰以安北边。后袁尚败奔蹋顿，凭其势，复图冀州。会太祖平河北，柔帅鲜卑、乌丸归附，遂因以柔为校尉，犹持汉使节，治广宁如旧。建安十一年，太祖自征蹋顿于柳城，潜军诡道，未至百余里，虏乃觉。尚与蹋顿将众逆战于凡城，兵马甚盛。太祖登高望虏陈，抑军未进，观其小动，乃击破其众，临陈斩蹋顿首，死者被野。速附丸、楼班、乌延等走辽东，辽东悉斩，传送其首。其余遗迸皆降。及幽州、并州柔所统乌丸万余落，悉徙其族居中国，帅从其侯王大人种众与征伐。由是三郡乌丸为天下名骑。

鲜卑步度根既立，众稍衰弱，中兄扶罗韩亦别拥众数万为大人。建安中，太祖定幽州，步度根与轲比能等因乌丸校尉阎柔上贡献。后代郡乌丸能臣氐等叛，求属扶罗韩，扶罗韩将万余骑迎之。到桑乾，氐等议，以为扶罗韩部威禁宽缓，恐不见济。更遣人呼轲比能。比能即将万余骑到，当共盟誓。比能便于会上杀扶罗韩，扶罗韩子泄归泥及部众悉属比能。比能自以杀归泥父，特又善遇之。步度根由是怨比能。文帝践阼，田豫为乌丸校尉，持节并护鲜卑，屯昌平。步度根遣使献马，帝拜为王。后数与轲比能更相攻击，步度根部众稍寡弱，将其众万余落保太原、雁门郡。步度根乃使人招呼泄归泥曰："汝父为比能所杀，不念报仇，反属怨家。今虽厚待汝，是欲杀汝计也。不如还我，我与汝是骨肉至亲，岂与仇等？"由是归泥将其部落逃归步度根，比能追之弗及。至黄初五年，步度根诣阙贡献，厚加赏赐，是后一心守边，不为寇害，而轲比能众遂强盛。明帝即位，务欲绥和戎狄，以息征伐，羁縻两部而已。至青龙元年，比能诱步度根深结和亲，于是步度根将泄归泥及部众悉保比能，寇钞并州，杀略吏民。帝遣骁骑将军秦朗征之，归泥叛比能，将其部众降，拜归义王，赐幢麾、曲盖、鼓吹，居并州如故。步度根为比能所杀。

轲比能本小种鲜卑，以勇健，断法平端，不贪财物，众推以为大人。部落近塞，自袁绍据河北，中国人多亡叛归之，教作兵器铠楯，颇学文字。故其勒御部众，拟则中国，出入弋猎，建立旌麾，以鼓节为进退。建安中，因阎柔上贡献。太祖西征关中，田银反河间，比能将三千余骑随柔击破银。后代郡乌丸反，比能复助为寇害，太祖以鄢陵侯彰为骁骑将军，北征，大破之。比能走出塞，后复通贡献。延康初，比能遣使献马，文帝亦立比能为附义王。黄初二年，比能出诸魏人在鲜卑者五百余家，还居代郡。明年，比能帅部落大人小子代郡乌丸修武卢等三千余骑，驱牛马七万余口交市，遣魏人千余家居上谷。后与东部鲜卑大人素利及步度根三部争斗，更相攻击。田豫和合，使不得相侵。五年，比能复击素利，豫帅轻骑径进掎其后。比能使别小帅琐奴拒豫，豫进讨，破走之，由是怀贰。乃与辅国将军鲜于辅书曰："夷狄不识文字，故校尉阎柔保我于天子。我与素利为仇，往年攻击之，而田校尉助素利。我临陈使琐奴往，闻使君来，即便引军退。步度根数数钞盗，又杀我弟，而诬我以钞盗。我夷狄虽不知礼义，兄弟子孙受天子印绶，牛马尚知美水草，况我有人心邪！将军当保明我于天子。"辅得书以闻，帝复使豫招纳安慰。比能众遂强盛，控弦十余万骑。每钞略得财物，均平分付，一决目前，终无所私，故得众死力，余部大人皆敬惮之，然犹未能及檀石槐也。

太和二年，豫遣译夏舍诣比能女婿郁筑鞬部，舍为鞬所杀。其秋，豫将西部鲜卑蒲头、泄归泥出塞讨郁筑鞬，大破之。还至马城，比能自将三万骑围豫七日。上谷太守阎志，柔之弟也，素为鲜卑所信。志往解喻，即解围去。后幽州刺史王雄并领校尉，抚以恩信。比能数款塞，诣州奉贡献。至青龙元年，比能诱纳步度根，使叛并州，与结和亲，自勒万骑迎其累重于陉北。并州刺史毕轨遣将军苏尚、董弼等击之，比能遣子将骑与尚等会战于楼烦，临陈害尚、弼。至三年中，雄遣勇士韩龙刺杀比能，更立其弟。

素利、弥加、厥机皆为大人，在辽西、右北平、渔阳塞外，道远初不为边患，然其种众多于比能。建安中，因阎柔上贡献，通市，太祖皆表宠以为王。厥机死，又立其子沙末汗为亲汉王。延康初，又各遣使献马。文帝立素利、弥加为归义王。素利与比能更相攻击。太和二年，素利死。子小，以弟成律归为王，代摄其众。

《书》称"东渐于海，西被于流沙"。其九服之制，可得而言也。然荒域之外，重译而至，非足迹车轨所及，未有知其国俗殊方者也。自虞暨周，西戎有白环之献，东夷有肃慎之贡，皆旷世而至，其遐远也如此。及汉氏遣张骞使西域，穷河源，经历诸国，遂置都护以总领之，然后西域之事具存，故史官得详载焉。魏兴，西域虽不能尽至，其大国龟兹、于寘、康居、乌孙、疏勒、月氏、鄯善、车师之属，无岁不奉朝贡，略如汉氏故事。而公孙渊仍父祖三世有辽东，天子为其绝域，委以海外之事，遂隔断东夷，不得通于诸夏。景初中，大兴师旅，诛渊，又潜军浮海，收乐浪、带方之郡，而后海表谧然，东夷屈服。其后高句丽背叛，又遣偏师致讨，穷追极远，逾乌丸、骨都，过沃沮，践肃慎之庭，东临大海。长老说有异面之人，近日之所出，遂周观诸国，采其法俗，小大区别，各有名号，可得详纪。虽夷狄之邦，而俎豆之象存，中国失礼，求之四夷，犹信。故撰次其国，列其同异，以接前史之所未备焉。

夫余在长城之北，去玄菟千里，南与高句丽，东与挹娄，西与鲜卑接，北有弱水，方可二千里。户八万，其民土著，有宫室、仓库、牢狱。多山陵、广泽，于东夷之域最平敞。土地宜五谷，不生五果。其人粗大，性强勇谨厚，不寇钞。国有君王，皆以六畜名官，有马加、牛加、猪加、狗加、大使、大使者、使者。邑落有豪民，名下户皆为奴仆。诸加别主四出，道大者主数千家，小者数百家。食饮皆用俎豆，会同、拜爵、洗爵，揖让升降。以殷正月祭天，国中大会，连日饮食歌舞，名曰迎鼓，于是时断刑狱，解囚徒。在国衣尚白，白布大袂，袍、裤，履革鞜。出国则尚缯绣锦罽，大人加狐狸、狖白、黑貂之裘，以金银饰帽。译人传辞，皆跪，手据地窃语。用刑严急，杀人者死，没其家人为奴婢。窃盗一责十二。男女淫，妇人妒，皆杀之。尤憎妒，已杀，尸之国南山上，至腐烂。女家欲得，输牛马乃与之。兄死妻嫂，与匈奴同俗。其国善养牲，出名马、赤玉、貂狖、美珠。珠大者如酸枣。以弓矢刀矛为兵，家家自有铠仗。国之耆老自说古之亡人。作城栅皆员，有似牢狱。行道昼夜无老幼皆歌，通日声不绝。有军事亦祭天，杀牛观蹄以占吉凶，蹄解者为凶，合者为吉。有敌，诸加自战，下户俱担粮饮食之。其死，夏月皆用冰。杀人殉葬，多者百数。厚葬，有椁无棺。

夫余本属玄菟。汉末，公孙度雄张海东，威服外夷，夫余王尉仇台更属辽东。时句丽、鲜卑强，度以夫余在二虏之间，妻以宗女。尉仇台死，简位居立。无適子，有孽子麻余。位居死，诸加共立麻余。牛加兄子名位居，为大使，轻财善施，国人附之，岁岁遣使诣京都贡献。正始中，幽州刺史毌丘俭讨句丽，遣玄菟太守王颀诣夫余，位居遣大加郊迎，供军粮。季父牛加有二心，位居杀季父父子，籍没财物，遣使簿敛送官。旧夫余俗，水旱不调，五谷不熟，辄归咎于王，或言当易，或言当杀。麻余死，其子依虑年六岁，立以为王。汉时，夫余王葬用玉匣，常豫以付玄菟郡，王死则迎取以葬。公孙渊伏诛，玄菟库犹有玉匣一具。今夫余库有玉璧、珪、瓒数代之物，传世以为宝，耆老言先代之所赐也。其印文言“濊王之印”，国有故濊城名城，盖本濊貊之地，而夫余王其中，自谓“亡人”，抑有以也。

高句丽在辽东之东千里，南与朝鲜、濊貊，东与沃沮，北与夫余接。都于丸都之下，方可二千里，户三万。多大山深谷，无原泽。随山谷以为居，食涧水。无良田，虽力佃作，不足以实口腹。其俗节食，好治宫室，于所居之左右立大屋，祭鬼神，又祀灵星、社稷。其人性凶急，喜寇钞。其国有王，其官有相加、对卢、沛者、古雏加、主簿、优台丞、使者、皂衣先人，尊卑各有等级。东夷旧语以为夫余别种，言语诸事，多与夫余同，其性气衣服有异。本有五族，有涓奴部、绝奴部、顺奴部、灌奴部、桂娄部。本涓奴部为王，稍微弱，今桂娄部代之。汉时赐鼓吹技人，常从玄菟郡受朝服衣帻，高句丽令主其名籍。后稍骄恣，不复诣郡，于东界筑小城，置朝服衣帻其中，岁时来取之，今胡犹名此城为帻沟溇。沟溇者，句丽名城也。其置官，有对卢则不置沛者，有沛者则不置对卢。王之宗族，其大加皆称古雏加。涓奴部本国主，今虽不为王，適统大人，得称古雏加，亦得立宗庙，祠灵星、社稷。绝奴部世与王婚，加古雏之号。诸大加亦自置使者、皂衣先人，名皆达于王，如卿大夫之家臣，会同坐起，不得与王家使者、皂衣先人同列。其国中大家不佃作，坐食者万余口，下户远担米粮鱼盐供给之。其民喜歌舞，国中邑落，暮夜男女群聚，相就歌戏。无大仓库，家家自有小仓，名之为桴京。其人洁清自喜，善藏酿。跪拜申一脚，与夫余异，行步皆走。以十月祭天，国中大会，名曰东盟。其公会，衣服皆锦绣金银以自饰。大加主簿头著帻，如帻而无余，其小加著折风。形如弁。其国东有大穴，名隧穴，十月国中大会，迎隧神还于国东上祭之，置木隧于神坐。无牢狱，有罪诸加评议，便杀之，没入妻子为奴婢。其俗作婚姻，言语已定，女家作小屋于大屋后，名婿屋，婿暮至女家户外，自名跪拜，乞得就女宿，如是者再三，女父母乃听使就小屋中宿，傍顿钱帛，至生子已长大，乃将妇归家。其俗淫。男女已嫁娶，便稍作送终之衣。厚葬，金银财币，尽于送死，积石为封，列种松柏。其马皆小，便登山。国人有气力，习战斗，沃沮、东濊皆属焉。又有小水貊。句丽作国，依大水而居，西安平县北有小水，南流入海，句丽别种依小水作国，因名之为小水貊，出好弓，所谓貊弓是也。

王莽像

王莽初发高句丽兵以伐胡，不欲行，强迫遣之，皆亡出塞为寇盗。辽西大尹田谭追击之，为所杀。州郡县归咎于句丽侯驹，严尤奏言："貊人犯法，罪不起于驹，且宜安慰，今猥被之大罪，恐其遂反。"莽不听，诏尤击之。尤诱期句丽侯驹至而斩之，传送其首诣长安。莽大悦，布告天下，更名高句丽为下句丽。当此时为侯国，汉光武帝八年，高句丽王遣使朝贡，始见称王。

至殇、安之间，句丽王宫数寇辽东，更属玄菟。辽东太守蔡风、玄菟太守姚光以宫为二郡害，兴师伐之。宫诈降请和，二郡不进。宫密遣军攻玄菟，焚烧候城，入辽隧，杀吏民。后宫复犯辽东，蔡风轻将吏士追讨之，军败没。

宫死，子伯固立。顺、桓之间，复犯辽东，寇新安、居乡，又攻西安平，于道上杀带方令，略得乐浪太守妻子。灵帝建宁二年，玄菟太守耿临讨之，斩首虏数百级，伯固降，属辽东。熹年中，伯固乞属玄菟。公孙度之雄海东也，伯固遣大加优居、主簿然人等助度击富山贼，破之。

伯固死，有二子，长子拔奇，小子伊夷模。拔奇不肖，国人便共立伊夷模为王。自伯固时，数寇辽东，又受亡胡五百余家。建安中，公孙康出军击之，破其国，焚烧邑落。拔奇怨为兄而不得立，与涓奴加各将下户三万余口诣康降，还住沸流水。降胡亦叛伊夷模，伊夷模更作新国，今日所在是也。拔奇遂往辽东，有子留句丽国，今古雏加驳位居是也。其后复击玄菟，玄菟与辽东合击，大破之。

伊夷模无子，淫灌奴部，生子名位宫。伊夷模死，立以为王，今句丽王宫是也。其曾祖名宫，生能开目视，其国人恶之，及长大，果凶虐，数寇钞，国见残破。今王生堕地，亦能开目视人，句丽呼相似为位，似其祖，故名之为位宫。位宫有力勇，便鞍马，善猎射。景初二年，太尉司马宣王率众讨公孙渊，宫遣主簿大加将数千人助军。正始三年，宫寇西安平，其五年，为幽州刺史毌丘俭所破。语在《俭传》。

东沃沮在高句丽盖马大山之东，滨大海而居。其地形东北狭，西南长，可千里，北与挹娄、夫余，南与濊貊接。户五千，无大君王，世世邑落，各有长帅。其言语与句丽大同，时时小异。汉初，燕亡人卫满王朝鲜，时沃沮皆属焉。汉武帝元封二年，伐朝鲜，杀满孙右渠，分其地为四郡，以沃沮城为玄菟郡。后为夷貊所侵，徙郡句丽西北，今所谓玄菟故府是也。沃沮还属乐浪。汉以土地广远，在单单大领之东，分置东部都尉，治不耐城，别主领东七县，时沃沮亦皆为县。汉建武六年，省边郡，都尉由此罢。其后皆以其县中渠帅为县侯，不耐、华丽、沃沮诸县皆为侯国。夷狄更相攻伐，唯不耐濊侯至今犹置功曹、主簿诸曹，皆濊民作之。沃沮诸邑落渠帅，皆自称三老，则故县国之制也。国小，迫于大国之间，遂臣属句丽。句丽复置其中大人为使者，使相主领，又使大加统责其租税，貊布、鱼、盐、海中食物，千里担负致之，又送其美女以为婢妾，遇之如奴仆。

其土地肥美，背山向海，宜五谷，善田种。人性质直强勇，少牛马，便持矛步战。食饮居处，衣服礼节，有似句丽。其葬作大木椁，长十余丈，开一头作户。新死者皆假埋之，才使覆形，皮肉尽，乃取骨置椁中。举家皆共一椁，刻木如生形，随死者为数。又有瓦鬲，置米其中，编县之于椁户边。

毌丘俭讨句丽，句丽王宫奔沃沮，遂进师击之。沃沮邑落皆破之，斩获首虏三千余级，宫奔北沃沮。北沃沮一名置沟娄，去南沃沮八百余里。其俗南北皆同，与挹娄接。挹娄喜乘船寇钞，北沃沮畏之，夏月恒在山岩深穴中为守备，冬月冰冻，船道不通，乃下居村落。王颀别遣追讨宫，尽其东界。问其耆老"海东复有人不"，耆老言国人尝乘船捕鱼，遭风见吹数十日，东得一岛，上有人，言语不相晓，其俗常以七月取童女沈海。又言有一国亦在海中，纯女无男。又说得一布衣，从海中浮出，其身如中人衣，其两袖长三丈。又得一破船，随波出在海岸边，有一人项中复有面，生得之，与语不相通，不食而死。其域皆在沃沮东大海中。

挹娄在夫余东北千余里，滨大海，南与北沃沮接，未知其北所极。其土地多山险。其人形似夫余，言语不与夫余、句丽同。有五谷、牛、马、麻布。人多勇力，无大君长，邑落各有大人。处山林之间，常穴居，大家深九梯，以多为好。土气寒，剧于夫余。其俗好养猪，食其肉，衣其皮。冬以猪膏涂身，厚数分，以御风寒。夏则裸袒，以尺布隐其前后，以蔽形体。其人不洁，作溷在中央，人围其表居。其弓长四尺，力如弩，矢用楛，长尺八寸，青石为镞，古之肃慎氏之国也。善射，射人皆入目。矢施毒，人中皆死。出赤玉、好貂，今所谓挹娄貂是也。自汉已来，臣属夫余，夫余责其租赋重，以黄初中叛之。夫余数伐之，其人众虽少，所在山险，邻国人畏其弓矢，卒不能服也。其国便乘船寇盗，邻国患之。

东夷饮食类皆用俎豆，唯挹娄不，法俗最无纲纪也。

濊南与辰韩，北与高句丽、沃沮接，东穷大海，今朝鲜之东皆其地也。户二万。昔箕子既适朝鲜，作八条之教以教之，无门户之闭而民不为盗。其后四十余世，朝鲜侯准僭号称王。陈胜等起，天下叛秦，燕、齐、赵民避地朝鲜数万口。燕人卫满，魋结夷服，复来王之。汉武帝伐灭朝鲜，分其地为四郡。自是之后，胡、汉稍别。无大君长，自汉已来，其官有侯邑君、三老，统主下户。其耆老旧自谓与句丽同种。其人性愿悫，少嗜欲，有廉耻，不请匄。言语法俗大抵与句丽同，衣服有异。男女衣皆著曲领，男子系银花广数寸以为饰。自单单大山领以西属乐浪，自领以东七县，都尉主之，皆以濊为民。后省都尉，封其渠帅为侯，今不耐濊皆其种也。汉末更属句丽。其俗重山川，山川各有部分，不得妄相涉入。同姓不婚。多忌讳，疾病死亡辄捐弃旧宅，更作新居。有麻布，蚕桑作绵。晓候星宿，豫知年岁丰约。不以珠玉为宝。常用十月节祭天，昼夜饮酒歌舞，名之为舞天，又祭虎以为神。其邑落相侵犯，辄相罚责生口牛马，名之为责祸。杀人者偿死。少寇盗。作矛长三丈，或数人共持之，能步战。乐浪檀弓出其地。其海出班鱼皮，土地饶文豹，又出果下马，汉桓时献之。

正始六年，乐浪太守刘茂、带方太守弓遵以领东濊属句丽，兴师伐之，不耐侯等举邑降。其八年，诣阙朝贡，诏更拜不耐濊王。居处杂在民间，四时诣郡朝谒。二郡有军征赋调，供给役使，遇之如民。

韩在带方之南，东西以海为限，南与倭接，方可四千里。有三种，一曰马韩，二曰辰韩，三曰弁韩。辰韩者，古之辰国也。马韩在西。其民土著，种植，知蚕桑，作绵布。各有长帅，大者自名为臣智，其次为邑借，散在山海间，无城郭。有爰襄国、牟水国、桑外国、小石索国、大石索国、优休牟涿国、臣缅沽国、伯济国、速卢不斯国、日华国、古诞者国、古离国、怒蓝国、月支国、咨离牟卢国、素谓乾国、古爰国、莫卢国、卑离国、占离卑国、臣衅国、支侵国、狗卢国、卑弥国、监奚卑离国、古蒲国、致利鞠国、冉路国、儿林国、驷卢国、内卑离国、感奚国、万卢国、辟卑离国、臼斯乌旦国、一离国、不弥国、支半国、狗素国、捷卢国、牟卢卑离国、臣苏涂国、莫卢国、古腊国、临素半国、臣云新国、如来卑离国、楚山涂卑离国、一难国、狗奚国、不云国、不斯濆邪国、爰池国、乾马国、楚离国，凡五十余国。大国万余家，小国数千家，总十余万户。

辰王治月支国。臣智或加优呼、臣云、遣支、报安、邪滇、支豳、臣离儿、不例拘、邪秦、支廉之号。其官有魏率善、邑君、归义侯、中郎将、都尉、伯长。

侯准既僭号称王，为燕亡人卫满所攻夺，将其左右宫人走入海，居韩地，自号韩王。其后绝灭，今韩人犹有奉其祭祀者。汉时属乐浪郡，四时朝谒。

桓、灵之末，韩濊强盛，郡县不能制，民多流入韩国。建安中，公孙康分屯有县以南荒地为带方郡，遣公孙模、张敞等收集遗民，兴兵伐韩濊，旧民稍出，是后倭韩遂属带方。景初中，明帝密遣带方太守刘昕、乐浪太守鲜于嗣越海定二郡，诸韩国臣智加赐邑君印绶，其次与邑长。其俗好衣帻，下户诣郡朝谒，皆假衣帻，自服印绶衣帻千有余人。部从事吴林以乐浪本统韩国，分割辰韩八国以与乐浪，吏译转有异同，臣智激韩忿，攻带方郡崎离营。时太守弓遵、乐浪太守刘茂兴兵伐之，遵战死，二郡遂灭韩。

其俗少纲纪，国邑虽有主帅，邑落杂居，不能善相制御。无跪拜之礼。居处作草屋土室，形如冢，其户在上，举家共在中，无长幼男女之别。其葬有椁无棺，不知乘牛马，牛马尽于送死。以璎珠为财宝，或以缀衣为饰，或以悬颈垂耳，不以金银锦绣为珍。其人性强勇，魁头露紒，如炅兵，衣布袍，足履革蹻蹋。其国中有所为及官家使筑城郭，诸年少勇健者，皆凿脊皮，以大绳贯之，又以丈许木锸之，通日嚾呼作力，不以为痛，既以劝作，且以为健。常以五月下种讫，祭鬼神，群聚歌舞，饮酒昼夜无休。其舞，数十人俱起相随，踏地低昂，手足相应，节奏有似铎舞。十月农功毕，亦复如之。信鬼神，国邑各立一人主祭天神，名之天君。又诸国各有别邑，名之为苏涂。立大木，悬铃鼓，事鬼神。诸亡逃至其中，皆不还之，好作贼。其立苏涂之义，有似浮屠，而所行善恶有异。其北方近郡诸国差晓礼俗，其远处直如囚徒奴婢相聚。无他珍宝。禽兽草木略与中国同。出大栗，大如梨。又出细尾鸡，其尾皆长五尺余。其男子时时有文身。又有州胡在马韩之西海中大岛上，其人差短小，言语不与韩同，皆髡头如鲜卑，但衣韦，好养牛及猪。其衣有上无下，略如裸势。乘船往来，市买韩中。

辰韩在马韩之东，其耆老传世，自言古之亡人避秦役来适韩国，马韩割其东界地与之。有城栅。其言语不与马韩同，名国为邦，弓为弧，贼为寇，行酒为行觞。相呼皆为徒，有似秦人，非但燕、齐之名物也。名乐浪人为阿残；东方人名我为阿，谓乐浪人本其残余人。今有名之为秦韩者。始有六国，稍分为十二国。

弁韩亦十二国，又有诸小别邑，各有渠帅，大者名臣智，其次有险侧，次有樊濊，次有杀奚，次有邑借。有已柢国、不斯国、弁辰弥离弥冻国、弁辰接涂国、勤耆国、难弥离弥冻国、弁辰古资弥冻国、弁辰古淳是国、冉奚国、弁辰半路国、弁辰乐奴国、军弥国、弁辰弥乌邪马国、如湛国、弁辰甘路国、户路国、州鲜国、马延国、弁辰狗邪国、弁辰走漕马国、弁辰安邪国、弁辰渎卢国、斯卢国、优由国。弁、辰韩合二十四国，大国四五千家，小国六七百家，总四五万户。其十二国属辰王。辰王常用马韩人作之，世世相继。辰王不得自立为王。土地肥美，宜种五谷及稻，晓蚕桑，作缣布，乘驾牛马。嫁娶礼俗，男女有别。以大鸟羽送死，其意欲使死者飞扬。国出铁，韩、濊、倭皆从取之。诸市买皆用铁，如中国用钱，又以供给二郡。俗喜歌舞饮酒。有瑟，其形似筑，弹之亦有音曲。儿生，便以石厌其头，欲其褊。今辰韩人皆褊头。男女近倭，亦文身。便步战，兵仗与马韩同。其俗，行者相逢，皆住让路。

弁韩与辰韩杂居，亦有城郭。衣服居处与辰韩同。言语法俗相似，祠祭鬼神有异，施灶皆在户西。其渎卢国与倭接界。十二国亦有王，其人形皆大。衣服洁清，长发。亦作广幅细布。法俗特严峻。

倭人在带方东南大海之中，依山岛为国邑。旧百余国，汉时有朝见者，今使译所通三十国。从郡至倭，循海岸水行，历韩国，乍南乍东，到其北岸狗邪韩国，七千余里，始度一海，千余里至对马国。其大官曰卑狗，副曰卑奴母离。所居绝岛，方可四百余里，土地山险，多深林，道路如禽鹿径。有千余户，无良田，食海物自活，乘船南北市籴。又南渡一海千余里，名曰瀚海，至一大国，官亦曰卑狗，副曰卑奴母离。方可三百里，多竹木丛林，有三千许家，差有田地，耕田犹不足食，亦南北市籴。又渡一海，千余里至末卢国，有四千余户，滨山海居，草木茂盛，行不见前人。好捕鱼鳆，水无深浅，皆沈没取之。东南陆行五百里，到伊都国，官曰尔支，副曰泄谟觚、柄渠觚。有千余户，世有王，皆统属女王国，郡使往来常所驻。东南至奴国百里，官曰兕马觚，副曰卑奴母离，有二万余户。东行至不弥国百里，官曰多模，副曰卑奴母离，有千余家。南至投马国，水行二十日，官曰弥弥，副曰弥弥那利，可五万余户。南至邪马壹国，女王之所都，水行十日，陆行一月。官有伊支马，次曰弥马升，次曰弥马获支，次曰奴佳鞮，可七万余户。自女王国以北，其户数道里可得略载，其余旁国远绝，不可得详。次有斯马国，次有已百支国，次有伊邪国，次有都支国，次有弥奴国，次有好古都国，次有不呼国，次有姐奴国，次有对苏国，次有苏奴国，次有呼邑国，次有华奴苏奴国，次有鬼国，次有为吾国，次有鬼奴国，次有邪马国，次有躬臣国，次有巴利国，次有支惟国，次有乌奴国，次有奴国，此女王境界所尽。其南有狗奴国，男子为王，其官有狗古智卑狗，不属女王。自郡至女王国万二千余里。

男子无大小皆黥面文身。自古以来，其使诣中国，皆自称大夫。夏后少康之子封于会稽，断发文身以避蛟龙之害。今倭水人好沈没捕鱼蛤，文身亦以厌大鱼水禽，后稍以为饰。诸国文身各异，或左或右，或大或小，尊卑有差。计其道里，当在会稽、东冶之东。其风俗不淫，男子皆露紒，以木绵招头。其衣横幅，但结束相连，略无缝。妇人被发屈紒，作衣如单被，穿其中央，贯头衣之。种禾稻、纻麻、蚕桑、缉绩，出细纻、缣绵。其地无牛马虎豹羊鹊。兵用矛、楯、木弓。木弓短下长上，竹箭或铁镞或骨镞，所有无与儋耳、朱崖同。倭地温暖，冬夏食生菜，皆徒跣。有屋室，父母兄弟卧息异处，以朱丹涂其身体，如中国用粉也。食饮用笾豆，手食。其死，有棺无椁，封土作冢。始死停丧十余日，当时不食肉，丧主哭泣，他人就歌舞饮酒。已葬，举家诣水中澡浴，以如练沐。其行来渡海诣中国，恒使一人，不梳头，不去虮虱，衣服垢污，不食肉，不近妇人，如丧人，名之为持衰。若行者吉善，共顾其生口财物；若有疾病，遭暴害，便欲杀之，谓其持衰不谨。出真珠、青玉。其山有丹，其木有柟、杼、豫樟、楺枥、投橿、乌号、枫香，其竹篠竿、桃支。有姜、桔、椒、蘘荷，不知以为滋味。有猕猴、黑雉。其俗举事行来，有所云为，辄灼骨而卜，以占吉凶，先告所卜，其辞如令龟法，视火坼占兆。其会同坐起，父子男女无别，人性嗜酒。见大人所敬，但搏手以当跪拜。其人寿考，或百年，或八九十年。其俗，国大人皆四五妇。下户或二三妇。妇人不淫，不妒忌。不盗窃，少诤讼。其犯法，轻者没其妻子，重者灭其门户。及宗族尊卑，各有差序，足相臣服。收租赋。有邸阁。国国有市，交易有无，使大倭监之。自女王国以北，特置一大率，检察诸国，诸国畏惮之。常治伊都国，于国中有如刺史。王遣使诣京都、带方郡、诸韩国，及郡使倭国，皆临津搜露，传送文书赐遗之物诣女王，不得差错。下户与大人相逢道路，逡巡入草；传辞说事，或蹲或跪，两手据地，为之恭敬。对应声曰噫，比如然诺。

其国本亦以男子为王，住七八十年，倭国乱，相攻伐历年，乃共立一女子为王，名曰卑弥呼，事鬼道，能惑众，年已长大，无夫婿，有男弟佐治国。自为王以来，少有见者。以婢千人自侍，唯有男子一人给饮食，传辞出入。居处宫室楼观，城栅严设，常有人持兵守卫。

女王国东渡海千余里，复有国，皆倭种。又有侏儒国在其南，人长三四尺，去女王四千余里。又有裸国、黑齿国复在其东南，船行一年可至。参问倭地，绝在海中洲岛之上，或绝或连，周旋可五千余里。

景初二年六月，倭女王遣大夫难升米等诣郡，求诣天子朝献，太守刘夏遣吏将送诣京都。其年十二月，诏书报倭女王曰："制诏亲魏倭王卑弥呼：带方太守刘夏遣使送汝大夫难升米、次使都市牛利奉汝所献男生口四人，女生口六人，班布二匹二丈，以到。汝所在逾远，乃遣使贡献，是汝之忠孝，我甚哀汝。今以汝为亲魏倭王，假金印紫绶，装封付带方太守假授汝。其绥抚种人，勉为孝顺。汝来使难升米、牛利涉远，道路勤劳，今以难升米为率善中郎将，牛利为率善校尉，假银印青绶，引见劳赐遣还。今以绛地交龙锦五匹、绛地绉粟罽十张、茜绛五十匹、绀青五十匹，答汝所献贡直。又特赐汝绀地句文锦三匹、细班华罽五张、白绢五十匹、金八两、五尺刀二口、铜镜百枚、真珠、铅丹各五十斤，皆装封付难升米、牛利还到录受。悉可以示汝国中人，使知国家哀汝，故郑重赐汝好物也。"

正始元年，太守弓遵遣建忠校尉梯儁等奉诏书印绶诣倭国，拜假倭王，并赍昭赐金、帛、锦罽、刀、镜、采物，倭王因使上表答谢恩诏。其四年，倭王复遣使大夫伊声耆、掖邪狗等八人，上献生口、倭锦、绛青缣、绵衣、帛布、丹木、㺃、短弓矢。掖邪狗等壹拜率善中郎将印绶。其六年，诏赐倭难升米黄幢，付郡假授。其八年，太守王颀到官。倭女王卑弥呼与狗奴国男王卑弥弓呼素不和，遣倭载斯、乌越等诣郡说相攻击状。遣塞曹掾史张政等因赍诏书、黄幢，拜假难升米为檄告喻之。卑弥呼以死，大作冢，径百余步，徇葬者奴婢百余人。更立男王，国中不服，更相诛杀，当时杀千余人。复立卑弥呼宗女壹与，年十三为王，国中遂定。政等以檄告喻壹与，壹与遣倭大夫率善中郎将掖邪狗等二十人送政等还，因诣台，献上男女生口三十人，贡白珠五千，孔青大句珠二枚，异文杂锦二十匹。

评曰：《史》《汉》著朝鲜、两越，东京撰录西羌。魏世匈奴遂衰，更有乌丸、鲜卑，爰及东夷，使译时通，记述随事，岂常也哉！

【译文】

《尚书》里记载："蛮夷猾夏"，《诗经》说："猃狁孔炽"，说明这些民族为祸中原已经很久了。自秦、汉以来，匈奴一直是边害。孝武帝虽然经略四方，向东平定南越、东越和朝鲜，向西讨伐贰师、大宛，并开辟邛苲、夜郎的通道。然而，这些民族地处边远，对中原不能产生重大影响。而匈奴距中原最近，若骑兵南侵就会使中原三面受敌，所以，武帝多次派遣卫青、霍去病这样的大将，深入北伐，追剿单于，夺取他富饶平坦的土地。以后，匈奴便称臣汉朝为边塞屏障，逐渐地开始衰弱。建安年间，呼厨泉南单于入京觐见，便留京为人质，让右贤王管理匈奴，匈奴族对中原的臣服程度，已经超过了过去的汉朝。但是，乌丸、鲜卑却渐渐地强盛起来，他们乘汉末大乱、中原王朝自顾不暇之机控制了大漠以南地区，攻城略地，杀害百姓，北部边境受到他们的袭扰。这时候，袁绍统一河北，并安抚三郡乌丸，给他们著名的首领以优厚的待遇，又收编了乌丸精锐的骑兵。以后，袁尚、袁熙又逃到乌丸首领蹋顿那里，蹋顿十分骁勇，边境的长老们都把他比作匈奴单于冒顿。蹋顿依仗远离王室，才敢于接纳袁尚、袁熙，在边境各民族中称雄。魏太祖曹操以奇兵秘密北伐，只一战，就平定了蹋顿，各少数民族无不震恐。曹操又统领乌丸众兵平抚各地，边地居民得以安居。后来，鲜卑头领轲比能又控制各少数民族部落，占领匈奴全部旧地。自云中、五原以东直至辽河，都成了鲜卑的领地。他们多次侵扰边境，幽、并二州受害尤甚。魏文帝初，田豫曾有马城之围，毕轨有陉北之败。青龙年间，皇帝听从王雄的建议，派勇士刺杀了轲比能。此后，鲜卑部落散乱，互相攻伐。稍强一点的远远逃离，势力弱的便投降朝廷。于是，边境渐趋安静，漠南也少有战事，虽然，还时有抢劫事发生，但已无法聚众发动叛乱了。乌丸、鲜卑，古代称之为东胡，他们的习俗、历史，汉代史书已有详细记载，所以，这里只叙述汉末魏初以来的史事，以为史鉴，使周边少数民族盛衰过程的记载保持完备。

汉末，辽西乌丸大人丘力居，统领五千多个聚居点，上谷郡乌丸大人难楼，统领九千多个聚居点，各自称王，而辽东属国乌丸大人苏仆延，统领一千多个聚居点，自称峭王，右北平郡乌丸大人乌延，统领八百多个聚居点，自称汗鲁王，他们都有计谋并且勇武。中山郡太守张纯反叛进入丘力居部众中，自号弥天安定王，被推举为三郡乌丸元帅，侵掠青、徐、幽、冀四州，杀掠官民。汉灵帝末年，任刘虞为幽州牧，招募胡人刺杀了张纯，幽州才安定下来。丘力居死后，儿子楼班年小，侄子蹋顿有武勇谋略，代替丘力居为王，总领三王部落，众人全都听从他的号令。袁绍与公孙瓒连连征战不能制伏，蹋顿遣使到袁绍处请求和亲，并助袁绍打败公孙瓒。袁绍假托皇帝旨意，赐给蹋顿、峭王、汗鲁王印绶，任他们都为单于。

后来楼班长大了，峭王率领部下上奏举楼班为单于，蹋顿为王。然而还是依仗蹋顿出谋划策。广阳人阎柔，少时流落乌丸、鲜卑部落，很得当地人的信任和尊重。阎柔利用鲜卑部众，杀死乌丸校尉邢举取而代之。袁绍抚慰阎柔安定了北疆。之后，袁尚败逃投奔蹋顿，凭借其势力，又夺回冀州。此时曹操已平定河北，阎柔率鲜卑、乌丸归附。曹操任命阎柔为校尉，仍持汉朝符节，依旧以广宁为治所。建安十一年，曹操亲自去柳城征讨蹋顿，悄然从荒僻小路进兵，距敌不到百余里时才被他们发觉。袁尚与蹋顿率部众在凡城迎战，兵势很盛。曹操登高处瞭望敌阵，命兵马不动，待看到他们有些松懈时才进攻击败了他们，在战阵上斩下蹋顿首级，敌尸遍野。速附丸、楼班、乌延等人逃往辽东，辽东把他们都杀了，并将首级传送给曹操。其余残部全部投降。将阎柔统辖的幽州、并州一百多聚落的乌丸部众，全部迁到中原居住，其他的侯王头领与部众一起随曹操征战。从此，三郡乌丸成为天下著名的骑兵。

鲜卑步度根即位，手下将士有所减少，他的兄扶罗韩另外也拥有数万部众为大人。建安年间，曹操平定幽州，步度根和轲比能等通过乌丸校尉阎柔，向朝廷进贡。后来，代郡乌丸能臣氐等反叛，求归扶罗韩。扶罗韩率万余骑兵前往迎接。到了桑干县，能臣氐等人商议认为，扶罗韩部威禁宽缓，恐怕无法给予有力的援助。就这样，又派人给轲比能送信，轲比能马上派遣万余骑兵迎接，并与能臣氐立誓结盟。轲比能便在宴会上杀了扶罗韩。扶罗韩的儿子泄归尼及部众都归属轲比能。比能想到自己杀了泄归泥的父亲，因此对泄归泥特别友善。步度根因此怨恨轲比能。曹丕即位后，任田豫为乌丸校尉，持节卫护鲜卑，屯兵昌平。步度根派人向朝廷献马，文帝任步度根为王。在这之后，步度根多次与轲比能互相争战，势力逐渐减弱，只得率部下万余人保守太原、雁门郡。步度根又派人对泄归泥说："你父被轲比能所杀，你不想报仇，反依附于仇家。现在虽待你很好，其实是为了杀你而设一计。不如回到我这边来，你我是骨肉至亲，怎能与像仇敌一样？"于是，泄归泥带部众逃归步度根，轲比能没有追上。至黄初五年，步度根到朝廷献贡，得到优厚的赏赐，此后，他一心防边，不再以寇为害，而轲比能的部众都强盛起来。明帝登上皇位，力求安抚和好异族，停息征伐，对轲比能、步度根两部只是加以笼络控制而已。至青龙元年，轲比能引诱步度根与他和亲，于是步度根领泄归泥及其部众都倾向了轲比能，抢掠并州，抄杀吏民。明帝派骁骑将军秦朗征讨，泄归泥背叛了轲比能，率其部众投降，被封为归义王，赐他旗仪、曲盖、鼓吹，仍像过去一样居留在并州。步度根为轲比能所杀。

轲比能本来是小姓鲜卑，由于他勇敢强健，执法公平，不贪财物，众人便推举他为"大人"。他的部落接近边境，自从袁绍占据河北以后，中原有很多人叛逃到这些部落之中，教他们制造武器、铠甲、盾牌，并学习文字。所以，他统率部众，像中原一样，出入狩猎，也树起旗帜，以擂鼓的节奏为进退的信号。建安年间，通过阎柔奉献贡品。曹操西征关中，田银在河间反叛，轲比能率三千多骑兵随阎柔打败了田银。之后，代郡乌丸反叛，轲比能又助反叛者侵害边境。曹操任鄢陵侯彰为骁骑将军，率兵北伐，把他打得大败。轲比能逃出边塞。后又恢复了贡献。延康初年，轲比能派使节前来献马，文帝又封轲比能为"附义王"。黄初二年，轲比能放回鲜卑中的汉人五百多家，让他们回代郡居住。第二年，轲比能率部落头领和平民及代郡乌丸修武卢等三千多骑兵，驱赶七万多头牛马与中原交易，又放回汉人一千多家到上谷郡居住。后来与东部鲜卑大人素利及步度根三个部落争斗，相互攻击。田豫进行调和，不让他们互攻。黄初五年，轲比能又攻击素利，田豫率轻骑直接袭击轲比能的后方。轲比能派小首领琐奴抵御田豫，田豫进讨，把琐奴打跑，从这以后，轲比能便对朝廷怀有二心。在给辅国将军鲜于辅的信说："夷狄人不识文字，所以，前任护乌丸校尉阎柔保荐我给天子。我与素利为仇，去年我攻打他，而田校尉却帮助素利；我临阵派琐奴前往抵御，听说使君来到，我马上领军撤退。步度根数次对我抢掠，又杀我弟，却反诬我抢掠。我夷狄人虽不懂礼义，但兄弟子孙都受天子印绶，牛马尚知水草鲜美，何况我还有人心呢。将军当代我向天子辨明情况。”鲜于辅见到书信后，上报朝廷，皇帝又派田豫招纳抚慰。轲比能的势力因此更强盛，统领十余万骑。每得财物都平均分配，当众处理完毕，从不私贪，因此，部下愿效死力。其余部落首领都很敬畏他。然而，他的势力仍未赶上檀石槐。

太和二年，田豫派遣译官夏舍到比能的女婿郁筑鞬的部落，夏舍被郁筑鞬杀害。这年秋天，田豫率西部鲜卑蒲头、泄归泥出塞讨伐郁筑鞬，把他打败了。田豫回到马城，轲比能亲自领三万骑兵把田豫围困了七天。上谷太守阎志，是阎柔的弟弟，素为鲜卑所信。阎志前往解释开导，比能即解围而去。之后，幽州刺史王雄兼领校尉，以恩信安抚比能。比能多次到塞上要求通好，并到州衙门进奉贡品。至青龙元年，比能诱拢步度根，唆使他背叛并州，与他缔结和亲，并亲率一万骑兵到陉北迎接步度根家人。并州刺史毕轨派遣将军苏尚、董弼等人攻击比能，比能派其子率骑兵与苏尚等在楼烦大战，在阵地上杀了苏尚、董弼。至太和三年间，王雄派勇士韩龙刺杀了比能，改立其弟为王。

素利、弥加、厥机都被推举为鲜卑大人，在辽西、右北平和渔阳塞外，因为距边塞路远还构不成危害，然而，他们的部众比轲比能多。建安年间，他们通过阎柔给朝廷进贡，与中原贸易，曹操上表全都任命他们为王。厥机死，又立其子沙末汗为亲汉王。延康初年，他们又各遣使臣入朝贡献马匹。文帝封素利、弥加为归义王。素利与轲比能互相攻击。太和二年，素利死。儿子尚小，朝廷以其弟成律归为王，代为统领素利部落。

《尚书·禹贡》说“东渐于海，西被于流沙”，这九服的制度是可以说明的。但是荒域之外，要经过辗转翻越才能来到中国，并不是走路乘车就可到达的地方，那里的奇风异俗没有人知道。自唐虞到周代，西戎曾进献过白玉环，东夷肃慎也曾来朝贡，都是隔了好几代才来一次，地方遥远到了这种程度。到了汉代张骞出使西域，走到黄河的源头，历经许多国家，于是朝廷就设置西域都护来统一管理他们，然后，西域的事情留存下来，所以史官能予以详细记载。曹魏兴起，西域各国虽不能都来朝贡，但其中的大国如龟兹、于寘、康居、乌孙、疏勒、月氏、鄯善、车师等每年都要朝贡，与汉代大体相近。公孙渊承继祖父三代统领辽东。朝廷认为其领地遥远，就这样，便将海外事务交由他管理，与东北部少数民族联系，不能和中原往来。景初年间，朝廷兴师，杀死公孙渊，收复乐浪、带方等郡，边地震恐，东北部少数民族也都臣服。在这之后，高句丽反叛。朝廷又派兵讨伐，穷追到极远的地方，越过乌丸、骨都，经沃沮，穿肃慎，东至海滨。老人说有相貌不同的人近日出现。于是遍观各国，采集各地风俗，大小加以区别，各有名号，可以详细记载。即使这是少数民族地区，但礼仪尚存。中原有些失传的礼仪，在边地寻求，还都可信。因此我编纂各国史实，标明异同，以接补前代史书记述不完备的地方。

夫余在长城之北，距离玄菟郡有一千里。南与高句丽、东与挹娄、西与鲜卑接壤，北有弱水，方圆约两千里。有八万户，都是土生土长的本地人。有宫室、仓库、牢狱。多山岳、大湖，在东北部地区中最为平坦、开阔。土地适合栽种五谷，不生长五果。人的体形壮大，性情强悍勇猛且谨慎忠厚，不抢劫。国有君王，均用六畜之名为官名，有马加、牛加、猪加、狗加、大使、大使者、使者。部落有钱有势的人，名下管辖的是奴仆。各加的辅佐之人四处行走，管理范围大的有数千家，管理范围小的数百家。饮食全用俎、豆，实行朝见君主、授予爵位、除去爵位、作揖礼让、升进降阶。以商朝历法的正月祭天，其时国内举行盛大集会，连日吃喝歌舞，名叫“迎鼓”。在这个时候停止审讯犯人，释放囚徒。衣服以白色为尊，穿白布做的大袖衣服、袍子、裤子，穿兽皮鞋。比如出国则穿锦绣服和毛织品，当官的穿上狐狸、白狖、黑貂皮做的裘皮衣，用金银装饰帽子。翻译在转达意思时，都跪下来，两手撑地小声说话。刑罚极严，杀人者死，收其家人为奴婢。偷盗一件东西罚二十件。男女淫乱，女人嫉妒，全都处死。尤其憎恶妒妇，将她杀死后，尸体放在国南山上，直至腐烂。女家若想要回尸体，须向官方上交牛马。哥哥死了弟弟可以嫂为妻，与匈奴习俗相同。这个国家善于蓄养牲畜，出名马、赤玉、貂狖、美珠。大的珍珠像酸枣那么大。以弓矢刀矛为兵器，家家有铠甲兵刃。国中的老人都自称是过去的逃亡者。城墙、围栅修成圆形，有点像牢狱。白天黑夜走在路上不论男女老少都唱着歌，整日歌声不断。有军事行动也先祭天，杀牛看牛蹄来占卜吉凶，蹄子分开为凶，合在一起为吉。有敌人时，各加亲自作战，下等的民户都供给他们饮食。人死之后，夏天都用冰冻起来。杀人殉葬，多的上百人。实行厚葬，有外棺而没有内棺。

夫余原来隶属玄菟。汉末的时候，公孙度向东扩张，威服境外各族。夫余王尉仇台改归辽东。当时高句丽、鲜卑都非常强盛。公孙度考虑到夫余处在这两个民族中间，就把本宗女嫁给尉仇台。尉仇台死后，简位居即位。没有自生的儿子，有庶子叫麻余。简位居死后，众加共立麻余继位。牛加哥哥的儿子叫位居，是大使，轻财尚义，喜好施舍，国内的人都归附他，每年都派使节到京城献贡。正始年间，幽州刺史毌丘俭讨伐句丽，派玄菟太守王颀到夫余，位居派大加到郊外迎接，并供给军粮。叔父牛加有二心，位居杀了叔父父子，没收其财物，派人登记收集归公。旧时夫余习俗，遇到水旱不调，五谷不熟，便归咎于王的过错，或说更换，或说杀掉。麻余死后，他的儿子依虑六岁，被立为王。汉朝时候，夫余王的安葬使用玉匣，平时把玉匣交给玄菟郡，王死后便把玉匣迎取回去用于安葬。公孙渊被杀后，玄菟郡仓库中还有金缕玉衣一件。如今，夫余国库中有玉璧、珪、瓒等相传数代的玉器，为传世之宝，老人说这是前代中原王朝所赐。国王印章的文字是“濊王之印”，国中有旧城名为濊城，因为夫余本是濊貊的地域，而夫余人在那里称王，自称是“流亡人”，还是有道理的。

高句丽在辽东以东约千里，南与朝鲜、濊貊，东与沃沮，北与夫余接壤。在丸都山下立都，方圆两千里，有三万户。这个地方多大山深谷，没有平原和沼泽。当地人随山而居，饮山涧之水。没有好地，即使苦力耕作，也不能满足自给。其风俗好节食，喜欢盖房子，并在居室左右盖大屋，祭祀鬼神、灵星、土神和谷神。当地人性情凶猛急躁，喜欢抢掠。国有君王，官号有相加、对卢、沛者、古雏加、主簿、优台丞、使者、皂衣先人等，有尊卑等级。东夷过去说的是夫余语的分支，所以，言语和其他风俗多与夫余相同。但其性情、服饰与夫余有别。原有五个部族，即涓奴部、绝奴部、顺奴部、灌奴部、桂娄部。原来是涓奴部称王，后来这个部族逐渐衰弱，如今由桂娄部取代。汉代时，朝廷赏赐这个部族的吹鼓艺人，常从玄菟郡得到朝服、衣帽。高句丽县令掌管他们的户口。之后，他们逐渐骄奢恣肆，不再到玄菟郡进贡，而是在东部边境筑起一个小城，把朝服等物放在里面，每年朝会时取用。今天当地人还称这个城叫帻沟溇。沟溇，是高句丽人对城的叫法。他们设置官吏的规则是，有对卢官，就不设沛者官，有沛者官就不设对卢官。国王的宗族，当大官的全称古雏加。涓奴部本为国王，现在虽不为王，但嫡系首领，可以称古雏加，也可立宗庙，祭祀灵星、土神和谷神。绝奴部世代与国王通婚，加古雏之号。各大官也能自己设置使者、皂衣先人，但他们的名字都要报告给国王；大官的地位就像古代卿大夫的家臣一样，参加朝会站立和入座时，不能够与国王的使者、皂衣先人同列。国中大户不劳动，坐吃现成的人有一万多，下等户从远处送来米粮鱼盐供给他们。其人喜歌舞，国中的城邑村落，在夜幕降临时男女群聚，唱歌嬉戏。国中没有大仓库，每家自己有小仓库，名为桴京。人们喜欢清洁，善于酿酒。跪拜时伸一只脚。与夫余不同，走起路来像小跑一样。在十月祭祀天神，国中大聚会，名为东盟。在国家聚会时，全都穿锦绣衣服用金银装饰。主簿以上的官包头巾，但后面没有下垂的部分。小加戴折风，形状像皮帽子。其国东有大山洞，名隧穴，十月国家大会时，迎隧神到本国东部祭祀，把隧神的木牌放在神座上。国中没有监狱，有罪的人经诸位大官评议，就可以杀掉，收罪人的妻子儿女为奴婢。其婚姻在口订以后，女家在大屋后面盖一间小屋，名婿屋，男方在晚上来到女家门外，跪地行礼自报姓名，请求和女子同宿，如此再三请求，女方父母才同意他在小屋住下，并在小屋旁放上银钱和布帛，待生下儿女并长大后，才带着媳妇孩子回家。其风俗淫荡。男女嫁娶后，便开始为自己做送终的衣服。崇尚厚葬，金银财币，都用于陪葬，堆石为坟，种上松柏。所有的马匹都个小，但是方便于登山。国人有气力，熟悉战斗，沃沮、东濊都归属它。国内又有一个部落叫小水貊。高句丽建国，依大河而居，西安平县北有小河，南流入海，高句丽的这个小部落在这条小河边建国，所以称为小水貊，出好弓，就是人们通常说的貊弓。

王莽最初派遣高句丽兵讨伐胡人，高句丽不愿意出兵，王莽就强行派遣。于是，高句丽中很多人逃出塞外成为盗贼。辽西大尹田谭去追击，被人所杀。高句丽的州、郡、县都把罪归于句丽侯驹。严尤上奏说："貊人犯法，罪不起于驹，当安抚他。今突定大罪，恐怕会逼反他。"王莽不听，下诏严尤攻击句丽侯驹。严尤诱使句丽侯驹约会，杀死驹，将首级传送到长安。王莽很高兴，布告全国，改名高句丽为下句丽。其时高句丽为侯国。汉光武帝八年，高句丽王派人向朝廷进贡，才开始正式称王。

至东汉殇帝、安帝年间，高句丽王宫多次侵犯辽东，并连及玄菟郡。辽东太守蔡风、玄菟太守姚光因宫成为两郡之害，就派兵讨伐。宫假意投降求和，两郡兵马就没有前进。宫却秘密派兵进攻玄菟，焚烧候城县，又攻进辽隧，杀害吏民。后来，宫又侵犯辽东，蔡风轻率地带兵去追讨，结果全军覆没。

宫死后，他的儿子伯固即位。东汉顺帝、桓帝年间，伯固又进犯辽东，抢掠新安、居乡，又攻打西安平，中途杀了带方令，抢走乐浪太守的妻子。汉灵帝建宁二年，玄菟太守耿临出兵讨伐他，斩敌首级数百，伯固投降，归属辽东郡。熹平年间，伯固请求归属玄菟郡。公孙度称雄渤海以东时，伯固派遣大加优居、主簿然人等帮助公孙度攻击富山贼，把贼人打败了。

伯固死后，他有两个儿子，长子拔奇，小儿子伊夷模。拔奇不尚，国人便拥立伊夷模为王。自伯固时，就多次进犯辽东，又接受了逃亡到那里的少数民族五百多家。建安年间，公孙康出兵进击，破其国，焚烧城邑村落。拔奇怨恨因是长子而不能即位，与涓奴加各率下等户三万多人投降公孙康，回来后住在沸流水。投降的少数民族人也叛变了伊夷模，伊夷模另立新国，就是今天高句丽所在的地方。拔奇便往辽东郡，有个儿子留在句丽国，就是现在担任古雏加的驳位居。在这之后，高句丽又侵犯玄菟郡，玄菟郡与辽东郡合击，大破高句丽。

伊夷模没有儿子，与灌奴部女人通奸，生子名位宫。伊夷模死后，位宫被立为王。就是今天的高句丽王位宫。其曾祖也叫宫，刚出生时就能睁眼四顾，当地人不喜欢他。宫长大后，果然凶狠暴虐，多次烧杀抢掠，国家渐遭破坏。如今的国王位宫出生时也能睁眼环顾。当地人把相似叫位，因为与其曾祖父相似，所以取名叫位宫。位宫力大勇猛，擅骑马射猎。景初二年，太尉司马懿率军讨伐公孙渊，位宫派主簿大加统领数千人助战。正始三年，位宫侵犯西安平县。正始五年，位宫被幽州刺史毋丘俭打败。详见《毋丘俭传》。

东沃沮在高句丽盖马大山东面，滨海而居。其地形东北狭小，西南长，方圆约有千余里。北与挹娄、夫余相接，南部与濊貊相接。有五千余户，没有大君王，世代聚部落而居，各有首领。其语言与句丽大同小异。汉初，燕国逃亡的人卫满在朝鲜称王，当时沃沮归附于他。汉武帝元封二年，讨伐朝鲜，杀死卫满的孙子右渠，将其领地分为四郡，把沃沮城分为玄菟郡治所。之后，这里为夷貊侵略，于是迁郡治到高句丽西北，就是今天玄菟郡治旧府。沃沮又归属乐浪。汉朝认为这里地域辽阔，在单单大领之东，又设置东部都尉，不耐城为治所，另统七个县，当时，沃沮也在其中。汉建武六年，减省边郡，由此废都尉。之后，各以县中首领为县侯。不耐、华丽、沃沮等县都是侯国。夷狄部落互相攻讨，只有不耐濊侯至今仍设置功曹、主簿等官职，都由濊人担任。沃沮各城邑聚落的首领，都自称三老，这是效法过去汉朝乡官的名称。由于国小，迫于大国之威，遂臣属于高句丽。高句丽又选择他们中的首领为使者，让他们统领各部落，又派大加统一向他们征取租税、貊布、鱼、盐、海产品，要从千里之外担来上缴，又送美女为婢妾，把沃沮人当奴隶对待。

这里土地肥美，背山向海，很适宜粮食生长，沃沮人善于耕种。这的人性耿强勇，缺少牛马，于是就持长矛作战。饮食起居，服饰礼节，相似于高句丽。安葬死者用大木棺椁，长十余丈，开一头作门户。刚死的人都暂时埋起来，只覆盖一层薄土，待尸首烂尽，再取骨架装置于棺椁中。全家共用一个椁，用木头刻成死者生前形象，与椁中死人数目相同。又有瓦鬲，装上大米，按顺序悬挂在棺椁的门户边上。

毌丘俭讨伐高句丽，句丽王位宫逃奔沃沮，毌丘俭于是就进军攻打。沃沮的城镇村落都被攻破，魏军斩杀俘虏了三千多人，位宫逃到北沃沮。北沃沮又名置沟娄，距南沃沮八百多里，但习俗南北都一样，与挹娄接壤。挹娄人喜欢驾船抢掠，北沃沮很畏惧他们，夏天常住在山岩深洞里防守戒备，冬天冰冻，水路不通，才下山回村居住。王颀另派一队兵马去追击位宫，直到北沃沮东界，问那里的老人"东海里面还有人吗？"老人说，他们国内有人乘船捕鱼，曾遭遇大风刮漂了几十天，到了东方的一个岛上，上面有人，语言不通，其风俗是常在七月把童女沉进海中；又说大海中还有一个国家，都是女人没有男人。又说曾见有一件布衣，由海中浮出，从腰身看是中等人的身长，两只袖子有三丈长。又说了，有一只破船，随着波浪出现在海岸边，有一人脖子上还有一张脸，活捉后，语言不通，绝食而死。这些地方都在沃沮东边的大海中。

挹娄在夫余东北一千多里，濒临大海，南面与北沃沮相接，不知道它的北部到达什么地方。国中多险峻高山。人长得与夫余人相似，语言与夫余、高句丽不同。生长五谷，有牛、马，出产麻布。居民勇猛有力气。没有大首领，各个村落都有首领。生活在山林中，常常居住在洞穴里，大户人家的洞穴深度有九段阶梯，阶梯越多越荣贵。气候寒冷，胜过夫余。其习俗好养猪，吃猪肉，穿猪皮。冬天把猪油膏涂在身上，厚度达几分，用来抵御风寒。夏天则裸露身体，用一尺布盖在前后遮住身体。不讲卫生清洁，把猪圈修建在中间，人围着猪圈居住。挹娄用的弓长四尺，劲力像弩一样，箭杆用楛木制成，长一尺八寸，用青石做箭头，这里就是古代肃慎氏的国土。国人善射，射人全都射眼睛。箭头涂上毒药，被射中的人全都死亡。出产赤玉、上好貂皮，就是现在所说的挹娄貂。汉朝以来，挹娄臣属于夫余，夫余向挹娄征收沉重的租赋，所以黄初年间挹娄叛离了夫余。夫余多次讨伐挹娄，挹娄人众虽少，但隐藏在险峻的山中，邻国人又害怕挹娄的弓箭，所以始终不能降服挹娄。挹娄人擅长乘船抢劫，邻国人深以为患。东北方的夷人饮食全都用俎豆之类的食具，只有挹娄不是这样，挹娄的法制习俗是最没有规矩的。

濊南与辰韩，北与高句丽、沃沮相接，东临大海，今天的朝鲜以东的地方都是它的领地。有人口二万户。从前，箕子到朝鲜后，做了八条章法来教化他们。此地夜不闭户但是却没有盗贼。从那以后四十余代，朝鲜侯准僭越称王。陈胜起义，天下叛秦，燕、齐、赵等地居民避难到朝鲜的有好几万人。燕人卫满，联合当地部落，在当地称王。汉武帝征伐消灭朝鲜，将其分为四郡。从此以后，汉人和少数民族逐渐有所区别。濊人没有大君主，自汉朝以来，官员有侯邑君、三老等名称，统治下户人家。其老者自称与高句丽是同族。人性老实忠厚，少贪欲，有廉耻，不向人乞求。语言法俗与高句丽大体相同，穿的衣服不一样。男女衣服都有曲领，男子把几寸大的银花缀在衣服上为装饰。自单单大山领以西属乐浪郡，自领以东七个县由东部都尉统辖，以濊族百姓为编民。后来，朝廷撤销都尉，封其首领为侯，今不耐濊皆其种族。汉末改属高句丽。他们的习俗重视山川，山川各有归属，不得随便进入。同姓人不通婚。忌讳很多，有人疾病死亡全都抛弃旧宅，重建新居。产麻布，用蚕桑做绵。懂得观察星象，预先知道收成好坏。不以珠玉为宝物。常在十月节祭天，昼夜饮酒歌舞，叫为舞天，又祭虎为神。部落间发生争斗，总是用收取奴隶牛马作为惩罚，叫它责祸。杀人者偿命。少有强盗。矛长三丈，有的要用几个人共同使用，擅长步战。乐浪郡的檀弓出自这里。海里出班鱼皮，陆地上有带花纹的豹子，又出产果下马，汉桓帝时曾向朝廷进贡过。

正始六年，乐浪郡太守刘茂、带方郡太守弓遵因为领东濊归属句丽，于是兴师讨伐，不耐侯等全城投降。正始八年，不耐侯到朝廷朝贡，朝廷下诏改封为不耐濊王。混杂在民间居住，四时到郡署拜见太守。两郡调兵进行军事征伐，让他供给役使，待之如民。

韩在带方之南，东西两面都是大海，南与倭国拥接，方圆约四千里。有三个部族，一叫马韩，二叫辰韩，三叫弁韩。所谓辰韩，就是古代的辰国。马韩在西部。其居民都是土著，能耕种，懂蚕桑，会制绵布。各部落都有自己的首领，大的自称为“臣智”，小一点的自称“邑借”，散住在山海之间，没有城郭。有爰襄国、牟水国、桑外国、小石索国、大石索国、优休牟涿国、臣濆沽国、伯济国、速卢不斯国、日华国、古诞者国、古离国、怒蓝国、月支国、咨离牟卢国、素谓乾国、古爰国、莫卢国、卑离国、占离卑国、臣衅国、支侵国、狗卢国、卑弥国、监奚卑离国、古蒲国、致利鞠国、冉路国、儿林国、驷卢国、内卑离国、感奚国、万卢国、辟卑离国、臼斯乌旦国、一离国、不弥国、支半国、狗素国、捷卢国、牟卢卑离国、臣苏涂国、莫卢国、古腊国、临素半国、臣云新国、如来卑离国、楚山涂卑离国、一难国、狗奚国、不云国、不斯濆邪国、爰池国、乾马国、楚离国，共五十多国。大国有一万多户，小国几千家，总有十万多户。辰王的治所在月支国。臣智有时给予优待称为“臣云、遣支、报安、邪濆、支踧、臣离儿、不例拘、邪秦、支廉”的称号。其官职有魏率善、邑君、归义侯、中郎将、都尉、伯长。

侯准僭越称王后，濊国被燕国逃亡的人卫满所攻夺。卫满带着侯准的僚属、宫女跑到海上，住在韩地，自号“韩王”。其后绝灭，现在韩人还有奉拜祭祀的。汉时归属乐浪郡，四季都到东浪郡拜见郡守。

汉桓帝、灵帝末年，韩濊日益强盛，郡县不能控制。中原百姓有很多流亡韩国的。建安年间，公孙康将屯有县以南的荒地划为带方郡，派公孙模、张敞等人收拢各地流民，起兵讨伐韩濊，原先流亡韩地的人逐渐离开回到汉郡。其后，倭、韩归属带方郡。景初年间，明帝密遣带方太守刘昕、乐浪太守鲜于嗣渡海平定二郡，韩国臣智被赐邑君印绶，其次赐予邑长。当地风俗好戴衣帽，下民到郡里拜谒，都讨取衣帽，自此，私穿朝服戴冠帽、自备印绶的有一千多人。部从事吴林认为，乐浪原来管辖韩国，现在将辰韩分成八个国家归属乐浪，译使转译与原意有出入，臣智激怒韩国，就这样，攻带方郡崎离营。那时候，带方郡太守弓遵、乐浪郡太守刘茂起兵讨伐，弓遵战死，二郡灭掉了韩国。

马韩的风俗缺乏约束，国家虽然有主帅，但各个邑落杂居，不能统一指挥管理。没有跪拜的礼仪。住房是草屋土室，形状像个坟头，门开在上方，全家都住在里面，没有长幼男女的区别。马韩的葬俗有外棺没内棺，不会骑乘牛马，牛马全都用来送葬。把珠玉视为宝物，有的点缀在衣服上做装饰，有的挂在脖子上或耳朵上，不以金银锦绣为珍贵物品。这些人生性强悍勇敢，头发盘成发髻露在外面，就像闪闪发亮的兵器，身穿布袍，脚穿兽皮鞋。每当国中有体力劳作或官府让百姓筑城墙，那些勇敢健壮的年轻人，全都割破脊背上的皮肤，用大绳子穿过去，又用一丈多长的木棍插在上面，整日地呐喊劳作，不感觉疼痛，既用来为自己鼓劲，又用这来表示强健。常在五月播种完毕，祭祀鬼神，聚在一起唱歌跳舞，昼夜饮酒不止。马韩的舞蹈，由几十个人随着一个人跳舞，脚踏地面低头扬头，手脚响应，节奏很像铎舞。十月份收割完毕，也这样庆贺。崇信鬼神，每个部落都有一个人主管祭祀天神，被人们称为天君。每个小国都另外有一个城邑。城邑中立有被称为苏涂的建筑。在苏涂中立大木柱，把铃鼓悬挂上面，用这来侍奉鬼神。逃亡的人进入苏涂，都不回去，而是在一起做贼寇。立苏涂的意思，就像中原建立佛塔，但佛塔与苏涂，一个教人行善，一个助人作恶，很不相同。在北方靠近汉人边郡的几个小国，稍微知道一些礼仪，而其他在远方的人就像囚徒奴婢聚在一起。没有其他的珍宝。禽兽草木与中原差不多。出产大栗子，像梨一样大。又出产细尾鸡，尾巴有五尺多长。男子常常有文身的情况。还有一个叫州胡的地方在马韩西面海中的大岛上，那里的人身材矮小，语言与马韩不同，都光着头就像鲜卑人一样，只穿皮衣，喜欢养牛和猪。那里人的衣服有上身没有下身，差不多像裸体一样。经常乘船往来，在韩国购买东西。

辰韩在马韩之东，他们的老年人向后人传授，自称是古代逃亡的人为了躲避秦朝徭役来到韩国，马韩分割其东部界地让他们居住。有城市栅栏。语言与马韩不同，叫“国”为“邦”，叫“弓”为“弧”，叫“贼”为“寇”，叫“行酒”为“行觞”。相互打招呼称对方为“徒”，与秦人相似，不是燕国、齐国事物的名称。称乐浪人为“阿残”，东方人说“我”为“阿”，是说乐浪人原本是他们的残余之人。现在有叫他们为“秦韩”的。开始有六国，逐渐分为十二国。

弁韩也有十二国，还有很多小的城邑，各有首领，大者称“臣智”，其次有“险侧”，再次有“樊濊”，还有“杀奚”、“邑借”等名。有已柢国、不斯国、弁辰弥离弥冻国、弁辰接涂国、勤者国、难弥离弥冻国、弁辰古资弥冻国、弁辰古淳是国、冉奚国、弁辰半路国、弁辰乐奴国、军弥国、弁辰弥乌邪马国、如湛国、弁辰甘路国、户路国、州鲜国、马延国、弁辰狗邪国、弁辰走漕马国、弁辰安邪国、弁辰渎卢国、斯卢国、优由国。弁韩、辰韩共有二十四国，大国四五千户，小国六七百户，总共四五万户。其中十二国属辰王统辖，辰王常由马韩人担任，世代相传。辰王不得自立为王。那里土地肥沃，适宜种植五谷和水稻，居民懂得种桑养蚕，制作绢布，乘驾牛马。婚嫁礼俗，男女有别。用大鸟的羽毛殉葬，意思是想让死去的人能飞升上天。国中出产铁，韩人、濊人、倭人都从这里采铁。各地市场上交易都用铁，就像中原用钱币一样，又以铁供给带方、乐浪郡。风俗喜歌舞饮酒。有乐器名“瑟”，形状如筑，弹奏起来也有音乐曲调。孩子生下后，就用石块压他的头，想使他头扁。现在的辰韩人都是扁头。其男女长相与倭人相近，也有文身的习俗。惯于步战，所用兵器与马韩相同。其风俗，行人在路上相遇，都会停下来给对方让路。

弁韩与辰韩杂居，也有城郭。衣服和居住都和辰韩相同。语言法律习俗相似，但只有祭祀鬼神与辰韩不同，灶台全都砌在房子的西边。其中的渎卢国与倭国相接。十二个国也有国王，国人都长得高大，衣服干净，留长发；也能织宽幅的细布。法律特别严厉。

倭人在带方郡东南的大海中，沿山岛建立城邑。过去有一百多国，汉朝时曾派人入朝觐见，现在和中国靠翻译有使者往来的有三十国。从带方郡去倭国，沿海岸航行，过韩国，一会儿向南、一会儿向东，就到了倭国北岸的狗邪韩国，有七千多里，这才过了一个海，再航行一千多里到对马国。他们的大官叫卑狗，副职叫卑奴母离。所居岛屿四面环海，方圆约四百多里，山岭险峻，有很多茂密的森林，道路狭窄如同野兽走的小道。有一千多户人家，没有良田，吃海物为生，乘船到南北其他国购买粮食。又往南渡海一千多里，名叫瀚海，到达一个大国，官员也称卑狗，副手也称卑奴母离。方圆三百里，有很多竹木丛林，人口三千多家，略微有些田地，耕种还满足不了吃饭问题，也是到南北其他国家市场购买。再渡一海，走一千多里就到了末卢国，有人口四千多户，依山靠海而居，草木繁茂，走路时看不到前面的行人。喜欢捕鱼，不论水的深浅，都潜到水底去捉。沿陆路向东南走五百里就到了伊都国，大官称尔支，副手称泄谟觚、柄渠觚。人口有一千多户，世代有国王，全都统属于女王国，带方郡的使者往来经常住在这里。向东南走一百里就到了奴国，大官称兕马觚，副手称卑奴母离，人口有二万多户。往东行一百里就到不弥国，官叫多模，副职叫卑奴母离，有一千多户人家。往南到投马国，水路航行需二十天，官叫弥弥，副职叫弥弥那利，有人口五万多户。由此往南到邪马壹国，是女王都城所在，水路需十天，陆路走则要一个月。邪马壹国的官叫伊支马，其次叫弥马升，又一次叫弥马获支，又次叫奴佳鞮，人口约七万多户。从女王国往北，居民户数和路程大略可以记载，其余各国距离遥远，不知道它们的详情。其次有斯马国，百支国，伊邪国，都支国，弥奴国，好古都国，不呼国，姐奴国，对苏国，苏奴国，呼邑国，华奴苏奴国，鬼国，为吾国，鬼奴国，邪马国，躬臣国，巴利国，支惟国，乌奴国，奴国，到此就是女王辖地的尽头了。从这里再往南就是狗奴国，男子为国王，官有狗古智卑狗，不属女王管辖。从带方郡到女王国共一万二千多里。

倭人男子不分大小在脸上、身上都刺有花纹。自古以来，凡是使节到中国，都自称大夫。夏朝的国王少康的儿子封在会稽，他剃去头发、在身上刺上花纹来躲避蛟龙的伤害。现在的倭人喜欢潜入水中捕捞鱼蛤，也在身上刺花纹用来吓走大鱼水兽，后来逐渐成为一种装饰。倭人文身各国均不相同，有大有小，尊卑不同文身样式和部位也有所差异。按到倭国的路程，其所在应在会稽、东冶的东面。倭人风俗不淫乱，男子露着发髻，只以木棉布扎头。穿腰裙，但联结而成，不缝制。妇女们披着头发弯挽发髻，制作衣服就像单被，在中间穿一个洞，套在头上穿。种植禾稻、苎麻，种桑养蚕、析麻搓线，生产细麻布、绢布和丝绵。倭地没有牛马虎豹羊鹊；兵器有矛、盾、木弓。木弓下短上长，箭头有竹箭头或铁箭头或骨箭头，所有这些都不与儋耳、朱崖相同。倭地气候温暖，冬夏都吃生菜，光着脚，建有屋室，父母兄弟休息时不在一处。用朱丹涂抹身体，就像中国用粉一样。饮食用笾豆，以手抓食；安葬死人，有棺无椁，用土垒成坟头。从死开始停丧十余日，期间不吃肉，服丧的主人哭泣，别人则歌舞饮酒。葬毕，全家到水中洗澡，就像对熟绢加以冲洗一样。他们渡海来中国，常使一人不梳头，不清除虫卵虱子，衣服污秽，不吃肉，不近女人，如服丧的人一样，名为“持衰”。来的人若吉利平安，大家便用牲口、财物酬劳此人；若有疾病或突受灾害，就想杀他，认为他“持衰”不严。倭地出产珍珠、青玉，山上有丹砂，树木有枏、杼、豫樟、楺枥、投橿、乌号、枫香，竹子有篠竿、桃支；虽有姜、橘、椒、蘘荷，但不知道用来调味。有猕猴、黑雉。其习惯上有事要办，便烧骨占卜，推断吉凶。首先说出所卜何事，言辞就像用龟壳进行占卜，同时观察骨头炙裂的情况来占卜预兆。聚会时的坐立次序，没有父子男女区别，其人性好饮酒。见到大人，不过是用拍手来当跪拜以示尊敬。考察寿禄，有百岁，也有八九十岁。其风俗是，国的大人都是四五个妻子，下户有的是两三个妻子。妇人不淫乱、不妒忌。人们不盗窃，很少有争讼之事发生。如果是犯法，轻的将其妻子儿女收没官家，重者则满门抄斩。至于宗族上下尊卑，也是各有等级差别，足以使人们服从。倭国收取租赋，建有囤积粮食和其他物资的仓库。各国都设有市场，交易有无，派大倭对市场进行监督。从女王国以北，特设一位大率，监察各国，诸国对大率都很畏惧。大率通常把治所设在伊都国，在这里他的职权有如刺史。女王派遣使者到京都、带方郡、韩国各地，或带方郡使者出使倭国，大率都要亲临津关查验，传送文书以及朝廷赐给女王的物品，不得有所差错。百姓与大人在路上相遇，就恭敬地退到路旁的草丛中；传达辞意讲述事情，或蹲或跪，两手抵地，表现得很是恭敬。应声为“噫”，相当于许诺的意思。

倭国本来是以男子为王，过了七八十年后，倭国发生混乱，各小国互相攻打了一年多，于是就共立一个女子为王，女子名叫卑弥呼，她信奉鬼道，能迷惑众人，年纪已经很大，没有丈夫，一个弟弟帮助她治理国事。自从当了国王以来，很少有人见到她。有一千名女仆侍奉她，只有一名男子供给她饮食，并进出通报传令；她的居处有宫室楼台，外有城墙栅栏严密设防，常有人手持兵器守卫。

从女王国向东航海一千多里，还有国家，都是倭种人。又有侏儒国在它南面，人身高三四尺，离女王国有四千多里。又有裸国、黑齿国还在它的东南，船行一年可以到达。考察倭人住地，远在海里的沙洲岛屿上，或四面隔绝、或相互连通，周围大约有五千多里。

景初二年六月，倭国女王派遣大夫难升米等人到带方郡来，请求到天子那里朝贡，太守刘夏派官员把他们送到京都。这年十二月，朝廷下诏书告知倭女王，说：“诏示亲魏倭王卑弥呼：带方太守刘夏派使节送你的大夫难升米、副使都市牛利进奉你所献的男奴隶四人、女奴隶六人、班布二匹二丈，已经收到。你住的地方遥远，还派使臣贡献，是你的忠孝。我特别爱怜你。现封你为亲魏倭王，授金印紫绶，装盒密封后交由带方郡太守刘夏颁授予你。你要爱抚国内百姓，努力效忠魏朝。你的使臣难升米、牛利远道而来不辞勤劳，现任难升米为率善中郎将，牛利为率善校尉，授银印青绶，接见慰劳赏赐之后送他们回国。现在赐给你五匹深红色有交龙花纹的织锦、十张深红色带有皱纹图案的毛毯、五十匹茜绛色细绢、五十匹绀青色细绢，作为对你所献贡品的酬报。再特别赏赐你带有钩状花纹的深红色锦缎三匹、带有细斑点花纹的毛毯五张、白绢五十匹、黄金八两、五尺长钢刀两口、铜镜百枚、珍珠、铅丹各五十斤，全都装封好交给难升米、牛利带给你照清单查收。完全可以向你的国人展示这些赏赐品，让他们知道朝廷对你的爱怜，所以，郑重地赐给你这么多好东西。”

正始元年，带方太守弓遵派建忠校尉梯俊等人带诏书和印绶来到倭国，授予倭王，并奉命赐给倭王黄金、丝绸、锦毯、刀、铜镜、旌旗服饰等物，倭王则请梯儁送上表章答谢皇帝的恩赐。正始四年，倭王又派大夫伊声耆、掖邪狗等八人贡献奴隶、倭锦、绛青缣、丝绵衣、绸布、红木、犲和短的弓箭。掖邪狗等人都被授予率善中郎将。正始六年，皇帝下诏赐给倭臣难升米黄伞盖，委派带方郡太守代授。正始八年，带方新太守王颀到任。倭国女王卑弥呼与狗奴国男王卑弥弓呼素来不和，她派遣载斯、乌越等人到带方郡诉说与狗奴国男王互相攻打的情况。王颀派遣塞曹掾史张政等人带诏书、黄幢，拜授难升米发布檄告晓谕女王和男王。这时卑弥呼已死，倭人修建了一个很大的坟墓，直径达一百多步，殉葬的奴婢有一百多人。倭国改立男王，但是倭人不服，互相争杀，当时就杀了一千多人。只得再立卑弥呼宗女壹与，年纪十三岁就当了王，于是，国内安定下来。张政等人发布檄告晓谕壹与，壹与派倭国大夫率善中郎将掖邪狗等二十人送张政等人回到带方郡，又乘便到朝廷朝见，献上男女奴隶三十人，珍珠五千颗，孔青大句珠两枚，各种异色文彩的杂锦二十匹。

评论：《史记》《汉书》记载朝鲜、东越和南越的情况，《东观汉记》也记载了西羌的情况。到魏朝的时候匈奴便衰落了，又有乌丸、鲜卑兴起来了，东北部的夷族，也通过翻译和中原王朝时时交往。记载要随情况的变化而变，哪有一成不变的啊！

三国志卷三十一·蜀书一

刘二牧传

刘焉字君郎，江夏竟陵人也，汉鲁恭王之后裔，章帝元和中徙封竟陵，支庶家焉。焉少仕州郡，以宗室拜中郎，后以师祝公丧去官。居阳城山，积学教授，举贤良方正，辟司徒府，历雒阳令、冀州刺史、南阳太守、宗正、太常。焉睹灵帝政治衰缺，王室多故，乃建议言："刺史、太守，货赂为官，割剥百姓，以致离叛。可选清名重臣以为牧伯，镇安方夏。"焉内求交阯牧，欲避世难。议未即行，侍中广汉董扶私谓焉曰："京师将乱，益州分野有天子气。"焉闻扶言，意更在益州。会益州刺史郤俭赋敛烦扰，谣言远闻，而并州杀刺史张壹，凉州杀刺史耿鄙，焉谋得施。出为监军使者，领益州牧，封阳城侯，当收俭治罪；扶亦求为蜀郡西部属国都尉，及太仓令巴西赵韪去官，俱随焉。

是时益州逆贼马相、赵祗等于绵竹县自号黄巾，合聚疲役之民，一二日中得数千人，先杀绵竹令李升，吏民翕集，合万余人，便前破雒县，攻益州杀俭，又到蜀郡、犍为，旬月之间，破坏三郡。相自称天子，众以万数。州从事贾龙领家兵数百人在犍为东界，摄敛吏民，得千余人，攻相等，数日破走，州界清静。龙乃选吏卒迎焉。焉徙治绵竹，抚纳离叛，务行宽惠，阴图异计。张鲁母始以鬼道，又有少容，常往来焉家，故焉遣鲁为督义司马，住汉中，断绝谷阁，杀害汉使。焉上书言米贼断道，不得复通，又托他事杀州中豪强王咸、李权等十余人，以立威刑。犍为太守任岐及贾龙由此反攻焉，焉击杀岐、龙。

焉意渐盛，造作乘舆车具千余乘。荆州牧刘表表上焉有似子夏在西河疑圣人之论。时焉子范为左中郎将，诞治书御史，璋为奉车都尉，皆从献帝在长安，惟叔子别部司马瑁素随焉。献帝使璋晓谕焉，焉留璋不遣。时征西将军马腾屯郿而反，焉及范与腾通谋，引兵袭长安。范谋泄，奔槐里，腾败，退还凉州，范应时见杀，于是收诞行刑。议郎河南庞羲与焉通家，乃募将焉诸孙入蜀。时焉被天火烧城，车具荡尽，延及民家。焉徙治成都，既痛其子，又感祆灾，兴平元年，痈疽发背而卒。州大吏赵韪等贪璋温仁，共上璋为益州刺史，诏书因以为监军使者，领益州牧，以韪为征东中郎将，率众击刘表。

璋，字季玉，既袭焉位，而张鲁稍骄恣，不承顺璋，璋杀鲁母及弟，遂为仇敌。璋累遣庞羲等攻鲁，数为所破。鲁部曲多在巴西，故以羲为巴西太守，领兵御鲁。后羲与璋情好携隙，赵韪称兵内向，众散见杀，皆由璋明断少而外言人故也。璋闻曹公征荆州，已定汉中，遣河内阴溥致敬于曹公。加璋振威将军，兄瑁平寇将军。瑁狂疾物故。璋复遣别驾从事蜀郡张肃送叟兵三百人并杂御物于曹公，曹公拜肃为广汉太守。璋复遣别驾张松诣曹公，曹公时已定荆州，走先主，不复存录松，松以此怨。会曹公军不利于赤壁，兼以疫死。松还，疵毁曹公，劝璋自绝，因说璋曰："刘豫州，使君之肺腑，可与交通。"璋皆然之，遣法正连好先主，寻又令正及孟达送兵数千助先主守御，正遂还。后松复说璋曰："今州中诸将庞羲、李异等皆恃功骄豪，欲有外意，不得豫州，则敌攻其外，民攻其内，必败之道也。"璋又从之，遣法正请先主。璋主簿黄权陈其利害，从事广汉王累自倒县于州门以谏，璋一无所纳，敕在所供奉先主，先主入境如归。先主至江州，北由垫江水诣涪，去成都三百六十里，是岁建安十六年也。璋率步骑三万余人，车乘帐幔，精光曜日，往就与会；先主所将将士，更相之适，欢饮百余日。璋资给先主，使讨张鲁，然后分别。

明年，先主至葭萌，还兵南向，所在皆克。十九年，进围成都数十日，城中尚有精兵三万人，谷帛支一年，吏民咸欲死战。璋言："父子在州二十余年，无恩德以加百姓。百姓攻战三年，肌膏草野者，以璋故也，何心能安！"遂开城出降，群下莫不流涕。先主迁璋于南郡公安，尽归其财物及故佩振威将军印绶。孙权杀关羽，取荆州，以璋为益州牧，驻秭归。璋卒，南中豪率雍闿据益郡反，附于吴。权复以璋子阐为益州刺史，处交、益界首。丞相诸葛亮平南土，阐还吴，为御史中丞。初，璋长子循妻，庞羲女也。先主定蜀，羲为左将军司马，璋时从羲启留循，先主以为奉车中郎将。是以璋二子之后，分在吴、蜀。

评曰：昔魏豹闻许负之言则纳薄姬于室，刘歆见图谶之文则名字改易，终于不免其身，而庆钟二主。此则神明不可虚要，天命不可妄冀，必然之验也。而刘焉闻董扶之辞则心存益土，听相者之言则求婚吴氏，遽造舆服，图窃神器，其惑甚矣。璋才非人雄，而据土乱世，负乘致寇，自然之理，其见夺取，非不幸也。

刘备自领益州牧图，出自《图像三国志》，描绘了刘备打败刘璋，入主四川之事。

【译文】

刘焉字君郎，是江夏竟陵县人。他是汉鲁恭王的后裔，在章帝元和年间改封到竟陵，宗族旁支就在那里安家。刘焉年轻的时候曾在州郡任职，因宗室身份被任中郎，后因老师祝恬去世离职。刘焉居阳城山，探究学问并教授学生，被举荐为孝廉，征聘到司徒府，历任洛阳令、冀州刺史、南阳太守、宗正、太常卿等职。刘焉目睹当时朝政衰败，王室多事，便建议说："刺史、太守，为官贪利，盘剥百姓，以致民众离叛。应选用清廉大臣任州郡长官，以安定全国。"刘焉暗中设法谋取交阯牧之职，想借此躲避世乱。他的建议没有能实行，任侍中的广汉人董扶私下对刘焉说："京都将要发生变乱，益州有天子气。"刘焉听了董扶的话后，便想改赴益州任职。正赶上益州刺史郤俭横征暴敛，百姓怨愤，远近皆闻，并州刺史张壹、凉州刺史耿鄙被当地百姓杀死，刘焉如愿出任监军，兼任益州牧，封阳城侯并准备将郤俭治罪；董扶也请求出任蜀郡西部属国都尉，正巧太仓令巴西人赵韪被免官，即随刘焉而去。

当时，益州叛贼马相、赵祇等人在绵竹自称黄巾军，聚集疲于劳役的百姓，一两天内就得到几千人，首先杀了绵竹县令李升，民吏聚集，一共一万多人。又攻破雒县，杀了益州刺史郤俭，又进攻到蜀郡、犍为，不到一月的时间，三郡均遭破坏。马相自称天子，部众数以万计。州从事贾龙率领家兵数百人在犍为东界，召集吏民一千多人，进攻马相等人，只几天，就战败他们并赶走，州内又恢复秩序。贾龙便选派手下迎接刘焉。刘焉将州治所迁移到绵竹县，抚慰招纳叛离民众，力行宽惠政策，暗中打算割据称雄。张鲁的母亲起初在绵竹地区传播五斗米道，又显得比较年轻，常常往来于刘焉家，所以刘焉任命张鲁为督义司马，前往汉中，切断栈道，杀害了朝廷的使者。刘焉向朝廷上书说"道路被五斗米道的人阻断，无法再通"，又以其他事为借口杀了益州豪强王咸、李权等十多人，来建立自己的威信。犍为郡太守任岐和贾龙因此又反攻刘焉，刘焉击杀了任岐与贾龙。

刘焉称霸之心日益强烈，于是制造御辇一千多辆。荆州牧刘表上奏说，刘焉有类似于子夏在西河自比圣人的言论。当时刘焉的儿子刘范担任左中郎将、刘诞任治书御史、刘璋任奉车都尉，都在献帝身边，只有叔子别部司马刘瑁一直跟随刘焉。献帝派刘璋去告诫刘焉，刘焉就留下刘璋不让他回京。当时，征西将军马腾在郿县举兵反叛，刘焉、刘范与马腾合谋，率兵袭击长安。刘范密谋泄露，逃到槐里；马腾战败，退回凉州。刘范随即被杀，朝廷又收捕刘诞处死。议郎河南人庞羲和刘焉是姻亲，于是找到刘焉的孙子们，带着他们入蜀。这时，刘焉的城池遭天火焚烧，不仅车辆器物荡然无存，而且，大火又殃及四周民房。刘焉遂将治所迁往成都。他既痛心亲子被杀，又为天灾所惊，因为背疮发作于兴平元年死去。益州官员赵韪等人知刘璋温厚仁和，一同上表推荐刘璋为益州刺史。于是，朝廷下诏封刘璋为监军使者，兼任益州牧。以赵韪为征东中郎将，率军攻打刘表。

刘璋，字季玉，承袭刘焉的官位后，张鲁逐渐放纵，不服从刘璋，刘璋于是便杀了张鲁的母亲和弟弟，因此这二人成为仇敌。刘璋派遣庞羲等人多次攻打张鲁，都被张鲁打败。张鲁的部众大多是巴西郡人，刘璋便任庞羲为巴西郡太守，领兵抵御张鲁。后来，庞羲与刘璋不和，产生了矛盾；赵韪又举兵进攻刘璋，失败被杀，这都是由于刘璋缺乏见识，又偏听偏信的缘故。刘璋听说曹操征伐荆州，已经平定了汉水中部，于是派遣河内人阴溥向曹操致敬。朝廷加刘璋为振威将军，任命刘璋兄刘瑁为平寇将军。后来刘瑁得疯病死去。刘璋又派遣别驾从事蜀郡人张肃送三百名蜀兵和日用物品给曹操，曹操任命张肃为广汉太守。刘璋又派遣别驾张松去见曹操，此时曹操已平定荆州，赶走了刘备，就没有任用张松，因此，张松对曹操不满。正值曹军赤壁失利，又瘟疫流行，士兵死亡很多。张松回来后，不断发泄对曹操的不满，劝刘璋与曹操断绝关系，并进一步劝刘璋说："刘备与您同族，是您贴心可靠的人，可以和他交往。"刘璋认为他说得都对，派法正和刘备联系结交，不久，又派遣法正与孟达带数千士兵帮助刘备防守，法正很快就回来了。后来，张松又劝刘璋说："如今州将中如庞羲、李异等都居功自傲，已经有离意，如果得不到刘备的帮助，倘若敌人从外面进攻，有人在内部叛乱，你一定会遭到失败。"刘璋又听从了张松的话，派法正去请刘备。主簿黄权力阻刘璋并陈说其弊，益州从事广汉人王累自己倒吊于州府的大门上来劝谏刘璋，刘璋全都不听，并下令，刘备所到之处当地都要供给粮草，使刘备进入益州就像回到自己家一样。刘备至达江州，又由垫江水到达涪县，距成都只有三百六十里，这时是建安十六年。刘璋率领步兵骑兵三万多人，车辆帐篷在阳光下闪耀，前往涪城迎接刘备，刘备手下将士，也与对方相互拜访，欢宴一百多天。刘璋给刘备很大的资助，让他去讨伐张鲁，然后与他分别。

第二年，刘备到达葭萌关，回师南下，所到的地方全被攻下。建安十九年，进兵包围成都几十天。成都城中还有精兵三万，粮食布帛可以维持一年，士吏百姓都愿死战到底。刘璋说："我父子在益州二十多年，没有恩德施与百姓，又作战三年，尸横遍野，都是因为我的缘故，这让我怎能安心！"于是，打开城门投降，臣属们没有不流泪的。刘备把刘璋迁到南郡的公安县，又将他的财物及以前佩用的振威将军印绶全都归还给他。孙权杀死关羽，夺取荆州，任命刘璋为益州牧，驻扎秭归。刘璋死了以后，益州南部的豪强首领雍闿占据益州叛乱，归附吴国。孙权又任命刘璋的儿子刘阐为益州刺史，住在交州与益州的交界处。诸葛亮平定南方，刘阐到吴国，担任御史中丞。当初，刘璋长子刘循娶的妻子是庞羲的女儿。刘备平定蜀地，任命庞羲为左将军司马，刘璋当时听从庞羲的意见留下刘循，刘备就任命刘循为奉车中郎将。因此，刘璋两个儿子的后代，分别留在吴国、蜀国。

评论：过去魏豹听了许负的话就娶了薄姬为小妾，刘歆看见图谶的文字就改了自己的名字，然而都免不了自身受害，而把福庆赋予了刘邦、刘秀二主。这说明神灵不会无缘无故地赐福，天命也不可以妄自希求，这是受到必然验证的真理。而刘焉听从了董扶的话就想去益州，听了看相者的话又为儿子刘瑁聘娶吴家的女儿，又制造了皇帝的礼仪专车，心生窃据帝位之意，也太糊涂了。璋没有英雄的才干，却在乱世割据一方，身负沉重却要乘华丽的马车，招致强盗的抢劫是自然而然的事，刘璋的地盘被别人夺取，也并非刘璋的不幸。

三国志卷三十二·蜀书二

先主传

先主姓刘，讳备，字玄德，涿郡涿县人，汉景帝子中山靖王胜之后也。胜子贞，元狩六年封涿县陆城亭侯，坐酎金失侯，因家焉。先主祖雄，父弘，世仕州郡。雄举孝廉，官至东郡范令。

先主少孤，与母贩履织席为业。舍东南角篱上有桑树生高五丈余，遥望见童童如小车盖，往来者皆怪此树非凡，或谓当出贵人。先主少时，与宗中诸小儿于树下戏，言："吾必当乘此羽葆盖车。"叔父子敬谓曰："汝勿妄语，灭吾门也！"年十五，母使行学，与同宗刘德然、辽西公孙瓒俱事故九江太守同郡卢植。德然父元起常资给先主，与德然等。元起妻曰："各自一家，何能常尔邪！"起曰："吾宗中有此儿，非常人也。"而瓒深与先主相友。瓒年长，先主以兄事之。先主不甚乐读书，喜狗马、音乐、美衣服。身长七尺五寸，垂手下膝，顾自见其耳。少语言，善下人，喜怒不形于色。好交结豪侠，年少争附之。中山大商张世平、苏双等赀累千金，贩马周旋于涿郡，见而异之，乃多与之金财。先主由是得用合徒众。

灵帝末，黄巾起，州郡各举义兵，先主率其属从校尉邹靖讨黄巾贼有功，除安喜尉。督邮以公事到县，先主求谒，不通，直入缚督邮，杖二百，解绶系其颈着马枊，五葬反。弃官亡命。顷之，大将军何进遣都尉毌丘毅诣丹杨募兵，先主与俱行，至下邳遇贼，力战有功，除为下密丞。复去官。后为高唐尉，迁为令。为贼所破，往奔中郎将公孙瓒，瓒表为别部司马，使与青州刺史田楷以拒冀州牧袁绍。数有战功，试守平原令，后领平原相。郡民刘平素轻先主，耻为之下，使客刺之。客不忍刺，语之而去。其得人心如此。

袁绍攻公孙瓒，先主与田楷东屯齐。曹公征徐州，徐州牧陶谦遣使告急于田楷，楷与先主俱救之。时先主自有兵千余人及幽州乌丸杂胡骑，又略得饥民数千人。既到，谦以丹杨兵四千益先主，先主遂去楷归谦。谦表先主为豫州刺史，屯小沛。谦病笃，谓别驾麋竺曰："非刘备不能安此州也。”谦死，竺率州人迎先主，先主未敢当。下邳陈登谓先主曰：“今汉室陵迟，海内倾覆，立功立事，在于今日。彼州殷富，户口百万，欲屈使君抚临州事。”先主曰：“袁公路近在寿春，此君四世五公，海内所归，君可以州与之。”登曰：“公路骄豪，非治乱之主。今欲为使君合步骑十万，上可以匡主济民，成五霸之业，下可以割地守境，书功于竹帛。若使君不见听许，登亦未敢听使君也。”北海相孔融谓先主曰：“袁公路岂忧国忘家者邪？冢中枯骨，何足介意。今日之事，百姓与能，天与不取，悔不可追。”先主遂领徐州。袁术来攻先主，先主拒之于盱眙、淮阴。曹公表先主为镇东将军，封宜城亭侯，是岁建安元年也。先主与术相持经月，吕布乘虚袭下邳。下邳守将曹豹反，间迎布。布虏先主妻子，先主转军海西。杨奉、韩暹寇徐、扬间，先主邀击，尽斩之。先主求和于吕布，布还其妻子。先主遣关羽守下邳。

先主还小沛，复合兵得万余人。吕布恶之，自出兵攻先主，先主败走归曹公。曹公厚遇之，以为豫州牧。将至沛收散卒，给其军粮，益与兵使东击布。布遣高顺攻之，曹公遣夏侯惇往，不能救，为顺所败，复虏先主妻子送布。曹公自出东征，助先主围布于下邳，生禽布。先主复得妻子，从曹公还许。表先主为左将军，礼之愈重，出则同舆，坐则同席。袁术欲经徐州北就袁绍，曹公遣先主督朱灵、路招要击术。未至，术病死。

先主未出时，献帝舅车骑将军董承辞受帝衣带中密诏，当诛曹公。先主未发。是时曹公从容谓先主曰：“今天下英雄，唯使君与操耳。本初之徒，不足数也。”先主方食，失匕箸。遂与承及长水校尉种辑、将军吴子兰、王子服等同谋。会见使，未发。事觉，承等皆伏诛。

先主据下邳。灵等还，先主乃杀徐州刺史车胄，留关羽守下邳，而身还小沛。东海昌霸反，郡县多叛曹公为先主，众数万人，遣孙乾与袁绍连和，曹公遣刘岱、王忠击之，不克。五年，曹公东征先主，先主败绩。曹公尽收其众，虏先主妻子，并禽关羽以归。

先主走青州。青州刺史袁谭，先主故茂才也，将步骑迎先主。先主随谭到平原，谭驰使白绍。绍遣将道路奉迎，身去邺二百里，与先主相见。驻月余日，所失亡士卒稍稍来集。曹公与袁绍相拒于官渡，汝南黄巾刘辟等叛曹公应绍。绍遣先主将兵与辟等略许下。关羽亡归先主。曹公遣曹仁将兵击先主，先主还绍军，阴欲离绍，乃说绍南连荆州牧刘表。绍遣先主将本兵复至汝南，与贼龚都等合，众数千人。曹公遣蔡阳击之，为先主所杀。

曹公既破绍，自南击先主。先主遣麋竺、孙乾与刘表相闻，表自郊迎，以上宾礼待之，益其兵，使屯新野。荆州豪杰归先主者日益多，表疑其心，阴御之。使拒夏侯惇、于禁等于博望。久之，先主设伏兵，一旦自烧屯伪遁，惇等追之，为伏兵所破。

十二年，曹公北征乌丸，先主说表袭许，表不能用。曹公南征表，会表卒，子琮代立，遣使请降。先主屯樊，不知曹公卒至，至宛乃闻之，遂将其众去。过襄阳，诸葛亮说先主攻琮，荆州可有。先主曰："吾不忍也。"乃驻马呼琮，琮惧不能起。琮左右及荆州人多归先主。比到当阳，众十余万，辎重数千两，日行十余里，别遣关羽乘船数百艘，使会江陵。或谓先主曰："宜速行保江陵，今虽拥大众，被甲者少，若曹公兵至，何以拒之？"先主曰："夫济大事必以人为本，今人归吾，吾何忍弃去！"

曹公以江陵有军实，恐先主据之，乃释辎重，轻军到襄阳。闻先主已过，曹公将精骑五千急追之，一日一夜行三百余里，及于当阳之长坂。先主弃妻子，与诸葛亮、张飞、赵云等数十骑走，曹公大获其人众辎重。先主斜趋汉津，适与羽船会，得济沔，遇表长子江夏太守琦众万余人，与俱到夏口。先主遣诸葛亮自结于孙权，权遣周瑜、程普等水军数万，与先主并力，与曹公战于赤壁，大破之，焚其舟船。先主与吴军水陆并进，追到南郡，时又疾疫，北军多死，曹公引归。

先主表琦为荆州刺史，又南征四郡。武陵太守金旋、长沙太守韩玄、桂阳太守赵范、零陵太守刘度皆降。庐江雷绪率部曲数万口稽颡。琦病死，群下推先主为荆州牧，治公安。权稍畏之，进妹固好。先主至京见权，绸缪恩纪。权遣使云欲共取蜀，或以为宜报听许，吴终不能越荆有蜀，蜀地可为己有。荆州主簿殷观进曰："若为吴先驱，进未能克蜀，退为吴所乘，即事去矣。今但可然赞其伐蜀，而自说新据诸郡，未可兴动，吴必不敢越我而独取蜀。如此进退之计，可以收吴、蜀之利。"先主从之，权果辍计。迁观为别驾从事。

十六年，益州牧刘璋遥闻曹公将遣钟繇等向汉中讨张鲁，内怀恐惧。别驾从事蜀郡张松说璋曰："曹公兵强无敌于天下，若因张鲁之资以取蜀土，谁能御之者乎？"璋曰："吾固忧之而未有计。"松曰："刘豫州，使君之宗室而曹公之深仇也，善用兵，若使之讨鲁，鲁必破。鲁破，则益州强，曹公虽来，无能为也。”璋然之，遣法正将四千人迎先主，前后赂遗以巨亿计。正因陈益州可取之策。先主留诸葛亮、关羽等据荆州，将步卒数万人入益州。至涪，璋自出迎，相见甚欢。张松令法正白先主，及谋臣庞统进说，便可于会所袭璋。先主曰：“此大事也，不可仓卒。”璋推先主行大司马，领司隶校尉；先主亦推璋行镇西大将军，领益州牧。璋增先主兵，使击张鲁，又令督白水军。先主并军三万余人，车甲器械资货甚盛。是岁，璋还成都。先主北到葭萌，未即讨鲁，厚树恩德，以收众心。

明年，曹公征孙权，权呼先主自救。先主遣使告璋曰：“曹公征吴，吴忧危急。孙氏与孤本为唇齿，又乐进在青泥与关羽相拒，今不往救羽，进必大克，转侵州界，其忧有甚于鲁。鲁自守之贼，不足虑也。”乃从璋求万兵及资实，欲以东行，璋但许兵四千，其余皆给半。张松书与先主及法正曰：“今大事垂可立，如何释此去乎！”松兄广汉太守肃，惧祸逮己，白璋发其谋。于是璋收斩松，嫌隙始构矣。璋敕关戍诸将文书勿复关通先主。先主大怒，召璋白水军督杨怀，责以无礼，斩之。乃使黄忠、卓膺勒兵向璋。先主径至关中，质诸将并士卒妻子，引兵与忠、膺等进到涪，据其城。璋遣刘璝、冷苞、张任、邓贤等拒先主于涪，皆破败，退保绵竹。璋复遣李严督绵竹诸军，严率众降先主。先主军益强，分遣诸将平下属县，诸葛亮、张飞、赵云等将兵泝流定白帝、江州、江阳，惟关羽留镇荆州。先主进军围雒；时璋子循守城，被攻且一年。

十九年夏，雒城破，进围成都数十日，璋出降。蜀中殷盛丰乐，先主置酒大飨士卒，取蜀城中金银分赐将士，还其谷帛。先主复领益州牧，诸葛亮为股肱，法正为谋主，关羽、张飞、马超为爪牙，许靖、麋竺、简雍为宾友。及董和、黄权、李严等本璋之所授用也，吴壹、费观等又璋之婚亲也，彭羕又璋之所排摈也，刘巴者宿昔之所忌恨也，皆处之显任，尽其器能。有志之士，无不竞劝。

二十年，孙权以先主已得益州，使使报欲得荆州。先主言：“须得凉州，当以荆州相与。”权忿之，乃遣吕蒙袭夺长沙、零陵、桂阳三郡。先主引兵五万下公安，令关羽入益阳。是岁，曹公定汉中，张鲁遁走巴西。先主闻之，与权连和，分荆州江夏、长沙、桂阳东属；南郡、零陵、武陵西属，引军还江州。遣黄权将兵迎张鲁，张鲁已降曹公。曹公使夏侯渊、张郃屯汉中，数数犯暴巴界。先主令张飞进兵宕渠，与郃等战于瓦口，破郃等，郃收兵还南郑。先主亦还成都。

二十三年，先主率诸将进兵汉中。分遣将军吴兰、雷铜等入武都，皆为曹公军所没。先主次于阳平关，与渊、郃等相拒。

二十四年春，自阳平南渡沔水，缘山稍前，于定军兴势作营。渊将兵来争其地。先主命黄忠乘高鼓噪攻之，大破渊军，斩渊及曹公所署益州刺史赵颙等。曹公自长安举众南征。先主遥策之曰："曹公虽来，无能为也，我必有汉川矣。"及曹公至，先主敛众拒险，终不交锋，积月不拔，亡者日多。夏，曹公果引军还，先主遂有汉中。遣刘封、孟达、李平等攻申耽于上庸。

秋，群下上先主为汉中王，表于汉帝曰："平西将军都亭侯臣马超、左将军长史领镇军将军臣许靖、营司马臣庞羲、议曹从事中郎军议中郎将臣射援、军师将军臣诸葛亮、荡寇将军汉寿亭侯臣关羽、征虏将军新亭侯臣张飞、征西将军臣黄忠、镇远将军臣赖恭、扬武将军臣法正、兴业将军臣李严等一百二十人上言曰：昔唐尧至圣而四凶在朝，周成仁贤而四国作难，高后称制而诸吕窃命，孝昭幼冲而上官逆谋，皆冯世宠，藉履国权，穷凶极乱，社稷几危。非大舜、周公、朱虚、博陆，则不能流放禽讨，安危定倾。伏惟陛下诞姿圣德，统理万邦，而遭厄运不造之艰。董卓首难，荡覆京畿，曹操阶祸，窃执天衡；皇后太子，鸩杀见害，剥乱天下，残毁民物。久令陛下蒙尘忧厄，幽处虚邑。人神无主，遏绝王命，厌昧皇极，欲盗神器。左将军领司隶校尉豫、荆、益三州牧宜城亭侯备，受朝爵秩，念在输力，以殉国难。睹其机兆，赫然愤发，与车骑将军董承同谋诛操，将安国家，克宁旧都。会承机事不密，令操游魂得遂长恶，残泯海内。臣等每惧王室大有阎乐之祸，小有定安之变，夙夜惴惴，战慄累息。昔在《虞书》，敦序九族，周监二代，封建同姓，《诗》著其义，历载长久。汉兴之初，割裂疆土，尊王子弟，是以卒折诸吕之难，而成太宗之基。臣等以备肺腑枝叶，宗子藩翰，心存国家，念在弭乱。自操破于汉中，海内英雄望风蚁附，而爵号不显，九锡未加，非所以镇卫社稷，光昭万世也。奉辞在外，礼命断绝。昔河西太守梁统等值汉中兴，限于山河，位同权均，不能相率，咸推窦融以为元帅，卒立效绩，摧破隗嚣。今社稷之难，急于陇、蜀，操外吞天下，内残群僚，朝廷有萧墙之危，而御侮未建，可为寒心。臣等辄依旧典，封备汉中王，拜大司马，董齐六军，纠合同盟，扫灭凶逆。以汉中、巴、蜀、广汉、犍为为国，所署置依汉初诸侯王故典。夫权宜之制，苟利社稷，专之可也。然后功成事立，臣等退伏矫罪，虽死无恨。”遂于沔阳设坛场，陈兵列众，群臣陪位，读奏讫，御王冠于先主。

先主上言汉帝曰：“臣以具臣之才，荷上将之任，董督三军，奉辞于外，不能扫除寇难，靖匡王室，久使陛下圣教陵迟，六合之内，否而未泰，惟忧反侧，疢如疾首。曩者董卓造为乱阶，自是之后，群凶纵横，残剥海内。赖陛下圣德威灵，人神同应，或忠义奋讨，或上天降罚，暴逆并殪，以渐冰消。惟独曹操，久未枭除，侵擅国权，恣心极乱，臣昔与车骑将军董承图谋讨操，机事不密，承见陷害，臣播越失据，忠义不果。遂得使操穷凶极逆，主后戮杀，皇子鸩害。虽纠合同盟，念在奋力，懦弱不武，历年未效。常恐殒没，孤负国恩，寤寐永叹，夕惕若厉。今臣群僚以为在昔《虞书》敦叙九族，庶明励翼，五帝损益，此道不废。周监二代，并建诸姬，实赖晋、郑夹辅之福。高祖龙兴，尊王子弟，大启九国，卒斩诸吕，以安大宗。今操恶直丑正，实繁有徒，包藏祸心，篡盗已显。既宗室微弱，帝族无位，斟酌古式，依假权宜，上臣大司马汉中王。臣伏自三省，受国厚恩，荷任一方，陈力未效，所获已过，不宜复忝高位以重罪谤。群僚见逼，迫臣以义。臣退惟寇贼不枭，国难未已，宗庙倾危，社稷将坠，成臣忧责碎首之负。若应权通变，以宁靖圣朝，虽赴水火，所不得辞，敢虑常宜，以防后悔。辄顺众议，拜受印玺，以崇国威。仰惟爵号，位高宠厚，俯思报效，忧深责重，惊怖累息，如临于谷。尽力输诚，奖厉六师，率齐群义，应天顺时，扑讨凶逆，以宁社稷，以报万分。谨拜章因驿上还所假左将军、宜城亭侯印绶。”于是还治成都。拔魏延为都督，镇汉中。时关羽攻曹公将曹仁，禽于禁于樊。俄而孙权袭杀羽，取荆州。

二十五年，魏文帝称尊号，改年曰黄初。或传闻汉帝见害，先主乃发丧制服，追谥曰孝愍皇帝。是后在所并言众瑞，日月相属，故议郎阳泉侯刘豹、青衣侯向举、偏将军张裔、黄权、大司马属殷纯、益州别驾从事赵莋、治中从事杨洪、从事祭酒何宗、议曹从事杜琼、劝学从事张爽、尹默、谯周等上言：“臣闻《河图》《洛书》，五经谶、纬，孔子所甄，验应自远。谨案《洛书甄曜度》曰：‘赤三日德昌，九世会备，合为帝际。’《洛书宝号命》曰：‘天度帝道备称皇，以统握契，百成不败。’《洛书录运期》曰：‘九侯七杰争命民炊骸，道路籍籍履人头，谁使主者玄且来。’《孝经钩命决录》曰：'帝三建九会备。'臣父群未亡时，言西南数有黄气，直立数丈，见来积年，时时有景云祥风，从璿玑下来应之，此为异瑞。又二十二年中，数有气如旗，从西竟东，中天而行，《图》《书》曰'必有天子出其方'。加是年太白、荧惑、填星，常从岁星相追。近汉初兴，五星从岁星谋；岁星主义，汉位在西，义之上方，故汉法常以岁星候人主。当有圣主起于此州，以致中兴。时许帝尚存，故群下不敢漏言。顷者荧惑复追岁星，见在胃昴毕；昴毕为天纲，《经》曰'帝星处之，众邪消亡'。圣讳豫睹，推揆期验，符合数至，若此非一。臣闻圣王先天而天不违，后天而奉天时，故应际而生，与神合契。愿大王应天顺民，速即洪业，以宁海内。"

太傅许靖、安汉将军麋竺、军师将军诸葛亮、太常赖恭、光禄勋黄柱、少府王谋等上言："曹丕篡弑，湮灭汉室，窃据神器，劫迫忠良，酷烈无道。人鬼忿毒，咸思刘氏。今上无天子，海内惶惶，靡所式仰。群下前后上书者八百余人，咸称述符瑞，图、谶明征。间黄龙见武阳赤水，九日乃去。《孝经援神契》曰'德至渊泉则黄龙见'，龙者，君之象也。《易》乾九五'飞龙在天'，大王当龙升，登帝位也。又前关羽围樊、襄阳，襄阳男子张嘉、王休献玉玺，玺潜汉水，伏于渊泉，晖景烛耀，灵光彻天。夫汉者，高祖本所起定天下之国号也，大王袭先帝轨迹，亦兴于汉中也。今天子玉玺神光先见，玺出襄阳，汉水之末，明大王承其下流，授予大王以天子之位，瑞命符应，非人力所致。昔周有乌鱼之瑞，咸曰休哉。二祖受命，《图》《书》先著，以为征验。今上天告祥，郡儒英俊，并起《河》《洛》，孔子谶、记，咸悉具至。伏惟大王出自孝景皇帝中山靖王之胄，本支百世；乾祇降祚，圣姿硕茂，神武在躬，仁覆积德，爱人好士，是以四方归心焉。考省《灵图》，启发谶、纬，神明之表，名讳昭著。宜即帝位，以纂二祖，绍嗣昭穆，天下幸甚。臣等谨与博士许慈、议郎孟光，建立礼仪，择令辰，上尊号。"即皇帝位于成都武担之南。为文曰："惟建安二十六年四月丙午，皇帝备敢用玄牡，昭告皇天上帝后土神祇：汉有天下，历数无疆。曩者王莽篡盗，光武皇帝震怒致诛，社稷复存。今曹操阻兵安忍，戮杀主后，滔天泯夏，罔顾天显。操子丕，载其凶逆，窃居神器。群臣将士以为社稷堕废，备宜修之，嗣武二祖，龚行天罚。备惟否德，惧忝帝位。询于庶民，外及蛮夷君长，佥曰'天命不可以不答，祖业不可以久替，四海不可以无主'。率土式望，在备一人。

《三国志通俗演义》版画之汉中王成都称帝图

备畏天明命，又惧汉阼将湮于地，谨择元日，与百僚登坛，受皇帝玺绶。修燔瘗，告类于天神，惟神飨祚于汉家，永绥四海！”

章武元年夏四月，大赦，改年。以诸葛亮为丞相，许靖为司徒。置百官，立宗庙，祫祭高皇帝以下。五月，立皇后吴氏，子禅为皇太子。六月，以子永为鲁王，理为梁王。车骑将军张飞为其左右所害。初，先主忿孙权之袭关羽，将东征，秋七月，遂帅诸军伐吴。孙权遣书请和，先主盛怒不许，吴将陆议、李异、刘阿等屯巫、秭归；将军吴班、冯习自巫攻破异等，军次秭归，武陵五溪蛮夷遣使请兵。

二年春正月，先主军还秭归，将军吴班、陈式水军屯夷陵，夹江东西岸。二月，先主自秭归率诸将进军，缘山截岭，于夷道猇亭驻营，自佷山通武陵，遣侍中马良安慰五谿蛮夷，咸相率响应。镇北将军黄权督江北诸军，与吴军相拒于夷陵道。夏六月，黄气见自秭归十余里中，广数十丈。后十余日，陆议大破先主军于猇亭，将军冯习、张南等皆没。先主自猇亭还秭归，收合离散兵，遂弃船舫，由步道还鱼复，改鱼复县曰永安。吴遣将军李异、刘阿等踵蹑先主军，屯驻南山。秋八月，收兵还巫。司徒许靖卒。冬十月，诏丞相亮营南北郊于成都。孙权闻先主住白帝，甚惧，遣使请和。先主许之，遣太中大夫宗玮报命。冬十二月，汉嘉太守黄元闻先主疾不豫，举兵拒守。

三年春二月，丞相亮自成都到永安。三月，黄元进兵攻临邛县。遣将军陈曶讨元，元军败，顺流下江，为其亲兵所缚，生致成都，斩之。先主病笃，托孤于丞相亮，尚书令李严为副。夏四月癸巳，先主殂于永安宫，时年六十三。

亮上言于后主曰：“伏惟大行皇帝迈仁树德，覆焘无疆，昊天不吊，寝疾弥留，今月二十四日奄忽升遐，臣妾号啕，若丧考妣。乃顾遗诏，事惟大宗，动容损益；百僚发哀，满三日除服，到葬期复如礼；其郡国太守、相、都尉、县令长，三日便除服。臣亮亲受敕戒，震畏神灵，不敢有违。臣请宣下奉行。”五月，梓宫自永安还成都，谥曰昭烈皇帝。秋，八月，葬惠陵。

评曰：先主之弘毅宽厚，知人待士，盖有高祖之风，英雄之器焉。及其举国托孤于诸葛亮，而心神无贰，诚君臣之至公，古今之盛轨也。机权干略，不逮魏武，是以基宇亦狭。然折而不挠，终不为下者，抑揆彼之量必不容己，非唯竞利，且以避害云尔。

【译文】

先主姓刘，名备，字玄德，是涿郡涿县人，是汉景帝的儿子中山靖王刘胜的后裔。刘胜的儿子刘贞，元狩六年被封为涿县陆城亭侯，因为所献的祭金违反礼制，触犯律令被削去爵位，从此就在涿郡安家。先主刘备的祖父刘雄，父亲刘弘，世代都在州郡为官。刘雄被举荐为孝廉，担任过东郡范县县令。

先主年少丧父，和母亲以卖鞋织席维持生计。他家东南角篱笆上有株高五丈多的桑树，远远望去枝叶茂盛就像小车盖，过往的行人都对这棵树的不同寻常感到奇怪，有人说这家肯定出大贵之人。先主小时候，和同宗族的小孩子们在这棵树下玩耍，先主说："我一定要坐上那种配有羽毛装饰的车盖的车。"他的叔父子敬对他说："你不要胡言乱语，不然会遭灭门之灾的！"十五岁的时候，母亲让他外出学习，于是他和同宗族的刘德然、辽西人公孙瓒一起拜九江太守、同郡人卢植为师。刘德然的父亲刘元起经常资助先主，对待他和对待自己儿子德然一样。元起的妻子说："我们和他们各为一家，哪能一直这样做啊！"元起说："我们宗族中的这个孩子，不是寻常人啊。"公孙瓒和先主的关系非常好，公孙瓒年龄稍大，先主把他当成兄长看待。先主不是很喜欢读书，反而喜欢好马良犬、音乐、漂亮衣服。他身高七尺五寸，双臂垂下来竟然超过了膝盖，他回过头来的时候可以看见自己的耳朵。他不太爱说话，但是待人很好，喜怒不表现在脸上。并且喜欢结交豪侠，年轻人争相投奔他。中山的大商人张世平、苏双等有数千金资产，在涿郡游走贩马，见到先主觉得他非寻常之人，于是给了他许多钱财。先主用这些钱财招集起了一支队伍。

灵帝末年，黄巾军兴起，州郡纷纷起义兵协助朝廷镇压，先主因为率领手下的人跟随校尉邹靖讨伐黄巾反贼有功，被任命为安喜县尉。郡督邮因公事来到县中，先主请求拜见，被拒绝，先主径直闯入将督邮捆绑起来，杖责二百，又解下绶带套住督邮脖子，拴在马桩上，然后弃官逃走。不久，大将军何进派都尉毋丘毅到丹杨募兵，先主和毋丘毅同行，走到下邳遇到黄巾军，先主力战有功，被任命为下密县丞。又离职。后任高唐县尉，又升迁为县令。县城被黄巾军攻破，先主奔往中郎将公孙瓒处，公孙瓒上表先主为别部司马，让先主与青州刺史田楷一起抵御冀州牧袁绍。多次立有战功，暂时代理平原县令，后来又兼任平原相。郡民刘平一向轻视先主，对在先主之下感到耻辱，就派刺客刺杀先主。刺客不忍行刺，把这件事告诉先主后离开。先主就是这样得人心。

袁绍进攻公孙瓒，刘备和田楷向东驻扎在齐地。曹操攻打徐州，徐州牧陶谦派人向田楷求救，田楷和刘备一起去援救。当时刘备已经有一千多士兵，还有幽州乌丸各部族的骑兵，又招来几千饥民。到徐州后，陶谦把丹杨郡四千兵增拨给刘备，于是，刘备离开田楷，归附陶谦。陶谦上表请封刘备为豫州刺史，屯驻小沛。陶谦病危时，对别驾麋竺说："除了刘备，再没有人能安定徐州了。"陶谦死了以后，麋竺率本州绅民迎接刘备，刘备不敢接受。下邳人陈登劝告刘备说："今汉室衰微，天下将覆，建功立业，就在今日。徐州殷实富裕，户有百万，望您屈尊主持州事。"刘备说："袁公路近在寿春，其家四代五公，人心归附，您尽可以将州事托付于他。"陈登说："袁公路傲慢自负，不是治世之才。如今我们想给您聚集十万步骑兵，若成功，上可辅佐皇帝，救济人民，成就五霸大业；下可以割据称雄，功垂青史。如果您不肯应允，我也就不敢再听从您的了。"北海国相孔融也劝说刘备道："袁公路难道是一个忧国忘家的人吗？他不过是坟墓中的一堆枯骨，实在不值一提。现在的形势是：百姓拥戴贤主，上天欲付您徐州，您若不接受，将来一定会后悔。"于是，刘备就接管了徐州。袁术派兵攻打，刘备率军在盱眙、淮阴阻击。曹操上表举荐刘备为镇东将军，封宜城亭侯，这年是汉献帝建安元年。刘备和袁术相持月余，吕布乘虚袭击下邳，下邳守将曹豹反叛，暗中迎接吕布。吕布俘获刘备的妻子和儿子，刘备军驻扎海西。杨奉、韩暹侵扰徐州、扬州一带，刘备进去，将他们全都消灭。刘备向吕布请求和解，吕布放还他的妻子和儿子。刘备派关羽镇守下邳。

刘备回到小沛，又聚兵一万多人。吕布对这件事很不满，亲自出兵攻打刘备，刘备兵败，逃走归降于曹操。曹操厚待他，任他为豫州牧。刘备打算回沛县收集散兵，曹操给他军粮，又增兵让他向东进攻吕布。吕布派遣高顺拦截，曹操派夏侯惇前往救援，不能援救，反被高顺打败。高顺又俘获刘备的妻子儿女送到吕布处。曹操亲自带兵东征，把吕布包围在下邳，活捉了他。刘备又得回妻子儿女，跟随曹操回到许昌。曹公上表举荐刘备担任左将军，对他更加敬重。出同车，坐同席。袁术想经徐州北上投袁绍，曹操派刘备率朱灵、路招截击袁术。还没到，袁术病死。

刘备还没有出发的时候，汉献帝的岳父、车骑将军董承接受了献帝藏在衣带里的密令，要诛杀曹操。刘备也参与此事但是没有行动。曹操在酒宴上对刘备说："当今天下英雄，唯使君与操尔。本初之流何足挂齿。"刘备心中一惊吓得掉了筷子。后来和董承和长水校尉种辑、将军吴子兰、王子服等人一起谋划，正好碰到被派出征袁术，后来事情败露，董承等人都被处死。

先主占据下邳。朱灵等回来以后，先主就杀了徐州刺史车胄，留关羽守卫下邳，自己则回到小沛。东海人昌霸反，很多郡县都背叛曹公而倒向先主，先主的兵达到几万人，派孙乾与袁绍连和。曹公派刘岱、王忠去进攻先主，没能打胜。建安五年，曹公亲自东征先主，先主溃败。曹公接收了他的全部人马，俘虏了他的妻儿，并捉了关羽而回。

先主跑到青州，青州刺史袁谭是先主当豫州刺史的时候所举的茂才，带领步兵骑兵来迎接先主。先主跟随袁谭到平原，袁谭派人骑快马报告袁绍，袁绍派遣部将在路上迎接，并亲自走出邺城二百里与先主相见。住了一个多月，所失散的士卒逐渐来集中。曹公与袁绍在官渡相持，汝南黄巾刘辟等反叛曹公响应袁绍。袁绍派先主带兵与刘辟等攻扰许县附近。关羽逃回先主那里。曹公派曹仁领兵打先主。先主把军队归还给袁绍，暗中想离开袁绍，因此劝说袁绍南连荆州牧刘表。袁绍派先主带领本身的兵再到汝南，和贼龚都等会合，有几千人马。曹公派蔡阳去攻打，被先主杀死。

曹公打败袁绍以后，接着从南边攻击先主。先主派麋竺、孙乾与刘表取得联系。刘表亲自来到郊外相迎，以接待上宾的礼节接待他，还增补了他的兵马，让他驻军在新野。归附先主的荆州豪杰之士日益增多，刘表怀疑他的用心，暗中防备着他，派他到博望去抵御夏侯惇、于禁等人。相持许久，先主暗设伏兵，突然自己烧了营寨假装逃跑，夏侯惇等人追击他们，结果被伏兵打败。

十二年，曹公向北征讨乌丸。先主劝刘表袭击许县，刘表没有接受。曹公南下征讨刘表，正好赶上刘表去世，他的儿子刘琮继承了他的地位，刘琮派出使者向曹公请降。先主这时驻扎在樊城，不知道曹公突然到来，到了宛城才听说这件事，于是立即带领众人离开了。经过襄阳的时候，诸葛亮劝先主攻打刘琮，以夺取荆州。先主却说："我不忍心呀。"于是骑在马上叫刘琮，刘琮害怕得站不起来，刘琮身边的人和大多数荆州人都归附了先主。等到到达当阳的时候，已经有了十多万之众的人马，装着辎重的车有数千辆，每天往前行进十多里。先主另外派关羽率领数百艘船从水道走，约定在江陵会合。有人建议先主说：“应当快速前进保住江陵。现在虽然拥有这么多人马，但是有兵器能战斗的人却非常少，如果曹操的军队追来，我们怎么对抗呢？”先主说：“那些能够成就大事的人必定以人为本，现在他们归附于我，我怎么忍心丢下他们不管呢！”

曹操因为江陵有军用物资，害怕被先主占据，因此丢下辎重，轻军赶到襄阳。听说先主已经过去，曹操率领精锐骑兵五千急速追赶，一日一夜行军三百多里，到当阳的长坂终于赶上。先主抛弃妻儿，与诸葛亮、张飞、赵云等几十人骑马逃跑，曹操缴获了他的大批士兵和物资。先主抄近路赶到汉津，正好与关羽的船队会合，得以渡过汉水，又遇上刘表长子江夏太守刘琦的部队万余人，一起到了夏口。先主派诸葛亮同孙权结好，孙权派周瑜、程普等率水军数万人，和先主合力同曹操在赤壁决战，大破曹军，焚烧了他的舟船。先主与吴军水陆同时进军，追到南郡。当时又发生了瘟疫，北军死亡非常多，曹操就退回北方了。

先主上表奏请刘琦为荆州刺史，又南征四郡。武陵太守金旋、长沙太守韩玄、桂阳太守赵范、零陵太守刘度都投降了。庐江雷绪率部属数万人跪拜先主。刘琦病死，群下推举先主为荆州牧，治所在公安。孙权有点畏惧他，将妹妹嫁给先主以此来巩固友谊。先主到京口见孙权，情意殷切。孙权派使者说想共同夺取蜀地，有人认为应该答应，因为东吴始终不能越过荆州而占有蜀地，蜀地可以自己占有。荆州主簿殷观进言说：“如果作为东吴的先驱部队，进兵如果不能攻下蜀地，退兵就会给东吴可乘之机，事情就麻烦了。现在只可赞成他们伐蜀，而说自己刚占据了众郡，不可兴师动众，东吴一定不敢越过我方而独自去夺取蜀地。这样的进退之计，可以坐收吴、蜀之利。”先主听从了，孙权果然搁置伐蜀。先主升殷观为别驾从事。

建安十六年，益州牧刘璋在远方听说曹操要派钟繇等人到汉中去讨伐张鲁，心中恐惧不安。别驾从事蜀郡人张松劝说刘璋：“曹操的军队强大，无敌于天下，如果凭借张鲁的物资来夺取蜀郡土地，谁能抵挡他呢？”刘璋说：“我一直为这件事担忧，但没有办法。”张松说：“刘备是您的本家亲属，又和曹操有深仇，他善于用兵，如果让他去攻打张鲁，张鲁一定被打垮。张鲁被打垮以后，益州就强大了，曹操即使来攻也不能取胜。”刘璋认为他说得对，派遣法正率领四千人去迎接刘备，前前后后送给刘备的财物要用亿来计算。法正趁机向刘备陈述了赢取益州的策略。刘备留下诸葛亮、关羽等人据守荆州，自己率领几万名步兵进入益州。刘备到了涪城后，刘璋亲自出来迎接，见面的时候双方都非常高兴。张松让法正告诉刘备，同时谋臣庞统也进言劝说，他们都认为刘备当时就可以在会见的地方袭击刘璋。刘备说："这是大事，不能匆忙决定。"刘璋推举刘备代理大司马，兼任司隶校尉；刘备也推举刘璋代理镇西大将军，兼任益州牧。刘璋给刘备补充士兵，让他去攻打张鲁，又任命他统领白水的驻军。刘备会集的军队共三万多人，战车、甲胄、兵器和物资财物等十分充足。当年，刘璋回到成都。刘备向北到达葭萌，没有马上讨伐张鲁，却广布恩德，以此来收取军民之心。

第二年，曹公征讨孙权，孙权请求先主救援自己。先主派人告诉刘璋说："曹公征讨孙吴，孙吴忧患危急。孙氏和我是唇齿相依的关系，再加上乐进在青泥与关羽相持，如今不前去救援关羽，乐进一定大胜，得胜后转而侵扰益州边界，这种忧患超过了张鲁。张鲁是个自保自守的贼寇，不值得忧虑。"就向刘璋要求一万兵众及军用物资，打算向东进军。刘璋只给先主四千兵众，其余物资也全都只给一半。张松给先主和法正写信说："如今大事马上就要成功，怎么能够放下离开呢！"张松的哥哥广汉太守张肃，害怕祸患累及自己，向刘璋告发了张松的阴谋。于是刘璋将张松擒拿斩杀，和先主的矛盾开始形成了。刘璋下令戍守白水关的诸将，不要给先主发送文书与先主联络通信。先主大怒，召见刘璋的白水关军督杨怀，责备杨怀对自己无礼，将杨怀斩杀。又让黄忠、卓膺统兵杀向刘璋。先主直接进入白水关中，以守卫白水关的刘璋将士的妻子为人质，领兵与黄忠、卓膺等人进军至涪城，占领了此城。刘璋派遣刘璝、冷苞、张任、邓贤等将在涪县抵御先主，全都被打败，退保绵竹。刘璋又派李严督统绵竹诸军。李严又率众投降了先主。先主的军力更加强大，分派诸将平定益州下属各县，诸葛亮、张飞、赵云等人也率兵沿长江逆流而上，平定了白帝、江州、江阳等地，只留下关羽镇守荆州。先主进军包围洛城，当时是刘璋的儿子刘循守城，洛城被围困了将近一年。

建安十九年夏天，雒城被攻破，进围成都几十天，刘璋出城投降。蜀中殷实富足，物产丰盛，百姓生活快乐。先主摆设酒宴犒劳士卒，取蜀城中金银分赐将士，而把粮谷绢帛还给蜀人。先主又兼任益州牧，以诸葛亮为助手，法正为主要谋士，关羽、张飞、马超为战将，许靖、糜竺、简雍为宾客之属。其他人如董和、黄权、李严等本是刘璋的官员，吴壹、费观等是刘璋的姻亲，彭羕是刘璋所排斥的人，刘巴则是刘璋过去所忌恨的人，先主都把他们安置在显耀的职位上，来充分发挥他们的才能。这样一来，有志之士无不争相勉励。

二十年，孙权因为先主已取得益州，就派遣使者告诉先主要索还荆州。先主说："等我得了凉州，就会以荆州还给你。"孙权很气愤，便派吕蒙袭夺长沙、零陵、桂阳三郡。先主领兵五万下驻公安，命关羽入益阳。这一年，曹公平定汉中，张鲁逃跑到巴西。先主听说以后，与孙权连和，划分荆州：江夏、长沙、桂阳三郡属吴，南郡、零陵、武陵三郡属蜀。然后领军回江州。派遣黄权带兵迎接张鲁，而张鲁已投降曹公。夏侯渊、张郃屯兵汉中，屡屡侵掠巴西郡界。先主令张飞进兵宕渠，和张郃等战于瓦口，打败张郃等，张郃收兵回南郑。先主也回到成都。

二十三年，先主率领诸将进兵汉中。另外派将军吴兰、雷铜等入武都，结果都被曹公军消灭。先主进驻阳平关，与夏侯渊、张郃等相对抗。

建安二十四年春，从阳平南渡沔水，沿着山逐渐推进，依定军山山势扎营。夏侯渊带兵来争夺这个地方。先主命令黄忠登高擂鼓呐喊，发动进攻，大破夏侯渊的军队，杀死夏侯渊和曹操所任命的益州刺史赵颙等人。曹操从长安率大军南征。先主老早就预料说："曹操即使来，也无能为力，我一定能占有汉中。"等到曹操来到，先主收缩军队凭险拒守，始终不与曹军交锋，曹操持续一两个月都不能攻下，士卒逃跑的一天比一天多。到了夏天，曹操果然领军返回，先主于是占有汉中。后来又派刘封、孟达、李平等到上庸进攻申耽。

这年秋天，部下官员们推举刘备为汉中王，他们给汉献帝上奏章说："平西将军都亭侯臣马超、左将军长史领镇军将军臣许靖、营司马臣庞羲、议曹从事中郎军议中郎将臣射援、军师将军臣诸葛亮、荡寇将军汉寿亭侯臣关羽、征虏将军新亭侯臣张飞、征西将军臣黄忠、镇远将军臣赖恭、扬武将军臣法正、兴业将军臣李严等一百二十人进言上奏：过去唐尧是至高的圣人，但是朝廷中有四凶；周成王仁义贤明，但属下有四国叛乱；汉高祖执掌朝政，而吕氏想窃取君权；孝昭帝年幼，上官桀便阴谋叛逆；他们全都是凭借世代受宠幸，利用掌握了国家大权，穷凶极恶地作乱，几乎颠覆国家社稷。不是大舜、周公、朱虚侯、博陆侯他们出面，征讨他们，就不能把凶徒们擒获、流放，使处于危难之中的国家安定。臣子们想到陛下天生有圣明的德行和帝王的姿容，统治天下万国，却遭厄运，受到无法救助的艰难。董卓首先发难，动摇颠覆了京都；曹操接着制造灾祸，窃取了国家权力。皇后太子都被毒死和杀害；天下百姓受到剥削，遭受动乱，民间财力被破坏。陛下长久地蒙受流亡之苦，忧愁困苦，被软禁在空旷的城里。人民与神灵都没有了主人，帝王的命令被阻挡和断绝，曹操抑制和遮掩着皇帝的权力，要盗窃国家政权。左将军领司隶校尉、豫、荆、益三州牧、宜城亭侯刘备，接受了朝廷的官秩和爵位，想为国家尽力，献身于国难。他看到变化的征兆，在关键的时刻猛然奋起，和车骑将军董承一同谋划诛杀曹操，准备安定国家，使京城恢复旧日的安宁。但是董承对机要保密不严密，使曹操这个游魂得以继续作恶，残害海内志士。臣子们经常害怕王室大则遭到阎乐杀秦二世那样的灾祸，小则遭到王莽把皇帝废为定安公那样的政变，昼夜惴惴不安，浑身战栗，呼吸急促。过去《虞书》记载，天子的九族亲属要依照远近次序给予厚待。周朝鉴于夏、商两代的教训，给天子的同姓封地建国。《诗经》记载了他们的意义，传诵了很多年。汉朝建立的初年，分割疆土，尊崇君王的子弟，因此最终挫败了吕氏的叛乱，而成就了刘氏的基业。臣子们认为刘备是帝王的后裔、刘氏同宗子弟，是国家的屏障。他一心为国担忧，想要平定暴乱。自从曹操在汉中被打败以后，国内各地的英雄纷纷投奔刘备，向他归附。但是他的爵位不够显赫，朝廷还没有封赐给他九锡，这不是用来镇守住国家社稷、光照万代的做法。臣等奉命在外，朝廷的礼仪和命令都被隔绝了。昔日河西太守梁统等人遇上汉朝中兴，被山河险阻隔断，众将们地位相同，权力均等，不能相互统率，就一致推举窦融做元帅，终于能建立功绩，打垮了隗嚣。现在国家遭到的危难，比光武帝时陇西、蜀郡被割据的形势更严重。曹操在外吞并天下，在朝内残害百官。朝廷有祸起萧墙的危险，但是抵御危难的宗室还没有被封王，实在是令人寒心，臣子们就依照先前的典章，推举刘备为汉中王，拜他为大司马，统率六军，纠集同盟者，扫除凶恶的叛逆。把汉中、巴、蜀、广汉、犍为等郡作为汉中王的封国，所设置的官署和官员都依照汉代初年诸侯王的旧典章。这是权宜之计，如果对国家有利，臣子们擅自专权也是可以的。等到以后功业成就，大事完成，臣子们退伏在地承受假借圣意的罪责，即使被处死也不会悔恨。”于是就在沔阳设下祭坛和场地，排列军队和民众，大臣们陪同站立，读完奏章，给刘备戴上王冠。

刘备上奏汉献帝说："我虽然占有官位，充数的才能，担负上将的重任，统领三军，奉命在外，没能除灭贼寇祸乱，安扶王室，长期让陛下的圣明教化衰微，天下大乱，不得安宁，我忧虑不安，辗转反侧，夜不能寐，痛心疾首。昔日董卓作乱，从那以后，恶人横行，祸害天下。仰仗陛下的圣明和神威，人神共助，或忠臣义士奋起讨伐，或上天降罪惩罚，残暴的叛贼被铲除，就像冰雪消融一样。只有曹操，很长时间没能除掉，篡夺皇权，任意作乱。我曾经与车骑将军董承谋划诛灭曹操，因事情保密不严，董承被杀，我颠沛流离，想对朝廷尽忠却不能实现。因此使得曹操自能穷凶极恶，坏事做尽，皇后遭杀害，太子被毒死。我虽集结同盟，志在奋发努力，但是秉性懦弱，不善武力，历经多年仍未成功。常常担心突然离世，辜负国家的恩德，我日夜叹息，如临危境，不敢懈怠。现在属下的官员们认为在从前的《虞书》上，记载了要以宽厚的态度次第对待同族和近亲，使他们贤明来辅佐您治理国家，五帝对此有所增删，但是其中的道理经久不衰。周朝依照夏、商礼法，分封建立了各姬姓诸侯国，确实也依靠了晋、郑两国的辅佐。高祖创立汉朝，尊崇王室子弟，分封建立起了九个诸侯国，最终诛灭了诸吕，安定了汉朝皇室。眼下曹操憎恶正直的人，还有很多追随他的人包藏祸心，篡权窃国的迹象非常明显。王室已经衰弱，皇族中没有在位的重臣，反复考虑古代先例，按权宜之计，属下拥推我为大司马汉中王。我再三反省，受国家的大恩，担当一方重任，效力还没有见成果，所得到的已够多，不应再愧居高位而加重自己的罪责和非议。各大臣以大义逼迫我，我退而考虑叛贼未灭，国难未除，王室危在旦夕，国家即将败亡，这些都成为我忧虑职责未尽，而求以死报国的负担。如果顺应需要而改变方法，能安定朝廷，即使赴汤蹈火也在所不辞，怎敢按常规考虑，以防日后悔恨。因而擅自顺从了大家的要求，拜受了印玺，来提高国家威望。我抬头考虑自己的爵位和名号，位高所受的宠爱深厚；低头思索报效朝廷之事，忧虑很深，责任重大，惊恐不安，呼吸急促，如临深渊。我应该竭尽全力向朝廷贡献忠诚，勉励六军，统率各路义军，顺应天时，剿灭穷凶极恶的叛贼，安定国家，以报答陛下万分之一的恩德。谨呈奏章，派驿使送还原来所授予的左将军、宜城亭侯的印绶。"于是，先主将官署迁回成都；提拔魏延为都督，镇守汉中。当时关羽正在与曹操的将领曹仁交战，在樊城活捉于禁。不久，孙权进攻并斩杀了关羽，夺取荆州。

建安二十五年，曹丕登基做了皇帝，把年号改为黄初。有传闻说汉献帝已被杀害，刘备便发讣告并穿上丧服，追加献帝谥号为孝愍皇帝。此后，各地都报说有祥瑞出现，每日每月接连不断。所以，议郎阳泉侯刘豹、青衣侯向举、偏将军张裔、黄权、大司马属官殷纯、益州别驾从事赵莋、治中从事杨洪、从事祭酒何宗、议曹从事杜琼、劝学从事张爽、尹默、谯周等人上书说：

臣听说：“《河图》《洛书》等五经之谶、纬，为孔子所选定，应验深远。依《洛书甄曜度》所说：‘三日德行昌盛，九世遇‘备’，当称帝之际会。’《洛书宝号命》说：‘天虑帝王之道‘备’，称皇，以握符契，永成不败。’《洛书录运期》上说：‘九侯七杰争命民炊骸，道路籍籍履人头，谁使主者玄且来。’《孝经钩命决录》说：‘天帝数见于备。’臣父去世前曾经说，西南数现黄气，直立数丈，出现了好几年，祥瑞的云气时从北斗星下来与黄气呼应，这不是寻常之吉兆。建安二十二年，又多次有瑞气像旗帜一样由西向东从天空中飘过，《图》《书》说：‘将有天子在此地出现。’再加上那年太白、荧惑、填星常常随岁星移动。汉初时，五星随岁星，岁星主‘义’，义属西方，高祖皇帝凭借汉中夺取天下，汉中所处正是义之所属，因此，汉朝常以岁星之迹为占验皇帝的根据。现在，将有圣主出现在西方益州，使汉室中兴。当时，献帝尚在许都，臣等不敢将此话说出来，荧惑又和岁星相聚，现于胃、昴、毕三星之间，昴毕为天体中枢，《星经》说：‘帝星现此位，邪恶将灭。’您的名字已经在谶、纬中得到预见，推验日期，像这样人事与天降符命相合的现象已不止一次。臣听说圣主起于天象之前，而天命也不会违逆其意愿，起于天象之后来顺应天时，所以，顺天时以动，就能与神灵相合。望大王顺天应时，早登王位，以定天下。”

太傅许靖、安汉将军麋竺、军师将军诸葛亮、太常赖恭、光禄勋黄柱、少府王谋等人上奏章说：“曹丕杀死皇帝篡夺王位，灭掉汉室，窃取皇权，胁迫忠良之士，暴虐无道。人鬼共愤，思念刘氏。眼下上无天子，国内百姓人心不安，没有可信赖的人。群臣先后有八百多人上书，说天降符命祥瑞，纬图、谶语明显应验。近来，武阳县赤水中现黄龙，几天以后离去。《孝经援神契》说‘当品德达到很高的境界的时候才会有黄龙出现’，龙，是帝王的象征。《易·乾》卦九五爻辞‘飞龙在天’，您将如龙腾飞，登上王位。另外，先前关羽围攻樊城、襄阳，襄阳男子张嘉、王休进献玉玺，玉玺掉入汉水，潜伏深水，光辉照耀，奇异的光彩一直通达天上。汉，是高祖当初起兵平定天下的时候确定的国号，您因循先帝，也在汉中兴起。如今天子玉玺的神光已经出现，玉玺出自襄阳的汉水下游，表明您是承继先帝的后代，将天子之位授予您，是祥瑞征兆和天降符命的应合，这不是人力所能达到的。过去周朝出现过赤乌、白鱼的祥瑞，天下的人都认为是好征兆。高祖和世祖受天命，在《河图》《洛书》中早已有记载，作为征兆应验的证明。现在上天呈现祥瑞，众儒者俊杰共同挖掘出《河图》《洛书》中的机密，还有孔子图谶著述中的秘示，所有征兆都具备了。您是孝景皇帝之子中山靖王的后裔，王室正宗，百代相传，天地降福，姿容奇伟，神明威武，恩德遍布天下，喜爱人才，结交贤士，因此天下人都倾心归附。考察《灵图》，阐释谶纬，神明的征兆中明载着您的名号。您应当登上王位，来继承二祖的帝业，延续宗庙位次，天下人都会非常荣幸。我们谨与博士许慈、议郎孟光，制定登基仪式，选择吉日，向您奉上尊号。”先主在成都武担山之南即位。撰写祭文说：“建安二十六年四月初六，皇帝刘备冒昧地献上黑色公牛为祭品，向皇天上帝神灵昭告：汉统治天下，传世无穷。过去，王莽篡权，光武皇帝愤怒，将他诛灭，国家又得以延续。现在，曹操依仗武力残忍地杀害皇子皇后，祸害中原，罪恶滔天，无视上天昭告。曹操的儿子曹丕，继承其父的凶残暴虐，窃取皇权。群臣将士认为国家即将毁灭，刘备应站出来整治恢复，继承二祖事业，代替上天执行惩罚。刘备德才鄙陋，担心有辱王位。征询天下百姓，以及外族部落首领，都回答说：‘天命不可违，祖宗的大业不能长久废弃，国家不能无君主。’天下祈盼，在于刘备一人。刘备畏于上天明示的旨意，又怕汉朝皇统失落于地，谨选吉日，与百官登上祭坛，接受君王的印玺绶带。准备了祭祀天地的礼仪，将登基之事祭告天神，敬祈神明赐福汉室，保佑四海永远平安！”

章武元年夏天四月，先主大赦天下，更改年号。任命诸葛亮做丞相，许靖为司徒。商讨置百官，创建宗庙，合祭自汉高祖以下的列祖列宗。五月，立吴夫人为皇后，儿子刘禅为皇太子。六月，封儿子刘永为鲁王，刘理为梁王。车骑将军张飞被手下部将所杀。当初，先主对孙权袭杀关羽这件事愤愤不平，一直准备东征吴国，这年七月，就亲自率领各路军马征伐东吴。孙权派遣使者致信请和，先主盛怒之下，不肯答应。吴将陆议、李异、刘阿等驻军巫县、秭归一带，蜀将吴班、冯习等在巫县击败李异等人，先主大军驻扎在秭归，武陵五溪地区的蛮族也派使者前来，请求先主出兵。

章武二年春正月，先主率军回到秭归，大将吴班、陈式率水军驻扎夷陵，沿长江东西两岸安营扎寨。二月，先主自秭归率领众将进军，翻山越岭，进至夷道猇亭扎下营寨，又打通从佷山至武陵的道路。先主派侍中马良安抚五谿一带的蛮族，各部都相继起兵响应先主。镇北将军黄权督率江北各军，和吴军在夷陵道上相持。夏六月，秭归十余里外出现黄气，宽有几十丈。十多天后，吴将陆议在猇亭大破先主军，蜀将冯习、张南等人全部阵亡。先主从猇亭退还秭归，收集战斗中被打散的士卒，就丢弃船舰，由陆路撤回鱼复县，改鱼复县为永安县。吴国派遣将军李异、刘阿等尾追先主部队，进驻南山。秋八月，先主撤兵退还巫县。司徒许靖去世。冬十月，先主下诏命丞相诸葛亮在成都营建郊祀天地的祭坛。孙权听说先主驻扎在白帝城，非常恐惧，派遣使者求和。先主答应了他的请求，派太中大夫宗玮前往吴国回访答复。冬十二月，汉嘉太守黄元听说先主病重，起兵自守抗拒朝廷。

章武三年二月，丞相诸葛亮从成都到永安。后来，黄元进兵攻临邛县。派将军陈曶讨伐黄元，黄元兵败，顺江而下，被他的亲兵捆绑，送到成都斩首。先主病危，托孤给丞相诸葛亮，尚书令李严为副。四月癸巳这一天，先主逝世于永安宫，享年六十三岁。

诸葛亮上书后主说："刚去世的先帝勉力修行仁德，覆育无疆。上天不善，使他久病不愈，在本月二十四日猝然逝世，臣民号咷，如丧考妣。根据他的遗诏，丧事按太宗孝文皇帝的规定办，施行中允许做适当增损。朝廷百官举哀号哭，满三天就除去丧服，到了葬期再举哀如礼；各郡国太守、相、都尉、县令或县长，三天便除去丧服。臣亲自接受先帝敕令告诫，畏惧神灵，不敢有违。臣请求宣告臣下，照此执行。"五月，灵柩从永安运回成都，谥为昭烈皇帝。八月，葬于惠陵。

评语：先主意志坚强，心地宽厚，知人善任，虚心待士，非常有汉高祖的风范，颇具英雄的度量。当他把国家和遗孤托付给诸葛亮的时候，心志纯真毫无疑心，的确表现了君臣之间大公无私的关系，堪称古今的好榜样。他临机应变的才干谋略，比不上魏武帝，因此基业和国土也狭小。但是他百折不挠，始终不肯屈居于曹操之下，大概是估计魏武帝的气量必然容不下自己，这不仅是为了争夺利益，而且是以此避害吧。

三国志卷三十三·蜀书三

后主传

后主讳禅，字公嗣，先主子也。建安二十四年，先主为汉中王，立为王太子。及即尊号，册曰："惟章武元年五月辛巳，皇帝若曰：太子禅，朕遭汉运艰难，贼臣篡盗，社稷无主，格人群正，以天明命，朕继大统。今以禅为皇太子，以承宗庙，祗肃社稷。使使持节丞相亮授印绶，敬听师傅，行一物而三善皆得焉，可不勉与！"三年夏四月，先主殂于永安宫。五月，后主袭位于成都，时年十七。尊皇后曰皇太后。大赦，改元。是岁魏黄初四年也。

建兴元年夏，牂牁太守朱褒拥郡反。先是，益州郡有大姓雍闿反，流太守张裔于吴，据郡不宾，越嶲夷王高定亦背叛。是岁，立皇后张氏。遣尚书郎邓芝固好于吴，吴王孙权与蜀和亲使聘，是岁通好。

二年春，务农殖谷，闭关息民。

三年春三月，丞相亮南征四郡，四郡皆平。改益州郡为建宁郡，分建宁、永昌郡为云南郡，又分建宁、牂牁为兴古郡。十二月，亮还成都。

四年春，都护李严自永安还住江州，筑大城。

五年春，丞相亮出屯汉中，营沔北阳平石马。

六年春，亮出攻祁山，不克。冬，复出散关，围陈仓，粮尽退。魏将王双率军追亮，亮与战，破之，斩双，还汉中。

七年春，亮遣陈式攻武都、阴平，遂克定二郡。冬，亮徙府营于南山下原上，筑汉、乐二城。是岁，孙权称帝，与蜀约盟，共交分天下。

八年秋，魏使司马懿由西城，张郃由子午，曹真由斜谷，欲攻汉中。丞相亮待之于城固、赤阪，大雨道绝，真等皆还。是岁，魏延破魏雍州刺史郭淮于阳谿。徙鲁王永为甘陵王，梁王理为安平王，皆以鲁、梁在吴分界故也。

九年春二月，亮复出军围祁山，始以木牛运。魏司马懿、张郃救祁山。夏六月，亮粮尽退军，郃追至青封，与亮交战，被箭死。秋八月，都护李平废徙梓潼郡。

十年，亮休士劝农于黄沙，作流马木牛毕，教兵讲武。

十一年冬，亮使诸军运米，集于斜谷口，治斜谷邸阁。是岁，南夷刘胄反，将军马忠破平之。

十二年春二月，亮由斜谷出，始以流马运。秋八月，亮卒于渭滨。征西大将军魏延与丞相长史杨仪争权不和，举兵相攻，延败走；斩延首，仪率诸军还成都。大赦。以左将军吴壹为车骑将军，假节督汉中。以丞相留府长史蒋琬为尚书令，总统国事。

十三年春正月，中军师杨仪废徙汉嘉郡。夏四月，进蒋琬位为大将军。

十四年夏四月，后主至湔，登观阪，看汶水之流，旬日还成都。徙武都氐王苻健及氐民四百余户于广都。

十五年夏六月，皇后张氏薨。

延熙元年春正月，立皇后张氏。大赦，改元。立子璿为太子，子瑶为安定王。冬十一月，大将军蒋琬出屯汉中。

二年春三月，进蒋琬位为大司马。

三年春，使越嶲太守张嶷平定越嶲郡。

四年冬十月，尚书令费祎至汉中，与蒋琬谘论事计，岁尽还。

五年春正月，监军姜维督偏军，自汉中还屯涪县。

六年冬十月，大司马蒋琬自汉中还，住涪。十一月，大赦。以尚书令费祎为大将军。

七年闰月，魏大将军曹爽、夏侯玄等向汉中，镇北大将军王平拒兴势围，大将军费祎督诸军往赴救，魏军退。夏四月，安平王理卒。秋九月，祎还成都。

八年秋八月，皇太后薨。十二月，大将军费祎至汉中，行围守。

九年夏六月，费祎还成都。秋，大赦。冬十一月，大司马蒋琬卒。

十年，凉州胡王白虎文、治无戴等率众降，卫将军姜维迎逆安抚，居之于繁县。是岁，汶山平康夷反，维往讨，破平之。

十一年夏五月，大将军费祎出屯汉中。秋，涪陵属国民夷反，车骑将军邓芝往讨，皆破平之。

十二年春正月，魏诛大将军曹爽等，右将军夏侯霸来降。夏四月，大赦。秋，卫将军姜维出攻雍州，不克而还。将军句安、李韶降魏。

十三年，姜维复出西平，不克而还。

蜀后主刘禅像，图出自《图像三国志》。

十四年夏，大将军费祎还成都。冬，复北驻汉寿。大赦。

十五年，吴王孙权薨。立子琮为西河王。

十六年春正月，大将军费祎为魏降人郭循所杀于汉寿。夏四月，卫将军姜维复率众围南安，不克而还。

十七年春正月，姜维还成都。大赦。夏六月，维复率众出陇西。冬，拔狄道、河关、临洮三县民，居于绵竹、繁县。

十八年春，姜维还成都。夏，复率诸军出狄道，与魏雍州刺史王经战于洮西，大破之。经退保狄道城，维却住钟题。

十九年春，进姜维位为大将军，督戎马，与镇西将军胡济期会上邽，济失誓不至。秋八月，维为魏大将军邓艾所破于上邽。维退军还成都。是岁，立子瓒为新平王。大赦。

二十年，闻魏大将军诸葛诞据寿春以叛，姜维复率众出骆谷，至芒水。是岁大赦。

景耀元年，姜维还成都。史官言景星见，于是大赦，改年。宦人黄皓始专政。吴大将军孙綝废其主亮，立琅邪王休。

二年夏六月，立子谌为北地王，恂为新兴王，虔为上党王。

三年秋九月，追谥故将军关羽、张飞、马超、庞统、黄忠。

四年春三月，追谥故将军赵云。冬十月，大赦。

五年春正月，西河王琮卒。是岁，姜维复率众出侯和，为邓艾所破，还住沓中。

六年夏，魏大兴徒众，命征西将军邓艾、镇西将军钟会、雍州刺史诸葛绪数道并攻。于是遣左右车骑将军张翼、廖化、辅国大将军董厥等拒之。大赦。改元为炎兴。冬，邓艾破卫将军诸葛瞻于绵竹。用光禄大夫谯周策，降于艾，奉书曰："限分江、汉，遇值深远，阶缘蜀土，斗绝一隅，干运犯冒，渐苒历载，遂与京畿攸隔万里。每惟黄初中，文皇帝命虎牙将军鲜于辅，宣温密之诏，申三好之恩，开示门户，大义炳然，而否德暗弱，窃贪遗绪，俯仰累纪，未率大教。天威既震，人鬼归能之数，怖骇王师，神武所次，敢不革面，顺以从命！辄敕群帅投戈释甲，官府帑藏一无所毁。百姓布野，余粮栖亩，以俟后来之惠，全元元之命。伏惟大魏布德施化，宰辅伊、周，含覆藏疾。谨遣私署侍中张绍、光禄大夫谯周、驸马都尉邓良奉赍印绶，请命告诫，敬输忠款，存亡敕赐，惟所裁之。舆榇在近，不复缕陈。"是日，北地王谌伤国之亡，先杀妻子，次以自杀。绍、良与艾相遇于雒县。艾得书，大喜，即报书，遣绍、良先还。艾至城北，后主舆榇自缚，诣军垒门。艾解缚焚榇，延请相见。因承制拜后主为骠骑将军。诸围守悉被后主敕，然后降下。艾使后主止其故宫，身往造焉。资严未发，明年春正月，艾见收。钟会自涪至成都作乱。会既死，蜀中军众钞略，死丧狼藉，数日乃安集。

后主举家东迁，既至洛阳，策命之曰："惟景元五年三月丁亥，皇帝临轩，使太常嘉命刘禅为安乐县公。於戏，其进听朕命！盖统天载物，以咸宁为大，光宅天下，以时雍为盛。故孕育群生者，君人之道也，乃顺承天者，坤元之义也。上下交畅，然后万物协和，庶类获乂。乃者汉氏失统，六合震扰。我太祖承运龙兴，弘济八极，是用应天顺民，抚有区夏。于时乃考因群杰虎争，九服不静，乘间阻远，保据庸蜀，遂使西隅殊封，方外壅隔。自是以来，干戈不戢，元元之民，不得保安其性，几将五纪。朕永惟祖考遗志，思在绥缉四海，率土同轨，故爰整六师，耀威梁、益。公恢崇德度，深秉大正，不惮屈身委质，以爱民全国为贵，降心回虑，应机豹变，履信思顺，以享左右无疆之休，岂不远欤！朕嘉与君公长飨显禄，用考咨前训，开国胙土，率遵旧典，锡兹玄牡，苴以白茅，永为魏藩辅，往钦哉！公其祗服朕命，克广德心，以终乃显烈。"食邑万户，赐绢万匹，奴婢百人，他物称是。子孙为三都尉封侯者五十余人。尚书令樊建、侍中张绍、光禄大夫谯周、秘书令郤正、殿中督张通并封列侯。公泰始七年薨于洛阳。

评曰：后主任贤相则为循理之君，惑阉竖则为昏暗之后，传曰"素丝无常，唯所染之"，信矣哉！礼，国君继体，逾年改元，而章武之三年，则革称建兴，考之古义，体理为违。又国不置史，注记无官，是以行事多遗，灾异靡书。诸葛亮虽达于为政，凡此之类，犹有未周焉。然经载十二而年名不易，军旅屡兴而赦不妄下，不亦卓乎！自亮没后，兹制渐亏，优劣著矣。

【译文】

后主名字叫禅，字公嗣，是先主刘备之子。建安二十四年，刘备做了汉中王，刘禅被立为王太子。等到刘备称皇帝尊号以后，册命称："章武元年五月辛巳，皇帝说：太子禅，朕遭遇到汉朝国运最艰难时期，贼臣篡盗汉皇帝权力，使国家社稷没有了主人。识天命者与直臣，把天命明示于我，我继承了帝位。现在以禅为皇太子，来承继王室宗庙，恭敬地侍奉社稷国家。遣使持节，由丞相亮授予皇太子印绶。太子要恭敬地听从丞相的教诲和帮助。太子做一事而得三善，怎么能不努力呢！”章武三年夏四月，先主刘备在永安宫去世。五月，后王刘禅在成都继承皇位，当时才十七岁。刘禅尊称刘备的皇后为皇太后。大赦天下，改年号建兴。这一年是魏黄初四年。

后主建兴元年夏天，牂牁郡太字朱褒据本郡发动叛乱。在这之前，益州豪强世族雍闿反叛，将太守张裔放逐吴国，占据本郡，不服管辖。越巂夷王高定也同时反叛。这年，后主册立张氏为皇后。派遣尚书郎邓芝出使吴国，巩固两国友好关系，吴主孙权与蜀国和睦，并派使臣回访，这年两国往来不断。

建兴二年春天，致力于发展农耕，闭关自守，让百姓休养生息。

建兴三年春天三月，丞相诸葛亮南征四郡，四郡全都平定了。改益州郡为建宁郡，分建宁郡、永昌郡设为云南郡，又分建宁郡、牂牁郡设为兴古郡。同年十二月，诸葛亮返回成都。

建兴四年春天，都护李严从永安回驻江州，修筑了一个大城。

建兴五年春天，丞相诸葛亮出兵屯驻汉中，在沔水北面修建了阳平关和石马城。

建兴六年春季，诸葛亮出兵祁山，没有能够攻克。冬天，出兵散关，包围陈仓县，因为粮尽退兵。魏将王双率兵追击诸葛亮，诸葛亮打败了王双军，斩了王双，退回汉中。

建兴七年春，诸葛亮派遣陈式进攻武都、阴平，攻克、平定了这两个郡。这一年冬天，诸葛亮将丞相府迁至终南山下的平原上，修筑了汉、乐二城。这一年，孙权称帝，与蜀国结盟，共同平分天下。

建兴八年秋，魏国派司马懿从西城进发，张郃从子午道进发，曹真由斜谷进发，进攻汉中。丞相诸葛亮在城固、赤阪集兵马迎战。正赶上天降大雨，道路不通。曹真等全部退回。这年，魏延在阳谿打败了魏国的雍州刺史郭淮。蜀国改封鲁王刘永为甘陵王、改封梁王刘理为安平王。这是由于鲁、梁二地在吴国界内的缘故。

建兴九年春二月，诸葛亮再次出兵祁山，开始用木牛运送粮草。魏国司马懿、张郃率兵救援祁山。夏六月，因为粮食用尽，诸葛亮退兵回汉中。张郃追击，在青封与诸葛亮交战，中箭身亡。秋八月，都护李平被罢免，流放到梓潼郡。

建兴十年，诸葛亮停止作战，在黄沙鼓励农耕并且制造出木牛流马，教练士兵，讲授军事。

建兴十一年冬，诸葛亮让各军运粮集中在斜谷口，修建斜谷军库。这一年，南方夷人刘胄造反，将军马忠打败了他，平定了南方。

建兴十二年春二月，诸葛亮从斜谷出兵，用木牛流马运输粮草。秋八月，诸葛亮在渭滨去世。征西大将军魏延和丞相长史杨仪二人争夺兵权，各自发兵相互攻击，魏延失败后逃走，马岱斩了魏延的首级。杨仪率各军回到成都。大赦天下。任命左将军吴壹为车骑将军，持符节，督察汉中。任命丞相留府长史蒋琬为尚书令，总管国家事务。

建兴十三年春正月，中军师杨仪被免职流放到汉嘉郡。夏四月，朝廷进蒋琬为大将军。

建兴十四年夏四月，后主来到湔山，登上观阪看汶水，十多天以后回到成都。迁徙武都氐王苻健和氐族百姓四百多户到广都县。

建兴十五年夏六月，皇后张氏去世。

延熙元年春正月，后主另立张氏为皇后，实行大赦，更改年号。并立其子刘璿为皇太子，刘瑶为安定王。冬十一月，大将军蒋琬发兵汉中。

延熙二年春三月，后主晋升蒋琬为大司马。

延熙三年春，后主派遣越巂太守张嶷平定越巂郡。

延熙四年冬十月，尚书令费祎至汉中，和蒋琬共同商讨政务，年底返回成都。

延熙五年春正月，监军姜维统率部分军队，由汉中返回，驻守涪县。

延熙六年冬十月，大司马蒋琬从汉中返回，住在涪县。十一月，实行大赦。任命尚书令费祎为大将军。

延熙七年闰月，魏国大将曹爽、夏侯玄等人进军汉中，镇北大将军王平在兴势修筑营垒，抵御魏军的围攻，大将军费祎统领各路军马前来驰援，魏军撤退。夏四月，安平王刘理死。秋九月，费祎回成都。

延熙八年秋八月，皇太后去世。十二月，大将军费祎至汉中，巡视筑围营寨的防守状况。

延熙九年夏六月，费祎回成都。秋天，又大赦天下。冬十一月，大司马蒋琬去世。

延熙十年，凉州胡人首领白虎文、治无戴等人率领部众降附，卫将军姜维迎接安抚部众，让部众居住在繁县。这一年，汶山平康的夷人反叛，姜维前往讨伐，打败并且平定了反叛者。

延熙十一年夏五月，大将军费祎出兵屯驻汉中。秋天，涪陵属国的百姓和夷人反叛，车骑将军邓芝前往讨伐，把反叛者全都打败并平定。

延熙十二年春正月，曹魏诛杀大将军曹爽等人，右将军夏侯霸前来投降。夏四月，朝廷大赦。秋天，卫将军姜维出兵攻打雍州，没有能攻克而撤回。将军句安、李韶投降曹魏。

延熙十三年，姜维再次出兵进攻西平，未能攻克而退回。

延熙十四年夏，大将军费祎回到成都。冬天，又向北驻扎在汉寿。朝廷大赦。

延熙十五年，吴王孙权去世。刘禅立他的儿子刘琮为西河王。

延熙十六年春正月，大将军费祎在汉寿被投降蜀汉的曹魏人郭循杀害。夏四月，卫将军姜维又率众围打南安，没有攻克而回。

延熙十七年春正月，姜维回到成都。朝廷大赦。夏六月，姜维又率兵众攻打陇西。冬天，把狄道、河关、临洮三个县的百姓迁徙到绵竹、繁县居住。

延熙十八年春，姜维回到成都。夏天，又率领各路兵马从狄道出兵，和曹魏雍州刺史王经战于洮西，大败曹魏军。王经退保狄道城，姜维退到钟题驻扎。

延熙十九年春，升姜维为大将军，统率兵马，和镇西将军胡济约定在上邽会师，胡济失约没有到达。秋八月，姜维在上邽被魏国大将军邓艾打败。姜维退军返回成都。这年，刘禅立他的儿子刘瓒为新平王。大赦天下。

延熙二十年，听说魏国大将军诸葛诞占据寿春反叛，姜维再次率众出兵骆谷，抵达芒水。这年大赦。

景耀元年，姜维返回成都。史官报告景星出现，大赦天下，改换年号。宦官黄皓开始专断朝政。吴国大将军孙綝废黜国君孙亮，改立琅玡王孙休为君。

景耀二年夏六月，刘禅立儿子刘谌为北地王，刘恂为新兴王，刘虔为上党王。

景耀三年秋九月，给已经死去的将军关羽、张飞、马超、庞统、黄忠追赠谥号。

景耀四年春三月，给已故将军赵云追赠谥号。冬十月，大赦天下。

景耀五年春正月，西河王刘琮去世。这年，姜维再次率军出击侯和，被邓艾击败，撤军回沓中驻扎。

景耀六年夏天，曹魏大举发兵，命征西将军邓艾、镇西将军钟会、雍州刺史诸葛绪几路一起向蜀汉进军。于是朝廷派遣左车骑将军张翼、右车骑将军廖化、辅国大将军董厥等率兵抵御曹魏军。发布大赦令。改年号为炎兴。冬天，邓艾在绵竹打败卫将军诸葛瞻。刘禅接受光禄大夫谯周的计策，向邓艾投降，献上降书说："因为被长江、汉水所阻隔，我正好处于边远地区，凭借着蜀国的土地，像在四面隔绝的米斗里一样在一个角落，触犯天运，渐渐地过了一年又一年，便与京城洛阳远隔万里。我经常想到黄初年间，文皇帝命虎牙将军鲜于辅，向我宣示温和亲密的诏命，申明和蜀汉友好的恩惠，明确地表示给予出路，仁义鲜明清楚。而我无德无能，愚昧软弱，私下贪恋父亲留下来的帝位，苟且偷生连续多年，不能遵从伟大的教导。如今朝廷大军声威大震，人神都有向善的必然之理，敬畏朝廷大军的威严，朝廷大军所到之处，谁敢不洗心革面，服从命令！我自作主张指示部下放下武器，脱掉盔甲，把官家府库中的资财完整保护一点没有损坏。老百姓分布在田野，成熟的粮食留在地里，等待圣明的君主来施以恩惠，保全黎民百姓的生命。我跪在地上想着大魏布恩德施教化，执政大臣就像伊尹、周公，具有宽容有罪之人的胸襟。谨派遣私自任命的侍中张绍、光禄大夫谯周、驸马都尉邓良奉上带去的皇帝印玺和绶带，请求指示，报告诚意，恭恭敬敬献上忠心，生死的恩赐，由君裁决处置。我即将抬着棺材前来投降，所以不再一一陈述。"这一天，北地王刘谌因为亡国而万分悲伤，先杀掉妻子儿女，然后自杀。张绍、邓良与邓艾在洛县相遇。邓艾得到降书，非常高兴，立即回信，派张绍、邓良先回去。邓艾到达成都北郊，后主抬着棺材，绑上自己，来到邓艾军营的大门外。邓艾命人解开后主的绳索，烧掉棺材，将后主请进与邓艾相见。秉承朝廷旨意，拜后主为骠骑将军。各地凭借工事坚守的蜀军都接到后主的命令，然后投降。邓艾让后主仍住在自己过去的宫殿里，亲自前往拜访。后主收拾行装准备前往洛阳，还未动身，第二年的春正月，邓艾被擒。钟会从涪县来到成都作乱。钟会死了以后，蜀中的军人大肆抢劫，到处都有死尸，几天以后才平静下来。

后主刘禅全家向东搬迁，他们到达洛阳后，魏元帝颁布册命："景元五年三月丁亥这天，皇帝来到殿前，让太常任命刘禅做了安乐县公。呜呼，你上前来听从我的命令！统治天下、养育万物，最重要的是让天下安乐。占有天下，最昌盛的时候是恩德覆盖天下，让天下车般安乐。因而让百姓万物繁衍成长，是治理国家、统治百姓的根本；顺承天意，是土地德行的本义。上天下地交会畅通，万物才会和谐融洽，众多物类都得到安定。过去，汉朝丧失了统治力，天下四方动荡纷争不断。我的太祖武皇帝继承了国运气数，犹如巨龙腾空般兴起，将天下民众从苦难中拯救出来，上合天意、下顺民心，占据中原。那时，你的父亲趁着各路英雄像猛虎一样逐鹿中原，各地都不平静，依仗蜀地地处偏远，地势险要，割据一方。于是，使得西部边角与中原成为不同的国家，边远地区与中原的交往受到阻隔。自那个时候以来，战争不断，黎民百姓不能保证他们自己有安定的生活，已经快六十年了。我一直谨记着祖父、父亲的遗愿，渴望安抚、平定四海，统一天下，因而就整顿起国家军队，在梁州、益州两地显示武力的威严。你的品德风度博大崇高，深刻地把握了大义原则，不怕委屈自己前来归顺，将爱护百姓、保全国土作为最重要的事，回心转意，顺应时机，改恶从善，遵循信义，心想归顺，让家人和臣子享受无尽的幸福，难道这不是长远的打算吗！我认为奖赏给你长久享用尊贵俸禄是合适的，因此查询考证前代的做法，设立国邑，封赠土地，全都依照旧的典制。赏赐给你黑色的公牛，用白色的茅草包上土块，你要永远作为魏国的藩国辅臣，去吧，要敬重啊！你要恭敬地遵从我的命令，扩大自己的仁德之心，使你显赫的功业保持到永远。"魏元帝赏赐给后主刘禅万户平民的租赋供他享用，赐给他丝绢一万匹，奴婢一百人，赏赐的其他物品也要和这些赏赐相匹配。后主的子孙当中有三人被封为都尉，五十多个被封侯。原蜀国尚书令樊建、侍中张绍、光禄大夫谯周、秘书令郤正、殿中督张通等全都被封为列侯。泰始七年，后主刘禅在洛阳去世。

评论说：后主任用贤相就成为循理的君主，被宦官迷惑就成为昏庸的君主，经传说"白丝没有固定的颜色，只看你用什么颜色去染它"，说得真对！按照礼法，国君继位，第二年才改年号，但是章武三年，就改称建兴，用古代的礼义考究，是有违常规的。而且，蜀国没有设置史官，没有官员负责注记大事，因此事情多有遗漏，灾异现象全没有记载。诸葛亮虽然为政明达,但像类似的事,也仍然有未够周详的。然而经历了十二年而没有改年号,屡次兴兵而没有妄下大赦,不也很卓越高明吗?自从诸葛亮去世以后,这些制度渐渐被破坏,优劣差异就明显了。

三国志卷三十四·蜀书四

二主妃子传

先主甘皇后，沛人也。先主临豫州，住小沛，纳以为妾。先主数丧嫡室，常摄内事。随先主于荆州，产后主。值曹公军至，追及先主于当阳长阪，于时困逼，弃后及后主，赖赵云保护，得免于难。后卒，葬于南郡。章武二年，追谥皇思夫人，迁葬于蜀，未至而先主殂陨。丞相亮上言："皇思夫人履行修仁，淑慎其身。大行皇帝昔在上将，嫔妃作合，载育圣躬，大命不融。大行皇帝存时，笃义垂恩，念皇思夫人神柩在远飘飖，特遣使者奉迎。会大行皇帝崩，今皇思夫人神柩以到，又梓宫在道，园陵将成，安厝有期。臣辄与太常臣赖恭等议：《礼记》曰：'立爱自亲始，教民孝也；立敬自长始，教民顺也。'不忘其亲，所由生也。《春秋》之义，母以子贵。昔高皇帝追尊太上昭灵夫人为昭灵皇后，孝和皇帝改葬其母梁贵人，尊号曰恭怀皇后，孝愍皇帝亦改葬其母王夫人，尊号曰灵怀皇后。今皇思夫人宜有尊号，以慰寒泉之思，辄与恭等案谥法，宜曰昭烈皇后。《诗》曰：'谷则异室，死则同穴。'故昭烈皇后宜与大行皇帝合葬，臣请太尉告宗庙，布露天下，具礼仪别奏。"制曰可。

先主穆皇后，陈留人也。兄吴壹，少孤，壹父素与刘焉有旧，是以举家随焉入蜀。焉有异志，而闻善相者相后当大贵。焉时将子瑁自随，遂为瑁纳后。瑁死，后寡居。先主既定益州，而孙夫人还吴，群下劝先主聘后。先主疑与瑁同族，法正进曰："论其亲疏，何与晋文之于子圉乎？"于是纳后为夫人。建安二十四年，立为汉中王后。章武元年夏五月，策曰："朕承天命，奉至尊，临万国。今以后为皇后，遣使持节丞相亮授玺绶，承宗庙，母天下，皇后其敬之哉！"建兴元年五月，后主即位，尊后为皇太后，称长乐宫。壹官至车骑将军，封县侯。延熙八年，后薨，合葬惠陵。

后主敬哀皇后，车骑将军张飞长女也。章武元年，纳为太子妃，建兴元年，立为皇后。十五年薨，葬南陵。

后主张皇后，前后敬哀之妹也。建兴十五年，入为贵人。延熙元年春正月，策曰："朕统承大业，君临天下，奉郊庙社稷。今以贵人为皇后，使行丞相事左将军向朗持节授玺绶。勉修中馈，恪肃禋祀，皇后其敬之哉！"咸熙元年，随后主迁于洛阳。

刘永字公寿，先主子，后主庶弟也。章武元年六月，使司徒靖立永为鲁王，策曰："小子永，受兹青土。朕承天序，继统大业，遵修稽古，建尔国家，封于东土，奄有龟蒙，世为藩辅。呜呼，恭朕之诏！惟彼鲁邦，一变适道风化存焉。人之好德，世兹懿美。王其秉心率礼，绥尔士民，是飨是宜，其戒之哉！"建兴八年，改封为甘陵王。初，永憎宦人黄皓，皓既信任用事，谮构永于后主，后主稍疏外永，至不得朝见者十余年。咸熙元年，永东迁洛阳，拜奉车都尉，封为乡侯。

刘理字奉孝，亦后主庶弟也，与永异母。章武元年六月，使司徒靖立理为梁王，策曰："小子理，朕统承汉序，祗顺天命，遵修典秩，建尔于东，为汉藩辅。惟彼梁土，畿甸之邦，民狎教化，易导以礼。往悉乃心，怀保黎庶，以永尔国，王其敬之哉！"建兴八年，改封理为安平王。延熙七年卒，谥曰悼王。子哀王胤嗣，十九年卒。子殇王承嗣，二十年卒。景耀四年诏曰："安平王，先帝所命。三世早夭，国嗣颓绝，朕用伤悼。其以武邑侯辑袭王位。"辑，理子也，咸熙元年，东迁洛阳，拜奉车都尉，封乡侯。

后主太子璿，字文衡。母王贵人，本敬哀张皇后侍人也。延熙元年正月策曰："在昔帝王，继体立嗣，副贰国统，古今常道。今以璿为皇太子，昭显祖宗之威命，使行丞相事左将军朗持节授印绶。其勉修茂质，祗恪道义，谘询典礼，敬友师傅，斟酌众善，翼成尔德，可不务修以自勖哉！"时年十五。景耀六年冬，蜀亡。咸熙元年正月，钟会作乱于成都，璿为乱兵所害。

评曰：易称有夫妇然后有父子，夫人伦之始，恩纪之隆，莫尚于此矣。是故纪录，以究一国之体焉。

【译文】

先主甘皇后，是沛县人。刘备到豫州，在小沛纳她为妾。刘备几次死去正妻，甘皇后常常管理家庭事务。后来跟随刘备到荆州，生下刘禅。逢曹军南下进攻，在当阳县长阪追上刘备，因情势危急，刘备抛下甘皇后与刘禅逃走，靠赵云保护，才幸免于难。后来，甘皇后去世葬在南郡。

章武二年，被追谥为皇思夫人，准备迁移蜀地安葬，灵柩还没有运到，刘备就去世了。丞相诸葛亮上奏刘禅说："皇思夫人善良仁慈，谨慎自律，先帝为上将之时，与她婚配，诞育陛下，可惜夫人不幸早逝。先帝生前对她情深义重，思念夫人灵柩远在异地，派人前去迎取改葬。正赶上先帝去世，如今，皇思夫人灵柩已经运到，先帝梓棺也正在运回途中，陵地即将建成，安葬之日已经不远了。臣与太常赖恭等人商议：《礼记》说：行仁爱应从父母开始，这是教百姓孝顺；尚恭敬从长子做起，这是教百姓恭顺。不忘记父母，因为父母生下自己。《春秋》大义，母因子女而显贵。过去，高祖皇帝给他的母皇昭灵夫人追加尊号为昭灵皇后，孝和皇帝改葬母亲梁贵人，追加尊号为恭怀皇后，孝愍皇帝也改葬了母亲王夫人，加尊号为灵怀皇后。现在，皇思夫人也应追加尊号，以示对亡灵的思念。臣与赖恭等人查考谥法，宜追加谥号为昭烈皇后。《诗经》说：'生不同衾，死亦同穴。'所以昭烈皇后应该与先皇合葬，臣请求陛下派太尉到宗庙禀告先祖，然后向天下公布，具体的礼仪另外上奏。"后主刘禅表示同意。

先主穆皇后，陈留郡人。哥哥名字叫吴壹，从小是孤儿，吴壹的父亲一向和刘焉有旧交，所以全家跟随刘焉到了西蜀。刘焉有称帝的野心，而且听善于相面的人说吴壹的妹妹以后将大贵。当时刘焉的儿子刘瑁正跟随着吴壹，便为刘瑁娶了吴壹的妹妹。刘瑁死后，吴壹的妹妹寡居。先主占领益州以后，孙夫人回了东吴，群臣劝先主纳娶吴氏，先主因为与刘瑁同族而犹豫，法正进言说：若论亲疏，怎么比得上晋文公娶亲侄子子圉的妻子呢？于是先主便纳娶吴氏为夫人。建安二十四年，立吴氏为汉中王后。章武元年夏五月，下达册立文书说："朕承天命，恭敬地接受至尊之位，统临万国。现在以王后为皇后，派遣使持节丞相诸葛亮授给她皇后印绶，皇后要传承祖先的祭祀，做天下的母亲，可要恭敬地去做啊！"建兴元年五月，后主刘禅即位以后，尊皇后为皇太后，宫号为长乐宫。吴壹官做到了车骑将军，被封为县侯。延熙八年，皇后去世，与先主合葬在惠陵。

后主敬哀皇后是车骑将军张飞长女。章武元年，娶她为太子刘禅的妃子。建兴元年，被立为皇后。建兴十五年去世，葬在南陵。

后主张皇后是敬哀皇后的妹妹。建兴十五年，入宫被封作贵人。延熙元年春正月，册封她说："朕承帝业，治理天下，主持天地宗庙祭祀。

现在册封贵人为皇后，由代理丞相、左将军向朗持符节授予皇后印绶。希望皇后掌管好后宫的事务，恭谨地参与祭祀，皇后应该谨慎啊！”咸熙元年，随后主刘禅迁居洛阳。

刘永，字公寿，先主刘备的儿子，后主刘禅的异母弟弟。章武元年六月，司徒许靖承旨立刘永为鲁王，册书说：“小子刘永，接受青泥。朕秉承天命，继承大统，遵照古制，建立你的封国，把东边的土地及龟山、蒙山均分封给你，世代为捍卫朝廷的藩王。呜呼！你要恭敬地接受朕的诏命。想那古代的鲁国，孔子曾说只要有所改变就能合乎大道，因此，至今还保存着良好的风气。人们喜欢道德，世代都在为道德增美。你当秉持忠心，遵守礼仪，安抚你的吏民，祭祀祖先，要时刻告诫自己做好这些呀！”建兴八年，改封为甘陵王。以前，刘永讨厌宦官黄皓，黄皓却被刘禅宠信。掌管朝权以后，向后主刘禅说刘永的坏话，挑拨刘永和后主的关系。后主便逐渐疏远刘永，把他视为外人。导致刘永十几年不能入朝参见刘禅。咸熙元年，刘永被迁东方，居住在洛阳，被魏国任为奉车都尉，封县侯。

刘理，字奉孝，后主异母弟，与刘永也不是一母所生。章武元年六月，刘备让司徒许靖立刘理为梁王，册命的文书说：“小子刘理，朕承继汉室，顺天应命，遵循典制，在东方建立你的国家，为汉室藩屏。梁国是京城近郊的邦国，百姓崇尚教化，易用礼义引导。你要竭尽心力，安抚黎民，以此来永久保有你的封国，你要谨慎啊！”建兴八年，改封刘理为安平王。延熙七年去世，赐谥号为悼王。他的儿子哀王刘胤承继王爵，延熙十九年去世。刘胤的儿子殇王刘承继承王爵，延熙二十年去世。景耀四年后主下诏说：“安平王是先帝册命的。三代国王都过早地夭折，王国的继承人断绝了，朕为此而悲伤哀悼。今以武邑侯刘辑承袭安平王爵。”刘辑是刘理的儿子，咸熙元年东迁洛阳，被任为奉车都尉，封为乡侯。

后主刘禅的太子刘璿，字文衡。母亲是王贵人，本为侍奉敬哀张皇后的宫女。延熙元年正月，刘禅策命说：“以往的帝王，确定继承人来承继帝业，以辅佐国家政务，此古今常存之制度。现立刘璿为皇太子，明示祖先的威荣与光耀。命代丞相、左将军向朗持符节授予你玺印和绶带。你要努力培养自己美好的品德，恭顺地遵奉道义，咨询典章礼仪，敬爱师傅，吸取众人之长以帮助自己形成美好的操行，要致力于自修自勉啊!”被立为太子的时候十五岁。景耀六年冬,蜀汉灭亡。咸熙元年正月,钟会在成都作乱,刘璿被乱兵所害。

评论说:《周易》说,有夫妇然后有父子,可见,夫妇是人和人关系的开始,情感的浓厚,没有超过夫妇的了。所以记载,以便考察一国的体制。

三国志卷三十五·蜀书五

诸葛亮传

诸葛亮字孔明，琅邪阳都人也。汉司隶校尉诸葛丰后也。父珪，字君贡，汉末为太山郡丞。亮早孤，从父玄为袁术所署豫章太守，玄将亮及亮弟均之官。会汉朝更选朱皓代玄。玄素与荆州牧刘表有旧，往依之。玄卒，亮躬畊陇亩，好为《梁父吟》。身长八尺，每自比于管仲、乐毅，时人莫之许也。惟博陵崔州平、颍川徐庶元直与亮友善，谓为信然。

时先主屯新野。徐庶见先主，先主器之，谓先主曰："诸葛孔明者，卧龙也，将军岂愿见之乎？"先主曰："君与俱来。"庶曰："此人可就见，不可屈致也。将军宜枉驾顾之。"由是先主遂诣亮，凡三往，乃见。因屏人曰："汉室倾颓，奸臣窃命，主上蒙尘。孤不度德量力，欲信大义于天下，而智术短浅，遂用猖獗，至于今日。然志犹未已，君谓计将安出？"亮答曰："自董卓已来，豪杰并起，跨州连郡者不可胜数。曹操比于袁绍，则名微而众寡，然操遂能克绍，以弱为强者，非惟天时，抑亦人谋也。今操已拥百万之众，挟天子而令诸侯，此诚不可与争锋。孙权据有江东，已历三世，国险而民附，贤能为之用，此可以为援而不可图也。荆州北据汉、沔，利尽南海，东连吴会，西通巴、蜀，此用武之国，而其主不能守，此殆天所以资将军，将军岂有意乎？益州险塞，沃野千里，天府之土，高祖因之以成帝业。刘璋暗弱，张鲁在北，民殷国富而不知存恤，智能之士思得明君。将军既帝室之胄，信义著于四海，总揽英雄，思贤如渴，若跨有荆、益，保其岩阻，西和诸戎，南抚夷越，外结好孙权，内修政理；天下有变，则命一上将将荆州之军以向宛、洛，将军身率益州之众出于秦川，百姓孰敢不箪食壶浆以迎将军者乎？诚如是，则霸业可成，汉室可兴矣。"先主曰："善！"于是与亮情好日密。关羽、张飞等不悦，先主解之曰："孤之有孔明，犹鱼之有水也。愿诸君勿复言。"羽、飞乃止。

刘表长子琦，亦深器亮。表受后妻之言，爱少子琮，不悦于琦。琦每欲与亮谋自安之术，亮辄拒塞，未与处画。琦乃将亮游观后园，共上

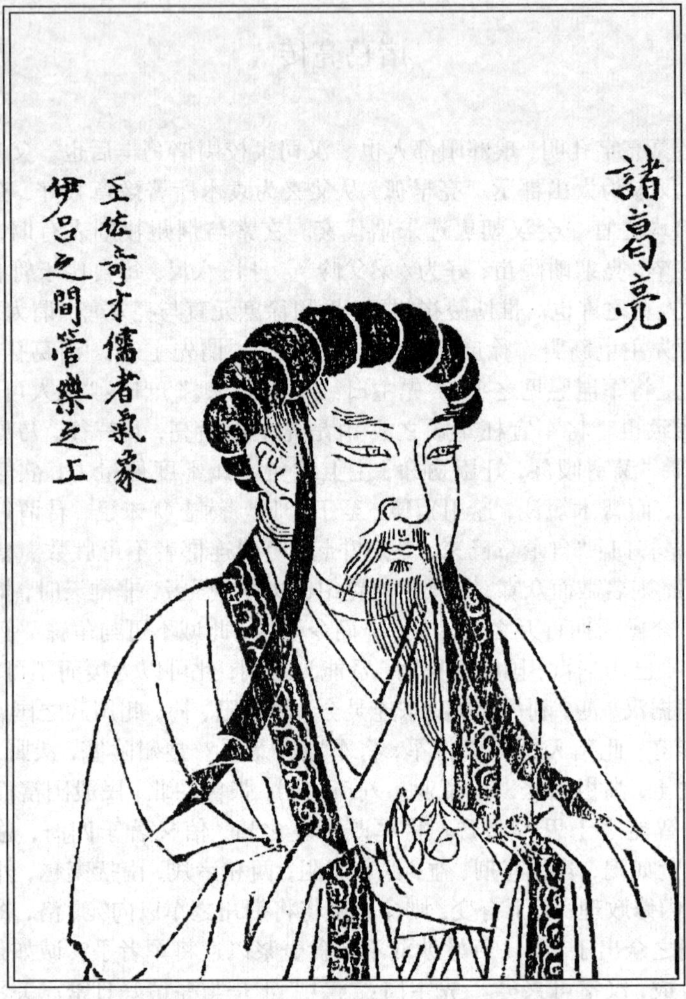

诸葛亮像，图出自明·天然撰《历代古人像赞》。

高楼，饮宴之间，令人去梯，因谓亮曰："今日上不至天，下不至地，言出子口，入于吾耳，可以言未？"亮答曰："君不见申生在内而危，重耳在外而安乎？"琦意感悟，阴规出计。会黄祖死，得出，遂为江夏太守。俄而表卒，琮闻曹公来征，遣使请降。先主在樊闻之，率其众南行，亮与徐庶并从，为曹公所追破，获庶母。庶辞先主而指其心曰："本欲与将军共图王霸之业者，以此方寸之地也。今已失老母，方寸乱矣，无益于事，请从此别。"遂诣曹公。

先主至于夏口，亮曰："事急矣，请奉命求救于孙将军。"时权拥军在柴桑，观望成败。亮说权曰："海内大乱，将军起兵据有江东，刘豫州亦收众汉南，与曹操并争天下。今操芟夷大难，略已平矣，遂破荆州，威震四海。英雄无所用武，故豫州遁逃至此。将军量力而处之：若能以吴、越之众与中国抗衡，不如早与之绝；若不能当，何不案兵束甲，北面而事之！今将军外托服从之名，而内怀犹豫之计，事急而不断，祸至无日矣！"权曰："苟如君言，刘豫州何不遂事之乎？"亮曰："田横，齐之壮士耳，犹守义不辱，况刘豫州王室之胄，英才盖世，众士慕仰，若水之归海，若事之不济，此乃天也，安能复为之下乎！"权勃然曰："吾不能举全吴之地，十万之众，受制于人。吾计决矣！非刘豫州莫可以当曹操者，然豫州新败之后，安能抗此难乎？"亮曰："豫州军虽败于长阪，今战士还者及关羽水军精甲万人，刘琦合江夏战士亦不下万人。曹操之众，远来疲弊，闻追豫州，轻骑一日一夜行三百余里，此所谓'强弩之末，势不能穿鲁缟'者也。故兵法忌之，曰'必蹶上将军'。且北方之人，不习水战；又荆州之民附操者，逼兵势耳，非心服也。今将军诚能命猛将统兵数万，与豫州协规同力，破操军必矣。操军破，必北还，如此则荆、吴之势强，鼎足之形成矣。成败之机，在于今日。"权大悦，即遣周瑜、程普、鲁肃等水军三万，随亮诣先主，并力拒曹公。曹公败于赤壁，引军归邺。先主遂收江南，以亮为军师中郎将，使督零陵、桂阳、长沙三郡，调其赋税，以充军实。

建安十六年，益州牧刘璋遣法正迎先主，使击张鲁。亮与关羽镇荆州。先主自葭萌还攻璋，亮与张飞、赵云等率众溯江，分定郡县，与先主共围成都。成都平，以亮为军师将军，署左将军府事。先主外出，亮常镇守成都，足食足兵。二十六年，群下劝先主称尊号，先主未许，亮说曰："昔吴汉、耿弇等初劝世祖即帝位，世祖辞让，前后数四，耿纯进言曰：‘天下英雄喁喁，冀有所望。如不从议者，士大夫各归求主，无为从公也。’世祖感纯言深至，遂然诺之。今曹氏篡汉，天下无主，大王刘氏苗族，绍世而起，今即帝位，乃其宜也。士大夫随大王久勤苦者，亦欲望尺寸之功如纯言耳。”先主于是即帝位，策亮为丞相曰：“朕遭家不造，奉承大统，兢兢业业，不敢康宁，思靖百姓，惧未能绥。於戏！丞相亮其悉朕意，无怠辅朕之阙，助宣重光，以照明天下，君其勖哉！”亮以丞相录尚书事，假节。张飞卒后，领司隶校尉。

章武三年春，先主于永安病笃，召亮于成都，属以后事，谓亮曰：“君才十倍曹丕，必能安国，终定大事。若嗣子可辅，辅之；如其不才，君可自取。”亮涕泣曰：“臣敢竭股肱之力，效忠贞之节，继之以死！”先主又为诏敕后主曰：“汝与丞相从事，事之如父。”建兴元年，封亮武乡侯，开府治事。‘顷之，又领益州牧。政事无巨细，咸决于亮。南中诸郡，并皆叛乱，亮以新遭大丧，故未便加兵，且遣使聘吴，因结和亲，遂为与国。

三年春，亮率众南征，其秋悉平。军资所出，国以富饶，乃治戎讲武，以俟大举。五年，率诸军北驻汉中，临发，上疏曰：

先帝创业未半而中道崩殂，今天下三分，益州疲弊，此诚危急存亡之秋也。然侍卫之臣不懈于内，忠志之士忘身于外者，盖追先帝之殊遇，欲报之于陛下也。诚宜开张圣听，以光先帝遗德，恢弘志士之气，不宜妄自菲薄，引喻失义，以塞忠谏之路也。宫中府中俱为一体，陟罚臧否，不宜异同。若有作奸犯科及为忠善者，宜付有司论其刑赏，以昭陛下平明之理，不宜偏私，使内外异法也。侍中、侍郎郭攸之、费祎、董允等，此皆良实，志虑忠纯，是以先帝简拔以遗陛下。愚以为宫中之事，事无大小，悉以咨之，然后施行，必能裨补阙漏，有所广益。将军向宠，性行淑均，晓畅军事，试用于昔日，先帝称之曰能，是以众议举宠为督。愚以为营中之事，悉以咨之，必能使行陈和睦，优劣得所。亲贤臣，远小人，此先汉所以兴隆也；亲小人，远贤臣，此后汉所以倾颓也。先帝在时，每与臣论此事，未尝不叹息痛恨于桓、灵也。侍中、尚书、长史、参军，此悉贞良死节之臣，愿陛下亲之信之，则汉室之隆，可计日而待也。

臣本布衣，躬耕于南阳，苟全性命于乱世，不求闻达于诸侯。先帝不以臣卑鄙，猥自枉屈，三顾臣于草庐之中，谘臣以当世之事，由是感激，遂许先帝以驱驰。后值倾覆，受任于败军之际，奉命于危难之间，尔来二十有一年矣。先帝知臣谨慎，故临崩寄臣以大事也。受命以来，夙夜忧叹，恐托付不效，以伤先帝之明，故五月渡泸，深入不毛。今南方已定，兵甲已足，当奖率三军，北定中原，庶竭驽钝，攘除奸凶，兴复汉室，还于旧都。此臣所以报先帝，而忠陛下之职分也。

至于斟酌损益，进尽忠言，则攸之、祎、允之任也。愿陛下托臣以讨贼兴复之效；不效，则治臣之罪，以告先帝之灵。若无兴德之言，则责攸之、祎、允等之慢，以彰其咎。陛下亦宜自谋，以谘诹善道，察纳雅言，深追先帝遗诏。臣不胜受恩感激。今当远离，临表涕零，不知所言。

遂行，屯于沔阳。

六年春，扬声由斜谷道取郿，使赵云、邓芝为疑军，据箕谷，魏大将军曹真举众拒之。亮身率诸军攻祁山，戎陈整齐，赏罚肃而号令明，南安、天水、安定三郡叛魏应亮，关中响震。魏明帝西镇长安，命张郃拒亮，亮使马谡督诸军在前，与郃战于街亭。谡违亮节度，举动失宜，大为郃所破。亮拔西县千余家，还于汉中，戮谡以谢众。上疏曰："臣以弱才，叨窃非据，亲秉旄钺以厉三军，不能训章明法，临事而惧，至有街亭违命之阙，箕谷不戒之失，咎皆在臣授任无方。臣明不知人，恤事多暗，《春秋》责帅，臣职是当。请自贬三等，以督厥咎。"于是以亮为右将军，行丞相事，所总统如前。

冬，亮复出散关，围陈仓，曹真拒之，亮粮尽而还。魏将王双率骑追亮，亮与战，破之，斩双。七年，亮遣陈式攻武都、阴平。魏雍州刺史郭淮率众欲击式，亮自出至建威，淮退还，遂平二郡。诏策亮曰："街亭之役，咎由马谡，而君引愆，深自贬抑，重违君意，听顺所守。前年耀师，馘斩王双；今岁爰征，郭淮遁走；降集氐、羌，兴复二郡，威镇凶暴，功勋显然。方今天下骚扰，元恶未枭，君受大任，干国之重，而久自挹损，非所以光扬洪烈矣。今复君丞相，君其勿辞。"

九年，亮复出祁山，以木牛运，粮尽退军，与魏将张郃交战，射杀郃。十二年春，亮悉大众由斜谷出，以流马运，据武功五丈原，与司马宣王对于渭南。亮每患粮不继，使己志不申，是以分兵屯田，为久驻之基。耕者杂于渭滨居民之间，而百姓安堵，军无私焉。相持百余日。其年八月，亮疾病，卒于军，时年五十四。及军退，宣王案行其营垒处所，曰："天下奇才也！"

亮遗命葬汉中定军山，因山为坟，冢足容棺，敛以时服，不须器物。诏策曰：“惟君体资文武，明睿笃诚，受遗托孤，匡辅朕躬，继绝兴微，志存靖乱；爰整六师，无岁不征，神武赫然，威镇八荒，将建殊功于季汉，参伊、周之巨勋。如何不吊，事临垂克，遘疾陨丧！朕用伤悼，肝心若裂。夫崇德序功，纪行命谥，所以光昭将来，刊载不朽。今使使持节左中郎将杜琼，赠君丞相武乡侯印绶，谥君为忠武侯。魂而有灵，嘉兹宠荣。呜呼哀哉！呜呼哀哉！”

初，亮自表后主曰：“成都有桑八百株，薄田十五顷，子弟衣食，自有余饶。至于臣在外任，无别调度，随身衣食，悉仰于官，不别治生，以长尺寸。若臣死之日，不使内有余帛，外有赢财，以负陛下。”及卒，如其所言。

亮性长于巧思，损益连弩，木牛流马，皆出其意；推演兵法，作八阵图，咸得其要云。亮言教书奏多可观，别为一集。

景耀六年春，诏为亮立庙于沔阳。秋，魏镇西将军钟会征蜀，至汉川，祭亮之庙，令军士不得于亮墓所左右刍牧樵采。亮弟均，官至长水校尉。亮子瞻，嗣爵。

诸葛氏集目录

开府作牧第一　权制第二　南征第三

北出第四　计算第五　训厉第六

综核上第七　综核下第八　杂言上第九

杂言下第十　贵和第十一　兵要第十二

传运第十三　与孙权书第十四　与诸葛瑾书第十五

与孟达书第十六　废李平第十七　法检上第十八

法检下第十九　科令上第二十　科令下第二十一

军令上第二十二　军令中第二十三　军令下第二十四

右二十四篇，凡十万四千一百一十二字。

臣寿等言：臣前在著作郎，侍中领中书监济北侯臣荀勖、中书令关内侯臣和峤奏，使臣定故蜀丞相诸葛亮故事。亮毗佐危国，负阻不宾，然犹存录其言，耻善有遗，诚是大晋光明至德，泽被无疆，自古以来，未之有伦也。辄删除复重，随类相从，凡为二十四篇，篇名如右。

亮少有逸群之才，英霸之器，身长八尺，容貌甚伟，时人异焉。遭汉末扰乱，随叔父玄避难荆州，躬耕于野，不求闻达。时左将军刘备以亮有殊量，乃三顾亮于草庐之中；亮深谓备雄姿杰出，遂解带写诚，厚相结纳。及魏武帝南征荆州，刘琮举州委质，而备失势众寡，无立锥之地。亮时年二十七，乃建奇策，身使孙权，求援吴会。权既宿服仰备，又睹亮奇雅，甚敬重之，即遣兵三万人以助备。备得用与武帝交战，大破其军，乘胜克捷，江南悉平。后备又西取益州。益州既定，以亮为军师将军。备称尊号，拜亮为丞相，录尚书事。及备殂没，嗣子幼弱，事无巨细，亮皆专之。于是外连东吴，内平南越，立法施度，整理戎旅，工械技巧，物究其极，科教严明，赏罚必信，无恶不惩，无善不显，至于吏不容奸，人怀自厉，道不拾遗，强不侵弱，风化肃然也。

当此之时，亮之素志，进欲龙骧虎视，包括四海，退欲跨陵边疆，震荡宇内。又自以为无身之日，则未有能蹈涉中原、抗衡上国者，是以用兵不戢，屡耀其武。然亮才，于治戎为长，奇谋为短，理民之干，优于将略。而所与对敌，或值人杰，加众寡不侔，攻守异体，故虽连年动众，未能有克。昔萧何荐韩信，管仲举王子城父，皆忖己之长，未能兼有故也。亮之器能政理，抑亦管、萧之亚匹也，而时之名将无城父、韩信，故使功业陵迟，大义不及邪？盖天命有归，不可以智力争也。

青龙二年春，亮帅众出武功，分兵屯田，为久驻之基。其秋病卒，黎庶追思，以为口实。至今梁、益之民，咨述亮者，言犹在耳，虽《甘棠》之咏召公，郑人之歌子产，无以远譬也。孟轲有云："以逸道使民，虽劳不怨；以生道杀人，虽死不忿。"信矣！论者或怪亮文彩不艳，而过于丁宁周至。臣愚以为咎繇大贤也，周公圣人也，考之《尚书》，咎繇之谟略而雅，周公之诰烦而悉。何则？咎繇与舜、禹共谈，周公与群下矢誓故也。亮所与言，尽众人凡士，故其文指不得及远也。然其声教遗言，皆经事综物，公诚之心，形于文墨，足以知其人之意理，而有补于当世。

伏惟陛下迈踪古圣，荡然无忌，故虽敌国诽谤之言，咸肆其辞而无所革讳，所以明大通之道也。谨录写上诣著作。臣寿诚惶诚恐，顿首顿首，死罪死罪。泰始十年二月一日癸巳，平阳侯相臣陈寿上。

乔字伯松，亮兄瑾之第二子也，本字仲慎。与兄元逊俱有名于时，论者以为乔才不及兄，而性业过之。初，亮未有子，求乔为嗣，瑾启孙权遣乔来西，亮以乔为己適子，故易其字焉。拜为驸马都尉，随亮至汉中。年二十五，建兴六年卒。子攀，官至行护军翊武将军，亦早卒。诸葛恪见诛于吴，子孙皆尽，而亮自有胄裔，故攀还复为瑾后。

瞻字思远。建兴十二年，亮出武功，与兄瑾书曰："瞻今已八岁，聪慧可爱，嫌其早成，恐不为重器耳。"年十七，尚公主，拜骑都尉。其明年为羽林中郎将，屡迁射声校尉、侍中、尚书仆射，加军师将军。瞻工书画，强识念，蜀人追思亮，咸爱其才敏。每朝廷有一善政佳事，虽非瞻所建倡，百姓皆传相告曰："葛侯之所为也。"是以美声溢誉，有过其实。景耀四年，为行都护卫将军，与辅国大将军南乡侯董厥并平尚书事。六年冬，魏征西将军邓艾伐蜀，自阴平由景谷道旁入。瞻督诸军至涪停住，前锋破，退还，住绵竹。艾遣书诱瞻曰："若降者必表为琅邪王。"瞻怒，斩艾使。遂战，大败，临陈死，时年三十七。众皆离散，艾长驱至成都。瞻长子尚，与瞻俱没。次子京及攀子显等，咸熙元年内移河东。

董厥者，丞相亮时为府令史，亮称之曰："董令史，良士也。吾每与之言，思慎宜适。"徙为主簿。亮卒后，稍迁至尚书仆射，代陈祗为尚书令，迁大将军，平台事，而义阳樊建代焉。延熙十四年，以校尉使吴，值孙权病笃，不自见建。权问诸葛恪曰："樊建何如宗豫也？"恪对曰："才识不及豫，而雅性过之。"后为侍中，守尚书令。自瞻、厥、建统事，姜维常征伐在外，宦人黄皓窃弄机柄，咸共将护，无能匡矫，然建特不与皓和好往来。蜀破之明年春，厥、建俱诣京都，同为相国参军，其秋并兼散骑常侍，使蜀慰劳。

评曰：诸葛亮之为相国也，抚百姓，示仪轨，约官职，从权制，开诚心，布公道；尽忠益时者虽仇必赏，犯法怠慢者虽亲必罚，服罪输情者虽重必释，游辞巧饰者虽轻必戮，善无微而不赏，恶无纤而不贬；庶事精练，物理其本，循名责实，虚伪不齿；终于邦域之内，咸畏而爱之，刑政虽峻而无怨者，以其用心平而劝戒明也。可谓识治之良才，管、萧之亚匹矣。然连年动众，未能成功，盖应变将略，非其所长欤！

【译文】

诸葛亮，字孔明，琅邪阳都人，他是汉朝司隶校尉诸葛丰的后代。父亲名字叫诸葛珪，字君贡，汉末曾经做过泰山郡丞。诸葛亮早年丧父，叔父诸葛玄时任袁术的豫章太守，带着诸葛亮和其弟诸葛均一起去上任。正值朝廷另派朱皓去豫章。诸葛玄与荆州牧刘表有交情，便前去依附刘表。诸葛玄去世后，诸葛亮耕种垄上，喜欢诵《梁父吟》。他身高八尺，常以与管仲、乐毅相比，时人不以为然。只有博陵人崔州平、颍川人徐庶与诸葛亮很友好，认为此比不虚。

那时候先主屯驻在新野。徐庶来见他，先主对徐庶很看重。徐庶对先主说："诸葛孔明，就是人称卧龙的人，将军是否愿意与诸葛孔明相见？"先主说："君和诸葛孔明一起来吧。"徐庶说："这个人只可以去见，不能屈意前来。将军应当屈驾前往去见诸葛孔明。"因此先主便去诸葛亮那里，一共去了三次才见到诸葛亮。于是先主让左右的人退下，说："汉朝衰败，奸臣窃夺皇权，主上流亡在外。孤不能正确估量自己的德行和能力，打算为天下人伸张大义，然而孤智慧谋略浅近不足，因而屡受挫折，到今天仍然是如此。但是孤的志向并没有放弃和改变，君说该怎么办呢？"诸葛亮回答说："自从董卓作乱以来，群雄并起，跨州连郡的数不过来。曹操与袁绍相比，名气小而兵众少，然而曹操最终能打败袁绍，转弱为强的原因，不仅仅是天时，也有人的谋略的作用。如今曹操已经拥有百万兵众，挟持天子来号令诸侯，确实不能与曹操正面较量。孙权占据江东，已经经历了三位主人，辖区有长江天险，又有民众拥护，还有贤能之人为孙权效力，这可以作为自己的外援而不可企图吞并孙权。荆州北有汉水、沔水以依据，南可获得南海之利，东面与吴郡、会稽相连，西面与巴、蜀地区相通，这是一个运用武力的地方，而它的主人却没有能力守住它，这大概是上天用来帮助将军的，将军是不是对它有意呢？益州有四面高山阻塞，肥沃的土地广袤千里，有天府的美称，当年汉高祖依靠它成就帝业。它的主人刘璋昏庸软弱，张鲁又在北面进行威胁，人口众多、地方富庶而刘璋却不知道关心爱护，有智慧才能的人都想得到英明的主人。将军既是汉朝皇室的后代，讲信义的名声四海皆知，招纳天下英雄，渴望得到贤士，如果跨有荆州、益州，凭借天然险阻保卫领土，西面和各少数民族和睦相处，南面安抚那里的少数民族，对外与孙权结好，对内改善政治；如果天下局势出现变化，就命令一位高级将领率领荆的军队向宛县、洛阳进军，将军则亲自率领益州的兵众从秦川东出，老百姓谁敢不用竹篮盛着食物、用壶盛着饮料来迎接将军呢？确实出现像这样的局面，那么将军就可以完成霸业，汉朝也可以复兴了。"先主说："好！"于是和诸葛亮的友好情谊日益加深。关羽、张飞等因此不太高兴，先主解释说："孤有了孔明，就像鱼有了水。希望二位不要再说什么了。"关羽、张飞这才止住不快情绪。

刘表的长子刘琦，也十分看重诸葛亮。刘表听信后妻之话语，喜欢小儿子刘琮，不喜欢刘琦。刘琦常向诸葛亮请教保全自己的办法，诸葛亮总是以家事外人不干涉为由予以拒绝。一次刘琦与诸葛亮游览后园，一同登上高楼，饮酒中间，侍者将楼梯搬走，乘机对诸葛亮说："现在上不着天，下不着地，话从您口说出，只进我耳，可以向您求教了吧？"诸葛亮回答说："你不见申生在国内就危险，重耳逃亡在外就安全吗？"刘琦心里顿时领悟，就时时暗中寻找外出的机会。遇上江夏太守黄祖战死，刘琦请求出任江夏太守。不久，刘表去世，刘琮听说曹操前来征讨，就派使者向曹操请降。刘备在樊城听到消息以后，率众向南走，诸葛亮与徐庶一同随从，被曹操追上打败，曹操俘获了徐庶的母亲。徐庶指着自己的心向刘备告辞说："本想凭心和将军共图王霸之业，如今却失去老母，我心已乱，于将军大事无补，就此请向将军告别。"于是到曹操那儿去了。

先主到了夏口，诸葛亮说："现在情况十分危急了，拜托派遣我去求救于孙将军。"那时候孙权统率军队驻扎在柴桑，观望成败。诸葛亮对孙权说："天下大乱，将军起兵占有江东，刘豫州也聚众于荆州，与曹操共争天下。现今曹操削除大敌，大致已经平定了，进而攻破荆州，威震四海。英雄无用武之地，所以刘豫州到达这里。请您衡量自己的力量然后做出处置：如果您能以吴、越的军队和曹操抗衡，不如早同他断绝关系；如果敌不过他，为何不放下武器，卷起铠甲，北面臣服于他！现在您表面假称服从于他，其实内心犹豫不决，事急而不决断，大祸就要临头了！"孙权说："要是像您降他呢？"诸葛亮说："田横，不过是齐国士罢了，尚且坚守节操，不甘屈辱，何况刘豫州是汉朝王室的后裔，英才盖世，众士仰慕，犹如水流归海。如果事情不能成功，这是天意，怎么能屈服于曹操呢！"孙权激动地说："我不能把整个吴越之地，十万之众，去受人控制。我的主意已经打定了！除了刘豫州再没有可以抵挡曹操的人了，但是他最近刚刚失败，怎么能抵抗这个强敌？"诸葛亮说："刘豫州的军队虽然在长阪失败，现在回来的战士和关羽的水军，共有精锐的甲士万人，刘琦集合江夏战士也不下万人。曹操的人马，远来疲弊，听说为了追赶刘豫州，轻骑一天一夜跑了三百多里，这就是所说的'强弩之末，穿不透鲁国的白绢’。因此兵法是禁忌这样做的，说‘必然使前军将领受挫败’。而且北方的人，不熟习水战；且荆州的百姓归附曹操，也只是迫于军威罢了，并不是心服。现在您如果能命令猛将统兵数万，与刘豫州协调作战计划，双方齐心合力，打败曹军是必然的。曹操兵败，必然退回北方，这样一来，荆州和吴的力量强大，鼎足而三分天下的局势就形成了。成败的关键，在于今日。”孙权非常高兴，当即派周瑜、程普、鲁肃等率水军三万人，跟随诸葛亮去与先主会合，并力抵抗曹操。曹操大败于赤壁，带领军队返回邺城。先主收取江南，任命诸葛亮为军师中郎将，派他督率零陵、桂阳、长沙三郡军队，征调赋税，以补充军需。

建安十六年，益州牧刘璋派法正迎接先主，让他去进攻张鲁，诸葛亮与关羽镇守荆州。先主从葭萌回攻刘璋，诸葛亮与张飞、赵云等率众溯江而上，分别攻下各郡县，与先主共围成都。成都平定后，先主任命诸葛亮为军师将军，署理左将军府事。先主外出，诸葛亮常常镇守成都，足食足兵。

建安二十六年，僚属们劝谏先主称皇帝，先主没有同意。诸葛亮说：“以前吴汉、耿弇等当初劝世祖即帝位，世祖推让，前后三四次。耿纯劝告说：‘天下英雄景仰归附于您，是怀着攀龙附凤的希望；如果您不听从大家的意见，士大夫们各自回去另找主人，就无须再追随您了。’世祖被耿纯深切诚挚的话所感动，就答应了。现今曹氏篡汉，天下无主，大王是刘氏后裔，继世而起，现在即帝位，是适宜的。士大夫跟随大王长期勤劳困苦，也是希望能有尺寸的功劳像耿纯说的那样。”先主于是即帝位，册命诸葛亮为丞相，册文说：“朕遭遇国家不幸，继承大位，兢兢业业，不敢康宁，想要安定百姓，犹恐天下不安。啊！丞相亮，希望你明白朕的心意，不要懈怠，来匡正朕的过失，帮助朕使日月重光，以照明天下。您要努力啊！”亮以丞相总录尚书事，假节。张飞死了以后，又兼司隶校尉。

章武三年春，先主在永安病得更严重了，从成都把诸葛亮征召过来，把后事托付给诸葛亮，对诸葛亮说：“君的才能是曹丕的十倍，一定能够使国家安定，最终完成大业。如果我的儿子可以辅佐，就辅佐；如果不成才，君可以自行选取合适的人。”诸葛亮流着眼泪说：“臣怎么敢不竭尽辅佐大臣的力量，用忠贞的节来报效，直至献出生命！”先主又做诏书训示后主说：“汝和丞相一起共事，要像对待父亲一样对待丞相。”建兴元年，后主刘禅封诸葛亮为武乡侯，设立丞相署处理国家事务。不久，又让诸葛亮兼任益州牧。政事不论大小，全都由诸葛亮决定。南中地区的各郡，全都发生了叛乱，诸葛亮因为先主刚刚去世，所以没有马上出兵，又派遣使臣出使孙吴，和孙吴结下友好亲善的关系，从此两国友好相处。

建兴三年春，诸葛亮率军南征，这一年秋天，平定了全部叛乱。军需物资都出自这些新平定的郡，没用国库支付，国家因此得以富强。于是，便整军习武，以待发起大的出兵时机。建兴五年，诸葛亮率各军北上进驻汉中，出发前，给后主上奏疏说：

先帝创业未完便中途去世，现在，天下三分，益州国力困乏，这正赶上危急存亡之关键时候。宫内侍奉陛下的臣僚不敢懈怠，宫外忠诚之士忘我效力，这是因为，他们感怀先帝殊遇，而在陛下身上予以报答。陛下应广开言路，听取意见，光大先帝遗德，振奋志士勇气，不应妄自菲薄，放纵失察，从而堵塞忠谏之路，皇帝的宫中和丞相府中都应一视同仁，提拔、处罚、表扬、批评不应有所不同。如有作奸犯科和忠善之人，都应交付有司决定惩罚或奖赏，以示陛下公平严明的治国之道，侍郎郭攸之、费祎、董允等人，都是贤良之辈，志向忠贞纯正，所以，先帝选拔出来辅佐陛下，认为宫中事不论大小，都可以向他们咨询，然后实行，这样，一定能补漏救缺，有所得益。将军向宠，品行良正，通晓军事，过去曾经试用过，先帝也称赞他的才干，所以，大家商议推举他任中部督。臣认为，军中事可向他咨询，一定能使部众和睦，而各得其所。亲贤臣，远小人，是前汉之所以兴盛的原因；近小人，远贤臣，是后汉之所以衰败的原因。先帝在世的时候，每与臣议论其事，无不为桓帝、灵帝叹息的。侍中郭攸之、费祎，尚书令陈震，长史张裔，参军蒋琬，皆忠诚坚贞、以死报国之臣，望陛下亲信他们，那么，汉室兴盛就指日可待了。

我本是一介草民，耕种于南阳，本想在乱世中苟且性命，不想在诸侯中扬名立万。先帝不弃臣鄙陋，屈驾亲往，三顾茅庐，咨询臣天下大事：臣因此感激，愿为先帝奔走效劳。后军事失利，臣于兵败之时承当了重任，接受了命令，自那时到现在已二十一年了。先帝知臣做事谨慎，所以，在临终之时将兴汉大事托付于臣。自受命以来，臣殚精竭虑，唯恐所受之事做得不好，辜负了先帝的知人之明，深入不毛之地作战。如今，南方各郡已经平定，兵甲已准备充足，正是鼓励督帅将士，挥戈北上平定中原之时。或许能尽臣平庸之才能，铲除奸恶，复兴汉室，回都洛阳。这是臣报答先帝，并且向陛下效忠所应尽的职责。

至于权衡政事，进献忠言，那是郭攸之、费祎、董允等人的责任。希望陛下把讨伐逆贼兴复汉室之事托付于臣，如果毫无建树，就治臣罪，以告慰先帝之灵。如果没有使陛下得到培养品德的言论，就责问郭攸之、费祎、董允等人的轻忽，使他们的过错公开。陛下也应该自己考虑，以便征询好的建议，采纳正直之言，以符合先帝遗诏。臣难抑深受大恩的激动之情，如今就要远离，对表章而泪流，不知该说些什么。

于是，率众出征，驻扎在沔水北岸。

建兴六年春，扬言由斜谷道攻取郿县，派遣赵云、邓芝做疑兵，占据箕谷，魏大将军曹真率军抵御。诸葛亮亲率各军攻祁山，队伍整齐，赏罚严而号令明。南安、天水、安定三郡反叛魏国响应诸葛亮，关中震动。魏明帝亲自西镇长安，派张郃抵御诸葛亮。诸葛亮使马谡在前面统率各军，和张郃战于街亭。马谡违背诸葛亮的部署，行动不当，被张郃打得大败。诸葛亮撤出西县的一千多家人，回到汉中，杀了马谡向将士谢罪。上疏说："我以低劣的才能，窃据丞相的高位，亲执白旄黄钺以激励三军，却不能训示规章，申明法度，遇事不敢决断，以致有街亭违背指挥的错误，箕谷不做戒备的过失，过错都在于我任人不当。我缺乏知人之明，料事每多暗昧，根据《春秋》之义，兵败则责备主帅，因此我应该负主要责任。请让我自贬三级，以惩罚我的过失。"于是降为右将军，代行丞相职务，依旧总统政事。

这一年冬季，诸葛亮又从散关出兵，包围了陈仓，曹真坚守抵挡，诸葛亮因为粮食用完而退兵。魏将王双率领骑兵追赶诸葛亮，诸葛亮和王双交战，杀死了王双。建兴七年，诸葛亮派陈式去攻打武都和阴平。魏雍州刺史郭淮率领军队准备攻打陈式，诸葛亮亲自出兵打到建威，郭淮退了回去，蜀国平定了武都、阴平二郡。后主下诏书策封诸葛亮说："街亭一仗的过失在马谡，而您把责任归于自己，深刻地自责，降低自己的官职，我不愿意违背您的意愿，答应了您的要求，降职为代理丞相。去年您指挥军队，杀死了王双。今年去征讨魏国，郭淮败逃。您招降了氐族、羌族百姓，收复了武都、阴平二郡。您的威严震慑了凶恶的暴徒，功勋显赫；现在天下战乱不定，首恶还没有被处死；您承受重大的责任，肩负国家的重担，却长期自己压抑自己，这不利于发扬光大宏伟的统一功业。现在恢复您丞相的官职，请您不要推辞。”

建兴九年，诸葛亮又一次出祁山，用木牛运输军需物资，粮尽退兵，与魏将张郃交战，射杀张郃。建兴十二年春天，诸葛亮统率所有大军，由斜谷出兵，用流马运输，占据武功县五丈原，与司马懿在渭水之南对垒。诸葛亮经常担忧军粮供应不上，使自己统一的大志不能实现，因此分兵在驻地开荒屯田，为长期驻军打下基础。屯垦的蜀兵掺杂在渭水河滨的居民之间，而百姓安居，军队从来不骚扰居民以获取私利。就这样相持了一百多天。这年八月，诸葛亮病重，死在军中，时年54岁。蜀军退走之后，宣王仔细观察他安营筑垒的处所，说：“诸葛亮真是天下奇才！”

根据诸葛亮的遗命，他被安葬在汉中定军山，凭借山修建坟墓，墓坑刚够容纳棺材，拿平时所穿的衣服入殓，不要陪葬器物。后主下诏说：“君禀受文武的资性，明智诚实，接受托孤的遗诏，辅佐朕身，继承灭亡的汉室，振兴微弱的蜀国，一心在于平定祸乱。因此统率三军，无岁不征，武功赫赫，威镇八方，将在汉末建立足以媲美伊尹、周公的巨大功勋。为何如此不幸，大事垂成，您却患病去世！我因此非常哀伤，肝心若裂。尊崇道德，叙录功勋，记述行迹，给予谥号，这是为了光照将来，记载不朽。现在派遣使持节、左中郎将杜琼赠给您丞相、武乡侯印绶，追谥您为忠武侯。您的在天之灵，定会赞美这恩宠光荣。呜呼哀哉！呜呼哀哉！”

当初，诸葛亮自己上表给后主说：“我在成都有桑树八百株、薄田十五顷，子弟衣食，自有富余。至于我在外任官，没有别的用度，随身衣食，都仰赖公家，不另外经营产业，以增加丝毫财富。等到我死那一天，不使内有剩余的绢帛，外有盈余的钱财，以免辜负陛下。”他去世之后，果如他所说的那样。

诸葛亮生性擅长巧思，改进连弩，制造木牛流马，都出自他的主意；推演兵法，作《八阵图》，都能掌握要领。诸葛亮的言论，教谕，书信，奏议，大多值得阅读，另外编作一集。

景耀六年春天，后主下诏在沔阳为诸葛亮建庙。秋天，魏国镇西将军钟会征伐蜀国，到了汉川，祭祀了诸葛亮庙，下令士兵不能在诸葛亮墓附近放牧樵采。诸葛亮的弟弟诸葛均，官至长水校尉。诸葛亮的儿子诸葛瞻继承了他的爵位。

《诸葛亮集》目录：

开府作牧第一　权制第二　南征第三

北出第四　计算第五　训厉第六

综核上第七　综核下第八　杂言上第九

杂言下第十　贵和第十一　兵要第十二

传运第十三　与孙权书第十四　与诸葛瑾书第十五

与孟达书第十六　废李平第十七　法检上第十八

法检下第十九　科令上第二十　科令下第二十一

军令上第二十二　军令中第二十三　军令下第二十四

以上二十四篇，一共十万四千一百一十二字。

臣子陈寿等人奏言：我在从前任著作郎的时候，侍中领中书监济北侯荀勖、中书令关内侯和峤奏，委派我整理已故的蜀国丞相诸葛亮的事迹。诸葛亮辅佐处于危境的蜀国，凭借险阻，不向魏国称臣。但是现在当朝仍然保存了他的言论，把遗漏有益的记载当作羞耻，这确实表明大晋王朝有至高的德行，光明正大，恩泽普及天下，自古以来，没有一个朝代可以与之相比。我就删掉重复的内容，把相同类型的文章排在一起，一共编成二十四篇，篇名如上所述。

诸葛亮年轻时就才华超群，气概英武，他身高八尺，相貌堂堂，时人均以为他不同凡响。因遭逢汉末天下大乱，诸葛亮随叔父诸葛玄到荆州避难，他耕于郊野，不想扬名。左将军刘备因诸葛亮才识超群，于是，三顾茅庐前去拜访；诸葛亮也深感刘备的雄才大略，便向刘备倾诉了自己的忠诚，和刘备深结于心，到了魏武帝曹操南下讨伐、刘琮献荆州投降时，刘备正处于艰难境地，势单力薄，无立足之处。当时，诸葛亮年仅二十七岁，他向刘备献奇谋，亲去拜见孙权，向东吴求援。孙权很佩服刘备，又见诸葛亮谈吐不凡，对他很是敬重，当即派三万兵去援助刘备。刘备借助东吴兵马，大败曹军，他又乘胜出击，接连打了很多胜仗，平定了长江沿岸的一些地区。后来，刘备又向西夺取了益州。益州平定以后，诸葛亮被任为军师将军。刘备称帝，诸葛亮被拜为丞相，授权总督尚书台政务。刘备去世，继位的嫡子刘禅年少，才智平庸，所以政事无论大小，都由诸葛亮一人裁决。他外与东吴结盟，内平南中各郡，制定法度，整顿了军队，使木牛流马这一机械装置达到了极其精妙的程度。他法令严谨，赏罚有信，作恶受惩，为善被表彰，最终形成了官吏不敢奸诈虚伪、人人自律、路不拾遗，强不欺弱的局面，风俗教化肃然有序。

诸葛亮一直不变的志向是，进要像龙腾虎跃一样，傲视天下，退也要跨越边境，使海内震动。他担心自己一旦逝去，蜀国就没有进攻中原、与魏国抗衡的人才，所以他多次用兵炫耀武力。但是，诸葛亮虽擅长治军，在运用谋略方面还是略有不足，治理民众的才干，强于统兵打仗的谋略。他所遇对手，大多是人中英杰，再加上人力的多寡不等，攻守双方所处地位不同，所以，虽然连年出兵，却不能有所成就。过去萧何举荐韩信，管仲举荐王子成父，都是估量自己的能力不能兼有文武之才的缘故。诸葛亮治国的才能，或许与管仲、萧何等同，而是不是因为当时蜀国没有像王子成父、韩信那样的名将，所以才使得功败垂成、追求的大义没能实现呢？天下所归自有天命，不是凡人凭智力所能争取的。

魏明帝青龙二年春，诸葛亮带领军队出武功，分开军队屯田，打下长期驻扎的基础。是年秋天病逝，百姓追念他，把他的事迹作为谈话的内容。直到今天，梁州、益州的百姓称赞追述诸葛亮的话语，还可以随处听到，即使是《甘棠》歌颂召公、郑国人赞扬子产，也无法与之相比。孟子曾说："用使民安逸的方法使用民力，民虽然劳苦而无怨言；用保民的方法诛杀罪犯，罪犯虽死而无怨恨。"的确是这样啊！有的评议者或许认为诸葛亮文采不华丽，而且过于叮嘱啰唆。臣愚意以为，咎繇是大贤人，周公是大圣人，考察《尚书》，咎繇之言简略而雅正，周公告诫多而周全。为什么呢？因为，咎繇是与舜、禹一起商谈，周公是与属下臣民一起用誓言自我约束的缘故。由于诸葛亮所谈话的对象，多是平民百姓，所以他的辞意不能讲得过于深奥。但是他的教令和遗言，都是对事物认识综合的结论，其坦诚之心，都表露在文章里，从中足以了解他的思想和见解，对现在也是大有裨益的。

陛下学习古代圣贤，胸怀坦荡无所忌讳，所以即使是敌对国家诽谤的言论，也都任其文辞完全保留而不加修改隐讳，这样一来就是宣明宽宏通达的道理。臣恭谨地抄录了诸葛亮的著作上交著作机构。臣陈寿我非常惶恐不安，叩首再三，死罪死罪。泰始十年二月一日癸巳，平阳侯相臣陈寿拜上。

诸葛乔，字伯松，他是诸葛亮的哥哥诸葛瑾的第二个儿子，本来字仲慎。他和哥哥诸葛元逊在那时候都很有名气，评论的人认为诸葛乔的才华不如他的哥哥，而性情品德却超过哥哥，当初，诸葛亮没有儿子，就向诸葛瑾请求让诸葛乔做继子，诸葛瑾禀报了孙权后送诸葛乔西行来到蜀国，诸葛亮把诸葛乔当作自己的长子，所以改了他的字为伯松。诸葛乔被任命为驸马都尉，跟随诸葛亮到了汉中。他年仅二十五岁，在建兴六年去世。他的儿子诸葛攀，官做到行护军翊武将军，也很早就去世了。诸葛恪在吴国被杀，子孙全都死光了，而诸葛亮自己有了后代，所以诸葛攀回到吴国又恢复为诸葛瑾的后代。

诸葛瞻，字思远。建兴十二年，诸葛亮从武功出去以后，给哥哥诸葛瑾写信说："诸葛瞻现在已经八岁了，聪明可爱，但我担心他过早成熟，恐怕不会成为国家的栋梁之材。"诸葛瞻十七岁的时候，娶了公主，被任命为骑都尉。第二年被任命为羽林中郎将，历任射声校尉、侍中、尚书仆射，加封军师将军。诸葛瞻工于书画，博识强记。蜀国人怀念诸葛亮，全都喜爱他的才华和聪敏。每当朝廷有了一项好的政策，办了好事，即使不是诸葛瞻所提倡的，百姓们也都传说："这是诸葛侯爷所做的。"因此诸葛瞻得到了美好的名声和赞誉，有些言过其实。景耀四年，诸葛瞻任行都护卫将军，和辅国大将军南乡侯董厥一起处理尚书事务。景耀六年冬天，魏国征西将军邓艾攻打蜀国，从阴平经过景谷道旁边进入蜀地。诸葛瞻统领各军到涪县停住，前锋部队被打败，退回来驻守绵竹。邓艾派人送信诱降诸葛瞻说："如果您投降，我一定上表封您做琅琊王。"诸葛瞻大怒，杀死了邓艾的信使。诸葛瞻于是和邓艾交战，大败，在战场上战死，当时他只有三十七岁。蜀军士兵全都逃散了，邓艾长驱直入，到达成都。诸葛瞻的长子诸葛尚和诸葛瞻一起战死。他的二儿子诸葛京和诸葛攀的儿子诸葛显等人，都在咸熙元年迁移到了河东。

董厥，在丞相诸葛亮在世时做丞相府的令史。诸葛亮称赞他说："董令史是优秀的人才。我每次和他谈话，都感到他考虑问题慎重合适。"诸葛亮升他做了主簿。诸葛亮去世后，董厥逐渐升到尚书仆射，代替陈祗做尚书令，升任大将军，处理尚书台的事务，后来由义阳人樊建代替他做尚书令。延熙十四年，樊建以校尉的身份出使吴国，正好遇上孙权病重，不能亲自接见樊建，孙权问诸葛恪："樊建比起宗豫来怎么样？"诸葛恪回答说："樊建的才能见识不如宗豫，但是高雅的性情要超过他。"后来樊建任侍中、代理尚书令。自从诸葛瞻、董厥、樊建统管政事以来，姜维常常在外地征伐作战，宦官黄皓暗中玩弄权术，诸葛瞻等人全维护黄皓，没有人能纠正他，然而只有樊建不和黄皓往来交好。蜀国被占领后的第二年春天，董厥、樊建全都到了京城拜见魏帝，两个人都被任命为相国参军，当年秋天一同兼任散骑常侍，出使蜀郡去慰劳百姓。

评论说：诸葛亮作为丞相，安抚百姓，宣布仪范规矩，限定官员的职权，依从合宜的制度，袒露诚心，推行公道。对尽忠并且有益于时代的人，即使是仇敌也一定给予奖赏；对违犯法令，怠慢官府的人，即使是亲戚也一定处罚。认罪并供出实情的犯人，即使是重罪也会宽释；供词犹豫不定、巧言掩饰的犯人，即使是轻罪也一定处死。对做了好事的人，没有因为事情微小而不奖赏的；对作恶的人，没有因为坏事纤细而不贬斥的。诸葛亮对各项日常事务都精通，能抓住事务的根本，根据人的名声去核查他的实质，对虚伪的人不屑一顾。在蜀国境内，人民都敬畏他又热爱他，他施行的刑法政令虽然严峻，却没有人怨恨他，因为他能够平和而且明确地告诫大家。诸葛亮可以说是懂得如何治理国家的杰出人才，可以和管仲、萧何相提并论。然而他连年兴师动众出兵作战，却没有能取得成功，是随机应变与指挥战争的谋略等方面，不是他所擅长的缘故吧！

三国志卷三十六·蜀书六

关张马黄赵传

关羽字云长，本字长生，河东解人也。亡命奔涿郡。先主于乡里合徒众，而羽与张飞为之御侮。先主为平原相，以羽、飞为别部司马，分统部曲。先主与二人寝则同床，恩若兄弟。而稠人广坐，侍立终日，随先主周旋，不避艰险。先主之袭杀徐州刺史车胄，使羽守下邳城，行太守事，而身还小沛。

建安五年，曹公东征，先主奔袁绍。曹公禽羽以归，拜为偏将军，礼之甚厚。绍遣大将颜良攻东郡太守刘延于白马，曹公使张辽及羽为先锋击之。羽望见良麾盖，策马刺良于万众之中，斩其首还，绍诸将莫能当者，遂解白马围。曹公即表封羽为汉寿亭侯。初，曹公壮羽为人，而察其心神无久留之意，谓张辽曰："卿试以情问之。"既而辽以问羽，羽叹曰："吾极知曹公待我厚，然吾受刘将军厚恩，誓以共死，不可背之。吾终不留，吾要当立效以报曹公乃去。"辽以羽言报曹公，曹公义之。及羽杀颜良，曹公知其必去，重加赏赐。羽尽封其所赐，拜书告辞，而奔先主于袁军。左右欲追之，曹公曰："彼各为其主，勿追也。"

从先主就刘表。表卒，曹公定荆州，先主自樊将南渡江，别遣羽乘船数百艘会江陵。曹公追至当阳长阪，先主斜趣汉津，适与羽船相值，共至夏口。孙权遣兵佐先主拒曹公，曹公引军退归。先主收江南诸郡，乃封拜元勋，以羽为襄阳太守、荡寇将军，驻江北。先主西定益州，拜羽董督荆州事。羽闻马超来降，旧非故人，羽书与诸葛亮，问超人才可谁比类。亮知羽护前，乃答之曰："孟起兼资文武，雄烈过人，一世之杰，黥、彭之徒，当与益德并驱争先，犹未及髯之绝伦逸群也。"羽美须髯，故亮谓之髯。羽省书大悦，以示宾客。

羽尝为流矢所中，贯其左臂，后创虽愈，每至阴雨，骨常疼痛，医曰："矢镞有毒，毒入于骨，当破臂作创，刮骨去毒，然后此患乃除耳。"羽便伸臂令医劈之。时羽适请诸将饮食相对，臂血流离，盈于盘器，而羽割炙引酒，言笑自若。

关羽像，图出自《图像三国志》。

二十四年，先主为汉中王，拜羽为前将军，假节钺。是岁，羽率众攻曹仁于樊。曹公遣于禁助仁。秋，大霖雨，汉水泛溢，禁所督七军皆没。禁降羽，羽又斩将军庞德。梁、郏、陆浑群盗或遥受羽印号，为之支党，羽威震华夏。曹公议徙许都以避其锐，司马宣王、蒋济以为关羽得志，孙权必不愿也。可遣人劝权蹑其后，许割江南以封权，则樊围自解。曹公从之。先是，权遣使为子索羽女，羽骂辱其使，不许婚，权大怒。又南郡太守麋芳在江陵，将军士仁屯公安，素皆嫌羽轻己。自羽之出军，芳、仁供给军资，不悉相救。羽言"还当治之"，芳、仁咸怀惧不安。于是权阴诱芳、仁，芳、仁使人迎权。而曹公遣徐晃救曹仁，羽不能克，引军退还。权已据江陵，尽虏羽士众妻子，羽军遂散。权遣将逆击羽，斩羽及子平于临沮。

追谥羽曰壮缪侯。子兴嗣。兴字安国，少有令问，丞相诸葛亮深器异之。弱冠为侍中、中监军，数岁卒。子统嗣，尚公主，官至虎贲中郎将。卒，无子，以兴庶子彝续封。

张飞，字益德，涿郡人也，少与关羽俱事先主。羽年长数岁，飞兄事之。先主从曹公破吕布，随还许，曹公拜飞为中郎将。先主背曹公依袁绍、刘表。表卒，曹公入荆州，先主奔江南。曹公追之，一日一夜，及于当阳之长阪。先主闻曹公卒至，弃妻子走，使飞将二十骑拒后。飞据水断桥，瞋目横矛曰："身是张益德也，可来共决死！"敌皆无敢近者，故遂得免。先主既定江南，以飞为宜都太守、征虏将军，封新亭侯，后转在南郡。先主入益州，还攻刘璋，飞与诸葛亮等泝流而上，分定郡县。至江州，破璋将巴郡太守严颜，生获颜。飞呵颜曰："大军至，何以不降而敢拒战？"颜答曰："卿等无状，侵夺我州，我州但有断头将军，无有降将军也。"飞怒，令左右牵去斫头，颜色不变，曰："斫头便斫头，何为怒邪！"飞壮而释之，引为宾客。飞所过战克，与先主会于成都。益州既平，赐诸葛亮、法正、飞及关羽金各五百斤，银千斤，钱五千万，锦千匹，其余颁赐各有差，以飞领巴西太守。

曹公破张鲁，留夏侯渊、张郃守汉川。郃别督诸军下巴西，欲徙其民于汉中，进军宕渠、蒙头、盪石，与飞相拒五十余日。飞率精卒万余人，从他道邀郃军交战，山道迮狭，前后不得相救，飞遂破郃。郃弃马缘山，独与麾下十余人从间道退，引军还南郑，巴土获安。先主为汉中王，拜飞为右将军、假节。章武元年，迁车骑将军，领司隶校尉，进封西乡侯，策曰："朕承天序，嗣奉洪业，除残靖乱，未烛厥理。今寇虏作害，民被荼毒，思汉之士，延颈鹤望。朕用怛然，坐不安席，食不甘味，整军诰誓，将行天罚。以君忠毅，侔踪召虎，名宣遐迩，故特显命，高墉晋爵，兼司于京。其诞将天威，柔服以德，伐叛以刑，称朕意焉。《诗》不云乎，'匪疚匪棘，王国来极。肇敏戎功，用锡尔祉'。可不勉欤！"

初，飞雄壮威猛，亚于关羽，魏谋臣程昱等咸称羽、飞万人之敌也。羽善待卒伍而骄于士大夫，飞爱敬君子而不恤小人。先主常戒之曰："卿刑杀既过差，又日鞭挝健儿，而令在左右，此取祸之道也。"飞犹不悛。先主伐吴，飞当率兵万人，自阆中会江州。临发，其帐下将张达、范疆杀飞，持其首，顺流而奔孙权。飞营都督表报先主，先主闻飞都督之有表也，曰："噫！飞死矣。"追谥飞曰桓侯。长子苞，早夭。次子绍嗣，官至侍中尚书仆射。苞子遵为尚书，随诸葛瞻于绵竹，与邓艾战，死。

马超字孟起，扶风茂陵人也。父腾，灵帝末与边章、韩遂等俱起事于西州。初平三年，遂、腾率众诣长安。汉朝以遂为镇西将军，遣还金城，腾为征西将军，遣屯郿。后腾袭长安，败走，退还凉州。司隶校尉钟繇镇关中，移书遂、腾，为陈祸福。腾遣超随繇讨郭援、高幹于平阳，超将庞德亲斩援首。后腾与韩遂不和，求还京畿。于是征为卫尉，以超为偏将军，封都亭侯，领腾部曲。

超既统众，遂与韩遂合从，及杨秋、李堪、成宜等相结，进军至潼关。曹公与遂、超单马会语，超负其多力，阴欲突前捉曹公，曹公左右将许褚瞋目盼之，超乃不敢动。曹公用贾诩谋，离间超、遂，更相猜疑，军以大败。超走保诸戎，曹公追至安定，会北方有事，引军东还。杨阜说曹公曰："超有信、布之勇，甚得羌、胡心。若大军还，不严为其备，陇上诸郡非国家之有也。"超果率诸戎以击陇上郡县，陇上郡县皆应之，杀凉州刺史韦康，据冀城，有其众。超自称征西将军，领并州牧，督凉州军事。康故吏民杨阜、姜叙、梁宽、赵衢等，合谋击超。阜、叙起于卤城，超出攻之，不能下；宽、衢闭冀城门，超不得入。进退狼狈，乃奔汉中依张鲁。鲁不足与计事，内怀于邑，闻先主围刘璋于成都，密书请降。

先主遣人迎超，超将兵径到城下。城中震怖，璋即稽首，以超为平西将军，督临沮，因为前都亭侯。先主为汉中王，拜超为左将军，假节。章武元年，迁骠骑将军，领凉州牧，进封斄乡侯，策曰："朕以不德，获继至尊，奉承宗庙。曹操父子，世载其罪，朕用惨怛，疢如疾首。海内怨愤，归正反本，暨于氐、羌率服，獯鬻慕义。以君信著北土，威武并昭，是以委任授君，抗飏虓虎。兼董万里，求民之瘼。其明宣朝化，怀保远迩，肃慎赏罚，以笃汉祜，以对于天下。”二年卒，时年四十七。临没上疏曰：“臣门宗二百余口，为孟德所诛略尽，惟有从弟岱，当为微宗血食之继，深托陛下，余无复言。”追谥超曰威侯，子承嗣。岱位至平北将军，进爵陈仓侯。超女配安平王理。

黄忠字汉升，南阳人也。荆州牧刘表以为中郎将，与表从子磐共守长沙攸县。及曹公克荆州，假行裨将军，仍就故任，统属长沙太守韩玄。先主南定诸郡，忠遂委质，随从入蜀。自葭萌受任，还攻刘璋，忠常先登陷陈，勇毅冠三军。益州既定，拜为讨虏将军。建安二十四年，于汉中定军山击夏侯渊。渊众甚精，忠推锋必进，劝率士卒，金鼓振天，欢声动谷，一战斩渊，渊军大败。迁征西将军。是岁，先主为汉中王，欲用忠为后将军，诸葛亮说先主曰：“忠之名望，素非关、马之伦也，而今便令同列。马、张在近，亲见其功，尚可喻指；关遥闻之，恐必不悦，得无不可乎！”先主曰：“吾自当解之。”遂与羽等齐位，赐爵关内侯。明年卒，追谥刚侯。子叙，早没，无后。

赵云字子龙，常山真定人也。本属公孙瓒，瓒遣先主为田楷拒袁绍，云遂随从，为先主主骑。及先主为曹公所追于当阳长阪，弃妻子南走，云身抱弱子，即后主也，保护甘夫人，即后主母也，皆得免难。迁为牙门将军。先主入蜀，云留荆州。

先主自葭萌还攻刘璋，召诸葛亮。亮率云与张飞等俱泝江西上，平定郡县。至江州，分遣云从外水上江阳，与亮会于成都。成都既定，以云为翊军将军。建兴元年，为中护军、征南将军，封永昌亭侯，迁镇东将军。五年，随诸葛亮驻汉中。明年，亮出军，扬声由斜谷道，曹真遣大众当之。亮令云与邓芝往拒，而身攻祁山。云、芝兵弱敌强，失利于箕谷，然敛众固守，不至大败。军退，贬为镇军将军。

七年卒，追谥顺平侯。

初，先主时，惟法正见谥；后主时，诸葛亮功德盖世，蒋琬、费祎荷国之重，亦见谥；陈祇宠待，特加殊奖，夏侯霸远来归国，故复得谥；于是关羽、张飞、马超、庞统、黄忠及云乃追谥，时论以为荣。云子统嗣，官至虎贲中郎，督行领军。次子广，牙门将，随姜维沓中，临陈战死。

评曰：关羽、张飞皆称万人之敌，为世虎臣。羽报效曹公，飞义释严颜，并有国士之风。然羽刚而自矜，飞暴而无恩，以短取败，理数之常也。马超阻戎负勇，以覆其族，惜哉！能因穷致泰，不犹愈乎！黄忠、赵云强挚壮猛，并作爪牙，其灌、滕之徒欤？

【译文】

关羽，字云长，本字长生，他是河东解县人，逃亡到达涿郡。刘备在乡里聚集兵力，关羽和张飞为他上阵抵御外侮。刘备当平原相时，关羽、张飞任别部司马，分别率领一部兵士。刘备与他二人同榻而眠，情如兄弟。而在广众之前，他二人则整天侍立于刘备左右，跟随刘备南征北战，从不避艰险。刘备袭杀徐州刺吏车胄后，派关羽镇守下邳城，代理太守职务，自己回到小沛驻扎。

建安五年，曹操向东征战，刘备投奔袁绍。曹操活捉了关羽，让关羽做了偏将军，给他特别的礼遇，袁绍派大将颜良在白马进攻东郡太守刘延，曹操派张辽和关羽为先锋进击颜良。关羽远远望见颜良的旗帜和伞盖，挥刀催马冲入万军之中斩颜良首级回来，袁将无人可以抵挡，从而解除了袁军的白马之围。曹操立即上表封关羽为汉寿亭侯。起初，曹操认为关羽威武雄壮可堪大用，但是又观察他的神态和言行，看出他没有长留下来的意思，就对张辽说："您试用私情了解一下他的想法。"于是，张辽来问关羽，关羽感叹地说："我深感曹公待我不薄，然而，我受刘将军大恩，誓同生死。我终究不会留在这里，但是一定要立功报效曹公后再走。"张辽把关羽的话告诉了曹操，曹操为关羽的义气而感叹。等到关羽斩杀颜良，曹操知道他要离开，就对他重加赏赐。关羽把所有赏赐品全都封存留下，写信告辞，然后投奔在袁军中的刘备去了，曹操的将军们想去追赶，曹操说："此是各为其主，不要追了。"

在这之后，关羽随刘备投奔刘表，刘表去世后，曹操平定了荆州。刘备从樊城欲南渡长江，让关羽统数百艘船只走水路，约定在江陵会师。曹操在当阳县长阪赶上刘备，刘备走小路逃到汉津渡，恰好和关羽的船队相遇，两军会合，一起到了夏口。孙权派兵协助刘备抗击曹操，曹军兵败，退回北方。刘备乘胜占领了江南各郡，然后，赏赐有战功的将领，任关羽为襄阳太守、荡寇将军，领兵驻扎江北。刘备平定益州以后，授关羽督掌荆州事务之权。关羽听说马超来降，因为马超不是自己原来的旧友，便写信给诸葛亮，询问马超的才干与谁能相比。诸葛亮知关羽好强，便回信说："马超文武兼备，勇逾常人，是相当于英布、彭越一类的当代豪杰，可与张飞并驱高低，但比不上你美髯公的出类拔萃。"因为关羽有一口漂亮的胡须，所以，诸葛亮称他为"髯"。关羽看了回信非常高兴，传给宾客们看。

关羽曾经被毒箭射中，穿透左臂，后来，虽然伤口好了，但是每到阴雨天气，就常常骨痛，医生说："箭头有毒，毒已渗入骨内，应该割开左臂伤口，刮去骨上之毒，病痛才会消除。"关羽便伸出胳膊，让医生把伤口剖开。其时，关羽正请一些将领，一起吃喝，手臂上鲜血淋漓，把接血的盘子都装满了，而关羽仍然割肉喝酒，像平常一样谈笑自若。

建安二十四年，先主做了汉中王，让关羽做了前将军，假节钺。当年，关羽率领兵众在樊城攻打曹仁。曹公派遣于禁帮助曹仁。这一年秋天，大雨不停，汉水泛溢，于禁所督统的七军全都被淹。于禁投降关羽，关羽又斩杀了曹魏将军庞德。梁、郏、陆浑三县的反叛势力中有的远远地接受了关羽所授的官印和官号，成为关羽的支持者，关羽的声威震动中原。曹公与众人商议把都城从许县迁走以避开关羽的锋芒，宣王司马懿、蒋济认为关羽得志，孙权一定不愿意。可派人鼓励孙权去偷袭关羽的后方，答应割出江南之地封给孙权，这样樊城之围自然就会解除。曹公接受了这个建议。在此以前，孙权曾经派遣使节为儿子求娶关羽的女儿，关羽辱骂来使，不答应婚事，孙权非常愤怒。另外南郡太守麋芳驻扎在江陵，将军士仁驻扎在公安，两人都一向对关羽轻视自己不满意。自从关羽出兵以后，麋芳、士仁负责供给军粮物资，不能完全做到及时。关羽曾说"回来再整治汝等"，麋芳、士仁全都心怀恐惧不安。于是孙权暗地里引诱麋芳、士仁投降，麋芳、士仁就派人接应孙权。而在这时曹公派徐晃救援曹仁，关羽不能攻克樊城，领兵撤退。这时孙权已经占据江陵，把关羽将士的妻子儿女全都俘虏，关羽的军队因此溃散。孙权派遣将军迎击关羽，在临沮把关羽及其儿子关平斩杀。

蜀国追谥关羽做了壮缪侯。关羽的儿子关兴承袭了爵位。关兴，字安国，从小就有好名声，丞相诸葛亮非常器重关兴。关兴二十岁时出任侍中、中监军，几年以后去世。儿子关统继承爵位，娶公主为妻，官做到虎贲中郎将。关统死后无子，以关兴小妾生的儿子关彝继承爵位。

张飞字益德，是涿郡人，益德年少的时候就和关羽在刘备手下从事。

关羽比张飞大几岁，张飞把关羽当作兄长相待。刘备跟随曹操打败吕布后，一起返回许都，曹操任命张飞为中郎将。后来刘备离开曹操投奔袁绍、刘表。刘表死后，曹操进军荆州，刘备被迫向江南逃奔。曹操率兵追击，急行一日一夜，追到当阳县的长阪坡。刘备听说曹操突然赶来，扔下妻儿逃走，命令张飞率领二十名骑兵断后。张飞占据河岸，拆毁河桥，怒目圆睁，手执矛，喊道："我是张益德，谁敢与我决一死战！"敌人没有敢上前决斗的，刘备因而得以逃脱。刘备平定江南后，任命张飞为宜都大守、征虏将军，封他为新亭侯，后来张飞又被调往南郡。刘备进入益州，北上抗击刘璋，张飞和诸葛亮等人沿长江泝流而上，分兵平定沿途各郡县。张飞到达江州，击败刘璋部将巴郡太守严颜，将他活捉。张飞怒斥严颜说："我大军来到，你为何不早早投降，竟敢领兵顽抗？"严颜说："你们无故兴兵，侵夺我益州，我益州只有断头的将军，没有投降的将军。"张飞大怒，命令手下将严颜拉出去斩首，严颜神色不变，说道："砍头就砍头，你发什么怒。"张飞敬佩严颜的勇气，下令把他放了，并将其引为上宾。张飞一路取胜，与刘备在成都会合。益州平定以后，刘备赏赐诸葛亮、法正、张飞和关羽每人黄金五百斤，白银一千斤，铜钱五千万，锦缎一千匹，其余将领也给予了数量不等的赏赐，同时任命张飞为巴西太守。

曹操击败张鲁，让夏侯渊、张郃留守汉川。张郃另外带领各路军马南下巴西，想将巴西百姓迁往汉中，张郃军攻下宕渠、蒙头、盪石，与张飞军对垒五十多天。张飞带领一万多精兵，从另一条路截击张郃。因山路狭窄，张郃军前后不能互救，张飞大败张郃军。张郃弃马登山，率部下十几人从小路逃走，撤回南郑，巴西获得安宁。刘备当上汉中王后，任张飞为右将军并赐予符节。章武元年，张飞升任车骑将军，兼司隶校尉，加封西乡侯，刘备下令说："我接续帝王世系，继承汉室大业，铲除残暴，平定叛乱，但还未使天下大治。眼下贼寇作乱，民不聊生，怀念汉朝的人，如鹤般引颈盼望。我因此感到悲伤，坐卧不安，食之无味。我要整顿军队，宣布誓词，秉承天意，讨伐贼寇。因为您比召虎更忠毅，闻名遐迩，所以特意颁布诏命，给您升官晋爵，兼管京城。望您能助长上天威严，以德抚民，以刑伐逆，以符合我的心愿。《诗经》不是这样说吗：'不要侵害百姓、急于求成，一切行为都要以国家利益为准则。''迅速敏捷地采取军事行动，就会赐福于你。'能不自勉吗！"

起初，张飞大胆作战威猛，仅次于关羽，魏国的谋臣程昱等都称赞关羽、张飞的勇力比得上一万人。关羽对待士兵很善良，但是对于士大夫却很傲慢，张飞喜爱敬重君子却不爱惜普通的军士。刘备常常告诫他说："你杀人就已经过分了，天天鞭打士兵，却又把他们放在身边，这样会引起祸患的。"张飞还是不改。刘备讨伐吴国的时候，张飞正带领士兵上万人，从阆中出发到江州相会合。在出发之前，他帐下的将领张达、范疆把张飞杀了，拿着他的首级，顺着水流投奔孙权去了。张飞营里的都督上表报告了刘备这件事，刘备听说张飞的都督上了表文，叹息道："唉！张飞死了。"于是追加张飞的谥号为桓侯。张飞的长子张苞，很小的时候就死了。他的第二个儿子张绍继承父业，官职做到了侍中、尚书仆射。张苞的儿子张遵担任尚书，跟随着诸葛瞻到了绵竹，和邓艾交战的时候战死了。

马超，字孟起，他是扶风郡茂陵县人。父亲叫作马腾，灵帝末年在凉州与边章、韩遂等人一同起兵。初平三年，韩遂、马腾率领人马到达长安。韩遂被汉朝任命为镇西将军，派他返回金城；马腾被任命为镇西将军，派他回金城，任马腾为征西将军，派他驻兵郿县。后来马腾袭击长安，失败以后逃跑，退回凉州。坐镇关中的司隶校尉钟繇，写信给韩遂、马腾，向他们陈述吉凶祸福。马腾派马超跟随钟繇到平阳讨伐郭援、高幹，郭援的首级被马超的郡将庞统亲手割了下来。后来马腾和韩遂不和，要求返回京城。于是朝廷就便征召他为卫尉，马超被任命为偏将军，封为都亭侯，统领马腾的私人武装。

马超统领这些军队，与韩遂联合，又联络杨秋、李堪、成宜等人，进军一直到了潼关。曹操单骑与韩遂、马超临阵交谈，马超依己力猛，暗中打算冲上去抓获曹操，曹操身边的将领许褚怒视着马超，马超没敢动手。曹操采纳了贾诩之计，离间韩遂和马超的关系，使他们相互猜疑，西凉兵因此大败。马超到西戎族部落安身，曹操一直追赶到安定。时值北方战事发生，曹操于是就率军东归。杨阜劝曹操说："马超有韩信、英布的勇猛，很得羌、胡拥护。如果大军退回，这里没有了防备，那么，陇西各郡就不再是咱们国家的地方了。"马超果然率领戎族各部攻打陇西，各郡都纷纷响应，马超杀死了凉州刺史韦康，占据冀城并夺得那里的全部人马。马超自称征西将军，兼任并州牧，总督凉州军事。韦康的老部下杨阜、姜叙、梁宽、赵衢等联合攻打马超。杨阜、姜叙在卤城起兵，马超出冀城进攻，没有能取胜，梁宽、赵衢关闭了冀城城门，使得马超进退两难，只得带兵投奔汉中去依附张鲁。后见张鲁不足以和他共谋大事，因此郁闷不乐。听说刘备在成都围攻刘璋，就秘密写信请求归降。

刘备派人迎接马超，马超带领兵众直到成都城下。成都城内为之震动，惶恐不安，刘璋当即投降。以马超为平西将军，指挥临沮战区的军队，继续以前都亭侯的爵位。先主为汉中王，拜马超为左将军，假节。章武元年，升迁为骠骑将军，兼任凉州牧，晋封为斄乡侯，下达任官文书说："朕没有德泽，得以继承帝位，侍奉宗庙祖先。曹操父子，两代都犯了大罪，朕因此而悲哀，痛苦得就像得了头痛病一样。海内人们怨恨愤怒，盼望国家回归正道，恢复原貌，以至于氐、羌等少数民族前来归顺，北方少数民族也仰慕道义想来投奔。因为君讲信义在北方著名，威严武勇都非常显著，所以对君委任，使君能扬虎啸之雄威，兼督统凉州，了解民间疾苦。希望君公开宣扬朝廷教化，安抚保护远近的人民，慎重执行赏罚，以加深汉朝的福祉，回报天下人的希望。"章武二年去世，时年四十七岁。临死时上疏说："臣家族二百多口，几乎被曹孟德杀尽，只有堂弟马岱，还能接续臣衰微家族的祭祀，臣把马岱托付给陛下，其余就没什么可说的了。"朝廷追谥马超为威侯，儿子马承继承了爵位。马岱官做到了平北将军，晋爵位为陈仓侯。马超的女儿嫁给了安平王刘理。

黄忠，字汉升，是南阳郡人。荆州牧刘表任命他为中郎将，和刘表的侄子刘磐一起镇守长沙郡的攸县。曹公攻占荆州，让他代理裨将军职务，仍然回到从前的驻地，归长沙郡太守韩玄统辖。先主刘备平定荆州的长江以南各郡，黄忠投降，随先主西上益州。在葭萌县接受先主命令，回头进攻刘璋，黄忠在战斗中常常担任先锋冲锋陷阵，勇冠三军。益州平定，他被任命为讨虏将军。建安二十四年，在汉中的定军山迎战夏侯渊。夏侯渊兵马精锐，但是黄忠勇往直前，身先士卒，战鼓声震天，喊杀声动地，一战即斩杀了夏侯渊，杀得对方大败而逃。黄忠因功升任征西将军。这一年，先主为汉中王，想任命黄忠为后将军，诸葛亮劝先主说："黄忠的名望，素来比不上关羽、马超，而今立即与他们并列。马超、张飞在身边，亲自看到黄忠的功勋，还可以向他们说明用意；关羽远远听到，肯定会不高兴，恐怕是不行吧！"先主说："我亲自向他解释好了。"于是黄忠就与关羽等人官位并列，先王又封他为关内侯。第二年他去世，后来追谥为刚侯。他的儿子黄叙早死，没有后代。

赵云，字子龙，是常山真定人。原来是公孙瓒的部下，公孙瓒派刘备帮助田楷抵御袁绍，赵云随从，成为刘备的主管骑兵。等到刘备被曹操在当阳长阪追上的时候，刘备丢下妻子儿女向南逃走，赵云身抱阿斗，就是后主，保护着甘夫人，也就是后主的母亲，使他们全部免于灾难。被升为牙门将。刘备进入益州，赵云留在荆州。

刘备从葭萌回攻刘璋。召诸葛亮入蜀援助。诸葛亮率领赵云和张飞等人一起分兵西上，一路平定郡县，到江州时，派赵云由岷江而上至江阳，与诸葛亮在成都会合。成都平定后，任命赵云为翊军将军。建兴元年，赵云官至中护军、征南将军，被封为永昌亭侯，后又升为镇东将军。建兴五年，赵云跟随诸葛亮驻守汉中。第二年，诸葛亮出兵进攻魏国，扬言过斜谷道，曹真派大军在此抵挡：诸葛亮命赵云和邓芝前去迎战，自己则率军进攻祁山。赵云、邓芝兵少而魏军强大，失利于箕谷，但他们集兵坚守，才不致大败。率军退回后，被降为镇军将军。

建兴七年，赵云去世，追加谥号为顺平侯。

最初，刘备在世的时候，只有法正一人被追谥。刘禅时，因为诸葛亮功德盖世，蒋琬、费祎也因曾担负全国军政重任，而受到追谥；陈祇深受刘禅宠信，死后也得到这一殊荣；夏侯霸从远方归服所以得到谥号；关羽、张飞、马超、庞统、黄忠和赵云都被加谥号，当时，议论的人都认为这是非常荣耀的事。赵云的儿子赵统承继爵位，官至虎贲中郎督，代理中领军职务。次子赵广，任牙门将，随姜维到沓中，临阵战死。

评论说：关羽、张飞都被称为万人敌，当世之虎将。关羽报恩曹操，张飞义释严颜，都有国士风范。然而，关羽刚愎自傲，张飞暴烈严酷，都因短处而遭罹难，此事之常理。马超与西部少数民族友好，倚仗自己的勇猛，而使家族覆灭，可惜呀！后来，他由于困穷而通达，不是比前两个人还强一些吗！黄忠、赵云刚强勇猛，充当战将，与灌婴、夏侯婴是一样的人物吧！

三国志卷三十七·蜀书七

庞统法正传

庞统字士元，襄阳人也。少时朴钝，未有识者。颍川司马徽清雅有知人鉴，统弱冠往见徽，徽采桑于树上，坐统在树下，共语自昼至夜。徽甚异之，称统当为南州士之冠冕，由是渐显。后郡命为功曹。性好人伦，勤于长养。每所称述，多过其才，时人怪而问之，统答曰："当今天下大乱，雅道陵迟，善人少而恶人多。方欲兴风俗，长道业，不美其谭即声名不足慕企，不足慕企而为善者少矣。今拔十失五，犹得其半，而可以崇迈世教，使有志者自励，不亦可乎？"吴将周瑜助先主取荆州，因领南郡太守。瑜卒，统送丧至吴，吴人多闻其名。及当西还，并会昌门，陆绩、顾劭、全琮皆往。统曰："陆子可谓驽马有逸足之力，顾子可谓驽牛能负重致远也。"谓全琮曰："卿好施慕名，有似汝南樊子昭。虽智力不多，亦一时之佳也。"绩、劭谓统曰："使天下太平，当与卿共料四海之士。"深与统相结而还。

先主领荆州，统以从事守耒阳令，在县不治，免官。吴将鲁肃遗先主书曰："庞士元非百里才也，使处治中、别驾之任，始当展其骥足耳。"诸葛亮亦言之于先主，先主见与善谭，大器之，以为治中从事。亲待亚于诸葛亮，遂与亮并为军师中郎将。亮留镇荆州。统随从入蜀。

益州牧刘璋与先主会涪，统进策曰："今因此会，便可执之，则将军无用兵之劳而坐定一州也。"先主曰："初入他国，恩信未著，此不可也。"璋既还成都，先主当为璋北征汉中，统复说曰："阴选精兵，昼夜兼道，径袭成都；璋既不武，又素无预备，大军卒至，一举便定，此上计也。杨怀、高沛，璋之名将，各仗强兵，据守关头，闻数有笺谏璋，使发遣将军还荆州。将军未至，遣与相闻，说荆州有急，欲还救之，并使装束，外作归形；此二子既服将军英名，又喜将军之去，计必乘轻骑来见，将军因此执之，进取其兵，乃向成都，此中计也。退还白帝，连引荆州，徐还图之，此下计也。若沉吟不去，将致大困，不可久矣。"先主然其中计，即斩怀、沛，还向成都，所过辄克。于涪大会，置酒作乐，谓统曰：

"今日之会，可谓乐矣。"统曰："伐人之国而以为欢，非仁者之兵也。"先主醉，怒曰："武王伐纣，前歌后舞，非仁者邪？卿言不当，宜速起出！"于是统逡巡引退。先主寻悔，请还。统复故位，初不顾谢，饮食自若。先主谓曰："向者之论，阿谁为失？"统对曰："君臣俱失。"先主大笑，宴乐如初。

进围雒县，统率众攻城，为流矢所中，卒，时年三十六。先主痛惜，言则流涕。拜统父议郎，迁谏议大夫，诸葛亮亲为之拜。追赐统爵关内侯，谥曰靖侯。统子宏，字巨师，刚简有臧否，轻傲尚书令陈祗，为祗所抑，卒于涪陵太守。统弟林，以荆州治中从事参镇北将军黄权征吴，值军败，随权入魏，魏封列侯，至钜鹿太守。

法正字孝直，扶风郿人也。祖父真，有清节高名。建安初，天下饥荒，正与同郡孟达俱入蜀依刘璋，久之为新都令，后召署军议校尉。既不任用，又为其州邑俱侨客者所谤无行，志意不得。益州别驾张松与正相善，忖璋不足与有为，常窃叹息。松于荆州见曹公还，劝璋绝曹公而自结先主。璋曰："谁可使者？"松乃举正，正辞让，不得已而往。正既还，为松称说先主有雄略，密谋协规，愿共戴奉，而未有缘。后因璋闻曹公欲遣将征张鲁之有惧心也，松遂说璋宜迎先主，使之讨鲁，复令正衔命。正既宣旨，阴献策于先主曰："以明将军之英才，乘刘牧之懦弱；张松，州之股肱，以响应于内；然后资益州之殷富，冯天府之险阻，以此成业，犹反掌也。"先主然之，泝江而西，与璋会涪。北至葭萌，南还取璋。

郑度说璋曰："左将军县军袭我，兵不满万，士众未附，野谷是资，军无辎重。其计莫若尽驱巴西、梓潼民内涪水以西，其仓廪野谷，一皆烧除，高垒深沟，静以待之。彼至，请战，勿许，久无所资，不过百日，必将自走。走而击之，则必禽耳。"先主闻而恶之，以问正。正曰："终不能用，无可忧也。"璋果如正言，谓其群下曰："吾闻拒敌以安民，未闻动民以避敌也。"于是黜度，不用其计。及军围雒城，正笺与璋曰："正受性无术，盟好违损，惧左右不明本末，必并归咎，蒙耻没身，辱及执事，是以捐身于外，不敢反命。恐圣听秽恶其声，故中间不有笺敬，顾念宿遇，瞻望悢悢。然惟前后披露腹心，自从始初以至于终，实不藏情，有所不尽，但愚暗策薄，精诚不感，以致于此耳。今国事已危，祸害在速，虽捐放于外，言足憎尤，犹贪极所怀，以尽余忠。明将军本心，正之所知也，实为区区不欲失左将军之意，而卒至于是者，左右不达英雄从事之道，谓可违信黩誓，而以意气相致，日月相迁，趋求顺耳悦目，随阿遂指，不图远虑为国深计故也。事变既成，又不量强弱之势，以为左将军县远之众，粮谷无储，欲得以多击少，旷日相持。而从关至此，所历辄破，离宫别屯，日自零落。雒下虽有万兵，皆坏陈之卒，破军之将，若欲争一旦之战，则兵将势力，实不相当。各欲远期计粮者，今此营守已固，谷米已积，而明将军土地日削，百姓日困，敌对遂多，所供远旷。愚意计之，谓必先竭，将不复以持久也。空尔相守，犹不相堪，今张益德数万之众，已定巴东，入犍为界，分平资中、德阳，三道并侵，将何以御之？本为明将军计者，必谓此军县远无粮，馈运不及，兵少无继。今荆州道通，众数十倍，加孙车骑遣弟及李异、甘宁等为其后继。若争客主之势，以土地相胜者，今此全有巴东，广汉、犍为，过半已定，巴西一郡，复非明将军之有也。计益州所仰惟蜀，蜀亦破坏；三分亡二，吏民疲困，思为乱者十户而八；若敌远则百姓不能堪役，敌近则一旦易主矣。广汉诸县，是明比也。又鱼复与关头实为益州福祸之门，今二门悉开，坚城皆下，诸军并破，兵将俱尽，而敌家数道并进，已入心腹，坐守都、雒，存亡之势，昭然可见。斯乃大略，其外较耳，其余屈曲，难以辞极也。以正下愚，犹知此事不可复成，况明将军左右明智用谋之士，岂当不见此数哉？旦夕偷幸，求容取媚，不虑远图，莫肯尽心献良计耳。若事穷势迫，将各索生，求济门户，展转反覆，与今计异，不为明将军尽死难也，而尊门犹当受其忧。正虽获不忠之谤，然心自谓不负圣德，顾惟分义，实窃痛心。左将军从本举来，旧心依依，实无薄意。愚以为可图变化，以保尊门。”

十九年，进围成都，璋蜀郡太守许靖将逾城降，事觉，不果。璋以危亡在近，故不诛靖。璋既稽服，先主以此薄靖不用也。正说曰：“天下有获虚誉而无其实者，许靖是也。然今主公始创大业，天下之人不可户说，靖之浮称，播流四海，若其不礼，天下之人以是谓主公为贱贤也。宜加敬重，以眩远近，追昔燕王之待郭隗。”先主于是乃厚待靖。以正为蜀郡太守、扬武将军，外统都畿，内为谋主。一餐之德，睚眦之怨，无不报复，擅杀毁伤己者数人。或谓诸葛亮曰：“法正于蜀郡太纵横，将军宜启主公，抑其威福。”亮答曰：“主公之在公安也，北畏曹公之强，东惮孙权之逼，近则惧孙夫人生变于肘腋之下；当斯之时，进退狼跋，法孝直为之辅翼，令翻然翱翔，不可复制，如何禁止法正使不得行其意邪！”初，孙权以妹妻先主，妹才捷刚猛，有诸兄之风，侍婢百余人，皆亲执刀侍立，先主每入，衷心常凛凛；亮又知先主雅爱信正，故言如此。

二十二年，正说先主曰：“曹操一举而降张鲁，定汉中，不因此势以图巴、蜀，而留夏侯渊、张郃屯守，身遽北还，此非其智不逮而力不足也，必将内有忧逼故耳。今策渊、郃才略，不胜国之将帅，举众往讨，则必可克。克之之日，广农积谷，观衅伺隙，上可以倾覆寇敌，尊奖王室，中可以蚕食雍、凉，广拓境土，下可以固守要害，为持久之计。此盖天以与我，时不可失也。”先主善其策，乃率诸将进兵汉中，正亦从行。二十四年，先主自阳平南渡沔水，缘山稍前，于定军兴势作营。渊将兵来争其地。正曰：“可击矣。”先主命黄忠乘高鼓噪攻之，大破渊军，渊等授首。曹公西征，闻正之策，曰：“吾故知玄德不办有此，必为人所教也。”

先主立为汉中王，以正为尚书令、护军将军。明年卒，时年四十五。先主为之流涕者累日。谥曰翼侯。赐子邈爵关内侯，官至奉车都尉、汉阳太守。诸葛亮与正，虽好尚不同，以公义相取。亮每奇正智术。先主既即尊号，将东征孙权以复关羽之耻，群臣多谏，一不从。章武二年，大军败绩，还住白帝。亮叹曰：“法孝直若在，则能制主上，令不东行；就复东行，必不倾危矣。”

评曰：庞统雅好人流，经学思谋，于时荆、楚谓之高俊。法正著见成败，有奇画策算，然不以德素称也。拟之魏臣，统其荀彧之仲叔，正其程、郭之俦俪邪？

【译文】

庞统，字士元，是襄阳郡人。年轻的时候为人质朴，不露锋芒，没有人了解他的才能。颍川郡的司马徽，纯正高雅，有善于鉴别人品的才能。庞统二十岁左右时前去拜访司马徽，当时司马徽正在树上采桑叶，就让庞统坐在桑树下，两人从白天一直谈到晚上。司马徽对庞统的才能十分惊异，称赞庞统是江南各州读书人中最杰出的人物，从此以后庞统就渐渐地出名了。后来郡守任命庞统为功曹。宠统生性非常重视伦理道德，对于抚育子女、赡养老人一类的事特别尽心。对别人的称赞，常常超过别人的实际才干，当时的人感到奇怪，就问他缘故，庞统回答说：

“现在天下大乱，雅正的道德衰微，好人少而坏人多。想要振兴良好的风俗，增强人们的道德观念，如果不把值得褒奖的人说得更完美一些，那么他们的名声就不能为人们所仰慕学习。不能为人们仰慕学习，那么肯做善行的人就更少了。现在推荐十个人，即使其中有五个人不够格，那还有一半是有用之才，通过这些人可以增进道德教化，让那些有志行善的人自我勉励，不也是可以的吗？”东吴将领周瑜帮助先主刘备夺取荆州以后，因此兼任南郡大守，周瑜死了以后，庞统送周瑜的灵柩回到东吴。东吴很多人久闻庞统的大名。当庞统将要西归时，一齐赶到阊门为他送行，连陆绩、顾劭、全琮都去了。庞统说：“陆先生可以说是像驽马而有快步飞奔的才能，顾先生可以说好像驽牛却能负重致远。”又对全琮说：“您好施善行，仰慕名节，有点儿像汝南郡的樊子昭。虽然才智能力不突出，也可以算是一时的优秀人才了。”陆绩、顾劭对庞统说：“等到天下太平了，我们一定和您一起来品评四海之士。”他们都与庞统诚心结交而回。

先主兼任荆州牧以后，庞统以荆州从事的身份代行来阳县令的职务，因为政绩不好，他被免除了官职。吴国将领鲁肃写信给先主说：“庞士元不是一个治理百里小县的人才，您应该让他担任州府治中、别驾之类的重要职务，这样他才会显示出他那如千里马般的才能。”诸葛亮也向先主推荐庞统，于是先主召见了庞统，两人进行了一次深入的谈话，先主发现庞统才华出众，从此就非常器重他，任命他为治中从事。先主给庞统的待遇仅仅在诸葛亮一人之下，庞统从此和诸葛亮一起担任军师中郎将。诸葛亮留守荆州。庞统跟随先主领兵入蜀。

益州牧刘璋和刘备在涪县会面，庞统向刘备建议说：“可趁这个机会，将他拿下，将军就可不费用兵之劳安坐平定益州。”刘备说：“我们刚进入蜀地，恩信未树，不能这样做。”刘璋回到成都后，刘备没有为刘璋北征汉中，庞统献计说：“暗选精兵，昼夜兼程，直击成都，刘璋既无勇力，又向来没有防备，大军突然攻至，一举就能平定，这是上策；杨怀、高沛都是刘璋手下名将，他们依仗兵力强大，驻守关头，听说两人曾经几次写信劝说刘璋，让您回荆州。将军到达白水关之前，应先派人去通知他们，就说荆州形势有变，须赶回救援，同时命士兵整理行装，做出要回撤的样子。杨怀、高沛既敬服将军威名，又高兴您回荆州，一定会轻装前来拜见您，我们可以乘机将他们拿下，然后收编其兵马，向成都进军，这是中策。退回白帝城，率军回荆州，然后再另做图谋，这是下策。如果犹豫不决，滞留此地，我们就会陷于困境之中，不能再长久拖延了。”刘备接受了庞统的中策，随即杀死杨高二将转攻成都，沿途郡县均被攻克。刘备在涪城大宴将士，他对庞统说：“今日聚会，真是快乐极了！”庞统说：“把征服别人领土当成欢乐，这恐怕不是仁者之兵吧！”当时刘备已经醉了，怒气冲冲地说：“武王伐纣，军队前歌后舞，难道就不是仁者之师了吗？你说话不对，快点退出宴会吧！”庞统立即退了出去。不一会儿，刘备醒悟而后悔了，又把他请了回去。庞统回到原位，并没有向刘备致歉的意思，自斟自饮好像什么也没发生过。刘备问他：“刚才我们的争论，究竟是谁的失误？”庞统回答说：“君臣都有失误。”刘备大笑，宴席间又恢复了原有的欢乐气氛。

先主进军围攻雒县，庞统率众攻城，被流箭射中而死，时年三十六岁。先主对此感到非常痛心和惋惜，每次提起庞统都止不住涕泪涟涟。拜庞统的父亲为议郎，又升迁为谏议大夫，诸葛亮见到庞统亲行跪拜大礼。追赐庞统关内侯的爵位，加谥号为靖侯。庞统的儿子庞宏，字巨师，为人刚直，好议论人之优劣。庞宏对尚书令陈祗很轻视，因此受到陈祗的压制，死于涪陵太守任上。庞统的弟弟庞林，凭借荆州治中从事的身份，参谋镇北将军黄权征伐；在与孙吴的军事战役中遭到失败，就随黄权投降了曹魏，被封为列侯，官一直做到了钜鹿太守。

法正，字孝直，是扶风郿县人。他的祖父法真，有清廉和高尚的美名。建安初年，天下发生饥荒，法正与同郡人孟达一同来到蜀地，投靠刘璋。过了很久，法正才被任命为新都县令，后被召回成都，任代理军议校尉一职。他既不受重用，又遭到客居蜀地的同乡的排挤诽谤，说他品行不好，因而很不得志。益州别驾张松和法正交好，考虑到跟随刘璋很难有所作为，常暗自叹息。张松奉命去拜见曹操归来以后，劝说刘璋与曹操断绝关系，和刘备结盟。刘璋问：“谁可以充当使者？”张松就举荐了法正。法正推让，最后，不得已才接受命令前往荆州。法正归来，向张松夸赞刘备有雄才大略，两人私下密议，打算一同拥戴刘备，只是一时找不到适当的机会。后来，刘璋听说曹操要派兵进攻汉中的张鲁，就心生恐惧。张松乘机劝说刘璋，迎请刘备入蜀，让刘备来讨伐张鲁。刘璋同意，再次让法正出使荆州。法正向刘备转达了刘璋的意图以后，又向刘备献计说：“以您的英明才干对付刘璋的暗弱，再有张松这样的益州重臣为内应，就可取得益州。以益州的殷富为依靠，以益州险地为屏障，成就大事易如反掌。”刘备认为非常对，便率兵马逆长江西上，与刘璋在涪县相会，后北至葭萌。但不久以后，刘备与刘璋关系破裂，刘备率兵向南进攻刘璋。

郑度劝刘璋说：“左将军刘备孤军来袭击我们，士兵还不到一万人，士民还没有归附他，他们以田野上的谷子做军粮，军队没有辎重物资。绝好的计策莫过于把巴西、梓潼的民众全部迁到涪水西面，仓廪里的粮食和田野上的谷子，统统烧掉，垒高壁垒，加深壕沟，静待刘军。等到刘军来到，挑战，不要管他，他们长时间没有粮食物资，不超过一百日，必定会自己退兵。在他们退兵的时候追击他们，则一定能捉住他们。”先主听说后心里不高兴，去问法正。法正说：“刘璋最终不会用这计策的，不用忧虑。”刘璋果然像法正说的那样，对下属说：“我听闻过抵御敌人来使民众安定，没有听闻过动扰民众来躲避敌人的。”于是黜退了郑度，不用他的计谋。及至刘军包围雒城，法正写信给刘璋说：“我天生没有什么才术，现在损坏了友好，恐怕您身边的人不知事情本末，必定会归咎于我，使我终生蒙耻，也辱及您的名声，因此我委身在外，不敢回来复命。恐怕您讨厌我污秽的声音，所以期间没有写信向您致敬，回想您以前对我的知遇，心中愁闷。但是前后以来，我对您一直披露心腹，从头到尾，确实没有隐藏半点真情，但我愚昧平庸、谋略浅薄，精诚之情没有感动您，才到了今天这地步。现今国事已经危困，祸害很快就会来到，虽然我身在外面，说话会令人讨厌，但还是想把心事向您说出，来尽最后一点儿忠心。将军您的本心，法正是知道的，实在是不想有失左将军的好意，而终究弄到这种情况，是身边的人不明白英雄的处事之道，认为可以违背信义和誓言，而凭借与您意气相投，天天只求让您耳顺目悦，对您阿谀奉承，不为国做长远考虑的缘故啊。事变既然已经造成，又不思量强弱的形势，认为左将军刘备孤军远来，没有储备粮食谷物，以多击少，旷日相持。但刘军从白水关到这里，一路打胜仗，行宫和守军，日益零落。雒城虽然有一万士兵，但是都是败军之兵将，如果想争一日之战，则兵将实力，实在不能相当。若想靠粮多打持久战，现今刘军营垒守备已坚固，粮食谷米已经蓄积，而将军您土地日益减少，百姓日益疲困，敌对的人便会多起来，您的供给会逐渐紧张。按我的计算，将军您的供给一定先枯竭，不再能打持久战了。仅仅像这样的防守，尚且不能应付，现在张益德的数万之众，已平定了巴东，进入了犍为郡的境内，分别拿下了资中、德阳两县，三路并进，您将用什么抵御呢？原本为将军您出计策的人，一定会说，这军队孤军远征，没带粮草，运输也不及，士兵数量少而没有后继援军。现今荆州道路已经通，兵力增加了十倍，加上孙车骑派弟弟及李异、甘宁等作为刘军的后援。若要比较主客的形势，凭土地多少来分胜负的话，那么刘军现今已经拥有了巴东郡，广汉、犍为也已拿下过半，巴西一郡，也不再属于将军您所有了。考虑到益州所仰仗的只有蜀郡，蜀郡也遭到破坏；三份里已经没有了两份，兵吏民众疲惫困乏，想作乱的人十户中就有八户；如果敌人在远方，那么百姓不堪役苦，敌人在近处，那么一天城池就可以易主了。广汉数县，就是明显的例子。另外，鱼复县与白水关实在是益州的祸福之门，现如今两门全开，坚固的城池都被攻下，数路军队都被打败，兵将都已耗尽，而敌方数路并进，已进入心腹之地，您坐守成都、雒县，存亡的形势，清晰可见。这只是大概形势而已，至于其余曲折，难以用言辞说尽。以法正我这样愚昧的人，尚且知道这事不可能成功，何况是将军您身边那些那么明智的谋士呢，怎么会预见不到后果呢？只是他们早晚苟且偷幸，献媚以求容身，不考虑长远的利益，不肯尽心献上良计而已。如果事情窘迫，他们将会各自逃生，以求保全门户，反复无常，不会像我今天这样打算，不会为了将军您尽忠效死，而您一家仍然会受到忧扰。法正我虽然得到不忠的诽谤，但是心中自认没有辜负您的大德，只是想起名分节义，私下实在痛心。左将军从一开始举事以来，就不忘旧情，实在是没有寡情薄意。我认为您可以改变想法，以保全您一家。”

建安十九年，刘备围攻成都，璋蜀郡太守许靖打算弃城投降，但是事情被识破了，没有成功。因为这是在生死存亡的时候，刘璋没有杀许靖。等到刘璋投降之后，刘备因为这件事瞧不起许靖，许靖得不到重用。法正劝说刘备道：“天下有很多有虚名但是没什么实际作用的人，许靖就是这样的人。可是现在您是刚开始创建大业，很多事情是不能逐户向天下人解释的。许靖这人在天下还是非常有名声的，如果传出去您对他不能以礼相待的话，天下的人都会说您轻视贤才。您应该对他加以敬重，使天下的人被迷惑住，您应仿照燕王厚待郭隗的做法。”刘备因此对许靖很好。他任命法正做蜀郡太守、扬武将军，对外主管京都地区，对内担当重要的谋士。法正对别人给他一顿饭的恩惠和给一瞪眼的仇恨没有不报的，还擅自杀死好几个过去曾经中伤自己的人。有人对诸葛亮说："法正在蜀郡实在太骄横了，将军您应该禀告主公，打压他的作威作福。"诸葛亮回答说："主公现在在公安，现在北面有曹操的强大，东面又担心孙权的逼迫，现在又担心孙夫人在身边发生事变，眼下这个时候，真是进退两难，只有法孝直能为他出谋划策，使他能够翻飞翱翔，使他免于受到别人的牵制，怎么可以禁止法正不让他干自己想干的事情呢？"当初，孙权把自己的妹妹嫁给了刘备，孙权的妹妹为人才思敏捷，刚强英武，集她的各位长兄的特点于一身，身边有奴婢一百多人，都亲自拿着兵器侍立。刘备每次入宫，都是心惊胆战的。诸葛亮很了解刘备喜爱法正才说出这番话。

建安二十二年，法正劝诫先主说："曹操一举就使张鲁投降，平定了汉中，但是却不乘胜进取巴、蜀，而是留下夏侯渊、张郃屯兵驻守在汉中，自己匆匆忙忙北回洛阳，这不是因为曹操智慧不够力量不足，而一定是曹操内部出现紧急情况迫使曹操这样做。我想夏侯渊、张郃的才能谋略，比不上我们的将帅，如果我们率众前去讨伐，则一定可以占领汉中。占领汉中之后，扩大农业生产，大力积蓄粮食，观察曹魏的破绽，等待机会，最好的结果是能推翻曹魏，尊崇扶助汉朝，中等的结果是能够一点一点地占据雍州、凉州，扩大疆土；最次的结果也可以固守要害之地，做了和曹魏持久相持的打算。这是上天赐给我们的好机会，万万不可失去啊！"先主认为法正所说很对，便率领诸将进军汉中，法正也从军而行。建安二十四年，先主率领军队自阳平关向南渡过沔水，沿着山势渐渐向前推进，在定军山、兴势两地扎下营盘。夏侯渊率兵前来争夺，法正说："可以出击。"先主便命黄忠率军居高临下擂鼓呐喊猛攻猛打，大破夏侯渊军，并且杀死夏侯渊等人。曹公领兵西来征讨，知道了这是法正的计策，便说："我就知道玄德不具备这样的才能，一定是有人在给玄德出主意。"

刘备当了汉中王以后，任命法正担任尚书令、护军将军。第二年法正逝世，时年四十五岁。刘备因为法正的死哭了好几天。给法正加谥号为翼侯。赐法正儿子法邈爵关内侯，法邈官至奉车都尉、汉阳太守。诸葛亮与法正虽然喜好和追求有所不同，但都能着眼于大局，相处和谐。他经常称赞法正的智谋很奇妙。刘备称帝后，准备东征孙权为关羽报仇，群臣中很多人劝谏，刘备不听。蜀汉章武二年，蜀军东征大败，刘备逃回白帝城。诸葛亮叹息说："如果法孝直还活着，就能够制止皇上，即使东征，也一定不会败得这样惨。"

评语称：庞统本性喜欢品评人品高低，潜心研究学问谋略，在当时荆、楚一带可称得上是高才俊杰。法正能够准确地预见成败，有奇异的计谋，但他的德行却不为人们称道。把他们同魏国的大臣相比，庞统大概和荀彧不相上下，法正大概是程昱、郭嘉一类的人物吧。

三国志卷三十八·蜀书八

许麋孙简伊秦传

许靖字文休，汝南平舆人。少与从弟劭俱知名，并有人伦臧否之称，而私情不协。劭为郡功曹，排摈靖不得齿叙，以马磨自给。颍川刘翊为汝南太守，乃举靖计吏，察孝廉，除尚书郎，典选举。灵帝崩，董卓秉政，以汉阳周毖为吏部尚书，与靖共谋议，进退天下之士，沙汰秽浊，显拔幽滞。进用颍川荀爽、韩融、陈纪等为公、卿、郡守，拜尚书韩馥为冀州牧，侍中刘岱为兖州刺史，颍川张咨为南阳太守，陈留孔伷为豫州刺史，东郡张邈为陈留太守，而迁靖巴郡太守，不就，补御史中丞。馥等到官，各举兵还向京都，欲以诛卓。卓怒毖曰："诸君言当拔用善士，卓从君计，不欲违天下人心。而诸君所用人，至官之日，还来相图。卓何用相负！"叱毖令出，于外斩之。靖从兄陈相玚，又与伷合规，靖惧诛，奔伷。伷卒，依扬州刺史陈祎。祎死，吴郡都尉许贡、会稽太守王朗素与靖有旧，故往保焉。靖收恤亲里，经纪振赡，出于仁厚。

孙策东渡江，皆走交州以避其难，靖身坐岸边，先载附从，疏亲悉发，乃从后去，当时见者莫不叹息。既至交阯，交阯太守士燮厚加敬待。陈国袁徽以寄寓交州，徽与尚书令荀彧书曰："许文休英才伟士，智略足以计事。自流宕已来，与群士相随，每有患急，常先人后己，与九族中外同其饥寒。其纪纲同类，仁恕恻隐，皆有效事，不能复一二陈之耳。"钜鹿张翔衔王命使交部，乘势募靖，欲与誓要，靖拒而不许。靖与曹公书曰：

世路戎夷，祸乱遂合，驽怯偷生，自窜蛮貊，成阔十年，吉凶礼废。昔在会稽，得所贻书，辞旨款密，久要不忘。迫于袁术方命圮族，扇动群逆，津涂四塞，虽县心北风，欲行靡由。正礼师退，术兵前进，会稽倾覆，景兴失据，三江五湖，皆为虏庭。临时困厄，无所控告。便与袁沛、邓子孝等浮涉沧海，南至交州。经历东瓯、闽、越之国，行经万里，不见汉地，漂薄风波，绝粮茹草，饥殍荐臻，死者大半。既济南海，与领守兒孝德相见，知足下忠义奋发，整饬元戎，西迎大驾，巡省中岳。承此休问，且悲且憙，即与袁沛及徐元贤复共严装，欲北上荆州。会苍梧诸县夷、越蜂起，州府倾覆，道路阻绝，元贤被害，老弱并杀。靖寻循渚岸五千余里，复遇疾疠，伯母陨命，并及群从，自诸妻子，一时略尽。复相扶侍，前到此郡，计为兵害及病亡者，十遗一二。生民之艰，辛苦之甚，岂可具陈哉！惧卒颠仆，永为亡虏，忧瘁惨惨，忘寝与食。欲附奉朝贡使，自获济通，归死阙庭，而荆州水陆无津，交部驿使断绝。欲上益州，复有峻防，故官长吏，一不得入。前令交阯太守士威彦，深相分托于益州兄弟，又靖亦自与书，辛苦恳恻，而复寂寞，未有报应。虽仰瞻光灵，延颈企踵，何由假翼自致哉？

知圣主允明，显授足下专征之任，凡诸逆节，多所诛讨，想力竞者一心，顺从者同规矣。又张子云昔在京师，志匡王室，今虽临荒域，不得参与本朝，亦国家之藩镇，足下之外援也。若荆、楚平和，王泽南至，足下忽有声命于子云，勤见保属，令得假途由荆州出，不然，当复相绍介于益州兄弟，使相纳受。倘天假其年，人缓其祸，得归死国家，解逋逃之负，泯躯九泉，将复何恨！若时有险易，事有利钝，人命无常，陨没不达者，则永衔罪责，入于裔土矣。

昔营邱翼周，杖钺专征，博陆佐汉，虎贲警跸。今日足下扶危持倾，为国柱石，秉师望之任，兼霍光之重，五侯九伯，制御在手，自古及今，人臣之尊未有及足下者也。夫爵高者忧深，禄厚者责重。足下据爵高之任，当责重之地，言出于口，即为赏罚，意之所存，便为祸福。行之得道，即社稷用宁；行之失道，即四方散乱。国家安危，在于足下；百姓之命，县于执事。自华及夷，颙颙注望。足下任此，岂可不远览载籍废兴之由，荣辱之机，弃忘旧恶，宽和群司，审量五材，为官择人？苟得其人，虽仇必举；苟非其人，虽亲不授。以宁社稷，以济下民，事立功成，则系音于管纮，勒勋于金石，愿君勉之！为国自重，为民自爱。

翔恨靖之不自纳，搜索靖所寄书疏，尽投之于水。

后刘璋遂使使招靖，靖来入蜀。璋以靖为巴郡、广汉太守。南阳宋仲子于荆州与蜀郡太守王商书曰："文休倜傥瑰玮，有当世之具，足下当以为指南。"建安十六年，转在蜀郡。十九年，先主克蜀，以靖为左将军长史。先主为汉中王，靖为太傅。及即尊号，策靖曰："朕获奉洪业，君临万国，夙宵惶惶，惧不能绥。百姓不亲，五品不逊，汝作司徒，其敬敷五教，在宽。君其勖哉！秉德无怠，称朕意焉。"

靖虽年逾七十，爱乐人物，诱纳后进，清谈不倦。丞相诸葛亮皆为之拜。章武二年卒。子钦，先靖夭没。钦子游，景耀中为尚书。始靖兄事颍川陈纪，与陈郡袁涣、平原华歆、东海王朗等亲善，歆、朗及纪子群，魏初为公辅大臣，咸与靖书，申陈旧好，情义款至，文多故不载。

麋竺字子仲，东海朐人也。祖世货殖，僮客万人，赀产钜亿。后徐州牧陶谦辟为别驾从事。谦卒，竺奉谦遗命，迎先主于小沛。建安元年，吕布乘先主之出拒袁术，袭下邳，虏先主妻子。先主转军广陵海西，竺于是进妹于先主为夫人，奴客二千，金银货币以助军资；于时困匮，赖此复振。后曹公表竺领嬴郡太守，竺弟芳为彭城相，皆去官，随先主周旋。先主将适荆州，遣竺先与刘表相闻，以竺为左将军从事中郎。益州既平，拜为安汉将军，班在军师将军之右。竺雍容敦雅，而干翮非所长。是以待之以上宾之礼，未尝有所统御。然赏赐优宠，无与为比。

芳为南郡太守，与关羽共事，而私好携贰，叛迎孙权，羽因覆败。竺面缚请罪，先主慰谕以兄弟罪不相及，崇待如初。竺惭恚发病，岁余卒。子威，官至虎贲中郎将。威子照，虎骑监。自竺至照，皆便弓马，善射御云。

孙乾字公祐，北海人也。先主领徐州，辟为从事，后随从周旋。先主之背曹公，遣乾自结袁绍，将适荆州，乾又与麋竺俱使刘表，皆如意指。后表与袁尚书，说其兄弟分争之变，曰："每与刘左将军、孙公祐共论此事，未尝不痛心入骨，相为悲伤也。"其见重如此。先主定益州，乾自从事中郎为秉忠将军，见礼次麋竺，与简雍同等。顷之，卒。

简雍字宪和，涿郡人也。少与先主有旧，随从周旋。先主至荆州，雍与麋竺、孙乾同为从事中郎，常为谈客，往来使命。先主入益州，刘璋见雍，甚爱之。后先主围成都，遣雍往说璋，璋遂与雍同舆而载，出城归命。先主拜雍为昭德将军。优游风议，性简傲跌宕，在先主坐席，犹箕踞倾倚，威仪不肃，自纵适；诸葛亮已下则独擅一榻，项枕卧语，无所为屈。时天旱禁酒，酿者有刑。吏于人家索得酿具，论者欲令与作酒者同罚。雍与先主游观，见一男女行道，谓先主曰："彼人欲行淫，何以不缚？"先主曰："卿何以知之？"雍对曰："彼有其具，与欲酿者同。"先主大笑，而原欲酿者。雍之滑稽，皆此类也。

伊籍字机伯，山阳人。少依邑人镇南将军刘表。先主之在荆州，籍常往来自托。表卒，遂随先主南渡江，从入益州。益州既定，以籍为左将军从事中郎，见待亚于简雍、孙乾等。遣东使于吴，孙权闻其才辩，欲逆折以辞，籍适入拜，权曰："劳事无道之君乎？"籍即对曰："一拜一起，未足为劳。"籍之机捷，类皆如此，权甚异之。后迁昭文将军，与诸葛亮、法正、刘巴、李严共造《蜀科》；《蜀科》之制，由此五人焉。

秦宓字子敕，广汉绵竹人也。少有才学，州郡辟命，辄称疾不往。奏记州牧刘焉，荐儒士任定祖曰："昔百里、蹇叔以耆艾而定策，甘罗、子奇以童冠而立功，故《书》美黄发，而《易》称颜渊，固知选士用能，不拘长幼，明矣。乃者以来，海内察举，率多英隽而遗旧齿，众论不齐，异同相半，此乃承平之翔步，非乱世之急务也。夫欲救危抚乱，修己以安人，则宜卓荦超伦，与时殊趣，震惊邻国，骇动四方，上当天心，下合人意；天人既和，内省不疚，虽遭凶乱，何忧何惧！昔楚叶公好龙，神龙下之，好伪彻天，何况于真？今处士任安，仁义直道，流名四远，如令见察；则一州斯服。昔汤举伊尹，不仁者远，何武贡二龚，双名竹帛，故贪寻常之高而忽万仞之嵩，乐面前之饰而忘天下之誉，斯诚往古之所重慎也。甫欲凿石索玉，剖蚌求珠，今乃随、和炳然，有如皎日，复何疑哉！诚知昼不操烛，日有余光，但愚情区区，贪陈所见。"

刘璋时，宓同郡王商为治中从事，与宓书曰："贫贱困苦，亦何时可以终身！卞和衒玉以耀世，宜一来，与州尊相见。"宓答书曰："昔尧优许由，非不弘也，洗其两耳；楚聘庄周，非不广也，执竿不顾。《易》曰'确乎其不可拔'，夫何衒之有？且以国君之贤，子为良辅，不以是时建萧、张之策，未足为智也。仆得曝背乎陇亩之中，诵颜氏之箪瓢，咏原宪之蓬户，时翱翔于林泽，与沮、溺之等俦，听玄猿之悲吟，察鹤鸣于九皋，安身为乐，无忧为福，处空虚之名，居不灵之龟，知我者希，则我贵矣。斯乃仆得志之秋也，何困苦之戚焉！"后商为严君平、李弘立祠，宓与书曰："疾病伏匿，甫知足下为严、李立祠，可谓厚党勤类者也。观严文章，冠冒天下，由、夷逸操，山岳不移，使扬子不叹，固自昭明。如李仲元不遭《法言》，令名必沦，其无虎豹之文故也，可谓攀龙附凤者矣。如扬子云潜心著述，有补于世，泥蟠不滓，行参圣师，于今海内，谈咏厥辞。邦有斯人，以耀四远，怪子替兹，不立祠堂。蜀本无学士，文翁遣相如东受七经，还教吏民，于是蜀学比于齐、鲁。故《地里志》曰：'文翁倡其教，相如为之师。'汉家得士，盛于其世；仲舒之徒，不达封禅，相如制其礼。夫能制礼造乐，移风易俗，非礼所秩有益于世者乎！虽有王孙之累，犹孔子大齐桓之霸，公羊贤叔术之让。仆亦善长卿之化，宜立祠堂，速定其铭。”

先是，李权从宓借《战国策》，宓曰：“战国纵横，用之何为？”权曰：“仲尼、严平，会聚众书，以成《春秋》《指归》之文，故海以合流为大，君子以博识为弘。”宓报曰：“书非史记周图，仲尼不采；道非虚无自然，严平不演。海以受淤，岁一荡清；君子博识，非礼不视。今《战国》反覆仪、秦之术，杀人自生，亡人自存，经之所疾。故孔子发愤作《春秋》，大乎居正，复制《孝经》，广陈德行。杜渐防萌，预有所抑，是以老氏绝祸于未萌，岂不信邪！成汤大圣，睹野鱼而有猎逐之失，定公贤者，见女乐而弃朝事，若此辈类，焉可胜陈。道家法曰：‘不见所欲，使心不乱。’是故天地贞观，日月贞明；其直如矢，君子所履。《洪范》记灾，发于言貌，何《战国》之谲权乎哉！”

或谓宓曰：“足下欲自比于巢、许、四皓，何故扬文藻见瑰颖乎？”宓答曰：“仆文不能尽言，言不能尽意，何文藻之有扬乎！昔孔子三见哀公，言成七卷，事盖有不可嘿嘿也。接舆行且歌，论家以光篇；渔父咏沧浪，贤者以耀章。此二人者，非有欲于时者也。夫虎生而文炳，凤生而五色，岂以五采自饰画哉？天性自然也。盖《河》《洛》由文兴，六经由文起，君子懿文德，采藻其何伤！以仆之愚，犹耻革子成之误，况贤于己者乎！”

先主既定益州，广汉太守夏侯纂请宓为师友祭酒，领五官掾，称曰仲父。宓称疾，卧在第舍，纂将功曹古朴、主簿王普，厨膳即宓第宴谈，宓卧如故。纂问朴曰：“至于贵州养生之具，实绝余州矣，不知士人何如余州也？”朴对曰：“乃自先汉以来，其爵位者或不如余州耳，至于著作为世师式，不负于余州也。严君平见黄、老作《指归》，扬雄见《易》作《太玄》，见《论语》作《法言》，司马相如为武帝制封禅之文，于今天下所共闻也。”纂曰：“仲父何如？”宓以簿击颊，曰：“愿明府勿以仲父之言假于小草，民请为明府陈其本纪。蜀有汶阜之山，江出其腹，帝以会昌，神以建福，故能沃野千里。淮、济四渎，江为其首，此其一也。禹生石纽，今之汶山郡是也。昔尧遭洪水，鲧所不治，禹疏江决河，东注于海，为民除害，生民已来功莫先者，此其二也。天帝布治房心，决政参伐，参伐则益州分野，三皇乘祇车出谷口，今之斜谷是也。此便鄙州之阡陌，明府以雅意论之，何若于天下乎？”于是纂逡巡无以复答。

难张温秦宓逞天辩图，出自《图像三国志》。

益州辟宓为从事祭酒。先主即称尊号，将东征吴，宓陈天时必无其利，坐下狱幽闭，然后贷出。建兴二年，丞相亮领益州牧，选宓迎为别驾，寻拜左中郎将、长水校尉。吴遣使张温来聘，百官皆往饯焉。众人皆集而宓未往，亮累遣使促之，温曰："彼何人也？"亮曰："益州学士也。"及至，温问曰："君学乎？"宓曰："五尺童子皆学，何必小人！"温复问曰："天有头乎？"宓曰："有之。"温曰："在何方也？"宓曰："在西方。《诗》曰：'乃眷西顾。'以此推之，头在西方。"温曰："天有耳乎？"宓曰："天处高而听卑，《诗》云：'鹤鸣于九皋，声闻于天。'若其无耳，何以听之？"温曰："天有足乎？"宓曰："有。《诗》云：'天步艰难，之子不犹。'若其无足，何以步之？"温曰："天有姓乎？"宓曰："有。"温曰："何姓？"宓曰："姓刘。"温曰："何以知之？"答曰："天子姓刘，故以此知之。"温曰："日生于东乎？"宓曰："虽生于东而没于西。"答问如响，应声而出，于是温大敬服。宓之文辩，皆此类也。迁大司农，四年卒。初宓见帝系之文，五帝皆同一族，宓辨其不然之本。又论皇帝王霸豢龙之说，甚有通理。谯允南少时数往谘访，纪录其言于《春秋然否论》，文多故不载。

评曰：许靖夙有名誉，既以笃厚为称，又以人物为意，虽行事举动，未悉允当，蒋济以为"大较廊庙器"也。麋竺、孙乾、简雍、伊籍，皆雍容风议，见礼于世。秦宓始慕肥遁之高，而无若愚之实。然专对有余，文藻壮美，可谓一时之才士矣。

【译文】

许靖，字文休，是汝南平舆县人。年轻的时候与堂弟许劭都很有名望，都有喜评各类人物的名声，但是兄弟间感情却不和。许劭担任本郡功曹，排挤许靖，使他得不到录用，许靖只得以马为人磨粮来养活自己。颍川人刘翊担任汝南太守，举荐许靖为计吏，后被举孝廉，任尚书郎，掌管官员的选用。汉灵帝死后，董卓掌政，任命汉阳人周毖为吏部尚书，让他和许靖一同商议，举贬天下官员。选取颍川人荀爽、韩融、陈纪等人担任公、卿、郡守，任命尚书韩馥为冀州牧，侍中刘岱为兖州刺史，颍川人张咨为南阳大守，陈留人孔伷为豫州刺史，东郡人张邈为陈留太守。又升迁许靖为巴郡太守，许靖没有赴任，被补为御史中丞。刘馥等人到任以后，就纷纷起兵向京都洛阳进军，以武力讨伐董卓。董卓怒对周毖说:“你们劝我提拔贤能,我不想违背人心听从了你们的话。而你们所举荐的这些人,刚上任就回头攻打我,我有哪里对不起你们!”就喝令把周毖斩首。陈国丞相许玚是许靖的从兄,与孔伷合讨董卓,许靖怕因此被杀,便逃出京城投奔孔伯。孔伷死了以后,许靖又投奔扬州刺史陈祎。陈祎死后,因吴郡都尉许贡、会稽太守王朗与许靖有旧交,许靖便到他们那里以求自保。许靖在吴、会以仁慈厚善之心收容抚恤亲戚同乡,对老弱进行供养。

孙策东渡长江的时候,许靖等人逃到交州避难。许靖自己坐在岸边,让跟从他的人先上船,等到这些人全都出发了,自己才离开,当时看到这情景的人没有不赞叹的。到了交阯后,交阯太守士燮对他很礼重。陈国的袁徽当时也客居交州,写信给尚书令荀彧说:“许靖是英伟奇才,智略足以谋划大事。但是自他离乡流落以来,一直与士人们相处,每遇危情,常先人后己,与本族内外之人同甘共苦;为人办事,仁厚宽忍,有恻隐之心,都有实事可以验证,恕不再一一陈述。”巨鹿人张翔奉王命出使交州,乘机找到许靖,想和他立盟,许靖没有答应。许靖给曹操写信说:

世道衰败,祸乱频仍,我愚鲁怯懦,偷生于蛮夷之地。一别十年,礼节来往断绝。过去在会稽郡,曾经接到您的书信,言辞诚恳亲密,这份情谊我不会忘记。当时,由于袁术抗拒王命,煽动反叛,而使四方道路堵隔,我虽心向北方,却没有办法动身。正义的军队撤退,袁术兵马进入,会稽遭到颠覆,三江五湖,全都落入敌手。面对当时的困厄,无法向上倾诉。便和袁沛、邓子孝等人渡海南下交州。沿途经过东瓯、闽、越各国,万里之行,竟然看不到汉朝国土。漂泊于风浪之中,粮食断绝,只得以草充饥,大半人饿死在途中。渡过南海后,与兼任太守兒孝德相见,得知您统率兵马,尽忠剿贼,西去长安恭迎圣驾,巡视嵩山。听到这个好消息,我又悲又喜,就和袁沛、徐元贤再一次打点行装,想北上荆州。不想,正好遇上苍梧各县夷、越纷纷作乱,州府沦陷,道路不通,徐元贤被害,老弱家属被杀。我只好沿着河岸沙洲跋涉了五千多里,又遇上瘟疫,伯母丧命,连随从和妻子儿女,差不多也都死光了。算起来死于兵乱和疾病的,十人中只剩下一两个了。百姓的苦难和凄惨,真是难以尽述啊!我害怕自己突然间倒地不起,永远成为逃亡的罪人,心中忧伤,寝食不安。想跟随进奉朝廷的使节寻路回朝,可是,去荆州的水、陆都不通,就连到交州传递公文的驿使也已断绝。想去益州,又有严关防守,原来的官吏，一律不得进入。以前曾经让交阯太守士燮恳请在益州的兄弟帮忙，我也亲自给他们去信，尽管言辞恳切，但还是没有回音。我虽伸长脖子踮起脚跟仰望皇上的神圣光辉，但能借助什么样的翅膀使自己飞到朝廷呢？

知道圣主英明，光荣地授予足下执掌征伐的大任，只要是作乱逆贼，很多被您诛杀了，想必那些出力者与归附者都和您同心协力。另外，张子云昔日在京师，志在匡扶王室，现今虽然身处蛮荒之地，不能参与本朝之事，但也是国家的藩镇，足下的外援啊。如果荆楚安定，王室的恩泽去到南方，足下只要命令张子云，他也会尽力保全我，令我得以借道从荆州出去，不这样的话，那应当再次转达给我在益州的兄弟，让他们接纳我。倘若上天假我以年，人事也减缓我的灾祸，让我得以回朝效死，解去逃亡的罪名，我就是在九泉之下，又有什么遗憾呢，如果时世有危险，事情有阻滞，人命无常，到我死了也回不了朝廷，那我就永远背负着罪责，埋于这边远之地了。

古时候齐国辅佐周朝，手里握着专征诸侯的权力；霍光辅佐汉朝，能够享有皇帝出行的规格。现在足下挽救朝廷的危机，是国家的柱石，身负着吕望辅佐周朝那样的重任，具有霍光那样的大权，天下诸侯全都在足下的控制和驾驭之下，从古到今，没有哪个臣子的尊贵地位能比得上足下的。爵位高的人忧虑也重，俸禄多的人责任也重。足下身在高爵位的任上，处在责任非常重的位上，一开口说话就是对下的奖赏或惩罚，动一个念头，就变为国家的灾祸或福祉。如果足下运用权力符合正道，国家就会因此安宁，反之，天下就会分裂动乱。国家的安危取决于足下的行为，百姓的命运也系在足下的身上。不管是汉人还是少数民族，都在关注仰慕着足下，对足下寄予殷切的希望。足下处于这样的地位，怎么能不从历代文献典籍记载中认识国家兴废的根源，认识个人荣辱变化的原因，从而抛弃和忘记旧日的恩怨，宽容协调各个办事机构，审查和考量人的优秀品质，为国家选择合适的人才当官呢？如果确实是适合的人才，即使是仇人也一定举荐提拔；如果不是合适的人才，即使是亲人也不会授予官职。用这些经验和态度使国家安宁，使人民脱离苦海，建立如此功业，就会被谱成乐曲广为传唱，就会被铭刻在石碑和金属器具上千古不灭。希望足下努力做到这一切！希望足下为国家自我珍重，为百姓自我爱护。

张翔对许靖不接纳自己的事心怀怨恨，就搜查出许靖所寄的书信，把它们扔进水中。

后来，刘璋派使者去招纳许靖，许靖来到蜀地。刘璋任命许靖为巴郡和广汉的太守。南阳人宋仲子在荆州写信给蜀郡太守王商说："许文休，卓异不凡，有治世的才能，足下应当把他看作行事指南。"建安十六年，许靖转到蜀郡。建安十九年，先主攻下蜀地，任许靖为左将军长史，先主做了汉中王，任命许靖为太傅。先主即帝位后，策命许靖说："朕得以继承大统，君临万国，早晚惶恐，害怕不能安邦定国。现在百姓不亲睦，君臣父子夫妻兄弟朋友这五种关系不和谐，你作为司徒，应该认真施行这五种教化，要宽和处事。你自己要勉励啊！坚持秉承德行操守不要懈怠，以称合朕的心意。"

许靖虽然已经超过七十岁了，但仍然喜欢人才，奖掖后进，清谈不倦。丞相诸葛亮都敬拜他。章武二年，许靖去世。他的儿子许钦，先于他去世。许钦的儿子许游，景耀年间做了尚书。当初，许靖对待颍川陈纪像对待兄长一样，并与陈郡的袁涣、平原的华歆、东海的王朗等亲密友善。华歆、王朗及陈纪的儿子陈群，在魏国初年做了公辅大臣，都写信给许靖，陈述旧好，情义真诚，内容太长所以这里不收录了。

糜竺，字子仲，是东海朐县人。他的祖先世代经商垦殖，奴仆上万人，家财殷富，资产千万。后来，徐州牧陶谦聘任他为别驾从事。陶谦死后，糜竺遵照陶谦的遗命，到小沛迎接刘备做徐州牧。建安元年，吕布乘刘备出征抵御袁术的时候，袭击下邳，俘虏了刘备的妻子。刘备率军转驻广陵海西。糜竺将妹妹嫁给刘备做夫人，又送仆众两千人及金银等物品，以助兵马费用财用。当时，刘备十分困乏，依靠这些得以重新振作。后来曹操推荐糜竺代理嬴郡太守，糜竺的弟弟糜芳为彭城相。他们全都放弃了官职跟随刘备。刘备要去荆州，让糜竺先去知会刘表，并任命糜竺为左将军从事中郎。益州被平定后，刘备拜糜竺为安汉将军，位在军师将军之上。糜竺雍容大度，敦厚文雅，但谋划策略非其所长。因此，刘备虽以上宾之礼待他，却从未让他带过军队。但是，给他的赏赐和宠幸却特别优厚，没人能与他相比。

糜芳任南郡太守，与关羽共守荆州，但是二人关系不和。孙权偷袭荆州，糜芳叛变关羽而投降孙权，关羽因此被东吴杀害。糜竺把自己绑起来向刘备请罪，刘备安慰并告诉他，弟有罪，兄不受牵连，还像以前那样厚待他。糜竺却愧愤交加而得病，一年多后逝世；他的儿子糜威，官至虎贲中郎将。糜威的儿子糜照，任虎骑监。从糜竺到糜照，全都熟习弓骑技艺，擅长在奔驰时射箭。

孙乾，字公祐，是北海郡人。刘备任徐州刺史的时候，征召他为从事，跟随刘备转战四方。刘备弃曹操而逃跑，派孙乾去与袁绍结好；刘备要去荆州，孙乾又与糜竺一起出使荆州，都完成了刘备的托付。后来，刘表写信给袁尚，劝他们兄弟之间不要相争，信里说："我每次和左将军刘备、孙公祐谈起你们的事，都痛彻心脾，为之悲伤。"可见，刘表对孙乾的看重。刘备平定益州，孙乾由从事中郎升为秉忠将军，礼遇仅次于糜竺，而与简雍相同。不久，孙乾去世。

简雍，字宪和，是涿郡人。年轻的时候就与刘备有交情，追随刘备不离不弃。刘备到荆州后，简雍与糜竺、孙乾一同任从事中郎，常常作为刘备的说客，往来各处。刘备入益州，刘璋见到简雍，十分喜欢他。后来，刘备围困成都，曾派简雍去劝说刘璋，于是，刘璋便与简雍坐同一辆车，出城投降。刘备任简雍为昭德将军。简雍闲散无羁，讽谏议论，性情高傲，不拘小节，即使在刘备面前，也是伸足而坐，身体歪斜，仪容不整。与诸葛亮以下在一起，常独自占一张坐榻，枕着脖子，躺着与人说话，没有谁能使他屈身俯就。由于旱灾，粮食缺少，朝廷颁下禁酒令，酿酒的人要受到刑罚。有官吏在一户人家中搜查出酿酒的工具，论罪要把这家户主作为酿酒者进行惩罚。简雍与刘备一起外出，看见路上有男人和女人一块行走，便对刘备说："这两个人想进行淫乱，为什么不把他们抓起来？"刘备问："你怎么知道？"简雍说："他们都有进行淫乱的器官，就会行淫乱之事，就像家里藏有酿酒的器具就会进行酿酒一样。"刘备听了以后大笑，从而宽恕了藏有酿酒器具的人。简雍的风趣机智能言善辩，全都像此类事一样。

伊籍，字机伯，是山阳县人。年轻的时候依附同乡镇南将军刘表。刘备时在荆州，伊籍常与之来往，并且自托请刘备照顾。刘表死后，伊籍随同刘备渡江南下，进入益州。益州平定后，刘备任伊籍为左将军从事中郎，品位低于简雍、孙乾等人。曾出使东吴。孙权听说他有才能，擅长言辩，想在言谈中挫败他。伊籍正好来拜见。孙权问："侍奉无道的君主不劳累吗？"伊籍马上回答说："拜一下就起来了，谈不上劳累。"伊籍的机智敏捷，大多这样。孙权非常惊奇。后来伊籍改任昭文将军，与诸葛亮、法正、刘巴、李严一起编写《蜀科》。《蜀科》的体制，由这五个人共同制定。

秦宓字子敕，是广汉绵竹县人。年轻的时候有才华学问，州郡征召他做官，他总是称病不去。他曾经向益州牧刘焉上书，推荐儒生任定祖，说：从前百里奚、蹇叔虽然已经年迈却仍为国家定计献策；甘罗、子奇十几岁时便建立功业，所以，《尚书》赞美古稀老人，《易经》称誉青年颜渊。因此知道，选拔贤士任用能人，不要局限于年纪长幼，这是很明白的事理。可最近以来，国家考察用人，大都非常看重青年俊彦而忽视年高德劭的人。大家意见参差，各执一词，这是太平盛世按部就班的惯例，不是动乱时期的应急办法。要想挽救危亡，安定战乱，就应当卓绝出众，有不同于世人的志向，上顺天意，下合民心，若天人合一，自己问心无愧，即便遭逢祸乱，又有什么忧愁、恐惧的呢！从前楚国叶公好龙，神龙就真的降临了，喜欢假龙尚且可以感动上天，何况是真的呢？现有儒士任安，仁义正直，美名远扬，如果能选用他，全州士民都会心悦诚服。从前商汤选拔伊尹，使不义的人远远逃避；何武举荐二龚，双双扬名青史。只重视寻常高度而忽略万仞高山，只看到眼前美饰而无视天下人的毁誉，这确实是古往今来需要慎重的事情。您想凿石取玉，剖蚌取珠，像随侯珠、和氏璧一样光彩照人，犹如明亮的太阳，您还犹豫怀疑什么呢？我深知，白昼不须灯烛，太阳自有光辉，但还是把自己不明智的情感、见解倾吐出来。"

刘璋担任益州刺史的时候，与秦宓同郡的王商做治中从事，写信给秦宓说："贫贱困苦，怎么能让它伴随您终身呢？卞和因为宝玉显名于世。您应该来一次，和州牧大人相见。"秦宓回信说："从前尧优待许由，不是不宽厚诚恳，但是，许由还是去洗自己的双耳；楚国聘请庄周，多方面予以照顾，但是庄周仍执钓竿不予理会。《易经》说：'确实啊，它是不能被拔动的。'我有什么可炫耀的呢？况且，以国君之贤明，有你为良好辅弼，不在此时实行萧何、张良的策略，就不算是有智慧的。我在田垄间承太阳照耀，诵颜回之箪食瓢饮，咏叹原宪之蓬门陋室，时时在森林水泽中漫游，和长沮、桀溺之人为伴，听黑猿之悲鸣，看白鹤于深泽中引颈；以能安居为乐，以无忧愁为福。处于虚誉之中，居无灵龟之地，知我者稀少，就是我的显贵了。此正是我可达己志向之时，有什么可困苦悲伤的呢？"后来，王商要为成都人严君平、李弘建立祠堂，秦宓听说后便写信给王商说："我因病长期居家，得知您要为严、李二人修建祠堂，这可说是厚待同乡，为同类尽心之举。君平文章冠盖天下，有许由、伯夷的情操，如山岳般不可动摇，即使扬雄不写文章称赞他，他自身的形象也非常光辉突出。至于李弘，如果不是扬雄在《法言》中称赞他，他的美名就被埋没了，因为他没有斐然的文采，是靠攀龙附凤，靠有名望的人帮忙。再说，扬雄潜心著述，身处浊境也洁身自好，如孔圣人一样，如今国内到处都在谈论诵读他的文章。益州有如此人物，光照四方，您怎么把他给忘掉，不为他建立祠堂呢？还有，蜀郡本无文化人，原郡太守文翁派遣司马相如东出蜀地学习儒家经典，回来后教化士民，才使蜀郡文化与齐、鲁并论。所以，《汉书·地理志》说：'文翁于蜀倡教，相如为师。'汉朝在那个时候涌现出大量的人才。然而，即使像董仲舒那样的大才，也不知封禅之礼，司马相如却能制定出封禅大典的礼仪。制礼作乐，移风易俗，这难道不是以礼仪使国家有序而于社会有益吗？虽然司马相如和卓文君私奔，但春秋时齐桓公好色，孔子却仍然看重他所开创的霸业；叔术虽以嫂子为妻，《公羊传》却依然赞美他的谦让行为。我非常推崇司马相如为蜀郡文化教育所做出的贡献，因此，我认为，您应该为他也建立祠堂，并马上写好他碑上的铭文。"

此前，李权曾经向秦宓借《战国策》，秦宓说："战国连横合纵，叛离攻杀，读它有什么用？"李权说："孔子、严平集众书，以成《春秋》与《老子指归》，诚如海汇众流为阔大，君子以博闻强记为宏大。"秦宓答复他说："除正史和周朝文献，孔子不采纳其他书籍；除崇尚虚无自然的道法，严君平不推演。海因受泥沙淤积，年年都要荡涤，君子虽主张博闻强记，但不符合礼仪的却不看。《战国策》充斥着张仪、苏秦的权谋，宣扬杀害别人以保全自己，这是圣人经典所痛恨的。因而，孔子愤而作《春秋》，推崇正道行为，又制定《孝经》，广泛宣扬道德节操，对不好的事情要防微杜渐。所以，老子主张要把祸患消弥于无形，难道不是这样吗！商汤是大圣人，却因为看到郊野之鱼便有了沉溺渔猎的过失；鲁定公是贤主，也因看美人歌舞而荒废朝政。如此人和事，数不胜数。道法说：'非见所要，使心怀不惑。'因此，天地居正位以示人，日月正而光明，正像箭矢，此君子所为。《洪范》记异象，往往从人的言谈和外貌着手，哪里用得着战国纵横家那套欺诈权变的手段呢！"

有人对秦宓说："您既然要做像巢父、许由、四皓那样的隐士，为什么还舞文墨、以华丽的辞藻文章来展示您的美德和才智呢?”秦宓回答说:“我写文章的时候没有把要说的话都讲出来,说出来的话也没有把意思都表达出来,哪有华丽辞藻的文章能展示出来呢!从前孔子三见鲁哀公,说的话编成七卷书,可见也有不能不说的。接舆边走边歌,评论的人把他的事写成文章加以宣扬;渔父吟咏‘沧浪’歌谣,贤人写诗篇赞赏。他们两个人,都不是想要求得什么。虎一出生就花纹显现,凤凰生来就有五色羽毛,这难道是用五彩颜色自己画上去的吗?不是,是天生就是这样的。《河图》《洛书》因有文字而兴起,圣人六经因为文采而盛,君子有美好的文才和美德,文采辞藻又有什么妨害!我虽愚笨,尚以革子成反对文采的过失为耻,何况比我贤明的人呢!”

刘备平定益州以后,广汉太守夏侯纂邀请秦宓担任师友祭酒,兼任五官掾,并且尊称他为“仲父”。秦宓对外宣称有病,闭门不出。夏侯纂就领着功曹古朴、主簿王普带着酒菜到秦宓家设宴,秦宓仍旧像以前那样躺在床上。夏侯纂问古朴说:“贵乡物产之丰富,实在远胜其他州郡,不知贵家乡的学者和其他州相比怎样?”古朴回答说:“自西汉以来,论爵位本州人或许不如其他州,但说到著书立说、为人师表,敝乡绝不比其他州差。严君平读黄、老经典写出《道德真经指归》,扬雄读《周易》而作《太玄》,读《论语》而作《法言》,司马相如替汉武帝制定封禅的礼仪,至今为天下人所共知。”夏侯纂又问:“仲父秦宓怎么样?”秦宓用笏板拍着自己的脸颊说:“请太守公不要将‘仲父’的名号加在小民身上,我当为明公陈述敝乡的大致情况。蜀郡有名山汶阜,长江由其腹地流出,汇集起天地间昌盛之气,神灵在那里积累福祉,所以,蜀郡有沃野千里。在淮、济等四大河流中,长江位居其首,这是第一。古代著名的贤君夏禹出生地石纽,就是今天的汶山郡,唐尧时曾经遭遇大洪水,鲧不能治,禹便担起治水重任,他疏通长江黄河河道,使水东流大海,为百姓除去了灾害,这是有人类以来最大的大功劳,这是第二。天帝在房宿、心宿发布政令,在参、伐两个星座决定举措,而参、伐星座就是益州的分野;燧人氏、伏羲氏、神农氏坐车所出的谷口,就是现在的斜谷口。这就是益州大概的来龙去脉,依您的看法,益州与天下其他州相比怎么样?”夏侯纂无言以对。

秦宓担任益州从事祭酒。刘备称帝以后,准备向东方讨伐吴国。秦宓上奏说,天时不利于战,因这件事获罪,被关入监中幽禁,后来用金钱赎出来。建兴二年，丞相诸葛亮兼任益州牧，用秦宓为别驾，不久，又任他为左中郎将、长水校尉。吴国遣使张温至蜀，回去时，蜀国官员们给他送行。众人均已到齐，只有秦宓一个人还没有来，诸葛亮几次派人催请。张温问："那是什么人呢？"诸葛亮说："益州学士。"等到秦宓来了，张温问他："您念书吗？"秦宓说："五尺幼童都念书，何必轻视人！"张温又问道："天有头吗？"秦宓说："有头。"张温问："在什么地方？"秦宓说："在西方。《诗经》说：'于是眷恋西望。'由此推之，头在西方。"张温问："天有耳朵吗？"秦宓说："天高高在上却能够听到下界的声音，《诗经》说：'鹤鸣于泽，声闻上天。'如果上天没有耳朵，用什么来听呢？"张温问："天有脚吗？"秦宓说："有。《诗经》说：'上履艰难，斯人不靠。'如果上天没有脚，怎么行走呢？"张温问："天有姓吗？"秦宓说："有姓。"张温问："姓什么？"秦宓说："姓刘。"张温问："你怎么知道？"秦宓答道："当今天子姓刘，因此我知道天姓刘。"张温问："太阳生于东方吗？"秦宓说："虽然生于东方，却沉落于西。"一问一答，有如山中回音应声而出，张温因此对秦宓十分敬佩。秦宓的文辩之才，大多像这样。后来秦宓被升为大司农，建兴四年去世。最初秦宓看到记载考证帝王世系的文字，说五帝都是同族，就对五帝的世系加以分辨，说明不是这样。他还论述了皇帝王霸饲养神龙的传说，有理有据。大儒谯周在年轻时曾经多次求教于秦宓，把他的话记录在自己著的《春秋然否论》中，由于文字很多，这里就不转述了。

评论：许靖一向名气非常大，为人既以诚实厚道著称，又留心品评人物，虽然秦宓做事以及行为并不完全适当，但蒋济仍然认为秦宓"大抵算得上有资格在朝廷任高官的人"。糜竺、孙乾、简雍、伊籍等人全都仪态雍容放言高论，被世人所礼遇。秦宓开始仰慕隐居者的高洁，却并没有大智若愚的真实品行。然而秦宓具有过人的独立和对方谈判应酬的能力，文章辞藻壮丽华美，也可以算得上是一代才士了。

三国志卷三十九·蜀书九

董刘马陈董吕传

董和字幼宰，南郡枝江人也，其先本巴郡江州人。汉末，和率宗族西迁，益州牧刘璋以为牛鞞、江原长、成都令。蜀土富实，时俗奢侈，货殖之家，侯服玉食，婚姻葬送，倾家竭产。和躬率以俭，恶衣蔬食，防遏逾僭，为之轨制，所在皆移风变善，畏而不犯。然县界豪强惮和严法，说璋转和为巴东属国都尉。吏民老弱相携乞留和者数千人。璋听留二年，还迁益州太守，其清约如前。与蛮夷从事，务推诚心，南土爱而信之。

先主定蜀，征和为掌军中郎将，与军师将军诸葛亮并署左将军大司马府事，献可替否，共为欢交。自和居官食禄，外牧殊域，内干机衡，二十余年，死之日家无儋石之财。亮后为丞相，教与群下曰："夫参署者，集众思广忠益也。若远小嫌，难相违覆，旷阙损矣。违覆而得中，犹弃弊蹻而获珠玉。然人心苦不能尽，惟徐元直处兹不惑，又董幼宰参署七年，事有不至，至于十反，来相启告。苟能慕元直之十一，幼宰之殷勤，有忠于国，则亮可少过矣。"又曰："昔初交州平，屡闻得失，后交元直，勤见启诲，前参事于幼宰，每言则尽，后从事于伟度，数有谏止；虽姿性鄙暗，不能悉纳，然与此四子终始好合，亦足以明其不疑于直言也。"其追思和如此。

刘巴字子初，零陵烝阳人也。少知名，荆州牧刘表连辟，及举茂才，皆不就。表卒，曹公征荆州。先主奔江南，荆、楚群士从之如云，而巴北诣曹公。曹公辟为掾，使招纳长沙、零陵、桂阳。会先主略有三郡，巴不得反使，遂远适交阯，先主深以为恨。

巴复从交阯至蜀。俄而先主定益州，巴辞谢罪负，先主不责。而诸葛孔明数称荐之，先主辟为左将军西曹掾。建安二十四年，先主为汉中王，巴为尚书，后代法正为尚书令。躬履清俭，不治产业，又自以归附非素，惧见猜嫌，恭默守静，退无私交，非公事不言。先主称尊号，昭告于皇天上帝后土神祇，凡诸文诰策命，皆巴所作也。章武二年卒。卒后，魏尚书仆射陈群与丞相诸葛亮书，问巴消息，称曰刘君子初，甚敬重焉。

马良字季常，襄阳宜城人也。兄弟五人，并有才名，乡里为之谚曰："马氏五常，白眉最良。"良眉中有白毛，故以称之。先主领荆州，辟为从事。及先主入蜀，诸葛亮亦从后往，良留荆州，与亮书曰："闻雒城已拔，此天祚也。尊兄应期赞世，配业光国，魄兆见矣。夫变用雅虑，审贵垂明，于以简才，宜适其时。若乃和光悦远，迈德天壤，使时闲于听，世服于道，齐高妙之音，正郑、卫之声，并利于事，无相夺伦，此乃管弦之至，牙、旷之调也。虽非钟期，敢不击节！"先主辟良为左将军掾。

后遣使吴，良谓亮曰："今衔国命，协穆二家，幸为良介于孙将军。"亮曰："君试自为文。"良即为草曰："寡君遣掾马良通聘继好，以绍昆吾、豕韦之勋。其人吉士，荆楚之令，鲜于造次之华，而有克终之美，愿降心存纳，以慰将命。"权敬待之。

先主称尊号，以良为侍中。及东征吴，遣良入武陵招纳五溪蛮夷，蛮夷渠帅皆受印号，咸如意指。会先主败绩于夷陵，良亦遇害。先主拜良子秉为骑都尉。

良弟谡，字幼常，以荆州从事随先主入蜀，除绵竹、成都令，越嶲太守。才器过人，好论军计，丞相诸葛亮深加器异。先主临薨谓亮曰："马谡言过其实，不可大用，君其察之！"亮犹谓不然，以谡为参军，每引见谈论，自昼达夜。

建兴六年，亮出军向祁山，时有夙将魏延、吴壹等，论者皆言以为宜令为先锋，而亮违众拔谡，统大众在前，与魏将张郃战于街亭，为郃所破，士卒离散。亮进无所据，退军还汉中。谡下狱物故，亮为之流涕。良死时年三十六，谡年三十九。

陈震字孝起，南阳人也。先主领荆州牧，辟为从事，部诸郡，随先主入蜀。蜀既定，为蜀郡北部都尉，因易郡名，为汶山太守，转在犍为。建兴三年，入拜尚书，迁尚书令，奉命使吴。七年，孙权称尊号，以震为卫尉，贺权践阼，诸葛亮与兄瑾书曰："孝起忠纯之性，老而益笃，及其赞述东西，欢乐和合，有可贵者。"震入吴界，移关候曰："东之与西，驿使往来，冠盖相望，申盟初好，日新其事。东尊应保圣祚，告燎受符，剖判土宇，天下响应，各有所归。于此时也，以同心讨贼，则何寇不灭哉！西朝君臣，引领欣赖。震以不才，得充下使，奉聘叙好，践界踊跃，入则如归。献子适鲁，犯其山讳，《春秋》讥之。望必启告，使行人睦焉。即日张旍诰众，各自约誓。顺流漂疾，国典异制，惧或有违，幸必斟诲，示其所宜。”震到武昌，孙权与震升坛歃盟，交分天下：以徐、豫、幽、青属吴，并、凉、冀、兖属蜀，其司州之土，以函谷关为界。震还，封城阳亭侯。九年，都护李平坐诬罔废；诸葛亮与长史蒋琬、侍中董允书曰：“孝起前临至吴，为吾说正方腹中有鳞甲，乡党以为不可近。吾以为鳞甲者但不当犯之耳，不图复有苏、张之事出于不意。可使孝起知之。”十三年，震卒。子济嗣。

董允字休昭，掌军中郎将和之子也。先主立太子，允以选为舍人，徙洗马。后主袭位，迁黄门侍郎。丞相亮将北征，住汉中，虑后主富于春秋，朱紫难别，以允秉心公亮，欲任以宫省之事。上疏曰：“侍中郭攸之、费祎、侍郎董允等，先帝简拔以遗陛下，至于斟酌规益，进尽忠言，则其任也。愚以为宫中之事，事无大小，悉以咨之，必能裨补阙漏，有所广益。若无兴德之言，则戮允等以彰其慢。”亮寻请祎为参军，允迁为侍中，领虎贲中郎将，统宿卫亲兵。攸之性素和顺，备员而已。献纳之任，允皆专之矣。允处事为防制，甚尽匡救之理。后主常欲采择以充后宫，允以为古者天子后妃之数不过十二，今嫔嫱已具，不宜增益，终执不听。后主益严惮之。尚书令蒋琬领益州刺史，上疏以让费祎及允，又表“允内侍历年，翼赞王室，宜赐爵土以褒勋劳”。允固辞不受。后主渐长大，爱宦人黄皓。皓便辟佞慧，欲自容入。允常上则正色匡主，下则数责于皓。皓畏允，不敢为非。终允之世，皓位不过黄门丞。

允尝与尚书令费祎、中典军胡济等共期游宴，严驾已办，而郎中襄阳董恢诣允修敬。恢年少官微，见允停出，逡巡求去，允不许，曰：“本所以出者，欲与同好游谈也，今君已自屈，方展阔积，舍此之谈，就彼之宴，非所谓也。”乃命解骖，祎等罢驾不行。其守正下士，凡此类也。延熙六年，加辅国将军。七年，以侍中守尚书令，为大将军费祎副贰。九年，卒。

陈祗代允为侍中，与黄皓互相表里，皓始预政事。祗死后，皓从黄门令为中常侍、奉车都尉，操弄威柄，终至覆国。蜀人无不追思允。及邓艾至蜀，闻皓奸险，收闭，将杀之，而皓厚赂艾左右，得免。

祗字奉宗，汝南人，许靖兄之外孙也。少孤，长于靖家。弱冠知名，稍迁至选曹郎，矜厉有威容。多技艺，挟数术，费祎甚异之，故超继允内侍。吕乂卒，袛又以侍中守尚书令，加镇军将军，大将军姜维虽班在袛上，常率众在外，希亲朝政。袛上承主指，下接阉竖，深见信爱，权重于维。景耀元年卒，后主痛惜，发言流涕，乃下诏曰："袛统职一纪，柔嘉惟则，干肃有章，和义利物，庶绩允明。命不融远，朕用悼焉。夫存有令问，则亡加美谥，谥曰忠侯。"赐子粲爵关内侯，拔次子裕为黄门侍郎。自袛之有宠，后主追怨允日深，谓为自轻，由袛媚兹一人，皓构间浸润故耳。允孙宏，晋巴西太守。

吕乂字季阳，南阳人也。父常，送故将刘焉入蜀，遂不得还。乂少孤，好读书鼓琴。初，先主定益州，置盐府校尉，较盐铁之利，后校尉王连请乂及南阳杜祺、南乡刘幹等并为典曹都尉。乂迁新都、绵竹令，乃心隐恤，百姓称之，为一州诸城之首。迁巴西太守。丞相诸葛亮连年出军，调发诸郡，多不相救，乂募取兵五千人诣亮，慰喻检制，无逃窜者。徙为汉中太守，兼领督农，供继军粮。亮卒，累迁广汉、蜀郡太守。蜀郡一都之会，户口众多，又亮卒之后，士伍亡命，更相重冒，奸巧非一。乂到官，为之防禁，开喻劝导，数年之中，漏脱自出者万余口。后入为尚书，代董允为尚书令，众事无留，门无停宾。乂历职内外，治身俭约，谦靖少言，为政简而不烦，号为清能；然持法刻深，好用文俗吏，故居大官，名声损于郡县。延熙十四年卒。子辰，景耀中为成都令。辰弟雅，谒者。雅清厉有文才，著《格论》十五篇。

杜祺历郡守监军大将军司马，刘幹官至巴西太守，皆与乂亲善，亦有当时之称，而俭素守法，不及于乂。

评曰：董和蹈羔羊之素，刘巴履清尚之节，马良贞实，称为令士，陈震忠恪，老而益笃，董允匡主，义形于色，皆蜀臣之良矣。吕乂临郡则垂称，处朝则被损，亦黄、薛之流亚矣。

【译文】

董和，字幼宰，是南郡枝江县人。他的祖先原本是巴郡江州人。汉朝末年，董和率领宗族向西迁徙，益州牧刘璋任他为牛鞞、江原长、成都令。蜀地富饶殷实，当时的风俗很奢侈。商人人家，像侯王一样锦衣玉食，婚姻丧葬，往往倾家荡产。董和亲自节俭以身作则，穿粗布衣，吃蔬菜粗粮，防止逾制逾越本分，并为此制定法规，他的辖地移风易俗，人们敬畏他而不敢犯法。然而县内豪强害怕董和的严法，劝刘璋改任董和为巴东蜀国都尉。当地官民老弱，相携请求留下董和的有数千人，刘璋听从了，让董和留任两年，后来升董和任益州太守，董和清廉节约像从前一样。他与蛮夷人办事，务求推诚布公，南方的人对他敬爱而信任。

先主占领益州以后，任命董和为掌军中郎将，和军师将军诸葛亮一起处理左将军、大司马府的事务，进献可行的建议，废除不可行的做法，两个人相处得很愉快，结下了深厚的友谊。自从董和当官领取俸禄以来，在边远地区任郡守，在朝廷内处理机要事务，前后长达二十多年，到董和死的时候，家里没有一石的财产。后来诸葛亮做蜀汉的丞相时，给自己的下属们发指示说："朝廷之所以设置参与处理军机要务的官员，目的就是要集中众人的意见以把事情做得更好。如果为了不和别人发生小的矛盾而不敢提出自己不同的意见，那么会造成大的失误和损失。如果有不同意见，而不同意见又因正确而被采纳，这就像丢掉破旧的鞋子而获得珍珠美玉一样。然而人们内心真正的想法很难全部说出来，只有徐元直在这种情况下能做到毫无顾虑，还有董幼宰在参与政务这七年间，事情如果有我考虑不周到的地方，董幼宰就会和我不断探讨，往返达十次之多，来申述自己的看法。如果诸位能够因为仰慕徐元直的品质而效法徐元直精神的十分之一，学习董幼宰办事的勤勤恳恳，忠于国家，那么我就可以少犯错误了。"诸葛亮还说："当初我和崔州平交往，多次听到崔州平对我办事得失的肯定与批评；后来与徐元直交往的时候，又常常得到徐元直的启发和指教。前与董幼宰共事时，董幼宰每次提意见时总是毫无保留；后与胡伟度共事时，胡伟度也多次对我进行规劝和阻止。我虽然禀性浅陋愚昧，不能全部采纳这四个人的意见，但是我与这四个人始终保持着友好的关系，这也足以表明这四个人对自己直言不讳的做法没有什么犹豫怀疑了。"诸葛亮就是这样怀念董和。

刘巴，字子初，是零陵烝阳县人，年轻的时候就很有名望。当时荆州牧刘表曾经三番五次召他做官，并荐举他为茂才，刘巴都没有接受。刘表死后，曹操进攻荆州。刘备逃向江南，荆、楚士人如云般跟随刘备，而刘巴却北投曹操。曹操任他为丞相府属官，派他去招降长沙、零陵、桂阳三郡。恰巧刘备取占了这三郡，刘巴无法回去交差，就远走交阯，刘备因此感到很遗憾。

刘巴后来从交阯到蜀郡。不久，刘备占领益州，刘巴向刘备请罪。刘备没有责怪他，而且诸葛亮还多次称赞和推荐他。刘备任刘巴为左将军西曹掾。建安二十四年，刘备立为汉中王，刘巴任尚书，后又代替法正为尚书令。他清廉俭朴，不治办财物，不买产业，又觉得不是开始就跟随刘备的，担心受到猜疑，所以，恭敬沉默，谨守“静”的原则，即使回到家里也不与他人私下交往，非公事不谈。刘备称皇帝尊号，向皇天后土祈祷行礼，把称帝一事告诉诸天神，所有各种祷文、诏诰、文书命令等，都出自刘巴之手。章武二年，刘巴去世。此后不久，魏国的尚书仆射陈群给蜀丞相诸葛亮写信，打听刘巴的消息，把他称作刘君子初，非常敬重他。

马良，字季常，是襄阳宜城人。马氏兄弟五个人，都因为才华出众而闻名于当世，乡里人常常说他们兄弟：“马氏五常，白眉最良。”因为马良的眉毛中有白毛，所以人们用白眉来称呼他。刘备兼任荆州刺史时，请他任州从事。刘备率军进入西川，诸葛亮后来也去了益州。马良留在了荆州，给诸葛亮写信说：“听说雒城已被攻下，这是苍天助佑我们。您顺应天意，辅佐当世明主，重振汉家大业的征兆已经出现了。求变要用正确的思维，审查事务要有深刻的洞察力，用以形成的优势来选拔人才，现在正是时候。如果能普施仁政，使远方的人都乐于归顺，尽力施与恩德，使他们恭顺地听从您的教诲，服从正道，建立高尚美好的道德；扭转败坏的风俗，所有事务都顺利实施，不乱次序，就好比是伯牙、师旷等音乐圣人所能奏出的最高级的曲调。我虽然不是钟子期，但又怎么敢不对如此高雅的曲调击打节拍，参与其中呢！”刘备拔举马良为左将军府的属官。

后来，马良出使东吴，他对诸葛亮说：“今天接受君主之命，促使两国关系和睦，希望您能向孙权将军介绍我的情况。”诸葛亮说：“那就请您自己来起草文书吧。”马良写道：“本国君特派官员马良前往，加强两国之间的关系，以发扬昆吾、豕韦的同盟友谊。此人是吉士，曾在荆楚为官，虽没有机敏捷辩的才华，却有善始善终的美德。希望能屈尊接纳相处，使他完成使命。”孙权见信后非常恭敬地对待他。

刘备称帝后，任马良为侍中。讨伐东吴的时候，派马良到武陵安抚五溪蛮夷，蛮夷首领都得到封号，所有做法都符合刘备的意思。后来，刘备兵败夷陵，马良也遇害身亡。马良的儿子马秉官至骑都尉。

马良的弟弟马谡，字幼常，曾经凭荆州从事的身份跟随先主刘备进入蜀地，受任绵竹、成都令、越巂太守。马谡才能超凡出众，喜欢谈论军事谋略，丞相诸葛亮很器重他，待他比别人更好。刘备临终前告诫丞相：“马谡言过其实，不能够将重大的职责交付于他，您一定要认清其能力！”丞相还是认为事实并非如此，他任命马谡为参军，经常招他过来谈论事情，有时从白天一直谈到深夜。

建兴六年，诸葛亮兵发祁山，当时熟悉作战、经验丰富的有老将魏延、吴壹等人，谋臣们都认为应该派他们做先锋。但是诸葛亮却违背了众人的意见，提拔马谡做先锋。马谡率大军在前方征战，与魏国将领张郃激战于街亭，被张郃打败，士兵都四散溃逃。诸葛亮失去了继续前进的凭附力量，将军队撤回汉中。马谡被治罪，关入了监狱，在狱中病死。诸葛亮为他痛哭流涕。马良死的时候才三十六岁，马谡死时年仅三十九岁。

陈震，字孝起，是南阳人。刘备任荆州牧以后，任他为从事，巡察诸郡，后跟随刘备入蜀。蜀地平定以后，任蜀郡北部都尉，因郡改名，又改任汶山太守，转任犍为太守。建兴三年，回成都被任命为尚书，又升为尚书令，曾奉命出使东吴。建兴七年，孙权称帝，蜀国以陈震任卫尉，去东吴贺孙权登皇位。诸葛亮在给哥哥诸葛瑾的信中说：“孝起忠义淳朴，老而弥坚，至于他能够赞美两国友好，使蜀、吴和睦，更有可贵的才能。”陈震在进入东吴国界给守关官员的公文中说：“吴、蜀两国，互有驿使往来，恢复当初的友好，而且日益加深。尊敬的东吴国君应当保持皇位，焚柴祭祀以告天帝，受符命，辟国土，使天下众望所归。值此之际，大家协力讨贼，所有的敌人都能消灭！蜀国君臣，十分欣慰。我陈震没有什么才能，有幸充当使节，奉命睦邻邦交，来到国界我十分高兴，就像到家一样。春秋时晋国范献子到鲁国，冒犯了鲁国具、敖二山的名讳，受到《春秋》的讥讽。所以希望你们一定要告诉我这方面的情况，使我作为使者能与诸位和睦相处。我马上竖起旗帜，告诫随从，相约誓守。由于我乘船顺流而下，来得很快，而每个国家的典制又各不相同，我生怕有所犯违，希望你们不吝赐教，告诉我该如何去做。”陈震到达武昌以后，孙权和他一起登上祭坛，歃血誓盟，同分天下：把徐州、豫州、幽州、青州划归吴国，并州、凉州、冀州、兖州划属蜀国；司州的土地，则以函谷关为界分属两国。陈震回到蜀国后，被封为城阳亭侯。建兴九年，都护李平因诬陷他人而被罢官，诸葛亮给长史蒋琬、侍中董允写信说：“以前，陈震临去吴国的时候，对我说李平肚里有鳞甲，乡里人都认为不可接近。

我以为只要不去触动他也就是了，没料到，还是有像苏秦、张仪那样信口开河的意外事发生。应该让陈震知道这件事。”建兴十三年，陈震去世，他儿子陈济承继了爵位。

董允，字休昭，是掌军中郎将董和的儿子。先主刘备立刘禅为太子，董允任太子舍人，又迁做太子洗马。后主刘禅即位以后，董允改任黄门侍郎。丞相诸葛亮要北征魏国，驻扎在汉中，考虑到后主年纪尚小，辨别是非的能力不强，而董允持心公正，明察秋毫，便想委任他处理皇室和府衙政事，即向后主上疏说：“侍中郭攸之、费祎、侍郎董允等人，是先帝选拔出留给陛下来辅佐朝政的，商讨国事，规划政务，向您进献忠言，都是他们的责任。我认为，宫中之事，无论大小，都应向他们咨询，一定能有益于陛下所下的决断，把事情办好。如果他们没有昌德的言论和建议，就追究董允等人的责任，向大家说明他们的怠慢和不负责任。”不久，诸葛亮又招聘费祎为丞相府参军，董允为侍中，兼任虎贲中郎将，统领禁卫军。因郭攸之性情温和，所以，他当侍中只是充数而已。而进献忠言、采纳正确意见的责任，则由董允来承担。董允在任上，采取了预防和制止奸邪的措施，尽一切努力来匡正和补救后主的过失。后主曾经打算选取美女扩充后宫，董允认为，古代天子后妃的数量不超过十二人，如今嫔妃的数量已经够了，不应该再增加，始终坚持没有妥协。后主对董允越发敬畏。尚书令蒋琬兼任益州刺史时，上疏后主把他的职务让给费祎和董允。后又上表说：“董允多年在宫内侍奉陛下，辅佐朝政，应该赐给他爵位和土地以褒奖他的功劳”。董允坚决推辞不接受。后主刘禅渐渐长大，宠爱宦官黄皓，黄皓又善于逢迎，谄媚而狡诈，想多方取悦于后主重用自己。董允经常严肃地纠正后主的过失，又多次指责黄皓的不正当行为。因此，黄皓非常害怕董允，不敢做坏事。董允在世的时候，黄皓的官位只是黄门丞。

一次，董允和尚书令费祎、中典军胡济等人约好游宴，车马都已经准备好了，恰好郎中襄阳人董恢前来拜访董允。董恢年轻并且官小，看见董允准备出门，坐了一会儿便起身告辞。董允不让他走，说：“只是想出门和朋友们游玩闲谈，现在您屈尊来访，正好叙谈久别后的感受，舍弃这样的谈话，而去喝酒，那就不大像话了。”就下令解开车马。费祎等人也只好停车不去了。他坚持正道、礼贤下士都像上面说的一样。延熙六年，加封辅国将军。七年，以侍中任尚书令，辅助大将军费祎。延熙九年去世。

陈祇代替董允为侍中，和宦官黄皓内外勾结，于是黄皓开始干预国家的事务。陈祇死后，黄皓从黄门令升为中常侍、奉车都尉，操纵国家大权，最终导致国家灭亡。蜀汉的人没有不怀念董允的。到曹魏大将邓艾攻破蜀汉时，听说黄皓奸诈阴险，便把黄皓收监，准备杀掉。而黄皓通过以重金贿赂邓艾身边的人，得以免死。

陈祇，字奉宗，是汝南人，是许靖哥哥的外孙。少年的时候丧却父母，在许靖家里长大。二十岁的时候就已经远近知名。后来逐渐升到选曹郎的官职。陈祇为人严肃持重，仪容威严。陈祇掌握多种技艺，尤其擅长卜筮数术之学。费祎对他非常看重，所以，破格提升接继董允为内侍。吕乂死后，陈祇又以侍中代理尚书令，加封镇国将军。大将军姜维虽然官秩品级比陈高，但因经常领兵在外，很少亲理朝政。陈祇上顺刘禅旨意，下与宦官结交，因而深得刘禅的宠信，权力比姜维还大。景耀元年，陈祇去世，刘禅十分痛惜，一说起他就流泪，于是下诏说："陈祇总管政事一十二年，以柔和美善为原则，处事干练，颇有章法，调和义理，成绩卓著。可惜命不长久，我为此十分哀痛。生前有好的名声，死了以后也应加封美好的谥号，谥为忠侯。"赐陈祇的儿子陈粲关内侯的爵位，升迁他次子陈裕为黄门侍郎。自从陈祇得宠后，刘禅对董允的追怨日甚一日，认为他轻视自己，这是因为陈祇谄媚刘禅，黄皓也不断诬陷进谗的缘故。董允的孙子董宏，后任西晋的巴西太守。

吕乂，字季阳，是南阳人。他的父亲吕常，护送故将军刘焉进蜀郡，因为通往中原朝廷的道路被隔绝，于是就没有返回。吕乂幼年就失去父母，喜欢读书弹琴。当初，先主刘备平定益州，设置盐府校尉的官职，管理煮盐冶铁。后来，校尉王连推荐吕乂和南阳人杜祺、南乡人刘幹等一起为典曹都尉。吕乂又改任新都令和绵竹令。他为官勤勉，心地善良，肯同情助人，老百姓都称赞他是一州里各城长官中最好的。改任巴西太守。丞相诸葛亮连续多年出兵北伐，从各郡调集兵士，大多都不能派兵。吕乂招募了五千名士兵去拜见诸葛亮，诸葛亮慰问他，点检人数，五千人没有一个逃跑的。吕乂调任汉中太守，兼管督察农业，供应军粮。诸葛亮死了以后，吕乂又先后任广汉、蜀郡太守。蜀郡是一州的中心，人口众多，诸葛亮去世后，许多士兵逃到这里和当地人互相冒名顶替，在户口上搞花样。吕乂到任后，针对这种情况采取了一些有效的措施，并加以晓谕和劝导。几年之内，就有一万多与户口脱离的人员主动出来登记。后来，吕乂入朝担任尚书，代替董允为尚书令，在他手里没有一项滞留和耽搁的公务，门外也没有等待公务处理的人。吕乂历任朝内外官职，始终俭朴谦恭，从不多说话，处理政要简约，以清廉能干著称。然而，由于他执法严厉，喜用熟悉法规但文化素养不高的吏员，所以，他虽身居高位，名声却不如在地方上任职时那样好了。延熙十四年，吕乂逝世。他的儿子吕辰，景耀年间担任成都县令。吕辰的弟弟吕雅，任谒者。吕雅清廉严整，有文才，著述《格论》十五篇。

杜祺历任郡守、监军大将军司马等职；刘幹官至巴西太守。他们都和吕乂关系很好，在当时也颇有名气，但是，在节俭朴素、遵守法律上不如吕乂。

评论说：董和遵循着羔羊那样洁白的品德。刘巴有清正高尚的节操。马良正直诚实，是有着美好名声的文士。陈震忠心恭敬，年龄越老越率真。董允辅助君主，道义显现在表情上。他们都是蜀国大臣中的优秀臣子。吕乂在郡任职的时候就被人称颂，在朝中为官名声就有所降低，大概像是黄霸、薛宣一类的人物吧。

三国志卷四十·蜀书十

刘彭廖李刘魏杨传

刘封者，本罗侯寇氏之子，长沙刘氏之甥也。先主至荆州，以未有继嗣，养封为子。及先主入蜀，自葭萌还攻刘璋，时封年二十余，有武艺，气力过人，将兵俱与诸葛亮、张飞等泝流西上，所在战克。益州既定，以封为副军中郎将。

初，刘璋遣扶风孟达副法正，各将兵二千人，使迎先主，先主因令达并领其众，留屯江陵。蜀平后，以达为宜都太守。建安二十四年，命达从秭归北攻房陵，房陵太守蒯祺为达兵所害。达将进攻上庸，先主阴恐达难独任，乃遣封自汉中乘沔水下统达军，与达会上庸。上庸太守申耽举众降，遣妻子及宗族诣成都。先主加耽征北将军，领上庸太守员乡侯如故，以耽弟仪为建信将军、西城太守，迁封为副军将军。自关羽围樊城、襄阳，连呼封、达，令发兵自助。封、达辞以山郡初附，未可动摇，不承羽命。会羽覆败，先主恨之。又封与达忿争不和，封寻夺达鼓吹。达既惧罪，又忿恚封，遂表辞先主，率所领降魏。魏文帝善达之姿才容观，以为散骑常侍、建武将军，封平阳亭侯。合房陵、上庸、西城三郡为新城郡，以达领新城太守。遣征南将军夏侯尚、右将军徐晃与达共袭封。达与封书曰：

古人有言："疏不间亲，新不加旧。"此谓上明下直，谗慝不行也。若乃权君谲主，贤父慈亲，犹有忠臣蹈功以罹祸，孝子抱仁以陷难，种、商、白起、孝己、伯奇，皆其类也。其所以然，非骨肉好离，亲亲乐患也。或有恩移爱易，亦有谗间其间，虽忠臣不能移之于君，孝子不能变之于父者也。势利所加，改亲为仇，况非亲亲乎！故申生、卫伋、御寇、楚建禀受形之气，当嗣立之正，而犹如此。今足下与汉中王，道路之人耳，亲非骨血而据势权，义非君臣而处上位，征则有偏任之威，居则有副军之号，远近所闻也。自立阿斗为太子已来，有识之人相为寒心。如使申生从子舆之言，必为太伯；卫伋听其弟之谋，无彰父之讥也。且小白出奔，入而为霸；重耳逾垣，卒以克复。自古有之，非独今也。

夫智贵免祸，明尚夙达，仆揆汉中王虑定于内，疑生于外矣；虑定则心固，疑生则心惧，乱祸之兴作，未曾不由废立之间也。私怨人情，不能不见，恐左右必有以间于汉中王矣。然则疑成怨闻，其发若践机耳。今足下在远，尚可假息一时；若大军遂进，足下失据而还，窃相为危之。昔微子去殷，智果别族，违难背祸，犹皆如斯。今足下弃父母而为人后，非礼也；知祸将至而留之，非智也；见正不从而疑之，非义也。自号为丈夫，为此三者，何所贵乎？以足下之才，弃身来东，继嗣罗侯，不为背亲也；北面事君，以正纲纪，不为弃旧也；怒不致乱，以免危亡，不为徒行也。加陛下新受禅命，虚心侧席，以德怀远，若足下翻然内向，非但与仆为伦，受三百户封，继统罗国而已，当更剖符大邦，为始封之君。陛下大军，金鼓以震，当转都宛、邓；若二敌不平，军无还期。足下宜因此时早定良计。《易》有“利见大人”，《诗》有“自求多福”，行矣。今足下勉之，无使狐突闭门不出。

封不从达言。

申仪叛封，封破走还成都。申耽降魏，魏假耽怀集将军，徙居南阳，仪魏兴太守，封员乡侯，屯洵口。封既至，先主责封之侵陵达，又不救羽。诸葛亮虑封刚猛，易世之后终难制御，劝先主因此除之。于是赐封死，使自裁。封叹曰：“恨不用孟子度之言！”先主为之流涕。达本字子敬，避先主叔父敬，改之。

彭羕字永年，广汉人。身长八尺，容貌甚伟。姿性骄傲，多所轻忽，惟敬同郡秦子敕，荐之于太守许靖曰：“昔高宗梦傅说，周文求吕尚，爰及汉祖，纳食其于布衣，此乃帝王之所以倡业垂统，缉熙厥功也。今明府稽古皇极，允执神灵，体公刘之德，行勿翦之惠，清庙之作于是乎始，褒贬之义于是乎兴，然而六翮未之备也。伏见处士绵竹秦宓，膺山甫之德，履隽生之直，枕石漱流，吟咏缊袍，偃息于仁义之途，恬惔于浩然之域，高概节行，守真不亏，虽古人潜遁，蔑以加旃。若明府能招致此人，必有忠谠落落之誉，丰功厚利，建迹立勋，然后纪功于王府，飞声于来世，不亦美哉！”

羕仕州，不过书佐，后又为众人所谤毁于州牧刘璋，璋髡钳羕为徒隶。会先主入蜀，泝流北行。羕欲纳说先主，乃往见庞统。统与羕非故人，又适有宾客，羕径上统床卧，谓统曰：“须客罢当与卿善谈。”统客既罢，往就羕坐，羕又先责统食，然后共语，因留信宿，至于经日。统大善之，而法正宿自知羕，遂并致之先主。先主亦以为奇，数令羕宣传军事，指授诸将，奉使称意，识遇日加。成都既定，先主领益州牧，拔羕为治中从事。羕起徒步，一朝处州人之上，形色嚣然，自矜得遇滋甚。诸葛亮虽外接待羕，而内不能善，屡密言先主，羕心大志广，难可保安。先主既敬信亮，加察羕行事，意以稍疏，左迁羕为江阳太守。

羕闻当远出，私情不悦，往诣马超。超问羕曰："卿才具秀拔，主公相待至重，谓卿当与孔明、孝直诸人齐足并驱，宁当外授小郡，失人本望乎？"羕曰："老革荒悖，可复道邪！"又谓超曰："卿为其外，我为其内，天下不足定也。"超羁旅归国，常怀危惧，闻羕言大惊，默然不答。羕退，具表羕辞，于是收羕付有司。

羕于狱中与诸葛亮书曰："仆昔有事于诸侯，以为曹操暴虐，孙权无道，振威暗弱，其惟主公有霸王之器，可与兴业致治，故乃翻然有轻举之志。会公来西，仆因法孝直自衒鬻，庞统斟酌其间，遂得诣公于葭萌，指掌而谭，论治世之务，讲霸王之义，建取益州之策，公亦宿虑明定，即相然赞，遂举事焉。仆于故州不免凡庸，忧于罪罔，得遭风云激矢之中，求君得君，志行名显，从布衣之中擢为国士，盗窃茂才。分子之厚，谁复过此。羕一朝狂悖，自求菹醢，为不忠不义之鬼乎！先民有言，左手据天下之图，右手刎咽喉，愚夫不为也。况仆颇别菽麦者哉！所以有怨望意者，不自度量，苟以为首兴事业，而有投江阳之论，不解主公之意，意卒感激，颇以被酒，侻失'老'语。此仆之下愚薄虑所致，主公实未老也。且夫立业，岂在老少，西伯九十，宁有衰志，负我慈父，罪有百死。至于内外之言，欲使孟起立功北州，戮力主公，共讨曹操耳，宁敢有他志邪？孟起说之是也，但不分别其间，痛人心耳。昔每与庞统共相誓约，庶托足下末踪，尽心于主公之业，追名古人，载勋竹帛。统不幸而死，仆败以取祸。自我堕之，将复谁怨！足下，当世伊、吕也，宜善与主公计事，济其大猷。天明地察，神祇有灵，复何言哉！贵使足下明仆本心耳。行矣努力，自爱，自爱！"羕竟诛死，时年三十七。

廖立字公渊，武陵临沅人。先主领荆州牧，辟为从事，年未三十，擢为长沙太守。先主入蜀，诸葛亮镇荆土，孙权遣使通好于亮，因问士人皆谁相经纬者，亮答曰："庞统、廖立，楚之良才，当赞兴世业者也。"建安二十年，权遣吕蒙奄袭南三郡，立脱身走，自归先主。先主素识待之，不深责也，以为巴郡太守。二十四年，先主为汉中王，征立为侍中。

后主袭位，徙长水校尉。

立本意，自谓才名宜为诸葛亮之贰，而更游散在李严等下，常怀怏怏。后丞相掾李邵、蒋琬至，立计曰："军当远出，卿诸人好谛其事。昔先帝不取汉中，走与吴人争南三郡，卒以三郡与吴人，徒劳役吏士，无益而还。既亡汉中，使夏侯渊、张郃深入于巴，几丧一州。后至汉中，使关侯身死无孑遗，上庸覆败，徒失一方。是羽怙恃勇名，作军无法，直以意突耳，故前后数丧师众也。如向朗、文恭，凡俗之人耳。恭作治中无纲纪；朗昔奉马良兄弟，谓为圣人，今作长史，素能合道。中郎郭演长，从人者耳，不足与经大事，而作侍中。今弱世也，欲任此三人，为不然也。王连流俗，苟作掊克，使百姓疲弊，以致今日。"邵、琬具白其言于诸葛亮。亮表立曰："长水校尉廖立，坐自贵大，臧否群士，公言国家不任贤达而任俗吏，又言万人率者皆小子也；诽谤先帝，疵毁众臣。人有言国家兵众简练，部伍分明者，立举头视屋，愤咤作色曰：'何足言！'凡如是者不可胜数。羊之乱群，犹能为害，况立托在大位，中人以下识真伪邪？"于是废立为民，徙汶山郡。立躬率妻子耕殖自守，闻诸葛亮卒，垂泣叹曰："吾终为左衽矣！"后监军姜维率偏军经汶山，诣立，称立意气不衰，言论自若。立遂终徙所。妻子还蜀。

李严字正方，南阳人也。少为郡职吏，以才干称。荆州牧刘表使历诸郡县。曹公入荆州时，严宰秭归，遂西诣蜀，刘璋以为成都令，复有能名。建安十八年，署严为护军，拒先主于绵竹。严率众降先主，先主拜严裨将军。成都既定，为犍为太守、兴业将军。二十三年，盗贼马秦、高胜等起事于郪，合聚部伍数万人，到资中县。时先主在汉中，严不更发兵，但率将郡士五千人讨之，斩秦、胜等首。枝党星散，悉复民籍。又越嶲夷率高定遣军围新道县，严驰往赴救，贼皆破走。加辅汉将军，领郡如故。章武二年，先主征严诣永安宫，拜尚书令。三年，先主疾病，严与诸葛亮并受遗诏辅少主；以严为中都护，统内外军事，留镇永安。建兴元年，封都乡侯，假节，加光禄勋。四年，转为前将军。以诸葛亮欲出军汉中，严当知后事，移屯江州，留护军陈到驻永安，皆统属严。严与孟达书曰："吾与孔明俱受寄托，忧深责重，思得良伴。"亮亦与达书曰："部分如流，趋舍罔滞，正方性也。"其见贵重如此。八年，迁骠骑将军。以曹真欲三道向汉川，亮命严将二万人赴汉中。亮表严子丰为江州都督督军，典严后事。亮以明年当出军，命严以中都护署府事。严改名为平。

九年春，亮军祁山，平催督运事。秋夏之际，值天霖雨，运粮不继，平遣参军狐忠、督军成藩喻指，呼亮来还；亮承以退军。平闻军退，乃更阳惊，说“军粮饶足，何以便归”，欲以解己不办之责，显亮不进之愆也。又表后主，说“军伪退，欲以诱贼与战”。亮具出其前后手笔书疏本末，平违错章灼。平辞穷情竭，首谢罪负。于是亮表平曰：“自先帝崩后，平所在治家，尚为小惠，安身求名，无忧国之事。臣当北出，欲得平兵以镇汉中，平穷难纵横，无有来意，而求以五郡为巴州刺史。去年臣欲西征，欲令平主督汉中，平说司马懿等开府辟召。臣知平鄙情，欲因行之际逼臣取利也，是以表平子丰督主江州，隆崇其遇，以取一时之务。平至之日，都委诸事，群臣上下皆怪臣待平之厚也。正以大事未定，汉室倾危，伐平之短，莫若褒之。然谓平情在于荣利而已，不意平心颠倒乃尔。若事稽留，将致祸败，是臣不敏，言多增咎。”乃废平为民，徙梓潼郡。十二年，平闻亮卒，发病死。平常冀亮当自补复，策后人不能，故以激愤也。丰官至朱提太守。

刘琰字威硕，鲁国人也。先主在豫州，辟为从事，以其宗姓，有风流，善谈论，厚亲待之，遂随从周旋，常为宾客。先主定益州，以琰为固陵太守。后主立，封都乡侯，班位每亚李严，为卫尉中军师后将军，迁车骑将军。然不豫国政，但领兵千余，随丞相亮讽议而已。车服饮食，号为侈靡，侍婢数十，皆能为声乐，又悉教诵读《鲁灵光殿赋》。建兴十年，与前军师魏延不和，言语虚诞，亮责让之。琰与亮笺谢曰：“琰禀性空虚，本薄操行，加有酒荒之病，自先帝以来，纷纭之论，殆将倾覆。颇蒙明公本其一心在国，原其身中秽垢，扶持全济，致其禄位，以至今日。间者迷醉，言有违错，慈恩含忍，不致之于理，使得全完，保育性命。虽必克己责躬，改过投死，以誓神灵；无所用命，则靡寄颜。”于是亮遣琰还成都，官位如故。

琰失志慌惚。十二年正月，琰妻胡氏入贺太后，太后令特留胡氏，经月乃出。胡氏有美色，琰疑其与后主有私，呼五百挞胡，至于以履搏面，而后弃遣。胡具以告言琰，琰坐下狱。有司议曰：“卒非挞妻之人，面非受履之地。”琰竟弃市。自是大臣妻母朝庆遂绝。

魏延字文长，义阳人也。以部曲随先主入蜀，数有战功，迁牙门将军。先主为汉中王，迁治成都，当得重将以镇汉川，众论以为必在张飞，飞亦以心自许。先主乃拔延为督汉中镇远将军，领汉中太守，一军尽

诸葛亮像，图出自清·上官周绘《晚笑堂画传》。

惊。先主大会群臣，问延曰："今委卿以重任，卿居之欲云何？"延对曰："若曹操举天下而来，请为大王拒之；偏将十万之众至，请为大王吞之。"先主称善，众咸壮其言。先主践尊号，进拜镇北将军。建兴元年，封都亭侯。五年，诸葛亮驻汉中，更以延为督前部，领丞相司马、凉州刺史，八年，使延西入羌中，魏后将军费瑶、雍州刺史郭淮与延战于阳谿，延大破淮等，迁为前军师征西大将军，假节，进封南郑侯。

延每随亮出，辄欲请兵万人，与亮异道会于潼关，如韩信故事，亮制而不许。延常谓亮为怯，叹恨己才用之不尽。延既善养士卒，勇猛过人，又性矜高，当时皆避下之，唯杨仪不假借延，延以为至忿，有如水火。十二年，亮出北谷口，延为前锋。出亮营十里，延梦头上生角，以问占梦赵直，直诈延曰："夫麒麟有角而不用，此不战而贼欲自破之象也。"退而告人曰："角之为字，刀下用也；头上用刀，其凶甚矣。"

秋，亮病困，密与长史杨仪、司马费祎、护军姜维等作身殁之后退军节度，令延断后，姜维次之；若延或不从命，军便自发。亮适卒，秘不发丧，仪令祎往揣延意指。延曰："丞相虽亡，吾自见在。府亲官属便可将丧还葬，吾自当率诸军击贼，云何以一人死废天下之事邪？且魏延何人，当为杨仪所部勒，作断后将乎！"因与祎共作行留部分，令祎手书与己连名，告下诸将。祎绐延曰："当为君还解杨长史，长史文吏，稀更军事，必不违命也。"祎出门驰马而去，延寻悔，追之已不及矣。延遣人觇仪等，遂使欲案亮成规，诸营相次引军还。延大怒，攙、仪未发，率所领径先南归，所过烧绝阁道。延、仪各相表叛逆，一日之中，羽檄交至。后主以问侍中董允、留府长史蒋琬，琬、允咸保仪疑延。仪等槎山通道，昼夜兼行，亦断延后。延先至，据南谷口，遣兵逆击仪等，仪等令何平在前御延。平叱延先登曰："公亡，身尚未寒，汝辈何敢乃尔！"延士众知曲在延，莫为用命，军皆散。延独与其子数人逃亡，奔汉中。仪遣马岱追斩之，致首于仪，仪起自踏之，曰："庸奴！复能作恶不？"遂夷延三族。初，蒋琬率宿卫诸营赴难北行，行数十里，延死问至，乃旋。原延意不北降魏而南还者，但欲除杀仪等。平日诸将素不同，冀时论必当以代亮。本指如此。不便背叛。

杨仪字威公，襄阳人也。建安中，为荆州刺史傅群主簿，背群而诣襄阳太守关羽。羽命为功曹，遣奉使西诣先主。先主与语论军国计策，政治得失，大悦之，因辟为左将军兵曹掾。及先主为汉中王，拔仪为尚书。先主称尊号，东征吴，仪与尚书令刘巴不睦，左迁遥署弘农太守。建兴三年，丞相亮以为参军，署府事，将南行。五年，随亮汉中。八年，迁长史，加绥军将军。亮数出军，仪常规画分部，筹度粮谷，不稽思虑，斯须便了。军戎节度，取办于仪。亮深惜仪之才干，凭魏延之骁勇，常恨二人之不平，不忍有所偏废也。十二年，随亮出屯谷口。亮卒于敌场。仪既领军还，又诛讨延，自以为功勋至大，宜当代亮秉政，呼都尉赵正以《周易》筮之，卦得《家人》，默然不悦。而亮平生密指，以仪性狷狭，意在蒋琬，琬遂为尚书令、益州刺史。仪至，拜为中军师，无所统领，从容而已。

初，仪为先主尚书，琬为尚书郎，后虽俱为丞相参军长史，仪每从行，当其劳剧，自惟年宦先琬，才能逾之，于是怨愤形于声色，叹咤之音发于五内。时人畏其言语不节，莫敢从也，惟后军师费祎往慰省之。仪对祎恨望，前后云云，又语祎曰："往者丞相亡没之际，吾若举军以就魏氏，处世宁当落度如此邪！令人追悔不可复及。"祎密表其言。十三年，废仪为民，徙汉嘉郡。仪至徙所，复上书诽谤，辞指激切，遂下郡收仪。仪自杀，其妻子还蜀。

评曰：刘封处嫌疑之地，而思防不足以自卫。彭羕、廖立以才拔进，李严以干局达，魏延以勇略任，杨仪以当官显，刘琰旧仕，并咸贵重。览其举措，迹其规矩，招祸取咎，无不自己也。

【译文】

刘封原是罗侯寇氏的儿子，长沙郡刘氏的外甥。刘备到荆州以后，因为当时没有儿子，就收刘封作为养子。刘备入蜀，从葭萌进攻刘璋。当时刘封二十多岁，有武艺，力气过人，带兵和诸葛亮、张飞等一起沿江西上，任刘封为副军中郎将。

当初，刘璋派扶风人孟达辅助法正，让他们各带兵两千士兵迎请刘备，刘备就命令孟达统一率领这些人马，留驻在江陵。蜀地平定以后，任孟达为宜都太守。建安二十四年，命孟达从秭归向北进攻房陵，房陵太守蒯祺被孟达的士兵所杀。孟达想进攻上庸，刘备担心孟达难当此任，就派刘封从汉中顺沔水而下，和孟达在上庸会合。上庸太守申耽率部众投降，并把妻子儿女以及同族人送到成都。刘备加封申耽为征北将军，仍兼任上庸太守和员乡侯，任申耽之弟申仪为建信将军、西城太守，升刘封为副军将军。自关羽围困樊城、襄阳以后，多次让刘封、孟达发兵配合。刘封、孟达以领地中民众刚刚降附不易调动兵马为由，不执行关羽的命令。后来，关羽全军覆没，刘备因此非常怨恨刘封和孟达。此时，刘封与孟达也发生争执，关系出现裂痕，刘封又抢夺了孟达的军乐仪仗。孟达既害怕刘备降罪，又怨恨刘封，就给刘备上表告辞，率所部投降曹魏。魏文帝曹丕认为，孟达的外貌风度和才能都很好，任他为散骑常侍，建武将军，封平阳亭侯，又将房陵、上庸、西城三郡合为一郡为新城郡，让孟达兼任新城郡太守。接着，又派征南将军夏侯尚、右将军徐晃和孟达一起共同进击刘封。孟达给刘封写信说：

古语说：'疏不间亲，新不加旧。'意思就是说，关系远的人，不能间离关系亲密的人；刚结交的人，不能超过原来的友人。但我还是要说，上面英明公正，下面就正直无私，谗言也就行不通了。如果君主玩弄权术搞欺诈，那么，即便是贤父慈母，仍然会发生忠臣建功而遭祸，孝子仁和也要受难的事情，就像文种、商鞅、白起、孝已、伯奇等人那样。之所以这样，并不是骨肉喜欢分离，亲人乐于患难。有的是因为恩爱有所改变，有的是因小人挑拨离间，即使是忠臣孝子也不能改变君王和父亲的主意。这是因为情势和利益在起作用，以至于亲者为仇，更何况那些不是亲人的关系呢？所以，像申生、卫伋、御寇、楚建等人都应承继正位，却还是落得下场悲戚。现在，你和汉中王刘备，只不过是行路相逢罢了，论情，并非骨肉至亲，却让你握执大权；说义，不是君臣关系，却让你处于上位。出征有副官之威严，闲居有副军之号，这是远近的人都知觉的。自从立阿斗为太子以来，有见识的人都为之寒心。如果当年申生听从了子舆的话，他也一定会像太伯那样成为谋求天下的君主；卫伋如果听信他弟弟的计谋，也不会受到吹嘘父亲的讥讽。齐桓公出奔，而成为五霸之一；晋文公越墙逃跑，终于恢复王位。这类事自古就有，并非只限于今天。

聪慧的人贵在能避免祸灾，英明的人在于能及早通达，我估计汉中王早已经打定了主意，对外面的人也已经起了怀疑；打定了主意心中就固执，产生了怀疑心中就恐惧，祸乱的兴起，就是从废立继承人的时候产生的。私人的恩怨之情也会表现出来，恐怕早就有人向汉中王进谗言了。怀疑已经形成，怨恨已有听闻，灾难的发生就像踏上机关那样一触即发。现在，足下身在远方，尚可暂时得以喘息；如果魏国大军出击，足下一旦失去立足之地而退回，我真的替你感到担忧。从前微子离开殷都，智果另立宗族，逃避灾难。他们尚且如此，而足下却舍弃父母成为别人的继嗣，这不合礼；明知灾祸就要降临而固执不走，这不明智；有正道不行却怀疑它，这不合义。自称是大丈夫，却做出这三件事，可贵的地方又在哪里呢？以你的才能，弃蜀东来，继承你罗侯氏的血脉，不算是背叛亲族；北奉君王，维系纲常，也不算抛弃旧主；这样，刘备虽会发怒，却还够不上作乱，又可避免自己的危险和死亡，更不算徒劳之举。魏文帝新登皇位，虚心招贤，施德行感化远方的人，如果你能幡然而醒，不但与我可以平起平坐，接受三百户的封赐，继续统治罗侯国，还可以把统辖大国的符节赐予您，成为首次受封的君王。魏文帝的大军，已经擂响战鼓，要收复宛、邓二地，不拿下这二地，永不退军。你当对此早定良策。《易经》上说："利见大人"。《诗经》也说："自求多福。"应当按这些话去做。请你好自为之，不要像狐突虽闭门不出却仍被杀害那样。

刘封没有听从孟达的话。

申仪反叛刘封，刘封战败逃回成都。申耽投降魏国，魏国让申耽代理怀集将军，移居南阳，申仪任魏兴太守，封员乡侯，驻扎在洵口。刘封回到成都以后，刘备责备刘封欺侮孟达，又不援救关羽。诸葛亮担心刘封刚猛，换代之后终究难以控制，劝刘备趁此机会除掉他。于是刘备赐刘封死，让他自杀。刘封叹息说："我悔恨当初没有听从孟子度的话！"刘备为此流下了眼泪。孟达本来字子敬，避刘备叔父敬讳，改为子度。

彭羕，字永年，是广汉人，身高八尺，英气逼人，体魄雄伟。彭羕性情孤傲，很多人都不放在眼里，只敬重同郡人秦子敕，曾经向太守许靖推荐秦子敕说："从前殷高宗梦见贤人并找到了傅说，周文王梦飞熊而得吕尚，汉高祖也从平民百姓中招纳了郦食其，这就是帝王之所以能够创立功业、传之后世并予以光大的原因。现在，您考察古代帝王的准则，虔诚地秉承神灵的意志，实践公刘的德行，施行召伯的恩惠，《清庙》的赞颂就是从这开始的，褒贬的大义也是这样兴起的，但是，您的羽翼仍没有丰满。我所见到的绵竹县处士秦宓，身具仲山甫样的品德，行为如隽不疑样正直，山石为枕，流水漱口，身穿旧絮袍而吟咏，于仁义之道行止，在浩然正气中淡然自如，有高尚的气节品行和淳真的本性，即便古代的隐士也不能超过他。如果太守您能招致此人，必定会获得忠直磊落的美誉、丰厚的功利和建立宏伟的勋绩，功劳被王府载录，名声流传于后世，这不是很好的事吗！”

彭羕在州府任职，只做个书佐的小官。后来，他又被人诋毁，在益州牧刘璋面前说了他不少坏话。刘璋降罪于他，剃掉了彭羕的头发，给他戴上铁钳，惩罚他服刑。正赶上刘备进入蜀地，沿长江逆流北上。彭羕想让刘备收纳他，就先去拜见庞统。此前庞统与彭羕并不熟识，又正好有宾客在庞统处，彭羕一直走到庞统的床上躺下来，对庞统说：“等你的客人走了，我要和你好好谈谈。”客人走了以后，庞统靠近彭羕坐下，彭羕又跟庞统要吃的，然后才和他说话，留在那里过夜，次日又谈了一天。庞统非常喜欢他，法正以前又很了解彭羕，就一起向刘备推荐。刘备也认为他是奇才，多次让彭羕在军中传达命令，还指导诸将兵法。刘备对他非常满意，彭羕的地位也越来越高。成都平定以后，刘备就任益州牧，任彭羕为治中从事。彭羕靠自己的能力在短短时间之内，位竟在州人之上，不免有些得意忘形，自喜于地位的日益变化。诸葛亮虽然表面上对彭羕很热情，但是内心却不以为然，曾屡次秘密向刘备进言，说彭羕野心较大，很难说他以后会做出什么。刘备敬重信任诸葛亮，加上自己对彭羕的观察，便慢慢地疏远他，就改任他为江阳太守。

彭羕听说要把自己远调外任地方官，心里很不高兴，就前去拜访马超。马超问彭羕：“你才干英秀出众，主公对你非常器重，说你应当与孔明、孝直等人并驾齐驱，现在怎么能把外地的小郡交给你，使你失去本来的声望呢？”彭羕说：“老家伙糊涂，还能再说吗！”又对马超说：“你负责外边，我负责里面，天下可以轻松平定。”马超羁旅在外，归附蜀国，总有危险不定的感觉，听了彭羕这些话，大吃一惊，默不作声没有回答。彭羕走后，马超把彭羕的话写成表上奏，于是把彭羕逮捕交给官吏治罪。

彭羕在狱中给诸葛亮写信说：“我过去在诸侯之间奔走谋求职位，认为曹操凶残暴虐，孙权不讲道义，璋愚昧软弱，只有主公有霸王的气度，可以和他创立功业实现大治，所以有奋发向上的志向。碰到主公来西蜀，我通过法孝直主动向主公自我表白，庞统也从中协力相助，于是得以在葭萌拜见主公。我们二人抵掌而谈，讨论治理天下的事情，谈说建立王道霸业的大义，提出夺取益州的计策，主公也反复考虑明确做出决定，肯定赞成我的见解，并且见之于行动。我在家乡本不过一个平庸的人，经常忧虑犯罪触及法网，能够在遇上动荡不安的时局、渴求君主时遇到贤明之君，实现抱负、显扬名声，从一个普通百姓提拔为国家的杰出人才，窃取了秀才的称号。主公把给儿子的深厚恩情分给了我，谁能超过我呢？我彭羕一时狂妄悖理，自己招致了应当砍成肉酱的罪祸，将成为不忠不义的鬼！先人有言，左手拿着天下的图籍，右手却割断自己的咽喉，愚蠢的人都不会这样干，更何况我还是稍微懂得一些道理的人呢？我之所以产生怨恨的情绪，是由于我自不量力，只认为自己建有头功，却即将被发配江阳，自己不理解主公的心意，情绪一时激动，又喝了非常多的酒，脱口失言'老'字。这是我非常愚蠢、考虑浅薄所造成的，主公实际上并没有老。而且创立功业，岂在老少，文王九十岁，哪有衰颓之志！我对不起我慈祥的父亲，罪该万死。至于'为内为外'的话，是想使马孟起在北方立功，合力忠于主公，共同讨伐曹操罢了。哪敢有其他的想法呢？马孟起举报我的错误言论是对的，只是不分析区别它的意思，叫人痛心。以前我经常与庞统一起发誓相约，希望附托在您的脚下，对主公的事业尽心尽力，追求古人那样的名望。自己堕落，又怨谁呢？当世的伊尹、吕已惹祸。自己堕落，又怨谁呢！您，是当世的伊尹、吕尚，应该好好与主公谋划事业，成就他的大业。天地明察，神祇有灵，还说什么呢！只不过是请您明白我本心罢了。好了，努力吧！自爱，自爱！”彭羕最终被处死，时年三十七岁。

廖立，字公渊，是武陵临沅人。刘备为荆州牧的时候，任他为从事，不到三十岁时，又升为长沙太守。刘备入蜀之后，诸葛亮镇守荆州，孙权派人与诸葛亮建立友好关系，便问诸葛亮，蜀国士人中有谁和他共理政事，诸葛亮回答：“庞统、廖立，都是楚地的良好人才，他们是能够辅佐创立功业的人。”建安二十年，孙权派吕蒙偷袭南方三郡，廖立逃出，回到刘备那里。刘备平常就很赏识并了解他，所以没有过多责备，让他做巴郡太守。建安二十四年，刘备自立为汉中王，任廖立为侍中，刘禅即位后，升为长水校尉。

廖立心中认为，自己才能名望超过他人，应该做诸葛亮的副手，但是却任闲职，地位还在李严等人之下，心里就经常不满，快快不得志。后来，丞相掾李邵、蒋琬到来，廖立和他们商议，说：“兵马要远征，各位应注意考虑这件事。以前先帝不占领汉中，却和吴国争夺南方三郡，最后，还是让东吴占领了三郡，官兵徒劳而无功，退回益州。汉中丢失，使得夏侯渊和张郃深入巴郡，全州几乎丧失。后来又进军汉中，使关羽战死，全军覆没，丢失上庸，白白地损失了一片地方。这是因关羽倚恃勇猛之名、征战没有正确的法则率性而为造成的。所以，多次丧失了大批的兵马。若向朗、文恭之人，只是凡夫而已。文恭作为治中，执法没有纲纪；向朗推崇马良兄弟，视为圣人，以长史之职，做事规矩有理。中郎郭演长，只能做别人的随从，难成大事，而他却做了侍中。现在国家尚处于弱小之时任用这样的三个人，是不合适的。王连流于世俗，以苛税盘剥百姓，使百姓疲惫不堪，所以才有今天。”李邵、蒋琬把廖立的话全都告诉了诸葛亮。于是，诸葛亮上表弹劾廖立，说：“长水校尉廖立，坐井观天，自以为是，随意贬低官员，公开诋毁国家不任用贤能，而任用庸才，还说，那些统率千军万马的将领都是小子，诽谤先帝，贬损群臣。有人称赞国家兵马强盛，训练和指挥部署得当，廖立听了，就仰看屋顶，愤然呵斥说：‘这有什么值得说的！’如此狂妄真是说不过来。一头羊搅乱尚且给羊群造成很大的危害，更何况廖立身居高位，中等水平以下的人能够识别他的真伪吗？”于是，废黜廖立为普通百姓，流放到汶山郡。廖立在汶山郡和妻子耕田养殖，维持生计。当听说诸葛亮的死讯后，他流泪叹息说：“我恐怕要变成夷人在这里待一辈子了。”后来，监军姜维率偏军经过汶山的时候，还到廖立那里去过，他说廖立依然志气不减，谈论自若。廖立最后死于流徙之地，妻子儿女回到蜀郡。

李严，字正方，是南阳郡人。年轻的时候任郡吏，以有才干著称。荆州牧刘表派李严走遍了州中的郡县。曹公攻入荆州的时候，李严正担任秭归县的行政长官，于是就向西进入了益州，刘璋任李严为成都县令，也以能干而出名。建安十八年，刘璋让李严代理护军的职务，在绵竹抵御先主。李严带领部众投降了先主，先主任李严为裨将军。先主取得成都以后，任李严为犍为太守、兴业将军。建安二十三年，马秦、高胜等盗贼在郪县起兵造反，纠聚起数万人的军队，打到了资中县。当时先主正在汉中，李严没有让朝廷增加兵力，只是率领郡中士兵五千人前去讨伐，斩杀了马秦、高胜，余下的支党四处离散，全都恢复了民籍。再有越巂郡夷人首领高定派军围困新道县，李严迅速前往救援，敌人全都败阵逃走。朝廷给李严加辅汉将军之号，仍旧兼任犍为郡太守。章武二年，先主征召李严到永安宫，任命李严为尚书令。章武三年，先主病重，李严和诸葛亮一同受先主遗诏辅佐少主刘禅；以李严为中都护，统领朝廷内外的军事，留在永安镇守。建兴元年，李严被封为都乡侯，假节，加光禄勋。建兴四年，转任前将军。因为诸葛亮准备出兵汉中，李严应当处理后方事务，就转移屯驻到江州，留下护军陈到驻扎在永安，全都统属于李严。李严给孟达写信说："我与诸葛孔明一起受先帝委托，忧虑深而责任重，希望得到很好的同伴。"诸葛亮也给孟达写信说："处理公务就像流水那样顺畅，果断地决定取舍，没有滞留，这正是李正方的天生优点。"李严就是这样被人看重的。建兴八年，李严升任骠骑将军。因为曹魏大将曹真要三路进攻汉川，诸葛亮命令李严率两万人赴汉中。诸葛亮又上表推荐李严的儿子李丰为江州都督督军，主持处理李严走后留下的公事。诸葛亮因为第二年就要出兵，又任命李严以中都护的身份处理丞相府的事务。李严改名为李平。

建兴九年春天，诸葛亮出兵祁山，李平监督粮运的事务。秋夏之际，正赶上久雨天气，运粮不继，李平派遣参军狐忠、督军成藩喻示旨意，叫诸葛亮回来；诸葛亮听从了旨意退兵。李平听闻大军撤退，却假装吃惊说"军粮充足，为何就回来了呢"，想以此推卸自己办事不力的责任，来显明诸葛亮不前进的过失。李平又上表后主说"大军诈作撤退，想以此诱贼与他交战"。诸葛亮把李平前后的亲笔书信、奏疏全部拿出来，李平犯错十分明显。李平理屈词穷，低头认罪。于是诸葛亮上表说："自从先帝驾崩之后，李平在任官之处治理家产，这尚且是小事，他安于自身求取名利，没有干出什么骚扰到国家的大事。臣要向北出兵，想得到李平的兵来镇守汉中，李平极尽推搪，没有前来的意思，却请求担任管理五郡的巴州刺史。去年臣想西征，想让李平主管汉中，李平说司马懿等开设府署，征召属吏。臣知道李平的鄙陋想法，想要趁此出兵之际逼臣谋取利益，臣因此上表推荐李平的儿子李丰主管江州，提高他的待遇，以此获得一时事务的办理。李平到来之日，臣把诸事都委托给他，群臣上上下下都责怪臣对待李平如此优厚。正因为大事未定，汉室倾危，指责李平的短处，还不如赞扬他。然而我以为李平只是在乎荣利而已，没想到李平的心竟然颠倒到了这分儿上。如果事情拖延，将导致祸害失败，是臣不灵敏，再多说就会增加我的罪咎。"于是废李平为民，流放到梓潼郡。建兴十二年，李平听闻诸葛亮去世，就发病死了。李平经常希望诸葛亮会让他复官，估计继任的人不能，所以心情激愤。李丰官至朱提太守。

刘琰，字威硕，是鲁国人。刘备在豫州任刺史的时候，征聘他为从事，因为刘琰与自己同宗，且潇洒倜傥，善于言谈，所以刘备待他很亲热。刘琰便跟在刘备身边应酬交际，成为刘备的常客。刘备平定益州，任刘琰为固陵太守。后主继位，封刘琰为都乡侯，位次在李严之下，任卫尉中军师、后将军，后升任车骑将军。领千余兵，跟随诸葛亮提些意见而已。他的车马、服饰、饮食很是奢华，服侍的婢女就有数十个人，都能歌奏乐，他还都教她们诵读《鲁灵光殿赋》。建兴十年，刘琰和前军师魏延不和，说话又非常难让人相信，受到诸葛亮的批评。刘琰写信向诸葛亮道歉说："我禀性华而不实，缺乏道德节操，又加上有酒后失态的毛病，所以，自先帝以来，众人说了许多批评我的话，让我差一点摔倒爬不起来。承蒙您多次念及我本意是为了国家，原谅了我的过错，使我保有现在的地位和俸禄。最近，我又醉酒说了错话，多亏您包涵容忍，没有把我送进监狱，使我没有丢掉性命。我以后对自己的言行要严格要求，并向神灵发誓。但如果我不能继续为官做事，就没有什么脸面了。"于是，诸葛亮把刘琰送回成都，依旧保持官位。

从此刘琰精神恍惚。建兴十二年正月，刘琰的妻子胡氏入宫给太后贺喜，太后让胡氏在宫中多住了几天，结果一个多月之后才回来。胡氏长得很漂亮，刘琰怀疑她在宫期间与刘禅有私情。然后，又将她休弃送回娘家。胡氏便上朝告发刘琰的行为，刘琰被入狱。有司衙门议定说："士兵不是大老婆的人，脸面不是鞋踏之地。"刘琰竟因此被处死。自此以后，大臣的妻子女儿便不许进宫行贺礼。

魏延，字文长，是义阳人。跟随刘备进入益州，多次立有战功，被升为牙门将军。刘备为汉中王，准备迁回成都的时候，要选用一个重要的将领镇守汉中。众人都以为是张飞，张飞自己也认为是这样。但刘备却提拔魏延为督汉中镇远将军，兼汉中太守，所有的人都感到很是意外。刘备大会群臣，问魏延说："如今我把镇守汉中的重任交给你，你打算怎么办?"魏延回答说："如果曹操率领全国的军队来攻，我将为大王挡住他；如果他只派一个偏将率十万大军来，我将替你把他消灭。"刘备连连称好，众人也都认为魏延非常有气魄。刘备称帝后，任魏延为镇北将军。建兴元年，封魏延为都亭侯。建兴五年，诸葛亮率军北伐驻扎在汉中，改任魏延为都前部、兼丞相司马、凉州刺史。建兴八年，诸葛亮派遣魏延率军西征进入羌地。曹魏后将军费瑶、雍州刺史郭淮与魏延在阳谿大战，魏延大破郭淮等军，因功被升为前军师，征西大将军、假节，晋封为南郑侯。

魏延每次跟随诸葛亮出兵，都想自己带一万兵马，与诸葛亮兵分两路，在潼关会师，像楚汉时的韩信那样，诸葛亮总是不允许。魏延以为诸葛亮胆怯，感叹自己的才能不能施展。魏延对士兵很好，自己又勇猛过人，不免心高气傲，当时有很多人都避让他，甘愿居他之下，只有杨仪对他不客气。魏延因此十分恼火，两人关系也势同水火。建兴十二年，诸葛亮出兵北谷口，魏延为先锋。他在离诸葛亮的营地十里处安下营寨，夜里魏延梦见自己的头上长角，就问以占梦闻名的赵直，赵直骗他说："藤有角而不必用它，这是不战而退兵的征兆。"私下里却告诉别人说："'角'字，刀下加用，头上有刀，是可怕的凶相。"

这一年秋天，诸葛亮病情加重，私下里与丞相府长史杨仪、司马费祎、护军姜维等筹划死后退军的安排，让魏延断后，姜维次之；如果魏延不服从命令，大军就自行出发。诸葛亮病逝后，秘不发丧，杨仪命费祎前去打探魏延的意思。魏延说："丞相虽然死了，我魏延还在。府中的家属和官员可回蜀安排丧事安葬丞相，我自然应该率领军队继续与敌人作战，怎么能因为一个人的死而耽误国家大事呢？况且我魏延是什么人，难道能听从杨仪的指派，充当断后的将军吗！"马上就和费祎做出哪些部分留下哪些部分撤退的安排，让费祎亲自写下来并和自己共同署名，告知下面诸位将领。费祎哄骗魏延说："我应当回去为您劝解杨长史，他是文官，很少经历战事，肯定不会反对您的意见。"费祎出门后便飞马而去，魏延马上就后悔了，追他已经赶不上了。魏延派人去侦察杨仪的动静，知道杨仪等人就要按照诸葛亮生前定下的部署，各个兵营依次引兵撤退。魏延大怒，在杨仪还没有行动前，抢先率领本部人马径直向南退回。所过之处火烧栈道。魏延、杨仪各自上表朝廷告对方造反，一天之内，紧急文书连连送达朝中。后主就此事询问侍中董允、丞相府留守的长史蒋琬，两人都保证杨仪忠诚而怀疑魏延。杨仪等人伐树木修通栈道，昼夜兼程，跟在魏延后面撤退。魏延先到，占据南谷口，派兵阻击杨仪等人，杨仪等命令何平在前抵御魏延。何平叱责魏延的先锋说："丞相刚去世，尸骨未寒，你们竟然敢如此作为！"魏延手下的士兵知道不对的一方是魏延，不愿再听从他的命令，军队很快溃散。魏延只带着他的儿子和几名亲信逃往汉中。杨仪派马岱追击，将其斩首，把魏延的脑袋交给杨仪，杨仪起身用脚踩着魏延的脑袋，骂道："奴才！还能作恶吗！"于是杀掉魏延的三族。当时，朝廷为了防止变乱，急忙派蒋琬率领京城禁卫军诸营北上，走了数十里，魏延被杀的消息传来，蒋琬又返回成都。推究魏延的本意，他之所以不向北投降魏国而向南撤回，只是为了杀掉杨仪等人。尽管诸将素来与他不和，他还是认为人们会推选他接替诸葛亮。他的本意就是这样，并没有想过背叛。

杨仪，字威公，他是襄阳郡人。建安年间，做了荆州刺史傅群的主簿，后来背叛傅群而到襄阳太守关羽处。关羽任命杨仪为郡功曹，派遣杨仪西往益州去见先主。先主与杨仪谈话，讨论军国计策、政治得失，非常喜欢杨仪，因此任命杨仪为左将军兵曹掾。先主为汉中王时，就提拔杨仪为尚书。先主称帝以后，东征孙吴，由于杨仪与尚书令刘巴不和，被降职为遥署弘农太守。建兴三年，丞相诸葛亮任杨仪为丞相府参军，署理丞相府事务，带领杨仪南征南中。建兴五年，跟随葛亮到了汉中。建兴八年，升迁为丞相府长史，加绥军将军号。诸葛亮多次出征，杨仪经常为诸葛亮计划部署，筹措计算军粮，不需要花费时间去考虑，一会儿就办好了。军队中的事务安排，全都由杨仪办理。诸葛亮深深爱惜杨仪的才干，又依靠魏延的骁勇，常对两个人的不和感到遗憾，不忍心对两个人有所偏废。建兴十二年，杨仪随诸葛亮出兵屯驻在谷口。诸葛亮病逝于前线。杨仪既带领军队顺利撤回，又诛杀了魏延，自认为功劳最大，应当代替诸葛亮主持朝政，就叫都尉赵正根据《周易》进行占卜，结果却得“家人”之卦，便默然不语，心中不快。诸葛亮生前内心深处的想法，认为杨仪性情急躁狭隘，而看中了蒋琬，于是蒋琬就便被拜为尚书令、益州刺史。杨仪到了以后，被任为中军师，不统领军队，只是个闲置的职务而已。

当初，杨仪担任先主的尚书，蒋琬担任尚书郎，后来虽然都做了丞相参军长史，但杨仪每次随军从行，工作很劳累，自认为当官在蒋琬前，才能也超过他，于是怨愤的情绪表露于声色，叹咤的声音发自体内。当时的人畏惧他说话不节制，没有敢和他交往的。只有后军师费祎前往慰勉他，杨仪也向费祎说些类似的话，又对费祎说：“当初丞相去世的时候，我如果带着大军投奔魏国，怎么会沦落到现在这地步啊！令人追悔莫及啊。”费祎将他说的话秘密上表。建兴十三年，贬杨仪为民，流放到汉嘉郡。杨仪到了流放地，又上书诽谤，言辞激烈，就被下令收捕。杨仪自杀，他的妻儿则回到蜀郡。

评论说：刘封处于招嫌的地位，又没有足够的防范手段。彭羕、廖立凭才能出众被提拔进用，李严以干略气度而著称，魏延靠勇猛与谋略被称许，杨仪因为才干与官职相当而显名，刘琰是刘备的旧部，他们全都身居高位和重职。纵观他们的行为，总揽他们的处世之道，招来祸患和罪责，都是由自己造成的。

三国志卷四十一·蜀书十一

霍王向张杨费传

霍峻字仲邈，南郡枝江人也。兄笃，于乡里合部曲数百人。笃卒，荆州牧刘表令峻摄其众。表卒，峻率众归先主，先主以峻为中郎将。先主自葭萌南还袭刘璋，留峻守葭萌城。张鲁遣将杨帛诱峻，求共守城，峻曰："小人头可得，城不可得。"帛乃退去。后璋将扶禁、向存等帅万余人由阆水上，攻围峻，且一年，不能下。峻城中兵才数百人，伺其怠隙，选精锐出击，大破之，即斩存首。先主定蜀，嘉峻之功，乃分广汉为梓潼郡，以峻为梓潼太守、裨将军。在官三年，年四十卒，还葬成都。先主甚悼惜，乃诏诸葛亮曰："峻既佳士，加有功于国，欲行酹。"遂亲率群僚临会吊祭，因留宿墓上，当时荣之。

子弋，字绍先，先主末年为太子舍人。后主践阼，除谒者。丞相诸葛亮北驻汉中，请为记室，使与子乔共周旋游处。亮卒，为黄门侍郎。后主立太子璿，以弋为中庶子。璿好骑射，出入无度，弋援引古义，尽言规谏，甚得切磋之体。后为参军庲降屯，副贰都督，又转护军，统事如前。时永昌郡夷獠恃险不宾，数为寇害，乃以弋领永昌太守，率偏军讨之，遂斩其豪帅，破坏邑落，郡界宁静。迁监军翊军将军，领建宁太守，还统南郡事。景耀六年，进号安南将军。是岁，蜀并于魏。弋与巴东领军襄阳罗宪各保全一方，举以内附，咸因仍前任，宠待有加。

王连字文仪，南阳人也。刘璋时入蜀，为梓潼令。先主起事葭萌，进军来南，连闭城不降，先主义之，不强逼也。及成都既平，以连为什邡令，转在广都，所居有绩。迁司盐校尉，较盐铁之利，利入甚多，有裨国用，于是简取良才以为官属，若吕乂、杜祺、刘幹等，终皆至大官，自连所拔也。迁蜀郡太守、兴业将军，领盐府如故。建兴元年，拜屯骑校尉，领丞相长史，封平阳亭侯。时南方诸郡不宾，诸葛亮将自征之，连谏以为"此不毛之地，疫疠之乡，不宜以一国之望，冒险而行"。亮虑诸将才不及己，意欲必往，而连言辄恳至，故停留者久之。会连卒。子山嗣，官至江阳太守。

向朗字巨达，襄阳宜城人也。荆州牧刘表以为临沮长。表卒，归先主。先主定江南，使朗督秭归、夷道、巫、夷陵四县军民事。蜀既平，以朗为巴西太守，顷之转任牂牁，又徙房陵。后主践阼，为步兵校尉，代王连领丞相长史。丞相亮南征，朗留统后事。五年，随亮汉中。朗素与马谡善，谡逃亡，朗知情不举，亮恨之，免官还成都。数年，为光禄勋，亮卒后徙左将军，追论旧功，封显明亭侯，位特进。初，朗少时虽涉猎文学，然不治素检，以吏能见称。自去长史，优游无事垂三十年，乃更潜心典籍，孜孜不倦。年逾八十，犹手自校书，刊定谬误，积聚篇卷，于时最多。开门接宾，诱纳后进，但讲论古义，不干时事，以是见称。上自执政，下及童冠，皆敬重焉。延熙十年卒。子条嗣，景耀中为御史中丞。

朗兄子宠，先主时为牙门将。秭归之败，宠营特完。建兴元年封都亭侯，后为中部督，典宿卫兵。诸葛亮当北行，表与后主曰："将军向宠，性行淑均，晓畅军事，试用于昔，先帝称之曰能，是以众论举宠为督。愚以为营中之事，悉以咨之，必能使行陈和睦，优劣得所也。"迁中领军。延熙三年，征汉嘉蛮夷，遇害。宠弟充，历射声校尉、尚书。

张裔字君嗣，蜀郡成都人也。治《公羊春秋》，博涉《史》《汉》。汝南许文休入蜀，谓裔干理敏捷，是中夏钟元常之伦也。刘璋时，举孝廉，为鱼复长，还州署从事，领帐下司马。张飞自荆州由垫江入，璋授裔兵，拒张飞于德阳陌下，军败，还成都。为璋奉使诣先主，先主许以礼其君而安其人也，裔还，城门乃开。先主以裔为巴郡太守，还为司金中郎将，典作农战之器。先是，益州郡杀太守正昂，耆率雍闿恩信著于南土，使命周旋，远通孙权。乃以裔为益州太守，径往至郡。闿遂趑趄不宾，假鬼教曰："张府君如瓠壶，外虽泽而内实粗，不足杀，令缚与吴。"于是遂送裔于权。

会先主薨，诸葛亮遣邓芝使吴，亮令芝言次可从权请裔。裔自至吴数年，流徙伏匿，权未之知也，故许芝遣裔。裔临发，权乃引见，问裔曰："蜀卓氏寡女，亡奔司马相如，贵土风俗何以乃尔乎？"裔对曰："愚以为卓氏之寡女，犹贤于买臣之妻。"权又谓裔曰："君还，必用事西朝，终不作田父于闾里也，将何以报我？"裔对曰："裔负罪而归，将委命有司。若蒙徼幸得全首领，五十八已前父母之年也，自此已后大王之赐也。"权言笑欢悦，有器裔之色。裔出阁，深悔不能阳愚，即便就船，倍道兼行。权果追之，裔已入永安界数十里，追者不能及。

既至蜀，丞相亮以为参军，署府事，又领益州治中从事。亮出驻汉中，裔以射声校尉领留府长史，常称曰："公赏不遗远，罚不阿近，爵不可以无功取，刑不可以贵势免，此贤愚之所以佥忘其身者也。"其明年，北诣亮谘事，送者数百，车乘盈路，裔还书与所亲曰："近者涉道，昼夜接宾，不得宁息，人自敬丞相长史，男子张君嗣附之，疲倦欲死。"其谈啁流速，皆此类也。少与犍为杨恭友善，恭早死，遗孤未数岁，裔迎留，与分屋而居，事恭母如母。恭之子息长大，为之娶妇，买田宅产业，使立门户。抚恤故旧，振赡衰宗，行义甚至。加辅汉将军，领长史如故。建兴八年卒。子毣嗣，历三郡守监军。毣弟郁，太子中庶子。

杨洪字季休，犍为武阳人也。刘璋时历部诸郡。先主定蜀，太守李严命为功曹。严欲徙郡治舍，洪固谏不听，遂辞功曹，请退。严欲荐洪于州，为蜀部从事。先主争汉中，急书发兵，军师将军诸葛亮以问洪，洪曰："汉中则益州咽喉，存亡之机会，若无汉中则无蜀矣，此家门之祸也。方今之事，男子当战，女子当运，发兵何疑？"时蜀郡太守法正从先主北行，亮于是表洪领蜀郡太守，众事皆办，遂使即真。顷之，转为益州治中从事。

先主既称尊号，征吴不克，还住永安。汉嘉太守黄元素为诸葛亮所不善，闻先主疾病，惧有后患，举郡反，烧临邛城。时亮东行省疾，成都单虚，是以元益无所惮。洪即启太子，遣其亲兵，使将军陈曶、郑绰讨元。众议以为元若不能围成都，当由越嶲据南中。洪曰："元素性凶暴，无他恩信，何能办此？不过乘水东下，冀主上平安，面缚归死；如其有异，奔吴求活耳。敕曶、绰但于南安峡口遮即便得矣。"曶、绰承洪言，果生获元。洪建兴元年赐爵关内侯，复为蜀郡太守、忠节将军，后为越骑校尉，领郡如故。

五年，丞相亮北住汉中，欲用张裔为留府长史，问洪何如？洪对曰："裔天姿明察，长于治剧，才诚堪之，然性不公平，恐不可专任，不如留向朗。朗情伪差少，裔随从目下，效其器能，于是两善。"初，裔少与洪亲善。裔流放在吴，洪临裔郡，裔子郁给郡吏，微过受罚，不特原假。裔后还闻之，深以为恨，与洪情好有损。及洪见亮出，至裔许，具说所言。裔答洪曰："公留我了矣，明府不能止。"时人或疑洪意自欲作长史，或疑洪知裔自嫌，不愿裔处要职，典后事也。后裔与司盐校尉岑述不和，至于忿恨。亮与裔书曰："君昔在陌下，营坏，吾之用心，食不知味；后流进南海，相为悲叹，寝不安席；及其来还，委付大任，同奖王室，自以为与君古之石交也。石交之道，举仇以相益，割骨肉以相明，犹不相谢也，况吾但委意于元俭，而君不能忍邪？"论者由是明洪无私。

洪少不好学问，而忠清款亮，忧公如家，事继母至孝。六年卒官。始洪为李严功曹，严未去犍为而洪已为蜀郡。洪迎门下书佐何祇，有才策功干，举郡吏，数年为广汉太守，时洪亦尚在蜀郡。是以西土咸服诸葛亮能尽时人之器用也。

费诗字公举，犍为南安人也。刘璋时为绵竹令，先主攻绵竹时，诗先举城降。成都既定，先主领益州牧，以诗为督军从事，出为牂牁太守，还为州前部司马。先主为汉中王，遣诗拜关羽为前将军，羽闻黄忠为后将军，羽怒曰："大丈夫终不与老兵同列！"不肯受拜。诗谓羽曰："夫立王业者，所用非一。昔萧、曹与高祖少小亲旧，而陈、韩亡命后至，论其班列，韩最居上，未闻萧、曹以此为怨。今汉王以一时之功，隆崇于汉升，然意之轻重，宁当与君侯齐乎！且王与君侯，譬犹一体，同休等戚，祸福共之，愚为君侯，不宜计官号之高下，爵禄之多少为意也。仆一介之使，衔命之人，君侯不受拜，如是便还，但相为惜此举动，恐有后悔耳！"羽大感悟，遽即受拜。

后群臣议欲推汉中王称尊号，诗上疏曰："殿下以曹操父子逼主篡位，故乃羁旅万里，纠合士众，将以讨贼。今大敌未克，而先自立，恐人心疑惑。昔高祖与楚约，先破秦者王。及屠咸阳，获子婴，犹怀推让，况今殿下未出门庭，便欲自立邪！愚臣诚不为殿下取也。"由是忤指，左迁部永昌从事。建兴三年，随诸葛亮南行，归至汉阳县，降人李鸿来诣亮，亮见鸿，时蒋琬与诗在座。鸿曰："间过孟达许，适见王冲从南来，言往者达之去就，明公切齿，欲诛达妻子，赖先主不听耳。达曰：'诸葛亮见顾有本末，终不尔也。'尽不信冲言，委仰明公，无复已已。"亮谓琬、诗曰："还都当有书与子度相闻。"诗进曰："孟达小子，昔事振威不忠，后又背叛先主，反覆之人，何足与书邪！"亮默然不答。亮欲诱达以为外援，竟与达书曰："往年南征，岁末乃还，适与李鸿会于汉阳，承知消息，慨然永叹，以存足下平素之志，岂徒空托名荣，贵为乖离乎！呜呼孟子，斯实刘封侵陵足下，以伤先主待士之义。又鸿道王冲造作虚语，云足下量度吾心，不受冲说。寻表明之言，追平生之好，依依东望，故遣有书。”达得亮书，数相交通，辞欲叛魏。魏遣司马宣王征之，即斩灭达。亮亦以达无款诚之心，故不救助也。蒋琬秉政，以诗为谏议大夫，卒于家。

王冲者，广汉人也。为牙门将，统属江州督李严。为严所疾，惧罪降魏。魏以冲为乐陵太守。

评曰：霍峻孤城不倾，王连固节不移，向朗好学不倦，张裔肤敏应机，杨洪乃心忠公，费诗率意而言，皆有可纪焉。以先主之广济，诸葛之准绳，诗吐直言，犹用陵迟，况庸后乎哉！

【译文】

霍峻字仲邈，他是南郡枝江人。他的哥哥名字叫霍笃，曾在乡里召集家族武装数百人。霍笃死后，荆州牧刘表就让霍峻继续率领这支兵马。刘表死后，霍峻带人投奔了刘备，刘备任他为中郎将。刘备从葭萌南返袭击刘璋，留霍峻镇守葭萌城。张鲁派将领杨帛诱霍峻，请求共同守城，霍峻说：“你们可以得到我的头，却得不到这座城。”杨帛无奈而退去。后来，刘璋的将领扶禁、向存等人率领一万余人由阆水而上，围攻霍峻，攻了一年，也没有打下。霍峻城中兵力只有几百人，乘敌松懈之机，选精锐勇士出击，大败敌人，砍下向存的脑袋。刘备平定蜀国，嘉奖霍峻的功劳，分广汉为梓潼郡，任命霍峻为梓潼太守、裨将军。在任三年，四十岁便去世了，还葬于成都。刘备十分哀惜，下诏给诸葛亮说：“霍峻是良臣，有功于国，我要亲自祭奠他。”于是，刘备率领众朝臣前去吊丧，还在墓上留宿，当时人都为霍峻感到荣幸。

霍峻的儿子霍弋，字绍先，章武末年任太子舍人。后主即位，霍弋任谒者仆射。丞相诸葛亮北上进驻汉中，请求让霍弋任记室，和自己的儿子诸葛乔在一起游览共处。诸葛亮死后，霍弋任黄门侍郎。后主立太子刘璿，以霍弋为太子中庶子。刘璿喜欢骑射，出入皇宫没有节制。霍弋援引古人讲的道理，规劝太子，事情做得非常得体。后来，他出任庲降都督驻屯区参军，又转任护军，统管军务不变。当时永昌郡的少数民族仗恃地形险要不服从蜀国，多次侵掠，朝廷派霍弋率军进击，杀死了他们的首领，摧毁了据点和村落，使郡中又恢复了宁静。升迁为监军、翊军将军，兼建宁郡太守，依旧负责南中各郡军务。景耀六年，进号安南将军。这一年，蜀汉被曹魏所灭。霍弋和巴东领军襄阳人罗宪各自率众降附曹魏，全都被保留了原来的职务，受到了优待。

王连字文仪，他是南阳郡人。刘璋时进入蜀地，担任梓潼县令。先主在葭萌起兵，进军征讨南方，王连紧闭城门，不肯投降。先主认为他是义士，也不强行逼迫。等到成都平定以后，任命王连为什邡县令，转任广都县令，所治之处，都有政绩。升为司盐校尉，他调查研究盐铁的利润，发现利润收入非常多，有利于补充国家财政需要，于是选拔优秀人才作为属官，如吕乂、杜祺、刘幹等人。他们最后都当上大官，都是王连提拔上来的。后来王连升任蜀郡太守、兴业将军，和以前一样兼管盐府的事务。建兴元年，拜为屯骑校尉，兼任丞相长史，封为平阳亭侯。当时南方各郡没有归顺，诸葛亮准备亲自征讨，王连劝谏，认为“那是不毛之地，瘟疫疾病流行的地方，不应当让一个国家所敬仰的人去冒险行动”。诸葛亮考虑到各位将领的才能不如自己，坚持一定要去，而王连每次劝谏总是恳切之至，所以停留了很久。王连去世了。他的儿子王山继承爵位，官至江阳太守。

向朗字巨达，他是襄阳郡宜城县人。荆州牧刘表任向朗为临沮县长。刘表死后，向朗归顺了先主。先主平定江南，派向朗都督秭归、夷道、巫县、夷陵四个县的军事和民事。占领益州以后，又任向朗为巴西太守，接着又先后转任牂牁、房陵太守。后主即位以后，向朗又任步兵校尉，代王连兼任丞相长史。丞相诸葛亮南征，向朗被留下总管丞相府的公务。建兴五年，又随诸葛亮到汉中。向朗与马谡的关系一向很好，所以当马谡兵败逃亡后，向朗知情而不举报，诸葛亮对此非常愤恨，把向朗免职，送回成都。几年以后，向朗又任光禄勋。诸葛亮去世后被迁为左将军，追论旧日的功劳，封向朗为显明亭侯，位居特进。当初，向朗年轻的时候，虽然涉猎文字书籍，然而却不注重操行，而是以有行政才能著称。自从被免去长史的职务以后，闲散无事将近三十年，便改为潜心钻研典籍，孜孜不倦。年过八十岁，还亲自校勘书籍，删除错误，确定正确的文字。向朗积聚的书籍，在当时是最多的。向朗还敞开大门接纳宾客，指导和接纳后起的青年，向朗在指导的时候，只讲论古书的道理，从不触及当时的政治，因此受到人们的称赞。上自掌权的大臣，下到幼童青年，全都敬重向朗。延熙十年，向朗去世。向朗的儿子向条继承了爵位，景耀年间任御史中丞。

向朗的侄子向宠，先主在世时任牙门将。刘备向东征讨孙吴，在秭归大败，只有向宠所部没有损失。建兴元年，向宠被封都亭侯，后为中部督，统领宫廷禁卫。诸葛亮北伐曹魏前，上表后主说："将军向宠，性情温和，品行端正，通晓军事，从前被试用的时候，先帝都称他能干。所以，众人都推举他为中部督，统领宫廷禁卫。臣认为，禁卫营中之事，都要向他咨询，这样，一定能使军中将士和睦，各种人才都能各尽其能。"后升迁为中领军。延熙三年，在征伐汉嘉郡少数民族时身亡。向宠弟向允，历任射声校尉、尚书等职。

张裔字君嗣，他是蜀郡成都人。他曾经研读《春秋公羊传》，博览《史记》《汉书》。汝南人许文休到蜀地，说张裔办事勤勉，与中原钟元常是同类人。刘璋为益州牧时，张裔被推举为孝廉，任鱼复县长。后回益州府代理从事，兼任帐下司马。张飞从荆州由垫江进入蜀地，刘璋让张裔率领一队人马，在德阳县陌下镇抵御张飞，战败后回到成都。他又为刘璋出使去见刘备，刘备答应礼待刘璋，妥善安置他的臣民。张裔返回，成都城门也就开了，刘璋投降。刘备命张裔为巴郡太守，后来回成都任司金中郎将，督造农具、武器。此前，益州郡人杀了太守正昂，老资格首领雍闿又以德、信著称于南方，于是派人四处联络，和尚远在东方的孙权相互往来。刘备便任命张裔为益州太守，径往郡治所在。雍闿犹豫着不肯归服，又假借鬼教名义传出话来说："张府君就像葫芦做的壶，外表光润里面粗糙，不值得一杀，把他绑起来送给东吴。"于是就把张裔押送到东吴。

刘备死以后，诸葛亮派遣邓芝出使吴国，命邓芝谈完主要事情后要东吴放还张裔。张裔在吴国几年，被流放隐居，孙权根本不知道这个人，所以，就答应邓芝放还张裔。张裔临走前，孙权召见他说："蜀国卓氏的寡妇，竟然和司马相如私奔，贵国的风俗怎么这样？"张裔回答说："我认为，卓氏的寡妇，仍然比朱买臣妻贤惠。"孙权又问他："你回去以后，必然要为蜀国效力，再也不会像农民那样困守在小巷里，你将用什么来报答我呢？"张裔又回答说："我负罪回国，命运由朝廷安排。如果能侥幸保住脑袋，那么，我五十八岁以前是父母给的生命，从今往后是大王您赏赐的生命。"孙权大笑，表示非常器重张裔的才能。张裔一出孙权宫门，就十分后悔自己没能装傻，便迅速上船，加倍快行。果然孙权派人追他，这时，张裔已进入永安界几十里，追的人无法追上。

张裔返回成都，丞相诸葛亮让他做了参军，执掌丞相府公务，又兼任益州治中从事。诸葛亮北上进驻汉中，张裔以射声校尉的身份兼任丞相留守府长史。他常称赞诸葛亮说："诸葛公颁奖不会漏掉远处的人，执行惩罚不会袒护身边的人，没有功劳爵位得不到，虽有权势刑罚免不掉，这就是不论贤愚都能够尽心尽力的原因啊！"第二年，他北上汉中向诸葛亮请示事情，有几百人前来送行，车辆挤满道路，他给亲近的人写信，说："近期就要上路，昼夜接待宾客，不得休息，人们尊敬的是丞相府长史这个职位而我又依附着这个官职，所以累得要死。"他就是这样谈吐诙谐，流畅敏捷。年轻的时候与犍为郡杨恭关系很好，杨恭死得早，留下的孩子才几岁，张裔就把杨恭的家眷接在自己家中，分屋居住，将杨恭的母亲当作自己的母亲一样侍奉。杨恭的儿子长大以后，他又为他娶妻，购买田产，让他们自立门户。抚恤老友的亲眷，救济衰落的家族，十分讲义气。加任辅汉将军，依旧兼任长史。建兴八年去世。儿子张毣承位。历任三个郡的郡守和监军。张毣的弟弟张郁，任太子中庶子。

杨洪字季休，他是犍为武阳人。刘璋做了益州刺史时，杨洪做郡从事，督查各郡。刘备占领益州后，犍为郡太守李严任命杨洪为郡功曹。李严想迁徙郡府，杨洪竭力劝谏而李严不听，于是，杨洪便辞去功曹职务，请求离开。李严又把杨洪推荐给刘备，杨洪又被任命为蜀部从事。刘备与曹操争夺汉中之时，发来紧急文书要求诸葛亮派兵增援。诸葛亮问杨洪该怎么办，杨洪说："汉中是益州咽喉，是益州存亡的关键所在，如果汉中丢失也就没有了益州，这是发生在家门口的灾祸啊！以今之势，应该动员一切人力，男人上前线打仗，女子在后方运输，发兵援助汉中不必迟疑！"当时，郡太守法正也随从刘备在北边的汉中，于是，诸葛亮上表让杨洪代理蜀郡太守；汉中的事情结束以后，杨洪被正式任命为蜀郡太守。不久，又转为益州治中从事。

刘备称帝后，讨伐吴失败，暂时驻军永安行宫。嘉郡太守黄元，诸葛亮对他一直没有好感。黄元听说刘备生病，担心以后遭受祸患，便就地举兵造反，烧毁临邛城。当时，诸葛亮正东下永安去探视刘备的病情，成都兵力不足。所以，黄元更是狂妄。杨洪立即报告太子，并派遣亲兵，让将军陈曶、郑绰统辖去讨伐黄元。朝臣大多认为，如果黄元不包围成都，就会经过越嶲郡去占据南中。杨洪却说："黄元本性凶暴，没有什么德信，他怎么会懂得这么做？他不过是想顺江东下，如果陛下还平安，就会主动绑上自己去向陛下请罪，如果陛下有意外，他就会逃往东吴以求活命。”杨洪随即指示陈曶、郑绰二将说：“只要到南安峡口去阻拦，就能抓住黄元。”陈、郑二将按照他的计策，果然生擒了黄元。建兴元年，被赐爵关内侯，又任蜀郡太守，兼忠节将军，后来任越骑校尉，仍兼任蜀郡太守。

建兴五年，丞相诸葛亮向北征讨驻兵汉中，想要张裔为留府长史，问杨洪怎么样？杨洪回答说：“张裔聪明敏锐，擅长整治艰难困境，论才能的确可以胜任，但他心胸狭隘，难以独当一面，不如让向朗去做。向朗性格沉稳虚伪少，张裔跟着您显露才能，可说是两全其美。”当初，张裔和杨洪年轻时关系很好。张裔流放在吴，杨洪到张裔家所在郡视察，张裔的儿子张郁在郡中当吏员，因为一点小过失而受处罚，杨洪没有给予特别宽容。张裔回来后听说这件事，很是恼恨，与杨洪的友情便逐渐冷淡下来。杨洪见诸葛亮出兵以后，便到张裔那里，原原本本地把自己跟诸葛亮说的话全都告诉了张裔。张裔说：“丞相留我之意很明白，你阻止不了。”当时有人怀疑杨洪是想自己做长史，也有人说杨洪知道张裔厌恶自己，不想看到张裔身处要职，管理后方事务。后来，张裔和司盐校尉岑述不睦，甚至相互仇恨。诸葛亮在给张裔的信中说：“过去你在陌下时，用兵失败，我为你操心，食不甘味；后来，你又流亡到南海，我也为你悲叹，睡不安枕；到你投奔先帝以后，我委你重任，同为王室尽力，我自认为和你可称为古代的‘石交’。‘石交’，就是推举仇敌使朋友得到好处，割自己之肉也在所不辞，何况我只是有意于元俭，难道你就不能忍受吗？”评论的人从这些话看出杨洪是没有私心的。

杨洪年轻时不喜欢学习，但清廉正直，担心国事如同家事一般，侍奉继母极其孝顺。建兴六年，死在任上。早年，杨洪是李严的功曹，后来，李严还没有去犍为任太守时杨洪已是蜀郡太守了。为杨洪掌管文书的门下书佐何祗，很有谋略才干，被推举为郡吏，几年后，任广汉太守，此时，杨洪也还在蜀郡太守任上，因此，蜀地人士都佩服诸葛亮能让当时人士发挥自己的全部才能。

费诗字公举，他是犍为南安人。刘璋为益州牧时他做绵竹县令，刘备进击绵竹，费诗率先带领县中军民投降。成都平定后，刘备兼任益州牧，任费诗为督军从事，出任牂牁太守，回任益州前部司马。先主做汉中王，派费诗去拜关羽为前将军，关羽听说黄忠任后将军，怒说：“大丈夫决不能与老卒在同一位次上！”不肯接受任命。费诗对关羽说：“大凡建立王业之人，使用的人才怎能为一个？从前萧何、曹参和汉高祖刘邦少年就是朋友，而陈平、韩信都是逃亡过来的，但是论朝中排列，韩信位居最上，却未听说萧何、曹参因此而有何怨言。今天汉王因黄忠的功劳，对他施恩，就是把你们二人同等看待吗！况且汉王与您如同一体，休戚与共，福祸同当，我认为，您不应计较官号的高下，爵禄的多少。我只是一个奉命而行的使臣，如果您不肯就任，让我就这样回去，只能对您感到惋惜，恐怕您将来要后悔！”关羽猛然省悟，接受了这一任命。

在这之后群臣商议想劝汉中王称帝，费诗却上了一封奏疏说：“主公因曹操父子逼迫天子篡夺帝位，所以，才奔波万里之遥，招集人马，讨伐奸贼。敌未灭，就先自立为帝，恐人心有疑。从前，高祖与项羽约定，先攻破秦都咸阳者为王。后来，高祖先攻入咸阳，俘虏了子婴，尽管这样，还再三推让不愿当王，何况现在文公尚未迈出益州之门，就要自立为皇帝吗！愚臣以为文公不能采取这种意见。”结果，奏疏违逆了刘备的意愿，费诗被贬职为永昌从事。建兴三年，费诗随诸葛亮南征，回军至汉阳的时候，从曹魏投降过来的李鸿来拜见诸葛亮，诸葛亮与李鸿见面时，蒋琬、费诗也在座，李鸿说：“最近，我路过孟达那里，正好遇见王冲从南边来，他说丞相您对孟达过去叛蜀降曹之事恨之切齿，要诛杀孟达的妻子儿女，因为先主不允才没这样做。孟达听了说：‘丞相对我的照顾是善始善终的，他决不会这样做。’他对王冲的话全然不信，仍然对您充满信任和仰慕。”诸葛亮对蒋琬、费诗说：“回到成都以后我当给子度写信。”费诗进言说：“孟达这个人，过去跟从刘璋就没有尽忠心，后来又背叛先帝，这种反复无常的小人，怎么值得给他写信呢！”诸葛亮默然不语，仍然想引诱孟达为外援，后来，还是给孟达写了信，说：“往年南征，年底才归。不久前与李鸿在汉阳相会，才得知你的消息，怅然感叹。想起你平时的志向，难道只是空求虚荣，喜做背离之事吗！孟达呀，实际是刘封欺压你，他破坏了先帝宽容部下的义气。李鸿说王冲编造谎话欺骗于你，说你能够体谅我的用心，没有听王冲的挑拨。重温你明理之言，追忆平生友好，依依向东遥望，所以，给你写这封信。”孟达接到诸葛亮的信以后，几次往来书信，准备背叛魏国。魏国派司马宣王征讨，很快就杀了孟达。诸葛亮也因为孟达没有坦诚之心，而没有去救他。蒋琬执政后，任命费诗为谏议大夫，最后死在家中。

王冲是广汉人，为牙门将，是江州督李严部下。因被李严忌恨，害怕获罪而投降魏国。魏国任他为乐陵太守。

评论说：霍峻坚守孤城没有被攻下，王连不改变气节，向朗好学不倦，张裔机智灵敏，杨洪忠诚公正，费诗仗义执言，都是非常值得记载下来的。以刘备的宽宏大量，诸葛亮的坚持原则，像费诗这样坦诚直言，尚且还被降职，更何况那些平庸的后人呢？

三国志卷四十二·蜀书十二

杜周杜许孟来尹李谯郤传

杜微字国辅，梓潼涪人也。少受学于广汉任安。刘璋辟为从事，以疾去官。及先主定蜀，微常称聋，闭门不出。建兴二年，丞相亮领益州牧，选迎皆妙简旧德，以秦宓为别驾，五梁为功曹，微为主簿。微固辞，舆而致之。既致，亮引见微，微自陈谢。亮以微不闻人语，于坐上与书曰："服闻德行，饥渴历时，清浊异流，无缘咨觏。王元泰、李伯仁、王文仪、杨季休、丁君幹、李永南兄弟、文仲宝等，每叹高志，未见如旧。猥以空虚，统领贵州，德薄任重，惨惨忧虑。朝廷今年始十八，天姿仁敏，爱德下士。天下之人思慕汉室，欲与君因天顺民，辅此明主，以隆季兴之功，著勋于竹帛也。以谓贤愚不相为谋，故自割绝，守劳而已，不图自屈也。"微自乞老病求归，亮又与书答曰："曹丕篡弑，自立为帝，是犹土龙刍狗之有名也。欲与群贤因其邪伪，以正道灭之。怪君未有相诲，便欲求还于山野。丕又大兴劳役，以向吴、楚。今因丕多务，且以闭境勤农，育养民物，并治甲兵，以待其挫，然后伐之，可使兵不战民不劳而天下定也。君但当以德辅时耳，不责君军事，何为汲汲欲求去乎！"其敬微如此。拜为谏议大夫，以从其志。

五梁者，字德山，犍为南安人也，以儒学节操称。从议郎迁谏议大夫、五官中郎将。

周群字仲直，巴西阆中人也。父舒，字叔布，少学术于广汉杨厚，名亚董扶、任安。数被征，终不诣，时人有问："《春秋谶》曰代汉者当涂高，此何谓也？"舒曰："当涂高者，魏也。"乡党学者私传其语。群少受学于舒，专心候业。于庭中作小楼，家富多奴，常令奴更直于楼上视天灾，才见一气，即白群，群自上楼观之，不避晨夜，故凡有气候，无不见之者，是以所言多中。州牧刘璋，辟以为师友从事。先主定蜀，署儒林校尉。先主欲与曹公争汉中，问群，群对曰："当得其地，不得其民也。若出偏军，必不利，当戒慎之！"时州后部司马蜀郡张裕亦晓占候，而天才过群，谏先主曰："不可争汉中，军必不利。"先主竟不用裕言，果得地而不得民也。遣将军吴兰、雷铜等入武都，皆没不还，悉如群言。于是举群茂才。

裕又私语人曰："岁在庚子，天下当易代，刘氏祚尽矣。主公得益州，九年之后，寅卯之间当失之。"人密白其言。初，先主与刘璋会涪时，裕为璋从事，侍坐。其人饶须，先主嘲之曰："昔吾居涿县，特多毛姓，东西南北皆诸毛也，涿令称曰'诸毛绕涿居乎'！"裕即答曰："昔有作上党潞长，迁为涿令者，去官还家，时人与书，欲署潞则失涿，欲署涿则失潞，乃署曰'潞涿君'。"先主无须，故裕以此及之。先主常衔其不逊，加忿其漏言，乃显裕谏争汉中不验，下狱，将诛之。诸葛亮表请其罪，先主答曰："芳兰生门，不得不鉏。"裕遂弃市。后魏氏之立，先主之薨，皆如裕所刻。又晓相术，每举镜视面，自知刑死，未尝不扑之于地也。

群卒，子巨颇传其术。

杜琼字伯瑜，蜀郡成都人也。少受学于任安，精究安术。刘璋时辟为从事。先主定益州，领牧，以琼为议曹从事。后主践阼，拜谏议大夫，迁左中郎将、大鸿胪、太常。为人静默少言，阖门自守，不与世事。蒋琬、费祎等皆器重之。虽学业入深，初不视天文有所论说。后进通儒谯周常问其意，琼答曰："欲明此术甚难，须当身视，识其形色，不可信人也。晨夜苦剧，然后知之，复忧漏泄，不如不知，是以不复视也。"周因问曰："昔周徵君以为当涂高者魏也，其义何也？"琼答曰："魏，阙名也，当涂而高，圣人取类而言耳。"又问周曰："宁复有所怪邪？"周曰："未达也。"琼又曰："古者名官职不言曹；始自汉已来，名官尽言曹，吏言属曹，卒言侍曹，此殆天意也。"琼年八十余，延熙十三年卒。著《韩诗章句》十余万言，不教诸子，内学无传业者。周缘琼言，乃触类而长之曰："《春秋传》著晋穆侯名太子曰仇，弟曰成师。师服曰：'异哉君之名子也！嘉耦曰妃，怨耦曰仇，今君名太子曰仇，弟曰成师，始兆乱矣，兄其替乎？'其后果如服言。及汉灵帝名二子曰史侯、董侯，既立为帝，后皆免为诸侯，与师服言相似也。先主讳备，其训具也，后主讳禅，其训授也，如言刘已具矣，当授与人也；意者甚于穆侯、灵帝之名子。"后宦人黄皓弄权于内，景耀五年，宫中大树无故自折，周深忧之，无所与言，乃书柱曰："众而大，期之会，具而授，若何复？"言曹者众也。魏者大也，众而大，天下其当会也，具而授，如何复有立者乎？蜀既亡，咸以周言为验。周曰："此虽己所推寻，然有所因，由杜君之辞而广之耳，殊无神思独至之异也。"

许慈字仁笃，南阳人也。师事刘熙，善郑氏学，治《易》《尚书》《三礼》《毛诗》《论语》。建安中，与许靖等俱自交州入蜀。时又有魏郡胡潜，字公兴，不知其所以在益土。潜虽学不沾洽，然卓荦强识，祖宗制度之仪，丧纪五服之数，皆指掌画地，举手可采。先主定蜀，承丧乱历纪，学业衰废，乃鸠合典籍，沙汰众学，慈、潜并为学士，与孟光、来敏等典掌旧文。值庶事草创，动多疑议，慈、潜更相克伐，谤讟忿争，形于声色；书籍有无，不相通借，时寻楚挞，以相震挠。其矜己妒彼，乃至于此。先主愍其若斯，群僚大会，使倡家假为二子之容，效其讼阋之状，酒酣乐作，以为嬉戏，初以辞义相难，终以刀杖相屈，用感切之。潜先没，慈后主世稍迁至大长秋，卒。子勋传其业，复为博士。

孟光字孝裕，河南洛阳人，汉太尉孟郁之族。灵帝末为讲部吏。献帝迁都长安，遂逃入蜀，刘焉父子待以客礼。博物识古，无书不览，尤锐意三史，长于汉家旧典。好《公羊春秋》而讥呵《左氏》，每与来敏争此二义，光常譊譊讙咋。先主定益州，拜为议郎，与许慈等并掌制度。后主践阼，为符节令、屯骑校尉、长乐少府，迁大司农。延熙九年秋，大赦，光于众中责大将军费祎曰："夫赦者，偏枯之物，非明世所宜有也。衰弊穷极，必不得已，然后乃可权而行之耳。今主上仁贤，百僚称职，有何旦夕之危，倒悬之急，而数施非常之恩，以惠奸宄之恶乎？又鹰隼始击，而更原宥有罪，上犯天时，下违人理。老夫耄朽，不达治体，窃谓斯法难以经久，岂具瞻之高美，所望于明德哉。"祎但顾谢踧踖而已。光之指摘痛痒，多如是类，故执政重臣，心不能悦，爵位不登；每直言无所回避，为世所嫌。太常广汉镡承、光禄勋河东裴俊等，年资皆在光后，而登据上列，处光之右，盖以此也。

后进文士秘书郎郤正数从光谘访，光问正太子所习读并其情性好尚，正答曰："奉亲虔恭，夙夜匪懈，有古世子之风；接待群僚，举动出于仁恕。"光曰："如君所道，皆家户所有耳；吾今所问，欲知其权略智调何如也。"正曰："世子之道，在于承志竭欢，既不得妄有所施为，且智调藏于胸怀，权略应时而发，此之有无，焉可豫设也？"光解正慎宜，不为放谈，乃曰："吾好直言，无所回避，每弹射利病，为世人所讥嫌；省君意亦不甚好吾言，然语有次。今天下未定，智意为先，智意虽有自然，然亦可力强致也。此储君读书，宁当效吾等竭力博识以待访问，如博士探策讲试以求爵位邪！当务其急者。”正深谓光言为然。后光坐事免官，年九十余卒。

来敏字敬达，义阳新野人，来歙之后也。父艳，为汉司空。汉末大乱，敏随姊奔荆州，姊夫黄琬是刘璋祖母之侄，故璋遣迎琬妻，敏遂俱与姊入蜀，常为璋宾客。涉猎书籍，善《左氏春秋》，尤精于《仓》《雅》训诂，好是正文字。先主定益州，署敏典学校尉，及立太子，以为家令。后主践阼，为虎贲中郎将。丞相亮住汉中，请为军祭酒、辅军将军，坐事去职。亮卒后，还成都为大长秋，又免，后累迁为光禄大夫，复坐过黜。前后数贬削，皆以语言不节，举动违常也。时孟光亦以枢机不慎，议论干时，然犹愈于敏，俱以其耆宿学士见礼于世。而敏荆楚名族，东宫旧臣，特加优待，是故废而复起。后以敏为执慎将军，欲令以官重自警戒也。年九十七，景耀中卒。子忠，亦博览经学，有敏风，与尚书向充等并能协赞大将军姜维。维善之，以为参军。

尹默字思潜，梓潼涪人也。益部多贵今文而不崇章句，默知其不博，乃远游荆州，从司马德操、宋仲子等受古学。皆通诸经史，又专精于《左氏春秋》，自刘歆条例，郑众、贾逵父子、陈元、服虔注说，咸略诵述，不复按本。先主定益州，领牧，以为劝学从事。及立太子，以默为仆，以《左氏传》授后主。后主践阼，拜谏议大夫。丞相亮住汉中，请为军祭酒。亮卒，还成都，拜太中大夫，卒。子宗传其业，为博士。

李撰字钦仲，梓潼涪人也。父仁，字德贤，与同县尹默俱游荆州，从司马徽、宋忠等学。撰具传其业，又从默讲论义理，五经、诸子，无不该览，加博好技艺，算术、卜数、医药、弓弩、机械之巧，皆致思焉。始为州书佐、尚书令史。延熙元年，后主立太子，以撰为庶子，迁为仆。转中散大夫、右中郎将，犹侍太子。太子爱其多知，甚悦之。然体轻脱，好戏嘲，故世不能重也。著古文《易》《尚书》《毛诗》《三礼》《左氏传》《太玄指归》，皆依准贾、马，异于郑玄。与王氏殊隔，初不见其所述，而意归多同。景耀中卒。时又有汉中陈术，字申伯，亦博学多闻，著《释问》七篇、《益部耆旧传》及《志》，位历三郡太守。

谯周字允南，巴西西充国人也。父岍，字荣始，治《尚书》，兼通诸经及图、纬。州郡辟请，皆不应，州就假师友从事。周幼孤，与母兄同居。既长，耽古笃学，家贫未尝问产业，诵读典籍，欣然独笑，以忘寝食。研精六经，尤善书札。颇晓天文，而不以留意；诸子文章非心所存，不悉遍视也。身长八尺，体貌素朴，性推诚不饰，无造次辩论之才，然潜识内敏。

建兴中，丞相亮领益州牧，命周为劝学从事。亮卒于敌庭，周在家闻问，即便奔赴，寻有诏书禁断，惟周以速行得达。大将军蒋琬领刺史，徙为典学从事，总州之学者。

后主立太子，以周为仆，转家令。时后主颇出游观，增广声乐。周上疏谏曰："昔王莽之败，豪杰并起，跨州据郡，欲弄神器，于是贤才智士思望所归，未必以其势之广狭，惟其德之薄厚也。是故于时更始、公孙述及诸有大众者多已广大，然莫不快情恣欲，怠于为善，游猎饮食，不恤民物。世祖初入河北，冯异等劝之曰：'当行人所不能为，遂务理冤狱，节俭饮食，动遵法度，故北州歌叹，声布四远。于是邓禹自南阳追之，吴汉、寇恂未识世祖，遥闻德行，遂以权计举渔阳、上谷突骑迎于广阿。其余望风慕德者邳肜、耿纯、刘植之徒，至于舆病赍棺，襁负而至者，不可胜数，故能以弱为强，屠王郎，吞铜马，折赤眉而成帝业也。及在洛阳，尝欲小出，车驾已御，铫期谏曰：'天下未宁，臣诚不愿陛下细行数出。'即时还车。及征隗嚣，颍川盗起，世祖还洛阳，但遣寇恂往，恂曰：'颍川以陛下远征，故奸猾起叛，未知陛下还，恐不时降；陛下自临，颍川贼必即降。'遂至颍川，竟如恂言。故非急务，欲小出不敢，至于急务，欲自安不为，故帝者之欲善也如此！故传曰'百姓不徒附'，诚以德先之也。今汉遭厄运，天下三分，雄哲之士思望之时也。陛下天姿至孝，丧逾三年，言及陨涕，虽曾闵不过也。敬贤任才，使之尽力，有逾成康。故国内和一，大小戮力，臣所不能陈。然臣不胜大愿，愿复广人所不能者。夫挽大重者，其用力苦不众，拔大艰者，其善术苦不广，且承事宗庙者，非徒求福祐，所以率民尊上也。至于四时之祀，或有不临，池苑之观，或有仍出，臣之愚滞，私不自安。夫忧责在身者，不暇尽乐，先帝之志，堂构未成，诚非尽乐之时。愿省减乐官、后宫所增造，但奉修先帝所施，下为子孙节俭之教。"徙为中散大夫，犹侍太子。

于时军旅数出，百姓彫瘁，周与尚书令陈祗论其利害，退而书之，谓之《仇国论》。其辞曰："因余之国小，而肇建之国大，并争于世而为仇敌。因余之国有高贤卿者，问于伏愚子曰：'今国事未定，上下劳心，往古之事，能以弱胜强者，其术何如？'伏愚子曰：'吾闻之，处大无患者恒多慢，处小有忧者恒思善；多慢则生乱，思善则生治，理之常也。故周文养民，以少取多，句践卹众，以弱毙强，此其术也。’贤卿曰：‘曩者项强汉弱，相与战争，无日宁息，然项羽与汉约分鸿沟为界，各欲归息民；张良以为民志既定，则难动也，寻帅追羽，终毙项氏，岂必由文王之事乎？肇建之国方有疾疢，我因其隙，陷其边陲，觊增其疾而毙之也。’伏愚子曰：‘当殷、周之际，王侯世尊，君臣久固，民习所专；深根者难拔，据固者难迁。当此之时，虽汉祖安能杖剑鞭马而取天下乎？当秦罢侯置守之后，民疲秦役，天下土崩，或岁改主，或月易公，鸟惊兽骇，莫知所从，于是豪强并争，虎裂狼分，疾搏者获多，迟后者见吞。今我与肇建皆传国易世矣，既非秦末鼎沸之时，实有六国并据之势，故可为文王，难为汉祖。夫民疲劳则骚扰之兆生，上慢下暴则瓦解之形起，谚曰：“射幸数跌，不如审发。”是故智者不为小利移目，不为意似改步，时可而后动，数合而后举，故汤、武之师不再战而克，诚重民劳而度时审也。如遂极武黩征，土崩势生，不幸遇难，虽有智者将不能谋之矣。若乃奇变纵横，出入无间，冲波截辙，超谷越山，不由舟楫而济盟津者，我愚子也，实所不及。’”

后迁光禄大夫，位亚九列。周虽不与政事，以儒行见礼，时访大议，辄据经以对，而后生好事者亦咨问所疑焉。

景耀六年冬，魏大将军邓艾克江由，长驱而前。而蜀本谓敌不便至，不作城守调度，及闻艾已入平，百姓扰扰，皆迸山野，不可禁制。后主使群臣会议，计无所出。或以为蜀之与吴，本为和国，宜可奔吴；或以为南中七郡，阻险斗绝，易以自守，宜可奔南。惟周以为：“自古已来，无寄他国为天子者也，今若入吴，固当臣服。且政理不殊，则大能吞小，此数之自然也。由此言之，则魏能并吴，吴不能并魏明矣。等为小称臣，孰与为大？再辱之耻，何与一辱？且若欲奔南，则当早为之计，然后可果；今大敌以近，祸败将及，群小之心，无一可保，恐发足之日，其变不测，何至南之有乎！”群臣或难周曰：“今艾以不远，恐不受降，如之何？”周曰：“方今东吴未宾，事势不得不受，受之之后，不得不礼。若陛下降魏，魏不裂土以封陛下者，周请身诣京都，以古义争之。”众人无以易周之理。

后主犹疑于入南，周上疏曰：“或说陛下以北兵深入，有欲适南之计，臣愚以为不安。何者？南方远夷之地，平常无所供为，犹数反叛，自丞相亮南征，兵势逼之，穷乃幸从。是后供出官赋，取以给兵，以为愁怨，此患国之人也。今以穷迫，欲往依恃，恐必复反叛，一也。北兵之来，非但取蜀而已，若奔南方，必因人势衰，及时赴追，二也。若至南方，外当拒敌，内供服御，费用张广，他无所取，耗损诸夷必甚，甚必速叛，三也。昔王郎以邯郸僭号，时世祖在信都，畏逼于郎，欲弃还关中。邳彤谏曰：'明公西还，则邯郸城民不肯捐父母，背城王，而千里送公，其亡叛可必也。'世祖从之，遂破邯郸。今北兵至，陛下南行，诚恐邳彤之言复信于今，四也。愿陛下早为之图，可获爵土；若遂适南，势穷乃服，其祸必深。《易》曰：'亢之为言，知得而不知丧，知存而不知亡；知得失存亡而不失其正者，其惟圣人乎！'言圣人知命而不苟必也。故尧、舜以子不善，知天有授，而求授人；子虽不肖，祸尚未萌，而迎授予人，况祸以至乎！故微子以殷王之昆，面缚衔璧而归武王，岂所乐哉，不得已也。"于是遂从周策。刘氏无虞，一邦蒙赖，周之谋也。

时晋文王为魏相国，以周有全国之功，封阳城亭侯。又下书辟周，周发至汉中，困疾不进。咸熙二年夏，巴郡文立从洛阳还蜀，过见周。周语次，因书版示立曰："典午忽兮，月酉没兮。"典午者谓司马也，月酉者谓八月也，至八月而文王果崩。晋室践阼，累下诏所在发遣周。周遂舆疾诣洛，泰始三年至。以疾不起，就拜骑都尉，周乃自陈无功而封，求还爵土，皆不听许。

五年，予尝为本郡中正，清定事讫，求休还家，往与周别。周语予曰："昔孔子七十二、刘向、扬雄七十一而没，今吾年过七十，庶慕孔子遗风，可与刘、扬同轨，恐不出后岁，必便长逝，不复相见矣。"疑周以术知之，假此而言也。六年秋，为散骑常侍，疾笃不拜，至冬卒。凡所著述，撰定《法训》《五经论》《古史考》之属百余篇。周三子，熙、贤、同。少子同颇好周业，亦以忠笃质素为行，举孝廉，除锡令、东宫洗马，召不就。

郤正字令先，河南偃师人也。祖父俭，灵帝末为益州刺史，为盗贼所杀。会天下大乱，故正父揖因留蜀。揖为将军孟达营都督，随达降魏，为中书令史。正本名纂。少以父死母嫁，单茕只立，而安贫好学，博览坟籍。弱冠能属文，入为秘书吏，转为令史，迁郎，至令。性澹于荣利，而尤耽意文章，自司马、王、扬、班、傅、张、蔡之俦遗文篇赋，及当世美书善论，益部有者，则钻凿推求，略皆寓目。自在内职，与宦人黄皓比屋周旋，经三十年。皓从微至贵，操弄威权，正既不为皓所爱，亦不为皓所憎，是以官不过六百石，而免于忧患。

依则先儒，假文见意，号曰《释讥》，其文继于崔骃《达旨》。其辞曰：

或有讥余者曰："闻之前记，夫事与时并，名与功偕，然则名之与事，前哲之急务也。是故创制作范，匪时不立，流称垂名，匪功不记，名必须功而乃显，事亦俟时以行止，身没名灭，君子所耻。是以达人研道，探赜索微，观天运之符表，考人事之盛衰，辩者驰说，智者应机，谋夫演略，武士奋威，云合雾集，风激电飞，量时揆宜，用取世资，小屈大申，存公忽私，虽尺枉而寻直，终扬光以发辉也。今三方鼎跱，九有未乂，悠悠四海，婴丁祸败，嗟道义之沈塞，愍生民之颠沛，此诚圣贤拯救之秋，烈士树功之会也。吾子以高朗之才，珪璋之质，兼览博窥，留心道术，无远不致，无幽不悉；挺身取命，干兹奥秘，踌躇紫闼，喉舌是执，九考不移，有入无出，究古今之真伪，计时务之得失。虽时献一策，偶进一言，释彼官责，慰此素餐，固未能输竭忠款，尽沥胸肝，排方入直，惠彼黎元，俾吾徒草鄙并有闻焉也。盍亦绥衡缓辔，回轨易途，舆安驾肆，思马斯徂，审厉揭以投济，要夷庚之赫怃，播秋兰以芳世，副吾徒之披图，不亦盛与！"

余闻而叹曰："呜呼，有若云乎邪！夫人心不同，实若其面，子虽光丽，既美且艳，管窥筐举，守厥所见，未可以言八纮之形埒，信万事之精练也。"

或人率尔，仰而扬衡曰："是何言与！是何言与！"

余应之曰："虞帝以面从为戒，孔圣以悦己为尤，若子之言，良我所思，将为吾子论而释之。昔在鸿荒，矇昧肇初，三皇应篆，五帝承符，爰暨夏、商，前典攸书。姬衰道缺，霸者翼扶，嬴氏惨虐，吞嚼八区，于是从横云起，狙诈如星，奇衺蜂动，智故萌生；或饰真以仇伪，或挟邪以干荣，或诡道以要上，或鬻技以自矜；背正崇邪，弃直就佞，忠无定分，义无常经。故鞅法穷而慝作，斯义败而奸成，吕门大而宗灭，韩辩立而身刑。夫何故哉？利回其心，宠耀其目，赫赫龙章，铄铄车服，媮幸苟得，如反如仄，淫邪荒迷，恣睢自极，和鸾未调而身在辕侧，庭宁未践而栋折榱覆。天收其精，地缩其泽，人吊其躬，鬼芟其额。初升高冈，终陨幽壑，朝含荣润，夕为枯魄。是以贤人君子，深图远虑，畏彼咎戾，超然高举，宁曳尾于涂中，秽浊世之休誉。彼岂轻主慢民，而忽于时务哉？盖《易》著行止之戒，《诗》有靖恭之叹，乃神之听之而道使之然也。

自我大汉，应天顺民，政治之隆，皓若阳春，俯宪坤典，仰式乾文，播皇泽以熙世，扬茂化之酝醇，君臣履度，各守厥真；上垂询纳之弘，下有匡救之责，士无虚华之宠，民有一行之迹，粲乎亹亹，尚此忠益。然而道有隆窳，物有兴废，有声有寂，有光有翳。朱阳否于素秋，玄阴抑于孟春，羲和逝而望舒系，运气匿而耀灵陈。冲、质不永，桓、灵坠败，英雄云布，豪杰盖世，家挟殊议，人怀异计，故从横者欻披其胸，狙诈者暂吐其舌也。

今天纲已缀，德树西邻，丕显祖之宏视，縻好爵于士人，兴五教以训俗，丰九德以济民，肃明祀以礿祭，几皇道以辅真。虽跱者未一，伪者示分，圣人垂戒，盖均无贫；故君臣协美于朝，黎庶欣戴于野，动若重视，静若叠矩。济济伟彦，元凯之伦也，有过必知，颜子之仁也。侃侃庶政，冉、季之治也，鹰扬鸷腾，伊、望之事也；总群俊之上略，含薛氏之三计，敷张、陈之秘策，故力征以勤世，援华英而不遑，岂暇修枯箨于榛秽哉！

然吾不才，在朝累纪，托身所天，心焉是恃。乐沧海之广深，叹嵩岳之高跱，闻仲尼之赞商，感乡校之益已，彼平仲之和羹，亦进可而替否；故矇冒瞽说，时有攸献，譬遒人之有采于市间，游童之吟咏乎疆畔，庶以增广福祥，输力规谏。若其合也，则以暗协明，进应灵符；如其违也，自我常分，退守己愚。进退任数，不矫不诬，循性乐天，夫何恨诸？此其所以既入不出，有而若无者也。狭屈氏之常醒，浊渔父之必醉，溷柳季之卑辱，褊夷叔之高怼。合不以得，违不以失，得不充诎，失不惨悸；不乐前以顾轩，不就后以虑轾，不鬻誉以干泽，不辞愆以忌绌。何责之释？何飧之卹？何方之排？何直之入？九考不移，固其所执也。

方今朝士山积，髦俊成群，犹鳞介之潜乎巨海，毛羽之集乎邓林，游禽逝不为之鲜，浮鲂臻不为之殷。且阳灵幽于唐叶，阴精应于商时，阳旴请而洪灾息，桑林祷而甘泽滋。行止有道，启塞有期。我师遗训，不怨不尤，委命恭己，我又何辞？辞穷路单，将反初节，综坟典之流芳，寻孔氏之遗艺，缀微辞以存道，宪先轨而投制，韪叔肸之优游，美疏氏之遐逝，收止足以言归，泛皓然以容裔，欣环堵以恬娱，免咎悔于斯世，顾兹心之未泰，惧末涂之泥滞，仍求激而增愤，肆中怀以告誓。昔九方

《三国志通俗演义》版画之蜀后主降魏图

考精于至贵，秦牙沈思于殊形；薛烛察宝以飞誉，瓠梁托絃以流声；齐隶拊髀以济文，楚客潜寇以保荆；雍门援琴而挟说，韩哀秉辔而驰名；卢敖翱翔乎玄阙，若士竦身于云清。余实不能齐技于数子，故乃静然守己而自宁。

景耀六年，后主从谯周之计，遣使请降于邓艾，其书，正所造也。明年正月，钟会作乱成都，后主东迁洛阳，时扰攘仓卒，蜀之大臣无翼从者，惟正及殿中督汝南张通，舍妻子单身随侍。后主赖正相导宜适，举动无阙，乃慨然叹息，恨知正之晚。时论嘉之。赐爵关内侯。泰始中，除安阳令，迁巴西太守。泰始八年诏曰："正昔在成都，颠沛守义，不违忠节，及见受用，尽心干事，有治理之绩，其以正为巴西太守。"咸宁四年卒。凡所著述诗论赋之属，垂百篇。

评曰：杜微修身隐静，不役当世，庶几夷、皓之槩。周群占天有征，杜琼沉默慎密，诸生之纯也。许、孟、来、李，博涉多闻，尹默精于《左氏》，虽不以德业为称，信皆一时之学士。谯周词理渊通，为世硕儒，有董、扬之规，郤正文辞灿烂，有张、蔡之风，加其行止，君子有取焉。二子处晋事少，在蜀事多，故著于篇。

【译文】

杜微字国辅，他是梓潼涪县人。年轻时曾经跟广汉人任安学习。刘璋聘他为从事，后因病辞职。刘备平定蜀地，杜微则称双耳失聪，闭门不出。建兴二年，丞相诸葛亮兼任益州牧，所选录的属员都是很有德望的人：秦宓为别驾，五梁为功曹，杜微为主簿，杜微推辞，被诸葛亮用车子硬请去了。来到以后，诸葛亮亲自接见，杜微表示歉意。诸葛亮因杜微听不到语声，就在座席上与他笔谈，说："听说了您的德行我很敬佩，盼望着和您相见的心情如饥似渴，只因您我清浊异流，所以，一直无缘向您求教。王元泰、李伯仁、王文仪、杨季休、丁君干、李永南兄弟以及文仲宝等人都常赞叹您志行高洁，虽然没有谋面，却似故友。我徒具虚名，统领贵地，德行浅薄而所负责任重大，心中常常在担忧。皇上今年才十八岁，仁慈聪明，爱德惜才，礼贤下士。天下百姓都思恋汉室，想请先生与我一同依意顺民，辅助英主，振兴蜀汉大业，功勋永留青史。如果您认为贤愚不能共事，与世隔绝，谨守己功，您这可是委屈了自己啊！"杜微称年老多病，请求辞官归家。诸葛亮又给他写信说："曹丕杀君篡位，自立为帝，其实，就像土龙草狗一样，徒有其名。我想和各位贤士以正义之道铲除这个邪恶奸诡之徒，可您却没有给予教诲，就要求回归山野，令人感到不解。现在，曹丕正征召劳役，准备攻打吴蜀。趁着魏国多事之时，我想，暂不出兵而致力于发展农耕，使百姓得以休养生息，积蓄物资。同时，积极备战，待曹军疲惫时，再讨伐他们。这样，就可以不必打仗，百姓不劳苦而使天下平定。您只要以德行辅助当今国事，不求您过问军事，为什么还要急急忙忙地要求离开呢！”诸葛亮就是这样敬重杜微。杜微被任命为谏议大夫，以尊重他的志向。

五梁，字德山，犍为郡南安县人，因知晓儒学、有节操而闻名于世。他从议郎迁升为谏议大夫、五官中郎将。

周群字仲直，他是巴西郡阆中县人。周群的父亲周舒，字叔布，少时跟随广汉郡的杨厚学习技艺，名声仅仅亚于董扶、任安。他多次被官府征召，但始终没去应召。当时有人问他说：“《春秋谶》说取代汉朝的人是当涂高，这是什么意思？”周舒回答说：“当涂高，指的是魏。”当地的读书人在暗中传播着他的话。周群年少时跟随周舒学习，专心致志于观测占验的学问。周舒在庭院中修建了一座小楼，因为家中富有、仆从众多，常常指派奴仆轮流值班在楼台上，观看天象的灾祥变异，一旦观察到一点细小的变化，就去告诉周群，周群就亲自上楼观察，不论早晚都是这样。所以凡是有天象变异的征兆，没有看不到的，因此他所说的也就多半应验了。益州州牧刘璋，征召周群担任从事，但以师友之礼相待。先主刘备平定蜀地后，暂时代理儒林校尉。先主要和曹操争夺汉中郡，征求周群意见，周群回答说：“会夺取到那里的土地，但不会得到那里的人民。如果只出一部分军队，一定会不利，一定要警惕、慎重！”当时益州后部司马蜀郡人张裕也知晓观测天象之术，并且天资才能远在周群之上，他向先主进谏说：“不可争夺汉中郡，出兵一定会不利。”刘备最终没有采纳张裕的建议，果然是占领了该地，而没有得到那里的人民。先主派遣将军吴兰、雷铜等人进攻武都，都阵亡没有回来，全都像周群所说的那样。于是就推举周群为茂才。

张裕曾悄悄对人说：“庚子年天下要改朝换代，刘氏气数要尽了。主公攻取益州，九年后又将失去它。”有人暗地里把这些话告诉了刘备。当初，刘备与刘璋在涪县相会时，张裕任刘璋的从事，在旁陪坐。他的胡须很多，刘备曾嘲弄他说：“过去我在涿县时，那里姓毛的人很多，四方都是‘诸毛’，涿县县令说‘诸毛’就围着涿居住吧！”张裕立即回答说：“从前，上党郡潞县有一位县长，后来调任为涿县县令，他离职回家以后，有人给他写信，想称呼他潞县官职又遗漏了涿县，称呼他涿县的官职则遗漏了潞县，干脆就称呼他‘潞涿君’。”刘备没有胡须，所以，张裕就这样嘲讽他。刘备一直恨他不礼貌，这时，又恼怒他泄露占候的话，于是，就说张裕劝谏争夺汉中不灵验，把他关进监狱要处死。诸葛亮上表问张裕犯了什么罪行？刘备回答说：“芳草当门而生，不得不锄去。”张裕被处死。后来，曹丕称帝、刘备去世，其年限都与张裕所说时间相符。张裕还通晓相面术，每次拿着镜子看自己的面相，知道将会受刑而死，每次都把镜子摔在地上。

周群死了以后，他的儿子周巨得到他术数真传。

杜琼字伯瑜，他是蜀郡成都人，从小随任安学习，精心研习任安的学术。刘璋执掌州郡时被调任从事。刘备平定益州以后，任杜琼为议曹从事。刘禅登基后，任命他为谏议大夫，后来又提升为左中郎将、大鸿胪和太常。杜琼为人低调，寡言自守，不参与世间的事务。大臣蒋琬、费祎等人都很器重他。杜琼对占卜观象术虽然研究得很深，但从不对天象的变化有所谈论。后辈中通晓儒学的谯周曾问杜琼为什么这样，杜琼说：“要想把观天象预测吉凶的方法搞明白是很难的，必须亲自去观察，分辨云气的形状和颜色，不能只听信别人的观察结果。经过日夜不间断地辛苦，才能知道天象之意，还怕泄露出去身遭祸患，如果那样还不如不知道。所以，我就不再观测天象了。”谯周就这个话题又问：“当初周征君说过，当涂高者魏也，这又是什么意思呢？”杜琼回答说：“魏，是阙的名字，它高大并且对着宫前的大道，圣人是用它做比喻。”杜琼又问道：“还有什么感到不解的事吗？”谯周说：“我还是不明白。”杜琼又说：“古代称官职不说曹，从汉代开始，才称官职为曹，官府中的吏员叫属曹，做杂项事务叫作侍曹。这大概是天意呀。”杜琼当时已经八十多岁了，延熙十三年去世。所著《韩诗章句》有十多万字，他的谶纬之学没有教给自己的后人，所以，这门学问没有人传承。

在这之后，谯周按照杜琼的办法，把类似的情况又进行发展，说：“《春秋传》写晋穆侯为太子起名为仇，弟弟的名字叫成师。师服说：“国君为儿子取名真奇怪！夫妻和睦称作妃，不和睦称作仇，现在，国君为太子取名为仇，弟弟叫成师，一开始就预示着悖乱，恐怕哥哥要被废弃吧?’以后发生的事果然如师服所说。还有,汉灵帝为他的两个儿子取名为史侯、董侯,他们被立为皇帝后又都被免为诸侯,这和师服说的话很相似。先主名叫刘备,‘备’字解释为‘具’,后主名叫刘禅,‘禅’字的意思为‘授’,就好比说刘氏已经完备的国家,要传授给别人;看来要比穆侯和灵帝为儿子取名的结局更凄惨。”后来,太监黄皓在宫中弄权。景耀五年,宫中的大树无故自断,谯周对此征兆深感忧虑,但是又没有能够对其明说的人,便在柱子上写道:“众而大,期之会,具而授,若何复?”意思是说:曹字有众多的意思,魏字是高大的宫阙的意思;天下当聚于曹魏的统治之下,把准备好的一切再授给别人,怎么还会有再继立的君主呢?蜀汉灭亡以后,人们全都认为谯周的预言应验了。谯周说:“这个结果虽是我自己推演出来的,但这也是有依据的,是根据杜君的话推算的,根本不是我有什么神奇的功能。”

许慈字仁笃,他是南阳人。跟随刘熙学习,擅长郑玄学派的古文经学。精心研习《易》《尚书》《三礼》《毛诗》《论语》等儒家经典。建安年间,和许靖等人一起从交州进入蜀。当时又有魏郡人胡潜,字公兴,不知道是因为什么原因来到益州。胡潜虽然学问并不渊博,然而人品出众,记忆力强,对于体现祖宗制度的礼仪,办理丧事五服制度的规定,都能边讲边示范,信手拈来。先主占据益州的时候,正是益州经历了一二十年战乱的时候,教育事业衰败荒废,于是就收集文献典籍,清理各种学问,许慈、胡潜都被任为博士,与孟光、来敏等人主持管理旧文献。当时什么事都处于草创阶段,创建事务的举动大多遭到人们的质疑。许慈、胡潜更是互相攻击,诽谤争吵,声色俱厉;彼此的书籍也不互通有无。有时还会动用棍棒互相殴打,以对对方进行震慑。这两人各自夸耀自己,嫉妒对方,已经到了这个地步。先主对两人的这种关系感到很忧虑,就在众臣聚集的宴会上,让两个唱戏的演员装扮成两人的模样,仿效二人争执打斗的过程。在众人酒兴正浓音乐大作的时候,作为娱乐两个艺人出场了,开始时用儒家经意互相驳难,到最后发展到用棍棒互相威胁。先主用这种方法感化批评两人。两人中胡潜先死,许慈在后主时候渐渐升迁到大长秋,后来也死了。许慈的儿子许勋传承了许慈的学业,也做了博士。

孟光,字孝裕,他是河南洛阳人,和汉太尉孟郁是同族。在汉灵帝末年孟光任讲部吏。汉献帝把国都迁到长安时,孟光就逃窜到蜀郡。刘焉父子以宾礼待他。孟光知识渊博，了解古代文化，各种类别的书他都看，尤其对《史记》《汉书》和《东观汉记》三部书有专门的研究，还精通汉朝过去的典制。孟光喜爱公羊高的《春秋传》，却指责《左氏传》，每当和来敏争论这两部书的意义时，孟光经常大声地争辩。刘备平定益州后，任孟光为议郎，与许慈等人同管典制。刘禅即位以后，孟光任符节令、屯骑校尉和长乐少府，又升为大司农。延熙九年秋天，颁布大赦令，孟光当着众人的面责问大将军费祎说："大赦天下，犹如半边枯萎的物体，不是盛世所应该运用的。只有衰困到万不得已之时，才可以暂且一用。现在，皇上仁明，百官称职，能有什么旦夕之危，倒悬之急，而非要多次施与殊恩给那些为非作歹的人呢？何况，现在强盗猖獗，却宽恕有罪之人，这样做上冒天时，下违人心。我已经老了，不了解治国的根本。但我认为这种方法很难维持长久。难道你这位处在宰相高位的人，期望以此来显示仁德吗？"费祎只是毕恭毕敬地道歉。孟光的指摘时弊，往往都是这样直言不讳。所以，朝中重臣都很不喜欢他，孟光的爵位也得不到升迁。因为直言极谏无所顾忌，被当时人所怨恨。太常广汉人镡承、光禄勋河东人裴俊等，年岁、资历都不如孟光，却登高位，官位在孟光之上。原因就在于孟光的直言。

晚辈文士秘书郎郤正曾经多次向孟光咨询，孟光便问郤正太子在读什么书以及他的性情爱好怎样，郤正回答说："太子侍奉双亲虔诚恭敬，早晚不怠，有古代文王世子之风，对待朝臣都有仁恕之心。"孟光说："您说的这些，即使是平常人家的儿子也都具有的品行，而我要问的是，他治国的谋略和智慧怎么样。"郤正说："太子的准则，在于顺承父母的意志尽力使他们高兴，不能任意而为。智慧存心，谋略则是根据出现的情况才可显露，其有无怎么能预先假设呢？"孟光知道郤正处事谨慎，不轻易发表意见，就说："我这个人有话就直说，不知回避，常指责事物利弊，所以大家都不喜欢。看情形您也不喜欢我说的话，然而，我所说的是有其道理的。如今，天下未定，所以，智谋就很重要。有的人智谋虽是天生的，但也有经过再努力而达到的。太子读书的目的，不应该像我们这样，竭力扩展知识以待他人咨询，像博士那样回答别人提出的问题，以求得爵位！我认为，太子应当致力于最重要的事。"郤正承认孟光的话非常对。后来，孟光因事被免官，九十多岁时逝世。

来敏，字敬达，他是义阳新野人，是来歙的后裔。父亲来艳，曾任汉朝的司空。汉末，天下大乱，来敏就随姐姐逃难到荆州，姐夫黄琬是刘璋祖母的侄子，所以，刘璋派人迎接黄琬的妻室，于是，来敏就随姐姐一同入蜀，常为刘璋座上的宾客。他博览群书，喜爱《春秋·左传》，尤其精通《仓颉》《尔雅》的训诂之学，喜好订正文字。刘备平定益州后，任来敏为典学校尉；册立太子后，又任他为太子家令。后主刘禅登基任他为虎贲中郎将。丞相诸葛亮屯驻汉中的时候，调他去任军祭酒、辅军将军，因事获罪被免职。诸葛亮去世后，他回到成都任大长秋，又被免官，后来经多次任职升为光禄大夫，又因过失而被罢黜。他前后几次升升降降，都是因为举止言行违背常理。当时，孟光也因为言语不慎，触犯时忌，但比来敏还好一些，他们都以年老名高的学士身份受到世人的尊敬。因来敏还是楚地的名门望族，又是太子旧臣，所以，特别优待，罢官后能再度起用。后来，任来敏为执慎将军，是希望用这个官号使他自警。来敏在景耀年间去世，享年九十七岁。他的儿子来忠，也博览经学，有来敏的风度。他与尚书向充等人齐心协助大将军姜维，姜维待他很好，任他为参军。

尹默，字思潜，他是梓潼涪县人。益州多数人只看重经学却不注重章句，尹默知道，自己学识尚浅，就远游到荆州，跟随司马德操、宋仲子等人学习古代经学。尹默完全通晓了经书、史书后，又致力于《左氏春秋》的研究，从刘歆校书的条例到郑众、贾逵父子、陈元和服虔的注释说解，大致都能叙述，不再依照原本。刘备平定益州兼任州牧时，任尹默为劝学从事。太子确立以后，尹默又为仆射，以《左氏传》教授刘禅。刘禅即位以后，任命尹默为谏议大夫。丞相诸葛亮驻扎汉中时，请他出任军祭酒。诸葛亮去世后，尹默回到成都，任太中大夫，后去世。他的儿子尹宗承继了他的学业，任博士。

李譔字钦仲，他是梓潼郡涪县人。李譔的父亲李仁，字德贤，与同县人尹默一起去荆州游学，跟从司马徽、宋忠等人学习。李譔全部传承了父辈学业，又与尹默研讨经义名理，五经和诸子百家的文章，没有不通读的，加上广泛爱好各类技艺、算术、占卜、医药乃至弓弩、器械的制作技巧，都进行思考研究。起初他担任州中的书佐、尚书令史。延熙元年，刘禅立为太子，任命李譔为太子庶子，升迁为太子仆。继而担任中散大夫、右中郎将，仍旧侍从太子。太子喜爱他博学多识，对他非常喜欢。然而李譔为人轻浮，好嘲弄别人，因而当时的人并不敬重他。他给古文经的《易》《尚书》《毛诗》《三礼》《左氏传》《太玄》各书著有《指归》，其当时的人都以贾逵、马融的学说为依据，与郑玄的学说不同。虽然李譔与王肃相隔很远，当初也没有见过王肃的论述，但是二人阐述的意旨大体上相同。李譔于景耀年间去世。当时还有汉中郡人陈术，字申伯，也博学多识，著述有《释问》七篇、《益部耆旧传》以及《志》，前后担任过三个郡的太守。

谯周，字允南，他是巴西郡西充县人。谯周的父亲谯岍，字荣始，研究《尚书》，兼通诸经及图纬之学。州郡征召聘请他，他都不答应，州郡就给他师友从事的虚衔。谯周幼年丧父，与母亲、兄长一起住。谯周长大后，酷爱古学，家中贫困，但他未尝过问产业，诵读典籍，会心处自己欣然微笑，以至废寝忘食。谯周精研六经，尤其擅长书札，也颇晓得天文，但是对此并不太留意；诸子的文章，不是他感兴趣的就不全看。谯周身高八尺，外表朴素，性格坦诚不雕饰。没有即兴辩论的才能，但是内怀学识、内心敏慧。

建兴年间，丞相诸葛亮领任益州牧，任命谯周为劝学从事。诸葛亮在敌境去世，谯周在家听说，立即就奔赴前线，不久有诏书禁止，只有谯周因为走得快而到达。大将军蒋琬领任刺史以后，改任谯周为典学从事，总管全州的学者。

刘禅立太子，任谯周为仆射，后调任为家令。在那时，刘禅常微服游玩，又增加供养艺人。谯周上疏劝谏，说："从前王莽败亡后，群雄四起，占州郡，谋帝位。这时的贤智之士选择所依附之人，未必看其势力大小，而是看他德行的厚薄。当时的淮阳王刘玄、公孙述以及其他拥有众多人马的人，只知放纵情欲，而不修养德行；只知游猎吃喝，而不怜惜百姓和资财。世祖刘秀刚进入河北，冯异等人便劝他说：'应实行别人做不到的事。'于是，光武帝致力于审理冤狱，节约饮食和花费，行事遵守法度，所以，北州百姓歌颂他，名声传播四方。这时，邓禹自南阳来归附世祖。吴汉、寇恂没有见过世祖，闻听世祖的德行后，便用计占领了渔阳和上谷。其他仰慕世祖风范品德的还有邳肜、耿纯、刘植等人。甚至那些有病坐车、虽濒死却抬着棺材、背着婴儿的前来投奔世祖的人，数不胜数。所以，世祖能转弱为强，消灭王朗，吞并铜马军，进而打败赤眉军建立起帝业。世祖在洛阳的时候，曾想暂时外出，车驾都已准备好，铫期劝他说：'如今天下还没有安定，我真的不同意陛下轻装简从外出。'

世祖当即就接受了铫期的劝告。隗嚣之时，颍川郡发生反叛，世祖回到洛阳以后，想只派寇恂前往颍川平定叛乱，寇恂说：‘颍川知陛下远征甘陇，所以，那些奸诈之徒敢于反叛，他们不知陛下已经回洛阳，恐怕不会很快投降，若陛下亲征，颍川叛军一定会立即投降。’于是，世祖便亲率兵马到了颍川，结果，正如寇恂所说的那样。如果不是为了紧急之事，想暂时出去一下都不敢；有了紧急情况时，想要安闲都要强迫自己放弃，当帝王的就是这样渴望把事情做好！所以，古书上说：‘民非无故依附。’想要百姓依附，确实要以施予恩德为先啊。如今汉遭厄运，天下三分，正是英雄智者盼望依附英明帝王的时候。陛下天生孝顺，为父守丧已经过三年，说到父亲就伤心流泪，就是古代以孝顺著称的曾参、闵损也比不过您。您尊贤任才，让他们尽力发挥才能，比周成王、周康王做得还好。所以，国内和睦，上下一致，这些都是我无法说得完的。然而，我还是有个更大的企盼，愿您再做一些别人做不到的事。牵引巨重的人，担心用力的人不多；解决重大困难，忧虑好办法太少。况且，在宗庙祭祀，不仅仅是求祖宗保佑幸福，更重要的是要给民众做出尊重主上的表率。而一年四季的祭祀，您有不亲临的时候；游玩水榭花园，您却频频前往，即使像我这样愚昧的人也为此感到不安。忧患和责任在身的人，没有时间去尽情享乐，更何况先帝的宏愿尚未实现，确实不是尽情享乐的时候。我希望您减少宫廷乐手的数量，减少宫中新建的工程，只保持维修先帝时的规模，用节俭来教育后代。”后来，谯周被改任为中散大夫，仍旧侍奉太子。

当时兵马多有动乱，平民百姓贫困衰微，谯周与尚书令陈祗议论形势的利害，退朝后便写了《仇国论》。文章写道：“因余之国小，而肇建之国大，却一起争雄而成为仇敌。因余国有个名叫高贤卿的人，问伏愚子说：‘如今国家战事未息，朝廷上下忧烦，在古代战争中能以弱胜强的人，他的办法是什么呢？’伏愚子说：‘我听说，处于大国而没有忧患的人常行傲慢，处于小国而存有忧患的人常思善德，疏忽大意就会产生动乱，思慕善德就会天下太平，这是普遍的道理。所以，周文王护养民众，以少胜多来灭掉殷商；越王勾践体恤百姓，以弱而灭强吴。这就是他们的策略。’高贤卿说：‘从前项羽强、刘邦弱，相互争战，不得安宁。当项羽与刘邦以鸿沟为约定，打算休养生息的时候，张良却认为，民心若定就难以动摇了，随即，率军追击项羽，终于杀死了他。难道以弱胜强就一定要像周文王那样吗？肇建国正有灾难，我们应该趁机攻占它的边境，正是希望再加重它的灾难进而消灭它。’伏愚子说：‘殷周之交时，王侯世代尊贵，君权坚牢，民众已经习惯于他们所从事的事业，根基深厚就难以拔除，立足坚固就难以搬迁。在那个时候，即使汉高祖再世又怎能单凭武力而取得天下呢？秦国废诸侯、置郡县，而民众却疲竭于劳役，天下终至土崩瓦解，有时一年就换一个君主，一月就变更一个王公，民众像受惊的鸟兽一样，不知何去何从。于是，各路有实力的豪强纷纷起兵互相争斗，就像虎狼撕抢猎物一样，速度快的人争抢得就多，迟缓者就被别人吞掉。现在我国与肇建国都是经过了皇帝的传位换代，形势已经不像秦末时动荡不安了，而与战国时诸强并立相同，所以，只有像周文王那样才能取得天下，却很难像汉高祖那样建立帝业。百姓疲惫不堪，就会出现动乱的征兆；君主轻率、官员暴虐，就会出现瓦解之势。谚语说：‘与其在射箭时多次失误中侥幸射中一次，不如瞄好靶子后一箭中的。’所以，聪明人不为小利而抬眼，也不因为似是而非而举步。时机到了再行动，合于天命，然后兴起。因此，成汤和周武王，只一战就取得了胜利，其成功的原因就是关注民众疾苦和审时度势。如果穷兵黩武，就必然遭遇失败。这样下去，倘若不幸遇到危难，虽有智谋之人也无法挽救。至于具有变幻莫测的奇谋，在至微处自如出入，横渡飞奔，超越高山深谷，不用渡船便过黄河至孟津，我是愚蠢的人，的确办不到。’”

谯周后来升任光禄大夫，地位仅次于九卿。谯周虽然不参与政事，但是因儒而受到礼重。时常有人拜访他议论大事，他就引经据典回答，而后辈好事的人也来向他咨询疑难。

景耀六年冬，魏国大将军邓艾攻下江由后，以不可阻挡的架势向前推进。这个时候的蜀国本来以为敌军不会马上来到，就没进行城池守备的部署，当听说邓艾已经进入阳平，百姓就都逃散到山野，无法禁止。刘禅与群臣商议，也没能想出好办法。有人说蜀、吴本是友好国家，可以逃往吴国；有人说南中七个郡山势险峻，凭借天险易于防守，可以逃向南方。只有谯周认为：“自古以来，没有寄居别国而仍为天子之人。如果到了吴国，肯定要称臣，更何况国家体制没有什么差别，大的必然吞吃小的，道理非常明显。由此来说，魏国能吞并吴国，吴国就不能吞并魏国，这是显而易见的。同是称臣，与其做小国的臣子倒不如为大国的臣子；与其两次受辱，不如一次蒙耻。再说打算逃往南方，早就应该谋划，才能成为现实；如今强敌迫近，灾难和灭亡就要到来，小人们的心没有一个可以担保的，恐怕到起程的时候，又要有意想不到的变化发生，哪还能有到南方去的可能呢！”朝臣中有人质问谯周，说：“现在邓艾已经离我们不远了，如果他不接受投降怎么办？”谯周说：“现在东吴还没有归服魏国，大势所趋，他不能不受降，又不得不以礼相待。如果陛下降魏，魏国不封您土地爵位，我就亲到魏国都城，用古人的道义来替您争得这些。”众人没有能驳倒谯周意见的。

刘禅还在犹豫要不要进入南中，谯周上疏说：“有人劝说陛下南逃，愚臣以为不妥。为什么呢？南方是蛮夷之地，平时对朝廷就没有什么贡献，还多次反叛。自从丞相诸葛亮南征，他们在大军逼迫下无路可走，才勉强顺服。此后，让他们交纳赋税以供军用，已是怨气不满，他们是些会给国家带来祸患的人。现在，我们因为形势窘迫，要去依靠他们，恐怕他们一定不会接纳，这是其一；魏军此来，不仅仅是为夺取蜀国而已，我们如果逃奔南方，他们一定会趁着我们势力衰弱而马不停蹄地追赶，这是其二；如果到了南方，对外既要抗击敌军，对内又要供给宫廷百官各种用度，费用浩大，在没有其他途径可以获取的情形下，势必增加蛮夷各族更多的负担，负担过重，他们一定会叛乱，这是其三；以前王郎在邯郸称帝，当时光武帝在信都受王郎的逼迫，打算放弃河北退回关中，邳彤进谏说：‘明公若西还，那么，邯郸的百姓决不肯抛下他们的父母，放弃旧城故主，不远千里随从明公。他们的逃亡叛变是必然的。’光武帝听从了他的意见，于是进兵打败了在邯郸称帝的王郎。如今曹军打来，陛下向南撤退，我真的害怕邳彤的话在今天会变为现实，这是其四。我希望陛下早日定夺，投降曹魏。那样，可以获得爵位和土地，如果跑到南中，到山穷水尽的时候再投降，必然造成深重的祸患。《易经》说：‘亢意是说，知得而不知失，知生而不知亡。知得失存亡而不失正道，唯有圣人！’就是说，圣人知道天命而不会坚持违背天命的做法。所以，尧、舜知道儿子难成大事，知道天命另有所授，就寻求把王位授给别人。儿子不好，尧舜尚且乘祸患未形成便主动将王位授给别人，更何况现在祸患已然临头了呢！所以，商朝微子虽然为殷纣王的兄长，还反绑双手，口衔玉玺投降周武王，难道他是心甘情愿的吗？这是不得已而为之呀！”于是，后主刘禅便听从了谯周的意见。刘氏家族没有忧虑，益州的百姓得到安全，都得益于谯周的谋划。

那时候晋文王司马昭担任曹魏相国，由于谯周有保全国家的功劳，封他为阳城亭侯。又下文征召谯周，谯周进入汉中郡后，为疾病所困不能前往。咸熙二年夏，巴郡人文立从洛阳返回蜀地，拜访谯周。谯周言谈时，顺手在木版上写了几个字给文立看：“典午氏快了啊，月酉之时死亡。”典午指的是司马，月酉指的是八月。到八月份文王司马昭果然死去。司马炎建立晋朝称帝以后，多次下诏书到谯周所住之处的官府要求遣送谯周。谯周于是抱病登车前往洛阳，泰始三年到达。因病不起，朝廷派人前来任命他为骑都尉，谯周就自我陈述无功而受封，请求回到他的封地，都没有得到允许。

泰始五年，我曾经做了巴西郡中正，入朝将政事交代完毕后，提出要求归家休假，前去与谯周道别。谯周对我说：“从前孔子年七十二，刘向、扬雄年七十一而去世，现在我已年过七十，期望仰慕孔子的遗风，能与刘向、扬雄同途，恐怕过不了后年，一定会去世，不能再相见了。”我疑心谯周是用术数推知的，借此而这样说。泰始六年秋天，谯周担任散骑常侍，因病重没有接受。到冬季去世。所著述的文章，写定《法训》《五经论》《古史考》之类达一百多篇。谯周的三个儿子，谯熙、谯贤、谯同。他的小儿子谯同十分喜欢谯周的学业，也把忠诚朴质作为行为准则，被推举为孝廉，任命他担任锡县县令、东宫洗马，但朝廷的征召他都没有赴任。

郤正，字令先，他是河南偃师人。郤正的祖父郤俭，在汉灵帝末年做了益州刺史，被盗贼杀害。时值天下大乱，郤正的父亲郤揖就留在蜀地，任将军孟达的营都督，后随孟达投降魏国，任中书令史。郤正本名纂，年少时因父亲去世、母亲改嫁，就独自一人生活。他安于贫寒，酷爱学习，博览群书。二十岁的时候就很能写文章，入朝任秘书吏，转任秘书令史，升任秘书郎，直到任秘书令。他生性淡泊名利，潜心钻研司马相如、王褒、扬雄、班固、傅毅、张衡、蔡邕等人流传下来的文章诗赋，以及当代人所写的优秀论著，只要益州有的，他都学习研究，大体上都看过。自从在朝廷任职，就和宦官黄皓相交往，经过了三十年。黄皓从出身卑微到显贵弄权，郤正既不被黄皓喜爱，也不为他所憎，因此，官位虽然只六百石，但却得以免遭祸患。

郤正学习先辈儒者，通过文章传达意思，仿崔骃《达旨》体式写成文章，名为《释讥》，文章说：

“有人嘲笑我说:‘从前代的记载就知道,上天和人间一致,名功不分。然而,名位和人事是先哲首要的事,所以,建立国家制度,没有适当的时机是办不到的;要想声名流传,没有功劳也是达不到的。既然凭功劳才能显赫,那么,事业也要等待时机才能去建立。人死名灭,是君子的耻辱。因此,通达知命的人研究天道,探测深奥的至理,寻求隐微的道术,观察天象垂现的吉凶征兆,考证人间事物的兴衰;善辩者奔走游说,智谋者顺应天时,运筹者推演策略,善战者昂扬声威,他们如云合雾集,电闪风疾,都能观察事宜把握时机,以取得立世之本。小处,他们屈隐,大处,就彰显身手,关注国事,轻视私欲,虽曲折一尺,却能伸展八尺,并最终光芒四射,耀彩喷发。如今,魏、蜀、吴三国鼎立,九州还没有太平,宽广的四隅正面临灾祸,令人感叹道德之沦丧,哀怜黎民流离之艰难,此正是圣贤拯救危难之时,有志者建功立业之际遇。您凭高干和宝玉样的美德,广阅和探求典籍,关注道德学术,无论多远都能够达到,无论多深都能通晓;您挺身受命,主持撰写朝廷密文,在君王左右从容自得,掌重臣之责,经九次政考而所任职务没有变动,入宫奉职后从未调出;您探求古事之真伪,考察当代事务之得失。虽然有时呈献一项计策,偶尔进谏一番诚言,以此应付所承官职之责,以表示无愧于国家俸禄。但您却无法竭尽忠诚,披肝沥胆,发扬仁德,进献直言,惠顾百姓,使我们这些粗野鄙陋之人也有出头之日。既然如此,您为何不停下马车,放松缰绳,另外选一条路,然后,再让车子快马加鞭跑得更稳。渡河首先要弄清水的深浅,走宽阔平坦的路才能顺利向前。只有这样,才能建立功名,像兰香流传,使我们对您的厚望得以实现。这难道不是一件大好的事情?’

我听了叹息道:‘唉!话可不能这样说呀!人心不同,如千人千面。你虽然穿得华丽,美艳无比,见识却像竹管窥天,用竹筐装泥。我怎能和您议论八方极远的情形,怎能让您相信万事万物的真谛!’

有人仰面扬眉,不假思索地说:‘这话怎讲,这话怎讲?’

我回答说:‘虞舜警惕当面称赞自己的人,孔子怨怼取悦自己的人,他们二位说的话,也是我心中所想。我将就你提出的问题给以解释。在鸿荒时代,民智未开,天地初创,三皇顺天之符箓,五帝承天之符命。至夏、商之际,仍循前人典制。姬周衰亡,大道沦丧,诸侯起而匡扶,嬴政凶暴,想吞并天下。由是,连纵之术涌起,诡诈之士多如繁星,奸邪之道层出不穷，使巧弄诈如杂草萌生。掩真相以售假，怀奸邪求荣华；有人用阴险手段要挟君主，有人卖弄技巧炫耀；背正道崇尚邪恶，弃正直趋向奸佞。以至忠诚没有固定的名分，道义没有正常的标准。所以，商鞅之法穷尽而邪恶兴起，李斯的主张失败而奸臣出现；吕不韦因权倾朝野而满门遭诛，韩非巧辩虽成却被处死。什么原因呢？此是私利萦绕于心，荣宠照花了眼睛，显赫的龙旗仪仗、闪亮的车马礼服，侥幸得到，就忘乎所以而荒淫无度，毫无忌惮，以至于车马还没有坐几天就身死车边，府邸还没进住就梁柱折断。上天夺去魂魄，大地收回膏血，人们哀悯他的身体，鬼神砍削他的额头。初时虽登高山，最终却跌下深谷，早上还繁茂滋润，晚上就已经枯萎。因此，贤人君子深深忧虑此劫，怕灾祸临身，皆超然远去，如龟一样拖着尾巴生活在泥潭之中，也鄙弃浊世的美誉。难道他们是轻视君主、怠慢百姓、不观时务吗？是因为《周易》已经表明了进退的准则，《诗经》也载有为人要恭谨的感叹，这种结果也是遵循先人总结的道理做出来的。

自从大汉皇朝刚一建立，就秉上天的意志，顺民心，朝政兴隆，社会稳定，光明如三月阳春。低头遵人间典籍之理，仰头循预示吉凶的天文。施浩荡皇恩以造福百姓，兴教育以化育民众。君臣遵守国法，保守真诚的内心，君主诚恳地征求意见，表现出宽宏气度，臣僚积极献策，负起匡补之责，为官者不因为华而不实受宠，百姓至少有一项值得称赞的品行。上下都勤勉不倦，忠义之举受到尊崇。然而，社会发展的规律有兴衰之别，事物也有产生与消亡，有声音就有寂静，有光明就有阴暗。夏终为秋，冬去春来。太阳落而月亮升，汉朝的气数衰微，就会出现振兴先祖基业的新帝。冲帝、质帝寿命不长，桓帝、灵帝政治衰败，社会动荡，英雄豪杰如云一样密布到处出现，家家有不同的主张，人人有各自的梦想。所以，合纵连横之人马上敞开心胸，欲用奸诈之计的人立即说出自己的主张。

到现在国法已定，德树西蜀，光大先帝宏伟的章法，赐爵位于官吏，倡导五教，整改风俗，救济百姓，肃审四时祭礼，昭示皇道，辅佐真君。道据尚未统一，真假君主难辨，但圣人留下的训诫说：公平才不使人贫穷。因此朝中君臣和谐，百姓就会拥护。行为符合规范法则，人才济济，如元凯之类；知错必改，是颜回的仁德，理政有序，是冉有、季路的才能；鹰扬鸷腾，是伊尹、吕尚曾创建的事业。总揽群贤之智，取薛公三计，用张良、陈平的密策，奋力前行，为国操劳，皇帝提拔才能尚且不及，哪还有时间顾及污秽之地的残枝败叶呢！

“我虽然无才干，在朝供职已有多年，我把自己托付给国家，把国家当成靠山。我喜欢沧海的深广，赞叹嵩山的耸立。我听说过孔子称赞卜商的事，有感于子产不毁乡校的事。当初晏婴辅佐齐君，不外乎建议君主实施或废止什么，因此，我才像瞎子一样乱说，常把粗浅的想法奉于主上以供选择，就像市井百姓的反响，又像是山野中牧童的吟唱。希望以此为国家增福，完成我尽力规劝的职责。如果我的建议符合圣上的心意，那也是愚昧与圣明的巧合。如果，我的建议不符合圣上的心意，那也是我内心的想法，我会回退下来安守本分，决不会有埋怨的。进退由命运安排，我不会怨天尤人。顺应天命，我能有什么怨恨呢？我一进宫廷就没有出来，有我没我一样，这就是我要告诉您的原因。我认为，常常保有清醒的屈原公未免狭隘，和众人同醉的渔父也不可取，柳季的忍辱受屈难免有苟且之嫌，伯夷、叔齐的清高也无益处。我不认为相合就意味得到，因此，即使分开我也不懊恼。得到好处也不会高兴得说不出话，失去好处，更不会悲伤号啕；我既不会拼命前挤，也不会一味靠后；既不会为一己之利而出卖名誉，也不会用推托错误的手段保有官位。这样，我就没有什么责任要去减轻？还怕被人说白吃饭吗？为什么要排挤同僚去升官？为什么要靠近皇上揽大权呢？我三十年没有升官，但坚持做人的准则却不会改变。

到现在朝中人才济济，俊杰贤士排列成行，如鱼儿遨游大海，鸟兽集聚于山林，离去一只飞鸟不算减少，游来一条小鱼算不上增加。况且，太阳在唐尧之世也曾昏暗过，月亮在殷商之时也曾明亮过；大禹在阳盱祭天而使洪水平息，商汤在桑林祈祷而使雨露滋润。事物的行止都有准则，发达窘困也都有期限。先师孔子说：不怨上天，不怪他人，听从命运而端正自身，我又能够说什么呢？话已尽、路已绝，我要回复当初的志向，集典籍之精华，寻孔子之遗训，写小文章以保存大道，效先贤以合法则，羡慕叔肸的悠闲自得，赞美疏广叔侄的归老故乡；收脚步以驻田园，弄扁舟悠然江湖，处方丈之室而自乐，远离浊世的祸乱。但是我心仍未安稳，忧晚年路泥泞难行，仍要激励自己发愤，敞开胸怀发誓。过去，九方考善于观察马的内在，秦牙善于观察马的外形，薛烛因为善鉴宝剑而闻名，瓠梁拨琴弦唱出美妙的歌声，孟尝君的门客虽只有鸡鸣狗盗的本领却救了他，楚将子发手下善偷的人却保卫了国家；韩哀因赶车驰名，卢敖翱翔于玄阙，若士飞身而入云。我的确没有他们的本领，只能默奉己志。'"

景耀六年，后主采纳谯周的计策，派遣使者向邓艾请降，请降的书文，是郤正撰写的。第二年农历一月，钟会在成都作乱，后主东迁洛阳，当时由于纷扰喧乱、行程仓促，蜀国朝中大臣没有辅助随从的，只有郤正和殿中督汝南郡人张通，舍弃妻子和儿女单身跟随侍候。后主依赖郤正辅佐适宜，一举一动都没有什么闪失，因此慨然叹息，恨自己了解郤正迟了。当时人们都在议论中称赞他，晋国赐予他关内侯的爵位。泰始年间，任命他担任安阳县令，升迁为巴西郡太守。泰始八年，皇帝下发诏书说："郤正以前在成都时，于颠沛流离中坚守道义，没有违忠君的气节情操，待到被晋国任用以后，尽心办事，有治理的成绩，任命郤正为巴西郡太守。"咸宁四年郤正去世。他所著述的诗赋、文论之类，将近有一百篇。

评论说：杜微隐居不仕，不愿意被当世所役使，修身养性，几乎与伯夷、商山四皓等隐居者的节操等同。周群观察天象云气，占卜吉凶，常有应验。杜琼谨慎寡言，严守秘密，是纯正的儒生。许慈、孟光、来敏、李譔等博览群书，见识广博，尹默精专于《左氏》。他们虽都不以德高著称，的确都是一代著名的学者。谯周文理通达渊博，是当时的大儒，有董仲舒、扬雄的风范，郤正文词灿烂，有张衡、蔡邕的风度，加之他忠义兼备，君子都认为他有可褒扬之处。这两个人的事迹在晋朝少，在蜀汉多，所以也都记载在同一卷里。

三国志卷四十三·蜀书十三

黄李吕马王张传

黄权字公衡，巴西阆中人也。少为郡吏，州牧刘璋召为主簿。时别驾张松建议，宜迎先主，使伐张鲁。权谏曰："左将军有骁名，今请到，欲以部曲遇之，则不满其心，欲以宾客礼待，则一国不容二君。若客有泰山之安，则主有累卵之危。可但闭境，以待河清。"璋不听，竟遣使迎先主，出权为广汉长。及先主袭取益州，将帅分下郡县，郡县望风景附，权闭城坚守，须刘璋稽服，乃诣降先主。先主假权偏将军。及曹公破张鲁，鲁走入巴中，权进曰："若失汉中，则三巴不振，此为割蜀之股臂也。"于是先主以权为护军，率诸将迎鲁。鲁已还南郑，北降曹公，然卒破杜濩、朴胡，杀夏侯渊，据汉中，皆权本谋也。

先主为汉中王，犹领益州牧，以权为治中从事。及称尊号，将东伐吴，权谏曰："吴人悍战，又水军顺流，进易退难，臣请为先驱以尝寇，陛下宜为后镇。"先主不从，以权为镇北将军，督江北军以防魏师；先主自在江南。及吴将军陆议乘流断围，南军败绩，先主引退。而道隔绝，权不得还，故率将所领降于魏。有司执法，白收权妻子。先主曰："孤负黄权，权不负孤也。"待之如初。

魏文帝谓权曰："君舍逆效顺，欲追踪陈、韩邪？"权对曰："臣过受刘主殊遇，降吴不可，还蜀无路，是以归命。且败军之将，免死为幸，何古人之可慕也！"文帝善之，拜为镇南将军，封育阳侯，加侍中，使之陪乘。蜀降人或云诛权妻子，权知其虚言，未便发丧，后得审问，果如所言。及先主薨问至，魏群臣咸贺而权独否。文帝察权有局量，欲试惊之，遣左右诏权，未至之间，累催相属，马使奔驰，交错于道，官属侍从莫不碎魄，而权举止颜色自若。后领益州刺史，徙占河南。大将军司马宣王深器之，问权曰："蜀中有卿辈几人？"权笑而答曰："不图明公见顾之重也！"宣王与诸葛亮书曰："黄公衡，快士也。每坐起叹述足下，不去口实。"景初三年，蜀延熙二年，权迁车骑将军、仪同三司。明年卒，谥曰景侯。子邕嗣。邕无子，绝。

权留蜀子崇，为尚书郎，随卫将军诸葛瞻拒邓艾。到涪县，瞻盘桓未进，崇屡劝瞻宜速行据险，无令敌得入平地。瞻犹与未纳，崇至于流涕。会艾长驱而前，瞻却战至绵竹，崇帅厉军士，期于必死，临陈见杀。

李恢字德昂，建宁俞元人也。仕郡督邮，姑夫爨习为建伶令，有违犯之事，恢坐习免官。太守董和以习方土大姓，寝而不许。后贡恢于州，涉道未至，闻先主自葭萌还攻刘璋。恢知璋之必败，先主必成，乃托名郡使，北诣先主，遇于绵竹。先主嘉之，从至雒城，遣恢至汉中交好马超，超遂从命。成都既定，先主领益州牧，以恢为功曹书佐主簿。后为亡虏所诬，引恢谋反，有司执送，先主明其不然，更迁恢为别驾从事。章武元年，庲降都督邓方卒，先主问恢："谁可代者？"恢对曰："人之才能，各有长短，故孔子曰'其使人也器之'。且夫明主在上，则臣下尽情，是以先零之役，赵充国曰'莫若老臣'。臣窃不自揆，惟陛下察之。"先主笑曰："孤之本意，亦已在卿矣。"遂以恢为庲降都督，使持节领交州刺史，住平夷县。

先主薨，高定恣睢于越嶲，雍闿跋扈于建宁，朱褒反叛于牂牁。丞相亮南征，先由越嶲，而恢案道向建宁。诸县大相纠合，围恢军于昆明。时恢众少敌倍，又未得亮声息，绐谓南人曰："官军粮尽，欲规退还，吾中间久斥乡里，乃今得旋，不能复北，欲还与汝等同计谋，故以诚相告。"南人信之，故围守怠缓。于是恢出击，大破之，追奔逐北，南至槃江，东接牂牁，与亮声势相连。南土平定，恢军功居多，封汉兴亭侯，加安汉将军。后军还，南夷复叛，杀害守将。恢身往扑讨，鉏尽恶类，徙其豪帅于成都，赋出叟、濮耕牛战马金银犀革，充继军资，于时费用不乏。

建兴七年，以交州属吴，解恢刺史。更领建宁太守，以还居本郡。徙居汉中，九年卒。子遗嗣。恢弟子球，羽林右部督，随诸葛瞻拒邓艾，临陈授命，死于绵竹。

吕凯字季平，永昌不韦人也。仕郡五官掾功曹。时雍闿等闻先主薨于永安，骄黠滋甚。都护李严与闿书六纸，解喻利害，闿但答一纸曰："盖闻天无二日，土无二王，今天下鼎立，正朔有三，是以远人惶惑，不知所归也。"其桀慢如此。闿又降于吴，吴遥署闿为永昌太守。永昌既在益州郡之西，道路壅塞，与蜀隔绝，而郡太守改易，凯与府丞蜀郡王伉帅厉吏民，闭境拒闿。闿数移檄永昌，称说云云。凯答檄曰："天降

诸葛亮之子诸葛瞻像，图出自《图像三国志》。

丧乱，奸雄乘衅，天下切齿，万国悲悼，臣妾大小，莫不思竭筋力，肝脑涂地，以除国难。伏惟将军世受汉恩，以为当躬聚党众，率先启行，上以报国家，下不负先人，书功竹帛，遗名千载。何期臣仆吴越，背本就末乎？昔舜勤民事，陨于苍梧，书籍嘉之，流声无穷。崩于江浦，何足可悲！文、武受命，成王乃平。先帝龙兴，海内望风，宰臣聪睿，自天降康。而将军不睹盛衰之纪，成败之符，譬如野火在原，蹈履河冰，火灭冰泮，将何所依附？曩者将军先君雍侯，造怨而封，窦融知兴，归志世祖，皆流名后叶，世歌其美。今诸葛丞相英才挺出，深睹未萌，受遗托孤，翊赞季兴，与众无忌，录功忘瑕。将军若能翻然改图，易迹更步，古人不难追，鄙土何足宰哉！盖闻楚国不恭，齐桓是责，夫差僭号，晋人不长，况臣于非主，谁肯归之邪？窃惟古义，臣无越境之交，是以前后有来无往。重承告示，发愤忘食，故略陈所怀，惟将军察焉。"凯威恩内著，为郡中所信，故能全其节。

及丞相亮南征讨闿，既发在道，而闿已为高定部曲所杀。亮至南，上表曰："永昌郡吏吕凯、府丞王伉等，执忠绝域，十有余年，雍闿、高定逼其东北，而凯等守义不与交通。臣不意永昌风俗敦直乃尔！"以凯为云南太守，封阳迁亭侯。会为叛夷所害，子祥嗣。而王伉亦封亭侯，为永昌太守。

马忠字德信，巴西阆中人也。少养外家，姓狐，名笃，后乃复姓，改名忠。为郡吏，建安末举孝廉，除汉昌长。先主东征，败绩猇亭，巴西太守阎芝发诸县兵五千人以补遗阙，遣忠送往。先主已还永安，见忠与语，谓尚书令刘巴曰："虽亡黄权，复得狐笃，此为世不乏贤也。"建兴元年，丞相亮开府，以忠为门下督。三年，亮入南，拜忠牂牁太守。郡丞朱褒反。叛乱之后，忠抚育恤理，甚有威惠。八年，召为丞相参军，副长史蒋琬署留府事。又领州治中从事。明年，亮出祁山，忠诣亮所，经营戎事。军还，督将军张嶷等讨汶山郡叛羌。十一年，南夷豪帅刘胄反，扰乱诸郡。征庲降都督张翼还，以忠代翼。忠遂斩胄，平南土，加忠监军奋威将军，封博阳亭侯。初，建宁郡杀太守正昂，缚太守张裔于吴，故都督常驻平夷县。至忠，乃移治味县，处民夷之间。又越嶲郡亦久失土地，忠率将太守张嶷开复旧郡，由此就加安南将军，进封彭乡侯。延熙五年还朝，因至汉中，见大司马蒋琬，宣传诏旨，加拜镇南大将军。七年春，大将军费祎北御魏敌，留忠成都，平尚书事。祎还，忠乃归南。

十二年卒，子脩嗣。

忠为人宽济有度量，但诙啁大笑，忿怒不形于色。然处事能断，威恩并立，是以蛮夷畏而爱之。及卒，莫不自致丧庭，流涕尽哀，为之立庙祀，迄今犹在。

张表，时名士，清望逾忠。阎宇，宿有功干，于事精勤。继踵在忠后，其威风称绩，皆不及忠。

王平字子均，巴西宕渠人也。本养外家何氏，后复姓王。随杜濩、朴胡诣洛阳，假校尉，从曹公征汉中，因降先主，拜牙门将、裨将军。建兴六年，属参军马谡先锋。谡舍水上山，举措烦扰，平连规谏谡，谡不能用，大败于街亭。众尽星散，惟平所领千人，鸣鼓自持，魏将张郃疑其伏兵，不往逼也。于是平徐徐收合诸营遗迸，率将士而还。丞相亮既诛马谡及将军张休、李盛，夺将军黄袭等兵，平特见崇显，加拜参军，统五部兼当营事，进位讨寇将军，封亭侯。九年，亮围祁山，平别守南围。魏大将军司马宣王攻亮，张郃攻平，平坚守不动，郃不能克。十二年，亮卒于武功，军退还，魏延作乱，一战而败，平之功也。迁后典军、安汉将军，副车骑将军吴壹住汉中，又领汉中太守。十五年，进封安汉侯，代壹督汉中。延熙元年，大将军蒋琬住沔阳，平更为前护军，署琬府事。六年，琬还住涪，拜平前监军、镇北大将军，统汉中。

七年春，魏大将军曹爽率步骑十余万向汉川，前锋已在骆谷。时汉中守兵不满三万，诸将大惊。或曰："今力不足以拒敌，听当固守汉、乐二城，遇贼令人，比尔间，涪军足得救关。"平曰："不然。汉中去涪垂千里。贼若得关，便为祸也。今宜先遣刘护军、杜参军据兴势，平为后拒；若贼分向黄金，平率千人下自临之，比尔间，涪军行至，此计之上也。"惟护军刘敏与平意同，即便施行。涪诸军及大将军费祎自成都相继而至，魏军退还，如平本策。是时，邓芝在东，马忠在南，平在北境，咸著名迹。

平生长戎旅，手不能书，其所识不过十字，而口授作书，皆有意理。使人读《史》《汉》诸纪传，听之，备知其大义，往往论说不失其指。遵履法度，言不戏谑，从朝至夕，端坐彻日，憃无武将之体，然性狭侵疑，为人自轻，以此为损焉。十一年卒，子训嗣。

初，平同郡汉昌句扶忠通宽厚，数有战功，功名爵位亚平，官至左将军，封宕渠侯。

张嶷字伯岐，巴郡南充国人也。弱冠为县功曹。先主定蜀之际，山寇攻县，县长捐家逃亡，嶷冒白刃，携负夫人，夫人得免。由是显名，州召为从事。时郡内士人龚禄、姚伷位二千石，当世有声名，皆与嶷友善。建兴五年，丞相亮北住汉中，广汉绵竹山贼张慕等钞盗军资，劫掠吏民，嶷以都尉将兵讨之。嶷度其鸟散，难以战禽，乃诈与和亲，克期置酒。酒酣，嶷身率左右，因斩慕等五十余级，渠帅悉殄。寻其余类，旬日清泰。后得疾病困笃，家素贫匮，广汉太守蜀郡何祇，名为通厚，嶷宿与疏阔，乃自舆诣祇，托以治疾。祇倾财医疗，数年除愈。其党道信义皆此类也。拜为牙门将，属马忠，北讨汶山叛羌，南平四郡蛮夷，辄有筹画战克之功。十四年，武都氐王苻健请降，遣将军张尉往迎，过期不到，大将军蒋琬深以为念。嶷平之曰："苻健求附款至，必无他变，素闻健弟狡黠，又夷狄不能同功，将有乖离，是以稽留耳。"数日，问至，健弟果将四百户就魏，独健来从。

初，越嶲郡自丞相亮讨高定之后，叟夷数反，杀太守龚禄、焦璜，是后太守不敢之郡，只住安上县，去郡八百余里，其郡徒有名而已。时论欲复旧郡，除嶷为越嶲太守，嶷将所领往之郡，诱以恩信，蛮夷皆服，颇来降附。北徼捉马最骁劲，不承节度，嶷乃往讨，生缚其帅魏狼，又解纵告喻，使招怀余类。表拜狼为邑侯，种落三千余户皆安土供职。诸种闻之，多渐降服，嶷以功赐爵关内侯。

苏祁邑君冬逢、逢弟隗渠等，已降复反。嶷诛逢。逢妻，旄牛王女，嶷以计原之。而渠逃入西徼。渠刚猛捷悍，为诸种深所畏惮，遣所亲二人诈降嶷，实取消息。嶷觉之，许以重赏，使为反间，二人遂合谋杀渠。渠死，诸种皆安。又斯都耆帅李求承，昔手杀龚禄，嶷求募捕得，数其宿恶而诛之。

始嶷以郡郛宇颓坏，更筑小坞。在官三年，徙还故郡，缮治城郭，夷种男女莫不致力。

定莋、台登、卑水三县去郡三百余里，旧出盐铁及漆，而夷徼久自固食。嶷率所领夺取，署长吏焉。嶷之到定莋，定莋率豪狼岑，槃木王舅，甚为蛮夷所信任，忿嶷自侵，不自来诣。嶷使壮士数十直往收致，挞而杀之，持尸还种，厚加赏赐，喻以狼岑之恶，且曰："无得妄动，动即殄矣！"种类咸面缚谢过。嶷杀牛飨宴，重申恩信，遂获盐铁，器用周赡。

汉嘉郡界旄牛夷种类四千余户，其率狼路，欲为姑婿冬逢报怨，遣叔父离将逢众相度形势。嶷逆遣亲近赍牛酒劳赐，又令离逆逢妻宣畅意旨。离既受赐，并见其姊，姊弟欢悦，悉率所领将诣嶷，嶷厚加赏待，遣还。旄牛由是辄不为患。

郡有旧道，经旄牛中至成都，既平且近；自旄牛绝道，已百余年，更由安上，既险且远。嶷遣左右赍货币赐路，重令路姑喻意，路乃率兄弟妻子悉诣嶷，嶷与盟誓，开通旧道，千里肃清，复古亭驿。奏封路为旄牛畇毗王，遣使将路朝贡。后主于是加嶷抚戎将军，领郡如故。

嶷初见费祎为大将军，恣性泛爱，待信新附太过，嶷书戒之曰："昔岑彭率师，来歙杖咸见害于刺客，今明将军位尊权重，宜鉴前事，少以为警。"后祎果为魏降人郭脩所害。

吴太傅诸葛恪以初破魏军，大兴兵众以图攻取。侍中诸葛瞻，丞相亮之子，恪从弟也，嶷与书曰："东主初崩，帝实幼弱，太傅受寄托之重，亦何容易！亲以周公之才，犹有管、蔡流言之变，霍光受任，亦有燕、盖、上官逆乱之谋，赖成、昭之明，以免斯难耳。昔每闻东主杀生赏罚，不任下人，又今以垂没之命，卒召太傅，属以后事，诚实可虑。加吴、楚剽急，乃昔所记，而太傅离少主，履敌庭，恐非良计长算之术也。虽云东家纲纪肃然，上下辑睦，百有一失，非明者之虑邪？取古则今，今则古也，自非郎君进忠言于太傅，谁复有尽言者也！旋军广农，务行德惠，数年之中，东西并举，实为不晚，愿深采察。"恪竟以此夷族。嶷识见多如是类。

在郡十五年，邦域安穆。屡乞求还，乃征诣成都。民夷恋慕，扶毂泣涕，过旄牛邑，邑君襁负来迎，及追寻至蜀郡界，其督相率随嶷朝贡者百余人。嶷至，拜荡寇将军，慷慨壮烈，士人咸多贵之，然放荡少礼，人亦以此讥焉，是岁延熙十七年也。魏狄道长李简密书请降，卫将军姜维率嶷等因简之资以出陇西。既到狄道，简悉率城中吏民出迎军。军前与魏将徐质交锋，嶷临陈陨身，然其所杀伤亦过倍。既亡，封长子瑛西乡侯，次子护雄袭爵。南土越嶲民夷闻嶷死，无不悲泣，为嶷立庙，四时水旱辄祀之。

评曰：黄权弘雅思量，李恢公亮志业，吕凯守节不回，马忠扰而能毅，王平忠勇而严整，张嶷识断明果，咸以所长，显名发迹，遇其时也。

【译文】

黄权，字公衡，他是巴西阆中人。年少时做巴西郡官吏，益州牧刘璋征召他为主簿。这时，别驾张松向刘璋建议，邀请刘备入川，去讨伐张鲁。黄权劝谏说："左将军刘备骁勇善战，现在请他来，如以部下待他，则不能使他满足，若以宾客之礼待他，那么，一国不容二主。如果客人像泰山一样安稳，主人就如有危卵。现在，只能封闭国境等待黄河水清之日。"刘璋没有听从黄权的劝说，仍然派遣使者迎接刘备，把黄权派往广汉任县长。刘备攻取益州后，各郡县望风归附，只有黄权闭城坚守，直到刘璋投降，才归附刘备。刘备让黄权代理偏将军。曹操打败张鲁，张鲁逃到巴中。黄权对刘备说："如果汉中失守，巴午、巴西和巴郡就会受到威胁，这是割去蜀国的大腿和胳膊啊。"于是，刘备任命黄权为护军，率领各将领去迎击张鲁。此时，张鲁已经返回南郑，投降了曹操。但是刘备最终打败了杜濩、朴胡，杀了夏侯渊，占据了汉中，这都归功于黄权的计谋。

刘备任汉中王后，还是兼任益州州牧，任黄权为治中从事。刘备称帝后，欲东征讨伐吴国，黄权劝谏说："吴人勇猛善战，又有水军顺水而动，我们前进容易而后退就难，请允许我任先锋以探敌虚实，陛下在后镇守。"刘备不听，任黄权为镇北将军，统率江北兵马防范魏军；刘备亲到长江以南。等到吴国将军陆议顺水突围以后，江南的蜀军大败，刘备率部撤退。然而，此时归路已断，黄权不能回到蜀国，因此，他就带领所管辖的人马投降了魏国。有关官吏要执行军法，向刘备报告要逮捕黄权的妻子儿女。刘备说："是我辜负了黄权，不是黄权辜负我。"刘备对待黄权的家属还像以前一样。

魏文帝对黄权说："你离开了蜀汉归顺大魏，是想学习陈平、韩信吗？"黄权回答说："臣蒙受玄德公过多殊遇，不能去投降吴国，回蜀又无路可通，因此前来归顺。况且，作为败将，能免一死已经是大幸，怎能奢谈追慕古人呢！"文帝认为他说得好，任命他为镇南将军，封育阳侯，加侍中，做自己同车的陪乘。有从蜀国投降过来的人传言说黄权的妻室子女已经被处死，黄权认为这是谎言，没有马上发丧，后来得到确切的消息，果如他所想的那样。刘备去世的消息传来，曹魏群臣都兴高采烈，只有黄权不语。魏文帝察觉黄权很有气度，就想试着吓他一下，派身边的人去传唤黄权，在他还没有来到时，又不断地派人去催促。使者的马在路上不断奔驰，往来交错，黄权的属官、侍从无不胆战心惊，而黄权却神色自如，一如平常。后来，黄权兼任益州刺史，官署暂设在河南。大将军司马懿非常器重他，问黄权说："蜀中像你这样的人有多少？"黄权笑着回答说："没想到您把我看得这样重。"司马懿在给诸葛亮的信中说："黄公衡，是个爽快的人，他经常以叹服的口吻讲述您，赞不离口。"景初三年，即蜀汉延熙二年，黄权升迁为车骑将军、仪同三司。第二年去世，加谥号景侯。儿子黄邕承继爵位。黄邕没有儿子，传承断绝。

黄权留在蜀国的儿子黄崇，担任尚书郎，跟随卫将军诸葛瞻抵御邓艾。到达涪县后，诸葛瞻徘徊不前，黄崇多次劝诸葛瞻应火速前行占据险要，不能让敌人进入平川。诸葛瞻没有采纳，黄崇流泪苦劝。此时，邓艾长驱直入，诸葛瞻退到绵竹与魏军交战，黄崇率领并鼓励士卒死战，在阵中被杀。

李恢，字德昂，他是建宁俞元人。李恢曾在郡中任督邮，李恢的姑夫爨习任建伶县令，因违犯法令，李恢受爨习牵连被免官。太守董和认为，爨习是当地大族，就违令不让李恢离职。后来，李恢被推荐到州府任职，上路后还没有到达，就听说刘备从葭萌回师进攻刘璋。李恢知道刘璋必败，刘备一定成功，就假托自己是郡中使者，向北进见刘备，在绵竹与刘备相遇。刘备非常欣赏李恢，让他跟随到雒城，并且派他到汉中说服马超，于是，马超归服了刘备。成都平定以后，刘备兼任益州牧，任李恢为功曹书佐主簿。后来，李恢被逃犯所蒙骗，诱引李恢谋反，有关官吏抓住李恢送到刘备那里。刘备知道事情不是那样，就又提拔李恢为别驾从事。章武元年，庲降都督邓方去世，刘备问李恢："谁可替代邓方？"李恢回答说："人的才能，各有长短，所以，孔子说'用人量器以用'。君主英明，臣下就敢于充分表达自己的意愿，所以，在准备征伐先零羌的时候，赵充国就说'没有比我更合适的人了。'臣不自量力，望陛下考察。"刘备笑着说："我的本意，也认为是您啊。"就任李恢为庲降都督，持节，兼任交州刺史，驻平夷县。

刘备去世后，高定在越嶲不受管制，雍闿在建宁作恶，朱褒在牂牁发动叛乱。丞相诸葛亮南征，首先由越雟进军。李恢按照行兵路线向建宁进兵。各个县纠合起来，把李恢包围在昆明。此时李恢兵少而敌众多，又没有听到诸葛亮的消息。所以他派人假意对南人说："官军的粮草没有了，想要撤退。我们离家乡已经很久，今天才要返回家乡，由于不能回归北面去，所以想要与你们同谋，特以诚相告。”南人相信了，就松懈了包围。李恢乘机派兵出击，大败敌人，追赶败军到了槃江，又向东到了牂牁，和诸葛亮兵马相接应。南方平定后，李恢因多次立功，被封汉兴亭侯，加官安汉将军。兵马返回后，南夷又反叛，杀害了守边的将领。李恢亲去征讨，消灭了叛贼，把他们的首领迁到成都。从叟和濮等民族中征收耕牛、战马、金、银、犀、革等供应军需，当时，这些物品没有缺乏过。

建兴七年，由于交州归属了吴国，就免除了李恢刺史的职务，改为做了建宁太守，并回到本郡居住。后来又迁到汉中，建兴九年去世。儿子李遗继嗣。李恢弟弟的儿子李球，任羽林右部督，随从诸葛瞻抵御邓艾，在绵竹战死。

吕凯字季平，他是永昌不韦人，做了郡中五官掾功曹。那时候雍闿等人听说刘备在永安去世，更加骄横不法。都护李严给雍闿写了长达六七页纸的信，陈述利害关系，雍闿只回了一张纸的短信，说：“我听说，天上没有两个太阳，地上没有两个君王，而今，天下三分，帝王就有三个，因此，我们边远地方的人惶恐迷惑，不知道该归附谁。”他就是这样凶横傲慢。雍闿又投降了吴国，吴国在遥远的东面任命他暂代永昌太守。永昌在益州西部，且道路阻塞，与蜀郡相隔绝，郡的太守又调换了人。吕凯和府丞、蜀郡人王伉统率并激励吏民，关闭四境，抵抗雍闿。雍闿几次给吕凯发去檄文劝诱。吕凯回答说：“天降死亡和混乱，奸雄乘机叛乱。天下人无不切齿痛恨，万国为之悲哀。臣民无论大小，无不想竭尽心力，解除国家灾难。将军您世受汉恩，我认为，您应该聚集人马，率先而动。上可报效国家，下不辜负先人，功劳彪炳史册，千载留名。没想到，您却向东吴称臣，背本就末。从前，舜尽力民事，死在苍梧，史书赞美，千古流芳。死在江南，有什么可悲的呢？周文王和武王受命于天，至成王大功告成。先帝建立汉朝，海内的人望风归附。官吏聪慧，此上天赐予的安康。可是，将军您却不理盛衰记载，成败征兆，就像火在草原上燃烧，人在冰河上行走，一旦火灭冰消，您还依靠什么呢？以前，您的父亲雍侯，虽然和高祖结怨，但仍被赐予爵位和土地。窦融明东汉兴起而归顺世祖，他们都流名后世，世代歌颂他们的美德。现在，丞相诸葛亮英才出众，明事于未然，受托孤之重任，辅佐蜀汉，和众人相处毫无忌讳，记录他人的功劳而不纠缠其过错。将军如能幡然醒悟重新回归，追古代圣贤都不难，主理一个郡又算什么呢！我听说，楚国对天子不恭，齐桓公就去责罚他；夫差称王，晋国却不以他为尊长，更何况给僭越的君主当臣子，谁又肯归附您呢？我思考古人的道理，臣子不能有境外的交往，所以，以前一直是您有来信我没有回信。再次承蒙您的告示，心中愤懑，忘掉吃饭，现在大致述怀，望将军深思。”吕凯在郡中很有恩威，被人们所信任，所以能保全节操。

在诸葛亮向南征讨雍闿的时候，兵马尚在路上，雍闿已经被高定的部下杀死。诸葛亮到南方后，上表说：“永昌郡吏吕凯、府丞王伉等人，在远地坚守忠贞，十多年来，雍闿和高定一直威胁着他们的东北边境，而吕凯等人坚守道义不和他们往来。我没想到，永昌的风俗竟然如此纯正！”刘禅任命吕凯为云南太守，封阳迁亭侯。正赶上吕凯被反叛的少数民族杀害，他的儿子吕祥承继了爵位。王伉也被封为亭侯，任永昌太守。

马忠字德信，他是巴西郡阆中人。小时候开始被寄养在母亲家，姓狐，名笃，后来才恢复原姓，改名马忠。任郡吏，建安末年被举为孝廉，任汉昌县长。先主东征，在猇亭兵败，巴西太守阎芝征发各县兵马五千人为前线补充兵力，派马忠带队前往。先主已经回到永安，见到马忠与马忠谈话以后，对尚书令刘巴说：“我虽然失去黄权，但又得到狐笃，真是世间不缺乏贤才呀。”建兴元年，丞相诸葛亮开府，以马忠为门下督。建兴三年，诸葛亮入南中，任马忠为牂牁郡太守。郡丞朱褒反叛。平定叛乱之后，马忠抚恤治理百姓，特别有威信和恩惠。建兴八年，诸葛亮召马忠为丞相参军，帮助留府长史蒋琬处理丞相府事务。以后又兼任益州治中从事。第二年，诸葛亮出兵祁山，马忠到诸葛亮的驻地管理军务。退兵以后，又指挥将军张嶷等讨伐汶山郡叛羌。建兴十一年，南中夷族首领刘胄反叛，骚扰各郡。朝廷征召，庲降都督张翼回朝，以马忠代替张翼的职务。马忠最后斩杀了刘胄，平定了南中。朝廷加授马忠监军奋威将军职务，封博阳亭侯。当初，建宁郡叛军杀害太守正昂，把继任的太守张裔捆绑送到吴地；所以都督常驻扎在平夷县。到马忠上任的时候，才把治所移到味县，处在汉族夷族之间。另外，越嶲郡也长期失去土地，马忠率领越嶲郡太守张嶷恢复旧土地，因此就地加授安南将军，晋封彭乡侯。延熙五年还朝，接着到达汉中，见大司马蒋琬，宣布传达朝廷诏旨，升任镇南大将军。延熙七年春，大将军费祎北上抵御曹魏敌军，把马忠留在成都，总管尚书机要事务。费祎回来，忠才回南中。延熙十二年马忠去世，他的儿子马脩承袭了爵位。

马忠为人宽厚通达有度量，只是诙谐幽默或开怀大笑，愤怒不表现在脸上。然而处事果断，威恩并立，所以南中蛮夷对马忠既畏又爱。到马忠去世的时候，没有人不是自己主动来到举办丧事的地方，流泪致哀，又为马忠立庙祭祀，庙宇至今还在。

张表，当时的名士，清望高于马忠。阎宇素有功劳和才干，处事精细勤勉。他们继承马忠的事业，有威风和可称颂的功劳，然而都比不上马忠。

王平，字子均，他是巴西郡宕渠县人。原本由外祖父何氏抚养，在这之后恢复王姓。他跟从杜濩、朴胡到洛阳，代理校尉。后跟随曹操出征汉中，因而归降刘备，被任命为牙门将、裨将军。建兴六年，隶属参军马谡为先锋。马谡舍弃水边军营而上山扎营，行动举止冗杂繁乱，王平多次规劝，马谡都没有采纳，在街亭被打得大败。部众全部四处逃散，只有王平所统领的一千人，擂击战鼓稳住不动，魏将张郃怀疑他有伏兵，没有前去进攻。于是王平慢慢收罗各营遗散的士兵，率领将士返回。丞相诸葛亮诛杀马谡以及将军张休、李盛，解除了将军黄袭等人的兵权，而王平则特别被推崇，加任参军，统率五部兵众并兼管自己所在的军队，晋升为讨寇将军，封为亭侯。建兴九年，诸葛亮围攻祁山，王平分守包围圈的南面。魏国大将军司马宣王进攻诸葛亮，张郃进攻王平，王平坚守不动，张郃不能攻克。建兴十二年，诸葛亮在武功县去世，蜀军退回，魏延作乱，但是一战就失败了，这又是王平的功劳。迁升为后典军、安汉将军，协助车骑将军吴壹驻扎汉中，又兼任汉中太守。建兴十五年，晋封为安汉侯，代替吴壹督领汉中。延熙元年，大将军蒋琬驻沔阳，王平改任为前护军，代管蒋琬府中事务。延熙六年，蒋琬收兵．驻扎涪县，任命王平为前监军、镇北大将军，统领汉中。

延熙七年春天，魏国大将军曹爽带领步骑兵十余万向汉川进发，前锋部队已经到了骆谷。那时候汉中的守兵还不够三万人，将士大为震惊。有的说："现今力量不足以拒敌，应当固守汉、乐二城，遇到敌人就让他们进入，不用很久，涪县的军队就会来到救援阳平关。"王平说："不是这样的。汉中离涪县近一千里。敌人若得到了阳平关，便是祸患。现今应该先派遣刘护军、杜参军据守兴势山，我做后卫。如果敌人分兵前往黄金谷，我就率领一千人下山亲自迎战，不用很久，涪县的援军就会到，这才是上策。”只有护军刘敏与王平意见相同，就立即施行。涪县诸军及大将军费祎从成都相继而至，魏军就撤退了，正如王平本来的计策。当时，邓芝在东境，马忠在南境，王平在北境，都声名远扬。

王平成长在军中，不会写字没有文化，认识的字不超过十个，但是口授起草文书却很有条理。他让人为他诵读《史记》《汉书》中的纪传，听了，都能理解它的大意，谈论起来一般都不会弄错其中的意思。他遵守法纪，说话很严肃，从早到晚端坐不苟，斯文得不像武将的样子。然而，他性情多疑，为人自卑，这是他的欠缺之处。延熙十一年去世，他的儿子王训继嗣。

当初，与王平同郡的汉昌人句扶为人忠勇宽厚，屡建战功，功名、爵位次于王平，官至左将军，封爵宕渠侯。

张嶷，字伯岐，他是巴郡南充国人。张嶷二十岁做县功曹。刘备平定益州时，山中强盗攻打南充，县长弃家逃走。张嶷冒着生命危险背着县长夫人逃出，使她免于一死。张嶷因此而出名，州里征召他为从事。那时，郡里士人龚禄、姚伷都是年俸二千石的大官，在当地很有名声，他们都和张嶷友善。建兴五年，丞相诸葛亮北上驻兵汉中，广汉、绵竹一带的山贼张慕等人抢掠军资、劫夺吏民，张嶷以都尉身份领兵讨伐。张嶷估计他们会像鸟兽一样四处逃散，很难与之正面交锋而就地擒获，就假装和他们友好，约定日期设宴款待他们，酒兴正浓的时候，张嶷率亲兵趁机杀了张慕等五十多人，全部消灭了山贼的头领，随后，搜寻其余党，不过十天，就安定了局面。后来，张嶷得病很重，而家中又非常贫困；广汉太守蜀郡人何祇有通达厚道的名声，张嶷一向与他很少交往，然而，他还是让人抬着到何祇处，托他治病。何祇尽己之财为张嶷治病，几年后，病完全好了。张嶷的诚实道义被人接受，都类似于此，被任命为牙门将，在马忠手下。去北部汶山讨伐叛乱的羌人，到南部平息四郡蛮夷叛乱，常有出谋划策、摧敌陷阵的功劳。建兴十四年，武都氐王苻健请求归降。蜀国派遣将军张尉去迎接他们，过了约定的日期还没有到。大将军蒋琬为此非常担忧，张嶷估计说：“苻健请降很真诚，不会发生意外。以前听说苻健的弟弟狡诈，况且胡人不能有同等功劳，恐怕有叛变情况发生，所以，停留在半路。”过了几日，传来消息，苻健的弟弟果然带四百户人家投奔魏国，只有苻健来归降。

起初，越嶲郡自丞相诸葛亮讨伐高定后，叟族人多次发动叛乱，杀害太守龚禄、焦璜等人，所以，后来的太守不敢到郡中上任，只住在安上县，离郡治八百多里，这个郡已徒有虚名。当时，决定要恢复旧时越嶲郡的辖地，任命张嶷为越嶲郡太守，张嶷便率部下前往，用恩信善导郡民，使那里的少数民族全都服从，很多人都来归附。郡北边界的捉马族非常勇强，不服从管理，张嶷率兵讨伐，活捉了他们的首领魏狼，开导后释放，让他回去招抚其他的人。又上表朝廷封魏狼为邑侯，部落的三千多户人都在当地安居并承担对朝廷的义务。其他的部落听说以后，大多也渐渐归附，张嶷因功赐爵关内侯。

苏祁县的首领冬逢与其弟隗渠等人，已经投降，又复起反叛，张嶷杀了冬逢。冬逢的妻子是羌族旄牛部落王的女儿，张嶷用计赦免了她，而隗渠却逃到西部边界。隗渠勇猛强悍，各部落的蛮夷都很怕他，他派遣两名亲信向张嶷假投降，其实，是想刺探消息。张嶷发觉以后，答应给他们重赏，派他们回去为内应，他二人便合起杀了隗渠。隗渠一死，各部族都安定下来了。另有斯都县老头领李求承，过去，曾经亲手杀了龚禄，张嶷悬赏把他捕获，历数他从前的罪行后，处死了他。

当初，张嶷因郡治的城墙毁了，府署破败，便另修了一座小坞堡。他在干了三年后，才迁回原来的郡治，在修缮内外城墙时，蛮夷部族的男男女女都赶来出力。

定莋、台登、卑水三县距郡治三百多里，从前出产盐、铁和漆，当地少数民族很久以来就自己单独享用。张嶷率领所辖兵马把盐、铁和漆业夺取过来，安排由长史掌管。张嶷来到定莋时，定莋的首领狼岑，槃木王的舅舅，是少数民族人信赖的人，他们怨恨张嶷抢夺了自己的产业，因此，而不亲自来拜见。张嶷派了几十个身强力壮的勇士直接去抓捕狼岑，把他们鞭打至死后，又把他们的尸首送回他们的部落；但是对部族的民众则给予重赏，告诉他们狼岑的罪恶，说："不要轻举妄动，动乱者马上杀死！"部族的人都自己捆绑起来以示谢罪。张嶷杀牛大摆酒宴，重申德信，于是，得到盐铁专利，器物和用品全都充足。

汉嘉郡界上的旄牛夷部族有四千多户，头领狼路想替姑夫冬逢报仇，派叔父狼离带着冬逢的部下来窥探形势。张嶷派遣亲信带着牛、酒去迎接慰劳他们，又让狼离接来冬逢的妻子说明和好的意思。狼离受到了赏赐，又见到了姐姐，姐弟俩很高兴，把部下的头领们都带去拜见张嶷，张嶷给他们丰厚的赏赐，送他们回去。从此旄牛夷部族不再为害。

越巂郡内过去有一条路，经旄牛县到成都，既平坦又近便；自旄牛道断绝已有一百多年，人们到成都都改走安上县，既危险又遥远。张嶷派遣左右带着财物赏赐狼路，又让狼路的姑姑说明心意，狼路便率领兄弟、妻子拜见张嶷，张嶷与他盟誓，从此又开通了以前的道路，路程千里都太平清静，过去的亭驿也得到恢复。张嶷上奏朝廷封狼路为旄牛㽠毗王，遣使者与狼路到朝廷进贡。后主刘禅晋升张嶷为抚戎将军，依旧管理自己的郡县。

张嶷当初见费祎任大将军，率意博爱，对待和信任刚刚归顺的人太过分了，张嶷写信劝诫他说："过去岑彭带领军队，来歙拿着符节，都被刺客所害。现在将军您位尊权重，应该以前事为鉴，稍加警觉。"后来费祎果真被魏国投降过来的郭脩杀害。

吴国太傅诸葛恪因为才击破魏国军队，就去大举兴兵图谋攻取蜀国。侍中诸葛瞻，是丞相诸葛亮的儿子，诸葛恪的堂弟，张嶷给他写信说："东吴君主刚刚去世，皇上实在幼弱，太傅接受寄托的重任，多么不容易！周公是亲族，而且有才华，还发生管叔、蔡叔散布流言的变故；霍光接受重任，也有燕王旦、盖长公主、上官桀谋反的阴谋，依赖周成王、汉昭帝的明察，他们才得以免除灾难。以前我常听说东吴君主杀人与赏罚，不任用手下人，如今他在将死之际仓促召见太傅，把后事嘱托给太傅。这实在是值得思索的。加上吴、楚地方的人强悍急躁，这是以前有记载的，而太傅离开少主，脚踏敌人的王廷，恐怕不是良计和长久打算的好策略。虽然说东吴法令制度严格整肃，上下和睦，但做一百件事也会有一件失当，这不是明智的人应该考虑的吗？取法古代，观察当今，当今就是古代，如果不是您向太傅进忠言，哪里还有尽心说话的人呢？吴国回师大兴农业，努力施行恩惠，数年之内，东吴西蜀再共同行动，实在为时不晚，希望深入明察采纳。"诸葛恪后来最终因此而被灭族。张嶷大多像这样具有远见卓识。

张嶷在郡做了十五年，境内安宁。他多次请求回朝，于是，天子把他召回成都。汉夷百姓依依不舍，扶着他的车子流泪；过旄牛邑时，邑长背着婴儿来迎接他，一直追随到蜀郡的边界，他手下的大小头领跟随张嶷去朝贡的有一百多人。张嶷到了成都，被任命为荡寇将军。他为人慷慨，坚持志节，士大夫们都很尊重他，但他也有放荡不羁、不拘小节的毛病，因此，有人也讥讽他。这年即延熙十七年，魏国狄道县长李简写密信请求投降，卫将军姜维率张嶷等人借李简的协助出兵陇西。到达狄道以后，李简率全城官民出城迎接蜀军。蜀军前锋与魏将徐质交战，张嶷战死，但被他杀伤的魏军也超过蜀军伤亡的一倍。朝廷封他的长子张瑛为西乡侯，次子张护雄承继爵位。南边越巂郡的汉夷百姓听说张嶷身亡，没有不悲痛哭泣的，为他建立祠庙，四季中及遭受水旱灾害时都去祭祀。

评论说：黄权思虑遐远，气度文雅；李恢公正坦荡，致于事业；吕凯恪守节操，终不改变；马忠温和又刚毅；王平忠诚勇敢，治军严谨；张嶷目光敏锐，判断正确。他们都因为自己的长处而名声显扬，身居高位，也是机遇到了的结果。

三国志卷四十四·蜀书十四

蒋琬费祎姜维传

蒋琬字公琰，零陵湘乡人也。弱冠与外弟泉陵刘敏俱知名。琬以州书佐随先主入蜀，除广都长。先主尝因游观奄至广都，见琬众事不理，时又沈醉，先主大怒，将加罪戮。军师将军诸葛亮请曰："蒋琬，社稷之器，非百里之才也。其为政以安民为本，不以修饰为先，愿主公重加察之。"先主雅敬亮，乃不加罪，仓卒但免官而已。琬见推之后，夜梦有一牛头在门前，流血滂沱，意甚恶之，呼问占梦赵直。直曰："夫见血者，事分明也。牛角及鼻，'公'字之象，君位必当至公，大吉之征也。"顷之，为什邡令。先主为汉中王，琬入为尚书郎。建兴元年，丞相亮开府，辟琬为东曹掾。举茂才，琬固让刘邕、阴化、庞延、廖淳，亮教答曰："思惟背亲舍德，以殄百姓，众人既不隐于心，实又使远近不解其义，是以君宜显其功举，以明此选之清重也。"迁为参军。五年，亮住汉中。琬与长史张裔统留府事。八年，代裔为长史，加抚军将军。亮数外出，琬常足食足兵以相供给。亮每言："公琰托志忠雅，当与吾共赞王业者也。"密表后主曰："臣若不幸，后事宜以付琬。"

亮卒，以琬为尚书令，俄而加行都护，假节，领益州刺史，迁大将军，录尚书事，封安阳亭侯。时新丧元帅，远近危悚。琬出类拔萃，处群僚之右，既无戚容，又无喜色，神守举止，有如平日，由是众望渐服。延熙元年，诏琬曰："寇难未弭，曹叡骄凶，辽东三郡苦其暴虐，遂相纠结，与之离隔。叡大兴众役，还相攻伐。曩秦之亡，胜、广首难，今有此变，斯乃天时。君其治严，总帅诸军屯住汉中，须吴举动，东西掎角，以乘其衅。"又命琬开府，明年就加为大司马。

东曹掾杨戏素性简略，琬与言论，时不应答。或欲构戏于琬曰："公与戏语而不见应，戏之慢上，不亦甚乎！"琬曰："人心不同，各如其面；面从后言，古人之所诫也。戏欲赞吾是耶，则非其本心，欲反吾言，则显吾之非，是以默然，是戏之快也。"又督农杨敏曾毁琬曰："作事愦愦，诚非及前人。"或以白琬，主者请推治敏，琬曰："吾实不如前人，无可推

蒋琬像，图出自《图像三国志》。

也。”主者重据听不推，则乞问其愦愦之状。琬曰：“苟其不如，则事不当理，事不当理，则愦愦矣。复何问邪？”后敏坐事系狱，众人犹惧其必死，琬心无适莫，得免重罪。其好恶存道，皆此类也。

琬以为昔诸葛亮数窥秦川，道险运艰，竟不能克，不若乘水东下。乃多作舟船，欲由汉、沔袭魏兴、上庸。会旧疾连动，未时得行。而众论咸谓如不克捷，还路甚难，非长策也。于是遣尚书令费祎、中监军姜维等喻指。琬承命上疏曰：“芟秽弭难，臣职是掌。自臣奉辞汉中，已经六年，臣既暗弱，加婴疾疢，规方无成，夙夜忧惨。今魏跨带九州，根蒂滋蔓，平除未易。若东西并力，首尾掎角，虽未能速得如志，且当分裂蚕食，先摧其支党。然吴期二三，连不克果，俯仰惟艰，实忘寝食。辄与费祎等议，以凉州胡塞之要，进退有资，贼之所惜；且羌、胡乃心思汉如渴，又昔偏军入羌，郭淮破走，算其长短，以为事首，宜以姜维为凉州刺史。若维征行，衔持河右，臣当帅军为维镇继。今涪水陆四通，惟急是应，若东北有虞，赴之不难。”由是琬遂还住涪。疾转增剧，至九年卒，谥曰恭。

子斌嗣，为绥武将军、汉城护军。魏大将军钟会至汉城，与斌书曰：“巴蜀贤智文武之士多矣，至于足下、诸葛思远，譬诸草木，吾气类也。桑梓之敬，古今所敦。西到，欲奉瞻尊大君公侯墓，当洒扫坟茔，奉祠致敬。愿告其所在！”斌答书曰：“知惟臭味意眷之隆，雅托通流，未拒来谓也。亡考昔遭疾疢，亡于涪县，卜云其吉，遂安厝之。知君西迈，乃欲屈驾修敬坟墓。视予犹父，颜子之仁也，闻命感怆，以增情思。”会得斌书报，嘉叹意义，及至涪，如其书云。

后主既降邓艾，斌诣会于涪，待以交友之礼。随会至成都，为乱兵所杀。斌弟显，为太子仆，会亦爱其才学，与斌同时死。

刘敏，左护军、扬威将军，与镇北大将军王平俱镇汉中。魏遣大将军曹爽袭蜀时，议者或谓但可守城，不出拒敌，必自引退。敏以为男女布野，农谷栖亩，若听敌入，则大势去矣。遂帅所领与平据兴势，多张旗帜，弥亘百余里。会大将军费祎从成都至，魏军即退，敏以功封云亭侯。

费祎字文伟，江夏鄳人也。少孤，依族父伯仁。伯仁姑，益州牧刘璋之母也。璋遣使迎仁，仁将祎游学入蜀。会先主定蜀，祎遂留益土，与汝南许叔龙、南郡董允齐名。时许靖丧子，允与祎欲共会其葬所。允白父和请车，和遣开后鹿车给之。允有难载之色，祎便从前先上。及至丧所，诸葛亮及诸贵人悉集，车乘甚鲜，允犹神色未泰，而祎晏然自若。持车人还，和问之，知其如此，乃谓允曰："吾常疑汝于文伟优劣未别也，而今而后，吾意了矣。"

先主立太子，祎与允俱为舍人，迁庶子。后主践位，为黄门侍郎。丞相亮南征还，群寮于数十里逢迎，年位多在祎右，而亮特命祎同载，由是众人莫不易观。亮以初从南归，以祎为昭信校尉使吴。孙权性既滑稽，嘲啁无方，诸葛恪、羊衜等才博果辩，论难锋至，祎辞顺义笃，据理以答，终不能屈。权甚器之，谓祎曰："君天下淑德，必当股肱蜀朝，恐不能数来也。"还，迁为侍中。亮北住汉中，请祎为参军。以奉使称旨，频繁至吴。建兴八年，转为中护军，后又为司马。值军师魏延与长史杨仪相憎恶，每至并坐争论，延或举刃拟仪，仪泣涕横集。祎常入其坐间，谏喻分别，终亮之世，各尽延、仪之用者，祎匡救之力也。亮卒，祎为后军师。顷之，代蒋琬为尚书令。琬自汉中还涪，祎迁大将军，录尚书事。

延熙七年，魏军次于兴势，假祎节，率众往御之。光禄大夫来敏至祎许别，求共围棋。于时羽檄交驰，人马擐甲，严驾已讫，祎与敏留意对戏，色无厌倦。敏曰："向聊观试君耳！君信可人，必能办贼者也。"祎至，敌遂退，封成乡侯。琬固让州职，祎复领益州刺史。祎当国功名，略与琬比。十一年，出住汉中。自琬及祎，虽自身在外，庆赏刑威，皆遥先谘断，然后乃行，其推任如此。后十四年夏，还成都，成都望气者云都邑无宰相位，故冬复北屯汉寿。延熙十五年，命祎开府。十六年岁首大会，魏降人郭循在坐。祎欢饮沈醉，为循手刃所害，谥曰敬侯。子承嗣，为黄门侍郎。承弟恭，尚公主。祎长女配太子璿为妃。

姜维字伯约，天水冀人也。少孤，与母居。好郑氏学。仕郡上计掾，州辟为从事。以父冏昔为郡功曹，值羌、戎叛乱，身卫郡将，没于战场，赐维官中郎，参本郡军事。建兴六年，丞相诸葛亮军向祁山，时天水太守适出案行。维及功曹梁绪、主簿尹赏、主记梁虔等从行。太守闻蜀军垂至，而诸县响应，疑维等皆有异心，于是夜亡保上邽。维等觉太守去，追迟，至城门，城门已闭，不纳。维等相率还冀，冀亦不入维。维等乃俱诣诸葛亮。会马谡败于街亭，亮拔将西县千余家及维等还，故维遂与母相失。亮辟维为仓曹掾，加奉义将军，封当阳亭侯，时年二十七。亮与留府长史张裔、参军蒋琬书曰："姜伯约忠勤时事，思虑精密，考其所有，永南、季常诸人不如也。其人，凉州上士也。"又曰：

“须先教中虎步兵五六千人。姜伯约甚敏于军事，既有胆义，深解兵意。此人心存汉室，而才兼于人，毕教军事，当遣诣宫，觐见主上。”后迁中监军征西将军。

十二年，亮卒，维还成都，为右监军辅汉将军，统诸军，进封平襄侯。延熙元年，随大将军蒋琬住汉中。琬既迁大司马，以维为司马，数率偏军西入。六年，迁镇西大将军，领凉州刺史。十年，迁卫将军，与大将军费祎共录尚书事。是岁，汶山平康夷反，维率众讨定之。又出陇西、南安、金城界，与魏大将军郭淮、夏侯霸等战于洮西。胡王治无戴等举部落降，维将还安处之。十二年，假维节，复出西平，不克而还。维自以练西方风俗，兼负其才武，欲诱诸羌、胡以为羽翼，谓自陇以西可断而有也。每欲兴军大举，费祎常裁制不从，与其兵不过万人。

十六年春，祎卒。夏，维率数万人出石营，经董亭，围南安，魏雍州刺史陈泰解围至洛门，维粮尽退还。明年，加督中外军事。复出陇西，守狄道长李简举城降。进围襄武，与魏将徐质交锋，斩首破敌，魏军败退。维乘胜多所降下，拔河关、狄道、临洮三县民还。后十八年，复与车骑将军夏侯霸等俱出狄道，大破魏雍州刺史王经于洮西，经众死者数万人。经退保狄道城，维围之。魏征西将军陈泰进兵解围，维却住钟题。

十九年春，就迁维为大将军。更整勒戎马，与镇西大将军胡济期会上邽，济失誓不至，故维为魏大将邓艾所破于段谷，星散流离，死者甚众。众庶由是怨讟，而陇已西亦骚动不宁，维谢过引负，求自贬削。为后将军，行大将军事。

二十年，魏征东大将军诸葛诞反于淮南，分关中兵东下。维欲乘虚向秦川，复率数万人出骆谷，径至沈岭。时长城积谷甚多而守兵乃少，闻维方到，众皆惶惧。魏大将军司马望拒之，邓艾亦自陇右，皆军于长城。维前住芒水，皆倚山为营。望、艾傍渭坚围，维数下挑战，望、艾不应。景耀元年，维闻诞破败，乃还成都。复拜大将军。

初，先主留魏延镇汉中，皆实兵诸围以御外敌，敌若来攻，使不得入。及兴势之役，王平捍拒曹爽，皆承此制。维建议，以为错守诸围，虽合《周易》“重门”之义，然适可御敌，不获大利。不若使闻敌至，诸围皆敛兵聚谷，退就汉、乐二城，使敌不得入平，且重关镇守以捍之。有事之日，令游军并进以伺其虚。敌攻关不克，野无散谷，千里县粮，自然疲乏。引退之日，然后诸城并出，与游军并力搏之，此殄敌之术也。于是令督汉中胡济却住汉寿，监军王含守乐城，护军蒋斌守汉城，又于西安、建威、武卫、石门、武城、建昌、临远皆立围守。

五年，维率众出汉、侯和，为邓艾所破，还住沓中。维本羁旅托国，累年攻战，功绩不立，而宦官黄皓等弄权于内，右大将军阎宇与皓协比，而皓阴欲废维树宇。维亦疑之，故自危惧，不复还成都。六年，维表后主："闻钟会治兵关中，欲规进取，宜并遣张翼、廖化督诸军分护阳安关口、阴平桥头以防未然。"皓征信鬼巫，谓敌终不自致，启后主寝其事，而群臣不知。及钟会将向骆谷，邓艾将入沓中，然后乃遣右车骑廖化诣沓中为维援，左车骑张翼、辅国大将军董厥等诣阳安关口以为诸围外助。比至阴平，闻魏将诸葛绪向建威，故住待之。月余，维为邓艾所摧，还住阴平。钟会攻围汉、乐二城，遣别将进攻关口，蒋舒开城出降，傅佥格斗而死。会攻乐城，不能克，闻关口已下，长驱而前。翼、厥甫至汉寿，维、化亦舍阴平而退，适与翼、厥合，皆退保剑阁以拒会。会与维书曰："公侯以文武之德，怀迈世之略，功济巴、汉，声畅华夏，远近莫不归名。每惟畴昔，尝同大化，吴札、郑乔，能喻斯好。"维不答书，列营守险。会不能克，粮运县远，将议还归。

而邓艾自阴平由景谷道傍入，遂破诸葛瞻于绵竹。后主请降于艾，艾前据成都。维等初闻瞻破，或闻后主欲固守成都，或闻欲东入吴，或闻欲南入建宁，于是引军由广汉、郪道以审虚实。寻被后主敕令，乃投戈放甲，诣会于涪军前，将士咸怒，拔刀斫石。

会厚待维等，皆权还其印号节盖。会与维出则同舆，坐则同席，谓长史杜预曰："以伯约比中土名士，公休、太初不能胜也。"会既构邓艾，艾槛车征，因将维等诣成都，自称益州牧以叛。欲授维兵五万人，使为前驱。魏将士愤怒，杀会及维，维妻子皆伏诛。

郤正著论论维曰："姜伯约据上将之重，处群臣之右，宅舍弊薄，资财无余，侧室无妾媵之亵，后庭无声乐之娱，衣服取供，舆马取备，饮食节制，不奢不约，官给费用，随手消尽；察其所以然者，非以激贪厉浊，抑情自割也，直谓如是为足，不在多求。凡人之谈，常誉成毁败，扶高抑下，咸以姜维投厝无所，身死宗灭，以是贬削，不复料擿，异乎《春秋》褒贬之义矣。如姜维之乐学不倦，清素节约，自一时之仪表也。"

维昔所俱至蜀，梁绪官至大鸿胪，尹赏执金吾，梁虔大长秋，皆先蜀亡没。

评曰：蒋琬方整有威重，费祎宽济而博爱，咸承诸葛之成规，因循而不革，是以边境无虞，邦家和一，然犹未尽治小之宜，居静之师也。姜维粗有文武，志立功名，而玩众黩旅，明断不周，终致陨毙。《老子》有云："治大国者犹烹小鲜。"况于区区蕞尔，而可屡扰乎哉？

【译文】

蒋琬字公琰，他是零陵湘乡人。蒋琬二十岁时与表弟泉陵人刘敏就都很有名气。蒋琬以州书佐身份随刘备入蜀，任广都县长。刘备外出突至广都，发现蒋琬各项政事都没有办理，又喝得烂醉，刘备大怒，准备加罪处罚。军师将军诸葛亮求情说："蒋琬是治国的栋梁之材，不是管理区区百里之地的小才。他为政以安民为本，从不装点门面，希望主公对他重新考察。"刘备向来尊敬诸葛亮，便不给蒋琬加罪，只是免官而已。蒋琬被撤职以后，夜里梦见门前有一头牛，鲜血淋漓，心里很是厌恶，便问占梦的赵直，赵直说："见到鲜血，表示事情已经清楚。由牛的两角到牛鼻子，是个'公'字，您的职位一定会到公卿，这是吉兆啊。"不久，蒋琬担任什邡县令。刘备为汉中王，蒋琬入朝任尚书郎。建兴元年，丞相诸葛亮开设府署，征聘蒋琬为东曹掾。后来又举荐他为茂才，蒋琬坚决辞让给刘邕、阴化、庞延、廖淳。诸葛亮开导他说："您离开家乡，为国家和百姓奔忙。士民既心中不安，又会使远近之人不明其理。所以，应该显示您因功被举荐，以表明此次遴选的贵重。"后来，升为参军。建兴五年，诸葛亮进驻汉中，蒋琬与长史张裔主持留守相府事宜。建兴八年，代替张裔任长史，加抚军将军。诸葛亮数次出兵征战，蒋琬总是供以充足的粮饷和足够的兵力。诸葛亮常说："公琰以忠正寄托报国的志向，他是辅助我完成统一大业的人啊！"于是给后主上密表说："臣如果有不幸，后事可托付给蒋琬。"

诸葛亮死后，后主任蒋琬做了尚书令，没过多久，加授都护，授予符节，并领益州刺史，升为大将军，录尚书事，封为安阳亭侯。当时元帅新丧，远近人人恐惧。蒋琬出类拔萃，处群僚之上，既没有哀戚的样子，也没有欣喜的神色，神情举止，像平日一样，于是众人对他渐渐信服。延熙元年，后主下诏给蒋琬说："敌寇的祸患还没有消除，曹叡骄横凶暴，辽东三郡苦于他的暴虐，就互相联合，脱离魏国。曹叡大肆兴兵，互相攻伐。从前秦朝的灭亡，是陈胜、吴广首先发难的，现在魏国有此变乱，这是天时。你整治军队，统率各军屯驻汉中，等吴国举兵，东西夹击，乘他叛乱之机。”后主又下令蒋琬开设府署，第二年就升为大司马。

东曹掾杨戏一向性情简慢粗疏，蒋琬同他谈话，他经常不回答。有人想向蒋琬陷害杨戏，说：“您和杨戏讲话却听不到他应答，杨戏轻忽上司，不也太过分吗！”蒋琬说：“人的想法不相同，就像各自的面孔一样；当面顺从而背后说坏话，这是古人所警戒的。杨戏要是称赞我说得对，那就不是他的本意，他要是反对我说的话，就是凸显了我的错误，因此沉默不语，这正是杨戏的机敏啊。”另外督农杨敏曾经诋毁蒋琬说：“做事糊涂，实在比不上前人。”有人把这话告诉了蒋琬，主管官员请求追究惩处杨敏，蒋琬说：“我的确不如前人，没有什么可追究的。”主管官员在再一次陈说以后终于同意不予追究，却恳请询问做事糊涂的情况。蒋琬说：“假如我不如前人，那么就是处理事情不合理，处事不当，那就是糊涂，又有什么可问的呢？”后来杨敏因事犯罪被关入监狱，大家担心他一定会被处死，而蒋琬心中待人用情没有偏见，杨敏才得以免除很重的罪罚。蒋琬的爱恨合乎情理大义，都是像这样的。

蒋琬觉得，过去诸葛亮多次进军秦川，最终没能成功，是因为道路险阻、运输很难，不如由水路东下。于是，建造了很多船只，打算由汉、沔袭击魏兴和上庸。正巧赶上蒋琬旧病连续发作，没有及时行动。而众官员议论说，如不能成功，则回路就非常艰险，这不是长远的计策。于是，蒋琬派尚书令费祎、中监军姜维等人向刘禅说明自己的意图。蒋琬接受命令又上疏说：“灭曹魏已经越来越难，而臣的职责正是执掌此事。自臣奉命驻扎汉中以来，已经六年，臣本就愚昧无能，再加上疾病缠身，运筹帷幄却不能实行，臣日夜忧心。现在，魏国占据九州，势力蔓延，想铲平扫除已非易事。如果吴、蜀合力，首尾成犄角之势，即使不能很快如愿，也可以暂且分食魏国领土，毁灭它的部分力量。然而，与吴国相约几次，却接连不能取胜，前退都很困难，实在让人寝食不安。于是，臣与费祎等人商议，以凉州胡人边塞的险要，进退有据，这是敌人很重视这个地方的原因。况且，羌、胡人十分思念汉朝，又因为过去偏军进入过羌地，郭淮败逃。考虑得失，臣等认为，如今首要之事，一定以姜维为凉州刺史。如果姜维出征，和敌相持于河右，我则率师为姜维镇守做他的后援。现在，涪县水陆四通八达，可以应急，如果东北方有情况，奔赴前去并不难。”蒋琬返回，住在涪县。病情加剧，延熙九年去世，谥号为“恭”。

蒋琬的儿子蒋斌承袭爵位，做了绥武将军、汉城护军。曹魏大将军钟会到达汉城，给蒋斌写信，说：“巴蜀之地的贤能智慧文才武略之人真多啊。至于您、诸葛思远等就像草木一样，与我是同类呀。崇敬当地的贤能，是古今所重视的事。我来到此地，想瞻仰您父亲的坟墓，并洒扫祭祀以示致敬，请您告诉我坟墓在什么地方。”蒋斌回信说：“知道您想表示同类人相互推崇的意思，您高雅的托付通达流畅，我不能拒绝您的要求。亡父当初身患疾病，在涪县去世，占卜的人说此地吉利，就安葬在那里。得知您西行，并欲屈驾前往父墓致敬。把孔子视为父亲，这是颜回具有的仁德。您的要求使我既感动又伤心，增加了我思念的情怀。”钟会看到蒋斌的回信，对其中的意思嘉许赞叹，到涪县以后，果然像他信中所说的那样祭扫了蒋琬墓。

后主刘禅投降邓艾以后，蒋斌到涪县拜会钟会，钟会用朋友之礼接待他。他跟随钟会到成都，被乱兵杀害。蒋斌的弟弟蒋显，任太子仆，钟会也非常喜爱他的才学，他和蒋斌同时遇害。

刘敏，担任左护军、扬威将军，和镇北大将军王平共同镇守汉中。曹魏派遣大将军曹爽攻打蜀的时候，蜀军商讨对策者中，有的提出只可坚守城池，不必出城迎战，敌军必会自行退却。刘敏认为此时百姓男男女女正遍布田野忙农活，稻谷还堆放田头，如果听任敌军深入，朝廷大局就完了。于是就率领他的部下和王平一起占据兴势山，多插战旗，绵延百余里。正好大将军费祎从成都赶到，曹魏就撤军了，刘敏因功被封为云亭侯。

费祎字文伟，他是江夏郡鄳县人。小时候失去父亲，凭借父亲的同族兄弟费伯仁生活。伯仁的姑母，是益州牧刘璋的母亲。刘璋派使者去迎接费伯仁，伯仁带着费祎到蜀地从师求学。适逢先主平定了蜀地，费祎便留在益州地区，他和汝南郡的许叔龙、南郡董允同样有名。当时，许靖的儿子死了，董允和费祎准备一起到他的葬地去。董允向父亲董和要车，董和就指派了一辆敞开后面的小车给他们。董允露出为难的神色，不知道如何乘坐是好。费祎便从前面先上去。到了葬地，诸葛亮以及各位显贵的人物都到了，他们所乘的车子非常华丽美盛，董允神色还是有点儿不大自然，而费祎却泰然自若。驾车子的人回去后，董和向他询问，才知道情况是这样的，他对董允说：“我常怀疑你和文伟相比，分不出优劣。从今以后，我心中才明白了。”

刘备册立太子后，费祎与董允都任太子舍人，又晋升他做了庶子。刘禅登上皇位，费祎任黄门侍郎。丞相诸葛亮南征回来时，朝臣都到几十里以外去迎接，他们的年龄、职位大多在费祎之上，而诸葛亮却独叫费祎与他同乘一车，于是，众人对他无不青眼有加。诸葛亮从南方回来不久，就任命费祎为昭信校尉出使东吴。吴主孙权喜欢滑稽，戏谑玩笑没有分寸，再诸如诸葛恪、羊衜等人才识渊博，皆为能言善辩之士，论辩诘难，词锋犀利，而费祎言辞顺畅，语意真诚，据理答辩，而不屈服。孙权非常看重费祎，说：“您是天下有美德的人，定能匡辅蜀国，今后恐怕不能多来了。”回蜀汉以后，升为侍中。诸葛亮北上屯驻汉中，任费祎为参军。因奉命出使能符合朝廷旨意，所以，频繁到东吴。建兴八年，转任中护军，后，又任司马。此时，军师魏延和长史杨仪相互憎恶，每次见面坐在一起都要发生争执，魏延有时还拿着兵器对着杨仪发狠，杨仪则泪流满面。费祎常常坐在他们中间，劝慰化解，将他们分开。诸葛亮在世的时候，能使魏延、杨仪各自为用，正是费祎匡正补救的结果。诸葛亮去世后，费祎任后军师，不久，又代蒋琬为尚书令。蒋琬由汉中回到涪县，费祎升任大将军，录尚书事。

延熙七年，魏军军队驻扎在兴势，刘禅授费祎节钺，命他带领兵马御敌。光禄大夫来敏到费祎住处送别，要和他一起下棋。这时，情报纷至，人马已做好了出发的准备。费祎和来敏专心下棋，脸上没有一点不安和厌倦的神色。来敏说：“只是想试探您而已。您真让人满意，一定能打退敌人。”费祎到了前线，敌军就撤退了。被封为成乡侯。因蒋琬执意让出州中的官职，费祎又兼任益州刺史。费祎主持国政，其功业和名望与蒋琬差不多。延熙十一年，出京驻守汉中。自蒋琬到费祎，虽身在外，但是对京中的赏罚，都事先咨询明白，然后才施行。受刘禅的重信到如此程度。延熙十四年夏，返回成都。成都望云气的人说都城中没有宰相的位置，因此，他驻扎在北部的汉寿。延熙十五年，命费祎成立府署。延熙十六年岁首大宴会，魏国投降过来的人郭循也在座。费祎酒醉被郭循杀死。谥号敬侯，他的儿子费承继承爵位，为黄门侍郎。费承的弟弟费恭娶公主为妻。费祎的长女嫁给太子刘璿为妃。

姜维字伯约，他是天水郡冀县人。小的时候，父亲就去世了，与母亲一起居住。他喜欢郑玄的学说，出仕做了郡里的上计掾，后来又被州里任命为从事。姜维的父亲姜冏以前担任郡中功曹，正遇上羌、戎族人叛乱，以自己身体护卫郡太守，死在战场上，因为这个缘故，姜维被赏赐了中郎的官职，参议本郡的军事。建兴六年，丞相诸葛亮挥师进兵祁山，当时天水郡太守正外出巡视，姜维以及功曹梁绪、主簿尹赏、主记梁虔等随从。太守听说蜀军将要来到，而各县都起来响应，怀疑姜维等人都有二心，于是连夜逃跑，退保上邽。姜维发现太守逃离，追赶已经晚了，追到上邽城门时，城门已经关闭，不让进去。姜维等人相继返回冀县，冀县也不让姜维他们进城。姜维等人于是就都去见诸葛亮。当时正好马谡在街亭吃了败仗，诸葛亮攻克西县带了西县一千多家以及姜维等人回蜀，因此，姜维就和他的母亲分离了。姜维被诸葛亮任命为仓曹掾，加授奉义将军，封为当阳亭侯，当时他二十七岁。诸葛亮在给留府长史张裔、参军蒋琬的信中说："姜伯约忠于职守，勤于政事，考虑事情精细周密，我考察他的才能，永南、季常等人都比不上他。这个人，是凉州的上等士人。"又说："让他先教中虎步兵士五六千人。姜伯约对于军事很敏锐，有胆有义，兵士的心意也为他所了解。这个人一心忠于汉室，而且别人的才识都不如他，等他结束这次军事教练以后，应该让他进谒宫中，朝见主上。"后来升为中监军、征西将军。

建兴十二年，诸葛亮死，姜维回到成都，任右监军辅汉将军，统领各军，晋封平襄侯。延熙元年，随大将军蒋琬屯驻汉中。蒋琬晋升为大司马。任姜维为司马，多次率偏军西入敌境。延熙六年，晋升为镇西大将军，兼任凉州刺史。延熙十年升迁为卫将军，与大将军费祎同管尚书台事务。这一年，汶山郡平康县的少数民族反叛，姜维率军讨伐平定了他们。又出兵陇西、南安、金城等地，和曹魏大将军郭淮、夏侯霸等人在洮西争战。少数民族首领治无戴等率领部落投降，姜维把他们带回去进行安置。延熙十二年，朝廷授姜维符节，再次出兵西平郡，无功而回。姜维自认为熟悉凉州民情，对自己的文武才能又很自负，想招抚那里的羌、胡人为羽翼，认为可以割断陇西为蜀汉所有，经常想举兵，费祎则限制不同意，给他的兵马不过万人。

延熙十六年春天，费祎去世。这一年夏天，姜维带领数万人马出石营，经过董亭，进围南安郡，曹魏雍州刺史陈泰赶赴洛门解围，姜维因为粮尽退兵。第二年，姜维为都督中外军事，再一次出兵陇西，曹魏署理狄道县长李简献城投降。维进围襄武县，与曹魏将领徐质交战，斩杀徐质打败敌军，魏军败退。姜维乘胜攻占许多地方，迁移河关、狄道、临洮三县百姓回军。以后延熙十八年，又与车骑将军夏侯霸等人一起出兵狄道县，在洮水以西大败曹魏雍州刺史王经，杀死王经的兵众有数万人。王经退保狄道城，姜维将其包围。曹魏征西将军陈泰进兵解围，姜维后退屯驻钟题。

延熙十九年春，朝廷派人到姜维处升迁姜维为大将军。姜维又整顿部署兵马，与镇西大将军胡济约好在上邽会师，由于胡济失约没有到，所以姜维在段谷被曹魏大将邓艾大败，士兵星散流离，死亡很多。部下因此而产生怨恨，而陇山以西也骚动不安，姜维承担了责任对自己的过失表示歉意，要求自我贬职。降为后将军，代理大将军职务。

延熙二十年，魏国征东大将军诸葛诞在淮南发动叛乱，魏国征调关中的军队东下平叛。姜维想乘虚进军秦川，又率数万兵出兵骆谷，直接到达沈岭。当时长城储存粮食多而守兵少，听说姜维来到，众人都惶恐害怕。魏国大将军司马望迎敌，邓艾也从陇右赶来，都驻扎在长城。姜维前往芒水，都依傍山势安营。司马望、邓艾在渭水边坚守，姜维多次下山挑战，司马望、邓艾都不应战。景耀元年，姜维听说诸葛诞兵败，就返回成都。朝廷再次任他为大将军。

起初，刘备派魏延留下驻守汉中，各营围都充实兵力来抵御入侵者。如果有敌人进攻，就严防死守，使他们无法攻入。在兴势之战中，王平抵御曹爽，也沿袭了这种做法。姜维建议，认为交错防守各营围，虽然合乎《周易》所说的“重门”的道理，即设置多层门、敲梆巡夜防备敌人袭击，但是这只能防御，不能取得大的胜利。不如在听闻敌人将至时，各营围都集结军队、聚积粮食，退守到汉、乐二城附近，使敌兵不能进入平原地带，并且在重要关口驻扎军队来抵抗敌兵。出现情况的时候，命令流动作战的部队一同前行探察虚实。敌人攻不下关塞，荒野中没有散落的粮食，军粮又远隔千里，他们自然会疲惫困乏。等到他们撤退的时候，各城一起出兵，与流动部队合力围攻，这就是灭敌的战术。于是刘备就命令汉中都督胡济退驻汉寿，监军王含守卫乐城，护军蒋斌守卫汉城，又在西安、建威、武卫、石门、武城、建昌、临远这些地方建立营围守备。

景耀五年，姜维带领兵士从汉城、侯和出发，被邓艾打败，退兵驻扎在沓中。姜维本来长年旅居别国他乡，连年征战，功业又都还没有建立，而宦官黄皓之流在朝廷玩弄权柄，右大将军阎宇又与黄皓沆瀣一气。黄皓暗中想要废除姜维而扶植阎宇。姜维对他们也心存疑虑。所以非常担忧害怕，干脆不再返回成都。

景耀六年，姜维向后主上表说："听说钟会在关中整顿军备，打算对我们发起攻击。主上应该派遣张翼、廖化统率各路兵马到阳安关口和阴平桥头守护，以防患于未然。"黄皓坚信鬼巫之说，认为敌人始终不会到来，于是禀告刘禅不用派兵防守。而朝中大臣都不知道姜维与黄皓的这件事情。等到钟会即将进入骆谷、邓艾就要步入沓中的时候，刘禅方才派右车骑将军廖化前往沓中救助姜维，派左车骑将军张翼、辅国大将军董厥等人前往阳安关口作为各城的外援。军队到了阴平，听说魏国将领诸葛绪已经向建威进攻，于是停下来等待。一个多月后，姜维被邓艾打败，退驻到阴平。钟会围攻汉、乐两座城池，又派将领进攻阳安关口。蒋舒打开城门投降，傅佥拼力死守，后来战死。钟会没有打下乐城，听说阳安关口已被攻破，便长驱而入。张翼、董厥刚到汉寿，姜维、廖化也从阴平撤回，恰好会合，于是一起退到剑阁抵御钟会。钟会写信给姜维说："公侯您拥有文德武功，身怀盖世谋略，在巴蜀、汉中建立了功业，名声在华夏传扬，远近都慕名归附。每次想起往昔，我们曾经一起感受中原的文治教化，就像吴国季札和郑国子乔那样了解时势。您反蜀投魏才是正途。"姜维没有回信，仍然列兵驻守险要。钟会攻打不下，军粮运送的路途又很遥远，将领们都商议要撤军返回。

在这个时候邓艾从阴平经由景谷道进入蜀境，在绵竹打败诸葛瞻。后主刘禅向邓艾请求投降，邓艾进驻成都。姜维等人刚开始听说诸葛瞻战败时，有人传说后主刘禅准备坚守成都，又有人传说后主准备东入吴国，还有人传说后主将南往建宁，于是率领军队去广汉、郪道以查明虚实。不久收到后主刘禅命令，才放下兵器卸下盔甲，往涪县魏军营前见钟会，蜀军将士都很愤怒，拔出刀来乱砍石头。

钟会优待姜维等人，暂时把印鉴、标志、符节、车盖全都归还他们。钟会与姜维出门则同车，坐则同席。钟会对长史杜预说："拿姜伯约与中原的名士相比，就是诸葛诞、夏侯霸也不能超过他。"钟会陷害邓艾之后，邓艾被用囚车装着召回魏都，钟会则带着姜维等人到成都，自称益州牧反叛魏国。他准备交给姜维五万人马，让他做前锋。魏军将士愤怒，杀了钟会和姜维，姜维的妻子儿女都被杀。

郤正写了一篇文章评论姜维，说："姜伯约身处上将之位居于君臣之首，却住宅简陋，没有多余的财产。居住侧室没有侍妾，后庭没有音乐的娱乐，衣服仅求够用，车马仅求具备，饮食节俭且又不过分简朴。朝廷供给的俸禄，随时用尽，不留积蓄。观察他这样做的原因，并不是为了感化、激励贪得无厌的人抑制情欲，只是认为能够这样就满足了，不需多求。人们谈论古今人物，虽然常是赞扬成功而贬低失败，赞扬高位而损抑小人。很多人都认为，姜维错投蜀国最后身死，宗族被灭，因此贬抑他，而不去仔细分辨，这和《春秋》褒贬人物的义旨是不相符的。像姜维这样读书不倦、清廉而又朴素的人，应该成为一代楷模。"

起初和姜维一起入蜀的人，梁绪官至大鸿胪，尹赏任执金吾，梁虔任大长秋，他们都在蜀汉灭亡前去世。

评论说：蒋琬方正有威仪，费祎宽厚而博爱，都继承诸葛亮的成规，因循而不变革，因此边境无虞，国家和谐，然而仍然没有能完全懂得治小国的方法，无为居静的道理。姜维粗有文武，志在建立功名，而穷兵黩武，决断却不周密，最终招致殒身毙命的结果。《老子》说："治理大国就像烹煮小鱼。"何况区区小国，岂能屡次烦扰呢？

三国志卷四十五·蜀书十五

邓张宗杨传

邓芝字伯苗，义阳新野人，汉司徒禹之后也。汉末入蜀，未见知待。时益州从事张裕善相，芝往从之，裕谓芝曰："君年过七十，位至大将军，封侯。"芝闻巴西太守庞羲好士，往依焉。先主定益州，芝为郫邸阁督。先主出至郫，与语，大奇之，擢为郫令，迁广汉太守。所在清严有治绩，入为尚书。

先主薨于永安。先是，吴王孙权请和，先主累遣宋玮、费祎等与相报答。丞相诸葛亮深虑权闻先主殂陨，恐有异计，未知所如。芝见亮曰："今主上幼弱，初在位，宜遣大使重申吴好。"亮答之曰："吾思之久矣，未得其人耳，今日始得之。"芝问其人为谁？亮曰："即使君也。"乃遣芝修好于权。权果狐疑，不时见芝，芝乃自表请见权曰："臣今来亦欲为吴，非但为蜀也。"权乃见之，语芝曰："孤诚愿与蜀和亲，然恐蜀主幼弱，国小势逼，为魏所乘，不自保全，以此犹豫耳。"芝对曰："吴、蜀二国四州之地，大王命世之英，诸葛亮亦一时之杰也。蜀有重险之固，吴有三江之阻，合此二长，共为唇齿，进可并兼天下，退可鼎足而立，此理之自然也。大王今若委质于魏，魏必上望大王之入朝，下求太子之内侍，若不从命，则奉辞伐叛，蜀必顺流见可而进，如此，江南之地非复大王之有也。"权默然良久曰："君言是也。"遂自绝魏，与蜀连和，遣张温报聘于蜀。蜀复令芝重往，权谓芝曰："若天下太平，二主分治，不亦乐乎！"芝对曰："夫天无二日，土无二王，如并魏之后，大王未深识天命者也，君各茂其德，臣各尽其忠，将提枹鼓，则战争方始耳。"权大笑曰："君之诚款，乃当尔邪！"权与亮书曰："丁厷掞张，阴化不尽；和合二国，唯有邓芝。"及亮北住汉中，以芝为中监军、扬武将军。亮卒，迁前军师前将军，领兖州刺史，封阳武亭侯，顷之为督江州。权数与芝相闻，馈遗优渥。延熙六年，就迁为车骑将军，后假节。十一年，涪陵国人杀都尉反叛，芝率军征讨，即枭其渠帅，百姓安堵。十四年卒。

芝为将军二十余年，赏罚明断，善恤卒伍。身之衣食资仰于官，不苟素俭，然终不治私产，妻子不免饥寒，死之日家无余财。性刚简，不饰意气，不得士类之和。于时人少所敬贵，唯器异姜维云。子良，袭爵，景耀中为尚书左选郎，晋朝广汉太守。

张翼字伯恭，犍为武阳人也。高祖父司空浩，曾祖父广陵太守纲，皆有名迹。先主定益州，领牧，翼为书佐。建安末，举孝廉，为江阳长，徙涪陵令，迁梓潼太守，累迁至广汉、蜀郡太守。建兴九年，为庲降都督、绥南中郎将。翼性持法严，不得殊俗之欢心。耆率刘胄背叛作乱，翼举兵讨胄。胄未破，会被征当还，群下咸以为宜便驰骑即罪，翼曰："不然。吾以蛮夷蠢动，不称职故还耳，然代人未至，吾方临战场，当运粮积谷，为灭贼之资，岂可以黜退之故而废公家之务乎？"于是统摄不懈，代到乃发。马忠因其成基以破殄胄，丞相亮闻而善之。亮出武功，以翼为前军都督，领扶风太守。亮卒，拜前领军，追论讨刘胄功，赐爵关内侯。延熙元年，入为尚书，稍迁督建威，假节，进封都亭侯，征西大将军。

十八年，与卫将军姜维俱还成都。维议复出军，唯翼廷争，以为国小民劳，不宜黩武。维不听，将翼等行，进翼位镇南大将军。维至狄道，大破魏雍州刺史王经，经众死于洮水者以万计。翼曰："可止矣，不宜复进，进或毁此大功。"维大怒，曰："为蛇画足。"维竟围经于狄道，城不能克。自翼建异论，维心与翼不善，然常牵率同行，翼亦不得已而往。景耀二年，迁左车骑将军，领冀州刺史。六年，与维咸在剑阁，共诣降钟会于涪，明年正月，随会至成都，为乱兵所杀。

宗预字德艳，南阳安众人也。建安中，随张飞入蜀。建兴初，丞相亮以为主簿，迁参军右中郎将。及亮卒，吴虑魏或承衰取蜀，增巴丘守兵万人，一欲以为救援，二欲以事分割也。蜀闻之，亦益永安之守，以防非常。预将命使吴，孙权问预曰："东之与西，譬犹一家，而闻西更增白帝之守，何也？"预对曰："臣以为东益巴丘之戍，西增白帝之守，皆事势宜然，俱不足以相问也。"权大笑，嘉其抗直，甚爱待之，见敬亚于邓芝、费祎。迁为侍中，徙尚书。延熙十年，为屯骑校尉。时车骑将军邓芝自江州还，来朝，谓预曰："礼，六十不服戎，而卿甫受兵，何也？"预答曰："卿七十不还兵，我六十何为不受邪？"芝性骄傲，自大将军费祎等皆避下之，而预独不为屈。预复东聘吴，孙权捉预手，涕泣而别曰："君每衔命结二国之好。今君年长，孤亦衰老，恐不复相见！"遗预大珠一斛，乃还。迁后将军，督永安，就拜征西大将军，赐爵关内侯。景耀元年，以疾征还成都。后为镇军大将军，领兖州刺史。时都护诸葛瞻初统朝事，廖化过预，欲与预共诣瞻许。预曰："吾等年逾七十，所窃已过，但少一死耳，何求于年少辈而屑屑造门邪？"遂不往。

廖化字元俭，本名淳，襄阳人也。为前将军关羽主簿，羽败，属吴。思归先主，乃诈死，时人谓为信然，因携持老母昼夜西行。会先主东征，遇于秭归。先主大悦，以化为宜都太守。先主薨，为丞相参军，后为督广武，稍迁至右车骑将军，假节，领并州刺史，封中乡侯，以果烈称。官位与张翼齐，而在宗预之右。

咸熙元年春，化、预俱内徙洛阳，道病卒。

杨戏字文然，犍为武阳人也。少与巴西程祁公弘、巴郡杨汰季儒、蜀郡张表伯达并知名。戏每推祁以为冠首，丞相亮深识之。戏年二十余，从州书佐为督军从事，职典刑狱，论法决疑，号为平当，府辟为属主簿。亮卒，为尚书右选部郎，刺史蒋琬请为治中从事史。琬以大将军开府，又辟为东曹掾，迁南中郎参军，副贰庲降都督，领建宁太守。以疾征还成都，拜护军监军，出领梓潼太守，入为射声校尉，所在清约不烦。延熙二十年，随大将军姜维出军至芒水。戏素心不服维，酒后言笑，每有傲弄之辞。维外宽内忌，意不能堪，军还，有司承旨奏戏，免为庶人。后景耀四年卒。

戏性虽简惰省略，未尝以甘言加人，过情接物。书符指事，希有盈纸。然笃于旧故，居诚存厚。与巴西韩俨、黎韬童幼相亲厚，后俨痼疾废顿，韬无行见捐，戏经纪振恤，恩好如初。又时人谓谯周无当世才，少归敬者，唯戏重之，尝称曰："吾等后世，终自不如此长儿也。"有识以此贵戏。

张表有威仪风观，始名位与戏齐，后至尚书，督庲降后将军，先戏没。祁、汰各早死。

戏以延熙四年著《季汉辅臣赞》，其所颂述，今多载于《蜀书》，是以记之于左。自此之后卒者，则不追谥，故或有应见称纪而不在乎篇者也。其戏之所赞而今不作传者，余皆注疏本末于其辞下，可以觕知其仿佛云尔。

昔文王歌德，武王歌兴，夫命世之主，树身行道，非唯一时，亦由开基植绪，光于来世者也。自我中汉之末，王纲弃柄，雄豪并起，役殷难

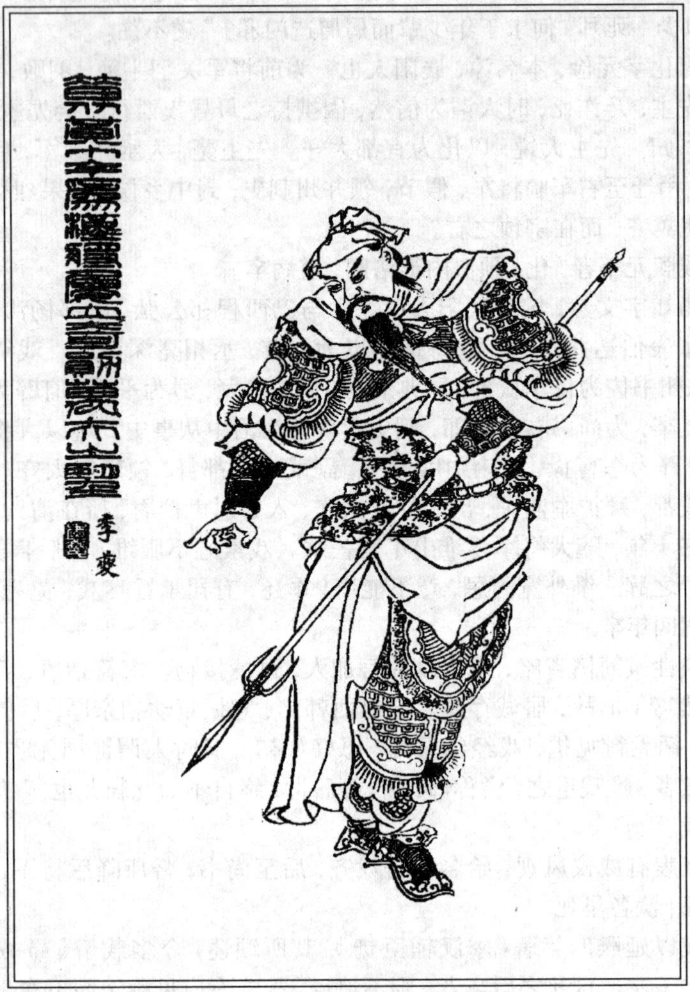

廖化像，图出自《图像三国志》。

结，生人涂地。于是世主感而虑之，初自燕、代则仁声洽著，行自齐、鲁则英风播流，寄业荆、郢则臣主归心，顾援吴、越则贤愚赖风，奋威巴、蜀则万里肃震，厉师庸、汉则元寇敛迹，故能承高祖之始兆，复皇汉之宗祀也。然而奸凶怼险，天征未加，犹孟津之翔师，复须战于鸣条也。天禄有终，奄忽不豫。虽摄归一统，万国合从者，当时俊乂扶携翼戴，明德之所怀致也，盖济济有可观焉。遂乃并述休风，动于后听。其辞曰：

皇帝遗植，爰滋八方，别自中山，灵精是钟，顺期挺生，杰起龙骧。始于燕、代，伯豫君荆，吴、越凭赖，望风请盟，挟巴跨蜀，庸汉以并。乾坤复秩，宗祀惟宁，蹑基履迹，播德芳声。华夏思美，西伯其音，开庆来世，历载攸兴。

——赞昭烈皇帝

忠武英高，献策江滨，攀吴连蜀，权我世真。受遗阿衡，整武齐文，敷陈德教，理物移风，贤愚竞心，佥忘其身。诞静邦内，四裔以绥，屡临敌庭，实耀其威，研精大国，恨于未夷。

——赞诸葛丞相

司徒清风，是咨是臧，识爱人伦，孔音锵锵。

——赞许司徒

关、张赳赳，出身匡世，扶翼携上，雄壮虎烈。藩屏左右，翻飞电发，济于艰难，赞主洪业，侔迹韩、耿，齐声双德。交待无礼，并致奸慝，悼惟轻虑，陨身匡国。

——赞关云长、张益德

骠骑奋起，连横合从，首事三秦，保据河、潼。宗计于朝，或异或同，敌以乘衅，家破军亡。乖道反德，托凤攀龙。

——赞马孟起

翼侯良谋，料世兴衰，委质于主，是训是谘，暂思经算，睹事知机。

——赞法孝直

军师美至，雅气晔晔，致命明主，忠情发臆，惟此义宗，亡身报德。

——赞庞士元

将军敦壮，摧锋登难，立功立事，于时之干。

——赞黄汉升

掌军清节，亢然恒常，谠言惟司，民思其纲。

——赞董幼宰

安远强志，允休允烈，轻财果壮，当难不惑，以少御多，殊方保业。

——赞邓孔山

孔山名方，南郡人也。以荆州从事随先主入蜀。蜀既定，为犍为属国都尉，因易郡名，为朱提太守，选为安远将军、庲降都督，住南昌县。章武二年卒。失其行事，故不为传。

扬威才干，欷歔文武，当官理任，衎衎辩举，图殖财施，有义有叙。

——赞费宾伯

宾伯名观，江夏鄳人也。刘璋母，观之族姑，璋又以女妻观。观建安十八年参李严军，拒先主于绵竹，与严俱降。先主既定益州，拜为裨将军，后为巴郡太守、江州都督，建兴元年封都亭侯，加振威将军。观为人善于交接。都护李严性自矜高，护军辅匡等年位与严相次，而严不与亲亵；观年少严二十余岁，而与严通狎如时辈云。年三十七卒。失其行事，故不为传。

屯骑主旧，固节不移，既就初命，尽心世规，军资所恃，是辨是裨。

——赞王文仪

尚书清尚，敕行整身，抗志存义，味览典文，倚其高风，好侔古人。

——赞刘子初

安汉雍容，或婚或宾，见礼当时，是谓循臣。

——赞麋子仲

少府修慎，鸿胪明真，谏议隐行，儒林天文，宣班大化，或首或林。

——赞王元泰、何彦英、杜辅国、周仲直

王元泰名谋，汉嘉人也。有容止操行。刘璋时，为巴郡太守，还为州治中从事。先主定益州，领牧，以为别驾。先主为汉中王，用荆楚宿士零陵赖恭为太常，南阳黄柱为光禄勋，谋为少府；建兴初，赐爵关内侯，后代赖恭为太常。恭、柱、谋皆失其行事，故不为传。恭子厷，为丞相西曹令史，随诸葛亮于汉中，早夭，亮甚惜之，与留府长史参军张裔、蒋琬书曰："令史失赖厷，掾属丧杨颙，为朝中损益多矣。"颙亦荆州人也。后大将军蒋琬问张休曰："汉嘉前辈有王元泰，今谁继者？"休对曰："至于元泰，州里无继，况鄙郡乎！"其见重如此。

何彦英名宗，蜀郡郫人也。事广汉任安学，精究安术，与杜琼同师而名问过之。刘璋时，为犍为太守。先主定益州，领牧，辟为从事祭酒。

后援引图、谶，劝先主即尊号，践阼之后，迁为大鸿胪。建兴中卒。失其行事，故不为传。子双，字汉偶。滑稽谈笑，有淳于髡、东方朔之风。为双柏长。早卒。

车骑高劲，惟其泛爱，以弱制强，不陷危坠。

——赞吴子远

子远名壹，陈留人也。随刘焉入蜀。刘璋时，为中郎将，将兵拒先主于涪，诣降。先主定益州，以壹为护军讨逆将军，纳壹妹为夫人。章武元年，为关中都督。建兴八年，与魏延入南安界，破魏将费瑶，徙亭侯，进封高阳乡侯，迁左将军。十二年，丞相亮卒，以壹督汉中，车骑将军，假节，领雍州刺史，晋封济阳侯。十五年卒。失其行事，故不为传。壹族弟班，字元雄，大将军何进官属吴匡之子也。以豪侠称，官位常与壹相亚。先主时，为领军。后主世，稍迁至骠骑将军，假节，封绵竹侯。

安汉宰南，奋击旧乡，翦除芜秽，惟刑以张，广迁蛮、濮，国用用强。

——赞李德昂

辅汉惟聪，既机且惠，因言远思，切问近对，赞时休美，和我业世。

——赞张君嗣

镇北敏思，筹画有方，导师禳秽，遂事成章。偏任东隅，末命不祥，哀悲本志，放流殊疆。

——赞黄公衡

越骑惟忠，厉志自祗，职于内外，念公忘私。

——赞杨季休

征南厚重，征西忠克，统时选士，猛将之烈。

——赞赵子龙、陈叔至

叔至名到，汝南人也。自豫州随先主，名位常亚赵云，俱以忠勇称。建兴初，官至永安都督、征西将军，封亭侯。

镇南粗强，监军尚笃，并豫戎任，任自封裔。

——赞辅元弼、刘南和

辅元弼名匡，襄阳人也。随先主入蜀。益州既定，为巴郡太守。建兴中，徙镇南，为右将军，封中乡侯。

刘南和名邕，义阳人也。随先主入蜀。益州既定，为江阳太守。建兴中，稍迁至监军。后将军，赐爵关内侯，卒。子式嗣。少子武，有文才，与樊建齐名，官亦至尚书。

司农性才，敷述允章，藻丽辞理，斐斐有光。

——赞秦子勑

正方受遗，豫闻后纲，不陈不佥，造此异端，斥逐当时，任业以丧。

——赞李正方

文长刚粗，临难受命，折冲外御，镇保国境。不协不和，忘节言乱，疾终惜始，实惟厥性。

——赞魏文长

威公狷狭，取异众人；闲则及理，逼则伤侵；舍顺入凶，《大易》之云。

——赞杨威公

季常良宝，文经勤类，士元言规，处仁闻计，孔休、文祥，或才或臧，播播述志，楚之兰芳。

——赞马季常、卫文经、韩士元、张处仁、殷孔休、习文祥

文经、士元，皆失其名实、行事、郡县。处仁本名存，南阳人也。以荆州从事随先主入蜀，南次至雒，以为广汉太守。存素不服庞统，统中矢卒，先主发言嘉叹，存曰："统虽尽忠可惜，然违大雅之义。"先主怒曰："统杀身成仁，更为非也？"免存官。顷之，病卒。失其行事，故不为传。

孔休名观，为荆州主簿别驾从事，见《先主传》。失其郡县。文祥名祯，襄阳人也。随先主入蜀，历雒、郫令，广汉太守。子忠，官至尚书郎。

国山休风，永南耽思；盛衡、承伯，言藏言时；孙德果锐，伟南笃常；德绪、义彊，志壮气刚。济济修志，蜀之芬香。

——赞王国山、李永南、马盛衡、马承伯、李孙德、李伟南、龚德绪、王义彊

国山名甫，广汉郪人也。好人流言议。刘璋时，为州书佐。先主定蜀后，为绵竹令，还为荆州议曹从事。随先主征吴，军败于秭归，遇害。子祐，有父风，官至尚书右选郎。

永南名邵，广汉郪人也。先主定蜀后，为州书佐部从事。建兴元年，丞相亮辟为西曹掾。亮南征，留邵为治中从事，是岁卒。

盛衡名勋，承伯名齐，皆巴西阆中人也。勋，刘璋时为州书佐，先主定蜀，辟为左将军属，后转州别驾从事，卒。齐为太守张飞功曹。飞

贡之先主，为尚书郎。建兴中，从事丞相掾，迁广汉太守，复为参军。亮卒，为尚书。勋、齐皆以才干自显见，归信于州党，不如姚伷。伷字子绪，亦阆中人。先主定益州后，为功曹书佐。建兴元年，为广汉太守。丞相亮北驻汉中，辟为掾。并进文武之士，亮称曰："忠益者莫大于进人，进人者各务其所尚；今姚掾并存刚柔，以广文武之用，可谓博雅矣，愿诸掾各希此事，以属其望。"迁为参军。亮卒，稍迁为尚书仆射。时人服其真诚笃粹。延熙五年卒，在作赞之后。

孙德名福，梓潼涪人也。先主定益州后，为书佐、西充国长、成都令。建兴元年，徙巴西太守，为江州督、扬威将军，入为尚书仆射，封平阳亭侯。延熙初，大将军蒋琬出征汉中，福以前监军领司马，卒。

伟南名朝，永南兄。郡功曹，举孝廉，临邛令，入为别驾从事。随先主东征吴，章武二年卒于永安。

德绪名禄，巴西安汉人也。先主定益州，为郡从事牙门将。建兴三年，为越巂太守，随丞相亮南征，为蛮夷所害，时年三十一。弟衡，景耀中为领军。义彊名士，广汉郪人，国山从兄也。从先主入蜀后，举孝廉，为符节长，迁牙门将，出为宕渠太守，徙在犍为。会丞相亮南征，转为益州太守，将南行，为蛮夷所害。

休元轻寇，损时致害，文进奋身，同此颠沛，患生一人，至于弘大。

——赞冯休元、张文进

休元名习，南郡人。随先主入蜀。先主东征吴，习为领军，统诸军，大败于猇亭。

文进名南，亦自荆州随先主入蜀，领兵从先主征吴，与习俱死。时又有义阳傅肜，先主退军，断后拒战，兵人死尽，吴将语肜令降，肜骂曰："吴狗！何有汉将军降者！"遂战死。拜子佥为左中郎，后为关中都督，景耀六年，又临危授命。论者嘉其父子奕世忠义。

江阳刚烈，立节明君，兵合遇寇，不屈其身，单夫只役，陨命于军。

——赞程季然

季然名畿，巴西阆中人也。刘璋时为汉昌长。县有賨人，种类刚猛，昔高祖以定关中。巴西太守庞羲以天下扰乱，郡宜有武卫，颇招合部曲。有谗于璋，说羲欲叛者，璋阴疑之。羲闻，甚惧，将谋自守，遣畿子郁宣旨，索兵自助。畿报曰："郡合部曲，本不为叛，虽有交构，要在尽诚；若必以惧，遂怀异志，非畿之所闻。"并敕郁曰："我受州恩，当为州牧尽节。汝为郡吏，当为太守效力，不得以吾故有异志也。”羲使人告畿曰：“尔子在郡，不从太守，家将及祸！”畿曰：“昔乐羊为将，饮子之羹，非父子无恩，大义然也。今虽复羹子，吾必饮之。”羲知畿必不为己，厚陈谢于璋以致无咎。璋闻之，迁畿江阳太守。先主领益州牧，辟为从事祭酒。后随先主征吴，遇大军败绩，泝江而还，或告之曰：“后追已至，解船轻去，乃可以免。”畿曰：“吾在军，未曾为敌走，况从天子而见危哉！”追人遂及畿船，畿身执戟战，敌船有覆者。众大至，共击之，乃死。

公弘后生，卓尔奇精，夭命二十，悼恨未呈。

——赞程公弘

公弘，名祁，季然之子也。

古之奔臣，礼有来逼，怨兴司官，不顾不德，靡有匡救，倍成奔北，自绝于人，作笑二国。

——赞麋芳、士仁、郝普、潘濬

麋芳字子方，东海人也，为南郡太守，士仁字君义，广阳人也，为将军，住公安，统属关羽；与羽有隙，叛迎孙权。郝普字子太，义阳人。先主自荆州入蜀，以普为零陵太守。为吴将吕蒙所谲，开城诣蒙。潘濬字承明，武陵人也。先主入蜀，以为荆州治中，典留州事，亦与关羽不穆。孙权袭羽，遂入吴。普至廷尉，濬至太常，封侯。

评曰：邓芝坚贞简亮，临官忘家，张翼亢姜维之锐，宗预御孙权之严，咸有可称。杨戏商略，意在不群，然智度有短，殆罹世难云。

【译文】

邓芝，字伯苗，他是义阳新野人，东汉司徒邓禹的后代。东汉末年来益州，但刘璋并不赏识和厚待他。益州从事史张裕擅长看面相，邓芝到张裕那里，张裕对他说：“您七十岁时，官位将升到大将军，加封侯爵。”邓芝听说巴西郡太守庞羲喜爱人才，便前去投奔。刘备平益州后，邓芝被任为郫县邸阁督。刘备出行至郫县，和邓芝谈话，认为他非常突出，便提拔为郫县令，又升迁为广汉郡太守。他所在任上清明有政绩，后入朝任尚书。

刘备在永安去世。在这之前，孙权要求两家和好，刘备多次派遣宋玮、费祎等人回访。丞相诸葛亮担心孙权听说刘备去世会有别的打算，一时不知如何办好。邓芝拜见了诸葛亮，说："现在后主年幼刚刚即位，应派使节出使吴国再次与其修好。"诸葛亮说："我考虑很长时间了，没有合适的人选。今天，我猜得到合适的人了。"邓芝问是谁，诸葛亮说："就是使君您哪！"于是，派遣邓芝去东吴与之建立友好关系。果然，孙权心中狐疑不决，没有及时会见邓芝。邓芝上表求见孙权，说："我此来也是为吴国而来，不仅仅是为我蜀国。"这样，孙权才同意相见，对邓芝说："我的确想和蜀国和亲，但是恐幼主年幼且国小而外有强敌，一旦被魏国欺凌，而不能保全自己，因此，心中犹豫。"邓芝说："吴蜀二国据有四州，大王又是闻名于世的英雄，诸葛亮也是一代豪杰。蜀国有险固的地势，吴国有三江天堑，这两方面的长处合在一起，唇齿相依，进可兼并天下，退也能鼎足而立，这是很自然的道理。大王如果归顺魏国，魏国不仅会要求大王入朝称臣，也会要求太子入宫为人质；如果不依从于他，魏国就会以此为借口来讨伐于你，蜀国也会顺长江而下伺机进逼吴国。如果真是这样，江南就不再归您所有了。"孙权沉默了许久，说："你说得对。"于是，和魏国断绝往来，与蜀联合，并派遣张温回访蜀国。蜀国又派邓芝再次前往东吴，孙权对邓芝说："如果天下太平，你我两国分天下而治，不也很快乐吗？"邓芝回答说："天无二日，国无二主，如果平定了魏国以后，大王仍没有深识上天旨意，那么，君主各扬弘德，大臣各尽忠诚，战鼓就要擂动，双方的战争就开始了。"孙权大笑说："你竟是这样的悬直！"孙权给诸葛亮写信说：几位使臣中"丁太浮夸，表达不明；能和解联合两国的人，只有邓芝。"诸葛亮向北驻扎汉中的时候，任邓芝为中监军、扬武将军。诸葛亮去世以后，邓芝任前军师前将军，兼领益州刺史，封为阳武亭侯，不久，又成为统率江州的将领。孙权多次与邓芝通信，并赠送丰厚的礼品。延熙六年，又升迁为车骑将军，假节。延熙十一年，涪陵国人杀死都尉反叛，邓芝率军征讨，当即杀死叛军首领，百姓安定。延熙十四年，邓芝逝世。

邓芝做了将军二十多年，赏罚分明，处事果断，友好地对待士卒。自己的衣食所需只靠朝廷供给。他不勉强自己朴素节俭，但却始终不经营家产，所以，妻儿免不了要忍饥受冻，他逝世时，家中没有多余的财物。邓芝性格刚直，高傲自勉，不馈礼与他人，只是联络感情。因此，与士人们的关系不是很亲密。他对当时的人很少敬重，只器重姜维，认为他非同寻常。邓芝的儿子邓良，承继爵位，景耀年间任尚书左选郎，西晋时任广汉郡太守。

张翼字伯恭，他是犍为郡武阳县人。张翼的高祖父张浩曾任司空，张翼的曾祖父张纲曾任广陵太守，都有声望、业绩。先主刘备平定益州后，兼任州牧，张冀任书佐。东汉建安末年，张翼被举荐为孝廉，任江阳县长，后转调涪陵任县令，升梓潼郡太守，又接连调任广汉郡、蜀郡太守。建兴九年，任命庲降都督、绥南中郎将。张翼生性执法严厉，得不到边远地区少数民族的拥戴。当地头领刘胄背叛作乱，张翼领兵征讨刘胄。刘胄还没有打败，张翼就被征召还朝，部下都认为应当快马返回请罪，张翼说："不能这样。我是因为蛮族造反，不称职才被召回的，但是接替我的人未到，我正身临战场，有责任运送积聚粮草，为消灭反贼做好准备，怎么可以因为个人被免职而毁了国家的事业呢？"于是仍旧统领军队，毫不松懈，直到接替的人到了，他这才出发。马忠靠他做好充分的准备，击灭了刘胄。丞相诸葛亮得知后对张翼深表赞赏。诸葛亮出兵武功，任命张翼为前军都督，兼扶风太守。诸葛亮去世以后，张翼被任命为前领军，又追论他征讨刘胄的功劳，赐爵关内侯。延熙元年，入朝任尚书，逐步升任建威都督，授予符节，加封都亭侯、征西大将军。

延熙十八年，张翼和卫将军姜维一同回到成都。姜维主张再度出兵，只有张翼在朝廷上向他直言规劝，认为国家小而百姓劳苦，不宜滥用武力。姜维不听，带着张翼等人出征，并提拔张翼为镇南大将军。姜维到达狄道，大败魏国雍州刺史王经，王经的部下死于洮水的有上万人。张翼说："可以止步了，不适宜再向前进兵了，若再进兵有可能毁掉这次大功。"姜维大怒，说："你这是画蛇添足。"姜维终究在狄道城围攻王经，城池却无法攻下。自从张翼提出异议后，姜维内心并不喜欢张翼，却常常勉强他一道出征，张翼也不得已而随从。景耀二年，张翼升任左车骑将军，兼冀州刺史。景耀六年，与姜维同守剑阁，后来一道往涪县投降钟会。第二年正月，跟随钟会到成都，被乱兵杀死。

宗预，字德艳，他是南阳安众人。建安年间，宗预随张飞入蜀。建兴初年，丞相诸葛亮任他为主簿，后升为参军、右中郎将。诸葛亮去世后，吴国考虑到魏国可能会趁蜀国衰弱之时攻取蜀国，就于巴丘增守兵一万，一是想以此救援蜀国，二来想趁机分得蜀国土地。蜀国得知这个消息后，也增加了驻守永安的兵力，以防备突发情况。宗预奉命出使东吴，孙权问宗预说："东吴和西蜀，好比一家人，但我听说西蜀增加了驻守白帝城的兵力，这是为什么？”宗预说：“我认为，东吴向巴丘增兵，西蜀增兵白帝，都是和现今形势相适应的，都不值一问。”孙权大笑，很赞赏宗预的坦率，并十分友好地款待他，他受到的敬重仅次于邓芝和费祎。后来，宗预升为侍中，又转任尚书。延熙十年，任命屯骑校尉。当时，车骑将军邓芝由江州回朝，对宗预说：“依礼的要求，六十岁的人不再从军，而您却接受了军权，为什么这样呢？”宗预说：“您都七十岁了还执掌兵权，我刚六十岁为什么不能接受兵权呢？”邓芝性情高傲，自大将军费祎以下，所有人都避让他，只有宗预不屈服。宗预再一次出使东吴将要回国的时候，孙权握着他的手，流泪和他告别说：“您经常受命为加强两国友好而奔走，如今，您年事已高，我也衰老了，恐怕不能再见面了。”于是，送他一斛大珍珠，宗预回到了蜀汉。后来，宗预升迁为后将军，负责永安的军事。又升任为征西大将军，赐爵关内侯。景耀元年，因为生病被召回成都。后来，任镇军大将军，兼兖州刺史。当时，都护诸葛瞻刚刚统领朝政，廖化来看望宗预，想和宗预一起去拜见诸葛瞻。宗预说：“我年过七十，所得已多，现在只少一死，还有什么求后辈而劳碌我小心地去登门拜访呢！”他最终没有去。

廖化，字元俭，原名淳。他是襄阳人，是前将军关羽的主簿。关羽失败后，廖化投奔东吴。后来想要重归刘备，便装死，当时人都相信他已经死了，所以他才得以带着老母昼夜西行，正逢刘备东征吴国，在秭归相遇。刘备很高兴，任廖化为宜都太守。刘备死后，任丞相参军。后来，又任广武都督，逐渐升至右车骑将军，持符节，兼任并州刺史，被封为中乡侯。以果敢、刚烈著称，官位与张翼相等，而在宗预之上。

咸熙元年春，廖化和宗预都内迁洛阳，途中病死。

杨戏，字文然，他是犍为武阳人。杨戏年轻时就和巴西人程祁字公弘、巴郡人杨汰字季儒、蜀郡人张表字伯达一同有名。杨戏常推崇程祁为第一，丞相诸葛亮十分赏识他。杨戏二十多岁时，由州书佐改任督军从事，掌管刑狱，他依法断案，公平得当，州府聘用他为副主簿。诸葛亮去世后，杨戏担任尚书右选部郎，益州刺史蒋琬聘他为治中从事史。蒋琬任大将军，开府，任杨戏为东曹掾，后，又升任为南中郎参军，为庲降都督的副手，并兼任建宁郡太守。后因病被召回成都，任护军、监军，又出朝兼任梓潼郡太守，入朝为射声校尉。所任官上，政简不繁。延熙二十年，跟随大将军姜维出兵至芒水。杨戏素来心里不服姜维，酒后谈笑时，经常对姜维说出傲慢嘲弄的话。姜维表面宽容，心里却不能忍受，大军退回后，授意有关官员上表弹劾杨戏，朝廷把他削职为民。景耀四年杨戏去世。

杨戏天性虽然比较粗疏孤傲，不会拿些虚假语言待人，也不以矫情做作接物，他褒贬是非、评点事理，很少有写满一页纸的，但他对旧交忠厚，以诚相待。杨戏与巴西人韩俨、黎韬从小就亲近，后来，韩俨因病重不愈而不用，黎韬由于没有善行被革职。杨戏就替他们料理各种事务，赈济他们的生活，与他们友好如当初一样。另外，当时人认为谯周没有为官的才能，很少有人敬重他，只有杨戏尊重他，经常称赞说："我们这些后辈人，始终比不上这位长者。"有见识的人因此而敬重杨戏。

张表有威仪风度，起初，名声和官位与杨戏相同，后来，官至尚书、督庲降后将军，先于杨戏去世。程祁和杨汰都早逝。

杨戏在延熙四年写成《季汉辅臣赞》，其中所歌颂、记述的人，大部分都载于《蜀书》，因此将赞文记录在下面。延熙四年以后去世的，则不予追记，所以，有些应该加以记述的人却没有在《季汉辅臣赞》中。杨戏有赞而没有作传的人，我都在他的赞下面注明这些人的生平，以此可以粗略地了解他们的生平。

古代周文王因有美好的品德而被颂扬，周武王因兴立周王朝而被歌颂，凡是具有治国兴邦杰出才能的君主，不仅仅是在当时树立起自身的权威和形象推行道义，而且还能够开创基业种植起后世发展的根苗，从而使散发出来的光辉能够照耀后来的时代。自从东汉末年以来，王朝就失去了实际统治的权力，各路英雄豪杰同时起兵，战争繁多灾难相继发生，生灵涂炭。先主对此感慨忧虑，先主初自家乡起兵就以仁爱远近闻名，在青州、豫州的时候则以英雄武勇传名四海，在荆州寄居的时候受到那里上上下下的一致拥戴，与孙吴联合，那里的士人百姓都服膺先主的风范，进军益州则使那里全境敬畏震动，征讨汉中则使曹操闻风而逃，所以先主能继承高祖开创的基业，恢复汉王朝中断了的宗庙祭祀。然而曹氏奸贼狠毒凶险，蜀汉秉承天命的军队还未对曹氏进行毁灭性的征伐，就像周武王在孟津撤军，还必须和曹贼进行像商汤王和夏桀在鸣条一样的决战。可是上天给予的福禄终有完结，先主忽然一病不起与世长辞。如今蜀汉王朝之所以能统一全境，使全国上下一致服从，就是因为当时一批优秀的人物扶助拥戴，使主上的光明大德广泛地施加于万方百姓的结果。这一批优秀人物为数众多而品德美好，非常值得记述供人们观瞻。所以我才将这些人的美好风范一起记述下来，以使后来的人被这些人的事迹感动。文辞如下：

高祖孝景皇帝的后代，在四面八方繁衍，这一支皇族，祖上刘胜封王于中山，天地的灵气精华聚在一身，顺天应时诞生在人间，像巨龙腾起飞上九天。起初在幽州故乡开创事业，不久又相继做了豫州、荆州的行政长官，被江东的孙吴当作依靠，请求建立同盟以保安全。亲自率雄兵进据益州，又赶走曹操把汉中接管。从此天地间又恢复了秩序，汉朝的祖先可以受祭于宗庙享受安宁。继承前人的基业登上帝位，广施恩德使天下人都知道美名。美德为中原受苦受难的百姓思念，就像当年以恩德服天下的周文王一样神圣。为后世奏响了福音，从此汉朝从这里走向复兴。

——赞昭烈皇帝

忠武英高，献策江滨，攀吴连蜀，权我世真。受遗阿衡，整武齐文，敷陈德教，理物移风，贤愚竞心，佥忘其身。诞静邦内，四裔以绥，屡临敌庭，实耀其威，研精大国，恨于未夷。——赞诸葛丞相（孔明）

司徒清风，是咨是臧，识爱人伦，孔音锵锵。——赞许司徒（许靖）

关、张赳赳，出身匡世，扶翼携上，雄壮虎烈。藩屏左右，翻飞电发，济于艰难，赞主洪业，侔迹韩、耿，齐声双德。交待无礼，并致奸慝，悼惟轻虑，殒身匡国。——赞关云长、张益德（关羽、张飞）

骠骑奋起，连横合从，首事三秦，保据河、潼。宗计于朝，或异或同，敌以乘衅，家破军亡。乖道反德，托凤攀龙。——赞马孟起（马超）

翼侯良谋，料世兴衰，委质于主，是训是谘，暂思经算，睹事知机。

——赞法孝直（法正）

军师美至，雅气晔晔，致命明主，忠情发臆，惟此义宗，亡身报德。

——赞庞士元（庞统）

将军敦壮，摧锋登难，立功立事，于时之干。——赞黄汉升（黄忠）

掌军清节，亢然恒常，谠言惟司，民思其纲。——赞董幼宰（董和）

安远强志，允休允烈，轻财果壮，当难不惑，以少御多，殊方保业。

——赞邓孔山（邓方）

邓方，字孔山，南郡人。以荆州从事史身份随刘备入川。刘备占领益州后，邓方任犍为属国都尉，后来，犍为属国尉更名为朱提郡，邓方被任为郡太守。后，又被升任为安远将军、庲降都督，驻南昌县。章武二年逝世。因为记载他生平事迹的资料遗失，所以，在《蜀书》中没有为他立传。

扬威才干，欷歔文武，当官理任，衎衎辨举，图殖财施，有义有叙。

——赞费宾伯（费观）

费宾伯名观，他是江夏郡鄳县人。他的母亲，是费观的族姑，刘璋的女儿嫁给费观。费观于建安十八年在李严手下任参军，在绵竹县抵御刘备，之后与李严一道投降。刘备平定益州之后，任命费观为裨将军，后任巴郡太守、江州都督，建兴元年封都亭侯，加封振威将军。费观为人善于交际。都护李严个性高傲，护军辅匡等人年纪、地位与李严接近，但李严不和他们亲近；费观年龄小李严二十多岁，却与李严交往亲昵如同辈。三十七岁去世。缺少其生平事迹的资料，因而未给他作传。

屯骑校尉忠于旧主，节操坚贞矢志不渝，归附刘备受命，竭尽臣子之道，军资得以依赖，规谏辅佐有功。

——赞王文仪

尚书清廉高尚，处世立身严谨，恪守志向心存大义，性喜浏览玩味典籍，依凭高风亮节，好与古人媲美。

——赞刘子初

安汉将军儒雅沉稳，既通婚姻，又为宾臣，深受当朝礼遇，奉职守法之臣。

——赞麋子仲

少府美善谨慎，大鸿胪学识明审，谏议大夫向往归隐，儒林校尉通晓天文，宣扬阐发朝廷德义，或位居当朝、或立身士林。

——赞王元泰、何彦英、杜辅国、周仲直

王元泰名谋，他是汉嘉郡人。仪容举止得体、操行出众。刘璋在职的时候，做了巴郡太守，回来后任益州治中从事。定益州，兼任州牧，任命王谋为别驾。刘备为汉中王，起用荆楚博学之士零陵人赖恭为太常，南阳人黄柱为光禄勋，王谋为少府；建兴初年，王谋被赐爵关内侯，以后接替赖恭任太常。因缺少赖恭、黄柱、王谋生平事迹的资料，未给他们立传。赖恭的儿子赖右，任丞相西曹令史，跟随诸葛亮在汉中，早逝，诸葛亮非常惋惜，在给留守丞相府的长史参军张裔、蒋琬的信中说："令史中失去赖右，掾属中死了杨颙，朝廷的损失太大了。"杨颙也是荆州人。

后来大将军蒋琬问张休说：“汉嘉前辈人物有位王元泰，如今谁能做他的后继者？”张休回答：“说到王元泰，益州都没有谁能做他的继承人，何况我们汉嘉郡呢！”他被人推崇到这种程度。

何彦英，名宗，他是蜀郡郫县人。何彦英跟随广汉人任安学习，精研任安的学说，与杜琼同一老师而声名却超过他。刘璋在益州时，他被任为犍为太守，刘备平定益州后，何彦英兼州牧，征召他为从事祭酒。后来，援引图、谶劝刘备即位，刘备即位后，升他为大鸿胪。建兴年间去世。生平失考，所以没有作传。他的儿子何双，字汉偶。言谈滑稽、诙谐，有淳于髡和东方朔的风范。曾任双柏县长，早亡。

车骑高劲，惟其泛爱，以弱制强，不陷危坠。

——赞吴子远（吴壹）

吴子远，名壹，他是陈留人，吴子远随刘焉入蜀。刘璋时又为中郎将，吴子远带兵在涪县抵御、后又投降了刘备。刘备平定益州，任吴壹作护军讨逆将军。刘备娶吴壹的妹妹为夫人。章武元年晋升关中都督。建兴八年和魏延一起进入南安，战败魏将费瑶。封亭侯，不久又晋封为高阳乡侯，升左将军。建兴十二年诸葛亮去世，以吴壹统领汉中兵马，升职为车骑将军，持符节，兼雍州刺史，封济阳侯。建兴十五年去世。因生平失考，故不作传。吴壹族弟吴班，字元雄，大将军何进属官吴匡之子。以豪侠著称，官位与吴壹不相上下。刘备时为领军，刘禅即位后，逐渐升至骠骑将军，持符节，封为绵竹侯。

安汉宰南，奋击旧乡，剪除芜秽，惟刑以张，广迁蛮、濮，国用用强。

——赞李德昂（李恢）

辅汉惟聪，既机且惠，因言远思，切问近对，赞时休美，和我业世。

——赞张君嗣（张裔）

镇北敏思，筹画有方，导师禳秽，遂事成章。偏任东隅，末命不祥。哀悲本志，放流殊疆。 ——赞黄公衡（黄权）

越骑惟忠，励志自祇，职于内外，念公忘私。 ——赞杨季休（杨洪）

征南厚重，征西忠克，统时选士，猛将之烈。

——赞赵子龙、陈叔至（赵云、陈到）

陈到，字叔至，汝南郡人。刘备任豫州刺史时陈到就跟随他，名位通常仅次于赵云。他和赵云都以忠勇显名。建兴初年，官至永安都督、征西将军，封为亭侯。

镇南粗强，监军尚笃。并豫戎任，任自封裔。

——赞辅元弼、刘南和（辅匡、刘邕）

辅匡，字元弼，襄阳人。随刘备进入益州，任巴郡太守。建兴年间，转任镇南将军，又升为右将军，封中乡侯。

刘邕，字南和，义阳人。随刘备进入益州，任江阳太守。建兴年间，渐升至监军、后将军之职，封关内侯，后逝世。儿子刘式承继爵位。小儿子刘武，有文才，与樊建齐名，官位也升到尚书。

司农性才，敷述允章，藻丽辞理，斐斐有光。 ——赞秦子勑（秦宓）

正方受遗，豫闻后纲，不陈不佥，造此异端，斥逐当时，任业以丧。

——赞李正方（李严）

文长刚粗，临难受命，折冲外御，镇保国境。不协不和，忘节言乱，疾终惜始，实惟厥性。 ——赞魏文长（魏延）

威公狷狭，取异众人；闲则及理，逼则伤侵，舍顺入凶，《大易》之云。 ——赞杨威公（杨仪）

季常良实，文经勤类，士元言规，处仁闻计，孔休、文祥，或才或臧，播播述志，楚之兰芳。

——赞马季常、卫文经、韩士元、张处仁、殷孔休、习文祥（马良、卫文经、韩士元、张存、殷观、习祯）

卫文经、韩士元二人，有关他们的声名、生平、籍贯都已无从知晓。张处仁，本名张存，南阳人。以荆州从事身份随刘备进入益州，刘备向南进军成都在雒城停留时，任张存为广汉太守。张存一向对庞统心中不服，庞统中箭去世后，刘备每提起这事就感叹不止，张存却说："庞统为国家尽忠而死，虽然可惜，但他却违背了正道。"刘备听了，怒说："庞统杀身成仁，你还在说他的不是吗？"于是，罢张存官。不久，张存因病去世了。由于记载他生平的文献散失，所以，《蜀书》中没有为他立传。

殷观，字孔休，他任荆州主簿、别驾从事，《先主传》中有关他的记载，但已无法知道他的籍贯。习祯，字文祥，襄阳人。殷观随刘备进入益州，历任雒县、郫县等县县令，广汉太守。生平不详。他的儿子习忠，官至尚书郎。

国山休风，永南耽思；盛衡、承伯，言藏言时；孙德果锐，伟南笃常；德绪、义彊，志壮气刚。济济修志，蜀之芬香。

——赞王国山、李永南、马盛衡、马承伯、李孙德、李伟南、龚德绪、

王义彊(王甫、李邵、马勋、马齐、李福、李朝、龚禄、王士)

王国山，名甫，广汉郪县人。喜好议论，评品人物。刘璋时为州书佐。刘备平定益州后，任绵竹令，又回州里做荆州议曹从事。随刘备征讨吴国，秭归战败遇害。其子王祐有父亲风范，官至尚书右选郎。

李永南，名邵，他是广汉郪县人。刘备平定益州后，李永南为州书佐部从事。建兴元年，丞相诸葛亮征他做西曹掾。诸葛亮南征，留李邵任治中从事。就在这一年去世。

马盛衡，名勋，马承伯，名齐，他们都是巴西阆中人。马勋在刘璋时为州书佐，刘备平定益州后，征召马盛衡为左将军属吏，后调任州别驾从事，马盛衡在任上去世。马齐原是太守张飞的功曹，张飞把他推荐给刘备，为尚书郎。建兴年中，为从事丞相掾，升为广汉太守，又回做张飞的参军。诸葛亮去世后，任尚书。马勋和马齐都以才干而令人瞩目，而在州里的威望，却不如姚伷。姚伷，字子绪，也是阆中人。刘备平定益州后，为功曹书佐。建兴元年，任广汉太守。丞相诸葛亮驻守汉中，征召他为掾吏，善于举荐文才武将。诸葛亮称赞他说："忠于国家，为民造福的表现，没有比推荐人才更大的了。荐才之人都专注于自己崇尚的方面，只有姚伷刚柔并济，能满足对文、武的需要，可称博雅，愿各位掾吏能仿效他，方不负国家的希望。"升为参军。诸葛亮死后，渐升为尚书仆射。当时人钦佩他真诚、忠厚。延熙五年去世，这是做《季汉辅臣赞》之后的事。

李孙德，名福，他是梓潼涪县人。刘备平定益州后，李孙德为书佐、西充国长和成都令。建兴元年任巴西太守，为江州督、扬武将军。入朝做尚书仆射，封平阳亭侯。延熙初年，大将军蒋琬出征汉中，李福为前监军兼司马。后去世。

李伟南，名朝。李永南的哥哥，开始为郡功曹，李伟南后被荐举为孝廉，任临邛县令，入朝任别驾从事。随刘备东征吴国，章武二年在永安去世。

龚德绪，名禄，巴西安汉人。刘备平定益州，龚德绪为郡中从事牙门将。建兴三年任越巂太守，随丞相诸葛亮南征，被蛮夷所害。时年三十一。弟衡，景耀中为领军。王义彊名士。广汉郪县人，王国山的堂兄。刘备入蜀后，被举为孝廉，任符节县长，升为牙门将，出任宕渠太守，后转任犍为太守。时逢诸葛亮南征，转为益州太守，将南行时，被蛮夷所害。

休元轻寇，损时致害，文进奋身，同此颠沛，患生一人，至于宏大。

——赞冯休元、张文进(冯习、张南)

冯习，字休元，南郡人。随刘备进入益州。刘备东征孙吴，冯习任领军，统率各部，在猇亭大败。

张南，字文进，由荆州随刘备进入益州，又随从刘备领兵征伐东吴，张南与冯习一同阵亡。当时阵亡的还有义阳人傅彤。蜀军败退，傅彤以后卫御敌追兵，手下的兵众全都战死，东吴将领让傅彤投降，傅彤大骂说："吴狗！哪里会有投降东吴的汉将！"于是，战死。他的儿子傅佥被拜为左中郎，后为关中都督，景耀六年，于蜀汉危亡时而死。评论的人都称赞傅彤父子世代忠义的行为。

江阳刚烈，立节明君，兵合遇寇，不屈其身，单夫只役，殒命于军。

——赞程季然(程畿)

程畿，字季然，他是巴西阆中人。刘璋时做了汉昌县长。汉昌县，域内有被称为賨人的少数民族，刚强勇猛，秦末时，汉高祖曾利用他们平定关中。刘璋的巴西太守庞羲认为，现在天下动乱，郡里应有自己的兵马来保卫，所以，招募了不少士卒。于是，有人在刘璋面前说庞羲招募兵丁想反叛。刘璋暗中也对他产生了怀疑。庞羲听到消息后，心中不安，就想割据自守，派在手下任职的程畿的儿子程郁到程畿那里说明自己的意图。请求他派賨人帮助自己。程畿回复庞羲说："在郡中招募兵马，本来不是为了反叛，虽然有人陷害，但重要的是您要竭尽忠诚，陷害就不能成立，如果因怕受到迫害而图谋反叛，这不是我想要听到的。"又对儿子程郁说："我受州府恩惠，当为刺史尽忠；你身为郡守属吏，应为太守效力，不能因我的缘故而对太守怀有二心。"庞羲派人告诉程畿说："你的儿子就在我的郡中，你若是不服从我的意愿，你的家人就会遭到灾祸。"程畿说："过去，乐羊做魏国将军时，曾亲口喝下用自己儿子的肉煮成的汤，这并非是他不讲父子之情，而是为了国家大义。如今，即使您也把我儿子煮成肉汤，我也一定会喝下去。"庞羲知道程畿绝不会支持自己，就向刘璋深深谢罪，得到了刘璋的谅解。后来，刘璋听说了程畿在这件事上的态度，就提升他为江阳太守。刘备兼任益州牧时，任程畿为州从事祭酒。后来，程畿随刘备征吴，大军失败，溯江退向益州，有人对程畿说："后面敌追兵已至，只有弃船轻装上岸，才可能免除灾祸。"程畿说:“我于军中,从未因害怕敌人而逃跑,更何况,现在是跟随天子而遇到的危险呢!”敌人追上了程畿所乘的船,程畿亲自持戟与敌交战,把敌人的几只船打翻。直到东吴大量战船涌来,一起向程畿进攻,程畿战死。

公弘后生,卓尔奇精,夭命二十,悼恨未呈。

——赞程公弘(程祁)

程祁,字公弘,程畿的儿子。

古之奔臣,礼有来逼,怨兴司官,不顾大德。靡有匡救,倍成奔北,自绝于人,作笑二国。

——赞麋芳、士仁、郝普、潘濬

麋芳,字子芳,他是东海人,任南郡太守。士仁,字君义,广阳人,任将军,屯驻公安,归关羽统辖。他们都与关羽有矛盾,所以在孙权袭击荆州时,叛蜀降吴。郝普,字子太,义阳人。刘备由荆州入蜀,郝普留下任零陵太守,后被吴将吕蒙用计骗开城门,投降。潘濬,字承明,武陵人。刘备进入益州,任潘濬为荆州治中从事,负责荆州留守府事务,他也与关羽不和。孙权偷袭关羽时,投降了东吴。郝普在吴,官至廷尉,潘濬官至太常,封侯爵。

评论说:邓芝坚贞、清高坦诚,为官不谋私利,张翼敢触姜维的锋芒,宗预不惧孙权的严威,他们都有值得称道的作为。杨戏评价蜀汉人物,其用意超卓,但谋略不足,险些遭遇大难。

三国志卷四十六·吴书一

孙破虏讨逆传

孙坚字文台，吴郡富春人，盖孙武之后也。少为县吏。年十七，与父共载船至钱塘，会海贼胡玉等从匏里上掠取贾人财物，方于岸上分之，行旅皆住，船不敢进。坚谓父曰："此贼可击，请讨之。"父曰："非尔所图也。"坚行操刀上岸，以手东西指麾，若分部人兵以罗遮贼状。贼望见，以为官兵捕之，即委财物散走。坚追，斩得一级以还；父大惊。由是显闻，府召署假尉。会稽妖贼许昌起于句章，自称阳明皇帝，与其子韶扇动诸县，众以万数。坚以郡司马募召精勇，得千余人，与州郡合讨破之。是岁，熹平元年也。刺史臧旻列上功状，诏书除坚盐渎丞，数岁徙盱眙丞，又徙下邳丞。

中平元年，黄巾贼帅张角起于魏郡，托有神灵，遣八使以善道教化天下，而潜相连结，自称黄天泰平。三月甲子，三十六方一旦俱发，天下响应，燔烧郡县，杀害长吏。汉遣车骑将军皇甫嵩、中郎将朱儁将兵讨击之。儁表请坚为佐军司马，乡里少年随在下邳者皆愿从。坚又募诸商旅及淮、泗精兵，合千许人，与儁并力奋击，所向无前。汝、颍贼困迫，走保宛城。坚身当一面，登城先入，众乃蚁附，遂大破之。儁具以状闻上，拜坚别部司马。

边章、韩遂作乱凉州，中郎将董卓拒讨无功。中平三年，遣司空张温行车骑将军，西讨章等。温表请坚与参军事，屯长安。温以诏书召卓，卓良概乃诣温。温责让卓，卓应对不顺。坚时在坐，前耳语谓温曰："卓不怖罪而鸱张大语，宜以召不时至，陈军法斩之。"温曰："卓素著威名于陇蜀之间，今日杀之，西行无依。"坚曰："明公亲率王兵，威震天下，何赖于卓？观卓所言，不假明公，轻上无礼，一罪也。章、遂跋扈经年，当以时进讨，而卓云未可，沮军疑众，二罪也。卓受任无功，应召稽留，而轩昂自高，三罪也。古之名将，仗钺临众，未有不断斩以示威者也，是以穰苴斩庄贾，魏绛戮杨干。今明公垂意于卓，不即加诛，亏损威刑，于是在矣。"温不忍发举，乃曰："君且还，卓将疑人。"坚因起出。

章、遂闻大兵向至，党众离散，皆乞降。军还，议者以军未临敌，不断功赏，然闻坚数卓三罪，劝温斩之，无不叹息。拜坚议郎。时长沙贼区星自称将军，众万余人，攻围城邑，乃以坚为长沙太守。到郡亲率将士，施设方略，旬月之间，克破星等。周朝、郭石亦帅徒众起于零、桂，与星相应。遂越境寻讨，三郡肃然。汉朝录前后功，封坚乌程侯。

灵帝崩，卓擅朝政，横恣京城。诸州郡并兴义兵，欲以讨卓。坚亦举兵。荆州刺史王叡素遇坚无礼，坚过杀之。比至南阳，众数万人。南阳太守张咨闻军至，晏然自若。坚以牛酒礼咨，咨明日亦答诣坚。酒酣，长沙主簿入白坚："前移南阳，而道路不治，军资不具，请收主簿推问意故。"咨大惧欲去，兵陈四周不得出。有顷，主簿复入白坚："南阳太守稽停义兵，使贼不时讨，请收出案军法从事。"便牵咨于军门斩之。郡中震栗，无求不获。前到鲁阳，与袁术相见。术表坚行破虏将军，领豫州刺史。遂治兵于鲁阳城。当进军讨卓，遣长史公仇称将兵从事还州督促军粮。施帐幔于城东门外，祖道送称，官属并会。卓遣步骑数万人逆坚，轻骑数十先到。坚方行酒谈笑，敕部曲整顿行陈，无得妄动。后骑渐益，坚徐罢坐，导引入城，乃谓左右曰："向坚所以不即起者，恐兵相蹈藉，诸君不得入耳。"卓兵见坚士众甚整，不敢攻城，乃引还。坚移屯梁东，大为卓军所攻，坚与数十骑溃围而出。坚常著赤罽帻，乃脱帻令亲近将祖茂著之。卓骑争逐茂，故坚从间道得免。茂困迫，下马，以帻冠冢间烧柱，因伏草中。卓骑望见，围绕数重，定近觉是柱，乃去。坚复相收兵，合战于阳人，大破卓军，枭其都督华雄等。是时，或间坚于术，术怀疑，不运军粮。阳人去鲁阳百余里，坚夜驰见术，画地计校，曰："所以出身不顾，上为国家讨贼，下慰将军家门之私仇。坚与卓非有骨肉之怨也，而将军受谮润之言，还相嫌疑！"术踧踖，即调发军粮。坚还屯。卓惮坚猛壮，乃遣将军李傕等来求和亲，令坚列疏子弟任刺史、郡守者，许表用之。坚曰："卓逆天无道，荡覆王室，今不夷汝三族，县示四海，则吾死不瞑目，岂将与乃和亲邪？"复进军大谷，拒雒九十里。卓寻徙都西入关，焚烧雒邑。坚乃前入至雒，修诸陵，平塞卓所发掘。讫，引军还，住鲁阳。

初平三年，术使坚征荆州，击刘表。表遣黄祖逆于樊、邓之间。坚击破之，追渡汉水，遂围襄阳，单马行岘山，为祖军士所射杀。兄子贲，帅将士众就术，术复表贲为豫州刺史。

孙坚像，图出自《图像三国志》。

坚四子：策、权、翊、匡。权既称尊号，谥坚曰武烈皇帝。

策字伯符。坚初兴义兵，策将母徙居舒，与周瑜相友，收合士大夫，江、淮间人咸向之。坚薨，还葬曲阿。已乃渡江居江都。

徐州牧陶谦深忌策。策舅吴景，时为丹杨太守，策乃载母徙曲阿，与吕范、孙河俱就景，因缘招募得数百人。兴平元年，从袁术。术甚奇之，以坚部曲还策。太傅马日磾杖节安集关东，在寿春以礼辟策，表拜怀义校尉，术大将乔蕤、张勋皆倾心敬焉。术常叹曰："使术有子如孙郎，死复何恨！"策骑士有罪，逃入术营，隐于内厩。策指使人就斩之，讫，诣术谢。术曰："兵人好叛，当共疾之，何为谢也？"由是军中益畏惮之。术初许策为九江太守，已而更用丹杨陈纪。后术欲攻徐州，从庐江太守陆康求米三万斛。康不与，术大怒。策昔曾诣康，康不见，使主簿接之。策尝衔恨。术遣策攻康，谓曰："前错用陈纪，每恨本意不遂。今若得康，庐江真卿有也。"策攻康，拔之，术复用其故吏刘勋为太守，策益失望。先是，刘繇为扬州刺史，州旧治寿春。寿春，术已据之，繇乃渡江治曲阿。时吴景尚在丹杨，策从兄贲又为丹杨都尉，繇至，皆迫逐之。景、贲退舍历阳。繇遣樊能、于麋东屯横江津，张英屯当利口，以距术。术自用故吏琅邪惠衢为扬州刺史，更以景为督军中郎将，与贲共将兵击英等，连年不克。策乃说术，乞助景等平定江东。术表策为折冲校尉，行殄寇将军，兵财千余，骑数十匹，宾客愿从者数百人。比至历阳，众五六千。策母先自曲阿徙于历阳，策又徙母阜陵，渡江转斗，所向皆破，莫敢当其锋，而军令整肃，百姓怀之。

策为人，美姿颜，好笑语，性阔达听受，善于用人，是以士民见者，莫不尽心，乐为致死。刘繇弃军遁逃，诸郡守皆捐城郭奔走。吴人严白虎等众各万余人，处处屯聚。吴景等欲先击破虎等，乃至会稽。策曰："虎等群盗，非有大志，此成禽耳。"遂引兵渡浙江，据会稽，屠东冶，乃攻破虎等。尽更置长吏，策自领会稽太守，复以吴景为丹杨太守，以孙贲为豫章太守；分豫章为庐陵郡，以贲弟辅为庐陵太守，丹杨朱治为吴郡太守。彭城张昭、广陵张纮、秦松、陈端等为谋主。时袁术僭号，策以书责而绝之。曹公表策为讨逆将军，封为吴侯。后术死，长史杨弘、大将张勋等将其众欲就策，庐江太守刘勋要击，悉虏之，收其珍宝以归。策闻之，伪与勋好盟。勋新得术众，时豫章上缭宗民万余家在江东，策劝勋攻取之。勋既行，策轻军晨夜袭拔庐江，勋众尽降，勋独与麾下数百人自归曹公。是时袁绍方强，而策并江东，曹公力未能逞，且欲抚之。乃以弟女配策小弟匡，又为子章取贲女，皆礼辟策弟权、翊，又命扬州刺史严象举权茂才。

建安五年，曹公与袁绍相拒于官渡，策阴欲袭许，迎汉帝，密治兵，部署诸将。未发，会为故吴郡太守许贡客所杀。先是，策杀贡，贡小子与客亡匿江边。策单骑出，卒与客遇，客击伤策。创甚，请张昭等谓曰："中国方乱，夫以吴、越之众，三江之固，足以观成败。公等善相吾弟！"呼权佩以印绶，谓曰："举江东之众，决机于两陈之间，与天下争衡，卿不如我；举贤任能，各尽其心，以保江东，我不如卿。"至夜卒，时年二十六。

权称尊号，追谥策曰长沙桓王，封子绍为吴侯，后改封上虞侯。绍卒，子奉嗣。孙晧时，讹言谓奉当立，诛死。

评曰：孙坚勇挚刚毅，孤微发迹，导温戮卓，山陵杜塞，有忠壮之烈。策英气杰济，猛锐冠世，览奇取异，志陵中夏。然皆轻佻果躁，殒身致败。且割据江东，策之基兆也，而权尊崇未至，子止侯爵，于义俭矣。

【译文】

孙坚，字文台，他是吴郡富春人，孙坚算是孙武的后代。年轻时曾做过县吏。孙坚十七岁与父亲同船到钱塘，正好碰上海盗胡玉等人上来抢劫商人的财物，正在岸上分赃。此时，来往的行人因害怕都不敢走动，船只也不敢通行。孙坚，便对父亲说："这些强盗完全可以捉拿，请让我去赶跑他们。"父亲说："这不是你能干得了的。"孙坚没有听父亲的劝告，提着刀就上了岸。他用手东指西指，像是指挥几部分人去包围强盗。海盗见到这种情形，以为是官兵前来捕捉，吓得扔掉抢来的财物，四处逃散。孙坚紧追上去，斩下一个强盗的脑袋才回来，他的父亲对此大为惊奇。自此以后，孙坚声名大振，郡府征召他为代理县尉。会稽郡的叛乱首领许昌在句章起兵，自称阳明皇帝，与他的儿子许韶到各县鼓动百姓造反，聚众数以万计。孙坚以郡司马之名招募勇士一千余人，和州郡兵马合力讨伐，击败了叛军。这一年，是汉熹平元年。刺史臧旻向朝廷呈报孙坚的功劳，朝廷下诏任命孙坚为盐渎县丞。几年后，转任盱眙县丞，又转任下邳县丞。

灵帝中平元年，黄巾军首领张角在魏郡起事，他称自己有神灵附身，派遣八位使者向全国传播太平道，暗中联系互相串联，自称黄天泰平。这年三月五日，三十六方同时发动，天下民众纷纷响应，焚烧郡县衙门，杀害地方官。汉朝派车骑将军皇甫嵩、中郎将朱儁率兵讨伐，朱儁上表朝廷请求孙坚任他的佐军司马。在下邳的追随孙坚的乡里年轻人都愿随孙坚同去。坚又招募各地行商及淮、泗精兵一千多人，与朱儁奋力合击，所向披靡。汝南郡、颍川郡的黄巾军无路可走，逃进宛城自保。孙坚独当一面，首先登上城头，于是，部下就蜂拥而上，大破黄巾军。朱儁将详情奏报朝廷，朝廷任命孙坚为别部司马。

边章、韩遂在凉州叛乱，凉州制造骚乱，中郎将董卓讨伐没有成功。汉中平三年，朝廷派司空张温代理车骑将军西征边章等人。张温奏请孙坚参与军务，屯兵长安。张温发诏书召见董卓，过了很久，董卓才来拜见张温。张温很是不满，董卓则出言不逊。孙坚当时也在座，他对张温耳语道："董卓狂妄，召见不按时赶到，论罪当处以斩刑。"张温说："董卓在陇西、蜀郡之间一向有威名，现在杀了他，我们西进就没有依靠了。"孙坚说："您亲率朝廷大军，威震天下，怎么还要依靠董卓？我看董卓说话，对您毫无恭敬之意。轻上无礼，是第一罪。叛乱长达一年，本当抓住时机讨伐，董卓却不出兵。妨碍军事，蛊惑人心，是第二罪。董卓居职无功，上司召见，他竟迟迟不来，且态度十分傲慢无理，这是第三罪。古代的名将，手持斧钺执掌兵马，都以处极刑的办法显示威势，这就是穰苴斩庄贾、魏绛杀杨干的原因。如果您顾念董卓，不马上处决，那么，严肃的军法就会被这件事破坏了。"张温不忍对董卓采取措施就说："你先回去，不要让董卓引起怀疑。"孙坚起身离去。边章、韩遂听说大兵正向凉州开进，手下兵众纷纷离散，都请求投降。回朝后，议事的大臣们认为兵马并没有与敌交战，不能记功受奖，可当他们听说孙坚曾陈列董卓三条罪状，力劝张温斩他的事后，无不叹息。后任命孙坚为议郎。这时，长沙的贼寇区星自称将军，带兵马一万，攻围城邑。于是，朝廷任孙坚为长沙太守。孙坚到长沙原亲率将士，按方略施行，不过一月，就攻破了区星等叛贼。周朝、郭石又率徒众在零陵、桂阳起事，与区星呼应。于是，孙坚又越境讨伐，使三郡全都安定下来。朝廷根据孙坚前后所立下的功绩，封他为乌程侯。

汉灵帝去世后，董卓掌握朝政大权，横行霸道。各州郡一起发动义军，打算讨伐董卓。孙坚也组织起军队向前挺进。荆州刺史王叡一向敌视孙坚，孙坚于是顺路杀了他。孙坚率军一路到了南阳，这时部众已有几万人。当时，张咨是南阳太守，他听说孙坚的军队到了，毫不以为然。孙坚派人送美酒给张咨，第二天张咨也答谢回访孙坚。饮酒酣畅时，长沙主簿进来禀告孙坚说："我军日前进兵到南阳，但这里道路却没有修整，军需物资也没有供给，请拘捕南阳主簿查问原因。"张咨十分惊恐，但这时四周已围上了士兵，他已经无法离开。过了一会儿，长沙主簿又进来禀告孙坚："南阳太守故意阻挡义军的前进，使得贼寇不能按计划讨伐，请拘捕他按军法处置。"立刻命令士兵就把张咨拖到军营辕门斩杀了他。此事震惊了整个南阳郡，此后孙坚无论索取什么，没有得不到的。孙坚率军到达鲁阳，在这里见到了袁术。袁术上表奏请任命孙坚代理破虏将军，兼任豫州刺史。于是孙坚一边在鲁阳城积极操练军队、准备进军讨伐董卓，一边派长史公仇称带领兵士从事回本州岛督察催运军粮。孙坚在鲁阳城外设置酒席，为公仇称饯行，官员部下都到这里畅饮。董卓派步兵骑兵几万人迎击孙坚，几十名轻骑兵先到达鲁阳。孙坚此时正在劝酒说笑，见敌兵来到，他毫不慌乱。孙坚下令部队整顿阵容，不得随意乱动。敌军人马逐渐增多，孙坚这才缓缓离座，率领众人进入城中。他这才对左右的人说："刚才我之所以不马上起身，就是担心士兵混乱自相践踏，大家就不能进城了。"董卓的军队见孙坚人马十分严整，不敢贸然进攻，于是就撤兵返回了。孙坚带军队行到梁县东边，驻扎下来。董卓的军队对其进行猛烈围攻，孙坚和几十名骑兵突破包围冲出来。那时候，孙坚戴着红色的毛织头巾，他于是摘下头巾让亲信将领祖茂戴上它。董卓的骑兵争相追逐祖茂，孙坚这才得以从小路逃脱。祖茂被围追堵截，无路可走，于是下了马，把头巾戴到坟墓间烧过的柱子上，自己则藏身在草丛中。董卓的骑兵远远看到，就重重包围，等到近了才发现是柱子，这才离去。孙坚随后重整部队，在阳人与董卓的军队交战，砍了董卓的都督华雄等人的头示众，威名远扬。这时候，有人离间袁术和孙坚。袁术心生怀疑，就停止给孙坚运送军粮。阳人和鲁阳相距一百多里，孙坚连夜飞马奔去拜见袁术，他在地上画书向袁术陈述了形势的紧迫利害，还说："我之所以出生入死，置个人安危于不顾，上是为国家讨伐贼人，下是为慰平将军您家族的私仇，而孙坚我与董卓并没有杀害骨肉亲人的仇恨。如今将军您却听信谗言，反而对我猜忌怀疑。"袁术感到尴尬不安，当即给孙坚调拨运送了军粮。孙坚返回驻地。他的勇猛强壮使得董卓十分害怕，于是派将军孝傕等人前来请求讲和结亲，说让孙坚列出家族子弟想担任刺史、郡守的名单，自己将亲自上表奏请朝廷任用他们。孙坚凛然回答说："董卓违背天理，颠覆王室，横行无道，不灭你的三族，昭告天下，我孙坚死不瞑目，难道会和你讲和结亲吗？"于是，他又向距离雒邑九十里的大谷进军。董卓不久就向西迁都进入函谷关，放火焚烧了雒邑。孙坚便率军进入雒邑，修缮各个帝王的陵墓，填堵董卓挖掘开的陵寝。在这之后，他率军离开，驻扎在鲁阳。

汉献帝刘协初平三年，袁术要孙坚南征荆州，进攻刘表。刘表派遣黄祖在樊城、邓县之间阻击。孙坚打败了黄祖，乘胜追击渡过汉水，包围了襄阳。孙坚一个人骑马向前行进到岘山，被黄祖的军士射死。孙坚兄长孙羌的儿子孙贲，带领孙坚部属的官兵依附袁术，于是袁术上表请求授任孙贲为豫州刺史。

孙坚有四个儿子：孙策、孙权、孙翊、孙匡。孙权称帝以后，追尊孙坚为武烈皇帝。

孙策，字伯符。孙坚初兴义兵时，孙策奉母迁居到舒县。与周瑜结为好友，招纳会聚了许多豪杰，江、淮间的士大夫多投奔于他。孙坚死后，孙策将他葬在曲阿。随后，孙策便渡过长江，移居江都。

徐州牧陶谦非常讨厌孙策。孙策的舅舅吴景，正在这时做了丹杨大守，于是，孙策便带着母亲迁居曲阿，与吕范、孙河等一起投靠吴景，凭借吴景的威望，招募了几百人。兴平元年，追随袁术。袁术认为孙策非比寻常，便将孙坚的旧部交还孙策。太傅马日磾持节安抚关东，在寿春以礼征召孙策，上奏朝廷任命孙策为怀义校尉。袁术的大将乔蕤、张勋对孙策都很敬重，袁术经常感叹说："我要是有像孙郎那样的儿子，就死而无遗憾了！"孙策部下一名士卒犯了罪，躲逃进袁术兵营的马棚里。孙策派人杀了他，然后，亲向袁术道歉。袁术说："士兵常常叛逃，我们都痛恨这种行为，不需要道歉！"此后，军中上下更加畏惧孙策了。袁术最初同意孙策任九江太守，没过多久，又改用丹杨人陈纪。后来，袁术想攻打徐州，向庐江太守陆康索要三万斛大米，陆康不给，袁术大怒。从前，孙策曾去拜访过陆康，陆康不肯与他见面，派一名主簿接待，孙策为此常怀恨在心。袁术派孙策去攻打陆康说："以前，我错用了陈纪，心里常常懊悔原先的想法没有实现。现在，如果抓到了陆康，庐江就真的归您所有了。”于是，孙策率军攻打陆康，占领了庐江。然而，袁术又任用了他的故吏刘勋为太守，孙策对袁术更加失望。此前，刘繇任扬州刺史，杨州过去的治所在寿春，而寿春已被袁术占据，刘繇就渡江把治所移至曲阿。这时候，吴景尚在丹杨，孙策的堂兄孙贲又是丹杨都尉，刘繇一到，就以武力把他们都赶走了。吴景和孙贲只好退住在历阳。刘繇派樊能、于麋在东面屯兵横江津，张英驻守当利口，以抗拒袁术。袁术任用原来的属官琅玡人惠衢为扬州刺史，又以吴景为督军中郎将，让吴景和孙贲一起率兵攻打张英等人，连续打了几年，也没有打下来。孙策就劝说袁术，要求帮助吴景等人平定江东。袁术就任孙策为军中校尉，代殄寇将军，但只给他一千多名士兵，战马才几十匹，门下宾客愿随孙策出征的倒有几百人。等到了历阳，孙策的兵马就扩充到五六千人。孙策的母亲事先已从曲阿迁到历阳，随后，孙策又把母亲迁到阜陵，再渡江出击，所向披靡，没人敢抵御他的锋芒。孙策的兵马军令严明，百姓都很拥戴他。

孙策这个人，风度姿态容颜修美，喜欢笑谈，性格豁达开朗，善于听取他人的意见，善于用人；因此，凡是见到了他的士民，没有哪一个人不乐于为他效力，以至于死。刘繇抛弃军队逃走，众郡守也都丢下城池跑散了。吴人严白虎等，各有部众一万多人，他们到处集结。吴景等人想首先打败严白虎这一伙，便到了会稽。孙策说：“严白虎这伙贼人，没有远大志向，这次一定会被我们俘获。”他便引兵渡过浙江，占领会稽，血洗东冶城，打败了严白虎等人。全部重新任用高级吏员，孙策自任会稽太守，任吴景为丹杨太守，任孙贲为豫章太守；分豫章郡一部分新建庐陵郡，任孙贲弟孙辅为庐陵太守，任丹杨朱治为吴郡太守。彭城张昭、广陵张纮、秦松、陈端等都是谋士。这时候，袁术妄称帝号，孙策致书谴责，断绝了与他的关系。曹操上书呈请朝廷授孙策为讨逆将军，封吴侯。以后袁术死，长史杨弘、大将张勋等率领他们的部属想来亲附孙策，庐江太守刘勋截击，将他们全部俘虏，收缴了他们的珍宝，得胜回归。孙策听说以后，假意与刘勋友好结盟。刘勋新近得到了袁术的民众，当时豫章上缭宗族聚居的民众万余家住在江南，孙策劝刘勋攻取他们。刘勋引军出发后，孙策率领轻装的军队日夜兼程出其不意地夺了庐江，刘勋部下全部投降，刘勋与所率领的数百人投奔了曹操。这时候，袁绍势力强大，孙策并吞了江东，曹操的势力还不能对孙策完全施展，只有暂时安抚孙姓家族。于是将弟女许配孙策的小弟孙匡，又为儿子曹章娶了孙贲的女儿，同时礼聘策弟孙权、孙翊，又命令扬州刺史严象推举孙权为秀才。

建安五年，曹操和袁绍在官渡相持，孙策想袭击许都，接回献帝。孙策秘密地训练兵马，调遣出征的将领。但是，还没有来得及行动，就被原吴郡太守许贡的门客击伤。此前，孙策先杀了许贡，许贡的小儿子和门客逃到长江岸边的芦苇丛中躲过了劫难。后来，孙策独自骑马出去，与许贡的门客相遇，孙策被击伤。伤势严重，他把张昭等人请来，说："中原混乱，凭吴、越兵马和三江之险，足以坐观成败。希望你们好好辅助我的弟弟。"他又把孙权叫来，给孙权佩上印绶，对他说："率江东兵马于两军对垒间把握战机，争衡天下，你不如我；举贤任能，让他们各尽其心，以保卫江东，我不如你。"等到夜里，孙策去世了，当时他二十六岁。

孙权称帝后，追谥孙策为长沙桓王，封他的儿子孙绍为吴侯，后来，又改封为上虞侯。孙绍死后，儿子孙奉承继爵位。孙晧做皇帝时，有谣言传说孙奉当立为皇帝，孙奉被杀。

评论：孙坚勇猛刚毅，以低微的地位起家，劝导张温杀掉董卓，又将被挖开的帝陵全部填平，有忠诚壮烈的节操。孙策英气豪迈，超群绝伦，勇猛盖世，延奇才异能之士，志在攻取华夏。然而这些人都轻佻急躁，以致丧身而事败。更何况吴国割据江东，是孙策奠定的基础，而孙权追谥的时候没有将孙策尊崇为皇帝，孙策儿子的最高封号只是侯爵，从道义上来说，过于俭薄了。

三国志卷四十七·吴书二

吴主传

孙权字仲谋。兄策既定诸郡，时权年十五，以为阳羡长。郡察孝廉，州举茂才，行奉义校尉。汉以策远修职贡，遣使者刘琬加锡命。琬语人曰："吾观孙氏兄弟虽各才秀明达，然皆禄祚不终，惟中弟孝廉，形貌奇伟，骨体不恒，有大贵之表，年又最寿，尔试识之。"

建安四年，从策征庐江太守刘勋。勋破，进讨黄祖于沙羡。

五年，策薨，以事授权，权哭未及息。策长史张昭谓权曰："孝廉，此宁哭时邪？且周公立法而伯禽不师，非欲违父，时不得行也。况今奸宄竞逐，豺狼满道，乃欲哀亲戚，顾礼制，是犹开门而揖盗，未可以为仁也。"乃改易权服，扶令上马，使出巡军。是时唯有会稽、吴郡、丹杨、豫章、庐陵，然深险之地犹未尽从，而天下英豪布在州郡，宾旅寄寓之士以安危去就为意，未有君臣之固。张昭、周瑜等谓权可与共成大业，故委心而服事焉。曹公表权为讨虏将军，领会稽太守，屯吴，使丞之郡行文书事。待张昭以师傅之礼，而周瑜、程普、吕范等为将率。招延俊秀，聘求名士，鲁肃、诸葛瑾等始为宾客。分部诸将，镇抚山越，讨不从命。

七年，权母吴氏薨。

八年，权西伐黄祖，破其舟军，惟城未克，而山寇复动。还过豫章，使吕范平鄱阳，程普讨乐安，太史慈领海昏，韩当、周泰、吕蒙等为剧县令长。

九年，权弟丹杨太守翊为左右所害，以从兄瑜代翊。

十年，权使贺齐讨上饶，分为建平县。

十二年，西征黄祖，虏其人民而还。

十三年春，权复征黄祖，祖先遣舟兵拒军，都尉吕蒙破其前锋，而凌统、董袭等尽锐攻之，遂屠其城。祖挺身亡走，骑士冯则追枭其首，虏其男女数万口。是岁，使贺齐讨黟、歙分歙为始新、新定、犁阳、休阳县，以六县为新都郡。荆州牧刘表死，鲁肃乞奉命吊表二子，且以观变。

肃未到，而曹公已临其境，表子琮举众以降。刘备欲南济江，肃与相见，因传权旨，为陈成败。备进住夏口，使诸葛亮诣权，权遣周瑜、程普等行。是时曹公新得表众，形势甚盛，诸议者皆望风畏惧，多劝权迎之。惟瑜、肃执拒之议，意与权同。瑜、普为左右督，各领万人，与备俱进，遇于赤壁，大破曹公军。公烧其余船引退，士卒饥疫，死者大半。备、瑜等复追至南郡，曹公遂北还，留曹仁、徐晃于江陵，使乐进守襄阳。时甘宁在夷陵，为仁党所围，用吕蒙计，留凌统以拒仁，以其半救宁，军以胜反。权自率众围合肥，使张昭攻九江之当涂。昭兵不利，权攻城逾月不能下。曹公自荆州还，遣张喜将骑赴合肥。未至，权退。

十四年，瑜、仁相守岁余，所杀伤甚众。仁委城走。权以瑜为南郡太守。刘备表权行车骑将军，领徐州牧。备领荆州牧，屯公安。

十五年，分豫章为鄱阳郡；分长沙为汉昌郡，以鲁肃为太守，屯陆口。

十六年，权徙治秣陵。明年，城石头，改秣陵为建业。闻曹公将来侵，作濡须坞。

十八年正月，曹公攻濡须，权与相拒月余。曹公望权军，叹其齐肃，乃退。初，曹公恐江滨郡县为权所略，征令内移。民转相惊，自庐江、九江、蕲春、广陵户十余万皆东渡江，江西遂虚，合肥以南唯有皖城。

十九年五月，权征皖城。闰月，克之，获庐江太守朱光及参军董和，男女数万口。是岁刘备定蜀。权以备已得益州，令诸葛瑾从求荆州诸郡。备不许，曰："吾方图凉州，凉州定，乃尽以荆州与吴耳。"权曰："此假而不反，而欲以虚辞引岁。"遂置南三郡长吏，关羽尽逐之。权大怒，乃遣吕蒙督鲜于丹、徐忠、孙规等兵二万取长沙、零陵、桂阳三郡，使鲁肃以万人屯巴丘以御关羽。权住陆口，为诸军节度。蒙到，二郡皆服，惟零陵太守郝普未下。会备到公安，使关羽将三万兵至益阳，权乃召蒙等使还助肃。蒙使人诱普，普降，尽得三郡将守，因引军还，与孙皎、潘璋并鲁肃兵并进，拒羽于益阳。未战，会曹公入汉中，备惧失益州，使使求和。权令诸葛瑾报，更寻盟好，遂分荆州长沙、江夏、桂阳以东属权，南郡、零陵、武陵以西属备。备归，而曹公已还。权反自陆口，遂征合肥。合肥未下，撤军还。兵皆就路，权与凌统、甘宁等在津北为魏将张辽所袭，统等以死捍权，权乘骏马越津桥得去。

二十一年冬，曹公次于居巢，遂攻濡须。

孙仲谋大战张文远图，出自《图像三国志》，描绘了孙权率兵与魏国大将张辽作战之事。

二十二年春，权令都尉徐详诣曹公请降，公报使修好，誓重结婚。

二十三年十月，权将如吴，亲乘马射虎于庱亭。马为虎所伤，权投以双戟，虎却废，常从张世击以戈，获之。

二十四年，关羽围曹仁于襄阳，曹公遣左将军于禁救之。会汉水暴起，羽以舟兵尽虏禁等步骑三万送江陵，惟城未拔。权内惮羽，外欲以为己功，笺与曹公，乞以讨羽自效。曹公且欲使羽与权相持以斗之，驿传权书，使曹仁以弩射示羽。羽犹豫不能去。闰月，权征羽，先遣吕蒙袭公安，获将军士仁。蒙到南郡，南郡太守麋芳以城降。蒙据江陵，抚其老弱，释于禁之囚。陆逊别取宜都，获秭归、枝江、夷道，还屯夷陵，守峡口以备蜀。关羽还当阳，西保麦城。权使诱之。羽伪降，立幡旗为象人于城上，因遁走，兵皆解散，尚十余骑。权先使朱然、潘璋断其径路。十二月，璋司马马忠获羽及其子平、都督赵累等于章乡，遂定荆州。是岁大疫，尽除荆州民租税。曹公表权为骠骑将军，假节领荆州牧，封南昌侯。权遣校尉梁寓奉贡于汉，及令王惇市马，又遣朱光等归。

二十五年春正月，曹公薨，太子丕代为丞相魏王，改年为延康。秋，魏将梅敷使张俭求见抚纳。南阳阴、酂、筑阳、山都、中庐五县民五千家来附。冬，魏嗣王称尊号，改元为黄初。二年四月，刘备称帝于蜀。权自公安都鄂，改名武昌，以武昌、下雉、浔阳、阳新、柴桑、沙羡六县为武昌郡。

五月，建业言甘露降。八月，城武昌，下令诸将曰："夫存不忘亡，安必虑危，古之善教。昔隽不疑汉之名臣，于安平之世而刀剑不离于身，盖君子之于武备，不可以已。况今处身疆畔，豺狼交接，而可轻忽不思变难哉？顷闻诸将出入，各尚谦约，不从人兵，甚非备虑爱身之谓。夫保己遗名，以安君亲，孰与危辱？宜深警戒，务崇其大，副孤意焉。"自魏文帝践阼，权使命称藩，及遣于禁等还。十一月，策命权曰："盖圣王之法，以德设爵，以功制禄；劳大者禄厚，德盛者礼丰。故叔旦有夹辅之勋，太公有鹰扬之功，并启土宇，并受备物，所以表章元功，殊异贤哲也。近汉高祖受命之初，分裂膏腴以王八姓，斯则前世之懿事，后王之元龟也。朕以不德，承运革命，君临万国，秉统天机，思齐先代，坐而待旦。惟君天资忠亮，命世作佐，深睹历数，达见废兴，远遣行人，浮于潜汉。望风影附，抗疏称藩，兼纳纤絺南方之贡，普遣诸将来还本朝，忠肃内发，款诚外昭，信著金石，义盖山河，朕甚嘉焉。今封君为吴王，使使持节太常高平侯贞，授君玺绶策书、金虎符第一至第五、左竹使符第一至第十，以大将军使持节督交州，领荆州牧事，锡君青土，苴以白茅，对扬朕命，以尹东夏。其上故骠骑将军南昌侯印绶符策。今又加君九锡，其敬听后命。以君绥安东南，纲纪江外，民夷安业，无或携贰，是用锡君大辂、戎辂各一，玄牡二驷。君务财劝农，仓库盈积，是用锡君衮冕之服，赤舄副焉。君化民以德，礼教兴行，是用锡君轩县之乐。君宣导休风，怀柔百越，是用锡君朱户以居。君运其才谋，官方任贤，是用锡君纳陛以登。君忠勇并奋，清除奸慝，是用锡君虎贲之士百人。君振威陵迈，宣力荆南，枭灭凶丑，罪人斯得，是用锡君鈇钺各一。君文和于内，武信于外，是用锡君彤弓一、彤矢百、玈弓十、玈矢千。君以忠肃为基，恭俭为德，是用锡君秬鬯一卣，圭瓒副焉。钦哉！敬敷训典，以服朕命，以勖相我国家，永终尔显烈。”是岁，刘备帅军来伐，至巫山、秭归，使使诱导武陵蛮夷，假与印传，许之封赏。于是诸县及五谿民皆反为蜀。权以陆逊为督，督朱然、潘璋等以拒之。遣都尉赵咨使魏。魏帝问曰：“吴王何等主也？”咨对曰：“聪明仁智，雄略之主也。”帝问其状，咨曰：“纳鲁肃于凡品，是其聪也；拔吕蒙于行陈，是其明也；获于禁而不害，是其仁也；取荆州而兵不血刃，是其智也；据三州虎视于天下，是其雄也；屈身于陛下，是其略也。”帝欲封权子登，权以登年幼，上书辞封，重遣西曹掾沈珩陈谢，并献方物。立登为王太子。

黄武元年春正月，陆逊部将军宋谦等攻蜀五屯，皆破之，斩其将。三月，鄱阳言黄龙见。蜀军分据险地，前后五十余营，逊随轻重以兵应拒，自正月至闰月，大破之，临陈所斩及投兵降首数万人。刘备奔走，仅以身免。

初，权外托事魏，而诚心不款。魏欲遣侍中辛毗、尚书桓阶往与盟誓，并征任子，权辞让不受。秋九月，魏乃命曹休、张辽、臧霸出洞口，曹仁出濡须，曹真、夏侯尚、张郃、徐晃围南郡。权遣吕范等督五军，以舟军拒休等，诸葛瑾、潘璋、杨粲救南郡，朱桓以濡须督拒仁。时扬、越蛮夷多未平集，内难未弭，故权卑辞上书，求自改厉，“若罪在难除，必不见置，当奉还土地民人，乞寄命交州，以终余年。”文帝报曰：“君生于扰攘之际，本有从横之志，降身奉国，以享兹祚。自君策名已来，贡献盈路。讨备之功，国朝仰成。埋而掘之，古人之所耻。朕之与君，大义已定，岂乐劳师远临江汉？廊庙之议，王者所不得专；三公上君过失，皆有本末。朕以不明，虽有曾母投杼之疑，犹冀言者不信，以为国福。故先遣使者犒劳，又遣尚书、侍中践修前言，以定任子。君遂设辞，不欲使进，议者怪之。又前都尉浩周劝君遣子，乃实朝臣交谋，以此卜君，君果有辞，外引隗嚣遣子不终，内喻窦融守忠而已。世殊时异，人各有心。浩周之还，口陈指麾，益令议者发明众嫌，终始之本，无所据仗，故遂俯仰从群臣议。今省上事，款诚深至，心用慨然，凄怆动容。即日下诏，敕诸军但深沟高垒，不得妄进。若君必效忠节，以解疑议，登身朝到，夕召兵还。此言之诚，有如大江！”权遂改年，临江拒守。冬十一月，大风，范等兵溺死者数千，余军还江南。曹休使臧霸以轻船五百、敢死万人袭攻徐陵，烧攻城车，杀略数千人。将军全琮、徐盛追斩魏将尹卢，杀获数百。十二月，权使太中大夫郑泉聘刘备于白帝，始复通也。然犹与魏文帝相往来，至后年乃绝。是岁改夷陵为西陵。

二年春正月，曹真分军据江陵中州。是月，城江夏山。改四分，用乾象历。三月，曹仁遣将军常彫等，以兵五千，乘油船，晨渡濡须中州。仁子泰因引军急攻朱桓，桓兵拒之，遣将军严圭等击破彫等。是月，魏军皆退。夏四月，权群臣劝即尊号，权不许。刘备薨于白帝。五月，曲阿言甘露降。先是戏口守将晋宗杀将王直，以众叛如魏，魏以为蕲春太守，数犯边境。六月，权令将军贺齐督麋芳、刘邵等袭蕲春，邵等生虏宗。冬十一月，蜀使中郎将邓芝来聘。

三年夏，遣辅义中郎将张温聘于蜀。秋八月，赦死罪。九月，魏文帝出广陵，望大江，曰“彼有人焉，未可图也”，乃还。

四年夏五月，丞相孙邵卒。六月，以太常顾雍为丞相。皖口言木连理。冬十二月，鄱阳贼彭绮自称将军，攻没诸县，众数万人。是岁地连震。

五年春，令曰：“军兴日久，民离农畔，父子夫妇，不听相恤，孤甚愍之。今北虏缩窜，方外无事，其下州郡，有以宽息。”是时陆逊以所在少谷，表令诸将增广农亩。权报曰：“甚善。今孤父子亲自受田，车中八牛以为四耦，虽未及古人，亦欲与众均等其劳也。”秋七月，权闻魏文帝崩，征江夏，围石阳，不克而还。苍梧言凤皇见。分三郡恶地十县置东安郡，以全琮为太守，平讨山越。冬十月，陆逊陈便宜，劝以施德缓刑，宽赋息调。又云：“忠谠之言，不能极陈，求容小臣，数以利闻。”权报曰：“夫法令之设，欲以遏恶防邪，儆戒未然也，焉得不有刑罚以威小人乎？此为先令后诛，不欲使有犯者耳。君以为太重者，孤亦何利其然，但不得已而为之耳。今承来意，当重谘谋，务从其可。且近臣有尽规之谏，亲戚有补察之箴，所以匡君正主明忠信也。《书》载‘予违汝弼，汝无面从’，孤岂不乐忠言以自裨补邪？而云‘不敢极陈’，何得为忠谠哉？若小臣之中，有可纳用者，宁得以人废言而不采择乎？但谄媚取容，虽暗亦所明识也。至于发调者，徒以天下未定，事以众济。若徒守江东，修崇宽政，兵自足用，复用多为？顾坐自守可陋耳。若不豫调，恐临时未可便用也。又孤与君分义特异，荣戚实同，来表云不敢随众容身苟免，此实甘心所望于君也。”于是令有司尽写科条，使郎中褚逢赍以就逊及诸葛瑾，意所不安，令损益之。是岁，分交州置广州，俄复旧。

六年春正月，诸将获彭绮。闰月，韩当子综以其众降魏。

七年春三月，封子虑为建昌侯。罢东安郡。夏五月，鄱阳太守周鲂伪叛，诱魏将曹休。秋八月，权至皖口，使将军陆逊督诸将大破休于石亭。大司马吕范卒。是岁，改合浦为珠官郡。

黄龙元年春，公卿百司皆劝权正尊号。夏四月，夏口、武昌并言黄龙、凤凰见。丙申，南郊即皇帝位，是日大赦，改年。追尊父破虏将军坚为武烈皇帝，母吴氏为武烈皇后，兄讨逆将军策为长沙桓王。吴王太子登为皇太子。将吏皆进爵加赏。初，兴平中，吴中童谣曰：“黄金车，班兰耳，闿昌门，出天子。”五月，使校尉张刚、管笃之辽东。六月，蜀遣卫尉陈震庆权践位。权乃参分天下，豫、青、徐、幽属吴，兖、冀、并、凉属蜀。其司州之土，以函谷关为界，造为盟曰：“天降丧乱，皇纲失叙，逆臣乘衅，劫夺国柄，始于董卓，终于曹操，穷凶极恶，以覆四海，至令九州幅裂，普天无统，民神痛怨，靡所戾止。及操子丕，桀逆遗丑，荐作奸回，偷取天位。而叡幺麽，寻丕凶迹，阻兵盗土，未伏厥诛。昔共工乱象而高辛行师，三苗干度而虞舜征焉。今日灭叡，禽其徒党，非汉与吴，将复谁任？夫讨恶翦暴，必声其罪，宜先分裂，夺其土地，使士民之心，各知所归。是以《春秋》晋侯伐卫，先分其田以畀宋人，斯其义也。且古建大事，必先盟誓，故《周礼》有司盟之官，《尚书》有告誓之文，汉之与吴，虽信由中，然分土裂境，宜有盟约。诸葛丞相德威远著，翼戴本国，典戎在外，信感阴阳，诚动天地，重复结盟，广诚约誓，使东西士民咸共闻知。故立坛杀牲，昭告神明，再歃加书，副之天府。天高听下，灵威棐谌，司慎司盟，群神群祀，莫不临之。自今日汉、吴既盟之后，戮力一心，同讨魏贼，救危恤患，分灾共庆，好恶齐之，无或携贰。若有害汉，则吴伐之；若有害吴，则汉伐之。各守分土，无相侵犯。传之后叶，克终若始。凡百之约，皆如载书。信言不艳，实居于好。有渝此盟，创祸先乱，违贰不协，慆慢天命，明神上帝是讨是督，山川百神是纠是殛，俾坠其师，无克祚国。于尔大神，其明鉴之！”秋九月，权迁都建业，因故府不改馆，征上大将军陆逊辅太子登，掌武昌留事。

二年春正月，魏作合肥新城。诏立都讲祭酒，以教学诸子。遣将军卫温、诸葛直将甲士万人浮海求夷洲及亶洲。亶洲在海中，长老传言秦始皇帝遣方士徐福将童男童女数千人入海，求蓬莱神山及仙药，止此洲不还。世相承有数万家，其上人民，时有至会稽货布，会稽东县人海行，亦有遭风流移至亶洲者。所在绝远，卒不可得至，但得夷洲数千人还。

三年春二月，遣太常潘濬率众五万讨武陵蛮夷。卫温、诸葛直皆以违诏无功，下狱诛。夏，有野蚕成茧，大如卵。由拳野稻自生，改为禾兴县。中郎将孙布诈降以诱魏将王淩，淩以军迎布。冬十月，权以大兵潜伏于阜陵俟之，淩觉而走。会稽南始平言嘉禾生。十二月丁卯，大赦，改明年元也。

嘉禾元年春正月，建昌侯虑卒。三月，遣将军周贺、校尉裴潜乘海之辽东。秋九月，魏将田豫要击，斩贺于成山。冬十月，魏辽东太守公孙渊遣校尉宿舒、阆中令孙综称藩于权，并献貂马。权大悦，加渊爵位。

二年春正月，诏曰：“朕以不德，肇受元命，夙夜兢兢，不遑假寝。思平世难，救济黎庶，上答神祇，下慰民望。是以眷眷，勤求俊杰，将与戮力，共定海内。苟在同心，与之偕老。今使持节督幽州领青州牧辽东太守燕王，久胁贼虏，隔在一方，虽乃心于国，其路靡缘。今因天命，远遣二使，款诚显露，章表殷勤，朕之得此，何喜如之！虽汤遇伊尹，周获吕望，世祖未定而得河右，方之今日，岂复是过？普天一统，于是定矣。《书》不云乎，‘一人有庆，兆民赖之’。其大赦天下，与之更始，其明下州郡，咸使闻知。特下燕国，奉宣诏恩，令普天率土备闻斯庆。”三月，遣舒、综还，使太常张弥、执金吾许晏、将军贺达等将兵万人，金宝珍货，九锡备物，乘海授渊。举朝大臣，自丞相雍已下皆谏，以为渊未可信，而宠待太厚，但可遣吏兵数百护送舒、综，权终不听。渊果斩弥等，送其首于魏，没其兵资。权大怒，欲自征渊，尚书仆射薛综等切谏乃止。是岁，权向合肥新城，遣将军全琮征六安，皆不克还。

三年春正月，诏曰：“兵久不辍，民困于役，岁或不登。其宽诸逋，勿复督课。”夏五月，权遣陆逊、诸葛瑾等屯江夏、沔口，孙韶、张承等向广陵、淮阳，权率大众围合肥新城。是时蜀相诸葛亮出武功，权谓魏明帝不能远出，而帝遣兵助司马宣王拒亮，自率水军东征。未至寿春，权退还，孙韶亦罢。秋八月，以诸葛恪为丹杨太守，讨山越。九月朔，陨霜伤谷。冬十一月，太常潘濬平武陵蛮夷，事毕，还武昌。诏复曲阿为云阳，丹徒为武进。庐陵贼李桓、罗厉等为乱。

四年夏，遣吕岱讨桓等。秋七月，有雹。魏使以马求易珠玑、翡翠、玳瑁，权曰：“此皆孤所不用，而可得马，何苦而不听其交易？”

五年春，铸大钱，一当五百。诏使吏民输铜，计铜畀直。设盗铸之科。二月，武昌言甘露降于礼宾殿。辅吴将军张昭卒。中郎将吾粲获李桓，将军唐咨获罗厉等。自十月不雨，至于夏。冬十月，彗星见于东方。鄱阳贼彭旦等为乱。

六年春正月，诏曰：“夫三年之丧，天下之达制，人情之极痛也；贤者割哀以从礼，不肖者勉而致之。世治道泰，上下无事，君子不夺人情，故三年不逮孝子之门。至于有事，则杀礼以从宜，要绖而处事。故圣人制法，有礼无时则不行。遭丧不奔非古也，盖随时之宜，以义断恩也。前故设科，长吏在官，当须交代，而故犯之，虽随纠坐，犹已废旷。方事之殷，国家多难，凡在官司，宜各尽节，先公后私，而不恭承，甚非谓也。中外群僚，其更平议，务令得中，详为节度。”顾谭议，以为“奔丧立科，轻则不足以禁孝子之情，重则本非应死之罪，虽严刑益设，违夺必少。若偶有犯者，加其刑则恩所不忍，有减则法废不行。愚以为长吏在远，苟不告语，势不得知。比选代之间，若有传者，必加大辟，则长吏无废职之负，孝子无犯重之刑”。将军胡综议，以为“丧纪之礼，虽有典制，苟无其时，所不得行。方今戎事，军国异容，而长吏遭丧，知有科禁，公敢干突，苟念闻忧不奔之耻，不计为臣犯禁之罪，此由科防本轻所致。忠节在国，孝道立家，出身为臣，焉得兼之？故为忠臣不得为孝子。宜定科文，示以大辟，若故违犯，有罪无赦。以杀止杀，行之一人，其后必绝”。丞相雍奏从大辟。其后吴令孟宗丧母奔赴，已而自拘于武昌以听刑。陆逊陈其素行，因为之请，权乃减宗一等，后不得以为比，因此遂绝。二月，陆逊讨彭旦等，其年，皆破之。冬十月，遣卫将军全琮袭六安，不克。诸葛恪平山越事毕，北屯庐江。

赤乌元年春，铸当千大钱。夏，吕岱讨庐陵贼，毕，还陆口。秋八月，武昌言麒麟见。有司奏言麒麟者太平之应，宜改年号。诏曰："间者赤乌集于殿前，朕所亲见，若神灵以为嘉祥者，改年宜以赤乌为元。"群臣奏曰："昔武王伐纣，有赤乌之祥，君臣观之，遂有天下，圣人书策载述最详者，以为近事既嘉，亲见又明也。"于是改年。步夫人卒，追赠皇后。初，权信任校事吕壹，壹性苛惨，用法深刻。太子登数谏，权不纳，大臣由是莫敢言。后壹奸罪发露伏诛，权引咎责躬，乃使中书郎袁礼告谢诸大将，因问时事所当损益。礼还，复有诏责数诸葛瑾、步骘、朱然、吕岱等曰："袁礼还，云与子瑜、子山、义封、定公相见，并以时事当有所先后，各自以不掌民事，不肯便有所陈，悉推之伯言、承明。伯言、承明见礼，泣涕恳恻，辞旨辛苦，至乃怀执危怖，有不自安之心。闻此怅然，深自刻怪。何者？夫惟圣人能无过行，明者能自见耳。人之举措，何能悉中，独当己有以伤拒众意，忽不自觉，故诸君有嫌难耳；不尔，何缘乃至于此乎？自孤兴军五十年，所役赋凡百皆出于民。天下未定，孽类犹存，士民勤苦，诚所贯知。然劳百姓，事不得已耳。与诸君从事，自少至长，发有二色，以谓表里足以明露，公私分计，足用相保。尽言直谏，所望诸君；拾遗补缺，孤亦望之。昔卫武公年过志壮，勤求辅弼，每独叹责。且布衣韦带，相与交结，分成好合，尚污垢不异。今日诸君与孤从事，虽君臣义存，犹谓骨肉不复是过。荣福喜戚，相与共之。忠不匿情，智无遗计，事统是非，诸君岂得从容而已哉！同船济水，将谁与易？齐桓诸侯之霸者耳，有善管子未尝不叹，有过未尝不谏，谏而不得，终谏不止。今孤自省无桓公之德，而诸君谏诤未出于口，仍执嫌难。以此言之，孤于齐桓良优，未知诸君于管子何如耳？久不相见，因事当笑。共定大业，整齐天下，当复有谁？凡百事要所当损益，乐闻异计，匡所不逮。"

二年春三月，遣使者羊衜、郑胄、将军孙怡之辽东，击魏守将张持、高虑等，虏得男女。零陵言甘露降。夏五月，城沙羡。冬十月，将军蒋秘南讨夷贼。秘所领都督廖式杀临贺太守严纲等，自称平南将军，与弟潜共攻零陵、桂阳，及摇动交州、苍梧、郁林诸郡，众数万人。遣将军吕岱、唐咨讨之，岁余皆破。

三年春正月，诏曰："盖君非民不立，民非谷不生。顷者以来，民多征役，岁又水旱，年谷有损，而吏或不良，侵夺民时，以致饥困。自今以来，督军郡守，其谨察非法，当农桑时，以役事扰民者，举正以闻。”夏四月，大赦，诏诸郡县治城郭，起谯楼，穿堑发渠，以备盗贼。冬十一月，民饥，诏开仓廪以赈贫穷。

四年春正月，大雪，平地深三尺，鸟兽死者大半。夏四月，遣卫将军全琮略淮南，决芍陂，烧安城邸阁，收其人民。威北将军诸葛恪攻六安。琮与魏将王淩战于芍陂，中郎将秦晃等十余人战死。车骑将军朱然围樊，大将军诸葛瑾取柤中。五月，太子登卒。是月，魏太傅司马宣王救樊。六月，军还。闰月，大将军瑾卒。秋八月，陆逊城邾。

五年春正月，立子和为太子，大赦，改禾兴为嘉兴。百官奏立皇后及四王，诏曰：“今天下未定，民物劳瘁，且有功者或未录，饥寒者尚未恤，猥割土壤以丰子弟，崇爵位以宠妃妾，孤甚不取。其释此议。”三月，海盐县言黄龙见。夏四月，禁进献御，减太官膳。秋七月，遣将军聂友、校尉陆凯以兵三万讨珠崖、儋耳。是岁大疫，有司又奏立后及诸王。八月，立子霸为鲁王。

六年春正月，新都言白虎见。诸葛恪征六安，破魏将谢顺营，收其民人。冬十一月，丞相顾雍卒。十二月，扶南王范旃遣使献乐人及方物。是岁，司马宣王率军入舒，诸葛恪自皖迁于柴桑。

七年春正月，以上大将军陆逊为丞相。秋，宛陵言嘉禾生。是岁，步骘、朱然等各上疏云：“自蜀还者，咸言欲背盟与魏交通，多作舟船，缮治城郭。又蒋琬守汉中，闻司马懿南向，不出兵乘虚以掎角之，反委汉中，还近成都。事已彰灼，无所复疑，宜为之备。”权揆其不然，曰：“吾待蜀不薄，聘享盟誓，无所负之，何以致此？又司马懿前来入舒，旬日便退，蜀在万里，何知缓急而便出兵乎？昔魏欲入汉川，此间始严，亦未举动，会闻魏还而止，蜀宁可复以此有疑邪？又人家治国，舟船城郭，何得不护？今此间治军，宁复欲以御蜀邪？人言苦不可信，朕为诸君破家保之。”蜀竟自无谋，如权所筹。

八年春二月，丞相陆逊卒。夏，雷霆犯宫门柱，又击南津大桥楹。茶陵县鸿水溢出，流漂居民二百余家。秋七月，将军马茂等图逆，夷三族。八月，大赦。遣校尉陈勋将屯田及作士三万人凿句容中道，自小其至云阳西城，通会市，作邸阁。

九年春二月，车骑将军朱然征魏柤中，斩获千余。夏四月，武昌言甘露降。秋九月，以骠骑将军步骘为丞相，车骑将军朱然为左大司马，卫将军全琮为右大司马，镇南将军吕岱为上大将军，威北将军诸葛恪为大将军。

十年春正月，右大司马全琮卒。二月，权适南宫。三月，改作太初宫，诸将及州郡皆义作。夏五月，丞相步骘卒。冬十月，赦死罪。

十一年春正月，朱然城江陵。二月，地仍震。三月，宫成。夏四月，雨雹，云阳言黄龙见。五月，鄱阳言白虎仁。诏曰："古者圣王积行累善，修身行道，以有天下，故符瑞应之，所以表德也。朕以不明，何以臻兹？书云'虽休勿休'，公卿百司，其勉修所职，以匡不逮。"

十二年春三月，左大司马朱然卒。四月，有两乌衔鹊堕东馆。丙寅，骠骑将军朱据领丞相，燎鹊以祭。

十三年夏五月，日至，荧惑入南斗，秋七月，犯魁第二星而东。八月，丹杨、句容及故鄣、宁国诸山崩，鸿水溢。诏原逋责，给贷种食。废太子和，处故鄣。鲁王霸赐死。冬十月，魏将文钦伪叛以诱朱异，权遣吕据就异以迎钦。异等持重，钦不敢进。十一月，立子亮为太子。遣军十万，作堂邑涂塘以淹北道。十二月，魏大将军王昶围南郡，荆州刺史王基攻西陵，遣将军戴烈、陆凯往拒之，皆引还。是岁，神人授书，告以改年、立后。

太元元年夏五月，立皇后潘氏，大赦，改年。初临海罗阳县有神，自称王表。周旋民间，语言饮食，与人无异，然不见其形。又有一婢，名纺绩。是月，遣中书郎李崇赍辅国将军罗阳王印绶迎表。表随崇俱出，与崇及所在郡守令长谈论，崇等无以易。所历山川，辄遣婢与其神相闻。秋七月，崇与表至，权于苍龙门外为立第舍，数使近臣赍酒食往。表说水旱小事，往往有验。秋八月朔，大风，江海涌溢，平地深八尺，吴高陵松柏斯拔，郡城南门飞落。冬十一月，大赦。权祭南郊还，寝疾。十二月，驿征大将军恪，拜为太子太傅。诏省徭役，减征赋，除民所患苦。

二年春正月，立故太子和为南阳王，居长沙；子奋为齐王，居武昌；子休为琅邪王，居虎林。二月，大赦，改元为神凤。皇后潘氏薨。诸将吏数诣王表请福，表亡去。夏四月，权薨，时年七十一，谥曰大皇帝。秋七月，葬蒋陵。

评曰：孙权屈身忍辱，任才尚计，有勾践之奇，英人之杰矣。故能自擅江表，成鼎峙之业。然性多嫌忌，果于杀戮，暨臻末年，弥以滋甚。

至于谗说殄行，胤嗣废毙，岂所谓贻厥孙谋以燕翼子者哉？其后叶陵迟，遂致覆国，未必不由此也。

【译文】

孙权，字仲谋，孙权兄长孙策平定江南各郡时，孙权年仅十五岁，做了阳羡县长。郡中推举他为孝廉，州里荐举他为茂才，试用为奉义校尉。朝廷因孙策虽远在江南却仍尽臣节交纳贡物，便派遣使者刘琬赐给他爵位官服。刘琬对人说："我看孙家兄弟虽优秀出众，聪明通达，但寿禄都不长。只有老二孙权，相貌奇特魁伟不凡，有大贵的仪表，寿命又最长，你们不妨记住我的话。"

建安四年，孙权随孙策征讨庐江太守刘勋。刘勋失败以后，又进军沙羡征讨黄祖。

建安五年，孙策去世，把军国大事托付给孙权，孙权痛哭不止。孙策的长史张昭对孙权说："孝廉，这可不是哭的时候啊！古时周公立的丧礼他儿子伯禽就没遵守，并非他违逆父训，而是由于当时的形势无法正常办理。况且现在奸徒角逐，豺狼当道，你却只是哀痛死去的兄长，注重丧礼，这好比开门揖盗，这不能算是仁德啊。"于是便让孙权脱下丧服，扶他上马，外出巡视军营。这时候，孙权只占据了会稽、吴郡、丹杨、豫章、庐陵等吴郡，而这五郡的边远地方还未完全归服，且有许多英杰散布在各州郡，客居的士人常以个人的安危决定去留，君臣间还没有建立起牢固的关系。然而张昭、周瑜等人认为可以与孙权一起成就大业，所以尽心辅佐他。曹操上表奏封孙权为讨虏将军，兼任会稽太守，驻在吴郡。孙权派使丞到会稽处理日常事务，待张昭以太师太傅之礼，周瑜、程普、吕范等人都被任命为将军，广招贤人，以礼征聘有名望之士，鲁肃、诸葛瑾等人因此才做了他的宾客。分派众将，镇抚山越族，讨伐那些不归服之人。

建安七年，孙权的母亲吴氏去世。

建安八年，孙权向西进军征讨黄祖，打败了他的水军。但城堡没有攻破，后方的山寇又作乱。孙权撤军归途经过豫章，派吕范平定鄱阳，程普攻讨乐安，太史慈兼管海昏，韩当、周泰、吕蒙任军政任务繁重的县令、县长。

建安九年，孙权弟丹杨太守孙翊被左右随从杀害，派堂兄孙瑜接替孙翊的职位。

建安十年，孙权派贺齐攻打上饶县，分上饶部分地区为建平县。

建安十二年，西征黄祖，俘获了他的民众后撤军。

建安十三年，孙权又讨伐黄祖，黄祖先派遣水兵对抗吴军，吴都尉吕蒙攻破了他的先锋队伍，而凌统、董袭等将领更是率军尽力攻克，于是屠杀了城内的百姓。黄祖刚要起身逃走，骑士冯则赶上前砍了他的脑袋，俘虏了几万名男女。同样在这一年，孙权派齐贺攻打黟县、歙县，把歙县重新进行了划分，新建了始新、新定、犁阳、休阳四个县，以这六个县为新的都郡。荆州牧刘表病死，鲁肃请求孙权派遣他往荆州向刘表的两个儿子表示凭吊，趁机实地考察荆州的变化。鲁肃还没有到达，曹操率领的大军已经临近荆州了，刘表的二儿子刘琮向曹操献出他的全部军民表示投降。刘备想向南渡过长江，鲁肃与他见了面，向他传达了孙权的想法，分析摆在他们面前的失败与成功两种选择。刘备进驻夏口，派诸葛亮与孙权会面，孙权派周瑜、程普率军出发。当时曹操刚刚得到刘表的军民，形势不错，大多数参与讨论的人想到对方的声威而感到恐惧，多数人劝孙权投降曹操。只有周瑜、鲁肃不同意投降的建议，与孙权的主张一样。孙权任命周瑜、鲁肃为左右督军，各自领军八万人，与刘备联合起来同时进军，与曹军在赤壁交战，将曹军打得落花流水。曹操烧掉了那些剩下的船只率军撤退，士兵因为饥饿和疫病，牺牲一大半。刘备、周瑜随后把他们追赶到了南郡，于是曹操回到了北方，留下曹仁、徐晃守卫江陵，让乐进守卫襄阳。当时吴将甘宁身在夷陵，被曹仁的部将所包围。孙权采纳吕蒙的计策，留下凌统迎战曹仁，分给凌统一半的军队去援救甘宁，援军胜利完成命令而回来。孙权亲自率军围攻合肥，并派张昭进攻九江郡的当涂县。张昭进攻不顺利，孙权的包围超过了一个月，也没有攻战合肥。曹操从荆州返回北方后，派遣张喜率骑兵援助合肥。张喜还没有到达，孙权已经败走。

建安十四年，周瑜和曹仁相持一年多，双方士兵伤亡都很严重。曹仁弃城逃走。孙权任命周瑜为南郡太守。刘备上表朝廷举荐孙权代理车骑将军之职，并兼任徐州牧。刘备则兼任荆州牧，在公安驻扎。

建安十五年，孙权分出豫章郡一部分土地，设置鄱阳郡；分出长沙郡一部分土地，设置汉昌郡，以鲁肃为汉昌郡大守，驻扎陆口。

建安十六年，孙权把治所迁到秣陵县。到了第二年，开始修筑石头城，并把秣陵改名建业。听说曹操有意南侵，又在濡须水的两岸修筑军事壁垒——濡须坞。

建安十八年正月，曹操进攻濡须，孙权与之相持一个多月。曹操望见孙权的军队，感叹其军容严整，于是引退。起初，曹操担心长江西岸郡县的百姓被孙权夺取，命令他们往内地迁徙，没想到这一举动反而惊扰了当地居民，从庐江、九江、蕲春、广陵等郡东渡长江避难到孙吴境内的有十余万户之多，长江西岸因此空虚，合肥以南只有皖城稍微完整一些。

建安十九年五月，孙权进攻皖城。这一年闰月，皖城失守，庐江太守朱光和参军董和以及男女几万人被俘获。当年刘备平定蜀地。孙权因刘备已得益州，于是命令诸葛瑾向刘备讨回荆州，各郡。刘备不答应，说："我正在谋取凉州，凉州平定，就把荆州全部归还给吴国。"孙权说："这是借而不还，却想要拿空话拖延时间。"就这样孙权设置了荊南三郡的太守，结果关羽全都赶走了他们。孙权大怒，就派吕蒙督率鲜于丹、徐忠、孙规等人的军队二万人攻取长沙、零陵、桂阳三郡，并派鲁肃率一万人驻扎在巴丘，以防御关羽。孙权进驻陆口，对各路兵马进行总体的调度指挥。吕蒙兵到，长沙、桂阳二郡全都降服。只有零陵太守郝普不投降。这时候，刘备来到公安，派关羽率领三万人马到益阳，孙权就召回吕蒙等人让他们援助鲁肃。吕蒙派人诱降郝普，郝普投降。吕蒙全获三郡太守，率军返回，和孙皎、潘璋以及鲁肃的军队一同前进，在益阳抗击关羽。还没有交战，便赶上曹操进兵汉中，刘备害怕失掉益州，派使者去同孙权请求讲和。孙权派诸葛瑾回复，重新结为盟友。于是就分荆州的长沙、江夏、桂阳三郡以东地区归属孙权，南郡、零陵、武陵三郡以西归属刘备。刘备返回后，曹操已经撤回了。孙权从陆口返回，就讨伐合肥，但没有攻下，于是撤军返回。士兵全踏上了归途，孙权和凌统、甘宁等人在逍遥津北面被魏将张辽袭击，凌统等人拼死保卫孙权，孙权骑着骏马跨过逍遥津桥才得以逃脱。

建安二十一年冬天，曹公驻军于居巢，于是进攻濡须坞。

建安二十二年春天，孙权派都尉徐详到曹公那里请求归降。曹公派遣使者答报同意和好，二者盟誓，重新结为姻亲。

建安二十三年十月，孙权将到吴郡，亲自骑马在庱亭射虎。孙权的乘马被老虎咬伤，孙权用双戟去刺，老虎受伤后退，身边侍从张世又用戈击打，将老虎擒获。

建安二十四年，关羽在襄阳围攻曹仁，曹公派遣左将军于禁援救曹仁。正赶上汉水暴涨，关羽用水军将于禁等人的步骑兵三万人全部俘虏，押送到江陵，只有襄阳城没有失守。孙权内心畏惧关羽，表面上又想以进攻关羽来作为自己的功劳，就写信给曹公，请求以讨伐关羽来为曹公效力。曹公也正想让关羽和孙权相持争斗自己得利，就把孙权的书信经驿站传递给曹仁，让曹仁用弓箭射给关羽看。关羽得信后犹豫不决，没立即撤兵。闰十月，孙权征讨关羽，派遣吕蒙偷袭公安，俘虏公安守将士仁。吕蒙军至南郡，南郡太守麋芳献城归降。吕蒙占据江陵，抚恤老弱，放出被囚禁的于禁等人。陆逊另外率军攻取宜都，又攻占秭归、枝江、夷道，还军驻扎夷陵，守住峡口以防备蜀国的援军。羽返回当阳，西保麦城。孙权派人诱降关羽。关羽佯装投降，在麦城城头竖旗帜做假人迷惑孙权，乘机逃跑，士兵都溃散瓦解，只剩下十几个骑兵跟着关羽。孙权先命朱然、潘璋截断关羽必经的小路。十二月，潘璋的司马马忠在章乡擒获关羽和其儿子关平、都督赵累等人，孙权就这样平定荆州。这一年瘟疫暴发，孙权全部免除了荆州百姓的租税。曹公上表朝廷，奏请孙权为骠骑将军，授予符节，封南昌侯。孙权派遣校尉梁寓向汉室奉献贡物，并令王惇购买马匹，又遣送原来俘虏的朱光等人回去。

建安二十五年春正月，曹操去世。太子曹丕接替曹操任丞相、魏王，改年号为延康。当年秋天，魏将梅敷派张俭来见孙权，请求接纳他。魏南阳郡的阴县、酂县、筑阳、山都、中庐五县百姓五千多家前来归附。冬天，魏王曹丕称帝，将年号改为黄初。黄初二年四月，刘备在蜀地称帝。孙权把都城从公安迁至鄂县，改名为武昌，将武昌、下雉、浔阳、阳新、柴桑、沙羡六县设置为武昌郡。

当年五月，建业宣称，喜降甘露。这一年八月，修筑武昌城，并下令给诸将说："生存不忘消亡，居安而思危，这是古人的教导。此前，隽不疑为汉之名臣，在太平日子里兵刃还不离身，君子认为，武备是不能松懈的。再说，我们正处于国境边沿，与豺狼般凶狠的敌人打交道，又怎能轻率而不考虑到突发事变呢？近些日子，我听说有的将领出入时，都很谦虚，不带随身侍从和兵器，这是考虑欠妥，不爱护自己。以保全自己留名后世，使君主和家人安心，与谦虚简约相比，哪一种能使自己处于危险和受辱的境地呢？要深自警惕，重视此事，才符合我的心意。"自文帝曹丕即位后，孙权便派使者请求做魏国的藩属，并送于禁等人回去。十一月，曹丕册封孙权的文书上说："明君之法，以德行立爵，以功劳定禄；功大则俸禄丰厚，德高则礼遇隆重。因此，周公旦辅佐周成王，姜太公统军灭商，都受到裂土分封的待遇和各种礼仪器物的赏赐，这是用来表彰大功，对待非凡贤哲之人的做法。近世，汉高祖称帝之初，也曾分割沃土封给八个异姓王，此前代美事，后世之借鉴。我以无德之人，承天命变革汉统，执掌国政，想向先代的圣明君主看齐，彻夜思考坐到天亮。您忠诚明达，以济世之才为帝王辅佐，明了天命之归宿、王朝之兴废的道理，远遣使者，渡汉水而来，呈奏章称藩，献丝葛等南方贡物，并全部送还流落于江南的将领，忠敬发于内心，恳行显于外表，诚信著于金石，道义覆盖山河，我非常赞赏。现在，封您为吴王，派遣使太常高平侯邢贞持节，授予您印玺和册封文书、金虎符第一到第五枚、左竹使符第一到第十枚，任命您为大将军使、持节、督交州诸军事，兼任荆州牧；赐予您白茅包裹的青土，请答谢宣扬我的命令，以治理东部中国。请您交回原骠骑将军南昌侯印信、册封文书和符节。现再加赐您九锡的全部器物，请敬听我后面的命令。由于您安定、治理江南，汉百姓与夷族安居乐业，没有异心，因此，再赐您大辂车、兵车各一辆，黑公马八匹。您努力理财，鼓励生产，使仓库充盈，又再赐给您王侯服冠，红色礼鞋。以德政施民，使礼教盛行，赐给您一套三面悬挂的钟磬乐器。您倡导美好的社会风气，恩抚百越，赐给您红漆大门的宫房。您以己之谋略，任用贤正之士为官，赐给您特制的台阶以便于登殿。您以忠勇之为，清除奸恶，赐给您虎贲勇士一百人。您振威于远方，在荆州之南扬威，消灭恶类，使罪人得到惩罚，赐给您大斧、铜钺各一具。包括您，文臣和睦，在外，武将信服，赐给您红弓一张、红箭一百支、黑弓十张、黑箭一千支。您以忠诚为基，以恭俭为美德，赐给您美酒一壶，并配以玉柄的酒杓。谦恭地对待自己的职责吧！要恭敬地传布我的训言，服从我的命令，辅佐我的国家，永保您显赫的功业。"同样是这一年，刘备率军讨伐孙权，到了巫山、秭归，便派使者诱导武陵的夷民，授予印信，答应给他们封赏。就这样，各县及五谿的百姓都叛吴降蜀。孙权任陆逊为都督，率朱然、潘璋等人抗拒刘备。孙权又另派都尉赵咨出使魏国。曹丕问赵咨："吴王是什么样的君主呀？"赵咨回答说："他仁爱有智慧，是个有雄才大略的君主。"曹丕问具体如何，赵咨又回答说："于平民中起用鲁肃，是他的聪慧；于兵士中提拔吕蒙，是他的明智；俘获于禁而不杀，是他的仁爱；取荆州而兵不血刃，是他的睿智；据三州雄视天下，是他的伟略；屈身向陛下称臣，是他的谋略。”曹丕想封赏孙权的长子孙登，孙权以其年幼为由，上书辞谢，重新派遣西曹掾沈珩前去表示感谢，并献上地方贡物，自己立孙登为吴王太子。

黄武元年正月，陆逊部将宋谦等人攻打蜀国五个兵屯，都攻下来，并杀了守将。这一年三月，鄱阳传说黄龙出现。蜀军分据险要之地，前后连营七百余里。陆逊用兵缓急有序，从正月到闰六月，彻底打败了蜀军，被杀和投降的士兵有几万人。刘备逃走，才幸免于难。

起初，孙权臣服魏国，并非出于真心。魏国准备派遣侍中辛毗、尚书桓阶前往吴国与孙权盟誓，并征召孙权的儿子到朝廷任职。孙权推辞，没有让辛毗、桓阶入境。秋九月，魏国下令，命曹休、张辽、臧霸进军洞口，曹仁进军濡须，曹真、夏侯尚、张郃、徐晃等军包围南郡。孙权派遣吕范等人统五军，以水师抵御曹仁等人，诸葛瑾、潘璋、杨粲率军救援南郡，朱桓本就是濡须督，就率军抵御曹仁。当时，扬、越的多数夷族还没有平定，内患未除，所以，孙权用谦恭的言辞上书，请求允许自己改正错误，说："如果我罪难除，实不可赦免，我将奉还土地和民众，请让我寄命于交州，结束我剩下的生命。"曹丕回书说："您生逢乱时，本有纵横天下的大志，却降低自己侍奉魏国，从而享有现在的福祉。自您被册封吴王以来，献贡的使者接连不断。讨伐刘备有功，魏国朝廷也仰仗您的成功。做人如果像狐狸那样将食物埋好再掘开看看，狐疑不定，那是古人所讥笑的。我与您君臣名分已定，难道还会劳师以远吗？朝廷商议军国大事，帝王个人也不能独断专行；三公上表奏报您的过错，都有根据。我并不贤明，虽有过曾母投杼的疑虑，但还是希望大臣们所说的话都是不真实的，并以为国家之幸。所以，我先派使者慰问您，又派尚书、侍中与您重温前誓，并与您商送太子入朝之事。您却借口推辞，不让太子前来，议臣们都觉奇怪。又让前都尉浩周劝您送太子，其实，这是大臣们共同的意见，从这里来看您的诚意。您果真借口推辞，还外引隗嚣送子与光武帝为人质最终背叛，内喻窦融虽不送子为质却忠守不渝的事例。世道不同，人们也会各有打算。浩周回来后，亲口陈述了您的意见，这就更加引起了议臣们对您的疑虑，您所谓始终侍奉魏国的保证，没有任何依据。所以，我只得同意了大臣们的意见。现在，看您的上表，诚恳深刻，内心感慨而动容。这一天，我即下诏，命各军只能深挖战壕，高筑壁垒，不可轻动。如果，您一定要表现出忠诚，以消除大家对您的疑虑，就让孙登早至魏都为质，晚上，我就下令撤军。我的诚意，如长江一样不可改变。”孙权遂改年号，沿江布兵防备魏军的进攻。冬十一月，突起大风，吕范等部兵士被淹死了几千人，其余各部都撤回江南。曹休派臧霸率轻便战船五百艘、敢死队一万人偷袭徐陵，烧掉了攻城的战车，杀了几千人。将军全琮、徐盛追杀魏将尹卢，斩俘了几百人。十二月，孙权派太中大夫郑泉至白帝城拜会刘备，吴、蜀两国又恢复了关系。但是，孙权与曹丕仍互通信使，持续到第二年，才正式断绝了关系。这一年，孙权改夷陵为西陵。

黄武二年春正月，魏将曹真分兵攻占江陵县附近长江中的百里洲。这一月，吴军在江夏郡治所武昌县附近的来山上修筑城堡。孙权下令废止东汉以来沿用的《四分历》，改用《乾象历》。三月，魏将曹仁派将军常彫等人，带兵五千，乘坐有油脂浸涂的防护板的战船，在凌晨渡过濡须水中间的洲岛。曹仁的儿子曹泰趁机对朱桓发动猛攻。朱桓出兵迎战曹泰，另派将军严圭击溃常彫的人马。同月，南下进攻的各路魏军撤回。夏四月，群臣劝孙权称帝，孙权不答应。刘备在白帝城去世。这一年五月，曲阿县报告天降甘露。此前，戏口的守将晋宗杀死将军王直，带领部下叛逃到魏国，魏国任命他为蕲春郡太守，晋宗多次侵犯吴国边境。六月，孙权命令将军贺齐指挥麋芳、刘邵等突袭蕲春，刘邵等生擒晋宗。冬十一月，蜀国使臣中郎将邓芝前来访问。

黄武三年夏天，孙权派辅义中郎将张温到蜀国做回访。这一年秋八月，宣布赦免死刑犯。九月，魏文帝率军南下广陵，眺望长江，说：“东吴有人才啊，还不能攻打他们。”于是撤军。

黄武四年夏五月，丞相孙邵去世。这一年六月，孙权任命太常顾雍为丞相。皖口报告不同根的树木其枝干合长在一起。这一年冬十二月，鄱阳郡的彭绮自称将军，攻陷各县，拥有人马几万人。这一年，连续发生地震。

黄武五年春天，孙权下令说：“自从起兵以来，已经过去了很长时间。民众脱离了土地，不能好好进行耕种；有的家庭父子夫妻长期别离，不能让他们互相爱护；我很可怜他们。现在北面的敌人退缩、逃窜，国境附近没有战事，要下令州、郡想办法让民众宽心、修养生息。”此时，陆逊因为他所在的地区缺少粮食，奏请孙权命令诸位将军开垦更多的农田。孙权回答说：“你的建议很好，现在我们父子亲自接受了分配的田亩，车府中的八头牛以分为四队用来耕田，虽然说连古人都不如，但是我们是想与民众一起劳动呢。”这一年秋七月，孙权听说魏文帝去世，便出征江夏，围攻石阳，没有成功，撤军回来。苍梧传言说有凤凰出现。重新划分吴、丹阳、会稽三郡还没有开垦的山区十县，新建了东安郡，让全琮担任太守，讨伐、平定山越地区。冬十月，陆逊向孙权陈述应该兴办的对国家有利的事，劝孙权施行德政，慎用刑法，减少田税，停止征收户税。陆逊还说：“正直的言论，不能尽量述说；但是谄媚求荣的小人，却多次听到他们说得逞。”孙权回答说：“制定律令，就是要靠它来制止邪恶，那是犯罪行为发生之前所应有的戒备，怎么能没有严厉的刑罚来威慑坏人呢？这就是先教育后惩罚，目的是不要犯人再在社会上产生。你指出了刑罚太重的现象，实行这样的严厉刑罚，对我能有什么好处呢，只是因为没有别的更好的办法才这样做啊。现在我接受你的提议，将重新讨论、谋划，一定要使我们的刑罚合理、恰当。而且古代有一个有益的箴言说，经常陪伴在帝王身边的臣子要进献规劝的好话，同族的亲戚要弥补、监督君王的失误，这样做是为了使君主能走正道，同时表明臣子的忠心。《书》中记载：‘我没有接受你的辅佐，你不要当面听从。’我难道不喜欢忠言以辅佐我吗？就像你所说的‘不敢尽力陈述’，又怎么能算是忠直呢？如果职位低下的臣子可以提出好的意见，难道就可以因为这个人地位不高就轻视他的言论而不采纳吗？但是那种靠巴结、阿谀奉承来讨好的人，即使像我这样愚昧的人也会识辨得很清楚的。至于征收户税，只是因为天下还没有平定，这样的大事要依靠众人才能办成功。如果只是固守在江东，可以主要施行仁政，兵自然就够用了，还需要增加做什么呢？但是，固守会被别人鄙视，如果不早点征求户税，就会担心临时增加的开支不能满足需要。此外，我虽然与你在君臣的身份上有所不同，所经历的荣辱悲欢却是一样的，你所上奏的文书中说，不愿意让随从的众人用不正当的手段来安身免除祸患，这确实是我对你抱的希望。”于是命令有关主管官员全都写出各自所想出来的法令、律条，派遣郎中褚逢送给陆逊、诸葛瑾，凡是他们认为不恰当的就删除、补充。这一年，划出交州的部分郡县，新建立广州，不久又恢复原来的交州。

黄武六年春天正月，众将捉获彭绮。这一年闰十二月，韩当的儿子韩综率的部众投降魏国。

黄武七年春天三月，让儿子孙虑做了建昌侯。撤销东安郡。夏天五月，鄱阳太守周鲂假装叛变，诱骗魏将曹休。秋天八月，孙权到了皖口，让将军陆逊领众将在石亭打败曹休。大司马吕范去世。这年，改称合浦郡为珠官郡。

黄龙元年春，群臣力劝孙权正式登上皇位。这一年四月，夏口、武昌都称有黄龙、凤凰出现。丙申日，孙权在南郊正式即位，当天全国大赦，改了年号。孙权追尊父亲破虏将军孙坚为武烈皇帝，母亲吴氏为武烈皇后，兄长讨逆将军孙策为长沙桓王。吴王太子孙登为皇太子。文武百官全都晋升爵位、加以赏赐。从前，汉献帝兴平年间，吴郡中有童谣唱道："黄金车，班兰耳，闿昌门，出天子。"这一年五月，孙权派校尉张刚、管笃到辽东。六月，蜀国派卫尉陈震来庆贺孙权登上帝位。孙权就与吴国使者参酌以分天下，豫、青、徐、幽四州属吴国，兖、冀、并、凉四州属蜀国。司州的土地，以函谷关为边界。有盟书说："天降灾祸，皇统纲纪失去秩序，叛逆贼臣乘机夺取国家政权，这种情况从董卓开始直至曹操，他们穷凶极恶，为害天下，致使中国分裂，普天下失去纲纪，百姓神灵的痛苦怨愤没有止尽。到曹操的儿子曹丕，是暴虐逆贼留下的败类，作恶多端，窃取了帝位。而曹叡这个小丑，遵蹈曹丕恶迹，倚仗武力盗取国土，却没有受到应有的惩罚。从前共工扰乱天下而帝尧派军征伐，三苗违犯法度而虞舜兴师问罪。现在要消灭曹叡，捉拿他的帮凶同伙，除了蜀汉和吴国，还有谁能承担这样的重任？讨伐恶贼，除灭暴徒，一定要宣布他的罪行，应该先分裂他的领土，夺取他的土地，使百姓和士人的心各自有所归依。因此《春秋》记载晋侯讨伐卫国，首先把它的田地分给宋国，就是这个道理。古代建立伟业，必定要先结盟立誓，因此《周礼》中有主管盟誓礼仪的官员，《尚书》中有诰、誓一类的文章。蜀汉和吴国，虽然相互诚实信任出于本心，但是分割土地的大事也应当立有盟约。诸葛丞相的声名远近皆知，尽心辅佐自己国家的君主，主持军国大事，忠诚信义感动苍天和大地。吴蜀两国又重新缔结盟约，重申诚意，立下誓言，使东、西两国的士人百姓全都知晓。所以设坛杀牲，明确告诉神灵，再歃血立誓写下盟书，把副本交给天府收藏。上天居高而知下情，神灵的威力会保佑诚信的人，掌管盟约的神、掌管盟仪的神，诸天地神灵，无不光临。今日蜀汉、吴国结盟之后，将齐心协力，共同讨伐魏贼，救扶危难，抚慰祸患，分担灾祸，共享喜庆，好恶一致，永无二心。假如有人要危害蜀汉，那吴国就讨伐它；如果有人危害吴国，那蜀汉就征讨它。蜀吴两国将各自保守自己的领土，决不互相侵犯。盟约传给后代，希望能够始终如一。凡是各项盟约，全都像盟书记载的一样办理。诚实的话语并不华丽，不过是出自两国的诚心。如果有人违背盟约，制造祸端，率先兴乱，怀有二心，不再协力，这就是怠慢天命，神明上帝就会讨伐他、督责他，名山大川的众位神祇就要纠正他、诛杀他，使他丧失民众，国运不能长久昌达。伟大的神灵啊，敬请明察吧！”秋季九月，孙权迁都建业，就住在原来的府第不再另建宫舍，征召上大将军陆逊辅佐太子孙登，掌管武昌的留守事务。

黄龙二年春正月，魏国修葺合肥新城。孙权下诏书设立都讲祭酒的官职，以教育儿子们学习儒经。派将军卫温、诸葛直带领穿盔甲的战士万人渡海寻找夷洲和亶洲。亶洲在大海当中，老人们传说秦始皇曾派一个叫徐福的方士带着几千名童男童女入海去寻找蓬莱仙山和神药，徐福停留在亶洲不再回来。之后世代定居繁衍，已经有几万户人家，上面的百姓有时会到会稽郡来交换布匹，会稽郡东边县的人出海也有遭遇暴风漂流到亶洲的。亶洲很远，一下子不能到达，所以卫温等只俘虏了夷洲的几千人回来。

黄龙三年春季二月，让太常潘濬率兵五万攻打武陵蛮夷。卫温、诸葛直都因为违背了皇帝的命令，办事没有成效，投入监狱被诛杀。夏季，有野蚕做成的蚕茧，大小如同鸡蛋。由拳县郊外自然生长出禾稻，便改称拳县为禾兴县。中郎将孙布用假降来引诱魏将王淩，王淩派军队迎接孙布。冬季十月，孙权派大军埋伏在阜陵等候，王淩明白自己受骗便领军逃走了。会稽南始平宣称生长出一茎多穗的禾。十二月丁卯日，宣布大赦，改称明年的年号。

嘉禾元年春季正月，建昌侯孙虑死。这一年三月，派遣将军周贺、校尉裴潜乘船过海前往辽东。秋季九月，魏将田豫在中途截击，在成山将周贺斩杀。冬季十月，魏国的辽东太守公孙渊派校尉宿舒、阆中令孙综来吴国，向孙权自称藩属，还贡献了貂、马。孙权极为高兴，晋升了公孙渊的封号、职位。

嘉禾二年的正月，孙权下发诏书说：“朕本无德行，自从接受天命以来，日夜小心谨慎，没有时间和衣小睡。朕不过是想要平定世上的祸难，救济黎民百姓，上报答天地神灵，下抚慰民众。因此朕念念不忘辛勤地访求贤能的人，将要同他们通力协作，共同安定天下；如若志同道合，就与他们共同奋斗到老。如今使持节幽州都督兼青州牧辽东太守燕王公孙渊，长期受到贼寇威逼，远隔一方，尽管他心向国朝，却尽忠无门。现在他顺应天命，不远千里派来两位使者，忠诚的心意完全显露，奏表中也传达出深厚情谊。朕得到这些，还有比这更高兴的事吗？即使是当时商汤遇到伊尹，周文王得到姜尚，汉世祖没有平定天下时得到河西地区，他们跟我今天相比，喜悦之情难道能超过我吗？天下一统，从此就定了。《尚书》不是说'君王一人有吉庆，亿万百姓仰赖得幸福'。朕因此要大赦天下，给予犯错误的人改过自新的机会，要明令各州郡，让他们全都知道。特别下诏令给燕国，一定要恭敬地传扬诏令的恩德，使普天之下的百姓都知道这一喜讯。"这一年三月，孙权下诏送宿舒、孙综返回辽东，派太常张弥、执金吾许晏、将军贺达等人率兵一万人，带着金银珠宝奇珍货物、九锡之礼等礼品，乘船渡海授予公孙渊。满朝大臣，从丞相顾雍到以下官员全都劝谏，认为公孙渊不值得如此相信，现如今对他的恩宠待遇太过优厚，应当只派一般官员和几百名士兵护送宿舒、孙综。孙权始终不听劝谏。公孙渊果然杀了张弥等人，将他们的首级送给魏国，没收了他们的武器物资。孙权大怒，想要亲自去征讨公孙渊，尚书仆射薛综等人极力劝阻，孙权才作罢。这年，孙权率军进攻合肥新城，派将军全琮征伐六安，都未能取胜，撤兵返回。

嘉禾三年春天正月，下发诏书说："战争长久不停止，百姓苦困于徭役，收成歉收。要宽免租税，不要催收。"这一年五月，孙权派陆逊、诸葛瑾等人屯驻江夏、沔口，孙韶、张承等人向广陵、淮阳出发，孙权率大军包围合肥新城。此时蜀国丞相诸葛亮出兵武功，孙权认为魏明帝不可能远征，但魏明帝派兵去援助司马宣王抵御诸葛亮，自己亲率水军东征吴国。未到寿春，孙权就退兵，孙韶也罢兵返回。这一年八月，任命诸葛恪为丹杨太守，讨伐山越人。九月初一，下霜雪毁坏了谷子。冬天十一月，太常潘濬平定了武陵的蛮夷，战事完毕，返回武昌。下诏恢复曲阿县为云阳县，丹徒县为武进县。庐陵贼李桓、罗厉等人作乱。

嘉禾四年夏季，孙权派吕岱讨伐李桓等人。这一年七月，天降冰雹。魏国派使者用马求换珠玑、翡翠、玳瑁。孙权说："这些都是我所不用的东西，却能换得马匹，为什么不与他们交换呢？"

嘉禾五年春，孙权下令铸造大钱，一枚大钱抵五百小钱。他下发诏书令让官员百姓交纳铜，按交铜的多少付钱。孙权还制定了对私人铸钱的惩治条令。这一年二月，武昌报说天降甘露于礼宾殿。辅吴将军张昭去世。中郎将吾粲俘获李桓，将军唐咨俘获罗厉等人。从去年十月没有下雨，这种情况一直持续到今年夏季。冬季十月，彗星出现在东方。鄱阳的贼人彭旦等作乱。

嘉禾六年春天正月，孙权下发诏书说："父母死儿子要在家服丧三年，这是天下通行的制度，也是人的感情最痛苦的时候；贤德的人在三年居丧期满时会割舍悲哀遵从礼制恢复正常活动，不成器的子孙勉强才能熬满三年。世道清明太平，上下安定无事时，君子不会强迫改变别人的感情，因此在三年居丧期间不会到居丧的孝子家去拜访。但是一旦国家有事，就要削减礼仪以服从权宜的需要，腰系着拴丧服的麻带也要去承担公务。所以，虽然圣人制定了礼仪法则，没有适当时机时也可以暂不遵行。现在做出的在职官员父母死亡不准离职回家奔丧的规定，虽然不符合古制，却是根据时代的需要，用君臣大义来切断父子恩情的办法。所以之前朝廷做出规定：地方行政长官在任上碰上父母去世，应当等到接替的人到达后才能离开。然而官员们依旧违犯，虽然违犯者随即受到纠举和惩处，但公家事务却已被荒废耽误。当前事情正繁，国家多难，凡在官府任职的人员，应当各自尽忠，先公后私，但是实际上很多人却不恭敬照办，这很不合理。京城内外的各位官员，现在要再次对此进行衡量议论，务必定出一个适当的处理办法，你们要详细考虑。"顾谭的议论认为："对违犯规定奔丧的在职官员制定惩治法规，惩治轻了不足以禁止孝子的感情，惩治重了这原本又不是该处死的罪恶。要是现在增加严厉惩治的条款，今后违犯者当然会减少，可是如果有人偶然违犯了，到时候依法处以死刑则心中的感情有所不忍，而宣布减刑则法规就会废弛。为臣的愚见认为，地方行政长官的任所都离家很远，假如没有人去告知本人，势必不会知道父母辞世。在新官员被选去接任之前，如果有人胆敢把父母死亡的消息传给当事官员，传播者要处以死刑，这样一来，地方行政长官就不会有荒废公务的过失，孝子本人也不会犯死罪受刑了。"将军胡综认为："丧事的礼仪，虽然有典章制度规定，如果时机不成熟，也难以实行。当今战争频繁，处理紧急军机与处理国家日常事务的情况不同，然而地方行政长官遇到父母的丧事，明明知道有条令禁止，却公然敢于触犯，只考虑不奔丧的羞耻，全然不顾触犯禁令的罪过，这完全是由于惩治太轻的缘故。尽忠报国，以孝立家，献身为臣，怎么能兼顾忠孝？所以当忠臣就不能当孝子。应当制定条令，违者处以死刑，如有依旧触犯者，惩治不赦。用杀人来制止杀人，只要在一个人的身上先实行，以后就绝没有人再触犯了。”丞相顾雍上报群臣议论的结果是大家一致赞成对违犯者处以死刑。后来吴县县令孟宗母亲去世，他违令回家奔丧，丧事完毕后他主动到武昌投案等候处死刑。负责处理武昌留守府事务的陆逊向孙权陈述了孟宗纯洁的品行，为他求情，孙权才同意判处孟宗比死刑轻一等的刑罚，但是明确宣布下不为例，从此便没有人敢违犯禁令了。二月，陆逊领兵讨伐彭旦等人，同一年把他们全部击溃。冬十月，孙权派卫将军全琮进攻六安县，没有攻下。诸葛恪完成平定山越的任务，驻扎在长江北岸的庐江郡。

赤乌元年春，吴国铸造一枚抵一千的大钱。这一年夏天，吕岱征讨庐陵贼寇，这件事完了，返回陆口。这一年秋天八月，武昌传说麒麟出现。有关官员上奏说麒麟是天下太平的征兆，应改换年号。孙权下诏书说：“近来红色乌鸦聚集殿前，我已亲见。如果神灵认为是吉祥的事，就改年号为赤乌元年吧。”群臣奏称：“过去，武王伐纣，有红鸦的祥瑞，君臣们都看到了它，这样，就有了天下。圣人于史书中有详尽的记载。最近的事已彰显吉祥，又是您亲眼所见啊。”遂改年号。步夫人去世，追赠为皇后。当初，孙权信任校事吕壹，吕壹性情暴烈，执法严酷。太子孙登多次进谏，孙权都不采纳，大臣们也因此不敢再说。后来，吕壹奸行暴露被处死，孙权深为自责，并派中书郎袁礼向文武众臣表示歉意，又询问有哪些政事应增减改动。袁礼回来后，孙权又下诏书责备诸葛瑾、步骘、朱然、吕岱等人，说：“袁礼说，他与你们会见，并征询当前政事轻重缓急的意见，你们却以不掌管民政为由，不肯陈述自己的意见，都推到陆逊、潘濬的身上。陆逊、潘濬见了袁礼，言辞辛酸而落泪，甚至有恐惧的心理，惶恐不安。我听到这些很是失望，也深自责。为什么呢？因为只有圣人才没有过错，其他再贤明之人也不过能够自己发现过错罢了。任何人的一举一动，怎么能都正确呢？只以为自己正确而拒绝接受大家的意见，自负得没有觉察，因此，诸位产生了疑虑，有口难言；不然，怎么竟会到这种地步呢？从我起兵至今已五十年，役使赋税皆出自百姓。现在，天下未定，敌人尚存，士民非常辛苦，我确实非常清楚。但是，有劳于百姓，这也是不得已呀！与诸位共事，由少到长，头发都花白了，可以说想法与行为相互间都是再清楚不过了，从公私两方面考虑，足以能相互信任。你们能直率地规劝我，这是我有望于你们的；指出我的不足，弥补我的过失，也是我所期望你们的。之前，卫武公超过壮年时，便诚恳地寻求辅佐的大臣，常常独自叹息，责备自己。何况，平民相交，也以情趣相投者为友，并不因处于困苦之中而改变心志。如今，诸君与我共事，虽分君臣名分，但实际上可以说像是骨肉至亲。尊卑荣辱，喜怒哀乐，我们都要共同享受和承担。赤诚相待就不要隐瞒真情，贡献智慧就不要有半点保留，事关是非大事更应该认识统一，你们难道还能袖手旁观、应付了事吗？我们如同舟渡河，还能让谁去换一下吗？当年齐桓公为诸侯中的霸主，有善行时管子没有不赞叹的，有过错时管子没有不劝谏的，一次劝谏不准，就始终进谏不止。我自省没有齐桓公的德行，但诸位都怀有为难之心，劝谏的话没有说出。这样来说，我比齐桓公好多了，但不知道你们与管子相比怎么样啊？好久没见面了，想起眼前的事就想笑，我们共建大业，舍诸卿还会有谁呢？凡百事当有所增减改变的，我乐于听取不同意见，以纠正我的过错。”

赤乌二年春三月，孙权让使臣羊衜、郑胄、将军孙怡前往辽东，征讨魏国守卫辽东的将领张持、高虑等人，俘虏了当地的男人和女人，零陵宣称天上降下甘露。夏天五月，修建沙羡城。这一年冬天十月，将军蒋秘所率领的都督廖式杀死了临贺太守严纲等人，自称为平南将军，与其弟弟廖潜一起攻打零陵、桂阳，并且使交州、苍梧、郁林等郡发生了暴动，追随他们的人有几万。孙权派将军吕岱、唐咨讨伐廖式、廖潜等人，一年多后，将他们全部打败。

赤乌三年春正月，孙权下诏说：“帝王没有民众就不能称王，民众没有粮食就不能生存，近年来，百姓的赋税劳役很繁重，每年水旱成灾，谷物生长受到损害；有的官员还不厚道，侵犯、剥夺农民农忙的时间；所以造成了饥饿、穷困。从这以后，督军、郡守要严查违法事件，在农耕蚕桑季节，凡是以徭役扰乱百姓的，要将查到的情况往上报。”夏四月，全国施行大赦。孙权命令各个郡县修筑城墙、外城，在城墙上修建望楼，开凿护城河、挖凿壕沟，用来御防盗贼。这一年冬十一月，百姓饥饿无粮，便命令打开官仓发放粮食以救饥饿的穷人。

赤乌四年春季正月，天上下起大雪，平地上的雪有三尺深，鸟兽冻死很多。这一年夏季四月，孙权派卫将军全琮攻取淮南，决开芍陂，焚烧安城官府仓库，收容当地人民。威北将军诸葛恪奉命攻打六安。全琮同魏将王淩在芍陂交战，中郎将秦晃等十多人战死。车骑将军朱然包围樊城，大将军诸葛瑾攻克占领租中。当年五月，太子孙登去世。这一月，魏太傅司马宣王援救樊城。六月，吴军撤回。这年闰月，大将军诸葛瑾去世。秋季八月，陆逊在邾县修建城池。

赤乌五年春季正月，立子孙和为皇太子，全国下发大赦令，改称禾兴县为嘉兴县。百官上书请求封皇后及四位王子，孙权制定诏书道："现在天下还没有平定，百姓劳苦，万物灾病，而且有功的人有的还没有封赏，受冻挨饿的人尚没有抚恤，就分封土地使自己的儿子富足，赐予崇高爵位使妃妾尊荣，我认为很不可取。你们要放弃这个建议。"三月，海盐县宣称出现了黄龙。夏季四月，禁止进献贡品，减少皇帝饮食物品供应的数量。秋季七月，派将军聂友、校尉陆凯带领三万兵攻打珠崖、儋耳。这年，疫病流行，主管官员又上书请封皇后及众王子。八月，封子孙霸为鲁王。

赤乌六年春季正月，新都县宣称出现了白虎。诸葛恪进攻六安，攻占魏将谢顺的军营，收取了六安民众。冬季十一月，丞相顾雍去世。当年十二月，扶南王范旃派遣使臣进献乐师及地方特产。此年，司马懿领军到达舒县。诸葛恪从皖县迁移到柴桑县。

赤乌七年春天正月，让上大将军陆逊做了丞相。这一年秋天，宛陵报告长出了嘉禾。当年，步骘、朱然等人各自上疏说："从蜀国回来的人，都说蜀国想背弃盟约与魏国交结，建造大批船只，修缮城郭。另外，蒋琬镇守汉中，听说司马懿率兵南下，不乘魏国空虚出兵牵制敌人，反而放弃汉中，返回靠近成都。军情已经十分明显，不用再怀疑了，应当对他们有所防备。"孙权估计后认为不是这样的，说："我们对蜀国不薄，聘给赠礼，结盟立誓，没有对不起他们的地方，怎么会这样呢？而且司马懿此前进军舒县，十天左右便退兵了，蜀国远在万里，怎能知道我国形势紧急就出兵呢？以前魏国准备入侵汉中，我们这里才开始整顿军队，也没有马上行动，正好听到魏军撤退就停止了支援，难道蜀国又可以因此而怀疑我们吗？况且人家治理自己的国家，船只城郭怎么能不加以修治维护呢？现在我们这里也训练军队，难道又是想用来对付蜀国吗？来人的话很不可信，我敢用身家性命担保此事。"蜀国最终并没有那样打算，与孙权估计的一样。

赤乌八年二月，丞相陆逊去世。这一年夏季，闪电击中宫殿前面的门柱，又击中南津大桥的桥柱。茶陵县洪水泛滥，当地二百多家居民被冲走。这一年七月，将军马茂等人图谋反叛，事发，被诛灭三族。八月，大赦天下。孙权派校尉陈勋率领屯田的士兵和工匠三万人开凿句容县中路的运河，从小其通到云阳西城，便利了商旅集会互通贸易，途中还建造了贮存物资的仓库和馆舍。

赤乌九年二月，车骑将军朱然征伐国的柤中，杀死、俘获一千多人。当年四月，武昌称天降甘露。九月，孙权任命骠骑将军步骘为丞相，车骑将军朱然担任左大司马，卫将军全琮担任右大司马，镇南将军吕岱为上大将军，威北将军诸葛恪为大将军。

赤乌十年正月，右大司马全琮去世。这一年二月，孙权到达南宫。同年三月，改建太初宫，众将领和各州郡官员都去参加义务劳动。夏季五月，丞相步骘去世。十月，孙权下令赦免判死刑的犯人。

赤乌十一年正月，朱然筑江陵城。当年二月，多次发生地震。到了三月，太初宫修成。夏四月，下了冰雹，云阳传说黄龙出现。五月，鄱阳传说白虎出现却未伤人。孙权下诏说："古代圣王积善，增强自身修养而行仁义之道，遂有天下。所以，天降吉兆以与人事相应，这是以此表明圣王之德行！我资质愚钝，怎能达到这种地步呢？《尚书》说：'即使被人赞美，也不要自认为有美德而骄傲。'诸公卿百官，一定要努力尽到职责，纠正不足。"

赤乌十二年三月，左大司马朱然去世。四月，有两只乌鸦叼着喜鹊掉落在东宫。九日，骠骑将军朱据兼任丞相，烧喜鹊祭神。

赤乌十三年五月，夏至，火星运行到南斗星旁边。至秋七月，又经过北斗七星的第二星向东运行。八月，丹杨、句容和故鄣、宁国的一些山崩塌，洪水泛滥。下诏免除百姓拖欠的赋税，并借给种子和口粮。废黜太子孙和，安置在故鄣。鲁王孙霸被赐死。冬十月，魏将文钦假装叛变诱骗吴将朱异，孙权派吕据到朱异处迎接文钦。由于朱异等人谨慎防备，文钦未敢轻动。十一月，孙权立孙亮为太子。派兵马十万，修筑堂邑的涂塘水坝以淹没向北的道路。十二月，魏大将军王昶包围南郡，荆州刺史王基进攻西陵，孙权派将军戴烈、陆凯率军分抵魏军，王昶、王基都撤军返回。这一年，有神人授予天书，告诉孙权改年号，立皇后。

太元元年五月，封潘氏为皇后，全国发布大赦令，改年号。起初的时候，临海郡罗阳县有一个神仙，自称王表。王表在人间经常活动，言语饮食与平常的人没有什么不同，但是人们却看不见他的形体。神仙王表还有一名女仆，叫纺绩。这年一月，孙权派中郎将李崇带着辅国将军罗阳王印章去迎接王表。王表跟着李崇，与其同时出发，与李崇以及当地的郡守和县令谈论了很长时间，李崇等人没法改变他的看法。他们所经过的山河，一般都是让婢女纺绩告知她的神灵，秋七月，李崇与王表到达建业，孙权在苍龙门外面给王表修建府第，多次派身边的近臣送酒食给他。王表预言下雨天旱等小事，往往非常灵验。秋八月初一，大风，江水、海水暴涨，平地上的水有八尺深，吴国孙坚陵墓的松柏被风拔起，郡城的南门意外坍塌。冬天十一月，全国大赦，孙权到南郊祭祀回来以后就卧病在床。十二月，派人骑驿马召见大将军诸葛瑾，任命他为太子太傅。孙权下诏减免差役，减免天赋，废除令民众感到愁苦的法令。

太元二年春正月，孙权将原来的太子孙和封为南阳王，让他守备长沙；儿子孙奋为齐王，守备武昌；儿子孙休为琅邪王，守备虎林。这一年二月，大赦天下，将年号改为神凤。皇后潘氏去世。众将士多次到王表那里去祈福，王表逃走。那年夏天四月，孙权驾崩，时年七十一岁，谥号叫大皇帝。当年秋七月，安葬在蒋陵。

评论说：孙权委曲求全，忍受称臣之辱，任用贤能的人才，崇尚谋略智计，有勾践那样的雄才大略，是英雄中的豪杰啊。所以他能独霸江东，成就与魏、蜀鼎足三分的大业。然而他生性多疑猜忌，杀人毫不犹豫，到了晚年更加严重。至于他听信谗言，使奸臣小人横行朝野，废弃和杀死亲子，难道是《诗经》所说的“为子孙留下美好的规划，很好地保护后代安宁”吗？他的后代衰微，终于致使国家覆灭，未必不是由于这件事啊。

三国志卷四十八·吴书三

三嗣主传

孙亮字子明，权少子也。权春秋高，而亮最少，故尤留意。姊全公主尝谮太子和子母，心不自安，因倚权意，欲豫自结，数称述全尚女，劝为亮纳。赤乌十三年，和废，权遂立亮为太子，以全氏为妃。

太元元年夏，亮母潘氏立为皇后。冬，权寝疾，征大将军诸葛恪为太子太傅，会稽太守滕胤为太常，并受诏辅太子。明年四月，权薨，太子即尊号，大赦，改元。是岁，于魏嘉平四年也。

建兴元年闰月，以恪为帝太傅，胤为卫将军领尚书事，上大将军吕岱为大司马，诸文武在位皆晋爵班赏，冗官加等。冬十月，太傅恪率军遏巢湖，城东兴，使将军全端守西城，都尉留略守东城。十二月朔丙申，大风雷电，魏使将军诸葛诞、胡遵等步骑七万围东兴，将军王昶攻南郡，毌丘俭向武昌。甲寅，恪以大兵赴敌。戊午，兵及东兴，交战，大破魏军，杀将军韩综、桓嘉等。是月，雷雨，天灾武昌端门；改作端门，又灾内殿。

二年春正月丙寅，立皇后全氏，大赦。庚午，王昶等皆退。二月，军还自东兴，大行封赏。三月，恪率军伐魏。夏四月，围新城，大疫，兵卒死者大半。秋八月，恪引军还。冬十月，大飨。武卫将军孙峻伏兵杀恪于殿堂。大赦。以峻为丞相，封富春侯。十一月，有大鸟五见于春申，改明年元。

五凤元年夏，大水。秋，吴侯英谋杀峻，觉，英自杀。冬十一月，星茀于斗、牛。

二年春正月，魏镇东大将军毌丘俭、前将军文钦以淮南之众西入，战于乐嘉。闰月壬辰，峻及骠骑将军吕据、左将军留赞率兵袭寿春，军及东兴，闻钦等败。壬寅，兵进于橐皋，钦诣峻降，淮南余众数万口来奔。魏诸葛诞入寿春，峻引军还。二月，及魏将军曹珍遇于高亭，交战，珍败绩。留赞为诞别将蒋班所败于菰陂，赞及将军孙楞、蒋修等皆遇害。三月，使镇南将军朱异袭安丰，不克。秋七月，将军孙仪、张怡、林恂等谋杀峻，发觉，仪自杀，恂等伏辜。阳羡离里山大石自立。使卫尉冯朝城广陵，拜将军吴穰为广陵太守，留略为东海太守。是岁大旱。十二月，作太庙。以冯朝为监军使者，督徐州诸军事，民饥，军士怨畔。

太平元年春二月朔，建业火。峻用征北大将军文钦计，将征魏。八月，先遣钦及骠骑将军吕据、车骑将军刘纂、镇南将军朱异、前将军唐咨军自江都入淮、泗。九月丁亥，峻卒，以从弟偏将军綝为侍中、武卫将军，领中外诸军事，召还据等。据闻綝代峻，大怒。己丑，大司马吕岱卒。壬辰，太白犯南斗。据、钦、咨等表荐卫将军滕胤为丞相，綝不听。癸卯，更以胤为大司马，代吕岱驻武昌。据引兵还，欲讨綝。綝遣使以诏书告喻钦、咨等，使取据。冬十月丁未，遣孙宪及丁奉、施宽等以舟兵逆据于江都，遣将军刘丞督步骑攻胤。胤兵败夷灭。己酉，大赦，改年。辛亥，获吕据于新州。十一月，以綝为大将军、假节，封永宁侯。孙宪与将军王惇谋杀綝，事觉，綝杀惇，迫宪令自杀。十二月，使五官中郎将刁玄告乱于蜀。

二年春二月甲寅，大雨，震电。乙卯，雪，大寒。以长沙东部为湘东郡，西部为衡阳郡，会稽东部为临海郡，豫章东部为临川郡。夏四月，亮临正殿，大赦，始亲政事。綝所表奏，多见难问，又科兵子弟年十八已下十五已上，得三千余人，选大将子弟年少有勇力者为之将帅。亮曰："吾立此军，欲与之俱长。"日于苑中习焉。

五月，魏征东大将军诸葛诞以淮南之众保寿春城，遣将军朱成称臣上疏，又遣子靓、长史吴纲诸牙门子弟为质。六月，使文钦、唐咨、全端等步骑三万救诞。朱异自虎林率众袭夏口，夏口督孙壹奔魏。秋七月，綝率众救寿春，次于镬里，朱异至自夏口，綝使异为前部督，与丁奉等将介士五万解围。八月，会稽南部反，杀都尉。鄱阳、新都民为乱，廷尉丁密、步兵校尉郑胄、将军钟离牧率军讨之。朱异以军士乏食引还，綝大怒，九月朔己巳，杀异于镬里。辛未，綝自镬里还建业。甲申，大赦。十一月，全绪子祎、仪以其母奔魏。十二月，全端、怿等自寿春城诣司马文王。

三年春正月，诸葛诞杀文钦。三月，司马文王克寿春，诞及左右战死，将吏已下皆降。秋七月，封故齐王奋为章安侯。诏州郡伐宫材。自八月沈阴不雨四十余日。亮以綝专恣，与太常全尚，将军刘丞谋诛綝。九月戊午，綝以兵取尚，遣弟恩攻杀丞于苍龙门外，召大臣会宫门，黜亮为会稽王，时年十六。

孙休字子烈，权第六子。年十三，从中书郎射慈、郎中盛冲受学。太元二年正月，封琅邪王，居虎林。四月，权薨，休弟亮承统，诸葛恪秉政，不欲诸王在滨江兵马之地，徙休于丹杨郡。太守李衡数以事侵休，休上书乞徙他郡，诏徙会稽。居数岁，梦乘龙上天，顾不见尾，觉而异之。孙亮废，己未，孙綝使宗正孙楷与中书郎董朝迎休。休初闻问，意疑，楷、朝具述綝等所以奉迎本意，留一日二夜，遂发。十月戊寅，行至曲阿，有老公干休叩头曰："事久变生，天下喁喁，愿陛下速行。"休善之，是日进及布塞亭。武卫将军恩行丞相事，率百僚以乘舆法驾迎于永昌亭，筑宫，以武帐为便殿，设御座。己卯，休至，望便殿止住，使孙楷先见恩。楷还，休乘辇进，群臣再拜称臣。休升便殿，谦不即御坐，止东厢。户曹尚书前即阶下赞奏，丞相奉玺符。休三让，群臣三请。休曰："将相诸侯咸推寡人，寡人敢不承受玺符。"群臣以次奉引，休就乘舆，百官陪位，綝以兵千人迎于半野，拜于道侧，休下车答拜。即日，御正殿，大赦，改元。是岁，于魏甘露三年也。

永安元年冬十月壬午，诏曰："夫褒德赏功，古今通义。其以大将军綝为丞相、荆州牧，增食五县。武卫将军恩为御史大夫、卫将军、中军督，封县侯。威远将军据为右将军、县侯。偏将军幹杂号将军、亭侯。长水校尉张布辅导勤劳，以布为辅义将军，封永康侯。董朝亲迎，封为乡侯。"又诏曰："丹杨太守李衡，以往事之嫌，自拘有司。夫射钩斩袪，在君为君，遣衡还郡，勿令自疑。"己丑，封孙晧为乌程侯，晧弟德钱唐侯，谦永安侯。

十一月甲午，风四转五复，蒙雾连日。綝一门五侯皆典禁兵，权倾人主，有所陈述，敬而不违，于是益恣。休恐其有变，数加赏赐。丙申，诏曰："大将军忠款内发，首建大计以安社稷，卿士内外，咸赞其议，并有勋劳。昔霍光定计，百僚同心，无复是过。亟案前日与议定策告庙人名，依故事应加爵位者，促施行之。"戊戌，诏曰："大将军掌中外诸军事，事统烦多，其加卫将军御史大夫恩侍中，与大将军分省诸事。"壬子，诏曰："诸吏家有五人三人兼重为役，父兄在都，子弟给郡县吏，既出限米，军出又从，至于家事无经护者，朕甚愍之。其有五人三人为役，听其父兄所欲留，为留一人，除其米限，军出不从。"又曰："诸将吏奉迎陪位在永昌亭者，皆加位一级。"顷之，休闻綝逆谋，阴与张布图计。

十二月戊辰腊，百僚朝贺，公卿升殿，诏武士缚綝，即日伏诛。己巳，诏以左将军张布讨奸臣，加布为中军督，封布弟惇为都亭侯，给兵三百人，惇弟恂为校尉。

诏曰："古者建国，教学为先，所以道世治性，为时养器也。自建兴以来，时事多故，吏民颇以目前趋务，去本就末，不循古道。夫所尚不惇，则伤化败俗。其案古置学官，立五经博士，核取应选，加其宠禄；科见吏之中及将吏子弟有志好者，各令就业。一岁课试，差其品第，加以位赏。使见之者乐其荣，闻之者羡其誉。以敦王化，以隆风俗。"

二年春正月，震电。三月，备九卿官，诏曰："朕以不德，托于王公之上，夙夜战战，忘寝与食。今欲偃武修文，以崇大化。推此之道，当由士民之赡，必须农桑。《管子》有言：'仓廪实，知礼节；衣食足，知荣辱。'夫一夫不耕，有受其饥，一妇不织，有受其寒；饥寒并至而民不为非者，未之有也。自顷年已来，州郡吏民及诸营兵，多违此业，皆浮船长江，贾作上下，良田渐废，见谷日少，欲求大定，岂可得哉？亦由租入过重，农人利薄，使之然乎！今欲广开田业，轻其赋税，差科强羸，课其田亩，务令优均，官私得所，使家给户赡，足相供养，则爱身重命，不犯科法，然后刑罚不用，风俗可整。以群僚之忠贤，若尽心于时，虽太古盛化，未可卒致，汉文升平，庶几可及。及之则臣主俱荣，不及则损削侵辱，何可从容俯仰而已？诸卿尚书，可共咨度，务取便佳。田桑已至，不可后时。事定施行，称朕意焉。"

三年春三月，西陵言赤乌见。秋，用都尉严密议，作浦里塘。会稽郡谣言王亮当还为天子，而亮宫人告亮使巫祷祠，有恶言。有司以闻，黜为候官侯，遣之国。道自杀，卫送者伏罪。以会稽南部为建安郡，分宜都置建平郡。

四年夏五月，大雨，水泉涌溢。秋八月，遣光禄大夫周奕、石伟巡行风俗，察将吏清浊，民所疾苦，为黜陟之诏。九月，布山言白龙见。是岁，安吴民陈焦死，埋之，六日更生，穿土中出。

五年春二月，白虎门北楼灾。秋七月，始新言黄龙见。八月壬午，大雨震电，水泉涌溢。乙酉，立皇后朱氏。戊子，立子为𩅦太子，大赦。冬十月，以卫将军濮阳兴为丞相，廷尉丁密、光禄勋孟宗为左右御史大夫。休以丞相兴及左将军张布有旧恩，委之以事，布典宫省，兴关军国。休锐意于典籍，欲毕览百家之言，尤好射雉，春夏之间常晨出夜还，唯此时舍书，休欲与博士祭酒韦曜、博士盛冲讲论道艺，曜、冲素皆切直，布恐入侍，发其阴失，令己不得专，因妄饰说以拒遏之。休答曰："孤之涉学，群书略遍，所见不少也；其明君暗主，奸臣贼子，古今贤愚成败之事，无不览也。今曜等入，但欲与论讲书耳，不为从曜等始更受学也。纵复如此，亦何所损？君特当以曜等恐道臣下奸变之事，以此不欲令入耳。如此之事，孤已自备之，不须曜等然后乃解也。此都无所损，君意特有所忌故耳。"布得诏陈谢，重自序述，又言惧妨政事。休答曰："书籍之事，患人不好，好之无伤也。此无所为非，而君以为不宜，是以孤有所及耳。政务学业，其流各异，不相妨也。不图君今日在事，更行此于孤也，良所不取。"布拜表叩头，休答曰："聊相开悟耳，何至叩头乎！如君之忠诚，远近所知。往者所以相感，今日之巍巍也。诗云：'靡不有初，鲜克有终。'终之实难，君其终之。"初休为王时，布为左右将督，素见信爱，及至践阼，厚加宠待，专擅国势，多行无礼，自嫌瑕短，惧曜、冲言之，故尤患忌。休虽解此旨，心不能悦，更恐其疑惧，竟如布意，废其讲业，不复使冲等入。是岁使察战到交阯调孔爵、大猪。

六年夏四月，泉陵言黄龙见。五月，交阯郡吏吕兴等反，杀太守孙谞。谞先是科郡上手工千余人送建业，而察战至，恐复见取，故兴等因此扇动兵民，招诱诸夷也。冬十月，蜀以魏见伐来告。癸未，建业石头小城火，烧西南百八十丈。甲申，使大将军丁奉督诸军向魏寿春，将军留平别诣施绩于南郡，议兵所向，将军丁封、孙异如沔中，皆救蜀。蜀主刘禅降魏问至，然后罢。吕兴既杀孙谞，使使如魏，请太守及兵。丞相兴建取屯田万人以为兵。分武陵为天门郡。

七年春正月，大赦。二月，镇军将军陆抗、抚军将军步协、征西将军留平、建平太守盛曼，率众围蜀巴东守将罗宪。夏四月，魏将新附督王稚浮海入句章，略长吏赀财及男女二百余口。将军孙越徼得一船，获三十人。秋七月，海贼破海盐，杀司盐校尉骆秀。使中书郎刘川发兵庐陵。豫章民张节等为乱，众万余人。魏使将军胡烈步骑二万侵西陵，以救罗宪，陆抗等引军退。复分交州置广州。壬午，大赦。癸未，休薨，时年三十，谥曰景皇帝。

孙皓字元宗，权孙，和子也，一名彭祖，字皓宗。孙休立，封皓为乌程侯，遣就国。西湖民景养相皓当大贵，皓阴喜而不敢泄。休薨，是时蜀初亡，而交阯携叛，国内震惧，贪得长君。左典军万彧昔为乌程令，与晧相善，称晧才识明断，是长沙桓王之畴也，又加之好学，奉遵法度，屡言之于丞相濮阳兴、左将军张布。兴、布说休妃太后朱，欲以晧为嗣。朱曰："我寡妇人，安知社稷之虑，苟吴国无陨，宗庙有赖可矣。"于是遂迎立晧，时年二十三。改元，大赦。是岁，于魏咸熙元年也。

元兴元年八月，以上大将军施绩、大将军丁奉为左右大司马，张布为骠骑将军，加侍中，诸增位班赏，一皆如旧。九月，贬太后为景皇后，追谥父和曰文皇帝，尊母何为太后。十月，封休太子𩅦为豫章王，次子汝南王，次子梁王，次子陈王，立皇后滕氏。晧既得志，粗暴骄盈，多忌讳，好酒色，大小失望。兴、布窃悔之。或以谮晧，十一月，诛兴、布。十二月，孙休葬定陵。封后父滕牧为高密侯，舅何洪等三人皆列侯。是岁，魏置交阯太守之郡。晋文帝为魏相国，遣昔吴寿春城降将徐绍、孙彧衔命赍书，陈事势利害，以申喻晧。

甘露元年三月，晧遣使随绍、彧报书曰："知以高世之才，处宰辅之任，渐导之功，勤亦至矣。孤以不德，阶承统绪，思与贤良共济世道，而以壅隔未有所缘，嘉意允著，深用依依。今遣光禄大夫纪陟、五官中郎将弘璆宣明至怀。"绍行到濡须，召还杀之，徙其家属建安，始有白绍称美中国者故也。夏四月，蒋陵言甘露降，于是改年大赦。秋七月，晧逼杀景后朱氏，亡不在正殿，于苑中小屋治丧，众知其非疾病，莫不痛切。又送休四子于吴小城，寻复追杀大者二人。九月，从西陵督步阐表，徙都武昌，御史大夫丁固、右将军诸葛靓镇建业。陟、璆至洛，遇晋文帝崩，十一月，乃遣还。晧至武昌，又大赦。以零陵南部为始安郡，桂阳南部为始兴郡。十二月，晋受禅。

宝鼎元年正月，遣大鸿胪张俨、五官中郎将丁忠吊祭晋文帝。及还，俨道病死。忠说晧曰："北方守战之具不设，弋阳可袭而取。"晧访群臣，镇西大将军陆凯曰："夫兵不得已而用之耳，且三国鼎立已来，更相侵伐，无岁宁居。今强敌新并巴蜀，有兼土之实，而遣使求亲，欲息兵役，不可谓其求援于我。今敌形势方强，而欲徼幸求胜，未见其利也。"车骑将军刘纂曰："天生五才，谁能去兵？谲诈相雄，有自来矣。若其有阙，庸可弃乎？宜遣间谍，以观其势。"晧阴纳纂言，且以蜀新平，故不行，然遂自绝。八月，所在言得大鼎，于是改年，大赦。以陆凯为左丞相，常侍万彧为右丞相。冬十月，永安山贼施但等聚众数千人，劫晧庶弟永安侯谦出乌程，取孙和陵上鼓吹曲盖。比至建业，众万余人。丁固、诸葛靓逆之于牛屯，大战，但等败走。获谦，谦自杀。分会稽为东阳郡，分吴、丹杨为吴兴郡。以零陵北部为邵陵郡。十二月，皓还都建业，卫将军滕牧留镇武昌。

二年春，大赦。右丞相万彧上镇巴丘。夏六月，起显明宫，冬十二月，皓移居之。是岁，分豫章、庐陵、长沙为安成郡。

三年春二月，以左右御史大夫丁固、孟仁为司徒、司空。秋九月，皓出东关，丁奉至合肥。是岁，遣交州刺史刘俊、前部督脩则等人击交阯，为晋将毛炅等所破，皆死，兵散还合浦。

建衡元年春正月，立子瑾为太子，及淮阳、东平王。冬十月，改年，大赦。十一月，左丞相陆凯卒。遣监军虞汜、威南将军薛珝、苍梧太守陶璜由荆州，监军李勖、督军徐存从建安海道，皆就合浦击交阯。

二年春，万彧还建业。李勖以建安道不通利，杀导将冯斐，引军还。三月，天火烧万余家，死者七百人。夏四月，左大司马施绩卒。殿中列将何定白："少府李勖枉杀冯斐，擅彻军退还。"勖及徐存家属皆伏诛。秋九月，何定将兵五千人上夏口猎。都督孙秀奔晋。是岁大赦。

三年春正月晦，皓举大众出华里，皓母及妃妾皆行，东观令华覈等固争，乃还。是岁，汜、璜破交阯，禽杀晋所置守将，九真、日南皆还属。大赦，分交阯为新昌郡。诸将破扶严，置武平郡。以武昌督范慎为太尉。右大司马丁奉、司空孟仁卒。西苑言凤凰集，改明年元。

凤皇元年秋八月，征西陵督步阐。阐不应，据城降晋。遣乐乡都督陆抗围取阐，阐众悉降。阐及同计数十人皆夷三族。大赦。是岁右丞相万彧被谴忧死，徙其子弟于庐陵。何定奸秽发闻，伏诛。皓以其恶似张布，追改定名为布。

二年春三月，以陆抗为大司马。司徒丁固卒。秋九月，改封淮阳为鲁，东平为齐，又封陈留、章陵等九王，凡十一王，王给三千兵。大赦。皓爱妾或使人至市劫夺百姓财物，司市中郎将陈声，素皓幸臣也，恃皓宠遇，绳之以法。妾以愬皓，皓大怒，假他事烧锯断声头，投其身于四望之下。是岁，太尉范慎卒。

三年，会稽妖言章安侯奋当为天子。临海太守奚熙与会稽太守郭诞书，非论国政。诞但白熙书，不白妖言，送付建安作船。遣三郡督何植收熙，熙发兵自卫，断绝海道。熙部曲杀熙，送首建业，夷三族。秋七月，遣使者二十五人分至州郡，科出亡叛。大司马陆抗卒。自改年及是岁，连大疫。分郁林为桂林郡。

天册元年，吴郡言掘地得银，长一尺，广三分，刻上有年月字，于是大赦，改年。

天玺元年，吴郡言临平湖自汉末草秽壅塞，今更开通。长老相传，此湖塞，天下乱，此湖开，天下平。又于湖边得石函，中有小石，青白色，长四寸，广二寸余，刻上作皇帝字，于是改年，大赦。会稽太守车浚、湘东太守张咏不出算缗，就在所斩之，徇首诸郡。秋八月，京下督孙楷降晋。鄱阳言历阳山石文理成字，凡二十，云"楚九州渚，吴九州都，扬州士，作天子，四世治，太平始"。又吴兴阳羡山有空石，长十余丈，名曰石室，在所表为大瑞。乃遣兼司徒董朝、兼太常周处至阳羡县，封禅国山。改明年元，大赦，以协石文。

天纪元年夏，夏口督孙慎出江夏、汝南，烧略居民。初，驺子张俶多所谮白，累迁为司直中郎将，封侯，甚见宠爱，是岁奸情发闻，伏诛。

二年秋七月，立成纪、宣威等十一王，王给三千兵，大赦。

三年夏，郭马反。马本合浦太守脩允部曲督。允转桂林太守，疾病，住广州，先遣马将五百兵至郡安抚诸夷。允死，兵当分给，马等累世旧军，不乐离别。晧时又科实广州户口，马与部曲将何典、王族、吴述、殷兴等因此恐动兵民，合聚人众，攻杀广州督虞授。马自号都督交、广二州诸军事、安南将军，兴广州刺史，述南海太守。典攻苍梧，族攻始兴。八月，以军师张悌为丞相，牛渚都督何植为司徒。执金吾滕循为司空，未拜，转镇南将军，假节领广州牧，率万人从东道讨马，与族遇于始兴，未得前。马杀南海太守刘略，逐广州刺史徐旗。晧又遣徐陵督陶濬将七千人从西道，命交州牧陶璜部伍所领及合浦、郁林诸郡兵，当与东西军共击马。

有鬼目菜生工人黄耇家，依缘枣树，长丈余，茎广四寸，厚三分。又有买菜生工人吴平家，高四尺，厚三分，如枇杷形，上广尺八寸，下茎广五寸，两边生叶绿色。东观案图，名鬼目作芝草，买菜作平虑草，遂以耇为侍芝郎，平为平虑郎，皆银印青绶。

冬，晋命镇东大将军司马伷向涂中，安东将军王浑、扬州刺史周浚向牛渚，建威将军王戎向武昌，平南将军胡奋向夏口，镇南将军杜预向江陵，龙骧将军王濬、广武将军唐彬浮江东下，太尉贾充为大都督，量宜处要，尽军势之中。陶濬至武昌，闻北军大出，停驻不前。

初，皓每宴会群臣，无不咸令沈醉。置黄门郎十人，特不与酒，侍立终日，为司过之吏。宴罢之后，各奏其阙失，迕视之咎，谬言之愆，罔有不举。大者即加威刑，小者辄以为罪。后宫数千，而采择无已。又激水入宫，宫人有不合意者，辄杀流之。或剥人之面，或凿人之眼。岑昬险谀贵幸，致位九列，好兴功役，众所患苦。是以上下离心，莫为皓尽力，盖积恶已极，不复堪命故也。

四年春，立中山、代等十一王，大赦。濬、彬所至，则土崩瓦解，靡有御者。预又斩江陵督伍延，浑复斩丞相张悌、丹杨太守沈莹等，所在战克。

三月丙寅，殿中亲近数百人叩头请皓杀岑昬，皓惶愦从之。

戊辰，陶濬从武昌还，即引见，问水军消息，对曰："蜀船皆小，今得二万兵，乘大船战，自足击之。"于是合众，授濬节钺。明日当发，其夜众悉逃走。而王濬顺流将至，司马伷、王浑皆临近境。皓用光禄勋薛莹、中书令胡冲等计，分遣使奉书于濬、伷、浑曰："昔汉室失统，九州分裂，先人因时，略有江南，遂分阻山川，与魏乖隔。今大晋龙兴，德覆四海。暗劣偷安，未喻天命。至于今者，猥烦六军，衡盖路次，远临江渚，举国震惶，假息漏刻。敢缘天朝含弘光大，谨遣私署太常张夔等奉所佩印绶，委质请命，惟垂信纳，以济元元。"

壬申，王濬最先到，于是受皓之降，解缚焚榇，延请相见。伷以皓致印绶于己，遣使送皓。皓举家西迁，以太康元年五月丁亥集于京邑。四月甲申，诏曰："孙皓穷迫归降，前诏待之以不死，今皓垂至，意犹愍之，其赐号为归命侯。进给衣服车乘，田三十顷，岁给谷五千斛，钱五十万，绢五百匹，绵五百斤。"皓太子瑾拜中郎，诸子为王者，拜郎中。五年，皓死于洛阳。

评曰：孙亮童孺而无贤辅，其替位不终，必然之势也。休以旧爱宿恩，任用兴、布，不能拔进良才，改弦易张，虽志善好学，何益救乱乎？又使既废之亮不得其死，友于之义薄矣。皓之淫刑所滥，陨毙流黜者，盖不可胜数。是以群下人人惴恐，皆日日以冀，朝不谋夕。其荧惑、巫祝，交致祥瑞，以为至急。昔舜、禹躬稼，至圣之德，犹或矢誓众臣，予违女弼，或拜昌言，常若不及。况皓凶顽，肆行残暴，忠谏者诛，谗谀者进，虐用其民，穷淫极侈，宜腰首分离，以谢百姓。既蒙不死之诏，复加归命之宠，岂非旷荡之恩，过厚之泽也哉！

《图像三国志》版画之降孙皓三分归一统，讲述晋灭东吴、结束天下三分的局面之事。

【译文】

孙亮，字子明，孙权的儿子，年龄最小，孙权年纪大了，因此，对他特别关心。孙亮的姐姐全公主曾在孙权面前说过太子孙和母子的坏话，一直不放心，想迎合孙权的意愿而讨好孙亮，所以，多次称赞丈夫全琮的侄子全尚的女儿，劝孙权为孙亮娶之为妻。赤乌十三年，太子孙和被废，孙权立孙亮为太子，以全尚之女全氏为太子妃。

吴太元元年夏，孙亮母亲潘氏被立为皇后。当年冬天，孙权卧病，任大将军诸葛恪为太子太傅，会稽太守滕胤为太常，二人受诏辅佐太子。第二年四月，孙权去世，太子孙亮即帝位，大赦，改换年号。这一年，是魏嘉平四年。

吴建兴元年闰月，让诸葛恪做了皇帝太傅，滕胤为卫将军兼尚书事，上大将军吕岱为大司马，在朝的文武官员都晋升了爵位，并发下奖赏。其他闲散的官员也升了等级。冬十月，太傅诸葛恪率兵截断巢湖水，修筑东兴城，将军全端守西城，都尉留略守东城。十二月初一日，大风雷电，魏国派将军诸葛诞、胡遵等人率步骑兵七万人围攻东兴，将军王昶攻打南郡，毌丘俭进兵武昌。十日，诸葛恪派重兵迎击魏军。十四日，大军到达东兴，与魏军交战，大破魏军，斩杀了魏将韩综、桓嘉等人。这月，雷雨大作，武昌端门因雷电起火，改建端门后，内殿又因雷电起火。

建兴二年春，正月初二，孙亮立全氏为皇后，大赦天下。建兴二年初六，王昶等人都撤回去了。兵马由东兴班师，朝廷对出征将士普遍给予了封赏。建兴二年三月，诸葛恪率军讨伐魏国。夏四月，包围了新城，却发生了大瘟疫，士兵多半患病死亡。秋八月，诸葛恪率部返回。冬十月，朝廷祭祀宗庙，武卫将军孙峻用伏兵趁机在殿堂杀了诸葛恪。大赦。孙亮任命孙峻为丞相，封富春侯。建兴二年十一月，有大鸟在春申出现了五次，于是，改换第二年的年号。

五凤元年夏季，发大水。这年秋季，吴侯孙英图谋诛杀孙峻，被孙峻发觉，孙英自杀。冬季十一月，流星直射斗宿、牛宿。

五凤二年春季正月，魏国镇东大将军毌丘俭、前将军文钦率领淮南的亲兵向西进军，与前来阻击他们的魏军在乐嘉交战。闰八月初九日，孙峻与骠骑将军吕据、左将军留赞等率军偷袭寿春，行军到达东兴，得知文钦等人失败的消息。闰正月十九日，孙峻带领军队进驻橐皋县，文钦来向孙峻投降，淮南地区的民众数万人也投奔吴国。魏将诸葛诞进驻寿春，孙峻撤军返回。二月，与魏将军曹珍在高亭相遇，两方交战，曹珍大败。吴将留赞被诸葛诞部将蒋班在菰陂打败，留赞与部将孙楞、蒋修等都战败而死。这一年三月，吴国派遣镇南将军朱异偷袭安丰，没有成功。秋季七月，吴国将军孙仪、张怡、林恂等人共谋诛杀孙峻，被孙峻发觉，孙仪自杀，林恂等被认为有罪诛死。阳羡县离里山中的大石自然竖立。吴国派遣卫尉冯朝修筑广陵城，任命将军吴穰为广陵太守，留略为东海太守。这年大旱。十二月，修建太庙。任命冯朝担任监军使臣，总领徐州军事，群众饥荒，兵士不满叛逃。

太平元年春天二月初一，这时建业发生火灾。孙峻采纳征北大将军文钦的计谋，准备征讨魏国。当年八月，先派遣文钦和骠骑将军吕据、车骑将军刘纂、镇南将军朱异、前将军唐咨各军自江都进入淮水、泗水一带。九月丁亥日，孙峻去世，临终前任命堂弟偏将军孙綝为侍中、武卫将军，兼理中外诸军事，召吕据等人述师。吕据听说孙綝接替孙峻，大怒。己丑日，大司马吕岱去世。壬辰日这一天，太白星侵入斗宿南面。吕据、文钦、唐咨等人上表推荐卫将军滕胤为丞相，孙綝不肯采纳。癸卯日，孙綝改任滕胤为大司马，接替吕岱驻守武昌。吕据率领军队返回，准备征讨孙綝。孙綝派遣使者用诏书晓谕文钦、唐咨等人，让这些人进攻吕据。冬十月丁未日，孙綝又派遣孙宪及丁奉、施宽等人率水军在江都迎击吕据，派遣将军刘丞率领步骑兵进攻滕胤。滕胤兵败被杀。己酉日，大赦天下，改换年号。辛亥日，在新州抓获吕据。十一月，朝廷任命孙琳为大将军、假节，封永宁侯。孙宪与将军王惇密谋杀掉孙綝，事机泄露，孙琳杀掉王惇，逼迫孙宪自杀。十二月，派遣五官中郎将刁玄向蜀国通报吴国发生的内乱。

太平二年春天二月十三日，天空下起了大雨，雷电交加。还是这一月十四日，下雪，十分寒冷。把长沙郡东部划为湘东郡，西部划为衡阳郡，会稽郡东部划为临海郡，豫章郡东部划为临川郡。夏天四月，孙亮在正殿临朝，大赦全国，开始亲自处理政事。孙綝所奏表的事，多次被责难，又征召士兵的子弟中十五岁以上十八岁以下的，征得三千余人，选大将的子弟中年少有勇力的人为这三千人的将帅。孙亮说："我创立这支军队，想与他们一起成长。"每日在御苑中练习。

这一年五月，魏国征东大将军诸葛诞率淮南兵众守卫寿春城，让将军朱成向吴国上疏称臣，又派儿子诸葛靓、长史吴纲和各牙门子弟为人质。同年六月，派文钦、唐咨、全端等率步骑三万救援诸葛诞。朱异从虎林率兵袭击夏口，夏口督孙壹逃奔魏国。秋天七月，孙琳率兵救援寿春，驻扎在镬里。朱异从夏口赶到，孙琳让朱异为前部督，与丁奉等人率兵五万去解围。这一年八月，会稽南部叛乱，杀了都尉。鄱阳郡、新都郡的民众作乱，廷尉丁密、步兵校尉郑胄、将军钟离牧率军讨伐。朱异因士兵没有粮食而领兵返回，孙琳大怒。同年九月一日，在镬里杀了朱异。九月初三日，孙琳从镬里返回建业。九月十六日，大赦全国。十一月，全绪的儿子全祎、全仪带着母亲逃奔魏国。十二月，全端、全怿等人从寿春城去归附司马文王。

太平三年春正月，诸葛诞杀文钦。三月，司马昭攻克寿春，诸葛诞和他的亲随将士全部战死，其余人等皆尽投降。秋七月，孙亮封原齐王孙奋为章安侯。诏令各州郡砍伐修筑宫殿的木材。从八月份开始，天气连阴却无雨四十余天。孙亮因孙綝专权放肆，便与太常全尚、将军刘丞密谋要杀掉孙綝。九月二十六日，孙綝派兵抓住全尚，又派其弟孙恩在苍龙门外袭杀刘丞，召集大臣在宫门集会，废孙亮为会稽王。当时孙亮才十六岁。

孙休，字子烈，他是是孙权的第六子。孙休十三岁时，跟从中书郎射慈、郎中盛冲学习。太元二年正月，被封为琅玡王，住在虎林。这一年四月，孙权驾崩，孙休的弟弟孙亮继承大统。诸葛恪秉政，不想诸王留在滨江的军事重地，迁徙孙休到丹杨郡。太守李衡数次因事冒犯孙休，孙休上书请求迁徙到别的郡，朝廷下诏把他迁到会稽。住了几年，孙休梦见自己乘着龙飞上天，回头看看不见龙尾，醒来后觉得很奇异。孙亮被废后第二天，孙綝让宗正孙楷与中书郎董朝迎接孙休。孙休最初听说，心中疑虑，孙楷、董朝向他详细叙述了孙綝等人奉迎他的本意。逗留了一天两夜就出发了。十月十七日，到了曲阿，有一老翁对孙休叩头说："事情久了就会生变，天下人都在仰望期待，希望陛下您速行。"孙休表示同意。当日走到布塞亭。武卫将军孙恩处理丞相事务，率领百官带着乘舆法驾在永昌亭恭迎孙休，建筑行宫。把武帐设为便殿，设置了御座。十八日，孙休到了，望见便殿就停住，让孙楷先去见孙恩。孙楷回来后，孙休才乘辇前进，群臣再次叩拜称臣。孙休登上便殿，谦让不坐御座，在东厢休息。户曹尚书上前在阶下诵赞文，丞相捧着玉玺符节。孙休再三谦让，群臣再三请求。孙休说："将相诸侯都推举寡人，寡人不敢不接受玉玺符节。”群臣按顺序进见行礼，孙休乘舆。百官陪同，孙琳带兵千人在半路迎接，在路边叩拜。孙休下车答拜。当日，临朝正殿，大赦全国，改年号。这年，是魏国甘露三年也。

永安元年冬十月二十一日，孙休下诏说：“褒扬和赏赐有功德之人，是古今之大义。现在任用大将军孙琳为丞相、荆州牧，增加五个县的封地；武卫将军孙恩为御史大夫、卫将军、中军督，封县侯；威远将军孙据为右将军，封县侯；偏将军孙干为杂号将军，封亭侯；长水校尉张布辛勤辅佐，任命张布为辅义将军，封永康侯；董朝亲迎我即位，封乡侯。”又下诏说：“丹杨太守李衡，因为往事与我有仇隙，自己绑缚到有司衙门。古人有射钩斩袪的事情，我才为君王，请送李衡返回郡里，不要使他产生疑惧。”二十八日，封孙晧为乌程侯，孙晧之弟孙德为钱塘侯，孙谦为永安侯。

十一月初三，旋风吹个不停，一连数天浓雾不散。孙綝一家五人封侯皆统领禁军，权势熏天，只要他们有所提议，皇帝都恭敬地听从不违背，因此，孙綝更加骄纵。孙休担心他会作乱，不断以赏赐安抚。初五，孙休下诏说：“大将军的忠诚发自内心，率先确定继位大计来安定国家，朝廷内外都赞同他的主张，建有功勋。从前，霍光确定皇嗣大计，百官同心拥护，他的功勋都超不过孙綝。请立即查实当时参与议定大事禀告宗庙的大臣名单，依例应封爵和晋升职位的，尽快实施。”到了初七，孙休又下诏说：“大将军孙綝执掌内外军务，事情烦多，现加任卫将军、御史大夫孙恩为侍中，与大将军同管各项事务。”廿一日，孙休下诏说：“小吏人家中五人有三人同时服役，父兄在京师，子弟在郡县，既要缴纳赋税，又要随军出征，以至家中事务无人料理，我非常怜悯他们。只要是这些服役的，准许他们父兄中选一个留下，免除他们的赋税，不用随军出征。”又说：“凡在永昌亭奉迎陪位的将吏，都加位一级。”不久，孙休听说孙綝要谋反，便暗中和张布商量对策。十二月初八腊祭，百官朝贺，登上殿堂，孙休命武士捆绑孙綝，当天就将他处死。初九，命左将军张布讨伐奸臣，加官中军督，封张布之弟张惇为都亭侯，予士兵三百人，张惇弟张恂出任校尉。

下发诏书说：“古人建国，以教育为先，为的是治世养性，为社会培养人才。从建兴以来，时事多变，官民大多目光短浅，舍本逐末，不遵循古道。崇尚不淳厚，就会伤风败俗。如今按照古代的做法设置学官，设立五经博士，考核录取人才，增赐宠禄，选拔在职官吏子弟中有志于此的，各令他们学习。一年后考试，评定品第，加官赐赏。让见到的人羡慕他们的荣耀和名誉。以促进王化，敦厚风俗。”

永安二年春天正月，天空中电闪雷鸣。这一年三月，配备九卿官员。下发诏令说：“我因为德行不善，又居于王侯公卿之上，所以昼夜提心吊胆，废寝忘食。现在我想停止战争，涵养文德，以推广伟大的教化。推行这个办法，必然取决于士人百姓的富足，这就必须发展农桑事业。《管子》有这样的话：‘仓库充实，衣食丰足，人们就知道荣辱。’一个男子不耕地，有人要因此挨饿；一个妇女不织布，有人要因为这受冻。饥寒交迫而百姓不做坏事的情况，是没有的。从近年以来，各军营的士兵，许多人背弃农桑事业，都乘船漂浮长江，在上游下游之间做买卖。良田渐渐地荒芜，库存粮食一天天减少，要想寻求天下太平，这怎么可能呢？大概由于租税过重，农民的利益太少，使他们这样的吧。如今我想广泛开拓农业，减轻农民的赋税，劳役和赋税的多少，要考察田地的亩数，务必做到宽缓公平，使公家和私人各得其所。如果家家户户的收入，足以养家糊口，那么人们就会爱惜身体，重视生命，不去违犯法令，这样不必使用刑罚，风俗就可得到整饬。凭着群臣的忠诚贤能，如果对时政竭尽心力，即使太古盛美的教化不能马上实现，那么汉文帝时期的太平景象，还是有可能达到的。如果达到那种太平景象，那么君臣同时荣耀；如果达不到，国力削弱，国家受到侵犯侮辱，又怎么能够在世上应付裕如呢？各位公卿尚书，可以共同咨谋划，务必选取适宜的好方案。农桑季节已经来临，不能误时。事情决定下来并加以施行，这才符合我的心愿。”

永安三年春季三月，西陵县宣称出现了红色乌鸦。当年秋季，听从都尉严密的意见，修建浦里塘。会稽郡谣传说，会稽王孙亮将回到建业做皇帝，孙亮的宫人举报孙亮使巫师祈祷，并且还有对朝廷不满的言论。有关主管官员将这些情况上报，孙亮被贬废为候官侯，遣送他前往封国。孙亮在去候官的路上自杀，护送的人员因罪诛死。划分会稽郡的南部地区新建建安郡，划分宜都郡的部分地区新建建平郡。

永安四年夏季五月，一直下大雨成灾，水泉喷涌泛滥。这一年秋季八月，派光禄大夫周奕、石伟巡视各地风俗，考察文武官员的清正或贪赃枉法，民众的怨恨、痛苦，下达官员升降的诏命。九月，布山县宣称出现了白龙。这年，安吴县民陈焦死，已经埋葬，过了六天又复活了，他自己穿破坟土从中出来。

永安五年二月，白虎门北楼被烧。永安五年秋七月，始新传说出现黄龙。永安五年八月三十日，大雨雷电，洪水泛滥。永安五年八月十六日，册立皇后朱氏。十九日，册立儿子孙𩅦为太子，大赦天下。冬十月，孙休任命卫将军濮阳兴为丞相，廷尉丁密、光禄勋孟宗为左右御史大夫。孙休因丞相濮阳兴及左将军张布过去对自己有恩，便将朝政完全委托于他们。张布掌管宫内官署，濮阳兴参与军国大事。孙休一心研读典籍，想把百家之言全部读完；他尤好射野鸡，春夏之间经常早出晚归，只有这时才放下书本。孙休想与博士祭酒韦曜、博士盛冲讨论各种学问和技能。韦曜、盛冲向来忠直，张布担心他们成为孙休的近臣，会揭发自己的阴私和过失，使自己失去权力，就胡乱引喻，用一些虚佞的道理想阻止孙休与他们亲近。孙休说：“我在学习时，群书大体翻遍，发现很多问题。那些有关明君暗主、奸臣贼子、古今贤愚成败的内容，我没有不看的。如今韦曜等人入宫，我只想与他们研讨书中的内容，而不是重新学习。即便是重新学习，又有什么妨害呢？您却害怕韦曜等人谈论臣下犯乱的事情，而不想让他们入宫。其实，像这样的这种事，我已有防范，不必通过韦曜等人才能知道。这件事总的来看没有什么损害，只是您心里有顾虑。”张布表示谢罪，但他还是重申了自己的看法，说是担心有碍政事。孙休答复说：“对书籍而言，担心的，是人们不喜欢它，喜欢它是没有妨害的。而您却认为不适宜，所以，我有看法要说。政务和学业各不相同，互相不会妨碍。可您却对我说这样的话，我实在不能采纳。”张布叩头认罪，孙休说：“就算是让您开窍罢了，何至于请罪呢！您的忠诚，远近皆知。从前，我们相互感悟的原因，就是为了今日的宏伟事业。《诗经》说：‘谁都有个好的开头，但很少有人能有个好的结果。’把好的开头坚持到底，确实很难，但您还是可以做到的。”起初，孙休为琅玡王时，张布任左右都督，一直受到孙休的信任和喜爱。孙休登帝位后，对他更加宠信。因此，张布就恃宠专擅，做了许多不合礼制之事，顾忌自己有过错，害怕韦曜、盛冲向孙休讲出来，所以特别忧心。孙休自然明白这一点，尽管心里不高兴，但怕引起张布的疑惧，竟也就顺从了张布的意思，中止了讲学，不再让盛冲他们进宫。这一年，派察战官到交阯郡征调孔雀、大猪。

永安六年夏天四月，泉陵报告说有黄龙现身。这年五月，交阯的郡吏吕兴等人谋反，杀了太守孙谞。孙谞在此之前把郡里优秀的手工艺人一千多名送到建业，察战来了以后他担心再次调取人员，所以吕兴等人利用这个机会煽动士兵百姓，并引诱许多少数族闹事。冬天十月，蜀国由于魏国入侵来告急。十月二十一日，建业的石头小城失火，烧毁西南部分一百八十丈。二十二日，派大将军丁奉督率各部队向魏国的寿春挺进，将军留平另外在南郡拜访施绩，商量部队进军的方向，将军丁封和孙异到沔中，都准备援救蜀国。蜀国君主刘禅投降魏国的消息传来，然后他们才收兵。吕兴杀了孙谞以后，派使者到魏国去，请求魏国派遣太守和军队。丞相濮阳兴建议取屯田的一万人组成大军。划分武陵为天门郡。

永安七年春天正月，大赦天下。这年二月，镇军将军陆抗、抚军将军步协、征西将军留平、建平太守盛曼，率领部队包围蜀郡巴东守将罗宪。当年夏天四月，魏国将领新附督王稚渡海进入句章，劫掠地方官员的财物和男女二百多人。将军孙越截获一条船，抓到三十个人。秋天七月，海盗攻克海盐，杀了司盐校尉骆秀。朝廷派中书郎刘川向庐陵出兵。豫章百姓张节等人制造骚乱，聚众一万多人。魏国派将军胡烈所属步兵骑兵两万人入侵西陵，以援救罗宪。陆抗等人率军撤退。再次分割交州设置广州。二十四日，大赦天下。二十五日，孙休去世，这一年他三十岁，谥为景皇帝。

孙晧，字元宗，他是孙权的孙子、孙和的儿子。还叫彭祖，字晧宗。孙休被立为帝后，封孙晧为乌程侯，派遣他回到封地。西湖平民景养给孙晧看相说孙晧会大贵，孙晧暗自高兴却不敢泄露出去。孙休驾崩，当时蜀国刚灭亡，而交阯郡又造反，国内震惊恐惧，想要年长的国君。左典军万彧以前任乌程令，与孙晧关系好，称赞孙晧有才识、英明果断，是长沙桓王一类人物，又加上好学，遵奉法度，屡次对丞相濮阳兴、左将军张布说起。濮阳兴、张布劝说孙休的皇妃、太后朱氏，想立孙晧为嗣君。朱氏说："我是个寡妇，怎懂社稷的忧虑。苟若吴国不衰败，宗庙有赖就行了。"于是就迎立了孙晧为帝，孙晧当时二十三岁。改年号，大赦全国。这年，是魏国咸熙元年。

吴元兴元年八月，让上大将军施绩、大将军丁奉为左、右大司马，张布为骠骑将军，加侍中，其他官员加官授赏，完全依旧例办理。这年九月，贬太后为景皇后，追谥生父孙和为文皇帝，遵奉生母何氏为太后。十月，封孙休的太子孙𩅦为豫章王，二子为汝南王，三子为梁王，四子为陈王，册立滕氏为皇后。孙皓得志后，渐露出粗暴骄横，加之嗜酒好色，忌讳很多的劣性，因而，大小官员都很失望，濮阳兴、张布也暗自后悔。有人向孙皓密告。十一月，处死了濮阳兴和张布。当年十二月，孙休安葬在定陵。封皇后的父亲滕牧为高密侯，舅舅何洪等三人均被封列侯。这一年，魏国设置的交阯太守到达治所。司马昭出任魏国相国，派遣从前吴国寿春的降将徐绍、孙彧带着命令和书信出使吴国，向孙皓陈述形势的利害，反复开导他投降。

甘露元年三月，孙皓派使者随徐绍、孙彧去魏国并给司马昭回信说："您以过人的才华，身受相国之任，有影响和引导皇帝的功劳，非常辛苦。我以薄德，顺承皇位，很想与贤士一起救助这纷乱的世道，然而，由于种种阻隔而没有这个缘分。您美意真露，我对您的深情也很依恋。现派遣光禄大夫纪陟、五官中部将弘璆昭明我至诚的心意。"徐绍到濡须，孙皓又把他召回杀了，把他的家属迁徙到建安，原因是有人报告徐绍称赞了中原的缘故。夏四月，蒋陵传说降了甘露，于是，改换年号，大赦天下。这一年秋七月，孙皓暗逼杀景皇后朱氏，她的灵柩不设在正殿，只停放在御苑里的小屋中。众人知道景皇后不是死于疾病，所以都万分悲痛。孙皓又把孙休的四个儿子遣至吴郡的内城，没过多久，又派人追杀了其中两个年纪大的。到了九月，听从西陵督步阐的建议，迁都武昌，命御史大夫丁固、右将军诸葛靓镇守建业。纪陟和弘璆到了洛阳，赶上司马昭去世，到了十一月，才被遣回。孙皓到了武昌，又大赦天下。分出零陵南部设置始安郡，分出桂阳南部设置始兴郡。十二月，晋国接受魏国禅让的帝位。

宝鼎元年正月，让大鸿胪张俨、五官中郎将丁忠前往祭奠晋文帝。回来时，张俨在路上病死。丁忠劝孙皓，说："北方没有设防守的军备，弋阳可偷袭攻取。"孙皓询问群臣，镇西大将军陆凯说："用兵是不得已才用的，况且三国鼎立以来，互相侵伐，百姓没有一年是安居的。现今强敌刚吞并巴蜀，有兼并国土的实力，却派遣使者来和好，想停息兵战，不能说是他们向我们求援。现今敌人形势正好、实力正强，而想侥幸求胜，没有看见有什么有利的。"车骑将军刘纂说："天生五才，哪样能离开兵器呢？谲诈互相争雄，以前就是这样的。若敌人有缺失，怎能放弃机会？应派遣间谍前往，观察形势。”孙晧暗中采纳了刘纂的建议，但因蜀国被平定不就，因此没有实行，但自此与晋国断绝。八月，武昌报告说获得一个大鼎，于是改年号，大赦全国。任陆凯为左丞相，常侍万彧为右丞相。冬天十月，永安山贼施但等聚众数千人，劫了孙晧的庶弟永安侯孙谦离开乌程，偷取了孙和陵上的乐器和仪仗用的曲柄伞。等到到达建业，已经有部众一万余人。丁固、诸葛靓在牛屯迎战，双方大战。施但等人失败逃跑。俘获了孙谦，孙谦便自杀了。划分会稽郡为东阳郡，划分吴郡、丹杨郡为吴兴郡。把零陵北部设为邵陵郡。十二月，孙晧把国都迁回建业，卫将军滕牧留守武昌。

宝鼎二年春，大赦天下。右丞相万彧西上镇守巴丘。这年夏六月，修建显明宫。冬十二月，孙晧移居显明宫。当年，分出豫章、庐陵、长沙部分地区设置安成郡。

宝鼎三年二月，孙晧任命左右御史大夫丁固、孟仁为司徒、司空。秋九月，孙晧前往东关，丁奉进军合肥。当年，孙晧派遣交州刺史刘俊、前部督脩则等人进攻交阯，被晋国将领毛炅等人击败，刘俊和脩则战死，士兵分散逃回合浦。

建衡元年春天正月，孙晧把儿子瑾立为太子，此外又两个儿子为淮阳王和东平王。这年冬天十月，改换年号，大赦天下。十一月，左丞相陆凯去世。派监军虞汜、威南将军薛珝、苍梧太守陶璜从荆州出发，监军李勖、督军徐存从建安走海路，都到合浦来进击交阯。

建衡二年春天，万彧回到建业，李勖因为建安的道路不方便，杀了开路的将领冯斐，率军返回。三月，雷击引起火灾烧了一万多户人家，死了七百人。夏天四月，左大司马施绩去世。殿中列将何定说：“少府李勖随便杀了冯斐，擅自撤军退回。”李勖和徐存以及家属都被处死。秋天九月，何定率兵五千人往西到夏口打猎。都督孙秀投奔晋国。这一年大赦天下。

建衡三年正月三十日，孙晧兴师动众地来到华里，连孙晧的母亲和妃嫔都一起出行，东观令华覈等人坚决谏诤，这才返回。同年，虞汜、陶璜攻克交阯，擒杀了晋国的守将，九真、日南都回归吴国。大赦天下，划分交阯为新昌郡。众将攻克扶严，设置武平郡。任命武昌督范慎为太尉。右大司马丁奉、司空孟仁去世。西苑报告说有凤凰翔集，因此第二年改换了年号。

凤凰元年秋季八月，孙晧征召西陵督步阐。步阐没有接受命令，占领西陵城向晋投降。孙晧派遣乐乡都督陆抗围攻西陵，逮捕步阐，步阐的部属全部向陆抗投降。步阐与他的同伙几十人都被诛灭三族。全国大赦。这年，右丞相万彧因被遣责，忧虑而死，将他的子弟迁往庐陵。何定奸邪卑污的罪行被揭发，为孙晧所知，服罪处死。孙晧因何定的罪恶与张布相似，在何定死后将定名改称为布。

凤凰二年春季三月，让陆抗做了大司马。司徒丁固死。这年秋季九月，改封淮阳王为鲁王，东平王为齐王，又封陈留王、章陵王等九王，总共封了十一王，每王给予士兵三千人。全国大赦。孙晧的爱妾时常派人到市场抢夺百姓的金钱、货物。司市中郎将陈声，是孙晧平时宠爱的臣下，他依靠孙晧对他宠爱，依法处理了到市场抢夺百姓财物的人。孙晧的爱妾向孙晧诽谤陈声，孙晧听了大怒，借口其他的事情将锯条烧红锯断陈声的头颈，将身躯抛弃在四望山下。这年，太尉范慎去世。

凤凰三年，会稽郡有谣言说章安侯孙奋应当做皇帝。临海太守奚熙寄信给会稽太守郭诞，评论国政。郭诞只举报奚熙的信，却不提谣言，奚熙因此被押送到建安郡去造船。孙晧派督领会稽、临海、建安三郡军务的三郡督何植去逮捕奚熙，奚熙起兵自卫，截断了海上通道。奚熙的部下杀了奚熙，把他的首级送到建业，被灭三族。秋七月，派遣二十五名使者分别到各州郡，清查叛逃者。大司马陆抗去世。自改换年号到这一年，连年疫病流行。划出郁林郡部分地区设桂林郡。

天册元年，吴郡报告说掘地得到银子，它长一尺，宽三分，上面刻有年月的字样。于是大赦天下，改换年号。

天玺元年，吴郡报告说临平湖从汉朝末年就被杂草淤塞，现在又开通了。老年人传说，这个湖淤塞，天下大乱，这个湖开通，天下太平。还在湖边得到一个石匣，里面有小石头，青白色，长四寸，宽二寸多，上面刻有皇帝字样。于是改换年号，大赦天下。会稽太守车浚、湘东太守张咏没有付出算缗钱，在郡治斩首，把他们的首级送到各郡示众。这年秋天八月，京下督孙楷投降晋国。鄱阳报告说历阳的山石上纹理成字，共二十个字，说“楚九州渚，吴九州都，扬州士，作天子，四世治，太平始”。另外吴兴阳羡的山上有空心石头，长十几丈，名叫石室，发现石头的地方呈表说是大瑞祥。于是，派兼任司徒的董朝和兼任太常的周处到阳羡县，在国山进行封禅。第二年改换了年号，大赦天下，来协和石头的文字。

天纪元年夏天，夏口督孙慎进军江夏、汝南，烧毁、劫掠居民。当初，掌管车马的仆役张俶多次向孙晧告密，累次升官到司直中郎将，被封侯，很被宠爱。这年，张俶的奸情被揭发，服罪被诛。

天纪二年秋天七月，册立成纪王、宣威王等十一个王，每王给三千兵，大赦全国。

天纪三年夏天，郭马发动叛乱。郭马原本是合浦太守脩允的部队将领。脩允转任桂林太守，因病留在广州。首先派遣郭马领五百兵到桂林郡安抚各夷族。脩允病故，士兵应当分离，郭马等人是几代旧部，不想离别。孙晧当时又在核实广州户口，郭马与部属将领何典、王族、吴述、殷兴等人以此恐吓煽动兵民，聚集兵众，攻杀了广州督虞授。郭马自称都督交、广二州诸军事、安南将军，殷兴自称广州刺史，吴述自称南海太守。何典攻打苍梧，王族攻打始兴。这一年八月，任军师张悌为丞相，牛渚都督何植为司徒。任执金吾滕循为司空，未就任，就转任他为镇南将军，授予符节，领广州牧，率万人从东路讨伐郭马，与王族在始兴相遇，未能前进。郭马杀了南海太守刘略，驱逐了广州刺史徐旗，孙晧又派遣徐陵领陶濬率兵七千人从西路进兵，命令交州牧陶璜所领军和合浦、郁林各郡的士兵，应当与东军西军共同攻击郭马。

有一株鬼目菜在工匠黄耇家中生长出来，趴在在一棵枣树上，长一丈多，茎宽四寸，厚三分。又有一株买菜在工匠吴平家中生长出来，高四尺，厚三分，形状像枇杷，上宽一尺八寸，下茎宽五寸，两边生出绿色的叶子。东观官员查核图书，鬼目菜叫芝草，买菜叫平虑草。于是，任命黄耇为侍芝郎，吴平为平虑郎，都授予银印青绶。

这一年冬季，晋国命镇东大将军司马伷进兵涂中，安东将军王浑、扬州刺史周浚进兵牛渚，建威将军王戎进兵武昌，平南将军胡奋进兵夏口，镇南将军杜预进兵江陵，龙骧将军王濬、广武将军唐彬沿长江东下，太尉贾充任大都督，总理战事、处置紧急军务，命令各部最大能力地发挥作用。吴将陶濬领兵到达武昌，听说晋军大举出兵，就停下来不再向广州进军。

起初，孙晧每次宴会群臣，都要强令众人喝醉。他特置黄门郎十人，不让他们喝酒，整日站着侍候，作为检查群臣过失的官员。宴会结束了，每人都报告大臣们的过失，眼神斜视的，说错了话的，无不一一举报。

大的过失立即施以严刑，小的过失也往往给予惩处。后宫本已有女子数千，而孙晧却仍不断地选美，又把急流引入宫内，如有不合意的宫女，就杀死抛入水中冲走。有时剥下人的面皮，有时挖出人的眼睛。岑昏阴险奸诈，却受到宠幸，位居九卿，他喜发劳役，百姓为之所苦。因此，朝廷上下离心离德，没有人愿为孙晧尽力，这恐怕是积恶已达极点，不再任其驱使的缘故。

天纪四年春，孙晧分封中山王、代王等十一王，大赦天下。王濬、唐彬率晋军所到之处，吴军立刻土崩瓦解，无人抵抗。杜预军又斩杀了吴国江陵督伍延，王浑军也杀吴丞相张悌、吴丹杨太守沈莹等人，晋军所到之处都取得了胜利。

三月九日，殿中亲信数百人叩头请求孙晧杀掉岑昏，孙晧惊慌昏聩，准许了他们的要求。

十一日，陶濬从武昌返回，孙晧立即就问水军情况。陶濬回答说："蜀地船只都很小，现在，若能得到二万士兵，乘大船作战，自然足以击溃敌人。"于是集合军队，授予陶濬符节、斧钺，执掌生杀大权，并定在次日出发。没料到，当天晚上士兵们全都逃走了。王濬的水师将顺流直达建业，司马伷、王浑也已逼近建业。孙晧采用光禄勋薛莹、中书令胡冲等人的意见，分别派出使者向王濬、司马伷、王浑递上降书，说："从前，汉室丧权，天下分崩，我的祖先因势占有了江南，自此山川阻隔，与中原分离。而今，大晋兴起，泽被四海。我昏昧偷安，不知天命所归，一直延迟至今天，以至有劳天朝大军，车塞道路，从远方抵达江边。我东吴震惊，朝不保夕。所以，壮胆仰天朝弘量，谨派我私下任命的太常张夔等人献上我所佩带的印章，屈膝投降，请求处置，望能下听我归降的诚意，予以接纳，以使百姓免遭战乱之苦。"

壬申日，王濬首先到达建业。王濬接受孙晧的投降，开释孙晧对自己的捆绑，焚烧了他随带的棺材，请孙晧相见。司马伷因为孙晧将印绶奉送给了自己，王濬派遣使臣护送孙晧。孙晧全家向西迁移，在太康元年五月一日会集到京城洛阳。四月二十八日，司马炎在命令中说："孙晧走投无路而投降晋国，先前已有命令，可以赦免他的死罪，如今孙晧将要来到洛阳，我还是怜悯他，赐给他归命侯的封号。赏赐给衣服、车辆，田三十顷，一年给稻谷五千斛，钱五十万，绢五百匹，丝绵五百斤。"孙晧的皇太子孙瑾授官中郎，封为王的众子授官郎中。太康五年，孙晧死在洛阳。

评论说：孙亮年幼，又没有贤能的辅佐，他接替皇位不能维持到底，是必然的趋势。孙休凭过去的老交情，任用濮阳兴和张布，不能提拔优秀人才，改弦更张，虽然他愿望良好，喜欢学习，对于挽救混乱局势有什么用处呢？另外他使已经废黜的孙亮不得好死，兄弟的情谊淡薄了。孙皓严刑滥用的结果，死亡和流放的人员不可胜数。因此群臣人人惊恐不安，都一天天地数日子，早晨想不到晚上会发生什么事情。那些火星、巫祝，同时送来人君的吉兆，以显示最急迫的情势。从前舜、禹亲自耕种，具有最神圣的德行，尚且还向众臣发誓，我违抗了你们的辅弼，你们要能够进献你们的忠言，他们还经常感到自己做得不够。何况孙皓凶暴顽劣，肆无忌惮推行残酷的法令，忠心劝谏的人处死，谗佞献媚的人晋升，以暴虐的手段役使他的百姓，任意地挥霍浪费，应当让他腰首分离，来向百姓谢罪。然而，他既蒙受不处死的诏令，又对他施予归命侯的荣耀，岂不是情谊过于宽大，恩泽过于深厚了吗？

三国志卷四十九·吴书四

刘繇太史慈士燮传

刘繇字正礼，东莱牟平人也。齐孝王少子封牟平侯，子孙家焉。繇伯父宠，为汉太尉。繇兄岱，字公山，历位侍中，兖州刺史。

繇年十九，从父韪为贼所劫质，繇篡取以归，由是显名。举孝廉，为郎中，除下邑长。时郡守以贵戚托之，遂弃官去。州辟部济南，济南相中常侍子，贪秽不循，繇奏免之。平原陶丘洪荐繇，欲令举茂才。刺史曰："前年举公山，奈何复举正礼乎？"洪曰："若明使君用公山于前，擢正礼于后，所谓御二龙于长涂，骋骐骥于千里，不亦可乎！"会辟司空掾，除侍御史，不就。避乱淮浦，诏书以为扬州刺史。时袁术在淮南，繇畏惮，不敢之州。欲南渡江，吴景、孙贲迎置曲阿。术图为僭逆，攻没诸郡县。繇遣樊能、张英屯江边以拒之，以景、贲术所授用，乃迫逐使去。于是术乃自置扬州刺史，与景、贲并力攻英、能等，岁余不下。汉命加繇为牧，振武将军，众数万人。孙策东渡，破英、能等。繇奔丹徒，遂泝江南保豫章，驻彭泽。笮融先至，杀太守朱晧，入居郡中。繇进讨融，为融所破，更复招合属县，攻破融。融败走入山，为民所杀。繇寻病卒，时年四十二。

笮融者，丹杨人，初聚众数百，往依徐州牧陶谦。谦使督广陵、彭城运漕，遂放纵擅杀，坐断三郡委输以自入。乃大起浮图祠，以铜为人，黄金涂身，衣以锦采，垂铜槃九重，下为重楼阁道，可容三千余人，悉课读佛经，令界内及旁郡人有好佛者听受道，复其他役以招致之，由此远近前后至者五千余人户。每浴佛，多设酒饭，布席于路，经数十里，民人来观及就食且万人，费以巨亿计。曹公攻陶谦，徐土骚动，融将男女万口，马三千匹，走广陵，广陵太守赵昱待以宾礼。先是，彭城相薛礼为陶谦所逼，屯秣陵。融利广陵之众，因酒酣杀昱，放兵大略，因载而去。过杀礼，然后杀晧。

后策西伐江夏，还过豫章，收载繇丧，善遇其家。王朗遗策书曰："刘正礼昔初临州，未能自达，实赖尊门为之先后，用能济江成治，有所处定。践境之礼，感分结意，情在终始。后以袁氏之嫌，稍更乖剌。更以同盟，还为仇敌，原其本心，实非所乐。康宁之后，常愿渝平更成，复践宿好。一尔分离，款意不昭，奄然殂陨，可为伤恨！知敦以厉薄，德以报怨，收骨育孤，哀亡愍存，捐既往之猜，保六尺之托，诚深恩重分，美名厚实也。昔鲁人虽有齐怨，不废丧纪，《春秋》善之，谓之得礼，诚良史之所宜藉，乡校之所叹闻。正礼元子，致有志操，想必有以殊异。威盛刑行，施之以恩，不亦优哉！"

繇长子基，字敬舆，年十四，居繇丧尽礼，故吏馈饷，皆无所受。姿容美好，孙权爱敬之。权为骠骑将军，辟东曹掾，拜辅义校尉、建忠中郎将。权为吴王，迁基大农。权尝宴饮，骑都尉虞翻醉酒犯忤，权欲杀之，威怒甚盛，由基谏争，翻以得免。权大暑时，尝于船中宴饮，于船楼上值雷雨，权以盖自覆，又命覆基，余人不得也。其见待如此。徙郎中令。权称尊号，改为光禄勋，分平尚书事。年四十九卒。后权为子霸纳基女，赐第一区，四时宠赐，与全、张比。基二弟，铄、尚，皆骑都尉。

太史慈字子义，东莱黄人也。少好学，仕郡奏曹史。会郡与州有隙，曲直未分，以先闻者为善。时州章已去，郡守恐后之，求可使者。慈年二十一，以选行，晨夜取道，到洛阳，诣公车门，见州吏始欲求通。慈问曰："君欲通章邪？"吏曰："然。"问："章安在？"曰："车上。"慈曰："章题署得无误邪？取来视之。"吏殊不知其东莱人也，因为取章。慈已先怀刀，便截败之。吏踊跃大呼，言"人坏我章"！慈将至车间，与语曰："向使君不以章相与，吾亦无因得败之，是为吉凶祸福等耳，吾不独受此罪。岂若默然俱出去，可以存易亡，无事俱就刑辟。"吏言："君为郡败吾章，已得如意，欲复亡为？"慈答曰："初受郡遣，但来视章通与未耳。吾用意太过，乃相败章。今还，亦恐以此见谴怒，故俱欲去尔。"吏然慈言，即日俱去。慈既与出城，因遁还通郡章。州家闻之，更遣吏通章，有司以格章之故不复见理，州受其短。由是知名，而为州家所疾。恐受其祸，乃避之辽东。

北海相孔融闻而奇之，数遣人讯问其母，并致饷遗。时融以黄巾寇暴，出屯都昌，为贼管亥所围。慈从辽东还，母谓慈曰："汝与孔北海未尝相见，至汝行后，赡恤殷勤，过于故旧，今为贼所围，汝宜赴之。"慈留三日，单步径至都昌。时围尚未密，夜伺间隙，得入见融，因求兵出斫贼。融不听，欲待外救，未有至者，而围日逼。融欲告急平原相刘备，城中人无由得出，慈自请求行。融曰："今贼围甚密，众人皆言不可，卿意虽壮，无乃实难乎？"慈对曰："昔府君倾意于老母，老母感遇，遣慈赴府君之急，固以慈有可取，而来必有益也。今众人言不可，慈亦言不可，岂府君爱顾之义，老母遣慈之意邪？事已急矣，愿府君无疑。"融乃然之。于是严行蓐食，须明，便带鞬摄弓上马，将两骑自随，各作一的持之，开门直出。外围下左右人并惊骇，兵马互出。慈引马至城下堑内，植所持的各一，出射之，射之毕，径入门。明晨复如此，围下人或起或卧，慈复植的，射之毕，复入门。明晨复出如此，无复起者，于是下鞭马直突围中驰去。比贼觉知，慈行已过，又射杀数人，皆应弦而倒，故无敢追者。遂到平原，说备曰："慈，东莱之鄙人也，与孔北海亲非骨肉，比非乡党，特以名志相好，有分灾共患之义。今管亥暴乱，北海被围，孤穷无援，危在旦夕。以君有仁义之名，能救人之急，故北海区区，延颈恃仰，使慈冒白刃，突重围，从万死之中自托于君，惟君所以存之。"备敛容答曰："孔北海知世间有刘备邪！"即遣精兵三千人随慈。贼闻兵至，解围散走。融既得济，益奇贵慈，曰："卿吾之少友也。"事毕，还启其母，母曰："我喜汝有以报孔北海也。"

扬州刺史刘繇与慈同郡，慈自辽东还，未与相见，暂渡江到曲阿见繇，未去，会孙策至。或劝繇可以慈为大将军，繇曰："我若用子义，许子将不当笑我邪？"但使慈侦视轻重。时独与一骑卒遇策。策从骑十三，皆韩当、宋谦、黄盖辈也。慈便前斗，正与策对。策刺慈马，而揽得慈项上手戟，慈亦得策兜鍪。会两家兵骑并各来赴，于是解散。

慈当与繇俱奔豫章，而遁于芜湖，亡入山中，称丹杨太守。是时，策已平定宣城以东，惟泾以西六县未服。慈因进住泾县，立屯府，大为山越所附。策躬自攻讨，遂见囚执。策即解缚，捉其手曰："宁识神亭时邪？若卿尔时得我云何？"慈曰："未可量也。"策大笑曰："今日之事，当与卿共之。"即署门下督，还吴授兵，拜折冲中郎将。后刘繇亡于豫章，士众万余人未有所附，策命慈往抚安焉。左右皆曰："慈必北去不还。"策曰："子义舍我，当复与谁？"饯送昌门，把腕别曰："何时能还？"答曰："不过六十日。"果如期而反。

刘表从子磐，骁勇，数为寇于艾、西安诸县。策于是分海昏、建昌左右六县，以慈为建昌都尉，治海昏，并督诸将拒磐。磐绝迹不复为寇。

慈长七尺七寸，美须髯，猿臂善射，弦不虚发。尝从策讨麻、保贼，贼于屯里缘楼上行詈，以手持楼棼，慈引弓射之，矢贯手著棼，围外万人莫不称善。其妙如此。曹公闻其名，遗慈书，以箧封之，发省无所道，而但贮当归。孙权统事，以慈能制磐，遂委南方之事。年四十一，建安十一年卒。子亨，官至越骑校尉。

士燮字威彦，苍梧广信人也。其先本鲁国汶阳人，至王莽之乱，避地交州。六世至燮父赐，桓帝时为日南太守。燮少游学京师，事颍川刘子奇，治《左氏春秋》。察孝廉，补尚书郎，公事免官。父赐丧阕后，举茂才，除巫令，迁交阯太守。

弟壹，初为郡督邮。刺史丁宫征还京都，壹侍送勤恪，宫感之，临别谓曰："刺史若待罪三事，当相辟也。"后宫为司徒，辟壹。比至，宫已免，黄琬代为司徒，甚礼遇壹。董卓作乱，壹亡归乡里。交州刺史朱符为夷贼所杀，州郡扰乱。燮乃表壹领合浦太守，次弟徐闻令䵋领九真太守，䵋弟武，领南海太守。

燮体器宽厚，谦虚下士，中国士人往依避难者以百数。耽玩《春秋》，为之注解。陈国袁徽与尚书令荀彧书曰："交阯士府君既学问优博，又达于从政，处大乱之中，保全一郡，二十余年疆场无事，民不失业，羁旅之徒，皆蒙其庆，虽窦融保河西，曷以加之？官事小阕，辄玩习书传，《春秋左氏传》尤简练精微，吾数以咨问传中诸疑，皆有师说，意思甚密。又《尚书》兼通古今，大义详备。闻京师古今之学，是非忿争，今欲条《左氏》《尚书》长义上之。"其见称如此。

燮兄弟并为列郡，雄长一州，偏在万里，威尊无上。出入鸣钟磬，备具威仪，笳箫鼓吹，车骑满道，胡人夹毂焚烧香者常有数十。妻妾乘辎軿，子弟从兵骑，当时贵重，震服百蛮，尉佗不足逾也。武先病没。

朱符死后，汉遣张津为交州刺史，津后又为其将区景所杀，而荆州牧刘表遣零陵赖恭代津。是时苍梧太守史璜死，表又遣吴巨代之，与恭俱至。汉闻张津死，赐燮玺书曰："交州绝域，南带江海，上恩不宣，下义壅隔，知逆贼刘表又遣赖恭窥看南土，今以燮为绥南中郎将，董督七郡，领交阯太守如故。"后燮遣吏张旻奉贡诣京都，是时天下丧乱，道路断绝，而燮不废贡职，特复下诏拜安远将军，封龙度亭侯。

后巨与恭相失，举兵逐恭，恭走还零陵。建安十五年，孙权遣步骘为交州刺史。骘到，燮率兄弟奉承节度。而吴巨怀异心，骘斩之。权加燮为左将军。建安末年，燮遣子廞入质，权以为武昌太守，燮、壹诸子在南者，皆拜中郎将。燮又诱导益州豪姓雍闿等，率郡人民使遥东附，权益嘉之，迁卫将军，封龙编侯，弟壹偏将军，都乡侯。燮每遣使诣权，致杂香细葛，辄以千数，明珠、大贝、流离、翡翠、瑇瑁、犀、象之珍，奇物异果，蕉、邪、龙眼之属，无岁不至。壹时贡马凡数百匹。权辄为书，厚加宠赐，以答慰之。燮在郡四十余岁，黄武五年，年九十卒。

权以交阯县远，乃分合浦以北为广州，吕岱为刺史；交阯以南为交州，戴良为刺史。又遣陈时代燮为交阯太守。岱留南海，良与时俱前行到合浦，而燮子徽自署交阯太守，发宗兵拒良。良留合浦。交阯桓邻，燮举吏也，叩头谏徽使迎良，徽怒，笞杀邻。邻兄治子发又合宗兵击徽，徽闭门城守，治等攻之数月不能下，乃约和亲，各罢兵还。而吕岱被诏诛徽，自广州将兵昼夜驰入，过合浦，与良俱前。壹子中郎将匡与岱有旧，岱署匡师友从事，先移书交阯，告喻祸福，又遣匡见徽，说令服罪，虽失郡守，保无他忧。岱寻匡后至，徽兄祗，弟幹、颂等六人肉袒奉迎。岱谢令复服，前至郡下。明旦早施帐幔，请徽兄弟以次入，宾客满坐。岱起，拥节读诏书，数徽罪过，左右因反缚以出，即皆伏诛，传首诣武昌。壹、䵋、匡后出，权原其罪，及燮质子廞，皆免为庶人。数岁，壹、䵋坐法诛。廞病卒，无子，妻寡居，诏在所月给俸米，赐钱四十万。

评曰：刘繇藻厉名行，好尚臧否，至于扰攘之时，据万里之土，非其长也。太史慈信义笃烈，有古人之分。士燮作守南越，优游终世，至子不慎，自贻凶咎，盖庸才玩富贵而恃阻险，使之然也。

【译文】

刘繇，字正礼，他是东莱牟平人。汉齐孝王的小儿子封为牟平侯，从此，子孙后代便住在那里。刘繇的伯父刘宠是汉朝太尉。刘繇的哥哥刘岱，字公山，历任侍中、兖州刺史。

刘繇十九岁时，叔父刘韪被强盗劫去做人质，刘繇用计把他夺回来，因此出名，被荐举为孝廉，任为郎中，又升任下邑县长。那时，郡守让他对自己的亲戚特殊照顾，刘繇便弃官而去。州里征召他为济南部丞。济南相是中常侍的儿子，行为污秽，不遵法规，刘繇上表免去了他的官职。平原人陶丘洪推崇刘繇，让州里荐举他为茂才。刺史说："前年才推举他兄长公山，怎么又要推举正礼呢？"陶丘洪说："贤使君您先任用了公山，现在再提拔正礼，这好比于千里路上驾驭着两匹如龙的骏马驰骋，不是很好吗？”此时，朝廷征召他为司空掾，又任命他为侍御史，刘繇没有去。刘繇在淮浦避乱时，皇帝下诏任命他为扬州刺史。当时，袁术在淮南，刘繇很畏惧袁术，不敢到扬州上任。就往南渡过长江，吴景、孙贲把他迎到曲阿安置。袁术图谋僭位叛逆，攻陷了许多郡县。刘繇派樊能、张英屯兵江边抵御袁术。由于吴景、孙贲是袁术任命的官员，刘繇便强行使他们离去。袁术又任命了扬州刺史，与吴景、孙贲合力攻打张英、樊能等人，打了一年多，未能取胜。汉朝廷下令升刘繇为扬州牧、振武将军，时有部众几万人。孙策东渡长江，打败张英、樊能等人。刘繇逃向丹徒，逆江而上控制豫章郡，驻守彭泽。笮融先于刘繇到达，杀了豫章太守朱皓，进驻豫章城。刘繇进军讨伐笮融，被笮融打败，他又重新召集所属各县兵马，打败了笮融。笮融逃进山中，被山民所杀。刘繇不久病死，时年四十二岁。

笮融，他是丹杨人。起初，他聚众几百人，去依附徐州州牧陶谦，陶谦派他督察广陵、彭城的水运事务。没想到，他竟然胆大妄为，滥杀无忌，擅自截取三郡运送的粮食归己。然后，又大修佛寺，用铜铸成佛像，涂上黄金，穿上锦缎彩绣，垂挂铜盘九层；下修重楼阁道，可容三千多人，让他们诵经礼佛，郡内以及邻郡喜好佛教的人都来听经受道，又采用其他方法招人，前后来到这里的有五千多家。每到浴佛节，就备下许多酒饭，在路边摆上，绵延几十里，百姓来观看和就食的近万人，所花费用亿万。曹操攻打陶谦时，徐州属县皆动。笮融率男女一万人、马三千匹逃到广陵，广陵太守赵昱以宾礼待他。起初，彭城相薛礼被陶谦所迫，驻在秣陵，笮融贪图广陵的兵马，乘酒酣之际杀了赵昱，放纵士兵大肆掠夺，满载而去，经过秣陵时杀了薛礼，又杀了朱皓。

之后，孙策率兵向西讨伐江夏黄祖，回来经过豫章时，装殓运送刘繇的遗体，而且妥善地安置他的家属。王朗写信给孙策说：“过去，刘繇刚为扬州刺史，自己未能打开局面，实际上还是依赖您的亲族为他前后安排，所以，才能渡江建立州治，有了安身之地。允许他人进入自己境内的礼遇，使他感激不尽，希望永远与您保持情谊。后来，因与袁术的仇怨，与您产生了分歧，原来的友好反而有了矛盾。推究刘繇本心，决非出于他的本意。他本想在身体康复后，捐弃前嫌，与您再修旧好。没想到，一旦分离，诚意还未表示，他就突然去世了，真是遗憾啊！我知道，您以忠厚的美德来激励薄情的人，以恩报怨，收殓骸骨，抚养遗孤，哀掉亡灵，同情生者，捐弃前嫌，保全未成年的孤儿，确实是恩义厚重，名声美好，真情深切啊！从前，鲁人虽对齐国有怨，但齐孝公死了，鲁人仍去吊唁，《春秋》称赞此事，认为合礼。您的行为也是好的史官应该记载、乡校（古代乡间学校，也可聚会议政）应该赞赏的事。刘繇的大儿子，很有志节，想必有不同于常人的地方。您声威隆盛，颁行法典，如果对他施以恩惠，不也是很好吗?!"

刘繇的大儿子刘基，字敬舆，在他十四岁时，为刘繇服丧便竭尽礼仪，对于父亲以前下属给予的馈赠，他一概不肯接受。刘基仪容美好，很得孙权的喜爱尊重。孙权任骠骑将军，征召他为东曹掾，任命他为辅义校尉、建忠中郎将。孙权被封为吴王，升任刘基为大农令。孙权曾有一次设宴饮酒，骑都尉虞翻酒醉犯不敬之罪，孙权要杀了他，怒火冲天的样子令人胆寒，由于刘基极力劝谏，虞翻得以免死。孙权还有一次为了消除酷暑炎热，曾在船上举行酒宴，在船的楼台上遇上雷雨，孙权用伞遮护自己，又命令遮着刘基，其余的人都得不到这种待遇。刘基受孙权厚待到这种地步。后改任郎中令。孙权称帝后，又改任他为光禄勋，兼职分管尚书事务。四十九岁时刘基去世。后来孙权替儿子孙霸娶了刘基的女儿，赐给宅第一处，一年四季都有恩赐，与全、张家平列。刘基有两个弟弟，即刘铄和刘尚，都任骑都尉。

太史慈，字子义，他是东莱黄县人。太史慈从小喜欢学习，在郡府担任奏曹史。在这段时间里，正赶上州牧和郡守闹矛盾，各执一词，这种情况朝廷一般视先报告的一方是正确的。当时，州牧弹劾郡守的章表已经送出，郡守担心自己弹劾州牧的章表晚到，就选用太史慈来执行这个使命。那时候太史慈二十一岁。他日夜兼程，直奔洛阳，到公车门时，正看见州吏要把章表递进去。太史慈问道："你想呈报章表吗？"州吏说："是。"太史慈又问："章表在哪儿？"州吏说："在车上。"太史慈说："章表的题款该不会有错吧？拿来我看看。"州吏竟不知太史慈是东莱人，便给太史慈取来章表。太史慈接过章表就用事先备好的刀把章表割碎。州吏跳起来大叫："有人毁了我的奏章。"太史慈把他带到车厢说："如果你不把奏章给我，我也不能砍坏它，如今这样，我们两人的吉凶就一样了，不是我一个人受惩罚。倒不如不说，我们一起逃跑，死中求生，不要做使我们都受刑罚的蠢事。"州吏说："你为郡里弄坏了我的奏章，目的已达到，还逃跑干什么？"太史慈说："当初受郡里派遣，只是看看奏章送上去没有，我过分卖力，才把奏章弄坏了。现在回去，也担心因此被怒责，所以，想和你一起逃走。”州吏认为太史慈的话很对，当天就与他一起逃走了。太史慈与州吏出城后，又悄悄跑回来送上了郡里的奏章。州吏听到后，改派另一个小吏去送奏章，主办官因法令缘故，不再受理，州牧受斥。太史慈因此出名，却被州牧所痛恨。他害怕受害，就躲避到了辽东。

北海相孔融听说这件事，十分惊奇太史慈的才能，几次派人问候太史慈的母亲，并向太史慈母亲赠送礼物。当时孔融因为黄巾军进犯劫掠，驻军都昌，被黄巾军首领管亥包围。太史慈从辽东返回，母亲对太史慈说：“汝和孔北海素不相识，在你走了以后，孔融殷勤地赡养体恤我，胜过老朋友。现在孔融被强盗包围，你应当去帮助孔融。”太史慈在家里住了三天，随后单人步行直接来到都昌。那时候黄巾军的包围还不严密，太史慈乘夜找空隙冲了进去，见到了孔融，便要求率兵出城杀敌。孔融不许，想等待外面的救兵，但没有救兵来，而黄巾军的包围圈一天天地缩小。孔融想向平原相刘备告急，但城里的人没有办法出去，太史慈自己请求出城求救。孔融说：“现在敌人的包围非常严密，众人都说出不去，卿的志气虽然雄壮，恐怕实际很难吧？”太史慈回答说：“过去府君尽心尽意照顾我的老母亲，老母亲对府君的厚待十分感动，派我来救助府君的危急，本来是认为我有可取之处，而来了以后一定会有用处。现在众人都说不行，我也说不行，这难道是府君厚爱顾怜的情义、老母亲派我来的意思吗？情况已经很危急了，希望府君不要再迟疑了。”孔融这才同意。于是太史慈整理行装，早早吃完饭，等到天一亮，就带上弓囊箭袋手持弓箭上马，请两名骑兵紧随其后，每人做一个靶子拿在手中，打开城门径直冲出去。城外敌军包围圈两侧的人全都又惊又怕，兵马交错而出。太史慈打马到城墙下的堑壕里，把两名骑兵带的靶子竖立起来，然后从壕沟出来用箭射靶子，射完靶子，就直接进城门。第二天早晨又这样做，包围的敌军便有的起身有的睡卧不动。太史慈又把靶子竖立起来，射完靶子，又进入城门。第三天早晨再出去这样做，敌军就再也没有人起来了。这时候，太史慈突然扬鞭打马，直向包围圈奔驰而去。等到敌人察觉时，太史慈已经冲过去了，又用箭射死几个敌军，都是应弦而倒，以没有人敢再追赶。太史慈到了平原，劝刘备说：“我太史慈是东莱一个粗鄙的人，和孔北海从亲情上讲不是骨肉，从相邻上讲不是同乡，只是因为志同道合，有分灾共祸的情义。现在管亥作乱，孔北海被围困，势单力弱，没有援兵，危在旦夕。由于君有仁义之名，能够救人之急，所以孔北海区区之心，翘首仰望，等待君的救兵，派我冒着敌人的白刃，突出重围，从万死中把自己托付给君，只有君能有办法使孔北海生存下来。”刘备脸色庄重起来，回答说：“孔北海知道世间还有个刘备啊！”刘备立即派遣精兵三千人跟随太史慈去救孔融。黄巾军听说救兵到了，解除包围四散逃走。孔融渡过灾难以后，更加欣赏器重太史慈，说：“君是我的年轻朋友啊。”事情结束后，太史慈回家禀告母亲，母亲说：“我很高兴你对孔北海有所报答。”

扬州刺史刘繇与太史慈同是东莱郡人，太史慈从辽东归乡，没有能够见到刘繇，只好渡过长江到曲阿拜见刘繇，没有离去，正赶上孙策来到。有人劝说刘繇可以任用太史慈担任大将军，刘繇说：“如果我任用子义为大将军，许劭不将要嘲笑我吗？”仅仅指派太史慈侦察敌军人数的多少、士卒训练的好、坏等情况。某次他与随行的一名骑兵突然遇见了孙策。孙策随从的骑将有十三人，都是韩当、宋谦、黄盖这样一流的勇将。太史慈便上前搏斗，正好与孙策相对。孙策刺伤了太史慈的坐骑，又随手揽取了太史慈颈项上挂着的小戟，太史慈也抓去了孙策所戴的头盔。适逢两家的兵马都前来救援，于是孙策、太史慈才放开了对手。

太史慈本打算与刘繇一同奔往豫章，但他却逃到了芜湖的深山中，自称丹杨太守。当时，孙策已经将宣城以东的地区完全平定，只有泾县以西的六县还没有降服。太史慈因此领兵前往驻守泾县，建立防守城堡，设置行政机构，周围各县的山越民众都归附于他。孙策亲自领兵攻打，太史慈被俘获囚禁。孙策见到后，立即解下捆绑太史慈的绳索，拉着他的手问道：“还记得我们在神亭遇见时的情况吗？如果您在那时捉住了我，又将会怎样呢？”太史慈回答说：“那很难估计。”孙策放声大笑说：“现在开创的事业，要与您一道干。”随即任命太史慈为门下督，到吴郡让他领兵，任折冲中郎将。以后刘繇在豫章郡病死，留下一万多人没有归属，孙策派遣太史慈前往安抚、处置。孙策的亲信都说：“太史慈一定会去北方，不会回来了。”孙策说：“子义抛弃了我，还有什么人可以亲近？”孙策在吴郡西门为他设宴送行，握手告别，问道：“什么时候能够回来？”回答说：“不超过六十天。”太史慈果然按期回到了吴郡。

刘表的侄子刘磐，很骁勇，多次在艾县、西安等县为寇。孙策于是分出海昏、建昌等附近六个县，任太史慈为建昌都尉，治理海昏，并督领诸将军抵御刘磐。刘磐从此绝迹，不再为寇。

太史慈身高七尺七寸，胡须修美，臂长有力，擅长射箭，从不虚发。太史慈在跟孙策讨伐麻、保二屯的叛军时，有个叛军在军营里沿着楼台叫骂，手扶着楼台的横梁。太史慈只一箭就射穿了这个人的手，把他的手钉在横梁上。营外上万人齐声喝彩。太史慈的射术就是这样的神妙。曹操听到他的名字，给太史慈写了一封信，用匣子封好，他打开一看，信里一句话都没说，只放着一味名叫“当归”的药材。孙权执掌江东以后，因太史慈能遏制刘磐，便把南方的事务交给他。太史慈四十一岁，建安十一年时去世。他的儿子太史亨，官至越骑校尉。

士燮字威彦，他是苍梧郡广信县人。士燮的先祖本是鲁国汶阳人，到王莽作乱时，避乱来到交州。六代之后到了士燮的父亲士赐，汉桓帝时任日南太守。士燮年轻时到京城求学，拜颍川人刘子奇为师，研究《左氏春秋》。后被荐举为孝廉，补授尚书郎，因公事被免去官职。为父亲服丧满期后，士燮被推举为茂才，担任巫县县令，后又升任交阯太守。

士燮的弟弟士壹，他最初担任郡里的督邮。刺史丁宫被征召返回京都，士壹随行侍候表现得勤勉恭敬，丁宫为之感动，临别时说：“我以后如果能有幸位居三公，理当征召你。”后来丁宫担任司徒，就征召士壹。等士壹到达，丁宫已被免职，黄琬接替他为司徒，对士壹更加以礼相待。董卓作乱，士壹逃回故乡。交州刺史朱符被作乱的夷民杀害，州郡动荡不宁。士燮于是表奏让士壹兼任合浦太守，二弟徐闻县令士䵋兼任九真太守，士䵋的弟弟士武兼任南海太守。

士燮为人宽厚谦恭，中原士人到他那里依附躲避灾难的有百人之多。他精心研究《春秋》，并作注。陈国名儒袁徽给尚书令荀彧的信说：“交州士燮学问渊博，善理政务，于大乱中，能保全一郡，二十多年间境内没有战事发生，百姓均能安业，寄居的人都蒙受他的好处。即使是窦融保全河西，也不能超过他。他在理政之余，研究书传，尤对《春秋左氏传》已钻研到了简练精微的程度，我曾多次提出‘传’中的许多不解之处，他的解答都以大师的学说为依据，很是详细。他也兼通《尚书》的古今文，对其中大义也了解得详细完备。他听说京都古今文学派，各持己见，争执不休，就想分列出他对《左氏春秋》和《尚书》研究的创见，向朝廷报告。”士燮就是这样被人称赞。

士燮兄弟同任交州各郡郡守，称雄一州之中，偏处于万里之外，尊威显赫。进出有乐队，有全套的仪仗侍从，一路鼓吹，车骑满路，当地土著夹道焚香叩拜的经常有几十人。他们的妻妾外出都乘坐有帷帐、可坐可卧的车子，子弟外出有骑兵扈从，在当时，他们的尊贵威严，震动了南方的蛮族土人，即便是汉初的南越王赵佗也不能超过他。士武因病就首先去世了。

朱符去世后，汉朝廷派张津任交州刺史。在这之后，张津又被他的部将区景杀死，荆州州牧刘表就派零陵人赖恭接替张津。此时，苍梧太守史璜死了，刘表又派吴巨与赖恭同时到任。汉朝廷听到张津的死讯，赐给士燮加有封印的诏书说："交州偏远，南临大海，圣恩难至，忠义被阻。得知叛贼刘表又派赖恭窥视南土，现在，任命士燮为绥南中郎将，统率七郡，兼任交阯太守不变。"后来，士燮派官吏张旻到京都献贡，当时天下正乱，道路断绝，而士燮却没有废去进贡的职责，皇帝特别再次下诏任他为安远将军，封龙度亭侯。

之后，吴巨和赖恭关系不好，举兵驱逐赖恭，赖恭逃回零陵。建安十五年，孙权派步骘任交州刺史。步骘任职到，士燮和兄弟们都听从步骘的调派。吴巨怀有异心，步骘将他杀掉。孙权为士燮加官为左将军。建安末年，士燮派儿子士廞入吴做人质，孙权任命士廞为武昌太守，士燮和士壹所有在南方的儿子都被任命为中郎将。士燮又劝导益州豪族大姓雍闿等人，率郡中百姓归附远在东方的吴国，孙权对此更加赞赏，晋升他为卫将军，封龙编侯，弟士壹被封为偏将军，都乡侯。士燮每次遣使拜见孙权，都带去各种香料、细葛布，往往数以千计，至于明珠、大贝、琉璃、翡翠、玳瑁、犀角、象牙之类的珍品以及奇异果品，像香蕉、椰子、龙眼之类，没有一年不送到。士壹则经常进贡骏马，总共几百匹。孙权下诏书，厚加恩赏，以回报抚慰他们。士燮在郡四十多年，黄武五年，九十岁时去世。

孙权由于交阯偏远，于是分出合浦以北设置广州，让吕岱做了刺史；交阯以南为交州，戴良担任刺史。又派陈时接替士燮为交阯太守。吕岱留驻南海，戴良与陈时一起前行到达合浦。而士燮的儿子士徽已自任交阯太守，派宗族兵马来抵抗戴良。戴良被阻留在合浦。交阯人桓邻，是士燮推荐的官吏，他叩头劝说士徽派人去迎接戴良，士徽发怒，用鞭刑将桓邻活活打死。桓邻的哥哥桓治及其儿子桓发又集合宗族人马攻打士徽，士徽闭门守城，桓治等人攻打了几个月没能攻克，于是双方商议讲和，各自退兵回去。吕岱接受诏命诛讨士徽，从广州领兵昼夜兼程而来，经过合浦，与戴良会合往前推进。士壹的儿子中郎将士匡与吕岱以前就有交情，吕岱任命士匡为师友从事，先送信到交阯，向士徽说明祸福关系，又派士匡去见士徽，劝说他归服请罪，虽然会失去郡守之职，但保证他没有别的忧患。吕岱在士匡之后很快到达，士徽以及哥哥士祗、弟弟士幹、士颂等六人脱衣露出上身恭迎吕岱。吕岱拒绝接受而命令他们重新穿上衣服，继续前进到郡守所在地。第二天一早就设置好军帐，请士徽兄弟依次进入，宾客满座。吕岱站起来，怀抱符节宣读诏书，历数士徽的罪行，左右随从于是反绑士徽等人推出军帐，当即全部处死，通过驿站把他们的首级传送往武昌。士壹、士䵋、士匡因后来出面参与平叛，孙权宽免了他们的罪过，把他们以及士燮充当人质的儿子士廞，都贬为平民。没过几年，士壹、士䵋违法被处死。士廞病死，没有儿子，妻子寡居，孙权下诏让她居住地的官府每月供给俸米，赐钱四十万。

评论说：刘繇能够珍惜名誉，磨砺品行，喜褒贬是非，而于世道动荡的情形下，控制万里疆域，则非他所长。太史慈忠诚义气，有古人的风范。士燮保守南越，悠闲无忧，但他的儿子就不够慎重，自取灾祸，这恐怕是庸才弄富、依险狂妄使他得到这样的下场吧。

三国志卷五十·吴书五

妃嫔传

孙破虏吴夫人，吴主权母也。本吴人，徙钱唐，早失父母，与弟景居。孙坚闻其才貌，欲娶之。吴氏亲戚嫌坚轻狡，将拒焉，坚甚以惭恨。夫人谓亲戚曰："何爱一女以取祸乎？如有不遇，命也。"于是遂许为婚，生四男一女。

景常随坚征伐有功，拜骑都尉。袁术上景领丹杨太守，讨故太守周昕，遂据其郡。孙策与孙河、吕范依景，合众共讨泾县山贼祖郎，郎败走。会为刘繇所迫，景复北依术，术以为督军中郎将，与孙贲共讨樊能、于麋于横江，又击笮融、薛礼于秣陵。时策被创牛渚，降贼复反，景攻讨，尽禽之。从讨刘繇，繇奔豫章，策遣景、贲到寿春报术。术方与刘备争徐州，以景为广陵太守。术后僭号，策以书喻术，术不纳，便绝江津，不与通，使人告景。景即委郡东归，策复以景为丹杨太守。汉遣议郎王诵衔命南行，表景为扬武将军，领郡如故。

及权少年统业，夫人助治军国，甚有补益。建安七年，临薨，引见张昭等，属以后事，合葬高陵。

八年，景卒官，子奋授兵为将，封新亭侯，卒。子安嗣，安坐党鲁王霸死。奋弟祺嗣，封都亭侯，卒。子纂嗣。纂妻即滕胤女也，胤被诛，并遇害。

吴主权谢夫人，会稽山阴人也。父煚，汉尚书郎、徐令。权母吴，为权聘以为妃，爱幸有宠。后权纳姑孙徐氏，欲令谢下之，谢不肯，由是失志，早卒。后十余年，弟承拜五官郎中，稍迁长沙东部都尉、武陵太守，撰《后汉书》百余卷。

吴主权徐夫人，吴郡富春人也。祖父真，与权父坚相亲，坚以妹妻真，生琨。琨少仕州郡，汉末扰乱，去吏，随坚征伐有功，拜偏将军。坚薨，随孙策讨樊能、于麋等于横江，击张英于当利口，而船少，欲驻军更求。琨母时在军中，谓琨曰："恐州家多发水军来逆人，则不利矣，如何可驻邪？宜伐芦苇以为泭，佐船渡军。"琨具启策，策即行之，众悉俱济，遂破英，击走笮融、刘繇，事业克定。策表琨领丹杨太守，会吴景委广陵来东，复为丹杨守，琨以督军中郎将领兵，从破庐江太守李术，封广德侯，迁平虏将军。后从讨黄祖，中流矢卒。

琨生夫人，初适同郡陆尚。尚卒，权为讨虏将军在吴，聘以为妃，使母养子登。后权迁移，以夫人妒忌，废处吴。积十余年，权为吴王及即尊号，登为太子，群臣请立夫人为后，权意在步氏，卒不许。后以疾卒。兄矫，嗣父琨侯，讨平山越，拜偏将军，先夫人卒，无子。弟祚袭封，亦以战功至芜湖督、平魏将军。

吴主权步夫人，临淮淮阴人也，与丞相骘同族。汉末，其母携将徙庐江，庐江为孙策所破，皆东渡江，以美丽得幸于权，宠冠后庭。生二女，长曰鲁班，字大虎，前配周瑜子循，后配全琮；少曰鲁育，字小虎，前配朱据，后配刘纂。

夫人性不妒忌，多所推进，故久见爱待。权为王及帝，意欲以为后，而群臣议在徐氏，权依违者十余年，然宫内皆称皇后，亲戚上疏称中宫。及薨，臣下缘权指，请追正名号，乃赠印绶，策命曰："惟赤乌元年闰月戊子，皇帝曰：呜呼皇后，惟后佐命，共承天地。虔恭夙夜，与朕均劳。内教修整，礼义不愆。宽容慈惠，有淑懿之德。民臣县望，远近归心。朕以世难未夷，大统未一，缘后雅志，每怀谦损。是以于时未授名号，亦必谓后降年有永，永与朕躬对扬天休。不寤奄忽，大命近止。朕恨本意不早昭显，伤后殂逝，不终天禄。愍悼之至，痛于厥心。今使使持节丞相醴陵侯雍，奉策授号，配食先后。魂而有灵，嘉其宠荣。呜呼哀哉！"葬于蒋陵。

吴主权王夫人，琅邪人也。夫人以选入宫，黄武中得幸，生和，宠次步氏。步氏薨后，和立为太子，权将立夫人为后，而全公主素憎夫人，稍稍谮毁。及权寝疾，言有喜色，由是权深责怒，以忧死。和子晧立，追尊夫人曰大懿皇后，封三弟皆列侯。

吴主权王夫人，南阳人也，以选入宫，嘉禾中得幸，生休。及和为太子，和母贵重，诸姬有宠者，皆出居外。夫人出公安，卒，因葬焉。休即位，遣使追尊曰敬怀皇后，改葬敬陵。王氏无后，封同母弟文雍为亭侯。

吴主权潘夫人，会稽句章人也。父为吏，坐法死。夫人与姊俱输织室，权见而异之，召充后宫。得幸有娠，梦有以龙头授己者，己以蔽膝受之，遂生亮。赤乌十三年，亮立为太子，请出嫁夫人之姊，权听许之。明年，立夫人为皇后。性险妒容媚，自始至卒，谮害袁夫人等甚众。权不豫，夫人使问中书令孙弘吕后专制故事。侍疾疲劳，因以羸疾，诸宫人伺其昏卧，共缢杀之，托言中恶。后事泄，坐死者六七人。权寻薨，合葬蒋陵。孙亮即位，以夫人姊婿谭绍为骑都尉，授兵。亮废，绍与家属送本郡庐陵。

孙亮全夫人，全尚女也。从祖母公主爱之，每进见辄与俱。及潘夫人母子有宠，全主自以与孙和母有隙，乃劝权为潘氏男亮纳夫人，亮遂为嗣。夫人立为皇后，以尚为城门校尉，封都亭侯，代滕胤为太常、卫将军，进封永平侯，录尚书事。时全氏侯有五人，并典兵马，其余为侍郎、骑都尉，宿卫左右，自吴兴，外戚贵盛莫及。及魏大将诸葛诞以寿春来附，而全怿、全端、全祎、全仪等并因此际降魏，全熙谋泄见杀，由是诸全衰弱。会孙綝废亮为会稽王，后又黜为候官侯，夫人随之国，居候官，尚将家属徙零陵，追见杀。

孙休朱夫人，朱据女，休姊公主所生也。赤乌末，权为休纳以为妃。休为琅琊王，随居丹杨。建兴中，孙峻专政，公族皆患之。全尚妻即峻姊，故惟全主祐焉。初，孙和为太子时，全主谮害王夫人，欲废太子，立鲁王，朱主不听，由是有隙。五凤中，孙仪谋杀峻，事觉被诛。全主因言朱主与仪同谋，峻枉杀朱主。休惧，遣夫人还建业，执手泣别。既至，峻遣还休。太平中，孙亮知朱主为全主所害，问朱主死意？全主惧曰："我实不知，皆据二子熊、损所白。"亮杀熊、损。损妻是峻妹也，孙綝益忌亮，遂废亮，立休。永安五年，立夫人为皇后。休卒，群臣尊夫人为皇太后。孙晧即位月余，贬为景皇后，称安定宫。甘露元年七月，见逼薨，合葬定陵。

孙和何姬，丹杨句容人也。父遂，本骑士。孙权尝游幸诸营，而姬观于道中，权望见异之，命宦者召入，以赐子和。生男，权喜，名之曰彭祖，即晧也。太子和既废，后为南阳王，居长沙。孙亮即位，孙峻辅政。峻素媚事全主，全主与和母有隙，遂劝峻徙和居新都，遣使赐死，嫡妃张氏亦自杀。何姬曰："若皆从死，谁当养孤？"遂拊育晧，及其三弟。晧即位，尊和为昭献皇帝，何姬为昭献皇后，称升平宫，月余，进为皇太后。封弟洪永平侯，蒋溧阳侯，植宣城侯。洪卒，子邈嗣，为武陵监军，为晋所杀。植官至大司徒。吴末昏乱，何氏骄僭，子弟横放，百姓患之。

故民讹言“晧久死，立者何氏子”云。

孙晧滕夫人，故太常胤之族女也。胤夷灭，夫人父牧，以疏远徙边郡。孙休即位，大赦，得还，以牧为五官中郎。晧既封乌程侯，聘牧女为妃。晧即位，立为皇后，封牧高密侯，拜卫将军，录尚书事。后朝士以牧尊戚，颇推令谏争。而夫人宠渐衰，晧滋不悦，晧母何恒左右之。又太史言，于运历，后不可易，晧信巫觋，故得不废，常供养升平宫。牧见遣居苍梧郡，虽爵位不夺，其实裔也，遂道路忧死。长秋官僚，备员而已，受朝贺表疏如故。而晧内诸宠姬，佩皇后玺绂者多矣。天纪四年，随晧迁于洛阳。

评曰：《易》称“正家而天下定”。《诗》云：“刑于寡妻，至于兄弟，以御于家邦。”诚哉，是言也！远观齐桓，近察孙权，皆有识士之明，杰人之志，而嫡庶不分，闺庭错乱，遗笑古今，殃流后嗣。由是论之，惟以道义为心、平一为主者，然后克免斯累邪！

【译文】

吴氏，破虏将军孙坚的夫人，孙权的母亲。她本是吴县人，后来迁居钱塘，从小死了父母，与弟弟吴景生活在一起。孙坚听说她才貌双全，想娶她为妻。吴家人嫌孙坚轻率暴烈。想要拒绝，孙坚感到非常羞怒。吴氏对亲戚们说：“何必为舍不得一个女子而招惹灾祸呢？如果两人不合，那是我命中注定。”于是就答应与孙坚成婚，生有四男一女。

吴夫人之弟吴景随孙坚征战有功，任命他做骑都尉。袁术上表朝廷后委派吴景兼任丹杨太守，进攻当时的太守周昕，并占据了丹杨郡。孙策与孙河、吕范去依附吴景，招集人马一同进攻泾县山区的叛军首领祖郎，祖郎大败逃走。之后，刘繇逼迫，吴景北渡长江去投靠袁术，袁术任他为督军中郎将，与孙贲一起去攻打驻扎横江的刘繇部将樊能、于麋，又到秣陵袭击笮融、薛礼。当时，孙策在牛渚之战中受伤，已投降的敌军又再度反叛，吴景率兵作战，擒获叛军。吴景又随孙策讨伐刘繇，刘繇逃往豫章，孙策派吴景、孙贲到寿春去向袁术报告战况。当时袁术正与刘备争夺徐州，便任吴景为广陵太守。袁术后来僭越称帝，孙策写信劝他，袁术不听，孙策便封锁了长江沿岸的渡口，断绝了与袁术的往来，并派人告诉吴景。吴景立即离开广陵回到江东，孙策又任吴景为丹杨太守。汉朝廷派议郎王诵南下，王诵上表任吴景为扬武将军，依然兼任丹杨郡太守。

孙权少年承继父兄大业，吴夫人辅助他治理军国，对孙权有很大的帮助，建安七年，吴夫人临去世前，召见张昭等人，嘱咐后事，与孙坚合葬高陵。

建安八年，吴景死于任所，儿子吴奋为将，封新亭侯。吴景去世后，他的儿子吴安继承爵位，吴安因鲁王孙霸党案被处死，吴奋弟吴祺承继爵位，封都亭侯。去世后，儿子吴纂继承，吴纂的妻子是滕胤的女儿，滕胤被杀后，吴纂也一起被杀。

孙权的谢夫人，她是是会稽山阴人，父亲谢煚，在东汉时任尚书郎、徐县县令。孙权的母亲吴夫人，为孙权娶谢氏为妃，孙权对她很是宠爱。之后，孙权又娶了姑母的孙女徐氏，想让谢夫人居于徐氏之下，谢夫人不肯，所以失宠，很早就死了。十一多年以后，谢夫人的弟弟谢承被任为五官郎中，渐升至长沙东部都尉、武陵郡太守，他所撰写的《后汉书》有一百多卷。

孙权的徐夫人，是吴郡富春人。祖父徐真，与孙坚很交好，孙坚把妹妹嫁给徐真，生下了徐琨。徐琨自年轻时就在本郡府中做事，汉末，天下大乱，他辞去职务，随舅父孙坚征战有功。被任为偏将军。孙坚去世，他随孙策到横江进攻樊能、于麋，又在当利口袭击张英。当时，军营中船只很少，孙策想停下来收集船只。徐琨的母亲孙氏当时在军营中，就对徐琨说："恐怕扬州政府会派大量水军来阻击我们，这样，形势就不利了，不能停下来。应当砍伐江边的芦苇做成筏子，系在船边渡过江去。"徐琨把她的建议报告给孙策，孙策立即施行，大军全部渡过长江，打败了张英，赶走了笮融、刘繇，大获全胜。孙策上表请求任命徐琨兼任丹杨太守，此时，吴景由广陵回到江东，又重新担任了丹杨太守，徐琨便以督军中郎将统领兵马，随孙策打败庐江太守李术，封为广德侯，升任平虏将军。后来，在随孙策讨伐黄祖时，被流矢射中而死。

徐琨是徐夫人的生父，她当初嫁给同郡的陆尚。陆尚去世后，孙权担任讨虏将军驻军在吴县，聘徐氏为妃，让她作为养母哺育长子孙登。后来孙权对徐氏的宠爱发生转移，因为她的妒忌，把她送出去安置在吴县居住。过了十多年，孙权当上吴王后来又称帝，孙登被立为太子，群臣都请求立徐氏为王后、皇后，而孙权的意思要立步氏，所以始终不同意。之后徐氏因病去世。徐氏的哥哥徐矫，继承了父亲徐琨的爵位，领兵讨伐平定山越，被任命为偏将军，他在徐夫人之前去世，没有儿子。徐矫的弟弟徐祚继承了徐琨的爵位，也因立下战功而升到芜湖战区的军事指挥官、平魏将军。

孙权步夫人，她是临淮郡淮阴县人，和丞相步骘同宗族。汉朝末年，孙权步夫人的母亲带她迁居到庐江郡。庐江被孙策攻破，当地人民都被迁到江东，她因为容貌美丽而得以嫁给孙权，在后宫中受到的宠爱无人可比。她生了两个女儿，长女名鲁班，字大虎，前夫是周瑜的儿子周循，后来又嫁给全琮；小女名鲁育，字小虎，前夫是朱据，后来又嫁给刘纂。

步夫人生性没有妒忌之心，多次向孙权推荐带进美貌女子，因此长久受到孙权的宠爱。孙权称王后来称帝，都想封步夫人为王后皇后，而群臣们的意见全都倾向于徐夫人，所以孙权一直犹豫不决了十多年。但是宫内都称步夫人为皇后，亲戚们上书给步夫人也都按照皇后的规格。等到步夫人死以后，臣下们顺孙权的意旨，请求为步夫人追正名号，于是孙权便追赠给步夫人皇后的印绶，并下达册封文书说："赤乌元年闰月戊子，皇帝曰：呜呼皇后！朕思念皇后禀受天命来辅佐，一块儿承担起天覆地载的责任，日夜以虔诚恭敬的态度，与朕分担着辛劳。皇后对后宫的教化肃穆严整，没有违背礼义的现象出现。皇后宽容仁慈，广施恩惠，品德贤淑美好。臣民们对皇后都十分敬仰，远近的人都心向着皇后。朕因为国难未平，天下没有统一，又顺从皇后谦虚自损的高雅志向，所以没及时授给皇后的名号。再说朕也认为上天给皇后的寿命一定长久，将长久地与朕一起显扬上天赐给的庇荫。没想到突然之间，皇后的生命就终止了。朕既怨恨自己的本意没有及早地显示，也为皇后永别人世，没有完全享受到上天赐给的福禄而感到悲伤。朕真是怜悯哀悼，痛心到了极点。现在派使持节、丞相、醴陵侯顾雍，带着文书前来授予皇后的名号，并使皇后和已故的皇太后一起享受祭祀。皇后的在天之灵，将会喜欢如此的荣宠。呜呼哀哉！"步夫人死后被葬在蒋陵。

孙权王夫人，她是琅玡郡人，被选中入宫。黄武年间得到孙权的宠爱，生下儿子孙和，得宠程度仅次于步夫人。步夫人死后，孙和被立为太子。孙权想立王夫人为皇后，而孙权的大女儿，也就是后改嫁给全琮的公主鲁班，历来憎恨王夫人，就不断地对她进行诋毁。孙权病卧在床时，鲁班又说她脸上有喜悦的神色，为此，孙权愤怒地痛斥她，使她在忧恐中很快去世。孙和的儿子孙晧被立为皇帝后，追尊王夫人为大懿皇后，封她的三个弟弟为列侯。

孙权王夫人，她是南阳人，被选中入宫，嘉禾年间怀孕，生下儿子孙休。孙和为太子时，其母王夫人因此显贵，所以孙权其他的姬妾都被迁出宫外。后来，王夫人被迁徙到湖北公安，并死在那里，就地安葬。孙休当皇帝后，追尊王夫人为敬怀皇后，并将其改葬到敬陵。王家没有后代，孙休封她同母异父的弟弟文雍为亭侯。

孙权潘夫人，她是会稽句章人。原来是个小官，因罪被处死。潘氏与其姐都被收入为皇家织造绸缎的官署做工，孙权见她容貌出众，便召进后宫。宠幸而怀孕，梦中见有人把龙头交给自己，便用衣前的围裙接下龙头，于是，生下孙亮。赤乌十三年，孙亮被立为太子，请求将潘夫人的姐姐嫁出去，孙权同意了。第二年，立潘夫人为皇后。潘夫人虽外貌娇媚却生性阴妒，从进宫到去世，一直诽谤、陷害袁夫人等多人。孙权病重时，她就派人向中书令孙弘询问有关吕后专权的故事。因服侍生病的孙权过于疲劳，犯了风痹病，宫女们乘她昏睡之际，用绳子勒死了她，借口说她是中邪而死。后来，事情败露，有六七人为此事被杀。不久，孙权去世，与潘夫人合葬在蒋陵。孙亮即帝位后，以潘夫人的姐夫谭绍为骑都尉，授予兵权。孙亮被废后，谭绍和他的家属也被送回老家庐陵郡。

孙亮全夫人，她是全尚的女儿。孙亮全夫人的堂祖母，也就是孙权的大女儿公主鲁班，对她非常疼爱，每次进宫见孙权都要带着她。潘夫人母子得宠之后，公主鲁班因为自己与孙和的母亲王夫人有矛盾，所以竭力劝孙权为潘夫人的儿子孙亮娶全氏为妻，后来孙亮终于当上继承人。孙亮登上帝位立刻封夫人为皇后，任命全夫人的父亲全尚为城门校尉，封都亭侯，又代替滕胤任太常、卫将军，晋封永平侯，总管尚书台的公务。当时全氏家族有五人封侯，而且都负责统领军队，其余的人也担任侍郎、骑都尉，在皇帝左右充当侍卫，自从吴国兴起，孙氏皇族的后妃之家没有谁家比得上全家的尊贵兴盛。后来魏军大将诸葛诞献上寿春城投降，而全怿、全端、全祎、全仪都在这时投降魏国，全熙在密谋败露后被处死，从此全氏势力衰弱。碰上孙綝废黜亮为会稽王。后来孙亮又被贬为候官侯，全夫人跟从他一起前往封地，居住在候官县。而全尚及其家属则被流放到零陵郡，途中他被朝廷追派来的使者杀死。

孙休朱夫人，她是朱据的女儿，孙休的姐姐朱公主所生。赤乌末年，孙权为孙休纳朱氏为妃。孙休被封琅玡王，朱夫人随他居住丹杨。建兴年间，孙峻擅权专政，王公家族既畏惧他，又记恨他。因全尚的妻子是孙峻的姐姐，所以只有全公主袒护孙峻。当初，孙和为太子时，全公主陷害王夫人，想废除孙和而立鲁王。朱公主不赞成，因此，两人有了矛盾。五凤年间，孙仪欲谋杀孙峻，事发后被处死。全公主便向孙峻说朱公主与孙仪是同谋，孙峻就枉杀了朱公主。孙休害怕，让朱夫人回建业，执手泣别。朱夫人到了建业，孙峻又把她送还孙休住地。太平年间，孙亮得知朱公主是被全公主加害的，便询问朱公主的死因。全公主感到十分恐惧，说："我真的不知道，都是朱据的两个儿子朱熊、朱损说的。"孙亮便杀掉了朱熊、朱损。朱损的妻子是孙峻的妹妹，所以，后来接替孙峻权位的孙𬘭更加忌恨孙亮，便废掉孙亮另立孙休。永安五年，孙休立朱夫人为皇后。孙休去世后，群臣尊朱夫人为皇太后。孙晧即位一个多月后，朱夫人又被贬为景皇后，称安定宫。甘露元年七月，朱夫人被逼而死，与孙休合葬于定陵。

孙和的何姬，她是丹杨郡句容县人。孙和的父亲名遂，原本是一个骑士。孙权巡视各地军营，当时何氏在路旁观看，被孙权看见，认为这个小姑娘不平常，命令随从宦官将她召进宫中，赐给儿子孙和。后来何氏生了个男孩，孙权很喜欢，取名彭祖，这便是孙晧。皇太子孙和被废弃以后，改封为南阳王，在长沙居住。孙亮即帝位，孙峻辅佐朝政。孙峻平时便巴结全公主，全公主与孙和的母亲有仇怨，于是劝说孙峻将孙和迁居到新都，派遣使臣命令孙和自死，孙和的正妻张氏也自杀。何氏说："如果都随从孙和一道死了，哪个来抚养留下的孤儿呢?"于是活下来抚育孙晧和她的三个弟弟。孙晧即帝位，尊称孙和为昭献皇帝，何氏为昭献皇后，称为升平宫，过了一个多月，又被封为皇太后。封她的弟弟何洪为永平侯，何蒋为溧阳侯，何植为宣城侯。何洪死，洪子何邈继承了封爵，授任为武陵监军，以后被晋朝的军队杀死。何植官至大司徒。吴国末年，孙晧昏庸，朝政大乱，何氏家族骄横，超越本分，子弟凶暴放肆，百姓把他们看成是大祸害。百姓谣传说："孙晧已经死了很久，当今的皇帝是何家的人!"

吴主孙晧的滕夫人，是原太常滕胤同族的女儿。滕胤被孙𬘭诛灭，夫人的父亲滕牧，由于与滕胤的关系疏远流迁到边远郡县。孙休即帝位，在全国大赦，才得以回到建业，任命滕牧担任五官中郎。孙晧封乌程侯以后，娶滕牧女为妃。孙晧即帝位，立为皇后，封滕牧为高密侯，授官卫将军，总管朝廷军国大政。后来朝廷官员因为滕牧是尊贵的外戚，大都推他向孙晧劝谏与争议。可是滕夫人受到的宠爱渐渐衰减，孙晧越来越不喜欢夫人，幸亏孙晧的母亲何太后常常帮助她。又因为太史宣称，根据天象测知的运命、气数，皇后不可以改变，孙晧迷信巫师，所以滕后没有被贬废，经常在升平宫奉养何太后。滕牧则被遣送到苍梧郡，虽说封爵官职没有剥夺，实际上是将他放逐到边远地区，滕牧在去苍梧的路上忧愁死去。皇后宫中有大小的官员，不过是充数罢了，只照例接受臣下朝见、庆贺的呈文。可是在后宫被孙晧宠爱的众多侍妾当中，执掌皇后印章的人可多呢。天纪四年，晋朝灭亡了吴国，滕夫人随同孙晧迁往洛阳。

评论说:《周易》有“治理好家庭而后天下安定”的说法,《诗经·思齐》一诗也写道:“给嫡妻作示范，然后是兄弟，从而治理国家。”这些话确实说得好啊！远看齐桓公，近看孙权，都有识别人才的明智，英雄豪杰的志向，然而又都不分嫡庶，后宫关系错乱，在古今历史上留下笑柄，使灾祸落到后代的头上。由此说来，只有心中坚持道义，处理事情以公平一致为原则的，才能免除这方面的毛病吧！

三国志卷五十一·吴书六

宗室传

孙静字幼台，坚季弟也。坚始举事，静纠合乡曲及宗室五六百人以为保障，众咸附焉。策破刘繇，定诸县，进攻会稽，遣人请静，静将家属与策会于钱唐。是时太守王朗拒策于固陵，策数度水战，不能克。静说策曰："朗负阻城守，难可卒拔。查渎南去此数十里，而道之要径也，宜从彼据其内，所谓攻其无备、出其不意者也。吾当自帅众为军前队，破之必矣。"策曰："善。"乃诈令军中曰："顷连雨水浊，兵饮之多腹痛，令促具罂缶数百口澄水。"至昏暮，罗以然火诳朗，便分军夜投查渎道，袭高迁屯。朗大惊，遣故丹杨太守周昕等帅兵前战。策破昕等，斩之，遂定会稽。表拜静为奋武校尉，欲授之重任，静恋坟墓宗族，不乐出仕，求留镇守。策从之。权统事，就迁昭义中郎将，终于家。有五子，暠、瑜、皎、奂、谦。暠三子：绰、超、恭。超为偏将军。恭生峻。绰生綝。

瑜字仲异，以恭义校尉始领兵众。是时宾客诸将多江西人，瑜虚心绥抚，得其欢心。建安九年，领丹杨太守，为众所附，至万余人。加绥远将军。十一年，与周瑜共讨麻、保二屯，破之。后从权拒曹公于濡须，权欲交战，瑜说权持重，权不从，军果无功。迁奋威将军，领郡如故，自溧阳徙屯牛渚。瑜以永安人饶助为襄安长，无锡人颜连为居巢长，使招纳庐江二郡，各得降附。济阴人马普笃学好古，瑜厚礼之，使二府将吏子弟数百人就受业，遂立学官，临飨讲肄。是时诸将皆以军务为事，而瑜好乐坟典，虽在戎旅，诵声不绝。年三十九，建安二十年卒。瑜五子：弥、熙、耀、曼、纮。曼至将军，封侯。

孙皎字叔朗，始拜护军校尉，领众二千余人。是时曹公数出濡须，皎每赴拒，号为精锐。迁都护征虏将军，代程普督夏口。黄盖及兄瑜卒，又并其军。赐沙羡、云杜、南新市、竟陵为奉邑，自置长吏。轻财能施，善于交结，与诸葛瑾至厚，委庐江刘靖以得失，江夏李允以众事，广陵吴硕、河南张梁以军旅，而倾心亲待，莫不自尽。皎尝遣兵候获魏边将吏美女以进皎，皎更其衣服送还之，下令曰："今所诛者曹氏，其百姓何罪？自今以往，不得击其老弱。”由是江淮间多归附者。尝以小故与甘宁忿争，或以谏宁，宁曰：“臣子一例，征虏虽公子，何可专行侮人邪！吾值明主，但当输效力命，以报所天，诚不能随俗屈曲矣。”权闻之，以书让皎曰：“自吾与北方为敌，中间十年，初时相持年小，今者且三十矣。孔子言‘三十而立’，非但谓五经也。授卿以精兵，委卿以大任，都护诸将于千里之外，欲使如楚任昭奚恤，扬威于北境，非徒相使逞私志而已。近闻卿与甘兴霸饮，因酒发作，侵陵其人，其人求属吕蒙督中。此人虽粗豪，有不如人意时，然其较略大丈夫也。吾亲之者，非私之也。我亲爱之，卿疏憎之；卿所为每与吾违，其可久乎？夫居敬而行简，可以临民；爱人多容，可以得众。二者尚不能知，安可董督在远，御寇济难乎？卿行长大，特受重任，上有远方瞻望之视，下有部曲朝夕从事，何可恣意有盛怒邪？人谁无过，贵其能改，宜追前愆，深自咎责。今故烦诸葛子瑜重宣吾意。临书摧怆，心悲泪下。”皎得书，上疏陈谢，遂与宁结厚。后吕蒙当袭南郡，权欲令皎与蒙为左右部大督，蒙说权曰：“若至尊以征虏能，宜用之；以蒙能，宜用蒙。昔周瑜、程普为左右部督，共攻江陵，虽事决于瑜，普自恃久将，且俱是督，遂共不睦，几败国事，此目前之戒也。”权寤，谢蒙曰：“以卿为大督，命皎为后继。”禽关羽，定荆州，皎有力焉。建安二十四年卒。权追录其功，封子胤为丹杨侯。胤卒，无子。弟晞嗣，领兵，有罪自杀，国除。弟咨、弥、仪皆将军，封侯。咨羽林督，仪无难督。咨为滕胤所杀，仪为孙峻所害。

孙奂字季明。兄皎既卒，代统其众，以扬武中郎将领江夏太守。在事一年，遵皎旧迹，礼刘靖、李允、吴硕、张梁及江夏闾举等，并纳其善。奂讷于造次而敏于当官，军民称之。黄武五年，权攻石阳，奂以地主，使所部将军鲜于丹帅五千人先断淮道，自帅吴硕、张梁五千人为军前锋，降高城，得三将。大军引还，权诏使在前住，驾过其军，见奂军陈整齐，权叹曰：“初吾忧其迟钝，今治军，诸将少能及者，吾无忧矣。”拜扬威将军，封沙羡侯。吴硕、张梁皆裨将军，赐爵关内侯。奂亦爱乐儒生，复命部曲子弟就业，后仕进朝廷者数十人。年四十，嘉禾三年卒。子承嗣，以昭武中郎将代统兵，领郡。赤乌六年卒，无子，封承庶弟壹奉奂后，袭业为将。孙峻之诛诸葛恪也，壹与全熙、施绩攻恪弟公安督融，融自杀。壹从镇南迁镇军，假节督夏口。及孙綝诛滕胤、吕据，据、胤皆壹之妹夫也，壹弟封又知胤、据谋，自杀。綝遣朱异潜袭壹。异至武昌，壹知其攻己，率部曲千余口过将胤妻奔魏。魏以壹为车骑将军、仪同三司，封吴侯，以故主芳贵人邢氏妻之。邢美色妒忌，下不堪命，遂共杀壹及邢氏。壹入魏三年死。

孙贲字伯阳。父羌字圣台，坚同产兄也。贲早失二亲，弟辅婴孩，贲自赡育，友爱甚笃。为郡督邮守长。坚于长沙举义兵，贲去吏从征伐。坚薨，贲摄帅余众，扶送灵柩。后袁术徙寿春，贲又依之。术从兄绍用会稽周昂为九江太守，绍与术不协，术遣贲攻破昂于阴陵。术表贲领豫州刺史，转丹杨都尉，行征虏将军，讨平山越。为扬州刺史刘繇所迫逐，因将士众还住历阳。顷之，术复使贲与吴景共击樊能、张英等，未能拔。及策东渡，助贲、景破英、能等，遂进击刘繇。繇走豫章。策遣贲、景还寿春报术，值术僭号，署置百官，除贲九江太守。贲不就，弃妻孥还江南。时策已平吴、会二郡，贲与策征庐江太守刘勋、江夏太守黄祖，军旋，闻繇病死，过定豫章，上贲领太守，后封都亭侯。建安十三年，使者刘隐奉诏拜贲为征虏将军，领郡如故。在官十一年卒。子邻嗣。

邻年九岁，代领豫章，进封都乡侯。在郡垂二十年，讨平叛贼，功绩修理。召还武昌，为绕帐督。时太常潘濬掌荆州事，重安长陈留舒燮有罪下狱，濬尝失燮，欲置之于法。论者多为有言，濬犹不释。邻谓濬曰："舒伯膺兄弟争死，海内义之，以为美谭，仲膺又有奉国旧意。今君杀其子弟，若天下一统，青盖北巡，中州士人必问仲膺继嗣，答者云潘承明杀燮，于事何如？"濬意即解，燮用得济。邻迁夏口沔中督、威远将军，所居任职。赤乌十二年卒。子苗嗣。苗弟旅及叔父安、熙、绩，皆历列位。

孙辅字国仪，贲弟也，以扬武校尉佐孙策平三郡。策讨丹杨七县，使辅西屯历阳以拒袁术，并招诱余民，鸠合遗散。又从策讨陵阳，生得祖郎等。策西袭庐江太守刘勋，辅随从，身先士卒，有功。策立辅为庐陵太守，抚定属城，分置长吏。迁平南将军，假节领交州刺史。遣使与曹公相闻，事觉，权幽系之。数岁卒。子兴、昭、伟、昕，皆历列位。

孙翊字叔弼，权弟也，骁悍果烈，有兄策风。太守朱治举孝廉，司空辟。建安八年，以偏将军领丹杨太守，时年二十。后卒为左右边鸿所杀，鸿亦即诛。

子松为射声校尉、都乡侯。黄龙三年卒。蜀丞相诸葛亮与兄瑾书曰："既受东朝厚遇，依依于子弟。又子乔良器，为之恻怆。见其所与亮器物，感用流涕。"其悼松如此，由亮养子乔咨述故云。

孙匡字季佐，翊弟也。举孝廉茂才，未试用，卒，时年二十余。子泰，曹氏之甥也，为长水校尉。嘉禾三年，从权围新城，中流矢死。泰子秀为前将军、夏口督。秀公室至亲，握兵在外，晧意不能平。建衡二年，晧遣何定将五千人至夏口猎。先是，民间佥言秀当见图，而定远猎，秀遂惊，夜将妻子亲兵数百人奔晋。晋以秀为骠骑将军、仪同三司，封会稽公。

孙韶字公礼。伯父河，字伯海，本姓俞氏，亦吴人也。孙策爱之，赐姓为孙，列之属籍。后为将军，屯京城。

初，孙权杀吴郡太守盛宪，宪故孝廉妫览、戴员亡匿山中，孙翊为丹杨，皆礼致之。览为大都督督兵，员为郡丞。及翊遇害，河驰赴宛陵，责怒览、员，以不能全翊，令使奸变得施。二人议曰："伯海与将军疏远，而责我乃耳。讨虏若来，吾属无遗矣。"遂杀河，使人北迎扬州刺史刘馥，令住历阳，以丹杨应之。会翊帐下徐元、孙高、傅婴等杀览、员。

韶年十七，收河余众，缮治京城，起楼橹，修器备以御敌。权闻乱，从椒丘还，过定丹杨，引军归吴。夜至京城下营，试攻惊之，兵皆乘城传檄备警，讙声动地，颇射外人，权使晓喻乃止。明日见韶，甚器之，即拜承烈校尉，统河部曲，食曲阿、丹徒二县，自置长吏，一如河旧。后为广陵太守、偏将军。权为吴王，迁扬威将军，封建德侯。权称尊号，为镇北将军。韶为边将数十年，善养士卒，得其死力。常以警疆场远斥候为务，先知动静而为之备，故鲜有负败。青、徐、汝、沛颇来归附，淮南滨江屯候皆彻兵远徙，徐、泗、江、淮之地，不居者各数百里。自权西征，还都武昌，韶不进见者十余年。权还建业，乃得朝觐。权问青、徐诸屯要害，远近人马众寡，魏将帅姓名，尽具识之，有问咸对。身长八尺，仪貌都雅。权欢悦曰："吾久不见公礼，不图进益乃尔。"加领幽州牧、假节。赤乌四年卒。子越嗣，至右将军。越兄楷武卫大将军、临成侯，代越为京下督。楷弟异至领军将军，奕宗正卿，恢武陵太守。天玺元年，征楷为宫下镇骠骑将军。初永安贼施但等劫晧弟谦，袭建业，或白楷二端不即赴讨者，晧数遣诘楷。楷常惶怖，而卒被召，遂将妻子亲兵数百人归晋，晋以为车骑将军，封丹杨侯。

孙桓字叔武，河之子也。年二十五，拜安东中郎将，与陆逊共拒刘备。备军众甚盛，弥山盈谷，桓投刀奋命，与逊戮力，备遂败走。桓斩上夔道，截其径要。备逾山越险，仅乃得免，忿恚叹曰："吾昔初至京城，桓尚小儿，而今迫孤乃至此也！"桓以功拜建武将军，封丹徒侯，下督牛渚，作横江坞，会卒。

评曰：夫亲亲恩义，古今之常。宗子维城，诗人所称。况此诸孙，或赞兴初基，或镇据边陲，克堪厥任，不忝其荣者乎！故详著云。

【译文】

孙静，字幼台，他是孙坚的小弟弟。孙坚开始建义军时，孙静聚集乡亲及同族五六百人护卫地方，大家都很顺服他。孙策打败刘繇、平定各县、进攻会稽时，派遣人来请孙静，孙静率家人与孙策在钱唐会面。这时，太守王朗在固陵抗拒孙策。孙策几次在水上同王朗交战，都没能取胜。孙静劝孙策说："王朗依险，坚守城池，难以迅速攻下。查渎往南几十里，是交道要冲，应从那里控制他的内部，这就是攻其无备、出其不意的道理。我亲率我的部属为先锋，一定能打败王朗。"孙策说："好。"就在军队中下假命令说："前不久，连着下雨，饮水混浊，士兵喝了很多人肚子痛，马上备办几百口瓦缸澄清浑水。"到了黄昏，又在周围燃起火堆迷惑王朗，而于夜半分兵直奔查渎道，袭击高迁屯。王朗很是吃惊，派原丹杨太守周昕等人领兵救援，孙策打败并杀了周昕等人，于是，会稽平定。孙策上表任命孙静为奋武校尉，并准备予他要职，孙静因眷恋家乡宗族，不想出外做官，就请求留在家乡镇守。孙策同意了。孙权接位后，升孙静为昭义中郎将，最后在家乡终老。他有五个儿子：孙暠、孙瑜、孙皎、孙奂、孙谦。孙暠有三个儿子：孙绰、孙超、孙恭。孙超任偏将军，孙恭生孙峻，孙绰生孙綝。

孙瑜字仲异，以恭义校尉的身份开始领兵。那是门客和各位将领大多是江淮之间的人，孙瑜诚心地安抚大家，得到众人的信任。建安九年，兼任丹杨太守，受到众人拥护，兵力达到一万多人。被加官为绥远将军。建安十一年，和周瑜一起讨伐麻屯和保屯，取得大胜。后来跟从孙权在濡须抵御曹操，孙权打算交战，孙瑜劝孙权谨慎从事，孙权不听，出击果然没有成功。后升为奋威将军，照旧兼任丹杨太守，从溧阳迁到牛渚驻扎。孙瑜任用永安人饶助为襄安县长，无锡人颜连为居巢县长，让他们招纳庐江二郡，这两人各得到投降和归附的人众。济阴人马普专心好学而喜爱古代事务，孙瑜对他厚礼相待，让军政二府的将士和官吏的子弟几百人跟他学习，还设立了学官，他自己亲临讲堂的开业祭典。当时诸将都专心军事，而孙瑜却嗜好古人典籍，虽然身处军旅，却从不中断读书。孙瑜仅活到三十九岁，建安二十年就去世了。孙瑜有五个儿子，即孙弥、孙熙、孙耀、孙曼和孙纮。孙曼官做到将军，封侯。

孙皎，字叔朗，起初任扩军校尉，带领两千多人。那时，曹操多次进犯濡须，孙皎每次都率兵抗击曹魏，号称精锐。升都护、征虏将军，接替程普镇守夏口。黄盖和孙瑜去世后，他又将这两处兵马合并过来。朝廷把沙羡、云杜、南新市、竟陵赐他做食邑，可以自主安置地方官员。他轻财施惠，善于交往，与诸葛瑾的交情很深厚。他把决策权托给庐江人刘靖，把一般的事务托给江夏人李允，士兵托给广陵人吴硕、河南人张梁，并倾心抚慰他们，使他们都能尽心竭力。孙皎曾派遣兵士探察魏国动静，士兵把抓获魏国的守将和官吏的美女送给孙皎，孙皎给他们更换衣服，并送他们回去。下令说："现在，要讨伐的是曹氏，百姓有什么罪？从今以后，不许攻击魏国的老弱百姓。"所以，江淮一带归附他的人很多。孙皎曾因小事与甘宁斗气，有人劝说甘宁让步，甘宁说："人臣与皇子同例，征虏将军虽是皇族，但也不能专断又侮辱人。我遇到的是贤君明主，自当尽力效劳，却不能随同时速，委曲求全。"孙权听到这件事后，写信责备孙皎说："自我与曹操为敌以来，已有十年。当初你我都还年轻，现在也快三十岁。孔子说'三十而立'，并非只熟读五经。我把精兵交付于你，委以重任，于千里之外统将带兵，是想让自己像从前楚宣王委任昭奚恤那样，让你向北敌扬威，绝非只是要使你能满足个人的愿望而已。最近听说你与甘宁饮酒，因酒醉而乱性，欺侮于他，他现在要求归属吕蒙督领。甘宁人虽粗豪，有时不免使人不满意，但总的来看仍是杰出之士。我亲重于他，并非护短偏爱。现在我亲爱他，你却疏远憎恨他，与我常常相反，这怎能长久维持下去呢？为人严谨、办事简明，才可治理百姓；能爱护宽容他人，才能得众人拥护。这两点你都不懂，怎能在远方统兵击敌、解除危难呢？你就要成人了，我特别加以重用。上有君主在关注你，下有兵马追随你，你怎能意气用事、大动肝火呢？谁都免不了犯错误，贵在知错能改。你应认真追悔所犯错误，对自己严加批评。我特意烦请子瑜把我的意思郑重地转告你。写信时心中难过，不禁泪下。"孙皎看信后，上疏认错，就这样，与甘宁结为好友。后来，吕蒙要进攻南郡，孙权想让孙皎和吕蒙分任左右都督。吕蒙劝孙权说：“您若认为征虏将军可以胜任，就该任用他；若认为我能胜任，就应任用我。以前周瑜、程普为左右督帅，一起进攻江陵，虽然由周瑜决策，但程普依仗自己是老资格的将领，且又都是统帅，心中不服而失和，险些坏了大事。我们今天应当引以为诫。”孙权猛然醒悟向吕蒙表示歉意，说：“任命您为大都督，孙皎为后续。”后来，擒拿关羽、平定荆州，孙皎都出了力。汉建安二十四年，孙皎去世。孙权追赏他的功劳，封他的儿子孙胤为丹杨侯。孙胤去世后，没有儿子，弟弟孙晞承继爵位，统率兵马，后因有罪自杀，封国被废除。孙胤的弟弟孙咨、孙弥、孙仪都是将军，封为侯爵。孙咨是羽林督，孙仪是无难督。孙咨被滕胤杀害，孙仪被孙峻杀害。

孙奂字季明。孙奂在哥哥孙皎去世后，代替哥哥统领部众，以扬武中郎将的身份兼任江夏太守。任职第一年的时候，处理军政事务完全按照孙皎的办法，对刘靖、李允、吴硕、张梁和江夏人闾举等人以礼相待，一概接受这些人好的意见。孙奂在突然遇到紧急的事时显得很谨慎，但处理政事却很敏捷，当地军民都称赞孙奂。黄武五年，孙权进攻石阳县，孙奂认为这是在自己防区内的行动，派部将鲜于丹率领五千人阻断淮河水道，自己率领吴硕、张梁等五千人作为军队的前锋，攻克高城，俘获曹魏三位将领。大军退还时，孙权命孙奂在前面停住，自己乘车从孙奂的军前经过，见到孙奂的部队军容整齐，赞叹说：“开始我还担心孙奂办事迟钝，现在看来统领军队，众将领中很少有人能赶上孙奂，我不用担心了。”任命孙奂为扬威将军，封为沙羡侯。吴硕、张梁也都被任命为裨将军，赐关内侯爵。孙奂也喜欢亲近儒家学者，又让部将子弟读书学习，后来有数十人，入朝为官。孙奂时年四十，于嘉禾三年去世。儿子孙承继承了爵位，以昭武中郎将身份接替父亲统领其部下，并兼任江夏太守。孙承赤乌六年去世，没有儿子，孙承的异母弟孙壹继承了爵位，并作为孙奂一支的传人，承袭父亲的兵马担任将军。孙峻诛杀诸葛恪的时候，孙壹和全熙、施绩进攻诸葛恪的弟弟、公安督诸葛融，诸葛融自杀。孙壹因而从镇南将军晋升为镇军将军，假节，主持夏口防区防务。当孙綝诛杀滕胤、吕据时，这两人都是孙壹的妹夫，孙壹的弟弟孙封又知道滕胤、吕据二人试图诛除孙綝的计划，害怕自杀。孙綝派朱异暗中袭击孙壹。朱异到达武昌后，孙壹知道朱异要攻打自己，便率领部下一千余人，途中带上滕胤的妻子投奔曹魏。曹魏任命孙壹为车骑将军、仪同三司，封为吴侯，又让以前魏帝曹芳的贵人邢氏做孙壹的妻子。邢氏貌美而好妒忌，手下的人忍受不了邢氏的虐待，于是一起杀死了孙壹和邢氏。孙壹是在降附曹魏三年后死的。

孙贲，字伯阳，他父亲孙羌字圣台，他是孙坚的同母兄长。孙贲从小就失去双亲，弟弟孙辅还是个婴儿，孙贲亲自抚养他长大，所以兄弟两人的情谊很深厚。之后孙贲任郡督邮并代理地方主管职务。孙坚在长沙举兵，孙贲弃官跟随孙坚讨伐董卓。孙坚去世后，孙贲代为统领孙坚留下的兵马，护送孙坚的灵柩还乡。袁术迁至寿春，孙贲前去投奔。袁术的堂兄袁绍任用会稽人周昂为九江太守。袁绍与袁术不和，袁术派孙贲在阴陵打败了周昂。袁术上表朝廷请求任孙贲兼任豫州刺史，又改任丹杨都尉，代理征虏将军，讨伐平定了山越人。后来，受到扬州刺史刘繇的攻击，于是，率兵马退住江北历阳。不久，袁术又叫孙贲与吴景一起进攻樊能、张英等人，没能取胜。一直到孙策东渡长江，援助孙贲、吴景打败了樊能、张英等人后，才并力攻击刘繇，刘繇逃到了豫章。孙策派孙贲、吴景回寿春向袁术报告，正值袁术僭越称帝，设置百官，并且任命孙贲为九江太守。孙贲没有就职，抛弃妻儿返回江南。此时，孙策已平定吴郡、会稽两郡，孙贲与孙策又征讨庐江太守刘勋、江夏太守黄祖。回军时，听说刘繇病死，就顺路平定了豫章。孙策上表请求孙贲兼任太守，后封都亭侯。建安十三年，汉使刘隐奉诏授予孙贲征虏将军的称号，仍兼任豫章太守。在任十一年去世。儿子孙邻承继爵位。

孙邻九岁，接替他父亲的职位，兼任豫章太守，自后又晋封为都乡侯。做郡职将近二十年，讨平反叛盗贼，取得了吏治美善的政绩。奉命调回武昌，任绕帐督。当时太常卿潘濬主管荆州的军政，重安县长陈留人舒燮因为有罪投入监狱，潘濬对舒燮的判处有偏严的失误，要对他从严处置。议事的官员有很多人为舒燮说话，潘濬还不能消除疑虑。孙邻对潘濬说："舒伯膺兄弟都争着替死，全国都认为他们有义气，传为佳话。仲膺还有拥戴吴国的旧情。现在您杀了他们的子弟，假如全国统一，皇帝到北方巡视，中原地区的士人一定会询问仲膺的后代，答话的人说潘承明杀了舒燮，对这样的事，您觉得怎样呢？"潘濬的疑虑即时消除，舒燮因此得救。之后孙邻晋升为夏口沔中督、威远将军，凡所担任的职务都很称职。赤乌十二年病死。儿子孙苗继位。孙苗的弟弟孙旅以及孙苗的叔父孙安、孙熙、孙绩，都官至列卿的高位。

孙辅字国仪，他是孙贲的弟弟，凭借扬武校尉的身份辅佐孙策平定三郡。孙策讨伐丹杨七县的时候，派孙辅西行驻守历阳以阻击袁术，并招集劝诱余下的百姓，聚合失散的士卒。后又跟随孙策讨伐陵阳，活捉祖郎等人。孙策西进袭击庐江太守刘勋，孙辅跟随参战，身先士卒，立下战功。孙策奏荐孙辅为庐陵太守，安抚平定所属的城镇，分别设置管理长官。升平南将军，假以符节兼任交州刺史。后来孙辅派使者与曹操私下交往，事情发觉后，孙权幽禁了他。数年后去世。他的儿子孙兴、孙昭、孙伟、孙昕，都身历爵位。

孙翊字叔弼，他是孙权的弟弟，他骁勇强悍，果敢刚烈，有着哥哥孙策的风范。太守朱治推举他为孝廉，他被司空征召。建安八年，以偏将军的身份兼任丹杨太守，时年二十岁。第二年却被随从边鸿杀害，边鸿也随即被处死。

孙翊的儿子孙松为射声校尉、都乡侯。黄龙三年去世。蜀国丞相诸葛亮在给哥哥诸葛瑾的信中说："你既受东吴的厚恩，福荫又延及到子弟。再者子乔是很优秀的人才，我为他的不幸悲痛。见到他送给我的器物，便感慨而流泪。"诸葛亮悲悼孙松就像这样，而这是因为诸葛亮的养子诸葛乔向他叹息诉说才有这番话的。

孙匡，字季佐，他是孙翊的弟弟。被举为孝廉秀才，还没有试用，就生病死了，当时才二十多岁。孙匡的儿子孙泰，是曹氏的外甥，任长水校尉。嘉禾三年，随孙权围攻新城，被乱箭射死。孙泰的儿子孙秀任前将军、夏口督。孙秀是皇室至亲，执掌兵权都驻扎在城外，孙皓心里很是不安。建衡二年，孙皓派何定领五千人到夏口打猎。此前，民间都传言孙秀必定要被谋害。何定远出打猎，孙秀为此受到惊动，他连夜带着妻子和亲信士兵几百人逃到晋国。晋国任命他为骠骑将军、仪同三司，封会稽公。

孙韶，字公礼。他的伯父孙河，字伯海，本来姓俞，他也是吴郡人。因为孙策喜欢他，赐他孙姓，列入孙氏族谱之中。后来出任将军，驻守京城。

当初，孙权杀了吴郡太守盛宪，盛宪的老朋友孝廉妫览、戴员都逃入山中隐藏。孙翊为丹杨太守的时候，对他们以礼相待，所以他们都来归附。妫览为领兵大都督，戴员为郡丞。孙翊遇害时，孙河飞马疾赴宛陵，愤怒地指责妫览和戴员，认为他们没能尽到职责，致使发生如此邪恶的事件。妫览、戴员两人商议:“孙河与孙翊关系并不亲密,尚且如此严厉地谴责我们,若是讨虏将军孙权来了,我们就没有活路了。”于是,杀孙河,派人往北迎接扬州刺史刘馥,让他出兵历阳,他们在丹杨来响应。恰逢孙翊的部下徐元、孙高、傅婴等人杀了妫览、戴员。

孙韶十七岁的时候,收聚孙河所统的余部,他整修京城县的防御设施,建造了瞭望敌情的高台,修治作战器具以防御敌军。孙权听说发生了叛乱,从椒丘回师时,便顺路平定了丹杨,然后率军返回东吴。晚上到达京城扎营,他试着进攻京城想惊吓孙韶,京城的士兵都登上城墙传令警戒,声势动地,并且迅速发箭迎击进攻者,孙权派人让城内明白真相后守城行动才停止。第二天孙权见到孙韶,对他甚是器重,立即任命他为承烈校尉,统领孙河的部队,以曲阿、丹徒两县作为他的食邑,并自行任命官吏,一切都像从前孙河那样。后来孙韶升为广军。孙权被封为吴王后,升孙韶为扬威将军,爵封建德侯。孙权称帝,孙韶为镇北将军。孙韶做边防将领几十年,爱护关怀士兵,得到将士们的拼死效力。他常常把边防警戒和敌后侦察作为自己的重大军务,先摸清情况并提前做好准备,因此很少打败仗,青、徐、汝、沛等地百姓多来归附,魏国在淮南滨江地带屯守窥伺的部队都撤回内线避其锋芒,徐、泗、江、淮一带,没有屯兵驻守者的地方各有几百里。自孙权西征,将都城迁回武昌,孙韶已有十几年没有朝见孙权。孙权把都城重新迁回建业,孙韶这才得以朝见。孙权问起青州、徐州各屯营的要害之处,远近人马的多少,魏国将帅的姓名,孙韶都心里有数,有问必答。孙韶身高八尺,仪态容貌美好闲雅。孙权高兴地说:“我很长时间没有见到公礼了,没想到他的进步如此显著。”命他兼任幽州牧、假以符节。赤乌四年孙韶去世。儿子孙越继承爵位,官至右将军。孙越的哥哥孙楷为武卫大将军、临成侯,代孙越担任京下督。孙楷的弟弟孙异官至领军将军,孙奕官至宗正卿,孙恢官至武陵太守。天玺元年,征召孙楷入朝为宫下镇骠骑将军。当初永安贼施但等劫持孙皓的二弟孙谦,袭击建安,有的人向孙皓禀报说孙楷首鼠两端而没有立即投入征讨,孙皓为此多次派人责问过孙楷。孙楷常常心怀恐惧,对这时突然又有征召命令深觉蹊跷,于是带着妻儿和亲兵数百人投奔晋国,晋国任用他为车骑将军,爵封丹杨侯。

孙桓,字叔武,他是孙河的儿子。二十五岁的时候,担任安东中郎将,与陆逊一同抗拒刘备。刘备兵马众多,满山遍野,孙桓奋力拼杀,他与陆逊齐心合力，刘备败逃。孙桓截断通往夔地道路，封锁山谷要冲。刘备翻山越岭，得以幸免，他恼怒地叹道："我以前刚到京城，孙桓还是孩童，可如今，竟将我逼迫到了这个程度。"孙桓因功被任命为建武将军，封丹徒侯，让他往东督察牛渚，修建横江坞，恰在这时，他去世了。

评论说：与亲人的恩爱情谊，是古今常理。国君的嫡长子就像拱卫国家的城墙，这是《诗经》所称赞的。这里所载的孙氏各位，有帮助奠定功业基础的，有镇守边境要塞的，都能承担起他们的职责，没有辱没他们的尊荣，因此，把他们的业绩详细记录下来。

三国志卷五十二·吴书七

张顾诸葛步传

张昭字子布，彭城人也。少好学，善隶书，从白侯子安受《左氏春秋》，博览众书，与琅玡赵昱、东海王朗俱发名友善。弱冠察孝廉，不就，与朗共论旧君讳事，州里才士陈琳等皆称善之。刺史陶谦举茂才，不应，谦以为轻己，遂见拘执。昱倾身营救，方以得免。汉末大乱，徐方士民多避难扬土，昭皆南渡江。孙策创业，命昭为长史、抚军中郎将，升堂拜母，如比肩之旧，文武之事，一以委昭。昭每得北方士大夫书疏，专归美于昭，昭欲嘿而不宣则惧有私，宣之则恐非宜，进退不安。策闻之，欢笑曰："昔管仲相齐，一则仲父，二则仲父，而桓公为霸者宗。今子布贤，我能用之，其功名独不在我乎！"

策临亡，以弟权托昭，昭率群僚立而辅之。上表汉室，下移属城，中外将校，各令奉职。权悲感未视事，昭谓权曰："夫为人后者，贵能负荷先轨，克昌堂构，以成勋业也。方今天下鼎沸，群盗满山，孝廉何得寝伏哀戚，肆匹夫之情哉？"乃身自扶权上马，陈兵而出，然后众心知有所归。昭复为权长史，授任如前。后刘备表权行车骑将军，昭为军师。权每田猎，常乘马射虎，虎常突前攀持马鞍。昭变色而前曰："将军何有当尔？夫为人君者，谓能驾御英雄，驱使群贤，岂谓驰逐于原野，校勇于猛兽者乎？如有一旦之患，奈天下笑何？"权谢昭曰："年少虑事不远，以此惭君。"然犹不能已，乃作射虎车，为方目，间不置盖，一人为御，自于中射之。时有逸群之兽，辄复犯车，而权每手击以为乐。昭虽谏争，常笑而不答。魏黄初二年，遣使者邢贞拜权为吴王。贞入门，不下车。昭谓贞曰："夫礼无不敬，故法无不行。而君敢自尊大，岂以江南寡弱，无方寸之刃故乎！"贞即遽下车。拜昭为绥远将军，封由拳侯。权于武昌，临钓台，饮酒大醉。权使人以水洒群臣曰："今日酣饮，惟醉堕台中，乃当止耳。"昭正色不言，出外车中坐。权遣人呼昭还，谓曰："为共作乐耳，公何为怒乎？"昭对曰："昔纣为糟丘酒池长夜之饮，当时亦以为乐，不以为恶也。"权默然，有惭色，遂罢酒。初，权当置丞相，众议归昭。权曰:“方今多事,职统者责重,非所以优之也。”后孙邵卒,百寮复举昭,权曰:“孤岂为子布有爱乎?领丞相事烦,而此公性刚,所言不从,怨咎将兴,非所以益之也。”乃用顾雍。

权既称尊号,昭以老病,上还官位及所统领。更拜辅吴将军,班亚三司,改封娄侯,食邑万户。在里宅无事,乃著《春秋左氏传解》及《论语注》。权尝问卫尉严畯:“宁念小时所闇书不?”畯因诵《孝经》“仲尼居”。昭曰:“严畯鄙生,臣请为陛下诵之。”乃诵“君子之事上”,咸以昭为知所诵。

昭每朝见,辞气壮厉,义形于色,曾以直言逆旨,中不进见。后蜀使来,称蜀德美,而群臣莫拒,权叹曰:“使张公在坐,彼不折则废,安复自夸乎?”明日,遣中使劳问,因请见昭。昭避席谢,权跪止之。昭坐定,仰曰:“昔太后、桓王不以老臣属陛下,而以陛下属老臣,是以思尽臣节,以报厚恩,使泯没之后,有可称述,而意虑浅短,违逆盛旨,自分幽沦,长弃沟壑,不图复蒙引见,得奉帷幄。然臣愚心所以事国,志在忠益,毕命而已。若乃变心易虑,以偷荣取容,此臣所不能也。”权辞谢焉。

权以公孙渊称藩,遣张弥、许晏至辽东拜渊为燕王,昭谏曰:“渊背魏惧讨,远来求援,非本志也。若渊改图,欲自明于魏,两使不反,不亦取笑于天下乎?”权与相反覆,昭意弥切。权不能堪,案刀而怒曰:“吴国士人入宫则拜孤,出宫则拜君,孤之敬君,亦为至矣,而数于众中折孤,孤尝恐失计。”昭熟视权曰:“臣虽知言不用,每竭愚忠者,诚以太后临崩,呼老臣于床下,遗诏顾命之言故在耳。”因涕泣横流。权掷刀致地,与昭对泣。然卒遣弥、晏往。昭忿言之不用,称疾不朝。权恨之,土塞其门,昭又于内以土封之。渊果杀弥、晏。权数慰谢昭,昭固不起,权因出过其门呼昭,昭辞疾笃。权烧其门,欲以恐之,昭更闭户。权使人灭火,住门良久,昭诸子共扶昭起,权载以还宫,深自克责。昭不得已,然后朝会。

昭容貌矜严,有威风,权常曰:“孤与张公言,不敢妄也。”举邦惮之。年八十一,嘉禾五年卒。遗令幅巾素棺,敛以时服。权素服临吊,谥曰文侯。长子承已自封侯,少子休袭爵。

昭弟子奋年二十,造作攻城大攻车,为步骘所荐。昭不愿曰:“汝年尚少,何为自委于军旅乎?”奋对曰:“昔童汪死难,子奇治阿,奋实不才耳，于年不为少也。”遂领兵为将军，连有功效，至半州都督，封乐乡亭侯。

承字仲嗣，少以才学知名，与诸葛瑾、步骘、严畯相友善。权为骠骑将军，辟西曹掾，出为长沙西部都尉。讨平山寇，得精兵万五千人。后为濡须都督、奋威将军，封都乡侯，领部曲五千人。承为人壮毅忠谠，能甄识人物，拔彭城蔡款、南阳谢景于孤微童幼，后并为国士，款至卫尉，景豫章太守。又诸葛恪年少时，众人奇其英才，承言终败诸葛氏者元逊也。勤于长进，笃于物类，凡在庶几之流，无不造门。年六十七，赤乌七年卒，谥曰定侯。子震嗣。初，承丧妻，昭欲为索诸葛瑾女，承以相与有好，难之，权闻而劝焉，遂为婿。生女，权为子和纳之。权数令和修敬于承，执子婿之礼。震诸葛恪诛时亦死。

休字叔嗣，弱冠与诸葛恪、顾谭等俱为太子登僚友，以《汉书》授登。从中庶子转为右弼都尉。权常游猎，迨暮乃归，休上疏谏戒，权大善之，以示于昭。及登卒后，为侍中，拜羽林都督，平三典军事，迁扬武将军。为鲁王霸友党所谮，与顾谭、承俱以芍陂论功事，休、承与典军陈恂通情，诈增其伐，并徙交州。中书令孙弘佞伪险诐，休素所忿，弘因是谮诉，下诏书赐休死，时年四十一。

顾雍字元叹，吴郡吴人也。蔡伯喈从朔方还，尝避怨于吴，雍从学琴书。州郡表荐，弱冠为合肥长，后转在娄、曲阿、上虞，皆有治迹。孙权领会稽太守，不之郡，以雍为丞，行太守事，讨除寇贼，郡界宁静，吏民归服。数年，入为左司马。权为吴王，累迁大理奉常，领尚书令，封阳遂乡侯，拜侯还寺，而家人不知，后闻乃惊。

黄武四年，迎母于吴。既至，权临贺之，视拜其母于庭，公卿大臣毕会，后太子又往庆焉。雍为人不饮酒，寡言语，举动时当。权尝叹曰：“顾君不言，言必有中。”至饮宴欢乐之际，左右恐有酒失而雍必见之，是以不敢肆情。权亦曰：“顾公在坐，使人不乐。”其见惮如此。是岁，改为太常，进封醴陵侯，代孙邵为丞相，平尚书事。其所选用文武将吏各随能所任，心无适莫。时访逮民间，及政职所宜，辄密以闻。若见纳用，则归之于上，不用，终不宣泄。权以此重之。然于公朝有所陈及，辞色虽顺而所执者正。权尝咨问得失，张昭因陈听采闻，颇以法令太稠，刑罚微重，宜有所蠲损。权默然，顾问雍曰：“君以为何如？”雍对曰：“臣之所闻，亦如昭所陈。”于是权乃议狱轻刑。久之，吕壹、秦博为中书，典校诸官府及州郡文书。壹等因此渐作威福，遂造作榷酤障管之利，举罪纠奸，纤介必闻，重以深案丑诬，毁短大臣，排陷无辜，雍等皆见举白，用被谴让。后壹奸罪发露，收系廷尉。雍往断狱，壹以囚见，雍和颜色，问其辞状，临出，又谓壹曰："君意得无欲有所道？"壹叩头无言。时尚书郎怀叙面詈辱壹，雍责叙曰："官有正法，何至于此！"

雍为相十九年，年七十六，赤乌六年卒。初疾微时，权令医赵泉视之，拜其少子济为骑都尉。雍闻，悲曰："泉善别死生，吾必不起，故上欲及吾目见济拜也。"权素服临吊，谥曰肃侯。长子邵早卒，次子裕有笃疾，少子济嗣，无后，绝。永安元年，诏曰："故丞相雍，至德忠贤，辅国以礼，而侯统废绝，朕甚愍之。其以雍次子裕袭爵为醴陵侯，以明著旧勋。"

邵字孝则，博览书传，好乐人伦。少与舅陆绩齐名，而陆逊、张敦、卜静等皆亚焉。自州郡庶几及四方人士，往来相见，或言议而去，或结厚而别，风声流闻，远近称之。权妻以策女。年二十七，起家为豫章太守。下车祀先贤徐孺子之墓，优待其后；禁其淫祀非礼之祭者。小吏资质佳者，辄令就学，择其先进，擢置右职，举善以教，风化大行。初，钱唐丁谞出于役伍，阳羡张秉生于庶民，乌程吴粲、云阳殷礼起乎微贱，邵皆拔而友之，为立声誉。秉遭大丧，亲为制服结绖。邵当之豫章，发在近路，值秉疾病，时送者百数，邵辞宾客曰："张仲节有疾，苦不能来别，恨不见之，暂还与诀，诸君少时相待。"其留心下士，惟善所在，皆此类也。谞至典军中郎，秉云阳太守，礼零陵太守，粲太子少傅。世以邵为知人。在郡五年，卒官，子谭、承云。

谭字子默，弱冠与诸葛恪等为太子四友，从中庶子转辅正都尉。赤乌中，代恪为左节度。每省簿书，未尝下筹，徒屈指心计，尽发疑谬，下吏以此服之。加奉车都尉。薛综为选曹尚书，固让谭曰："谭心精体密，贯道达微，才照人物，德允众望，诚非愚臣所可越先。"后遂代综。祖父雍卒数月，拜太常，代雍平尚书事。是时鲁王霸有盛宠，与太子和齐衡，谭上疏曰："臣闻有国有家者，必明嫡庶之端，异尊卑之礼，使高下有差，阶级逾邈，如此则骨肉之恩生，觊觎之望绝。昔贾谊陈治安之计，论诸侯之势，以为势重，虽亲必有逆节之累，势轻，虽疏必有保全之祚。故淮南亲弟，不终飨国，失之于势重也；吴芮疏臣，传祚长沙，得之于势轻也。昔汉文帝使慎夫人与皇后同席，袁盎退夫人之座，帝有怒色，及盎辨上下之仪，陈人彘之戒，帝既悦怿，夫人亦悟。今臣所陈，非有所偏，诚欲以安太子而便鲁王也。”由是霸与谭有隙。时长公主婿卫将军全琮子寄为霸宾客，寄素倾邪，谭所不纳。先是，谭弟承与张休俱北征寿春，全琮时为大都督，与魏将王淩战于芍陂，军不利，魏兵乘胜陷没五营将秦晃军，休、承奋击之，遂驻魏师。时琮群子绪、端亦并为将，因敌既住，乃进击之，淩军用退。时论功行赏，以为驻敌之功大，退敌之功小，休、承并为杂号将军，绪、端偏裨而已。寄父子益恨，共构会谭。谭坐徙交州，幽而发愤，著《新言》二十篇。其《知难篇》盖以自悼伤也。见流二年，年四十二，卒于交阯。

承字子直，嘉禾中与舅陆瑁俱以礼征。权赐丞相雍书曰：“贵孙子直，令问休休，至与相见，过于所闻，为君嘉之。”拜骑都尉，领羽林兵。后为吴郡西部都尉，与诸葛恪等共平山越，别得精兵八千人，还屯军章阬，拜昭义中郎将，入为侍中。芍陂之役，拜奋威将军，出领京下督。数年，与兄谭、张休等俱徙交州，年三十七卒。

诸葛瑾字子瑜，琅邪阳都人也。汉末避乱江东。值孙策卒，孙权姊婿曲阿弘咨见而异之，荐之于权，与鲁肃等并见宾待，后为权长史，转中司马。建安二十年，权遣瑾使蜀通好刘备，与其弟亮俱公会相见，退无私面。

与权谈说谏喻，未尝切愕，微见风彩，粗陈指归，如有未合，则舍而及他，徐复托事造端，以物类相求，于是权意往往而释。吴郡太守朱治，权举将也，权曾有以望之，而素加敬，难自诘让，忿忿不解。瑾揣知其故，而不敢显陈，乃乞以意私自问，遂于权前为书，泛论物理，因以已心遥往忖度之。毕，以呈权，权喜，笑曰：“孤意解矣。颜氏之德，使人加亲，岂谓此邪？”权又怪校尉殷模，罪至不测。群下多为之言，权怒益甚，与相反覆，惟瑾默然，权曰：“子瑜何独不言？”瑾避席曰：“瑾与殷模等遭本州倾覆，生类殄尽。弃坟墓，携老弱，披草莱，归圣化，在流隶之中，蒙生成之福，不能躬相督厉，陈答万一，至令模孤负恩惠，自陷罪戾。臣谢过不暇，诚不敢有言。”权闻之怆然，乃曰：“特为君赦之。”

后从讨关羽，封宣城侯，以绥南将军代吕蒙领南郡太守，住公安。刘备东伐吴，吴王求和，瑾与备笺曰：“奄闻旗鼓来至白帝，或恐议臣以吴王侵取此州，危害关羽，怨深祸大，不宜答和，此用心于小，未留意于大者也。试为陛下论其轻重，及其大小。陛下若抑威损忿，暂省瑾言者，计可立决，不复咨之于群后也。陛下以关羽之亲何如先帝？荆州大小孰与海内？俱应仇疾，谁当先后？若审此数，易于反掌。”时或言瑾别遣亲人与备相闻，权曰：“孤与子瑜有死生不易之誓，子瑜之不负孤，犹孤之不负子瑜也。”黄武元年，迁左将军，督公安，假节，封宛陵侯。

虞翻以狂直流徙，惟瑾屡为之说。翻与所亲书曰：“诸葛敦仁，则天活物，比蒙清论，有以保分。恶积罪深，见忌殷重，虽有祁老之救，德无羊舌，解释难冀也。”

瑾为人有容貌思度，于时服其弘雅。权亦重之，大事咨访。又别咨瑾曰：“近得伯言表，以为曹丕已死，毒乱之民，当望旌瓦解，而更静然。闻皆选用忠良，宽刑罚，布恩惠，薄赋省役，以悦民心，其患更深于操时。孤以为不然。操之所行，其惟杀伐小为过差，及离间人骨肉，以为酷耳。至于御将，自古少有。丕之于操，万不及也。今叡之不如丕，犹丕不如操也。其所以务崇小惠，必以其父新死，自度衰微，恐困苦之民一朝崩沮，故强屈曲以求民心，欲以自安住耳，宁是兴隆之渐邪！闻任陈长文、曹子丹辈，或文人诸生，或宗室戚臣，宁能御雄才虎将以制天下乎？夫威柄不专，则其事乖错，如昔张耳、陈余，非不敦睦，至于秉势，自还相贼，乃事理使然也。又长文之徒，昔所以能守善者，以操笮其头，畏操威严，故竭心尽意，不敢为非耳。逮丕继业，年已长大，承操之后，以恩情加之，用能感义。今叡幼弱，随人东西，此曹等辈，必当因此弄巧行态，阿党比周，各助所附。如此之日，奸谗并起，更相陷怼，转成嫌贰。一尔已往，群下争利，主幼不御，其为败也焉得久乎？所以知其然者，自古至今，安有四五人把持刑柄，而不离刺转相蹄啮者也！强当陵弱，弱当求援，此乱亡之道也。子瑜，卿但侧耳听之，伯言常长于计校，恐此一事小短也。”

权称尊号，拜大将军、左都护，领豫州牧。及吕壹诛，权又有诏切磋瑾等，语在《权传》。瑾辄因事以答，辞顺理正。瑾子恪，名盛当世，权深器异之；然瑾常嫌之，谓非保家之子，每以忧戚。赤乌四年，年六十八卒，遗命令素棺敛以时服，事从省约。恪已自封侯，故弟融袭爵，摄兵业驻公安，部曲吏士亲附之。疆外无事，秋冬则射猎讲武，春夏则延宾高会，休吏假卒，或不远千里而造焉。每会辄历问宾客，各言其能，乃合榻促席，量敌选对，或有博弈，或有摴蒱，投壶弓弹，部别类分，于是甘果继进，清酒徐行，融周流观览，终日不倦。融父兄质素，虽在军旅，身无采饰；而融锦罽文绣，独为奢绮。孙权薨，徙奋威将军。后恪征淮南，假融节，令引军入沔，以击西兵。恪既诛，遣无难督施宽就将军施绩、孙壹、全熙等取融。融卒闻兵士至，惶惧犹豫，不能决计，兵到围城，饮药而死，三子皆伏诛。

步骘字子山，临淮淮阴人也。世乱，避难江东，单身穷困，与广陵卫旌同年相善，俱以种瓜自给，昼勤四体，夜诵经传。

会稽焦征羌，郡之豪族，人客放纵。骘与旌求食其地，惧为所侵，乃共修刺奉瓜，以献征羌。征羌方在内卧，驻之移时，旌欲委去，骘止之曰："本所以来，畏其强也；而今舍去，欲以为高，只结怨耳。"良久，征羌开牖见之，身隐几坐帐中，设席致地，坐骘、旌于牖外，旌愈耻之，骘辞色自若。征羌作食，身享大案，肴膳重沓，以小盘饭与骘、旌，惟菜茹而已。旌不能食，骘极饭致饱乃辞出。旌怒骘曰："何能忍此？"骘曰："吾等贫贱，是以主人以贫贱遇之，固其宜也，当何所耻？"

孙权为讨虏将军，召骘为主记，除海盐长，还辟车骑将军东曹掾。建安十五年，出领鄱阳太守。岁中，徙交州刺史、立武中郎将，领武射吏千人，便道南行。明年，追拜使持节、征南中郎将。刘表所置苍梧太守吴巨阴怀异心，外附内违。骘降意怀诱，请与相见，因斩徇之，威声大震。士燮兄弟，相率供命，南土之宾，自此始也。益州大姓雍闿等杀蜀所署太守正昂，与燮相闻，求欲内附。骘因承制遣使宣恩抚纳，由是加拜平戎将军，封广信侯。

延康元年，权遣吕岱代骘，骘将交州义士万人出长沙。会刘备东下，武陵蛮夷蠢动，权遂命骘上益阳。备既败绩，而零、桂诸郡犹相惊扰，处处阻兵，骘周旋征讨，皆平之。黄武二年，迁右将军左护军，改封临湘侯。五年，假节，徙屯沤口。

权称尊号，拜骠骑将军，领冀州牧。是岁，都督西陵，代陆逊抚二境，顷以冀州在蜀分，解牧职。时权太子登驻武昌，爱人好善，与骘书曰："夫贤人君子，所以兴隆大化，佐理时务者也。受性暗蔽，不达道数，虽实区区欲尽心于明德，归分于君子，至于远近士人，先后之宜，犹或缅焉，未之能详。《传》曰：'爱之能勿劳乎？忠焉能勿诲乎？'斯其义也，岂非所望于君子哉！"骘于是条于时事业在荆州界者，诸葛瑾、陆逊、朱然、程普、潘濬、裴玄、夏侯承、卫旌、李肃、周条、石幹十一人，甄别行状，因上疏奖劝曰："臣闻人君不亲小事，百官有司各任其职。故舜命九贤，则无所用心，弹五弦之琴，咏《南风》之诗，不下堂庙而天下治也。齐桓用管仲，被发载车，齐国既治，又致匡合。近汉高祖揽三杰以兴帝业，西楚失雄俊以丧成功。汲黯在朝，淮南寝谋；郅都守边，匈奴窜迹。故贤人所在，折冲万里，信国家之利器，崇替之所由也。方今王化未被于汉北，河、洛之滨尚有僭逆之丑，诚揽英雄拔俊任贤之时也。愿明太子重以经意，则天下幸甚。”

后中书吕壹典校文书，多所纠举，骘上疏曰：“伏闻诸典校擿抉细微，吹毛求瑕，重案深诬，辄欲陷人以成威福；无罪无辜，横受大刑，是以使民跼天蹐地，谁不战栗？昔之狱官，惟贤是任，故皋陶作士，吕侯赎刑，张、于廷尉，民无冤枉，休泰之祚，实由此兴。今之小臣，动与古异，狱以贿成，轻忽人命，归咎于上，为国速怨。夫一人吁嗟，王道为亏，甚可仇疾。明德慎罚，哲人惟刑，书传所美。自今蔽狱，都下则宜谘顾雍，武昌则陆逊、潘濬，平心专意，务在得情，骘党神明，受罪何恨？”又曰：“天子父天母地，故宫室百官，动法列宿。若施政令，钦顺时节，官得其人，则阴阳和平，七曜循度。至于今日，官寮多阙，虽有大臣，复不信任，如此天地焉得无变？故频年枯旱，亢阳之应也。又嘉禾六年五月十四日，赤乌二年正月一日及二十七日，地皆震动。地阴类，臣之象，阴气盛故动，臣下专政之故也。夫天地见异，所以警悟人主，可不深思其意哉！”又曰：“丞相顾雍、上大将军陆逊、太常潘濬，忧深责重，志在竭诚，夙夜兢兢，寝食不宁，念欲安国利民，建久长之计，可谓心膂股肱，社稷之臣矣。宜各委任，不使他官监其所司，责其成效，课其负殿。此三臣者，思虑不到则已，岂敢专擅威福欺负所天乎？”又曰：“县赏以显善，设刑以威奸，任贤而使能，审明于法术，则何功而不成，何事而不辨，何听而不闻，何视而不睹哉？若今郡守百里，皆各得其人，共相经纬，如是，庶政岂不康哉！窃闻诸县并有备吏，吏多民烦，俗以之弊。但小人因缘衔命，不务奉公而作威福，无益视听，更为民害，愚以为可一切罢省。”权亦觉悟，遂诛吕壹。骘前后荐达屈滞，救解患难，书数十上。权虽不能悉纳，然时采其言，多蒙济赖。

赤乌九年，代陆逊为丞相，犹诲育门生，手不释书，被服居处有如儒生。然门内妻妾服饰奢绮，颇以此见讥。在西陵二十年，邻敌敬其威信。性宽弘得众，喜怒不形于声色，而外内肃然。

十年卒，子协嗣，统骘所领，加抚军将军。协卒，子玑嗣侯。协弟阐，继业为西陵督，加昭武将军，封西亭侯。凤皇元年，召为绕帐督。阐累世在西陵，卒被征命，自以失职，又惧有谗祸，于是据城降晋。遣玑与弟璿诣洛阳为任，晋以阐为都督西陵诸军事、卫将军、仪同三司，加侍中，假节领交州牧，封宜都公；玑监江陵诸军事、左将军，加散骑常侍，领庐陵太守，改封江陵侯；璿给事中、宣威将军，封都乡侯。命车骑将军羊祜、荆州刺史杨肇往赴救阐。孙晧使陆抗西行，祜等遁退。抗陷城，斩阐等，步氏泯灭，惟璿绍祀。

颍川周昭著书称步骘及严畯等曰："古今贤士大夫所以失名丧身倾家害国者，其由非一也，然要其大归，总其常患，四者而已。急论议一也，争名势二也，重朋党三也，务欲速四也。急论议则伤人，争名势则败友，重朋党则蔽主，务欲速则失德，此四者不除，未有能全也。当世君子能不然者，亦比有之，岂独古人乎！然论其绝异，未若顾豫章、诸葛使君、步丞相、严卫尉、张奋威之为美也。《论语》言'夫子恂恂然善诱人'，又曰'成人之美，不成人之恶'，豫章有之矣。'望之俨然，即之也温，听其言也厉，使君体之矣。'恭而安，威而不猛'，丞柑履之矣。学不求禄，心无苟得，卫尉、奋威蹈之矣。此五君者，虽德实有差，轻重不同，至于趣舍大检，不犯四者，俱一揆也。昔丁谞出于孤家，吾粲由于牧竖，豫章扬其善，以并陆、全之列，是以人无幽滞而风俗厚焉。使君、丞相、卫尉三君，昔以布衣俱相友善，诸论者因各叙其优劣。初，先卫尉，次丞相，而后有使君也；其后并事明主，经营世务，出处之才有不同，先后之名须反其初，此世常人所决勤薄也。至于三君分好，卒无亏损，岂非古人交哉！又鲁横江昔杖万兵，屯据陆口，当世之美业也，能与不能，孰不愿焉？而横江既亡，卫尉应其选，自以才非将帅，深辞固让，终于不就。后徙九列，迁典八座，荣不足以自曜，禄不足以自奉。至于二君，皆位为上将，穷富极贵。卫尉既无求欲，二君又不称荐，各守所志，保其名好。孔子曰：'君子矜而不争，群而不党。'斯有风矣。又奋威之名，亦三君之次也，当一方之戍，受上将之任，与使君、丞相不异也。然历国事，论功劳，实有先后，故爵位之荣殊焉。而奋威将处此，决能明其部分，心无失道之欲，事无充诎之求，每升朝堂，循礼而动，辞气謇謇，罔不惟忠。叔嗣虽亲贵，言忧其败，蔡文至虽疏贱，谈称其贤。女配太子，受礼若吊，慷忾之趋，惟笃人物，成败得失，皆如所虑，可谓守道见机，好古之士也。若乃经国家，当军旅，于驰骛之际，立霸王之功，此五者未为过人。至其纯粹履道，求不苟得，升降当世，保全名行，邈然绝俗，实有所师。故粗论其事，以示后之君子。”周昭者字恭远，与韦曜、薛莹、华覈并述《吴书》，后为中书郎，坐事下狱，覈表救之，孙休不听，遂伏法云。

评曰：张昭受遗辅佐，功勋克举，忠謇方直，动不为己；而以严见惮，以高见外，既不处宰相，又不登师保，从容闾巷，养老而已，以此明权之不及策也。顾雍依杖素业，而将之智局，故能究极荣位。诸葛瑾、步骘并以德度规检见器当世，张承、顾邵虚心长者，好尚人物，周昭之论，称之甚美，故详录焉。谭献纳在公，有忠贞之节。休、承修志，咸庶为善。爱恶相攻，流播南裔，哀哉！

【译文】

张昭，字子布，他是彭城人，从小就非常喜读书，又擅长隶书，跟随白侯子安学习《左氏春秋》，并博览群书，与琅玡人赵昱、东海人王朗同时出名并且互相友好。二十岁时被举荐为孝廉，他没有接受。讨论以前君主避讳的问题，州里的才士陈琳等人都很赞赏他的见解。刺史陶谦推举他为茂才，他不应召，陶谦认为他轻视自己，就把他抓了起来。赵昱尽力营救，才放他出来。汉末天下大乱，徐州一带的士民大多到扬州避难，张昭等也下江南。孙策创立基业，任张昭为长史、抚军中郎将，并进内堂拜见张昭的母亲，带张昭如多年老友，所有军政大事，都委托给他。张昭经常收到魏国士大夫的信，把吴国所获得的成绩都归功于他，张昭想隐瞒又担心别人说他有见不得人的事，想公开又怕不妥，因此，进退两难，惶恐不安。孙策听说后，高兴地笑着说：“从前管仲在齐国为相，齐桓公尊称他为‘仲父’，凡有官员请示，齐桓公都让他们去问管仲，齐桓公果成霸主。现在，子布贤德，能为我所用，他的功绩与荣耀难道不是由于我对他使用的结果吗？”

孙策临死前，把弟弟孙权托付给张昭。张昭率领群僚推举立孙权为继承人并且辅佐于他。上呈表汉朝廷，发布文书给下属各地，要他们各自谨守其职。孙权因为心情悲痛，没有主持政事。张昭对孙权说：“继承父兄大业，重要的是能够施行前人制定的规范，使先辈的遗业兴旺发达，以完成伟业。当今世道大乱，群雄并起，您怎能卧床哀痛，像平常人放纵感情呢？”他亲自扶孙权上马，列兵而出，这样，才稳定了人心，使众人感到有了归宿。张昭又任孙权的长史，他的职责和过去一样。后来，刘备请旨任命孙权兼任车骑将军，张昭为军师。有一次孙权打猎，老虎曾经冲到他前面扑抓在马鞍上。

张昭非常吃惊，上前说道："将军怎能这样呢？作为人君，是控制天下英雄，是使贤才之士为自己效力，难道是说是让他在田野与野兽比勇吗？若发生意外，岂不让天下人耻笑？"孙权向张昭致歉说："我年轻，考虑事情缺乏远见，向你表示歉意。"但孙权还是没有停止打猎，又造了一辆射虎车，开有方孔，但上面没有车盖，由一人驾车，孙权则从方孔中射猎野兽。常有离群的野兽，来攻击车子，孙权常空手与野兽搏斗，以此取乐。张昭虽极力规劝，孙权常笑而不答。魏黄初二年，派使者邢贞封孙权为吴王。邢贞入宫门时不下车。张昭对邢贞说："没有不恭敬的礼节，也没有不施行的刑法。可是你却妄自尊大，以为江南人少势弱，连一把行刑的方寸小刀也没有吗？"刑贞忙下车。又任命张昭为绥远将军，封由拳侯。孙权在武昌钓台饮酒，大醉后，让人用水泼洒群臣，说："今天痛饮，只有醉倒台上，才能停止。"张昭表情严肃，一言不发，起身走到外面，坐到车里。孙权派人把他叫回来，说："大家只是在一起作乐罢了，您为什么生气呢？"张昭回答说："从前殷纣王把酒糟堆成山，美酒盛满池，通宵畅饮，当时也认为是作乐，并不认为是坏事啊！"孙权默然，脸上漏出羞愧的表情，马上就结束了酒宴，当初，孙权要设置丞相一职。众人都认为张昭当任此职，孙权说："现在是多事之秋，丞相责任太重，这样做，并不是优待他。"后来，丞相孙邵死了，百官再次推举张昭，孙权说："我难道还有什么舍不得给予子布的吗？做丞相事情十分繁杂，张昭性刚，如果别人进言他不听从，就会造成对他的怨恨，这对他是没有好处的。"遂任命顾雍为丞相。

孙权称帝之后，张昭因为年老体病，就交还了自己的官位和所管领的事务。孙权又拜他为辅吴将军，地位仅次于三司，改封他为娄侯，给予万户的食邑。张昭家居无事，于是写了《春秋左氏传解》和《论语注》。孙权曾经问卫尉严畯："还记得小时候所读诵的书吗？"严畯就背诵了《孝经》"仲尼居"这一章。张昭说："严畯是个浅陋书生，让我为陛下背诵。"于是就背诵了"君子之事上"这一章，人们都认为张昭懂得应该背诵什么。

张昭每次朝见，言辞亢直声气雄烈，正气形于颜色，他曾经因为直言而违逆了旨意，一度不去晋见孙权。后来蜀国使者到来，在朝堂上夸耀蜀国德政美好，而群臣中没有谁能与他辩驳，孙权叹气说："如果张公在这里，蜀使他不被折服，就会感到丧气，哪里还能自夸呢？"第二天，孙权派了中使去慰问张昭，并请张昭和他会面。见面的时候，张昭离座表示道歉，孙权挺直身子止住了他。张昭坐下，抬起头说："从前太后、桓王不把老臣托付给陛下，却把陛下托付给老臣，因此我总想着竭尽臣节，来报答厚恩，使我辞世之后，有可以为人称道的地方，可是我考虑不够深远，违背了圣上厚意，自以为会受冷落而从此沉沦，被长久弃于沟壑之中，没想到又蒙恩得到陛下接见，能够侍奉陛下。但是我的愚心是想以此服务国家，志在忠心报效，死而后已。假如要改变心念志节，来苟取荣华富贵，这是我所不能做的。"孙权向他表示了歉意。

孙权因为公孙渊向吴国称臣，决定派遣张弥、许晏为特使前往辽东册封公孙渊为燕王。张昭劝告说："公孙渊背叛魏国，害怕遭到讨伐，才远道向我们求援，称臣并不是他的本意。如果公孙渊改变主意，想向魏国表明自己的忠心，我们的两名使者就有去无回了，这不是要被天下人耻笑吗？"孙权与他反复争辩，张昭更加坚持己见，孙权无法忍受，手按佩刀愤怒地说道："吴国的士大夫进宫向我跪拜，出宫则向您跪拜，我对您的尊重，也算是到了极点，可是您却多次在大庭广众之下驳斥我，我常常担心克制不住自己而对您做出出格的事情来。"张昭把孙权看了又看，说："老臣虽然知道我说的话不会被采纳，却每次都要竭尽愚忠直言进谏的原因，只是因为太后临终前，把老臣叫到床边，遗诏命我辅佐陛下的话至今不能忘怀啊！"说着，他不禁泪流满面。权也把佩刀丢在地上，二人相对而泣。但是孙权最终还是派张弥、许晏去了辽东。张昭气愤孙权不采纳自己的忠言，声称得病，不再上朝。孙权也恼恨他这样做使自己下不来台，下令用土封堵张家大门，不料张昭又在门里用土把门封死。最后公孙渊果然杀了张弥、许晏。孙权多次派人慰问张昭并表示歉意，张昭坚决不出门。孙权外出，路过张昭家门，趁机喊他相见，张昭以病重为由推辞。孙权下令放火烧他家的大门，想吓他出来，没想到张昭反而把房门都关上。孙权只得让人灭火，在门口站了很久，张昭的儿子们一起把张昭搀扶起来，孙权用车载着他一起回宫，并且深刻地责备了自己。张昭不得已，又恢复了朝见。

张昭外表矜持威严，非常有威风。孙权经常说："我与张公谈话，从来不敢随便乱说。”全国上下都敬畏他。嘉禾五年，张昭去世，享年八十一岁。临终前，他留下遗嘱，让家人用幅巾束发，用不上色的棺材，用平常衣服装殓。孙权穿上白色丧服亲临吊唁，谥为文侯。张昭的长子张承已经封侯，由小儿子张休继承他的爵位。

张昭弟弟的儿子张奋，二十岁的时候就制造了攻城的大攻车，被步骘所推荐。张昭不愿意，说：“你还年纪很小，为什么要自己投身于军队呢？”张奋回答说：“从前孩童汪踦为国死难，子奇治理东阿，我实在是没有才能，在年龄上不算年少了。”于是张奋领兵任将军，接连立下功劳，官至半州都督，受封为乐乡亭侯。

张承，字仲嗣，他从小就以才学出名，和诸葛瑾、步骘、严畯互相友善。孙权做骠骑将军的时候，征召他任西曹掾，又出任长沙西部都尉。张承讨伐平定了山贼，获得精兵一万五千人。他后来任濡须都督、奋威将军，被封为都乡侯，领部众五千人。张承为人豪壮坚毅、忠诚耿直，能够甄别人物，在贫微童幼的时候就拔出彭城的蔡款和南阳的谢景，二人后来都成为国士，蔡款官至卫尉，谢景官至豫章太守。此外，诸葛恪年少时，众人惊叹于他的英才。张承却说最终让败坏诸葛氏的一定是诸葛恪。张承勤奋长进，笃实厚道，凡是贤士，他没有不登门拜访的。赤乌七年，张承六十七岁时去世，被谥为定侯。儿子张震继承爵位。当初，张承丧妻，张昭想要为他娶诸葛瑾的女儿，张承由于彼此是好友，感到为难，孙权听了就劝他，于是张承就做了诸葛瑾的女婿。两人生了一个女儿，孙权为儿子孙和聘娶为妻。孙权数次告诫孙和要尊敬张承，履行作为子婿的礼节。张震在诸葛恪被杀时也一并受害。

张休，字叔嗣，成年以后与诸葛恪、顾谭等人都成为太子孙登的僚属朋友，他为孙登讲解《汉书》，从中庶子改任右弼都尉。孙权经常出游打猎，直到天黑时才返回。张休上书劝谏，孙权认为他的意见正确，还把他写的奏章拿给张昭看。孙登去世后，他做侍中，任羽林都督，治理三典军事，升扬武将军，却被鲁王孙霸的同党诬陷，罪名是在芍陂战役论功行赏时，张休、顾承和典军孙恂串通，所以，他与顾谭、顾承一起被流放到交州。中书令孙弘为人狡诈阴险，张休一向对他不满，孙弘因此诬陷他，于是，吴主下诏将张休赐死，时年四十一岁。

顾雍，字元叹，是吴郡吴县人。蔡邕从流放的地方朔方郡赦回，曾经在吴县避仇，顾雍跟他学琴和书法。州郡府上表推荐顾雍，二十岁的时候任合肥县长，后调任到娄县、曲阿、上虞等县，所在处所都有政绩。孙权兼任会稽太守时，不到郡府去办事，任命顾雍为郡丞，代太守职，讨伐平定寇贼，郡内安宁，吏民都顺服顾雍。几年后，入朝任左司马。孙权为吴王时，顾雍连续升官至大理、奉常，兼任尚书令，封为阳遂乡侯。封侯后回到官衙，家人还不知道，后来听说了，才惊喜不已。

黄武四年，他从吴县迎回他的母亲。母亲到达以后，孙权来庆贺他们，亲自在堂屋向他母亲行拜礼。朝廷大臣全来聚会，以后太子又来向他们庆贺。顾雍为人不喝酒，寡言少语，举止适时又适宜。孙权曾经感叹地说："顾君不开口便罢，一开口必定会有道理。"到了宴饮欢乐的时刻，顾雍左右的人担心酒后失礼，而因为顾雍就在面前，因此不敢放纵情怀。孙权也说："顾公在座，使人不快活。"人们就是这样地怕他。这一年，他改任太常，又加封为醴陵侯，接替孙邵任丞相，总理尚书事务。他所选用的文武官员，每个人都依据他们的才能来安排，他心里没有厚薄之分。他经常到民间征询意见，如有属于政务应当采用的，就秘密地呈报。如果被采纳，就归功于皇帝；假如不被采纳，就永远不泄露出去。孙权因此很看重他。然而他在朝廷上有所陈述和建议，他的言词态度虽然恭顺，他所坚持的立场原的。孙权曾经询问朝政的得失，张昭趁机把他收集到的意见都说了出来，他认为法令太烦琐，刑罚稍重了些。当有所削减。孙权听了未回答，回过头问顾雍："您认为怎么样？"顾雍回答说："我了解的情况，也同张昭说的一样。"于是孙权便与大家商定狱讼的法令，并减轻刑罚。过了很久，吕壹、秦博任中书，主管审核各官府以及州郡呈报的文书。吕壹等人因此逐渐地独揽权势，专行立官府卖酒、关隘征税的专利，他们揭发人的罪恶，一点小事也呈报，再加深案情进行诋毁诬蔑诽谤大臣，排挤陷害无辜，顾雍等人都曾被他们告发，并因此受到谴责。后来吕壹的罪行披露，被收押在廷尉。顾雍前去审理此案，吕壹以由于犯人的身份来见顾雍，顾雍却和颜悦色，讯问了他的口供，临走时，顾雍又对他说："您心里大概还想说点什么吧？"吕壹只是叩头，无话可说。当时尚书郎怀叙当面咒骂羞辱吕壹，顾雍责备怀叙说："官府有明确的法令。何必这样呢！"

顾雍当丞相十九年，年纪七十六岁，赤乌六年的时候去世。当初病症初起还不严重的时候，孙权让医生赵泉为他诊视，又拜他的小儿子顾济为骑都尉。顾雍知道了，悲伤地说："赵泉善于断定病者生死，我一定好不了了，所以皇上想要让我活着亲眼见顾济拜官哪。”孙权穿着白色祭服亲临吊唁，给他谥号为肃侯。长子顾邵早死，次子顾裕身患重病，小儿子顾济继承了他的爵位，顾济没有后嗣，爵位无人承袭。永安元年，皇帝下诏说：“已故丞相顾雍，道德极高而又忠正贤良，按照礼法去辅助国家，但他的侯爵统绪废灭断绝了，朕非常怜悯他。让他的次子顾裕承袭他的爵位为醴陵侯，以此来表彰以前的勋臣。”

顾邵，字孝则，他博览经传擅长鉴赏，喜欢伦理道德。年轻的时候，与舅舅陆绩齐名，但是陆逊、张敦、卜静等人都不如他。他在州郡很愿意与四方人士往来，有的议论一番就走了，有的则结下深厚友情惜别。因此，他的名声传播四方，远近的人都称赞他。孙权把孙策的女儿嫁给他。二十七岁时，任豫章太守。他一下车，就去祭祀前贤徐孺子墓，并优待他的后人；同时，又禁止当地不合礼规的祭祀。下属小吏凡资质好的，他就让他们去就学，选择成绩突出的，任用到重要的职位上；他推崇有善行的人，因此，良好的风气便流行起来。当初，钱塘人丁谞出身行伍、阳羡人张秉是贫民，乌程人吴粲、云阳人殷礼也都身份低微，顾邵都提拔并亲近他们，给他们树立声誉。张秉父母去世，顾邵亲穿丧服束麻吊唁。顾邵要到豫章去，已经快上路了，正值张秉生病，当时，来送行的有几百人，顾邵向宾客辞谢说：“张仲节生病，苦于不能来送别，我也很遗憾不能见到他，如今，我要回去和他告别，请各位稍待。”所有下级人士，只要是善良的人，他都是像这样对待的。后来，丁谞官至典军中郎，张秉为云阳太守，殷礼任零陵太守，吴粲做到太子少傅。当时，人们都认为顾邵最能鉴识人才。他在豫章郡做了五年太守，死在任上，他有两个儿子顾谭、顾承。

顾谭，字子默，成年以后和诸葛恪等人成为太子的四友，从中庶子调任辅正都尉。赤乌年间，他接替诸葛恪担任左节度。每次披阅文书的时候，遇到数字时他从来没有使用算筹计算过，只是屈指在心里算计一下，就把其中的疑点错误全部找出来，下面的官员为此很佩服他。后来加官奉车都尉。薛综任选曹尚书，他坚决推让给顾谭，说：“顾谭思虑精细，行事周密，贯通道义，晓畅微情，他的才华光可照人，德行深孚众望，实在不是我所能超越领先的。”后来顾谭就接替了薛综。祖父顾雍死后几个月，他就被任命为太常，接替顾雍治理尚书事务。当时，鲁王孙霸恩宠很盛，和太子孙和抗衡。顾谭就上疏说：“我听说有国有家的人，必须分清嫡庶的界限，区别尊卑的礼节，使高低有等级，等级的差异要相隔很远，这样才能使骨肉的恩情产生，使非分的企图绝望。从前贾谊陈述治安的方针，评论诸侯的形势，认为诸侯的权势重了，即使亲近也一定有背逆名节的弊端；权势轻了，即使疏远也有一定有保全自身的福运。所以淮南王是亲弟弟，不能永久享有封国，失之于权势重了；吴芮是外姓臣，能在长沙降福给后代，得之于权势轻了。前汉文帝让慎夫人与皇后同席，袁盎把慎夫人的座位撤掉，汉文帝怒色满面，等袁盎向他陈述尊卑的礼仪、人彘的教训之后，汉文帝的怒气全消了，慎夫人也省悟了。现在我说的这些话，并非因为我有什么偏向，实在是想使太子安定，使鲁王便利。”因为这孙霸和顾谭有了嫌隙。当时长公主与其丈夫卫将军全琮的儿子全寄是孙霸的宾客，全寄平时为人奸诈，是顾谭不能容纳的人。在这之前，顾谭的弟弟顾承和张休一起往北征讨寿春，全琮当时是大都督，与魏国将领王凌在芍陂交战，战事不利，魏国军队乘胜消灭了五营将秦晃的部队。张休、顾承奋力反击，终于使魏国军队停止进攻。其时全琮的庶子全绪、全端也同时任将官，他们趁敌人完全停止进攻的机会，就向前攻击他们，王凌的军队因而败退。当时论功行赏，认为使敌人停止进攻的功劳大，使敌人败退的功劳小，因此张休、顾承同时成为杂号将军，全绪、全端只是偏将罢了。全寄父子更加忌恨，多共同设计陷害顾谭，顾谭被判流放交州，他幽居而奋发努力，撰写了《新言》二十篇，其中《知难篇》恐怕就是用来哀叹自己的。他被流放两年，四十二岁时，在交阯去世。

顾承，字子直，嘉禾年间和舅舅陆瑁一起被朝廷以礼征召为官。孙权给丞相顾雍写信说：“您的孙子子直，有宽容乐善的美名，等到和他相见，才知道见面胜似闻名，我为你有这样的孙子而高兴。”于是，任命他为骑都尉，统领一支羽林军。后来，任吴郡西部都尉，与诸葛恪一起平定山越，又从俘获的山越人中，挑选出精锐兵士八千人，回师驻扎在章阬，被任为昭义中郎将。后入朝任侍中。芍陂战役后，被授予奋威将军，兼京下督。几年后，和哥哥顾谭、张体一起被流放到交州，三十七岁时死去。

诸葛瑾，字子瑜，是琅玡阳都人。汉末的时候到江东避乱。这个时候孙策去世，孙权的姐夫曲阿人弘咨见到诸葛瑾，认为他很奇特，就把他推荐给孙权，与鲁肃等人一起被当作贵宾接待。后来，任孙权的长史，又升任中司马。汉建安二十年，为与刘备建立友好关系，孙权派诸葛瑾出使蜀国，他和弟弟诸葛亮都是因公事才相会，私下里没有见过面。

诸葛瑾与孙权谈话或有所劝谏，言辞从不激烈，或直截了当，只是言词间稍有表露，略陈意思而已，如果意见与孙权不合，诸葛瑾就不再深谈而另转话题，再借别的事慢慢引出开头的话题，用类比的方法来达到原先的目的，这就经常使孙权放弃原来的想法。吴郡太守朱治，是曾举荐孙权为孝廉的将领，孙权也有埋怨他的地方，但由于一直对他很敬重，不好意思亲自责备他，因此，心中郁郁，无法排解。诸葛瑾揣摩了其中的缘故，又不敢公开劝说孙权，就请求用孙权的意思来询问自己。于是，他就在孙权面前写信，广述事物常理，趁机把自己的想法与孙权的心意变换角度地联系起来。孙权看后很高兴，笑着对诸葛瑾说："我的怒气已消。颜回的仁德是想让人们更加亲和，难道不是这样吗？"孙权又曾怪罪校尉殷模，要处死他。多数大臣为殷模求情，反而使孙权更加生气，与群臣反复争论，只有诸葛瑾不说一句话。孙权对他说："子瑜为何你不说话呢？"诸葛瑾恭恭敬敬地起身说："我与殷模等人在本州遭遇战乱，因此，抛弃了祖坟，扶老携幼，历尽坎坷来投靠您。以贱民之身，蒙您的恩惠得以存活。我未能亲自督促殷模，对您的恩情给以哪怕微小的回报，才让殷模辜负了您的大恩，招致罪责。我乞求您宽恕我的过失尚恐不及，哪还敢说什么呢？"孙权听了他的话很是伤感，便说："为了你这番话我特别赦免他。"

后来，诸葛瑾跟随军讨伐关羽，获封为宣城侯，以绥南将军的身份代替吕蒙任南郡太守，停驻公安。刘备东伐吴国，吴王求和，诸葛瑾写信给刘备说："突然间听到大军来到白帝城，恐怕议臣认为吴王侵略攻取了荆州，杀害了关羽，怨深祸大，不应答应讲和，这是留心在小方面，未留意大方面呀。我试为陛下分析一下轻重大小。陛下如果能压抑减少一下威怒，暂时想想我的话，主意就可以立即定下来，不用再咨询群臣了。陛下对关羽的亲爱与先帝相比，哪个更亲？荆州的大小与海内的大小相比，哪个更大？两者都要仇恨，哪个在先，哪个在后？如果细想此理，决定就易如反掌了。"当时有人说诸葛瑾另派亲信与刘备相通，孙权说："孤与子瑜有生死不变的誓言，子瑜不会辜负孤，就像孤不会辜负子瑜一样。"黄武元年，诸葛瑾升为左将军，督领公安郡，获授予符节，封为宛陵侯。

虞翻因为狂放耿直遭到流放，只有诸葛瑾多次为他说情。虞翻给亲信写信说："诸葛谨敦厚仁慈，效法上天长育万物，近日蒙他说情，对我保全。我恶行积累、罪业深重，被人忌恨很深，虽然有像祁奚一样的人的救援，但我没有羊舌肸那样的德行，被释放是难以希冀的了。"

诸葛瑾仪表堂堂、思虑有度，那时的人佩服他的宽宏典雅。孙权也十分器重他，重大事情都要征询他的意见。孙权还特别征询诸葛瑾说："最近得到伯言的奏表，他认为曹丕已死，受尽痛苦灾乱的百姓，应当望见我们的旗帜就土崩瓦解，但他们却更安静。听说魏国全是选用忠诚贤良的人，放宽刑罚，广施恩惠，减轻赋税，减省劳役，以收揽民心，他们的威胁比曹操时更严重。我认为不是这样。曹操行事，如果说他的杀戮攻伐是稍微超过了限度，那么说到他离间他人的骨肉至亲，就算是很残酷的了。但论及他统御将领之道，却是自古以来少有的。曹丕和曹操相比，是绝对比不上的。如今曹叡不如曹丕，就像曹丕不如曹操。他所以要极力推行小恩小惠，必定是由于他的父亲刚死，自己觉得势单力薄，害怕受尽困苦的百姓一下子崩溃，所以勉强委屈自己以取悦民心，想要以此来稳固自己地位罢了，哪里是兴旺发达的延续呢！听说他任用了陈长文、曹子丹之流，他们有的是文人书生，有的是皇室宗亲，哪里能驾驭英才虎将来制服天下呢？威力权柄不集中，事情就会乖戾错谬，好比从前张耳、陈余，他们并非不想和睦，但一涉及权力，就会自相残杀，这是事物情理使他们这样的。另外像陈长文那样的人，之前之所以能遵守善行，是因为曹操压制在他们头上，他们畏惧曹操的威严，所以才尽心尽力，不敢为非作歹罢了。等到曹丕继承帝业，他已是成人，又紧接在曹操之后，用恩德施予他们，他们因而能感恩戴德。现在曹叡年幼，任人左右摆布，这帮人一定会趁机玩弄奸巧，结党营私，各自培养自己的势力。在这样的时候，奸邪谗佞会一起发生，他们相互仇视，进而互相猜忌势不两立。这样下去，群臣争权夺利，君主年幼不能把持，他们失败的日子哪里还会很长久呢？之所以说他们会是这样，是因为从古到今，哪有四五个人把持权柄而不离心离德进而互相争斗的呢！强者必定欺凌弱者，弱者必定寻找外援，这是国家混乱败亡的规律。子瑜，您可要侧耳倾听，伯言常常是擅长谋划思虑的，但恐怕在这件事上他有小的失误。"

孙权称帝以后，让诸葛瑾做了大将军、左都护，兼任豫州牧。等吕壹被诛杀以后，孙权又下诏告诫诸葛瑾等人，这件事记载在《孙权传》。诸葛瑾回答孙权的询问总是就事回答，言辞恭顺，道理正直。诸葛瑾的儿子诸葛恪，在当时有盛名，孙权十分器重诸葛恪。然而诸葛瑾却时常嫌弃诸葛恪，认为诸葛恪不是能保全家庭的儿子，并常为此忧虑。赤乌四年，诸葛瑾去世，终年六十八岁。遗言棺木不用漆染，只需穿应季的衣服入葬，丧事从简。诸葛恪已经被封侯，因此诸葛恪的弟弟诸葛融承袭爵位，继续统率诸葛瑾的军队驻守公安，兵士与官吏都很拥戴诸葛融。边境太平无事时，诸葛融就在秋冬季节射猎练兵，春夏季节常常邀请宾朋聚会，并让差役吏卒休假，有的人特意从千里之外来拜访诸葛融。每次聚会诸葛融都一一问候宾客，让宾客各自说出自己所长，然后把众人的座位安排在一起，按照各自的擅长选择适合的对象，有人下棋，有人赌博，有人投壶，有人比试弹弓，分别进行娱乐活动，在这个时候，有鲜美的果品不断上，醇香的美酒供慢慢品尝，诸葛融则往来宾客中间观览，终日不知疲倦。诸葛融的父兄都很朴素，虽然在军队之中，身上也没有华丽的装饰。诸葛融却身穿精美的丝毛织物，上边绣着色彩斑斓的图案，独好奢华。孙权去世后，诸葛融改任奋威将军。后来诸葛恪率大军进攻淮南，诸葛融被授符节，让诸葛融率领军队进入沔水，进击西部的魏军。

诸葛恪被杀之后，朝廷派无难督施宽和将施绩、孙壹、全熙等人前来捉拿诸葛融。刚一听说军队快到了，诸葛融恐慌犹豫，不能决定对策，直至兵临城下，服毒而死，诸葛融的三个儿子都被诛杀。

步骘，字子山，他是临淮淮阴人。天下大乱，他独自一人到江南避难，贫穷无助。广陵人卫旌年纪与步骘相同，两人关系不错，一同靠种瓜维持生计，白天干活，晚上诵读经传。

会稽人焦征羌是郡内豪门贵族，他的门客霸道无礼，任意胡为。步骘和卫旌在此处谋生，担心被他们侵夺，便一同拿着名片带着瓜去拜见焦征羌。这时候，焦征羌正在内寝睡觉，步骘和卫旌等候多时也不见动静，卫旌有些耐不住了，想不见焦征羌要离去，步骘制止他说："我们来的原因，就是因他势力强大怕受伤害，现在弃他而去，以示清高，只能让他怨恨我们。"过了许久，焦征羌开窗看见他们，自己却在帷幕内凭几而坐。他打发人把席子铺在地上，让步骘和卫旌坐在窗外。卫旌更加感到耻辱，步骘言行仍像平常一样。焦征羌招待他们吃饭，他自己坐在一个宽大的几案旁，美味佳肴都摆满了，只用小盘盛米饭香菜给步骘、卫旌吃。卫旌气愤得吃不下，步骘却大口大口地吃，吃饱后，才告辞而出。卫旌生气地对步骘说："你怎么能忍受这样的羞辱呢？"步骘回答说："我们是贫贱之人，焦征羌用对待贫贱人的方式对待我们，是合乎情理的，这不算什么羞辱。"

孙权担当讨虏将军时，征召步骘任主记，提为海盐县长，很快又调任车骑将军、东曹掾。汉建安十五年，他外出兼任鄱阳太守。年内又升任交州刺史、立武中郎将，统领武射吏一千人，即刻取路到南方去。第二年，补加任命使持节、征南中郎将。刘表安置的苍梧太守吴巨内藏异心，对步骘表面上顺服，实际上是阳奉阴违。步骘就降低自己的身份来安抚引诱吴巨，请吴巨和他会面，然后趁机将他斩首示众，由此步骘威名大振。士燮兄弟一个接一个地听从命令，南土的顺服，就是从这时开始的。益州的富豪雍闿等人杀了蜀国设置的太守正昂，与士燮通报，希望归顺吴国。步骘于是奉命派使者宣示圣恩，并安抚接纳了雍闿等人。由此步骘又被晋升为平戎将军，封为广信侯。

汉延康元年，孙权派遣吕岱接替步骘，他率领交州将士一万人进军长沙。正赶上刘备向东进军，武陵的少数族蠢蠢欲动，孙权就命令步骘进军益阳。刘备遭到惨败后，零陵、桂阳各郡还在互相惊扰，处处布兵设卡，步骘辗转追逐征讨，把这些地方全都平定了。吴黄武二年，他升任右将军左护军，改封为临湘侯。黄武五年，授予符节，移兵屯守沤口。

孙权称帝后，让步骘做了骠骑将军，兼冀州牧。当年，他都督西陵，代替陆逊镇抚荆、冀两州边境。不久，因冀州归属蜀国名下，便解除了冀州牧的职务。当时，孙权的太子孙登驻守武昌，孙登待人仁慈，善于理政，在给步骘的信中说："所谓贤人君子，就是用来使国家教化兴盛，辅佐治理国家大事的人。我天性愚陋，不通晓道理，虽然爱慕并想尽办法追求完美的德行，以成为贤能的君子，然而，说到远近的饱学之士，他们德能的高低，我还是不清楚，不能了解他们的详细情况，经传里说：'爱慕他，能不让他劳苦吗？忠于他，能不对他教诲吗？'这句话说的意思，难道不是我对贤人君子所寄予的希望吗？"于是，步骘把当时在荆州境内任职人名单一一列出给太子，有诸葛瑾、陆逊、朱然、程普、潘濬、裴玄、夏侯承、卫旌、李肃、周条、石幹十一人，分别说明他们的事迹并给予评价，并趁机上疏鼓励太子，说："我听说，帝王不问小事，自有百官及各机构承担职责。因此，舜任用了九位贤人，不再为琐事烦心，可以弹五弦琴，咏《南风》诗，是不出朝廷，天下就得到治理。齐桓公任用管仲后，逍遥悠闲，乘车游玩，但是不仅齐国大治，而且成为纠合诸侯的天下霸主。近代，汉高祖刘邦依靠张良、萧何、韩信三杰建立帝王大业，项羽则失去英杰辅佐功败垂成。由于汲黯在朝，淮南王不敢生事；郅都守边，匈奴人销声匿迹。所以，凡贤人所在，则必御敌于万里之外。他们才是国家的栋梁，也是国家兴衰的根本。现如今，圣王的教化还没有普及到汉水以北，黄河、洛水两岸还有僭位背逆之徒，此正是招揽英雄、选拔俊彦、任用贤能的时候，希望英明的太子对此多加留意，若能如此，则天下人之幸啊！”

在这之后，中书吕壹掌阅文书，有许多人被他举报。他上疏说：“我听说那些掌管检阅的官员专事挑剔，多有诬谤，以陷害他人来显示威风；无罪过之人，却无故受刑。以至于让人束手束脚，战战兢兢，如履薄冰。以前的狱官，只有贤人才能充任，所以，皋陶任士；吕侯修订赎刑；张释之、于定国任廷尉，百姓便没有冤情，安宁的福气，就是因此而产生的。而现在的一些小官，办事与古人不同，断案看贿赂，草菅人命，将罪过归于朝廷，给国家招来怨恨。若有一个人叹气，对王道来说便是有所亏损，这是非常让人痛恨的。修明道德、谨慎用刑，圣哲之士只依法办事，这是典籍中所赞美的。自今之后，判罪断狱，属都城内的当征询顾雍，属武昌的就征询陆逊、潘濬。公平公正，务必弄清实情，我把他们三位归于明哲之列，即使受到惩罚，也没什么可遗憾的。”又说：“天子以天为父，以地为母，所以朝廷百官，都要效法天上的星宿。实施政令，如果能够敬顺时节，任用官员得当，那么阴阳就会协调，七星就会遵循正常的轨道运行。可如今，官吏才德多有缺陷，即使还有几位大臣可用，却又得不到信任，这怎能不使天地产生异变呢？连年干旱，此阳气太盛的征兆。嘉禾六年五月十四日，赤乌二年正月一日和二十七日，都发生了地震，地属阴，是臣子的象征。阴气盛所以地震，这是臣子独断朝纲的缘故。凡天地之异，都是用来警惕君主的，我们能不深思其中的意义吗？”又说：“丞相顾雍、上大将军陆逊、太常潘濬等人思虑深沉，自感所担责任重大，所以，他们起早睡晚，兢兢业业，寝食不安，志向在于竭尽忠诚，要使国家安定，百姓富庶，制定长治久安的策略，实是心腹股肱，国之重臣。应当让他们每个人都承以重任，不要让那些监察官员监督他们，敦促效率，考察得失和优劣。如此三大臣，其思虑只有顾及不到之处，怎么能独揽大权欺负天子呢？”又说：“悬赏是为了褒扬好人，设刑是震慑恶徒，任用贤良有才干的人，将法令弄懂，还有什么功业完不成？什么事情做不好？什么意见听不到？什么东西看不清呢？如果现在的郡守县令，都是可任用和合适之人，集众共同治理天下，那整个国家的政事不就兴盛了吗！我私下里听说，各县都有闲散官吏无所事事，官员一多百姓便受骚扰，弊病就会产生。然而，一些小人依靠人情被任为官吏，不知努力反而作威作福，所居官位对朝廷视听毫无益处，反而成为百姓的祸害，我认为，这样的官员可以一律罢免。”孙权听了步骘的劝谏，也醒悟了，最后，处死了吕壹。步骘先后为举荐屈居下位的贤能、援救受难的无辜，上书几十次，孙权虽然没有都接受，但多数还是采纳了他的意见，很多人都曾得到帮助。

赤乌九年，他接替陆逊任丞相，他依旧教诲门生，手不释卷，他的衣着和居处就像读书人一样。然而他家里妻妾的服饰则过分华丽，因而颇为此被人讥诮。他在西陵的二十年，附近的敌人都敬畏他的威望和信誉。他的性情宽宏，很得人心，内心的喜悦和愤怒从不从脸上表现出来，而且无论对内对外总是表现出十分恭敬的样子。

赤乌十年，步骘去世，他的儿子步协承袭爵位，并统辖步骘率领的部队，加官抚军将军，步协去世，步骘的儿子步玑继承侯爵。步协的弟弟步阐继承他的职务任西陵督，加官昭武将军，封为西亭侯。凤凰元年，又调任绕帐督。步阐接连几代人住在西陵，突然间接到征召的命令，他自己认为是要丢掉职务，又担心有谗害，因此就凭借城邑投降晋国，派步玑和弟弟步璿到洛阳去任职。晋国任命步阐为都督西陵诸军事、卫将军、仪同三司，加官侍中，授予符节，兼任交州州牧，封为宜都公，步玑监江陵诸军事、左将军，加官散骑常侍，兼任庐陵太守，改封为江陵侯；步璿为给事中、宣威将军，封为都乡侯。还命令车骑将军羊祜、荆州刺史杨肇前去救援步阐。孙晧派陆抗西进军，羊祜等人退军。陆抗攻克城邑，步阐等人被处以斩首，步氏就被消灭了，只有步璿继承后嗣。

颍川人周昭写本书称赞步骘和严畯等人，说：“从古至今贤士达官之所以身败名裂、亡家祸国，它的原因，并不是只有一个，但其中主要的和常发生的，有四点。一是急于议论；二是争名夺利；三是重视朋党；四是力求速决。急于议论，就伤害他人，争名夺利，就破坏交情，重视朋党，就蒙蔽君主，力求速决就丧失道德。这四方面因素不消除，就没有人能保全自己了。当下的君子能够保全自己的人，也随处可见，哪里只限于古人呢！不过要衡量其中杰出的，只有顾豫章、诸葛使君、步丞相、严卫尉、张奋威表现得最完美。《论语》说‘孔子很善于有步骤地诱导学生’，又说‘成人之美，非促人之意’，顾豫章就具有这样的美德。‘远望庄严，近处可亲，话语严厉’，诸葛使君有这种风格。‘庄重安详，威仪而不凶猛’，步丞相的表现正是这样。勤奋学习，不追求利禄，没有贪图横财的想法，严卫尉、张奋威做到了。这五位君子，德行虽有差别，地位也各不相同，但在进退的大操行上，却从不犯上述四病，可说是意行一致的。以前，丁谞是孤儿而被任用，吾粲是牧童，顾豫章都发挥他们的长处，使他们的地位与陆氏、全氏并列，所以，贤士若没有被禁闭屈才，那么社会风俗就会淳厚。诸葛瑾、步骘、严岭三人，未做官就是好友议论的人，因此评价他们的优劣。最初是严卫尉第一，步丞相第二，诸葛使君第三。后来，他们一同侍奉君主，担任官职，处理政务，与隐居时所显露的才能不一样，排列次序也与开始截然相反。然而，这只是寻常之人的评价，而他们三人的友情，却始终没有改变，这难道不是古代所称颂的君子之交吗？再有，当年鲁肃率万人兵马屯驻陆口，这是当时谁都羡慕的职位，无论有才能，还是没有才能的，谁不愿意担任这个职务呢？可是，鲁肃死后，严卫尉被任命代替，但他自认为不是将帅之才，坚决地推让，最终也没有任职。后来严卫尉由九卿退下来，任尚书令，从官职品级上说不足以显扬自己，从所得俸禄上说也不足以供养自己。而诸葛瑾、步骘二人仍居高位，享受荣华。严卫尉即不向他们求助，他二人也不向上推荐，仍按各自的志向处事，保全名节与友谊。孔子说：‘君子矜而不争，群而不党。’这三位都具有这风范。此外，张奋威的名声，也应该与这三位不相上下。他以上将之责戍卫一方，与诸葛使君、步丞相完全一样。尽管参与国事、比较功劳的大小差别、爵位的尊荣不同，然而，张奋威非常明白自己的身份和职责，没有丝毫的丧失道义的想法，做事也没有自大失节的行为。每次上朝，举止循礼，言辞诚恳。张叔嗣虽然亲贵，言辞中也忧恐失败；蔡文至虽然贫疏，张奋威却赞赏他的贤能。他的女儿许配太子，接纳聘礼就像吊唁一样难受；承受君命，又意气昂扬，确定是个忠厚纯一的人。事业的成败得失，往往像他所考虑的那样。如果说到治理国家、征战沙场、建立王霸大业，这五个算不上出类拔萃。但他们心性纯洁、履行道义，要求正当，在当时，无论升官还是降职，都能保全自己的名声和德行，远超一般世俗之人，这实在有值得人学习的地方。所以，粗略地论述他们的事迹，以给将来的君子们看。”周昭字恭远，与韦曜、薛莹、华覈一起著述《吴书》，后来，任中书郎，因事入狱，华覈上表求情，孙休不同意，终被处死。

评论说：张昭受孙策遗嘱辅佐孙权，建立功勋，他忠诚正直，从来不会为自己打算。但因对人严厉而被人畏惧，又因位高而被人疏远，既未能出任执政大臣、又没能被尊为太傅、太保，只能闲居养老而已。可见，孙权度量不如孙策。顾雍以品行高学识深厚，再以智慧为辅，所以，能享有极高的荣誉和地位。诸葛瑾、步骘均以品德好，有度量，行为规矩，而受到人们的器重。张承、顾邵都是谦谦长者，喜荐人才。周昭非常赞美他们，所以详录下来。顾谭向朝廷提了很多好的建议，有忠贞的节操。张休、张承修养身志，都是长期做好事。但都被人恶意陷害，流放到南方边地，真是可悲啊！

三国志卷五十三·吴书八

张严程阚薛传

张纮字子纲，广陵人。游学京都，还本郡，举茂才，公府辟，皆不就，避难江东。孙策创业，遂委质焉。表为正议校尉，从讨丹杨。策身临行陈，纮谏曰："夫主将乃筹谟之所自出，三军之所系命也，不宜轻脱，自敌小寇。愿麾下重天授之姿，副四海之望，无令国内上下危惧。"

建安四年，策遣纮奉章至许宫，留为侍御史。少府孔融等皆与亲善。曹公闻策薨，欲因丧伐吴。纮谏，以为乘人之丧，既非古义，若其不克，成仇弃好，不如因而厚之。曹公从其言，即表权为讨虏将军，领会稽太守。曹公欲令纮辅权内附，出纮为会稽东部都尉。

后权以纮为长史，从征合肥。权率轻骑将往突敌，纮谏曰："夫兵者凶器，战者危事也。今麾下恃盛壮之气，忽强暴之虏，三军之众，莫不寒心，虽斩将搴旗，威震敌场，此乃偏将之任，非主将之宜也。愿抑贲、育之勇，怀霸王之计。"权纳纮言而止。既还，明年将复出军，纮又谏曰："自古帝王受命之君，虽有皇灵佐于上，文德播于下，亦赖武功以昭其勋。然而贵于时动，乃后为威耳。今麾下值四百之厄，有扶危之功，宜且隐息师徒，广开播殖，任贤使能，务崇宽惠，顺天命以行诛，可不劳而定也。"于是遂止不行。纮建计宜出都秣陵，权从之。令还吴迎家，道病卒。临困，授子靖留笺曰："自古有国有家者，咸欲修德政以比隆盛世，至于其治，多不馨香。非无忠臣贤佐，暗于治体也，由主不胜其情，弗能用耳。夫人情惮难而趋易，好同而恶异，与治道相反。传曰'从善如登，从恶如崩'，言善之难也。人君承奕世之基，据自然之势，操八柄之威，甘易同之欢，无假取于人；而忠臣挟难进之术，吐逆耳之言，其不合也，不亦宜乎！离则有衅，巧辩缘间，眩于小忠，恋于恩爱，贤愚杂错，长幼失叙，其所由来，情乱之也。故明君悟之，求贤如饥渴，受谏而不厌，抑情损欲，以义割恩，上无偏谬之授，下无希冀之望。宜加三思，含垢藏疾，以成仁覆之大。"时年六十卒。权省书流涕。

纮著诗赋铭诔十余篇。子玄，官至南郡太守、尚书。玄子尚，孙晧时为侍郎，以言语辩捷见知，擢为侍中、中书令。晧使尚鼓琴，尚对曰："素不能。"敕使学之。后宴言次说琴之精妙，尚因道"晋平公使师旷作《清角》，旷言吾君德薄，不足以听之。"晧意谓尚以斯喻己，不悦。后积他事下狱，皆追以此为诘，送建安作船。久之，又就加诛。

初，纮同郡秦松字文表，陈端字子正，并与纮见待于孙策，参与谋谟。各早卒。

严畯字曼才，彭城人也。少耽学，善《诗》《书》、三《礼》，又好《说文》。避乱江东，与诸葛瑾、步骘齐名友善。性质直纯厚，其于人物，忠告善道，志存补益。张昭进之于孙权，权以为骑都尉、从事中郎。及横江将军鲁肃卒，权以畯代肃，督兵万人，镇据陆口。众人咸为畯喜，畯前后固辞："朴素书生，不闲军事，非才而据，咎悔必至。"发言慷慨，至于流涕，权乃听焉。世嘉其能以实让。权为吴王，及称尊号，畯尝为卫尉，使至蜀，蜀相诸葛亮深善之。不畜禄赐，皆散之亲戚知故，家常不充。广陵刘颖与畯有旧，颖精学家巷，权闻征之，以疾不就。其弟略为零陵太守，卒官，颖往赴丧，权知其诈病，急驿收录。畯亦驰语颖，使还谢权。权怒废畯，而颖得免罪。久之，以畯为尚书令，后卒。

畯著《孝经传》《潮水论》，又与裴玄、张承论管仲、季路，皆传于世。玄字彦黄，下邳人也，亦有学行，官至太中大夫。问子钦齐桓、晋文、夷、惠四人优劣，钦答所见，与玄相反覆，各有文理。钦与太子登游处，登称其翰采。

程秉字德枢，汝南南顿人也。逮事郑玄，后避乱交州，与刘熙考论大义，遂博通五经。士燮命为长史。权闻其名儒，以礼征；秉既到，拜太子太傅。黄武四年，权为太子登娉周瑜女，秉守太常，迎妃于吴，权亲幸秉船，深见优礼。既还，秉从容进说登曰："婚姻人伦之始，王教之基，是以圣王重之，所以率先众庶，风化天下，故《诗》《美》《关雎》，以为称首。愿太子尊礼教于闺房，存《周南》之所咏，则道化隆于上，颂声作于下矣。"登笑曰："将顺其美，匡救其恶，诚所赖于傅君也。"

病卒官。著《周易摘》《尚书驳》《论语弼》，凡三万余言。秉为傅时，率更令河南徵崇亦笃学立行云。

阚泽字德润，会稽山阴人也。家世农夫，至泽好学，居贫无资，常为人佣书，以供纸笔，所写既毕，诵读亦遍。追师论讲，究览群籍，兼通历数，由是显名。察孝廉，除钱唐长，迁郴令。孙权为骠骑将军，辟补西曹掾；及称尊号，以泽为尚书。嘉禾中，为中书令，加侍中。赤乌五年，拜太子太傅，领中书如故。

泽以经传文多，难得尽用，乃斟酌诸家，刊约《礼》文及诸注说以授二宫，为制行出入及见宾仪，又著《乾象历注》以正时日。每朝廷大议，经典所疑，辄谘访之。以儒学勤劳，封都乡侯。性谦恭笃慎，宫府小吏，呼召对问，皆为抗礼。人有非短，口未尝及，容貌似不足者，然所闻少穷。权尝问："书传篇赋，何者为美？"泽欲讽喻以明治乱，因对贾谊《过秦论》最善，权览读焉。初，以吕壹奸罪发闻，有司穷治，奏以大辟，或以为宜加焚裂，用彰元恶。权以访泽，泽曰："盛明之世，不宜复有此刑。"权从之。又诸官司有所患疾，欲增重科防，以检御臣下，泽每曰"宜依礼、律"，其和而有正，皆此类也。六年冬卒，权痛惜感悼，食不进者数日。

泽州里先辈丹杨唐固亦修身积学，称为儒者，著《国语》《公羊》《穀梁传》注，讲授常数十人。权为吴王，拜固议郎，自陆逊、张温、骆统等皆拜之。黄武四年为尚书仆射，卒。

薛综字敬文，沛郡竹邑人也。少依族人避地交州，从刘熙学。士燮既附孙权，召综为五官中郎将，除合浦、交阯太守。时交土始开，刺史吕岱率师讨伐，综与俱行，越海南征，及到九真。事毕还都，守谒者仆射。西使张奉于权前列尚书阚泽姓名以嘲泽，泽不能答。综下行酒，因劝酒曰："蜀者何也？有犬为独，无犬为蜀，横目苟身，虫入其腹。"奉曰："不当复列君吴邪？"综应声曰："无口为天，有口为吴，君临万邦，天子之都。"于是众坐喜笑，而奉无以对。其枢机敏捷，皆此类也。

吕岱从交州召出，综惧继岱者非其人，上疏曰："昔帝舜南巡，卒于苍梧。秦置桂林、南海、象郡，然则四国之内属也，有自来矣。赵佗起番禺，怀服百越之君，珠官之南是也。汉武帝诛吕嘉，开九郡，设交阯刺史以镇监之。山川长远，习俗不齐，言语同异，重译乃通，民如禽兽，长幼无别，椎结徒跣，贯头左衽，长吏之设，虽有若无。自斯以来，颇徙中国罪人杂居其间，稍使学书，粗知言语，使驿往来，观见礼化。及后锡光为交阯，任延为九真太守，乃教其耕犁，使之冠履；为设媒官，始知聘娶；建立学校，导之经义。由此已降，四百余年，颇有似类。自臣昔客始至之时，珠崖除州县嫁娶，皆须八月引户，人民集会之时，男女自相可适，乃为夫妻，父母不能止。交阯麊泠、九真都宠二县，皆兄死弟妻其嫂，世以此为俗，长吏恣听，不能禁制。日南郡男女裸体，不以为羞。由此言之，可谓虫豸，有靦面目耳。然而土广人众，阻险毒害，易以为乱，难使从治。县官羁縻，示令威服，田户之租赋，裁取供办，贵致远珍名珠、香药、象牙、犀角、玳瑁、珊瑚、琉璃、鹦鹉、翡翠、孔雀、奇物，充备宝玩，不必仰其赋入，以益中国也。然在九甸之外，长吏之选，类不精核。汉时法宽，多自放恣，故数反违法。珠崖之废，起于长吏睹其好发，髡取为髲。及臣所见，南海黄盖为日南太守，下车以供设不丰，挝杀主簿，仍见驱逐。九真太守儋萌为妻父周京作主人，并请大吏，酒酣作乐，功曹番歆起舞属京，京不肯起，歆犹迫强，萌忿杖歆，亡于郡内。歆弟苗帅众攻府，毒矢射萌，萌至物故。交阯太守士燮遣兵致讨，卒不能克。又故刺史会稽朱符，多以乡人虞褒、刘彦之徒分作长吏，侵虐百姓，强赋于民，黄鱼一枚收稻一斛，百姓怨叛，山贼并出，攻州突郡。符走入海，流离丧亡。次得南阳张津，与荆州牧刘表为隙，兵弱敌强，岁岁兴军，诸将厌患，去留自在。津小检摄，威武不足，为所陵侮，遂至杀没。后得零陵赖恭，先辈仁谨，不晓时事。表又遣长沙吴巨为苍梧太守。巨武夫轻悍，不为恭所服，辄相怨恨，逐出恭，求步骘。是时津故将夷廖、钱博之徒尚多，骘以次钼治，纲纪适定，会仍召出。吕岱既至，有士氏之变。越军南征，平讨之日，改置长吏，章明王纲，威加万里，大小承风。由此言之，绥边抚裔，实有其人。牧伯之任，既宜清能，荒流之表，祸福尤甚。今日交州虽名粗定，尚有高凉宿贼；其南海、苍梧、郁林、珠官四郡界未绥，依作寇盗，专为亡叛逋逃之薮。若岱不复南，新刺史宜得精密，检摄八郡，方略智计，能稍稍以渐治高凉者，假其威宠，借之形势，责其成效，庶几可补复。如但中人，近守常法，无奇数异术者，则群恶日滋，久远成害。故国之安危，在于所任，不可不察也。窃惧朝廷忽轻其选，故敢竭愚情，以广圣思。”

黄龙三年，建昌侯虑为镇军大将军，屯半州，以综为长史，外掌众事，内授书籍。虑卒，入守贼曹尚书，迁尚书仆射。时公孙渊降而复叛，权盛怒，欲自亲征。综上疏谏曰：“夫帝王者，万国之元首，天下之所系命也。是以居则重门击柝以戒不虞，行则清道案节以养威严，盖所以存万安之福，镇四海之心。昔孔子疾时，托乘桴浮海之语，季由斯喜，拒以无所取才。汉元帝欲御楼船，薛广德请刎颈以血染车。何则？水火之险至危，非帝王所宜涉也。谚曰：‘千金之子，坐不垂堂。’况万乘之尊乎？今辽东戎貊小国，无城池之固，备御之术，器械铢钝，犬羊无政，往必禽克，诚如明诏。然其方土寒埆，谷稼不殖，民习鞍马，转徙无常。卒闻大军之至，自度不敌，鸟惊兽骇，长驱奔窜，一人匹马，不可得见，虽获空地，守之无益，此不可一也。加又洪流滉瀁，有成山之难，海行无常，风波难免，倏忽之间，人船异势。虽有尧舜之德，智无所施，贲育之勇，力不得设，此不可二也。加以郁雾冥其上，咸水蒸其下，善生流肿，转相洿染，凡行海者，稀无斯患，此不可三也。天生神圣，显以符瑞，当乘平丧乱，康此民物；嘉祥日集，海内垂定，逆虏凶虐，灭亡在近。中国一平，辽东自毙，但当拱手以待耳。今乃违必然之图，寻至危之阻，忽九州之固，肆一朝之忿，既非社稷之重计，又开辟以来所未尝有，斯诚群僚所以倾身侧息，食不甘味，寝不安席者也。惟陛下抑雷霆之威，忍赫斯之怒，遵乘桥之安，远履冰之险，则臣子赖祉，天下幸甚。”时群臣多谏，权遂不行。

正月乙未，权敕综祝祖不得用常文，综承诏，卒造文义，信辞粲烂。权曰：“复为两头，使满三也。”综复再祝，辞令皆新，众咸称善。赤乌三年，徙选曹尚书。五年，为太子少傅，领选职如故。六年春，卒。凡所著诗赋难论数万言，名曰《私载》，又定《五宗图述》《二京解》，皆传于世。

子珝，官至威南将军，征交阯还，道病死。珝弟莹，字道言，初为秘府中书郎，孙休即位，为散骑中常侍。数年，以病去官。孙晧初，为左执法，迁选曹尚书，及立太子，又领少傅。建衡三年，晧追叹莹父综遗文，且命莹继作。莹献诗曰：“惟臣之先，昔仕于汉，奕世绵绵，颇涉台观。暨臣父综，遭时之难，卯金失御，邦家毁乱。适兹乐土，庶存孑遗，天启其心，东南是归。厥初流隶，困于蛮垂。大皇开基，恩德远施。特蒙招命，拯擢泥污，释放巾褐，受职剖符。作守合浦，在海之隅，迁入京辇，遂升机枢。枯瘁更荣，绝统复纪，自微而显，非愿之始。亦惟宠遇，心存足止。重值文皇，建号东宫，乃作少傅，光华益隆。明明圣嗣，至德谦崇，礼遇兼加，惟渥惟丰。哀哀先臣，念竭其忠，洪恩未报，委世以终。嗟臣蔑贱，惟昆及弟，幸生幸育，托综遗体。过庭既训，顽蔽难启。堂构弗克，志存耦耕。岂悟圣朝，仁泽流盈。追录先臣，愍其无成，是济是拔，被以殊荣。珝忝千里，受命南征，旍旗备物，金革扬声。及臣斯陋，实暗实微，既显前轨，人物之机；复傅东宫，继世荷辉，才不逮先，是忝是违。乾德博好，文雅是贵，追悼亡臣，冀存遗类。如何愚朏，曾无仿佛！瞻彼旧宠，顾此顽虚，孰能忍愧，臣实与居。夙夜反侧，克心自论，父子兄弟，累世蒙恩，死惟结草，生誓杀身，虽则灰陨，无报万分。”

是岁，何定建议凿圣谿以通江淮，皓令莹督万人往，遂以多盘石难施功，罢还，出为武昌左部督。后定被诛，皓追圣谿事，下莹狱，徙广州。右国史华覈上疏曰：“臣闻五帝三王皆立史官，叙录功美，垂之无穷。汉时司马迁、班固，咸命世大才，所撰精妙，与六经俱传。大吴受命，建国南土。大皇帝末年，命太史令丁孚、郎中项峻始撰《吴书》。孚、峻俱非史才，其所撰作，不足记录。至少帝时，更差韦曜、周昭、薛莹、梁广及臣五人，访求往事，所共撰立，备有本末。昭、广先亡，曜负恩蹈罪，莹出为将，复以过徙，其书遂委滞，迄今未撰奏。臣愚浅才劣，适可为莹等记注而已，若使撰合，必袭孚、峻之迹，惧坠大皇帝之元功，损当世之盛美。莹涉学既博，文章尤妙，同寮之中，莹为冠首。今者见吏，虽多经学，记述之才，如莹者少，是以慺慺为国惜之。实欲使卒垂成之功，编于前史之末。奏上之后，退填沟壑，无所复恨。”皓遂召莹还，为左国史。顷之，选曹尚书同郡缪祎以执意不移，为群小所疾，左迁衡阳太守。既拜，又追以职事见诘责，拜表陈谢。因过诣莹，复为人所白，云祎不惧罪，多将宾客会聚莹许。乃收祎下狱，徙桂阳，莹还广州。未至，召莹还，复职。是时法政多谬，举措烦苛，莹每上便宜，陈缓刑简役，以济育百姓，事或施行。迁光禄勋。天纪四年，晋军征皓，皓奉书于司马伷、王浑、王濬请降，其文，莹所造也。莹既至洛阳，特先见叙，为散骑常侍，答问处当，皆有条理。太康三年卒。著书八篇，名曰《新议》。

评曰：张纮文理意正，为世令器，孙策待之亚于张昭，诚有以也。严、程、阚生，一时儒林也。至畯辞荣济旧，不亦长者乎！薛综学识规纳，为吴良臣。及莹纂蹈，允有先风，然于暴酷之朝，屡登显列，君子殆诸。

【译文】

张纮，字子纲，他是广陵人。曾经在京都求学，他回到本郡，被推荐为茂才，官府征召，他都没有答应，后来到江东避难。孙策创建基业时，他就投靠了孙策。孙策任命他为正议校尉，参加了讨伐丹杨的战斗。孙策亲临作战，张纮劝谏说："主将乃谋略之重，三军命运的主掌，不应轻率地自己去抵御小寇。望您珍重上天授予的资质，达到四海的期望，不要使国内民众感到不安。"

建安四年，孙策派张纮到许昌给朝廷上奏章，所以被留在许昌任侍御史。少府孔融等人和他关系都很好。曹操得知孙策的死讯，便想利用孙策新死，东吴不安之机进攻江东。张纮加以劝阻，认为趁对方主帅死亡而进攻，不符合古代"礼不伐丧"之义。如果不能成功，反会使邻邦成为仇敌，不如趁机厚待于他。曹操采纳了张纮的建议，随即上表朝廷，任命孙权为讨虏将军，兼会稽太守。曹操想让张纮回东吴去辅佐孙权以便使他归附，于是，任命张纮为会稽郡东部都尉。

之后，孙权任张纮为长史，跟着军队征讨合肥。孙权带领轻兵准备袭击敌人，张纮劝他说："兵者凶器也，争战是危险的事。现在，您依仗雄壮的勇气，却忽视凶暴的敌人，三军将士，无不寒心。虽然斩杀了敌将，拔敌旗帜，威震了疆场，但这是偏将的责任，不是主将应该做的。希望您抑制孟贲、夏育一样勇猛却鲁莽的行为，胸怀建立霸业的大计。"孙权接受了张纮的意见，停止了行动。回师后的第二年，孙权想再次出兵，张纮又规劝，说："自古以来，承受天命的帝王，虽然上有神灵护佑，下有文德教化的传扬，但也还要靠武功来显示功业。然而，武功贵在视时机而动，才能显出力量。如今，将军您正遭逢汉室四百年来的厄运，承担着匡扶危难的重任，应该暂且按兵不动，休养生息，大力发展农桑，任用贤能之士，实施宽厚仁惠的政策，顺应天命施行法规，这样，就可不必劳师而平定天下。"于是，孙权停止了出兵。张纮建议以秣陵为都城，孙权听从他的意见，并命他回吴郡去迎取家眷，于路上病死。病危时，张纮将上奏孙权的遗书交给儿子张靖，奏章中说："古来拥有国家的人，都想施行德政媲美过去的太平盛世，然而，他们的政绩，却大多不太理想。这并非没有忠臣贤士辅佐，也并非不懂治国的道理，而是由于君主不能克制自己的好恶之情，不能很好地任用他们的缘故。怕难趋易乃人之常情，喜欢相同的意见，厌恶不同的意见，这与治国的法则相反。古人说'从善如登山，从恶如山崩'，是说为善的艰难。君主继承世代相传的基业，凭借自然形成的势力，掌握着爵、禄、予、置、生、奇、废、诛八柄的威严，惯做容易的事，喜听奉承的话，从不帮助他人；忠臣虽心怀治国方略却难于进达，劝谏之语逆耳，君臣不能相合，不也是很自然的事吗？不合就有距离，献媚者就会乘虚而入，君主为小人所惑，贪其阿谀。这样就使贤愚混杂，长幼失序，究其原因，是由人君的好恶私情所致。圣明的君主感悟到这一点，因此求贤若渴，不知满足于一般的劝谏，克制情感和私欲，用道义来衡量恩爱。朝廷没有错误的命令，群臣就没有非分的企图。您要三思，广纳建议，以完成仁义布施天下的大业。”张纮去世时六十岁。孙权看了他的遗书流泪不止。

张纮所作的诗、赋、铭、诔有十几篇。儿子叫作张玄，官至南郡太守、尚书。张玄的儿子张尚，孙晧在位时任侍郎，因为说话用语敏捷善辩得到孙晧的了解和赏识，提拔为侍中、中书令。孙晧让张尚弹琴，张尚回答说：“我从来就不会。”孙晧下令让他学习。后来在宴会言谈之间说到琴音的精妙时，张尚随口说道：“晋平公让师旷弹奏清角，师旷说我们的国君德行浅薄，不足以聆听这种琴音。”孙晧心里认为张尚是用这话来讽喻自己，很不高兴。后来又累计了其他事情把张尚关进监狱，追究起来都用这件事诘问他，又把他遣送到建安去造船。过了很久，又就地加以诛杀。

起初，张纮的同郡人秦松字文表、陈端字子正，与张纮一起受到孙策的重视，并参与谋划大事。他们两人都早年去世。

严畯字曼才，他是彭城国人。少时酷爱学习，擅长《诗经》《尚书》及三《礼》，又爱好研读《说文解字》。因为逃避战乱到江东，和诸葛瑾、步骘名气相当，相互为友。严畯性格质朴忠厚，与他人相处，总是真诚地加以告诫，善意地加以引导，一心想对他人有所帮助。张昭将严畯推荐给孙权，孙权任命严畯为骑都尉、从事中郎。横江将军鲁肃死后，孙权打算让严畯接替鲁肃的职务，率领军队一万人，驻守陆口。众人都为严畯感到高兴，严畯却一再恳切地推辞说：“我本来是一介书生，不熟悉军事，不是将帅之才而占据其位，一定会招来过失和悔恨。”严畯言语慷慨激昂，以至于泪流满面，孙权才答应严畯。当时人们都称赞严畯能根据实际情况进行推让。孙权为吴王，以及之后称帝，严畯都曾任卫尉，奉命出使蜀汉，蜀汉丞相诸葛亮对严畯十分赞赏。严畯不利用俸禄和赏赐积攒家财，而是分散给亲朋好友，所以家境常常没有富余。广陵郡人刘颖和严畯是旧交。刘颖在家精心钻研学问，孙权听到了刘颖的名声召请刘颖前来做官，刘颖以有病为借口不来。刘颖的弟弟刘略当时任零陵郡太守，死于任上。刘颖前去奔丧，孙权这才知道刘颖是谎称生病，于是派人经由驿道火速前往捉拿。严畯也派人乘快马向刘颖通报情况，让刘颖赶快前来向孙权赔罪。孙权一怒之下罢免了严畯的官职，刘颖却得以免罪。过了很久，严畯又任尚书令，后来死于任上。

严畯写了有《孝经传》《潮水论》，又和裴玄、张承论述管仲和季路，都得以传世。裴玄字彦黄，下邳国人，学问人品俱佳，官做到太中大夫。裴玄曾问儿子裴钦齐桓公、晋文公、伯夷、柳下惠四人的优劣高下，裴钦回答自己的见解，并与裴玄相互论辩，两人持论都有充分的依据。裴钦曾和太子孙登交往密切，孙登称赏裴钦的文采。

程秉字德枢，他是汝南郡南顿县人。曾经跟从郑玄学习，在这之后在交州避乱，与刘熙考证论述古书大义，便博览精通五经。士燮任命他为长史。孙权听说他是一位名儒，以礼征召他；程秉来到以后，官拜太子太傅。黄武四年，孙权为太子孙登聘娶周瑜的女儿，程秉作为掌管礼仪的太常官，到吴县迎接太子妃，孙权亲自来到程秉的船中，给他很优厚的礼遇。回来后，程秉从容地进言劝说孙登道："婚姻是人伦的开始，王教的基础，因此圣王重视，用它统率百姓，感化天下，所以《诗经》赞美《关雎》，把它列为全书的首篇。希望太子在闺房之中尊崇礼教，保存《周南》所赞咏的美德，那就会使王道教化兴隆于上，歌颂之声兴起于下了。"孙登笑着说："我要顺势助成美德，改正和补救错误，诚心地依赖师傅您。"

程秉因病死于任所。著有《周易摘》《尚书驳》《论语弼》，共三万余字。程秉担任太子太傅时，率更令河南徵崇，也是个学问深厚、品行优良的人。

阚泽，字德润，他是会稽山阴人。家里世世代代务农。小时候阚泽就好学，因生活贫困，无法正常就学，常常被别人雇去抄书，雇主供应纸笔，抄写完毕，所抄内容也全部诵读完了。他追寻老师研习，遍览群书；同时，他还通晓天文历法，由此名声显露。经考察被推举为孝廉，任为钱塘县长，又升任郴县县令。孙权任骠骑将军时，召请他为西曹掾。孙权称帝后，任命他为尚书。嘉禾年间，任中书令，加侍中。赤乌五年，任太子太傅，仍兼任中书令。

阚泽认为，儒家经典和阐释的著述太多，并非都能用得上。于是吸取各家论著之长，将《礼》经文句及各家注解精简后，教授太子孙和与鲁王孙霸，为他们制定出入宫廷及接见宾客的仪制，还撰著《乾象历注》以纠正历法的混乱。每当朝廷议论大事，遇到经典方面的疑问，都向他咨询。因为他对儒家学问研究的贡献，被封都乡侯。他生性谦逊、厚道谨慎，即使是召宫廷、官府中的小吏来问话，他也都以礼相待；别人的错误缺点，他从不谈起，只是有点不够满意的表情，但听到的事很少去追根问底。孙权曾经问他：“书传诗赋，哪一篇是很优秀的？”阚泽想用治乱的道理开导孙权，就趁机推荐贾谊的《过秦论》，孙权便阅读了这篇文章。当初，吕壹的罪恶被揭发出来，有司衙门严加追究，并奏请使用极刑。有人认为，应加车裂并焚其尸，以示对罪魁祸首的严惩。孙权征求阚泽的意见，阚泽说：“圣明天子在位，不应有这样的酷刑。”孙权采纳了他的意见。孙权对官员中的不良风气不满，打算加重法令防范，阚泽总是说“应依礼制规定和刑律来处理”。他虽处事随和，但在原则面前不让步，就像这类事情一样。赤乌六年冬天，阚泽去世，孙权十分悲痛，一连几天吃不下饭。

阚泽的同州前辈丹杨人唐固也修身积学，被称为儒者，著有《国语》《公羊》《穀梁传》，教授的生徒常常有数十人。孙权为吴王时，任唐固为议郎，上至陆逊、张温、骆统等人都拜见他。黄武四年在尚书仆射任上去世。

薛综，字敬文，他是沛郡竹邑人。小时候随同族人到交州避难，跟随刘熙学习。士燮归附孙权后，召薛综任五官中郎将，又升为合浦太守、交阯太守。当时，交州的土地刚刚开发，刺史吕岱率大军征讨，薛综随军行动，渡海向南，一直攻到九真。征讨完毕，返回都城，兼理谒者仆射。西蜀使者张奉在孙权面前直指尚书阚泽并加以嘲弄，阚泽回答不上来。薛综离座给客人斟酒，趁机说：“蜀是什么？加上字傍是獨，没有犬字傍是蜀，横着眼，蹉着身，虫钻入它的肚子。”张奉说：“怎不再拆拆你们的吴字呢？”薛综应声说道：“没有口是天，有口是吴，君临天下，是天子所在之地。”在座的人都开心地大笑，张奉则无话可对。他的机敏就像这一类事情。

吕岱从交州被调出，薛综担心吕岱的继承人不是合适的候选人，就上疏说：“从前舜帝南巡，去世在苍梧。秦朝设置了桂林、南海、象郡，这四郡归属中国，由来已久。赵佗于番禺起家，抚降百越的蕃王，也就是珠官以南的地区。汉武帝诛杀吕嘉，开辟九郡，设置交阯刺史以镇抚这里。这地方山高水远，风俗不同，语言各异，要通过多重翻译才能沟通，百姓如同禽兽，长幼没有次序，绾发髻，光脚行走，头扎带子，衣襟左开，官员的设置，即使有也如同没有一样。从那以后，大量流放的罪犯杂居其间，逐渐使他们有了一些知识，粗通语言，又派驿传往来，让他们看到礼仪教化。之后，锡光治理交阯，任延任九真太守，才教会他们耕种，学会戴帽穿鞋。又为他们设立媒官，使他们懂得聘娶的道理；建立读书的庠校，用儒道的思想教化他们。此后的四百多年，他们才有点像中原地区的人了。我以前刚到这里时，珠崖一带除了州县治所讲究嫁娶以外，其他地方还是要等到八月份自认门户。在庶民聚会时，男女之间只要互相认可，就能成为夫妻，父母不能阻止。交阯的糜泠、九真的都庞这两个县，都是兄死弟娶嫂，世代相袭已为习俗，地方官不能限制。日南郡的男女赤身露体，不以为羞。可以说他们是野兽，只是有张可憎的面目罢了。但是这里土地辽阔，人口众多，地势险要，多毒气害虫，极易发生叛乱，也很难让他们服从官府的管理。朝廷对他们一向加以笼络，炫耀武力使他们服从。向农户征收的租税，只够官吏的需要。看重的是那里的珍宝如珍珠、香药、象牙、犀角、玳瑁、珊瑚、琉璃、鹦鹉、翡翠、孔雀等奇物，不必依靠那里的税收来补益。但是，在距王都极为遥远的地方，任命长官，一般不精审考核。汉代的法令宽松，地方官大多放任，因此，经常有违法事发生。撤销的起因，是珠崖郡的长官看到当地人的头发很美，就强迫剃下来制作假发。臣曾亲眼看到，南海人黄盖任日南太守，一下车就因供给不丰，把主簿打死，他也因此被驱逐。九真太守儋萌给岳父周京设宴，把官员请来一起饮酒作乐，酒酣奏乐，功曹番歆要同周京一起舞蹈，周京不肯，番歆还是强迫，儋萌一怒之下，用木杖将他打死在郡府内。番歆之弟番苗率众攻打郡府，用毒箭射中儋萌，儋萌中箭而死。交阯太守士燮派兵讨伐，却始终没能取胜。还有前任刺史会稽人朱符，把同乡如虞褒、刘彦等人分任为长官，侵害百姓，强征赋税；捕一条黄鱼就要收一斛稻子，百姓因恨而反，与山越贼一起攻犯州郡。朱符逃往海上，颠沛而死。再比如，南阳人张津，与荆州牧刘表有隙，本来兵力弱小却仍年年出兵，众将领都很厌烦，任意去留。张津想加以约束，但他威有余勇不足，被部下凌辱，被杀。还有零陵人赖恭，虽是长辈性情仁厚，但却有些不识时务。刘表又派长沙人吴巨任苍梧太守。吴巨只是一介武夫，轻率蛮横，赖恭瞧不起他，他就怨恨赖恭，把赖恭赶走，赖恭便向步骘求援。当时，张津的原部将像夷廖、钱博这样的还很多。步骘逐个惩处。秩序和法纪稳定了，可正在这时，朝廷把他调走了。吕岱来了之后，发生了士氏变乱。他率大军从远道南征，平定变乱后，改任地方官员，宣示天子法令，威震万里，大小地方都接受教化。由此可见，安抚边地，的确需要这种人才。州牧的人选，都应是清廉能干的人，因为王畿千里之外的地方，隐藏着很严重的祸患。如今，表面上交州已大致平定，但还有高凉贼未被平灭。交州的南海、苍梧、郁林、珠官四郡的边界还不安定，依然还有贼寇作乱，成为叛逃分子聚集的地方。如果吕岱不再回到南方，新任刺史应挑选精明谨慎、能约束八郡、智慧能逐渐控制高凉郡的人。授予他威权与尊荣，配给足够的兵力，责令他取得实效，才有望在吕岱之后加强对交州的管理。假如只派个平庸的人，循规蹈矩地来治理交州，没有特别的手段，那么叛乱者就会越加强盛，时间一久，必会造成大乱。所以交州的安危，在于选用的人是否合适，不能不留意啊。我担心朝廷会不重视交州刺史的人选，所以才敢说出我心中的全部想法，您要多考虑啊！”

黄龙三年，建昌侯孙虑任镇军大将军，军队驻扎在半州，让薛综做了长史，对外掌管各种政事，在内讲授经传典籍。孙虑去世后，薛综入朝代理贼曹尚书，晋升为尚书仆射。那时候公孙渊投降后再度反叛，孙权怒不可遏，打算亲自实施征伐。薛综上书劝谏说：“所谓帝王，是万国的元首，他的一举一动关系到国家命运。所以居所要设置重重门户及打更巡夜以防意外，出行便要清道戒严并按辔徐行以体现威风尊严，目的在于保障万全的福运，镇抚四海的民心。以前孔子痛感时弊，托言要乘筏出游大海，季由为此而兴高采烈，而孔子却告诉他无法获取需要的材料而让他空白欢喜了一场。汉元帝想乘楼船，薛广德请求刎颈用自己血来染红皇帝车驾。为什么呢？水火是最危险的东西，不是帝王所应涉足的。谚语说：‘富贵人家的孩子，不坐在堂屋的檐下。’何况是贵为天子的人物呢？如今辽东这种戎貊小国，没有坚城深壕作为固守资本，以及相应的防御办法应对进攻，武器落后，部队如犬羊一般没有组织纪律，我大军一到就可攻克，的确像圣明的诏书所说的那样。然而那个地方寒冷贫瘠，谷物不能生长收获，百姓习惯骑马，辗转迁徙不定，突然听说大军到来，自料无法抗衡，便会像鸟兽惊动，驱马远驰四散，届时连一人匹马也不能见到，即便获得那片无人的空地，守住它也毫无益处，这是不可出兵的原因之一。加上大海茫茫惊涛骇浪，又有成山岛构成的危难，海上航行天气变幻无常，狂风恶浪势难避免，可能眨眼之间，人员和船只所面临的形势就会截然不同。那时即使德行直追唐尧和虞舜，也空有智谋而难以施展，即使威猛胜于孟贲和夏育，也徒有勇力而无处发挥。这是不可出兵的原因之二。况且浓雾郁结下落，咸水蒸发上腾，人在其间很容易身患流肿，转而互相传染，大凡航海的人，很少有不得此病的，这是不可出兵的原因之三。上天降生帝王，用吉祥的征兆加以预示，应当趁机扫平祸乱，使人民重获安康；如今美好的征兆与日俱增，国家即将得到平定，叛逆之徒和凶恶残暴之辈，其灭亡的时刻也已临近。中原一旦平定，辽东叛逆将自行败亡，我们只需拱手等待而已。而今却要违背必然的规律，去寻求极度危险的患难，忽视九州的巩固，宣泄一时的愤恨，这既不是国家的重大决策，又是创业以来未曾有过的事情，这正是文武百官之所以侧身叹息、食不甘味、寝不安席的原因。希望陛下克制雷霆般的天威，忍耐赫然喷薄的怒火，遵循乘桥而行的平安之道，远离如履薄冰的危险境地，那么臣子便可仰仗您的福佑，天下百姓也会感到十分幸运。”当时群臣多有劝谏，孙权便没有亲自出征。

黄龙三年正月二十二日，孙权下令薛综有关祭祖的赞辞不得使用通常的文字，薛综接到诏命，迅速撰写文章的主要内容，措辞诚敬而文采灿烂。孙权说：“再增加首尾两段，使赞辞凑足三个部分。”薛综又写出两段祝辞，文辞都很新颖，众人都称好。赤乌三年，改任选曹尚书。赤乌五年，任太子少傅，依旧兼任选曹尚书。赤乌六年春，薛综去世。他所撰写的诗赋论文共有几万字，名为《私载》，又考定著述《五宗图述》及《二京解》，皆流传于世。

儿子薛珝，官做到威南将军，出征交阯回来的时候，在途中病死。薛珝的弟弟薛莹，字道言，起初担任秘府中书郎，孙休即位以后，担任散骑中常侍。几年之后，因病辞去官职。孙晧即位初年，担任左执法，升为选曹尚书，到立太子时，又兼任少傅。建衡三年，孙晧追思赞叹薛莹父亲薛综的遗文，并且命令薛莹续写。薛莹写道：“臣的祖先，在昔日出任于汉，经历了一代代，颇有人登上高官。待到臣父薛综，遭逢时世艰难，刘氏失去控制，国被摧毁家遭祸乱。我家投奔乐土，希望保留劫后余生，上天启示我们，我等归向东南。起初流离失所，困于边远蛮荒之地。大皇开创基业。恩德布施到远方。承蒙下令征召，拯救我们于泥潭，脱下布巾褐衣，领受官职兵符。担任合浦太守，身处东海之隅。后来迁入京都，职位升到中枢。像枯槁的树又开花，快绝的世系又绵延，由微弱而显赫，开始时哪有这种心愿。蒙受恩宠优遇，心感满足幸福。其后再遇文皇，立号太子东宫，臣父就任少傅，加显耀光荣。皇圣人后嗣，道德最谦最崇，以卒待遇臣下，真是沾润丰隆。可哀我父先臣，每念尽其忠诚，大恩未曾报答，遽尔弃世而终。可叹微臣低贱，只有兄弟相携，幸而生育成长，延续薛综骨血。虽受严父训诲，难开顽蔽性情，不能继承遗业，内心只想农耕。岂料圣朝天子，仁义恩泽充盈，追思臣的先辈，怜惜臣的无成，扶助又加提拔，给予特殊光荣。薛珝远行千里，受命随军南征，旌旗高高飘荡，军乐阵阵扬声。像臣这种陋质，实在愚昧低能，既任政治要职，掌握人选枢机，又授东宫少傅，两代荣辉相继。才能不及先辈，做事辱没背违。圣德博大美好，重视文雅礼教，追思悼念亡臣，保存他的后人。为何愚蠢后嗣，一点不像先臣！瞻望那旧日恩宠，看自己顽劣虚空，谁能没有惭愧，臣是愧在心中，昼夜辗转反侧，扪住心窝自问，臣的父子兄弟，累世蒙受圣恩，今后死当结草，生则杀身报恩，即使粉身碎骨，难报万分恩情。”

就在当年，何定建议开凿圣谿以沟通江、淮，孙皓命薛莹派了一万民夫前去，终因巨石太多，暂停了这项工程。薛莹回来后，任武昌左部督。后来，何定因获罪被处死，孙皓追究开凿圣溪之事，把薛莹关进监狱，后流放到广州。右国史华覈上疏说：“臣听说，三皇五帝都设有史官，记载功业美德，使之流传后世。汉时的司马迁、班固，都是闻名于世的杰出人才，他们所撰写的史书美妙精深，与六经一起传流。我大吴承受天命，在江南建立国家。太上皇晚年时，曾命令太史令丁孚、郎中项峻撰写《吴书》。丁孚、项峻都无史官的才能，所撰写内容，不能作为史书予以记载。少帝时，改派韦曜、周昭、薛莹、梁广和我五个人，访寻历史往事。我五人所撰定的材料，已具备了纪事本末的基础。周昭、梁广已早逝，韦曜负皇恩犯了罪，薛莹外出为将，又因为过失被流放，本书的撰写便停止了，至今未能写定呈报。臣才疏学浅，只能为薛莹等人做做笔记罢了。如让我把这些材料编纂成书，必定会走上丁孚、项峻的老路，恐怕要漏失太皇帝的丰功伟绩，减损当今的盛美。薛莹不仅治学渊博，著文更妙，同僚之中，应居冠首。现在任职的官员，虽经学之士不少，但在撰写史书方面却少有薛莹那样有才能的人，所以我真为国家感到惋惜！臣实在是想让他继续撰写即将完成的史书，使《吴书》得以列于《史记》《汉书》之后。若能完成进献，我个人即使葬身于路边的沟渠，也不会感到遗憾。”于是，孙晧召回薛莹，任左国史。没过多久，选曹尚书、薛莹的同乡缪祎因坚持己见，不迎合他人，而遭到小人忌恨，被贬做了衡阳太守。缪祎即将离开的时候，孙晧又对他任选曹尚书期间不合自己心意的所为责问他，缪祎上书陈述并谢罪。由于缪祎到薛莹的府上拜访，又被人告发，说缪祎不仅不思悔改，反而带着很多人到薛莹家中聚会。于是，缪祎被入狱，又流放到桂阳；薛莹则被遣送回广州。还未到广州，朝廷便又召薛莹回京复职。当时，政务多有错误，各项法令繁杂且苛刻，薛莹经常上书进献建议，减轻刑法，减少劳役，以帮助和养育百姓，他的建议有的被接受施行了。薛莹升任光禄勋。天纪四年，晋国大兵征伐孙晧，孙晧向司马伷、王浑、王濬奉书请求投降，投降书就是薛莹草拟的。薛莹到了洛阳后，晋帝司马炎特地先召见并奖励他。任晋国的散骑常侍，回答问题，处理事务都很妥当。西晋太康三年去世。有著作八篇，合辑为《新议》一书。

评论说：张纮的文章有条理，立意正统，为当时之良才，孙策待他仅次于张昭，确实是有道理的。严畯、程秉、阚泽为当时名儒。严畯为救助旧友而抛弃荣华，是具有美好品德的长者啊！薛综学识渊博，进谏中肯常被采纳，是吴国的良臣。薛莹有父亲的风范并继承发扬，不坠家风。但他立身于暴君之侧，却能屡任高官，君子对此感到迷惑。

第十册

高山 主编

二十四史

光明日报出版社

二十四史

目录

三国志

晋　书

三国志卷五十四·吴书九

周瑜鲁肃吕蒙传

周瑜字公瑾，庐江舒人也。从祖父景，景子忠，皆为汉太尉。父异，洛阳令。

瑜长壮有姿貌。初，孙坚兴义兵讨董卓，徙家于舒。坚子策与瑜同年，独相友善，瑜推道南大宅以舍策，升堂拜母，有无通共。瑜从父尚为丹杨太守，瑜往省之。会策将东渡，到历阳，驰书报瑜，瑜将兵迎策。策大喜曰："吾得卿，谐也。"遂从攻横江、当利，皆拔之。乃渡江击秣陵，破笮融、薛礼，转下湖孰、江乘，进入曲阿，刘繇奔走，而策之众已数万矣。因谓瑜曰："吾以此众取吴会平山越已足。卿还镇丹杨。"瑜还。顷之，袁术遣从弟胤代尚为太守，而瑜与尚俱还寿春。术欲以瑜为将，瑜观术终无所成，故求为居巢长，欲假途东归，术听之。遂自居巢还吴。是岁，建安三年也。策亲自迎瑜，授建威中郎将，即与兵二千人，骑五十匹。瑜时年二十四，吴中皆呼为周郎。以瑜恩信著于庐江，出备牛渚，后领春谷长。顷之，策欲取荆州，以瑜为中护军，领江夏太守，从攻皖，拔之。时得桥公两女，皆国色也。策自纳大桥，瑜纳小桥。复进浔阳，破刘勋，讨江夏，还定豫章、庐陵，留镇巴丘。

五年，策薨，权统事。瑜将兵赴丧，遂留吴，以中护军与长史张昭共掌众事。十一年，督孙瑜等讨麻、保二屯，枭其渠帅，囚俘万余口，还备宫亭。江夏太守黄祖遣将邓龙将兵数千人入柴桑，瑜追讨击，生虏龙送吴。十三年春，权讨江夏，瑜为前部大督。

其年九月，曹公入荆州，刘琮举众降，曹公得其水军，船步兵数十万，将士闻之皆恐。权延见群下，问以计策。议者咸曰："曹公豺虎也，然托名汉相，挟天子以征四方，动以朝廷为辞，今日拒之，事更不顺。且将军大势，可以拒操者，长江也。今操得荆州，奄有其地，刘表治水军，蒙冲斗舰，乃以千数，操悉浮以沿江，兼有步兵，水陆俱下，此为长江之险，已与我共之矣。而势力众寡，又不可论。愚谓大计不如迎之。"瑜曰："不然。操虽托名汉相，其实汉贼也。将军以神武雄才，兼仗父兄之烈，割据江东，地方数千里，兵精足用，英雄乐业，尚当横行天下，为汉家除残去秽。况操自送死，而可迎之邪？请为将军筹之：今使北土已安，操无内忧，能旷日持久，来争疆场，又能与我校胜负于船楫间乎？今北土既未平安，加马超、韩遂尚在关西，为操后患。且舍鞍马，仗舟楫，与吴越争衡，本非中国所长。又今盛寒，马无藁草，驱中国士众远涉江湖之间，不习水土，必生疾病。此数四者，用兵之患也，而操皆冒行之。将军禽操，宜在今日。瑜请得精兵三万人，进住夏口，保为将军破之。”权曰：“老贼欲废汉自立久矣，徒忌二袁、吕布、刘表与孤耳。今数雄已灭，惟孤尚存，孤与老贼，势不两立。君言当击，甚与孤合，此天以君授孤也。”

时刘备为曹公所破，欲引南渡江，与鲁肃遇于当阳，遂共图计，因进住夏口，遣诸葛亮诣权。权遂遣瑜及程普等与备并力逆曹公，遇于赤壁。时曹公军众已有疾病，初一交战，公军败退，引次江北。瑜等在南岸。瑜部将黄盖曰：“今寇众我寡，难与持久。然观操军船舰首尾相接，可烧而走也。”乃取蒙冲斗舰数十艘，实以薪草，膏油灌其中，裹以帷幕，上建牙旗，先书报曹公，欺以欲降。又预备走舸，各系大船后，因引次俱前。曹公军吏士皆延颈观望，指言盖降。盖放诸船，同时发火。时风盛猛，悉延烧岸上营落。顷之，烟炎张天，人马烧溺死者甚众，军遂败退，还保南郡。备与瑜等复共追。曹公留曹仁等守江陵城，径自北归。

瑜与程普又进南郡，与仁相对，各隔大江。兵未交锋，瑜即遣甘宁前据夷陵。仁分兵骑别攻围宁。宁告急于瑜。瑜用吕蒙计，留凌统以守其后，身与蒙上救宁。宁围既解，乃渡屯北岸，克期大战。瑜亲跨马擽陈，会流矢中右胁，疮甚，便还。后仁闻瑜卧未起，勒兵就陈。瑜乃自兴，案行军营，激扬吏士，仁由是遂退。

权拜瑜偏将军，领南郡太守。以下隽、汉昌、刘阳、州陵为奉邑，屯据江陵。刘备以左将军领荆州牧，治公安。备诣京见权，瑜上疏曰：“刘备以枭雄之姿，而有关羽、张飞熊虎之将，必非久屈为人用者。愚谓大计宜徙备置吴，盛为筑宫室，多其美女玩好，以娱其耳目，分此二人，各置一方，使如瑜者得挟与攻战，大事可定也。今猥割土地以资业之，聚此三人，俱在疆场，恐蛟龙得云雨，终非池中物也。”权以曹公在北方，当广揽英雄，又恐备难卒制，故不纳。

是时刘璋为益州牧，外有张鲁寇侵，瑜乃诣京见权曰：“今曹操新折衄，方忧在腹心，未能与将军连兵相事也。乞与奋威俱进取蜀，得蜀而并张鲁，因留奋威固守其地，好与马超结援。瑜还与将军据襄阳以蹙操，北方可图也。”权许之。瑜还江陵，为行装，而道于巴丘病卒，时年三十六。权素服举哀，感动左右。丧当还吴，又迎之芜湖，众事费度，一为供给。后著令曰：“故将军周瑜、程普，其有人客，皆不得问。”初瑜见友于策，太妃又使权以兄奉之。是时权位为将军，诸将宾客为礼尚简，而瑜独先尽敬，便执臣节。性度恢廓，大率为得人，惟与程普不睦。

瑜少精意于音乐，虽三爵之后，其有阙误，瑜必知之，知之必顾，故时人谣曰：“曲有误，周郎顾。”

瑜两男一女。女配太子登。男循尚公主，拜骑都尉，有瑜风，早卒。循弟胤，初拜兴业都尉，妻以宗女，授兵千人，屯公安。黄龙元年，封都乡侯，后以罪徙庐陵郡。赤乌二年，诸葛瑾、步骘连名上疏曰：“故将军周瑜子胤，昔蒙粉饰，受封为将，不能养之以福，思立功效，至纵情欲，招速罪辟。臣窃以瑜昔见宠任，入作心膂，出为爪牙，衔命出征，身当矢石，尽节用命，视死如归，故能摧曹操于乌林，走曹仁于郢都，扬国威德，华夏是震，蠢尔蛮荆，莫不宾服，虽周之方叔，汉之信、布，诚无以尚也。夫折冲扞难之臣，自古帝王莫不贵重，故汉高帝封爵之誓曰‘使黄河如带，太山如砺，国以永存，爰及苗裔’；申以丹书，重以盟诅，藏于宗庙，传于无穷，欲使功臣之后，世世相踵，非徒子孙，乃关苗裔，报德明功，勤勤恳恳，如此之至，欲以劝戒后人，用命之臣，死而无悔也。况于瑜身没未久，而其子胤降为匹夫，益可悼伤。窃惟陛下钦明稽古，隆于兴继，为胤归诉，乞匄余罪，还兵复爵，使失旦之鸡，复得一鸣，抱罪之臣，展其后效。”权答曰：“腹心旧勋，与孤协事，公瑾有之，诚所不忘。昔胤年少，初无功劳，横受精兵，爵以侯将，盖念公瑾以及于胤也。而胤恃此，酗淫自恣，前后告喻，曾无悛改。孤于公瑾，义犹二君，乐胤成就，岂有已哉？迫胤罪恶，未宜便还，且欲苦之，使自知耳。今二君勤勤援引汉高河山之誓，孤用恧然。虽德非其畴，犹欲庶几，事亦如尔，故未顺旨。以公瑾之子，而二君在中间，苟使能改，亦何患乎！”瑾、骘表比上，朱然及全琮亦俱陈乞，权乃许之。会胤病死。

瑜兄子峻，亦以瑜元功为偏将军，领吏士千人。峻卒，全琮表峻子护为将。权曰：“昔走曹操，拓有荆州，皆是公瑾，常不忘之。初闻峻亡，仍欲用护，闻护性行危险，用之适为作祸，故便止之。孤念公瑾，岂有已乎？”

鲁肃字子敬，临淮东城人也。生而失父，与祖母居。家富于财，性好施与。尔时天下已乱，肃不治家事，大散财货，摽卖田地，以赈穷弊结士为务，甚得乡邑欢心。

周瑜为居巢长，将数百人故过候肃，并求资粮。肃家有两囷米，各三千斛，肃乃指一囷与周瑜，瑜益知其奇也，遂相亲结，定侨、札之分。袁术闻其名，就署东城长。肃见术无纲纪，不足与立事，乃携老弱将轻侠少年百余人，南到居巢就瑜。瑜之东渡，因与同行，留家曲阿。会祖母亡，还葬东城。

刘子扬与肃友善，遗肃书曰："方今天下豪杰并起，吾子姿才，尤宜今日。急还迎老母，无事滞于东城。近郑宝者，今在巢湖，拥众万余，处地肥饶，庐江间人多依就之，况吾徒乎？观其形势，又可博集，时不可失，足下速之。"肃答然其计。葬毕还曲阿，欲北行。会瑜已徙肃母到吴，肃具以状语瑜。时孙策已薨，权尚住吴，瑜谓肃曰："昔马援答光武云'当今之世，非但君择臣，臣亦择君'。今主人亲贤贵士，纳奇录异，且吾闻先哲秘论，承运代刘氏者，必兴于东南，推步事势，当其历数，终构帝基，以协天符，是烈士攀龙附凤驰骛之秋。吾方达此，足下不须以子扬之言介意也。"肃从其言。瑜因荐肃才宜佐时，当广求其比，以成功业，不可令去也。

权即见肃，与语甚悦之。众宾罢退，肃亦辞出，乃独引肃还，合榻对饮。因密议曰："今汉室倾危，四方云扰，孤承父兄余业，思有桓文之功。君既惠顾，何以佐之？"肃对曰："昔高帝区区欲尊事义帝而不获者，以项羽为害也。今之曹操，犹昔项羽，将军何由得为桓文乎？肃窃料之，汉室不可复兴，曹操不可卒除。为将军计，惟有鼎足江东，以观天下之衅。规模如此，亦自无嫌。何者？北方诚多务也。因其多务，剿除黄祖，进伐刘表，竟长江所极，据而有之，然后建号帝王以图天下，此高帝之业也。"权曰："今尽力一方，冀以辅汉耳，此言非所及也。"张昭非肃谦下不足，颇訾毁之，云肃年少粗疏，未可用。权不以介意，益贵重之，赐肃母衣服帏帐，居处杂物，富拟其旧。

刘表死，肃进说曰："夫荆楚与国邻接，水流顺北，外带江汉，内阻山陵，有金城之固，沃野万里，士民殷富，若据而有之，此帝王之资也。今表新亡，二子素不辑睦，军中诸将，各有彼此。加刘备天下枭雄，与操有隙，寄寓于表，表恶其能而不能用也。若备与彼协心，上下齐同，则宜抚安，与结盟好；如有离违，宜别图之，以济大事。肃请得奉命吊表二子，并慰劳其军中用事者，及说备使抚表众，同心一意，共治曹操，备必喜而从命。如其克谐，天下可定也。今不速往，恐为操所先。”权即遣肃行。到夏口，闻曹公已向荆州，晨夜兼道。比至南郡，而表子琮已降曹公，备惶遽奔走，欲南渡江。肃径迎之，到当阳长阪，与备会，宣腾权旨，及陈江东强固，劝备与权并力。备甚欢悦。时诸葛亮与备相随，肃谓亮曰“我子瑜友也”，即共定交。备遂到夏口，遣亮使权，肃亦反命。

会权得曹公欲东之问，与诸将议，皆劝权迎之，而肃独不言。权起更衣，肃追于宇下，权知其意，执肃手曰：“卿欲何言？”肃对曰：“向察众人之议，专欲误将军，不足与图大事。今肃可迎操耳，如将军，不可也。何以言之？今肃迎操，操当以肃还付乡党，品其名位，犹不失下曹从事，乘犊车，从吏卒，交游士林，累官故不失州郡也。将军迎操，欲安所归？愿早定大计，莫用众人之议也。”权叹息曰：“此诸人持议，甚失孤望；今卿廓开大计，正与孤同，此天以卿赐我也。”

时周瑜受使至鄱阳，肃劝追召瑜还。遂任瑜以行事，以肃为赞军校尉，助画方略。曹公破走，肃即先还，权大请诸将迎肃。肃将入阁拜，权起礼之，因谓曰：“子敬，孤持鞍下马相迎，足以显卿未？”肃趋进曰：“未也。”众人闻之，无不愕然。就坐，徐举鞭言曰：“愿至尊威德加乎四海，总括九州，克成帝业，更以安车软轮征肃，始当显耳。”权抚掌欢笑。

后备诣京见权，求都督荆州，惟肃劝权借之，共拒曹公。曹公闻权以土地业备，方作书，落笔于地。

周瑜病困，上疏曰：“当今天下，方有事役，是瑜乃心夙夜所忧，愿至尊先虑未然，然后康乐。今既与曹操为敌，刘备近在公安，边境密迩，百姓未附，宜得良将以镇抚之。鲁肃智略足任，乞以代瑜。瑜殒踣之日，所怀尽矣。”即拜肃奋武校尉，代瑜领兵。瑜士众四千余人，奉邑四县，皆属焉。令程普领南郡太守。肃初住江陵，后下屯陆口，威恩大行，众增万余人，拜汉昌太守、偏将军。十九年，从权破皖城，转横江将军。

先是，益州牧刘璋纲维颓弛，周瑜、甘宁并劝权取蜀，权以咨备，备内欲自规，乃伪报曰：“备与璋托为宗室，冀凭英灵，以匡汉朝。今璋得罪左右，备独竦惧，非所敢闻，愿加宽贷。若不获请，备当放发归于山林。”后备西图璋，留关羽守，权曰：“猾虏乃敢挟诈！”及羽与肃邻界，数生狐疑，疆埸纷错，肃常以欢好抚之。备既定益州，权求长沙、零、

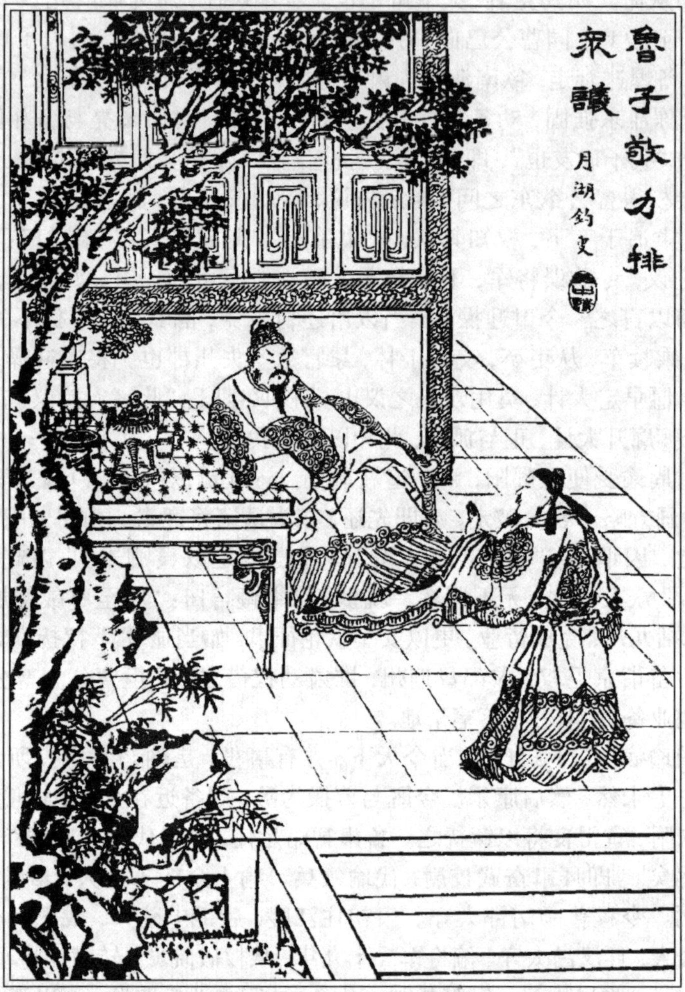

鲁子敬力排众议图，出自《图像三国志》，描绘了赤壁之战前，东吴很多人主张降曹，鲁肃力排众议，对孙权陈说利害，使其下定决心对抗曹操之事。

桂，备不承旨，权遣吕蒙率众进取。备闻，自还公安，遣羽争三郡。肃住益阳，与羽相拒。肃邀羽相见，各驻兵马百步上，但诸将军单刀俱会。肃因责数羽曰："国家区区本以土地借卿家者，卿家军败远来，无以为资故也。今已得益州，既无奉还之意，但求三郡，又不从命。"语未究竟，坐有一人曰："夫土地者，惟德所在耳，何常之有！"肃厉声呵之，辞色甚切。羽操刀起谓曰："此自国家事，是人何知！"目使之去。备遂割湘水为界，于是罢军。

肃年四十六，建安二十二年卒。权为举哀，又临其葬。诸葛亮亦为发哀。权称尊号，临坛，顾谓公卿曰："昔鲁子敬尝道此，可谓明于事势矣。"

肃遗腹子淑既壮，濡须督张承谓终当到至。永安中，为昭武将军、都亭侯、武昌督。建衡中，假节，迁夏口督。所在严整，有方干。凤皇三年卒。子睦袭爵，领兵马。

吕蒙字子明，汝南富陂人也。少南渡，依姊夫邓当。当为孙策将，数讨山越。蒙年十五六，窃随当击贼，当顾见大惊，呵叱不能禁止。归以告蒙母，母恚欲罚之，蒙曰："贫贱难可居，脱误有功，富贵可致。且不探虎穴，安得虎子？"母哀而舍之。时当职吏以蒙年小轻之，曰："彼竖子何能为？此欲以肉喂虎耳。"他日与蒙会，又蚩辱之。蒙大怒，引刀杀吏，出走，逃邑子郑长家。出因校尉袁雄自首，承间为言，策召见奇之，引置左右。

数岁，邓当死，张昭荐蒙代当，拜别部司马。权统事，料诸小将兵少而用薄者，欲并合之。蒙阴赊贳，为兵作绛衣行縢，及简日，陈列赫然，兵人练习，权见之大悦，增其兵。从讨丹杨，所向有功，拜平北都尉，领广德长。

从征黄祖，祖令都督陈就逆以水军出战。蒙勒前锋，亲枭就首，将士乘胜，进攻其城。祖闻就死，委城走，兵追禽之。权曰："事之克，由陈就先获也。"以蒙为横野中郎将，赐钱千万。

是岁，又与周瑜、程普等西破曹公于乌林，围曹仁于南郡。益州将袭肃举军来附，瑜表以肃兵益蒙，蒙盛称肃有胆用，且慕化远来，于义宜益不宜夺也。权善其言，还肃兵。瑜使甘宁前据夷陵，曹仁分众攻宁，宁困急，使使请救。诸将以兵少不足分，蒙谓瑜、普曰："留凌公绩，蒙与君行，解围释急，势亦不久，蒙保公绩能十日守也。"又说瑜分遣三百人柴断险道，贼走可得其马。瑜从之。军到夷陵，即日交战，所杀过半。

敌夜遁去，行遇柴道，骑皆舍马步走。兵追蹙击，获马三百匹，方船载还。于是将士形势自倍，乃渡江立屯，与相攻击，曹仁退走，遂据南郡，抚定荆州。还，拜偏将军，领浔阳令。

鲁肃代周瑜，当之陆口，过蒙屯下。肃意尚轻蒙，或说肃曰："吕将军功名日显，不可以故意待也，君宜顾之。"遂往诣蒙。酒酣，蒙问肃曰："君受重任，与关羽为邻，将何计略，以备不虞？"肃造次应曰："临时施宜。"蒙曰："今东西虽为一家，而关羽实熊虎也，计安可不豫定？"因为肃画五策。肃于是越席就之，拊其背曰："吕子明，吾不知卿才略所及乃至于此也。"遂拜蒙母，结友而别。

时蒙与成当、宋定、徐顾屯次比近，三将死，子弟幼弱，权悉以兵并蒙。蒙固辞，陈启顾等皆勤劳国事，子弟虽小，不可废也。书三上，权乃听。蒙于是又为择师，使辅导之，其操心率如此。

魏使庐江谢奇为蕲春典农，屯皖田乡，数为边寇。蒙使人诱之，不从，则伺隙袭击，奇遂缩退，其部伍孙子才、宋豪等，皆携负老弱，诣蒙降。后从权拒曹公于濡须，数进奇计，又劝权夹水口立坞，所以备御甚精，曹公不能下而退。

曹公遣朱光为庐江太守，屯皖，大开稻田，又令间人招诱鄱阳贼帅，使作内应。蒙曰："皖田肥美，若一收孰，彼众必增，如是数岁，操态见矣，宜早除之。"乃具陈其状。于是权亲征皖，引见诸将，问以计策。蒙乃荐甘宁为升城督，督攻在前，蒙以精锐继之。侵晨进攻，蒙手执枹鼓，士卒皆腾踊自升，食时破之。既而张辽至夹石，闻城已拔，乃退。权嘉其功，即拜庐江太守，所得人马皆分与之，别赐浔阳屯田六百人，官属三十人。蒙还浔阳，未期而庐陵贼起，诸将讨击不能禽，权曰："鸷鸟累百，不如一鹗。"复令蒙讨之。蒙至，诛其首恶，余皆释放，复为平民。

是时刘备令关羽镇守，专有荆土，权命蒙西取长沙、零、桂三郡。蒙移书二郡，望风归服，惟零陵太守郝普城守不降。而备自蜀亲至公安，遣羽争三郡。权时住陆口，使鲁肃将万人屯益阳拒羽，而飞书召蒙，使舍零陵，急还助肃。初，蒙既定长沙，当之零陵，过酃，载南阳邓玄之，玄之者郝普之旧也，欲令诱普。及被书当还，蒙秘之，夜召诸将，授以方略，晨当攻城，顾请玄之曰："郝子太闻世间有忠义事，亦欲为之，而不知时也。左将军在汉中，为夏侯渊所围。关羽在南郡，今至尊身自临之。近者破樊本屯，救酃，逆为孙规所破。此皆目前之事，君所亲见也。彼方首尾倒悬，救死不给，岂有余力复营此哉？今吾士卒精锐，人思致命，至尊遣兵，相继于道。今子太以旦夕之命，待不可望之救，犹牛蹄中鱼，冀赖江汉，其不可恃亦明矣。若子太必能一士卒之心，保孤城之守，尚能稽延旦夕，以待所归者，可也。今吾计力度虑，而以攻此，曾不移日，而城必破，城破之后，身死何益于事，而令百岁老母，戴白受诛，岂不痛哉？度此家不得外问，谓援可恃，故至于此耳。君可见之，为陈祸福。”玄之见普，具宣蒙意，普惧而听之。玄之先出报蒙，普寻后当至。蒙豫敕四将，各选百人，普出，便入守城门。须臾普出，蒙迎执其手，与俱下船。语毕，出书示之，因拊手大笑。普见书，知备在公安，而羽在益阳，惭恨入地。蒙留孙皎，委以后事，即日引军赴益阳。刘备请盟，权乃归普等，割湘水，以零陵还之。以浔阳、阳新为蒙奉邑。

师还，遂征合肥，既撤兵，为张辽等所袭，蒙与凌统以死捍卫。后曹公又大出濡须，权以蒙为督，据前所立坞，置强弩万张于其上，以拒曹公。曹公前锋屯未就，蒙攻破之，曹公引退。拜蒙左护军、虎威将军。

鲁肃卒，蒙西屯陆口，肃军人马万余尽以属蒙。又拜汉昌太守，食下隽、刘阳、汉昌、州陵。与关羽分土接境，知羽骁雄，有并兼心，且居国上流，其势难久。初，鲁肃等以为曹公尚存，祸难始构，宜相辅协，与之同仇，不可失也，蒙乃密陈计策曰：“令征虏守南郡，潘璋住白帝，蒋钦将游兵万人，循江上下，应敌所在，蒙为国家前据襄阳，如此，何忧于操，何赖于羽？且羽君臣，矜其诈力，所在反覆，不可以腹心待也。今羽所以未便东向者，以至尊圣明，蒙等尚存也。今不于强壮时图之，一旦僵仆，欲复陈力，其可得邪？”权深纳其策，又聊复与论取徐州意，蒙对曰：“今操远在河北，新破诸袁，抚集幽、冀，未暇东顾。徐土守兵，闻不足言，往自可克。然地势陆通，骁骑所骋，至尊今日得徐州，操后旬必来争，虽以七八万人守之，犹当怀忧。不如取羽，全据长江，形势益张。”权尤以此言为当。及蒙代肃，初至陆口，外倍修恩厚，与羽结好。

后羽讨樊，留兵将备公安、南郡。蒙上疏曰：“羽讨樊而多留备兵，必恐蒙图其后故也。蒙常有病，乞分士众还建业，以治疾为名。羽闻之，必撤备兵，尽赴襄阳。大军浮江，昼夜驰上，袭其空虚，则南郡可下，而羽可禽也。”遂称病笃，权乃露檄召蒙还，阴与图计。羽果信之，稍撤兵以赴樊。魏使于禁救樊，羽尽禽禁等，人马数万，托以粮乏，擅取湘关米。权闻之，遂行，先遣蒙在前。蒙至浔阳，尽伏其精兵䑶䑸中，使白衣摇橹，作商贾人服，昼夜兼行，至羽所置江边屯候，尽收缚之，是故羽不闻知。遂到南郡，士仁、麋芳皆降。蒙入据城，尽得羽及将士家属，皆抚慰，约令军中不得干历人家，有所求取。蒙麾下士，是汝南人，取民家一笠，以覆官铠，官铠虽公，蒙犹以为犯军令，不可以乡里故而废法，遂垂涕斩之。于是军中震栗，道不拾遗。蒙旦暮使亲近存恤耆老，问所不足，疾病者给医药，饥寒者赐衣粮。羽府藏财宝，皆封闭以待权至。羽还，在道路，数使人与蒙相闻，蒙辄厚遇其使，周游城中，家家致问，或手书示信。羽人还，私相参讯，咸知家门无恙，见待过于平时，故羽吏士无斗心。会权寻至，羽自知孤穷，乃走麦城，西至漳乡，众皆委羽而降。权使朱然、潘璋断其径路，即父子俱获，荆州遂定。

以蒙为南郡太守，封孱陵侯，赐钱一亿，黄金五百斤。蒙固辞金钱，权不许。封爵未下，会蒙疾发，权时在公安，迎置内殿，所以治护者万方，募封内有能愈蒙疾者，赐千金。时有针加，权为之惨慽，欲数见其颜色，又恐劳动，常穿壁瞻之，见小能下食则喜，顾左右言笑，不然则咄唶，夜不能寐。病中瘳，为下赦令，群臣毕贺。后更增笃，权自临视，命道士于星辰下为之请命。年四十二，遂卒于内殿。时权哀痛甚，为之降损。蒙未死时，所得金宝诸赐尽付府藏，敕主者命绝之日皆上还，丧事务约。权闻之，益以悲感。

蒙少不修书传，每陈大事，常口占为笺疏。常以部曲事为江夏太守蔡遗所白，蒙无恨意。及豫章太守顾邵卒，权问所用，蒙因荐遗奉职佳吏，权笑曰："君欲为祁奚耶？"于是用之。甘宁粗暴好杀，既常失蒙意，又时违权令，权怒之，蒙辄陈请："天下未定，斗将如宁难得，宜容忍之。"权遂厚宁，卒得其用。

蒙子霸袭爵，与守冢三百家，复田五十顷。霸卒，兄琮袭侯。琮卒，弟睦嗣。

孙权与陆逊论周瑜、鲁肃及蒙曰："公瑾雄烈，胆略兼人，遂破孟德，开拓荆州，邈焉难继，君今继之。公瑾昔要子敬来东，致达于孤，孤与宴语，便及大略帝王之业，此一快也。后孟德因获刘琮之势，张言力率数十万众水步俱下。孤普请诸将，咨问所宜，无适先对，至子布、文表，俱言宜遣使修檄迎之，子敬即驳言不可，劝孤急呼公瑾，付任以众，逆而击之，此二快也。且其决计策意，出张苏远矣；后虽劝吾借玄德地，是其一短，不足以损其二长也。周公不求备于一人，故孤忘其短而贵其长，常以比方邓禹也。又子明少时，孤谓不辞剧易，果敢有胆而已；及身长大，学问开益，筹略奇至，可以次于公瑾，但言议英发不及之耳。图取关羽，胜于子敬。子敬答孤书云：'帝王之起，皆有驱除，羽不足忌。'此子敬内不能办，外为大言耳，孤亦恕之，不苟责也。然其作军屯营，不失令行禁止，部界无废负，路无拾遗，其法亦美也。"

评曰：曹公乘汉相之资，挟天子而扫群桀，新荡荆城，仗威东夏，于时议者莫不疑贰。周瑜、鲁肃建独断之明，出众人之表，实奇才也。吕蒙勇而有谋，断识军计，谲郝普，禽关羽，最其妙者。初虽轻果妄杀，终于克己，有国士之量，岂徒武将而已乎！孙权之论，优劣允当，故载录焉。

【译文】

周瑜，字公瑾，他是庐江舒县人。堂祖父周景及周景的儿子名字叫周忠，都做过汉朝的太尉。父亲叫周异，曾担任洛阳县令。

周瑜身材修长，体格健美，容貌英俊。当初的时候，孙坚组建军队讨伐董卓，把家迁移到了舒县。孙坚的儿子孙策与周瑜同年，两人非常友好。周瑜将路南的一所大宅院让给孙策居住，还常去后堂拜见孙策的母亲，所有的生活用品也都一块儿享用。当时周瑜的堂叔周尚在丹杨任太守，周瑜去探望他。正好，孙策要东渡长江，到达历阳时，派人送信告知周瑜，周瑜率兵迎接孙策。孙策大喜，说："我有了您，一切都会顺利了。"周瑜就随孙策进攻横江、当利，都攻打下来。又渡江进攻秣陵，击败笮融、薛礼，继而攻下湖孰、江乘，进入曲阿，刘繇逃走，此时，孙策的兵马已近数万人。孙策便对周瑜说："我有这支兵马攻取吴郡、会稽郡，平定山越族，已经足够了。您还是回去镇守丹杨吧。"周瑜便领本部回去了。不久，袁术派堂弟袁胤取代周尚任丹杨太守，周瑜与周尚都回到寿春。袁术想任用周瑜为将领，周瑜自觉袁术最终不会有什么成就，就只请求做了居巢县长，并想借路回到江东，袁术答应了。于是，周瑜经居巢回到了吴郡。这年是建安三年。孙策亲自去迎接周瑜，任为建威中郎将，调给他两千步兵骑兵。那年，周瑜二十四岁，吴郡人都称他为"周郎"。因周瑜在庐江以德义显名，孙策便派他驻守牛渚，后来，任春谷县长。不久，孙策准备进攻荆州，周瑜为中护军，兼江夏太守，随孙策攻打并占领了皖县。这时候，得到了乔公的两个女儿，她们都是容貌超群的美女。孙策娶了大乔，周瑜娶了小乔。随后，又进攻浔阳，打败了刘勋，征讨江夏郡，回师平定了豫章、庐陵二郡，周瑜留下来镇守巴丘县。

建安五年，孙策死了，由孙权统领政务。周瑜带兵前来吊唁，便留在了吴郡，以中护军之职与长史张昭一同掌管军政大事。建安十一年，他率孙瑜等人征讨麻、保二屯，将这二屯的首领斩首，俘虏了一万多人，之后，回防宫亭。江夏太守黄祖派部将邓龙带兵马数千进占柴桑，周瑜追击讨伐，活捉了邓龙送到吴郡。建安十三年春，孙权讨伐江夏，周瑜被任为前部大督。

这一年九月，曹操南下荆州，刘表的小儿子刘琮率众投降，曹操得到刘琮的水军，水军、步兵人数发展到数十万人，东吴将士听到消息后非常害怕。孙权召集部下，商量对策。大家都说："曹操本是凶狠的豺狼虎豹，借着汉朝丞相的名义，挟持天子征伐四方诸侯，动不动就说是朝廷的旨意，如今如果我们发兵抵抗，就是与皇帝作对，事情就更不顺利了。况且将军现在所处的形势，可以抗拒曹操的，不过就是长江天险。如今曹操已完全占有荆州，刘表经营水军，大小战船千余只，曹操把它们沿江摆开，另外还有步兵，要是水陆两军一起沿江东下，所谓的长江天险，曹操已和我们共有了。然而，从实力上分析，敌我强弱不可同日而语。因此，为今之计最好莫过于迎降。"周瑜说："不是这样。曹操虽然假借汉朝丞相的名义，实际上是汉朝的奸贼。将军您神明威武雄才大略，依仗父兄创下的基业，割据江东，占地几千里，兵马精良，物资充足，英雄豪杰乐于效命，这正是您横行天下，为汉朝铲除残暴奸邪的时候。何况现在是曹操前来送死，怎么能投降他呢？请允许我为您分析谋划一下：即便现在北方局势稳定，曹操没有后顾之忧，能跟我们旷日持久地争夺地盘儿，他有能力和我们在水面上较量吗？况且如今北方并不安定，加上马超、韩遂还在函谷关以西威胁曹操后方，这是曹操的后顾之患。而且曹操放弃鞍马，操起舟楫，与孙吴一争高下，这原本就不是中原士兵之所长，如今天气寒冷．马匹又缺少草料。驱使中原士兵千里迢迢来南方打仗，必定会水土不服，疾病丛生。以上几项，正是用兵之大忌，而曹操全然不顾。将军擒获曹操，就在今日。我请求率领精兵三万，进驻夏口，保证为将军打败曹操。"孙权说："曹老贼早就想废弃汉室自立为帝，只是顾忌袁绍、袁术、吕布、刘表和我而已。如今那几个人都已被他消灭，只有我还在，我和老贼势不两立。你说应当抗击，很合我意，这是老天把你送给我啊！"

当时刘备被曹操打败，想率领人马南渡长江，在当阳这个地方与鲁肃相遇，于是共商抗曹大计。刘备因而进驻夏口，派遣诸葛亮去拜见孙权。于是孙权派周瑜及程普等人与刘备合力抗击曹操，与曹操的军队在赤壁相遇。当时曹操军队里已经有很多人生病了，刚刚交战，曹操的军队便不敌联军，只能后退，驻屯在长江以北。周瑜等人驻扎长江南岸。周瑜的部将黄盖说："现在敌众我寡，难以和他们长久相持，但我看到曹操的水军将船舰全部首尾相连，可以用火攻的办法使他败走。"于是周瑜便命令手下将士集结蒙冲、斗舰数十艘，装满柴草，柴草中灌满油脂，外面用帐篷包裹，上面插上牙旗。又让黄盖事先写信告知曹操，欺骗他说自己要率部下投降。又事先准备好走舸等快船，分别系在大船之后，于是船队依次向江北前进。曹操军中的大小将士都伸长了脖子观望，指着驶来的船队说黄盖来投降了。黄盖放出众船，同时点起火来。这时候风势迅猛，大火全部蔓延到岸上曹军的营寨上。片刻之间，曹营烟火冲天，被烧死或淹死的人马不计其数。曹军兵败撤退，撤至南郡据守。刘备与周瑜等人又共同乘胜追击。曹操留下曹仁等人镇守江陵，自己径直返回北方去了。

周瑜与程普再次进兵南郡，与曹仁相对峙，各隔大江。军队还没有交锋，周瑜就派甘宁前去占据夷陵。曹仁分派步兵骑兵进攻并包围甘宁，甘宁向周瑜告急。周瑜用吕蒙的计策，留凌统守后方，自己与吕蒙溯江而上援救甘宁。把甘宁的包围解除之后，便渡江驻扎北岸，约定日期大战。周瑜亲自跨马冲击敌阵，恰巧被流矢射中右胁，伤势很重，就回营了。后来曹仁听说周瑜卧床未起，部署军队来到阵前。周瑜便亲自起来，巡察军营，激励将士，曹仁因而退兵。

孙权任命周瑜为偏将军，且兼南郡太守，把下隽、汉昌、刘阳、州陵四县作为他的奉邑，驻守在江陵。当时刘备以左将军兼荆州牧，州治设在公安。刘备到京城去见孙权，周瑜上疏说："刘备是一个骁悍雄杰的人物，而又有关羽、张飞两名猛如熊虎的大将，必定不是长久屈服听人使唤的人。我觉得最好的计策是应当把刘备迁到吴郡安置，替他广筑宫室，多给他美女珍玩，使他享受声色之乐；分开关、张二人，各置一方，让像我这样将领控制他们并与之攻战，大事就可以稳妥了。假如随便割让土地以资助他们的事业，把这三个人都聚集在疆界上，恐怕蛟龙得到了云雨，终究不是水池中的动物啊！"孙权因为曹公在北方，应当广泛招揽英雄，又恐怕刘备一时难以控制，所以没有采纳周瑜的意见。

当时刘璋担任益州牧，外部受到张鲁的侵扰，周瑜于是到京口去拜见孙权说："现在曹操刚刚受到挫折，正担心他的内部发生变乱，不可能与您对阵作战。请允许我同奋威将军孙瑜一起进军攻取益州，得到益州后再吞并张鲁，然后让奋威将军留在那里固守，以便与马超结盟，互为援助。我再回来与您一起占据襄阳进击曹操，这样攻取北方就有希望了。”孙权同意此论。周瑜回到江陵，准备出征行装，然而路过巴丘时即发病去世，年仅三十六岁。孙权身着丧服为他举哀，痛苦之情感动左右。当周瑜灵柩运还吴郡安葬时，孙权又前往芜湖亲自迎接，举办丧事的所有费用，全部由公家供给。之后孙权又颁布谕令说：“已故将军周瑜、程普，家里所有的人客，都不能要他们纳税服役。”起初，周瑜被孙策以好友相待，孙策的母亲又让孙权把周瑜当作兄长对待。那时孙权的职位仅是个将军，众将及宾客对孙权的礼节都很简单随便，只有周瑜率先对孙权尽心尊敬，行臣子之礼。周瑜性情开朗，宽宏大量，大体上很得人心，只是与程普不和。

周瑜年轻的时候曾经用心研究过音乐，即使酒过三巡，演奏的音曲如果有错误，周瑜仍然能听出来，然后也一定要回头看一看奏乐的人，所以当时有一句民谣说：“曲有误，周郎顾。”

周瑜有两儿一女。女儿嫁给太子孙登，儿子周循娶公主为妻，官至骑都尉，有周瑜的风采，但是很早就去世了。周循之弟周胤，起初被任为兴业都尉，娶宗室的女儿为妻，朝廷又拨给他士兵千人，驻扎在公安。黄龙元年，封都乡侯，后因有罪流放到庐陵郡。赤乌二年，诸葛瑾、步骘联名上疏说：“已故将军周瑜之子周胤，过去承蒙褒奖，封为将军，他未能修养惜福、为国立功，却放纵情欲，招致罪罚。臣等私下认为，周瑜过去受到宠信，在朝是心腹重臣，出征是得力大将，受命出征，身当弓石，尽忠效国，视死如归，因此，于乌林打败曹操，击退曹仁在郢都，显扬国家威力，宣耀主上美德；华夏为之震动，愚昧的荆蛮莫不称臣顺服，即使是周朝的方叔，汉朝的韩信、英布，也不能超过他。能够制敌以救国危难的大臣，从古以来的帝王都敬重他们。汉高祖封爵的誓词中说：‘即使黄河细如衣带，泰山变成条石，封国的制度也不能改变，一直传到子孙后代，誓词用丹砂书写，在举行了隆重的盟誓后，将誓词存于宗庙，让它永远流传，要使功臣的后代，不仅仅是子孙，而是更久远的后代，世世继承报答和表彰臣下的功德。这样的真诚目的是要劝诫后人，使为国献身的臣子，死而无憾。如今，周瑜去世不久，其子周胤就被降为平民，这更令人哀痛。我们私下觉得，圣明的陛下遵循并发扬古代道德，因此，我们为周胤求情。请赦免他的罪过，赐还兵权，恢复爵位，使已忘记鸣叫的公鸡，重新鸣叫起来；负罪的臣子，还能有效力的机会。”孙权回答说：“视为心腹的老功臣，与我协力共事的，其中就有公瑾，这是不能忘记的。过去，周胤年纪小，又没有什么功劳，平白地掌握一支兵马，被封王侯将军，就是因为怀念公瑾才这样做的。然而周胤却依仗父辈功劳，沉湎于酒色不能自制，先后几次劝说，他都没有改正。我与公瑾的情义如同和你们一样，希望周胤有所成就的心情，难道会停止吗？只是由于周胤的罪过，不能马上恢复他的爵位、职务，同时，也想让他经受一些磨难，使他自己能够醒悟。如今，你二位诚恳地引用汉高祖封爵时的誓词，我感到惭愧。尽管我的德行不敢与汉高祖相比，但还是要和他看齐。事情既然已经这样，所以暂时不听从你们的建议。他是公瑾之子，又有你二位说情，他若能悔改还有什么可担心的呢？”诸葛瑾、步骘屡呈奏章，朱然和全琮也都为周胤说情，孙权才答应了他们的请求。恰在这时周胤病死了。

周瑜的侄子周峻，也因为周瑜被任命为偏将军，领兵一千。周峻死了以后，全琮上奏请求孙权任命周峻的儿子周护为将领。孙权说：“打退曹操，夺取荆州，都是周瑜的功劳，永远忘不了他。当初听到周峻死讯，我也曾想任用周护，但又听说周护品行不好，任用他反而是给他带来灾祸，所以就打消了这个念头。我怀念公瑾，怎么会停止呢？“

鲁肃，字子敬，是临淮东城人。他刚出生的时候，父亲就去世了。因此，从小就与祖母一起生活。鲁肃的家产很多，可他生性就喜欢救济他人，当时天下已乱，鲁肃不但不置办家业，还拿出家中大量钱财，并出卖田地，全力救济穷人，结交士人，因此，受到家乡人的敬爱。

周瑜做居巢县长的时候，曾经率数百人特意去拜见鲁肃，并请求资助一些粮食。鲁肃家有两仓米，各约三千斛，鲁肃就将其中的一仓送给他，周瑜更更觉得他非同寻常。于是，两人结为好友，建立了如春秋时子产和季札那样的深厚友情。袁术听到鲁肃的名声，任命他为东城县长。鲁肃已知袁术办事不合法度，不值得和他一道建立功业，便携老少及精壮青年一百多人，南下到居巢投奔周瑜。周瑜东渡长江，鲁肃也随他同行，过江后在曲阿县安家。就在这时，鲁肃祖母亡故，他返回东城安葬祖母。

刘子扬与鲁肃交情非常好，给鲁肃写信说：“如今天下豪杰纷纷崛起，以你的匡世才能，非常适宜在当今这种形势下发展，你还是赶快回曲阿县去接老母，不要在东城县久留。近来有个叫郑宝的，在巢湖拥兵一万多人，他占据着富饶的地区，庐江郡的很多人都去投奔他，何况我们呢？

看他的形势，还会不断壮大。机不可失，你还是赶快去他那里吧！”鲁肃同意了他的计划。安葬完祖母，鲁肃回到曲阿县，然后打算北上投奔郑宝，恰好这时周瑜已把鲁肃的母亲接到吴县。鲁肃便把自己想投奔郑宝的计划告诉了周瑜。当时孙策已经去世，孙权还在吴郡，周瑜对鲁肃说：“过去马援回答光武帝说：‘当今之世，不但君王可以选择臣子，臣子同样可以选择君主。’现在，我的主人孙将军亲近信任贤能有才学的人，接纳录用有奇才异能的人。我听说古代贤人曾经私下透露过，承受天命代替汉朝的，必定兴起于东南方，用历数推算形势，孙将军正好符合上天安排好的帝王传承顺序，最终会建立帝王之业，以配合上天所显示的祥瑞征兆，这正是有志之士跟随他驰骋奔走的大好时机。我正打算把你推荐给此处的孙将军，你不必把刘子扬的话放在心上。”鲁肃听了他的劝导。周瑜就向孙权推荐鲁肃，说他有匡时佐世的才能，应当广泛征求像他这样的人，以建立功业，不要让他投奔别处。

孙权于是就接见鲁肃，和他交谈，很喜欢他。宾客们告退以后，鲁肃也告辞出了门，孙权单独拉鲁肃回来，和他同席对饮，秘密商议道：“现在汉王朝处于倾覆的危机之中，四方纷乱如风起云涌，我继承父兄的余业，想建立齐桓、晋文那样的功业。您既然看得起我，将怎么帮助我呢？”鲁肃答道：“过去汉高帝忠心耿耿，想要尊奉义帝而没有成功，是因为项羽捣乱。现在的曹操，就好比过去的项羽，将军哪里做得齐桓、晋文呢？我私下推想，汉王朝已经不可能复兴，曹操也不可能一下子除掉。为将军设想，只有立足江东，以注视天下的变化。形势就是这样，也用不着怀疑。为什么呢？北方确实变故很多，趁着它变故多，我们剿除黄祖，进而讨伐刘表，直到把长江流域全境都占有了，然后建帝王之号以谋取天下，这就是高帝那样的事业。”孙权说：“现在在一方尽力，希望辅佐汉室罢了，这话不是我的能力所能及的。”张昭责怪鲁肃不谦虚，很有些非难毁谤他，说他年少粗疏，不可用。孙权不在意这些，反而更加器重他，赐给鲁肃的母亲许多衣服帏帐和日常用品，如同他家过去富有时那样。

刘表死了以后，鲁肃献计说：“荆楚地区与我们相接，江水顺流向北，外以长江、汉水为边界，内有山陵的险阻，有坚固城池，沃野万里，百姓富足，如果占据这里，这就是帝王事业的基础。现在刘表刚死，他的两个儿子向来不和，军中将领分别支持一方，加上刘备是当世强悍的英雄，与曹操有怨隙，投依刘表处，刘表嫉妒他的才能而不能重用他。如果刘备现在和他们能同心协力，我们就应安抚，和他们订立友好盟约；假如他们离心离德，我们就应另外谋取，以成就大业。鲁肃我请求能奉命去向刘表的两个儿子吊丧致哀，并慰劳他们军中主事的人，同时劝说刘备，让他笼络刘表的部众，齐心协力，共同对付曹操。刘备必定很高兴而听从我们的意见。如果这件事办得顺利，天下就能安定。现在如不快速前去，恐怕会被曹操抢了先。”孙权当即派鲁肃前往。鲁肃到达夏口，听说曹操已领兵进入荆州，就连夜兼程赶路。等他到了南郡时，刘表的儿子刘琮已经投降曹操，刘备仓皇逃跑，想要向南渡长江。鲁肃直接赶去迎接他，到了当阳县的长阪，与刘备相会，传达了孙权的旨意，并陈述江东实力强大、地势坚固，劝说刘备和孙权合力。刘备十分高兴。当时诸葛亮追随刘备也在场，鲁肃对诸葛亮说“我是子瑜的朋友”，当即互相结成友好。刘备于是就到达夏口，派诸葛亮前去拜见孙权，鲁肃也回去复命。

正好遇上孙权得到曹操想向东进攻的消息，和各位将领商议，他们全都劝孙权去迎接曹操，但是只有鲁肃不说话。孙权起身去厕所，鲁肃追到外面屋檐下，孙权知道他的意思，拉住他的手说：“你想说什么？”鲁肃对孙权说：“我刚才考察了大家的议论，只是想要耽误将军，不足以和他们共商大计。现在只是我可以迎接曹操罢了，像将军您就不可以了。为什么这样说呢？现在我去迎接曹操，曹操会把我送回乡里，品评我的名位，还不失为官府的掾曹从事一类小官吏，可以乘坐牛车，带着属吏士兵，和士人们交往游玩，逐渐升迁，还可能做到州、郡一级的官员。将军您去迎接曹操，能在哪里寻求到安全呢？希望您早日确定大计，不要采纳大家的议论。”孙权叹息道：“这些人所持的意见，太让我失望了；现在你说明的重大谋略，正和我想的相同，这是上天把你赐给我的啊！”

当时周瑜受命前往鄱阳，鲁肃劝孙权赶快召回周瑜。因此孙权任命周瑜为行事，让鲁肃出任赞军校尉，协助策划作战方略。曹操败军逃跑了，鲁肃就马上率先回来，于是孙权召请各位将领一同迎接鲁肃。鲁肃正要进到殿阁内拜见孙权，孙权竟亲自起身以礼待之，然后对鲁肃说：“子敬，我亲自扶鞍下马迎接你，足以使你感到荣耀了吧？”鲁肃快步向前说：“还不够啊！”众人听到后，都感到惊愕。就座后，鲁肃缓缓举起马鞭说：“我希望您将威德广施四海，统一九州，成就帝业，再用安车软轮来召见我，这才算使我荣耀。”孙权拍手大笑。

后来刘备来到京口拜会孙权，请求管辖荆州，只有鲁肃劝孙权把荆州借给刘备，来共同抵御曹操。曹操听闻孙权用土地资助刘备，当时他正在写信，震惊得笔都掉在地上了。

周瑜病危，上奏说："现在天下战事不断，这是我日夜忧虑的事，希望尊贵的君王能首先考虑到没有出现的祸患，然后再享受健康快乐的生活。如今既已同曹操为敌，刘备近在公安，边境紧密相连，百姓没有归附，应寻到良将来威慑并安抚刘备。鲁肃的机智谋略足以胜任，请让鲁肃接替我。周瑜我即使丧身，心中也就没有牵挂了。"孙权随即受任鲁肃为奋武校尉，代替周瑜统领军队。周瑜的部属四千多人，有四个县的奉邑，都来归属鲁肃。孙权又让程普兼任南郡太守。鲁肃起初住在江陵，后来下移驻守陆口，威望越来越高，部属增加到一万多人。孙权又任命他做了汉昌太守、偏将军。建安十九年，鲁肃跟随孙权攻克皖城，改任横江将军。

先前，益州牧刘璋法纪废弛。周瑜、甘宁都劝告孙权去攻取蜀地。孙权就这件事询问刘备的意见，刘备想要自己谋取蜀地，就说："我和刘璋名分上都是汉朝宗室，希望凭借先辈的英灵，扶助汉室。现在刘璋得罪了您，我感到非常惶恐，更不敢参与此事，希望您能宽恕他。假如我的请求得不到您的恩准，我只好散发归隐山林了。"后来刘备西进益州攻打刘璋，留下关羽镇守荆州，孙权骂道："这个狡猾的家伙，竟敢骗我！"等到关羽和鲁肃在边境上数次摩擦，鲁肃总是以友好的态度安抚关羽。刘备平定益州后，孙权要求刘备交还荆州属下的长沙、零陵、桂阳三郡，刘备不答应，孙权就派吕蒙率军强行攻占。刘备闻讯，亲自返回公安，派遣关羽去夺回三郡。鲁肃此时驻扎益阳，与关羽对峙。鲁肃邀请关羽相见，要求各自将士停留在一百步以外的地方，仅仅主将单刀赴会。见面的时候，鲁肃责备关羽说："我们主公当初真心实意将土地借给你们，是因为你们军队打了败仗，远道而来，没有立足的地盘。现在你们已经得到益州，也没有归还荆州的意思，我们仅仅要求得到三郡，你们也不同意。"鲁肃的话还没有说完，在座有个人说："土地应该属于有德行的人，哪里有永远只归属一家的？"鲁肃厉声呵斥他，言辞表情都非常严厉。关羽持刀起身说："这本是国家大事，这个人懂什么。"就使眼色让那个人离开。刘备最终以湘水为界，划出湘水以东的土地归还，于是双方各自退兵。

鲁肃在建安二十二年去世，当时四十六岁。孙权为他举哀，又亲自参加了他的葬礼。诸葛亮也为鲁肃举行了哀悼仪式。孙权称皇帝的时候，在要登上祭坛之前，回顾公卿大臣们说："过去鲁子敬曾经说过有这一天，他可以说是透彻地了解了天下形势。”

鲁肃的遗腹子鲁淑长大以后，濡须督张承对他说，还是应该到濡须军中来。永安年间，鲁淑任昭武将军、都亭侯、武昌督。建衡年间，授予他符节，升任夏口督。鲁淑任职的军队都被他治理得严肃整齐，他非常有方略才干。鲁淑于凤凰三年去世。他的儿子鲁睦继承了爵位，统领他的兵马。

吕蒙字子明，是汝南郡富陂县人。少年的时候南渡长江，依靠姐夫邓当。邓当是孙策的部将，多次征讨山越族。吕蒙十五六岁的时候，私自跟随邓当去进击敌军，邓当回头看见了，大吃一惊，呵斥责骂也不能禁止。回来后邓当告诉吕蒙的母亲，母亲发怒，要惩罚他。吕蒙说：“贫贱的日子不好过，假如我立功，富贵就可以取得。况且不入虎穴，怎能得到虎子？”母亲疼爱他，就宽恕了他。那时邓当的一个下属吏员，因为吕蒙年龄小而轻视他，说：“那小子有什么能耐？这是拿肉去喂老虎罢了。”有一天和吕蒙见面时，又嗤笑侮辱他。吕蒙大怒，抽刀杀了这个吏员，逃到同乡的一个叫郑长的人家里。后来通过校尉袁雄出来自首，袁雄趁机替他说情，孙策召见后认为他不平凡，便把他带在身边。

几年之后，邓当死了，张昭推荐吕蒙接替邓当，被任命为别部司马。孙权主事的时候，考虑到各小将领兵少而费用又不足的情形，要合并他们。吕蒙暗地里借了一笔钱，为士兵置备了大红色军服和绑腿，等到检阅那天，阵列威武，士兵操练，孙权见了很高兴，给他增补了兵员。吕蒙随从孙权征讨丹杨，屡建战功，官拜平北都尉，兼任广德县长。

随同征讨黄祖的时候，黄祖命令都督陈就以水军迎战。吕蒙指挥先锋部队，亲自将陈就斩首示众，将士们乘胜前进，进攻敌城。黄祖听说陈就死了，弃城逃跑，士兵将他追获。孙权说：“战事能够胜利，取决于陈就先被斩获。”任命吕蒙为横野中郎将，赐钱一千万。

这一年，吕蒙又和周瑜、程普等在乌林击败了曹操，把曹仁围困在南郡。益州将领袭肃率领全军前来归降，周瑜上表请将袭肃的兵马增补给吕蒙，吕蒙上表盛赞袭肃有胆识才干，说他仰慕王化远道来归，从道义上讲，应该给他增兵而不该削夺他的兵力。孙权认为吕蒙的话很对，就将兵马归还给袭肃。周瑜派甘宁占据了夷陵。曹仁分兵进攻甘宁，甘宁被困，情况危急，派人来请求援救。许多将领认为兵力少，不能分散，吕蒙对周瑜和程普说：“让凌公绩留下，我和你们去，解围救急，用不了多长时间，我保证公绩可以坚守十天。”还建议周瑜分派三百人用木柴截断险路，就可以得到强盗逃跑时丢弃的战马。周瑜听从了他的意见。大军赶到夷陵，当天就开战，杀伤敌人半数以上。敌人连夜逃走，半路柴木堵塞通道，于是就放弃马匹，徒步逃跑。大军赶上截杀，获得战马三百匹，用方船载回。大胜之下将士斗志倍增，乘势渡过长江，设立营寨，又向敌攻击，曹仁败逃。东吴终于占领南郡，平定荆州。回来后，吕蒙被任为偏将军，兼浔阳县令。

鲁肃代替周瑜要去陆口驻扎，经过吕蒙的军营。鲁肃还有些轻视吕蒙，有人对鲁肃说："吕将军功名日益显赫，可不能用旧眼光看他啊！您应当去拜访他。"于是，鲁肃前去拜访吕蒙。酒喝到兴头上，吕蒙问鲁肃说："您接受重任，与关羽相邻，想用什么策略，预防急事的发生呢？"鲁肃很随便地回答说："依情况临时采取措施。"吕蒙说："现在，东西两方虽结为一家，但是，关羽确实是猛虎一样的人物，怎么能不预先订下计谋呢？"当下就为鲁肃谋划了五条策略。鲁肃马上越过座席走到他身边，拍着他的背说："子明，我不知道您的才略竟已达到这种程度，实非吴下阿蒙啊！"他于是就去拜见吕蒙的母亲，两人结为好友后分别。

当时，吕蒙的军营与成当、宋定、徐顾的军营相邻，这三位将军战死之后，因为子弟幼弱，孙权想把他们的部属都合并给吕蒙，吕蒙坚决推辞。于是上书说，徐顾等将军都为国事操劳，虽然他们的子弟还小，但不能废弃。他连续三次上书，孙权才答应了。于是，吕蒙给这三位将军的子弟选择老师，辅导教育他们。他为他人操心办事，大都是这样。

魏国派庐江人谢奇任蕲春典农，在皖县屯垦田地，多次进犯边境。吕蒙派人诱降他，但是他没有上当。吕蒙就寻找他的破绽袭击，于是，谢奇退缩回去。他的部下孙子才、宋豪等人都携带老幼，向吕蒙投降。后来跟从孙权在濡须抗拒曹操，多次进献奇计。又劝说孙权在夹水口建立船坞，坚固了防范，精密无隙，曹操东进无望，只好退兵。

曹公派朱光担任庐江太守，驻扎在皖县，大量开垦稻田，又指使间谍引诱招降鄱阳反贼的首领，让他做内应。吕蒙说："皖县的田地很肥沃，如果稻子成熟丰收，那里一定会增加兵力，这样几年下来，曹操的进攻态势就会显露出来，应当早点除掉对方。"便详细地向孙权陈述情况。于是孙权亲自征讨皖县，召见各位将领，问有什么计策。吕蒙就举荐甘宁任升城督，指挥部下攻城，吕蒙率精锐部队作后援。凌晨的时候进攻，吕蒙亲自击鼓，士兵都奔腾跳跃，奋勇登城，吃早饭的时候，攻下皖城。不久张辽进军到夹石，听说皖县城已经失守，就退回去。孙权嘉奖吕蒙的功劳，任命吕蒙为庐江太守，缴获的人马都分给吕蒙，另外还把浔阳县的六百名屯田客赏赐给吕蒙，还为吕蒙配备了三十名下属官员。吕蒙回到浔阳，不到一年庐陵发生叛乱，众将领率军清剿都不能将庐陵叛乱者消灭，孙权说："鸷鸟累百，不如一鹗。"又命令吕蒙领军讨伐庐陵叛乱者。吕蒙到了庐陵，处死叛乱者的首领，其余的人都释放了，让庐陵叛乱者重新成为平民。

这个时候，刘备占据了并州的全部土地，命令关羽镇守，孙权派吕蒙领兵向西前去索要长沙、零陵、桂阳三郡。吕蒙向长沙、桂阳二郡发出劝降文书，这两郡望风投降，只有零陵郡太守郝普坚守城池，不肯投降。刘备亲自从益州赶到公安，派关羽争夺三郡。孙权这时进驻陆口，派遣鲁肃领兵一万人驻扎在益阳抵挡关羽，同时派人送快信给吕蒙，让他放弃零陵，火速回军支援鲁肃。当初吕蒙平定长沙郡，要去零陵郡时，途经酃县，用车载上南阳人邓玄之同行，邓玄之是郝普的老朋友，吕蒙想让他诱降郝普。接到孙权的急信以后，吕蒙应当立即回军，可是他却秘而不宣，连夜召集将领，一一布置任务，决定次日清晨攻城，这时他回头对邓玄之说："郝普听说世间有忠义的事，自己也想这样做，但他不了解现在的形势。刘备在汉中被魏将夏侯渊团团围住。关羽在南郡，如今我们的主公亲自率兵来到南郡对付他。最近关羽攻破了曹军在樊城的大本营，回军救援酃县，反而被我方将领孙规击破。这些都是目前发生的事，你也亲眼看到了。他们自己都正处于头脚倒悬的危险境地，解救自己的危亡都来不及，哪里还有余力再来营救零陵呢？现在我的士兵精锐，人人都想为国效命，我们主公调遣的人马也相继上路。如今郝普以危在旦夕的性命，等待毫无希望的救兵，就像在牛蹄那么大的水坑中挣扎的鱼梦想依靠长江、汉水来活命一样，其不可依赖，再明显不过了。如果郝普果真能使将士团结一心，坚守孤城，还能苟延到此时日，以等待援军前来，那他执意坚守也是可以的。现在我计算兵力估量智谋，用不了一天时间，就能把这座城攻破，城破以后，自己死亡又对事情有什么益处，还要连累百岁老母，使她老人家白发苍苍了还要跟着被诛杀，难道不让人痛心吗？我估计这位郝太守是因为被围困，得不到外面的消息，以为救兵尚可指望，所以才不肯投降，你可以去见见他，为他陈述祸福利害。"邓玄之进城见到郝普，把吕蒙的意思告诉了他，郝普感到很害怕，就听从了劝说。邓玄之先出城报告吕蒙，说明郝普随后到。吕蒙预先命令四个将领各选一百精兵，等郝普一出来，立即入城把守城门。不一会儿，郝普出城，吕蒙迎上去握住他的手，和他一块下船。寒暄完毕，吕蒙拿出孙权的急信给郝普看，并拍手大笑。郝普看完信，才知道刘备已到公安，关羽近在益阳，羞愧悔恨得只想钻到地下去。吕蒙留下孙皎，委托他还没有完成的事务，当天他就率领部队赶赴益阳。这时刘备请求结盟和好。孙权于是放回郝普等人。双方以湘江为界分割荆州，孙权把零陵郡还给刘备。孙权把浔阳、阳新二县赐给吕蒙作为他的奉邑。

吴军回去以后，就去征伐合肥，在撤兵的时候被张辽等人所袭击，吕蒙和凌统拼死捍卫。以后曹操又大举出击濡须，孙权任命吕蒙任都督，占据以前所建立的船坞，在上面设置了一万张强弩，来抵挡曹操。曹操的前锋部队还没有筑好营垒，吕蒙就把他们打败了，曹操领兵退回。孙权拜请吕蒙任左护军、虎威将军。

鲁肃去世，吕蒙到西方去驻守陆口，鲁肃军队的一万多人马全部归属吕蒙，孙权又任命他做汉昌太守，用下隽、刘阳、汉昌、州陵等县做他的食邑。吕蒙和关羽分别占领荆州土地，边境邻接，吕蒙知道关羽是骁勇的英雄，有兼并的心思，而且位居吴国的上游地区，目前的合作形势难以持久。当初，鲁肃等人认为曹操还存在，危险和灾祸刚刚形成，应该互相辅助协作，与蜀汉同仇敌忾，不能失去刘备这个同盟。吕蒙秘密地提出他的计策，说："命令征虏将军孙皎守卫南郡，潘璋驻守白帝城，蒋钦率领上万名流动部队，沿江上下，守住敌人来进攻的地方，我为国家到前方去占领襄阳，这样的话，曹操还有什么可以担忧的，关羽还有什么可依赖的呢？而且关羽君臣，在所到之处行为都反复无常，不可把他们当成心腹看待。现在关羽所以不便向东进攻的原因，是由于尊贵的君主您圣明，我们这些人还在。现在不趁我们强壮时去图谋战胜他，一旦我们僵死倒下，想要再付诸武力，还能办得到吗？"孙权很赞同他的计策，又顺便和他谈论了一下夺取徐州的想法。吕蒙回答说："现在曹操在黄河以北，刚打败了袁氏，在安抚和招集幽州和冀州地区的百姓，没有时间顾上东方。徐州地区的守军，我听说是不值得一提，去进攻自然可以攻克。然而那里的地势有陆路相通，可以让骁勇的骑兵驰骋。尊贵的君主今天取得徐州，十几天以后曹操就一定来争夺，即使用七八万人去守卫它，也还会让人担忧。不如去攻取关羽的土地，把长江全部占领，我们的形势就会更加有利。"孙权认为这些话说得非常适宜。到了吕蒙代替鲁肃时，他刚到陆口，就对外加倍施行厚恩，与关羽结成友好关系。

后来关羽讨伐樊城，留下兵将守卫公安、南郡。吕蒙上奏疏说："关羽讨伐樊城而留下很多守卫军队，一定是害怕我谋取他的后方。我经常生病，如今恳请分出一部分士兵返回建业，以治病作为理由。关羽听到这件事，一定会撤走守卫部队，让他们全部赶赴襄阳。我们的大军顺长江日夜兼程急驰而上，袭击他空虚的后方，那么南郡就能攻下，而关羽也能擒获。"于是他扬言病重，孙权公开下诏书召他返回，暗中和他谋划计策。关羽果然相信了这一消息，逐渐撤走军队赶赴樊城。魏国派于禁援救樊城，关羽俘虏了于禁等人的全部人马共几万，还借口缺乏军粮，擅自夺取湘关的稻米。孙权听到这消息，就开始行动，先派遣出吕蒙在军队前面。吕蒙到达浔阳以后，将精兵全部埋伏在大船中，让穿着白衣服的人摇橹，扮作商人的样子，昼夜急速行驶，到达关羽设置在长江边的哨所，全部捕获蜀国的哨兵，因此关羽没有得到消息。吕蒙于是到达南郡，傅士仁、麋芳全部投降，吕蒙占领城池，将关羽和他部下的家属全部抓获，都给予安抚慰问，严令军中不许侵扰百姓民家，不得进行强取索求。吕蒙部下的一个士兵，是他汝南的老乡，拿了民家一个斗笠，来覆盖官府的铠甲。官府铠甲虽然是公物，吕蒙仍然认为他违犯了军令，不能够因为是同乡的缘故就废除法令，于是流着泪杀了他。这使得军中上下震惊，路上有丢失的东西也没有人敢捡走。吕蒙从早到晚，亲自去慰问年老人，询问他们有什么不满意的地方，对患病的人提供给医药，对饥寒的人赐给衣服和粮食，将关羽府库中藏的财宝全部封存起来，等孙权到来后处置。关羽返回，在路途中多次派人和吕蒙通消息，吕蒙总是厚待使者，让他在城中四走动，每户人家都向他说明情况，有的人还亲手写了证明信。关羽的使者回去，将士私下相互探听消息，都知道家中平安无事，受到的待遇超过往日，因此他们没有了斗志。正好孙权不久就到了，关羽自知势单力孤，就逃往麦城，向西到达漳乡，他的部下都抛弃他而投降了。孙权派朱然、潘璋截断了关羽的必经道路，随即关羽父子一并被俘获，荆州于是就平定了。

孙权任命吕蒙为南郡太守，册封孱陵侯，赐钱一亿，黄金五百斤。吕蒙坚决推辞所赐黄金和钱，孙权没有答应。封爵令还没有下达，正赶上吕蒙旧病发作，孙权当时在公安，就把吕蒙接来，安置在自己住的内殿，用各种药方给他治病，以黄金一千斤悬赏国内能治好吕蒙病的人。有时扎针治病，孙权为吕蒙的疼痛而难过，想常去探望他，又害怕让他惊动烦恼，就经常通过开在墙壁上的小洞看望他，见他能稍微吃点饭，就感到高兴，对身边的人又说又笑；见他吃不下饭便叹息不止，夜里睡不着觉。吕蒙病情稍微好一些，孙权就大赦天下，群臣都来庆贺。后来，吕蒙的病情又加重，孙权亲到病榻前看望，命道士作法为他祈求延寿。吕蒙四十二岁的时候，就死在孙权所住的内殿。孙权非常悲痛，以至于身体都瘦了。吕蒙死前，就把赏给他的金银珠宝等物品全部上交府库，嘱咐丧事务必从简。孙权听到这些，更加悲伤感动。

吕蒙年轻的时候不学习经传书籍，每当陈述大事时，经常口述让人写成奏章。他曾经因为部曲私兵的事被江夏大守蔡遗上告，但是吕蒙没有怨蔡遗的意思。等到豫章太守顾邵去世，孙权问吕蒙该任用谁，吕蒙便趁机推荐蔡遗，说他是称职的好官。孙权笑着说："您想要当祁奚吗？"于是任用了蔡遗。甘宁粗暴，好杀人，经常不听吕蒙的意见，还时时违背孙权的命令。孙权对他很恼怒，吕蒙就替他讲情，说："天下还没有平定，像甘宁这样能战斗的将领非常难得，应该容忍他。"孙权便厚待甘宁，始终能发挥他的作用。

吕蒙的儿子吕霸继承了爵位，孙权给吕蒙守护坟墓的人家三百户，免去赋税的田地五十顷。吕霸去世，他的哥哥吕琮继承了侯位。吕琮去世，他的弟弟吕睦继承。

孙权和陆逊谈论周瑜、鲁肃和吕蒙的时候说："公瑾英雄壮烈，胆略过人，因而他打败了曹孟德，把势力发展到荆州地区，很长时间很难有人能继承他的才干，您如今继承了。公瑾从前邀请子敬来江东，把他送到我这儿，我和他在酒席上谈话，他马上就谈到政事的要点帝王的功业，这是他第一让人痛快的地方。后来曹孟德利用招降刘琮的形势，扬言就要率领几十万人的水军步兵一起来江东。我普遍召请各位将领，征询他们适宜的对策，没有人满意地回答我，至于子布、文表，都说应当派使者奉章表迎接曹孟德，子敬当下反驳说不可，劝我火速召呼公瑾，委任公瑾率领大军，迎击敌人。这是他第二让人痛快的地方。而且他决定计谋策略的思想，远远超过张仪、苏秦。后来他虽然劝我把土地借给刘玄德，这是他的一个短处，但是不足以损害他的两个长处。周公对一个人不求全责备，所以我忘记他的短处，重视他的长处，经常把他比作邓禹。至于子明，他小时候，我以为他不辞艰险，只是果敢有胆量罢了，到了长大成人以后，他的学识大有增益，筹划谋略出人意料，可以排在公瑾的后面，只是言谈、才华不如公瑾罢了。他谋取关羽，胜过子敬。子敬回报我的书信说：'帝王的兴起，都有借助他人力量驱除患难的地方，关羽不值得顾虑。'这是子敬心里无法处置，嘴上又说大话罢了，我也宽恕他，不随便责备他。不过他部署部队的屯守营垒，还算得上令行禁止，在他的辖区之内，没有人违法乱纪，东西丢失在路上没人敢据为己有，他的治理方法还是高明的。"

评论说：曹操借着汉朝丞相的资本，挟持天子而扫除各地豪杰，刚荡平了荆州，倚仗威势进攻东方，当时议论的人没有一个不疑惑不定。周瑜、鲁肃独自提出高明的论断，超出众人之上，确实是奇才啊。吕蒙勇敢又有计谋，能了解军中计策，做出决断，诈骗郝普，擒获关羽，是他计谋中最高妙的。当初他虽轻率果断，随便杀人，但是终于能约束自己，有国士的度量，难道只是一个武将而已吗！孙权的评论，优劣恰当公允，所以记录在这里。

三国志卷五十五·吴书十

程黄韩蒋周陈董甘凌徐潘丁传

程普字德谋，右北平土垠人也。初为州郡吏，有容貌计略，善于应对。从孙坚征伐，讨黄巾于宛、邓，破董卓于阳人，攻城野战，身被创夷。

坚薨，复随孙策在淮南，从攻庐江，拔之，还俱东渡。策到横江、当利，破张英、于麋等，转下秣陵、湖孰、句容、曲阿，普皆有功，增兵二千，骑五十匹。进破乌程、石木、波门、陵传、余杭，普功为多。策入会稽，以普为吴郡都尉，治钱唐。后徙丹杨都尉，居石城。复讨宣城、泾、安吴、陵阳、春穀诸贼，皆破之。策尝攻祖郎，大为所围，普与一骑共蔽捍策，驱马疾呼，以矛突贼，贼披，策因随出。后拜荡寇中郎将，领零陵太守，从讨刘勋于浔阳，进攻黄祖于沙羡，还镇石城。

策薨，与张昭等共辅孙权，遂周旋三郡，平讨不服。又从征江夏，还过豫章，别讨乐安。乐安平定，代太史慈备海昏，与周瑜为左右督，破曹公于乌林，又进攻南郡，走曹仁。拜裨将军，领江夏太守，治沙羡，食四县。

先出诸将，普最年长，时人皆呼程公。性好施与，喜士大夫。周瑜卒，代领南郡太守。权分荆州与刘备，普复还领江夏，迁荡寇将军，卒。权称尊号，追论普功，封子咨为亭侯。

黄盖字公覆，零陵泉陵人也。初为郡吏，察孝廉，辟公府。孙坚举义兵，盖从之。坚南破山贼，北走董卓，拜盖别部司马。坚薨，盖随策及权，擐甲周旋，蹈刃屠城。

诸山越不宾，有寇难之县，辄用盖为守长。石城县吏，特难检御，盖乃署两掾，分主诸曹。教曰："令长不德，徒以武功为官，不以文吏为称。今贼寇未平，有军旅之务，一以文书委付两掾，当检摄诸曹，纠擿谬误。两掾所署，事入诺出，若有奸欺，终不加以鞭杖，宜各尽心，无为众先。"初皆怖威，夙夜恭职；久之，吏以盖不视文书，渐容人事。盖亦嫌外懈怠，时有所省，各得两掾不奉法数事。乃悉请诸掾吏，赐酒食，因出事诘问。两掾辞屈，皆叩头谢罪。盖曰："前已相敕，终不以鞭杖相加，非相欺也。"遂杀之。县中震栗。后转春穀长，浔阳令。凡守九县，所在平定。迁丹杨都尉，抑强扶弱，山越怀附。

盖姿貌严毅，善于养众，每所征讨，士卒皆争为先。建安中，随周瑜拒曹公于赤壁，建策火攻，语在《瑜传》。拜武锋中郎将。武陵蛮夷反乱，攻守城邑，乃以盖领太守。时郡兵才五百人，自以不敌，因开城门，贼半入，乃击之，斩首数百，余皆奔走，尽归邑落。诛讨魁帅，附从者赦之。自春讫夏，寇乱尽平，诸幽邃巴、醴、由、诞邑侯君长，皆改操易节，奉礼请见，郡境遂清。后长沙益阳县为山贼所攻，盖又平讨。加偏将军，病卒于官。

盖当官决断，事无留滞，国人思之。及权践阼，追论其功，赐子柄爵关内侯。

韩当字义公，辽西令支人也。以便弓马，有膂力，幸于孙坚，从征伐周旋，数犯危难，陷敌擒虏，为别部司马。及孙策东渡从讨三郡，迁先登校尉，授兵二千，骑五十匹。从征刘勋，破黄祖，还讨鄱阳，领乐安长，山越畏服。后以中郎将与周瑜等拒破曹公，又与吕蒙袭取南郡，迁偏将军，领永昌太守。宜都之役，与陆逊、朱然等共攻蜀军于涿乡，大破之，徙威烈将军，封都亭侯。曹真攻南郡，当保东南。在外为帅，厉将士同心固守，又敬望督司，奉遵法令，权善之。黄武二年，封石城侯，迁昭武将军，领冠军太守，后又加都督之号。将敢死及解烦兵万人，讨丹杨贼，破之。会病卒，子综袭侯领兵。

其年，权征石阳，以综有忧，使守武昌，而综淫乱不轨。权虽以父故不问，综内怀惧，载父丧，将母家属部曲男女数千人奔魏。魏以为将军，封广阳侯。数犯边境，杀害人民，权常切齿。东兴之役，综为前锋，军败身死，诸葛恪斩送其首，以白权庙。

蒋钦字公奕，九江寿春人也。孙策之袭袁术，钦随从给事。及策东渡，拜别部司马，授兵。与策周旋，平定三郡，又从定豫章。调授葛阳尉，历三县长，讨平盗贼，迁西部都尉。会稽冶贼吕合、秦狼等为乱，钦将兵讨击，遂禽合、狼，五县平定，徙讨越中郎将，以经拘、昭阳为奉邑。贺齐讨黟贼，钦督万兵，与齐并力，黟贼平定。从征合肥，魏将张辽袭权于津北，钦力战有功，迁荡寇将军，领濡须督。后召还都，拜右护军，典领辞讼。

权尝入其堂内，母疏帐缥被，妻妾布裙。权叹其在贵守约，即敕御府为母作锦被，改易帷帐，妻妾衣服悉皆锦绣。

初，钦屯宣城，尝讨豫章贼。芜湖令徐盛收钦屯吏，表斩之，权以钦在远不许，盛由是自嫌于钦。曹公出濡须，钦与吕蒙持诸军节度。盛常畏钦因事害己，而钦每称其善。盛既服德，论者美焉。

权讨关羽，钦督水军入沔，还，道病卒。权素服举哀，以芜湖民二百户、田二百顷，给钦妻子。子壹封宣城侯，领兵拒刘备有功，还赴南郡，与魏交战，临陈卒。壹无子，弟休领兵，后有罪失业。

周泰字幼平，九江下蔡人也。与蒋钦随孙策为左右，服事恭敬，数战有功。策入会稽，署别部司马，授兵。权爱其为人，请以自给。策讨六县山贼，权住宣城，使士自卫，不能千人，意尚忽略，不治围落，而山贼数千人卒至。权始得上马，而贼锋刃已交于左右，或斫中马鞍，众莫能自定。惟泰奋激，投身卫权，胆气倍人，左右由泰并能就战。贼既解散，身被十二创，良久乃苏。是日无泰，权几危殆。策深德之，补春穀长。后从攻皖，及讨江夏，还过豫章，复补宜春长，所在皆食其征赋。

从讨黄祖有功。后与周瑜、程普拒曹公于赤壁，攻曹仁于南郡。荆州平定，将兵屯岑。曹公出濡须，泰复赴击，曹公退，留督濡须，拜平虏将军。时朱然、徐盛等皆在所部，并不伏也，权特为案行至濡须坞，因会诸将，大为酣乐，权自行酒到泰前，命泰解衣，权手自指其创痕，问以所起。泰辄记昔战斗处以对，毕，使复服，欢讌极夜。其明日，遣使者授以御盖。于是盛等乃伏。

后权破关羽，欲进图蜀，拜泰汉中太守、奋威将军，封陵阳侯。黄武中卒。

子邵以骑都尉领兵。曹仁出濡须，战有功，又从攻破曹休，进位裨将军，黄龙二年卒。弟承领兵袭侯。

陈武字子烈，庐江松滋人。孙策在寿春，武往修谒，时年十八，长七尺七寸，因从渡江，征讨有功，拜别部司马。策破刘勋，多得庐江人，料其精锐，乃以武为督，所向无前。及权统事，转督五校。仁厚好施，乡里远方客多依托之。尤为权所亲爱，数至其家。累有功劳，进位偏将军。建安二十年，从击合肥，奋命战死。权哀之，自临其葬。

子修有武风，年十九，权召见奖厉，拜别部司马，授兵五百人。时诸新兵多有逃叛，而修抚循得意，不失一人。权奇之，拜为校尉。建安末，追录功臣后，封修都亭侯，为解烦督。黄龙元年卒。

弟表，字文奥，武庶子也，少知名，与诸葛恪、顾谭、张休等并侍东宫，皆共亲友。尚书暨艳亦与表善，后艳遇罪，时人咸自营护，信厚言薄，表独不然，士以此重之。从太子中庶子，拜翼正都尉。兄修亡后，表母不肯事修母，表谓其母曰："兄不幸早亡，表统家事，当奉嫡母。母若能为表屈情，承顺嫡母者，是至愿也；若母不能，直当出别居耳。"表于大义公正如此。由是二母感寤雍穆。表以父死敌场，求用为将，领兵五百人。表欲得战士之力，倾意接待，士皆爱附，乐为用命。时有盗官物者，疑无难士施明。明素壮悍，收考极毒，惟死无辞，廷尉以闻。权以表能得健儿之心，诏以明付表，使自以意求其情实。表便破械沐浴，易其衣服，厚设酒食，欢以诱之。明乃首服，具列支党。表以状闻。权奇之，欲全其名，特为赦明，诛戮其党。迁表为无难右部督，封都亭侯，以继旧爵。表皆陈让，乞以传修子延，权不许。嘉禾三年，诸葛恪领丹杨太守，讨平山越，以表领新安都尉，与恪参势。初，表所受赐复人得二百家，在会稽新安县。表简视其人，皆堪好兵，乃上疏陈让，乞以还官，充足精锐。诏曰："先将军有功于国，国家以此报之，卿何得辞焉？"表乃称曰："今除国贼，报父之仇，以人为本。空枉此劲锐以为僮仆，非表志也。"皆辄料取以充部伍。所在以闻，权甚嘉之。下郡县，料正户羸民以补其处。表在官三年，广开降纳，得兵万余人。事捷当出，会鄱阳民吴遽等为乱，攻没城郭，属县摇动，表便越界赴讨，遽以破败，遂降。陆逊拜表偏将军，进封都乡侯，北屯章阬。年三十四卒。家财尽于养士，死之日，妻子露立，太子登为起屋宅。子敖年十七，拜别部司马，授兵四百人。敖卒，修子延复为司马代敖。延弟永，将军，封侯。始施明感表，自变行为善，遂成健将，致位将军。

董袭字元代，会稽余姚人，长八尺，武力过人。孙策入郡，袭迎于高迁亭，策见而伟之，到署门下贼曹。时山阴宿贼黄龙罗、周勃聚党数千人，策自出讨，袭身斩罗、勃首，还拜别部司马，授兵数千，迁扬武都尉。从策攻皖，又讨刘勋于浔阳，伐黄祖于江夏。

策薨，权年少，初统事，太妃忧之，引见张昭及袭等，问江东可保安否，袭对曰："江东地势，有山川之固，而讨逆明府，恩德在民。讨虏承基，大小用命，张昭秉众事，袭等为爪牙，此地利人和之时也，万无所忧。"众皆壮其言。

鄱阳贼彭虎等众数万人，袭与凌统、步骘、蒋钦各别分讨。袭所向辄破，虎等望见旌旗，便散走，旬日尽平，拜威越校尉，迁偏将军。

建安十三年，权讨黄祖。祖横两蒙冲挟守沔口，以栟闾大绁系石为矴，上有千人，以弩交射，飞矢雨下，军不得前。袭与凌统俱为前部，各将敢死百人，人被两铠，乘大舸船，突入蒙冲里。袭身以刀断两绁，蒙冲乃横流，大兵遂进。祖便开门走，兵追斩之。明日大会，权举觞属袭曰："今日之会，断绁之功也。"

曹公出濡须，袭从权赴之，使袭督五楼船住濡须口。夜卒暴风，五楼船倾覆，左右散走舸，乞使袭出。袭怒曰："受将军任，在此备贼，何等委去也，敢复言此者斩！"于是莫敢干。其夜船败，袭死。权改服临殡，供给甚厚。

甘宁字兴霸，巴郡临江人也。少有气力，好游侠，招合轻薄少年，为之渠帅；群聚相随，挟持弓弩，负毦带铃，民闻铃声，即知是宁。人与相逢，及属城长吏，接待隆厚者乃与交欢；不尔，即放所将夺其资货，于长吏界中有所贼害，作其发负，至二十余年。止不攻劫，颇读诸子，乃往依刘表，因居南阳，不见进用，后转托黄祖，祖又以凡人畜之。

于是归吴。周瑜、吕蒙皆共荐达，孙权加异，同于旧臣。宁陈计曰："今汉祚日微，曹操弥憍，终为篡盗。南荆之地，山陵形便，江川流通，诚是国之西势也。宁已观刘表，虑既不远，儿子又劣，非能承业传基者也。至尊当早规之，不可后操。图之之计，宜先取黄祖。祖今年老，昏耄已甚，财谷并乏，左右欺弄，务于货利，侵求吏士，吏士心怨，舟船战具，顿废不修，怠于耕农，军无法伍。至尊今往，其破可必。一破祖军，鼓行而西，西据楚关，大势弥广，即可渐规巴蜀。"权深纳之。张昭时在坐，难曰："吴下业业，若军果行，恐必致乱。"宁谓昭曰："国家以萧何之任付君，君居守而忧乱，奚以希慕古人乎？"权举酒属宁曰："兴霸，今年行讨，如此酒矣，决以付卿。卿但当勉建方略，令必克祖，则卿之功，何嫌张长史之言乎。"权遂西，果禽祖，尽获其士众。遂授宁兵，屯当口。

后随周瑜拒破曹公于乌林。攻曹仁于南郡，未拔，宁建计先径进取夷陵，往即得其城，因入守之。时手下有数百兵，并所新得，仅满千人。曹仁乃令五六千人围宁。宁受攻累日，敌设高楼，雨射城中，士众皆惧，惟宁谈笑自若。遣使报瑜，瑜用吕蒙计，帅诸将解围。后随鲁肃镇益阳，拒关羽。羽号有三万人，自择选锐士五千人，投县上流十余里浅濑，云欲夜涉渡。肃与诸将议。宁时有三百兵，乃曰："可复以五百人益吾，吾往对之，保羽闻吾咳唾，不敢涉水，涉水即是吾禽。"肃便选千兵益宁，

甘宁酹酒厉兵图，出自清·马骀《百将传图》。吴与魏作战，甘宁带领100勇士劫曹营，行前为士兵酌酒以资激励。

宁乃夜往。羽闻之，住不渡，而结柴营，今遂名此处为关羽濑。权嘉宁功，拜西陵太守，领阳新、下雉两县。

后从攻皖，为升城督。宁手持练，身缘城，为吏士先，卒破获朱光。计功，吕蒙为最，宁次之，拜折冲将军。

后曹公出濡须，宁为前部督，受敕出斫敌前营。权特赐米酒众殽，宁乃料赐手下百余人食。食毕，宁先以银碗酌酒，自饮两碗，乃酌与其都督。都督伏，不肯时持。宁引白削置膝上，呵谓之曰："卿见知于至尊，孰与甘宁？甘宁尚不惜死，卿何以独惜死乎？"都督见宁色厉，即起拜持酒，通酌兵各一银碗。至二更时，衔枚出斫敌。敌惊动，遂退。宁益贵重，增兵二千人。

宁虽粗猛好杀，然开爽有计略，轻财敬士，能厚养健儿，健儿亦乐为用命。建安二十年，从攻合肥，会疫疾，军旅皆已引出，唯车下虎士千余人，并吕蒙、蒋钦、凌统及宁，从权逍遥津北。张辽觇望知之，即将步骑奄至。宁引弓射敌，与统等死战。宁厉声问鼓吹何以不作，壮气毅然，权尤嘉之。

宁厨下儿曾有过，走投吕蒙。蒙恐宁杀之，故不即还。后宁赍礼礼蒙母，临当与升堂，乃出厨下儿还宁。宁许蒙不杀。斯须还船，缚置桑树，自挽弓射杀之。毕，敕船人更增舸缆，解衣卧船中。蒙大怒，击鼓会兵，欲就船攻宁。宁闻之，故卧不起。蒙母徒跣出谏蒙曰："至尊待汝如骨肉，属汝以大事，何有以私怒而欲攻杀甘宁？宁死之日，纵至尊不问，汝是为臣下非法。"蒙素至孝，闻母言，即豁然意释，自至宁船，笑呼之曰："兴霸，老母待卿食，急上！"宁涕泣歔欷曰："负卿。"与蒙俱还见母，欢宴竟日。

宁卒，权痛惜之。子瓌，以罪徙会稽，无几死。

凌统字公绩，吴郡余杭人也。父操，轻侠有胆气，孙策初兴，每从征伐，常冠军履锋。守永平长，平治山越，奸猾敛手，迁破贼校尉。及权统事，从讨江夏。入夏口，先登，破其前锋，轻舟独进，中流矢死。

统年十五，左右多称述者，权亦以操死国事，拜统别部司马，行破贼都尉，使摄父兵。后从击山贼，权破保屯先还，余麻屯万人，统与督张异等留攻围之，克日当攻。先期，统与督陈勤会饮酒，勤刚勇任气，因督祭酒，陵轹一坐，举罚不以其道。统疾其侮慢，面折不为用。勤怒詈统，及其父操，统流涕不答，众因罢出。勤乘酒凶悖，又于道路辱统。统不忍，引刀斫勤，数日乃死。及当攻屯，统曰："非死无以谢罪。"乃率厉士卒，身当矢石，所攻一面，应时披坏，诸将乘胜，遂大破之。还，自拘于军正。权壮其果毅，使得以功赎罪。

后权复征江夏，统为前锋，与所厚健儿数十人共乘一船，常去大兵数十里。行入右江，斩黄祖将张硕，尽获船人。还以白权，引军兼道，水陆并集。时吕蒙败其水军，而统先搏其城，于是大获。权以统为承烈都尉，与周瑜等拒破曹公于乌林，遂攻曹仁，迁为校尉。虽在军旅，亲贤接士，轻财重义，有国士之风。

又从破皖，拜荡寇中郎将，领沛相。与吕蒙等西取三郡，反自益阳，从往合肥，为右部督。时权撤军，前部已发，魏将张辽等奄至津北。权使追还前兵，兵去已远，势不相及，统率亲近三百人陷围，扶捍权出。敌已毁桥，桥之属者两版，权策马驱驰，统复还战，左右尽死，身亦被创，所杀数十人，度权已免，乃还。桥败路绝，统被甲潜行。权既御船，见之惊喜。统痛亲近无反者，悲不自胜。权引袂拭之，谓曰："公绩，亡者已矣，苟使卿在，何患无人？"拜偏将军，倍给本兵。

时有荐同郡盛暹于权者，以为梗概大节，有过于统，权曰："且令如统足矣。"后召暹夜至，时统已卧，闻之，摄衣出门，执其手以入。其爱善不害如此。

统以山中人尚多壮悍，可以威恩诱也，权令东占且讨之，命敕属城，凡统所求，皆先给后闻。统素爱士，士亦慕焉。得精兵万余人，过本县，步入寺门，见长吏怀三版，恭敬尽礼，亲旧故人，恩意益隆。事毕当出，会病卒，时年四十九。权闻之，拊床起坐，哀不能自止，数日减膳，言及流涕，使张承为作铭诔。

二子烈、封，年各数岁，权内养于宫，爱待与诸子同，宾客进见，呼示之曰："此吾虎子也。"及八九岁，令葛光教之读书，十日一令乘马。追录统功，封烈亭侯，还其故兵。后烈有罪免，封复袭爵领兵。

徐盛字文向，琅邪莒人也。遭乱，客居吴，以勇气闻。孙权统事，以为别部司马，授兵五百人，守柴桑长，拒黄祖。祖子射，尝率数千人下攻盛。盛时吏士不满二百，与相拒击，伤射吏士千余人。已乃开门出战，大破之。射遂绝迹不复为寇。权以为校尉、芜湖令。复讨临城南阿山贼有功，徙中郎将，督校兵。

曹公出濡须，从权御之。魏尝大出横江，盛与诸将俱赴讨。时乘蒙冲，遇迅风，船落敌岸下，诸将恐惧，未有出者，盛独将兵，上突斫敌，敌披退走，有所伤杀，风止便还，权大壮之。

及权为魏称藩，魏使邢贞拜权为吴王。权出都亭候贞，贞有骄色，张昭既怒，而盛忿愤，顾谓同列曰："盛等不能奋身出命，为国家并许洛，吞巴蜀，而令吾君与贞盟，不亦辱乎！"因涕泣横流。贞闻之，谓其旅曰："江东将相如此，非久下人者也。"

后迁建武将军，封都亭侯，领庐江太守，赐临城县为奉邑。刘备次西陵，盛攻取诸屯，所向有功。曹休出洞口，盛与吕范、全琮渡江拒守。遭大风，船人多丧，盛收余兵，与休夹江。休使兵将就船攻盛，盛以少御多，敌不能克，各引军退。迁安东将军，封芜湖侯。

后魏文帝大出，有渡江之志，盛建计从建业筑围，作薄落，围上设假楼，江中浮船。诸将以为无益，盛不听，固立之。文帝到广陵，望围愕然，弥漫数百里，而江水盛长，便引军退。诸将乃伏。

黄武中卒。子楷，袭爵领兵。

潘璋字文珪，东郡发干人也。孙权为阳羡长，始往随权。性博荡嗜酒，居贫，好赊酤，债家至门，辄言后豪富相还。权奇爱之，因使招募，得百余人，遂以为将。讨山贼有功，署别部司马。后为吴大市刺奸，盗贼断绝，由是知名，迁豫章西安长。刘表在荆州，民数被寇，自璋在事，寇不入境。比县建昌起为贼乱，转领建昌，加武猛校尉，讨治恶民，旬月尽平，召合遗散，得八百人，将还建业。

合肥之役，张辽奄至，诸将不备，陈武斗死，宋谦、徐盛皆披走，璋身次在后，便驰进，横马斩谦、盛兵走者二人，兵皆还战。权甚壮之，拜偏将军，遂领百校，屯半州。

权征关羽，璋与朱然断羽走道，到临沮，住夹石。璋部下司马马忠禽羽，并羽子平、都督赵累等。权即分宜都巫、秭归二县为固陵郡，拜璋为太守、振威将军，封溧阳侯。甘宁卒，又并其军。刘备出夷陵，璋与陆逊并力拒之，璋部下斩备护军冯习等，所杀伤甚众，拜平北将军、襄阳太守。

魏将夏侯尚等围南郡，分前部三万人作浮桥，渡百里洲上，诸葛瑾、杨粲并会兵赴救，未知所出，而魏兵日渡不绝。璋曰："魏势始盛，江水又浅，未可与战。"便将所领，到魏上流五十里，伐苇数百万束，缚作大筏，欲顺流放火，烧败浮桥。作筏适毕，伺水长当下，尚便引退。璋下备陆口。权称尊号，拜右将军。

璋为人粗猛，禁令肃然，好立功业，所领兵马不过数千，而其所在常如万人。征伐止顿，便立军市，他军所无，皆仰取足。然性奢泰，末年弥甚，服物僭拟。吏兵富者，或杀取其财物，数不奉法。监司举奏，权惜其功而辄原不问。嘉禾三年卒。子平，以无行徙会稽。璋妻居建业，赐田宅，复客五十家。

丁奉字承渊，庐江安丰人也。少以骁勇为小将，属甘宁、陆逊、潘璋等。数随征伐，战斗常冠军。每斩将搴旗，身被创夷。稍迁偏将军。孙亮即位，为冠军将军，封都亭侯。

魏遣诸葛诞、胡遵等攻东兴，诸葛恪率军拒之。诸将皆曰："敌闻太傅自来，上岸必遁走。"奉独曰："不然。彼动其境内，悉许、洛兵大举而来，必有成规，岂虚还哉？无恃敌之不至，恃吾有以胜之。"及恪上岸，奉与将军唐咨、吕据、留赞等，俱从山西上。奉曰："今诸军行迟，若敌据便地，则难与争锋矣。"乃辟诸军使下道，帅麾下三千人径进。时北风，奉举帆二日至，遂据徐塘。天寒雪，敌诸将置酒高会，奉见其前部兵少，相谓曰："取封侯爵赏，正在今日！"乃使兵解铠著胄，持短兵。敌人从而笑焉，不为设备。奉纵兵斫之，大破敌前屯。会据等至，魏军遂溃。迁灭寇将军，晋封都乡侯。

魏将文钦来降，以奉为虎威将军，从孙峻至寿春迎之，与敌追军战于高亭。奉跨马持矛，突入其陈中，斩首数百，获其军器。晋封安丰侯。

太平二年，魏大将军诸葛诞据寿春来降，魏人围之。遣朱异、唐咨等往救，复使奉与黎斐解围。奉为先登，屯于黎浆，力战有功，拜左将军。

孙休即位，与张布谋，欲诛孙綝，布曰："丁奉虽不能吏书，而计略过人，能断大事。"休召奉告曰："綝秉国威，将行不轨，欲与将军诛之。"奉曰："丞相兄弟友党甚盛，恐人心不同，不可卒制，可因腊会，有陛下兵以诛之也。"休纳其计，因会请綝，奉与张布目左右斩之。迁大将军，加左右都护。永安三年，假节领徐州牧。六年，魏伐蜀，奉率诸军向寿春，为救蜀之势。蜀亡，军还。

休薨，奉与丞相濮阳兴等从万彧之言，共迎立孙皓，迁右大司马左军师。宝鼎三年，皓命奉与诸葛靓攻合肥。奉与晋大将石苞书，构而间之，苞以征还。建衡元年，奉复帅众治徐塘，因攻晋穀阳。穀阳民知之，引去，奉无所获。皓怒，斩奉导军。三年，卒。奉贵而有功，渐以骄矜，或有毁之者，皓追以前出军事，徙奉家于临川。奉弟封，官至后将军，先奉死。

评曰：凡此诸将，皆江表之虎臣，孙氏之所厚待也。以潘璋之不修，权能忘过记功，其保据东南，宜哉！陈表将家支庶，而与胄子名人比翼齐衡，拔萃出类，不亦美乎！

【译文】

程普，字德谋，是右北平土垠人。他原来做州郡的小官，他容貌端正，善于辩论。跟随孙坚在宛县、邓县讨伐黄巾军，在阳人击败董卓，多次的攻城野战，使他身上伤痕累累。

孙坚去世，程普又随孙策到淮南，进攻庐江，又一同回军东渡长江。孙策到横江、当利，打败张英、于麋等，转而攻下秣陵、湖孰、句容、曲阿，程普都立有战功。孙策给他增加兵士两千人，战马五十匹。进军攻克乌程、石木、波门、陵传、余杭等县，众将中程普功劳最多。孙策进驻会稽，任命程普为吴郡都尉，治所设在钱唐。后调任丹杨都尉，屯驻石城。又征讨宣城、泾县、安吴、陵阳、春谷各县的山贼，都将他们平定。孙策曾攻打祖郎，被祖郎的兵马包围，程普与一名骑兵保护孙策，他催马高喊，手持长矛冲向敌军，敌军慌退，孙策借此冲出包围。后来任命程普为荡寇中郎将，兼任零陵太守，率部随孙策到浔阳攻打刘勋，又随孙策在沙羡进攻黄祖，退军后，仍回石城镇守。

孙策去世以后，他和张昭等人共辅孙权。率军奔走于三郡之间，讨伐平定那些不顺服的地方。还参与江夏之战，回来时路过豫章，平定了乐安之后，他接替太史慈守卫海昏，和周瑜分任左右都督，在乌林打败曹操，又进攻南郡，曹仁逃走。此后，被任命为裨将军，兼江夏太守，治所在沙羡，食邑四个县。

在吴国老一辈将领中，程普年龄最大，当时，人们都称他程公。程普性喜施舍，结交士大夫。周瑜去世后，程普代任南郡太守。孙权把荆州分让给刘备，程普又回来兼任江夏太守，升为荡寇将军，直到去世。孙权称帝后，追念程普的功绩，封他的儿子程咨为亭侯。

黄盖，字公覆，是零陵郡泉陵县人。他最初担任郡吏，被推举为孝廉，受到公府征召。孙坚发动组织义军，黄盖追随他。孙坚率兵南下打败山贼，向北驱退董卓，任命黄盖为别部司马。孙坚去世，黄盖追随孙策和孙权，他身披铠甲，四处征战，出入沙场，攻取城池。

各山越部族不臣服，凡是有被侵害的县，孙权往往派遣黄盖去做长官。石城县的官吏，特别难以管理，黄盖就设置两个掾吏，分别掌管各部门。教导他们说："我做县长的德行不够，只凭武功做官，不以文吏的才能被称道。如今贼寇没有平定，还有军旅事务，我把文书都交付给你们两位掾吏，你们应当约束监督各个部门，揭发纠正他们的错误。两掾吏署理的工作，有事报入一定要给予答复，如果有奸邪欺诈，最终不仅只处以鞭杖，应当各自尽心，不要成为众人受处罚的带头者。"起初大家都很害怕威慑，早晚恭敬尽职。时间长了，官员们因黄盖不查阅文书，逐渐有了徇私枉法的事。黄盖也嫌其怠慢，有所觉察，后来查到两名掾吏不奉守法纪的几件事。就把大小官员全部都请来，赏给他们酒食，趁此机会提出有关的事问责。两名掾吏理屈词穷，都叩头认罪。黄盖说："先前已有戒令，终究不会只是鞭杖这样的惩罚，这不是欺骗你们。"于是就杀了两名掾吏。这件事使得县中上下深受震惊。后来黄盖调任春穀县长、浔阳县令。他总共署理九个县，凡是他任职的县都非常安定。后来，他升任丹阳都尉，在当地制服豪强、扶助贫弱，对山越部族采用怀柔策略使其归附。

黄盖姿容体态严厉刚毅，善于教养兵众。每当有征讨的时候，士卒都争先效命。建安年间，跟随周瑜在赤壁抵抗曹操，建议用火攻，详情记载在《周瑜传》。后任武锋中郎将。武陵郡的蛮夷造反，攻守城邑，就任黄盖为太守。当时郡兵才五百人，自知不能挡敌，便开了城门，等敌人进来一半了，就拦腰攻击，斩杀敌人数以百计，剩下的都逃跑到村落去了。诛杀了贼首，归附顺从的人都得到赦免。从春天到夏天，贼寇的叛乱全部平定，僻远的巴、醴、由、诞各县头目，都改弦易辙，奉上礼物请求接见，郡内于是得以平静。后来，长沙郡益阳县被山贼攻击，黄盖又讨伐平定了那里。黄盖被加封为偏将军，在任上病故。

黄盖处事果断，从不拖延，吴国人都想念他。孙权登帝位后，追认评定黄盖的功绩，赐给他儿子黄柄为关内侯。

韩当字义公，是辽西郡令支人。因为他善于骑射，膂力强劲，受到孙坚的宠爱，跟随孙坚转战征伐，多次舍生忘死，冲锋陷阵，擒杀敌人，被任命为别部司马。到了孙策东渡长江之时，韩当跟随他征战于三郡，升为先登校尉，孙策授予他兵员二千，战马五十匹。又随孙策征讨刘勋，打败黄祖，回师讨伐鄱阳，由他兼任乐安县长，山越人都畏惧服从。人后来韩当以中郎将的身份与周瑜等人迎击并打败曹操，又与吕蒙偷袭占领了南郡，升为偏将军，兼任永昌守。宜都战役中，他和陆逊、朱然等人在涿乡共同进攻蛮军，大破蜀军，升为威烈将军，封都亭侯。曹真进攻南郡，韩当负责防守南郡的东南面。他在外担任将帅，激励官兵同心坚守防地，又敬重督司，遵奉法令，孙权非常赞赏他黄武二年，封为石城侯，升昭武将军，兼任冠军太守，后又加授都督的名号。韩当率领“敢死”士和“解烦”兵一万人，讨伐丹杨的贼寇，大败他们。恰在此时因病去世。儿子韩综，承袭侯爵并且领兵。

这年，孙权征伐石阳，因为韩综有父亲去世，便让他驻守武昌，但韩综淫乱不守法度。孙权虽因他父亲韩当的缘故未予追究，但韩综心怀恐惧，用车载了父亲的棺木，带着母亲、家眷及属下兵士几千人投奔魏国。魏国以他为将军，封广阳侯。韩综多次率军越境侵犯，杀害吴国百姓，孙权常常对他切齿痛恨。东兴战役中，韩综担任魏军前锋，战败身死，诸葛恪斩下他的首级，送到太庙告慰孙权的在天之灵。

蒋钦字公奕，是九江郡寿春县人。孙策袭击袁术的时候，蒋钦跟随从孙策供职。等到孙策东渡长江，便任命蒋钦担任别部司马，让他带兵。与孙策一同转战征讨，平定会稽、丹杨、吴三郡，又随从孙策平定豫章郡。被调为葛阳县尉，历任三县县长，讨伐平定盗贼，被提升为西部都尉。会稽郡东治县山贼吕合、秦狼等人叛乱，蒋钦带兵进讨，终于活捉吕合、秦狼，五县的叛贼得到平定，改授蒋钦为讨越中郎将，并将经拘、昭阳两县的赋税收入作为他的俸禄。贺齐讨伐黟县山贼，蒋钦统率一万兵力，和贺齐并力协作，黟县山贼被平定。跟随孙权出征到合肥，魏将张辽在逍遥津的北面袭击孙权，蒋钦奋力作战立下功劳，被提升为荡寇将军，兼任濡须驻军统帅。后来被召回到京城，担任右护军，掌管法律诉讼。

孙权曾经进入蒋钦家的内室，看见蒋母使用粗布蚊帐和青白色布被，蒋钦的妻妾都穿布裙。孙权感叹蒋钦地位高贵却生活俭朴，随即命令皇家府库替蒋母缝制锦被，改换帷帐，让蒋钦的妻妾都穿锦绣衣服。

当初，蒋钦驻扎在宣城，曾经讨伐豫章郡的贼寇。芜湖县令徐盛拘捕了蒋钦的一名屯守官，上表请求处死他，孙权认为，蒋钦正在外统兵，就没有同意，徐盛自以为得罪了蒋钦。曹操出兵濡须，蒋钦与吕蒙主持全军的调度。徐盛忧虑蒋钦借机陷害自己，然而，蒋钦却总是赞赏他的优点。徐盛敬佩蒋钦的品德，议论的人也都赞美。

孙权讨伐关羽，蒋钦领水军进入沔水。回来的时候，在路上病故。孙权穿素服为他发丧，把芜湖县的两百户百姓、两百顷田地，给了蒋钦的妻子儿女。蒋钦的儿子蒋壹被封为宣城侯，领兵抵抗刘备有功，回去南郡，与魏军交战，临阵战死。蒋壹没有儿子，弟弟蒋休领兵，后来因罪失官。

周泰字幼平，是九江郡下蔡县人。他与蒋钦一起跟随孙策并且都成为孙策的得力助手，任职虔诚敬肃，在多次战斗中都立有战功。孙策进据会稽，任命周泰为别部司马，授予他士兵。孙权喜欢周泰的为人，请求孙策把周泰调给自己。孙策征讨六县的山贼，孙权驻扎在宣城，让士兵自卫，兵员不足一千，孙权心中还疏忽大意，不设防御工事，而山贼几千人却突然杀到。孙权刚刚来得及上马，贼人锋锐的尖刀已经从左右交叉刺来，有的还刺中了马鞍，众兵士无不惊慌失措。只有周泰激扬振奋，舍命护卫孙权，胆量勇气过人，左右士兵由于周泰的缘故而并力参战。贼人被打散以后，周泰身上受创达十二处之多，很久才苏醒过来。这天如果没有周泰，孙权生命就几乎不保。孙策深深感激周泰，补任他为春谷县长。后来周泰又随孙策进攻皖县，以及讨伐江夏，回师经过豫章的时候，又被补任为宜春县长，他任职所在县的一切赋税都特批作为他的俸禄。

周泰跟随孙策讨伐黄祖有功，后来，和周瑜、程普在赤壁抗拒曹操，在南郡进击曹仁。荆州平定以后，他率兵屯守岑地。曹操进犯濡须，周泰又先去迎击，曹操退兵后，他留下督理濡须，被任命为平虏将军。当时，朱然、徐盛等人都在他的帐下，对他很不服气。为此，孙权专门以巡视为名到濡须坞，借机召见各位将领，设宴欢饮。孙权亲自到周泰面前劝酒，又让周泰解开衣服，孙权用手指着他身上的伤痕，于是问他受伤的经过。周泰便回答以前战斗的情况，答完以后，孙权让他重新穿好衣服，欢宴到深夜。第二天，孙权派人把自己戴的头巾赠予周泰。徐盛等人这才信服周泰了。

孙权击败关羽以后，想图谋进取蜀地，任命周泰为汉中太守，奋威将军，封陵阳侯。黄武年间去世。

周泰的儿子周邵以骑都尉之职统领周泰的兵马。曹仁率军攻打濡须坞时，他立有战功，又随军击败曹休，升裨将军。黄龙二年去世。周邵之弟周承承继陵阳侯爵位并继统部属。

陈武，字子烈，是庐江松滋人。孙策在寿春的时候，陈武前去追随。那年他十八岁。身高七尺七寸。他跟随孙策渡过长江，因为征战有功，被任为别部司马。孙策击溃刘勋后，得到很多庐江人，他挑选精悍士卒组营并任命陈武为大将。陈武率领这支兵马所向无前。孙权执政，转任督五校。陈武为人宽厚仁慈，好施舍，很多同乡人、远方人都来依附他。他特别被孙权亲爱，孙权多次去他家看望。因为陈武多有功劳，晋升为偏将军。建安二十年，陈武随孙权攻打合肥，奋勇征杀，战死沙场。孙权哀痛，亲自参加他的葬礼。

陈武的儿子陈修有其父风范，十九岁的时候，孙权召见并给予鼓励，任命为别部司马，调给他五百士兵。当时，新招募的士兵有多人逃跑，陈修对部下加以安抚，深得人心，所以，他的士兵没有一个逃走。孙权认为他不同寻常，升他为校尉。建安末年，孙权任用功臣后代，封陈修为都亭侯，任解烦督。黄龙元年去世。

陈修的弟弟陈表，字文奥，是陈武姬妾所生，年轻的时候就很有名，与诸葛恪、顾谭、张休等共同侍奉东宫太子，彼此也很是友好。尚书暨艳也与陈表亲密，后来，暨艳获罪，许多人都只顾保己，尽管都相信暨艳无罪，却很少有人替他讲好话，唯独陈表不是这样，因此士人很看重他。原先，他任太子中庶子，后被任为翼正都尉。兄长陈修死了以后，陈表的生母不肯服侍陈修的母亲，陈表对母亲说："兄长不幸早逝，由我掌管家事，理应侍奉大母亲。母亲若能为我委屈一下自己，顺承大母亲的心意，这是我最大的愿望；如果母亲做不到，就只好请您搬出去另外住了。"陈表在大义面前就是这样公正。从此，两位母亲都感悟和睦了。陈表以父亲战死沙场为理由，请求为统军将领，所以，领兵五百人。陈表想让士兵忠心效力，就倾心善待他们，士兵们也都爱戴依附他，乐于为他效命。当时，军中出现了偷盗官方物品的人，大家都怀疑是"无难士"施明。施明向来粗豪剽悍，拘捕以后对他的拷打极为惨毒，但他只求一死其余不说一句话。廷尉向上汇报。孙权认为，陈表能得士兵的信任，便下令把施明交给陈表审理，让陈表设法获得实情。陈表解开了施明的枷锁让他沐浴换了衣服，又摆酒席来诱导施明。于是施明服罪，交代出他的同伙。陈表将案情呈报孙权。孙权对他异乎寻常的做法非常欣赏，为了成全他的名声，特别赦免了施明，而把其他偷盗者处死。孙权又升陈表为无难右部督，封都亭侯，以继承陈修原来的爵位。陈表推让，要求把陈修的爵位传给陈修的儿子陈延，孙权没有同意。嘉禾三年，诸葛恪兼任丹杨太守，讨伐平定了山越，孙权就任命陈表兼任新安都尉，与诸葛恪形成犄角之势。当初，陈表被赏赐的免除徭役的人共二百家，都在会稽新安。陈表查看以后，认为这些人都可充兵，就上书推让赏赐，要求把这些人交还官府，来补充精兵。孙权下诏书说:“前将军陈武有功于国,国家以此报答他,您怎能推辞呢?”陈表说:“现在,要消灭敌人,报父亲之仇,要有人才行。让这些有勇之人充当奴仆,不是我愿意看到的啊!”就主动挑选士兵充实军营。地方上将此事上报,孙权很欣赏他的做法,下令给会稽郡及新安县,要求在户民中选择体弱者补齐赐给陈表人口的缺额。陈表在任三年,想办法招来未入籍的山越人,招到兵士一万多。在即将离开新安的时候,正遇上鄱阳郡吴遽等叛乱,攻陷鄱阳城,其他属县也动荡不安。陈表便率军越过郡界到鄱阳平叛,吴遽被打败投降。陆逊任命陈表为偏将军,又升为都乡侯,驻扎在新安北面的章院。三十四岁去世。他的家财都用于供养士人,死的时候,他妻子儿女连住处都没有,太子孙登为他们建起了屋宅。陈表之子陈敖十七岁的时候,任别部司马,率兵四百人。陈敖去世,陈修的儿子陈延任别部司马替代陈敖。陈延之弟陈永,为将军,封侯。当初,施明感激陈表,自觉改恶向善,终成为一名勇敢的将领,官至将军。

董袭字元代,是会稽郡余姚县人,他身长八尺,武力超过常人。孙策进入会稽郡,董袭在高迁亭迎接,孙策见他身材魁伟,于是就委派他担任门下贼曹。当时山阴县惯贼黄龙罗、周勃聚集党徒几千人,孙策亲自出讨,董袭亲手砍下黄龙罗、周勃的头,回郡后被任命为别部司马,交给他几千个士兵,又提升他为扬武都尉。董袭跟随孙策进攻皖县,又到浔阳征讨刘勋,到江夏攻打黄祖。

孙策死了以后,孙权年轻,刚刚统理大事,太妃感到很担心,便引见张昭及董袭等人,询问江东能否保持安全,董袭回答说:“江东的地理形势有险固的山河,而讨逆将军又是贤明太守,在百姓中广有恩德,讨虏将军继承基业,大小官员都听命效力,张昭执掌各项事务,我等为战将,这正是地利人和都具备的时候,绝对没有值得太妃担心忧虑的事。”大家都认为他说得实在、有气魄。

贼寇彭虎等人聚集了几万人,董袭和凌统、步骘、蒋钦等将领分别率军征讨。董袭所到的地方即被攻破,彭虎等人望见董袭军队的旌旗,就四散逃走,十天就全部平定,董袭被授予威越校尉,提升为偏将军。

建安十三年,孙权讨伐黄祖,黄祖派遣了两艘蒙冲战舰横断河面从左右两旁锁住沔口,并且用棕榈大绳拴住大石墩将船拴住,船上安排箭手千人,用强弩交错发射,利箭如雨,孙权的水军根本无法前进。董袭与凌统都是前锋,他们各带一百敢死士,每人身披双层铠甲,乘坐大船,冲人蒙冲战舰构成的封锁线以内。董袭亲手挥砍断两根大绳，蒙冲战舰于是打横漂流，孙权的大军得以向前推进。黄祖打开城门逃走，吴兵追上去斩了他。第二天举行盛大宴会，孙权举杯对董袭说："今日的盛会，是得益于你的断绳之功。"

曹操出兵进击濡须，董袭跟随孙权赶到迎敌，孙权让董袭统领五楼船驻守濡须口。夜里突起暴风。五楼船侧翻，士兵们都四散逃到了小船上，他们请求董袭从战舰里出来。董袭发怒说："我接受将军重任，在这里防备贼军，凭什么理由弃船而去！敢有再劝我离船的人处斩。"于是没有人敢于违令劝说。这一夜战舰沉没，董袭殉职。孙权换上丧服参加董袭的丧礼，供给治丧财物十分丰厚。

甘宁，字兴霸，他是巴郡临江县人。甘宁小时候时很有力气，喜欢行侠尚义，聚集轻浮少年，自己当他们的首领。他们成群结队，拿着弓弩，戴着鸟毛，系着铃铛，民众听见铃声，就知道是甘宁。人们与他相逢的，即使是地方官吏，只有接待他热情优厚的，甘宁就和他欢谈；不然，就让伙伴抢夺他的资财，官吏中也有被甘宁等人所害的，令官吏们失职负罪。甘宁这样过了二十多年，才不再抢劫，也读点诸子百家的书，便前往依附刘表，因而住在南阳，因此不被任用，后来改为投奔黄祖，黄祖又像对待平常人一样对待他。

就这样，甘宁又投奔东吴。周瑜、吕蒙都举荐他，孙权给予他超出一般的待遇，像对旧臣一样。甘宁献计说："如今，汉运一天天衰微，曹操却越来越骄横，终将篡夺帝位。荆州地势便利，水路通畅，实在是我国西面的好地方。刘表思虑短浅，儿子无能，不是继承基业之人。主公您当及早谋取荆州，不可让曹操占先。谋取荆州，当先攻黄祖。黄祖今已年老，昏聩至极，钱粮都很匮乏，身边之人欺诈弄权，贪财盘剥，吏卒都心怀怨恨；战船武器损坏也不加修整，农耕松散，军兵毫无法纪。主公如果能前去，必能取胜。一旦打败黄祖，便可大张旗鼓向西挺进，占据西面的楚关，我们的声势就更加壮大，就能逐步谋取巴蜀。"孙权深表赞同并采纳了他的计划。当时张昭在座，反驳说："现在，吴县一带人心不稳，如果前去攻打黄祖，我担心会有祸乱发生。"甘宁对张昭说："主公把萧何那样的重任托付给您，留守后方却担心会出乱子，怎么能说是仰慕古人呢？"孙权举杯劝甘宁说："兴霸，今年要讨伐黄祖，我以此酒为誓，将讨伐重任委托给你。你只要努力筹划进军谋略，打败黄祖，便是功劳，何必因张长史的话而生气呢？”孙权就率军西进，果然杀了黄祖，俘虏了他的人马。又授予甘宁兵众，屯驻在当口。

在这之后，甘宁又跟从周瑜在乌林击败曹操，在南郡却没有能够攻克曹仁。甘宁提出建议，先直取夷陵，他率军前往，便拿下了这座城池，入城驻守。此时，他身边只有几百兵士，加上俘获的士卒，也刚满一千人。曹仁则带领五六千人围攻甘宁。甘宁连日受攻，曹军架设高楼，飞箭如雨般射进城中，兵士们都很害怕，唯独甘宁谈笑自如。他派人将情况报告周瑜，周瑜用吕蒙计，率众将给甘宁解了围。以后，甘宁又随鲁肃镇守益阳，抵抗关羽。关羽号称有三万人马，并且亲选精兵五千，在上游投物堵塞河流，造成十几里浅滩，扬言趁夜徒步过河。鲁肃与各将商议对策。当时，甘宁只有三百名士兵，他却说：“再给我五百人，我去对付他，保证让关羽听到我咳嗽声，就不敢过河，过河我就俘虏他。”鲁肃就挑选一千士兵增派给甘宁，甘宁就连夜前往。关羽听到这个消息，就停止了过河的行动，在岸上捆扎柴木为营。现在，这个地方仍然称关羽濑。孙权嘉奖甘宁的功劳，任命他为西陵太守，统领阳新、下雉两县。

后来，随孙权进攻皖城，任攻城先锋官。甘宁以链锤为绳索，亲自攀登城墙，终于攻下皖城，活捉了曹军守将朱光。评论此战功劳，吕蒙第一，甘宁第二，被任为折冲将军。

曹操出兵濡须，甘宁为前督，受命出击杀敌前锋。孙权专门赏赐了酒，由甘宁将这些酒菜分赐手下一百多人吃。吃完以后，甘宁用银碗斟酒，自己先喝了两碗，又斟酒给他的都督。都督伏身，不肯马上接酒。甘宁执放在膝上，呵斥都督说：“你被主公信任，和我相比怎么样？我尚且不惜生命，你焦么偏偏怕死呢？”都督见甘宁满脸怒气，马上起身端酒拜谢，并给兵士们都斟上一银碗酒。二更时分，众兵口衔竹枚，突袭敌营。敌人惊骇动摇，败退而走。甘宁的地位更加贵重，孙权又给他增加了二千兵。

甘宁虽然粗鲁凶猛喜欢打架，却也豁达爽朗胸藏韬略，看不起钱财，敬重士官，能以优厚的待遇供养勇士，勇士们也都愿意为他效命。建安二十年，他跟随孙权进攻合肥，正逢疾病流行，军队都已全面撤离，只剩车下虎士一千多人，还有吕蒙、蒋钦、凌统及甘宁，跟随孙权还在逍遥津的北边。魏将张辽通过侦察得知这一情况，当即率步、骑兵突然杀到。甘宁弯弓射敌，与凌统等人拼死格斗。刀光剑影中甘宁还厉声喝问乐队为何不演奏起来，豪迈雄壮的气概显得极为坚定果断，孙权尤为嘉许。

甘宁厨房中一个童仆曾经犯了错误，走来投奔吕蒙。吕蒙担心甘宁把童仆杀了，所以没有及时送回。后来甘宁带着礼物来拜见吕蒙的母亲，当甘宁按规矩要登上厅堂对吕蒙母亲行拜见之礼的时候，吕蒙才叫出那个童仆还给甘宁。甘宁向吕蒙承诺说不杀。一会回到船上，甘宁却将那僮仆绑在桑树上，亲自挽弓搭箭将他射死。完事以后，甘宁命令船上人再增加几根船缆，自己脱下衣服躺在船上。吕蒙大怒，擂鼓集合士兵，要上船攻杀甘宁。甘宁听说这些后，故意躺着不起身。吕蒙的母亲光着脚出来劝阻吕蒙说："主上待你如同骨肉，把军国大事托附给你，哪里有因为私怨就想攻杀甘宁的道理？甘宁死去的时候，纵然主上不加责问，你作为臣下这么去做也还是违反法律的。"吕蒙一向最是孝顺，听了母亲的话，当即豁然消除了对甘宁的恨意，他亲自来到甘宁船上，笑着招呼甘宁说："兴霸，老母正等您吃饭，快点上来！"甘宁痛哭流涕感叹说："我对不起您。"就跟着吕蒙一起回去见吕蒙的母亲，十分欢畅地宴饮了一整天。

甘宁去世，孙权心痛惋惜他。甘宁的儿子甘瓌，因罪流放会稽，没过多久便死了。

凌统，字公绩，他是吴郡余杭县人。父亲叫作凌操，是人轻生重义，颇有胆量。孙策初兴起时，凌操每跟从征伐，常常冲锋在前、出入刀锋之间。他任永平县长，平定治理好了山越人，使奸诈狡猾之人都不敢妄为，升任破贼校尉。等到孙权统领军队，凌操随从孙权去讨伐江夏，进入夏口，率先登岸，打败了敌人前锋，乘快船独自接近敌军，中飞箭而死。

凌统十五岁时，孙权身边的人很多都称赞他，孙权也由于凌操为国牺牲，让凌统做了别部司马、破贼都尉，让凌统领凌操的士兵。后来，凌统随孙权攻击山贼，孙权攻破保屯先回军，剩下麻屯一万人。凌统和都督张异等留下围攻，约定日期进攻。之前，凌统与都督陈勤聚会饮酒，陈勤刚强勇猛、纵任意气，趁在飨宴时负责酹酒享之机，欺压在座的人，罚酒也不按规矩，凌统讨厌他对人轻忽傲慢，当面指责陈勤，不买他的账。陈勤发怒骂凌统和凌统的父亲凌操，凌统流泪不答，众人罢席离开。陈勤乘着酒醉凶暴悖逆，又在道路上辱骂凌统。凌统不能再忍，拔刀砍了陈勤，几天以后陈勤就死了。到了进攻麻屯的日子，凌统说："非死不能赎罪。"于是率领督促士兵，身冒箭石进攻，他所攻打的一面，立时被打败，众将乘胜前进，便大败敌军。回来之后，凌统到军中执法官那里拘囚自己。孙权赞叹他的果敢勇毅，让他得以将功赎罪。

在这之后，孙权再次讨伐江夏，凌统任先锋，和他平日厚待而善战的士兵几十人共乘一条船，常离开大军几十里。船进入右江，斩杀了黄祖的将领张硕，俘获船上的全部敌人。凌统回来向孙权汇报情况，孙权领军日夜兼行，水陆进发。期时，吕蒙已打败了黄祖的水军，凌统又率先攻占了江夏城，吴军大获全胜。孙权任命凌统为承烈都尉。与周瑜等在乌林击败曹操，又进攻曹仁，升为校尉。凌统虽在军中，但亲贤士，轻钱财，讲求义气，有国士风范。

凌统又追随孙权攻破皖县，被任为荡寇中郎将，兼沛国相。与吕蒙等向西夺取长沙、零陵、桂阳三郡，由益阳返回后，随孙权出征合肥，任右部督。当时孙权撤军，前部已经出发，魏将张辽等突然来到逍遥津北。孙权派人要追回前部兵马，但是距离已远，形势又非常紧急。凌统就率领亲信士兵三百人于重围中保护孙权冲了出去。魏军已把桥梁毁坏，只有连接两岸的桥木还有两块木板。孙权策马冲过去，凌统又返身与敌交战。他手下的人全都战死，自己也身受创伤，而他却杀死了几十个曹兵。他估计孙权已经脱身，才退了回来。但是桥梁已彻底毁坏，道路断绝，凌统便顶着铠甲在水中潜行。孙权上船后，见到凌统惊喜不已。凌统因亲信部下没一个回来而悲痛得难以自制。孙权举起衣袖为他揩泪，说："公绩啊，死去的人已不能再活，只要有你在，还担心没有兵士啊？"任命他为偏将军，加倍配给他士兵。

那时有人向孙权推荐凌统的同乡盛暹，说这人慷慨大度，甚至超过凌统。孙权说："假如他像凌统那样，也就够了。"后来，凌统邀请盛暹，盛暹在夜间到达，此时，凌统已经睡下了，听说盛暹来了，忙提着衣服出门迎接，拉着盛暹的手把他让进室内。凌统就是这样喜欢与有本领人的交往，毫无忌妒之心。

凌统认为山里还多的是强壮剽悍之人，可以用声威与恩泽诱导他们，孙权便命令他到东部各县去招募乃至征讨，又命令各所属城镇官员，凡是凌统所需求的一切，都先供给再上报。凌统向来爱护官兵，官兵也都仰慕他。凌统募得精兵一万多人，经过老家所在县，做到步行进入官府大门，见了县吏执版三拜，恭恭敬敬，礼节周到，对亲戚朋友，情意更加深厚。事情办完将要离开的时候，不幸因病去世，时年四十九岁。孙权得到噩耗，捶床坐起，哀痛不能自止，几天都很少吃饭，一说到凌统就泪流满面，还让张承写了记述凌统经历和功德的文章。

凌统的两个儿子凌烈、凌封，年龄都才几岁，孙权将他们收养在宫中，爱护相待就如同自己的几个儿子一样，每当宾客进见，便把他两人叫出来给客人看，说："这是我的两个虎子。"到了他们八九岁的时候，让葛光教他们读书，每十天让他们骑一次马，孙权追记凌统的战功，封凌烈为亭侯，还给他父亲的原班人马。后来凌烈有罪被免除封爵官职，凌封又继承爵位并统领部队。

徐盛，字文向，他是琅邪莒县人。因为时势动荡，寄居吴郡，以勇气闻名。孙权执掌朝政，任命他为别部司马，授予兵员五百人，属理柴桑县长职务，抗拒黄祖。黄祖的儿子黄射曾率几千人来攻打徐盛。当时，徐盛手下将士不足二百人，与黄射相抗。杀伤黄射兵将一千多人。又打开城门出击，大败黄射，黄射从此匿迹，不敢再犯。孙权任徐盛为校尉和芜湖县令，又讨伐临城南山中的山越贼寇，立下战功，升中郎将，督领校兵。

曹操攻打濡须，徐盛随孙权前往抵御。魏军曾向横江进犯，徐盛与众将都率部防御。当时，众都乘坐大型战船，遇到暴风，船只被刮到敌方据守的岸边，众将恐惧，没人敢率兵下船作战，只有徐盛率部登上江岸冲击，敌军抵挡不住而败退，徐盛有所斩获，暴风停止以后，便回到船上。孙权认为，徐盛的行为真是壮举。

孙权向魏称臣，魏国派使者邢贞封孙权为吴王。孙权出城在都亭迎候，邢贞面有骄色，张昭已怒，徐盛也愤愤地回头对同僚说："我等不能舍身为国兼并许昌、洛阳，吞并巴、蜀，却让我主和邢贞订立盟约，这太耻辱了！"由是泪流满面。邢贞听说以后，对随行人员说："江东有这样的将相，是不会久居人下的。"

之后升任建武将军，加封都亭侯，兼任庐江太守，孙权赏赐给徐盛临城县作为奉邑。刘备率大军前来进攻驻扎在西陵，徐盛攻占蜀军多个军营，所到之处都立有战功。魏将曹休率军进攻洞口浦，徐盛与吕范、全琮率军渡过长江防御。在江中遇到大风，船只与人都有很大损失，徐盛收拢余下的部队，与曹休夹江对峙。曹休让部下乘船向徐盛所部进攻，徐盛以少数兵力抵御曹军多数兵力，曹军不能获胜，各自退军。升任安东将军，封芜湖侯。

后魏文帝亲自率军向吴国大举进攻，有渡江的意图。徐盛提出计策，从建业沿江南岸修筑防护墙围，做简单的防御工事，围上建造假楼，在长江上设流动战船。众将领认为这样做没有什么意义，徐盛不顾众将领的阻挠，坚持按自己的计策行事。魏文帝到达广陵，望见对岸的防护墙在迷蒙中绵延数百里，惊愕不已，加上当时江水猛涨，于是撤军而回。众将领这才佩服徐盛的计谋。

黄武年间，徐盛去世。徐盛的儿子徐楷继承了爵位，并继统徐盛的军队。

潘璋，字文珪，他是东郡发干人。孙权担当阳羡县长时，潘璋就追随孙权。潘璋生性桀骜不羁，酷爱喝酒，虽家贫，却仍赊账买酒，讨债的人上门，潘璋就说以后大富了再还。孙权觉得他很奇特而喜欢他，并派他去招募士兵，招到一百多人，于是就让他当将领。因讨伐山贼有功，代理别部司马。后来任吴县大市场的刺奸，负责纠举违法，从此市中没有了盗贼，潘璋也因此闻名，升任豫章郡西安县长。当时，刘表在荆州，多次侵扰东吴边境，自潘璋任县长以后，敌人再不敢进入西安地界。西安邻县建昌有强盗扰乱百姓，潘璋又转任建昌县令，加武猛校尉，征讨那里的恶徒，只十多天就将其平定，他招募逃散的反贼为兵，得到八百人，带领他们回到建业。

合肥之战，魏将张辽突然杀到，众将没有防备，陈武战死，宋谦、徐盛全都战败，潘璋位置本来在后，这时，便驱马前进，横过马头，斩了宋谦、徐盛军中的两个逃跑者，士兵又都回头迎战。孙权称赞他的壮勇，任命他为偏将军，于是，带领百校部，屯兵半州。

孙权讨伐关羽，潘璋和朱然堵截关羽的去路。他带领兵到临沮，驻守夹石。部下司马马忠擒获了关羽，同时，又擒获了关羽的儿子关平、都督赵累等人。孙权就划分宜都郡的巫县、秭归两县为固陵都，任命潘璋为太守、振威将军，封溧阳侯。甘宁去世后，又把甘宁的兵士合并给他。刘备进攻夷陵，潘璋与陆逊合力抗拒，潘璋的部下斩杀了刘备的护军冯习等人，杀敌众多。潘璋又被任命为平北将军、襄阳太守。

魏将夏侯尚等围攻南郡，派出前部三万人架设浮桥，渡江到百里洲上，诸葛瑾、杨粲等汇集人马赶去救援，但不知由哪里出击，而魏兵却仍然每日不停地渡江。潘璋说："魏兵势盛，江水又浅，不可与之交战。"便率部到魏军上游五十里处，砍伐芦苇几百万捆，扎成大筏，计划顺流放火，烧毁浮桥。大筏已扎完，单等江水上涨就放下去，而此时夏侯尚率军撤退了。潘璋顺流而下防守陆口。孙权称帝，任命潘璋为右将军。

潘璋鲁莽勇猛，军令严明，喜欢建功业，带着的人马不过几千人，但所到之处，常像有一万人马。征战驻扎时，便设立军中市场，其他军营没有的东西，在他的军中市场就能得到补给。但他却挥霍无度，晚年更甚，穿用都与位高者攀比，超越了本分。有钱的将士，有的就被他杀死夺走了财物，多次不遵奉法令。有司弹劾并奏请处理，孙权爱惜他的功劳，总是原谅他，不予追究。嘉禾三年，潘璋去世。儿子潘平因品行恶劣被流放会稽。潘璋的妻子住在建业，孙权赐给她田地住宅和免除赋税的五十家佃户。

丁奉，字承渊，他是庐江郡安丰县人。丁奉小时候因骁勇做了小将，隶属于甘宁、陆逊、潘璋等人。丁奉多次随军征伐，作战时常常冲在最前面。每每斩将夺旗，身受创伤。逐渐升为偏将军。孙亮即位后，任命丁奉为冠军将军，封为都亭侯。

魏国派遣诸葛诞、胡遵等人攻击东兴，诸葛恪带领军抵御。将士们都说："敌人听说太傅亲自前来，我军上岸后他们必定逃走。"只有丁奉说："不对。魏国动员了全国的力量，调集许昌、洛阳的全部军队大举前来，一定有完整成熟的计划，难道肯空手而回吗！不要依赖敌人的不来，而要靠我们有办法战胜他们。"等诸葛恪上了岸，丁奉与将军唐咨、吕据、留赞等人，都从山的西面前进。丁奉说："如今各军行动迟缓，倘若敌人占据有利地势，就难于与他们争胜负了。"便排开各军让他们让开船道，亲率所部三千人径直前进。当时正刮北风，丁奉扬帆两天就到达了目的地，于是占据徐塘。天寒降雪，敌军诸将正摆酒举行盛宴，丁奉发现敌人先头部队人数偏少，就对部下们说："获取封侯爵位和赏赐，正在今日！"就让士兵脱下铠甲，戴上头盔，手持短兵器。敌人因而嘲笑，对此不做防备。丁奉挥兵肆意砍杀，大败敌人的先头部队。正好在此时吕据等人赶到，魏国于是溃败。提升丁奉为灭寇将军，晋封为都乡侯。

魏将文钦前来归降，朝廷让丁奉做了虎威将军，随孙峻到寿春迎接，与曹魏追兵在高亭相遇。丁奉骑战持矛，冲进敌阵，杀敌数百人，缴获兵器物品。晋封安丰侯。

太平二年，魏国大将军诸葛诞献寿春城投降，魏国派兵来围攻他。朝廷派朱异、唐咨等人前去救援，又派丁奉和黎斐同去。丁奉为先锋，驻扎在黎浆。由于他奋战有功，被任命为左将军。

孙休登上王位，与张布密谋，想诛杀孙綝。张布说："丁奉虽不懂文事，但胆识过人，能断大事。"孙休召见丁奉，告诉他说："孙綝把持朝政，图谋不轨，我想与将军一起诛杀他。"丁奉说："丞相的兄弟朋党很多，怕人心不齐，不能立即将他们制伏，可以利用腊祭聚会，由陛下的卫兵杀掉他们。”孙休采纳了他的计策，利用腊会之机，请孙綝进宫。丁奉和张布挥兵，将孙綝杀死。丁奉因此升任大将军，加左右都护。永安三年，假节，代徐州牧。永安六年，曹魏征伐蜀汉，丁奉率军向寿春进发，假装救援蜀汉。蜀汉灭亡，率军退回。

孙休去世，丁奉和丞相濮阳兴等接受万彧的话，一块儿迎孙皓为帝，丁奉升任右大司马左军师。宝鼎三年，孙皓命丁奉与诸葛靓攻打合肥。丁奉写信给西晋大将石苞，离间并陷害他，石苞因此被召回。建衡元年，丁奉再次统兵修治徐塘，趁机攻打穀阳。穀阳百姓得知以后，全都撤离，丁奉没有收获。孙皓因此恼怒，杀了丁奉军中的向导。建衡三年，丁奉去世。丁奉因显贵有战功，慢慢地也就骄傲起来，有人就说他的坏话，孙皓追究进攻穀阳无获之事，将丁奉家人流放到临川。丁奉弟丁封，官至后将军，死在丁奉之前。

评论说：以上所述各位将领，称得上是江南虎臣，是孙氏所优厚的人。就连潘璋那样行为不检点的人，孙权也能不追究他的过失，而追赏他的功劳，使他能够成功地保有东南，是应该啊！陈表以将领的庶子身份，而能与皇室子弟和出身名门的人一样身处高位，成为优秀的人物，难道不是很美的事吗？

三国志卷五十六·吴书十一

朱治朱然吕范朱桓传

朱治字君理，丹杨故鄣人也。初为县吏，后察孝廉，州辟从事，随孙坚征伐。中平五年，拜司马，从讨长沙、零、桂等三郡贼周朝、苏马等，有功，坚表治行都尉。从破董卓于阳人，入洛阳。表治行督军校尉，特将步骑，东助徐州牧陶谦讨黄巾。

会坚薨，治扶翼策，依就袁术。后知术政德不立，乃劝策还平江东。时太傅马日磾在寿春，辟治为掾，迁吴郡都尉。是时吴景已在丹杨，而策为术攻庐江，于是刘繇恐为袁、孙所并，遂构嫌隙。而策家门尽在州下，治乃使人于曲阿迎太妃及权兄弟，所以供奉辅护，甚有恩纪。治从钱唐欲进到吴，吴郡太守许贡拒之于由拳，治与战，大破之。贡南就山贼严白虎，治遂入郡，领太守事。策既走刘繇，东定会稽。

权年十五，治举为孝廉。后策薨，治与张昭等共尊奉权。建安七年，权表治为吴郡太守，行扶义将军，割娄、由拳、无锡、毗陵为奉邑，置长吏。征讨夷越，佐定东南，禽截黄巾余类陈败、万秉等。黄武元年，封毗陵侯，领郡如故。二年，拜安国将军，金印紫绶，徙封故鄣。

权历位上将，及为吴王，治每进见，权常亲迎，执版交拜，飨宴赠赐，恩敬特隆，至从行吏，皆得奉贽私觌，其见异如此。

初，权弟翊，性峭急，喜怒快意，治数责数，谕以道义。权从兄豫章太守贲，女为曹公子妇，及曹公破荆州，威震南土，贲畏惧，欲遣子入质。治闻之，求往见贲，为陈安危，贲由此遂止。

权常叹治忧勤王事。性俭约，虽在富贵，车服惟供事。权优异之，自令督军御史典属城文书，治领四县租税而已。然公族子弟及吴四姓多出仕郡，郡吏常以千数，治率数年一遣诣王府，所遣数百人，每岁时献御，权答报过厚。是时丹杨深地，颇有奸叛，亦以年向老，思恋土风，自表屯故鄣，镇抚山越。诸父老故人，莫不诣门，治皆引进，与共饮宴，乡党以为荣。在故鄣岁余，还吴。黄武三年卒，在郡三十一年，年六十九。

子才，素为校尉领兵，既嗣父爵，迁偏将军。才弟纪，权以策女妻之，亦以校尉领兵。纪弟纬、万岁，皆早夭。才子琬，袭爵为将，至镇西将军。

朱然字义封，治姊子也，本姓施氏。初治未有子，然年十三，乃启策乞以为嗣。策命丹杨郡以羊酒召然，然到吴，策优以礼贺。

然尝与权同学书，结恩爱。至权统事，以然为余姚长，时年十九。后迁山阴令，加折冲校尉，督五县。权奇其能，分丹杨为临川郡，然为太守，授兵二千人。会山贼盛起，然平讨，旬月而定。曹公出濡须，然备大坞及三关屯，拜偏将军。建安二十四年，从讨关羽，别与潘璋到临沮禽羽，迁昭武将军，封西安乡侯。

虎威将军吕蒙病笃，权问曰："卿如不起，谁可代者？"蒙对曰："朱然胆守有余，愚以为可任。"蒙卒，权假然节，镇江陵。黄武元年，刘备举兵攻宜都，然督五千人与陆逊并力拒备。然别攻破备前锋，断其后道，备遂破走。拜征北将军，封永安侯。

魏遣曹真、夏侯尚、张郃等攻江陵，魏文帝自住宛，为其势援，连屯围城。权遣将军孙盛督万人备州上，立围坞，为然外救。郃渡兵攻盛，盛不能拒，即时却退，郃据州上围守，然中外断绝。权遣潘璋、杨粲等解围而围不解。时然城中兵多肿病，堪战者裁五千人。真等起土山，凿地道，立楼橹临城，弓矢雨注，将士皆失色，然晏如而无恐意，方厉吏士，伺间隙攻破两屯。魏攻围然凡六月日，未退。江陵令姚泰领兵备城北门，见外兵盛，城中人少，谷食欲尽，因与敌交通，谋为内应。垂发，事觉，然治戮泰。尚等不能克，乃彻攻退还。由是然名震于敌国，改封当阳侯。

六年，权自率众攻石阳，及至旋师，潘璋断后。夜出错乱，敌追击璋，璋不能禁。然即还住拒敌，使前船得引极远，徐乃后发。黄龙元年，拜车骑将军、右护军，领兖州牧。顷之，以兖州在蜀分，解牧职。

嘉禾三年，权与蜀克期大举，权自向新城，然与全琮各受斧钺，为左右督。会吏士疾病，故未攻而退。

赤乌五年，征柤中，魏将蒲忠、胡质各将数千人，忠要遮险隘，图断然后，质为忠继援。时然所督兵将先四出，闻问不暇收合，便将帐下见兵八百人逆掩。忠战不利，质等皆退。九年，复征柤中，魏将李兴等闻然深入，率步骑六千断然后道，然夜出逆之，军以胜反。先是，归义马茂怀奸，觉诛，权深忿之。然临行上疏曰："马茂小子，敢负恩养。臣今奉天威，事蒙克捷，欲令所获，震耀远近，方舟塞江，使足可观，以解上下之忿。惟陛下识臣先言，责臣后效。”权时抑表不出。然既献捷，群臣上贺，权乃举酒作乐，而出然表曰：“此家前初有表，孤以为难必，今果如其言，可谓明于见事也。”遣使拜然为左大司马、右军师。

然长不盈七尺，气候分明，内行修洁，其所文采，惟施军器，余皆质素。终日钦钦，常存战场，临急胆定，尤过绝人，虽世无事，每朝夕严鼓，兵在营者，咸行装就队，以此玩敌，使不知所备，故出辄有功。诸葛瑾子融，步骘子协，虽各袭任，权特复使然总为大督。又陆逊亦卒，功臣名将存者惟然，莫与比隆。寝疾二年，后渐增笃，权昼为减膳，夜为不寐，中使医药口食之物，相望于道。然每遣使表疾病消息，权辄召见，口自问讯，入赐酒食，出送布帛。自创业功臣疾病，权意之所钟，吕蒙、凌统最重，然其次矣。年六十八，赤乌十二年卒，权素服举哀，为之感恸。子绩嗣。

绩字公绪，以父任为郎，后拜建忠都尉。叔父才卒，绩领其兵，随太常潘濬讨五溪，以胆力称。迁偏将军营下督，领盗贼事，持法不倾。鲁王霸注意交绩，尝至其廨，就之坐，欲与结好，绩下地住立，辞而不当。然卒，绩袭业，拜平魏将军，乐乡督。明年，魏征南将军王昶率众攻江陵城，不克而退。绩与奋威将军诸葛融书曰：“昶远来疲困，马无所食，力屈而走，此天助也。今追之力少，可引兵相继，吾欲破之于前，足下乘之于后，岂一人之功哉，宜同断金之义。”融答许绩。绩便引兵及昶于纪南，纪南去城三十里，绩先战胜而融不进，绩后失利。权深嘉绩，盛责怒融，融兄大将军恪贵重，故融得不废。初绩与恪、融不平，及此事变，为隙益甚。建兴元年，迁镇东将军。二年春，恪向新城，要绩并力，而留置半州，使融兼其任。冬，恪、融被害，绩复还乐乡，假节。太平二年，拜骠骑将军。孙綝秉政，大臣疑贰，绩恐吴必扰乱，而中国乘衅，乃密书结蜀，使为并兼之虑。蜀遣右将军阎宇将兵五千，增白帝守，以须绩之后命。永安初，迁上大将军、都护督，自巴丘上迄西陵。元兴元年，就拜左大司马。初，然为治行丧竟，乞复本姓，权不许，绩以五凤中表还为施氏，建衡二年卒。

吕范字子衡，汝南细阳人也。少为县吏，有容观姿貌。邑人刘氏，家富女美，范求之。女母嫌，欲勿与，刘氏曰：“观吕子衡宁当久贫者邪？”遂与之婚。后避乱寿春，孙策见而异之，范遂自委昵，将私客百人归策。时太妃在江都，策遣范迎之。徐州牧陶谦谓范为袁氏觇候，讽县掠考范，范亲客健儿篡取以归。时唯范与孙河常从策，跋涉辛苦，危难不避，策亦亲戚待之，每与升堂，饮宴于太妃前。

后从策攻破庐江，还俱东渡，到横江、当利，破张英、于麋，下小丹杨、湖孰，领湖孰相。策定秣陵、曲阿，收笮融、刘繇余众，增范兵二千，骑五十匹。后领宛陵令，讨破丹杨贼，还吴，迁都督。

是时下邳陈瑀自号吴郡太守，住海西，与强族严白虎交通。策自将讨虎，别遣范与徐逸攻瑀于海西，枭其大将陈牧。又从攻祖郎于陵阳，太史慈于勇里。七县平定，拜征虏中郎将，征江夏，还平鄱阳。

策薨，奔丧于吴。后权复征江夏，范与张昭留守。

曹公至赤壁，与周瑜等俱拒破之，拜裨将军，领彭泽太守，以彭泽、柴桑、历阳为奉邑。刘备诣京见权，范密请留备。后迁平南将军，屯柴桑。

权讨关羽，过范馆，谓曰："昔早从卿言，无此劳也。今当上取之，卿为我守建业。"权破羽还，都武昌，拜范建威将军，封宛陵侯，领丹杨太守，治建业，督扶州以下至海，转以溧阳、怀安、宁国为奉邑。

曹休、张辽、臧霸等来伐，范督徐盛、全琮、孙韶等，以舟师拒休等于洞口，迁前将军，假节，改封南昌侯。时遭大风，船人覆溺，死者数千，还军，拜扬州牧。

性好威仪，州民如陆逊、全琮及贵公子，皆修敬虔肃，不敢轻脱。其居处服饰，于时奢靡，然勤事奉法，故权悦其忠，不怪其侈。

初策使范典主财计，权时年少，私从有求，范必关白，不敢专许，当时以此见望。权守阳羡长，有所私用，策或料覆，功曹周谷辄为傅著簿书，使无谴问。权临时悦之，及后统事，以范忠诚，厚见信任，以谷能欺更簿书，不用也。

黄武七年，范迁大司马，印绶未下，疾卒。权素服举哀，遣使者追赠印绶。及还都建业，权过范墓呼曰："子衡！"言及流涕，祀以太牢。

范长子先卒，次子据嗣。据字世议，以父任为郎，后范寝疾，拜副军校尉，佐领军事。范卒，迁安军中郎将。数讨山贼，诸深恶剧地，所击皆破。随太常潘濬讨五谿，复有功。朱然攻樊，据与朱异破城外围，还拜偏将军，入补马闲右部督，迁越骑校尉。太元元年，大风，江水溢流，渐淹城门，权使视水，独见据使人取大船以备害。权嘉之，拜荡魏将军。权寝疾，以据为太子右部督。太子即位，拜右将军。魏出东兴，据赴讨有功。明年，孙峻杀诸葛恪，迁据为骠骑将军，平西宫事。五凤二年，假节，与峻等袭寿春，还遇魏将曹珍，破之于高亭。太平元年，帅师侵魏，未及淮，闻孙峻死，以从弟綝自代，据大怒，引军还，欲废綝。綝闻之，使中书奉诏，诏文钦、刘纂、唐咨等使取据，又遣从兄宪以都下兵逆据于江都。左右劝据降魏，据曰："耻为叛臣。"遂自杀。夷三族。

朱桓字休穆，吴郡吴人也。孙权为将军，桓给事幕府，除余姚长。往遇疫疠，谷食荒贵，桓分部良吏，隐亲医药，飧粥相继，士民感戴之。迁荡寇校尉，授兵二千人，使部伍吴、会二郡，鸠合遗散，期年之间，得万余人。后丹杨、鄱阳山贼蜂起，攻没城郭，杀略长吏，处处屯聚。桓督领诸将，周旋赴讨，应皆平定。稍迁裨将军，封新城亭侯。

后代周泰为濡须督。黄武元年，魏使大司马曹仁步骑数万向濡须，仁欲以兵袭取州上，伪先扬声，欲东攻羡溪。桓分兵将赴羡溪，既发，卒得仁进军拒濡须七十里问。桓遣使追还羡溪兵，兵未到而仁奄至。时桓手下及所部兵，在者五千人，诸将业业，各有惧心，桓喻之曰："凡两军交对，胜负在将，不在众寡。诸君闻曹仁用兵行师，孰与桓邪？兵法所以称客倍而主人半者，谓俱在平原，无城池之守，又谓士众勇怯齐等故耳。今人既非智勇，加其士卒甚怯，又千里步涉，人马罢困，桓与诸军，共据高城，南临大江，北背山陵，以逸待劳，为主制客，此百战百胜之势也。虽曹丕自来，尚不足忧，况仁等邪！"桓因偃旗鼓，外示虚弱，以诱致仁。仁果遣其子泰攻濡须城，分遣将军常雕督诸葛虔、王双等，乘油船别袭中洲。中洲者，部曲妻子所在也。仁自将万人留橐皋，复为泰等后拒。桓部兵将攻取油船，或别击雕等，桓等身自拒泰，烧营而退，遂枭雕，生虏双，送武昌，临陈斩溺，死者千余。权嘉桓功，封嘉兴侯，迁奋武将军，领彭城相。

黄武七年，鄱阳太守周鲂谲诱魏大司马曹休，休将步骑十万至皖城以迎鲂。时陆逊为元帅，全琮与桓为左右督，各督三万人击休。休知见欺，当引军还，自负众盛，邀于一战。桓进计曰："休本以亲戚见任，非智勇名将也。今战必败，败必走，走当由夹石、挂车，此两道皆险厄，若以万兵柴路，则彼众可尽，而休可生虏，臣请将所部以断之。若蒙天威，得以休自效，便可乘胜长驱，进取寿春，割有淮南，以规许、洛，此万世一时，不可失也。"权先与陆逊议，逊以为不可，故计不施行。

黄龙元年，拜桓前将军，领青州牧，假节。嘉禾六年，魏庐江主簿吕习请大兵自迎，欲开门为应。桓与卫将军全琮俱以师迎。既至，事露，军当引还。城外有溪水，去城一里所，广三十余丈，深者八九尺，浅者半之，诸军勒兵渡去，桓自断后。时庐江太守李膺整严兵骑，欲须诸军半渡，因迫击之。及见桓节盖在后，卒不敢出，其见惮如此。

是时全琮为督，权又令偏将军胡综宣传诏命，参与军事。琮以军出无获，议欲部分诸将，有所掩袭。桓素气高，耻见部伍，乃往见琮，问行意，感激发怒，与琮校计。琮欲自解，因曰："上自令胡综为督，综意以为宜尔。"桓愈恚恨，还乃使人呼综。综至军门，桓出迎之，顾谓左右曰："我纵手，汝等各自去。"有一人旁出，语综使还。桓出，不见综，知左右所为，因斫杀之。桓佐军进谏，刺杀佐军，遂托狂发，诣建业治病。权惜其功能，故不罪。使子异摄领部曲，令医视护，数月复遣还中洲。权自出祖送，谓曰："今寇虏尚存，王涂未一，孤当与君共定天下，欲令君督五万人专当一面，以图进取，想君疾未复发也。"桓曰："天授陛下圣姿，当君临四海，猥重任臣，以除奸逆，臣疾当自愈。"

桓性护前，耻为人下，每临敌交战，节度不得自由，辄嗔恚愤激。然轻财贵义，兼以强识，与人一面，数十年不忘，部曲万口，妻子尽识之。爱养吏士，赡护六亲，俸禄产业，皆与共分。及桓疾困，举营忧戚。年六十二，赤乌元年卒。吏士男女，无不号慕。又家无余财，权赐盐五千斛以周丧事。子异嗣。

异字季文，以父任除郎，后拜骑都尉，代桓领兵。赤乌四年，随朱然攻魏樊城，建计破其外围，还拜偏将军。魏庐江太守文钦营住六安，多设屯砦，置诸道要，以招诱亡叛，为边寇害。异乃身率其手下二千人，掩破钦七屯，斩首数百，迁扬武将军。权与论攻战，辞对称意。权谓异从父骠骑将军据曰："本知季文胆定，见之复过所闻。"十三年，文钦诈降，密书与异，欲令自迎。异表呈钦书，因陈其伪，不可便迎。权诏曰："方今北土未一，钦云欲归命，宜且迎之。若嫌其有谲者，但当设计网以罗之，盛重兵以防之耳。"乃遣吕据督二万人，与异并力，至北界，钦果不降。建兴元年，迁镇南将军。是岁魏遣胡遵、诸葛诞等出东兴，异督水军攻浮梁，坏之，魏军大破。太平二年，假节，为大都督，救寿春围，不解。还军，为孙綝所枉害。

评曰：朱治、吕范以旧臣任用，朱然、朱桓以勇烈著闻，吕据、朱异、施绩咸有将领之才，克绍堂构。若范、桓之越隘，得以吉终，至于据、异无此之尤而反罹殃者，所遇之时殊也。

【译文】

朱治，字君理，他是丹杨郡故鄣县人。朱治最初当县吏，后来朱治被举荐为孝廉，州里征召他任从事，追随孙坚征战。中平五年，朱治任司马。朱治跟从孙坚讨伐长沙、零陵、桂阳三郡的叛贼周朝、苏马等人。朱治有功，孙坚上表推荐朱治为代理都尉。朱治跟从孙坚在阳人打败了董卓，进入洛阳。孙坚上表推荐朱治任代理督军校尉，特别率领步骑兵，往东面帮助徐州牧陶谦讨伐黄巾军。

遇上孙坚去世，朱治扶助孙策，依靠袁术。后来知道袁术不立政德，就劝孙策返回平定江东。当时太傅马日磾在寿春，征召朱治为掾吏，朱治升为吴郡都尉。这时吴景已经在丹杨，而孙策为袁术攻打庐江。此时，刘繇害怕被袁术和孙策所吞并，就与他们有嫌隙。而孙策的家人都在州内，朱治就派人在曲阿迎接太妃及孙权的兄弟，对他们供养保护，非常有恩德。朱治想从钱唐进入吴郡，吴郡太守许贡在由拳阻止，朱治与他交战，大败许贡。许贡南奔到山贼严白虎那里，朱治便入了郡，署理太守事务。孙策赶跑了刘繇，向东平定了会稽。

孙权十五岁时，朱治举荐他为孝廉。后来孙策死了，朱治和张昭等人共同伺候孙权。汉建安七年，孙权任命朱治为吴郡太守，兼任扶义将军，分割娄县、由拳、无锡、毗陵作为朱治的食邑，由他自行安排地方官员。他出征讨伐少数族山越人，帮助孙权平定了东南，擒拿截获了黄巾的残余陈败、万秉等人。黄武元年，他被封为毗陵侯，兼任郡守不变。黄武二年，他担任安国将军，被授予金印紫绶，改封地为故鄣。

孙权居位上将，以及做吴王，朱治每次进见，孙权经常亲自迎接，手持笏板，同时参拜，飨宴赠赐，对朱治的恩爱尊敬特别隆重，以至于朱治的随从官员，都能得到奉献礼品并以私事求见的机会。朱治就是如此被孙权特殊优待的。

当初，孙权的弟弟孙翊，性情急躁，不管高兴还是恼怒，都只求心里痛快，朱治多次责备数落他，并用道义开导他。孙权的堂兄豫章太守孙贲，女儿是曹操的儿媳。到曹操攻破荆州、威震南方大地时，孙贲很害怕，打算把儿子送往曹操那里做人质。朱治听到这个消息，要求前去面见孙贲，陈说安危的利害关系。孙贲经朱治劝说，终于打消了这个念头。

孙权经常感叹朱治勤于国事的辛苦精神。朱治生性节俭，即使地位尊贵，车马服饰也只有公事时才使用。孙权对他特殊的优待，他却让督军御史给自己封地所属的城邑下达文书，只领四个县的租税。当时，皇族子弟以及吴郡四大姓在郡府做官的人很多，郡府官员常数以千计，朱治大约每隔几年就要派人到王府去，派遣的人有几百个。朱治每年四时都向孙权进献礼物，而孙权回赏的东西都要超过朱治所送的礼品。那时，丹杨郡的深山中，有很多亡叛之人，朱治也因将近老年，思恋家乡，而上表请求屯驻故鄣，来镇抚山越。朱治回到故鄣，众乡亲、旧交，都来拜访，朱治一一接见，与他们一起宴饮，乡亲们都以此为荣。朱治回故鄣一年多后，又返回吴郡。黄武三年去世，在吴郡任职三十一年，享年六十九岁。

儿子叫作朱才，以校尉领兵，承继父爵后，升任偏将军。孙权把孙策的女儿嫁给朱才弟朱纪，也以校尉身份领兵。朱纪弟朱纬、朱万岁都早死。朱才的儿子朱琬，承继爵位任军职，官至镇西将军。

朱然，字义封，他是朱治姐姐的儿子，本姓施。起初，朱治没有儿子，朱然十三岁时，朱治向孙策请求过继朱然为嗣子。孙策命丹杨郡用羊酒招来朱然，朱然到达吴郡，孙策送去厚礼以示祝贺。

朱然曾与孙权同窗，结下厚谊。孙权执政，任朱然为余姚县长，那年，他才十九岁。后升任山阴县令，加授折冲校尉，督管五个县。孙权认为他有奇才，便分出丹杨郡的一部分设置临川郡，任命朱然为太守，授兵员两千人。时逢山贼叛乱，朱然率兵讨伐，一个月就平定了。曹操出兵濡须，朱然防守大坞和三关屯，升任偏将军。建安二十四年，跟随大军征讨关羽，又与潘璋在临沮擒获了关羽，升任昭武将军，封西安乡侯。

虎威将军吕蒙病重，孙权问他说："您如果一病不起，谁可替代？"吕蒙回答说："朱然的胆识和操守都胜任有余，我认为他可替代。"吕蒙死后，孙权就授朱然符节，镇守江陵。黄武元年，刘备进攻宜都郡。朱然督领五千士兵与陆逊协力抵抗刘备。朱然打败刘备的前锋，并且截断他的退路，刘备失败而撤退。孙权任命朱然为征北将军，封永安侯。

魏国派曹真、夏侯尚、张郃等人进击江陵，魏文帝亲自驻守宛城，成为他们的有力援助。敌人的军营相连了，把江陵围困。孙权派将军孙盛督率一万人在江陵以外防范，并环绕江陵建立堡垒，作为朱然的外部救援。张郃移兵攻打孙盛，孙盛不能抵抗，马上退却了，张郃便占领了环绕江陵的防守阵地，使朱然内外的联系断绝。孙权派潘璋、杨粲等人去解围，但敌人的围困仍没有解开。当时朱然城里的士兵很多人患肿病，能够作战的只有五千人。曹真等人在城外堆起土山，挖凿地道，并靠近城墙建起楼台，箭矢像雨点般地射进城里。将士们全都吓得变了脸色，朱然却非常沉着，毫无惧意。他不断勉励官兵，并瞅准敌人的弱点攻破敌人的两座军营。魏国围困朱然共达六个月的时间，还不退兵。江陵县令姚泰领兵守备城北大门，他看外面敌军很多，城内人太少，粮食快吃完了，于是就和敌人串通，阴谋作为敌人的内应。就在他的计划就要实施的时候，事情败露了，朱然处死了姚泰。夏侯尚等人不能取胜，就停止进攻，退兵返回。由此朱然的威名震动了敌国，他也因此被改封为当阳侯。

黄武六年，孙权亲自带兵进攻石阳，到收兵回来时，潘璋在后掩护。夜里行军发生混乱，敌军追击潘璋，潘璋抵御不住。朱然就回头堵住敌人，使前面的船队走得好远了，他才在后面慢慢进发。黄龙元年，官拜车骑将军、右护军，担任兖州牧。不久，因为兖州在盟约中分给了蜀国，就解除了州牧职务。

嘉禾三年，孙权和蜀国约定日期大举出兵，孙权自己进军新城，朱然和全琮被授予斧钺，执掌兵权，担任左右督。正碰上将士们患了病，所以没有进攻便退兵了。

赤乌五年，朱然率军进军柤中，魏将蒲忠、胡质各带数千人，蒲忠占领了险要地方，想要切断朱然的后路，胡质做蒲忠的后援。那个时候朱然所率的兵将已经向各路出发，得到消息来不及收回集结，便率领营中现有的士兵八百人迎面突袭。蒲忠战事不利，胡质等人都退了。九年，又出征柤中，魏将李兴等人听说朱然率军深入，便带领步兵、骑兵六千人切断朱然的后路，朱然夜间出兵迎敌，得胜而回。在此之前，归顺来的马茂心怀奸谋，事情发觉后被处死，孙权对这事极为恼怒。朱然临行时上疏道："马茂小子，胆敢负陛下的恩情和教导。我现在仰仗天威，战事必胜，那时就要让所获的战绩，震动光耀于远近方，并列的舟船塞满长江，使胜利局面大有可观，以解除朝廷上下的愤怒。敬请陛下记住臣的预言，检验臣今后的效果。"孙权当时压下表章没有公开。朱然献上捷报之后，群臣上朝祝贺，孙权才举酒作乐，拿出朱然的表章说道："这一位前些时有表章，孤以为胜负难定，现在果然像他说的，他可称得上是精于料事啊！"就派使者去封朱然为左大司马、右军师。

朱然身高没有七尺，对待是非的态度十分明白，私生活方面很有修养，他喜欢的文饰，只施用在军械器备上，其余方面都很质朴。他整天忧虑的是国家大事，经常出入在战场上。面临危急关头，他的胆大沉着，尤其有过人之处。即使世上没有战事，他也每天早晚按严格规定击鼓，兵在军营的，全要准备好行装站在队伍里。用这种办法戏弄敌人，让敌人不知该如何防备，所以他出兵总是取得胜利。诸葛瑾的儿子诸葛融和步骘的儿子步协，虽然各自继承父亲的职务，孙权还是特地再使朱然总揽军务，担任大督。加上陆逊也去世，功臣名将中幸存的只有朱然，因而没有人能和他一样显贵。他卧病两年，后来病情逐渐加重了，孙权白天为他吃不下饭，晚上为他睡不着觉担忧。天子的使者给他送医药饮食物品，在路上络绎不绝。朱然每次派使者报告病情，孙权总要召见，亲口询问。使者进宫则赐予酒食，出宫则赠送布帛。自从有创业功勋的大臣生病，孙权心里的关注，要算对吕蒙和凌统最深厚，其次就是朱然。朱然享年六十八岁，赤乌十二年去世，孙权身穿丧服表示哀悼，为他悲伤恸哭。他的儿子朱绩继承爵位。

朱绩，字公绪，因为父亲的职位做了郎官，他后来任建忠都尉。叔父朱才去世后，由他统领兵马，跟随太常潘濬讨伐五溪，以胆量勇力著称。因而，升为偏将军下督，兼管有关盗贼的事务。他执法中正。鲁王孙霸很重视与朱绩的交结，曾亲至朱绩的官署，靠近朱绩坐下，想和朱绩结下友善关系。朱绩却下地站立，不敢接受这样的礼遇。朱然去世后，朱绩继承父业，任平魏将军、乐乡督。第二年，魏国征南将军王昶率兵攻打江陵城，没有获胜，就撤兵了。朱绩给奋威将军诸葛融写信说："王昶远道而来。人马必然十分疲惫，因粮草不足斗志不旺而退走，这是上天在助我们啊！现在，追他们的兵力较少，我去追击他们，你可以率军为我后援，我在前面击败他们，你随后乘机而上，这难道只是一人的功劳吗？我二人应同心协力，坚定不移。"诸葛融应允了。朱绩便领兵在纪南追上了王昶，纪南距江陵城有三十里，朱绩首先取胜，但诸葛融却不进兵，朱绩因为无援兵而失利。孙权盛奖朱绩，非常愤怒地谴责诸葛融，因诸葛融之兄大将军诸葛恪位重显贵，诸葛融才未被撤职。当初，朱绩与诸葛恪、诸葛融兄弟不和，这件事发生后，怨恨就更深了。建兴元年，朱绩升任镇东将军。建兴二年春，诸葛恪进兵新城，要求朱绩去协同作战，途中却让朱绩留在半州，而让诸葛融兼任了朱绩原来的职务。冬天，诸葛恪、诸葛融被害死，朱绩返回乐乡，被授予符节。太平二年，朱绩被任命为骠骑将军。孙𬘭执政以后，群臣人心不稳，朱绩担心吴国一旦发生动乱，北方的魏国就会趁乱而入，便写密信结交蜀国，让蜀国考虑兼并吴国。蜀国派右将军阎宇率五千士卒增援白帝城的守军，等待朱绩的下一步。永安初年，朱绩升任上大将军、都护督，掌管巴丘至西陵的防务。吴元兴元年，朝廷派使臣到朱绩驻地任命他为左大司马。当初，朱然为朱治服丧期满以后，曾请求恢复他本来的姓氏，孙权没有答应。五凤年间，朱绩上表经朝廷批准，恢复了自己的本姓施氏。建衡二年去世。

吕范，字子衡，他是汝南细阳人。年轻的时候曾做过县吏，仪表举止很有气质。城内有户刘姓人家，家中富裕，女儿俊美，吕范前去求婚。刘母却嫌弃吕范，不想把女儿嫁给他，刘父说："我看吕子衡，不会永远贫穷的。"就让女儿和他成亲。后来在寿春避乱，孙策见他不同凡响，吕范也主动亲近孙策，带着门客一百人归附于他。当时，孙坚的遗孀住在江都县，孙策派吕范去迎接。徐州牧陶谦说吕范是袁术的探子，就让江都县令拷打吕范。吕范的门客闯进县衙硬是把吕范抢了回来。那时，只有吕范和孙河经常随从孙策四处奔走，不畏艰险，孙策待他们也像亲人一样，常常一同进入内堂，在孙坚夫人面前宴饮。

在那之后，吕范随孙策攻克庐江，过了不久，又与孙策一同东渡长江至横江、当利，击败张英、于麋，攻占小丹杨、湖孰。孙策命吕范兼任湖孰相。孙策平定秣陵、曲阿，收编了笮融、刘繇的残部，给吕范增加士兵两千人、战马五十匹。后来，吕范兼任宛陵令，率兵击败丹杨贼寇，返回吴郡，升任都督。

这时，下邳人陈瑀称自己是吴郡太守，在海西驻扎，与豪门大族严白虎互相勾结。孙策要亲自去讨伐严白虎，另外派吕范和徐逸率部到海西去征剿陈瑀。吕范等人斩杀了陈瑀手下的大将陈牧。吕范还随孙策参加了在陵阳进攻祖郎、在勇里攻击太史慈的战斗。平定了七个县以后，吕范被任命为征虏中郎将，出兵讨伐江夏一带，返回时平定了鄱阳。

孙策去世，吕范到吴都参加葬礼。在这之后孙权再次出兵征讨江夏，命吕范与张昭留守吴都。

曹操大军到了赤壁，孙权派吕范和周瑜等人一起去抗击，吕范配合周瑜击败曹军，被任命为裨将军，兼任彭泽太守，得到彭泽、柴桑、历阳等地作为食邑。刘备到京城会见孙权，吕范秘密奏请孙权扣留刘备。后来，吕范升任平南将军，在柴桑驻军。

孙权要去讨伐关羽，到吕范的住所去拜访他，对他说："当初如果听您的话，就不用这样辛苦了。如今我要前去攻打他，您留下来为我守卫都城建业就行了。”孙权击败关羽后回师，将武昌定为京都，委任吕范为建威将军，加封宛陵侯，并让他兼任丹杨太守，其治所定在了建业，管辖扶州以下直到大海的广大地区，将溧阳、怀安、宁国三地更改为奉邑。

魏将曹休、张辽、臧霸等人率部前来征讨，吕范督率徐盛、全琮、孙韶等将领，在洞口用水军抗击魏军。吕范升任前将军，并且被赏赐给符节，还被改封为南昌侯。当时他们在水上遇到了狂风，船被掀翻，人马落水，淹死了几千人。回师以后，吕范被任命为扬州牧。

吕范生性喜欢摆威风，讲究排场，吕范所辖州内的百姓如陆逊、全琮及贵族子弟，都对吕范毕恭毕敬，不敢在吕范面前轻佻随便。吕范的住宅服饰，在当时都是最奢侈的，但吕范勤于政事，遵守法纪，所以孙权赏识吕范的忠心，不责吕范的奢侈。

起初孙策让吕范主管财物会计，当时孙权还年轻，私下里跟吕范要钱，吕范一定先向孙策报告，不敢擅自答应，当时为这事被孙权怨恨。孙权代理阳羡县长时，曾因私挪用财物，孙策有时来核查账簿，功曹周谷总是为孙权补写进账簿，使孙权不至于被责问。孙权当时非常喜欢周谷，等到自己主持江东大政，却认为吕范为人忠诚，非常信任吕范，由于周谷能做假更改账簿，没有任用周谷。

黄武七年，吕范升职做了大司马，印绶还未授予他，就因病去世了。孙权穿丧服哀悼，派使者追赠他印绶。后来，将京都迁回建业时，孙权专门去吕范墓前祭奠，他大声呼叫：“子衡！”话刚出口，眼泪就落了下来。他用太牢礼祭祀吕范。

吕范的长子早死，二儿子吕据继承家业。吕据，字世议，由于父亲的原故被任用为郎官，在那之后，吕范有病，他被任命为副军校尉，助理军务。吕范死后，吕据升任安军中郎将。他多次率兵讨伐山贼，无论怎么偏远险恶的地方，他去攻打都能获胜。后跟随太常潘濬讨伐五谿，又立有战功。朱然攻打樊城时，吕据和朱异攻破了该城的外围，回来后，被任命为偏将军，入朝任马闲右部督，升越骑校尉。太元元年，刮大风，长江洪水泛滥，快要淹到城门了。孙权派人去察看水情，看见吕据正命人准备大船，以防不测。孙权嘉奖他，任命为荡魏将军。孙权卧病，任吕据为太子右部督。太子即位，任命他为右将军。魏国出兵东兴，吕据率军御敌立有战功。第二年，孙峻杀诸葛恪，升吕据为骠骑将军，掌管西宫事。五凤二年，假节，和孙峻等率军攻打曹魏占据的寿春，回军时与魏将曹珍相遇，在高亭将其击败。太平元年，吕据领兵进攻曹魏，还没有到达淮河边，得知孙峻死时遗命堂弟孙綝接替他的职务执掌朝政，吕据大怒，率军返回，想废掉孙綝。孙綝闻讯后，命中书带着皇帝的诏书，诏令文钦、刘纂、唐咨等人捉拿吕据，又派堂兄孙宪率京城兵马到江都迎击吕据。吕据身边的人劝他投降魏国，吕据说："我以当国之叛臣为耻。"于是，自杀，又被诛灭三族。

朱桓，字休穆，他是吴郡吴县人。孙权做将军时，他在将军府供职，后来被提升为余姚县长。他去赴任时，碰上流行瘟疫，粮食歉收，价格昂贵。朱桓部属一些能干的官员，用医药抚恤安慰百姓，又接着用粥饭救济百姓，士人百姓都感激拥戴他。他被提升为荡寇校尉，授予兵员两千人，让他在吴郡、会稽两郡驻扎部队，他召集散落的士兵，整整一年的时间，就得到一万多人。后来丹杨、鄱阳一带的山越强盗纷纷聚集在一起闹事，攻陷城邑，杀害地方官，处处屯兵设防。朱桓督率众将领往来赴敌讨伐，所到之处都得到平定。他逐渐升为裨将军，封为新城亭侯。

在那之后，他接替周泰任濡须督。黄武元年，魏国大司马曹仁率数万兵马进犯濡须，本想派兵袭取州治，却事先故意放出风声，说魏国向东攻打羡溪。朱桓分兵前往羡溪。兵马已经出发，又得知曹仁距濡须只有七十里。朱桓便派人追回去羡溪的士兵，未到达曹军已突然杀到。这时，朱桓所率士兵只有五千人，众将惊慌，都很害怕。朱桓对他们说："两军交战，胜负取决于将领，不在兵丁多少。诸位已经知道曹仁用兵，与我相比谁更高明？兵法说，客逾主一倍，是说双方都在平地，没有城池可以据守，也是双方士兵的勇敢程度相等。如今，曹仁既不是智勇之士，他的士兵又非常胆怯，且千里跋涉，人困马乏，我与诸位各带所部共守高城，南临大江，北依高山，以逸待劳，以主制客，这是百战百胜的形势啊。即使曹丕亲自来攻，尚且不虑，何况他手下这些人呢！"于是，朱桓偃旗息鼓，故意示弱，以诱曹仁来攻。果然，曹仁派他的儿子曹泰攻打濡须城，又派将军常雕率诸葛虔、王双等部，乘坐涂有油脂的快船偷袭中洲。中洲，是朱桓部下将士妻子儿女的安置处。曹仁自领兵士一万人留守橐皋，以为曹泰的后援。朱桓分兵攻取敌油船，另派一军攻打常雕等军，自己亲自抵御曹泰，曹泰焚毁军营撤军。吴军大胜，杀死常雕悬首示众，将活捉的王双押送到武昌，魏军被杀以及溺死于江中的有一千多人。孙权嘉奖朱桓的战功，封嘉兴侯，升任奋武将军，兼彭城相。

黄武七年，鄱阳太守周鲂用诈降计诱骗魏国大司马曹休，曹休带领步兵、骑兵十万人到皖城来接应周鲂。就在这个时候陆逊为元帅，全琮和朱桓担任左右督，各带领三万人进击曹休，曹休知道被骗了，应当带兵退回，自恃人多势众，半道上企图打一仗。朱桓献计道："曹休本来是因为亲属关系被任用，并不是智勇名将。今日战事他必定失败，失败了必定逃走，逃走时就会经过夹石、挂车，这两处都是非常险要的地方，如果派一万士兵用木柴堵塞道路，就可以全歼敌人而生擒曹休，臣请求带领所部去截击他。如果仰仗天威，能够生擒曹休来报效国家，便可以乘胜长驱直入，进一步夺取寿春，割据淮南，以谋取许昌、洛阳，这是万世一时的机会，不可失去啊。"孙权先和陆逊商议，陆逊认为不可以，所以这计划没有实行。

黄龙元年，让朱桓做了前将军，兼任青州牧，授予符节。嘉禾六年，魏国庐江主簿吕习请求大兵前来接应，想要开城门做内应。朱桓和卫将军全琮共同带兵去接应。到达之后，事情泄露了，部队应当退回。城外有一条溪水，离城一里多路，溪宽三十多丈，水深的地方有八九尺，浅的地方四五尺。各部带兵渡过去，朱桓亲自在后掩护。那时庐江太守李膺严整兵马，想等吴军渡到一半的时候，就乘势袭击他们。待到看见朱桓的旗帜车盖在队伍的后面，终于不敢出击，他竟被敌人畏惧到这种程度。

当时，全琮做了大将，孙权又任命偏将军胡综宣诏，让胡综参与商量军事。全琮因大军出师无获，便和胡综商议想让众将对这次失利找个借口。朱桓一向气节高尚，受全琮的辖制本来就感到羞耻，听到这些就去见全琮，质问他为什么这样做，一时激动，发起了脾气，和全琮争论起来。全琮想为自己开脱，就说："皇上亲命胡综任大将，是胡综认为这样做合适。"朱桓越发愤恨，回去就派人去叫胡综。胡综来到军营外，朱桓出去迎接，回头对手下人说："如果我失手，你们都要躲开。"他身边有一个人从旁边溜了出去，告诉胡综快点回去。朱桓出来后，不见胡综，知道是手下的人干的，就将他砍死了。朱桓的佐军上前劝谏，他把佐军也杀了。于是，朱桓假托狂疾发作，就到建业治病去了。孙权念惜朱桓的功劳和才干，就没追究他的罪。让朱桓的儿子朱异暂时统领朱桓的部下，又命医生去给朱桓看病，几个月以后，又派朱桓回到中洲防地，孙权亲自出城为朱桓饯行，说："现在贼寇还未被消灭，统一大业也还没完成，我要与您一起平定天下。现在，让您统率五万人马独当一面，以图进取，想来您的病不会再发作了吧。”朱桓说：“上天授予陛下英明神武，定能统一天下，您委臣以重任，扫除奸逆，臣的病自己就会好的。”

朱桓生性要强，不愿意被别人控制，每当和敌交战，如果不能自己掌握主动，往往会激动发怒。但是，他轻财重义，而且记忆力好，与人见一面，几十年也不会忘，尽管属下部众有上万人，但他连他们的妻子儿女全都认识。他爱护士兵，照顾他们的亲属，俸禄和家产也都和众人分享。朱桓病重的时候，全营的人都忧愁悲伤。六十二岁那年，于赤乌元年去世。部属士兵及其家属，无不痛哭怀念。他家中没有多余的财产，孙权就赐给他家五千斛盐，用来办他的丧事。儿子朱异继承了家业。

朱异，字季文，因为父亲职位升为郎官，之后任骑都郎，接替其父统领兵马。赤乌四年，他跟随朱然攻打樊城，他建议先攻破樊城的外围，回军后，被任命为偏将军。魏庐江太守文钦军营设在六安，又在道路要冲设立了许多营垒，来招引叛逃的人，成为边境的一大祸害。朱异便亲率手下两千人，捣毁了文钦的七座营寨，杀死几百人，被升为扬武将军。孙权与他谈论攻守战略，朱异的回答很称孙权心意。孙权对其叔父骠骑将军朱据说：“我早就听说季文勇敢且冷静，见了他以后，觉得已经超过我所听到的。”赤乌十三年，魏将文钦诈降，写密信给朱异，让朱异来迎接他。朱异上表又呈上文钦的信，并说文钦的投降是假的，不能去迎接。孙权下诏说：“如今北方尚未统一，文钦要归顺，应当立刻迎接他。倘若怀疑他有诈，就应设计擒他，并以大队防备他就行了。”于是，派遣吕据统率二万人马，与朱异合兵一处，待到了吴国北境，文钦果然没来归降。建兴元年，朱异升任镇南将军。这一年，魏国派遣胡遵、诸葛诞等领兵攻打东兴，朱异率水军击敌浮桥，将它毁坏，魏军大败。太平二年，朝廷授予他假节的权位，任大都督，率军往寿春解围，没能成功。还师后，被孙綝无故杀害。

评论说：朱治、吕范是因为旧臣的身份而被任用，朱然、朱桓则由于勇敢刚烈而著称，吕据、朱异、施绩都有将领的才干，可以继续成为国家的栋梁。像吕范、朱桓那样迂曲狭隘，却能有个好的结局，而吕据、朱异没有他们的毛病，反倒遭受祸殃，这是因为他们遭遇的时代不同。

三国志卷五十七·吴书十二

虞陆张骆陆吾朱传

虞翻字仲翔，会稽余姚人也，太守王朗命为功曹。孙策征会稽，翻时遭父丧，衰绖诣府门，朗欲就之，翻乃脱衰入见，劝朗避策。朗不能用，拒战败绩，亡走浮海。翻追随营护，到东部候官，候官长闭城不受，翻往说之，然后见纳。朗谓翻曰："卿有老母，可以还矣。"翻既归，策复命为功曹，待以交友之礼，身诣翻第。

策好驰骋游猎，翻谏曰："明府用乌集之众，驱散附之士，皆得其死力，虽汉高帝不及也。至于轻出微行，从官不暇严，吏卒常苦之。夫君人者不重则不威，故白龙鱼服，困于豫且，白蛇自放，刘季害之，愿少留意。"策曰："君言是也。然时有所思，端坐悒悒，有裨谌草创之计，是以行耳。"

翻出为富春长。策薨，诸长吏并欲出赴丧，翻曰："恐邻县山民或有奸变，远委城郭，必致不虞。"因留制服行丧。诸县皆效之，咸以安宁。后翻州举茂才，汉召为侍御史，曹公为司空辟，皆不就。

翻与少府孔融书，并示以所著《易注》。融答书曰："闻延陵之理乐，睹吾子之治易，乃知东南之美者，非徒会稽之竹箭也。又观象云物，察应寒温，原其祸福，与神合契，可谓探赜穷通者也。"会稽东部都尉张纮又与融书曰："虞仲翔前颇为论者所侵，美宝为质，彫摩益光，不足以损。"

孙权以为骑都尉。翻数犯颜谏争，权不能悦，又性不协俗，多见谤毁，坐徙丹杨泾县。吕蒙图取关羽，称疾还建业，以翻兼知医术，请以自随，亦欲因此令翻得释也。后蒙举军西上，南郡太守麋芳开城出降。蒙未据郡城而作乐沙上，翻谓蒙曰："今区区一心者麋将军也，城中之人岂可尽信，何不急入城持其管籥乎？"蒙即从之。时城中有伏计，赖翻谋不行。关羽既败，权使翻筮之，得兑下坎上，节，五爻变之临，翻曰："不出二日，必当断头。"果如翻言。权曰："卿不及伏羲，可与东方朔为比矣。"

魏将于禁为羽所获，系在城中，权至释之，请与相见。他日，权乘马出，引禁并行，翻呵禁曰："尔降虏，何敢与吾君齐马首乎！"欲抗鞭击

东吴大将虞翻像，图出自清·任熊绘《于越先贤图传赞》。

禁，权呵止之。后权于楼船会群臣饮，禁闻乐流涕，翻又曰：“汝欲以伪求免邪？”权怅然不平。

权既为吴王，欢宴之末，自起行酒，翻伏地阳醉，不持。权去，翻起坐。权于是大怒，手剑欲击之，侍坐者莫不惶遽，惟大农刘基起抱权谏曰：“大王以三爵之后杀善士，虽翻有罪，天下孰知之？且大王以能容贤畜众，故海内望风，今一朝弃之，可乎？”权曰：“曹孟德尚杀孔文举，孤于虞翻何有哉？”基曰：“孟德轻害士人，天下非之。大王躬行德义，欲与尧、舜比隆，何得自喻于彼乎？”翻由是得免。权因敕左右，自今酒后言杀，皆不得杀。

翻尝乘船行，与麋芳相逢，芳船上人多欲令翻自避，先驱曰：“避将军船！”翻厉声曰：“失忠与信，何以事君？倾人二城，而称将军，可乎？”芳阖户不应而遽避之。后翻乘车行，又经芳营门，吏闭门，车不得过。翻复怒曰：“当闭反开，当开反闭，岂得事宜邪？”芳闻之，有惭色。

翻性疏直，数有酒失。权与张昭论及神仙，翻指昭曰：“彼皆死人，而语神仙，世岂有仙人邪！”权积怒非一，遂徙翻交州。虽处罪放，而讲学不倦，门徒常数百人。又为《老子》《论语》《国语》训注，皆传于世。

初，山阴丁览，太末徐陵，或在县吏之中，或众所未识，翻一见之，便与友善，终咸显名。

在南十余年，年七十卒。归葬旧墓，妻子得还。

翻有十一子，第四子汜最知名，永安初，从选曹郎为散骑中常侍，后为监军使者，讨扶严，病卒。汜弟忠，宜都太守；耸，越骑校尉，累迁廷尉，湘东、河间太守；昺，廷尉尚书，济阴太守。

陆绩字公纪，吴郡吴人也。父康，汉末为庐江太守。绩年六岁，于九江见袁术。术出橘，绩怀三枚，去，拜辞堕地，术谓曰：“陆郎作宾客而怀橘乎？”绩跪答曰：“欲归遗母。”术大奇之。孙策在吴，张昭、张纮、秦松为上宾，共论四海未泰，须当用武治而平之，绩年少末坐，遥大声言曰：“昔管夷吾相齐桓公，九合诸侯，一匡天下，不用兵车。孔子曰：‘远人不服，则修文德以来之。’今论者不务道德怀取之术，而惟尚武，绩虽童蒙，窃所未安也。”昭等异焉。

绩容貌雄壮，博学多识，星历算数无不该览。虞翻旧齿名盛，庞统荆州令士，年亦差长，皆与绩友善。孙权统事，辟为奏曹掾，以直道见惮，出为郁林太守，加偏将军，给兵二千人。绩既有躄疾，又意存儒雅，非其志也。虽有军事，著述不废，作《浑天图》，注《易》释《玄》，皆传于世。豫自知亡日，乃为辞曰："有汉志士吴郡陆绩，幼敦《诗》《书》，长玩《礼》《易》，受命南征，遘疾逼厄，遭命不永，呜呼悲隔！"又曰："从今已去，六十年之外，车同轨，书同文，恨不及见也。"年三十二卒。长子宏，会稽南部都尉，次子睿，长水校尉。

张温字惠恕，吴郡吴人也。父允，以轻财重士，名显州郡，为孙权东曹掾，卒。温少修节操，容貌奇伟。权闻之，以问公卿曰："温当今与谁为比？"大农刘基曰："可与全琮为辈。"太常顾雍曰："基未详其为人也。温当今无辈。"权曰："如是，张允不死也。"征到延见，文辞占对，观者倾竦，权改容加礼。罢出，张昭执其手曰："老夫托意，君宜明之。"拜议郎、选曹尚书，徙太子太傅，甚见信重。

时年三十二，以辅义中郎将使蜀。权谓温曰："卿不宜远出，恐诸葛孔明不知吾所以与曹氏通意，故屈卿行。若山越都除，便欲大构于丕。行人之义，受命不受辞也。"温对曰："臣入无腹心之规，出无专对之用，惧无张老延誉之功，又无子产陈事之效。然诸葛亮达见计数，必知神虑屈申之宜，加受朝廷天覆之惠，推亮之心，必无疑贰。"温至蜀，诣阙拜章曰："昔高宗以谅暗昌殷祚于再兴，成主以幼冲隆周德于太平，功冒溥天，声贯罔极。今陛下以聪明之姿，等契往古，总百揆于良佐，参列精之炳耀，遐迩望风，莫不欣赖。吴国勤任旅力，清澄江浒，愿与有道平一宇内，委心协规，有如河水，军事凶烦，使役乏少，是以忍鄙倍之羞，使下臣温通致情好。陛下敦崇礼义，未便耻忽。臣自远境，及即近郊，频蒙劳来，恩诏辄加，以荣自惧，悚怛若惊。谨奉所赍函书一封。"蜀甚贵其才。还，顷之，使入豫章部伍出兵，事业未究。

权既阴衔温称美蜀政，又嫌其声名大盛，众庶炫惑，恐终不为己用，思有以中伤之，会暨艳事起，遂因此发举。艳字子休，亦吴郡人也，温引致之，以为选曹郎，至尚书。艳性狷厉，好为清议，见时郎署混浊淆杂，多非其人，欲臧否区别，贤愚异贯。弹射百僚，核选三署，率皆贬高就下，降损数等，其守故者十未能一，其居位贪鄙、志节污卑者，皆以为军吏，置营府以处之。而怨愤之声积，浸润之谮行矣。竞言艳及选曹郎徐彪，专用私情，爱憎不由公理。艳、彪皆坐自杀。温宿与艳、彪同意，数交书疏，闻问往还，即罪温。权幽之有司，下令曰："昔令召张温，虚己待之，既至显授，有过旧臣，何图凶丑，专挟异心。昔暨艳父兄，附于恶逆，寡人无忌，故进而任之，欲观艳何如。察其中间，形态果见。而温与之结连死生，艳所进退，皆温所为头角，更相表里，共为腹背，非温之党，即就疵瑕，为之生论。又前任温董督三郡，指拘吏客及残余兵，时恐有事，欲令速归，故授棨戟，奖以威柄。乃便到豫章，表讨宿恶，寡人信受其言，特以绕帐、帐下、解烦兵五千人付之。后闻曹丕自出淮、泗，故豫敕温有急便出，而温悉内诸将，布于深山，被命不至。赖丕自退，不然，已往岂可深计。又殷礼者，本占候召，而温先后乞将到蜀，扇扬异国，为之谈论。又礼之还，当亲本职，而令守尚书户曹郎，如此署置，在温而已。又温语贾原，当荐卿作御史，语蒋康，当用卿代贾原，专衒贾国恩，为己形势。揆其奸心，无所不为。不忍暴于市朝，今斥还本郡，以给厮吏。呜呼温也，免罪为幸！”

将军骆统表理温曰：“伏惟殿下，天生明德，神启圣心，招髦秀于四方，署俊乂于宫朝。多士既受普笃之恩，张温又蒙最隆之施。而温自招罪谴，孤负荣遇，念其如此，诚可悲疚。然臣周旋之间，为国观听，深知其状，故密陈其理。温实心无他情，事无逆迹，但年纪尚少，镇重尚浅，而戴赫烈之宠，体卓伟之才，亢臧否之谈，效褒贬之议。于是务势者妒其宠，争名者嫉其才，玄默者非其谭，瑕衅者讳其议，此臣下所当详辨，明朝所当究察也。昔贾谊，至忠之臣也，汉文，大明之君也，然而绛、灌一言，贾谊远退。何者？疾之者深，谮之者巧也。然而误闻于天下，失彰于后世，故孔子曰‘为君难，为臣不易’也。温虽智非从横，武非虓虎，然其弘雅之素，英秀之德，文章之采，论议之辨，卓跞冠群，炜晔曜世，世人未有及之者也。故论温才即可惜，言罪则可恕。若忍威烈之赦盛德，宥贤才以敦大业，固明朝之休光，四方之丽观也。国家之于暨艳，不纳之忌族，犹等之平民，是故先见用于朱治，次见举于众人，中见任于明朝，亦见交于温也。君臣之义，义之最重，朋友之交，交之最轻者也。国家不嫌于艳为最重之义，是以温亦不嫌与艳为最轻之交也。时世宠之于上，温窃亲之于下也。夫宿恶之民，放逸山险，则为劲寇，将置平土，则为健兵，故温念在欲取宿恶，以除劲寇之害，而增健兵之锐也。但自错落，功不副言。然计其送兵，以比许晏，数之多少，温不减之，用之强羸，温不下之，至于迟速，温不后之，故得及秋冬之月，赴有警之期，不敢忘恩而遗力也。温之到蜀，共誉殷礼，虽臣无境外之交，亦有可原也。境外之交，谓无君命而私相从，非国事而阴相闻者也；若以命行，既修君好，因叙己情，亦使臣之道也。故孔子使邻国，则有私觌之礼；季子聘诸夏，亦有燕谈之义也。古人有言，欲知其君，观其所使，见其下之明明，知其上之赫赫。温若誉礼，能使彼叹之，诚所以昭我臣之多良，明使之得其人，显国美于异境，扬君命于他邦。是以晋赵文子之盟于宋也，称随会于屈建；楚王孙圉之使于晋也，誉左史于赵鞅。亦向他国之辅，而叹本邦之臣，经传美之以光国，而不讥之以外交也。王靖内不忧时，外不趋事，温弹之不私，推之不假，于是与靖遂为大怨，此其尽节之明验也。靖兵众之势，干任之用，皆胜于贾原、蒋康，温尚不容私以安于靖，岂敢卖恩以协原、康邪？又原在职不勤，当事不堪，温数对以丑色，弹以急声；若其诚欲卖恩作乱，则亦不必贪原也。凡此数者，校之于事既不合，参之于众亦不验。臣窃念人君虽有圣哲之姿，非常之智，然以一人之身，御兆民之众，从层宫之内，瞰四国之外，照群下之情，求万机之理，犹未易周也，固当听察群下之言，以广聪明之烈。今者人非温既殷勤，臣是温又契阔，辞则俱巧，意则俱至，各自言欲为国，谁其言欲为私，仓卒之间，犹难即别。然以殿下之聪睿，察讲论之曲直，若潜神留思，纤粗研核，情何嫌而不宣，事何昧而不昭哉？温非亲臣，臣非爱温者也。昔之君子，皆抑私忿，以增君明。彼独行之于前，臣耻废之于后，故遂发宿怀于今日，纳愚言于圣听，实尽心于明朝，非有念于温身也。”权终不纳。

后六年，温病卒。二弟祗、白，亦有才名，与温俱废。

骆统字公绪，会稽乌伤人也。父俊，官至陈相，为袁术所害。统母改适，为华歆小妻，统时八岁，遂与亲客归会稽。其母送之，拜辞上车，面而不顾，其母泣涕于后。御者曰：“夫人犹在也。”统曰：“不欲增母思，故不顾耳。”事適母甚谨。时饥荒，乡里及远方客多有困乏，统为之饮食衰少。其姊仁爱有行，寡归无子，见统甚哀之，数问其故。统曰：“士大夫糟糠不足，我何心独饱！”姊曰：“诚如是，何不告我，而自苦若此？”乃自以私粟与统，又以告母，母亦贤之，遂使分施，由是显名。

孙权以将军领会稽太守，统年二十，试为乌程相，民户过万，咸叹其惠理。权嘉之，召为功曹，行骑都尉，妻以从兄辅女。统志在补察，苟所闻见，夕不待旦。常劝权以尊贤接士，勤求损益，飨赐之日，可人人别进，问其燥湿，加以密意，诱谕使言，察其志趣，令皆感恩戴义，怀欲报之心。权纳用焉。出为建忠中郎将，领武射吏三千人。及凌统死，复领其兵。

是时征役繁数，重以疫疠，民户损耗，统上疏曰："臣闻君国者，以据疆土为强富，制威福为尊贵，曜德义为荣显，永世胤为丰祚。然财须民生，强赖民力，威恃民势，福由民殖，德俟民茂，义以民行，六者既备，然后应天受祚，保族宜邦。《书》曰：'众非后无能胥以宁，后非众无以辟四方。'推是言之，则民以君安，君以民济，不易之道也。今强敌未殄，海内未乂，三军有无已之役，江境有不释之备，征赋调数，由来积纪，加以殃疫死丧之灾，郡县荒虚，田畴芜旷，听闻属城，民户浸寡，又多残老，少有丁夫，闻此之日，心若焚燎。思寻所由，小民无知，既有安土重迁之性，且又前后出为兵者，生则困苦无有温饱，死则委弃骸骨不反，是以尤用恋本畏远，同之于死。每有征发，羸谨居家重累者先见输送。小有财货，倾居行赂，不顾穷尽。轻剽者则迸入险阻，党就群恶。百姓虚竭，嗷然愁扰，愁扰则不营业，不营业则致穷困，致穷困则不乐生，故口腹急，则奸心动而携叛多也。又闻民间，非居处小能自供，生产儿子，多不起养；屯田贫兵，亦多弃子。天则生之，而父母杀之，既惧干逆和气，感动阴阳。且惟殿下开基建国，乃无穷之业也，强邻大敌非造次所灭，疆场常守非期月之戍，而兵民减耗，后生不育，非所以历远年，致成功也。夫国之有民，犹水之有舟，停则以安，扰则以危，愚而不可欺，弱而不可胜，是以圣王重焉，祸福由之，故与民消息观时制政。方今长吏亲民之职，惟以办具为能，取过目前之急，少复以恩惠为治，副称殿下天覆之仁，勤恤之德者。官民政俗，日以凋弊，渐以陵迟，势不可久。夫治疾及其未笃，除患贵其未深，愿殿下少以万机余闲，留神思省，补复荒虚，深图远计，育残余之民，阜人财之用，参曜三光，等崇天地。臣统之大愿，足以死而不朽矣。"权感统言，深加意焉。

以随陆逊破蜀军于宜都，迁偏将军。黄武初，曹仁攻濡须，使别将常雕等袭中洲，统与严圭共拒破之，封新阳亭侯，后为濡须督。数陈便宜，前后书数十上，所言皆善，文多故不悉载。尤以占募在民间长恶败俗，生离叛之心，急宜绝置，权与相反覆，终遂行之。年三十六，黄武七年卒。

陆瑁字子璋，丞相逊弟也。少好学笃义。陈国陈融、陈留濮阳逸、沛郡蒋纂、广陵袁迪等，皆单贫有志，就瑁游处，瑁割少分甘，与同丰约。及同郡徐原，爰居会稽，素不相识，临死遗书，托以孤弱，瑁为起立坟墓，收导其子。又瑁从父绩早亡，二男一女，皆数岁以还，瑁迎摄养，至长乃别。州郡辟举，皆不就。

时尚书暨艳盛明臧否，差断三署，颇扬人暗昧之失，以显其谪。珝与书曰："夫圣人嘉善矜愚，忘过记功，以成美化。加今王业始建，将一大统，此乃汉高弃瑕录用之时也，若令善恶异流，贵汝颍月旦之评，诚可以厉俗明教，然恐未易行也。宜远模仲尼之泛爱，中则郭泰之弘济，近有益于大道也。"艳不能行，卒以致败。

嘉禾元年，公车征珝，拜议郎、选曹尚书。孙权忿公孙渊之巧诈反覆，欲亲征之，珝上疏谏曰："臣闻圣王之御远夷，羁縻而已，不常保有，故古者制地，谓之荒服，言慌惚无常，不可保也。今渊东夷小丑，屏在海隅，虽托人面，与禽兽无异。国家所为不爱货宝远以加之者，非嘉其德义也，诚欲诱纳愚弄，以规其马耳。渊之骄黠，恃远负命，此乃荒貊常态，岂足深怪？昔汉诸帝亦尝锐意以事外夷，驰使散货，充满西域，虽时有恭从，然其使人见害，财货并没，不可胜数。今陛下不忍悁悁之忿，欲越巨海，身践其土，群臣愚议，窃谓不安。何者？北寇与国，壤地连接，苟有间隙，应机而至。夫所以越海求马，曲意于渊者，为赴目前之急，除腹心之疾也，而更弃本追末，捐近治远，忿以改规，激以动众，斯乃猾虏所愿闻，非大吴之至计也。又兵家之术，以功役相疲，劳逸相待，得失之间，所觉辄多。且沓渚去渊，道里尚远，今到其岸，兵势三分，使强者进取，次当守船，又次运粮，行人虽多，难得悉用；加以单步负粮，经远深入，贼地多马，邀截无常。若渊狙诈，与北未绝，动众之日，唇齿相济。若实孑然无所凭赖，其畏怖远进，或难卒灭。使天诛稽于朔野，山虏承间而起，恐非万安之长虑也。"权未许。

珝重上疏曰："夫兵革者，固前代所以诛暴乱，威四夷也，然其役皆在奸雄已除，天下无事，从容庙堂之上，以余议议之耳。至于中夏鼎沸，九域槃互之时，率须深根固本，爱力惜费，务自休养，以待邻敌之阙，未有正于此时，舍近治远，以疲军旅者也。昔尉佗叛逆，僭号称帝，于时天下乂安，百姓殷阜，带甲之数，粮食之积，可谓多矣，然汉文犹以远征不易，重兴师旅，告喻而已。今凶桀未殄，疆埸犹警，虽蚩尤、鬼方之乱，故当以缓急差之，未宜以渊为先。愿陛下抑威任计，暂宁六师，潜神嘿规，以为后图，天下幸甚。"权再览珝书，嘉其词理端切，遂不行。

初，珝同郡闻人敏见待国邑，优于宗修，惟珝以为不然，后果如其言。

赤乌二年，琩卒。子喜亦涉文籍，好人伦，孙晧时为选曹尚书。

吾粲字孔休，吴郡乌程人也。孙河为县长，粲为小吏，河深奇之。河后为将军，得自选长吏，表粲为曲阿丞，迁为长史，治有名迹。虽起孤微，与同郡陆逊、卜静等比肩齐声矣。孙权为车骑将军，召为主簿，出为山阴令，还为参军校尉。

黄武元年，与吕范、贺齐等俱以舟师拒魏将曹休于洞口。值天大风，诸船绠绁断绝，漂没著岸，为魏军所获，或覆没沈溺，其大船尚存者，水中生人皆攀缘号呼，他吏士恐船倾没，皆以戈矛撞击不受。粲与黄渊独令船人以承取之，左右以为船重必败，粲曰："船败，当俱死耳！人穷，奈何弃之。"粲、渊所活者百余人。

还，迁会稽太守，召处士谢谭为功曹，谭以疾不诣，粲教曰："夫应龙以屈伸为神，凤皇以嘉鸣为贵，何必隐形于天外，潜鳞于重渊者哉？"粲募合人众，拜昭义中郎将，与吕岱讨平山越，入为屯骑校尉、少府，迁太子太傅。遭二宫之变，抗言执正，明嫡庶之分，欲使鲁王霸出驻夏口，遣杨竺不得令在都邑。又数以消息语陆逊，逊时驻武昌，连表谏争。由此为霸、竺等所谮害，下狱诛。

朱据字子范，吴郡吴人也。有姿貌膂力，又能论难。黄武初，征拜五官郎中，补侍御史。是时选曹尚书暨艳，疾贪污在位，欲沙汰之。据以为天下未定，宜以功覆过，弃瑕取用，举清厉浊，足以沮劝，若一时贬黜，惧有后咎。艳不听，卒败。

权咨嗟将率，发愤叹息，追思吕蒙、张温，以为据才兼文武，可以继之，由是拜建义校尉，领兵屯湖孰。黄龙元年，权迁都建业，征据尚公主，拜左将军，封云阳侯。谦虚接士，轻财好施，禄赐虽丰而常不足用。嘉禾中，始铸大钱，一当五百。后据部曲应受三万缗，工王遂诈而受之，典校吕壹疑据实取，考问主者，死于杖下，据哀其无辜，厚棺敛之。壹又表据吏为据隐，故厚其殡。权数责问据，据无以自明，藉草待罪。数月，典军吏刘助觉，言王遂所取，权大感寤，曰："朱据见枉，况吏民乎？"乃穷治壹罪，赏助百万。

赤乌九年，迁骠骑将军。遭二宫构争，据拥护太子，言则恳至，义形于色，守之以死，遂左迁新都郡丞。未到，中书令孙弘谮润据，因权寝疾，弘为诏书追赐死，时年五十七。孙亮时，二子熊、损各复领兵，为全公主所谮，皆死。永安中，追录前功，以熊子宣袭爵云阳侯，尚公主。孙皓时，宣至骠骑将军。

评曰：虞翻古之狂直，固难免乎末世，然权不能容，非旷宇也。陆绩之于扬《玄》，是仲尼之左丘明，老聃之严周矣；以瑚琏之器，而作守南越，不亦贼夫人欤！张温才藻俊茂，而智防未备，用致艰患。骆统抗明大义，辞切理至，值权方闭不开。陆瑁笃义规谏，君子有称焉。吾粲、朱据遭罹屯蹇，以正丧身，悲夫！

【译文】

虞翻，字仲翔，他是会稽余姚人，年轻时会稽太守王朗任用他为功曹。孙策征伐会稽时，虞翻父亲病故，他戴着孝来到郡府门前，王朗想迎接他，他就脱掉孝服进去拜见王朗，劝说王朗应避开孙策。王朗没有采用他的建议，终被孙策所败，逃亡到海上。虞翻追随王朗，并设法保护他。逃到东部的候官县，县长关闭城门不肯接纳他们，虞翻前往劝说，王朗才被接进城。王朗对虞翻说：“您还有老母在家，现在可以回去了。”虞翻回到会稽后，孙策又让他任功曹，用交友的礼节对待他，并亲自到虞翻家中去拜访。

孙策喜欢驰马打猎，虞翻好心劝他说：“您能使乌合之众和零散投奔的人拼命出力，即使是汉高祖也比不上你。可您却轻率地便服外出，随从卫士也来不及戒严，使亲兵常感为难。身为将军不庄重就没有威严，所以白龙化鱼游玩，遭豫且伤害；白蛇随意游逛，遇刘邦而亡。希望您能稍加注意。”孙策说：“你说得对。但有时我考虑些问题，闷坐着感到无聊，便有了春秋时郑国大夫裨谌到野外才能思考国事的想法，所以我才外出走走。”

虞翻出任富春县长。孙策去世，各县令长都打算离任去参加丧礼。虞翻说：“要防备邻县山民的叛乱，如果远离城邑，定会有意外发生。”因此他留在任所制服行丧。各县令长也都效仿虞翻，从而保持了地方上的安定。后来，虞翻所在州举荐他为茂才。汉朝廷征召他为侍御史，曹操征召他为司空掾，他都没有去上任。

虞翻给少府孔融写信，并且呈示自己所著的《易注》。孔融回信说：“听说延陵弟子研习音乐，现又看了您对《易》的研究心得，才知道东南地区的美好事物，并非只是会稽郡的竹箭呀。您的《易注》还观察星云天象，明辨与寒暑变化的对应关系，推究祸福的根源，都与玄妙莫测的事理吻合，可以说是探索奥秘通晓道理的杰作。”会稽东部都尉张纮又给孔融写信说：“虞仲翔以前多次被评论者所非难，但他资质有如宝玉，越是雕琢磨砺就越是流光溢彩，任何非难都不足以减损其价值。”

孙权任虞翻为骑都尉。虞翻数次犯颜直谏，孙权很烦恼。虞翻生性又不与世俗妥协，因此多次被诋毁诽谤，受牵连治罪被流放到丹杨郡泾县。吕蒙图谋攻打关羽，称病返回建业，因虞翻兼通医术，请求让他跟随自己，也想趁此让虞翻得到释放。后来吕蒙率军西上，南郡太守麋芳开城投降。吕蒙未进据郡城，就在城外沙洲上作乐庆祝。虞翻对吕蒙说：“现今与我们同心的，只有麋将军，城中的人怎么能全相信呢？何不赶快入城控制全局？”吕蒙立即听从。当时城中有设埋伏的计划，有赖于虞翻的计谋才未能得逞。关羽失败后，孙权让翻虞占筮命运，虞翻说：“不出两天一定会掉脑袋”。果然如虞翻所说。孙权说：“你虽比不上伏羲，但可以与东方朔相比了。”

魏国将领于禁被关羽俘虏，囚禁在城中，孙权到后释放了他，请他相见。有一天，孙权骑马外出，带于禁并马而行，虞翻呵斥于禁说：“你是投降的俘虏，怎么敢与我君上齐头并进呢？”虞翻想扬鞭打于禁，孙权喊住了他。后来，孙权在楼船上宴会群臣饮酒，于禁听到乐声流泪，虞翻又说：“你想用虚情假意来求得赦免？”孙权非常不高兴。

孙权担任吴王后，在一次欢宴将要结束的时候，亲自起身巡行斟酒，虞翻趴在地上装醉，不愿起身。孙权离开后，他又坐了起来。孙权非常愤怒，举剑就要杀他，在座的人无不惊慌恐惧，只有大司农刘基起身抱住孙权劝解道：“大王因酒过三巡后要杀有名望的人，即使虞翻有罪，但是天下人又有谁知道是他的罪过呢？况且大王因为能容纳贤士蓄养众人，所以四海之内都仰望您的风采，如今一下子就要把这一切都抛弃了，值得吗？”孙权说：“曹操尚且杀了孔融。我对虞翻又有什么怜惜呢？”刘基说：“曹操轻率地杀了才德之士，天下人都非议他。大王推行仁义恩德，想和尧、舜媲美，怎么能自比曹操呢？”虞翻因此得以脱身。孙权命令手下，从今以后，酒后说要杀的，都不得杀。

虞翻曾经乘船出行，和麋芳相遇。麋芳船上的人大多想让虞翻让路，前面的人冲虞翻喊：“回避将军的船！”虞翻厉声说：失去诚信，凭什么奉君主？委弃了人家两座城池，还要口称将军，可以吗？”麋芳关闭门户不应声，并且迅速避开了虞翻。后来虞翻乘车出行，经过麋芳的军营大门，营中军官关闭营门，虞翻的车没有办法通过，虞翻又愤怒地说："应该关门时却打开，应该开门时反而关上，难道能这样做事吗？"麋芳听了，面有羞惭之色。

虞翻性情方正耿直，多次酒后失言甚至失礼。一次，孙权与张昭谈及到神仙的事情，虞翻用手指着张昭说："他们都是死人，而你却说他们是神仙，世上哪有什么仙人！"孙权积压的怒气终于爆发了，把虞翻流放到交州。虞翻虽在流放之地，但教学却不知疲倦，他的学生多达几百人。他还著有《老子》《论语》《国语》的注释，都流传于世。

起初，山阴人丁览、太末人徐陵，或任县吏，或仍众所未识，虞翻一见到他们，则与他们非常友善。后来，这二人也都声名显赫。

虞翻在南方十多年，七十岁时死去。尸骨运回安葬在祖坟中，妻子儿女得以回来。

虞翻有十一个儿子，第四个儿子虞汜最有威名，永安初年，他从选曹郎当上散骑中常侍，后来做了监军使者，参加讨伐扶严，因病死去。虞汜的弟弟虞忠，做过宜都郡太守；虞耸，做过越骑校尉，经多次升迁为廷尉，湘东、河间郡太守；虞昺，做过廷尉尚书，济阴太守。

陆绩，字公纪，吴郡吴县人。父亲陆康，汉末时为庐江太守。陆绩六岁时，在九江谒见袁术。袁术拿出橘子招待他，陆绩则在身上藏了三只，离去前拜辞时橘子掉在地上，袁术对他说："陆郎做客还偷藏橘子吗？"陆绩跪下说："想带回去给母亲。"袁术深感惊奇。孙策在吴郡时，张昭、张纮、秦松都是上座宾客，都说当今天下应用武力去平定。陆绩因年轻而坐在末座，他远远地大声道："从前管夷吾相辅佐齐桓公，九合诸侯，一匡天下，并不用武力。孔子说：'远人不服，则修文德以来之。'现在，议论的人不看重通过道德教化安抚民心的办法，一味推崇武力，我陆绩虽是无知幼童，私下里也深感不安。"张昭等人大为惊异。

陆绩外貌伟岸，博学多识，对于天文、历法、算术都很知晓。虞翻年老且负有盛名，庞统是荆州名士，他们和陆绩的年龄相差很大，却都与陆绩交好。孙权执政后，任陆绩为奏曹掾，他因直率而被人忌惮。离开京城任郁林太守，加偏将军，授兵员二千。陆绩因为腿瘸，且又志在治学，统兵打仗不是他的志向。即使在战时，也仍著述不断。他著《浑天图》，注《易经》，解《大玄》，都流传于世。他预知自己要死了，就给自己作了挽辞，说："汉志士吴郡人陆绩，幼时熟读《诗经》《尚书》，长大后研习《礼》

《周易》，奉命南征，遭遇疾病，寿不长永，呜呼！悲叹我将要永绝人世！”又说：“自现在算起，六十年以后，天下将重新归于一统，遗憾的是我看不到了。”陆绩三十二岁去世。长子陆宏，任会稽南部都尉；次子陆睿，任长水校尉。

张温字惠恕，他是吴郡吴县人。父亲张允，因为轻财重士，扬名于所在州郡，曾任孙权的东曹掾，在任去世。张温从小就修养节操，容貌奇异不凡。孙权听说后，因而询问公卿大臣：“张温能与当今的哪一位人物相比？”大司农刘基说：“可以和全琮互为伯仲。”太常顾雍说：“刘基不是非常了解张温的为人。张温在当今无人可比。”孙权说：“如果是这样，那张允就等于没死。”征召张温并延请相见，张温文采飞扬，对答如流，旁观者惊奇万状，孙权也动容待以非常礼仪。见面完毕告辞出来，张昭握着张温的手说：“老夫对你深心相托，你应该明白。”官拜议郎，选曹尚书，升为太子太傅，很是得到孙权的信任重用。

张温三十二岁时，以辅义中郎将的身份出使蜀国。孙权对他说：“您本不该远行，但我恐诸葛亮不了解我与曹氏往来的真正用意，所以，委屈您了。待山越全部平定，我便会对曹丕发起进攻。作为使者，就是接受使命而不接受现成的辞令。”张温回答说：“我在内，没有合您心意的谋划，出外没有独立应对的才能，怕建立不了张老播扬国君名誉的功绩，又没有子产陈述大事的效用。然而，诸葛亮智慧深远，他一定了解您的决策和屈伸的权宜之计，加上蒙受我朝如天降的恩惠，我推知诸葛亮，一定不会因猜忌而生异心。”张温来到蜀国，呈送表章说：“从前殷高宗武丁居丧，而使殷朝重兴；周成王虽幼年继位，却使周朝的德行于天下。他们的功德、声望永远流传。如今，陛下聪慧圣明可以和古代的圣君贤王相比，把政事委托给贤臣辅佐，如同日月星辰一样璀璨，远近百姓人人仰慕，都乐意归顺。我东吴时刻不忘贡献力量，扫清大江岸边的敌人，与您这样的明君一道平定天下，我们真诚地与您共商大计，让黄河之神作证。战事凶险，吴国兵力贫乏，所以，只好忍受行为浅陋的羞愧，派下臣张温我来表示真诚结好之意。陛下崇尚礼义，没有因此而轻视我。自臣远抵边境，直到进入都城近郊，多次蒙受使节前来慰问，陛下的恩诏不断降临，臣因荣耀加身而诚惶诚恐。谨献上随身带来的书信一封。”蜀国非常看重他的才华。张温返回吴国。不久，孙权派他到豫章部署兵马出征事宜，没能完成。

孙权既对张温称颂蜀国而怀恨在心，又怕张温名声过于显赫，众人都被张温蛊惑，担心张温最终会不为自己所用，便想暗中找个什么机会处置张温。正好暨艳的事情发生，于是借此将张温牵连了出来。暨艳字子休，也是吴郡人，张温把暨艳推荐给朝廷，孙权任命暨艳为选曹郎，后来官至尚书。暨艳生性气量狭窄，性格急躁严厉，喜欢对别人行为的好坏善恶进行评论。暨艳见当时各郎署中人员混杂，良莠不齐，大部分官职任非其人，就想加以整顿，分出好坏贤愚，区别对待。凡是有弹劾朝廷百官，考核选拔三署郎官，张温大多都是贬高就低，降下几个等级，维持原议的十个里占不到一个。那些在任内贪鄙、品行卑劣的人，都被贬为军吏，并且设置军营安置这些人。于是怨愤怒骂张温的声音越来越多，而由此积聚起来的诽谤诬陷也就逐渐出现。众人竞相举报暨艳与选曹郎徐彪，说两人选举专用私情，对官员的好恶爱憎不从公家的角度出发。暨艳、徐彪都因此犯罪而自杀。张温素来与暨艳、徐彪志同道合，相互间书信往来甚密，问候通气。朝廷于是立即给张温定罪，孙权将张温囚禁在专门部门，下令说："先前孤下令征召张温来，虚心相待，张温来到以后便安排他担任显要职位，对待张温超过了早先跟随孤的旧臣。哪里想到张温是个凶徒丑类，专门包藏祸心。从前暨艳的父亲兄长，都曾经依附凶徒叛逆，寡人对此没有忌讳，仍旧提拔任用暨艳，想观察一下暨艳到底是什么样的人。这一段仔细观察暨艳的内心，果然原形毕露。而张温却与暨艳结为生死之交，暨艳的所作所为，都由张温发起。两人相互呼应，狼狈为奸，只要不是张温的同党，就对大家的些许瑕疵大加指责，横加罪名。另外孤前次让张温总掌豫章等三郡的军事行动，指挥三郡的武吏及残余士卒，当时担心有事发生，想让张温快些回来，所以授予张温柴戟作为出行仪仗，赐奖给张温威权。但张温到豫章以后，上表议要讨伐那里长期未能平息的叛贼。寡人相信并接受了张温的建议，特地将身边的绕帐、帐下、解烦精锐将士五千人交给张温指挥。后来听说曹丕将亲率大军进犯淮、泗一带，所以预先命令张温，如果有紧急情况即率部出击，然而张温却将众将全部归入麾下，布置于深山之中，接到命令以后也没有及时到达。幸赖曹丕自己退走，否则的话，已往的事情难道可以往深处去想吗？还有殷礼这个人，原本是因为擅长占卜算卦才被征召的，而张温却先后请求带殷礼到蜀国，在异国宣扬殷礼，为殷礼谈说吹捧。还有，殷礼返回吴国以后，本来应当回复原职，而张温却让殷礼兼任尚书户曹郎，这样的安排，全是张温一个人的主意。又有，张温曾告诉贾原说'我将举荐卿为御史'，对蒋康说‘我将用卿代替贾原的职务，专门炫耀售卖国家赋予的权力，培植自己的势力。测度张温的奸心，实在是无所不为。我不忍心将张温在街市上当众处死暴尸，现将张温遣还原郡，做一个杂役小吏。呜呼张温，免于死罪是张温的幸运！”

将军骆统上表为张温辩解，说：“殿下天生就具备英明的品行，神灵开启您圣心之门，招揽四方贤良入朝廷为官。众臣都深受您的恩泽，特别是张温，更是蒙受最厚的优待。而张温却自招祸患，辜负了您的恩遇，想到他这样，实在为他难过。但是，臣与他来往中，为国家而观察，很了解他，所以详细陈述他出事的情由。张温实在是没有别的企图，也没有叛逆的行为，只因年纪尚轻，资历还浅，就蒙受如此显赫的恩宠，施展出卓越的才能，发表论定善恶的评说，呈交褒贬是非的议案。于是，攀炎附势者垂涎他的恩宠，争名逐利者嫉妒他的才干，毫无作为的人非议他的评说，违法劣迹者畏惧他的议案，此臣子当详尽分辨，朝廷应深究细察的。从前，贾谊是极为忠诚的大臣，汉文帝也是英明非凡的君主，然而，周勃、灌婴的一句话，就使贾谊被疏远放逐。为什么呢？就是因为他们深深地嫉恨贾谊，诋毁的方法巧妙。这样，使得谬误在天下传扬，过失在后代显明。所以，孔子说‘做君主难，做臣子也难’。张温的智慧虽然比不上战国的策士，武功比不上咆哮的猛虎，但他那优雅的气质，高尚的德行，文笔的流畅，议论的精彩，卓越超群，光彩照人，现在没有谁能赶得上他。所以，以张温的才华是令人惋惜的，论其罪过则是可以饶恕的。如果陛下暂抑虎威，宽宥贤才，这必定会成为光耀朝廷美德的壮丽景观。朝廷对暨艳，不但未将他纳入败类的范畴，还把他视同平民，因此，他先被朱治任用，又被众人推举，这才为朝廷所用，同时，也与张温交好。

君臣间的道义，是道义中最重要的，朋友间的友情，是交情中最好的。朝廷没有顾虑对暨艳行最重要的道义，那么，张温也就不忌讳与暨艳有朋友的交情。这是主公宠爱暨艳在前，而张温私下接触他在后。凡作恶之人，放任山险之处，就会成为强寇；放置平原，就能成为勇健的士兵。因此，张温在豫章所为是想收取一贯作恶的歹徒，以消除强寇的祸害，同时，也为兵营增添精锐呀！只是他措施不当，结果和想法并不一致。然而，计算他派出的兵力，以许晏相比，数量上，张温不少于他；兵力的强弱，也不比许晏低；进军的速度，也不比许晏慢。所以，他在秋冬相交之季，按预警期限开赴指定地点，不敢忘恩地全力作战。张温出使蜀国，极力称誉殷礼，虽然臣子不应与国外有私交，但是有些事也还是情有可原的。所谓国外的私交，是说没有君命而自己私下的交往，这种私交不是为了国事，而是暗中传递消息。如果是奉君命出使，既沟通了国君之间的友好关系，同时，也利用这个机会联系个人的友情，这也是使臣的正常之道。所以，孔子出使邻国，便有私人相见的礼节。

季子询问中原各国也有私下里闲谈的事。古人说，要想了解一个国君，就看他所派出的使臣，若使臣明智，则君主必英明。张温称誉殷礼，使蜀国也赞赏他。此正可以显示我国有众多的贤臣，派出的使臣也很得当，把东吴的美善显示于邻国，将国君的旨意播扬到他邦。正因为如此，晋国的赵文子去宋国会盟，向楚国屈建称赞本国大臣随会；楚国的王孙围出使晋国，在晋大夫赵鞅前赞扬本国的左史倚相。这也是向他国宰辅赞扬本国大臣、在经传中赞美他们为本国增誉而不挑剔他们有国外的私交。前鄱阳太守王靖对内不忧朝政，对外不关心战事，张温弹劾他并不是出于私怨，不是作假，但是，王靖对张温竟有了怨恨，这是张温竭尽节操的证明。王靖拥有重兵，任重臣的才能。已超过贾原、蒋康，张温并没有因私利而向王靖谋求已安，又怎敢出卖国家恩惠去拉拢贾原、蒋康呢？再说，贾原做事不勤勉，居官不称职，张温多次严肃地待他，用严厉的言辞责备。如果张温真想利用权力卖私恩作乱，也不必一定去贪图一个贾原。上述种种，与事实既不相符，向众人查验也没有实证。因此，臣私下考虑，君主虽神明圣哲，智慧超出常人，但是以一己之力，统御全国，由宫中深处去了解天下情况，详知众臣的想法，以求各项政事的治理，仍然不易做到周全完备的。应倾听详察众臣的进言，以开明察之门。现在，一些人不遗余力地非议张温，而臣却说张温也很辛苦。双方言辞都很巧妙，意思又都非常清楚，都说自己是为了国家，没有谁说是为了个人私怨？急切间，还真很难辨别出真伪来。然而，以您的明智，若静心留意细察曲直，那么，事情的真相就不会疑而不明、混而不清了。张温不亲近我，我也不偏爱他。从前的君子，都是克制个人的恩怨，添加君主的英明。他们在前代做出卓越的表率，我在以后也以抛弃这种行为为耻。所以，今天抒发我平素的情怀，向陛下坦诚我鄙陋的见解，实在是想尽心于圣明的朝廷，绝非对张温个人有什么顾念之情。”孙权最终也没有采纳骆统的意见。

过了六年，张温因病去世。他的两个弟弟张祗、张白，虽然也非常有才名，却与张温一同被罢黜。

骆统字公绪，他是会稽郡乌伤县人。骆统的父亲骆俊，官做到陈国相，被袁术杀害。骆统的母亲改嫁，做了华歆的妾，骆统当时八岁，就同亲戚、宾客一起回会稽。他的母亲送他，他拜别母亲上车，背朝母亲而不回头，他母亲在他身后哭泣。驾车的人说："夫人还在呢。"骆统说："我不想让母亲增加思念，所以才不回头呀！"侍奉嫡母非常恭谨。当时正值闹饥荒，同乡和远方的客人很多都生活贫困，骆统为此减少饮食。他的姐姐仁爱有德行，死了丈夫回到娘家，没有儿子，见骆统这样，非常同情他，屡次问他其中的缘故。骆统说："士大夫连粗劣的食物都不够吃，我有什么心思一个人吃饱饭！"他姐姐说："果真如此，为什么不告诉我，却这样苦自己？"于是把她私人的粮食给骆统，又把这情况告诉母亲，母亲也认为他有贤德，就让他把粮食分给别人，骆统因此出了名。

孙权以将军的身份兼任会稽太守，那时候骆统二十岁，尝试让他在乌程做了相，乌程民家超过万户，都叹服他仁爱宽厚的治理。孙权称许他，征召他为功曹，兼任骑都尉，把自己堂兄孙辅的女儿嫁给他。骆统志在补救、察知君主的过失，只要是自己听到或看到的，都立即进谏，不会等到第二天。他常常劝孙权尊敬、接纳贤士，努力探求利弊，逢到赏赐臣下的日子，可以让群臣一个一个地分别进见，询问他们的生活起居，向他们表示关切，用诱导、晓谕的方式，让他们说出心里话，以此考察他们的志趣，使他们都感恩戴德，满怀报答之心。孙权采纳了他的建议。出任建忠中郎将，统领武射吏三千人。等到凌统死去以后，又负责统领凌统的兵马。

在这时，吴国的兵役和劳役都很繁重，又遇上瘟疫流行，户口越来越少。骆统上疏说："臣听说治国之人，以占有国土为富强，以掌握刑赏为尊贵，以彰显德义为荣耀，以后代子孙永保君位为大福。但是，财富须民众生产，强大靠民众的力量，刑罚要依据民心所向，赏赐赖民众的积累，德行要靠民众不断修养才能深厚，道义也要倚仗民众才能推行，以上这六点都具备了，才能顺应天意，接受君位，兴旺家族，和顺国家。《尚书》说：'民无君则不安，君无民则无疆。'据此推论，百姓依靠君主得到安宁，君主依靠百姓而成就大业，这是永恒的道理。现在强敌未灭，天下未定，三军战事未完，江边的戒备一刻也没有松懈。赋税力役不断，这种情况已经延续十多年了，加上瘟灾带来的死亡，各郡县人口贫乏，田地荒芜。听说会稽属下各县，民户已经越来越少，且大多为老弱病残，壮丁寥寥无几。听到这个消息时，臣就寻其原因：主要是，百姓不明事理，他们既安于故土不愿轻迁，又看到先后服役的人，活着得不到温饱，死了尸骸抛弃不能回到家园。所以，他们尤恋故土，畏惧远行，把出门远行看成像死一样可怕。每次征调劳役，贫弱、本分、负担重的人先被输送。而稍微有家产的人，则把全部积蓄用来行贿，不惜倾家荡产。孔武有力的人就逃进山险之处，与盗匪同伍。百姓生活困顿，饥饿忧愁，因而不去田间劳作，不劳作就穷困，因为穷困，活着就没有乐趣，所以，一旦饿急了，奸邪之心就会萌发，叛逆的人就会多起来。臣又听说，百姓如果不是生活勉强维持，生下儿子大多不养育；国家屯田上的士卒因贫穷，也大都弃儿不养。上天赐予孩子生命，而他们的父母却将他们杀死。臣既担心此种情形会违逆祥和，使阴阳失衡而生灾祸，又想陛下开基建国是绵延万代的大业，强敌不是一时即灭，疆界防守也非短期之事，何况，现在兵民都在不断减少，后来的青年男丁不能养育成人，这不是长久坚持、取得最后胜利的策略。国家有民众，如水上有船一样，稳定就安全，动荡就危险。民众虽愚，却不可欺；虽然软弱，但是不可战胜。所以，圣明的君主都重视民生，知道国家的祸福均取决于此，因而，对民众时紧时松，审视时势，制定政策。地方官本是亲近百姓的职务，但是他们只以完成上面征发赋税力役为重，且征取的还要超过所需的数量，很少有对百姓施予恩惠、以体现陛下对百姓天覆地盖般仁慈恩德的人。官员的吏政、百姓的习俗，一天天在衰微，这种局面是不可能支撑很久的。治病要在病情轻微时就下手，消除祸患应当在它萌芽之时。望陛下在日理万机中稍微留神考虑，弥补缺陷，谋划远计，养育残存的百姓，让陛下的圣德与三星同辉，与天地共存。这是臣最大的愿望，也足以使臣死而不朽了。”孙权被深深打动，非常重视他提出的意见。

由于骆统随陆逊在宜都打败蜀军，而晋升为偏将军。黄武初年，曹仁进兵濡须，又派将领常雕等人袭击中洲，骆统与严圭共同抗击魏军并打败了他们，封新阳亭侯，后来，任濡须督。他多次上书陈述有利于时政的见解，前后几十次，因为文字太多，不能全部记载。他认为，托名隐居以诱君主招募的行为在民间助长了邪恶，败坏了习俗，容易产生叛逆，应马上停止对这种人的任用，孙权和他反复争辩，最后，还是采用了他的办法。三十六岁的时候，于黄武七年去世。

陆瑁，字子璋，他是丞相陆逊的弟弟。小时候好学，重情义。陈国人陈融、陈留人濮阳逸、沛郡人蒋纂、广陵人袁迪等，都是出身平民而志向高远的人，他们都与陆瑁交游相处，陆瑁每每拿出珍品美味，与他们共享。徐原，移居会稽，虽与他素不相识，却于临死前留下书信，将年幼的孤儿托付给他，陆瑁为之安葬并修建坟墓，收养教育他的儿子。又，陆瑁的叔父陆绩早亡，留下两儿一女，都在几岁的时候回到家乡，陆瑁将他们接到家中抚养，待他们都长大后才分开。州郡征召举荐陆瑁，他都没去赴任。

在那时，尚书暨艳很是善于褒贬人物，在选择议定三署官员时，常常揭露别人见不得人的短处，公开那些人的错误。陆瑁给他写信说："圣人总是鼓励善良，同情愚昧，不记他人的过失，牢记别人的功绩，因而形成良好的风气。如今，王业刚刚建立，将来还要统一天下，这正是汉高祖弃人缺陷不计而对其加以任用的时候。如果要将谁好谁坏弄清楚，崇尚汝颍喜评人物的风气，确实可以达到整饬风俗，昭明教化的作用，然而，实行起来恐怕不是很容易。现在，应该远效孔子泛爱众人、中学郭泰提携人才的大度，近则从有益于统一大业的角度去谋划。"暨艳没有按照陆瑁说的去做，最终失败。

嘉禾元年，朝廷用公车征召陆瑁，拜为议郎、选曹尚书。孙权讨厌公孙渊的反复无常，预备亲征辽东。陆瑁上书劝谏说："我听说英明的君主统治蛮夷，只是远远的加以控制抚慰而已，并没有长守那里。因此，古时制定地域名称，称为'荒服'，就是说，这些地方没有常规而无法稳定，不能长期占有。公孙渊只能算个东部蛮夷小丑，远隔沿海一隅，虽生的是人面，其实和禽兽一样。陛下，您之所以不惜财宝长途跋涉去赏他，并非嘉奖他有什么仁德，其实，是要借此引诱、招纳他，来取得他们的马匹为用。公孙渊骄横狡猾，倚仗地处偏远而反复无常，这是蛮夷常有的情况，不值得过分奇怪。当年，汉代各先皇也曾全力去结交境外的蛮夷，派出的使者和散发的财物，在西域随处可见。虽然有些蛮夷也表示臣服，但是，使臣被杀、财物被抢的事，也常常发生。现在，陛下抑不住怒气，要跨海亲征，亲身踏上蛮夷的土地，群臣议论虽不高明，却都认为不妥。为什么呢？北边的曹魏与我国接壤，如果我方一动，他们定会乘虚而入。我们之所以要远渡大海求取马匹，曲意敷衍公孙渊，就是为了去除曹魏这个心腹大患。现在却弃本求末，弃近求远，因愤恨而变更策略动用兵马，这是曹魏所愿意看到的，不是我东吴最好计划。兵家之策，是疲惫敌方，以逸待劳，而待对方发觉以后，得失已相差很多。况且，沓渚距公孙渊，路程尚远。我大军到达其海岸，就要分兵三路，一要派精兵进取；二要留下兵马守船；三要用人马运送粮草。出征的人虽然很多，也很难全部用上，加上长途背粮，入敌腹地，而贼人马多，随时都可以拦截我们。倘若公孙渊再趁机与曹魏联系，那样，我们出兵的时候他们就会互相援助。如果他确是没有依靠，也会因惧怕而远逃，很难马上消灭。如陛下大军滞留在北方原野，而山越贼寇又乘机叛乱，这就不是完备的长远谋略。”孙权没有同意他的建议。

陆瑁又上书说：“凡武器军备，本是前代用以诛暴伐乱、威慑四夷的工具，然而这种事情都是在奸雄已经消除，天下太平，君臣悠闲地坐在朝堂之上，放在最次要的地位谈谈罢了。至于中原纷扰混乱，九州盘根错节的时候，大抵必须深根固本，爱护兵力并且珍惜费用，致力于自身的休养生息，来等待邻近敌人的疏失，没有正处在这样的时期，反而要舍近求远，使军队疲惫奔驰的做法。从前尉佗叛逆，超越本分自称皇帝，当时天下太平，百姓殷实富足，甲兵的数量，粮食的储备，可以说是很多的了，但是汉文帝还是认为远征并非易事，对发动大军十分慎重，结果也只是告诫晓谕尉佗而已。如今凶残的大敌还未消灭，边境尚需警戒防备，因而即使有蚩尤、鬼方那样的原地叛乱，也应当以缓急不同而加以区分，而不应当把公孙渊视为国家的当务之急。希望陛下克制威怒而多多筹谋，暂且稳定六军，专心地冷静思量，以制定将来适用的宏图，天下人将因此而很庆幸。”孙权再度见到陆瑁的上书，称赏他的言辞义理正当切实，于是放弃亲征。

当初，陆瑁的同郡人闻人敏在国都很受优待，有人认他强于宗修，只有陆瑁觉得并非那么回事，后来果然应证了他的看法。

赤乌二年，陆瑁去世。儿子陆喜也熟读典章，喜欢品评人物，孙晧执政时任选曹尚书。

吾粲，字孔休，他是吴郡乌程人。孙河任乌程县长时，吾粲是他属下的小吏，孙河很是器重他。在这之后，孙河升任将军，可以自己选用属下各县的县令长，便奏请朝廷任吾粲为曲阿县丞，后升任将军府长史，很有政绩。他出身虽微，但与同郡的陆逊、卜静等人的名声一样高。孙权任车骑将军时，征召他为主簿，出任山阴县令，回来后在孙权身边任参军校尉。

黄武元年，吾粲和吕范、贺齐等人都率领水军到洞口抵御魏将曹休。正好遇上大风，联结船只的缆绳被刮断，有的船漂到对岸，被魏军所获，有的倾覆沉没，一些未被毁坏的大船边上，落水的士兵都攀着船沿呼救，船上的官兵担心大船倾翻，都用戈矛击打，不让落水者上船。只有吾粲和黄渊命令自己船上的兵士救援落水者，有人以为，船载重过量一定会倾覆。吾粲说："船翻了，大家就一起死！现在有人有了危难，怎能抛弃他。"被吾粲、黄渊救活的有一百多人。

回来后，晋升他做了会稽太守。他邀请隐士谢谭任功曹，谢谭找了个借口有病不去。吾粲开导他说："龙因能屈能伸才成为神灵，凤凰因善鸣叫才成为珍奇，为什么一定要在天外隐形，在深渊潜伏鳞甲呢?"吾粲招募了许多人马，被任命为昭义中郎将，随吕岱讨伐平定了山越，又入朝任屯骑校尉、少府，后来，升任太子太傅。正好赶上太子孙和、鲁王孙霸发生变故，吾粲直言申明嫡庶的区别，并建议让鲁王孙霸去驻守夏口，又将杨竺放逐出京。此外，吾粲还多次把消息传递陆逊。当时，陆逊驻守武昌，他也连续上表规劝。因此，吾粲遭到孙霸、杨竺等人的陷害，被关进监狱处死。

朱据，字子范，他是吴郡吴县人。相貌英俊、强壮有力，又善于辞辩。黄武初年，朱据被征召为五官郎中，又补任为侍御史。那时候，选曹尚书暨艳痛恨贪官污吏在位，想要罢黜他们。朱据认为，天下尚未平定，应当让这些人将功补过，摒弃缺点而用人之长，选举清廉的人让贪妄的人改过自新，这样就能阻止奸邪，鼓励清廉，如果一上来就将他们罢免，恐怕会引起后患。暨艳不听从，终于失败。

孙权感叹将帅乏人，常烦恼叹息，追思吕蒙、张温，认为朱据文武兼备，可承担重任。因此任命他为建义校尉，统军屯驻湖孰。黄龙元年，孙权迁都建业，召朱据回京，娶公主为妻，任命为左将军，封云阳侯。朱据谦虚待人，轻财好施，俸禄赏赐虽然都非常丰厚，却常入不敷出。嘉禾年间，东吴开始铸造大钱，一个大钱相当于五百小钱。后来，朱据的兵营应该领钱三万缗，都被工匠王遂使诈冒领。典校吕壹怀疑是朱据自己领走，就拷问主管财物的人，此人死在杖刑之下。朱据哀怜他的无辜冤死，就选用质地优良的棺木装殓他。吕壹又上表诬陷这个属官为朱据隐瞒，因为朱据厚葬了这个人。孙权多次责问朱据，朱据没有办法表白自己，就坐在草垫上等待治罪。数月之后，典军吏刘助查明了事情的真相，报告说钱是王遂贪污的，孙权十分感慨地说："朱据尚且被冤枉，何况一般的官员百姓呢?"于是，就彻底追究吕壹的罪责，奖赏刘助一百万钱。

赤乌九年，朱据升为骠骑将军。碰到两宫明争暗斗，朱据拥护太子孙登，说得很诚恳，正义之色现于颜面，下定决心以死捍卫太子的权利，于是被降职出任新都郡丞，还未到任，中书令孙弘进一步诋毁朱据，并趁孙权卧病在床之机，伪造诏书追加赐死命令。这一年朱据五十七岁。孙亮执政时，朱据的两个儿子朱熊、朱损又各自领兵，全被公主诋毁，都遇害而死。永安年间，追录朱据过去的功绩，让朱熊的儿子朱宣继承云阳侯的爵位，娶公主为妻。孙晧在位期间，朱宣官至骠骑将军。

评论说：虞翻是古代狂放直率型的人，本就难于在乱世中免灾，然而，孙权不能容纳他，可见，也不是心胸宽广之人。陆绩对于扬雄《太玄经》的功绩，诚如左丘明于孔丘之《春秋》、庄周于老聃的《老子》一样。他本为国之栋梁，却外派驻守南越，这是对人才的践踏啊！张温才华横溢，却因为不能自我保护而招来灾祸。骆统虽坚守道义，理正词严，偏偏赶上孙权闭塞视听、言路不开的时候。陆瑁恪守节义，直言劝谏，君子对他很赞赏。吾粲、朱据身遭危厄，都因正直而殒命，实在可悲呀！

三国志卷五十八·吴书十三

陆逊传

陆逊字伯言，吴郡吴人也。本名议，世江东大族。逊少孤，随从祖庐江太守康在官。袁术与康有隙，将攻康，康遣逊及亲戚还吴。逊年长于康子绩数岁，为之纲纪门户。

孙权为将军，逊年二十一，始仕幕府，历东西曹令史，出为海昌屯田都尉，并领县事。县连年亢旱，逊开仓谷以赈贫民，劝督农桑，百姓蒙赖。时吴、会稽、丹杨多有伏匿，逊陈便宜，乞与募焉。会稽山贼大帅潘临，旧为所在毒害，历年不禽。逊以手下召兵，讨治深险，所向皆服，部曲已有二千余人。鄱阳贼帅尤突作乱，复往讨之，拜定威校尉，军屯利浦。

权以兄策女配逊，数访世务，逊建议曰："方今英雄棋跱，豺狼窥望，克敌宁乱，非众不济。而山寇旧恶，依阻深地。夫腹心未平，难以图远，可大部伍，取其精锐。"权纳其策，以为帐下右部督。会丹杨贼帅费栈受曹公印绶，扇动山越，为作内应，权遣逊讨栈。栈支党多而往兵少，逊乃益施牙幢，分布鼓角，夜潜山谷间，鼓噪而前，应时破散。遂部伍东三郡，强者为兵，羸者补户，得精卒数万人，宿恶荡除，所过肃清，还屯芜湖。

会稽太守淳于式表逊枉取民人，愁扰所在。逊后诣都，言次，称式佳吏，权曰："式白君而君荐之，何也？"逊对曰："式意欲养民，是以白逊。若逊复毁式以乱圣听，不可长也。"权曰："此诚长者之事，顾人不能为耳。"

吕蒙称疾诣建业，逊往见之，谓曰："关羽接境，如何远下，后不当可忧也？"蒙曰："诚如来言，然我病笃。"逊曰："羽矜其骁气，陵轹于人。始有大功，意骄志逸，但务北进，未嫌于我，有相闻病，必益无备。今出其不意，自可禽制。下见至尊，宜好为计。"蒙曰："羽素勇猛，既难为敌，且已据荆州，恩信大行，兼始有功，胆势益盛，未易图也。"蒙至都，权问："谁可代卿者？"蒙对曰："陆逊意思深长，才堪负重，观其规虑，终可大任。而未有远名，非羽所忌，无复是过。若用之，当令外自韬隐，内察形便，然后可克。"权乃召逊，拜偏将军右部督代蒙。

逊至陆口，书与羽曰：“前承观衅而动，以律行师，小举大克，一何巍巍！敌国败绩，利在同盟，闻庆拊节，想遂席卷，共奖王纲。近以不敏，受任来西，延慕光尘，思禀良规。”又曰：“于禁等见获，遐迩欣叹，以为将军之勋足以长世，虽昔晋文城濮之师，淮阴拔赵之略，蔑以尚兹。闻徐晃等少骑驻旌，窥望麾葆。操猾虏也，忿不思难，恐潜增众，以逞其心。虽云师老，犹有骁悍。且战捷之后，常苦轻敌，古人杖术，军胜弥警，愿将军广为方计，以全独克。仆书生疏迟，忝所不堪，喜邻威德，乐自倾尽，虽未合策，犹可怀也。傥明注仰，有以察之。”羽览逊书，有谦下自托之意，意大安，无复所嫌。逊具启形状，陈其可禽之要。权乃潜军而上，使逊与吕蒙为前部，至即克公安、南郡。逊径进，领宜都太守，拜抚边将军，封华亭侯。备宜都太守樊友委郡走，诸城长吏及蛮夷君长皆降。逊请金银铜印，以假授初附。是岁建安二十四年十一月也。

逊遣将军李异、谢旌等将三千人，攻蜀将詹晏、陈凤。异将水军，旌将步兵，断绝险要，即破晏等，生降得凤。又攻房陵太守邓辅、南乡太守郭睦，大破之。秭归大姓文布、邓凯等合夷兵数千人，首尾西方。逊复部旌讨破布、凯。布、凯脱走，蜀以为将。逊令人诱之，布帅众还降。前后斩获招纳，凡数万计。权以逊为右护军、镇西将军，晋封娄侯。

时荆州士人新还，仕进或未得所，逊上疏曰：“昔汉高受命，招延英异，光武中兴，群俊毕至，苟可以熙隆道教者，未必远近。今荆州始定，人物未达，臣愚慺慺，乞普加覆载抽拔之恩，令并获自进，然后四海延颈，思归大化。”权敬纳其言。

黄武元年，刘备率大众来向西界，权命逊为大都督、假节，督朱然、潘璋、宋谦、韩当、徐盛、鲜于丹、孙桓等五万人拒之。备从巫峡、建平连围至夷陵界，立数十屯，以金锦爵赏诱动诸夷，使将军冯习为大督，张南为前部，辅匡、赵融、廖淳、傅肜等各为别督，先遣吴班将数千人于平地立营，欲以挑战。诸将皆欲击之，逊曰：“此必有谲，且观之。”备知其计不可，乃引伏兵八千，从谷中出。逊曰：“所以不听诸君击班者，揣之必有巧故也。”逊上疏曰：“夷陵要害，国之关限，虽为易得，亦复易失。失之非徒损一郡之地，荆州可忧。今日争之，当令必谐。备干天常，不守窟穴，而敢自送。臣虽不材，凭奉威灵，以顺讨逆，破坏在近。寻备前后行军，多败少成，推此论之，不足为戚。臣初嫌之，水陆俱进，今反舍船就步，处处结营，察其布置，必无他变。伏愿至尊高枕，不以为念也。”诸将并曰：“攻备当在初，今乃令人五六百里，相衔持经七八月，其诸要害皆以固守，击之必无利矣。”逊曰：“备是猾虏，更尝事多，其军始集，思虑精专，未可干也。今住已久，不得我便，兵疲意沮，计不复生，掎角此寇，正在今日。”乃先攻一营，不利。诸将皆曰：“空杀兵耳。”逊曰：“吾已晓破之之术。”乃敕各持一把茅，以火攻拔之。一尔势成，通率诸军同时俱攻，斩张南、冯习及胡王沙摩柯等首，破其四十余营。备将杜路、刘宁等穷逼请降。备升马鞍山，陈兵自绕。逊督促诸军四面蹙之，土崩瓦解，死者万数。备因夜遁，驿人自担烧铙铠断后，仅得入白帝城。其舟船器械，水步军资，一时略尽，尸骸漂流，塞江而下。备大惭恚，曰：“吾乃为逊所折辱，岂非天邪！”

初，孙桓别讨备前锋于夷道，为备所围，求救于逊。逊曰：“未可。”诸将曰：“孙安东公族，见围已困，奈何不救？”逊曰：“安东得士众心，城牢粮足，无可忧也。待吾计展，欲不救安东，安东自解。”及方略大施，备果奔溃。桓后见逊曰：“前实怨不见救，定至今日，乃知调度自有方耳。”

当御备时，诸将军或是孙策时旧将，或公室贵戚，各自矜恃。不相听从。逊案剑曰：“刘备天下知名，曹操所惮，今在境界，此强对也。诸君并荷国恩，当相辑睦，共翦此虏，上报所受，而不相顺，非所谓也。仆虽书生，受命主上。国家所以屈诸君使相承望者，以仆有尺寸可称，能忍辱负重故也。各任其事，岂复得辞！军令有常，不可犯矣。”及至破备，计多出逊，诸将乃服。权闻之，曰：“君何以初不启诸将违节度者邪？”逊对曰：“受恩深重，任过其才。又此诸将或任腹心，或堪爪牙，或是功臣，皆国家所当与共克定大事者。臣虽驽懦，窃慕相如、寇恂相下之义，以济国事。”权大笑称善，加拜逊辅国将军，领荆州牧，即改封江陵侯。

又备既住白帝，徐盛、潘璋、宋谦等各竞表言备必可禽，乞复攻之。权以问逊，逊与朱然、骆统以为曹丕大合士众，外托助国讨备，内实有奸心，谨决计辄还。无几，魏军果出，三方受敌也。

备寻病亡，子禅袭位，诸葛亮秉政，与权连和。时事所宜，权辄令逊语亮，并刻权印，以置逊所。权每与禅、亮书，常过示逊，轻重可否，有所不安，便令改定，以印封行之。

七年，权使鄱阳太守周鲂谲魏大司马曹休，休果举众入皖，乃召逊假黄钺，为大都督，逆休。休既觉知，耻见欺诱，自恃兵马精多，遂交

陆逊火烧连寨图，出自清·马骀《百将传图》。陆逊，东吴大将，曾火烧蜀军连营七百里，大败刘备。

战。逊自为中部，令朱桓、全琮为左右翼，三道俱进，果冲休伏兵，因驱走之，追亡逐北，径至夹石，斩获万余，牛马骡驴车乘万两，军资器械略尽。休还，疽发背死。诸军振旅过武昌，权令左右以御盖覆逊，入出殿门，凡所赐逊，皆御物上珍，于时莫与为比。遣还西陵。

黄龙元年，拜上大将军、右都护。是岁，权东巡建业，留太子、皇子及尚书九官，征逊辅太子，并掌荆州及豫章三郡事，董督军国。时建昌侯虑于堂前作斗鸭栏，颇施小巧，逊正色曰："君侯宜勤览经典以自新益，用此何为？"虑即时毁徹之。射声校尉松于公子中最亲，戏兵不整，逊对之髡其职吏。南阳谢景善刘廙先刑后礼之论，逊呵景曰："礼之长于刑久矣，廙以细辩而诡先圣之教，皆非也。君今侍东宫，宜遵仁义以彰德音，若彼之谈，不须讲也。"

逊虽身在外，乃心于国，上疏陈时事曰："臣以为科法严峻，下犯者多。顷年以来，将吏罹罪，虽不慎可责，然天下未一，当图进取，小宜恩贷，以安下情。且世务日兴，良能为先，自非奸秽入身，难忍之过，乞复显用，展其力效。此乃圣王忘过记功，以成王业。昔汉高舍陈平之愆，用其奇略，终建勋祚，功垂千载。夫峻法严刑，非帝王之隆业；有罚无恕，非怀远之弘规也。"

权欲遣偏师取夷州及朱崖，皆以谘逊，逊上疏曰："臣愚以为四海未定，当须民力，以济时务。今兵兴历年，见众损减，陛下忧劳圣虑，忘寝与食，将远规夷州，以定大事。臣反覆思惟，未见其利，万里袭取，风波难测，民易水土，必致疾疫，今驱见众，经涉不毛，欲益更损，欲利反害。又珠崖绝险，民犹禽兽，得其民不足济事，无其兵不足亏众。今江东见众，自足图事，但当畜力而后动耳。昔桓王创基，兵不一旅，而开大业。陛下承运，拓定江表。臣闻治乱讨逆，须兵为威，农桑衣食，民之本业，而干戈未戢，民有饥寒。臣愚以为宜育养士民，宽其租赋，众克在和，义以劝勇，则河渭可平，九有一统矣。"权遂征夷州，得不补失。

及公孙渊背盟，权欲往征，逊上疏曰："渊凭险恃固，拘留大使，名马不献，实可仇忿。蛮夷猾夏，未染王化，鸟窜荒裔，拒逆王师，至令陛下爱赫斯怒，欲劳万乘泛轻越海，不虑其危而涉不测。方今天下云扰，群雄虎争，英豪踊跃，张声大视。陛下以神武之姿，诞膺期运，破操乌林，败备西陵，禽羽荆州，斯三虏者当世雄杰，皆摧其锋。圣化所绥，万里草偃，方荡平华夏，总一大猷。今不忍小忿，而发雷霆之怒，违垂堂之戒，轻万乘之重，此臣之所惑也。臣闻志行万里者，不中道而辍足；图四海者，匪怀细以害大。强寇在境，荒服未庭，陛下乘桴远征，必致窥，戚至而忧，悔之无及。若使大事时捷，则渊不讨自服；今乃远惜辽东众之与马，奈何独欲捐江东万安之本业而不惜乎？乞息六师，以威大虏，早定中夏，垂耀将来。”权用纳焉。

嘉禾五年，权北征，使逊与诸葛瑾攻襄阳。逊遣亲人韩扁赍表奉报，还，遇敌于沔中，钞逻得扁。瑾闻之甚惧，书与逊云：“大驾已旋，贼得韩扁，具知吾阔狭。且水干，宜当急去。”逊未答，方催人种葑豆，与诸将弈棋射戏如常。瑾曰：“伯言多智略，其当有以。”自来见逊，逊曰：“贼知大驾以旋，无所复戚，得专力于吾。又已守要害之处，兵将意动，且当自定以安之，施设变术，然后出耳。今便示退，贼当谓吾怖，仍来相蹙，必败之势也。”乃密与瑾立计，令瑾督舟船，逊悉上兵马，以向襄阳城。敌素惮逊，遽还赴城。瑾便引船出，逊徐整部伍，张拓声势，步趋船，敌不敢干。军到白围，托言住猎，潜遣将军周峻、张梁等击江夏新市、安陆、石阳，石阳市盛，峻等奄至，人皆捐物入城。城门噎不得关，敌乃自斫杀已民，然后得阖。斩首获生，凡千余人。其所生得，皆加营护，不令兵士干扰侵侮。将家属来者，使就料视。若亡其妻子者，即给衣粮，厚加慰劳，发遣令还，或有感慕相携而归者。邻境怀之，江夏功曹赵濯、弋阳备将裴生及夷王梅颐等，并帅支党来附逊。逊倾财帛，周赡经恤。

又魏江夏太守逯式兼领兵马，颇作边害，而与北旧将文聘子休宿不协。逊闻其然，即假作答式书云：“得报恳恻，知与休久结嫌隙，势不两存，欲来归附，辄以密呈来书表闻，撰众相迎。宜潜速严，更示定期。”以书置界上，式兵得书以见式，式惶惧，遂自送妻子还洛。由是吏士不复亲附，遂以免罢。

六年，中郎将周祗乞于鄱阳召募，事下问逊。逊以为此郡民易动难安，不可与召，恐致贼寇。而祗固陈取之，郡民吴遽等果作贼杀祗，攻没诸县。豫章、庐陵宿恶民，并应遽为寇。逊自闻，辄讨即破，遽等相率降，逊料得精兵八千余人，三郡平。

时中书典校吕壹，窃弄权柄，擅作威福，逊与太常潘濬同心忧之，言至流涕。后权诛壹，深以自责，语在《权传》。

时谢渊、谢厷等各陈便宜，欲兴利改作，以事下逊。逊议曰：“国以民为本，强由民力，财由民出。夫民殷国弱，民瘠国强者，未之有也。故为国者，得民则治，失之则乱，若不受利，而令尽用立效，亦为难也。是以《诗》叹‘宜民宜人，受禄于天’。乞垂圣恩，宁济百姓，数年之间，国用少丰，然后更图。”

赤乌七年，代顾雍为丞相，诏曰：“朕以不德，应期践运，王涂未一，奸宄充路，夙夜战惧，不遑鉴寐。惟君天资聪睿，明德显融，统任上将，匡国弭难。夫有超世之功者，必应光大之宠；怀文武之才者，必荷社稷之重。昔伊尹隆汤，吕尚翼周，内外之任，君实兼之。今以君为丞相，使使持节守太常傅常授印绶。君其茂昭明德，修乃懿绩，敬服王命，绥靖四方。於乎！总司三事，以训群寮，可不敬与！君其勖之。其州牧都护领武昌事如故。”

先是，二宫并阙，中外职司，多遣子弟给侍。全琮报逊，逊以为子弟苟有才，不忧不用，不宜私出以要荣利；若其不佳，终为取祸。且闻二宫势敌，必有彼此，此古人之厚忌也。琮子寄，果阿附鲁王，轻为交构。逊书与琮曰：“卿不师日磾，而宿留阿寄，终为足下门户致祸矣。”琮既不纳，更以致隙。及太子有不安之议，逊上疏陈：“太子正统，宜有盘石之固，鲁王藩臣，当使宠秩有差，彼此得所，上下获安。谨叩头流血以闻。”书三四上，及求诣都，欲口论適庶之分，以匡得失。既不听许，而逊外生顾谭、顾承、姚信，并以亲附太子，枉见流徙。太子太傅吾粲坐数与逊交书，下狱死。权累遣中使责让逊，逊愤恚致卒，时年六十三，家无余财。

初，暨艳造营府之论，逊谏戒之，以为必祸。又谓诸葛恪曰：“在我前者，吾必奉之同升；在我下者，则扶持之。今观君气陵其上，意蔑乎下，非安德之基也。”又广陵杨竺少获声名，而逊谓之终败，劝竺兄穆令与别族。其先睹如此。长子延早夭，次子抗袭爵。孙休时，追谥逊曰昭侯。

抗字幼节，孙策外孙也。逊卒时，年二十，拜建武校尉，领逊众五千人，送葬东还，诣都谢恩。孙权以杨竺所白逊二十事问抗，禁绝宾客，中使临诘，抗无所顾问，事事条答，权意渐解。赤乌九年，迁立节中郎将，与诸葛恪换屯柴桑。抗临去，皆更缮完城围，葺其墙屋，居庐桑果，不得妄败。恪入屯，俨然若新。而恪柴桑故屯，颇有毁坏，深以为惭。太元元年，就都治病。病差当还，权涕泣与别，谓曰：“吾前听用谗言，与汝父大义不笃，以此负汝。前后所问，一焚灭之，莫令人见也。”建兴元年，拜奋威将军。太平二年，魏将诸葛诞举寿春降，拜抗为柴桑督，赴寿春，破魏牙门将偏将军，迁征北将军。永安二年，拜镇军将军，都督西陵，自关羽至白帝。三年，假节。孙晧即位，加镇军大将军，领益州牧。建衡二年，大司马施绩卒，拜抗都督信陵、西陵、夷道、乐乡、公安诸军事，治乐乡。

抗闻都下政令多阙，忧深虑远，乃上疏曰："臣闻德均则众者胜寡，力侔则安者制危，盖六国所以兼并于强秦，西楚所以北面于汉高也。今敌跨制九服，非徒关右之地；割据九州，岂但鸿沟以西而已。国家外无连国之援，内非西楚之强，庶政陵迟，黎民未乂，而议者所恃，徒以长川峻山，限带封域，此乃守国之末事，非智者之所先也。臣每远惟战国存亡之符，近览刘氏倾覆之衅，考之典籍，验之行事，中夜抚枕，临餐忘食。昔匈奴未灭，去病辞馆；汉道未纯，贾生哀泣。况臣王室之出，世荷光宠，身名否泰，与国同戚，死生契阔，义无苟且，夙夜忧怛，念至情惨。夫事君之义犯而勿欺，人臣之节匪躬是殉，谨陈时宜十七条如左。"十七条失本，故不载。

时何定弄权，阉官预政；抗上疏曰："臣闻开国承家，小人勿用，靖谮庸回，唐书攸戒，是以雅人所以怨刺，仲尼所以叹息也。春秋已来，爰及秦、汉，倾覆之衅，未有不由斯者也。小人不明理道，所见既浅，虽使竭情尽节，犹不足任，况其奸心素笃，而憎爱移易哉？苟患失之，无所不至。今委以聪明之任，假以专制之威，而冀雍熙之声作，肃清之化立，不可得也。方今见吏，殊才虽少，然或冠冕之胄，少渐道教，或清苦自立，资能足用，自可随才授职，抑黜群小，然后俗化可清，庶政无秽也。"

凤皇元年，西陵督步阐据城以叛，遣使降晋。抗闻之，日部分诸军，令将军左奕、吾彦、蔡贡等径赴西陵，敕军营更筑严围，自赤溪至故市，内以围阐，外以御寇，昼夜催切，如敌以至，众甚苦之。诸将咸谏曰："今及三军之锐，亟以攻阐，比晋救至，阐必可拔。何事于围，而以弊士民之力乎？"抗曰："此城处势既固，粮谷又足，且所缮修备御之具，皆抗所宿规。今反身攻之，既非可卒克，且北救必至，至而无备，表里受难，何以御之？"诸将咸欲攻阐，抗每不许。宜都太守雷谭言至恳切，抗欲服众，听令一攻。攻果无利，围备始合。晋车骑将军羊祜率师向江陵，诸将咸以抗不宜上，抗曰："江陵城固兵足，无所忧患。假令敌没江陵，必不能守，所损者小。如使西陵槃结，则南山群夷皆当扰动，则所忧虑，难可竟言也。吾宁弃江陵而赴西陵，况江陵牢固乎？"初，江陵平衍，道路通利，抗敕江陵督张咸作大堰遏水，渐渍平中，以绝寇叛。祜欲因所遏水，浮船运粮，扬声将破堰以通步军。抗闻，使咸亟破之。诸将皆惑，屡谏不听。祜至当阳，闻堰败，乃改船以车运，大费损功力。晋巴东监军徐胤率水军诣建平，荆州刺史杨肇至西陵。抗令张咸固守其城；公安督孙遵巡南岸御祜；水军督留虑、镇西将军朱琬拒胤；身率三军，凭围对肇。将军朱乔、营都督俞赞亡诣肇。抗曰："赞军中旧吏，知吾虚实者，吾常虑夷兵素不简练，若敌攻围，必先此处。"即夜易夷民，皆以旧将充之。明日，肇果攻故夷兵处，抗命旋军击之，矢石雨下，肇众伤死者相属。肇至经月，计屈夜遁。抗欲追之，而虑阐畜力项领，伺视间隙，兵不足分，于是但鸣鼓戒众，若将追者。肇众凶惧，悉解甲挺走，抗使轻兵蹑之，肇大破败，祜等皆引军还。抗遂陷西陵城，诛夷阐族及其大将吏，自此以下，所请赦者数万口。修治城围，东还乐乡，貌无矜色，谦冲如常，故得将士欢心。

加拜都护。闻武昌左部督薛莹征下狱，抗上疏曰："夫俊乂者，国家之良宝，社稷之贵资，庶政所以伦叙，四门所以穆清也。故大司农楼玄、散骑中常侍王蕃、少府李勖，皆当世秀颖，一时显器，既蒙初宠，从容列位，而并旋受诛殛，或圮族替祀，或投弃荒裔。盖《周礼》有赦贤之辟，《春秋》有宥善之义。《书》曰：'与其杀不辜，宁失不经。'而蕃等罪名未定，大辟以加，心经忠义，身被极刑，岂不痛哉！且已死之刑，固无所识，至乃焚烁流漂，弃之水滨，惧非先王之正典，或甫侯之所戒也。是以百姓哀耸，士民同戚。蕃、勖永已，悔亦靡及，诚望陛下赦召玄出，而顷闻薛莹卒见逮录。莹父综纳言先帝，傅弼文皇，及莹承基，内厉名行，今之所坐，罪在可宥。臣惧有司未详其事，如复诛戮，益失民望，乞垂天恩，原赦莹罪，哀矜庶狱，清澄刑网，则天下幸甚！"

时师旅仍动，百姓疲弊，抗上疏曰："臣闻《易》贵随时，《传》美观衅，故有夏多罪而殷汤用师，纣作淫虐而周武授钺。苟无其时，玉台有忧伤之虑，孟津有反旆之军。今不务富国强兵，力农畜谷，使文武之才效展其用，百揆之署无旷厥职，明黜陟以厉庶尹，审刑赏以示劝沮，训诸司以德，而抚百姓以仁，然后顺天乘运，席卷宇内，而听诸将徇名，穷兵黩武，动费万计，士卒彫瘁，寇不为衰，而我已大病矣！今争帝王之资，而昧十百之利，此人臣之奸便，非国家之良策也。昔齐鲁三战，鲁人再克而亡不旋踵。何则？大小之势异也。况今师所克获，不补所丧哉？且阻兵无众，古之明鉴，诚宜暂息进取小规，以畜士民之力，观衅伺隙，庶无悔吝。”

二年春，就拜大司马、荆州牧。三年夏，疾病，上疏曰：“西陵、建平，国之蕃表，既处下流，受敌二境。若敌泛舟顺流，舳舻千里，星奔电迈，俄然行至，非可恃援他部以救倒县也。此乃社稷安危之机，非徒封疆侵陵小害也。臣父逊昔在西垂陈言，以为西陵国之西门，虽云易守，亦复易失。若有不守，非但失一郡，则荆州非吴有也。如其有虞，当倾国争之。臣往在西陵，得涉逊迹，前乞精兵三万，而主者循常，未肯差赴。自步阐以后，益更损耗。今臣所统千里，受敌四处，外御强对，内怀百蛮，而上下见兵财有数万，羸弊日久，难以待变。臣愚以为诸王幼冲，未统国事，可且立傅相，辅导贤姿，无用兵马，以妨要务。又黄门竖宦，开立占募，兵民怨役，逋逃入占。乞特诏简阅，一切料出，以补疆场受敌常处，使臣所部足满八万，省息众务，信其赏罚，虽韩、白复生，无所展巧。若兵不增，此制不改，而欲克谐大事，此臣之所深戚也。若臣死之后，乞以西方为属。愿陛下思览臣言，则臣死且不朽。”

秋遂卒，子晏嗣。晏及弟景、玄、机、云，分领抗兵。晏为裨将军、夷道监。天纪四年，晋军伐吴，龙骧将军王濬顺流东下，所至辄克，终如抗虑。景字士仁，以尚公主拜骑都尉，封毗陵侯，既领抗兵，拜偏将军、中夏督，澡身好学，著书数十篇也。二月壬戌，晏为王濬别军所杀。癸亥，景亦遇害，时年三十一。景妻，孙皓適妹，与景俱张承外孙也。

评曰：刘备天下称雄，一世所惮，陆逊春秋方壮，威名未著，摧而克之，罔不如志。予既奇逊之谋略，又叹权之识才，所以济大事也。及逊忠诚恳至，忧国亡身，庶几社稷之臣矣。抗贞亮筹干，咸有父风，奕世载美，具体而微，可谓克构者哉！

【译文】

陆逊字伯言，他是吴郡吴县人。原来的名字叫议，世代为江东大族。陆逊年少时父亲去世，随堂祖父庐江太守陆康在庐江任所。袁术与陆康有仇，将攻陆康，陆康叫陆逊及亲戚回到吴县。陆逊比陆康的儿子陆绩长几岁，便替陆绩管理家务。

孙权做将军时，陆逊二十一岁，开始在将军府中做官，曾经任东西曹令史，后来出任海昌屯田都尉，并兼县令。这个县连年大旱，陆逊开仓放粮以救济贫民，劝勉督促农桑生产，使百姓蒙受利益。当时，吴、会稽、丹杨三郡很多老百姓因逃避赋役而藏匿起来，陆逊向孙权陈述便国利民的事，请求招募他们。会稽山越的首领潘临，很久以来成为当地的一大祸害，历年官府都想能够捉住他多年没能抓获。陆逊率领手下招募的兵，进入深山险地实行讨伐，所到之处山越都被降服，部队发展到二千多人。鄱阳县贼帅尤突作乱，陆逊又前往讨伐。孙权任命他为定威校尉，驻兵利浦。

孙权把哥哥的女儿许配给陆逊，多次向他询问对当世局势的看法，陆逊提出建议说："当今英雄各据一方相持争霸，像豺狼一般窥测时机，要战胜敌人平定祸乱，没有大量的人马是办不到的。然而山贼是早就存在的祸患，与我们素不相和，倚仗着险要地势藏在深山中。内乱没有平定，就难以图谋远方的敌人，应当扩大队伍，从中挑选精锐兵士。"孙权采纳了他的计策，任命他为帐下右部督。正好赶上丹杨贼寇头领费栈接受了曹操的官职，煽动山越人作乱，以此来为曹操进攻做内应，于是孙权派陆逊去讨伐费栈，费栈的党羽众多，而陆逊的兵众很少，陆逊于是增设旌旗，分置战鼓和号角，深夜潜伏在山谷间，突然间擂鼓前进，费栈的人马一下子就被打得四散败逃。于是陆逊整编东部三郡的人马，强壮的人继续留在军营，病弱的人返回地方安户，这样一来得到了数以万计的精锐士卒。长期作乱的贼寇全部剿灭，军队所到之处即得平宁，陆逊返回屯驻在芜湖。

会稽太守淳于式上奏陆逊违法征用劳力，使所辖地百姓愁苦不堪。在那之后，陆逊到京晋见孙权，还在孙权面前称赞淳于式是个清官。孙权问道："淳于式告你的状而你却赞赏他，这是为什么？"陆逊回答说："淳于式意在养民，所以告发我。如果我再诋毁他蒙混陛下视听，这种风气不能助长啊！"孙权说："这真是厚道人的做法啊，只是一般人做不到罢了。"

吕蒙有病回到建业，陆逊去探望他时说："关羽和您隔江而望，您远离驻地而回就没有后顾之忧吗？"吕蒙说："确如你所讲，但我的确病得很重。"陆逊说："关羽自恃勇猛，欺压别人，因为立有大功，便目中无人，意定神闲，一味向北进攻魏国，对我不存戒心。如果把您有病的消息传过去，他一定更加没有防备。然后，我们出其不意，一定能捉住他。您见到皇上，应当很好地谋划一下。"吕蒙说："关羽勇猛，确实难以和他抗衡，何况他已经占据荆州，当地百姓又归心于他，再加上他刚刚立了大功，胆气更加旺盛，不易谋取啊！”吕蒙见到孙权，孙权问他：“谁能接替您？”吕蒙回答说：“陆逊思虑深远，我听他的谋划，以后一定能担当大任。再说他没有什么名气，不是关羽所忌惮的人，只有他是最合适的人选。如果用他，应让他深藏不露，暗中寻机，方可消灭关羽。”于是，孙权召见陆逊，任命他为偏将军右部督来代替吕蒙。

陆逊到陆口后，给关羽写了一封信，说：“在这之前蒙您细心观察有利时机，带领军队出征曹军，以较小的举动，获得重大的胜利，战绩是多么辉煌啊！敌国惨败，对于身为盟国的我们也是有利的，所以听到喜讯后，我们都击节叫好，并衷心希望您继续进军席卷北方，和我们共同辅助王室大业，维持纲纪。最近我这个才能微薄的人接受任命来到这个地，我十分景仰您的风采，希望受到您善意的教诲。”还说：“于禁等人被您擒获，远近都欢欣赞叹，认为将军您的功绩足以流芳百世，即便是当年晋文公城濮之战的军队、淮阴侯韩信攻取赵国的出色战略，都比不上您这次的功勋。我听说徐晃等人又屯聚起少量兵力，窥视您的动向。曹操是个狡猾的敌人，因为失败而被激怒就更不会考虑危难，恐怕会暗中增兵，以图实现他的野心。虽然说他的军队出征已久，战斗力不强，但还是有一些凶猛强悍的士兵。况且打了胜仗之后，往往会因轻敌而吃大苦头。古人依仗兵法，在军队得胜后会更加警惕，我希望将军多方采取措施，来保全您建树的战功。我是一介书生，才疏智钝，担任了不能胜任的要职，值得高兴的是我能与您这样德行出众威望崇高的将军为邻，非常乐意向您倾诉内心的想法，虽然未必合乎将军您的谋略，也总算表达了我的心愿。如蒙您关注，您必定会明察出来。”关羽看过陆逊的来信，有表示谦卑和请求庇护的意思，大为放心，不再有什么顾忌。陆逊向孙权详细汇报这里的情况，陈述了关羽可以擒获的关键所在。孙权于是暗中率军沿长江西上，任命陆逊和吕蒙为前锋指挥，迅速攻占公安和南郡。陆逊领兵长驱直入，兼任宜都太守，被授为抚边将军，封华亭侯。刘备委派的宜都郡太守樊友弃城逃走，各城邑的长官以及蛮夷头领也都纷纷投降。陆逊请求发给他们金银铜印，代表孙权分别授给这些刚刚归顺的人。这一年是建安二十四年十一月。

陆逊派将军李异、谢旌等人率三千兵，进击蜀将詹晏、陈凤。李异带领水军，谢旌率步兵，截断险要之地，很快就打败詹晏等人，生擒收降了陈凤。又进击房陵太守邓辅、南乡太守郭睦，大败他们。秭归的豪强大族文布、邓凯等人联合蛮夷，有兵众几千人，和西蜀联结。陆逊又部署谢旌打败他们。文布、邓凯逃脱，蜀国任他们为将领，陆逊派人去诱降，文布率兵回来投降。这次前后斩杀、俘虏、招降了好几万人。孙权任陆逊为右护军，镇西将军，晋封他为娄侯。

那时候荆州流亡的士人刚刚回来不久，有的人还没安排合适的官位，陆逊上疏说："从前汉高祖登位，招纳延用优异人才；光武中兴，众多杰出人物都来归附。只要可以使政教昌明，用人不一定要考虑关系的远近亲疏。现在荆州刚刚安定，有才德名望的人尚未显达，臣以勤恳恭谨的愚忠，请您普施培养提拔之恩，使他们都得以进用，这样，天下的人都会引颈倾慕，希望归服于您广大深远的教化。"孙权认真地采纳了他的建议。

黄武元年，刘备带领大军来进击西界，孙权让陆逊做大都督、假节，督率朱然、潘璋、宋谦、韩当、徐盛、鲜于丹、孙桓等五万人抵御。刘备从巫峡、建平连营到夷陵界，建立了几十个营寨，以黄金、蜀锦、爵位和种种赏赐诱动这一带的蛮夷，任用将军冯习为主将，张南为前部统领，辅匡、赵融、廖淳、傅肜等各为别部将领。先遣吴班率领几千人在平地立营，想以此挑战。诸将都主张攻，陆逊说："这当中必定有诈，姑且观察观察。"刘备知道此计不成，就带了八千伏兵，从山谷中出来。陆逊说："之所以不让你们进攻吴班，是揣测他定有诡诈的缘故。"陆逊上疏说："夷陵是个要害之地，是国家的一道关隘，虽然说容易取得，但也容易失掉。失掉了不但损失一郡之地，整个荆州都可忧虑。现在我们争夺此地，一定要保证成功。刘备违背天理，不守巢穴，而敢来送死，臣虽然不才，仰仗您的神威，以顺讨逆，打败敌人，就在近日。查刘备前后用兵，败多胜少，由此推论，不足为忧。我起初担心他水陆并进，而他现在反而舍船就步，处处结营，看他的布置，必定没有其他变故。伏愿主上高枕无忧，不必挂念。"诸将却说："进攻刘备应在当初，而今竟然让他深入五六百里，双方相持经七八个月，他的各处险要都已固守，此时发动攻击必然得不到好处。"陆逊说："刘备是个狡猾的敌人，经历的事情多，当他的军队开始结集的时候，思虑专精，不可轻易进犯。现在驻扎已久，没捞到我们的好处，士兵疲敝，意志沮丧，无计可施，夹击此敌，正在今日。"于是先攻一营，不利，诸将都说："白拿士兵去送死罢了。"陆逊说："我已经知道攻破敌人的方法了。"便下令各持一把茅草，以火攻攻破敌营。当取胜之势形成，就统率诸军同时进攻，斩张南、冯习及胡王沙摩柯等人首级，攻破敌军四十余营。刘备部将杜路、刘宁等走投无路，乞求投降。刘备登上马鞍山，布置军队环卫自己。陆逊督促诸军四面逼攻，敌军土崩瓦解，死者上万。刘备乘夜逃走，驿站的人员将溃兵丢下的铙、铠甲担至隘口焚烧，来阻挡后面的追兵，刘备才得以逃进白帝城。蜀军的舟船器械、水军步兵的物资，一时之间几乎全部损失，尸骸漂流而下，塞满了江面。刘备非常惭愧愤恨，说："我竟被陆逊所侮辱，岂不是天意吗？"

起初，孙桓另外带领一军到夷道攻打刘备的先锋，被蜀军队包围，孙桓向陆逊请求支援。陆逊说："不行。"众将说："安东将军孙桓是主上同宗，他被围遇险，怎能不去援救呢？"陆逊说："安东将军深得将士爱戴，夷道城池坚固，粮食充足，不必担忧。待我的计策得以实施，其围自解。"果然，陆逊方略施行，蜀军奔逃溃散。后来，孙桓见到陆逊说："先前我确实曾怨恨您不肯救我，今大局已定，才知道您调动有方啊！"

当陆逊抵御刘备的时候，属下众将有的是孙策时的原来的将士，有的是吴国的皇亲国戚，都很骄傲自负，互相不服，不听从指挥。陆逊握着宝剑说："刘备是天下闻名的人，曹操都怕。现在刘备侵入我国境内，这可是强大的对手。各位身受国家的恩惠，应该和睦相处，共同消灭这个敌人，以上报国恩，但是现在互相不服顺，这不是应该做的事。尽管我是一介书生，却受命于主上。国家所以要委屈各位接受我指挥的原因，是认为我还有些许长处值得称道，能够忍辱负重的缘故。各位都应该做好自己的事，哪里能再不服从命令！军令有常法，是不可违犯的。"等到打败刘备，计策大都出自陆逊，众将才佩服。孙权听到这件事，说："君为什么当初不向我报告众将不服从指挥的事呢？"陆逊回答说："臣受主上大恩，所担任的职务超过了自己的才能。再说那些将领有的极得主上信任，有的是冲锋陷阵的良将，有的是国家功臣，都是国家所赖以共成大事人。臣虽然笨拙懦弱，但是私下里倾慕蔺相如、寇恂屈己让人的品德，以救助国事。"孙权大笑，称赞陆逊做得对，加任陆逊为辅国将军，兼任荆州牧，当即改封陆逊为江陵侯。

刘备在白帝城住下之后，徐盛、潘璋、宋谦等人纷纷上书孙权，说刘备一定可以擒获，请求再次攻打刘备。孙权询问陆逊的意见，陆逊与朱然、骆统等认为首丕正在大规模集结军队，表面上说是要帮助吴国讨伐刘备，实际上却心怀不轨，应当郑重决断并立即撤军。不久，魏国果然出兵，吴国在三个方向受敌攻击。

过了不久刘备病死，他的儿子刘禅继承王位，诸葛亮掌握大权，又与孙权结盟通好。政事当中应当处理的问题，孙权就命陆逊告知诸葛亮，并且刻了孙权的印玺放在陆逊的官署。孙权每次给刘禅和诸葛亮写信，也常在经过荆州送往蜀国时拿给陆逊过目，措词轻重与否，内容是否恰当，如有欠妥之处，就让陆逊改定，然后盖上孙权的印章加封之后送走。

黄武七年，孙权让鄱阳太守周鲂去骗魏国大司马曹休，曹休果然举车到达皖城，孙权就召来陆逊，赐给他黄钺，任他为大都督，迎击曹休。曹休知道上当后，羞于被欺骗，仗着兵精马多，就与陆逊交战。陆逊自己率中军，令朱桓、全琮为左右两翼，三路并进，果敢地冲击曹休的伏兵，趁机赶走曹军，追击逃亡的敌军，一直追到夹石，斩杀俘虏一万多人，还获得了牛马骡驴拉车上万辆和几乎全部军用物资。曹休回去，背上发毒疮而死。吴军的凯旋之师从武昌经过，孙权命令左右侍从，用御用的伞盖遮着陆逊进出的殿门，凡是赐给陆逊的，都是御用的上等珍品，当时没有能与他相比的。然后让陆逊回到西陵。

黄龙元年，任命陆逊做了上大将军、右都护。也是在这一年，孙权东巡建业，留下太子、皇子和尚书九卿，征召陆逊辅佐太子，并掌管荆州和豫章三郡的政务，管理监督军政国事。当时建昌侯孙虑在殿堂前建造了一座斗鸭栏，十分工巧，陆逊正色对他说："君侯您应勤奋阅读经典，来增长见识，玩弄这些做什么？"孙虑当时就拆毁了斗鸭栏。射声校尉孙松在公子中最受孙权喜爱，他放纵士兵嬉戏，军纪松弛，陆逊当着他的面处以剃发的处罚。南阳人谢景对刘廙先刑后礼的论调十分推崇，陆逊斥责谢景说："礼早于刑已经很久了，刘廙用微不足道的诡辩来歪曲先圣的教导，是完全不对的。您如今侍奉太子，应遵守仁义来宣扬善言，像那样的言论，不必讲了。"

陆逊虽然在外做官，但是心中不忘国家大事，上奏陈述时事说："臣认为法律太严、太细，下面违犯的人就很多。近几年来，将领官员犯罪，虽然是因他们自己不谨慎而应该受到责罚，但是如今天下还没有统一，应该图谋进取，小的过错应该宽免，来安定下面的情绪。而且当前要做的事越来越多，注重才能应是首要的，除非是奸邪淫恶，或是无法忍受的罪过，恳请您还是提拔任用，让他们施展才能为陛下效力。这就是圣明的君王忘掉过失、记取功劳，以成就帝王大业的做法。从前汉高祖不计陈平的过失，采用他的奇妙谋略，到最终建立帝王之业，他的功劳流传千载。严酷的刑法，不是创立帝王盛业的做法；有惩罚而没有宽恕，不是能够安抚远方的人的宏图大计。”

孙权想要派部分军队攻取夷州和朱崖，都事先寻求陆逊的意见，陆逊上疏说：“臣愚意认为，天下尚未平定，需要民力来完成当前的大事。如今战事经年，现有士兵减员，陛下忧劳心思，废寝忘食，将要大老远地谋取夷州，以成就大事。臣反复思考，看不出这样做的好处。万里奔袭攻取，风波难以预测；战士改换水土，一定招致疾疫。如果驱遣现有的士兵进入不毛之地，将是想要获益却更受损，想要得利反而受害。再说珠崖地势极为险要，百姓像禽兽一样愚昧野蛮，得到那样的百姓不足以成就事业，没有那样的战士不算是减损兵员。如今江东的现有兵力，已经足以图取大事，只是应该积蓄力量然后行动而已。当初桓王草创根基，兵力不到一旅，但是却开创了大业。陛下承受天命，开拓平定了江南。臣听说治乱讨逆，要靠军队作为威慑，农桑衣食，是老百姓的本业。而现在战争尚未止息，百姓还在挨饿受冻。臣愚意认为应该养育士民，宽缓百姓的租赋，使战士们能同心同德，用道义鼓励他们的勇气，那么中原就可以平定，天下归于统一了。”孙权最终还是出征夷州，结果得不偿失。

当公孙渊背弃盟约之后，孙权想去讨伐，陆逊上疏说：“公孙渊凭借险要的地形和坚固的防守，拘留我国特使，不肯贡献名马，实在令人仇恨愤怒。蛮夷扰乱中原，他们没有受到圣王的教化，像飞鸟一样窜到荒僻边远地方，对抗我国的军队，让陛下如此震怒，竟然要乘小船，过大海，不考虑危险而轻涉难以意料的风险。现在天下纷乱如同云，群雄像猛虎一般争斗，豪杰们都跃跃欲试，呐喊呼号，瞪着眼睛互相敌视。陛下以神勇威武的英姿，秉承天意的安排，在乌林击破曹操，在西陵打败刘备，在荆州捉住关羽，这三个敌人都是当世的英雄豪杰，现在一一挫败了他们的锋芒。万里之内，人民像风吹拂草一样，受到您教化的安抚，这正是平定中原，实现统一大业的时候。如今陛下对小的怨愤不能忍耐，而大发雷霆之怒，违背古代“千金之子坐不垂堂”的告诫，看轻了帝王的贵重身份，这是我迷惑不解的。我听说有志于行万里路的人，不肯半路上停足；谋划统一天下的人，不能计较小事而妨害大局。强大的敌人在我们境内，边远地区还没有归附朝廷，陛下乘船远征，必然给敌人以可乘之机，祸患到了再忧愁，后悔也来不及了。如果统一大业能够成功，那么公孙渊不用讨伐自然降服；现在竟然舍不得遥远的辽东的人民和名马，难道对于抛弃原来江东的基业而不可惜吗？请求您停止发兵，以对付主要的敌人，尽早平定中原地区，为后世长留荣光。”孙叔因而采纳了他的建议。

嘉禾五年，孙权向北讨伐中原，派陆逊和诸葛瑾进击襄阳。陆逊派遣亲信韩扁带着奏章去向孙权报告，返回时在沔中，被敌巡哨抓到。诸葛瑾听到后非常担心，写信给陆逊说：“皇上已经返回，曹军抓获韩扁，必然会知道我们的虚实。而且，江水干涸，应赶快撤退。”陆逊没有回复，却督促人们去种蔓菁和豆子，并和往常一样与诸将下棋、喝酒猜投。诸葛瑾说：“陆伯言足智多谋，他这样做一定有道理。”就亲自来见陆逊，陆逊说：“魏军已知皇上回去了，就没什么顾虑了，所以全力来对付我们。况且，他们已经驻守险地，我方将士不稳，我们自己应镇定以稳将士之心，施予灵活的计策，然后退兵。现在如果要退兵，敌人必以为我们害怕，一定会来进逼，这是必然要失败的。”就和诸葛瑾秘定计谋，让诸葛瑾统领水军，陆逊率领全部兵马，向襄阳进攻。魏军一向畏惧陆逊，立即返回城里。诸葛瑾就带领船只出发，陆逊慢慢整顿队伍，大张声势，步行上船，魏不敢进犯。兵马到达白围，陆逊宣称住下打猎，暗中派将军周峻、张梁等进攻江夏郡的新市、安陆、石阳县。石阳正是赶集的时侯，周峻等突然到来，人们都丢下货物跑进城里。城门被堵塞得无法关闭，魏军就砍杀自己的民众，才关上城门。吴军斩杀、生俘一千多人。那些被生俘的人，都给予救治，不让士兵欺侮。带着家眷来投奔的，也派人多方照顾。有失去妻子儿女的，就给予衣服、粮食，优厚慰劳，并放他们回去，有的人因此被感动，相携前来投奔。邻地的百姓也都前来归附；魏国江夏功曹赵濯、弋阳备将裴生以及夷人首领梅颐等人，都率领部典和部落民众来归降陆逊。陆逊拿出全部财物，给予周到的关照。

此外，魏国江夏太守逯式率领兵马，总是危害吴国边境，而他和北方的魏国老将文聘的儿子文休一向不和。陆逊闻知此情况后，立即伪造回复逯式的信说：“收到来信言辞恳切，知道您和文休早有过节，势不两立，您若想来归附，我会立刻把来信秘密呈报君王，集合人马迎接您。您应暗中整装行动，再告知我准确的时间。”把信放到边境上，逯式的手下拾到信拿给逯式看，逯式惶恐畏惧，于是就亲自送妻子儿女返回洛阳。结果官兵与他都不再亲近依附，于是他就被免官了。

嘉禾六年，中郎将周祇请求在鄱阳郡招募士兵，孙权就此事问陆逊。陆逊觉得此郡的百姓容易动乱不好抚慰，不可以招募，不然可能会招来贼寇。而周祇坚持自己的观点，结果他被做了贼的郡民吴遽等人给杀了，吴遽等人把各个县全部攻下。豫章、庐陵两郡一贯作恶的人，都响应吴遽做了贼寇。陆逊自己听到这消息，立即征讨并打败他们，吴遽等人相继投降，陆逊精兵八千多人，三郡全都被平定。

时中书典校吕壹，窃弄权柄，擅作威福。逊与太常潘濬同心忧之，言至流涕。后权诛壹，深以自责，语在《权传》。

那时候，谢渊、谢厷等人各自陈述有利国家的建议，想兴办利国事业，改革旧例，孙权把这事委托给陆逊。陆逊议论说："国家以百姓为根本，强大来自民众的力量，财富从民众中产生。民富国弱，或民贫国强的情况，从未有过。故而治理国家的，得民心则国治，失民心则国乱，若要民众没有得利，而让他们耗尽力量来报效，也是非常难的。因此《诗经》赞叹'宜民宜人，受禄于天'。乞求陛下垂赐圣恩，安宁百姓，几年内，等国用稍丰，再作打算。"

赤乌七年，陆逊接替顾雍做了丞相，孙权下诏说："朕以并不高尚的德行，顺天应命登上帝位，未曾促成天下一统，邪恶之人到处都是，朕日夜如履薄冰，顾不上有片刻的安眠。只有您天资聪颖，睿智过人，德高望重，身为上将，辅助国家消除祸患。对待功劳卓绝的人，必定要对其加以无尽的恩宠；对身兼文才武略的人，国家的重任必定要让其担负。过去伊尹使商汤兴隆，吕尚使周朝如虎添翼，如今朝廷内外的职责，您实际都兼任了。现把您任命为丞相，派遣持节守太常傅常授予您印绶。您要把明德发扬光大，建立完满的功业，恭敬地服从王命，安抚四方。呜呼！总管三公职事，训导群臣百官，能不谨慎吗？您要不断自勉！并且还要继续担任之前的州牧都护兼领武昌职事。"

在这之前，太子和鲁王两宫有不少盈缺的官位，朝廷内外各机构的官员，大多派遣子弟到太子宫或鲁王府去随侍找个职位。全琮将这一情况报告陆逊，陆逊认为如果子弟们自己有才能，不用为他们得不到任用而担忧，不应当私人请托以求功名利禄；如果子弟才能不够，这样做最终只能招来祸事。而且听说太子与鲁王势均力敌，必然会互相争斗，这是古人极为忌讳的事情。全琮的儿子全寄，果然归顺鲁王，轻率地为鲁王陷害他人。陆逊写信给全琮说："您不效法汉代金日磾杀掉惹祸的儿子，反而让阿寄在家里留宿，最终会给您的家族带来祸事。"全琮不肯采纳陆逊的意见，反而和陆逊产生了矛盾。等到听闻太子将被废掉的议论，陆逊上疏说:“太子嫡出正统,应该让他的地位像磐石一样稳固。鲁王是藩王诸侯,在恩宠地位上应当和太子有所差别,二人按照自己的身份各得其所,朝廷上下才能获得安宁。臣谨叩头流血向陛下禀告。”他上书三四次,并要求去京都,准备当面向孙权讨论嫡庶的区别,以匡正得失。孙权没有接受他的意见,而陆逊的外甥顾谭、顾承、姚信,都因为亲近依附太子,无辜地被流徙。太子太傅吾粲因为多次和陆逊进行书信来往而犯罪,被抓入监狱杀掉。孙权几次派遣宫里的使者责备陆逊,陆逊于是因怨恨去世,时年六十三岁,家中没有多余的财物。

起初,暨艳提出设立营府来处置贪官污吏的建议,陆逊规劝、告诫他,觉得这样必定招致祸患。又对诸葛恪说:“地位比我高的人,我一定要尊奉他,与他一同晋升;地位比我低的人,则要扶持他们。现在我看您盛气侵凌尊长,心中轻视下级,这不是安和福利的根基呀!”广陵人杨竺年轻时被人称誉,但是陆逊认为他最终会招致祸害,劝他哥哥杨穆同他分开,另立门户。他的先见之明就像这样。长子陆延早死,次子陆抗继承爵位。孙休当皇帝的时候,追谥陆逊为昭侯。

陆抗,字幼节,他是孙策的外孙。陆逊死时,他二十岁,任命他为建武校尉,带领陆逊的士兵五千人,护送陆逊的灵柩由荆州回吴地安葬,并到京都向孙权谢恩。孙权把杨竺控告陆逊的二十件事拿来责问陆抗,并屏退陆抗的随从,由宫中宦官当面盘问,陆抗不假思索,每件事据理回复,孙权的疑惑才渐渐消除。赤乌九年,陆抗升任立节中郎将,与诸葛恪换防到柴桑驻扎。陆抗临走时,把城墙全都修好,房屋也做了修缮,住宅周围的桑树、果木,不许随意毁坏。诸葛恪进入军营,一切都整齐如新。而诸葛恪在柴桑的旧军营,却破烂不堪,诸葛恪因此深感惭愧。太元元年,陆抗到都城治病,病愈返回的时候,孙权流着泪同他告别,说:“我过去听信了谗言,对你父亲有些不公,因此亏待了你。我前后责问你的诏书,全部烧掉,不要让别人看见。”建兴元年,陆抗被任命为奋威将军。太平二年,魏国将领诸葛诞献寿春城投降。任命陆抗为柴桑督,前往寿春,战败魏国的牙门将、偏将军,因而升任征北将军。永安二年,任命陆抗为镇军将军,西陵都督,总管自关羽濑到白帝城的军务。永安三年,假节。孙晧即位以后,加授为镇军大将军,兼益州太守。建衡二年,大司马施绩死,任命陆抗为总管信陵、西陵、夷道、乐乡、公安等地军务的都督,治所设在乐乡。

陆抗听说朝廷的政令有很多不对的地方，十分担心，就上疏说："我听说，君王德行不相上下则民众多的胜过民众少的，武力相等则安定的国家胜过混乱的国家，这是六国被强秦兼并，西楚霸王被汉高祖打败的原因。现在，敌国占据控制四方边境，不只是关西地区；割据九州，难道只是占领鸿沟以西的土地而已。我国外无盟国互相援救；内部也不像西楚那样强盛，各方面政务不景气，百姓不安定。而议论者所持的理由，只不过是有大江高山阻隔、围绕着我国疆域，这只是守卫国家的下策，聪明人是不把这些放在前面的。我经常追忆战国时各国存亡的原因，近看汉朝灭亡的征兆，用典籍来考证，用行事来检验，半夜里抚着枕头不能入睡，吃饭的时候忘了进餐。过去匈奴没有消灭，霍去病辞去他的府第；汉朝的治国之道有弊病，贾谊为此伤心哭泣。何况我出身于王室，世代蒙受国恩，个人的穷达毁誉，与国家休戚相关，生死离合，遵从道义，决不苟且偷安，我早晚忧愁，想到这些十分难过。侍奉君主的大义在于犯颜直谏而不能欺骗，做人臣的操守是不顾一切尽忠君王，不惜为之献身。我诚恳地陈述当前应做的十七条如下。"这十七条的原件已失，所以这里没有记载。

那时候，何定弄权，宦官干预朝政，陆抗上疏说："臣听说创建国家，继承家业，不能安于奸邪小人的谗言，这在尧典里就有告诫。因此，志行高尚的诗人抒发怨恨昏君、讽刺时政的情感，孔子也为之叹息。春秋至秦汉，各代的败亡，几乎都是从这里开始的。那些小人根本不懂治国，见识短浅，即使能尽忠诚报效主上，尚且不能任用，更何况他们的心地邪恶已久，爱憎之情易于变化呢？如果害怕失去他们，那么，也就没有不能任用的人了。现在，委任他们为重臣，授予独断专行的权力，还希望出现和乐的盛世之音，看到清明的社会风气，那是根本不可能的。虽然说现任职务的官员，有特殊才能的不多，但是他们有的是从小就得到道德教化的浸润；有的则由清苦而独立，其资力值得任用，当然可以根据他们的才能授予官职，以抑制、黜退那些小人，这样，风气才能净化，各项政务才不能被污浊。"

凤凰元年，西陵督步阐以所据西陵发动叛乱，派人向晋国要求归降。陆抗听到后，赶忙部署，命将军左奕、吾彦、蔡贡等直接进攻西陵，其他各营重新构筑坚固的围墙，从赤溪到故市，对内，用以围困步阐，对外用此防御敌人。陆抗日夜督促，仿佛敌兵已经到来，士兵都叫苦喊累。众将都劝阻说："现在，应该以三军精锐，迅速进攻步阐，等晋国救兵到时，步阐也已被攻下。何必要筑围墙，让士兵和百姓都疲惫不堪呢？”陆抗说：“西陵城地势险要，城墙坚固，粮食充足，那里修筑的防御工事，是我以前规划的。现在，反过来去进攻它，既不能马上攻下，而且，晋国的救兵也一定会来。敌人来了，我们却没有准备，内外受敌，怎么来抵挡？”众将都想攻打步阐，陆抗不准许。宜都太守雷谭请求出战的言辞非常恳切，陆抗想让大家信服，就准许他进攻。结果没有取胜，这时壁垒才得以合围。晋国车骑将军羊祜率军向江陵而来，众将都认为不宜再西去西陵，陆抗说：“江陵城池坚固，兵力充足，不必担忧。即使敌人攻陷江陵，一定也守不住，我们损失不大。如果江凌被敌人占去，江南山区的夷人就会动乱，那么，令人担忧的事就多了。我宁愿放弃江陵去救西陵，何况江陵是非常牢固的呢！”当初，江陵地势平坦，交通便利，陆抗命江陵督张咸筑起大坝，让江水漫到平地上，用以隔断外敌和叛贼。羊祜想借助水行船运粮，却故意扬言要挖坝让步兵通过。陆抗听说后，让张咸立即破坏大坝。众将都迷惑不解，屡次劝谏，陆抗都不听。羊祜来到当阳，听说大坝已经破坏，就改船运为车运，耗费了大量的人力和物力。晋国的巴东监军徐胤率水军到建平，荆州刺史杨肇到西陵。陆抗命张咸固守江陵；公安督孔遵巡视江南岸以御羊祜；水军督留虑、镇西将军朱琬抗击徐胤；陆抗亲率三军，凭借围墙迎战杨肇。吴将朱乔、营都督俞赞逃降杨肇。陆抗说：“俞赞是军中老官，了解我们的底细。我常常担心夷兵平素未经精练，如果敌军进攻围墙的话，必定先攻打那里。撤换夷兵，用有经验的战将来代替。第二天，杨肇果然进攻以前夷兵的防守处，陆抗下令反击，箭矢石块如雨点射下，杨肇兵士伤亡很多。杨肇在西陵一个多月，计策用尽，再无计可施，就连夜撤退。陆抗想追赶，又担心步阐集中兵力在要害处进攻，分兵不足，于是，只敲鼓做出要追赶的样子。杨肇的部下惊恐万状，全部都抛下武器逃跑了。陆抗派轻兵随后追赶，肇军大败，羊祜等人也率军退回。陆抗趁机攻占了西陵城，杀了步阐家族和他手下的大将和重要官员，自将官以下，全部赦免，被赦免的达到几万人。陆抗重新修理了西陵城墙和工事，东归乐乡，他脸上没有骄傲的神色，谦虚如常，所以得到将士的拥戴。

天子加授陆抗做了都护，听说武昌左部督薛莹被下狱，陆抗上疏说：“才德出众的人，是国之瑰宝，社会的财富，各种政务因有他们而有条不紊，四方才得以肃清。以前的大司农楼玄、散骑中常侍王蕃、少府李勖，都是一代英杰，他们当初蒙受荣宠，规矩地在官供职，不久，却都被诛杀，有的被灭族绝嗣，没有后人祭祀，有的被抛弃到荒远之地。《周礼》有赦免贤才小过的法规，《春秋》有宽宥善人的义理，《尚书》说：‘与其杀死无辜，宁可不行常法。’而王蕃等人罪名未定，死刑却已临身。本是心存忠义，然而却身遭极刑，怎不令人痛心！而且，对已死之人再加刑戮，典籍本没有记载，竟然把尸体焚毁、漂流，丢在水边，这恐怕不合先王立下的刑典，或者正是《尚书·吕刑》中甫侯所要禁戒的。因此，百姓哀恐，士民悲伤。王蕃、李勖已经死去，曾经后悔也来不及了，恳请陛下赦免并让楼玄复出。最近，臣又听说薛莹也入狱了。薛父薛综曾在先帝身边任纳言，辅佐过文皇帝，薛莹继承父之业，修养操行，他所犯之罪是可以原谅的。臣担心有关官员不了解事由，如果再处以极刑，更会使百姓失望。请圣上施恩，赦免薛莹之罪，怜悯众犯，使刑法清明，那么天下人就非常幸运了。”

那时候，将士频繁出战，百姓很劳累，陆抗上疏说：“臣听说《易经》提倡应时而动，《左传》赞赏寻敌破绽和有利战机，所以，夏桀罪恶而商汤用兵，商纣暴虐而周武王征讨。如果没有这样的时机，玉台之战商汤就有失败之忧，孟津之役诸侯会盟的兵马也只能中道而返。现在应致力于富国强兵生产蓄粮，使文武百官施才报国，各级官署不废职事，明确升贬条规以激励百官，严肃刑罚让人们知道什么该做，什么不该做；用道德训导官吏，以仁义安抚百姓，然后顺应天意把握时机，席卷天下。可现在，却听任武将舍身为名，穷兵黩武，动辄耗资上万，士兵疲惫，敌人没有被削弱，而我们却已经困乏不堪了。只想去争夺称帝的资格，被小利所蔽，这是佞臣子所玩弄的奸计，而不是为国着想的良策。过去，齐国和鲁国三次交战，鲁国胜了两次，不久却就灭亡了。为什么呢？因为两国强弱不同。何况，如今用兵所得战果，还补偿不了损失呢？况且，依靠兵力，没有民众，这在古代就有明鉴，确实应该暂停进击的计划，积蓄军民力量，等待时机，才可能不后悔。”

凤皇二年春，在驻地授予陆抗大司马与荆州牧。凤皇三年夏，陆抗生了重病，上疏说：“西陵和建平是国家的边防屏障，地处长江下流，受两个敌国威胁。如果敌方船只顺流而下，船行千里，船速如流星闪电，顷刻就会到达，无法指望别处的救兵来解救危急。这是国家安危的关键，不只是边疆地区受侵害的小事。我父亲陆逊当初在西部边界时上书陈述，认为西陵是国家的西大门，虽然说容易防守，也容易丢失。如果这里失守，不只是丢失了一个郡，荆州也不可能为吴国所有了。假如这里有不测，应该出动全国的兵力争夺。我过去驻守西陵，曾看过父亲陆逊的事迹，请求得到三万精兵，但是主持军务的人按照常规，不肯派遣那么多军队前往。自从步阐叛乱之后，军队受到更大损失。现在我所管辖的千里之地，四处受敌威胁。对外要抵抗强敌，对内要安抚各族，而手下现在有兵员才几万人，年老体弱疲惫的状态已经很久了，很难应付事变。我认为各位皇子年纪尚小，没有管理过国事，应当设立傅相，辅导教育他们，不必动用兵马，以妨害大事。宫中的宦官，开设了私自确定招募名额的制度，兵民怨恨服役，纷纷逃亡投奔宦官门下。请求特下诏书，认真检查挑选，一切重新安排应募人员，将多余的遣出王宫，去补充常常受敌侵扰的边防地区的兵员，使我的部下补足八万人，减少繁冗的事务，有功必赏，有罪必罚，即使韩信、白起复活，也无法施展的技巧。如果不增兵员，宫中的制度不改变，而想成就大业，这是我深感忧虑的事。我死以后，请求以西部边境为重。希望陛下考虑我的话，那么我死后，精神将永不磨灭。”

这一年秋天，陆抗终于死去，儿子陆晏继承爵位。陆晏和弟弟陆景、陆玄、陆机、陆云，分别统领陆抗的部队。陆晏担任裨将军、夷道监。在天纪四年，晋军攻伐吴国，龙骧将军王濬顺长江东下，所到之处一攻即破，终于像陆抗所担忧的那样。陆景字士仁，因匹配公主被任命为骑都尉，封为毗陵侯，统领陆抗的部队后，任命为偏将军、中夏督。他修持操行，爱好学问，著书几十篇。二月壬戌，陆晏被王濬的非主力部队杀死。癸亥，陆景也遇害，当时三十一岁。陆景的妻子，是孙皓的嫡母所生的妹妹，和陆景同为张承的外孙。

评论说：刘备被天下人称为英雄，举世畏惧，陆逊年纪正轻，威名还没有显著，但摧折、击败刘备，无不随心所欲。我既惊讶陆逊的谋略，又赞叹孙权善识人才，这是他们能成就大事的原因。至于陆逊忠诚恳切周到，忧劳国事直至献身，算得上社稷之臣了。陆抗的正直诚信与谋略才干，都具有他父亲的风范，一代接一代获得美名，父辈的功勋德业陆抗都具备而只是规模略小，可以说是能完成前辈事业的人啊！

三国志卷五十九·吴书十四

吴主五子传

孙登字子高，权长子也。魏黄初二年，以权为吴王，拜登东中郎将，封万户侯，登辞侯不受。是岁，立登为太子，选置师傅，铨简秀士，以为宾友，于是诸葛恪、张休、顾谭、陈表等以选入，侍讲诗书，出从骑射。权欲登读《汉书》，习知近代之事，以张昭有师法，重烦劳之，乃令休从昭受读，还以授登。登待接寮属，略用布衣之礼，与恪、休、谭等或同舆而载，或共帐而寐。太傅张温言于权曰："夫中庶子官最亲密，切问近对，宜用隽德。"于是乃用表等为中庶子。后又以庶子礼拘，复令整巾侍坐。黄龙元年，权称尊号，立为皇太子，以恪为左辅，休右弼，谭为辅正，表为翼正都尉，是为四友，而谢景、范慎、刁玄、羊衜等皆为宾客，于是东宫号为多士。

权迁都建业，征上大将军陆逊辅登镇武昌，领宫府留事。登或射猎，当由径道，常远避良田，不践苗稼，至所顿息，又择空间之地，其不欲烦民如此。尝乘马出，有弹丸过，左右求之。有一人操弹佩丸，咸以为是，辞对不服，从者欲捶之，登不听，使求过丸，比之非类，乃见释。又失盛水金马盂，觉得其主，左右所为，不忍致罚，呼责数之，长遣归家，敕亲近勿言。后弟虑卒，权为之降损，登昼夜兼行，到赖乡，自闻，即时召见。见权悲泣，因谏曰："虑寝疾不起，此乃命也。方今朔土未一，四海喁喁，天戴陛下，而以下流之念，减损大官殽馔，过于礼制，臣窃忧惶。"权纳其言，为之加膳。住十余日，欲遣西还，深自陈乞，以久离定省，子道有阙，又陈陆逊忠勤，无所顾忧，权遂留焉。嘉禾三年，权征新城，使登居守，总知留事。时年谷不丰，颇有盗贼，乃表定科令，所以防御，甚得止奸之要。

初，登所生庶贱，徐夫人少有母养之恩，后徐氏以妒废处吴，而步夫人最宠。步氏有赐，登不敢辞，拜受而已。徐氏使至，所赐衣服，必沐浴服之。登将拜太子，辞曰："本立而道生，欲立太子，宜先立后。"权曰："卿母安在？"对曰："在吴。"权默然。

立凡二十一年，年三十三卒。临终，上疏曰："臣以无状，婴抱笃疾，自省微劣，惧卒陨毙。臣不自惜，念当委离供养，埋胔后土，长不复奉望宫省，朝觐日月，生无益于国，死贻陛下重戚，以此为哽结耳。臣闻死生有命，长短自天，周晋、颜回有上智之才，而尚夭折，况臣愚陋，年过其寿，生为国嗣，没享荣祚，于臣已多，亦何悲恨哉！方今大事未定，逋寇未讨，万国喁喁，系命陛下，危者望安，乱者仰治。愿陛下弃忘臣身，割下流之恩，修黄老之术，笃养神光，加羞珍膳，广开神明之虑，以定无穷之业，则率土幸赖，臣死无恨也。皇子和仁孝聪哲，德行清茂，宜早建置，以系民望。诸葛恪才略博达，器任佐时。张休、顾谭、谢景，皆通敏有识断，入宜委腹心，出可为爪牙。范慎、华融矫矫壮节，有国士之风。羊衜辩捷，有专对之材。刁玄优弘，志履道真。裴钦博记，翰采足用。蒋修、虞翻，志节分明。凡此诸臣，或宜廊庙，或任将帅，皆练时事，明习法令，守信固义，有不可夺之志。此皆陛下日月所照，选置臣官，得与从事，备知情素，敢以陈闻。臣重惟当今方外多虞，师旅未休，当厉六军，以图进取。军以人为众，众以财为宝，窃闻郡县颇有荒残，民物凋弊，奸乱萌生，是以法令繁滋，刑辟重切。臣闻为政听民，律令与时推移，诚宜与将相大臣详择时宜，博采众议，宽刑轻赋，均息力役，以顺民望。陆逊忠勤于时，出身忧国，謇謇在公，有匪躬之节。诸葛瑾、步骘、朱然、全琮、朱据、吕岱、吾粲、阚泽、严畯、张承、孙怡忠于为国，通达治体。可令陈上便宜，蠲除苛烦，爱养士马，抚循百姓。五年之外，十年之内，远者归复，近者尽力，兵不血刃，而大事可定也。臣闻'鸟之将死其鸣也哀，人之将死其言也善'，故子囊归终，遗言戒时，君子以为忠，岂况臣登，其能已乎？愿陛下留意听采，臣虽死之日，犹生之年也。"既绝而后书闻，权益以摧感，言则陨涕。是岁，赤乌四年也。谢景时为豫章太守，不胜哀情，弃官奔赴，拜表自劾。权曰："君与太子从事，异于他吏。"使中使慰劳，听复本职，发遣还郡。谥登曰宣太子。

子璠、希，皆早卒，次子英，封吴侯。五凤元年，英以大将军孙峻擅权，谋诛峻，事觉自杀，国除。

谢景者字叔发，南阳宛人。在郡有治迹，吏民称之，以为前有顾劭，其次即景。数年卒官。

孙虑字子智，登弟也。少敏惠有才艺，权器爱之。黄武七年，封建昌侯。后二年，丞相雍等奏虑性聪体达，所尚日新，比方近汉，宜晋爵称王，权未许。久之，尚书仆射存上疏曰："帝王之兴，莫不褒崇至亲，以光群后，故鲁卫于周，宠冠诸侯，高帝五王，封列于汉，所以藩屏本朝，为国镇卫。建昌侯虑禀性聪敏，才兼文武，于古典制，宜正名号。陛下谦光，未肯如旧，群寮大小，咸用于邑。方今奸寇恣睢，金鼓未弭，腹心爪牙，惟亲与贤。辄与丞相雍等议，咸以虑宜为镇军大将军，授任偏方，以光大业。”权乃许之，于是假节开府，治半州。虑以皇子之尊，富于春秋，远近嫌其不能留意。及至临事，遵奉法度，敬纳师友，过于众望。年二十，嘉禾元年卒。无子，国除。

孙和字子孝，虑弟也。少以母王有宠见爱，年十四，为置宫卫，使中书令阚泽教以书艺。好学下士，甚见称述。赤乌五年，立为太子，时年十九。阚泽为太傅，薛综为少傅，而蔡颖、张纯、封俌、严维等皆从容侍从。

是时有司颇以条书问事，和以为奸妄之人，将因事错意，以生祸心，不可长也，表宜绝之。又都督刘宝白庶子丁晏，晏亦白宝，和谓晏曰：“文武在事，当能几人，因隙构薄，图相危害，岂有福哉？”遂两释之，使之从厚。常言当世士人宜讲修术学，校习射御，以周世务，而但交游博弈以妨事业，非进取之谓。后群寮侍宴，言及博弈，以为妨事费日而无益于用，劳精损思而终无所成，非所以进德修业，积累功绪者也。且志士爱日惜力，君子慕其大者，高山景行，耻非其次。夫以天地长久，而人居其间，有白驹过隙之喻，年齿一暮，荣华不再。凡所患者，在于人情所不能绝，诚能绝无益之欲以奉德义之涂，弃不急之务以修功业之基，其于名行，岂不善哉？夫人情犹不能无嬉娱，嬉娱之好，亦在于饮宴琴书射御之间，何必博弈，然后为欢。乃命侍坐者八人，各著论以矫之。于是中庶子韦曜退而论奏，和以示宾客。时蔡颖好弈，直事在署者颇学焉，故以此讽之。

是后王夫人与全公主有隙。权尝寝疾，和祠祭于庙，和妃叔父张休居近庙，邀和过所居。全公主使人觇视，因言太子不在庙中，专就妃家计议；又言王夫人见上寝疾，有喜色。权由是发怒，夫人忧死，而和宠稍损，惧于废黜。鲁王霸觊觎滋甚，陆逊、吾粲、顾谭等数陈適庶之义，理不可夺，全寄、杨竺为鲁王霸支党，谮诉日兴。粲遂下狱诛，谭徙交州。权沈吟者历年，后遂幽闭和。于是骠骑将军朱据、尚书仆射屈晃率诸将吏泥头自缚，连日诣阙请和。权登白爵观见，甚恶之，敕据、晃等无事匆匆。权欲废和立亮，无难督陈正、五营督陈象上书，称引晋献公杀申生，立奚齐，晋国扰乱，又据、晃固谏不止。权大怒，族诛正、象，据、晃牵入殿，杖一百，竟徙和于故鄣，群司坐谏诛放者十数。众咸冤之。

太元二年正月，封和为南阳王，遣之长沙。四月，权薨，诸葛恪秉政。恪即和妃张之舅也。妃使黄门陈迁之建业上疏中宫，并致问于恪。临去，恪谓迁曰："为我达妃，期当使胜他人。"此言颇泄。又恪有徙都意，使治武昌宫，民间或言欲迎和。及恪被诛，孙峻因此夺和玺绶，徙新都，又遣使者赐死。和与妃张辞别，张曰："吉凶当相随，终不独生活也。"亦自杀，举邦伤焉。

孙休立，封和子晧为乌程侯，自新都之本国。休薨，晧即阼，其年追谥父和曰文皇帝，改葬明陵，置园邑二百家，令、丞奉守。后年正月，又分吴郡、丹杨九县为吴兴郡，治乌程，置太守，四时奉祠。有司奏言，宜立庙京邑。宝鼎二年七月，使守大匠薛珝营立寝堂，号曰清庙。十二月，遣守丞相孟仁、太常姚信等备官僚中军步骑二千人，以灵舆法驾，东迎神于明陵。晧引见仁，亲拜送于庭。灵舆当至，使孙相陆凯奉三牲祭于近郊，晧于金城外露宿。明日，望拜于东门之外。其翌日，拜庙荐祭，歔欷悲感。比七日三祭，倡技昼夜娱乐。有司奏言"祭不欲数，数则黩，宜以礼断情"，然后止。

孙霸字子威，和弟也。和为太子，霸为鲁王，宠爱崇特，与和无殊。顷之，和、霸不穆之声闻于权耳，权禁断往来，假以精学。督军使者羊衜上疏曰："臣闻古之有天下者，皆先显别適庶，封建子弟，所以尊重祖宗，为国藩表也。二宫拜授，海内称宜，斯乃大吴兴隆之基。顷闻二宫并绝宾客，远近悚然，大小失望。窃从下风，听采众论，咸谓二宫智达英茂，自正名建号，于今三年，德行内著，美称外昭，西北二隅，久所服闻。谓陛下当副顺遐迩所以归德，勤命二宫宾延四远，使异国闻声，思为臣妾。今既未垂意于此，而发明诏，省夺备卫，抑绝宾客，使四方礼敬，不复得通，虽实陛下敦尚古义，欲令二宫专志于学，不复顾虑观听小宜，期于温故博物而已，然非臣下倾企喁喁之至愿也。或谓二宫不遵典式，此臣所以寝息不宁。就如所嫌，犹宜补察，密加斟酌，不使远近得容异言。臣惧积疑成谤，久将宣流，而西北二隅，去国不远，异同之语，易以闻达。闻达之日，声论当兴，将谓二宫有不顺之愆，不审陛下何以解之？若无以解异国，则亦无以释境内。境内守疑，异国兴谤，非所以育巍巍，镇社稷也。愿陛下早发优诏，使二宫周旋礼命如初，则天清地晏，万国幸甚矣。"

时全寄、吴安、孙奇、杨竺等阴共附霸，图危太子。谮毁既行，太子以败，霸亦赐死。流竺尸于江，兄穆以数谏戒竺，得免大辟，犹徙南州。

霸赐死后，又诛寄、安、奇等，咸以党霸构和故也。

霸二子，基、壹。五凤中，封基为吴侯，壹宛陵侯。基侍孙亮在内，太平二年，盗乘御马，收付狱。亮问侍中刁玄曰："盗乘御马罪云何？"玄对曰："科应死。然鲁王早终，惟陛下哀原之。"亮曰："法者，天下所共，何得阿以亲亲故邪？当思惟可以释此者，奈何以情相迫乎？"玄曰："旧赦有大小，或天下，亦有千里、五百里赦，随意所及。"亮曰："解人不当尔邪！"乃赦宫中，基以得免。孙晧即位，追和、霸旧隙，削基、壹爵土，与祖母谢姬俱徙会稽乌伤县。

孙奋字子扬，霸弟也，母曰仲姬。太元二年，立为齐王，居武昌。权薨，太傅诸葛恪不欲诸王处江滨兵马之地，徙奋于豫章。奋怒，不从命，又数越法度。恪上笺谏曰："帝王之尊，与天同位，是以家天下，臣父兄，四海之内，皆为臣妾。仇雠有善，不得不举，亲戚有恶，不得不诛，所以承天理物，先国后身，盖圣人立制，百代不易之道也。昔汉初兴，多王子弟，至于太强，辄为不轨，上则几危社稷，下则骨肉相残，其后惩戒，以为大讳。自光武以来，诸王有制，惟得自娱于宫内，不得临民，干与政事，其与交通，皆有重禁，遂以全安，各保福祚。此则前世得失之验也。近袁绍、刘表各有国土，土地非狭，人众非弱，以適庶不分，遂灭其宗祀。此乃天下愚智，所共嗟痛。大行皇帝览古戒今，防芽遏萌，虑于千载。是以寝疾之日，分遣诸王，各早就国，诏策殷勤，科禁严峻，其所戒敕，无所不至，诚欲上安宗庙，下全诸王，使百世相承，无凶国害家之悔也。大王宜上惟太伯顺父之志，中念河间献王、东海王彊恭敬之节，下当裁抑骄恣荒乱以为警戒。而闻顷至武昌以来，多违诏敕，不拘制度，擅发诸将兵治护宫室。又左右常从有罪过者，当以表闻，公付有司，而擅私杀，事不明白。大司马吕岱亲受先帝诏敕，辅导大王，既不承用其言，令怀忧怖。华锜先帝近臣，忠良正直，其所陈道，当纳用之，而闻怒锜，有收缚之语。又中书杨融，亲受诏敕，所当恭肃，云'正自不听禁，当如我何'？闻此之日，大小惊怪，莫不寒心。里语曰：'明镜所以昭形，古事所以知今。'大王宜深以鲁王为戒，改易其行。战战兢兢，尽敬朝廷，如此则无求不得。若弃忘先帝法教，怀轻慢之心，臣下宁负大王，不敢负先帝遗诏，宁为大王所怨疾，岂敢忘尊主之威，而令诏敕不行于藩臣邪？此古今正义，大王所照知也。夫福来有由，祸来有渐，渐生不忧，将不可悔。向使鲁王早纳忠直之言，怀惊惧之虑，享祚无穷，岂有灭亡之祸哉？夫良药苦口，惟疾者能甘之；忠言逆耳，惟达者能受之。今者恪等慺慺欲为大王除危殆于萌芽，广福庆之基原，是以不自知言至，愿蒙三思。”

奋得笺惧，遂移南昌，游猎弥甚，官属不堪命。及恪诛，奋下住芜湖，欲至建业观变。傅相谢慈等谏奋，奋杀之。坐废为庶人，徙章安县。太平三年，封为章安侯。

建衡二年，孙晧左夫人王氏卒。晧哀念过甚，朝夕哭临，数月不出，由是民间或谓晧死，讹言奋与上虞侯奉当有立者。奋母仲姬墓在豫章，豫章太守张俊疑其或然，扫除坟茔。晧闻之，车裂俊，夷三族，诛奋及其五子，国除。

评曰：孙登居心所存，足为茂美之德。虑、和并有好善之姿，规自砥砺，或短命早终，或不得其死，哀哉！霸以庶干適，奋不遵轨度，固取危亡之道也。然奋之诛夷，横遇飞祸矣。

【译文】

孙登，字子高，他是孙权的长子。魏黄初二年，魏文帝册封孙权为吴王，让孙登做了东中郎将，封万户侯，孙登托病没有接受。当年，孙权立孙登为吴王太子，选择老师辅导他，又选取德才出众的人，做他的宾朋。于是，诸葛恪、张休、顾谭、陈表等人被选入太子宫中。既陪侍太子讲解诗书，又跟随太子骑马射箭。孙权想让孙登阅读《汉书》，以熟悉近代的事情。因张昭于《汉书》深得良师传授颇有体会，可是又不忍他过度劳累，所以，孙权便让张休先随其父张昭习读，然后再转授给孙登。孙登与僚属相处，大都使用平民间的礼节，与诸葛恪、张休、顾谭等有时同车出行，有的时候共帐而眠。太傅张温向孙权建议说：“中庶子这个官与太子的关系最亲近，他要在太子身边回答太子提出的所有问题，应选用德行杰出的人。”于是，就任命陈表等人为中庶子。后来，又因为中庶子的礼节过于拘谨，孙登就让他们头戴裹巾陪坐。黄龙元年，孙权称帝，立孙登为皇太子，任命诸葛恪为左辅，张休为右弼，顾谭为辅正，陈表为翼正都尉，这就是当时所称“四友”。谢景、范慎、刁玄、羊衜等人也都是太子的宾客，此时，东宫可谓人才济济。

孙权迁都回建业，征召上大将军陆逊辅佐孙登镇守武昌，兼管皇宫及官署的留守事务。孙登有时外出打猎，总是远避良田，从来不践踏庄稼，休息时，也是选择无人空地，他就是这样从不骚扰民众。有一次，孙登骑马外出，有弹丸飞过，左右随从去查找发射弹丸的人，正好有一人手持弹弓佩着丸囊，大家都认为是这个人，可这人不承认，随从想打他，孙登没有同意，就派人找回那颗弹丸，比较与此人的不同，就放了他。又有一次，丢失了盛水用的金马盂，偷盗者是孙登的亲随。孙登不忍心处罚他，只是责备几句，然后将他遣返回家，并且告诫左右随从不要再提起这件事。后来，孙虑去世，孙权为此吃不下饭，孙登日夜兼程赶到赖乡，请求召见，孙权立即见他，看到孙权在悲伤流泪，孙登就劝解说："孙虑一病不起，这是天命啊！现在，北方还没有统一，四海之内都在翘首以盼，上天授命陛下，陛下却因对晚辈的思念，减少饮食，这已经超越了礼制，臣深感忧虑。"孙权采纳了他的意见，增加了饮食。住了十几天，孙权想让孙登西还武昌，孙登向孙权一再请求，说自己长年在外未能向父亲请安，从做儿子的角度来说有所缺欠，又陈说陆逊忠诚勤劳，武昌那边没有什么可以顾虑的，孙权就让他留在建业。嘉禾三年，孙权率军亲自进攻合肥新城，孙登留守建业，全面掌管留守事务。当年粮食歉收，盗贼猖獗，孙登上表奏请制定有关的法令，这些法令的制定非常符合防范盗贼的要领。

开始的时候，孙登的生母地位低贱，徐夫人对他从小就有养育的恩情，后来徐夫人因为妒嫉被废黜安置到吴郡，而步夫人最受宠幸。步夫人有赏赐，孙登不敢推辞，但只是恭敬接受而已。徐夫人派人来，所赐给的衣服，他一定会先沐浴然后穿在身上。孙登将被册立为太子，他推辞说："根基树立而道义生长，要立太子，应该先立皇后。"孙权问："你的母亲在哪里？"孙登回答说："在吴郡。"孙权沉默不语。

孙登为太子二十一年，三十三岁时去世。在去世之前，他上疏说："我因不贤，身染重病，自己知道品行鄙陋，恐将殒命。我并不可惜自己，只是想到就要离开父母，葬于土中，再不能进望宫禁，再不能朝拜陛下王后，生对国家没有贡献，死却留给陛下沉重的忧伤，因此深感悲哀。我听说死生有命，长短在天，周晋、颜回都是大智慧的人，尚且夭折，何况我愚陋，且年龄已超过他们的寿命，活着是国家的继嗣，死后仍享有尊位，于我而言，所得已然很多，还有什么可悲叹遗憾的呢？如今统一大业尚未完成，各地的贼寇还没有讨伐，天下人翘首以待，把命运寄托于陛下。危难处希望您赐予平安，动乱中仰仗您使之安定。希望陛下彻底忘弃我，割舍对晚辈的恩爱，修炼黄老之术，专养精神，增加美食，广开圣明的思虑，以奠定传承不绝的帝业。那么，天下百姓就幸运地有所依赖，我也死而无憾了。皇子孙和仁孝、聪慧，品行高洁，应该及早立为太子，以寄托百姓的希望。诸葛恪才略通达，有辅佐时政的才能；张休、顾谭、谢景，都博学敏锐，有见识，能决断，入朝内可为心腹，出征可做得力将领；范慎、华融，高风亮节，有国士风范；羊衜能言善辩，有使节独自应答的才干；刁玄为人优雅大度，志在研习道统的真谛；裴钦博闻强记，文采斐然足堪一用；蒋修、虞翻，志向节操分明。这些臣子，有的可为朝廷大臣，有的适宜出任将帅，他们都熟知时事，明习法令，谨守道义，有不可屈服的志向。这都得益于陛下日月一样的光耀，选其为臣的属官，臣得以与他们共事，了解了他们的真情，才敢陈说于陛下。臣又思虑，现今境外征战不已，应当激励将士，以图进取。兵营以人组成士众，而士众又以财物为宝。臣私下听说各郡县很多地方已经荒芜残破，人口财物缺乏，奸徒趁机作乱，因此，法令不断增多，刑法日益严酷。臣听说，理政须顺从百姓心愿，法令要因时势而改变，确实一定与大臣们详细择取合乎时宜的政策，广泛征求意见，放宽刑罚，减轻赋税，公平并尽量少地征发力役，以顺应百姓的期望。陆逊对于政事忠诚勤奋，献身国事，有公而忘私的气节。

诸葛瑾、步骘、朱然、全琮、朱据、吕岱、吾粲、阚泽、严畯、张承、孙怡等人忠心为国，通晓治国根本。应让他们陈述当时之急务，摒弃繁琐的政策，爱护兵马，慰藉百姓。这样，五年后，十年内，境外的人来归顺，境内的人尽心力，不需武力，则天下可定矣。我曾听说'鸟之将死其鸣也哀，人之将死其言也善'，所以，子囊临终遗言对时政提出告诫，郡子认为他忠诚，何况儿臣孙登，能不这样做吗？望陛下留意听取儿臣的意见，那么，臣死而无憾。"他死后，章表才呈报上去，孙权越发悲伤感动，一说话就流泪。这是赤乌四年。谢景当时担任豫章太守，忍受不住悲伤之情，弃官职前去奔丧，上表自请处分。孙权说："你和太子在一起办事，与其他官员不同。"派宫中使者去慰问他，给他恢复原职，回到豫章郡。赐孙登谥号为宣太子。

儿子孙璠、孙希，都英年早逝，第二个儿子孙英，被封做了吴侯。五凤元年，孙英因为大将军孙峻专权，策划诛杀孙峻，事情败露自杀，封国被取消。

谢景字叔发，南阳郡宛县人。在豫章郡任太守时有政绩，官吏百姓称颂他，认为前面有顾劭，其次就是谢景。几年后死在任上。

孙虑字子智，他是孙登的弟弟。小时候聪颖有才能，孙权器重、喜爱他。黄武七年，封为建昌侯。此后两年，丞相顾雍等人向孙权进言说，孙虑性情聪慧，识见通达，崇尚不断自新，向东汉人学习看齐，应该提升爵位册封为王，孙权没有同意。过了些时候，尚书仆射名叫存的上疏说："帝王兴起的时候，没有不推崇自己的至亲，以此对诸侯显示他们的光耀，所以鲁、卫两国在周朝，尊荣高于其他诸侯，汉高祖的五个儿子，都在封王之列，这都是用来保卫朝廷，充当国家镇守护卫的。建昌侯孙虑禀性聪颖敏悟，才能文武双全，按照古代的典章制度，应该端正名号。陛下谦逊礼让，没同意按古人制度行事，大小百官，都因此忧悒郁结。当今奸雄敌寇肆虐，战事还没有停止，亲信和得力助手，只有亲人和贤才。臣特地同丞相顾雍等人商议，都认为孙虑应该担任镇军大将军，授给他统领一个方面的任务，以振兴伟大的事业。"孙权这才同意这个建议，于是授给孙虑假节的称号，开建府署，辟置僚属，治所设在半州。孙虑有着皇子的尊贵身份，年纪又轻，远近的人都怀疑他能否留心公务。等到上任视事，他遵守法规，奉行制，尊敬师长，结交朋友，超过了众人的期望。二十岁的时候，嘉禾元年去世。没有儿子，封国被撤销。

孙和，字子孝，他是孙虑之弟，少时因母亲王氏被孙权宠爱而受孙权喜爱。十四岁时，为他安排了宫廷侍卫，让中书令阚泽传授经典。孙和喜好学习，礼贤下士，很为人们所称道。赤乌五年，他十九岁被立为太子。任阚泽为太傅，薛综任少傅，蔡颖、张纯、封俌、严维等都以愉快的心情侍奉他。

那时候官吏常用分条书写的方法询问政事，孙和觉得，这种方式会给奸佞之人机会，从而产生作乱害人的念头，不能这样下去，便上表要求禁止这种做法。都督刘宝状告中庶子丁晏，丁晏也状告刘宝。孙和对丁晏说："文武官员在任上的能有多少人？因为一点矛盾就互相攻击，相互危害，怎么会有福运呢？"于是，他两面进行劝解，使他们交往增多。他常说："当代的才学之士应当探讨研究学问，操演武功，以济当世，如果只是往来下棋，妨碍了事业，不能算是进取。"后来群臣出席他的酒宴，谈到下棋的时候，他认为："这只能妨碍事务，浪费时光，既没有实际益处，也消耗精力损害思虑，最终会一无所成，不是用来提高道德、增长学识、积累功绩的东西。有志之士应当爱惜光阴与精力，追求理想，以不能与品德高尚的人为伍而耻辱。虽然天长地久，但人于天地间，却有如白驹过隙，年纪一老，时光转眼间就过去了。大凡人之所怕，是心中的七情六欲不能斩断，如果断绝无益的欲望、奉行德义高尚的事业，抛弃闲事修筑建功立业的根基，对于人的名声品行，难道不是好事吗？人的七情六欲中是不能没有娱乐的，但是娱乐的爱好，应在于饮宴、弹琴、读书、骑射之间，不必非得去下棋，才感到欢乐！”于是，命陪坐的几个人，各自写文评论下棋。中庶子韦曜回去就写文上奏，孙和出示给宾客们看。那时候，蔡颖喜欢下棋，在其官署中任职的很多人都跟他学棋，因此，孙和用这个办法来规劝他。

在那之后，王夫人和全公主有了矛盾。孙权也因病卧床不起，孙和到宗庙去为孙权祈祷，孙和妃子的叔父张休住在宗庙附近，邀请孙和顺路到他家坐坐。全公主派监视的人去偷看到了，就对孙权说太子不在庙里，却专程跑到妃子娘家去商议事情；又说王夫人看见皇上卧病，面露喜色。孙权因此发怒，王夫人忧郁而死。此后，孙权对孙和的恩宠也逐渐减少，孙和担心自己会被废黜。鲁王孙霸觊觎太子之位的非分之想更加强烈，陆逊、吾粲、顾谭等人多次陈述嫡庶之别的道理，指出太子之位按情理不能被剥夺。全寄、杨竺是孙霸的党羽，他们对支持孙和的诬陷也一日甚于一日。终于，吾粲被关进监狱处死，顾谭被流放到交州。孙权犹豫了几年以后，竟把孙和幽禁起来。这时，骠骑将军朱据、尚书仆射屈晃带着许多将官以泥涂面并自缚双手，一连几天到皇宫门前为孙和求情。孙权在白爵观上看到后，非常厌恶，下诏斥责朱据、屈晃等无事生非，孙权要废黜孙和，立孙亮为太子。无难督陈正、五营督陈象上书，援引春秋时晋献公杀申生立奚齐，导致晋国混乱的事劝谏；朱据、屈晃等人也谏诤不止。孙权大怒，将陈正、陈象灭族，朱据、屈晃于朝堂上，杖责一百，将孙和放逐到故鄣，群臣因为进谏被处死、流放的有十几人。大家都为孙和感到冤屈。

太元二年正月，封孙和为南阳王，派遣他到长沙。这一年四月，孙权驾崩，诸葛恪把持朝政。诸葛恪是孙和妃子张氏的舅舅。张氏派黄门陈迁到京城上疏，并问候诸葛恪。陈迁临走时，诸葛恪对他说：“请转告王妃，我一定让她超过其他人。”话泄露了出去。诸葛恪打算迁都，他派人修整武昌的宫殿，百姓中则有了他想迎立孙和的传言。诸葛恪被杀以后，孙峻便因此事夺了孙和的南阳王印玺，将他迁徙到新都郡，不久，又派使臣去新都赐孙和死。孙和与张妃诀别，张妃说：“吉凶都相随，我绝不独自偷生。”也自杀了，吴国上下都为他们悲伤。

孙休即帝位后，封孙和的儿子孙晧做了乌程侯，让孙晧从新都郡迁居到封国所在的乌程县。孙休去世后，孙晧即帝位，在这一年就追谥父亲孙和为文皇帝，改葬明陵，修置园邑，安排百姓二百户，设置令、丞侍奉管理。第三年正月，又分出吴郡、丹杨郡九个县设置吴兴郡，治所在乌程，设置太守，一年四季按时祭祀明陵。有关官吏上书，请求在京城为孙和建庙。宝鼎二年七月，孙晧派遣代理将作大匠薛珝修建寝堂，名字叫清庙。十二月，派遣代理丞相孟仁、太常姚信等准备相关官员及中军步骑兵两千人，用灵车和天子仪仗，往东去明陵迎接孙和的神位。临行之前，孙晧接见孟仁，亲自在朝廷大殿前拜送。灵车将回时，又命丞相陆凯用牛羊猪三牲在近郊祭祀，孙晧离开皇宫到金城外露宿等候。第二天，在京城东门外举行祭祀活动。第三天，孙晧到清庙拜谒，奉献供品祭祀，悲泣伤感。七天之内三次祭祀，舞乐杂戏等表演昼夜不停。有关官员上奏说："祭祀不能太频繁，太频繁就会亵渎神灵，应该遵循礼制，抑制个人的情感。"这才停止祭祀活动。

孙霸，字子威，他是孙和之弟。孙和做太子时，孙霸是鲁王，所受宠爱优厚，与孙和一样。不久，孙和、孙霸不和的事传到孙权那里，孙权便禁止他们与外界来往，闭门自修。督军使者羊衜上书说："我听说，古时据有天下的人，都明确区分嫡庶，赐给子弟爵位和封地，建立邦国，这是为了让他们尊重祖宗，成为国家的保卫。东宫太子与西宫鲁王的授任，可说合乎时宜，这是我国兴盛的基础。近来，听说二宫同被禁止和宾客往来，远近的人都感不解，群臣也非常失望。下面的议论都认为，两宫智慧通达，英气勃发，自确立名号到现在，已三年了，他们内含高尚的德行，外扬美好的名声，就连西蜀和魏国，也都敬服他们的名望。众臣都认为，陛下应顺应远近人们归顺德政的愿望，仍然允许两宫接待四方远客，使其他国家听到他们的名声后，都想归附于他们。现在，不但没有留意这方面的事，反倒颁布诏令，减少他们的防卫，阻隔他们的宾客，使四方的礼敬再也不能相通。虽然，这是陛下推崇古义，使两宫专心学习，不再在细小的事上纠缠，期待他们借鉴历史经验，熟知广博事物。但是，这不是臣等企盼的最大愿望。有人说，太子、鲁王不遵守礼法，这使臣坐卧难安。假如真像人们猜疑的那样，也应当加以补救，暗中斟酌解决的办法，不让远近出现其他的说法。臣担心，猜疑多了则成了诽谤，时间长了就会传播出去。蜀、魏离我国不远，很容易传到他们那里。那样，就会产生各种议论，认为太子、鲁王有不顺从陛下的过失，看陛下如何解释。如果无法向邻国解释，也就无法消除国内的疑虑。存有疑虑，他国就会传言四起，这不是增加陛下的圣明、镇卫国家的做法。望陛下早下褒奖诏令，允许太子、鲁王宾客往来，同当初一样，这样，就会天地清平，大为幸运了。”

在那时，全寄、吴安、孙奇、杨竺等人暗中听从孙霸的安排，图谋危害太子。诽谤虽然得逞，太子因此失势，可孙霸也被赐死。杀了杨竺尸体扔在江中，其兄杨穆因多次劝诫他，得以免刑，但还是被流放到南方的边州。随后，全寄、吴安、孙奇等人也被诛杀，这都是因为他们同孙霸结党诬陷孙和的缘故。

孙霸有孙基和孙壹两个儿子。五凤年间，孙亮封孙基做了吴侯，孙壹为宛陵侯。孙基在宫内侍奉孙亮，太平二年，因偷骑御马，被抓进监狱。孙亮问侍中刁玄说：“偷骑御马定什么罪？”刁玄回答说：“按律当死。不过，鲁王死得早，望陛下哀怜、宽恕他。”孙亮说：“法律为天下人所共同遵守，怎么能因疼爱亲人就有所偏袒呢？应当有另外可以使他免罪的方法，为什么用亲情来逼迫我呢？”刁玄说：“以前，赦免罪犯分大赦、小赦，有全国的赦免，也有千里以内、五百里以内的赦免，这随陛下心思而定。”孙亮说：“救人不应当这样做吗？”于是，赦免皇宫之内，孙基因此免罪。孙晧即帝位以后，追究父亲孙和与鲁王孙霸之间的旧怨，废去孙基、孙壹的爵位和封国，与他们的祖母谢姬一起流放到会稽郡乌伤县。

孙奋，字子扬，他是孙霸之弟，他的母亲是仲姬。太元二年，孙奋被立为齐王，住在武昌。孙权去世后，太傅诸葛恪不想让各王子居住在长江沿岸的军事要地，就把孙奋迁到豫章。孙奋很气愤，非但不服从命令，还多次超越法规行事，诸葛恪奉笺书劝说：“帝王尊贵，与上天同位。因此，帝王以天下为家，以父兄为臣，四海之内，都是奴仆。仇人有善行，就不能不推举；亲人有劣迹，也不得不处罚。这是承受天命，治理万物，先国后己的原因，恐怕也是圣人建立法度，百代不变的道理。汉朝初建的时候，分封众子弟为王，以至于一些王国过于强大，违犯法纪的事时有发生，上，几乎危害国家，下，导致骨肉相残。此后，便以此为戒，视为国家大忌。自汉光武帝以来，一定有相应的制度，诸王只能在王宫内自娱自乐，不得接近百姓、干预政事，与外界的交往，都有严格的限制。这才使诸王身安，也保住了自己的福祚。这就是前代诸王得失的验证。近世的袁绍、刘表各占地盘，土地并不狭小，人口实力也不弱，但是都因嫡庶不分，终使自己的宗族灭绝。这是天下无论智者愚者都为之叹息的。刚逝去的先帝博览古今、防微杜渐，思虑深远。所以，在卧病的时候就分送诸王，及早回到自己的封国去，诏命恳切，禁令严肃，规诫嘱咐，细密周详，实在是想对上安定宗庙，对下保全诸王，让他们百世相传，不会产生害国害家的悔恨啊！大王应该上想周代太伯顺从父志，次念河间献王、东海王刘彊恭敬节操，下要抑制自己的率意而为，以此为己之警戒。大王到武昌以后，常违背诏命，不守制度，擅征将士修治自己的宫室；侍从中有罪过的，本应上报，有司公开处理，而您却擅自杀掉，使事情不清不楚。大司马吕岱亲受先帝诏令，辅导大王，您却不接受他的意见，使他心怀忧恐。华锜是先帝近臣，善良正直，他所陈述的道理，您应当采纳，而您很恼怒，声言要捆缚拘捕他。再有，中书杨融，亲受先帝诏令，您本应恭敬待他，而您却说：'就是不服从禁令，你能把我怎么样？'听到这话的时候，众官员都很吃惊，而感到寒心的。俗话说：'以明镜可以照出形貌，以古事可以知道今情。'大王应深以鲁王为戒，改变行为，小心谨慎，尽心恭敬朝廷，如能这样，就没有什么办不到的事了。倘若抛弃先帝的法令和教诲，心怀轻慢，那么，臣下宁可辜负大王，也不敢辜负先帝的遗诏；宁肯被大王所怨恨，又怎么敢忘君主之威严，而使诏令在诸侯身上不能实行呢？此古今正理，是大王所清楚的。福降有因，祸至有兆，征兆出现而不忧虑，事出将无法追悔。当初鲁王若早纳忠正之言，有警惕之心，就会享有无穷的福祉，怎么会有灭亡的灾祸呢？良药苦口，只有生病之人才乐于服用。忠言逆耳，唯通达之人才能听取。现在，臣诸葛恪等毕恭毕敬，想为大王将危险消除在萌芽之中，巩固大王福庆的根源，所以，不觉间话有些过分，望大王三思。"

孙奋看到诸葛恪的信后非常害怕，就迁去南昌，但出游打猎比以往更甚，连属下都忍受不了。后来，诸葛恪被杀，孙奋东下住到芜湖，并想到建业去观望时局的变化，师傅、国相谢慈等人规劝孙奋，孙奋杀了他们。因此获罪，废黜为民，被放逐到章安县。太平三年，被封为章安侯。

建衡二年，孙晧的左夫人王氏去世。孙晧哀思，早晚都聚集众人到灵前痛哭，几个月也没有上朝。因此，民间有人以为孙晧死了，谣传孙奋和上虞侯孙奉两人中将有一个被立为皇帝。孙奋母亲仲姬的墓地在豫章，豫章郡太守张俊推测谣言可能是真的，就为仲姬扫墓。孙晧听到这件事，车裂张俊，灭其三族，又处死孙奋和他的五个儿子，封国也被废除。

评论说：孙登所想所为，可以说是品德美好。孙虑、孙和也都本质向善，遵守法令，磨炼品行，但这二人或是早逝，或是非命，令人痛惜啊。孙霸以庶子身份欲谋夺嫡子之位，孙奋不守法度，本就是自取灭亡。不过，孙奋的被杀，却也是飞来的横祸。

三国志卷六十·吴书十五

贺全吕周钟离传

贺齐字公苗，会稽山阴人也。少为郡吏，守剡长。县吏斯从轻侠为奸，齐欲治之，主簿谏曰："从，县大族，山越所附，今日治之，明日寇至。"齐闻大怒，便立斩从。从族党遂相纠合，众千余人，举兵攻县。齐率吏民，开城门突击，大破之，威震山越。后太末、丰浦民反，转守太末长，诛恶养善，期月尽平。

建安元年，孙策临郡，察齐孝廉。时王朗奔东冶，候官长商升为朗起兵。策遣永宁长韩晏领南部都尉，将兵讨升，以齐为永宁长。晏为升所败，齐又代晏领都尉事。升畏齐威名，遣使乞盟。齐因告喻，为陈祸福，升遂送上印绶，出舍求降。贼帅张雅、詹强等不愿升降，反共杀升，雅称无上将军，强称会稽太守。贼盛兵少，未足以讨，齐住军息兵。雅与女婿何雄争势两乖，齐令越人因事交构，遂致疑隙，阻兵相图。齐乃进讨，一战大破雅，强党震惧，率众出降。

候官既平，而建安、汉兴、南平复乱，齐进兵建安，立都尉府，是岁八年也。郡发属县五千兵，各使本县长将之，皆受齐节度。贼洪明、洪进、苑御、吴免、华当等五人，率各万户，连屯汉兴，吴五六千户别屯大潭，邹临六千户，别屯盖竹，同出余汗。军讨汉兴，经余汗。齐以为贼众兵少，深入无继，恐为所断，令松阳长丁蕃留备余汗。蕃本与齐邻城，耻见部伍，辞不肯留。齐乃斩蕃，于是军中震栗，无不用命。遂分兵留备，进讨明等，连大破之。临陈斩明，其免、当、进、御皆降。转击盖竹，军向大潭，二将又降。凡讨治斩首六千级，名帅尽擒，复立县邑，料出兵万人，拜为平东校尉。十年，转讨上饶，分以为建平县。

十三年，迁威武中郎将，讨丹杨黟、歙。时武强、叶乡、东阳、丰浦四乡先降，齐表言以叶乡为始新县。而歙贼帅金奇万户屯安勒山，毛甘万户屯乌聊山，黟帅陈仆、祖山等二万户屯林历山。林历山四面壁立，高数十丈，径路危狭，不容刀楯，贼临高下石，不可得攻。军住经日，将吏患之。齐身出周行，观视形便，阴募轻捷士，为作铁弋，密于隐险贼所不备处，以弋拓堑为缘道，夜令潜上，乃多县布以援下人，得上百数人，四面流布，俱鸣鼓角，齐勒兵待之。贼夜闻鼓声四合，谓大军悉已得上，惊惧惑乱，不知所为，守路备险者，皆走还依众。大军因是得上，大破仆等，其余皆降，凡斩首七千。齐复表分歙为新定、黎阳、休阳、并、黟、歙凡六县，权遂割为新都郡，齐为太守，立府于始新，加偏将军。

十六年，吴郡余杭民郎稚合宗起贼，复数千人，齐出讨之，即复破稚，表言分余杭为临水县。被命诣所在，及当还郡，权出祖道，作乐舞象。赐齐軿车骏马，罢坐住驾，使齐就车。齐辞不敢，权使左右扶齐上车，令导吏卒兵骑，如在郡仪。权望之笑曰："人当努力，非积行累勤，此不可得。"去百余步乃旋。

十八年，豫章东部民彭材、李玉、王海等起为贼乱，众万余人。齐讨平之，诛其首恶，余皆降服。拣其精健为兵，次为县户。迁奋武将军。

二十年，从权征合肥。时城中出战，徐盛被创失矛，齐引兵拒击，得盛所失。

二十一年，鄱阳民尤突受曹公印绶，化民为贼，陵阳、始安、泾县皆与突相应。齐与陆逊讨破突，斩首数千，余党震服，丹杨三县皆降，料得精兵八千人。拜安东将军，封山阴侯，出镇江上，督扶州以上至皖。

黄武初，魏使曹休来伐，齐以道远后至，因住新市为拒。会洞口诸军遭风流溺，所亡中分，将士失色，赖齐未济，偏军独全，诸将倚以为势。

齐性奢绮，尤好军事，兵甲器械极为精好，所乘船雕刻丹镂，青盖绛襜，干橹戈矛，葩瓜文画，弓弩矢箭，咸取上材，蒙冲斗舰之属，望之若山。休等惮之，遂引军还。迁后将军，假节领徐州牧。

初，晋宗为戏口将，以众叛如魏，还为蕲春太守，图袭安乐，取其保质。权以为耻忿，因军初罢，六月盛夏，出其不意，诏齐督麋芳、鲜于丹等袭蕲春，遂生虏宗。后四年卒，子达及弟景皆有令名，为佳将。

全琮字子璜，吴郡钱唐人也。父柔，汉灵帝时举孝廉，补尚书郎右丞，董卓之乱，弃官归，州辟别驾从事，诏书就拜会稽东部都尉。孙策到吴，柔举兵先附，策表柔为丹杨都尉。孙权为车骑将军，以柔为长史，徙桂阳太守。柔尝使琮赍米数千斛到吴，有所市易。琮至，皆散用，空船而还。柔大怒，琮顿首曰："愚以所市非急，而士大夫方有倒县之患，故便振赡，不及启报。"柔更以奇之。是时中州士人避乱而南，依琮居者以百数，琮倾家给济，与共有无，遂显名远近。后权以为奋威校尉，授兵数千人，使讨山越。因开募召，得精兵万余人，出屯牛渚，稍迁偏将军。

建安二十四年，刘备将关羽围樊、襄阳，琮上疏陈羽可讨之计，权时已与吕蒙阴议袭之，恐事泄，故寝琮表不答。及禽羽，权置酒公安，顾谓琮曰："君前陈此，孤虽不相答，今日之捷，抑亦君之功也。"于是封阳华亭侯。

黄武元年，魏以舟军大出洞口，权使吕范督诸将拒之，军营相望。敌数以轻船钞击，琮常带甲仗兵，伺候不休。顷之，敌数千人出江中，琮击破之，枭其将军尹卢。迁琮绥南将军，晋封钱唐侯。四年，假节领九江太守。

七年，权到皖，使琮与辅国将军陆逊击曹休，破之于石亭。是时丹杨、吴、会山民复为寇贼，攻没属县，权分三郡险地为东安郡，琮领太守。至，明赏罚，招诱降附，数年中，得万余人。权召琮还牛渚，罢东安郡。黄龙元年，迁卫将军、左护军、徐州牧，尚公主。

嘉禾二年，督步骑五万征六安，六安民皆散走，诸将欲分兵捕之。琮曰："夫乘危徼幸，举不百全者，非国家大体也。今分兵捕民，得失相半，岂可谓全哉？纵有所获，犹不足以弱敌而副国望也。如或邂逅，亏损非小，与其获罪，琮宁以身受之，不敢徼功以负国也。"

赤乌九年，迁右大司马、左军师。为人恭顺，善于承颜纳规，言辞未尝切迕。初，权将围珠崖及夷州，皆先问琮，琮曰："以圣朝之威，何向而不克？然殊方异域，隔绝障海，水土气毒，自古有之，兵入民出，必生疾病，转相污染，往者惧不能反，所获何可多致？猥亏江岸之兵，以冀万一之利，愚臣犹所不安。"权不听。军行经岁，士众疾疫死者十有八九，权深悔之。后言次及之，琮对曰："当是时，群臣有不谏者，臣以为不忠。"

琮既亲重，宗族子弟并蒙宠贵，赐累千金，然犹谦虚接士，貌无骄色。十二年卒，子怿嗣。后袭业领兵，救诸葛诞于寿春，出城先降，魏以为平东将军，封临湘侯。怿兄子祎、仪、静等亦降魏，皆历郡守列侯。

吕岱字定公，广陵海陵人也，为郡县吏，避乱南渡。孙权统事，岱诣幕府，出守吴丞。权亲断诸县仓库及囚系，长丞皆见，岱处法应问，甚称权意，召署录事，出补余姚长，召募精健，得千余人。会稽东冶五县贼吕合、秦狼等为乱，权以岱为督军校尉，与将军蒋钦等将兵讨之，遂禽合、狼，五县平定，拜昭信中郎将。

建安二十年，督孙茂等十将从取长沙三郡。又安成、攸、永新、茶陵四县吏共入阴山城，合众拒岱，岱攻围，即降，三郡克定。权留岱镇长沙。安成长吴砀及中郎将袁龙等首尾关羽，复为反乱。砀据攸县，龙在醴陵。权遣横江将军鲁肃攻攸，砀得突走。岱攻醴陵，遂禽斩龙，迁庐陵太守。

延康元年，代步骘为交州刺史。到州，高凉贼帅钱博乞降，岱因承制，以博为高凉西部都尉。又鬱林夷贼攻围郡县，岱讨破之。是时桂阳浈阳贼王金合众于南海界上，首乱为害，权又诏岱讨之，生缚金，传送诣都，斩首获生凡万余人。迁安南将军，假节，封都乡侯。

交阯太守士燮卒，权以燮子徽为安远将军，领九真太守，以校尉陈时代燮。岱表分海南三郡为交州，以将军戴良为刺史，海东四郡为广州，岱自为刺史。遣良与时南入，而徽不承命，举兵戍海口以拒良等。岱于是上疏请讨徽罪，督兵三千人晨夜浮海。或谓岱曰："徽藉累世之恩，为一州所附，未易轻也。"岱曰："今徽虽怀逆计，未虞吾之卒至，若我潜军轻举，掩其无备，破之必也。稽留不速，使得生心，婴城固守，七郡百蛮，云合响应，虽有智者，谁能图之？"遂行，过合浦，与良俱进。徽闻岱至，果大震怖，不知所出，即率兄弟六人肉袒迎岱。岱皆斩送其首。徽大将甘醴、桓治等率吏民攻岱，岱奋击大破之，晋封番禺侯。于是除广州，复为交州如故。岱既定交州，复进讨九真，斩获以万数。又遣从事南宣国化，暨徼外扶南、林邑、堂明诸王，各遣使奉贡。权嘉其功，进拜镇南将军。

黄龙三年，以南土清定，召岱还屯长沙沤口。会武陵蛮夷蠢动，岱与太常潘濬共讨定之。嘉禾三年，权令岱领潘璋士众，屯陆口，后徙蒲圻。四年，庐陵贼李桓、路合、会稽东冶贼随春、南海贼罗厉等一时并起。权复诏岱督刘纂、唐咨等分部讨击，春即时首降，岱拜春偏将军，使领其众，遂为列将，桓、厉等皆见斩获，传首诣都。权诏岱曰："厉负险作乱，自致枭首；桓凶狡反覆，已降复叛。前后讨伐，历年不禽，非君规略，谁能枭之？忠武之节，于是益著。元恶既除，大小震慑，其余细类，扫地族矣。自今已去，国家永无南顾之虞，三郡晏然，无怵惕之惊，又得恶民以供赋役，重用叹息。赏不逾月，国之常典，制度所宜，君其裁之。"

潘濬卒，岱代濬领荆州文书，与陆逊并在武昌，故督蒲圻。顷之，廖式作乱，攻围城邑，零陵、苍梧、郁林诸郡骚扰，岱自表辄行，星夜兼路。

权遣使追拜岱交州牧，及遣诸将唐咨等骆驿相继，攻讨一年破之，斩式及遣诸所伪署临贺太守费杨等，并其支党，郡县悉平，复还武昌。时年已八十，然体素精勤，躬亲王事。奋威将军张承与岱书曰："昔旦奭翼周，《二南》作歌，今则足下与陆子也。忠勤相先，劳谦相让，功以权成，化与道合，君子叹其德，小人悦其美。加以文书鞅掌，宾客终日，罢不舍事，劳不言倦，又知上马辄自超乘，不由跨蹑，如此足下过廉颇也，何其事事快也。《周易》有之，礼言恭，德言盛，足下何有尽此美耶！"及陆逊卒，诸葛恪代逊，权乃分武昌为两部，岱督右部，自武昌上至蒲圻。迁上大将军，拜子凯副军校尉，监兵蒲圻。孙亮即位，拜大司马。

岱清身奉公，所在可述。初在交州，历年不饷家，妻子饥乏。权闻之叹息，以让群臣曰："吕岱出身万里，为国勤事，家门内困，而孤不早知。股肱、耳目，其责安在？"于是加赐钱米布绢，岁有常限。

始，岱亲近吴郡徐原，慷慨有才志，岱知其可成，赐巾褠，与共言论，后遂荐拔，官至侍御史。原性忠壮，好直言，岱时有得失，原辄谏诤，又公论之，人或以告岱，岱叹曰："是我所以贵德渊者也。"及原死，岱哭之甚哀，曰："德渊，吕岱之益友，今不幸，岱复于何闻过？"谈者美之。

太平元年，年九十六卒，子凯嗣。遗令殡以素棺，疏巾布褠，葬送之制，务从约俭，凯皆奉行之。

周鲂字子鱼，吴郡阳羡人也。少好学，举孝廉，为宁国长，转在怀安。钱唐大帅彭式等蚁聚为寇，以鲂为钱唐侯相，旬月之间，斩式首及其支党，迁丹杨西部都尉。黄武中，鄱阳大帅彭绮作乱，攻没属城，乃以鲂为鄱阳太守，与胡综戮力攻讨，遂生禽绮，送诣武昌，加昭义校尉。被命密求山中旧族名帅为北敌所闻知者，令谲挑魏大司马扬州牧曹休。鲂答，恐民帅小丑不足仗任，事或漏泄，不能致休，乞遣亲人赍笺七条以诱休：

其一曰："鲂以千载徼幸，得备州民，远隔江川，敬恪未显，瞻望云景，天实为之。精诚微薄，名位不昭，虽怀焦渴，曷缘见明？狐死首丘，人情恋本，而逼所制，奉觌礼违。每独矫首西顾，未尝不寤寐劳叹，展转反侧也。今因隙穴之际，得陈宿昔之志，非神启之，岂能致此！不胜翘企，万里托命。谨遣亲人董岑、邵南等托叛奉笺。时事变故，列于别纸，惟明公君侯垂日月之光，照远民之趣，永令归命者有所戴赖。"

其二曰："鲂远在边隅，江汜分绝，恩泽教化，未蒙抚及，而于山谷之间，遥陈所怀，惧以大义，未见信纳。夫物有感激，计因变生，古今同揆。鲂仕东典郡，始愿已获，铭心立报，永矣无贰。岂图顷者中被横谴，祸在漏刻，危于投卵，进有离合去就之宜，退有诬罔枉死之咎，虽志行轻微，存没一节，顾非其所，能不怅然！敢缘古人，因知所归，拳拳输情，陈露肝膈。乞降春天之润，哀拯其急，不复猜疑，绝其委命。事之宣泄，受罪不测，一则伤慈损计，二则杜绝向化者心，惟明使君远览前世，矜而愍之，留神所质，速赐秘报。鲂当候望举动，俟须向应。”

其三曰：“鲂所代故太守广陵王靖，往者亦以郡民为变，以见谴责，靖勤自陈释，而终不解，因立密计，欲北归命，不幸事露，诛及婴孩。鲂既目见靖事，且观东主一所非薄，嫲不复厚，虽或暂舍，终见翦除。今又令鲂领郡者，是欲责后效，必杀鲂之趣也。虽尚视息，忧惕焦灼，未知躯命，竟在何时。人居世间，犹白驹过隙，而常抱危怖，其可言乎！惟当陈愚，重自披尽，惧以卑贱，未能采纳。愿明使君少垂详察，忖度其言。今此郡民，虽外名降首，而故在山草，看伺空隙，欲复为乱，为乱之日，鲂命讫矣。东主顷者潜部分诸将，图欲北进。吕范、孙韶等入淮，全琮、朱桓趋合肥，诸葛瑾、步骘、朱然到襄阳，陆议、潘璋等讨梅敷。东主中营自掩石阳，别遣从弟孙奂治安陆城，修立邸阁，辇赀运粮，以为军储，又命诸葛亮进指关西，江边诸将无复在者，才留三千所兵守武昌耳。若明使君以万兵从皖南首江渚，鲂便从此率厉吏民，以为内应。此方诸郡，前后举事，垂成而败者，由无外援使其然耳；若北军临境，传檄属城，思咏之民，谁不企踵？愿明使君上观天时，下察人事，中参蓍龟，则足昭往言之不虚也。”

其四曰：“所遣董岑、邵南少长家门，亲之信之，有如儿子，是以特令赍笺，托叛为辞，目语心计，不宣唇齿，骨肉至亲，无有知者。又已敕之，到州当言往降，欲北叛来者得传之也。鲂建此计，任之于天，若其济也，则有生全之福；邂逅泄漏，则受夷灭之祸。常中夜仰天，告誓星辰。精诚之微，岂能上感，然事急孤穷，惟天是诉耳。遣使之日，载生载死，形存气亡，魄爽恍惚。私恐使君未深保明，岑、南二人可留其一，以为后信。一赍教还，教还故当言悔叛还首。东主有常科，悔叛还者，皆自原罪。如是彼此俱塞，永无端原。县命西望，涕笔俱下。”

其五曰：“鄱阳之民，实多愚劲，帅之赴役，未即应人，倡之为变，闻声响抃。今虽降首，盘节未解，山栖草藏，乱心犹存，而今东主图兴大众，举国悉出，江边空旷，屯坞虚损，唯有诸刺奸耳。若因是际而骚动此民，一旦可得便会，然要恃外援，表里机互，不尔以往，无所成也。今使君若从皖道进住江上，鲂当从南对岸历口为应。若未径到江岸，可住百里上，令此间民知北军在彼，即自善也。此间民非苦饥寒而甘兵寇，苦于征讨，乐得北属，但穷困举事，不时见应，寻受其祸耳。如使石阳及青、徐诸军首尾相衔，牵缀往兵，使不得速退者，则善之善也。鲂生在江、淮，长于时事，见其便利，百举百捷，时不再来，敢布腹心。”

其六曰：“东主致恨前者不拔石阳，今此后举，大合新兵，并使潘濬发夷民，人数甚多，闻豫设科条，当以新羸兵置前，好兵在后，攻城之日，云欲以羸兵填堑，使即时破，虽未能然，是事大趣也。私恐石阳城小，不能久留往兵，明使君速垂救济，诚宜疾密。王靖之变，其鉴不远。今鲂归命，非复在天，正在明使君耳。若见救以往，则功可必成，如见救不时，则与靖等同祸。前彭绮时，闻旌麾在逢龙，此郡民大小欢喜，并思立效。若留一月日间，事当大成，恨去电速，东得增众专力讨绮，绮始败耳。愿使君深察此言。”

其七曰：“今举大事，自非爵号无以劝之，乞请将军、侯印各五十纽，郎将印百纽，校尉、都尉印各二百纽，得以假授诸魁帅，奖励其志，并乞请幢麾数十，以为表帜，使山兵吏民，目瞻见之，知去就之分已决，承引所救画定。又彼此降叛，日月有人，阔狭之间，辄得闻知。今之大事，事宜神密，若省鲂笺，乞加隐秘。伏知智度有常，防虑必深，鲂怀忧震灼，启事蒸仍，乞未罪怪。”

鲂因别为密表曰：“方北有逋寇，固阻河洛，久稽王诛，自擅朔土，臣曾不能吐奇举善，上以光赞洪化，下以输展万一，忧心如捣，假寐忘寝。圣朝天覆，含臣无效，猥发优命，敕臣以前诱致贼休，恨不如计。令于郡界求山谷魁帅为北贼所闻知者，令与北通。臣伏思惟，喜怖交集，窃恐此人不可卒得，假使得之，惧不可信，不如令臣谲休，于计为便。此臣得以经年之冀愿，逢值千载之一会，辄自督竭，竭尽顽蔽，撰立笺草以诳诱休者，如别纸。臣知无古人单复之术，加卒奉大略，伀矇狼狈，惧以轻愚，忝负特施，豫怀忧灼。臣闻唐尧先天而天弗违，博询刍荛，以成盛勋。朝廷神谟，欲必致休于步度之中，灵赞圣规，休必自送，使六军囊括，虏无孑遗，威风电迈，天下幸甚。谨拜表以闻，并呈笺草，惧于浅局，追用悚息。”被报施行。休果信鲂，帅步骑十万，辎重满道，径来入皖。鲂亦合众，随陆逊横截休，休幅裂瓦解，斩获万计。

周鲂断发赚曹休图，出自《图像三国志》。描绘了吴国周鲂向魏国的曹休使诈降计引诱曹休伐吴，从而使吴国大败魏军之事。

鲂初建密计时，频有郎官奉诏诘问诸事，鲂乃诣部郡门下，因下发谢，故休闻之，不复疑虑。事捷军旋，权大会诸将欢宴，酒酣，谓鲂曰："君下发载义，成孤大事，君之功名，当书之竹帛。"加裨将军，赐爵关内侯。

贼帅董嗣负阻劫钞，豫章、临川并受其害。吾粲、唐咨尝以三千兵攻守，连月不能拔。鲂表乞罢兵，得以便宜从事。鲂遣间谍，授以方策，诱狙杀嗣。嗣弟怖惧，诣武昌降于陆逊，乞出平地，自改为善，由是数郡无复忧惕。

鲂在郡十三年卒，赏善罚恶，威恩并行。子处，亦有文武材干，天纪中为东观令、无难督。

钟离牧字子幹，会稽山阴人，汉鲁相意七世孙也。少爰居永兴，躬自垦田，种稻二十余亩。临熟，县民有识认之，牧曰："本以田荒，故垦之耳。"遂以稻与县人。县长闻之，召民系狱，欲绳以法，牧为之请。长曰："君慕承宫，自行义事，仆为民主，当以法率下，何得寝公宪而从君邪？"牧曰："此是郡界，缘君意顾，故来暂住。今以少稻而杀此民，何心复留？"遂出，装，还山阴，长自往止之，为释系民。民惭惧，率妻子舂所取稻得六十斛米，送还牧，牧闭门不受。民输置道旁，莫有取者。牧由此发名。

赤乌五年，从郎中补太子辅义都尉，迁南海太守。还为丞相长史，转司直，迁中书令。会建安、鄱阳、新都三郡山民作乱，出牧为监军使者，讨平之。贼帅黄乱、常俱等出其部伍，以充兵役。封秦亭侯，拜越骑校尉。

永安六年，蜀并于魏，武陵五谿夷与蜀接界，时论惧其叛乱，乃以牧为平魏将军，领武陵太守，往之郡。魏遣汉葭县长郭纯试守武陵太守，率涪陵民入蜀迁陵界，屯于赤沙，诱致诸夷邑君，或起应纯，又进攻酉阳县，郡中震惧。牧问朝吏曰："西蜀倾覆，边境见侵，何以御之？"皆对曰："今二县山险，诸夷阻兵，不可以军惊扰，惊扰则诸夷盘结。宜以渐安，可遣恩信吏宣教慰劳。"牧曰："不然。外境内侵，诳诱人民，当及其根柢未深而扑取之，此救火贵速之势也。"敕外趣严，掾史沮议者便行军法。抚夷将军高尚说牧曰："昔潘太常督兵五万，然后以讨五谿夷耳。是时刘氏连和，诸夷率化，今既无往日之援，而郭纯已据迁陵，而明府以三千兵深入，尚未见其利也。"牧曰："非常之事，何得循旧？"即率所领，晨夜进道，缘山险行，垂二千里，从塞上，斩恶民怀异心者魁帅百余人及其支党凡千余级，纯等散，五谿平。迁公安督、扬武将军，封都乡侯，徙濡须督。复以前将军假节，领武陵太守。卒官。家无余财，士民思之。子祎嗣，代领兵。

评曰：山越好为叛乱，难安易动，是以孙权不遑外御，卑词魏氏。凡此诸臣，皆克宁内难，绥静邦域者也。吕岱清恪在公；周鲂谲略多奇；钟离牧蹈长者之规；全琮有当世之才，贵重于时，然不检奸子，获讥毁名云。

【译文】

贺齐字公苗，他是会稽郡山阴县人。年少的时候充当郡里的吏员，兼代剡县县长。县吏斯从轻生死，重义气，违法乱纪，贺齐想要惩处他，主簿规劝说："斯从是本县的大族，是山越依附的对象，今天惩处他，明天盗匪就会到来。"贺齐听了很生气，就立即杀了斯从。斯从的族人和党羽于是互相纠合，党徒有一千多人，起兵攻打县城。贺齐率领官吏百姓，打开城门突然出击，大败匪军，威震山越。后来太末、丰浦的百姓造反，贺齐被调往太末代任县长，他惩罚奸恶，蓄养良善，一个月后动乱全部平息。

建安元年，孙策占领会稽郡，察举贺齐为孝廉。那时候王朗逃往东冶，候官县长商升为王朗发兵进击孙策。孙策派永宁县长韩晏兼任会稽南部都尉，率军讨伐商升，任贺齐为永宁县长。韩晏被商升打败，贺齐又代替韩晏兼管都尉的职事。商升害怕贺齐的威名，派使者来请求讲和。贺齐趁此机会给商升宣明大义，陈述祸福，商升就送上官印，出营请降。匪首张雅、詹强等人不愿商升投降，反而一起杀了商升，张雅自称无上将军，詹强自称会稽太守。匪盗势众，己方兵少，难以前往征讨，贺齐让部队停止进攻。张雅同女婿何雄争权夺势互相失和，贺齐命令山越人抓住一些事有意扩大事态，最终使他们猜疑生怨，各自都想依仗武力灭掉对方。贺齐于是进军征讨，一次战斗就大败张雅，詹强等人震惊畏惧，率领党羽出来投降。

候官平定之后，建安、汉兴、南平又发生叛乱，贺齐出兵建安，设立都尉府，这一年是建安八年。会稽郡征发下属各县士兵五千人，各由本县县令率领，都归贺齐督调。叛贼洪明、洪进、苑御、吴免、华当五人，各有党羽一万户，并且营寨相连屯驻汉兴；吴五拥有六千户另外驻扎在大潭，邹临拥有六千户另驻盖竹，一起从余汗出动。贺齐率军进攻汉兴，途经余汗。贺齐认为，叛军兵多，自己兵少，深入敌境后怕被敌截断后路，就命松阳县长丁蕃留下守备余汗。丁蕃与贺齐是相邻城邑的同级官员，他以受贺齐辖制为耻辱，不肯受令留守。贺齐就杀了丁蕃，于是，军内大震，再没有人敢不服从命令。他分兵留守余汗、进军讨伐洪明等人，接连大败敌人。于阵上杀了洪明，其他人如吴免、华当、洪进、苑御都投降了。又转而进击盖竹，向大潭进兵，邹临、吴五也率众投降了。这次征伐共斩杀叛军六千人，所有的著名首领全部被擒，贺齐重新设置县邑，从俘虏中挑选出兵士一万人，被任命为平东校尉。建安十年，贺齐率兵转而讨伐上饶，分出上饶部分地区设立建平县。

建安十三年，贺齐升任武威中郎将，带领军讨伐丹杨郡黟县、歙县。那时候武强、叶乡、东阳、丰浦四个乡率先投降，贺齐上表孙权，请求将叶乡改为始新县。而歙县叛军首领金奇率部众一万户屯驻于安勒山，毛甘率部众一万户屯驻于乌聊山，黟县叛军首领陈仆、祖山等人率部众二万户屯驻于林历山。林历山四面都是悬崖峭壁，高达数十丈，通往山上的小路又窄又险，连剑盾牌都难以携带，叛军居高临下投掷石块，贺齐的将士无法向上进攻。军队在当地驻了很多天，将士们都非常发愁。贺齐亲自出营四处巡视，查看有利的地形，暗中招募身体轻巧矫健的兵士，给这些兵士制作铁弋，让这些兵士暗中在隐蔽险要、敌人没有防备的地方，用铁弋开凿可供攀缘的小道，乘黑夜让将士们偷偷登山，再将布带垂放下来拽引山崖下的人，用这个办法使一百余人登上山崖，四面出动骚扰，一齐擂起战鼓吹响号角，贺齐整顿好部队等待机会进攻。叛军夜间突然听到鼓角声四起，以为大军已经全部攻了上来，惊恐慌乱，不知所措，扼守道路和险要的叛军也全都逃走与大队人马靠拢。贺齐大军因此得以攻上山头，大败陈仆等军，剩下的叛军全部投降，一共斩杀七千多人。贺齐又上表请求分出歙部分地区增设新定、黎阳、休阳、并县、黟县、歙县共六县。孙权于是将此六县设置为新都郡，任命贺齐为新都太守，治所设在始新县，给贺齐加官偏将军。

汉建安十六年，吴郡余杭县的百姓郎稚纠合族人为非作歹，报说有几千人。贺齐出兵讨伐他们，当下又打败郎稚。他宣布分余杭另置临水县。他受命到孙权的住地，到了应当返回新都郡的时候，孙权出来为他饯行，并且演奏鼓乐，跳起象舞。孙权赏赐贺齐饼车骏马，他离开坐席，止住车马，让贺齐上车，贺齐推辞不敢，孙权让手下的人扶贺齐上车，命令开路的官员以及步兵骑兵，完全采用在郡里的仪式。孙权看着贺齐笑着说:“人应当努力，如果不是积德累功，这个待遇是不可能得到的。”贺齐的车离开了一百多步，孙权才返回去了。

汉建安十八年，豫章东部百姓彭材、李玉、王海等人起兵制造骚乱，聚众一万多人。贺齐讨伐平定了他们，诛杀了其中的首恶，其余的人都降服了。他从中选择精壮强健的人做士兵，身体差的作为县里的民户。他又升任奋武将军。

建安二十年，他跟随孙权出征合肥。当时城里的守敌出城迎战，徐盛因为受伤丢失了长矛，贺齐率兵抗击敌人，夺回徐盛丢失的长矛。

建安二十一年，鄱阳的百姓尤突接受曹操的印绶，化百姓为强盗，陵阳、始安、泾县等地都和尤突相呼应。贺齐和陆逊讨伐击败了尤突，斩首几千人，剩余的党徒被震服，丹杨的三个县都投降了，计得精兵八千人。贺齐被任命为安东将军，封为山阴侯，外出镇守长江沿岸，督察扶州以西直到皖县的地区。

黄武初年，魏国派遣曹休进兵侵犯，贺齐因路远来迟了，就驻扎在新市抗敌。正碰上洞口各路兵马遭遇狂风，流散沉溺，死伤过半，将士们惊慌失措，幸亏贺齐没有渡江，全军只有他的兵马得以保全，各将领都依赖他为靠山。

贺齐性喜奢华，特别爱好军械，贺齐的武器、铠甲和各种器械极为精美，所乘的船也经过雕刻涂上彩色，并配上青色的顶盖和深红的帷帐，矛戈盾牌都绘上花果的纹饰，弓弩箭矢采用上等材料，大小战舰组成的船队，远望如山岳一样。曹休等人见了很是害怕，就撤军回去了。贺齐被升为后将军、假节，遥领徐州牧。

起初，晋宗任戏口守将，带领众人叛变归降了魏国，又被派回任蕲春太守，企图袭击安乐，夺取他留下做人质的妻子儿女。孙权感到耻辱和愤恨，此时，兵马正在休战，便于六月盛夏时，突然命贺齐率麋芳、鲜于丹等部攻击蕲春，活捉了晋宗。四年后，贺齐去世，儿子贺达和弟弟贺景都有好的名声，也是出色的将领。

全琮，字子璜，他是吴郡钱唐人。父亲名字叫全柔，汉灵帝时举荐为孝廉，补任尚书郎右丞。董卓之乱中，全柔弃官回家，州府征召他为别驾从事，皇帝下诏，就地任命他为会稽东部都尉。孙策到吴郡后，全柔率兵归附，孙策上表任他为丹杨都尉。孙权任车骑将军时，任命全柔为长史，又调任桂阳太守。全柔曾派全琮送几千斛米到吴郡，换一些其他物品。

全琮到吴郡后，将米全部散发给当地的士大夫，空船而回。全柔大怒，全琮叩头说：“儿认为，要买的东西并非急用，而当地士大夫的生活都很困难，所以，就自作主张地救济他们，没来得及向您禀报。”全柔据此认为他非同一般。当时许多中原士人南下避乱，依附全琮的数以百计，全琮倾尽家财去救济他们，与之同甘共苦，于是远近扬名。后来，孙权任命全琮为奋威校尉，给他几千士兵，让他去讨伐山越。全琮又招募精兵一万多，驻守牛渚，渐升为偏将军。

建安二十四年，关羽率兵围攻樊城、襄阳，全琮向孙权上书陈述剿灭关羽的策略，此时孙权正和吕蒙暗中商议这事，因为担心泄露，所以，压下全琮的奏章不作答复。关羽被擒后，孙权在公安举行宴会，回头对全琮说：“您前次上书陈述此事，我虽然没有答复，但今天这个胜利，或许也是您的功劳啊！”于是，封全琮为阳华亭侯。

黄武元年，魏水军从洞口大规模出兵，孙权派遣吕范率众将抵御，两军隔江遥对。魏军多次以轻型小船攻击骚扰，全琮经常披甲执兵刃，巡视防范。不久，魏军集数千人在江面上，全琮进击战败他们，砍下魏将尹卢的首级。升为绥南将军，晋封钱唐侯。黄武四年，假节，兼任九江太守。

黄武七年，孙权来到皖县，派遣全琮和辅国将军陆逊攻击曹休，在石亭打败了他。在这个时候丹杨、吴郡、会稽郡的山越人再次叛乱，攻陷所属县城。孙权把三郡的险要之处划分为东安郡，让全琮兼任太守。全琮赴任后，赏罚分明，招引诱导降服的人，几年内，就得到一万多人。孙权调全琮返回牛渚，撤销东安郡。黄龙元年，全琮升为卫将军、左护军、徐州州牧，并娶公主为妻。

嘉禾二年，他带领步兵骑兵五万人进击六安，六安的百姓都四处逃跑，许多将领打算分兵追捕他们。全琮说：“趁着别人的危急得到侥幸的成功，采取行动不考虑周全，这不符合国家的大政方针。如果分兵追捕，得失各半，怎么可以说是周全呢？即使有些收获，也还是不足以削弱敌人，实现国家的希望。倘若和敌人不期而遇，损失不会小的。如果因为不追捕而招致罪过，我宁肯自己来承担，也不敢用侥幸的成功来辜负国家的期望。”

赤乌九年，全琮升任右大司马、左军师。他为人性情温和，善于察言观色进言规劝，言辞从不严厉。开始的时候，孙权准备攻取珠崖和夷州，先征询全琮的意见。全琮说：“以我国强盛的声威，进攻哪里都能取胜。

然而，珠崖和夷州被大海隔开，瘴气毒雾，自古就有，将士出入那里，定会生病而相互传染，去的人恐怕很难再回来，哪里会有大的收获呢？再说抽调大批江岸的兵力，去谋求那一点点小利，臣虽愚笨也觉得不妥。”孙权没有听从，兵马出征一年多，士兵役夫因瘟疫而死的十之八九，孙权非常后悔。后来，谈及此事，全琮说：“在那时，群臣中有不进谏的，臣以为那是不忠。”

全琮位高权重，成为王室至亲之后，他的宗族子弟也同时蒙受恩宠，赏赐累次为千金，但他还是谦虚待人，脸上也没有傲慢得意之色。吴赤乌十二年去世，儿子全怿承继爵位。后来，又统领兵马，在寿春援救诸葛诞时，他首先出城投降，魏国任命他为平东将军，封临湘侯。全怿的侄子全祎、全仪、全静等人也投降魏国，均位居郡守列侯。

吕岱，字定公，他是广陵海陵人，曾经任郡县吏，因避战乱来到江南。孙权执掌江东后，吕岱投奔孙权，出任代理吴县县丞。孙权亲自审察各县仓库及在押囚犯，各县长、县丞都来拜见，吕岱据法令应对孙权的提问，很合孙权之意。于是，任他代理录事参军，出京补任余姚县长，他在当地招募一千多精兵。会稽郡的东冶等五个县有盗贼吕合、秦狼等人作乱，孙权任吕岱为督军校尉，和将军蒋钦等人带兵同去讨伐，最终捕获了吕合和秦狼，五县都得以平定，被任命为昭信中郎将。

汉建安二十年，吕岱带领孙茂等十个将领参与攻取长沙三郡的战争。在这个时候，安成、攸县、永新、茶陵四个县的官员却一同进入阴山城，聚兵抗击吕岱。吕岱进攻并包围了他们，很快就迫使他们投降了，三郡得以平定。孙权留下吕岱镇守长沙。安成县长吴砀以及中郎将袁龙等人暗中与关羽勾结，再次反叛。吴砀占据攸县，袁龙占据醴陵。孙权派横江将军鲁肃进攻攸县，吴砀突围逃走。吕岱进攻醴陵，擒杀了袁龙，升任庐陵太守。

延康元年，代步骘做了交州刺史。到达上任以后，高凉匪首钱博请求投降，吕岱就秉承孙权的旨意，任命钱博为高凉西部都尉。又有鬱林夷贼围攻郡县，吕岱征讨、击败了他们。这时桂阳郡浈阳县叛匪王金在南海郡界纠合部众，带头作乱为害，孙权又命令吕岱征讨他，活捉王金，传递解送到首都，斩杀、活捉匪徒共一万多人。调升安南将军，加以假节称号，封为都乡侯。

交阯太守士燮死去，孙权让士燮的儿子士徽做了安远将军，兼任九真太守，让校尉陈时代替士燮。吕岱上表建议分海南三郡为交州，任将军戴良为刺史，海东四郡为广州，吕岱自己任刺史。派戴良和陈时向南进入交州，但士徽不接受命令，起兵防守海口来阻拦戴良等人。吕岱于是上疏请求讨伐士徽的罪行，率领士兵三千人日夜不停地渡海前往交阯。有人对吕岱说："士徽凭借历代的恩荣，被一州的人所依附，不可轻视啊！"吕岱说："眼下士徽虽有谋逆的打算，但没有料到我们会突然来到，如果我军秘密行军，轻装疾进，乘他没有防备而突然袭击，是一定可以打败他的。如果延滞而不速决，使他得以产生异心，环城死守，那么七个郡的各部蛮夷，都会迅速成群聚结，即使有十分聪明有才的人，谁能对付那种局面？"就带兵前进，经过合浦，同戴良一起进发。士徽听说吕岱来到，果然很震惊恐怖，束手无策，就带着六个兄弟脱去上衣，裸露上身，迎候吕岱。吕岱把他们全都杀了，并且传首示众。士徽的大将甘醴、桓治等人率领官吏百姓攻打吕岱，吕岱奋力反击，大败他们，提升爵号为番禺侯。于是撤销广州，仍然像原来那样设置交州。吕岱平定交州之后又进军征讨九真郡，斩首、擒获数以万计。又派官员到南方去宣扬国家的教化，直到境外的扶南、林邑、堂明各国，这些国家的君主都各自派遣使者前来进贡。孙权赞许他的功劳，升任他为镇南将军。

黄龙三年，由于南部清静无事，孙权命吕岱回师驻军在长沙沤口。那时候正赶上武陵蛮夷骚乱，吕岱与太常潘濬共同出兵平定了骚乱。嘉禾三年，孙权命吕岱率领潘璋的兵马，屯驻陆口，又转驻蒲圻。嘉禾四年，庐陵贼寇李桓、路合，会稽郡东冶贼寇随春，南海贼寇罗厉等人同时作乱。孙权又命吕岱督率刘纂、唐咨等人分别讨伐，很快随春便自首投降，吕岱任他为偏将军，让他继续带领自己原来的人马，成为将领之一。而李桓、罗厉等人都被斩杀或生擒，首级送到京城。孙权下诏书给吕岱说："罗厉依山险聚众作乱，自取灭亡；李桓凶残狡猾，反复无常，投降又再次反叛。前后讨伐多年未能抓获，如不是你智略高超，谁能诛杀他们？你忠勇的气节，更加显著。首恶已被铲除，其余大小贼寇不是被慑服，就是被消灭。自此以后，国家将永远没有被南方牵制的后顾之忧。三郡安宁，不但没有了令人忧心的惊扰，还得到那里顽民的归顺，并且供给赋税输送劳役，您的功绩深深地为人叹服。奖赏不超过当月，这是国家通常的规定。如何制定当地适宜的法令，您可以自己裁决。"

潘濬去世，吕岱接替他处理荆州公务，和陆逊一同在武昌，仍然督管蒲圻。过了不久，廖式作乱，进攻围困城镇，零陵、苍梧、郁林等各郡都骚乱不安，吕岱上表，主动请战，即率兵出发，昼夜兼程。孙权派人追授吕岱为交州牧，又派唐咨等将领不断给予增援。一年时间，击败并斩杀了廖式，将他非法任命的临贺太守费杨等人放逐，收编了他们的党羽，各郡县全都平定以后，吕岱又回到武昌。这时，他已八十岁，但身体还很健旺，依旧亲自处理政事。奋威将军张承写信给吕岱说：“过去，周公、召公辅佐周天子，《周南》《召南》中有诗赞颂他们，当今的周公、召公就是阁下和陆逊。尽忠勤奋，谦逊礼让。功绩因谋略而成，教化与大道相合，君子赞叹你们的德行，小人喜爱你们的美政。尽管文案操劳，宾客不断，虽然疲累却仍不放下公事，不说困倦。又听说，你上马总一跃而上，不踩马蹬，看来，你已超过廉颇了，因此，所有的事情都办得那么痛快啊！《周易》说，礼尚恭敬，德贵盛新。您怎么就能将这些美德都占全了呢！”陆逊去世，诸葛恪接替其职，孙权就把武昌分为两部分，吕岱掌管右部，辖区自武昌往上至蒲圻。吕岱升任上大将军，他的儿子吕凯被任命为副军校尉，监管蒲圻的驻军。孙亮即帝位后，任命吕岱为大司马。

吕岱立身清正，奉公守法，他所在之处都交口称道。他在交州的时候，因多年未给家里钱，妻儿饥饿贫困。孙权听说后叹息不已，为此责备众臣说：“吕岱身在万里，为国事勤，不想家中竟如此困难，而我却没能及早了解。你们这些辅佐我的人，怎么也不负责任呢？”于是，给吕岱加赏钱米、布绢，每年都以固定数目送去。

开始的时候，吕岱和吴郡人徐原关系好，徐原秉性意气勃发，很有才华和大志，吕岱知他将来必有成就，就送他头巾和单衣，与他一起谈论古今，后来就推荐他，徐原官至侍御史。徐原生性忠烈，直言不讳，吕岱有时出现过失，徐原总是直言规劝，还在众人前议论这些过失。有人把这些告诉吕岱，吕岱感叹说：“这正是我器重德渊的缘故啊！”徐原去世，吕岱哀伤痛哭，说：“德渊，我之良友，不幸亡故，我还能从哪里听到我的过错呢？”谈论的人都赞美吕岱。

太平元年，吕岱九十六岁时去世，儿子吕凯继承爵位。吕岱遗嘱命家人用不刷漆的白棺装殓，穿戴粗布与单衣头巾，丧事务必从俭，吕凯全都遵奉照办。

周鲂，字子鱼，他是吴郡阳羡人。周鲂从小好学，被举为孝廉，任宁国县长，又调任怀安县长。钱唐大帅彭式等人聚众叛乱，周鲂被任命为钱唐侯相，只一个月，就斩杀了彭式和他的党羽，升任丹杨西部都尉。黄武年间，鄱阳大帅彭绮反叛，攻陷鄱阳属县，朝廷任命周鲂为鄱阳太守，与胡综合力讨伐，终于活捉了彭绮，押送到武昌，晋升周鲂为昭义校尉。周鲂受命暗中寻找山中一向有声望的家族的领头人物，因为这些家族的头面人物已为魏国人所熟知，因而想让他们诈诱魏国大司马扬州州牧曹休。他在回复命令时说，恐怕这样的头面人物是些没见过大世面的小人，不能委以重任，事情败露的可能，不能让曹休上当，他要求派自己的亲信送笺书七条来引诱曹休。

第一条说："我因为百年难遇的机会，有幸为您州里的百姓，但远隔江河，我的敬意无法显示，只能远望您的祥瑞风采，这实是上天所成。我心怀真诚，但是身份低微，身名不显，即使怀有如饥似渴的仰慕之情，又有什么机会被您明察呢？狐狸死时头朝向它曾生活过的山岭，人的感情也是眷恋本土，而我因受制于人，有失拜见之礼。每当我独自举首西盼，总是日夜劳神哀叹，辗转难眠。现在趁着这个难得的机会，得以陈述我埋藏已久的心意，如果不是神明赐予的契机，是不能做到这一点的！我无限企盼，在万里之外把命运托付给您，恭谨地派亲信之人董岑、邵南等以叛逃为名呈上书信。时局的种种变故，另外写在纸上，希望您投下日月般明亮的光辉，照察我这远方臣民的心志，永远让归顺者有所遵奉和依托。"

第二条说："我远处一隅，被大江隔绝，还没有蒙受您恩泽的抚慰，因此，我在山谷之间，向您遥陈我的情怀。虽然如此，也担心我的行为违背君臣大义，您不肯信任和接受。其实人都是心有所感，计谋因变化而变化，古今同理。我在吴国为官，主管一郡，当初的志向已经实现，本来应当报效吴国，忠贞不二。不想，却横遭谴责，眼看灾祸就要来临，危在旦夕。前走，则还有离合去就的选择；后退，就只有被诬陷屈死。我志向虽微，生死也应持同一节操，但眼看自己将不明不白地死去，能不感到惆怅吗？我冒昧地因循古人，才明白自己的归宿，恳切地献出自己真情的肺腑之言。请求您降下春天般的恩泽，哀怜我的处境，拯救我的危难，不再因为猜疑而拒绝我以身相托的请求。此事一旦泄露，我将受到无法想象的惩罚，一则，伤害了您仁慈的名声，使我的计划遭到破坏；二来，会杜绝人们想要归顺的心愿。希望您鉴察前代类似的事例，关注我所陈述的一切，快些给我秘密的答复。我会关注您的行动，等候时机的到来。"

第三条说："我所接替的原太守广陵人王靖，先前也因为郡内百姓变乱而遭到指责，王靖极力地自我辩解，但是始终也没得到宽恕。于是便秘密地计划，打算投靠北方，不幸事情败露，对他的惩治婴儿也没有放过。我既目睹了王靖事件，又看到吴主一旦看不起谁，就不会再厚待他，虽然暂时有可能留用，但终究还是要被灭掉。现在，之所以让我还统理郡务，是想责备我以后的缓计，是一定要杀我的表现。我虽然还能苟生，但忧恐如焚，不知道自己的性命会在何时结束。人生在世，如白驹过隙，却还要常常提心吊胆，这种境况是言语所能表达的吗！只能向您尽情陈述心迹，担心的是我人微言轻，不能被您信任而采纳。希望您稍加审察，想想我所说的话。现在我郡的百姓，名义上虽然已经顺服，但仍旧栖身于草莽之中，等候时机，再次作乱，动乱发生那天，就是我的性命完结之时。近来吴主暗中部署将领，图谋向北进犯。吕范、孙韶等进兵淮北，全琮、朱桓开往合肥，诸葛瑾、步骘、朱然前去襄阳，陆议、潘璋等也去讨伐魏将梅敷。吴主自率精兵进攻到石阳，又派堂弟孙奂管理安陆城，修建粮仓，运送物资，以为储备，又联络蜀国诸葛亮进军关西，长江沿岸众将都离开原地，只留下三千士兵驻扎武昌。倘若您率领一万兵马由皖南进军江岸，我便从这里率领官民为内应。这一带的各州郡，前后起事，都是在接近成功时遭到失败，其原因是由于没有外援才导致的。如果，北军至边境向各属县传布檄文，那些思念北方的民众，谁不盼望呢？望您上观天时，下察人事，中参卜筮，就能够明白我前面说的都不是虚假之词。”

第四条说：“我派去的董岑、邵南从小生活在我家，我喜爱并且信任他们如自己的儿子一样，因此，特地让他们送去信函。向他们交代这种事时，看我的眼色，他们就心领神会，不用明言，就连我的至亲中也没有人知道这件事。我还让他们到了州府一定扬言去投降，让北方叛逃过来的人能够传递这个消息。我使用这种方法，是希望于上天的保佑。如果我成功了，就有保全生命的福运；如果失败了，就必然要承受灭族的灾祸。我常在夜里仰望天空，向星辰祷告。尽管我这一点诚意无法感动上天，然而，事情紧急，在孤立无助时，只有向上天倾诉了。派出使者这天，我既像活着，又像已死去，神魂恍惚。如果您不能完全相信我，那么董岑、邵南这两个人里您可以留下一个作为凭信，另一个让他带着您的教令回来。回来时当然要说是因对叛逃感到后悔而回来自首了。吴主有规定，后悔叛逃而回来的人一律免罪。这样，我们就可以掩人耳目，不会有把柄被人抓住。性命危在旦夕，翘首西望，泪和笔一同落在纸上。”

第五条说:“鄱阳的百姓,实在很多是愚昧而勇猛的,率领他们去打仗,不见得就合人心意,发动他们制造变乱,却会立即响应欢迎。现在他们虽然已经降服,但是他们内部盘根错节的关系并没有解除,栖藏在山林草野,叛乱的心思依然存在,而现在吴主谋划兴师动众,所有兵力全部出动,长江沿岸空旷无备,军营城堡空虚减损,只有负责督察军营的众刺奸还在而已。如果趁这个机会使这些百姓骚动不安,很快就可得到有利时机,但这需要依靠外援,内外协调配合,如果不是这样去做,是不会成功的。现在您要是取道皖县进驻长江边,我将从南岸的历口充当接应。如果您没有一直到达江岸,可以驻扎在百里上,让这里的百姓知道魏军在那里,就会好自为之的。当地百姓并不是被饥饿寒冷所苦而情愿蒙战乱或强盗的危害,他们苦于吴主的征讨,乐于归属魏国,只是在窘迫艰难中起来造反,不能及时得到接应,接着就受到镇压罢了。假使石阳和青州徐州的各支部队首尾互相衔接,牵制住吴主派往魏国的部队,使它不能迅速退回,那就再好不过啦。我生在长江、淮河一带,善于观察时事,看到这样做方便有利,有十足的胜利把握,这种时机不会重来,我冒昧地陈述自己的衷诚。”

第六条说:“吴主对上次没能攻下石阳,一直耿耿于怀。现在再一次大举兴兵,又招募了许多士卒,并且命令潘濬征发少数民族百姓,人数众多。听说已经预订计划,将新、弱之兵布置在前,精锐士兵布置在以后,攻城时,意将弱兵填充沟堑,以尽快攻破城池。此事虽然不能确定,但大致不差。我担心石阳城小,不能长时间牵制进攻的吴军,您要赶快派军援助,且要机密。王靖之变,其戒不远。现在我能否归顺成功,不在天意,而在于您啊。我如蒙救助,事情定会成功,如果不能及时得到救助,我就会遭到王靖那样的灾难。此前彭绮起事时,听说您驻扎逢龙,郡里的百姓很高兴,都想前来效力。那时如果您能够等待一个月,事情就能成功,可惜,你们去得太快,东吴集中兵力讨伐,彭绮才失败的。希望您能深深地考虑我的话。”

第七条说:“现在要发动大事,如果没有爵位称号就无法号令民众,我请求你赐予将军和侯爵的印玺各五十纽,郎将的印百纽,校尉、都尉的印各二百纽,我将这些东西授予各头领,以激赏他们的士气。同时,还请求几十面贵军的旗帜,作为标帜赐给我,让山越的官兵百姓看见,知道归向的选择已经决定,接应的兵马已布置妥当。另外,我们双方叛逃的人常常就有，这件事情多少都能传出一些的。现在，我们要进行的这个行动，却要严格保密，您看到我的信函，请给予隐秘。我知道，您的智谋有定数，防范的思虑也非常深远，我由于忧虑、焦灼，所以禀报事情啰唆重复，请您不要怪罪。”

周鲂还因为这件事另外呈报秘密的章表，上边写道：“现在北方有逃窜的寇贼，顽固地拒守着黄河、洛水，长期没有行使汉王朝的讨伐大权，独自垄断北方的国土，对于这种情况，我居然不能拿出奇计，提出妙策，上以推广佐助宏伟的教化，下以奉献施展些微薄的力量，因而忧虑的心像被什么撞击似的，使我夜里也不脱衣冠，忘记睡觉。神圣的朝廷像上天一样覆盖大地，它所包容的臣子竟然没有什么功绩。朝廷屈尊颁发优厚的命令，让我在前线把强盗曹休引诱进来，遗憾的是我没有完成任务。现在又让我在本郡的范围内寻找为北方强盗所熟知的山谷中的头面人物，使他和北方沟通。我虔诚地考虑，又高兴又不安，私下担心这种人物不可能马上找到，即使找到了，只怕也不可轻信，不如让我来诱骗曹休，在方法上更为妥善。这样我也可以把多年的抱负，正好用在千载难逢的一次机会上，因而我擅自做出决断，竭尽愚顽的见识，撰写了笺函来诱骗曹休，全部内容就像另纸誊录的一样。我知道自己没有古人那样复杂的计谋，加上仓促间献出大致的方略，我也感到惶恐不安，力不从心，担心由于自己的轻率鲁莽，辱没辜负了朝廷的特别安排，因而我预先就感到忧愁焦虑。我听说唐尧总是先请示上天，上天没有反对他的想法，他还要广泛征询下层百姓的意见，所以他能够建立伟大的功勋。如今朝廷英明地策划，想务必使曹休进入设下的圈套内，有神灵的帮助圣人的规范，曹休一定自己送上门，使六军可以一网打尽，大体上不会有漏网的。假如我们的威势像闪电一样运行，天下人会感到非常幸运，谨此呈上章表以报告，并且呈上笺函的草稿。我非常担心自己的浅陋，随而又惶恐不安地喘息。”他的章表被答复准予实施。曹休果然相信周鲂，率领步兵骑兵十万人马，辎重车辆挤满路上，直接进入皖县。周鲂也集合部队，跟随陆逊拦截曹休，曹休的军队像布帛被撕裂，像瓦片被砸碎，被斩首俘获的人数以万计。

周鲂开始的时候提出这个秘密计谋时，孙权不断派郎官来询问各项细节，周鲂就趁势到州郡府门外，放下头发表示认罪，所以当曹休听到这消息时，对周鲂不再有疑虑。事成后，大军凯旋，孙权召集众将举行盛大的欢宴，酒兴正浓的时候，对周鲂说：“您放下头发，担负道义，成全了我的大事，您的功名，当写进史册。”加官裨将军，赐关内侯。

山越首领董嗣凭借险要兴兵抄略豫章和临川郡。吾粲、唐咨曾率领三千人进攻董嗣据守的地方，几个月都没有攻下来。周鲂上书，请求暂时休兵，让自己随机处置。周鲂派遣间谍，诱骗董嗣出来，暗地里埋伏人将他杀掉。董嗣弟恐惧，到武昌向陆逊投降，请求由山里迁出到平原居住，改恶向善。从此，这几郡平静如常。

周鲂任鄱阳太守十三年后去世，他为政赏善罚恶，恩威并用。他的儿子周处，也有文武才干，天纪年间出任东观令、无难督。

钟离牧，字子幹，他是会稽山阴人，是汉朝鲁相钟离意的第七代孙。少时迁居永兴，亲自垦田，有二十多亩水稻，快要成熟时，县中有人说这田是他的，钟离牧说：“本就因土地荒芜，所以才开垦。”于是，就把水田给了那人。县长听说后，把那人关进监狱，要依法制裁。钟离牧为他求情。县长说：“您仰慕承宫的为人，可以去做仁义的事，我是一县主事的人，当以法令约束百姓，怎么能违犯国法来顺从您呢？”钟离牧说：“这里是郡界，因您的照顾，我才暂时住下来。现在，因这一点点稻谷要杀人，我还有什么心情再留在这里呢？”就打好行装，要回山阴。县长亲自去挽留，并释放了被囚押的那个人。那人又愧又怕，带着妻子儿女把割去的稻谷舂出的六十斛大米，送还给钟离牧，钟离牧关门不接受。那人把米放在路边，没有别人去拿。钟离牧从此出了名。

赤乌五年，钟离牧由郎中补任太子辅义都尉，做了南海太守。又回京任丞相长史，转任司直，升为中书令。正赶上建安、鄱阳、新都三郡山民作乱，被派出任监军，讨伐平定叛乱。钟离牧将山民首领黄乱、常俱等人的部众补充到兵营。封秦亭侯，任命为越骑校尉。

吴永安六年，蜀国被魏国吞并。由于武陵五谿的少数民族与蜀国交界，因此，当时人都担心会发生叛乱。就这样朝廷就任命钟离牧为平魏将军，兼任武陵太守，前往郡治赴任。魏国派汉葭县长郭纯试任武陵太守，率涪陵百姓进入蜀国迁陵的边界，驻守赤沙，招诱各少数民族首领，这些中有人响应；郭纯还进攻酉阳县，震动郡府。钟离牧问府中官员：“西蜀被吞并，边境受到侵犯，用什么方法来抵御？”郡吏都回答说：“迁陵、酉阳二县山林险要，各蛮夷据守顽抗，不能用兵马去惊动他们，一受惊动，各蛮夷就会互相勾结。应当慢慢地给予抚慰，派遣恩信吏去宣明教令，以示慰劳。”钟离牧说：“不对。外敌入侵，透骗我们的百姓，应当趁他们根基未深之时进行攻取，这同救火贵在迅速的道理是一样的。”于是，命在外的人马立即整装，郡吏有违反和非议者以军法处置。抚夷将军高尚劝钟离牧说：“从前，太常卿潘濬统兵五万，才去讨伐五谿蛮。那时，西蜀与我们连和，蛮夷各族都服从教化。如今，既没有当初的外援，郭纯又已经占据了迁陵，而太守您却只用三千士兵去深入险境，我看不出这样做有什么好处。”钟离牧说：“应付突然发生的事变，怎么能用老办法呢？”就率兵日夜兼程，沿山间险路行程近两千里，直追赶到边境发起进攻，斩杀怀有异心的恶首百余人及其党羽共一千余人，郭纯等人逃散，遂平定五谿。升任公安督、扬武将军，封都乡侯，调任濡须督。后来，又任前将军，假节，兼任武陵太守。在任上去世。家中没有多余的财物，士民都很怀念他。儿子钟离祎承继爵位，接替父亲统领兵马。

评论说：山越人喜欢叛乱，他们很难安定并且容易起事，致使孙权无暇抵御外敌，对魏国只能用谦卑的言辞。以上几位臣子，都是扫平内乱，安定国家的人。吕岱清廉忠诚，一心为国；周鲂聪明多智，善用奇谋；钟离牧能够效仿长者的风范；全琮是当世人杰，位高权重，但他没有管教好自己的儿子而受到讥讽，败坏了自己的名声。

三国志卷六十一·吴书十六

潘濬陆凯传

潘濬字承明，武陵汉寿人也。弱冠从宋仲子受学。年未三十，荆州牧刘表辟为部江夏从事。时沙羡长赃秽不修，濬按杀之，一郡震竦。后为湘乡令，治甚有名。刘备领荆州，以濬为治中从事。备入蜀，留典州事。

孙权杀关羽，并荆土，拜濬辅军中郎将，授以兵。迁奋威将军，封常迁亭侯。权称尊号，拜为少府，晋封刘阳侯，迁太常。五谿蛮夷叛乱盘结，权假濬节，督诸军讨之。信赏必行，法不可干，斩首获生，盖以万数，自是群蛮衰弱，一方宁静。

先是，濬与陆逊俱驻武昌，共掌留事，还复故。时校事吕壹操弄威柄，奏按丞相顾雍、左将军朱据等，皆见禁止。黄门侍郎谢厷语次问壹："顾公事何如？"壹答："不能佳。"厷又问："若此公免退，谁当代之？"壹未答厷，厷曰："得无潘太常得之乎？"壹良久曰："君语近之也。"厷谓曰："潘太常常切齿于君，但道远无因耳。今日代顾公，恐明日便击君矣。"壹大惧，遂解散雍事。濬求朝，诣建业，欲尽辞极谏。至，闻太子登已数言之而不见从，濬乃大请百僚，欲因会手刃杀壹，以身当之，为国除患。壹密闻知，称疾不行。濬每进见，无不陈壹之奸险也。由此壹宠渐衰，后遂诛戮。权引咎责躬，因诮让大臣，语在《权传》。

赤乌二年，濬卒，子翥嗣。濬女配建昌侯孙虑。

陆凯字敬风，吴郡吴人，丞相逊族子也。黄武初为永兴、诸暨长，所在有治迹，拜建武都尉，领兵。虽统军众，手不释书。好《太玄》，论演其意，以筮辄验。赤乌中，除儋耳太守，讨朱崖，斩获有功，迁为建武校尉。五凤二年，讨山贼陈毖于零陵，斩毖克捷，拜巴丘督、偏将军，封都乡侯，转为武昌右部督。与诸将共赴寿春，还，累迁荡魏、绥远将军。孙休即位，拜征北将军，假节领豫州牧。孙晧立，迁镇西大将军，都督巴丘，领荆州牧，晋封嘉兴侯。孙晧与晋平，使者丁忠自北还，说晧弋阳可袭，凯谏止，语在《晧传》。宝鼎元年，迁左丞相。

晧性不好人视己，群臣侍见，皆莫敢迕。凯说晧曰："夫君臣无不相识之道，若卒有不虞，不知所赴。”皓听凯自视。

皓徙都武昌，扬土百姓泝流供给，以为患苦，又政事多谬，黎元穷匮。凯上疏曰：

臣闻有道之君，以乐乐民；无道之君，以乐乐身。乐民者，其乐弥长；乐身者，不乐而亡。夫民者，国之根也，诚宜重其食，爱其命。民安则君安，民乐则君乐。自顷年以来，君威伤于桀纣，君明暗于奸雄，君惠闭于群孽。无灾而民命尽，无为而国财空，辜无罪，赏无功，使君有谬误之愆，天为作妖。而诸公卿媚上以求爱，困民以求饶，导君于不义，败政于淫俗，臣窃为痛心。今邻国交好，四边无事，当务息役养士，实其廪库，以待天时。而更倾动天心，骚扰万姓，使民不安，大小呼嗟，此非保国养民之术也。

臣闻吉凶在天，犹影之在形，响之在声也，形动则影动，形止则影止，此分数乃有所系，非在口之所进退也。昔秦所以亡天下者，但坐赏轻而罚重，政刑错乱，民力尽于奢侈，目眩于美色，志浊于财宝，邪臣在位，贤哲隐藏，百姓业业，天下苦之，是以遂有覆巢破卵之忧。汉所以强者，躬行诚信，听谏纳贤，惠及负薪，躬请岩穴，广采博察，以成其谋。此往事之明证也。

近者汉之衰末，三家鼎立，曹失纲纪，晋有其政。又益州危险，兵多精强，闭门固守，可保万世，而刘氏与夺乖错，赏罚失所，君恣意于奢移，民力竭于不急，是以为晋所伐，君臣见虏。此目前之明验也。

臣暗于大理，文不及义，智慧浅劣，无复冀望，窃为陛下惜天下耳。臣谨奏耳目所闻见，百姓所为烦苛，刑政所为错乱，愿陛下息大功，损百役，务宽荡，忽苛政。

又武昌土地，实危险而塉确，非王都安国养民之处，船泊则沈漂，陵居则峻危，且童谣言：“宁饮建业水，不食武昌鱼；宁还建业死，不止武昌居。”臣闻翼星为变，荧惑作妖，童谣之言，生于天心，乃以安居而比死，足明天意，知民所苦也。

臣闻国无三年之储，谓之非国，而今无一年之畜，此臣下之责也。而诸公卿位处人上，禄延子孙，曾无致命之节，匡救之术，苟进小利于君，以求容媚，荼毒百姓，不为君计也。自从孙弘造义兵以来，耕种既废，所在无复输入，而分一家父子异役，廪食日张，畜积日耗，民有离散之怨，国有露根之渐，而莫之恤也。民力困穷，鬻卖儿子，调赋相仍，日以疲极，所在长吏，不加隐括，加有监官，既不爱民，务行威势，所在骚扰，更为烦苛，民苦二端，财力再耗，此为无益而有损也。愿陛下一息此辈，矜哀孤弱，以镇抚百姓之心。此犹鱼鳖得免毒螫之渊，鸟兽得离罗网之纲，四方之民襁负而至矣。如此，民可得保，先王之国存焉。

臣闻五音令人耳不聪，五色令人目不明，此无益于政，有损于事者也。自昔先帝时，后宫列女，及诸织络，数不满百，米有畜积，货财有余。先帝崩后，幼、景在位，更改奢侈，不蹈先迹。伏闻织络及诸徒坐，乃有千数，计其所长，不足为国财，然坐食官廪，岁岁相承，此为无益，愿陛下料出赋嫁，给与无妻者。如此，上应天心，下合地意，天下幸甚。

臣闻殷汤取士于商贾，齐桓取士于车辕，周武取士于负薪，大汉取士于奴仆。明王圣主取士以贤，不拘卑贱，故其功德洋溢，名流竹素，非求颜色而取好服、捷口、容悦者也。臣伏见当今内宠之臣，位非其人，任非其量，不能辅国匡时，群党相扶，害忠隐贤。愿陛下简文武之臣，各勤其官，州牧督将，藩镇方外，公卿尚书，务修仁化，上助陛下，下拯黎民，各尽其忠，拾遗万一，则康哉之歌作，刑错之理清。愿陛下留神思臣愚言。

时殿上列将何定佞巧便辟，贵幸任事，凯面责定曰："卿见前后事主不忠，倾乱国政，宁有得以寿终者邪！何以专为佞邪，秽尘天听？宜自改厉。不然，方见卿有不测之祸矣。"定大恨凯，思中伤之，凯终不以为意，乃心公家，义形于色，表疏皆指事不饰，忠恳内发。

建衡元年，疾病，皓遣中书令董朝问所欲言，凯陈："何定不可任用，宜授外任，不宜委以国事。奚熙小吏，建起浦里田，欲复严密故迹，亦不可听。姚信、楼玄、贺邵、张悌、郭逴、薛莹、滕修及族弟喜、抗，或清白忠勤，或姿才卓茂，皆社稷之桢干，国家之良辅，愿陛下重留神思，访以时务，各尽其忠，拾遗万一。"遂卒，时年七十二。

子祎，初为黄门侍郎，出领部曲，拜偏将军。凯亡后，入为太子中庶子。右国史华覈表荐祎曰："祎体质之刚，器干强固，董率之才，鲁肃不过。及被召当下，径还赴都，道由武昌，曾不回顾，器械军资，一无所取，在戎果毅，临财有节。夫夏口，贼之冲要，宜选名将以镇戍之，臣窃思惟，莫善于祎。"

初，皓常衔凯数犯颜忤旨，加何定谮构非一，既以重臣，难绳以法，又陆抗时为大将在疆场，故以计容忍。抗卒后，竟徙凯家于建安。

或曰宝鼎元年十二月，凯与大司马丁奉、御史大夫丁固谋，因皓谒庙，欲废晧立孙休子。时左将军留平领兵先驱，故密语平，平拒而不许，誓以不泄，是以所图不果。太史郎陈苗奏晧久阴不雨，风气回逆，将有阴谋，晧深警惧云。

予连从荆、扬来者得凯所谏晧二十事，博问吴人，多云不闻凯有此表。又按其文殊甚切直，恐非晧之所能容忍也。或以为凯藏之箧笥，未敢宣行，病困，晧遣董朝省问欲言，因以付之。虚实难明，故不著于篇，然爱其指擿晧事，足为后戒，故钞列于凯传左云。

晧遣亲近赵钦口诏报凯前表曰："孤动必遵先帝，有何不平？君所谏非也。又建业宫不利，故避之，而西宫室宇摧朽，须谋移都，何以不可徙乎？"凯上疏曰：

臣窃见陛下执政以来，阴阳不调，五星失晷，职司不忠，奸党相扶，是陛下不遵先帝之所致。夫王者之兴，受之于天，修之由德，岂在宫乎？而陛下不谘之公辅，便盛意驱驰，六军流离悲惧，逆犯天地，天地以灾，童歌其谣。纵令陛下一身得安，百姓愁劳，何以用治？此不遵先帝一也。

臣闻有国以贤为本，夏杀龙逢，殷获伊挚，斯前世之明效，今日之师表也。中常侍王蕃黄中通理，处朝忠謇，斯社稷之重镇，大吴之龙逢也，而陛下忿其苦辞，恶其直对，枭之殿堂，尸骸暴弃。邦内伤心，有识悲悼，咸以吴国夫差复存。先帝亲贤，陛下反之，是陛下不遵先帝二也。

臣闻宰相国之柱也，不可不强，是故汉有萧、曹之佐，先帝有顾、步之相。而万彧琐才凡庸之质，昔从家隶，超步紫闼，于彧已丰，于器已溢，而陛下爱其细介，不访大趣，荣以尊辅，越尚旧臣。贤良愤惋，智士赫咤，是不遵先帝三也。

先帝爱民过于婴孩，民无妻者以妾妻之，见单衣者以帛给之，枯骨不收而取埋之。而陛下反之，是不遵先帝四也。

昔桀纣灭由妖妇，幽厉乱在嬖妾，先帝鉴之，以为身戒，故左右不置淫邪之色，后房无旷积之女。今中宫万数，不备嫔嫱，外多鳏夫，女吟于中。风雨逆度，正由此起，是不遵先帝五也。

先帝忧劳万机，犹惧有失。陛下临阼以来，游戏后宫，眩惑妇女，乃令庶事多旷，下吏容奸，是不遵先帝六也。

先帝笃尚朴素，服不纯丽，宫无高台，物不雕饰，故国富民充，奸盗不作。而陛下征调州郡，竭民财力，土被玄黄，宫有朱紫，是不遵先帝七也。

先帝外仗顾、陆、步、张，内近胡综、薛综，是以庶绩雍熙，邦内清肃。今者外非其任，内非其人，陈声、曹辅，斗筲小吏，先帝之所弃，而陛下幸之，是不遵先帝八也。

先帝每宴见群臣，抑损醇醲，臣下终日无失慢之尤，百僚庶尹，并展所陈。而陛下拘以视瞻之敬，惧以不尽之酒。夫酒以成礼，过则败德，此无异商辛长夜之饮也，是不遵先帝九也。

昔汉之桓、灵，亲近宦竖，大失民心。今高通、詹廉、羊度，黄门小人，而陛下赏以重爵，权以战兵。若江渚有难，烽燧互起，则度等之武不能御侮明也，是不遵先帝十也。

今宫女旷积，而黄门复走州郡，条牒民女，有钱则舍，无钱则取，怨呼道路，母子死诀，是不遵先帝十一也。

先帝在时，亦养诸王太子，若取乳母，其夫复役，赐予钱财，给其资粮，时遣归来，视其弱息。今则不然，夫妇生离，夫故作役，儿从后死，家为空户，是不遵先帝十二也。

先帝叹曰："国以民为本，民以食为天，衣其次也，三者，孤存之于心。"今则不然，农桑并废，是不遵先帝十三也。

先帝简士，不拘卑贱，任之乡闾，效之于事，举者不虚，受者不妄。今则不然，浮华者登，朋党者进，是不遵先帝十四也。

先帝战士，不给他役，使春惟知农，秋惟收稻，江渚有事，责其死效。今之战士，供给众役，廪赐不赡，是不遵先帝十五也。

夫赏以劝功，罚以禁邪，赏罚不中，则士民散失。今江边将士，死不见哀，劳不见赏，是不遵先帝十六也。

今在所监司，已为烦猥，兼有内使，扰乱其中，一民十吏，何以堪命？昔景帝时，交阯反乱，实由兹起，是为遵景帝之阙，不遵先帝十七也。

夫校事，吏民之仇也。先帝末年，虽有吕壹、钱钦，寻皆诛夷，以谢百姓。今复张立校曹，纵吏言事，是不遵先帝十八也。

先帝时，居官者咸久于其位，然后考绩黜陟。今州县职司，或莅政无几，便征召迁转，迎新送旧，纷纭道路，伤财害民，于是为甚，是不遵先帝十九也。

先帝每察竟解之奏，常留心推按，是以狱无冤囚，死者吞声。今则违之，是不遵先帝二十也。

若臣言可录，藏之盟府；如其虚妄，治臣之罪。愿陛下留意。

胤字敬宗，凯弟也。始为御史、尚书选曹郎，太子和闻其名，待以殊礼。会全寄、杨竺等阿附鲁王霸，与和分争，阴相谮构，胤坐收下狱，楚毒备至，终无他辞。

后为衡阳督军都尉。赤乌十一年，交阯九真夷贼攻没城邑，交部骚动。以胤为交州刺史、安南校尉。胤人南界，喻以恩信，务崇招纳，高凉渠帅黄吴等支党三千余家皆出降。引军而南，重宣至诚，遗以财币。贼帅百余人，民五万余家，深幽不羁，莫不稽颡，交域清泰。就加安南将军。复讨苍梧建陵贼，破之，前后出兵八千余人，以充军用。

永安元年，征为西陵督，封都亭侯，后转在虎林。中书丞华覈表荐胤曰："胤天姿聪朗，才通行洁，昔历选曹，遗迹可纪。还在交州，奉宣朝恩，流民归附，海隅肃清。苍梧、南海，岁有暴风瘴气之害，风则折木，飞砂转石，气则雾郁，飞鸟不经。自胤至州，风气绝息，商旅平行，民无疾疫，田稼丰稔。州治临海，海流秋咸，胤又蓄水，民得甘食。惠风横被，化感人神，遂凭天威，招合遗散。至被诏书当出，民感其恩，以忘恋土，负老携幼，甘心景从，众无携贰，不烦兵卫。自诸将合众，皆胁之以威，未有如胤结以恩信者也。衔命在州，十有余年，宾带殊俗，宝玩所生，而内无粉黛附珠之妾，家无文甲犀象之珍，方之今臣，实难多得。宜在辇毂，股肱王室，以赞唐虞康哉之颂。江边任轻，不尽其才，虎林选督，堪之者众。若召还都，宠以上司，则天工毕修，庶绩咸熙矣。"

胤卒，子式嗣，为柴桑督、扬武将军。天策元年，与从兄祎俱徙建安。天纪二年，召还建业，复将军、侯。

评曰：潘濬公清割断，陆凯忠壮质直，皆节概梗梗，有大丈夫格业。胤身洁事济，著称南土，可谓良牧矣。

【译文】

潘濬，字承明，他是武陵汉寿人，二十岁时随宋仲子学习。年龄不到三十岁时，荆州牧刘表征召他为江夏郡从事。那时候，沙羡县长贪赃枉法，品行不端，潘濬查清后杀了他，全郡为之震恐。后来，任湘乡县令，治理有法很有名声。刘备兼管荆州时，任命潘濬为治中从事。刘备入蜀后，留下潘濬掌管州中事务。

孙权杀关羽，吞并了荆州，任命潘濬为辅军中郎将，授予兵权。又晋升为奋威将军，封常迁亭侯。孙权称帝后，任命他为少府，晋封为刘阳侯，又升为太常。五谿的少数民族发动叛乱，相互勾结，孙权授潘濬符节，命他督率各部进行讨伐。他对有功者必定奖赏，不允许有人冒犯法令。在征讨中，斩获敌人，数以万计。从那以后，各部族都衰弱了，五谿之地平静安定。

在这之前，潘濬与陆逊同驻武昌，一块儿掌管留守事务，平叛后仍回到武昌。当时，校事吕壹弄权，上奏审查丞相顾雍、左将军朱据等人，并将他们软禁起来。黄门侍郎谢厷谈论间问吕壹说："顾公的事怎样了？"吕壹说："不会好的。"谢厷又问："如果顾公被罢免，谁能替代他？"吕壹没有回答，谢厷又问："该不是潘太常吧？"吕壹沉吟很久，说："您说得很接近了。"谢厷对他说："潘太常很痛恨您，只是路远没有机会办到罢了。今天他如果代替顾公，明日恐怕就会来打击您了。"吕壹十分恐惧，于是，解除了对顾雍的审查和软禁。潘濬请求到建业朝见，想劝说孙权。到达建业后，听说太子孙登已多次劝说却没被接受。潘濬便大请百官，想趁聚会时亲手杀掉吕壹，自己来承担这一罪责，以达到为国除患的目的。吕壹暗中得到这个信息，就称病不去赴宴。潘濬每次进见孙权，总是陈述吕壹的奸诈阴险。因此，渐渐地吕壹受到的恩宠就减弱了，后来，终于被杀。孙权把过失归到自己身上，同时，也责备了朝廷大臣。这件事记载在《孙权传》中。

赤乌二年，潘濬去世，他的儿子潘翥承继爵位。潘濬的女儿许配给建昌侯孙虑为妻。

陆凯，字敬风，他是吴郡吴县人，丞相陆逊的族侄。黄武初年，陆凯做了永兴、诸暨县长，所任之处都有好的名声，被任命为建武都尉，统领兵马。他虽然身在军营，但仍然手不离书，尤爱好《太玄经》，论述推衍其旨意，占卜总能应验。赤乌年间，被任命为儋耳太守，征讨朱崖有功，升为建武校尉。五凤二年，在零陵郡讨伐并且斩杀了山贼陈毖，被任为巴丘督、偏将军，封都乡侯，又调任为武昌右都督，与众将一起参加寿春之战，回来后，连续升为荡魏、绥远将军。孙休即帝位以后，任命他为征北将军，授符节，兼作豫州牧。孙晧为皇帝后，他又升任为镇西大将军，统领巴丘军事，兼任荆州牧，晋封为嘉兴侯。孙晧与晋朝讲和，使者丁忠自北方返回以后，劝说孙晧袭击弋阳郡，陆凯劝阻。这件事记载在《孙晧传》中。宝鼎元年，陆凯升任为左丞相。

孙晧生性不喜欢别人直视自己，群臣进见，都不敢面对面对他。陆凯劝孙晧说:“没有君臣互不认识的道理,倘若突发意外,臣子将不知去保护谁。”孙晧就同意陆凯正面看自己。

孙晧迁都武昌,扬州的百姓就得逆水给朝廷输送供养,成为一件苦差,再加上政事多有失误,百姓都很贫困。陆凯就上疏说:

臣听说有德君主,用快乐的事使百姓幸福;无德君主,以欢乐的事使自己快乐。使百姓高兴的,那欢乐便会时间长;而只想自己高兴,非但得不到快乐,而只能加速灭亡。百姓为国家之本,确实应该重视他们的衣食住行,爱惜其生命。百姓平安,君主才能平安;百姓快乐,国主就会快乐。近年来,君主的威严被桀纣般的暴行所伤害,君主的圣明被奸诈的小人玩弄得暗昧无光,国君的恩惠被众多的奸恶之人所阻塞。这样,虽然没有天灾而民众却不能活命,致使国库空虚,无罪的人受惩罚,无功的人却得到奖赏,使国君出现失误,因此,上天显现怪异之象。有些公卿大臣谄媚皇上以求宠爱,将民众推向穷困以求财富,陷国君于不义,用淫乱败坏朝政,使为臣深感痛心。当今,邻国和我交好,四境无战事,正应该致力于停止劳役,使兵士得到休养,国库得以充实,等待统一天下的时机。然而,陛下非但不如此,反而违逆上天之意,使民众不得安宁,老幼妇孺悲呼哀叹,这不是安定国家、养息百姓的办法啊!

“我听说吉凶取决于上天,就像影子追随形体,回音追随响声,形体移动则影子移动,形体静止影子就静止,这种天命源自于它所关联的内在,而不是经由言语来损益变化的。以前秦王朝之所以失去天下,就因为奖赏轻微而惩治严峻,政令和刑罚杂乱无序,民众的人力、物力、财力都被君主的奢侈耗尽,君主的视线被女人的美色迷惑,其宏图大志受制于财富的贪念而污秽不堪,奸臣在位执掌大权,贤明睿智的人匿迹隐身,百姓都心怀危惧,天下为之困苦,因此就出现了覆巢灭国的祸殃。汉朝之所以能走向强盛,与君王亲身履行诚信,听取劝谏接纳贤人,恩惠一直施加到樵夫农民之身,不惜亲赴山林延请隐士高人,广开言路多所采摘,以此形成利国利民的大政方针。这些都是前代事情的明确验证。

说到距今时日尚近的事例即如汉朝衰败以来,三家鼎足而立的局面形成以后,曹魏朝廷法度失常,晋国就夺走了它的政权。再者益州地势险要,士兵众多而精锐强悍。关闭国门牢固防守,可以保国运承传万世,可是刘蜀的赐予和剥夺荒谬悖乱,赏罚失当,君主肆意挥霍浪费以追求过分的享受,民众的人力、财力、物力在无关紧要的事情上耗竭,因此遭到晋国讨伐，君臣都成为后者的俘虏。这些都是近在眼前的事情的明证。

臣于大道理愚昧不明，文辞也没有正理，才智浅陋，不再有其他奢望，只是私下为陛下的天下感到可惜罢了。恭谨地奏上臣亲见、亲闻百姓感到烦琐、苛刻的原因，刑罚、政事产生错乱的根由，希望陛下停止大型工程，减少众多的劳役，致力于使政策的宽缓，减轻残暴的政令。

而且，武昌一带险要、瘠薄且又多石，不是建立国都、养育百姓的地方，船泊在这里会漂流沉没，居住于山丘又高峻危险。童谣说："宁饮建业水，不食武昌鱼；宁还建业死，不止武昌居。"臣还听说翼、宿星出现异象，荧惑星运行不正常，童谣里的话，往往表达了天意。以安居比作死亡，足可证明上天是了解百姓痛苦的。

为臣听说国家没有三年的储备，就不能称为国家。但是现在我国连一年的储备都没有，这是臣下的错误啊！然而众多王公大臣身居高位，俸禄的好处都可以传给子孙，却没有为国家效命献身的气节、匡正补救国家的方略，只是随便向国君进献一点小利，以此来奉承谄媚，求得国君的宠爱。一些王公大臣残害百姓，不为国君着想。自从孙弘组织义兵以来，农田耕种已经荒废，到处都不再有赋税输入，而将一家父子分开不同的地方服役，使得官府供给粮食的数量一天天增多，国家积蓄的财物一天天消耗，百姓有分离的怨恨，国家根基有动摇的迹象，但是却没有人为此担忧。百姓的财力窘迫，只得卖儿卖女，而官府征收田租赋役仍接连不断，百姓的生活一天比一天贫困，所在的郡县长官对这种状况不设法纠正改变。加之朝廷派的监察官员，既不爱护百姓，一味倚仗权势作威福，所到之处对百姓的骚扰，更为烦琐苛酷。百姓苦于中央和地方这两头官吏的侵害，财力一再地消耗，这对国家没有好处只有损害呀！希望陛下将这些官员一律撤职，怜悯孤苦贫弱的人，以此安抚百姓的心。这样做就像使鱼鳖逃脱有毒虫侵害的深渊，使鸟兽脱离罗网的笼罩，四方的百姓都会背负着小孩前来投奔。如能这样，民众可以得到安定，先创建的国家就可以永存啦！

臣听说沉溺于音乐会使人的听觉不灵敏，迷恋于色彩会使人的视觉不明，这些东西对朝政没有益处，只能有害的呀！先帝在世时，后宫妃嫔及纺织女仆，不满一百，那时，粮食有积蓄，财货有盈余。先帝去世后，幼主、景帝做了皇帝，却一改节俭，奢侈无度，抛弃了先帝的成规。臣听说宫中的织造女和闲坐的宫女，就有千人之多，计算她们所生产的，不足以给国家增加财富，却只能坐吃官府的供给，年年不断，这会有什么好处呢？望陛下选出一些宫女把她们嫁给没有妻子的人，这样，对上顺应天心，对下迎合地意，天下百姓就非常幸运了。

臣听说各朝代选取人才不拘一格，殷成汤从商人中选拔，齐桓公由驭手中选拔，周武王自贱役中选取，汉朝从奴仆中选取。明君圣主选取人才都是以贤能为标准，而不为身世贵贱所限，所以，能够功德满天下，英名铭刻史册。他们都不因外貌顺眼就选取那些服饰华丽、善于逢迎的人。臣发现，现在内宫得到宠爱的臣子，都不是合适的人选，所任职务都不相当。他们不但不能辅助国家，匡扶时政，却只能结党营私，陷害忠臣，阻塞贤路。望陛下选取那勤于职守的文武大臣，州、牧、督、将，镇守边关，公卿、尚书，致力于道德教化，对上辅助陛下，对下拯救百姓，各尽忠心，弥补朝政的微小失误，若能那样，歌颂安定时世的童谣就会出现，刑狱之治也会清明。希望陛下注意考虑臣愚陋的意见。

那时候的殿上列将何定谄佞巧诈而谄媚逢迎，受宠显贵且担当要职，陆凯当面指责何定说："你看自古至今那些侍奉君主既不忠诚，并且扰乱国家的政事的人，难道有寿终正寝的吗！为什么你要专做奸邪的勾当，从而污染皇上的视听呢？应该改正勉励自己。不这样的话，会看见你有难以预料的灾祸的。"何定因此非常痛恨陆凯，想要中伤他，而陆凯始终不把这件事放在心上，照样心系国事，正义之色现于颜面，上表上疏都直指其事而不肯为谁文过饰非，忠诚恳切发自内心。

建衡元年，陆凯重病不起，孙晧派中书令董朝询问他有什么要说的话，陆凯陈述说："何定不可重用，应该让他出外任职，不应把国家大事托付给他。奚熙是个小官，却倡议重开浦里田，打算恢复严密以前的规模，也不可听信。姚信、楼玄、贺邵、张悌、郭逴、薛莹、滕修以及我的族弟陆喜、陆抗，他们或者是清正纯洁忠诚勤勉，或者资质禀赋卓越丰茂，都是国家的栋梁之材，朝廷的优异助手，希望陛下对他们着重关注，征求他们关于时务的意见，让他们各自竭尽忠诚，以补正陛下万一出现的过失。"不久陆凯去世，时年七十二岁。

儿子陆祎，开始时做了黄门侍郎，在这之后离开京城统领军队，被授任为偏将军。陆凯死后，调回京城任太子中庶子。右国史华覈上表荐举陆祎说："陆祎气质胸怀方正刚烈，才干强实可靠，督察统领的才能，鲁肃也不会比他强。等到接受朝廷召唤前往京城时，他径直迅速赶赴京都，途中经过武昌，竟然不作停留，军用器械物资，一样也不拿取，担任军职果断坚忍，面对财物具有节操。夏口，是敌人进攻我国的交通要地，应该挑选名将去镇守，我私下思量，没有人比陆祎更好。”

起初，孙晧常常怨恨陆凯多次冒犯尊严违抗旨意，加上何定屡次诬陷，但既因为陆凯是身居要职的大臣，难以用法制裁，又加之陆抗当时担任大将驻守边界，所以出于心计加以容忍。陆抗死后，终于把陆凯全家放逐到建安。

有人说，宝鼎元年十二月，陆凯曾经和大司马丁奉、御史大夫丁固密谋，趁孙晧拜祭宗庙之机，废黜孙晧，拥立孙休的儿子。当时，因左将军留平领兵在前为孙晧开路，陆凯就把谋划密告留平，留平拒绝了，但也发誓不把这件事泄露出去，所以他们的图谋没有成功。太史郎陈苗上奏孙晧说，天气久阴不雨，风气回旋不畅，预示着将有人暗中策划阴谋，孙晧因此警觉非常害怕。

陈寿从荆州、扬州来的人那里接连得到陆凯劝谏孙晧二十件事的奏折，并广泛询问吴郡人，很多人都说没有听到陆凯有这些奏折。再审看奏章文辞十分率直急切，恐非孙晧所能容忍。有人认为，陆凯把奏章藏在箱子里，未敢上奏，病倒时，孙晧派董朝来探问他想要说的话，陆凯这才把奏章交给了董朝。因事虚实难明，所以，不录在书中。但是，我欣赏他指责孙晧的过失，能成为后世的借鉴，故抄录在陆凯传的后边。

孙晧派赵钦口头传达诏令，答复陆凯先前呈报的表章，说：“我所有的言行都遵循先帝的制度，有什么不对？您的劝谏没道理。另外，建业的宫殿不吉利，所以避开它，况且西宫的房屋已经朽坏，必须计划迁都之事，为什么不能迁移呢？”陆凯上疏说：

臣看到，陛下执政以来，阴阳不合，五星失常，执事官员不忠于职守，奸佞之辈狼狈为奸，这是陛下不遵奉先帝造成的后果。大凡帝王的兴起，上承天命，下以德行培植，哪能取决于宫殿呢？然而陛下未征询公卿的意见，就任性劳师动众，兵马迁移，使悲恐之意流布，冒犯了天地，天地就降下灾祸，儿童就唱出那首歌谣。即使陛下一人得到安宁，而百姓却愁苦不休，又怎么能来治理天下呢？这是不遵奉先帝遗训的第一点。

臣听说，治国以贤士为本，夏桀杀了直言敢谏的龙逄，商汤却获得了伊尹的帮助，灭亡了暴夏，这是前代的经验教训，今天的借鉴。中常侍王蕃品德美好，通晓事理，处事忠直，国之栋梁，吴之龙逄啊！但陛下却恨他直言逆耳，便在殿堂上杀了他，暴尸于野外。百姓为之痛心，智士都为之哀悼，都说吴国的夫差复活了。先帝亲近贤人，陛下却正与之相反。这是不遵奉先帝遗训的第二点。

臣听说宰相是国家的支柱，应臣用强有力的人担任，因此，汉朝有萧何、曹参，先帝有顾雍、步骘，而万彧才能微小，品质平庸，由私家奴仆升为宫廷侍从，已够多了，但陛下却爱他的细小之才，不问他是否有大志向，即以尊贵的宰辅之位使他荣耀，超过了对旧臣的待遇。贤士悲惜，智士叹息。这是不遵守先帝遗训的第三点。

以前的皇帝爱民胜过己子，百姓中没有妻子的，就把自己的妾嫁给他们，没有衣穿的就送布帛给他，骨骸没有收殓的就帮助掩埋。但陛下所为却与此相反。这是不遵守先帝遗训的第四点。

在这之前，桀、纣的灭亡是源于迷恋妖妇，幽王、厉王的动乱是起于宠爱妻妾，先帝以此为鉴戒，因此，身边从不置女色，后宫也没有多余的宫女。但是现在，后宫女子数以万计，仍觉不够，而宫外尚有很多男人没有妻子，宫内的女子也迷糊呻吟。天气反常，正是由此引起的。这是陛下不遵从先帝遗训的第五点。

先帝为繁政担忧劳累，任何时刻警惕怕有失误之处。但是陛下自登基以来，在后宫游乐嬉戏，迷恋女色，以致使政事多有荒废，而下面的官吏包容邪恶，任意胡为。这是陛下不遵从先帝遗训的第六点。

先帝崇尚朴素，服饰不华美，宫中没有高台，器物不加雕饰，所以国富民强，奸盗不生。而陛下却向州郡滥加征调，耗尽百姓的人力物力，不顾土地有无收成，宫中仍旧穿朱着紫。这是不遵奉先帝遗训的第七点。

以前的皇帝对外依靠顾雍、陆逊、朱然、张昭等重臣，在内亲近胡综、薛综等内侍，因此，百事和谐，国内清平。而现在则是外将不胜职，内官不适人，陈声、曹辅都是浅陋小吏，为先帝抛弃的人，而陛下却宠信任用他们。这是不遵奉先帝遗训的第八点。

先帝每次宴会群臣，都是限量饮酒，臣下整日都没有失礼轻慢的过失，百官众吏，都能说出自己的心里话。但陛下却用所谓的恭肃拘束群臣，用无节制的饮酒使其惧怕。酒，是用来成就礼仪的，滥用就会败坏德行，这与纣王长夜饮酒是完全一样的。这是不遵先帝遗训的第九点。

汉朝的桓、灵二帝，亲近宦官小人，却失民心。现在的高通、詹廉、羊度都是小人，可陛下却赏赐尊爵并让他们执掌兵权。倘若长江两岸危急，烽火燃起，凭羊度等人怎能抵御敌寇呢！这是不遵先帝遗训的第十点。

现在，宫女本已大量闲置，但是宦官们却仍奔走于州郡，挑选民间女子，有钱贿赂的就舍弃，没钱送官的就抢走，使得百姓怨声载道，母女永别。这是不遵先帝遗训的第十一点。

以前的皇帝时养育诸王太子，也给他们选取乳母，如果乳母之夫在服劳役，就赐给钱财粮食，并按时送乳母回家，探视子女。可现在却不是这样，奶妈夫妇被拆散，丈夫服役，子女无人照料而死，成为空户。这是不遵守先帝遗训的第十二点。

先帝常感叹说："国家以民为本，民以食为天，然后，才是穿衣。这三件事理，我都牢记在心。"可如今却不是这样，农桑已然荒废。这是不遵从先帝遗训的第十三点。

选帝选取人才，不分卑贱，由乡里举荐，并通过检验其可用与否。推举的人不弄虚作假，被推举的也没有虚妄不实。然而如今，却不是这样，浮华之人被擢升，结党营私者得到进用。这是不遵奉先帝遗训的第十四点。

先帝对于作战的士兵，不负责供给其他的劳役，让他们春天只从事农耕，秋天只收获稻谷，一旦长江防守有战事，就命他们拼死效力。可是如今，作战的士兵，却要服各种各样的劳役，粮饷给养也不充足。这是陛下不遵从先帝遗训的第十五点。

奖赏，是鼓励人们立功；惩罚，是禁止人们作恶。赏罚不当，士民就会离散逃亡。可如今，守卫江岸的将士，死了得不到哀悼和抚恤，辛劳也得不到奖赏。这是陛下不遵从先帝遗训的第十六点。

如今，在各州县治所的监察官员，已经繁变杂滥，再者加上宫内使者，已成为一个百姓十个官员，百姓不堪负担。从前，景帝时的交阯叛乱，就是由这种情况引起的。这是没有遵从先帝遗训的第十七点。

刺探官民言行的校事官，是官吏百姓所忌恨的。先帝晚年时，即使有吕壹、钱钦专擅，但不久都被诛杀，并以此向官员百姓谢罪。现在，又大肆设置校事机构，放任其进谗诬告。这是不遵奉先帝遗训的第十八点。

先帝在位时，为官的人要长时间担任某一职务，以考察政绩，决定升降。可如今，各州县官员，有的到职没有多久，就被征召转任，迎新送旧，官员们纷纷来往于路上，不仅使损失财物，而且严重危害民众。这是不遵先帝遗训的第十九点。

先帝每次审察请求核准的判书，总是仔细考究，没有疏忽，所以，监狱里没有蒙受冤屈的囚犯，被判死刑的人也没有怨恨，而如今，却违背了这种做法。这是陛下不遵从先帝遗训的第二十点。

以上，臣所说的如果可以采纳，就请收藏到保存文书典册的府署中去；如果认为臣的陈述虚妄不实，就请惩治臣的罪。望陛下重视。

陆胤，字敬宗，他是陆凯之弟。初任御史、尚书选曹郎，太子孙和听到他的名声，用特殊礼节待他。正遇上全寄、杨竺等人攀附鲁王孙霸，与孙和争宠，暗中诬陷。陆胤也因此被下狱，受尽酷刑，但他始终没有改变口供。

再这之后，陆胤任衡阳督军都尉。赤乌十一年，交阯、九真二郡的蛮夷攻陷城镇，交州也受到震动。朝廷任陆胤为交州刺史、安南校尉。陆胤进入南方，用恩信开导当地人，并抚慰招纳，就这样，高凉匪首黄吴等及其三千多家都出来投降。陆胤率军继续南进，又宣示招降的诚意，并赠给当地人钱财。匪首一百多人，民众五万多家，以及偏僻而不服管辖的地方，都请罪投降，交州从此清平安宁。朝廷派使者到军前加授陆胤为安南将军。陆胤又统兵讨伐苍梧郡建陵的盗贼，将他们打败。陆胤从当地前后送出八千多人补充到吴国军营。

永安元年，被调任西陵督，封都亭侯，再这之后，又调至虎林。中书丞华覈上表推荐陆胤说："陆胤天资聪颖，才能全面，品行端正，从前，他任选曹职务时，留下的事迹仍有记忆。后在交州时，奉行宣示朝廷恩德，使流散的百姓都来归顺，沿海一带整肃清静。苍梧、南海，每年都有暴风、瘴气的灾害，每当暴风来时树木折断，飞沙走石；瘴气起时弥漫天空，飞鸟不过。自陆胤到交州后，暴风和瘴气就再没有起过，商人和旅客可以平安往来，百姓不染疾病瘟疫，庄稼也获丰收。交州州治临海，海水苦咸，陆胤又组织百姓积蓄淡水，使他们能够吃上甘甜的食物。他的仁爱恩惠遍及全州，教化感动了人神，终于凭借陛下神威，召回了失散的百姓。在他受诏要离任时，百姓感激他的恩德，竟背井离乡，扶老携幼、心甘情愿地跟着他而毫无异心，而且不烦劳士兵护卫。以前，众将领招民聚众，大多用武力胁迫，从没有像陆胤那样用恩信吸引。受命交州十几年间，那个风俗特异的地方，出产宝货珍玩，但陆胤的内室，没有用珠黛修饰的妻妾，家中没有玳瑁、犀角、象牙一类的奇珍，在当今臣子中，实在难能可贵。陆胤应在京都拱卫朝廷，这样，就可以唱起尧舜时安宁的颂歌了。驻守江岸的责任不足以充分发挥他的才能；虎林都督一职，能胜任的人又非常多。倘若召陆胤回京予他高位，那么，国家大业便会得到完美的修治，各项政务也会兴盛起来。”

陆胤去世，他的儿子陆式承继爵位，任柴桑都督、扬武将军。天策元年，陆式和堂兄陆祎一道被流放到建安。天纪二年，被召回建业，恢复将军职务和侯爵。

评论说：潘濬公正清廉而有决断，陆凯忠诚壮烈而质朴正直，都是志节气概正直坚强，有大丈夫的品格功业。陆胤立身纯洁，事业成功，著称于南方地区，可以称得上是好州牧了。

三国志卷六十二·吴书十七

是仪胡综传

是仪字子羽，北海营陵人也。本姓氏，初为县吏，后仕郡，郡相孔融嘲仪，言“氏”字“民”无上，可改为“是”，乃遂改焉。后依刘繇，避乱江东。繇军败，仪徙会稽。

孙权承摄大业，优文征仪。到见亲任，专典机密，拜骑都尉。

吕蒙图袭关羽，权以问仪，仪善其计，劝权听之。从讨羽，拜忠义校尉。仪陈谢，权令曰：“孤虽非赵简子，卿安得不自屈为周舍邪？”

既定荆州，都武昌，拜裨将军，后封都亭侯，守侍中。欲复授兵，仪自以非材，固辞不受。黄武中，遣仪之皖就将军刘邵，欲诱致曹休。休到，大破之，迁偏将军，入阙省尚书事，外总平诸官，兼领辞讼，又令教诸公子书学。

大驾东迁，太子登留镇武昌，使仪辅太子。太子敬之，事先咨询，然后施行。晋封都乡侯。后从太子还建业，复拜侍中、中执法，平诸官事、领辞讼如旧。典校郎吕壹诬白故江夏太守刁嘉谤讪国政，权怒，收嘉系狱，悉验问。时同坐人皆怖畏壹，并言闻之，仪独云无闻。于是见穷诘累日，诏旨转厉，群臣为之屏息。仪对曰：“今刀锯已在臣颈，臣何敢为嘉隐讳，自取夷灭，为不忠之鬼！顾以闻知当有本末。”据实答问，辞不倾移。权遂舍之，嘉亦得免。

蜀相诸葛亮卒，权垂心西州，遣仪使蜀申固盟好。奉使称意，后拜尚书仆射。

南、鲁二宫初立，仪以本职领鲁王傅。仪嫌二宫相近切，乃上疏曰：“臣窃以鲁王天挺懿德，兼资文武，当今之宜，宜镇四方，为国藩辅。宣扬德美，广耀威灵，乃国家之良规，海内所瞻望。但臣言辞鄙野，不能究尽其意。愚以二宫宜有降杀，正上下之序，明教化之本。”书三四上。为傅尽忠，动辄规谏；事上勤，与人恭。

不治产业，不受施惠，为屋舍财足自容。邻家有起大宅者，权出望见，问起大室者谁，左右对曰：“似是仪家也。”权曰：“仪俭，必非也。”

问果他家。其见知信如此。

服不精细，食不重膳，拯赡贫困，家无储蓄。权闻之，幸仪舍，求视蔬饭，亲尝之，对之叹息，即增俸赐，益田宅。仪累辞让，以恩为戚。

时时有所进达，未尝言人之短。权常责仪以不言者，无所是非，仪对曰："圣主在上，臣下守职，惧于不称，实不敢以愚管之言，上干天听。"

事国数十年，未尝有过。吕壹历白将相大臣，或一人以罪闻者数四，独无以白仪。权叹曰："使人尽如是仪，当安用科法为？"

及寝疾，遗令素棺，敛以时服，务从省约，年八十一卒。

胡综字伟则，汝南固始人也。少孤，母将避难江东。孙策领会稽太守，综年十四，为门下循行，留吴与孙权共读书。策薨，权为讨虏将军，以综为金曹从事，从讨黄祖，拜鄂长。权为车骑将军，都京，召综还，为书部，与是仪、徐详俱典军国密事。刘备下白帝，权以见兵少，使综料诸县，得六千人，立解烦两部，详领左部、综领右部督。吴将晋宗叛归魏，魏以宗为蕲春太守，去江数百里，数为寇害。权使综与贺齐轻行掩袭，生虏得宗，加建武中郎将。魏拜权为吴王，封综、仪、详皆为亭侯。

黄武八年夏，黄龙见夏口，于是权称尊号，因瑞改元。又作黄龙大牙，常在中军，诸军进退，视其所向，命综作赋曰：

乾坤肇立，三才是生。狼弧垂象，实惟兵精。圣人观法，是效是营，始作器械，爰求厥成。黄、农创代，拓定皇基，上顺天心，下息民灾。高辛诛共，舜征有苗，启有甘师，汤有鸣条。周之牧野，汉之垓下，靡不由兵，克定厥绪。明明大吴，实天生德，神武是经，惟皇之极。乃自在昔，黄、虞是祖，越历五代，继世在下。应期受命，发迹南土，将恢大繇，革我区夏。乃律天时，制为神军，取象太一，五将三门；疾则如电，迟则如云，进止有度，约而不烦。四灵既布，黄龙处中，周制日月，实曰太常，桀然特立，六军所望。仙人在上，鉴观四方，神实使之，为国休祥。军欲转向，黄龙先移，金鼓不鸣，寂然变施，暗谟若神，可谓秘奇。在昔周室，赤乌衔书，今也大吴，黄龙吐符。合契河洛，动与道俱，天赞人和，佥曰惟休。

蜀闻权践阼，遣使重申前好。综为盟文，文义甚美，语在《权传》。

权下都建业，详、综并为侍中，晋封乡侯，兼左右领军。时魏降人或云魏都督河北振威将军吴质，颇见猜疑，综乃伪为质作降文三条：

其一曰："天纲弛绝，四海分崩，群生憔悴，士人播越，兵寇所加，邑无居民，风尘烟火，往往而处，自三代以来，大乱之极，未有若今时者也。臣质志薄，处时无方，系于土壤，不能翻飞，遂为曹氏执事戎役，远处河朔，天衢隔绝，虽望风慕义，思托大命，愧无因缘，得展其志。每往来者，窃听风化，伏知陛下齐德乾坤，同明日月，神武之姿，受之自然，敷演皇极，流化万里，自江以南，户受覆焘。英雄俊杰，上达之士，莫不心歌腹咏，乐在归附者也。今年六月末，奉闻吉日，龙兴践阼，恢弘大繇，整理天纲，将使遗民，睹见定主。昔武王伐殷，殷民倒戈；高祖诛项，四面楚歌。方之今日，未足以喻。臣质不胜昊天至愿，谨遣所亲同郡黄定恭行奉表，及托降叛，间关求达，其欲所陈，载列于左。”

其二曰：“昔伊尹去夏入商，陈平委楚归汉，书功竹帛，遗名后世，世主不谓之背诞者，以为知天命也。臣昔为曹氏所见交接，外托君臣，内如骨肉，恩义绸缪，有合无离，遂受偏方之任，总河北之军。当此之时，志望高大，永与曹氏同死俱生，唯恐功之不建，事之不成耳。及曹氏之亡，后嗣继立，幼冲统政，谗言弥兴。同侪者以势相害，异趣者得间其言，而臣受性简略，素不下人，视彼数子，意实迫之，此亦臣之过也。遂为邪议所见构会，招致猜疑，诬臣欲叛。虽识真者保明其心，世乱谗胜，余嫌犹在，常惧一旦横受无辜，忧心孔疚，如履冰炭。昔乐毅为燕昭王立功于齐，惠王即位，疑夺其任，遂去燕之赵，休烈不亏。彼岂欲二三其德，盖畏功名不建，而惧祸之将及也。昔遣魏郡周光以贾贩为名，托叛南诣，宣达密计。时以仓卒，未敢便有章表，使光口传而已。以为天下大归可见，天意所在，非吴复谁？此方之民，思为臣妾，延颈举踵，唯恐兵来之迟耳。若使圣恩少加信纳，当以河北承望王师，款心赤实，天日是鉴。而光去经年，不闻咳唾，未审此意竟得达不？瞻望长叹，日月以几，鲁望高子，何足以喻！又臣今日见待稍薄，苍蝇之声，绵绵不绝，必受此祸，迟速事耳。臣私度陛下未垂明慰者，必以臣质贯穿仁义之道，不行若此之事，谓光所传，多虚少实，或谓此中有他消息，不知臣质构谗见疑，恐受大害也。且臣质若有罪之日，自当奔赴鼎镬，束身待罪，此盖人臣之宜也。今日无罪，横见谮毁，将有商鞅、白起之祸。寻惟事势，去亦宜也。死而弗义，不去何为！乐毅之出，吴起之走，君子伤其不遇，未有非之者也。愿陛下推古况今，不疑怪于臣质也。又念人臣获罪，当如伍员奉己自效，不当徼幸因事为利。然今与古，厥势不同，南北悠远，江湖隔绝，自不举事，何得济免！是以忘志士之节，而思立功之义也。且臣质又以曹氏之嗣，非天命所在，政弱刑乱，柄夺于臣，诸将专威于外，各自为政，莫或同心，士卒衰耗，帑藏空虚，纲纪毁废，上下并昏，想前后数得降叛，具闻此问。兼弱攻昧，宜应天时，此实陛下进取之秋，是以区区敢献其计。今若内兵淮、泗，据有下邳，荆、扬二州，闻声响应，臣从河北席卷而南，形势一连，根牙永固。关西之兵系于所卫，青、徐二州不敢彻守，许、洛余兵众不满万，谁能来东与陛下争者？此诚千载一会之期，可不深思而熟计乎！及臣所在，既自多马，加以羌胡常以三四月中美草时，驱马来出，隐度今者，可得三千余匹。陛下出军，当投此时，多将骑士来就马耳。此皆先定所一二知。凡两军不能相究虚实，今此间实羸，易可克定，陛下举动，应者必多。上定洪业，使普天一统，下令臣质建非常之功，此乃天也。若不见纳，此亦天也。愿陛下思之，不复多陈。”

其三曰：“昔许子远舍袁就曹，规画计较，应见纳受，遂破袁军，以定曹业。向使曹氏不信子远，怀疑犹豫，不决于心，则今天下袁氏有也。愿陛下思之。间闻界上将阎浮、赵楫欲归大化，唱和不速，以取破亡。今臣款款，远授其命，若复怀疑，不时举动，令臣孤绝，受此厚祸，即恐天下雄夫烈士欲立功者，不敢复托命陛下矣。愿陛下思之。皇天后土，实闻其言。”此文既流行，而质已入为侍中矣。

二年，青州人隐蕃归吴，上书曰：“臣闻纣为无道，微子先出；高祖宽明，陈平先入。臣年二十二，委弃封域，归命有道，赖蒙天灵，得自全致。臣至止有日，而主者同之降人，未见精别，使臣微言妙旨，不得上达。于邑三叹，曷惟其已。谨诣阙拜章，乞蒙引见。”权即召入。蕃谢答问，及陈时务，甚有辞观。综时侍坐，权问何如，综对曰：“蕃上书，大语有似东方朔，巧捷诡辩有似祢衡，而才皆不及。”权又问可堪何官，综对曰：“未可以治民，且试以都辇小职。”权以蕃盛论刑狱，用为廷尉监。左将军朱据、廷尉郝普称蕃有王佐之才，普尤与之亲善，常怨叹其屈。后蕃谋叛，事觉伏诛，普见责自杀。据禁止，历时乃解。拜综偏将军，兼左执法，领辞讼。辽东之事，辅吴将军张昭以谏权言辞切至，权亦大怒，其和协彼此，使之无隙，综有力焉。

性嗜酒，酒后欢呼极意，或推引杯觞，搏击左右。权爱其才，弗之责也。

凡自权统事，诸文诰策命，邻国书符，略皆综之所造也。初以内外多事，特立科，长吏遭丧，皆不得去，而数有犯者。权患之，使朝臣下议。综议以为宜定科文，示以大辟，行之一人，其后必绝。遂用综言，由是奔丧乃断。

赤乌六年卒，子冲嗣。冲平和有文干，天纪中为中书令。

徐详者字子明，吴郡乌程人也，先综死。

评曰：是仪、徐详、胡综，皆孙权之时干兴事业者也。仪清恪贞素，详数通使命，综文采才用，各见信任，辟之广夏，其榱椽之佐乎！

【译文】

是仪，字子羽，他是北海营陵人。是仪本来姓"氏"，最初任县吏，后来在郡府任职。北海相孔融笑他，说"氏"字是"民"字没有上面的部分，应该改为"是"，于是，他就将"氏"姓改为"是"姓。后来，他投靠刘繇，到江东避乱。刘繇被打败后，是仪就迁移到了会稽。

孙权执政后，用优厚对待征召是仪，并受到孙权的喜爱和信赖，让是仪专职机要，任命为骑都尉。

吕蒙策划偷袭关羽，孙权征询是仪的意见，是仪很是赞同，劝孙权允许这个计划。是仪跟随讨伐关羽，被任为忠义校尉。是仪上表推辞，孙权下令说："我虽然不是赵简子，难道你就不能委屈一下做个随时直谏的周舍吗？"

荆州平定后，孙权迁都武昌，任是仪为裨将军，后又封为都亭侯，兼理侍中。孙权还想授兵权给是仪，他认为自己不是将才，坚决推辞不受。黄武年间，孙权派是仪去皖口协同将军刘邵在军中任职，计诱曹休来战。曹休率军前来，吴军打败了他，升为偏将军，入朝总管尚书事，总领众官，兼管诉讼事务，孙权又让他教众公子读书。

孙权都城迁回建业，太子孙登留守武昌，孙权让是仪辅佐太子。太子十分敬重他，凡事先征询他的意见，然后才实施。晋封都乡侯。后来，他随太子返回建业，又被任命为侍中、中执法，仍然管理百官、兼理狱讼事务。典校郎吕壹诬告原江夏太守刁嘉诽谤国政，孙权大怒，将刁嘉关进监狱，彻查审问。当时，在场的人都害怕吕壹，同声说听到过刁嘉的诽谤，唯独是仪说没有听到。就这样，接连几天是仪被追查，孙权的诏令也变得严厉起来，群臣都为是仪担心。是仪回答说："如今，刀锯已架在臣的颈上，臣怎么敢替刁嘉隐瞒，而自取其祸，成为不忠之鬼呢！我只是认为，既然听到了刁嘉诽谤国政的话，就应当知道事情的起因。"他仍是据实回答，没有改变。孙权终于不再追究，刁嘉得以免罪。

蜀国丞相诸葛亮去世，孙权非常关注益州，就派遣是仪出使蜀国，重申两国的友好关系。对他完成使命孙权感到很满意。后任命他为尚书仆射。

太子孙和鲁王孙霸刚刚册立，是仪带原职兼任鲁王傅。是仪见两处宫室太近，就上疏说："臣认为，鲁王美德天成，文武兼备，应当让他去镇守边疆，以为国之屏障。宣扬美好德行，广泛显耀威名，这是国家的好传统，也是天下人所期盼的。因为臣言辞粗疏，不能完全表达自己的心意。臣还以为，南、鲁二宫应有所区别，以端正尊卑次序，显示教化的原则。"他连续三四次上奏书。作为鲁王傅是仪竭尽忠诚，经常劝谏，事上勤奋，与人谦恭。

是仪不置办家产，不接受别人的施舍，所建屋舍仅能容身。邻人修建大宅，孙权外出看见了，就询问修建大住宅者是谁家，左右侍从回答说："好像是仪家。"孙权说："是仪节俭，必不是他。"询问以后，果然是他人。是仪就是这样被孙权所深知和信任。

是仪的服饰不求精细，饮食不求重样，经常救济贫困的人，家中没有积蓄。孙权听说后，光临他家，想要看看他家的饭菜，并亲口品尝，不由得对此叹息，马上增加是仪的俸禄赏赐，扩充是仪的田地住宅。是仪屡次推辞，把恩典作为忧虑。

是仪时常向孙权进献建议，但不曾谈别人的短处。孙权曾经怪罪他，说他不涉及具体事务，没有是非观念。他回答说："英明的君主在上面，臣下坚守职责，只担心不称职，实在不敢用愚陋的管见，向上干扰天子的视听。"

是仪为国家服务几十年，不曾有过失。吕壹逐一诬陷文武大臣，有的一个人就被告发罪行多达四次，唯独无法诬陷是仪。孙权赞叹地说："假如人人都像是仪那样，哪里还用得着科律法令呢！"

到是仪因病卧床不起时，他留下遗言让家里人给他用不上漆的棺木，用通常的衣服装殓，务必按节约的原则办事。他八十一岁去世。

胡综，字伟则，他是汝南郡固始县人。胡综从小就没有了父亲，母亲带着他逃难来到江东。孙策兼任会稽太守时，胡综十四岁，在府中当贴身使唤，留在苏州和孙权一同读书。孙策死后，孙权担任讨虏将军，任命胡综担任金曹从事，跟随孙权讨伐黄祖，任命他为鄂县县长。孙权任车骑将军，在镇江建都，召令胡综返回，担任文书工作，与是仪、徐详一同掌管军政机密事务。刘备进驻白帝城，孙权因现有的兵员缺乏，指派胡综统计所属县的壮丁，征到六千人，立即将这批精兵分为左、右两部分，徐详任左部督，胡综任右部督。吴将晋宗叛变归降魏国，魏国任命晋宗做蕲春太守，驻地离长江数百里，常常侵扰吴国。孙权派遣胡综与贺齐轻装偷袭，活捉了晋宗。胡综加封，获建武中郎将的称号。魏国封孙权为吴王，胡综、是仪、徐详都被封为亭侯。

黄武八年夏，黄龙在夏口显现，孙权登基做皇帝，因为此兆改换年号，而且制作了一面绣有黄龙图案的大牙旗，竖在中军帐前，各路兵马的行动，都要看牙旗的指挥。孙权又命胡综作赋，赋曰："乾坤肇立，三才是生，狼弧垂象，实惟兵精。圣人观法，是效是营，始作器械，爰求厥成。黄、农创代，拓定皇基，上顺天心，下息民灾。高辛诛共，舜征有苗，启有甘师，汤有鸣条。周之牧野，汉之垓下，靡不由兵，克定厥绪。明明大吴，实天生德，神武是经，惟皇之极。乃自在昔，黄、虞是祖，越历五代，继世在下。应期受命，发迹南土，将恢大繇，革我区夏。乃律天时，制为神军，取象太一，五将三门；疾则如电，迟则如云，进止有度，约而不烦。四灵既布，黄龙处中，周制日月，实曰太常，桀然特立，六军所望。仙人在上，鉴观四方，神实使之，为国休祥。军欲转向，黄龙先移，金鼓不鸣，寂然变施，暗谟若神，可谓秘奇。在昔周室，赤乌衔书，今也大吴，黄龙吐符。合契河洛，动与道俱，天赞人和，佥曰惟休。"

蜀国听说孙权登上帝位，派遣使者重申原先建立的友好关系。胡综起草盟约文稿，文辞和内容都很优美，全文记载在《孙权传》中。

孙权东迁定都于建业，徐详、胡综同时担任侍中，晋封为乡侯，兼任左领、右领军。那时候魏国来投降的人中有的说，魏国的都督河北振威将军吴质颇受朝廷的猜疑，胡综就冒充吴质写了三条降吴的文告：

第一条说："汉朝法纪败坏废弃，天下分崩离析，百姓痛苦不堪，士人四处流亡，兵匪所到之处，城镇空无居民。风尘战火交加，处处都能看见，自从夏、商、周三代以来，大乱到达极点的，没有能比得上如今这个时代。臣吴质才志薄，处世无方，心中眷恋故土，不能远走高飞，便为曹氏做事，当兵打仗。投身军旅在遥远的黄河以北，通向天衢的道路被隔绝，虽然仰望风范，思慕大义，一心想要归顺天命，惭愧的是没有机缘能够施展志向。每当遇到去过吴国的人，臣私下打听吴国的风情教化，敬知陛下与天地齐德，和日月共明。神圣威仪，承受天命，颁布并反复申明政教法令，使教化传播于万里之外，长江以南，家家户户都蒙受恩泽。英雄豪杰以及得道的人士，没有不发自内心地歌颂，并且以归顺陛下为乐事。今年六月底，敬闻在一个良辰吉日，黄龙腾起，陛下登基，准备扩展宏图大略，整饬治理国法，将要使幸存的百姓，看到真正的君主。从前周武王讨伐商纣，商民临阵倒戈；汉高祖诛杀项羽，四面都是楚地的歌声。和今日的形势相比，还不足以比喻得恰当。臣吴质无法抑制自己如同昊天般的宏博大愿，谨派遣亲信同郡人黄定前来恭敬地奉上章表，并请求降吴魏，趁机求得通达。臣所想要陈述的内容，载列如后。”

第二条说：“从前，伊尹弃夏归附商，陈平弃楚归附汉，其功绩载入史册，美名流传后世。明君从不认为他们是背叛者，而欣赏他们懂得天命。我从前被曹氏所接纳，对外为君臣关系，在内实同至亲。所以，镇守一方，统领河北兵马。当时，我志向远大，誓与曹氏同生死，只怕自己不能建立功勋，事业无成。然而曹丕亡后，幼主执政，此时，便谗言四起。朝臣们各依权势相互侵害，志不相同之人趁机离间。而我生性简疏，从不讨好他人，所以，那些进谗之人，就想陷害于我。当然，我也有错。终于，被邪论所害，招致猜疑，诬我反叛。尽管了解真相的人担保我的清白，但是谗言盛行，幼主对我还是有了猜疑。我担心一旦遭受横祸，其愁苦必如行于薄冰炭火之上。从前，乐毅为燕昭王伐齐立下大功，燕惠王即位后，因猜疑而罢去他的职务。虽然他离开燕国到了赵国，但是他的功业并未因此减损。他不是想真心离开燕国，而是担心功名不再有建树，灾祸即将来临。先前，我曾派魏郡人周光以做生意为名，到南方把归顺的想法明确之。由于时间仓促，不敢马上呈上奏章，只好传递口信。我认为，如今天下大势已明，天意所在，不由吴国来统一又是谁呢？曹魏的百姓都想做陛下的臣民，他们引颈、踮脚企望，唯恐吴国大军来得太迟。若陛下略微降恩给他们以信任和接纳，臣一定以河北的土地来迎候您。臣心赤诚，太阳可证。然而，周光前往已经有一年，却没有音信传回，不知臣的这番心意转达到没有？臣望南天而叹，有多少这样的日日夜夜呀！即使是鲁国人盼望高子的迫切心情，又怎么能与臣相比呢！另外，臣如今所受待遇一天比一天差，各种谗言嗡嗡不绝，迟早会遭受谗言的祸害。臣猜测，陛下没有下达明确旨意的原因，一定认为吴质我贯行仁道，不会去做反叛这类事情；一定以为周光转达的话，虚假成分大，真实性小，甚至会以为其中必有其他因由。却不知道我被谗言所害，正担心受到更大的灾难！更可能认为，倘若有罪，一定会奔向鼎镬，捆束自己，等待处治，这才是臣子当做之事。可眼下我没有犯罪，而是意外地受到谗言毁谤，就要出现商鞅、白起那样的悲剧。权衡利弊，离开魏国也是理所当然的。因为毁谤而死，不能体现出道义，为什么不离开呢？乐毅出奔，吴起逃走，君子同情他们的遭遇，没有人讥笑他们的行为。望陛下以古比今，不要猜疑或责怪于我。或许陛下认为，身为臣子，既然有罪于君主，就应像伍员那样奉献效力，不应侥幸地利用事态谋取利益。然而，古今不同，况南北相距遥远，江湖阻隔，若不发动兵变，又怎能脱身呢？因此，我只能忘掉志节，便宜行事了。况且我又认为，曹氏的传人，并非天命所托，政法混乱，朝权被臣子所执，众将在外专权为政，众人离心离德，士卒减少，库存空虚，君臣昏聩。我想，陛下前后多次收留叛魏之人，这些总应该都听说了吧。兼并弱小，攻击昏聩，此正是陛下进取的有利时机。因此，臣冒昧奉献我的计划。现在，如果将兵马聚集淮、泗一带，占领下邳，荆州、扬州必闻风而动，群起响应，我从河北席卷南下，几方面势力汇到一处，得胜的基础就奠定了。关西的兵马被束缚在当地，青州、徐州军不敢擅离，许昌、洛阳所剩兵力不足一万，谁又能至此与陛下争锋呢？这实在是千载难逢的好机会，能不深思熟虑、细致谋划吗？至于我驻守的地方，本来就产马，加之羌人、胡人常在三四月间水草茂盛时，赶马放牧，粗略计算，可获得马三千多匹。陛下出兵，应趁这个时候，多带骑兵来配上战马。以上所谈均是据所知情况预先制订。两军对垒，必知己知彼，如今，这里的兵力确实虚弱，很容易就能战胜，陛下兴兵，响应的人一定非常多。上可定帝业使天下统一，下可让我吴质建立非同寻常的功业，这是天意。如果建议不被采纳，我也认命了，望陛下考虑，臣不再多说了。”

第三条说：“从前许子远背叛袁氏，投靠曹氏，他为曹压出谋划策，分析利害关系，都被采纳接受，终于打败袁氏军队，从而奠定了曹氏的事业。假如曹氏不相信许子远，怀有疑心，犹豫不决，不能在心里拿定主意，那么现在的天下就归袁氏所有。希望陛下考虑一下。我暗中听说边境上的将领阎浮、赵楫想归顺伟大的教化，但是倡导和应和的配合不够迅速，以致失败灭亡。现在我一片忠心，从远方献身陛下，如果再怀有疑点，不及时采取行动，使我孤立无援，陷于绝望，遭受那种惨重的祸患，只怕天下的英雄壮士想要立功的人，不敢再归顺陛下了。希望陛下考虑一下。天帝地神，他们肯定也听到了我的话。”这篇文章传布以后，吴质却在魏国已经入朝任侍中了。

黄龙二年，青州人隐蕃归顺吴国，隐蕃上书说：“我听说，殷纣暴虐无道，微子预先逃出；汉高祖仁德英明，陈平率先投靠。我二十二岁，放弃封邑，归降德义之君，仰上天神灵，幸得平安到达。我来此已有一段时日了，因主事者把我等同为一般投降的人，没有被挑选区别，使我之微言不能上达陛下，所以，深感郁闷，叹息何时是尽头？谨至宫阙，跪拜上奏，望能蒙受陛下召见。”孙权立即召他入宫，隐蕃回答问题，以及陈述对时政的看法，非常有见地。胡综当时陪坐，孙权问他隐蕃的议论如何，胡综回答说：“隐蕃的章表，言语夸张如东方朔，巧言诡辩似祢衡，而才能却比不上那两位。”孙权又问隐蕃可任什么官职，胡综回答说：“他不能治理百姓，暂用京都的小职务试试。”孙权因为隐蕃大谈刑狱问题，就让他出任廷尉监。左将军朱据、廷尉郝普都称赞隐蕃有佐君之才，郝普和他尤为亲近，常叹惜隐蕃屈才了。后来，隐蕃阴谋叛乱，事败被处死。郝普因为受到谴责而自杀。朱据也被软禁起来，过了好长时间才赦免。孙权任命胡综为偏将军，兼任左执法，统理词讼事务。辽东事件的时候，辅吴将军张昭因劝谏孙权言辞过于急切，孙权很生气，在那些调解他们君臣关系、使之没有产生嫌隙的人中，胡综起的作用是很大的。

胡综生性嗜酒，酒后尽兴欢乐，有的时候，持酒杯劝酒，甚至击打左右的人。孙权爱惜其才干，没有责备他。

自从孙权执政以来，各种文诰诏令，和邻国来往文书，大多出于他的手。当初因事务繁忙，孙权特订律条，各县主官家有丧事，一律不准离开职守。然而，还是没有止住犯禁奔丧的。孙权为此忧虑，让朝臣商议。胡综认为，应制定律法，宣告违者处死，只要在一人身上施行，必然会杜绝此类违法之事。孙权采纳了他的意见，从此，奔丧的现象就杜绝了。

赤乌六年，胡综去世，其子胡冲承继爵位。胡冲情温和，有文才，天纪年间任中书令。

徐详，字子明，吴郡乌程人，先于胡综去世。

评论说：是仪、徐详、胡综，都是孙权执政时参与朝政、发展事业的人。是仪忠诚朴素；徐详数次出使，沟通君命；胡综有文采和才干。他们都得到了孙权的信任，用宏伟的大厦作比喻，他们的辅助作用就像屋顶的椽子那样！

三国志卷六十三·吴书十八

吴范刘惇赵达传

吴范字文则，会稽上虞人也。以治历数，知风气，闻于郡中。举有道，诣京都，世乱不行。会孙权起于东南，范委身服事，每有灾祥，辄推数言状，其术多效，遂以显名。

初，权在吴，欲讨黄祖，范曰："今兹少利，不如明年。明年戊子，荆州刘表亦身死国亡。"权遂征祖，卒不能克。明年，军出，行及浔阳，范见风气，因诣船贺，催兵急行，至即破祖，祖得夜亡。权恐失之，范曰："未远，必生禽祖。"至五更中，果得之。刘表竟死，荆州分割。

及壬辰岁，范又白言："岁在甲午，刘备当得益州。"后吕岱从蜀还，遇之白帝，说备部众离落，死亡且半，事必不克。权以难范，范曰："臣所言者天道也，而岱所见者人事耳。"备卒得蜀。

权与吕蒙谋袭关羽，议之近臣，多曰不可。权以问范，范曰："得之。"后羽在麦城，使使请降。权问范曰："竟当降否？"范曰："彼有走气，言降诈耳。"权使潘璋邀其径路，觇候者还，白羽已去。范曰："虽去不免。"问其期，曰："明日日中。"权立表下漏以待之。及中不至，权问其故，范曰："时尚未正中也。"顷之，有风动帷，范拊手曰："羽至矣。"须臾，外称万岁，传言得羽。

后权与魏为好，范曰："以风气言之，彼以貌来，其实有谋，宜为之备。"刘备盛兵西陵，范曰："后当和亲。"终皆如言。其占验明审如此。

权以范为骑都尉，领太史令，数从访问，欲知其决。范秘惜其术，不以至要语权。权由是恨之。

初，权为将军时，范尝白言江南有王气，亥子之间有大福庆。权曰："若终如言，以君为侯。"及立为吴王，范时侍宴，曰："昔在吴中，尝言此事，大王识之邪？"权曰："有之。"因呼左右，以侯绶带范。范知权欲以厌当前言，辄手推不受。及后论功行封，以范为都亭侯。诏临当出，权恚其爱道于己也，削除其名。

范为人刚直，颇好自称，然与亲故交接有终始。素与魏滕同邑相善。

滕尝有罪，权责怒甚严，敢有谏者死，范谓滕曰："与汝偕死。"滕曰："死而无益，何用死为？"范曰："安能虑此，坐观汝邪？"乃髡头自缚诣门下，使铃下以闻。铃下不敢，曰："必死，不敢白。"范曰："汝有子邪？"曰："有。"曰："使汝为吴范死，子以属我。"铃下曰："诺。"乃排阁入。言未卒，权大怒，欲便投以戟。逡巡走出，范因突入，叩头流血，言与涕并。良久，权意释，乃免滕。滕见范谢曰："父母能生长我，不能免我于死。丈夫相知，如汝足矣，何用多为！"

黄武五年，范病卒。长子先死，少子尚幼，于是业绝。权追思之，募三州有能举知术数如吴范、赵达者，封千户侯，卒无所得。

刘惇字子仁，平原人也。遭乱避地，客游庐陵，事孙辅。以明天官达占数显于南土。每有水旱寇贼，皆先时处期，无不中者。辅异焉，以为军师，军中咸敬事之，号曰神明。

建安中，孙权在豫章，时有星变，以问惇，惇曰："灾在丹杨。"权曰："何如？"曰："客胜主人，到某日当得问。"是时边鸿作乱，卒如惇言。

惇于诸术皆善，尤明太乙，皆能推演其事，穷尽要妙，著书百余篇，名儒刁玄称以为奇。惇亦宝爱其术，不以告人，故世莫得而明也。

赵达，河南人也。少从汉侍中单甫受学，用思精密，谓东南有王者气，可以避难，故脱身渡江。治九宫一算之术，究其微旨，是以能应机立成，对问若神，至计飞蝗，射隐伏，无不中效。或难达曰："飞者固不可校，谁知其然，此殆妄耳。"达使其人取小豆数斗，播之席上，立处其数，验覆果信。尝过知故，知故为之具食。食毕，谓曰："仓卒乏酒，又无嘉肴，无以叙意，如何？"达因取盘中只箸，再三从横之，乃言："卿东壁下有美酒一斛，又有鹿肉三斤，何以辞无？"时坐有他宾，内得主人情，主人惭曰："以卿善射有无，欲相试耳，竟效如此。"遂出酒酣饮。又有书简上作千万数，著空仓中封之，令达算之。达处如数，云："但有名无实。"其精微若是。

达宝惜其术，自阚泽、殷礼皆名儒善士，亲屈节就学，达秘而不告。太史丞公孙滕少师事达，勤苦累年，达许教之者有年数矣，临当喻语而辄复止。滕他日赍酒具，候颜色，拜跪而请，达曰："吾先人得此术，欲图为帝王师，至仕来三世，不过太史郎，诚不欲复传之。且此术微妙，头乘尾除，一算之法，父子不相语。然以子笃好不倦，今真以相授矣。"饮酒数行，达起取素书两卷，大如手指，达曰："当写读此，则自解也。吾久废，不复省之，今欲思论一过，数日当以相与。”滕如期往，至乃阳求索书，惊言失之，云：“女婿昨来，必是渠所窃。”遂从此绝。

初，孙权行师征伐，每令达有所推步，皆如其言。权问其法，达终不语，由此见薄，禄位不至。

达常笑谓诸星气风术者曰：“当回算帷幕，不出户牖以知天道，而反昼夜暴露以望气祥，不亦难乎！”闲居无为，引算自校，乃叹曰：“吾算讫尽某年月日，其终矣。”达妻数见达效，闻而哭泣。达欲弭妻意，乃更步算，言：“向者谬误耳，尚未也。”后如期死。权闻达有书，求之不得，乃录问其女，及发棺无所得，法术绝焉。

评曰：三子各于其术精矣，其用思妙矣，然君子等役心神，宜于大者远者，是以有识之士，舍彼而取此也。

【译文】

吴范，字文则，他是会稽上虞人，因为研究天文历数和占候闻名于郡中。被荐举为有道术之人想送去京都，因为世道混乱没有去成。后来，孙权起于东南，吴范就去投奔，每有灾异发生；他就推演术数，说出灾变情况。他的方术大多应验，因此显名。

当初，孙权在吴郡时，想征讨黄祖，吴范说：“现在讨伐不利，不如明年进行。明年戊子曰，荆州刘表将身死国亡。”孙权不听，发兵征讨黄祖，终于没能取胜。第二年，又出兵攻打，士兵行至浔阳，吴范观看天象祝贺说这次征讨必能获胜，催促兵马加速前行。一仗，就打败了黄祖，黄祖趁夜潜逃。孙权担心黄祖逃脱，吴范说“他逃不远，一定能活捉他。”五更拂晓时分，果然擒获黄祖。刘表也死了，荆州被瓜分。

壬辰年，吴范又报告孙权说：“甲午这年，刘备必能得到益州。”后来，吕岱由蜀郡返，在白帝城遇到吴范，对他说刘备的部众已然离散，死亡将近半数，攻打益州肯定不会取胜。孙权用吕岱的话责问吴范，吴范说：“臣的预言是通过占候推出的天意，而吕岱所见，只是人事方面的事情而已。”后来，刘备果然得到了蜀地。

孙权、吕蒙策划袭击关羽，和亲近大臣商议，大都说不行。孙权就这件事询问吴范，吴范说：“可以捕获关羽。”后来，关羽在麦城，派使者请求投降。孙权问吴范说：“他是否真的投降？”吴范说：“他有逃跑的征兆，投降是假。”孙权就派潘璋截断关羽的退路。探马报告说关羽已经离去。

吴范说：“虽然离去，但是不能脱身。”孙权问关羽被擒获的时间，吴范回答说：“明天中午。”孙权便设立漏表等待，中午时没有消息传来，孙权问是什么原因，吴范说：“时间还没到正午。”不久，有风吹动帷帐，吴范拍手道：“关羽要到了。”不一会儿，外面欢呼万岁，说关羽被捉到了。

以后，孙权与曹魏交好，吴范说：“依天象来看，魏国是表面上与我和好，实际是另有图谋，应该加以防备。”刘备大军驻扎西陵，吴范又说：“以后定会和睦相亲。”事情都如他所说。他占卜的效验就此明白。

孙权任命吴范为骑都尉，兼任太史令，又多次向他屈身请教，想知道他的秘诀。吴范珍惜自己的占卜术，对孙权保密，不把最关键的东西说给他。孙权由此恨吴范。

开始的时候，孙权任讨虏将军时，吴范曾告诉孙权说：“江南有帝王之气，己亥年至庚子年间将有重大吉庆之事。”孙权说：“若果真如你所说，就封你为侯。”后孙权被封为吴王，吴范在旁侍宴，他说：“以前在吴郡时，曾预言过这件事，大王还记得吗？”孙权说：“有这回事。”就叫左右侍从把侯爵的印绶佩在吴范身上。吴范知道孙权不过是用这来搪塞从前的诺言，就推辞不接受。后来，论功行赏的时候，本要封吴范为都亭侯，诏令快要下达时，孙权恨吴范不肯教自己道术，便在诏令中除去了他的名字。

吴范为人刚直，却喜自夸，然而，与亲戚和朋友交往始终如一。他与同乡魏滕一向友好。魏滕因犯罪，使孙权大为恼怒，对他施予很严厉的处置，并说，谁敢劝说便处死。吴范对魏滕说：“我与你一起死。”魏滕说：“你死了有什么好处，干吗去死？”吴范说：“还能想这些，难道坐着看你去死吗？”吴范便剃光了头，自己绑缚着来到官前，让侍从禀报。侍从不敢，说：“说了必死，我不敢报告。”吴范说：“你有孩子吗？”侍从说：“有。”吴范说：“假如你为我死了，你的孩子就交给我。”侍从说：“好吧。”就进去了，没等他的话说完，孙权大怒，想用戟投刺他，吓得他倒退着逃了出来。吴范乘机冲进去，跪下叩头，流出血来，他一边说话，一边流着泪。过了许久，孙权才消了气，赦免了魏滕。魏滕见到吴范感激地说：“父母生我养我，却不能使我逃脱死亡。大丈夫的知己，有一人足够了，还用得着很多吗！”

黄武五年，吴范因病去世。吴范的长子已先死，而幼子年龄尚小，所以，吴范的占候术就失传了。孙权追思他，招募荆、扬、交三州中有像吴范、赵达那样精通占候之术的人，并许封为千户侯，但最终还是没有找到。

刘惇字子仁，他是平原郡人。遭遇战乱逃到外地避祸，旅居庐陵，为孙辅办事。因懂得天文通晓占卜而显名南方。每有水旱天灾及兵匪灾变，他都能预先指明灾变发生的时间和地点，没有哪次不能应验。孙辅对此表示惊异，以刘惇为军师，军队里的人全尊敬侍奉他，号称为神明。

建安年间，孙权正在豫章郡，当时有星象变化，拿它询问刘惇，刘惇说："灾难在丹杨"。孙权又问："结果如何？刘惇说：客兵战胜主人，到某一天就会得到消息。"当时边鸿作乱，最终像刘惇所说的一样。

刘惇对各种方术都很精通，尤其精通星象学，有关这方面的事都能够推论演绎，极度透彻地发现个中奥妙，著书一百余篇，名儒刁玄称道这些著述的奇妙。刘惇也十分珍视自己的方术，不把它们告诉别人，所以世人没有谁能够明白其间奥妙究竟何在。

赵达，他是河南郡人，他从小随汉朝侍中单甫学习，用心专一细密。他觉得，东南方有帝王之气，可以避难，就离家渡江南下。他研习九宫一算之术，探究其中精妙之理，并能立即算出，对答如神，甚至计算飞蝗数目，猜出藏匿的物品，没有不应验的。有人难为赵达说："天上飞物本来就无法计算，谁知道数目是多少，恐怕你只是随口一说吧。"赵达便让人取来几斗小豆，倾倒在席子上，当即算出小豆的粒数，经过查验，果然不错。赵达曾去拜访老友，老友为他备办饭菜。吃完后，老友对赵达说："仓促之间没有备酒，又没有好菜，无法畅叙情怀，怎么办呢？"赵达便拿过盘中的一只筷子，反复横竖摆弄后说："您的东墙角下有美酒一斛，鹿肉三斤，怎么说没有呢？"当时，在座的还有别的客人，知道主人的底细，主人惭愧地说："因为您善猜东西的有无，想试探一下，果然灵验。"于是，取酒畅饮。还有一次，有人在竹简上写上很大的数目，放在空仓里封起来，让赵达算仓库里有多少粮食，赵达算出了准确的数目，又说："只不过有名无实。"他计算的精深微妙都像这样。

赵达看重、珍惜自己的法术，就算是阚泽、殷礼那样有名望的贤良儒士，都亲自谦恭地前来求学，赵达也深守秘密而不教他们。太史丞公孙滕年少时拜赵达为师，多年来勤劳刻苦，赵达答应教给他术数已经有多年了，每到准备讲出时，总是又止住了。有一天，公孙滕送来了好酒佳肴，察言观色，跪地叩拜求教，赵达说："我的祖先获得这套法术，是要谋求担当帝王之师的，做官以来经历了三代人，才不过是太史郎一类的小官，的确是不愿意再传授下去了。而且这套法术精微深奥，需要首尾相乘除，是独一无二的算法，父子之间都是不相传的。然而因为你真诚好学，孜孜不倦，现在诚心传授给你吧！。”饮酒数杯之后，赵达起身取来两卷写在白绢上的书文，每卷有手指头一般粗，赵达说：“这些需要抄写，通读，就自然会理解了。我长时期没有研究它了，一时不能解说清楚，现在需要思考推理一遍，几天后一定传授给你。”公孙滕按时前来，他来后赵达假装找书，接着吃惊地说书丢失了，说：“女婿昨天来过，一定是他偷去了。”于是从此失传。

开始，孙权出兵讨伐，常常叫赵达推算，结果均如他所说。孙权问他方法，赵达始终不肯言明，因此遭到冷遇，没有得到更高的俸禄爵位。

赵达经常笑着对那些观星望气的术士说：“应当在屋里测算，足不出户便可知天命；你们却白天黑夜地在野外观星望气，真是太难为你们了！”赵达闲来无事时，就推算自己，算后叹息说：“我的术数在某年某月某日将完结，我大概要死了吧。”其妻屡次见他测算灵验，听他说这番话就哭了。赵达想止住妻子的悲伤，就重新推算说：“算错了，死期还没有到呢！”后来，他如期死去。孙权听说赵达有书留下，就派人去索求，没有得到，就询问他的女儿，直到发掘他的棺木，都一无所获，赵达的九宫一算术就此失传了。

评论说：“此三人对占卜之法都非常精通，用心也很玄妙。但君子同是用心思考，则应着眼于大处和远处，因此，有识之士都舍弃其术，而选择有实际作用的东西。”

三国志卷六十四·吴书十九

诸葛滕二孙濮阳传

诸葛恪字元逊，瑾长子也。少知名。弱冠拜骑都尉，与顾谭、张休等侍太子登讲论道艺，并为宾友。从中庶子转为左辅都尉。

恪父瑾面长似驴，孙权大会群臣，使人牵一驴入，长检其面，题曰诸葛子瑜。恪跪曰："乞请笔益两字。"因听与笔。恪续其下曰"之驴"。举座欢笑，乃以驴赐恪。他日复见，权问恪曰："卿父与叔父孰贤？"对曰："臣父为优。"权问其故，对曰："臣父知所事，叔父不知，以是为优。"权又大噱。命恪行酒，至张昭前，昭先有酒色，不肯饮，曰："此非养老之礼也。"权曰："卿其能令张公辞屈，乃当饮之耳。"恪难昭曰："昔师尚父九十，秉旄仗钺，犹未告老也。今军旅之事，将军在后，酒食之事，将军在先，何谓不养老也？"昭卒无辞，遂为尽爵。后蜀使至，群臣并会，权谓使曰："此诸葛恪雅好骑乘，还告丞相，为致好马。"恪因下谢，权曰："马未至而谢何也？"恪对曰："夫蜀者陛下之外厩，今有恩诏，马必至也，安敢不谢？"恪之才捷，皆此类也。权甚异之，欲试以事，令守节度。节度掌军粮谷，文书繁猥，非其好也。

恪以丹杨山险，民多果劲，虽前发兵，徒得外县平民而已，其余深远，莫能禽尽，屡自求乞为官出之，三年可得甲士四万。众议咸以丹杨地势险阻，与吴郡、会稽、新都、鄱阳四郡邻接，周旋数千里，山谷万重，其幽邃民人，未尝入城邑，对长吏，皆仗兵野逸，白首于林莽。逋亡宿恶，咸共逃窜。山出铜铁，自铸甲兵。俗好武习战，高尚气力，其升山赴险，抵突丛棘，若鱼之走渊，猨狖之腾木也。时观间隙，出为寇盗，每致兵征伐，寻其窟藏。其战则蜂至，败则鸟窜，自前世以来，不能羁也。皆以为难。恪父瑾闻之，亦以事终不逮，叹曰："恪不大兴吾家，将大赤吾族也。"恪盛陈其必捷。权拜恪抚越将军，领丹杨太守，授棨戟武骑三百。拜毕，命恪备威仪，作鼓吹，导引归家，时年三十二。

恪到府，乃移书四郡属城长吏，令各保其疆界，明立部伍，其从化平民，悉令屯居。乃分内诸将，罗兵幽阻，但缮藩篱，不与交锋，候其谷稼

东吴大臣诸葛瑾像，图出自《图像三国志》。诸葛瑾为诸葛恪之父，诸葛亮之兄。

将熟，辄纵兵芟刈，使无遗种。旧谷既尽，新田不收，平民屯居，略无所入，于是山民饥穷，渐出降首。恪乃复敕下曰："山民去恶从化，皆当抚慰，徙出外县，不得嫌疑，有所执拘。"臼阳长胡伉得降民周遗，遗旧恶民，困迫暂出，内图叛逆，伉缚送诸府。恪以伉违教，遂斩以徇，以状表上。民闻伉坐执人被戮，知官惟欲出之而已，于是老幼相携而出，岁期，人数皆如本规。恪自领万人，余分给诸将。

权嘉其功，遣尚书仆射薛综劳军。综先移恪等曰："山越恃阻，不宾历世，缓则首鼠，急则狼顾。皇帝赫然，命将西征，神策内授，武师外震。兵不染锷，甲不沾汗。元恶既枭，种党归义，荡涤山薮，献戎十万。野无遗寇，邑罔残奸。既埽凶慝，又充军用。藜蓨稂莠，化为善草。魑魅魍魉，更成虎士。虽实国家威灵之所加，亦信元帅临履之所致也。虽《诗》美执讯，《易》嘉折首，周之方、召，汉之卫、霍，岂足以谈？功轶古人，勋超前世。主上欢然，遥用叹息。感《四牡》之遗典，思饮至之旧章。故遣中台近官，迎致犒赐，以旌茂功，以慰劬劳。"拜恪威北将军，封都乡侯。恪乞率众佃庐江皖口，因轻兵袭舒，掩得其民而还。复远遣斥候，观相径要，欲图寿春，权以为不可。

赤乌中，魏司马宣王谋欲攻恪，权方发兵应之，望气者以为不利，于是徙恪屯于柴桑。与丞相陆逊书曰："杨敬叔传述清论，以为方今人物凋尽，守德业者不能复几，宜相左右，更为辅车，上熙国事，下相珍惜。又疾世俗好相谤毁，使已成之器，中有损累；将进之徒，意不欢笑。闻此喟然，诚独击节。愚以为君子不求备于一人，自孔氏门徒大数三千，其见异者七十二人，至于子张、子路、子贡等七十之徒，亚圣之德，然犹各有所短，师辟由喭，赐不受命，岂况下此而无所阙？且仲尼不以数子之不备而引以为友，不以人所短弃其所长也。加以当今取士，宜宽于往古，何者？时务从横，而善人单少，国家职司，常苦不充。苟令性不邪恶，志在陈力，便可奖就，骋其所任。若于小小宜适，私行不足，皆宜阔略，不足缕责。且士诚不可纤论苛克，苛克则彼贤圣犹将不全，况其出入者邪？故曰以道望人则难，以人望人则易，贤愚可知。自汉末以来，中国士大夫如许子将辈，所以更相谤讪，或至于祸，原其本起，非为大仇，惟坐克己不能尽如礼，而责人专以正义。夫己不如礼，则人不服。责人以正义，则人不堪。内不服其行，外不堪其责，则不得不相怨。相怨一生，则小人得容其间。得容其间，则三至之言，浸润之谮，纷错交至，虽使至明至亲者处之，犹难以自定，况已为隙，且未能明者乎？是故张、陈至于血刃，萧、朱不终其好，本由于此而已。夫不舍小过，纤微相责，久乃至于家户为怨，一国无复全行之士也。”恪知逊以此嫌己，故遂广其理而赞其旨也。会逊卒，恪迁大将军，假节，驻武昌，代逊领荆州事。

久之，权不豫，而太子少，乃征恪以大将军领太子太傅，中书令孙弘领少傅。权疾困，召恪、弘及太常滕胤、将军吕据、侍中孙峻，属以后事。

翌日，权薨。弘素与恪不平，惧为恪所治，秘权死问，欲矫诏除恪。峻以告恪，恪请弘咨事，于坐中诛之，乃发丧制服。与弟公安督融书曰：“今月十六日乙未，大行皇帝委弃万国，群下大小，莫不伤悼。至吾父子兄弟，并受殊恩，非徒凡庸之隶，是以悲恸，肝心圮裂。皇太子以丁酉践尊号，哀喜交并，不知所措。吾身受顾命，辅相幼主，窃自揆度，才非博陆而受姬公负图之托，惧忝丞相辅汉之效，恐损先帝委付之明，是以忧惭惶惶，所虑万端。且民恶其上，动见瞻观，何时易哉？今以顽钝之姿，处保傅之位，艰多智寡，任重谋浅，谁为唇齿？近汉之世，燕、盖交遘，有上官之变，以身值此，何敢怡豫邪？又弟所在，与贼犬牙相错，当于今时整顿军具，率厉将士，警备过常，念出万死，无顾一生，以报朝廷，无忝尔先。又诸将备守各有境界，犹恐贼虏闻讳，恣睢寇窃。边邑诸曹，已别下约敕，所部督将，不得妄委所戍，径来奔赴。虽怀怆怛不忍之心，公义夺私，伯禽服戎，若苟违戾，非徒小故。以亲正疏，古人明戒也。”恪更拜太傅。于是罢视听，息校官，原逋责，除关税，事崇恩泽，众莫不悦。恪每出入，百姓延颈，思见其状。

初，权黄龙元年迁都建业，二年筑东兴堤遏湖水。后征淮南，败以内船，由是废不复修。恪以建兴元年十月会众于东兴，更作大堤，左右结山侠筑两城，各留千人，使全端、留略守之，引军而还。魏以吴军入其疆土，耻于受侮，命大将胡遵、诸葛诞等率众七万，欲攻围两坞，图坏堤遏。恪兴军四万，晨夜赴救。遵等敕其诸军作浮桥度，陈于堤上，分兵攻两城。城在高峻，不可卒拔。恪遣将军留赞、吕据、唐咨、丁奉为前部。时天寒雪，魏诸将会饮，见赞等兵少，而解置铠甲，不持矛戟。但兜鍪刀楯，倮身缘遏，大笑之，不即严兵。兵得上，便鼓噪乱斫。魏军惊扰散走，争渡浮桥，桥坏绝，自投于水，更相蹈藉。乐安太守桓嘉等同时并没，死者数万。故叛将韩综为魏前军督，亦斩之。获车乘牛马驴骡各数千，资器山积，振旅而归。晋封恪阳都侯，加荆扬州牧，督中外诸军事，赐金一百斤，马二百匹，缯布各万匹。

恪遂有轻敌之心，以十二月战克，明年春，复欲出军。诸大臣以为数出罢劳，同辞谏恪，恪不听。中散大夫蒋延或以固争，扶出。

恪乃著论谕众意曰：“夫天无二日，土无二王，王者不务兼并天下而欲垂祚后世，古今未之有也。昔战国之时，诸侯自恃兵强地广，互有救援，谓此足以传世，人莫能危。恣情从怀，惮于劳苦，使秦渐得自大，遂以并之，此既然矣。近者刘景升在荆州，有众十万，财谷如山，不及曹操尚微，与之力竞，坐观其强大，吞灭诸袁。北方都定之后，操率三十万众来向荆州，当时虽有智者，不能复为画计，于是景升儿子，交臂请降，遂为囚虏。凡敌国欲相吞，即仇雠欲相除也。有仇而长之，祸不在己，则在后人，不可不为远虑也。昔伍子胥曰：‘越十年生聚，十年教训，二十年之外，吴其为沼乎！’夫差自恃强大，闻此邈然，是以诛子胥而无备越之心，至于临败悔之，岂有及乎？越小于吴，尚为吴祸，况其强大者邪？昔秦但得关西耳，尚以并吞六国，今贼皆得秦、赵、韩、魏、燕、齐九州之地，地悉戎马之乡，士林之薮。今以魏比古之秦，土地数倍；以吴与蜀比古六国，不能半之。然今所以能敌之，但以操时兵众，于今适尽，而后生者未悉长大，正是贼衰少未盛之时。加司马懿先诛王淩，续自陨毙，其子幼弱，而专彼大任，虽有智计之士，未得施用。当今伐之，是其厄会。圣人急于趋时，诚谓今日。若顺众人之情，怀偷安之计，以为长江之险可以传世，不论魏之终始，而以今日遂轻其后，此吾所以长叹息者也。自古以来，务在产育，今者贼民岁月繁滋，但以尚小，未可得用耳。若复十数年后，其众必倍于今，而国家劲兵之地，皆已空尽，唯有此见众可以定事。若不早用之，端坐使老，复十数年，略当损半，而见子弟数不足言。若贼众一倍，而我兵损半，虽复使伊、管图之，未可如何。今不达远虑者，必以此言为迂。夫祸难未至而豫忧虑，此固众人之所迂也。及于难至，然后顿颡，虽有智者，又不能图。此乃古今所病，非独一时。昔吴始以伍员为迂，故难至而不可救。刘景升不能虑十年之后，故无以诒其子孙。今恪无具臣之才，而受大吴萧、霍之任，智与众同，思不经远，若不及今日为国斥境，俯仰年老，而仇敌更强，欲刎颈谢责，宁有补邪？今闻众人或以百姓尚贫，欲务闲息，此不知虑其大危，而爱其小勤者也。昔汉祖幸已自有三秦之地，何不闭关守险，以自娱乐，空出攻楚，身被创痍，介胄生虮虱，将士厌困苦，岂甘锋刃而忘安宁哉？虑于长久不得两存者耳！每览荆邯说公孙述以进取之图，近见家叔父表陈与贼争竞之计，未尝不喟然叹息也。夙夜反侧，所虑如此，故聊疏愚言，以达二三君子之末。若一朝殒殁，志画不立，贵令来世知我所忧，可思于后。”众皆以恪此论欲必为之辞，然莫敢复难。

丹杨太守聂友素与恪善，书谏恪曰：“大行皇帝本有遏东关之计，计未施行。今公辅赞大业，成先帝之志，寇远自送，将士凭赖威德，出身用命，一旦有非常之功，岂非宗庙神灵社稷之福邪！宜且案兵养锐，观衅而动。今乘此势，欲复大出，天时未可。而苟任盛意，私心以为不安。”恪题论后，为书答友曰：“足下虽有自然之理，然未见大数。熟省此论，可以开悟矣。”于是违众出军，大发州郡二十万众，百姓骚动，始失人心。

恪意欲曜威淮南，驱略民人，而诸将或难之曰：“今引军深入，疆场之民，必相率远遁，恐兵劳而功少，不如止围新城。新城困，救必至，至而图之，乃可大获。”恪从其计，回军还围新城。攻守连月，城不拔。士卒疲劳，因暑饮水，泄下流肿，病者大半，死伤涂地。诸营吏日白病者多，恪以为诈，欲斩之，自是莫敢言。恪内惟失计，而耻城不下，忿形于色。将军朱异有所是非，恪怒，立夺其兵。都尉蔡林数陈军计，恪不能用，策马奔魏。魏知战士罢病，乃进救兵。恪引军而去。士卒伤病，流曳道路，或顿仆坑壑，或见略获，存亡忿痛，大小呼嗟。而恪晏然自若。出住江渚一月，图起田于浔阳，诏召相衔，徐乃旋师。由此众庶失望，而怨黩兴矣。

秋八月军还，陈兵导从，归入府馆。即召中书令孙嘿，厉声谓曰：“卿等何敢妄数作诏？”嘿惶惧辞出，因病还家。恪征行之后，曹所奏署令长职司，一罢更选，愈治威严，多所罪责，当进见者，无不竦息。又改易宿卫，用其亲近，复敕兵严，欲向青、徐。

孙峻因民之多怨，众之所嫌，构恪欲为变，与亮谋，置酒请恪。恪将见之夜，精爽扰动，通夕不寐。明将盥漱，闻水腥臭，侍者授衣，衣服亦臭。恪怪其故，易衣易水，其臭如初，意惆怅不悦。严毕趋出，犬衔引其衣，恪曰：“犬不欲我行乎？”还坐，顷刻乃复起，犬又衔其衣，恪令从者逐犬，遂升车。

初，恪将征淮南，有孝子著缞衣入其阁中，从者白之，令外诘问，孝子曰：“不自觉入。”时中外守备，亦悉不见，众皆异之。出行之后，所坐厅事屋栋中折。自新城出住东兴，有白虹见其船；还拜蒋陵，白虹复绕其车。

及将见，驻车宫门，峻已伏兵于帷中，恐恪不时入，事泄，自出见恪曰：“使君若尊体不安，自可须后，峻当具白主上。”欲以尝知恪。恪答曰：“当自力入。”散骑常侍张约、朱恩等密书与恪曰：“今日张设非常，疑有他故。”恪省书而去。未出路门，逢太常滕胤，恪曰：“卒腹痛，不任入。”胤不知峻阴计，谓恪曰：“君自行旋未见，今上置酒请君，君已至门，宜当力进。”恪踌躇而还，剑履上殿，谢亮，还坐。设酒，恪疑未饮，峻因曰：“使君病未善平，当有常服药酒，自可取之。”恪意乃安，别饮所赍酒。酒数行，亮还内。峻起如厕，解长衣，著短服，出曰：“有诏收诸葛恪！”恪惊起，拔剑未得，而峻刀交下。张约从旁斫峻，裁伤左手，峻应手斫约，断右臂。武卫之士皆趋上殿，峻云：“所取者恪也，今已死。”悉令复刃，乃除地更饮。

先是，童谣曰：“诸葛恪，芦苇单衣篾钩落，于何相求成子阁。”成子阁者，反语石子冈也。建业南有长陵，名曰石子冈，葬者依焉。钩落者，校饰革带，世谓之钩络带。恪果以苇席裹其身而篾束其腰，投之于此冈。

恪长子绰，骑都尉，以交关鲁王事，权遣付恪，令更教诲，恪鸩杀之。中子竦，长水校尉。少子建，步兵校尉。闻恪诛，车载其母而走。峻遣骑督刘承追斩竦于白都。建得渡江，欲北走魏，行数十里，为追兵所逮。恪外甥都乡侯张震及常侍朱恩等，皆夷三族。

初，竦数谏恪，恪不从，常忧惧祸。及亡，临淮臧均表乞收葬恪曰：“臣闻震雷电激，不崇一朝，大风冲发，希有极日，然犹继以云雨，因以润物，是则天地之威，不可经日浃辰，帝王之怒，不宜讫情尽意。臣以狂愚，不知忌讳，敢冒破灭之罪，以邀风雨之会。伏念故太傅诸葛恪得承祖考风流之烈，伯叔诸父遭汉祚尽，九州鼎立，分托三方，并履忠勤，熙隆世业。爰及于恪，生长王国，陶育圣化，致名英伟，服事累纪，祸心未萌，先帝委以伊、周之任，属以万机之事。恪素性刚愎，矜己陵人，不能敬守神器，穆静邦内，兴功暴师，未期三出，虚耗士民，空竭府藏，专擅国宪，废易由意，假刑劫众，大小屏息。侍中武卫将军都乡侯俱受先帝嘱寄之诏，见其奸虐，日月滋甚，将恐荡摇宇宙，倾危社稷，奋其威怒，精贯昊天，计虑先于神明，智勇百于荆、聂，躬持白刃，枭恪殿堂，勋超朱虚，功越东牟。国之元害，一朝大除，驰首徇示，六军喜踊，日月增光，风尘不动，斯实宗庙之神灵，天人之同验也。今恪父子三首，县市积日，观者数万，詈声成风。国之大刑，无所不震，长老孩幼，无不毕见。人情之于品物，乐极则哀生，见恪贵盛，世莫与贰，身处台辅，中间历年，今之诛夷，无异禽兽，观讫情反，能不憯然！且已死之人，与土壤同域，凿掘斫刺，无所复加。愿圣朝稽则乾坤，怒不极旬，使其乡邑若故吏民，收以士伍之服，惠以三寸之棺。昔项籍受殡葬之施，韩信获收敛之恩，斯则汉高发神明之誉也。惟陛下敦三皇之仁，垂哀矜之心，使国泽加于辜戮之骸，复受不已之恩，于以扬声遐方，沮劝天下，岂不弘哉！昔栾布矫命彭越，臣窃恨之，不先请主上，而专名以肆情，其得不诛，实为幸耳。今臣不敢章宣愚情，以露天恩，谨伏手书，冒昧陈闻，乞圣朝哀察。"于是亮、峻听恪故吏敛葬，遂求之于石子冈。

始恪退军还，聂友知其将败，书与滕胤曰："当人强盛，河山可拔，一朝羸缩，人情万端，言之悲叹。"恪诛后，孙峻忌友，欲以为郁林太守，友发病忧死。友字文悌，豫章人也。

滕胤字承嗣，北海剧人也。伯父耽，父胄，与刘繇州里通家，以世扰乱，渡江依繇。孙权为车骑将军，拜耽右司马，以宽厚称，早卒，无嗣。胄善属文，权待以宾礼，军国书疏，常令损益润色之，亦不幸短命。权为吴王，追录旧恩，封胤都亭侯。少有节操，美容仪。弱冠尚公主。年三十，起家为丹杨太守，徙吴郡、会稽，所在见称。

太元元年，权寝疾，诣都，留为太常，与诸葛恪等俱受遗诏辅政。孙亮即位，加卫将军。

恪将悉众伐魏，胤谏恪曰："君以丧代之际，受伊、霍之托，入安本朝，出摧强敌，名声振于海内，天下莫不震动，万姓之心，冀得蒙君而息。今猥以劳役之后，兴师出征，民疲力屈，远主有备。若攻城不克，野略无获，是丧前劳而招后责也。不如案甲息师，观隙而动。且兵者大事，事以众济，众苟不悦，君独安之？"恪曰："诸云不可者，皆不见计算，怀居苟安者也，而子复以为然，吾何望焉？夫以曹芳暗劣，而政在私门，彼之臣民，固有离心。今吾因国家之资，藉战胜之威，则何往而不克哉！"以胤为都下督，掌统留事。胤白日接宾客，夜省文书，或通晓不寐。

孙峻字子远，孙坚弟静之曾孙也。静生暠。暠生恭，为散骑侍郎。恭生峻。少便弓马，精果胆决。孙权末，徙武卫都尉，为侍中。权临薨，受遗辅政，领武卫将军，故典宿卫，封都乡侯。既诛诸葛恪，迁丞相大将军，督中外诸军事，假节，晋封富春侯。滕胤以恪子竦妻父辞位，峻曰："鲧禹罪不相及，滕侯何为？"峻、胤虽内不沾洽，而外相包容，进胤爵高密侯，共事如前。

峻素无重名，骄矜险害，多所刑杀，百姓嚣然。又奸乱宫人，与公主鲁班私通。五凤元年，吴侯英谋杀峻，英事泄死。

二年，魏将毌丘俭、文钦以众叛，与魏人战于乐嘉，峻帅骠骑将军吕据、左将军留赞袭寿春，会钦败降，军还。是岁，蜀使来聘，将军孙仪、张怡、林恂等欲因会杀峻。事泄，仪等自杀，死者数十人，并及公主鲁育。

峻欲城广陵，朝臣知其不可城，而畏之莫敢言。唯滕胤谏止，不从，而功竟不就。

其明年，文钦说峻征魏，峻使钦与吕据、车骑将军刘纂、镇南将军朱异、前将军唐咨自江都入淮、泗，以图青、徐。峻与胤至石头，因饯之，领从者百许人入据营。据御军齐整，峻恶之，称心痛去，遂梦为诸葛恪所击，恐惧发病死，时年三十八，以后事付綝。

孙綝字子通，与峻同祖。綝父绰为安民都尉。綝始为偏将军，及峻死，为侍中武卫将军，领中外诸军事，代知朝政。吕据闻之大恐，与诸督将连名，共表荐滕胤为丞相，綝更以胤为大司马，代吕岱驻武昌。据引兵还，使人报胤，欲共废綝。綝闻之，遣从兄虑将兵逆据于江都，使中使敕文钦、刘纂、唐咨等合众击据，遣侍中左将军华融、中书丞丁晏告胤取据，并喻胤宜速去意。胤自以祸及，因留融、晏，勒兵自卫，召典军杨崇、将军孙咨，告以綝为乱，迫融等使有书难綝。綝不听，表言胤反，许将军刘丞以封爵，使率兵骑急攻围胤。胤又劫融等，使诈诏发兵。融等不从，胤皆杀之。胤颜色不变，谈笑若常。或劝胤引兵至苍龙门，将士见公出，必皆委綝就公。时夜已半，胤恃与据期，又难举兵向宫，乃约令部曲，说吕侯以在近道，故皆为胤尽死，无离散者。时大风，比晓，据不至。綝兵大会，遂杀胤及将士数十人，夷胤三族。

綝迁大将军，假节，封永宁侯，负贵倨傲，多行无礼。初，峻从弟虑与诛诸葛恪之谋，峻厚之，至右将军、无难督，授节盖，平九官事。綝遇虑薄于峻时，虑怒，与将军王惇谋杀綝。綝杀惇，虑服药死。

魏大将军诸葛诞举寿春叛，保城请降。吴遣文钦、唐咨、全端、全怿等帅三万人救之。魏镇南将军王基围诞，钦等突围入城。魏悉中外军二十余万增诞之围。朱异帅三万人屯安丰城，为文钦势。魏兖州刺史州泰拒异于阳渊，异败退，为泰所追，死伤二千人。綝于是大发卒出屯镬里，复遣异率将军丁奉、黎斐等五万人攻魏，留辎重于都陆。异屯黎浆，遣将军任度、张震等募勇敢六千人，于屯西六里为浮桥夜渡，筑偃月垒。为魏监军石苞及州泰所破，军却退就高。异复作车箱围趣五木城。苞、泰攻异，异败归，而魏太山太守胡烈以奇兵五千诡道袭都陆，尽焚异资粮。綝授兵三万人使异死战，异不从，綝斩之于镬里，而遣弟恩救，会诞败引还。綝既不能拔出诞，而丧败士众，自戮名将，莫不怨之。

綝以孙亮始亲政事，多所难问，甚惧。还建业，称疾不朝，筑室于朱雀桥南，使弟威远将军据入苍龙宿卫，弟武卫将军恩、偏将军干、长水校尉闿分屯诸营，欲以专朝自固。亮内嫌綝，乃推鲁育见杀本末，责怒虎林督朱熊、熊弟外部督朱损不匡正孙峻，乃令丁奉杀熊于虎林，杀损于建业。綝入谏不从，亮遂与公主鲁班、太常全尚、将军刘承议诛綝。亮妃，綝从姊女也，以其谋告綝。綝率众夜袭全尚，遣弟恩杀刘承于苍龙门外，遂围宫。使光禄勋孟宗告庙废亮，召群司议曰："少帝荒病昏乱，不可以处大位，承宗庙，以告先帝废之。诸君若有不同者，下异议。"皆震怖，曰："唯将军令。"綝遣中书郎李崇夺亮玺绶，以亮罪状班告远近。尚书桓彝不肯署名，綝怒杀之。

典军施正劝綝征立琅玡王休，綝从之，遣宗正楷奉书于休曰："綝以薄才，见授大任，不能辅导陛下。顷月以来，多所造立，亲近刘承，悦于美色，发吏民妇女，料其好者，留于宫内，取兵子弟十八已下三千余人，习之苑中，连日续夜，大小呼嗟，败坏藏中矛戟五千余枚，以作戏具。朱据先帝旧臣，子男熊、损皆承父之基，以忠义自立，昔杀小主，自是大主所创，帝不复精其本末，便杀熊、损，谏不见用，诸下莫不侧息。帝于宫中作小船三百余艘，成以金银，师工昼夜不息。太常全尚，累世受恩，不能督诸宗亲，而全端等委城就魏。尚位过重，曾无一言以谏陛下，而与敌往来，使传国消息，惧必倾危社稷。推案旧典，运集大王，辄以今月二十七日擒尚斩承。以帝为会稽王，遣楷奉迎。百僚喁喁，立住道侧。"

綝遣将军孙耽送亮之国，徙尚于零陵，迁公主于豫章。綝意弥溢，侮慢民神，遂烧大桥头伍子胥庙，又坏浮屠祠，斩道人。休即位，称草莽臣，诣阙上书曰："臣伏自省，才非干国，因缘肺腑，位极人臣，伤锦败驾，罪负彰露，寻愆惟阙，夙夜忧惧。臣闻天命棐谌，必就有德，是以幽厉失度，周宣中兴，陛下圣德，纂承大统，宜得良辅，以协雍熙，虽尧之盛，犹求稷契之佐，以协明圣之德。古人有言：'陈力就列，不能者止。'臣虽自展竭，无益度政，谨上印绶节钺，退还田里，以避贤路。"休引见慰喻。又下诏曰："朕以不德，守藩于外，值兹际会，群公卿士，暨于朕躬，以奉宗庙。朕用怃然，若涉渊水。大将军忠计内发，扶危定倾，安康社稷，功勋赫然。昔汉孝宣践阼，霍光尊显，褒德赏功，古今之通义也。其以大将军为丞相、荆州牧，食五县。"恩为御史大夫、卫将军，据右将军，皆县侯。幹杂号将军、亭侯。闿亦封亭侯。綝一门五侯，皆典禁兵，权倾人主，自吴国朝臣未尝有也。

綝奉牛酒诣休，休不受，赍诣左将军张布；酒酣，出怨言曰："初废少主时，多劝吾自为之者。吾以陛下贤明，故迎之。帝非我不立，今上礼见拒，是与凡臣无异，当复改图耳。"布以言闻休，休衔之，恐其有变，数加赏赐，又复加恩侍中，与綝分省文书。或有告綝怀怨侮上欲图反者，休执以付綝，綝杀之，由是愈惧，因孟宗求出屯武昌，休许焉，尽敕所督中营精兵万余人，皆令装载，所取武库兵器，咸令给与。将军魏邈说休曰"綝居外必有变"，武卫士施朔又告"綝欲反有征"。休密问张布，布与丁奉谋于会杀綝。

永安元年十二月丁卯，建业中谣言明会有变，綝闻之，不悦。夜大风发木扬沙，綝益恐。戊辰腊会，綝称疾。休强起之，使者十余辈，不得已，将入，众止焉。綝曰："国家屡有命，不可辞。可豫整兵，令府内起火，因是可得速还。"遂入，寻而火起，綝求出，休曰："外兵自多，不足烦丞相也。"綝起离席，奉、布目左右缚之。綝叩首曰："愿徙交州。"休曰："卿何以不徙滕胤、吕据？"綝复曰："愿没为官奴。"休曰："何不以胤、据为奴乎！"遂斩之。以綝首令其众曰："诸与綝同谋皆赦。"放仗者五千人。闿乘船欲北降，追杀之。夷三族。发孙峻棺，取其印绶，斲其木而埋之，以杀鲁育等故也。

綝死时年二十八。休耻与峻、綝同族，特除其属籍，称之曰故峻、故綝云。休又下诏曰："诸葛恪、滕胤、吕据盖以无罪为峻、綝兄弟所见残害，可为痛心，促皆改葬，各为祭奠。其罹恪等事见远徙者，一切召还。"

濮阳兴字子元，陈留人也。父逸，汉末避乱江东，官至长沙太守。兴少有士名，孙权时除上虞令，稍迁至尚书左曹，以五官中郎将使蜀，还为会稽太守。时琅玡王休居会稽，兴深与相结。及休即位，征兴为太常卫将军、平军国事，封外黄侯。

永安三年，都尉严密建丹杨湖田，作浦里塘。诏百官会议，咸以为用功多而田不保成，唯兴以为可成。遂会诸兵民就作，功佣之费不可胜数，士卒死亡，或自贼杀，百姓大怨之。

兴迁为丞相，与休宠臣左将军张布共相表里，邦内失望。

七年七月，休薨。左典军万彧素与乌程侯孙皓善，乃劝兴、布，于是兴、布废休適子而迎立皓。皓既践阼，加兴侍中，领青州牧。俄彧譖兴、布追悔前事。十一月朔入朝，皓因收兴、布，徙广州，道追杀之，夷三族。

评曰：诸葛恪才气干略，邦人所称，然骄且吝，周公无观，况在于恪？矜己陵人，能无败乎！若躬行所与陆逊及弟融之书，则悔吝不至，何尤祸之有哉？滕胤厉修士操，遵蹈规矩，而孙峻之时犹保其贵，必危之理也。峻、綝凶竖盈溢，固无足论者。濮阳兴身居宰辅，虑不经国，协张布之邪，纳万彧之说，诛夷其宜矣。

【译文】

诸葛恪，字元逊，他是诸葛瑾的大儿子，从小就有名。二十岁时做了骑都尉，和顾谭、张休等随侍太子孙登讲习六艺，为太子的宾友。从中庶子转升为左辅都尉。

诸葛恪父亲诸葛瑾面长，有一次，孙权在大会群臣时，让人牵来一头驴，在驴脸上贴了一条标签，上面写道“诸葛子瑜”四字。诸葛恪跪下说：“请赐笔增写两字。”孙权给他一支笔。诸葛恪在下面续写了“之驴”两字。众人都哈哈大笑，孙权就把驴赏给诸葛恪。有一天，去谒见孙权，孙权问诸葛恪说：“你父亲与叔父哪个更高明些？诸葛恪回答说：“父亲高明。”孙权问为什么。诸葛恪回答说：父亲知道该为谁做事，叔父却不知道，因此算起来是父亲贤明些。“孙权又大笑起来。让诸葛恪负责斟酒劝饮，斟到张昭面前，此时，张昭已有些醉意，不肯再饮，并对诸葛恪说：“这不是敬老的礼节。”孙权对诸葛恪说：“你若能让张公理屈词穷，他才能喝下这杯酒。”于是，诸葛恪就反驳张昭说：“从前，姜尚九十岁时，仍执旗持钺，没有告老。如今，行兵征战，将军在后，饮酒吃饭，将军在前，怎么能说不敬老呢？”张昭无言以对，于是，喝干了杯里的酒。后来，蜀国使者来到，群臣都参与会见，孙权对来使说：“诸葛恪乃你家丞相之侄，特别爱马，请回去告诉你家丞相，为他弄些好马来。”诸葛恪为此向孙权拜谢，孙权说：“马还没有到手怎么就道谢呢？”诸葛恪回答说：“蜀国就是陛下在外养马的马圈，今诏命下达，好马一定会送来，怎么敢不拜谢？”

诸葛恪的才思敏捷，都像这类。孙权觉得他非常不平常，便以政事来检验，命他代理节度一职。节度掌管军营粮草，文书烦琐，诸葛恪不喜欢。

诸葛恪觉得丹杨郡山地形势险峻，民众大多性格刚直而强悍，即使以前发兵征服，只不过俘获了一些散居在边缘县中的普通百姓而已，其余居住在深远山野的，没有能够全捕捉，于是多次自己请求替朝廷把他们迁徙出来，三年之内可以获得兵员四万。大家议论都认为丹杨地势险恶阻塞不通，与吴郡、会稽、新都、鄱阳四郡相邻接壤，方圆数千里，山谷重叠，那些居住深远山野中的民众，从来没有进过城镇，没有面见过政府官吏，他们个个都手执武器、粗野放肆，到老都生活在深山野林中。那些逃犯惯恶，都一齐逃窜到那里。山中出产铜铁，可以自己铸造盔甲兵器。民俗爱好武功熟悉打仗，崇尚勇武和力量，他们登山历险，穿越于丛林荆棘之中，好比鱼游于深渊，猿猴跳跃于树枝一般轻捷自如。常常瞅准空隙，出来侵扰掠夺，每次招致官兵征伐，寻找他们藏身的洞穴。他们打仗时就蜂拥而上，战败了就像鸟一样四散逃窜，自从前代以来，就管束不住他们。都认为难以制服。诸葛恪的父亲诸葛瑾知道这件事，也认为此事终将做不到，叹气说："诸葛恪不仅不能使我们家族兴盛，反而还将要使我们家族招来灭门之祸啊！"诸葛恪极力陈述说这事肯定成功。孙权封诸葛恪为抚越将军，兼任丹杨郡太守，授给执棨戟的仪仗队骑兵三百名。授官仪式之后，让诸葛恪备起仪仗队，奏起鼓吹乐曲，前呼后拥回到家来，这年诸葛恪三十二岁。

诸葛恪到达郡太守府后，就给相邻四郡及所属各县长官下发公文，让他们各自保卫自己所管辖的疆界，明确划分建立军事化组织，对听从教化的平民百，要聚集一起居住。又分别安排众将领，布置士兵在深山险阻要地驻扎，只管修筑防御工事，不和山民交战，等到庄稼将要成熟的时候，就出动军队进行收割，连种子都不留下来。山里居民原有的粮谷已经吃完，新种的田地又没有收成，山外的平民百姓都被军事化管理起来，得不到丝毫收入，于是山民们饥饿穷困，渐渐地出山投降自首。诸葛恪又告诫下属说："山里的民众去掉恶习服从教化，都应当进行安抚慰问，把这些人从深山老林里迁徙到山外各县，不得怀疑，捆绑拘禁。"臼阳县长胡伉收得投降的山民周遗，周遗过去作恶多端，因为生活所迫暂时出山，内心仍图谋叛逆，胡伉便将周遗捆绑送到郡府。诸葛恪认为胡伉违反了教令，将胡伉斩首示众，并陈述事由上奏皇帝。百姓听说胡伉因为捆绑拘禁山民而犯罪被杀，知道官府只是想让山民出山而已，于是扶老携幼出山。一年过后，得到兵员的人数和原来预计的完全一样。诸葛恪自己统领一万人，其余的分给众将统领。

孙权赞扬诸葛瑾的功劳，派遣尚书仆射薛综前去慰劳他的军队。薛综先写文书给诸葛恪等人说："山越人依仗险要地势，几代以来都不臣服，对他们放松一点儿，就扰乱不止，逼急了就要反叛。皇帝发怒，命令将军向西征讨，在朝廷内授予神奇的计策，军队的威名震动四野。兵不血刃，铠甲上还没有沾上汗水，就斩杀了敌首，党徒随之归附，扫荡涤除深山密林里的凶寇，进献了十万人。野外没有留下匪寇，城邑中也没有了残余的奸人。既扫除了凶敌，又充实了兵员。使杂草稗莠，都变成对人有益的良草；使各种恶势力，都变成了勇敢之士。虽然有朝廷的声威加于他们的缘故，也确实是元帅您亲自率兵征讨的结果。即使《诗经》赞美俘获敌人、审讯祸首。《易经》庆贺杀掉罪魁，周朝的方叔、召穆公，汉朝的卫青、霍去病，怎么能够和将军您的功劳相提并论呢？您的功绩超过古人，勋劳超过前代。皇帝欣喜高兴，遥远地赞叹您的功劳。他感念《四牡》所表达的慰劳使者归来的旧制，思慕凯旋告庙庆贺的旧礼，所以派尚书台近侍官员来迎接将军，犒劳赏赐军队，以表彰您的伟大功绩，慰问辛勤的将士。"孙权拜诸葛恪为威北将军，封都乡侯。诸葛恪请求率军在庐江、皖口屯田，并且趁机偷袭舒县，乘其不备掠得百姓而还。又往远处派遣侦察人员，查看必经之路，打算图谋寿春，孙权认为不可。

赤乌年间，魏国司马懿谋划攻打诸葛恪，孙权准备发兵接应他，观星望气的人认为出兵不利，于是孙权让诸葛恪移兵到柴桑驻扎。诸葛恪给丞相陆逊写信，说："杨敬叔转述了您公正的议论，现在有为之人死亡殆尽，坚守道德和事业的人也已经不多了，应当相互帮助，这样，才能既可兴盛国事，又可珍惜友情。您又厌恶当今喜欢互相诽谤的风俗，使已有成就之人，中途受损；将要进用之人，心中郁闷。听到您的议论，我喟然长叹，击节赞同。我认为，君子对人不能求全责备，孔子门徒三千，贤人不过七十二，虽然子张、子路、子贡等也在七十二人之列，称为有仅次于圣人的德行，但是还是各有短处，子张偏激，子路鲁莽，子贡不安心学习，他们尚且如此，何况其下之人怎会没有缺点呢？而孔子并不因这几个门徒有缺点就不把他们当作朋友来看待，这是不因他人短处就弃其长处啊。当前选用人才，应宽于古代，为什么呢？现在局势复杂，又缺乏德才兼备的人，朝廷各部官员，常常苦于无人担任。如果本质尚称厚道，有志贡献才能的人，就应奖励任用，让他们在职位上尽量发挥才能。至于细小不足之处，都应宽容，不应当苛求完美。对有才能的人不能一味从细小处苛求，如果这样，那么古之圣贤也并非完美无缺，何况与他们相去甚远的人呢？所以说，用道德完善的标准来衡量人就困难，用普通的标准衡量人就容易，贤愚一看就清。自汉末以来，中原士大夫如许子将之辈，之所以互相诽谤，甚至引发祸端，究其原因，并非深仇，只因没有用礼教的标准来要求自己，而专以公正的道理来责备别人。自己的行为不合礼数，别人必然不服；以公正的标准要求别人，别人就不会听。内心不佩服别人的行为，更没有办法接受别人的指责，这就不能不产生怨恨。怨恨的情绪一长，小人就有机可乘，所以，多次传播的谣言，日积月累的谗言，就会纷至沓来，即使让非常了解和亲近的人听到这些，也难断真假，何况是已经有了隔阂，本来就不明事理的人呢？因此，张耳、陈余相互杀害，萧育、朱博不能友好到底，其原因就在这里。不放他人小过，在细小的事情上互相责备，久而久之，家家户户就会互相埋怨，国中也就不会有品行完美的人了。”诸葛恪知道陆逊因为听信谗言而猜疑自己，所以，就发挥陆逊所讲的道理并称赞他的用意。正赶上陆逊去世，诸葛恪升为大将军，假节，驻守武昌，接替陆逊统管荆州军务。

过了一段时间，孙权生病了，而太子的年龄还很小，于是乎征召诸葛恪以大将军的身份兼太子太傅，中书令孙弘兼太子少傅。孙权病重，召见诸葛恪、孙弘及太常滕胤、将军吕据、侍中孙峻，把后事托付给他们。

第二天，孙权就病死了。孙弘平时与诸葛恪不和，害怕被诸葛恪惩处，就封锁孙权死去的消息，想假传皇帝的诏书除掉诸葛恪。孙峻把这个情况告诉了诸葛恪，诸葛恪请孙弘来商量事情，在座席上杀了他，于是发布孙权的死讯，穿上丧服。给弟弟公安督诸葛融写信说：“本月十六日乙未的时候，大行皇帝抛下万国，所有大小臣民，莫不悲伤悼念。至于我们父子兄弟，都受到特殊的恩典，不只是平庸的下属，所以悲恸非常，肝心都已破碎分裂。皇太子在丁酉日即皇帝位，我的悲哀和喜悦交错在一起，不知所措。我身受临终遗命，辅助幼主，自己私下估量，才能不及博陆而受姬公负图的托付，害怕达不到霍光辅佐汉昭帝的成效，唯恐损伤了先帝托付重任的英明，所以忧虑惭愧，惶惶不安，想了很多很多事。况且老百姓厌恶当权者，一有行动，就受到注视，什么时候才能够改变这种状况呢？现在我以愚笨的资质，处在保傅高官的位置上，困难多而智谋不足，任务重而谋略短浅，谁可以做我互相依靠的帮手呢！近汉之世，燕王和盖长公主互相勾结，造成上官桀等人图谋杀害霍光的祸乱，现在我处于和那时差不多的境地，怎么敢安适犹豫呀！弟弟所驻扎的地方，和贼人的地界犬牙交错，现在应当整顿军需器械，鼓励将士，比平时要更加警戒防备，要想到不辞万死，不顾惜自己的生命，以报效朝廷，不辱没我们的先人。又诸将防守各有自己的地界，要担心贼人听到皇帝死去的消息，任意入侵。边境各官署，已经另下约束的文书，所属各领兵将官，不得任意放弃自己的防守任务，直接赶来奔丧。虽然都怀有悲伤不已的心情，但是公义胜过私情，伯禽丧服没有完就领兵出征，如果违背了公义，就不只是小过错了。以亲近的人作样子，去纠正疏远的人，这是古人明确告诫的。”诸葛恪改授太傅。于是裁除多余的军政官员，取消设置耳目之事，免除拖欠的赋税，取消关税，各项政事都注重给百姓以恩惠，百姓没有不高兴的。诸葛恪每次出外，百姓引颈相望，都想看看他的相貌。

当初，黄龙元年孙权迁都建业，二年修筑东兴堤来阻挡湖水。后来，征伐淮南郡，反被湖内贼船打败，因此废堤不再修治。于建兴元年十月在东兴征调役力，再次修筑大堤，左右依山各筑城一座，每城留一千兵卒，命全端、留略分别守卫，诸葛恪回军建业。魏国因吴军进入疆界，以为受到了侮辱，命大将胡遵、诸葛诞等率军七万，围攻两坞，图谋毁坏堤坝。诸葛恪发兵四万，日夜兼程前往救援。胡遵等又命各部造浮桥过湖，将兵马摆在堤上，分攻两城。因为城高而地势险峻，仓促间急攻不下。诸葛恪派将军留赞、吕据、唐咨、丁奉任前锋。当时，天寒下雪，魏军众将聚集喝酒，见留赞所带兵士非常少，而且脱下铠甲，不拿矛戟，只戴头盔，短刀盾牌，赤膊攀登大堤，都大声嘲笑吴军，不及时整兵迎击。吴军攀上大堤，高声呐喊，挥刀乱砍。魏军惊乱，四散奔逃，争挤着浮桥跑回去，浮桥不堪拥挤断裂，魏军纷纷落水，互相践踏。魏国乐安太守桓嘉等也落水溺死，魏军死了几万人。原先叛降魏国的韩综充任魏军的前部督，也被斩杀。俘获车辆、牛马驴骡各数千，军资器械堆积如山，整队凯旋。朝廷晋封诸葛恪为阳都侯，升荆州、扬州州牧，督领内外诸军事，赐金一百斤，马二百匹，缯、布各一万匹。

诸葛恪由此有了轻敌之心，倚恃去年冬天的胜利，在第二年春天，又想出兵攻魏。众大臣认为，连续出兵非常疲劳，都同声劝谏，诸葛恪不听。中散大夫蒋延因为坚决谏诤争，被诸葛恪命人架了出去。

于是，诸葛恪就撰文晓谕大家，说："天无二日，地无二主。当皇帝的不从事兼并天下之事而想把帝位传给后世子孙的，古今未曾有过。从前，战国时代，各诸侯恃地广兵强，可以互相援助，认为这样，政权就可以代代相传了，于是就放纵享乐，畏惧劳苦，致使秦国渐渐强大，终于吞并了他们，这都是过去的事实。近代，刘景升据有荆州，拥兵十万，财积如山，但是他不趁曹操力量微弱时及时与之拼争，反坐观其强大，吞灭了诸袁。北方平定后，曹操率三十万人马进攻荆州，当时，虽然有聪明之人，但却不能谋划，以至景升之子，缚臂求降，成为俘虏。凡敌对之国都想互相吞并，就像仇人都想除掉对方一样。坐视仇敌日益强大，祸患即使不在自己，也一定在后代身上，这是应该做长远考虑的呀。伍子胥曾说：'越国十年生养人口，十年教育训练，二十年之后，吴国也许会因战败而变成沼泽。'夫差倚仗国势强大，对这些话充耳不闻，所以，杀了伍子胥而没有防备越国，以至于战败的时候才后悔，还来得及吗？越国比吴国弱小，尚且是吴国掘墓人，何况比越国强大的呢？过去，秦国只有函谷关以西之地，而就是以此为基地吞并了六国，何况现在贼人已全部得到了秦、赵、韩、魏、燕、齐六国九州之地呢。

这些地方都是出产战马的，又是人才汇聚的地方。把今天的魏国与古代秦国相比，土地多出数倍；以吴蜀与古代六国相比，还不足一半。然而，我们之所以能与魏国相抗，是因为曹操时期的众多兵将，到现在将已经将耗尽殆尽，后出生的还未全部长大，此正是魏衰未强之时。再加上司马懿之前杀了王淩，而他自己也死了，其子年幼独担重任，虽也有智谋之士，却不能得到任用。现在，征伐魏国，正是他们的困难时期。圣人迫切寻找时机，说的正是现在。如果顺众人心愿，苟且偷安，以为凭长江天险就可以使吴国世代传承，不考虑魏国的过去和现在，只见到它现在的衰弱而忽视它以后的发展，这是我叹息不已的缘故啊。自古以来，历代国家都重视人口的繁殖，如今敌国人口日益衍生，只因为人丁尚幼暂时用不上而已。若十几年后，它的兵力一定比现在多一倍；而我国专出精兵之地，已经空虚殆尽，只有现在的兵马可定大事。如不早些使用，坐观其老，十几年以后，大概要减少一半兵力，而现在子弟的人数，到那时也很难一提。如果贼人增加一倍，而我方损失一半，即使让伊尹、管仲来谋划，也不可能有所挽救。没有远虑之人，一定会认为我的话近于迂腐又不切实际。

未雨绸缪，本就是众人所认为可笑的事。待到大难临头，然后屈膝下拜，即使智谋如天的人，也毫无办法了。这是古今通病，不只存在于某一时，吴国以为伍子胥迂腐，所以大难到来却没办法解救；刘景升不虑十年以后之事，所以没有留下什么给子孙。今天，我虽然没有一般臣子的才能，却受大吴如委给萧何、霍光那样的重任，智慧平庸，思虑不远，但是，如果不在现在为国家开拓疆土，瞬间就会年老，那时，仇敌就更强大了，再想刎颈谢罪，又能有什么补益呢？听说有人以为百姓还贫穷，想尽量让他们休养生息，其实，这是不知大忧虑的危难，是在小事上勤勉。过去，汉高祖已经拥有三秦之地，但他为什么不闭关守险，自己享受，却还要出关攻打西楚呢？身受创伤，铠甲生满虱子，将士受尽艰苦，难道是以身迎锋刃为乐而忘记安宁了吗？这是因为敌我不能互生、楚汉不能两存！每当看到荆邯劝公孙述出兵进取的谋划和看到我叔父诸葛亮上表陈述与敌争锋的打算，都感慨长叹。我辗转难眠，所忧虑就是这些。所以，布陈愚见，让众君子知晓。如果我一旦死去，而我的心志也没有实现，谨望后人了解我之所忧，以引发他们的思考。”众臣都认为诸葛恪是表明他坚持出征的决心，所以，没人敢再反驳。

丹杨太守聂友与诸葛恪一向关系友好，写信劝谏诸葛恪说：“大行皇帝本来就有遏制东关的计划，但是没有施行。现在您辅佐大业，想完成先帝的遗志，假如是贼寇远道来自己送死，我方将士们依赖皇朝威德，献身效力，一旦建立非同寻常的功绩，这难道不是宗庙神灵和国家的福运？因此，目前应当暂且按兵不动，养精蓄锐，观察到可乘之机后再作行动。如今乘着打了胜仗的形势，又想大举出兵，于天时不可，假如勉强行事的话，我觉得不妥。”诸葛恪写了前一篇文章之后，又写信答复聂友说：“您虽然讲了顺其自然的道理，但是却没有看到胜败存亡的大局。仔细读一读我那篇文章，就能明白啦！”于是诸葛恪违背众人意愿出兵，大规模在各州郡征兵，共得人马二十万，百姓骚动扰乱，诸葛恪开始失去民心。

诸葛恪想要到淮南掠取人口，众将中有人问道：“如今，兵入敌境，边境上的百姓一定会四散远逃，恐怕兵马疲劳而收效很少。不如只围攻新城，新城被困，敌救援人马必来，那时，再设法消灭它，定可大胜。”诸葛恪听从了他的谋划，回军围攻新城。双方攻守几个月，新城没有攻下。吴军疲惫，又因为天热大量喝生水，许多人患腹泻和浮肿病，生病的人占了一大半，死伤遍地。各营每天上报的病员增多，诸葛恪认为是虚假的，要处斩那些军吏，从此，没有人敢禀告了。诸葛恪知道，攻新城是失策，又耻于攻城不下，愤怒的表情流露出来，将军朱异有一些不同看法，诸葛恪怒夺他的兵权。都尉蔡林屡次陈述用兵之计，诸葛恪都不采纳，他就骑马投奔魏国去了。魏国得知吴军疲劳多病，于是援兵速进。诸葛恪率军离去。士卒伤病，有的倒毙于沟渠之中，有的被敌人俘虏，活着的愤恨不已，死去的更是令人痛心，呼天抢地。只有诸葛恪安然自如。外出在中洲上住了一个月，想到浔阳县去开垦田地，因召他回去的诏书接连不断，才慢慢领兵回来。从此，民众对他失望，怨恨的情绪也产生了。

这一年秋季八月军队返回，陈设兵卒开道导引，归入官府。立即召见中书令孙嘿，严厉地指责说："你们怎敢妄自多次假作诏书？"孙嘿惶恐告辞而出，托病归家。诸葛恪出征以后，各部门上报安排的负责官员，一概罢免重新挑选，越发讲究威严，对下属多有怪罪责备，应当要进见诸葛恪的人，没有不惶恐屏息的。又改换官署的警卫人员，任用他的亲信，又命令军队整治装备，想要谋取青州、徐州。

孙峻趁着百姓积怨很多，众人愤怒不满的时候，捏造说诸葛恪要叛乱，与孙亮策划，摆酒宴请诸葛恪。诸葛恪将要朝见的头天夜里，精神烦扰，通宵睡不着觉。天亮后将洗漱的时候，嗅到水中有血腥气，侍从帮着穿衣，衣穿在身上也有气味。诸葛恪感到事情奇怪，更换衣和水，那腥臭气味还和当初一样，心中惆怅不高兴。穿戴整齐后出门，狗衔着拖住他的衣服。诸葛恪说："狗不想让我走吗？"返回来坐下，一会儿又起身，狗又衔住他的衣服，诸葛恪让随从赶开狗，于是上车。

当初，诸葛恪将要往淮南出征的时候，有一个孝子穿着孝服进入他的官府中，随从告诉诸葛恪，诸葛恪命令把他赶到外面责问，孝子回答说："不由自主地就进来了。"当时里里外外都有守备人员，也都没有看见孝子是怎么进来的，众人都感到非常奇怪。出征之后，他所坐办事厅堂的屋梁从中折断。从新城去东堤的途中，有白虹出现在他的船周围；返回京城去拜祭蒋陵时，又有白虹环绕着他的车。

诸葛恪进宫拜见孙亮，把车停在宫门外，孙峻已经布下伏兵在帷帐中，但他担心诸葛恪不能按时前来，事情泄露，就亲自出门来见诸葛恪，说："你如果身体有恙，就等以后再说，我去向皇上解释。"想用话试探诸葛恪。诸葛恪回答说："我当勉力进见的。"散骑常侍张约、朱恩等人将密信递给诸葛恪说："今天的布置不同以往，怀疑别有企图。"诸葛恪看了信就离去，还没有走出宫门，遇到太常滕胤，诸葛恪说："突然感到腹痛，不能强忍着进去了。"滕胤不知孙峻的阴谋，就对诸葛恪说："您自出征归来还没有拜见皇上，今天皇上设宴请您，您已经到了门口，应该进去。"诸葛恪犹豫着又返回去，佩剑穿鞋登上大殿，拜谢孙亮后，回到座位上。侍者斟酒，诸葛恪怀疑没有喝，孙峻便说："使君有病还没有痊愈，应当带药酒，您可以自行来取。"诸葛恪这才安定心神，另喝自己所带来的酒。酒喝了好几遍，孙亮回到内殿。孙峻起身假装上厕所，脱掉长衣，穿着短服，出来说："有诏拘捕诸葛恪。"诸葛恪吃惊站起，佩剑还没有拔出，孙峻的刀就接连砍来。张约从旁边挥刀砍孙峻，却只砍伤他的左手，孙峻随手砍断了张约的右臂。武士都跑上殿来，孙峻说："要抓的是诸葛恪，现在已经死了。"命刀剑入鞘，于是打扫干净后又继续饮酒。

以前，有童谣说："诸葛恪，芦苇单衣篾钩落，于何相求成子阁。"成子阁就是影射石子岗，建业城南有长长的丘陵，名叫石子岗，是埋葬死人的地方。钩落，就是装饰皮带的东西，民间叫它钩络带。诸葛恪果然被苇席裹了身体用竹篾束在腰上，被抛到石子岗上。

诸葛恪的长子诸葛绰，任骑都尉，因为和鲁王的事有牵连，孙权把他交给诸葛恪，让诸葛恪教育他，诸葛恪用药酒毒死了他。第二个儿子诸葛竦，任长水校尉。他的小儿子诸葛建，任步兵校尉。听到诸葛恪被杀的消息，用车子载着他们的母亲逃跑，孙峻派骑督刘承于白都山追上，杀死了诸葛竦。诸葛建得以渡过长江，想往北逃奔魏国，走了几十里路，被追兵捉住了。诸葛恪的外甥都乡侯张震和常侍朱恩等人，都被灭绝了三族。

当初，诸葛竦多次规劝诸葛恪，但诸葛恪不听，诸葛竦就暗暗地忧心恐惧，恐怕大祸临头。诸葛恪死了以后，临淮人臧均上表章请求埋葬诸葛恪，说："臣听说雷电震荡，不持续一整天，大风猛刮，很少有终日不停的，还要布云降雨，滋润万物。这样看来，天地发威不能整日整旬，连续不断，帝王发怒，也不应太过任意。臣愚昧，不知忌讳，斗胆冒破家灭身之罪，求君王降下恩泽。念已经死去的太傅诸葛恪继承祖先所遗留的卓越功业，他的几位伯叔父在汉运衰尽、九州分裂时，分别依附魏、蜀、吴三方，都能忠诚勤勉，兴隆王业。诸葛恪生长在吴国，沐浴皇恩，蒙受教化，获得英伟名声，为吴国尽忠几十年，没有萌发祸乱之心，因此，先帝把伊尹、周公一样的重任托付给他。然而，诸葛恪刚愎自用，骄矜自负并且盛气凌人，不能谨慎地维护国家，使之和睦安宁，急于建功立业，使士兵辛劳在外，不到一年就出兵三次，使百姓、兵士白白损耗，使府库物资空竭；又独揽大权，随意罢免和任用官吏，以刑法威吓，大小官员都不敢出声。侍中武卫将军都乡侯孙峻和他一起接受先帝诏命，看到他凶残暴虐，一天甚于一天，担心天下会动荡不安，于是，奋起神威，精诚通于上天，思虑胜于神明，智勇百倍于荆轲、聂政，亲执刀剑，将诸葛恪诛杀于殿堂之上，功勋超过了汉代的朱虚侯和东牟侯。国家首害被除，快马驮着他的头颅传首示众，全军欢跃，日月增辉，风尘已然飘落，这实在是祖先的神灵在天上和人间的显示啊！现在，诸葛恪父子三人的头颅，悬挂市中已有几天了，观看的有几万人，骂声汇集如风。国家使用重刑，人人受到震动，男女老少，都看到了这种景象。人们查察万物，多是乐极生悲。诸葛恪显贵，世上没有人比得上他，身居台辅之位多年，今天遭诛杀灭族，与禽兽没什么两样，看到这个情景，感情波动，能不感到悲伤吗？况且，人已经死去，归于土壤，凿、挖、砍、刺的刑罚，就不必再施加了。望圣上效法天地，发怒不超过十天，让他的乡亲或过去的部下，用士兵的标准收殓他，赐给他三寸厚的薄棺。从前项籍，还得到周公礼葬的恩典，韩信也获得了收殓的恩惠，汉高祖显现了神明般的声誉。臣希望陛下发扬三皇的仁德，以怜悯之心，让国家的恩泽也体现在罪犯的尸骸上，受到永久的恩惠，以此，显名于远方，使天下人受到警示和劝勉，这样的气度不是非常宏大吗！过去，栾布违犯汉高祖的诏令哭祭彭越，臣曾经私下憎恨这样的作为。栾布不事先禀报皇上，放纵情感独享美名，他未被诛杀，实在是幸运啊！今日，臣不敢宣扬自己愚昧的心情，以显露皇恩，谨跪拜呈上亲手写的这份表章，冒昧陈述，祈求圣明的朝廷哀怜体察。”于是，孙亮、孙峻允许诸葛恪过去的下属收殓他，这些人就在石子冈找到了他的尸体。

当初，诸葛恪退兵回来，聂友知道他一定败亡，就写信给滕胤说：“当一个人强大兴盛时，山河都可以撼动，而一旦失势，人情便变化万状，令人悲哀。”诸葛恪被杀以后，孙峻忌恨聂友，想让他去郁林为太守，聂友忧郁病死。聂友，字文悌，豫章郡人。

滕胤，字承嗣，他是北海剧县人。滕胤的伯父叫滕耽、父亲叫滕胄。滕胤与刘繇是州里世交，因世道混乱，渡江依附刘繇。孙权任车骑将军时，任命滕耽为右司马，他为人宽厚，去世早，没有后代。滕胄善写文章，孙权以宾礼待他，军事和朝政文书，常让他修改润色，也不幸短命。孙权为吴王后，追忆过去的情义，封滕胤为都亭侯。滕胤从小就有志节，仪态端庄。后娶公主为妻。三十岁的时候，出任丹杨太守，又调任吴郡、会稽郡太守，所在之处都被人赞赏。

太元元年，孙权卧病在床，滕胤到京，任太常，与诸葛恪等一同接受孙权遗诏，辅佐国政。孙亮即位，滕胤加任卫将军。

诸葛恪要率全部兵马去攻打魏国，滕胤劝诸葛恪说："你于先帝去世、新君即位的时候，接受伊尹、霍光那样的重托，在内安定朝野，对外击败强敌，名声显赫，四海之人无不震动，百姓希望靠你而得到安宁。现在，却轻率地大兴劳役，又出兵征战，百姓疲惫，国力损耗，而远方敌国已经有了准备。若攻城不下，野外攫取也无收获，就会丧失前功而招致后责。不如息兵休战，待机而动。况且，用兵是大事，大事要靠大众来完成，大众如果不乐意，您能够独自完成吗？"诸葛恪说："那些说不可出征的人，是不懂形势的，是苟安的想法，而您又认为他们是对的，我还能指望谁呢？曹芳昏聩，魏国大权掌控于臣子手中，那里的臣民本来就有叛离之心。现在，我利用国家资财，依战胜者的威势，又何往而不胜呢？"就任命滕胤为都下督，总管留守事务。滕胤白天接待宾客，夜间批阅文书，经常通宵不眠。

孙峻，字子远，他是孙坚的弟弟孙静的曾孙。孙静生下孙暠，孙暠有了孙恭。孙恭任散骑侍郎。孙恭生下孙峻。孙峻从小就擅长射箭骑马，精明勇敢，胆大果断。孙权末年，他升为武卫都尉，任侍中。孙权驾崩前，他接受遗诏辅佐朝政，兼任武卫将军，按惯例主管宿卫，封为都乡侯。诸葛恪被诛杀之后，他升任丞相大将军，督理朝廷内外所有军务，授予符节，进而封为富春侯。滕胤让诸葛恪的儿子诸葛竦的岳父辞去官职，孙峻说："鲧和禹罪过不相连累，滕侯要干什么？"孙峻和滕胤虽然内里没有什么恩惠，对外却互相包容。孙峻提升滕胤的爵位为高密侯，两个人像以往一样地共事。

孙峻一向没有显赫的名声，他骄横阴险，杀害的人非常多，百姓怨声载道。孙峻还奸淫宫女，和公主鲁班私通。五凤元年，吴侯孙英企图谋杀孙峻，孙英因事情败露被处死。

五凤二年，魏将毋丘俭、文钦率部众叛乱，和魏军在乐嘉厮杀，孙峻率骠骑将军吕据、左将军留赞袭击寿春，正赶上文钦战败投降吴国，吴军返回。当年，蜀国使者来访，将军孙仪、张怡、林恂等人都想借会见蜀国使者之机杀死孙峻，事情泄露，孙仪等人自杀，被处死的有几十个人，并牵连到公主鲁育。

孙峻想修筑广陵城墙，朝廷大臣知道那里无法筑城，只是因惧怕孙峻而没人敢说。只有滕胤劝谏，孙峻不听，最终筑城之事也没有完成。

到了第二年，文钦劝孙峻去攻打魏国，孙峻派文钦和吕据、车骑将军刘纂、镇南将军朱异、前将军唐咨由江都进入淮、泗一带，以便占领青、徐二州。孙峻和滕胤来到石头城，在这里为将领们饯行，孙峻带随从百人进入吕据的军营。吕据所率领的兵马阵容整齐，孙峻看了厌恶他，就推说心痛离开了。他又梦见自己被诸葛恪所击，因为恐惧发病而死，时年三十八岁，将后事托付给孙綝。

孙綝字子通，和孙峻同祖父。孙綝的父亲孙绰，曾担任安民都尉。孙綝起先担任偏将军，待孙峻死后，晋升做了侍中武卫将军，掌管内外一切军务，代管朝廷政务。吕据知道此事后大怒，与各个郡督和将领联名上表，共同举荐滕胤为丞相，孙綝改任滕胤为大司马，代替吕岱领兵驻守武昌。吕据领兵回来，派人报知滕胤，准备联合起来，废除孙綝。孙綝得知这件事，派遣堂兄孙虑领兵到江都迎击吕据，同时又派朝廷使者发布诏书命令文钦、刘纂、唐咨等人各率自己的军队一同进攻吕据，派遣侍中左将军华融、中书丞丁晏告知滕胤围剿吕据的消息，并且宣喻滕胤应该赶快到武昌去赴任。滕胤感到大祸临头，于是扣留华融、丁晏，统率军队自卫，召集典军杨崇、将军孙咨，告诉他们说孙綝作乱，强迫华融等人写信驳斥孙綝。孙綝不接受，上奏章告滕胤谋反，又允诺将军刘丞晋封爵位，指令他率领兵马火速围攻滕胤。滕胤又威逼华融等人，要他们假造皇帝的诏令调遣军队。华融等人不依从，滕胤全都杀了他们。滕胤脸色不变，谈笑如平常。有人劝滕胤领兵去苍龙门，将士们看到滕胤来了，一定都会离开孙綝而归于滕胤。当时已经过了半夜，滕胤自恃和吕据有所约定，又没有办法发兵围攻皇宫，于是整顿军队发出命令，说吕据已经临近快到了，因此都愿意为滕胤拼命，没有离散的人。当时刮大风，到拂晓的时候，吕据没有到。孙綝的军队一齐围攻，终于杀了滕胤及将士数十人，诛灭了滕胤三族。

孙綝升为大将军，手拿符节，封永宁侯。孙綝倚仗尊贵，非常傲慢，常干无礼之事。当初，孙峻的堂弟孙虑参与诛杀诸葛恪的阴谋，孙峻厚待他，他官至右将军、无难督，授符节和伞盖，总理朝中九官事务。孙綝给孙虑的待遇比孙峻的少，孙虑非常生气，他和将军王惇企图谋杀孙綝。结果，孙綝杀了王惇，孙虑服毒自杀。

魏国大将军诸葛诞占据寿春反叛，发文请求投降吴国。吴国派文钦、唐咨、全端、全怿等人率领三万人马去迎接他。魏国镇南将军王基包围了诸葛诞，文钦等人突围进入寿春。魏国出动全部朝廷和州郡兵马二十多万去增援围攻诸葛诞。吴将朱异率三万士兵驻守安丰，为文钦声援。魏国兖州刺史州泰在阳渊拦截朱异，朱异败退，被州泰追击，死伤了两千人。孙綝又大量征调士兵进驻镬里，再派遣朱异率领将军丁奉、黎斐等五万人去攻打魏军，辎重留在都陆。朱异在黎浆扎营，派将军任度、张震等招募敢死队六千人，在黎浆西六里处架设浮桥于夜里过河，筑起半月形的营垒。但是很快就被魏国监军石苞和州泰攻破，撤退到高处。朱异又以车箱式的包围阵形奔赴五木城。石苞、州泰攻打朱异，朱异又战败。魏国太山太守胡烈用五千奇兵由秘路偷袭都陆，把朱异的军备粮草全部烧光。孙綝又授予朱异三万兵马命其死战，朱异不从，孙綝在镬里杀了他，又派已弟孙恩去援救，正碰上诸葛诞战败，就率军回来了。孙綝没能救出诸葛诞，反而又损失士兵，还亲自杀了著名将领，因此，无人不怨恨他。

孙綝因孙亮开始亲主朝政，又对自己提出很多疑难，感到十分害怕。回到建业后，就谎称有病不去朝拜孙亮，却在朱雀桥南修建居室，指派其弟威远将军孙据入苍龙门任宫廷警卫，弟武卫将军孙恩、偏将军孙干、长水校尉孙闿分别驻守各个军营，想以此把持朝政，巩固自己的势力。孙亮疑忌孙綝，就追究鲁育公主被杀之事，怒责虎林督朱熊和朱熊弟外部督朱损没有阻止孙峻当时的行为，就命丁奉在虎林杀死朱熊，在建业杀掉朱损。孙綝进宫劝谏，孙亮不听，而且与鲁班公主、太常全尚、将军刘承商议诛杀孙綝。孙亮的妃子是孙綝堂姐的女儿，她把这个密谋告诉了孙綝。孙綝率部众连夜袭击全尚，派其弟孙恩在苍龙门外杀了刘承，于是包围了皇宫。孙綝派光禄勋孟宗到宗庙祭告废黜孙亮，又召集群臣商议说："皇帝年轻并且荒淫昏聩，不能继续留在皇位，已经奉祀宗庙，祭告先帝把他废黜了。各位若不同意，提出异议吧。"众人很震惊，都说："完全听将军的命令。"孙綝派中书郎李崇夺取孙亮的印玺绶带，把孙亮的罪状向各地颁布。尚书桓彝不肯署名，孙綝非常恼怒，就杀了他。

典军施正劝孙綝征立琅玡王孙休，孙綝听从他的意见，派宗王孙楷向孙休奉献章表说："我由于才能薄弱，被授以重任，却不能够辅佐引导陛下。近几个月来，发生了很多事情。陛下的亲信刘承喜欢女色，征调官民家中的女子，挑选其中漂亮的，留在宫廷里面。选取部队中的年轻人十八岁以下的三千多人，在御花园中训练他们，日夜不停，大呼小叫，破坏仓库里的矛戟五千多枝，用来作娱乐器具。朱据是先帝的老臣，他的儿子朱熊和朱损都继承了父亲本性，以忠诚道义自立于世。从前杀害小公主的，本来是被大公主中伤，天子不重新查清事末，就诛杀了朱熊、朱损。对陛下劝谏，不被采纳，所有的臣下没有不暗中叹息的。天子在宫中制作小船三百多艘，用金银做成，技工昼夜不得休息。太常全尚，几代蒙受恩泽，却不能督察各亲属，因而全端等人弃城投奔了魏国。全尚的地位过于贵重，竟然没有一句话劝谏陛下，却与敌人有往来，泄露国家的消息，恐怕一定要危害国家。推究过去的典制，气运集中在大王身上，所以我们就在本月二十七日捉拿全尚，斩杀刘承。让天子为会稽王，派遣孙楷前去迎接。百官翘首盼望，站在道路两侧。”

孙綝派将军孙耽遣送孙亮回到封国，全尚流放到零陵郡，把公主鲁班迁徙到豫章郡。孙綝更觉得意，侮辱百姓信奉的神灵，烧毁大桥头的伍子胥庙，毁坏寺院，斩杀道人。孙休即位，孙綝自称草莽臣，上表说：“臣自知不是国家栋梁，只因是皇帝近亲，才位居于朝臣之上，这损害了国家形象，败坏了皇帝名声，也使臣的罪行彰显，思考臣的过错，只有让出官位才能弥补，为此，臣日夜忧恐。臣听说，上天所辅助的诚信之人，一定是有德之君，因此，周幽王和周厉王丧失了君主的准则，周宣王则使国家由衰落转为兴盛。陛下圣明，继承帝位，应该得到贤良的辅助，使国家得以兴盛。像唐尧盛世，后稷和契的辅佐，以协和圣主的美德。古人说：‘有能力就承担官职，没能力就该辞职。’臣虽然竭力施展自己的能力，但是对政事却毫无补益，谨此呈上印玺、绶带、符节、斧钺，隐退归乡，给贤人让路。”孙休召见并安慰他，又下诏书说：“朕以薄德，在朝外驻守藩国，因时机，众卿齐聚朕身边，奉守祖宗大业。朕心中茫然，如临渊冰。大将军心怀忠诚，定下大计，使国家康宁，功勋显赫。从前，汉宣帝即位，霍光尊贵，褒奖有德，赏赐有功，这是古今一致的原则。命令任命大将军为丞相、荆州牧，食邑五个县。”孙恩被任为御史大夫、卫将军，孙据为右将军，都封为县侯。孙幹为杂号将军、亭侯，孙闿也封亭侯。孙綝一家有五人封侯，都统领禁卫，权势已经超过皇帝，自吴建国以来的所有大臣都不曾有过。

孙綝进献牛、酒给孙休，孙休没有接受。孙綝就将牛、酒送给左将军张布，酒兴正浓时，他口出怨言说："当初废黜幼主时，很多人劝我做皇帝。我认为，陛下贤明，所以迎他回来。如果没有我，他就不能即位。今天我奉献礼品被拒绝，这是把我和其他大臣同样看待，我必须重新谋划。"张布把这话告诉孙休，孙休就记在心中，因害怕孙綝作乱，就多次与孙綝赏赐，又再给孙恩加官侍中，让他和孙綝分任批阅文书的职务。有人告发孙綝心怀怨恨，欺侮皇上，阴谋造反，孙休便把这个人抓起来交给孙綝，孙綝把这人杀了。此后孙綝仍然惶恐，他通过孟宗请求外出屯守武昌，孙休答应了，竟然让孙綝统领的中军精兵一万，随船同往，孙綝又要求取走武库兵器，也全都给予。将军魏邈劝孙休说："孙綝驻外，必会变乱。"武卫士施朔也禀告说："孙綝已经有准备造反的迹象。"孙休秘密询问张布，张布和丁奉商议在腊日聚会时杀掉孙綝。

永安元年十二月初七日，建业城中有谣言说明天腊日祭祀马上就有事故发生，孙綝听到后，非常不高兴。当夜大风刮起，拔树扬沙，孙綝更加恐惧。初八日举行腊祭，孙綝借口有病不去。孙休硬要他来赴会，连续派出十几批使者去催促，孙綝迫不得已，便要进宫，手下人阻止。孙綝说："皇上多次下令，没办法再推辞了，可以预先部署士兵，让府中故意失火，趁此便可立即回府。"于是进宫，不久他家里失火了，他请求回去。孙休说："外面士兵有很多，不必劳烦丞相。"孙綝起身离开席位，丁奉与张布暗示手下人把他捆了起来。孙綝跪下磕头说："我愿意流放到交州。"孙休说："你为什么不流放滕胤、吕据？"孙綝又说："我愿意为官家之奴。"孙休问道："为什么不让滕胤、吕据做奴才？"于是，杀了孙綝，拿着孙綝的人头命令其部众说："所有与孙綝同谋者全部赦免。"顿时，部众五千人放下兵器。孙闿乘船想投降北方，被追兵赶上杀了。灭了孙綝三族。掘出孙峻的棺木，拿走他的印玺绶带，把棺木砍碎，才裸尸掩埋，这是因为他杀害鲁育等人的缘故。

孙綝去世时二十八岁。孙休以与孙峻、孙綝同族为耻，特地把他们的名字从宗谱名册上删掉，称他们为故峻、故綝。孙休又下诏说："诸葛恪、滕胤、吕据都是无罪而为孙峻、孙綝兄弟所残害，令人十分痛心，现在将他们全部改葬，分别为他们举行祭奠。所有受诸葛恪等人之事牵连而被流放远地之人，全部召回。"

濮阳兴，字子元，他是陈留人。濮阳兴的父亲濮阳逸在汉朝末年避乱到了江东，官做到长沙太守。他年轻时有才子的名气，孙权时提拔他任上虞县令，逐渐升至尚书左曹，以五官中郎将的身份出使蜀国，回来后任会稽太守。当时琅玡王孙休住在会稽，濮阳兴和他交情深厚，密切往来。到孙休即位的时候，就征召濮阳兴任太常卫将军，治理军队和国家的要事，封为外黄侯。

永安三年，都尉严密在丹杨修建湖田，筑起浦里塘。孙休下令百官聚集一起商讨此事，大家都认为费工非常多而湖田不能保证成功，只有濮阳兴认为能够成功。于是就召集许多士兵和百姓前去施工，工程的费用不可胜数，士兵死的死，逃的逃，有的人干脆自杀，百姓非常怨恨濮阳兴。

濮阳兴升为丞相，与宠臣左将军张布互相勾结，国内人士大失所望。

永安七年七月，孙休去世。左典军万彧本来就与乌程侯孙晧友善，便劝说濮阳兴、张布，于是，濮阳兴、张布废黜了孙休的嫡子而迎立孙晧为帝。孙晧即帝位以后，加封濮阳兴为侍郎，兼青州牧。不久，万彧诬陷濮阳兴、张布后悔立孙晧为帝的事。十一月初一日入宫朝拜时，孙晧乘机拘捕了濮阳兴、张布，将他们流放到广州，在中途又派人将他们杀死，并诛三族。

评论说：诸葛恪的才华谋略，为国人所赞，然而，他骄傲并且吝啬。其实，即使像周公那样的人，除才能外其他方面不看也罢，何况诸葛恪呢。他自我夸耀，欺凌他人，能不失败吗！假如他真能像写给陆逊及其弟诸葛融书信中所说的那样，就不会有悔恨，又怎么能有灾祸呢？滕胤勉励自己，循规蹈矩，然而，在孙峻时期他还坚持自己的尊贵，这是他必遭灭亡的原因。孙峻、孙綝恶贯满盈，本就不值得一谈。濮阳兴身居宰辅地位，不思治国，却协助张布行奸作恶，采纳万彧迎立孙晧的劝说，最后，遭到诛灭也是应该的。

三国志卷六十五·吴书二十

王楼贺韦华传

王蕃字永元，庐江人也。博览多闻，兼通术艺。始为尚书郎，去官。孙休即位，与贺邵、薛莹、虞汜俱为散骑中常侍，皆加驸马都尉。时论清之。遣使至蜀，蜀人称焉，还为夏口监军。

孙皓初，复入为常侍，与万彧同官。彧与皓有旧，俗士挟侵，谓蕃自轻。又中书丞陈声，皓之嬖臣，数谮毁蕃。蕃体气高亮，不能承颜顺指，时或迕意，积以见责。

甘露二年，丁忠使晋还，皓大会群臣，蕃沈醉顿伏，皓疑而不悦，舆蕃出外。顷之请还，酒亦不解。蕃性有威严，行止自若，皓大怒，呵左右于殿下斩之。卫将军滕牧、征西将军留平请，不能得。

丞相陆凯上疏曰："常侍王番黄中通理，知天知物，处朝忠蹇，斯社稷之重镇，大吴之龙逄也。昔事景皇，纳言左右，景皇钦嘉，叹为异伦。而陛下忿其苦辞，恶其直对，枭之殿堂，尸骸暴弃，郡内伤心，有识悲悼。"其痛蕃如此。蕃死时年三十九，皓徙蕃家属广州。二弟著、延皆作佳器，郭马起事，不为马用，见害。

楼玄字承先，沛郡蕲人也。孙休时为监农御史。孙皓即位，与王蕃、郭逴、万彧俱为散骑中常侍，出为会稽太守，入为大司农。旧禁中主者自用亲近人作之，彧陈亲密近职，宜用好人，皓因敕有司，求忠清之士，以应其选，遂用玄为宫下镇禁中候，主殿中事。玄从九卿持刀侍卫，正身率众，奉法而行，应对切直，数迕皓意，渐见责怒。后人诬白玄与贺邵相逢，驻共耳语大笑，谤讪政事，遂被诏诘责，送付广州。

东观令华覈上疏曰："臣窃以治国之体，其犹治家。主田野者，皆宜良信。又宜得一人总其条目，为作维纲，众事乃理。《论语》曰：'无为而治者其舜也与！恭己正南面而已。'言所任得其人，故优游而自逸也。今海内未定，天下多事，事无大小，皆当关闻，动经御坐，劳损圣虑。陛下既垂意博古，综极艺文，加勤心好道，随节致气，宜得闲静以展神思，呼翕清淳，与天同极。臣夙夜思惟，诸吏之中，任干之事，足委仗者，无胜

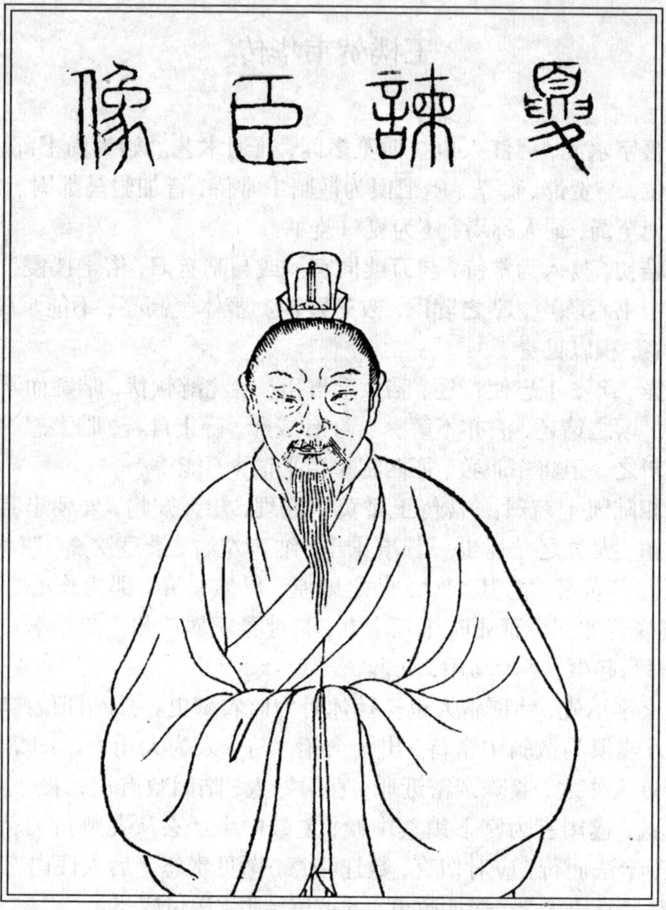

关龙逢像，图出自清·顾沅辑《古圣贤像传略》。关龙逢，夏桀时期的大臣，多次进言劝谏夏桀，后被夏桀杀死。

于楼玄。玄清忠奉公，冠冕当世，众服其操，无与争先。夫清者则心平而意直，忠者惟正道而履之，如玄之性，终始可保，乞陛下赦玄前愆，使得自亲，擢之宰司，责其后效，使为官择人，随才授任，则舜之恭己，近亦可得。”皓疾玄名声，复徙玄及子据，付交阯将张奕，使以战自效，阴别敕奕令杀之。据到交阯，病死。玄一身随奕讨贼，持刀步涉，见奕辄拜，奕未忍杀。会奕暴卒，玄殡敛奕，于器中见敕书，还便自杀。

贺邵字兴伯，会稽山阴人也。孙休即位，从中郎为散骑中常侍，出为吴郡太守。孙皓时，入为左典军，迁中书令，领太子太傅。

皓凶暴骄矜，政事日弊。邵上疏谏曰：

古之圣王，所以潜处重闱之内而知万里之情，垂拱衽席之上，明照八极之际者，任贤之功也。陛下以至德淑姿，统承皇业，宜率身履道，恭奉神器，旌贤表善，以康庶政。自顷年以来，朝列纷错，真伪相贸，上下空任，文武旷位，外无山岳之镇，内无拾遗之臣；佞谀之徒拊翼天飞，干弄朝威，盗窃荣利，而忠良排坠，信臣被害。是以正士摧方，而庸臣苟媚，先意承旨，各希时趣，人执反理之评，士吐诡道之论，遂使清流变浊，忠臣结舌。陛下处九天之上，隐百重之室，言出风靡，令行景从，亲洽宠媚之臣，日闻顺意之辞，将谓此辈实贤，而天下已平也。臣心所不安，敢不以闻。

臣闻兴国之君乐闻其过，荒乱之主乐闻其誉；闻其过者过日消而福臻，闻其誉者誉日损而祸至。是以古之人君，揖让以进贤，虚己以求过，譬天位于乘奔，以虎尾为警戒。至于陛下，严刑法以禁直辞，黜善士以逆谏臣，眩耀毁誉之实，沈沦近习之言。昔高宗思佐，梦寐得贤，而陛下求之如忘，忽之如遗。故常侍王蕃忠恪在公，才任辅弼，以醉酒之间加之大戮。近鸿胪葛奚，先帝旧臣，偶有逆迕，昏醉之言耳，三爵之后，礼所不讳，陛下猥发雷霆，谓之轻慢，饮之醇酒，中毒殒命。自是之后，海内悼心，朝臣失图，仕者以退为幸，居者以出为福，诚非所以保光洪绪，熙隆道化也。

又何定本趋走小人，仆隶之下，身无锱铢之行，能无鹰犬之用，而陛下爱其佞媚，假其威柄，使定恃宠放恣，自擅威福，口正国议，手弄天机，上亏日月之明，下塞君子之路。夫小人求入，必进奸利，定间妄兴事役，发江边戍兵以驱麋鹿，结罝山陵，芟夷林莽，殚其九野之兽，聚于重围之内，上无益时之分，下有损耗之费。而兵士罢于运送，人力竭于驱逐，老弱饥冻，大小怨叹。臣窃观天变，自比年以来阴阳错谬，四时逆节，日食地震，中夏陨霜，参之典籍，皆阴气陵阳，小人弄势之所致也。臣尝览书传，验诸行事，灾祥之应，所为寒栗。昔高宗修己以消鼎雉之异，宋景崇德以退荧惑之变，愿陛下上惧皇天谴告之诮，下追二君攘灾之道，远览前代任贤之功，近寤今日谬授之失，清澄朝位，旌叙俊乂，放退佞邪，抑夺奸势，如是之辈，一勿复用，广延淹滞，容受直辞，祇承乾指，敬奉先业，则大化光敷，天人望塞也。

《传》曰："国之兴也，视民如赤子；其亡也，以民为草芥。"陛下昔韬神光，潜德东夏，以圣哲茂姿，龙飞应天，四海延颈，八方拭目，以成康之化必隆于旦夕也。自登位以来，法禁转苛，赋调益繁；中宫内竖，分布州郡，横兴事役，竞造奸利；百姓罹杼轴之困，黎民罢无已之求，老幼饥寒，家户菜色，而所在长吏，迫畏罪负，严法峻刑，苦民求办。是以人力不堪，家户离散，呼嗟之声，感伤和气。又江边戍兵，远当以拓土广境，近当以守界备难，宜特优育，以待有事，而征发赋调，烟至云集，衣不全裋褐，食不赡朝夕，出当锋镝之难，入抱无聊之感。是以父子相弃，叛者成行。愿陛下宽赋除烦，振恤穷乏，省诸不急，荡禁约法，则海内乐业，大化普洽。夫民者国之本，食者民之命也，今国无一年之储，家无经月之畜，而后宫之中坐食者万有余人。内有离旷之怨，外有损耗之费，使库廪空于无用，士民饥于糟糠。

又北敌注目，伺国盛衰，陛下不恃己之威德，而怙敌之不来，忽四海之困穷，而轻虏之不为难，诚非长策庙胜之要也。昔大皇帝勤身苦体，创基南夏，割据江山，拓土万里，虽承天赞，实由人力也。余庆遗祚，至于陛下，陛下宜勉崇德器，以光前烈，爱民养士，保全先轨，何可忽显祖之功勤，轻难得之大业，忘天下之不振，替兴衰之巨变哉？臣闻否泰无常，吉凶由人，长江之限不可久恃，苟我不守，一苇可航也。昔秦建皇帝之号，据殽函之阻，德化不修，法政苛酷，毒流生民，忠臣杜口，是以一夫大呼，社稷倾覆。近刘氏据三关之险，守重山之固，可谓金城石室，万世之业，任授失贤，一朝丧没，君臣系颈，共为羁仆。此当世之明鉴，目前之炯戒也。愿陛下远考前事，近鉴世变，丰基强本，割情从道，则成康之治兴，而圣祖之祚隆矣。

书奏，晧深恨之。邵奉公贞正，亲近所惮。乃共谮邵与楼玄谤毁国事，俱被诘责。玄见送南州，邵原复职。后邵中恶风，口不能言，去职数月，晧疑其托疾，收付酒藏，掠考千所，邵卒无一语，竟见杀害，家属徙临海。并下诏诛玄子孙，是岁天册元年也，邵年四十九。

韦曜字弘嗣，吴郡云阳人也。少好学，能属文，从丞相掾，除西安令，还为尚书郎，迁太子中庶子。

时蔡颖亦在东宫，性好博弈，太子和以为无益，命曜论之。其辞曰：

盖闻君子耻当年而功不立，疾没世而名不称，故曰学如不及，犹恐失之。是以古之志士，悼年齿之流迈而惧名称之不立也，故勉精厉操，晨兴夜寐，不遑宁息，经之以岁月，累之以日力，若甯越之勤，董生之笃，渐渍德义之渊，栖迟道艺之域。且以西伯之圣，姬公之才，犹有日昃待旦之劳，故能隆兴周道，垂名亿载，况在臣庶，而可以已乎？历观古今立功名之士，皆有累积殊异之迹，劳身苦体，契阔勤思，平居不堕其业，穷困不易其素，是以卜式立志于耕牧，而黄霸受道于囹圄，终有荣显之福，以成不朽之名。故山甫勤于夙夜，而吴汉不离公门，岂有游惰哉？

今世之人多不务经术，好玩博弈，废事弃业，忘寝与食，穷日尽明，继以脂烛。当其临局交争，雌雄未决，专精锐意，心劳体倦，人事旷而不修，宾旅阙而不接，虽有太牢之馔，《韶》《夏》之乐，不暇存也。至或赌及衣物，徙棋易行，廉耻之意弛，而忿戾之色发，然其所志不出一枰之上，所务不过方罫之间，胜敌无封爵之赏，获地无兼土之实。技非六艺，用非经国；立身者不阶其术，征选者不由其道。求之于战陈，则非孙、吴之伦也；考之于道艺，则非孔氏之门也；以变诈为务，则非忠信之事也；以劫杀为名，则非仁者之意也；而空妨日废业，终无补益。是何异设木而击之，置石而投之哉！且君子之居室也勤身以致养，其在朝也竭命以纳忠，临事且犹旰食，而何博弈之足耽？夫然，故孝友之行立，贞纯之名彰也。

方今大吴受命，海内未平，圣朝乾乾，务在得人，勇略之士则受熊虎之任，儒雅之徒则处龙凤之署，百行兼苞，文武并骛，博选良才，旌简髦俊，设程试之科，垂金爵之赏，诚千载之嘉会，百世之良遇也。当世之士，宜勉思至道，爱功惜力，以佐明时，使名书史籍，勋在盟府，乃君子之上务，当今之先急也。

夫一木之枰孰与方国之封？枯棋三百孰与万人之将？衮龙之服，金石之乐，足以兼棋局而贸博弈矣。假令世士移博弈之力而用之于诗书，是有颜、闵之志也；用之于智计，是有良、平之思也；用之于资货，是有猗顿之富也；用之于射御，是有将帅之备也。如此则功名立而鄙贱远矣。

和废后，为黄门侍郎。孙亮即位，诸葛恪辅政，表曜为太史令，撰《吴书》，华覈、薛莹等皆与参同。孙休践阼，为中书郎、博士祭酒。命曜依刘向故事，校定众书。又欲延曜侍讲，而左将军张布近习宠幸，事行多玷，惮曜侍讲儒士，又性精确，惧以古今警戒休意，固争不可。休深恨布，语在《休传》。然曜竟止不入。

孙晧即位，封高陵亭侯，迁中书仆射，职省，为侍中，常领左国史。时所在承指数言瑞应。晧以问曜，曜答曰："此人家筐箧中物耳。"又晧欲为父和作纪，曜执以和不登帝位，宜名为传。如是者非一，渐见责怒。曜益忧惧，自陈衰老，求去侍、史二官，乞欲成所造书，以从业别有所付，晧终不听。时有疾病，医药监护，持之愈急。

晧每飨宴，无不竟日，坐席无能否率以七升为限，虽不悉入口，皆浇灌取尽。曜素饮酒不过二升，初见礼异时，常为裁减，或密赐茶荈以当酒，至于宠衰，更见逼强，辄以为罪。又于酒后使侍臣难折公卿，以嘲弄侵克，发摘私短以为欢。时有愆过，或误犯晧讳，辄见收缚，至于诛戮。曜以为外相毁伤，内长尤恨，使不济济，非佳事也，故但示难问经义言论而已。晧以为不承用诏命，意不忠尽，遂积前后嫌忿，收曜付狱，是岁凤皇二年也。

曜因狱吏上辞曰："囚荷恩见哀，无与为比，曾无芒氂有以上报，孤辱恩宠，自陷极罪。念当灰灭，长弃黄泉，愚情慺慺，窃有所怀，贪令上闻。囚昔见世间有古历注，其所纪载既多虚无，在书籍者亦复错谬。囚寻按传记，考合异同，采摭耳目所及，以作《洞纪》，起自庖牺，至于秦、汉，凡为三卷，当起黄武以来，别作一卷，事尚未成。又见刘熙所作《释名》，信多佳者，然物类众多，难得详究，故时有得失，而爵位之事，又有非是。愚以官爵，今之所急，不宜乖误。囚自忘至微，又作《官职训》及《辩释名》各一卷，欲表上之。新写始毕，会以无状，幽囚待命，泯没之日，恨不上闻，谨以先死列状，乞上言秘府，于外料取，呈内以闻。追惧浅蔽，不合天听，抱怖雀息，乞垂哀省。"

曜冀以此求免，而晧更怪其书之垢故，又以诘曜。曜对曰："囚撰此书，实欲表上，惧有误谬，数数省读，不觉点污。被问寒战，形气呐吃。谨追辞叩头五百下，两手自搏。"而华覈连上疏救曜曰："曜运值千载，特蒙哀识，以其儒学，得与史官，貂蝉内侍，承合天问，圣朝仁笃，慎终追远，迎神之际，垂涕敕曜。曜愚惑不达，不能敷宣陛下大舜之美，而拘系史官，使圣趣不叙，至行不彰，实曜愚蔽当死之罪。然臣偻偻，见曜自少勤学，虽老不倦，探综坟典，温故知新，及意所经识古今行事，外吏之中少过曜者。昔李陵为汉将，军败不还而降匈奴，司马迁不加疾恶，为陵游说，汉武帝以迁有良史之才，欲使毕成所撰，忍不加诛，书卒成立，垂之无穷。今曜在吴，亦汉之史迁也。伏见前后符瑞彰著，神指天应，继出累见，一统之期，庶不复久。事平之后，当观时设制，三王不相因礼，五帝不相沿乐，质文殊涂，损益异体，宜得曜辈依准古义，有所改立。汉氏承秦，则有叔孙通定一代之仪，曜之才学亦汉通之次也。又《吴书》虽已有头角，叙赞未述。昔班固作《汉书》，文辞典雅，后刘珍、刘毅等作《汉记》，远不及固，叙传尤劣。今《吴书》当垂千载，编次诸史，后之才士论次善恶，非得良才如曜者，实不可使阙不朽之书。如臣顽蔽，诚非其人。曜每已七十，余数无几，乞赦其一等之罪，为终身徒，使成书业，永足传示，垂之百世。谨通进表，叩头百下。”晧不许，遂诛曜，徙其家零陵。子隆，亦有文学也。

华覈字永先，吴郡武进人也。始为上虞尉、典农都尉，以文学入为秘府郎，迁中书丞。

蜀为魏所并，覈诣宫门发表曰：“间闻贼众蚁聚向西境，西境艰险，谓当无虞。定闻陆抗表至，成都不守，臣主播越，社稷倾覆。昔卫为翟所灭而桓公存之，今道里长远，不可救振，失委附之土，弃贡献之国，臣以草芥，窃怀不宁。陛下圣仁，恩泽远抚，卒闻如此，必垂哀悼。臣不胜忡怅之情，谨拜表以闻。”

孙晧即位，封徐陵亭侯。宝鼎二年，晧更营新宫，制度弘广，饰以珠玉，所费甚多。是时盛夏兴工，农守并废，覈上疏谏曰：

臣闻汉文之世，九州晏然，秦民喜去惨毒之苛政，归刘氏之宽仁，省役约法，与之更始，分王子弟以藩汉室，当此之时，皆以为泰山之安，无穷之基也。至于贾谊，独以为可痛哭及流涕者三，可为长太息者六，乃曰当今之势何异抱火于积薪之下而寝其上，火未及然而谓之安。其后变乱，皆如其言。臣虽下愚，不识大伦，窃以曩时之事，揆今之势。

谊曰：复数年间，诸王方刚，汉之傅相称疾罢归，欲以此为治，虽尧舜不能安。今大敌据九州之地，有大半之众，习攻战之余术，乘戎马之旧势，欲与中国争相吞之计，其犹楚汉势不两立，非徒汉之诸王淮南、济北而已。谊之所欲痛哭，比今为缓，抱火卧薪之喻，于今而急。大皇帝览前代之如彼，察今势之如此，故广开农桑之业，积不訾之储，恤民重役，务养战士，是以大小感恩，各思竭命。期运未至，早弃万国。自是之后，强臣专政，上诡天时，下违众议，亡安存之本，邀一时之利，数兴军旅，倾竭府藏，兵劳民困，无时获安。今之存者乃创夷之遗众，哀苦之余民耳。遂使军资空匮，仓廪不实，布帛之赐，寒暑不周，重以失业，家户不赡。而北积谷养民，专心向东，无复他警。蜀为西藩，土地险固，加承先主统御之术，谓其守御足以长久，不图一朝，奄至倾覆。唇亡齿寒，古人所惧。交州诸郡，国之南土，交阯、九真二郡已没，日南孤危，存亡难保，合浦以北，民皆摇动，因连避役，多有离叛，而备戍减少，威镇转轻，常恐呼吸复有变故。昔海虏窥窬东县，多得离民，地习海行，狃于往年，钞盗无日，今胸背有嫌，首尾多难，乃国朝之厄会也。诚宜住建立之役，先备豫之计，勉垦殖之业，为饥乏之救。唯恐农时将过，东作向晚，有事之日，整严未办。若舍此急，尽力功作，卒有风尘不虞之变，当委版筑之役，应烽燧之急，驱怨苦之众，赴白刃之难，此乃大敌所因为资也。如但固守，旷日持久，则军粮必乏，不待接刃，而战士已困矣。

昔太戊之时，桑穀生庭，惧而修德，怪消殷兴。荧惑守心，宋以为灾，景公下从瞽史之言，而荧惑退舍，景公延年。夫修德于身而感异类，言发于口而通神明，臣以愚蔽，误忝近署，不能翼宣仁泽以感灵祇，仰惭俯愧，无所投处。退伏思惟，荧惑桑穀之异，天示二主，至如他余锱介之妖，近是门庭小神所为，验之天地，无有他变，而征祥符瑞前后屡臻，明珠既觌，白雀继见，万亿之祚，实灵所挺，以九域为宅，天下为家，不与编户之民转徙同也。又今之宫室，先帝所营，卜土立基，非为不祥。又杨市土地与宫连接，若大功毕竟，舆驾迁住，门行之神，皆当转移，犹恐长久未必胜旧。屡迁不可，留则有嫌，此乃愚臣所以夙夜为忧灼也。臣省《月令》，季夏之月，不可以兴土功，不可以会诸侯，不可以起兵动众，举大事必有大殃。今虽诸侯不会，诸侯之军与会无异。六月戊己，土行正王，既不可犯，加又农月，时不可失。昔鲁隐公夏城中丘，《春秋》书之，垂为后戒。今筑宫为长世之洪基，而犯天地之大禁，袭《春秋》之所书，废敬授之上务，臣以愚管，窃所未安。

又恐所召离民，或有不至，讨之则废役兴事，不讨则日月滋蔓。若悉并到，大众聚会，希无疾病。且人心安则念善，苦则怨叛。江南精兵，北土所难，欲以十卒当东一人。天下未定，深可忧惜之。如此宫成，死叛五千，则北军之众更增五万，若到万人，则倍益十万，病者有死亡之损，叛者传不善之语，此乃大敌所以欢喜也。今当角力中原，以定强弱，正于际会，彼益我损，加以劳困，此乃雄夫智士所以深忧。

臣闻先王治国无三年之储，曰国非其国，安宁之世戒备如此，况敌强大而忽农忘畜。今虽颇种殖，间者大水沈没，其余存者当须耘获，而长吏怖期，上方诸郡？身涉山林，尽力伐材，废农弃务，士民妻孥羸小，垦殖又薄，若有水旱则永无所获。州郡见米，当待有事，冗食之众，仰官供济。若上下空乏，运漕不供，而北敌犯疆，使周、召更生，良、平复出，不能为陛下计明矣。臣闻君明者臣忠，主圣者臣直，是以慺慺，昧犯天威，乞垂哀省。

书奏，皓不纳。后迁东观令，领右国史，覈上疏辞让，皓答曰："得表，以东观儒林之府，常讲校文艺，处定疑难，汉时皆名学硕儒乃任其职，乞更选英贤。闻之。以卿研精坟典，博览多闻，可谓悦礼乐敦诗书者也。当飞翰骋藻，光赞时事，以越杨、班、张、蔡之畴，怪乃谦光，厚自菲薄，宜勉修所职，以迈先贤，勿复纷纷。"

时仓廪无储，世俗滋侈，覈上疏曰："今寇虏充斥，征伐未已，居无积年之储，出无应敌之畜，此乃有国者所宜深忧也。夫财谷所生，皆出于民，趋时务农，国之上急。而都下诸官，所掌别异，各自下调，不计民力，辄与近期。长吏畏罪，昼夜催民，委舍佃事，遑赴会日，定送到都，或蕴积不用，而徒使百姓消力失时。到秋收月，督其限入，夺其播殖之时，而责其今年之税，如有逋悬，则籍没财物，故家户贫困，衣食不足。宜暂息众役，专心农桑。古人称一夫不耕，或受其饥，一女不织，或受其寒，是以先王治国，惟农是务。军兴以来，已向百载，农人废南亩之务，女工停机杼之业。推此揆之，则蔬食而长饥，薄衣而履冰者，固不少矣。臣闻主之所求于民者二，民之所望于主者三。二谓求其为己劳也，求其为己死也。三谓饥者能食之，劳者能息之，有功者能赏之。民以致其二事而主失其三望者，则怨心生而功不建。今帑藏不实，民劳役猥，主之二求已备，民之三望未报。且饥者不待美馔而后饱，寒者不俟狐貉而后温，为味者口之奇，文绣者身之饰也。今事多而役繁，民贫而俗奢，百工作无用之器，妇人为绮靡之饰，不勤麻枲，并绣文黼黻，转相仿效，耻独无有。兵民之家，犹复逐俗，内无儋石之储，而出有绫绮之服，至于富贾商贩之家，重以金银，奢恣尤甚。天下未平，百姓不赡，宜一生民之原，丰谷帛之业，而弃功于浮华之巧，妨日于侈靡之事，上无尊卑等级之差，下有耗财物力之损。今吏士之家，少无子女，多者三四，少者一二，通令户有一女，十万家则十万人，人织绩一岁一束，则十万束矣。使四疆之内同心戮力，数年之间，布帛必积。恣民五色，惟所服用，但禁绮绣无益之饰。且美貌者不待华采以崇好，艳姿者不待文绮以致爱，五采之饰，足以丽矣。若极粉黛，穷盛服，未必无丑妇；废华采，去文绣，未必无美人也。若实如论，有之无益废之无损者，何爱而不暂禁以充府藏之急乎？此救乏之上务，富国之本业也，使管、晏复生，无以易此。汉之文、景，承平继统，天下已定，四方无虞，犹以雕文之伤农事，锦绣之害女红，开富国之利，杜饥寒之本。况今六合分乖，豺狼充路，兵不离疆，甲不解带，而可以不广生财之原，充府藏之积哉？”

皓以覈年老，敕令草表，覈不敢。又敕作草文，停立待之。覈为文曰：“咨覈小臣，草芥凡庸。遭眷值圣，受恩特隆。越从朽壤，蝉蜕朝中。熙光紫闼，青璅是凭。毖挹清露，沐浴凯风。效无丝氂，负阙山崇。滋润含垢，恩贷累重。秽质被荣，局命得融。欲报罔极，委之皇穹。圣恩雨注，哀弃其尤。猥命草对，润被下愚。不敢达敕，惧速罪诛。冒承诏命，魂逝形留。”

覈前后陈便宜，及贡荐良能，解释罪过，书百余上，皆有补益，文多不悉载。天册元年以微谴免，数岁卒。曜、覈所论事章疏，咸传于世也。

评曰：薛莹称王蕃器量绰异，弘博多通；楼玄清白节操，才理条畅；贺邵厉志高洁，机理清要；韦曜笃学好古，博见群籍，有记述之才。胡冲以为玄、邵、蕃一时清妙，略无优劣。必不得已，玄宜在先，邵当次之。华覈文赋之才，有过于曜，而典诰不及也。予观覈数献良规，期于自尽，庶几忠臣矣。然此数子，处无妄之世而有名位，强死其理，得免为幸耳。

【译文】

王蕃字永元，他是庐江郡人。王蕃博学多闻，兼通方伎卜筮技艺。当初担任尚书郎，后又解除官职。孙休即位，他和贺邵、薛莹、虞汜同任散骑中常侍，都加官驸马都尉。当时舆论对他做出了为人清雅的评议。朝廷派他出使蜀国，蜀国人也称赞他，回来后担任夏口监军。

孙晧刚刚在位时，王蕃又入朝担任常侍，与万彧官职相同。万彧跟孙晧有老交情，这人鄙陋庸俗，凭着他跟皇上的特殊关系挟制欺侮王蕃，说王蕃自轻自贱。另有中书丞陈声，是孙晧的宠臣，多次谗毁王蕃。王蕃秉性高尚忠正，不愿察颜观色见风使舵，时常违背孙晧的意愿，日积月累就因此遭受皇上的责备。

甘露二年，丁忠出使晋国回来，孙晧为此大宴群臣，王蕃酒醉倒伏在地，孙晧认为他是假醉，就不高兴，让人把他抬了出去。过了一会儿，王蕃请求回座，但是他醉意未消，不过，因他性格注意形象与威严，所以，竭力稳住举止，保持正常。孙晧见了勃然大怒，喝令侍卫把王蕃拉到殿堂下斩首。在场的卫将军滕牧、征西将军留平为他求情，没有能获准。

丞相陆凯上疏说："常侍王蕃德高达理，通晓天文历法，对朝廷忠心耿耿，实在是国家柱石，大吴的关龙逄啊。以前侍奉景皇帝，进言劝谏，深得景皇帝喜爱，称赞他是超卓的人才。而陛下却恼恨他出言逆耳，厌恶他直言对答，在殿堂上将他斩首，尸身抛露，使郡内士民伤心，为之哀悼。"陆凯就是如此痛惜他。王蕃死的时候三十九岁，孙晧把他的家属流放到广州。王蕃的两个弟弟王著、王延都是有才能的人，郭马反叛时，因为不替郭马做事，都被杀害。

楼玄字承先，他是沛郡蕲县人。孙休在位时担任监农御史。孙晧继位后，和王蕃、郭逴、万彧一起都任散骑中常侍，离开京城担任会稽郡太守，又调入朝廷担任大司农。按惯例，皇宫中执掌事务的人从来是由亲近人担任的，万彧陈说皇帝身边的亲近心腹，应当选用忠顺的人，孙晧就命令有关官吏，寻求忠诚纯正的人，以供皇帝选择，于是选中楼玄为宫下镇禁中候，执掌殿中防卫。楼玄由九卿的高官改任持刀侍卫的武官，亲身做出榜样，带领众人，按照法度行事。但是因应对深切而直率，多次违逆了孙晧的心意，逐渐被孙晧斥责怒骂。后来有人诬告楼玄与贺邵某次相遇，停住车马彼此低声耳语又转而大笑，诽谤国家政务，于是招致孙晧下令追查，流放到广州。

东观令华覈呈递奏疏，说："臣认为治理国家的基本方法，就犹如管理家庭一样。管理田间农作的人，都应该贤良忠实。还应当有一人总揽各项事务，统一布置，各项事务才能够料理好。《论语》说：'不必事事亲自所为而使天下大治的人，也就是虞舜吧！以恭敬严肃的态度约束自己、端坐在帝王宝座上就是了。'讲的是所任用的人非常得当，因此自己优游安逸啊。如今四方还没有安定，天下多事，事情无论大小，都须过问，凡事都要经过皇帝的话，一定会劳苦损伤圣上的精力。陛下既然关注远古，遍览群书，加上心意勤勉而笃好天道，秉承自然时节而处理政事，应该处身闲静，养怡思维，呼吸清纯大气，身与天地共长久。臣日夜思考，众官吏中，能担负事务，足可信任依靠而又具有才干的，没有人能胜过楼玄了。楼玄清正廉洁，忠贞不贰，奉公守法，是当代的楷模，众人都钦服他的品德，没有人与他争先。清廉的人就必定心境平和而意念耿直，忠诚的人就只遵循正路行事，像楼玄这种性格的人，是始终可以保证做到的。请求陛下赦免楼玄以前的过失，让他能重新好好干，提拔他主管朝廷事务，观察他今后的表现，使他替国家选择人才，按才干授予职位，那么像舜一样恭肃地端坐帝王宝座，陛下也会办到的。"孙晧妒忌楼玄的名声，再次将楼玄和他的儿子楼据流放充军，交付给交阯郡的将领张奕，让楼玄父子在战争中自行效力，又暗中下诏令，让张奕杀死他们。楼据到交阯以后，生病死去。楼玄独身一人跟随张奕到处征战，持续奔走，每当看到张奕就恭敬地行礼，张奕不忍心杀死他。遇上张奕突然死去，楼玄为张奕办理丧事，在他的遗物中发现了诏令，楼玄回到军营后就自杀了。

贺邵，字兴伯，他是会稽山阴人。孙休登上皇位，他由中郎升任散骑中常侍，又出外任吴郡太守。孙晧当政时，入朝任左典军，升中书令，兼任太子太傅。

晧残暴骄横，朝政日益败坏。贺邵上奏劝谏说：

古代圣明帝王，于深宫之中而知万里之情，坐于内室，却能洞察八方，此为任用贤人之结果啊。陛下高德，继承帝业，应该亲为表率，遵行正道，恭敬地保有皇权，表彰贤德之人，以安定朝政。近年来，任职官员真假混杂，上下职位多有空缺，文武官员配置不齐，外无有力官员镇守，内无补政事缺失之臣僚；谄媚之人腾达，干预朝政，窃据权柄，使忠良之士遭受排挤，诚实臣子反被伤害。以至于正直之人被磨掉锐气，平庸臣子苟合献媚。他们揣摩陛下之心曲意奉承，人人执违反常理的品评，个个口吐欺骗诡诈的言说。于是，清水变浊，直臣不敢说话。陛下九五，居于深宫，话一出口，百姓就顺风而从；命令颁布，人们如影相随。陛下身边都是受宠谄媚之人，听到的是顺合心意的言语，陛下恐怕会认为这批侍臣才真是贤士，而天下也真是太平了。臣心不安，怎么敢不据实禀报呢。

我听说，兴国之君喜听别人指出自己的过失，昏庸君主则爱听对自己的赞美；喜听自己过失的君主过失会日益减少而幸福到来，爱听颂扬的君主声誉会日益受损而灾难临头。所以，古之圣君，用谦恭之礼进用贤人，虚心以求批评，把所在高位看作如飞奔的马背，像踩着虎尾一样地警觉。而陛下，却用严刑酷法来禁止正直的言论，用黜退贤士来警告谏臣，不明毁誉实情，沉浸在宠臣的花言巧语中。从前，殷高宗思慕辅臣，求贤明之士如饥似渴，而陛下对贤士不置可否，视贤才如同弃物。原常侍王蕃忠敬奉国，才能胜任辅佐之职，却在他酒醉的时候被施予极刑。最近，先帝的老臣鸿胪葛奚，只是酒醉之后讲了几句直言，本是酒过三巡礼仪上也不再有忌讳，可是陛下却发雷霆之怒，说他轻侮君王，赐他毒酒身亡。从此以后，国士感到伤心，朝臣失去希望，为官之人把贬退看作幸运，朝内之人把外放视作福分。这确实不是发扬先帝大业、兴隆道德教化的做法啊！

还有，何定本是个跑腿的卑贱小人，地位低于奴仆，自身又没有丝毫的品行，才能也不能当鹰犬使用，而陛下却喜他谄媚逢迎，给他权力，使他恃陛下之宠而放任胡为，竟敢擅自改变国家计议，将国家权柄玩弄于掌中。上损皇帝的日月之明，下塞君子被任用之路。凡小人得宠，一定要谋取不正当的利益。近来，何定妄兴劳役，征调守卫长江的士兵去驱赶麋鹿，设置绳网，砍伐林木，把四方野兽赶出山林，进行捕猎，这样做无益于动物四季的适时繁殖，又损耗了人力财力。况且，士兵疲于来往运送，因为驱赶野兽而耗尽精力，老弱妇孺挨饥受冻，哀怨叹息。臣观察天象，近年来阴阳错乱，四时反常，日食地震，五月降霜，参照典籍，这些都是以阴犯阳，小人弄权所造成的。臣曾翻阅经策典籍，验证现行政事，均预示着将要发生灾祸，不禁胆战心惊。从前，殷高宗以修养品德来消除野雉飞入鼎镬所预示的灾祸，宋景公崇尚德行来消除灾星所示之不祥。希望陛下上畏老天的警告，下追殷高宗、宋景公祛祸消灾的做法，远察前代帝王任用贤能的成功，醒悟当今乱授官职的失误，清理朝官，表彰并分等级任用贤才，放逐斥退奸佞小人，剥夺他们窃据的权势，诸如此类人等，一律不再使用；广泛招纳在仕途上受阻滞的英才，虚心接受正直的劝谏，恭敬承受上天的旨意，好好保有先辈传下的基业，那么，圣明的教化就会遍布天下，上天和民众的不满就能够消除了。

《传》说："国家兴旺，是因为把民众视为婴儿；国家灭亡，是因为把百姓当作草芥。"陛下以前隐藏神异的灵光，在东方潜修德行，凭着至高无上的道德和美好的资质，比如飞龙腾空以顺应天命，四海民众延颈期待，八方百姓拭目盼望，认为周成王、周康王那样的美好教化一定会在近日兴隆了。但是自陛下即位以来，刑法和禁令变得苛刻，赋税名目日益繁多；宫里的小人，分布到各州各郡，他们肆意兴发劳役，竞相营求不正当利益；百姓遭受穿梭一般连续不断的困扰，民众疲于无休无止的索求，不分老幼都忍饥受冻，家家户户面有菜色，而各处地方长官，迫于畏惧承担罪责，各自推行严刑峻法，向百姓搜刮置办。因此导致吉利的祥瑞之气。另外长江沿岸的守卫部队，从远处考虑应该用来开拓国土扩大疆域，从近处着眼应该用来驻守边境防备战乱，给予优厚的生活待遇，以待战事来临时发挥他们的作用，而现在却要征收他们的赋税，频繁得就如烟云一般密集，使得这些人穿不上一袭粗布衣服，饮食则朝不保夕，出征要担当战争的生死考验，归来又要面对贫穷无依的忧伤愁苦。因此父子之间相互离弃，叛变投敌者成群结队。希望陛下放宽赋税去除繁苛，赈济贫困之人，减省各项不急需的劳役，放宽禁条简省法令，那么国内百姓就将安居乐业，广远深入的教化就会普施四方。大凡民众是国家的根本，粮食是百姓的命脉，如今国库没有一年的储备，民家没有整月的积蓄，而后宫之中不劳而食的人却多达一万余人。宫里有妇人离家独处空守的怨气，宫外有无端损耗的浪费，致使国库被无用的支出耗尽，而让广大人民因糟糠的不足而备受饥饿。

另外，北边的敌人正注视着我国，观察我国的盛衰情况，陛下不去依仗自己的威力和德行，而依赖敌人不来入侵；忽略国家的贫穷困乏，而轻视敌人，认为敌人不敢来造成祸难，这实在不是朝廷谋求长期稳操胜券的政策。从前大皇帝亲自劳苦，在长江以南创立基业，割据江山，开拓万里土，虽然蒙受上天的帮助，实际上也有个人的努力。大皇帝传下了帝位，到了陛下，陛下应当努力崇尚德行操守，来光耀前人的功德，爱护百姓，养育士兵，保全先帝制定的法则，怎么能忽视先祖的功劳，轻视难以得到的帝业，忘却天下的不兴盛，不顾国家替代兴衰的剧变呢？听说盛衰没有一定，吉凶都是由人自己决定的，长江天险不可能长久依赖，如果我军不去守卫，那么只需要一只小船就可渡过来。从前秦王嬴政创建皇帝称号，据有殽山、函谷关的险阻，但不施行仁德教化，法律政令苛刻残酷，祸害民众，逼得忠臣不敢说话，因此陈胜一人大呼一声，国家便灭亡了。近前的蜀国刘禅，据有三关的险要，重山的坚固，可以说是铁打的城墙，石头砌造的房屋，坚固得足以使基业流传万世，但由于任授官职不贤才，结果国家一下子就丧灭，君臣颈脖上系上绳索，一起成为被拴的奴仆。这是当代的一面明镜，眼前醒目的告诫。希望陛下远考前代的事迹，近以当代的变故为借鉴，扩大帝王基业，加强根本，割舍感情，顺从遵义，那么周成王、周康王那样的治世就会兴起，圣祖开辟的帝王大业就会隆盛。

奏书呈上以后，孙晧非常憎恨贺邵。贺邵奉行公事，坚贞正直，孙晧的亲信宠臣都很害怕贺邵。于是共同诬告贺邵和楼玄诽谤国家政事，贺邵和楼玄都因此受到追问和斥责。楼玄被南送到广州，贺邵赦罪复职。后来贺邵患了中风，口不能说话，离职几个月，孙晧怀疑是假托生病，将贺邵拘捕交付管理酒务的官署，拷打上千次，贺邵始终没有说出一句话，最终被杀害，贺邵的家属被流放到临海。同时下诏令诛杀楼玄的子孙，这年是天册元年，贺邵四十九岁。

韦曜，字弘嗣，他是吴郡云阳人。从小爱学习，善写文章，由丞相掾出任西安令，回京任尚书郎，又升为太子中庶子。

那时候，蔡颖也在东宫，他喜好博局和围棋，太子孙和认为，下棋没有益处，就命韦曜论证这个问题。韦曜写道：

我听说，君子愧于年富力强而没有建立功业，含恨离开人世而名声不显。所以，学不及时，就要失去机会。因此，古来有志之士，叹岁月流逝，担心功名没有建立，遂振奋精神，磨砺操守，五更不眠，闻鸡而起，长年不辍，像春秋时宁越那样勤学，像西汉时董仲舒那样笃实，于道德仁义的潭水中浸润，在学问技艺的领域里畅游。诚如文王之圣明、周公之才智，尚且夜以继日地辛劳，所以，周朝兴隆，美名流传流千古，何况一般的臣民，怎么能止步不前呢？遍看古今建功立名之人，都有日积月累、超乎常人的经历，身经辛苦，努力思考，平时不荒废学业，贫困不改变志向，因此，卜式于耕牧时就立下志向，黄霸在牢狱中从师受学，最终都得到显贵的福禄和不朽的美名。仲山甫日夜辛勤，吴汉忠于职守，他们哪一个是整天游戏懒散的呢？

现在世上之人大多不去致力于研究经学儒术，但是喜玩博局、围棋，废寝忘食，由白天到黑天，点上蜡烛又继续玩，从而废弃了事业。每当棋局胜负不分时，就专注精神，弄得身心劳累，应做的事不去办理，搁置来访的客人不去接待，虽有太牢之饮食，《韶》《夏》之音乐，也无暇顾及。甚至有人还以衣物为赌注，偷移棋子，落棋悔棋，淡薄了廉耻之心，怒色显出。但是，无论怎样他们的志向没有超出棋盘，所追求的目标也是在棋盘之上。胜的一方得不到封爵的奖赏，也没有得到土地的实惠。这种技艺不是圣人所授的六艺，功用也不能用来治理国家；立身之人不能凭借它高升，想被提拔之人不能靠它被征用。向它寻求战术阵法，它与孙武、吴起不是同一类型；由它考究学问，又不是孔子所传儒家经典。专门讲究机变欺诈，这不是忠义的事业；追求拦劫搏杀，也不是仁人的思想；只能是耗费时光、荒废正业，最终毫无补益。这种游戏同立木击打、放石投掷没有两样。况且，君子于家要不辞辛劳奉养父母，在朝要竭尽忠诚效力君王，遇到事务繁忙还要推迟吃饭，又怎么能沉迷于下棋之中呢？长此以往，孝善的品行就不会树立，贞纯的名声又怎会显扬呢！

现在大吴承受天命，海内尚未平定，圣朝自强不息，致力于获得人才，具备勇敢和谋略的人就接受武将的任命，学问渊博气度雍容的人就进入舞文弄墨的官署，多方面的人才兼容并蓄，文臣武将并驾齐驱，广泛选拔优秀人才，表彰录用杰出的才士，设立铨叙考试的科目，出具金印紫绶的赏格，这的确是个千载一遇的昌盛际会，百年难逢的美好机遇。当代的士人，应该努力寻思最好的学说和道德，爱惜功业而珍重精力，从而辅佐政治清明的时代，使自己的名字载入史册，授勋的策书也在掌管盟约文书的盟府得以长存，这才是君子的首要任务，当前时期的紧迫大事。

一方木头棋盘哪里比得上一个方国的封疆呢？三百颗枯槁的棋子哪里比得上率领一万兵马的大将呢？绣有飞龙的礼服，金石钟磬的音乐，足以兼容棋局的乐趣并换取局戏和围棋的游戏了。假使世间士人肯将局戏围棋的精力转向于攻读诗书，就会有颜回、闵损的志向了；改为用于智谋，就会有张良、陈平的谋划了；改用在生财上，就会有猗顿的财富；用到射箭骑马上，就会有将帅的才能了。能够做到这一步，那么功名就可建立，而卑微下贱就将远离了。

孙和被废黜后，韦曜任黄门侍郎。孙亮登上皇位，诸葛恪辅佐朝政，上书任韦曜为太史令，撰写《吴书》，华覈、薛莹等人也都参与。孙休继位后，韦曜任中书郎、博士祭酒。孙休命韦曜依照刘向的旧例，校对核定各种典籍，又想请韦曜给自己讲授各类经典。左将军张布是孙休的宠臣。做事和品行多有过失，他害怕韦曜任侍讲儒士，加上韦曜个性清明、意志坚定，怕韦曜用古今事例警戒孙休，就一再劝阻。孙休非常恼恨张布，事载《孙休传》里。然而，韦曜还是被阻止，没有入宫为皇帝侍讲。

孙晧登上皇位，让韦曜做了高陵亭侯，升任中书仆射，在这之后，这一职务被撤销，转任侍中，兼左国史。当时，各地府衙为迎合孙晧心意多次报告有祥瑞出现。孙晧就此事询问韦曜，他回答说：“这只能算是平民家筐和箱子里装的东西罢了。”孙晧想在《吴书》中为自己的生父孙和作一篇本纪，韦曜认为，孙和不是皇帝，只能为列传。类似的事情不止一件，他逐渐受到孙晧的斥责和疏远。韦曜非常忧惧，就上表章以自己年老，请求辞去侍中、左国史两个职务，要求完成自己所写的书，把他所做之事交付他人，孙晧始终不答应。时值韦曜身患重病，服药护理，所以更急切地要求辞职。

孙晧每次设宴，每次都是持续一整天，座席中不管能否饮酒都以七升酒为最低标准，即使自己不全部饮用，也都要被强行灌下。韦曜向来饮酒不超过两升，最初，他被特殊礼遇时，孙晧常为他减少数量，有时还暗中赐给他茶水代酒，到得宠幸衰减之时，反而受到更加明显的逼迫强制，动不动就以饮酒违例给予责罚。孙晧又在酒后让年臣诘难公卿大臣，侵害打击揭发隐私缺点作为乐趣。一此时要是谁有过失，或者在无意中冒犯了孙晧的忌讳，就要被收系，甚至遭到诛杀。韦曜认为朝臣在公共场命相互毁伤，内心会滋长怨恨，致使群臣不能和洽，这并不是好事，因此他只是提出些经书义理方面的疑问加以谈论而已。孙晧认为韦曜不接受诏命，无意于尽献忠心，就把前后对他的嫌隙恼恨累计到一起，收押韦曜投入了监狱，这一年是凤凰二年。

韦曜通过狱官向孙晧上书说：“罪臣受陛下的恩典和哀怜，无人能比，没有一丝一毫的报答，反而辜负了恩宠，使自己陷入大罪的深渊。罪臣知道应当粉身碎骨，永弃黄泉，但是心中情意上很想上报于陛下。罪臣从前看到世间流传的一种古历注，所载不仅多有虚妄不实之处，就是其他史籍中有叙述的部分也错误不少。所以，罪臣才查阅史传，考证史料，采集所见所闻，撰写《洞纪》一书，自伏羲氏，到秦汉时期，共分三卷；还拟从黄武开始，另写一卷；还没有撰写完成。又看到刘熙所撰《释名》，确有许多佳妙之处。但是，类别众多，难以详考，因而，常有失误之处，对爵位的解释，也有不确切的地方。弄清官爵问题是当务之急，不应出错。罪臣不顾自己卑微的身份，又撰写了《官职训》和《辨释名》各一卷，想奏呈陛下御览。因为自己无礼而获罪，等待发落，怕在死后无法上呈陛下，谨在死前陈述，请求陛下传旨秘府，让他们到外面选取，呈送朝廷。罪臣恐怕所写的书浅薄有污圣听，恐惧得像鸟雀一样轻声呼吸，请求布施哀怜，省察。”

韦曜希望通过这免罪，但是孙晧却责怪他写的书弄脏了。所以，又责问韦曜。韦曜回答说："罪臣撰写这些书，实在是想呈陛下御览，又担心有误，故反复阅读多遍，不觉间就弄脏了。罪臣受到责问，心惊胆战，呼吸急促，结巴着说不出话来。谨此补说，叩头五百，双手抽打自己面颊。"华覈接连上疏营救韦曜说："韦曜幸遇千载难逢之机，殊蒙陛下的爱怜和赏识，因为他儒雅有学问，得任史官，内宫侍从，承应陛下垂询。圣君主仁爱宽厚，恭谨地悼祭先人，于迎神时，流泪命韦曜为文皇帝作本纪。韦曜愚昧，没有能宣扬陛下大舜样的类德，拘泥史官的陈规，使陛下的旨意不能体现，美德不能彰显，这实在是韦曜无知犯下的死罪。然而，臣恭谨进言，韦曜自年轻时便勤学苦研，虽然已经年老却仍孜孜不倦地深讨、归纳古代典籍，温旧而知新，以至于他所熟知的古今大事，内外官员，很少有人超过他的。从前李陵身为汉将，兵败而降匈奴，司马迁对此不加痛恨，反而替李陵感叹。汉武帝认为司马迁有优秀史官的才能，想让他完成所撰之书，不忍诛杀，书终于完成，永传后世，如今，韦曜于吴，就是汉代的司马迁啊！臣先后见到祥瑞的征兆，神的旨意和上天的感应接连显示，统一天下之日，大概不会太远。统一大业完成以后，应根据需要，建立典制。三王互不因循礼制，五帝互不沿袭乐制，内容与形式的选取途径不同，具体条文的增，减体例有别。应当需要韦曜这样的人依据古代法则，对前代制度有所改定和建立。汉朝承续秦朝之后，就有叔孙通制定新朝的礼制，韦曜之才可与叔孙通相比。另外，《吴书》虽已有了框架，但前言、赞评还未撰写。从前，班固撰写《汉书》文辞典雅，后来，刘珍、刘毅等人写的《汉记》，远不如班固，叙传部分尤其拙劣。如今，《吴书》欲流传千古，按顺序编进前代各史中去，后代学者必有所评，就必须要有像韦曜那样的良史之才，确实不能让这部不朽之书有所缺漏。像臣这样愚陋浅薄之人，实在难以胜任。韦曜年已七十，所剩日子无多，恳请陛下赦免他一等之罪，改为终身囚禁，以让他完成史书，流传百世。谨此奉上奏章，叩头百次。"孙晧不准，终于杀了韦曜，他的家属流放到零陵郡。其子韦隆，也通晓文献典籍。

华覈，字永先，他是吴郡武进人。先前任上虞县尉、典农都尉，因有才学，被调进京任秘府郎，升任中书丞。

蜀国被曹魏吞并后，华覈至宫门呈上表章，说："最近，听说魏军蚂蚁般地聚向西蜀边境，蜀国边境地势险要，防守应没有忧虑。直到陆抗的表章送到，才知成都沦陷君臣被迁徙，蜀国灭亡了。从前，卫国被狄人所灭，而齐桓公又使其恢国；如今蜀国山高路远，不可能去挽救兴复，我们失去了依附于我国的土地，丢失了贡献物产的国家。臣虽如草芥，却也内心不安。陛下圣贤仁德，恩泽抚慰远方，突然听到这个消息，也一定有哀悼之情。臣不胜惆怅，谨此叩拜，呈表禀报。”

孙晧登上皇位后，华覈被封为徐陵亭侯。宝鼎二年，孙晧又营建规模宏大的宫殿，用珠玉装饰，花费很多。此时，正值盛夏时节施工，农业生产和边防守备同时荒废，华覈上书劝谏说：

我听说汉文帝时，天下安定，经历过秦朝统治的百姓，为苛政被去除而欣喜，承受汉王朝宽厚仁慈的施予，汉朝减省劳役，精简法律，与百姓同处一个新的时代，同时，又分封子弟为王以屏卫皇室。那时候，大家都认为汉朝已安稳如山，基业将永久相传。独有贾谊认为当时有三项政治问题严重得足以令人顿足流涕，有六项令人叹息不已，并且又总结说，当前之势如在一堆干柴上睡觉，大火未燃就以为是平安。再以后发生的一切，都如他先前所说的，臣虽愚昧，不懂大道理，只是私下用历史事实来推考今天的局势罢了。

贾谊说，几年之后，各王侯正值盛年，但是朝廷派去辅助诸侯王的傅、相就会以有病为由被免职退回，要想对此加以治理，就是尧、舜也无法使天下安定。如今，强敌已据九个州的土地，拥有一大半的民众，熟悉魏军留下的各种战法，习惯于马战，我们要想在中原吞并敌方，就如楚汉相争不能同时并存，也不仅仅像汉朝对付淮南王和济北王那样了。贾谊想为之痛哭的隐患，比起当今我国的危机要缓和得多，而他说睡在点了火的柴堆上的比喻，却比现在我国群臣的心情更加更急切。大皇帝有鉴于前代的教训，已明察到以后局势险恶，所以，致力于农桑，积蓄大量的物资，抚恤百姓，慎重使用劳役，养护士兵，因此，人人感恩，都愿为国出力。不想统一大业还没有完成，大皇帝就过早地辞世而去。自这以后，强臣先后专权，对上违背天时，对下不听朝臣的意见，不顾安定的根本，只谋求短暂的利益，频繁出兵，用尽了库中的储存，士兵疲惫百姓贫困，一直没有安宁。现今还幸存的，都是曾受过创伤的士兵和遭受苦难的民众啊！军资匮乏，仓廪空虚，对将士们的布帛赏赐，不论冬夏都无法兑现，再加上百姓不能正常生产，民众的生活越发困难。而北方的强敌却在积蓄粮食，抚养百姓，一心要对付我们，毫无顾虑。本来蜀国地势险要，又继承了刘备的治法，他们的守备应该长久，却没有想到突然灭国。唇亡齿寒，这是古人也担忧的事。交州各郡，为国家南部，交阯、九真两郡已经被侵占，日南郡孤立危险，合浦以北民心已动摇，由于连续躲避劳役，很多人都已背叛，而防守士兵减少，威慑作用越来越弱，常常担心喘息之间发生变故。从前，海盗侵扰东部郡县，掳掠了许多百姓，熟悉地形，又在海上活动。现在，比往年更加贪婪，几乎每天都出来抢掠，使国家首尾多难，遭遇困境。值此之时，实在应当停止兴建宫殿的劳役，首先制定防卫策略，勉励垦殖业，以对穷困民众的救济。臣担心春耕将过，一旦敌人入侵，各项准备还没有办好。放弃当务之急，却去修建宫殿，若风云突变，再放弃兴建的劳役，应付烽火危急，驱使怨恨的百姓征战沙场，恐怕将给敌提供可利用的资本。如果只是长期固守，军粮必然匮乏，不待交战，士兵早已经疲困了。

昔日殷帝太戊时代，在宫廷的院里长出了桑树榖树，太戊警觉而修明君王之德，这种不好的征兆消失而殷朝兴盛起来。宋景公时火星占住心星的位置，宋国认为将有灾祸，景公屈身听从史官的劝告崇尚德义，火星退避，景公长寿。修明自身的道德就能够感动异类，忠言出口就能通达神明。臣资质愚钝蒙蔽而充数作为近官，没有能够帮助宣扬皇上的仁泽来感动天地神灵，俯仰惭愧，无地自容。退身而低头思考，火星桑树榖树之类的异怪现象，是上天警示二位帝王的，至于其他细小的异常现象，大概就是百姓家中供奉的小神兴起的，放到天地中验证，没什么大变化。然而吉凶征兆前后多次发生，比如明珠显露于世，白雀相继出现，则说明亿万年的国运，确实是由神灵主宰的。帝王以国土为房屋，以天下为家业，他迁移的行为与普通百姓轻易地流转迁移是不相同的。加上现在的宫室，是先帝时营建的，经过占卜才奠定屋基，并不是不吉祥。同时，杨市的土地与宫殿相连，如果新的宫殿建成，皇帝大驾迁往居住，那么众多的门神、行业神，都应该转移过去，恐怕想要长久保存，就未必胜过故旧的处所。多次迁移不合适，留在原来的地方就会产生疑忌，这是愚臣日夜忧虑焦灼的原因啊！我省察《月令》，农历六月不可以大兴建筑，不可以大会诸侯，不可以兴师动众，举大事一定会遭受大灾祸。如今虽说并没有大会诸侯，但是集合诸侯的军队都来建宫殿与大会诸侯也就没有两样了。农历六月间，土德正旺，本已经不可侵犯，加上又是农事繁忙月份，农时不可错过。昔日鲁隐公于夏季在中丘筑城，《春秋》记载下来，传示后人引以为戒。今日建筑宫殿为的是万世大业，但却冒犯天地的大禁，沿袭《春秋》上所批评的事情，废弃了恭敬地劝勉人民致力于耕作的头等大事，以我个人愚昧狭小的见解，私下实在心怀不安。

还有，征召流散的百姓，有些人不会来，征讨他们，又会因废弃营建劳役而兴起其他事情，不征讨，这种情况就会越发蔓延滋长。如果他们全都来到，聚集在一起，就会有疾病发生。人心安定，善念就会产生；遭受苦难，叛逆之心必起。长江南岸的精兵，是北敌的劲敌，都能以一当十。天下还没有安定，以精兵修建宫殿甚至致使他们死亡或叛逃，这实在是令人担忧和惋惜。如若新宫建成，而死亡叛逃达到五千人，这就相当于北军又增加了五万；若死亡叛逃了一万人，对方的兵力就增加到十万。生病必有死亡的损耗，叛逃有损我们的声威，此强敌欢喜之事。如今，我们要进入中原与敌争雄，值此关键时刻，敌人力量增加，我方则力量受损，再加上疲乏，如果这样，恐怕英雄和智士也会感到担忧的。

我听说，古代的君王治国，如果没有三年的物资储备，便觉得不像国家。太平年间尚且如此警惕，何况现在敌强而我们又轻视农业、忽略储备呢！如今，虽有些种植，但有些田地已被大水淹没，其余的田地本应去耕种，而地方官员害怕延误为修建宫室而征调的期限，东部各郡的官员，亲自到山林中去督促，用全部劳力砍伐树木，废弃了农时。士民的妻儿弱小，土地又少，如果遇上水旱灾害将无以所获。州郡现存的粮食，应留待急情时动用，在官府的吏员靠国家供给。如果官民都匮乏，供应不及时，一旦强敌侵犯，即使有周公、召公重生，张良、陈平再世，也难为陛下谋划了。臣听说，君主英明臣就尽忠，君主圣贤臣就正直。因此，臣恭敬陈述，干冒天威，祈求陛下哀怜省察。

孙晧不采纳。在那之后，华覈升任东观令、兼任右国史。华覈上表推辞，孙晧批复说："奏章收到。你认为东观是儒士集中的地方，要讨论核校文献典籍，解决疑难，在汉代，都是由饱学名儒来担任这个职务的，请求另选英才。我知道，你精通经典，见多识广，称得上是喜欢礼乐、笃好诗书的人。你应当发挥文采，颂扬时政，以超越扬雄、班固、张衡、蔡邕这些人。我奇怪，你为什么一味谦虚，妄自菲薄？你要努力做好本职，以超过前代贤人，不要再啰唆了。"

那时仓库储备枯竭，民间风俗习惯却日趋奢侈，华覈上疏皇帝说："当今敌寇众多，征伐不止，平时没有多年的储备，出战没有应敌的积蓄，这是统治国家的人所应深加忧虑的事情。大凡财富粮食的来源，都出自百姓，抓紧农时致力农耕，是国家最急迫的大事。而京城众多官员，掌管的部门各不相同，而都各自向下面委派徭役，不考虑民众的承受能力，总是规定近前的期限。地方长官畏惧罪刑，日以继夜催逼百姓，弃置农田事务不管，匆匆按期奔赴集合之处，限期发送到京，有的虽然已经征调前来却闲置不用，徒然导致百姓消耗精力耽误农时。到秋收月份，又督责百姓限期交纳，剥夺他们播种的农时在先，而后又向他们索取当年的租税，如有拖欠，就登记没收他们家中的财物，所以家家户户陷于贫困，人人缺衣少食，应当暂停各种徭役，专心从事农桑耕织。古人说一个男子不耕种，有人就要因他忍饥挨饿，一个女子不纺织，有人就要因为她受寒受冻，因此前代君王治理国家，无不致力于农业生产。汉末战乱爆发以来，已将近百年，农夫荒废了农田的事务，女工停止了纺织的本业。以此来推测当前的局势，那么粗食果腹还要长期挨饿，身穿单衣却要踏冰履霜的人，必定是不在少数的了。我听说君主所要求于民众的有两件事，民众所企望于君主的有三件事。君主要求的两件事是一要民众为自己尽心效力，二要民众为自己舍命献身。民众企望的三件事包括饥饿者能给口饭吃，辛劳者能给予休息，有功者能得到赏赐。民众如果实践了君主的两个要求而君主却使民众的三个愿望都竹篮打水，那么怨心恨意就会产生而建功立业也成为空话。如今国库空虚，民众辛劳但是徭役繁多，君主对民众的两个要求已经完备，而民众的三个愿望却无不落空。况且饥饿者并不盼望美味佳肴才感到满足，寒冷者并不期待狐裘貉皮才觉得暖和，因为美味只不过是口腹的猎奇，刺绣华美的衣服只不过能做身体的装饰。如今事务众多而徭役繁杂，民众贫困而风俗奢侈，各种工匠制作没有用处的器皿，妇女制作格调浮华的饰品，不能勤力于麻布的纺织，而是并力刺绣花纹华美的礼服，人们互相仿效，把独独没有这些华服看成是自己的耻辱。士兵和民众之家，也在跟着追逐时俗，家里没有一担粮食的储备，而出外却穿着绫罗绸缎制作的衣服，至于富贵商贩家庭，再加上穿金戴银，任意挥霍浪费更为厉害。天下还没有平定，百姓衣食不足，应当规范养民的根本，大力发展农耕纺织这一本业，然而眼下却是在浮华的雕虫小技上浪费功力，在奢侈浪费的事情上荒废时日，上无尊卑等级的差别，下有耗财费力的损害。现在的官宦之家，很少没有子女的，多的三四个，少的一两人，全都只按一家仅有一个女人的方式计算，十万家就有十万个女子，每人每年只要纺织一匹布帛，十万人也就可达十万匹的总量。假如四境之内尽力，几年之内，布帛必定堆积起来。可以听凭民众采用五色，做他们穿用的衣服，只需禁止彩色丝织品之类无益的服饰。况且拥有美貌的人不需要华美的色彩来增添美色，本身风姿艳美的人不必靠富丽的丝织物来招人喜爱，五色的装饰，已经足以衬托主人的美丽了。即使用尽粉黛，穿尽华丽的服饰，也未必没有丑妇；废弃华丽的色彩，去掉刺绣华美的服饰，也未必没有美人。倘若确实如我所论，有它无益去之无损的话，为什么舍不得放弃而不暂行禁止以充实府库的急需呢？救匮乏的首要任务，富强国家的根本事业，就算管仲、晏婴再生，也无法改变这种办法。汉代的文帝和景帝，都是在天下太平的环境中继承皇位的，当时天下已经平定，四方没有变故，二帝尚且还认为彩绘花纹的制作会妨害农事，华丽夺目的丝织品纺织将会损害女工，因而拓展富强国家的有利事业，杜绝带来饥寒的根源。何况如今的天下正当分崩离析之时，豺狼当道，士兵时刻不离疆场，甲胄从不解带离身，在这种情况下还可以不在广开生财渠道及充实仓库积蓄的方面狠下功夫吗？”

孙皓由于华覈年老，就命令他草拟章表，华覈不敢受命。孙皓又命他写篇文章，并立等写完。华覈写的文章说：“可叹华覈小臣，如同草芥。遇到明君，受恩盛隆。由卑微一跃位于朝廷辉煌的宫室，人人依托，舀取清凉的甘露，沐浴和煦的南风。没有丝毫的报效，辜负了朝廷。身受滋容，恩赐厚重。蒙受荣耀，微命得存。想要报效恩德无穷，只有向皇天求请。圣恩如雨露，洗涤臣的过失。草拟应对辱没诏命，润泽浸及臣的一生。不敢违背诏令，唯恐招来诛刑。冒昧承受诏命，魂飞魄散，只有形体留存。”

华覈前后陈述有益的意见和荐举贤士，解脱他人罪过的奏疏上呈百余次，都对朝政有所补益，因为文章太多，不能一一记载。天册元年，因小过失被免职，几年后去世。韦曜、华覈议论时政的表章奏疏，都在世上流传。

评论说：薛莹称赞王蕃气宇不凡，博学多才；楼玄节操高尚，通达事理；贺邵意志高洁，为政清廉，善于把握事物的关键；韦曜专心学问，爱好古文，博览群书，有记述历史事件的才能。胡冲认为楼玄、贺邵、王蕃都是当时清雅卓越的人才，很难分出高下。如果一定要区别的话，楼玄当在先，贺邵次之。华覈文辞超过韦曜，但是撰写典册诰令则不及韦曜。我看过华覈多次进献极好建议的奏章，其目的是竭尽己能和责任，称得上是忠臣。然而，这几位身处扰乱时事变化之世，虽获得了名声和地位，但都死于非命也是无可奈何的事，能够免于一死已算是大幸了。

晋书

晋书卷一

宣帝纪第一

宣皇帝讳懿，字仲达，河内温县孝敬里人，姓司马氏。其先出自帝高阳之子重黎，为夏官祝融。历唐、虞、夏、商，世序其职。及周，以夏官为司马。其后程伯休父，周宣王时，以世官克平徐方，锡以官族，因而为氏。楚汉间，司马卬为赵将，与诸侯伐秦。秦亡，立为殷王，都河内。汉以其地为郡，子孙遂家焉。自卬八世，生征西将军钧，字叔平。钧生豫章太守量，字公度。量生颍川太守儁，字元异。儁生京兆尹防，字建公。帝即防之第二子也。少有奇节，聪明多大略，博学洽闻，伏膺儒教。汉末大乱，常慨然有忧天下心。南阳太守同郡杨俊名知人，见帝，未弱冠，以为非常之器。尚书清河崔琰与帝兄朗善，亦谓朗曰："君弟聪亮明允，刚断英特，非子所及也。"

汉建安六年，郡举上计掾。魏武帝为司空，闻而辟之。帝知汉运方微，不欲屈节曹氏，辞以风痹，不能起居。魏武使人夜往密刺之，帝坚卧不动。及魏武为丞相，又辟为文学掾，敕行者曰："若复盘桓，便收之。"帝惧而就职。于是使与太子游处，迁黄门侍郎，转议郎、丞相东曹属，寻转主簿。

从讨张鲁，言于魏武曰："刘备以诈力虏刘璋，蜀人未附而远争江陵，此机不可失也。今若曜威汉中，益州震动，进兵临之，势必瓦解。因此之势，易为功力。圣人不能违时，亦不失时矣。"魏武曰："人苦无足，即得陇右，复欲得蜀！"言竟不从。既而从讨孙权，破之。军还，权遣使乞降，上表称臣，陈说天命。魏武帝曰："此儿欲踞吾著炉炭上邪！"答曰："汉运垂终，殿下十分天下而有其九，以服事之。权之称臣，天人之意也。虞、夏、殷、周不以谦让者，畏天知命也。"

魏国既建，迁太子中庶子。每与大谋，辄有奇策，为太子所信重，与陈群、吴质、朱铄号曰四友。

迁为军司马，言于魏武曰："昔箕子陈谋，以食为首。今天下不耕者

盖二十余万，非经国远筹也。虽戎甲未卷，自宜且耕且守。”魏武纳之，于是务农积谷，国用丰赡。帝又言荆州刺史胡修粗暴，南乡太守傅方骄奢，并不可居边。魏武不之察。及蜀将关羽围曹仁于樊，于禁等七军皆没，修、方果降羽，而仁围甚急焉。

是时汉帝都许昌，魏武以为近贼，欲徙河北。帝谏曰：“禁等为水所没，非战守之所失，于国家大计未有所损，而便迁都，既示敌以弱，又淮沔之人大不安矣。孙权、刘备，外亲内疏，羽之得意，权所不愿也。可喻权所，令掎其后，则樊围自解。”魏武从之。权果遣将吕蒙西袭公安，拔之，羽遂为蒙所获。

魏武以荆州遗黎及屯田在颍川者逼近南寇，皆欲徙之。帝曰：“荆楚轻脱，易动难安。关羽新破，诸为恶者藏窜观望。今徙其善者，既伤其意，将令去者不敢复还。”从之。其后诸亡者悉复业。

及魏武薨于洛阳，朝野危惧。帝纲纪丧事，内外肃然。乃奉梓宫还邺。

魏文帝即位，封河津亭侯，转丞相长史。会孙权帅兵西过，朝议以樊、襄阳无谷。不可以御寇。时曹仁镇襄阳，请召仁还宛。帝曰：“孙权新破关羽，此其欲自结之时也，必不敢为患。襄阳水陆之冲，御寇要害，不可弃也。”言竟不从。仁遂焚弃二城，权果不为寇，魏文悔之。

及魏受汉禅，以帝为尚书。顷之，转督军、御史中丞，封安国乡侯。

黄初二年，督军官罢，迁侍中、尚书右仆射。

五年，天子南巡，观兵吴疆。帝留镇许昌，改封向乡侯，转抚军、假节，领兵五千，加给事中、录尚书事。帝固辞。天子曰：“吾于庶事，以夜继昼，无须臾宁息。此非以为荣，乃分忧耳。”

六年，天子复大兴舟师征吴，复命帝居守，内镇百姓，外供军资。临行，诏曰：“吾深以后事为念，故以委卿。曹参虽有战功，而萧何为重。使吾无西顾之忧，不亦可乎！”天子自广陵还洛阳，诏帝曰：“吾东，抚军当总西事；吾西，抚军当总东事。”于是帝留镇许昌。

及天子疾笃，帝与曹真、陈群等见于崇华殿之南堂，并受顾命辅政。诏太子曰：“有间此三公者，慎勿疑之。”明帝即位，改封舞阳侯。

及孙权围江夏，遣其将诸葛瑾、张霸并攻襄阳，帝督诸军讨权，走之。进击，败瑾，斩霸，并首级千余。迁骠骑将军。

太和元年六月，天子诏帝屯于宛，加督荆、豫二州诸军事。

初，蜀将孟达之降也，魏朝遇之甚厚。帝以达言行倾巧不可任，骤谏不见听，乃以达领新城太守，封侯，假节。达于是连吴固蜀，潜图中国。蜀相诸葛亮恶其反覆，又虑其为患。达与魏兴太守申仪有隙，亮欲促其事，乃遣郭模诈降，过仪，因漏泄其谋。达闻其谋漏泄，将举兵。帝恐达速发，以书喻之曰："将军昔弃刘备，托身国家，国家委将军以疆埸之任，任将军以图蜀之事，可谓心贯向日。蜀人愚智，莫不切齿于将军。诸葛亮欲相破，惟苦无路耳。模之所言，非小事也，亮岂轻之而令宣露，此殆易知耳。"达得书大喜，犹与不决。帝乃潜军进讨。诸将言达与二贼交构，宜观望而后动。帝曰："达无信义，此其相疑之时也，当及其未定促决之。"乃倍道兼行，八日到其城下。吴蜀各遣其将向西城安桥、木阑塞以救达，帝分诸将以距之。

初，达与亮书曰："宛去洛八百里，去吾一千二百里，闻吾举事，当表上天子，比相反覆，一月间也，则吾城已固，诸军足办。则吾所在深险，司马公必不自来；诸将来，吾无患矣。"及兵到，达又告亮曰："吾举事八日，而兵至城下，何其神速也！"上庸城三面阻水，达于城外为木栅以自固。帝渡水，破其栅，直造城下。八道攻之，旬有六日，达甥邓贤、将李辅等开门出降。斩达，传首京师。俘获万余人，振旅还于宛。乃劝农桑，禁浮费，南土悦附焉。

初，申仪久在魏兴，专威疆埸，辄承制刻印，多所假授。达既诛，有自疑心。时诸郡守以帝新克捷，奉礼求贺，皆听之。帝使人讽仪，仪至，问承制状，执之，归于京师。又徙孟达余众七千余家于幽州。蜀将姚静、郑他等帅其属七千余人来降。

时边郡新附，多无户名，魏朝欲加隐实。属帝朝于京师，天子访之于帝。帝对曰："贼以密网束下，故下弃之。宜弘以大纲，则自然安乐。"又问二虏宜讨，何者为先？对曰："吴以中国不习水战，故敢散居东关。凡攻敌，必扼其喉而播其心。夏口、东关，贼之心喉。若为陆军以向皖城，引权东下，为水战军向夏口，乘其虚而击之，此神兵从天而堕，破之必矣。"天子并然之，复命帝屯于宛。

四年，迁大将军，加大都督、假黄钺，与曹真伐蜀。帝自西城斫山开道，水陆并进，溯沔而上，至于朐䏰，拔其新丰县。军次丹口，遇雨，班师。

明年，诸葛亮寇天水，围将军贾嗣、魏平于祁山。天子曰："西方有事，非君莫可付者。"乃使帝西屯长安，都督雍、梁二州诸军事，统车骑将军张郃、后将军费曜、征蜀护军戴凌、雍州刺史郭淮等讨亮。张郃劝帝分军住雍、郿为后镇，帝曰："料前军独能当之者，将军言是也。若不能当，而分为前后，此楚之三军所以为黥布禽也。"遂进军隃麋。亮闻大军且至，乃自帅众将芟上邦之麦。诸将皆惧，帝曰："亮虑多决少，必安营自固，然后芟麦，吾得二日兼行足矣。"于是卷甲晨夜赴之，亮望尘而遁。帝曰："吾倍道疲劳，此晓兵者之所贪也。亮不敢据渭水，此易与耳。"进次汉阳，与亮相遇，帝列阵以待之。使将牛金轻骑饵之，兵才接而亮退，追至祁山。亮屯卤城，据南北二山，断水为重围。帝攻拔其围，亮宵遁，追击破之，俘斩万计。天子使使者劳军，增封邑。

时军师杜袭、督军薛悌皆言明年麦熟，亮必为寇，陇右无谷，宜及冬豫运。帝曰："亮再出祁山，一攻陈仓，挫衄而反。纵其后出，不复攻城，当求野战，必在陇东，不在西也。亮每以粮少为恨，归必积谷，以吾料之，非三稔不能动矣。"于是表徙冀州农夫佃上邦，兴京兆、天水、南安监冶。

青龙元年，穿成国渠，筑临晋陂，溉田数千顷，国以充实焉。

二年，亮又率众十余万出斜谷，垒于郿之渭水南原。天子忧之，遣征蜀护军秦朗督步骑二万，受帝节度。诸将欲往渭北以待之，帝曰："百姓皆在渭南，此必争之地也。"遂引军而济，背水为垒。因谓诸将曰："亮若勇者，当出武功，依山而东。若西上五丈原，则诸军无事矣。"亮果上原，将北渡渭，帝遣将军周当屯阳遂以饵之。数日，亮不动。帝曰："亮欲争原而不向阳遂，此意可知也。"遣将军胡遵、雍州刺史郭积聚淮共备阳遂，与亮会于积石。临原而战，亮不得进，还于五丈原。会有长星坠亮之垒，帝知其必败，遣奇兵掎亮之后，暂五百余级，获生口千余，降者六百余人。

时朝廷以亮侨军远寇，利在急战，每命帝持重，以候其变。亮数挑战，帝不出，因遗帝巾帼妇人之饰。帝怒，表请决战，天子不许，乃遣骨鲠臣卫尉辛毗杖节为军师以制之。后亮复来挑战，帝将出兵以应之，毗杖节立军门，帝乃止。初，蜀将姜维闻毗来，谓亮曰："辛毗杖节而至，贼不复出矣。"亮曰："彼本无战心，所以固请者，以示武予其众耳。将在军，君命有所不受，苟能制吾，岂千里而请战邪！"

帝弟孚书问军事，帝复书曰："亮志大而不见机，多谋而少决，好兵而无权，虽提卒十万，已堕吾画中，破之必矣。"与之对垒百余日，会亮病卒，诸将烧营遁走，百姓奔告，帝出兵追之。亮长史杨仪反旗鸣鼓，若将距帝者。帝以穷寇不之逼，于是杨仪结阵而去。经日，乃行其营垒，观其遗事，获其图书、粮谷甚众。帝审其必死，曰："天下奇才也。"辛毗以为尚未可知。帝曰："军家所重，军书密计、兵马粮谷，今皆弃之，岂有人捐其五藏而可以生乎？宜急追之。"关中多蒺藜，帝使军士二千人著软材平底木屐前行，蒺藜悉著屐，然后马步俱进。追到赤岸，乃知亮死审问。时百姓为之谚曰："死诸葛走生仲达。"帝闻而笑曰："吾便料生，不便料死故也。"

先是，亮使至，帝问曰："诸葛公起居何如，食可几米？"对曰："三四升。"次问政事，曰："二十罚已上皆自省览。"帝既而告人曰："诸葛孔明其能久乎！"竟如其言。亮部将杨仪、魏延争权，仪斩延，并其众。帝欲乘隙而进，有诏不许。

三年，迁太尉，累增封邑。蜀将马岱入寇，帝遣将军牛金击走之，斩千余级。

武都氐王苻双、强端帅其属六千余人来降。

关东饥，帝运长安粟五百万斛输于京师。

四年，获白鹿，献之。天子曰："昔周公旦辅成王，有素雉之贡。今君受陕西之任，有白鹿之献，岂非忠诚协符，千载同契，俾乂邦家，以永厥休邪！"

及辽东太守公孙文懿反，征帝诣京师。天子曰："此不足以劳君，事欲必克，故以相烦耳。君度其作何计？对曰："弃城预走，上计也。据辽水以距大军，次计也。坐守襄平，此成擒耳。"天子曰："其计将安出？"对曰："惟明者能深度彼己，豫有所弃，此非其所及也。今悬军远征，将谓不能持久，必先距辽水而后守，此中下计也。"天子曰："往还几时？"对曰："往百日，还百日，攻百日，以六十日为休息，一年足矣。"

是时大修宫室，加之以军旅，百姓饥弊。帝将即戎，乃谏曰："昔周公营洛邑，萧何造未央，今宫室未备，臣之责也。然自河以北，百姓困穷，外内有役，势不并兴，宜假绝内务，以救时急。"

景初二年，帅牛金、胡遵等步骑四万，发自京都。车驾送出西明门，诏弟孚、子师送过温，赐以谷帛牛酒，敕郡守典农以下皆往会焉。见父老故旧，宴饮累日。帝叹息，怅然有感，为歌曰："天地开辟，日月重光。遭遇际会，毕力遐方。将扫群秽，还过故乡。肃清万里，总齐八荒。告成归老，待罪舞阳。”遂进师，经孤竹，越碣石，次于辽水。文懿果遣步骑数万，阻辽隧，坚壁而守，南北六七十里，以距帝。帝盛兵多张旗帜出其南，贼尽锐赴之。乃泛舟潜济以出其北，与贼营相逼，沈舟焚梁，傍辽水作长围，弃贼而向襄平。诸将言曰：“不攻贼而作围，非所以示众也。”帝曰：“贼坚营高垒，欲以老吾兵也。攻之，正入其计，此王邑所以耻过昆阳也。古人曰，敌虽高垒，不得不与我战者，攻其所必救也。贼大众在此，则巢窟虚矣。我直指襄平，则人怀内惧，惧而求战，破之必矣。”遂整阵而过。贼见兵出其后，果邀之。帝谓诸将曰：“所以不攻其营，正欲致此，不可失也。”乃纵兵逆击，大破之，三战皆捷。贼保襄平，进军围之。

初，文懿闻魏师之出也，请救于孙权。权亦出兵遥为之声援，遗文懿书曰：“司马公善用兵，变化若神，所向无前，深为弟忧之。”

会霖潦，大水平地数尺，三军恐，欲移营。帝令军中敢有言徙者斩。都督令史张静犯令，斩之，军中乃定。贼恃水，樵牧自若。诸将欲取之，皆不听。司马陈硅曰：“昔攻上庸，八部并进，昼夜不息，故能一旬之半，拔坚城，斩孟达。今者远来而更安缓，愚窃惑焉。”帝曰：“孟达众少而食支一年，吾将士四倍于达而粮不淹月，以一月图一年，安可不速？以四击一，正令半解，犹当为之。是以不计死伤，与粮竞也。今贼众我寡，贼饥我饱，水雨乃尔，功力不设，虽当促之，亦何所为。自发京师，不忧贼攻，但恐贼走。今贼粮垂尽，而围落未合，掠其牛马，抄其樵采，此故驱之走也。夫兵者诡道，善因事变。贼凭众恃雨，故虽饥困，未肯束手，当示无能以安之。取小利以惊之，非计也。”朝廷闻师遇雨，咸请召还。天子曰：“司马公临危制变，计日擒之矣。”既而雨止，遂合围。起土山地道，楯橹钩橦，发矢石雨下，昼夜攻之。

时有长星，色白，有芒鬣，自襄平城西南流于东北，坠于梁水，城中震慑。文懿大惧，乃使其所署相国王建、御史大夫柳甫乞降，请解围面缚。不许，执建等，皆斩之。檄告文懿曰：“昔楚郑列国，而郑伯犹肉袒牵羊而迎之。孤为王人，位则上公，而建等欲孤解围退舍，岂楚郑之谓邪！二人老耄，必传言失旨，已相为斩之。若意有未已，可更遣年少有明决者来。”文懿复遣侍中卫演乞克日送任。帝谓演曰：“军事大要有五，能战当战，不能战当守，不能守当走，余二事惟有降与死耳。汝不肯面缚，此为决就死也，不须送任。”文懿攻南围突出，帝纵兵击败之，斩于梁水之上星坠之所。既入城，立两标以别新旧焉。男子年十五已上七千余人皆杀之，以为京观。伪公卿已下皆伏诛，戮其将军毕盛等二千余人。收户四万，口三十余万。

初，文懿篡其叔父恭位而囚之。及将反，将军纶直、贾范等苦谏，文懿皆杀之。帝乃释恭之囚，封直等之墓，显其遗嗣。令曰：“古之伐国，诛其鲸鲵而已，诸为文懿所诖误者，皆原之。中国人欲还旧乡，恣听之。”

时有兵士寒冻，乞襦，帝弗之与。或曰：“幸多故襦，可以赐之。”帝曰：“襦者官物，人臣无私施也。”乃奏军人年六十已上者罢遣千余人，将吏从军死亡者致丧还家。遂班师。天子遣使者劳军于蓟，增封食昆阳，并前二县。

初，帝至襄平，梦天子枕其膝，曰：“视吾面。”俛视有异于常，心恶之。先是，诏帝便道镇关中；及次白屋，有诏召帝，三日之间，诏书五至。手诏曰：“间侧息望到，到便直排閤入，视吾面。”帝大遽，乃乘追锋车昼夜兼行，自白屋四百余里，一宿而至。引入嘉福殿卧内，升御床。帝流涕问疾，天子执帝手，目齐王曰：“以后事相托。死乃复可忍，吾忍死待君，得相见，无所复恨矣。”与大将军曹爽并受遗诏辅少主。

及齐王即帝位，迁侍中、持节、都督中外诸军、录尚书事，与爽各统兵三千人，共执朝政，更直殿中，乘舆入殿。爽欲使尚书奏事先由己，乃言于天子，徙帝为大司马。朝议以为前后大司马累薨于位，乃以帝为太傅，入殿不趋，赞拜不名，剑履上殿，如汉萧何故事。嫁娶丧葬取给于官，以世子师为散骑常侍，子弟三人为列侯，四人为骑都尉。帝固让子弟官不受。

正始元年春正月，东倭重译纳贡，焉耆、危须诸国，弱水以南，鲜卑名王，皆遣使来献。天子归美宰辅，又增帝封邑。

初，魏明帝好修宫室，制度靡丽，百姓苦之。帝自辽东还，役者犹万余人，雕玩之物动以千计。至是皆奏罢之，节用务农，天下欣赖焉。

二年夏五月，吴将全琮寇芍陂，朱然、孙伦围樊城，诸葛瑾、步骘掠柤中，帝请自讨之。议者咸言，贼远来围樊，不可卒拔。挫于坚城之下，有自破之势，宜长策以御之。帝曰：“边城受敌而安坐庙堂，疆埸骚动，众心疑惑，是社稷之大忧也。”

六月，乃督诸军南征，车驾送出津阳门。帝以南方暑湿，不宜持久，使轻骑挑之，然不敢动。于是休战士，简精锐，募先登，申号令，示必攻之势。吴军夜遁走，追至三州口，斩获万余人，收其舟船军资而还。天子遣侍中常侍劳军于宛。

秋七月，增封食郾、临颍，并前四县，邑万户，子弟十一人皆为列侯。帝勋德日盛，而谦恭愈甚。以太常常林乡邑旧齿，见之每拜。恒戒子弟曰："盛满者道家之所忌，四时犹有推移，吾何德以堪之。损之又损之，庶可以免乎！"

三年春，天子追封谥皇考京兆尹为舞阳成侯。

三月，奏穿广漕渠，引河入汴，溉东南诸陂，始大佃于淮北。

先是，吴遣将诸葛恪屯皖，边鄙苦之，帝欲自击恪。议者多以贼据坚城，积谷，欲引致官兵。今悬军远攻，其救必至，进退不易，未见其便。帝曰："贼之所长者水也，今攻其城，以观其变。若用其所表，弃城奔走，此为庙胜也。若敢固守，湖水冬浅，船不得行，势必弃水相救，由其所短，亦吾利也。"

四年秋九月，帝督诸军击诸葛恪，车驾送出津阳门。军次于舒，恪焚烧积聚，弃城而遁。

帝以灭贼之要，在于积谷，乃大兴屯守，广开淮阳、百尺二渠，又修诸陂于颍之南北，万余顷。自是淮北仓庾相望，寿阳至于京师，农官屯兵连属焉。

五年春正月，帝至自淮南，天子使持节劳军。

尚书邓飏、李胜等欲令曹爽建立功名，劝使伐蜀。帝止之，不可，爽果无功而还。

六年秋八月，曹爽毁中垒中坚营，以兵属其弟中领军羲。帝以先帝旧制禁之，不可。

冬十二月，天子诏帝朝会乘舆升殿。

七年春正月，吴寇柤中，夷夏万余家避寇北渡沔。帝以沔南近贼，若百姓奔还，必复致寇，宜权留之。曹爽曰："今不能修守沔南而留百姓，非长策也。"帝曰："不然。凡物致之安地则安，危地则危。故兵书曰'成败，形也；安危，势也'。形势，御众之要，不可以不审。设令贼以二万人断沔水，三万人与沔南诸军相持，万人陆梁柤中，将何以救之？"爽不从，卒令还南。贼果袭破柤中，所失万计。

八年夏四月，夫人张氏薨。

曹爽用何晏、邓飏、丁谧之谋，迁太后于永宁宫，专擅朝政，兄弟并典禁兵，多树亲党，屡改制度。帝不能禁，于是与爽有隙。

五月，帝称疾不与政事。时人为之谣曰："何、邓、丁，乱京城。"

九年春三月，黄门张当私出掖庭才人石英等十一人，与曹爽为伎人。爽、晏谓帝疾笃，遂有无君之心，与当密谋，图危社稷，期有日矣。帝亦潜为之备，爽之徒属亦颇疑帝。会河南尹李胜将莅荆州，来候帝。帝诈疾笃，使两婢侍，持衣衣落，指口言渴，婢进粥，帝不持杯饮，粥皆流出沾胸。胜曰："众情谓明公旧风发动，何意尊体乃尔！"帝使声气才属，说"年老枕疾，死在旦夕。君当屈并州，并州近胡，善为之备。恐不复相见，以子师、昭兄弟为托"。胜曰："当还忝本州，非并州。"帝乃错乱其辞曰："君方到并州。"胜复曰："当忝荆州。"帝曰："年老意荒，不解君言。今还为本州，盛德壮烈，好建功勋！"胜退告爽曰："司马公尸居余气，形神已离，不足虑矣。"他日，又言曰："太傅不可复济，令人怆然。"故爽等不复设备。

嘉平元年春正月甲午，天子谒高平陵，爽兄弟皆从。是日，太白袭月。帝于是奏永宁太后废爽兄弟。时景帝为中护军，将兵屯司马门。帝列阵阙下，经爽门。爽帐下督严世上楼，引弩将射帝，孙谦止之曰："事未可知。"三注三止，皆引其肘不得发。大司农桓范出赴爽，蒋济言于帝曰："智囊往矣。"帝曰："爽与范内疏而智不及，驽马恋短豆，必不能用也。"于是假司徒高柔节，行大将军事，领爽营，谓柔曰："君为周勃矣。"命太仆王观行中领军，摄羲营。帝亲帅太尉蒋济等勒兵出迎天子，屯于洛水浮桥，上奏曰："先帝诏陛下、秦王及臣升于御床，握臣臂曰'深以后事为念'。今大将军爽背弃顾命，败乱国典，内则僭拟，外专威权。群官要职，皆置所亲；宿卫旧人，并见斥黜。根据槃互，纵恣日甚。又以黄门张当为都监，专共交关，伺候神器。天下汹汹，人怀危惧。陛下便为寄坐，岂得久安？此非先帝诏陛下及臣升御床之本意也。臣虽朽迈，敢忘前言。昔赵高极意，秦是以亡；吕霍早断，汉祚永延。此乃陛下之殷鉴，臣授命之秋也。公卿群臣皆以爽有无君之心，兄弟不宜典兵宿卫；奏皇太后，皇太后敕如奏施行。臣辄敕主者及黄门令罢爽、羲、训吏兵，各以本官侯就第。若稽留车驾，以军法从事。臣辄力疾将兵诣洛水浮桥，伺察非常。"爽不通奏，留车驾宿伊水南，伐树为鹿角，发屯兵数千人以守。桓范果劝爽奉天子幸许昌，移檄征天下兵。爽不能用，而夜遣侍中许允、尚书陈泰诣帝，观望风旨。帝数其过失，事止免官。泰还以报爽，劝之通奏。帝又遣爽所信殿中校尉尹大目谕爽，指洛水为誓，爽意信之。桓范等援引古今，谏说万端。终不能从，乃曰："司马公正当欲夺吾权耳。吾得以侯还第，不失为富家翁。"范拊膺曰："坐卿，灭吾族矣！"遂通帝奏。既而有司劾黄门张当，并发爽与何晏等反事，乃收爽兄弟及其党与何晏、丁谧、邓飏、毕轨、李胜、桓范等诛之。蒋济曰："曹真之勋，不可以不祀。"帝不听。

初，爽司马鲁芝、主簿杨综斩关奔爽。及爽之将归罪也，芝、综泣谏曰："公居伊周之任，挟天子，杖天威，孰敢不从？舍此而欲就东市，岂不痛哉！"有司奏收芝、综科罪，帝赦之，曰："以劝事君者。"

二月，天子以帝为丞相，增封颍川之繁昌、鄢陵、新汲、父城，并前八县，邑二万户，奏事不名。固让丞相。

冬十二月，加九锡之礼，朝会不拜。固让九锡。

二年春正月，天子命帝立庙于洛阳，置左右长史，增掾属、舍人满十人，岁举掾属任御史、秀才各一人，增官骑百人，鼓吹十四人，封子肜平乐亭侯，伦安乐亭侯。帝以久疾不任朝请，每有大事，天子亲幸第以谘访焉。

兖州刺史令狐愚、太尉王淩贰于帝，谋立楚王彪。

三年春正月，王淩诈言吴人塞涂水，请发兵以讨之。帝潜知其计，不听。

夏四月，帝自帅中军，泛舟沿流，九日而到甘城。淩计无所出，乃迎于武丘，面缚水次，曰："淩若有罪，公当折简召淩，何苦自来邪！"帝曰："以君非折简之客故耳。"即以淩归于京师。道经贾逵庙，淩呼曰："贾梁道！王淩是大魏之忠臣，惟尔有神知之。"至项，仰鸩而死。收其余党，皆夷三族，并杀彪。悉录魏诸王公置于邺，命有司监察，不得交关。

天子遣侍中韦诞持节劳军于五池。帝至自甘城，天子又使兼大鸿胪、太仆庾嶷持节，策命帝为相国，封安平郡公，孙及兄子各一人为列侯，前后食邑五万户，侯者十九人。固让相国、郡公不受。

六月，帝寝疾，梦贾逵、王淩为祟，甚恶之。秋八月戊寅，崩于京师，时年七十三。天子素服临吊，丧葬威仪依汉霍光故事，追赠相国、郡公。弟孚表陈先志，辞郡公及辒辌车。

九月庚申，葬于河阴，谥曰文，后改谥宣文。先是，预作终制，于首阳山为土藏，不坟不树；作《顾命》三篇，敛以时服，不设明器，后终者不得合葬。一如遗命。晋国初建，追尊曰宣王。武帝受禅，上尊号曰宣皇帝，陵曰高原，庙称高祖。

帝内忌而外宽，猜忌多权变。魏武察帝有雄豪志，闻有狼顾相，欲验之。乃召使前行，令反顾，面正向后而身不动。又尝梦三马同食一槽，甚恶焉。因谓太子丕曰："司马懿非人臣也，必预汝家事。"太子素与帝善，每相全佑，故免。帝于是勤于吏职，夜以忘寝，至于刍牧之间，悉皆临履，由是魏武意遂安。及平公孙文懿，大行杀戮。诛曹爽之际，支党皆夷及三族，男女无少长，姑姊妹女子之适人者皆杀之，既而竟迁魏鼎云。

明帝时，王导侍坐。帝问前世所以得天下，导乃陈帝创业之始，及文帝末高贵乡公事。明帝以面覆床曰："若如公言，晋祚复安得长远！"迹其猜忍，盖有符于狼顾也。

制曰：夫天地之大，黎元为本；邦国之贵，元首为先。治乱无常，兴亡有运。是故五帝之上，居万乘以为忧；三王已来，处其忧而为乐。竞智力，争利害，大小相吞，强弱相袭。逮乎魏室，三方鼎峙，干戈不息，氛雾交飞。宣皇以天挺之姿，应期佐命，文以缵治，武以棱威。用人如在己，求贤若不及；情深阻而莫测，性宽绰而能容。和光同尘，与时舒卷，戢鳞潜翼，思属风云。饰忠于已诈之心，延安于将危之命。观其雄略内断，英猷外决，殄公孙于百日，擒孟达于盈旬，自以兵动若神，谋无再计矣。既而拥众西举，与诸葛相持。抑其甲兵，本无斗志，遗其巾帼，方发愤心。杖节当门，雄图顿屈，请战千里，诈欲示威。且秦蜀之人，勇懦非敌，夷险之路，劳逸不同，以此争功，其利可见。而返闭军固垒，莫敢争锋，生怯实而未前，死疑虚而犹遁，良将之道，失在斯乎！文帝之世，辅翼权重，许昌同萧何之委，崇华甚霍光之寄。当谓竭诚尽节，伊傅可齐。及明帝将终，栋梁是属，受遗二主，佐命三朝，既承忍死之托，曾无殉生之报。天子在外，内起甲兵，陵土未乾，遽相诛戮，贞臣之体，宁若此乎！尽善之方，以斯为惑。夫征讨之策，岂东智而西愚？辅佐之心，何前忠则后乱？故晋明掩面，耻欺伪以成功；石勒肆言，笑奸回以定业。古人有云，"积善三年，知之者少；为恶一日，闻于天下"，可不谓然乎！虽自隐过当年，而终见嗤后代。亦犹窃钟掩耳，以众人为不闻；锐意盗金，谓市中为莫睹。故知贪于近者则遗远，溺于利者则伤名；若不损己以益人，则当祸人而福己。顺理而举易为力，背时而动难为功。况以未成之晋基，逼有余之魏祚？虽复道格区宇，德被苍生，而天未启时，宝位犹阻，非可以智竞，不可以力争，虽则庆流后昆，而身终于北面矣。

【译文】

宣皇帝，名懿，字仲达，是河内郡温县孝敬里人，姓司马。司马氏的始祖系出自帝高阳之子重黎，任夏官祝融。历经唐尧、虞舜、夏朝、商朝，世代为夏官祝融。到周朝，改夏官为司马。其后代程伯休父，在周宣王时以世袭司马之职平定了徐方，周天子赐他以官为氏，因此以司马为姓氏。楚汉争雄之时，司马卬为赵国将领，同各路诸侯攻伐秦国。秦亡以后，司马卬被立为殷王，国都在河内。汉代改殷国为河内郡，司马卬的子孙就定居在河内郡。司马卬的八代孙，其子为司马钧，字叔平。司马钧生豫章太守司马量，字公度。司马量生颍川太守司马儁，字元异。司马儁生京兆尹司马防，字建公。宣帝司马懿即司马防的二儿子。司马懿小时候即聪明有才略，博学多闻，笃信儒家学说。东汉末年，天下大乱，司马懿即怀有以天下为己任之志。他的同乡南阳太守杨俊，善于鉴别人才，他看到未满二十岁的司马懿，便认为是非常的人才。尚书清河人崔琰与司马懿的哥哥司马朗是好朋友，崔琰对司马朗说："你的弟弟聪明通达，决断而英明，非你所能及。"

东汉献帝建安六年，各郡官员向朝廷汇报本地人才、钱粮等事。当时魏武曹操任司空，得知司马懿是个人才，便荐举他为官。司马懿清楚汉室政权即将终结，不愿意屈己侍奉曹氏，便以患中风，不能起居来推辞。曹操派人夜里往司马懿的住处刺探他的动静，司马懿坚持卧床不起。曹操升为汉丞相，又任司马懿为文学掾，曹操派人去征召司马懿，对派去的官员说："司马懿如果再装病不起，就把他抓起来。"司马懿怕被抓，不得已就职。于是派他陪伴汉献帝的太子。后来升为黄门侍郎，转升议郎、丞相东曹的属官，不久又转升为主簿。

跟随曹操讨伐张鲁，司马懿为曹操献计说："刘备用诈力虏获刘璋，四川人还未归服，便远道去争江陵，这是我们进攻四川的大好时机，机不可失。如果我方陈兵扬威于汉中，益州必然震惊，再进兵逼近，蜀国势力必然瓦解。利用这样的形势，很容易成功。圣人也不能违背时机，但圣人的高明在于不失时机。"曹操说："人就怕贪得无厌，既得到陇右，又想得到巴蜀！"不用司马懿的计策。后来又跟随曹操征伐孙权，大破孙权军。曹操班师，孙权派遣使者乞求投降，上表向曹操称臣，并说天命该曹操当皇帝。曹操说道："孙权这小子想把我放在炭火炉上吗！"使者回答说："汉朝的命运将终结，殿下您拥有天下的十分之九，所以向您称臣。孙权对您臣服，是顺天随人。虞、夏、商、周之所以不谦让而取得政权，是怕违背上天的意志。”

汉献帝封曹操为魏王，建立魏国，司马懿升为太子中庶子。每有朝廷大事，司马懿都参与其事，往往有奇策妙计，因此被太子信任倚重，他与陈群、吴质、朱铄，号称“四友”。

司马懿又升为军司马，他向曹操献策说：“古代箕子向周武王陈献九策，以粮食为第一要义。现在天下士兵不耕而食者将近二十余万人，这不是治理国家的长久之计。现在虽然兵事不断，应令士兵边屯种边守戍。”曹操采纳了他的建议，于是士兵务农，积蓄粮食，国家的经费也富裕了。司马懿又反映，荆州刺史胡修为政粗暴，南乡太守傅方骄奢淫逸，都不应在边地为官。对司马懿的建议，曹操没有理睬。后来蜀将关羽把曹仁围困在樊城，于禁等七军覆没，胡修、傅方果然投降了关羽，曹仁被围困，形势更为危急。

这时汉献帝以许昌为国都，曹操认为许昌太接近敌境，想迁都黄河以北。司马懿劝阻说：“于禁等军是被大水淹没，并不是在战守之策上有什么失计，况且对国家大计也没有什么影响，如果轻易迁都，不但在敌人面前显示软弱，而且淮河、沔水一带的百姓，也会出现人心不安的局面。刘备和孙权，表面亲近，内心疏远，关羽战胜，并非孙权的心愿。我方可以暗示孙权一方，让他们在关羽后面加以牵制，那么樊城的围困自然解除。”曹操采纳了他的意见。孙权果然派将军吕蒙向西袭击公安。攻下县城，于是关羽被吕蒙擒获。

曹操以为，荆州遗民以及士兵屯田于颍川者，与南方的敌人相距太近，打算全部迁走。司马懿建议说：“荆楚这地方很不安稳，容易动乱，很难安宁。关羽最近被打败，那些在地方上为非作歹的家伙藏匿起来，伺机而动。现在如果把善良百姓迁往他处，既违背他们的意愿，又将使逃亡他乡的人不敢回乡。”曹操听从了他的意见。后来逃亡在外的人都陆续回乡成家立业。

曹操病死于洛阳，朝廷内外都满怀危惧。司马懿一手经营丧事，朝野安然无事。于是把曹操的灵柩送还邺城安葬。

魏文帝曹丕即魏王位，司马懿被封为河津亭侯，转升丞相长史。当孙权率兵西进的时候，朝中大臣以为樊城、襄阳没有粮食，所以不可在此抵抗。当时曹仁镇守襄阳，大臣请把曹仁调往宛城。司马懿力排众议，说道："孙权刚刚打败关羽，这时正是他结好邻邦的时候，必不敢这时来挑衅。襄阳居水陆要冲，是御敌的战略要地，不能放弃。"他的建议竟不被采纳。于是曹仁一把火烧掉樊、襄二城，丢弃而去。正如司马懿所料，孙权果然没来挑衅，曹丕后悔当初没有采纳司马懿的建议。

曹魏代汉，任司马懿为尚书。过了不久，转升为督军、御史中丞，封为安国乡侯。

魏文帝黄初二年，罢去督军官，司马懿升为侍中、尚书右仆射。

黄初五年，魏文帝到南方巡视，考察魏、吴交界处的军事形势。司马懿留守，坐镇许昌，改封他为向乡侯，转升抚军、假节，领兵五千，并加给事中、录尚书事官衔。司马懿坚持推辞，魏文帝对他说："我应付各种事务，夜以继日，没有一刻安静。给你升官，并不只是荣耀，而是让你分担我的忧劳罢了。"

黄初六年，魏文帝大量调动水军征伐吴国，又让司马懿留守，对内镇压百姓，对外供应军需物资。魏文帝临行时，命令他："我深为后方供给之事而忧虑，所以才让你担当留守之任。楚汉相争之时，曹参虽然有战功，但终以在后方供应军需的萧何为第一功。这样，使我免后顾之忧，不是很好吗！"魏文帝自广陵回到洛阳，对司马懿说："如果我东征，抚军你总管西方的事务；如我西伐，抚军你总管东方的事务。"于是司马懿仍留守许昌。

魏文帝病重，司马懿和曹真、陈群等人在崇华殿的南堂觐见魏文帝，他们受遗命辅佐太子，处理政务。魏文帝对太子说："如果有人离间这三位老臣，切不要生疑心。"魏明帝即皇帝位，改封司马懿为舞阳侯。

孙权围困江夏的时候，同时派大将诸葛瑾、张霸进攻襄阳。司马懿统率各路军马征讨孙权，把吴军击退。乘胜追击，大败诸葛瑾，杀掉张霸，并获首级千余颗。司马懿升为骠骑将军。

魏明帝太和元年六月，明帝命司马懿屯兵于宛城，加官都督荆、豫二州诸军事。

当初蜀将孟达投降魏国的时候，魏国待他很好。司马懿认为孟达言行诡诈不可信任，向皇帝建议，也不被采纳，于是任孟达为新城太守，并封侯假节。孟达便乘机联络吴国并向蜀国表示誓死为蜀臣，来谋图魏国。蜀国丞相诸葛亮讨厌他反反复复，又担心他捣乱。孟达与魏国的魏兴太守申仪有矛盾，诸葛亮想把孟达的阴谋揭发出来，便派郭模诈降魏国，郭模在和申仪的过从中，把孟达的阴谋泄露出来。孟达听到他的阴谋泄露，就要举兵反叛。司马懿担心孟达快速起事，便写信给孟达说："将军你以前背弃刘备，托身魏国，魏国委任你为边疆大吏，让你谋图蜀国，对你可说是坦诚之至。因此，蜀国的上上下下，不管是愚人还是智者，都对你恨得咬牙切齿。诸葛亮想搞掉你，只是他没有办法。郭模所透漏出的事情，那是军机大事，诸葛亮岂肯轻易让他泄露出来？这是很清楚的事。"孟达接到书信，非常高兴，但是举兵不举兵，又犹豫不决了。司马懿乘机悄悄发兵进讨。魏国诸将说："孟达和蜀、吴两国勾结，应观察二国的动静，然后发兵。"司马懿说："孟达这个人无信无义，这时正是他们之间互相猜疑的时候，应该在他们还没有拿定主意时搞掉它！"于是兼程前进，只用了八天就到新城城下。这时吴国和蜀国各自派兵向西城安桥、木阑塞，来援救孟达，司马懿则分派诸将阻挡蜀、吴援军。

在此之前，孟达给诸葛亮写信说："宛城距洛阳八百里，距我守的新城则一千二百里，魏国得知我起兵，必然向魏国皇帝汇报，这样书信往还，需要一个月的时间。在此期间，我可以把城防工事修筑坚固，附近的魏军来攻，足可以抵抗。我所在的新城，地势险要，司马懿必不肯自己领兵前来；派其他将军来，我就没有什么可以担心的了。"这时司马懿率兵已到，孟达又写信给诸葛亮："我起兵才八天，魏国大兵已至城下，怎么如此神速呢！"上庸城三面环水，孟达在城外树立木栅栏，以此固守。司马懿率兵渡过环城河水，破坏栅栏，直逼城下。八路齐攻，十六天之后，孟达的外甥邓贤、将军李辅等人开城投降。司马懿军杀死孟达，把首级传送京城。俘获了万余名敌兵，重兵驻于宛城。于是鼓励农业生产，严禁浪费，南方的士民很乐意归服。

当初申仪长久驻守魏兴，边疆大事，专权独断，往往假传圣旨私刻印信，乱封官员。孟达被杀，申仪不免心虚自疑。这时各地郡守因司马懿大胜，纷纷带着礼物来祝贺，司马懿都收下了。司马懿派人去暗示申仪，也应去祝贺，申仪来到帐前，司马懿责问他假传圣旨的事情，把他逮捕，送回京城。司马懿又把孟达手下的七千多家迁到幽州。于是蜀国将领姚静、郑他等人率部七千多人来投降。

当时边地郡县刚刚归服，大多民户没有户口，魏国想加以隐瞒。这时司马懿进京朝见天子，天子问起这件事，司马懿回答说："敌人以严政约束部下百姓，所以百姓不合作，不上户口。现在应以宽大为怀，只抓主要纲领，老百姓自然安居乐业。”天子又问起蜀、吴两国应加讨伐，该先讨伐谁，司马懿回答说：“吴国以为中原士兵不习水战，所以它敢于散驻在东关。大凡进攻敌人，一定要扼住它的咽喉，打击它的心脏部位。夏口和东关，是敌人的咽喉。我们佯装陆战，军队向皖城进发，引诱孙权东下，这时水军直向夏口，乘敌空虚进击，如神兵从天而降，一定能大败敌人。”天子对司马懿的计策很欣赏，仍命他屯驻在宛城。

太和四年，司马懿升任大将军，加大都督衔，假黄钺，和曹真一道征伐蜀国。司马懿自西城开山修路，水陆齐进，溯沔水而上，到达朐䏰，攻下新丰县。大军驻扎在丹口，因天降大雨，便班师回魏国。

第二年，诸葛亮率军进攻天水，把魏国的将军贾嗣、魏平围困在祁山。魏明帝对司马懿说：“西边出了事，非你莫属。”于是派他西进，屯驻于长安，并加都督雍、梁二州诸事衔，率车骑将军张郃、后将军费曜、征蜀护军戴凌、雍州刺史郭淮等人征伐诸葛亮。张郃劝司马懿分兵驻扎在雍州、郿州，作为后续部队，司马懿说：“如果前锋部队的力量能够抵挡敌军，将军你的意见是对的；如果前锋部队不能抵挡敌军，而分为前军后军，这正像项羽分为三军被黥布所擒一样！”于是进军隃麋。诸葛亮得知魏国大军将到，亲自率领诸将抢收上邦的小麦。魏国诸将有些担心，司马懿说：“诸葛亮考虑很多，决断很少，一定是巩固了营地，然后抢收小麦，我军用两天时间急行军就可以了。”于是倾巢出动，日夜兼行，诸葛亮望见魏军尘烟而逃走。司马懿判断说：“我军兼程前进，已很疲劳，在通晓兵法的人看来是难得的机会。但诸葛亮不敢据渭水抵抗，这就很容易对付了。”于是进驻汉阳，与诸葛亮的军队相遇，司马懿列开阵势，准备交战。又派将军牛金用小股部队引诱敌军。两军刚刚接火，诸葛亮即败退而去，魏军追至祁山。诸葛亮屯军于卤城，占据南北二山，拦住河水，形成水防工事。司马懿攻破重围，诸葛亮夜间逃走。司马懿纵兵追击，俘斩敌军万余人。魏明帝派遣使者慰劳司马懿统率之军，并给司马懿增加封地。

当时军师杜袭、督军薛悌都认为，到明年麦熟之时，诸葛亮必定再来进攻，陇右没有军食，应该在冬天预先运输。司马懿说：“诸葛亮两出祁山，一攻陈仓，都大败而回。纵然他再出，必然不去攻城，而求野战，战场必在陇东，不在陇西。诸葛亮吃尽了粮少的苦头，这次败回，必然积蓄粮食。依我的预料，除非有三个丰收的年头，否则他不会动兵！”于是他向皇帝上奏，请将冀州的农民迁至上邦种田，再把京兆、天水、南安等地的冶铸业恢复起来。

魏明帝青龙元年，开凿成国渠，修筑临晋陂，灌溉良田数千顷，因此国用充实。

青龙二年，诸葛亮又率兵十余万出斜谷，在郿州的渭水南原修筑营垒。魏明帝很是忧虑，派遣征蜀护军秦朗率两万步兵骑兵，归司马懿指挥。诸将想驻扎在渭水北岸，以待蜀军来攻，司马懿说："百姓和各种物资都在渭水以南，那是必争之地。"于是率军渡过渭水，背水扎营。司马懿对诸将说："诸葛亮如果富于勇气，应该兵出武功，沿山东进；如果他西上五丈原，则我各路人马就不会有战事。"诸葛亮果然西上五丈原，将要北渡渭水。司马懿派将军周当屯驻阳遂，引诱蜀军。一连几天，诸葛亮都按兵不动。司马懿说："诸葛亮想争夺渭水南原，但他不向阳遂进兵，意图很清楚。"于是派将军胡遵、雍州刺史郭淮共同守备阳遂，自己率兵和诸葛亮会战于积石。在渭水南原外围大战，诸葛亮军不能前进，又回军于五丈原。这时有一颗流星坠落在诸葛亮的营垒，司马懿判断他必吃败仗，派奇袭部队袭击诸葛亮的背后，斩敌百余人，俘获千余人，有六百余人投降。

当时魏国朝廷认为，诸葛亮远道而来长途行军，利在速战速决，所以朝廷命令司马懿重守不急战，静观形势的变化。诸葛亮多次挑战，司马懿按兵不动。诸葛亮派人给司马懿送去女人用的首饰，以激怒司马懿。司马懿果然大怒，上表请求决战，朝廷不允许，并派遣强硬臣子卫尉辛毗带着符节充当军师，以监督司马懿。后来诸葛亮又来挑战，司马懿忍无可忍，要出兵应战，辛毗带着符节站立在军帐外，司马懿才没有出兵。当初，蜀国将领姜维听说辛毗前来，便对诸葛亮说："辛毗带着符节而来，敌军不会出战了。"诸葛亮说："他本无心应战，之所以上表请战，那是向他的部下表示他勇于战斗。常言道：将在外，君命有所不受。如果他能战胜我，哪里用得着千里之外去请战呢！"

司马懿的弟弟司马孚写信问军事情况如何，司马懿回信说："诸葛亮志大而不善抓时机，谋虑很多，而决断很少，好用兵而缺乏随机应变的才能，虽然他领兵十万，却已经进入我的圈套，我一定能打败他。"双方对峙了百余天，诸葛亮病重逝世。他的部将烧掉营房逃走。老百姓来告诉蜀军已逃走，司马懿才派兵追击。诸葛亮的长史杨仪指挥军旗回头，鼓钟大鸣，好像要回兵相拒。司马懿认为穷寇不可追，于是杨仪整顿好部队阵容严整地离去。过了一两天，司马懿才到蜀军弃去的营垒，察看蜀军驻扎的情形，收缴了不少图籍和粮食。这时，司马懿才相信诸葛亮确实是死了，感叹说："真是天下的奇才啊！"辛毗则以为，诸葛亮的生死，还不能断定。司马懿说："兵家重视的是军事文件、军事计划和兵马粮食，现在这些东西都扔掉了，哪有人去掉五脏还可活着的道理！应该尽快追击。"关中的道路长着很多蒺藜，司马懿让两千军人穿上软质木屐在前面开路，蒺藜都刺在木屐上，然后步兵、骑兵跟随前进。追兵来到赤岸，才得到诸葛亮确实死亡的消息。当时老百姓编了一流顺口溜说："死诸葛亮吓走活司马懿。"司马懿听到后，自我解嘲地说："这是我只怕其生不怕其死的缘故啊！"

在此之前，诸葛亮的使者来到司马懿军前，司马懿问道："诸葛先生身体可好？每天能吃多少饭？"使者回答说："每天能吃三四升米。"又问及多少政事归他处理，回答说："二十杖以上的罪犯都归他亲自处理。"司马懿事后对人说："看诸葛亮还能活多久！"诸葛亮之死，被他说中了。诸葛亮的部将杨仪、魏延争权夺利，杨仪杀掉魏延，吞并了他的部队。司马懿打算乘敌人内讧而进击，朝廷不允许。

青龙三年，司马懿升为太尉，增加了封地。蜀国将领马岱入侵边境，司马懿派将军牛金把他击退，斩敌首千余级。

武都氐王苻双、强端率领六千余人来投诚。

关东灾荒，司马懿从长安运来五百万斛粮食输送到京师。

青龙四年，民间获得白鹿，司马懿贡献给天子。魏明帝对他说："古代周公辅佐周成王，向天子贡献白野鸡。现在你戍守陕西，向朝廷贡献白鹿，这不是忠心感天，千古同心，保安国家，永垂史册吗！"

辽东太守公孙文懿反叛，魏明帝把司马懿召至京师。魏明帝对他说："按说这事并不值得让你去征伐，只是因为我想出师必胜，所以才麻烦你出征。你估计公孙文懿将采取什么策略？"司马懿回答说："如果他放弃城池，预先逃走，对他来说，这是上策；如果他据守辽水，和大军对抗，这是次等的策略；如果他坐守襄平城，就只有被活捉。"魏明帝问道："你估计他选择哪一条路？"司马懿回答："只有精明的人，才能知己知彼，事先有所放弃，这一点他是做不到的。现在朝廷大军远征，他会认为不能旷日持久，所以他必定先占据辽水而后死守，这当然是中、下之策。"魏明帝又问："你估计来回需要多长时间？"司马懿回答："去需要一百天，回来也需一百天，进攻需一百天，加上六十天休整，这样一年的时间就足够了。"

这时朝廷大兴土木，修建宫殿，加上军事劳役，弄得百姓饥饿疲敝。

司马懿出征之前，劝说魏明帝："古时周公营建洛阳，萧何建造未央宫，现在我朝宫殿尚不完备，这是我做臣子的责任。但是现在，自黄河以北，老百姓都穷困已极，这样内有劳役，外有兵役，势必不能兼顾，应该暂停内部的劳役，以救燃眉之急。"

魏明帝景初二年，司马懿率领牛金、胡遵等步兵骑兵四万余人，从京师出发。魏明帝亲自送到西明门外，并命令司马懿的弟弟司马孚、儿子司马师送过故乡温县，赏赐司马懿大量粮食、丝帛、牛肉、美酒。命令河内郡守、典农以下的官员都到温县迎接。司马懿见到故乡的父老乡亲，连日宴请。司马懿面对此景此情，深为感叹，于是赋诗一首："自从盘古开天地，此时日月也重光。风云际会英雄出，尽力朝廷去远方。将去远方扫叛逆，征途顺路还故乡。扫清万里清宇宙，八方进献来朝王。功成告老全名节，逍遥度日在舞阳。"于是从温县出发，经过孤竹，越过碣石山，驻扎在辽水之滨。公孙文懿果然派遣步兵骑兵数万，驻扎在辽隧，构筑了坚固的工事，南北长六七十里，形成一道防线，抵抗司马懿所率的军队。司马懿调兵大张旗鼓地进击公孙文懿的南侧，敌人的精锐部队全部向南线转移。司马懿又调动军队从北线乘船渡过辽水，逼近敌军的大营。然后凿沉船只，烧毁桥梁，依辽水把敌营团团围困起来。又调集主要兵力向襄平城进攻。他对手下的将领们说道："不进攻敌人。只是围困，好像我们的兵力不足一样。"司马懿说："敌人坚守不出，是想把我军拖垮，如果急于进攻，正中了他的奸计，这正像秦将王邑在昆阳被拖垮一样。古人说，敌人虽然打算坚守不出，但他不得不出战，是因为我们攻了他的老窝，他不得不救援。敌人主力兵力在这里，他的老窝空虚，我军直捣襄平，他的兵士们有后顾之忧，这样他必然要战，就一定能打败他们。"于是整齐军阵，绕敌而过。敌人见大军绕向它的后方，果然出兵拦击。司马懿对诸将说："我所以不进攻它的大营，就是想把他们调出来，现在正是败敌的好机会，不可错过！"于是挥兵迎击。大败敌军，三次战斗，都获全胜。敌人退保襄平，司马懿率兵把襄平城团团围困。

在此之前，公孙文懿得知朝廷大军出征，向孙权求救，孙权则出兵在魏军后方牵制，孙权给公孙文懿写信说："司马先生善于用兵，变化如神，所向无敌，我深深为老弟担心。"

当时正是阴雨天气，平地大水数尺，诸兵将非常担心，打算把营地移往高处。司马懿下令说，谁敢提议移营就杀头。都督令史张静违犯这一军令，立即被杀掉了，军队才平静下来。敌人凭借大水环绕，照常出城打柴放牧。诸将想把他们抓来，司马懿不允许。司马陈硅对司马懿说："当年进攻上庸，八路并进，日夜不停，所以能在十天半月之内，攻下坚城，杀掉孟达。现在我们远道而来，迟迟不进攻，我真想不通！"司马懿对他说："孟达的兵少粮多，粮食可支持一年，而我军四倍于敌人，粮食仅够一月食用，一个月对一年，哪能不速战速决？四人打一人，即使是两人打一人，也是应当进攻的。所以当时不怕伤亡，是军粮支持的时间有限。现在是敌众我寡，敌饥我饱，又遇上这样的洪水，条件不具备，虽然想早点结束战斗，但无能为力。自从京城出发，我不怕敌人进攻，只担心敌人逃走。现在敌人粮食快吃光了，我们的包围圈还没有形成，如果抢夺他的牛马，抓获他的打柴兵士，这不是赶他逃走吗？战争是变幻莫测的，但要善于抓住变化的机会。敌人依仗人多，又有雨水阻隔，虽然肚皮填不饱，还不肯束手就擒，我们应表示毫无办法，把敌人安顿住。如果占点小小的便宜把敌人惊走，那是失策。"朝廷听说大军被洪水阻隔，大臣请求把军队召回，魏明帝说："司马先生善于在危险的环境中出奇制胜，过不了几天就会把敌首抓获。"过了不久，雨过天晴，包围圈已经形成，又堆起土山，挖掘地道，兵器也准备齐全，于是发动总攻，飞箭石块，如雨而下，昼夜不停。

这时天上出现一颗流星，颜色雪白，好像长着芒刺，自襄平城西南向东北飞去，坠落在梁水河中，襄平城中的敌人惴惴不安。公孙文懿更是魂不守舍，于是派他的代理相国王建、御史大夫柳甫前来求降，请求解除包围，束手投降。司马懿不答应。把王建等人抓起来斩首。又向公孙文懿发出最后通牒："春秋时楚国和郑国都是诸侯国，郑国战败，郑伯还肉袒牵羊迎接楚君。我是朝廷的大臣，爵为上公，王建等人想要我解除重围，退兵三舍，昔日楚郑关系是这样吗？这两个人大概是老糊涂，传错了你的话，我已经把他们杀了。如果你还有未尽之意，可派年轻明事理的人来。"公孙文懿派遣侍中卫演请求约定日期送公孙文懿的儿子来当人质。司马懿对卫演说："战争结局的选择，大致有五种途径，能战当战，不能战当守，不能守当走，剩下的两条路只有投降和被杀了。你不肯自缚请罪，这就表明你选择了死路，不需要送人质了！"公孙文懿突破南面的重围逃走，司马懿挥兵追击，把敌军杀得落花流水，公孙文懿也在梁水河边流星坠落的地方被杀。大军入城，树立两个标志，跟朝廷的人在一边，公孙文懿的人为一边，把公孙文懿部下十五岁以上的七千余人全都杀死，用尸体垒成大高台。公孙文懿的公卿以下的官员都被斩，杀掉他的部将毕盛等两千余人。归服的民户有四万多，人口三十多万。

当初，公孙文懿篡夺他叔父公孙恭的官位，把他叔父囚禁起来。在反叛之前，他的部将纶直、贾范等人苦苦相劝，公孙文懿把他们全都杀死。这时，司马懿把公孙恭释放，为纶直等人建造坟墓，提拔他们的子孙。于是发布命令："古代征伐敌国，只诛杀为首的头目，一般跟着公孙文懿跑的，都在宽大之列。中原人愿意回故乡的，听从自便。"

当时有的被俘士兵因没衣服穿，冻得难熬，乞求发给衣服，司马懿不给。有人说："正好我们有不少旧衣服，可以赏给他们。"司马懿说："衣服是官家的东西，作为臣子，不敢私自施舍。"司马懿又向朝廷上奏，军人年岁在六十以上的，复员千余人，军官阵亡的，用棺材送回故乡。于是班师回朝。魏明帝派使者到蓟州慰劳，把昆阳作为司马懿的封地，加上以前的二县。

当初，司马懿到达襄平之前，梦见魏明帝的头枕在他的膝盖上，对他说："你看看我的脸。"司马懿低头看去，与平常的面孔不一样，觉得很厌恶。在班师之前，魏明帝命令司马懿回军之后，镇守关中。司马懿率军来到白屋，皇帝又召司马懿回京，三日之内，连接五道圣旨。皇帝亲笔写道："我时刻盼你来到，你来到京城，可拍门而入，与我见一面。"司马懿感到有些恐惧，于是乘快车日夜兼行，从白屋至京城四百余里，一夜便赶到，司马懿被引入嘉福殿卧室，来到床前，泪流满面，问候明帝的病情，明帝拉住他的手，眼睛看着齐王曹芳，对司马懿说："我把后事托付给你。死亡前的痛苦令人难以忍受，我所以忍受痛苦不死，是等见你一面，现在见了面，我没有遗憾了。"司马懿和大将军曹爽接受遗嘱，辅佐少年主子。

齐王曹芳登上帝位，升司马懿为侍中、持节、都督中外诸军事、录尚书事，与曹爽各自统领三千人，共同处理朝廷政事，轮流在殿中值班，乘车出入。曹爽企图大权独揽，让尚书的奏章先交给自己，再由他向天子汇报，于是把司马懿改任为大司马。朝臣认为，以前几任大司马都死在任上，很不吉利，便任司马懿为太傅，上殿不必屈身小步，拜见天子可以不报姓名，可以带剑上殿，和西汉萧何的待遇一样。丧葬嫁娶的费用都由朝廷拨给，任他的儿子司马师为散骑常侍，子弟三人封为列侯，四人为骑都尉。司马懿坚持推辞子弟的官爵。

正始元年春正月，东倭国遣使远道来向朝廷进贡，西域的焉耆、危须等国，弱水以南的鲜卑等王，都派遣使者来进贡。皇帝以为这是辅佐大臣的治国之功，又给司马懿增加了封地。

当初，魏明帝喜好修建宫殿，且都设计豪华，弄得老百姓苦不堪言。司马懿征辽东回来时，还有一万多人在修建宫殿，各种雕饰物件，动不动就达数千件。这时，司马懿请求停止修建，节省费用，发展农业，天下百姓莫不欣然悦服。

正始二年夏天五月，吴国将领全琮进攻芍陂，朱然、孙伦围困樊城，诸葛瑾、步骘骚扰柤中，司马懿请求率兵征伐。朝廷的官员们认为，敌人远道而来围困樊城，短时间攻不下。敌人攻城受挫，自然瓦解，所以应该用这种策略对付来犯的敌人。司马懿驳斥说："边境的城池被敌人围困，大臣安坐在朝廷上无所作为，这样边境地区政局会不稳，边民会对朝廷产生怀疑，这是国家的一大忧患。"

这年六月，司马懿统率诸军南征，皇帝亲自送出津阳门外。司马懿鉴于南方又热又潮湿，不宜打持久战，便派出轻骑兵向敌人挑战，吴将朱然不敢贸然出击。于是，司马懿下令诸军休整，挑选精锐兵将，选拔登城先锋，严肃军令，做出强攻的态势。吴军连夜逃走，司马懿率兵追至三州口，杀死、俘获敌军万余人，缴获了敌人的舟船及其他军用物资，然后班师回朝。皇帝派侍中常侍到宛城进行慰劳。

秋天七月，朝廷给司马懿增加郾师、临颍为封地，加上以前四县，计有民户四万。他的子弟十一人都封为列侯。司马懿功勋越来越大，却更加谦虚谨慎。因为太常官常林是他的乡里有声望的长者，司马懿每次见到常林，必然施礼下拜。他经常告诫子弟们："事物太盛，是当权者的大忌，天地四时尚且有转换，我有什么大德能配这样的荣耀！所以一再自我贬损，这样也许会免于祸患。"

正始三年春天，皇帝下令追封司马懿的亡父京兆尹司马防为舞阳侯。

这年三月，司马懿奏请开凿广漕渠，引黄河入汴水，灌溉东南各地，开始大规模开发淮北农田。

在此之前，吴国派将领诸葛恪屯驻皖地，魏国的边境常受骚扰之苦，司马懿打算率兵进击诸葛恪，朝廷大臣中很多人认为，敌人据守，城防坚固，又积蓄粮食，是想引诱我军。如果孤军远攻，敌人的救兵必来，这样我军进退两难，可见远征不是上策。司马懿反驳道："敌人长于水战，现在我军攻城，看敌人采取什么策略。如果他想发挥他的长处，弃城而走，这是他的胜算；如果他敢于固守，湖水到冬天变浅，不能行船，势必由陆路救援，这是他的短处，对我军则十分有利。”

正始四年秋天九月，司马懿统率诸军进击诸葛恪，皇帝亲自送至津阳门外。大军驻扎在舒城，诸葛恪焚烧积蓄，弃城逃走。

司马懿认为，战胜敌人，主要在于积蓄粮食。于是大兴军屯，开拓淮阳、百尺两道水渠，又整理了颍水南北的一万余顷的灌溉系统。从此，淮北各地，谷仓相连，从寿阳到京城，管理农业的官署和屯田的守军连续不断。

正始五年春正月，司马懿从淮南至京，皇帝派使者慰劳军队。

尚书邓飏、李胜想让曹爽建立功勋，劝曹爽率兵征伐蜀国。司马懿力加劝阻，不听，曹爽果然无功而回。

正始六年秋天八月，曹爽撤销了中垒中坚营，撤下来的士兵归他弟弟中领军曹羲指挥。司马懿认为，中垒中坚营是魏明帝旧有的建制，劝说不要撤销，但不被采纳。

这年冬天十二月，皇帝授命司马懿，朝会时可以乘轿上殿。

正始七年春天正月，吴国派兵骚扰桓中，各族百姓一万多家逃避，北渡沔水。司马懿认为，沔水以南的百姓，接近敌境，如果北来的百姓再到沔南，敌人必然再来骚扰，应该暂且收留他们。曹爽说道：“如果不能守住沔水以南的地盘，收留百姓，这可不是上策。”司马懿反驳说：“不对。任何事物都是这样：你把他放在安稳的地方，自然平安无事，如果把他放在危险的地方，自然就会产生危急。所以兵书上说：‘成功和失败，是当时的形势决定的，安危也是如此。’所以说，形势是治理百姓首先要考虑的问题，对此不能不头脑清醒。如果敌人派兵两万断绝沔水的交通，三万人在沔南与我军对峙，一万人在柤中捣乱，我们用什么办法救援呢？”曹爽不听从司马懿的意见，把百姓遣返沔南。敌人果然攻破柤中城，损失数以万计。

正始八年夏四月，司马懿的夫人张氏逝世。

曹爽用何晏、邓飏、丁谧等人的计谋，把太后迁往永宁宫，垂帘听政，曹爽等专擅政事，曹爽的兄弟统领卫戍部队，利用亲族，结党营私，变乱法度。司马懿没法禁止，于是和曹爽产生了矛盾。

这年五月，司马懿称病，不再过问政事。当时京城的人编了一句顺口溜：“何、邓、丁，乱京城。”

正始九年春三月，管理后宫的黄门张当，私自把后宫宫女石英等十一人送给曹爽，充当乐妓。曹爽、何晏以为皇帝病情日重，于是产生篡位的野心，他们和张当密谋策划，篡夺政权，并且定好了起事的日期。司马懿也暗中准备，曹爽的党羽也怀疑司马懿将有什么举动。这时河南尹李胜将要赴荆州上任，来问候司马懿。司马懿装作病重，让两个侍女搀扶，穿衣时，手中的衣服落地，用手指着自己的嘴，表示口渴，奴仆把粥送到他嘴边，他的手连杯子也拿不住，低头便喝，米粥顺嘴往下流，沾了满胸。李胜见此情况，说道："别人都说您又焕发了当年的勇气，哪想到您的身体竟是这样！"司马懿装作上气不接下气地样子说："岁数大了，又长期卧病，没有几天活头了。你现在要到并州上任，并州接近少数民族，应该好好地防备。我们恐怕是见最后一面了，我的儿子司马师、司马昭就托付给你了。"李胜说道："我是到本乡荆州上任，不是并州。"司马懿故意胡言乱语："你是说刚到并州？"李胜又说："是赴任荆州。"司马懿说："年老精神不集中，没听懂你的话。现在回本州上任，又有雄心壮志，好好地建立功勋吧！"李胜告辞出来，对曹爽说："司马先生已经是形尸走肉，不省人事，不必担心了。"过了几天，李胜又对曹爽说："太傅司马先生再也恢复不了健康，真让人悲伤。"因此曹爽对司马懿也就不再戒备了。

嘉平元年春正月甲午，皇帝拜谒高平祖陵，曹爽兄弟跟随。这一天夜里太白星向月亮滑去，司马懿便奏准永宁太后，下令把曹爽兄弟废黜。当时晋景帝为中护军，领兵屯驻司马门。司马懿率兵列阵于宫外，经过曹爽的府门。曹爽的帐下督严世登上门楼，拿起弓箭要射司马懿，孙谦把他拉住，说："将来的局面还不知是怎么样呢！"三次要射，都被孙拉住他的胳膊，射不出去。大司农桓范投奔曹爽，蒋济对司马懿说："智囊人物去了。"司马懿说："曹爽与桓范，内心不和，曹爽的智力不及桓范，但老马贪恋几口草料，桓范必不被重用。"于是司马懿把大将军的权力交给司徒高柔，行使大将军的权力，统率曹爽原来的兵众，并对高柔说："你就是西汉周勃那样的人物。"又令太仆王观代理中领军，统领曹羲原来的兵众。司马懿亲自率领太尉蒋济等人，带兵去迎接皇帝，屯军于洛水浮桥之旁，向皇帝上奏："先帝在病重的时候，把陛下您、秦王和我召到床前，拉着我的手说：'我深深为身后的安排顾虑。'现在大将军曹爽违背先帝遗嘱，变乱国法，在朝廷内部越格行事，在朝廷外部专权独裁。重要官职，都安排他的亲信，原来保卫皇帝的可靠将领，都被他罢斥。在朝廷形成盘根错节的势力网，借此胡作非为，越来越不像话。又任用黄门张当为都监，打通内外关系，伺机夺取政权。因此天下人心汹汹，人人惴惴不安。他把陛下您当作傀儡，这样的局面怎能维持长久？这也根本违背了先帝在病床前遗嘱的本意。我虽然老朽，哪里敢忘掉先帝的遗言？秦国的赵高得意，秦国因此灭亡；西汉时的吕氏、霍光专权，幸亏早被消灭，汉朝的天下才得以长期延续。这是陛下您的前车之鉴，也正是我臣子的效命之时。公卿大臣都认为曹爽有篡权野心，他的弟兄都不应领兵和负责保卫皇帝。我奏请皇太后，皇太后批准，按奏本行事。于是我命令主管官员及黄门令，收回曹爽、曹羲、曹训的兵权，让他们以本来的官爵回到家中。如敢劫持天子，以军法从事。于是我拖着病体带兵至洛水浮桥，以应付非常的情况。”曹爽把司马懿的奏本扣住不发，并劫持皇帝在伊水之南，砍伐树木，阻挡道路，派兵数千人守在周围。这时桓范果然劝曹爽把天子劫持到许昌，然后发布文书，征召天下的兵员。曹爽不理睬他的建议，而连夜派侍中许允、尚书陈泰来到皇帝身边，观察动静。皇帝对二人数说曹爽的错误，看样子只不过是免官了事。陈泰等向曹爽回报，劝曹爽把司马懿的奏本交给皇帝。皇帝又派遣曹爽所信任的殿中校尉尹大目告诫曹爽，让他指洛水发誓，绝不篡权，曹爽相信皇帝不会害他。桓范等人列举古今事例，千方百计劝曹爽废帝自立。曹爽最终还是不听，并说：“司马懿正想夺掉我的兵权，我还可以以列侯的身份回家，至少还能当个富家翁。”桓范捶胸顿足地说：“为了你，会灭我全族！”于是曹爽把司马懿的奏本送上。过了不久。有关官员弹劾黄门张当，并责令曹爽、何晏等人坦白交代，于是把曹爽弟兄和他的党羽何晏、丁谧、邓飏、毕轨、李胜、桓范等人逮捕杀掉。蒋济对司马懿说：“曹真有功劳，给他留条根吧！”司马懿不听。

在此之前，曹爽的司马鲁芝、主簿杨综从外地一路千辛万苦来投奔他。在曹爽准备妥协之时，鲁芝、杨综流着眼泪苦劝他：“您现在所处的是伊尹、周公的位置，操纵皇帝，凭借皇威，谁敢不服从！但你却要放弃这种权力而被押上断头台，真令人痛心！”曹爽被杀，鲁芝、杨综也被逮捕，准备按罪处治，司马懿赦免了他们，说道：“这也是对忠心侍君的人的一种鼓励。”

这年二月，皇帝任命司马懿为丞相，增加颍川郡的繁昌、鄢陵、新汲、父城等县为他的封地，加上以前的八县，归他奴役的民户有两万余家，向皇帝奏事时不自报家门。司马懿坚持不任丞相之职。

冬天十二月，皇帝又赐给司马懿作为臣子的最高礼遇，上朝时可以不参拜皇帝。司马懿辞去最高礼遇。

嘉平二年春天正月，皇帝批准司马懿在洛阳建立祖庙，并为他设置左右长史，手下增加工作人员四人，每年可推荐他的属官一人任御史、一人为秀才，增加仪仗骑兵一百人，仪仗乐手十四人，封他的儿子司马肜为平乐亭侯、司马伦为安乐亭侯。司马懿声称身体久病，不能上朝，所以每有朝政大事，皇帝亲自到他家里征求意见。

兖州刺史令狐愚、太尉王凌和司马懿分道扬镳，密谋立楚王曹彪为皇帝。

嘉平三年春天正月，王凌假称吴国派人拦断了涂水，请求朝廷发兵征讨。司马懿暗中得知这是个圈套，所以不准发兵。

夏天四月，司马懿亲自率主力部队，乘船自黄河顺流而下，九天便到达甘城。王凌无计可施，才不得不到武丘去迎接，自上绑绳，来到黄河边上，对司马懿说："我王凌如果有罪，您写个便条把我叫去，何必您亲自来呢！"司马懿不无嘲讽地说："那是因为你不是用便条可以请去的客人啊！"随即把王凌押解回京城。中途路过贾逵庙，王凌对庙喊道："贾先生！我王凌是大魏国的忠臣，你有神灵，一定了解我。"来到项城，王凌喝毒药而死。司马懿逮捕了他的党羽，都灭门三族，把曹彪也杀掉。并把魏国的宗室诸王都囚禁在邺城，派人严加看守，互相不许接触。

皇帝派侍中韦诞带着符节去五池慰劳司马懿统率之军。司马懿从甘城回到京师，皇帝又派兼任大鸿胪、太仆庾嶷带着符节，任命司马懿为相国，封为安平郡公，他的孙子和侄儿各一人封为列侯，前后的封地加起来，共有五万户，亲属封列侯的有十九人。司马懿谦虚推让，不接受相国和郡公的封赠。

这年六月，司马懿病重，梦见贾逵、王凌来索命，心里非常厌恶。秋季八月戊寅这一天，司马懿病死在京城洛阳，活了七十三岁。皇帝身穿孝服来吊唁，丧葬的仪礼规格按照汉朝霍光的成例，追赠他为相国、郡公。他的弟弟司马孚上书称，应尊重他在世时的意愿，辞去郡公和丧葬用的车。

九月庚申这一天，把司马懿埋葬在河阴，赠谥号为"文"，后来改谥"宣文"。司马懿在临死之前，预先对后事做了安排，在首阳山上土葬，不起坟头，不立碑；作了《顾命》三篇；寿衣按当时的习俗置办，不随葬礼器，后死的遗孀不得与他合葬。一切都按他的遗嘱办事。晋朝建立之初，追尊他为"宣王"。晋武帝夺取魏政权，加尊号称他为"宣皇帝"，他的陵墓称为高原，庙号为高祖。

司马懿为人心胸狭隘，表面上却装出宽和的样子，实则性情猜忌多变。魏武帝曹操觉察到他有称雄图霸的野心，听说他猛一回头时呈现一副恶狼相，就打算看个究竟。于是把他叫来，让他在前边走，曹操在后面突然喊他，让他回头，司马懿回头时，面向后，身体却不转动。曹操又曾梦见三匹马在同一槽里吃草，心里十分厌恶。于是曹操对太子曹丕说："司马懿可不是甘居人下的人，他一定会干预你的家事(达到自己的目的)。"曹丕与司马懿平时关系很好，常常保护他，所以没有遭到厄运。从此，司马懿更加兢兢业业，尽职尽责，常常连夜不睡，即使是养牛喂马这样的琐事，都要亲自过问，因此曹操也就放心了。在平定公孙文懿的时候，大肆屠杀。除掉曹爽，把曹爽的党羽中的次要分子也灭了三族，全族男女老少，就连姑姑姊妹的女儿已经出嫁的也不放过。所以后来竟然篡夺了曹家政权。

晋明帝司马统在位时，有一次王导陪着皇帝，晋明帝问王导司马氏如何得到的天下，王导详细叙述司马懿创业的艰险和魏文帝末年高贵乡公曹髦被司马昭所杀等经过。晋明帝听后，脸贴在床上，叹道："如像你说的那样，晋国的天下又哪能长久呢！"考察司马懿的猜忌残忍的性格，实在符合恶狼顾后的情形。

唐太宗李世民评论说：天地虽然广大，但以百姓为根本；国家的安危取决于帝王的好坏。太平和战乱，没有一定之规，兴盛和衰亡，是由运数来决定的。所以，五帝以前的时代，坐上天子的宝座，常常是忧愁满面，夏、商、周以后，做天子的处于忧虑的地位却感到无比快乐。于是竞施计谋，争利避害，大国吞并小国，强国侵凌弱国。到曹魏时代，三国鼎立，干戈不断，战争的阴云笼罩大地。司马懿凭借他的天资聪明，顺应时代的要求，辅佐魏国，文能治理国家，武能扬威于敌人。用人能推心置腹，求得贤人，常恐失去机会。城府很深，很难猜测，性情宽和而能容人。与人相处，当屈则屈，当伸则伸，藏器待时，伺机而起。外表上装得忠心耿耿，以掩盖诡诈的内心，处境危险，却能泰然自若。你看他胸怀雄才大略，成熟果断，英明果敢，在百日之内消灭了公孙文懿，擒获孟达也不过用了十几天，自以为用兵如神，谋略无双。不久又挥兵西上，与诸葛亮两军对峙。他抑制求战心切的官兵，因为他自己本来就不想交战，只因为诸葛亮给他送去妇女的首饰，才激怒他要决战。但有朝廷的使节压制，才使他雄图难伸。于是千里之外请战，只不过是表现自己的勇武罢了。再说秦蜀之兵，并非司马懿所率之军的对手，再者诸葛亮远道而来，司马懿可以以逸待劳，如抓住时机争取主动，有利的条件显而易见。但是司马懿回军闭营，不敢战斗，诸葛亮活着，他不敢前进寸步，诸葛亮死后，他还以为情报不实而逃走，作为战将司马懿，他的弱点恐怕在这方面吧！魏文帝在位之时，司马懿的权势已经很重，魏文帝出征，把首都许昌委托给他，这同楚汉时刘邦把汉中委托给萧何一样，委托司马懿照顾崇华宫太后，比汉朝时对霍光更为信任。这时如果他尽忠尽力，可和古代的伊尹、傅说比美。魏明帝临死之前，把他当作国家的栋梁，受遗命辅佐二位少主，要他成为三朝辅臣。他既然接受遗命，却不舍生忘死报答受顾命之恩。皇帝在外地，京城内动起刀枪，逝世的皇帝尸体未冷，便为争权夺利，互相屠杀，正直臣子的作为，难道是这样吗？这恐怕不是臣子尽忠之道吧！再说他的军事策略，为什么在东征时是那么英明智慧，西征时又是那么怯懦愚蠢？辅佐皇帝，前期是那么忠贞不贰，后期又是那么好乱成性？因此，晋明帝得知司马懿的作为，伤心地以脸面贴床，为先辈的欺诈成功而羞耻；后赵皇帝石勒曾讥笑曹操、司马懿这样的奸臣贼子竟成就了帝业。古人曾说："行善三年，却很少知名；一天做坏事，便名闻天下。"不正是如此吗？虽然当时隐瞒了罪恶行径，结果被后世人所唾骂。和掩耳盗铃一样，自以为别人听不见；财迷心窍，在众目睽睽之下偷取金钱，还以为别人看不见。由此得知，贪图眼前的利益，就失去远大的前程；嗜好财利，必然败坏名声。不是损己而利人，就是害人而为己。顺应天理人情，成事就比较容易；违背时代的要求，则很难成功。况且晋国的根基未稳，而去逼迫尚存生命力的魏国？虽然你的道德誉满天下，百姓受到感化，但时机不到，也难坐上皇帝的宝座，帝位是不可以用聪明才智去取得的，也不可以用力量来获取，虽然可以给他的后人留下福泽荣耀，但他本人却不免终身为人臣子。

晋书卷三

晋武帝纪第三

武皇帝讳炎，字安世，文帝长子也。宽惠仁厚，沈深有度量。魏嘉平中，封北平亭侯，历给事中、奉车都尉、中垒将军，加散骑常侍，累迁中护军、假节。迎常道乡公於东武阳，迁中抚军，进封新昌乡侯。及晋国建，立为世子，拜抚军大将军、开府，副贰相国。

初，文帝以景帝既宣帝之嫡，早世无后，以帝弟攸为嗣，特加爱异，自谓摄居相位，百年之后，大业宜归攸。每曰："此景王之天下也，吾何与焉。"将议立世子，属意於攸。何曾等固争曰："中抚军聪明神武，有超世之才。发委地，手过膝，此非人臣之相也。"由是遂定。咸熙二年五月，立为晋王太子。

八月辛卯，文帝崩，太子嗣相国、晋王位。下令：宽刑宥罪，抚众息役，国内行服三日。是月，长人见於襄武，长三丈，告县人王始曰："今当太平。"

九月戊午，以魏司徒何曾为丞相，镇南将军王沈为御史大夫，中护军贾充为卫将军，议郎裴秀为尚书令、光禄大夫；皆开府。

十一月，初置四护军，以统城外诸军。闰月乙未，令诸郡中正以六条举淹滞：一曰忠恪匪躬，二曰孝敬尽礼，三曰友于兄弟，四曰洁身劳谦，五曰信义可复，六曰学以为己。

是时，晋德既洽，四海宅心。於是天子知历数有在，乃使太保郑冲奉策曰："咨尔晋王：我皇祖有虞氏诞膺灵运，受终于陶唐，亦以命于有夏。惟三后陟配于天，而咸用光敷圣德。自兹厥后，天又辑大命于汉。火德既衰，乃眷命我高祖。方轨虞夏四代之明显，我不敢知。惟王乃祖乃父，服膺明哲，辅亮我皇家，勋德光于四海。格尔上下神祇，罔不克顺，地平天成，万邦以乂。应受上帝之命，协皇极之中。肆予一人，祗承天序，以敬授尔位。历数实在尔躬，允执其中，天禄永终。於戏！王其钦顺天命，率循训典，底绥四国，用保天休，无替我二皇之弘烈。"帝初以礼让，魏朝公卿何曾、王沈等固请，乃从之。

泰始元年冬十二月丙寅，设坛于南郊，百僚在位及匈奴南单于四夷会者数万人，柴燎告类于上帝曰："皇帝臣炎敢用玄牡明告于皇皇后帝：魏帝稽协皇运，绍天明命以命炎：昔者唐尧，熙隆大道，禅位虞舜，舜又以禅禹，迈德垂训，多历年载。暨汉德既衰，太祖武皇帝拨乱济时，扶翼刘氏，又用受命于汉。粤在魏室，仍世多故，几於颠坠，实赖有晋匡拯之德，用获保厥肆祀，弘济于艰难，此则晋之有大造于魏也。诞惟四方，罔不祗顺，廓清梁、岷，包怀扬、越，八纮同轨，祥瑞屡臻，天人协应，无思不服。肆予宪章三后，用集大命于兹。炎维德不嗣，辞不获命。於是群公卿士，百辟庶僚，黎献陪隶，暨于百蛮君长，佥曰'皇天鉴下，求人之瘼，既有成命，固非克让所得距违。天序不可以无统，人神不可以旷主。'炎虔奉皇运，寅畏天威，敬简元辰，升坛受禅，告类上帝，永答众望。"礼毕，即洛阳宫幸太极前殿，诏曰："昔朕皇祖宣王，圣哲钦明，诞应期运，熙帝之载，肇启洪基。伯考景王，履道宣猷，缉熙诸夏。至于皇考文王，睿哲光远，允协灵祇，应天顺时，受兹明命。仁济于宇宙，功格于上下。肆魏氏弘鉴于古训，仪刑于唐虞，畴咨群后，爰辑大命于朕身。予一人畏天之命，用不敢违。惟朕寡德，负荷洪烈，托于王公之上，以君临四海，惴惴惟惧，罔知所济。惟尔股肱爪牙之佐，文武不贰之臣，乃祖乃父，实左右我先王，光隆我大业。思与万国，共享休祚。"於是大赦，改元。赐天下爵，人五级；鳏寡孤独不能自存者谷，人五斛。复天下租赋及关市之税一年，逋债宿负皆勿收。除旧嫌，解禁锢，亡官失爵者悉复之。

丁卯，遣太仆刘原告于太庙。封魏帝为陈留王，邑万户，居於邺宫；魏氏诸王皆为县侯。追尊宣王为宣皇帝，景王为景皇帝，文王为文皇帝，宣王妃张氏为宣穆皇后。尊太妃王氏曰皇太后，宫曰崇化。封皇叔祖父孚为安平王，皇叔父干为平原王、亮为扶风王、伷为东莞王、骏为汝阴王、肜为梁王、伦为琅邪王，皇弟攸为齐王、鉴为乐安王、机为燕王，皇从伯父望为义阳王，皇从叔父辅为渤海王、晃为下邳王、瑰为太原王、珪为高阳王、衡为常山王、子文为沛王、泰为陇西王、权为彭城王、绥为范阳王、遂为济南王、逊为谯王、睦为中山王、陵为北海王、斌为陈王，皇从父兄洪为河间王，皇从父弟茂为东平王。以骠骑将军石苞为大司马，封乐陵公，车骑将军陈骞为高平公，卫将军贾充为车骑将军、鲁公，尚书令裴秀为钜鹿公，侍中荀勖为济北公，太保郑冲为太傅、寿光公，太尉王祥为太保、睢陵公，丞相何曾为太尉、朗陵公，御史大夫王沈为骠骑将军、博陵公，司空荀勖频为临淮公，镇北大将军卫瓘为菑阳公。其余增封进爵各有差，文武普增位二等。改景初历为太始历，腊以酉，社以丑。

戊辰，下诏大弘俭约，出御府珠玉玩好之物，颁赐王公以下各有差。置中军将军，以统宿卫七军。

己巳，诏陈留王载天子旌旗，备五时副车，行魏正朔，郊祀天地，礼乐制度皆如魏旧，上书不称臣。赐山阳公刘康、安乐公刘禅子弟一人为驸马都尉。乙亥，以安平王孚为太宰、假黄钺、大都督中外诸军事。诏曰："昔王凌谋废齐王，而王竟不足以守位。邓艾虽矜功失节，然束手受罪。今大赦其家，还使立后。兴灭继绝，约法省刑。除魏氏宗室禁锢。诸将吏遭三年丧者，遣宁终丧。百姓复其徭役。罢部曲将、长吏以下质任。省郡国御调，禁乐府靡丽百戏之伎及雕文游畋之具。开直言之路，置谏官以掌之。"

是月，凤皇六、青龙三、白龙二、麒麟各一见于郡国。

二年春正月丙戌，遣兼侍中侯史光等持节四方，循省风俗，除禳祝之不在祀典者。丁亥，有司请建七庙，帝重其役，不许。庚寅，罢鸡鸣歌。半丑，尊景皇帝夫人羊氏曰景皇后，宫曰弘训。丙午，立皇后杨氏。

二月，除汉宗室禁锢。己未，常山王衡薨。诏曰："五等之封，皆录旧勋。本为县侯者传封次子为亭侯，乡侯为关内侯，亭侯为关中侯，皆食本户十分之一。"丁丑，郊祀宣皇帝以配天，宗祀文皇帝於明堂以配上帝。庚午，诏曰："古者百官，官箴王阙。然保氏特以谏诤为职，今之侍中、常侍实处此位。择其能正色弼违、匡救不逮者，以兼此选。"

三月戊戌，吴人来吊祭，有司奏为答诏。帝曰："昔汉文、光武怀抚尉他、公孙述，皆未正君臣之仪，所以羁縻未宾也。皓遣使之始未知国庆，但以书答之。"

夏五月戊辰，诏曰："陈留王操尚谦冲，每事辄表，非所以优崇之也。主者喻意，非大事皆使王官表上之。"壬子，骠骑将军、博陵公王沈卒。

六月壬申，济南王遂薨。

秋七月辛巳，营太庙，致荆山之木，采华山之石；铸铜柱十二，涂以黄金，镂以百物，缀以明珠。戊戌，谯王逊薨。丙午晦，日有蚀之。

八月丙辰，省右将军官。

初，帝虽从汉魏之制，既葬除服，而深衣素冠，降席撤膳，哀敬如丧者。戊辰，有司奏攻服进膳，不许；遂礼终而后复吉。及太后之丧，亦如之。九月乙未，散骑常侍皇甫陶、傅玄领谏官，上书谏诤，有司奏请寝之。诏曰："凡关言人主，人臣所至难，而苦不能听纳，自古忠臣直士之所慷慨也。每陈事出付主者，多从深刻，乃云恩贷当由主上，是何言乎？其详评议。"

戊戌，有司奏："大晋继三皇之踪，蹈舜禹之迹，应天顺时，受禅有魏，宜一用前代正朔服色，皆如虞遵唐故事。"奏可。

冬十月丙午朔，日有蚀之。丁未，诏曰："昔舜葬苍梧，农不易亩；禹葬成纪，市不改肆。上惟祖考清简之旨，所徙陵十里内居人，动为烦扰，一切停之。"

十一月己卯，倭人来献方物。并圜丘、方丘於南、北郊，二至之祀合於二郊。罢山阳公国督军，除其禁制。己丑，追尊景帝夫人夏侯氏为景怀皇后。辛卯，迁祖祢神主于太庙。

十二月。罢农官为郡县。

是岁，凤凰六、青龙十、黄龙九、麒麟各一见於郡国。

三年春正月癸丑，白龙二见於弘农渑池。

丁卯，立皇子衷为皇太子。诏曰："朕以不德，托于四海之上，兢兢祗畏，惧无以康济寓内，思与天下式明王度，正本清源，於置胤树嫡，非所先务。又近世每建太子，宽宥施惠之事，间不获已，顺从王公卿士之议耳。方今世运垂年，将陈之以德义，示之以好恶，使百姓蠲多幸之虑，笃终始之行，曲惠小仁，故无取焉。咸使知闻。"

三月戊寅，初令二千石得终三年丧。丁未，昼昏。罢武卫将军官。以李熹为太子太傅。太山石崩。

夏四月戊午，张掖太守焦胜上言：氐池县大柳谷口有玄石一所，白昼成文，实大晋之休祥，图之以献。诏以制币告于太庙，藏之天府。

秋八月，罢都护将军，以其五署还光禄勋。

九月甲申，诏曰："古者以德诏爵，以庸制禄，虽下士犹食上农，外足以奉公忘私，内足以养亲施惠。今在位者禄不代耕，非所以崇化之本也。其议增吏俸。"赐王公以下帛各有差。以太尉何曾为太保、义阳王望为太尉、司空荀顗为司徒。

冬十月，听士卒遭父母丧者，非在疆埸，皆得奔赴。

十二月，徙宗圣侯孔震为奉圣亭侯。山阳公刘康来朝。禁星气谶纬之学。

四年春正月辛未，以尚书令裴秀为司空。

丙戌，律令成，封爵、赐帛各有差。有星孛于轸。丁亥，帝耕於藉田。戊子，诏曰："古设象刑而众不犯，今虽参夷而奸不绝，何德刑相去之远哉！先帝深愍黎元，哀矜庶狱，乃命群后，考正典刑。朕守遗业、永惟保义皇基，思与万国以无为为政。方今阳春养物，东作始兴，朕亲率王公卿士耕藉田千亩。又律令既就，班之天下，将以简法务本，惠育海内。宜宽有罪，使得自新，其大赦天下。长吏、郡丞、长史各赐马一匹。"

二月庚子，增置山阳公国相、郎中令、陵令、杂工宰人、鼓吹车马各有差。罢中军将军，置北军中候官。甲寅，以东海刘俭有至行，拜为郎。以中军将军羊祜为尚书左仆射、东莞王伷为尚书右仆射。

三月戊子，皇太后王氏崩。

夏四月戊戌，太保、睢陵公王祥薨。己亥，祔葬文明皇后王氏於崇阳陵。罢振威、振威护军官，置左、右积弩将军。

六月丙申朔，诏曰："郡国守相，三载一巡行属县，必以春，此古者所以述职宣风展义也。见长吏，观风俗，协礼律，考度量，存问耆老，亲见百年；录囚徒，理冤枉，详察政刑得失，知百姓所患苦。无有远近，便若朕亲临之。敦喻五教，劝务农功；勉励学者，思勤正典，无为百家庸末，致远必泥。士庶有好学笃道，孝弟忠信，清白异行者，举而进之；有不孝敬於父母，不长悌於族党，悖礼弃常，不率法令者，纠而罪之。田畴辟，生业修，礼教设，禁令行，则长吏之能也；人穷匮，农事荒，奸盗起，刑狱烦，下陵上替，礼义不兴，斯长吏之否也。若长吏在官公廉，虑不及私，正色直节，不饰名誉者，及身行贪秽，谄黩求容，公节不立，而私门日富者，并谨察之。扬清激浊，举善弹违，此朕所以垂拱总纲，责成於良二千石也。於戏戒哉！"

秋七月，太山石崩，众星西流。戊午，遣使者侯史光循行天下。己卯，谒崇阳陵。

九月，青、徐、兖、豫四州大水，伊洛溢，合於河，开仓以振之。诏曰："虽诏有所欲，及奏得可而於事不便者，皆不可隐情。"

冬十月，吴将施绩入江夏，万郁寇襄阳。遣太尉、义阳王望屯龙陂。荆州刺史胡烈击败郁。吴将顾容寇郁林，太守毛炅大破之，斩其交州刺史刘俊、将军修则。

十一月，吴将丁奉等出芍陂，安东将军、汝阴王骏与义阳王望击走之。己未，诏王公卿尹及郡国守相、举贤良方正直言之士。

十二月，班五条诏书於郡国：一曰正身，二曰勤百姓，三曰抚孤寡，四曰敦本息末，五曰去人事。庚寅，帝临听讼观，录廷尉洛阳狱囚，亲平决焉。扶南、林邑各遣使来献。

五年春正月癸巳，申戒郡国计吏、守相令长，务尽地利，禁游食商贩。丙申，帝临听讼观录囚徒，多所原遣。青龙二见於荥阳。

二月，以雍州陇右五郡及凉州之金城、梁州之阴平置秦州。辛巳，白龙二见於赵国。青、徐、兖三州水，遣使振恤之。壬寅，以尚书左仆射羊祜都督荆州诸军事，征东大将军卫瓘都督青州诸军事，东莞王伷镇东大将军、都督徐州诸军事。丁亥，诏曰："古者岁书群吏之能否，三年而诛赏之。诸令史前后，但简遣疏劣，而无有劝进，非黜陟之谓也。其条勤能有称尤异者，岁以为常。吾将议其功劳。"三月己未，诏蜀相诸葛亮孙京随才署吏。

夏四月，地震。

五月辛卯朔，凤皇见于赵国。曲赦交趾、九真、日南五岁刑。

六月，邺奚官督郭廙上疏陈五事以谏，言甚切直，擢为屯留令。西平人麴路伐登闻鼓，言多妖谤，有司奏弃市。帝曰："朕之过也。"舍而不问。罢镇军将军，复置左、右将军官。

秋七月，延群公，询谠言。

九月，有星孛于紫宫。

冬十月丙子，以汲郡太守王宏有政绩，赐谷千斛。

十一月，追封谥皇弟兆为城阳哀王，以皇子景度嗣。

十二月，诏州郡举勇猛秀异之才。

六月春正月丁亥朔，帝临轩，不设乐。吴将丁奉入涡口，扬州刺史牵弘击走之。

三月，赦五岁刑已下。

夏四月，白龙二见於东莞。

五月，立寿安亭侯承为南宫王。

六月戊午，秦州刺史胡烈击叛虏於万斛堆，力战，死之。诏遣尚书石鉴行安西将军、都督秦州诸军事，与奋威护军田章讨之。

秋七月丁酉，复陇右五郡遇寇害者租赋，不能自存者廪贷之。乙巳，城阳王景度薨。诏曰："自泰始以来，大事皆撰录秘书，写副。后有其事，辄宜缀集以为常。”丁未，以汝阴王骏为镇西大将军、都督雍、凉二州诸军事。

九月，大宛献汗血马，焉耆来贡方物。

冬十一月，幸辟雍，行乡饮酒之礼，赐太常博士、学生帛牛酒各有差。立皇子柬为汝南王。

十二月，吴夏口督、前将军孙秀帅众来奔，拜骠骑将军、开府仪同三司，封会稽公。戊辰，复置镇军官。

七年春正月丙午，皇太子冠，赐王公以下帛各有差。匈奴帅刘猛叛出塞。

三月，孙皓帅众趋寿阳，遣大司马望屯淮北以距之。丙戌，司空、钜鹿公裴秀薨。癸巳，以中护军王业为尚书左仆射，高阳王珪为尚书右仆射。孙秀部将何崇帅众五千人来降。

夏四月，九真太守董元为吴将虞汜所攻，军败，死之。北地胡寇金城，凉州刺史牵弘讨之。群虏内叛，围弘於青山；弘军败，死之。

五月，立皇子宪为城阳王。雍、凉、秦三州饥，赦其境内殊死以下。

闰月，大雩，太官减膳。诏交趾三郡、南中诸郡无出今年户调。

六月，诏公卿以下举将帅各一人。辛丑，大司马、义阳王望薨。大雨霖，伊、洛、河溢，流居人四千余家，杀三百余人，有诏振贷、给棺。

秋七月癸酉，以车骑将军贾充为都督秦、凉二州诸军事。吴将陶璜等围交趾，太守杨稷与郁林太守毛炅及日南等三郡降於吴。

八月丙戌，以征东大将军卫瓘为征北大将军、都督幽州诸军事。丙申，城阳王宪薨。分益州之南中四郡置宁州，曲赦四郡殊死已下。

冬十月丁丑，日有蚀之。

十一月丁巳，卫公姬署薨。

十二月，大雪。罢中领军，并北军中候。以光禄大夫郑袤为司空。

八年春正月，监军何桢讨匈奴刘猛，累破之，左部帅李恪杀猛而降。癸亥，帝耕于藉田。

二月乙亥，禁雕文绮组非法之物。壬辰，太宰、安平王孚薨。诏内外群官举任边郡者各三人。帝与右将军皇甫陶论事，陶与帝争言，散骑常侍郑徽表请罪之。帝曰：“谠言謇谔，所望於左右也。人主常以阿媚为患，岂以争臣为损哉！徽越职妄奏，岂朕之意。”遂免徽官。

夏四月，置后将军，以备四军。六月，益州牙门张弘诬其刺史皇甫

晏反，杀之，传首京师。弘坐伏诛，夷三族。壬辰，大赦。丙申，诏复陇右四郡遇寇害者田租。

秋七月，以车骑将军贾充为司空。

九月，吴西陵督步阐来降，拜卫将军、开府仪同三司，封宜都公。吴将陆抗攻阐，遣车骑将军羊祜帅众出江陵，荆州刺史杨肇迎阐於西陵，巴东监军徐胤击建平以救阐。

冬十月辛未朔，日有蚀之。

十二月，肇攻抗，不克而还。阐城陷，为抗所禽。

九年春正月辛酉，司空、密陵侯郑袤薨。

二月癸巳，司徒、乐陵公石苞薨。立安平亭侯隆为安平王。

三月，立皇子祗为东海王。

夏四月戊辰朔，日有蚀之。

五月，旱。以太保何曾领司徒。

六月乙未，东海王祗薨。

秋七月丁酉朔，日有蚀之。吴将鲁淑围弋阳，征虏将军王浑击败之。罢五官、左、右中郎将、弘训太仆、卫尉、大长秋等官。鲜卑寇广宁，杀略五千人。诏聘公卿以下子女以备六宫，采择未毕，权禁断婚姻。

冬十月辛巳，制女年十七父母不嫁者，使长吏配之。

十一月丁酉，临宣武观大阅诸军，甲辰乃罢。

十年春正月辛亥，帝耕于藉田。

闰月癸酉，太傅、寿光公郑冲薨。己卯，高阳王珪薨。庚辰，太原王瑰薨。

丁亥，诏曰："嫡庶之别，所以辨上下，明贵贱。而近世以来，多皆内宠，登妃后之职，乱尊卑之序。自今以后，皆不得登用妾媵为嫡正。"

二月，分幽州五郡置平州。

三月癸亥，日有蚀之。

夏四月己未，太尉、临淮公荀觊薨。

六月癸巳，临听讼观录囚徒，多所原遣。是夏，大蝗。

秋七月丙寅，皇后杨氏崩。壬午，吴平虏将军孟泰、偏将军王嗣等帅众降。

八月，凉州虏寇金城诸郡，镇西将军、汝阴王骏讨之，斩其帅乞文泥等。戊申，葬元皇后于峻阳陵。

九月癸亥，以大将军陈骞为太尉。攻拔吴枳里城，获吴立信校尉庄祐。

吴将孙遵、李承帅众寇江夏，太守嵇喜击破之。立河桥于富平津。

冬十一月，立城东七里涧石桥。庚午，帝临宣武观，大阅诸军。

十二月，有星孛于轸。置藉田令。立太原王子辑为高阳王。吴威北将军严聪、扬威将军严整、偏将军朱买来降。

是岁，凿陕南山，决河，东注洛，以通运漕。

咸宁元年春正月戊午朔，大赦、改元。

二月，以将士应已娶者多，家有五女者给复。辛酉，以故鄚令夏谡有清称，赐谷百斛。以奉禄薄，赐公卿以下帛有差。叛虏树机能送质请降。

夏五月，下邳、广陵大风，拔木，坏庐舍。

六月，鲜卑力微遣子来献。吴人寇江夏。西域戊已校尉马循讨叛鲜卑，破之，斩其渠帅。戊申，置太子詹事官。

秋七月甲申晦，日有蚀之。郡国螟。

八月壬寅，沛王子文薨。以故太傅郑冲、太尉荀顗、司徒石苞、司空裴秀、骠骑将军王沈、安平献王孚等及太保何曾、司空贾充、太尉陈骞、中书监荀勖、平南将军羊祜、齐王攸等，皆列於铭飨。

九月甲子，青州螟，徐州大水。

冬十月乙酉，常山王殷薨。癸巳，彭城王权薨。

十一月癸亥，大阅於宣武观，至于己巳。

十二月丁亥，追尊宣帝庙曰高祖，景帝曰世宗，文帝曰太祖。是月大疫，洛阳死者太半。封裴頠为钜鹿公。

二年春正月，以疾疫废朝。赐诸散吏至于士卒丝各有差。

二月丙戌，河间王洪薨。甲午，赦五岁刑以下。东夷八国归化。并州虏犯塞，监并州诸军事胡奋击破之。

初，敦煌太守尹璩卒，州以敦煌令梁澄领太守事，议郎令狐丰废澄，自领郡事。丰死，弟宏代之。至是，凉州刺史杨欣斩宏，传首洛阳。

先是，帝不豫，及瘳，群臣上寿。诏曰："每念顷遇疫气死亡，为之怆然。岂以一身之休息，忘百姓之艰邪？诸上礼者皆绝之。"

夏五月，镇西大将军、汝阴王骏讨北胡，斩其渠帅吐敦。立国子学。庚午，大雩。

六月癸丑，荐荔支于太庙。甲戌，有星孛于氐。自春旱，至于是月始雨。吴京下督孙楷帅众来降，以为车骑将军，封丹杨侯。白龙二见于新兴井中。

秋七月，有星孛于大角。吴临平湖自汉末壅塞，至是自开。父老相传云："此湖塞，天下乱；此湖开，天下平。"癸丑，安平王隆薨。东夷十七国内附。河南、魏郡暴水，杀百余人，诏给棺。鲜卑阿罗多等寇边，西域戊己校尉马循讨之，斩首四千余级，获生九千余人，於是来降。

八月庚辰，河东、平阳地震。已亥，以太保何曾为太傅，太尉陈骞为大司马，司空贾充为太尉，镇军大将军、齐王攸为司空。有星孛于太微，九月又孛于翼。丁未，起太仓於城东，常平仓於东、西市。

闰月，荆州五郡水，流四千余家。

冬十月，以汝阴王骏为征西大将军、平南将军羊祜为征南大将军。丁卯，立皇后杨氏，大赦，赐王公以下及于鳏寡各有差。

十一月，白龙二见于梁国。

十二月，征处士安定皇甫谧为太子中庶子。封后父镇军将军杨骏为临晋侯。是日，以平州刺吏傅询、前广平太守孟桓清白有闻，询赐帛二百匹，桓百匹。

三年春正月丙子朔，日有蚀之。立皇子裕为始平王、安平穆王隆弟敦为安平王。诏曰："宗室戚属，国之枝叶，欲令奉率德义，为天下式。然处富贵而能慎行者寡，召穆公纠合兄弟而赋唐棣之诗，此姬氏所以本枝百世也。今以卫将军、扶风王亮为宗师，所当施行、皆谘之於宗师也。"庚寅，始平王裕薨。有星孛於西方。使征北大将军卫瓘讨鲜卑力微。

三月，平虏护军文淑讨叛虏树机能等，并破之。有星孛于胃。乙未，帝将射雉，虑损麦苗而止。

夏五月戊子，吴将邵凯、夏祥帅众七千余人来降。

六月，益、梁八郡水，杀三百余人，没邸阁别仓。

秋七月，以都督豫州诸军事王浑为都督扬州诸军事。中山王睦以罪废为丹水侯。

八月癸亥，徙扶风王亮为汝南王、东莞王伷为琅邪王、汝阴王骏为扶风王、琅邪王伦为赵王、渤海王辅为太原王、太原王颙为河间王、北海王陵为任城王、陈王斌为西河王、汝南王柬为南阳王、济南王耽为中山王、河间王威为章武王。立皇子玮为始平王、允为濮阳王、该为新都王、遐为清河王，钜平侯羊祜为南城侯。以汝南王亮为镇南大将军。大风拔树，暴寒且冰，郡国五陨霜，伤谷。

九月戊子，以左将军胡奋为都督江北诸军事。兖、豫、徐、青、荆、益、梁七州大水，伤秋稼，诏振给之。立齐王子蕤为辽东王、赞为广汉王。

冬十一月丙戌，帝临宣武观大阅，至于壬辰。

十二月，吴将孙慎入江夏、汝南，略千余家而去。

是岁，西北杂虏及鲜卑、匈奴、五溪蛮夷、東夷三国前后十余辈，各帅种人部落内附。

四年春正月庚午朔，日有蚀之。

三月甲申，尚书左仆射卢钦卒。辛酉，以尚书右仆射山涛为尚书左仆射。东夷六国来献。

夏四月，蚩尤旗见於东井。

六月丁未，阴平广武地震，甲子又震。凉州刺史杨欣与虏若罗拔能等战於武威，败绩，死之。弘训皇后羊氏崩。

秋七月己丑，附葬景献皇后羊氏于峻平陵。庚寅，高阳王缉薨。癸巳，范阳王绥薨。荆、扬郡国二十皆大水。

九月，以太傅何曾为太宰。辛巳，以尚书令李胤为司徒。

冬十月，以征北大将军卫瓘为尚书令。扬州刺史应绰伐吴皖城，斩首五千级，焚谷米百八十万斛。

十一月辛巳，太医司马程据献雉头裘，帝以奇技异服，典礼所禁，焚之於殿前。甲申，敕内外敢有犯者，罪之。吴昭武将军刘翻、厉武将军祖始来降。辛卯，以尚书杜预都督荆州诸军事；征南大将军羊祜卒。

十二月乙未，西河王斌薨。丁未，太宰、朗陵公何曾薨。

是岁，东夷九国内附。

五年春正月，虏帅树机能攻陷凉州。乙丑，使讨虏护军、武威太守马隆击之。

二月甲午，白麟见於平原。

三月，匈奴都督拔弈虚帅部落归化。乙亥，以百姓饥馑，减御膳之半。有星孛于柳。

夏四月，又孛于女御。大赦，降除部曲督以下质任。〔五月〕丁亥、郡国八雨雹，伤秋稼，坏百姓庐舍。

秋七月，有星孛于紫宫。

九月甲午，麟见于河南。

冬十月戊寅，匈奴馀渠都督独雍等帅部落归化。汲郡人不准掘魏襄王冢，得竹简小篆古书十余万言，藏于秘府。

十一月，大举伐吴，遣镇军将军、琅邪王伷出涂中，安东将军王浑出江西，建威将军王戎出武昌，平南将军胡奋出夏口，镇南大将军杜预出江陵，龙骧将军王浚、广武将军唐彬率巴蜀之卒浮江而下，东西凡二十余万。以太尉贾充为大都督，行冠军将军杨济为副，总统众军。

十二月，马隆击叛虏树机能，大破，斩之，凉州平。肃慎来献楛矢石砮。

太康元年春正月己丑朔，五色气冠日。癸丑，王浑克吴寻阳、赖乡诸城，获吴武威将军周兴。

二月戊午，王浚、唐彬等克丹杨城。庚申，又克西陵，杀西陵都督、镇军将军留宪，征南将军成璩，西陵监郑广。壬戌，浚又克夷道乐乡城，杀夷道监陆延；平南将军胡奋克江平夏口、武昌，顺流长骛，直造秣陵，与奋、戎审量其宜。杜预当镇静零、桂、怀辑衡阳。大兵既过，荆州南境固当传檄而定，预当分万人给浚，七千给彬；夏口既平，奋宜以七千人给浚；武昌既了，戎当以六千人增彬。太尉充移屯项，总督诸方。”浚进破夏口、武昌，遂泛舟东下，所至皆平。王浑、周浚与吴丞相张悌战于版桥，大破之，斩悌及其将孙震、沈莹，传首洛阳。孙皓穷蹙请降，送玺绶於琅邪王伷。

三月壬寅，王浚以舟师至于建邺之石头，孙皓大惧，面缚舆榇，降于军门。浚仗节解缚焚榇，送于京都。收其图籍，克州四，郡四十三，县三百一十三，户五十二万三千，吏三万二千，兵二十三万，男女口二百三十万。其牧守已下皆因吴所置，除其苛政，示之简易，吴人大悦。

夏四月乙酉，大赦，改元、大酺五日，恤孤老困穷。河东，高平雨雹，伤秋稼。遣兼侍中张侧、黄门侍郎朱震分使扬、越，慰其初附。白麟见于顿丘。三河、魏郡、弘农雨雹，伤宿麦。

五月辛亥，封孙皓为归命侯，拜其太子为中郎，诸子为郎中。吴之旧望，随才擢叙。孙氏大将战亡之家徙於寿阳；将吏渡江复十年，百姓及百工复二十年。

（六月）丙寅，帝临轩大会，引皓入殿，群臣咸称万岁。丁卯，荐酃渌酒于太庙。郡国六雹，伤秋稼。庚午，诏诸士卒年六十以上罢归于家。庚辰，以王浚为辅国大将军、襄阳侯，杜预当阳侯，王戎安丰侯，唐彬上庸侯，贾充、琅邪王伷以下增封。於是论功行封，赐公卿以下帛各有差。

（六月）丁丑，初置翊军校尉官。封丹水侯睦为高阳王。甲申，东夷十国归化。

秋七月，虏轲成泥寇西平、浩亹，杀督将以下三百余人。东夷二十国朝献。庚寅，以尚书魏舒为尚书右仆射。

八月，车师前部遣子入侍。己未，封皇弟延祚为乐平王。白龙三见于永昌。

九月，群臣以天下一统，屡请封禅，帝谦让弗许。

冬十月丁巳，除五女复。

十二月戊辰，广汉王赞薨。

二年春二月，淮南、丹杨地震。

三月丙申，安平王敦薨。赐王公以下吴生口各有差。诏选孙皓妓妾五千人入宫。东夷五国朝献。

夏六月，东夷五国内附。郡国十六雨雹，大风拔树，坏百姓庐舍。江夏、泰山水，流居人三百余家。

秋七月，上党又暴风、雨雹，伤秋稼。

八月，有星孛于张。

冬十月，鲜卑慕容廆寇昌黎。

十一月壬寅，大司马陈骞薨。有星孛于轩辕。鲜卑寇辽西，平州刺史鲜于婴讨破之。

三年春正月丁丑，罢秦州，并雍州。甲午，以尚书张华都督幽州诸军事。

三月，安北将军严询败鲜卑慕容廆於昌黎。杀伤数万人。

夏四月庚午，太尉、鲁公贾充薨。

闰月丙子，司徒、广陆侯李胤薨。五月癸丑，白龙二见于济南。

秋七月，罢平州、宁州刺史三年一入奏事。

九月，东夷二十九国归化，献其方物。吴故将莞恭、帛奉举兵反，攻害建鄴令，遂围扬州；徐州刺史嵇喜讨平之。

冬十二月甲申，以司空、齐王攸为大司马、督青州诸军事，镇东大将军、琅邪王伷为抚军大将军，汝南王亮为太尉，光禄大夫山涛为司徒，尚书令卫瓘为司空。丙申，诏四方水旱甚者无出田租。

四年春二月甲申，以尚书右仆射魏舒为尚书左仆射、下邳王晃为尚书右仆射。戊午，司徒山涛薨。

二月己丑，立长乐亭侯寔为北海王。

三月庚子朔，日有蚀之。癸丑，大司马、齐王攸薨。

夏四月，任城王陵薨。

五月己亥，大将军、琅邪王伷薨。徙辽东王蕤为东莱王。

六月，增九卿礼秩。牂柯獠二千余落内属。

秋七月壬子，以尚书右仆射、下邳王晃为都督青州诸军事。丙寅，兖州大水，复其田租。

八月，鄯善国遣子入侍，假其归义侯。以陇西王泰为尚书右仆射。

冬十一月戊午，新都王该薨。以尚书左仆射魏舒为司徒。

十二月庚午，大阅于宣武观。

是岁，河内及荆州、扬州大水。

五年春正月己亥，青龙二见于武库井中。

二月丙寅，立南宫王子玷为长乐王。壬辰，地震。

夏四月，任城、鲁国池水赤如血。五月丙午，宣帝庙梁折。

六月，初置黄沙狱。

秋七月戊申，皇子恢薨。任城、梁国、中山雨雹，伤秋稼。减天下户课三分之一。

九月，南安大风折木。郡国五大水、陨霜，伤秋稼。

冬十一月甲辰，太原王辅薨。

十二月庚午，大赦。林邑、大秦国各遣使来献。

闰月，镇南大将军、当阳侯杜预卒。

六年春正月甲申朔，以比岁不登，免租贷宿负。戊辰，以征南大将军王浑为尚书左仆射、尚书褚祇都督扬州诸军事、杨济都督荆州诸军事。

三月，郡国六陨霜，伤桑麦。

夏四月，扶南等十国来献，参离四千余落内附。郡国四旱，十大水，坏百姓庐舍。

秋七月，巴西地震。

八月丙戌朔，日有蚀之。减百姓绵绢三分之一。白龙见于京兆。以镇军大将军王浚为抚军大将军。

九月丙子，山阳公刘康薨。

冬十月，南安山崩，水出。南阳郡获两足兽。龟兹、焉耆国遣子入侍。

十二月甲申，大阅于宣武观，旬日而罢。庚子，抚军大将军、襄阳侯王浚卒。

七年春正月甲寅朔，日有蚀之。乙卯，诏曰："比年灾异屡发，日蚀三朝，地震山崩。邦之不臧，实在朕躬。公卿大臣各上封事，极言其故，勿有所讳。"

夏五月，郡国十三旱。鲜卑慕容廆寇辽东。

秋七月，朱提山崩；犍为地震。

八月，东夷十一国内附。京兆地震。

九月戊寅，骠骑将军、扶风王骏薨。郡国八大水。

冬十一月壬子，以陇西王泰都督关中诸军事。

十二月，遣侍御史巡遭水诸郡。出后宫才人、妓女以下二百七十人归于家。始制大臣听终丧三年。已亥，河阴雨赤雪二顷。

是岁，扶南等二十一国、马韩等十一国遣使来献。

八年春正月戊申朔，日有蚀之。太庙殿陷。

三月乙丑，临商观震。

夏四月，齐国、天水陨霜，伤麦。

六月鲁国大风，拔树木，坏百姓庐舍。郡国八大水。

秋七月，前殿地陷，深数丈，中有破船。

八月，东夷二国内附。

九月，改营太庙。

冬十月，南康平固县吏李丰反，聚众攻郡县，自号将军。

十一月，海安令萧辅聚众反。

十二月，吴兴人蒋迪聚党反，围阳羡县。州郡捕讨，皆伏诛。南夷扶南、西域康居国各遣使来献。

是岁，郡国五地震。

九年春正月壬申朔，日有蚀之。诏曰："兴化之本，由政平讼理也。二千石长吏不能勤恤人隐，而轻挟私故，兴长刑狱；又多贪浊，烦扰百姓。其敕刺史二千石纠其秽浊，举其公清，有司议其黜陟。"令内外群官举清能，拔寒素。江东四郡地震。

二月，尚书右仆射、阳夏侯胡奋卒，以尚书朱整为尚书右仆射。

三月丁丑，皇后亲桑于西郊，赐帛各有差。壬辰，初并二社为一。

夏四月，江南郡国八地震；陇西陨霜，伤宿麦。

五月，义阳王奇有罪，黜为三纵亭侯。诏内外群官举守令之才。

六月庚子朔，日有蚀之。徙章武王威为义阳王。郡国三十二大旱，伤麦。

秋八月壬子，星陨如雨。诏郡国五岁刑以下决遣，无留庶狱。

九月，东夷七国诣校尉内附。郡国二十四螟。

冬十二月癸卯，立河间平王洪子英为章武王。戊申，青龙、黄龙各一见于鲁国。

十年夏四月，以京兆太守刘霄、阳平太守梁柳有政绩，各赐谷千斛。郡国八陨霜。太庙成。乙巳，迁神主于新庙，帝迎于道左，遂祫祭。大赦，文武增位一等，作庙者二等。丁未，尚书右仆射、广兴侯朱整卒。癸丑，崇贤殿灾。

五月，鲜卑慕容瘣来降，东夷十一国内附。

六月庚子，山阳公刘瑾薨。复置二社。

冬十月壬子，徙南宫王承为武邑王。

十一月丙辰，守尚书令、左光禄大夫荀勖卒。帝疾瘳，赐王公以下帛有差。含章殿鞠室火。

甲申、以汝南王亮为大司马、大都督、假黄钺。改封南阳王柬为秦王、始平王玮为楚王、濮阳王允为淮南王，并假节之国，各统方州军事。立皇子义为长沙王、颖为成都王、晏为吴王、炽为豫章王、演为代王，皇孙遹为广陵王。立濮阳王子迪为汉王、始平王子仪为毗陵王、汝南王次子羕为西阳公。徒扶风王畅为顺阳王、畅弟歆为新野公、琅邪王觐弟谵为东武公、繇为东安公、漼为广陵公、卷为东莞公。改诸王国相为内史。

（十二月）庚寅，太庙梁折。

是岁，东夷绝远三十馀国、西南夷二十馀国来献。虏奚轲男女十万口来降。

太熙元年春正月辛酉朔，改元。己巳，以尚书左仆射王浑为司徒、司空瓘为太保。

二月辛丑，东夷七国朝贡。琅邪王觐薨。

三月甲子，以右光禄大夫石鉴为司空。

夏四月辛丑，以侍中、车骑将军杨骏为太尉、都督中外诸军、录尚书事。己酉，帝崩于含章殿，时年五十五，葬峻阳陵，庙号世祖。

帝宇量弘厚，造次必于仁恕；容纳谠正，未尝失色于人；明达善谋，能断大事。故得抚宁万国，绥静四方。承魏氏奢侈刻弊之后，百姓思古之遗风，乃厉以恭俭，敦以寡欲。有司尝奏御牛青丝纼断，诏以青麻代之。临朝宽裕，法度有恒。高阳许允既为文帝所杀，允子奇为太常丞。帝将有事于太庙，朝议以奇受害之门，不欲接近左右，请出为长史。帝乃追述允夙望，称奇之才，擢为祠部郎，时论称其夷旷。平吴之后，天下乂安，遂怠于政术，耽于游宴，宠爱后党，亲贵当权，旧臣不得专任，彝章紊废，请谒行矣。爰至末年，知惠帝弗克负荷，然恃皇孙聪睿，故无废立之心。复虑非贾后所生，终致危败，遂与腹心共图后事。说者纷然，久而不定，竟用王佑之谋，遣太子母弟秦王柬都督关中，楚王玮、淮南王允并镇守要害，以强帝室。又恐杨氏之逼，复以佑为北军中候，以典禁兵。既而寝疾弥留，至于大渐，佐命元勋，皆已先没，群臣惶惑，计无所从。会帝小差，有诏以汝南王亮辅政，又欲令朝士之有名望年少者数人佐之；杨骏秘而不宣。帝复寻至迷乱，杨后辄为诏以骏辅政，促亮进发。帝寻小间，问汝南王来未，意欲见之，有所付托。左右答言未至，帝遂困笃。中朝之乱，实始于斯矣。

【译文】

武皇帝，名炎，字安世，是文帝司马昭长子。为人宽容厚道，慈善好施，喜怒不形于色，很有容人的气量。魏国嘉平年间，被赐爵北平亭侯，历任给事中、奉车都尉、中垒将军，同时还兼任了散骑常侍，经过多次提拔后做了中护军、假节。奉命到东武阳县前去迎接常道乡公曹奂，被提升徵中抚军，进封爵位为新昌乡侯。到晋王国建立时，便被确定为王国的继承人，授官为抚军大将军、开府，作相国的副手。

开初，文帝由于景帝司马师是宣帝司马懿的直系长子，早年就去世，没有后代，便将武帝的弟弟司马攸过继给了他，作为子嗣，并特别宠爱，自认为是代司马攸担任相国职位的，今后死了，晋王王位应当交还给攸。经常说："这是景王的天下，我怎能去分享啊。"当议论王国继承人时，就有意使司马攸继承。何曾等人坚决反对说："中抚军十分聪察明智，神明威武，才华出众，旷世少有。又有立发垂地，手长过膝，这不是一般人臣的长相啊。"因为大臣们坚持，就定下来。咸熙二年五月，司马炎被立为晋王的太子。

八月初九，文帝司马昭去世，太子司马炎继承相国、晋王的职位。发布命令：放宽刑罚，赦免了犯人，安抚百姓，减轻徭役，国内举行了三日的丧礼。这一月，身材高大的人出现在襄武县境，身长达三丈，告诉该县县民王始说："现在天下应该太平了。"

九月初七，任命魏国的司徒何曾担任晋王国的丞相，镇南将军王沈担任了御史大夫，中护军贾充担任卫将军，议郎裴秀担任尚书令、光禄大夫；他都设置办公机构，聘请办事人员。

十一月，初次设立了四护军，来统率京城以外的军队。

〔闰十一月〕十五日，下令各郡中正官，按六条标准推荐沉寂在下、不得升进的人员：一是忠诚恭谨，奋不顾身，二是善事尊长，合乎礼仪，三是友爱兄弟，尊敬兄长，四是洁身自好，勤劳谦虚，五是讲究信义，遵守诺言，六是努力学习，陶冶自身。

这时，晋王的恩德普及，四方归心。因为这，魏国的皇帝曹奂知道天命已经有归属，就派太保郑冲送策书说："啊！你这位晋王：我的祖先虞舜大受上天安排的命运，从唐尧处承继了帝位，也因天命又禅让给夏禹。三位君主死后的灵魂上升到天庭，配享天帝，而且都能广布天子恩德。自从夏禹受禅后，上天又将伟大的使命降在汉帝身上。因火德而兴起的汉帝已经衰微，于是又选中并授命我的高祖。媲美于虞夏四代的光明显赫，这不是我一人知道，是四海公认的。晋王你的祖辈与父辈，衷心信服贤明的先哲，辅弼光大我曹氏的宗族，功业德泽广布四方。至于天地的神灵，无不亲善和顺，水土得到了平治，万物得到了成长，各方因为这得到安宁。应接受上天的使命，协调帝王统治天下的中正法则。于是，我虔诚遵守帝王世系的传递，把将帝位恭敬地禅让给你。帝王相继的次序已落在你身上了，诚实的执行公平合理的原则吧，上天赐予的禄位才得以长久。啊！晋王，你应恭敬地顺从天帝的旨意，一切遵循常规的法则，安抚周边的国家，用来保持上天赐予的吉祥，不要废弃我的武帝、文皇伟大的功业。"武帝开始礼貌地谦让，魏国的公卿大臣何曾、王沈等人坚持请求，才接受魏帝的禅让。

泰始元年冬季十二月十七日，在南郊设置了场，百官有爵位的，以及匈奴南单于等四方各国到会的人有数万人，举行烧柴祭天仪式，将继承帝位的事报告给天帝说："新任皇帝臣司马炎冒昧地使用黑色的公牛做祭品，明白告诉光明而伟大的天帝：魏帝考查帝位转移的运数，秉承上天神圣的意旨来命令我：从前的唐尧，发扬光大崇高的理想，禅让帝位给了虞舜，舜又将帝位禅让给了夏禹，他们都努力地推行德政，留下光辉的典范，使世代得以相传，历年久远。到汉朝，火德衰微，太祖武皇帝平息了动乱，匡时救世，扶持拥戴刘氏，因为这又接受汉帝的禅让。进入魏朝，仍然是几代动乱，几乎到灭亡的地步，实实在在地依靠晋王匡扶拯救的功德，因为这得以保存魏国的宗庙祭祀，在艰难危险的时候，给予极大的帮助，这都是晋王有大功于魏国啊。广阔的四方，无人不恭敬顺从，肃清梁、岷，席卷扬、越，极远的荒外也得到了统一，吉祥与福瑞多次出现，天命与人事互相呼应，四方无人不服从。于是，我效法尧、舜、禹三帝，接受了上天授予的帝位。我司马的威德不足以继承帝统，辞让又得不到准许。这时，公卿大臣，百官僚佐，庶民仆隶以及各族的酋长，都说：'皇天洞察下方，寻求民间疾苦，既授命为贤明的君主，就不是谦让可拒绝和违背的事情。帝王的世系不能无人继统，庶民的生计与神灵的祭祀不能无人主持。'我虔诚地奉行帝王传递命运，恭谨地畏惧天命威严，慎重地选择吉日良辰，登坛接受魏国禅让，举行祭天仪式将登基的事报告给天帝，并永久地满足众人的厚望。"禅让典礼结束，武帝就来到了洛阳宫，亲临太极前殿，发布诏令说："从前，我的祖父宣王，十分聪慧明智，敬慎明察，顺应上天运数，宏扬帝王的功德，开创宏伟的基业。伯父景王，身行正道，明达事理，兴旺发达中国。到父亲文王，思虑精密远大，和洽天地地神灵，适应天命，顺从时运，接受晋王的封爵。仁慈普及四海，功业惊动天地。所以，魏国曹氏借鉴先王法则，效法唐尧禅让，访求诸侯公卿，归结天命于我。我敬畏上天成命，所以不敢违背。想到我的威德不足，承担如此宏大的功业，置身于在王侯公卿的上面，才得以主宰天下，内心不安，十分畏惧，不知该如何治理国家。只能依靠你们这些在我左右的得力的助手，忠心耿耿的文武大臣，你们祖辈父辈，已辅佐过我的祖先，光大兴隆我晋国的基业。打算与天下的各方共同享受这美好的岁月。"与此同时。颁布对已判刑囚犯减免令，更改年号。赏赐天下人爵位，每人五级；鳏寡孤独生活困难的人以稻谷，每人有斛。免收一年田租、户调和关市的商税，老账、旧债都免去。调解以前嫌隙，废除原来禁令，撤去官职、削除爵位的人，全都给予了恢复。

十八日，武帝派太仆刘原到太庙禀告了接受禅让的事。分封魏帝曹奂为陈留王，食邑一万户，居住在邺城王宫中；曹氏诸王都被降为县侯。追加尊号：宣王司马懿称宣皇帝，景王司马师称为景皇帝，文王司马昭称为文皇帝，宣王妃张氏称为宣穆皇后。尊称太妃王氏为皇太后，居住宫殿名崇化宫。分封叔祖父司马孚为安平王、叔父司马干为平原王、司马亮为扶风王、司马伷为东莞王、司马骏为汝阴王、司马肜为梁王、司马伦为琅邪王，弟弟司马攸为齐王、司马鉴为乐安王、司马机为燕王，堂伯父司马望为义阳王、堂叔父司马辅为渤海王、司马晃为下邳王、司马瑰为太原王、司马珪为高阳王、司马衡为常山王、司马子文为沛王、司马泰为陇西王、司马权为彭城王、司马绥为范阳王、司马遂为济南王、司马逊为谯王、司马睦为中山王、司马陵为北海王、司马斌为陈王，堂兄司马洪为河间王，堂弟司马楙为东平王。把骠骑将军石苞任命给大司马，赐爵为乐陵公，车骑将军陈骞赐爵高平公，卫将军贾充任车骑将军、鲁公，尚书令裴秀赐爵钜鹿公，侍中荀勖赐爵济北公，太保郑冲任太傅、寿光公，太尉王祥任太保、睢陵公，王国丞相何曾任太尉、朗陵公，御史大夫王沈任骠骑将军、博陵公，司空荀顗赐爵临淮公，镇北大将军卫瓘赐爵菑阳公。其余人员增加了封邑、进封了爵位各有不同等次，文武百官普遍地增加爵位二级。改《景初历》名为《太始历》，腊祭百神用酉日，祭祀社神用丑日。

十九日，武帝下诏令，大力倡导勤俭节约，拿出皇宫库藏的珍珠玉石、赏玩嗜好的这类物品，分赏王公以下人员，按照不同等次进行。设置中军将军，来统领宿卫的左卫、右卫、骁骑、游击、前军、左军、右军等七路军。

二十日，武帝诏令陈留王曹奂用天子的旗帜，备用按东、西、南、北、中的方位配置的青、白、红、黑、黄五色的侍从车，继续沿用魏国历法，照常在南郊祭天、北郊祭地，礼乐制度也不改变，上书给晋帝不必称臣。赐给山阳公刘康、安乐公刘禅的子弟各一个人为驸马都尉。二十六日，任命安平王司马孚为太宰、假黄钺、大都督中外诸军事。又下诏令说："以前，王凌策划废黜齐王曹芳，但曹芳终究没能保住自己的帝位。邓艾虽自夸功勋，有失臣节，但他没反抗，接受处罚。现在，彻底赦免他们的家属的罪行，各自回到原地并且确定他们的直系继承人。让衰败的世家兴旺起来，灭绝的大族后继有人，简化法典，省并刑律。废除了曹魏时期对宗室担任官职的禁令。将官佐吏遭遇三年的丧期的丧事，准许回到家服完丧礼。百姓免去徭役。停止部曲将领、州郡长吏以下人员人质制度。减少郡国供给皇宫的征调，禁止主管音乐部门演出奢侈华丽的散乐、杂技等伎艺，以及雕刻彩饰这类的出游、田猎的器具。鼓励众人讲真话，设置谏官来主管这件事情。"

这一月，六只凤凰、三条青龙、二条白龙、一只麒麟，都出现在郡国境内。

二年春季正月初七，武帝派兼任侍中侯史光等人，给予符节，出使到四方，视察民间风俗，禁止不合礼制的祭祀。初八，有关部门请求建立供奉七代祖先的庙堂，武帝难于为这事需要征发徭役，没有批准。十一日，罢除宫中五更时，主唱鸡歌的卫士。二十二日，尊称景皇帝的夫人羊氏为景皇后，居住的宫名弘训宫。二十七日，册立杨氏为后。

二月，解除了原魏国对汉朝宗室任官的禁令。十一日，常山王司马衡去世。武帝下诏书说："五等爵位分封，都是选取以前建立了功勋的人。本封是县侯传爵位给次子降为亭侯，乡侯降为关内侯，亭侯降为关中侯，都收取他的封户租税的十分之一作为俸禄。"二十九日，郊外祭天，用宣皇帝司马懿的配享，在太庙中祭祀祖先，用文皇帝司马昭配天帝。二十二日，诏书道："古代百官，都能规诫帝王的过失。但是，保氏官特别以直言来规劝天子作为自己的职责，现在侍中、散骑常侍，实际上处在保氏官这样的位置上。挑选那些能打破情面、矫正过误，匡扶救助、弥补不足的人们，来兼任侍中、散骑常侍。"

三月二十日，吴国派使臣前来吊唁文帝司马昭，有关部门上奏回答吴国称为诏书。武帝说："从前，汉文帝、后汉光武帝怀柔地安抚尉他、公孙述，都没辨正君臣的名分礼仪，这是用来笼络还没归服的人的啊。孙皓派使臣的时候，还不知道晋国已经接受魏帝的禅让，只用书信的方式来回答他。"

夏季五月戊辰，武帝下诏令说："陈留王品德谦恭，一件事就上表奏闻，这不是优待尊崇他的办法啊。主管的人要向他讲明用意，不是重大的事情，就由王国的官属以表的方式上奏。"壬子，骠骑将军、博陵公王沈去世。

六月二十五日，济南王司马遂去世。

秋季七月初五，开始营建太庙，运来荆山的木材，开采华山的石料；铸造十二根铜柱，表面涂上黄金，雕刻各种物象，用明珠装饰。二十二日，谯王司马逊去世。三十日，发生日食。

八月初十，裁减右将军的官职。

起初，武帝虽遵从汉魏的制度，已安葬文帝，便脱去丧服，但是身穿居家的衣服，头戴白色帽子，不侍御座，撤去御膳，悲哀恭敬地如同居丧期一样。二十二日，有关部门上奏，请求改穿官服，恢复御膳，武帝没有允许；直到三年丧期服满后，才恢复平日的服食起居。后来服太后丧礼，也是如此。九月二十日，散骑常侍皇甫陶、傅玄兼任谏官，上书直言规诫，有司上奏武帝，请求搁置这事。武帝下诏书说："大凡涉及谈论人主过失，臣下最感困难，又苦于人主不能够倾听与采纳，这就是自古以来忠臣直士情绪激昂的原因啊。常将陈述的事交给主管的人，又大多近乎严厉挑剔，说是优容宽厚应由皇上施予，这像什么话吗？一定要详细地评论议定。”

二十三日，有司上奏：“晋继承伏羲、神农、黄帝业迹，踏着虞舜、夏禹脚印，适应天命，顺从时运，接受魏帝禅让，应统一使用前朝的历法和车马、祭牲的颜色，都如同虞舜遵守唐尧的典制的先例。”奏章被批准。

冬季十月初一，发生日食。初二，武帝下诏书：“从前，虞舜下葬苍梧，当地农夫并未让出耕地；夏禹下葬成纪，那里的市井仍旧照常营业。追思祖先清廉简易的宗旨，所迁徙的陵地十里以内居民这事，动辄引起烦扰骚乱，应完全停止它。”

十一月初五，倭国人来朝进献特产。合并冬至的圆坛祭天、夏至方坛祭地在南郊祭天、北郊祭地，使冬至与夏至祭祀统一于南郊与北郊。撤销原魏国监视山阳公国督军的官职，废除对它有关禁令与限制。十五日，景帝夫人夏侯氏被追加尊号为景怀皇后。十七日，迁徙已死去的祖先的牌位进入太庙。

十二月，撤销屯田制的农官的系统，将它与郡县合并。

这一年，凤凰六只、青龙十条、黄龙九条、麒麟各一只，出现在了郡国境内。

三年春季正月癸丑，白龙二条，出现在了弘农郡渑池县境。

丁卯，武帝册立长子司马衷为晋国的太子。颁布诏令说：“我凭借不足的德望，被推尊为天子，小心恭谨，心怀畏惧，担心不能够安定匡救天下，想同全国上下，共同整饬、发扬王者政教，从根本上变革，对于设置继承的人，明确嫡长子，不是最紧迫的事。加上近代每次建置太子，必定会有赦免罪犯、施行恩惠的事，其间往往是不得已而为之的，都是为顺从王公百官的奏请罢了。当今，盛衰治乱的更迭变化刚稳定，准备用道德仁义的道理来教化他们，用真善丑恶的典型来诱导和警戒他们，使百姓放弃投机侥幸的念头，笃守终始如一的行为，小恩小惠，因此没必要采用它了。这样的政策要让使大家都能明白。”

三月初六，初次准许二千石以上官吏，可以守完三年丧礼。丁未，白天如同黄昏一样。裁减武卫将军的官职。任命李憙为太子太傅。太山发生石崖崩裂。

夏季四月十六日，张掖郡太守焦胜上书说：氐池县大柳谷口有一处黑色的石崖，白天显现出彩色的纹理，实在是大晋国吉祥，将它描画下来，进献朝廷。武帝下令用一丈八尺长绢帛作祭品，上告于太庙，并将图像收藏在秘府中。

秋季八月，撤销了都护将军机构，将它所管辖的五官、左、右以及虎贲、羽林五署还给光禄勋。

九月十四日，武帝下诏书说："古代的时候，用德行高低来显示爵位等级，按照功劳大小来定俸禄多少，虽是最低一级的官吏，还享有上等的农夫的收入，对外能做到奉公守法，丢掉私念，对内完全可以赡养家人，周济亲友。现在，有爵位的官员，俸禄不能养家糊口。这不是用来倡导教化的根本方法啊，当议论增加官吏薪俸。"赏赐王侯公卿以下的人数量不等的绢帛。升太尉何曾经任太保、义阳王司马望任太尉、司空荀顗任司徒。

冬季十月，准许遭遇父母死亡的士兵，只要不在边疆战场上，都可回家奔丧。

十二月，改封宗圣侯孔震为奉圣亭侯。山阳公刘康进京朝见。禁止占星望气、预言吉凶的法术。

四年春季正月初三，武帝任命尚书令裴秀担任司空之职。

十八日，晋国律令修订完成，参与的人都增封爵位、赏赐绢帛各有不同等级。光芒四射的彗星孛出现在轸宿星区。十九日，武帝在用于宗庙祭祀的农田之上，举行耕田的仪式。二十日，下诏令说："古代，设置象征五刑的特殊服饰来表示耻辱，但是百姓都不犯法，如今，虽有诛灭父族、母族和妻族的酷刑，但是作奸犯科的事不断发生，为什么德化与刑治的差别有如此大呢！文帝十分爱惜百姓，怜悯狱讼，于是就命令众大臣参考历代的刑典，修订晋朝法律。我继承父祖的基业，想使天下长治久安，愿同各方用德化来作为治国的根本。现在，温暖的春天繁殖万物，春耕刚开始，我亲自带领王公百官，去耕种用于宗庙祭祀的千亩农田。加上律令已修订完成，将它颁布给天下，准备采用简化的刑律、致力德化，来慈爱抚育境内的百姓。应从宽处理犯法的人，使他们得到改正过误，重新做人的机会，对天下已判刑的罪犯，实行免刑或减刑吧。长吏、郡丞、长史每人各赐马一匹。"

二月初三，山阳公国增设相、郎中令、陵令、杂工宰人、鼓吹车马各自有不同的数量。废除中军将军官，设置北军中候代替它。十七日，因为东海人刘俭有突出的德行，被任命为郎官。调任中军将军羊祜担任尚书左仆射，东莞王司马卞由担任尚书右仆射。

三月二十一日，皇太后王氏去世。

夏季四月初二，太保、睢陵公王祥去世。初三，在崇阳陵内将文明皇后王氏与文帝合葬。废除振威、扬威护军等官职，设置了左、右积弩将军。

六月初一，武帝下诏说："郡国的守相，每三年一次巡视所属的各县，必定是在春季，这是古代地方的官吏用来陈述职守、传布风化、展示礼仪的方式啊。接见长吏，观察风俗，协调礼律，考查度量，慰问老人，拜访高年；讯视囚徒，受理冤案，仔细考察政令、刑罚成功与失败，深入地了解百姓所忧虑与痛苦的事情。不分远近，都像我亲身巡视这些地方。督促教导五常，勉励从事农耕；劝勉求学的人，使他们专注于六经，不要学习诸子百家非根本之学，妨碍自己的远大前程。士人和庶民中有勤奋学习，遵守道德，孝亲敬兄，诚实守信，廉洁奉公，品行优异的人，推荐并任用他们；有在父母面前不孝，在亲族面前不仁爱，违反礼义，抛弃纲常，不遵守法令的人，举发并且惩治他们。田地垦辟，生产发展，礼教普及，令行禁止，这是地方官吏能干啊；百姓穷困，农田荒芜，盗贼四起，狱讼日益繁多，欺下瞒上，礼教废弛，这是地方官吏无能啊。如果地方官吏在任职期间，有秉公廉洁，不谋私利，刚正不阿，不图虚名的人，和那些自身贪赃受贿，靠献媚黩货求得安身，公正的节操没有树立，但是私家的财富却日益增加的人，都要细心地考察他们。奖善惩恶，进贤去邪，这正是我垂衣拱手，总揽大纲，督责完成治理天下任务于贤能郡国守相的目的啊。唉，你们要警戒啊！"

秋季七月，太山发生石崩，一群陨星向西方流失。戊午，武帝派使臣侯史光巡视天下。十四日，祭拜了崇阳陵。

九月，青、徐、兖、豫四个州发生严重水灾，伊河、洛河洪水泛滥，与黄河连成一片，政府开仓来赈救灾民。武帝下诏书说："即使诏令已作规定，以及奏请得到批准的事，但在实施中如果有不符合实际的，都要如实上报，不可隐瞒。"

冬季十月，吴国将领施绩率军入侵江夏，万郁寇扰襄阳。武帝派太尉、义阳王司马望出屯龙陂。荆州刺史胡烈打败万郁。吴将顾容入寇郁林，太守毛炅沉重地打击他，杀死吴国的交州刺史刘俊、将军修则。

十一月，吴国将领丁奉等人出兵芍陂，安东将军、汝阴王司马骏与义阳王司马望反击，打退这次入侵。二十七日，武帝诏令王公百官以及郡国的守相，推荐德行高尚、公正耿介、直言无讳的人。

十二月，武帝向郡国守相颁布了五条诏书：一是修养心身，二是厚待百姓，三是体恤孤寡，四是重农抑商，五是杜绝请托。二十八日，武帝到听讼观查阅廷尉府在洛阳地区在押囚犯的案卷，并亲自审讯罪犯，进行判决。扶南、林邑国分别派使臣来朝，贡献物品。

五年春季正月初一，武帝一再告诫郡国里掌管税收、财务的计吏，以及守相、令长，务必让农民充分利用土地资源，禁止他们弃农经商。初四，武帝到达听讼观，查阅囚犯案卷，亲自审讯，大多从宽释放。青龙二条出现在荥阳郡的境内。

二月，分雍州的陇右五郡以及凉州的金城、梁州的阴平，建置了秦州。二十日，二条白龙出现在赵国境内。青、徐、兖三州发生水灾，武帝派使臣去救济慰问灾民。壬寅，任命尚书左仆射羊祜都督荆州的军事，征东大将军卫權都督青州的军事，东莞王司马伯镇东大将军、都督徐州诸军事。二十六日，武帝下诏令："古时候，每年记录各种属吏的功绩与过失，积累三年再惩罚或者奖励他们。现在，令史这类属吏，只选择粗疏低劣的人加以淘汰，起不到鼓励、劝进的作用，也不是晋升勤能、罢黜疏劣的好方法啊。当分别记录勤恪能十、功绩卓著，德行优异的人，年年如此，成为了制度，我将评论他们的事功劳绩"

三月二十八日，诏令蜀汉丞相诸葛亮的孙子诸葛京，依据他的才能，安排给适当的官职。

夏季四月，发生地震。

五月初一，凤凰出现在赵国的境内。特赦交趾、九真、日南这三郡判处五年以下刑期的囚犯

六月，邺城的奚官督郭廙上书武帝，陈述了五件事情，用来谏诤，言辞十分恳切直率，武帝破格提升他为屯留县的县令。西平人麴路敲打朝堂外面的供吏民进谏、明冤用的登闻鼓，上奏的言辞大多妖妄诽谤，有司奏请将他斩于市场，陈尸示众。武帝说："这是我的过误啊。"释放麴路，不加追究。撤销镇军将军，重新设置左、右将军官职。

秋季七月，延请诸公入朝，征询正直言论。

九月，慧星⑽现在紫宫星座。

冬季十月十九日，武帝因为汲郡太守王宏治理有方，成效卓著，赐他谷物一千斛。

十一月，武帝给弟弟司马兆追加封爵、谥号为城阳哀王，并将他的儿子景度过继给司马兆，作为后嗣，继承他的爵位。

十二月，武帝下令州郡推举勇敢有力、优秀奇特的人才。

六年春季正月初一，武帝不待在正殿而来到殿前，也没有陈列乐队。吴国将领丁奉人入侵涡门，扬州刺史牵弘打败并赶走他。

三月，武帝下令赦免判处五年以下刑期的囚犯。

夏季四月，二条白龙出现在东莞境内。

五月，分封寿安亭侯司马承为南宫王。

六月初四，秦州的刺史胡烈在万斛堆处进讨叛虏秃发树机能，奋力战斗，死在了战场上。武帝下诏派尚书石鉴代行安西将军、都督秦州军事，和奋威将军田章共同讨伐叛虏。

秋季七月十四日，武帝下令陇右五郡遭叛虏侵扰的百姓，免收田租、户调，无法维持生活的，开仓救济他们。二十二日，城阳王司马景度去世。武帝下诏令："自从泰始初到现在，重大事件都编撰记录下来，被保存在秘书府内，还抄写有副本。今后凡是有这类事件，都应加以编撰汇集，并将它作为经常的制度。"二十四日，任命汝阴王司马骏为镇西大将军、都督雍、凉二州诸军事。

九月，大宛国进献了汗血马，焉耆来朝进贡特产。

冬季十一月，武帝来到大学，举行"乡饮酒"古礼，祝贺学业有成的人，并分不同的等次，赏赐给太常博士、学生的绢帛牛酒。分封儿子司马柬为汝南王。

十二月，吴国的夏口督、前将军孙秀率兵众前来投降，授官骠骑将军、开府仪同三司，赐爵为会稽公。十七日，又恢复设置了镇军将军官职。

七年春季正月二十六日，武帝给太子司马衷举行加冠典礼，赏赐王公以下人员不同等次的绢帛。匈奴族酋帅刘猛反叛，出奔到塞外。

三月，吴帝孙皓率兵将进军寿阳，武帝派大司马司马望出屯驻淮北来防御他。初七，司空、钜鹿公裴秀去世。十四日，任命中护军王业为尚书左仆射、高阳王司马珪为尚书右仆射。孙秀所部将领何崇带领五千人，前来投降。

夏季四月，九真郡太守董元被吴国的将领虞汜围攻，军队战败后，死在战斗中。北地胡人寇金城，凉州的刺史牵弘讨伐叛胡。鲜卑等族在内地叛变，将牵弘困在青山地界；弘军战败，死在了战场上。

五月，武帝封他的儿子司马宪为城阳王。雍、凉、秦三州发生饥荒，武帝下令赦免这三个州境内判处斩刑以下的罪犯。

闰五月，武帝举行求雨祭祀大礼，太官也降低膳食标准。又下令交趾三郡、南中各郡，免交今年户调。

六月，武帝诏令公卿以下人员，每人推举一名将帅。二十四日，大司马、义阳王司马望去世。大雨连绵，伊河、洛河、黄河的洪水泛滥成灾，漂流四千多家居民，淹死三百多人，诏令救济灾民，死去的赐予棺材。

秋季七月二十六日，调车骑将军贾充担任都督秦、凉二州诸军事。吴国将领陶璜等人围攻交趾时，太守杨稷与郁林太守毛炅以及日南三郡向吴国投降。

八月初九，调征东大将军卫瓘为征北大将军、都督幽州诸军事。十九日，城阳王司马宪去世。分益州的南中四个郡建置宁州，特赦这四个郡判处斩刑以下的囚犯。

冬季十月初一，发生日食。

冬十一月十二日，卫公姬署去世。

十二月，天降大雪。撤销中领军官署，将它与北军中候官署合并。调光禄大夫郑袤担任司空。

八年春季正月，监军何桢出兵征讨匈奴族刘猛，多次打败他，匈奴左部酋帅李恪杀死刘猛，前来投降。十九日，武帝在用来祭祀宗庙的农田里，举行了耕田仪式。

二月初一，禁止制造违反规定的装饰品、丝织物。十八日，太宰、安平王司马孚去世。诏令中央、地方的各级官吏，每人举荐能胜任边郡职事的人三名。武帝与右将军皇甫陶议论政事时，陶与武帝发生争论，散骑常侍郑徽上表书请求依法处治皇甫陶。武帝说："敢于讲真话，这是我殷切地希望在我身边的人，都能够做到的事情啊。君主经常因为有了阿谀奉承的人，才造成祸患，哪里会因为有了正直的大臣，使国家遭到损害的啊！郑徽超越了职权，妄自上奏，难道符合我的本意吗。"于是，撤郑徽的官职。

夏季四月，增设后将军，用来完善前、后、左、右四军建制。六月，益州牙门张弘诬陷他的刺史皇甫晏谋反，并且将晏杀害，通过驿站送人头到达京都。张弘坐罪被处死，诛灭他的父、母、妻三族。二十日，武帝颁布了对已判刑囚犯的减免令。二十四日，诏令陇右四郡遭到叛虏侵害的人家，免交田租。

秋季七月，调车骑将军贾充为司空。

九月，吴国西陵督步阐来投降，授官卫将军、开府仪同三司，赐爵为宜都公。吴国将领陆抗进攻步阐，武帝派车骑将军羊祜带领兵众由江陵进军，荆州刺史杨肇到达西陵迎接步阐，巴东监军徐胤进攻吴国建平郡，来牵制吴国，救援步阐。

冬季十月初一，发生日食。

十二月，杨肇进攻陆抗时，不能够取胜，被迫撤军退回。步阐因为西陵城陷落，被陆抗擒获。

九年春季正月二十二日，司空、密陵侯郑袤去世。

二月二十五日，司徒、乐陵公石苞去世。武帝赐封安平亭侯司马隆为安平王。

三月，分封他的儿子司马祗为东海王。

夏季四月初一，出现日食。

五月，发生旱灾。任命太保何曾经兼领司徒。

六月二十九日，东海王司马祗去世。

秋季七月初一，发生日食。吴国的将领鲁淑围攻弋阳，征虏将军王浑打败他。撤销五官、左、右中郎将、弘训太仆、卫尉、大长秋等官职。鲜卑族入侵广宁时，杀戮、掳掠五千人。武帝下诏选聘公卿以下官员的女儿来充实后宫，搜罗挑选结束以前，暂时禁止婚嫁。

冬季十月十七日，武帝发布命令，女子满十七岁，父母还没将她出嫁的，由当地官吏给她婚配。

十一月初三，武帝来到宣武观，举行盛大阅兵典礼，初十才结束。

十年春季正月十八日，武帝在用于宗庙祭祀的农田里举行耕田仪式。

闰正月十一日，太傅、寿光公郑冲去世。十七日，高阳王司马珪去世。十八日，太原王司马瑰去世。

二十五日，武帝下诏书说："嫡子与庶子的区别，是用来分辨上下，表明贵贱。但是，近代以来，大多因宠爱姬妾，使她们升上了后妃的地位，搞乱尊卑贵贱的秩序。从现在起以至于将来，都不准选用妾媵作为嫡系正妻。"

二月，分幽州的五个郡建置平州。

三月初二，发生日食。

夏季四月二十八日，太尉、临淮公荀顗去世。

六月初三，武帝到达听讼观，查阅囚徒案卷，亲自审讯犯人，多数被从宽发落，得到释放。这一年夏季，出现严重蝗灾。

秋季七月初六，杨皇后去世。二十二日，吴国的平虏将军孟泰、偏将军王嗣等人，带领军队前来投降。

八月，凉州的叛虏入寇金城等郡，镇西将军、汝阴王司马骏讨伐叛虏，杀死他的酋帅乞文泥等人。十九日，将元皇后杨氏安葬在了峻阳陵内。

九月初四，武帝调任大将军陈骞为担任太尉。晋军攻下吴国的枳里城，活捉吴国的立信校尉庄祐。吴国的将领孙遵、李承率领军队，入侵江夏，太守嵇喜打败他们。在富平津处修建黄河大桥。

冬季十一月，在洛阳城东七里涧处，修建石桥。十二日，武帝来到宣武观，大规模检阅军队。

十二月，彗星出现在轸宿星区。武帝设置管理在春耕前举行亲耕仪式的农田的藉田令。分封太原王儿子司马辑为高阳王。吴国威北将军严聪、扬威将军严整、偏将军朱买来到晋投降。

这一年，凿通了陕南山，在黄河堤岸打开缺口，使河水向东流入洛河，用来畅通漕运。

咸宁元年春季正月初一，颁布对已经判刑罪犯的减免令，更改年号。

二月，因为将官、士兵已到结婚年龄应娶妻的人众多，便规定凡是养育五个女儿的人家，就免去他的租调徭役。辛酉，原任邺县县令的夏谡做官清廉，名声远扬，赏赐他稻谷一百斛。因为官吏俸禄菲薄，分为不同的等次，赏赐公卿以下人员绢帛。叛虏树机能送来人质，请求归降。

夏季五月，下邳、广陵两个地区发生风灾，吹倒了树木，毁坏了百姓的房屋。

六月，鲜卑族力微派儿子来朝贡献。吴国人寇江夏。西域戊己校尉马循率兵讨伐叛虏鲜卑，打败了它，杀死它的渠帅。二十四日，设置总管东宫事务的太子詹事官。

秋季七月三十日，发生日食。郡国出现螟虫灾害。

八月十八日，沛王司马子文去世。武帝将已经死去的太傅郑冲、太尉荀顗、司徒石苞、司空裴秀、骠骑将军王沈、安平献王司马孚等王公，以及还健在的太保何曾经、司空贾充、太尉陈骞、中书监荀勖、平南将军羊祜、齐王司马攸等功臣，都书名在旗幡上，配享太庙。

九月十一日，青州发生了螟害，徐州洪水泛滥成灾。

冬季十月初二，常山王司马殷去世。初十，彭城王司马权去世。

十一月十一日，武帝在宣武观大规模检阅军队，到十七日才结束。

十二月初五，追加尊号：宣帝庙称高祖，景帝庙称世宗，文帝庙称太祖。这一月，发生严重的瘟疫，洛阳地区的百姓死亡超过了一半。武帝分封裴頠为钜鹿公。

二年春季正月，因为瘟疫流行，停止了元日的朝会。分别不同的等次，赏赐没有固定职事的闲散官吏和士兵的蚕丝。

二月初五，河间王司马洪去世。十三日，武帝下令赦免被判处五年以下刑期的囚犯。东方夷族有八国归顺。并州叛虏侵犯边塞，被监管并州的诸军事胡奋打败。

起初，敦煌太守尹璩去世，凉州刺史任用敦煌县令梁澄来代领太守职务，议郎令狐丰罢黜梁澄，擅自代领该郡事务。丰死后，弟弟令狐宏又代行郡职。到此之后，凉州刺史杨欣杀死令狐宏，通过驿站送宏头到洛阳。

早些时候，武帝患病，到现在病体已经痊愈，大臣们祝贺平安。武帝下诏书说："每每想到近来遭遇瘟疫死去的人们，心里就很为他们难过。难道能因我一人的病体康复，就忘记百姓的苦难了吗？凡是来祝贺平安的人，都应予以谢绝。"

夏季五月，镇西大将军、汝阴王司马骏讨伐北胡，杀死它的渠帅吐敦。创立专门供五品以上官员子弟读书的国子学。二十一日，武帝举行隆重的求雨祭祀。

六月癸丑，武帝在太庙中进献荔枝。甲戌，彗星出现在氐宿星区。从春季发生旱灾，到一月才降雨。吴国京下督孙楷率军队来降，被任命为车骑将军，赐爵丹杨侯。二条白龙出现在新兴郡的井中。

秋季七月，慧星出现在大角星附近。吴国临平湖自后汉末年淤塞，到这时竟自行开通。年老的人都在传说："此湖堵塞，天下大乱；此湖畅通，天下太平。"初五，安平王司马隆去世。东方夷族中有十七国归附。河南、魏郡洪水泛滥成灾，淹死一百多人，武帝诏令赐给他们棺材。鲜卑族阿罗多等入寇边境，西域戊己校尉马循征讨入侵鲜卑，杀死了四千多人，生俘九千多人，在这种形势下，阿罗多等人来到晋投降。

八月初二，河东、平阳二地发生地震。二十一日，以太保何曾经任太傅，太尉陈骞任大司马，司空贾担任太尉，镇军大将军、齐王司马攸任司空。彗星出现在太微星座，九月又出现在翼宿星区。丁未，在洛阳城东面修建太仓，又在东、西市场修建了常平仓。

闰九月，荆州有五个郡发生水灾，漂流四千多家居民。

冬季十月，任命汝阴王司马骏担任征西大将军、平南将军羊祜做征南大将军。二十一日，册立杨氏为皇后，颁布对已经判刑罪犯的减免令，赏赐王公以下人员以及鳏寡不同的等次。

十一月，二条白龙出现在梁国境内。

十二月，武帝征召从未任官的士人安定郡的皇甫谧，出任太子中庶子。进封皇后的父亲镇军将军杨骏爵位为临晋侯。这一月，由于平州刺史傅询、前任广平太守孟桓为官清廉、名声远扬，傅询赏赐绢帛二百匹，孟桓一百匹。

三年春季正月初一，发生日食。武帝分封他的儿子司马裕为始平王、安平穆王司马隆的弟弟司马敦安平王。又下诏书道："宗族和亲属，都是国家辅翼，想让他们遵守和奉行道德礼仪规范，成为天下人学习的榜样。但是，身处富贵地位又能够谨慎行事的人非常少，召穆公召集兄弟在一起，歌咏名为《唐棣》的诗篇来作为训诫，这是周代姬氏本宗与支庶能传递百代，没有衰败的原因啊。现在任命卫将军、扶风王司马亮为宗师，所有应当施行的事情，都要在宗师那里征询意见啊。"十五日，始平王司马裕去世。彗星在西方出现。武帝派征北大将军卫瓘征讨鲜卑族力微。

三月，平虏护军文淑讨伐叛虏树机能等人，都打败他们。彗星出现在胃宿星区。二十一日，武帝准备进行一次田猎活动，担心践踏麦苗而停止。

夏季五月十五日，吴国将领邵凯、夏祥带领七千多兵众前来归降。

六月，益、梁二州有八郡发生水灾，漂杀居民三百多人，淹没了屯集军粮的简易仓库。

秋季七月，调都督豫州诸军事王浑任都督扬州诸军事，中山王司马睦因为犯罪，削爵为丹阳县侯。

八月二十一日，武帝改封扶风王司马亮为汝南王、东莞王司马伯为琅邪王、汝阴王司马骏为扶风王、琅邪王司马伦为赵王、渤海王司马辅为太原王、太原王司马颙为河间王、北海王司马陵为任城王、陈王司马斌为西河王、汝南王司马柬为南阳王、济南王司马耽为中山王、河间王司马威为章武王。分封儿子司马玮为始平王、司马允为濮阳王、司马该为新都王、司马遐为清河王，钜平侯羊祜为南城侯。任命汝南王司马亮为镇南大将军。大风吹倒了树木，突然降温并结了冰，五郡国降霜成灾，伤害了庄稼。

九月十七日，调左将军胡奋任都督江北诸军事。兖、豫、徐、青、荆、益、梁七个州发生严重水灾，淹没了秋天的作物，武帝诏令开仓来赈济灾民。分封齐王儿子司马蕤为辽东王、司马赞为广汉王。

冬季十一月十六日，武帝来到宣武观，大规模检阅军队，到二十二日才结束。

十二月，吴国将领孙慎人寇江夏、汝南，掳掠一千余家后撤走。

这一年，西北杂居各族，以及鲜卑、匈奴、五溪蛮夷、东方夷族四个国家，先后有十多人，各自带领本族部落归顺。

四年春季正月初一，发生日食。

三月十五日，尚书左仆射卢钦去世。辛酉年，调尚书右仆射山涛任尚书左仆射。东方夷族有六个国家来京朝贡。

夏季四月，光芒似蚩尤旗状的慧星出现在井宿星区。

六月初十，阴平郡的广武县发生地震，二十七日再次地震。州刺史杨欣在武威地区与叛虏若罗拔能等人交战，大败，死在了战场上。弘训皇后羊氏去世。

秋季七月二十三日，武帝将景献皇后羊氏与景帝合葬在峻平陵内。二十二日，高阳王司马缉去世。二十六日，范阳王司马绥去世。荆、扬二州有二十个郡国，都发生严重的水灾。

九月，调太傅何曾任太宰。十五日，调尚书令李胤任司徒。

冬季十月，武帝调征北大将军卫瓘为尚书令。扬州刺史应绰进攻吴国皖城，杀敌军五千人，焚毁囤聚的谷米一百八十万斛。

十一月十六日，太医官署司马程据，进献用雉鸡头部的羽毛制成的裘衣，武帝因其做新奇特异的服饰，是被典制礼仪所禁止的东西，在大殿前面焚烧它。十九日，又敕令中央、地方官吏敢有再违犯的，将会惩罚他们。吴国昭武将军刘翻、厉武将军祖始来晋投降。二十六日，调尚书杜预出任都督荆州诸军事；征南大将军羊祜去世。

十二月初一，西河王司马斌去世。十三日，太宰、朗陵公何曾去世。

这一年，东方夷族有九个国家归附。

五年春季正月，叛虏酋帅树机能攻陷了凉州。初一，武帝派讨虏护军、武威太守马隆讨伐他。

二月初一，白麟出现在了平原国。

三月，匈奴族都督拔弈虚带部落归顺。十二日，因为百姓正度荒年，武帝也减少一半膳食费用。彗星出现在柳宿星区。

夏季四月，彗星又出现在女御星区。武帝颁布对已经被判刑囚犯的减免令，废除部曲督以下将吏的人质制度。

五月二十五日，有八郡国下冰雹，伤害了秋季农作物，损坏了百姓房屋。

秋季七月，彗星出现在紫宫星座。

九月初四，有麟出现在河南郡。

冬季十月十九日，匈奴余渠都督独雍等人带部落归顺。汲郡人不准发掘战国时魏襄王的墓葬，得到了有小篆字体的竹简古书共有十多万字，收藏在保存国家秘籍的官署。

十一月，武帝大规模征伐吴国，派镇军将军、琅邪王司马伯出兵涂中，安东将军王浑出兵到长江西岸，建威将军王戎出兵到武昌，平南将军胡奋出兵到夏口，镇南大将军杜预出兵到江陵，龙骧将军王浚、广武将军唐彬率领巴蜀士兵，顺长江向下游进军，东西共有二十多万军队。任命贾充担任大都督，行冠军将军杨济作为他的副手，总领各路军队。

十二月，马隆进攻叛虏树机能，彻底打败叛虏，杀死树机能，凉州的叛乱平定。肃慎国派使臣，前来贡献楛木箭杆，石制箭镞。

太康元年春季正月初一，五色云气覆盖太阳。二十五日，王浑攻克了吴国的寻阳、赖乡等城池，活捉吴国的武威将军周兴。

二月初一，王浚、唐彬等人攻下丹杨城。初三，又攻克西陵，杀死吴国的西陵都督、镇军将军留宪，征南将军成璩，西陵监郑广。初五，王浚又攻占了夷道、乐乡等城，杀死夷道监陆晏、水军都督陆景。十七日，杜预攻下江陵，杀了吴国的江陵督伍延；平南将军胡奋攻克江安。在这时，晋国的各路军队同时并进，乐乡、荆门等地的吴国守军，相继归降。十八日，武帝任命王浚为都督益、梁二州诸军事，又下诏令说："王浚、唐彬向东进军，肃清巴丘以后，与胡奋、王戎一同攻克夏口、武昌，再顺流东下，直达到秣陵，与胡奋、王戎审时度势，相机行事。杜预应稳定零、桂，安抚衡阳。大军已经前进，荆州南部地区，定当传布檄文就可平定，杜预应分出一万人给王浚，七千人给唐彬；夏口已经攻下，胡奋应分七千人给王浚；武昌已经得手，王戎应该分六千人增加唐彬的兵力。太尉贾充移驻在项城，总管监督各方事宜。"王浚率军向前，攻陷夏口、武昌，于是战舰漂浮着东下，凡是到达的地方，没有遇到抵抗就被平定了。王浑、周浚在版桥地界，与吴国丞相张悌交战，大败吴军，杀死张悌以及随行的吴国将领孙震、沈莹，将他们的人头送到洛阳。孙皓穷困紧迫，请求投降，向琅邪王司马伯送上了吴国皇帝的御玺以及绶带。

三月十五日，王浚率水军，直达建邺石头城，孙皓十分恐惧，反缚双手，载着棺材，在晋军营门前投降。王浚手持着符节，代表武帝解开他的双手，烧毁棺材，送他到京都洛阳。收集吴国地图户籍，取得四州，四十三郡，三百一十三县，五十二万三千户，三万二千吏，二十三万兵，男女共有二百三十万口。吴国原来任命的州牧郡守以下的官吏，都继续留任，废除孙皓繁琐残酷的政令，宣布简便易行的措施，吴国百姓十分高兴。

夏季四月二十九日，武帝颁发对已经被判刑囚犯的减免令，更改了年号，特别准许民间举行五天集会饮宴，来表示欢庆，赈恤孤寡老弱、贫困穷苦人。河东、高平下降冰雹及雨，伤害秋季作物。武帝派兼侍中张侧、黄门侍郎朱震，分别出使扬、越地区，抚慰刚归顺的百姓。白麟出现在顿丘境内。三河、魏郡、弘农下降冰雹与雨，伤害隔年才成熟的麦苗。

五月二十五日，武帝赐给孙皓爵位为归命侯，任命他的太子孙瑾为中郎，其余的儿子任郎中。吴国德高望重的人，依据他们的才能，任命给相应的官职。孙氏在交战中阵亡的高级将领，让他们的家属搬迁到寿阳县居住；将吏凡渡江北来定居的，免除十年租调徭役，百姓和各种工匠，免除二十年。

六月十一日，武帝来到殿前，举行了盛大的朝会，并引孙皓上殿，众臣都高呼万岁。十二日，在太庙中进献酃渌美酒。有六个郡国遭遇雹灾，伤害秋季农作物。十五日，武帝诏令士兵中凡年龄六十岁以上的人，都免去徭役，回归家中。二十五日，任命王浚为辅国大将军、襄阳县侯，杜预当阳县侯，王戎安丰县侯，唐彬上庸县侯，贾充、琅邪王司马伷以下人员，都增加了封邑。与此同时，评论功绩，进行封赏，分别不同等次地赐予公卿以下人员的绢帛。

二十二日，初次设置了翊军校尉官职。复封丹水侯司马睦为高阳王。二十九日，东方夷族有十个国归附。

秋季七月，叛虏轲成泥人寇西平、浩亹，杀死晋督将以下三百多人。东方夷族有二十个国入朝贡献。初五，调尚书魏舒任尚书右仆射。

八月，车师前部国王派儿子入侍武帝。初五，武帝分封他的弟弟司马延祚为乐平王。三条白龙出现在永昌境内。

九月，众大臣因为天下统一，屡次请求到泰山举行祭祀天地的典礼，武帝谦让，没有允许。

冬季十月初四，废除家中养育五个女儿的人免除租调徭役的法令。

十二月十五日，广汉王司马赞去世。

二年春季二月，淮南、丹杨发生了地震。

三月十五日，安平王司马敦去世。分别不同等次，将俘掠的吴国人口赏赐给王公以下人员。武帝下令挑选原来孙皓的妓妾五千人，送入后宫。东方夷族有五个国入朝贡献。

夏季六月，东方夷族五个国归顺。有十六郡国下冰雹和雨，大风吹倒了树木，毁坏百姓房屋。江夏、泰山发生水灾，漂流三百多家居民。

秋季七月，上党又遭暴风、冰雹大雨袭击，毁坏秋季作物。

八月，彗星出现在张宿星区。

冬季十月，鲜卑族的慕容廆人寇昌黎郡。

十一月二十五日，大司马陈骞去世。彗星出现在了轩辕星区。鲜卑族入寇辽西郡，平州刺史鲜于婴讨伐，打退这次侵扰。

三年春季正月初一，撤销了秦州建制，与雍州合并。十八日，调尚书令张华出任都督幽州诸军事。

三月，安北将军严询在昌黎地界，打败鲜卑族慕容瘣，鲜卑死伤数万人。

夏季四月二十五日，太尉、鲁公贾充去世。

闰四月初一，司徒、广陵侯李胤去世。

五月初九，二条白龙出现在了济南境内。

秋季七月，废除了平州、宁州刺史每三年一次入朝奏事制度。

九月，东方夷族有二十九国归服，贡献特产。吴国原将领莞恭、帛奉起兵反叛，攻陷建邺县城，杀死县令，竟然围攻扬州；徐州刺史嵇喜讨伐，平定这次叛乱。

冬季十二月十三日，调司空、齐王司马攸担任大司马、督青州诸军事，镇东大将军、琅邪王司马伯任抚军大将军，汝南王司马亮任太尉，光禄大夫山涛任司徒，尚书令卫瓘任司空。二十五日，武帝诏令国内水灾、旱灾尤其严重的地区，不用交田租。

四年春季二月十四日，调尚书右仆射魏舒任尚书左仆射、下邳王司马晃任尚书右仆射。戊午，司徒山涛去世。

二月十九日，武帝赐封长乐亭侯司马寔为北海王。

三月初一，发生日食。十四日，大司马、齐王司马攸去世。

夏季四月，任城王司马陵去世。

五月初一，大将军、琅邪王司马伯去世。改封辽东王司马蕤为东莱王。

六月，增加了九卿官职的礼遇以及品秩。牂柯境内的獠族二千多个部落归顺。

秋季七月十四日，调尚书右仆射、下邳王司马晃出任都督青州诸军事。二十八日，兖州洪水成灾，诏令免收灾区百姓的田租。

八月，鄯善国王派儿子入侍，武帝赐给他归义侯的封号。任命陇西王司马泰为尚书右仆射。

冬季十一月二十二日，新都王司马该去世。调尚书左仆射魏舒为司徒。

十二月初五，武帝在宣武观大规模检阅军队。

这一年，河内郡以及荆州、扬州都发生严重水灾。

五年春季正月初四，二条青龙出现在武器库内的井中。

二月初二，封南宫王儿子司马玷为长乐王。二十八日，发生地震。

夏季四月，任城、鲁国的池水色鲜红如血。五月十三日，宣帝庙的大梁断折了。

六月，首次设置奉皇帝诏令关押犯人的黄沙监狱。

秋季七月十六日，武帝儿子司马恢去世。任城、梁国、中山下降雨及冰雹，损坏秋季农作物。减少征收天下户调的三分之一。

九月，南安地区遭受了风灾，吹断树木。有五个郡国发生严重的水灾，降霜成害，损伤秋季农作物。

冬季十一月十四日，太原王司马辅去世。

十二月初十，武帝发布对已经判刑罪犯的减免的命令。林邑、大秦国分派使臣来朝贡献。

闰十二月，镇南大将军、当阳侯杜预去世。

六年春季正月初一，因为连续几年农业歉收，免了百姓所欠田租、债务中的旧账。初九，调征南大将军王浑担任尚书左仆射、尚书褚祇都督扬州诸军事、杨济都督荆州诸军事。

三月，有六郡国遭遇了霜灾，损害桑树和麦苗。

夏季四月，扶南等十个国来朝贡献，参离四千多个部落归附。有四个郡国发生干旱，十个郡国洪水泛滥成灾，毁坏百姓的房屋。

秋季七月，巴西地区发生地震。

八月初一，发生日食。武帝下诏令减少征收百姓三分之一的绵绢。有白龙出现在京兆郡内。调镇军大将军王浚担任抚军大将军。

九月二十一日，山阳公刘康去世。

冬季十月，南安境内发生了山崖滑坡，地下水从中流出。南阳郡捕捉到只有两只脚的野兽。龟兹、焉耆国王派儿子入侍武帝。

十二月初一，武帝在宣武观大规模检阅军队，经过十天才结束。十七日，抚军大将军、襄阳侯王浚去世。

七年春季正月初一，发生日食。初二，武帝下诏令："近几年来，自然灾害以及怪异的现象多次出现，日食发生在正月初一，地壳震动，山崖滑坡。国家治理得不好，责任全在我一人。公卿大臣每个人都密封上书，尽你们所知，讲出灾异现象多次出现的原因，不要有任何隐瞒或者忌讳。"

夏季五月，有十三个郡国发生旱灾。鲜卑族慕容廆入寇辽东。

秋季七月，朱提出现了山崩；犍为发生了地震。

八月，东方夷族有十一个国归顺。京兆发生了地震。

九月二十九日，骠骑将军、扶风王司马骏去世。有八个郡国发生严重水灾。

冬季十一月初四，武帝任命陇西王司马泰都督关中诸军事。

十二月，武帝派侍御史视察遭受水灾的各郡国。释放了后宫女官才人、歌妓舞女以下二百七十多人，各自回自己的家中。初次颁发了大臣服满三年丧礼的制度。二十一日，河阴地区下降赤雪，面积达到二百亩。

这一年，扶南等二十一个国家、马韩等十一个国家派使臣，来朝贡献。

八年春季正月初一，发生日食。太庙大殿下塌。

三月十九日，临商观发生了地震。

夏季四月，齐国、天水降霜成灾，损害麦苗。

六月，鲁国发生严重的风灾，吹倒树木，毁坏百姓的房屋。有八个郡国又出现严重的水灾。

秋季七月，前殿的地面下陷，深达几丈，那里面发现埋在下面的破船。

八月，东方夷族有两个国归顺。

九月，改建太庙。

冬季十月，南康郡的平固县县吏李丰反叛，聚集同党的人围攻郡县，自称为将军。

十一月，海安县县令萧辅，聚集徒众反叛。

十二月，吴兴郡人蒋迪，聚集党徒反叛，围攻了阳羡县。州郡发兵捕捉讨伐，都判处死刑。南方夷人扶南、西域的康居等国家，分别派使臣来朝贡献。

这一年，有五个郡国发生地震。

九年春季正月初一，发生日食。武帝下诏书说："振兴教化的根本，在于政治安定、清明，论事平允及时，地方官吏不去多方体恤百姓疾苦，却任意凭借私人恩怨，制造扩大狱讼；又大多贪残污浊，扰乱百姓。当皇帝下令要求刺史、郡守去纠察那些贪赃枉法的人，推荐了那些公正清廉的人，有关的部门讨论他们的罢黜或者升迁。"又要求中央、地方各级官吏，举荐清廉有才能的人，提拔出身微贱的人。长江东岸的四个郡发生地震。

二月，尚书右仆射、阳夏侯胡奋去世后，调尚书朱整任尚书右仆射。

三月初七，杨皇后在洛阳城西的郊外举行亲身蚕事的典礼，分为不同等次赏赐绢帛。二十二日，初次将春季祭社与秋季祭社合并为春季祭社。

夏季四月，长江南岸有八个郡国发生地震；陇西郡降霜成灾，伤害越冬麦苗。

五月，义阳王司马奇触犯刑律，被削爵为三纵亭侯。武帝诏令中央、地方各级官吏推举能够胜任郡守、县令职事的人才。

六月初一，发生日食。改封章武王司马威为义阳王。有三十二个郡国发生了严重旱灾，损害麦田。

秋季八月十四日，陨石坠落地有如雨点。武帝下令郡国将被判处五年以下刑期的囚犯马上结案发遣，不要滞留各种诉讼。

九月，东方夷族有七个国到东夷校尉府归顺。二十四个郡国发生了螟灾。

冬季十二月初七，分封河间平王司马洪儿子司马英为章武王。十二日，青龙、黄龙各一条出现在了鲁国境内。

十年夏季四月，因为京兆太守刘霄、阳平太守梁柳办事有方，成效非常卓著，分别赏赐给他们稻谷一千斛。有八个郡国发生霜灾。太庙改建完成。十一日，迁徙去世先祖的牌位进入新建的太庙，武帝在道路旁亲自迎接，并举行了祭祀远祖、近祖的典礼；颁布对已判刑罪犯的减免令，文武百官增加一级爵位，参加修建太庙的增加二级。十三日，尚书右仆射、广兴侯朱整去世。十九日，崇贤殿发生了火灾。

五月，鲜卑族慕容瘣归降，东方夷族有十一国归顺。

六月初七，山阳公刘瑾去世。又恢复了分设的春季祭社与秋季祭社。

冬季十月二十一日，改封南宫王司马承为武邑王。

十一月丙辰，代行尚书令、左光禄大夫荀勖去世。武帝的疾病初愈，赏赐王公以下人员绢帛，各有不同的等次。含章殿练武的鞠室发生了火灾。

二十三日，武帝任命汝南王司马亮为大司马、大都督、假黄钺。改封南阳王司马柬为秦王、始平王司马玮为楚王、濮阳王司马允为淮南王，都授予了假节的权力，到各自的封国，并且分别统率封国所在地附近的数州的军事。分封他的儿子司马乂为长沙王、司马颖为成都王、司马晏为吴王、司马炽为豫章王、司马演为代王，孙子司马通为广陵王。又分封濮阳王儿子司马迪为汉王、始平王儿子司马仪为毗陵王、汝南王次子司马犒为西阳公。改封扶风王司马畅为顺阳王、畅的弟弟司马歆为新野公、琅邪王司马觐的弟弟澹为东武公、繇为东安公、漼为广陵公、卷为东莞公。各王国的属官相，改名为内史。

二十九日，太庙的大梁折断。

这一年，东方夷族僻远的三十多个国家、西南方夷族的二十多个国家，来朝献礼。叛虏奚轲率领男女十万人归降。

太熙元年春季正月初一，更改了年号。初九，调尚书左仆射王浑任司徒、司空卫瓘任太保。

二月十二日，东方夷族有七个国入朝贡献。琅邪王司马觐去世。

三月初五，调右光禄大夫石鉴任司空。

夏季四月十二日，调侍中、车骑将军杨骏担任太尉、都督中外诸军、录尚书事。二十日，武帝在含章殿逝世，时年五十五岁，葬在了峻阳陵地，庙号世祖。

武帝度量宏大，待人厚道，一切事都本着仁恕原则办理，能够容纳直言正论，从不以粗暴态度待人；明智通达，长于谋略，能够断大事。所以，得以安定各方，平定了天下。继魏国奢侈苛刻的风气后，百姓怀念以前古朴的风尚，武帝就用恭敬节俭的原则来加以鞭策，用清心寡欲的思想来加以劝导。有司曾经上奏宫中的牛青丝鼻绳断了，武帝命令用青麻绳来代替它。当朝处理政事能够宽容，法令制度有常规。高阳许允被文帝司马昭处死后，允的儿子许奇担任了太常丞。武帝将在太庙中行事，朝臣议论由于许奇出身在遭受过打击的家庭，不想要他在行事时接近武帝，请求将他调离了太常府，出外任长史。武帝追述许允旧日声誉，称赞许奇的才能，反而提拔他担任祠部郎，当时的舆论都赞扬武帝这种公正而豁达的气度。平定吴国之后，天下太平，于是对施政方略产生厌倦，沉溺在游荡宴乐的生活中，放纵偏爱皇后的家族，亲近优待当朝权贵，经验丰富的老臣宿将，得不到信任与重用，典章制度遭到了破坏，请托、徇私公开流行。到晚年，明知惠帝司马衷不能够承担大任，但是仗持孙子司马通天资聪颖，智力过人，因此没另立太子的打算。又考虑到司马遹不是贾后的亲生儿子，担心最终会导致危机和失败，于是就和亲信共同商议死后的保证措施。出主意的人各自说法不一，长时间又难以下决心，最后采用王佑的谋划，派太子司马衷的弟弟秦王司马柬都督关中，楚王司马玮、淮南王司马允同时出镇道要害的地方，来增强皇室司马氏的力量。又担心皇后杨氏逼迫，再任命王佑做北军中侯，来统率保卫皇帝的禁军。不久，武帝卧病不起，也不见好转，渐渐进入危险状态，共同缔造晋国的功臣，都已经先期死去，文武百官惶恐不安，也不知道该怎么办才好。适逢武帝的病情稍稍缓和，有诏令任命汝南王司马亮辅佐朝政，又想要在朝臣中挑选几位名声好、年纪轻的人来协助司马亮辅政；杨骏隐藏了诏令，不予公布。武帝转眼间又迷糊错乱，杨皇后趁机拟定了诏书，任命杨骏辅佐政务，催逼司马亮马上出发，到镇赴任。武帝一会儿清醒，询问汝南王司马亮来到没有，示意想见到他，有重要的事向他交代，身边的人回答没有到，武帝就进入了昏迷垂危的地步。朝廷内部的动乱，实在是起于他这样的安排啊。

晋书卷四十九

阮籍嵇康向秀列传第十九

阮　籍

阮籍字嗣宗，陈留尉氏人也。父瑀，魏丞相掾，知名於世。籍容貌瑰杰，志气宏放，傲然独得，任性不羁，而喜怒不形於色。或闭户视书，累月不出，或登临山水，经日忘归。博览群籍，尤好庄老。嗜酒能啸，善弹琴。当其得意，忽忘形骸。时人多谓之痴，惟族兄文业每叹服之，以为胜己，由是咸共称异。

籍尝随叔父至东郡，兖州刺史王昶请与相见，终日不开一言，自以不能测。太尉蒋济闻其有隽才而辟之，籍诣都亭奏记曰："伏惟明公以含一之德，据上台之位，英豪翘首，俊贤抗足。开府之日，人人自以为掾属；辟书始下，而下走为首。昔子夏在於西河之上，而文侯拥彗；邹子处於黍谷之阴，而昭王陪乘。夫布衣韦带之士，孤居特立，王公大人所以礼下之者，为道存也。今籍无邹卜之道，而有其陋，猥见采择，无以称当。方将耕於东皋之阳，输黍稷之馀税。负薪疲病，足力不强，补吏之召，非所克堪。乞回谬恩，以光请举。"初，济恐籍不至，得记欣然。遣卒迎之，而籍已去，济大怒。於是乡亲共喻之，乃就吏。后谢病归。复为尚书郎，少时，又以病免。及曹爽辅政，召为参军。籍因以疾辞，屏於田里。岁馀而爽诛，时人服其远见。宣帝为太傅，命籍为从事中郎。及帝崩，复为景帝大司马从事中郎。高贵乡公即位，封关内侯，从散骑常侍。

籍本有济世志，属魏晋之际，天下多故，名士少有全者，籍由是不与世事，遂酣饮为常。文帝初欲为武帝求婚於籍，籍醉六十日，不得言而止。钟会数以时事问之，欲因其可否而致之罪，皆以酣醉获免。及文帝辅政，籍尝从容言於帝曰："籍平生曾游东平，乐其风土。"帝大悦，即拜东平相。籍乘驴到郡，坏府舍屏鄣，使内外相望，法令清简，旬日而还。帝

引为大将军从事中郎。有司言有子杀母者，籍曰："嘻！杀父乃可，至杀母乎！"坐者怪其失言。帝曰："杀父，天下之极恶，而以为可乎？"籍曰："禽兽知母而不知父，杀父，禽兽之类也。杀母，禽兽之不若。"众乃悦服。

籍闻步兵厨营人善酿，有贮酒三百斛，乃求为步兵校尉。遗落世事，虽去佐职，恒游府内，朝宴必与焉。会帝让九锡，公卿将劝进，使籍为其辞。籍沈醉忘作，临诣府，使取之，见籍方据案醉眠。使者以告，籍便书案，使写之，无所改窜。辞甚清壮，为时所重。

籍虽不拘礼教，然发言玄远，口不臧否人物。性至孝，母终，正与人围棋，对者求止，籍留与决赌。既而饮酒二斗，举声一号，吐血数升。及将葬，食一蒸肫，饮二斗酒，然后临诀，直言穷矣，举声一号，因又吐血数升。毁瘠骨立，殆致灭性。裴楷往吊之，籍散发箕踞，醉而直视，楷吊唁毕便去。或问楷："凡吊者，主哭，客乃为礼。籍既不哭，君何为哭？"楷曰："阮籍既方外之士，故不崇礼典。我俗中之士，故以轨仪自居。"时人叹为两得。籍又能为青白眼，见礼俗之士，以白眼对之。及嵇喜来吊，籍作白眼，喜不怿而退。喜弟康闻之，乃赍酒挟琴造焉，籍大悦，乃见青眼。由是礼法之士疾之若仇，而帝每保护之。

籍嫂尝归宁，籍相见与别。或讥之，籍曰："礼岂为我设邪！"邻家少妇有美色，当垆沽酒。籍尝诣饮，醉，便卧其侧。籍既不自嫌，其夫察之，亦不疑也。兵家女有才色，未嫁而死。籍不识其父兄，径往哭之，尽哀而还。其外坦荡而内淳至，皆此类也。时率意独驾，不由径路，车迹所穷，辄恸哭而反。尝登广武，观楚汉战场，叹曰："时无英雄，使竖子成名！"登武牢山，望京邑而叹，於是赋《豪杰诗》。景元四年冬卒，时年五十四。

籍能属文，初不留思。作《咏怀诗》八十馀篇，为世所重。著《达庄论》，叙无为之贵。文多不录。

籍曾於苏门山遇孙登，与商略终古及栖神导气之术，登皆不应，籍因长啸而退。至半岭，闻有声若鸾凤之音，响乎岩谷，乃登之啸也。遂归著《大人先生传》，其略曰："世人所谓君子，惟法是修，惟礼是克。手执圭璧，足履绳墨。行欲为目前检，言欲为无穷则。少称乡党，长闻邻国。上欲图三公，下不失九州牧。独不见群虱之处裈中，逃乎深缝，匿乎坏絮，自以为吉宅也。行不敢离缝际，动不敢出裈裆，自以为是绳墨也。然炎丘火流，焦邑灭都，群虱处於裈中而不能出也。君子之处域内，何异夫虱之处裈中乎！"此亦籍之胸怀志趣也。

子浑，字长成，有父风。少慕通达，不饰小节。籍谓曰："仲容已豫吾此流，汝不得复尔！"太康中，为太子庶子。

【译文】

阮籍，字嗣宗，陈留尉氏人。父亲阮瑀，做过魏朝丞相曹操的僚属，在当时社会上颇有名气。阮籍的相貌奇特伟岸超越众人，志气宏达豪放，性格傲岸，做事凭借性格不受拘束，心里感到高兴或恼怒时，从来不在脸色上表露出来。有时闭门读书，几个月也不出家门；有时登山玩水，连续几天忘了归家。他博览群书，尤其喜爱《庄子》《老子》。好饮酒，能长啸又善于弹琴。当他得意的时候，总感到飘飘悠悠而忘记了自己形体的存在。当时多数人说他癫狂，只有他堂兄阮文业常常赞叹佩服他，认为阮籍胜过自己，由于阮文业的赞扬，大家才都称颂阮籍的奇特。

阮籍曾经跟随他叔父到东郡（今河南濮阳西南），兖州（今属山东）刺史王昶请求与阮籍会面，阮籍却整天不开口说一句话，王昶感到阮籍这个人难以捉摸。太尉蒋济听说阮籍才智出众而征召他，阮籍前往亭长府内给蒋济写一份奏章，说："卑下俯伏上言，贤明的太尉，您以纯净的涵养美德，处于辅助国君的高级地位，使英雄豪杰翘首，让后士贤人踮脚。正当成立官署选拔官吏之日，人人都想自己能充任您的僚属，您的征召文书刚刚下达，我这个卑下走卒竟名列前茅。过去，子夏住在西河（今黄河与北洛河之间），为请子夏到魏国做官，魏国国君文侯亲自抱扫帚为他清道；邹子住在黍谷（今河北密云西南），为请邹衍到燕国当导师，燕国国君昭王自己陪站在邹子车子的右厢。这些人衣带粗陋，深居简出，孤清独立，王公大人之师对他们礼贤下士，是因为他们身上存在着美德韬略。现在，阮籍并没有邹衍、子夏的美德韬略，有的是浅薄粗陋，卑下有辱您的选拔，实在难以担当。我刚要到高朗朝阳的田野去耕耘种作，以缴纳国家的钱粮税收。况且我身患疾病，足力不强，不能为您奔走效劳。任命我为官属的召令，是我所不能承受的。乞求您收回对我的错误恩赐，以便使这次明正的举荐选拔更闪耀光辉。"征召初时，蒋济唯恐阮籍不来，接到了阮籍的奏章，真是高兴，便派差役去迎接阮籍，但阮籍却已经离去，蒋济非常气恼。因此，乡亲都来劝告阮籍，阮籍接受官职。后来，阮籍又托病返乡。及后，阮籍又做了尚书郎。不久，又托病辞职。到了曹爽辅助朝政时，阮籍又被召为参军。阮籍还是以病推辞，而隐居于乡间。过了一年多，曹爽被杀，当时人们都钦佩阮籍有远见。宣帝司马懿做太傅时，阮籍被任命为从事中郎，到了司马懿驾崩后，阮籍又做了景帝司马师大将军的从事中郎。被封为高贵乡公的曹髦做皇帝时，阮籍被封为关内侯，后调任为散骑常侍。

阮籍本来就有匡时救世的志向。但他处于魏晋交替之时，当时天下多事，凡知名之士很少有好结果，阮籍因而不干预世事，便时常开怀畅饮。文帝司马昭起初要为他的儿子武帝司马炎请求阮籍联结姻亲，而阮籍大醉六十日，使司马昭没能开口只好作罢。钟会数次问阮籍关于时事的问题，企图根据阮籍是赞成还是反对来加给阮籍罪名，但阮籍每次都饮得酩酊大醉，从而避免了遭受陷害。到了文帝司马昭辅助朝政时，阮籍曾经从容地对文帝说："我平时曾经游览过东平（今属山东），喜欢那里的风俗习惯和地理环境。"文帝非常高兴，马上任命阮籍为东平相。阮籍骑着驴子到了东平郡，拆毁了东平相府舍衙门的围墙和影壁，使内外可以相望，并且精简了法令，过了十天，他便回乡了。文帝司马昭又举荐阮籍为大将军的从事中郎。管事的官吏谈到有一个做儿子的杀死了母亲的事，阮籍说："唉！将父亲杀死还可，竟然到了弑母的程度！"在座的人都怪他失言。文帝问司马昭说："杀死父亲是天下的极端罪恶，怎么认为可以呢？"阮籍说："禽兽知道母亲而不知道父亲。人杀了父亲，类似禽兽，杀死母亲，就连禽兽都不如了。"于是，大家都心服口服。

阮籍听说步兵兵营的厨师善于酿酒，并存有三百斛酒，他便请求去当步兵校尉。他弃置事物不加管理，虽然辞去从事中郎，但还经常游乐于大将军的府内，每有朝堂宴会他也必定参加。文帝司马昭一再谦让帝王赐给他的九种器物，朝廷大臣劝司马昭进晋公位，接受赐予的九件器物，并指使阮籍为他们写劝进文。阮籍喝得大醉，忘记了写劝进文，大臣临到大将军府内时，才派使者去取劝进文，使者见到阮籍正靠着几案醉醺醺的，告诉阮籍来意后，阮籍便在几案上划字，让使者誊抄，文章竟没改动过一处。文辞很清丽豪壮，为当时人们所称赞。

阮籍虽然不受礼教的拘束，但是言语玄妙、悠远，说话不轻易褒贬人家。他非常孝顺，母亲逝世时，他正和人家下围棋，对方要求停止，阮籍却留下来与对方决战，赌个输赢。继之便喝了两斗酒，放声大哭，还吐了好几升血。母亲将要下葬时，他又吃了一块蒸猪腿，喝了二斗酒，然后靠近棺木与母亲遗体告别，这时连说话的气力也没有了。他再次放声大哭，因此又吐了好几升血，他因悲哀而消瘦，显得瘦骨嶙峋，以致几乎要死去。

裴楷前去吊唁，阮籍披散着头发，将两脚伸开，手按着膝盖坐下来，喝醉了直愣愣地看人，裴楷吊完唁便离去了。有的人问裴楷："凡是吊唁，主人都得先哀哭，客人才因礼俗而哭拜。阮籍既然不哭，你为什么要哭呢？"裴楷说："阮籍既然是超乎礼俗之外的人，当然不崇尚礼教法典；我是世俗中的人，所以自己要顺从礼仪之事。"当时的人都赞叹他们俩的做法都很合理。阮籍又会用黑眼珠或眼白看人，看到拘泥于礼俗的人，他用白眼对待。嵇喜前来吊唁时，阮籍翻白眼怒视，嵇喜很不高兴地走了。嵇喜的弟弟嵇康听说，便带酒挟琴来访，阮籍十分高兴，才露出黑眼珠来。因此，尊崇礼法的人都憎恨阮籍如同仇敌，可是文帝司马昭却每每保护阮籍。

阮籍的嫂子曾经回娘家省亲，阮籍和他嫂子见面并与她告别，有的人就讥笑阮籍，阮籍却说："礼法难道是为我制定的吗？"邻居有一个颇具姿色的青年妇女，坐在酒垆旁边卖酒。阮籍曾经去买酒喝，喝醉了便躺在那个青年妇女旁边。阮籍自己不避嫌，那个青年妇女的丈夫审视阮籍，也没有怀疑。一户军人的家里有一个既有才学又有姿色的女子，还没出嫁就死了。阮籍并不认识这个女子的父兄，却径自去哭灵，尽了哀悼才返回。阮籍外表坦荡而内心纯净，一向如此。阮籍时常随意驾车独行，他不顺着道路走，直到车子到了尽头无法走了，才痛哭而归。阮籍还曾经登临广武山，观览楚汉对峙时的战场，他感慨地说："那时，没有真正能称得上英雄的人，所以刘邦那小子成了名！"阮籍又登临武牢山，观望洛阳都城而发出感叹，于是写了《豪杰诗》。景元四年(263)冬天，阮籍去世，终年五十四岁。

阮籍善于写文章，下笔似乎一点也不经心，他写了《咏怀诗》八十多首，为世间所珍重。作《达庄论》，叙述顺应自然、不求有所作为的可贵。他的文章多半没有存录。

阮籍曾经在苏门山遇见隐士孙登，他和孙登商讨古代开天辟地之理和修身养性练气之术，孙登一概不应答，于是阮籍长啸一声离开了。走到半山腰，听到一种好像凤凰鸣叫的声音回响于山谷之中，原来是孙登长啸声。阮籍回来后就写了《大人先生传》，文章简要地写道："世上的人所说的君子，一心只奉行礼法，一心以礼制约束自己；手里拿着圭璧，脚顺着绳墨走路；行为要成为当今的榜样，言语要成为后世的准则。青年时要称誉于乡里，成长后要闻名于都城。向上谋图充当朝廷大臣，往下企望不失去州府的最高官衔。难道没有见过成群的虱子聚集于裤子里吗？它们逃钻于深缝里，躲藏于破棉絮中，还自以为那是吉利的住宅。爬行不敢离开缝隙，走动不敢离开裤裆，还自以为那是遵循行为准则哩！但是当热带的气浪灼热如火地袭来时，都市全被烤焦，成群的虱子只能处于裤子里头而出不来了。正人君子居于世间，与虱子藏匿于裤子里又有什么不同呢？”这也就是阮籍的胸襟志趣。

阮籍的儿子阮浑，字长成，有他父亲的作风。青少年时喜欢放荡旷达，不拘小节。阮籍却说：“你堂兄仲容已经加入我们这一帮子了，你不能再这样了。”太康年间，阮浑当上了太子庶子。

嵇康

嵇康字叔夜，谯国铚人也。其先姓奚，会稽上虞人，以避怨徙焉。铚有嵇山，家于其侧，因而命氏。兄喜，有当世才，历太仆、宗正。

康早孤，有奇才，远迈不群，身长七尺八寸，美词气，有风仪，而土木形骸，不自藻饰，人以为龙章凤姿，天质自然。恬静寡欲，含垢匿瑕，宽简有大量，学不师受，博览无不该通，长好《老》《庄》。与魏宗室婚，拜中散大夫，常修养性服食之事，弹琴咏诗，自足于怀。以为神仙禀之自然，非积学所得。至于导养得理，则安期彭祖之伦可及，乃著《养生论》。又以为君子无私，其论曰：“夫称君子者，心不措乎是非而行不违乎道者也。何以言之？夫气静神虚者，心不存于矜尚；体亮心达者，情不系于所欲。矜尚不存乎心，故能越名教而自任自然；情不系于所欲，故能审贵贱而通物情，物情顺通，故大道无违，越名任心，故是非无措也。是故言君子则以无措为主，以通物为美；言小人则以匿情为非，以违道为阙。何者？匿情矜吝，小人之至恶；虚心无措，君子之笃行也。是以大道言及吾无身，吾又何患。无以生为贵者，是贤于贵生也。由斯而言，夫至人之用心固不存有措矣。故曰‘君子行道，忘其为身’，斯言是矣。君子之行贤也，不察于有度而后行也，任心无邪，不议于善而后正也，显情无措，不论于是而后为也。是故傲然忘贤而贤与度会；忽然任心而心与善遇，傥然无措而事与是俱也。”其略如此。盖其胸怀所寄以高契难期，每思郢质，所与神交者惟陈留阮籍、河内山涛，豫其流者河内向秀、沛国刘伶、籍兄子咸、琅邪王戎，遂为竹林之游，世所谓‘竹林七贤’也。戎自言与康居山阳二十年，未尝见其喜愠之色。

康尝采药游山泽，会其得意，忽焉忘反。时有樵苏者遇之，咸谓为神。至汲郡山中见孙登，康遂从之游。登沉默自守，无所言说。康临去，登曰："君性烈而才杰，其能免乎？"康又遇王烈，共入山，烈尝得石髓如饴，即自服半，馀半与康，皆凝而为石。又于石室中见一卷素书，遽呼康往取，辄不复见。烈乃叹曰："叔夜志趣非常而辄不遇，命也。"其神心所感，每遇幽逸如此。

山涛将去选官，举康自代。康乃与涛书告绝，曰：

闻足下欲以吾自代，虽事不行，知足下故不知之也。恐足下羞庖人之独割，引尸祝以自助，故为足下陈其可否。

老子、庄周，吾之师也，亲居贱职。柳下惠、东方朔达人也，安乎卑位。吾岂敢短之哉！又仲尼兼爱，不羞执鞭。子文无欲卿相而三为令尹，是乃君子思济物之意也。所谓达能兼善而不渝，穷则自得而无闷。以此观之，故知尧舜之居世，许由之岩栖，子房之佐汉，接舆之行歌，其揆一也。仰瞻数君，可谓能遂其志者也。故君子百行，殊涂同致，循性而动，各附所安。故有处朝廷而不出，入山林而不反之论。且延陵高子臧之风，长卿慕相如之节。意气所先，亦不可夺也。

吾每读《尚子平》《台孝威传》，慨然慕之，想其为人，加少孤露，母兄骄恣，不涉经学。又读《老》《庄》，重增其放。故使荣进之心日颓，任逸之情转笃。阮嗣宗口不论人过，吾每师之，而未能及。至性过人，与物无伤，惟饮酒过差耳。至为礼法之士所绳，疾之如仇雠，幸赖大将军保持之耳。吾以不如嗣宗之资而有慢弛之缺，又不识物情，暗于机宜，无万石之慎，而有好书之累，久与事接，疵衅日兴，虽欲无患，其可得乎？

又闻道士遗言，饵术黄精，令人久寿，意甚信之。游山泽，观鱼鸟，心甚乐之。一行作吏，此事便废，安能舍其所乐而从其所惧哉！

夫人之相知，贵识其天性，因而济之。禹不逼伯成子高，全其长也。仲尼不假盖于子夏，护其短也。近诸葛孔明不迫元直以入蜀，华子鱼不强幼安以卿相。此可谓能相终始，真相知者也。自卜已审，若道尽涂殚则已耳。足下无事冤之令转于沟壑也。

吾新失母兄之欢，意常凄切。女年十三，男年八岁，未及成人，况复多疾，顾此悢悢，如何可言？今但欲守陋巷，教养子孙，时时与亲旧叙离阔，陈说平生，浊酒一杯，弹琴一曲，志意毕矣。岂可见黄门而称贞哉！若趣欲共登王涂，期于相致，时为欢益，一旦迫之，必发狂疾。自非重雠，不至此也。既以解足下，并以为别。

此书既行，知其不可羁屈也。

性绝巧而好锻。宅中有一柳树甚茂，乃激水环之，每夏月，居其下以锻。东平吕安服康高致，每一相思，辄千里命驾，康友而善之。后安为兄所枉诉，以事系狱，辞相证引，遂复收康。康性慎言行，一旦缧绁，乃作《幽愤诗》曰：

"嗟余薄祐，少遭不造。哀茕靡识，越在襁褓。母兄鞠育，有慈无威。恃爱肆好，不训不师。爰及冠带，凭宠自放。抗心希古，任其所尚。托好庄老，贱物贵身。志在宗朴，养素全真。

曰予不敏，好善暗人。子玉之败，屡增惟尘。大人含弘，藏垢怀耻。人之多僻，政不由己。惟此褊心，显明臧否。感悟思愆，怛若创痏。欲寡其过，谤议沸腾。性不伤物，频致怨憎。昔惭柳惠，今愧孙登。内负宿心，外恧育朋。仰慕严郑，乐道闲居，与世无营，神气晏如。

咨予不淑，婴累多虞。匪降自天，实由顽疏理弊患结，卒致囹圄。对答鄙讯，絷此幽阻。实耻讼冤，时不我与。虽曰义直，神辱志沮。澡身沧浪，曷云能补。雍雍鸣雁，厉翼北游，顺时而动，得意忘忧。嗟我愤叹，曾莫能畴。事与愿违，遘兹淹留，穷达有命，亦又何求。

古人有言，善莫近名。奉时恭默，咎悔不生。万石周慎，安亲保荣。世务纷纭，只搅余情。安乐必诫，乃终利贞。煌煌灵芝，一年三秀。予独何为，有志不就。惩难思复，心焉内疚。庶勖将来，无馨无臭。采薇山阿，散发岩岫。永啸长吟，颐神养寿。

初康居贫，尝与向秀共锻于大树之下，以自赡给。颍川钟会，贵公子也。精练有才辩，故往造焉。康不为之礼，而不锻辍。良久会去，康谓曰："何所闻而来，何所见而去？"会曰："闻所闻而来，见所见而去。"会以此憾之。及是，言于文帝曰："嵇康卧龙也，不可起。公无忧天下，愿以康为虑耳。"因谮康欲助毋丘俭，赖山涛不听。昔齐戮华士，鲁诛少正卯，诚以害时乱教，故圣贤去之。康安等言论放荡，非毁典谟，帝王者所不宜容。因衅除之，以淳风俗。帝既昵听信会，遂并害之。

康将刑东市，太学生三千人请以为师，弗许。康顾视日影，索琴弹之曰："昔袁孝尼尝从吾学《广陵散》，吾每靳固之，《广陵散》于今绝矣。"时年四十，海内之士，莫不痛之。帝寻悟而恨焉。初康尝游于洛西，暮宿华阳亭，引琴而弹，夜分，忽有客诣之，称是古人，与康共谈音律，辞致清辩，因索琴弹之，而为《广陵散》。声调绝伦，遂以授康，仍誓不传人，亦不言其姓字。

康善谈理，又能属文，其高情远趣，率然玄远。撰上古以来高士为之传赞，欲友其人于千载也。又作《太师箴》，亦足以明帝王之道焉。复作《声无哀乐论》，甚有条理。

【译文】

嵇康字叔夜，是三国时魏国谯郡铚人。他的祖先姓奚，会稽的上虞人，因为躲避仇家，才搬迁到这里。铚地有座嵇山（今安徽宿县西南），他的家就在嵇山的山侧，因以嵇为姓。哥哥嵇喜，有做官的才干，历任太仆、宗正等官职。

嵇康早年是孤儿，有奇特的才能，孤高而不合群。他身高七尺八寸，谈吐和气质都很好，很有风度仪表，保持本来面目，不加修饰，人们认为他有龙的文采、凤的姿容，天生的资质出于自然。心境清静淡泊没有世俗的欲望，有宽宏的度量，待人宽厚心胸豁达。学问不是由老师传授，而博览群书不完备通晓，长大以后爱好读《老子》《庄子》。嵇康和魏国的宗室成婚，被授官中散大夫。他常常研习道家涵养本性和服用丹药等事情，弹琴吟诗，胸怀中自我感觉满足。他认为神仙秉承于自然，不是因为长期的学习所能做到的，只要导引养生找到它的规律，那么像安期生、彭祖那样的长寿也可以达到，便撰写了《养生论》。又认为君子应该没有私心，他的主张说："被称为君子的，是指心里不掺杂是是非非，而行为不违背常道的人。这话怎样解释？凡是气静神虚的人，心里不在于夸大自己的操守；领悟透彻心里豁达的人，性情不为自己的欲念所连累干扰。心里没有夸大自己操守的想法，所以能够超越名声和教化而任其自然，性情不受自己欲念的连累干扰，所以能够明白贵贱而通晓物理人情。对物理人情顺意通晓，所以不会违背常理正道；超脱于名声放任自己的心情，所以不受是是非非的掺杂干扰。因此说君子以没有掺杂干扰为最重要，以通晓物理人情为善美；说小人隐匿真情为不对，违背常理正道为过错。这是为什么呢？隐匿真情自我夸张，是小人最令人厌恶的行径；心里不带成见没掺杂干扰，是君子诚笃遵行的美德。所以常道正理说'及吾无身，吾又何患'。不以生命为贵的人，才能胜过看重生命的人。从这一点来说，修养达到最高境界者的本心，原来就不存在掺杂干扰。所以说，'君子行道，忘其为身'，这种说法很对。君子做好事，不是先衡量法度然后才去行动；听凭自己的本心便没有邪恶的想法，不是先谈论善良与否然后才去纠正；袒露自己的真情便无矫揉造作，不是先谈论正确与否然后才去修饰。因此能超然忘贤，而贤与法相符；忽然忘心，而心与善相合；潇洒而不造作，而事情正确密不可分。”他的大致意见就是如此。原来嵇康内心深藏的抱负，认为十分契合的人很难遇到，常常想能有《庄子》中所说的郢人那种气质的知己。和嵇康以道义相交、推心置腹的只有陈留的阮籍、河内的山涛，参与嵇康这一流派是河内的向秀、沛国的刘伶、阮籍的侄子阮咸、琅邪的王戎，他们经常一起在竹林中行游，被世人称为“竹林七贤”。王戎自称和嵇康在山阳一同居住了二十年，从未看到嵇康脸上流露出欢喜或恼怒的神色。

嵇康曾经因为采摘药材而遨游高山大泽，遇到如愿以偿满意而归的时候，忽然忘记回去。当时有些打柴割草的人遇见他，都以为他是神仙。他到汲郡的山里见到孙登，嵇康便跟随孙登一起行游玩乐。孙登为人沉默注意自己的操守，和嵇康没有交谈。嵇康临离开的时候，孙登说：“你的性情刚毅而才气俊秀，能够避免灾难吗？”嵇康又遇到王烈，一起到山里去，王烈曾经得到像饴糖般的石髓乳，自己吃了一半，余下的一半给嵇康时，却凝固成了石头。王烈又在石室中见到一卷兵书，急忙叫嵇康去取来，兵书立即就不见了。王烈便叹息说：“叔夜的志向情趣非同寻常而总是得不到机遇，这是命运啊！”他的精神和心灵所感应的，每次所遇到隐逸的机会却竟然这样。

山涛在离任尚书吏部郎时，推荐嵇康出来代替自己的官职。嵇康便写信给山涛表示和他绝交，信中说：

听说足下要推荐我出来代替自己的职务，这件事虽然没有成功，但因此知道足下原来并不了解我。恐怕是足下独自做这样的官害羞，要拉我给您当助手，就像厨师羞于一个人屠宰，想拉祭师去帮忙一样，让我手执屠刀，也沾上一身腥气，所以为足下陈述能不能这样做。

老子、庄周，是我的老师，身处卑下的职位；柳下惠、东方朔，是通达知命的人，安于低下的职位。我怎么敢妄加评论他们！孔子主张兼爱，为了道义，即使要他去执鞭赶车也不以为耻；子文没有当卿相的欲望，却三次登上令尹的高位，这就是君子想救世济人的心意。这就是所谓的“达则兼善天下”而始终不改变原先的志向，“穷则独善其身”而能恬然自得没有烦恼苦闷的人。从以上所谈的道理来看，所以知道唐尧、虞舜在位于世，许由的隐居不仕，张良辅佐刘邦建立汉朝，楚国隐士接舆唱歌劝孔子归隐，他们出处行为不同，而原则都是一样的。举目仰望唐尧、虞舜这些人，可以说他们是能够实现自己志向的人了。所以君子的各种行为表现，所走的道路虽然各不相同而终归到达同一地点，都是顺着本性而行动，各得其所，所以便有人在朝廷做官而不肯离去，有人在山林隐逸而不肯返回尘世的说法。况且吴国的季札推崇曹国子臧的高风亮节，司马相如敬慕蔺相如的节操，他们都从中寄托了自己的志向，这是不能强加改变的。

我每次读到《尚子平》《台孝威传》时均赞叹仰慕，可以想像到他们的为人。加以我少年时孤苦而且羸弱，母亲和兄长都很娇宠我，所以不去读那些修身做官的经书，又读了《老子》《庄子》，更助长了我的举止随便懒散，所以使我对做官求荣的进取心一天天减弱，而放纵任性的情意却越加强烈。阮籍口里不谈论别人的过错，我常常想学习他这一长处，但没有能做到。阮籍天性敦厚超过一般人，待人接物没有害人之心，只是有饮酒过度的毛病而已，以致遭到礼法之士的弹劾，对他恨得像仇敌那样，幸亏得到大将军司马昭的保护。我的天赋才资不如阮籍，反而有傲慢懒散的缺点；又不懂事理，不明白应当随时机的变化而变化；没有汉代万石那样的谨慎小心，而有尽情直言、不知道避忌的毛病；如果长期和人事接触，那么得罪人的事情每天都会发生，虽然想求得太平无事，这怎么能做得到呢！

又听到道士传言，服食术根、黄精等药草，可以使人长寿，心里很相信。游玩于山水之间，观赏鱼游鸟飞，心里感到非常快乐。一旦去做官，这些使我惬意的事便都失掉了，怎么能舍弃自己乐意的事而去做那些自己所怕做的事呢！

人们的相互了解，贵于认识彼此的天性，然后顺其天性加以帮助。禹不强迫伯成子高出来做官，是为了成就他的节操；孔子不向子夏借雨伞，是为了掩饰子夏爱财的短处。近来的诸葛亮不强迫徐庶跟随自己去四川，华歆不强迫管宁做卿相，禹、孔子、诸葛亮、华歆这些人才可以说是自始至终够朋友，是真正相知的人。我自己经过考虑并已经决定，如果我无路可走，那也就算了，可足下却要平白无故地使我受到冤屈，让我辗转于山沟河谷之间陷于绝境。

我刚死了母亲和兄长，失去了他们的欢爱，心中常常感到凄凉悲切。女儿才十三岁，儿子八岁，还没有长大成人，况且又多疾病，想到这些心里的悲伤，不知从何说起。现在我只愿过贫穷的生活，教育抚养子女，时时和亲朋故旧叙谈离别之情，谈论往事，浊酒一杯，弹琴一曲，志向情意就都满足了，怎么能见阉者而称赞他守贞呢！如果急于我共登仕途，想把我招去，和你共作欢乐，一旦来强迫我，那么我一定会发疯的。如果不是有深仇大恨，想来你不至于这样做的。写这封信，既是为了摆脱足下对我的推荐，并且也是用来告别的。

这封书信送到以后，山涛知道嵇康不会受羁绊屈服。

嵇康生性非常机巧而喜好打铁。住处有一株柳树长得很茂盛，便引水将树环绕起来，每当夏天，在树荫下锤打铁器。东平吕安很佩服嵇康的高卓情趣，每当想念他，便不远千里驾车来拜访，嵇康对他很友好。后来吕安被兄长诬告控诉，因为受事情的连累被投入监牢，供词经过相互验证援引，便又将嵇康逮捕。嵇康的性格说话和行动都很谨慎，一旦被捕入狱，便写了《幽愤诗》，说：

可叹我福分浅薄，少年时遭到父丧，悲伤和孤独都还不懂，由于当时年纪还很幼小。母亲和兄长对我抚养教育，只有慈爱没有威吓，自恃得到宠爱而肆意撒娇，缺少教育。到了成年之时，凭借骄纵而自负放任，坚守自己的本心希望追及古人，任凭所崇尚的做。寄托于爱好《庄子》《老子》，轻视财物而重视身躯，志向在于节操淳朴，涵养自身的素性以保持本性。

我缺乏明智，却喜欢品评别人的善恶得失，子玉遭到身败名裂，屡屡使我增添脱离尘世的想法。德行高尚者有容忍人的器量，能承受耻辱。人们多怀有偏执，想达到纯正却身不由己。以为这种褊急的性情，才能表明自己的评品褒贬；等觉悟到自己的过失，悲痛得像受伤留下痕。想要减少过失，但诽谤非议沸沸扬扬，生性并不是要伤害别人，但频繁地招致怨恨憎恶。既有愧于古人柳下惠，又有愧于今人孙登，对内有违宿愿，对外辜负了自己的好友。仰慕古代隐士严光和郑谷，安贫乐道而隐居，与世无争，神气可以得到安然。

叹息我自己失德无行，遭遇到许多不幸的事。这不是上天降临的，实在是由于自己顽劣狂放所造成的，有悖于常理使得祸患联结，最终身陷牢狱。要答复我目前的审讯，只是身在拘禁之中，实在耻于诉讼申冤，我还有什么时间。虽说是道理正直，但是精神遭受凌辱志气已经沮丧，即便在清水中洗涤，还谈得上什么补救。天空的鸿雁鸣叫和谐，振翅向北方遨游，顺应时节而行动，得意自在而忘却忧愁。唉，我悲愤叹息，还能有什么筹划打算。事实和愿望互相违背，遭遇到目前的羁留，贫穷和显达都是命中注定的，还能有什么要求？

古人曾经说过，做好事不要追求名声。顺乎时代虔恭而沉静不言，灾祸就不会发生。万石君周到谨慎，安抚亲属保持了荣耀。世上的事情纷纷扰扰，只能搅乱我的性情，安宁快乐必须铭诫于心，最终会顺利吉祥。生命旺盛的灵芝草，一年中成熟三次，唯独我还能做什么，有志向而不能成功。以过去的祸难为鉴戒思考再三，心中觉得内疚，希望勉励自己今后能无声无息。在山坳里采野菜而食，在深山石窟中披散头发隐居，放声歌咏，颐养精神求得长寿。

当初，嵇康家居贫穷时，曾经和向秀一起在大树底下打铁，来养活自己。颍川的钟会，是富贵人家的公子，为人精干练达有才识能言善辩，所以去拜访嵇康。嵇康看见了他不施礼，仍旧打铁不止。等了很久钟会才离去，嵇康对钟会说："你听到什么而到这里来？又看到什么而离去？"钟会说："我听到所听到的而到这里来，看到所看到的而离去。"钟会因此感到遗憾。到这时，便告诉文帝司马昭说："嵇康，是隐居的杰出人物，无法让他出来做官。您不必为天下的事担忧，可虑的只是嵇康而已。"因而诬告说嵇康要帮助毌丘俭造反，幸好山涛劝告没有听从。从前齐国杀掉华士，鲁国诛杀少正卯，实在是由于他们有害时政扰乱教化，所以圣贤要把他们除掉。嵇康、吕安等人说话议论毫无顾忌，诽谤诋毁国家的典制法则，作为帝王不应当宽容这种行为，应当借助这个机会把他们除掉，使风气质朴敦厚。司马昭亲近钟会听信了他的话，便把嵇康、吕安一起杀害。

嵇康将被押赴刑场行刑，三千名太学生请求将他赦免当太学的老师，没有得到准许。嵇康回头看看自己在太阳下的身影，向别人要了琴弹奏，说："从前袁孝尼曾经要跟我学习弹奏《广陵散》，我总是不肯教给他，到今天《广陵散》将成为绝响了！"当时他的年龄才四十岁，海内的士人，无不感到痛惜。司马昭不久后便省悟而感到悔恨。当初，嵇康曾经在洛阳西面游览，傍晚时留宿在华阳亭，取琴弹奏起来。半夜里，忽然有客人来，自称是古代人，和嵇康一起谈论音乐声律，谈吐清晰明辨，因此索取琴弹奏起来，这就是《广陵散》。琴声音调无与伦比，便把它教给嵇康，还发誓不再传给别人，也不肯说出自己的姓名。

嵇康善于谈论玄理，又很会写文章，高超的情怀和深远的旨趣，飘然高尚而又清远。撰写上古以来超世脱俗隐士的传记并加以评论，想和千年以前的这些人结交。嵇康又写了《太师箴》，也足以阐明帝王的治理之道。还写了《声无哀乐论》，说得很有条理。

向　秀

向秀字子期，河内怀人也。清悟有远识，少为山涛所知，雅好老庄之学。庄周著内外数十篇，历世才士虽有观者，莫适论其旨统也。秀乃为之隐解，发明奇趣，振起玄风，读之者超然心悟，莫不自足一时也。惠帝之世，郭象又述而广之，儒墨之迹见鄙，道家之言遂盛焉。始，秀欲注。嵇康曰："此书讵复须注？正是妨人作乐耳。"及成，示康曰："殊复胜不？"又与康论养生，辞难往复，盖欲发康高致也。

康善锻，秀为之佐，相对欣然，傍若无人。又共吕安灌园于山阳。康既被诛，秀应本郡计入洛。文帝问曰："闻有箕山之志，何以在此。"秀曰："以为巢许狷介之士，未达尧心，岂足多慕。"帝甚悦，秀乃自此役。作《思旧赋》云：

余与嵇康、吕安居止接近，其人并有不羁之才。嵇意远而疏，吕心旷而放，其后并以事见法。嵇博综伎艺，于丝竹特妙。临当就命，顾视日影，索琴而弹之。逝将西迈，经其旧庐，于时日薄虞泉，寒水凄然。邻人有吹笛者，发声寥亮。追想曩昔游宴之好，感音而叹，故作赋曰：

"将命适于远京兮，遂旋反以北徂。济黄河以泛舟兮，经山阳之旧居。瞻旷野之萧条兮，息余驾乎城隅。践二子之遗迹兮，历穷巷之空庐。叹《黍离》之愍周兮，悲《麦秀》于殷墟。惟追昔以怀今兮，心徘徊以踌躇。栋宇在而弗毁兮，形神逝其焉如。昔李斯之受罪兮，叹黄犬而长吟。悼嵇生之永辞兮，顾日影而弹琴。托运遇于领会兮，寄馀命于寸阴。听鸣笛之慷慨兮，妙声绝而复寻。伫驾言其将迈兮，故援翰以写心。"

后为散骑侍郎，转黄门侍郎，散骑常侍。在朝不任职，容迹而已，卒于位。二子：纯、悌。

【译文】

向秀字子期，河内郡的怀人。他高洁聪悟有远见卓识，少年时就为山涛所知，素来喜好老子、庄子的学说。庄子著有《内篇》《外篇》等几十篇，历代有才德的士人虽然有读过它的，但没有能够恰当论述它的思想体系。向秀便对《庄子》索隐阐解，启示其中的特异旨趣，振作起道家谈玄的风气，使读它的人有离世脱俗心领神悟之感，无不自己满足于一世。到晋惠帝时期，郭象又论述而加以推广，儒家、墨家的言论遭到轻视，道家的学说便兴盛起来。起初，向秀要注解《庄子》，嵇康说："这本书怎须再加以注解，正是阻止有人借此作典取乐。"向秀注解写成以后，给嵇康看，说："这比你所认为的是否要好得多？"他又和嵇康谈论养生之道，往来诘问辩论，大概是为了要激发嵇康高卓的情趣。

嵇康擅长打铁，向秀为他做帮手，两个人相对时都觉得喜悦，态度从容旁若无人。他又和吕安一起在山阳灌溉园子。嵇康被杀以后，向秀接受本郡的郡举来到洛阳。文帝问他说："听说你有许由、巢父隐于箕山那样的志向，为什么却会来这里。"向秀回答说："我认为巢父、许由是拘谨自守的士子，没有能通达尧的心意，对他们不足以过分羡慕。"文帝很高兴，向秀便从此供职做官，写了《思旧赋》说：

我和嵇康、吕安的住处很近，他们都是有才能而不肯受拘束的人。嵇康志向高远而疏略于人事，吕安心性旷达而脱略人事，后来他们都由于犯罪而遭刑。嵇康的艺术才能是多方面的，尤其擅长演奏琴箫等弦管乐器，临刑之前，曾经顾望太阳的日影，索取琴弹奏了一曲《广陵散》。我以往远行来洛阳，经过他的故居，当时太阳已快落山，寒冽的冰水使人感到凄凉。嵇康的故邻有人吹笛，笛声清越高远，使自己追想起从前和嵇康、吕安的交游，被笛声感动而叹息，所以作赋说：

"奉命去京都洛阳啊，然后就转回来往北走。渡黄河乘船漂浮游荡啊，经过山阳的旧居。眺望旷野的萧条景象啊，把我的车驾停在城边。去探访嵇康、吕安生前的旧居啊，经过隐僻里巷的空房子。叹息《黍离》悲悯周室的颠覆啊，悲哀《麦秀》面对殷商故都的废墟。思念往昔的交游情景而怀念今天这样的生活不能复得啊，心中感慨很多而犹豫停步不前。嵇康的故居还在而没有毁坏啊，只是人不知到哪里去了。从前李斯被处斩的时候啊，对儿子感叹再也不能一起牵黄狗出猎。痛悼嵇生的与世长辞啊，顾望太阳的日影而弹琴。临刑时已经领悟到自己的命运啊，把自己的余生寄托于弹琴的片刻之间。听见悲凉慷慨的笛声啊，美妙的笛声断断续续地响着。停着的车子即将出发了啊，所以就用笔写下自己的心意。"

向秀后来任散骑侍郎，转为黄门侍郎、散骑常侍，在朝时不任实职，只是安身而已。在散骑常侍位上逝世。有两个儿子：向纯、向悌。

晋书卷五十五

潘岳列传第二十五

潘岳字安仁，荥阳中牟人也。祖瑾，安平太守。父芘，琅邪内史。岳少以才颖见称，乡邑号为奇童，谓终，贾之俦也。早辟司空太尉府举秀才。

泰始中，武帝躬耕藉田，岳作赋以美其事，曰：

伊晋之四年正月丁未，皇帝亲率群后藉于千亩之甸，礼也。于是乃使甸师请畿，野庐扫路，封人壝宫，掌舍设枑，青坛郁其岳立兮，翠幕默以云布。结崇基之灵阯兮，启四途之广阼。沃野膏腴，豪壤平砥。清洛浊渠，引流激水。遐阡绳直，迩陌如矢。葱犗服于缥轭兮，绀辕缀於黛耜。俨储驾於廛左兮，俟万乘之躬履。百僚先置，位以职分，自上下下，具惟命臣。袭春服之萋萋兮，接游车之辚辚。微风生於轻帨兮，纤埃起乎朱轮。森奉璋以阶列兮，望皇轩而肃震。若湛露之晞朝阳兮。象星之拱北辰也。

于是前驱鱼鹿，属车辚萃，阊阖洞启，参涂方驷，常伯陪乘，太仆执辔。后妃献穜稑之种，司农撰播殖之器，挈壶掌升降之节，宫正设门闾之跸。天子乃御玉辇，荫华盖，冲牙铮铊，绡纨綷缭。金根照耀。以炯晃兮，龙骥腾骧而沛艾。表朱玄於离坎兮，飞青缟於震兑。中黄晔以发辉兮，方綵纷其繁会。五路鸣鸾，九旗扬旆，琼钑入云罕晻蔼。箫管嘲哳以啾嘈兮，鼓鼙硡以砰磕，荀蜨嶷以轩翥兮，洪钟越乎区外。震震填填尘雾连天，以幸乎藉田。蝉冕翥以灼灼兮，碧色肃其千千。似夜光之剖荆璞兮若茂松之依山颠也

于是我皇乃降灵坛，抚御耦，游埸染履供縻在手。三推而舍，庶人终亩。贵贱以班，或五或九。于斯时也，居靡都鄙，人无华裔，长幼杂遝以交集，士女颁斌而咸戾。被褐振裾，垂髫总髻，蹑踵侧肩，掎裳连袵。黄尘为之四合兮，阳光为之潜翳。动容发音而观者，莫不抃舞乎康衢，讴吟乎圣世，情欣乐乎昏作兮，虑尽力乎树艺。靡谁督而常勤兮，莫之课而自厉。躬先劳而悦使兮，岂严刑而

猛制哉！

有邑老田父，或进而称曰："盖损益随时，理有常然。高以下为基，人以食为天。正其末者端其本，善其后者慎其先。夫九土之宜弗任。四业之务不一，野有菜蔬之色，朝乏代耕之秩。无储蓄以虞灾，徒望岁以自必，三代之衰，皆此物也。今职上昧旦丕显，夕惕若慄，图匮於丰，防俭於逸，钦哉钦哉，惟谷之恤。展三时之弘务，致仓廪於盈溢，固尧汤之用心，而存救之要术也。"若乃庙祧有事，祝宗诹日，簠簋普淖，则此之自实，缩鬯萧茅，又於是乎出。黍稷馨香，旨酒嘉栗。宜其时和年登，而神降之吉也。古人有言曰："圣人之德，无以加於孝乎！"夫孝者，天之性，人之所由灵也。昔者明王以孝治天下，其或继之者，匙哉希矣！逮我皇晋，实光斯道，仪刑孚于万国，爱敬尽於祖考。故躬稼以供粢盛，所以致孝也，勤穑以足百姓，所以固本也，能本而孝，盛德大业至矣哉！此一役也，二美显焉，不亦远乎，不亦重乎！敢作颂曰：

'思乐甸畿，薄采其芳。大君戾止，言藉其农。其农三推，万国以祗。耨我公田，遂及我私。我簠斯盛，我簋斯齐。我仓如陵，我庾如祇。念兹在兹，永言孝思。人力普存，祝史正辞。神祇攸歆，逸豫无期。一人有庆，兆民赖之。'

岳才名冠世，为众所疾，遂栖迟十年。出为河阳令，负其才而郁郁不得志。时尚书仆射山涛、领吏部王济、裴楷待并为帝所亲遇，岳内非之，乃题阁道为谣曰："各峤刺促不得休。"

转怀令。时以逆旅逐末废农，奸淫亡命，多所依凑，败乱法度，敕当除之。十里一官櫎，使老小贫户守之。又差吏掌主，依客舍收钱。岳议曰：

谨案：逆旅，久矣其所由来也。行者赖以顿止，居者薄收其直，交易贸迁，各得其所。官无役赋，因人成利，惠加百姓而公无末费。语曰："许由辞帝尧之命，而舍於逆旅。"《外传》曰："晋阳处父过甯，舍於逆旅。"魏武皇帝亦以为宜，其诗曰："逆旅整设，以通商贾。"然则自尧到今，未有不得客舍之法。唯商鞅尤之，固非圣世之所言也。方今四海会同，九服纳贡，八方翼翼，公私满路。近畿辐辏，客舍亦稠。冬有温庐，夏有凉荫，刍秣成行，器用取给。疲牛必投，乘凉近进，发槁写鞍，皆有所憩。

又诸劫盗皆起于回绝，止乎人众。十里萧条，则奸轨生心；连陌接馆，则寇情震慑。且闻声有救，已发有追，不救有罪，不追有戮，禁暴捕亡，恒有司存。凡此皆客舍之益，而官樆之所乏也。又行者贪路，告籴炊爨皆以昏晨。盛夏昼热，又兼星夜，既限早闭，不及樆门。或避晚关，进逐路隅，衹是慢藏诲盗之原。苟以客舍多败法教，官守棘樆独复何人？彼河桥孟津，解券输钱，高第督察，数入校出，品郎两岸相检，犹惧或失之。故悬以禄利，许以功报。今贱吏疲人，独专樆税，管开闭之权，藉不校之势，此道路之蠹，奸利所殖也。率历代之旧俗，获猜行留之欢心，使客舍洒扫，以待征旅择家而息，岂非众庶颙之望。

请曹列上，朝廷从之。

岳频宰二邑，勤於政绩。调补尚书度支郎，迁廷尉评，以公事免。杨骏辅政，高选吏佐，引岳为太傅主薄。骏诛，除名。初，谯人公孙宏少孤贫，客田於河阳，善鼓琴，颇能属文。岳之为河阳令，爱其才艺，待之甚厚。至是，宏为楚王玮长史，专杀生之政。时骏罔纪皆当从坐，同署主薄朱振已就戮。岳其夕取急在外，宏言之玮，谓之假吏，故得免。未几，选为长安令，作《西征赋》，述所经人物山水，文清旨诣，辞多不录。徵补博士，未召，以母疾辄去官免。寻为著作郎，转散骑侍郎，迁给事黄门侍郎。

岳性轻躁，趋世利，与石崇等谄事贾谧，每候其出，与崇辄望尘而拜。构愍怀之文，岳之辞也。谧二十四友，岳为其首。谧《晋书》限断，亦岳之辞也，其母数诮之曰："尔当知足，而乾没不已乎？"而岳终不能改。

既仕宦不达，乃作《闲居赋》曰：

岳读《汲黯传》至司马安四至九卿，而良史书之，题以巧宦之目，未曾不慨然废书而叹也。曰：嗟乎！巧诚有之，拙亦宜然。顾常以为士之生也，非至圣无轨微妙玄通者，则必立功立事，效当年之用。是以资忠履信以进德，修辞立诚以居业。仆少窃乡曲之誉，忝司空太尉之命，所奉之主，即太宰鲁武公其人也。举秀才为郎。逮事世祖武皇帝，为河阳，怀令，尚书郎，廷尉评。今天子谅蚓之际，领太傅主薄。府主诛，除名为民。俄而复官，除长安令。迁博士，未召拜，亲疾，辄去官免。自弱冠涉于知命之年，八徙官而一进皆，再免，一除名，一不拜职，迁者三而已矣。虽通塞有遇，抑亦拙之效也。昔通人和长舆之论余也，固曰："拙于用多"。称多者，吾岂敢，言拙，则信而有徵。方今俊乂在官，百工惟时，拙者可以绝意乎宠荣之事矣。太夫人在堂，有羸老之疾，尚何能违膝下色养，而屑屑从斗筲之役？於是览止足之分，庶浮云之志，筑室种树，逍遥自得。池沼足以渔钓，舂税足以代耕。灌园鬻蔬，供朝夕之膳，牧羊酤酪，俟伏腊之费。孝乎惟孝，友于兄弟，此亦拙者之为政也。乃作《闲居赋》以歌事遂情焉。其辞曰：

遨愤素之长圃，步先哲之高衢。虽吾颜之云厚，犹内愧於甯蘧。有道余不仕，无道吾不遇，何巧智之不足，而拙艰之有馀也！於是退而闲居，于洛之涘。身齐逸民，名缀下士。背京泝伊，面郊后市。浮梁黝以过度，灵台杰其高峙。窥天文之祕奥，睹人事之终始。其西则有元戎禁营，玄幕绿徽，谿子巨黍，异絭同归，石骏雷骇，激矢虻飞，以先启行，耀我皇威。其东则有明堂辟雍，清穆敞闲，环林萦映，圆海回泉，聿追孝以严父，宗文考以配天，祗圣敬以明顺，养更老以崇年。若乃背冬涉春，阴谢阳施，天子有事于柴燎，以郊祖而展义，张钧天之广乐，供千乘之万骑，服枨枨以齐玄，管啾啾而并吹，煌煌乎，隐隐乎，兹礼容之壮观，而王制之巨丽也。两学齐列，双宇如一，右延国胄，左纳良逸。祁祁生徒，济济儒术，或升之堂，或入之室。教无常师，道在则是。故髦士投绂，名王怀玺训若风行，应犹草靡。此里仁所以为美，孟母所以三徙也。

爰定我居，筑室穿池，长杨映沼。芳枳树樆，游鳞谗濯，菡萏敷披，竹木蓊蔼，灵果参差。张公大谷之梨，梁侯乌椑之柿，周文弱枝之枣，房陵朱仲之李，靡不毕植。三桃表樱胡之别，二柰耀丹白之色，石榴蒲桃之珍，磊落蔓延乎其侧。梅杏郁棣之属，繁荣藻丽之饰，华宝照烂，言所不能极也。菜则葱韭蒜芋，青荀紫姜，堇荠甘旨，蓼荾芬芳，蘘荷依阴，时藿向阳，绿葵含露，白薤负霜。

於是凛秋暑退，熙春寒往，微雨新晴，六合清朗。太夫人乃御版舆，升轻轩，远览王畿。近周家园。体以行和，药以劳宣，常膳载加，旧痾有痊。於是席长筵，列孙子，柳垂荫。车结轨，陆摘紫房，水挂赪鲤，或宴于林，或禊于汜。昆弟斑白，儿童稚齿，称万寿以献觞，咸一惧而一喜。寿觞举，慈颜和，浮杯乐饮，丝竹骈罗，顿足起舞，抗音高歌，人生安乐，孰知其他。退求己而自省，信用薄而才劣。奉周任之格言，敢陈力而就列。几陋身之不保，而奚拟乎明哲，仰众妙而绝思，终优游以养拙。

初，芘为琅邪内史，孙秀为小史给岳，而狡黠自喜。岳恶其为人，数挞辱之，秀常衔忿。及赵王伦辅政，秀为中书令。岳於省内谓秀曰："孙令犹忆畴昔周旋不？"答曰："中心藏之，何日忘之。"岳於是自知不免。俄而秀遂诬岳及石崇，欧阳建谋奉淮南王允，齐王冏为乱，诛之，夷三族。岳将诣市，与母别曰："负阿母！"初被收，俱不相知，石崇已送在市，岳俊至，崇谓之曰："安仁，卿亦复尔邪！"岳曰："可谓白首同所归。"岳《金谷诗》云："投分寄石友，白首同所归。"乃成其谶。岳母及兄侍御史释、弟燕令豹、司徒掾据、据弟诜，兄弟之子，已出之女。无长幼一时被害。唯释子伯武逃难得免。而豹女与其母相抱号呼不可解，会诏原之。

岳美姿仪，辞藻绝丽，尤善为哀诔之文。少时常挟弹出洛阳道，妇人遇之者，皆连手萦绕，投之以果，遂满车而归。时张载甚丑，每行，小儿以瓦石掷之，委顿而反。岳从子尼。

【译文】

潘岳，字安仁，是荥阳中牟（今属河南）人。祖父潘瑾，担任过安平（今山东益都）太守。父亲潘芘，曾经任琅邪（今山东临沂）内史。潘岳年少时就以才华聪颖闻名，乡里人称他为奇童，说是像终军、贾谊一样的人才。早年就被征召到司空太尉府，被选用为秀才。

泰始年间（265—274），晋武帝亲自耕种农田，来奉祀宗庙，潘岳作赋赞美这件事，写道：

晋朝泰始四年（268）正月，皇帝亲自带诸位皇后、妃子坐在千亩的田畴的郊野上，这是大祀。于是，便命掌管田高职责的官员清理千亩地面，掌管达国的道路的野庐氏扫清道路，掌管典守封疆的官员设立社坛行宫，管理房舍，建立了阻挡行人的障碍。青色台坛，如山岳耸立；绿色帷幕，似黑云密布。构筑社坛，建立牢固的基础，宽广的石阶辟开四方的道路。丰美的原野有着肥沃土地，富饶的土地坦荡犹如砥石。清澈的洛河、浑浊的沟渠，引来流水，激起浪花。远方的道路如绳一般笔直，近处的道路也似弓箭一般。青

绿的键牛驾着青色的车轭，天青车辕连着黑色耒耜。恭谨严肃地候驾在民房左右，等待着万乘之尊亲自到来。文武百官先行到达，位次的先后按职务大小分列，自上而下都是朝廷的大臣。穿着青色套服，繁华盛美，迎接天子的游车，车马辚辚鸣响。微风吹拂着轻飘的车幔，红色车轮扬起细微的尘埃。手捧玉璋恭敬地排列在石阶上，望见皇帝的车驾深感到肃穆惶恐，如同浓重的露水被太阳晒干一样敬畏，像天上的星星拱卫着北极星一样肃穆。

接着，前导富丽堂皇，从车如同鱼鳞一般密布。天门如洞敞开，笔直的道路上四马之乘并行，常伯陪着车乘，太仆乎执马辔。后宫嫔妃献上穜稑的种子，司农的大臣手持播种栽植的工具，挈壶氏掌握祭山祭水的礼节，宫中之长负责门卫以及清道的责任。天子乘坐的玉辇，遮盖在华盖的下面，“冲牙”佩玉触碰，铮铮有声，轻纱细绢飘拂，悉索作响。“金根”车驾明亮耀眼，千里的龙驹摇首奔腾，青绢白纱东西飘荡。金黄光华当空辉耀，彩色飘带华丽绵簇，五路銮铃高声鸣响，九种旗帜扬起垂旒。雪亮的长戟如同花蕊密集，云罕车似昏暗的云气，箫声、管声杂交错，大鼓、小鼓震耳欲聋，钟磬高耸飞架，洪亮钟声震彻域外。声响宏大，车马众多，尘雾漫天，由于皇帝驾临亲身耕田奉祀宗庙，蝉绸皇冠光芒闪烁，碧玉色泽浓绿欲滴，好像夜光之璧出于荆山璞石，如同繁茂之松依倚在高山之巅。

接着，我皇走下了灵坛，手抚御用耜具，举足走进了场圃，长缰绳执在手中。君王推三次便放下，最后全由农民耕完。贵人同平民以地位高低依次进行耕田，有的推五次，有的推九次。此时，住处不分都城、小邑，人不论华夏、外族，成人、小孩纷纷聚集在一起，士人、妇女相杂而至。穿着粗衣，挽起了后裾，重发束髻，摩肩接踵，拉衣连袖，黄色尘埃四处扬起，太阳的光芒受到了遮蔽。人们喜形于色，开口赞颂无不鼓掌舞蹈在大路上，讴歌吟诵这圣明之世。情绪欣喜，勉力劳作，一心想要尽力耕植。无人督促，常自勤劳，不征税收自加勉励。皇上率先躬耕，百姓喜受驱遣，难道需要严刑峻法加以约束？

有乡邑的老农上前赞颂道：“收成的增减听凭天时，道理自有常规，上以下作为基础。人以日食为天，摆正细末的人也能够端正根本，善待未来的人也能谨慎对待从前。九州事务不承担，士农工商业务不专一，民间有菜色饥民，朝廷无厚禄者愿意代耕。没有防备天灾的储存，空望每年可以自足，夏、商、周的衰弱，全是这样的情况。如今，圣上早晨行大明之道，夜间警惕担心，丰裕时考虑匮缺，安逸时防止贫乏，实在很值得钦敬呀！只有五谷最使他忧虑。展开了春秋夏弘大的农务，让仓廪五谷充盈流溢。实在是唐尧、成汤的用心，防备应急重要的手段。”至于祖庙祭祀的事，祝祷择日，祭器中的黍稷，就是这栽植的果实，祭祀缩酒，也来自于这庄稼。黍稷馨香四溢，美酒嘉栗。正合时序和谐，年成丰登，是神仙降给的吉利。古人说：“圣人的品德，没有再超过孝的了！”孝是自然本性，人由此可以成为善的东西。以前，贤明的君王用孝来治理天下，对这加以继承的，实在太少了！等到我皇天晋朝，确实发扬光大了这条道义，作为法式被万国信服，对祖上极尽敬爱之心。因此，皇上躬亲稼穑来供奉祭祀的谷物，是把它来巩固基础的。有基础又行孝道，盛美的品德、宏伟的基业就到极致了！这是第一件事。基业、孝道这两桩美事全都具备了，不也会传之遥远吗？不也十分重大吗？冒昧地作颂歌道：

“快乐啊，千里的郊野，摘取那些花卉。伟大的君王到来，到田里农耕。耜具三推，万国恭敬。耕耨公田，又施到我的私田。我的祭祀食器已经装满，我的祭祀食器整饬，我的仓廪如同山一样高，我的谷堆高如砥石。对此念念不忘，歌咏着孝义。人的能力广泛地得到了爱护，司祝的官员有笃实、公正的评定。天地之神都为之感动，安乐没有尽期。一人有善德，万民都仰赖它。”

潘岳的才华、声名盖世，被众人嫉妒，所以，游息达十年。他出任为河阳（今河南孟县境）县令。依仗其才气，郁闷不得志。当时，尚书仆射山涛、领吏部王济、裴楷等人都得到了皇帝的赏识。潘岳在内心非议他们，于是写歌谣题在尚书阁：“尚书阁的东头，有一只大牛，王济作了鞧套上牛颈，裴楷作了鞧套在后头，和峤劳碌不得休。”

后来，潘岳转任为怀县（今河南武陟西南）令。当时，客舍因为经商弃农，淫乱亡命的人，多以此为依托，败坏扰乱法纪制度，皇上下诏取消。十里路设立了一座官办客舍。让贫穷的人家老人和小孩看守，又派小官掌握主持，按普通客舍那样收费。潘岳上书议论道：

谨此考查：旅舍，其由来已久。旅行的人依靠它停留、歇息。主人微薄收取住宿费，物件交换，贩运买卖，各自可以获得它所应得的。官方不加役使赋税，顺应人力来成其利，恩惠施予百姓但官方不费一点钱财。书上说："许由拒绝尧的任命，居住在客舍里。"《外传》说："晋国的阳处父经过宁城时，住在客舍里。"魏武帝也认为设立客舍是适宜的，他的诗中写道："设立客舍，使商人通行。"但是，从唐尧到今天，未曾有过不要客舍的法制。唯独商鞅会责难它，这本就不是在圣明之世应说的话。如今，天上朝拜，全国纳贡，八方富庶，公私充盈。京畿附近的人物集聚，客舍也稠密，冬天有温暖的房舍，夏天有凉爽的树荫，饲养牛马的草料堆成堆，器具用品供给需要，疲乏的牛一定想要投宿，乘凉就近而来。大车启程时，马鞍移置，都可得到休憩。

而且许多抢劫盗窃都发生在远僻的地方，平息在人多的地方。十里萧条冷僻，歹徒就会心怀不轨；道路相连，馆舍相接，贼寇就要恐惧。况且听到了呼声就有人援救，已逃走的也会有人追逐，不救助的要问罪，不追逐的就要被杀。禁绝暴行，追捕逃犯，经常有这些都是客舍的好利，而是官办的客舍所缺乏的。并且，行路人要多赶路，求籴烧饮，都在傍晚或者早晨，盛夏白天炎热，还要在星夜下赶路，既然规定要早早关门，就赶不到官方客舍了。有的要避免晚上关闭，就奔走在道路的旁侧，这种地方疏于管理，这又是招致盗窃的根源。如果把客舍多方败坏法规教化作为理由，派官吏守候贫瘠的官办客舍，难道还有什么人来往吗？那河桥、孟津的地方，解送契据，缴纳钱财，有高官监督、检察，查点收入，核审送出，众人在两岸进行检查，或许还担心会遗失它呢！所以，以俸禄、好处悬赏，许诺予以他功劳、报酬。如今，卑鄙的小官员，衰弱的人独自地占有官办客舍的收入，掌管开、关的权力，凭借不审核的权力，这种道路上的蛀虫，孳生以奸邪手段得利的现象。遵循了历代旧有的习俗，使行人住行都感到十分高兴，让客舍有人洒水扫地，来等候旅行者选择住下，这难道不是众人恭仰企望的吗？

潘岳请求官署上呈，朝廷听从了他的意见。

潘岳兼管了两县，勤于政务劳绩。调动补任为尚书度支郎，又改任廷尉评，后因公事免职。杨骏辅佐朝政时，提拔官吏，引荐潘岳担任太傅主簿。杨骏被诛，他也被取消了名籍。当初，谯县人公孙宏少年时十分孤苦贫穷，客居河阳种田为生，善于弹琴，能写文章。潘岳任河阳县令时，爱惜他的才艺，待他非常宽厚。到杨骏被诛之时，公孙宏任楚王司马玮的长史，专负责宰杀政事。当时，杨骏门下的人都受到连累获罪，同官署任主簿的朱振已被杀戮。潘岳在那天夜里告假在城外，公孙宏告诉楚王司马玮说，说潘岳是暂时代理的官吏，所以免于一死。不久，被选任长安令，写下《西征赋》，描述了沿途所经的地方的人物古迹、山形水势，文采清丽，旨趣很深远，所用的词语大多都不见记载。征召补任博士，没拜职，因母亲生病离开，免除官职。随后任著作郎，又转为散骑侍郎，升迁为给事黄门侍郎。

潘岳性情轻浮暴躁，趋炎附势。他和石崇等人谄媚地侍奉贾谧，每次等候他出门，两人就望着车马扬起的尘埃顶礼膜拜。贾谧草拟关于愍怀的文章就是潘岳写的。贾谧的“二十四友”中，潘岳是第一位。贾谧关于《晋书》起笔年限的议疏，也是潘岳的手笔。潘岳的母亲几次讥诮他说：“你应知足，你还要侥幸冒险不停止吗？”但潘岳终究没能改变。

既然在仕途宦海中不能够显达，潘岳就作《闲居赋》，说道：

潘岳读《汲黯传》时读到司马安四次升迁，直到了九卿地位，优秀的史官写到它经“巧宦”为题目，我未尝不感慨地放下书叹息。叹道：哎！确实有“巧宦”的道理，但“拙”本来也有，回想起来，常认为士人一生，如果不是没轨迹而能精通于玄妙之门的至圣的人，就必须要建立功勋，成就大业，为当代效劳立功。所以，奉献忠贞，履行信义，来增进德行；修饰词句，树立真诚，来保持功业。我少年时就在乡里窃有些声誉，有愧于司空、太尉举荐，他就是我所尊奉的主人太宰鲁武公。大尉举荐秀才，任命我为郎。到侍奉世祖武皇帝时，我任河阳、怀县县令、尚书郎、廷尉评。今当天子在居丧之际，我任太傅主簿。太傅杨骏被杀后，我也被除名籍，成为平民。不久后，又复任官职，被授予长安县令，升迁为博士，还未拜授官职，母亲生病，随即就离开了，官职被免。自少年到五十岁这个知天命的年纪，八次转变官职才能进升一级官阶，有两次被免去官职，一次取消名籍，一次没拜授官职，三次迁居才算是了结。虽仕途通达或阻塞都遇到，但这也是“拙”的应验。以前，博古通今之人和长舆论及我，坚持地说：“像你这样固拙守穷的人要比那邪恶显达用世的人更多才多艺”，他所说的“多才多艺”我哪敢当？所说的“拙”，就实在是有可验证的。如今，贤德的人在任，众官下逢时，“拙”人可对荣耀之事断绝念头了。老母亲健在，有衰弱老迈的疾病，怎能够违背子女孝养，侍奉父母的职责，而去忙碌不安地从事才短识浅的职位呢？所以，接受了知止知足的名分，产生视名利为浮云的念头。在家筑室种树，逍遥自在，池塘沼地就足够我捕鱼垂钓，舂谷取利就可代替耕作。浇园卖菜，满足朝夕膳食，养羊卖乳，准备好冬夏的费用。只有行大孝、同兄弟友善，这也是笨拙人在处理政务啊！于是，创作《闲居赋》，来歌唱此事表达感情。歌词：

遨游在三坟五典八索九丘的书圃中，追随在先贤圣哲崇高的大路上。虽对我说来有些脸皮厚，但还是在心内中感到有愧于君子宁蘧。天下施行了仁政，我却不去做官，天下不行仁政，我也不愚拙。我是多么地巧智不足、笨拙有余啊！所以，隐退闲居在洛水岸边。身份等于节行超逸的人，名字联结下等士人。背负京城，迎着伊水，前有郊野，后是都市。浮桥青黑，作凌波地路径，灵台高耸，巍然峙立。窥探日月五星的秘密奥藏，探究人间的事情的终了起始。住宅地西侧有兵车战乘、禁军营地、黑色帷幕、绿色旌旗。“谿子”、“巨黍”的良弓，同机连弩；炮车抛石，如同雷声震骇；急疾的飞箭，像虻虫纷飞，这一切在前面开路，来显耀我皇的威武。住宅东边有天子用来宣明政教的大堂，水绕璧环一样的学府，清幽肃穆，敞亮而且宽大。环抱的竹木萦绕掩映，圆环的泉水如同海流回旋。用敬重父亲来追补孝义，崇尚帝业以配于天帝，效法这种神圣敬奉，来显得光明顺畅；设立三老五更之位来奉养老人，以此来尊崇老人。到冬去春来，阴气衰歇，阳气广布，天有祭祀的事，积薪烧柴，用祭祀祖宗来伸张礼义。铺展天上神乐，备好了千辆兵车、万匹战马，服饰悉索有声，全都是黑色，箫管啾啾一起吹响。光明灿烂，盛大无比，这就是礼仪法度的大观，王者制度的宏丽，国学与太学并列，两处殿宇如一，右边聘请了国学教育贵胄子弟，左边太学招纳贤良以及隐逸之才。众多学生子弟，庄重美好的儒家学说，有的人已升堂，有的人则入室，都深得其道。教育没固定的老师，有道则可以为师。所以，英俊之士弃官来求学，著名的国君藏起玉玺也来学，德化教化如同风一样吹遍，受业学习的如同草一样披靡。这就是居于仁者之乡可为善的缘故，也是孟子母亲三次迁居的原因。

于是选定我的住所，建起房，开凿池塘。可爱的杨树映照着小池，芳香的枳树筑成了篱笆。游鱼出没，荷花开放，竹木茂盛，美果参差。张公的大谷中的夏梨，梁侯的乌椑上的柿子，周文王的弱枝枣树，房陵县仙人朱仲偷窃过的李子，无一不种植。含桃、荆桃、山桃显示樱桃、胡桃的不同，白李、赤李闪耀着红、白两种颜色，石榴、葡萄累累的珍贵果实，垂挂蔓绕在它旁边。梅子、杏子、郁李、棣树之类的树木，有着繁茂、荣盛、华藻、美丽的装饰，花蕊果实相映璀璨，言辞都不能表达。蔬菜则有葱、韭、蒜、芋，青笋、紫色姜。堇椽、荠菜甘甜。蓼草、菱菜芬芳。蘘荷依靠着阴翳而生，藿花按时向太阳转，绿葵含着露珠，白薤负着霜花。

接着，寒秋暑退，和春寒去，微雨后新晴，天地清净明朗。太夫人就坐着“版舆”之车，登上了轻轩，远览王都，就近绕着家园，用行走来调养身体，以劳作来取代药效，日常的膳食有所增加，旧病也有所痊愈。于是，摆上长长的酒宴，孙子、儿子排列着就座，柳树垂下绿荫，车辆轨道相连接，旱地上摘来紫色果子，水里钓起红色鲤鱼，有时欢宴于林中，有时祭祀在汜水。兄弟们头发斑白，儿童幼稚，举起酒杯共同祝福万寿无疆，无不见其衰老而忧惧，见其长寿而欣喜，寿酒高举，慈颜和悦，快乐地饮罚杯之酒，丝竹乐器并排罗列，足叩地而起舞，扬起声而高唱，人生求安乐，哪里知道其他事。隐退只求自己能多加反省，信任使用如此菲薄，而气具低劣。奉行周任的格言，敢于在任职时施展才力。孤陋之身几乎保不住了，还读什么明智。向往老子的“众妙之门”，断绝仕宦的思虑，优哉游哉守拙终身。

当初，潘芘任琅玡内史，孙秀作为小吏侍奉潘岳，这人诡诈自负，潘岳厌恶他的为人，多次鞭挞侮辱他，孙秀长期地怀恨。到赵王司马伦辅佐朝政，孙秀任中书令。潘岳在宫禁里问孙秀说：“孙令还记得以前相处的事吗？”孙秀回答说：“心里藏着这件事，哪一天能够忘掉它。”潘岳由此知道自己将不免于难。不久孙秀诬告潘岳与石崇、欧阳建图谋尊奉淮南王司马允、齐王司马冏反叛作乱，诛杀他们，夷灭三族。潘岳要送去斩首时，与他的母亲告别道：“我辜负阿母的教诲！”当初，被收监时，他与石崇都互不知道对方被抓，石崇已经先被送到要弃市的地方，潘岳后来才到。石崇对他说:“安仁,您也是如此呀?”潘岳答道:“可以说是‘白首同归’。”潘岳写过赠石崇的《金谷诗》道:“投分寄石友,白首同归。”竟成了他的谶语。潘岳的母亲以及兄侍御史潘释、弟燕县令潘豹、司徒掾潘据、潘据的弟弟潘诜,兄弟的儿子,自己的女儿,不论年长年幼都一起被杀害。只有潘释的儿子伯武逃难免于一死。潘豹的女儿与她母亲相抱哭叫,拆不开她们,下诏赦免了。

潘岳风姿仪态俊美,诗文辞采极为华丽,善于写作哀悼的文章。年轻时,常带着弹弓乘坐车出洛阳大道游玩,遇上他的妇女们都手挽着手地围着他,往他车上扔果子,结果满载而归。同时代的人张载长得非常丑,每次出门,小孩们就用瓦片石块投掷他,疲乏狼狈而归。潘岳有个侄子潘尼。

晋书卷五十九

司马玮司马伦司马冏司马乂
司马颖列传第二十九

司马玮

楚隐王玮，字彦度，武帝第五子也。初封始平王，历屯骑校尉。太康末，徙封于楚，出之国，都督荆州诸军事、平南将军，转镇南将军。武帝崩，入为卫将军，领北军中候，加侍中、行太子少傅。

杨骏之诛也，玮屯司马门。玮少年果锐，多立威刑，朝廷忌之。汝南王亮、太保卫瓘以玮性很戾，不可大任，建议使与诸王之国，玮甚忿之。长史公孙宏、舍人岐盛并薄于行，为玮所昵。瓘等恶其为人，虑致祸乱，将收盛。盛知之，遂与宏谋，因积弩将军李肇矫称玮命，谮亮、瓘于贾后。而后不知察，使惠帝为诏曰："太宰、太保欲为伊、霍之事，王宜宣诏，令淮南、长沙、成都王屯宫诸门，废二公。"夜使黄门赍以授玮。玮欲覆奏，黄门曰："事恐漏泄，非密诏本意也。"玮乃止。遂勒本军，复矫诏召三十六军，手令告诸军曰："天祸晋室，凶乱相仍。间者杨骏之难，实赖诸君克平祸乱。而二公潜图不轨，欲废陛下以绝武帝之祀。今辄奉诏，免二公官。吾今受诏都督中外诸军。诸在直卫者皆严加警备，其在外营，便相率领，径诣行府。助顺讨逆，天所福也。悬赏开封，以待忠效。皇天后土，实闻此言。"又矫诏使亮、瓘上太宰太保印绶、侍中貂蝉，之国，官属皆罢遣之。又矫诏赦亮、瓘官属曰：二公潜谋，欲危社稷，今免还第。官属以下，一无所问。若不奉诏，便军法从事。能率所领先出降者，封侯受赏。朕不食言。"遂收亮、瓘，杀之。

岐盛说玮，可因兵势诛贾模、郭彰，匡正王室，以安天下。玮犹豫未决。会天明，帝用张华计，遣殿中将军王宫赍驺虞幡麾众曰："楚王矫诏。"众皆释杖而走。玮左右无复一人，窘迫不知所为，惟一奴年十四，驾牛车将赴秦王柬。帝遣谒者诏玮还营，执之于武贲署，遂下廷尉。诏以玮矫制害二公父子，又欲诛灭朝臣，图谋不轨，遂斩之，时年二十一。其日大风，雷雨霹雳。诏曰："周公决二叔之诛，汉武断昭平之狱，所不得已者。廷尉奏玮已伏法，情用悲痛，吾当发哀。"玮临死，出其怀中青纸诏，流涕以示监刑尚书刘颂曰："受诏而行，谓为社稷，今更为罪。托体先帝，受枉如此，幸见申列。"颂亦觑欷不能仰视。公孙宏、岐盛并夷三族。

玮性开济好施，能得众心，及此莫不陨泪，百姓为之立祠。贾后先恶瓘、亮，又忌玮，故以计相次诛之。永宁元年，追赠骠骑将军，封其子范为襄阳王，拜散骑常侍，后为石勒所害。

【译文】

西晋楚隐王司马玮，字彦度，是武帝的第五个儿子。最初受封为始平王，历事屯骑校尉。太康末年，迁移改封在楚国，出京师去封国，任都督荆州诸军与平南将军，转为镇南将军，武帝去世，入京师担任卫将军，领任北军中侯职，加授为侍中、行太子少傅职。

杨俊被杀的时候，司马玮屯驻司马门。司马玮少年的时候为人果敢，练达，锋芒毕露，制定了很多酷刑，因为严威不仁受到朝廷大臣的畏忌。汝南王司马亮、太保卫瓘认为司马玮性情乖戾，不能够担当大任，建议让他同诸侯王都到受封的国家去，司马玮对此十分愤恨。长史公孙宏、舍人岐盛一道轻薄而且没有德行，受到司马玮亲近。卫瓘等人疾恶他们的为人，考虑他们会给朝廷招致祸乱，将要收捕岐盛。岐盛知道这件事，立刻与公孙宏计谋，通过积弩将军李肇假称为司马玮的命令，在贾后那儿进言谮毁司马亮和卫瓘。而贾后没有审察，就假托惠帝下密诏说："太宰司马亮、太保卫瓘要霍那样的叛乱，楚隐王应当宣布诏书，命令淮南、长沙、成都王屯兵在诸宫门，废免了太宰、太保公。"夜间派黄门将诏书送给司马玮。司马玮欲复奏惠帝，黄门说："害怕事情泄露，违背密诏的本意。"司马玮因此才不再复奏惠帝。于是就勒令本部的军队，又矫天子诏命，召集了三十六军，手书命令告谕诸军说："上天降祸给晋室，灾凶动乱频仍。时隔不久前的杨骏危害朝廷，实在是依靠诸君才克服平定了祸乱。如今太宰、太保二公图谋不轨，想要废惠帝而断绝武帝的香火承嗣。今天就此奉诏书，免除太宰、太保二公的官爵。我今天受到皇帝诏命，都督中、列诸军。凡是在宫禁中供职的宿卫的都要严加警备，那些在外营驻扎的人，要依制度率领，直赴行府。辅助顺天得道的朝廷，讨平叛逆，是上天因为这赐福的根源。悬赏开封以待杀敌效忠朝廷的人。皇天在上，后土在下，请您相信这些话。”又矫诏让司马亮、卫瓘上缴太宰、太保印绶和侍中貂蝉，分别去他们封国。他们原有的属下官吏都被罢免遣散。又矫诏命赦免司马亮、卫瓘属下官吏说：“太宰、太保二公阴谋诡计，想危害国家朝廷，今已免官返回封国。官吏僚属以下，一概不予追究。如果不执行诏命，就按照军法予以惩处。能够率领自己的下属先投降的人，将给他封侯赐赏。我身为皇帝，绝不会食言。”于是收捕司马亮、卫瓘并杀死他们。

岐盛劝说司马玮，可借用已有的兵势诛杀贾模、郭彰，匡扶正定王室朝廷，用来安定天下。司马玮犹豫未决。等天亮，惠帝采纳张华的计策，派遣殿中将军王宫携带驺虞幡指挥众人说：“楚王司马玮犯了矫诏之罪。”众人都解除了武装逃离。司马玮的左右不再有一人追随，窘迫难堪不知所措，只有一个年仅十四岁的家奴，驾牛车想赶赴秦王那儿。惠帝派遣谒者诏命司马玮返回营房，将他逮捕押送到武贲署，交给廷尉等候治罪。诏命认为司马玮矫诏，害死太宰司马亮、太保卫瓘二公父子，又想诛杀朝廷大臣，图谋不轨，于是杀司马玮，受刑时年龄二十一岁。司马玮受刑那天，狂风大作，雷雨霹雳。惠帝下诏说：“周公旦诛决管叔、蔡叔，汉武帝断狱昭平，也都是出于无奈迫不得已。”廷尉奏报司马玮已伏法受诛，有宗室之情而用极刑，于心悲痛，我应当为他哀悼。”司马玮临死，从他的怀中取出青纸诏命，流着眼泪出示给监刑尚书刘颂说：“我受到诏书，按令行事，说的是为朝政，现在却反为罪过。我托先帝之福，授予身体，与惠帝是同胞骨肉，受冤枉以至如此，有幸请求予以申明陈述事实的真相。”刘颂也是唏嘘叹息不已，不敢正面看司马玮。公孙宏、岐盛一起被夷灭三族。

司马玮性情开朗，乐善好施，能得到民心。等到司马玮被诛杀，没有人不为之落泪。百姓为他建立了寺庙。贾后先是疾恶卫瓘、司马亮，转而又开始忌恨司马玮，所以用计谋相继诛杀卫瓘、司马亮和司马玮。永宁元年，追赠司马玮骠骑将军，册封他的儿子司马范为襄阳王，拜为散骑常侍，后来被石勒杀害。

司马伦

赵王伦，字子彝，宣帝第九子也，母曰柏夫人。魏嘉平初，封安乐亭侯。五等建，改封东安子，拜谏议大夫。

武帝受禅，封琅邪郡王。坐使散骑将刘缉买工所将盗御裘，廷尉杜友正缉弃市，伦当与缉同罪。有司奏伦爵重属亲，不可坐。谏议大夫刘毅驳曰："王法赏罚，不阿贵贱，然后可以齐礼制而明典刑也。伦知裘非常，蔽不语吏，与缉同罪，当以亲贵议减，不得阙而不论。宜自于一时法中，如友所正。"帝是毅驳，然以伦亲亲故，下诏赦之。及之国，行东中郎将、宣威将军。咸宁中，改封于赵，迁平北将军、督邺城守事，迁安北将军。元康初，迁征西将军、开府仪同三司，镇关中。伦刑赏失中，氐、羌反叛，征还京师。寻拜车骑将军、太子太傅。深交贾、郭，谄事中宫，大为贾后所亲信。求录尚书，张华、裴頠固执不可。又求尚书令，华、頠不许。

愍怀太子废，使伦领右军将军。时左卫司马督司马雅及常从督许超，并尝给事东宫，二人伤太子无罪，与殿中中郎士猗等谋废贾后，复太子，以华、頠不可移，难以图权，伦执兵之要，性贪冒，可假以济事，乃说伦嬖人孙秀曰："中宫凶妬无道，与贾谧等共废太子。今国无嫡嗣，社稷将危，大臣将起大事。而公名奉事中宫，与贾、郭亲善，太子之废，皆云豫知，一朝事起，祸必相及。何不先谋之乎？"秀许诺，言于伦，伦纳焉。遂告通事令史张林及省事张衡、殿中侍御史殷浑、右卫司马督路始、使为内应。事将起，而秀知太子聪明，若还东宫，将与贤人图政，量己必不得志，乃更说伦曰：太子为人刚猛，不可私请。明公素事贾后，时议皆以公为贾氏之党。今虽欲建大功于太子，太子含宿怒，必不加赏于明公矣。当谓逼百姓之望，翻覆以免罪耳。此乃所以速祸也。今且缓其事，贾后必害太子，然后废后，为太子报仇，亦足以立功，岂徒免祸而已。"伦从之。秀乃微泄其谋，使谧党颇闻之。伦、秀因劝谧等早害太子，以绝众望。

太子既遇害，伦、秀之谋益甚，而超、雅惧后难，欲悔其谋，乃辞疾。秀复告右卫佽飞督闾和，和从之，期四月三日丙夜一筹，以鼓声为应。至期，乃矫诏敕三部司马曰："中宫与贾谧等杀吾太子，今使车骑入废中宫。汝等皆当从命，赐爵关中侯。不从，诛三族。”于是众皆从之。伦又矫诏开门夜入，陈兵道南，遣翊军校尉、齐王冏将三部司马百人，排阁而入。华林令骆休为内应，迎帝幸东堂。遂废贾后为庶人，幽之于建始殿。收吴太妃、赵粲及韩寿妻贾午等，付暴室考竟。诏尚书以废后事，仍收捕贾谧等，召中书监、侍中、黄门侍郎、八坐，皆夜入殿，执张华、裴頠、解结、杜斌等，于殿前杀之。尚书始疑诏有诈，郎师景露版奏请手诏。伦等以为沮众，斩之以徇。明日，伦坐端门，屯兵北向，遣尚书和郁持节送贾庶人于金墉。诛赵粲叔父中护军赵浚及散骑侍郎韩豫等，内外群官多听黜免。伦寻矫诏自为使持节、大都督、督中外诸军事、相国、侍中、王如故，一依宣、文辅魏故事，置左右长史、司马、从事中郎四人、参军十人、掾属二十人、兵万人。以其世子散骑常侍荂领冗从仆射；子馥前将军，封济阳王；虔黄门郎，封汝阴王；诩散骑侍郎，封霸城侯。孙秀等封皆大郡，并据兵权，文武官封侯者数千人，百官总已听于伦。

伦素庸下，无智策，复受制于秀，秀之威权振于朝廷，天下皆事秀而无求于伦。秀起自琅邪小史，累官于赵国，以谄媚自达。既执机衡，遂恣其奸谋，多杀忠良，以呈私欲。司隶从事游颢与殷浑有隙，浑诱颢奴晋兴，伪告颢有异志。秀不详察，即收颢及襄阳中正李迈，杀之，厚待晋兴，以为己部曲督。前卫尉石崇、黄门郎潘岳皆与秀有嫌，并见诛。于是京邑君子不乐其生矣。

淮南王允、齐王冏以伦、秀骄僭，内怀不平。秀等亦深忌焉，乃出冏镇许，夺允护军。允发愤，起兵讨伦。允既败灭，伦加九锡，增封五万户。伦伪为饰让，诏遣百官诣府敦劝，侍中宣诏，然后受之。加荂抚军将军、领军将军，馥镇军将军、领护军将军，虔中军将军、领右卫将军，诩为侍中。又以孙秀为侍中、辅国将军、相国司马，右率如故。张林等并居显要。增相府兵为二万人，与宿卫同，又隐匿兵士，众过三万。起东宫三门四角华橹，断宫东西道为外徼。或谓秀曰：“散骑常侍杨准、黄门侍郎刘逵欲奉梁王肜以诛伦。”会有星变，乃徙肜为丞相，居司徒府，转准逵为外官。

伦无学，不知书；秀亦以狡黠小才，贪淫昧利。所共立事者，皆邪佞之徒，惟竞荣利，无深谋远略。荂浅薄鄙陋，馥、虔很强戾，诩愚嚣轻诊，而各乖异，互相憎毁。秀子会，年二十，为射声校尉，尚帝女河东公主。公主母丧未期，便纳聘礼。会形貌短陋，奴仆之下者，初与富室儿于城西贩马，百姓忽闻其尚主，莫不骇愕。

伦、秀并惑巫鬼，听妖邪之说。秀使牙门赵奉诈为宣帝神语，命伦早入西宫。又言宣帝于北芒为赵王佐助，于是别立宣帝庙于芒山。谓逆谋可成。以太子詹事裴劭、左军将军卞粹等二十人为从事中郎，掾属又二十人。秀等部分诸军，分布腹心，使散骑常侍、义阳王威兼侍中，出纳诏命，矫作禅让之诏，使使持节、尚书令满奋，仆射崔随为副，奉皇帝玺绶以禅位于伦。伦伪让不受。于是宗室诸王、群公卿士咸假称符瑞天文以劝进，伦乃许之。左卫王舆与前军司马雅等率甲士入殿，譬喻三部司马，示以威赏，皆莫敢违。其夜，使张林等屯守诸门。义阳王威及骆休等逼夺天子玺绶。夜漏未尽，内外百官以乘舆法驾迎伦，惠帝乘云母车，卤薄数百人，自华林西门出居金墉城。尚书和郁，兼侍中、散骑常侍、琅邪王睿，中书侍郎陆机从，到城下而反。使张衡卫帝，实幽之也。

伦从兵五千人，入自端门，登太极殿，满奋、崔随、乐广进玺绶于伦，乃僭即帝位，大赦，改元建始。是岁，贤良方正、真言、秀才、孝廉、良将皆不试；叶吏及四方使命之在京邑者，太学生年十六以上及在学二十年，皆署吏；郡县二千石令长赦日在职者，皆封侯；郡纲纪并为孝廉，县纲纪为廉吏。以世子为太子，馥为侍中、大司农、领护军、京兆王，虔为侍中、大将军领军、广平王，诩为侍中、抚军将军、霸城王，孙秀为侍中、中书监、骠骑将军、仪同三司，张林等诸党皆登卿将，并列大封。其余同谋者咸超阶越次，不可胜纪，至于奴卒厮役亦加以爵位。每朝会，貂蝉盈坐，时人为之谚曰："貂不足，狗尾续。"而以苟且之惠取悦人情，府库之储不充于赐，金银冶铸不给于印，故有白版之侯。君子皆耻服其章，百姓亦知其不终矣。

伦亲祠太庙，还，遇大风，飘折麾盖。孙秀既立非常之事，伦敬重焉。秀住文帝为相国时所居内府，事无巨细，必谘而后行。伦之诏令，秀辄改革，有所与夺，自书青纸为诏，或朝行夕改者数四，百官转易如流矣。时有雉入殿中，自太极东阶上殿，驱之，更飞西钟下，有顷，飞去。又伦与殿上得异鸟，问皆不知名，累日向夕，宫西有素衣小儿言是服刘鸟。伦使录小儿并鸟闭牢室，明旦开视，户如故，并失人鸟所在。伦目上有瘤，时以为妖焉。

时齐王冏、河间王颙、成都王颖并拥强兵，各据一方。秀知冏等必有异图，乃选亲党及伦故吏为三王参佐及郡守。

秀本与张林有隙，虽外相推崇，内实忌之。及林为卫将军，深怨不得开府，潜与尠笺，具说秀专权，动违众心，而功臣皆小人，扰乱朝廷，可一时诛之。尠以书白伦，伦以示秀。秀劝伦诛林，伦从之。于是伦请宗室会于华林园，召林、秀及王舆入，因收林，杀之，诛三族。

及三王起兵讨伦檄至，伦、秀始大惧，遣其中坚孙辅为上军将军，积弩李严为折冲将军，率兵七千自延寿关出，自虏张泓、左军蔡璜、前军闾和等率九千人自坂关出，镇军司马雅、扬威莫原等率八千人自成皋关出。召东平王楙为使持节、卫将军，都督诸军以距义师。使杨珍昼夜诣宣帝别庙祈请，辄言宣帝谢陛下，某日当破贼。拜道士胡沃为太平将军，以招福祉。秀家日为淫祀，作厌胜之文，使巫祝选择战日。又令近亲于嵩山著羽衣，诈称仙人王乔，作神仙书，述伦祚长久以惑众。秀欲遣馥、虔领兵助诸军战，馥、虔不肯。虔素亲爱刘舆，秀乃使舆说虔，虔然后率众八千为三军继援。而泓、雅等连战虽胜，义军散而辄合，雅等不得前。许超等与成都王颖军战于黄桥，杀伤万余人。泓径造阳翟，又于城南破齐王冏辎重，杀数千人，遂据城邸阁。而冏军已在颍阴，去阳翟四十里。分军渡颍，攻泓等不利。泓乘胜至于颍上，夜临颍而阵。冏纵轻兵击之，诸军不动，而孙辅、徐建军夜乱，径归洛自首。辅，建之走也，不知诸军督尚存，乃云："齐王兵盛，不可当，泓等已没。"伦大震，秘之，而召虔及超还。会泓败冏露布至，伦大喜，乃复遣超，而虔还已至庾仓。超还济河，将士疑阻，锐气内挫。泓等悉其诸军济颍，进攻冏营，冏出兵击其别率孙髦、司马谭、孙辅，皆破之，士卒散归洛阳，泓等收众还营。秀等知三方日急，诈传破冏营，执得冏，以诳惑其众，令百官皆贺，而士猗、伏胤、孙会皆詹事刘琨节，督河北将军，率步骑千人催诸军战。会等与义军战于激水，大败，退保河上，刘琨烧断河桥。

自义兵之起，百官将士咸欲诛伦、秀以谢天下。秀知众怒难犯，不敢出省。及闻河北军悉败，忧懑不知所为。义阳王威劝秀至尚书省与八坐议征战之备，秀从之。使京城四品以下子弟年十五以上，皆诣司隶，从伦出战。内外诸军悉欲劫杀秀，威惧，自崇礼闼走还下舍。许超、士猗、孙会等军既并还，乃与秀谋，或欲收余卒出战，或欲焚烧宫室，诛杀不附己者，挟伦南就孙旗、孟观等，或欲乘船东走入海，计未决。王舆反之，率营兵七百余人自南掖门入，敕宫中兵各守卫诸门，三部司马为应于内。舆自往攻秀，秀闭中书南门。舆放兵登墙烧屋，秀及超、猗遽去出，左卫将军赵泉斩秀等以徇。收孙奇于右卫营，付廷尉诛之。执前将军谢惔、黄门令骆休、司马督王潜，皆于殿中斩之。三部司马兵于宣化闼中斩孙弼以徇。时司马馥在秀坐，舆使将士囚之于散骑省，以大戟守省阁。八坐皆入殿中，坐东除树下。王舆屯云龙门，使伦为诏曰："吾为孙秀等所误，以怒三王。今已诛秀，其迎太上复位，吾归老于农亩。"传诏以驺虞幡敕将士解兵。文武官皆奔走，莫敢有居者。黄门将伦自华林东门出，及甦皆还汶阳里第。于是以甲士数千迎天子于金墉，百姓咸称万岁。帝自端门入，升殿，御广室，送伦及甦等付金墉城。

初，秀惧西军至，复召虔还。是日宿九曲，诏遣使者免虔官，虔惧，弃军将数十人归于汶阳里。

梁王肜表伦父子凶逆，宜伏诛。百官会议于朝堂，皆如肜表。遣尚书袁敞持节赐伦死，饮以金屑苦酒。伦惭，以巾覆面，曰："孙秀误我！孙秀误我！"于是收甦、馥、虔、诩付廷尉狱，考竟。馥临死谓虔曰："坐而破家也！"百官是伦所用者，皆斥免之，台省府卫仅有存者。自兵兴六十余日，战所杀害仅十万人。凡与伦为逆豫谋大事者：张林为秀所杀；许超、士猗、孙弼、谢惔、殷浑与秀为王舆所诛；张衡、闾和、孙髦、高越自阳翟还，伏胤战败还洛阳，皆斩于东市；蔡璜自阳翟降齐王冏，还洛自杀；王舆以功免诛，后与东莱王蕤谋杀冏，又伏法。

【译文】

赵王司马伦，字子彝，是宣帝司马懿第九个儿子，其母亲称柏夫人。魏嘉平初年，他受封为安乐亭侯。五等制度建立，后改封为东安子，提拔为谏议大夫。

武帝受禅称皇帝，封他为琅邪郡王。受牵连派散骑将刘缉买通了工匠盗取御裘，廷尉杜友认为刘缉正法弃市，司马伦也应当与刘缉一样治罪。有司奏疏武帝，司马伦受爵尊重，属于宗亲，不能同刘缉一样坐法治罪。谏议大夫刘毅驳斥有司说："王法所定赏罚，不阿附于贵贱，像这样，随后才能与礼制相称，明典章刑法。司马伦清楚御裘是不同寻常的东西，他荫蔽盗案，不告官吏，与刘缉同样有罪，值得以宗亲尊贵论减免惩处，但是不能不加治罪。适宜于采取临时的法度，由杜友正定。"武帝认为刘毅驳得很有道理，但因司马伦是朝廷至亲的缘故，下诏赦免了他。等到司马伦到他的封国去，署任为代理东中郎将、宣威将军职。咸宁年间，改封司马伦在赵国，迁职为平北将军、督邺城守备事，进擢他为安北将军。元康初年，迁职为征西将年、开府仪同三司，镇守关中。司马伦掌握刑罚与赏赐有失中正，氐、羌反叛，征召返回京师。不久就拜授为车骑将军、太子太傅。与贾模、郭彰有深入的交往，凭谄媚行事于中宫，深为贾后所亲信。司马伦请求任职尚书职，张华、裴頠坚持认为他不能任尚书。司马伦请求授职为尚书令，张华、裴頠又没准许。

愍怀太子被废为平民，任命司马伦为领右军将军。当时左卫司马督司马雅和常从督许超，共同给事在东宫，两人伤感太子没有罪过而被废除，与殿中中郎士猗等人一同图谋废贾后，复立太子。因张华、裴頠坚定不可动摇，难与他们图谋商议，司马伦掌握重兵，性情贪冒，可利用他废贾后，复太子位。于是，劝说司马伦的嬖人孙秀说："中宫凶恶妒忌而且不讲道义，与贾谧等人废除太子。现在，国家没嫡系子孙承继皇位，国家政权将会危亡，大臣将作乱有害于朝廷。而你名分在上奉事中宫，与贾谧、郭彰亲密友善。而太子被废除，都说是意料中的事，所以，一旦事情爆发，灾祸一定会降临你们头上。为什么在事发前不先图谋呢？"孙秀许诺。将事情告诉了司马伦，司马伦又采纳他们的设想。于是告诉通事令史张林、省事张衡、殿中侍御史殷浑、右卫司马督路始，让他们作内应。事情即将开始，而孙秀清楚太子为人聪明，如果太子回到东宫，将与贤人高士共谋朝政，想必自己一定不得志，于是就劝说司马伦说："太子为人十分刚毅勇猛，不私自请受。明公历来要事奉贾后，时下的舆论都认为你是贾氏党徒。现在虽想建立大功，恢复太子位，太子因为胸怀以前的怨恨，一定不会加赏你。当然可以说，受逼于百姓的愿望，能够反复用功补过，可以免去以往的罪过不给处罚。这就因而会成为迅速招致祸害的原因。现在暂且缓行这事，贾后一定会谋害太子，害死太子以后再废除了贾后，为太子报仇，也可以因为这立功，岂止是单单免除祸害而已。"司马伦听从他的话。孙秀于是稍微泄露一点有关谋复太子位的事，让贾谧党徒们听到这消息。司马伦、孙秀进而劝说贾谧等人及早地谋害太子，用来根绝大家的愿望。

太子既然已经遇害，司马伦、孙秀的图谋进一步加快步伐。许超、司马雅害怕以后招致祸患，想悔改先前图谋复太子位的事情，以疾病为故辞让不参与图谋。孙秀又告右卫佽飞督闾和，闾和听从了他的计策，约定在四月三日的夜间一筹，以鼓声为号相呼应。到期，矫称受诏书敕三部的司马说:“中宫与贾谧等人杀害我们太子,今天派车兵、骑兵进宫,废除中宫贾后。你们都应该听从命令,而后赐你们关中侯;不听从命令,诛灭三族。”于是,大家都听从了命令。司马伦又篡改诏命,开宫门夜间入宫,在道南排列兵阵,派翊军校尉、齐王司马冏将领三部司马一百人,排列队伍开进宫中。华林令骆休作内应,侍迎司马衷巡幸东堂。于是就废黜贾后为平民,囚禁她在建始殿。逮捕吴太妃、赵粲和韩寿的妻子贾午等人,将他们投入刑室拷问。假冒诏命,诏告尚书有关废贾后的事情,接连逮捕贾谧等人,召集中书监、侍中、黄门侍郎、八坐,都连夜进入到宫殿,逮捕张华、裴頠、解结、杜斌等人,并且在殿前杀了他们。尚书开始怀疑诏书有诈,郎师景拿出上朝中露版奏请出示惠帝的手诏。司马伦等认为师景的行为有碍大家行动,斩杀他。第二天,司马伦坐端门,屯兵北上,派尚书和郁持节送贾庶人去到金墉。杀赵粲的叔父中护军赵浚与散骑侍郎韩豫等人,宫廷内外的官吏有很多遭到了罢免。司马伦不久后又假冒诏命,自己作持节使、大都督、督中外军事、相国、侍中,封王同以前,都比较宣帝司马懿、文辅佐曹魏的以前的事,设置左右长史、司马、从事中部四个人,参军十个人,掾属二十个人,兵士一万人。任命他的世子散骑常侍司马荂领冗从仆射,儿子司马馥为前将军,被册封为济阳王;儿子司马虔为黄门郎,被册封为汝阴王;儿子司马诩为散骑侍郎,被册封为霸城侯。孙秀等人受封赐得到的食邑都是大郡,并都据有兵权。文武官员中受封为侯的多达数千人,百官大体都听命于司马伦。

司马伦一向平庸鄙下,没有智慧和谋略,于是又被孙秀控制。孙秀的威权振动了朝廷,天下都事奉孙秀而不求于司马卜伦。孙秀从琅玡的小史发迹,连续作官在赵国,因善于谄媚主人而获得发展。他既已经掌握朝政的关键,于是就放肆施展他的奸谋,杀了很多忠臣良吏,用以达到个人目的。司隶从事游颢同殷浑有矛盾,殷浑引诱游颢的家奴晋兴,诬告游景怀有二心,孙秀没有仔细审察,就逮捕游颢和襄阳中正李迈,并杀死他们。厚待晋兴,任命他作了自己的部曲督。前卫尉石崇、黄门郎潘岳都与孙秀有矛盾,一起被诛杀。由此开始,京师贤德有才能的人不再乐意生存。

淮南王司马允、齐王司马冏因司马伦、孙秀骄纵僭越常规,对他们心怀不满。孙秀等人也深恶痛绝。就让司马冏出京师外镇许昌,剥夺了司马允的护军职位。司马允愤怒,起兵讨伐司马伦。司马允因失败被灭,司马伦被加封九锡。增加封邑五万户。司马伦假意谦让不接受,惠帝司马衷只好下诏遣百官到司马伦府敦劝说他受赐，由侍中宣读诏命后，他才接受封赐。加封司马荂为抚军将军、领军将军，司马馥为镇军将军、领护军将军，司马虔为中军将军、领右卫将军，司马翊为侍中。又任命孙秀担任侍中、辅国将军、相国司马，右率旧职不变。张林等人也都一并跃居在显要的位置上。增加相府兵，数量达两万人，与惠帝宿卫相等，又隐匿名士，兵员总数超三万人。起造东宫三门与四角的华檐，断绝东宫东、西道以为外徼之逆。有人对孙秀说："散骑常侍杨桦、黄门侍郎刘逵企图事奉梁王司马肜来讨伐司马伦。"碰巧有星变的现象发生，于是改任司马肜为丞相，居在司徒府，转任杨桦、刘逵为外官。

司马伦没有学问，不懂书本知识。孙秀也擅长狡黠，薄学小才，贪婪淫佚，昧义而重利。他们因为这能共事而立，因都是邪佞之徒，只懂得竞逐名利，没有深谋远虑。司马荂浅薄无才，鄙陋缺德；司马馥、司马虔阴狠歹毒，强悍暴戾；司马翊愚妄轻浮。他们各自乖戾，互相憎毁。孙秀儿子孙会，年龄二十岁，任射声校尉，娶了皇帝女儿河东公主。公主母亲死了，不到一周年，就进行纳聘之礼。孙会个子矮小，形貌丑陋，属于奴仆中的下等人，开始与富家子弟在城西贩卖马匹。百姓忽然听到他娶公主，没有一个不感到惊愕。

司马伦、孙秀都受巫术鬼怪蛊惑，听信妖邪的学说。孙秀派牙门赵奉冒充先帝的神语，命司马伦及早进入到西宫。又说宣帝在北芒作为赵王的辅佐助手，于是，又另立宣帝庙在芒山。说图谋叛逆可以成功。任命太子从詹事裴劭、左军将军卞粹等二十个人为从事中郎，又任掾属二十个人。孙秀部署军，安排心腹，派遣散骑常侍、义阳王司马威兼侍中，出面纳受诏命。矫作皇帝禅让诏书，派遣使持节、尚书令满奋为主，仆射崔随为副手，奉皇帝玺绶，禅让皇位给司马伦。司马伦假意辞让不接受皇帝位。因为这，宗室诸侯王、所有朝廷公卿士大夫都假借称道有符瑞天文，用来劝进司马伦，司马伦许诺受玺绶，登皇帝位。左卫王舆与前军司马雅等人率甲士入殿中，视同三部司马的军队，来显示威仪，朝廷满班文武都没有谁敢于违抗。这天夜里，派张林等人屯守宫殿几个门。义阳王司马威和骆休等人逼迫惠帝交出了玺绶。夜漏还没有到头，宫廷内外的百官牙僚按照礼仪乘舆车泽驾迎候司马伦。惠帝乘云母车，随带卤薄等几百人，从华林西门出宫，奔赴金墉城。尚书和郁，兼侍中、散骑常侍、琅邪王司马睿，中书侍郎陆机送从惠帝出宫，到城下就返回。派张衡保护惠帝，实际是幽禁惠帝。

司马伦带兵五千人，从端门入宫，登上太极殿，满奋、崔随、乐文进玺授给司马伦，于是他僭登皇帝位，大赦天下，改年号为建始。这年，贤良方正、直言、秀才、孝廉、良将都免除考试，凡是官吏和受派到京师为使者、太学生年满十六岁以上与尚在学校年满二十岁的人，都封官授吏。郡县二千石令长大赦天下，这天在职的，都被赐封为侯。郡国纲纪一并为孝廉，县纲纪为廉吏。将世子司马荂立为太子，司马馥任侍中、大司农、领护军、京兆王，司马虔任侍中、大将军领军、广平王，司马翊任侍中、抚军将军、霸城王，孙秀任侍中、中书监、骠骑将军、仪同三司，张林等党徒都登任卿、将位置，一同受封赐。其他参与司马伦阴谋的人任官都超阶越次，不可胜数。及至奴卑、走卒、供召唤役使的人也都加封爵位。每次朝会，貂蝉之吏满坐于朝廷。这时有谚语说："貂不足，狗尾续。"司马伦以苟且的恩惠取悦人情，府库中的储备不足够封赐，金银冶炼铸造供应不足刻印需要，因为这有白版未受金银印绶的侯。贤达有操守的人都耻于佩带这种印绶。百姓也清楚他们不能得到好下场。

司马伦亲自到太庙祭礼，返回时，遇刮大风，吹折飘散麾盖。孙秀既然为司马伦图谋成功非比寻常，僭夺了皇帝位，司马伦十分敬重他。孙秀住在文帝司马昭任相国的所居住的内府，事无巨细，司马伦一定会先咨询于孙秀而后再行动。司马伦的诏命，孙秀动不动就给予删改，如果有增删，就自己用青纸书写作为诏书。甚至朝行夕改多达四次，百官为之奔忙如流星穿梭。这时，有野鸡进入到殿中，从太极殿东阶上殿，追赶它，又飞到了西钟下，有一会儿，飞离去。又一次司马伦在殿上得到了一只奇怪的鸟，询问左右，都不知是什么鸟。过一天到了傍晚，宫西有一个穿素衣的小孩说是一只服刘鸟。司马伦派遣人将小孩与鸟一同关进了牢房。第二天开门看时，门窗和先前一样完好，但是人和鸟没有了，不知道到哪里去了。司马伦眼睛上生瘤，时人认为那是妖邪侵害造成的。

这时，齐王司马冏、河间王司马颙、成都王司马颖都拥有强兵，各据一方。孙秀清楚司马冏一定会图谋不轨，就选派他的亲信和司马伦以前的旧官作三王的参佐和郡守。

孙秀本来与张林有矛盾。虽表面上互相推崇，内心却互相忌恨。等到张林任卫将军，深深地恨任卫将军而不得开府。暗中送给司马荂，一一陈述孙秀专权，行动违背大家的心愿，而身居高位名义上的功臣却都是卑陋小人，他们扰乱了朝廷，可在同时诛杀他们。司马荂将张林所致书交给司马伦，司马伦将书给孙秀看。孙秀劝说司马伦杀张林，司马伦听从孙秀的话。于是，司马伦请宗室家族集合至华林园，召集张林、孙秀与王舆入华林园，借机逮捕张林，杀死他，诛灭了三族。

等三王起兵讨伐司马伦的战书刚到，司马伦、孙秀开始非常恐惧。派他们的中坚孙辅任上军将军、积弩李严任折冲将军，率七千人，从延寿关出兵；征虏张泓、左军蔡璜、前军闾和等人率九千人从荂坂关出兵；镇军司马雅、扬感莫原等人率领八千人从成皋关出兵；使派东平王司马为使持节、卫将军，都督诸军来抗拒三王的军队。派杨珍昼夜到宣帝司马懿在芒山的别庙祈求，请求以予保护。称说皇帝感谢司马伦祈求，第一天当破三王军。拜任道士胡沃为太平将军，用来招求福祥与佑护。孙秀平日滥行祭祀，祈请神灵，作厌胜的文章，用巫祝选择开战的日期。又令亲信到嵩山穿着羽衣，假称是仙人王乔，作神仙书，陈述司马伦当政会长久，用来蛊惑大众。孙秀想派司马馥、司马虔领兵协助诸军作战，司马馥、司马虔不愿服从。司马虔平素与刘舆亲近，孙秀就派刘舆劝说司马虔。司马虔服从调遣，率八千兵作三军的后援。司马泓、司马雅虽接连取得战争胜利，但是三王义军随散即合，司马雅等人不能前进。许超等人的军队与城都王司马颍的军队在黄桥会战，死伤达万余人。张泓直到阳翟，又在城南打击齐王司马冏的辎重车辆，杀死几千人，于是以城为守，保卫邸阁。而司马冏的军队已经到颍阴，离阳翟有四十里远。司马冏分军渡过颍水，攻打张泓等人，没取得胜利。张泓乘胜前进，到达了颍上，夜间沿颍水列阵。司马冏快速派轻装部队攻击张泓的阵营，诸军没有行动，而孙辅、徐建军队在夜间自相扰乱，孙辅、徐建只得径自地归顺洛阳向司马伦自首。孙辅、徐建逃到了洛阳，不清楚诸军督是否还存在，就说："齐王的兵势强盛，锐不可当，张泓等人已经死了。"司马伦大为震惊，将这一消息封锁，没有公布，因而召令司马虔和许超返回。恰好张泓打败了司马冏的露布送到，司马伦大喜过望，才又派遣使许超继续战斗，但是司马虔已经返回到庾仓。许超返回过黄河，将士都怀疑将会受到敌兵阻碍，于是锐气自然受到挫伤。张泓等人率诸军过颍水，进攻司马冏军营，司马冏出兵攻打张泓别帅孙髦、司马谭、孙辅，都被攻破，离散的士兵回到洛阳，张泓等人集中残部回到军营。孙秀等人清楚孙辅、张泓、司马雅三方面的军事日益紧迫，于是假传已经攻破司马冏军营、擒获了司马冏，用来扰乱视听，蛊惑人心，命令百官都为他庆贺。而士猗、伏胤、孙会都各自杖节，不相服从。司马伦又授予太子詹事刘琨节钺，督河北将军，率步兵、骑兵一千人督诸军作战。孙会等人与三王义军战于激水，大败而归，退兵保黄河以上，刘琨烧断了河桥以断三王义军的追杀。

义兵兴起讨伐，百官军将都想诛杀司马伦、孙秀以谢罪于天下。孙秀清楚自己众怒难犯，不敢出宫省视政事。等听说黄河以北的军队都失败，忧虑烦懑不知所措。义阳王司马威劝说孙秀到尚书省与八坐商议率军征战的准备，孙秀听从司马威的话。令京师四品以下的子弟、年龄在十五岁以上的人，都报到司隶，跟随司马伦出战。京师内外诸军都想杀死孙秀。司马威害怕，从崇礼闼逃回下舍。许超、士猗、孙会等人率的军队都已一齐返回，就与孙秀谋划。有的想要集中剩下士兵出战，有的想要焚烧宫室，杀死不服从自己的人，挟持司马伦到南方去投靠孙旗、孟观等人，有的人想乘船向东到海滨，计策没有决断。王舆反戈一击，率领营兵七百多人从南掖门进入宫，敕令宫中兵各自分开守卫着诸宫门，三部司马作内应，王舆亲自领兵去杀死孙秀。孙秀关闭中书南门，王舆纵使兵卒登上宫墙，烧毁房屋，孙秀、许超与士猗仓皇逃出，左卫将军赵泉斩杀孙秀等人使之徇罪受到惩罚。逮捕了孙奇关押在右卫营，交付廷尉惩治他。逮捕前将军谢惔、黄门令骆休、司马督王潜，都在殿中受到诛杀。三部司马兵在宣化闼中斩杀了孙弼以正法。这时，司马馥在孙秀处陪坐，王舆派遣将士将他囚禁在散骑省，用大戟守备省门。八坐都入殿，坐在东除树下。王舆领兵屯驻云龙门，命令司马伦下诏："我被孙秀等人错误引导，因为这触怒了三王。今天已杀孙秀，即将迎接太上皇恢复皇帝位，我将回归原籍，终老于田间耕种。"传诏书，用驺虞幡敕令将士罢兵。朝廷文武官员都奔走逃亡，没有谁敢再留在宫中。黄门将司马伦从华林园东门逐出，司马荂也从华林园东门逐出，都遣散回汶阳里宅第。于是，就此用甲士数千人在金墉迎接天子，百姓都呼万岁。惠帝从端门入宫，升殿上朝，行御广室，遣送司马伦及他的世子司马荂等人去金墉城。

起先，孙秀害怕西面军的到来，又召令司马虔回洛阳，这天止宿于九曲。惠帝诏命派使者免除司马虔的官，司马虔害怕，丢下数十军将返回到了汶阳里。

梁王司马肜表奏司马伦父子凶恶，大逆不道，应伏诛处以极刑。百官集会，商议这事于朝廷，都赞同司马肜的表奏。惠帝司马衷遣尚书袁敞持节赐司马伦死，让他饮下金屑苦酒。司马伦惭愧，以巾遮面，说："孙秀害我！孙秀害我！"即此，逮捕司马荂、司马馥、司马虔、司马诩，交付给廷尉关押拷问。司马馥临死对司马虔说："受你牵连破坏一家！"百官之中凡是被司马伦任命的，都被斥责免官。台、省、府、卫继续留任的微乎其微。从兴兵起历时六十多天，在战斗中受到杀害的达十万人。

凡与司马伦图谋不轨，危害朝廷有关而死的人：张林被孙秀杀害；许超、士猗、孙弼、谢惔、殷浑与孙秀被王舆杀害；张衡、闾和、孙髦、高越从阳翟返洛阳，伏胤战败返回济阳，都被斩于东市；蔡璜在阳翟投降齐王司马冏，返回到洛阳自杀；王舆因有平乱并恢复皇帝位的功劳，免受死罪，后来与东莱司马蕤谋杀了司马冏，伏法被杀。

司马冏

齐武闵王冏，字景治，献王攸之子也。少称仁惠，好振施，有父风。初，攸有疾，武帝不信，遣太医诊侯，皆言无病。及攸薨，帝往临丧，冏号踊诉父病为医所诬，诏即诛医。由是见称，遂得为嗣。

元康中，拜散骑常侍，领左军将军、翊军校尉。赵王伦密与相结，废贾后，以功转游击将军。冏以位不满意，有恨色。孙秀微觉之，且惮其在内，出为平东将军、假节，镇许昌。伦篡，迁镇东大将军、开府仪同三司，欲以宠安之。

冏因众心怨望，潜与离狐王盛、颍川王处穆谋起兵诛伦。伦遣腹心张乌觇之，乌反，曰："齐无异志。"冏既有成谋未发，恐事泄，乃與军司管袭处穆，送首于伦，以安其意。谋定，乃收袭杀之。遂与豫州刺史何勖、龙骧将军董艾等起军，遣使告成都、河间、常山、新野四王，移檄天下征镇、州郡县国，咸使闻知。扬州刺史郗隆檄，犹豫未决，参军王邃斩之。送首于冏。冏屯军阳翟，伦遣其将闾和、张泓、孙辅出堮坂，与冏交战。冏军失利，坚垒自守。会成都军破伦众于黄桥，冏乃出军攻和等，大破之。及王舆废伦，惠帝反正，冏诛讨贼党既毕，率众入洛，顿军通章署，甲士数十万，旌旗器械之盛，震于京都。天子就拜大司马，加九锡之命，备物典策，如宣、景、文、武辅魏故事。

冏于是辅政，居攸故宫，置掾属四十人。大筑第馆，北取五榖市，南开诸署，毁坏舍以百数，使大匠营制，与西宫等。凿千秋门墙以通西阁，后房施钟悬，前庭舞八佾，沈于酒色，不入朝见。坐拜百官，符敕三台，选举不均，惟宠亲昵。以车骑将军何勖领中将军。封葛旟为牟平公，路秀小黄公，卫毅阴平公，刘真安乡公，韩泰封丘公，号曰：“五公”，委以心膂。殿中御史桓豹奏事，不先经冏府，即考竟之。于是朝廷侧目，海内失望矣。南阳处士郑方露版谏，主簿王豹屡有箴规，并不能用，遂奏豹杀之。有白头公入大司马府大呼，言有兵起，不出甲子旬。即收杀之。

冏骄恣日甚，终无悛志。前贼曹属孙惠复上谏曰：

“惠闻天下五难，四不可，而明公皆以居之矣。捐宗庙之主，忽千乘之重，躬贯甲胄，犯冒锋刃，此一难也。奋三百之卒，决全胜之策，集四方之众，致英豪之士，此二难也。舍殿堂之尊，居单幕之陋，安嚣尘之惨，同将士之劳，此三难也。驱乌合之众，当凶强之敌，任神武之略，无疑阻之惧，此四难也。檄六合之内，著盟信之誓，升幽宫之帝，复皇祚之业，此五难也。大名不可久荷，大功不可久任，大权不可久执，大威不可久居。未有行其五难而不以为难，遗其不可而谓之为可。惠窃所不安也。

“自永熙以来，十有一载，人不见德，惟戮是闻。公族构篡夺之祸，骨肉遭枭夷之刑，群王被囚槛之困，妃主有离绝之哀。历观前代，国家之祸，至亲之乱，未有今日之甚者也。良史书过，后嗣何观！天下所以不去于晋，符命长存于世者，主无严虐之暴，朝无酷烈之政，武帝余恩，献王遗爱，圣慈惠和，尚经人心。四海所系，实在于兹。

“今明公建不世之义，而未为不世之让，天下惑之，思求所悟。长沙、成都，鲁、卫之密，国之亲亲，与明公计功受赏，尚不自先。今公宜放桓、文之勋，迈臧、札之风，刍狗万物，不仁其化，崇亲推近，功遂身退，委万机于二王，命方岳于群后，耀义让之旗，鸣思归之銮，宅大齐之墟，振泱泱之风，垂拱青、徐之域，高枕营丘之藩。金石不足以铭高，八音不足以赞美，姬文不得专圣于前，太伯不得独贤于后。今明公忘亢极之悔，忽穷高之凶，弃五岳之安，居累卵之危，外以权势受疑，内以百揆损神。虽处高台之上，逍遥重仞之墉，及其危亡之忧，过于颍、翟之虑。群下竦战，莫之敢言。

“惠以衰亡之余，遭阳九之运，甘矢石之祸，赴大王之义，脱褐冠胄，从戎于许。契阔战阵，功无可记，当随风尘，待罪初服。屈原放斥，心存南郢；乐毅适赵，志恋北燕。况惠受恩，偏蒙识养，虽复暂违，情隆二臣，是以披露血诚，冒昧干迕。言入身戮，义让功举，退就鈇锧，此惠之死贤于生也。”冏不纳，亦不加罪。

翊军校尉李含奔于长安，诈云受密诏，使河间王颙诛颙冏，因导以利谋。颙从之，上表曰：

“王室多故，祸难罔已。大司马冏虽唱义有兴复皇位之功，而定都邑，克宁社稷，实成都王之勋力也。而冏不能固臣节，实协异望。在许昌营有东西掖门，官置治书侍御史，长史、司马直立左右，如侍臣之仪。京城大清，篡逆诛夷，而率百万之众来绕洛城。阻兵经年，不一朝觐，百官拜伏，晏然南面。坏乐官市署，用自增广。辄取武库秘杖，严列不解。故东莱王蕤知其逆节，表陈事状，而见诬陷，加罪黜徙。以树私党，僭立官属。幸妻嬖妾，各号比之中宫。沉湎酒色，不恤群聚。董艾放纵，无所畏忌，中丞按奏，而取退免。张伟惚恫，拥停诏可；葛旟小竖，维持国命，操弄王爵，货赂公行。群奸聚党，擅断杀生。密署腹心，实为货谋。斥罪忠良，伺窥神器。

“臣受重任，蕃卫方岳，见冏所行，实怀激愤。即日翊军校尉李含乘驿密至，宣腾诏旨。臣伏读感切，五情若灼。《春秋》之义，君亲无将。冏拥强兵，树置私党，权官要职，莫非腹心。虽复重责之诛，恐不义服。今辄勒兵，精卒十万，与州征并协忠义，共会洛阳。骠骑将军长沙王乂，同奋忠诚，废冏还第。有不顺命，军法从事。成都王颖明德茂亲，功高勋重，往岁去就，允合众望，宜为宰辅，代冏阿衡之任。”

颙表既至，冏大惧，会百僚曰：“昔孙秀作逆，篡逼帝王，社稷倾覆，莫能御难。孤纠合义众，扫除元恶，臣子之节，信著神明。二王今日听信谗言，造构大难，当赖忠谋以和不协耳。”司徒王戎、司空东海王越说冏委权崇让。冏从事中郎葛旟怒曰：“赵庶人听任孙秀，移天易日，当时喋喋，莫敢先唱。公蒙犯矢石，躬贯甲胄，攻围陷阵，得济今日。计功行封，事殷未遍。三台纳言不恤王事，赏报稽缓，责不在府。谗言僭逆，当共诛讨，虚承伪书，令公就第。汉魏以来，王侯就第宁有得保妻子者乎！议者可斩。”于是百官震悚，无不失色。

长沙王乂径入宫，发兵攻冏府。冏遣董艾陈兵宫西。乂又遣宋洪等放火烧观阁及千秋、神武门。令黄门令王湖悉盗驺虞幡，唱云："长沙王矫诏。"冏又称："大司马谋反，助者诛五族。"是夕，城内大战，飞矢雨集，火光属天。帝幸上东门，矢集御前。群臣救火，死者相枕。明日，冏败，乂擒冏至殿前，帝恻然，欲活之。叱左右促牵出，冏犹再顾，遂斩于阊阖门外，徇首六军。诸党属皆夷三族。幽其子淮陵王超、乐安王冰、济阳王英于金墉。暴冏尸于西明亭，三日而莫敢收敛。冏故掾属荀颢等表乞殡葬，许之。

初，冏之盛也，有一妇人诣大司马府求寄产。吏诘之，妇人曰："我截齐便去耳。"识者闻而恶之。时又谣曰："著布袙腹，为齐持服。"俄而冏诛。

永兴初，诏以冏轻陷重刑，前勋不宜堙没，乃赦其三子超、冰、英还第，封超为县王，以继冏祀，历员外散骑常侍。光熙初，追册曰："咨故大司马、齐王冏：王昔以宗藩穆胤绍世，绪于东国，作翰许京，允镇静我王室。诞率义徒，同盟触泽，克成元勋，大济颍东。朕用应嘉茂绩，谓笃尔劳，俾式先典，以畴兹显懿。廓土殊分，跨兼吴、楚，崇礼备物，宠侔萧、霍，庶冯翼戴之重，永隆邦家之望。而恭德不建，取侮二方，有司过举，致王于戮。古人有言曰：'用其法，犹思其人。'况王功济朕身，勋存社稷，追惟既往，有悼于厥心哉！今复王本封，命嗣子还绍厥绪，礼秩曲度，一如旧制。使使持节、大鸿胪即墓赐策，祠以太牢。魂而有灵，祗服朕命，肆宁尔心，嘉兹宠荣。"子超嗣爵。

永嘉中，怀帝下诏，重述冏唱义元勋，还赠大司马，加侍中、假节，追谥。及洛阳倾覆，超兄弟皆没于刘聪，冏遂无后。

太元中，诏以故南顿王宗子柔之袭封齐王，绍攸、冏之祀，历散骑常侍。元兴初，会稽王道子将讨桓玄，诏柔之兼侍中，以驺虞幡宣造江，荆二州，至姑孰，为玄前锋所害。赠光禄勋。子建之立。宋受禅，国除。

郑方者，字子回。慷慨有志节，博涉史传，卓荦不常，乡闾有识者叹其奇，而未能荐达。及冏辅政专恣，方发愤步诣洛阳，自称荆楚逸民，献书于冏曰："方闻圣明辅世，夙夜祗惧，泰而不骄，所以长守贵也。今大王安不虑危，耽于酒色，燕乐过度，其失一也。大王檄命，当使天下穆如清风，宗室骨肉永无纤介，今则不然，其失二也。四夷交侵，边境不静，大王自以功业兴隆，不以为念，其失三也。大王兴义，群庶竞赴，天下虽宁，人劳穷苦，不闻大王振救之令，其失四也。又与义兵歃血而盟，事定之后，赏不逾时，自清泰已来，论功未分，此败食言，其失五也。大王建非常之功，居宰相之任，谤声盈途，人怀忿怨，方以狂愚，冒死陈诚。”冏含忍答之云：“孤不能致五阙，若无子，则不闻其过矣。”未几而败焉。

【译文】

齐武闵王司马冏，字景治，是献王司马攸的儿子。少年时因仁惠称誉，喜好赈济布施，有父亲司马攸的风范。先前，司马攸患疾病，武帝不以为真有病，派太医去为他诊断，都说没有病。等到司马攸死后，武帝司马炎亲临吊丧，司马冏哭号诉说父亲的病是被医生耽误，诏命立刻杀了医生。于是，司马冏有名声，并继嗣封了王位。

元康年间，提拔为散骑常侍，领左军将军、翊军校尉。赵王司马伦秘密地与他相约结盟，废贾后，因功劳转拜为游击将军。司马冏不满意他的职位，面有愤愤不平的脸色。孙秀稍有察觉，并害怕他在京师为患祸乱，让他出京师担任平东将军、假节，镇守许昌。司马伦篡夺了皇帝位，迁任为镇东大将军、开府仪同三司，想用这种宠爱来安抚他。

司马冏因大家都怨恨司马伦，就暗中与离狐王盛，颍川王处穆计划起兵去诛讨司马伦。司马伦派他的心腹张乌监察他，张乌返回后，说：“齐王司马冏对你没有二心。”司马冏已经胸有成竹，图谋没有付诸行动，唯恐事情会暴露，就与军司管袭杀王处穆，将他的首级送给司马伦，用以安定司马伦的心。阴谋得逞后，又逮捕并且杀害管袭。于是与豫州刺史何勖、龙骧将军董艾等人起军，派使者告诉成都王、河间王，常山王新野国四个王，传布檄文到天下，及镇、州、郡、县，让他们都知道。扬州刺史郗隆得到檄文，犹豫不决，被参军王邃斩杀，将首级送给司马冏。司马冏屯军阳翟，司马伦派遣他的部将闾和、张泓，孙辅领军出兵堮坂，与司马冏交战。司马冏军队失利，坚守营垒，不出战。适逢成都王司马颖军打败司马伦的军队于黄桥，司马冏才出兵攻打了宫和等军，大获全胜。等到王舆废除司马伦，惠帝司马衷反正为皇帝，司马冏诛讨贼党乱徒任务完成，于是率军入洛阳，屯军通章署。他的军队，甲士多达数十万人，旌旗武器非常多，震动京师。天子就此提升他为大司马，加九锡之命，为他备物典策，都像宣帝、景帝、文帝、武帝辅佐曹魏一样。

司马冏从此开始辅佐朝廷，住在献王司马攸原来住的宫里，置掾司属四十人。扩大修筑住宅堂馆，在北面取消粮食市场，在南面开拓拆毁官署，毁坏庐舍数以百计，用来扩大修筑住宅堂馆。聘用有名工匠为之营造，规模与西宫相等。开凿了千秋门墙，便于里通西阁，后房施钟声乐悠扬，前庭舞乐以八佾，沉于酒色，不再上朝拜见。坐着迎拜百官。符敕三台，选择地举措不合于礼法，唯以宠爱亲昵来任用。任车骑将军何勖领中领事。封葛旟为牟平公，路秀为小黄公，卫毅为阴平公，刘真为安乡公，韩泰为封丘公，被为“五公”，将他们当作心腹任用。殿中御史桓豹向惠帝奏事时，不先经过司马冏府视问，就考察追究他。从此，朝廷大臣都对他侧目相待，海内失望他的骄纵。南阳处士邓方上奏极力谏阻，主簿王豹多次至箴规劝，司马冏一律不予采纳，并奏疏惠帝，杀死王豹。有一个白头老人到大司马府大呼，说用兵之事出现，时间不超过甲子旬。于是就逮捕杀了他。

司马冏骄纵恣之势日益严重，终没有悔改的意思。原贼官吏的孙惠又上疏进谏说：

“孙惠听说天下有五种危难，四种不可行的禁忌，而现在明公都占全了。捐弃宗庙朝廷的君主，忽视自己担负的千乘的重职，醉心于甲胄车马，犯冒锋刃，这是第一难；使用三百人的士卒，决定全胜的策略，集结四方群众，招来英雄豪杰之士，这是第二难；舍弃殿堂的尊严，住在简陋的单幕之中，安心于喧闹的场景，等同于将士的辛劳，这是第三难。驱使乌合不整的军队，来抵挡凶猛强大的敌人，而运用神武的战略，没有被阻的恐惧，这是第四难；传檄告谕天下，成就像六国合纵那样的联合在国内，结盟约誓以为真信，匡扶居处幽宫中的皇帝登位，恢复朝廷的大业，这是第五难。有盛大的名誉不可以长久担待，有了伟大的功劳不可以长久居处，有巨大的权力不可以长久掌握，有灼乎可热的威势不可以长留下去。没有实践五难而不会有所难，避开不可做的事情才称得上做可以做的事情。这就是孙惠私自因为这不安的原因。自永熙以来，经历十一年，没有人听到有什么德仁，只有杀戮的消息不绝于耳。你的族人制造篡夺皇位的大罪而受祸，骨肉亲人遭到斩首灭族的酷刑，诸王成为囚犯被监禁受困，妃子与公主有离散与断绝消息的悲哀。一一观察前代的历史，国家出现的灾祸，至亲近戚兴起叛乱，没有像今天这样厉害的。好的史家要是在史书上写的尽是过失，以后继承朝政的人又能借鉴什么呢？天下之因为这不背叛离开西晋朝廷，使符命能够长久地留存在世上的原因，是惠帝严厉暴虐的行为，朝廷没有残酷激烈的政治。武帝传下剩余恩泽，献王留下仁爱，以圣明、慈爱的惠德使得国家人民和顺，尚且还留在百姓的心中。四海维系不分裂的实质就在这里。现在贤公所有的道义不能被世人接受，你的行为已不能得到世人的原谅。天下困惑你这样，思考你应该有所醒悟。长沙王、成都王，在鲁、卫之间的密谋中，同是国家的至亲和贤公计功受赏时，尚且不能去争先后。现在，你应放弃桓、文那样的功勋，树藏、札那样的风节。万事万物，都受到仁义的感化。崇近亲戚推进，功劳有后，身自退却，委托国事给长沙王、成都王，决断方岳在大家的后面。树立义让的旗帜，鸣响思归的金鸣之声，建住宅在齐国的土地上。振动高风亮节，垂拱青、徐广大的国土，高枕营丘等地属。这样，金石不足以来铭记你的高尚，八音不足以来赞美您的德仁。姬文无法专美圣人于前，由于现在有你继之而起；太伯不能在后世单独称贤，因有你与他并驾齐驱。现在你忘记了最惨的教训，又穷凶极恶，不顾五岳的安定，处在累卵的危险。在朝廷外面以权要势大受到猜疑，在朝廷内部因为操劳百事而损害自己的精神。虽现在处在高台之上掌握大权，逍遥于重仞塘而有豪华的宫殿。等到有危险灭亡的忧祸，就会超过颍、翟那样的程度。下臣们都害怕得战战兢兢，没有人敢说话。孙惠曾经在衰亡之际，遭受阳九的运气，甘冒矢石的祸患，奔赴齐王的义举，脱掉褐衣，穿好甲胄，应当征从戎于许昌。冲突战阵，功劳没有，不可纪念，只当随风尘飘失，待罪初服。屈原遭到放逐，心里怀念南面的郢都；乐毅到赵国，矢志恋着北燕。何况孙惠受恩于齐王，多蒙认识豢养，虽暂时违拗你，但是情比二臣更隆，因为这暴露我的赤胆忠诚，冒失有所违碍轻佻。我的话倘若被你采纳后再受到杀戮，以仁义而得成功，退下来再就极刑，因为这而死，这死比生还有价值。”

司马冏没有采纳孙惠的建议，也没加罪给孙惠。翊军校尉李含出奔到长安，诈称受道密诏，派河间王司马颙诛讨司马冏，用利害的关系诱导司马颙。司马颙服从。上表说：“王室多事，祸乱没穷尽。大司马司马冏虽倡行义举，立了复兴皇位的大功，但是安定都邑，匡扶国家朝政，实际上依赖的是成都王的巨大力量。而且司马冏不能守臣子礼节，实际走到众望的反面，在许昌营造东西掖门，置官有治书侍御史、长史、司马直立左右，僭行了侍臣的礼仪。京城大清洗，篡逆者受到诛杀，而又率百万之众来转绕洛阳。阻兵历时一年，对上不事朝请礼仪，在下迎百官拜伏，道貌岸然，俨然就是南面称孤的皇帝。破坏了原有的乐官、市场、官署，用来扩大营造自己的宫殿。动不动就取武库的秘杖，严列不解。原东莱王司马蕤清楚他叛逆的节操，上表来陈述他的事状，反被诬陷，被加罪免官迁徙。司马冏树立私党，超越常规确立官属。幸妻嬖妾，他们名号比同中宫。沉湎酒色，不体恤黎民百姓。董艾放纵，无所畏忌，中丞按奏他，却遭到退职免官。张伟担心害怕，拥有停止诏书或者执行的便利；从事中郎葛旟诚为竖子，却赖以维持国命。依仗着王爵，操弄权柄，贿赂公行，培育奸邪，树立党羽，擅自断狱，枉法杀生。秘密地指使他的心腹，暗中图谋不轨，排挤加害忠良的人士，伺机阴谋篡夺皇位。臣受重任在河间，藩属朝廷，保卫江山，看到司马冏行为，实在愤激。这天翊军校尉李会乘快马秘密地来到我这里，宣读了皇帝的旨意。臣伏读诏书，感受切实，五情若灼如焚。按《春秋》规定，皇帝的宗族中没有将领。司马冏拥有强大军队，树立私党，加权授官在要职上的人，没一个不是他的心腹。即使又重重地加罪并且诛杀他们，唯恐不能以义相服。今天就统率发兵十万人，与各州征集兵马共同事奉忠义，在洛阳会师。骠骑将军长沙王司马乂，一同起兵，效献忠诚，废除了司马冏职守，还归居闲。凡不听从命令的，军法从事处以极刑。成都王司马颖明于德仁，完全符合大家的心愿，适宜任职宰相，辅佐朝政，代替司马冏的要职，担当重任。”

司马颙的表奏送到朝廷，司马冏十分恐惧。集合百官群僚说：“以前孙秀发动叛逆作乱的事，篡夺皇位，逼帝禅位，朝政倾覆，没谁能够御侮避难。我团结三王地义军，扫除了元凶，匡扶朝政，所尽臣子的节，真实可信，神明所知。二王现在听信谗言，陷害我，我只有依赖忠义之谋才能够和顺矛盾了。”司徒王戎、司空东海王司马越劝说司马冏放弃权力，崇尚谦让。司马冏从事中郎葛㫲愤怒地说：“赵庶人听任孙秀得势朝廷，移天易日，当时的朝廷内外喋喋不休，没有谁敢领头矫枉过正。你蒙犯冒着刀枪剑雨的危险，亲自挂甲披胄，冲锋陷阵，才得以有今天。计功劳，行封赏，事虽属实，但是功高却不赏。三台纳言不体恤大王的事情，赏报稽缓不以时，责任不在王府。谗言僭越常规，有逆正义，应共同诛讨，虚承假诏，让王公归第居闲。自汉、魏以来，王侯就第隐居，还能够保护妻子儿女不受侵害吗？议这件事的人可斩首！”由此，百官震动害怕，没有一个人不大为失色。

长沙王司马冏径自进宫，发兵围攻了司马冏府。司马冏以派董艾陈兵于宫西，又派宋洪等人率军放火烧诸观阁和千秋、神武门。司马冏令黄门令王湖都盗窃驺虞幡，呼号说：“长沙王矫称帝诏。”司马乂又称：“大司马谋反，帮助他的人将被诛灭五族。”这天夜里，城中大战，飞箭如雨点飞来飞去，火光御前。群臣救火，死的人非常多，相互枕藉。第二天，司马冏失败，司马乂生擒司马冏到了殿前，惠帝怜悯他，想让他活下去。司马乂怒斥左右的人，催左右将司马冏牵出殿，司马冏再次回顾惠帝。无可挽救，于是在阊阖门外被斩，以其首级循行六军示众。所有党徒属吏都被夷灭了三族。幽禁他的儿子淮陵王司马超、乐安王司马冰、济阳王司马英在金墉。司马冏被暴尸在西明亭三天时间，没有谁敢为他收敛。司马冏原来的掾属荀顗等人上表惠帝乞请给他予殡葬，惠帝准许他们的请求。

先前，在司马冏威多势盛时，有一个孕女来到大司马府，请求在这儿寄寓生产。府吏骂女人，女人说：“我生产后截脐就会离开。”有识见的人听说后都厌恶这件事。当时的人又作谣谚说：“著布裙腹，为齐持服。”不久后，司马冏被杀。

永兴初年，惠帝下诏，认为司马冏轻陷重刑，以前的功勋不应淹没。于是赦免他三个儿子司马超、司马冰、司马英的罪，返回到旧第居住，封司马超为县王，来继承司马冏的王位，历任员外散骑常侍。惠帝光熙初年，追赐册封司马冏说：“咨故大司马、齐王司马冏：王以前以宗族藩佐皇族后代，受封就绪在东方国家，作翰行政于许京，镇静王室。后来又移檄天下，联络成都、河间、常山、新野四王，同盟结力，反正皇帝才得以建立功勋，在颍东取得大胜。朕因为这应该嘉奖你巨大成绩，就是说奖勉你的功劳来建立典式，感谢这样的大德。分割城邦给你，兼跨吴、楚两国，崇尚礼仪，为你备物赏赐，所受荣宠可以比肩于萧何、霍光，希望凭借这些推戴拥敬的恩重，永远隆兴邦国与家室的希望。但是，你恭德欠缺，以致受侮于成都王、河间王，有司举措过分，进而招致你受戮被诛。古人言说：‘使用人的法器，就好像是制造法器的人。’何况齐王所立功劳，使我起于函居，反正皇帝，功勋籍存在国家朝政。追思以往，哀悼之情起自内心。今天恢复齐王原有的封赐，命令继承王位的儿子继承你生前的封赏，礼仪、位、典度，都同以前一样。使持节、大鸿胪到墓地赐策，祭祀使用的太牢。魂魄若是灵念，恭敬地服从朕的命令，安定你心，嘉惠这种宠劳。”儿子司马超继嗣王爵。

永嘉年间，怀帝下诏，重述司马冏倡义反正皇帝的元勋，还赠给他大司马，加赐侍中、假节，追加了谥号。到洛阳被刘聪复天时，司马超兄弟都被除掉，司马冏没有后代。

太元年间，下诏以原南顿王司马宗的儿子司马柔之袭封为齐王，奉祀司马攸、司马冏，历任散骑常侍。元兴初年，会稽王司马道子将讨伐桓玄，下诏司马柔之兼任侍中，以驺虞幡的身份宣告江、荆二州，到姑孰，被桓玄前锋杀害。封赠光禄勋。儿子司马建之继承王位。南朝宋受禅时，齐王国除。

有个叫邓方的人，字子回。慷慨而有志节，广泛地涉猎史传学问，卓尔不群，乡闾间的有识之士赞叹他是一个奇人，但是没有能够得到推荐。到司马冏辅佐朝政，专横放肆时，邓方发愤步行到洛阳，自称是荆楚逸民。献出给司马冏说：“邓方听说圣明的人辅佐朝廷，日夜小心政事，处泰而不骄纵，因此能够常守富。现在齐王司马冏安于高位还不思虑危难，耽于酒色，燕乐过度，这是你第一个过失；大王檄命可动天下，应使天下静穆如清风，宗室骨肉永远没矛盾，如今却不是这样，这是你的第二个过失；四夷交相侵扰国土，边境不宁，大王自以为功业兴隆，不担忧边事，这是你的第三个过失；兴义反正皇帝，广大的百姓竞相奔赴，天下虽然已安宁，人劳而穷苦，没听说大王有赈济他们的命令，这是你第四个过失；又与义兵行歃血结盟的事，事定之后，行赏不按时进行，论功不分次第，这叫食言，这是你第五个过失。大王建立个特别的功劳，居处宰相的要职担当重任，诽谤之声载道盈途，人人都心怀怨恨于你。邓方自认狂愚，冒死罪陈述赤诚。”司马冏含忍回答邓方说：“我不能招致你说的五阙，我如果没有你，那么就不至于听到这些过失。”不久，司马冏以失败告终。

司马乂传

长沙厉王乂，字士度，武帝第六子也。太康十年受封，拜员外散骑常侍。及武帝崩，乂时年十五，孺慕过礼。会楚王玮奔丧，诸王皆近路迎之，乂独至陵所，号恸以俟玮。拜步兵校尉。及玮之诛二公也，乂守东掖门。会驺虞幡出，乂投弓流涕曰："楚王被诏，是以从之，安知其非！"玮既诛，乂以同母，贬为常山王，之国。

乂身长七尺五寸，开朗果断，才力绝人，虚心下士，甚有名誉。三王之举义也，乂率国兵应之，过赵国，房子令距守，乂杀之，进军为成都后系。常山内史程恢将贰于乂，乂到邺，斩恢及其五子。至洛，拜抚军大将军，领左军将军。顷之。迁骠骑将军、开府，复本国。

乂见齐王冏渐专权，尝与成都王颖俱拜陵，因谓颖曰："天下者，先帝之业也，王宜维之。"时闻其言者皆惮之。及河间王颙将诛，传檄以乂为内主。冏遣其将董艾袭乂，乂将左右百余人，手斫车幰，露乘驰赴宫，闭诸门，奉天子与冏相攻，起火烧冏府。连战三日，冏败，斩之。并诛诸党与二千余人。

颙本以乂弱冏强，冀乂为冏所擒，然后以乂为辞，宣告四方共讨之，因废帝立成都王，已为宰相，专制天下。既而乂杀冏，其计不果，乃潜使侍中冯荪、河南尹李含、中书令卞粹等袭乂。乂并诛之。颙遂与颖同伐京都。颖遣刺客图乂，时长沙国左常侍王矩侍直，见客色动，遂杀之。诏以乂为大都督以距幰。连战自八月到十月，朝议以乂、颖兄弟，可以辞说而释，乃使中书令王衍行太尉，光禄勋石陋行司徒，使说颖，令与乂分陕而居，颖不从。乂因致书于颖曰："先帝应乾抚运，统摄四海，勤身苦已，克成帝业，六合清泰，庆流子孙。孙秀作逆，反易天常，卿兴义众，还复帝位。齐王恃功，肆行非法，上无宰相之心，下无忠臣之行，遂其谗恶，离逖骨肉，主上怨伤，寻已荡除。吾之与卿；友于十人，同产皇室，受封外都，各不能阐敷王教，经济远略。今卿复与太尉共起大众，阻兵百万，重围宫城。群臣同忿，聊即命将，示宣国威，未拟摧殄。自投沟涧，荡平山谷，死者日万，酷痛无罪。岂国恩之不慈，则用刑之有常。卿所遣陆机不乐受卿节钺，将其所领，私通国家。想来逆者，当前行一尺，却行一丈。卿宜还镇，以宁四海，令宗族无羞，子孙之福也。如其不然，念骨肉分裂之痛，故复遣书。”

颖复书曰：“文景受图，武皇乘运，庶几尧舜，共康政道。恩隆洪业，本枝百世。岂期骨肉豫祸，后族专权，杨、贾纵毒、齐、赵内篡。幸以诛夷，而未静息。每忧王室，心悸肝烂。羊玄之、皇甫商等恃宠作祸，能不兴慨！于是征西羽檄，四海云应。本谓仁兄同其所怀，便当内擒商等，收级远送。如何迷惑，自为戎首！上矫君诏，下离爱弟，推移辇毂，妄动兵威，还任豺狼，弃戮亲善。行恶求福，如何自勉！前遣陆机董督节钺，虽黄桥之退，而温南收胜，一彼一此，未足增庆也。今武士百万，良将锐猛，要当与兄整顿海内。若能从太尉之命，斩商等首，投戈退让，自求多福，颖亦自归邺都，与兄同之。奉览来告，缅然慷慨。慎哉大兄，深思进退也！”

乂前后破颖军。斩获六七万人。战久粮乏，城中大饥，虽曰疲弊，将士同心，皆愿效死。而乂奉上之礼未有亏失，张方以为未可克，欲还长安。而东海王越虑事不济，潜与殿中将收乂送金墉城。乂表曰：“陛下笃睦，委臣朝事。臣小心忠孝，神祇所鉴。诸王承谬，率众见责，朝臣无正，各虑私困，收臣别省，送臣幽宫。臣不惜躯命，但念大晋衰微，枝党欲尽，陛下孤危。若臣死国宁，亦家之利。但恐快凶人之志，无益于陛下耳。”

殿中左右恨乂功垂成而败，谋劫出之。更以距颖。越惧难作，欲遂诛乂。黄门郎潘滔劝越密告张方，方遣部将郅辅勒兵三千，就金墉收乂，至营，炙而杀之。乂冤痛之声达于左右。三军莫不为之垂涕。时年二十八。

乂将殡于城东，官属莫敢往，故掾刘佑独送之，步持丧车，悲号断绝，哀感路人。张方以其义士，不之问也。初，乂执权之始，洛下谣曰：“草木萌牙杀长沙。”乂以正月二十五日废，二十七日死，如谣言焉。永嘉中，怀帝以乂子硕嗣，拜散骑常侍，后没于刘聪。

【译文】

长沙厉王司马乂，字士度，是武帝的第六个儿子。太康十年受封为王，擢拜员外散骑常侍。武帝去世时，司马乂才十五岁，孺弱哀慕超过礼数。逢楚王司马玮奔丧，诸王都到近路迎接，司马乂独自一人到墓地，号哭悲恸等待司马玮。擢拜为步兵校尉。到司马玮诛讨太宰司马亮、太保卫瓘二公，司马乂守东掖门。赶上驺虞幡出示司马玮矫诏，司马乂丢下了弓箭流泪说："楚王司马玮有诏，所以服从了他，哪里知道不是真诏书！"司马玮既已经被诛杀，司马乂因与司马玮同母，被贬为常山王，去了封国就职。

司马乂身长七尺五寸，为人十分开朗果断，才力绝人，虚心对待下士，极有名誉。三王举义兵反正皇帝，匡扶了朝政，司马乂率常山国兵相应，路过赵国，正值房子令距守，司马乂杀他。继续进军成了成都王军的后援。常山内史程恢有二心于司马乂。司马乂到邺母下时，斩杀程恢和他的五个儿子。到洛阳，拜为抚军大将军，领左军将军。不久后，迁任骠骑将军、开府，恢复原本的封国。

司马乂见齐王司马冏渐次专权。曾经与成都王司马颖一同拜祭武帝陵，借机对司马颖说："天下的国家，是先帝创立的基业，成都王应维护它。"这时，凡听到他说这话的都害怕。到河间王司马冏将欲诛讨司马冏的时候，传檄以司马乂为内应。司马冏任他的部将董艾袭击司马乂，司马乂率左右一百多人，手斫车幰，敞露乘车急忙进宫，关闭所有宫门。奉天子之令与司马冏相互攻击，起火烧了司马冏府。连续战斗三天，司马冏失败，杀了司马冏，并诛杀司马冏的党羽二千多人。

司马颙原本认为司马冏懦弱、司马冏强大，希望司马乂被司马冏所擒，而后以司马乂为托辞，宣告四方共讨司马冏，进而废惠帝，立成都王司马颖为帝，自己担任宰相，专制天下。最后司马乂杀了司马冏，他原来的计划落空。于是，暗中派使侍中冯荪、河南尹李含、中书令卞粹等袭击司马乂。司马冏一并杀死他们。司马乂于是与司马颖一同攻伐京都。司马颖派刺客刺杀司马乂，这时长沙国左常侍王矩值班，见客人动色，先杀刺客。诏书令司马乂为大都督，用来抗拒司马颙，从八月份到十月份连续战斗三个月。朝廷商议，因为司马乂、司马颖是兄弟，能以语言劝说而使兵戎相释。乃派中书令王衍做太尉，光禄勋石陋做司徒，出使劝说司马颖，让他与司马乂分割陕地土地，各自为王，司马颖不服从。司马乂因此致书给司马颖说："先帝顺应乾坤，抚巡世运，统一了四海，勤劳自身，劳苦自己，才能成就帝业，六合清泰，庆幸他们的德业得以流布给子孙。孙秀作逆，行叛乱，反易天伦常理。你兴义师，还复了惠帝皇位。齐王司马冏依仗功高，肆意非法地行为。对惠帝没有宰相忠辅之心，对下属没有忠臣的行为。附从谗恶的人，离间皇室的骨肉，惠帝怨伤，不久荡平动乱。

我与你，相友善十倍于普通人，同是出身在皇室，却受封在外都，各自不能够阐释实行王教，经营策划国家的朝政。现在你又与太尉一起发大兵，阻兵力百万，重重地包围宫城。群臣同仇敌忾，如果命将出征，向你们宣示国威，你们将会死于非命。现在尚未拟定摧残的人命，诉诸战争。假如自相投赴沟涧，荡平山谷，死的人每天有上万，残酷地摧害无辜，难道是国家恩泽没有仁慈，而用刑于普通人！你派出的陆机不愿意受你节钺，将领他的军队，私自投降朝廷。我想进行叛逆的人，本想前进一尺，但是，到头却走一丈。你应当回去镇守成都国，用以使四海安宁无战事，让宗族兄弟不必自相残杀，从而造福于子孙。由于事情出于无奈，我念骨肉分裂的痛苦，所以又一次送书给你。”

司马颖报书说：“文帝、景帝受到邦国的图籍，世祖武皇帝乘时运治理国家，难道不是要德比尧、舜，一同开拓治政之道，让仁恩得以隆兴国家的大业，本与枝都经行百代而不衰。哪里想得到骨肉之间相与为祸，家族之间互相侵权，杨骏、贾后纵毒危害朝廷，齐王司马冏、赵王司马伦内行篡逆。有幸让他们受到杀身、夷族的处罚，但是还没完全平定叛逆。每次忧虑王室，心惊肉跳。羊玄之、皇甫商等人依仗着宠幸作恶，怎么会不让人产生愤慨！由此，征伐西方的邦国的羽檄，四海之内云应风从。本来说仁兄有共同的愿望，应自己擒皇甫商等人，将他们的首级运到阙下。哪知你也糊涂，自己亲为戎首！对上矫君诏行令，对下离散家弟，推进移动辇车，妄发兵威，并任用行事有如豺狼的人，抛弃并杀戮亲善的人。行恶而要求福祥，怎会得到满足呢！以前派陆机董艾都督节钺，虽在黄桥退却，但却在南面获得胜利，彼败此胜，不足以庆幸。现在有武装的士卒百万，良将锐猛十分，应该和你一起整顿海内，平定叛逆。倘能够服从太尉的命令，斩下皇甫商等人的首级，投戈弃甲，退让战场，自然能得到很多福祉，缅然慷慨激昂。珍重吧，兄弟！多考虑你的进退！”

司马乂前后攻破了司马颖军队，斩杀、生擒司马颖的兵将六七万人。战争持续很久，粮草缺乏，城中大为饥饿。虽军队疲倦，但将士一心，都愿意为司马乂效死，而且司马乂事奉朝廷的礼节没过失。张方认为他上奉朝廷，下有士卒同心，因为这不能够战胜，想返回长安休战息兵。而东海王司马越考虑事情不周，暗中与殿中将逮捕了司马乂，并将司马乂送到金墉城。司马乂上表惠帝说：“惠帝笃于和睦，委托我朝廷的事情。我小心尽忠孝，神明应有所知。诸王嗣承谬误，率大兵被我责难。朝廷大臣不行正义，各自思考自己的困难处境来逮捕我，让我另地自省，送我进幽闭的寝宫。我不可惜将身躯捐弃给执行君命这件事，但想到晋朝的衰微，逆枝乱党将尽数占据朝廷，惠帝孤寡危险。假若我死了，能使国家安宁，也使宗室朝廷得到好处。但是，事情并非如此。我死后，恐怕只会让凶恶的人快意，而对惠帝没什么益处。”

殿中左右都可惜司马乂的功败垂成，企图劫他出来，用来抵抗司马颖。司马越害怕大难临头，想立刻杀司马乂。黄门郎潘滔劝说司马越秘密地告诉张方。张方派部将辅领兵三千人，到金墉逮捕了司马乂，押到营地，烧杀司马乂。司马乂鸣冤叫痛的喊声传达到左右，三军中没有人不为他落泪的。死时年龄二十八岁。

司马乂即将在城东殡葬，他的官吏属僚没有人敢于前往送葬，只有原来作为他的掾属的刘佑一人为他送，步行牵持丧车，悲痛号哭几近气绝，他悲哀感动过路的人。张方认为他是义士，也不去过问他。以前，司马乂最初掌权的时候，洛阳人为他作歌谣说：“草木萌芽杀长沙王”。司马乂在正月二十五日被废了王位，二十七日受死，像歌谣说的那样，死于草木萌芽时。永嘉年间，怀帝封司马乂儿子司马硕继承王位，擢拜为散骑常侍，后被刘聪消灭。

司马颖

成都王颖，字章度，武帝第十六子也。太康末受封，邑十万户，后拜越骑校尉，加散骑常侍、车骑将军。

贾谧尝与皇太子博，争道。颖在坐，厉声呵谧曰：“皇太子，国之储君，贾谧何得无礼！”谧惧，由此出颖为平北将军，镇邺。转镇北大将军。

赵王伦之篡也，进征北大将军，加开府仪同三司。及齐王冏举义，颖发兵应冏，以邺令卢志为左长史，顿丘太守郑琰为右长史，黄门郎程牧为左司马，阳平太守和演为右司马。使兖州刺史王彦，冀州刺史李毅，督护赵骧、石超等为前锋。羽檄所及，莫不响应。至朝歌，众二十余万。赵骧至黄桥，为伦将士猗、许超所败，死者八千余人，士众震骇。颖欲退保朝歌，用卢志、王彦策，又使赵骧率众八万，与王彦俱进。伦复遣孙会、刘琨等率三万人，与猗、超合兵距骧等，精甲耀日，铁骑前驱。猗既战胜，有轻骧之心。未及温十余里，复大战，猗等奔溃。颖遂过河，乘胜长驱。左将军王舆杀孙秀，幽赵王伦，迎天子反正。及颖入京都，诛伦。使赵骧、石超等助齐王冏攻张泓于阳翟，泓等遂降。始率众入洛，自以首建大谋，遂擅威权。颖营于太学，及入朝，天子亲劳焉。颖拜谢曰："此大司马臣冏之勋，臣无豫焉。"见讫，即辞出，不复还营，便谒太庙，出自东阳城门，遂归邺。遣信与冏别，大惊，驰出送颖，至七里涧及之。颖住车言别，流涕，不及时事，惟以太妃疾苦形于颜色，百姓观者莫不倾心。

至邺，诏遣兼太尉王粹加九锡殊礼，进位大将军、都督中外诸军事、假节、加黄钺、尚书事，入朝不趋，剑履上殿。颖拜受徽号，让殊礼九锡。表论兴义功臣卢志、和演、董洪、王彦、赵骧等五人，皆封开国公侯。又表称："大司马前在阳翟，与强贼相持既久，百姓创痍，饥饿冻馁，宜急振救。乞差发郡县车，一时运河北邸阁米十五万斛，以振阳翟饥人。"卢志言于颖曰："黄桥战亡者有八千余人，既经夏暑，露骨中野，可为伤恻。昔周王葬枯骨，故《诗》去'行有死人，尚或墐之'。况此等致死王事乎！"颖乃造棺八千余枚，以成都国秩为衣服，敛祭，葬于黄桥北，树枳篱为之茔域。又立都祭堂，刊石立碑，纪其赴义之功，使亡者之家四时祭祀有所。仍表其门闾，加常战亡二等。又命河内温县埋藏赵伦战死士卒万四千余人。颖形美而神昏，不知书，然器性敦厚，季事于志，故得成其美焉。

及齐王冏骄侈无礼，于是众望归之。诏遣侍中冯荪、吕书令卞粹喻颖入辅政，并使受九锡。颖犹让不拜。寻加太子太保。颖嬖人孟玖不欲还洛，又程太妃爱恋邺都，以此议久不决。留义募将士既久，咸怨旷思归，或有辄去者，及题邺城门去："大事解散蚕欲遽。请且归，赴时务。昔以义来，今以义去。若复有急更相语。"颖知不可留，因遣之。百姓乃安。及冏败，颖悬执朝政，事无巨细，皆就邺谘之。后张昌扰乱荆土，颖拜表南征，所在响赴。既恃功骄奢，百度驰废，甚于冏时。

颖方恣其欲，而惮长沙王乂在内，前与河间王颙表请诛后父羊玄之、左将军皇甫商等，檄乂使就第。乃与颙将张方伐京都，以平原内史陆机为前锋都督、前将军、假节。颖次朝歌，每夜矛戟有光若火，其垒井中皆有龙象。进军屯河南，阻清水为垒，造浮桥以通河北，以大木函盛石，沈之以系桥，名曰石鳖。陆机战败，死者甚众，机又为孟玖所谮，颖收机斩之，夷其三族，语在《机传》。于是进攻京城。时常山人王舆合众万余，欲袭颖。会义被执，其党斩舆降。颖既入京师，复旋镇于邺，增封二十郡，拜丞相。河间王颙表颖宜为储副，遂废太子覃，立颖为皇太弟，丞相如故，制度一依魏武故事，乘舆服御皆迁于邺。表罢宿卫兵属相府，更以王官宿卫。僭侈日甚，有无君之心，委任孟玖等，大失众望。

永兴初，左卫将军陈眕，殿中中郎逯苞、成辅及长沙故将上官巳等，奉大驾讨颖，驰檄四方，赴者云集。军次安阳，众十余万，邺中震惧。颖欲走，其掾步熊有道术，曰："勿动！南军必败。"颖会其众问计，东安王繇乃曰："天子亲征，宜罢甲，缟素出迎请罪。"司马王混、参军崔旷劝颖距战，颖从之，乃遣奋武将军石超率众五万，次于荡阴。眕二弟匡、规自邺赴王师，云："邺中皆已离散。"由是不甚设备。超众奄至，王师败绩，矢及乘舆，侍中嵇绍死于帝侧，左右皆奔散，乃弃天子于藁中。超遂奉帝幸邺。颖改元建开，害东安王繇，署置百官，杀生自己，立郊于邺南。

安北将军王浚、宁北将军东嬴公腾杀颖所置幽州刺史和演，颖征浚，浚屯冀州不进，与腾及乌丸阉朱袭颖。候骑至邺，颖遣幽州刺史王斌及石超、李毅等距浚，为羯朱等所败。邺中大震，百僚奔走，士卒分散。颖惧，将帐下数十骑，拥天子，与中书监卢志单车而走，五日至洛。羯朱追至朝歌，不及而还。河间王颙遣张方率甲卒二万救颖，至洛，方乃挟帝，拥颖及豫章王并高光、卢志等归于长安。颙废颖归藩，以豫章王为皇太弟。

颖既废，河北思之。邺中故将公师藩；汲桑等起兵以迎颖，众情翕然。颙复拜颖镇军大将军、都督河北诸军事，给兵千人，镇邺。颖至洛，而东海王越率众迎大驾，所在锋起。颖以北方盛强，惧不可进，自洛阳奔关中。值大驾还洛，颖自华阴趋武关，出新野。帝诏镇南将军刘弘、南中郎将刘陶收捕颖，于是弃母妻，单车与二子卢江王普、中都王廓渡河赴朝歌，收合故将士数百人，欲就公师藩。顿丘太守冯嵩执颖及普、廓送邺，范阳王虓幽之，而无他意。虓属暴薨，虓长史刘舆见颖为邺都所服，虑为后患，秘不发丧，伪令人为台使，称诏夜赐颖死。颖谓守都田徽曰："范阳王亡乎？"徽曰："不知。"颖曰："卿年几？"徽曰："五十。"颖曰："知天命不？"徽曰："不知。"颖曰："我死之后，天下安乎不安乎？我自放逐，于今三年，身体手足不见洗沐，取数斗汤来！"其二子号泣，颖敕人将去。乃散发东首卧，命徽缢之，时年二十八。二子亦死。邺中哀之。

颖之败也，官属并奔散，惟卢志随从不怠，论者称之。其后汲桑害东嬴公腾，称为颖报仇，遂出颖棺，载之于军中，每事启灵，以行军令。桑败，弃棺于故井中。颖故臣收之。改葬于洛阳，怀帝加以县王礼。颖死后数年，开封间有传颖子年十余岁，流离百姓家，东海王越遣人杀之。永嘉中，立东莱王蕤子遵为颖嗣，封华容县王。后没于贼，国除。

【译文】

成都王司马颖，字章度，是武帝司马炎第十六个儿子。太康末年受封为王，食邑达十万户。后提拔为越骑校尉，加散骑常、车骑将军。

贾谧曾经与皇太子赌博，产生了争执。司马颖陪侍，厉声地呵斥贾谧说："皇太子，是国家未来的君主，贾谧为何不讲礼节！"贾谧害怕他，因为这让司马颖出京师，任平北将军，镇邺城，转任为镇北大将军。

赵王司马伦篡逆时，司马颖进任为征北大将军，加开府仪同三司。到齐王司马冏举义兵讨伐司马伦，司马颖发兵呼应司马冏，任命邺令卢志为左长史，顿丘太史郑琰为右长史，黄门郎程收为左司马，阳平太守和演为右司马。派兖州刺史王彦、冀州刺史李毅、督护赵骧、石超等人为前锋。重要檄文所到之处，没有谁不响应。到朝歌，兵众达到了二十万人。赵骧到黄桥，被司马伦的将领士猗、许超打败，死八千多人，战士都为之震动。司马颖想要退兵保朝歌，采纳卢志、王彦的计策，又派赵襄率领兵八万人，与王彦一同进伐。司马伦又派遣孙会、刘琨等将率兵三万人，与士猗、许超合力抵抗赵骧等人，精甲炮耀灭日，铁骑为之前驱。士猗在前已经战胜赵骧，因为这有轻视赵骧的心理。距离温还有十多里，又会大战，士猗军崩溃。司马颖就过黄河，乘胜长驱进伐。左将军王舆杀孙秀，幽禁赵王司马伦，迎接天子反正复登皇帝位。等到司马颖进入到京都，杀司马伦。派赵骧、石超等将领协助齐王司马冏攻打张泓于阳翟，张泓等军投降。司马冏开始率兵进入了洛阳，自认为在讨伐司马，让惠帝司马骧反正复位的国家大事之中，功劳最大，于是就专擅威权。司马颖在太学屯营，等到入朝时，天子亲自犒劳他。司马颖拜谢惠帝说："这是大司马司马冏的功劳，与我没有关系。"拜见完了，立刻辞别出宫，没有再回到营地，乘便拜谒太庙，从东阳城门出京师，返回到邺城。遣使者送司马冏以为告别，司马冏十分惊异，迅速出宫送别司马颖，到七里涧才赶上了司马颖。司马颖就在车上与他话别，流泪，没有说及说事，只是为太妃疾病痛苦动容呈悲，看到这种情景百姓没有人不倾心于他。

到了邺城，惠帝下诏，派兼太尉王粹加九锡的特殊大礼给司马颖，进拜就位为大将军、都督中外诸军事、假节、加黄钺、尚书事等职位，入朝不须急走，可带剑着履上殿。司马颖拜受徽号，推辞谦让九锡殊礼不接受。上表惠帝，论参与兴义师的功臣卢志、和演、董洪、王彦、赵骧五个人，都被赐封为开国公侯。又上表给惠帝说："大司马以前在阳翟，与强大的叛军相持了很久，百姓受到创伤，饥饿冻馁，应从速赈济救护，请差人发郡县的车辆，及时运黄河以北邸阁存米十五万斛，用来救济阳翟受饥饿的人。"卢志对司马颖说："黄桥战斗死亡的有八千多个，已过了夏天的暑热天气，死者露骨在荒野，实在令人伤感悲恻。古时，周王殡葬枯骨，因为这《诗经》上说：'行有死人，尚且安葬他。'何况黄桥八千人的死是为了成都王你的事情呢！"司马颖于是制作棺材八千多副，又用成都国制度为死者制作衣服，敛表祭祀，安葬他们在黄桥的北面，栽树枳离作为茔城。又设立了都祭堂，刻立石碑，纪念他们身死赴义的功劳，让死者家属四时祭祀有地方。又表彰他们的门闾，加常战亡二等。又命令河内温县埋葬随从赵伦战死的士卒一万四千多人。司马颖外形美观，头脑不甚聪明，不知书籍学问，但性情敦厚，将大事是季任卢志，所以成就他的功勋美德。

等到齐王司马冏骄侈不行礼节，因为这，大家希望司马颖归朝辅政。惠帝下诏，派侍中冯荪、中书令卞粹晓喻司马颖来辅佐朝政，并让他接受九锡大礼。司马颖仍然辞让不受。不久就加封他为太子太保。司马颖的嬖人孟玖不想要返回洛阳，又程太妃恋念邺都，因为这议论很长时间也没有决定。原来义募来的将士滞留时间长了，都怨恨旷别，思归故乡，甚至有人动辄久不辞而别，题词邺城门说："大事成功了事，桑蚕应当隐中。请求让我们归居故乡，用来赶赴时务。以前以兴义而来，今天以义就而去。倘再有急难，即请再行语告。"司马颖清楚义募的将士不能够再滞留邺都，因为这遣散他们，百姓安宁。到司马冏事败，司马颖职位高悬掌执着朝政，事无巨细，都去邺都请人咨询。后来张昌扰乱荆国的邦士，司马颖拜表南征张昌，所到之处，大家奔走朝见。最终依仗功高骄纵奢侈，百事废弛，与司马冏相比，有过之而无不及。

司马颖既想恣意纵欲，又顾忌长沙王司马乂在内，于是同河间王司马乂上表惠帝，请求诛杀后父羊玄之、左将军皇甫商等人，传檄了司马乂，让他去闲居的宅第。就此与司马乂部将张方一道进伐京都，任命平原内史陆机为前锋都督、前将军、假节。司马颖临时驻军在朝歌，第二天夜晚，矛戟有光如同火一样明亮，他们所垒的井中都有龙象。进军屯驻在河南，依阻清水，建造营垒，造浮桥用来通达黄河以北，用大木函装石头，沉入河底用来系住浮桥，称名叫石鳖。陆机战败，死的很多，陆机又被司马颖嬖人孟玖谗毁，司马颖逮捕陆机，并杀了他，夷灭陆机三族。就此进军京师。这时常山人王舆集合兵马一万多人，想袭击司马颖。恰逢司马乂被捕，他的党徒斩杀王舆，投降司马颖。司马颖到了京师，又旋即返回邺城，惠帝增封他食邑二十郡，提拔为丞相。河间王司马乂表奏惠帝，应当以司马颖为储君，以备承嗣皇位。于是，废掉太子司马覃，册立司马颖为皇太弟，丞相的职位不变，制度完全等同于魏武帝曹操时所有的，乘舆服御都迁送到邺都。上表奏请罢惠帝宿卫兵，转属于丞相府，改为王官任宿卫。超越了常规，骄侈一天比一天厉害，存有不将皇帝放在眼里的心理。委任嬖人孟玖等人，大失众人所望。

惠帝司马衷永兴初年，左卫将军陈眕、殿中中郎逯苞、成辅以及长沙王原来的将领上官巳等人，奉大驾讨伐司马颖，飞驰传檄到四方，奔赴效命的人像云一样聚集，如风一样随从。军队临时驻扎在安阳，兵众达到十多万人，邺城中震动害怕。司马颖想逃跑，他的掾属步熊有道术，说：“不要动！南来的军队定会失败。”司马颖集合群臣询问计策，东安王司马繇就说：“天子亲自出征，应当去掉甲兵，身穿缟素，出去迎接惠帝，向他请罪。”司马王混、参军崔旷说司马颖应当拒敌力战，司马颖听从他俩的意见。于是，派奋武将军石超率众五万人临时驻扎在荡阳。陈眕的二个弟弟陈匡、陈规从邺都投赴朝廷军队，说：“邺城中的人都已离散。”由此，没有严格设置防备。石超率五万人偃旗息鼓到达安阳，偷袭了王师，导致王师失败，箭矢飞到惠帝的乘舆上，侍中嵇绍死在惠帝的身边，惠帝左右的人都奔散逃离，仅留下天子一个人在藁中。石超就侍奉惠帝临幸邺都。司马颖改年号为建武，杀害了东安王司马繇，署置了百官，杀牲自行祭祀，立郊庙在邺城南面。

安北将军王浚、宁北将军东嬴公腾杀司马颖所置幽州刺史和演，司马颖征讨王浚，王浚屯驻在冀州不前进，与东嬴公腾以及乌丸羯朱袭击司马颖。等骑兵到达邺城，司马颖派幽州刺史王斌和石超、李毅等人抗拒王浚的军队，被羯朱等人击败。邺中大为震动，百官僚吏奔走逃窜，士卒离散。司马颖恐惧，带领帐前数十骑，簇拥惠帝，与中书监卢志单车逃走，五天到达了洛阳。羯朱追到朝歌，没赶上就返回了。河间王司马乂派遣张方率甲兵两万人救司马颖。到洛阳，张方挟持惠帝，拥司马颖和豫章王、高光、卢志等人回归长安。司马乂废司马颖皇太弟的名位，回归到藩属国邑，立豫章王司马炽为皇太弟。

司马颖被废后，黄河以南百姓思念他，邺中旧将公师藩、汲桑等人起兵去迎候司马颖，大家情绪非常振奋。司马乂又提拔司马颖为镇军大将军、都督河北诸军事，分配给他兵卒千人，镇抚在邺城。司马颖到洛阳。而东海王司马越正率众来迎接惠帝大驾，所在锋起，不可与争。司马颖认为北方的军队极为强大，恐惧北方不能进取，于是从洛阳奔到关中。正值惠帝大驾回洛阳，司马颖又从华阴赶赴到武关，出新野。惠帝诏命镇南将军刘弘、南中郎将刘陶缉捕司马颖。司马颖于是就抛下母亲和妻子，单车与二个儿子庐江王司马普、中都王司马廓渡黄河奔赴到朝歌。集合收编原有将士几百人，想投奔公师藩。顿丘太守冯嵩抓获司马颖及司马普、司马廓并送到邺城，由范阳王司马虓幽禁了他们，却没要杀他们的意思。恰好司马虓暴死。司马长史刘舆见司马颖被邺都人心服，想到要招致后患，秘不发丧，让人假扮使臣，矫诏趁夜赐司马颖死。司马颖对看守他的田徽说："范阳王不在吗？"田徽说："我不清楚。"司马颖说："你年纪多大？"田徽说："五十岁。"司马颖说："知天命否？"田徽说："不知。"司马颖说："我死后，天下是安定还是不安定？我自被放逐以来，到现在已有三年，身体手足不曾洗沐，请取几斗水来！"他的两个儿子号哭流泪，司马颖敕人将去。于是披散头发，朝东首卧下，命田徽绞死他。死时年仅二十八岁，两个儿子也死了。邺中百姓为之悲哀。

司马颖失败，是由于他的官僚属吏都奔散而不忠职守。只有卢志随从左右不曾懈怠，评论的人都因此称道他。这以后，汲桑杀死东嬴公腾，自称是为司马颖报仇，于是抬起司马颖的棺材，负载棺材在军中。每有军事，就启祭亡灵，用来行军令。汲桑失败，将棺材丢在原来的井中。司马颖原来的属臣收敛了棺材，将司马颖改葬在洛阳，怀帝司马炽以具王礼加敛。

司马颖死后多年，开封城中有的人传说司马颖的儿子到十多岁，流离在百姓人家，东海王司马越派人杀死他。永嘉年间，怀帝司马炽册立东莱王司马蕤儿子司马遵作为司马颖继嗣，被册封为华容县王。后来被敌贼消灭，所封的国邑被罢除。

晋书卷八十

王羲之列传第五十

王羲之字逸少，司徒导之从子也。祖正，尚书郎。父旷，淮南太守。元帝之过江也，旷首创其议。羲之幼讷于言，人未之奇。年十三，尝谒周顗，顗察而异之。时重牛心炙，坐客未啗，顗先割啖羲之，于是始知名。及长，辩赡，以骨鲠称，尤善隶书，为古今之冠，论者称其笔势，以为飘若浮云，矫若惊龙。深为从伯敦、导所器重。时陈留阮裕有重名，为敦主簿。敦尝谓羲之曰："汝是吾家佳子弟，当不减阮主簿。"裕亦目羲之与王承、王悦为王氏三少。时太尉郗鉴使门生求女婿于导，导令就东厢遍观子弟。门生归，谓鉴曰："王氏诸少并佳，然闻信至，咸自矜持。惟一人在东床坦腹食，独若不闻。"鉴曰："正此佳婿邪！"访之，乃羲之也，遂以女妻之。

起家秘书郎，征西将军庾亮请为参军，累迁长史。亮临薨，上疏称羲之清贵有鉴裁。迁宁远将军、江州刺史。羲之既少有美誉，朝廷公卿皆爱其才器，频召为侍中、吏部尚书，皆不就。复授护军将军，又推迁不拜。扬州刺史殷浩素雅重之，劝使应命，乃遗羲之书曰："悠悠者以足下出处足观政之隆替，如吾等亦谓为然。至如足下出处，正与隆替对，岂可以一世之存亡，必从足下从容之适？幸徐求众心。卿不时起，复可以求美政不？若豁然开怀，当知万物之情也。"羲之遂报书曰："吾素自无廊庙志，直王丞相时果欲内吾，誓不许之，手迹犹存，由来尚矣，不于足下参政而方进退。自儿娶女嫁，便怀尚子平之志，数与亲知言之，非一日也。若蒙驱使，关陇、巴蜀皆所不辞。吾虽无专对之能，直谨守时命，宣国家威德，固当不同于凡使，必令远近咸知朝廷留心于无外，此所益殊不同居护军也。汉末使太傅马日磾慰抚关东，若不以吾轻微，无所为疑，宜及初冬以行，吾惟恭以待命。"

羲之既拜护军，又苦求宣城郡，不许，乃以为右军将军、会稽内史。时殷浩与桓温不协，羲之以国家之安在于内外和，因以与浩书以戒之，浩不从。及浩将北伐，羲之以为必败，以书止之，言甚切至。浩遂行，果为姚襄所败。复图再举，又遗浩书曰：

"知安西败丧，公私惋怛，不能须臾去怀。以区区江左，所营综如此，天下寒心，固以久矣，而加之败丧，此可熟念。往事岂复可追，愿思弘将来，令天下寄命有所，自隆中兴之业。政以道胜宽和为本，力争武功，作非所当，因循所长，以固大业，想识其由来也。

自寇乱以来，处内外之任者，未有深谋远虑，括囊至计，而疲竭根本，各从所志，竟无一功可论，一事可记，忠言嘉谋弃而莫用，遂令天下将有土崩之势，何能不痛心悲慨也。任其事者，岂得辞四海之责！追咎往事，亦何所复及，宜更虚己求贤，当与有识共之，不可复令忠允之言常屈于当权。今军破于外，资竭于内，保淮之志非复所及，莫过还保长江，都督将各复旧镇，自长江以外，羁縻而已。任国钧者，引咎责躬，深自贬降以谢百姓，更与朝贤思布平政，除其烦苛，省其赋役，与百姓更始，庶可以允塞群望，救倒悬之急。

使君起于布衣，任天下之重，尚德之举，未能事事允称，当董统之任而败丧至此，恐阖朝群贤未有与人分其谤者。今亟修德补阙，广延群贤，与之分任，尚未知获济所期。若犹以前事为未工，故复求之于分外，宇宙虽广，自容何所！知言不必用，或取怨执政，然当情慨所在，正自不能不尽怀极言。若必亲征，未达此旨，果行者，愚智所不解也。愿复与众共之。

复被州符，增运千石，征役兼至，皆以军期，对之丧气，罔知所厝。自顷年割剥遗黎，刑徒竟路，殆同秦政，惟未加参夷之刑耳，恐胜广之忧，无复日矣。"

又与会稽王笺陈浩不宜北伐，并论时事曰：

"古人耻其君不为尧舜，北面之道，岂不愿尊其所事，比隆往代，况遇千载一时之运？顾智力屈于当年，何得不权轻重而处之也。今虽有可欣之会，内求诸己，而所忧乃重于所欣。《传》云，'自非圣人，外宁必有内忧'。今外不宁，内忧已深。古之弘大业者，或不谋于众，倾国以济一时功者，亦往往而有之。诚独运之明足以迈众，暂劳之弊终获永逸者可也。求之于今，可得拟议乎！

夫庙算决胜，必宜审量彼我，万全而后动。功就之日，便当因其众而即其实。今功未可期，而遗黎歼尽，万不余一。且千里馈粮，自古为难，况今转运供继，西输许洛，北入黄河。虽秦政之弊，未至于此，而十室之忧，便以交至。今运无还期，征求日重，以区区吴越经纬天下十分之九，不亡何待！而不度德量力，不弊不已，此封内所痛心叹悼而莫敢吐诚。

往者不可谏，来者犹可追，愿殿下更垂三思，解而更张，令殷浩、荀羡还据合肥、广陵，许昌、谯郡、梁、彭城诸军皆还保淮，为不可胜之基，须根立势举，谋之未晚，此实当今策之上者。若不行此，社稷之忧可计日而待。安危之机，易于反掌，考之虚实，著于目前，愿运独断之明，定之于一朝也。

地浅而言深，岂不知其未易。然古人处闾阎行阵之间，尚或干时谋国，评裁者不以为讥，况厕大臣末行，岂可默而不言哉！存亡所系，决在行之，不可复持疑后机，不定之于此，后欲悔之，亦无及也。

殿下德冠宇内，以公室辅朝，最可直道行之，致隆当年，而未允物望，受殊遇者所以寤寐长叹，实为殿下惜之。国家之虑深矣，常恐伍员之忧不独在昔，麋鹿之游将不止林薮而已。愿殿下暂废虚远之怀，以救倒悬之急，可谓以亡为存，转祸为福，则宗庙之庆，四海有赖矣。”

时东土饥荒，羲之辄开仓振贷。然朝廷赋役繁重，吴会尤甚，羲之每上疏争之，事多见从。又遗尚书仆射谢安书曰：

“顷所陈论，每蒙允纳，所以令下小得苏息，各安其业。若不耳，此一郡久以蹈东海矣。

今事之大者未布，漕运是也。吾意望朝廷可申下定期，委之所司，勿复催下，但当岁终考其殿最。长吏尤殿，命槛车送诣天台。三县不举，二千石必免，或可左降，令在疆塞极难之地。

又自吾到此，从事常有四五，兼以台司及都水御史行台文符如雨，倒错违背，不复可知。吾又瞑目循常推前，取重者及纲纪，轻者在五曹。主者莅事，未尝得十日，吏民趋走，功费万计。卿方任其重，可徐寻所言。江左平日，扬州一良刺史便足统之，况以群才而更不理，正由为法不一，牵制者众，思简而易从，便足以保守成业。

仓督监耗盗官米，动以万计，吾谓诛翦一人，其后便断，而时意不同。近检校诸县，无不皆尔。余姚近十万斛，重敛以资奸吏，令国用空乏，良可叹也。

自军兴以来，征役及充运死亡叛散不反者众，虚耗至此，而补代循常，所在凋困，莫知所出。上命所差，上道多叛，则吏及叛者席卷同去。又有常制，辄令其家及同伍课捕。课捕不擒，家及同伍寻复亡叛。百姓流亡，户口日减，其源在此。又有百工医寺，死亡绝没，家户空尽，差代无所，上命不绝，事起或十年、十五年，弹举获罪无懈息，而无益实事，何以堪之！谓自今诸死罪原轻者及五岁刑，可以充此，其减死者，可长充兵役，五岁者，可充杂工医寺，皆令移其家以实都邑。都邑既实，是政之本，又可绝其亡叛。不移其家，逃亡之患复如初耳。今除罪而充杂役，尽移其家，小人愚迷，或以为重于杀戮，可以绝奸。刑名虽轻，惩肃实重，岂非适时之宜邪！”

羲之雅好服食养性，不乐在京师，初渡浙江，便有终焉之志。会稽有佳山水，名士多居之，谢安未仕时亦居焉。孙绰、李充、许询、支遁等皆以文义冠世，并筑室东土，与羲之同好。尝与同志宴集于会稽山阴之兰亭，羲之自为之序以申其志，曰：

“永和九年，岁在癸丑，暮春之初，会于会稽山阴之兰亭，修禊事也。群贤毕至，少长咸集。此地有崇山峻岭，茂林修竹，又有清流激湍，映带左右，引以为流觞曲水，列坐其次。虽无丝竹管弦之盛，一觞一咏，亦足以畅叙幽情。

是日也，天朗气清，惠风和畅，仰观宇宙之大，俯察品类之盛，所以游目骋怀，足以极视听之娱，信可乐也。

夫人之相与，俯仰一世，或取诸怀抱，悟言一室之内，或因寄所托，放浪形骸之外。虽趣舍万殊，静躁不同，当其欣于所遇，暂得于己，快然自足，不知老之将至。及其所之既倦，情随事迁，感慨系之矣。向之所欣，俯仰之间，已为陈迹，犹不能不以之兴怀。况修短随化，终期于尽。古人云，死生亦大矣，岂不痛哉！

每览昔人兴感之由，若合一契，未尝不临文嗟悼，不能喻之于怀。固知一死生为虚诞，齐彭殇为妄作，后之视今，亦犹今之视昔，悲夫！故列叙时人，录其所述，虽世殊事异，所以兴怀，其致一也。后之览者，亦将有感于斯文。”或以潘岳《金谷诗序》方其文，羲之比于石崇，闻而甚喜。

性爱鹅，会稽有孤居姥养一鹅，善鸣，求市未能得，遂携亲友命驾就观。姥闻羲之将至，烹以待之，羲之叹惜弥日。又山阴有一道士，养好鹅，羲之往观焉，意甚悦，固求市之。道士云：“为写《道德经》，当举群相赠耳。”羲之欣然写毕，笼鹅而归，甚以为乐。其任率如此。尝诣门生家，见棐几滑净，因书之，真草相半。后为其父误刮去之，门生惊懊者累日。又尝在蕺山见一老姥，持六角竹扇卖之。羲之书其扇，各为五字。

姥初有愠色。因谓姥曰："但言是王右军书，以求百钱邪。"姥如其言，人竞买之。他日，姥又持扇来，羲之笑而不答。其书为世所重，皆此类也。每自称："我书比钟繇，当抗行；比张芝草，犹当雁行也。"曾与人书云："张芝临池学书，池水尽黑，使人耽之若是，未必后之也。"羲之书初不胜庾翼、郗愔，及其暮年方妙。尝以章草答庾亮，而翼深叹伏，因与羲之书云："吾昔有伯英章草十纸，过江颠狈，遂乃亡失，常叹妙迹永绝。忽见足下答家兄书，焕若神明，顿还旧观。"

时骠骑将军王述少有名誉，与羲之齐名，而羲之甚轻之，由是情好不协。述先为会稽，以母丧居郡境，羲之代述，止一吊，遂不重诣。述每闻角声，谓羲之当候己，辄洒扫而待之。如此者累年，而羲之竟不顾，述深以为恨。及述为扬州刺史，将就征，周行郡界，而不过羲之，临发，一别而去。先是，羲之常谓宾友曰："怀祖正当作尚书耳，投老可得仆射。更求会稽，便自邈然。"及述蒙显授，羲之耻为之下，遣使诣朝廷，求分会稽为越州。行人失辞，大为时贤所笑。既而内怀愧叹，谓其诸子曰："吾不减怀祖，而位遇悬邈，当由汝等不及坦之故邪！"述后检察会稽郡，辩其刑政，主者疲于简对。羲之深耻之，遂称病去郡，于父母墓前自誓曰："维永和十一年三月癸卯朔，九日辛亥，小子羲之敢告二尊之灵。羲之不天，夙遭闵凶，不蒙过庭之训。母兄鞠育，得渐庶几，遂因人乏，蒙国宠荣。进无忠孝之节，退违推贤之义，每仰咏老氏、周任之诫，常恐死亡无日，忧及宗祀，岂在微身而已！是用寤寐永叹，若坠深谷。止足之分，定之于今。谨以今月吉辰肆筵设席，稽颡归诚，告誓先灵。自今之后，敢渝此心，贪冒苟进，是有无尊之心而不子也。子而不子，天地所不覆载，名教所不得容。信誓之诚，有如皦日！"

羲之既去官，与东土人士尽山水之游，弋钓为娱。又与道士许迈共修服食，采药石不远千里，遍游东中诸郡，穷诸名山，泛沧海，叹曰："我卒当以乐死。"谢安尝谓羲之曰："中年以来，伤于哀乐，与亲友别，辄作数日恶。"羲之曰："年在桑榆，自然至此。顷正赖丝竹陶写，恒恐儿辈觉，损其欢乐之趣。"朝廷以其誓苦，亦不复征之。

时刘惔为丹杨尹，许询尝就惔宿，床帷新丽，饮食丰甘。询曰："若此保全，殊胜东山。"惔曰："卿若知吉凶由人，吾安得保此。"羲之在坐，曰："令巢许遇稷契，当无此言。"二人并有愧色。

初，羲之既优游无事，与吏部郎谢万书曰：

"古之辞世者或被发阳狂，或污身秽迹，可谓艰矣。今仆坐而获逸，遂其宿心，其为庆幸，岂非天赐！违天不祥。

顷东游还，修植桑果，今盛敷荣，率诸子，抱弱孙，游观其间，有一味之甘，割而分之，以娱目前。虽植德无殊邈，犹欲教养子孙以敦厚退让。或以轻薄，庶令举策数马，仿佛万石之风。君谓此何如？

比当与安石东游山海，并行田视地利，颐养闲暇。衣食之余，欲与亲知时共欢宴，虽不能兴言高咏，衔杯引满，语田里所行，故以为抚掌之资，其为得意，可胜言邪！常依陆贾、班嗣、杨王孙之处世，甚欲希风数子，老夫志愿尽于此也。"

万后为豫州都督，又遗万书诫之曰："以君迈往不屑之韵，而俯同群辟，诚难为意也。然所谓通识，正自当随事行藏，乃为远耳。愿君每与士之下者同，则尽善矣。食不二味，居不重席，此复何有，而古人以为美谈。济否所由，实在积小以致高大，君其存之。"

万不能用，果败。

年五十九卒，赠金紫光禄大夫。诸子遵父先旨，固让不受。

有七子，知名者五人。玄之早卒。次凝之，亦工草隶，仕历江州刺史、左将军、会稽内史。王氏世事张氏五斗米道，凝之弥笃。孙恩之攻会稽，僚佐请为之备。凝之不从，方入靖室请祷，出语诸将佐曰："吾已请大道，许鬼兵相助，贼自破矣。"既不设备，遂为孙恩所害。

徽之字子猷。性卓荦不羁，为大司马桓温参军，蓬首散带，不综府事。又为车骑桓冲骑兵参军，冲问："卿署何曹？"对曰："似是马曹。"又问："管几马？"曰："不知马，何由如数！"又问："马比死多少？"曰："未知生，焉知死！"尝从冲行，值暴雨，徽之因下马排入车中，谓曰："公岂得独擅一车！"冲尝谓徽之曰："卿在府日久，比当相料理。"徽之初不酬答，直高视，以手版柱颊云："西山朝来致有爽气耳。"

时吴中一士大夫家有好竹，欲观之，便出坐舆造竹下，讽啸良久。主人洒扫请坐，徽之不顾。将出，主人乃闭门，徽之便以此赏之，尽欢而去。尝寄居空宅中，便令种竹。或问其故，徽之但啸咏，指竹曰："何可一日无此君邪！"尝居山阴，夜雪初霁，月色清朗，四望皓然，独酌酒咏左思《招隐诗》，忽忆戴逵。逵时在剡，便夜乘小船诣之，经宿方至，造门不前而反。人问其故，徽之曰："本乘兴而行，兴尽而反，何必见安道邪！"雅性放诞，好声色，尝夜与弟献之共读《高士传赞》，献之赏井丹高洁，徽之曰："未若长卿慢世也。"其傲达若此。时人皆钦其才而秽其行。

后为黄门侍郎，弃官东归，与献之俱病笃。时有术人云："人命应终，而有生人乐代者，则死者可生。"徽之谓曰："吾才位不如弟，请以余年代之。"术者曰："代死者，以己年有余，得以足亡者耳。今君与弟算俱尽，何代也！"未几，献之卒，徽之奔丧不哭，直上灵床坐，取献之琴弹之，久而不调，叹曰："呜呼子敬，人琴俱亡！"因顿绝。先有背疾，遂溃裂，月余亦卒。子桢之。

桢之字公干，历位侍中、大司马长史。桓玄为太尉，朝臣毕集，问桢之："我何如君亡叔？"在坐咸为气咽。桢之曰："亡叔一时之标，公是千载之英。"一坐皆悦。

操之字子重，历侍中、尚书、豫章太守。

献之字子敬。少有盛名，而高迈不羁，虽闲居终日，容止不怠，风流为一时之冠。年数岁，尝观门生摴蒱，曰："南风不竞。"门生曰："此郎亦管中窥豹，时见一斑。"献之怒曰："远惭荀奉倩，近愧刘真长。"遂拂衣而去。尝与兄徽之、操之俱诣谢安，二兄多言俗事，献之寒温而已。既出，客问安王氏兄弟优劣，安曰："小者佳。"客问其故，安曰："吉人之辞寡，以其少言，故知之。"尝与徽之共在一室，忽然火发，徽之遽走，不遑取履。献之神色恬然，徐呼左右扶出。夜卧斋中，而有偷人入其室，盗物都尽。献之徐曰："偷儿，青毡我家旧物，可特置之。"群偷惊走。

工草隶，善丹青。七八岁时学书，羲之密从后掣其笔不得，叹曰："此儿后当复有大名。"尝书壁为方丈大字，羲之甚以为能，观者数百人。桓温尝使书扇，笔误落，因画作乌驳牸牛，甚妙。

起家州主簿、秘书郎，转丞，以选尚新安公主。尝经吴都，闻顾辟强有名园，先不相识，乘平肩舆径入。时辟强方集宾友，而献之游历既毕，旁若无人。辟强勃然数之曰："傲主人，非礼也。以贵骄士，非道也。失是二者，不足齿之伧耳。"便驱出门。献之傲如也，不以屑意。

谢安甚钦爱之，请为长史。安进号卫将军，复为长史。太元中，新起太极殿，安欲使献之题榜，以为万代宝，而难言之，试谓曰："魏时陵云殿榜未题，而匠者误钉之，不可下，乃使韦仲将悬橙书之。比讫，须鬓尽白，裁余气息。还语子弟，宜绝此法。"献之揣知其旨，正色曰："仲将，魏之大臣，宁有此事！使其若此，有以知魏德之不长。"安遂不之逼。安又问曰："君书何如君家尊？"答曰："故当不同。"安曰："外论不尔。"

答曰:“人那得知!”寻除建威将军、吴兴太守,征拜中书令。

及安薨,赠礼有同异之议,惟献之、徐邈共明安之忠勋。献之乃上疏曰:“故太傅臣安少振玄风,道誉洋溢。弱冠遐栖,则契齐箕皓;应运释褐,而王猷允塞。及至载宣威灵,强猾消殄。功勋既融,投韨高让。且服事先帝,眷隆布衣。陛下践阼,阳秋尚富,尽心竭智以辅圣明。考其潜跃始终,事情缱绻,实大晋之俊辅,义笃于曩臣矣。伏惟陛下留心宗臣,澄神于省察。”孝武帝遂加安殊礼。

未几,献之遇疾,家人为上章,道家法应首过,问其有何得失。对曰:“不觉余事,惟忆与郗家离婚。”献之前妻,郗昙女也。俄而卒于官。安僖皇后立,以后父追赠侍中、特进、光禄大夫、太宰,谥曰宪。无子,以兄子静之嗣,位至义兴太守。时议者以为羲之草隶,江左中朝莫有及者,献之骨力远不及父,而颇有媚趣。桓玄雅爱其父子书,各为一袠,置左右以玩之。始羲之所与共游者许迈。

【译文】

王羲之,字逸少,是司徒王导的堂侄子。祖父王正,官至尚书郎。父亲王旷,官至淮南太守。晋元帝过江南渡,就是王旷首先创议的。羲之年幼时语言迟钝,别人也不认为他有什么特别。十三岁时曾去拜见周顗,周顗仔细端详后很感惊异。当时的饮食风气很看重烤牛心,周顗宴客,别人尚未尝,就先切给羲之吃,从此羲之开始知名。成年后,富于才辩,以刚直著称。尤其善于隶书,为古今之冠,评论者称其笔势飘若浮云,矫若游龙,深受堂伯王敦、王导的器重。当时陈留人阮裕很知名,担任着王敦的属官主簿。王敦曾对羲之说:“你是我家的好后代,应不次于阮主簿。”阮裕也认为羲之与王承、王悦为王氏“三少”。当时太尉郗鉴派门生找王导求选女婿,王导就让门生到东厢下遍观他的子侄。门生回去,对郗鉴说:“王氏各位子侄都很好,他们听到来人是选女婿的,个个神态矜持。只有一个人在东床上敞着怀吃饭,好像没有听到一般。”郗鉴说道:“此人正是佳婿啊!”一打听,才知就是羲之,于是就将女儿嫁给他为妻。

初任官为秘书郎,又被征西将军庾亮聘为参军,累迁为长史。庾亮临终时,还上疏称赞羲之清贵有鉴识。又迁升宁远将军、江州刺史。羲之少年时就有很高的声誉,朝廷公卿都喜爱他的才干,屡次征召他为侍中、吏部尚书,但他都未就职。再授护军将军号,又拖延时间不受。扬州刺史殷浩一向很器重他，劝他应命受官，并写信给他道："众人都认为从足下的进退就可以看到政事的兴衰，像我们这些人也是这样认为的。至于说足下的进退恰与兴衰相对应，那怎么能让一代的存亡来服从自己的心意呢？希望您能慢慢体察众人的心情。您如果不顺应时机出任官职，那可以寻求到善政吗？假若能豁然想通，就会了解人们的真切心情了。"羲之于是回信道："我素来胸无大志，王丞相时就坚持要我入朝做官，我誓不答应，那时的书信手迹现在犹存，可见由来已久，不是因为足下参政才辞退的。自从儿子娶妻女儿出嫁，我便怀有同尚子平一样的志趣，这已多次向亲近的人谈过，已经不是一两天的事了。假若让我效力。关陇、巴蜀地区都在所不辞。我虽然没有在朝廷上专对的才能，但谨守我的职守，传布国家威德，应会不同于平凡的使臣，一定能使远近的人民都知道全在朝廷的关心之内，但任使职所起的作用同出任护军显著不同。汉代末年曾派太傅马日磾抚慰关东地区，如果不嫌我身份轻微，无所怀疑，应该到初冬成行，我唯有恭敬待命。"

羲之担任护军后，又苦求出任宣城郡太守，没有获得允许，就被委任为右军将军、会稽内史。这时殷浩与桓温之间不和，羲之认为国家的安定有赖于内外和睦，因此给殷浩写信予以告诫，殷浩不听。等到殷浩将要北伐，羲之认为必败，写信劝止，言辞非常恳切。殷浩最终还是出征了，果然为姚襄所败。殷浩又计划再次北伐，羲之又给他写信道：

"得知安西将军失败的消息，国家和我个人都感到痛惜，时刻都无法忘怀。以区区江左地区，经营到这种程度，使天下人寒心本来就已很久了，再加上这次失败，其结果应该仔细想想。往事岂可追回，只是希望多想想将来，使人民生命有所寄托，自己成就中兴之业。政事以道义取胜，宽和是根本，凭借暴力争得武功，做法并不恰当，通过发挥长处，用以巩固大业，想必您也知道其中道理。

自战乱以来，握有朝政内外大权的人，没有深谋远虑，统筹妙计，而是疲敝空虚根本，各逞其志，竟无一功可论，一事可记，忠言良谋弃置不用，以致使天下呈现出将要土崩瓦解的趋势，这如何能不痛心悲叹呢？当事者怎能推卸天下混乱的责任？追究往事，又能起什么作用，应该转而虚心求贤，与有识之士共同商量，不可再使忠允之言总是屈服于当政者。现在军队失利于外，资财耗竭于内，保卫淮河一线的想法已无法做到，不如退师还保长江，都督将领各归旧镇，长江以北维系而已。担当国家重任的人，引咎自责，诚恳地自动降职，向人民认错，重新与朝臣贤人谋划施行安定的政治，除去烦乱的苛政，减轻人民的田赋和徭役，与人民重新开始，这样差不多才可以满足人们的希望，解救困苦和危机。

你出身平民，担当国家重任，崇尚德化的举措，没有做到事事妥当，担当统帅之任而又失败如此，恐怕朝内所有的贤人没有来分担这个责任的。现在赶快修德补缺，广泛延揽群贤，让他们分别负起责任，还不知能否达到期望的那样。假若你还认为以前所做得不够，所以又向职分以外去追求，宇宙虽然广大，那你自身容于何地！我也知道所说的肯定不会被接受，或许还会被当政者所怨恨，然而我的感慨集中在这一点上，也就不能不尽怀极言。如果一定要亲征，不明白这一点而突然行动，这是愚笨的人和聪明的人都不能理解的，希望与众人再一起计议计议。

又接到州府下达的命令，增运一千石粮食，征赋和劳役同时兼至，都规定了军期。我面对这些命令就意气颓丧，不知所措。自近年以来，剥削百姓，刑徒满路，几乎与秦朝的虐政相同，只不过还没有实行灭三族的刑罚罢了。我担心陈胜、吴广那样的忧患不久就会发生。”

又给会稽王上笺，陈述殷浩不宜北伐的意见，同时兼论时事，称：

“古人以其君没有成为尧舜那样的君主而感到可耻，做臣子的人，哪有不愿意尊崇所侍奉的君主呢？哪有不想使国势比前代更隆盛，何况是遇到了难得的时运呢？但是现今朝臣的智慧和力量都比不上当年，怎么能不权衡轻重而妥善处理呢？现在虽然有可欣慰的机会，但是反躬自问，所忧虑的就重于所欣慰的了。《传》云：‘若不是圣人，做到了外部安宁，内部必然产生忧虑。’如今是外部也不安宁，内忧却更加深了。古代开创大业的人，有的也不谋于众人，倾尽国力完成一时大功，这也往往有之。个人的聪明才智足以超过众人，暂时的劳弊最终能获得永远的安逸，这当然是可以的，但于现在再寻求这样的人，能够和古人相比吗？

要想朝廷决策必胜，必须审度衡量敌我，有了万全之策后才能行动。功成之日，便应利用它的民众和原有实力。现在成功不可以预期，而国民却死亡殆尽，一万人还剩不下一个。并且千里运粮，自古都是难事，何况现在转运供给，要西送到许、洛，北进入黄河。即使秦朝的弊政，也没有达到这种程度。而十室九空的忧虑，就会接踵而至。现在外出运粮的人没有回还的日期，各种征求日益加重，单凭区区吴、越之地图谋天下十分之九的地盘，不灭亡又能有什么结局呢？不度德量力，不失败就不停止，这是国人痛心叹息而又不敢说的事实。

过去的事不可以再谏止了，未来的还可以追及。希望殿下能再三思考，改弦更张，命令殷浩、荀羡还师据守合肥、广陵，许昌、谯郡、梁、彭城方面的各军还师扼守淮河，先建立敌人不能战胜的根基，等到根基建立势力形成，再做北进的谋划也不算晚。这实在是当今最好的计策了。如果不实行这个策略，国家的忧患就会计日而至。安危的变化，易如反掌，考察形势的虚实，明显地摆在眼前。希望您能运用独断的英明，决定于一时。

地位低而谈论重要的事情，我不知道这样不容易。然而古人处于民间或士兵之间，尚且有人为国家出谋划策，而论者并不对此讥笑，何况我跻身于大臣之列的末行，怎么能沉默不言呢？关系到存亡的时候，要做出决断，不能再迟疑不决延误时机，不决断于此时，以后后悔也来不及了。

殿下道德冠于海内，凭借皇室的身份辅助朝廷，最适宜实行正直之道，达到像往年一样的兴隆。但是您未获得众望，这便是我日夜长叹的原因，实在为殿下感到可惜。国家的忧患很深重，常常担心伍员的忧虑不只是发生在过去，恐怕麋鹿的踪迹也将不仅仅限于林薮之中。希望殿下暂且放下清虚玄远的心怀，以解救困苦的危急，可以说是败亡为戒，奋发图存，转祸为福了。这样做是国家的幸运，四海也有了依赖。”

当时江东地区发生饥荒，羲之往往开仓赈济灾民。然而朝廷的田赋和徭役很繁重，吴、会一带尤其严重，羲之往往上疏谏诤，许多意见被接受。又给尚书仆射谢安写信道：

“近来陈述的意见，常常被您采纳，所以使得下层的人民稍微得到了些休养生息，可以各安其业。如果不是这样，这一郡的人早就跳东海了。

现在大事中没有安排的，漕运是一个。我的意见是希望朝廷下达规定的期限，委托给主管部门，不要再催逼下层，只到了年末考核政绩的上下等级就行了。主要官吏的政绩考核是最后一名的，就命令用囚车送往朝廷。如果有三个县不合格，郡守就一定要免职，有的也可以降级，把他放在边地极其艰苦的地方。

从我来到此地后，从事常常有四五个，加上台司以及都水御史行台的文件就像雨点一样多，颠倒错误和互相抵触的，不知有多少。我又闭起眼来例行公事往下推，把重要的交给主簿，一般的交给五曹。主管人办事，不曾得到过十天的时间，官吏和百姓来回奔走，费用可以用万来计算。您现在正担当重任，可以慢慢遇到我所说的这种情况。江左地区平定之后，扬州用一个有能力的刺史便足以统治，现在使用一群有才能的人反而没有治理好，这正是由于制定法令不统一，各方牵制众多，只要考虑简化并易于遵从，就足以保守已经成就的大业。

仓督监耗费、盗窃官仓的稻米往往数以万斛计，我认为诛杀一个，这种情况以后就会断绝，而多数意见却不同意。近来检查了各县，无不如此，余姚县将近十万斛。向百姓过度收敛的财富却供给了奸吏，使国家财政亏空，真是可叹啊！

自战争发生以来，服兵役以及充任运输的人中，死亡、逃亡、叛降、离散而没有返回的很多，虚弱损耗到这种程度，而补充损耗却仍按常规办法进行，到处都是凋敝困苦，对此没能想出办法补救。被朝廷差遣的人，上路后叛逃的很多，于是带队的官吏与叛逃者全部一起跑了。还有，按照一般规定，往往令叛逃者家属及邻里负责追捕。结果叛逃的还未捕获，负责追捕的家属和邻里又叛逃了。百姓的流亡和户口的日益减少，其根源就在这里。还有，各种工匠和医生，因死亡或逃亡、绝户、沦没而空无一人，无从替代差役，上面仍按照原来人户加派，这种积累或十年、十五年，尽管弹劾治罪接连不断，而对实际情况毫无益处，这样，百姓何以承受！我认为自今以后各种死罪减轻的犯人和五年徒刑的犯人，可以补充逃亡人户之缺，减免死罪的犯人可以长期充任兵役，判五年徒刑的犯人可以充任各类工匠、医生，都让他们迁家充实都邑。都市的充实，是治政的根本，又可以禁绝他们的逃亡叛乱。不迁移他们的家，逃亡的忧患又会恢复到原来的状态。现在免除罪刑而充任杂役，全部迁移他们的家口，小人们愚蠢迷惘，有的认为这比杀头的刑罚还重，因而这样做可以根绝邪恶。刑罚的名称虽然轻微，惩罚的性质实际上很重，这难道不是适应现时需要的措施吗？”

羲之平素喜欢服食丹药，涵养情性，不愿意住在京师，第一次渡过浙江，便有在那里定居的意愿。会稽有秀山丽水，很多名士都居住在这里，谢安做官前也居住在这里。孙绰、李充、许询、支遁等都以文章超凡出众而闻名，都安家于吴郡、会稽一带，与羲之有相同的爱好。他曾与具有同一志向的人宴集于会稽郡山阴县的兰亭，羲之亲自撰序，表达了自己的志向。序文说：

“永和九年，正值癸丑之年，暮春三月的月初，我们聚会在会稽山阴的兰亭，进行修禊之事。众多的贤能之士都来到了，老老少少集聚在一起。这个地方有高山峻岭，茂密的森林，修长的竹子；还有清澈的流水，急泻的湍流，萦回如带，映照两岸。大家利用这弯曲的溪流做成流觞曲水，人们并列坐在岸边。虽然没有音乐交响的热闹，但吟酒咏诗，也完全可以尽兴地抒发幽雅的情趣。

这一天，天气晴朗，空气清新，和风微拂，使人感到温暖舒畅。仰头观看宇宙的广大，俯首细察万物的繁盛，纵目观览，舒展胸怀，足以尽情享受耳目的乐趣，的确是很快乐啊！

人们生活在一起，很快就度过了一生。有些人喜欢各抒情怀，聚集在一室之内促膝畅谈；有的人寄情于物，放浪旷达而忘掉了形迹。虽然采取的方式千差万别，性格的恬静或浮躁各有不同，但当他们为自己的境遇而欣然于怀，一时间怡然自得，竟忘记了老年即将来到。等到对所向往的事情已经厌倦，情趣随着事物变化而转移，感慨便会随之而来。从前感到欣喜的事，顷刻之间，就成为了往事，尚且不能不因此而生感慨。何况人的寿命长短听凭大自然来左右，最终都归于完结。古人说：'生与死，也是大事啊！'这怎能不叫人悲伤啊！

每当我考察古人兴发感慨的原因，便会发现都是那样不谋而合，读他们的文章未尝不叹息感伤，而内心又不明白为什么。因此知道所谓生死如一、寿夭等同的说法，是虚假荒诞的。后世的人看今天的人和事，也好像今天的人看过去的人和事，多么悲伤啊！因此我才逐一记下与会人士的姓名，录下他们所咏的诗歌。虽然时代不同，人事各异，但使人感慨的原因却是一致的。后世的读者，也将对我这篇文章有所感慨。”有人用潘岳的《金谷诗序》来比方此序，把羲之比方于石崇，羲之听说后很高兴。

生性喜爱鹅，会稽有个孤居的老妇养有一只鹅，鸣叫声很好听，羲之想买过来，未能办到，于是就同亲友驾车前往观赏。老妇听说羲之要来，就宰了鹅，烹调好，用以招待羲之，羲之叹惜了一整天。又听说山阴有一个道士，养有上等好鹅，羲之前往观赏，心里很高兴，执意要买这些鹅。道士说：“给我写一篇《道德经》，我就以这群鹅相赠。”羲之很高兴地就写完了，然后带了一笼子鹅回家，非常快乐。羲之就是这样的坦率任性。曾到门生家，看见棐几的表面平滑干净，就在上面写起字来，真草各占一半。这些字后被门生的父亲误刮去，门生连续懊丧了好几天。又曾在蕺山见到一个老妇，拿着六角竹扇正在卖。羲之就在扇上写字，每把各写五个字。老妇起初面有恼怒之色。羲之就对她说：“只要说是王右军书写的字，价钱可以要到一百钱。”老妇照着他的话说了，人们竞相购买。又一天，老妇又拿着扇子来，要求题字，羲之笑而不答。他的书法为世人所重，都类似于此。他经常自称：“我的书法同钟繇相比，当可以抗衡；同张芝草书相比，应是仅在其次。”曾给别人写信说：“张芝临池学习书法，池水全变成了黑色，假使学习书法的人都入迷到这种程度，未必就落后于他。”羲之的书法起初不如庾翼、郗愔，到了晚年才达到如此精妙的程度。曾以章草回信给庾亮，而庾翼看到后对此深为叹服，就给羲之写信说：“我过去有伯英的章草十幅，过江南渡时颠沛流离，狼狈不堪，于是就遗失了，为此经常感叹妙迹永绝了。忽见足下回复家兄的信，焕若神明，顿时就像找回了往日的妙迹。”

当时骠骑将军王述自少年起就有名气，与羲之齐名，但羲之很看不起他，因此交情不深。王述先前在会稽任官，因母亲逝世居丧于郡境内，羲之接替他的职务，只去吊唁了一次，就没有再去过第二次。王述每次听到吹角的声音，就说应是羲之来探望自己，便洒水扫地等待他，像这样连续多年，而羲之到最后也没有再去看望，王述为此很是怨恨。等到王述任扬州刺史，将要去就职，就在郡内转了一圈，却不去见羲之，临走的时候，才道别了一下就走了。先前，羲之常对宾客朋友讲：“怀祖（王述字）就当个尚书罢了，到老可得个仆射的官。另外求到了会稽内史的官，便自己飘飘然。”及至王述受到重用，羲之耻居其下，就派使者到朝廷，要求分出会稽郡另置为越州。派去的使者言辞欠妥，深为当时的贤达所耻笑。羲之过后内心很惭愧感慨，对儿子们讲：“我不比怀祖差，而地位待遇与他相差悬殊，应是由于你们不如坦之（王述子）的缘故啊！”王述后来检查会稽郡政务，考核行政时提了不少问题，主管人被弄得狼狈不堪，好多问题回答不上来。羲之对此深感羞耻，于是称病离开会稽郡，到父母墓前发誓道：“永和十一年三月癸卯初一，九日辛亥，小子羲之敢告二位尊亲在天之灵。羲之不幸，从小就失去父亲，未受到父亲的教诲。靠着母亲和哥哥的抚养，才得以渐渐长大，又趁着人才缺乏，受到国家的宠荣。可是我若继续仕进就无忠孝的风节，退让又违反推荐贤人的道义，每次仰咏老子、周任的告诫，就常常害怕死亡的临近，担心危及祖先，岂仅仅是自身而已！因此日夜长叹，好像坠入深谷一样。知足知止的本分，就决定于现在。谨以本月良辰吉日摆列筵席，俯首诚心，向祖先在天之灵发誓：从今以后，如果胆敢改变此心，贪冒苟进，就是无视父母之心的不孝之子。作为儿子而不孝，天地所不能存，名教所不能容。誓言的诚恳，就如白日一般！”

羲之辞官后，与吴郡、会稽一带人士尽游山水，打鸟钓鱼取乐。又与道士许迈共同研究服食丹药，不远千里采集药石，游遍了东部各郡，并遍访名山，泛舟沧海。他感叹说：“我最后会因极乐而死。”谢安曾对羲之说：“我中年以来，因喜怒哀乐受到损伤，每与亲友告别，就会几天心情不好。”羲之说：“人到了晚年，自然是这种情况。才说要借音乐陶冶性情排遣忧闷，又总是怕孩子们发觉，影响了他们的欢乐情趣。”朝廷因他发誓坚决，也就不再征召他任官。

当时刘惔任丹杨尹，许询曾到刘惔家投宿，床褥帷帐新鲜艳丽，饮食丰盛味道甘美。许询说：“如能像这样保持下去，远远胜于东山。”刘惔说：“你若知道吉凶由人，也应知道我哪能保证这样。”羲之也在座，就说：“假使巢父、许由遇到后稷、契，应不会说这种话。”刘、许二人脸上都现出惭愧之色。

起初，羲之既优游无事，就给吏部郎谢万写信道：

“古代隐居避世的人有的披头散发装疯，有的满身污秽行为丑陋，可以说是很难的。如今我通过隐世获得了安逸，顺遂了夙愿，实为庆幸，难道不是上天所赐！违拗上天就会不吉祥的。

前些时候东游归来，整修种植了桑树和果树，现在鲜花盛开，领着儿子们，抱着幼小的孙子，游览观赏其间，有了成熟的果实，就摘下分给孩子，以此为眼前的欢乐。我虽然涵养品德没有什么特殊之处，但还是想教育子孙做到敦厚谦让。如子孙中谁有轻薄举动，我就让他用马鞭子清点马数，效法汉代万石君的作风。你认为这样做如何？

近来将要和安石东游山海，并到农田中考察土地的收获，以此来作为闲暇时的涵养。衣食之外的余资，打算与亲友知心按时欢宴一顿，虽然不能吟诗作赋，但倒满酒杯饮酒，讲讲田里之行所见，作为拍手笑乐的谈资，那种得意能一言而尽吗？我常常依照陆贾、班嗣、杨王孙的处世方法来做，仰慕这几位君子的风度，老夫的志愿就全在这里了。”

谢万后任豫州都督，羲之又给谢万写信告诫说：“凭君超越古人不屑其余的神气，而混迹于一般公卿，实在难以想象。然而所谓智识通达的人，只不过是依随事理或出或处罢了，这才是远见啊！希望你能常常和士兵中最低贱的同甘共苦，那就尽善尽美了。吃饭不上两样菜，睡觉不放两层席，这又有什么，而古人却传为美谈。成功与否的原因，的确是在积小以成高大，请你记住这句话。”谢万未能采用，最后果然失败。

年龄五十九岁时逝世，朝廷追赠金紫光禄大夫的官职。儿子们遵照父亲的生前意愿。再三推让不接受。

生有七个儿子，其中知名的有五人。玄之早年夭折。次子凝之，也善于草书、隶书，做官历任江州刺史、左将军、会稽内史。王氏家族世世代代都信奉五斗米道，凝之尤其虔诚。孙恩进攻会稽时，僚佐们建议做好抵御孙恩的防备，凝之不听从，却在静室祈祷，出来告诉部属将佐们说：“我已祈请过天师，允许派鬼兵相助，贼军自会破灭的。”既没有设防抵御，于是被孙恩所害。

王徽之，字子猷。生性卓荦不群，放浪不羁。担任大司马桓温的参军，常常是头发散乱，衣带宽弛，不管府中事务。又担任车骑将军桓冲的骑曹参军，桓冲问他：“你管理哪个部门？”他对答：“好像是管马的。”又问：“管有多少马匹？”答称：“我不知道有关马的事，如何知道马数！”又问：“马匹近来死了多少？”又答：“不知道活马的事，哪里知道死马的事！”曾随桓冲出行，忽遇天降大雨，徽之就下马挤进桓冲乘坐的车子，对他说：“公岂能一人独占一辆车！”桓冲曾对徽之说过：“你在府中的时间很久了，也该帮我料理公务了。”徽之一直不予回答，只是直视前方，用手掌撑着脸颊说道：“西山潮气过来才有了些凉爽。”

当时吴中一士大夫家长有一片秀竹，他想去观赏，便离家乘坐轿子来到竹林边，吟诵了很长时间。主人洒扫庭院请他坐下，徽之头也不回就要走。快要出去的时候，主人就关住了门，徽之便因此回身入座，尽欢而散。曾寄居于一座空宅内，刚住下就令人种植竹子。有人询问其中缘故，徽之只是吟诵啸咏，指着竹子说：“怎么能一日无此君呢！”曾居住于山阴，一天，夜雪初停，月色清朗，四野一片皓白。徽之一边自酌自饮，一边吟咏左思的《招隐诗》，忽然间想起了戴逵。戴逵当时正在剡县，他便夜乘小船前往寻访，走了一夜才到，但到了戴逵家门前却不进去，又转身返回。别人询问其中缘故，徽之答称：“本是乘兴而来，兴尽自然而返。为什么一定要见安道（戴逵字）呢？”禀性极其放荡荒诞，喜好声色。曾于夜晚与弟弟王献之同读《高士传赞》，献之很赞赏井丹的高洁，徽之却说：“我看此人比不上长卿的慢世傲人。”他就是这样傲岸豁达。当时人们都钦佩他的才能而鄙视他的品行。

后来任黄门侍郎，辞官东归后，与献之同染重症。当时有术士讲：“人命该终结的时候，如果有活人乐意替代，死者就可以活。”徽之对他说：“我的才能和地位都不如弟弟，请用我的余年替代弟弟。”术士说：“替代要死的人。是因为自己的寿命还有余，能够补足要死的人，如今你与弟弟的年数都已经到了尽头，如何替代！”时间不长，献之逝世，徽之奔丧而不哭泣，径直走上灵床坐下，拿起献之的琴就弹奏起来，时间一长，琴声变了调，于是叹道：“唉！子敬（献之字）人琴俱亡！”说罢就昏厥过去。他以前背部就有疾病，这一来疮部随即溃裂，一个多月后也逝世了。儿子名叫桢之。

桢之字公干，历任侍中、大司马长史。桓玄任太尉时，朝臣齐集，他问桢之：“我和你亡叔相比怎么样？”在座的人听了这话都屏息静气。桢之答道：“亡叔是一时楷模，公是千载之英。”举座朝臣这才转忧为喜。

王操之，字子重，历任侍中、尚书、豫章太守。

王献之，字子敬。年少时即享有盛名，且洒脱不羁，即使在家闲居终日，神色举止也毫不懈怠，才气风流为一时之最。年龄只有几岁的时候，曾观看门生赌博，见有胜负，就说道：“竞赛失利。”门生说：“这个小主人竟也能管中窥豹，偶尔看见一斑。”献之生气地说：“我的才能远的说只惭对荀奉倩，近的说只愧对刘真长。”于是拂袖而去。又曾与哥哥王徽之、王操之前往拜访谢安，两位哥哥言谈中讲了不少生活琐事，献之只是见面寒暄而已。他们走后，在座的客人请谢安评价王氏兄弟的优劣，谢安说道：“小者为佳。”客人又问为什么，谢安答道：“吉人言辞寡少，因为他说话少，所以知道。”又曾与徽之同居一室，突然失火，徽之惊慌地跑开，都顾不上穿鞋。献之则神色镇定自若，从容地喊来身边随从，将自己扶出去。有一次夜卧寝室，一伙小偷进屋来偷东西，几乎将所有东西偷光。献之最后才不紧不慢地喊道：“小偷！那条青毡是我家祖先留下的物品，可特意留下。”这伙小偷闻声惊走。

擅长草书和隶书，也善于绘画。七八岁学习书法时，一次羲之趁他不注意从背后夺他的毛笔，未能夺下，就感慨地说：“这个孩子日后还会有大名。”曾于墙上书写一丈见方的大字，羲之认为很有功力，当时围观者数百人。桓温还曾让他给扇子题字，不料一笔误落，他就势画成了黑色母牛，非常精妙。

初任官是州主簿，后迁秘书郎，又转为秘书丞，因中选得娶新安公主。曾路经吴郡，听说顾辟强有一座名园，虽以前同顾并不相识，仍乘轿径直进入。当时辟强正会集宾友，而献之游赏之后却旁若无人地要离去。

辟强勃然大怒，斥责道：“你傲慢主人，不合礼节；恃贵骄士，不合道义。犯了这两种过失，就是不足挂齿的粗人。”便把他赶出园门。献之傲慢依旧，并不介意。

谢安非常钦敬喜爱献之，就聘请他为长史。谢安进号卫将军，仍任他为长史。太元年间，皇宫中新建成太极殿，谢安想让献之题写榜匾，成为流传万代的墨宝，但又难以启齿，于是就试探道：“魏代时，陵云殿的榜匾还未题字就被工匠误钉上去了，无法弄下来，就让韦仲将站在悬椅上题写榜匾。等题写完毕，韦仲将的胡须和鬓毛都花白了，仅仅剩下喘息的力气。他回家后就对晚辈们讲，以后要禁绝习字练书。”献之揣摩到了谢安的意思，严肃地说：“仲将是魏朝的大臣，岂有此事！假如果真如此，那也就从这里知道了魏代短命的原因。”谢安于是不再勉强献之。谢安又问道：“你的书法与令尊相比怎么样？”献之答称：“本来就有不同。”谢安说：“外间议论不这样看。”答称：“别人哪里知道！”不久授官建威将军、吴兴太守，后又征召回朝任中书令。

到谢安逝世后，朝中对他的追赠礼仪持有分歧意见，只有献之、徐邈一同辨明谢安的忠诚和功勋。献之为此上疏道：“已故太傅大臣谢安，少年时就名震玄学领域，受到普遍赞誉。年轻时隐居，节操与箕子、商山四皓相同。应运入仕做官，谋划国事公允而周到。及至提师出征，强寇得以消灭。建立辉煌功勋之后又退位谦让。而且尽心奉侍先帝，关心厚爱百姓。陛下即位，年纪正轻，他尽心竭智给以辅佐。考察他隐居和出仕的生平，建树接连不断，真正是大晋的良辅，德义超过以往大臣。希望陛下关注这位世人宗仰的大臣，明于省察。”孝武帝于是提高了谢安赠礼的待遇。

不久，献之患病，家人帮他上报奏章，按照当时的习惯，叙述家法时应陈述自己所犯的过失。就问他有何过失，他回答说：“不记得别的事了，只想起来与郗家离婚的事。”献之的前妻是郗昙的女儿。说罢不一会儿，便逝世于衙署。安僖皇后被册立时，因献之是皇后的父亲，又被追赠为侍中、特进、光禄大夫、太宰，追谥为“宪”。因为没有子嗣，就以哥哥的儿子静之过继为嗣，官至义兴太守。当时舆论认为羲之的草书、隶书，在江左朝廷中无人可比，献之书法的骨力远远不及其父，但颇有媚趣。桓玄特别喜欢他们父子的书法，各装于一帙，放在身边以供玩赏。当初，与羲之同游的人还有许迈。

晋书卷八十二

陈寿司马彪列传第五十二

陈　寿

陈寿字承祚，巴西安汉人也。少好学，师事同郡谯周，仕蜀为观阁令史。宦人黄皓专弄权威，大臣皆曲意附之，寿独不为之屈，由是屡被谴黜。遭父丧，有疾，使婢丸药，客往见之，乡党以为贬议。及蜀平，坐是沈滞者累年。司空张华爱其才，以寿虽不远嫌，原情不至贬废，举为孝廉，除佐著作郎，出补阳平令。撰《蜀相诸葛亮集》奏之。除著作郎，领本郡中正。撰《魏吴蜀三国志》，凡六十五篇。时人称其善叙事，有良史之才。夏侯湛时著《魏书》，见寿所作，便坏己书而罢。张华深善之，谓寿曰："当以《晋书》相付耳。"其为时所重如此。或云丁仪、丁廙有盛名于魏，寿谓其子曰："可觅千斛米见与，当为尊公作佳传。"丁不与之，竟不为立传。寿父为马谡参军，谡为诸葛亮所诛，寿父亦坐被髡，诸葛瞻又轻寿。寿为亮立传，谓亮将略非长，无应敌之才，言瞻惟工书，名过其实。议者以此少之。

张华将举寿为中书郎，葛勖忌华而疾寿，遂讽吏部迁寿为长广太守。辞母老不就。杜预将之镇，复荐之于帝，宜补黄散。由是授御史治书。以丁母忧去职。母遗言令葬洛阳，寿尊其志。又坐不以母归葬，竟被贬议。初，谯周尝谓寿曰："卿必以才学成名，当被损折，亦非不幸也。宜深慎之。"寿至此，再致废辱，皆如周言。后数岁，起为太子中庶子，未拜。元康七年，病卒，时年六十五。

梁州大中正、尚书郎范頵等上表曰："昔汉武帝诏曰：'司马相如病甚，可遣悉取其书。'使者得其遗书，言封禅事，天子异焉。臣等案：故治书侍御史陈寿作《三国志》，辞多劝诫，明乎得失，有益风化，虽文艳不若相如，而质直过之，愿垂采录。"于是诏下河南尹、洛阳令，就家写其书。寿又撰《古国志》五十篇、《益都耆旧传》十篇，余文章传于世。

【译文】

陈寿，字承祚，是巴西郡安汉县人。少年时代他就非常好学，拜同郡的学者谯周为师，后入仕蜀国做了观阁令史。宦官黄皓弄事专权，大臣们都阿谀曲附，只有陈寿一个人不向他低头屈服，因为这屡遭排挤。在为他的父亲服丧期间，他得病，便让婢女调治药丸，这件事被看望他的客人看到，于是乡亲邻里认为陈寿应当受到贬责。蜀国被平定后，陈寿便因为这事多年在仕途上得不到升进。司空张华怜惜他的才华，认为陈寿虽没有远避嫌疑，但依据当时实际情况，不至于将陈寿贬废，于是推荐陈寿为孝廉，授佐著作郎，出任为阳平令。他编撰《蜀相诸葛亮集》，上奏给皇上。于是被升为著作郎，兼任本郡中正。又编撰《魏吴蜀三国志》，共有六十五篇。当时人夸赞他擅长叙述历史，有作良史的才华。夏侯湛当时也编撰《魏书》，他看到陈寿的著作后，就销毁自己的书并不再写。张华十分欣赏《三国志》，对陈寿说："当把《晋书》的著述也交付给你"，陈寿就是这样被当时人所看重。也有人说，丁仪、丁廙在魏国负有盛名，陈寿对他们二人的儿子说："可把一千斛米献给我，我会为你们的父亲写作的传记"，丁的儿子不给他米，他就不为丁仪、丁廙立传。陈寿的父亲曾经是马谡的参军，马谡被诸葛亮诛杀，陈寿的父亲也因为这受到剃发的刑罚。诸葛瞻又轻视陈寿。陈寿为诸葛亮作传时，说诸葛亮率兵作战并不是他的长处，他没有应敌的才能；说诸葛瞻仅是擅长书法，名过其实。评论者因为这而轻视这部书。

张华想要荐举陈寿为中书郎，荀勖嫉妒张华，因而也憎恶陈寿，授意吏部迁陈寿为长广太守。陈寿以母老为借口，辞官不就任。杜预将到镇南任大将军，重新向皇帝推举陈寿，认为可任命他为黄门侍郎与散骑常侍。于是授职为御史治书。后来因为母亲去世，回家守丧，辞去了官职。他母亲临终嘱托他将自己埋葬在洛阳，陈寿遵照母亲遗愿办了。陈寿由于没有将母亲运回到故乡归葬，竟然又受到贬议。起初，谯周对陈寿说："您一定会因以才学成就功名，理当受到别人贬损中伤，也并不是不幸。应当十分谨慎这一点。后来陈寿果然到这一步，并二次遭到清的侮辱，都同谯周预言一样。许多年后，复官为太子中庶子，未及就职，元康七年，就因病去世，时年六十五岁。

梁州大中正，尚书郎范颖等上表说："以前汉武帝曾经下诏说：'司马相如病重，可派人去将他的著述都取来。'使者拿到司马相如的遗著，其中所说的封禅之事，使天子感到吃惊。我们下臣以为：已故的治书侍御史陈寿作了《三国志》，多有规劝警戒之辞，阐明得失，有利于社会教化，虽然文采不如司马相如那么华丽，但如实记事超过他，希望陛下您恩准采录陈寿的著述。”于是下诏命令河南尹、洛阳令，到陈寿的家里抄写《三国志》。陈寿又撰写有《古国志》五十篇、《益都耆旧传》十篇，其他文章也传播于当时。

司马彪

司马彪字绍统，高阳王睦之长子也。出后宣帝弟敏，少笃学不倦，然好色薄行，为睦所责，故不得为嗣，虽名出继，实废之也。彪由此不交人事，而专精学习，故得博览群籍，终其缀集之务。初拜骑都尉。泰始中，为秘书郎，转丞。注《庄子》，作《九州春秋》。以为：“先王立史官以书时事，载善恶以为沮劝，撮教世之要也。是以《春秋》不修，则仲尼理之；《关雎》既乱，则师挚修之。前哲岂好烦哉？盖不得已故也。汉氏中兴，讫于建安，忠臣义士亦以昭著，而时无良史，记述烦杂，谯周虽已删除，然犹未尽，安顺以下，亡缺者多。”彪乃讨论众书，缀其所闻，起于世祖，终于孝献，编年二百，录世十二，通综上下，旁贯庶事，为纪、志、传凡八十篇，号曰《续汉书》。泰始初，武帝亲祠南郊，彪上疏定议，语在《郊祀传》。后拜散骑侍郎。惠帝末年卒，时年六十余。

初，谯周以司马迁《史记》书周秦以上，或采俗语百家之言，不专据正经，周于是作《古史考》二十五篇，皆凭旧典，以纠迁之谬误。彪复以周为未尽善也，条《古史考》中凡百二十二事为不当，多据《汲冢纪年》之义，亦行于世。

【译文】

司马彪，字绍统，是高阳王司马睦的长子。过继给宣帝司马懿弟弟司马敏为子。司马彪年少时喜欢学习，不知疲倦。但由于喜好女色，行为不检，深受到司马睦的斥责，并因为这不能作为王位的继承人。司马彪虽在名义上过继给司马敏，实际上是以此废除他的继承权。因为这件事，司马彪便不再热心于交朋结友，转而集中精力，专心学习，博览群书，完成他编写、注释书籍的工作。起初，司马彪被授以骑都尉官职。泰始年间，

为秘书郎，不久转为秘书丞。他注释《庄子》，编纂《九州春秋》。司马彪认为："以前的君主都设立史官，用来书录时事，记载善恶，用来惩罚劝勉，收集教化世人的经验教训。因为这对没有修饰的《春秋》，仲尼给予了整理；《关雎》散乱，师挚给予了修整。难道是前哲们喜好麻烦吗？大概是不得不像这样的原因吧。自东汉建国，到了建安年间，忠君之臣，仁义之士也已闻名天下，但东汉没有好的史官，所修史籍也冗繁芜杂。谯周虽然已有所删除，但还没有刊削完毕。安顺年间后，佚失阙漏者还有很多。"司马彪于是就查阅、参照了很多有关东汉史的记述，编纂收集到的资料，起于世祖，终于孝献，编写二百年的历史，共记载了十二个皇帝，上下贯通综合，又连缀记录众多史事，纂成纪、志、传共有几十篇，名为《续汉书》。泰始初年，晋武帝亲自到南郊祭拜，司马彪上疏让使意见最终确定下来，其文收在《郊祀志》。后来司马彪被授以散骑侍郎的官职。惠帝末年去世，终年六十余岁。

起初，谯周因司马迁《史记》记载周秦以上史事，有些地方采用民间俗语，不完全依照严肃的经典，于是作《古史考》二十五篇，完全凭据旧典，来纠正司马迁的谬误。司马彪又认为谯周所考也没能尽善，于是摘出《古史考》不正确的共一百二十二条，根据《汲冢纪年》的记载予以改正，司马彪这部书也流传于世。

晋书卷九十

胡威吴隐之列传第六十

胡威

胡威，字伯武，一名貔，淮南寿春人也。父质，以忠清著称，少与乡人蒋济、朱绩俱知名于江淮间，仕魏至征东将军、荆州刺史。威早厉志尚。质之为荆州也，威自京都定省，家贫，无车马僮仆，自驱驴单行。每至客舍，躬放驴，取樵炊爨食毕，复随侣进道。既至，见父，停厩中十余日。告归，父赐绢一匹为装。威曰："大人清高，不审于何得此绢？"质曰："是吾俸禄之余，以为汝粮耳。"威受之，辞归。质帐下都督先威未发，请假还家，阴资装于百余里，要威为伴，每事佐助。行数百里，威疑而诱问之，既知，乃取所赐绢与都督，谢而遣之。后因他信以白质，质杖都督一百，除吏名。其父子清慎如此，于是名誉著闻。

拜侍御史，历南乡侯、安丰太守，迁徐州刺史。勤于政术，风化大行。

后入朝，武帝语及平生，因叹其父清，谓威曰："卿孰与父清？"对曰："臣不如也。"帝曰："卿父以何为胜耶？"对曰："臣父清恐人知，臣清恐人不知，是臣不及远也。"帝以威言直而婉，谦而顺。累迁监豫州诸军事、右将军，豫州刺史，入为尚书，加奉车都尉。

威尝谏时政之宽，帝曰："尚书郎以下，吾无所假借。"威曰："臣之所陈，岂在丞、郎、令史，正谓如臣等辈，始可以肃化明法耳。"拜前将军、监青州诸军事、青州刺史，以功封平春侯。太康元年，卒于位，追赠使持节、都督青州诸军事、镇东将军，余如故。谥曰烈。

子奕嗣。奕字次孙，仕至平东将军。威弟罴，字季象，亦有干用，仕至益州刺史、安东将军。

【译文】

胡威，字伯武，又名胡貔，是淮南寿春人。他的父亲胡质，以忠正清廉著称，年轻时与同乡人蒋济、朱绩在长江、淮南之间都很有名气，出仕三国魏的政权，官至征东将军、荆州刺史。胡威自小就砥砺自己的志向。担任荆州刺史时，胡威自京城洛阳探望父亲，由于家中贫困，没有车马及僮仆，只自己单身骑驴前往。每到一个客站，胡威就自己放驴、取柴做饭，吃完后再与旅伴一同上道。到达荆州后，胡威拜见父亲，在驿站中停留十余天，而后向父亲告辞，父亲赐给他一匹绢供路途上使用。胡威说："您为人清高，不知道是在何处得到此绢的？"胡质说："这是我的俸禄的结余，来作为你路上的开销。"胡威这才接受了这匹绢，告辞返京。胡质帐下都督在胡威没出发前，就请假还家，暗中置下路上所需的物品，在百余里外候胡威，邀胡威作为旅伴，事事都帮助胡威。一起行走了数百里，胡威心中疑惑，就引他说话，得知实情，知道他是父亲帐下的都督后，就取出父所赐给的那匹绢偿付给都督，向他道谢后与他分手。以后，胡威在信中将此事告诉胡质，胡质责打了都督一百杖，除去他的吏名。胡质父子如此清廉谨慎，所以名誉广为人知。

胡威以后出任为侍御史，历任南乡侯，安丰太守，迁任为徐州刺史。他勤于处理政事，治理得法，当地的风化大行。

以后胡威奉召入朝，晋武帝司马炎与他谈论以前的事，于是感叹他的父亲胡质的清廉作风，对胡威说："你与你父亲相比，谁更清廉？"胡威回答说："我不如我父亲。"晋武帝说："你父亲在哪方面比你强呢？"胡威回答说："我父亲清廉行为唯恐别人知道，我的清廉行为唯恐别人不知道，因为这，我远远不及父亲。"晋武帝认为胡威的回答直率而婉转，谦合而又恭顺。胡威又迁任监豫州诸军事、右将军、豫州刺史。以后，他又奉召入朝担任了尚书，加奉车都尉。

胡威曾经批评晋武帝对臣下过于宽纵，晋武帝说："对尚书郎以下的官吏，我从不加以宽免。"胡威说："我所指的，并不是于丞、郎、令史等中下级官吏，正是说的如我这样的人也不可宽纵，才能肃清风化，严明法纪。"他又被任命为前将军、监青州诸军事、青州刺史，因功劳被封为平春侯，太康元年，他死在任上，朝廷追赠使持节、都督青州诸军事、镇东将军，其余的如故，又赐给谥号称烈。他的儿子胡奕承袭他的爵位。

胡奕，字次孙，出仕西晋，官至平东将军。胡威的弟弟胡罴，字季象，也很有才干，官至益州刺史、安东将军。

吴隐之

吴隐之，字处默，濮阳鄄城人，魏侍中质六世孙也。隐之美姿容，善谈论，博涉文史，以儒雅标名。弱冠而介立，有清操，虽日晏饮菽，不飧非其粟，儋石无储，不取非其道。年十三，丁父忧，每号泣，行人为之流涕。事母孝谨，及其执丧，哀毁过礼。家贫，无人鸣鼓，每至哭临之时，恒有双鹤警叫，及祥练之夕，复有群雁俱集，时人咸以为孝感所至。尝食咸菹，以其味旨，掇而弃之。

与太常韩康伯邻居，康伯母，殷浩之姊，贤明妇人也，每闻隐之哭声，辍餐投箸，为之悲泣。既而谓康伯曰："汝若居铨衡，当举如此辈人。"及康伯为吏部尚书，隐之遂阶清级，解褐辅国功曹，转参征虏军事。兄坦之为袁真功曹，真败，将及祸，隐之诣桓温，乞代兄命，温矜而释之。遂为温所知赏，拜奉朝请、尚书郎，累迁晋陵太守。在郡清俭，妻自负薪。入为中书侍郎、国子博士、太子右卫率，转散骑常侍，领著作郎。孝武帝欲用为黄门郎，以隐之貌类简文帝，乃止。寻守廷尉、秘书监、御史中丞，领著作如故，迁左卫将军。虽居清显，禄赐皆班亲族，冬月无被，尝浣衣，乃披絮，勤苦同于贫庶。

广州包带山海，珍异所出，一箧之宝，可资数世，然多瘴疫，人情惮焉。唯贫窭不能自立者，求补长史，故前后刺史皆多黩货。朝廷欲革岭南之弊，隆安中，以隐之为龙骧将军、广州刺史、假节，领平越中郎将。未至州二十里，地名石门，有水曰贪泉，饮者怀无厌之欲。隐之既至，语其亲人曰："不见可欲，使心不乱。越岭丧清，吾知之矣。"乃至泉所，酌而饮之，因赋诗曰："古人云此水，一歃怀千金。试使夷齐饮，终当不易心。"及在州，清操踰厉，常食不过菜及干鱼而已，帷帐器服皆付外库，时人颇谓其矫，然亦终始不易。帐下人进鱼，每剔去骨存肉，隐之觉其用意，罚而黜焉。元兴初，诏曰："夫孝行笃于闺门，清节厉乎风霜，实立人之所难，而君子之美致也。龙骧将军、广州刺史吴隐之孝友过人，禄均九族，菲己洁素，俭愈鱼飧，夫处可欲之地，而能不改其操，飧惟错之富，而家人不易其服，革奢务啬，南域改观，朕有嘉焉。可进号前将军，赐钱五十万、谷千斛。"

及卢循寇南海，隐之率厉将士，固守弥时，长子旷之战没。循攻击

百有余日，踰城放火，焚烧三千余家，死者万余人，城遂陷。隐之携家累出，欲奔还都，为循所得。循表朝廷，以隐之党附桓玄，宜加裁戮，诏不许。刘裕与循书，令遣隐之还，久方得返。归舟之日，装无余资。及至，数亩小宅，篱垣仄陋，内外茅屋六间，不容妻子。刘裕赐车牛，更为起宅，固辞。寻拜度支尚书、太常，以竹篷为屏风，坐无毡席。后迁中领军，清俭不革，每月初得禄，裁留身粮，其余悉分振亲族，家人织纺以供朝夕。时有困绝。或并日而食，身恒布衣不完，妻子不沾寸禄。

义熙八年，请老致事，优诏许之，授光禄大夫，加金章紫绶、赐钱十万、米三百斛。九年，卒，追赠左光禄大夫，加散骑常侍，隐之清操不渝，屡被褒饰，致事及身没，常蒙优锡显赠。廉士以为荣。

初，隐之为奉朝请，谢石请为卫将军主簿。隐之将嫁女，石知其贫素，遣女必当率薄，乃令移厨帐助其经营。使者至，方见婢牵犬卖之，此外萧然无办。后至自番禺，其妻刘氏赍沈香一斤，隐之见之，遂投于湖亭之水。

子延之复迈清操，为鄱阳太守。延之弟及子为郡县者，常以廉慎为门法，虽才学不逮隐之，而孝悌洁敬犹为不替。

【译文】

吴隐之，字处默，是濮阳鄄城人，三国时魏国的侍中吴质的六世孙。吴隐之容貌十分美，善于谈论，广泛涉猎文史，以儒雅著称。他年少时孤高独立，操守清廉，虽然到傍晚才能熬豆为食，但绝不吃不属于自己的饭食；虽家中一无积蓄，但绝不拿取不合道义的东西。在他十余岁时，父亲去世，他每次大声地哭泣时，连路过的行人都会心酸流泪。他事奉母亲孝顺谨慎，到他为母亲守丧时，哀伤的表现超过了礼制的规定。他家中贫困，没人击鼓，每当他哭吊母亲时，就有双鹤在附近鸣叫，到丧期进行祭祀的那天傍晚，又有一群大雁会集在他家附近，当时人都以为是他孝心感动了天地所致。他曾经吃咸菹，因为其味美，挟起来扔掉。

吴隐之同太常韩康伯是邻居，韩康伯母亲是殷浩的姐姐，是一位贤良聪明的妇人。她每次听到吴隐之的哭声，就放下筷子不再吃饭，也为之悲痛流泪。后来，她对韩康伯说："你如果掌管了国家官吏的任用权，应当推举像这样的人。"到韩康伯担任吏部尚书时，吴隐之于是被任用为清官，他一出仕就担任了辅国将军功曹，又调任为征虏将军参军事。他哥哥吴坦之为袁真功曹，袁真失败后，吴坦之将被处死，吴隐之去拜见桓温，请求代兄长去死，桓温出于怜悯而赦免了吴坦之。由此吴隐之受桓温的赏识，任奉朝请、尚书郎等职，后出任晋陵太守。吴隐之在郡十分清廉俭朴，妻子自己去背柴。又被召入朝担任中书侍郎、国子博士、太子右卫率，迁任为散骑常侍，领著作郎。武帝原想任用他为黄门郎，但因为他的相貌与父亲简文帝相似，故而停止。不久，又以他守廷尉、秘书监、御史中丞，依旧领著作郎，迁任为左卫将军。他虽出任清要的高官显职，但俸禄赏赐都分给亲戚及族人，以至于冬天没有被子。他曾经因没替换衣服，在洗衣时，只好披上棉絮，他生活勤苦得与贫寒庶民一样。

广州倚山靠海，是出产奇珍异宝的地方，一个小箱所装的珍宝，可供人们生活数世。但有瘴气，人易患疾病，所以一般人都害怕去那里。只有贫困无法自立的人，愿去那里担任官员。因为这，前后刺史都贪赃枉法。朝廷想革除五岭以南的弊病，晋安帝隆安中，以吴隐之为龙骧将军、广州刺史、假节，领平越中郎将。离广州治所二十里的地方名叫石门，有一道泉水，被称为贪泉，传说只要一喝，就会有无尽贪欲。吴隐之到达这里，对他周围的亲信说："不看可产生贪欲的东西，就能心境保持不乱，越过五岭就丧失清白的原因，我现在知道了。"于是他来到泉旁，舀上泉水喝下去，并作诗说："古人云此水，一歃怀千金，试使夷齐饮，终当不易心。"他在广州，清廉的节操更加突出，常吃的不过是些蔬菜和干鱼，帷帐、用具与衣服等都交付给外库，当时有很多人认为他是故意作假，但他却始终如一。帐下的人向他进奉鱼时，经常剔去鱼骨，只剩下鱼肉，吴隐之觉察到他的用意后，给以处罚并且加以黜降。晋安帝元兴初，朝廷下诏书说："在家中恪尽孝道，在困难的环境中砥砺清节，实在是一般人难以做到的，而成为君子美德。龙骧将军，广州刺史吴隐之孝顺友爱，超过常人，俸禄均分给九族，廉洁克己，俭朴过人。身处可以产生贪欲的地方，却能不改变自己的操守，在海物杂错的富庶环境中，而家中亲属服装依旧。革除奢侈，务求俭约，导致岭南风俗为之改观，我对此有嘉奖。可以将吴隐之进号为前将军，赐给钱五十万，谷一千斛。"

到卢循进攻南海时，吴隐之率将士，坚守城池，他的长子吴旷之临阵战死。卢循攻城一百余日，越城放火，焚烧了三千余家，死的有一万余人，城于是被攻陷。吴隐之携带家眷出城，想要逃回到京城，被卢循所俘获。卢循上表给朝廷，提出吴隐之是桓玄党羽，应予以处死，朝廷下诏不允许。

刘裕给卢循写信，命令他让吴隐之返回到京城，过了许久卢循才同意吴隐之还京。吴隐之乘船返回时，没装载多余的东西。他回京城后，只住在数亩地的小宅院，篱笆与院墙又矮又窄，内外总共有六间茅屋，连妻子儿女都住得异常挤。刘裕赐给吴隐之车牛，又为他修造了住宅，他坚决推辞。不久，任命吴隐之做度支尚书、太常，他用竹篷作为屏风，坐的地方没有毡席。以后，他迁任中领军，但清廉俭朴之风不改，每月月初得到俸禄，只留下自己的口粮，其余的都分别赈济亲戚、族人，家中人靠自己纺织来供家用。经常有困难缺乏的情况，有时两天只吃一天的粮食，身上总是穿着布制的衣服，而且破旧不堪，妻子儿女一点儿也不能分享他的俸禄。

晋安帝义熙八年，吴隐之因年老请求退休，朝廷颁下措辞优厚的诏书予以同意，授予他光禄大夫，加金章紫绶，赐给十万钱，米三百斛。九年，吴隐之去世，朝廷追赠他为左光禄大夫，加散骑常侍。吴隐之操守清廉，始终不渝，多次受到朝廷褒奖，在他退休以及去世时，受到优厚赏赐，并赠予他显要的官职，廉洁的士大夫们都以此为荣。

起初，吴隐之为奉朝请，谢石请他担任卫将军主簿。吴隐之的女儿将出嫁，谢石知道他家中贫素，嫁女定会从简，就命令将厨房移过去帮助他料理婚事。使者到吴家时，正见到婢女牵着狗去卖，此外什么也没预备。后来，吴隐之自番禺返回京城，他妻子刘氏带一斤沉香，吴隐之见到后，就取出扔到了湖亭的水中。

他的儿子吴延之又坚持清廉的操守，曾经任鄱阳太守，延之的弟弟以及儿子担任郡、县长官的，经常以廉洁谨慎作为家门传统，虽然他们的才学比不上吴隐之，但仍保持着孝敬友爱，廉洁恭顺的作风。

第十一册

高山　主编

二十四史

光明日报出版社

目录

晋书

宋书

南齐书

梁 书

陈 书

晋书卷九十二

顾恺之列传第六十二

顾恺之字长康，晋陵无锡人也。父悦之，尚书左丞。恺之博学有才气，尝为《筝赋》成，谓人曰："吾赋之比嵇康琴，不赏者必以后出相遗，深识者亦当以高奇见贵。"

桓温引为大司马参军，甚见亲昵。温薨后，恺之拜温墓，赋诗云："山崩溟海竭，鱼鸟将何依！"或问之曰："卿凭重桓公乃尔，哭状其可见乎？"答曰："声如震雷破山，泪如倾河注海。"

恺之好谐谑，人多爱狎之。后为殷仲堪参军，亦深被眷接。仲堪在荆州，恺之尝因假还，仲堪特以布帆借之，至破冢，遭风大败。恺之与仲堪笺曰："地名破冢，真破冢而出。行人安稳，布帆无恙。"还至荆州，人问以会稽山川之状。恺之云："千岩竞秀，万壑争流。草木蒙笼，若云兴霞蔚。"桓玄时与恺之同在仲堪坐，共作了语。恺之先曰："火烧平原无遗燎。"玄曰："白布缠根树旒旐。"仲堪曰："投鱼深泉放飞鸟。"复作危语。玄曰："矛头淅米剑头炊。"仲堪曰："百岁老翁攀枯枝。"有一参军云："盲人骑瞎马临深池。"仲堪眇目，惊曰："此太逼人！"因罢。恺之每食甘蔗，恒自尾至本。人或怪之。云："渐入佳境。"

尤善丹青，图写特妙，谢安深重之，以为有苍生以来，未之有也。恺之每画人成，或数年不点目精。人问其故，答曰："四体妍蚩，本无缺少于妙处，传神写照，正在阿睹中。"尝悦一邻女，挑之弗从，乃图其形于壁，以刺针钉其心，女遂患心痛。恺之因致其情，女从之，遂密去针而愈。恺之每重嵇康四言诗，因为之图，恒云："手挥五王弦易，目送归鸿难。"每写起人形，妙绝于时，尝图裴楷象，颊上加三毛，观者觉神明殊胜。又为谢鲲象，在石岩里，云："此子宜置丘壑中。"欲图殷仲堪，仲堪有目病，固辞。恺之曰："明府正为眼耳，若明点瞳子，飞白拂上，使如轻云之蔽月，岂不美乎！"仲堪乃从之。恺之尝以一厨画糊题其前，寄桓玄，皆其深所珍惜者。玄乃发其厨后，窃取画，而缄闭如旧以还之，绐云未开。恺之见封题如初，但失其画，直云妙画通灵，变化而去，亦犹人之登仙，了无怪色。

恺之矜伐过实，少年因相称誉以为戏弄。又为吟咏，自谓得先贤风制。或请其作洛生咏，答曰："何至作老婢声！"义熙初，为散骑常侍，与谢瞻连省，夜于月下长咏，瞻每遥赞之，恺之弥自力忘倦。瞻将眠，令人代己，恺之不觉有异，遂申旦而止。尤信小术，以为求之必得。桓玄尝以一柳叶绐之曰："此蝉所翳叶也，取以自蔽，人不见己。"恺之喜，引叶自蔽，玄就溺焉，恺之信其不见也，甚以珍之。

初，恺之在桓温府，常云："恺之体中痴黠各半，合而论之，正得平耳。"故俗传恺之有三绝：才绝，画绝，痴绝。年六十二，卒于官，所著文集及《启蒙记》行于世。

【译文】

顾恺之，字长康，是晋陵郡无锡县人。他父亲顾悦之，曾经任尚书左丞。顾恺之非常博学，也非常有才气，他曾经作成一篇《筝赋》，对别人说："我这篇赋比起嵇康的那把琴，不懂的人必然把它遗弃，见识高明的人一定会因为它的高妙奇特而加以珍贵珍惜。"

大司马桓温举荐他为大司马参军，很受桓温的宠信。桓温死后，顾恺之到桓温墓前拜祭，作一首诗，诗中说："山崩沧海干，鱼鸟何所依！"有人问他道："你是这样地依重桓公，痛哭的情景可以用诗来表达吗？"顾恺之回答道："声如震雷破山，泪如倾河注海。"

顾恺之诙谐喜欢开玩笑，人们都喜欢与他亲近。后来任殷仲堪的参军，也很受器重。殷仲堪在荆州做官时，顾恺之曾经请假回家，殷仲堪特地借给他一条船用布帆。行船至破冢的地方，遭遇到大风，船被风浪击坏。顾恺之写信对殷仲堪说："那个地方名叫破冢，真是破冢而出啊！同行的人都平安，布帆也没毁坏。"回到荆州，人们问起会稽地方山川景物的状貌，顾恺之说："千座山峰，各显灵秀，万道溪流，争相着奔泻。草木郁郁葱葱，如云蒸霞飞。"有一次桓玄与顾恺之一起在殷仲堪家作客，三人比试，看谁说的话能道尽事之极致、最为彻底。顾恺之说："火烧平原，寸草不留。"桓云说："白布裹棺材，竖起招魂幡。"殷仲堪说："投鱼在深渊，放鸟在蓝天。"又比试谁的话最能道出危险的景状。桓玄说："长矛顶上淘米，利剑尖上煮饭。"殷仲堪说："百岁衰老翁，攀缘枯树枝。"有一个参军在旁插嘴："盲人骑瞎马，走近深水池。"殷仲堪的一只眼因生病而失明，听了这话，吃惊道："这话太逼人了！"因为这就不再说了。顾恺之每次吃甘蔗时，总是从尖上慢慢嚼至根部，别人觉得这种吃法非常奇怪。他却说："这样吃可以渐入佳境。"

他尤其擅长绘画，勾线设色，奥妙无比，谢安深感佩服，认为开天辟地以来，还没人达到如此高的成就。顾恺之每画完人像，经常好几年都不点眼神。人家问他为什么，他回答说："四肢美和丑，本来无关紧要，人像的传神，只在这里。"他曾经爱上一个邻家少女，顾恺之挑逗她，少女不从，于是他将那少女的像画在墙上，用针扎在心脏的部位，那少女就得心痛病。顾恺之向对方诉说爱慕之情，少女答应后，他偷偷拔掉针，少女的病也随之而愈，顾恺之非常欣赏嵇康的四言诗，所以为诗配图，他常说："画出手弹五弦琴的场面很容易，要画出目送归雁的意境非常难。"因此，要画成一幅人像，都妙绝一时。他曾经为裴楷画像，在面颊部位加上三根毛，观看者觉得人像特别有精神。又曾经为谢鲲画像，将他安排在山石之中，他说："这位先生应置身于丘壑之中。"他想为殷仲堪画像，殷仲堪因自己眼有毛病，坚辞不允。顾恺之对他说："刺史大人您的特点恰在眼上，如果将眼球点得黑黑的，再用飞白笔轻抹，像薄云蔽月，不是非常美吗！"殷仲堪这才答应。他曾经装满一柜子画，柜门上贴了封条，寄给桓玄，这些画都是他珍爱的精品。桓玄将柜子背面打开，偷偷把画取出来，而前面柜门上的封条依旧，把柜子送还，来捉弄顾恺之，说柜子并没打开。顾恺之见封条如旧，但画却没有了，他只说："好画通灵气，变化飞出去了，正像人成仙上天一样。"他丝毫没露出惊怪的表情。

顾恺之矜持自夸，言过其实，那些轻薄少年就对他胡乱吹捧，以此来嘲弄他。又好吟诗，自以为颇得古人风韵。有人请他效法洛阳书生来用鼻音咏诗，他回答说："不屑于学那个老奴婢的声音！"义熙初年，担任散骑常侍之职，衙门与谢瞻相邻，在夜里月色下长时间吟诗，谢瞻在远处高声地赞扬，顾恺之越发起劲，忘记疲倦。谢瞻要睡觉，让别人代替自己，顾恺之也没觉察到换了人，直吟到天亮才停止。他特别信邪道小术，认为用心访求，一定能够学到手。恒玄曾经拿一片树叶捉弄他，说道："这是蝉用来藏身的树叶，用它来遮盖自己，别人就看不到你。"顾恺之高兴，便拿树叶遮盖自己，恒玄就当面小便，恺之就确信他看不见自己，因而对那片树叶十分珍视。

当初，顾恺之在桓温府中任职，桓温常说："顾恺之身上，呆痴与狡黠各占一半，二者合起来，正好平衡。"所以，世俗传说顾恺之有三绝：才绝、画绝、痴绝。六十二岁时，他死在任所，他的著作文集以及《启朦记》流传于世上。

晋书卷九十四

隐逸列传第六十四

若夫穹昊垂景，少微以缠其次；《文》《系》探幽，贞遁以成其象。故有避於言色，其道闻乎孔公；骄乎富贵，厥义详於孙子。是以处柔伊存，有生之恒性；在盈斯害，惟神之常道。古先智士体其若兹，介焉超俗，浩然养素，藏声江海之上，卷迹嚣氛之表，漱流而激其清，寝巢而韬其耀，良画以符其志，绝机以虚其心。玉辉冰洁，川渟岳峙，修至乐之道，固无疆之休，长往邈而不追，安排窅而无闷，修身自保，悔吝弗生，诗人考盘之歌，抑在兹矣。至於体天作制之后，讼息刑清之时，尚乃仄席幽贞以康神化，徵聘之礼贲於岩穴，玉帛之贽委於窐衡，故《月令》曰"季春之月聘名士，礼贤者"，斯之谓欤！

自典午运开，旁求隐逸，谯元彦之杜绝人事，江思悛之啸咏林薮，峻其贞白之轨，成其出尘之迹，虽不应其嘉招，亦足激其贪竞。今美其高尚之德，缀集於篇。

孙登字公和，汲郡共人也。无家属，於郡北山为土窟居之，夏则编草为裳，冬则被发自覆。好读《易》，抚一弦琴，见者皆亲乐之。性无恚怒，人或投诸水中，欲观其怒，登既出，便大笑。时时游人间，所经家或设衣食者，一无所辞，去皆舍弃。尝住宜阳山，有作炭人见之，知非常人，与语，登亦不应。

文帝闻之，使阮籍往观，既见，与语，亦不应。嵇康又从之游三年，问其所图，终不答，康每叹息。将别，谓曰："先生竟无言乎？"登乃曰："子认火乎？火生而有光，而不用其光，果在於用光。人生而有才，而不用其才，而果在於用才。故用光在乎得薪，所以保其耀；用才在乎识真，所以全其年。今子才多识寡，难乎免於今之世矣！子无求乎？"康不能用，果遭非命，乃作《幽愤诗》曰："昔惭柳下，今愧孙登。"或谓登以魏晋去就，易生嫌疑，故或嘿者也。竟不知所终。

董京字威辇，不知何郡人也。初与陇西计吏俱至洛阳，被发而行，逍遥吟咏，常宿白社中。时乞於市，得残碎缯絮，结以自覆，全帛佳绵则不肯受。或见推排骂辱，曾无怒色。

孙楚时为著作郎，数就社中与语，遂载与俱，归，京不肯坐。楚乃贻之书，劝以今尧舜之世，胡为怀道迷邦。京答之以诗曰："周道耻兮颂声没，夏政衰兮五常汨。便便君子，顾望而逝，洋洋乎满目，而作者七。岂不乐天地之化也？哀哉乎时之不可与，对之以独处。无娱我以为欢，清流可饮，至道可餐，何为栖栖，自使疲单？鱼悬兽槛，鄙夫知之。夫古之至人，藏器於灵，缊袍不能令暖，轩冕不能令荣；动如川之流，静如川之渟。鹦鹉能言，泗滨浮磬，众人所玩，岂合物情！玄鸟纡幕，而不被害？鸱隼远巢，咸以欲死。眄彼梁鱼，逡巡倒尾，沈吟不决，忽焉失水。嗟乎！鱼鸟相与，万世而不悟；以我观之，乃明其故。焉知不有达人，深穆其度，亦将窥我，颦蹙而去。万物皆贱，惟人为贵，动以九州为狭，静以环堵为大。"

后数年，遁去，莫知所之，於其所寝处惟有一石竹子及诗二篇。其一曰："乾道刚简，坤体敦密，茫茫太素，是则是述。末世流奔，以文代质，悠悠世目，孰知其实！逝将去此至虚，归我自然之室。"又曰："孔子不遇，时彼感麟。麟乎麟！胡不遁世以存真？"

夏统字仲御，会稽永兴人也。幼孤贫，养亲以孝闻，睦於兄弟，每采梠求食，星行夜归，或至海边，拘螊蠘以资养。雅善谈论。宗族劝之仕，谓之曰："卿清亮质直，可作郡纲纪，与府朝接，自当显至，如何甘辛苦於山林，毕性命於海滨也！"统悖然作色曰："诸君待我乃至此乎！使统属太平之时，当与元凯评议出处；遇浊代，念与屈生同汙共泥；若汙隆之间，自当耦耕沮溺，岂有辱身曲意於郡府之间乎！闻君之谈，不觉寒毛尽戴，白汗四匝，颜如渥丹，心热如炭，舌缩口张，两耳壁塞也。"言者大惭。统自此遂不与宗族相见。会母疾，统侍医药，宗亲因得见之。其从父敬宁祠先人，迎女巫章丹、陈珠二人，并有国色，庄服甚丽，善歌舞，又能隐形匿影。甲夜之初，撞钟击鼓，间以丝竹，丹、珠乃拔刀破舌，吞刀吐火，云雾杳冥，流光电发。统诸从兄弟欲往观之，难统，於是共绐之曰："从父间疾病得瘳，大小以为喜庆，欲因其祭祀，并往贺之，可俱行乎？"统从之。入门，忽见丹、珠在中庭，轻步佪舞，灵谈鬼笑，飞触挑柈，酬酢翩翻。统惊愕而走，不由门，破藩直出。归责诸人曰："昔淫乱之俗兴，卫文公为之悲惋；蝃蝀之气见，君子尚不敢指；季桓纳齐女，仲尼载驰而退；子路见夏南，愤恚而忼忾。吾常恨不得顿叔向之头，陷华父之眼。奈何诸君迎此妖物，夜与游戏，放傲逸之情，纵奢淫之行，乱男女之礼，破贞高之节，何也？”遂隐床上，被发而卧，不复言。众亲踧，即退遣丹、珠，各各分散。

后其母病笃，乃诣洛市药。会三月上巳，洛中王公已下并至浮桥，士女骈填，车服烛路。统时在船中曝所市药，诸贵人车乘来者如云，统并不之顾。太尉贾充怪而问之。统初不应，重问，乃徐符合曰：“会稽夏仲御也。”充使问其土地风俗，统曰：“其人循循，犹有大禹之遗风，太伯之义让，严遵之抗志，黄公之高节。”又问：“卿居海滨，颇能随水戏乎？”答曰：“可。”统乃操柂正橹，折旋中流，初作鲸跃，后作鯆鲟引，飞鹢首，掇兽尾，奋长梢而船直逝者三焉。於是风波振骇，云雾杳冥，俄而白鱼跳入船者有八九。观者皆悚遽，充心尤异之，乃更就船与语，其应如响，欲使之仕，即俛而不答。充又谓曰：“昔尧亦歌，舜亦歌，子与人歌而善，必反而后和之，明先呈前哲无不尽歌。卿颇能作卿土地间曲乎？”统曰：“先公惟寓稽山，朝会万国，授化鄙邦，崩殂而葬。思泽云布，呈化犹存，百姓感咏，遂作《慕歌》。又孝女曹娥，年甫十四，贞顺之德过越梁宋，其父堕江不得尸，娥仰天哀号，中流悲叹，便投水而死，父子丧尸，后乃俱出，国人哀其孝义，为歌《河女》之章。伍子胥谏吴王，言不纳用，见戮投海，国人痛其忠烈，为作《小海唱》。今欲歌之。”众人佥曰：“善。统於是以足叩船，引声喉啭，清激慷慨，大风应至，含水嗽天，云雨响集，叱咤让呼，雷电昼冥，集气长啸，沙尘烟起。王公已下皆恐，止之乃已。诸人顾相谓曰：“若不游洛水，安见是人！听《慕歌》之声，便仿佛见大禹之容。闻河女之音，不觉涕泪交流，即谓伯姬高行在目前也。聆《小海》之唱，谓子胥、屈平立吾左右矣。”充欲耀以文武卤簿，觊其来观，因而谢之，遂命建朱旗，举幡校，分羽骑为队，军伍肃然。须臾，鼓吹乱作，胡葭长鸣，车乘纷错，纵横驰道，又使妓女之徒服袿襹，炫金翠，绕其船三匝。统危坐如故，若无所闻。充等各散曰：“此吴儿是木人石心也。”统归会稽，竟不知所终。

朱冲字巨容，南安人也。少有至行、闲静寡欲，好学而贫，常以耕艺为事。邻人失犊，认冲犊以归，后得犊於林下，大惭，以犊还冲，冲竟不受。有牛犯其禾稼，冲屡持刍送牛而无恨色。主愧之。乃不复为暴。

咸宁四年，诏补博士，冲称疾不应。寻又诏曰：“东宫官属亦宜得履蹈至行；敦悦典籍者，其以冲为太子右庶子。”冲每闻征书至，辄逃入深山，时人以为梁管之流。冲居近夷俗，羌戎奉之若君，冲亦以礼让为训，邑里化之，路不拾遗，村无凶人，毒虫猛兽皆不为害。卒以寿终。

范粲字承明，陈留外黄人，汉莱芜长丹之孙也。粲高亮贞正，有丹风，而博涉强记，学皆可师，远近请益者甚众，性不矜庄，而见之皆肃如也。魏时州府交辟，皆无所就。久之。乃应命为治中，转别驾，辟太尉掾、尚书郎，出为征西司马，所历职皆有声称。

及宣帝辅政，迁武威太守。到郡，选良吏，立学校，劝农桑。是时戎夷颇侵疆埸，粲明设防备，敌不敢犯，西域流通，无烽燧之警。又郡壤富实，珍玩充积，粲检制之。息其华侈。以母老罢官。郡既接近寇戎，粲以重镇辄去职，朝廷尤之，左迁乐涫令。

顷之。转太宰从事中郎。遭母忧，以至孝称。服阕，复为太宰中郎。齐王芳被废，迁于金墉城，粲素服拜送，哀恸左右。时景帝辅政，召群官会议，粲又不到，朝廷以其时望，优容之。粲又称疾，阖门不出。於是特诏为侍中，持节使於雍州。粲因阳狂不言，寝所乘车，足不履地。子孙恒侍左右，至有婚宦大事，辄密谘焉。合者则色无变，不合则眠寝不安，妻子以此知其旨。

武帝践阼，泰始中，粲同郡孙和时为太子中庶子，表荐粲，称其操行高洁，久婴疾病，可使郡县舆致京师，加以圣恩，赐其医药，若遂瘳除，必有益於政。乃诏郡县给医药，又以二千石禄养病，岁以为常，加赐帛百匹。子乔以父疾笃，辞不敢受，诏不许。以太康六年卒，时年八十四，不言三十六载，终於所寝之车。长子乔。

乔字伯孙。年二岁时，祖馨临终。抚乔首曰："恨不见汝成人！"因以所用砚与之。至五岁，祖母以告乔，乔便执砚涕泣。九岁请学，在同辈之中，言无泚辞。弱冠，受业於乐安蒋国明。济阴刘公荣有知人之鉴，见乔深相器重。友人刘彦秋夙有声誉，尝谓人曰："范伯孙体应纯和，理思周密，吾每欲错其一事而终不能。"光禄大夫李铨尝论杨雄才学优於刘向，乔以为向定一代之书，正君籍之篇，使雄当之，故非所长，遂著刘杨优劣论，文多不载。

乔好学不倦。父粲阳狂不言，乔与二弟并弃学业，绝人事，侍疾家庭，至粲没，足不出邑里。司隶校尉刘毅尝抗论於朝廷曰："使范武威疾若不笃，是为伯夷、叔齐复存於今。如其信笃，益是圣主所宜哀矜。其子久侍父疾，名德著茂，不加叙用，深为朝廷惜遗贤之讥也。"元康中，诏求廉让冲退履道寒素者，不计资，以参选叙。尚书郎王琨乃荐乔曰："乔禀德真粹，立操高洁，儒学精深，含章内奥，安贫乐道，栖志穷巷，箪瓢泳业，长而弥坚，诚当今之寒素，著厉俗之清彦。"时张华领司徒，天下所举凡十七人，於乔特发优论。又吏部郎郗隆亦思求海内幽遁之士，乔供养衡门，至於白首，於是除乐安令。辞疾不拜。乔凡一举孝廉，八荐公府，再举清白异行，又举寒素，一无所就。

初，乔邑人腊夕盗斫其树，人有告者，乔阳不闻，邑人愧而归之。乔往喻曰："卿节日取柴，欲与父母相欢娱耳，何以愧为！"其通物善道，皆此类也。外黄令高颛叹曰："诸士大夫未有不及私者，而范伯孙恂恂率道，名讳未尝经於官曹，士之贵异，於今而见。大道废而有仁义，信矣！"其行身不秽，为物所叹服如此。以元康八年卒，年七十八。

鲁胜字叔时，代郡人也。少有才操，为佐著作郎。元康初，迁建康令。到官，著《正天论》云："以冬至之后立晷测影，准度日月星。臣案日月裁径百里，无千里；星十里，不百里。"遂表上求下群公卿士考论。"若臣言合理，当得改先代之失，而正天地之纪。如无据验，甘即刑戮，以彰虚妄之罪"。事遂不报。尝岁日望气，知将来多故，便称疾去官。中书令张华遣子劝其更仕，再徵博士，举中书郎，皆不就。

其著述为世所称，遭乱遗失，惟注《墨辩》，存其叙曰：

名者所以别同异，明是非，道义之门，政化之准绳也。孔子曰："必也正名，名不正则事不成。"墨子著书，作辩经以立名本，惠施、公孙龙祖述其学，以正别名显於世。孟子非墨子，其辩言正辞则与墨同。荀卿、庄周等皆非毁名家，而不能易其论也。

名必有形，察形莫如别色，故有坚白之辩。名必有分明，分明莫如有无，故有无序之辩。是有不是，可有不可，是名两可。同而有异，异而有同，是之谓辩同异。至同无不同，至异无不异，是谓辩同辩异。同异生是非，是非生吉凶，取辩於一物而原极天下之污隆，名之至也。

自邓析至秦时名家者，世有篇籍，率颇难知，后学莫复传习，於今五百馀岁，遂亡绝。《墨辩》有上下经，经各有说，凡四篇，与其书众篇连第，故独存。今引说就经，各附其章，疑者阙之。又采诸众杂集为《刑》《名》二篇，略解指归，以俟君子。其或兴微继绝者，亦有乐乎此也！

董养字仲道，陈留浚仪人也。泰始初，到洛下，不干禄求荣。及杨后废，养因游太学，升堂叹曰："建斯堂也，将何为乎？每览国家赦书，谋反大逆皆赦，至於杀祖父母、父母不赦者，以为王法所不容也。奈何公卿处议，文饰礼典，以至此乎！天人之理既灭，大乱作矣。”因著《无化论》以非之。

永嘉中，洛城东北步广里中地陷，有二鹅出焉，其苍者飞去，白者不能飞。养闻叹曰：昔周时所盟会狄泉，即此地也。今有二鹅，苍者胡象，白者国家之象，其可尽言乎！”顾谓谢鲲、阮孚曰：“《易》称知机其神乎，君等可深藏矣。”乃与妻荷担入蜀，莫知所终。

霍原字休明，燕国广阳人也。少有志力，叔父坐法当死，原入狱讼之。楚毒备中，终免叔父。年十八，观大学行礼，因留习之。贵游子弟闻而重之。欲与相见，以其名微，不欲昼往，乃夜共造焉。父友同郡刘岱将举之，未果而病笃，临终，敕其子沈曰：“霍原慕道清虚，方成奇器，汝后必荐之。”后归乡里。高阳许猛素服其名，会为幽州刺史，将诣之，主簿当车谏不可出界，猛叹恨而止。

原山居积年，门徒百数，燕王月致羊酒。及刘沈为国大中正，元康中，进原为二品，司徒不过，沈乃上表理之。诏下司徒参论，中书监张华令陈准奏为上品，诏可。元康末，原与王褒等俱以贤良徵，累下州郡，以礼发遣，皆不到。后王浚称制谋僭，使人问之。原不答，浚心衔之。又有辽东囚徒三百馀人，依山为贼，意欲劫原为主事，亦未行。时有谣曰：“天子在何许？近在豆田中。”浚以豆为霍，收原斩之，悬其首。诸生悲哭，夜窃尸共埋殡之。远近骇愕，莫不冤痛之。

鲁褒字元道，南阳人也。好学多闻，以贫素自立。元康之后，纲纪大坏，褒伤时之贪鄙，乃隐姓名，而著《钱神论》以刺之。其略曰：

钱之为体，有乾坤之象，内则其方，外则其圆。其积如山，其流如川。动静有时，行藏有节，市井便易，不患耗折。难折象寿，不匮象道，故能长久，为世神宝。亲之如兄，字曰“孔方”，失之则贫弱，得之则富昌。无翼而飞，无足而走，解严毅之颜，开难发之口。钱多者处前，钱少者居后。处前者为君长，在后者为臣仆。君长者丰衍而有馀，臣仆者穷竭而不足，《诗》云：“哿矣富人，哀此茕独。”

钱之为言泉也，无远不往，无幽不至。京邑衣冠，疲劳讲肄，厌闻清谈，对之睡寐，见我家兄，莫不惊视。钱之所祐，吉无不利，何必读书，然后富贵！昔吕公欣悦於空版，汉祖克之於赢二，文君解布裳而被锦绣，相如乘高盖而解犊鼻，官尊名显，皆钱所致。空版至虚，而况有实；赢二虽少，以致亲密。由此论之，谓为神物。无德而尊，无势而热，排金门而入紫闼。危可使安，死可使活，贵可使贱，生可使杀。是故忿争非钱不胜，幽滞非钱不拔，怨仇非钱不解，令问非钱不发。

洛中朱衣，当途之士，爱我家兄，皆无已已。执我之手，抱我终始，不计优劣，不论年纪，宾客辐辏，门常如市。谚曰："钱无耳，可使鬼。"凡今之人，惟钱而已。故曰军无财，士不来，军无赏，士不往。仕无中人，不如归田。虽有中人，而无家兄，不异无翼而欲飞，无足而欲行。

盖疾时者共传其文。

褒不仕，莫知其所终。

任旭字次龙，临海章安人也。父访，吴南海太守。旭幼孤弱，儿童时勤於学。及长，立操清修，不染流俗，乡曲推而爱之。郡将蒋秀嘉其名，请为功曹。秀居官贪秽，每不奉法，旭正色苦谏。秀既不纳，旭谢去，闭门讲习，养志而已。久之。秀坐事被收，旭狼狈营送。秀慨然叹曰："任功曹真人也。吾违其谠言，以至於此，复何言哉！"寻察孝廉，除郎中，州郡仍举为郡中正，固辞归家。

永康初，惠帝博求清节俊异之士，太守仇馥荐旭清贞洁素，学识通博，诏下州郡以礼发遣。旭以朝廷多故，志尚隐遁，辞疾不行。寻天下大乱，陈敏作逆，江东名豪并见羁絷，惟旭与贺循守死不回。敏卒不能屈。

元帝初镇江东，闻其名，召为参军，手书与旭，欲使必到，旭固辞以疾。后帝进位镇东大将军，复召之；及为左丞相，辟为祭酒，并不就。中兴建，公车徵，会遭母忧。於时司空王导启立学校，选天下明经之士，旭与会稽虞喜俱以隐学被召。事未行，会有王敦之难，寻而帝崩，事遂寝。

明帝即位，又徵拜给事中，旭称疾笃，经年不到，尚书以稽留除名，仆射荀崧议以为不可。太宁末，明帝复下诏备礼徵旭，始下而帝崩。咸和二年卒，太守冯怀上疏谓宜赠九列，值苏峻作乱，事竟不行。子琚，位至大宗正，终於家。

郭文字文举，河内轵人也。少爱山水，尚嘉遁。年十三，每游山林，弥旬忘反。父母终，服毕，不娶，辞家游名山，历华荫之崖，以观石室之石函。洛阳陷，乃步担入吴兴馀杭大辟山中穷谷无人之地，倚木於树，苫覆其上而居焉，亦无壁障。时猛兽为暴，入屋害人，而文独宿十馀年，卒无患害。恒著鹿裘葛巾，不饮酒食肉，区种菽麦，采竹叶木实，贸盐以自供。人或酬下价者，亦即与之。后人识文，不复贱酬。食有馀谷，辄恤穷匮。人有致遗，取其粗者，示不逆而已。有猛兽杀大鹿於庵侧，文以语人，人取卖之，分钱与文。文曰："我若须此，自当卖之。所以相语，正以不须故也。"闻者皆嗟叹之。尝有猛兽忽张口向文，文视其口中有横骨，乃以手探去之。猛兽明旦致一鹿於其室前。猎者时往寄宿，文夜为担水而无倦色。

馀杭令顾飏与葛洪共造之。而携与俱归。飏以文山行或须皮衣，赠以韦裤褶一具，文不纳，辞归山中。飏追遣使者置衣室中而去，文亦无言，韦衣乃至烂於户内，竟不服用。

王导闻其名，遣人迎之，文不肯就船车，荷担徒行。既至，导置之西园，园中果木成林，又有鸟兽麋鹿，因以居文焉。於是朝士咸共观之，文颓然箕踞，傍若无人。温峤尝问文曰："人皆有六亲相娱，先生弃之何乐？"文曰："本行学道，不谓遭世乱，欲归无路，是以来也。"又问曰："饥而思食，壮而思室，自然之性，先生安独无情乎？"文曰："情由忆生，不忆故无情。"又问曰："先生独处穷山，若疾病遭命，则为乌鸟所食，顾不酷乎？"文曰："藏埋者亦为蝼蚁所食，复何异乎！"又问曰："猛兽害人，人之所畏，而先生独不畏邪？"文曰："人无害兽之心，则兽亦不害人。"又问曰："苟世不宁，身不得安。今将用先生以济时，若何？"文曰："山草之人，安能佐世！"导尝众宾共集，丝竹并奏，试使呼之。文瞪眸不转，跨蹑华堂如行林野。於时坐者咸有钩深味远之言，文常称不达来语。天机铿宏，莫有窥其门者。温峤尝称曰："文有贤人之性，而无贤人之才，柳下、梁踦之亚乎！"永昌中，大疫，文病亦殆。王导遗药，文曰："命在天，不在药也。夭寿长短，时也。"

居导园七年，未尝出入。一旦忽求还山，导不听。后逃归临安，结庐舍於山中。临安令万宠迎置县中。及苏峻反，破馀杭，而临安独全，人皆异之，以为知机。自后不复语，但举手指麾，以宣其意。病甚，求还山，欲枕石安尸，不令人殡葬，宠不听。不食二十馀日，亦不瘦。宠问曰："先生复可得几日？"文三举手，果以十五日终。宠葬之於所居之处而祭哭之。葛洪、庾阐并为作传，赞颂其美云。

龚壮字子玮，巴西人也。洁己自守，与乡人谯秀齐名。父叔为李特所害，壮积年不除丧，力弱不能复仇。及李寿戍汉中，与李期有嫌，期，特孙也，壮欲假寿以报，乃说寿曰："节下若能并有西土，称藩於晋，人必乐从。且舍小就大，以危易安，莫大之策也。"寿然之，遂率众讨期，果克之。寿犹袭伪号，欲官之，壮誓不仕，赂遗一无所取，会天久雨，百姓饥垫，壮上书说寿以归顺，允天心，应人望，永为国藩，福流子孙。寿省书内愧，秘而不宣。乃遣使入胡，壮又谏之，寿又不纳。壮谓百行之本莫大忠孝，既假寿杀期，私仇以雪，又欲使其归朝，以明臣节。寿既不从，壮遂称聋，又云手不制物，终身不复至成都，惟研考经典，谭思文章，至李势时卒。

初，壮每叹中夏多经学，而巴蜀鄙陋，兼遭李氏难，无复学徒，乃著之《迈德论》，文多不载。

孟陋字少孤，武昌人也。吴司空宗之曾孙也。兄嘉，桓温征西长史。陋少而贞立，清操绝伦，布衣蔬食，以文籍自娱。口不及世事，未曾交游，时或弋钓，孤兴独往，虽家人亦不知其所之也。丧母，毁瘠殆於灭性，不饮酒食肉十有馀年。亲族迭谓之曰："少孤！谁无父母？谁有父母！圣人制礼，令贤者俯就，不肖企及。若使毁性无嗣，更为不孝也。"陋感此言，然后从吉。由是名著海内。

简文帝辅政，命为参军，称疾不起。桓温躬往造焉。或谓温曰："孟陋高行，学为儒宗，宜引在府，以和鼎味。"温叹曰："会稽王尚不能屈，非敢拟议也。"陋闻之曰："桓公正当以我不往故耳。亿兆之人，无官者十居其九，岂皆高士哉！我疾病不堪恭相王之命，非敢为高也。"由是名称益重。

博学多通，长於三礼。注《论语》，行於世。卒以寿终。

韩绩字兴齐，广陵人也。其先避乱，居於吴之嘉兴。父建，仕吴至大鸿胪。绩少好文学，以潜退为操，布衣蔬食，不交当世，由是东土并宗敬焉。司徒王导闻其名，辟以为掾，不就。咸康末，会稽内史孔愉上疏荐之。诏以安车束帛徵之。尚书令诸葛恢奏绩名望犹轻，未宜备礼，於是召拜博士。称老病不起，卒於家。

於时高密刘鳊字长鱼，城阳邴郁字弘文，并有高名。鳊幼不慕俗，长而希古，笃学厉行，化流邦邑。郁，魏徵士原之曾孙，少有原风，敕身谨洁，口不妄说，耳不妄听，端拱恂恂，举动有礼。咸康中，成帝博求异行之士，鳊、郁并被公卿荐举，於是依绩及翟汤等例，以博士徵之。郁辞以疾，鳊随使者到京师，自陈年老，不拜。各以寿终。

谯秀字元彦，巴西人也。祖周，以儒学著称，显明蜀朝。秀少而静默，不交於世，知天下将乱，预绝人事，虽内外宗亲，不与相见。郡察孝廉，州举秀才，皆不就。及李雄据蜀，略有巴西，雄叔父骧、骧子寿皆慕秀名，具束帛安车徵之，皆不应。常冠皮弁，弊衣，躬耕山薮，龚壮常叹服焉。桓温灭蜀，上疏荐之。朝廷以秀年在笃老，兼道远，故不徵，遣使敕所在四时存问。寻而范贲、萧敬相继作乱，秀避难宕渠，乡里宗族依凭之者以百数。秀年出八十，众人欲代之负担，秀曰："各有老弱，当先营护。吾气力犹足自堪，岂以垂朽之年累诸君也！"年九十馀卒。

翟汤字道深，寻阳人。笃行纯素，仁让廉洁，不屑世事，耕而后食，人有馈赠，虽釜庾一无所受。永嘉末，寇害相继，闻汤名德，皆不敢犯，乡人赖之。

司徒王导辟，不就，隐於县界南山。始安太守干宝与汤通家，遣船饷之，敕吏云："翟公廉让，卿致书讫，便委船还。"汤无人反致，乃货易绢物，因寄还宝。宝本以为惠，而更烦之。益愧叹焉。咸康中，征西大将军庾亮上疏荐之。成帝徵为国子博士，汤不起。建元初，安西将军庾翼北征石季龙，大发僮客以充戎役，敕有司特蠲汤所调。汤悉推仆使委之乡吏，吏奏旨一无所受，汤依所调限，放免其仆，使令编户为百姓。康帝复以散骑常侍徵汤，固辞老疾，不至。年七十三，卒於家。

子庄字祖休。少以孝友著名，遵汤之操，不交人物，耕而后食，语不及俗，惟以弋钓为事。及长，不复猎。或问："渔猎同是害生之事，而先生止去其一，何哉？"庄曰："猎自我，钓自物，未能顿尽，故先节其甚者。且夫贪饵吞钩，岂我哉！"时人以为知言。晚节亦不复钓，端居筚门，饮菽饮水。州府礼命，及公车徵，并不就。年五十六，卒。

子矫亦有高操，屡辞辟命。矫子法赐，孝武帝以散骑郎徵，亦不至。世有隐行云。

郭翻字长翔，武昌人也。伯父讷，广州刺史。父察，安城太守。翻少有志操，辞州郡辟及贤良之举。家於临川，不交世事，惟以渔钓射猎为娱。居贫无业，欲垦荒田，先立表题，经年无主，然后乃作。稻将熟，有认之者，悉推与之。令闻而诘之，以稻还翻，翻遂不受。尝以车猎，去家百余里，道中逢病人，以车送之，徒步而归。其渔猎所得，或从买者，便与之而不取直，亦不告姓名。由是士庶咸敬贵焉。

与翟汤俱为庾亮所荐，公车博士徵，不就。咸康末，乘小船暂归武昌省坟墓，安西将军庾翼以帝舅之重，躬往造翻，欲强起之。翻曰：“人性各有所短，焉可强逼！”翼又以其船小狭，欲引就大船。翻曰：“使君不以鄙贱而辱临之，此固野人之舟也。”翼俯屈入其船中，终日而去。

尝坠刀於水，路人有为取者，因与之。路人不取，固辞，翻曰：“尔向不取，我岂能得！”路人曰：“我若取此，将为天地鬼神所责矣。”翻知其终不受，复沈刀於水。路人怅焉，乃复沈没取之。翻於是不逆其意，乃以十倍刀价与之。其廉不受惠，皆此类也。卒於家。

辛谧字叔重，陇西狄道人也。父怡，幽州刺史，世称冠族。谧少有志尚，博学善属文，工草隶书，为时楷法。性恬静，不妄交游。召拜太子舍人、诸王文学，累徵不起。永嘉末，以谧兼散骑常侍，慰抚关中。谧以洛阳将败，故应之。及长安陷没於刘聪，聪拜太中大夫，固辞不受。又历石勒、季龙之世，并不应辟命。虽处丧乱之中，颓然高迈，视荣利蔑如也。

及冉闵僭号复备礼徵为太常，谧遗闵书曰：“昔许由辞尧，以天下让之，全其清高之节。伯夷去国，子推逃赏，皆显史牒，传之无穷。此往而不反者也。然贤人君子虽居庙堂之上，无异於山林之中，斯穷理尽性之妙，岂有识之者邪！是故不婴认祸难者，非为避之，但冥心至趣而与吉会耳。谧闻物极则变，冬夏是也；致高则危，累棋是也。君王功以成矣，而久处之，非所以顾万全远危亡之祸也。宜因兹大捷，归身本朝，必有许由、伯夷之廉，享松乔之寿，永为世辅，岂不美哉！”因不食而卒。

刘驎之字子骥，南阳人，光禄大夫耽之族也。驎之少尚质素，虚退寡欲，不修仪操，人莫之知。好游山泽，志存遁逸。尝采药至衡山，深入忘反，见有一涧水，水南有二石囷，一囷闭，一囷开，水深广不得过。欲还，失道，遇伐弓人，问径，仅得还家。或说中皆仙灵方药诸杂物，驎之欲更寻索，终不复知处也。

车骑将军桓冲闻其名，请为长史，驎之固辞不受。冲尝到其家，驎之於树条桑，使者致命，驎之曰：“使君既枉驾光临，宜先诣家君。”冲闻大愧，於是乃造其父。父命驎之，然后方还，拂短褐与冲言话。父使之於内自持浊酒蔬菜供宾，冲敕人代驎之斟酌，父辞曰：“若使从者，非野人之意也。”冲慨然，至昏乃退。

驎之虽冠冕之族，从义著余群小，凡厮伍之家婚娶葬送，无不躬自造焉。居於阳岐，在官道之侧，人物来往，莫不投之。驎之躬自供给，士君子颇以劳累，更惮过焉。凡人致赠，一无所受。去驎之家百馀里，有一孤姥，病将死，叹息谓人曰："谁当埋我，惟有刘长史耳！何由令知?"嵌之先闻其有患，故往候之，值其命终，乃身为营棺殡送之。其仁爱隐恻若此。卒以寿终。

索袭字伟祖，敦煌人也。虚靖好学，不应州郡之命，举孝廉、贤良方正，皆以疾辞。游思於阴阳之术，著天文地理十馀篇，多所启发。不与当世交通，或独语独笑，或长叹涕泣，或请问不言。

张茂时，敦煌太守阴澹奇而造焉，经日忘反，出而叹曰："索先生硕德名儒，真可以谘大义。"澹欲行乡射之礼，请袭为三老，曰："今四表辑宁，将行乡射之礼，先生年耆望重，道冠一时，养老之义，宾实系儒贤。既树非梧桐，而希鸾凤降翼；器谢曹公，而冀盖公枉驾，诚非所谓也。然夫子至圣，有召赴焉；孟轲大德，无聘不至，盖欲弘阐大猷，敷明道化故也。今之相屈，遵道崇教，非有爵位，意者或可然乎！"会病卒，时年七十九。澹素服会葬，赠钱二万。澹曰："世人之所有馀者，富贵也；目之所好者，五色也；耳之所玩者，五音也。而先生弃众人之所收，收众人之所弃，味无味於慌惚之际，兼重玄於众妙之内。宅不弥亩而志忽九州，形居尘俗而栖心天外，虽黔娄之高远，庄生之不愿，蔑以过也。"乃谥曰玄居先生。

杨轲，天水人也。少好易，长而不娶，学业精微，养徒数百，常食粗饮水，衣褐缊袍，人不堪其忧，而轲悠然自得，疏宾异客，音旨未曾交也。虽受业门徒，非入室弟子，莫得亲言。欲所论授，须旁无杂人，授入室弟子，令递相宣授。

刘曜僭号，徵拜太常，轲固辞不起，曜亦敬而不逼，遂隐於陇山。后为石勒所擒，秦人东徙，轲留长安。及石季龙嗣伪位，备玄纁束帛安车徵之，轲以疾辞。迫之，乃发，既见季龙，不拜，与语，不言，命舍之於永昌乙第。其有司以轲倨傲，请从大不敬论，季龙不从，下书任轲所尚。

轲在永昌，季龙每有馈饩，辄口授弟子，使为表谢，其文甚美，览者叹有深致。季龙欲观其真趣，乃密令美女夜以动之，轲萧然不顾。又使人将其弟子尽行，遣魁壮羯士衣甲持刀，临之以兵，并窃其所赐衣服而去，轲视而不言，了无惧色。常卧土床，覆以布被，倮寝其中，下无茵褥。颍川荀铺，好奇之士也，造而谈经，轲瞑目不答。铺发轲被，露其形，大笑之。轲神体颓然，无惊怒之状。于时咸以为焦先之徒，未有能量其深浅也。

后上疏陈乡思，求还，季龙送以安车蒲轮，蠲十户供之。自归秦州，仍教授不绝。其后秦人西奔凉州，轲弟子以牛负之。为戍军追擒，并为所害。

张忠字巨和，中山人也。永嘉之乱，隐於泰山。恬静寡欲，清虚服气，餐芝饵石，修导养之法。冬则缊袍，夏则带索，端拱若尸。无琴书之适，不修经典，劝教但以至道虚无为宗。其居依崇岩幽谷，凿地为窟室。弟子亦以窟居，去忠六十馀步，五日一朝。其教以形不以言，弟子受业，观形而退。立道坛於窟上，每旦朝拜之。食用瓦器，凿石为釜。左右居人馈之衣食，一无所受。好事少年颇或问以水旱之祥，忠曰："天不言而四时行焉，万物生焉，阴阳之事非穷山野叟所能知之。"其遣诸外物，皆此类也。年在期颐，而视听无爽。

苻坚遣使徵之。使者至，忠沐浴而起，谓弟子曰："吾馀年无几，不可以逆时主之意。"浴讫就车，及至长安，坚赐以冠衣，辞曰："年朽发落，不堪衣冠，请以野服入觐。"从之。及见，坚谓之曰："先生考磐山林，研精道素，独善之美有馀，兼济之功未也。故远屈先生，将任齐尚父。"忠曰："昔因丧乱，避地泰山，与鸟兽为侣，以全朝夕之命。属尧舜之世，思一奉圣颜。年衰志谢，不堪展效，尚父之况，非敢窃拟。山栖之性，情存岩岫，乞还馀齿，归死岱宗。"坚以安车送之。行达华山，叹曰："我东岳道士，没於西岳，命也，奈何！"行五十里，及关而死。使者驰驿白之，坚遣黄门郎韦华持节策吊，祀以太牢，褒赐命服，谥曰安道先生。

宋纤字令艾，敦煌效谷人也。少有远操，沈靖不与世交，隐居於酒泉南山。明究经纬，弟子受业三千馀人。不应州郡辟命，惟与阴颙、齐好友善。张祚时，太守杨宣画其象於阁上，出入视之，作颂曰："为枕何石？为漱何流？身不可见，名不可求。"酒泉太守马岌，高尚之士也，具威仪，鸣铙鼓，造焉。纤高楼重阁，距而不见。岌叹曰："名可闻而身不可见，德可仰而形不可覩，吾而今而后知先生人中之龙也。"铭诗於石壁曰："丹崖百丈，青壁万寻。奇木蓊郁，蔚若邓林。其人如玉，维国之琛。室迩人遐，实劳我心。"

纤注《论语》，及为诗颂数万言。年八十，笃学不倦。张祚后遣使者张兴备礼徵为太子友，兴逼喻甚切，纤喟然叹曰："德非庄生，才非干木，何敢稽停明命！"遂随兴至姑臧。祚遣其太子太和以执友礼造之，纤称疾不见，赠遗一皆不受。寻迁太子太傅。顷之，上疏曰："臣受生方外，心慕太古。生不喜存，死不悲没。素有遗属，属诸知识，在山投山，临水投水，处泽露形，在人亲土。声闻书疏，勿告我家，今当命终，乞如素愿。”遂不食而卒，时年八十二，谥曰玄虚先生。

郭瑀字元瑜，敦煌人也。少有超俗之操，东游张掖，师事郭荷，尽传其业。精通经义，雅辩谈论，多才艺，善属文。荷卒，瑀以为父生之，师成之，君爵之，而五服之制，师不服重，盖圣人谦也，遂服斩衰，庐墓三年。礼毕，隐於临松薤谷，凿石窟而居，服柏实以轻身，作《春秋墨说》《孝经错纬》，弟子著录千馀人。

张天锡遣使者孟公明持节，以蒲轮玄纁备礼徵之，遗瑀书曰："先生潜光九皋，怀真独远，心与至境冥符，志与四时消息，岂知苍生倒悬，四海待拯者乎！孤忝承时运，负荷大业，思与贤明同赞帝道，昔傅说龙翔殷朝，尚父鹰扬周室，孔圣车不停轨，墨子驾不俟旦，皆以黔首之祸不可以不救，君不独立，道由人弘故也。况今九服分为狄场，二都尽为戎穴，天子僻陋江东，名教沦於左衽，创毒之甚，开辟未闻。先生怀济世之才，坐观而不救，其於仁智，孤窃惑焉。故遣使者虚左授绥，鹤企先生，乃眷下国。"公明至山，瑀指翔鸿以示之曰："此鸟也，安可笼哉！"遂深逃绝迹。公明拘其门人，瑀叹曰："吾逃禄，非避罪也，岂得隐居行义，害及门人！"乃出而就徵。及至姑臧，值天锡母卒，瑀括发入吊，三踊而出，还於南山。

及天锡灭，苻坚又以安车徵瑀定礼仪，会父丧而止，太守辛章遣书生三百人就受业焉。及苻氏之末，略阳王穆起兵酒泉，以应张大豫，遣使招瑀。瑀叹曰："临河求溺，不卜命之短长，脉病三年，不豫绝其餐馈，鲁连在赵，义不结舌，况人将左衽而不救之！"乃与敦煌索嘏起兵五千，运粟三万石，东应王穆。穆以瑀为太府左长史、军师将军。虽居元佐，而口咏黄老，冀功成世定。追伯成之踪。

穆惑於谗间，西伐索嘏，瑀谏曰："昔汉定天下，然后诛功臣。今事业未建而诛之，立见麋鹿游於此庭矣。"穆不从。瑀出城大哭，举手谢城曰："吾不复见汝矣！"还而引被覆面，不与人言，不食七日，舆疾而归，旦夕祈死。夜梦乘青龙上天，至屋而止，寤而叹曰："龙飞在天，今止於屋。屋之为字，尸下至也。龙飞至尸，吾其死也。古之君子不卒内寝，况吾正士乎！"遂还酒泉南山赤崖阁，饮气而卒。

祈嘉字孔宾，酒泉人也，少清贫，好学。年二十馀，夜忽窗中有声呼曰:“祈孔宾,祈孔宾!隐去来,隐去来!修饰人世,甚苦不可谐。所得未毛铢,所丧如山崖。”旦而逃去,西至敦煌,依学官诵书,贫无衣食,为书生都养以自给,遂博通经传,精究大义。西游海渚,教授门生百馀人。张重华徵为儒林祭酒。性和裕,教授不倦,依《孝经》作《二九神经》。在朝卿士、郡县守令彭和正等受业独拜床下者二千馀人,天锡谓为先生而不名之。竟以寿终。

瞿硎先生者,不得姓名,亦不知何许人也。太和末,常居宣城郡界文脊山中,山有瞿硎,因以为名焉。大司马桓温尝往造之。既至,见先生被鹿裘,坐於石室,神无忤色,温及僚佐数十人皆莫测之,乃命伏滔为之铭赞。竟卒於山中。

戴逵字安道,谯国人也。少博学,好谈论,善属文,能鼓琴,工书画,其馀巧艺靡不毕综。总角时,以鸡卵汁溲白瓦屑作郑玄碑,又为文而自镌之,词丽器妙,时人莫不惊叹。性不乐当世,常以琴书自娱。师事术士范宣於豫章,宣异之,以兄女妻焉。太宰、武陵王晞闻其善鼓琴,使人召之,逵对使者破琴曰:“戴安道不为王门伶人!”晞怒,乃更引其兄述。述闻命欣然,拥琴而往。

逵后徙居会稽之剡县。性高洁,常以礼度自处,深以放达为非道,乃著论曰:

夫亲没而采药不反者,不仁之子也;君危而屡出近关者,苟免之臣也。而古之人未始以彼害名教之体者何?达其旨故也。达其旨,故不惑其迹。若元康之人,可谓好遁迹而不求其本,故有捐本徇末之弊,舍实逐声之行,是犹美西施而学其颦眉,慕有道而折其巾角,所以为慕者,非其所以为美,徒贵貌似而已矣。夫紫之乱朱,以其似朱也。故乡原似中和,所以乱德,放孝似达,所以乱道。然竹林之为放,有疾而为颦者也,元康之为放,无德而折巾者也,可无察乎!

且儒家尚誉者,本以兴贤也,既失其本,则有色取之行。怀情丧真,以容貌相欺,其弊必至於末伪。道家去名者,欲以笃实也,苟失其本,又有越检之行。情礼俱亏,则仰咏兼忘,其弊必至於本薄。夫伪薄者,非二本之失,而为弊者必托二本以自通。夫道有常经,而弊无常情,是以《六经》有失,王政有弊,苟乖其本,固圣贤所无奈何也。

嗟夫!行道之人自非性足体备、卹蹈而当者,亦曷能不栖情古烈,拟规前修。苟迷拟之然后动,议之然后言,固当先辩其趣舍之极,求其用心之本，识其枉尺直寻之旨，采其被褐怀玉之由。若其，涂虽殊，而其归可观也；迹虽乱，而其契不乖也。不然，则流遁忘反，为风波之行，自驱以物，自诳以伪，外眩嚣华，内丧道实，以矜尚夺其真主，以尘垢翳其天正，贻笑千载，可不慎欤！

孝武帝时，以散骑常侍、国子博士累徵，辞父疾不就。郡敦逼不已，乃逃於吴。吴国内史王珣有别馆在武丘山，逵潜诣之，与珣游处积旬。会稽内史谢玄虑远遁不反，乃上疏曰："伏见谯国戴逵希心俗表，不婴世务，栖迟衡门，与琴书为友。虽策命屡加，幽操不回，超然绝迹，自求其志。且年垂耳顺，常抱羸疾，时或失适，转至委笃。今王命未回，将离风霜之患。陛下既已爱而器之。亦宜使其身名并存，请绝其召命。"疏奏，帝许之，逵复还剡。

后王珣为尚书仆射，上疏复请徵为国子祭酒，加散骑常侍，徵之，复不至。太元二十年，皇太子始出东宫，太子太傅会稽王道子、少傅王雅、詹事王珣又上疏曰："逵执操贞厉，含味独游，年在耆老，清风弥劭。东宫虚德，式延事外，宜加旌命，以参僚侍。逵既重幽居之操，必以难进为美，宜下所在备礼发遣。"会病卒。

长子勃，有父风。义熙初，以散骑侍徵郎，不起，寻卒。

龚玄之字道玄，武陵汉寿人也。父登，历长沙相、散骑常侍。玄之好学潜默，安於陋巷。州举秀才，公府辟，不就。孝武帝下诏曰："夫哲王御世，必搜扬幽隐，故空谷流絷维之咏，丘园旅束帛之观。谯国戴逵、武陵龚玄之并高尚其操，依仁游艺，洁己贞鲜，学弘儒业，朕虚怀久矣。二三君子，岂其于贤戢怀抱哉！思挹雅言，虚诚讽议，可并以为散骑常侍，领国子博士，指下所在备礼发遣，不得循常，以稽侧席之望。"郡县敦逼，苦辞疾笃，不行。寻卒，时年五十八。

弟子元寿，亦有德操，高尚不仕，举秀才及州辟召，并称疾不就。孝武帝以太学博士、散骑侍郎、给事中累徵，遂不起。卒於家。

陶淡字处静，太尉侃之孙也。父夏，以无行被废。淡幼孤，好导养之术，谓仙道可祈。年十五六，便服食绝谷，不婚娶。家累千金、僮客百数，淡终日端拱，曾不营问。颇好读《易》，善卜筮。於长沙临湘山中结庐居之，养一白鹿以自偶。亲故有候之者，辄移渡涧水，莫得近之。州举秀才，淡闻，遂转逃罗县埤山中，终身不返，莫知所终。

【译文】

苍天垂下日影，少微星借以记录年岁；《文言》《系辞》探幽索微，贞洁隐遁的人用以完善他的理论。因此即使有些人不愿说话，他们的思想仍被孔子听说；有些蔑视富贵之人，他们的计谋主张详载在于《孙子》一书。所以外表柔弱才能够生存，是生活常理；骄傲自满就会受伤害，则是上天的惩罚。远古以及近代的聪明人都明白这一点，他们耿介脱俗，正直有涵养，在江湖之间隐姓埋名，于尘世之外销声匿迹，濯清流来激励自己的意志，住洞穴以掩藏自己的光芒，周密安排来实现自己的志愿，杜绝机缘来安静自己的心绪。他们的品德犹如玉一样的光辉，如冰一样的纯洁，碧川一样长流不息，高山一样巍然耸峙。他们从事最快乐的事业，修炼自己无边无际的美德，以前的事情不再追究，将来的安排遥远而且无忧愁。他们修身自保，因而后悔与吝啬都无从产生，《诗经》中《考槃》所颂扬的美妙之处，全都在这里了。就是在礼貌禅让、争讼全无的太平盛世，仍要尊重隐士贤人来扩大王政的清明教化，征聘隐士用的礼物到达了山岩中的洞穴，也出现在隐士所居的地方。所以《月令》说“春季三月应当招聘名士，致礼贤者”，说的就是这样的情况。

自从司马迁首创了体例，广泛收集隐逸之人，载入《史记》，谯元彦的杜绝人事，江思悛的歌咏山林，使他们贤贞纯洁的行为更加高尚，使他们超尘脱俗的事迹更鲜明。他们虽然没有响应帝王的征召，但他们的做法足以激励那些贪婪而有野心的人。现在赞美他们高尚的德行，将他们的事迹收集起来，写成这篇《隐逸传》。

孙登，字公和，是汲郡共县人。家中没有其他亲属，在郡里的北山上造土窑居住，夏天把草编起来做成衣服，冬天就将自己的头发披在身上。喜欢读《周易》和弹琴，看见的人都非常亲近、喜欢他。不急躁，不发怒，有人将他扔进水里，想要看他发怒的样子，他从水里爬上来，反而大笑不止。常在社会上游逛，所经过的人家有的给他衣服与食物，他一点儿也不推辞，离开就都不要了。曾经住在宜阳山中，有烧炭的人看到他，知道他不是普通的人，同他说话，孙登也不回答。

文帝听说后，让阮籍去察访。阮籍见到他后，和他说话，他也不搭腔。嵇康跟随着他游历三年，问他的愿望是什么，最终他也没回答，嵇康每每为此叹息，将离开他时，对他说：“先生真没有一句话说吗？”孙登说：“您知道火吗？火生来是有光焰的，但不用它的光焰，但最终还是会用它的光焰。人生下来有才能，但不用他的才能，结果还是用他的才能。也就是说使用光焰在于得到了柴火，因为得到柴火才能够保证火的光焰；人的才能的运用应是认识真理，认识事物实质，只有这样才能保全人的寿命。现在您才气很大但是认识不清，在当今的社会上很难免于灾难啊。您难道没有更高追求吗？”嵇康没有听他的话，果然死于非命。临刑前作《幽愤诗》说：“和以前的柳下惠以及今天的孙登相比，我都惭愧。”有人说孙登是因对魏、对晋的态度，容易让人产生怀疑，所以遭人防范。最后竟然不知道死在什么地方。

董京，字威辇，不知道是什么地方的人。起初是与陇西掌管计簿的官吏一起到洛阳的，一路上披发而行，逍遥自在，边走路边吟诗作诵，经常住在白社之中。有时则在集市乞讨，讨得一些残碎的绸缎丝絮，自己做衣服穿在身上，整匹的绸缎和很好的丝絮就不肯接受。有人看见他遭别人的推挤和辱骂，一点也不愤怒。

孙楚当时任著作郎，多次到社中与他说话，并和他一起坐着车子，回来，董京站着，不肯坐下。孙楚于是就写信给他，劝他说当天子贤如同尧舜的世代，为什么还要执迷不悟，不走正道。董京用诗来回答：“周朝灭亡，颂声就没有了。夏朝衰落，五常就混乱了。大腹便便的君子，一批一批地过去，而洋洋满目的人群之中，只有隐士七人。他们难道不以天地万物造化为乐吗？只是感到自己身处肮脏时代的悲哀，以隐居独处来对抗它。没什么东西让我高兴快乐，清澈的泉水可以喝，最高的道义可以吃。为什么还这样凄凄惶惶，自己让自己疲劳不堪。河鱼悬挂在野兽的门槛，再愚笨的人都知道将发生什么。古代最高尚的人，将自己的才能隐蔽起来，绫罗绸缎不能令他们觉得温暖，高官厚禄不能让他们感到荣耀，行动像河里的流水，汩汩不停；静止像寂静的河川，默默无言。鹦鹉能说话，犹如泗水边上能作磬的大石头，被众人所玩赏，这难道符合它的本意！燕子在罗网周围盘旋，哪能够不受到伤害？鸱隼跑到很远的地方去做窝，都是想送死。看看那些跳到桥上的鱼，乱蹦乱动，呻吟不绝，一下子就会干涸而死。啊，鱼和鸟相处在一起，一万代都不明白是什么道理。从我的角度来看，才能明白其中的原因。哪知道不会有更精明的人，更深沉、更大度，也将来窥察我的动静，皱着眉头而离开呢？万物卑微，只有人是高贵的。想要有所作为，万里九州都嫌窄，要是不想做什么，立锥之地也嫌大。”

几年后，他隐遁离开，没有人知道他哪里去了。在他的住处只发现一些竹子以及两篇诗作。其一：“天的运行刚健简洁，地的配合厚实密集，茫茫太苍，就像是这样。后世仁义已去，以虚浮代质朴。浑浑然的社会人事，谁能够知道它的真实面目。我要走了，将离开这最虚妄的境地，返归我将去的地方。”又说：“碰不到孔子，为现在那些优秀人才感到悲哀。优秀人士啊优秀人士，为什么不遁世隐居来保存你们真正的自我呢？”

夏统，字仲御，是会稽永兴人。幼年丧父，家里十分贫穷，侍奉母亲，以孝著称，兄弟关系也非常和睦，经常拾柴拾谷来寻求食物，披星戴月，半夜才回家，或到海边去拾一些蚌蛤和螃蟹帮助生活。他很善于言谈。同族的人劝他出去做官，对他说：“您清廉质朴正直，可在郡里执政，如果与官府朝贵结交，一定会非常显贵，为什么心甘情愿地在山林隐居，在江湖河泽中终此一生呢？”夏统听后勃然大怒，说：“你们就这样对待我吗？如果让我处于太平盛世，我可以与天子重臣共评议同出入，如果遇到混浊时代，一定会和屈原一样自沉江河，以死来抗争；如果处在这两种时代之间，则自然会像长沮和桀溺一样隐居遁世，哪能在朝廷官府间委曲求生呢？听你们这样说，不觉得寒毛尽竖，汗下如雨，面红耳赤，心热如炭，目瞪口呆，两耳嗡嗡地作响。”说的人十分惭愧。夏统从此后不再与本族的人见面。

正碰上母亲生病，夏统侍奉汤药，同族的人因此又见到他。他的叔父夏敬宁祭祀祖先，迎请女巫章丹、陈珠二人，她二人非常美丽，服饰华美，而且能歌善舞，并还能隐形匿影。甲子夜一开始，她们就撞钟击鼓，中间伴以丝竹乐器，这时章丹、陈珠二人拿出刀子割破了舌头，并吞下刀子吐出了火焰，弄得烟雾缭绕、流光如电。夏统的堂兄弟们想去看看，想刁难夏统，于是骗他说：“叔父得病，马上就要好了，全家的大小都认为是喜庆的事，因此想趁着这个机会祭祀祖宗，一起去祝贺，您可以同我们一起去吗？”夏统跟他们一起去了。进得门后，忽然看见章丹、陈珠二人在院子中轻柔地跳着舞，像鬼神一般谈笑怪叫，东戳一指，西摸一下，对答应酬，不慌不忙。夏统见后异常吃惊，掉头而走，没从门出去，而是撞破了篱笆直奔而去。回来后责怪同去的各位说：“以前淫乱的习俗兴起，卫文公为此感到悲哀；彩虹出现在东方，君子尚且不敢明说；季桓子娶齐国女子，孔子见后，驾车而回；子路见到夏南，十分愤怒，意气慷慨。我经常恨不得砸烂叔向的头，掐瞎华父的眼。没想到你们诸位迎请这样的妖物，夜里和她们一起游戏，放纵你们骄傲不羁的情绪，纵任荒淫无耻的行为，乱了男女有别的礼节，破坏贞洁高尚的节操，这样做是为什么呢？”于是躲到床上，披头散发地睡下，不再说话。弄得各位都很不好意思，立刻赶走章丹、陈珠二人，各自回家去了。

后来夏统的母亲病重，他到洛阳去买药。正好碰上三月上巳这天，洛阳王公以下的人都到浮桥上出游，男女并驾齐驱，华丽的车子、服装照亮大路。当时夏统正在船上晒他买回来的药，达官贵人的车骑如同云般纷至沓来，夏统却连看也不看。太尉贾充觉得很奇怪，就问他是什么人。夏统一开始并没回答。贾充又问一遍，他才慢慢地说：“我是会稽人夏仲御。”贾充命人问他会稽的风俗人情，夏统说：“那里的人彬彬有礼，犹有大禹时代遗风，太伯时代的仁义与谦让，严遵所具有的高亢志气，黄公所表现的高风亮节。”又问他：“您在海边居住，识水性，能够撑船搏浪吧？”夏统回答说：“是的。”夏统于是就操舵正橹，在大浪中盘旋，起初作一个鰡鸽般的跳跃，接着又来一个鯆鲟般的穿引，船头如同鷁鸟般翘首挺进，船尾像兽尾一样卷伏起来密切地配合。撑一下长长的船梢，船就向前跃进三次。当时风大浪高，云遮雾绕，一会儿就有八九条白鱼跌入到船舱。看的人都感到心惊肉跳，贾充的心里更是这样，于是换一只船和他说话，他答应的声音如同雷鸣一般响亮。想让他出来做官，就低着头不说话。贾充又对他说：“以前尧也唱歌，舜也唱歌，您与别人一起唱歌而感觉不错，您一定会返回来再与他们一起唱歌，这就能明白远古的圣贤和先哲们为什么都尽情歌唱。您能唱当地的民歌吗？”夏统说：“先公只住在稽山，进见过天子，拜见过王公大臣，在偏僻的地方传授教化，死了后安葬。皇帝的恩泽像云雾一样洒满人间，圣明的教化仍保存，百姓们受感动因而歌唱，于是作一曲《慕歌》。又有孝女曹娥，才十四岁，坚贞和温顺的美德已经超过梁、宋。她的父亲坠江而死后捞不到尸体，曹娥呼天哭地，忧伤悲叹，为寻找父亲的尸体，也投水而死。她死后，父女两人尸体一起浮出水面。当地的人们被她的孝义深深地打动，写《河女》一诗来纪念她。伍子胥上书劝说吴王，意见没被采纳，受到迫害投海而死，国人因为他的忠贞刚烈而感到万分痛惜，为他作《小海唱》一歌。现在我就来唱唱这几首歌。”众人都非常严肃，说：“好。”夏统于是就用脚在船板上打拍子，引吭高歌，声音清越高昂，大风受到感应刮起来，卷起海水喷向天空，电闪雷鸣，光影交加，雷雨大作，长风呼啸，岸上的沙尘烟雾般地涌起。王公以下的人都十分恐慌，夏统停止唱歌，这种现象才消失。众人都各个相对说：“如果不来到洛水边游玩，怎么能见到这样的人。听到《慕歌》的歌声，便仿佛看见大禹的容貌。听到《河女》的歌声，不觉眼泪潸然而下，就好像曹娥的高尚行为历历在目。听《小海唱》这首歌，就好像是伍子胥和屈原站在我们的身旁。”贾充想炫耀自己带来的文武仪仗队，让前来观看的人感到羡慕，因而就向夏统告辞了。下令竖起了赤色大旗，高举各种的仪仗，将骑兵排列成行，队伍肃然侍立。不一会儿，军鼓的号角响声大作，胡葭长鸣，车马涌越，纵横驰骋在大道上，又使歌伎舞女穿着艳丽服装，点缀着耀眼的首饰，密密地绕船之周。夏统端坐如旧，好像是什么也没听见，什么也没看见。贾驻等回去后说：“这个吴国小子是木头人石头心。”夏统回到会稽，最后竟然不知何年何月死于何处。

朱冲，字巨容，是南安人。年轻时即有很高的道德品行，性情安静，清心寡欲，好学但家道贫穷，经常从事农业生产。邻居有人丢失小牛犊，将朱冲的牛犊认作自己丢失的牛犊赶回家。后来在林子里找到自己的牛犊，于是十分惭愧，把朱冲的牛犊赶来还给他，朱冲竟然不再收下。有牛到他的地里吃庄稼，朱冲多次用喂牛的食物给牛吃，而脸上都没有一点不满的神色。那牛的主人十分惭愧，于是不再将牛赶到朱冲的地里去了。

咸宁四年，皇帝征诏他为博士，朱冲借口自己有病没有应诏。不久皇帝又下诏说：“东宫太子的随从官员也应是有最高的道德品质、博通典籍的人，应用朱冲作为太子右庶子。”朱冲每次听说皇帝的诏书到时，就逃到深山里去，当时的人认为他是梁鸿、管宁之流的人物。朱冲所居之地接近少数民族地区，少数民族百姓对待他就像对待国君一样，朱冲也依据礼仪制度对他们进行教导，整个县的风气都十分良好，路不拾遗，村无坏人，毒虫猛兽都没造成灾害。后来高寿而终。

范粲，字承明，是陈留郡外黄县人，汉代莱芜地方官陈丹的孙子。范粲的品行高洁，为人正直，也有陈丹的风格，并博闻强记，掌握了多种学问，每个方面都可作为他人老师，远近的人有许多请他教授，为人不故作庄严矜持，但别人一见到他，都非常尊敬他。魏时州里府里都举荐他做官，但他没有就任。许久以后，才应征做治中一官，后又转任别驾，又被任命为太尉掾、尚书郎，又被派出任征西司马，所任的官职都有良好的反应。

宣帝辅政时，升任武威太守，到任之后，选拔好官员，创办学校，鼓励发展农业生产。当时周边少数民族经常侵扰中原地区，范粲公开设立了防范措施，敌人不敢再来进犯。开辟与西域各国的流通，使得边疆地区战火停息。武威郡土地十分肥沃，富贵人多，珍玩异品到处都是，范粲检敛控制这些方面，抑制了奢华社会风气的形成蔓延。因母亲年老辞官。武威郡以及野蛮的少数民族邻近接壤，范粲因坐守在这一重要的位子上而辞官回家，朝廷十分不满意他，将他降职为乐涫令。

事隔不久，转任他为太宰从事中郎。为母亲守孝时，以最孝的人而著称。守完孝后，又任太宰中郎。齐王萧芳被废黜后，被赶到金墉城，范粲穿白色衣服给他送行，他的行为让左右的人都为之感动。当时景帝辅政，召集官员们开会，范粲又没出席。朝廷因他当时名气很大，就原谅了他。范粲又借口有病，闭门不出。于是皇帝特意下诏任命他为侍中，被特派到雍州。范粲因此只有假装狂颠，不说话，睡在他所乘坐的车子里，脚不落地。子孙总侍奉在旁边，每当碰到娶嫁或者做官等大事，总要悄悄征求范粲意见，他认为可以的就面无表情，认为不行的就坐卧不安，妻子因此可以知道他的意思。

武帝登基后，泰始年间，范粲同郡人孙与当时任太子中庶子一职，上表推荐范粲，赞扬他品行高尚，讲究节操，长期的疾病缠身，应让郡里县里用车子将他运到京城，让皇家施恩于他，赐他医药，如果能逐渐地好起来，一定对朝廷执政有好处。于是皇帝下诏命令郡里县里为他提供医药，又赐给他二千石谷子的俸禄当作养病之资，每年都是这样，还赐给他一百匹布。儿子范乔因父亲病得很重了，就谢绝了，不敢收下，皇帝下诏说不允许不收。太康六年去世，时年八十四岁。他不说话有三十六年，死在他睡的车中。大儿子名范乔。

范乔，字伯孙，二岁时祖父范馨去世，临终时，摸着范乔的头道：“很遗憾看不见你长大成人了。”将自己用过的砚台给了他。五岁时，祖母告诉他这件事，他就拿着砚台哭。九岁入学，在同辈人中，说话从不开玩笑。二十岁时，受业于乐安人蒋国明。济阴人刘公荣有识才的经验，见范乔后，十分器重他。朋友刘彦秋很早就有名气，曾经对人说：“范伯孙这个人沉稳持重，思维缜密，我每次都想挑他的一个错误但始终做不到。”光禄大夫李铨曾经论述杨雄才学比刘向高，范乔认为刘向整理刊定那一时代绝无仅有的书籍，整理各种图书，如果让杨雄来做这些事，也不是他的专长，于是写《刘杨优劣论》，许多文献都没有记载。

范乔爱好学习，不知道疲倦。父亲范粲装疯不说话，范乔与他的两个弟弟都放弃学业，杜绝与社会上的各种人事往来，在家里服侍父亲，直到范粲去世，脚步都没走出过村子。司隶校尉刘毅曾经在朝廷上据理直言说："假如范武威病得不重，就是伯夷、叔齐又活在今天。像这样的诚实和有信念，更是圣主应褒奖的。他的儿子长期地服侍生病的父亲，名声与德行影响都很大，假若不给予表彰和任用，就会被朝廷中爱惜隐士贤人的人讽刺、讥笑。"元康年间，皇帝下诏征求廉洁、谦让、从事低微贫寒之业的人，不考虑经历，让他们参与议政。尚书郎王琨于是举荐范乔说："范乔天性纯真，德行高尚，志向远大，风操高洁，儒家的思想广博精深，深刻地挖掘它的精神实质；生活上安贫乐道，有志于住偏僻的巷子，吃粗疏的饮食而毫无怨言，成年后这种志愿更加坚决，确实是当今的贫寒而且有志气的人，身体力行地起到纠正社会风俗的作用。"当时张华担任司徒，各地所推荐的共有十七人，对范乔都十分称赞。吏部郎郗隆也想要寻求国内的隐居之士，范乔一直隐居避世，直到老年，这时任命他为乐安令，他还借口有病没有赴任。范乔一共一次被推荐为孝廉，八次被推荐去公府做官，两次被选为清白异行，一次被任命为寒素，都没接受。

早先，范乔的同乡人除夕晚上偷砍他家树，有人告诉他，范乔装作没听见，同乡人非常惭愧，就把树还给他。范乔跑去对他说："您过年时缺少柴火，是想和父母一起过愉快的年，有什么惭愧的呢？"他对人的善于理解和引导，就像是这样。外黄县令高额感叹说："士大夫没有不自私的，而且范伯孙和蔼公正，他的名字虽不曾出现在官府的名单上，但这个人的宝贵与特别，现在让人看得更清楚。伟大正确的法则不再存在，但还有仁义的人，确实是这样的啊。"他修身立名，毫无瑕疵污点，让同时代的人佩服得五体投地。元康八年去世，时年七十八岁。

鲁胜，字叔时，是代郡人。年轻时就有才华，风格高尚，任佐著作郎。元康初年，他升任建康令。到任后，著有《正天论》，说："自从冬至后安置仪器，测量日影移动的速度，考察日、月、星的变化。我认为日、月的直径只有一百里，不是一千里，星的直径才十里，不是一百里。"就于是上表要求诸侯王公给予讨论。"如果我说得有道理，应当改正前人失误，还天地星辰以本来面目。如果我的看法得不到验证，那么我甘愿受罚，来表明法律的公正无私。"事情没有回音。曾经年复一年地观察天象，知道将来的变故颇多，于是借口有病辞去了官职。中书令张华派儿遣子去劝他再出来做官，又一次征聘他为博士，推荐他为中书郎，都没就任。

他的文章著述被社会上的人称颂。因遭逢战乱而失传，只有《墨辩》注保存下来的序中讲：

“名”是用来区别异同、明辨是非的，它是道义的分门别类，也是实行政治教化的基本依据。孔子说：“一定要正名，名不正那么事情就不能办成。”墨子著书，作《辩经》来阐明什么是“名”，惠施，公孙龙继承了他的学说，也因辩明什么是“名”而名显于当时。孟子反驳墨子，但他在辨别用语、使用适当言辞这一点则和墨子相同。荀子、庄子等人都责难、批驳名家，但也不能动摇它的理论。

名字所表现的事物一定要有具体形状，但观察它的形状不如辨别颜色，所以有“坚白”的争辩。“名”之间的区别一定是很清楚的，但再清楚也不如“有”和“无”，因此有“无序”之辩。“是”中也有不是，“可”中也有不可，所以叫作“两可”，同中有异，异中有同，这叫作“辩同异”。最同里面就没不同，最异里面就没不异，这统称为“辩同辩异”。因有同异，就生出了是非；因有是非，就生出吉凶，以辩明一个事物的名字就可追究到天下社会风俗的高下，这是辨明名字的最高的目标。

从邓析到秦朝名家，每一代都有文章著述著作，都很难以理解。后代的人就更没传承学习的了。到如今已经五百多年，名家著作也就消失了。《墨辩》分上下经两部分，每《经》都有《说》这部分，共有四篇，和这部书的其他的篇章相连接，于是只有它被保存了下来。现在用《说》来对照、解释它所属的《经》，将各条都附在对应的各章节后，有怀疑的地方就空缺出来。又从其他的著作中摘出有关的条款，汇集成《形》《名》二文，粗略解释一下它们的大意，来等待大家指正。希望有振兴衰微事业、拯救灭绝之物的人，也能以此为乐。

董养，字仲道，是陈留浚仪人。泰始初年到达洛阳，不做官求荣。杨后被废后，董养游历太学，在讲堂上感叹说：“建造这个讲堂，为什么呢？每次翻阅国家赦罪文件，看到谋反、政变的人都会予以宽大处理，杀祖父母、父母的人不予以宽大处理，是因王法不能容忍这样的事。为什么公卿大臣们如此议论朝政、制定法典，天人之理就不讲了，大的灾祸就要来临了。”因为这写《无化论》一文批判这种现象。

永嘉年间，洛城东北的步广里地面下陷，钻出了两只鹅，苍青色的一只飞走，白色的不能飞。董养听说后感叹到：“周代各国的统治者盟会的狄泉，就是这个地方。现在出现两只鹅，苍青色代表匈奴等少数民族，白色代表我们的国家，后事就尽在不言中了。”回头对谢鲲、阮孚说：“《周易》上说能辨明事物征兆的就是神，你们可隐姓埋名地躲藏起来了。”于是与妻子挑着担子去了蜀地，没人知道他最后死在什么地方。

霍原，字休明，是燕国广阳人。他年轻时刚强有志气，叔父因为犯法将被判处死刑，霍原到狱中去申辩，遭受刑罚，终使叔父得以免罪。十八岁时，观看太学举行的礼节仪式，因而就留在太学中学习。贵族子弟听说他来学习，非常器重他，想见见他，因为他出身低微，名气不大，不想白天去，而是一起晚上到他那里。父亲的朋友同郡人刘岱要举荐他，还未举荐自己就病重，临终时对他的儿子刘沈说：“霍原向往高尚正义，清虚自守，将成为独特的人才，你以后一定要举荐他。”后来霍原回到了乡里。高阳人许猛一向很佩服他，正好碰上任幽州刺史，将去拜访他。主簿拦住车子说车子不能走出幽州地界，许猛只好叹息着遗憾地停了下来。

霍原在山里住了许多年，有门徒百多人。燕王每个月都要送酒肉礼品给他。元康年间，刘沈担任国大中正时，上书推荐霍原升任二品官员，司徒不同意，刘沈于是就上表据理力争。皇帝下诏告令司徒参与讨论，结果中书监张华命令陈准提升议任他为上品官员，皇帝下诏说可以。元康末年，霍原与王褒等都因贤良被征召，诏书多次下发到郡县，郡县按礼节发送派，都没有赴任。后来王浚想谋反，使人来向霍原谘询，霍原没有回答，王浚耿耿于怀。又有辽东闪犯三百多人，凭据有利地理位置，依山为寇，想将霍原劫持去作为首领，也没办到。当时有一首谣谚说：“天子在什么地方？近在附近豆田中。”王浚认为“豆”就是指“霍”，逮捕霍原，把他杀了，将他的头悬挂起来。他的门徒痛哭不止，半夜时将他的尸体偷来，偷偷地埋掉。远近的人都十分震惊，没有人不觉得他冤枉，为他而感到痛惜。

鲁褒，字元道，是南阳人。博学多闻，不愿意做官，甘心过贫困的生活。元康之后，政府崩溃，法律典章荡然无存，鲁褒为时风贪婪败坏感到悲哀，隐姓埋名，写《钱神论》一文来讽刺社会的贪婪现象。大意是：

钱的形状，就有乾坤之象，里面方，外面圆，将它堆积起来就像山一样，一旦流通就像水一样。它有时动有时静，有时通行，有时被人收藏，方便买卖交易，而它自己却不怕有所损耗。长期地使用，不乏来源。所以能生命长久，被社会上的人看作宝贝。对它的感情犹如兄长，将它叫作“孔方”兄。失去它就会贫穷孤弱，得到它就会富硕昌盛。它没有羽翼而能飞，没有脚腿而能走，它能让生活窘迫的人露出笑容，让处境困难的人开口说话。钱多的人处处向前，钱少的人裹足退后。向前的人成官长，退后的人则成奴仆。官长们越来越富，奴仆则越来越穷。《诗经》上说：“多么欢乐啊，有钱人；多么可怜啊，孤独者们。”

钱即是泉，再远地方也能去，再深的地方也能到。京城的衣冠人士，疲劳在讲坛上，已经讨厌再听那些清谈，听到了它就昏昏欲睡。但一见“孔方”兄，没有人不立刻惊醒。在钱的保佑下，没不吉利的事，何必一定要先读书，而后才能富贵呢？以前吕公对着空口许诺就满心欢喜，汉高祖略施小利就降服他，文君脱去布衣衫，披上绫凤绸缎，相如乘上大马高车，解下犊鼻之绳。他们官高位尊，名声显赫，这都得力于钱的力量。空口许诺是最虚的，但却有实际的结果；小利虽小，却可形成亲密的关系。从这一点来看，就可把钱看作神物，没有德行却受到尊敬，没势力却炙手可热，能够推开官府大门，进入皇帝宫殿。危险可以使之安全，死人可使他变活，富贵的人可使他贫贱，活着的人可使他死去。因此官司诉讼没有钱不能赢，纷乱纠葛没钱解不开，冤家仇人没钱不会和解，就是有好名声，没有钱也传不开。

洛城中的公子王孙，达官贵人，喜爱“孔方”兄，没止境。拉着“孔方”兄的手，紧紧抱着它，不计较它磨损，也不管它使用年限，总是有那么多人向往它，想要拥有它。谚语说：“钱没耳朵，但它能使唤鬼神。”但凡现在的人，只想钱而已。所以有人说军队没钱，召不来兵；打仗没赏赐，战士不会冲锋向前。做官的人没有人举荐介绍，不如干脆回家种田；即使有推荐介绍的人，但没钱，和没有翅膀而想飞，没有腿脚而想走没两样，是根本行不通的。

愤世嫉俗的人一同传诵他的文章。

鲁褒没做官，没人知道他死在什么地方。

任旭，字次龙，是临海章安人。父亲任访，是吴南海的太守。任旭幼年丧父，身体羸弱，儿时勤奋学习。长大成人后，志向远大，清正廉洁，不同流合污，同乡的人都推重并且爱护他。郡将蒋秀很器重他的名声，请他出任功曹。蒋秀为官贪赃污秽，经常不守法纪，任旭严肃地劝止他。蒋秀不接受他的意见，任旭辞官离去，在家中闭门讲学，修身养性。很久之后，蒋秀由于犯事被捕，任旭非常狼狈地去给他送行，蒋秀感慨道："任功曹是一个真正的好人，我违背他所提的意见，所以到今天这个地步，还有什么可说的呢？"不久后又被举荐为孝廉，任命为郎中，州郡提拔他为郡中正，他坚决地推辞回到家里。

永康初年，惠帝广求清正廉洁的人，太守仇馥推荐了任旭，说他清贞洁素，学识广博，诏书命令州郡按礼节发送派遣。任旭认为朝政的变化多端，志趣趋向隐遁，所以借口有病没应征。不久天下大乱，陈敏叛变，江东名豪都受到牵连，只有任旭与贺循意志坚定，陈敏最终也没能使他们屈服。

元帝刚刚镇守江东时，听说他的大名，就征召他担任参军，亲自写信给他，想让他一定到任，任旭借口有病坚决地推辞。后元帝升任镇东大将军，又征召他；到任左丞相时提拔他担任祭酒，都没有就任。晋中兴后，官府派遣公车征召他出山，恰逢他母亲去世。这时司空王导创立学校，选拔天下通晓经典的人，任旭与会稽人虞喜都因为具有隐居避世的思想而被征召，事情还没办妥，恰逢王敦叛乱，不久元帝驾崩，这件事情就被耽搁下来。

明帝即位，又征召提拔他担任给事中，任旭说自己病重，一年不到任，尚书因他办事拖拉把他除名，仆射荀崧认为这样做不行。太宁末年，明帝又下诏准备礼物去征召任旭，诏书才下，明帝又驾崩了。任旭于咸和二年去世，太守冯怀上书认为应追赠他为九列，碰到苏峻作乱，这件事也没办成。任旭的儿子任琚，做官做到大宗正，最后死在家中。

郭文，字文举，是河内郡轵县人。年轻的时候热爱自然山水，崇尚避世隐居。十三岁时，每次游历山水，都流连忘返，十多天不回来。父母去世后，服孝完毕，不结婚，离家而去，游历名山大川，经过华荫山时，观赏考察石室中的石函。洛阳陷落，他挑着担子进入吴兴余杭大辟山中没有人烟的地方，把木头斜靠在大树上，上面盖草垫子，就住在那里，四周也没有墙壁。当时常有猛兽作乱，进入住宅伤害人类，但郭文在这样的条件下一个人住十年，竟没遭到祸患。他总是穿着鹿皮的衣服，头上包着葛布巾，不喝酒不吃肉，开垦出一些土地，种点豆子与小麦。采摘竹叶和树上果实，换些盐来供自己生活。有的人给他很低的价钱，他也就换给他。后来人们认识了解郭文，就不再给他很低的价钱了。他除吃饭之外还有些剩余的谷物，总是救济贫穷的人。别人送东西给他，他也总是接受一点不太好的，来表示不拂人家的好意。有一次，一头猛兽在他的小屋旁边咬死一只大麋鹿，郭文告诉别人，他们将它拿去卖，分了一些钱给郭文。郭文说："我如果需要钱，就会自己去卖。之所以告诉你们，正是因我不需要钱。"听说的人心里都非常感慨。曾经有猛兽向着郭文忽然张大口，郭文看它口中有一根横着的骨头，于是伸手进去将它拿掉了。猛兽第二天早晨放一头鹿在郭文的小屋前面，作为报答。打猎人经常到郭文那儿寄宿，郭文夜里为他们挑水，脸上毫无厌倦之色。

余杭令顾飏与葛洪一起拜访他，带他一起回来。顾飏认为他走山路也许需皮袄，赠给他熟皮制成的皮袄一件。郭文没要，辞别了他们，回到山中。顾飏派手下人追上他，将衣服放在了他的小屋中，郭文没有说什么，这件皮衣竟烂在小屋中，郭文最终也没有穿。

王导听说他的大名，派人去迎接他，郭文不肯坐车船，而是挑着担子自己走。到后，王导将他安置在西园内，园中果树成林，又有鸟兽麋鹿，所以让郭文住在那里。朝中的官员都跑去看他，郭文没精打采伸腿坐着，旁若无人。温峤曾经问郭文说："人人都有亲戚朋友来往，以此为乐，先生您抛弃他们，有什么快乐呢？"郭文说："本想要学道成仙的，没想到碰到了动荡的时代，要想回去也没办法，所以只好这样。"又问他说："饿了就想吃饭，年纪大了就想成家，这是自然而然的，先生怎能单单没有这些欲望呢？"郭文说："欲望是由于人们老去想而产生的，不想也就没有欲望。"又问他："先生一个人住在深山中，如果碰上生病送命，就会被乌鸦鸟兽吃掉，难道不残酷吗？"郭文说："埋葬在地下的人也是被蚂蚁吃掉，有什么两样。"又问他："猛兽是要伤害人类，世上的人都很害怕，先生您偏偏不怕吗？"郭文说："人如果没有害兽的心思，兽自然也不会害人。"又问他："如果社会不安宁，人们也不得安身。现在将请您出仕做官来济时匡政，怎么样？"郭文说："山野草莽之人，怎么能辅佐朝政。"王导曾经会集各位宾客，歌舞宴会，试让人去请郭文来。郭文目不斜视，两眼直瞪瞪地向前，走在华丽的殿堂犹如穿行在山间的荒野。当时在座的人都说些试探性的意味深长的话，郭文经常表示不知道他们说的是什么意思。他的想法非常深奥奇特，没人能够探测出来。温峤曾经评论说："郭文有贤人的本性，但却没有贤人的才能，应当居于柳下、梁踦之下！"永昌年间，瘟疫流行，郭文也病得很重。王导送药给他，郭文说："命在天，不在药。寿命的长短，是时间管着的。"

住在王导的西园中七年，没出来过。一天早晨，忽然要回到山里去，王导没同意。后来他逃跑了，回到临安，在山里盖房子住下。临安令万宠把他接去县里。苏峻谋反时，攻破了余杭，但临安独得保全，别人认为他能知晓天意。从此以后不再说话，仅用手势表达意思。病重时，要求回到山里，想要把自己的尸体安放在石头上，不叫人埋葬，万宠没同意。不吃东西二十多天，也不见瘦。万宠问："先生还能有几天？"郭文举三次手，果然于十五号去世。万宠将他葬在他的房子旁边，祭祀祷念他。葛洪、庾阐都为他作过传，来赞颂他的美德。

龚壮，字子玮，是巴西人。廉洁自守，与同乡人谯秀齐名。父亲与叔叔被李特残害，龚壮多年都没除去丧服，势单力薄不能够复仇。李寿戍守汉中，与李期有矛盾，李期即是李特的孙子。龚壮想以李寿之手报仇。于是就劝说李寿说："阁下如果能够吞并向西的土地，听命于晋，百姓一定乐于您这样做。并舍小利得大利，用危险换得安全，这是最上策了。"李寿同意他的建议，于是率军队讨伐李期，果然攻克他。李寿仍任原职，想让龚壮做官，龚壮誓死不出仕为官，也没接受任何给他的贿赂、馈赠。恰逢久雨成涝，百姓饥饿不堪，龚壮上书劝李寿归顺朝廷，赢得朝廷欢心，满足百姓的心愿，永远成为朝廷藩国，造福后代子孙。李寿看了上书后内心非常愧疚，藏在心里没说。于是派人出使少数民族部落，龚壮知道后劝止他不要这样做，李寿又没采纳他的意见。龚壮认为万物之本没比忠、孝更大的，既已假手李寿杀李期，报私仇，于父亲、叔叔已经尽孝；又想使李寿归顺朝廷，以尽臣职，于国尽忠。李寿既没有听从自己的建议，龚壮只好声称自己已耳聋，又说手也拿不得东西，终身没再去成都，只是研究考释经典，思考文章辞意，到李势执政时去世。

早先，龚壮经常叹息说中原人多通经学，而巴、蜀人十分粗鄙浅陋，加上碰到李氏的灾难，没收有学生，著有《迈德论》，史书大都没有记载。

孟陋，字少孤，是武昌人，吴司空孟宗的曾孙。哥哥孟嘉，是桓温的征西长史。孟陋年轻时就清白地做人，品格高尚，穿的是布衣，吃的是粗食，用读书自娱。从来不谈论社会上的事，也不与官场人物结交往来。有时去钓鱼，也一人前往，连家里的人也不知到他到哪里去。母亲去世后，他十分悲哀，身体几乎完全垮掉，有十多年不喝酒不吃肉。同族的亲友反复对他说："少孤！谁没父母？谁都有父母。圣人制定丧礼制度，是要让贤孝的人随便守一下孝，让不孝的人努力遵守它。如果你身体垮了，没有后代，这样反而不孝了。”孟陋听了这番话，有些醒悟，而后才慢慢地好起来。由于这件事，孟陋名扬天下。

简文帝辅政后，任命他为参军。他借口有病，没赴任。桓温亲自前往访问他。有人对桓温说：“孟陋的品行高洁，学识上是儒学大师，应把他召进朝廷，让他发挥良好的作用。”桓温叹息说：“会稽王尚不能让他屈就，更不敢指望他会参与议政了。”孟陋听后说：“桓公正猜着我不出去的原因。天下万人，十分之九不当官，他们哪能都是高士呢？我是有病，不敢赴命应召，不是以高士自居。”因为这个原因，名声更大。

他博学多闻，对于许多经籍都很精通，特别长于《三礼》，为《论语》作注通行于世。后高龄而逝。

韩绩，字兴齐，是广陵人。他的祖先因为避乱迁居到吴郡嘉兴。父亲韩建，在吴做官，位至大鸿胪。韩绩年轻的时候喜爱文学，奉行潜处退让哲学，穿着粗衣吃蔬食，不和达官贵人结交往来。因为这个原因，东部地区的百姓都很尊敬他。司徒王导听说他的名声，提拔任命他为掾，他没就任。咸康末年，会稽内史孔愉上书推荐他，皇帝下诏准备舒适车子带上礼物征召他进京。尚书令诸葛恢上书说韩绩名声还不算大，不宜如此礼遇。于是就下诏任他为博士。他借口年老体弱没应召，死于家中。

当时高密人刘鲕，字长鱼；城阳人邴郁，字弘文，都非常出名。刘鲕幼年时就不羡慕社会上的东西，成年后希望能向古人看齐，刻苦地学习，认真地做事，良好的风范影响当地人民。邴郁，是魏国不受皇帝征召之人邴原的曾孙，他年轻时就有其曾祖的风范，为人廉洁，行为检点，口不乱说，耳不乱听。彬彬有礼，行动大方得体。咸康年间，成帝广求有突出建树的人，刘鲕、邴郁被官员们举荐，于是依据韩绩与翟汤等人的惯例，按博士征召他们。邴郁借口有病，刘鲕随从使者来到京城，亲自向皇帝陈述年纪已大，没应征。二人均寿终正寝。

谯秀，字元彦，巴西人。祖父谯周，因通晓儒学著称，在蜀朝名声显赫。谯秀年轻时即沉默寡言，不与社会上的人来往，知道天下不久会大乱，就提前断绝任何的人事往来，即使是本家与母亲家族的人，也不见。郡里察访他为孝廉，州里举他为秀才，都不就任。李雄攻占蜀国后，占有巴西地区，李雄的叔父李骧、李骧的儿子李寿都很仰慕谯秀其人，都准备了礼物与乘坐舒适的车子征召他。他都没有应召。经常戴着皮帽子，穿着破衣服，亲自在山间草泽中耕种，龚壮经常为他感到叹息。桓温灭蜀后，上疏推荐他，朝廷认为谯秀年纪已大了，加上路又远，所以没征召他，派使者传达所在地区每年四季前去慰问他。不久范贡、萧敬相继叛乱，谯秀因避难去宕渠，乡里同族一百多人因要依靠他，跟他前往。谯秀八十多岁，别人想替他挑担子，谯秀说："各家都有年纪大的以及身体差的人，你们应首先照顾自己的家人。我力气仍然足以生活自理，那能够让我以垂朽之年连累你们各位呢？"九十多岁去世。

翟汤，字道深，是寻阳人。他为人厚道纯朴，仁慈廉洁，对社会上的事不屑一顾，亲自种田，而后吃饭，其他人如有馈赠，哪怕东西再小，也不肯接受。永嘉末年，寇贼蜂起，听说翟汤的名声和德行，都不敢冒犯他，同乡的人依赖他而得平安无事。

司徒王导提拔他做官，没答应。隐居在县境的边界南山。始安太守干宝与翟汤为通家之好，派船送东西给他，对跟船的小官吏说："翟公廉洁、谦让，你将信交给他后，将船留下就走。"翟汤没人可以派来把船还给干宝，于是只买些丝绸织物，让人带给干宝。干宝本是想让他得些实惠，没想到反而给他添麻烦。更加惭愧和感慨。咸康年间，征西大将军庚亮上书举荐他，成帝征召他为国子博士，翟汤没应征。建元初年，安西将军庚翼北征石季龙，大量地征调奴仆充军，告诉具体地经办人员免除翟汤应输送的奴仆。翟汤把他的奴仆都交给乡里官员，这些官员接到了上级指示一个也不接受，翟汤依据他所征调的限额，解放他的奴仆，让他们自己组织起来成为了普通百姓。康帝又以散骑常侍的位置征召翟汤，翟汤以自己年老多病为借口，坚决地推辞。七十三岁时死在家中。

翟汤儿子翟庄，字祖休。年轻时就因孝悌友善著名。遵奉翟汤的风格情操，亲自耕种，而后吃饭，说话从不涉及庸俗事，平时所做的事只有钓鱼。成年后，不再打猎。有的人问："钓鱼与打猎同是伤害生命的事，而先生您只去掉其中的一样，这是为什么呢？"翟庄说："打猎行为由我发生，钓鱼行为由鱼饵发出，不能够都去掉，所以先去掉那个伤害行为厉害的。况且鱼是贪吃鱼饵而吞钩子的，责任怎么在我呢！"当时的人认为他很会说话。晚年时也不再钓鱼，端端正正坐在竹编的门旁边，吃着豆喝着水。州府很郑重地任命他，用官车来征召他，都没就任。五十六年时去世。

他的儿子翟矫也有高尚情操，多次谢绝提拔任命。翟矫儿子翟法赐，孝武帝征召他为散骑郎，也没就任。社会上传说他也有隐者的道德品行。

郭翻，字长翔，武昌人。他的伯父郭讷，任广州刺史。他父亲郭察，是安城太守。郭翻少年时就有高尚的志气和节操，谢绝州郡的提拔，不愿被推选为孝廉秀才。在临川安家，不和官场上的人来往，只以钓鱼打猎为乐。生活十分贫困，没正式职业，想要开垦荒地，先插标志说明，一年后没人来认这块土地，郭翻才开垦耕种。稻子快熟时，有一个人来说这块地是他的，郭翻把快熟的稻子都给他。县令听说后责问那个人，将稻子还给郭翻，郭翻不再接收。曾经乘车出去打猎，离家百余里远，途中碰到了生病的人，把车子送给他，自己却步行回来。他打得的鱼和打得的野兽，如果有人要买，就送给他，分文不取，也不告诉他自己的姓名。因为这些事情，老百姓都非常敬重他。

和翟汤一起被庚亮推荐，官车征召为博士，没就任。咸康末年，乘小船暂时地回到武昌给父母、亲属上坟，安西将军庚翼以皇帝舅舅的身份，亲自去拜访郭翻，想强迫他出来做官。郭翻说："人的性格各有不足，哪里是可强逼的！"庚翼因他的船又小又窄，想让他坐大船。郭翻说："您不因它鄙陋微贱而亲临它，它本就是山野之人的船啊。"庚翼躬着腰进到小船之中，整整一天才离开。

曾经把刀掉在水里，有一个过路的人帮他捞起来，他因为这就把刀送给那个人。那个过路的人不要，坚决推辞，郭翻说："假如刚才你不将它捞起来，我怎能得到它！"过路人说："我如果要这把刀，将被天地鬼神所责备。"郭翻知道他最终不肯要，又把刀沉到水里。过路人非常遗憾，又跳入水中捞起了这把刀。郭翻于是不拂他的好意，收下这把刀，并给他十倍于刀的钱。他廉洁而不愿接受别人的恩惠就如这样。死在家中。

辛谧，字叔重，是陕西狄道人。父亲辛怡，是幽州的刺史，社会上的名门望族。辛谧年轻时就有大志，博学多闻，善于作文，擅长草书、隶书，他的墨迹被认为是当时楷模。性格恬静，不乱交际。被征召担任太子舍人、诸王文学，屡征不应。永嘉末年，任命辛谧为散骑常侍，抚慰关中。辛谧因知道洛阳将要陷落，所以才应征。刘聪攻陷长安后，任命他为太中大夫，坚决地推辞，没接受。又经历石勒、季龙统治的时代，都没应召赴命。虽生活在丧乱之中，但超然独立，视荣利如同粪土。

冉闵篡夺皇位后，又准备礼物征召他为太常，辛谧给他写信道："以前许由谢绝帝尧的封官许愿，而尧将天下让给他，是帮助显示他清高的节操；伯夷离开自己的国家，介子推逃避帝王赏赐，都名垂青史，万世流芳。

这些都是避世隐居永不回头的人。但贤人君子即使是位居高贵显职，也和隐居山林没两样，这就是明白事物本性的奥妙，哪知道这一点的人呢！所以不被祸患困扰的人，不是因逃避它，而是因潜心静志、清虚自守而善于应付它。我辛谧听说事物到极限就会发生变化，比如说冬天向夏天的转化；到最高点也就十分危险，比如说将棋子垒得非常高就会坍塌。君王的大业已成功，还长时间地与他相处，这就不是顾全性命、远离危险的处理办法。应借着事业的成功，安心臣服于当朝，并一定要有许由、伯夷的廉洁谦让、与世无争，才能享有古代仙人王子乔和赤松子的高寿，永远作为君王的助手，这难道不是很好吗？”因不吃东西而死亡。

刘𬴂之，字子骥，是南阳人，是光禄大夫刘耽的本家。刘𬴂之年轻时就崇尚朴素，清心寡欲，退让谦虚，不修边幅，没什么名气。喜欢游历自然山水，有志于隐居避世，曾经因为采药到了衡山，进入大山的深处忘记返回，看见一溪泉水，水南边有两个石头垒成的园仓，一个门开着，一个门关着，溪水非常深，水面又宽，过不去。想原路返回，迷失道路，碰到砍伐树木做弓箭的人，问他怎么走，才得以回到家里。有人说石仓里都是灵丹妙药等，𬴂之想要再一次去看看它，最终也没搞清它的方位。

车骑将军桓冲听说他的名声，请他出任长史，他坚决地推辞，不肯接受。桓冲曾经到他的家里，他正在给树修剪枝叶，使者传达桓冲的到来及问候，刘𬴂之说：“您既肯委屈地到我家来，应先去拜望家父。”桓冲听说后十分惭愧，于是去拜望他的父亲。他父亲让𬴂之回来，𬴂之这才回到了家里，掸着短袄上的尘土与桓冲说话。父亲让𬴂之亲自从屋里拿出浊酒与蔬菜给宾客们吃喝，桓冲让人代替𬴂之给客人们斟酒，𬴂之的父亲推辞说：“让手下人斟酒，不合我这山野之人的心意。”桓冲十分感慨，到黄昏时才告辞返回。

𬴂之虽出身于名门望族，但对普通老百姓也很讲信用，凡是和他相熟的人家里结婚送葬，他都亲自到场。住在阳岐时，刚好住在官道旁边，人来人往，没有不在他那里歇脚投宿的。𬴂之总是亲自提供饮食，安排住宿，有自知之明的人认为他很辛苦，反而害怕经过他家的门口。凡别人送给他的东西，都不接受。离𬴂之家一百多里的地方，有一位孤老奶奶，病得快要死掉了，叹息着对别人说：“谁将安葬我呢？只有刘长史了。怎样才能让他知道我就要死了呢？”𬴂之早先就听说她有病，因此就去探望她，恰好碰上她去世，于是亲自置办棺材安葬她。他就是这样具有仁爱恻隐之心。后高龄而终。

索袭，字伟祖，是敦煌人。虚心，清静好学。州郡任命，推举他为孝廉、贤良方正，他都借口有病，一一辞谢。自己则潜心地研究阴阳方术，著有十多篇天文、地理方面的文章，颇有启发。不与社会交往，经常自言自语，或者长吁短叹、涕哭流泪，有时问他，也不答话。

张茂执政时，敦煌太守阴澹，觉得索袭为人奇异，特去拜访他，逗留一整天。出来，叹息说："索先生德高望重，是有名的儒者，真可以向他请教大道理。"阴澹将要举行乡射之礼，打算聘请索袭担任三老。对他说："当今四方宁静，将举行乡射礼。先生年高望重，道德是当今之冠，尊老养老，实在应当是您这样的贤德儒者。不是梧桐树，却希望有鸾凤落下翅膀；谢曹公而盼望盖公驾到，实在不是这样。但至圣如孔夫子，有邀请，他也去；大德如孟夫子，有聘请，他也到。都是为弘扬大道啊！现在委屈你，是为尊崇道义教化，不是做官。想你或许可以答应吧。"后来，索袭病逝，时年七十九岁。阴澹穿上了素衣，参加葬礼，赠送银钱二万。他说："人们有余的是富贵，眼睛想看的是五色，耳朵想听的是五音。而索先生抛弃众人所要的，要了众人所抛弃的。品味无味的事物于恍恍惚惚之时，兼有玄妙于众多奥妙之中。住宅不到一亩，却志在九洲，身居尘俗中，却心栖息在天外。就是高人逸士如黔娄、庄生，都不及他啊！"赠谥号"玄居先生"。

杨轲，天水郡人。年轻时喜欢研究《周易》，成年后没结婚，学业精微，有学生数百人，经常吃粗疏的食物，喝冷水，穿粗布衣服与破麻絮做的袍子，别人都不能忍受这样的遭遇，而杨轲却不以为耻，悠然自得，和那些不了解他行为怪僻的人从不来往。即使是跟着他学习的学生，如果不是很有成就的入室弟子，也不能亲口跟他说话。想要教授什么东西，一定要旁边没其他人时，才教给他的入室弟子，让他们一个一个地递相传授。

刘曜篡皇位后，征召任命他为太常，杨轲坚决地推辞，没有应从，刘曜由于对他的尊敬而没强迫他，于是杨轲隐居去陇山。刘曜后来被石勒擒获，秦地的人向东迁徙，杨轲留在了长安。石季龙登上皇位，准备专门征召隐士的礼物和舒适的车子去召他出来做官，他借口有病，没出山。使者强迫他出来，他才上车。看见石季龙后，没有向他行礼，石季龙跟他说话，他也不搭腔。石季龙下令让他住永昌的官第中。分管人员因为杨轲非常粗野傲慢。请求上司按“大不敬”的罪行处罚他，季龙没同意，下令说杨轲想干什么就让他干什么。

杨轲住在永昌，石季龙每次送东西给他，他都口授感谢信，让弟子记下来作为感谢。文辞总是非常美，看到的人都很佩服他的水平高。石季龙想察访他的真正的兴趣所在，就偷偷命令美女在半夜里去打动他，他果然不为所惑，非常严肃，不予理睬。又让人把他的学生们都带走，派强壮的羯族武士穿上盔甲拿刀对着他，并偷走他的衣服。杨轲看着这一切不发一言，一点也不害怕。经常躺在泥土垒成的床上，盖着布被子，赤裸着睡中间，下面也没有垫絮。颍川人荀铺，是一位好奇的人，到杨轲那儿和他谈经，杨轲闭着眼睛不予回答。荀铺掀开杨轲的被子，露出他的身体，狠狠地嘲笑他。杨轲的神情仍很安然，没有丝毫惊奇、发怒的样子。当时的人都认为他是隐者焦先的徒弟，没人能估量出他的肚识的深浅。

后来上书皇帝陈述自己的思乡之情，要求允许他回到老家去，石季龙用舒适的、用蒲草包着车轮的车子给他送行，免除十户农民的租税，让他们负责供应杨轲的生活必需品。自从回到秦州，仍然教授学生，从没停止。后来秦人向西逃跑到凉州，杨轲的学生用牛车载着他逃跑，被戍守的军队追赶上，抓住，并被他们杀害。

张忠，字巨和，是中山人。永嘉政变时，去往泰山隐居。性格恬静，清心寡欲，主张清虚自守，吃灵芝服丹石，修炼导养之法。冬天穿着乱麻作为絮的袍子，夏天用绳子系布衫，端然拱立如尸体，一动不动。没弹琴读书的爱好，也不研究经书典籍，宣扬主张仅以“虚无”为根本。他的住处是依崇岩幽谷的地势，凿地为窟。弟子也住在山洞，住处离张忠六十余步远，五天去朝拜他一次。他的教法是不用言语而是用形体来说话，弟子跟随着他学习，观看过他的形体变化就退下来。他在他居住的洞顶上放一个道坛，自己每天都要祭拜。吃饭用瓦器，锅用石头凿成。左右邻居送他衣服食物，他都没接受。喜欢多事的年轻人问他水涝旱灾的征兆是什么，他说：“上天不说话，但四季照样运行，万物依然生长，阴阳历像这类事情不是深山中一个贫民老头子所能知道的。”他打发外面的人，都像这个样子。年龄七八十了，视力和听觉却一点儿也没有减退。

苻坚派人去征召他。使者到时，张忠才洗完澡起来，对弟子说：“我没几年活了，不能够违背当今君主的意志。”洗完澡就上车。到长安，苻坚赐给他帽子和衣服，他推辞说：“年老体衰，头发也掉了，已经不能穿朝服、戴朝冠，还是请允许我穿便服入朝觐见吧。”苻坚同意他的请求。到觐见时，苻坚对他说：“先生您在深山老林里隐居，研究探索道义思想，独善其身有余，兼济天下却不足。因此老远地委屈先生您来，将像周武王尊敬吕尚一样，把您也看作可尊敬的父辈。”张忠说：“以前因为战争动乱，我隐居在泰山，和鸟兽做朋友，以保全我不长久的性命。现在碰到君主贤明如同尧舜的时代，心里想着一定要博取君主欢心。但年龄大了，意志也消沉了，不能再尽忠效力了，‘尚父’的比喻，我是不敢这么想的。我生性喜欢住在山里，把感情都倾注在悬崖和山谷之间，请求您赐还我剩下的年月，让我回去，死在泰山。”苻坚就用舒适的车子给他送行。车到华山时，他叹息着说：“我是东岳泰山的道士，却将要死在西岳华山，这是命啊，有何办法呢！”走五十里路，在将出关时死去。使者骑马飞驰告诉苻坚，苻坚派黄门郎韦华拿着帝王信物予以吊唁，用丰盛的礼品祭祀他，宣扬他，赐给他官服。赠给他的谥号是“安道先生”。

宋纤，字令艾，是敦煌效谷人。年轻时就有远大的志向，沉静安详，不和社会人士交往，隐居在酒泉的南山。学习研究经纬之学，有弟子三千多人跟随他学习。不响应州郡的提拔任命，只与阴颙、齐好打交道。张祚当权时，太守杨宣将他的像画在家里小门上，进出都看着他，并赞颂道：“他头枕何处的石头？洗漱在哪一条河流？他的形体不能看见，名声也不能寻求。”酒泉太守马岌，是一位高尚的人，带着大队人马和仪仗，敲打着锣鼓，去拜访他。宋纤躲在高楼顶层，远离他们，不愿与他们相见。马岌叹息地说：“他的名字可听说，但身体却不能够见到，高尚的品德可景仰，但风采却不可目睹。我从今以后知道先生是人群中的蛟龙了。”在石壁上刻诗说：“红色的山崖深百丈，青色的峭壁高万尺。奇特的树木郁郁葱葱，茂盛好像邓林。那人的品质如白玉，是国家的宝贵的人才。他的住处这么近人却那么远，实在让我心中挂念。”

宋纤给《论语》作注，写有数万字的诗歌颂词。八十岁了，还仍坚持学习，毫不怠倦。张祚后来派遣使者张兴带礼物召他去做太子友，张兴强迫他，反复与他讲道理，要他应征。宋纤长叹说：“道德品质比不上庄生，才能不如干木，怎敢违抗群主的命令。”于是随张兴一起到姑臧。张祚派他的太子和以挚友的身份去拜访他，宋纤说有病而不见他，馈赠的东西一概不收。不久升任为太子太傅。很快宋纤给皇帝上书说：“我的生性不合世俗的礼仪，内心羡慕向往蛮荒远古，活着不因为活着而欣喜，死了不因为死去而悲伤。早就写有遗嘱，告诉诸位的亲朋好友，在山就停在山里，临水就投进水中。放在沼泽地上就会露出形体，在有人居位的地方就埋进了土里。既不要告诉我家人，也不要写信给他们。现在就是我要死的时候，请您满足我的心愿。”于是不食而死，时年八十二岁，赠给他谥号“玄虚先生”。

郭瑀，字元瑜，是敦煌人。年轻时就有超尘脱俗的情操，向东游历到张掖一带，拜郭荷为师，都继承了他的事业。精通经文辞义，善于争辩谈论，多才多艺，会写文章。郭荷去世，郭瑀认为是父亲生他，老师培养他，君王给他地位，但依据五服服丧制度，为教师服丧是不够重的，这大概是圣人谦虚，于是就穿丧服中最重的斩衰，墓旁筑庐守灵三年，丧礼完毕后，隐居在临松薤谷，凿石洞居住，吃柏树果实来使身体变轻，著有《春秋墨说》《孝经错纬》，知道姓名的弟子有一千多人。

张天锡派遣使者孟公明带帝王的信物与探望隐士的礼物，驾驶装有蒲轮的舒适的车子征召他出山，给他写信道：“先生的光焰被深深地埋没，却胸怀真诚，志气超远，心情与最高的境界一样良好，兴趣与四季更迭一样变化无穷，哪里知道老百姓生活在水深火热之中，天下等待救世主的出现。我勉强趁着时运，担负主理国家的大业，想与你们这些贤明君子一起将国家治理好。以前傅说在殷朝像龙一般翱翔，尚父在周朝像鹰一样飞扬，孔子的车不敢停下，墨子要出发等不到天明，都由于老百姓处于灾祸之中，不能不去相救。君主不能够遗世独立，大业是由众人去完成的。何况现在天下被少数民族所霸占，两个都城也成为少数民族的巢穴，天子避难江东，名流也散失在少数民族的人群中，灾难之深重，自开天辟地以来闻所未闻。先生怀有匡经济世的才能，却坐在一边旁观而不相救，对老百姓不尽仁智，我私下里感到不明白。所以派使者前来，空出了重要的位子，引领盼望先生到来，愿先生能顾惜我们的国家。”孟公明到山里，郭瑀指着翱翔的飞鸿对他说：“这种鸟，怎么能够将它装进笼子呢？”于是远远地逃匿，灭绝行踪。孟公明逮捕了他的门生，郭顼叹息说：“我是逃避俸禄官爵，不是因有罪才逃避，哪能够因为避世隐居，施行大义，反而害门人。”于是出来应征。到姑臧时，恰逢张天锡的母亲去世，郭瑀束起头发去吊唁，拜三拜就出来了，回到南山。

张天锡被废黜后，苻坚又用舒适的车子征召郭瑀出山，帮国家制定礼仪制度，正好碰上他父亲去世，这件事没施行。太守辛章派书生三百人跟着他学习。到苻坚末年，略阳王穆在酒泉起兵造反，来响应张大豫，派人去请郭瑀。郭瑀叹息道：“站在河边，拯救落水的人，也不管自己的生命有没有危险；病了三年的人，也不知道哪天就不行了；鲁仲连在赵国，为正义不惜据理力争，何况人民即将被少数民族统治者蹂躏，哪能够不拯救他们呢？”于是和敦煌人索嘏一起带领五千人起义，运粮三万石，来响应东边的王穆。王穆任命郭瑀为太府左长史以及军师将军。他虽身居要职，但嘴里总是念念不忘黄帝与老子，希望事业能成功、天下安定后，仍隐居，追寻伯成的遗踪。

王穆受挑拨离间，向西讨伐索嘏，郭瑀劝阻说：“以前汉代安定天下，而后就讨伐有功之臣。现在事业还没成功就杀掉他们，马上就可看见麋鹿野兽在现在朝廷所在的这个地方游荡。”王穆不听他的劝阻。郭瑀出城门大哭不止。挥手告别城门说：“我再也见不到你了。”回去后用被子盖住脸，不和人说话，七天不吃东西，有病回到乡里，早晚只求快死。夜里梦见自己乘青龙飞上了天，飞到屋顶上就停住，醒了后叹息地说：“飞龙是在天上的，如今停在了屋顶上。‘屋’这个字，是‘尸’下面放个‘至’字，龙飞到尸体上，喻示着我将要死了。古代君子不死在家里睡觉的屋子里，何况我是一个真正的正直的人呢！”于是到酒泉南山赤崖阁下，吸一口气就死了。

祈嘉，字孔宾，是酒泉人。年轻时家里十分贫困，上进好学。二十多岁时，有一天夜里，忽然窗外面有一个声音说道：“祈孔宾，祈孔宾，隐居去吧，隐居去吧，入仕做官，在社会上钻营，很苦的，不能愉快。所得到的不值一文，所失去的却重如泰山。”第二天一早他就逃跑，向西去了，到敦煌，跟着老师读书，非常穷困，没有吃的和穿的，任书生都养一职来自给，于是博览经传，精通大义，向西游历到海边、边境，教授门生一百多人。张重华征召他为儒林祭酒。他性格温和，从容娴雅，教授学生时不知疲倦。依据《孝经》体例作《二九神经》。当朝卿士、郡县守令彭和正等接受学业的学生中有成就的人有二千多，张天锡称他为先生却不叫他的名字。后高龄而终。

瞿硎先生，不知他的姓名，也不知是什么地方的人。太和末年，经常居住在宣城郡边界的文脊山里，山里有磨兵器的石头（瞿硎），所以用“瞿硎”作为名字。大司马桓温曾经去拜访他。到那儿之后，看见先生披着鹿皮衣，坐在石头垒成的房子中，脸上没有发怒的神色，桓温与几十个手下人都不知道他在想什么，于是命令伏滔写赞美他的颂词。后来瞿硎先生死在山中。

戴逵，字安道，是谯国人。年轻时即博学多闻，喜欢谈论，善于写文章，会弹琴，精通书法与绘画，其他精巧的技艺没有不精通的。少年时，用鸡蛋汁淘洗白瓦屑作《郑玄碑》，又写文辞，自己刻在上面，词采华丽，器物精妙，当时的人没有不惊异和赞叹的。自己不以入仕做官为乐，因此常以弹琴写字自我娱乐。在豫章拜术士范宣为师，范宣非常赏识他，将哥哥的女儿嫁给他。太宰、武陵王晞听说他会弹琴，派人去叫他来，戴逵当着使者的面摔破琴，说："戴安道不做王公贵族的唱戏人！"晞非常愤怒，于是改请他的哥哥述。述听到命令后非常高兴，抱琴就去了。

戴逵后来迁居到会稽的剡县，品性高洁，常依据礼仪制度行动处事，认为十分放纵、不拘小节是不合礼义之道的。于是著有这样的论说：

双亲去世，因采药就一去不复返的人，是不仁慈的子孙；君王危险而常出入近旁的人，是苟且偷安的臣子。古代的人没有由于这些而损害礼仪、典章，这是为什么呢？是因知道礼义的宗旨。知道礼义的宗旨，就不被人们具体行为所迷惑。像元康年间的这些人，可以说是喜欢隐居却不追求隐居的宗旨，所以有弃本求末的弊病，实际是舍弃其根本而追逐名声的做法。这样做就像是认为西施漂亮而学她皱着眉头，羡慕有道的人，因此也把头巾的角折起来。他们之所以羡慕这些人，并不是认为他们的行为是美好的，只是外表上跟随他们学。紫色之所以混同于大红，是因为它像红色。所以老好人貌似公正和气，这样就混淆有德的人和无德的人；狂放的人貌似豁达，这样就混淆道德品质高尚的人和道德品质不高尚的人。但竹林七贤的放纵，是有病才皱眉头这一类，元康年间那些人放纵，是无德而折头巾角这一类，这难道能不分辨清楚吗？

儒家崇尚名誉，它的根本是想激励贤人的产生，既然已失掉它本来的作用，那么就会有以貌取人的做法。情怀失去纯真，以外貌欺骗众人，它的弊病一定是最上一等。道家不讲究名声，是想要鼓励世人看重实质，假如违背它的原意，就是没意义的行为。本性和礼仪都受到损害，那么仰慕和吟咏都会被忘却，这样的弊病也必是最上一等。这两种弊病，不是因为失去它的本意，而是因为这样做的人一定是假托这两种本义作幌子。道有规律可循，而弊病是无规律可循的，所以《六经》中也有失误，王政也会有弊病。如果违背根本宗旨，就是圣贤也没有办法。

啊，奉行公正的人当然不是十全十美、万无一失，怎能不怀念远古的英烈，不向近代的贤人看齐呢？如果相信他们，想向他们看齐，而后才行动，商议以后才说话，一定要先辨明他们追求之所在，寻求他们的用心是什么，了解他们各种行为的宗旨，明白他们外表的粗朴，而内心具备美德的原因何在。假若这样，道路虽然不同，而他们的最终目标就可以看清楚了；行迹虽然纷乱复杂，而他们的旨意却是并不相违背的。不这样做的话，就会流逃，忘记如何返回，就像波浪一样随风而动，为物所驱使，被假象所欺骗，行为上被喧嚣华丽的东西迷惑，内心里丧失道的实质，用流行的时尚来取代真理的追求，用尘俗的污垢来蒙蔽自己纯真的天性，使千年后的人们讥笑嘲讽，怎么能够不慎重呢？

孝武帝时候，戴逵多次被征为散骑常侍、国子博士，他都用父亲有病为借口不去上任。郡县的官吏不停催逼他，他就逃到了吴国。吴国的内史王珣有一座别馆在武丘山，戴逵偷偷去拜访他，与他游玩相处十多天。会稽内史谢玄担心戴逵长期在外不回来，于是就上疏说："我看见谯国戴逵一心向往脱俗之风，不愿被现实事务缠绕。栖息停留在简陋的房屋之下，把琴与书当作自己的朋友。虽多次下令征他做官，他却保持幽洁的操守而不回头。超脱尘俗，断绝人间之迹，独自追求自己的志愿。年龄快到六十岁的耳顺之年，身体经常有病。一旦遭遇大病，就会逐渐加重而至病危。如今皇帝的委命并未撤除，他就有遭到风霜侵害的危险。陛下既已爱护和器重他，就应使他的名声和身体一起存留下来，请您撤销征召他为官的任命吧。"上疏报到上面后，皇帝批准下来，戴逵才回到剡。

后来王珣为尚书仆射，上疏再次请求征戴逵为国子祭酒，并加任散骑常侍征召他，他再次不应命，太元二十年，皇太子刚继位，太子太傅会稽王道子、少傅王雅、詹事王珣又上疏说："戴逵一直坚持他的操守，独往独来，年龄已大，清高的风范却更加强烈。皇太子品德谦逊，其恩泽已经普及到外面，应对戴逵加以表彰和任命，使他得以参予政治。戴逵既看重隐居的操节，必会以不轻易出山为美德，应让下面的人准备周全的礼节来征召他。"正在此时，戴逵因病死去。

戴逵的长子戴勃，有他父亲一样的风范。义熙初年，朝廷征召他为散骑侍郎，不应命，不久死去。

龚玄之，字道玄，是武陵汉寿人。龚玄之的父亲龚登，历任长沙相、散骑常侍。龚玄之喜爱学习，沉默寡言，安于贫穷生活。州里举荐秀才，官府举荐当官，他都不去，孝武帝下诏书说："圣明的君主统治社会，一定要寻访宣扬有道德的隐士，所以荒山野岭传颂君主的贤明，空谷丘园常可以看到征召隐士的官车。谯国人戴逵、武陵人龚玄之均情操高尚，宽厚仁爱，学识丰厚，廉洁正直，研究并发扬光大儒家思想，我盼望这样的人已经很久了。这二三位君子，哪能把贤德隐藏于自己一身呢！我想要采集正确的言论，虚心等待着建议和意见，他二人都可任命为散骑常侍，兼国子博士，命令他们所在地方的官府准备礼物送他们来京城，不得依据常例。来表示我盼望人才的迫切愿望。"郡里县里都敦促催逼着他上路，他以病重为理由苦苦辞绝，没去。不久就去世，时年五十八岁。

弟子元寿，也同样是道德品质高尚的人，不出仕做官，被选为秀才及州里征召他做官，他都借口有病没就召。孝武帝多次征召他担任太学博士、散骑侍郎、给事中，他都没有去。最后死在了家中。

陶淡，字处静，太尉陶侃的孙子。他的父亲陶夏，因道德品质败坏而被废黜。陶淡幼年丧父，喜欢按摩导养之术，说是成仙之道通过祈求可以得到。十五六岁时，就炼丹服药，不吃东西，不结婚。有家产千金，奴仆数百人。但陶淡终日端坐，不问家事。很喜欢读《周易》，擅长占卜算命。在长沙临湘山盖房子住下，养一头白鹿和自己做伴。亲朋故旧中有人来探望他，他总是渡河离开，没人能够走近他。州里选举他为秀才，陶淡听说后，转移到罗县埤山中，从此再没回来，没人知道他死在什么地方。

晋书卷九十五

鸠摩罗什佛图澄列传第六十五

鸠摩罗什

鸠摩罗什，天竺人也。世为国相。父鸠摩罗炎，聪懿有大节，将嗣相位，乃辞避出家，东渡葱岭。龟兹王闻其名，郊迎之，请为国师。王有妹，年二十，才悟明敏，诸国交娉，并不许，及见炎，心欲当之，王乃逼以妻焉。既而罗什在胎，其母慧解倍常。及年七岁，母遂与俱出家。

罗什从师受经，日诵千偈，偈有三十二字，凡三万二千言，羲亦自通。年十二，其母携到沙勒，国王甚重之，遂停沙勒一年。博览五明诸论及阴阳星算，莫不必尽，妙达吉凶，言若符契。为性率达，不拘小检，修行者颇共疑之。然罗什自得於心，未尝介意，专以大乘为化，诸学者皆共师焉。年二十，龟兹王迎之还国，广说诸母，四远学徒莫之能抗。

有顷，罗什母辞龟兹王往天竺，留罗什住，谓之曰："方等深教，不可思议，传之东土，惟尔之力。但於汝无利，其可如何？"什曰："必使大化流传，虽苦而无恨。"母至天竺，道成，进登第三果。西域诸国咸伏罗什神俊，每至讲说诸王皆长跪坐侧，令罗什践而登焉。

苻坚闻之，密有迎罗什之意。会太史奏云："有星见外国分野，当有大智入辅中国。"坚曰："朕闻西域有鸠摩罗什，将非此邪？"乃遣骁骑将军吕光等率兵七万，西伐龟兹，谓光曰："若获罗什，即驰驿送之。"光军未至，罗什谓龟兹王白纯曰："国运衰矣，当有勃敌从日下来，宜恭承之，勿抗其锋。"纯不从，出兵距战，光遂破之乃获罗什。光见其年齿尚少，以凡人戏之，强妻以龟兹王女，罗什距而不受，辞甚苦至。光曰："道士之操不逾先父，何所固辞？"乃饮以醇酒，同闭密室。罗什被逼，遂妻之。光还，中路置军於山下，将士已休，罗什曰："在此必狼狈，宜徙军陇上。"光不纳。至夜，果大雨，洪潦暴起，水深数丈，死者数千人，光密异之。

光欲留王西国，罗什谓光曰："此凶亡之地，不宜淹留，中路自有福地可居。”光还至凉州，闻苻坚已为姚苌所害，於是窃号河右。属姑臧大风，罗什曰：“不祥之风当有奸叛，然不劳自定也。”俄而有叛者，寻皆殄灭。沮渠蒙逊先推建康太守段业为主，光遣其子纂率众讨之。时论谓业等乌合，纂有威声，势必全克。光以访罗什，答曰：“此行未见其利。”既而纂败於合黎，俄又郭晒起兵，纂弃大军轻还，复为晒所败，仅以身免。

中书监张资病，光博营救疗。有外国道人罗叉，云能差资病。光喜，给赐甚重。罗什知叉诳诈，告资曰：“叉不能为益，徒烦费耳。冥运虽隐，可以事试也。”乃以五色丝作绳结之烧为灰末，投水中，灰若出水还成绳者，病不可愈。须臾，灰聚浮出，复为绳，叉疗果无效，少日资亡。

顷之，光死，纂立。有猪生子，一身三头。龙出东箱井中，於殿前蟠卧，比旦失之。纂以为美瑞，号其殿为龙翔殿。俄而有黑龙升於当阳九宫门，纂改九宫门为龙兴门。罗什曰：“比日潜龙出游，豕妖表异，龙者阴类，出入有时，而今屡见，则为灾眚，必有下人谋上之变。宜克己修德，以答天戒。”纂不纳，后果为吕超所杀。

罗什之在凉州积年，吕光父子既不弘道，故蕴其深解，无所宣化。姚兴遣姚硕德西伐，破吕隆，乃迎罗什，待以国师之礼，仍使入西明阁及逍遥园，译出众经。罗什多所暗诵，无不究其羲旨，既览旧经多有纰缪，於是兴使沙门僧睿、僧肇等八百余人传受其旨，更出经论，凡三百余卷。沙门慧睿才识高明，常随罗什传写，罗什每为慧睿论西方辞体，商略同异，云：“天竺国俗甚重文制，其宫商体韵，以入管弦为善。凡覲国王，必有赞德，经中偈颂，皆其式也。”罗什雅好大乘，志在敷演，常叹曰：“吾若著笔作大乘阿毗昙，非迦旃子比也。今深识者既寡，将何所论！”惟为姚兴著《实相论》二卷，兴奉之若神。

尝讲经於草堂寺，兴及朝臣、大德沙门千有余人肃容观听，罗什忽下高坐，谓兴曰：“有二小儿登吾肩，欲鄣须妇人。”兴乃召宫女进之，一交而生二子焉。兴尝谓罗什曰：“大师聪明超悟，天下莫二，何可使法种少嗣。”遂以伎女十人，逼令受之。尔后不住僧坊，别立解舍，诸僧多效之。什乃聚针盈钵，引诸僧谓之曰：“若能见效食此者，乃可畜室耳。”因举匕进针，与常食不别，诸僧愧服乃止。

杯渡比丘在彭城，闻罗什在长安，乃叹曰：“吾与此子戏，别三百余年，相见杳然未期，迟有遇於来生耳。”罗什未终少日，觉四大不念，乃口出三番神咒，令外国弟子诵之以自救，未及致力，转觉危殆，於是力疾与众僧告别曰："因法相遇，殊未尽心，方复后世，恻怆可言。"死於长安。姚兴於逍遥园依外国法以火焚尸，薪灭形碎，惟舌不烂。

【译文】

鸠摩罗什，是天竺人。世代都当宰相。父亲鸠摩罗炎，聪明美德，有节操。将继承相位，却推辞避开，东渡葱岭。龟兹王听说过他的名声，到郊外去迎接他，请他当国师。龟兹王有个妹妹，年龄二十岁，才智聪慧，很多国家都来说媒，都不答应。等见鸠摩罗炎，心里想嫁给他，龟兹王便逼他娶她。之后怀上了鸠摩罗什，她更加聪明智慧。等鸠摩罗什七岁，母亲与他一起出了家。

鸠摩罗什跟着师傅读经，每天口诵一千人的偈语。偈语有三十二字，共三万二千个字，自己都能理解意思，年十二岁，他母亲把他带到沙勒，国王非常看重他。便在沙勒逗留一年。广泛阅读五明等佛书以及阴阳星算等书，没有不读尽的。精通吉凶的事，算得一丝不差。性格坦率通达，不拘小节，修行的人都很怀疑他。但鸠摩罗什心中悠然自得，不曾介意，专门追求大乘教的教化，很多学者都一起以他为师。二十岁时，龟兹王把他迎接回国内，广泛讲授各种佛经，其他各地的学徒都无法与他抗衡。

过一段时间，鸠摩罗什的母亲告别龟兹王到天竺，把鸠摩罗什留下，对他说："这样不能想象深湛的教义，将它传播到东方，只有靠你的力量。但是这对你并没好处，你怎么打算呢？"鸠摩罗什说："我决心让佛教教义流传，即使吃苦也不后悔。"母亲到了天竺，修成道，达到第三果。两城各国家都佩服鸠摩罗什的神智，每当他讲说佛法时，各个王侯都长跪在他坐位旁边，让鸠摩罗什踩着登上去。

苻坚听说后，暗暗有把鸠摩罗什迎接来的意思。这时太史上奏说："天象上外国的分界处出现星星，会有大智之人来辅佐中国。"苻坚说："我听说西域有个鸠摩罗什，莫非就是这人不成？"便派骁骑将军吕光等率七万部队，往西征伐龟兹。对吕光说："如果抓到鸠摩罗什，马上用马车快送回来。"吕光军队还没有到达，鸠摩罗什就对龟兹王白纯说："国运衰亡了，会有敌人从帝王之都来，应恭敬地应承他们，不要与他们的锋芒相抗拒。"白纯不听，出兵作战，吕光打败他们，抓到鸠摩罗什。吕光看到他年纪轻，把他当成普通人戏弄他，强行把龟兹王的女儿嫁给他。鸠摩罗什拒不接受。话说得非常坚决。吕光说："你的操行超不过你的父亲，为什么一定要推辞呢?”于是让他喝烈酒，将他们关在一间密封的房里。鸠摩罗什被逼迫，便娶她。吕光回来后，半道上把军队安置在山下，将士都休息了，鸠摩罗什说:“在这里停留一定非常狼狈，应把军队迁移到陇上。”吕光不接受他的意见。到晚上，果然天下大雨，洪水暴发，水涨好几丈，死几千人，吕光暗地里感到很惊异。

吕光想要留在西方国家当王，鸠摩罗什对吕光说:“这是凶恶的地方，不宜停留，路途中自有有福之地可以居住。”吕光回到凉州后，听说苻坚已被姚苌害死，于是在黄河右岸盗用他的名号。正遇到姑臧起大风，鸠摩罗什说:“不祥的风会有奸人反叛，但不用费力就能平定。”不久有反叛的人，很快就被歼灭。

沮梁蒙逊先推举建康太守段业为头领，吕光派他儿子吕纂率领部队讨伐。当时的议论说段业等人是乌合之众，吕纂有威赫的名声，一定能大获全胜。吕光拿此事去询问鸠摩罗什。回答说:“这一趟出行没有利。”后来吕纂在合黎战败。不久又有郭晒起兵，吕纂丢弃大部队，轻装回来，又为郭晒打败，仅一人逃脱掉。

中书监张资生病，吕光想方设法挽救治疗。有一个外国的和尚罗叉，说能够治好张资的病。吕光非常高兴，赏赐给他许多东西。鸠摩罗什知道罗叉欺骗，对张资说:“罗叉不能起什么作用，只白费劲罢了。冥冥之中的运气虽然很难说，但也可以用一些事来试一试。”就用五种颜色的丝线做成绳打成结，烧成灰末，投放水中。灰如果出水后还变成绳，病就不能好。一会儿，灰很快地浮出水面，又变成绳。罗叉治病果然没有效果，没过几天张资就死了。

过一段时间，吕光死后，吕纂继位。有头猪生小猪，一个身子三个脑袋。龙从东箱井中游出，伏卧在殿堂前面，到天亮就不见了。吕纂认为这是吉祥的象征，将那个殿叫作龙翔殿。不久有条黑龙在当阳九宫门升腾，吕纂将九宫门改成龙兴门。鸠摩罗什说:“近几天潜伏的龙游出来，妖猪也表现异常。龙是暗地里的东西，出入也有一定的时间的，而今天都多次看见，这就是灾难，一定有下面人阴谋篡上的政变。应严格要求自己，增强品德用来回报天的诫告。”吕纂不接受，后来果然被吕超杀死了。

鸠摩罗什在凉州不少年头。吕光父子既不弘扬佛道，所以他胸怀深湛的见解，没地方去宣传教化。姚兴派姚硕德向西征讨，击败了吕隆，迎接鸠摩罗什，用国师礼仪来接待他。仍然让他进入西明阁与逍遥园，翻译各种佛经。鸠摩罗什大都能背诵，没不深究佛经的义理的，他既看出旧的佛经有很多错谬，于是姚兴让僧人慧叡、僧肇等八百多人传播他的义旨，又译出经纶，共有三百多卷。僧人慧教才分学识高明，经常随鸠摩罗什传播抄写，鸠摩罗什经常为慧叡论说西方语言体制，商量同与不同，说："天竺国的习惯很讲究文采，它的宫商体制韵律，以能合管弦为好。凡进见国王，必有颂扬其品德的赞语，佛经中的偈和颂，都是用它一样的样式。"鸠摩罗什很喜欢大乘佛教，他的志向在传播其教义，经常感叹说："我假如下笔写大乘阿毗，迦旃子都不能与我比。现在精通的人既然很少，我还论个什么呢？"只为姚兴著了《实相论》二卷，姚兴将它尊奉得像神一样。

罗什曾经在草堂寺讲授佛经，姚兴与和朝廷之臣、有地位的僧人一千多人严肃认真地观摩听讲，罗什忽然走下台，对姚兴说："有两个小孩登上我的肩膀，欲望阻碍需要妇人。"姚兴于是就喊来宫女献给他，交合一次便生两个小孩。姚兴曾经对罗什说："大师超常的聪明，天下没有第二个。怎么能使你佛法的根种少后继的人呢？"于是送他十个歌舞伎女，逼迫他接受。之后罗什便不住在僧人住的地方，另外建宿舍。其他各僧也多仿效他。罗什于是将把针装满了盆子，带来各个僧人对他们说："如果能够学我吃掉这些针，才可以娶媳妇。"便举着勺子舀针吃，与平常吃其他的东西没有区别，其他各僧这才佩服，不再学他了。

杯渡比丘在彭城，听说罗什在长安，就感叹道："我与这小子开玩笑，分别三百多年了，相见遥远无期，只等到下辈子再见面了。"罗什临终前几天，感觉到四肢不舒适，便说出三番神咒让外国的弟子念诵来救自己，还没来得及努力，觉得更加危急。于是同僧人们告别说："由于佛法使我们相识，却没有尽到心意。来世再相见，凄凉感伤不可以说。"在长安去世。姚兴在逍遥园按照外国方法用火烧他的尸体。柴灭后形体碎了，只有舌头不烂。

佛图澄

佛图澄，天竺人也。本姓帛氏。少学道，妙通玄术。永嘉四年，来适洛阳，自云百有余岁，常服气自养，能积日不食。善诵神咒，能役使鬼神。腹旁有一孔，常以絮塞之，每夜读书，则拔絮，孔中出光，照于一室。又尝斋时，平旦至流水侧，从腹旁孔中引出五藏六府洗之，讫，还内腹中。又能听铃音以言吉凶，莫不悬验。

及洛中寇乱，乃潜草野以观变。

石勒屯兵葛陂，专行杀戮，沙门遇害者甚众。澄投勒大将军郭黑略家，黑略每从勒征伐，辄豫克胜负，勒疑而问曰："孤不觉卿有出众智谋，而每知军行吉凶何也？"黑略曰："将军天挺神武，幽灵所助，有一沙门智术非常，云将军当略有区夏，已应为师。臣前后所白，皆其言也。"勒召澄，试以道术。澄即取钵盛水，烧香咒之，须臾钵中生青莲花，光色曜日，勒由此信之。

勒自葛陂还河北，过枋头，枋头人夜欲斫营，澄谓黑略曰："须臾贼至，可令公知。"果如其言，有备，故不败。勒欲试澄，夜冠胄衣甲，执刀而坐，遣人告澄云："夜来不知大将军何所在。"使人始至，未及有言，澄逆问曰："平居无寇，何故夜严？"勒益信之。勒后因忿，欲害诸道士，并欲苦澄。澄乃潜避至黑略舍，语弟子曰："若将军信至，问吾所在者，报云不知所之。"既而勒使至，觅澄不得。使还报勒，勒惊曰："吾有恶意向澄，澄舍我去矣。"通夜不寝，思欲见澄。澄知勒意悔，明旦造勒。勒曰："昨夜何行？"澄曰："公有怒心，昨故权避公。今改意，是以敢来。"勒大笑曰："道人谬矣。"

襄国城堑水源在城西北五里，其水源暴竭，勒问澄何以致水。澄曰："今当敕龙取水。"乃与弟子法首等数人至故泉源上，坐绳床，烧安息香，咒愿数百言。如此三日，水泫然微流，有一小龙长五六寸许，随水而来，诸道士竞往视之。有顷，水大至，隍堑皆满。

鲜卑段末波攻勒，众甚盛。勒惧，问澄。澄曰："昨日寺铃鸣云，明旦食时，当擒段末波。"勒登城望末波军，不见前后，失色曰："末波如此，岂可获乎！"更遣夔安问澄。澄曰："已获末波矣。"时城北伏兵出，遇末波，执之。澄劝勒宥末波，遣还本国，勒从之，卒获其用。

刘曜遣从弟岳攻勒，勒遣石季龙距之。岳败，退保石梁坞，季龙坚栅守之。澄在襄国，忽叹曰："刘岳可怜！"弟子法祚问其故，澄曰："昨日亥时，岳已败被执。"果如所言。

及曜自攻洛阳，勒将救之，其群下咸谏以为不可。勒以访澄，澄曰："相输铃音云'秀支替戾冈，仆谷劬秃当。'此羯语也。秀支，军也。替戾冈，出也。仆谷，刘曜胡位也。劬秃当，提也。此言军出捉得曜也。"又令一童子洁斋七日，取麻油合胭脂，躬自研於掌中，举手示童子，粲然有辉。童子惊曰："有军马甚众，见一人长大白皙，以朱丝缚其肘。"澄曰："此即曜也。"勒甚悦，遂赴洛距曜，生擒之。

勒僭称赵天王，行皇帝事，敬澄弥笃。时石葱将叛，澄诫勒曰："今年葱中有虫，食必害人，可令百姓无食葱也。"勒班告境内，慎无食葱。俄而石葱果走。勒益重之，事必谘而后行，号曰大和尚。

勒爱子斌暴病死，将殡，勒叹曰："朕闻虢太子死，扁鹊能生之，今可得效乎？"乃令告澄。澄取杨枝沾水，洒而咒之，就执斌手曰："可起矣！"因此遂苏，有顷，平复。自是勒诸子多在澄寺中养之。勒死之年，天静无风，而塔上一铃独鸣，澄谓众曰："铃音云，国有大丧，不出今年矣。"既而勒果死。

及季龙僭位，迁都於邺，倾心事澄，有重於勒。下书衣澄以绫锦，乘以雕辇，朝会之日，引之升殿，常侍以下悉助举舆，太子诸公扶翼而上，主者，唱大和尚，众坐皆起，以彰其尊。又使司空李农旦夕亲问，其太子诸公五日一朝，尊敬莫与为比。支道林在京师，闻澄与诸石游，乃曰："澄公其以季龙为海鸥鸟也。"百姓因澄故多奉佛，皆营造寺庙，相竞出家，真伪混淆，多生愆过。季龙下书料简，其著作郎王度奏曰："佛，外国之神，非诸华所应祠奉。汉代初传其道，惟听西域人得立寺都邑，以奉其神，汉人皆不出家。魏承汉制，亦循前轨。今可断赵人悉不听诣寺烧香礼拜，以遵典礼，其百辟卿士下逮众隶，例皆禁之，其有犯者，与淫祀同罪。其赵人为沙门者，还服百姓。"朝士多同度所奏。季龙以澄故，下书曰："朕出自边戎，忝君诸夏，至於飨祀，应从本俗。佛是戎神，所应兼奉，其夷赵百姓有乐事佛者，特听之。"澄时止邺城寺中，弟子遍於郡国。尝遣弟子法常北至襄国，北子法佐从襄国还，相遇於梁基城下，对车夜谈，言及和尚，比旦各去。佐始入，澄逆笑曰："昨夜尔与法常交车共说汝师邪？"佐愕然愧忏。於是国人每相语："莫起恶心，和尚知汝。"及澄之所在，无敢向其方面涕唾者。

季龙太子邃有二子，在襄国，澄语邃曰："小阿弥比当得疾，可往看之。"邃即驰信往视，果已得疾。太医殷腾及外国道士自言能疗之，澄告弟子法牙曰："正使圣人复出，不愈此疾，况此等乎！"后三日果死。邃将图为逆，谓内竖曰："和尚神通，倘发吾谋。明日来者，当先除之。"澄月望将入觐季龙，谓弟子僧慧曰："昨夜天神呼我曰：'明日若入，还勿过人。'我傥有所过，汝当止我。"澄常入，必过邃。邃知澄入，要候甚苦。澄将上南台，僧慧引衣，澄曰："事不得止。"坐未安便起，邃固留不住，所谋遂差。还寺，叹曰："太子作乱，其形将成，欲言难言，欲忍难忍。"乃因事从容箴季龙，季龙终不能解。俄而事发，方悟澄言。

后郭黑略将兵征长安北山羌，堕羌伏中。时澄在堂上坐，惨然改容曰：“郭公今有厄。”乃唱云：“众僧祝愿。”澄又自祝愿。须臾，更曰：“若东南出者活，余向者则困。”复更祝愿。有顷，曰：“脱矣。”后月余，黑略还，自说坠羌围中，东南走，马乏，正遇帐下人，推马与之曰：“公乘此马，小人乘公马，济与不济，命也。”略得其马，故获免。推检时日，正是澄祝愿时也。

时天旱，季龙遣其太子诣临漳西滏口祈雨，久而不降，乃令澄自行，即有白龙二头降於祠所，其日大雨方数千里。澄尝遣弟子向西域市香，既行，澄告余弟子曰：“掌中见买香弟子在某处被劫垂死。”因烧香祝愿，遥救护之。弟子后还，云某月某日某处为贼所劫，垂当见杀，忽闻香气，贼无故自惊曰：“救兵已至。”弃之而走。黄河中旧不生鼋，时有得者，以献季龙。澄见而叹之曰：“桓温入河，其不久乎！”温字元子，后果如其言也。季龙尝昼寝，梦见群羊负鱼从东北来，寤以访澄。澄曰：“不祥也，鲜卑其有中原乎！”后亦皆验。澄尝与季龙升中台，澄忽惊曰：“变，变，幽州当火灾。”乃取酒噀之，久而笑曰：“救已得矣。”季龙遣验幽州，云尔日火从四门起，西南有黑云来，骤雨灭之，雨亦颇有酒气。

石宣将杀石韬，宣先到寺与澄同坐，浮屠一铃独鸣，澄谓曰：“解铃音乎？铃云胡子洛度。”宣变色曰：“是何言欤？”澄谬曰：“老胡为道，不能山居无言，重茵美服，岂非洛度乎！”石韬后至，澄孰视良久。韬惧而问澄，澄曰：“怪公血臭，故相视耳。”季龙梦龙飞西南，自天而落，旦而问澄，澄曰：“祸将作矣，宜父子慈和，深以慎之。”季龙引澄入东阁，与其后杜氏问讯之。澄曰：“胁下有贼，不出十日，自浮图以西，此殿以东，当有血流，慎勿东也。”杜后曰：“和尚耄邪？何处有贼？”澄即易语云：“六情所受，皆悉是贼。老自应耄，但使少者不昏即好耳。”遂便寓言，不复彰的。后二日，宣果遣人害韬於佛寺中，欲因季龙临丧杀之。季龙以澄先诫，故获免。及宣被收，澄谏季龙曰：“皆陛下之子也，何为重祸邪！陛下若含怒加慈者，尚有六十余岁。如必诛之，宣当为慧星下扫邺宫。”季龙不从。后月余，有一妖马，髦尾皆有烧状，入中阳门，出显阳门，东首东宫，皆不得入，走向东北，俄尔不见。澄闻而叹曰：“灾其及矣！”季龙大享群臣於太武前殿，澄吟曰：“殿乎，殿乎！棘子成林，将坏人衣。”季龙令发殿石下视之，有棘生焉。冉闵小字棘奴。

季龙造太武殿初成，图画自古贤圣、忠臣、孝子、烈士、贞女，皆变为胡状，旬余，头悉缩入肩中，惟冠阁仿佛微出，季龙大恶之，秘而不言也。澄对之流涕，乃自启茔墓於邺西紫陌，还寺，独语曰：“得三年乎？”自答：“不得。”又曰：“得二年、一年、百日、一月乎？”自答：“不得。”遂无复言。谓弟子法祚曰：“戊申岁祸乱渐萌，己酉石氏当灭。吾及其未乱，先从化矣。”卒於邺宫寺。后有沙门从雍州来，称见澄西入关，季龙掘而视之，惟有一石而无尸。季龙恶之曰：“石者，朕也，葬我而去，吾将死矣。”因而遇疾。明年，季龙死，遂大乱。

【译文】

佛图澄，天竺人，他本姓帛。小时候学习道教，对玄学那一套十分精通。永嘉四年，来到洛阳，自称已活一百多岁，经常靠吞食精气来养护自己，可以很多天不吃东西。擅长念唱一些咒语，能差使鬼神。肚子旁边有一个孔，平时用棉絮堵住它。每当夜晚读书，就把棉絮拔出来，孔中冒出来光亮，照得满屋都是。还曾经在斋戒的时候，一大清早到流水旁边，从肚子旁的孔中拽出五脏六腑清洗，洗完之后，又将它们装到肚子中。还能够听铃响声音来说出吉凶，没有一个不得到验证的。

等到洛阳一带强盗暴乱，佛图澄就隐居到乡间，观察时局的变化。石勒在葛陂驻扎部队，专干杀人的事。出家人被害的十分多。佛图澄来到石勒大将军郭黑略家。黑略每次跟着石勒征战，都能预先知道胜败。石勒怀疑地问他说：“我不觉得你有什么出人的智谋，却经常能知道行动的吉凶，为什么呢？”黑略说：“你气宇不凡，鬼神都在帮你。有一和尚有不同寻常的智慧和方术，说你将会征服整个中国。他已答应做你的谋师。我前前后后所说的那些，都是他说的。”石勒将佛图澄召来，用道术来试验他。他就马上取一个小盆装上水，烧上香来念咒，不一会儿盆中便生出青莲花，花的光色在太阳下闪耀。石勒于是便相信了他。

石勒从葛陂回到黄河的北面，路过枋头，枋头人晚上想进攻兵营，佛图澄对黑略说：“马上敌人就要到了，赶快告诉将军。”后来果然如他所说的那样。由于早有准备，所以得以不败。石勒想试试佛图澄，晚上穿戴盔甲，手持着刀坐着。派人去跟佛图澄说：“晚上不晓得大将军在哪儿。”被派的人刚到，还没来得及说话，佛图澄先向他说：“平时的居处。并没有敌寇，为什么晚上要戒备森严呢？”石勒于是更相信他。石勒后来因一些气愤的事，想要迫害那些和尚，并想牵连佛图澄。佛图澄于是偷偷到黑略家避一避，对弟子们说：“如果将军的信使来到，问我在哪里，你们就说不知道我到哪里去了。”后来石勒的人来了，便找不到佛图澄。信使回去向石勒汇报，石勒吃惊地道：“我对佛图澄有歹意，佛图澄便离开我走了。”整晚上都没有睡觉，就想见佛图澄。佛图澄知石勒后悔了，第二天早上去拜见他。石勒说：“昨天晚上到哪去了呢？”佛图澄说：“你有气愤恼怒之心，所以昨天我暂时避一避。今天你的心境变了，所以才敢来。”石勒大笑着说：“你说错了。”

襄国城池的水源在城西北的五里，水源突然枯竭，石勒问佛图澄用什么方法可以弄到水。佛图澄说：“今天应命令龙王送水来。”于是同弟子法首等几个人来到原来泉水的源头，坐在绳子编成的床上，点燃安息香，念几百句话的咒。这样弄了两天，水滴滴答答地流了一些出来。有一条小龙，长有五六寸的样子，随水游来，那些和尚都争相跑去观看。不一会儿，大水来到，城池全都灌满。

鲜卑人段末波攻打石勒，人数很多。石勒害怕，问佛图澄。佛图澄说：“昨天寺庙里的铃响，说明天早晨吃饭的时候，就能抓到段末波了。”石勒登上城，观察段末波的军队，连头尾都看不见。脸色都变了，说：“段末波如此强大，哪里能抓到？”又派夔安去问佛图澄。佛图澄说：“已经找到段末波。”当时城北面埋伏的军队出击，遇见了段末波，抓到了他。佛图澄劝石勒宽恕末波，把他遣送回本国。石勒听从了他的话，后来终得到段末波的帮助。

刘曜派堂弟刘岳进攻石勒，石勒派石季龙阻拦。刘岳战败后，退保石梁坞。石季龙树起坚实栅栏防守。佛图澄在襄国，忽然叹息道：“刘岳可怜！”弟子法祚问为什么，佛图澄说：“昨天亥时，刘岳已兵败被抓。”事情果然像他所说的那样。

后来刘曜自己攻打洛阳，石勒打算援救洛阳，很多部下都劝他，认为不能这么做。石勒便去征求佛图澄的意见，佛图澄说：“寺庙的铃声说：‘秀支替戾冈，仆谷劬秃当。’这是羯言。秀支，军队。替戾冈，出击。仆谷，刘曜位置。劬秃当，抓住。这是说部队出击就能够抓住刘曜。”又让一个小孩斋戒七天，用麻油和着胭脂，亲自在手掌中调和，举起手给小孩看，有灿烂的光辉。小孩惊奇地说：“有许多许多的军队和车马，还看见一个人高高大大，白白的，用红线捆胳膊。”佛图澄说：“这就是刘曜了。”石勒非常高兴，便去洛阳与刘曜作战，活捉他。

石勒越分，自称赵天王，做的都是皇帝才做的事。对佛图澄更尊敬。当时石葱将要叛变，佛图澄劝石勒说：“今年葱当中长虫，吃葱就必然毒死人。要命令老百姓不要吃葱。”石勒在所管辖的地盘上发布告示，要百姓加强警惕，不要吃葱。不久石葱果然逃走了。石勒更加敬重他。每件事都一定先去问他之后才采取行动，称作大和尚。

石勒疼爱的儿子石斌得暴病死了，将要出殡，石勒叹息说：“我听说太子死去，扁鹊能够使他复生，如今可以效法扁鹊吗？”于是命令人去告诉佛图澄。佛图澄取来杨柳枝沾上水，一边喷洒一边念咒语，抓住石斌的手说：“可以起来了！”石斌于是苏醒过来，过一会儿，恢复得像平时一样。从此以后，石勒的几个孩子大多在佛图澄寺庙中生活。石勒死的那一年，天上平静没风，而寺塔上一个铃却独自在鸣响。佛图澄对大家说：“铃音说，国家有大丧事，出不了今年了。”不久石勒果然死了。

等到石季龙即了位，将国都迁到了邺，一心一意尊敬佛图澄，比石勒还要重视。下诏书给佛图澄穿绫锦衣服，坐雕花车，朝会时，带他上到殿上，常侍以下的人都要帮抬车，太子诸大臣扶他上车，主持的人嘴里叫着大和尚，坐着的大臣都要站起来，用这些来表现他的尊贵。又让司空李龙早晚都亲自去慰问太子等诸大臣五天去朝拜一次，尊敬他，其他没法跟他相比。支道林在京城，听说佛图澄同石家来往，便说：“佛图澄大概是将石季龙当成海鸥鸟了。”老百姓因佛图澄的原因，多信奉佛教，都去建造寺庙，竞相出家，真心假心的人都混在里面，经常生出是非来。石季龙就下诏书命令品评选择。他的著作郎王度上奏说：“佛。外国的神，华夏的国家不应该建庙侍奉，汉代初年佛教传来，只有西域人才能在都城建立寺庙，尊奉他为神，汉人都不准许出家。魏朝沿续汉代制度，也遵循前代轨迹。如今可以命令赵人都不准到寺庙中去烧香礼拜，这样才能遵守典章礼仪。文武百官以至群众百姓，照例都应禁止。有违反的人，犯了与随便什么都祭祀一样的罪。赵人当僧人的，重新返俗做老百姓。”朝廷之士都赞成王度的意见。石季龙因佛图澄的缘故，下诏书说：“我出生在边疆少数民族，很惭愧成为华夏的国君，至于祭祀，应遵从本来的风俗。佛是西方民族的神，应同时尊奉，赵人中的少数民族有愿意信奉佛教的，可以特别加以允许。”

佛图澄当时居住在邺城寺庙中，弟子遍布在郡国各地。曾经派弟子法常去到北边的襄国，弟子法佐从襄国回来，在梁基城下碰到。车靠车地整夜地交谈，谈到佛图澄，天亮了才各自离去。法佐刚进门，佛图澄迎着笑道：“昨天夜里你与法常车子经过时一起谈论你们师傅了吧？”法佐非常惊愕，感到惭愧。于是国中的人经常互相说道：“不要起不好心思，和尚知道你。”以至于佛图澄在的地方，没有敢对着他那个方向清鼻涕和吐口水的。

石季龙的太子石邃有两个孩子，在襄国，佛图澄对石邃说："你的小孩近来会生病，要去看看他。"石邃随即前去看他，果然已生病。宫廷中的太医殷腾与外国的道士都自称能治疗好，佛图澄告诉弟子法牙说："即使圣人再来，也治不好这种病。更何况是这种人呢？"过三天，果然死。石邃将图谋反叛，对宫廷内的太监说："和尚神通广大，假如揭穿我们的计谋怎么办？""他明天来，应先除掉他。"佛图澄月中旬后将去朝见石季龙，对弟子僧慧说："昨天晚上天神叫我说：'明天如去朝廷，回来时不要去拜访人。我如果要去拜访人，你要阻止我。"佛图澄经常去朝廷，都必然会去拜访石邃。石邃知道佛图澄来，很坚决地邀请等候。佛图澄将登上南台，僧慧拽他的衣服，他说："事情没法阻止了。"还没坐稳就起来，石邃强留他也留不住，计划于是就没有得逞。回到寺庙中，叹息道："太子起乱的形势将形成。想说又难说，想忍又难忍。"于是就着其他事从容地规劝石季龙。季龙始终不能理解。不久事情发生，才懂得了佛图澄说的话。

后来郭黑略带兵征讨长安北面的山中的羌人，却掉进羌人的埋伏中。当时佛图澄在堂上坐着，脸色都变了，说："郭公遇到麻烦了。"便唱诵道："各位僧人都来祝福他。"他又祈祷。一会儿，又说："如果从东南方向逃出的人就能够活命，向其他方向的人就会被围困。"又再祝祷。过会儿，说："逃脱了。"过了个把月，郭黑略回来。述说陷入羌人的包围中，向东南方走，马走累了。正好遇到手下人，把马推让给他骑，说："您骑我的马，我骑您的马。跑得掉或者跑不掉，都是命啊。"黑略得到他的马，因此能够逃脱。推算当时的时间，正是佛图澄祝祷的时候。

当时天旱，石季龙派太子去临漳西滏口求雨。很长时间都不下雨。于是命令佛图澄求雨。马上就有二条白龙降在祠庙中，那一天大雨下在方圆几千里之内。佛图澄曾经派弟子向西域去买香，走之后，佛图澄告诉其他弟子："我在手掌中看到买香的弟子在某个地方被劫持快要死了。"于是就烧香祝祷，远远地帮助保护他。弟子后来回来，说某月某日在某处被贼抢劫，差点儿就要被杀掉，忽然闻到香气，贼无缘无故地惊慌说："救兵已到了。"丢开他就跑了。黄河中以前不生鼋，当有人抓到，送给季龙。佛图澄看到感叹道："桓温进入黄河，恐怕不会长久了！"桓温字元子，后来果然像他们说的那样。季龙曾经白天睡觉，梦见一群羊驮着鱼从东北来，醒来后去向佛图澄询问。佛图澄说："不吉祥啊。鲜卑恐怕要拥有中原了吧！"后来也都得到应验。佛图澄曾经与石季龙登上中台，佛图澄忽然惊讶地说："变，变，幽州正有火灾。”便取来酒喷洒，喷了很久笑道：“已救灭了。”石季龙派人去幽州对证，说那天火入四门，西南有黑云飘来，大雨扑灭火。雨也颇有酒味。

石宣将杀石韬，石宣先到寺庙与佛图澄一起坐，庙中一铃独自鸣响，佛图澄对他说：“懂得铃的声音吗？铃说胡子洛度。”石宣变脸色，说：“这说的是什么呢？”佛图澄假装说：“老胡作为僧人，不能够住在山中不说话。穿戴着好看的衣服，岂不是洛度吗？”石韬晚到，佛图澄仔细看他很久。石韬害怕地问佛图澄，佛图澄说：“我奇怪你身上有血腥味，所以看你。”石季龙梦见龙飞向西南，从天上掉落下来，天亮后问佛图澄，佛图澄说：“灾难将要发生，应该父子慈爱和睦，要十分谨慎。”石季龙带佛图澄来到东阁，与他的皇后杜氏讯问他。佛图澄说：“你身边有贼寇，不到十天，从寺庙以西，这个殿以东，就会有血流，千万不要往东啊。”杜后说：“和尚老了吧，哪里有贼？”佛图澄马上就改口说：“各种感情所受到的，都是贼寇，老的自然老了，只要年轻的不糊涂就好了。”便不再明确表态。过两天，石宣果然派人将石韬害死在佛庙中，还想等石季龙吊唁时杀死他。石季龙因为佛图澄先有告诫，所以得以逃脱。等到石宣被逮，佛图澄就对石季龙说：“都是你的儿子啊，为什么再加一重祸呢？你如若忍怒，增加慈爱，还有六十多岁。如果一定要杀他，石宣就会变成彗星扫过邺宫。”石季龙不听从。一个多月后，有一匹妖马，头尾都有被烧过的痕迹，进人中阳门，出显阳门，东头东宫，都不得进入，走向东北，一下就不见了。佛图澄听后叹息道：“灾难这就要来了吧！”石季龙在太武前殿大宴群臣，佛图澄低声道：“宫殿，宫殿啊，荆棘将长成丛林，将要毁坏人的衣服。”石季龙就下令搬开殿石，走下来一看，有荆棘生出来了。冉闵小字叫棘奴。

石季龙建造太武殿刚建成，画像从古以来的圣贤、忠臣、孝子、烈士、贞女，都画成胡人样子。十多年的时间，头都缩到肩膀中去。只有帽簪似乎稍微高了点。石季龙很讨厌它们，将此事隐起来不说。佛图澄对着图画流泪，于是就自挖坟墓于邺西紫陌。回到寺中，独自说道：“有三年时间吧？”自己回答：“没有。”又说：“没有两年、一年、一百天、一个月吗？”自己回答：“没有。”于是就不再说话。对弟子法祚说：“戊申年祸乱逐渐发生，己酉年石氏将会灭亡。我趁它没乱的时候，先化去了吧。”卒于邺宫寺庙中。后来有僧人从雍州来，说看到佛图澄往西进入关内。石季龙挖开坟墓一看，只有一块石头，没有尸体。石季龙很讨厌这些，说：“石是我。埋葬我而离去，我也要死了。”因为这染病。第二年，石季龙死，于是天下就大乱。

晋书卷九十六

列女列传第六十六

夫三才分位，室家之道克隆；二族交欢，贞烈之风斯著。振高情而独秀，鲁册于是飞华，挺峻节而孤标，周篇於焉腾茂。徽烈兼劭，柔顺无愆，隔代相望，谅非一绪。然则虞兴妫汭，夏盛涂山，有娀、有嫠广隆殷之业，大任、大姒衍昌姬之化，马邓恭俭，汉朝推德，宣昭懿淑，魏代扬芬，斯皆礼极中闱，羲殊月室者矣。至若恭姜誓节，孟母求仁，华率傅而经齐，樊授规而霸楚，讥文伯于奉剑，让子发于分菽，少君之从约礼，孟光之符隐志，既昭妇则，且擅母仪。子政缉之于前，元凯编之于后，具宣闺范，有裨阴训。故上从泰始，下迄恭安，一操可称，一艺可纪，咸皆撰录，为之传云。或位极后妃，或事因夫子，各随本传，今所不录。在诸伪国，暂阻王猷，天下之善，足以惩劝，亦同搜次，附於篇末。

羊耽妻辛氏，字宪英，陇西人，魏侍中毗之女也，聪朗有才鉴。初，魏文帝得立为太子，抱毗项谓之曰："辛君知我喜不？"毗以告宪英，宪英叹曰："太子，代君主宗庙社稷者也。代君不可以不戚，主国不可以不惧，宜戚而喜，何以能久！魏其不昌乎？"

弟敞为大将军曹爽参军，宣帝将诛爽，因其从魏帝出而闭城门，爽司马鲁芝率府兵斩关赴爽，呼敞同去。敞惧，问宪英曰："天子在外，太傅闭城门，人云将不利国家，于事可得尔乎？"宪英曰："事有不可知，然以吾度之，太傅殆不得不尔。明皇帝临崩，把太傅臂，属以从事，此言犹在朝士之耳。且曹爽与太傅俱受寄托之任，而独专权势，于王室不忠，于人道不直，此举不过以诛爽耳。"敞曰："然则敞无出乎？"宪英曰："安可以不出！职守，人之大义也。凡人在难，犹或恤之；为人执鞭而弃其事，不祥也。且为人任，为人死，亲昵之职也，汝从众而已。"敞遂出。宣帝果诛爽。事定后，敞叹曰："吾不谋于姊，几不获于义！"

其后钟会为镇西将军，宪英谓耽从子祜曰："钟士季何故西出？"祜曰："将为灭蜀也。"宪英曰："会在事纵恣，非持久处下之道，吾畏其有他志也。"及会将行，请其子琇为参军，宪英忧曰："他日吾为国忧，今日难至吾家矣。”琇固请于文帝，帝不听。宪英谓琇曰：“行矣，戒之！古之君子入则致孝于亲，出则致节于国；在职思其所司，在义思其所立，不遗父母忧患而已。军旅之间可以济者，其惟仁恕乎！”会至蜀果反，琇竟以全归。祜尝送锦被，宪英嫌其华，反而覆之，其明鉴俭约如此。泰始五年卒，年七十九。

杜有道妻严氏，字宪，京兆人也。贞淑有识量。年十三，适于杜氏，十八而嫠居。子植、女韡并孤藐，宪虽少，誓不改节，抚育二子，教以礼度，植遂显名于时，韡亦有淑德，傅玄求为继室，宪便许之。时玄与何晏、邓扬不穆，晏等每欲害之，时人莫肯共婚。及宪许玄，内外以为忧惧。或曰：“何、邓郑执权，必为玄害，亦由排山压卵，以汤沃雪耳，奈何与之为亲？”宪曰：“尔知其一，不知其他。晏等骄侈，必当自败，司马太傅兽睡耳，吾恐卵破雪销，行自有在。”遂与玄为婚。晏等寻亦为宣帝所诛。植后为南安太守。

植从兄预为秦州刺史，被诬，征还，宪与预书戒之曰：“谚云忍辱至三公。卿今可谓辱矣，能忍之，公是卿坐。”预后果为仪同三司。玄前妻子咸年六岁，尝随其继母省宪，谓成曰：“汝千里驹也，必当远至。”以其妹之女妻之。咸后亦有名于海内。其知人之鉴如此。年六十六卒。

王浑妻钟氏，字琰，颍川人，魏太傅繇曾孙也。父徽，黄门郎。琰数岁能属文，及长，聪慧弘雅，博览记籍。美容止，善啸咏，礼仪法度为中表所则。既嫡浑，生济。浑尝共琰坐，济趋庭而过，浑欣然曰：“生子如此，足慰人心。”琰笑曰：“若使新妇得配参军，生子故不翅如此。”参军，谓浑中弟沦也。琰女亦有才淑，为求贤夫。时有兵家子甚俊，济欲妻之，白琰，琰曰：“要令我见之。”济令此兵与群小杂处，琰自帏中察之，既而谓济曰：“绯衣者非汝所拔乎？”济曰：“是。”琰曰：“此人才足拔萃，然地寒寿促，不足展其器用，不可与婚。”遂止。其人数年果亡。琰明鉴远识，皆此类也。

浑弟湛妻郝氏亦有德行，琰虽贵门，与郝雅相亲重，郝不以贱下琰，琰不以贵陵郝，时人称钟夫人之礼，郝夫人之法云。

郑袤妻曹氏，鲁国薛人也。袤先娶孙氏，早亡，娉之为继室。事舅姑甚孝，躬纺绩之勤，以充奉养，至于叔妹群娣之间，尽其礼节，咸得欢心。及袤为司空，其子默等又显朝列，时人称其荣贵。曹氏深惧盛满，每默等升进，辄忧之形于声色。然食无重味，服浣濯之衣，袤等所获禄秩，曹氏必班散亲姻，务令周给，家无馀资。

初，孙氏瘗于黎阳，及袤薨，议者以久丧难举，欲不合葬。曹氏曰：

“孙氏元妃，理当从葬，何可使孤魂无所依邪。”于是备吉凶导从之仪以迎之，具衣衾几筵，亲执雁行之礼，闻者莫不叹息，以为赵姬之下叔隗，不足称也。太康元年卒，年八十三。

愍怀太子妃王氏，太尉衍女也，字惠风，贞婉有志节。太子既废居于金墉，衍请绝婚，惠风号哭而归，行路为之流涕。及刘曜陷洛阳，以惠风赐其将乔属，属将妻之。惠风拔剑距属曰：“吾太尉公女，皇太子妃，义不为逆胡所辱。”属遂害之。

陶侃母湛氏，豫章新淦人也。初，侃父丹娉为妾，生侃，而陶氏贫贱，湛氏每纺绩资给之，使交结胜己。侃少为寻阳县吏，尝监鱼梁，以一坩鲊遗母。湛氏封鲊及书，责侃曰：“尔为吏，以官物遗我，非惟不能益吾，乃以增吾忧矣。”鄱阳孝廉范逵寓宿于侃，时大雪，湛氏乃撤所卧新荐，自铡给其马，又密截发卖与邻人，供肴馔。逵闻之，叹息曰：“非此母不生此子！”侃竟以功名显。

虞潭母孙氏，吴郡富春人，孙权族孙女也。初适潭父忠，恭顺贞和，甚有妇德。及忠亡，遗孤藐尔，孙氏虽少，誓不改节，躬自抚养，劬劳备至。性聪敏，识鉴过人。潭始自幼童，便训以忠义，故得声望允洽，为朝廷所称。

永嘉末，潭为南康太守，值杜弢构逆，率众讨之。孙氏勉潭以必死之义，俱倾其资产以馈战士，潭遂克捷。及苏峻作乱，潭时守吴兴，又假节征峻。孙氏戒之曰：“吾闻忠臣出孝子之门，汝当舍生取义，勿以吾老为累也。”仍尽发其家僮，令随潭助战，贸其所服环佩以为军资。于时会稽内史王舒遣子允之为督护，孙氏又谓潭曰：“王府君遣儿征，汝何为独不？”潭即以子楚为督护，与允之合势。其忧国之诚如此。拜武昌侯太夫人，加金章紫绶，潭立养堂于家，王导以下皆就拜谒。咸和末卒，年九十五。成帝遣使吊祭，谥曰定夫人。

周顗母李氏，字络秀，汝南人也。少时在室，顗父浚为安东将军，时尝出猎，遇雨，过止络秀之家。会其父兄不在，络秀闻浚至，与一婢于内宰猪羊，具数十人之馔，甚精办而不闻人声。浚怪使觇之，独见一女子甚美，浚因求为妾。其父兄不许，络秀曰：“门户殄瘁，何惜一女！若连姻贵族，将来庶有大益矣。”父兄许之。遂生顗及嵩、谟。而顗等既长，络秀谓之曰：“我屈节为汝家作妾，门户计耳。汝不与我家为亲亲者，吾亦何惜余年！”顗等从命，由此李氏遂得为方雅之族。

中兴时，颛等并列显位。尝冬至置酒，络秀举觞赐三子曰："吾本渡江，托足无所，不谓尔等并贵，列吾目前，吾复何忧！嵩起曰："恐不如尊旨。伯仁志大而才短，名重而识暗，好乘人之弊，此非自全之遭。嵩性抗直，亦不容于世。唯阿奴碌碌，当在阿母目下耳。"阿奴，谟小字也。后果如其言。

荀崧小女灌，幼有奇节。崧为襄城太守，为杜曾所围，力弱食尽，欲求救于故吏平南将军石览，计无从出。灌时年十三，乃率勇士数十人，逾城突围夜出。贼追甚急，灌督厉将士，且战且前，得入鲁阳山获免。自诣览乞师，又为崧书与南中郎将周访请援，仍结为兄弟，访即遣子抚率三千人会石览俱救崧。贼闻兵至，散走，灌之力也。

王凝之妻谢氏，字道韫，安西将军奕之女也。聪识有才辩。叔父安尝问："《毛诗》何句最佳？"道韫称："吉甫作颂，穆如清风。仲山甫永怀，以慰其心。"安谓有雅人深致。又尝内集，俄而雪骤下，安曰："何所似也？"安兄子朗曰："散盐空中差可拟。"道韫曰："未若柳絮因风起。"安大悦。

初适凝之，还，甚不乐。安曰："王郎，逸少子，不恶，汝何恨也？"答曰："一门叔父则有阿大、中郎，群从兄弟复有封、胡、羯、末，不意天壤之中乃有王郎！"封谓谢韶，胡谓谢朗，羯谓谢玄，末谓谢川，皆其小字也。又尝讥玄学植不进，曰："为尘务经心，为天分有限邪？"凝之弟献之尝与宾客谈议，词理将屈，道韫遣婢白献之曰："欲为小郎解围。"乃施青绫步鄣自蔽，申献之前议，客不能屈。

及遭孙恩之难，举厝自若，既闻夫及诸子已为贼所害，方命婢肩舆抽刃出门，乱兵稍至，手杀数人，乃被虏。其外孙刘涛时年数岁，贼又欲害之，道韫曰："事在王门，何关他族！必其如此，宁先见杀。"恩虽毒虐，为之改容，乃不害涛。自尔嫠居会稽，家中莫不严肃。太守刘柳闻其名，请与谈议。道韫素知柳名，亦不自阻，乃簪髻素褥坐于帐中，柳束修整带造于别榻。道韫风韵高迈，叙致清雅，先及家事，慷慨流涟，徐酬问旨，词理无滞。柳退而叹曰："实顷所未见，瞻察言气，使人心形俱服。"道韫亦去："亲从凋亡，始遇此士，听其所问，殊开人胸府。

初，同郡张玄妹亦有才质，适于顾氏，玄每称之。以敌道韫。有济尼者，游于二家，或问之，济尼答曰："王夫人神情散朗，故有林下风气。顾家妇清心玉映，自是闺房之秀。"道韫所著诗赋诔颂并传于世。

孟昶妻周氏，昶弟颛妻又其从妹也。二家并丰财产。初，桓玄雅重昶

而刘迈毁之，昶知，深自惋失。及刘裕将建义，与昶定谋，昶欲尽散财物以供军粮，其妻非常妇人，可语以大事，乃谓之曰："刘迈毁我于桓公，便是一生沦陷，决当作贼。卿幸可早尔离绝，脱得富贵，相迎不晚也。"周氏曰："君父母在堂，欲建非常之谋，岂妇人所谏！事之不成，当于奚官中奉养大家，义无归志也。昶怆然久之而起。周氏追昶坐，云："观君举厝，非谋及妇人者，不过欲得财物耳。"时其所生女在抱，推而示之曰："此而可卖，亦当不惜，况资财乎！"遂倾资产以给之，而托以他用。及事之将举，周氏谓颉妻云："一昨梦殊不好，门内宜浣濯沐浴以除之，且不宜赤色，我当悉取作七日藏压。"颉妻信之，所有绛色者悉敛以付焉。乃置帐中，潜自剔绵，以绛与昶，遂得数十人被服赫然，悉周氏所出，而家人不之知也。

何无忌母刘氏，征虏将军建之女也。少有志节。弟牢之为桓玄所害，刘氏每衔之，常思报复。及无忌与刘裕定谋，而刘氏察其举厝有异，喜而不言。会无忌夜于屏风里制檄文，刘氏潜以器覆烛，徐登凳于屏风上窥之，既知，泣而抚之曰："我不如东海吕母明矣！既孤其诚，常恐寿促，汝能如此，吾仇耻雪矣。"因问其同谋，知事在裕，弥喜，乃说桓玄必败、义师必成之理以劝勉之。后果如其言。

刘聪妻刘氏，名娥，字丽华，伪太保殷女也。幼而聪慧，昼营女工，夜诵书籍，傅母桓止之，娥敦习弥厉。每与诸兄论经义，理趣超远，诸兄深以叹伏。性孝友，善风仪进止。

聪既僭位，召为右贵嫔，甚宠之。俄拜为后，将起鹍仪殿以居之。其廷尉陈元达切谏，聪大怒，将斩之。娥时在后堂，私敕左右停刑，手疏启曰："伏闻将为妾营殿，今昭德足居，鹍仪非急。四海未一，祸难犹繁，动须人力资财，尤宜慎之。廷尉之言，国家大政。夫忠臣之谏，岂为身哉？帝王距之，亦非顾身也。妾仰谓陛下上寻明君纳谏之昌，下忿暗主距谏之祸，宜赏廷尉以美爵，酬廷尉以列土，如何不惟不纳，而反欲诛之？陛下此怒由妾而起，廷尉之祸由妾而招，人怨国疲，咎归于妾，距谏害忠，亦妾之由。自古败国丧家，未始不由妇人者也。妾每览古事，忿之忘食，何意今日妾自为之！后人之观妾，亦犹妾之视前人也，复何面目仰侍巾栉，请归死此堂，以塞陛下误惑之过。"聪览之色变，谓其群下曰："朕比得风疾，喜怒过常。元达，忠臣也，朕甚愧之。"以娥表示元达曰："外辅如公，内辅如此后，朕无忧矣。"及娥死，伪谥武宣皇后。

其姊英，字丽芳，亦聪敏涉学，而文词机辩，晓达政事，过于娥。初与娥同召拜左贵嫔，寻卒，伪追谥武德皇后。

韦逞母宋氏，不知何郡人也，家世以儒学称。宋氏幼丧母，其父躬自养之。及长，授以《周官》音义，谓之曰："吾家世学《周官》，传业相继，此又周公所制，经纪典诰，百官品物，备于此矣。吾今无男可传，汝可受之，勿令绝世。"属天下丧乱，宋氏讽咏诵不辍。

其后为石季龙徙之于山东，宋氏与夫在徙中，推鹿车，背负父所授书，到冀州，依胶东富人程安寿，寿养护之。逞时年小，宋氏昼则樵采，夜则教逞，然纺绩无废。寿每叹曰："学家多士大夫，得无是乎！"逞遂学成名立，仕苻坚为太常。坚尝幸其太学，问博士经典，乃悯礼乐遗阙。时博士卢壶对曰："废学既久，书传零落，比年缀撰，正经粗集，唯《周官礼注》未有其师。窃见太常韦逞母宋氏世学家女，传其父业，得《周官》音义，今年八十，视听无阙，自非此母无可以传授后生。"于是就宋氏家立讲堂，置生员百二十人，隔绛纱幔而受业，号宋氏为宣文君，赐侍婢十人。《周官》学复行于世，时称韦氏宋母焉。

苻坚妾张氏，不知何许人，明辩有才识。坚将入寇江左，群臣切谏不从。张氏进曰："妾闻天地之生万物，圣王之驭天下，莫不顺其性而畅之，故黄帝服牛乘马，因其性也；禹凿龙门，决洪河，因水之势也；后稷之播殖百谷，因地之气也；汤武之灭夏商，因人之欲也。是以有因成，无因败。今朝臣上下皆言不可，陛下复何所因也？《书》曰：'天聪明自我民聪明。'天犹若此，况于人主乎！妾闻人君有伐国之志者，必上观乾象，下采众祥，天道崇远，非妾所知。以人事言之，未见其可。谚言：'鸡夜鸣者不利行师，犬群嗥者宫室必空，兵动马惊，军败不归。'秋冬已来，每夜群犬大嗥，众鸡夜鸣，伏闻厩马惊逸，武库兵器有声，吉凶之理，诚非微妾所论，愿陛下详而思之。"坚曰："军旅之事非妇人所豫也。"遂兴兵。张氏请从。坚果大败于寿春，张氏乃自杀。

慕容垂妻段氏，字元妃，伪右光禄大夫仪之女也。少而婉慧，有志操，常谓妹季妃曰："我终不作凡人妻。"季妃亦曰："妹亦不为庸夫妇。"邻人闻而笑之。垂之称燕王，纳元妃为继室，遂有殊宠。伪范阳王德亦娉季妃焉。姊妹俱为垂、德之妻，卒如其志。垂既僭位，拜为皇后。

垂立其子宝为太子也，元妃谓垂曰："太子姿质雍容，柔而不断，承平则为仁明之主，处难则非济世之雄，陛下托之以大业，妾未见克昌之美。辽西、高阳二王，陛下儿之贤者，宜择一以树之。赵王麟奸诈负气，常有轻太子之心，陛下一旦不讳，必有难作。此陛下之家事，宜深图之。”垂不纳。宝及麟闻之，深以为恨。其后元妃又言之，垂曰：“汝欲使我为晋献公乎？”元妃泣而退，告季妃曰：“太子不令，群下所知，而主上比吾为骊戎之女，何其苦哉！主上百年之后，太子必亡社稷。范阳王有非常器度，若燕祚未终，其在王乎！”

垂死，宝嗣伪位，遣麟逼元妃曰：“后常谓主上不能嗣守大统，今竟何如？宜早自裁，以全段氏。”元妃怒曰：“汝兄弟尚逼杀母，安能保守社稷！吾岂惜死，念国灭不久耳。”遂自杀。宝议以元妃谋废嫡统，无母后之道，不宜成丧，群下咸以为然。伪中书令眭邃大言于朝曰：“子无废母之义，汉之安思阎后亲废顺帝，犹配飨安皇，先后言虚实尚未可知，宜依阎后故事。”宝从之。其后麟果作乱，宝亦被杀，德复僭称尊号，终如元妃之言。

段丰妻慕容氏，德之女也。有才慧，善书史，能鼓琴。德既僭位，署为平原公主。年十四，适于丰。丰为人所谮，被杀，慕容氏寡妇，将改适伪寿光公馀炽。慕容氏谓侍婢曰：“我闻忠臣不事二君，贞女不更二夫。段氏既遭无辜，已不能同死，岂复有心于重行哉！今主上下顾羲嫁我，若不从，则违严君之命矣。”于是克日交礼。慕容氏恣容婉丽，服饰光华，炽睹之甚喜。经再宿，慕容氏伪辞以疾，炽亦不之逼。三日还第，沐浴置酒，言笑自若，至夕，密书其裙带云：“死后当埋我于段氏墓侧，若魂魄有知，当归彼矣。”遂于浴室自缢而死。及葬，男女观者数万人，莫不叹息曰：“贞哉公主！”路经馀炽宅前，炽闻挽歌之声，恸绝良久。

吕纂妻杨氏，弘农人也。美艳有义烈。纂被吕超所杀，杨氏与侍婢十数人殡纂于城西。将出宫，超虑赍珍物出外，使人搜之。杨氏厉声责超曰：“尔兄弟不能和睦，手刃相屠，我旦夕死人，何用金宝！”超惭而退。又问杨氏玉玺所在，杨氏怒曰：“尽毁之矣。”超将妻之，谓其父桓曰：“后若自杀，祸及卿宗。”桓以告杨氏，杨氏曰：“大人本卖女与氐以富贵，一之已甚，其可再乎！”乃自杀。

时吕绍妻张氏亦有操行，年十四，绍死，便请为尼。吕隆见而悦之，欲秽其行，张氏曰：“钦乐至道，誓不受辱。”遂升楼自投于地，二胫俱折，口诵佛经，俄然而死。

凉武昭王李玄盛后尹氏，天水冀人也。幼好学，清辩有志节。初适扶风马元正，元正卒，为玄盛继室。以再醮之故，三年不言。抚前妻子逾于己生。玄盛之创业也，谟谋经略多所毗赞，故西州谚曰：“李、尹王敦皇。”

及玄盛薨，子士业嗣位，尊为太后。士业将攻沮渠蒙逊，尹氏谓士业曰：“汝新造之国，地狭人稀，靖以守之犹惧其失，云何轻举，窥冀非望！蒙逊骁武，善用兵，汝非其敌。吾观其数年已来有并兼之志，且天时人事似欲归之。今国虽小，足以为政。知足不辱，道家明诫也。且先王临薨，遗令殷勤，志令汝曹深慎兵战，俟时而动。言犹在耳，奈何忘之！不如勉修德政，蓄力以观之。彼若淫暴，人将归汝；汝苟德之不建，事之无日矣。汝此行也，非唯师败，国亦将亡。”士业不从，果为蒙逊所灭。

尹氏至姑臧，蒙逊引见劳之，对曰：“李氏为胡所灭，知复何言！”或谏之曰：“母子命悬人手，奈何倨傲！且国败子孙屠灭，何独无悲？”尹氏曰：“兴灭死生，理之大分，何为同凡人之事，起儿女之悲！吾一妇人，不能死亡，岂惮斧钺之祸，求为臣妾乎！若杀我者，吾之愿矣。”蒙逊嘉之。不诛，为子茂虔娉其女为妻。及魏氏以武威公主妻茂虔，尹氏及女迁居酒泉。既而女卒，抚之不哭，曰：“汝死晚矣！”沮渠无讳时镇酒泉，每谓尹氏曰：“后诸孙在伊吾，后能去不？”尹氏未测其言，答曰：“子孙流漂，托身丑虏，老年馀命，当死于此，不能作毡裘鬼也。”俄而潜奔伊吾，无讳遣骑追及之。尹氏谓使者曰：“沮渠酒泉许我归北，何故来追？汝可斩吾首归，终不回矣。”使者不敢逼而还。年七十五，卒于伊吾。

史臣曰：“夫繁霜降节，彰劲心于后凋；横流在辰，表贞期于上德，匪伊君子，抑亦妇人焉，自晋政陵夷，罕树风检，亏闲爽操，相趋成俗，荐之以刘石，汩以苻姚。三月歌胡，唯见争新之节；一朝辞汉，曾微恋旧之情。驰骛风埃，脱落名教，颓纵忘反，于兹为极。吾若惠风之数乔属，道韫之对孙恩，荀女释急于重围，张妻报怨于强寇，僭登之后，蹈死不回，伪纂之妃，捐生匪吝，宗辛抗情而致夭，王斩守节而就终，斯皆冥践义途，匪因教至。耸清汉之乔叶，有裕徽音；振幽谷之贞蕤，无惭雅引，比夫悬梁靡顾，齿剑如归，异日齐风，可以激扬千载矣。

赞曰：从容阴礼，婉娩柔则。载循六行，爰昭四德。操洁风霜，誉流邦国。彤管贻训，清芬靡忒。

【译文】

天、地、人三者分出位置，关于家庭、生活的学说才兴盛起来；两个家庭结成友好，贞烈的风气就会显著起来。振作高尚的情谊做得十分优秀，鲁国的书籍于是鲜明夺目，挺拔崇高的节操做得十分杰出，周地的诗篇因为这光辉耀眼。美好与忠烈同样得到勉励，柔和顺畅没过失，隔代相望，确实不只有一条线索。但是虞在妫汭兴起，夏在涂山隆盛，有娀，有孞扩大繁荣殷商的基业，大任、大姒进一步昌盛姬姓的教化，马皇后、邓皇后恭敬俭朴，汉朝推广了美德，宣公、昭公赞美贤淑、魏代宣扬了芬芳美德，这些都把礼仪在中原发挥到了极点、道义在闺房中都很突出。至于像恭姜发誓守节，孟母寻求仁爱，华氏做老师的表率而治理齐国，樊传授法规而成为楚国霸主，讥笑文伯的奉行剑术，责备子发分别庄稼，少君的遵从简约的礼节，孟光符合隐居志趣，在使妇女的规则显著的同时，还有母亲的表率。先是子政收集，后有元凯为之编次，都宣传闺房的模范，对女性教育有所裨补。所以，早的从泰始起，晚到恭、安止，有一种操行可以赞扬的，有一种技艺值得记载的，都撰集记录，为之立传。有的人地位高到皇后妃子，有的人事迹被安排在丈夫儿子的传中，现在不再记录。各个为例的国家里的人，即使一时与王道不合，但天下的善事，只要能惩恶劝善，也一起搜集编次，附在篇末。

羊耽妻子辛氏，字宪英，是陇西人，魏侍中辛毗的女儿。聪明开朗并且有才华见识。当初魏文帝能够立为太子，抱着毗的脖子说："辛君知我高兴吗？"毗把这事告诉宪英，宪英叹息着说："太子，是代君主宗庙社稷的人。代替君主不能不担忧，主持国政不能不害怕，应该担忧却高兴，怎能够长久！魏难道会不昌盛吗？"

她弟弟辛敞做了大将军曹爽的参军，宣帝要讨伐曹爽，因他跟随魏帝出去后关闭城门，曹爽的司马鲁芝率领府兵破关去救曹爽，招呼辛敞一同前去。辛敞害怕，问宪英说："天子在外边，太傅关闭城门，人们说国家将要灭亡，这事会成功吗？"宪英说："事情还不知道，但据我估计，太傅大约是不得不这样。明皇帝临终时，拉着太傅手臂，把后事交托给他，这事朝廷里人都还记得。并且曹爽与太傅都接受了托付的任务，但只有他一个人独断权势，不忠诚于王室，在做人道义上不正直，这举动不过是为讨伐曹爽罢了。"辛敞说："那么我可以不出去吗？"宪英说："怎么能不出去！职守，是做人的大道理。普通人有困难，还应同情他；做别人属下却不去做事，是很不吉利的。而替人担当责任，为别人去死，这是亲密情感的分内事，你只有随大流罢了。"辛敞就出去了。宣帝果然讨伐曹爽。事件平定后，辛敞叹息说："我假如不跟姐姐商量，几乎得不到道义！"

后来钟会做镇西将军，宪英对羊耽的侄子羊祜说："钟士季为何西出？"祜说："准备消灭蜀国。"宪英说："钟会做事十分纵横恣肆，没有长时间处在下位的道理，我怕他有别的志向。"等钟会快要往西部去时，请求他儿子做他的参军，宪英担忧地说："从前我为国家担忧，今天灾难降临到我家了。"琇坚决地向文帝请求推辞，文帝没同意。宪英对琇说："去吧，谨慎些！古代的君子，到家就对亲人孝顺，出去就为国守节，在职责上就想他的任务，道义上就想他要树立的志向，不给父母增添担、忧患难罢了。在军队里可能解救危难的，大概只有仁爱忠恕吧！"钟会到了蜀地果然造反，竟然活着回到家里。羊祜曾经送她锦做的被子，宪英嫌弃它华丽，反过来覆盖，她是这样地有预见和节俭。泰始五年死去，享年七十九岁。

杜有道的妻子严氏，字宪，是京兆人。坚贞贤淑有胆有识。十三岁的时候，嫁给杜氏，十八岁时成为寡妇。儿子杜植、女儿杜韡都成了孤儿，宪虽然年轻，但发誓不改变气节，抚育两个孩子，教他们礼节气度，植于是在当时出了名，韡也有美好的品德，傅玄请求让她做自己的继室，宪就同意他。当时傅玄跟何晏、邓飏有矛盾，何晏等人总想害他，因此没有人肯跟他结为姻亲。到了宪同意嫁了傅玄，家里家外的人都为这事担忧害怕。有人说："何、邓执掌大权，一定想害傅玄，也不过像大山压卵，用滚汤浇雪罢了，怎么跟他结亲呢？"宪说："你只知道其一，不知道其他。何晏等人骄傲奢侈，必定会自己毁自己，司马太傅却像睡着了的猛兽，我怕卵破雪化，这样做自然有道理的。"于是跟傅玄结亲。何晏等人不久也被宣帝铲除。植后来做南安太守。

植的唐兄预做秦州刺史，被人陷害，征召回京，宪给他写信告诫他说："谚语中说忍受屈辱能做到三公。你现在可以说是受到屈辱，如果能忍受住它，你是会坐上公的位置的。"植后来果然做仪同三司的官。傅玄前妻的儿子傅咸六岁时，曾经跟随他继母看望宪，她对咸说："你是一匹千里驹，定会前途远大。"将她妹妹的女儿嫁给了他。傅咸后来在国内也有名气。她能够这样了解别人。

王浑妻子钟氏，字琰，颍川人，魏太傅钟繇的曾孙女。父亲名徽，做黄门侍郎的官。琰几岁时就能够写文章，等到长大，聪明智慧，大度文雅，博览记录的书籍。容貌举止美好，善于吹哨吟诵，好的礼仪法度都成为内外人士的榜样。嫁给王浑后，生下济。王浑曾经跟琰坐在一起，济从堂前跑过时，王浑高兴地说："生这样的儿子，足以安慰人心。"琰笑着说："假如让媳妇能够许配给参军官，生个儿子一定不止这样。”参军，指王浑的二弟王沦。琰的女儿也很有才华又美好，他们为她寻找贤明丈夫。当时有一个军官的儿子很英俊，济想将女儿嫁给他，跟琰说：“得让我见见他。”济让这个士兵与其他年轻人混在一起，琰从帐帏中观察他们，过后对济说：“穿红衣的人不是你所选拔的人吗？”济说：“是。”琰说：“这人凭才能可说是出类拔萃的，但处境不好寿命又短促，没办法施展他的才能，不能跟他结亲。”就算了。那人几年后果然死了。琰远见明察，都像这事一样。

浑的弟弟的妻子郝氏也有很好的德行，琰虽出身权贵，与郝氏一直互相敬重，郝氏不因自己微贱在琰氏面前表示自卑，琰氏不因自己出身高贵欺凌郝氏，当时人称颂钟夫人的礼节，郝夫人的气度。

郑袤妻子曹氏，鲁国薛地人。郑袤先娶孙氏，很早就死了，娉她为继室。侍候公婆十分孝顺，亲自勤劳地纺纱织布，作为赡养的费用，至于叔叔妹妹、各位妹妹之间，都充分做到有礼节，使他们都非常高兴。等到郑袤做了司空，他们的儿子默等人在朝廷官员中又很突出，当时人们都称赞他们的荣耀富贵。曹氏十分害怕隆盛美满，每当郑默等升官，往往担忧的心思表现在声音脸色上。但是吃饭时没有几样菜，穿着浆洗的衣服，郑袤等人所得到的俸禄薪水，曹氏一定分散给亲戚，务必命令都给到，家里没有多余的资财。

当初，孙氏埋葬在黎阳，等郑袤死时，商议的人认为孙氏死了很久了难以迁葬，想不把他们合葬在一起。曹氏说：“孙氏是原配，理当葬在一起，怎么能使孤鬼没有依靠呢。”于是准备好吉凶引导的仪式来迎接孙氏的遗骸，准备好衣服被褥案几筵席，亲自主持雁行礼仪，听到的人没有不叹息的，认为赵姬以下到叔隗，都不值得赞扬。太康元年死去，终年八十三岁。

愍怀太子妃子王氏，太尉王衍的女儿，字惠风。坚贞委婉有志向有气节。太子被废黜后住在金墉，王衍请求取消婚姻，惠风哭喊着回到家中，路上的人都为她流泪。等刘曜攻克洛阳，将惠风赏赐给了他手下将军乔属，乔属准备娶她为妻。惠风拔出了宝剑拒绝乔属说：“我是太尉公女儿，皇太子的妃子，按道义不应被叛乱的胡人污辱。”乔属于是杀了她。

陶侃母亲湛氏，豫章郡新淦县人。当初，陶侃父亲陶丹娶她为妾，生下陶侃，但陶家贫穷低贱，湛氏经常靠纺织来资助他，使他结交比自己强的朋友。陶侃年轻的时候做寻阳县吏，曾经监督鱼，拿了一瓦锅腌鱼送给他的母亲。湛氏封腌鱼与书信，责怪陶侃说：“你做官吏，却拿官家东西送给我，不但不能够给我好处，反而会给我增添担忧啊。”鄱阳孝廉范逵住在陶侃家里，当时下大雪，湛氏就拿下自己睡的床上的新褥子，亲自铡草喂他的马，又暗中剪头发卖给邻居，用来供给饭食。范逵听说后，叹息说：“不是这个母亲不会生这样的儿子！”陶侃最后由于功名成为显贵。

虞潭母亲孙氏，吴郡富春人，是孙权家族的孙女。当初嫁给虞潭的父亲虞忠，恭谨温顺坚贞祥和，很有妇德。到虞忠死去的时候，留下孤儿孤苦伶仃，孙氏虽年轻，发誓不改变气节，亲自抚养，受尽劳累。她天赋聪明敏锐，见识观察能力超越常人。虞潭从幼童开始，她就教育他忠义道理，所以得到了很好的声望，被朝廷里的人所称赞。

永嘉末年，虞潭做了南康太守，遇上杜韬叛乱，率领众人攻打他。孙氏勉励虞潭应当为国家不惜一死的道理，把她家中的财产都拿出来馈赠给士兵，虞潭于是获得胜利。到苏峻作乱时，虞潭正任吴兴太守，又凭着气节征讨苏峻。孙氏告诫他说：“我听说忠臣出在孝子的家里，你应舍弃性命去得到道义，不要因为我年老成为累赘。”又打发她家所有的男仆人，让他们跟随虞潭帮助作战，卖掉她身上佩带的环佩作军费。这时会稽内史王舒派他儿子允之作为督护，孙氏又对虞潭说：“王府君派儿子出征，你为何独独不这样呢？”虞潭就让儿子楚做了督护，跟允之合在一处。她就是这样诚恳地为国分忧。被封为武昌侯太夫人，加授金章紫绶。虞潭在家里设养堂，王导以下官员都去拜见了。咸和末年去世，终年九十五岁。成帝派使者吊孝祭奠，谥号为“定夫人”。

周顗的母亲李氏，字络秀，是汝南人。小时候在家中，周顗父亲周浚任安东将军，有一次出去打猎，遇到下雨，路过时在络秀家中停留。正碰上她父亲和哥哥不在家，络秀听说周浚来了，与一个丫头在里屋杀猪杀羊，准备了几十人的饭食，十分周到，但没听见人说话。周浚感到奇怪，让人偷看，只见一个非常漂亮的女子，周浚于是请求做他的妾。她父亲和哥哥不答应，络秀说：“家族不兴旺，怎么能吝惜一个女儿！假如跟贵族联姻，将来大概会有很大好处的。”父亲与哥哥就答应周浚。后来生了周顗和周嵩、周谟。等到周顗等人长大后，络秀对他们说：“我委屈气节做你家的妾，是为自己家庭考虑的。你们不与我家友好，我又何必珍惜剩下这几年呢！”周顗等人从命，从此李氏才能够成为有名望的家族。

中兴年间，周顗等人都官位显赫。有一次冬至日准备酒席，络秀举杯赐给三个儿子说：“我家本从北方渡过长江南来的，没有立足之地，没想到你们都做了大官，排坐在我眼前，我还担心什么呢！”周嵩站起来说：“恐怕不像您说的那样。伯仁志大才短，名声很大但见识不明白，喜欢乘人之危，这不是保全自己的方法。嵩禀性耿直，也得不到世人容忍。只有阿奴碌碌无为，应当一直在母亲面前的。”阿奴，周谟的小名。后来果然如同他所说的那样。

荀崧的小女儿灌，从小就有奇特操守。荀崧任襄城太守，被杜曾包围，力量单薄粮食也没有了，想向前任的官员平南将军石览求救，没办法可想。灌这年十三岁，就率领数十名勇士，夜间逾城突围出去。贼人追赶得很紧，灌督促勉励将士，一边作战一边前进，进到鲁阳山才摆脱了追赶。她亲自去见石览请求出兵，又将荀崧的书信给南中郎将周访请求援助，并与他结为兄弟，周访就派儿子抚率领三千人会同石览一起去救援荀崧。贼人听说援兵到达，逃散了，这都是灌的功劳。

王凝之妻子谢氏，字道韫，是安西将军谢奕的女儿。聪明有见识，善于言辞。她叔父谢安有一次问她：“《毛诗》哪句最好？”道韫说：“吉甫作颂，像清风一样和穆。仲山甫咏怀，用来慰心绪。”谢安说她有文雅人的浓厚的兴致。又有一次家人聚会，一会儿下起了大雪，谢安说：“像什么呢？”谢安哥哥的儿子谢朗说：“散盐空中勉强可以用来比拟。”道韫说：“不如柳絮因风起。”谢安听了非常高兴。

刚嫁给凝之时，回到家中，十分不高兴。谢安说：“王郎是逸少（王羲之）的儿子，人不错，你有什么遗憾的？”回答说：“一家子人叔父中有阿大、中郎，一大群堂兄弟中又有封、胡、羯、末，没想到这么优秀的家族中竟然有个王郎！”封指谢韶，胡指谢朗，羯指谢玄，末指谢川，都是他们的小名。又曾经嘲笑谢玄学习曹植没有长进，说：“因为烦琐的事务用心太多呢，还是天分不够高呢？”凝之的弟弟献之有一次跟宾客谈论聊天，言辞论据都快用完了，道韫派丫头告诉献之说：“想要替你小叔子解围。”于是用青绫步鄣把自己遮起来，申述献之刚才的议论，客人中没人能驳得倒她。

遭逢孙恩叛乱的灾难时，她举止自如，听到丈夫与几个儿子都被贼人杀害后，才命女仆抬着竹篼，拿了把刀子出门，乱兵到来时，她亲手杀好几个人，才被俘获。她的外孙刘涛这年才几岁，贼人又想要杀害他，道韫说：“事情是王家的，跟别的家族有什么关系！一定要这样，不如先杀死我。”孙恩虽然狠毒暴虐，也被她说动心，才没有杀害刘涛。从此她寡居会稽，家里人没有不严肃敛容的。太守刘柳听说过她的大名，请求跟她说话。

道韫向来知道刘柳名声，也不拒绝，于是就挽好发髻铺着素色的垫子坐在帐中，刘柳带着学费整理好带子坐在另一张榻上。道韫风韵高洁超越了常人，言谈的风度清新儒雅，开始时说家族的事情，慷慨流泪，接着感谢慰问的好意，言辞理据都非常流畅。刘柳回去后赞叹说："实在是没见过这样的人，瞻视观察言语声气，都让人发自内心地佩服。"道韫也说："亲人随从死了不少，才会遇到这样的人，听他的问话，特别让人心胸开阔。"

当初，同郡张玄妹妹也有才学品质，嫁给了顾氏，谢玄常夸奖她，把她跟道韫作比较，有一个叫济尼的人，来往在两家之间，有人问他，济尼回答说："王夫人神情疏散开朗，所以有隐士的风度气质。顾家的媳妇清心玉映，自然是闺房中的优秀者。"道韫所著诗赋诔颂等文章，都在世上流传。

孟昶妻子周氏，孟昶弟弟颉的妻子又是她的堂妹。两家都非常富有。当初，桓玄一直敬重孟昶但刘迈却诽谤他，孟昶知道后，十分惋惜遗憾。等到刘裕要商议建立政权，跟孟昶谋划，孟昶想将所有的财物都当作军粮，他妻子不是一般的女人，可以跟她商量大事，于是对她说："刘迈向桓公说我的坏话，就算是一生都被关在牢狱中，也坚决要做反贼。你幸好可以早些与我脱离关系，如果我能得到富贵，再去迎娶你也不迟。"周氏说："您父母亲都还健在，想要作这样重大的决定，难道是妻子能够劝止的！事情如果不成功，只好在奴隶的地位中奉养大家，没有回家的道理。"孟昶悲怆了很久才站起来。周氏追赶上孟昶的坐骑，说："看你的举止，不是需要和妻子商量的人，不过是想要得到财物罢了。"当时她抱着自己的女儿，递以前让他看看，说："这个要是可以卖钱，也没有什么可惜的，何况是资财呢！"于是拿出资产都给了他，却假称有别的用途。等到事情快要行动时，周氏对孟顗妻子说："昨天做了一个梦，很不好，家里人应该用洗涤沐浴的方法来祛除它，而且不能用赤色的东西，我会将赤色的东西都收集起来藏压七天。"孟颉的妻子相信她，把所有绛红色的东西都收集起来交给她。于是放在帐中，暗地里亲自去掉棉花，把红布给孟昶，于是有几十个人用的醒目的被子和衣服，这些都是周氏提供的，而家里人却都不知道这件事。

何无忌母亲刘氏，是征虏将军刘建的女儿。从小就有志向气节。她的弟弟牢之被桓玄害死，刘氏经常怀恨在心，一直想着报复。等无忌与刘裕定下计谋，而刘氏看出他的举止有些不同往常，心里高兴但是不说出来。碰巧有一夜无忌在屏风里面撰写讨伐文告，刘氏暗中用器具盖住灯烛，慢慢爬上凳子在屏风上边偷看他，知道后，哭着抚着他说："现在知我比不上东海人吕母了！已经辜负你的忠心诚意，经常担心我寿命不长久，你能这样做，我报仇的思想能实现了。”接着问他谁是同谋，知道事情由刘裕发起的，更加高兴，就说桓玄一定会失败，用正义军队一定成功的道理来勉励他。后来的事情正像她所说的。

刘聪妻子刘氏，名娥，字丽华，是伪太保刘殷的女儿。自幼聪明伶俐，白天从事女工，晚上诵读书籍，教母经常阻止她，刘娥更加认真学习。每次与哥哥们讨论经籍的意义，理趣超越一般人而深刻独到，各位兄常深深叹服。她性格孝顺友好，风度仪表进退举止都非常得体。

刘聪篡夺皇位后，征召她作了右贵嫔，非常宠爱她。不久封她为皇后，准备造鹁仪殿让她居住，他的廷尉陈元达严词地劝谏，刘聪大怒，要斩他。刘娥当时在后堂，暗地里让手下人停止用刑，写奏疏上奏说：“在下听说准备为我营造宫殿，现在昭德殿已足够起居了，仪殿不着急。国家还没统一，灾祸患难还很多，动不动就需要人力资财，特别应该慎重考虑这件事。廷尉的话，是国家的大政。那忠臣劝谏，难道是为他自己吗？帝王拒不接受，也不是为自己。我仰望陛下上能做个明君接受劝谏以使国家昌盛，下能够做个气愤昏暗的君主拒绝谏言而遭灾祸，应用好的爵位来奖赏廷尉，用分封土地去酬谢廷尉，怎么不仅不接纳，反而想要杀了他？陛下这次发怒是由我引起的，廷尉的祸害由我造成的，人们怨恨国家的贫困，过错都在我，拒绝进谏而迫害忠臣，也是由我造成的。自古以来败国丧家，没有不是因为女人。我每次读古代的事情，气愤得忘记吃饭，哪里想得到今天我自己正做着这样的事情！将来的人看我，也好像我看从前的人，还有什么脸面来服侍陛下，请您让我回去死在这里，来为陛下被错误地迷惑的过错抵罪。”刘聪看完后脸色变了，对他的一群属下说：“我自从得风病，喜怒都不正常。元达是位忠臣，我对他有愧。”将刘娥的上表给元达看了，并说：“外边的辅佐像您，里边的辅佐像这位皇后，我不用担忧了。”等到刘娥死后，伪朝廷谥她为武宣皇后。

她的姐姐刘英，字丽芳，也聪明敏锐，涉猎学问，而文词机警雄辩，通晓明白政事，甚至超过刘娥。开始时与刘娥一起被征召封左贵嫔，不久就死了，伪朝廷追谥她为武德皇后。

韦逞母亲宋氏，不知道是哪个郡的人，家族世代因为儒学出名，宋氏自幼死母亲，由她父亲自己抚养。等长大后，教她《周官》的读音与意思，对她说：“我们家世代研究《周官》，学业不断地继承传递，这书又是周公所写，经济治理的经典文献，百官品物，在这儿都有了。我现在没有儿子可传授，你可以接受以前，不要让它在世上断绝了。”不久天下动乱，宋氏仍然讽咏诵读从不间断。

后来被石季龙迁到太行山的东边，宋氏与她丈夫都在迁徙之列，推着鹿车，背着她父亲交给她的书籍，到冀州，投靠胶东富人程安寿，程氏供养保护他们。韦逞当时年纪小，宋氏白天砍柴采摘，晚上教韦逞读书，但并不影响纺纱织布。程安寿经常叹息说：“做学问的多是士大夫家，有不是这样的吗！”韦逞于是就学业有成名声也树立起来，在苻坚的朝廷里做太常博士官。苻坚曾经去他所在的太学，询问博士关于经典方面的问题，可惜礼乐经典已遗失不全。当时博士卢壶回答说：“废止学业已经很久，书籍又零星散落，经过连续几年连缀撰集，主要经典差不多集中起来了，只有《周官礼注》没精通的人。我曾经见过太常韦逞的母亲宋氏是世代学问人家的女儿，继承她父亲的学业，学到《周官》的音义，今年八十岁了，眼睛和耳朵都没有毛病，当然除了这位母亲没有人可以教授学生的了。”于是，在宋氏家里设立学堂，招收一百二十名学生，隔着红色纱幔进行教学，封宋氏号为宣文君，赏赐给她女仆十人。《周官》学业又在世上传播起来，当时人称她“韦氏宋母”。

苻坚的妾张氏，不知哪个地方的人，明辨事理有才学、见识，苻坚要侵略江左（东晋），大臣们坚决地劝谏他都不听从。张氏进言说：“我听说天地滋生了万物，圣明的国王统治天下，没有不顺乎它们本性而使它们顺畅，因此黄帝驾乘牛马，顺着它们的本性，禹开凿龙门，决开洪河，那是顺水势；后稷播种百谷，那是顺应土地的脾气；汤、武消灭夏、商，那是顺应人的愿望。所以，有所顺应就会成功，无所顺应就会失败。现在朝廷的大臣上下都说不可以，陛下您又顺应了什么呢？《尚书》说：‘天聪明是源自于我百姓聪明。’天尚且这样，更何况是国王呢？我听说国王有讨伐一个国家的志向时，必上观天象，下采众祥。天道崇高深奥，不是我能够理解的。从人事方面说，不见得可行。谚语中说：‘鸡夜里打鸣不利于出兵，狗成群吠嗥宫室就会被洗劫，兵器有动静马受惊军队会打败仗且回不来。’秋天冬天已经来临，一到夜里成群的狗大声地嗥叫，我听见马厩里的马因受惊乱跑，武库里兵器发出声音，吉凶的规律，当然一定不是像微贱的我所说的这样，希望陛下您全面地考虑这件事。”苻坚说：“军队打仗的事不是妇女能参加的。”于是兴兵。张氏要求一起去。苻坚果然在寿春被打败，张氏就自杀了。

慕容垂妻子段氏，字元妃，是伪政权右光禄大夫段仪的女儿。从小温顺聪慧，有志气节操，经常对妹妹季妃说："我定不会做普通人的妻子。"邻居听后嘲笑她们。慕容垂称为燕王后，纳元妃为继室，于是得到特别的宠爱。伪政权范阳王德也娶季妃。姐妹都成了垂、德的妻子，最终如愿以偿。垂篡位后，封她为皇后。

慕容垂将她的儿子宝立为太子，元妃对慕容垂说："太子姿色品质雍容华贵，柔和却不独断，继承太平的皇位就会成为仁爱明智的君主，处在危难之际就能够成为救济时世的英雄，陛下将大业托付给他，我却没有见到他能够使国家昌盛的优点。辽西、高阳两位王，是陛下儿子中的聪明者，应选择一个来树立。赵王麟奸诈负气，一直有轻视太子的思想，陛下一旦有个三长两短，一定会发生祸难。这是陛下家里的事，应认真地考虑。"慕容垂不采纳她的意见。宝与麟听说后，都感到非常遗憾。后来，元妃又与他说起这事，慕容垂说："你想让我成晋献公吗？"元妃哭着退下，跟季妃说："太子不好，下属们都知道，而君主将我比作骊戎的女儿，真是痛苦啊！皇上死后，太子一定会让国家败亡。范阳王有不同一般的气魄风度，如果燕国福分还没有结束，大概就靠范阳王了！"

慕容垂死后，慕容宝继承伪王位，派赵王麟迫使元妃说："太后经常说皇上不能继承保住统一的国家，现究竟怎么样？应早一点自杀，来保全段家。"元妃愤怒地说："你们兄弟逼迫母亲自杀，怎能保得住社稷！我难道是怕死，担心国家不久要灭亡啊。"于是自杀了。慕容宝认为元妃阴谋废黜嫡亲王位，没母后的道理，不适合举行丧礼，属下官员们都这样认为。伪政权中书令眭邃在朝廷大声地说："儿子没有废黜母亲的道理，汉代安思阎后亲自废黜顺帝，还能配飨安皇，从前的太后是否说过那些话还不知道，应该按照阎后的故事。"慕容宝听他的建议。后来赵王麟果然作乱，慕容宝也被杀，慕容德又篡夺皇位，终于跟元妃说的一样。

段丰妻子慕容氏，是慕容德的女儿。有才学且聪明，擅长于写字与历史，会弹琴。慕容德篡位后，她被命名为平原公主。十四岁时嫁给了段丰。段丰为人好诬陷，被杀后，慕容氏一个人回到家里，要被改嫁给伪政权寿光公馀炽。慕容氏对女仆说："我听说忠臣不侍候两位君主，坚贞女子不改嫁两个丈夫。段氏已无辜被害，自己不能跟他一起死，难道又有心思再嫁一次吗！现在君主不顾念礼仪嫁我，假如不听从，就违背父王的命令了。"于是约定日期完成婚礼。慕容氏的姿色容貌温顺美丽，服饰光彩华丽，馀炽看见后非常高兴。住两夜后，慕容氏推说有病，馀炽也没强迫她。三日后回家，洗涤后准备酒席，言谈欢笑特别正常，到晚上，暗中在她的裙带上写：“我死之后应该把我埋葬在段氏坟墓的旁边，如果魂魄有知觉，应去那里了。”于是在浴室里上吊死了。等到埋葬时，男女观看的人有好几万，没有人不叹息地说：“坚贞啊，公主！”路上经过馀炽门前，馀炽听见挽歌声音，很长时间里悲痛欲绝。

吕纂妻子杨氏，弘农人，美貌艳丽，义气忠烈。吕纂被吕超杀害后，杨氏与女仆十几人一起把他殡葬在城西。快出宫时，吕超担心她们携带珍宝出去，让人搜查。杨氏厉声斥责吕超说：“你们兄弟不能够和睦相处，拿刀子互相屠杀，我很快就要去死的人，金银财宝有什么用！”吕超惭愧地退走。又问杨氏玉玺在哪里，杨氏愤怒说：“都已经将它们毁坏了。”吕超想娶她为妻，对她父亲杨桓说：“皇后假如自杀，祸害就要殃及你们的家族。”杨桓把这话转告杨氏，杨氏说：“父亲本就是把女儿卖给氐人来得到富贵，一次已足够了，怎么能来第二次呢！”就自杀了。

同时吕绍妻子张氏也操守品行，十四岁时，吕绍死了，她就请求去做尼姑。吕隆见到她就喜欢上她，想使她的品行变坏，张氏说：“敬重快乐的最高道义，发誓不受到污辱。”就爬到楼上跳到地上，两条腿都断了，口中念佛经，一会儿就死了。

凉武昭五李玄盛后尹氏，是天水冀人。幼年喜欢学习，清雅善辩，有志气节操。开始嫁给扶风人马元正，元正死后，做玄盛的继室，因为再醮的缘故，三年没说话。抚养前妻的孩子超过亲生。玄盛创立基业，筹措谋略大多得到她的赞助，因为这西州的谚语说：“李、尹王敦煌。”

玄盛死后，他的儿子士业继位，尊她为太后。士业准备攻打沮渠蒙逊，尹氏对士业说：“你刚建立起的国家，土地不广人口稀少，安定守住它还怕失去，说什么轻举，作非分的希望！蒙逊骁勇强壮，善于用兵，你不是他的对手。我观察他多年来有兼并我们的想法，而且天时人事方面好像也表明要归并给他。现在国家虽小，足以施行政治。懂得满足能不受到污辱，这是道家明白的劝诫。而且，先王临终时，遗嘱反复叮咛，让你们一定慎重考虑采用军队作战，等时机再行动。话就好像还在耳边，怎么就忘掉了！不如勉力地建设用道统治的政治，积蓄力量来观察形势。他们如淫乱暴虐，人心就会归向你；你如不树立起美德，灾祸也就不远了。你这一次行动，不但军队会失败，国家也要灭亡。”士业不听从她，真的被蒙逊消灭。

尹氏到姑臧，蒙逊接见并犒赏她，她回答说：“李氏政权被胡人消灭，既已知道了，还有什么话好说!”有人劝谏说:“母子性命都捏在人家手中，怎么还这么傲慢！再说国家败亡，子孙被屠杀，怎么唯独没有悲伤?”尹氏说:“兴亡死生，是规律中的大名分，为什么将它当作凡人的事情，表现出儿女的悲伤心情来？我一个女人，不能去死，难道还怕斧钺杀身的大祸，乞求做人家的臣妾吗！如果杀我，是我的愿望。”蒙逊夸奖她，不杀，替儿子茂虔娶她的女儿为妻子。到魏氏把武威公主嫁给茂虔做妻子，尹氏跟女儿迁居酒泉。不久女儿死，她抚着女儿但没哭，说:“你死得晚了!”沮渠无讳当时镇守酒泉，常对尹氏说:“太后的几个孙子都在伊吾，太后能去那里居住吗?”尹氏不知他用意何在，回答说:“子孙流散漂泊，寄身丑陋的强虏境内，我年纪大了剩下没几年了，只能死在这里，不去做住毡帐著皮裘的鬼了。”不久偷偷地跑到伊吾，无讳派骑手追上她。尹氏对使者说:“沮渠酒泉答应我回北方去，为什么还来追我？你们可以斩下我的头回去，我坚决不回去的了。”使者不敢强迫她就回去了。七十五岁时死在了伊吾。

编写史书的大臣说：天寒霜重时会使气节降低，使坚强的思想因为最后凋谢而更加昭明；局势动荡的日子里，用高尚品德去表明坚贞的愿望，不一定只是男子，也有妇女啊。自从晋朝廷政治不稳定后，很少树立风教美德，娴雅操守都遭到了打击而受损，互相趋附成为风气，以刘、石为基础，以苻、姚为主流。三月唱着胡人的歌曲，只见争奇斗艳的装饰，一旦脱离汉民族，便少有恋旧情绪。在尘世里奔走，名教传统失落不传，颓废纵情忘记本原，到这时达到了极点。至于像惠风的数落乔属，道韫的回答孙恩，荀女子在重围中解救危急，张妻向强寇报怨，篡位的苻登后，面对死亡不回头，伪政权的妃子，抛弃性命都不曾吝惜，宗、辛直抒情怀而被杀，王、靳坚守节操而死去，这些都是上天在冥冥之中循着道义的路走着的，不是因为有教育才那样的。让高入青天乔木的叶子耸听，使美好的声音更加富裕；使幽深山谷里坚贞的草木振奋了起来，无愧于雅、引诗歌，至于悬梁自尽毫无顾虑，牙齿触剑等闲视之，将来这种完备的道德力量，可发扬千年了。

评论说：从容不迫的女性礼仪，温顺柔和的模范。遵循知、仁、圣、义、忠、和六种为人的行为，使妇德、妇言、妇容、妇功四种美德昭明于世。操守像风霜一样纯洁，美名在各邦国之间传播。彤管女吏赠给训导，清芬品格是没差错的。

宋书

宋书卷四十一

明恭王皇后列传第一

明恭王皇后讳贞风，琅邪临沂人也。元嘉二十五年，拜淮阳王妃。又为湘东王妃。生晋陵长公主伯姒，建安长公主伯媛。太宗即位。立为皇后。

上尝宫内大集，而裸妇人观之，以为欢笑。后为扇障面，独无所言。帝怒曰："外舍家寒乞，今共为笑乐，何独不视？"后曰："为乐之事，其方自多。岂有姑姊妹集聚，而裸妇人形体，以此为乐？外舍之为欢适，实与此不同。"帝大怒，遣后令起。后兄扬州刺史景文以此事语从舅陈郡谢纬曰："后在家为佇弱妇人，不知遂能刚正如此。"

废帝即位，尊为皇太后，宫曰弘训。废帝失德，太后每加勖譬，始者犹见顺从，后狂慝转甚，渐不悦。元徽五年五月五日，太后赐帝玉柄毛扇，帝嫌其毛柄不华，因此欲加酖害，已令太医煮药，左右人止之曰："若行此事，官便应作孝子，岂复得出入狡狯。"帝曰："汝语大有理。"乃止。

顺帝即位，齐王秉权，宗室刘晃、刘绰、卜伯兴等有异志，太后颇与相关。顺帝禅位，太后与帝逊于东邸，因迁居丹阳宫，拜汝阳王太妃。顺帝殂于丹阳，更立第京邑。建元元年，薨于弟，时年四十四。追加号谥，葬以宋后礼。父僧朗，事别见景文传。

【译文】

明恭王皇后名叫贞风，是琅邪郡临沂人。元嘉二十五年，被拜为淮阳王妃。太宗改封，又作湘东王妃。她生晋陵长公主伯姒、建安长公主伯媛。太宗即位后，被立为皇后。

明帝曾经在宫中举行大集会，而让妇女裸体，大家观看取乐。王皇后用扇子挡住脸，独自一言不发。明帝发怒道："你的亲戚们的家中也举行乞寒活动，现在我和你们一同搞乞寒活动取乐，怎么只有你不看呢？"皇后说："取乐的事，有很多的方法。哪里有姑表姐妹们聚在一起，却让妇女裸露身体，以此为乐的？我们亲戚的家中开心取乐的做法，与这些实

在不同。”明帝大怒，命皇后起身离开。皇后的哥哥扬州刺史王景文将这件事告诉堂舅陈郡人谢纬，说：“皇后在家那样一个软弱的女子，想不到如今竟能如此刚强正直。”

废帝即位后，尊王皇后为皇太后，寝宫名为弘训宫。废帝缺乏德行，太后常加以劝谕。开始时废帝还表现顺从，以后就越来越变得狂妄阴险，不高兴了。元徽五年五月五日，太后赐给废帝带有玉柄的羽毛扇。废帝嫌扇子玉柄粗糙不华丽，因为这想要毒害太后，已命令太医去煮毒药。废帝身边的近侍劝阻他说：“假如做了这种事，您就应该当孝子了，还怎么能出入宫中到处玩闹嬉戏呢？”废帝说：“你们的话非常有道理。”这才停止下毒。

顺帝即位后，齐王执掌了政权，宗室刘晃、刘绰、卜伯兴等人有造反的想法，太后和这件事颇有关联。顺帝禅让帝位后，太后和顺帝退居东邸，接着迁居到丹阳宫，被拜为汝阳王太妃。顺帝在丹阳去世后，又在京城给王皇后再设府第。建元元年，她在府第中去世，当时四十四岁。追加谥号，用宋皇后的礼仪下葬。她的父亲王僧朗，事迹另见在《景文传》。

宋书卷四十三

檀道济列传第三

檀道济，高平金乡人，左将军韶少弟也。少孤，居丧备礼。奉姊事兄，以和谨致称。

高祖创义，道济从入京城，参高祖建武军事，转征西。讨平鲁山，禽桓振，除辅国参军、南阳太守。以建义勋，封吴兴县五等侯。卢循寇逆，群盗互起，郭寄生等聚作唐，以道济为扬武将军、天门太守讨平之。又从刘道规讨桓谦、荀林等，率厉文武，身先士卒，所向摧破。及徐道覆来逼，道规亲出拒战，道济战功居多。迁安远护军、武陵内史。复为太尉参军，拜中书侍郎，转宁朔将军，参太尉军事。以前后功封作唐县男，食邑四百户。补太尉主薄、谘议参军。豫章公世子为征虏将军镇京口，道济为司马、临淮太守。又为世子西中郎司马、梁国内史。复为世子征虏将军司马，加冠军将军。

义熙十二年，高祖北伐，以道济为前锋出淮、肥，所至诸城戍望风降服。进克许昌，获伪宁朔将军、颍川太守姚坦，及大将杨业。至成皋，伪兖州刺史韦华降。径进洛阳，伪平南将军陈留公姚洸归顺。凡拔城破垒，俘四千余人。议者谓应悉戮以为京观。道济曰："伐罪吊民，正在今日。"皆释而遣之。于是戎夷感悦，相率归之者甚众。进据潼关，与诸军共破姚绍。长安既平，以为征虏将军、琅邪内史。世子当镇江陵，复以道济为西中郎司马、持节、南蛮校尉。又加征虏将军。迁宋国侍中，领世子中庶子，兖州大中正。

高祖受命，转护军，加散骑常侍，领石头戍事。听直入殿省。以佐命功，改封永修县公，食邑二千户。徙为丹阳尹，护军如故。高祖不豫，给班剑二十人。

出监南徐兖之江北淮南诸郡军事、镇北将军、南兖州刺史。景平元年，虏围青州刺史竺夔于东阳城，夔告急。加道济使持节、监征讨诸军事，与王仲德救东阳。未及至，虏烧营，焚攻具遁走。将追之，城内无食，乃开窖取久谷，窖深数丈，出谷作米，已经再宿，虏去已还，不复可追，乃止。还镇广陵。

徐羡之将废庐陵王义真，以告道济，道济意不同，屡陈不可，不见纳。羡之等谋欲废立，讽道济入朝，既至，以谋告之。将废之夜，道济入领军府就谢晦宿。晦其夕竦动不得眠，道济就寝便熟，晦以此服之。太祖未至，道济入守朝堂。上即位，进号征北将军，加散骑常侍，给鼓吹一部。进封武陵郡公，食邑四千户。固辞进封。又增督青州、徐州之淮阳下邳琅邪东莞五郡诸军事。

及讨谢晦，道济率军继到彦之。彦之战败，退保隐圻，会道济至。晦本谓道济与羡之等同诛，忽闻来上，人情凶惧，遂不战自溃。事平，迁都督江州荆州之江夏豫州之西阳新蔡晋熙四郡诸军事、征南大将军、开府仪同三司、江州刺史，持节、常侍如故。增封千户。

元嘉八年，到彦之伐索虏，已平河南，寻复失之，金墉、虎牢并没，虏逼滑台。加道济都督征讨诸军事，率众北讨。军至东平寿张县，值虏安平公乙旃眷。道济率宁朔将军王仲德、骁骑将军段宏奋击，大破之。转战至高梁亭，虏宁南将军、济州刺史寿昌公悉颊库结前后邀战，道济分遣段宏及台队主沈虔之等奇兵击之，即斩悉颊库结。道济进至济上，连战二十余日，前后数十交，虏众盛，遂陷滑台。道济于历城全军而反。进位司空，持节、常侍、都督、刺史并如故。还镇寻阳。

道济立功前朝，威名甚重，左右腹心，并经百战，诸子又有才气，朝廷疑畏之。太祖寝疾累年，屡经危殆，彭城王义康虑宫车晏驾，道济不可复制。十二年，上疾笃，会索虏为边寇，召道济入朝。既至，上间。十三年春，将遣道济还镇，已下船矣，会上疾动，召入祖道，收付廷尉。诏曰："檀道济阶缘时幸，荷恩在昔，宠灵优渥，莫与为比。曾不感佩殊遇，思答万分，乃空怀疑贰，履霜日久。元嘉以来，猜阻滋结，不义不昵之心，附下罔上之事，固已暴之民听，彰于遐迩。谢灵运志凶辞丑，不臣显著，纳受邪说，每相容隐。又潜散金货，招诱剽猾，逋逃必至，实繁弥广，日夜伺隙，希冀非望。镇军将军仲德往年入朝，屡陈此迹。朕以其位居台铉，豫班河岳，弥缝容养，庶或能革。而长恶不悛，凶慝遂遘，因朕寝疾，规肆祸心。前南蛮行参军庞延祖具悉奸状，密以启闻。夫君亲无将，刑兹罔赦。况罪衅深重，若斯之甚。便可收付廷尉，肃正刑书。事止元恶，余无所问。"于是收道济及其子给事黄门侍郎植、司徒从事中郎粲、太子舍人隰、征北主簿承伯、秘书郎遵等八人，并于廷尉伏诛。又收司空参军薛彤，付建康伏法。又遣尚书库部郎顾仲文、建武将军茅亨至寻阳，收道济子夷、邕、演及司空参军高进之诛之。薛彤、进之并道济腹心，有勇力，时以比张飞、关羽。初，道济见收，脱帻投地曰："乃复坏汝万里之长城！"邕子孺乃被宥，世祖世，为奉朝请。

【译文】

檀道济，高平金乡人，是左将军檀韶的幼弟。少年时丧失父母，居丧期间依礼行事，侍奉姐姐和哥哥，以和顺谨慎著称。

高祖首倡大义，檀道济随从进京，参高祖建武军事。转征西，讨平鲁山，活捉桓振，官拜辅国参军、南阳太守。因建义的功勋，封爵吴兴县五等侯。卢循反叛寇掠，群盗并起，郭寄生盘踞在作唐。朝廷委任檀道济为扬武将军、天门太守，讨平郭寄生。然后跟随刘道规进讨桓谦、荀林等，他率领激励部属，身先士卒，所向披靡。徐道覆领兵逼近，刘道规麾军抵抗，檀道济因战功卓著，升任安远护军，武陵内史。不久又任太尉参军、中书侍郎，迁转宁朔将军，参太尉军事。录前后所立功勋，封爵作唐县男，食邑四百户。又补授太尉主簿、咨议参军。豫章公世子代替征虏将军镇守京口，檀道济担任他的司马，兼临淮太守。继而任世子西中郎司马，兼梁国内史。后任世子征虏将军司马，加冠军将军。

义熙十二年，高祖北伐，以檀道济为前锋，先出淮、肥，军队所到之地，城戍纷纷望风归顺。檀道济引军攻克许昌，俘获后秦宁朔将军兼颍川太守姚坦及大将杨业。兵至成皋，后秦兖州刺史韦华降附。他又引军直趋洛阳，后秦平南将军陈留公姚洸出降。一路陷城池破壁垒，俘虏敌军将士四千余人。军中有人建议将战俘全部杀死，尸体封土成高冢，以炫耀武功。檀道济说："讨伐有罪，抚慰人民，才是今天应该做的。"他将俘虏全部放回。戎夷心悦诚服，相率归顺他的人很多。他领兵西进，据守潼关，与诸路兵马联合，击败姚绍。长安平定以后，迁任征虏将军、琅邪内史。世子将镇守江陵，又以檀道济为西中郎司马、持节、南蛮校尉，加征虏将军。再迁宋国侍中，领世子中庶子，兼兖州大中正。

高祖刘裕称帝后，檀道济转为护军，加散骑常侍，领石头戍事务。允许他直接进入殿省。因辅佐高祖登基有功，改封永修县公，食邑二千户。又迁任丹阳尹，仍兼护军之职。高祖病重时，赐给他二十人，出入手持有花纹的木剑，作为仪仗队。

后出任地方官，监南徐州与兖州的江北、淮南诸郡军事，兼任镇北将军、南兖州刺史。景平元年，魏军把宋青州刺史竺夔围困在东阳城内，竺夔向朝廷告急。朝廷加檀道济使持节、监征讨诸军事，与王仲德联合，救援东阳。援军尚未赶到东阳，魏军闻讯，烧毁营寨和攻城器具，北逃。檀道济准备追击魏军，但东阳城中没有军粮。于是令士卒开地窖取陈谷，地窖深数丈，将谷子取出，加工成米，已经过了两夜，魏军已远去。于是不再追赶，回师镇守广陵。

徐羡之打算废黜庐陵王刘义真，先将此事告知檀道济。檀道济不同意，屡次陈述己见。说不能这样，但不被徐羡之采纳。徐羡之等人策划废黜宋少帝刘义符，拥立宜都王刘义隆，托辞让檀道济入朝。檀道济来到，方告知此谋。当天夜里，檀道济在领军府与谢晦同宿。谢晦因心情紧张，辗转反侧，不能入眠，檀道济刚卧床便已睡熟，谢晦佩服他临事镇定。太祖没有到来之前，檀道济进朝堂守护。待太祖登基，进檀道济征北将军，加散骑常侍，赐给鼓吹一部。不久又爵封武陵郡公，食邑四千户，檀道济坚决辞让，于是加都督青州、徐州的淮阳、下邳、琅邪、东莞五郡诸军事。

后来讨伐谢晦，以到彦之为前部，檀道济后继。到彦之接战败北，退保隐圻，适逢檀道济领兵到达。谢晦原以为檀道济已与徐羡之等人同时被杀，忽然听说他领兵前来，于是军中人心惶恐，士兵不战而自行溃散。谢晦作乱被平息之后，檀道济迁都督江州、荆州的江夏郡、豫州的西阳、新蔡、晋熙四郡诸军事，征南大将军、开府仪同三司、江州刺史，仍为持节和常侍。并增封食邑千户。

元嘉八年，到彦之统领诸路兵马伐魏，平定了黄河以南地区，不久又丢失。洛阳金墉城和虎牢关等要塞同时陷落，魏军逼近滑台。宋朝廷加檀道济都督征讨诸军事，率军北伐。军队到达东平郡寿张县时，与魏安平公乙旃眷的军队相遇。檀道济率领宁朔将军王仲德、骁骑将军段宏等奋勇作战，大败魏军。又转战到高梁亭，魏宁南将军、济州刺史、寿昌公悉颊库结前来阻击，檀道济派遣段宏和台队主沈虔之出奇兵攻打，斩杀悉颊库结。然后进军到济水南岸，连续作战二十多天，前后与魏军交锋数十次。因魏军兵多势盛，滑台被攻陷。檀道济带领宋军，从历城安全返回。进位司空，持节、常侍、都督、刺史等仍然保留。于是檀道济返回江州，镇守旬阳。

檀道济在前朝就立有战功，威信高，名望重。左右心腹，都曾身经百战。诸子又都很有才气，因而受到朝廷的猜忌。太祖连年疾患，屡次病危，彭城王刘义康常常担心太祖去世后，檀道济难以控制。十二年，太祖病危，恰逢魏军寇掠边境，于是召檀道济入朝，准备除掉他。等檀道济来到京城，太祖病情又有好转。十三年春天，让檀道济还镇旬阳，已经上船，太祖病情复发。于是以设宴饯行为名，将檀道济召回，拘押廷尉狱中。下诏说："檀道济因时势靠幸运，在往昔蒙受大恩，待遇的优厚，他人无法比拟。不务报答万一，却凭空产生狐疑和离贰之心，戒备惊惧已久。元嘉年间以来，猜忌隔阂更深。不义不亲的心思，附下欺上的事迹，本来就暴露在民间，彰显于远近。谢灵运心毒言丑，不臣之心显著，檀道济却听信他的邪说，并予以宽容和隐瞒。私下散金钱珍宝，招引剽悍狡诈的人，乃至逃亡的罪犯。这种人在他身边聚集了很多，仍更广泛地搜罗。日夜等待时机，希冀非分之望。镇军将军王仲德往年入朝时，多次陈说他的种种劣迹。朕因他位居台辅，班次崇高，采取弥补缝合和宽容隐忍的态度，希望他能改过自新。而他怙恶不悛，于是构成大逆。趁朕患病，图谋滋事构难。前南蛮行参军庞延祖完全知晓他的奸状，曾密启朕躬。君主的亲戚如不顺从，尚且用刑不赦，何况他罪恶如此深重呢？便可收押廷尉狱中，以正刑典。事情只限于元凶，其他人不予追究。"于是拘捕檀道济及其子给事黄门侍郎檀植、司徒从事中郎檀粲、太子舍人檀隰、征北主簿檀承伯、秘书郎檀遵等八人，在廷尉狱中杀死。又拘捕司空参军薛彤，在建康伏法。另派遣尚书库部郎顾仲文、建武将军茅亨到旬阳，逮捕檀道济的儿子檀夷、檀邕、檀演以及司空参军高进之，全部杀死。薛彤、高进之是檀道济的心腹，当时人比作张飞、关羽。起初，檀道济被拘执入狱时，摘下头巾扔在地上，说："竟又毁坏你的万里长城！"檀邕的儿子檀孺被宽宥，世祖在位时，官至奉朝请。

宋书卷六十一

刘义恭列传第二十一

江夏文献王义恭，幼而明颖，资颜美丽，高祖特所钟爱，诸子莫及也。饮食寝卧，常不离于侧。高祖为性俭约，诸子食不过五盏盘，而义恭爱宠异常，求须果食，日中无算，得未尝噉，悉以乞与旁人。庐陵诸王未尝敢求，求亦不得。景平二年，监南豫、豫、司、雍、秦、并六州诸军事、冠军将军、南豫州刺史，代庐陵王义真镇历阳，时年十二。元嘉元年，封江夏王，食邑五千户。加使持节，进号抚军将军，给鼓吹一部。三年，监南徐、兖二州、扬州之晋陵诸军事、徐州刺史，持节、将军如故。进监为都督，未之任。太宜征谢晦，义恭还镇京口。

六年，改授散骑常侍、都督荆、湘、雍、益、梁、宁、南、北秦八州诸军事、荆州刺史，持节、将军如故。义恭涉猎文义，而骄奢不节，既出镇，太祖与书诫之曰："汝以弱冠，便亲方任。天下艰难，家国事重，虽曰守成，实亦未易。隆替安危，在吾曹耳，岂可不感寻王业，大惧负荷。今既分张，言集无日，无由复得动相规诲，宜深自砥砺，思而后行。开布诚心，厝怀平当，亲礼国士，友接佳流，识别贤愚，鉴察邪正，然后能尽量君子之心，收小人之力。

"汝神意爽悟，有日新之美，而进德修业，未有可称，吾所以恨之而不能已已者也。汝性褊急，袁太妃亦说如此。性之所滞，其欲必行，意所不在，从物回改，此最弊事。宜应慨然立志，念自裁抑。何至丈夫方欲赞世成名而无断者哉。今粗疏十数事，汝别时可省也。远大者岂可具言，细碎复非笔可尽。

"礼贤下士，圣人垂训；骄侈矜尚，先哲所去。豁达大度，汉祖之德；猜忌褊急，魏武之累。《汉书》称卫青云：大将军遇士大无以礼，与小人有恩。西门、安于、矫性齐美；关羽、张飞，任偏同弊。行已举事，深宜鉴此。

"若事异今，嗣于幼蒙，司徒便当周公之事，汝不可不尽祗顺之理。苟有所怀，密，自书陈。若形迹之间深宜。至于尔时安危，天下决汝二人耳，勿忘吾言。

“今既进袁太妃供给，计足充诸用，此外一不须复有求取，近亦具白此意。唯脱应大饷致，而当时遇有所乏，汝自可少多供奉耳。汝一月日自用不可过三十万，若能省此，益美。

“西楚殷旷，常宜早起，接对宾侣，勿使留滞。判急务讫，然后可入问讯，既睹颜色，审起居，便应即出，不须久停，以废庶事。下日及夜，自有余闲。

“府舍住止，园池堂观，略所谙究，计当无须改作。司徒亦云尔。若脱于左右之宜，须小小回易，当以始至一治为限，不须烦纭，日求新异。

“凡讯狱多决，当时难可逆虑，此实为难，汝复不习，殊当未有次第。讯前一二日，取讯簿密与刘湛辈共详，大不同也。至讯日，虚怀博尽，慎无以喜怒加人。能择善者而从之，美自归已。不可专意自决，以矜独断之明也。万一如此，必有大吝，非唯讯狱，君子用心，自不应尔。刑狱不可拥滞，一月可再讯。

“凡事皆应慎密亦宜豫敕左右，人有至诚，所陈不可漏泄，以负忠信之款也。古人言君不密则失臣，臣不密则失身。或相谗构，勿轻信受，每有此事，当善察之。

“名器深宜慎惜，不可妄以假人。昵近爵赐，尤应裁量。吾于左右虽为少恩，如闻外论，不以为非也。

“以贵陵物物不服，以威加人人不厌，此易达事耳。

“声乐嬉游，不宜令过，蒱酒渔猎，一切角为。供用奉身，皆有节度，奇服异器，不宜兴长。汝嫔侍左右，已有数人，既始至西，未可忽包复有所纳。”

又诫之曰：“宜数引见佐史，非唯臣主自应相见，不数则彼我不亲，不亲则无因得尽人，人不尽，复何由知其众事。广引视听，既益开博，于言事者，又善有地也。”

九年，征为都督南兖、徐、兖、青、冀、幽六州、豫州之梁郡诸军事、征北将军、开府仪同三司、南兖州刺史，镇广陵。时诏内外百官举才，义恭上表日：

“臣闻云和备乐，则繁会克谐，骅骝骖服，则致远斯效。陛下顺简夤化，文明在躬，玉衡既正，泰阶载一，而犹发虑英髦，垂情仄陋，幽谷空同，显著扬历。是以潜虬耸鳞，伫俐见之期；翔凤弭翼，应来仪之感。

“窃见南阳宗炳，操履闲远，思业贞纯，砥节丘园，息宾盛世，贫约而居，内无改情，轩冕屡招，确尔不拔。若以蒲帛之聘，感以大伦之美，庶投竿释褐，翻然来仪，必能毗燮九官，宣赞百揆。尚书金部郎臣徐森之，臣府中直兵参军事臣王天宝，并局力充济，忠谅款诚。往年逆臣叛逸，华阳失守，森之全境宁民，绩章危棘。前者经略伊、瀍元戎表族，天宝北勤河朔，东据营丘，勋勇既昭，心事兼竭。虽蒙褒叙，未尽才宜，并可授以边藩，展其志力。交阯辽邈，累丧藩将，政刑每阙，抚莅惟艰。南中复远，风谖迥隔，蛮、獠狡窃，边氓荼炭，实须练实，以缓其难。谓森之可交州刺史，天宝可宁州刺史，庶足威怀荒表，肃清遐服。昔魏戊之贤，功存荐士；赵武之明，事彰管库。臣识愧前良，理谢先哲，率举所知，仰酬采访，退惧謦言，无足甄奖。"

十六年，进位司空。明年，大将军彭成王义康有罪出藩，征义恭为侍中、都督扬、南徐、兖三州诸军事、司徒、录尚书，领太子太傅，持节如故，给班剑二十人，置仗加兵。明年，解督南兖。二十一年，进太尉，领司徒，余如故。义恭既小心恭慎，且戒义康之失，虽为总录，奉行文书而已，故太祖安之。相府年给钱二千万，它物倍此，而义恭性奢，用常不足，太祖又别给钱年千万。二十六年，领国子祭酒。时有献五百里马者，以赐义恭。

二十七年春，索虏豫州，太祖因此欲开定河、洛。其秋，以义恭总统群帅，出镇彭城。解国子祭酒。虏遂深入，径至瓜步，义恭与世祖闭彭城自守。二十八年春，虏退走，自彭城北过，义恭震惧不敢追。其日，民有告："虏驱广陵民万余口，夕应宿安王陂，去城数十里。今追之，可悉得。"诸将并请，义恭又禁不许。经宿，太祖遣驿至，使悉力急追。义恭乃遣镇军司马檀和之向萧城。虏先已闻知，乃尽杀所驱广陵民，轻骑引去。初虏深入，上虑义恭不能固彭城，备加诫勤，义恭答曰："臣未能临翰海，济居廷，庶免刘仲奔逃之耻。"及虏至，义恭果欲走，赖众义得停。事在《张畅传》。降义恭号骠骑将军、开府仪同三司，余悉如故。鲁郡孔子旧庭有柏树二十四株，经历汉、晋，其大连抱。有二株先折倒，士人崇敬，莫之敢犯，义恭悉遣人伐取，父老莫不叹息。又以本官领南兖州刺史，增督南兖、豫、徐、兖、青、冀、司、雍、秦、幽并十一州诸军事，并前十三州，移镇盱眙。修治馆宇，拟制东城。

二十九年冬，还朝，上以御所乘苍鹰船上迎之。遭太妃忧，改授大将军、都督扬、南徐二州诸军事、南徐州刺史，持节、侍中、录尚书、太子傅如故，还镇东府。辞侍中未拜，值元凶肆逆，其日劭召义恭。先是，诏召太子及诸王，各有常人，虑有诈妄致害者。至是义恭求常所遣传诏，劭遣之而后入。义恭请罢兵，凡府内兵仗，并送还台。进位太保，进督会州诸军事，服侍中服，又领大宗师。

世祖入讨，劭疑义恭有异志，使入住尚书下省，分诸子并住神虎门外侍中下省。劭闻世祖已次近路，欲悉力逆之，决战中道。义恭虑世祖船乘陋小，劭豕突中流，容能为患，乃进说曰："割弃南岸，栅断石头，此先朝旧法，以逸待劳，不忧不破也。"劭从之。世祖前锋至新亭，劭挟义恭出战，恒录在左右，故不能自拔。战败，使人恭于东堂简将。义恭先使人具船于东冶渚，因单马南奔。始济淮，追骑已至北岸，仅然得免。劭大怒，遣始兴王就西省杀义恭十二子。

世祖时在新林浦，义恭既至，上表劝世祖即位，曰："臣闻治乱无兆，倚伏相因，乾灵降祸，二凶极逆，深酷巨痛，终古未有。陛下忠孝自天，赫然电发，投袂泣血，四海顺轨，是以诸候云赴，数均八百，义奋之旅，其会如林。神祚明德，有所底止，而冲居或耀，未登天祚。非所以严重宗社，绍延七百。昔张武抗辞，代王顺请，耿纯陈款，光武正位。况今罪道无亲，恶盈衅满，阻兵安忍，戮善崇奸，履地戴天，毕命俄顷，宜早定尊号，以固社稷。景平之季，实惟乐推，王室之乱，天命有在，故抱拜兆于厌壁，赤龙表于霄征。伏惟大明无私，远存家国七庙之灵，近哀黔首荼一炭之切，时陟帝祚，永慰群心。臣负衅婴罚，偷生人壤，幸及宽政，待有司，敢以漏刻视息，披露肝胆。"世祖即祚，授使持节、侍中、都督扬、南徐二州诸军事、太尉、录尚书六条事、南徐、兖二州刺史，给鼓吹一部，班剑二十人，又假黄钺。事宁，进位太傅，领大司马，增班剑为三十人。以在藩所服玉环大绶赐之。增封二千户。

上不欲敬礼太傅，讽有司奏曰："圣旨谦光，尊师重道，欲致拜太傅，斯诚弘兹远风，敦阐盛则。然周之师保，实称三吏，晋因于魏，特加其礼。帝道严极，既有常尊，考之史载，未见兹典。故卞壶、孙楚并谓人君无降尊之义。远稽圣典，近即群心，臣等参仪谓不应有加拜之礼。"诏曰："暗薄纂统，实凭师范，思尽虚慕，以承道训。所奏稽诸住代，谓无拜礼，据文既明，便从所执。"世祖立太子，东宫文案，使先经义恭。

孝建元年，南郡王义宣、臧质、鲁爽等反，加黄钺，白直百人入六六。事平，以臧质七百里马赐义恭，又增封二千户。世祖以义宣乱逆，由于强盛，至是欲削弱王候。义恭希旨，乃上表省录尚书，曰："臣闻天地设位，三极同序，皇王化则，九官咸事。时亮之绩，昭于《虞典》；论道之风，宣于周载。台辅之设，坐调阴位，元、凯之置，起厘百揆。所以栾矢言，侵官是诫，陈平抗辞，匪职罔答。汉承秦后，庶僚稍改。爵因时变，任与世移，总录之制，本非旧典，列代相沿，兹仍未革。今皇家中造，事遵前文，宜宪章先代，证文古则，停省条录，以依昔典。使物竟思存，人怀勤壹，则名实靡愆，庸节必纪。臣谬国重，虚荷崇位，兴替宜知，敢不谕尽。"上从其议。

又与骠骑大将军竞陵王诞奏曰："臣闻佾悬有数，等级仪，笏有制，卑高殊序。斯盖上哲之洪谟，范世之明训。而时至弥流，物无不弊，僭侈由俗，轨度非古。晋代东徙，旧法沦落，候牧典章，稍与事广，名实一差，难以卒变，章服崇滥，多历年所。今枢机更造，皇风载新，耗弊未充，百用思约，宜备品式之律，以定损厌之条。臣等地居枝昵，位居参台辅，遵正之首，请以爵先，致贬之端，宜从戚始。辄因暇日，共参愚怀，应加省易，谨陈九事。虽惧匪衰，庶竭微疑，伏愿陛下所览之余，薄垂昭纳，则上下相安，表里和穆矣。"

诏付外详。有司奏曰：

"车服以庸，《虞书》茂典；名器慎假，《春秋》明诫。是以尚方所制，汉有严律，诸候窃服，虽亲必罪。降于顷世，下僭滋极。器服装饰，乐舞音容，通于王公，达于众庶。上下无辨，民志靡一。义恭所陈，实允礼度。九条之格，犹有未尽，谨共附益，凡二十四条。

"所事不得南面坐，施帐并玥。藩国官，正冬不得跣登国殿，及夹侍国师傅令及油戟。公主王妃传令，不得朱服。舆不得重枫，鄣扇不得雉尾。剑不得鹿卢形。槊毦不得孔雀白鹭。夹毂队不得绛袄。平乘诞马不得过二匹。胡会不得彩衣。舞伎正冬著袿衣，不得装面蔽花。正冬会不得铎舞，杯拌舞。长蹦、透狭、舒丸剑、博山、缘大橦、升五案，自非正冬会奏舞曲，不得舞。诸妃主不得著绲带。信幡非台省官悉用绛。郡县内史相及封内官长，于甚封君，既非在三，罢官则不复追敬，不合称臣，宜止下官而已。诸镇常行，车前后不得过六队，白直夹毂，不在其限。刀不得过银铜为饰。诸王女封县主，诸王子孙袭封之王妃及封候者夫人行，并不得卤簿。诸王子继体为王者，婚葬吉凶，悉依诸国公候之礼，不得同皇弟皇子。车非轺车，不得油幢。平乘船皆下两头作露平形，不得拟象龙舟，悉不得朱油。帐钩不得作五花及竖笋形。”诏可。

是岁十一月，还镇京口。二年春进督东、南兖二州。其冬，征为扬州刺史，余如故。加入朝不趋，赞拜不名，剑履上殿，固辞殊礼。又解持节都督并侍中。

义恭撰《要记》五卷，起前汉讫晋太元，表上之，诏付秘阁。时西阳王子尚有盛宠，义恭解扬州以避之，乃进位太宰，领司徒。义恭常虑为世祖所疑，及海陵王休茂于襄阳为乱，乃上表曰：

“古先哲王，英不广植周亲，以屏帝宇，诸候受爵，亦愿永固邦家。至有管、蔡、梁、燕，致祸周、汉，上乖显授之恩，下亡血食之业。夫善积庆深，宜享长外，而历代候王，甚乎匹庶。岂异姓皆贤，宗室悉不贤。由生于深宫，不睹稼穑，左右近习，未值田苏，富贵骄奢，自然而至，聚毛折轴，遂乃危祸。汉之诸王，并置傅相，犹不得禁逆，七国连谋，实由强盛，晋氏列封，正足成永嘉之祸。尾大不掉，终古同疾，不有更张，则其源莫救。

“日者庶人恃亲，殆倾王业。去岁西寇藉宠，几败皇基。不图襄、楚，复生今衅，良以地胜兵勇，奖成凶恶，前事不忘，后事之明兆。陛下大明绍祚，垂法万叶。臣年衰意塞，无所知解，忝皇族耆长，惭慨内深，思表管见，裨崇万一。窃谓诸王贵重，不应居边，至于华州优地，时可暂出。既以有州，不须置府。若位登三事，止乎长史掾属。若宜镇御，别差扞诚大将。若情乐冲虚，不宜逼以戎事。若舍文好武，尤宜禁塞。僚佐文学，足充话言，游业之徒，一概勿许。文武从镇，以时休止，妻子室累，不烦自随。百僚修诣，宜遵晋令，悉须宣令齐到，备列宾主之则。衡泌之士，亦无烦干燥贵王。器甲地私，为用产寡，自金银装刀剑战具之服，皆应输送还本。曲突徙薪，防之有素，庶善者无惧，恶者止奸。”

时世祖严暴，义恭虑不见容，乃卑辞曲意，尽礼祗奉，且便辩善附会，俯仰承接，皆有容仪。每有符瑞，辄献上赋颂，陈咏美德。大明元年，有三脊茅生石头西岸，累表劝封禅，上大悦。三年，省兵佐，加领中书监，以崇艺、昭武、永化三营合四百三十七户给府，更增吏僮千七百人，合为二千九百人。六年，解司徒府太宰府依旧辞召。又年给三千匹布。

七年，从巡，兼尚书令，解中书监。八年闰月，又领太尉。其月，世祖崩，遗诏：“义恭解尚书令，加中书监；柳元景领尚书令，入住城内。事无巨细，悉关二公。大事与沈庆之参决，若有军旅，可为总统。尚书中事委额师伯。外监所统委王玄谟。”前废帝即位，诏曰：“总录之典，著自前代，孝建始年，虽暂并省，而因革有宜，理存济务。朕茕独在躬，未涉政道，百揆庶务，允归尊德。太宰江夏王义恭新除中书监、太尉，地居宗重，受遗阿衡，实深凭倚，用康庶绩，可录尚书事，本官监、太宰、王如故。侍中、骠骑大将军、南兖州刺史、巴东郡开国公、新除尚书令元景，同禀顾誓，翼辅皇家，赞业宣风，惟公是赖。可即本号天府仪同三司，领兵置佐，一依旧准，领丹阳尹、侍中、领公如故。”又增义恭班剑四十人，更申殊礼之命。固辞殊礼。

义恭性嗜不恒，日时移变，自始至终，屡迁第宅。与人游，欸意好亦多不终。而奢侈无度，不爱财宝，左右亲幸者，一日乞与，或至一、二百万，小有忤意，趣追夺之。大明时，资供丰厚，而用常不足，赊市百姓物，无钱可还，民有通辞求钱者，辄题后作“原”字。善骑马，解音律，游行或三五百里，世祖恣其所之。东至吴郡，登虎丘山，又登无锡县乌山以望太湖。大明中撰国史，世祖自为义恭作传。及永光中，虽任宰辅，而承事近臣戴法兴等，常若不及。

前废帝狂悖无道，义恭、元景等谋欲废立。永光元年八月，废帝率羽林兵于第害之，并其四子，时年五十三。断析义恭支体，分裂肠胃，挑取眼精，以蜜渍之，以为鬼目粽。

太宗定乱，令书曰：“故中书监、太宰、领太尉、录尚书事江夏王道性渊深，睿览通远，树声列藩，宣风铉德，位隆姬辅，任属负图，勤劳国家，方熙托付之重，尽心毗导，永融雍穆之化。而凶丑忌威，奄加冤害，夷戳有暴，殡穸无闻，愤达幽明，痛贯朝野。朕蒙险在难，含哀莫申，幸赖宗佑之灵，克纂祈天之祚，仰惟勋戚，震恸于厥心。昔梁王征庸，警跸备礼；东平好善，黄屋在建。况公德猷弘懋，彝典未殊者哉。可追崇使持节、侍中、都督中外诸军事、丞相、领太尉，中书监、录尚书事、王如故。给九旒鸾略，虎贲班剑百人。前后部羽葆、鼓吹，辒辌车。”

泰始三年，又下诏曰：“皇基崇建，《屯》《剥》维难，弘启熙载，底绩忠果，故从飨世祀，勒勋崇彝。世祖宁乱定业，实资翼亮。故使持节、侍中、都督中外诸军事、丞相、领太尉、中书监、一尚书事江夏文献王义恭，故使持节、侍中、都督南豫、江、豫三州军事、太尉、南豫州刺史巴东郡开国忠烈公元景，故侍中、司空始兴郡开国襄公庆之，故持节、征西将军、雍州刺史洮阳县开国萧候悫，或体道冲玄，燮化康世，或尽诚致效，庚难毚逆，宜式遵国典，陪祭庙庭。”

义恭长子朗，字元明，出继少帝，封南丰县王，食邑千户。为湘州刺史持节、侍中，领射声校尉。为元凶所杀。世祖即位，追赠前将军、江州刺史。孝建元年，以宗室祗长子歆继封。祗伏诛，歆还本。泰始三年，更以宗室韫第二子铣继封。为秘书郎，与韫俱死。顺帝升明二年，复以宗室琨子绩继封。三年，薨，会齐受禅，国除。

朗弟睿，字元秀，太子舍人。为元凶所害。追赠侍中，谥宣世子。大明二年，追封安陆王。以第四皇子子绥、字宝孙继封，食邑二千户。追谥睿曰宣王。以子绥为都督郢州诸军事、冠军将军、郢州刺史。进号后军将军，加持节。太宗泰始元年，进号征南将军，改封江夏王，食邑五千户。改睿为江夏宣王。子绥未受命，与晋安王子勋同逆，赐死。七年，太宗以第八子跻、字仲升，继义恭为孙，封江夏王，食邑五千户。后废帝即位，督会稽、东阳、新安、临海、永嘉五郡诸军事、东中郎将、会稽太守，进号左将军。齐受禅，降为沙阳县公，食邑一千五百户。谋反，赐死。

睿弟韶，字元和，封新吴县侯，官至步兵校尉。追赠中书侍郎，谥曰烈侯。韶弟坦，字无度，平都怀侯。坦弟元谅，江都愍侯。元谅弟无粹，兴平悼侯。坦、元谅、元粹弟元仁、元方、元旒、元淑、元胤与朗等凡十二人，并为元凶所杀。

元胤弟伯禽，孝建三年生。义恭诸子既遇害，为朝廷所哀，至是世祖名之曰伯禽，以拟鲁公伯禽，周公旦之子也。官至辅国将军、湘州刺史。又为前废帝所杀。谥曰哀世子。又追赠江夏王，改谥曰愍。

伯禽弟仲容，封永修县侯。为宁朔将军、临淮、济阳二郡太守。仲容弟叔子，封永阳县侯。叔子弟叔宝，及仲容、叔子，并为前废帝所杀。谥仲容、叔子并曰殇侯。

【译文】

江夏文献王刘义恭，幼年时十分聪明颖悟，姿态容颜美丽，高祖特别钟爱，所有儿子都比不上他。高祖饮食起居，常不离左右。高祖生性省俭节约，所有的儿子食不超过五杯酒食。而刘义恭特别受爱宠，求取水果吃，每天到中午，所吃的水果已经不可计数。捡到他不曾吃尽的残果，都要在别人乞讨时才给别人。庐陵王等诸王不曾敢于求取，即使要求也不能得到。

景平二年，监任南豫州、豫州、司州、雍州、秦州、兰州六个州诸军事、冠军将军、南豫州刺史，代庐陵王刘义真坐镇历阳，这时十二岁。元嘉元年，被册封为江夏王，食邑五千户。加使持节，进升封号抚军将军，赐给他鼓吹一部。元嘉三年，监南徐州、兖州二州、扬州晋陵诸军事、徐州刺史史、持节，将军封号与之前相同。进任为都督，还没到任，太宜征伐谢晦，刘义恭又还坐镇京口。元嘉六年，改授为散骑常侍、都督荆州、雍州、益州、梁州、宁州、南秦州、北秦州八个州诸军事、荆州刺史，持节、将军职与以前相同。

刘义恭涉猎文学与道义，骄奢不事节俭。临出任镇抚职时，太祖给他书告诫他："你年少将要成年，便亲自赴就一方的职任。天下的时事艰难，家与国的事情重大，虽说你是去守已经有的成业，实际也不容易。朝代兴废，国家安危，就在我和你们这些皇子身上，难道能够没感想，不思考谨守国家的基业吗，要像特别恐惧的样子小心负起政治的责任。今天，既然分别了，各在一方，再在一起说话没确定的日子，没机会再当面教诲你，你应深刻地自行砥砺锻炼自己，遇事三思而后行。开诚布公，平心静气，亲自礼遇国内贤人，以朋友的身份迎接豪杰俊士之辈，识别贤愚，鉴察邪正，而后才能够尽你的君子之心，集中百姓的力量，治理好国家。你精神爽快，意念敏悟，具有日新一业的美德。但进德修业，还没达到成熟的程度，我之所以可惜，就在于不能够完成你的学业。你的性情偏急，袁太妃也说是这样。人性情要是有所偏急而有所阻滞不通，他的欲望又势在必行，这时，思想与行动不统一，等到遇事又改变主意。这是最不好的事。你应坚定地确立你的志向，思考为实现你的志愿而裁省抑制自己行为。哪有大丈夫想成名为世称赞而不能自断其事的呢！今天粗粗略略地给你疏阵十几件事，你别离后可用来自己省察。事情太大的不能一一具陈，细小琐碎的事又不是一支笔可写尽的。

"礼贤下士，是圣人留下来的训典；骄纵奢侈，先哲们对此舍弃。心胸开阔，性情达观，处世大度，是汉高祖刘邦的美德；猜疑别人，忌恨贤能，处世偏袒，断事急躁，是魏武帝曹操的弊病。《汉书》称卫青说：'大将军遇士大夫时行礼，与下面的人相处时就加之恩'。西门、安于，矫正自己性情使之趋美；关羽、张飞，任用偏急而趋向弊端。当自己行动举事的时候，要深入借鉴这些。

"假如遇事不同于今天，继承人还很年轻。你将司徒当作周公旦一样的贤人来对待，你不能不全尽恭敬之理。如果有你的想法，就秘密地亲自书写陈述告诉他。在情形迹象上，你应慎重地拥护他。至于有时产生安危，天下就要看你们两个人的。不要忘记我的话。

“今天，既然已经享有与袁太妃一样的供给，计算起来，足以够用。此外，都不要等待再求什么，近来也都已经说明这意思。假如碰上大行犒赏，而且当时又碰到财货有所不足，你自己可少给多余的供奉。你在一个月间自己用度不能超过三十万，倘若能比这还节省些，就更好。

“西楚地方宽广空旷，常宜于早早地起床。接待宾客和僧侣，不让他们长期停留滞阻。判断急的事情，要当机立断，像这样，随后才可请他进屋问询，观看他的颜色，审察他的起居，有应答就出来，不要等待和久停，以免耽误你的政事。太阳落山到夜间，自然还有空余时间。

“府舍住址，园庭、池阁、堂馆及观门，略微有所讲究，计议停当后，就不要再改造。司徒也说了这件事。倘与手下有个不相统时，一定要小心周旋。应以从开始到终了，都采用一种办法治事为限度。不惮繁难，纷纭变化，每天都标新立异。

“凡审讯案件，断理狱讼，遇上多疑难决的，一时间难以追究事情原委。这也实在是难事，你又不谙习世故，世事多端没规范。可以审讯前一两天，取审讯记录簿秘密地同刘湛等人共同详细研究，事情就会大不一样。到审讯那一天，要以虚怀为要，博爱尽至为仁，千万不要凭借个人喜怒加之于人。能择善而从，秉公断案，美自然就归你自己。不能够专一于你个人意见自选决断，用来显示你独断的明智。一旦有这种事出现，一定会大为恨惜。不但审理狱案是这样，君子用心于时事，自然也这样。刑罚狱案的事不可塞滞，一个月可再行讯问。

“凡遇到事都应缜密思考，也适宜于提前敕示你的手下。人都有至诚的心，手不陈述的不能泄露出去，因而辜负忠信的信条。古人说，‘君主不守秘密，那么会失去他的臣子；臣子不守秘密，那么会丧失他自己。’有的人互相谗毁以致互相构怨，你不要轻易相信并接受一方而否定另一方。每有这类事情出现，你应善于观察。

“名器宜于常深深加以爱惜，慎重地加以运用。不能随便假借别人。亲近的人授爵赐封，尤其应裁减数量。我对我的手下，虽然很少施恩，如果听到外边有议论，不要以为他们不对。

用尊贵陵侵于人，那么人就不会服你；将威势强加于人，那么人就不会向你靠拢。这是很容易理解的。

“声乐嬉游娱乐方面的事情，不宜过分；赌博喝酒渔猎，一切都要停止。供给财用，限于事奉身体，都要有所节度。奇特服饰，怪异器具，不宜于时兴滋长。你的左右嫔侍，已有了几个人，从现在开始一直到达到所镇的地方，不能够在匆忙之间再纳娶嫔侍。”

又告诫他道：“应当多引见辅佐你的官吏，不只是君主与臣子自然就应相见。而不多见，那么彼此就不亲近，不亲近，那么就不能够完全了解人，不完全了解人，又凭什么将很多事告诉他们便于他们辅佐你的决断呢。广泛引见人，既有益于你广闻博视，对言事的人，也有个受差遣用武之地。”

元嘉九年，被征任为都督南兖州、徐州、兖州、青州、冀州、幽州六州与豫州梁郡诸军事、征北将军、开府仪同三司、南兖州刺史，坐镇广陵。这时候，下诏京师内外的百官举贤荐才，刘义恭上表说：

“我听说用乐器（云和为乐器之代称）制备音乐，要杂烩各种声音才会达到和谐；骅骝这样的骏马用于骖服，才能够有致远之效。陛下顺成简以治世之理，努力地化成天下，自身既有文明之德，正定国家朝政的大业，皇权集中统一，尚启用英髦之士，垂情留意于仄陋之间，发幽谷在空同，使之显著发扬光大。因此，潜藏的蛟虬得以能耸鳞振奋，等待奋发时期的时机；欲待飞翔的彩凤得以清理它的羽翼，因有响应招致来仪的感受。

“我私自看到南阳宗炳这个人，节操行事悠闲达观，思想与业绩都贞正、纯洁。在丘园中砥自己的节操，在盛世，却息而为宾，没有涉足仕途。以贫约自居，心中没有要改变自己操行的想法。官府屡将去招请他，都坚定而不移。如果用蒲轮之国、锦帛之弊去聘请他，用天地大伦的美业去感化他，或能让他投竿释褐，高兴地接受招聘供职朝廷，他的才能一定能光耀九官，受到百官称道。尚书金部郎徐森之，我府中直兵参军事王天宝，一并都有能力允任朝廷，忠义宽厚，而且诚实不欺。往年乱臣叛逆，华阳被贼乱占领，徐森之能保护疆土不受侵犯，安定百姓不受到骚扰，他的功劳与才能在危难中得到表现。之前的经略伊、瀍，大行征伐没成功而丧失军旅，天宝向北，勤事河朔，在东面据守营丘，他的功勋和勇敢已得到昭示，他为获得成功尽心，也尽力。虽然已经蒙受褒扬，叙官得到任用，但是还没有尽其所能，可一并授给边疆藩任之职，使他们施展自己抱负及才能。交阯辽阔，路途遥远，连续地丧失官员和将领，政治与刑罚每每受损害，抚理统治非常艰难。南中相去京师遥远，王道风化难以到达。蛮、獠人十分狡黠，来去无踪。边境人民备受荼炭，实在等朝廷去训他们，使那得到充实，用以免除那里的患难。我说徐森可任交州刺史，天宝可任宁州刺史，幸许他们足以用威表来感化那里的荒蛮，使政治严肃，民风清静，远近臣服。以前的魏戊的贤达，他的功劳在于能推荐隐士于朝廷；赵武的明智，他的勋业在于管理好府库。我的识见自愧不如前人好，我的思想只能谢让于先哲的明达。但是我举荐的，是我了解的人，希望你派人去采访调查，退一步说我也害怕我是胡说八道，不值得甄别与嘉许。”

十六上，进位担任司空。第二年，大将军彭城王刘义康因获罪，出任藩辅，刘义恭被征为侍中、都督扬州、南徐州、兖州三个州诸军事、司徒、录尚书，领太子太傅，持节还同多去一样，赐给班剑二十个人，行置仗加兵礼仪。第二年，解除了都督南兖州的职责。二十一年，进任太尉，领司徒，其他任职还同以前一样。刘义恭处事小心、恭敬、慎重，而且借鉴刘义康的过失，所以虽任职总录，但只奉行文书而已，因为这太宜很放心他。相府每年所接受的俸禄钱两千万，其他的物资加倍。但是刘义恭生性奢侈，用度经常感到不足，太宜又另外每年给钱一千万。二十六年，领国子祭酒。当时有人献给太祖刘义隆一匹五百里马，太祖赐给刘义恭。

二十七年春，索虏骚扰豫州，太宜皇帝由于这件事，想开拓边疆以定河、洛。这年秋天，任命刘义恭统领一群将帅，出师镇守彭城。解除了国子祭酒的职务。索虏兵进一步推进，直接到瓜步。刘义恭与世祖闭守彭城不战。二十八年春，虏寇退兵逃跑，从彭城向北。刘义恭震恐害怕不敢再追击索虏。这天，有老百姓来告诉刘义恭说：“虏寇劫持广陵地百姓一万多人，晚上驻扎在安王坡，离城几十里。现在追击，可以都救出他们。”所有将领也一同请求追击。刘义恭禁止他们，不许他们追击。过一夜，太祖刘义隆派来的快马到了，命令他们竭尽全力迅速追击虏寇。刘义恭才派遣镇军司马檀和之开赴萧城。虏寇已提前知道檀和之追杀过来，于是都杀了被劫持的广陵百姓，轻装骑马逃之夭夭。开始，虏寇深入到腹地，太祖刘义隆担心刘义恭没有能力固守彭城，多方面对刘义恭进行告诫限制，刘义恭回答说：“我没有能身临瀚海，也没有能够抚居延，希望不受到刘促那样逃窜的耻辱。”等到虏寇进攻彭城，刘义恭果然想要临阵脱逃，依靠大家谏争，才得以阻止。将刘义恭降职为骠骑将军、开府仪同三司，其余职位都和以前一样。鲁郡孔子原来的园庭中有二十四棵柏树，经历汉朝、晋朝几个朝代，长到要几个人连起来才能够抱围那么粗，有两棵在以前折断倾倒，知书识礼的人出于对孔子的崇尚尊敬，所以没谁敢去碰它们。刘义恭派人把这些树都砍伐了，地方上的人没一个不为之叹息。刘义恭又以原来的官职领南兖州刺史，增加为都督南兖州、豫州、徐州、兖州、青州、冀州、司州、雍州、秦州、幽州、并州十一个州诸军事，加上原来的十三州，共二十四个州，迁移坐镇盱眙。在盱眙兴修建造馆舍屋宇，规模与标准都比照东城。

二十九年冬天，从盱眙还朝京师，太祖用皇帝御乘苍鹰船上水迎接刘义恭。遇上太妃病故，改给他大将军、都督扬州、南徐州二州诸军事、南徐州刺史职位，持节、侍中、录尚书、太子太傅职位与之前同。返回东储镇抚。辞侍中职没拜授。恰好刘劭发起弑君位的叛乱，这天刘劭召请刘义恭。在这以前，文帝刘义隆下诏唤太子刘劭与诸王，各自派固定的人去，以防有人诈称诏命而害他们。因为这，这时刘义恭要求往常受派传诏的人去传达诏命。刘劭派了平常传达诏命的人传诏给刘义恭。刘义恭才入宫见文帝，刘义恭请示拆掉了宫殿内的卫兵，所有府内的卫兵仪仗，都一同返回台府。刘义恭进位为太保，都督会州诸军事，穿着侍中服装，又领任大宗师。

世祖发兵向京师讨伐，刘劭怀疑刘义恭怀有背叛的心理，让他人宫居住在尚书下省，分开他所有儿子都居住在神虎门外侍中下省。刘劭听说世祖已临时驻扎到靠近京师的地方，想竭尽全力抵抗，与他在半路上决战。刘义恭担心世祖船只简陋规模小，刘劭要是在激流中突袭他，或许可能给他造成灾祸，于是向刘劭进言说："割弃南岸的江边，造栅以遮断石头城的路，把这个作为据守，这是前代固有的办法，以逸待劳，不打他不败他。"刘劭依从刘义恭的建议。世祖刘骏的前锋军抵达新亭，刘劭劫持刘义恭出京师迎战，对刘义恭盯得非常紧，因为这刘义恭没能够摆脱他们。刘邵战斗失败，命令刘义恭到东堂点将。刘义恭先派人准备船在东冶河渚，因为这单兵匹马向南投奔世祖刘骏。刚过了秦淮河，追兵已经到达北岸，得以逃脱没抓住。刘劭非常愤怒，就派始兴王刘睿到西省杀害刘义恭的十二个儿子。

世祖此时在新林浦，刘义恭已赶到，上表劝说世祖登皇帝位，说："我听说治理与动乱，没有什么先兆，而祸与福相倚，乾灵降祸，二凶极逆，十分残酷，极为痛心，前所未有。你天生的忠心孝顺，赫然如雷电般奋发，投袂泣血，四海顺心归正。因为这诸侯会风起云涌般投奔你，数量足以抵挡得住八百诸侯，尚义而起的军队，他们集结起来就像山林一样多。神灵降福的祚位与明德，总有一个界限，而你谦逊冲和，不登天子位，这不是以宗庙社稷为重而使之永远延续，世世代代无穷尽。以前张武抗直而言，代王顺从请求而为汉文帝；耿纯陈述意旨，光武帝刘秀登上皇位。何况现在是罪臣逆贼不视亲戚，恶贯满盈，依仗手中军队，安于做残忍的事情，杀戮善良无辜的人，宠崇奸邪的人，让顶天立地活生生的人，在顷刻间死于非命。你应及早确定尊号，用来巩固国家朝政。现在的时事处在少帝刘义符景平那样的年代，实在是应顺应时事高兴地进取。王室陷入动乱，也是天意要使这样。因为这，抱拜兆于压壁，龙表于霄征。伏着想您正大光明而无私心，在远可保存宗室国家七庙之灵，在近可哀念平民百姓遭涂炭的切肤之痛，当及时登位称帝，用来永远安慰大家的心灵。我负担焚身受绞的处罚，苟且偷生在众人之间，有幸得到你宽仁的政治，等待着治罪于有司，胆敢置自身于不顾，披露肝胆，告诉你想法。”世祖刘骏登皇帝位，授给刘义恭使持节、侍中、都督扬州、南徐州二个州诸军事、太尉、尚书六条事、南兖州两州、徐州刺史，赐给鼓吹一部，班剑二十人，另加赐给他假黄钺。事情安定，进任太傅职位，领大司马，增加班剑达到三十个人。用他在出镇外时佩戴的玉环大绶带赐给他，增加封邑二千户。

世祖刘骏不想要致尊敬礼貌于大傅，因为这指使有司上奏议说：“圣旨谦逊光明，尊师重道，想致礼敬拜太傅，这事情诚然是要弘扬王道，使远方得到风化，阐释朝廷治政的基本规则。劝勉百官躬亲实践。但，周代太师、太保，与太傅一并被称之为官吏，晋朝因袭三国曹魏的办法，唯独只提高太傅的位置。做皇帝准则特别严明，太傅既然已有通常的地位和尊严，又特意提高他的地位，将这件事考察历史记载，没有这样的规定。因为这，卞壶、孙楚都说百姓的君主只有授职给人，没降尊给人的义务。从长远看圣人制定的典章制度，从近看大家的心愿，我们这些臣子参与商议都说不应再有加拜的礼节。”世祖下诏说：“昏庸而薄德的人继承了大统，实在要靠师傅的指导和规范，尽心尽意地虔诚恭敬，从而承受王道训诫。你们写的奏章，考察历史上的朝代，说没有君主拜见太傅的礼仪。言之有据而且文意明白，我就依照你们的意见，不拜授太傅。”世祖册立太子后，凡进送东宫的文件案牍，一律先经过刘义恭。孝建元年，南郡王刘义宣、藏质、鲁爽等人造反。世祖加给刘义恭黄钺、白直百人进入了六门。叛乱平定，将藏质原有的一匹七百里马赐给刘义恭，又增加封邑二千户。世祖认为刘义宣叛乱悖逆朝廷，是由于势力强盛，因为这想削弱王侯的势力。刘义恭观察到世祖的意思，于是上表省录尚书说："我听说天与地设定了万事万物的位置，天、地、人三极都在同一个系列上，皇王化则，九官都共事朝廷。时代所崇尚的功业，昭示在《虞典》上，阐释王道风化已宣行在周代。台、辅的设置，是要与阴、阳相调和，元辅和尚书省确立，确定百事。因此，栾钺的箭矢之言，有过失的犯官得引以为成；陈平抗意陈辞，不是自己职守便不要回答。汉朝继续在秦朝后面，对前代的东西稍有改变。爵秩由于时代的不同而有变化，任职随世事的发展而迁徙。总录的制度，原不是古代制度，但历代相互沿袭，到现在也没有什么变革。今天，我朝创建，凡事都遵循以前文献，还应效法前代，征文于古代法典。停止简省条录，使之合乎历史典章。使万物竞相思虑自己生存，所有人都想着勤于国事，那名义与实际就不会相佐，庸人与节士就会载记史册。我荒谬地典属国家的大事，白白担荷崇高的位职。应清楚国事之兴起与停止，因为这岂敢不把我所知道的都告诉孝武帝。"世祖刘骏采纳他的建议。

刘义恭又与骠骑大将军竟陵王刘诞上奏道："我听说舞队数目和县磬数目各自有数，上下尊卑等级仪制不同。笏都依制度进行，卑微和崇高秩序迥然有别。这全是出自于上哲的洪谟，规范世人的明训。而时至今日，沧海横流，万物无不挂疵积弊，僭越奢侈成风俗，轨度不同于往古。晋代向东方迁徙，原有的王法被沦落，诸侯、牧守典章，因事更为多样。名与实一有所差别，难以在短时间内改变。章冠与服饰穿着制度非常滥，已经有了年头。现在，朝廷的枢机更新改造，君主风范灿然一新，靡耗积弊没得充实，百用考虑从简，应修订官品、式样的法律，确定损益条款。臣等既为皇室宗枝，又为陛下所亲近，职官参坐于台、辅之间。遵行正道的首要任务，请把清理爵秩的封赏放在最前面。有所贬斥的，都从皇亲国戚开始。余暇的日子，共同参研我们愚蠢的想法，还需要加以审察变易。谨慎地陈述九件事。虽然还害怕有所言言不由衷，但是已经竭尽我们心意。恳切地希望孝武帝在聆听和阅读奏疏后的闲暇时间里，稍微垂青于我们的愚心，将我们奏议给予公布或采纳，那么朝廷上下就相安无事，宗室内外就会和睦共处。"下诏将刘义恭与刘诞的奏章外放详议。

有司上奏说："车辆、服饰的作用，是《虞书》已经确立的规定；名分、祭器借给别人特别慎重，是《春秋》规定的戒律。因为这，尊崇礼法，确定制度，汉代有严格的法律、诸侯不敢不服从，虽是皇家宗室亲戚，犯法也一定要治罪，及至到当代，下面的人僭越制度更到了极点，皇帝使用物器具、衣服、装饰、音乐、舞蹈、音容，通达到王和公卿，及至平民百姓。在下面与在上面没区别，平民百姓都像王公贵戚一样。刘义恭所陈述的，实在合乎礼制法度。九条的内容，尚有没说到的，又谨慎地再作补充，共有二十四条。

“听事不能够南面坐，要设帐和玥。藩属国的官员，在隆冬不能够赤足登上国殿，以及带上侍国太师的传命与油戟。公主、王妃派遣使传令的人，不得穿红色的衣服。所用的车子不能有重枫，鄣扇能使用野鸡尾，剑不能文饰鹿卢的形状，槊眊不采用孔雀的白毛，夹毂队的人不能着绛色袄，平时乘散马不超过二匹。少数民族的歌舞伎人不能穿彩衣，舞会在隆冬时穿褂衣，装饰面容时不用花，隆冬时会舞，不演武戈舞、怀袢舞，长高跷、透狭、舒丸剑、博山、缘大橦、升五案，所有不是冬至会奏的舞曲，都不舞。所有王妃、公主不能带绲带。传命使臣使用的旗号不属于台省官的一律用绛色。郡县内史相及所有在封内的长官，相对于他受封的君主，已不在三列之内的，罢官后就不再用敬辞，不可自称臣，宜于自称下官。所有藩镇长官平时出巡，乘车前面和后面的仪仗不多于六队，夹车毂的白直，不包括在此限。使用的刀不用比银或铜华贵的东西作装饰。诸王女儿封为县主，诸王儿子继承王位者的王妃和各个夫人出行，都不用卤薄。诸王子继位者，他们的婚丧吉凶的事，一律按诸国公、侯的礼仪，不能够与皇帝、皇子相同。车子不是轺车，不能用油幢，平时乘船都要卸下两头使之成为敞露的平台，不能拟制像龙舟，一律不能用红色油漆。帐钩不能够作成五色花和竖笋形。”下诏许可这一奏章。

这年十一月，刘义恭返回京口镇抚。二年的春天，进位督东兖州、南兖州二州。这年冬天，被授任扬州刺史，其他职位与之前相同。加赐入朝不小跑，参赞、迎接不称姓名，带剑穿鞋上殿特殊礼遇，刘义恭坚决辞让不受这种特殊礼遇。又解除持节、都督和侍中的职务。

刘义恭撰写了《要记》五卷，上起自西汉，下至晋朝太元年。表奏送考武帝，孝武帝下诏付给秘阁。这时候，西阳王刘子尚受到特别的宠爱，刘义恭解除扬州刺史，用来避免构怨于刘子尚。于是进位任太宰，领司徒。刘义恭常忧虑他会受到世祖刘骏的猜忌，等海陵王刘休茂在襄阳作乱时，才上表给孝武帝说：

"古代明哲的君王，没谁不是广泛地任用培植周围的亲戚，用来屏蔽皇权帝基。诸侯得到爵位，也希望永远巩固国家的宗族的统治。管叔、蔡叔为祸周朝，有梁王刘武、燕王刘旦为祸于汉朝，对上有悖朝廷给他们显赫封赐的恩泽，对下丧失宗庙血食之典。善行积累至于深厚，那么就能够长久地享有帝王的业绩。而历代的侯王，比平民百姓要好得多。难道异姓公侯士大夫就好，皇族人就都不行。这是因为他们生长在深宫里面，没有看到过农夫的耕种庄稼，他们的手下与近臣侍卫，没从事过逐耕，财用富足，地位尊贵，骄奢淫逸，自然就随之而来，聚众闹事，于是危害加祸朝廷。汉代诸王，都一并设置太傅、丞相，犹尚不能禁止叛逆，七国联合造反，确实都是由于诸王势力强盛造成的。晋代授封太多，恰足够滋生永嘉之乱。尾巴大，就不好掉头左右它，自古以来都出自同一个毛病，不再有更改变动，那么到头来就会无可救药。

先前，庶人刘邵依仗皇室亲戚关系，几乎倾覆国家政权。去年西边的寇贼刘义宣借助朝廷对他们的恩宠，差点毁掉皇室的基业。没想到襄、楚之地，又出现现在的动乱，在很大程度上是因他们受封疆土过分辽阔，军队过于勇敢，对他们的奖励反而酿成凶恶。前事不忘，后事之师。孝武帝英明，即位称帝后，设王法于万代。我年龄大，精神恍惚，没什么知识见解，不称职作为皇族的长辈，惭愧、感慨、内疚，十分深刻，想上表我的一管之见，用以辅助你万一。我私下认为诸王的显贵重要，不应让他们居处边境，至于中华州郡的好地方，有时可以让他们暂时出京师到那里去镇抚。既有个州的设置，就不必再设置府。倘若用一职位兼有三种职责，可由长史、掾属等官吏供奉。倘适合到那里去镇抚行使职权，可另外派守城大将去那里充任职守。如果他的性情乐于内向软弱，就不宜派他从事征讨方面的事。倘若舍弃文礼，崇尚武争的事，尤其应禁止。批属佐吏的文学之士能够把话讲清楚就行。像游于梁国那样的文学之士，一律予以排斥。文官武将到方镇任职，应按时调动，妻子、儿女等家室，不应该让他们跟随一道前往镇抚的地方。朝廷命官的文件，送达到朝廷，应遵守晋朝的条令，等宣令都到齐，都充列在君主两侧的来宾席上。隐居的人，也无须再烦扰显赫的候与尊贵的君主。私人拥有兵器甲具，作用很少，凡是金银装饰的刀剑及作战工具和服装，都应输送朝廷。曲突徙薪防患于未然。这样做，大概会使行善的人没恐惧，凶恶的人停止为奸犯科"。

这时，世祖严酷暴戾，刘义恭担心不被他所容纳，就使用谦卑的语言，曲尽其意奉承，而且敏捷辨绘，善于附会，仰俯应承，也都十分有容貌威仪。每当有符瑞出现，总献上自己的赋颂文章，陈述颂赞美德。大明元年，有三脊茅生长在石头城的西岸，刘义恭就几次表奏孝武帝封禅，孝武帝非常高兴。三年，省去兵佐的职任，加领中书监职，以崇艺、昭武、永化三个营共有四百三十七户充府用，又增加了吏僮一千七百人，加上以前的共二千九百人。六年，解职司徒府、太宰府，像以前一样应召入朝。又每上赐给他三千匹布。

七年，随孝武帝刘骏出巡，兼尚书令职，解除了中书监职。八年闰月，又领太尉职。一个月，世祖去世，留下遗诏说："义恭解除尚书令，加任为中书监。柳元景领尚书令职，搬进城内居住。凡是遇事情，不论大小，都要征询刘义恭、柳元景的意见。国家大事请求沈庆之参加决定，如果有军事行动，可以让他作最高统帅。尚书省中的事情委任由颜师伯处理，对外监察军事方面的事情委任给王玄谟。"前废帝登上皇帝位，下诏说："总录典章，确立在前代。孝建元年，虽暂时合并简省一些，但沿袭不变与更新革面都要适合时宜，合理存在在于能利于处理时务。我孤独无依，不曾经涉及政治，不论大小事，都依靠遵循德的原则来处理。太宰江夏王刘义恭刚被任命中书监、太尉的职务，居处在宗室长辈的重要地位，受遗诏秉承朝政要职，是我深深的依靠，让天下平安，万事有功，可任一尚书事，本官中书监、太宰、江夏王职位像以前。侍中、骠骑大将军、南兖州刺史、巴东郡开国公、新任尚书令柳元景与刘义恭一道受到遗诏安排，作为皇室辅翼。赞助朝政事业，宣扬王道风化，就依靠你们二公。可就本官号开府仪同三司，所领的军队、设置佐吏，都保存以前世祖准许的制度。领丹阳尹、侍中、领公职位同以前一样。"又增拨给刘义恭班剑四十人，再次明确加赐他特殊礼仪，刘义恭坚持辞让。

刘义恭生性喜欢行动却不持之以恒，每天每时都会有迁移变化，从开始封王到被前废帝刘子业杀害，多次迁居住地。与人交游，他的兴趣爱好也有许多的时候是有始无终。而生活奢侈没限度，不珍爱财物珍宝，他手下亲近信赖的人，一天向他请示赐予，有时一次给钱一二百万，稍有不合他心意，动辄又将赐给的东西追夺回来。大明年间，资财供应丰富多样，但是支用经常不足，赊账购买百姓的货物，没钱偿还，百姓中有人通过捎欠条这种途径给他，动不动就在欠条的后面写"原"字了之。善于骑马，理解音律，浏览行走有时竟远达到三五百里。世祖任他为所欲为，不加责怪限制。到东面的吴郡游玩，先登上虎丘山，又登上无锡县乌山，用来观望太湖。大明年间撰写了国史，世祖皇帝亲自为刘义恭作传记。到永光年中，虽担任宰相，辅弼朝政，而巴结皇帝贴身侍臣戴法兴等人，经常像赶不上他们的样子。

前废帝狂妄、不循常规，残暴无道，刘义恭、柳元景等人计划想废除他的皇位。永光元年八月，前废帝率羽林兵到刘义恭家中杀他，和他的四个儿子，刘义恭死时五十三岁。砍断分离刘义恭四肢和身体，剖开肠胃，挑出眼珠，用蜂蜜浸泡眼珠，用来制作鬼目粽。太宗平定动乱登上皇帝位，下诏令说："原中书监、太宰、领太尉录尚书事、江夏王刘义恭修养道德十分高深，明智判断是非的能力可通达远方，在列藩时已声望遍布，宣扬王化风尚建立自己的德仁。职位显赫高于周公旦，责任重大如负图，为国家辛勤劳苦，当他担受辅佐朝政大任时，尽心辅佐领导，自始至终保持和融雍穆的态度。但是凶恶丑陋的人惧怕他的威仪，大肆冤枉谋害他，夷族杀身，残暴不仁，殡葬墓穴都没听说建立。对此愤恨到极点，连幽冥之界都有愤激情绪，朝廷内外都为此痛心疾首。我遭受危害，处险难之中，忍含恶愤，不曾申诉。有幸依赖祖先神灵的护佑，能得到向天祈祷的皇位，上对建立功勋的宗戚，震恐哀恸的心情难以言表。西汉梁王十分平庸，朝廷加赐给他行警跸的大礼；东汉东平王刘苍好善乐施，明帝特赐建造老人黄屋。何况刘义恭的德仁广博、浩大、美妙，与常典比也没不同。可追尊他为使持节、侍中、都督中外诸军事、丞相、领太尉、中书监、录尚书事、江夏王，同生前一样。增赐给他九旒鸾辂、虎贲班剑一百人、前后部羽葆、鼓吹、辒辌车。

泰始三年，又下诏说："皇室基业贵在创建，《屯》《剥》两卦说志在守业艰难。轰轰烈烈开创基业。浩浩荡荡光大开国成果，造就大的业绩，厚实的成就。所以，要进行祭祀，世代奉祀，将功勋铭刻在宗族典制上。世祖皇帝平定了动乱，巩固皇室的基业，实在依仗靠忠达的羽翼和辅弼。原使特节、侍中、都督中外诸军事、丞相、领太尉、中书监、隶尚书事江夏文献王刘义恭，原使持节、侍中、都督南豫州、江州、豫州三州军事、太尉、南豫州刺史、巴东郡开国忠烈公柳元景，原侍中、司空始兴郡开国襄公沈庆之，原持节、征西将军、雍州刺史洮县开国萧候宗悫，他们有的理谕治道达到了微妙的境地，能够借以和他康世，有的竭尽忠诚，效忠于朝廷，更易国难，使之趋向平定，制裁叛逆。应让他们享祀等同国典，陪祭在宗庙中。”

刘义恭长子刘朗，字元明，是少帝的继嗣，册封为中南丰县王，赐给一千户食邑。任湘州刺史、持节、侍中、领射声校尉。被刘劭杀死。世祖即位称皇帝，追赠他为前将军、江州刺史封号。孝建元年，用宗室刘袛长子刘歆继承封号。刘袛被诛杀后，刘歆削职还本。泰始三年，又改用宗室刘韫第二个儿子刘铣来继承封号。任职秘书郎，与刘韫一起死。顺帝升明二年，又以宗室刘琨的儿子刘绩承袭封号。升明三年，去世。遇上齐取代宋，封国消除。

刘朗弟弟刘睿，字元秀，太子舍人，被刘劭杀害。被追赠为侍中，谥号称宣世子。大明二年，被追封为安陆王。以第四皇子刘子绥、字宝孙继承封赐，二千户食邑。追赠刘睿号称宣王。以刘子绥任都督郢州诸军事、冠军将军、郢州刺史。晋封为后军将军，加持节。太宗泰始元年，晋封为征南将军，改封为江夏王，食邑五千户。改赠刘睿江夏宣王。刘子绥还未受命，与晋安王刘子勋叛逆，赐死。七年，太宗把第八子刘跻、字仲升，作为刘义恭的继嗣孙，册封为江夏王，食邑五千户。后废帝刘昱登上皇帝位，任命他督会稽、东阳、新安、临海、永嘉五个郡诸军事、东中郎将、会稽太守，进任为左将军。齐朝受禅，刘跻被降为沙阳县公，食邑减至为一千五百户。因谋反，被赐死。

刘睿弟弟刘韶，字元和，被册封为新吴县候，任官至步兵校尉。追赠他为中书侍郎，谥号烈候。刘韶弟弟刘坦，字元度，受封为平都怀候。刘坦弟弟刘元谅，被受封为江安愍候。刘元谅的弟弟刘元粹，被受封为兴平悼候。刘坦、刘元谅、刘元粹一并被追赠为散骑侍郎。刘元粹弟弟刘元仁、刘元方、刘元旒、刘元淑、刘元胤与刘朗等共二十人，一并被刘劭杀害。

刘元胤弟弟刘伯禽，孝建三年出生。刘义恭十二个儿子被害。朝廷为他哀悼，因为这样，世祖皇帝刘骏给他取名为伯禽，类比鲁公伯禽，周公旦儿子。任官为辅国将军、湘州刺史。又被前废帝杀害。愍号为哀世子。后追赠为江夏王，改愍号叫愍。

刘伯禽弟弟刘仲容，受封为永修县候。任职为宁朔将军、临淮、济阳二郡太守。刘仲容弟弟刘叔子，被受封为永阳县候。刘叔子弟弟刘叔皇，和刘仲容、刘叔子，都被前废帝杀害。刘仲容、刘叔子谥号一并被称殇侯。

宋书卷六十二

羊欣列传第二十二

羊欣字敬元，泰山南城人也。曾祖忱，晋徐州刺史。祖权，黄门郎。父不疑，桂阳太守。

欣少靖默，无竞于人，美言笑，善容止。泛览经籍，尤长隶书。不疑初为乌程令，欣时年十二，时王献之为吴兴太守，甚知爱之。献之尝夏月入县，欣著新绢裙昼寝，献之书裙数幅而去。欣本工书。因此弥善。起家辅国参军，府解还家。隆安中，朝廷渐乱，欣优游私门，不复进仕。会稽王世子元显每使欣书，常辞不奉命元显怒，乃以为其后军府舍人。此职本用寒人，欣意貌恬然，不以高卑见色，论者称焉。欣尝诣领军将军谢混，混拂席改服，然后见之。时混族子灵运在坐，退告族兄瞻曰："望蔡见羊欣，遂易衣改席。"欣由此益知名。桓玄辅政，领平西将军，以欣为平西参军。仍转主簿，参预机要。欣欲自疏，时漏密事，玄觉其此意，愈重之，以为楚台殿中郎。谓曰："尚书政事之本，殿中礼乐所出。卿昔处股肱，方此为轻也。"欣拜职少日，称病自免屏居里巷，十余年不出。

义熙中，弟徽被遇于高祖，高祖谓谘议参军郑鲜之曰："羊徽一时美器，世论犹在兄后，恨不识之。"即拔欣补右将军刘藩司马，转长史，中军将军道邻谘议参军出为新安太守。在郡四年，简惠著称。除临川王义庆辅国长史，庐陵王义真谘议参军，并不就。太祖重之，以为新安太守，前后凡十三年，游玩山水，甚得适性。转在义兴，非其好也。顷之，又称病笃自免归。除中散大夫。

素好黄老，常手自书章，有病不服药，饮符水而已。兼善医术，撰《药方》十卷。欣以不堪拜伏，辞不朝觐，高祖、太祖并恨不识之。自非寻省近亲，不妄行诣，行必由城外，未尝入六关。元嘉十九年，卒，时年七十三。子俊，早卒。

【译文】

羊欣，字敬元，是泰山郡南城县人。他的曾祖羊忱，在晋朝官至徐州

刺史。他的祖父羊权，官至黄门郎。他的父亲羊不疑，官至桂阳太守。

羊欣少年时，性格沉静，寡言少语，与他人无争，谈笑时音容甜美，举止得体。他广览经史图籍，尤擅长隶书。他的父亲羊不疑起初任乌程县令，羊欣才十二岁，那时王献之任吴兴太守，非常喜欢羊欣。有一次王献之大热天来到乌程县衙，这时羊欣正穿新绢做的裙子睡午觉，王献之在他裙幅上写了几行字，就走开了。羊欣本来擅长书法，因为这事更加热爱书法艺术。他初任官辅国参军，因将军府撤销，他回到家乡。隆安年间，朝政日益昏乱，羊欣就在家闲居，不再出来当官。会稽王司马道子世子司马元显，多次请羊欣写字，羊欣推辞不答应，司马元显十分恼火，于是安插他作为后军府舍人。这种职务本来只任用下层人士，羊欣对此却心情十分平静，不把职位高低放在心上，为此人们对他大大称赞。羊欣曾经去拜见领军谢混，谢混马上打扫坐席，换便服，而后才见羊欣。当时谢混族侄谢灵运在座，他退出后告诉本族的哥哥谢瞻说："望蔡（谢混的字）接见了羊欣，竟然更衣且更换坐席。"羊欣从此以后更加知名。桓玄为辅政大臣，并兼任西平将军，任命羊欣为西平参军，后来转为主簿，参与机密要事处理。羊欣想自行疏远桓玄，不断地故意泄露机密，桓玄察觉他的用意，对他却更加倚重，任命他为楚台殿中郎。并对他说："尚书郎一职关乎国家政事根本，殿中郎一职主持制定政令。以前你处在辅佐地位，比起现在职务，地位还是轻些。"羊欣任职没几天，就称病辞职，他隐居在普通街巷之中，十几年都不出来做官。

东晋义熙年间，羊欣弟弟羊徽受到宋高祖刘裕的重用，刘裕对谘议参军郑鲜之说："羊徽是当时的美才，声誉在他哥哥之下，我为不认识羊欣而遗憾。"当即就荐奏他补任为将军刘藩的司马，又转为长史、中军将军刘道邻谘议参军。又外任为新安郡太守。在新安任职四年，以简政利民著称。升任他为临川王刘义庆辅国长史、庐陵王刘义真车骑谘议参军，他都不去就任。宋太祖刘义隆非常敬重他，又任他为新安郡达守。前后在郡中十三年，游山玩水，十分得意。又转任他为义兴郡太守，他并不喜欢这职务，过不久，就称病辞职回乡了，朝廷给他加任中散大夫衔。

羊欣平素爱好黄老学说，经常亲笔书写有关章节。他生病不吃药，只是饮用道家的神水。他又擅长医术，著有《药方》十卷。羊欣由于上朝跪拜不便，就不去朝见皇帝，宋高祖刘裕、太祖刘义隆都因为不认识他而感到遗憾。羊欣在家，除非去看望知己亲戚，不随便去拜访其他人，他出门也必定绕城而行，没走进过城关，元嘉十九年去世，终年七十三岁。他儿子羊俊，很早就死去了。

宋书卷六十四

裴松之列传第二十四

裴松之字世期，河东闻喜人也。祖昧，光禄大夫。父珪，正员外郎。松之年八岁，学通《论语》《毛诗》。博览坟籍，立身简素。年二十，拜殿中将军。此官直卫左右。晋孝武庆元中革选名家以参顾问，始用琅邪王茂之、会稽谢輶，皆南北之望。舅庾楷在江陵，欲得松之西上除新野太守，以事难不行，拜员外散骑侍郎。义熙初，为吴兴故鄣令。在县有绩，入为尚书祠部郎。

松之以世立私碑，有乖事实，上表陈之曰："碑铭之作，以明示后昆，自非殊功异德，无以允应兹典。大者道勋光远，世所宗推，其次节行高妙，遗烈可纪。若乃亮采登庸，绩用显著，敷化所莅，惠训融远，述咏所寄，有赖镌勒。非斯族也，则几乎僭黩矣。俗敝伪兴，华烦已久，是以孔悝之铭，行事人非；蔡邕制文，每有愧色。而自时厥后，其流弥多。预有臣吏，必为建立，勒铭寡取信之实，刊石成虚伪之常，真假相蒙，殆使合美者不贵，但论其功费，又不可称。不加禁裁，其敝无已。"以为："诸欲立碑者，宜悉令言上，为朝议所许，然后听之。庶可以防遏无征，显彰茂实，使百世之下，知其不虚，则义信于仰止，道孚于来叶。"由是并断。

高祖北伐，领司州刺史，以松之为州主簿，转治中从事史。既克洛阳，松之居州行事。宋国初建，毛德祖使洛阳。高祖敕之曰："裴松之廊庙之才，不宜久尸边务，今召为世子洗马，与殷景仁同，可令知之。"于时议立五庙乐，松之以妃臧氏庙乐亦宜与四庙同。除零陵内史，征为国子博士。

太祖元嘉三年，诛司徒徐羡之等，分遣大使，巡行天下。通直散骑常侍袁渝、司徒左西掾孔邈使扬州；尚书三公郎陆子真、起部甄法崇使荆州；员外散骑常侍范雍、司徒主簿庞遵南兖州；前尚书右丞孔默使南北二豫州；抚军参军王歆之使徐州；冗从仆射车宗使青、兖州；松之使湘州；尚书殿中郎阮长之使雍州；前竟陵太守殷道鸾使益州；员外散骑常侍李耽之使广州；郎中殷斌使梁州、南秦州；前员外散骑侍郎阮园客使交州；驸马都尉、奉朝请潘思先使宁州，并兼散骑常侍。班宣诏书曰：“昔王者巡功，群后述职，不然则有存省之礼，聘頫之规。所以观民立政，命事考绩，上下偕通，遐迩咸被，故能功昭长世，道历远年。朕以寡暗，属承洪业，夤畏在位，昧于治道，夕惕惟忧，如临渊谷。惧国俗陵颓，民风凋伪，眚厉违和，水旱伤业。虽躬勤庶事，思弘攸宜，而机务惟殷，顾循多阙，政刑乖谬，未获具闻。岂诚素弗孚，使群心莫尽？纳隍之愧，在予一人。以岁时多难，王道未壹，卜征之礼，废而未修，眷彼氓庶，无忘攸恤。今使兼散骑常侍渝等申令四方，周行郡邑，亲见刺史、二千石官长，申述至诚，广询治要，观察吏政，访求民隐，旌举操行，存问所疾。礼俗得失，一依周典，每各为书，还具条奏，俾朕照然，若亲览焉。大夫君子，其各悉心敬事，无惰乃力。其有咨谋远图，谨言中诚，陈之使者，无或隐遗。方将敬纳良规，以补其阙。勉哉勖之，称朕意焉。”

松之反使，奏曰：“臣闻天道以下济光明，君德以广运为极。古先哲后，因心溥被，是以文思在躬，则时雍自洽，礼行江汉，而美化斯远，故能垂大哉之休咏，廓造周之盛则。伏惟陛下神睿玄通，道契旷代，冕旒华堂，垂心八表，咨敬敷之未纯，虑明扬之靡畅，清问下民，哀此鳏寡，涣焉大号，周爰四达。远猷形于《雅》《诰》，惠训播乎遐陬。是故率土仰咏，重译咸说，莫不讴吟踊跃，式铭皇风；或有扶老携幼，称欢路左，诚由亭毒既流，故忘其自至，千载一时，于是乎在。臣谬蒙铨任，忝厕显列，猥以短乏，思纯八表，无以宣畅圣旨，肃明风化，黜陟无序，搜扬寡闻，惭惧屏营，不知所措。奉二十四条，谨随事为牒，伏见癸卯诏书，礼俗得失，一依周典，每各为书，还具条奏。谨依事为书以系之后。”松之甚得奉使之义，论者美之。

转中书侍郎、司冀二州大中正。上使注陈寿《三国志》。松之鸠集传记，增广异闻，既成奏上。上善之，曰：“此为不朽矣。”出为永嘉太守，勤恤百姓，吏民便之。入补通直为常侍，复领二州大中正。寻出为南琅邪太守。十四年致仕，拜中散大夫，寻领国子博士，进太中大夫，博士如故。续何承天国史，未及撰述。二十八年，卒，时年八十。子骃，南中郎参军。松之所著文论及《晋纪》，骃注司马迁《史记》，并行于世。

【译文】

裴松之字世期，河东闻喜人。他的祖父裴昧，担任过光禄大夫。他的父亲裴珪，担任过正员外郎。裴松之八岁的时候，通学了《论语》和《毛诗》。他博览群书，为人清淡朴素。二十岁的时候，拜为殿中将军。殿中将军这个官是皇帝左右的近卫。晋孝武帝庆元年间选拔名家参与顾问，才开始用琅邪的王茂之，会稽的谢輶，这二位一南一北享有很高的声望。裴松之的舅舅庾楷在江陵，想让裴松之西上担任新野太守，因为事情困难而没有实现，于是拜他为员外散骑侍郎。义熙（405—418）初年，裴松之担任吴兴故鄣县令。有政绩，调入朝中任尚书祠部郎。

裴松之因为社会上个人所立的碑，文字与事实不符，于是上表说："碑铭的写作，是为了昭示后人，从本意上说不是特殊的功勋和特出的德行，不应当享有碑铭。（应当享有碑铭的）首先是思想勋绩影响很大，受到全社会推崇的人；其次是高风亮节，有遗烈可记述的人；至于那些辅助皇帝的人，成绩显著的人，改造他所任职的地方的人，有好的教导长久流传的人，咏诗作文的人，也是需要勒铭镌刻的。不是以上几种人，（如果也立碑刻铭）就几乎是僭越和亵渎了。这种庸俗作假的风气兴起，使用华靡的辞藻由来已久，所以孔悝的铭文，正确的行为却遭到人们的非议；蔡邕写作碑文，（因不符合事实）每有愧色。但自他们以后，流弊就更加多了。稍有职务，就必定要立碑刻铭，勒铭很少有能使人相信的事实，刊石只不过成了弄虚作假的家常便饭，真假混杂，就使得应当得到美名的不显得珍贵，只说他们的功绩，又是些不足道的。对这种风气不加禁止裁办，它的弊病就会没完没了。"裴松之认为："那些想立碑的人，应当命令他们都向上请示，经朝廷议论允许之后，才能让他们去办。这样大概就可以防止不实之词，表彰那些美好的事实，使百世以后，知道没有虚假，就会使仁义得到人们的信仰，办事的原则就会得到未来的崇敬。"于是以后立碑刻铭都依照裴松之所建议的办。

高祖北伐的时候，兼任司州刺史，让裴松之担任州主簿，后又转任治中从事史。攻克洛阳以后，裴松之担任州行事。宋朝建国之初，毛德祖出使洛阳。高祖下教说："裴松之是廊庙之才，不宜老是待在边疆，现在召他回朝担任太子洗马，和殷景仁的待遇一样，可以让他知道。"当时议论建立王朝的音乐，裴松之认为妃子臧氏庙的音乐应该与其他四庙的音乐一样。升任裴松之为零陵内史，旋即征召他为国子博士。

太祖元嘉三年（426），诛杀了司徒徐羡之等人，分遣大使，巡行天下。通直散骑常侍袁渝、司徒左西掾孔邈出使扬州；尚书三公郎陆子真、起部甄法崇出使荆州；员外散骑常侍范雍、司徒主簿庞遵出使南兖州；前尚书右丞孔默出使南豫州和北豫州；抚军参军王歆之出使徐州；冗从仆射车宗出使青州、兖州；裴松之出使湘州；尚书殿中郎阮长之出使雍州；前竟陵太守殷道鸾出使益州；员外散骑常侍李耽之出使广州；郎中殷斌出使梁州、南秦州；前员外散骑侍郎阮园客出使交州；驸马都尉、奉朝请潘思先出使宁州，并兼散骑常侍。(他们出使之时，在朝廷列班受诏)诏书说："从前帝王巡视天下，各诸侯述职，不然就是诸侯执行回朝朝觐、聘问的规定。由此看来观察民情而推行政治，任命官吏并考察他们的政绩，上上下下都一致，远远近近都一样，所以能够功业长久，(治世的)原则能够得以长期坚持。朕孤陋寡闻，继承了洪大的事业，只好小心谨慎，但不懂治理天下的原则，只有整天忧愁，好像面临深渊一样。朕害怕国家的风气衰颓、百姓弄虚作假，重大的过失有违国家的和睦，水旱之灾伤害了百姓的产业。虽然朕亲自过问这一类的事情，想使其得到妥当的处置，但重要的事情实在太多，朕所见所做的有许多缺漏，政治和刑法有不恰当的地方，都没有全部清楚。这难道不是朕不够诚恳，使大家不能完全尽心尽意吗？不能救民于水火的惭愧，应该由朕一人承担。因为天灾很多，还没有完全实行仁德的政治，帝王巡狩的制度被废弃了还没有恢复，(虽然如此)朕眷顾百姓，没有忘记对他们的悯恤。现在派遣兼散骑常侍袁渝等到四方视察，到各郡邑巡行，亲自与刺史、二千石长官们见面，申述朕治天下的诚挚之意，广泛征求治理国家的重要意见，观察官吏的政治，访求民众的痛苦，表彰有操行的官吏，慰问百姓的疾苦。无论官吏或民俗的得失，都依据周朝的典制加以裁断，每件事情各写成书奏，回来之后都分门别类上奏，帮助朕弄清情况，好像亲见一样。各位大夫君子，请你们全心全意以此事为重，不要怠惰。下面的人如果有良谋大计，请诚心诚意细致地讲出来，上呈使者，不要有任何保留。这样才能使朕恭敬地采纳好的意见，以补政治上的缺漏。各位努力吧，一定要满足朕的心愿。"

裴松之回来之后上奏说："臣下听说天道是带给世界光明的，君王的德行是以全面治理社会为极致的。古代圣哲的君主，因为考虑到了所有的事情，所以一个人有好的想法，社会就富足和平；虽然只在江、汉推行礼制，其良好的影响却很深远。所以能够让后人咏颂他们宏大的功业，创造出比周朝好的典则。陛下神思玄通，思想举世无双，身居天子之位，考虑着四面八方，咨询施布教化的不足，思虑荐举贤才之路还不通畅，公正地问询下民（的痛苦），同情他们当中的鳏夫、寡妇，光辉伟大的感召，影响远及四方。（这些举动）以很早以前的《雅》《诰》为法则，英明的训示传扬到了边远的地方。所以全国民众恭敬地颂扬，很远的外国也感到喜悦，莫不歌唱吟诵欢欣鼓舞，铭记皇恩；有的扶老携幼，在路旁述说欢喜，实在是因为养育之恩流布，因此忘其所以。千载以来，只有这时候才出现这种情况。臣下谬蒙选任出使，不合格的与显要的人物同列，才能缺短，思想简单，无力宣扬圣旨，严肃倡明风化，进退人才没有章法，访求推举也孤陋寡闻，惭愧惶恐，不知所措。现在上奏二十四条，谨恭地随事写成。臣下见癸卯诏书，说官吏民风的得失，都依据周朝的典制加以裁断，每件事情各写成书奏，回来以后分门别类上奏。（现遵诏）依事为类附之于后。”裴松之很懂得出使的意义，谈论的人都赞扬他。

后来，裴松之累任中书侍郎，司州、冀州两州的大中正。皇帝选派他为陈寿的《三国志》作注。于是裴松之累集资料，增加了不同的说法，写成后奏上，皇帝认为注得很好，说：“这个注是不朽的！”就调他出任永嘉太守。（他为太守）勤政恤民，官吏和百姓都感到生活自如。（所以又让他）入补通直散骑常侍，后又兼任司、元冀二州的大中正。不久他又出任南琅邪太守。元嘉十四年他告第退休，被拜为中散大夫，不久又兼任国子博士。后又提升为太中大夫，仍然任博士。裴松之打算续写何承天所写的刘宋国史，没有来得及动笔。元嘉二十八年，他就去世了，当时他八十岁。他的儿子名骃，任南中郎参军。裴松之所写的论文和《晋纪》，裴骃注释的司马迁的《史记》，一并在世上流行。

宋书卷六十九

范晔列传第二十九

范晔字蔚宗，顺阳人，车骑将军泰少子也。母如厕产之，额为砖所伤，故以砖为小字。出继从伯弘之，袭封武兴县五等侯。

少好学，博涉经史，善为文章，能隶书，晓音律。年十七，州辟主簿，不就。高祖相国掾，彭城王义康冠军参军，随府转右军参军，入补尚书外兵郎，出为荆州别驾从事史。寻召为秘书丞，父忧去职。服终，为征南大将军檀道济司马，领新蔡太守。道济北征，晔惮行，辞以脚疾，上不许，使由水道统载器仗部伍。军还，为司徒从事中郎。顷之，迁尚书吏部郎。

元嘉九年冬，彭城太妃薨，将葬，祖夕，僚故并集东府。晔弟广渊，时为司徒祭酒，其日在直。晔与司徒左西属王深宿广渊许，夜中酣饮，开北牖听挽歌为乐。义康大怒，左迁晔宣城太守。不得志，乃删众家《后汉书》为一家之作。在郡数年，迁长沙王义欣镇军长史，加宁朔将军。兄暠为宜都太守，嫡母随暠在官。十六年，母亡，报之以疾，晔不时奔赴，及行，又携妓妾自随，为御史中丞刘损所奏，太祖爱其才，不罪也。服阕，为始兴王浚后军长史，领南下邳太守。及濬为扬州，未亲政事，悉以委晔。寻迁左卫将军、太子詹事。

晔长不满七尺，肥黑，秃眉须。善弹琵琶，能为新声，上欲闻之，屡讽以微旨，晔伪若不晓，终不肯为上弹。上尝宴饮欢适，谓晔曰："我欲歌，卿可弹。"晔乃奉旨。上歌既毕，晔亦止弦。

初，鲁国孔熙先博学有纵横才志，文史星算，无不兼善。为员外散骑侍郎，不为时所知，久不得调。初熙先父默之为广州刺史，以赃货得罪下廷尉，大将军彭城王义康保持之，故得免。及义康被黜，熙先密怀报效，欲要朝廷大臣，未知谁可动者，以晔意志不满，欲引之。而熙先素不为晔所重，无因进说。晔外甥谢综，雅为晔所知，熙先尝经相识，乃倾身事综，与之结厚。熙先借岭南遗财，家甚富足，始与综诸弟共博，故为拙行，以物输之。综等诸年少，既屡得物，遂日夕往来，情意稍款。综乃引熙先与晔为数，晔又与戏，熙先故为不敌，前后输晔物甚多。晔既利

其财宝，又爱其文艺。熙先素有词辩，尽心事之，晔遂相与异常，申莫逆之好。始以微言动晔，晔不回，熙先乃极辞譬说。晔素有闺庭论议，朝野所知，故门胄虽华，而国家不与姻娶。熙先因以此激之曰："丈人若谓朝廷相待厚者，何故不与丈人婚，为是门户不得邪？人作犬豕相遇，而丈人欲为之死，不亦惑乎？"晔默然不答，其意乃定。

时晔与沈演之并为上所知待，每被见多同。晔若先至，必待演之俱入，演之先至，尝独被引，晔又以此为怨。晔累经义康府佐，见待素厚。及宣城之授，意好乖离。综为义康大将军记室参军，随镇豫章。综还，申义康意于晔，求解晚隙，复敦往好。晔既有逆谋，欲探时旨，乃言于上曰："臣历观前史二汉故事，诸蕃王政以订诅幸灾，便正大逆之罚。况义康奸心衅迹，彰著遐迩，而至今无恙，臣窃惑焉。且大梗常存，将重阶乱，骨肉之际，人所难言。臣受恩深重，故冒犯披露。"上不纳。

熙先素善天文，云："太祖必以非道晏驾，当由骨肉相残。江州应出天子。"以为义康当之。综父述亦为义康所遇，综弟约又是义康女夫，故太祖使综随从南上，既为熙先所奖说，亦有酬报之心。广州人周灵甫有家兵部曲，熙先以六十万钱与之，使于广州合兵。灵甫一去不反。大将军府吏仲承祖，义康旧所信念，屡衔命下都，亦潜结腹心，规有异志。闻熙先有诚，密相结纳。丹阳尹徐湛之，素为义康所爱，虽为舅甥，恩过子弟，承祖因此结事湛之，告以密计。承祖南下，申义康意于萧思话及晔，云："本欲与萧结婚，恨始意不果。与范本情不薄，中间相失，傍人为之耳。"

有法略道人，先为义康所供养，粗被知待，又有王国寺法静尼亦出入义康家内，皆感激旧恩，规相拯拔，并与熙先往来。使法略罢道，本姓孙，改名景玄，以为臧质宁远参军。熙先善于治病，兼能诊脉。法静尼妹夫许耀，领队在台，宿卫殿省。尝有病，因法静尼就熙先乞治，为合汤一剂，耀疾即损。耀自往酬谢，因成周旋。熙先以耀胆干可施，深相待结，因告逆谋，耀许为内应。豫章胡遵世，藩之子也，与法略甚款，亦密相酬和。法静尼南上，熙先遣婢采藻随之，付以笺书，陈说图谶。法静还，义康饷熙先铜匙、铜镊、袍段、棋奁等物。熙先虑事泄，鸩采藻杀之。湛之又谓晔等："臧质见与异常，岁内当还，已报质，悉携门生义故，其亦当解人此旨，故应得健儿数百。质与萧思话款密，当仗要之，二人并受大将军眷遇，必无异同。思话三州义故众力，亦不减质。郡中文武，及合诸处侦逻，亦当不减千人。不忧兵力不足，但当勿失机耳。"乃略相署置，湛之为抚军将军、扬州刺史，晔中军将军、南徐州刺史，熙先左卫将军，其余皆有选拟。凡素所不善及不附义康者，又有别簿，并入死目。

熙先使弟休先先为檄文曰：

夫休否相乘，道无恒泰，狂狡肆逆，明哲是殛。故小白有一匡之勋，重耳有翼戴之德。自景平肇始，皇室多故，大行皇帝天诞英姿，聪明睿哲，拔自藩国，嗣位统天，忧劳万机，垂心庶务，是以邦内安逸，四海同风。而比年以来，奸竖乱政，刑罚乖淫，阴阳违舛，致使衅起萧墙，危祸萃集。贼臣赵伯符积怨含毒，遂纵奸凶，肆兵犯跸，祸流储宰，崇树非类，倾坠皇基。罪百浞、猹，过十玄、莽，开辟以来，未闻斯比。率土叩心，华夷泣血，咸怀亡身之诚，同思糜躯之报。

湛之、晔与行中领军萧思话、行护军将军臧质、行左卫将军孔熙先、建威将军孔休先，忠贯白日，诚著幽显，义痛其心，事伤其目，投命奋戈，万殒莫顾，即日斩伯符首，及其党与。虽豺狼即戮，王道惟新，而普天无主，群萌莫系。彭城王体自高祖，圣明在躬，德格天地，勋溢区宇，世路威夷，勿用南服，龙潜凤栖，于兹六稔，苍生饥德，亿兆渴化，岂唯东征有《鸱鸮》之歌，陕西有勿翦之思哉。灵祇告征祥之应，谶记表帝者之符，上答天心，下惬民望，正位辰极，非王而谁。

今遣行护军将军臧质等，赍皇帝玺绶，星驰奉迎。百官备礼，骆驿继进，并命群帅，镇戍有常。若干挠义徒，有犯无贷。昔年使反，湛之奉赐手敕，逆诫祸乱，预睹斯萌，令宣示朝贤，共拯危溺，无断谋事，失于后机，遂使圣躬滥酷，大变奄集，哀恨崩裂，抚心摧哽，不知何地，可以厝身。辄督厉尪顿，死而后已。

熙先以既为大事，宜须义康意旨，晔乃作义康与湛之书，宣示同党曰：

吾凡人短才，生长富贵，任情用己，有过不闻，与物无恒，喜怒违实，致使小人多怨，士类不归。祸败已成，犹不觉悟，退加寻省，方知自招，刻肌刻骨，何所复补。然至于尽心奉上，诚贯幽显，拳拳谨慎，惟恐不及，乃可恃宠骄盈，实不敢故为欺罔也。岂包藏逆心，以招灰灭，所以推诚自信，不复防护异同，率意信心，不顾万物议论，遂致谗巧潜构，众恶归集。甲奸险好利，负吾事深；乙凶愚不齿，扇长无赖；丙、丁趋走小子，唯知谄进，伺求长短，共造虚说，致令祸陷骨肉，诛戮无辜。凡在过衅，竟有何征，而刑罚所加，同之元恶，伤和枉理，感彻天地。

吾虽幽逼日苦，命在漏刻，义慨之士，时有音信。每知天文人事，及外间物情，土崩瓦解，必有朝夕。是为衅起群贤，滥延国家，夙夜愤踊，心腹交战。朝之君子及士庶白黑怀义秉理者，宁可不识时运之会，而坐待横流邪。除君侧之恶，非唯一代，况此等狂乱罪骫，终古所无，加之翦戮，易于摧朽邪。可以吾意宣示众贤，若能同心奋发，族裂逆党，岂非功均创业，重造宋室乎。但兵凶战危，或致侵滥，若有一豪犯顺，诛及九族。处分之要，委之群贤，皆当谨奉朝廷，动止闻启。往日嫌怨，一时豁然，然后吾当谢罪北阙，就戮有司。苟安社稷，瞑目无恨。勉之勉之。

二十二年九月，征北将军衡阳王义季、右将军南平王铄出镇，上于武帐冈祖道，晔等期以其日为乱，而差互不得发。于十一月，徐湛之上表曰："臣与范晔，本无素旧，中忝门下，与之邻省，屡来见就，故渐成周旋。比年以来，意态转见，倾动险忌，富贵情深，自谓任遇未高，遂生怨望。非唯攻伐朝士，讥谤圣时，乃上议朝廷，下及藩辅，驱扇同异，恣口肆心，如此之事，已具上简。近员外散骑侍郎孔熙先忽令大将军府吏仲承祖腾晔及谢综等意，欲收合不逞，规有所建。以臣昔蒙义康接盼，又去岁群小为臣妄生风尘，谓必嫌惧，深见劝诱。兼云人情乐乱，机不可失，谶纬天文，并有征验。晔寻自来，复具陈此，并说臣论议转恶，全身为难。即以启闻，被敕使相酬引，究其情状。于是悉出檄书、选事及同恶人名、手墨翰迹，谨封上呈，凶悖之甚，古今罕比。由臣暗于交士，闻此逆谋，临启震惶，荒情无措。"诏曰："湛之表如此，良可骇惋。晔素无行检，少负瑕衅，但以才艺可施，故收其所长，频加荣爵，遂参清显。而险利之性，有过溪壑，不识恩遇，犹怀怨愤。每存容养，冀能悛革，不谓同恶相济，狂悖至此。便可收掩，依法穷诘。"

其夜，先呼晔及朝臣集华林东阁，止于客省。先已于外收综及熙先兄弟，并皆款服。于时上在延贤堂，遣使问晔曰："以卿粗有文翰，故相任擢，名爵期怀，于例非少。亦知卿意难厌满，正是无理怨望，驱扇朋党而已，云何乃有异谋。"晔仓卒怖惧，不即首款。上重遣问曰："卿与谢综、徐湛之、孔熙先谋逆，并已答款，独尚未死，征据见存，何不依实。"晔对曰："今宗室磐石，蕃岳张跱，设使窃发侥幸，方镇便来讨伐，几何而不诛夷。且臣位任过重，一阶两级，自然必至。如何以灭族易此。古人云：'左手据天下之图，右手刎其喉，愚夫不为。'臣虽凡下，朝廷许其粗有所及，以理而察，臣不容有此。"上复遣问曰："熙先近在华林门外，宁欲面辩之乎？”晔辞穷，乃曰：“熙先苟诬引臣，臣当如何。”熙先闻晔不服，笑谓殿中将军沈邵之曰：“凡诸处分，符檄书疏，皆范晔所造及治定。云何于今方作如此抵蹋邪。”上示以墨迹，晔乃具陈本末，曰：“久欲上闻，逆谋未著，又冀其事消弭，故推迁至今。负国罪重，分甘诛戮。”

其夜，上使尚书仆射何尚之视之，问曰：“卿事何得至此？”晔曰：“君谓是何？”尚之曰：“卿自应解。”晔曰：“外人传庾尚书见憎，计与之无恶。谋逆之事，闻孔熙先说此，轻其小儿，不以经意。今忽受责，方觉为罪。君方以道佐世，使天下无冤。弟就死之后，犹望君照此心也。”明日，仗士送晔付廷尉，入狱，问徐丹阳所在，然后知为湛之所发。熙先望风吐款，辞气不桡，上奇其才，遣人慰劳之曰：“以卿之才，而滞于集书省，理应有异志。此乃我负卿也。”又诘责前吏部尚书何尚之曰：“使孔熙先年将三十作散骑郎，那不作贼。”

熙先于狱中上书曰：“囚小人猖狂，识无远概，徒徇意气之小感，不料逆顺之大方。与第二弟休先首为奸谋，干犯国宪，鳖脍脯醢，无补尤戾。陛下大明含弘，量包天海，录其一介之节，猥垂优逮之诏。恩非望始，没有遗荣，终古以来，未有斯比。夫盗马绝缨之臣，怀璧投书之士，其行至贱，其过至微，由识不世之恩，以尽躯命之报，卒能立功齐、魏，致勋秦、楚。囚虽身陷祸逆，名节俱丧，然少也慷慨，窃慕烈士之遗风。但坠崖之木，事绝升跻，覆盆之水，理乖收汲。方当身膏铁钺，诒诫方来，若使魂而有灵，结草无远。然区区丹抱，不负夙心，贪及视息，少得申畅。自惟性爱群书，心解数术，智之所周，力之所至，莫不穷揽，究其幽微。考论既往，诚多审验。谨略陈所知，条牒如故别状，愿且勿遗弃，存之中书。若囚死之后，或可追存，庶九泉之下，少塞衅责。”所陈并天文占候，谶上有骨肉相残之祸，其言深切。

晔在狱，与综及熙先异处，乃称疾求移考堂，欲近综等。见听，与综等果得隔壁。遥问综曰：“始被收时，疑谁所告？”综云：“不知。”晔曰：“乃是徐童。”童，徐湛之小名仙童也。在狱为诗曰：“祸福本无兆，性命归有极。必至定前期，谁能延一息。在生已可知，来缘懵无识。好丑共一丘，何足异枉直。岂论东陵上，宁辨首山侧。虽无嵇生琴，庶同夏侯色。寄言生存子，此路行复即。”

晔本意谓入狱便死，而上穷治其狱，遂经二旬，晔更有生望。狱吏因戏之曰：“外传詹事或当长系。”晔闻之惊喜，综、熙先笑之曰：“詹事尝共畴昔事时，无不攘袂瞋目。及在西池射堂上，跃马顾盼，自以为一世之雄。而今抗攘纷纭，畏死乃尔。设令今时赐以性命，人臣图主，何颜可以生存。”晔谓卫狱将曰：“惜哉！薶如此人。”将曰：“不忠之人，亦何足惜。”晔曰：“大将言是也。”

将出市，晔最在前，于狱门顾谓综曰：“今日次第，当以位邪？”综曰：“贼帅为先。”在道语笑，初无暂止。至市，问综曰：“时欲至未？”综曰：“势不复久。”晔既食，又苦劝综，综曰：“此异病笃，何事强饭。”晔家人悉至市，监刑职司问：“须相见不？”晔问综曰：“家人已来，幸得相见，将不暂别。”综曰：“别与不别，亦何所存。来必当号泣，正足乱人意。”晔曰：“号泣何关人，向见道边亲故相瞻望，亦殊胜不见。吾意故欲相见。”于是呼前。晔妻先下抚其子，回骂晔曰：“君不为百岁阿家，不感天子恩遇，身死固不足塞罪，奈何枉杀子孙。”晔干笑云罪至而已。晔所生母泣曰：“主上念汝无极，汝曾不能感恩，又不念我老，今日奈何？”仍以手击晔颈及颊，晔颜色不怍。妻云：“罪人，阿家莫念。”妹及妓妾来别，晔悲涕流涟，综曰：“舅殊不同夏侯色。”晔收泪而止。综母以子弟自蹈逆乱，独不出视。晔语综曰：“姊今不来，胜人多也。”晔转醉，子蔼亦醉，取地土及果皮以掷晔，呼晔为别驾数十声。晔问曰：“汝恚我邪？”蔼曰：“今日何缘复恚，但父子同死，不能不悲耳。”晔常谓死者神灭，欲著《无鬼论》；至是与徐湛之书，云“当相讼地下”。其谬乱如此。又语人：“寄语何仆射，天下决无佛鬼。若有灵，自当相报。”收晔家，乐器服玩，并皆珍丽，妓妾亦盛饰，母住止单陋，唯有一厨盛樵薪，弟子冬无被，叔父单布衣。晔及子蔼、遥、叔蒌、孔熙先及弟休先、景先、思先、熙先子桂甫、桂甫子白民、谢综及弟约、仲承祖、许耀，诸所连及，并伏诛。晔时年四十八。晔兄弟子父已亡者及谢综弟纬，徙广州。蔼子鲁连，吴兴昭公主外孙，请全生命，亦得远徙，世祖即位得还。

晔性精微有思致，触类多善，衣裳器服，莫不增损制度，世人皆法学之。撰《和香方》，其序之曰：“麝本多忌，过分必害；沈实易和，盈斤无伤。零藿虚燥，詹唐黏湿。甘松、苏合、安息、郁金、㮏多、和罗之属，并被珍于外国，无取于中土。又枣膏昏钝，甲煎浅俗，非唯无助于馨烈，乃当弥增于尤疾也。”此序所言，悉以比类朝士：“麝本多忌”，比庾炳之；“零藿虚燥”，比何尚之；“詹唐黏湿”，比沈演之；“枣膏昏钝”，比羊玄保；“甲煎浅俗”，比徐湛之；“甘松、苏合”，比慧琳道人；“沈实易合”，以自比也。

晔狱中与诸甥侄书以自序曰：

吾狂衅覆灭，岂复可言，汝等皆当以罪人弃之。然平生行己任怀，犹应可寻。至于能不，意中所解，汝等或不悉知。吾少懒学问，晚成人，年三十许，政始有向耳。自尔以来，转为心化，推老将至者，亦当未已也。往往有微解，言乃不能自尽。为性不寻注书，心气恶，小苦思，便愦闷，口机又不调利，以此无谈功。至于所通解处，皆自得之于胸怀耳。文章转进，但才少思难，所以每于操笔，其所成篇，殆无全称者。常耻作文士。文患其事尽于形，情急于藻，义牵其旨，韵移其意。虽时有能者，大较多不免此累，政可类工巧图缋，竟无得也。常谓情志所托，故当以意为主，以文传意。以意为主，则其旨必见；以文传意，则其词不流。然后抽其芬芳，振其金石耳。此中情性旨趣，千条百品，屈曲有成理。自谓颇识其数，尝为人言，多不能赏，意或异故也。

性别宫商，识清浊，斯自然也。观古今文人，多不全了此处，纵有会此者，不必从根本中来。言之皆有实证，非为空谈。年少中，谢庄最有其分，手笔差易，文不拘韵故也。吾思乃无定方，特能济难适轻重，所禀之分，犹当未尽。但多公家之言，少于事外远致，以此为恨，亦由无意于文名故也。

本未关史书，政恒觉其不可解耳。既造《后汉》，转得统绪，详观古今著述及评论，殆少可意者。班氏最有高名，既任情无例，不可甲乙辨。后赞于理近无所得，唯志可推耳。博赡可不及之，整理未必愧也。吾杂传论，皆有精意深旨，既有裁味，故约其词句。至于《循吏》以下及《六夷》诸序论，笔势纵放，实天下之奇作。其中合者，往往不减《过秦》篇。尝共比方班氏所作，非但不愧之而已。欲遍作诸志，前汉所有者悉令备。虽事不必多，且使见文得尽。又欲因事就卷内发论，以正一代得失，意复未果。赞自是吾文之杰思，殆无一字空设，奇变不穷，同合异体，乃自不知所以称之。此书行，故应有赏音者。纪、传例为举其大略耳，诸细意甚多。自古体大而思精，未有此也。恐世人不能尽之，多贵古贱今，所以称情狂言耳。

吾于音乐，听功不及自挥，但所精非雅声，为可恨。然至于一绝处，亦复何异邪。其中体趣，言之不尽，弦外之意，虚响之音，不知所从而来。虽少许处，而旨态无极。亦尝以授人，士庶中未有一豪似者。此永不传矣。吾书虽小小有意，笔势不快，余竟不成就，每愧此名。

晔《自序》并实，故存之。

蔼幼而整洁，衣服竟岁未尝有尘点。死时年二十。

晔少时，兄晏常云："此儿进利，终破门户。"终如晏言。

【译文】

范晔，字蔚宗，顺阳人，车骑将军范泰的小儿子。母亲上厕所时所生，由于出生时头部坠地被砖碰伤，所以小名称作"砖"。后来又过继给伯父范弘之，世袭武兴县五等侯。

范晔自幼好学，广读经史著作，擅长做文章，又能写隶书，通晓音律。十七岁时，州府召他做主簿，没有就任。高祖即位后，先后做过相国掾、彭城王刘义康的冠军参军，又随刘义康迁转而转任右军参军，入朝任尚书外兵郎，又出任荆州别驾从事史。不久被召回做秘书丞，因父亲过世离职服丧。服丧期满，任征南大将军檀道济司马，兼任新蔡太守。檀道济讨伐北魏时，范晔因害怕出征故意以脚病推辞，皇帝没有批准他，派他由水路用船押运兵器和军队。北征军回来之后，范晔任司徒从事中郎。不久，又被迁调尚书吏部郎。

元嘉九年冬，彭城王的母亲彭城王太妃逝世，下葬的头天晚上举行祭祀路神的仪式，义康的僚属和故吏都集合在东府。当时范晔之弟范广渊任司徒祭酒，这一天正在值班。范晔和司徒左西属王深住宿在弟弟那里，开怀畅饮一直喝到深夜，并且打开北窗听挽歌取乐。刘义康大为震怒，贬范晔去宣城做太守。范晔因仕途不得志，于是截取和采集众家所作的《后汉书》撰写合成一部新作。在宣城几年之后，范晔转任长沙王刘义欣镇军长史，加号宁朔将军。其兄范暠为宜都太守，范晔的嫡母随范暠在宜都。元嘉十六年，嫡母去世。之前范暠写信告诉范晔说母亲病重，范晔没有及时赶去；快要出发时，他又因随带歌伎小妾，被御史中丞刘损奏参。宋文帝爱惜他的文才，并没治他的罪。丧期服满后，他又任始兴王刘浚后军长史兼南下邳太守。刘濬治理扬州时，从来不亲自处理政务，一切全都委托给范晔。不久范晔又升任左卫将军、太子詹事。

范晔身高不到七尺，又肥又黑，眉秃须疏。但他很会弹奏琵琶，自己能创作出流行的曲调。当今皇上多次想听他的演奏，予以暗示，而范晔故意装作不知，始终不肯。一次宴会上，皇帝喝酒喝得很高兴，对范晔说："我想放歌一首，你来为我演奏。"范晔这才弹奏。然而皇帝的歌声一落，范晔的琴声即止。

此前，鲁国人孔熙先博学多能，才气纵横，对于文史星算没有什么不精通的。他官居员外散骑侍郎，地位卑微不受人重用。当初，熙先的父亲孔默之在广州担任刺史，由于贪赃受贿获罪将交付廷尉查处，因大将军彭城王刘义康庇护他才得以免罪。后来刘义康遭到贬黜，孔熙先密怀报恩之心，准备邀结朝中大臣起事，但却不知朝中大臣谁可以被说动，因范晔对朝廷心怀不满，便打算拉拢他。然而熙先平时不受范晔重视，没有机缘前去游说。范晔的外甥谢综很受范晔赏识，孔熙先曾经和谢综相识，于是就一心亲近谢综，想和他结下深厚的情谊。孔熙先凭借他父亲在岭南遗留的财产，家业十分富足，便开始和谢综兄弟们一起赌博，故意表现得十分笨拙，把钱财输给他们。谢综兄弟们都年轻，既然屡屡赢得财物，便天天同孔熙先往来，情意逐渐融洽。谢综便把孔熙先引荐给范晔，范晔和孔熙先赌博，孔熙先又故意装作不是对手，前前后后输给范晔很多财物。范晔既贪图孔熙先的财宝，又爱惜他的文才和技艺。孔熙先素来善于辞令，又尽心侍奉范晔，于是范晔待他不同于一般，结成莫逆之交。孔熙先开始用委婉的话来说动范晔，范晔没有理睬，孔熙先便想尽言辞多方譬说。范晔的家风素来不正，招人议论，朝廷内外都知道，所以范氏门第虽然显贵，可是皇室不肯同他家结为姻亲。孔熙先借此来激他说："您如果认为朝廷优待您，但为什么皇帝不愿跟您结亲，难道是因为不门当户对吗？人家对待你像对待猪狗一样，您还想着为他效忠，不是很糊涂吗？"范晔沉默不答，但其谋反之心已定。

范晔和沈演之在当时都很受皇帝的赏识厚待，两人常常同时被召见。召见时，范晔如先到，皇上一定要等沈演之到后一同召见；而沈演之若早到，却往往单独被召见，范晔又因此心怀怨恨。范晔长期担任刘义康的佐僚，曾受义康的厚待。等到被贬做宣城太守之后，范晔对刘义康就不再是一条心了。谢综做刘义康的大将军记室参军，随从镇守豫章。谢综回家时，向范晔传达义康的心意，希望范晔能与他消除过去的嫌隙，重修旧好。范晔既有反意，就想探听皇帝的意旨，于是便向皇帝进言说："我从头至尾阅读前代两汉时期的历史，各封国藩王用妖言诅咒幸灾乐祸，朝廷就治以大逆不道之罪。如今刘义康谋反的奸险之心，谋叛之迹，远近皆知，可是直到今天还安然无事，我私下里迷惑不解。何况大害久存不除，将会引起祸乱，本来骨肉亲人之间的关系，局外人是很难说话的。不过我受皇恩深厚，所以才冒死吐露真诚。"皇帝没有采纳。

熙先熟知天文，说："太祖将死于骨肉相残而不是非常的变故。江州地方应该要出天子。"认为这新天子应是刘义康。谢综之父谢述也受到刘义康的知遇，谢综之弟谢约又是刘义康的女婿，所以太祖让谢综随从刘义康南上。在孔熙先的劝说之后，谢综也有了酬报刘义康的心意。广州人周灵甫养有家兵部队，孔熙先拿出六十万钱给他，让他在广州会合兵力。周灵甫拿了钱一去不回。大将军府吏仲承祖，原为刘义康所信任，多次奉刘义康的命令来到京城，并且在暗中勾结心腹之人，窥测心怀不满的人。听说孔熙先有诚意，便秘密同他交结。丹阳尹徐湛之，平素受到刘义康的喜爱，虽然是舅父和外甥的关系，他对徐湛之的恩惠却超过对自家子弟，仲承祖因此和徐湛之结交，并且把秘密谋划的计划告诉给他。仲承祖南下，便将刘义康的心意告知萧思话与范晔说："原本打算和萧家结成姻亲，遗憾的是没能实现。我与范晔的情意本来很深，但因别人的闲话离间，使我们的关系出现不和。"

道人法略，先前受到刘义康的供养，被视作知己。王国寺尼姑法静也经常出入刘义康家，他们感激刘义康旧日的恩德，约定同甘共苦来报答他。他们跟孔熙先往来密切。孔熙先让法略还俗，恢复本姓孙，改名为景玄，并任他做臧质的宁远参军。孔熙先善于治病，又会诊脉。尼姑法静的妹夫许耀，是值宿保卫皇城的领队。曾得病，托法静到孔熙先那里求医，孔熙先给他调和一剂汤药，许耀的病便药到即除。许耀亲自前去酬谢，两人经常交往便成为了朋友。孔熙先很赏识许耀的胆量并与他结成了深交，并将他谋反的意图告诉许耀，许耀也答应做内应。豫章胡遵世是胡藩的儿子，和法略的情感很融洽，也秘密配合。法静南上，孔熙先打发婢女采藻随她前去，交给法静书信，信中陈说了图谶的内容。法静回来时，刘义康送给孔熙先铜匙、铜镊、袍缎、棋盘、奁匣等礼物。孔熙先担心这事泄露，用毒酒害死采藻。徐湛之又对范晔等说："臧质受到的待遇不同寻常，他年内就要回来，我已经写信告诉他，让他带上所有的门生故旧，他也会同意我们，所以我们从他那里能得到几百壮士。臧质和萧思话感情很好，我们应当邀约他们，这两个人也都受过大将军的爱护厚待，一定忠诚没有二心。萧思话三州地方的部下故旧的力量，也不会比臧质的少。加上郡中的文武官员，以及会合各地方侦察巡逻人员，也应该不少于一千人。不必担心兵力不足，只是不能错过时机。"于是便开始安排设置官员，徐湛之做抚军将军、扬州刺史，范晔做中军将军、南徐州刺史，孔熙先做左卫将军，其他人都考虑了任用。凡是平时关系不好以及不亲附刘义康的人，他都将其另立名簿，填入处死栏内。

孔熙先让他弟弟孔休先提前写好起事的檄文：

世上事情的吉凶是相互联系的，世道也不能永远安宁，狂暴狡猾之徒放纵作乱，圣明睿智的人就会将其歼灭。所以齐桓公小白才建树起匡扶天下的功勋，晋文公重耳才取得保卫天子的功绩。自从少帝景平年间开始，皇室内部便不断发生变故，已故的皇帝天生英才，聪明睿智，他从藩王中被选拔做太子，即皇位后，忧劳军国事务，谨慎于细小的事情，因此国泰民安，四海清明。然而近年来，奸臣乱政，刑罚错乱，阴阳不顺，宫廷祸乱不断，灾难集中出现。贼臣赵伯符心怀怨恨，胸藏毒计，纵兵侵犯皇帝，祸害朝廷。他推崇扶植的人都不是什么好东西，时时让皇室的基业受到威胁。他的罪恶超过寒浞和他的儿子戈豷百倍，还超过刘玄和王莽十倍，他的罪恶自开天辟地以来都没有人能比得过。所以，全天下的人都为之痛心，汉夷各个民族都为此泣血，都怀着献身的诚意，决心为国家粉身碎骨。

徐湛之、范晔和行中领军萧思话、行护军将军臧质、行左卫将军孔熙先、建威将军孔休先，忠心直射日月，诚意彰著明幽，为正义不伸而痛心，为国事危急而不忍目睹，舍命举兵，万死不顾，起兵当日斩下赵伯符的首级，诛歼他的党羽。虽然豺狼已被杀掉，王道焕然一新，但是天下没有圣明的君主，百姓没有归属。彭城王刘义康是高祖子孙，自身圣明，德高天地，勋业誉满天下。但世道不平，不能受到重用。而处在南方藩国，如同龙潜在渊、凤栖于林，至今已经六年。苍生盼望德行崇高的帝王，天下百姓对圣明的教化渴盼如饥似渴，难道只有周公东征才会产生《鸱鸮》的歌谣，难道只有陕西百姓才会有思念召公的诗篇吗？神灵告知吉祥的征兆，谶记已经表明帝者的符瑞，这样上合天心，下悦民望，而能登上皇帝御座的，不是彭城王又有谁呢？

如今派行护军将军臧质等人，拿着皇帝的御玺印绶昼夜急奔来迎接皇帝驾临，文武百官们已经准备就绪，陆续前进，并且命令所有的将士严格镇守各地加强警戒。如果有不法之徒肆意破坏，则严惩不贷。往年使者回来，徐湛之接到彭城王亲赐的手书，预料并告诫朝廷将有祸乱，看出祸乱征兆后，曾命令我们告知朝中贤臣，一起来拯救国家危难。但我们由于谋事不果断，错失良机，让天子陷入无边的灾难。等到大乱发生时，我们捶胸悲咽，不知该往哪里去。因此我们只有奋起疲弱之躯，死而后已。

孔熙先认为既然要干大事，必须凭借刘义康的意旨才行，范晔于是伪造一篇刘义康写给徐湛之的信，向他们同党宣示说：

我无才无德，生在富贵皇室，自幼任性而行，有过失也无人指出，待人接物都没有恒心，喜怒之情常常不合世情，致使一些小人对我多怀怨恨，善人贤士不肯前来归附。我自己的过失，却不能及时察觉，认真思索反省，才知道是咎由自取，虽然这种怨恨刻骨铭心，但现在又不知该如何弥补。然而至于尽心恭奉皇上，我的忠诚贯通幽明，诚恳谨慎，唯恐有不足之处，怎么可以仗恃宠信骄傲自满，实在不敢有意欺罔君上。难道还敢暗怀反逆的心思，因此招来杀身之祸？所以推心致诚表明自己的本心，不再提防回避有什么嫌隙，全凭着本性诚心，不顾虑众人会有什么议论。致使诡佞奸巧之徒暗中诬陷，众多罪名都归到我身上。甲某生性奸险，贪图小利，深深辜负了我的用心；乙某凶顽无耻，煽扬无稽之谈；丙某、丁某趋利小人，只知道谄媚求进，他们窥伺搜集我的短处，制造谣言，致使我兄弟骨肉相残，无辜之人被迫害。那些强加给我的罪名，究竟有什么根据，然而我所受到的刑罚全同元凶大恶，这样伤天害理，真使天地为之共愤。

虽然我被幽禁，度日艰难，随时会被处死，然而那些仗义的朋友，时时有书信寄来。告诉我天象和人事的变化，我觉得土崩瓦解的形势，很快就会来临。因此群贤首先察觉征兆，散播全国，异常激愤，内心交战。朝廷中的君子和臣子中凡是明辨黑白、怀义守理的人，怎么能不清醒认识到这是关乎国家命运的关键时刻，反而坐视邪恶的势力危害国家呢？清除皇帝旁边的邪恶之臣，已经不止一个朝代如此，何况现在这等为非作恶狂暴逆乱的罪魁，自古少见，如果我们齐心协力将其剪除消灭，不是比摧枯拉朽更容易吗？可以把我的心意告诉各位贤士，假如我们同心协力灭除逆党，那不是和开国创业的功绩相等，如同重新缔造宋朝皇室的基业吗？但是兴兵作乱是很危险的事，可能会发生一些混乱，假如有一丝一毫触犯皇上的事，将会受到诛灭九族的刑罚。策划大事的重任，交付给各位贤人办理，大家都要恭敬地尊奉朝廷，一举一动都要启奏。待到大家往日的嫌隙怨恨，一下子通通化解，然后我就该向皇上请罪，请有关部门处置，甘心受死。假如能够使国家得到安定，我也死而无怨。请诸位多加勉励。

征北将军衡阳王刘义季、右将军南平王刘铄于元嘉二十二年九月出京赴镇所，皇帝在武帐冈设宴饯别，范晔等人计划在这天作乱，但是出了差错没能实现。十一月，徐湛之上表自首说："我和范晔，原来没有交情，后来我们有幸在宫中任职，又和他的官署邻近，他多次来相见，所以逐渐有了交往。近年来，他的心态显现出来，这人居心险恶，贪图高官厚禄，自以为没有得到更高的信任和重用，便产生了怨恨。不仅攻击朝中的人士，还讥刺诽谤圣明时代，还经常对上议论朝廷，对下议论藩王大臣，宣扬鼓动是非，思想言论放肆无忌。这类事情，我在先前呈上的奏表中全都写过。最近员外散骑侍郎孔熙先突然让大将军府吏仲承祖转达范晔和谢综等人的意见，打算有所图谋。因为我过去受到过刘义康的接待关照，同时去年又有一些小人对我造谣诬蔑，他们认为我一定会对皇上产生又恨又怕的心理，所以就接受他们的劝说和引诱。而且又说喜欢混乱是人之常情，机会不可错过，谶纬图书和天文星象，都有征候预兆。范晔不久亲自到来，又具体叙说了这事，并且说人们对我的议论更加险恶，想保全自己是很难的。我立即启奏上闻，接到命令让我同他们应酬接近，详尽了解他们的情况。这时范晔全部拿出来他们的檄书、选官的文件以及同伙的人名册、亲手写的书信，我小心封好呈给皇上。这已可见他们的凶恶悖逆到了极点，古今很少有能和他们相比的。由于我在交友方面思想糊涂，听到这样大逆不道的阴谋，在写奏书的时候还感到震恐惊慌，怀着恐惧之情不知所措。”宋文帝下诏说：“徐湛之表奏的这些情况，让人感到震惊可怕。范晔向来行为不检，年轻时就犯有前科，因为他才艺出众，所以我用他的长处，多次赐给他荣耀和爵位，并委以朝中要职。可是他险诈贪利的本性，超过了深沟大壑，不对主上的优待感恩，反而心怀怨恨。过去多次宽容，希望他能迅速改过，没有想到他竟然与恶人狼狈为奸，狂妄到如此地步。现在就可以将他收捕，依法严加追究。”

这天夜里，朝廷先传范晔和朝臣在华林园东阁集合，先休息在客馆处。事前，皇上已在宫外将谢综和孔熙先兄弟收押，他们也都招供服罪。此时，宋文帝在廷贤堂派人问范晔说：“因为你的文才，才对你任用提拔，名位爵禄你都如愿得到，给你的恩宠已经不少。也知道你很难满足，你的一些怨言牢骚，只是为了煽惑鼓动同党而已，为什么竟然起了谋反的心思？”范晔突然得知谋反之事败露，但他没有立刻招供认罪。宋文帝又一次派人来问说：“你同谢综、徐湛之、孔熙先等阴谋反逆，他们已经供认服罪，还没处死，现在证据确凿，你为什么还不从实招来？范晔回答说：“如今皇室宗亲坚固如同磐石，藩国如同山岳般耸立，假使谁胆敢企图侥幸，各方藩镇就会前来讨伐，怎能不遭到诛灭？况且我的职位责任已经很重要，再晋升一阶两级的事，会自然实现的。我为什么要拿灭族的危险来换取高位？古人说：‘左手握着天下的地图，右手拿刀割自己的喉头，蠢人都不干这种事。’我虽然地位低下，然而皇上如果认为我的确做了此事，按照道理来想，我不可能有这种谋反的心思。”宋文帝又一次派人问说：“孔熙先就在华林园门外，难道你需要当面说清吗？”范晔无言可对，便说：“是孔熙先的诬陷牵连了我，我又能怎么办？”孔熙先听说范晔不认罪，笑着对殿中将军沈邵之说：“所有谋反策划的过程以及各种文件，都是范晔一手制作或由他改定。怎么到今天他还要做如此抵赖呢？”皇帝便把范晔亲笔的墨迹拿给他看，范晔才全部招供了事情的始末，说：“早就想禀明皇上知晓，但谋反的事迹还不明显，又希望这事能够自消自灭，所以推迟迁延到今天交代。我背叛国家，罪行深重，甘心受到诛杀。”

这天夜里，宋文帝派尚书仆射何尚之来看望范晔，问：“你怎么弄到这种地步？”范晔说：“您认为是什么缘故？”何尚之说：“你自己应该明白。”范晔说：“外面人传说庾尚书嫉恨我，我想我和他没有什么矛盾。阴谋反逆的事，是听孔熙先说起的，但轻视他是个小孩子，也没在意。今天忽然受到责问，才发觉这是犯罪。您正在用大道辅佐皇上治理天下，当使天下不再有冤屈。兄弟我被处死之后，还希望您能够明白我的心意。”第二天，派执仗的军士押送范晔交付给廷尉审处，送进监狱，范晔问徐湛之在什么地方，而后知道了事情是徐湛之告发的。孔熙先临事招供，辞气不衰，宋文帝认为他有奇才，派人去慰问他说：“以你的才能，却久在集书省不得升迁，按道理说是会有反叛之心的。这是我对不起你。”又责问原吏部尚书何尚之说：“让孔熙先年近三十岁了还是只做个散骑郎，他哪能不成为叛贼。”

孔熙先在狱中给皇帝写信说：“我是个狂妄放肆的小人，没有远见，屈从个人的意气用事，而不顾叛逆和忠顺这一大节。与二弟孔休先带头策划奸计，触犯国法，即使我们粉身碎骨剁成肉酱，也弥补不了我们的罪过。陛下伟大圣明宽宏大量，心胸宽如大海，不弃我微不足道的小节，荣蒙发下来宽大的诏书。这样的恩惠原本是没有想到的，即便是我死了也有不尽的荣幸，自古以来，没有能同这样的恩德相比的。那盗马和扯断冠缨的臣子，那怀壁投书的士人，他们的行为最低贱，他们的过失很微小，由于他们认识到受了国君前所未有的恩宠，所以竭尽捐躯舍命的报效，终于能为齐国、魏国立功，得到秦国、楚国的勋赏。罪囚我虽然陷于叛逆，名誉和节操都已丧失，然而我从青年时代就怀抱慷慨的志向，私心仰慕古代忠烈之士的遗风。可是从山崖上倒下来的大树，断绝了再攀登的希望，从翻盆里倒出的水，不会有收取回来的可能。当受斧钺之刑，给后来的人留下教训；假如死后有知，那么一定对皇上结草相报。然而我怀有一片丹忱，就是想辜负从前的志向，珍惜得到的生存时机，多少还可以申述我的心怀，我自己认为生来喜爱群书，理解术数，凡是智力所能接触的领域，无不穷尽地钻研，探索其深微之处。以往我考察论述过的事情，确实多有应验。谨在这里把我所知的事情略加陈述，分条书写如另外附上的材料，希望陛下不要即刻遗弃，把它们存在内府。假如我死之后，或许可以保存下来，这样我在九泉之下，多少可以弥补我的罪过。”孔熙先所陈述的天文占卜情况，图谶上都预言了皇帝将遭到骨肉相残的祸患的事，他的话很深刻切实。

范晔在狱中，开始没有与谢综及孔熙先关押在同一个地方。于是范晔声称自己有病，要求换个地方，想要接近谢综等人。要求得到准许，果然让他和谢综住在隔壁。范晔远远地问谢综说：“起初被逮捕时，你猜想是谁告发的？”谢综说：“不知道。”范晔说：“就是徐童。”徐童，是指徐湛之，他的小名叫仙童。范晔在狱里作诗说：“虽然祸与福本来没有什么预兆，但人终归有一死。命中注定未来的期限，谁有能力延长一息。活着的事情可以知道，未来变化多端不可预料。好人恶人无论好歹都归于一丘黄土，又何必说什么是非曲直。也不管是死在东陵之丘，还是埋在首阳山侧。虽然不能像嵇康那样临死前从容弹琴，但总还能做到像夏侯玄那样死无惧色。留言给活着的士人君子，这条路上也将有他们的足迹。”

范晔本认为一经入狱，就会被立即处死，没想到皇上对此案加以深究，拖了二十天都没有定夺。这时，范晔又幻想着自己能够活命。狱吏便戏弄他说：“外面传说你或许会被关在这长期监禁。”范晔听后又惊又喜。谢综和孔熙先讥笑他说：“你以前跟我们一起谋划事情时，都是振臂怒目非常有气概的。等到在西池射堂上，你跃马扬威左右顾盼，自认为是一代英雄豪杰。而现在怎么会如此纷乱，以致坐卧不宁，你怎么这样怕死！假设皇上让你活命，但你作为臣子图谋杀害君主，你有何面目活在世上？”范晔对卫狱将说：“可惜呀！这样的人居然被埋没。”卫狱将说：“不忠于国君的人，死了有什么可惜的。”范晔说：“大将说的是。”

即将走向刑场时，范晔走在最前面，到监狱门前回头对谢综说：“今天出门受刑的次序也应当按照职位大小安排吗？”谢综说：“贼首应当在先。”一路上范晔有说有笑，始终没有停顿过。到了刑场，问谢综说：“行刑的时候到了吧？”谢综说：“看情形用不了多久了。”范晔吃过长休饭永别酒，又苦劝谢综。谢综说：“这又不同于得了重病，为什么要勉强吃饭。”范晔家人全都来到刑场，监刑官员问道：“要不要和家人相见？”范晔问谢综说：

“家人已经来了，有机会能见一面，是不是要告别一下？”谢综说：“告别不告别，又何必在意。家人来了必定号啕大哭，只能扰乱我的思绪。”范晔说：“号啕哭泣和别人有什么关系，方才看路旁的亲友故旧远远望着我们，这也胜过不曾相见。我愿意同家人见面。”于是呼唤范晔家人前来。范晔的妻子最先来拍抚她的儿子，回过头骂范晔说：“你不替婆婆的后半生着想，也不感激天子的恩遇，你自己死了还抵不上犯的罪，为何又屈杀了儿孙。”范晔的生母哭着说：“主上对你的关照是宽厚无边的，你从来不知感恩图报，又不关心我已经年老，事到如今可怎么办？”并动手打范晔的脖子和面颊，范晔脸上没有愧怍的表情。妻子又说：“罪人，婆婆您就别惦记他了。”妹妹和妓妾来告别，范晔悲伤泪流满面，谢综说：“舅父的表现根本不同于夏侯玄临刑前的面不改色。”范晔听了便收泪止哭。谢综的母亲认为是子弟们自己走上了逆乱的死路，只有她不肯出来相见。范晔对谢综说：“姐姐如今不肯来见，远胜过来见的人。”范晔很快醉了，儿子范蔼也醉了，他拾起土块和果皮拿来扔给范晔，喊了几十声，称范晔为别驾。范晔问道：“你恨我吗？”范蔼说：“今天还有什么理由来恨你，只是父子同日被杀，不能不悲伤而已。”范晔经常说人死之后，神魂便会消失，想要写作《无鬼论》；但这时却写了一封信给徐湛之说：“我死后要在阴间控告你。”可以看出，他的思想就是这样混乱。他又对人说：“捎话告诉何仆射，天下绝没有神仙鬼怪。如果人死有灵，自然会来报恩。”正当抄检范晔家时，却发现他家的乐器服饰玩物全都贵重华丽，妓妾的服饰也都美盛；然而见他母亲住的房子却简单粗陋，只有一间厨房堆满薪柴，侄子冬天没有被子盖，叔父只有单布衣衫。范晔和儿子范蔼、范遥、范叔蒌、孔熙先和他的弟弟孔休先、孔景先、孔思先、孔熙先的儿子孔桂甫、孔桂甫的儿子孔白民、谢综和弟弟谢约、仲承祖、许耀，凡是牵连到的，都一并被杀。范晔死时四十八岁。朝廷把范晔已死兄弟的儿辈和谢综的弟弟谢纬，都流放到广州。范蔼的儿子范鲁连，是吴兴昭公主的外孙，经过多次请求保全了性命，也被流放到边远山区，孝武帝即位后，被召回。

范晔生性精深细密，见解独到，学什么便能精通什么，他的衣裳器物都由自己重新设计或改变样式，成为世人效法的对象。他曾经撰写《和香方》，序中说：“麝香本身有种种禁忌，用量过分必定有害；沉香坚实性质平易温和，成斤使用也无害。零藿香令人气虚燥热，詹唐香性质黏湿。甘松、苏合、安息、郁金、㮈多、和罗一类，在外国都受到珍惜，中国不出产。又枣膏令人昏沉，甲煎淡薄一般，不仅不能增加香气的浓烈，将会更增加人们的疾病。”这一序文所用的药物，都是用来比喻象征朝中人士的：“麝本多忌”，比喻庾炳之；“零藿虚燥”，比喻何尚之；“詹唐黏湿”，比喻沈演之；“枣膏昏钝”，比喻羊玄保；“甲煎浅俗”，比喻徐湛之；“甘松、苏合”，比喻慧琳和尚；“沉实易和”，是用来自比的。

范晔在狱中给外甥侄子写信用来叙述自己，信中说：

我因狂傲逆上的大罪遭到杀身之祸，再也没有什么可说的了，你们都应当把我当作罪人鄙弃。然而自己的平生兴趣爱好，还是可以探求的，至于其中的成败得失，内心的感受，你们或许全不理解。我在年少时并不勤于学问，成熟得很晚，在三十多岁时，才开始有了明确的志向。从这以来，逐渐在内心起了变化，自信即使逐渐到了老年，也将不会中止追求。往往得到一点点的新的认识，有时用言语也不能完全表达出来。我的性格不习惯追求注解古书，心气不好，稍稍认真苦思，便感到头昏气闷，口才谈吐又不爽利，因此在清谈方面没有什么成就。至于在读书时有了透彻的理解的地方，都是自己的心得体会。后来写文章逐渐有了进步，但是限于才学浅薄，思路不敏捷，所以每次提笔写作，能够成篇的大多都有不足的地方。常常以做文士自耻。文章最怕的是内容受形式的拘束，往往事尽于形，辞藻改变了情感，语义牵动了主旨，韵律改换了立意。即使偶有佳作，大多也摆脱不了这种拖累，恰好可以比作匠人画图，虽然精细，终究不能有新意。我常说文章是传达情感的，应当以表意为主，用文字来表达思想情感。以意为主，那么文章的主旨就必定显现出来；用文字来表达思想，那么文辞就不会流宕放纵。这样写作才能够提出立意芬芳的主题，选择金石一般振响的文辞。文章里面表达出来的性情旨趣，虽是千差万别的，但婉转变化中都有一定的道理。我自以为很了解为文的规律，也曾经对别人说过，别人大多不能赏识，这是见解不同的缘故吧。

人能够辨别音调的清浊不同，这是自然的道理。观古往今来的文人，大多并不完全明白这一道理。纵使对此有所体验的，也不是从根本上来理解的。我说的声韵问题都有确实的证据，并不是出于空谈。年轻人中，谢庄最有这方面的能力，写作文章多有变化，而且在文章中又不受声韵的拘束。我写作构思的时候没有固定的框子，特别是能够处理难易轻重不同的问题，我所具备的能力，还没能充分发挥出来。但是我平常所写的大多是公文类的文章，很少做表达高远的情致的文章，正以此为憾，这也是我无意于在文章方面追求名声的缘故。

本来我并未关注史书，正是感到其艰深难以理解。后来既作了《后汉书》，因此掌握了头绪，详细观察古今的著述和评论，很少有令人满意的著作。史学上班固是享有最高声望的人，他是凭着自己的见识写史，并没有统一的体例，许多问题不能分类归纳出条理。传后的赞语在道理上几乎没有什么创见，只有他本人的志趣这一部分还可以推崇的。相比之下，内容的广博丰富是不可及的，要是经过加工整理未必不如班固。我写的众多传论，都有精到的见解和深刻的含义；既然应有剪裁之味，所以要简约其词句。至于《循吏》以下到《六夷》各篇的绪论，笔势纵横奔放，实在是天下的奇作。其中最满意的，往往逊色于贾谊的《过秦论》。我曾经拿《后汉书》和班固的《汉书》相比较，不只是感到毫无愧色而已。本打算全面写作各志，凡是《汉书》中所有的全都要有。虽然文中记事不必多，但要使人看了文章后有全面的了解。又打算就所记之事在书里发表议论，用来论证一代政治的得失，这个意愿未能实现。赞语自然是我的史书之中最为突出的思想成果，几乎没有一个字是虚设的，文思史识奇变无穷，融合各种不同体裁，竟然自己也感到不知应该怎样评价才合适。这部史书在人间流传，应该有赏识它的知音人。《纪》《传》中写到的事只是列举出个大概而已，文中细微之意很多。此书体制宏大、思想精深，自古以来的史著未必有超过它的。我担心世人不能全面了解这本书，而人们又大多是厚古薄今，所以我在此任情狂言来自我称赞罢了。

我对于音乐，用耳欣赏的能力不如我自己演奏的技艺，但我精通的不是传统的高雅乐曲，这是很遗憾的。然而当弹奏到了绝妙之处，那就和雅声就没什么区别了。我弹奏时，其中的深长趣味，用语言是不能完全表达的，而弦外之蕴意，声外之幻妙的旋律，真是不知道从何而来。即使是一首短的曲子，那里面的旨趣和情意也是无止境的。我也曾拿演奏的经验教授别人，但无论是官员或是百姓，没有一个人奏得与我有相似之处。这些经验永远不会流传了。我的信中虽然多少表达了我的心意，行文笔势也不够流畅，其余方面也没有什么成就，常常感到愧对了自己的名声。

范晔的《自序》说的确实是实话，所以保存了下来。

范蔼自幼就爱整洁，衣服上一年四季都没有污迹。死的时候才二十岁。

范晔年少时，他哥哥范晏常说："这个孩子喜欢追逐名利，终究是要败坏家门。"最后果然被他说中。

宋书卷七十二

刘休仁列传第三十二

始安王休仁，文帝第十二子也。元嘉二十九年，年十岁，立为建安王，食邑二千户。孝建三年，为秘书监，领步兵校尉。寻都督南兖、徐二州诸军事、冠军将军、南兖州刺史。大明元年，入为侍中，领右军将军。四年，出为湘州刺史，加散骑常侍，加号平南将军。八年，迁使持节、督江州、南豫州之晋熙、新蔡、郢州之西阳三郡诸军事、安南将军、江州刺史。未拜，徙为散骑常侍、太常，又不拜。仍为护军将军，常侍如故。前废帝永光元年，迁领军将军，常侍如故。景和元年，又迁使持节、都督雍、梁、南、北秦四州诸军事、安西将军、宁蛮校尉、雍州刺史，未之任，留为散骑常侍、护军将军，又加特进、左光禄大夫，给鼓吹一部。

时废帝狂悖无道，诛害群公，忌惮诸父，并办之殿内，殴捶淩曳，无复人理。休仁及太宗、山阳王休佑，形体并肥壮，帝乃以竹笼盛而称之，以太宗尤肥，号为“猪王”，号休仁为“杀王”，休佑为“贼王”。以三王年长，尤所畏惮，故常录以自近，不离左右。东海王□凡劣，号为“驴王”，桂阳王休范、巴陵王休若年少，故并得从容。尝以木槽盛饭，内诸杂食，搅令和合，掘地为坑阱，实之以泥水，裸太宗内坑中，和槽食置前，令太宗以口就槽中食，用之为欢笑。欲害太宗及休仁、休佑前后以十数，休仁多计数，每以笑调佞谀悦之，故得推迁。常于休仁前使左右淫逼休仁所生杨太妃，左右并不得已顺命，以至右卫将军刘道隆，道隆欢以奉旨，尽诸丑状。时廷尉刘曚妾孕，临月，迎入后宫，冀其生男，欲立为太子。太宗尝忤旨，帝怒，乃裸之，缚其手脚，以仗费手脚内，使人担付太官，曰：“即日屠猪。”休仁笑谓帝曰：“猪今日未应死。”帝问其故，休仁曰：“待皇太子生，杀猪取其肝肺。”帝意乃解，曰：“且付廷尉。”一宿出之。

帝将南巡荆、湘二州，明旦欲杀诸父便发。其夕，太宗克定祸难，殒帝于华林园。休仁即日推崇太宗，便执臣礼。明旦，休仁出住东府。时南平、庐陵敬先兄弟，为废帝所害，犹未殡殓，休仁、休佑同载临之，开帐欢笑，奏鼓吹往反，时人咸非焉。

先是，废帝进休仁为骠骑大将军、开府仪同三司，常侍如故。未拜，太宗令书以为使持节、侍中、都督扬、南徐二州诸军事、司徒、尚书令、扬州刺史，加班剑二十人，给三望十五乘。时刘道隆为护军，休仁请求解职，曰："臣不得与此人同朝。"上乃赐道隆死。

寻诸方逆命，休仁都督征讨诸军事，增班剑三十人。出据虎槛，进据赭圻。寻领太子太傅，总统诸军，随宜应接。中流平定，休仁之力也。初行，与苏侯神结为兄弟，以求神助。及事平，太宗与休仁书曰："此段殊得苏侯兄弟力。"增休仁邑四千户，固辞，乃受千户。上流虽平，薛安都据彭城，招引索虏。复都督北讨诸军事，又增邑三千户，不受。时豫州刺史殷琰据寿阳，未平。晋平王休佑先督征讨诸军事，休佑出领江陵，休仁代督西讨军事。泰始五年，进都督豫、司二州。

休仁年与太宗邻亚，俱好文籍，素相友爱。及废帝世，同经危难，太宗又资其权谲之力。泰始初，四方逆命，兵至近畿，休仁亲当矢石，大勋克建，任总百揆，亲寄甚隆。朝野四方，莫不辐凑。上渐不悦。休仁悟其旨，其冬，表解扬州，见许。六年，进位太尉，领司徒，固让，又加漆轮车、剑履。太宗末年多忌讳，猜害稍甚，休仁转不自安。及杀晋平王休佑，忧惧弥切。其年，上疾笃，与杨运长等为身后之计，虑诸弟强盛，太子幼弱，将来不安。运长又虑帝宴驾后，休仁一旦居周公之地，其辈不得秉权，弥赞成之。上疾尝暴甚，内外莫不属意于休仁，主书以下，皆往东府诣休仁所新信，豫自结纳，其或直不得出者，皆恐惧。上既宿怀此意，至是又闻物情向之，乃召休仁入见。既而又谓曰："夕可停尚书下省宿，明可早来。"其夜，遣人赍药赐休仁死，时年三十九。

上寝疾久，内外隔绝，虑人情有同异，自力乘舆出端门。休仁死后，乃诏曰："夫无将之诛，谅惟通典，知咎自引，实有偏介。刘休仁地属密亲，位居台重，朕友寄特深，宠秩兼茂。不能弘赞国猷，裨宣政道，而自处相任，妄生猜嫌，侧纳群小之说，内怀不逞之志，晦景蔽迹，无事阳愚。因近疾患沉笃，内外忧悚，休仁规逼禁兵，谋为乱逆。朕曲推天伦，未忍明法，申诏诰砺，辩核事原。休仁惭恩惧罪，遽自引决。追录悲痛，情不自胜，思屈法科，以申矜悼。可宥其二子，并全封爵。但家国多虞，衅起台辅，永寻既往，感慨迢深。"

有司奏曰："臣闻明罚无亲，情屈于司纲，国典有经，威申于义灭。是以梁、赵之诛，跣出称过，来言之罚，克入致勤。谨案刘休仁包蓄祸迹，事蔽于天明，窜匿沉奸，情宣于民听。自以属居戚近，早延恩睦，异礼殊义，望越常均。往岁授钺南讨，本非才命，启行浓湖，特以亲摄，仰遵庙略，俯籍众效，属承泰远，窃附成勋，而亟叨天功，多自臧伐。既圣明御宇，躬览万机，百司有纪，官方无越，而休仁矜勋怙贵，自谓应总朝权，遂妄生疑难，深自猜外。故司空晋平刺王休佑，少无令业，长滋贪暴，莅任陕荆，毒流西夏，编户嗟散，列邑雕虚，圣泽含弘，未明正宪。亟与休仁论其愆迹，辞意既密，不宜传广，遂饰容旨，反相劝激。休佑以休仁位居朝右，任遇优崇，必能为己力援，故深相党结。休祐于是输金荐宝，承颜接意，造膝之间，必论朝政，遂无日不俱行，无时不同宿，声酣聚集，密语清闲。休仁含奸扇惑，善于计数，说休佑使外托专慎之法，密行贪诈之心，谓朝廷不觉，人莫之悟。休佑遂乃外积怨惧，内协祸心，既得赞激，凶慝转炽与休仁共为奸谋，潜伺机隙，图造衅变，规肆凶狡。休佑致殒仓卒，实维天诛，而晋平国太妃妾邢不能追惭子恶，上感曲恩，更怀不逞，巫蛊祝诅。休仁困圣躬不和，猥谋奸逆，灭道反常莫斯为甚。殛肆朝市，庶申国刑，而法纲未加，自引厥命。天慈矜厚，减法崇恩，赐全二息，及其爵封，斯诚弘风旷德，贯绝通古，然非所以弃恶流衅，惩惧乱臣者也。臣等参议，谓宜追降休仁为庶人，绝其属籍，见息悉徙远郡。休佑愆谋始露，亦宜裁黜，徙削之科，一同旧准。收邢付狱，依法穷治。”诏曰：“邢匹妇狂愚，不足与计。休仁知衅自引，情有追伤，可特为降始安县王，食邑千户，并停伯融等流徙，听袭封爵。伯猷先绍江夏国，令还本，赐爵乡侯。”

上既杀休仁，虑人情惊动，与诸方镇及诸大臣诏曰：休仁致殒，卿未具悉，事之始末，今疏以相示：

“休佑贪恣非政，法网之所不容。昔汉梁孝王、淮南厉王无他逆悖，正以越汉制度耳。况休佑吞嚼聚敛；为西数州之蝗，取与鄙虐，无复人情。屡得王景文、褚渊、沈攸之等启，陈其罪恶，转不可容。吾笃兄弟之恩，不欲致之以法，且每恨大明兄弟情薄，亲见休佑屯苦之时，始得宽宁，弥不忍问。所以改授徐州，冀其去朝廷近，必应能自悛革。及拜徐州，未及之任，便征动万端，暴浊愈甚，既每为民蠹，不可复全。休仁身粗有知解，兼为宰相；又吾与其兄弟情昵，特复异常，颇与休仁论休佑衅状。休佑以休仁为吾所亲，必应知吾意，又云休仁言对，能为损益。遂多与财赂，深相结事，乃寝必同宿，行必共车。休仁性软，易感说，遂成缱绻，共为一家，是吾所吐密言，一时倒写。吾与休仁，少小异常，唯虚心信之，初不措疑。虽尔犹虑清闲之时，非意脱有闻者。吾近向休佑推情，戒训严切，休佑更不复致疑。休佑死后，吾将其内外左右，问以情状，方知言语漏泄并具之由，弥日懊惋，心神萎執。休仁又说休佑云："汝但作佞，此法自足安。我常秉许为家，从来颇得此力。但试用，看有验不？"休佑从之，于是大有献奉，言多乖实，积恶既不可恕。

"自休佑殒亡之始，休仁款曲共知。休仁既无罪衅，主相本若一体，吾之推意，初无有间。休佑贪愚，为天下所疾，致殒之本，为民除患。兄弟无复多人，弥应思吊不成，益相亲信。休佑平生，狼抗无赖，吾虑休仁往哭，或生祟祸。且吾尔日本办仗往哭，晚定不行。吾所以为设方便，呼入在省。而休仁得吾召入，大自警疑，遂入辞杨太妃，颜色状意，甚与常异。既至省，杨太妃骤遣监子去来参察。从此日生嫌惧，而吾之推情，初不疑觉。从休佑死后，吾再幸休仁第，饮瞰极日，排阁入内，初无猜防，休仁坐生嫌畏。

"一日，吾春中多期射雉，每休仁清闲，多往雉场中，或敕使陪辇，及不行日，多不见之。每值宵，休仁辄语左右云：'我已复得今一日。'及在房内见诸妓妾，恒语：'我去不知朝夕见底，若一旦死去作鬼，亦不取汝，取汝正足乱人耳。'休佑死时，日已三晡，吾射雉，始从雉场出，休仁从骑左右，伏野中，吾遣人召之，称云：'腹痛，不堪骑马。'尔时诸王车皆停在朱雀门里，日既暝，不暇远呼车，吾衣书车近在离门里，敕呼来，下油幢络，拟以载之。吾由来谙悉其体有冷患，闻腹痛，知必是冷，乃敕太医上省送供御高梁姜饮以赐之。休仁得饮，忽大惊，告左右称：'败今日了。'左右答曰：'此饮是御师名封题。'休仁乃令左右先饮竟，犹不甚信，乃黾勉噬之，裁进一合许。妄生嫌贰，事事如是。由来十日五日，一就问太妃。自休佑死后，每吾诏，必先至杨太妃问，如分别状。休仁由来自营府国，兴生文书。二月中，史承祖赍文书呈之，忽语承祖云：'我得成许那，何烦将来。'吾虚心如旧，不复见信，既怀不安，大自嫌恐，惟以情理，不容复有善心。

"休仁既经南讨，与宿卫将帅经习狎共事相识者，布满内外。常日出入，于厢下经过，与诸相识将帅，都不交言。及吾前者积日失适，休仁出入殿省，诸卫主帅裁相悉者，无不和颜厚相抚劳。尔时吾既甚恶，意不欲见外人，悠悠所传，互言差剧。休仁规欲闻知方便，使昙度道人及劳彦远屡求启，阚觇吾起居。及其所启，皆非急事，吾意亦不厝疑。吾与休仁，亲情实异，年少以来，恒相追随，情向大趣，亦往往多同，难否之时，每共契阔。休仁南讨为都统，既有勋绩状之于心，亦何极已。但休仁于吾，望既不轻，小人无知，亦多挟背向，既生猜贰，不复自宁。夫祸难之由，皆意所不悟，如其意趣，人莫能测，事不获已，反覆思惟，不得不有近日处分。夫于兄弟之情，不能无厚薄。休佑之亡，虽复悼念，犹可以理割遣；及休仁之殒，悲慜特深，千念不能已已，举言伤心。事之细碎，既不可曲载诏文，恐物不必即解，兼欲存其儿子，不欲穷法。为诏之辞，不得不云有兵谋，非事实也。故相报卿知。”

上与休仁素厚，至于相害，虑在后嗣不安。休仁既死，痛悼甚至，谓人曰：“我与建安年时相邻，少便狎从。景和、泰始之间，勋诚实重。事计交切，不得不相除。痛念之至，不能自已。今有一事不如与诸侯共说，欢适之方，于今尽矣。”因流涕不自胜。子伯融，妃殷氏所生。殷氏，吴兴太守冲女也。范阳祖翻有医术，资貌又美，殷氏有疾，翻入视脉，说之，遂通好。事泄，遣还家宁赐死。伯融历南豫州刺史，琅邪、临淮二郡太守，宁朔将军，广州刺史，不之职。废徙丹杨县。后废帝元徽元年，还京邑，袭封始兴王。弟伯猷，初出继江夏愍王伯禽，封江夏王，邑二千户。休仁死后还本，与伯融俱徙丹杨县。后废帝元徽元年，赐爵都乡侯。建平王景素为逆，杨运长等畏忌宗室，称诏赐伯融等死。伯融时年十九，伯猷年十一。

【译文】

始安王刘休仁，文帝的第十二个儿子。元嘉二十九年，年龄十岁，被册立为建安王，受封食邑两千户。孝建三年，任秘书监，领兵校尉，不久又任都督南兖州、徐州二州诸军事、冠军将军、南兖州刺史。大明元年，入宫任侍中，领右军将军。大明四年，出京师任湘州刺史，加散骑常侍，加封号平南将军。大明八年，迁任使特节、督江州和南豫州晋熙、新蔡、郢州西阳三郡诸军事、安南将军、江州刺史。尚未拜授，徙任散骑常侍、太常，又未拜授。仍又任护军将军，常侍职位没有变化。前废帝永光元年升迁为领军将军，常侍之职没变。景和元年，又迁任使持节、都督雍州、梁州、南秦州、北秦州四州诸军事、安西将军、宁蛮校尉、雍州刺史，还没有到官任，又留任散骑常侍、护军将军，加任特进、左光禄大夫，赐给鼓吹一部。

这时，前废帝狂妄、勃逆天理，没有仁道，杀害公卿，但顾忌害怕几位叔父，并把他们囚禁在殿内，殴打凌辱他们，不再循人伦常理。刘休仁及太宗、山阳王刘休佑，形貌身体都很肥壮，废帝刘子业就用竹笼装了他们用秤称，因为太宗最肥，被起绰号叫“猪王”，给刘休仁起绰号叫“杀王”，刘休佑叫“贼王”。因为三王年纪大，尤其对他们有所担心和害怕，因此常将他们叫来以便与自己接近，不让离开左右。东海王刘□平庸无才，拙劣不聪，给他取绰号叫“驴王”，桂阳王刘休范、巴陵王刘休若年纪小，因此反而得以从容不迫，没有受到侵害。曾经用木槽盛饭，里面抖些杂食，搅抖和合均匀，在地上挖一个坑，放些泥水到里边，将太宗脱光了衣服放在坑里，将和匀在木槽里的食物放在坑中的太宗面前，让太宗用嘴在槽里边吃，用以使他们欢笑取乐。想害死太宗和刘休仁、刘休佑前后有数十次。刘休仁善于心计，有智慧，经常用笑话调侃阿谀取悦刘子业，因此使他们自己的被害得到推延。常在刘休仁面前，命令刘休仁的手下以淫相威逼刘休仁所生的杨太妃，他的手下都不得已而服从命令。将她给右卫将军刘道隆，刘道隆乐于服从圣旨，出尽了他的丑态。时值廷尉刘曚的妾有身孕，临生产，迎她入宫，希望她生个男孩，想立其为太子。太宗曾经忤逆圣旨，前废帝震怒，就脱光了他的衣服，捆缚他的手脚，用木棍顺手脚再次捆绑，让人抬到太官那里，说：“今天杀猪。”刘休仁笑着对前废帝刘子业说：“猪今天不应该死。”刘子业问什么原因，刘休仁说：“等皇太子生下，杀了这猪好取他的肝肺。”前废帝刘子业杀人的意思才稍微解除，说：“先且交给廷尉。”过一夜，出来了。

前废帝即将到南方去巡游荆州、湘州，第二天一早想杀了几个叔父再出发。这天夜里，太宗平定祸害和灾难，杀前废帝刘子业于华林园。刘休仁当天就推崇太宗做皇帝，对太宗随即尽臣子的礼仪。第二天一早，刘休仁出宫到东府。这时南平、庐陵敬先兄弟，被前废帝所杀害，尚未装殓殡葬。刘休仁、刘休佑乘同一辆车前往探视，掀开车帷就欢笑，来去都奏鼓吹乐，这时的人们都认为他们不合人伦常理。

在这以前，前废帝进任刘休仁为骠骑大将军、开府仪同三司，常侍职位还同以前一样。还未拜授，前废帝被杀，太宗登皇帝位。太宗下诏，命他任使持节、侍中、都督扬州、南徐州二州诸军事、司徒、尚书令、扬州刺史，加赐班剑二十人，赐给三望十五乘的大礼。这时刘道隆任护军，刘休仁奏请求解除他的职务，说：“我不能够与他这种人同朝。”皇上乃赐刘道隆死。

不久多方面不服从朝命，刘休仁都督征讨诸军事，给他曾加班剑三十人。出师据守虎槛，进驻赭圻。随即领任太子太傅，总统全军，应接全由他自行决定。祸乱纷呈，犹如中流激水，被平定全靠刘休仁的效力。刘休仁初出师时，与苏侯盟誓结义为兄弟，用以借助神的帮助。等事情平息后，太宗给刘休仁诏书说：“这一段时间，特别得到了苏侯兄弟的鼎力帮助。”

增赐刘休仁食邑四千户。刘休仁坚持辞让不受，最后只接受了一千户。大的祸乱虽然平定了，小的动乱又起来了。薛安都据守彭城，招引索掳为乱。刘休仁又都督向北方讨伐薛安都的诸军事，又增加给他食邑三千户，没有接受。这时豫州刺史殷琰驻守寿阳，未平息。晋平王刘休佑先督征讨诸军事，刘休佑出师领任江陵，刘休仁代替任督西讨诸军事。泰始五年，进任都督豫州和司州。

刘休仁年龄与太宗相近，都爱好文学典籍，素来相互喜欢友好。在前废帝当政的时候，同时经历危难，太宗又依靠借助于刘休仁权变机巧的能力才得免于难。泰始初年，四方不尊皇命，乱兵逼至靠近了京都的地方。刘休仁又亲自披甲出征，身当矢石，建立了大功。因此他任职总领众兵，与太宗明帝亲近，非常受宠。朝廷内外的各个方面，没有谁不像车轮围绕车轴转一样趋附他。太宗渐渐有些不高兴。刘休仁领会到太宗的意思，这年冬天，上表请示解除扬州刺史职位，被诏许。泰始六年，进位任太尉，领任司徒，坚决辞让不赴任，又加赐给他漆轮车和剑履的礼遇。太宗在晚年多生忌讳，猜疑侵害人的心理稍微严重，刘休仁转而开始感觉不安。到杀了晋平王刘休佑后，刘休仁的忧虑与恐惧更加厉害。这年，皇上病得很严重，与杨运长等人谋划他死后的安排，担心他的几个弟弟权强势盛，太子幼小懦弱，将来会造成朝廷的不安定。杨运长又担心太宗死后，刘休仁一旦充当了西周周公旦那样的角色，他们这些人便不能够再掌权柄，因此，非常赞成太宗的想法。太宗的病曾经突然加重，宫廷内外的人和事无一不奏请刘休仁裁定。主书以下的人，都前往刘休仁的东府趋附刘休仁的亲信心腹，而且来者不拒，都予接纳。其间有的正直但不说出口的人，都感到恐惧。皇上既然已经对刘休仁怀有戒心，到这时又听说人情都归向了他，于是召刘休仁进宫拜见。拜见完了又对刘休仁说："晚上可以停在尚书下省宿息，明天可以早些来。"这天夜里，皇上便派人备办毒药赐刘休仁死了，死时年龄三十九岁。

皇上生病卧床时间久了，宫廷内外的消息隔绝不通，他担心出现人情事物上的变化，因此，自己乘车出端门。刘休仁死后，他下诏说："凡是没有战事而被杀戮的人，大体都是按照国有的典章制度治的罪。刘休仁清楚自己的过错，引以为自责，犹在其次。刘休仁属于皇室中最亲密的亲戚，职位居处在台府的重要地方，我以友情相寄予他也是特别地深厚，受宠的程度和受赏赐的爵秩都非常优惠。他不能够尽力匡扶国家，为国家出谋划策，辅佐朝政，宣扬王道，而自己居处在宰相的任上胡思乱想，滋生猜忌和嫌隙，通过旁门小道相信无名小辈的小人之见，内心怀有不可告人的志向，掩饰自己的外表，蔽盖自己的踪迹，还装作没事的样子，表面上给人家以愚诚，用以惑乱视听。因为我近期患病，而且非常严重，朝廷内外为之忧虑，恐惧，刘休仁规范和威逼禁兵，阴谋制造动乱，挑起叛逆。我委曲求全，对他施加了天伦常理的恩宠，不曾忍心以明法治他的罪，因此下诏说了本事，辩清原委。刘休仁愧对朝廷加给他的恩宠，害怕依法治罪，于是就自行决断，死于非命。追忆前情，拊心悲痛。情难自禁，只好考虑委屈法律条款，不加他罪过，用以表明我对他的哀悼。可以保全他的两个儿子的性命和他们受封的全部爵位，但要牢记教训。宋族朝廷多难，祸乱起自台辅，长久地追忆这种往事，感慨万端，意味深长。”

有司上奏说：“我们听说依法明断，不认亲疏关系，个人的情感要屈服于依法办事这个大纲；国家的典章制度，要源于古代的经籍，服从于经国的大业，因此国家威势的申达，就要在仁义被丢掉的地方。因此，梁、赵之诛，脚踏出去了才说过了头。谨慎地案察刘休仁，他包藏祸心，掩饰劣迹，事情掩盖在光天化日之下，如鼠匿于穴，匿藏深渊，虚情宣达于民，欺骗了视听。自己认为属于皇室宗亲，位居明帝的近侧，早年与明亲近恩，和睦无猜，因此恣意异礼而行，背义而做，超越常规。往年授予他节钺之任，奉命南讨。这原本就不是因他有才而受命的。启行在浓湖时，还特别给予亲自摄事，仰上亲自祭祀宗庙，俯下慰藉将士备力效命沙场。他是属于承蒙康泰的时运，偷窃了固有的功勋。他不自量力，而极力贪天之功为己功，多次自己褒扬自己的征伐之事。动乱平定后，既然已经由圣主明君统御朝政，躬亲治理万端，百官僚吏遵守纪律，官方没有越轨行为，而刘休仁却矜高自己的功勋，怙重自己的贵宠，自称应该总揽朝廷政权。于是就胡乱地滋生疑难，自己见外，与宗室产生嫌隙。原司空晋平刺王刘休佑，少年时不修好行善业，长大后滋长贪婪残暴，出任陕荆，流毒西夏。他所统率地区的编制户籍离散，到处都是凋敝荒芜。圣明君主的德仁博大恢宏，原谅他，不曾依明典给他正法。及与刘休仁讨论他的罪行恶疾，辞意甚为亲密，甚至不宜于传播广布，避免因辞掩义，反而对一些不明真相的人产生劝勉激励的作用。刘休佑以为刘休仁位居朝班的右面之尊，任职与待遇优惠崇高，一定能够给自己以帮助，因此与刘休仁以党相结至深。刘休佑因此向刘休仁输送金钱，荐赠珍宝，仰人鼻息，随颜接意。每当他们促膝在一起的时候，一定要论及朝政。及至他们没有一天不一道出入宫殿，无时不同宿消闲。声音相调，酣息与共，常常聚在一起密语清闲。刘休仁胸怀奸诈，说动刘休佑，他善于心术算计，游说刘休佑在外表上假装专一谨慎的方法，暗中却行使贪婪欺诈的心计，说朝廷不会发觉，也没有人能够觉悟。刘休佑于是就在外面积累怨恨和忧惧的时候，在内心里包藏着他的祸心。又得到刘休仁的赞助与激励，于是内心的凶恶情绪转化为炽热愤激之情，与刘休仁狼狈为奸，暗中寻找机会，图谋制造灾变，实现他们的目的。刘休佑仓促殒命，实在是天皇诛杀了他。而晋平国太妃妾邢氏不能够追踪惭愧自己儿子的罪恶，对上感戴皇上委曲求全加强他们的恩典，反而心怀不满，用巫蛊咒骂朝廷政要。刘休仁趁圣上的身体有所不和谐的机会，多谋奸计逆行，毁灭王道，反行常理，其程度之盛，无以复加。像他那样罪恶滔天的人，斩首示众，或许还能够申正国家的刑法。但是法网没有加给他，他自己便先行引咎毙命了。天子的慈爱真是矜高敦厚，为了他减少了法律公正无私的尊严，为了他崇尚皇室的恩泽不曾加害给他，而且诏赐保全他两个儿子的性命及他们受封的爵位。这真是一种伟大宽宏的风尚，一种博大高远的德行，自古以来，绝无仅有。然而这种做法，却不是一种能够用以摒弃罪恶，革除灾变，惩戒乱臣贼子的好办法。我们这些臣子参议，认为适宜将刘休仁降为平民，革除他的属籍，他的子息都要迁徙到偏远的州郡去。刘休佑的罪恶阴谋开始暴露，也应当裁削封赐，黜免封爵，降革、削减的标准，一律按旧有的制度进行。捕收晋平国太妃邢氏，交付狱吏，按照法律标准治罪。”下诏说：“邢氏属于匹妇狂愚，不足与她计较。刘休仁知罪自裁，犹有追念的情思，可以特别给他降为始安县王，食邑一千户，并停止实行他儿子刘伯融等人要被流放迁徙的奏请，听任沿袭封爵。刘伯猷先受封在江夏国，让他还本封，赐爵为乡侯。”

太宗皇上既然杀了刘休仁，担心人情惊动，于是又下诏给各方镇和各大臣说：“刘休仁丧失生命，你们没有详细知道，事情的经过，现在详细公布于后：

“刘休佑贪婪恣肆不行王政之道，法网不容许他这样。以前西汉梁孝王、淮南厉王没有别的什么罪孽和悖逆的行动，也只是因为超过了汉朝制度许可的限度而招致了惩处。何况刘休佑侵吞百姓，聚敛财富，成了西士数州口坚齿硬善于蚕食的巨蝗，而必搜聚在国土上，用以输给西夏，助纣为虐，不再有人情可言。多次得到王景文、褚渊、沈攸之等人的启奏，陈述他的罪恶，左右不能为法所容。我笃爱兄弟之间的恩情，不想将他绳之以法。而且每次都恨世祖大明年代的兄弟情薄，又亲眼看到了刘休佑屯营的时候，刚刚得到宽松和安宁，所以稍有过失，也就任其所以，不忍对他加以讯问。因此改授他到徐州，希望他在离朝廷近的地方，一定也应该能够自我改正。拜授徐州，尚未到官任，便开始了多方面的征剿，万端动荡不安，暴虐污浊愈演愈烈，每每充作百姓的蠹虫，无法再保全他。刘休仁身体粗大，稍有智慧和释难的能力，身兼宰相，我又与他有深厚的兄弟情谊，因此，特别加强了对他异乎寻常的依赖。当出现刘休佑那种异常事变的时候，我多次与刘休仁讨论刘休佑多行灾祸的状况。刘休佑认为刘休仁被我所亲近，一定应该清楚我的旨意，又说刘休仁的言语对答，会对朝命产生损益的作用。于是就送财货贿赂他，深结情款，共同谋事，及于发展到与刘休佑寝必同宿，行必同车，形影不离的程度。刘休仁性情和软，易于感化说服，遂至形影不离，共为一家。这种结果是因为平日向刘休仁所说的秘密的话，刘休仁又向刘休佑一时间吐尽造成的。我与刘休仁，少小时异常亲密，唯有一心相信他，不曾产生过怀疑。虽然如此，还是担心他在清闲的时候，无意中脱漏一些，致使有人听闻到了。我近来向刘休佑推心置腹地交心，告诫训导他非常严厉、切中要害，刘休佑也更加不再有新疑虑。刘休佑死后，我将他生前在内外左右的人请来，问了有关刘休佑的情形状况，才知道刘休仁将我的言语全部漏泄给他的情由。我为此终日懊悔惋惜，心神萎靡不振。刘休仁又曾游说刘休佑说："你只管你崇伪善，这办法自然足以让你安全。我常秉承伪善的办法，奏事获准有如在家中一样，从来就颇得伪善的力量。你先且试用，看能不能验证这办法果真有用？"刘休佑随他说的去做，于是大行贡献奉送，言语大多相乖不实。他这样一来，刘休仁所积累的罪恶也就不可饶恕了。

"从刘休佑走向死亡的时候开始，刘休仁对他的情况都一清二楚。刘休仁既然没有罪孽，君主与宰相本属一个人一样，我也就推心委意于他，开始我们两人之间并没有隔膜。刘休佑贪财成性，愚笨不智，被天下人所恨，招致他灭亡的根本所在，是为百姓消除祸害。我们兄弟不再有多的人，更应该是极尽关怀抚慰之能事还犹怕有所不周到，更应该相互亲近和依赖。刘休佑在生前，贪鄙成性，如狼如虎，无赖透顶，如狼如虎到了极点，我担心刘休仁前往哭悼，抑或要滋生祸乱。而且我往日原本已准备了行装礼仪前往哭悼，晚上一定不会行走。我因此给他设置方便，叫他在尚书下省休息。而刘休仁被我召入宫后，自己大为惊动、疑惑不解，于是入宫内辞别杨太妃，面容形状表现出来的意味，与往常非常不同。已经到了尚书下省，杨太妃马上派监子去左右观察他。从这以后，每天滋生嫌疑恐惧，而我去与他交心，稍微消除了一些疑虑，有所觉悟。从刘休佑死以后，我再到刘休仁的住宅去，饮酒吃东西，从早到晚，终日不休，打开小门，进入他的里屋，开始没有猜疑和防备。刘休仁受到的连累，纯粹是因为他胡乱地产生了嫌疑和畏惧治罪的心理造成的。

“有一天，我像往常一样，在春天中多数要邀约人去射雉，每次刘休仁清闲的时候，多数或前往雉场，或者敕命让他陪伴我的车子。到他没去这天以后，多数时候见不到他。每当到了夜晚，刘休仁就对他的下人说：‘我已经又得到了一天。’等到在房里与妓妾们相见时，总是说：‘我去死不知道是早晨还是晚上的事，假如一旦死去做了鬼，我也不再娶你，娶了你正好我就足以成为乱人了。’刘休佑死时，太阳已到了三晡，我射到了野鸡，刚从野鸡场出来，刘休仁的马匹在我的右边。他这时潜藏在荒野里，我派人叫他出来，他自称说：‘腹痛，不能够骑马。’不一会儿，诸王的车都停在朱雀门里边，天已经黑了，没有时间叫远地方的车，我的装衣、书的车就近在离门很近的门里边，我敕命叫来，取下了油漆的幢络，准备用来装载他。我从来就非常熟悉他身体有怕冷的毛病，听说他腹痛，知道一定是受冷了，于是敕命太医到尚书省去送赐给他供御用的高粱姜汤。刘休仁喝了，忽然大为警恐，告诉左右说：‘我死在今天了！’他的手下人回答说：‘这汤是御医封装送来的。’刘休仁于是要他手下的人先试喝，还是不太相信，又自己俯身用舌头舔吃后，才喝进了一合左右，不敢多喝。胡乱滋生嫌疑，和我想不到一块，事事都是这样。以往每隔十天、五天，就要进宫一次问候太妃。自从刘休佑死以后，我每次下诏给他，一定要先到杨太妃处询问后再应诏，就像要永远分别的样子。刘休仁历来是自己营造府第，兴办文书。二月中旬，史承祖带文书呈送给他，他忽然对史承祖说：‘我这里有许多现成的文书，哪里用得着繁难你送来。’我胸无芥蒂，一如既往地待他，但是无法再像以前那样依赖他了。他既然已经有了不安的感觉，自己大为嫌隙惊恐，在情理之中，他也就不可能再有好的心思了。

“刘休仁在以前既然经历过南讨的战事，原来宿卫将帅中经常与他玩耍消闲共事而相识的人，布满朝廷内外。平常每天出入，从他们的房下经过，与原来认识的将帅们，都不交谈。在我前段接连几天身体不适，刘休仁出入往来在寝殿和尚书省之间，各侍卫主帅或许有知道我身体有所不适，没有一个不是和颜悦色以仁厚相抚劳。当时我的病情已经非常严重，意思想不再见外边的人，于是出现了纷纷扬扬的传说，与事实差别很大。刘休仁窥视我的起居情况。等他来奏启的，都不是什么急事，我心里也没有起什么疑心。我与刘休仁，亲近情爱实在非比寻常。从年纪很小的时候开始，总是相互追随在一起，情绪的向往和大的追求，也往往大体相同，受难遭挫的那些时候，每次都是默契配合，患难与共。刘休仁在南讨征战时任职都统全军，既然有功勋业绩，形状都在我心里占有很重要的地位，也可以说是无以复加的了。但刘休仁对待我，怨恨既然已经不轻，用小人无知的心胸揣度我，又多携带了些人心向背的成分，于是由猜疑我而发展到对我存有二心，他也就自己不再得安宁。大概祸害与灾难出现的原因，都是思想没有觉悟到会出现祸害与灾难。一味地按他自己的思想和举动，也没有谁知道他心里的想法并帮助他。到事情不合自己初衷的时候，又反过来反复地沉思闷想，于是就不可避免地出现了近日那种自寻短见的处理办法。我在兄弟方面的情感，不能够说就没有厚薄，到刘休仁死于非命时，我的悲哀伤感特别深，千念万想，不能自已，一说起他来就觉得伤心。事情的琐碎方面，自然是不能够全部写在诏书中的。担心事情不一定能够得到理解，所以想一并保全他的儿子，不想都按法律来惩治他们。作为诏书的辞令，不能不说他曾经有过想用军谋夺权的阴谋，但是还没有造成事实。因此，将情况报大家知道。”

太宗与刘休仁素来相交深厚，至于要杀害刘休仁，他担心的是刘休仁的存在将会对他的后嗣产生不利。刘休仁死了，他痛心悼念到极点的时候，对人说：“我与建安年龄相近，少年时习玩随从，形影不离。景和、泰始年间，他的功勋确实很大。但是为国家大事考虑，事情迫切，不得不清除他。痛心怀念他到了极点，不能够自己控制自己。今天只有一件事可以做，那就是不如与诸侯说明。欢乐到来的由来，落到今天这样也就是到尽头了。”因而流泪，不能自禁。

儿子刘伯融，是刘休仁妃子殷氏生的。殷氏是吴兴太守殷冲的女儿。范阳祖翻有医病的本领，姿态相貌又美丽。殷氏生了病，祖翻进里屋给她探脉，殷氏喜欢上了祖翻，于是就勾通了好事。事情败露后，殷氏被遣送回家，被赐死。伯隔历任南豫州刺史，琅邪、临淮二郡太守，宁朔将军。任广州刺史时没到官任，后停止徙到丹杨县。后废帝元徽元年，返回京都，袭封为始兴王。弟弟刘伯猷，开始出继江夏愍王刘伯禽受封为江夏王，食邑两千户。刘休仁死后，还给平民身份，与刘伯融一同被迁徙到丹杨县。后废帝元徽元年，赐爵为都乡侯。建平王景素叛逆时，杨运长等人畏惧、忌恨宗室的势力，矫称诏命赐刘伯融等人死罪。刘伯融死时十九岁，刘伯猷十一岁。

宋书卷八十三

宗越列传第四十三

宗越，南阳叶人也。本河南人，晋乱，徙南阳宛县，又土断属叶。本为南阳次门，安北将军赵伦之镇襄阳，襄阳多杂姓，伦之使长史范凯之攸次氏族，辨其高卑，凯之点越为役门。出身补郡吏。

父为蛮所杀，杀其父者尝出郡，越于市中刺杀之。太守夏侯穆嘉其意，擢为队主。蛮有为寇盗者，常使越讨伐，往辄有功。家贫无以市马，常刀楯步出，单身挺战，众莫能当。每的捷，郡将辄赏钱五千，因此得市马。后被名出州为队主。世祖镇襄阳，以为扬武将军，领台队。元嘉二十四年，启太祖复求次门，移户居冠军县，许之。二十七年，随柳元景北代，领马幢，隶柳元怙，有战功，事在《元景传》。还补后军参军督护，随王诞喜之曰："汝何人，遂得我府四字。"越答曰："佛狸未死，不忧不得谘议参军。"诞大笑。

随元景伐西阳蛮。因值建义，转南中郎长兼行参军，新亭有战功。世祖即位，以为江夏王义恭大司马行参军、济阳太守，寻加龙骧将军。臧质、鲁爽反，越率军据历阳。爽遣将军郑德玄前据大岘，德玄分遣偏师杨胡兴，刘蜀马步三千，进攻历阳。越以叔骑五百于城西十余里拒战，大破斩胡兴、蜀等。爽平，又率所领进梁山拒质。质败走，越战功居多。因追奔至江陵。时荆州刺史朱修之未至，越多所诛戮，又逼掠南郡王义宣子女，坐免官，系尚方。寻被宥，复本官，追论前官，封筑阳县子，食邑四百户。迁西阳王子尚抚军中兵参军，将军如故。

大明三年，转长水校尉。竟陵王诞据广陵反，越领马军隶沈庆之攻诞。及城陷，世祖使悉杀城内男丁，越受旨行诛，躬临其事，莫不先加捶挞，或有先鞭其面者，欣欣然若有所得，所杀几数千人。四年，改封始安县子，户邑如先。八年，迁新安王子鸾抚军中兵参军，加辅国将军。其年，督习州、豫州之汝南、新蔡、汝阳、颍川四郡诸军事，宁朔将军，司州刺史，寻领汝南；新蔡二郡太守。

前废帝景和元年，召为游击将军，直阁。顷之，领南济阴太守，进爵为侯，增邑二百户。又加冠军将军，改领南东海太守，游击如故。帝凶暴无道，而越及谭金、童太壹并为之用命，诛戮群公及何迈等，莫不属心竭力，故帝凭其扑牙，无所忌惮。赐与越等美女金帛，充物其家。越等武人，粗强识不及远，咸一往意气，皆无复二心。帝将欲南巡，明旦便发，其夕悉听越等出外宿，太守因之定乱。明晨，越等并入，上抚接甚厚，越改领南济阴太守，本官如故。越等既为废帝尽力，虑太宗不能容之，上接待虽厚，内并怀惧。上亦不欲使其居中，从容谓之曰："卿等遭罹暴朝，勤劳日夕，苦乐宜更，应得自养之地。兵马大郡，随卿等择。"越等素已自疑，及闻此旨，皆相顾失色，因谋作难。以告沈攸之，攸之具白太宗，即日收越等下狱死。越时年五十八。

赵善立营阵，每数万人止顿，越自骑马前行，使军人随其后，马止营合，未尝参差。及沈攸之代殷孝祖为南讨前锋，时孝祖新死，众并惧。攸之叹曰："宗公可惜，故有胜人处。"而御众严酷，好行刑诛，睚眦之间，动用军法。时王玄谟御下亦少恩，将士为之语曰："宁作五年徒，不逐王玄谟。玄谟尚可，宗越杀我。"

【译文】

宗越，是南阳叶县人。本是河南人，晋朝发生动乱时，迁居南阳宛县，后统一整理户籍，又归属叶县。宗越家族本是南阳的次等门节，安北将军赵伦之镇之鸾阳，襄阳人中间不够列入门第氏族的杂姓非常多，赵伦之委派长史范觊之整理排列氏族，辨别高低，范凯之将宗越贬黜成服役的低等门户。宗越就开始出仕担任郡中小吏。

宗越父亲被鸾人杀死，杀死他父亲的人曾经来到郡城，宗越在集市上刺死了他。太守夏侯穆赞赏他有孝心又勇敢，提升他做队主。蛮人发生劫掠行为，经常派宗越前去征讨，每次出兵就建立功劳。因为家里贫穷没有钱买马，宗越常手持刀和盾牌步行而出，单身作战，很多敌兵都没有人能阻挡他。每次战胜后，郡中将领就赏赐五百钱，宗越就凭这些赏钱购买了马匹。后来被征召，到州里当队主。宋孝武帝刘骏没即位以前镇守襄阳，任命宗越为扬武将军，率都督府的禁卫部队。元嘉二十四年，宗越启奏宋文帝求恢复次等门第，把户籍迁移属于冠军县，得到了批准。元嘉二十七年，跟随柳元景北代，率骑后，隶属于柳元怙部下，立下了战功，这段事情记载在《柳元景传》中。回军南下之后出任后军参与督护，随王

刘诞当时任后将军、雍州刺史，与宗越开玩笑说："你说什么人，竟得到我府里的四个字官衔。"宗越回答说："佛狸（托跋焘）只要不死，我不愁不得到谘议参军。"刘诞听后大笑。

宗越随同柳元景征伐西阳的蛮人。由于碰上宋孝武帝起兵讨伐杀死父亲宋文帝的太子刘劭，宗越转为南中郎长兼行考军，在新亭之战口立功。孝武帝即位，任命宗越为江夏王刘义恭大司马行参军、济阳太守，不久又加封为龙骧将军。臧质、鲁爽起兵反叛朝廷，宗越领兵占据历阳。鲁爽派将军郑德玄前进占据了大岘，郑德玄派部分兵力，由杨胡兴、刘蜀率领骑兵、步兵三千人，进攻了历阳。宗越领骑兵、步兵三千人在历阳城西边十多里处进行抵御，大破杨胡兴、刘蜀的兵马，斩杀他们。鲁爽破平定以后，又率自己的部队开进梁山抵御臧质。臧质败逃，以宗越战功居多。宗越趁势追赶到江陵。当时荆州刺史朱修事没到达，宗越大肆杀戮，同时又逼迫劫取南郡王刘义室子女，因为这而获罪，关在政府的作坊里做苦。不久被赦免，官复原职，又追计他从前的功劳，官号依旧不变。

大明三年，转为长水校尉。随王刘诞改封为竟陵王，据有广陵造反，宗越率骑兵在沈庆之的指挥下攻打刘诞。等广陵城攻陷，孝武帝命令把城内的男性成年人都杀光，宗越奉旨具体执行，亲自办理，对被杀的人都不先加以殴打，有的甚至鞭打他们的脸部，高高兴兴地好像得到了什么一样，被他杀死的共有几千人。大明四年，改封为始安县子，食邑户数和以前一样。这一年，他被任命为督司州、豫州汝南、新蔡、汝阳、颍川四郡诸军事，宁朔将军，司州刺史，不久又兼任汝南、新蔡二个郡太守。

前废帝景和元年，召进京城被任命为游击将军、直阁。不久，兼任南济阳太守，进升爵位为侯，增二百户食邑。又加封为冠军将军，改兼南东海太守，游击将军官号不变。前废帝凶暴无道，而宗越与谭金、童太壹都为他出力卖命，诛戮很多官员以及擒捉何迈等人，无不尽心竭力，以前废帝依靠他的这些爪牙帮凶，得以肆无忌惮。赐给宗越等人美女、金钱、绢帛，充满他们的家里。宗越等人都是武人，粗豪强悍，缺乏远见，都是凭意气用事，顾前不顾后，没明确念头。前废帝准备到南方荆州繁荣湘州去，第二天一早出发，那天夜里都听任宗越等人离开宫中到外面住宿，宋明帝因为这而能发动政变杀前废帝。第二天早晨，宗越等人一起进宫，明帝对他们加以安抚，宗越改兼南济阴太守，原来官职不变。宗越等人既已为前废帝卖尽力气，担心宋明帝不能容下自己，明帝对待他们虽很优厚，他们心里却感到恐惧。明帝也不想他们再在京城里做官，就很随便地跟他们说："你们碰上暴虐的皇帝，早晚辛苦劳累，苦乐应对换一下，应得到奉养自己的地方。兵马富足的大郡，可以任你们自己挑选。"宗越等人素来就有疑虑，又加上这一旨意，都互相看着脸上变颜色，因为这而计划造反作乱。他们将这一计划告诉沈攸之，沈攸之一一向明帝禀告，当天就拘捕宗越等人下狱处死。当时宗越五十八岁。

宗越善于排布军营的位置，几万人行军宿营，宗越自己骑着马在前，让军队跟在后边，边走边指挥，马停下来，军营就安置完毕，从来没参差不齐。等到沈攸之替殷孝祖为前锋将领征讨义兴一带反对宋明帝部队。当时殷孝祖刚战死，部下都非常恐惧。沈攸之叹息说："宗公可惜了，他本就有胜过别人的地方。"但是宗越统治军队十分严酷，喜欢用刑诛杀，一点小事，动不动就军法从事。当时王玄谟对待部下也严厉少恩，将士们为此编话说："宁可做上五年的囚徒，不去跟随王玄谟。王玄谟还过得去，宗越却要杀我。"

宋书卷九十三

戴颙隐逸陶潜列传第五十三

戴　颙

戴颙字仲若，谯郡铚人也。父逵，兄逵，兄勃，并隐遁有高名。

颙年十六，遭父忧，几于毁灭，因此长抱羸患。以父不仕，复修其业。父善琴书，颙并传之，凡诸音律，皆能挥手。会稽剡县多名山，故世居剡下。颙及兄勃，并受琴于父，父没，所传之声，不忍复奏，各造新弄，勃五部，颙十五部。颙又制长弄一部，并传于世。中书令王绥常携宾客造之，勃等方进豆粥，绥曰："闻师善琴，试欲一听。"不答。绥恨而去。

桐庐县又多名山，兄弟复共游之，因留居止。勃疾患，医药不给，颙谓勃曰："颙随史得闲，非有心于默语。兄今疾笃，无可营疗，颙当干录以自济耳。"乃告时求海虞令，事垂行而勃卒，乃止。桐庐僻远，难以养疾，乃出居吴下。吴下士人共为筑室，聚石引水，植林开涧，少年繁密，有若自然。乃述庄周大旨，著《消遥论》，注《礼记》《中庸》篇。三吴将守及郡内衣冠要其同游野泽，堪行便往，不为矫价，众论以此多之。

高祖命为太尉行参军，琅邪王司马，并不就。宋国初建，令曰："前太尉参军戴颙、辟士韦玄，秉操幽遁，守志不渝，宜加旌引，以弘止退。并可散骑侍郎，在通直。"不起。太祖元嘉二年，诏曰："新除通直散骑侍郎。"东宫初建，又征太子中庶子。十五年，征散骑常侍，并不就。

衡阳王义季镇京口，长史张邵与颙姻通，迎来止黄鹄山。山北有竹林精舍，林涧甚美，颙憩于此涧，义季亟从之游，颙服其野服，不改常度。为义季鼓琴，并新声变曲，其三调《游弦》《广陵》《止息》之流，皆与世异。太祖每欲见之，尝谓黄门侍郎张敷曰："吾东巡之日，当宴戴公山也。"以其好音，长给正声一部。颙合《何尝》《白鹄》二声，以为一调，号为清旷。

自汉世始有佛像，形制未工，逵特善其事，颙亦参焉。宋世子铸丈六铜金星于瓦官寺，既成，面恨瘦，工人不能治，乃迎颙看之。颙曰："非面瘦，乃臂胛肥耳。"既错减臂胛，瘦患即除，无不叹服焉。

十八年，卒，时年六十四。无子，景阳山成，颙已亡矣，上叹曰："恨不得使戴颙观之。"

【译文】

戴颙，字仲若，是谯郡铚县人。父亲戴逵，哥哥戴勃，都隐居不仕，都有很高的名望。

戴颙十六岁时，他的父亲去世，他悲痛得几乎垮掉，因此身体长年病弱。因为他的父亲没有做过官，他继承父亲的技艺。他的父亲擅长弹琴书法，戴颙也同样兼而能之，但凡各种乐曲，他都可以挥手弹奏。会稽郡剡县有多处山水名胜，所以他家世世代代居住在剡县。戴颙与他哥哥戴勃的弹琴技艺都是他父亲亲自传授的，他父亲去世后，传授给他们的琴曲，他们怕引起悲痛，不忍心再弹奏，于是各自谱写乐曲，戴勃谱写了五部，戴颙谱写了十五部，又谱写一部大型乐曲，都流传在世上。中书令王绥曾经带领他的门客来到戴家，戴勃等人正在吃豆粥，王绥说道："听说你很会弹琴，你弹奏给我听一听。"戴勃等人不理睬，于是王绥气恨而去。

相庐县也有很多名山大川，他们兄弟一起去游玩，就留住那里。戴勃得病，又缺医少药，戴颙对他哥哥说："我跟随哥哥闲居，并不想这样默默无闻。哥哥现在病得如此厉害，又没办法医治，我想去当官来解救眼前危急。"于是托人请求任海虞县令，事情快成功时，戴勃却死了，这事情也就告罢。相庐县地处偏远，不利于养病，于是出山居住在吴县。吴县读书人合力为他筑造房屋，叠山引水，植树开沟，不久林木就长得郁郁葱葱，景致像自然形成一样。于是他研究《庄子》的思想，写出《逍遥论》，又注释了《礼记》的《中庸》篇。三吴地区将军，郡守以及吴郡名流邀请他去野游，他认为合适就去，绝不虚情假意，矜持自高，大家都很赞赏他这一点。

宋高祖任命他为太尉行参军、琅邪王的司马属官，他都没就任。宋朝建国之初，下令说："原太尉参军戴颙、隐士韦玄，志在隐居，坚守而不改变，应以表彰，来奖励他们的引退之风。都可担任散骑侍郎，在通值郎之列。"戴颙没赴任。宋太祖元嘉二年，皇帝下圣旨："新任通直散骑侍郎戴颙、太子舍人宗炳，两人志在隐居，自甘蓬屋茅舍生活，恬静的品操，久而不改。戴颙可担任国子博士，宗炳可任为通直散骑侍郎。”立太子初，又征召戴颙为太子中庶子，元嘉十五年又征召他担任散骑常侍，戴颙都不就任。衡阳王刘义季镇守在京口，长史张邵与戴颙是亲家，把他接来，居住在黄鹄山。山北有大片竹林，种杏在精致房屋，林边山涧，风景优美，戴颙就生活在山涧里，刘义季很快就和他交上朋友，戴颙仍一身普通百姓的装束，不改往常仪度。戴颙为刘义季弹琴，都是经改编的新曲子，他弹奏的清平侧三调整《游弦》《广陵》《止息》等曲目，都与世人的奏法不同。宋太祖经常想去看他，曾经对黄门侍郎张敷说：“我去东方视察的时候，当在戴公居住的山上欢宴。”因为戴颙爱好音乐，长年配给他一个正声的乐队。戴颙将正声与《何尝》《白鹄》二调整合起来，形成一个新声调，称为清旷调。

从汉代才有佛像，但造型不精美，戴逵特别擅长塑佛像，戴颙也参与其事，宋世子在瓦官寺铸造一座一丈六尺高的铜佛像，铸成之后，佛像的面部显得非常瘦，铸造工人没办法，于是将戴颙接来察看，戴颙说：“并不是面部瘦，而是肩臂太肥。”待将肩臂锉减以后，面部瘦的毛病随即消失。对他的技艺，没有人不佩服的。

元嘉十八年，戴颙去世，终年六十四岁。他没儿子。景阳山堆成后，戴颙已去世了，宋太祖感慨地说：“遗憾的是不能够让戴颙看上一眼了。”

隐　逸

《易》曰：“天地闭，贤人隐。”又曰：“遁世无闷。”又曰：“高尚其事。”又曰：“幽人贞吉。”《论语》“作者七人”，表以逸民之称。又曰：“子路遇荷蓧丈人，孔子曰：隐者也。”又曰：“贤者避地，其次避言。”。又曰：“虞仲、夷逸，隐居放言。”品目参差，称谓非一，请试言之。夫隐之为言，迹不外见，道不可知之谓也。若夫千载寂寥，圣人不出，则大贤自晦，降夷凡品，止於全身远害，非必穴处岩栖，虽藏往得二，邻亚宗极，而举世莫窥，万物不睹。若此人者，岂肯洗耳颍滨，皦皦然显出谷之志乎。遁世避世，既贤人也。夫何适非世，而有避世之因，固知义惟晦道，非曰藏身。至於巢父之名，既是见称之号，号曰裘公，由有可传之迹，此盖荷蓧之隐，而非贤人之隐也。贤人之隐，义深於自晦，荷蓧之隐，事止於违人。论迹既殊，原心亦异也。身与运闭，无可知之情，鸡黍宿宾，示高世之美。运闭故隐，为隐之迹不见，违人故隐，用致隐者之目。身隐故称隐者，道隐故曰贤人。或曰：“隐者之异乎隐，既闻其说，贤者之同於贤，未知所异？”应之曰：“隐身之於晦道，名同而义殊，贤人之於贤者，事穷於亚圣，以此为言，如或可辨。若乃高尚之与隐者，三避之与幽人，及逸民隐居，皆独往之称，虽复汉阴之氏不传，河上之名不显，莫不游贪厉俗，秉自异之姿，犹负揭日月，鸣建鼓而趋也。”陈郡袁淑集古来无名高士，以为《真隐传》，格以斯谈，去真远矣。贤人在世，事不可诬，今为《隐逸篇》，虚置贤隐之位，其馀夷心俗表者，盖逸而非隐云。

宗炳字少文，南阳涅阳人也。祖承，宜都太守。父繇之，湘乡令。母同郡师氏，聪辩有学义，教授诸子。

炳居丧过礼，为乡闾所称。刺史殷仲堪、桓玄并辟主簿，举秀才，不就。高祖诛刘毅，领荆州，问毅府谘议参军申永曰：“今日何施而可？”永曰：“除其宿衅，倍其惠泽，贯叙门次，显擢才能，如此而已。”高祖纳之，辟炳为主簿，不起。问其故，答曰：“栖丘饮谷，三十馀年。”高祖善其对。妙善琴书，精於言理，每游山水，往辄忘归。征西长史王敬弘每从之，未尝不弥日也。乃下入庐山，就释慧远考寻文义。兄臧为南平太守，逼与俱还，乃於江陵三湖立宅，闲居无事。高祖召为太尉参军，不就。二兄蚤卒，孤累甚多，家贫无以相赡，颇营稼穑。高祖数至饩赉，其后子弟从禄，乃悉不复受。

高祖开府辟召，下书曰：“吾忝大宠，思延贤彦，而《兔置》潜处，《考槃》未臻，侧席丘园，良增虚伫。南阳宗炳、雁门周续之，并植操幽栖，无闷巾褐，可下辟召，以礼屈之。”於是并辟太尉掾，皆不起。宋受禅，徵为太子舍人，元嘉初，又徵通直郎；东宫建，徵为太子中舍人，庶子，并不应，妻罗氏，亦有高情，与炳协趣。罗氏没，炳哀之过甚，既而辍哭寻理，悲情顿释，谓沙门释慧坚曰：“死生之分，未易可达，三复至教，方能遣哀。”衡阳王义季在荆州，亲至炳室，与之欢宴，命为谘议参军，不起。

好山水，爱远游，西陟荆、巫，南登衡岳，因而结宇衡山，欲怀尚平之志。有疾，还江陵，叹曰：“老疾俱至，名山恐难遍睹，唯当澄怀观道，卧以游之。”凡所游履，皆图之於室，谓人曰：“抚琴动操，欲令众山皆响。”古有《金石弄》，为诸桓所重，桓氏亡，其声遂绝，唯炳传焉，太祖遣乐师杨观就炳受之。

炳外弟师觉授亦有素业，以琴书自娱。临川王义庆辟为祭酒，主簿，并不就，乃表荐之，会病卒。

元嘉二十年，炳卒，时年六十九。衡阳王义季与司徒江夏王义恭书曰："宗居士不救所病，其清履肥素，终始可嘉，为之恻怆，不能已已。"

子朔，南谯王义宣车骑参军。次绮，江夏王义恭司空主簿。次昭，郢州治中。次说，正员郎。

周续之字道祖，雁门广武人也。其先过江居豫章建昌县。续之年八岁丧母，哀戚过於成人，奉兄如事父。豫章太守范宁於郡立学，招集生徒，远方至者甚众，续之年十二，诣宁受业，居学数年，通《五经》并《纬》《候》，名冠同门，号曰："颜子"。既而闲居读《老》《易》，入庐山事沙门释慧远。时彭城刘遗民遁迹庐山，陶渊明亦不应徵命，谓之寻阳三隐。以为身不可遣，馀累宜绝，遂终身不娶妻，布衣蔬食。

刘毅镇姑孰，命为抚军参军，徵太学博士，并不就。江州刺史每相招请，续之不尚节峻，颇从之游。常以嵇康《高士传》得出处之美，因为之注。高祖之北讨，世子居守，迎续之馆于安乐寺，延入讲《礼》，月馀，复还山。江州刺史刘柳荐之高祖曰：

臣闻恢耀和肆，必在兼城之宝；翼亮崇本，宜纡高世之逸。是以谓滨佐周，圣德广运，商洛匡汉，英业乃昌。伏惟明公道迈振古，应天继期，游外畅於冥内，体远形于应近，虽汾阳之举，辍驾於时艰；明扬之旨，潜感於穹谷矣。

窃见处士雁门周续之，清真贞素，思学钩深，弱冠独往，心无近事，性之所遣；荣华与饥寒俱落，情之所慕，岩泽与琴书共远。加以仁心内发，义怀外亮，留爱昆卉，诚著桃李。若升之宰府，必鼎味斯和；濯缨儒官，亦王猷遐缉。臧文不知，失在降贤；言偃得人，功由升士。愿照其丹款，不以人废言。

俄而辟为太尉掾，不就。高祖北伐，还镇彭城，遣使迎之，礼赐甚厚。每称之曰："心无偏吝，真高士也。"寻复南还。高祖践阼，复召之，乃尽室俱下。上为开馆东郭外，招集生徒。乘舆降幸，并见诸生，问续之《礼记》"傲不可长"、"与我九龄'、'射於矍圃"三义，辨析精奥，称为该通。续之素患风痹，不复堪讲。乃移病钟山。景平元年卒，时年四十七，通《毛诗》六义及《礼论》《公羊传》，皆传于世。无子。兄子景远有续之风，太宗泰始中，为晋安内史，未之郡，卒。

王弘之字方平，琅邪临沂人，宣训卫尉镇之弟也。少孤贫，为外祖徵士何准所抚育。从叔献之及太原王恭，并贵重之。晋安帝隆安中，为琅邪王中军参军，迁司徒主薄。家贫，而性好山水，求为乌程令，寻以病归。桓玄辅晋，桓谦以为卫军参军。时琅邪殷仲文还姑孰，祖送倾朝，谦要弘之同行，答曰："凡祖离送别，必在有情，下官与殷风马不接，无缘扈从。"谦贵其言。母随兄镇之之安成郡，弘之解职同行，荆州刺史桓伟请为南蛮长史。义熙初，何无忌又请为右军司马。高祖命为徐州治中从事史，除员外散骑常侍，并不就。家在会稽上虞。从兄敬弘为吏部尚书，奏曰："圣明司契，载德惟新，垂鉴仄微，表扬隐介，默语仰风，荒遐倾首。前员外散骑常侍琅邪王弘之，恬漠丘园，放心居逸。前卫将军参军武昌郭希林，素履纯洁，嗣徽前武。并击壤圣朝，未蒙表饰，宜加旌聘，贲于丘园，以彰止逊之美，以祛动求之累。臣愚谓弘之可太子庶子，希林可著作郎。"即徵弘之为庶子，不就。太祖即位，敬弘为左仆射，又陈："弘之高行表於初筮，苦节彰於暮年，今内外晏然，当修太平之化，宜招空谷，以敦冲退之美。"元嘉四年，徵为通直散骑常侍，又不就。敬弘尝解貂裘与之，即着以采药。

性好钓，上虞江有一处名三石头，弘之常垂纶於此。经过者不识之，或问："渔师得鱼卖不？"弘之曰："亦自不得，得亦不卖。"日夕载鱼入上虞郭，经亲故门，各以一两头置门内而去。始宁沃川有佳山水，弘之又依岩筑室。谢灵运、颜延之并相钦重，灵运与庐陵王义真笺曰："会境既丰山水，是以江左嘉遁，并多居之。但季世慕荣，幽栖者寡，或复才为时求，弗获从志。至若王弘之拂衣归耕，逾历三纪；孙淳之隐约穷岫，自始迄今；阮万龄辞事就闲，纂成先业；浙河之外，栖迟山泽，如斯而已。既远同羲、唐，亦激贪厉竞。殿下爱素好古，常若布衣，每意昔闻，虚想岩穴，若遣一介，有以相存，真可谓千载盛美也。"

弘之四年卒，时年六十三。颜延之欲为作诔，书与弘之子昙生曰："君家高世之节，有识归重，豫染，豪翰，所应载述。况仆托慕末风，窃以叙德为事，但恨短笔不足书美。"诔竟不就。

昙生好文义，以谦和见称。历显位，吏部尚书，太常卿。大明末，为吴兴太守。太宗初，四方同逆，战败奔会稽，归降被宥，终於中散大夫。

孔淳之字彦深，鲁郡鲁人也。祖惔，尚书祠部郎。父粲，秘书监徵，不就。淳之少有高尚，爱好坟籍，为太原王恭所称。居会稽剡县，性好

山水，每有所游，必穷其幽峻，或旬日忘归。尝游山，遇沙门释法崇，因留共止，遂停三载。法崇叹曰："缅想人外，三十年矣，今乃倾盖于兹，不觉老之将至也。"及淳之还反，不告以姓。除著作佐郎，太尉参军，并不就。

居丧至孝，庐于墓侧。服阕，与徵士戴颙、王弘之及王敬弘等共为人外之游。敬弘以女适淳之子尚。会稽太守谢方明苦要入郡，终不肯往。茅室蓬户，庭草芜径，唯床上有数卷书。元嘉初，复徵为散骑侍郎，乃逃于上虞县界，家人莫知所之。弟默之为广州刺史，出都与别。司徒王弘要淳之集冶城，即日命驾东归，遂不顾也。元嘉七年，卒，时年五十九。默之儒学，注《谷梁春秋》。

刘凝之字志安，小名长年，南郡枝江人也。父期公，衡阳太守，兄盛公，高尚不仕。凝之慕老莱、严子陵为人，推家财与弟及兄子，立屋於野外，非其力不食，州里重其德行。州三礼辟西曹主簿，与秀才，不就。妻梁州刺史郭铨女也，遣送丰丽，凝之悉散之亲属。妻亦能不慕荣华，与凝之共安俭苦。夫妻共乘薄笨车，出市买易，周用之外，辄以施人。为村里所诬，一年三输公调，求辄与之。有人尝认其所著屐，笑曰："仆著之已败，令家中觅新者备君也。"此人后田中得所失屐，送还之，不肯复取。

元嘉初，徵为秘书郎，不就。临川王义庆、衡阳王义季镇江陵，并遣使存问，凝之答书顿首称仆，不修民礼，人或讥焉。凝之曰："昔老莱向楚王称仆，严陵亦抗礼光武，未闻巢许称臣尧、舜。"时戴颙与衡阳王义季书，亦称仆。

荆州年饥，义季虑凝之馁毙，饷钱十万。凝之大喜，将钱至市门，观有饥色者，悉分与之，俄顷立尽。性好山水，一旦携妻子泛江湖，隐居衡山之阳。登高岭，绝人迹，为小屋居之，采药服食，妻子皆从其志。元嘉二十五年，卒，时年五十九。

翟法赐，寻阳柴桑人也。曾祖汤，汤子庄，庄子矫，并高尚不仕，逃避徵辟。矫生法赐。少守家业，立屋於庐山顶，丧亲后，便不复还家。不食五谷，以兽皮结草为衣，虽乡亲中表，莫得见也。州辟主簿，举秀才，右参军，著作佐郎，员外散骑侍郎，并不就。后家人至石室寻求，因复远徙，违避徵聘，遁迹幽深。寻阳太守邓文子表曰："奉诏书徵郡民新除著作佐郎南阳翟法赐，补员外散骑侍郎。法赐隐迹庐山，于今四世，栖身幽岩，人罕见者。如当逼以王宪，束以严科，驰山猎草，以期禽获，虑至颠殒，有伤盛化。”乃止。后卒於岩石之间，不知年月。

沈道虔，吴兴武康人也。少仁爱，好《老》《易》，居县北石山下。孙恩乱后饥荒，县令庾肃之迎出县南废头里，为立小宅，临溪，有山水之玩。时复还石山精庐，与诸孤兄子共釜庾之资，困不改节。受琴於戴逵，王敬弘深敬之。郡州府凡十二命，皆不就。

有人窃其园菜者，还见之，乃自逃隐，待窃者取足去后乃出。人拔其屋后笋，令人止之，曰：“惜此笋欲令成林，更有佳者相与。”乃令人买大笋送与之，盗者惭，不取。道虔使置其门内而还。常以捃拾自资同捃者争穟道虔谏之，不止，悉以其所得与之，争者愧恧，后每争，辄云：“勿令居士知。”冬月无复衣，戴颙闻而迎之，为作衣服，并与钱一万。既还，分身上衣及钱，悉供诸兄弟子无衣者。乡里年少，相率受学。道虔常无食，无以立学徒，武康令孔欣之厚相资给，受业者咸得有成。太祖闻之，遣使存问，赐钱三万，米二百斛，悉以嫁娶孤兄子。徵员外散骑侍郎，不就。累世事佛，推父祖旧宅为寺。至四月八日，每请像。请像之日，辄举家感恸焉。道虔年老，菜食，恒无经日之资，而琴书为乐，孜孜不倦。太祖敕郡县令随时资给。元嘉二十六年，卒，时年八十二。

子慧锋，修父业，辟从事，皆不就。

雷次宗字仲伦，豫章南昌人也。少入庐山，事沙门释慧远，笃志好学，尤明《三礼》《毛诗》，隐退不交世务。本州辟从事，员外散骑侍郎，征，并不就。与子侄书以言所守，曰：

> 夫生之修短，咸有定分，定分之外，不可以智力求，但当於所禀之中，顺而勿率耳。吾少婴羸患，事钟养疾，为性好闲，志栖物表，故虽在童稚之年，已怀远迹之意。暨于弱冠，遂托业庐山，逮事释和尚。于时师友渊源，务务训弘道，外慕等夷，内怀悱发，于是洗气神明，玩心坟典，勉志勤躬，夜以继日。爰有山水之好，悟言之欢，实足以通理辅性，成夫亹亹之业，乐以忘忧，不知朝日之晏矣。自游道餐风，二十馀载，渊匠既倾，良朋凋索，续以衅逆违天，备尝荼蓼，畴昔诚愿，顿尽一朝，心虑荒散，情意衰损，故遂与汝曹归耕垄畔，山居谷饮，人理久绝。
>
> 日月不处，忽复十年，犬马之齿，已逾知命。崦嵫将迫，前涂几何，实远想尚子五岳之举，近谢居室琐琐之勤。及今耄未至惛，衰不及顿，尚可厉志於所期，纵心於所托，栖诚来生之津梁，专气莫年之

摄养，玩岁日於良辰，偷馀乐於将除，在心所期，尽於此矣。汝等年各成长，冠娶已毕，修惜衡泌，吾复何忧。但愿守全所志，以保令终耳。自今以往，家事大小，一勿见关，子平之言，可以为法。

元嘉十五年，徵次宗至京师，开馆於鸡笼山，聚徒教授，置生百馀人。会稽朱膺之、颍川庾蔚之并以儒学，监总诸生。时国子学未立，上留心艺术，使丹阳尹何尚之立玄学，太子率更令何承天立史学，司徒参军谢元立文学，凡四学并建。车驾数幸次宗学馆，资给甚厚。又除给事中，不就。久之，还庐山，公卿以下，并设祖道。二十五年，诏曰："前新除给事中雷次宗，笃尚希古，经行明修，自绝招命，守志隐约。宜加升引，以旌退素。可散骑侍郎。"后又徵诣京邑，为筑室於钟山西岩下，谓之招隐馆，使为皇太子诸王讲《丧服》经。次宗不入公门，乃使自华林东门入延贤堂就业。二十五年，卒於钟山，时年六十三。太祖与江夏王义恭书道次宗亡，义恭答曰："雷次宗不救所疾，甚可痛念。其幽栖穷薮，自宾圣朝，克己复礼，始终若一。伏惟天慈弘被，亦重矜愍。"

子肃之，颇传其业，官至豫章郡丞。

朱百年，会稽山阴人也。祖恺之，晋右卫将军。父涛，扬州主簿。百年少有高情，亲亡服阕，携妻孔氏入会稽南山，以伐樵采箬为业。每以樵箬置道头，辄为行人所取，明旦亦复如此，人稍怪之，积久方知是朱隐士所卖，须者随其所堪多少，留钱取樵箬而去。或遇寒雪，樵箬不售，无以自资，辄自搒船送妻还孔氏，天晴复迎之。有时出山阴为妻买缯彩三五尺，好饮酒，遇醉或失之。颇能言理，时为诗咏，往往有高胜之言。郡命功曹，州辟从事，举秀才，并不就。隐迹避人，唯与同县孔觊友善。觊亦嗜酒，相得辄酣，对饮尽欢。百年家素贫，母以冬月亡，衣并无絮，自此不衣绵帛。尝寒时就觊宿，衣悉夹布，饮酒醉眠，觊以卧具覆之，百年不觉也。既觉，引卧具去体，谓觊曰："绵定奇温。"因流涕悲恸，觊亦为之伤感。

除太子舍人，不就。颜竣为东扬州，发教饷百年谷五百斛，不受。时山阴又有寒人姚吟，亦有高趣，为衣冠所重。义阳王昶临州，辟为文学从事，不起。竣饷吟米二百斛，吟亦辞之。

百年孝建元年卒山中，时年八十七。蔡兴宗为会稽太守，饷百年妻米百斛，百年妻遣婢诣郡门奉辞固让，时人美之，以比梁鸿妻。

王素字休业，琅邪临沂人也。高祖翘之，晋光禄大夫。素少有志行，家贫母老。初为庐陵国侍郎，母忧去职。服阕，庐陵王绍为江州，亲旧劝素修完旧居，素不答，乃轻身往东阳，隐居不仕，颇营田园之资，得以自立。爱好文义，不以人俗累怀。世祖即位，欲搜扬隐退下，下诏曰："济世成务，咸达隐微，轨俗兴让，必表清节。朕昧旦求善，思惇薄风，琅邪王素、会稽朱百年，并廉约贞远，与物无竞，自足皋亩，志在不移。宜加褒引，以光难进。并可太子舍人。"大明中，太宰江夏王义恭开府辟召，辟素为仓曹属，太宗泰始六年，又召为太子中舍人，并不就。素即屡被徵辟，声誉甚高。山中有蚿虫，声清长，听之使人不厌，而其形甚丑，素乃为《蚿赋》以自况。七年，卒，时年五十四。

时又有宋平刘睦之、汝南州韶、吴郡褚伯玉，亦隐身求志。睦之居交州，除武平太守，不拜。韶字伯和，黄门侍郎文孙也。筑室湖熟之方山，徵员外散骑侍郎，征北行参军，不起。伯玉居剡县瀑布山三十馀载，扬州辟议曹从事，不就。

关康之字伯愉，河东杨人。世居京口，寓属南平昌，少而笃学，姿状丰伟。下邳赵绎以文义见称，康之与之友善。特进颜延之见而知之。晋陵顾悦之难王弼易义四十馀条，康之申王难顾，远有情理。又为《毛诗义》，经籍疑滞，多所论释。尝就沙门支僧纳学算，妙尽其能。竟陵王义宣自京口迁镇江陵，要康之同行，距不应命。元嘉中，太祖闻康之有学义，除武昌国中军将军，蠲除租税。江夏王义恭、广陵王诞临南徐州，辟为从事、西曹，并不就。弃绝人事，守志闲居。弟双之为臧质车骑参军，与质俱下，至赭圻病卒，瘗於水滨。康之其春得疾困笃，小差，牵以迎丧，因得虚劳病，寝顿二十馀年。时有间日，辄卧论文义。世祖即位，遣大使陆子真巡行天下，使反，荐康之"业履恒贞，操勖清固，行信闾党，誉延邦邑，栖志希古，操不可渝，宜加徵聘，以洁风轨"。不见省。太宗泰始初，与平原明僧绍俱徵为通直郎，又辞以疾。顺帝升明元年，卒，时年六十三。

史臣曰："夫独往之人，皆禀偏介之性，不能摧志屈道，借誉期通，若使值见信之主。逢时来之运，岂其放情江海，取逸丘樊，盖不得已而然故也。且岩壑闲远，水石清华，虽复崇门八袭，高城万雉，莫不蓄壤开泉，仿佛林泽。故知松山桂渚，非止素玩，碧润清潭，翻成丽瞩。挂冠东都，夫何难之有哉。"

【译文】

《周易》说：“天地闭合，贤人隐居。”又说：“避世隐居就没有烦恼。”又说：“应该把隐居看作一件高尚的事。”又说：“隐士是坚贞圣洁的。”《论语》一书说：“隐士有七人。”用“作者”来称隐士。又说：“子路遇到一位荷蓧丈人，孔子说：‘这是一位隐士。’”又说：“圣贤之人首先是选择隐居之地，其次是避免说不该说的话。”又说：“虞仲、夷逸，隐居却敢于说话。”这些人的具体情况各有差别，称呼也不一样，请允许我来阐述一下。“隐”这个词的意义，是指行迹不露于外，思想主张不被人了解。至于千年以来沉寂无闻，世间没有出现一个圣人，就是因为大贤之人隐藏自己，把自己降到和普通人同等的地位，他们的所作所为仅是为了保全自身，远离灾祸罢了，不是一定要在洞穴山岩之中居住，他们即使隐藏了之前的品行，展现出另一种模样，接近了最高尚、伟大的人物，也是全世界都看不见，全人类都不曾听说的。像这样的人，怎么肯在颍水边上清洗耳朵，光明磊落地做那些超脱世俗的事情呢。逃避社会，避开尘世，就是贤人。针砭时弊，都有避世的原因，本来懂得道义却隐藏自己的主张，这不能说是隐藏自己。至于巢父的名声，就像用来称呼他的大号，也就是“裘公”，因为他有可以传颂的事迹，他的隐居就像《论语》中荷蓧丈人这类人的隐居，而并不是贤人的隐居。贤人的隐居，是把自己隐藏得更深一些，荷蓧丈人的隐居，却只限于避开社会上的人。他们的行为不同，心中的想法也不一样。自己的运气不好，知道不可能飞黄腾达，隐居种田，反而可以显示出超尘脱俗的德行。没有好运，所以隐居避世，隐居的迹象不明显，用避开人的方式来隐居，就看出了隐士的本来面目。身形方面的隐居被称为隐者，道德思想方面的隐居才被称为贤人。有人说：“‘隐者’和‘隐’的区别，已经听说了；‘贤者’和‘贤’相同，不知它们的区别在什么地方？”回答说：“身形的隐居和道德思想方面的隐居，说起来相同但是实际上不同，贤人和贤者相比，可以用亚圣来说明，以此作比，它们的区别也许可以分辨。至于高尚的人和隐者，避时、避地、避言的人和独居之人，以及隐姓埋名而隐居的人，都有独往独来的特点，虽然汉阴之姓没有流传，河上之名没有显扬，也不会不抑制贪婪之风，劝勉良好的世俗，身负重任，一往无前。”于是，陈郡人袁淑汇集古来无名高士的事迹，写成《真隐传》一书，因为受传闻的影响，和事实相距甚远。贤人仍然活着，事迹不可不真实。现在著录《隐逸》这篇列传，把“贤隐”的位子空着。其他普通之人，大多是“逸”而不是“隐”。

宗炳，字少文。他是南阳涅阳人。他的祖父叫宗承，曾担任宜都太守。父亲叫宗繇之，担任湘乡令。母亲是同郡人师氏，为人聪慧正义，学识渊博，亲自教授子女读书。

宗炳为父母服丧时特别哀恸，受到乡里百姓的称赞。刺史殷仲堪、桓玄都征召他担任主簿，又举荐他为秀才，他都推辞了，没有就任。高祖杀死刘毅，占据了荆州，向刘毅的谘议参军申永询问："现在可以施行什么措施呢？"申永说："消除你和仇敌之间的宿怨，加倍地给予他们恩惠，同地方上各阶层人物搞好关系，提拔有才能的人，像这样去做就可以了。"高祖采纳了他的建议，任命宗炳为主簿，宗炳没有接受任命。高祖问他为什么这样，他回答说："身居山林，畅饮泉水，已经三十多年了。"高祖认为他说得很好。宗炳很擅长弹琴读书，精通学问道理，每每游历山水，都乐而忘返。征西长史王敬弘每次跟他出去游玩，都是日落才返回。后来宗炳到达庐山，跟随和尚慧远学习如何考释、寻究文章的辞意。哥哥宗臧担任南平太守，逼迫着宗炳和他一起返回，于是，宗炳就在江陵三湖附近盖房居住，闲居在家，没有什么事情做。后来，高祖征召他为太尉参军，他也没有前往赴任。宗炳的二哥很早就去世了，留下的孩子较多，家庭的牵累很大，宗炳自己又很贫穷，没有办法供养他们，于是，宗炳就开始耕田种地。高祖多次送食物钱财等接济他们，后来家族中有人做官了，宗炳就不再接受高祖的救济了。

高祖打开官府大门公开征召，颁布诏书说："朕身为天子，想要延聘贤明之人，然而《兔罝》一诗所描述的贤士还隐姓埋名地生活，《考槃》一诗提到的隐者也还没有做官，我把高位留给这些人，现在这些位子却还空着。南阳人宗炳、雁门人周续之，都是以幽居独处来坚守自己的情操，不厌烦耕田种地的农家生活。可下令征召他们，以礼贤下士的姿态来让他们做官。"于是征召他们为太尉掾，结果二人都没有应诏。宋朝替代晋统一天下后，征召宗炳为太子舍人；元嘉初年，又征召他为通直郎；东宫太子得势后，又征召他为太子中舍人和庶子，都没有应诏。宗炳的妻子罗氏，也有高尚的情操，和宗炳情趣相投。罗氏死后，宗炳十分悲伤，不久停止了哭泣，用佛理自遣，悲哀的情绪顿时消减了许多。宗炳对和尚慧坚说："生与死的区别，不容易明白，我再三地思考，才能排遣心中的哀痛。"衡阳王刘义季在荆州时，亲自前往宗炳的家里，和他一起畅快地饮酒，任命他为谘议参军，仍然没有接受任命。

宗炳爱好游山玩水，喜欢远游，向西到过荆巫地区，向南登过衡山、泰山，于是在衡山上盖屋居住，也怀有前人向子长隐居的志向。后来因为患病返回江陵，叹息说："年纪大了，疾病也跟着一起来了，名山大川恐怕难以全部游历了，只能沉静自己的内心，提高自己的修养，在床上躺着游历它们吧。"他把游历过的地方，都画成图画，张贴在室内的墙壁上，还对别人说："我弹琴奏乐，要让众山都发出回响。"古有一曲《金石弄》，被桓氏家族看重，桓氏衰亡后，这支曲子就随之失传了，只有宗炳还能弹奏出来。于是，太祖派遣乐师杨观跟随宗炳学习这支曲子。

宗炳的表弟师觉授也有超脱清雅的品性，用弹琴读书来自我娱乐。临川王刘义庆让他担任祭酒和主簿两个职位，他都没有赴任，于是刘义庆向皇帝上表举荐他。就在此时，他却生病去世了。

元嘉二十年，宗炳去世，时年六十九岁。衡阳王刘义季给司徒、江夏王刘义恭写信说："宗居士对自己所不满的东西不去改变，他行迹超凡脱俗，一生品行令人赞赏。我为他的逝世感到悲哀，不能控制自己的哀痛啊。"

宗炳的长子宗朔是南谯王刘义宣的车骑参军。次子宗绮是江夏王刘义恭的司空主簿。三儿子宗昭担任郢州治中。小儿子宗说担任正员郎。

周续之，字道祖，是雁门广武人。他的祖先南渡长江迁居到南昌建昌县。续之八岁时，母亲去世，他的哀痛比成年人还厉害，敬奉哥哥就如同对待父亲一样。豫章太守范宁在家乡兴办学校，招收学生，从远方来的人特别多，续之当时十二岁，也到范宁这里学习，留在那里学了几年后，周续之就对《五经》和与经书相对的各种《纬》书以及记录历时天象的《候》书很精通了，成绩在同学中名列前茅，被称为"颜回"。接下来他闲居在家，阅读《老子》《周易》等书籍，前往庐山跟和尚慧远学习佛法，当时彭城人刘遗民在庐山隐居，陶渊明也没有接受皇帝的征召，这三个人被称为"浔阳之隐"。周续之认为自己不可能入仕被使唤，其他的牵累也应该断绝，因此终身没有娶妻。他穿的是粗布衣服，吃的是粗疏的食物。

刘毅统治姑孰地区，任命周续之为抚军参军，皇帝又征召他为太学博士，他都没有赴任。江州刺史每次邀请款待他，他并不看重高尚的节操，也还经常与他交往。周续之常常认为嵇康的《高士传》能够写出做官与隐居的不同和美好，因此为它作了注。高祖往北讨伐敌人，他的儿子在京城留守，就征召续之前往安乐寺中设馆教学，讲授《礼》经，一个多月后，又返回山里。江州刺史刘柳向高祖举荐续之，说：

臣听说弘扬卞和的技能，一定能得到价值连城的玉石；羽翼亮泽、重视根本，才符合远续太平盛世的美德。所以渭水边的姜太公辅佐周朝，使得天子的贤德广为传扬；商山四皓匡辅汉朝，帝王的基业因此才昌盛。臣认为陛下您与古人相比更有思想、更圣明，顺应天命统领朝政，注重修养身心来让自己豪爽、丰富，处理各种琐事来让自己超远、高迈，汾阳侯的举止，是在时世艰难之中礼贤下士，器重隐士贤人的洪恩，深深地感动了深山穹谷里的人。

臣认为雁门人周续之这位隐士纯真清雅，勤于思考，学识渊博，二十来岁就避世隐居，心里不受世间琐事困扰，这都是本性使然，他既不追求荣华富贵，也不认为饥寒交迫羞耻，心里所追求的只是隐居山林的恬淡生活和琴棋书画上的造诣。加上他发自内心的仁爱，付诸行动的正义感，以及爱护昆虫、花卉，善待桃树、李枝的心性。如果授予他一官半职，必定会使官员之间关系和睦，政绩显著；像他这样的清雅廉洁的儒者，也是国家繁荣昌盛所需要的呀。臧文不得民心，失误在没有认识到贤人的作用；言偃颇得民心，功劳在于提拔任用了杰出的人才。希望陛下洞察他们的内心和真正的道德品质，不要因人废言。

不久，高祖任命周续之为太尉椽，他没有就任。高祖北伐，返回时在彭城驻扎军队，派遣使者请他前来，对他很尊敬并赏赐他丰厚的礼物。常常称赞他："心术很正，也不吝啬，是一位真正高尚的隐士。"不久就返回南方了。高祖即位后，再次征召他，续之就带领全家前来应征。高祖为他在东郊建造了学馆，招收学生传授经典，续之经常坐着车子前往学馆，接见各位学生，有学生向他询问"傲不可长"、"与我九龄"、"射于矍圃"三个典故的意义是什么，周续之的回答分析准确、理解全面透彻。续之一直患有风痹症，后来，不再能承受教学，就移居钟山养病。景平元年，周续之去世，时年四十七岁。他精通《毛诗》六义和《礼论》《公羊传》，所著文章都传于世，身后无子。他哥哥的儿子周景远有续之的风范，太宗泰始年间，周景远被任命为晋安内史，没有到任就去世了。

王弘之字方平，是琅邪临沂人，宣训卫尉王镇之的弟弟。弘之很小就成了孤儿，家里很贫穷，被外祖父何准这个不受朝廷征聘的人收养了，他的叔父王献之和太原人王恭都很器重他。晋安帝隆安年间，王弘之担任琅邪王中军参军，后来升任司徒主簿。虽然家里很贫穷，但王弘之生性喜欢自然山水，请求调为乌程令，不久，因身体患病返回家乡。后来，桓玄辅佐晋朝，桓谦任他为卫军参军，当时琅邪人殷仲文将要返回姑孰，所有朝廷中人都为他送行，桓谦邀请弘之和他一起前去送行，弘之回答说："凡是为离开的人饯行送别，一定是彼此有感情或者有交情，我和殷仲文没有任何来往，没有理由与您一起前往。"桓谦认为他说得很对。弘之的母亲随着哥哥王镇之到了安成郡，弘之辞官和他们一起前去。后来，荆州刺史桓伟请他担任南蛮长史；义熙初年，何无忌又请他出任右军司马；高祖任命他为徐州治中从事，并让他兼任员外散骑常侍，他都没有赴任。他安家在会稽郡上虞县。堂兄王敬弘是吏部尚书，向皇帝上书说："圣上明鉴，官员各司所职，治理好国家就必须要革新。您应该了解隐居遁世之士，表彰、宣扬正直耿介之人，这样，陛下不用说什么就能引导社会风尚，蛮荒远野之人没有不敬服您的。前员外散骑常侍王弘之，恬淡安然地在山林生活，纵情逸志于隐居。前卫将军参军郭希林，向来为人纯洁正直，是前代伟人的后裔。这二人一起在当世隐居，没有受到朝廷任何表彰，臣认为应该赐予旌奖和礼聘，弘扬隐居的意义，表彰、宣扬退处和谦逊的美德，从而来摒除动辄就有所贪求的弊病。臣认为弘之可担任太子庶子一职，希林可担任著作郎一职。"于是皇帝征召弘之为太子庶子，但是弘之没有就任。太祖即位后，王敬弘担任左仆射，又上书陈奏说："弘之年轻时就品行高洁，清苦的节操在晚年更加彰显，如今国家内外安定，为修治太平的教化，应该征召、褒奖深山空谷中的隐居之士，来促使淡泊、谦退的风气形成。"元嘉四年，皇上征召弘之为通直散骑常侍，又没有赴任。王敬弘曾经脱下自己的貂裘皮袄送给他，他立即穿上去山里采药了。

弘之生性喜欢垂钓，上虞江有一个叫作三石头的地方，弘之经常在那里钓鱼。从那里路过的人都不认识他，有一个人问他："您钓的鱼卖不卖呢？"弘之回答说："还没有钓到；就算钓到鱼，也不会卖的。"傍晚时带着鱼进入上虞城里，经过亲朋故旧的门口，各放上一两条鱼就离开了。始宁县沃川附近有优美的山水风景，弘之在那儿依托山势建造了房屋。谢灵运、颜延之都很钦佩敬重他，谢灵运曾经写信给庐陵王义真说："会稽境内山清水秀，因此江南有名的隐士，很多都隐居在会稽境内。然而时当末世，人们爱慕荣华富贵，真正隐居的人很少，有的人是因为有才而被朝廷征召，不能实现自己的隐居志愿。至于王弘之，则能辞官，归耕田亩，从事农桑，已经超过三十年了；孔淳之能隐居在穷乡僻壤，从年轻一直坚持到现在；阮万龄辞去官职，闲居在家，继承了父辈著书立说的事业；浙河之外，隐居避世的人，也就是这几位罢了。他们的行为既能和远古的伏羲、唐尧相比，也能够教育贪婪的人，激励锐意进取的人。殿下您向来崇尚淡泊，喜欢古风，平常就像百姓一样，每次回想过去听说的名人，都想到深处岩穴的隐士，如果派使者去慰问、鼓励他们，真可以称为千载美谈了。”

王弘之去世时六十三岁。颜延之想为他写一篇悼念文章，写信给弘之的儿子昙生说：“你父亲有超越世俗的节操，凡是有见识的人，对他都很倾慕向往，能拿笔写文章的人，应对其事迹有所记述。何况我很仰慕他的风范，私下把叙述他的品行作为自己的事。只是遗憾自己文笔拙劣，不足以展现他的美德。”这篇悼念文章最终没有完成。

昙生喜欢钻研文章辞意，以为人谦和著称。曾担任过显赫的官职：吏部尚书、太常卿。大明末年，任吴兴太守。太宗初年，东西南北四方都发生叛乱，昙生战败后逃到了会稽，归降后被判无罪，最后的官职是中散大夫。

孔淳之字彦深，是鲁郡鲁县人。祖父孔惔，曾任尚书祠部郎。父亲孔粲，被征召为秘书监，却没有赴任。淳之从小情趣高雅，喜欢阅读经书典籍，受到太原人王恭的赞赏。淳之家住会稽剡县，生性喜爱游山玩水，每次出游，都要穷尽那幽深高峻之处，有时游玩十天还不想返回。曾经有一次游历名山，与和尚法崇相遇，于是留下与法崇一起生活，在那儿住了三年。法崇感叹说：“我想象世外的生活，已经三十年了，现在竟然在这儿和您一见如故，一点也没有感到老之将至。”等到淳之返回家门，法崇也没有告诉自己的姓氏。后来，朝廷授予淳之著作佐郎、太尉参军等职位，他都没有就任。

孔淳之为父母服丧时竭尽孝道，在墓旁盖房居住。服丧完毕后，和不接受朝廷征召的戴颙、王弘之及王敬弘等人一起游历山水。敬弘把自己的女儿嫁给淳之的儿子孔尚。会稽太守谢方明竭力邀请他们去自己的郡里，最终他们还是不肯前往。他们住的地方是用茅草盖的房子，用蓬草搭的窗户，庭园杂草丛生，小路荒芜，只有床上有几卷书。元嘉初年，皇帝又征召淳之为散骑侍郎，于是他从上虞县境逃离，家里的人都不知道他到哪里去了。他的弟弟孔默之担任广州刺史，临行时和他告别。司徒王弘邀请淳之在冶城与他会合，淳之当天就命人驾车东归，最终也没有回头看。

元嘉七年孔淳之去世，时年五十九岁。他的弟弟默之是儒家学者，给《春秋谷梁传》作过注。默之的儿子熙先，在《范晔传》方面有研究。

刘凝之字志安，小名长年，是南郡枝江人。父亲刘期公，担任衡阳太守；哥哥盛公，性情高傲，没有做官。凝之倾慕老莱子、严子陵的为人，把家里的财产全部赠送给弟弟和侄子，在荒郊野外盖了房子，不是自己劳动得来的食物就不吃，州里的人都很推崇、看重他的德行。州里多次尊敬地举荐他担任西曹主簿，举荐他出任秀才，他都没有赴任。妻子是梁州刺史郭铨的女儿，陪嫁非常丰厚，凝之把这些陪嫁全部分散给了亲友。妻子也不羡慕荣华富贵，与凝之一起安于节俭清苦的生活，夫妻二人一起乘坐竹子做的粗陋的车子，到集市上去购买物品以及卖掉剩余的产品，得到的钱财除了一部分用于日常生活，其他全部施舍给别人。他们遭到村里人的陷害，一年要缴纳三次公粮，但只要让他们缴纳，他就缴纳。一次，有人误认他所穿的木底鞋是自己的，他笑着说："这双我穿破了，现在让家里人找一双新的给你。"后来，这个人在田里找到了自己丢失的那双木底鞋，把凝之的那双送去还给他，他却不肯再要了。

元嘉初年，皇帝征召凝之为秘书郎，他没有就任。临川王刘义庆、衡阳王刘义季镇守江陵时，一起派遣使者去慰问他，凝之给他们回信时署名自称仆人，以臣子的礼节行事，有人讽刺他这一点。凝之说："过去老莱子对楚王自称仆人，严陵也和光武帝分庭抗礼，没有听说巢父、许由对尧、舜称臣的。"当时戴颙给衡阳王刘义季写信也自称仆。

有一年荆州粮食歉收，刘义季想到凝之可能会因此饿死，赠送给他十万钱。凝之很高兴，把钱拿到集市的入口处，看见面有饥色的人，都分送给他们，很快钱就分完了。凝之生性爱好游历山水，一天早晨，他带着妻子和孩子泛游江湖，隐居在衡山南面。登上崇山峻岭，在荒无人迹的地方盖了一间小房子，居住在里面，采药炼丹，修身养性，妻子和孩子都依从他的志愿行事。元嘉二十五年凝之去世，时年五十九岁。

翟法赐是浔阳柴桑人。曾祖名叫翟汤，翟汤的儿子名叫翟庄，翟庄的儿子名叫翟矫，这几个人都有高洁的品行，不入朝为官。逃避皇帝的征召和王公大臣的举荐提拔。翟矫生了儿子，名为法赐。

法赐年轻时经营管理家业，在庐山顶上盖了房屋，自从父母去世后，他便不再回家了。法赐不吃五谷粮食，只拿兽皮用草连缀做成衣服，即使是邻里乡亲或自己的姑表至亲，也没有谁能见得到他。州里征召他为主簿，举荐他担任秀才、右参军、著作佐郎、员外散骑侍郎等职位，他都没有赴任。后来家人到他居住的石室去寻找他，于是他又向更远的地方迁徙，因为他要躲避朝廷征召，所以必须隐迹于山林之中。浔阳太守邓文子上表说:“奉皇帝的命令征召郡民新举荐的著作佐郎南阳人翟法赐，补授他员外散骑侍郎一职。法赐在庐山隐居，到如今已经四朝更迭了，在幽深的岩石中栖隐，很少有人能见到他。如果用朝廷法令来威逼他，用礼义制度来束缚他，带着军队上山来达到抓捕他的目的，臣考虑会伤害他的性命，这样做对国家的形象也有损害。”于是朝廷就不再征召他。后来他死于岩石中，何年何月去世不详。

沈道虔是吴兴武康人。他从小就仁慈有爱心，喜欢研究《老子》《周易》等书籍。沈道虔在县城北面石山脚下居住。东晋末年，孙恩叛乱，流民饥荒遍野，县令庾肃之把沈道虔接去县城南面废头里生活，为他盖了一间小房子。房屋临水，可以欣赏山水风景。但是，他还是常常回到石山的旧宅，和已经去世的兄长的几个儿子一起靠庾肃之的资助金生活，他虽然贫穷，却不改变高尚的节操，跟随音乐大师戴逵学习弹琴，王敬弘非常尊敬他。吴兴郡里州里共有十二次要任命他前去做官，他都没有赴任。

有人到他的菜园里偷菜，他回家时刚好看见，自己竟然离开家，躲藏起来，等偷菜的人拿走足够多的菜走了之后，他才出来。有人要拔他房屋后面的竹笋，他让人前去劝阻，并且说:“我很珍惜这些竹笋，因为我想让它们长成竹林。另外，我还有更好的竹笋送给你们。”于是他让人去买大竹笋送给那些人。偷笋者感到非常惭愧，没有接受。道虔就派人把竹笋放到他的家门口。道虔常捡拾麦穗自养，一同拾麦穗的人之间经常发生争抢的事，道虔劝说他们不要争抢，他们都不听，这时，他就把自己捡拾的麦穗全都送给他们。这些争抢的人感到非常惭愧。后来他们每当有争抢时总是说:“不要让沈居士知道此事。”

冬天，道虔没有厚衣服过冬，戴颙听说此事后，把他接到自己的家里，为他制作了衣服，并且送给他一万钱，道虔回家后，把身上的衣服和钱都分给了没有衣服穿的侄子们。乡里的年轻人都跟随他学习文化。道虔常常断粮，没有办法给来求学的孩子饭食吃，没办法办学授徒。武康令孔欣之知道此事后，出资帮他办学，使跟随他的学生都能有所成就。太祖听说这些事后，派人来慰问道虔，赏赐给他三万钱、二百斛米，道虔把这些钱、物都用于侄子、侄女的嫁娶。朝廷征召他为员外散骑侍郎，他没有赴任。

沈家几代人都信奉佛教，道虔把祖上的旧宅改为佛寺，每到四月八号，道虔都要拜请佛像，这天全家人都诚心礼佛。道虔上了年纪后，总是吃素，还经常连日常生活也维持不了。然而他仍以弹琴、读书为乐，勤奋努力，从不懈怠。太祖下令让郡里县里随时资助他日常用度。元嘉二十六年，道虔去世，时年八十二岁。

儿子沈慧锋，继承了父亲的志向，朝廷征召他为从事，他也没有就任。

雷次宗字仲伦，是豫章南昌人。他年轻时就前往庐山，侍奉和尚慧远。次宗志向远大，勤奋好学，尤其精通《周礼》《仪礼》《礼记》和《毛诗》。他隐居避世，不涉世事。本州授予他为员外散骑侍郎和从事，他都没有赴任。他给子侄写信表明自己的志向：

人生长短都是有定数的。定数以外的事是不能够凭借智慧和力量去强求的。但应当在上天所规定的人生旅途中顺其自然，不要轻率行事。我从小受疾病困扰，专事调养身体，生性喜欢清闲的生活，有生活在尘世之外的志愿，所以还在很小的时候，我就已萌生遁世隐居的愿望。到了二十来岁，我就信奉佛教，前往庐山侍奉慧远师傅。当时，我的师友教导我要弘扬正道，对外要仰慕同辈人的积极进取，对内要严格要求自己，有不懂的问题，就要让别人来启发诱导。于是我澄净内心，潜心研究经书典籍。勉励自己身体力行，夜以继日。我平素就喜好徜徉山水之间，又有聚会叙谈的乐趣，这两种爱好确实能够帮助我通晓道理，陶冶性情。使我成就了勤勉不倦的学业，以此为乐，让我忘却了忧愁，不知不觉一天就过去了。自从山中隐居，风餐露宿已有二十余年，宗师名匠已经离世，好朋友又逐渐凋零，加之违背天理的叛乱，让我倍感冷落与艰辛。往昔的真挚心愿，很快就荡涤殆尽了。内心懒散懈怠，情绪低落、伤感。所以就与你们一起在田间耕种，畅饮深山泉水，早已断绝了各种人事往来。

日月如梭，十年转瞬就过去了。我的年岁已经过了五十了。暮年即将来临，未来还有多少时日呢，我确实想效仿向子平暮年攀登五岳的壮举，也想象他一样摆脱家务琐事的牵累。到现在年纪虽大了，头脑还不昏昧；身体虽衰弱了，可是还没有垮掉，还可以对期待的事情有所追求，纵情做自己想做的事情，这其实就是通往来生的桥梁。我专注于暮年的保养，在美好的时光中玩味岁月，在即将逝去的日子里仔细体会人生的美好。我心里的期望，全部都在这里了。如今，你们都已长大成人，也都已嫁夫娶妇，在这里隐居立志，我还有什么顾虑呢？只希望能够保有自己的志愿，终此一生罢了。从今以后，家里的大小事情，都与我无关，向子平说的话，就可以作为我的行事准则。

元嘉十五年，皇帝征召雷次宗前往京城，于是雷次宗在鸡笼山设立学馆，招收学生，讲授经典，共召集学生百十来人。会稽人朱膺之、颍川人庾蔚之也因为通晓儒学，在那里监督学生学习。当时全国的最高学府太学还没有设立，皇帝很重视学术，命令丹阳尹何尚之创立玄学馆、太子率更令何承天创立史学馆、司徒参军谢元创立文学馆，三个学馆一同建立。皇帝多次亲临次宗的学馆，资助供给的钱物都很丰厚。后来皇帝又提拔雷次宗为给事中，他没有就任。过了一段时间，雷次宗要返回庐山。公卿以下的官员，都设宴为他饯行。元嘉二十五年，皇帝颁下诏书说："之前刚刚授予给事中一职的雷次宗，特别崇尚古人，精通经籍，涵养德行，自己谢绝征召，坚守隐居之志。朕应该对他加以提拔，以表彰他的退让与淡泊。可以任命他为散骑侍郎。"后来皇帝又征诏他到京城去，为他在钟山西边岩下建造了房屋，叫作"招隐馆"，又命次宗给皇太子和其他皇子讲授《丧服》经。次宗没有从正门前往，却从华林东门直接进入延贤堂讲授，元嘉二十五年，在钟山去世，时年六十三岁。太祖给江夏王刘义恭的信中说到次宗已经去世，义恭回信说："雷次宗是因疾病无法救治而死的，很是让人痛心遗憾。他幽居深山，离群索居。自以宾客之礼侍奉朝廷，克制自身，坚守礼法，始终如一。我认为皇帝已经广施恩德，他也应承蒙哀悯。"

雷次宗的儿子雷肃之，很能继承了他的学业，做官直到豫章郡丞。

朱百年是会稽山阴人。他的祖父朱恺之是晋朝的右卫将军，父亲朱涛担任扬州主簿。

百年年轻时就有高尚的情操，父母去世后，他服丧完毕，就带着妻子孔氏来到了会稽南山，以砍柴和采集箬叶为生，每次他把柴火和箬叶放在路边，总会被行人拿走。第二天又有柴火和箬叶放在那里，人们渐渐感到奇怪，过了一段时间，人们才知道是朱隐士放在那里卖的。需要多少拿多少。把钱放在那就可以了。有事，天气寒冷，下起大雪，没卖出柴草，无钱度日，百年总是自己撑着船把妻子送回娘家，天晴后再把她接回来。有时还跑出山阴县境为妻子买几尺丝绸，他喜好喝酒，有时喝醉了就把丝绸弄丢了。他很能讲玄理，还时常写诗，往往有超出他人的精妙言论。郡里任命他为功曹，州里提升他为从事，乡里举荐他为秀才，都没有赴任。他避世隐居，只与同县人孔觊有来往。孔觊也喜欢喝酒，两人一起喝酒，谈得投机了就要一醉方休。

百年家一向贫困，母亲在寒冬去世，死后衣服一点棉絮也没有，从此以后，他也不再穿棉衣了。百年曾在寒冬时节到孔觊家去过夜，所穿衣服都是夹衣，喝醉酒就睡着了，孔觊就用被子给他盖上，百年没有觉察到。醒来后，他把被子掀开，对孔觊说："棉被真是特别暖和啊。"接着泪流满面，很是悲痛。孔觊也为他感到难过。

朝廷征召百年为太子舍人，他没有就任。颜竣治理东扬州时，下令发给朱百年粮食五百斛，他没有接受。当时山阴还有一个叫姚吟的贫寒之士，也有高雅的志趣，受到当时的各级官员看重。义阳王刘昶亲临东扬州时，推举姚吟为文学从事，他也没有赴任。颜竣送给姚吟米二百斛，他也没有接受。

朱百年于孝建元年在山中去世，时年八十七岁。蔡兴宗担任会稽太守时，赠送给朱百年的妻子一百斛米，百年的妻子派侍女到郡里去进言坚决不要。当时的人很赞赏她的做法，把她比作梁鸿的妻子孟光。

王素字休业，是琅邪临沂人，他的高祖父王翘之是晋代的光禄大夫。

王素少年时便有远大的志向，他的家里很贫穷，母亲又上了年纪。起初，他担任庐陵国的侍郎，后来，因为母亲去世，他辞去了职务，为母守丧。守孝期满后。这时，庐陵王刘绍治理江州，亲朋旧友劝说他修整旧居，王素没有听从，而是放弃家中财物，前往东阳郡隐居，没有做官。他从事一些农业生产，以此生活。他喜欢欣赏古人文章，不受当时社会的风俗舆论影响。世祖即位后，想要搜寻一些隐居退让之人，于是颁布诏书说："治理社会，成就经国大业，都要使隐居的人名声显扬；规范社会风俗，形成谦让的风气，一定要表彰清正廉洁的人，我日夜都在寻求这样的人，总想着让国家民风淳朴。琅邪人王素、会稽人朱百年，都廉洁、简朴、坚贞、淡泊，与世无争，满足于耕种之事，志向不移，应该加以褒奖推荐，以此来勉励后进之人。他们都可以授予太子中舍人。"大明年间，太宰江夏王刘义恭开设府台，公开征召王素，任命王素为仓曹属。太宗在泰始六年又征召他为太子舍人，他都没有赴任。王素因为屡次受到征召，名声越来越大。山里有一种百足虫，叫声清脆悠长，百听不厌，但它的外形却很丑，王素于是写了一篇《蚿赋》，用百足虫来自比。泰始七年王素去世，时年五十四岁。

当时还有宋平人刘睦之、汝南人州韶、吴郡人褚伯玉，都通过隐居来实现志向。睦之在交州隐居，被征召为武平太守，他没有就任。州韶字伯和，是黄门侍郎州文的孙子，他在湖熟的方山盖房隐居，皇帝下诏征召他为员外散骑侍郎，兼任北行从事，他也没有就任。伯玉隐居剡县瀑布山三十多年。扬州郡提拔他为议曹参军，他没有就任。

关康之字伯愉，是河东郡杨县人。世代在京口居住，如今居住在南平昌。康之少时就爱好学习，仪表潇洒伟岸。下邳人赵绎当时以文章出众被人称赞，康之与他关系很好。他特意把康之举荐给颜延之等当时的名士十几人。颜延之等人进山拜访关康之，见康之散发，头戴一块黄色巾帕，以松树叶子为席，头枕一块白石侧卧着，也没有看他们一眼，颜延之等嗟叹着退出来，不敢再去寻访他。晋陵人顾悦之挑出王弼注《周易》四十条，认为有问题，康之为王弼申辩，反驳顾悦之，他说的都很符合情理。关康之又著有《毛诗义》，对经籍中的有疑惑和讲不通的地方，都进行辨析和注释。他曾经跟随和尚支僧纳学习算数，其中的奥妙都能精准掌握。竟陵王刘义宣从京口迁到江陵，治理江陵郡，邀请关康之与他同去，关康之没有答应。元嘉年间，太祖听说康之学问渊博，思想深刻，就任命他为武昌国的中军将军，并免除了他的租税。江夏王刘义恭、广陵王刘诞到南徐州巡察时，征召他为从事、西曹，他都没有赴任。他断绝一切尘世往来，坚守隐居志向。他的弟弟关双之是臧质的车骑参军，和臧质一起南下，抵达赭圻时病故，于是就把他埋在溪流旁边。康之就在那年春天也患了重病，等到稍微好转一些，就带人把弟弟的灵柩运送回家乡。康之因此事而得了虚劳病，在床上一躺就是二十几年。但一有空闲时间，他总是在床上品味文义，发表见解。世祖即位后，派遣特使陆子真前往全国各地巡视，陆子真回京后，向皇帝推荐关康之，说："关康之坚持隐居，朴实纯正，高洁执着，品性高尚，受到邻里乡亲的称赞，他的声名还传播到其他地方。他还立志学习前代古人，其高风亮节没有谁能比得上，陛下应该对他征召聘用，从而引导社会风俗走向淳厚。"关康之没有接受征召。太宗泰始初年，康之和平原人名僧绍一起被征召为通直郎，康之又以生病为由推辞了。顺帝升明元年康之去世，时年六十三岁。

史臣说：那些独来独往的人，禀性都有一些偏执、直率，没有人能改变他们的志向，让他们屈服于自己的意志。如果要凭借招纳贤才来树立自己的威信，那么就一定要有让他们信服的资本。如果让他们遇上值得信赖的君主，正逢太平盛世，那么他们怎么会在湖海之上漂泊，在山林之间游历呢？他们大概也是因为生不逢时才这样吧。况且山林幽静旷远、水清石华，在那里隐居的隐士贤人，都情趣高雅、学识渊博，纵使朝廷中人达到八品的官员，也没有不蓄积土地，导引泉水，想方设法和隐居搭上关系的，他们中有的以隐士自居，有的以和隐士结交而感到自豪。因此，我们明白：松山桂水，不只是平素游玩的地方，隐居在深山之人，或许反而更能成为世人关注的对象。所以一些人辞官远离京城，又有什么困难呢？

陶潜

陶潜字渊明，或云渊明字元亮，寻阳柴桑人也。曾祖侃，晋大司马。潜少有高趣，尝著《五柳先生传》以自况，曰：

先生不知何许人，不详姓字，宅边有五柳树，因以为号焉。闲静少言，不慕荣利。好读书，不求甚解，每有会意，欣然忘食。性嗜酒，而家贫不能恒得。亲旧知其如此，或置酒招之。造饮辄尽，期在必醉，既醉而退，曾不吝情去留。环堵萧然，不蔽风日，短褐穿结，箪瓢屡空，晏如也。当著文章自娱，颇示已志，忘怀得失，以此自终。

其自序如此，时人谓之实录。

亲老家贫，起为州祭酒，不堪吏职，少日，自解归。州召主簿，不就。躬耕自资，遂抱羸疾，复为镇军、建威参军，谓亲朋曰："聊欲弦歌，以为三迳之资，可乎？执事者闻之，以为彭泽令。公田悉令吏种秫稻，妻子固请种秔乃使二顷五十亩种秫，五十亩种秔。郡遣督邮至，县吏白应束带见之，潜叹曰："我不能为五斗米折腰向乡里小人。"即日解印绶去职。赋《归去来》，其词曰：

归去来兮，园田荒芜，胡不归。既自以心为形役，奚惆怅而独悲。悟已往之不谏，知来者之可追。实迷涂其未还，觉今是而昨非。舟超遥以轻飏，风飘飘而吹衣。问征夫以前路，恨晨光之希微。

乃瞻衡宇，载欣载奔。僮仆欢迎，稚子候门。三径就荒，松菊独存。擕幼入室，有酒停尊。引壶觞而自酌，盼庭柯以怡颜。倚南窗而寄傲，审容膝之易安。园日涉而成趣，门虽设而常关。策扶老以流憩，时矫首而遐观。云无心以出岫，鸟卷飞而知还。景翳翳其将入，抚孤松以盘桓。

归去来兮，请息交而绝游。世与我以相遗，复驾言兮焉求。说亲戚之情话，乐琴书以消夏。农人告余以上春，将有事于西畴。或命巾车，或棹扁舟。既窈窕以穹壑，亦崎岖而经丘。木欣欣以向荣，泉涓涓而始流。善万物之得时，感吾生之行休。

已矣乎。寓形宇内复几时，奚不委心任去留，胡为遑遑欲何之。富贵非吾愿，帝乡不可期。怀良辰以孤往，或植杖而耘耔。登东皋以舒啸，临清流而赋诗。聊乘化以归尽，乐夫天命复奚疑。

义熙末，徵著作佐郎，不就。江州刺史王弘欲识之，不能致也。潜尝往庐山，弘令潜故人庞通之赍酒具于半道栗里要之，潜有脚疾，使一门生二儿舆蓝舆，既至，欣然便共饮酌，俄顷弘至，亦无忤也。先是，颜延之为刘柳后军功曹，在寻阳，与潜情款。后为始安郡，经过，日日造潜，每往必酣饮致醉。临去，留二万钱与潜，潜悉送酒家，稍就取酒，尝九月九日无酒，出宅边菊丛中坐久，值弘送酒至，即便就酌，醉而后归。潜不解音声，而畜素琴一张，无弦，每有酒适，辄抚弄以寄其意。贵贱造之者，有酒辄设，潜若先醉，便语客："我醉欲眠，卿可去。"其真率如此。郡将候潜，值其酒熟，取头下葛巾漉酒，毕，还复著之。

潜弱年薄宦，不洁去就之迹，自以曾祖晋世宰毕，耻复屈身后代，自高祖王业渐隆，不复肯仕。所著文章，皆题其年月，义熙以前，则书晋氏年号，自永初以来唯云甲子而已。与子书以言其志，并为训戒曰：

天地赋命，有往必终，自古贤圣，谁能独免。子夏言曰："死生有命，富贵在天。"四友之人，亲受音旨，发斯谈者，岂非穷达不可妄求，寿夭永无外请故邪。吾年过五十，而穷苦荼毒，以家贫弊，东西游走。性刚才拙，与物多忤，自量为已，必贻俗患，僶辞世，使汝幼而饥寒耳。常感孺仲贤妻之言，败絮自拥，何惭儿子。此既一事矣。但恨邻靡二仲，室无莱妇，抱兹苦心，良独罔罔。

少年来好书，偶爱闲静，开卷有得，便欣然忘食。见树木交阴，时鸟变声，亦复欢尔有喜。尝言五六月北窗下卧，遇凉风暂至，自谓是羲皇上人。意浅识陋，日月遂往，缅求在昔，眇然如何。

疾患以来，渐就衰损，亲旧不遗，每以药石见救，自恐大分将有限也。恨汝辈稚小，家贫无役，柴水之劳，何时可免，念之在心，若何可言，然虽不同生，当思四海皆弟兄之义。鲍叔、敬仲，分财无猜，归生、伍举，班荆道旧，遂能以败为成，因丧立功，他人尚尔，况共父之人哉，八十而终，兄弟同居，至于没齿，济北氾稚春，晋时操行人也，七世同财，家人无怨色。诗云："高山仰止，景行行止。"

汝其慎哉！吾复何言。

又为命子诗以贻之曰：

悠悠我祖，爰自陶唐。邈为虞宝，历世垂光。御龙勤夏，豕韦翼商。穆穆司徒，厥族以昌。纷纷战国，漠漠衰周。凤隐于林，幽人在丘。逸虬挠云，奔鲸骇流。天集有汉，眷予愍侯。于赫愍侯，运当攀龙。抚剑夙迈，显茈武功。参誓山河，启土开封。亹亹丞相，允迪前踪。浑浑长源，蔚蔚洪柯。群川载导，众修载罗。时有默语，运固隆汙。在我中晋，业融长沙。桓桓长沙，伊勋伊德。天子畴我，专征南国。功遂辞归，临宠不惑。孰谓斯心，而可近得。肃矣我祖，慎终如始。直方二台，惠和千里。于皇仁考，淡焉虚止。寄迹夙运，冥兹愠喜。嗟余寡陋，瞻望靡及。顾惭华鬓，负景只立。三千之罪，无后其急。我诚念载，呱闻尔泣。卜云嘉日，占尔良时。名尔曰俨，字尔求思。温恭朝夕，念兹在兹。尚想孔伋，庶其企而。厉夜生子，遽而求火。凡百有心，奚待于我。既见其生，宝实欲其可。人亦有言，斯情无假。日居月诸，渐免于孩。福不虚至，祸亦易来。夙兴夜寐，愿尔斯才。尔之不才，亦已焉哉。

潜元嘉四年卒，时年六十三。

【译文】

陶潜字渊明，有人说渊明字元亮，浔阳柴桑（今江西九江西南）人。他的曾祖父叫陶侃，曾任晋朝大司马。

陶潜少年时就有高洁的志趣，曾经撰写《五柳先生传》，以“五柳先生”自比，说：

先生不知道是什么地方的人，也不知道他的姓名，在他住宅的旁边栽种五株柳树，因此就把“五柳”作为自己的号。他沉静少言，不羡慕功名利禄。喜欢读书，但不过分地斟酌字句，每当心中对文章有所领悟，就高兴得忘记了吃饭。他生性嗜好饮酒，但是因为家境贫困，不能经常有酒喝。亲戚朋友了解这一情况后，有的就准备好酒招呼他，他前去饮酒，总要把酒全喝光，希望能够喝醉。他喝醉了就回家，从来舍不得走。他的屋子里四壁空空，不能遮风蔽日；他穿的是粗布短衣，破烂了就缝补；他的竹篮瓜瓢常常是空着的，生活如此清苦，他却安然自在。他曾经撰写文章寻求乐趣，文章很能展现他的志趣。他忘却世俗的得失，希望一生过着这种清贫却自由的生活。

陶潜自己是这样记叙的，当时的人说这是真实的记录。

陶潜的双亲年纪大了，家境又贫穷，起初他担任江州（今江西九江）祭酒，因不能忍受官职的束缚，不久，自己就辞职回乡了。州府又征召他担任主簿，他没有赴任。他亲自耕种，以自给自足，他的身体瘦弱多病。后来在镇军将军刘裕幕府中担任镇军参军，又在建威将军刘敬宣的幕下担任建威参军，他对亲朋好友说："我暂且以出任官职来作为归隐田园的资本，可以吗？"当官的听到他的话，就任命陶潜为彭泽（今江西湖口东部）令。于是，陶潜指使差役在公家的田地上全都种上黏稻，他的妻子坚决请求种上粳稻，于是，他就用五十亩地来种黏稻，用五十亩来种粳稻。郡守派遣督邮来彭泽，县官告诉陶潜应该整饰衣冠，束紧衣带去拜见督邮，陶潜气愤地说："我不能为了五斗米而向乡间小人弯腰屈服。"就在当天，陶潜解下自己的官印，辞去了县令的官职。后来，陶潜写了《归去来》赋，赋中写道：

回去吧！田园将要荒芜了，为什么还不回去呢？既然自己的心志为形体所役使而做了官，又为什么如此惆怅而独自悲哀呢？我认识到过去的已经无法挽回，但未来还是可以补救的。确实迷失道路还不太远，领悟到现在的选择是正确的、为官的选择是错误的。回归时，水路中，小船在水中行驶是那样轻快自如，风轻轻地吹拂着我的衣裳；陆路上，我向行人询问前面的路程，遗憾的是星光熹微，辨认不清前路。

远远地看见了简陋的屋舍，我高兴得狂奔过去。家僮仆人高兴地出来迎接我，幼子也等候在家门口。屋前的小路已经很荒芜了，但松树、菊花还在呢！我拉着幼子进入屋内，酒杯里已经盛满了酒，（妻子）端来了酒壶酒杯，我自斟自酌。之后，我悠闲地欣赏庭院里的树木，脸上露出了愉快的神情。悠闲地靠着南面的窗子，寄托自己傲世的情怀，我深知狭小的屋室仅能容纳足膝，身处其中却也让人安心。天天在园子里散步倒也自成一种乐趣，院子虽然设置了门，门却经常是关着的。我拄着手杖在院子里走走停停，不时地抬起头向远处眺望，云朵随意地从山头飘出，鸟儿飞倦了也知道归巢。日光暗淡，太阳将要落山了，我轻抚着松树，独自面对着晚景流连徘徊。

回去吧！希望与世俗之人断绝往来。世俗与我相违背，还驾车出游去寻求什么呢？喜欢与亲戚说些知心话，以弹琴读书为乐来消除心中的忧愁。农夫们告诉我春天来了，将要在田地上耕作了。有时，我驾着篷车，有时，我划着小船，沿着蜿蜒曲折的溪流进入幽深的山谷，沿着崎岖不平的山路，走过小山岗。树木欣欣向荣，泉水缓缓流淌。羡慕万物适时地生长，感叹我的一生将要结束。

算了吧，托身于天地间还能有多少时日呢？为什么不顺遂自己的心意决定自己的行止？为什么还心神不定，想到哪里去呢？富贵不是我的愿望，神仙居住的地方也是不可期待的。有时乘着美好的时光独自去游赏，有时将手杖插在田边去除草培土。我登上东面的田边高地放声长啸，面对清澈的流水赋诗。姑且顺应自然的变化而走向生命的尽头，乐天知命，还有什么疑虑的呢？

义熙末年，朝廷征召陶潜为著作佐郎，陶潜没有赴任。江州刺史王弘要与陶潜结识，但没能达到目的。陶潜曾经前往庐山，王弘让陶潜的朋友庞通之带着酒具在半路上的栗里邀请陶潜。陶潜患有脚病，王弘就派一个差役和两个僮仆抬着竹轿去邀请陶潜。陶潜来到后，就与他一起高兴地畅饮。没过多久，王弘来了，陶潜也没与他过意不去。在此之前，颜延之担任刘柳后军功曹，在浔阳与陶潜融洽地畅叙情怀。后来颜延之任始安郡守时，路过浔阳，天天去拜访陶潜，每次前往，一定痛饮，直至喝醉，临离开时，颜延之留下二万钱给陶潜，陶潜全都存在酒店，有钱一次次换酒来喝。曾经有一次，在九月九日重阳节时没有酒喝了，他就走出门在屋旁的菊花丛中坐了很久，正赶上王弘送酒来家里，他立刻就地喝了起来，直到喝醉了才进入家门。陶潜不懂音乐，家里却保存着一张素琴，琴没有弦，每当他喝醉了，总是抚弹素琴，以此来寄托自己的心志。拜访他的人身份无论贵贱，凡是家中有酒，他总要摆出来，如果陶潜先喝醉了，他就会对客人说："我喝醉了，要先睡了，你可以走了。"陶潜就是如此地纯真，直率。一次，郡守去探望陶潜，正赶上陶潜的酒刚刚酿好，便拿下头上的葛布巾来过滤酒，等到滤完酒，又把葛布巾戴在头上。

陶潜幼年官微，他不修身，并考虑放弃或接受某种官职，自认为曾祖父陶侃是东晋皇帝的辅政大臣，而感到羞耻的是身为后代的他，却身份低微，屈居人下。从曾祖以后，帝王的基业虽然逐渐兴隆，陶潜却不愿意再做官了。他所撰写的文章，都写上写作的年、月。义熙之前，就写晋朝年号；自永初之后，只写明甲子罢了。陶潜给他儿子的信中，谈了自己的志趣，并且拿它作为对儿子的教导和劝诫。信中说：

天地赋予人以生命，人有生也必然有死，从古至今的圣人贤士，有谁能够独自免死呢？孔子的学生子夏说过："生死是由命运决定的，富贵则取决于天意。"子夏也是与孔子四个得意门生一样的人，他亲自接受过孔子的亲口教诲，他发表这样的议论，难道不是因为命运的好坏不可随意追求、寿命的长短永远无法从分外寻求的缘故吗？我的年纪已经超过五十岁，还为贫困所困扰，因为家境贫寒破落，只好四处漂泊。我的本性刚直、才质倔强，因此与世人多所不和，自己考虑如此下去，必定贻留来自世俗的祸患。我勉强辞官归隐，辞别世俗，却让你们很小便遭受饥寒之苦。我常常被东汉孺仲的贤妻说的话感动，自己盖的是破棉絮，对儿子又有什么可惭愧的呢？这是一件事。只是遗憾邻居中没有羊仲、求仲那样的高士，而家中又没有像老莱子的妻子那样的贤妻，怀着这样的苦心，的确独自感到惆怅失意。

我少年时喜欢读书，偶尔也爱颐养性情，打开书卷阅读文章，内心有所收获时，就高兴地忘记了吃饭。看见树林中枝叶交错成荫，听见鸟儿婉转鸣叫，便会高兴得很。我曾经说过，五、六月在北边窗下闲卧时，恰逢凉风突然吹过来，便自称是伏羲时代之前的人了。意志浅薄，学识孤陋，岁月转瞬流逝，遥思回顾过去之事，一切却是那么的渺茫悠远！

自从我患痞疾以来，身体就渐渐衰弱了。亲戚、老朋友没有嫌弃我，还经常拿来药物救助我，只不过，担心自己的寿数已经有限了。遗憾的是你们都还幼小，家境又贫困，家里没有仆人，劈柴打水等日常劳动，什么时候能够免除啊！我只是在嘴里叨念着，怎能用言语表达出来呢？你们虽然不是一母所生，但应该想到四海之内都是兄弟的这种情谊。鲍叔和管仲在分钱财时，管仲多分了一些，鲍叔并没有猜疑他；归生和伍举各自侍奉其主，在路上相遇仍能坐在荆条上融洽地畅叙之前的友情。鲍叔能帮助管仲转败为胜；伍举因为在国丧时，在郑国维护了公子纠的地位而立了大功。他们这些人尚且能够如此，更何况同一个父亲生的孩子呢？颍川的韩元长是汉末的名士，身居辅助国君的执政大臣之位，八十岁时才去世，他的兄弟仍然住在一起，直到年老。济北的氾稚春是西晋时节操品行高洁的人，他家七代人拥有共同的财产，家里所有人都没有埋怨之色。《诗经》中写道："在高山上能高瞻远瞩，在大路上能畅通无阻。"你们一定要谨慎啊！我还有什么话可说呢？

陶潜又撰写了一篇《命子诗》留给他的儿子，诗中写道：

我的祖先是多么悠远，可以一直追溯到陶唐氏帝尧。远古时，尧的儿子丹朱做了舜的虞宾。从此以后，先祖历代都留下了光辉的功德。陶唐氏的后裔御龙曾在夏朝任职、豕韦又辅佐商朝。周朝司徒陶叔，端庄壮美，他的宗族因他而繁荣昌盛。战乱频繁的战国时代以及寂寞无闻的周朝衰落时期，陶氏人才之中有的于林间隐居，有的则于山中隐居。周末群雄征战，犹如奔窜的虬龙盘旋云上，飞驰的鲸鱼反卷起巨浪，因为上天成全而建立了汉朝，愍侯陶舍也就得到了汉朝的眷顾。地位显赫的愍侯，有幸依附帝王得以建功立业。他手握宝剑闻鸡起舞，他的战功是那样的卓著。面对山河发下誓言，开辟疆土拓展领地。汉景帝时的丞相陶青是那样的勤奋自勉，他忠诚地追随帝王辅佐朝政。长河浩瀚渺茫，大树郁郁苍苍。众多的支流汇聚长河，繁多的枝条遮盖大树。君子有时静默独处，有时发奋入世，命运原本就有高贵、低贱之分。直到东晋，祖辈的功业于长沙（今湖南）越发显赫，威武的长沙公曾祖接受封地，独揽荆、湘、江等州军事大权。功成名就后就辞官返乡，身披荣耀而内心不迷乱，谁说这种心志，中古近民可以有的呢？我的祖父武昌太守陶茂性格很严肃，行事始终谨慎小心。他公正执法，是荆、江二州刺史属官的模范，他的恩泽，让全郡百姓和悦。我的父亲是多么慈爱呀！他淡泊虚疏，托身于官场，对于官职的得失，喜怒都不形于色。我慨叹自己孤陋寡闻，远望祖上前辈，自己无法赶上他们。深感惭愧的是如今发已花白，而只能背负日光形单影只，应受五种刑罚的惩罚，莫过于没有后代了。真正值得我怀念的是听到你呱呱坠地时的哭泣声。在吉日良，我为你占卜，为你起名为俨，取字为求思，你要时刻保持温和谦恭，我所期盼的就在于此了。我还想到孔丘的孙子孔鲤，希望你能比得上他，成为贤孙。生疮的人夜半生下儿子，便拿来火烛察看，生怕儿子像自己。君子都有自己的志趣，怎么会等待我呢？既然看着他出生，确实希望他能让人满意。人们也说，这种情感是真切的。随着岁月流逝，你将会逐渐长大。福运不会毫无缘由地来到，祸患也很容易来到。我每天早起晚睡，时刻期盼你能长大成才，如果你没有才能，那也就算了吧。

陶潜在元嘉四年（427）逝世，时年六十三岁。

宋书卷九十七

慧琳列传第五十七

佛道自后汉明帝，法始东流，自此以后，其教稍广，自帝王至于民庶，莫不归心，经诰充积，训义深远，别为一家之学焉。元嘉十二年，丹阳尹萧摹之奏曰："佛化被于中国，已历四代，形像塔寺，所在千数，进可以系心，退足以招劝。而自顷以来，情敬浮末，不以精诚为至，更以奢竞为重，旧宇颓弛，曾莫之修，而各务造新，以相姱尚。甲第显宅，于兹殆尽，材竹铜綵，糜损无极，无关神祇，有累人事，建中越制，宜加裁检，不为之防，流遁未息。请自今以后，有欲铸铜像者，悉诣台自闻，兴造塔寺精舍，皆先诣在所二千石通辞，郡依事列言本州；须许报，然后就功，其有辄造寺舍者，皆依不承用诏书律，铜宅林苑，悉没入官。"诏可。又沙汰沙门，罢道者数百人。

世祖大明二年，有昙标道人与羌人高阇谋反，上因是下诏曰："佛法替，沙门混难，未足扶济鸿教，而专成逋薮。加奸心频发，凶状屡闻，败乱风俗，人神交怨。可付所在，精加沙汰，后有违犯，严加诛坐。"于是设诸条禁，自非戒行精苦，并使还俗。而诸寺尼出入宫掖，交关妃后，此制竟不能行。

先是晋世庾冰始创议，欲使沙门敬王者，后桓玄复述其义，并不果行。大明六年，世祖使有司奏曰："臣闻邃宇崇居，非期宏峻，拳跪亹伏，非止敬恭，将以施张四维，缔制人宇。故虽儒法枝派，名墨条分，至于崇亲严上，厥由靡爽。唯浮图为教，易自龙堆，反经提传，训遐事远，练生莹识，恒俗称难，宗旨缅谢，微言沦隔，拘文蔽道，在末弥扇。遂乃陵越典度，偃倨尊戚，失随方之眇迹，迷制化之渊义，夫佛法以谦俭自牧，忠虔为道。不轻比丘，遭人斯拜，目连桑门，遇长则礼，宁有屈膝四辈，而简礼二亲，稽颡耆腊，而直体万乘者哉。故咸康创议，元兴载述，而事屈偏尝，道挫余分。今鸿源遥洗，君流仰镜，九仙虁实，百神耸职，而畿辇之内，舍弗臣之氓，陛席之间，延抗礼之客惧非所以澄一风范，详示景则者也。臣等参议，以为沙门接见，比当尽虔敬之容，依其本俗，则朝徽有序，乘方兼遂矣。”诏可。前废帝初，复旧。

世祖宠姬殷贵妃薨，为之立寺，贵妃子子鸾封新安王，故以新安为寺号。前废帝杀子鸾，乃毁废新安寺，驱斥僧徒，寻又毁中兴、天宝诸寺。太宗定乱，下令曰：“先帝建中兴及新安诸寺，所以长世垂节，弘宣盛化。顷遇昏虐，法像残毁，师徒奔迸，甚以矜怀。妙训渊谟，有扶名教。可招集旧僧，普各还本，并使材官，随宜修复。

宋世名僧有道生。道生，彭城人也。父为广戚令。生出家为沙门法大弟子。幼而聪悟，年十年，便能讲经。及长有异解，立顿悟义，时人推服之。元嘉十一年，卒于庐山，沙门慧琳为之诔。

慧琳者，秦郡秦县人，姓刘氏。少出家，住冶城寺，有才章兼外内之学，为庐陵王义真所知，尝著均善论，其词曰：

“有白学先生，以为中国圣人，经伦百世，其德弘矣，智周万变，天人之理尽矣，道无隐旨，教罔遗筌，聪睿迪哲，何负于殊论哉。有黑学道士陋之，谓不照幽冥之途，弗及来生之化虽尚虚心，未能虚事，不逮西域之深也。于是白学访其所以不逮云尔。

白曰：“释氏所论之空，与老氏所言之空，无同异乎？”黑白：“异。释氏即物为空，空物为一。老氏有无两行，空有为异。安得同乎。”白曰：“释氏空物，物信空邪？”黑曰：“然。空又空，不翅于空矣。”白曰：“三仪灵长于宇宙，万品盈生于天地，孰是空哉？”黑曰：“空其自性之有，不害因假之体也。今构郡材以成在大厦，罔专寝之宝，积一豪以致合抱，无檀木之体，有生莫俄顷之留，泰山蔑累息之固，兴灭无常，因缘无主，所空在于性理，所难据于事用，吾以为娱矣。”白曰：“所言实相，空者其如是乎？”黑曰：“然。”白曰：“浮变之理，交于目前，视听者之所同了邪？”解之以登道场，重又以轻异学，诚未见其渊深。”黑曰：“斯理若近，求之实远。夫情之所重者虚，事之可重者实。今虚其真实，离其浮伪，爱欲之惑，不得不去。爱去而道场不登者，吾不知所以相晓也。”白曰：“今析豪空树，无口垂荫之茂，离材虚室，不损轮奂之美，明无常增其愒荫之，陈若偏笃其竞辰之虑。贝锦以繁采发辉，和羹以盐梅致旨，齐侯追爽鸠之乐，燕王无延年之术，恐和合之辩，危脆之教，正足恋其嗜好之欲，无以倾其爱竞之惑也。”黑曰：“斯固理绝于诸华，坟素莫之及也。”白曰：“山高累卑之辞，川树积小之咏，舟壑火传之谈，坚白唐肆之论，盖盈于中国矣，非理之奥，故不举以为教本耳。子固以遗情遗累，虚心为道，而据事剖析者，更由指掌之间乎。”黑曰：“周、礼为教，正及一世，不见来生无穷之缘，积善不过子孙子度，累恶不过余殃之罚，报效止于荣禄，诛责极于穷贱。视听之外，冥然不知，良可悲矣。释迦关无穷之业，拔重关之险，陶方寸之虑，宇宙不足盈其明，设一兹之救，君生不足胜其化，叙地狱则民惧其罪，敷天堂则物观其福，指泥洹以长归，乘法身以遐览，神变无不周，灵泽靡不覃，先觉翻翔于上世，后悟腾翥而不绍，坎井之局，何以识大方之家乎。”白曰：“固能大其言矣，今效神光无径寸之明，验灵变罔纤介之异，勤诚者不睹善救之貌，笃学者弗克陵虚之实，徒称无量之夺，熟见期颐之叟，咨嗟金刚之固，安觌不朽之质。苟于事不符，宜寻立言之指，遗其所寄之说也。且要天堂以就善，曷若服义而蹈道，惧地狱以敕身，孰与从理以端心。礼拜以求免罪，不由祗肃之意，施一以徼百倍，弗乘无吝之情。美泥洹之乐，生耽逸之虑，赞法身之妙，肇好奇之心，近欲未弭，远利又兴，虽言菩萨无欲，群生固以有欲矣。甫救交敝之氓，永开利竞之俗，澄神反道，其可得乎。”黑曰：“不然。或不示以来生之俗，何以权其当生之滞。物情不能顿至，故积渐以诱之。夺此俄顷。要彼无穷，若弗劝春稼，秋穑何期。端坐井底，而息意庶虑者，长渝于九泉之下矣。”白曰：“异哉！何所务之乖也。道在无欲，而以有欲要之，北行求郢，西征索越，方长迷于幽都，永谬滞于昧谷。辽辽闽、楚，其可见乎。所谓积渐者，日损之谓也。当先遗其所轻，然后忘其所重，使利欲日去，淳白自生耳。岂得以少要多，以粗易妙，俯仰之间，非利不动，利之所荡，其有极哉。乃丹青眩媚綵之目，土木夸好壮之心，兴糜费之道，单九服之财，树无用之事，割群生之急，致营造之计，成私树之权，务劝化之业，结师党之势，若节以要厉精之誉，护法以展陵竞之情，悲矣。夫道其安寄乎。是以周、孔敦俗，弗关视听之外，老、庄陶风，谨守性分而已。”黑曰：“三游本于仁义，盗跖资于五善，圣迹之敝，岂有内外，且黄、老之家，符章之伪，水祝之诬，不可胜论。子安于彼，骇于此，玩于浊水，违于清渊耳。”白曰：“有迹不能不敝，有术不能无伪，此乃对人所以桎梏也。今所惜在作法于贪，遂以成俗，不正其敝，反以为高耳。至若淫妄之徒，世自近鄙，源流蔑然，固不足论。黑曰:“释氏之教,专救夷俗,便无取于诸华邪?”白曰:“曷为其然。为则开端,宜怀属绪,爱物去杀,尚施周人,息心遗荣华之愿,大士布兼济之念,仁义玄一者,何以尚之。惜乎幽旨不亮,末流为累耳。”黑曰:“子之论善殆同矣,便事尽于生乎?”白曰:“幽冥之理,固不极于人事矣。周、孔疑而不辨,释迦辨而不实,将宜废其显晦之迹,存其所要之旨。请尝言之。夫道之以仁义者,服理以从化,帅之以劝戒者,循利而迁善。故甘辞兴于有欲,而灭于悟理,淡说行于天解,而息于贪伪。是以示来生者,蔽亏于道、释不得已,杜幽暗者,冥符于姬、孔闭其兑。由斯论之,言之者未必远,知之者未必得,不知者未必失,但知六度与五教并行,信顺与慈悲齐立耳。殊涂而同归者,不得守其废轮之辙也。”

论行于世。旧僧谓其贬黜释氏,欲加摈斥。太祖见论赏之,元嘉中,遂参权要,朝廷大事,皆与议焉。宾客辐凑,门车常有数十输,四方赠赂相系,势倾一时。注《孝经》及《庄子·逍遥篇》、文论,传于世。

【译文】

从后汉明帝之后,佛教才开始向东方传播,从此以后,佛教逐渐广泛地传播,上至帝王,下至民众百姓,没有不归顺并信仰的。经文训诰积存很多,教训义理既精深又广博,逐渐就独立成为一门学问了。元嘉二十年,丹阳尹萧摹之呈递奏章说:“佛教教化传播到中国,已历经了四个朝代,佛像佛塔,现存的能用千来计数。佛教进可以澄净心灵,退可以劝化民众。可是最近以来,感情上重视那些浮华细节的东西,却不把真心至诚作为最好的东西,反而把奢侈竞尚看得更重。旧的庙宇荒废了,都不去修整,却各自只顾建造新庙宇,来竞相夸耀。高院显宅,在这里几乎消失,木材竹料、铜钉铁料,消耗花费没有止境,这样做对神明没什么影响,却给百姓带来烦累,建造的庙宇中超过规定的,应该加以裁减约束;如果不对此加以约束制止,奢侈竞尚的做法不会停止。恳请从今以后,打算铸造铜像的,都应该向宫廷申报,兴建佛塔佛寺精舍的,都要先前往所在的太守处说明情况,郡里按规定将这些情况再上报所在的州,然后经得所在州的同意,这样才能动工建造。如果敢擅自建造佛寺佛塔精舍的,都按违反诏书的律条进行处理,铜制门宅林木寺院,都没收归官府。”皇帝采纳了这些建议,还挑选了沙门并罢免了几百个和尚。

世祖大明二年，有一个昙标道人和羌人高阇勾结谋划叛乱，皇上于是颁发诏书说："佛法讹误，沙门混杂，不能够扶持拯救大教，反而成了逃犯的藏匿之地。加之奸诈之心不断滋生，多次听闻他们的凶恶情形，败坏扰乱风俗习惯，人和神都对此怨恨，可以把这些人交给当地官员处置，对他们精心挑选淘汰。以后如果再有触犯律法的，严加诛杀判罪。"于是新制定了许多条令禁款，如果不是守戒习法至诚勤奋的，一律让其还俗，但因为各个寺院的僧尼都出入宫廷，和后妃相互交往，所以这些措施最终没有能够实行。

之前，晋代的庾冰曾经建议，想让和尚尊敬皇帝，后来桓玄再次重申此意，但是都没有真正实行。大明六年，世祖下旨让主管官吏上奏说："臣听闻深院高楼，并不是期望建造得多雄伟壮丽，抱拳伏地跪拜，并不就是只限于恭敬，将以此来施用于天下，统治民众，所以虽然儒家法家分支异派，名学墨家各自不同，至于重视亲族、尊敬长辈这点是没有什么区别的。只有浮屠作为宗教，源自遥远的西域沙漠，不符合中土常规，依照传承旧制，生命意识精诚超脱，普通民众难以称说，思想学说渐渐衰退、隔绝，再加上文字的限制掩盖了其中的道义，在其末流更加难以传播。于是就超越常规法度，轻慢亲族尊辈，丧失了从众的明道，迷失了教化的深义。佛法凭借谦虚节俭来自我约束，把忠厚虔诚作为本分，从不轻视比丘，遇到人就礼拜。目连是一位桑门和尚，见到长辈，他就讲礼，哪里有因事而屈从任何人，因守道而不顾及其他的呢？如今大道源长流广，人们都仰视观望，九仙送宝，百神各尽其职，便是京城内外，摒除不臣服之人，在朝廷官府，招揽抗礼之人，这恐怕不是用来使风俗淳朴的榜样准则。臣等建议：沙门之间互相接见，应当有虔诚礼敬的态度，应当按照原本的习俗去行事，那样朝廷制度就有秩序，驾驭起来也就有方法了。"皇帝准许了奏请，但前废帝初年，又恢复了原来的样子。

世祖宠爱的妃子殷贵妃去世了，世祖为她建立了一座寺庙，贵妃的儿子子鸾被封为新安王，于是就用新安作为寺号。后来前废帝又把子鸾杀掉了，于是将新安寺毁掉，驱赶那里的僧徒，不久又毁掉中兴、天宝几座寺庙。太宗平定叛乱之后，颁下诏令说："先帝建造中兴及新安几座佛寺，目的是要长久地垂范佛义，宣传教义。"没过多久却遭遇昏乱的奸暴之臣，佛像全被摧毁，僧众四散游走，很是可怜。精妙的训教，深刻的教义，对扶植教义特别有帮助。可以招集原来的僧众，让他们都返回原来的寺院，并派遣材料官，根据寺院需要加以修复。

宋代著名的僧人是道生。道生是彭城人。他的父亲担任广戚令。道生出家做了沙门，是法大的徒弟，他小时候聪明颖悟，年仅十五就能讲诵经典，等到长大了，他的见解往往超越其他人，并且能立刻领悟佛经的新义，当时的人们非常推崇看重他。元嘉十一年，在庐山去世，沙门慧琳为他写了一篇悼文。

慧琳是秦郡秦县人，俗姓刘氏，从小会出家为僧，在冶城寺居住，他有文学才华，同时精通儒学与佛典，受到庐陵王义真的赏识。慧琳曾撰写《均善论》，文章的大意是：

有一位白学先生，自认为是中国的圣人，知识百世罕见，他的德行很高尚，智识能应对所有的变化，天和人的道理他都通晓，道义也没有隐含不清的，教旨也没有遗忘的，聪明睿智圣明，哪里有与特异之论相悖之处呢。有一位黑学道士认为他很浅薄鄙陋，认为他不能照及幽冥之路，更不能化及来生，虽然追尚虚心，但不能让事归虚化，没有领会西域佛教的精深之旨。所以白学先生就向他请教没有领会的精深之旨。

白学先生说："释氏谈论的'空'和老氏谈论的'空'没有区别吗？"黑学道士说："有区别，释氏把天地万物看作空的，空就是物合而为一。老氏把有和无看作两个概念。空和有本就不相同，哪里能说两学相同呢？"白学先生说："释氏以物为空，那么万物真的是空的吗？"黑学道士说："的确就是，空空归无，不啻于空。"白学先生说："天、地、人处在宇宙之中，万事万物在天地之间生长，怎么能说是空的呢？"黑学道士说："空指的是它本性的空无，不因为他所借助的外物而有所妨害，现在购买很多木料来建造高楼，不在于它占据多少空间。一丝一毫地积累而成合抱之大，并没有形成檀木的本体。生命不在乎短暂的停留，泰山轻视一点点的稳固，兴起与灭亡不能确定，因缘没有能主宰，所谓空是性理之空，所谓难是事理之难，我认为没有什么不正确的。"白学先生说："所说的确实有理，空可不就是这个道理吗？"黑学道士说："是的。"白学先生说："表象的变化，交错呈现在眼前，这是看到听到的人都能懂得的。解说的人靠这些来登上道场，看重者凭借这些就轻弃异学，实在是没有看到它的渊博深刻之理。"黑学道士说："这个道理很浅显，可是探求起来的确很难懂。感情所看重的东西是虚无的，现实所看重的是实在的。现在却把现实的东西看得很虚无，把本质和表象分开。心灵和欲望的迷惑，必须要摒除。感情舍弃了，却说找不到正确的方法的人，我不知道用什么来使他明白。”白学先生说：“这么说，无论如何砍树，也没有办法损害它的茂盛，把房室拆除，不会妨害它的美观。阐明了万物无常反而增长了人们追求的意识，讲清了万物假象反而助长人们竞争之心，贝锦因为华美有光泽而生光辉，和羹因为盐梅而生美味，齐侯追求爽鸠之乐，燕王没有延长寿命的办法，只怕缜密的思辨，深刻的教训，正好迎合他享乐的欲望，没有办法让他减少劳碌的迷惑。”黑学道士说：“这固然是道理与虚言不同，古代贤人的文献典籍都比不上的。”白学先生说：“山高不辞让卑小之地，大川不弃小河之流，有关舟和河川的谈说，坚自唐肆的议论，大概在中国已经泛滥了。并不是理论多深奥，只是不拿它作为教本罢了。您本来已经遗情弃累，虚心向道，但是按事进行探索分析，能在指掌之间吗。”黑学道士说：“周、孔的教化，只不过一世罢了，看不到来生那无穷无尽的缘分，积累的善行也不过福泽几代，积累的过失也不过毁了自己的余生，报应只限于荣禄，惩罚最严重的就是让他贫困低贱，在感觉之外的世界，都是不知道的，真是太可悲了。释迦关心无穷无尽的业，拨开重重险关，思虑点点滴滴，宇宙之内不足以充溢他的明达，设立一个慈悲的救世主，万世众生不足以受尽他的教化，讲到地狱民众就害怕获得永久的罪，叙及天堂那么人们就期盼享受永世的福，指泥洹为长归之地，乘借法身用来远览博观，神变没有达不到的地方，灵验恩泽没有不遍及的地方，先觉者在上世飞翔，后来醒悟的也紧跟飞翔。坎井之中见识短浅的人，怎么能理解无上的释迦呢？”白学先生说：“您确实能说大话了，现在检效神光没有一丁点的光明，验实灵异变化没有丝毫的奇异，勤奋诚实的人见不到什么好报，踏实学习的抵不上弄虚作假的，只知道说什么无量之寿，又有谁见到过八九十岁的老人？感叹金刚不坏之身，谁又见过不朽的形体？如果和事情不相符，应该反思自己的言论，遗忘所依托的学说。况且拿进入天堂来激励人们行善。哪里比得上休养自身端正心态呢？顶礼膜拜以便免除罪责，不是真正的尊奉佛。不付出一点儿却要求得百倍的好处，是不知道廉耻的。爱慕泥洹的快乐，产生沉溺淫乐之心，赞叹法身的奇妙，也产生了好奇之心。近在眼前的欲望没有实现，获得长远利益之心又滋生了。虽然说菩萨没有欲望，众生却是生来就充满欲望的。广泛救助受苦的民众，却永世展开世俗利益的争夺。使神灵安宁而违反道义，这样难道可以吗？”黑学道士说：“不是这样的。假若不用来生的欲望去显示，怎么可以权衡今生的真正障碍？物欲情感不能瞬间获得满足，所以沉积于心逐渐地去诱导他们，一会儿追求这个，一会儿又想要那个，没完没了。假若春天不辛勤地去播种，那么秋天收获又待何时？坐在井下，不想什么的人，那将永远长眠在九泉之下了。”白学先生说：“真奇怪啊！为什么与追求的竟如此不同，道本来处在无欲之上，却要用有欲之道去追求它，往北去要想到达南方之郢，往西行却期盼抵达越，那就会永远地被迷困在幽都，徘徊在昧谷了。那辽远的闽，楚之地，又怎么可以见得到呢？所说的渐渐积累，实际是在一天天地减损罢了。应该首先忘掉那些轻视的东西，然后再忘掉那些重视的东西，让利益和欲望之心一天天地远离；真淳洁白之心自然就能产生了。怎么能用少来求得多，用粗去换取精细，在俯仰之间，没有利益就不心动，利益所带来的变化，哪里还有止境啊？于是用丹青来满足媚俗的心态，大兴土木来夸耀自己强大的心态，大行奢靡浪费之道，花掉了亲属的财产。干些没有用的事情，搜割民众的生活所需的钱物，来达到营建刹宇的目的，凭借手中的的权力，来致力于劝化世人的功业，结聚僧众党羽的力量，苦守节操用来达到严肃精进的声誉，借护法来达到飞黄腾达的目的，真是太可悲了啊！道又寄托于何处呢？因此周公、孔子敦劝世俗，不关心视听之外的事，老子、庄子陶冶风度，只是谨慎地恪守本真罢了。”黑学道士说：“连游侠、游说、游行者都秉持仁义、盗跖虽然很坏，也凭借仁、义、礼、忠、信五善，圣迹的缺陷，哪有什么内、外之分？况且黄老的学说，符咒章醮的伪善，水祝巫师的欺骗，无法说尽了，你对他们不觉得奇怪，却对此深感惊异，这是在浊水之中游玩，却不习惯见到清水罢了。”白学先生说：“只要有影迹就不可能没有过失，有道术就不能没有伪行，这就是圣人有所限制的原因，现在可惜的是立法度只是为了贪心，并以贪心为习俗、不端正这种弊端，反而认为很高深了。至于荒淫无耻之徒，世间本来就很鄙视，源流也很轻蔑，本来就不值得去说他。”黑学道士说：“释氏之教，专门救助世人，难道就不从其身上有所取吗？”白学先生说：“怎么是这样的？要做的话就要注重开端，就应该有所属意，爱护民众摒除杀伐，追求布施与周济，把荣华之心除去，广布兼济之心，仁义乃道的本质，又靠什么崇尚它？可惜啊！真正的创意不明白，末流反而造成牵累了。”黑学道士说：“你的论述好与坏大概相同，适当的事情难道只限于人生吗？”白学先生说：“幽冥之理，固然不止是限于人事一途了。”周公、孔子怀疑而不加明辨，释迦明辨却不实证，应当摒弃那些明显或者晦涩的事情，保存那些精要的旨意，请让我说一番，那些以仁义来训导的，会用道理来教化民众。那些用劝诫去管理民众的，因利而为善。所以说美好的言辞产生于欲望，而消失在理悟之中，而流言在无天道中盛行，在贪伪之中平息，因此用来显现来生的，在道中掩蔽，释不得已，绝幽冥的，暗地里符合姬发，孔子而改变其开端，从这点来说，说者未必很远，知道的也未必能获得，不知道的不一定会失去，只要知道六度和五教一起大行于天下，信顺和慈悲一起立身，不同的道路而目标相同，不应该秉持开端的途径了。

论说在当世流行，原来的僧人认为慧琳贬低了释氏，想加以摒弃。太祖看了却很赞赏。元嘉年中，于是让慧琳加入重要机构，朝廷中大事，都让他一起讨论，他门前来往宾客车辆很多，门口的车经常有几十辆，四面八方赠送交流，相互联系，权倾一时，他注释过《孝经》以及《庄子·逍遥游篇》文论，流传于后世。

南齐书

南齐书卷二十五

张敬儿列传第六

张敬儿，南阳冠军人也。本名苟儿，宋明帝以其名鄙，改焉。父丑，为郡将军，官至节府参军。

敬儿年少便弓马，有胆气，好射虎，发无不中。南阳新野风俗出骑射，而敬儿尤多膂力，求入队为曲阿戍驿将，州差补府将，还为郡马队副，转队主。稍官宁蛮府行参军。随同郡人刘胡领军伐襄阳诸山蛮，深入险阻，所向皆破。又击湖阳蛮，官军引退，蛮贼追者数千人，敬儿单马在后，冲突贼军，数十合，杀数十人，箭中左腋，贼不能抗。

平西将军山阳王休祐镇寿阳，求善骑射人。敬儿自占见宠，为长（史）兼行参军，领白直队。泰始初，除宁朔将军，随府转参骠骑军事，署中兵。领军讨义嘉贼，与刘胡相拒于鹊尾洲，启明帝乞本郡，事平，为南阳太守，将军如故。初，王玄谟为雍州，土断敬儿家属舞阴，敬儿至郡，复还冠军。

三年，薛安都子柏令、环龙等窃据顺阳、广平，略义成、扶风界，刺史巴陵王休若遣敬儿及新野太守刘攘兵攻讨，合战，破走之。徙为顺阳太守，将军如故。

南阳蛮动，复以敬儿为南阳太守。遭母丧还家，朝廷疑桂阳王休范，密为之备，乃起敬儿为宁朔将军、越骑校尉。桂阳事起，隶太祖顿新亭，贼矢石即交，休范白服乘举往劳楼下，城中望见其左右人兵不多，敬儿与黄回白太祖曰："桂阳所在，备防寡阙，若诈降而取之，此必可擒也。"太祖曰："卿若能办事，当以本州相赏。"敬儿相与出城南，放仗走，大呼称降，休范喜，召至举侧，回阳致太祖密意，休范信之。回目敬儿，敬儿夺取休范防身刀，斩休范首，休范左右数百人皆惊散，敬儿驰马持首归新亭。除骁骑将军，加辅国将军。

太祖以敬儿人位既轻，不欲便使为襄阳重镇，敬儿求之不已，乃微动太祖曰："沈攸之在荆州，公知其欲何所作？不出敬儿以防之，恐非公之利也。"太祖笑而无言，乃以敬儿为持节、督雍梁二州郢司二郡军事、

雍州刺史，将军如故，封襄阳县侯，二千户。部伍泊沔口，敬儿乘舴艋过江，诣晋熙王燮。中江遇风船覆，左右丁壮者各泅走，余二小吏没舱下，叫呼“官”，敬儿两腋挟之，随船覆仰，常得在水上，如此翻覆行数十里，方得迎接。失所持节，更给之。

沈攸之闻敬儿上，遣人伺觇。见雍州迎军仪甚盛，虑见掩袭，密自防备。敬儿至镇，厚结攸之，信馈不绝。得其事迹，密白太祖。攸之得太祖书翰，论选用方伯密事，辄以示敬儿，以为反间，敬儿终无二心。元徽末，襄阳大水，平地数丈，百姓资财皆漂没，襄阳虚耗。太祖与攸之书，令赈贷之，攸之竟不历意。

敬儿与攸之司马刘攘兵情款，及苍梧废，敬儿疑攸之当因此起兵，密以问攘兵，攘兵无所言，寄敬儿马镫一只，敬儿乃为之备。升明元年冬，攸之反，遣使报敬儿，敬儿劳接周至为设酒食，谓之曰：“沈公那忽使君来，君殊可命。”乃列仗于厅事前斩之，集部曲，〔倾〕〔侦〕攸之下，当袭江陵。

时攸之遗太祖书曰：

吾闻鱼相忘于江湖，人相忘于道术，彼我可谓通之矣。大明之中，谬奉圣主，忝同侍卫，情存契阔，义著断金，乃分帛而衣，等粮而食。值景和昏暴，心烂形燋，若斯之苦，宁可言尽。吾自分碎首于阁下，足下亦惧灭族于舍人。尔时磐石之心既固，义无贰计，蹙迫时难，相引求全。天道矜善，此理不空。结姻之始，实关于厚。及明帝龙飞，诸人皆为鬼矣。吾与足下，得蒙大造，亲过夙眷，遇若代臣，录共心迹，复忝驱使，临崩之日，吾豫在遗托，加荣授宠，恩深位高。虽复情谢古人，粗识忠节，誓心仰报，期之必死。此诚志竟未申遂，先帝登遐，微愿永夺。自尔已来，与足下言面殆绝，非唯分张形迹，自然至此，脱枉一告，未常不对纸流涕，岂愿相诮于今哉。苟有所怀，不容不白。

初得贤子赜疏，云得家信，云足下有废立之事，安国宁民，此功巍巍，非吾等常人所能信也。俄奉皇太后假令，云足下潜构深略，独断怀抱，一何能壮。但冠虽弊，不可承足，盖共尊高故耳。足下交结左右，亲行杀逆，以免身患。卿当谓龙逄、比干，痴人耳。凡废立大事，不可广谋，但袁、褚遗寄，刘又国之近戚，数臣地籍实为膏腴，人位并居时望，若此不与议，复谁可得共披心胸者哉？昏明改易，自古有之，岂独大宋中屯邪？

前代盛典，焕盈篇史，请为足下言之。群公共议，宜启太后，奉令而行，当以王礼出第。足下乃可不通大理，要听君子之言，岂可罔灭天理，一何苦兹？《孝经》云“资于事父以事君”。纵为宗社大计，不尔，宁不识有君亲之意邪？乃复虑以家危，啖以爵赏，小人无状，遂行弑害。吾虽寡识，窃求古比，岂有为臣而有近日之事邪？使一旦荼毒，身首分离，生自可恨，死者何罪？且有登斋之赏，此科出于何文？凡在臣隶，谁不惋骇。华夷扣心，行路泣血。乃至不殡，使流虫在户，自古以来，此例有几？卫国微小，故有弘演，不图我宋，独无其人。抚膺惆怅，不能自已。足下与向之杀者何异？人情易反，还成嗟悲，为子君者，无乃难乎！蹊田之譬，岂复有异？管仲有言，君善未尝不谏。足下谏诤不闻，甘崔杼之罪，何恶逆之苦！

昔太甲还位，伊不自疑；昌邑之过，不可称数，霍光荷托，尚共议于朝班，然后废之。由有汤沐之施，论者不以劫主为名，桓温之心，未忘于篡，海西失道，人伦顿尽，废之以公，犹礼处之。当温强盛，谁能相抗，尚畏惧于形迹，四海不惬，未尝有乐推之者。伊尹、霍光，名高于臣节，桓氏亦得免于胁夺，凡是诸事，布于书策，若此易晓，岂待指掌。卿常言比迹夷、叔，如何一旦行过桀、跖邪？

圣明启运，苍生重造，普天率土，谁不歌抃，实是披心罄节、奉公忘私之日。而卿大收宫妓，劫夺天藏，器械金宝，必充私室，移易朝旧，布置私党，被甲入殿，内外宫阁管籥，悉关家人。吾不知子孟、孔明遗训如此？王、谢、陶、庾行此举止？

且朱方帝乡，非亲不授，足下非国戚也，一旦专纵自树，云是儿守台城，父居东府，一家两录，何以异此？知卿防固重复，猜畏万端，言以御远，实为防内。若德允物望，夷貊犹可推心共处，如其失理乖道，金城汤池无所用也。文长以戈戟自卫，何解灭亡。吴起有云：“义礼不修，舟中之人皆雠也。”足下既无伍员之痛，苟怀贪惏，而有贼宋之心，吾宁捐申包之节邪？

闻求忠臣者必出孝子之门，卿忠孝于斯尽矣！今窃天府金帛以行奸惠，盗国权爵以结人情，县授非其理，合我则赏，此事已复不可恒用，用之既讫，恐非忠策。且受者不感，识者不知，不能遏奸折谋，诚节慨惋。隔硋数千，无因自对，不能知复何情颜，当与足下叙平生旧款？吾闻前哲绝交，不出恶言，但此自陈名节于胸心，因告别于千载。放笔增叹，公私潸泪，想不深怪往言。然天下耳目，岂伊可诬。抑亦当自知投仗无疆，为必先及。

太祖出顿新亭，报攸之书曰：

辱足下诮书，交道不终，为耻已足。欲下便来，何故多罔君子。

吾结发入仕，岂期还大，盖感子路之言，每不择官而宦。逮文帝之世，初被圣明鉴赏；及孝武之朝，复蒙英主顾眄。因此感激，未能自反。及与足下敛袂定交，款著分好，何尝不劝慕古人国士之心，务重前良忠贞之节。至于契阔杯酒，殷勤携袖，荐女成姻，志相然诺，义信之笃，谁与间之。又乃景和陵虐，事切忧畏，明帝正位，连同休显，启臆论心，安危岂贰。元徽之季，听高道庆邪言，欲相讨伐，发威施敕，已行外内。于时臣子钳口，道路以目。吾以分交义重，患难宜均，犯陵白刃，以相任保。悖主手敕，今封送相示，岂不畏威，念周旋之义耳。推此阴惠，何愧怀抱，不云足下猥含祸诐。前遣王思文所牒朝事，盖情等家国，共详衷否，虚心小大，必以先输。问张雍州迁代之日，将欲谁拟？本是逆论来事，非欲代张，乃封此示张，激使见怒。若张惑一言，果兴怨恨，事负雅素，君子所不可为，况张之奉国，忠亮有本，情之见与，意契不贰邪？又张雍州启事，称彼中蛮动，兼民遭水患，敕令足下思经拯之计。吾亦有白，论国如家，布情而往，每思虚达。事之相接，恒必猜离。反谓无故遣信，此乃觇察。平谅之襟，动则相阻，伤负心期，自谁作故？先时足下遣信，寻盟敦旧，厉以笃终，吾止附还白，申罄情本，契然远要，方固金石。今日举错，定是谁愿久言邪？

元徽末德，势亡禋祀，足下备闻，无待亟述。太后惟忧，式遵前诰，兴毁之略，事属鄙躬。黜昏树明，实惟前则，宁宗静国，何愧前修。废立有章，足下所允，冠弊之讥，将以何语？封为郡王，宁为失礼？景和无名，方之不愈乎？龙逢自匹夫之美，伊、霍则社稷之臣，同异相乘，非吾所受也。登斋有尝，寿寂之已蒙之于前；同谋获功，明皇亦行之于昔。此则接踵成事，谁敢异之。

谓其大收宫女，劫夺天藏，器械金宝，必充私室。必若虚设市虎，亦可不翅此言；若以此诈民，天下岂患无眼。心苟无瑕，非所耿介。甲杖之授，事既旧典，岂见有任镇邦家，勋经定主，而可得出入轻单，不资宠卫！斯之患虑，岂直身忧。祇奉此恩，职惟事理。

朱方之牧，公卿佥意，吾亦谓微勋之次，无忝一州。且魏、晋旧事，帝乡蕃职，何尝豫州必曹，司州必马？折胶受柱，在体非愧。袁粲据石头，足下无不可；吾之守东府，来告便谓非。动容见疾，频笑入戾，乃如是乎！

袁粲、刘秉，受遇深重，家国既安，不思抚镇，遂与足下表里潜规，据城之夜，岂顾社稷。幸天未长乱，宗庙有灵，即与褚卫军协谋义断，以时殄灭。想足下闻之，怅然孤沮。小儿忝侍中，代来之泽，遇直上台，便呼一家两录。发不择言，良以太甚。吾之方寸，古列共言，乃以陶、庾往贤，大见讥责，足下自省，讵得以此见贻邪？此踪夷、叔，论吾则可，行过桀、蹠，无乃近诬哉！

谓吾不朝，此则良诲，朝之与否，想更问之。足下受先帝之恩施，拥戎西州，鼎湖之日，率土载奔，而宴安中流，酣饮自若，即怀狼望，陵侮皇朝。晋熙殿下，以皇弟代镇，而断割候迎，罔蔑宗子，驱略士马，（志）〔悉〕以西上，郢中所遗，（示〕〔仅〕余劣弱。昔征茅不入，犹动义师；况荆州物产，雍、岷、交、梁之会，自足下为牧，荐献何品？良马功卒，彼中不无，良皮美縼，商赂所聚，前后贡奉，多少何如？唯闻太官时纳饮食耳。桂阳之难，坐观成败，自以雍容汉南，西伯可拟。赖原即天世，非望亦消。又招集逋亡，断遏行侣，治舟试舰，恒以朝廷为旗的，秣马桉剑，常愿天下有风尘，为人臣者，固若是邪！至乃不遵制书，敕下如空，国恩莫行，命令拥隔，诏除郡县，辄自板代，罢官去职，禁还京师。凶人出境，无不千里寻蹑，而反募台将，来必厚加给赏。太妃遣使市马，赍宝往蜀，足下悉皆断折，以为私财，此皆远迩共闻，暴于视听。

主上睿明当璧，寓县同庆，绝域奉贽，万国通书，而盘桓百日，始有单骑，事存送往，于此可征。不朝如此，谁应受诮？反以见呵，非所反侧。今乃勒兵以窥象馆，长戟以指魏阙，不亦为忠臣孝子之所痛心疾首邪？贤子元琰获免虎口，及凌波西迈，吾所发遣。犹推素怀，不畏嗤嗤。足下尚复灭君臣之纪，况吾布衣之交乎？遂事不谏，既往难咎。今六师西向，为足下忧之。

（攸之与兼长史江乂别驾传宣等守江陵城敬儿军中力授因以为别）敬儿告变使至，太祖大喜，进号镇军将军，加散骑常侍，改为都督，给鼓吹一部。攸之于郢城败走，其子元琰〔与兼长史江乂、别驾传宣等守江陵城。敬儿〕军至白水，元琰闻城外鹤唳，谓是叫声，心惧欲走。其夜，乂、宣开门出奔，城溃，元琰奔宠洲，见杀。百姓既相抄敚，敬儿至江陵，诛攸之亲党，没入其财物数十万，悉以入私。攸之于汤渚村自经死，居民送首荆州，敬儿使楯擎之，盖以青伞，徇诸市郭，乃送京师。进号征西将军，爵为公，增邑为四千户。

敬儿于襄阳城西起宅，聚财货。又欲移羊叔子堕泪碑，于其处立台，纲纪谏曰："羊太傅遗德，不宜迁动。"敬儿曰："太傅是谁？我不识也。"敬儿弟恭儿，不肯出官，常居上保村中，与居民不异。敬儿呼纳之甚厚，恭儿月一出视敬儿，辄复去。恭儿本名猪儿，随敬儿改名也。

初，敬儿既斩沈攸之，使报随郡太守刘道宗，聚众得千余人，立营顿。司州刺史姚道和不杀攸之使，密令道宗罢军。及攸之围郢，道和遣军顿堇城为郢援，事平，依例蒙爵赏。敬儿具以启闻。建元元年，太祖令有司奏道和罪，诛之。道和字敬邕，羌主姚兴孙也。父万寿，伪镇东大将军，降宋武帝，卒于散骑侍郎。道和出身为孝武安北行佐，有世名，颇读书史。常诳人云："祖天子，父天子，身经作皇太子。"元徽中为游击将军，随太祖新亭破桂阳贼有功，为抚军司马，出为司州，疑怯无断，故及于诛。

三年，征敬儿为护军将军，常侍如故。敬儿武将，不习朝仪，闻当内迁，乃于密室中屏人学揖让答对，空中俯仰，如此竟日，妾侍窃窥笑焉。太祖即位，授侍中，中军将军。以敬儿秩穷五等，一仍前封。建元二年，迁散骑常侍，车骑将军，置佐史。太祖崩，敬儿于家窃泣曰："官家大老天子，可惜！太子年少，向我所不及也。"遗诏加敬儿开府仪同三司，将拜，谓其妓妾曰："我拜后，应开黄阁。"因口自为鼓声。既拜，王敬则戏之，呼为褚渊。敬儿曰："我马上所得，终不能作华林阁勋也。"敬则甚恨。

敬儿始不识书，晚既为方伯，乃习学读《孝经》《论语》。于新林慈姥庙为妾乞儿咒神，自称三公。然而意知满足，初得鼓吹，羞便奏之。

初娶前妻毛氏，生子道文。后娶尚氏，尚氏有美色，敬儿弃前妻而纳之。尚氏犹居襄阳宅不自随，敬儿虑不复外出，乃迎家口悉下至都。启世祖，不蒙劳问，敬儿心疑。及垣崇祖死，愈恐惧，妻谓敬儿曰："昔时梦手热如火，而君得南阳郡。元徽中，梦半身热，而君得本州。今复梦举体热矣。"有阉人闻其言，说之。事达世祖。敬儿又遣使与蛮中交关，世祖疑其有异志。永明元年，敕朝臣华林八关斋，于坐收敬儿。敬儿左右雷仲显知有变，抱敬儿而泣。敬儿脱冠貂投地曰："用此物误我。"少日，伏诛。诏曰："敬儿蠢兹边裔，昏迷不修。属值宋季多难，颇获野战之力。拔迹行伍，超登非分。而愚躁无已，矜伐滋深。往莅本州，久苞异志。在昔含弘，庶能惩革。位班三槐，秩穷五等，怀音靡闻，奸回屡构。去岁迄今，嫌贰滋甚。镇东将军敬则、丹阳尹安民每侍接之日，陈其凶狡，必图反噬。朕犹谓恩义所感，本质可移。顷者已来，衅戾遂著，自以子弟在西，足动殊俗，招扇群蛮，规扰樊、夏。假托妖巫，用相震惑，妄设征祥，潜图问鼎。履霜于开连之辰，坚冰于嗣业之世，此而可忍，孰不可容！天道祸淫，逆谋显露。建康民汤天获商行入蛮，备睹奸计，信驿书翰，证验炳明。便可收掩，式正刑辟；同党所及，特皆原宥。”子道文，武陵内史道畅，征虏功曹道固，弟道休，并伏诛。少子道庆，见宥。后数年，上与豫章主嶷三日曲水内宴，舴艋船流至御坐前覆没，上由是言及敬儿，悔杀之。

恭儿官至员外郎。在襄阳，闻敬儿败，将数十骑走入蛮中。收捕不得。后首出，上原其罪。

【译文】

张敬儿是南阳冠军人。本名苟儿，宋明帝刘彧认为他的名字过于粗俗，所以改成这个名字。父亲名丑，是郡将军，官做到节府参军。

张敬儿少年时熟习弓马，有胆量和勇气，喜好射猛虎，百发百中。南阳新野习俗喜欢骑马射箭，尤其是张敬儿更有强劲的体力，请求参加军队做曲阿戍驿将，州府让他补做府将，不久做郡马队副，转做队主。逐渐升做宁蛮府行参军。张敬儿随同郡人刘胡带领队伍讨伐襄阳各山中的蛮人，深入艰难险阻地带，所攻之敌都被击败。又攻击湖阳蛮，官军退却，蛮人追兵有几千人，张敬儿单身独骑断后，冲突追兵，交战几十回合，杀死数十人，被射中左腋，但敌兵终于不能抵抗而退却。

平西将军山阳王刘休祐坐镇寿阳，募求善于骑射的人才。张敬儿前去自报后受到宠信，做长史兼行参军，领白直队。泰始初年，授官做宁朔将军，随府转参骠骑军事，隶属中兵。率领军队讨伐晋安王刘子勋的叛军，同叛将刘胡在鹊尾洲对抗。张敬儿启奏明帝请求回本郡做官。战事平定后，做南阳太守，将军职位不变。当初，王玄谟做雍州刺史，按土断法把张敬儿的籍贯划归舞阴，张敬儿到南阳郡后，又把籍贯改回冠军县。

泰始皇三年，薛安都之子薛柏令、薛环龙等私自占据顺阳、广平，侵略义成、扶风等地，刺史巴陵王刘休若派遣张敬儿和新野太守刘攘兵进军讨伐，会战后，敌兵败逃。调任张敬儿做顺阳太守，将军职位不变。

南阳蛮人蠢蠢欲动，所以又让张敬儿做南阳太守，因为母亲去世，张敬儿回到家乡。朝廷怀疑桂阳王刘休范有反心，暗中对他加以提防，于是起用张敬儿做宁朔将军、越骑校尉。桂阳王反叛事起，张敬儿隶属齐高帝萧道成驻军在新亭，贼兵发射矢石交战开始，刘休范身穿白衣乘坐竹轿来到楼下劳军，城中人望见刘休范左右随从的兵员不多，张敬儿和黄回对齐高帝萧道成说："眼前桂阳王所在的那一带，防守力量不足，假如用诈降的办法智取，一定能活捉他。"齐高帝说："你要能办成这事，将会赏你做雍州刺史。"张敬儿和黄回出城向南，故意丢弃兵器奔逃，大声呼叫投降，刘休范听了很喜欢，召唤张敬儿和黄回来到竹轿旁接见，黄回诈称齐太祖有秘密投降之意，刘休范相信不疑，黄回用眼睛示意张敬儿，张敬儿突然夺下刘休范的防身佩刀，砍下刘休范的头，刘休范左右几百人都惊恐逃散，张敬儿带上人头快马回到新亭。因此被授官骁骑将军，加官为辅国将军。

齐高帝因为张敬儿出身地位轻贱低微，不打算立即让他掌管襄阳重镇，张敬儿不断请求，用含蓄的言语打动齐高帝说："沈攸之坐镇荆州，您知道他想干什么？不派出我张敬儿前去防备，恐怕对您不会有利的。"齐高帝笑而不语，于是让张敬儿做持节、都督雍梁二州和郢司二郡军事、雍州刺史，将军职位不变，封襄阳县侯，食邑二千户。张敬儿的船队停泊在沔口，张敬儿乘小船过江，去拜见晋熙王刘燮。船到江心遇风翻沉，左右丁壮和随从各自泅水漂散，剩下两个小吏沉在船前横木之下，叫喊"官家"，张敬儿用两臂把他们夹在腋下，随着船在风浪中起落，但总能浮在水面上，这样随船翻覆漂行几十里，才得到人们的接应救援。张敬儿失落了所带的符节，又补发给他新的。

沈攸之得知张敬儿逆流而上，派人去监视侦察。发现雍州迎接张敬儿的队伍军容盛大，沈攸之担心遭到突然袭击，暗自加以防备。张敬儿到雍州之后，热情地和沈攸之结交，信使和馈赠不断。每当得到有关沈攸之的情况，便秘密向齐高帝报告。沈攸之接到齐高帝的书信，信中谈到选人继任雍州刺史等机密内容，沈攸之便把这信送给张敬儿看，用这信来离间张敬儿和齐高帝的关系，张敬儿始终没有二心。元徽末年，襄阳大水成灾，平地水深几丈，百姓的资财全都漂走或被淹没，襄阳地方损失很大。齐高帝给沈攸之来信，命令沈攸之救济襄阳，沈攸之竟然不放在心上。

张敬儿和沈攸之的司马刘攘兵情感甚好，当苍梧王刘昱被废时，张敬儿猜想沈攸之会趁机起兵，张敬儿秘密向刘攘兵探问情况，刘攘兵对张敬儿没说什么情况，只是送给他一只马镫，张敬儿从此加意防备。宋顺帝升明元年冬天，沈攸之反叛，派遣使者通知张敬儿，张敬儿对来使慰劳接待周到，为他设了酒席，对使者说："沈公怎么那么匆忙派您前来，您也确实是能完成使命的。"于是排列开队伍在办事厅前杀了来使，召集部队，等侦候沈攸之一旦顺江而下，便出兵袭击江陵。

这时沈攸之呈给齐高帝一封信，说：

我听说鱼儿各自游在江湖里彼此相忘，人们各自生活在道术里不相往来，这种情况跟我可以说是一脉相通的。宋武帝大明年间，荣幸地尊奉圣明的君主，也有幸能和你同在侍卫的班列，我们之间情感亲密，同心重义，平分布帛做衣穿，均分粮食做饭吃。前废帝景和年间，我们内心焦灼身形憔悴，像那时的痛苦，哪里用语言可以说尽。我曾经自料将在殿阁之下粉身碎首，您也担心会遭到小人的谗害而一门被杀。那时我们的心志坚固有如磐石，在道义上绝无别的想法，艰难地度过了危难时刻，相互援助以求得保全。天道是同情善人的，这个道理是真实的。我们的儿女能够结成婚姻，那是由于我们交情的深厚。等到明帝即位，原先专擅朝政的奸佞之臣都已经死去。我与您能够受到极大的恩遇，亲近超过了一般的皇亲贵戚，对待我们如同老臣，皇帝也明白我们的忠贞，再度加以重用。皇帝驾崩之日，我参与在受遗诏顾命的行列，加赐荣耀给予宠信，皇恩深厚职位高贵。虽然我的志向情操不如古人，但是也约略懂得忠贞节操，发誓尽心上报皇恩，立志为皇帝尽忠效死。这种忠诚的心志竟未能实现，先帝逝世，微小的心愿就被永远地夺走了。从此以后，和您的言谈会面几乎断绝了，不只是因为人已经离开，而是自然而然地到了这个地步，偶尔得到您的一封来信，未尝不对着信纸流泪，哪里想得到今天互相讥诮呀！但一旦心里有想法，又禁不住向您加以表白。

当初得到令郎萧赜的书信，说他得到家信，说你干了废旧帝立新帝的事情，安定国家和百姓，这一功业盛大，不是我等普通人所能做到的。不久接到皇太后赐给我的命令，说你深思远虑，智谋果断，多么能干有力。但是帽子虽然破旧，却不可以垫在脚下，不外是人们都尊重高尚的缘故吧。你交结左右大臣，亲自谋杀主上，借此免除自身的祸难。你该把关龙逄、比干说成是傻瓜了吧！凡是国家废立君主的大事，不可扩大参与谋划的人员，但是袁粲、褚渊是受遗诏相托的大臣，刘秉又是国家的近亲，这几位大臣所在地区全都是富饶之地，身份地位都受到时人的仰望，假如这些人不得参与议事，还有谁是可以在一起讲真心实话的人呢？昏君和明主的更替变换，是自古就有的事，难道大宋就可以中断不行吗？

前代留下的重要法度，全都分明地记在史册里，让我给你说一说。朝臣群聚共议大事，应当事先启奏太后，接到命令然后行事，应当按照对待王侯的礼节请皇帝出宫到私宅。你竟然不按照大道理办事，不邀请君子听取意见，怎么可以背逆天理，到了如此地步？《孝经》说："恭敬地用心侍奉父亲从而才能侍奉国君。"即使出于为宗庙社稷的考虑，不按《孝经》的话办事，难道还不懂得君亲大义吗？可是你一再想到的是私家的安危，拿爵位赏赐去收买小人，小人行事无法无天，便做出杀君害主的罪行。我虽然孤陋寡闻，想到和古人相比，哪里有做人臣子的可以干出近来发生的逆行呢？假如一旦实行残杀，使人身首分离，这样活着的人当然可恨，死去的人究竟犯了什么死罪？况且参与谋害的人都有封爵之赏，这法令出于什么条文？凡是做臣子的，谁不为此感到忧恨惊骇。华夏蛮夷为之痛心，行路人哭出血泪，甚至不加殡葬，让尸虫爬出户外，自古以来，这样的事有几桩？卫国很弱小，古时有烈士弘演，想不到我们宋代，单单没有这样的忠臣。摸着胸口悲愤，不能按捺。你同古代篡弑之臣有什么区别？人心叛逆，反而造成可悲的结局，做您国君的人，岂不是太难了吗！这和那个踏了田苗便夺走人家耕牛的譬喻，难道有什么差别吗？管仲说过，国君有善行也不是因此就不规谏他的过失。没听说您对国君有过任何谏诤，而是甘心犯下崔杼一样的弑君之罪，为什么恶逆那么严重。

古时候商王太甲恢复君位，放逐他的伊尹仍然照样忠心；昌邑王的罪过，数说不尽，霍光受遗诏的嘱托，尚且和大臣共同在朝廷商议废立大事，然后才决定废掉昌邑王。对昌邑王还有赐给汤木邑的待遇，评论者并不拿劫持主上的名义来看待这件事。桓温的野心，从来没有忘记篡位，晋海西公无道，人伦丧尽，被废掉王位贬为公爵，但还是按礼法待他。当时桓温强盛，谁能对抗他，尚且恐惧做事露出马脚，天下人不满，未尝有人乐于推举桓温称帝的。伊尹、霍光，在保持臣节方面享有很高的声誉，桓温也免于遭受胁迫篡夺王位的恶名，所有这些事情，都记载在史书里，事情如此明白易懂，哪里还需要别人来指点。您常说自己的行为可以同伯夷、叔齐相比，为什么一日之间所作所为又超过了夏桀、盗跖呢？

圣明的君主开创了国家新的命运，百姓得到了重生。普天下的民众，谁不欢欣鼓舞，这是臣下披心尽职、公而忘私的时刻。但是你大量掠取宫女乐伎，抢夺宫中的宝库和器物金玉珍宝，放满自己的私宅，撤换前朝的老臣，安插个人私党，披甲带剑出入宫殿，掌管宫廷内外门户锁钥的，完全都是您家族的私人。我不知道霍光、诸葛亮的遗训就是这样的吗？晋朝的王导、谢安、陶侃、庾亮也会干出这种举动？

况且三吴地方是帝王之都，不是皇亲不能授官在这里，您不是国君的近戚，一旦专横自立，于是您儿子守卫宫廷，您作父亲的住进东府，一家两人在朝廷做宰相，有什么比这更特殊的？我知道您防备严密，心怀种种畏惧猜疑，表面说的是防御远方的外患，实际是为防止内部的变乱。假如您德行高尚深孚众望，就是夷貊外族还可以同心共处，要是干了违背道理的坏事，就是倚仗金城汤池也是没用的。晋朝杨骏用戈戟自卫，也不能免于灭亡。吴起曾说："对人不讲礼义，一条船上的人都是仇敌。"您既没有伍子胥遭到的杀父灭家的痛苦，如果怀着贪婪之心，有灭亡宋朝的野心，我怎会抛弃申包胥的节操呢！

我听说求取忠臣一定要到孝子的家门里，您的忠孝到现在已经完全丧失了！如今私自动用朝廷府库的财帛实施奸诈的恩惠，盗用国家的权力爵位结交人情，况且你授官分赏不合正理，凡是投合自己心意的就有赏，这种伎俩已经不能经常使用，即使用尽了所有的金帛，怕是也无济于事。何况受赏的不一定感恩，有识之士只是没有认清你的罪行。如今没有人来阻遏奸邪挫败阴谋，实在让有气节的人感到愤慨痛心。远隔几千里，我没有机会去同您当面对话，不知道还能以什么感情，再有机会和您来叙说昔日的交谊呢？我听说前代的贤人绝交时，不出恶言恶语，我只是在这里陈述我心中对名节的看法，顺便和您永远告别。放下笔无限慨叹，为公为私都让人潸然泪下，想您不会怪罪上面说的话。然而天下人的耳目，怎么能随意欺骗蒙蔽。或许您会明白无处可以遁逃，遭到恶报一定首当其冲。

齐高帝出兵驻屯在新亭，给沈攸之回信说：

辱蒙你写来讥诮我的信，交友的情分没有善始善终，我感到十分羞耻。您打算顺江而来就来，为什么故意诬蔑君子。

自我成年进入仕途，哪里期望有远大前程，只因为是感到子路说的话有道理，所以不挑剔官职的大小便就任。到宋文帝时期，开始受到圣明皇帝的赏识；到孝武帝时代，又受到英明主上的照顾。因此感激朝廷的厚恩，没有辞官归家。等到和您定交结为朋友，情意十分要好，何尝不敬慕古代国士的志向，力求珍重前代贤良忠贞的气节。至于离合宴饮，送女联姻，志诚信赖，信义深厚，有谁能使我们分开。到了景和时代前废帝暴虐，国家大事令人十分担心忧虑，明帝即位，国家命运同时得到了美好光明的前途，对皇帝开诚布公地议论政事，考虑国家安危没有二心。后废帝元徽末年，皇帝听信高道庆的谗言，打算发兵讨伐您，怒气大发下达命令，已经在朝廷内外公布。这时候朝中的大臣都噤口不言，走道的人都是用眼睛互相看看。由于我同你友情深厚，应当为你分担患难，冒着杀头之罪，替您担保。现在我把昏君的手敕，封好之后送给您看。我不是不怕皇帝的威严，只是顾念我们交友的义气罢了。推想我暗中给您的恩惠，哪里愧对了平时的怀抱，没想到您口吐害人的险恶邪言。先前派王思文送去的关于朝廷事务的文书，只是因为感情如同一家，所以与您共同商议可否，事情不论大小，一定要先送给您裁决。问到张敬儿转官卸任的时候，打算由谁来接替他的职位，这本是事先商量和预料未来的事情，并不是想立刻取代张敬儿的职务，您竟然封好这信送给张敬儿，使张敬儿受到激怒。假如张敬儿被这些话弄糊涂了，定会对我产生怨恨，干这种事有背于正直纯洁的友谊，是君子不该做的事，何况张敬儿对待国家，忠诚正直有牢固的根基，我和他的交情，意气投合不分彼此？又张敬儿寄来的文书里说，雍州地方蛮人蠢动，加上百姓遭受水灾，曾经命令您考虑对策和救灾的办法。我也曾有信给您，议论国事如同关心家事，向您说明我的意见，每次都得不到相应的回报。公事方面的往来，经常遭到猜忌，反而说是无故派来使者，是对你的窥伺和侦察。正直诚实的襟怀，轻易遭到阻塞，伤害并辜负了内心的期望，是谁开始造成了这种情况？前些时候您派信使来，重温故旧情意，用始终忠实于友谊勉励我，我当时只附上一封回信，申明我竭尽友情的本心，一心同您远远相约，友谊要像金石一般牢固。今天的举动做法，究竟是谁愧对了多年的约言呢？

元徽年间后废帝道德败坏，国家面临危亡的形势，这些情况您已经完全知道了，不需要我重复述说。皇太后心中忧虑，遵照前代的遗训，考虑国家兴废的大计，并把这样的大事交付给我。废除昏君扶立明主，实际这也是前代的准则，使宗庙安宁国家平静，我有什么愧对前代贤人的地方？废旧立新是有原则的，也是你认可的，拿破旧帽子的譬喻来讽刺我，是根据什么说的呢？把后废帝贬做郡王，难道是失礼的做法吗？前废帝被黜时没有任何封号，后废帝和他相比不是好多了吗？关龙逄当然是常人中的美才，伊尹、霍光则是忠于社稷之臣，不同的时代相继续，他们的美誉和功绩不是我能比拟的。登上高位受到爵位的赏赐，在前代的寿寂之已经得到了这种恩惠；使共同谋划废黜昏君的臣子获得嘉奖，过去的明帝也是这样做的。这些都是接连出现的事实，谁敢对此提出异议。

来信说我大量劫掠宫女，抢夺宫中的宝库和器物金玉珍宝，并全都放进私家。假如一定编造谎言虚语，也可以说出不止于这样的话；要是用这些话去欺骗百姓，难道还担心天下的人不能识破。只要心里没有邪念，这些谎言是不足介怀的。接受赏赐的兵甲器杖，这是按原有的制度做的，难道眼看着担负镇守国家重任，有安定帝业功勋的大臣，反而可以单人独马出入，没有盛大的警卫吗？这种审慎的防患措施，哪里只是为自己担忧。所以接受这样的恩宠，主要是从事情的需要出发的。

三吴地方长官的委任，是满朝公卿一致同意的，我也认为自己的功勋虽然微末，但也无愧于做一州的长官。再说按魏、晋朝代的旧例说，在帝王之乡担任屏藩职务的，在豫州的何尝必得姓曹，在司州的何曾必得姓司马？您的见解拘泥僵化，在我看来当之无愧。袁粲擅自窃据石头，您并不表示反对；我职守在东府，来信便指责说不对。我的一举一动都遭到忌恨，一颦一笑都看作罪过，事实难道真是那样吗！

袁粲、刘秉，受到国家深厚的恩惠，家国都得到了安定，不考虑怎样安抚百姓保卫国家，反而同您内外勾结暗中谋划，私自带兵占据石头城，哪里还考虑国家的安宁。幸亏上天不再助长祸乱，宗庙祖宗有灵，我立即同褚将军褚渊共同商议做出正义的决断，及时加以剿灭。我想你听到这事，一定会感到怅然孤独十分沮丧。小儿荣幸得任侍中，这是来自前代的恩泽，登于朝廷台省，您便叫嚷这是一家两个宰相。您说话不加考虑，这实在是太过分了。我内心的思想，是古代烈士共同称颂的忠义，你竟然用陶侃、庾亮这样的先贤，尽情地讥笑我，您自己仔细想想，怎么把这样的侮辱加给我呢？用伯夷、叔齐的事迹做比方，评论我的为人是合适的，说我的作为超过了夏桀、盗跖，这难道不是近于诬蔑！

指责我不恭奉朝廷，这倒是很好的教导，至于恭奉或不恭奉朝廷的事，倒想再问问您。您受到了先帝的恩惠和赏赐，带兵驻守西州，当先帝逝世之日，天下的臣民都号哭奔走，可是您却安然屯兵在长江中流，痛快地喝酒，和平时一样，怀着贪婪之心，侵犯和凌辱朝廷。晋熙王刘燮殿下，以皇弟身份代为镇守郢州，而您拒不恭候迎接，欺凌蔑视宗亲王子，反而驱赶掠取人马，全部裹胁西上，郢州残留的，只是些劣弱的军事力量。古代天子征调苞茅楚国不及时供应，齐桓公还出动义兵兴师问罪；况且荆州物产丰饶，是雍、岷、交、梁各州物产聚会的地方，自从您做长官，向朝廷进献了什么物品？最好的战马和强健的士兵，那些地方不是没有，上好的皮革美好的毡毯，商人买卖积聚的财物，前前后后您贡奉上来的，数量有多少质量又如何？只听说您不过有时仅进献一点饮食而已。桂阳王造反，你坐观成败，自认为安然占有汉南地面，力量可以同当年的周文王相比。幸亏桂阳王很快死去，您非分的妄想也破灭了。此后您又招集亡命之徒，截断往来行人商旅，制造战船，经常把朝廷看成是攻击的目标，喂饱战马手按长剑，常常盼着天下发生寇警出现叛乱，作为臣子的，就应该是这个样子吗？甚至于不遵守朝廷的诏令，诏书下来如同一纸空文，国家的恩泽不能推行，朝廷的命令遭到阻隔，国家任用的郡县官员，总是用自己的人员取代，罢官离职的人员，一概禁止回到京城。凶残叛逃的人，总是奔走千里跟踪追寻，又策反招募京城的将军，到来的都给予优厚的赏赐。皇太妃派人去买马，往蜀地送财宝，您全都加以截断扣留，成了自己的私财，这些都是远近共知的，是暴露在天下人耳目中的事实。

主上圣智聪明登上帝位，普天同庆，远方前来朝奉，各国来信恭贺，但是您却在犹豫百天之后，才派来单人独骑，对待新主送旧主的态度，从这里可以看出您的表现。像这样不朝奉皇帝，是谁应当受到讥刺和责备？现在反而对我进行责难，我是不会为此而睡不着觉的。如今你统率军队来窥伺宫廷，挥动长戟指向朝堂，不也是干出了遭到忠臣孝子为之痛心疾首的事情吗？令邓沈元琰能够逃出虎口，得以乘船西进，这是我设法放走的。对您我还想敞开平素的怀抱，不怕讥刺和嘲笑。您连君臣之间的关系都要断绝，更何况我们之间只是布衣之交呢？过去的事情已经不可改变，已往的事情难再弄清是非。现在天子的六军已经向西进发，我在这里为你担忧。

张敬儿派遣报告事变的使者到来后，齐高帝非常高兴，进封张敬儿做镇军将军，加官做散骑常侍，又改授都督，赐给鼓吹乐队一部。沈攸之从郢城败逃，他儿子沈元琰和兼任长史的江乂、别驾传宣等据守江陵城。张敬儿的部队前进到达白水，沈元琰听到城外的鹤唳以为是叫战的声音，心里恐惧打算逃走。当天夜里，江乂、传宣打开城门出逃，江陵城守兵崩溃，沈元琰逃到宠洲，被杀死。战乱中百姓相互抄掠抢夺，张敬儿进入江陵，杀掉沈攸之的亲属和同党，没收他们的财物价值几十万，全归自己私有。沈攸之在汤渚村上吊自杀，村民把他的头送到荆州，张敬儿让人用盾牌擎着人头，上面罩着青伞，在市里城外示众，然后送往京城。张敬儿进号为征西将军，赐封公爵，增加食邑到四千户。

张敬儿在襄阳城西修建住宅，聚敛钱财。又打算搬走晋朝羊叔子的堕泪碑，在碑址建立官署，手下人进谏说："这碑代表着羊太傅的遗德，不宜迁徙挪动。"张敬儿说："羊太傅是谁？我不知道。"张敬儿的弟弟张恭儿，不愿出来做官，经常住在上保村里，和普通村民没有两样。张敬儿招呼接待他很优厚，张恭儿每月出来看望张敬儿一次，见了面便回去。恭儿本名猪儿，是随张敬儿一齐改的名字。

当初，张敬儿杀掉沈攸之以后，派人通知随郡太守刘道宗，聚集兵力一千多人，修起营垒驻军。司州刺史姚道和不杀沈攸之的使者，秘密下令给刘道宗停止用兵。当沈攸之围城时，姚道和派兵驻屯在董城作为郢城的外援，战事平定以后，按例受到爵赏。张敬儿把姚道和的情况全都上奏给朝廷。齐建元元年，高帝下令主管官员上奏姚道和的罪行，把他杀掉。姚道和字敬邕，是羌族后秦君主姚兴的孙子。父亲姚万寿，是后秦的镇东大将军，归降宋武帝，死在做散骑侍郎的职位上。姚道和出身做宋孝武帝安北行佐，当代有名，读了很多杂书和史书。常对人吹嘘说："我祖父是天子，我父亲是天子，我自己曾是皇太子。"宋后废帝徽元年间做游击将军，曾随从齐高帝在新亭攻打桂阳王叛军有功，做抚军司马，出京做司州刺史，为人多疑怯懦没有果断，所以终于遭到杀害。

元徽三年，召回张敬儿做护军将军，常侍职务不变。张敬儿是武将，不熟悉朝廷礼仪，听说要转官到朝廷去，便一个人躲在密室里背着人学习揖让礼仪和对话的方法，望着空中礼拜起立，这样整天地练习，妓妾和侍从偷着看了发笑。齐高帝即位后，授官做侍中，中军将军。因为张敬儿的秩禄已经达到五等爵中的最高等级，一切仍按原来的赏赐不变。建元二年，转官做散骑常侍，车骑将军，设置佐史。齐高帝驾崩，张敬儿在家里独自哭泣说："官家大老天子，可惜！太子年纪幼小，今后我是力所不及了。"遗诏赐张敬儿开府仪同三司，当要举行授官典礼前，张敬儿对妓妾说："拜官之后，我的官署就该设黄阁了！"于是在嘴里弹着舌头打响发出敲鼓声。拜官之后，王敬则和他开玩笑，称他为褚渊。张敬儿说："我的官职是在马上作战得到的，总不能看成是在华林阁杀掉前废帝那样的功勋吧。"王敬则听了心里特别怀恨。

张敬儿原本不识字，到晚年做了地方长官，便开始学习诵读《孝经》《论语》。在新林慈姥庙替妾求子向神祝告，自称是三公。然而他心里知道满足，一开始得到鼓吹乐队，还不好意思就加以演奏。

当初娶前妻毛氏，生下儿子张道文。以后又娶尚氏，尚氏姿色美貌，张敬儿抛弃前妻娶了她。尚氏还留在襄阳没有随从进京，张敬儿想到不会再出京做官，便把家人全接到京里来。曾经有事启奏齐武帝萧赜，没有得到慰劳和关怀，张敬儿心中不安。当垣崇祖死后，更加恐惧，他妻子对他说："早先我梦到手热如同火烧一样，您便做了南阳太守。元徽年间，梦到半个身子发烧，您做了本州刺史。现在梦到全身发热了。"有宦官听到这个传闻，便传扬出去，事情传到齐武帝那里。张敬儿还派人到蛮人地区交往，武帝怀疑他有异心。永明元年，下令朝中大臣到华林园八关斋，在坐席上逮捕了张敬儿。张敬儿的近侍雷仲显知道要发生变故，抱着张敬儿大哭。张敬儿脱下缀有貂尾的帽子扔到地上说："因为这个东西害了我。"没几天，被杀。诏书说："张敬儿企图勾结边境的蛮人蠢动作乱，昏庸迷乱不理政事。当宋代末年多有战乱，获得许多野战攻城的功劳。他从行伍中出身，得到了非分的高官厚赏。但是他愚顽狂躁不已，越发夸功自傲。往年在州中任职，长久怀有异志。朝廷以前宽宏大度，希望他能有所警惕和改变。他的职位在三公的班列，秩禄达到五等的最高级，听不到他有感恩戴德的好言语，却屡次有奸邪的图谋。从去年到目前，嫌恶朝廷的二心越来越甚。镇东将军王敬则、丹阳尹李安民每当进侍接见，便陈述他的凶恶狡诈，一定会反咬朝廷。我还以为张敬儿受到恩义的感动，本性能够改变。最近以来，罪恶背逆的迹象更加显著，自以为子弟在西方，足以发动外族肇事，招募煽动各蛮族作乱，企图扰乱樊、夏地区。他还假托妖言巫人，用来恐吓迷惑人心，虚构一些神异的预兆，暗中图谋篡夺皇位。他在国家开通好运的时候心怀着邪恶，在我开始继承先帝基业的时候企图谋反，对张敬儿的这些罪行容忍了，那还有什么不可容忍的！天道惩罚祸害，使叛逆的阴谋暴露出来。建康人汤天获到蛮人地方做买卖，发现了张敬儿的全部奸计，由驿站传来书信，证据确凿明显。立即可以逮捕，明正典刑；凡涉及的同党，全都特别加以宽恕。"儿子张道文，武陵内史张道畅，征虏功曹张道固，弟弟张道休，一同被杀。小儿子张道庆，受到宽恕。过几年之后，武帝和豫章王萧嶷在三月三日宫里的曲水宴上，小船漂流到皇帝御座前翻沉了，武帝由此谈到了张敬儿当年翻船救人的事，后悔杀了张敬儿。

张恭儿官做到员外郎。在襄阳，听到张敬儿被杀的消息，带领几十骑兵逃进蛮人地区，朝廷没有追捕到。以后出来自首，武帝赦免了他的罪。

南齐书卷二十六

王陈列传第七

王敬则

王敬则，晋陵南沙人也。母为女巫，生敬则而胞衣紫色，谓人曰："此儿有鼓角相。"敬则年长，两腋下生乳各长数寸。梦骑五色师子。年二十余，善拍张。补刀戟左右。景和使敬则跳刀，高与白虎幢等，如此五六，接无不中。补侠毂队主，领细铠左右。与寿寂之同毙景和。明帝既位，以为直阁将军。坐捉刀入殿启事，系尚方十余日，乃复直阁。除奋武将军，封重安县子，邑三百五十户。敬则少时于草中射猎，有虫如乌豆集其身，摘去乃脱，其处皆流血。敬则恶之，诣道士卜，道士曰："不须忧，此封侯之瑞也。"敬则闻之喜，故出都自效，至是如言。

泰始初，以敬则为龙骧将军、军主，随宁朔将军刘怀珍征寿春，殷琰遣将刘从筑四垒于死虎，怀珍遣敬则以千人绕后，直出横塘，贼众惊退。除奉朝请，出补（东武）暨阳令。

敬则初出都，〔至〕陆主山下，宗侣十余船同发，敬则船独不进，乃令弟入水推之，见一乌漆棺。敬则曰："尔非凡器。若是吉善，使船速进。吾富贵，当改葬尔。"船须臾去。敬则既入县，收此棺葬之。

军荒之后，县有一部劫逃紫山中为民患，敬则遣人致意劫帅，可悉出首，当相申论。治下庙神甚酷烈，百姓信之，敬则引神为誓，必不相负。劫帅既出，敬则于庙中设会，于座收缚，曰："吾先启神，若负誓，还神十牛。今不违誓。"即杀十牛解神，并斩诸劫，百姓悦之。迁员外郎。

元徽二年，随太祖拒桂阳贼于新亭，敬则与羽林监陈显达、宁朔将军高道庆乘舸艒于江中迎战，大破贼水军，焚其舟舰。事宁，带南泰山太守，右侠毂主，转越骑校尉，安成王车骑参军。

苍梧王狂虐，左右不自保，敬则以太祖有威名，归诚奉事。每下直，辄往领府。夜著青衣，扶匐道路，为太祖听察苍梧去来。太祖命敬则于殿内伺机，未有定日。即而杨玉夫等危急殒帝，敬则时在家，玉夫将首投敬则，敬则驰诣太祖。太祖臣苍梧所诳，不开门。敬则于门外大呼曰："是敬则耳。"门犹不开。乃于墙上投进其首，太祖索水洗视，视竟，乃戎服出。

敬则从入宫，至承明门，门郎疑非苍梧还，敬则虑人觇见，以刀环塞窐孔，呼开门甚急。卫尉丞颜灵宝窥见太祖乘马在外，窃谓亲人曰："今若不开内领军，天下会是乱耳。"门开，敬则随太祖入殿。明旦，四贵集议，敬则拔白刃在床侧跳跃曰："官应处分，谁敢作同异者！"昇明元年，迁员外散骑常侍、辅国将军、骁骑将军、领临淮太守，增封为千三百户，知殿内宿卫兵事。

沈攸之事起，进敬则号冠军将军。太祖入守朝堂，袁粲起兵夕，领军刘韫、直阁将军卜伯兴等于宫内相应，戒严将发。敬则开关掩袭，皆杀之。殿内窃发尽平，敬则之力也。迁右卫将军，常侍如故。增封为二千五百户，寻又加五百户。又封敬则子元迁为东乡侯，邑三百七十户。齐台建，为中领军。

太祖将受禅，材官荐易太极殿柱，从帝欲避土，不肯出宫逊位。明日，当临轩，帝又逃宫内。敬则将舆入迎帝，启譬令出。帝拍敬则手曰："必无过虑，当饷辅国十万钱。"

建元元年，出为使持节、散骑常侍、都督南兖兖徐青冀五州军事、平北将军、南兖州刺史，封寻阳郡公，邑三千户。加敬则妻怀氏爵为寻阳国夫人。二年，进号安北将军。虏寇淮、泗，敬则恐，委镇还都，百姓皆惊散奔走，上以其功臣，不问，以为都官尚书、抚军。

寻迁使持节、散骑常侍、安东将军、吴兴太守。郡旧多剽掠，有十数岁小儿于路取遗物，杀之以徇，自此道不拾遗，郡无劫盗。又录得一偷，召其亲属于前鞭之，令偷身长扫街路，久之乃令偷举旧偷自代，诸偷恐为其所识，皆逃走，境内以清。出行，从市过，见屠肉枅，叹曰："吴兴昔无此枅，是我少时在此所作也。"

迁护军将军，常侍如故，以家为府。三年，以改葬去职，诏赠敬则母寻阳公国太夫人。改授侍中、抚军将军。太祖遗诏敬则以本官领丹阳尹。寻迁为使持节、散骑常侍、都督会稽东阳新安临海永嘉五郡军事、镇东将军、会稽太守。永明二年，给鼓吹一部。

会土边带湖海，民丁无士庶皆保塘役，敬则以功力有余，悉评敛为钱，送台库以为便宜，上许之。竟陵王子良启曰：

伏寻三吴内地，国之关辅，百度所资。民庶凋流，日有困殆，蚕农罕获，饥寒尤甚，富者稍增其饶，贫者转钟其弊，可为痛心，难以辞尽。顷钱贵物贱，殆欲兼倍，凡在触类，莫不如兹。稼穑难劬，斛直数〔十〕，（今）机杼勤苦，匹裁三百。所以然者，实亦有田。年常岁调，既有定期，僮恤所上，咸是见直。东间钱多剪凿，鲜复完者，公家所受，必须员大，以两代一，困于所贸，鞭捶质系，益致无聊。

臣昔忝会稽，粗闲物俗，塘丁所上，本不入官。良由陂湖宜壅，桥路须通，均夫订直，民自为用。若甲分毁坏，则年一修改；若乙限坚完，则终岁无役。今郡通课此直，悉以还台，租赋之外，更生一调。致令塘路崩芜，湖源泄散，害民损政，实此为剧。

建元初，狡虏游魂，军用殷广。浙东五郡，丁税一千，乃有质卖妻儿，以充此限，道路愁穷，不可闻见，所逋尚多，收上事绝，臣登其启闻。即蒙蠲原。而此年租课，三分逋一，明知徒足扰民，实自弊国。愚谓塘丁一条，宜还复旧，在所逋恤优量原除。凡应受钱，不限大小，仍令在所，折市布帛。若民有杂物，是军国所须者，听随价准直，不必（其）（一）应送钱，于分不亏其用，在私实荷其渥。

昔晋氏初迁，江左草创，绢布所直，十位于今，赋调多少，因时增减。永初中，官布一匹，直钱一千，而民间所输，听为九百。渐及元嘉，物价转贱，私侧则束直六千，官受则匹准五百，所以每欲优民，必为降落。今入官好布，匹堪百余，其四民所送，犹依旧制。昔为刻上，今为刻下，氓庶空俭，岂不由之。

救民拯弊，莫过减赋。时和岁稔，尚尔虚乏，傥值水旱，宁可熟念。且西京炽强，实基三辅，东都全固，实赖三河，历代所同，古今一揆。石头以外，裁足自供府州，方山以东，深关朝廷根本。夫股肱要重，不可不恤宜蒙宽政，少加优养。略其目前小利，取其长久大益，无患民赀不殷，国财不阜也。宗臣重寄，咸云利国，窃如愚管，未见可安。

上不纳。

三年，进号征东将军。宋广州刺史王翼之子妾路氏，刚暴，数杀婢，翼之子法明告敬则，敬则付山阴狱杀之，路氏家诉，为有司所奏，山阴令刘岱坐弃市刑。敬则入朝，上谓敬则曰："人命至重，是谁下意杀之？都不启闻？”敬则曰：“是臣愚意。臣知何物科法，见背后有节，便言应得杀人。”刘岱亦引罪，上乃赦之。敬同免官，以公领郡。

明年，迁侍中、中军将军。寻与王俭俱即本号要府仪同三司，俭既固让，敬则亦不即受。七年，出为使持节、散骑常侍、都督豫州郢州之西阳司州之汝南二郡军事、征西大将军、豫州刺史，开府如故。进号骠骑。十一年，迁司空，常侍如故。世祖崩，遗诏改加侍中。高宗辅政，密有废立意，隆昌元年，出敬则为使持节、都督会稽东阳临海永嘉新安五郡军事、会稽太守，本官如故。海陵王立，进位太尉。

敬则名位虽达，不以富贵自遇，危拱傍遑，略不尝坐，接士庶皆吴语，而殷勤周悉。初为散骑使虏，于北馆种杨柳，后员外郎虞长耀北使还，敬则问：“我昔种杨柳树，今若大小？”长耀曰：“虏中以为甘棠。”敬则笑而不答。

世祖御座赋诗，敬则执纸曰：“臣几落此奴度内。”世祖问：“此何言？”敬则曰：“臣若知书，不过作尚书都令史耳，那得今日？”敬则虽不大识书，而性甚警黠，临州郡，令省事读辞，下教判决，皆不失理。

明帝即位，进大司马，增邑千户。台使拜授日，雨大洪注，敬则文武皆失色，一客在傍曰：“公由来如此，昔拜丹阳吴兴时亦然。”敬则大悦，曰：“我宿命应得雨。”乃列羽仪，备朝服，道引出听事拜受，意犹不自得，吐舌久之，至事竟。

帝既多杀害，敬则自以高、武旧臣，心怀忧恐。帝虽外厚其礼，而内相疑备，数访问敬则饮食体干堪宜，闻其衰老，且以居内地，故得少安。三年中，遣萧坦之将斋仗五百人，行武进陵。敬则诸子在都。忧怖无计。上知之，遣敬则世子仲雄入东安慰之。仲雄善弹琴，当时新绝。江左有蔡邕焦尾琴，在主衣库，上敕五日一给仲雄。仲雄于御前鼓琴作《懊侬曲歌》曰：“常叹负情侬，郎今果行许！”帝愈猜愧。

永泰元年，帝疾，屡经危殆。以张瓌为平东将军、吴郡太守，置兵佐，密防敬则。内外传言当有异处分。敬则闻之，窃曰：“东今有谁？只是欲平我耳！”诸子怖惧，第五子幼隆遣正员将军徐嶽密以情告徐州行事谢朓为计，若同者，当往报敬则。朓执莫驰启之。敬则城局参军徐庶家在京口，其了密以报庶，庶以告敬则五官王公林。公林，敬则族子，常所委信。公林劝敬则急送启赐儿死，单舟星夜还都。敬则令司马张思祖草启，既而曰：“若尔，诸郎在都，要应有信，且忍一夕。”其夜，呼僚佐文武樗蒱赌钱，谓众曰："卿诸人欲令我作何计？"莫敢先答。防阁丁兴怀曰："官只应作耳。"敬则不作声。明旦，召山阴令王询、台(侍)〔传〕御史钟离祖愿，敬则横刀跂坐，问询等"发丁可得几人？传库见有几钱物"询答"县丁卒不可上"。祖愿称"传物多未输入"。敬则怒，将出斩之。王公林又谏敬则曰："官是事皆可悔，惟此事不可悔！官讵不更思！"敬则唾其面曰："小子！我作事，何关汝小子！"乃起兵。

上诏曰："谢朓启事腾徐嶽列如右。王敬则稟质凶猾，本谢人纲。直以宋季多艰，颇有膂力之用，驱奖所至，遂升荣显。皇连肇基，预闻未议，功非匡国，赏实震主。爵冠执珪，身登衣衮，固以《风》《雅》作刺，缙绅侧目。而溪谷易盈，鸱枭难改，猜心内骇，丑辞外布。永明之朝，履霜有渐，隆昌之世，坚冰将著，从容附会，朕有力焉。及景历惟新，推诚尽礼，中使相望，轩冕成阴。乃嫌迹愈兴，祸图兹构，收合亡命，结党聚群，外候边警，内伺国隙。元迁兄弟，中萃渊薮，奸契潜通，将谋窃发。朓即姻家，夥又邑子，取据匪他，昭然以信。方、邵之美未闻，韩、彭之衅已积。此而可容，孰寄刑典！便可即遣收掩，肃明国宪。大辟所加，其父子而已；凡诸诖误，一从荡涤。"收敬则子员外郎世雄、记室参军季哲、太子洗马幼隆、太子舍人少安等，于宅杀之。长子黄门郎元迁，为宁朔将军，领千人于徐州击虏，敕徐州刺史徐玄庆杀之。

敬则招集配衣，二三日便发，欲劫前中书令何胤还为尚书令，长史王弄璋、司马张思祖止之。乃率实甲万人过浙江，谓思祖曰："应须作檄。"思祖曰："公今自还朝，何用作此。"敬则乃止。

朝廷遣辅国将军前军司马左兴盛、后军将军直阁将军崔恭祖、辅国将国刘山阳、龙骧将军直阁将军马军主胡松三千余人，筑垒于曲阿长冈，右仆射沈文季为持节都督，屯湖头，备京口路。

敬则〔以〕旧将举事，百姓担篙荷锸随逐之，十余万众。至晋陵，南沙人范脩化杀县令公上延孙以应之。敬则至武进陵口，恸哭乘肩举而前。遇兴盛、山阳二砦，尽力攻之。兴盛使军人遥告敬则曰："公儿死已尽，公持许底作？"官军不敌欲退，而围不开，各死战。胡松领马军突其后，白丁无器仗，皆惊散，敬则军大败。敬则索马，再上不得上，兴盛军(客)〔容〕袁文旷斩之，传首。是时上疾已笃，敬则仓卒东起，朝廷震惧。东昏侯在东宫，议欲叛，使人上屋望，见征虏亭失火，谓敬则至，急装欲走。有告敬则者，敬则曰："檀公三十六策，走是上计。汝父子唯应急走耳。”敬则之来，声势甚盛，裁少日而败，时年七十余。

封左兴盛新吴县男，崔恭祖遂兴县男，刘山阳湘阴县男，胡松沙阳县男，各四百户，赏平敬则也。又赠公上延孙为射声校尉。

【译文】

王敬则是晋陵南沙人。他的母亲是女巫，生下王敬则时他的胞衣是紫色的，他母亲就对人说：“这孩子有当将军的面相。”王敬则长大后，两腋下生出的乳头每个有几寸长。他还梦到自己骑五色狮子。二十多岁时，王敬则善于跳北方拍手抚髀的舞蹈。补官做了刀戟左右。宋前废帝让王敬则向空中掷刀游戏，他掷出的刀与七丈五尺长的白虎幢一样高，这样掷了五六次，没有一次接不中。补做了侠毂队主，统率细铠左右。又曾和寿寂之一起杀死宋前废帝。宋明帝刘彧即位后，任用他做直阁将军。因带刀上殿奏事，被囚禁在监狱中十多天，才恢复了直阁职务。又被授官为奋武将军，封做了重安县子爵，食邑三百五十户。王敬则少年的时候曾在草莽中射猎，乌豆一样的飞虫纷纷落他身上，用手搔扒就脱落了，虫子落过的皮肤上都出了血。王敬则心里厌恶这件事，就到和尚那里占卜，和尚说：“不必担心，这可是封侯的好兆头。”王敬则听后心里暗自高兴，于是就离开家去京城投效朝廷，到这时果然如和尚所说受封为侯。

宋明帝泰始初年，任用王敬则做龙骧将军、军主，随同宁朔将军刘怀珍一起出征到寿春，叛将殷琰派将军刘从在死虎的地方修起了四座营垒，刘怀珍派王敬则带领一千人绕路到敌后，直接袭击了横塘，贼军惊恐地退却。授王敬则为奉朝请，出京补官做了暨阳县令。

王敬则当初离开京城时，来到陆主山下，同姓结伴的人分别乘坐十几条船一齐出发，唯独王敬则的船无法前进，他就让弟弟下水推船，在水中发现了一口乌漆棺材。王敬则发愿说：“你不是一般物件。假如对我是吉利而美好的预兆，就让船快快前进。等我富贵后，将会给你改葬。”说完船便很快地驶离岸边。王敬则到县里任后，果然捞起这口棺材重新安葬。

军事战乱后，县里有一伙强盗逃到紫山里成了扰民的祸害，王敬则给强盗的头领送信，说他们可以出来自首，并且会帮他们说情减罪。县中有个神庙非常有威严灵验，百姓们都诚心信奉，王敬则公开地对神发誓，一定不会背叛对强盗首领的许诺。强盗头领都来到后，王敬则就在庙中设宴会，在席上将这些头领都绑起来，他说：“我先前曾敬告神灵，假如背叛誓言，就杀死十头牛还愿。现在我不违背我许下的愿。”立刻宰杀十头牛表明不辜负对神的誓言，同时斩那些强盗头领，百姓都为此很高兴。王敬则被调任做员外郎。

宋后废帝（苍梧王）元徽二年，王敬则随齐高帝萧道成在新亭共同抗拒反贼桂阳王刘休范，王敬则与羽林监陈显达、宁朔将军高遗庆在大江中乘战船迎战，大破敌人的水军，又放火烧掉了敌船。战争平定后，王敬则兼任南泰山太守，右侠毂主，转官做了越骑校尉，宋安成王刘准的车骑参军。

苍梧王刘昱十分狂暴残虐，朝中左右的大臣人人自危，王敬则认为萧道成既有威信又有声望，就竭尽诚心侍奉他。每当退班后，就来到中领军萧道成的官署。夜里王敬则穿黑衣服，隐伏在大道之上，替萧道成侦探苍梧王的行踪。萧道成还密令王敬则在宫殿里伺机行事，但还没决定动手的日子。不久后，杨玉夫等人在紧急的时刻杀掉了后废帝，王敬则当时正在家中，杨玉夫将后废帝的头送给王敬则，王敬则就骑上马跑去见萧道成，萧道成担心受到苍梧王的诳骗，不敢立刻开门。王敬则在门外高声说道：“我是王敬则！”门还是没打开。于是王敬则就把人头从墙头扔进去，萧道成用水洗后细看，看完，便全副武装开门出来。

王敬则随从萧道成进入了皇宫，来到承明门时，门郎怀疑不是苍梧王回宫，王敬则害怕被人识破，就用刀环将门旁墙上的小门堵上，厉声高喊着开门。卫尉丞颜灵宝偷看时发现萧道成的坐骑就在门外，私下对亲近的人说：“现在如果不打开门让领军的进来，天下将从此大乱。”门被打开以后，王敬则便紧跟着萧道成进入殿上。天亮后，四贵（萧道成、袁粲、褚渊、刘秉）在殿上进行集会议事，王敬则拔出刀站立在萧道成座椅旁边跳脚说：“官家应当决断，看谁敢有异议！”宋顺帝升明元年，王敬则升任为员外散骑常侍、辅国将军、骁骑将军、兼领临淮太守，增加赐封邑一千三百户，统领宫内宿卫兵事。

沈攸之叛乱事件发生之后，晋升王敬则号称为冠军将军。萧道成入守宫廷，袁粲起兵反叛的那天晚上，领军刘韫、直阁将军卜伯兴等人在宫中作内应，已经戒严了准备出发。这时王敬则打开宫门突然发起袭击，将刘韫、卜伯兴等人全都杀掉。这次宫廷里密谋的叛乱能够全部被平息，靠的就是王敬则的力量，提升王敬则做了右卫将军，常侍的官职不变。增赐封邑二千五百户，不久又追加了五百户。又封王敬则的长子王元迁做了东乡侯，食邑三百七十户。齐朝建国后，王敬则做了中领军。

萧道成将要受到宋帝让位当皇帝之前，材官建议更换太极殿的柱子，宋顺帝想要避免动土不祥，不肯离开皇宫让出自己的帝位。第二天临朝时，顺帝躲避逃进了宫里。王敬则带人抬着竹轿进入到宫里接顺帝，并劝说让他出来。顺帝拍着王敬则的手说："如果没有发生我担心的事，我将会赏赐给辅国将军你十万钱。"

齐高帝建元元年，王敬则任使持节、散骑常侍，都督南兖、徐、青、冀五州军事，平北将军、南兖州刺史，被封为寻阳郡公，食邑三千户。加赐王敬则的妻子怀氏爵号为寻阳国夫人。建元二年，晋升王敬则做了安北将军。北魏入侵淮、泗地区，王敬则很畏惧敌人，放弃了镇守职责逃回到京城，地方的百姓全都惊慌地奔走逃散，齐高帝因他是功臣，没有加罪，任用他做都官尚书、抚军。

不再入转做使持节、散骑常侍、安东将军、吴兴太守。郡中原先有很多强抢掠夺的案件发生，有个十多岁的小孩子在路上捡拾别人遗落的东西时，被王敬则杀死示众，从此路不拾遗，郡中没有强盗。有一次他逮到一个小偷，王敬则就召来他的亲属当面鞭挞他，还命令小偷长期地清扫街道，过很久之后又命令他检举先前的小偷作为他的替身，很多窃贼都怕被他认出来，就都外逃出走，境内由此很清静。一次王敬则外出时，从市场上路过，看到肉铺中有挂秤的木杆，就感叹说："吴兴原本没有这种木杆，这还是我青年的时候在这里制作的。"

王敬则转官做了护军将军，常侍的官职不变，他将自己的家当做办公官署。三年，因为给母亲改葬而离职，皇帝下诏赠赐王敬则的母亲为寻阳公国太夫人。另外授他侍中、抚军将军。齐高帝留下的遗诏让王敬则按照原来的职位身份兼做丹阳尹。不久又转官做使持节、散骑常侍，都督会稽、东阳、新安、临海、永嘉五郡军事，镇东将军、会稽太守。齐武帝永明二年，赐给他一部鼓吹乐队。

会稽郡滨海地区多湖，民丁不分士庶全都负担起了保护修葺塘堰的劳役，王敬则认为这项事功及力役用不尽还有剩余，便把力役折合成了现钱加以征收敛取，将钱送进国库供随时使用，皇帝诏准了。竟陵王萧子良上书报告说：

我认为三吴地区，是国家的京都的外围，各种开支用度全依靠这一地区的赋税收入。这里的民众日渐流徙减少，生产生活一天比一天更加困难，蚕桑农业很少会有收成，饥寒状况更加严重，富人稍微增收些财物，穷人紧接着就会陷入困境，让人痛心的事，难以用言辞说尽。近来钱币增值的物品价贱，几乎要达到了成倍的差距，凡是钱与物相关的事，都是这种情况。农业生产很艰难，一斛粮食才卖几十个钱，纺织更是很勤苦，一匹布才值三百钱。之所以出现这种状况，是有原因的。平时一年的税收，既有固定的期限，雇佣僮隶，全部用现钱。东方的五郡流通的钱币多半遭到了剪削凿损，很少有完整的，公家收敛的钱币，却必须又圆又大，百姓得用两个钱顶一个钱，百姓陷入交换钱币的困扰中。官府鞭挞逮捕押禁百姓，更使百姓落到了没有依靠的地步。

我过去曾在会稽做官，大略熟悉这个地方的物产习俗，塘丁所交的役钱，原本并不上缴给官府。实际上是因为陂湖需要围堵，桥梁道路必须要修通，民夫均摊一定数量的役钱，留在地方供给给民事应用。如果甲处被毁坏，那么每年就需修筑；假如乙项工程坚固完好，那么这一年就没有力役之劳。如今郡中一概收敛这笔钱款，又全都送交给国库，这等于在租税之外，又增加了一种税收。这就造成了陂塘道路的崩塌毁坏，湖水流泻散出，既扰害百姓又败坏政事，这实在是太严重了。

建元初年，北方强敌不断进犯侵扰，军费大量增加。浙东的五郡，每丁抽税一千，竟然造成有的人家典卖妻子儿女，来完足这些税额，道路上随处都可见到陷入愁苦中的百姓，令人不忍听也不忍看。民间逃税的人很多，官府该收的租税已断绝了来路，我当即启奏呈上，立刻得到了免除抽税的命令。但是近年来的税租，有三分之一都逃避不交，表面上看这是白白扰乱百姓，从事实上看这是在损害国家。按照我的意见，塘丁一事应该恢复原有的制度，所有逃避拖欠的租税，都应当采取宽大的政策来加以免除。凡官府该收取的现钱，不限多少，就可下令各地方，折价买成布匹。假如百姓有各种的物品，凡对军事或国家有用的，准许按市价定值抵税，不需要完全缴纳现钱，这样对公家并没有减少需用的物资，对私人来说实际上得到了宽惠。

当年东晋刚南迁时，江南地面才得到了进一步开发，那时绢布的价钱，比现在高出了十倍，国家赋调多少，随时进行调整增减。永初年间，官布一匹，价值有一千，可是民间交来的，价格只能算九百。等到元嘉年间，物品的价格趋贱，私价十四布才值六千，官府收受反而一匹布只给折价五百，所以每次想要让惠给平民，最终还是降低百姓的实惠。限令缴送官府的好布，每匹仅百多个钱，但是四方的民众需缴纳的钱数，还是按先前的旧价不变。过去是侵夺官府利益，如今变成损害百姓的利益，百姓贫穷困苦，难道不是这种政策造成的？

解救民众挽回弊政，最好莫过于减轻赋税。即使时令调和年成丰收，百姓还会贫乏空虚，一旦遭遇到水旱之灾，又怎能指望有收获。何况西汉时强盛，完全依靠三辅地区的物产，东汉时的坚固，也完全靠三河地面的物产，这是历代相同的，古今一理。现在京城以外的地区，租税收入才刚能满足供应本州本府的需要，方山以东的地区，深深关系到朝廷存亡。像股肱是人体的重要部分一样，对会稽等郡不可以不加以照顾调养。应得到宽大的政策，稍加优待。减少目前的小利，才可获得长远的大利，这样就不愁百姓的资财不能富裕起来，国库的积财不充足。我是皇帝宗亲的大臣受到国家重托，所说的都应是有利于国家的事，上面说的意见可能愚陋短浅，不见得是妥当的。

齐武帝没有采纳这个意见。

三年，王敬则进号为征东将军。宋朝广州刺史王翼的儿子的妾路氏，性格十分刚烈暴虐，多次杀死婢女，王翼的儿子王法明向王敬则告发了此事，王敬则将路氏交付给山阴狱官杀掉了，路氏的家族起诉，被有关衙门上奏，山阴的县令因此被判处死刑。王敬则上朝时，齐武帝对他说：“人命至关重要不应该轻易处决，是谁决定杀死路氏的？连这样的事都不启奏。”王敬则说：“那是我的愚见。我不知道什么是法律文件，我看到身后有朝廷赐的符节，我就认为就有权力判决杀人。”刘岱也向上承认了罪过，皇帝就赦免了他。王敬则被免官，以公爵身份担任郡守职务。

第二年，王敬则转官做侍中、中军将军。不久与王俭一同根据原有的官号加赐开府仪同三司，王俭坚决辞让，王敬则也不肯接受。七年，王敬则出京做使持节、散骑常侍、都督豫州、郢州的西阳、司州的汝南两郡军事、征西大将军、豫州刺史，开府不变。王敬则又进号骠骑将军。十一年，王敬则转调做司空，常侍不变。齐武帝驾崩后，遗诏另加王敬则做侍中。明帝萧鸾当朝辅政时，暗中有废立皇帝的企图，隆昌元年，皇上放王敬则出京做了使持节，都督会稽、东阳、临海、永嘉、新安五个郡军事，会稽太守，原官职不变。海陵王萧昭文被立为皇帝时，王敬则被进位做太尉。

王敬则的名号官位虽显达，但从来不自恃富贵，端庄恭谨不苟安，几乎不曾安然地闲坐，接待士大夫及庶人全说当地的吴语，而且殷勤周到。当初做散骑常侍时王敬则曾经出使北魏，在北方客馆亲手种杨柳，后来员外郎虞长耀出使时从北魏回来，王敬则问他："我当年种的杨柳树，如今多大小？"虞长耀说："北方人都将它当作召公种的甘棠树哩！"王敬则听后笑而不答。

武帝曾在宴席上与众臣一起作诗，王敬则手拿纸说："我什么时候落入到这东西的圈子里。"武帝问："你这说的是什么？"王敬则说："我假如知书识字，只能做个尚书都令史而已，哪里能有今天的地位。"王敬则虽不大识字读书，但是禀性却很精明聪慧，做州郡官时，让省事给他朗读公文，他下发告谕决断案件，全都不违法令准则。

齐明帝即位以后，王敬则进位做了大司马，增加食邑一千户。朝廷的使臣来授官那天，大雨倾盆，王敬则左右的文武官员都很惊慌失色，一个门客在旁边说："您从来都是这样，当年拜受丹阳、吴兴的官职时也下这么大的雨。"于是就排列开仪仗，穿好朝服，由随从引领出来到办事厅的前面行礼拜受官职，王敬则心中仍不自在，久久吐着舌头，直到仪式结束。

明帝杀害了很多宗室大臣，王敬则认为自己是高帝、武帝时的老臣，心中恐惧不安。明帝虽在表面上对王敬则厚礼相待，其实在内心对他猜疑提防，多次打听王敬则的饮食以及身体状况，听说王敬则衰老，况且就在京城附近，因此多少有点儿放心。建武三年，明帝派萧坦之率领五百宫仪仗兵，巡视武进陵。当时王敬则的几个儿子还在京城里，为王敬则担忧恐惧却没有办法。明帝知道后，派王敬则的长子王仲雄到东边前去安慰王敬则。王仲雄善弹琴，在当时很新巧绝伦。江左有蔡邕的焦尾琴，收藏在宫内的主衣库，皇帝下令每五天让王仲雄演奏一回。王仲雄在皇帝面前弹琴时曾唱《懊侬曲歌》："常叹息怕你对我负情，郎今天果然如此！"明帝因此更加猜忌不安。

永泰元年，明帝病重，多次病危。这时任用张瓌做了平东将军、吴郡太守，设兵佐，严密防备王敬则。京城内外都谣传将有非常行动。王敬则听说消息后，私下说："如今东边还有谁？只是想削平我罢了。"他的几个儿子也很恐惧忧虑，第五子王幼隆派正员将军徐岳将情况秘密地报告给徐州行事谢朓以寻求对策，假如意见相同，就去向王敬则报告。谢朓抓住徐岳并且火速地向皇帝告发。王敬则成局参军徐庶的家住在京口，他儿子将情况秘密报告给徐庶，徐庶将情况转告王敬则的五官王公林。王公林是王敬则同族的兄弟的儿子，常受到王敬则的重用与信任。王公林劝说王敬则赶快向皇帝启奏请把王幼隆赐死，派遣一条快船连夜进京。王敬则让司马张思祖草拟了奏书，然后又说："假如事情是那么严重，我儿子在京里，总会派人前来的，暂且再忍一夜。"当天晚上，王敬则召呼文武僚佐聚在一起赌博，王敬则这时就对众人说："你们诸位想让我采取什么对策呢？"没有人敢首先回答。防阁丁兴怀说："官家应当有所作为！"王敬则默不作声。第二天一早，他召来山阴令王询、台传御史钟离祖愿，王敬则横刀垂脚坐着，问王询等人说："征召壮丁能有多少人呢？府库里现存多少钱财物资？"王询说："县里的丁卒无法抽调上来。"祖愿说："府库里的财物多半是还没有收缴上来的。"王敬则大怒，想要把这两个人推出去杀死。王公林又劝王敬则说："官家所有的事都可以反悔，唯独我说的这件事不能反悔；官家难道就不再往深里想一想吗？"王敬则唾他的脸，发怒说："小子！我做事，跟你小子有何关系！"于是王敬则就起兵造反。

明帝下诏说："谢朓启奏的关于徐岳的罪状列在右边。王敬则生性十分凶残狡猾，根本违背做人臣的纲纪。只因为刘宋末年时局多难，非常需要武人出力，他得到朝廷重用和嘉奖，由此才被升做荣耀显赫的高官。本朝开创基业时，他参与过朝廷中一些事的议论，并没有辅助国家的功勋，他受的奖赏过高过重反而构成对君主的威胁。他的爵位是最高等的，身着三公的衮服，本来在风雅的人士中对这类武夫就有讥刺，朝中大臣更对他怒目而视。但是山溪河谷容易被填满，他鸱鸮一样的本性却难改，内里引起猜忌之心，外边露出丑恶的话。永明年间，危害朝廷的事已经开始，隆昌年间，更严重的威胁就已经显现，安心地保护他，我是尽了很大力的。当新的年代开始时，我对他推诚尽礼，不断派去使臣，他们父子为官轩冕遮天。然而怨恨朝廷的表现却越来越多，从此开始图谋作乱祸国，收集众多亡命之徒，结党聚众，对外等候边境的骚动，对内窥伺朝廷空虚。王元迁兄弟，会集在京城成为罪恶的渊薮，暗中交通谋划了奸计，打算秘密地起事发难。谢朓是他的姻家女婿，徐岳是他的同邑人的儿子。所得的证据不是其他，而是明显可以使人相信的。对国家没听说过有像方叔、召公那样建功辅国的美德，却同韩信、彭越一样对朝廷怀着深仇大恨。这种罪过如果可以被容忍，那么还有谁应该受刑律的处罚！现在就应该立刻派人收捕，严肃地明正国法。处以死刑的，只是王敬则父子而已；凡一时有错受到牵连的人，一概从轻免除刑罚。”逮捕王敬则的儿子员外郎王世雄、记室参军王哲、太子洗马王幼降、太子舍人王少安等人，全将他们在家里就杀掉。长子黄门郎王元迁，任职宁朔将军，带领一千人在徐州与外敌作战，下令徐州刺史徐玄庆将他杀掉。

王敬则起事的时候召集兵众分配衣甲，两三天后就出发，他打算劫持原来的中书令何胤复职做尚书令，长史王弄璋、司马张思祖阻止了王敬则这样做。于是带领一万甲士渡过浙江，王敬则就对张思祖说：“应该写作一篇檄文。”张思祖说：“如今您亲自回到朝中，作檄文有什么用。”王敬则就同意不作了。

朝廷派辅国将军前军司马左兴盛、后军将军直阁将军崔恭祖、辅国将军刘山阳、龙骧将军直阁将军马军主胡松等三千多人，在曲阿、长冈修筑了营垒，右仆射沈文季担任持节都督，驻军在湖头，警戒去往京口的道路。

王敬则带领旧日的部将起事，百姓都扛着船篙、肩着铁锹跟随他，有十多万人之众。到晋陵时，南沙人范修华杀死县令公上延孙来响应王敬则。王敬则走到了武进陵口，伤心痛泣乘坐竹轿子前进。遇到左兴盛、刘山阳修筑的两道木栅，尽力攻击。左兴盛让士兵远远喊话告诉王敬则说：“你的儿子已经全都死净了，你还拿什么作战？”官军不敌，打算要退却，可是王敬则的包围很严密，冲突不开，双方各自拼力死战。这时胡松带骑兵突袭了王敬则军队的背后，随从王敬则作战的百姓没有兵器，都惊慌地逃散，王敬则军队大败。王敬则要来战马，上了两次都没上去，左兴盛的军容袁文旷欲杀死王敬则，把头颅传送到京城。这时齐明帝已经病危了，王敬则在东方突然起兵，朝廷十分震惊恐惧。东昏侯萧宝卷在东宫，商议准备叛乱时，派人登上屋顶观望，看到征虏亭着火，就说是王敬则来到，急忙地整装准备逃走。有人向王敬则报告，王敬则说：“檀道济有三十六计，但逃跑是上计。你们萧家父子只有赶快逃跑这一条路可走了。”王敬则的到来，队伍声势十分大，但只有几天就失败了，当时的王敬则已经有七十多岁。

事后皇上封左兴盛为吴县男爵，封崔恭祖为遂兴县男爵，封刘山阳为湘阴县男爵，封胡松为沙阳县男爵，各封食邑四百户，是为奖赏平定王敬则的功劳。又赠赐公上延孙做了射声校尉。

陈显达

陈显达，南彭城人也。宋孝武世，为张永前军幢主。景和中，以劳历驱使。泰始初，以军主隶徐州刺史刘怀珍北征，累至东海王板行参军，员外郎。泰始四年，封彭泽县子，邑三百户。历马头、义阳二郡太守，羽林监，濮阳太守。

隶太祖讨桂阳贼于新亭垒，刘勔大桁败，贼进杜姥宅，及休範死，太祖欲还卫宫城，或谏太祖曰："桂阳虽死，贼党犹炽，人情难固，不可轻动。"太祖乃止。遣显达率司空参军高敬祖自查浦渡淮缘石头北道入承明门，屯东堂。宫中恐动，得显达(乃)至,〔乃〕稍定。显达出杜姥宅，大战破贼。矢中左眼，拔箭而镞不出，地黄村潘妪善禁，先以钉钉柱，妪禹步作气，钉即时出，乃禁显达目中镞出之。封丰城县侯，邑千户。转游击将军。

寻为使持节、督广交越三州湘州之广兴军事、辅国将军、平越中郎将、广州刺史，进号冠军。沈攸之事起，显达遣军援台，长史到遁、司马诸葛导谓显达曰："沈攸之拥众百万，胜负之势未可知，不如保境蓄众，分遣信驿，密通彼此。"显达于座手斩之，遣表疏归心太祖。进使持节、左将军。军至巴丘，而沈攸之平。除散骑常侍、左卫将军，转前将军、太祖太尉左司马。齐台建，为散骑常侍，左卫将军，领卫尉。太祖即位，迁中护军，增邑千六百户，转护军将军。显达启让，上答曰："朝廷爵人以序。卿忠发万里，信誓如期，虽屠城殄国之勋，无以相加，此而不赏，典章何在。若必未宜尔，吾终不妄授。于卿数士，意同家人，岂目于君臣邪？过明，与王、李俱祗召也。"上即位后，御膳不宰牲，显达上熊烝一盘，上即以充饭。

建元二年，虏寇寿阳，淮南江北百姓搔动。上以显达为使持节、散骑常侍、都督南兖兖徐青冀五州诸军事、平北将军、南兖州刺史。之镇，虏退。上敕显达曰："虏经破散后，当无复犯关理。但国家边防，自应过存备豫。宋元嘉二十七年后，江夏王作南兖，徙镇盱眙，沈司空亦以孝建初镇彼，政当以淮上要于广陵耳。卿谓前代此处分云何？今佥议皆云卿应据彼地，吾未能决。乃当以扰动文武为劳。若是公计，不得惮之。"事竟不行。

迁都督益宁二州军事、安西将军、益州刺史，领宋宁太守，持节、常侍如故。世祖即位，进号镇西。益部山险，多不宾服。大度村獠，前后刺史不能制，显达遣使责其租赕，獠帅曰："两眼刺史尚不敢调我！"遂杀其使。显达分部将吏，声将出猎，夜往袭之，男女无少长皆斩之。自此山夷震服。广汉贼司马龙驹据郡反，显达又讨平之。

永明二年，征为侍中、护军将军。显达累任在外，经太祖之忧，及见世祖，流涕悲咽，上亦泣，心甚嘉之。

五年，荒人桓天生自称桓玄宗族，与雍、司二州界蛮虏相扇动，据南阳故城。上遣显达假节，率征虏将军戴僧静等水军向宛、叶，雍、司众军受显达节度。天生率虏众万余人攻舞阴，舞阴戍主辅国将军殷公愍击杀其副张麒麟，天生被疮退走。仍以显达为使持节、散骑常侍、都督雍梁南北秦郢州之竟陵司州之随郡军事、镇北将军，领宁蛮校尉、雍州刺史。显达进据舞阳城，遣僧静等先进，与天生及虏再战，大破之，官军还。数月，天生复出攻舞阴，殷公愍破之，天生还窜荒中，遂城、平氏、白土三城贼稍稍降散。

八年，进号征北将军。其年，仍迁侍中、镇军将军，寻加在领军。出为使持节、散骑常侍、都督江州诸军事、征南大将军、江州刺吏，给鼓吹一部。显达谦厚有智计，自以人微位重，每迁官，常有愧惧之色。有子十余人，诫之曰："我本志不及此，汝等勿以富贵陵人！"家既豪富，诸子与王敬则诸儿，并精车牛，丽服饰。当世快牛称东世子青，王三郎乌，吕文显折角，江瞿昙白鼻。显达谓其子曰："尘麈扇是王谢家(许)〔物〕，汝不须捉此自逐。"

十一年秋，虏动，诏屯樊城。世祖遗诏，即本号开府仪同三司，隆昌元年，迁侍中、车骑将军，开府如故，置兵佐。豫废郁林之勋，延兴元年，为司空，进爵公，增邑千户，甲仗五十人入殿。高宗即位，进太尉，侍中如故，改封鄱阳郡公，邑三千户，加兵二百人，给油络车。建武二年，虏攻徐、司，诏显达出顿，往来新亭白下，以为声势。

上欲悉除高、武诸孙，微言问显达，答曰："此等岂足介虑。"止乃止。显达建武世心怀不安，深自贬匿，车乘朽故，导从卤簿，皆用羸小，不过十数人。侍宴，酒发启上曰："臣年已老，富贵已足，唯少枕枕死，特就陛下乞之。"上失色曰："公醉矣。"以年礼告退，不许。

是时虏频寇雍州，众军不捷，失沔北五郡。永泰元年，乃遣显达北讨。诏曰:“晋氏中微,宋德将谢,蕃臣外叛,要荒内侮,天未悔祸,左衽乱华,巢穴神州,逆移年载。朕嗣膺景业,踵武前王,静言隆替,思乂区夏。但多难甫夷,恩化肇洽,兴师扰众,非政所先,用戢远图,权缓北略,冀戎夷知义,怀我好音。而凶丑剽狡,专事侵掠,驱扇异类,蚁聚西偏,乘彼自来之资,抚其天亡之会,军无再驾,民不重劳,传檄以定三秦,一麾而臣禹迹,在此举矣。且中原士庶,久望皇威,乞师请援,结轨驰道。信不可失,时岂终朝。宜分命方岳,因兹大号。侍中太尉显达,可暂辍槐阴,指授群帅。”中外纂严。加显达使持节,向襄阳。

永元元年,显达督平北将军崔慧景众军四万,围南乡堺马圈城,去襄阳三百里,攻之四十日,虏食尽,啖死人肉及树皮,外围既急,虏突走,斩获千计。官军竞取城中绢,不复穷追。显达入据其城,遣军主庄丘(累)〔黑〕进取南乡县,故从阳郡治也。虏主元宏自领十余万骑奄至,显达引军渡水西据鹰子山筑城,人情沮败。虏兵甚急,军主崔恭祖、胡松以乌布幔盛显达,数人担之,径道从分碛山出均水口,台军缘道奔退,死者三万余人。左军将张千战死,追赠游击将军。显达素有威名,著于蛮虏,至是大损丧焉。御史中丞范岫奏免显达官,朝议优诏答曰:“昔卫、霍出塞,往往无功,冯、邓入关,有时亏丧。况公规谟肃举,期寄兼深、见可知难,无损威略。方振远图,廓清朔土。虽执宪有常,非所得议。”显达表解职,不许,求降号,又不许。

以显达为都督江州军事、江州刺史,镇贫城,持节本官如故。初,王敬则事起,始安王遥光启明帝虑显达为变,欲追军还,事寻平,乃寝。显达亦怀危怖。及东昏立,弥不乐还京师,得此授,甚喜。寻加领征南大将军,给三望车。

显达闻京师大相杀戮,又知徐孝嗣等皆死,传闻当遣兵袭江州,显达惧祸,十一月十五日,举兵。令长史庾弘远、司马徐虎龙与朝贵书曰:

诸君足下:我太祖高皇帝睿哲自天,超人作圣,属彼宋季,纲纪自顿,应禅从民,遘此基业。世祖武皇帝昭略通远,克纂洪嗣,四关罢崄,三河静尘。鬱林海陵,顿孤负荷。明帝英圣,绍建中兴。至乎后主,行悖三才,琴横由席,绣积麻筵,淫犯先宫,秽兴闺闼,皇陛为市廛之所,雕房起征战之门。任非华尚,宠必寒厮。

江仆射兄弟,忠言属荐,正谏繁兴,覆族之诛,于斯而至。故乃犴噬之刑,四剽于海路,家门之衅,一起于中都。萧、刘二领军,并升御座,共禀遗诏，宗戚之苦，谅不足谈，《渭阳》之悲，何辜至此。徐司空历叶忠荣，清简流世，匡翼之功未著，倾宗之罚已彰。沈仆射年在悬车，将念机杖，欢歌园薮，绝影朝门，忽招陵上之罚，何万古之伤哉。遂使紫台之路，绝缙绅之俦；缨组之阁，罢金、张之胤。悲哉！蝉冕为贱宠之服。呜呼！皇陛列劫竖之坐。

且天人同怨，乾象变错，往岁三州流血，今者五地自动。昔汉池异色，胥王因之见废；吴郡暂震，步生以为奸幸。况事隆于往怪，衅倍于前虐，此而未废，孰不可兴？

王仆射、王领军、崔护军，中维简正，逆念剖心。萧卫尉、蔡詹事、沈左卫，各负良家，共伤时崄。先朝遗旧，志在名节，同列丹书，要同义举。建安殿下秀德冲远，实允神器。昏明之举，往圣流言。今忝役戎驱，亟请乞路。须京尘一静，西迎大驾，歌舞太平，不亦佳哉！裴豫州宿遣诚言，久怀慷慨，计其劲兵，已登淮路；申司州志节坚明，分见迎合，总勒偏率，殿我而进；萧雍州、房僧寄并已纂迈，旌鼓将及；南兖州司马崔恭祖壮烈超群，嘉驿屡至，伫听烽谍，共成唇齿；荆郢行事萧、张二贤，莫不案剑餐风，横戈待节；关畿蕃守之俦，孰非义侣。

我太尉公体道合圣，杖德脩文，神武横于七伐，雄略震于九纲。是乃从彼英序，还抗社稷。本欲鸣笳细锡，无劳戈刃。但忠党有心，节义难遣。信次之间，森然十万。飞旍咽于九派，列舰迷于三川，此盖捧海浇萤，烈火消冻耳。吾子其择善而从之，无令竹帛空为后人笑也。

朝廷遣后军将军胡松、骁骑将军李叔献水军据梁山；左卫将军左兴盛假节，加征虏将军，督前锋军事，屯新亭；辅国将军骁骑将军徐世摽领兵屯杜姥宅。显达率众数千人发寻阳，与胡松战于采石，大破之，京邑震恐。十二月十三日，显达至新林筑城垒，左兴盛率众军为拒战之计。其夜，显达多置屯火于岸侧，潜军渡取石头北上袭宫城，遇风失晓，十四日平旦，数千人登落星岗，新亭军望火，谓显达犹在，既而奔归赴救，屯城南。宫掖大骇，闭门守备。显达马稍从步军数百人，于西州前与台军战，再合，大胜，手杀数人，矟折，官军继至，显达不能抗，退走至西州（从）〔后〕乌榜村，为骑官赵潭注稍刺落马，斩之于篱侧，血涌湔篱，似淳于伯之被刑也。时年七十二。显达在江州，遇疾不治，寻而自差，意甚不悦。是冬连大雪，枭首于朱雀，而雪不集之。诸子皆伏诛。

【译文】

陈显达是南彭城人。宋孝武帝在位时，担任张永的前军旗主。景和年间，陈显达因年月辛劳历任奔走之职。泰始初年，陈显达以军主身份隶属于徐州刺史刘怀珍，参与了北征，积累功劳，官至东海王的行参军，员外郎。泰始四年，陈显达封爵彭泽县子，食邑有三百户。历任马头、义阳二郡的太守、羽林监、濮阳太守等职。

后来，陈显达隶属于刘太祖萧道成，曾经在新亭垒讨伐宋桂阳王刘休范的叛军，刘勔在大桁战败后，叛军攻进了杜姥宅，待刘休范被杀，太祖想返回保卫宫城，有人劝谏他："桂阳王刘休范虽已死，但叛军气势很盛，人心也不稳定，不能轻举妄动。"太祖才作罢。于是派陈显达率领司空参军高敬祖，从查浦渡淮河，沿石头城北道进入了承明门，屯兵在东堂。当时皇宫之中人心惶惶，得知陈显达领兵到来，才有些安定。陈显达带兵出杜姥宅，与叛军进行激战，大败了叛军。在交战过程中他左眼中箭，拔箭但箭头没有出来，地黄村的潘妪有方术，先将钉子钉在柱子上，潘妪禹步发气功，钉子马上就能出来。于是请她用方术，将箭头从陈显达的眼中取出。因功封爵为丰城县侯，食邑千户。转任为游击将军。

不久后，陈显达迁任使持节，督广、交、越三州以及湘州的广兴诸军事、辅国将军、平越中郎将、广州刺史，进号为冠军将军。后来沈攸之举兵起事，陈显达派遣军队增援台省，长史到遁、司马诸葛导对陈显达说："沈攸之拥兵有百万，胜败形势还不能断定，不如保守境土蓄积兵马，分别派遣使者，暗中与两方交好。"陈显达亲手在座位上将这二人杀死，然后派人去送表疏，顺从太祖。被晋升为使持节、左将军。军队到达巴丘后，沈攸之叛乱被平定。于是就除拜他为散骑常侍、左卫将军，转前将军、太祖的太尉左司马。齐建台省后，陈显达任散骑常侍，左卫将军，领卫尉。太祖登皇帝宝座后，他迁任中护军，增加食邑一千六百户。陈显达上表推辞，皇上答复说："朝廷给人的封爵是有等次的。你赤胆忠心，发兵到千里之外，实现诺言如期到达，这就是克城灭国的功勋，也难以超过它。这样的功劳如果不加封赏，还有什么典章制度可言呢？如果不该如此，我绝不会随便授予。我与卿等几位士人，就如同家人一般，难道只是君臣的关系吗？过了明日，将与王、李一同恭敬召来。"皇上即位以后，御膳不宰杀牲畜，陈显达献上了一盘熊肉，皇上就用它来当饭吃。

建元二年，魏虏寇掠寿阳，淮南江北地区的百姓十分惶恐不安。皇上委派陈显达为使持节、散骑常侍，都督南兖、兖、徐、青、冀五州的诸军事，平北将军、南兖州刺史。到达镇守地南兖州后，魏虏兵退。皇上敕命陈显达说："魏虏被打败溃散后，应当没有再侵犯边关的道理。但是国家的边防，应该关心并多加防备。宋元嘉二十七年后，江夏王担任南兖州刺史，将镇所迁到了盱眙，沈司空也在孝建初年镇守在那里，这是因为淮河之上比广陵更重要。你认为前代这样做是否有道理呢？如今人人议论卿应当据守在那个地方，我尚未决定。如果这样，就要劳动诸位文吏武士。如果从公心考虑，不应害怕迁移的麻烦与劳苦。"但这件事情最终被搁置了下来。

后来，陈显达迁任都督益、宁二州军事，安西将军、益州刺史，领宋宁太守，仍旧为持节、堂侍。世祖登上帝位后，他进号镇西将军。益州所部大多山川险要，百姓多不顺服。大度村獠人，前后的刺史都不能制服他们，陈显达派人告知獠人缴租税及赎罪钱财，獠人的首领说："双眼的刺史还不敢向我征收租调！"就杀死派去的人。陈显达调兵遣将，宣称要去打猎，夜晚就偷袭了大度村獠，无论男女老少全部都杀死。从此山中的蛮夷慑服。广汉盗贼司马龙驹据守在郡城造反，陈显达又领兵平定了这次叛乱。

永明二年，陈显达被征入京城，担任侍中、护军将军。陈显达连续外任，其间经历齐太祖去世的变故，等他见到世祖，悲伤得呜咽流涕，世祖也一起哭泣，在内心嘉许他的忠诚。

永明五年，边陲之人桓天生自称是桓玄的同宗之人，与雍、司二州交界处的蛮人相互煽动，窃据在南阳老城。皇上派陈显达假节，率领征虏将军戴僧静等人所部水师，指向宛城、叶县，雍、司二州的诸军也都服从陈显达的指挥。桓天生率领一万多蛮兵攻打舞阴，舞阴戍主辅国将军殷公愍迎战，杀死了他的副将张麒麟，桓天生带着疮伤败退。于是任命陈显达为使持节、散骑常侍，都督雍、梁、南秦、北秦四州及郢州的竟陵、司州随郡诸军事，镇北将军、领宁蛮校尉、雍州刺史。陈显达进军据守在舞阳城，派戴僧静等人为前驱，与桓天生及魏虏再次进行交锋，大败桓天生与魏军，官军凯旋而归。几个月后，桓天生又出兵攻打舞阳，被殷公愍打败，桓天生逃回到边荒地区，遂城、平氏、白土三城的贼兵逐渐投降溃散。

永明八年，陈显达进官号为征北将军。当年，又迁为侍中、镇军将军，不久又加官中领军。放外担任为使持节、散骑常侍、都督江州诸军事、征南大将军、江州刺史，赐给他鼓吹一部。陈显达为人十分谦虚、诚厚且足智多谋，自己认为出身寒微却官位尊重，每次升迁官职时，时常流露出惭愧不安的神色。他有十几个儿子，曾经告诫他们说："从我本心来说，不该占有这样的职位，你们不要用富贵来欺侮人。"家中变得富裕豪华起来，他的诸子与王敬则的诸子，都乘坐着豪华的牛车，身着丽服佩戴美饰。被当时的人盛誉的快牛有陈世子的青牛、王三郎的乌牛、吕文献的折角牛、江瞿昙的白鼻牛。陈显达对他的儿子说："麈尾与扇子是士族高门王、谢两家的东西，你不要用这些东西去攀附风雅。"

永明十一年秋天，魏虏有军事行动，诏令陈显达屯兵在樊城。世祖临终诏令，以本号为开府仪同三司。隆昌元年，陈显达迁侍中、车骑将军，开府依然保留，设士兵佐吏。陈显达因参与废黜郁林王的功勋，延兴元年，他升迁司空，进爵为公，增加了食邑一千户，给甲仗五十人，可以直入殿堂。高宗登上帝位后，他晋升为太尉，照旧为侍中，改封他为鄱阳郡公，食邑三千户，增加二百卫兵，赐给他一辆油络车。建武二年，魏虏进攻徐、司二州，诏令陈显达出兵屯驻，往来在新亭、白下之间，来造成声势。

皇上打算全部除掉高帝及武帝的诸位孙子，委婉地咨询陈显达时，他回答说："这些人都不足为虑。"皇上方才罢休。陈显达在建武年间内心十分不安，多自贬仰藏匿，乘坐着朽坏的旧车，导从卤簿等仪仗，都是用羸弱矮小之人，不过十几人。一次陪皇上饮宴时，酒后他启奏皇上说："臣已经年老，荣华富贵已经够了，所缺少的就是躺枕席上死去，特向陛下您乞求。"皇上闻言后大惊失色，说："您喝醉了。"他以年老为由乞求告退，朝廷没允许。

当时魏虏频繁地寇掠雍州，齐诸军接战不利，失陷了汉水以北的五郡。永泰元年，派遣陈显达领兵向北讨伐。皇上下诏说："晋室中年衰微，宋朝的德运将终，藩臣外叛，偏僻边远的人内侵，上天降下大祸还没结束，戎夷扰乱了华夏，在神州构筑巢穴，已经历许多年。我嗣承大业，跟随着先王，谋说兴替，思虑平定华夏。但是各种祸难刚平息，恩惠教化刚开始周编，兴师动众，不应该为政事之先，因此才收敛远图，权且推迟北伐时间，希望戎夷能知晓道义，思念我的好话，而他们凶恶狡诈，专门侵掠，驱赶、挑动异族，像蚂蚁一样聚集在西部的边界，利用他自己送来的物资，趁着天要亡他的机会，军队不必再次出征，百姓不需要重复地劳动，传檄文来平定三秦，一战就臣服了大禹发迹的地区，就在这一举。况且中原的士族庶民，长久地盼望皇上的威力，乞请出兵救援，路上车马络绎不绝，机不可失，时机岂能再来。应该用这个大号令，分别来委任方岳大臣。侍中太尉陈显达可以暂时停留在淮阴，指挥诸位将帅。”京城及外地实行戒严。陈显达加使持节，前往到襄阳。

永元元年，陈显达都督平北将军崔慧景的四万兵众，包围在南乡界的马圈城，该城离襄阳有三百里的路，攻打四十天，魏虏的军粮断绝，吃死人肉以及树皮充饥，城外围攻紧急，魏虏企图突围逃跑，斩首及俘获的有数千人。官军的将士争相拿城中绢帛，不再穷追魏虏。陈显达进驻马圈城，派军主庄丘黑带兵进攻南乡县，也就是过去的从阳郡治所。魏主元宏亲自率十几万骑兵突然来到，陈显达领兵渡过了丹水，占据鹰子山，修筑了城堡，人情沮丧。魏兵的攻击很猛烈，军主崔恭祖、胡松用黑色布幔作为担架，让陈显达坐上边，几个人抬着，径直从分碛山出了均水口，台省的军队沿路溃散逃跑，有三万多人死亡。左军将领张千因作战而死，后来追赠为游击将军。陈显达平素的威名远扬到魏军中，至此名声大损。御史中丞范岫启奏请免除陈显达的官职，朝廷议论后，诏书答复道：“往昔卫青、霍去病出兵道塞外，经常无功而回；冯异、邓禹领兵进关，也会有亏损败丧。况公军谋明举，期望寄托很深重，见可知难的攀措，不损害威望和谋略。方要重新远图，廓清朔方的国土。虽执法有一定之规，但不能将他议罪。”陈显达上表朝廷，请求解除他的官职。不准，又请求降贬官号，也不许。

后来任用陈显达为都督江州军事、江州刺史，镇守在盆城，保留持节及原官职。起初，王敬则谋反事件发生后，始安王萧遥光启奏明帝说，考虑到陈显达可能叛变，想将军队追回，王敬则的反事很快被平息，此议才作罢。陈显达内心很惶恐不安。待到东昏侯登帝位，他更不喜欢回到京城，得到这项任命后，很高兴。不久，又加领征南大将军，赐给三望车一辆。

陈显达获悉京城中有人互相残杀，又知道徐孝嗣等人都已经死去，又传闻将派兵袭击江州，他怕大祸临头，十一月十五日起兵。命令长史庾弘远、司马徐虎龙给朝廷大臣写信说：

诸君足下，我太祖高皇帝睿智是上天所赋予的，超过常人而成为圣贤，身逢刘宋季世，纲纪已经自行毁顿，接受禅让很顺从民心，构造了鸿基大业。世祖武皇帝明略通远，能够接续圣嗣，四关失其险峻。三河地区也平静无尘。郁林、海陵两区，顿时辜负重任。明帝英明圣哲，续建中兴。到后主时，行为违背三才，琴瑟及彩画被胡乱堆放在地面竹席上，淫乱先帝的宫女，污秽兴在闺内，殿陛变成市卖场所，雕房成为征战的门户。宠任的不再是华门高族，而是寒人厮养。

江仆射兄弟，忠言接连地进献，正谏频繁兴作，灭门诛杀因此才会招致。所以牢狱噬咬的刑罚，四分在海路，家门的祸衅，一起于京城。萧、刘两位领军，同升为御座，一同受遗诏，宗族亲戚的苦痛，实在不值一提，渭阳甥舅间的悲伤，是什么罪咎酿成的。徐司空历代忠诚荣耀，清通简要流传于世，匡扶翼赞的功劳还不显著，灭宗的处罚已彰明。沈仆射已到了悬车之年，正准备手持几杖，在园林湖泽欢歌，身影不再见于朝堂，忽然招来陵上的罪罚，不知万古的哀伤从何而来。因此使通向台省的路上，缺少缙绅之辈，璎珞组绶的殿阁，除罢金、张的后裔。可悲啊，蝉冕成为低贱的宠幸者的冠服，可叹啊！朝堂排列劫盗竖子的座位。

况且天怒人怨，天象错乱，往年三州流血，今年却有五处地震。从前汉池改变了颜色，胥王因此被废黜；吴郡短暂的地震，步生认为是奸幸感应。何况今天的事变比往日灾异更重，祸衅几倍于先前的灾害。这如果不废弃，还有什么邪恶不能够兴盛呢？

王仆射、王领军、崔护军思谋简正，不同意见能够开诚布公。萧卫尉、蔡詹事、沈左卫，各自都倚恃良家，同伤时势险恶。前朝留下的旧臣，志向在立名节，姓名一同列在册书，约定同时举义。建安王殿下品德十分谦和高远，实可以守护神器。黜昏暗举英明，是先哲所流传下来的格言。如今役使戎马驰驱，谨请先借个通道。待京城的风尘平定，应当西上迎接大驾，歌舞升平，岂不是美事吗？裴豫州先前曾来信，义气激昂，估计他的强兵劲卒，已经登上淮河之路；申司州志节坚明，必定前来会合，统领偏师，继续我而前进；萧雍州、房僧寄都已经紧急动员，旗鼓将至；南兖州司马崔恭祖壮烈超群，派遣驿传使者多次到来，立待烽火信息，形成了唇齿之势；荆、郢二州行事萧、张二贤，没有不按剑的，风餐露宿，横戈持节；诸关隘、内、藩守的人，谁不是义举的同伴呢？

我太尉公依循的道义符合圣教，持德修文，神武横行于攻杀，雄略震动了九纲。于是从其州镇职守，回京城捍卫社稷。本想鸣鼓小赐，不劳动戈刀。但士卒有忠诚正直的心，志节义气都难以违背。在两三天之内，兵众之盛已经多达十万。飞旌阻塞了九脉，列舰遮盖了三川，这就像捧着海水浇飞萤，举烈火来消冰冻一样。望诸位择善而从，不要将恶名著在青史贻笑给后人。

朝廷派后军将军胡松、骁骑将军李叔献的水军据守在梁山；左卫将军左兴盛假节，加为征虏将军，督前锋军事，屯驻在新亭。辅国将军、骁骑将军徐世摽领兵屯守在杜姥宅。陈显达领几千士兵从寻阳出发，与胡松军队在采石交锋，大败了胡松军队，京城十分震动惶恐。十二月十三日，陈显达到新林，构筑城堡，左兴盛率领诸军准备进行阻击。当天夜晚，陈显达在岸边设置了许多屯火，暗中派兵进行偷渡，夺取石头城，北上袭击宫城。因遇到风失去联络。十四日天亮，几千人登上了落星岗，新亭的军队望见火起，认为陈显达还在，然后就逃回去救援，屯驻在城南。宫内掖庭的人们十分惶恐，闭门自守。陈显达骑马并手持长矛，带领数百步兵，在西州前与台省的军队作战，交锋两个回合，大胜而归，亲手杀死数人，长矛被折断。官军的援兵来到，陈显达抵挡不住，最终败退，到西州后乌榜村时，被骑官赵潭投掷的长矛刺中，落马，被斩杀在篱笆旁，血涌出飞溅在篱笆上，像淳于伯受刑那样。当年七十二岁。陈显达在江州时，患病不加医治，不久竟然自行痊愈，心中很不高兴。这年的冬天接连下大雪，在朱雀悬首示众，但雪不覆盖。他的诸子全被杀。

南齐书卷三十三

王僧虔列传第十四

王僧虔，琅邪临沂人也。祖珣，晋司徒。伯父太保弘，宋元嘉世为宰辅。宾客疑所讳，弘曰："身家讳与苏子高同。"父昙首，右光禄大夫。昙首兄弟集会诸子孙，弘子僧达下地跳戏，僧虔年数岁，独正坐采蜡烛珠为凤凰。弘曰："此儿终当为长者。"

僧虔弱冠，弘厚，善隶书。宋文帝见其书素扇，叹曰："非唯迹逾子敬，方当器雅过之。"除秘书郎，太子舍人。退默少交接，与袁淑、谢庄善。转义阳王文学，太子洗马，迁司徒左西属。

兄僧绰，为太初所害，亲宾咸劝僧虔逃。僧虔涕泣曰："吾兄奉国以忠贞，抚我以慈爱，今日之事，苦不见及耳。若同归九泉，犹羽化也。"孝武初，出为武陵太守。兄子俭于中途得病，僧虔为废寝食。同行客慰喻之。僧虔曰："昔马援处儿侄之间一情不异，邓攸于弟子更逾所生，吾实怀其心，诚未异古。亡兄之胤，不宜忽诸。若此儿不救，便当回舟谢职，无复游(官)〔宦〕之兴矣。"还为中书郎，转黄门郎，太子中庶子。

孝武欲擅书名，僧虔不敢显迹。大明世，常用掘笔书，以此见容。出为豫章王子尚抚军长史，迁散骑常侍，复为新安王子鸾北中郎长史、南东海太守，行南徐州事，二蕃皆帝爱子也。

寻迁豫章内史。入为侍中，迁御史中丞，领骁骑将军。甲族向来多不居宪台，王氏以分枝居乌衣者，位官微减，僧虔为此官，乃曰："此是乌衣诸郎坐处，我亦可试为耳。"复为侍中，领屯骑校尉。泰始中，出为辅国将军、吴兴太守，秩中二千石。王献之善书，为吴兴郡，及僧虔工书，又为郡，论者称之。

徙为会稽太守，秩中二千石，将军如故。中书舍人阮佃夫〔家〕在会(下)〔稽〕，请假东归。客劝僧虔以佃夫要幸，宜加礼接。僧虔曰："我立身有素，岂能曲意此辈。彼若见恶，当拂衣去耳。"佃夫言于宋明帝，使御史中丞孙敻奏："僧虔前莅吴兴，多有谬命，检到郡至迁，凡用功曹五官主簿至二礼吏署三传及度与弟子，合四百四十八人。又听民何系先等一百十家为旧门。委州检削。”坐免官。

寻以白衣兼侍中，出监吴郡太守，迁使持节、都督湘州诸军事、建武将军、行湘州事，仍转辅国将军，湘州刺史。所在以宽惠著称。巴峡流民多在湘土，僧虔表割益阳、罗、湘西三县缘江民立湘阴县，从之。

元徽中，迁吏部尚书。高平檀圭罢沅南令，僧虔以为征北板行参军。诉僧虔求禄不得，与僧虔书曰：“五常之始，文武为先，文则经纬天地，武则拨乱定国。仆一门虽谢文通，乃忝武达。群从姑叔，三媾帝室，祖兄二世，糜躯奉国，而致子侄饿死草壤。去冬今春，频荷二敕，既无中人，屡见蹉夺。经涉五朔，逾历四晦，旧牍十二，接觐六七，遂不荷润，反更曝鳃。九流绳平，自不宜独苦一物，蝉腹龟肠，为日已久。饥虎能吓，人遽与肉；饿麟不噬，谁为落毛。去冬乞豫章丞，为马超所争；今春蒙敕南昌县，为史偃所夺。二子勋荫人才，有何见胜。若以贫富相夺，则分受不如。〔身〕虽孤微，百世国士，姻媾位宦，亦不后物。尚书同堂姊为江夏王妃，檀圭同堂姑为南谯王妃；尚书妇是江夏王女，檀圭祖姑嫔长沙景王；尚书伯为江州，檀圭祖亦为江州；尚书从兄出身为后军参军，檀圭父释褐亦为中军参军。仆于尚书，人地本悬，至于婚宦，不至殊绝。今通塞虽异，犹忝气类，尚书何事乃尔见苦？泰始之初，八表同逆，一门二世，粉骨卫主，殊勋异绩，已不能甄，常阶旧途，复见侵抑。”僧虔报书曰：“征北板比岁处遇小优，殷主簿从此府入崇礼，何仪曹即代殷，亦不见诉为苦。足下积屈，一朝超升，政自小难。泰始初勤苦十年，自未见其赏，而顿就求称，亦何可遂。吾与足下素无怨憾，何以相侵苦，直是意有佐佑耳。”圭又书曰：“昔荀公达汉之功臣，晋武帝方爵其玄孙。夏侯惇魏氏勋佐，金德初融，亦始就甄显，方赏其孙，封树近族。羊叔子以晋泰始中建策伐吴，至咸宁末，方加褒宠，封其兄子。卞望之以咸和初殒身国难，至兴宁末，方崇礼秩，官其子孙。蜀郡主簿田混，黄初末死故君之难，咸康中方擢其子孙。似不以世代远而被弃，年世疏而见遗。檀珪百罹六极，造化罕比，五丧停露，百口转命，存亡披迫，本希小禄，无意阶荣。自古以来有沐食侯，近代有王官。府佐非沐食之职，参军非王官之谓。质非匏瓜，实羞空悬。殷、何二生，或是府主情味，或是朝廷意旨，岂与悠悠之人同口而语。使仆就此职，尚书能以郎见转不？若使日得五升禄，则不耻执鞭。”僧虔乃用为安城郡丞。圭，宋安南将军韶孙也。

僧虔寻加散骑常侍，转右仆射。升明元年，迁尚书仆射，寻转中书令，左仆射，二年，为尚书令。僧虔好文史，解音律，以朝廷礼乐多违正典，民间竞造新声杂曲，时太祖辅政，僧虔上表曰："夫悬钟之器，以雅为用；凯容之礼，八佾为仪。今总章羽佾，音服舛异。又歌钟一肆，克谐女乐，以歌为务，非雅器也。大明中，即以宫悬合和《鞞》《拂》，节数虽会，虑乖《雅》体，将来知音，或讥圣世。若谓钟舞已谐，重违成宪，更立歌钟，不参旧例。四县所奏，谨依《雅》条，即义沿理，如或可附。又今之《清商》，实由铜爵，三祖风流，遗音盈耳，京、洛相高，江左弥贵。谅以金石干羽，事绝私室，桑、濮、郑、卫，训隔绅冕，中庸和雅，莫复于斯。而情变听移，稍复销落，十数年间，亡者将半。自顷家竞新哇，人尚谣俗，务在噍杀，不顾音纪，流宕无崖，未知所极，排斥正曲，崇长烦淫。士有等差，无故不可去乐；礼有攸序，长幼不可共闻。故喧丑之制，日盛于廛里；风味之响，独尽于衣冠。宜命有司，务懃功课，缉理遗逸，迭相开晓，所经漏忘，悉加补缀。曲全者禄厚，艺妙者位优。利以动之，则人思刻厉。反本还源，庶可跂踵。"事见纳。

建元元年，转侍中，抚军将军，丹阳尹。二年，进号左卫将军，固让不拜。改授左光禄大夫，侍中、尹如故。郡县狱相承有上汤杀囚，僧虔上疏言之曰："汤本以救疾，而实行冤暴，或以肆忿。若罪必入重，自有正刑；若去恶宜疾，则应先启。岂有死生大命，而潜制下邑。愚谓治下囚病，必先刺郡，求职司与医对共诊验；远县，家人省视，然后处理。可使死者不恨，生者无怨。"上纳其言。

僧虔留意雅乐，升明中所奏，虽微有厘改，尚多遗失。是时上始欲通使，僧虔与兄子俭书曰："古语云'中国失礼，问之四夷'。计乐亦如。苻坚败后，东〔晋〕始备金石乐，故知不可全诬也。北国或有遗乐，诚未可便以补中夏之阙，且得知其存亡，亦一理也。但《鼓吹》旧有二十一曲，今所能者十一而已，意谓北使会有散役，得令乐署一人粗别同异者，充此使限。虽复延州难追，其得知所知，亦当不同。若谓有此理者，可得申吾意上闻否？试为思之。"事竟不行。

太祖善书，及即位，笃好不已。与僧虔赌书毕，谓僧虔曰："谁为第一？"僧虔曰："臣书第一，陛下亦第一。"上笑曰："卿可谓善自为谋矣。"示僧虔古迹十一帙，就求能书人名。僧虔得民闲所有，帙中所无者，吴大皇帝、景帝、归命侯书，桓玄书，及王丞相导、领军洽、中书令珉、张芝、索靖、卫伯儒、张翼十二卷奏之。又上羊欣所撰《能书人名》一卷。

其年冬，迁持节、都督湘州诸军〔事〕、征南将军、湘州刺史，侍中如故。清简无所欲，不营财产，百姓安之。世祖即位，僧虔以风疾欲陈解，会迁侍中、左光禄大夫、开府仪同三司。僧虔少时群从宗族并会，客有相之者云："僧虔年位最高，仕当至公，余人莫及也。"及授，僧虔谓兄子俭曰："汝任重于朝，行当有八命之礼，我若复此授，则一门有二台司，实可畏惧。"乃固辞不拜，上优而许之。改授侍中、特进、左光禄大夫。客问僧虔固让之意，僧虔曰："君子所忧无德，不忧无宠。吾衣食周身，荣位已过，所惭庸薄无以报国，岂容更受高爵，方贻官谤邪！"兄子俭为朝宰，起长梁斋，制度小过，僧虔视之不悦，竟不入户，俭即毁之。

永明三年，薨。僧虔颇解星文，〔夜〕坐见豫章分野当有事故，时僧虔子慈为豫章内史，虑其有公事。少时，僧虔薨，慈弃郡奔赴。僧虔时年六十。追赠司空，侍中如故。谥简穆。

其论书曰："宋文帝书，自云可比王子敬，时议者云'天然胜羊欣，功夫少于欣'。王平南廙、右军叔，过江之前以为最。亡曾祖领军书，右军云'弟书遂不减吾'。变古制，今唯右军。领军不尔，至今犹法钟、张。亡人祖中书令书，子敬云'弟书如骑骡，駸駸恒欲度骅骝前'。庾征西翼书，少时与右军齐名，右军后进，庾犹不分，在荆州与都下人书云：'小儿辈贱家鸡，皆学逸少书，须吾下，当比之。'张翼，王右军自书表，晋穆帝令翼写题后答，右军当时不别，久后方悟，云'小人几欲乱真'。张芝、索靖、韦诞、钟会、二卫并得名前代，无以辨其优劣，唯见其笔力惊异耳。张澄当时亦呼有意。郗愔章草亚于右军。郗嘉宾草亚于二王，紧媚〔过〕其父。桓玄自谓右军之流，论者以比孔琳之。谢安亦入能书录，亦自重，为子敬书嵇康诗。羊欣书见重一时，亲受子敬，行书尤善，正乃不称名。孔琳之书天然放纵，极有笔力，规矩恐在羊欣后。丘道护与羊欣俱面受子敬，故当在欣后。范晔与萧思话同师羊欣，后小叛，既失故步，为复小有意耳。萧思话书，羊欣之影，风流趣好，殆当不减，笔力恨弱。谢综书，其舅云'紧生起，是得赏也，恨少媚好'。谢灵运乃不伦，遇其合时，亦得入流。贺道力书亚丘道护。庾昕学右军，亦欲乱真矣。"又著《书赋》，传于世。

第九子寂，字子玄，性迅动，好文章，读《范滂传》，未常不叹挹。王融败后，宾客多归之。建武初，欲献《中兴颂》，兄志谓之曰："汝膏梁年少，何患不达，不镇之以静，将恐贻讥。"寂乃止。初为秘书郎，卒，年二十一。

僧虔宋世尝有书诫子曰：

知汝恨吾不许〔汝〕学，欲自悔厉，或以阖棺自欺，或更择美业，且得有慨，亦慰穷生。但亟闻斯唱，未睹其实。请从先师听言观行，冀此不复虚身。吾未信汝，非徒然也。往年有意于史，取《三国志》聚置床头，百日许，复徙业就玄，自当小差于史，犹未近仿佛。曼倩有云："谈何容易。"见诸玄，志为之逸，肠为之抽，专一书，转诵数十家注，自少至老，手不释卷，尚未敢轻言。汝开《老子》卷头五尺许，未知辅嗣何所道，平叔何所说，马、郑何所异，《指》《例》何所明，而便盛于麈尾，自呼谈士，此最险事。设令袁令命汝言《易》，谢中书挑汝言《庄》，张吴兴叩汝〔言〕《老》，端可复言未尝看邪？谈故如射，前人得破，后人应解，不解即输赌矣。且论注百氏，荆州《八帙》，又《才性四本》，《声无哀乐》，皆言家口实，如客至之有设也。汝皆未经拂耳瞥目。岂有庖厨不帙，而欲延大宾者哉？就如张衡思侔造化，郭象言类悬河，不自劳苦，何由至此？汝曾未窥其题目，未辨其指归；六十四卦，未知何名；《庄子》众篇，何者内外；《八袠》所载，凡有几家；《四本》之称，以何为长。而终日欺人，人亦不受汝欺也。由吾不学，无以为训。然重华无严父，放勋无令子，亦各由已耳。汝辈窃议亦当云："何日不学？在天地间可嬉戏，何忽自课谪？幸及盛时逐岁暮，何必有所减？"汝见其一耳，不全尔也。设令吾学如马、郑，亦必甚胜；复倍不如，今亦必大减。致之有由，从身上来也。〔汝〕今壮年，自勤数倍许胜，劣及吾耳。世中比例举眼是，汝足知此，不复具言。

吾在世，虽乏德素，要复推排人闲数十许年，故是一旧物，人或以比数汝等耳。即化之后，若自无调度，谁复知汝事者？舍中亦有少负令誉弱冠越超清级者，于时王家门中，优者则龙凤，劣者犹虎豹，失荫之后，岂龙虎之议？况吾不能为汝荫，政应各自努力耳。或有身经三公，蔑尔无闻；布衣寒素，卿相屈体。或父子贵贱殊，兄弟声名异。何也？体尽读数百卷书耳。吾今悔无所及，欲以前车诫尔后乘也。汝年入立境，方应从官，兼有室累，牵役情性，何处复得下帷如王郎时邪？为可作世中学，取过一生耳。试复三思，勿讳吾言。犹捶挞志辈，冀脱万一，未死之间，望有成就者，不知当有益否？各在尔身已切，(身)岂复关吾邪？鬼唯知爱深松茂柏，宁知子弟毁誉事！因汝有感，故略叙胸怀矣。

【译文】

王僧虔，是琅玡临沂人。祖父名珣，是晋朝的司徒。他伯父是太保名弘，宋代元嘉年间的大臣。宾客们弄不清他的家讳，王弘说："我的家讳与苏子高家一样。"他父亲名昙首，任右光禄大夫。王昙首的兄弟召集各自的子孙聚会，王弘的儿子王僧达下地跳跃嬉戏，王僧虔只有几岁，却独自端正坐着将蜡珠捏成凤凰。王弘说："这孩子终究会成为一个长者。"

王僧虔青年时，性格十分宽宏厚重，擅长于写隶体字。宋文帝看到他写在素绢扇面上的字，称赞道："不仅笔迹超过王子敬(王献之)，就是在器度方面也超过他。"因此被授职做秘书郎，太子舍人。王僧虔为人谦逊沉静，很少与人交往，只与袁淑、谢庄友好。转做义阳王刘昶文学，太子洗马，调任为司徒左西属。

他哥哥王僧绰，被太初帝刘劭害死，亲戚朋友都劝王僧虔赶快逃走。王僧虔流着泪说："我哥哥心怀忠贞侍奉国家，用慈爱抚育我，今天竟然遭到不幸的事，我自恨没有与他一同遇害。假如我们兄弟俩一同魂归九泉，就像羽化而登仙了。"宋孝武帝初年，王僧虔出京任武陵太守。他哥哥的儿子王俭在半路上得病，王僧虔为了照顾侄子而废寝忘食。同行的门客宽慰并且劝说他不要过度劳累。王僧虔说："早先后汉将军马援对待自己儿子、侄子的情感毫无差别，晋朝邓攸对侄子的爱护甚至胜过对自己亲生的儿子，我钦佩他们真诚的心怀，实在不敢愧对古人。亡兄留下的后代，我更不应该马虎地对待。假如这个孩子的病不能救治，我就掉转船头辞官不去，再也没外出做官的心思了。"不久做了中书郎，转任为黄门郎，太子中庶子。

宋孝武帝一心想要独占书法大家的名声，王僧虔因此不敢显露自己的墨迹。大明年间，常用秃笔写字，因此得到宽容。王僧虔出做豫章王刘子尚的抚军参军，转做散骑常侍，又转为新安王刘子鸾北中郎的长史、南东海的太守，兼任南徐州刺史，这两个藩王均是宋孝武帝的爱子。

不久王僧虔转做豫章的内史。入朝做了侍中，转任御史中丞，兼任骁骑将军。世家大族人向来多半都不做谏官，王氏家族中属于支族居住在乌衣巷的人，地位官职都要稍低一点，王僧虔做了御史中丞，于是就说："这本应该是乌衣巷里王家众子弟的坐席，我也可以在这儿坐坐看。"又做了侍中，兼屯骑校尉。宋明帝泰始年间，王僧虔出京任辅国将军、吴兴太守，秩禄是中二千石。王献之善于书法，曾经做吴兴太守；王僧虔也是工于书法的人，也做过吴兴太守，评论的人都称道这件事。

王僧虔转官做会稽郡太守，秩禄中二千石，将军名号不变。中书舍人阮佃夫家住在会稽，请假东归回乡。门客劝说王僧虔阮佃夫是受宠的权臣，应当用重礼接待他。王僧虔说："我立身处世是有自己的本分的，怎能违心地奉迎这样的人物呢。他如果嫌恶我，自当拂衣而去。"阮佃夫将这话告诉了宋明帝，并促使御史中丞孙复敻本说："王僧虔从前做吴兴太守的，政务中有许错误的命令，考察他自到郡任职到转官时，所录用的功曹五官主簿以及二礼吏署三传以及被授予差事的子弟，合计有四百四十八人。又听任平民何系先等一百一十户人家作为旧族门户。应命令州里进行检查并予以撤销。"因此王僧虔被免掉了一切官职。

不久王僧虔又以白衣身份任侍中，出任吴郡太守，调做了使持节、都督湘州诸郡军事、建武将军、兼湘州刺史，依然任辅国将军，湘州刺史。所到之处以施政宽惠而著称。巴峡的流民大多在湘州地面上，为此王僧虔向朝廷上表建议将益阳、罗、湘西三县居住在江边的人们划出来建立湘阴县，朝廷同意并照办。

宋后废帝元徽年间，王僧虔迁为吏部尚书。高平人檀珪被免除了沅南县令的官职，王僧虔任用他做征北板行参军。檀珪向王僧虔诉说自己求官不得的牢骚，在给王僧虔的信中说道："国家纲纪的根本，文臣武将才是首要的，文臣有条理地治理天下，武臣排除祸乱而安定国家。我们一家人虽不通达文臣的治国之道，也勉强可以置身于通习武略的行列。姑母叔父一辈中，有三个人和皇室结为婚姻，祖父及兄长两代人，为国家效命捐躯，反而让他们的儿子以及侄辈饿死在草野中。从去年冬天到今年春天，我接连受到两道命令，因朝中没人，屡次遭到困顿没能够得官。经过五个初一，又过四个三十，写十二封信，接见拜会了六七次，始终没有受到过恩泽，反而更加遭到冷遇没人过问。九流的百家人物应是平等的，自然不该只让一种人受苦，我无禄无位忍饥挨饿，已经很久了。饥虎一吼，人们就立刻喂肉；饿麟不得食，谁肯扔给它一把草。去年冬季我请求做豫章郡丞，竟然被马超争去；今年春季受命做南昌县令，半路又被史偃夺走。这两人不过是依仗先人的功业而受到荫庇，在哪方面是能超过我的。假如根据贫富地位的不同就夺去我的职位，那么这样分官授职我是不如他们的。我出身虽势孤人微，我的家族可是多少代的国士，婚姻的关系、地位、官职，也不落后别人。尚书您的同祖姊是江夏王妃子，檀珪我的同祖姑母是南谯王妃子；尚书您的夫人是江夏王的女儿，檀珪我的祖姑也嫁给长沙景王；尚书您的伯父是江州刺史，檀珪我的祖父也曾经做过江州刺史；尚书您的堂兄出身于后军参军，檀珪我的父亲最初做官时也是中军参军。我个人和尚书相比，身份地位原本是相差悬殊，至于两家婚姻关系和官位方面也不见得相差太多。如今却有通达、闭塞的不同，我还自认有志气属于和您同一层的人物，尚书您为何竟让我受如此的困苦不得升迁？明帝泰始初期，天下发生了逆乱，我们一家两代人，粉身碎骨地保卫君主，特殊的功勋杰出的业绩，已经没有人关心了，昔日的官阶旧时的宦途，已经被侵夺并遭到压抑。”王僧虔回信说：“我提拔你做了征北参军，近年来处境地位已经小有好转，试想殷主簿也是由参军入府后才得高位受到尊崇礼遇的，何义曹接替了殷主簿，也没发现他为此诉苦。足下多年屈居在下位，要想一朝就得到超升，这当然有些困难。自泰始初年以来，勤苦了十年，从来没有任见到赏识，而想立刻就得到称心如意的官职，怎么能随心所愿。我同足下平素没有什么私人间的怨恨，为什么要排挤您呢，我只是想尽力对您有些帮助罢了。”檀珪又写信说：“当初荀攸是汉朝功臣，到晋武帝的时候才赐爵位给他的玄孙。复侯惇是魏国有功勋的大臣，晋朝建立后，也才得到了甄别辨明，才赏赐给他的孙子，封赏亲族。羊祜在晋朝泰始年间建议献策来攻打东吴，到晋哀帝咸宁末年，才进行褒奖宠信，赐封他哥哥的儿子。卞望之在东晋成帝咸和初年国难中牺牲，到哀帝兴宁末年，才受到尊崇礼遇给予他秩禄，让他的子孙做官。蜀郡的主簿田混，魏文帝黄初末年因为光君的祸难而死，晋成帝咸康年间才提拔了他的子孙做官。看起来似乎不应该因祖辈相隔遥远就遭到抛弃，年代长久便会被遗忘。檀珪我多方面遭受困顿，命运之坏是很少有人能比的，五次丧事都没能按时安葬，一家百口只为求活命，为生活所迫，本希望得到小官，并没有想去追求高官厚禄。远古以来有沐食侯，近代有王官。府佐不是沐食侯，参军不是王官。我本不是没才气的人，实在因为空置不用而感到羞愧。殷、何两人，有的同府主情意相投，有的受到朝廷的重视，怎么能与我这样的人同样看待。你让我担任这个职务，你还能否让我转做朝廷中的郎官吗？假如让我每天得到五升禄米，我就不耻于执鞭策马做你的仆人。”王僧虔便任用他做安成郡丞。檀珪，就是宋安南将军檀韶的孙子。

王僧虔不久被加官为散侍常侍，转任右仆射。宋顺帝升明元年，王僧虔迁官尚书仆射，不久转为中书令，左仆射，二年任尚书令。王僧虔喜好文学、史学，懂得音律，认为朝廷礼乐有多处违背传统正确的制度，民间争相创作流行的新声杂曲，当时，齐太祖萧道成在朝中执政，王僧虔就进表说：

"那悬钟悬磬一类的乐器，是用来演奏雅乐的；礼仪中所规定的凯容等舞蹈，舞人八队就是一种准则。乐官现在总理的音乐舞蹈，在音乐及服饰方面都和古代制度不符合。一架悬钟悬磬只能用来演奏女乐，以歌唱为主，不能成为演奏雅乐所必备的乐器。宋孝武帝大明年间，就曾用天子的乐队配合着表演《鞞舞》《拂舞》，节拍路数虽合于音律，但我想是违背雅乐的体制，将来懂得礼乐的人，或许会因此讥讽宋代的圣世的。假如认为现在朝廷歌舞已经很完美，那就严重地违背古代的成法，是改变前代歌舞钟磬的制度，没有很好参照前代的成例。朝廷的天子演奏的乐舞，应严格按照雅乐的规则，按照制度及规定考察，或许能与古代的雅乐相符合。又现在流行的《清商乐舞》，本来是由曹魏铜爵传下来的，太祖、三代的君主的风流，留下的音乐还能被听到，京、洛地方对此十分推崇，晋朝以来对此更加珍惜重视。我确信钟磬之乐与干羽之舞，是禁止在私家演奏的，桑间、濮上之曲与郑、卫之音，素来应当远离衣冠士大夫，朝廷需要的是合于中庸与雅正之道的音乐，没有比这个更重要了。但是因为人们情趣的改变以及对乐曲欣赏要求的变化，逐渐让雅乐衰落了，十年多间，消失的古乐几乎超过一半。自从近代家家争相传唱新歌新曲，人人都崇尚通俗的谣曲，力求节奏的急促曲调的幽怨，不再顾及音乐是否合于中庸之道的准则，这趋势流行扩展地无边，不知道什么时候才能终止，这是排斥庄重的乐曲，崇尚助长烦乱淫靡。士大夫是有等级贵贱差别的，无缘故不能离开雅乐；礼法是有规定秩序的，年长的与年幼的不能听同样的音乐。所以才造成喧闹丑恶的制作，在民间日盛一日；淳美雅正的音乐，在士大夫之家已断绝。应当命令主管的有关官员，力求勤心地考察研究雅乐的业务，集合整理遗留散失的古代雅乐，相互进行启发说明，凡平时所遗漏忘掉的，全面地加以补充和继承。对于能完整保存古曲的人应当给予他厚禄，演奏技艺纯熟的人应得到优厚的职位。用利禄来引导人们，那么人人都会为了振兴雅乐而努力。使音乐能返本还源继承雅乐，这样就有希望使古乐得到延续。"这件事被朝廷采纳。

齐高帝建元元年，王僧虔转为侍中、抚军将军、丹阳尹。二年，进号为右卫将军，王僧虔一再地辞让不肯拜官。朝廷改授他为左光禄大夫，侍中、丹阳尹地职务不变。郡县中监狱里历来都有用汤药来杀害囚犯的，王僧虔上奏说："汤药本用来治病的，但是有的人却用来干冤杀残暴的勾当，还有的人用它来发泄私愤。假若罪犯必须要判死刑，自有正当刑法可循，假使需要快速地灭除凶恶罪犯，那么就应事先报告。有关死生人命判决是大事，怎能容许郡县下级部门私自决定的。臣认为医治县中囚犯的疾病，必须药事先书面报告郡府，找来主管的官员会同郎中共同诊断考察，远处县籍的囚犯，应允许他的家人前来探视，然后再决定如何处理。这样才可以使死去的人不会含冤，活着的人没有怨恨。”皇帝采纳了他的意见。

王僧虔非常重视关心雅乐，他升明年间在奏疏中指出来的问题，虽然稍微得到改正，但还有很多遗漏与不足。这时皇帝准备与北魏通使交往，王僧虔在给他侄子的信中写道：“古语说：‘中原礼数有缺失和不足，可以到四边的民族那里去寻求。’估计古乐的情况也是一样道理。前秦苻坚战败后，东晋才有完备的钟磬古乐，前人的知识与经验不能认为全是错的。北方各国或许保存有以前流传下来的古乐，当然未必能立即拿来补充中原缺失的古乐，但是可以比较得知古乐何存何亡，这是和古语讲的道理相一致的。仅《鼓吹》乐说原来就有二十一首曲子，现在能演奏的不过剩十分之一而已。我认为此次到北方去的使臣中要有杂役人员随行，可以从现在的乐署中找一个大略懂古乐和今乐差别的人，让他承担这个任务。虽然像春秋时期吴国懂古今音乐的季札那样的人很难找到了，但是只要去的人能理解他所知道的音乐的情况，也就会和一般人前去不一样。假若你认为我说的有道理，你能将我的意见上奏给朝廷吗？请替我留心这件事。”这个意见竟然没能实现。

齐高帝善于书法，即位以后，更加爱好不已。一次他同王僧虔比试书法后，对王僧虔说：“谁是第一？”王僧虔说：“臣的书法第一，陛下也第一。”皇上笑着说：“你真可以说是很善于替自己着想了。”于是又拿出古人留下的十一卷书法，要他寻找善于书法的人名。王僧虔还从民间收得了古人墨迹，是那十一卷中所没有的，其中有吴大皇帝孙权、景帝孙休、归命侯孙皓写的字，桓玄写的字，甚至把丞相王导、领军王洽，中书令王珉、张芝、索靖、卫觊、张翼等人的书法十二卷进献给皇帝。又献上了羊欣撰写的《能书人名》一卷。

这一年冬季，王僧虔迁转持节、都督湘州诸军事、征南将军、湘州刺史，侍中官职不变。王僧虔为人十分清廉简易，不谋财产，百姓不受到骚扰。齐武帝萧赜即位后，王僧虔因得中风病打算要陈情辞官，恰在这时被调做侍中、左光禄大夫、开府议同三司。王僧虔年少时兄弟族人集会，有人观察他的面相说：“王僧虔的寿命与官位最高，官位会达到三公，其他的人没有能赶得上他的。”等到这次授官时，王僧虔对他的侄子王俭说：“你在朝中担任了重要的官职，可能会有担任州牧或者三公等高位的八命礼遇，如果我再接受赐予的官职，那么我们一家之中就有两人在朝中任最高的官职，这是很值得担心的事情。”于是就坚决辞退不肯受官，皇帝宽容地答应他的请求。便改他做侍中、特进、左光禄大夫。有人问王僧虔坚决地辞官的原因，王僧虔说道：“君子忧虑的是害怕自己没有德行，不忧虑得不到宠信。我的禄位已足以满足自己的衣食需要，得到的荣耀及职位已经超过我实际有的才能，我自己惭愧的是能力凡庸、微薄不能够报效国家，怎么能再接受更高的爵禄，这样做不是让官场上的人们讥笑我吗？”他的侄子王俭身为朝中的大臣，修建长梁斋时，稍微超过规定的制度，王僧虔看到不高兴，始终不肯进门，王俭立刻就拆掉了它。

永明三年，王僧虔逝世。他很懂得天文星象，一天夜里坐着观天发现星空分野在豫章的地方将会出现事故，当时他的儿子正做豫章内史，担心儿子在那里会有什么公事。不多时，王僧虔死了，王慈放下郡中的公务赶来奔丧。王僧虔当年六十岁。死后被追赠司空，侍中不变。谥号简穆。

王僧虔论书法时说：“宋文帝写字，自称可以与王子敬相比，当时的人评论说：‘字体自然胜过羊欣，但笔力的功夫却比羊欣差。’平南将军王廙，就是右军将军王羲之的叔父，东晋过江之前，人们认为他是书法最好的。已故的曾祖领军王洽的字，王右军评论道：‘弟弟的书法就不比我的差。’改变古字的书法为草书，当今唯有王右军一人。曾祖领军不是这样的，自始至终仍旧效法钟繇、张芝的隶书。对于已故从祖父中书令王珉的字，王子敬评价说：‘弟弟写的字就像骑着骡子，急速地奔跑总想赶在千里马的前面。’征西将军庾翼的字，年少时与王右军齐名，王右军后来者居上，庾翼还不理解，在荆州给京中的人写信说：‘小儿之辈就像穷人家的鸡，都学写写王逸少的草书，待我顺江而下，应当与他比试高低。’张翼，王右军自己书写的表章，晋穆帝让张翼写阅后答信，王右军当时没发现笔迹不同，很久之后才明白，说：‘小人的字迹几乎能以假乱真。’张芝、索靖、韦诞、钟会、卫觊、卫恒都曾在前代获得善书的美名，没办法辨别他们字的优劣，只能看他们字迹的笔力后感到很惊异而已。张澄的字在当代也被称为很有意趣。郗愔章草字体可以说仅次于王右军。郗超的草书仅次于二王，字体紧凑、妩媚超过他的父亲郗愔。桓玄自称王右军的书法是一流，评论者将他比作孔琳之。谢安的名字也被列进善于书法的人名录，他自己也非常重视，曾经写嵇康的诗赠给王子敬。羊欣的字曾有一个时期也受到人们的重视，他亲自受教于王子敬，行书写得尤其好，正楷却和名声不能相称。孔琳之的字自然放纵，很有笔力，法度规矩怕是要落在羊欣之后。丘道护与羊欣一同亲受王子敬指点，所以应该被列在羊欣之后。范晔与萧思话同拜羊欣为师，后来稍有变化，既失去旧日的成就，也不过是小有意趣而已。萧思话的字，就像羊欣的影子，字的风流趣味，怕是不逊于羊欣，遗憾的只是他笔力柔弱。谢综的字，他的舅父范晔评说是如同风云骤起，是很恰当的赏析，遗憾的是他缺少妩媚姣好。谢灵运的字不能与上述的人们相等，只是他遇到时机较好，也能进入名流。贺道力的字，仅次于丘道护。庾昕学习王右军的书法，也达到了几乎以假乱真的程度。”又撰写《书赋》，流传于后世。

他的第九子名王寂，字子玄，性急好动，很喜爱文章，读《范谤传》时，未尝不慨叹动情。王融失败后，门客大多来投靠他。齐明帝萧鸾建武初年，他打算献上《中兴颂》，他的兄长王志对他说：“你是贵家的年少子弟，何愁在仕途上不通达，如果不用沉静的态度来控制情绪，恐怕会遭到人们的讥笑。”王寂就停止不献。最初任秘书郎，早死，年仅二十一岁。

王僧虔在宋朝时曾写信告诫儿子说：

我知道你抱怨我不准许你学习谈玄说理，想要靠自己奋勉力求上进，这也许是用死后盖棺论定来自欺，也许打算再次选择美好的学业，只要是能取得值得称赞的成就，也就足以安慰一生了。只是多次听你的这些说法，并没见到你的实际作为。让我按照先师孔子所说的听其言观其行的话来谈点看法，希望这些意见能够帮助你不虚度一生。我不能信任你，并不是凭空这样说的。我早年有志于研究史学，拿《三国志》堆放在床头，经过了一百多天，又改变学业去学习玄学，当然这与学历史是小有差别的，学了以后还没进门得其要领。东方朔曾说：“言谈议论哪是容易的事。”读玄学的著作，思想为之奔放，肝肠也为之紧缩。为攻读一部书，经常要诵读几十家的注解，从年轻到年老，手里从不放下书卷，尚且不敢轻易开口谈玄。你打开《老子》分卷刚五尺多长的篇幅，还不知道王弼说什么，何晏又说些什么，更不了解马融和郑玄有何不同，《指例》一书阐明什么，就拿起麈尾，自称是谈玄之士，这种事是最危险的。假设袁粲让你谈论《易经》，谢庄请你评说《庄子》，张邵问你关于《老子》的学问，难道可以回答说没有读过吗？谈玄就如同古时候的射覆一样，前人猜中并说破的道理，后人就应理解，如果不理解就与射覆输了一样。何况论述注释的著作有上百家之多，荆州的《八袠》，又有《才性四本》《声无哀乐》等篇章，都是谈家口头上十分熟悉的，就如同客人来了要预先准备好东西拿出来待客一样。这些你还没有耳闻目睹，哪里有厨房中没有准备充足的物品，反而打算要延请贵宾的道理呢？就像人们所说的张衡的构思就像天造地设一般精妙，郭象谈玄口若悬河而滔滔不绝，他们不勤奋地学习，怎能达到这样的境地？你还没看懂题目的含义，没明白书中的根本主旨，六十四卦还不知道都是什么名目；《庄子》的许多篇章，哪些是内篇外篇；《八袠》所记载的共有几家；《四本》的论述，以哪一家的为好。不懂这些反而每天出去诓人，人们也不会轻易受到你们欺骗的呀。因为我学习得并不好，没有什么可以拿来给你们做榜样的。然而大舜虽没严父，唐尧也没好儿子，也是各自任由自己成长罢了。你们在私下议论时也会说："哪一天不是在学习？在天地间可以嬉戏游乐，何苦急忙给自己找罪受？幸好要趁着好时光一直到老年，何必亏待自己？"你们只看到一个方面，人生不全是这样的，假如我的学问像马融、郑玄，也一定会很好；要是与他们差得太远，现在一定也很逊色。人达到什么程度，都是从自己的身上做出来的。你现在正值壮年，自然应当勤奋几倍，不然就仅能像我一样。人世间这样的事情满眼望去都是，你了解得不少，就不再具体说了。

我活在世上，虽缺乏德性才质，但总算在扰攘人间生活几十年了，所以已经是一个老人了，别人或许用我来比量你们呢。我死之后，假如你没有自立能力，有谁能理解你的事情呢？有不少人年少时就有好的名声青年时就登上清要官职，在那时候的王氏家门中，优秀人物就是龙凤，不好的还能是虎豹，但是一旦失去家族庇荫，哪还谈得上什么龙虎呢？况且我的功德与地位不能为你们带来福荫，这正是你们各自应该努力的原因。有的人自身曾做过朝廷三公那样的高官，却渺无声息；有的人出身于布衣寒素的家庭，可卿相却要向他请教。有的人父子贵贱差别非常大，兄弟之间名声也各不相同，这是什么原因呢？只在于读完几百卷书的结果呀。我现在后悔已经来不及了，只是想用我的前车之鉴来告诫后来的人。你已经年过三十，正该当官任职，再加上有了家口的拖累，牵扯你的身心，难道还能有放下帷帐安心读书的青年王郎那样的时光吗？只能在世事中学习，度过一生。希望你能反复思考，不要忌讳我说的话。我现在还会责打王志一辈，那就是寄希望于万一，在我没死的时候盼望你有所成就，不知我说的对你是否有益处？我说的对你都是切身相关的事情，跟我自己还有什么关系呢？死去的人成鬼后只会喜爱密密的松林茂盛的柏树，哪还知道子弟是受诽谤还是受赞誉的事情！为了你有以上的感触，所以略抒心怀写这信。

南齐书卷三十九

刘瓛列传第二十

刘瓛字子圭，沛国相人，晋丹阳尹惔六世孙也。祖弘之，给事中。父惠，治书御史。

瓛初州辟祭酒主簿。宋大明四年，举秀才，兄璲亦有名，先应州举，至是别驾东海王元曾与瓛父惠书曰："比岁贤子充秀，州闾可谓得人。"除奉朝请，不就。

少笃学，博通《五经》。聚徒教授，常有数十人。丹阳尹袁粲于后堂夜集，瓛在座，粲指庭中柳树谓瓛曰："人谓此是刘尹时树，每想高风；今复见卿清德，可谓不衰矣。"荐为秘书郎，不见用。除邵陵王郡主簿，安陆王国常侍，安成王抚军行参军，公事免。瓛素无宦情，自此不复仕。除车骑行参军，南彭城郡丞，尚书祠部郎，并不拜。袁粲诛，瓛微服往哭，并致赙助。

太祖践阼，召瓛入华林园谈语，谓瓛曰："吾应天革命，物议以为何如？"瓛对曰："陛下诫前轨之失，加之以宽厚，虽危可安；若循其覆辙，虽安必危矣。"既出，帝顾谓司徒褚渊曰："方直乃尔！学士故自过人。"敕瓛使数入，而瓛自非诏见，未尝到宫门。

上欲用瓛为中书郎，使吏部尚书何戢喻旨。戢谓瓛曰："上意欲以凤池相处，恨君资轻，可且就前除，少日当转国子博士，便即后授。"瓛曰："平生无荣进意，今闻得中书郎而拜，岂本心哉！"后以母老阙养，重拜彭城郡丞。谓司徒褚渊曰："自省无廊庙之才，所愿唯保彭城丞耳。"上又以瓛兼总明观祭酒，除豫章王骠骑记室参军，丞如故，瓛终不就。武陵王晔为会稽太守，上欲令瓛为晔讲，除会稽郡丞，学徒从之者转众。

永明初，竟陵王子良请为征北司徒记室。瓛与张融王思远书曰："奉教使恭召，会当停公事，但念生平素抱，有乖恩顾。吾性拙人闲，不习仕进，昔尝为行佐，便以不能及公事免黜，此皆眷者所共知也。量己审分，不敢期荣。夙婴贫困，加以疏懒，衣裳容发，有足骇者。中以亲老供养，褰裳徒步，脱尔退今，二代一纪。先朝使其更自修正，勉厉于阶级之次，见其褴褛，或复赐以衣裳，袁、褚诸公咸加劝励，终不能自反也。一不复为，安可重为哉？昔人有以冠一免不重加于首，每谓此得进止之仪。古者以贤制爵，或有秩满而辞老，以庸制禄，或有（徐令上文长）〔身病而求归〕者，永瞻前良，在己何若。又上下年尊，益不顾居官次，废晨昏也。先朝为此，曲申从许，故得连年不拜荣授，而带帖薄禄。既习此岁久，又齿长疾侵，岂宜摄斋河间之听，厕迹东平之僚？本无绝俗之操，亦非能偃蹇为高，此又诸贤所当深察者也。近奉初教，便自希得托迹于客游之末，而固辞荣级，其故何耶？以古之王侯大人，或以此延四方之士，甚美者则有辐凑燕路，慕君王之义，骧镳魏阙，高公子之仁，继有追申、白而入楚，羡邹枚而游梁，吾非敢叨夫曩贤，庶欲从九九之遗踪。既于闻道集泮不殊，而幸无职司拘碍，可得奉温清，展私计，志在此尔。"除步兵校尉，并不拜。

瓛姿状纤小，儒学冠于当时，京师士子贵游莫不下席受业。性谦率通美，不以高名自居。游诣故人，惟一门生持胡床随后，主人未通，便坐问答。住在檀桥，瓦屋数闲，上皆穿漏。学徒敬慕，不敢指斥，呼为青溪焉。竟陵王子良亲往修谒。七年，表世祖为瓛立馆，以扬烈桥故主第给之，生徒皆贺。瓛曰："室美为人灾，此华宇岂吾宅邪？幸可诏作讲堂，犹恐见害也。"未及徙居，遇病，子良遣从瓛学者彭城刘绘、从阳范缜将厨于瓛宅营斋。及卒，门人受学〔者〕并吊服临送。时年五十六。

瓛有至性，祖母病疽经年，手持膏药，渍指为烂。母孔氏甚严明，谓亲戚曰："阿称便是今世曾子。"阿称，瓛小名也。年四十余，未有婚对。建元中，太祖与司徒褚渊为瓛娶王氏女。王氏椓壁挂履，土落孔氏床上，孔氏不悦，瓛即出其妻。及居父丧，不出庐，足为之屈，杖不能起。今上天监元年，下诏为瓛立碑，谥曰贞简先生。所著文集，皆是《礼》义，行于世。

初，瓛讲《月令》毕，谓学生严植曰："江左以来，阴阳律数之学废矣。吾今讲此，曾不得其仿佛。"时济阳蔡仲熊礼学博闻，谓人曰："凡钟律在南，不容复得调平。昔五音金石，本在中土；今既来南，土气偏陂，音律乖爽。"〔瓛亦以为然〕。仲熊历安西记室，尚书左丞。

瓛弟琎。

琎字子璥。方轨正直。宋泰豫中，为明帝挽郎。举秀才，建平王景素征北主簿，深见礼遇。邵陵王征虏安南行参军。建元初，为武陵王晔

冠军征虏参军。晔与僚佐饮，自割鹅炙。琎曰："应刃落俎，膳夫之事，殿下亲执鸾刀，下官未敢安席。"因起请退。与友人孔澈同舟入东，澈留目观岸上女子，琎举席自隔，不复同坐。豫章王太尉板行佐。兄瓛夜隔壁呼琎共语，琎不答，方下床著衣立，然后应。瓛问其久，琎曰："向束带未竟。"其立操如此。文惠太子召琎入侍东宫，每上事，辄削草。寻署中兵，兼记室参军大司马军事，射声校尉，卒官。

【译文】

刘瓛，字子珪，是沛国相人，晋丹阳尹刘惔的第六代孙。他的祖父刘弘之，官至给事中，他父亲刘惠，累官至治书御史。

刘瓛起先被州刺史举荐为祭酒主簿，宋大明六年，被举为秀才。他哥哥刘璲也很有名，先应州举，称为秀才。至此，州别驾东海人王元曾经在给刘瓛的父亲刘惠书信中说："贤子连年充举秀才，本州闾里可称得人。"朝廷任官奉朝请，没有就职。

刘瓛少年时笃好儒学，因此博通五经。招收生徒讲授，经常有数十人。丹阳尹袁粲在后堂举行晚宴时，刘瓛也在座，袁粲指庭院中的柳树对刘瓛说："人们传说这棵树是您的六世祖刘尹所栽种的，经常思念他的高风亮节；现在又见您清德美行，可以说是不减当年了。"举荐刘瓛为秘书郎，没被朝廷任用。先后担任邵陵王郡主簿，安陵王国常侍，安成王抚军行参军，后因公事被免职。刘瓛本就没有做官的愿望，从此就不再出仕。朝廷先后任命他为车骑行参军、南彭城郡丞、尚书祠部郎，都不曾前去就职。后来袁粲被杀，刘瓛身穿着平民服装前往哭灵，并赠给他送葬及抚恤的财物。

齐太祖萧道成称帝后，宣召刘瓛到华林园中谈话，对他说："我响应天意来改朝换代，人们如何评论这件事？"刘瓛回答说："陛下您惩戒前朝的失误，再加上非常宽厚，虽危险也可以转化为平安，如果重蹈前代覆辙，就是平安也会变成危险。"刘瓛退出去后，太祖对司徒褚渊说："他竟然如此方正直率，这正是学士超过常人的地方。"敕令刘瓛可经常进宫中，但刘瓛如果没有皇帝召见，从不曾到达宫门。

皇上打算命刘瓛担任中书郎，就派吏部尚书何戢去宣喻旨意。何戢对刘瓛说："皇上想要让你居官凤凰池，很遗憾您资历轻浅，可暂且就任原职，过些天可转为国子博士，然后再授任后职。"刘瓛说："我平素就没有荣显进取额心，现在听说得为中书郎而拜受，这难道就是我的本心吗？”后因为母亲年迈需要人孝养，再拜为彭城郡丞。他对司徒褚渊说：“自我省察我没有廊庙之才，所只是希望保有彭城丞罢了！”皇上又要让刘瓛兼任总明观祭酒，担任豫章王骠骑记室参军，依旧保留了郡丞，刘瓛不肯接受。武陵王萧晔当时担任会稽太守，皇上想让刘瓛为萧晔讲经。担任会稽郡丞，跟随他的学生日益增多。

永明初，竟陵王萧子良请求刘瓛担任征北司徒记室。刘瓛给张融、王思远的书信中说：“奉教使恭敬的召请，应停办公事。但思念平生抱负，与恩顾有所乖异。我的本性十分拙于人世事务，不习惯仕进，往日曾经担任行佐，就因无能及公事被罢黜，这都是眷顾者都知道的。衡量审视自己的天分，不敢去希冀荣显。平素被贫困所系绕，再加上自己疏懒，不修边幅，衣服容颜及头发，足以让人惊异。中间又因双亲年迈需供养，揭起衣裳徒步行走，简慢轻率的习惯，至今已经有两代十二年。先朝让自我修正，用官秩阶次勉励我，见我穿着褴褛，有时还赏赐我衣裳，袁粲、褚渊诸公都规劝勉励我，但仍没能自改。一次不行，怎能再来第二次呢？前人有‘冠一免就不能重加于首’的说法，我常以为这很符合进退的法度。古人以贤设爵，也有秩满而因年老辞退的，以功赐禄，也有患病而请求回家的人。瞻视前贤的事例，我自身又如何呢？加上父母年迈，我更不愿因居官位，废除早晚请安探视。因此前朝曲从我的申述，才能连年不拜荣显的官职，而且兼领薄禄。这种习惯年月已久，再加上年长病患，怎么适宜升登河间王的厅堂，厕身于东平王僚属呢？我没有与世隔绝的节操，也不以傲慢为高尚。这又是诸贤应该深察的。近期奉初次下教，自己就希望能托形迹在游客末位，而又坚决地辞去荣显的职级，原因何在呢？因为古代王侯大人，多以此来延揽四方的士人，最美的则有聚集通往燕国的路途上，来仰慕君王的高义；奔驰到魏国的朝门，以高尚公子的仁德。继而有人追随申公、白公入楚，羡慕邹阳、枚乘而游梁，我不敢忝承前贤，希望能跟随九九遗踪。既和闻道入学没有什么区别，又庆幸没有职司的拘束与妨碍，可以事奉父母，嘘寒问暖，施展个人的计划，我的心志就在于此。”后被任命步兵校尉，都没拜受。

刘瓛身材很瘦小，儒学为当时的冠才，京城的士子贵族都下席听受学业。他秉性谦虚直率通达，不因有盛名自居。拜访故旧，只让一个门生手持着胡床跟随在身后，主人尚未到时，就坐下问答。他家居住在檀桥，有数间瓦房，房顶都穿透漏雨。学生尊敬仰慕他，不敢明言，称它作青溪。竟陵王萧子良亲自前往送束修谒见它。永明七年，上表世祖为刘瓛设立学馆，以扬烈桥故主的府第给他，生徒都向他道贺。刘瓛说：“房室华美是人的灾害，这样华美的房子难道是我住的宅院吗？幸亏诏令将它作为讲堂，我还怕因此被累害呢！”没来得及迁居，赶上疾病，萧子良派跟随刘瓛学习的彭城人刘绘、从阳人范缜带着炊具在刘瓛住宅负责准备斋饭。到刘瓛去世时，门人及听他讲学的人都吊唁服丧哭灵送葬。享年五十六岁。

刘瓛有纯厚的性情，他的祖母生毒疮一年多，他手拿膏药，手指都被溃烂。他的母亲孔氏十分严明，对他的亲戚说：“阿称就是当代的曾子。”阿称是刘瓛小名。他年龄四十多岁时，还未婚配。建元年间，太祖及司徒褚渊为他娶了王家的女儿。王氏在墙上钉钉子挂鞋，土落到了孔氏床上，孔氏很不高兴，刘瓛就将王氏休出家。等到为他的父亲服丧，不出墓庐，脚也因此弯曲，拄杖才能站立起来。当今皇上天监元年，下诏书为刘瓛立碑，谥号为贞简先生。他所著的文集，都是关于《礼》经义，流传于后世。

起初，刘瓛讲完《月令》，就对学生严植说：“王室迁到江南以来，阴阳律数之学已经废而不传。我今天讲的这些，不曾得到它约略的形迹。”当时济阳人蔡仲熊礼学博洽，就对人说：“凡钟律在江南，都不可能再调平。过去的五音金石，本在中原，现在既已南来，土气偏潮湿，音律就回出现差错。”刘瓛也认为是如此。蔡仲熊历任安西记室，尚书左丞。

刘瓛的弟弟叫刘琎。

刘琎，字子璥。行为方正直率而且有遵循。宋泰豫年间，他任明帝挽郎。他被举为秀才，迁建平王刘景素的征北主簿，深受到礼遇。后转邵陵王征虏安南行参军。建元初年，他任武陵王萧晔的冠军征虏参军。萧晔与僚佐宴饮，亲自动手割烤鹅的肉。刘琎说：“操刀切割，是膳夫做的事，殿下您亲手执鸾刀，下官不敢安坐在席上。”于是就起身请求退席。与友人孔澈同舟东行，孔澈注目观看岸上女子，刘琎就举起席子自我隔离，不再与他同坐。豫章王太尉辟为行佐。他的哥哥刘瓛夜晚在隔壁呼唤刘琎一同谈话，刘琎不是马上答应，待到下床穿好衣服站立时，才答应。刘瓛问他为何如此长的时间不答应，他说：“刚才衣带还没束好。”他的立身操行就是像这样。文惠太子召刘琎进东宫侍候，每次上书言事时，常消灭草稿，来表示缜密。不久署任中兵，兼记室参军、大司马军事、射声校尉，后病死在任所。

南齐书卷四十七

谢朓列传第二十八

谢朓字玄晖，陈郡阳夏人也。祖述，吴兴太守。父纬，散骑侍郎。

朓少好学，有美名，文章清丽。解褐豫〔章〕王太尉行参军，度随王东中郎府，转王俭卫军东阁祭酒，太子舍人、随王镇西功曹，转文学。

子隆在荆州，好辞赋，数集僚友，朓以文才，尤被赏爱，流连晤对，不舍日夕。长史王秀之以朓年少相动，密以启闻。世祖敕曰："侍读虞云自宜恒应侍接。朓可还都。"朓道中为诗寄西府曰："常恐鹰隼击，秋菊委严霜。寄言罻罗者，寥廓已高翔。"迁新安王中军记室。朓笺辞子隆曰："朓闻潢污之水，思朝宗而每竭；驽蹇之乘，希沃若而中疲。何则？皋壤摇落，对之惆怅；岐路东西，或以呜悒。况乃服义徒拥，归志莫从，邈若坠雨，飘似秋带。朓实庸流，行能无算，属天地休明，山川受纳，褒采一介，搜扬小善，舍耒场圃，奉笔菟园。东乱三江，西浮七泽，契阔戎旃，从容讌语。长裾日曳，后乘载脂，荣立府廷，恩加颜色。沐发晞阳，未测涯涘；抚臆论报，早誓肌骨。不悟沧溟未运，波臣自荡；渤澥方春，旅翮先谢。清切蕃房，寂寥旧荜。轻舟反溯，吊影独留，白云在天，龙门不见。去德滋永，思德滋深。唯待青江可望，候归艎于春渚；朱邸方开，效蓬心于秋实。如其簪履或存，衽席无改，虽复身填沟壑，犹望妻子知归。揽涕告辞，悲来横集。"

寻以本官兼尚书殿中郎。隆昌初，敕朓接北使，朓自以口讷，启让不当，不见许。高宗辅政，以朓为骠骑谘议，领记室，掌霸府文笔。又掌中书诏诰，除秘书丞，未拜，仍转中书郎。出为宣城太守，以选复为中书郎。

建武四年，出为晋安王镇北谘议、南东海太守，行南徐州事。启王敬则反谋，上甚嘉赏之。迁尚书吏部郎。朓上表三让，中书疑朓官未及让，以问祭酒沈约。约曰："宋元嘉中，范晔让吏部，朱脩之让黄门，蔡兴宗让中书，并三表诏答，具事宛然。近世小官不让，遂成恒俗，恐此有乖让意。王蓝田、刘安西并贵重，初自不让，今岂可慕此不让邪？孙兴公、孔觊并让记室，今岂可三署皆让邪？谢史部今授超阶，让别有意，岂关官之大小？㧑让之美，本出人情。若大官必让，便与诣阙章表不异。

例既如此，谓都自非疑。”朓又启让，上优答不许。

朓善草隶，长五言诗，沈约常云“二百年来无此诗也”。敬皇后迁祔山陵，朓撰哀策文，齐世莫有及者。

东昏失德，江祏欲立江夏王宝玄，末更回惑，与弟祀密谓朓曰：“江夏年少轻脱，不堪负荷神器，不可复行废立。始安年长入纂，不乖物望。非以此要富贵，政是求安国家耳。”遥光又（遗）〔遣〕亲人刘渢密致意于朓，欲以为肺腑。朓自以受恩高宗，非渢所言，不肯答。少日，遥光以朓兼知卫尉事，朓惧见引，即以祏等谋告左兴盛，兴盛不敢发言。祏闻，以告遥光，遥光大怒，乃称敕（见）〔召〕朓，仍回车付廷尉，与徐孝嗣、柘、暄等连名启诛朓曰：“谢朓资性险薄，大彰远近。王敬则往构凶逆，微有诚效，自尔升擢，超越伦伍。而溪壑无厌，著于触事。比遂扇动内外，处处奸说，妄贬乘舆，窃论宫禁，间谤亲贤，轻议朝宰，丑言异计，非可具闻。无君之心既著，共弃之诛宜及。臣等参议，宜下北里，肃正刑书。”诏：“公等启事如此，朓资性轻险，久彰物议。直以雕虫薄伎，见齿衣冠。昔在渚宫，构扇蕃邸，日夜纵谀，仰窥俯画。及还京师，翻自宣露，江、汉无波，以为己功。素论于兹而尽，缙绅所以侧目。去夏之事，颇有微诚，赏擢曲加，逾迈伦序，感悦未闻，陵竞弥著。遂复矫构风尘，妄惑朱紫，诋贬朝政，疑闲亲贤。巧言利口，见丑前志，涓流纤孽，作戒远图。宜有少正之刑，以申去害之义。便可收付廷尉，肃明国典。”又使御史中丞范岫奏收朓，下狱死。时年三十六。

朓初告王敬则，敬则女为朓妻，常怀刀欲报朓，朓不敢相见。及为吏部郎，沈昭略谓朓曰：“卿人地之美，无忝此职。但恨今日刑于寡妻。”朓临败叹曰：“我不杀王公，王公由我而死。”

【译文】

谢朓，字玄晖，是陈郡阳夏人。他祖父谢述，官至吴兴太守，父亲谢纬，累官为散骑常侍。

谢朓少年时十分好学，名声佳美，文章非常清新华丽。离家入仕后，担任豫章王的太尉行参军，历任随王东中郎府，转王俭的卫军东阁祭酒，后迁任太子舍人、随王镇西功曹，转为文学。

随王萧子隆在荆州时，他爱好辞赋，多次召集僚友，谢朓因文才超群，尤其受赏识垂爱，会晤应对常常流连忘返，不论白天黑夜。长史王秀之因为谢朓年少受宠，害怕动摇自己的地位，就暗地将此事启奏给皇上。世祖敕令说："侍读虞云自应该经常侍候应接，谢朓可以回京了。"谢朓回京的途中作诗一首寄给了西府，说："常恐鹰隼击，秋菊委严霜。寄言网罗者，寥廓已高翔。"迁任为新安王中军记室。谢朓写笺记向萧子隆告辞，说："我听说低洼处的积水，想流向海却常常枯竭，跛劣的乘马，希望调柔但中途疲敝，怎么样？沼泽洼地的草木凋谢，对它失意伤感；岐路可东可西，令人悲哀气结。何况奉行仁义的徒众抱集，回归之志不顺从，渺茫的样子就像天降雨，翩翩就像秋叶落树。我实是平庸的人，德行才能都不值得称说。每逢天地美善旺盛，山川中纳污藏疾。褒采一介之士，抽扬小善微贤，所以才舍弃农亩耒耜，奉笔在梁王兔园。向东横渡三江，向西浮泛七泽，离散在戎镇得旗下相约，安居就从容会饮笑语。长襟天天拖曳，后车命驾而行。荣耀立在府庭，恩遇形诸面容，洗发晒干，没测边际。抚胸论报，早先的誓言刻骨铭心。不料沧海没运转，鲋鱼独自往来摇动，渤海才至春天，旅鸟的翅羽先脱。王府清切，旧舍寂寞。轻舟已经溯江返回，而我却独留下来。白云在天，龙门不见。离别的日子越久，思念之情就越深。只等待清江可望，在春江边候归船；朱邸方开，效蓬草的心意给秋实。如果簪履尚存，单席没改，即使身填沟壑，还是希望妻子知其归宿。挥着泪告辞，涕注横流。"

不久后，谢朓以本职兼任尚书殿中郎。隆昌初年，天子敕令他接待北方的来使，他自认为言语迟钝，启奏推辞，要求不担当此任，没被允许。高宗辅政时，任命谢朓为骠骑咨议，领记室，负责掌管霸府文笔。又掌管中书省的诏诰，任命为秘书丞，没有就职，仍转中书郎。出外担任宣城太守，经国推选又任中书郎。

建武四年，出任为晋安王镇北咨议、南东海太守、行南徐州事。启奏王敬则反叛密谋的事，很被皇上嘉许赞赏，迁为尚书吏部郎。谢朓三次上表极力辞让，中书怀疑他官职没来得及让，以此询问祭酒沈约。沈约回答说："宋元嘉年间，范晔辞让吏部、朱修之辞让黄门、蔡兴宗辞让中书，都是三表诏答，具体事情宛然，近代小管不让，也就成为常俗，恐怕这样就违背辞让的意图。王蓝田、刘安西都很贵重，起初自己不让，难道今天能羡慕它不让吗？孙兴公、孙觊都让记室，难道如今可以三署都让吗？谢吏部如今是授官越级，辞让有另外的意思，难道同官职大小有关？谦让之美，本是出于人情。如果大官必让，就和送到朝阙的章表没有什么区别。惯例既然是如此，此说都自不疑。"谢朓又启奏辞让，皇上下诏不许。

谢朓善于写草书隶体，很擅长五言诗，沈约常说："两百年来没有此诗。”敬皇后迁辛祔葬造皇帝陵，谢朓撰写哀策文，齐朝没有人能比得上的。

东昏侯无道，江祏想要立江夏王萧宝玄为皇帝，后来又犹豫不决，他和弟弟江祀私下对谢朓说：“江夏王还年少，为人轻率简慢也不稳重，无法保守神器，又无法再次废立。始安王年纪长，入继大统，不乖违背人望。我们不是要以此谋求富贵，而是为了国家平安考虑。”始安王萧遥光又派亲信刘沨暗中地致意谢朓，想将他作为心腹。谢朓认为自己已受高宗的恩遇，不同意刘沨说的话，不愿意答应。几天后，萧遥光任命谢朓兼任知卫尉事，谢朓害怕自己被牵连，就将江祏等人的密谋转告给左兴盛，左兴盛不敢告发这件事。江祏听说此事后，就向萧遥光禀告，萧遥光大怒，于是就称敕命召见了谢朓，掉转车头又将谢朓交付给了廷尉，然后与徐孝嗣、江祏、刘暄等人联名上书，奏请要诛杀谢朓，说：“谢朓他禀性阴险刻薄，已彰显在远近的人中。王敬则往日谋反构难，他只是小有诚心功效，从此就被拔擢升迁，超越了同辈。但他的欲壑不满足，遇事就会有所表现。以至于最近他煽动朝廷内外，到处散布奸邪的语言，污妄并贬低皇上，还私自议论宫禁，离间毁谤亲贤的人，轻率地评议朝中的宰辅。丑恶的言语，叛逆的计谋，不能够详细地奏闻。他轻视君主之心已经明显，应受到‘人共弃之’之诛。臣等人谋议，应将他下北里廷尉狱，来严正刑典。”皇上下诏说：“公等人启奏如此，谢朓他禀性轻率阴险，已经彰显于舆论。他只是凭借雕虫小技，就被齿列于士大夫。往日在荆楚别宫，他煽动构造于藩府，日夜地纵情谄媚阿谀，抬头窥察低头谋划。待他回到京城后，又反复自我宣露，江汉地区平定后，他以为是自己的功劳。平时议论到此很详尽，让缙绅侧目而视。去年夏天的事情，他多少有一点忠诚，奖赏擢升优加，破格地越级，却没听到他感激满意的话，陵上争竞的事情却变本加厉。于是又制造了混乱，用虚言来惑乱高官，诋毁讥贬朝政，怀疑离间亲贤的人。巧言利口，被前史所贬斥，细弊微孽，可以作为远图的戒训，应受诛少正卯那样的刑罚，来申明除害的义理。可拘捕他入廷尉狱，来严明国法。”又派遣御史中丞范岫启奏逮捕了谢朓，他后来死在狱中。年仅三十六岁。

谢朓起初告发王敬则谋反的事时，王敬则女儿就是谢朓的妻子，她经常怀中藏匕首准备为父报仇，谢朓很害怕，不敢见到她。等到谢朓任吏部郎时，沈昭略对他说：“你人才门地的佳美，的确无愧于这个官职，遗憾的是现在要受寡妻之刑。”谢朓在被捕前曾经颇有感触地说：“我没杀王公，但是王公却是因我而死的。”

南齐书卷五十二

祖冲之列传第三十三

祖冲之字文远，范阳遒人也。祖昌，宋大匠卿。父朔之，奉朝请。

冲之少稽古，有机思。宋孝武使直华林学省，赐宅宇车服。解褐南徐州迎从事，公府参军。

宋元嘉中，用何承天所制历，比古十一家为密，冲之以为尚疏，乃更造新法。上表曰：

臣博访前坟，远稽昔典，五帝躔次，三王交分，《春秋》朔气，《纪年》薄食，谈、迁载述，彪、固列志，魏世注历，晋代《起居》，探异今古，观要华戎。书契以降，二千余稔，日月离会之征，星度疏密之验。专功耽思咸可得而言也。加以亲量圭尺，躬察仪漏，目尽毫厘，心穷筹策，考课推移，又曲备其详矣。

然而古历疏舛，类不精密，群氏纠纷，莫审其会。寻何承天所上，意存改革，而置法简略，今已乖远。以臣校之，三睹厥谬，日月所在，差觉三度，二至晷影，几失一日，五星见伏，至差四旬，留逆进退，或移两宿。分至失实，则节闰非正；宿度违天，则伺察无准。

臣生属圣辰，询逮在运，敢率愚瞽，更创新历。谨立改易之意有二，设法之情有三。改易者一：以旧法一章，十九岁有七闰，闰数为多，经二百年辄差一日。节闰既移，则应改法，历纪屡迁，实由此条。今改章法三百九十一年有一百四十四闰，令却合周、汉，则将来永用，无复差动。其二：以《尧典》云“日短星昴，以正仲冬”。以此推之，唐尧世冬至日，在今宿之左五十许度。汉代之初，即用秦历，冬至日在牵牛六度。汉武改立《太初历》，冬至日在牛初。后汉四分法，冬至日在斗二十二。晋世姜岌以月蚀检日，知冬至在斗十七。今参以中星，课以食望，冬至之日，在斗十一。通而计之，未盈百载，所差二度。旧法并令冬至日有定处，天数既差，则七曜宿度，渐与舛讹。乖谬既著，辄应改易。仅合一时，莫能通远。迁革不已，又由此条。今令冬至所在岁岁微差，却检汉注，并皆审密，将来久用，无烦屡改。又设法者，其一：以子为辰首，位在正北，爻应

初九升气之端，虚为北方列宿之中。元气肇初，宜在此次。前儒虞喜，备论其义。今历上元日度，发自虚一。其二：以日辰之号，甲子为先，历法设元，应在此岁。而黄帝以来，世代所用，凡十一历，上元之岁，莫值此名。今历上元岁在甲子。其三：以上元之岁，历中众条，并应以此为始。而《景初历》交会迟疾，元首有差。又承天法，日月五星，各自有元，交会迟疾，亦并置差，裁得朔气合而已，条序纷错，不及古意。今设法日月五纬交会迟疾，悉以上元岁首为始，群流共源，庶无乖误。

若夫测以定形，据以实效。悬象著明，尺表之验可推；动气幽微，寸管之候不忒。今臣所立，易以取信。但综核始终，大存缓密，革新变旧，有约有繁。用约之条，理不自惧，用繁之意，顾非谬然。何者？夫纪闰参差，数各有分，分之为体，非不细密，臣是用深惜毫厘，以求全妙之准，不辞积累，以成永定之制，非为思而莫知，悟而弗改也。若所上万一可采，伏愿颁宣群司，赐垂详究。

事奏。孝武令朝士善历者难之，不能屈。会帝崩，不施行。出为娄县令，谒者仆射。

初，宋孝武平关中，得姚兴指南车，有外形而无机巧，每行，使人于内转之。升明中，太祖辅政，使冲之追修古法。冲之改造铜机，圆转不穷，而司方如一，马钧以来未有也。时有北人索驭麟者，亦云能造指南车，太祖使与冲之各造，使于乐游苑对共校试，而颇有差僻，乃焚毁之。永明中，竟陵王子良好古，冲之造欹器献之。

文惠太子在东宫，见冲之历法，启世祖施行，文惠寻薨，事又寝。转长水校尉，领本职。冲之造《安边论》，欲开屯田，广农殖。建武中，明帝使冲之巡行四方，兴造大业，可以利百姓者，会连有军事，事竟不行。

冲之解钟律，博塞当时独绝，莫能对者。以诸葛亮有木牛流马，乃造一器，不因风水，施机自运，不劳人力。又造千里船，于新亭江试之，日行百余里。于乐游苑造水碓磨，世祖亲自临视。又特善算。永元二年，冲之卒。年七十二。著《易》《老》《庄》义，释《论语》《孝经》，注《九章》，造《缀术》数十篇。

【译文】

祖冲之字文远，范阳郡遒县人。祖父名昌，在刘宋时担任过大匠卿。父亲名朔之，做一散官奉朝请。

冲之少年时代就研习古事，思想机敏。刘宋孝武帝把他安排在华林园省察工作，赐给他住宅、车马和衣物。又派他到南徐州任从事史，走上仕途，后来被调回中央任公府参军。

刘宋元嘉时，所使用的历法是何承天所制的《元嘉历》，比古代十一家的历法都要精密，可祖冲之还是认为粗疏，于是更造新的历法。给皇帝上奏说：

我广泛搜访前人的书籍，深入研究古代经典，五帝时的躔次，三王时的交分，《春秋》中的气朔，《竹书纪年》中的薄食，司马谈、司马迁的载述，班彪、班固的列志，曹魏时的注历，晋代的《起居注》，以寻求古今的不同，考察并总结了各民族的历法。自有文字以来，两千多年，日、月相离相会的迹象，五星行度疏密之验证。我是专门下功夫入迷似的思考，都是能够得到而可讲述的。特别是自己测量圭尺，亲自观察仪器和计时器漏，眼睛完全看到毫厘小数，心中进行计算，考察变迁，这就深入掌握了它历法的详情了。

然而古代历法粗疏错误，大多不够精密，各家互相矛盾，他们未能研究出对它的理解。得到何承天所献上的历法，他愿望是要改革，可是设置的法则简略，现在已经差远了。根据我的校验，看到它的三个错误：日月所在位置，发觉其差误有三度；冬至、夏至晷影长度几乎失误一天；五星见伏的日期，误差达到四十天，留逆进退，有的推移了两个星宿。春、秋分和夏至失去真实，则节气置闰就不正确；宿度不与天象实际相符，则等候观察就无准。

我生逢圣明的时候，又赶上好运气，敢于直率愚盲，再次创造新的历法。谨慎建立改变的思想有二，设置法则的情况有三。改变的第一点：按旧法一章，为十九年设有七闰，闰数多了，经过二百年就差一天。节气置闰既然变动，则相应改变闰法，日月运行轨道的分纪就屡次迁改，是由于这一条。现在改章法为三百九十一年设有一百四十四闰，令其往前符合周代、汉代，那么将来就能永远使用，不会再出现差误变动。第二点：根据《尚书·尧典》所说“日短星昴，以正仲冬”。以此推之唐尧之世的冬至日，在现在星宿之左边差不多五十度。汉代初期，仍用秦代历法，冬至日在牵牛六度。汉武帝改革建立《太初历》，冬至日在牵牛初度。后汉的四分历，冬至日在斗宿二十二度。晋代的姜岌用月食检验日之所在，知道冬至日在斗宿十七之日，在斗宿十一度。通而计之，不满一百年，就差了二度。旧法都令冬至日有固定位置，天文数据既然差错，则日月五星的宿度，就逐渐出现错误。乖谬既然显著就相应改变。这样做只能符合一时，而不能通行长久。改来改去不停，又是由于这条。现在使冬至所在位置岁岁微差，回过头检验汉代历注，都很审密，将来永久施用，不必烦劳屡次修改。还有设置法则，其一，以子时为时辰之首，（从方向来说）子位在正北，卦爻应在初九为升气的开始，虚的北方七宿之中宿。元气的发端，应当在这个“次”。前代学者虞喜，详细讨论了其意义。我的历法上元度日，发端于虚宿。其二，用日辰之号子，甲子日为前导，历法设起算年（上元），应当在此年。但是黄帝以来，世代所用，总共有十一种历法，“上元”之年，没有相当于这个名称的。我的历法上元那年在甲子。其三，以上元之年，历法中的众多条款，都应以此为（计算的）起点。可是《景初历》的交会迟疾，历元的开始参差不齐。又如何承天的历法，日月五星，各自有各自的历元，交食迟疾，也都设置不同起点，剪裁使得朔气相合而已，条件次序纷繁错误，未达到古代的意境。现在设法使日月五星交会迟疾，都是以上元岁首为起点，众多支流有共同的源泉，大多没有错误。

如果对定形进行测量，就能得到真实效果。悬挂的星象显著明亮，用天表等仪器测验可以推算，变动的气虽不明显而微弱，可用径寸的竹管候测不会有差错。现在我所建立的，容易使人取信。但是综合研究始终，大多存在不精密，革新变旧，有简有繁。用简的条款，道理上不必自我恐惧；用较繁的意思，不过不是谬误。为什么？就是记闰不整齐，数据各有分数，把分数作为主体，并非不细密，我这样做是特别珍惜毫厘之类的小数，以完成求解出美妙之则，不去掉累积，以成就永久固定的著述，不是经思考而不知道，也不是明白了还不改。如果所献上的历法万一可以采用，我愿意由皇帝向各部门宣传，给予详细考究。

上报到皇帝。孝武帝让朝廷的官员们中懂得历法的人提出质难，都不能使他屈服。赶上孝武帝死后未能施行。派祖冲之出去担任娄县令，又调回任谒者仆射。

缴获后秦姚兴时制作的指南车，有外部形状而没有机巧，每当行走，使人在车内旋转指向。到宋升明时，齐太祖肖道成辅佐朝政，使祖冲之按古代的理论建造指南车。祖冲之改用铜制机械，圆转不穷，而指示方向保持不变，是三国时马钧以来所没有的。当时有一位北方人索驭麟，也说能制造指南车，肖道成就让他与祖冲之各造一辆，让他们在京城的乐游苑相对同时进行校对试验，结果索驭麟的颇有偏差，于是折毁烧掉了。齐永明（483—493）中，竟陵王肖子良爱好古物，祖冲之制造了一件欹器献给他。

文惠太子肖长懋在东宫，看到了祖冲之的历法，启奏给齐武帝施行，文惠太子不久死去，事情又被搁置。祖冲之转任长水校尉，领本职。他写作《安边论》奏章，建议开屯田，发展农殖。齐建武（494—498）中，明帝肖鸾派祖冲之巡行四方，兴造大业，可以有利于百姓的恰好连年有战争，事情终究没有实行。

祖冲之懂得乐律学，博塞游戏当时独绝，没有能和他匹敌的。他认为诸葛亮有木牛流马，于是制造一件器械，不依靠风、水，施用机关能自己运行，不靠人力。又造千里船，在长江的新亭江段试验，一日能走一百多里。在乐游苑造水碓磨，齐世祖即武帝亲自到场观看。又特别精通数学。永元二年，祖冲之去世，终年七十二岁。著《易经》《老子》《庄子》义，注释《论语》《孝经》，注解《九章算术》，著《缀术》数十篇。

梁书

梁书卷八

萧统列传第二

昭明太子统字德施，高祖长子也。母曰丁贵嫔。初，高祖未有男，义师起，太子以齐中兴元年九月生于襄阳。高祖既受禅，有司奏立储副，高祖以天下始定，百度多阙，未之许也。群臣固请，天监元年十一月，立为皇太子。时太子年幼，依旧居于内，拜东宫官属，文武皆入直永福省。

太子生而聪睿，三岁受《孝经》《论语》，五岁遍读《五经》，悉能讽诵。五年六月庚戌，始出居东宫。太子性仁孝，自出宫，恒思恋不乐。高祖知之，每五日一朝，多便留永福省，或五日三日乃还宫。八年九月，于寿安殿讲《孝经》，尽通大义。讲毕，亲临释奠于国学。

十四年正月朔旦，高祖临轩，冠太子于太极殿。旧制，太子著远游冠，金蝉翠緌缨；至是，诏加金博山。

太子美姿貌，善举止。读书数行并下，过目皆忆。每游宴祖道，赋诗至十数韵。或命作剧韵赋之，皆属思便成，无所点易。高祖大弘佛教，亲自讲说；太子亦崇信三宝，遍览众经。乃于宫内别立慧义殿，专为法集之所。招引名僧，谈论不绝。太子自立二谛、法身义，并有新意。普通元年四月，甘露降于慧义殿，咸以为至德所感焉。

三年十一月，始兴王憺薨。旧事，以东宫礼绝傍亲，书翰并依常仪。太子意以为疑，命仆刘孝绰议其事。孝绰议曰："案张镜撰《东宫仪记》，称'三朝发哀者，逾月不举乐；鼓吹寝奏，服限亦然'。寻傍绝之义，义在去服，服虽可夺，情岂无悲，铙歌辍奏，良亦为此。既有悲情，宜称兼慕，卒哭之后，依常举乐，称悲竟，此理例相符。谓犹应称兼慕，至卒哭。"仆射徐勉、左率周舍、家令陆襄并同孝绰议。太子令曰："张镜《仪记》云'依《士礼》，终服月称慕悼'。又云'凡三朝发哀者，逾月不举乐'。刘仆议，云'傍绝之义，义在去服，服虽可夺，情岂无悲，卒哭之后，依常举乐，称悲竟，此理例相符'。寻情悲之说，非止卒哭之后，缘情为论，此自难一也。用张镜之举乐，弃张镜之称悲，一镜之言，取舍有异，此自难二也。陆家令止云'多历年所'，恐非事证；虽复累稔所用，

意常未安。近亦常经以此问外，由来立意，谓犹应有慕悼之言。张岂不知举乐为大，称悲事小；所以用小而忽大，良亦有以。至如元正六佾，事为国章；虽情或未安，而礼不可废。铙吹军乐，比之亦然，书疏方之，事则成小，差可缘心。声乐自外，书疏自内，乐自他，书自己。刘仆之议，即情未安。可令诸贤更其详衷。”司农卿明山宾、步兵校尉朱异议，称“慕悼之解，宜终服月”。于是令付典书遵用，以为永准。

七年十一月，贵嫔有疾，太子还永福省，朝夕侍疾，衣不解带。及薨，步从丧还宫，至殡，水浆不入口，每哭辄恸绝。高祖遣中书舍人顾协宣旨曰：“毁不灭性，圣人之制。《礼》，不胜丧比于不孝。有我在，那得自毁如此！可即强进饮食。”太子奉敕，乃进数合。自是至葬，日进麦粥一升。高祖又敕曰：“闻汝所进过少，转就羸瘵。我比更无余病，正为汝如此，胸中亦圮塞成疾。故应强加如粥，不使我恒尔悬心。”虽屡奉敕劝逼，日止一溢，不尝菜果之味。体素壮，腰带十围，至是减削过半。每入朝，士庶见者莫不下泣。

太子自加元服，高祖便使省万机，内外百司奏事者填塞于前。太子明于庶事，纤毫必晓，每所奏有谬误及巧妄，皆即就辨析，示其可否，徐令改正，未尝弹纠一人。平断法狱，多所全宥，天下皆称仁。

性宽和容众，喜愠不形于色。引纳才学之士，赏爱无倦。恒自讨论篇籍，或与学士商榷古今；闲则继以文章著述，率以为常。于时东宫有书几三万卷，名才并集，文学之盛，晋、宋以来未之有也。

性爱山水，于玄圃穿筑，更立亭馆，与朝士名素者游其中。尝泛舟后池，番禺侯轨盛称“此中宜奏女乐”。太子不答，咏左思《招隐诗》曰：“何必丝与竹，山水有清音。”侯惭而止。出宫二十余年，不畜声乐。少时，敕赐太乐女妓一部，略非所好。

普通中，大军北讨，京师谷贵，太子因命菲衣减膳，改常馔为小食。每霖雨积雪，遣腹心左右，周行闾巷，视贫困家，有流离道路，密加振赐。又出主衣绵帛，多作襦袴，冬月以施贫冻。若死亡无可以敛者，为备棺槥。每闻远近百姓赋役勤苦，辄敛容色。常以户口未实，重于劳扰。

吴兴郡屡以水灾失收，有上言当漕大渎以泻浙江。中大通二年春，诏遣前交州刺史王弁假节，发吴郡、吴兴、义兴三郡民丁就役。太子上疏曰：“伏闻当发王弁等上东三郡民丁，开漕沟渠，导泄震泽，使吴兴一境，无复水灾，诚矜恤之至仁，经略之远旨。暂劳永逸，必获后利。未萌难睹，窃有愚怀，所闻吴兴累年失收，民颇流移。吴郡十城，亦不全熟。唯义兴去秋有稔，复非常役之民。即日东境谷稼犹贵，劫盗屡起，在所有司，不皆闻奏。今征戍未归，强丁疏少，此虽小举，窃恐难合，吏一呼门，动为民蠹。又出丁之处，远近不一，比得齐集，已妨蚕农。去年称为丰岁，公私未能足食；如复今兹失业，虑恐为弊更深。且草窃多伺候民间虚实，若善人从役，则抄盗弥增，吴兴未受其益，内地已罹其弊。不审可得权停此功，待优实以不？、圣心垂矜黎庶，神量久已有在。臣意见庸浅，不识事宜，苟有愚心，愿得上启。”高祖优诏以喻焉。

太子孝谨天至，每入朝，未五鼓便守城门开。东宫虽燕居内殿，一坐一起，恒向西南面台。宿被召当入，危坐达旦。

三年三月，寝疾。恐贻高祖忧，敕参问，辄自力手书启。及稍笃，左右欲启闻，犹不许，曰“云何令至尊知我如此恶”，因便呜咽。四月乙巳薨，时年三十一。高祖幸东宫，临哭尽哀。诏敛以兖冕，谥曰昭明。五月庚寅，葬安宁陵。诏司徒左长史王筠为哀册，文曰：（略）

太子仁德素著，乃薨，朝野惋愕。京师男女，奔走宫门，号泣满路。四方氓庶，及疆徼之民，闻丧皆恸哭。所著文集二十卷；又撰古今典诰文言，为《正序》十卷；五言诗之善者，为《文章英华》二十卷，《文选》三十卷。

【译文】

昭明太子萧统，字德施，梁高祖萧衍的长子。母亲是丁贵嫔。当初，高祖没有儿子，等起兵之后，太子于齐中兴元年九月出生于襄阳。高祖受禅即帝位后，有关部门奏请立皇太子，高祖以天下刚刚平定，各种制度多有缺失，没有允许。群臣反复请求，天监元年十一月，立萧统为皇太子。当时，太子年纪幼小，依旧居住在宫内，拜东宫官属，文武官员都到永福省入直。

太子天性非常聪明敏捷，三岁时开始学习《孝经》《论语》，五岁时便读遍《五经》，都能背诵。天监五年六月庚戌日，才出居东宫。太子天性仁义孝顺，自出宫之后，总是思恋旧宫而不高兴。高祖知道后，让他每五天入宫朝见一次，大多顺便留在永福省，或过了三五天才回东宫。天监八年九月，在寿安殿讲解《孝经》，能将文中大义都讲通。讲完之后，亲自到国学去举行祭祀。

天监十四年正月朔旦，高祖临轩，在太极殿为太子加行冠礼。依照旧制，太子戴远游冠，金蝉翠緌缨；到此时，诏令加上金博山。

太子容貌俊美，举止有仪。读书时数行并下，过目不忘。每次游宴饯别，赋诗可达十几韵。有时命一些较难的韵让他赋诗，他都立时便成，无所改易。高祖萧衍大力弘扬佛教，亲自讲说，太子也崇信三宝，遍读佛教经典。还在宫内别修慧义殿，专门作为讲习佛教法令的场所。招引当时著名僧人，和他们讲论不绝。太子自己还创立二谛、法身义，都很有新意。普通元年四月，甘露降于慧义殿，人们都认为这是太子的至德所感。

普通三年十一月，始兴王萧憺去世。按照旧规矩，东宫太子和旁系亲属所享礼节不同，书信来往都依常仪。太子认为不妥，命仆刘孝绰议论这件事。刘孝绰议论说："案张镜撰写《东宫仪记》一书，称'三朝发哀者，超过一月不奏乐；鼓吹乐不奏，服丧之限制也是如此'。按东宫傍绝之义，义在去除丧服。丧服虽然可去，情感难道能没有悲伤？铙歌中止不奏，确实为此之故。既有悲情，应该称为兼慕，哭完之后，依常举乐，悲伤已完结，此理例相符。这是说还应称兼慕之义，到哭完为止。"仆射徐勉、左率周舍、家令陆襄都和刘孝绰的意见相同。太子下令说："张镜《仪记》中说'依照《士礼》，终丧服之月称为慕悼'。又说'凡三朝发哀者，逾月不举乐'。刘孝绰的议论，认为'傍绝之义，义在去除丧服，丧服虽然可去，情感难道能没有悲伤？哭完之后，依常举乐，悲伤已完结，此理例相符'。按情感悲伤之说，不仅止于哭完之后，缘情为论，这是一难。用张镜举乐之说，弃张镜称悲之言，同样是张镜的话，取舍不同，这是第二难。陆家令只说'多历年所'，恐怕没有事证。虽然是累年所用，意常未安。近年也常有此问之外，从来立意，说还应该有爱慕悲悼之言。张镜难道不知道举乐为大，称悲事小吗？所以用小事而忽略大事，已是不应该了。至于说元正六佾，事为国家典章；于情虽然或有不安，而礼不可废。铙吹为军乐，与之相比，道理也是如此。以书疏论之，事则成小，仅可缘心自慰而已。声乐发自外，书疏发自内，乐自他人，书疏由己。刘孝绰之议，于情未为安妥。可令各位贤士再在一起详加议论。"司农卿明山宾、步兵校尉朱异议论此事，认为"慕悼之解除，应终丧服之月"。于是，太子令将此议付典书遵用，以为长远的标准。

普通七年十一月，丁贵嫔生了病，太子还永福省，从早到晚侍候母亲，连衣带都不解。等丁贵嫔去世，太子步行随丧柩还宫。到装敛之日，一直茶饭不食，常常哭得昏厥过去。高祖派中书舍人顾协宣布旨意说："哀毁不丧失本性是圣人之制。《礼》，经不起丧事等于不孝。有我在，你怎能自毁如此！快起来强进饮食。"太子奉勒之后，才勉强吃了点东西。从这天起到下葬之日，每天吃一升麦粥。高祖又下诏说："听说你吃得太少，越来越瘦。我本来没什么病，正因为你这样，胸中也圮塞成疾。所以，你要强加饮食，不要让我为你担心。"太子显然屡次奉勒劝逼，但每天只吃一溢（一镒），没有尝过疏菜水果的味道。太子本来身体十分强壮胖大，腰带有十围，而到这时已减削过半。每次入朝，士庶百姓见到他的莫不掉下眼泪。

太子自加元服之后，高祖便让他处理国家政事，内外百司向太子奏事的人堵塞宫门。太子对治理民众之事十分通晓，连纤毫小事也必然知道。每次臣下所奏有谬误和使巧妄为之事，都立即辨析，示其可否，令其慢慢改正，未曾为此而纠弹一人。平断法狱，多所保全，天下人都称道太子仁德。

太子天性宽和容众，声怒不形于色。引纳才学之士，欣赏珍爱他们而不知倦。总是亲自讨论篇籍，或者和学士们商榷古今之事；有空便写文章著述，习以为常。当时，东宫有书近三万卷，当世有名的才子尽集于此，文学之盛，是晋代、宋代以来所不曾有的。

太子性爱山水，在玄圃挖沟修筑，重新修建亭馆，和朝士声名素著之人在里边游乐。一次在后池泛舟，番禺侯萧轨盛称"这里应奏女乐"。太子不回答，咏左思《招隐诗》说："何必丝与竹，山水有清音。"萧轨盛惭愧而止。出宫二十多年，没有蓄养过声乐艺人。少年时，高祖赐给太子太乐女伎一部，却不是太子所好。

普通年间，梁朝大军北伐，京师粮价变贵，太子因此下令穿菲薄的衣服，减少膳食，改常馔为小食。每次遇到连绵阴雨或下大雪的天气，总要派遣心腹之人到闾巷之中去巡察，见到贫困的百姓有流离于道路的，便暗中加以赈济。又拿出棉布锦帛，做了许多襦袴，冬天送给贫饿冻馁之人。如果人死了没有东西收敛，便为之准备棺材。每次听说远近的百姓赋役勤苦，总是敛容改色。常常以百姓户口未实而为之忧劳不已。

吴兴郡屡次因遭水灾而粮食歉收，有人上言应当开挖大渠以泄浙江的水。中大通二年春天，高祖诏派前交州刺史王弁代行其事节，发吴郡、吴兴、义兴三郡民丁服役。太子上疏说："听说让王弁等发东三郡民丁，开漕沟渠，导泄震泽，使吴兴郡境内不再有水灾，诚然是矜恤之至仁，经略上的远者。暂时劳苦而得永逸，必然获得后利。未萌之事难以预见，臣私地有一种想法。听说吴兴郡累年歉收，百姓颇为流移。吴郡的十个城邑也不全熟，唯义兴郡去年丰收，却又不是常役之民。如今东境州郡粮价仍很贵，盗贼屡起，有关地方官府没有全部上奏。如今征戍未归，强丁很少，此事虽然是小的举动，但私下地担心难以合于民之所需。官吏一叫门，使动辄为百姓的蠹害。另外，出壮丁的地方，远近不一，等到集合在一起，已经妨害了农功。去年可以说是丰收年，公家和私门粮食还不够食用；如果加上现在失于劳作，恐怕为害更深。而且，草窃盗贼大多伺候民间虚实，如果好人都去从役，则抄盗劫略之事必然增加，吴兴郡还未受益，内地已受其弊。不知道能不能暂时停止这个功役，以待以后条件许可不？圣心垂矜黎庶百姓，神量久已有在。臣意见庸浅，不识事宜，苟有愚心，但愿对上启迪。”高祖萧衍专门下诏说明了此事。

太子仁孝恭谨是天性，每次入朝，不到五鼓便等着城门开启。在东宫之中虽然燕居内殿，一起一坐，总是面向西南台宫。晚上得到诏令要入宫，便危坐达旦，不敢稍歇怠慢。

中大通三年三月，太子病重。害怕高祖为自己担忧，每次诏勅参问，总要打起精神亲自写书信回报。等病情加重，左右的人想报告高祖，还不允许，说：“为什么要至尊知道我病成这样？”说着便呜咽感伤。四月乙巳日，太子病逝，时年三十一岁。高祖临幸东宫，哭得非常悲痛。下诏以兖冕敛尸，谥号曰昭明。五月庚寅日，埋葬于安宁陵。诏令司徒左长史王筠作哀册，文中说：（略）

昭明太子仁德平素著于内外，等他去世，朝野无不惊愕惋惜。京城中的男女百姓，都奔走于宫门前，满路都是号哭的人。四方百姓以及边疆吏民，听说太子去世，无不恸哭。昭明太子著有文集二十卷；又撰集古今典诰文言，为《正序》十卷；集五言诗中的佳作，为《文章英华》二十卷；《文选》三十卷。

梁书卷九

曹景宗列传第三

曹景宗字子震，新野人也。父欣之，为宋将，位至征虏将军、徐州刺史。

景宗幼善骑射，好畋猎，常与少年数十人泽中逐獐鹿，每众骑赴鹿，鹿马相乱，景宗于众中射之，人皆惧中马足，鹿应弦辄毙，以此为乐。未弱冠，欣之于新野遣出州，以匹马将数人，于中路卒逢蛮贼数百围之。景宗带百余箭，乃驰骑四射，每箭杀一蛮，蛮遂散走，因是以胆勇知名。颇爱史书，每读穰苴、乐毅传，辄放卷叹息曰："丈夫当如是！"辟西曹不就。宋元徽中，随父出京师，为奉朝请、员外，迁尚书左民郎。寻以父忧去职，还乡里。服阕，刺史萧赤斧板为冠军中兵参军，领天水太守。

时建元初，蛮寇群动，景宗东西讨击，多所擒破。齐鄱阳王锵为雍州，复以为征虏中兵参军，带冯翊太守，督岘南诸军事，除屯骑校尉。少兴州里张道门厚善。道门，齐车骑将军敬儿少子也，为武陵太守。敬儿诛，道门于郡伏法，亲属故吏莫敢收，景宗自襄阳遣人船到武陵，收其尸骸，迎还殡葬，乡里以此义之。

建武二年，魏主托跋宏寇赭阳，景宗为偏将，每冲坚陷阵，辄有斩获，以勋除游击将军。四年，太尉陈显达督众军北围马圈，景宗从之，以甲士二千设伏，破魏援托跋英四万人。及克马圈，显达论功，以景宗为后，景宗退无怨言。魏主率众大至，显达宵奔，景宗导入山道，故显达父子获全。

五年，高祖为雍州刺史，景宗深自结附，数请高祖临其宅。时天下方乱，高祖亦厚加意焉。永元初，表为冠军将军、竟陵太守。及义师起，景宗聚众，遣亲人杜思冲劝先迎南康王于襄阳即帝位，然后出师，为万全计。高祖不从，语在高祖纪。高祖至竟陵，以景宗与冠军将军王茂济江，围郢城，自二月至于七月，城乃降。复帅众前驱至南州，领马步军取建康，道次江宁，东昏将李居士以重兵屯新亭，是日选精骑一千至江宁行顿，景宗始至，安营未立；且师行日久，器甲穿弊，居士望而轻之，因鼓噪前薄景宗。景宗被甲驰战，短兵裁接，居士弃甲奔走，景宗皆获之，因鼓而前，径至皂荚桥筑垒。景宗又与王茂、吕僧珍掎角，破王珍国于大航。茂冲其中坚，应时而陷，景宗纵兵乘之。景宗军士皆桀黠无赖，御道左右，莫非富室，抄掠财物，掠夺子女，景宗不能禁。及高祖入顿新城，严申号令，然后稍息。复与众军长围六门。城平，拜散骑常侍、右卫将军，封湘西县侯，食邑一千六百户。仍迁持节、都督郢司二州诸军事、左将军、郢州刺史。天监元年，进号平西将军，改封竟陵县侯。

景宗在州，鬻货聚敛。于城南起宅，长堤以东，夏口以北，开街列门，东西数里，而部曲残横，民颇厌之。二年十月，魏寇司州，围刺史蔡道恭。时魏攻日苦，城中负板而汲，景宗望门不出，但耀军游猎而已。及司州城陷，为御史中丞任昉所奏，高祖以功臣寝而不治，征为护军。既至，复拜散骑常侍、右卫将军。

五年，魏托跋英寇钟离，围徐州刺史昌义之，高祖诏景宗督众军援义之，豫州刺史韦睿亦预焉，而受景宗节度。诏景宗顿道人洲，待众军齐集俱进。景宗固启，求先据邵阳洲尾，高祖不听。景宗欲专其功，乃违诏而进，值暴风卒起，颇有滂溺，复还守先顿。高祖闻之，曰："此所以破贼也。景宗不进，盖天意乎！若孤军独往，城不时立，必见狼狈。今得待众军同进，始大捷矣。"及韦睿至，与景宗进顿邵阳洲，立垒去魏城百余步。魏连战不能却，杀伤者十二三，自是魏军不敢逼。景宗等器甲精新，军仪甚盛，魏人望之夺气。魏大将杨大眼对桥北岸立城，以通粮运，每牧人过岸伐刍藁，皆为大眼所略。景宗乃募勇敢士千余人，径渡大眼城南数里筑垒，亲自举筑。大眼率众来攻，景宗与战破之，因得垒成。使别将赵草守之，因谓为赵草城，是后恣刍牧焉。大眼时遣抄掠，辄反为赵草所获。先是，高祖诏景宗等逆装高舰，使与魏桥等，为火攻计。令景宗与睿各攻一桥，睿攻其南，景宗攻其北。六年三月，春水生，淮水暴长六七尺。睿遣所督将冯道根、李文钊、裴邃、韦寂等乘舰登岸，击魏洲上军尽殪。景宗因使众军皆鼓噪乱登诸城，呼声震天地，大眼于西岸烧营，英自东岸弃城走。诸垒相次土崩，悉弃其器甲，争投水死，淮水为之不流。景宗令军主马广蹑大眼至涉水上，四十余里，伏尸相枕。义之出逐英至洛口，英以匹马入梁城。缘淮百余里，尸骸枕藉，生擒五万余人，收其军粮器械，积如山岳，牛马驴骡，不可胜计。景宗乃搜军所得生口万余人，马千匹，遣献捷，高祖诏还本军，景宗振旅凯入，增封四百，并前为二千户，进爵为公。诏拜侍中、领军将军，给鼓吹一部。

景宗为人自恃尚胜，每作书，字有不解，不以问人，皆以意造焉。虽公卿无所推揖；惟韦睿年长，且州里胜流，特相敬重，同宴御筵，亦曲躬谦逊，高祖以此嘉之。景宗好内，妓妾至数百，穷极锦绣。性躁动，不能沉默，出行常欲褰车帷幔，左右辄谏以位望隆重，人所具瞻，不宜然。景宗谓所亲曰："我昔在乡里，骑快马如龙，与年少辈数十骑，拓弓弦作霹雳声，箭如饿鸱叫。平泽中逐獐，数肋射之，渴饮其血，饥食其肉，甜如甘露浆。觉耳后风生，鼻头出火，此乐使人忘死，不知老之将至。今来扬州做贵人，动转不得，路行开车幔，小人辄言不可。闭置车中，如三日新妇。遭此邑邑，使人无气。"为人嗜酒好乐，腊月于宅中，使作野虖逐除，遍往人家乞酒食。本以为戏，而部下多剽轻，因弄人妇女，夺人财货。高祖颇知之，景宗乃止。高祖数宴见功臣，共道故旧，景宗醉后谬忘，或误称下官，高祖故纵之以为笑乐。

七年，迁侍中、中卫将军、江州刺史。赴任卒于道，时年五十二。诏赙钱二十万，布三百匹，追赠征北将军、雍州刺史、开府仪同三司。谥曰壮。子皎嗣。

【译文】

曹景宗字子震，新野人。父亲名欣之，是宋朝武将，官做到征虏将军、徐州刺史。

曹景宗少年时善于骑马射箭，喜爱围猎，经常会同几十个少年到大草泽里去追逐獐子、野鹿，每当众多骑手赶野鹿时，野鹿和人马混杂在一起，曹景宗在众人中放箭射鹿，人们都怕射中马腿，野鹿却随着弓弦一响就被射倒，曹景宗就以此当作乐趣。刚到二十岁时，曹欣之在新野派曹景宗出州去办事，他单身匹马只带几个从人，半路上意外地遇到几百蛮人的包围。曹景宗带上百余支箭，便驰马向四面射箭，每发一箭就射死一个蛮人，蛮人四散逃走，因此他凭自己的胆量和勇气获得了名声。他很喜爱读史书，每次读《穰苴》《乐毅传》，便放下书卷感叹说："男儿应当做这样的人！"被征召任西曹官职，没去受任。宋朝后废帝元徽年间，随同父亲离开本州去京城建康，任奉朝请、员外，调任尚书左民郎。不久因父亲去世离职，回到故乡。服丧期满后，刺史萧赤斧任命他做冠军中兵参军，兼任天水太守。

当时是南齐高祖建元初年，蛮人聚众暴乱，曹景宗东征西讨，战斗中多次擒贼破敌。齐鄱阳王萧锵做雍州刺史，又用他做征虏中兵参军，兼任冯翊太守，督岘南诸军事，又授官做屯骑校尉。年少时和同乡张道门友谊情深。张道门是南齐车骑将军张敬儿的小儿子，做武陵太守。张敬儿被杀，张道门在郡中也被株连处死，亲属故吏没人敢前来收尸，曹景宗从襄阳派遣人员船只到武陵，收取张道门的尸体，接回来加以殡葬，同乡人都因此认为曹景宗重义气。

南齐明帝建武二年，北魏国主托跋宏进攻赭阳，曹景宗任偏将，每次冲击强敌攻陷敌阵，总是有所斩杀和俘获，因为有功勋而被授官做游击将军。四年，太尉陈显达统率众军北上围攻马圈，曹景宗随军出征，带领甲士两千人设埋伏，击破北魏托跋英带领的四万援兵。攻克马圈之后，陈显达论功行赏，把曹景宗排在最后，曹景宗退兵回来毫无怨言。北魏国主又率大军来进攻，陈显达在夜里逃跑，曹景宗引导他进入山道，因此陈显达父子得以安全脱险。

五年，梁武帝萧衍做雍州刺史，曹景宗同他深相结交，多次邀请他到自己的家中做客。当时天下正处在动乱之中，梁武帝也有意重视曹景宗。南齐东昏侯永元初年，梁武帝上表请求任曹景宗做冠军将军、竟陵太守。当梁武帝起兵东下，曹景宗集聚兵力，派亲信杜思冲劝梁武帝先迎接南康王萧伟在襄阳即皇帝位，然后再出兵，这是万全的计策。梁武帝没采纳这意见，事情记载在《高祖纪》中。梁武帝率兵到竟陵，派曹景宗会同冠军将军王茂渡过长江，围攻郢城，从二月到七月，郢城守军才投降。又统领众军为前锋挺进到南州，率领马步军取道向建康前进，中途驻军在江宁，东昏侯的部将李居士带领重兵驻扎在新亭，这天选出一千精锐的骑兵到江宁暂驻，曹景宗的部队刚刚到达，营垒还没能建造起来；况且部队行军日久，兵器铠甲破损穿漏。李居士看到曹景宗队伍的状况便轻敌大意，于是趁势击鼓呐喊前来攻逼曹景宗。曹景宗披甲上马驰驱迎战，短兵刚一交战，李居士便弃甲败逃，曹景宗把李居士的兵马全部俘获，顺势乘胜击鼓追敌，一直前进到皂荚桥筑起营垒。曹景宗又和王茂、吕僧珍分兵合击，在大航打败王国珍。王茂攻击王国珍的主力，立刻冲垮敌阵，曹景宗乘势纵兵进击。曹景宗部队的军士都是凶暴狡猾的无赖汉，御街两侧的住户，全都是富贵之家，军士抢夺财物，掠取子女，曹景宗制止不住。当梁武帝进驻到新城，严肃申明军纪，此后掠夺事件才稍有收敛。曹景宗又会同众军长围攻六门。破城之后，被授官做散骑常侍、右卫将军，封湘西县侯，食邑一千六百户。于是又迁为持节、都督郢、司二州诸军事、左将军、郢州刺史。梁高祖天监元年，进号平西将军，改封为竟陵县侯。

曹景宗在郢州，买卖货物聚敛钱财。在城南修建住宅，自长堤以东，到夏口以北，开辟街道排列门户，东西长几里，而部队凶残横暴，百姓极为厌恶。天监二年十月，北魏入侵司州，包围刺史蔡道恭。当时北魏的攻势一天天严重，城里的人要背着门板防箭去汲水，曹景宗却坐在家里观望而不出兵援救，只是耀武扬威地出游打猎而已。司州城被攻陷之后，曹景宗受到御史中丞任防奏本弹劾，武帝因为曹景宗是功臣便压下这事不予制裁，反而召回曹景宗任护军。曹景宗到京之后，又拜官任散骑常侍、右卫将军。

五年，北魏托跋英入侵钟离，围攻徐州刺史昌义之，武帝下诏命令曹景宗统率众军援救昌义之，豫州刺史韦睿也参加了这次军事行动，并且受曹景宗的节制。诏命曹景宗驻屯在道人洲，等候各军集齐之后一同进发。曹景宗一再启奏，要求允许他的部队首先占据邵阳洲尾，武帝不准许。曹景宗打算独得这次战功，便违抗诏命向前开进，恰好突然刮起暴风，很多士兵落水淹死，不得已又回兵据守先前的驻地。高祖知道这个消息后，说：“这是能够破贼的条件。曹景宗不能前进，原来是天意安排的吧！假如曹景宗孤军独往，营垒不能及时修筑起来，一定会遭到狼狈的惨败。如今能够等待众军同时前进，这样就能大获全胜了。”当韦睿到来，和曹景宗前进屯兵在邵阳洲，在距离魏城百多步远的地方构筑营垒。魏军接连出战不能打退南军，被杀伤的人数有十分之二三，从此魏军不敢逼近南军作战。曹景宗等各部分军队的兵器甲胄精良新美，军容盛大，魏军见到后感到气馁。魏大将杨大眼面对桥在北岸筑城，使运粮道路通畅，每当南边牧人过岸来打刍蒿，皆被杨大眼俘虏去。曹景宗便招募一千多勇敢的军士，一直渡河在离杨大眼城南面几里远的地方修筑营垒，曹景宗亲自举筑打夯。杨大眼率部队来进攻，曹景宗迎战并把他击败，因此能够把营垒筑成。曹景宗派遣将领赵草据守新垒，便把这座军垒叫作赵草城，从这以后牧人便可以随意在这里打草放牧。杨大眼不时地派兵来抄掠，每每反被赵草俘获。在这之前，武帝曾诏命曹景宗等预先建造高大的战船，使船上的高楼和桥一般高，目的是用来实现火攻的计划。命令曹景宗和韦睿各攻一座敌桥，韦睿攻打魏军的南桥，曹景宗攻击北面的桥。六年三月，春水涨起来，淮河水暴涨六七尺高。韦睿派出由他统领的将军冯道根、李文钊、裴邃、韦寂等乘战船登岸，进攻北魏在洲岸上的驻军并把他们全部歼灭。曹景宗乘机下令众军一齐击鼓呐喊，混乱中登上魏军的营垒，杀声震动天地，杨大眼在西岸烧掉营垒，托跋英在东岸弃城逃走。魏军各个营垒接连崩溃，全都丢弃了他们的兵器铠甲，争着跳进河里淹死，淮水都被堵塞不能流通。曹景宗下令军主马广跟踪追击杨大眼直到涉水岸边，在四十多里的路上，倒毙的敌尸枕压在一起。昌义之出兵追击托跋英到洛口，托跋英单人匹马逃进梁城。沿着淮河百多里，遍地死尸叠压，活捉五万多魏兵，缴获魏军的粮食器械，堆积起来如同山岳，牛马驴骡，更是不计其数。曹景宗于是搜集所俘虏的活口有一万多人，战马千匹，派人押送去京城献捷。高祖下诏命令曹景宗还归本军，曹景宗的部队排着队列得胜回朝，增赐四百户，连同以前赐的共为二千户，进爵升为公。诏命拜官侍中、领军将军，赐给鼓吹乐队一部。

曹景宗为人自恃有功好胜，每次写信，有不会写的字，也不去问别人，都按自己的臆想生造。即使对待公卿高官也从不谨敬谦让；唯独韦睿比他年长，而且是同州里中的名流人物，曹景宗对他加意敬重，一同参加御赐的宴会，曹景宗也能尽礼谦逊，武帝也因此称赞他。曹景宗好女色，家中歌妓妻妾有几百人，穿着都是极其华贵的锦绣。他性格急躁好动，不能沉默安静，每次外出时总想挑开车上的帷幔向外观望，左右从人总是拿地位声望隆重加以劝告，说让所有的人都看到他，这是不合适的。曹景宗对他亲近的人说："我过去在乡里，骑快马有如龙腾，会同年少朋友几十个骑手，弓弦弹出霹雷般的震响，急箭发出饿鹰一样尖啸。在平野大泽中追射獐子，数着肋条射它，渴了喝它的血，饿了吃它的肉，味道甜美有如甘露琼浆。只觉得耳后生风，鼻头冒火，这样的快乐让人不知道会死，更不知道老年还会到来。如今来扬州成了贵人，行动不得自由，走在路上打开车幔，小人便说不行。憋闷闭坐在车里，如同三天不许见人的新媳妇。遭到这种郁闷，让人不得顺气。"曹景宗为人嗜酒好乐，腊月在自己的宅院里，让人们呼喊着驱病除鬼，还到所有的人家去乞讨酒饭。本来这样做是为了戏耍取乐，但是他的部下大多是剽悍轻薄之辈，就趁机调戏人家妇女，抢夺人家的财宝。武帝非常清楚这些情况，曹景宗知道后便停止这种取乐。高祖曾经多次设宴席会见功臣，一同叙谈昔日的交情，曹景宗醉了之后总是说些谬言妄语，或有时对皇帝误称自己是下官，高祖也是有意让他胡来以此取笑作乐。

七年，曹景宗转任侍中、中卫将军、江州刺史。赴任时死在路上，时年五十二岁。皇帝下诏赐丧葬钱二十万，布三百匹，追赠做征北将军、雍州刺史、开府仪同三司。谥号为壮。曹景宗的儿子曹皎继任父亲的爵位。

梁书卷十二

韦睿列传第六

韦睿字怀文，京兆杜陵人也。自汉丞相贤以后，世为三辅著姓。祖玄，避吏隐于长安南山。宋武帝入关，以太尉掾征，不至。伯父祖征，宋末为光禄勋。父祖归，宁远长史。睿事继母以孝闻。睿兄纂、阐，并早知名。纂、睿皆好学，阐有清操。祖征累为郡守，每携睿之职，视之如子。时睿内兄王憕，姨弟杜恽，并有乡里盛名。祖征谓睿曰："汝自谓何如憕、恽？"睿谦不敢对。祖征曰："汝文章或小减，学识当过之；然而干国家，成功业，皆莫汝逮也。"外兄杜幼文为梁州刺史，要睿俱行。梁土富饶，往者多以贿败；睿时虽幼，独用廉闻。

宋永光初，袁抃为雍州刺史，见而异之，引为主簿。抃到州，与邓琬起兵，睿求出为义成郡，故免抃之祸。后为晋平王左常侍，迁司空桂阳王行参军，随齐司空柳世隆守郢城，拒荆州刺史沈攸之。攸之平，迁前军中兵参军。久之，为广德令。累迁齐兴太守、本州别驾、长水校尉、右军将军。齐末多故，不欲远乡里，求为上庸太守，加建威将军。俄而太尉陈显达、护军将军崔慧景频逼京师，民心遑骇，未有所定。西土人谋之于睿，睿曰："陈虽旧将，非命世才；崔颇更事，懦而不武。其取赤族也，宜哉。天下真人，殆兴于吾州矣。"乃遣其二子，自结于高祖。

义兵檄至，睿率郡人伐竹为筏，倍道来赴，有众二千，马二百匹。高祖见睿甚悦，拊几曰："他日见君之面，今日见君之心，吾事就矣。"义师克郢、鲁，平加湖，睿多建谋策，皆见纳用。大军发郢，谋留守将，高祖难其人；久之，顾睿曰："弃骐骥而不乘，焉遑遑而更索？"即日以为冠军将军，江夏太守，行郢府事。初，郢城之拒守也，男女口垂十万，闭垒经年，疾疫死者十七八，皆积尸于床下，而生者寝处其上，每屋辄盈满。睿料简隐恤，咸为营理，于是死者得埋藏，生者反居业，百姓赖之。

梁台建，征为大理。高祖即位，迁廷尉，封都梁子，邑三百户。天监二年，改封永昌，户邑如先。东宫建，迁太子右卫率，出为辅国将军、豫州刺史、领历阳太守。三年，魏遣众来寇，率州兵击走之。

四年，王师北伐，诏睿都督众军。睿遣长史王超宗、梁郡太守冯道根攻魏小岘城，未能拔。睿巡行围栅，魏城中忽出数百人陈于门外，睿欲击之，诸将皆曰："向本轻来，未有战备，徐还授甲，乃可进耳。"睿曰："不然。魏城中二千余人，闭门坚守，足以自保，无故出人于外，必其骁勇者也，若能挫之，其城自拔。"众犹迟疑，睿指其节曰："朝廷授此，非以为饰，韦睿之法，不可犯也。"乃进兵。士皆殊死战，魏军果败走，因急攻之，中宿而城拔。遂进讨合肥。先是，右军司马胡略等至合肥，久未能下，睿按行山川，曰："吾闻'汾水可以灌平阳，绛水可以灌安邑'，即此是也。"乃堰肥水，亲自表率，顷之，堰成水通，舟舰继至。魏初分筑东西小城夹合肥，睿先攻二城。既而魏援将杨灵胤帅军五万奄至，众惧不敌，请表益兵。睿笑曰："贼已至城下，方复求军，临难铸兵，岂及马腹。且吾求济师，彼亦征众，犹如吴益巴丘，蜀增白帝耳。'师克在和不在众'，古之义也。"因与战，破之，军人少安。

初，肥水堰立，使军主王怀静筑城于岸守之，魏攻陷怀静城，千余人皆没。魏人乘胜至睿堤下，其势甚盛，军监潘灵□劝睿退还巢湖，诸将又请走保三叉。睿怒曰："宁有此邪！将军死绥，有前无却。"因令取伞扇麾幢，树之堤下，示无动志。睿素羸，每战未尝骑马，以板舆自载，督厉众军。魏兵来凿堤，睿亲与争之，魏军少却，因筑垒于堤以自固。睿起斗舰，高与合肥城等，四面临之。魏人计穷，相与悲哭，睿攻具既成，堰水又满，魏救兵无所用。魏守将杜元伦登城督战，中弩死，城遂溃。俘获万余级，牛马万数，绢满十间屋，悉充军赏。睿每昼接客旅，夜算军书，三更起张灯达曙，抚循其众，常如不及，故投募之士争归之。所至顿舍修立，馆宇藩篱墙壁，皆应准绳。

合肥既平，高祖诏众军进次东陵。东陵去魏甓城二十里，将会战，有诏班师。去贼既近，惧为所蹑，睿悉遣辎重居前，身乘小舆殿后，魏人服睿威名，望之不敢逼，全军而还。至是迁豫州于合肥。

五年，魏中山王元英寇北徐州，围刺史昌义之于钟离，众号百万，连城四十余。高祖遣征北将军曹景宗，都督众军二十万以拒之。次邵阳洲，筑垒相守，高祖诏睿率豫州之众会焉。睿自合肥迳道由阴陵大泽行，值涧谷，辄飞桥以济。师人畏魏军盛，多劝睿缓行。睿曰："钟离今凿穴而处，负户而汲，车驰卒奔，犹恐其后，而况缓乎！魏人已堕吾腹中，卿曹勿忧也。"旬日而至邵阳。初，高祖敕景宗曰："韦睿，卿之乡望，宜善敬之。”景宗见睿，礼甚谨。高祖闻之，曰：“二将和，师必济矣。”睿于景宗营前二十里，夜掘长堑，树鹿角，截洲为城，比晓而营立。元英大惊，以杖击地曰：“是何神也！”明旦，英自率众来战，睿乘素木舆，执白角如意麾军，一日数合，英甚惮其强。魏军又夜来攻城，飞矢雨集，睿子黯请下城以避箭，睿不许。军中惊，睿于城上厉声呵之，乃定。魏人先于邵阳洲两岸为两桥，树栅数百步，跨淮通道。睿装大舰，使梁郡太守冯道根、庐江太守裴邃、秦郡太守李文钊等为水军。值淮水暴长，睿即遣之，斗舰竞发，皆临敌垒，以小船载草，灌之以膏，从而焚其桥。风怒火盛，烟尘晦冥，敢死之士，拔栅砍桥，水又漂疾，倏忽之间，桥栅尽坏。而道根等皆身自搏战，军人奋勇，呼声动天地，无不一当百。魏人大溃。元英见桥绝，脱身遁去。魏军趋水死者十余万，斩首亦如之。其余释甲稽颡，乞为囚奴，犹数十万。所获军实牛马，不可胜纪。睿遣报昌义之，义之且悲且喜，不暇答语，但叫曰“更生！更生！”高祖遣中书郎周舍劳于淮上，睿积所获于军门，舍观之，谓睿曰：“君此获复与熊耳山等。”以功增封七百户，进爵为侯，征通直散骑常侍、右卫将军。

七年，迁左卫将军，俄为安西长史、南郡太守，秩中二千石。会司州刺史马仙琕北伐还军，为魏人所蹑，三关扰动，诏睿督众军援焉。睿至安陆，增筑城二丈余，更开大堑，起高楼，众颇讥其示弱。睿曰：“不然，为将当有怯时，不可专勇。”是时元英复追仙琕，将复邵阳之耻，闻睿至，乃退，帝亦诏罢军。明年，迁信武将军、江州刺史。九年，征员外散骑常侍、右卫将军，累迁左卫将军、太子詹事，寻加通直散骑常侍。十三年，迁智武将军、丹阳尹，以公事免。顷之，起为中护军。

十四年，出为平北将军、宁蛮校尉、雍州刺史。初，睿起兵乡中，客阴俊光泣止睿，睿还为州，俊光道候睿，睿笑谓之曰：“若从公言，乞食于路矣。”饷耕牛十头。睿于故旧，无所遗惜，士大夫年七十以上，多与假板县令，乡里甚怀之。十五年，拜表致仕，优诏不许。十七年，征散骑常侍、护军将军，寻给鼓吹一部，入直殿省。居朝廷，恂恂未尝忤视，高祖甚礼敬之。性慈爱，抚孤兄子过于己子，历官所得禄赐，皆散之亲故，家无余财。后为护军，居家无事，慕万石、陆贾之为人，因画之于壁以自玩。时虽老，暇日犹课诸儿以学。第三子棱，尤明经史，世称其洽闻，睿每坐棱使说书，其所发擿，棱犹弗之逮也。高祖方锐意释氏，天下咸从风而化；睿自以信受素薄，位居大臣，不欲与俗俯仰，所行略如他日。

普通元年夏，迁侍中、车骑将军，以疾未拜。八月，卒于家，时年七十九。遗令薄葬，敛以时服。高祖即日临哭甚恸。赐钱十万，布二百匹，东园秘器，朝服一具，衣一袭，丧事取给于官，遣中书舍人监护。赠侍中、车骑将军、开府仪同三司。谥曰严。

初，邵阳之役，昌义之甚德睿，请曹景宗与睿会，因设钱二十万官赌之，景宗掷得雉，睿徐掷得卢，遽取一子反之，曰“异事”，遂作塞。景宗时与群帅争先启捷，睿独居后，其不尚胜，率多如是，世尤以此贤之。子放、正、棱、黯，放别有传。

【译文】

韦睿，字怀文，是京兆杜陵人。韦家自汉代丞相韦贤以后世代为三辅地区大姓。祖父韦玄，为逃避做官隐居在长安南山。宋武帝刘裕入关中，请他出任太尉掾，他没有出来。伯父韦祖征，在宋末任光禄勋。父亲韦祖归，任宁远长史。韦睿服侍继母以孝顺闻名。他的哥哥韦纂、韦阐，都很早就有点名声。韦纂、韦睿都好学不倦，而韦阐则有高尚的道德操行。韦祖征接连升官为郡守，每次携带韦睿上任，总把他看作自己的儿子。当时韦睿的妻兄王憕、姨弟杜恽，在乡里都有很高的名声。韦祖征对韦睿说：“你自己以为比起憕、恽来怎么样？”韦睿不敢回答。祖征说：“你文章比起他们来略为逊色，学识则超过他们，而为国家建立功业，他们都比不上你呀。”表兄杜幼文为梁州刺史，要韦睿一起去。梁州土地富饶，过去的官吏大多受贿而身败名裂；韦睿当时虽然还年幼，却以清廉而闻名。

宋前废帝永光初年，袁抃出任雍州刺史，见韦睿后感到惊异，引用为自己的主簿。袁抃到雍州，与邓琬一起起兵反朝廷，韦睿请求外出到义成郡任事，因此而避免了一场灾祸。后被任命为晋平王刘休佑左常侍，晋升为司空桂阳王刘休范行参军，随齐朝司空柳世隆守郢城，抗拒荆州刺史沈攸之。宋末沈攸之的叛乱平定后，升为前军中兵参军。过了一段时期，任广德县令。又接连升迁为齐兴太守、本州别驾、长水校尉、右军将军。齐朝末年社会动乱，韦睿不想远离家乡，要求担任了上庸太守，加建威将军。不久，太尉陈显达、护军将军崔慧景起兵，逼近京师，人心惶惶，不知所措。西部地区的人们请韦睿出谋划策，韦睿说：“陈显达虽然是老将，但不是个有盖世之才的人，崔慧景常更换主子，懦弱而不英武，他们最后遭到灭族之灾，也是活该。天下的真命天子，将要出现在我们州了。”于是派遣其第二子，去联络和投靠梁武帝。

梁武帝起兵后，檄文到郡，韦睿率领郡中百姓伐竹造筏，加速赶来，共有两千人，二百匹马。梁武帝见到韦睿十分高兴，抚着几案说：“前日只见到你的面，今日才知道你的心，我的事业能够成功了。”梁武帝的义师攻克郢、鲁，平定加湖，韦睿多次出谋划策，都被采纳。大军从郢出发，要留个守将，梁武帝感到难找人选，过了很久，回头对韦睿说：“抛弃眼前千里马而不骑，何必再遑遑然去寻找？”当天就任命韦睿为冠军将军、江夏太守，行郢府事。最初，郢城在抗拒守城时，男女有近十万，关门拒守一年，因疾病而死亡的达十分之七八，都把尸体堆积在床下，而活人则睡在上面，每个房屋都挤满了人。韦睿都一一做了处理抚恤，于是死人得到埋葬，活人能安居乐业，百姓由此得到安宁。

梁朝建国后，韦睿被征召为大理。梁武帝即位，升为廷尉，封爵都梁子，食邑三百户。梁天监二年，改封到永昌，户邑数照旧不变。东宫建立后，升为太子右卫率，又外出为辅国将军、豫州刺史、统领历阳太守。天监三年，北魏派兵来侵犯，韦睿率领州兵击退了他们。

天监四年，梁军北伐，诏命韦睿都督众军。韦睿派长史王超宗、梁郡太守冯道根进攻北魏的小岘城，未能攻克。韦睿在围城的木栅周围巡行，城中忽然有数百人出城，韦睿想攻击他们，各位将领都说：“我们都是临时而来，没有做战斗的准备，让我们回去穿上盔甲后，再向他们进攻。”韦睿说：“不对。北魏城中共两千余人，关闭城门固守，足以自保，现在无故出城于外，必然是其中骁勇的人，如果能挫败他们，这城就自然可以攻下。”众将仍犹豫不决，韦睿指着自己的节说：“朝廷授给我这节，不是为了装饰，韦睿的法，是不可违反的。”于是向魏军发起进攻。将士们都拼死战斗，魏军果然都败退而逃，趁势急攻，到第二天晚上便把小岘城攻下了。于是进讨合肥。早先，右军司马胡略等到了合肥，久攻不能攻下，韦睿考察了地图上的山川，说：“我听说‘汾水可以灌平阳，绛水可以灌安邑’，这里也是这样。”于是在肥水上修筑堤坝，并亲自带头劳动做表率。不久，堤坝筑成水通了，舟舰相继来到。北魏初曾在合肥东西部分别筑起两小城，韦睿先攻此两城。不久北魏将领杨灵胤率领五万大军突然前来支援，大家都十分恐惧，请求增兵。韦睿说：“贼军已到了城下，再去求救兵，好像碰到危难再去铸造兵器，哪里还来得及。而且我们去求援军，他们也会这样，好像吴国增兵巴丘，蜀国增兵白帝。‘克敌制胜的原因在于人和而不在人多’，这是自古以来的经验。”于是发起了战斗，打败了敌人，军队稍稍安定。

先前，肥水堰建立时，韦睿命军主王怀静在岸上筑城防守它，北魏军队攻下了此城，千余人都成了俘虏。魏军乘胜到达韦睿的堤下，其军势很盛，军监潘灵□劝韦睿退还巢湖，其他诸将又请求退保三叉。韦睿发怒，说：“岂有此理！《司马法》云：‘将军因退军而死’。只能前进，不准后退。”于是命令把旌旗仪仗，树立在堤下，表示决心不走。韦睿素来体弱，每次作战不曾骑马，而是坐在木板轿子上指挥。但这次北魏军来破坏堤，韦睿亲自出来与之争战，魏军稍为退却，他就在堤上修筑营垒以加强防御。韦睿造起战船，其高度相当于合肥城，从四面居高临下。北魏军队没有办法，相互对着痛哭起来。韦睿造好了进攻的武器，堰水又满，魏救兵已不起作用。魏守将杜元伦到城上指挥督促战斗，中箭而死，于是合肥城被攻破，俘虏和杀死敌人一万多、牛马上万匹，满屋的绢共十间，所有这些都赏赐给了军队。韦睿每天白天接待客人，夜半起来研究军书，从三更开始张灯直到天明。他安抚部下，常恐不够，因而人们争先恐后来投归他。所到之处，建立住所，其藩篱墙壁，都有一定标准。

合肥平定后，梁武帝命令众军进到东陵。东陵离开魏甓城二十里，将要会战时，有诏书下来要求回军。离开敌人那么近，怕敌人从后面追来，韦睿便把军用物资安排在最前方，自己则坐小轿在最后压阵，魏军佩服韦睿的威武，只是远远看望他退走而不敢追逼。于是韦睿全军而还。到此，把豫州治所迁到了合肥。

天监五年，北魏中山王元英进攻北徐州，包围了在钟离的刺史昌义之，众号百万，连接城市四十余座。梁武帝派征北将军曹景宗，都督众军二十万去抵抗他。到了邵阳洲，修筑宫垒相守，梁武帝诏命韦睿率领豫州的军队去会师。韦睿从合肥取直道由阴陵大泽北行，碰到河涧就架桥渡过去。军队中人怕魏军强盛，多劝韦睿慢行。韦睿说：“钟离现在挖地洞住人，头顶门板取水，我们尽快奔跑去还怕后到，怎么能缓慢呢！魏人已落到我们的圈套中，你们不要担忧。”仅十天时间就到了邵阳。先前，梁武帝对曹景宗说：“韦睿，是你们乡中的名门望族，应该敬重他。”曹景宗见到韦睿后，十分礼敬。梁武帝知道后，说：“两将和好，军队必然能胜利。”韦睿在曹景宗营前二十里，连夜挖掘长沟，树立起木栅，垒土筑城，到第二天拂晓营垒已经建立。元英知道后大惊，用杖击地，说："这是何处来的神呀！"次日一早，元英亲自率领部众来攻，韦睿乘白色木轿，手拿白角如意指挥军队，一天大战几个回合，元英害怕其强而退走。晚上魏军又来攻城，飞矢像雨点般落下来，韦睿儿子韦黯要求下城避箭，韦睿不许。军队中出现惊乱，韦睿在城上厉声呵斥，总算安定下来。北魏军队早先在邵阳洲两岸设有两座桥，树立木栅数百步，在淮河上造成了通道。韦睿造了大的战船，命令梁郡太守冯道根、庐江太守裴邃、秦郡太守李文钊等率领水军。等到淮河水暴涨时，即令战船迅速出发，都靠近敌军营垒，再用小船装满干草，灌浇了油膏，然后点火烧敌人的桥。狂风怒吼，火势炽盛，浓烟滚滚，尘埃飞扬，挡住了天色。一些敢死的士兵，拔栅砍桥，再加水流冲激，一忽儿工夫，桥和木栅都已毁坏。而冯道根等都身先士卒，与敌人搏斗，士兵们个个奋勇向前，呼杀声震天动地，没有一个不是以一当百。北魏军队彻底溃败。元英见桥已断，单身偷偷溜走。魏军在逃命中落水而死的有十多万，被斩首的也相当此数。其余放下武器叩头求降，成为囚犯和奴隶的，还有数十万。所缴获的军用物资、牛马等，不可胜数。韦睿派人回报昌义之，昌义之又悲又喜，不及回答，只是叫嚷："我们再生了，我们再生了！"梁武帝派中书郎周舍到淮河上去慰劳军队，韦睿把所有战利品堆在军门外，周舍看了，对韦睿说："你这次的收获与熊耳山相等了。"因这次功劳增封给韦睿食邑七百户，并进为侯爵，召为通直散骑常侍、右卫将军。

天监七年，韦睿升为左卫将军，不久为安西长史、南郡太守，秩禄年满两千石。刚好司州刺史马仙琕北伐回军，被北魏军所追，三关扰动，梁武帝命韦睿督领众军去支援。韦睿到安陆，加筑城墙二丈多，又开大沟，筑起高楼，大家颇有点讥笑他在敌人面前表示软弱。韦睿说："不对，做将领应当有胆怯的时候，不可以一意勇猛。"此时元英正在追击马仙琕，想洗刷和报复邵阳洲失败的耻辱，听说韦睿到来，也就退兵了。梁武帝也命韦睿回军。第二年，韦睿升为信武将军、江州刺史。天监九年，召为员外散骑常侍、右卫将军，接连加官升到左卫将军、太子詹事，不久加官通直散骑常侍。天监十三年，升为智武将军、丹阳尹，因公家的事免职。不久，又起用为中护军。

天监十四年，外出为平北将军、宁蛮校尉、雍州刺史。早先，韦睿在乡中起兵，宾客阴俊光哭着劝阻韦睿，现韦睿回到家乡任州刺史，阴俊光前来问候，韦睿笑着对他说：“如果当时听从你的话，我要在路上讨饭了。”送给他十头耕牛。韦睿对于乡里的故旧老人，从来是宽厚不吝惜的，士大夫年龄在七十以上，多给以假板县令，因此乡里人都很怀念他。天监十五年，上表要求退休，梁武帝下优诏不许。天监十七年，召为散骑常侍、护军将军，不久赐给鼓吹乐队一部，在宫中值班。韦睿在朝廷中，为人厚道从不怒目而视，梁武帝很敬重他。韦睿性格慈祥爱人，抚养已成孤儿的侄子胜过自己的儿子，他历次任官所得的俸禄和赏物，都散给了亲戚故旧，家里没有多余财物。后来被任为护军，在家里没有事，羡慕万石、陆贾的为人，因而把他们的像画在墙上而自我欣赏。当时年虽已老，在空暇日子还是督促帮助诸儿们读书学习。第三子韦棱，对五经史书尤其熟悉，当时人称他通达古今，韦睿经常坐着让韦棱讲述书的内容，有时韦睿解说疑难之义，韦棱往往比不上。梁武帝当时正迷信佛教，全国也都流行这股风气，而韦睿自以为信佛一向较淡薄，而位居大臣，不想与常人一样去拜佛，所以行动仍和平常日子一样。

梁武帝普通元年夏天，升为侍中、车骑将军，因病没有拜受。八月，死于家中，时年七十九岁。遗言薄葬，大敛用平时衣服。梁武帝当日前往看望，哭得非常悲痛。赐钱十万，布二百匹，东园署的棺木，朝服一具，衣一袭。丧事的费用都由官府支给，派中书舍人监护。追赠做侍中、车骑将军、开府仪同三司，谥号为“严”。

早先，邵阳洲之役，昌义之非常感德于韦睿，请曹景宗与睿一起来，拿出二十万钱在徐州府赌博，曹景宗掷得个“雉”，睿再掷得个“卢”，急忙取一子反过来，说道“怪事”，于是得于“塞”。曹景宗当时与其他将帅争先报告战胜捷报，睿独立在后，他的不喜欢争胜的性格，大多是与这次赌博一样，世人因此而更敬重他。儿子韦放、韦正、韦棱、韦黯，韦放另外有传。

梁书卷十三

范云沈约列传第七

范云列传

范云字彦龙，南乡舞阴人，晋平北将军汪六世孙也。年八岁，遇宋豫州刺史殷琰于涂，琰异之，要就席，云风姿应对，旁若无人。琰令赋诗，操笔便就，坐者叹焉。尝就亲人袁照学，昼夜不怠。照抚其背曰："卿精神秀朗而勤于学，卿相才也。"少机警，有识具，善属文，便尺牍，下笔辄成，未尝定藁，时人每疑其宿构。父抗，为郢府参军，云随父在府，时吴兴沈约、新野庚杲之与抗同府，见而友之。

起家郢州西曹书佐，转法曹行参军。俄而沈攸之举兵围郢城，抗时为府长流，入城固守，留家属居外。云为军人所得，攸之召与语，声色甚厉，云容貌不变，徐自陈说。攸之乃笑曰："卿定可儿，且出就舍。"明旦，又召令送书入城。城内或欲诛之。云曰："老母弱弟，悬命沈氏，若违其命，祸必及亲，今日就戮，甘心如荠。"长史柳世隆素与云善，乃免之。

齐建元初，竟陵王子良为会稽太守，云始随王，王未之知也。会游秦望，使人视刻石文，时莫能识，云独诵之，王悦，自是宠冠府朝。王为丹阳尹，召为主簿，深相亲任。时进见齐高帝，值有献白乌者，帝问此为何瑞？云位卑，最后答曰："臣闻王者敬宗庙，则白乌至。"时谒庙始毕。帝曰："卿言是也。感应之理，一至此乎！"转补征北南郡王刑狱参军事，领主簿如故，迁尚书殿中郎。子良为司徒，又补记室参军事，寻授通直散骑侍郎、领本州大中正。出为零陵内史，在任洁己，省烦苛，去游费，百姓安之。明帝召还都，及至，拜散骑侍郎。复出为始兴内史。郡多豪猾大姓，二千石有不善者，谋共杀害，不则逐去之。边带蛮俚，尤多盗贼，前内史皆以兵刃自卫。云入境，抚以恩德，罢亭候，商贾露宿，郡中称为神明。仍迁假节、建武将军、平越中郎将、广州刺史。初，云兴尚书仆射江祏善，祏姨弟徐艺为曲江令，深以托云。有谭俨者，县之豪族，艺鞭之，俨以为耻，诣京诉云，云坐征还下狱，会赦免。永元二年，起为国子博士。

初，云与高祖遇于齐竟陵王子良邸，又尝接里闬，高祖深器之。及义兵至京邑，云时在城内。东昏既诛，侍中张稷使云衔命出城，高祖因留之，便参帷幄，仍拜黄门侍郎，与沈约同心翊赞。俄迁大司马谘议参军、领录事。梁台建，迁侍中。时高祖纳齐东昏余妃，颇妨政事，云尝以为言，未之纳也。后与王茂同入卧内，云又谏曰："昔汉祖居山东，贪财好色；及入关定秦，财帛无所取，妇女无所幸，范增以为其志大故也。今明公始定天下，海内想望风声，奈何袭昏乱之踪，以女德为累。"王茂因起拜曰："范云言是，公必以天下为念，无宜留惜。"高祖默然。云便疏令以余氏赉茂，高祖贤其意而许之。明日，赐云、茂钱各百万。

天监元年，高祖受禅，柴燎于南郊，云以侍中参乘。礼毕，高祖升辇，谓云曰："朕之今日，所谓懔乎若朽索之驭六马。"云对曰："亦愿陛下日慎一日。"高祖善之。是日，迁散骑常侍、吏部尚书；以佐命功封霄城县侯，邑千户。云以旧恩见拔，超居佐命，尽诚翊亮，知无不为。高祖亦推心任之，所奏多允。尝侍宴，高祖谓临川王宏、鄱阳王恢曰："我与范尚书少亲善，申四海之敬；今为天下主，此礼既革，汝宜代我呼范为兄。"二王下席拜，与云同车还尚书下省，时人荣之。其年，东宫建，云以本官领太子中庶子，寻迁尚书右仆射，犹领吏部。顷之，坐违诏用人，免吏部，犹为仆射。

云性笃睦，事寡嫂尽礼，家事必先谘而后行。好节尚奇，专趣人之急。少时与领军长史王畡善，畡亡于官舍，贫无居宅，云乃迎丧还家，躬营含殡。事竟陵王子良恩礼甚隆，云每献损益，未尝阿意。子良尝启齐武帝论云为郡。帝曰："庸人，闻其恒相卖弄，不复穷法，当宥之以远。"子良曰："不然。云动相规诲，谏书具存，请取以奏。"既至，有百余纸，辞皆切直。帝叹息，因谓子良曰："不谓云能尔。方使弼汝，何宜出守。"齐文惠太子尝出东田观获，顾谓众宾曰："刈此亦殊可观。"众皆唯唯。云独曰："夫三时之务，实为长勤。伏愿殿下知稼穑之艰难，无徇一朝之宴逸。"既出，侍中萧缅先不相识，因就车握云手曰："不图今日复闻谠言。"及居选官，任守隆重，书牍盈案，宾客满门，云应对如流，无所壅滞，官曹文墨，发擿若神，时人咸服其明赡。性颇激厉，少威重，有所是非，形于造次，士或以此少之。初，云为郡号称廉洁，及居贵重，颇通馈饷；然家无蓄积，随散之亲友。

二年，卒，时年五十三。高祖为之流涕，即日舆驾临殡。诏曰："追远兴悼，常情所笃；况问望斯在，事深朝寄者乎！故散骑常侍、尚书右仆射、霄城侯云，器范贞正，思怀经远，爰初立志，素履有闻。脱巾来仕，清绩仍著。燮务登朝，具瞻惟允。绸缪翊赞，义简朕心，虽勤非负靮，而旧同论讲。方骋远涂，永毘庶政；奄致丧殒，伤悼于怀。宜加命秩，式备徽典。可追赠侍中、卫将军，仆射、侯如故。并给鼓吹一部。"礼官请谥曰宣，敕赐谥文。有集三十卷。子孝才嗣，官至太子中舍人。

【译文】

范云字彦龙，南乡舞阴人，晋朝平北将军范汪的第六代子孙。八岁时，有一次在路上遇见宋国的豫州刺史殷琰，殷琰见他外貌很不寻常，便邀请他一同入座，席间范云风度从容，应对自如，一副旁若无人的样子。殷琰让他赋诗，他拿起笔来马上就写成了。在座的人无不赞叹。范云曾经跟从他的亲戚袁照学习，日夜都不懈怠。袁照拍着他的肩背说："你精神秀逸明朗，学习又勤奋。将来一定会是个相才。"范云从小机智灵活，遇事颇有见地，善于写文章，熟习书信等各类文体，下笔即成，从不打草稿，当时人们常怀疑他是预先构思好的。父亲范抗，任郢府参军，范云随父住在府里。当时吴兴人沈约、新野人庾杲之跟范抗同在郢府任职，范云跟他们相见后立即成为好友。

范云一开始任郢州西曹书佐，转任法曹行参军。不久沈攸之叛变起兵围攻郢城，范抗当时任郢府的长流，入城担任防务，把家属都留在城外。范云被敌方军人捉住，攸之亲自审问他，声色非常严厉，可范云却容貌不变，沉着应答。攸之听了笑着说："你真是个可人意的小孩，暂且回家去吧。"第二天早上，攸之又派人把范云找来，命他给城里送信。城内守军有人主张把范云杀掉。范云说："我城外的家里有老迈的母亲、年幼的弟弟，他们的性命全掌握在沈氏手里，我若违抗命令，必定要祸及他们。我今天为他们而被杀，甘心如荠，死而无悔。"长史柳世隆平素和范云友好，设法让他免于一死。

齐武帝建元初年，竟陵王萧子良做会稽太守，当范云开始追随竟陵王时，竟陵王还不了解范云的才智。等到竟陵王到秦望山游览时，他让人们识别辨认石刻上的古文字，当时没有人认识，唯有范云能够诵读刻石文辞，竟陵王很高兴，从此对范云的宠信高过府中的其他人。竟陵王转任丹阳尹，召范云来做主簿，对他十分亲近信任。一次觐见齐武帝时，正值有来献白乌鸦的人，齐武帝问这是什么祥瑞？因为范云的职位低下，最后他回答说："我听说，帝王敬祀宗庙，就有白乌鸦到来。"当时武帝刚刚拜谒过祖庙，说："你的话是对的。天意和人事相互感应的道理，竟然会是如此神妙啊！"调范云补做征北南郡王刑狱参军事，兼任主簿不变，升迁做尚书殿中郎。萧子良做司徒，范云又补做记室参军事，不久被授官做通直散骑侍郎、兼任本州大中正。后出任零陵郡内史，在任期间洁身奉己，减免烦苛的政令，免掉多余的费用，使百姓得到安定。齐明帝召范云回京，到来后，被授官做散骑侍郎。又出任始兴内史。郡里有很多豪猾大姓，凡是他们不中意的太守，他们就一同密谋加以杀害，不然就把太守赶走。边界和蛮俚部落相连，盗贼尤其众多，前任的内史都是身佩兵刃用来自卫。范云来到始兴境内，用恩德抚恤百姓，撤除边境的哨所，商贩可以露宿过夜，郡中人称赞范云是神明。又晋升做假节、建武将军、平越中郎将、广州刺史。起初，范云同尚书仆射江祏友好，江祏的姨弟徐艺做曲江县令，江祏把徐艺托付给范云请求关照。有个名叫谭俨的人，是曲江县的豪族，徐艺曾罚他受鞭刑，谭俨认为受了羞辱，便到京城上诉范云的罪状，范云因此被召回下狱，逢上大赦免于受罚。东昏侯永元二年，重新起用做国子博士。

起初，范云和梁武帝萧衍曾在齐竟陵王萧子良的官邸相会，又曾住在邻近的街坊，梁武帝很器重他。当反对东昏侯的军队到了京城，范云这时正在城里。东昏侯被杀之后，侍中张稷派范云带着使命出城，梁武帝便留下范云，参与机密大事，又被授官做黄门侍郎，和沈约一起同心协力辅佐梁武帝。不久晋升做大司马谘议参军兼录事。梁朝建立之后，升任侍中。这时梁武帝收纳东昏侯的余妃，为此严重影响了国家政务，范云曾经进言劝阻，未被采纳。后来范云和王茂一同来到梁武帝的卧室，范云又进谏说："过去汉高祖刘邦在山东的时候，贪财好色。等进入函谷关平定秦地之后，不敛取财帛，不接近妇女，范增认为这是刘邦有大志向打算成就大事业的缘故。如今明公刚刚安定天下，天下的人都想看到你的风度和威名，为什么要因袭昏乱的事情，让女色拖累贻误大事。"王茂也借机起身施礼说："范云说的正确，主公一定要以天下大事为重，不应该对女色表示留恋惋惜。”萧衍沉默不语。范云便写奏疏建议把余氏赐给王茂。高祖萧衍认为这是忠贤之言并准许了范云的请求。第二天，赏赐给范云、王茂每人一百万钱。

天监元年，梁武帝接受齐和帝禅位做天子，在南郊举行柴燎祭天的仪式，范云以侍中身份陪乘。祭礼完毕，高祖坐上御辇，对范云说：“我今天的心情，正是所谓战战兢兢如同用糟烂的缰绳驾驭六马一样。”范云说：“我也深愿陛下一天比一天更加谨慎。”武帝认为范云所说很好。当天，晋升范云做散骑常侍、吏部尚书；由于辅佐武帝即皇帝位有功封霄城县侯，食邑一千户。范云凭旧日与武帝的关系受到提拔，超过常人升任为佐命大臣，他竭尽忠诚辅助皇帝，凡是该做的无不尽力去做。武帝也拿诚心待他、信任他，范云奏请的事大多得到准许。范云曾经陪侍御宴，武帝对临川王萧宏、鄱阳王萧恢说：“我和范尚书从少年时起便友好亲善，对他怀有兄弟般的情意；如今我成了皇帝，这种朋友的礼节变成了君臣关系，你们应当代替我称他为兄。”二王离席施礼，和范云同乘一辆车回到尚书省，当时人们都为范云感到荣耀。这一年，皇帝立太子，范云以原官身份兼任太子中庶子，不久升做尚书右仆射，还兼任吏部尚书。过不久，因为范云违背诏令意旨用人而获罪，被免除吏部尚书职务，仍然保留仆射职务。

范云性格诚厚亲和，对待寡嫂尽心有礼，家里的事一定要事先问过嫂嫂然后才办。他喜好气节，崇尚不同寻常的作为，专意帮助别人的急难。少年时和领军长史王畡友好，后来王畡死在官署里，穷得没有自己的住宅，范云便把死者运回到家来，亲自办理含殓殡葬的事。侍奉竟陵王萧子良时受到的恩惠礼遇都很隆重，但是范云每次进言批评或鼓励，从来没有曲意奉承。萧子良曾经启奏齐武帝建议派范云出任郡守的事。武帝说：“范云是个平庸的人，听说他经常卖弄权势，我现在不再依法深究，从宽让他到远方去任职。”萧子良说：“不是这样。范云对我规劝教诲，写的谏书全在，让我取来呈上。”拿来之后，有一百多张纸，言辞都很重要而且是直言不讳。齐武帝赞叹不已，便对萧子良说：“想不到范云竟是这样的人。正好让他辅助你，怎么可以让他出去做郡守。”齐文惠太子曾经出宫到东田观看农夫收割庄稼，回头对众宾客说：“收割也是很好看的。”众人都唯唯称是，只有范云说：“一年三季的劳动，实在是长期勤苦的事。我只愿殿下了解稼穑的艰难，不要贪图一朝一夕的宴乐安逸。”出来之后，侍中萧缅先前同范云并不相识，临上车的时候他握着范云的手说：“想不到在今天又听到了忠直之言。”当范云官居吏部的时候，责任职守极其重要，书信文件堆满公案，宾客满门，范云应接对答自如，毫无拖沓阻滞，官属们的文稿，发现并指出不当之处快速如神，当时人们全都佩服他聪明博学。性格极其坦率正直，不重视威仪权势，凡是认为对的或不对的，都在言行中表现出来，有的士大夫就因此对他不满。起初，范云做郡守时人们都称颂他的廉洁，等到在朝中做高官时，很重视与人相互馈赠，但是家里没有积蓄，得到的钱财随时都分送给亲朋故友。

天监二年，逝世，当时五十三岁。梁武帝为他流泪，当天亲临吊唁。颁诏书说：“追念往日令人产生悲伤的情绪，这是人们所重视的感情；更何况他的声名威望还在，又是个深受朝廷委以重任的大臣呢！已故散骑常侍、尚书右仆射、霄城侯范云，气度风范忠贞正直，为国家大事深思远谋，早年便立有大志，平常行事负有盛名。自从任官以来，清明的政绩一贯显著。在朝中经理国政，实在是公辅之臣。他勤心辅政，大义记在我心上，虽然他操劳的不是军务，但他却是长久和我共同议论谋划大政的文臣。正当任重道远驰骋才力，长久辅政理事的时候，忽然丧命殒逝，使人满怀悲痛。应当加赐官位秩禄，用来作为美好的典范。可以追赠做侍中、卫将军，仆射、侯爵不变。并且赏赐鼓吹乐队一部。”礼部官员请加谥号为宣，皇帝下令改称文。有文集三十卷。他儿子范孝才继承了爵位，官做到太子中舍人。

沈约传

沈约字休文，吴兴武康人也。祖林子，宋征虏将军。父璞，淮南太守。璞元嘉末被诛，约幼潜窜，会赦免。既而流寓孤贫，笃志好学，昼夜不倦。母恐其以劳生疾，常遣减油灭火。而昼之所读，夜辄诵之，遂博通群籍，能属文。

起家奉朝请。济阳蔡兴宗闻其才而善之；兴宗为郢州刺史，引为安西外兵参军，兼记室。兴宗尝谓其诸子曰：“沈记室人偷师表，宜善事之。”及为荆州，又为征西记室参军，带厥西令。兴宗卒，始为安西晋安王法曹参军，转外兵，并兼记室。入为尚书度支郎。

齐初为征虏记室，带襄阳令，所奉之王，齐文惠太子也。太子入居东宫，为步兵校尉，管书记，直永寿省，校四部图书。时东宫多士，约特被亲遇，每直入见，影斜方出。当时王侯到宫，或不得进，约每以为言。太子曰：“吾生平懒起，是卿所悉，得卿谈论，然后忘寝。卿欲我夙兴，可恒早入。”迁太子家令，后以本官兼著作郎，迁中书郎，本邑中正，司徒右长史，黄门侍郎。时竟陵王亦招士，约与兰陵萧琛、琅邪王融、陈郡谢朓、南乡范云、乐安任昉等皆游焉，当世号为得人。俄兼尚书左丞，寻为御史中丞，转车骑长史。隆昌元年，除吏部郎，出为宁朔将军、东阳太守。明帝即位，进号辅国将军，征为五兵尚书，迁国子祭酒。明帝崩，政归冢宰，尚书令徐孝嗣使约撰定遗诏。迁左卫将军，寻加通直散骑常侍。永元二年，以母老表求解职，改授冠军将军、司徒左长史，征虏将军、南清河太守。

高祖在西邸，与约游旧，健康城平，引为骠骑司马，将军如故。时高祖勋业既就，天人允属，约尝扣其端，高祖默而不应。佗日又进曰：“今与古异，不可以淳风期万物。士大夫攀龙附凤者，皆望有尺寸之功，以保其福禄。今童儿牧竖，悉知齐祚已终，莫不云明公其人也。天文人事，表革运之征，永元以来，尤为彰著。谶云‘行中水，作天子’，此又历然在记。天心不可违，人情不可失，苟是历数所至，虽欲谦光，亦不可得已。”高祖日吾：“方思之。”对曰：“公初杖兵樊、沔，此时应思，今王业已就，何所复思。昔武王伐纣，始入，民便曰吾君，武王不违民意，亦无所思。公自至京邑，已移气序，比于周武，迟速不同。若不早定大业，稽天人之望，脱有一人立异，便损威德。且人非金石，时事难保。岂可以建安之封，遗之子孙？若天子还都，公卿在位，则君臣分定，无复异心。君明于上，臣忠于下，岂复有人方更同公作贼。”高祖然之。约出，高祖召范云告之，云对略同约旨。高祖曰：“智者乃尔暗同，卿明早将休文更来。”云出语约，约曰：“卿必待我。”云许诺，而约先期入，高祖命草其事。约乃出怀中诏书并诸选置，高祖初无所改。俄而云自外来，至殿门不得入，徘徊寿光阁外，但云“咄咄”。约出，问曰：“何以见处？”约举手向左，云笑曰：“不乘所望。”有倾，高祖召范云谓曰：“生平与沈休文群居，不觉有异人处；今日才智纵横，可谓明识。”云曰：“公今知约，不异约今知公。”高祖曰：“我起兵于今三年矣，功臣诸将，实有其劳；然成帝业者，乃卿二人也。”

梁台建，为散骑常侍、吏部尚书，兼右仆射。高祖受禅，为尚书仆射，封建昌县侯，邑千户，常侍如故。又拜约母谢为建昌国太夫人。奉策之日，右仆射范云等二十余人咸来致拜，朝野以为荣。俄迁尚书左仆射，常侍如故。寻兼领军，加侍中。天监二年，遭母忧，舆驾亲出临吊，以约年衰，不宜到毁，遣中书舍人断客节哭。起为镇军将军、丹阳尹，置佐史。服阕，迁侍中、右光禄大夫，领太子詹事，扬州大中正，关尚书八条事，迁尚书令，侍中、詹事、中正如故。累表陈让，改授尚书左仆射、领中书令、前将军，置佐史，侍中如故。寻迁尚书令，领太子少傅。九年，转左光禄大夫，侍中、少傅如故，给鼓吹一部。

初，约久处端揆，有志台司，论者咸谓为宜，而帝终不用，乃求外出，又不见许。与徐勉素善，遂以书陈情于勉曰："吾弱年孤苦，傍无期属，往者将坠于地，契阔屯回，困于朝夕，崎岖薄宦，事非为已，望得小禄，傍此东归。岁逾十稔，方忝襄阳县，公私情计，非所了具，以身资物，不得不任人事。永明末，出守东阳，意在止足；而建武肇运，人世胶加，一去不返，行之未易。及昏猜之始，王政多门，因此谋退，庶几可果，托卿布怀于徐令，想记未忘。圣道聿兴，谬逢嘉运，往志宿心，复成乖爽。今岁开元，礼年云至，悬车之请，事由恩夺，诚不能弘宣风政，光阐朝猷，尚欲讨寻文簿，时议同异。而开年以来，病增虑切，当由生寻有限，劳役过差，总此凋竭，归之暮年，牵策行止，努力祗事。外观傍览，尚似全人，而形骸力用，不相综摄。常须过自束持，方可偃俛。解衣一卧，支体不复相关。上热下冷，月增日笃，取暖则烦，加寒必利，后差不及前差，后剧必甚前剧。百日数旬，革带常应移孔；以手握臂，率计月小半分。以此推算，岂能支久？若此不休，日复一日，将贻圣主不追之恨。冒欲表闻，乞归老之秩。若天假其年，还得平健，才力所堪，惟恩是策。"勉为言于高祖，请三司之仪，弗许，但加鼓吹而已。

约性不饮酒，少嗜欲，虽时遇隆重，而居处俭素。立宅东田，瞩望效阜。尝为《郊居赋》，其辞曰：

寻加特进，光禄、侍中、少傅如故。十二年，卒官，时年七十三。诏赠本官，赙钱五万、布百匹，谥曰隐。

约左目重瞳子，腰有紫志，聪明过人。好坟籍，聚书至二万卷，京师莫比，少时孤贫，丐于宗党，得米数百斛，为宗人所侮，覆米而去。及贵，不以为憾，用为郡部传。尝侍宴，有妓师是齐文惠宫人。帝问识座中客不？曰："惟识沈家令。"约伏座流涕，帝亦悲焉，为之罢酒。约历仕三代，该悉旧章，博物洽闻，当世取则。谢玄晖善为诗，任彦升工于文章，约兼而有之，然不能过也。自负高才，昧于荣利，乘时藉势，颇累清谈。及居端揆，稍弘止足，每进一官，辄殷勤请退，而终不能去，论者方之山涛。用事十余年，未尝有所荐达，政之得失，唯唯而已。

初，高祖有憾于张稷，及稷卒，因与约言之。约曰："尚书左仆射出作边州刺史，已往之事，何足复论。"帝以为婚家相为，大怒曰："卿言如此，是忠臣邪？"乃辇归内殿。约惧，不觉，高祖起，犹坐如初。及还，未至床，而凭空顿于户下，因病，梦齐和帝以剑断其舌。召巫视之，巫言如梦。乃呼道士奏赤章于天，称禅代之事，不由已出。高祖遣上省医徐奘视约疾，还具以状闻。先此，约尝侍宴，值豫州献栗，经寸半，帝奇之，问曰："栗事多少？"与约各疏所忆，少帝三事。出谓人曰："此公护前，不让即羞死。"帝以其言不逊，欲抵其罪，徐勉固谏乃止。及闻赤章事，大怒，中使谴责者数焉，约惧遂卒。有司谥曰文，帝曰："怀情不尽曰隐。"故改为隐云。所著《晋书》百一十卷，《宋书》百卷，《齐纪》二十卷，《高祖纪》十四卷，《迩言》十卷，《谥例》十卷，《宋文章志》三十卷，文集一百卷：皆行于世。又撰《四声谱》，以为在昔词人，累千载而不寤，而独得胸衿，穷其妙旨，自谓入神之作，高祖雅不好焉。帝问周舍曰："何谓四声？"舍曰："天子圣哲是也。"然帝竟不遵用。

子旋，及约时已历中书侍郎，永嘉太守，司徒从事中郎，司徒右长史。免约丧，为太子仆，复以母忧去官，而蔬食辟谷。服除，犹绝粳粱。为给事黄门侍郎、中抚军长史。出为招远将军、南康内史，在部以清治称。卒官，谥曰恭侯。子实嗣。

陈吏部尚书姚察曰：昔木德将谢，昏嗣流虐艺术堞堞黔黎，命悬晷漏。高祖义拯横溃，志宁区夏，谋谟帷幄，实寄良、平。至于范云、沈约，参预缔构，赞成帝业；加云以机警明胆，济务益时；约高才博洽，名亚迁、董，俱属兴运，盖一代之英伟焉。

【译文】

沈约字休文，吴兴武康人。他的祖父沈林子，是刘宋朝的征虏将军。他的父亲沈璞，是梁朝的淮海太守。沈璞在元嘉末年被诛杀，沈约就到处逃亡躲藏，后来赶上了皇帝恩赦。这以后沈约成为孤儿。在贫穷的生活中，他笃志好学，昼夜勤读不知疲倦。他的母亲担心他读书太辛苦而生病，常常减少油灯里的油甚至吹灭油灯。而沈约依然把白天读的文章，在夜里背诵下来，就这样，他博通群书，擅长写文章。

（后来）沈约携家眷去担任奉朝请的职务。济阳的蔡兴宗听说沈约很有才华就与他交好。当时蔡兴宗担任郢州刺史，于是举荐沈约做了安西将军府的外兵参军，兼任记室。蔡兴宗曾经对他的孩子们说："沈记室德行高尚，可以做你们的老师和表率，你们一定好好地对待他。"（这之后，蔡兴宗为荆州刺史、征西将军）沈约跟随他来到荆州，蔡兴宗又让他担任征西记室参军，在名义上兼任厥西县令。蔡兴宗去世后，沈约起初担任安西晋安王的法曹参军，后调任为外兵参军，同时兼任记室。后来，他进入朝廷担任尚书度支郎。

萧齐初年，沈约担任征虏将军府记室，名义上兼任襄阳县令。他所侍奉的王，是萧齐的文惠太子萧长懋。太子入主东宫时，沈约担任太子步兵校尉，主管文书方面的记载，在永福省值班，校订四部图书。当时东宫的士人非常多，沈约尤其受到文惠太子的宠爱与赏识，每次他值班时去觐见太子，直到太阳落山才出来。当时王侯到东宫觐见，有的不被准许进去谒见，沈约每次都拿这事向文惠太子进言，为王侯传话。太子说："我生性懒惰，很晚才起床，这是您知道的，您和我谈论事情后，我就忘记睡觉了。如果您想让我早点儿起床，可以时常早些进东宫来。"沈约被升职为太子家令，后来又凭借太子家令的本职兼任著作郎，又被提升担任中书郎、本邑的中正、司徒右长史、黄门侍郎等职位。那时竟陵王萧子良也在招贤纳士，沈约与兰陵的萧琛、琅琊的王融、陈郡的谢朓、南乡的范云、乐安的任昉等人都与竟陵王门下交往，时人都说竟陵王网罗到了人才。不久之后，沈约兼任尚书左丞，很快又担任了御史中丞，又改任为车骑长史。隆昌元年，皇帝授予沈约吏部郎的官职，出任宁朔将军、东阳太守。齐明帝即位后，沈约进号为辅国将军，被征召为五兵尚书，升迁为国子祭酒。明帝驾崩，朝中政事由丞相统管，尚书令徐孝嗣指派沈约来撰写遗诏。之后，沈约被升任为左卫将军，不久又加封为通直散骑常侍。永元二年，因为母亲年事已高，沈约上表请求辞去职务，于是，皇帝改授他为冠军将军、司徒左长史，后又授予他征虏将军、南清河太守等职。

当初，梁高祖在竟陵王西邸的时候，和沈约有老交情，所以举荐他为骠骑司马，并保有原来的将军封号。那时高祖的勋业已经完成，登基称帝已经是天意所指民心所向，沈约曾经试探高祖（是否有称帝的）心思，高祖默然无应。之后某一天，沈约又进言说："如今与古代不同了，不能期望人人都保有淳朴之风了。士大夫中攀龙附凤者，都希望有尺寸的功劳，来保全自己的福分、禄位。现在小到孩童，贱如牧人，都清楚萧齐的运数已尽，没有不说您是（取代萧齐的）最好的人选。况且，天文和人事，都展现出改朝换代的征兆，自从永元年间，这种征兆更加明显。谶语说‘行中水，作天子’，这件事我还清晰地记得。天意不可违背，民心不可失去，假如是朝代更替的时间已经来到了，即使您想谦逊礼让，实际上也是不可能的。”高祖说：“我想再周密考虑考虑。”沈约说：“明公您当初在樊、沔统率军队，那时候才应该考虑，现在您已经成就王业了，还说什么要再考虑呢？昔日周武王伐纣，一攻入商都城朝歌，民众便称他为‘我们的君主’，武王没有违背民意，也没有考虑什么（就接受了民众的称呼）。明公您自从抵达京城建康，就已经改变了运数，跟周武王比起来，只有时间上早晚的不同。如果您不早些确定称帝大业，延误天愿人望，倘若有人有不同主张（而立他人为帝），就会损害您的威德。况且人心不是金石（不是没有变化的），现在有利的局势也很难长久保持。您怎么能够只是把封于建安这一个封号传给您的后世子孙呢？如果已经于江陵即位的和帝回到都城，公卿各得其位，君臣的名分确定下来，那么他们就没有什么异心了。于是，君王圣明，居位于上；臣子忠诚，尽职于下。怎么还有人和您一起做反贼呢？”高祖于是采纳了沈约的建议。沈约出宫后，高祖召见范云，把沈约所说的话告诉给他，范云的回答与沈约所说的大体相同。高祖说：“智者所见竟然如此不约而同！您明天早上同沈约再来见我吧。”范云出宫后把这些话都告诉了沈约，沈约说：“您一定要等我一同去。”范云答应了，可是（第二天早上）沈约却在约定的时间之前进入宫中了。高祖命他起草相关的文件，沈约就从怀中掏出了（称帝的）诏书和各种委任官员的名单，起初高祖对此都没有什么改动。不一会儿，范云从外面走进来，到了殿门就不能再入内了，他就在寿光阁外徘徊，只是嘴里不停地发出表示奇怪的“咄咄”声。等沈约走出殿门后，范云就问他说：“结果怎样？”沈约举手向左，表示大事已定。范云笑着说：“和我期望的一样啊。”过了一会儿，高祖又召见范云，对他说：“我生平与沈休文打交道，没有觉察他与一般人有什么不同；今天见他才智纵横，可以说见识高明卓识。”范云说：“明公您今天了解了沈约，与沈约今天了解了您没有区别啊。”高祖说：“我起兵到现在已经三年了，功臣和诸位将军，确实有功劳；但能够成就我帝业的，就是您和沈约两个人啊。”

（萧衍被封为梁王）梁国建立，沈约被授予散骑常侍、吏部尚书，兼右仆射。高祖接受禅让登基后，沈约担任尚书仆射，被封为建昌县侯，食邑千户，依旧担任散骑常侍。高祖又封拜沈约的母亲谢夫人为建昌国太夫人。沈约奉策命的那一天，右仆射范云等二十余人都来祝贺，朝野上下都认为这是一件荣耀的事。不久沈约升任尚书左仆射，仍然担任散骑常侍。不久高祖又让沈约兼任领军，加封侍中之职。天监二年，沈约的母亲去世了，皇上亲临吊唁。皇上认为沈约年事已高，不应该过于哀痛，就派遣中书舍人去帮他回绝客人，劝说他节哀。丧事办完后，沈约担任镇军将军、丹阳尹，设置了佐史。守丧期满后，沈约又升任为侍中、右光禄大夫，兼任太子詹事，扬州大中正，关尚书八条事，又升任为尚书令，原来的侍中、太子詹事、中正职务依旧担任。沈约多次上表辞让官职，皇上就改授他为尚书左仆射、兼中书令、前将军，设置了佐史，仍然担任侍中之职。不久沈约又升任为尚书令，兼任太子少傅。天监九年，沈约改任为左光禄大夫，侍中、少傅之职照旧兼任，皇上又赐给他鼓吹乐队一部。

起初，沈约长久地担任尚书省长官，常常希望到其他枢要机构任职。议论的人都说他的想法是对的，但皇上最终没有准许。沈约向皇帝请求到外地任职，又没有得到准许。沈约与徐勉一直交好，于是给徐勉写信陈述说："我幼年孤苦伶仃，没有亲人能够依靠，往事已经成为过去，如今早晚被繁杂政事困扰。虽然我担任的只是劳碌奔波的卑微之职，但并不是为谋图个人的私利，只希望能得到微薄的俸禄，以便返归故里。经过了十年，我才忝为襄阳县令，无论处理公事私事，都不是我能完全胜任的，只是凭借自身换取财物，不得不处理这类的事情罢了。永明末年，我担任东阳太守，心里认为到此为止了。但是齐建武初年，人事如胶一样粘连着我，为官后我就没能脱身，要离开真是不容易啊。等到东昏侯即位之初，国家令出多门，所以我打算隐退，差一点就达到目的了，这事曾托您向徐令表达过，想来您还没有忘记吧。如今梁朝兴起后，我躬逢盛世，之前的志愿和潜藏的(归隐)之心，再一次成为无法顺利实现的事了。今年是开国伊始，之后敬神之祀将周而复始，而我请求告老，此事由皇上裁定。(我想)我就是不能弘扬德化，使朝廷政治发扬光大，也还是想要讨寻文簿，时常发表些政论。可是年初以来，我的病有所加重让我更加忧虑，这大概是由于生命是有限的，辛劳过度，必然积累衰耗，到晚年就叠加在一起了；也必定会控制人的行为举止，所以我努力恭敬地多做事情。我从外表看上去，好像还是个完整的人，可是我的身体和精力，已经无法配合了，常常必须竭力强迫自己坚持，才可打起精神办事。等脱衣躺下时，四肢和身体就好像没有关联似的。我经常上身发热下肢发冷，一天比一天严重，取暖就让我闷热烦躁，如果天气忽冷，那么必定会腹泻，每次病愈之后身体都更加不如从前，病情也要比之前更严重。仅仅过一百天或几旬，我常常就要移动皮带的孔眼；用手去握臂，大概每月都要缩小半分。以此推测，身体怎能长久支撑呢？如果我的病情不断发展，日复一日，必将给圣明的皇上留下无法挽回的遗憾。我冒昧地上表奏请，乞求辞官归老的禄秩。假若上天再让我多活几年，让我有个健康的身体，在才力能承受的限度内，我也会为皇上考虑治国策略的。”徐勉将沈约之意转告高祖，并请求赐给沈约三公的仪仗，皇帝没得到答应，只是增加了鼓吹仪仗而已。

沈约生性不喜欢饮酒，没有什么嗜好，虽然当时皇帝对他恩宠优厚，但他居家生活依然节俭朴素。他在东田建造的屋舍，可以远望郊外高山。他曾撰写过一篇《郊居赋》（略）。

不久之后，皇帝加封沈约为特进官，原有的光禄、侍中、少傅诸官依旧。天监十二年，沈约在任上去世了，享年七十三岁。皇上下诏赠给本官，赐钱五万、布百匹办理丧事，赐谥号“隐”。

沈约的左眼是双眼仁，腰上有一颗颗紫色的痣，聪颖过人。他喜爱古书典籍，藏书多达两万卷，京城里没有比得上他的。他幼时孤苦，曾向宗族人求助，获得几百斛米，又受到这宗族人的侮辱，他就将米打翻离开了。等到他富贵后，并没有把此事放在心上，还让这个宗族人担任郡部的传。有一次沈约陪皇上宴饮，其中有一个妓女的师傅是齐文惠太子的宫人。皇上问沈约是否认识来客，沈约回答：“只认识沈家令。”沈约说完趴在桌子上流下眼泪，皇上也深感悲哀，为此事停止了宴饮。沈约历仕三代，对原来的典章制度非常熟悉，见闻广博，时人都把他作为表率。谢玄晖擅长写诗，任彦升写文章很严谨，沈约兼有他俩的特长，可是都没有超过他们。沈约自恃才华高超，对荣华富贵没有兴趣，依凭时势，喜欢清谈。到他达到三公之位时，稍稍有所成就就停止谋求，每当加封一官，就恳切地请求辞官，可是始终没能够离去，时人都将他比作山涛。他主管政务十多年，没有举荐过什么人，政治上的得失，只是唯唯诺诺罢了。

起初，高祖对张稷之事充满歉疚，张稷去世后，高祖就把这种想法告知沈约。沈约回答说：“尚书左仆射外出担任边州刺史，这已经是往事了，怎么还值得谈论呢？”皇上认为他们是姻亲的关系所以这样说，就生气地说：“先生如此言论，是忠臣之言吗？”于是乘辇就回内殿了。沈约感到害怕，好像失去了知觉一般，高祖起身离开时，他还像之前一样坐着呢。沈约返回家中，还没走到床边，就凭空倒在了窗下，由此而患病，梦见齐和帝用剑割了他的舌头。于是沈约找了一个巫师来治病，巫师说的话与他的梦吻合。沈约就请来道士向上天表奏赤章，说（齐）禅让（梁）之事，不是自己谋划的。高祖命御医徐奘给沈约治病，徐奘回去后详细向皇帝奏明沈约的情况。在此之前，沈约曾经陪皇上宴饮，正逢豫州进献栗子，栗子直径有一寸半，皇上感到奇怪，问道："有关献栗子的事情有多少件呢？"于是皇上与沈约各自梳理回忆，结果沈约（说出的）比皇上少了三件。沈约出宫后对人说："皇上这人爱面子，我不让着他，他就会羞愧死。"皇上认为沈约出言不逊，想给他治罪，因为徐勉竭力进谏才没这样做。这次皇上听说沈约向上天表奏赤章一事，非常恼怒，让宦官斥责了他多次，沈约恐惧就病逝了。主管部门拟定给沈约的谥号，为"文"，皇上说："内心的感情不全部表露为隐。"因此改换给沈约的谥号，称为"隐"。沈约所著《晋书》一百一十卷，《宋书》一百卷，《齐纪》二十卷，《高祖纪》十四卷，《迩言》十卷，《谥例》十卷，《宋文章志》三十卷。他的《文集》一百卷，都流传于世。沈约还撰写了《四声谱》，认为以前的词人，千年以来都没能够领会，而他却独得于心，悟透了其中的妙旨，自称这篇文章是入神之作，高祖认为此书很高雅，可是并不喜欢它。皇上向周舍询问说："什么是四声？"周舍回答说："天子圣哲，这就是四声。"但是皇上最终没有遵用。

沈约的儿子名叫旋，等到沈约去世时已经历任过中书侍郎、永嘉太守、司徒从事中郎、司徒右长史等官职。为沈约守丧期满后，沈旋担任太子仆，之后又因母丧而解职，守丧期间只吃一些蔬菜不吃粮食。守丧完毕以后，沈旋还是拒绝吃粳米高梁等粮食，担任给事黄门侍郎、中抚军长史等职。后来沈旋出任招远将军、南康内史，所到之处，他都以清正廉洁著称。他在任上去世，谥号为恭侯。他的儿子沈实是其后代。

陈朝的吏部尚书姚察说：过去，木德将要凋谢，结果东昏侯即位后暴政肆虐，民众惧怕，时刻都悬命于水火之中。梁高祖凭一股正义之气拯救衰颓之势，立志使中国安定，运筹帷幄，寄托期望于像张良、陈平般有才干的人身上。结果遇上了范云和沈约，他们共同参与谋划，辅助完成帝业。我赞赏范云的机智明达，参加机务，在当时做了一些好事；沈约才高博学，其名声仅在司马迁和董狐之下，他们都是振兴国家的功臣，是一代英雄、伟人。

梁书卷三十五

萧子显萧子云列传第二十九

萧子显传

子显字景阳，子恪第八弟也。幼聪慧，文献王异之，爱过诸子。七岁，封宁都县侯。永元末，以王子例拜给事中。天监初，降爵为子。累迁安西外兵，仁威记室参军，司徒主簿，太尉录事。

子显伟容貌，身长八尺。好学，工属文。尝著《鸿序赋》，尚书令沈约见而称曰："可谓得明道之高致，盖《幽通》之流也。"又采众家《后汉》，考正同异，为一家之书。又启撰《齐史》，书成，表奏之，诏付秘阁。累迁太子中舍人，建康令，邵陵王友，丹阳尹丞，中书郎，守宗正卿。出为临川内史，还除黄门郎。中大通二年，迁长兼侍中。高祖雅爱子显才，又嘉其容止吐纳，每御宴侍坐，偏顾访焉。尝从容谓子显曰："我造《通史》，此书若成，众史可废。"子显对曰："仲尼赞《易》道，黜《八索》，述职方，除《九丘》，圣制符同，复在兹日。"时以为名对。三年，以本官领国子博士。高祖所制经义，未列学官，子显在职，表置助教一人，生十人。又启撰高祖集，并《普通北伐记》。其年迁国子祭酒，又加侍中，于学递述高祖《五经义》。五年，选吏部尚书，侍中如故。

子显性凝简，颇负其才气。及掌选，见九流宾客，不与交言，但举扇一捞而已，衣冠窃恨之。然太宗素重其为人，在东宫时，每引与促宴。子显尝起更衣，太宗谓坐客曰："尝闻异人间出，今日始知是萧尚书。"其见重如此。大同三年，出为仁威将军、吴兴太守，至郡未几，卒，时年四十九。诏曰："仁威将军、吴兴太守子显，神韵峻举，宗中佳器。分竹未久，奄到丧殒，恻怆于怀。可赠侍中、中书令。今便举哀。"及葬请谥，手诏"恃才傲物，宜谥曰骄。"

子显尝为《自序》，其略云："余为邵陵王友，幸还京师，远思前比，即楚之唐、宋，梁之严、邹。追寻平生，颇好辞藻，虽在名无成，求心已足。

若乃登高目极，临水送归，风动春朝，月明秋夜，早雁初莺，开花落叶，有来斯应，每不能已也。前世贾、傅、崔、马、邯郸、缪、路之徒，并以文章显，所以屡上歌颂，自比古人。天监十六年，始预九日朝宴，稠人广坐，独受旨云：'今云物甚美，卿得不斐然赋诗。'诗既成，又降帝旨曰：'可谓才子。'余退谓人曰：'一顾之恩，非望而至。遂方贾谊何如哉？未易当也。'每有制作，特寡思功，须其自来，不以力构。少来所为诗赋，则《鸿序》一作，体兼众制，文备多方，颇为好事所传，故虚声易远。"

子显所著《后汉书》一百卷，《齐书》六十卷，《普通北伐记》五卷，《贵俭传》三十卷，文集二十卷。

【译文】

萧子显字景阳，是萧子恪的八弟。萧子显自幼聪颖，让文献王深感惊异，对他的喜爱超过了其他的几个儿子。萧子显七岁时，被封为宁都县侯。永元末年，按照授封王子的惯例，萧子显被授予给事中一职。梁朝天监初年，爵位降为子爵。他还担任过安西外兵，仁威记事参军，司徒主簿，太尉录事等职。

萧子显身高八尺，状貌伟岸。他勤奋好学，很擅长写文章。他曾经创作了一片《鸿序赋》，尚书令沈约看到后称赞他说："这篇赋可以说在阐明道理上达到了最高境界，是《幽通赋》的传承之作。"萧子显又采录众家《后汉书》考证的异同，撰写了独树一帜的《后汉书》。他又开始撰写《齐史》，完成后，上表奏呈皇上，梁武帝下诏交给秘阁收藏此书。萧子显因此多次升迁为太子中舍人，建康令，邵陵王友，丹阳尹丞，中书郎，守宗正卿等职。又出京城担任临川内史，不久又返回京城，被授予黄门郎职位。中大通二年，萧子显被升为黄门长官，并兼任侍中。高祖非常赏识萧子显的才能，又欣赏他的仪表谈吐，每当举行御宴，萧子显在座时，武帝都要到他那里和他一起畅谈。高祖曾信心满怀地对萧子显说："我要编纂一部《通史》，如果这部书完成了，其他所有史籍都可以废弃了。"萧子显回答道："孔仲尼赞赏《易经》的大道，《八索》就被废弃了，讲述职方，《九丘》就被删除了。如今皇上创作《通史》，正符合这个意义，孔子时代的光景，就要在当今重现了。"当时这一问一答被人认为是名对。中大通三年，萧子显凭侍中一职兼任国子博士。当时，高祖创制的五经义理，没有列入官学科目，萧子显担任国子博士一职时，就上表请求设置助教一

人，学生十人，（专门讲习高祖所创五经义理）。萧子显又得到高祖的准许，编撰《高祖集》以及《普通北伐记》。这一年，萧子显被提升为国子祭酒，兼任侍中，在学校逐次讲述高祖的《五经义》。中大通五年，萧子显被选为吏部尚书，仍担任侍中。

萧子显性情潇洒，文雅大方，很是凭借自己的才气而自负。他拥有选任官吏的大权之后，每次会见各种通过九品中正制选拔上来的宾客，都不与他们交谈，只是举扇子做出谦让的表示罢了，所以官员们私下都很怨恨他。可是太宗一直很看重他，当太宗还是东宫太子时，时常把他请来与自己促膝欢饮。在饮酒时，萧子显曾起身入厕，太宗就对身边的宾客说："我曾听说奇异的人物总是隔世才出现，今天才知道（我们这一世出现了特殊人物）说的就是萧尚书这样的人。"太宗对他的器重可见一斑。大同三年，萧子显被调出京城担任仁威将军，吴兴太守，他到吴兴郡任所没多久，就去世了，时年四十九岁。朝廷颁下诏书说："仁威将军，吴兴太守子显，神韵飞扬，英俊奇伟，是宗族中的优秀的人才。刚被授予大任没多久，就不幸陨落了，皇上内心凄恻悲伤。可追赠其为侍中、中书令。今日便可开始哀悼。"等到将萧子显安葬时，他的家人为他请求赐予谥号，高祖亲笔写下诏令说："其恃才傲物，应该追赠谥为'骄'。"

萧子显曾经写过一篇《自序》，内容大概是说："我作为邵陵王府中的官属，幸能返回京城，遥想前人，能与之相比的就是楚国的唐勒、宋玉，汉朝梁国的严忌、邹阳。追忆我的人生，很喜欢文章辞藻，虽然没有功名成就，但内心已很满足了。诸如登上高山，极目远望，驻足河畔，临水送归，春天丽日，晨风吹拂，朗朗秋夜，明月清冽，清晨的雏雁，初啼的黄莺，花开娇艳，落叶无声，逢此情景我必有所感，每每激动不止。前代的贾逵、傅毅、崔寔、马融、邯郸淳、缪袭、路粹等人，都以文章显扬于世，所以屡次上书歌功颂德，自比古人。天监十六年，我才参加朝廷的重阳节盛宴，在大庭广众之间，只有我接到圣旨说：'今日天气和畅，景色优美，卿何不即兴赋诗一首呢。'诗写成后，皇上又下旨说：'可以称得上是才子啊。'后来，我对人说：'皇上此次的恩顾，是我从来没想到过的，拿此次恩宠和贾谊相比怎样呢？我想他也是难以比得上的。'每次我写作时，都不假思索，文思自然喷涌，无须苦思冥想就写出了。自少年起所作的诗赋，只有《鸿序》一篇，体裁兼具各派特点，文辞各派的优点，深受好事者的传播，所以使我虚名远扬吧。"

萧子显著述的《后汉书》有一百卷,《齐书》有六十卷,《普通北伐记》五卷,《贵俭传》三十卷,文集共有二十卷。

萧子云传

子云字景乔,子恪第九弟也。年十二,齐建武四年,封新浦县侯,自制拜章,便有文采。天监初,降爵为子。既长勤学,以晋代竟无全书,弱冠便留心撰著,至年二十六,书成,表奏之,诏付秘阁。

子云性沉静,不乐仕进。年三十,方起家为秘书郎。迁太子舍人,撰《东宫新记》奏之,敕赐束帛。累迁北中郎外兵参军、晋安王文学、司徒主簿、丹阳尹丞。时湘东王为京尹,深相赏好,发布衣之交。迁北中郎庐陵王谘议参军,兼尚书左丞。大通元年,除黄门郎,俄迁轻车将军,兼司徒左长史。二年,入为吏部。三年,迁长兼侍中。中大通元年,转太府卿。三年,出为贞威将军、临川内史。在郡以和理称,民吏悦之。还除散骑常侍。俄复为侍中。大同二年,迁员外散骑常侍、国子祭酒,领南徐州大中正。顷之,复为侍中,祭酒、中正如故。

梁初,郊庙未革牲拴,乐词皆沈约撰,至是承用,子云始建言宜改。启曰:“伏惟圣敬率由,尊严郊庙,得西邻之心,知周、孔之迹,载革牢祖,德通神明,黍稷苹藻,竭诚严配,经国制度,方悬日月,垂训百王,于是手在。臣比兼职斋官,见伶人听歌,犹用未革牲前曲。圜丘胝燎,尚言‘式备牲栓’;北郊《诚雅》,亦奏‘牲玉孔备’;清庙登歌,而称‘我牲以洁’;三朝食举,犹咏‘朱尾碧鳞’。声被鼓钟,未符盛制。臣职司儒训,意以为疑,未审应改定乐词以不?”敕答曰:“此是主者守株,宜急改也。”仍使子云撰定。敕曰:“郊庙歌词,应须典诰大语,不得杂用子史文章浅言;而沈约所撰,亦多舛谬。”子云答敕曰:“殷荐朝享,乐以雅名,理应正采《五经》,圣人成教。而汉来此制,不全用经典;约之所撰,弥复浅杂。臣前所易约十曲,唯知牲既革,宜改歌词,而犹承例,不嫌流俗乖体。既奉令旨,始得发朦。臣夙本庸滞,昭然忽朗,谨依成旨,悉改约制。唯用《五经》为木,其次《尔雅》《周易》《尚书》《大戴礼》,即是经诰之流,愚意亦取兼用。臣又寻唐、虞诸书,殷《颂》周《雅》,称美是一,而复各述时事。大梁革服,偃武修文,制礼作乐,义高三正;而约撰歌词,唯浸称圣德之美,了不序皇朝制作事。《雅》《颂》前例,于体为违。

伏以圣旨所定乐论钟律纬绪，文思深征，命世一出，方悬日月，不刊之典，礼乐之教，致治所成。谨一二采缀，各随事显义，以明制作之美。覃思累日，今始克就，谨以上呈。”敕并施用。

子云善草隶书，为世楷法，自云善效钟元常、王逸少，而微变字体。答敕云：“臣昔不能拨赏，随世所贵，规摹子敬，多历年所。年二十六，著《晋史》，至《二王列传》，欲作论语草隶法，言不尽意，遂不能成，略指论飞白一势而已。十许年来，始见敕旨《论书》一卷，商略笔势，洞彻字体；又以逸少之不及元常，犹子敬之不及逸少。自此研思，方悟隶式，始变子敬，全范元常。逮尔以来，自觉功进。”其书迹雅为高祖所重，尝论子云书曰：“笔力劲骏，心手相应，巧逾杜度，美过崔寔，当与元常并驱争先。”其见赏如此。

七年，出为仁威将军、东阳太守。中大同元年，还拜宗正卿。太清元年，复为侍中、国子祭酒，领事徐州大中正。二年，侯景冠逼，子云逃民间。三年三月，宫城失守，东奔晋陵，馁卒于显灵寺僧房，年六十三。所著《晋书》一百一十卷，《东宫新记》二十卷。

第二子特字世达。早知名，亦善草隶。高祖尝谓子云曰：“子敬之书，不及逸少。近见特迹，遂逼于卿。”历官著作法郎、太子舍人、宣惠主簿、中军记室。出为海监令，出事免。年二十五，先子云卒。

【译文】

萧子云字景乔，是萧子恪的九弟。他十二岁那年，也就是南齐建武四年，被封为新浦县侯，他自己撰写了一篇谢表，非常有文采。梁天监初年，他由侯爵降为子爵。长大成人后，他在学问方面更加勤奋努力，因为晋朝还没有一部完整的史书，二十岁左右时，他就开始精心撰写，等到二十六岁时，写成此书，他上表将此书奏呈给朝廷，皇帝下旨将其收藏于史馆。

萧子云生性沉默娴静，没有做官的兴趣。直到三十岁时，他才初次担任秘书郎一职。后又升为太子舍人，撰写了《东宫新记》，呈奏给朝廷，皇帝赏赐他丝帛一束。后来又陆续提升为北中郎外兵参军、晋安王文学、司徒主簿，丹阳尹丞等职。当时湘东王担任京兆尹，二人互相欣赏，就像平民百姓般交往。子云又升任为北中郎卢陵王的谘议参军，兼任尚书左丞。大通元年，担任黄门郎，不久又提拔为轻车将军，兼任司徒左长史。

二年，他被调进吏部。三年，被提升为吏部长兼侍中。中大通元年，调任太府卿。三年，出京外任为贞威将军、临川内史。他在担任郡内史时，处理政事态度平和，并且把政事处理得井井有条，官吏和百姓对他都很满意。后来，他被调入京城任散骑常侍，不久再任侍中。大同二年，升任员外散骑常侍、国子祭酒，兼任南徐州大中正。不久，再次担任侍中，仍兼任国子祭酒，大中正。

梁代初年，举行祭天祭祖大礼时还没有将供给祭祀的牲畜除去，那时祭祀时的祝歌是沈约写的，到这时还在沿用，萧子云认为，应当对此进行改变。于是他上书说："臣想，礼敬圣人就应按原来的制度举行祭礼，祭天祭祖，看重的是尊严，这样才是对周礼精神的领悟，才是对周公、孔子倡导的礼乐主旨的领会，祭祀时摒弃牲畜，德意就能与神祖沟通，改用黍稷蘋藻作为祭品，这样能够展现祭祀者态度的诚恳恭肃，这确实是治国良策，可与日月同辉，流传百世，原因就在这里呀。臣近来兼任祭祀官，听到乐手所唱之曲，还在沿用未革除牲畜祭祀时的乐曲。在举行祭天礼时，乐师还在唱着'式备牲栓'，在举行祭土神礼时，乐师奏《諴雅》乐曲，还在唱'牲玉孔备'；在祭祖时，还在唱'我牲以洁'；在岁初食祭时，还在唱'朱尾碧鳞'。现在使用这些歌词，再配上钟鼓乐器，确实是不符合如今的制度。臣的职责是教授儒家经典，因而我提出这个疑问，不知能否改变歌词？"皇帝下旨回复他说："这是因为主持祭祀的官员墨守成规，应该赶快修改一下。"于是命令萧子云来修改它。皇帝下旨说："祭祀天地祖宗之词，应该使用经典上的高雅语言，不能混杂使用诸子百家和史书里的粗浅之语；而沈约撰写的歌词中，也有很多谬误。"萧子云回答说："盛大的祭祀活动，所奏之乐都用雅乐来命名，理应使用《五经》中圣人的训示之词，但是自汉朝以来撰写的乐词，不全是使用经典之语，沈约撰写的歌词，更是浅显混杂。臣以前改定的他撰写的十种乐曲歌词，当时只考虑到除去牲畜祭祀这点，只是修改这些歌词，其他方面仍然沿用原来的，并没有嫌弃沈约的用词浅显。如今得到陛下的指示，才豁然醒悟。现在严格遵照陛下您的指示，全面修改沈约的词曲。修改时只以《五经》为依据，此外，《尔雅》《周易》《尚书》《大戴礼》也是经典之作，臣也想加以采用。臣还想，唐、虞各种书籍以及商《颂》周《雅》，也都是经典名篇，只是各自记述自己时代的史事。大梁朝建立后，平定战乱，修整文事，倡导礼乐，意义重大，能与夏、商、周相提并论；但是沈约撰写之词，只是称颂梁朝的德政之美，而一句话也没有涉及制礼作乐的盛举。这与周《雅》商《颂》的成例相比，显然是不符合体例的。臣以为，圣人所定的乐论钟律规制，文义很艰深，只有命世之大才出现，才能使之与日月同辉，成为不可磨灭的经典，礼乐的教化力量，是清平盛世出现的原因。如今酌采一二，依照叙事的内容，表现它的要义，从而展现制礼作乐的盛举。臣苦思冥想好多天，现在才算完成了，臣恭敬地呈给陛下。”皇帝下旨说，萧子云改定的乐曲全部加以采用。

萧子云擅长写草书和隶书，他的作品也成为世人学习书法的标准，他自称擅长摹仿钟繇、王羲之的作品，只是稍有变化。他在回答皇帝的询问时说：“臣原来没有自己的想法，追随世人的崇尚，去模仿王献之的书体，这样练了好几年书法。等到二十六岁时，臣撰著《晋史》，在撰写《二王列传》时，想阐述草书、隶书的笔法，只是言不尽意，不能成篇，只是粗浅地论述了飞白一种笔法而已。十多年后，臣看到陛下的《论书》一卷，其中论述笔势、字体，讲得很透辟；又认为王羲之比不上钟繇，就像王献之比不上王羲之一样。从此，臣深入研究，才领悟隶书规律，于是从摹仿王献之改为全学钟繇。近年来，自觉书艺有所进步。”萧子云的书法深受梁高祖的赏识，高祖论述萧子云的书法时说：“笔力遒劲，能做到心手相应，精巧远超杜度，清秀超过崔寔，可与钟繇并驾齐驱，不分伯仲。”他的书法如此受高祖的赞赏。

大同七年，萧子云出京，外任为仁威将军、东阳太守。中大同元年，返回京城任宗正卿。太清元年，他再任侍中、国子祭酒，兼任南徐州大中正。太清二年，侯景叛乱，贼军进逼京师，萧子云逃走，于民间藏身。太清三年三月，都城沦陷，萧子云向东逃往晋陵，在显灵寺僧舍饥饿而死，终年六十三岁。他著有《晋书》一百一十卷、《东宫新记》二十卷。

他的第二个儿子萧特字世达。很早就闻名天下，他擅长写草书、隶书。梁高祖曾对萧子云说：“王献之的书法，比不上他父亲王羲之。近来朕看到萧特的书法作品，成就与你差不多。”萧特历任著作佐郎、太子舍人、宣惠主簿、中军记室等职。后来又外任为海盐县令，因事被免官，二十五岁时就去世了，比萧子云先去世。

梁书卷五十一

陶弘景列传第四十五

陶弘景字通明，丹阳秣陵人也。初，母梦青龙自怀而出，并见两天人执香炉来至其所，已而有娠，遂产弘景。幼有异操，年十岁，得葛洪《神仙传》，昼夜研寻，便有养生之志。谓人曰："仰青云，睹白日，不觉为远矣。"及长，身长七尺四寸，神仪明秀，朗目疏眉，细形长耳。读书万余卷。善琴棋，工草隶。未弱冠，齐高帝作相，引为诸王侍读，除奉朝请。虽在朱门，闭影不交外物，唯以披阅为务，朝仪故事，多取决焉。永明十年，上表辞禄，诏许之，赐以束帛。及发，公卿祖之于征卢亭，供帐甚盛，车马填咽，咸云宋齐已来，未有斯事。朝野荣之。

于是止于句容之句曲山。恒曰："此山下是第八洞宫，名金坛华阳之天，周回一百五十里。昔汉有咸阳三茅君得道，来掌此山，故谓之茅山。"乃中山立馆，自号华阳隐居。始从东阳孙游岳受符图经法。遍历名山，寻访仙药。每经涧谷，必坐卧其间，吟咏盘桓，不能已已。时沈约为东阳郡守，高其志节，累书要之，不至。

弘景为人，圆通谦谨，出处冥会，心如明镜，遇物便了，言无烦舛，有亦辄觉。建武中，齐宜都王铿为明帝所害，其夜，弘景梦铿告别，因访其幽冥中事，多说神异，因著《梦记》焉。

永元初，更筑三层楼，弘景处其上，弟子居其中，宾客至其下，与物遂绝，唯一家童得侍其旁。特爱松风，每闻其响，欣然为乐。有时独游泉石，望见者以为仙人。

性好著述，尚奇异，顾惜光景，老而弥笃。尤明阴阳五行，风角星算，山川地理，方图产物，医术本草。著《帝代年历》，又尝造浑天仪，云"修道所须，非止史官是用"。

义师平建康，闻议禅代，弘景援引图谶，数处皆成"梁"字，令弟子进之。高祖既早与之游，及即位后，恩礼逾笃，书问不绝，冠盖相望。

天监四年，移居积金东涧，善辟谷导引之法，年逾八十而有壮容，深慕张良之为人，云"古贤莫比"。曾梦佛授其菩提记，名为胜力菩萨。乃诣鄮县阿育王塔自誓，受五大戒。后太宗临南徐州，钦其风素，召至后堂，与谈论数日而去，太宗甚敬异之。大通初，令献二刀于高祖，其一名善胜，一名威胜，并为佳宝。

大同二年，卒，时年八十五。颜色不变，屈申如恒。诏赠中散大夫，谥曰贞白先生，仍遣舍人监护丧事。弘景遗令薄葬，弟子遵而行之。

【译文】

陶弘景字通明，丹阳秣陵地方人。开始，母亲做梦梦见有青龙从怀中出来，并且还看见两位天人手拿着香炉来到他们的房里，不久便怀孕了，于是生下了陶弘景。他小的时候有奇怪的行为，十岁年纪，得到葛洪《神仙传》，白天黑夜地攻读，于是有了养生的志向。常对人家说："仰视青云，观看太阳，不觉得是很遥远的事了。"等到长大了，身高有七尺四寸，神态和仪表都很出众，眼睛明亮有神，眉毛宽广，身材修长，耳朵肥大，读书超过万卷，善于抚琴下棋，工于草书隶书，还不到二十岁，齐高帝任相，把他封为诸王的伴读，并官拜奉朝请。虽然生活在贵族群中，但他将门关起来从不与别人来往，只以看书为要事，朝廷规仪礼章等事，一般都向他请教决断。永明十年，上表辞去俸禄，皇帝下诏同意，并赏赐丝帛。等到他动身离开朝廷的时候，公卿大夫设宴于征卢亭与之饯别，因设帐太多车马把道路都填满了，都说宋、齐以来，还没有出现过这种事情，朝廷和民间都认为是件有面子的事。

从这以后，陶弘景居住在句容的句曲山，常说："这座山下面是道教第八洞宫，名叫金坛华阳之天，周围有一百五十里，从前汉代有咸阳三茅君修炼得道，来掌管这座山，所以称之为茅山。"于是在山中建了一座道馆，自名为华阳隐居。开始跟随东阳孙游岳学习传授道符图经书道法，登访经历了许多名山，寻找访求仙药，每次经过山涧溪谷，一定端坐仰卧其间，吟咏盘旋，不能停止。当时沈约担任东阳郡太守，认为陶弘景志节高尚，多次写信向他提出邀请，都不去。

陶弘景为人圆通谦虚，小心谨慎，事情的变化曲折，心中如镜子一样清澈明白，遇到什么事情从不挂在心上，说话也没有什么过错，即使有也能很快发觉出来。建武年间，齐宜都王铿为齐明帝所杀害，那天夜里，陶弘景梦见铿来告别，因此搜访宜都王幽冥之间的事迹，大多讲的是神秘怪异之事，因此写下了《梦记》一书。

永元初年，又筑三层楼，陶弘景住在上面一层，弟子住中间一层，来访宾客则在下层，于是和外人全部隔绝，只有一个家童在身边侍候。特别喜欢松风，每次听到松风声，就感到十分高兴愉快。有时他一个人游览于泉石之间，看见的人都认为是神仙。

陶弘景本性喜欢著述，更追求奇异，爱惜时间，越老越勤奋，尤其了解阴阳五行、风角星算、山川地理、方图产物、医术本草。著有《帝代年历》，又曾经制造浑天仪，说是“修炼道法所需要，不仅仅是史官才用”。

义师平定建康，听说议论禅让帝位，陶弘景援引图书谶文，多处都成“梁”字，让弟子进上，梁高祖既早就与他有交情，等到即了帝位，恩情礼谊更加敦厚，写信问候没有间断，总有达官贵人不断地到他家去。

天监四年，移居到茅山积金东边的水溪边。擅长于辟谷气功等养生方法，过了八十岁仍然显得青春年少，十分爱慕汉代张良的为人处世，称赞他“古代的贤人没有谁能比拟”。曾经做梦梦见佛祖传授给他菩提记，并称他为胜力菩萨。于是到鄮县阿育王塔去发誓表愿，接受五大戒。后来太宗来到南徐州，钦佩他的高风清名，召他到后堂之中，和他谈论了多日才离开，太宗十分敬佩叹异他。大通初年，派人送两把宝刀给梁高祖，一把名叫“善胜”，一把称“威胜”，都是难得的好宝物。

大同二年去世，卒年八十五，死时颜色不变，弯曲伸直如平常一样，皇帝下诏赠号为中散大夫，谥称贞白先生，并派皇宫中的官吏监督照料丧事。陶弘景留下遗书要薄葬，弟子们遵照予以办理。

梁书卷五十三

孙谦何远列传第四十七

孙 谦

孙谦，字长逊，东莞莒人也。少为亲人赵伯符所知。谦年十七，伯符为豫州刺史，引为左军行参军，以治干称。父忧去职，客居历阳，躬耕以养弟妹，乡里称其敦睦。宋江夏王义恭闻之，引为参军，历仕大司马、太宰二府。出为句容令，清慎强记，县人号为神明。

泰始初，事建安王休仁，休仁以为司徒参军，言之明帝，擢为明威将军、巴东建平二郡太守。郡居三峡，恒以威力镇之。谦将述职，敕募千人自随。谦曰："蛮夷不宾，盖待之失节耳，何烦兵役，以为国费。"固辞不受。至郡，布恩惠之化，蛮獠怀之，竞饷金宝，谦慰喻而遣，一无所纳。及掠得生口，皆放还家。俸秩出吏民者，悉原除之。郡境翕然，威信大著。视事三年，征还为抚军中兵参军。

元徽初，迁梁州刺史，辞不赴职，迁越骑校尉、征北司马府主簿。建平王将称兵，患谦强直，托事遣使京师，然后作乱。及建平诛，迁左军将军。

齐初，为宁朔将军、钱唐令，治烦以简，狱无系囚。及去官，百姓以谦在职不受饷遗，追载缣帛以送之，谦却不受。每去官，辄无私宅，常借官空车厩居焉。永明初，为冠军长史、江夏太守，坐被代辄去郡，系尚方，顷之，免为中散大夫。明帝将废立，欲引谦为心膂，使兼卫尉，给甲杖百人，谦不愿处际会，辄散甲士，帝虽不罪，而弗复任焉。出为南中郎司马。东昏永元元年，迁□□大夫。

天监六年，出为辅国将军、零陵太守，已衰老，犹强力为政，吏民安之。先是，郡多虎暴，谦至绝迹。及去官之夜，虎即害居民。谦为郡县，常勤劝课农桑，务尽地利，收入常多于邻境。九年，以年老，征为光禄大夫。既至，高祖嘉其清洁，甚礼异焉。每朝见，犹请剧职自效。高祖笑曰："朕使卿智，不使卿力。"十四年，诏曰："光禄大夫孙谦，清慎有闻，白首不怠，高年旧齿，宜加优秩。可给亲信二十人，并给扶。"

谦自少及老，历二县五郡，所在廉洁。居身俭素，床施蘧篨屏风，冬则布被莞席。夏日无帱帐，而夜卧未尝有蚊蚋，人多异焉。年逾九十，强壮如五十者，每朝会，辄先众到公门。力于仁义，行己过人甚远。从兄灵庆常病寄于谦，谦出行还问起居。灵庆曰："向饮冷热不调，即时犹渴。"谦退遣其妻。有彭城刘融者，行乞疾笃无所归，友人舆送谦舍，谦开厅事以待之。及融死，以礼殡葬之。众咸服其行义。十五年，卒官，时年九十二。诏赙钱三万，布五十匹。高祖为举哀，甚悼惜之。

【译文】

孙谦字长逊，是东莞莒县人。他从小就受到亲戚赵伯符欣赏，在他十七岁时，赵伯符出任豫州刺史，委任他为左军行参军，他因处理政事适宜被称赞。后因父亲去世而辞去官职，暂时在历阳寄居，从事耕种之事来供养弟妹，乡里父老都称赞他为人敦厚和善。宋江夏王刘义恭听说他的事迹后，征召他为行参军，这之后，孙谦又接连在大司马、太宰二府中担任僚佐。后来，他又出任句容令，在任上清廉慎重，博闻强识，县里百姓都把他敬为神明。

宋明帝泰始初，他侍奉建安王刘休仁，刘休仁任用他为司徒参军，并向宋明帝举荐他。明帝提拔他为明威将军、巴东与建平二郡太守。这二郡处于长江三峡地区，主要是蛮、獠等少数民族居住此地，地方官一直是通过武力对他们进行镇压。孙谦将要赴任，明帝命他招募一千人为士兵，带上这一千人赴任。孙谦说："蛮獠之所以不听命令，是因为对待他们没有礼节，何须劳烦役使兵卒，以耗费国家的资财呢。"他坚决拒绝不接受。等到达那里后，他广施恩惠，推行教化，蛮人与獠人很是感动，争相进献黄金与珍宝，孙谦加以安抚晓谕，让他们回家，那些进献给他的东西全未接受。对于之前抓住的蛮人，孙谦也都将他们释放，让其回家。自己俸禄中出自本郡官吏百姓的那部分，他都免除，拒绝收取。在他的治理下，郡中安定太平，他的威信大大增加。他任期三年后，被征召入朝为抚军将军中兵参军。

宋后废帝元徽初，他被任命为梁州刺史，推辞没有赴任，之后又被任命为越骑校尉、征北司马府主簿。建平王刘景素准备发兵叛乱，对孙谦刚强正直的为人有所顾忌，于是先找了个借口派他出使京都，然后才起兵叛乱。刘景素被杀死后，孙谦升任左军将军。

齐高帝建元初，孙谦担任宁朔将军、钱唐令，他用简便的方法处理繁杂的政务，以至狱中连等待判决的囚犯都没有了。等到他离职时，百姓以他在职时不接受百姓的礼物为由，装载缣帛等物追着要赠送给他，但他全都不接收。每次离职时，因为自己没有私人宅院，常常拿官府空着的车棚来居住生活。齐武帝永明初，他出任冠军将军长史、江夏太守，因为在被接替时擅自离开江夏郡，被关押到尚方中，过了不久，他被赦免，担任中散大夫。齐明帝在谋划废立太子时，打算任用孙谦作为亲信。让他兼任卫尉，派给他甲士百人，他不希望参与宗室内部的争斗，就自作主张遣散甲士，明帝虽然没有降罪于他，但不再重用他。派遣他出任南中郎将司马。东昏侯永元元年，孙谦迁任□□大夫。

梁武帝天监六年，孙谦出任辅国将军、零陵太守，虽然已很衰老，但他还是竭力勤勉地处理政务，官吏百姓都很安心。之前，郡中经常有老虎出没，伤人性命，孙谦到这里后，就不见老虎的踪影了。等到他离职的那天夜里，老虎又跑出来伤害百姓。孙谦担任郡县官时，常常劝勉百姓种田养蚕，务必让地尽其利，因此，他所治理的郡收入经常比邻境多。天监九年，因为年事已高，被征召为光禄大夫。入朝后，梁武帝赞赏他的清正廉洁，对他非常礼遇。每次朝见皇帝时，孙谦还请求多多担任职务来为国效力，梁武帝笑着对他说："朕使用卿的智慧，而不再使用卿的体力了。"天监十四年，梁武帝下诏说："光禄大夫孙谦，为官清廉慎重，声名卓著，始终不懈怠，这样的年高老臣，应加以优待。可赐予亲信二十人，并恩准他入朝时由专人加以搀扶。"

孙谦从少到老，历任二县、五郡的主持官员，所到之处，他都能清廉奉公。他生活很是节俭朴素，他的床边只用苇或竹编的粗席当作屏风，冬天就铺上布被与莞草编织的席子。夏天没有蚊帐，但是晚上睡觉却没有蚊虫来搅扰他，人们都感觉很惊奇。他虽然年过九十，但身体依然强健，与五十岁的人差不多，每次朝会，他都比其他人早进入公门。他努力实践仁义德行，自己做的事远远超过一般人。他的从兄孙灵庆曾经在他家养病，他外出之前，归来之后都要去询问孙灵庆的起居情况。有一次，孙灵庆说："之前我喝的水冷热不均，现在还很口渴呢。"孙谦从房间退出后，就将自己的妻子送回娘家了。彭城人刘融靠乞讨生活，病重后没有地方收留他，他的朋友就用车把他送到孙谦家，孙谦打开厅堂来接待刘融。刘融去世后，孙谦又以礼对他进行殡葬。人们都敬佩孙谦的仁义之风。天监十五年，他在任上去世，当时已经九十二岁。梁武帝下诏赐予钱三万，布五十匹。梁武帝还亲自为孙谦举哀，很是为他悲痛可惜。

何远

何远字义方，东海郯人也。父慧炬，齐尚书郎。远释褐江夏王国侍郎，转奉朝请。永元中，江夏王宝玄于京口为护军将军崔慧景所奉，入围宫城，远豫其事。事败，乃亡抵长沙宣武王，王深保匿焉。远求得桂阳王融保藏之，既而发觉，收捕者至，远逾垣而免；融及远家人皆见执，融遂遇祸，远家属系尚方。远亡渡江，使其故人高江产共聚众，欲迎高祖义师，东昏党闻之，使捕远等，众复溃散。远因降魏，入寿阳，见刺史王肃，欲同义举，肃不能用，乃求迎高祖，肃许之。遣兵援送，得达高祖。高祖见远，谓张弘策曰："何远美丈夫，而能破家报旧德，未易及也。"板辅国将军，随军东下。既破朱雀军，以为建康令。高祖践阼，为步兵校尉，以奉迎勋封广兴男，邑三百户。迁建武将军、后军鄱阳王恢录事参军。远与恢素善，在府尽其志力，知无不为，恢亦推心仗之，恩寄甚密。

顷之，迁武昌太守。远本倜傥，尚轻侠，至是乃折节为吏，杜绝交游，馈遗秋毫无所受。武昌俗皆汲江水，盛夏远患水温，每以钱买民井寒水，不取钱者，则摙水还之。其它事率多如此。迹虽似伪，而能委曲用意焉。车服尤弊素，器物无铜漆。江左多水族，甚贱，远每食不过干鱼数片而已。然性刚严，吏民多以细事受鞭罚者，遂为人所讼，征下廷尉，被劾数十条。当时士大夫坐法，皆不受立，远度已无赃，就立三七日不款，犹以私藏禁仗除名。

后起为镇南将军、武康令。愈厉廉节，除淫祀，正身率职，民甚称之。太守王彬巡属县，诸县盛供帐以待焉，至武康，远独设糗水而已。彬去，远送至境，进斗酒支鹅为别。彬戏曰："卿礼有过陆纳，将不为古人所笑乎。"高祖闻其能，擢为宣城太守。自县为近畿大郡，近代未之有也。郡经寇抄，远尽心绥理，复著名迹。期年，迁树功将军、始兴内史。时泉陵侯渊朗为桂州，缘道剽掠，入始兴界，草木无所犯。

远在官，好开途巷，修葺墙屋，民居市里，城隍厩库，所过若营家焉。田秩俸钱，并无所取，岁暮，择民尤穷者，充其租调，以此为常。然其听讼犹人，不能过绝，而性果断，民不敢非，畏而惜之。所至皆生为立祠，表言治状，高祖每优诏答焉。天监十六年，诏曰："何远前在武康，已著廉平；复莅二邦，弥尽清白。政先治道，惠留民爱，虽古之良二千石，无以过也。宜升内荣，以显外绩。可给事黄门侍郎。"远即还，仍为仁威长史。顷之，出为信武将军，监吴郡。在吴颇有酒失，迁东阳太守。远处职，疾强富如仇雠，视贫细如子弟，特为豪右所畏惮。在东阳岁余，复为受罚者所谤，坐免归。

远耿介无私曲，居人间，绝请谒，不造诣。与贵贱书疏，抗礼如一。其所会遇，未尝以颜色下人，以此多为俗士所恶。其清公实为天下第一。居数郡，见可欲终不变其心。妻子饥寒，如下贫者。及去东阳归家，经年岁口不言荣辱，士类益以此多之。其轻财好义，周人之急，言不虚妄，盖天性也。每戏语人云："卿能得我一妄语，则谢卿一缣。"众共伺之，不能记也。

后复起为征西咨议参军、中抚司马。普通二年，卒，时年五十二。高祖厚赐之。

【译文】

何远字义方，是东海郯县人。他的父亲何慧炬，在南朝齐曾担任尚书郎。何远最初任官为江夏王国侍郎，后来转任奉朝请。齐东昏侯萧宝卷永元中，江夏王萧宝玄在京口受到护军将军崔慧景拥戴，入围宫城，何远也参与了此事。事情败露后，何远就逃到长沙宣武王萧懿所在的地方，萧懿对他妥善保护，把他藏起来。后来，何远又请求桂阳王萧融的保护，不久就被觉察了，抓捕他的军兵来到时，何远翻过墙逃跑，才能幸免于难，而萧融以及何远的家人都被活捉，萧融被杀死，何远的家人被关押到尚方。何远逃到长江后，与他的朋友高江产一起聚集民众，准备迎接梁武帝萧衍的义军。东昏侯的部下听到这个消息，派遣军队逮捕何远等人，何远已经聚集的民众又四散溃逃。于是，何远就向北魏投降，进入寿阳，谒见刺史王肃，打算和王肃同倡义举，王肃没有采纳何远的建议，于是何远就又请求他迎接梁武帝，王肃就答应了，然后派遣士兵护送何远赶往梁武帝的军营。梁武帝见到他后，对张弘策说："何远真是一位美丈夫，能不惜家破人亡来报答旧恩，这是一般人难以做到的。"于是暂时委任他为辅国将军，跟随大军东下。梁武帝攻破朱雀航的敌军后，让何远担任建康令。梁武帝即位后，任命何远为步兵校尉，并因奉迎的功劳加封他为广兴男，赐予封邑三百户。又升任为建武将军、后军将军鄱阳王萧恢的录事参军。何远与萧恢的关系向来很好，他在王府中竭尽所能，知无不为，萧恢对他也以诚相待，依靠他处理政务，两人关系很亲密。

不久之后，何远升任武昌太守。何远本来豪爽洒脱，喜好行侠仗义，到这时才改变原来的品行，努力尽职尽责，杜绝交游，对亲朋的馈赠，一概不受。武昌百姓习俗都饮用长江之水，盛夏时节，何远嫌江水温度太高，经常掏钱向有井的人家买井水，如果对方不收钱，就将水还给他。其他事情也大多如此。这种做法虽然像是假装的，但也能委婉表现出何远的用意。他的车辆与服饰尤其简陋破旧，所用器物都不是铜制或漆器。江南盛产水产品，价格很便宜，但何远每次食用不过干鱼几片罢了。然而他的性情刚正严厉，官吏及百姓多因小事受到鞭打责罚，因此被人告发，他被征召到廷尉受审，被弹劾罗列几十条罪状。当时士大夫获罪后，都不受测立等拷问，何远清楚自己并没有犯下贪赃罪，就接受了测立，结果他二十一天也没有招供，但最终还是以私藏违禁甲仗的罪名被除名了。

后来，何远又被起用为镇南将军、武康令。他更加坚守清廉的操守，摒除过多的祭祀活动，以身作则，百姓对他很是称赞。太守王彬巡察属县，各县都置办盛宴来招待王彬。王彬到达武康后，何远只为王彬准备了干粮、饮水而已。王彬离开那里时，何远将他送到县境，送给他一斗酒、一只鹅作为临别礼物。王彬与何远开玩笑说："你送的礼物超过东晋时的陆纳了，只怕会被古人讥笑吧！"梁武帝听闻何远的才干，提拔他担任宣城太守。何远从县令升为京都附近的大郡长官，这是近代以来未曾有过的事。宣城郡遭受盗贼抢掠，何远竭尽心力去治理，又让此地声名远播。过了一年，何远升任树功将军、始兴内史。当时泉陵侯萧渊朗出任桂州刺史，一路上抢劫侵扰百姓，可是他进入始兴境内后，对那里的一草一木都不敢侵犯。

何远在任上时，喜欢开辟街巷，修整墙屋，小到百姓屋宅、交易场所，大到城墙堑壕、马厩仓库等，他都像经营自己家产一样来进行修治。他应获得的田秩俸钱，都一律不拿，到年底时，他选择特别穷困的百姓，把这钱作为他们的税款，并把它作为习惯。可是他接受百姓诉讼也和其他人一样，不能凭借教化让百姓不来诉讼，而他的性情又果断，百姓不敢对他的做法非议，只是内心惧怕而感到可惜。何远所到之处，百姓都为他建造生祠，并上表禀告治理的情况，梁武帝经常下诏予对何远进行褒奖。天监十六年，梁武帝下诏说："何远先前在武康任职，已因清廉公正而闻名，接着治理二郡，更展现出他的清正廉洁。治理郡务，他以道义为先，惠留民间，深受百姓爱戴，即使是古代的贤良太守，也没有谁能超过他了。应当擢升他担任朝内的显耀官职，以表彰他在地方的政绩。可任用他为给事黄门侍郎。"何远就被调入朝廷为官，又担任了仁威将军长史。没过多久，他出任信武将军，监吴郡事。他在吴郡因饮酒过量，做事多有失误，被调任为东阳太守。何远处理政事时，对豪强富户嫉恨如仇人，对平民百姓爱护如子弟，因此，他很令豪强富户畏惧。他在东阳任职一年多，又被受罚者诬告，于是被免职回家。

何远为人正直清高，不徇私情，在人际交往中，杜绝请谒，也从不拜访别人。给别人写信，无论身份贵贱，所用的称谓礼节都是一样的。他在与人交往时，从不低声下气，因此深深被俗士嫉恨。他为官清廉公正，的确称得上是天下第一。他先后出任几个郡的太守，看到可产生贪欲的事物，始终不改变廉洁之心。他的妻子儿女忍受饥寒生活，如同最贫穷的人一样。当他离开东阳回家后，几年间开口不谈荣辱，士大夫们因此更加赞赏他。他轻财好义，救济别人于急困之中，而且说话从不虚假，大概出于他的本性吧。他经常和别人开玩笑说："你能抓到我说的一句假话，我就送你一匹缣作为酬谢。"大家都注意他的言谈，但没有找到虚假之言。

这之后，他又被起用为征西将军咨议参军，中抚将军司马。他在梁武帝普通二年去世，时年五十二岁。梁武帝给他追赠官职以及优厚的赏赐。

陈书

陈书卷六

后主本纪第六

后主讳叔宝，字元秀，小字黄奴，高宗嫡长子也。梁承圣二年十一月戊寅生于江陵。明年，江陵陷，高宗迁关右，留后主于穰城。天嘉三年，归京师，立为安成王世子。天康元年，授宁远将军，置佐史。光大二年，为太子中庶子，寻迁侍中，余如故。太建元年正月甲午，立为皇太子。

十四年正月甲寅，高宗崩。乙卯，始兴王叔陵作逆，伏诛。丁巳，太子即皇帝位于太极前殿。诏曰："上天降祸，大行皇帝奄弃万国，攀号擗踊，无所迨及。朕以哀茕，嗣膺宝历。若涉巨川，罔知攸济，方赖群公，用匡寡薄。思播遗德，覃被亿兆，凡厥遐迩，咸与惟新。可大赦天下。在位文武及孝悌力田为父后者，并赐爵一级。孤老鳏寡不能自存者，赐谷人五斛、帛二匹。"癸亥，以侍中、翊前将军、丹阳尹长沙王叔坚为骠骑将军、开府仪同三司、扬州刺史，右卫将军萧摩诃为车骑将军、南徐州刺史，镇西将军、荆州刺史樊毅进号征西将军，平南将军、豫州刺史任忠进号镇南将军，护军将军沈恪为特进、金紫光禄大夫，平西将军鲁广达进号安西将军，仁武将军、丰州刺史章大宝为中护军。乙丑，尊皇后为皇太后，宫曰弘范。丙寅，以冠军将军晋熙王叔文为宣惠将军、丹阳尹。丁卯，立弟叔重为始兴王，奉昭烈王祀。己巳，立妃沈氏为皇后。辛未，立皇弟叔俨为寻阳王，皇弟叔慎为岳阳王，皇弟叔达为义阳王，皇弟叔熊为巴山王，皇弟叔虞为武昌王。壬申，侍中、中权将军、开府仪同三司鄱阳王伯山进号中权大将军，军师将军、尚书左仆射晋安王伯恭进号翊前将军、侍中，翊右将军、中领军庐陵王伯仁进号安前将军，镇南将军、江州刺史豫章王叔英进号征南将军，平南将军、湘州刺史建安王叔卿进号安南将军。以侍中、中书监、安右将军徐陵为左光禄大夫，领太子少傅。甲戌，设无㝵大会于太极前殿。

三月辛亥，诏曰："躬推为劝，义显前经，力农见赏，事昭往诰。斯乃国储是资，民命攸属，丰俭隆替，靡不由之。夫入赋自古，输藁惟旧，沃饶贵于十金，硗确至于三易，腴塉既异，盈缩不同。诈伪日兴，簿书岁改。稻田使者，著自西京，不实峻刑，闻诸东汉。老农惧于祇应，俗吏因以侮文。辍耒成群，游手为伍，永言妨蠹，良可太息。今阳和在节，膏泽润下，宜展春耨，以望秋坻。其有新辟塍畎，进垦蒿莱，广袤勿得度量，征租悉皆停免。私业久废，咸许占作，公田荒纵，亦随肆勤。倘良守教耕，淳民载酒，有兹督课，议以赏擢。外可为格班下，称朕意焉。”癸亥，诏曰：“夫体国经野，长世字氓，虽因革倘殊，弛张或异，至于旁求俊绸，爰逮侧微，用适和羹，是隆大厦，上智中主，咸由此术。朕以寡薄，嗣膺景祚，虽哀疚在躬，情虑愍舛，而宗社任重，黎庶务殷，无由自安拱默，敢忘康济，思所以登显髦彦，式备周行。但空劳宵梦，屡勤史卜，五就莫来，八能不至。是用申旦凝虑，景夜损怀。岂以食玉炊桂，无因自达？将怀宝迷邦，咸思独善？应内外众官九品已上，可各荐一人，以会汇征之旨。且取备实难，举长或易，小大之用，明言所施，勿得南箕北斗，名而非实。其有负能仗气，摈压当时，著《宾戏》以自怜，草《客嘲》以慰志，人生一世，逢遇诚难，亦宜去此幽谷，翔兹天路，趋铜弛以观国，望金马而来庭，便当随彼方圆，饬之矩矱。”又诏曰：“昔睿后宰民，哲王御寓，虽德称汪涉，明能普烛，犹复纡己乞言，降情访道，高咨岳牧，下听舆台，故能政若神明，事无悔吝。朕纂承丕绪，思隆大业，常惧九重已邃，四聪未广，欲听昌言，不疲痹足，若逢廷折，无惮批鳞。而口柔之辞，倘闻于在位，腹诽之意，或隐于具僚，非所以弘理至公，缉熙帝载者也。内外卿士文武众司，若有智周政术，心练治体，救民俗之疾苦，辩禁网之疏密者，各进忠谠，无所隐讳。朕将虚已听受，择善而行，庶深鉴物情，匡我王度。”己巳，以侍中、尚书左仆射，新除翊前将军晋安王伯恭为安南将军、湘州刺史，新除翊左将军、永阳王伯智为尚书仆射，中护军章大宝为丰州刺史。

夏四月丙申，立皇子永康公胤为皇太子，赐天下为父后者爵一级，王公已下赉帛各有差。庚子，诏曰：“朕临御区宇，抚育黔黎，方欲康济浇薄，蠲省繁费，奢僭乖衷，实宜防断。应镂金银薄及庶物化生土木人綵花之蜀，及布帛幅尺短狭轻疏者，并伤财废业，尤成蠹患。又僧尼道士，挟邪左道，不依经律，民间淫祀妖书诸珍怪事，详为条制，并皆禁绝。”癸卯，诏曰：“中岁克定淮、泗，爰涉青、徐，彼土酋豪，并输罄诚款，分遣亲戚，以为质任。今旧土沦陷，复成异域，南北阻远，未得会同，念其分乖，殊有爱恋。夷狄吾民，斯事一也。何独讥禁，使彼离析？外可即检任子馆及东馆并带保任在外者，并赐衣粮，颁之酒食，遂其乡路，所之阻远，便发遣船仗卫送，必令安达。若已预仕宦及别有事义不欲去者，亦随其意。”

六月癸酉朔，以明威将军、通直散骑常侍孙玚为中护军。

秋七月辛未，大赦天下。是月，江水色赤如血，自京师至于荆州。

八月癸未夜，天有声如风水相击。乙酉夜亦如之。丙戌，以使持节、都督缘江诸军事、安西将军鲁广达为安左将军。

九月丙午，设无玥大会于太极殿，舍身及乘舆御服，大赦天下。辛亥夜，天东北有声如虫飞，渐移西北。乙卯，太白昼见。丙寅，以骠骑将军、开府仪同三司、扬州刺史长沙王叔坚为司空，征南将军、江州刺史豫章王叔英即本号开府仪同三司。

至德元年春正月壬寅，诏曰：“朕以寡薄，嗣守鸿基，哀茕切虑，疹恙缠织，训俗少方，临下靡算，惧甚践冰，栗同驭朽。而四气易流，三光遄至，缨绂列陛，玉帛充庭，具物匪新，节序疑旧，缅思前德，永慕昔辰，对轩闼而哽心，顾筵而懔气。思所以仰遵遗构，俯励薄躬，陶铸九流，休息百姓，同弘宽简，取叶阳和。可大赦天下，改太建十五年为至德元年。”以征南将军、江州刺史、新除开府仪同三司豫章王叔英为中卫大将军，骠骑将军、开府仪同三司、扬州刺史长沙王叔坚为江州刺史，征东将军、开府仪同三司、东扬州刺史司马消难进号车骑将军，宣惠将军、丹阳尹晋熙王叔文为扬州刺史，镇南将军、南豫州刺史任忠为领军将军，安左将军鲁广达为平南将军、南豫州刺史，祠部尚书江总为吏部尚书。癸卯，立皇子深为始安王。

二月丁丑，以始兴王叔重为扬州刺史。

夏四月戊辰，交州刺史李幼荣献训象。己丑，以前轻车将军、扬州刺史晋熙王叔文为江州刺史。

秋八月丁卯，以骠骑将军、开府仪同三司长沙王叔坚为司空。

九月丁巳，天东南有声如虫飞。

冬十月丁酉，立皇弟叔平为湘东王，叔敖为临贺王，叔宣为阳山王，叔穆为西阳王。戊戌，侍中、安右将军、左光禄大夫、太子少傅徐陵卒。癸丑，立皇弟叔俭为南安王，叔澄为南郡王，叔兴为沅陵王，叔韶为岳山王，叔纯为新兴王。

十二月丙辰，头和国遣使献方物。司空长沙王叔坚有罪免。戊午夜，天开自西北至东南，其内有青黄色，隆隆若雷声。

二年春正月丁卯，分遣大使巡省风俗。平南将军、豫州刺史鲁广达进号安南将军。癸巳，大赦天下。

夏五月戊子，以尚书仆射永阳王伯智为平东将军、东扬州刺史，轻车将军、江州刺史晋熙王叔文为信威将军、湘州刺史，仁威将军、扬州刺史始兴王叔重为江州刺史，信武将军、南琅邪彭城二郡太守南平王嶷为扬州刺史，吏部尚书江总为尚书仆射。

秋七月戊辰，以长沙王叔坚为侍中、镇左将军。壬午，太子加元服，在位文武赐帛各有差，孝悌力田为父后者各赐一级，鳏寡癃老不能自存者人谷五斛。

九月癸未，太白昼见。

冬十月己酉，诏曰："耕凿自足，乃曰淳风，贡赋之兴，其来尚矣。盖《由庚》极务，不获已而行焉。但法令滋章，奸盗多有，俗尚浇诈，政鲜惟良。朕日旰夜分，矜一物之失所，泣辜罪己，愧三千之未措。望订初下，使强荫兼出，如闻贫富均起，单弱重弊，斯岂振穷扇暍之意欤？是乃下吏箕敛之苛也。故云'百姓不足，君孰与足'。自太建十四年望订稍调逋未入者，并悉原除。在事百僚，辩断庶务，必去取平允，无得便公害民，为己声绩，妨紊政道。"

十一月丙寅，大赦天下。壬申，盘盘国遣使献方物。戊寅，百济国遣使献方物。

三年春正月戊午朔，日有蚀之。庚午，以镇左将军长沙王叔坚即本号开府仪同三司，征西将军、荆州刺史樊毅为护军将军，守吏部尚书、领著作陆琼为吏部尚书，金紫光禄大夫袁敬加特进。

三月辛酉，前丰州刺史章大宝举兵反。

夏四月庚戌，丰州义军主陈景详斩大宝，传首京师。

秋八月戊子夜，老人星见。己酉，以左民尚书谢伷为吏部尚书。

九月甲戌，特进、金紫光禄大夫袁敬卒。

冬十月己丑，丹丹国遣使献方物。

十一月己未，诏曰："宣尼诞膺上哲，体资至圣，祖述宪章之典，并天地而合德，乐正《雅》《颂》之奥，与日月而偕明，垂后昆之训范，开生民之耳目。梁季湮微，灵寝忘处，鞠为茂草，三十余年，敬仰如在，永惟忾息。今《雅》道雍熙，《由庚》得所，断琴故履，零落不追，阅笥开书，无因循循。外可详之礼典，改筑旧庙，蕙房桂栋，咸使惟新，芳蘩洁潦，以时飨奠。”辛巳，舆驾幸长干寺，大赦天下。

十二月丙戌，太白昼见。辛卯，皇太子出太学，讲《孝经》，戊戌，讲毕。辛丑，释奠于先师，礼毕，设金石之乐，会宴王公卿士。癸卯，高丽国遣使献方物。是岁，萧岿死，子琮代立。

四年春正月甲寅，诏曰：“尧施谏鼓，禹拜昌言，求之异等，久著前无，举以淹滞，复闻昔典，斯乃治道之深规，帝王之切务。朕以寡昧，丕承鸿绪，未明虚己，日旰兴怀，万机多紊，四聪弗达，思闻蹇谔，采其谋计。王公已下，各荐所知，旁询管库，爰及舆皂，一介有能，片言可用，朕亲加听览，伫于启沃。”中权大将军、开府仪同三司鄱阳王伯山进号镇卫将军，中卫大将军、开府仪同三司豫章王叔英进号骠骑大将军，镇左将军、开府仪同三司长沙王叔坚进号中军大将军，安南将军晋安王伯恭进号镇右将军，翊右将军宜都王叔明进号安右将军。

二月丙戌，以镇右将军晋安王伯恭为特进。丙申，立皇弟叔谟为巴东王，叔显为临江王，叔坦为新会王，叔隆为新宁王。

夏五月丁巳，立皇子庄为会稽王。

秋九月甲午，舆驾幸玄武湖，肆舻舰阅武，宴群臣赋诗。戊戌，以镇卫将军、开府仪同三司鄱阳王伯山为东扬州刺史，智武将军岳阳王叔慎为丹阳尹。丁未，百济国遣使献方物。

冬十月癸亥，尚书仆射江总为尚书令，吏部尚书谢伷为尚书仆射。

十一月己卯，诏曰：“惟刑止暴，惟德成物，三才是资，百王不改。而世无抵角，时鲜犯鳞，渭桥惊马，弗闻廷争，桃林逸牛，未见其旨。虽剽悍轻侮，理从钳钛，蠢愚杜默，宜肆矜弘，政乏良哉，明惭则哲，求诸刑措，安可得乎？是同属痞痳以轸怀，负黼岐而于邑。复兹合璧轮缺，连珠纬舛，黄钟献吕，和气始萌，玄英告中，履长在御，因时宥过，抑乃斯得。可大赦天下。”

祯明元年春正月丙子，以安前将军衡阳王伯信进号镇前将军，安东将军、吴兴太守卢陵王伯仁为特进，智武将军、丹阳尹岳阳王叔慎为湘州刺史，仁武将军义阳王叔达为丹阳尹。戊寅，诏曰：“柏皇、大庭、鼓淳和于曩曰，姬王、嬴后，被浇风于末载，刑书已铸，善化匪融，礼义既乖，奸宄斯作。何其淳朴不反，浮华竞扇者欤？朕居中御物，纳隍在眷，频恢天网，屡绝三边，元元黔庶，终罹五辟。盖乃康哉寡薄，抑焉法令滋章。是用当宁弗怡，矜此向隅之意。今三元具序，万国朝辰，灵芝献于始阳，膏露凝于聿岁，从春施令，仰乾布德，思与九有，惟新七政。可大赦天下，改至德五年为祯明元年。”乙未，地震。癸卯，以镇前将军衡阳王伯信为镇南将军、西衡州刺史。

二月丁未，以特进，镇右将军晋安王伯恭进号中卫将军，中书令建安王叔卿为中书监。丁卯，诏至德元年望订租调逋未入者，并原之。

秋八月癸卯，老人星见。丁未，以车骑将军萧摩诃为骠骑将军。

九月乙亥，以骠骑将军、开府仪同三司豫章王叔英为骠骑大将军。庚寅，萧琮所署尚书令、太傅安平王萧岩，中军将军、荆州刺史义兴王萧瓛，遣其都官尚书沈君公，诣荆州刺史陈纪请降。辛卯，岩等率文武男女十万余口济江。甲午，大赦天下。

冬十一月乙亥，割扬州吴郡置吴州，割钱塘县为郡，属焉。丙子，以萧岩为平东将军、开府仪同三司、东扬州刺史，萧瓛为安东将军、吴州刺史。丁亥，以骠骑大将军、开府仪同三司豫章王叔英兼司徒。

十二月丙辰，以前镇卫将军、开府仪同三司、东扬州刺史鄱阳王伯山为镇卫大将军、开府仪同三司，前中卫将军晋安王伯恭为中为将军、右光禄大夫。

二年春正月辛巳，立皇子怿为东阳王，恬为钱塘王。是月，遣散骑常侍周罗睺帅兵屯峡口。

夏四月戊申，有群鼠无数，自蔡洲岸入石头渡淮，至于青塘两岸，数日死，隋流出江。戊午，以左民尚书蔡徵为吏部尚书。是月，郢州南浦水黑如墨。

五月壬午，以安前将军卢陵王伯仁为特进。甲午，东冶铸铁，有物赤色如数斗，自天坠熔所，有声隆隆如雷，铁飞出墙外烧民家。

六月戊戌，扶南国遣使献方物。庚子，废皇太子胤为吴兴王，立军师将军、扬州刺史始安王深为皇太子。辛丑，平南将军、江州刺史南平王嶷进号镇南将军；忠武将军、南徐州刺史永嘉王彦进号安北将军；会稽王庄为翊前将军、扬州刺史；宣惠将军、尚书令江总进号中权将军；云麾将军、太子詹事袁宪为尚书仆射；尚书仆射谢伷为特进；宁远将军、新除吏部尚书蔡徵进号安右将军。甲辰，以安右将军鲁广达为中领军。丁巳，大风至自西北激涛水入石头城，淮渚暴溢，漂没舟乘。

冬十月己亥，立皇子蕃为吴郡王。辛丑，以度支尚书、领大著作姚察为吏部尚书。己酉，舆驾幸莫府山，大校猎。

十一月丁卯，诏曰："夫议狱缓刑，皇王之所垂范，胜残去杀，仁人之所用心。自画冠既息，刻吏斯起，法令滋章，手足无措。朕君临区宇，属当浇末，轻重之典，在政未康，小大之情，兴言多愧。眷兹狴犴，有轸哀矜，可克日于大政殿讯狱。"壬申，以镇南将军、江州刺史南平王嶷为征西将军、郢州刺史，安北将军、南徐州刺史永嘉王彦为安南将军、江州刺史，军师将军南海王虔为安北将军、南徐州刺史。丙子，立皇弟叔荣为新昌王，叔匡为太原王。是月，隋遣晋王广众军来伐，自巴、蜀、沔、汉下流至广陵，数十道俱入，缘江镇戍，相继奏闻。时新除湘州刺史施文庆、中书舍人沈客卿掌机密用事，并抑而不言，故无备御。

三年春正月乙丑朔，雾气四塞。是日，隋总管贺若弼自北道广陵济京口，总管韩擒虎趋横江，济采石，自南道将会弼军。丙寅，采石戍主徐子建驰启告变。丁卯，召公卿入议军旅。戊辰，内外戒严，以骠骑将军萧摩诃、护军将军樊毅、中领军鲁广达并为都督，遣南豫州刺史樊猛帅舟师出白下，散骑常侍皋文奏将兵镇南豫州。庚午，贺若弼攻陷南徐州。辛未，韩擒虎又陷南豫州，文奏败还。至是隋军南北道并进。后主遣骠骑大将军、司徒豫章王叔英屯朝堂，萧摩诃屯乐游苑，樊毅屯耆暗寺，鲁广达屯白土冈，忠武将军孔范屯宝田寺。己卯，镇东大将军任忠自吴兴入赴，仍屯朱雀门。辛巳，贺若弼进拒钟山，顿白土冈之东南。甲申，后主遣众军与弼合战，众军败绩。弼乘胜至乐游苑，鲁广达犹督散兵力战，不能拒。弼进攻宫城，烧北掖门。是时，韩擒虎率众自新林至于石子冈，任忠出降于擒虎，仍引擒虎经朱雀门趣宫城，自南掖门而入。于是城内文武百司皆遁出，唯尚书仆射袁宪在殿内。尚书令江总、吏部尚书姚察、度支尚书袁权、前度支尚书王瑗、侍中王宽居省中。后主闻兵至，从宫人十余出后堂景阳殿，将自投于井，袁宪侍侧，苦谏不从，后暗舍人夏侯公韵又以身蔽井，后主与争久之，方得入焉。及夜，为隋军所执。丙戌，晋王广入据京城。

三月己巳，后主与王公百司发自建邺，入于长安。隋仁寿四年十一月壬子，薨于洛阳，时年五十二。追赠大将军，封长城县公，谥曰炀，葬河南洛阳之芒山。

史臣侍中郑国公魏徵曰：

高祖拔起垄亩，有雄桀之姿。始佐下藩，奋英奇之略，弭节南海，职思静乱。援旗北迈，义在勤王，扫侯景于既成，拯梁室于已坠。天网绝而复续，国步屯而更康，百神有主，不失旧物。魏王之廷汉鼎祚，宋武之反晋乘舆，懋绩鸿勋，无以尚也。于时内难未弭，外邻勍敢。王琳作梗于上流，周、齐摇荡于江、汉，畏首畏尾，若存若亡，此之不图，遽移天历，虽皇灵有眷，何其速也！然志度弘远，怀抱豁如，或取士于仇雠，或擢才于亡命，掩其受金之过，宥其吠尧之罪，委以心腹爪牙，咸能得其死力，故乃决机百胜，成此三分，方诸鼎峙之雄，足以无惭权，备矣。

世祖天资睿哲，清明在躬，早预经纶，知民疾苦，思择令典，庶几至治。德刑并用，戡济艰虞，群凶授首，强邻震慑。虽忠厚之化未能及远，恭俭之风足以垂训，若不尚明察，则守文之良主也。

临川年长于成王，过微于太甲。宣帝有周公之亲，无伊尹之志，明辟不复，桐宫遂往，欲加之罪，其无辞乎！

高宗爰自在田，雅量宏廓，登庸御极，民归其厚。惠以使下，宽以容众。智勇争奋，师出有名，扬旆分麾，风行电扫，辟土千里，奄有淮、泗，战胜攻取之势，近古未之有也。既而君侈民劳，将骄卒堕，帑藏空竭，折衄师徒，于是秦人方强，遂窥兵于江上矣。李克以为吴之先亡，由乎数战数胜，数战则民疲，数胜则生骄，以骄主御疲民，未有不亡者也。信哉言乎！高宗始以宽大得人，终以骄侈致败，文、武之业，坠于兹矣。

后主生深宫之中，长妇人之手，既属邦国殄瘁，不知稼穑艰难。初惧阽危，屡有哀矜之诏，后稍安集，复扇淫侈之风。宾礼诸公，唯寄情于文酒，昵近群小，皆委之以衡轴。谋谟所及，遂无骨鲠之臣，权要所在，莫匪侵渔之吏。政刑日紊，尸素盈朝，耽荒为长夜之饮，嬖宠同艳妻之孽，危亡弗恤，上下相蒙，众叛亲离，临机不寤，自投于井，冀以苟生，视其以此求全，抑亦民斯下矣。

遐观列辟，纂武嗣兴，其始也皆欲齐明日月，合德天地，高视五帝，俯协三王，然而靡不有初，克终盖寡，其故何哉？并以中庸之才，怀可移之性，口存于仁义，心怵于嗜欲。仁义利物而道远，嗜俗遂性而便身。便身不可久违，道远难以固志。佞谄之伦，承颜候色，因其所好，以悦导之，若下坂以走丸，譬顺流而决壅。非夫感灵辰象，降生明德，熟能遗其所乐，而以百姓为心哉？此所以成、康、文、景千载而罕遇，癸、辛、幽、厉靡代而不有，毒被宗社，身婴戮辱，为天下笑，可不痛乎！古人有言，亡国之主，多有才艺，考之梁、陈及隋，信非虚论。然则不崇教义之本，偏尚淫丽之文，徒长浇伪之风，无救乱亡之祸矣。

【译文】

陈后主，名叔宝，字元秀，小字黄奴，陈宣帝的嫡长子。陈叔宝于梁承圣二年十一月戊寅日在江陵降生。第二年，江陵失陷，其父高宗迁移到关右，将后主留在穰城。至天嘉三年，接叔宝回京城建康，并立他为安成王太子。天康元年，任命叔宝为宁远将军，并为他设置佐史。光大二年，又授为太子中庶子，不久升为侍中，其他官职依旧保留。到太建元年正月甲午日，父亲陈顼登基称帝，叔宝被立为皇太子。

太建十四年正月甲寅日，陈高宗病逝。乙卯日，高宗次子始兴郡王陈叔陵发动叛乱，被处死。丁巳日，太子叔宝在太极前殿继皇帝位。颁布诏书说："上天降下大祸，大行皇帝忽然故去，举国上下，无不悲痛至极。我以忧伤悲痛的心情登基继承皇位。如同渡大江，不知凭借什么，今后就要依靠诸公辅佐我。要把先王的遗德，广泛普及到亿万百姓，使远近地方都变化革新。可大赦全国的犯人。在位的文武大臣及推荐出的孝悌力田者，他们的继承人可赐爵一级。孤老鳏寡生活不能自理者每人赏赐五斛谷，二匹帛。"癸亥日，任命侍中、翊前将军、丹阳尹长沙王叔坚为骠骑将军、开府仪同三司、扬州刺史，右卫将军萧摩诃为车骑将军、南徐州刺史，镇西将军，荆州刺史樊毅进称征西将军，平南将军、豫州刺史任忠进称镇南将军，护军将军沈恪为特进、金紫光禄大夫，平西鲁广达进称安西将军，仁武将军、丰州刺史章大宝为中护军。乙丑日，尊封皇后为皇太后，其宫名为弘范。丙寅日，任命冠军将军晋熙王叔文为宣惠将军、丹阳尹。丁卯日，立弟弟叔重为始兴王，祭礼昭烈王。己巳日，立皇妃沈氏为皇后。辛未日，立皇弟叔俨为旬阳王，皇弟叔慎为岳阳王，皇弟叔达为义阳王，皇弟叔熊为巴山王，皇弟叔虞为武昌王。壬申日，侍中、中权将军、开府仪同三司鄱阳王伯山进称中权大将军，军师将军、尚书左仆射晋安王伯恭进称翊前将军、侍中，翊右将军、中领军庐陵王伯仁进称安前将军，镇南将军、江州刺史豫章王叔英进称征南将军，平南将军、湘州刺史建安王叔卿进称安南将军。任命侍中、中书监、安右将军徐陵为左光禄大夫，兼太子少傅。甲戌日，在太极殿前举行无玥大会。

三月辛亥日，颁布诏书说："用身体力行，作为劝导，其道理前代的经典已经写明，努力耕种的人就受重赏，这样的事以往书中也有记载。国家的储蓄依赖于此，百姓的生命也与此相关，丰收还是歉收，兴旺还是衰败，无不由此决定。自古人们就交纳赋税，旧时人们又输纳蒿草，富饶的土地缴的超过十金，贫瘠的土地则一减再减，变化再三。肥沃的土地与贫瘠的土地既然有差别，其收成当然也不相同。于是弄虚作假的风气日益兴盛，上计簿年年改动。西汉时有稻田使者监督，东汉时用严刑峻法惩治。农民惧怕赋敛，俗吏因此歪曲法令。于是弃农不耕者成帮结伙，游手好闲者成群结队，总是讲防止害农，却总也没有能够防止，实在让人叹息！现在节气适宜，风调雨顺，正是开展春耕、秋收有望的好时节。有些人开辟荒田，斩除蒿草，其新开垦的土地不用丈量，租税全部免收。私人田地长期废置的，都允许占有耕种，荒废了的公田，也随意让人开垦。假若有清廉贤良的官吏教人耕种，使民风淳厚，民生富裕，有此成绩，要论功提升。另外可作为条例规定颁布下去，以符合我的心意。”癸亥日，颁诏书说：“治理国家，繁衍百姓，虽然因情况变化不一，会有松弛紧张的不同，但寻求德高望重的贤德之人，以至于到平民百姓中搜寻，以便辅助君王，调和阴阳，兴盛年拍，登基继位，虽然悲痛哀伤，神情昏乱，但国家的重任，百姓的繁杂事务，使我不能贪图安逸，无所事事，不敢忘怀治理国家，所以要选取有才德的人，充任朝廷官员。但尽管昼思夜想，不断占卜，却贤臣不来，能人不至，为此我早晚劳神，昼夜忧心。难道是因为帝王难见，无人引荐？还是身怀宝玉不想贡献，而想洁身自好？朝廷内外的众官员，凡九品以上者均可举一人，以符合征召贤人的旨意。况且，选取人才，求全责备很难，推荐一技之长容易，大才小才，都要讲清其实用价值，不要像南箕北斗星辰，有箕斗之名而无实际用途。或有人恃才傲物，气压当时，像班固那样著《宾戏》而自怜，像扬雄那样写《客嘲》而自慰，人生在世，得遇识才的明主确实很难，但也应离开幽居之处，走上光明大道，奔赴宫门外的铜弛夹路，投奔金马门而上朝廷。朝廷便应量才录用，用相应的规则约束。”又颁布诏书说：“以前明智的君主管理人民，贤圣的帝王治理国家，虽说已是恩德深广，智能遍及四方，仍要屈己去采纳谏言，四处察访了解民情，向上咨询管理各方政务的百官及封疆大吏，向下听取地位低微的平民百姓的意见。所以才能政治清明，无往而不利。我继承先王的大业，并要使其兴盛，常常惧怕自己身居九重之深，听视不能广达四方，所以要听取好的建议，不惜足力，四处采纳。若遇到不怕触怒帝王，在朝廷上当众辩驳的言论，要能够接受。而对于奉承献媚的言辞，我在位时听到，官吏们口虽不言，内心实不同意，那就不是治理公正光辉帝业的道理了。内外卿士文武各大臣，若有人周密地考虑施政方针，用心地研究治国大计，能解救百姓的疾苦，分辨禁令的宽严，望各进忠直之言，无所隐藏忌讳。我将虚心听取，择善而行，希望能够透彻体察物理人情，辅佐帝王大业。”己巳日，任命侍中、尚书左仆射、新任的翊前将军晋安王伯恭为安南将军、湘州刺史，新任翊左将军、永阳王伯智为尚书仆射，中护军章大宝为丰州刺史。

夏四月丙申日，立皇子永康公陈胤为皇太子，赏赐全国继承父亲爵位者爵一级，王公以下的都按不同等级赏给布帛。庚子日，颁布诏书说：“我登基继位，抚育人民，正是要振兴国家，富足百姓，免除繁重的杂税。奢侈腐化违背我的心意，的确应当防止。那些镂金银薄及庶物化生土木人綵花之类，以及布帛尺幅过短过窄，轻飘不合实用的，都是劳民伤财，成为祸害。还有僧尼道士，依仗邪道歪教，不遵守例律法令，及民间泛滥的祭祀、妖书等诸种怪事，都应依照条例，予以杜绝禁止。”癸卯日，颁布诏书说：“中年曾平定了淮、泗一带，又渡过青、徐，那些地方的部族首领，都前来贡献物品表达诚意，并分别遣送来他们的亲族做人质。现在这些旧有国土沦陷了，变成了异国土地，南北阻隔相距甚远，亲人不能会合，考虑到分离之苦，实在让人同情。夷狄的百姓也是我国的人民，应一视同仁，为何要歧视他们，使他们离析？应立即检查任子馆和东馆及携带保任人员在外的，一并赐给他们衣服、粮食、美酒，送他们踏上回乡之路。若路远险阻，便派遣车船护卫，一定要他们安全到达。若已经做官或有其他的打算不愿回去的，也应遵从他们的意愿。”

六月癸酉初一日，任命明威将军、通直散骑常侍孙瑒为中护军。

秋七月辛未日，大赦全国犯人。这个月，自京师至荆州一段的江水呈现出血红色。

八月癸未日夜，天空有声音如风水相击一般。乙酉日夜又出现同样的声音。丙戌日，任命以使臣身份持符节、都督缘江诸军事、安西将军鲁广达为安左将军。

九月丙午日，在太极殿举行无珝大会，布施车辇、衣服并舍身，大赦全国犯人。辛亥日夜，天空东北方有响声如虫飞一般，渐渐移至西北。乙卯日，白天太白星出现。丙寅日，任命骠骑将军、开府仪同三司、扬州刺史长沙王叔坚为司空，让征南将军、江州刺史豫章王叔英具有开府仪同三司的称号。

至德元年春正月壬寅日，颁布诏书说：“我以寡薄之才，登基继位，哀伤深切，悲痛缠绕，移风易俗缺少方法，治理国家束手无策，内心惧怕，如履薄冰，如以朽绳驾车。而四时变化如流水，日、月、星三光流失迅速，朝廷官员排列阶下，金玉布帛充满宫廷，品物不新，节令依旧，缅怀先帝恩德，常常追慕以往的时光，面对宫门而哭泣，顾盼展屏几筵而伤心。想遵奉先人留下的大政方针，勉励自己，整治天下，休养百姓，宽松政治，调和阴阳。可大赦全国犯人，改年号太建十五年为至德元年。”任命征南将军、江州刺史、新任开府仪同三司豫章王叔英为中卫大将军，骠骑将军、开府仪同三司、扬州刺史长沙王叔坚为江州刺史，征东将军、开府仪同三司、东扬州刺史司马消难进称为车骑将军，宣惠将军、丹阳尹晋熙王叔文为扬州刺史，镇南将军、南豫州刺史任忠为领军将军，安左将军鲁广达为平南将军、南豫州刺史，祠部尚书江总为吏部尚书。癸卯日，立皇子陈深为始安王。

二月丁丑日，任命始兴王叔重为扬州刺史。

夏四月戊辰日，交州刺史李幼劳献给朝廷驯象。己丑日，任命前轻车将军、扬州刺史晋熙王叔文为江州刺史。

秋八月丁卯日，任命骠骑将军、开府仪同三司长沙王叔坚为司空。

九月丁巳日，天空东南方有声音如飞虫一般。

冬十月丁酉日，立皇弟叔平为湘东王，叔敖为临贺王，叔宣为阳山王，叔穆为西阳王。戊戌日，侍中、安右将军、左光禄大夫、太子少傅徐陵去世。癸丑日，立皇弟叔俭为南安王，叔澄为南郡王，叔兴为沅陵王，叔韶为岳山王，叔纯为新兴王。

十二月丙辰日，头和国派遣使臣来献地方特产。司空长沙王叔坚因有罪被免职。戊午日夜，天空从西北到东南裂开，其中有青黄色光，响声隆隆犹如雷鸣。

至德二年春季正月丁卯日，分别派遣使臣到各省巡视民间风俗。平南将军、豫州刺史鲁广达进称安南将军。癸巳日，大赦全国犯人。

夏五月戊子日，任命尚书仆射永阳王伯智为平东将军、东扬州刺史，轻车将军、江州刺史晋熙王叔文为信威将军、湘州刺史，仁威将军、扬州刺史始兴王叔重为江州刺史，信武将军、南琅邪彭城二郡太守南平王嶷为扬州刺史，吏部尚书江总为尚书仆射。

秋七月戊辰日，任命长沙王叔坚为侍中、镇左将军。壬午日，太子加冕，在位的文武百官按不同等级赏赐布帛。继承父位的孝悌力田者分别赐爵一级，老弱病残及鳏夫寡妇生活不能自理者每人赐五斛谷。

九月癸未日，白天太白星出现。

冬十月己酉日，颁布诏书说：“自己耕种自己富足，可谓风俗质朴淳厚，贡奉租赋由来已久。这就是《诗·由庚》所说的万物都循此道，身不由己而行。但法令日益增加，奸诈强取的事却不少，风俗日益浇薄虚伪，政治很少贤明。我日夜操劳，每一件事处置不当，都为自己的罪过哭泣伤心，惭愧众多的事情都没办好。望订租调刚实行时，使那些豪强及荫封之人都交租赋，听说贫富都起来作乱，贫弱之人受害重，这难道是救济穷困、解人寒热的用意吗？这是那些小官吏强征暴敛的结果。所以说：'百姓不富足，君王谁又能富足。'自建安十四年以来，望订租调拖欠未交者，一律免除。在职的官吏，处理事务要分析判断，秉公办理，不得为公害民，为了自己的政绩声誉，而干扰治国的大政方针。"

十一月丙寅日，大赦全国犯人。壬申日，盘盘国派使臣献上地方特产。戊寅日，百济国派遣使臣献上地方特产。

至德三年春正月戊午初一日，有日食出现。庚午日，让镇左将军长沙王叔坚具有开府仪同三司称号，任命征西将军、荆州刺史樊毅为护军将军，守吏部尚书、领著作陆琼为吏部尚书，金紫光禄大夫袁敬加特进头衔。

三月辛酉日，前丰州刺史章大宝举兵反叛。

夏四月庚戌日，丰州义军首领陈景详将章大宝斩首，传送首级入京师。

秋八月戊子日夜，老人星出现。己酉日，任命左民尚书谢伷为吏部尚书。

九月甲戌日，特进、金紫光禄大夫袁敬去世。

冬十月己丑日，丹丹国派遣使者献地方特产。

十一月己未日，颁布诏书说："孔子为至贤至圣的哲人，遵奉古代的宪法典章，与天地同德，考定《雅》《颂》音乐中深奥的道理，与日月同辉，为后世树立了榜样，对百姓起到了开导启迪的作用。梁代湮没了孔子，坟墓都找不到了，长满了繁茂的野草，三十余年了，缅怀思念，敬仰不已，实在令人叹息感伤。现在《雅》道光明，《由庚》所指示的途径得到承认，而断弦的琴、过去的鞋，这些令人怀念的旧物，却零落得无处可寻。看看书箱，打开书卷，都无法因循恢复。外臣可详察记载礼仪的典籍，修建旧庙，蕙房桂栋的庙宇，都重新修建，用芳蘩洁潦这些香草，按时祭奠。"辛巳日，皇帝到长干寺，大赦全国犯人。

十二月丙戌日，白天太白星出现。辛卯日，皇太子到太学，讲《孝经》，戊戌日，讲完。辛丑日，祭奠先师孔子，祭礼结束后，奏金石之乐，设宴款待王公卿士。癸卯日，高丽国遣使者献地方特产。这一年，萧岿死，儿子萧琮继位。

至德四年春正月甲寅日，颁布诏书说："相传尧时曾设鼓于庭上，使民击之以进谏，禹设倡言官以鼓励百姓进善言，向各色人等征求意见，谏鼓长期放置堂前，询问隐逸、查阅典籍，这事是治国的根本，也是帝王的当务之急。我寡德无才，登基继位，不懂得如何谦虚，日夜挂怀，事务众多，听闻不够广达。现欲听取正直敢言之人的谏言，并采纳他们所提供的计谋。王公以下的诸官吏，每个人都尽他们所知提出建议，并向那些管理仓库之人，以至舆皂小吏征询谏言，有一技之长的人，有片言只语可用的，我都将亲自听取，留意观察，恭候具有开启作用的治国之言。”中权大将军、开府仪同三司鄱阳王伯山进称为镇卫将军，中卫大将军、开府仪同三司豫章王叔英进称为骠骑大将军，镇左将军、开府仪同三司长沙王叔坚进称为中军大将军，安南将军晋安王伯恭进称为镇右将军，翊右将军宜都王叔明进称为安右将军。

二月丙戌日，授镇右将军晋安王伯恭特进头衔。丙申日，立皇弟叔谟为巴东王，叔显为临江王，叔坦为新会王，叔隆为新宁王。

夏五月丁巳日，立皇子陈庄为会稽王。

秋九日甲午日，皇帝驾临玄武湖，检阅陈列的战舰船只，并设宴款待群臣，即兴赋诗。戊戌日，任命镇卫将军、开府仪同三司鄱阳王伯山为东扬州刺史，智武将军岳阳王叔慎为丹阳尹。丁未日，百济国派遣使臣献上地方特产。

冬十月癸亥日，尚书仆射江总升为尚书令，吏部尚书谢伷升为尚书仆射。

十一月己卯日，颁布诏书说：“只有刑法才能制止暴行，只有品德高尚才能干成事业，天、地、人三才是国家的依靠，任何君王都无法更改。然而世界上很少有人敢于顶撞君王直言劝谏，渭桥惊马，听不到在朝廷上和皇帝力争的议论；桃林放牛，看不到提出此种意见的人。虽然剽悍轻侮的人，应受到刑法制裁，愚蠢笨拙的人，应该宽免，但政治不贤明，官吏不睿智，想不用刑罚，又怎能做到？为此我日夜忧心，背靠着绣花屏风叹息。如今日月合璧、五星连珠，律当黄钟大吕，和气萌生，冬季恰过了一半，正是献履迎福之时，借此时机宽恕罪过，也许就得到大治。可以大赦全国犯人。”

祯明元年春正月丙子日，安前将军衡阳王伯信进称为镇前将军，授以安东将军、吴兴太守庐陵王伯仁特进头衔，任命智武将军、丹阳尹岳阳王叔慎为湘州刺史，仁武将军义阳王叔达为丹阳尹。戊寅日，颁布诏书说：“柏皇与大庭皇帝，在往日使质朴敦厚之风兴盛，而姬王、嬴后，生于浇薄风俗兴盛的末世，法令依然铸于刑鼎，教化就行不通，礼义一经违背，奸宄祸乱就猖狂。为什么那种质朴淳厚之风一去不复返，而浮华轻薄之风却日益兴盛呢？我统治这个国家，时刻关心着救民于水火之中，屡次试图恢复天纲，阻止幽、并、凉三州的侵扰，但黎民百姓，始终遭受各种刑罚。这是因为才能寡薄，还是因为法令增加？为此应安慰我忧郁之心，同情我悲伤之意。现在三元各都就绪，万国前来朝拜，初春献来灵芝，岁末凝成玉露，从春天开始发布命令，依靠上天布施恩德，想在全国更新政治。可大赦全国犯人，改年号至德五年为祯明元年。”乙未日，发生地震。癸卯日，任命镇前将军衡阳王伯信为镇南将军、西衡州刺史。

二月丁未日，特进、镇右将军晋安王伯恭进称中卫将军，中书令建安王叔卿升为中书监。丁卯日，颁布诏书，命令从至德元年以来拖久望订租调未交的，一律免征。

秋八月癸卯日，老人星出现。丁未日，任命车骑将军萧摩诃为骠骑将军。

九月乙亥日，任命骠骑将军、开府仪同三司豫章王叔英为骠骑大将军。庚寅日，萧琮所任命的尚书令、太傅安平王萧岩，中军将军、荆州刺史义兴王萧瓛，派遣他们的都官尚书沈君公，前去向荆州刺史陈纪请求投降。辛卯日，萧岩等率领文武百官，男女百姓十万余口渡江。甲午日，大赦全国犯人。

冬十一月乙亥日，将扬州的吴郡改设为吴州，将钱塘县改设为钱塘郡，钱塘郡归属吴州管辖。丙子日，任命萧岩为平东将军、开府仪同三司、东扬州刺史，萧瓛为安东将军、吴州刺史。丁亥日，任命骠骑大将军、开府仪同三司豫章王叔英兼任司徒。

十二月丙辰日，任命前镇卫将军、开府仪同三司、东扬州刺史鄱阳王伯山为镇卫大将军，开府伐同三司，前中卫将军晋安王伯恭为中卫将军、右光禄大夫。

祯明二年春正月辛巳日，立皇子陈恮为东阳王，陈恬为钱塘王。这一月，派遣散骑常侍周罗睺率兵屯驻峡口。

夏四月戊申日，无数成群的老鼠，自蔡洲江岸入石头城，又渡过淮河，到了青塘两岸，数日后就死了，随着水流被冲走。戊午日，任命左民尚书蔡徵为吏部尚书。这一月，郢州南浦水黑如墨色。

五月壬午日，授安前将军卢陵王伯仁特进头衔。甲午日，东冶铸铁，有物呈赤红色，如数斗般大，从天降下，落到冶铁处，伴有隆隆如雷的声音，飞出墙外的铁燃烧了民房。

六月戊戌日，扶南国派遣使臣献上地方土产。庚子日，废皇太子陈胤，改为吴兴王，立军师将军、扬州刺史始安王陈深为皇太子。辛丑日，平南将军、江州刺史南平王嶷进称镇南将军；忠武将军、南徐州刺史永嘉王彦进称安北将军；会稽王陈庄升为翊前将军、扬州刺史；宣惠将军、尚书令江总进称中权将军；云麾将军、太子詹事袁宪升为尚书仆射；授尚书仆射谢伷特进头衔；宁远将军、新任吏部尚书蔡徵进称安右将军。甲辰日，任命安右将军鲁广达为中领军。丁巳日，大风刮起，激起浪涛，从西北涌入石头城，淮渚泛滥，吞没了舟船。

冬十月己亥日，立皇子陈蕃为吴郡王。辛丑日，任命度支尚书、领大著作姚察为吏部尚书。己酉日，皇帝到莫府山，进行大规模阅兵。

十一月丁卯日，颁布诏书说："议论案件放宽刑罚，这是帝王树立的榜样，使凶暴的人改恶从善以废除死刑，这是仁爱之心的表现。自从画冠象刑这种宽容的刑罚停止以后，苛刻的官吏兴起，法令日益增多，使百姓手足无措。我治理国家，正当风俗浇薄之时，法律轻重不一，政治不健康，案件有大有小，说起来我很惭愧。我十分关心牢狱案件。同情受刑的人，可以约定时间在大政殿审讯案件。"壬申日，任命镇南将军、江州刺史南平王嶷为征西将军、郢州刺史，安北将军、南徐州刺史永嘉王彦为安南将军、江州刺史，军师将军南海王虔为安北将军、南徐州刺史。丙子日，立皇弟叔荣为新昌王，叔匡为太原王。这一月，隋派遣晋王杨广率领部队前来讨伐，从巴、蜀、沔、汉顺水而下到广陵，数十条路一齐攻入，沿江镇守部队，陆续奏报得知。这时新任湘州刺史施文庆、中书舍人沈客卿掌管机密，压住不讲，所以没有防备。

祯明三年春季正月乙丑初一日，到处弥漫着大雾。这一日，隋总管贺若弼从北道广陵渡水到达京口，总管韩擒虎奔向横江，渡水到采石，从南道将与贺若弼的军队会合。丙寅日，采石守卫将领徐子建飞马奏报紧急变故。丁卯日，召集公卿来讨论军事。戊辰日，朝廷内外都戒严，骠骑将军萧摩诃，护军将军樊毅，中领军鲁广达一并升为都督，派遣南豫州刺史樊猛率领水师从白下出发，散骑常侍皋文奏率领军队镇守南豫州。庚午日，贺若弼攻陷南徐州。辛未日，韩擒虎又攻陷南豫州，皋文奏大败逃回。至此隋军从南北两道同时并进。后主派遣骠骑大将军、司徒豫章王叔英屯兵朝堂，萧摩诃屯兵乐游苑，樊毅屯兵耆暗寺，鲁广达屯兵白土冈，忠武将军孔范屯兵宝田寺。己卯日，镇东大将军任忠从吴兴奔入京城，命令他屯兵朱雀门。辛巳日，贺若弼占据钟山，屯兵在白土冈的东南。甲申日，陈后主派遣众军与弼合战，众军大败。贺若弼乘胜追赶到乐游苑，鲁广达仍督促散兵拼力相战，不能抵抗。贺若弼又进攻宫城，火烧北掖门。这时韩擒虎率领众人从新林到石子冈，任忠向韩擒虎投降，并为韩擒虎带路经朱雀门奔往宫城，从南掖门入宫。于是城内文武百官都仓皇出逃，只有尚书仆射袁宪仍留在殿内。尚书令江总、吏部尚书姚察、度支尚书袁权、前度支尚书王瑗、侍中王宽仍留在宫内。陈后主听说敌兵已到，带着十几个宫人从后堂景阳殿逃出，想投井自尽。袁宪侍奉左右，苦苦相劝，后主不听。后暗舍人夏侯公韵又用身体遮蔽井口，后主与他们争持许久，才跳进井里。到了夜晚，后主被隋军捕获。丙戌日，隋晋王杨广攻占京城。

三月己巳日，后主与王公百官从建邺出发，进入长安。隋仁寿四年十一月壬子日，陈后主死在洛阳，死时五十二岁。死后追赠大将军，封为长城县公，谥号为炀，埋葬在河南洛阳之芒山。

史臣侍中郎郑国公魏徵说：

高祖从田埂间兴起，有杰出非凡的雄姿。当初辅佐藩国时，就显示出英才奇略，驻屯南海，平定叛乱。高举旗帜向北挺进，目的在于辅佐王室，扫除已获成功的侯景，拯救摇摇欲坠的梁朝，使断色的天纲得以继续，艰难的国运转为昌盛，使百神都有主，旧的典章制度不至废除。魏武帝使汉朝国运得以延续，宗武帝让晋朝恢复，其功劳之大，也没有超过陈高祖。这时内乱尚未平息，外邻强敌又兴起。王琳在上游作梗，周、齐在江、汉制造动乱，朝廷畏首畏尾，国家若存若亡，这时如不图谋，迅速改变天命，虽说是上苍有心照顾，也确实非常迅速！然而高祖志向远大，胸襟豁达，或是以对手中间录用贤士，或是从逃亡的人中提升能人，掩盖他们接受贿赂的过错，宽恕他们各为其主所犯的罪行，委任为心腹，使他们都能拼死出力，所以才能判断各种情况取得胜利，形成现在三分天下的局势，鼎足而立的雄才大略，无愧于孙权、刘备。

世祖天资聪明，神思清朗，早年遍读经书典籍，懂得百姓的疾苦，想选定法令典章，差不多达到完美政治的境地，恩德与刑法并用，平定叛乱，战胜艰难，使群凶投降归顺，使强邻震动惊惧。虽然帝主忠厚的教化不能到达边远的地方，但其恭俭的作风足以成为后人的榜样，即使算不上是明察之君，也够得上是遵守成法的良主。

临川王即位时比周成王年长，其过错比太甲要小。宣帝有周公的和善，却无伊尹的志向，遂使明主不能复辟，放逐却告实现，真是欲加之罪，何患无辞！

高宗原本也是在田间长起，心胸豁达开朗，登基继位，因为宽厚，所以民心归向。仁爱下人，宽厚百姓。具有非凡的智谋勇气，以武略闻名，扬旗布阵，如风行电扫般迅速，开辟土地千余里，于是有了淮、泗的疆土，其战胜攻取之猛，近古未曾出现。于是君主奢侈，百姓疲劳，将领骄傲，士卒堕落，钱财空竭，将士开始打败仗，于是秦人强盛起来，陈兵江上窥视等待机会。李克认为吴先灭亡的原因，是由于数战数胜。打仗多了则百姓疲惫，胜仗多了则君王骄傲，用骄傲的君主统治疲惫的人民，没有不灭亡的。的确如此！高宗开始用其宽宏大度得人心，最终却因骄奢淫逸导致失败，文帝、武帝的大业，全毁在他手里。

后主生在深宫之中，成长在妇人之手，虽国家在困苦之中，仍不知耕种的艰难。初登基之时，惧怕临近危险，多次颁布一些同情百姓的诏书，而后稍微安定，又鼓动淫侈之风。宴请诸公，寄情于诗文酒色之中，亲近小人，并委任以中枢要职。谋划策略，也就没能让正直忠臣参与，权力要职，无不是些巧取豪夺的官吏充任。政治法律日益混乱，居位食禄而不理事之人充满朝廷，通宵狂饮，纵欲美色，耽误荒废朝政，国家危亡无人怜悯，上下相欺，众叛亲离，临近危机而不醒悟，只能自己跳入井中，希望苟且偷生。他用这种方法保全自己，也算等而下之了。

纵观诸位君主，登基称帝，在建国伊始，都想使他的国家与日月同辉，与天地共存，仰视五帝、俯瞰三王，然而有好的开头，却很少能善始善终。这是什么缘故呢？他们都是中庸之才，心内无长久之性，口里讲着仁义，又为嗜好与欲望而动心。仁义有利于事业但取得它们的路途遥远，嗜好与欲望依随性情而方便身体。便利身体就难以长期脱离，道路长远就难以树立取得它的坚定志向。阿谀奉承之徒，察言观色，投其所好，引导君主嗜好欲望，如顺坡滚圆丸，顺流决堤坝。若不是上应星宿、天生明德的圣人，谁能抛弃所喜好，而时刻挂心百姓呢？这就是为什么成王、康王、文帝、景帝千载而不遇，桀、纣、幽王、厉王一代没有，国家社稷遭害，自己身体受辱，于是被天下人耻笑，怎能不让人痛心！古人有言，亡国的君王，大都有才有艺，观察梁、陈及隋，这话一点不错。不尊崇教义的根本，偏偏崇尚浮华的诗文，助长浅薄虚假风气，无不导致国家混乱灭亡的灾祸。

陈书卷七

张贵妃列传第一

后主张贵妃丽华，兵家女也。家贫，父兄以织席为事。后主为太子，以选入宫。是时龚贵嫔为良娣，贵妃年十岁，为之给使，后主见而悦焉，因得幸，遂有娠，生太子深。后主即位，拜为贵妃。性聪慧，甚被宠遇。后主每引贵妃与宾客游宴，贵妃荐诸宫女预焉，后宫等咸德之，竞言贵妃之善，由是爱倾后宫。又好厌魅之术，假鬼道以惑后主，置淫祀于宫中，聚诸妖巫使之鼓舞，因参访外事，人间有一言一事，妃必先知之，以白后主，由是益重妃，内外宗族，多被引用。及隋军陷台城，妃与后主俱入于井，隋军出之，晋王广命斩贵妃，榜于青溪中桥。

史臣侍中郑国公魏征考览记书，参详故老，云后主初即位，以始兴王叔陵之乱，被伤卧于承香阁下，时诸姬并不得进，唯张贵妃侍焉。而柳太后犹居柏梁殿，即皇后之正殿也。后主沈皇后素无宠，不得侍疾，别居求贤殿。至德二年，乃于光照殿前起临春、结绮、望仙三阁。阁高数丈，并数十间，其窗牖、壁带、悬楣、栏槛之类，并以沈檀香木为之。又饰以金玉，间以珠翠，外施珠帘，内有宝床、宝帐，其服玩之属，瑰奇珍丽，近古所未有。每微风暂至，香闻数里，朝日初照，光映后庭。其下积石为山，引水为池，植以奇树，杂以花药。后主自居临香阁，张贵妃居结绮阁，龚、孔二贵嫔居望仙阁，并复道交相往来。又有王、李二美人、张、薛二淑媛、袁昭仪、何婕妤、江修容等七人，并有宠，递代以游其上。以宫人有文学者袁大舍等为女学士。后主每引宾客对贵妃等游宴，则使诸贵人及女学士与狎客共赋新诗，互相赠答，采其尤艳丽者以为曲词，被以新声，选宫女有容色者以千百数，令习而歌之，分部迭进，持以相乐。其曲有《玉树后庭花》《临春乐》等，大指所归，皆美张贵妃、孔贵嫔之容色也。其略曰："譬月夜夜满，琼树朝朝新。"而张贵妃发长七尺，鬒黑如漆，其光可鉴。特聪慧，有神采，进止闲暇，容色端丽。每瞻视盼睐，光采溢目，照映左右。常于阁上靓妆，临于轩槛，宫中遥望，飘若神仙。才辩强记，善候人主颜色。是时，后主怠于政事，百司启奏，并因宦

者蔡脱儿、李善度进请。后主置张贵妃于膝上共决之。李、蔡所不能记者，贵妃并为条疏，无所遗脱。由是益加宠异，冠绝后庭。而后宫之家，不遵法度，有挂于理者，但求哀于贵妃，贵妃则令李、蔡先启其事，而后从容为言之。大臣有不从者，亦因而谮之，所言无不听。于是张、孔之势，薰灼四方，大臣执政，亦从风而靡。阉宦邪佞之徒，内外交结，转相引进，贿赂公行，赏罚无常，纲纪瞀乱矣。

【译文】

后主张贵妃名丽华，是研究军事的学者家的女儿。她的家里很穷，父亲和兄长靠编织草席为生。后主当太子时，被选中入宫，那时龚贵嫔任良娣（太子之妾），贵妃当时十岁，被龚贵嫔使唤，后主看见她很是喜欢，于是她得到了宠幸，便有了身孕，生下了太子深。后主即位，拜张丽华为贵妃。张贵妃性情聪明灵慧，很受后主宠爱。每逢后主带贵妃和宾客游玩饮宴，贵妃便推荐诸位宫女同去，后宫中的人都很感激她，争着说贵妃的好话，于是她得到的宠爱压倒了后宫。贵妃又喜好厌魅巫术，假借鬼神邪说来迷惑后主，在宫内设置不合礼制的祭祀，聚集众多妖邪巫师命他们奏乐跳巫舞，同时打探宫外的事，社会上的一句话一件事，张贵妃必然会先知道，并以此告诉后主，于是后主更加敬重贵妃，贵妃的内外宗族中人多被引见重用。等到隋军攻陷台城，张贵妃和后主一起躲入井中，隋军抓住了他们，晋王杨广命令将贵妃斩首，并在青溪中桥张贴布告公诸于众。

史臣侍中郑国公魏征考察通览史籍，参照补充元老旧臣的回忆，说后主刚即位的时候，遇到始兴王陈叔陵之乱，受伤在承香阁卧床休养，当时诸嫔妃均不准入内，只有张贵妃侍奉后主。当时柳太后还住在柏梁殿，也就是皇后的正殿。后主沈皇后一直不受宠爱，无权侍奉后主养病，另外住在求贤殿。至德二年，即在光照殿前建起了临春、结绮、望仙三阁，阁高达数丈，共有数十间，其窗户、壁带、悬楣、栏槛等均用沈檀香木制作，又用金玉装饰，其间嵌以珍珠翡翠，外面装有珠帘，里面有宝床、宝帐，其中服用和玩赏的物品一类，瑰奇珍丽，是古今所没有的。每逢微风刮过，香气传出数里之外，清晨旭日初照，光芒映至后庭。楼阁下堆积奇石为山，引水做池塘，种植珍奇树木，杂种鲜花药草。后主自己住在临香阁，张贵妃住结绮阁，龚、孔两位贵嫔住居望仙阁，各阁间设并行的走廊，可以往来行走。还有王、李两位美人，张、薛两位淑媛，袁昭仪、何婕妤、江修容七人，均受宠爱，交替到阁上游玩。又任宫女中通识文学的袁大舍等人为女学士。后主每逢召请宾客和贵妃等人游玩饮宴，便命诸位贵人以及女学士和游玩的客人共同吟赋新诗，互相赠给应答，选取其中最艳丽者作为歌词，配上新曲，从宫女中选长得漂亮的达千百人，命其学习而歌唱，分部依次进入，以此相乐。其中的曲子有《玉树后庭花》《临春乐》等，乐曲内容大意，全是赞美张贵妃、孔贵嫔娇容美色的。其大略说："壁月夜夜满，琼树朝朝新。"而张贵妃的头发有七尺长，秀发黑得像漆一样，其光洁可以照人。她特别聪明灵慧，富有神采，行动坐卧悠闲自然，容貌端庄艳丽。每逢顾盼斜视，眼里流露出光彩，照映周围的人。她常在阁上梳妆，靠近轩阁栏杆，宫中的人远远望去，飘逸如神仙一般。她富有才华，能言善辩，记忆力强，善于观察皇帝的脸色。当时，后主懒于管理政事，各司上奏，全由宦官蔡脱儿、李善度入内请示，后主把张贵妃放在膝上共同决策。李、蔡两人记不住的事，贵妃均为其逐条讲述，丝毫没有遗漏的。于是后主更加宠爱敬佩贵妃，在后宫堪称第一。后宫嫔妃的家里，不遵守法度，有做了没理的事的，只要向贵妃求情，贵妃便命李、蔡二人先启奏他们的事，然后从容地为他们讲情。大臣中有不服从她的，也由此诋毁他们，贵妃所说后主没有不听从的。于是张、孔二人的势力，在四方气焰逼人，大臣们执政，也随风而倒。宦官邪佞之人，内外勾结，辗转相互提携引进，贿赂官员，赏罚不合规矩，朝廷法度黑暗混乱了。

陈书卷九

吴明彻欧阳頠列传第三

吴明彻

吴明彻字通昭，秦郡人也。祖景安，齐南谯太守。父树，梁右军将军。明彻幼孤，性至孝，年十四，感坟茔未备，家贫无以取给，乃勤力耕种。时天下亢旱，苗稼焦枯，明彻哀愤，每之田中，号泣，仰天自诉。居数日，有自田还者，云苗已更生，明彻疑之，谓为绐己，及往田所，竟如其言。秋而大获，足充葬用。时有伊氏者，善占墓，谓其兄曰："君葬之日，必有乘白马逐鹿者来经坟所，此是最小孝子大贵之征。"至时果有此应，明彻即树之最小子也。

起家梁东宫直后。及侯景寇京师，天下大乱，明彻有粟麦三千余斛，而邻里饥馁，乃白诸兄曰："当今草窃，人不图久，奈何有此而不与乡家共之？"于是计口平分，同其丰俭，群盗闻而避焉，赖以存者甚众。

及高祖镇京口，深相要结，明彻乃诣高祖，高祖为之降阶，执手即席，与论当世之务。明彻亦微涉书史经传，就汝南周弘正学天文、孤虚、遁甲，略通其妙，颇以英雄自许，高祖深奇之。

承圣三年，授戎昭将军、安州刺史。绍泰初，随周文育讨杜龛、张彪等。东道平，授使持节、散骑常侍、安东将军、南兖州刺史，封安吴县侯。高祖受禅，拜安南将军，仍与侯安都、周文育将兵讨王琳。及众军败没，明彻自拔还京。世祖即位，诏以本官加右卫将军。王琳败，授都督武沅二州诸军事、安西将军、武州刺史，余并如故。周遣大将军贺若敦率马步万余人奄至武陵，明彻众寡不敌，引军巴陵，仍破周别军于双林。

天嘉三年，授安西将军。及周迪反临川，诏以明彻为安南将军、江州刺史，领豫章太守，总督众军，以讨迪。明彻雅性刚直，统内不甚和，世祖闻之，遣安成王顼慰晓明彻，令以本号还朝。寻授镇前将军。

五年，迁镇东将军、吴兴太守。及引辞之郡，世祖谓明彻曰："吴兴虽郡，帝乡之重，故以相授。君其勉之！”及世祖弗豫，征拜中领军。

废帝即位，授领军将军，寻迁丹阳尹，仍诏明彻以甲仗四十人出入殿省。到仲举之矫令出高宗也，毛喜知其谋，高宗疑惧，遣喜与明彻筹焉。明彻谓喜曰：“嗣君谅暗，万机多阙，外邻强敌，内有大丧。殿下亲实周、邵，德冠伊、霍，社稷至重，愿留中深计，慎勿致疑。”

及湘州刺史华皎阴有异志，诏授明彻使持节、散骑常侍、都督湘、桂、武三州诸军事、安南将军、湘州刺史，给鼓吹一部，仍与征南大将军淳于量等率兵讨皎。皎平，授开府仪同三司，进爵为公。太建元年，授镇南将军。四年，征为侍中、镇前将军，余并如故。

会朝议北伐，公卿互有异同，明彻决策请行。五年，诏加侍中、都督征讨诸军事，仍赐女乐一部。明彻总统众军十余万，发自京师，缘江城镇，相续降款。军至秦郡，克其水栅。齐遣大将尉破胡将兵为援，明彻破走之，斩获不可胜计，秦郡乃降。高宗以秦郡明彻旧邑，诏具太牢，令拜祠上冢，文武羽仪甚盛，乡里以为荣。

进克仁州，授征北大将军，进爵南平郡公，增邑并前二千五百户。次平峡石岸二城。进逼寿阳，齐遣王琳将兵据守。琳至，与刺史王贵显保其外郭。明彻以琳初入，众心未附，乘夜攻之，中宵而溃，齐兵退据相国城及金城。明彻令军中益修治攻具，又迮肥水以灌城。城中苦湿，多腹疾，手足皆肿，死者十六七。会齐遣大将军皮景和率兵数十万来援，去寿春三十里，顿军不进。诸将咸曰：“坚城未拔，大援在近，不审明公计将安出？”明彻曰：“兵贵在速，而彼结营不进，自挫其锋，吾知其不敢战明矣。”于是躬擐甲胄，四面疾攻，城中震恐，一鼓而克，生禽王琳、王贵显、扶风王可朱浑孝裕、尚书卢潜、左丞李騊駼，送京师。景和惶惧遁走，尽收其驼马辎重。琳之获也，其旧部曲多在军中，琳素得士卒心，见者皆歔欷不能仰视。明彻虑其有变，遣左右追杀琳，传其首。诏曰：“寿春者古之都会，襟带淮、汝，控引河、洛，得之者安，是称要害。侍中、使持节、都督征讨诸军事、征北大将军、开府仪同三司南平郡开国公明彻，雄图克举，宏略盖世。在昔屯夷，缔构皇业，乃掩衡、岳，用清氛沴，实吞云梦，即叙上游。今兹荡定，恢我王略，风行电扫，貔武争驰，月阵云梯，金汤夺险，威陵殊俗，惠渐边氓。惟功与能，元戎是属，崇麾广赋，茂典恒宜，可都督豫、合、建、光、朔、北徐六州诸军事、车骑大将军、豫州刺史，增封并前三千五百户，余如故。”诏遣谒者萧淳风就寿阳册明彻，于城南设坛，士卒二十万，陈旗鼓戈甲，明彻登坛拜受，成礼而退，将卒莫不踊跃焉。

初，秦郡属南兖州，后隶谯州，至是，诏以谯之秦、盱眙、神农三郡还属南兖州，以明彻故也。

六年，自寿阳入朝，舆驾幸其第，赐钟磬一部，米一万斛，绢布二千匹。

七年，进攻彭城。军至吕梁，齐遣援兵前后至者数万，明彻又大破之。八年，进位司空，余如故。又诏曰："昔者军事建旌，交锋作鼓，顷日讹替，多乖旧章，至于行阵，不相甄别。今可给司空、大都督沉钺龙麾，其次将各有差。"寻授都督南北兖、南北青、谯五州诸军事、南兖州刺史。

会周氏灭齐，高宗将事徐、兖，九年，诏明彻进军北伐，令其世子戎昭将军、员外散骑侍郎惠觉摄行州事。明彻军至吕梁，周徐州总管梁士彦率众拒战，明彻频破之，因退兵守城，不复敢出。明彻仍迮清水以灌其城，环列舟舰于城下，攻之甚急。周遣上大将军王轨将兵救之。轨轻行自清水入淮口，横流竖木，以铁锁贯车轮，遏断船路。诸将闻之，甚惶恐，议欲破堰拔军，以舫载马。马主裴子烈议曰："若决堰下船，船必倾倒，岂可得乎？不如前遣马出，于事为允。"适会明彻苦背疾甚笃，知事不济，遂从之，乃遣萧摩诃帅马军数千前还。明彻仍自决其堰，乘水势以退军，冀其获济。及至清口，水势渐微，舟舰并不得渡，众军皆溃，明彻穷蹙，乃就执。寻以忧愤遘疾，卒于长安，时年六十七。

至德元年诏曰："李陵矢竭，不免请降，于禁水涨，犹且生获，固知用兵上术，世罕其人。故侍中、司空南平郡公明彻，爰初蹑足，迄届元戎，百战百胜之奇，决机决死之勇，斯亦侔于古焉。及拓定淮、肥，长驱彭、汴，覆勍寇如举毛，扫锐师同沃雪，风威慑于异俗，功效著于同文。方欲息驾阴山，解鞍瀚海，既而师出已老，数亦终奇，不就结缨之功，无辞入褚之屈，望封崤之为易，冀平翟之非难，虽志在屈伸，而奄中霜露，埋恨绝域，甚可嗟伤。斯事已往，累逢肆赦，凡厥罪戾，皆蒙洒濯，独此孤魂，未沾宽惠，遂使爵土湮没，飨醊无主。弃瑕录用，宜在兹辰，可追封邵陵县开国侯，食邑一千户，以其息惠觉为嗣。"

惠觉历黄门侍郎，以平章大宝功，授丰州刺史。

明彻兄子超，字逸世。少倜傥，以干略知名。随明彻征伐，有战功，官至忠毅将军、散骑常侍、桂州刺史，封汝南县侯，邑一千户。卒，赠广州刺史，谥曰节。

【译文】

吴明彻字通昭，秦郡人。祖父吴景安，在南齐朝任南谯郡太守。父亲吴树，在梁代任右军将军。明彻幼年丧父，他本性极孝，十四岁时，感慨父亲死后，坟茔却没有修好，但家又贫穷，于是就努力勤奋地耕种。当时天下大旱，禾苗枯焦，明彻悲哀忧愤，常到田中呼号哀泣，对天自诉自己的苦楚。过了几天，有人从田中来，说庄稼禾苗又已复活，明彻怀疑他的话，以为他是在欺骗自己，等到了田中一看，竟然像那人讲的一样，禾苗确已复活。秋天大丰收，足够父亲安葬之用。当时有一个叫伊氏的人，善占卜墓葬之地，对明彻的兄长说："你安葬父亲的那天，一定会有一个骑着白马追赶鹿的人经过坟地旁，这是最小的孝子大富贵的征兆。"到了那天，果然有如此的应验，明彻就是吴树最小的儿子。

明彻以布衣身份出仕任梁代的东宫直后。到侯景寇乱京城时，天下大乱，明彻家有粟麦粮食三千余斛，而乡里乡邻却挨饥受饿，他就对各位兄长说："现今草野之间，多有盗贼，人人难以考虑长久，为什么我们家有这些粮食而不和邻里人家共同分享呢?"于是按人口计算平均分粮，或多或少都一同享用，盗贼们听说了这件事，就都避让走开了，靠吴家赈给而活下来的人非常之多。

陈高祖镇守京口时，十分诚恳地邀请结好吴明彻，明彻于是来投赴高祖，高祖亲自下台阶迎接，拉着手即席就座，与他讨论当世的天下事务。明彻也曾经稍读过一些经书史传，并曾跟从汝南人周弘正学过天文、孤虚、遁甲之术，大体上通晓其中的一些奥妙，所以言谈之中很有一股英雄自许的气概，高祖非常赏识他。

梁元帝承圣三年，吴明彻被任命为戎昭将军、安州刺史。梁敬帝绍泰初年，随周文育讨伐杜龛、张彪等人。东道平定，授职使持节、散骑常侍、安东将军、南兖州刺史，封安吴县侯。陈高祖受禅即皇帝位，封他为安南将军，仍与侯安都、周文育领兵讨伐王琳。及至各军被打败消灭，明彻却脱身回到京城。陈世祖即位，下诏明彻在本官上再加授右卫将军。王琳失败后，授职都督武州沅州二州诸军事、安西将军、武州刺史，其余原有官职一并保留。北周派遣大将军贺若敦率领骑兵、步军一万余人忽然到了武陵，明彻知道寡不敌众，退军到巴陵，但随即在双林击破北周的另一支军队。

天嘉三年，被任命为安西将军。到周迪在临川反叛时，天子下诏书令明彻任安南将军、江州刺史，兼豫章太守，总督各路军队，讨伐周迪。

明彻生性刚直，部署之间不大和睦，世祖知道后，派遣安成王陈顼劝慰晓谕明彻，令他以本官号的身份回朝。不久，被任命为镇前将军。

天嘉五年，升任镇东将军、吴兴太守。到告辞赴任之时，世祖对他说："吴兴虽是一郡，但却是皇帝的故乡，关系重大，所以才授任于你。你千万要尽心尽力啊！"当世祖身体有病时，即召他入朝廷任命为中领军。

废帝即位，任命他为领军将军，不久升任丹阳尹，又诏令明彻可置四十名卫士为仪仗，出入宫禁。到仲举假托皇帝诏书命令高宗出尚书省回东府，毛喜知道仲举等人的阴谋，高宗却犹豫惶恐，派毛喜与明彻筹划商讨怎么对付这件事。明彻对毛喜说："嗣位的皇上正居丧，国家诸事纷繁政务多，不能按时处理，外与强敌为邻，内有先帝之丧。殿下亲近帝室有如周公、邵公之与周成王，高尚的德行可超过古代的伊尹、霍光，国家社稷关系至为重大，希望殿下留在尚书省中详虑对策，千万不能因出朝回府而招致天下惊疑。"

当湘州刺史华皎阴谋作乱时，天子诏书任命明彻使持节、散骑常侍、都督湘州、桂州、武州三州诸军事，安南将军、湘州刺史，赐给鼓吹乐队一部，随即与征南大将军淳于量等人率兵讨伐华皎。华皎乱平，授职开府仪同三司，进爵位为公。陈宣帝（高宗）太建元年，授职镇南将军。四年，天子召为侍中、镇前将军，其余的封赏任命仍旧不变。

适逢朝廷商议北伐大事，公卿大臣之间的意见不同，明彻决策同意北伐，并请求亲自领兵北行。五年，天子诏令他加任侍中，都督征讨诸军事，随后又赐给女乐一部。明彻总统各路军队十余万，从京城出发北伐，沿江敌人城镇，相继投降臣服。军队到了秦郡，攻克了它的水寨栅栏。北齐派遣大将尉破胡领兵援救，明彻击破了他，迫其逃遁，斩杀缴获不可胜计，秦郡终于投降。高宗因秦郡是明彻的故乡，诏令准备好太牢之礼，又命令军中兵将前往他家拜祭祖坟，文武官员旌旗仪仗壮丽盛大，乡亲邻里也为这件事感到光荣。

继续进军攻克了仁州，被任命为征北大将军，进爵位为南平郡公，增赐封邑与前有的共两千五百户。依次平定峡石山旁两个城。进逼寿阳，北齐派遣王琳领兵据守寿阳。王琳来到寿阳，与刺史王贵显保卫其外城。明彻因王琳初入寿阳，人心还没有归附于他，就乘黑夜发起进攻，结果王琳的士卒半夜溃散，齐兵退而据守相国城和金城。明彻命令军队增加修理制造攻城器械，又堵塞肥水淹灌敌城。城中被潮湿水汽所苦，人多得痢疾之病，手脚都浮肿，病死的十分之六七。正逢北齐派遣大将军皮景和率兵数十万来援，离寿春三十里，驻军不前。诸位将领都说："坚固的寿阳城还未攻克，救援的大军就在近前，不知道明公有什么计策？”明彻说：“兵贵在于神速，而敌人却扎营不进，自己就挫折了自己的锋锐之气，我知道他们分明是不敢交战啊。”于是亲自披戴甲胄，指挥四面急攻，城中军民震动惶恐，一鼓作气，攻克了敌人城池，生擒了王琳、王贵显、扶风王可朱浑孝裕、尚书卢潜、左丞李騊駼，押送京城。皮景和惶恐惧怕，逃遁而去，陈军完全俘获他的驼马辎重。王琳被俘活捉时，他原来的部曲很多人仍在明彻军中，王琳平素很得士卒之心，看见他被俘的人都轻声哭泣，不忍抬头看他。明彻怕军心有变，派左右亲信追杀王琳，只把他的头传送至京城。诏书说：“寿春是古代的都市，襟带淮水、汝水，控制黄河、洛水，得之则平安，所以称为要害之地。侍中、使持节、都督征讨诸军事、征北大将军、开府仪同三司南平郡开国公吴明彻，以盖世的雄图大略，一举收复之。当初世事艰险，帝业初创，明彻掩有衡岳之邦，澄清了凶杀之气，并吞有云梦之地，叙用于上游之镇。如今扫荡安定了北方，收复我国家疆土，进军速度如风行电扫之迅速，貔虎争驰之勇猛，攻占了坚固的城池，夺取了险要之重地，威猛之风震慑了远方，恩惠之德政泽及了边民。明彻的功劳与才能，可胜任主帅之职，高高的旗帜到处飘扬，美好的典制总合时宜，可授职明彻都督豫州、合州、建州、光州、朔州、北徐州六州诸军事、车骑大将军、豫州刺史，增加封邑与原有的封邑总计三千五百户，其余原有的爵职封赠依旧不变。”诏令派遣谒者萧淳风到寿阳册封明彻，在城南设坛，士卒二十万，陈设军旗战鼓干戈盔甲，明彻登上高坛拜受封赏，礼仪完毕后退下，全军将士无不为之雀跃欢呼。

以前，秦郡属南兖州，后又隶属谯州，到此时，天子诏令把谯州的秦郡、盱眙、神农三郡重新归属南兖州，这是因为吴明彻的缘故。

六年，从寿阳回到朝廷，皇帝车驾临幸明彻府第，赐给钟磬之乐一部，米一万斛，绢布两千匹。

七年，进攻彭城。军进至吕梁，北齐派遣援兵先后来到的共几万人，明彻又彻底地打垮了他们。八年，晋升为司空，其他封赏仍旧。又诏令说：“从前军队设立旗旌，击鼓进军交锋作战时，不多久就混淆错乱，大多违背了旧有规章，在行阵之间，难以区别分清。现在可授给司空、大都督铁钺和龙旗，他属下的将领也按级别赐给相应的代表权威的象征物。”随即任命吴明彻为都督南北兖州、南北青州、谯州五州诸军事、南兖州刺史。

适逢周氏灭掉了北齐，陈高宗将要兴军于徐州、兖州，九年，诏令明彻进军北伐，令他的世子戎昭将军、员外散骑常侍吴惠觉代理南兖州刺史事务。明彻大军至吕梁，北周徐州总管梁士彦率众军拒战，明彻多次打败了他，士彦因此退兵守城，不敢再出战。明彻又用拦坎的方式将水逼入城中，城下用舟舰团团围住，发动猛烈攻击。北周又派遣上大将军王轨领兵援救士彦。王轨轻装行进，从清水进入淮口，横越淮口之水竖木桩，在木桩上用铁锁锁住连贯的车轮，遏断船的航路。吴明彻的将领听说敌人如此设防，非常惶恐，纷纷议论要破坝撤军用船载装马匹。马主裴子烈发表意见说："如果决开坝堰，驶入船只，船只定会倾倒，如何能实现此举的目的呢？不如先让马匹撤出，于事更妥当一些。"这时恰逢明彻害背痛病，痛得厉害，估计这次北伐成功不了，于是听从了裴子烈的建议，派遣萧摩诃带领数千骑兵先行撤退。然后，明彻乃亲自决开坝堰，乘水势涨溢撤退军队，希望此举能获成功。当推到了清口，水势逐渐衰弱下来，舟船战舰都不能渡过，众多军兵尽皆溃散，明彻陷入绝境，无计可施，只好就擒。不久因忧愤交加而得病，死在长安，这年六十七岁。

至德元年，皇帝下诏书说："李陵箭矢用尽，难免请降，于禁因水势涨溢，还是被关羽活捉，由此可知用兵技巧达到上乘造诣的，古今之世少有其人。原侍中、司空南平郡公明彻，当初开始涉足行伍，直至担任主帅，有百战百胜之奇谋，决胜危机决心战死之勇猛，这也可与古人相等了。及至他开疆拓土、平定淮水肥水之域，长驱直入彭城汴水之地，覆灭强敌如举羽毛之轻，扫荡精锐如沸水融雪之易，威猛之风使异俗敌虏畏惧屈服，功绩昭著于我华夏同胞之间。他正想挺进阴山而停驶兵车，占领瀚海而解鞍散马，但随后因士气衰竭，运气也终究不佳，所以没有成就慷慨赴死的功名，不得不经受像被敌人装入口袋似的做俘虏的委屈，明彻希望能像当年秦穆公打败晋国终能在崤山为以前被晋国杀死的将士堆土树立标记那样也能有'封崤'的机会，并憧憬平定北方的戎狄终究并非难事，虽说他的本心所想是大丈夫应能屈能伸，然而虽有卧薪尝胆之志，却忽遭病发亡身之变，以至于含恨埋身于异国他乡，使报仇雪恨的打算成了终古遗恨，令人嗟叹。这事已成既往，此后多次大赦，所有罪人已被赦免，只有明彻的孤魂没有沾溉皇恩惠泽，得到宽宥，遂使他的赐爵封土之功湮灭埋没，不能得到酒食的祭奠。现在不计过失仍然封赏，可追封为邵陵县开国侯，食邑一千户，由他的儿子惠觉继承。"

惠觉做过黄门侍郎，因平定章大宝的功，被任命为丰州刺史。

明彻兄长之子吴超，字逸世。年轻时卓越不凡，以才干智谋知名于世。跟从明彻征伐，有战功，官做到忠毅将军、散骑常侍、桂州刺史，封汝南县侯，封邑一千户。去世之后，被追封为广州刺史，谥号为“节”。

欧阳頠

欧阳頠字靖世，长沙临湘人也。为郡豪族。祖景达，梁代为本州治中。父僧宝，屯骑校尉。

頠少质直有思理，以言行笃信著闻于岭表。父丧，毁瘠甚至。家产累积，悉让诸兄。州郡频辟不应，乃庐于麓山寺傍，专精习业，博通经史。年三十，其兄逼令从宦，起家信武府中兵参军，迁平西邵陵王中兵参军事。

梁左卫将军兰钦之少也，与頠相善，故頠常随钦征讨。钦为衡州，仍除清远太守。钦南征夷獠，擒陈文彻，所获不可胜计，献大铜鼓，累代所无，頠预其功。还为直阁将军，仍除天门太守，伐蛮左有功。刺史庐陵王萧续深嘉之，引为宾客。钦征交州，复启頠同行。钦度岭以疾终，頠除临贺内史，启乞送钦丧还都，然后之任。时湘衡之界五十余洞不宾，敕令衡州刺史韦粲讨之，粲委頠为都督，悉皆平殄。粲启梁武，称頠诚干，降诏褒赏，仍加超武将军，征讨广、衡二州山贼。

侯景构逆，粲自解还都征景，以頠监衡州。京城陷后，岭南互相吞并，兰钦弟前高州刺史裕攻始兴内史萧绍基，夺其郡。裕以兄钦与頠有旧，遣招之，頠不从。乃谓使云：“高州昆季隆显，莫非国恩，今应赴难援都，岂可自为跋扈。”及高祖入援京邑，将至始兴，頠乃深自结托。裕遣兵攻頠，高祖援之，裕败，高祖以王怀明为衡州刺史，迁頠为始兴内史。高祖之讨蔡路养、李迁仕也，頠率兵度岭，以助高祖。及路养等平，頠有功，梁元帝承制，以始兴郡为东衡州，以頠为持节、通直散骑常侍、都督东衡州诸军事、云麾将军、东衡州刺史，新丰县伯，邑四百户。

侯景平，元帝遍问朝宰：“今天下始定，极须良才，卿各举所知。”群臣未有对者。帝曰：“吾已得一人。”侍中王褒进曰：“未审为谁？”帝云：“欧阳頠公正有匡济之才，恐萧广州不肯致之。”乃授武州刺史，寻授郢州刺史，欲令出岭，萧勃留之，不获拜命。寻授使持节、散骑常侍、都督衡州诸军事、忠武将军、衡州刺史，进封始兴县侯。

时萧勃在广州，兵强位重，元帝深患之，遣王琳代为刺史。琳已至小桂岭，勃遣其将孙场临州，尽率部下至始兴，避琳兵锋。頠别据一城，不往谒勃，闭门高垒，亦不拒战。勃怒，遣兵袭頠，尽收其赀财马仗。寻赦之，还复其所，复与结盟。荆州陷，頠委质于勃。及勃度岭出南康，以頠为前军都督，顿豫章之苦竹滩，周文育击破之，擒送于高祖，高祖释之，深加接待。萧勃死后，岭南扰乱，頠有声南土，且与高祖有旧，乃授頠使持节、通直散骑常侍、都督衡州诸军事、安南将军、衡州刺史，始兴县侯。未至岭南，頠子纥已克定始兴。及頠至岭南，皆慑伏，仍进广州，尽有越地。改授都督广、交、越、成、定、明、新、高、合、罗、爱、建、德、宜、黄、利、安、石、双十九州诸军事、镇南将军、平越中郎将、广州刺史，持节、常侍、侯并如故。王琳据有中流，頠自海道及东岭奉使不绝。永定三年，进授散骑常侍，增都督衡州诸军事，即本号开府仪同三司。世祖嗣位，进号征南将军，改封阳山郡公，邑一千五百户，又给鼓吹一部。

初，交州刺史袁昙缓密以金五百两寄頠，令以百两还合浦太守龚翙，四百两付儿智矩，余人弗之知也。頠寻为萧勃所破，赀财并尽，唯所寄金独在。昙缓亦寻卒，至是頠并依信还之，时人莫不叹伏。其重然诺如此。

时頠弟盛为交州刺史，次弟邃为衡州刺史，合门显贵，名振南土。又多致铜鼓、生口，献奉珍异，前后委积，颇有助于军国焉。頠以天嘉四年薨，时年六十六。赠侍中、车骑大将军、司空、广州刺史，谥曰穆。子纥嗣。

纥字奉圣，颇有干略。天嘉中，除黄门侍郎、员外散骑常侍。累迁安远将军、衡州刺史。袭封阳山郡公，都督交广等十九州诸军事、广州刺史。在州十余年，威惠著于百越，进号轻车将军。

光大中，上流蕃镇并多怀贰，高宗以纥久在南服，颇疑之。太建元年，下诏征纥为左卫将军。纥惧，未欲就征，其部下多劝之反，遂举兵攻衡州刺史钱道戢。道戢告变，乃遣仪同章昭达讨纥，屡战兵败，执送京师，伏诛，时年三十三。家口籍没。子询以年幼免。

【译文】

欧阳頠字靖世，长沙郡临湘县人。出身本郡豪族。他的祖父欧阳景达，梁朝时任本州治中。父亲欧阳僧宝，官做到屯骑校尉。

欧阳頠少年时质朴直率，有思辨能力，因言行笃信在岭外著名。父亲去世，服丧期间因哀伤过度身体极为消瘦。积累下来的家产全部让给诸位兄长。州郡频繁辟命，不应，在麓山寺旁建立庐舍，聚精会神地学习儒业，于是博通经史。年龄三十岁时，他的哥哥逼迫他做官，于是离家入仕，任信武府中兵参军，迁平西邵陵王中兵参军事。

梁朝左卫将军兰钦少年时，和欧阳頠关系亲密，所以欧阳頠常跟随兰钦征讨。兰钦授任衡州，除欧阳頠为清远太守。兰钦南征夷獠，活捉陈文彻，俘获无法计算，献的大铜鼓，历代没有过，欧阳頠参与此事有功。回京后任直阁将军，不久除拜天门太守，讨伐蛮左又建功勋。刺史庐陵王萧续很是嘉许，引纳为宾客。兰钦征讨交州，又启奏朝廷让欧阳頠同行。兰钦越过南岭，因病去世，欧阳頠被除任临贺内史，启奏朝廷，乞求护送兰钦的灵柩回京，然后到任。当时湘州、衡州边界有五十余洞不归顺朝廷，敕命衡州刺史韦粲予以讨伐，韦粲委任欧阳頠为都督，五十余洞全被平定。韦粲启奏梁武帝，称赞欧阳頠忠诚干练，于是朝廷下诏褒奖赏赐，加超武将军，领兵征讨广、衡二州的山贼。

侯景构乱以后，韦粲自动解职回京城讨伐侯景，让欧阳頠监守衡州。京城失陷以后，岭南地区的地方长吏互相吞并，兰钦的弟弟、前高州刺史兰裕攻打始兴郡内史萧绍基，夺了始兴郡。兰裕因为哥哥兰钦和欧阳頠有旧交情，派使者招附，欧阳頠不服从，对使者说："高州兄弟能有高位，无非是国家厚恩，今天应该领兵救难，援助京城，难道能够自行跋扈。"待到高祖赴京城救援，将要经过始兴郡，欧阳頠和他见面，深自交结依托。兰裕派兵进攻欧阳頠，高祖前往救援，兰裕战败，高祖任命王怀明为衡州刺史，迁欧阳頠为始兴内史。高祖讨伐蔡路养、李迁仕时，欧阳頠领兵翻越南岭，以援助高祖。待蔡路养等被平定，欧阳頠有功，梁元帝承制，改始兴郡为东衡州，任命欧阳頠为持节、通直散骑常侍、都督东衡州诸军事、云麾将军、东衡州刺史，封爵新丰县伯，食邑四百户。

侯景之乱被平定后，梁元帝遍问群臣："如今天下刚刚平定，急切需要良才，卿各举自己所知道的人。"群臣没有应对的。元帝说："我已得到一人。"侍中王褒上前问："不知是谁？"元帝说："欧阳頠为人公正，有匡济的大才，恐怕萧广州不肯放他来。"于是授任欧阳頠为武州刺史，不久改授郢州刺史，想让他出岭南，萧勃强留他，不能受命到职。不久授任使持节、散骑常侍、都督衡州诸军事、忠武将军、衡州刺史，进封爵始兴县侯。

当时萧勃在广州，兵力强盛，位置重要，元帝对此极为忧虑，派王琳代替萧勃为刺史。王琳到达小桂岭以后，萧勃派他的部将孙玚监守州城，自己率领全部兵众到始兴，躲避王琳的兵锋。欧阳頠另外据守一城，不前往拜谒萧勃，关闭城门，高筑壁垒，但也不与萧勃交战。萧勃大怒，派兵马袭击欧阳頠，全部夺取他的资财、马匹和武器。不久又予以宽赦，把夺取的东西全部送还，又和欧阳頠结盟。荆州失陷以后，欧阳頠归附萧勃。待到萧勃翻越南岭出南康时，任命欧阳頠为前军都督，屯驻豫章郡的苦竹滩，被周文育战败，周文育把他押送给高祖，高祖给他解除枷锁，待遇优厚。萧勃死后，岭南地区纷扰混乱，欧阳頠在南土很有声望，而且与高祖有旧交情，于是授任他为使持节、通直散骑常侍、都督衡州诸军事、安南将军、衡州刺史，封爵始兴县侯。还没到达岭南，欧阳頠的儿子欧阳纥已经攻克始兴郡城，并平定了这一地区。待到欧阳頠到达岭南，百姓都畏惧威势而顺服，于是进军广州，完全占有南越地区。朝廷改授他为都督广、交、越、成、定、明、新、高、合、罗、爱、建、德、宜、黄、利、安、石、双十九州诸军事，镇南将军，平越中郎将，广州刺史，持节、常侍、侯爵照旧保留。王琳占据中游，岭南到京城的交通受阻，欧阳頠派使者来往不断。永定三年，朝廷进授他为散骑常侍，增都督衡州诸军事，以本官号为开府仪同三司。世祖登上帝位后，进号征南将军，改封阳山郡公，给食邑一千五百户，又赐给鼓吹一部。

起初，交州刺史袁昙缓暗地把五百两黄金寄存在欧阳頠处，让他将其中的一百两还给合浦太守龚翙，四百两交给儿子袁智矩，这件事没有人知道。不久欧阳頠被萧勃打败，资财全部被夺取，只剩下寄存的黄金。袁昙缓不久也死去。到这时，欧阳頠将黄金如数交给龚翙和袁智矩，当时人无不慨叹佩服他。他就是这样守信用重诺言。

当时欧阳頠的大弟欧阳盛任交州刺史，二弟欧阳邃任衡州刺史，全家显赫贵盛，名声飞扬南土。又多送铜鼓、奴婢，奉献珍奇物品，前后积聚，对军国很有帮助。欧阳頠在天嘉四年病逝，当年六十六岁。追赠侍中、车骑大将军、司空、广州刺史，谥号穆。儿子欧阳纥承袭爵位。

欧阳纥字奉圣，很有才干谋略。天嘉年间，除黄门侍郎、员外散骑常侍。累迁安远将军、衡州刺史。承袭父爵为阳山郡公，都督交、广等十九州诸军事，广州刺史。在广州十多年，威武恩惠著称于百越地区，进号轻车将军。

光大年间，上游藩镇都多怀离贰之心，高宗因欧阳纥长期在南土，也很猜疑他。太建元年，下诏征召欧阳纥为左卫将军。欧阳纥畏惧，不想入朝，他的部下多劝他反叛，他于是起兵攻打衡州刺史钱道戢。钱道戢将这一事变报告朝廷，朝廷委派仪同章昭达讨伐欧阳纥，经屡次交战，欧阳纥兵败，被押送到京城，杀死，当年三十三岁。家中人口全部籍没为官奴。他的儿子欧阳询因年幼幸免。

陈书卷十三

鲁悉达列传第七

鲁悉达字志通，扶风郿人也。祖斐，齐通直散骑常侍、安远将军、衡州刺史，阳塘侯。父益之，梁云麾将军、新蔡义阳二郡太守。

悉达幼以孝闻，起家为梁南平嗣王中兵参军。侯景之乱，悉达纠合乡人，保新蔡，力田蓄谷。时兵荒饥馑，京都及上川饿死者十八九，有得存者，皆携老幼以归焉。悉达分给粮廪，其所济活者甚众，仍于新蔡置顿以居之。招集晋熙等五郡，尽有其地。使其弟广达领兵随王僧辩讨侯景。景平，梁元帝授持节、仁威将军、散骑常侍、北江州刺史。

敬帝即位，王琳据有上流，留异、余孝顷、周迪等所在蜂起，悉达抚绥五郡，甚得民和，士卒皆乐为之用。琳授悉达镇北将军，高祖亦遣赵知礼授征西将军、江州刺史，各送鼓吹女乐，悉达两受之，迁延顾望，皆不就。高祖遣安西将军沈泰潜师袭之，不能克。齐遣行台慕容绍宗以众三万来攻郁口诸镇，兵甲甚盛，悉达与战，败齐军，绍宗仅以身免。

王琳欲图东下，以悉达制其中流，恐为己患，频遣使招诱，悉达终不从。琳不得下，乃连结于齐，共为表里，齐遣清河王高岳助之。相持岁余，会裨将梅天养等惧罪，乃引齐军入城。悉达勒麾下数千人，济江而归高祖。高祖见之，甚喜，曰："来何迟也？"悉达对曰："臣镇抚上流，愿为蕃屏，陛下授臣以官，恩至厚矣，沈泰袭臣，威亦深矣，然臣所以自归于陛下者，诚以陛下豁达大度，同符汉祖故也。"高祖叹曰："卿言得之矣。"授平南将军、散骑常侍、北江州刺史，封彭泽县侯。世祖即位，进号安左将军。

悉达虽仗气任侠，不以富贵骄人，雅好词赋，招礼才贤，与之赏会。迁安南将军、吴州刺史。遭母忧，哀毁过礼，因遘疾卒，时年三十八。赠安左将军、江州刺史，谥曰孝侯。子览嗣。弟广达，别有传。

【译文】

鲁悉达字志通，扶风郡郿县人。他的祖父鲁斐，出仕齐朝，任通直散骑常侍、安远将军、衡州刺史，封爵阳塘侯。父亲鲁益之，任梁云麾将军、

新蔡义阳二郡太守。

鲁悉达幼年时就以孝顺著称，离家出仕，任梁南平嗣王中兵参军。侯景之乱爆发后，鲁悉达组织乡人，保守新蔡，努力耕种，积蓄粮食。当时兵荒马乱，百姓饥饿，京城和上川的百姓饿死的多达十之八九，有幸存的，都扶老携幼地来投奔他。鲁悉达分给他们粮食，救活的人很多，就在新蔡设屯，让他们居住。招集晋熙等五郡，全部占有此地。派他的弟弟鲁广达带领士兵，跟随王僧辩讨伐侯景。侯景之乱被平定后，梁元帝授任他为持节、仁威将军、散骑常侍、北江州刺史。

陈敬帝登上帝位后，王琳占据上游，留异、余孝顷、周迪也在各地起兵，鲁悉达安抚五郡百姓，很得人心，士卒也乐意为他效力。王琳授任鲁悉达为镇北将军，陈高祖也派赵知礼授任他为征西将军、江州刺史，各送给鼓吹和女乐，鲁悉达都接受下来，但态度观望拖延，都不就职。陈高祖派安西将军沈泰领兵偷袭他，不能得手。北齐派遣行台慕容绍宗带领三万士兵前来攻打郁口诸镇，兵势很盛，鲁悉达同他交锋，大败齐军，慕容绍宗仅自身幸免于难。

王琳准备东下，但鲁悉达控制着中游，恐怕成为自己的隐患，频繁地派遣使者招纳劝诱，鲁悉达始终不答应。王琳不能攻下，就和北齐联合结好，互为表里，北齐派遣清河王高岳援助他。鲁悉达和王琳及北齐军队相持一年多，他的裨将梅天养等害怕因罪过被处罚，引齐军进城，鲁悉达率领部下数千人，南渡长江，投奔陈高祖。高祖见到他，喜出望外，说："为什么来得这么晚？"鲁悉达回答说："臣镇守安抚上游，愿意成为藩屏，陛下授臣官职，恩惠最厚；派沈泰袭击臣，武威也深。但是臣之所以自动归附陛下，确因陛下豁达大度，和汉高祖一样。"陈高祖叹道："你说得在理啊！"授任他为平南将军、散骑常侍、北江州刺史，封爵彭泽县侯。世祖登上帝位，进号安左将军。

鲁悉达虽然仗义任侠，但不因为富贵傲视他人，爱好辞赋，招贤礼士，常和他们赏玩集会。迁任安南将军、吴州刺史。遇母亲去世，悲哀过度，因而发病死，当年仅三十八岁。追赠安左将军、江州刺史，谥号孝侯。他的儿子鲁览继承爵位。他的弟弟鲁广达，另外有传。

陈书卷三十五

熊昙朗列传第二十九

熊昙朗，豫章南昌人也，世为郡著姓。昙朗跅弛不羁，有膂力，容貌甚伟。侯景之乱，稍聚少年，据丰城县为栅，桀黠劫盗多附之。梁元帝以为巴山太守。荆州陷，昙朗兵力稍强，劫掠邻县，缚卖居民，山谷之中，最为巨患。

及侯瑱镇豫章，昙朗外示服从，阴欲图瑱。侯方儿之反瑱也，昙朗为之谋主，瑱败，昙朗获瑱马仗子女甚多。及萧勃逾岭，欧阳頠为前军，昙朗绐頠共往巴山袭黄法𣰰，又报法𣰰期共破頠，约曰“事捷与我马仗”。及出军，与頠掎角而进，又绐頠曰“余孝顷欲相掩袭，须分留奇兵，甲仗既少，恐不能济”。頠乃送甲三百领助之。及至城下，将战，昙朗伪北，法𣰰乘之，頠失援，狼狈退衄，昙朗取其马仗而归。时巴山陈定亦拥兵立寨，昙朗伪以女妻定子。又谓定曰“周迪、余孝顷并不愿此婚，必须以强兵来迎”。定乃遣精甲三百并土豪二十人往迎，既至，昙朗执之，收其马仗，并论价责赎。

绍泰二年，昙朗以南川豪帅，随例除游骑将军。寻为持节、飙猛将军、桂州刺史资，领丰城令，历宜新、豫章二郡太守。王琳遣李孝钦等随余孝顷于临川攻周迪，昙朗率所领赴援。其年，以功除持节、通直散骑常侍、宁远将军，封永化县侯，邑一千户，给鼓吹一部。又以抗御王琳之功，授平西将军、开府仪同三司，余并如故。及周文育攻余孝劢于豫章，昙朗出军会之，文育失利，昙朗乃害文育，以应王琳，事见文育传。于是尽执文育所部诸将，据新淦县，带江为城。

王琳东下，世祖征南川兵，江州刺史周迪、高州刺史黄法𣰰欲沿流应赴，昙朗乃据城列舰断遏，迪等与法𣰰因帅南中兵筑城围之，绝其与琳信使。及王琳败走，昙朗党援离心，迪攻陷其城，虏其男女万余口。昙朗走入村中，村民斩之，传首京师，悬于朱雀观。于是尽收其宗族，无少长皆弃市。

【译文】

熊昙朗，豫章郡南昌县人，世代为本郡望族。熊昙朗为人放荡不守规矩，有气力，身材很魁伟。侯景之乱爆发后，逐渐聚集少年人，据守丰城县，构筑栅垒，凶暴狡猾的强盗多依附他。梁元帝让他担任巴山太守。荆州失陷以后，熊昙朗的兵力较强，抢劫掠夺邻县，捆卖当地居民，是山谷当中的最大祸患。

待到侯瑱守豫章，熊昙朗表面表示服从，暗中却要算计侯瑱。侯方儿的反叛侯瑱，熊昙朗是他主谋的人，侯瑱失败后，熊昙朗获得侯瑱的战马兵器男女很多。待到萧勃翻越南岭，以欧阳頠为前军，熊昙朗欺骗欧阳頠，和他一起前往巴山袭击黄法𣰰，又报告黄法𣰰约定时间共同打败欧阳頠，协议说“事情成功给我马匹兵器”。待出兵时，和欧阳頠成犄角的形势而前进，又骗欧阳頠说：“余孝顷想要来袭击，必须分留骑兵，盔甲武器已少，恐怕难以成事。”欧阳頠就送三百领盔甲帮助他。等到达城下，将要交战，熊昙朗假装败退逃跑，黄法𣰰乘机追杀，欧阳頠失去援军，狼狈退缩，熊昙朗收取他的马匹兵器而回。当时巴山人陈定也拥兵立寨，熊昙朗假装要将女儿嫁给陈定的儿子，又对陈定说：“周迪、余孝顷都不愿看到这门亲事，你必须用强兵来迎亲。”于是陈定就派精锐甲士三百和土豪二十人前往迎亲，到后，熊昙朗将这些人拘留，收取他们的马匹兵器，然后论价让陈定赎回。

绍泰二年，熊昙朗以南川豪帅的身份，随例除拜游骑将军。不久为持节、飙猛将军、桂州刺史，领丰城县令，历任宜新、豫章二郡太守。王琳派遣李孝钦等跟随余孝顷，在临川攻打周迪，熊昙朗率部属前往救援。这年，因功除持节、通直散骑常侍、宁远将军，封爵永化县侯，给食邑一千户，赐鼓吹一部。又因抗拒王琳的功劳，授任平西将军、开府仪同三司，其它职务依旧。待到周文育在豫章攻打余孝劢，熊昙朗出兵和他相会，周文育失利，熊昙朗就杀害了周文育，以响应王琳，事情记在《周文育传》。于是全部拘执周文育的部将，据守新淦县，环绕江水修筑城墙。

王琳领兵东下，世祖征调南川的兵马，江州刺史周迪、高州刺史黄法𣰰打算沿水流应征赴京，熊昙朗据守城垒、排列舰船阻挡，周迪和黄法𣰰就率领南中兵士修筑城墙包围他，断了他和王琳的信使往来。待到王琳失败退走，熊昙朗的同党和援军心怀离贰，周迪攻克新淦城，俘虏男女一万多口，熊昙朗逃到村中，被村民斩首，将首级传送到京城，悬挂在朱雀观。于是全部拘捕他的宗族，无论老幼都处以死刑。

第十二册

高山 主编

二十四史

光明日报出版社

目 录

魏 书

北齐书

周　书

隋　书

魏书

魏书卷十三

孝文幽皇后冯氏列传第一

孝文幽皇后，亦冯熙女。母曰常氏，本微贱，得幸于熙，熙元妃公主薨后，遂主家事。生后与北平公夙。文明太皇太后欲家世贵宠，乃简熙二女俱拔掖庭，时年十四。其一早卒。后有姿媚，偏见爱幸。未几疾病，文明太后乃遣还家为尼，高祖犹留念焉。岁余而太后崩。高祖服终，颇存访之，又闻后素疹痊除，遣阉官双三念玺书劳问，遂迎赴洛阳。及至，宠爱过初，专寝当夕，宫人稀复进见。拜为左昭仪，后立为皇后。

始以疾归，颇有失德之闻，高祖频岁南征，后遂与中官高菩萨私乱。及高祖在汝南不豫，后便公然丑恣，中常侍双蒙等为其心腹。中常侍剧鹏谏而不从，愤惧致死。是时，彭城公主，宋王刘昶子妇也，年少嫠居。北平公冯夙，后之同母弟也，后求婚于高祖，高祖许之。公主志不愿，后欲强之。婚有日矣，公主密与侍婢及家僮十余人，乘轻车，冒霖雨，赴悬瓠奉谒高祖，自陈本意，因言后与菩萨乱状。高祖闻而骇愕，未之全信而秘匿之，惟彭城王侍疾左右，具知其事。

此后，后渐忧惧，与母常氏求托女巫，祷厌无所不至，愿高祖疾不起，一旦得如文明太后辅少主称命者，赏报不赀。又取三牲宫中妖祠，假言祈福，多为左道。母常或自诣宫中，或遣侍婢与相报答。高祖自豫州北幸邺，后虑还见治检，弥怀危怖，聚令阉人托参起居，皆赐之衣裳，殷勤托寄，勿使漏泄。亦令双蒙充行，省其信不。然惟小黄门苏兴寿密陈委曲，高祖问其本末，敕以勿泄。至洛，执问菩萨、双蒙等六人，迭相证举，具得情状。

高祖以疾卧含温室，夜引后，并列菩萨等于户外。后临入，令阉人搜衣中，稍有寸刃便斩。后顿首泣谢，乃赐坐东楹，去御筵二丈余。高祖令菩萨等陈状，又让后曰："汝母有妖术，可具言之。"后乞屏左右，有所密启。高祖敕中侍悉出，唯令长秋卿白整在侧，取卫直刀柱之，后犹不言。高祖乃以绵坚塞整耳，自小语呼整再三，无所应，乃令后言。事隐，人莫知之。高祖乃唤彭城、北海二王令入坐，言："昔是汝嫂，今乃

他人，但入勿避。”二王固辞，不获命。及入，高祖云：“此老妪乃欲白刃插我肋上，可究问本末，勿有所难。”高祖深自引过，致愧二王。又云：“冯家女不能复相废逐，且使在宫中空坐，有心乃能自死，汝等勿谓吾犹有情也。”高祖素至孝，犹以文明太后故，未便行废。良久，二王出，乃赐后辞死诀。再拜稽首，涕泣歔欷。令入东房。及入宫后，帝命阉人有所问于后，后骂曰：“天子妇，亲面对，岂令汝传也！”高祖怒，敕后母常入，与后杖，常挞之百余乃止。高祖寻南伐，后留京师，虽以罪失宠，而夫人嫔妾奉之如法，惟令世宗在东宫，无朝谒之事。

高祖疾甚，谓彭城王勰曰：“后宫久乖阴德，自绝于天，若不早为之所，恐成汉末故事。吾死之后，可赐自尽别宫，葬以后礼，庶掩冯门之大过。”高祖崩，梓宫达鲁阳，乃行遗诏。北海王详奉宣遗旨，长秋卿白整等入授后药，后走呼不肯引决，曰：“官岂有此也，是诸王辈杀我耳！”整等执持，强之，乃含椒而尽。殡以后礼。梓宫次洛南，咸阳王禧等知审死，相视曰：“若无遗诏，我兄弟亦当作计去之，岂可令失行妇人宰制天下，杀我辈也。”谥曰幽皇后，葬长陵茔内。

【译文】

孝文帝幽皇后，也是冯熙的女儿。她的母亲常氏，本来身份很低贱，后来受到冯熙的宠爱，冯熙的原配妻子恭宗拓跋晃博陵长公主去世后，常氏便掌管家中的事。生下幽皇后和北平公冯夙。文明太皇太后希望冯家代代都显贵受宠，于是在哥哥冯熙的女儿中选了两人，一起给孝文帝做嫔妃，当时她十四岁。其中一人很早就死了。幽皇后颇有姿色，很迷人，特别受到孝文帝的宠幸。不久得了重病，文明太后便让她回家当尼姑，孝文帝仍怀恋她。过了一年多后，文明太后逝世。孝文帝服孝完了后，很想念她，打听她的情况，又听说幽皇后长期所患之皮疹已彻底痊愈，便派宦官双三念带着自己的信去慰问她，于是将她迎接到洛阳。幽皇后到达后，孝文帝比先前更宠爱她，每晚和她住在一起，其他嫔妃很少再和孝文帝一起生活。将她封为左昭仪，后来又将她立为皇后。

当初幽皇后因病回家后，人们传说她个人生活作风很不检点，孝文帝常年率军攻打齐朝，幽皇后于是同内朝官员高菩萨私通。当孝文帝在汝南生病以后，幽皇后公然任意和高菩萨淫乱，中常侍双蒙等人充当她的心腹。中常侍剧鹏劝阻，可是幽皇后不听从，剧鹏愤恨恐惧而死。这时，彭城公主原是宋王刘昶的媳妇，很年轻就守寡在家。北平公冯夙，是幽皇后同一母亲生的弟弟，幽皇后请求孝文帝将彭城公主嫁给冯夙，孝文帝答应了。彭城公主心里不愿意，幽皇后想强迫她。婚期已定，彭城公主暗中和服侍自己的婢女及家奴一共十多个人，乘坐轻便的马车，顶着连绵大雨，奔赴悬瓠城求见孝文帝，告诉孝文帝自己的心愿，并趁机说了幽皇后和高菩萨淫乱的情况。孝文帝听说后，惊吓得不得了，但不完全相信彭城公主的话，把消息掩盖起来，只有彭城王元勰在孝文帝身边服侍他的病，详细知道了这件事。

这以后，幽皇后逐渐担心害怕，同母亲常氏求请女巫，祷告诅咒，什么事都干了出来，希望孝文帝一病不起，有朝一日自己能像文明太后那样辅佐小皇帝行使权力时，将给她们以数不清的财物报答她们。又用牛、羊、猪等三种牲畜在宫中祭祀杂神，假称为了祈求福庆，却专门搞歪门邪道。她的母亲常氏或自己亲自到宫中，或者派婢女和幽皇后互通消息。孝文帝从豫州向北到达邺城，幽皇后担心孝文帝回到洛阳后将察问处理自己的事，心中更加恐惧，屡次命令宦官到邺城，请求他们查实孝文帝的身体状况，赏赐衣服给他们，恳切地委任他们，让他们不要暴露秘密。还让双蒙也到邺城去，以检查那些宦官是不是值得信任。但只有小黄门苏兴寿暗中将事情的原委向孝文帝讲了，孝文帝向他询问事情的经过，命令他不要泄露。孝文帝到洛阳后，抓来高菩萨、双蒙等六人加以审问，他们轮流提供证词，于是将情况完全弄清楚了。

孝文帝因病躺在含温室中，于晚上召见幽皇后，并将高菩萨等人安置在门外。幽皇后即将进入含温室时，孝文帝命令宦官搜查她的衣服，如身上藏有一把小刀就立即杀了她。幽皇后叩头哭泣着认错，孝文帝便让她在柱子东边坐下，离孝文帝的案桌两丈多远。孝文帝命令高菩萨等人讲述事情的经过，并指责幽皇后说："你母亲有妖术，都讲出来听听吧。"幽皇后乞求孝文帝让他身边的人离开，她有秘密的话要说。孝文帝让服侍的宦官全部出去，只留长秋卿白整在旁边，拿着宿卫的刀抵住幽皇后，幽皇后还是不肯说。孝文帝于是用棉团将白整的双耳紧紧塞住，自己小声叫了白整两三遍，白整都没有反应，于是让幽皇后说。事情很隐密，没有谁知道说了些什么话。孝文帝便将彭城王元勰、北海王元详两人叫来，让他们到含温室中坐下，说："她以前是你们的嫂子，现在只不过是个旁人，你们只管进来，不要回避。"彭城、北海二王坚决推辞，没有得到孝文帝的许可。当他们进来后，孝文帝说："这老婆子竟然想用白刀子插在我的肋上！你们应将事情原原本本追问清楚，不要有什么为难。"孝文帝深深地责怪自己，向二王表明自己负疚的心情。又说："不能再将冯家的女儿废掉逐出宫去，暂时让她在宫中闲待着，她如还有良知会自个儿去死，你们不要以为我对她还有感情。"孝文帝平常极其孝顺，仍因文明太后的缘故，未能立即把幽皇后废掉。过了很久，二王离开含温室，孝文帝便向幽皇后发誓至死不再见她，向她拜了两拜以示礼敬，哭泣哽咽。命令幽皇后到含温室东屋中。幽皇后回到皇后宫中后，孝文帝命令宦官去向她询问一些事，幽皇后骂宦官说："我是天子的老婆，应当面给他说，怎能让你传话！"孝文帝发怒，令幽皇后的母亲常氏入宫，让她用棍子责打幽皇后，常氏打了她一百多棍才停手。孝文帝不久率军南征，幽皇后留在京城，虽然她因有罪不再受孝文帝宠爱，但后宫嫔妃仍按奉事皇后的规矩侍奉她，只是命令世宗宣武帝元恪住在自己的太子宫中，不要朝觐皇后。

孝文帝病重，对彭城王元勰说："皇后很久就违背了皇后的品德，自己断绝了上天赐予的福分。如果不趁早对她做出安排，恐怕会出现汉末女主执政，外戚专权那样的事。我去世以后，你们让她在其他宫殿中自杀，按皇后的礼仪安葬她，希望能遮掩冯家的严重罪责。"孝文帝逝世后，灵柩运送到鲁阳城，才执行他的遗令。北海王元详捧读孝文帝遗令，长秋卿白整等人进宫将毒药给幽皇后，幽皇后边跑边叫，不肯自行了断，说："皇上怎会发此诏令，这是亲王想杀我罢了！"白整等人将她挟持住，强迫她，于是服下毒药便死了。按皇后的礼仪加以殡敛。孝文帝的灵柩送到洛阳南边时，咸阳王元禧等人才知道幽皇后确实已死，他们互相对望着说："如果没有遗令，我们兄弟也应当商量一条计策将她杀掉，怎能让一个品行不端正的女人主宰天下，来杀我们呢。"谥为幽皇后，安葬在长陵坟区内。

魏书卷三十五

崔浩列传第二十三

崔浩，字伯渊，清河人也，白马公玄伯之长子。少好文学，博览经史，玄象阴阳，百家之言，无不关综，研精义理，时人莫及。弱冠为直郎。天兴中，给事秘书，转著作郎。太祖以其工书，常置左右。太祖季年，威严颇峻，宫省左右多以微过得罪，莫不逃隐，避目下之变，浩独恭勤不怠，或终日不归。太祖知之，辄命赐以御粥。其砥直任时，不为穷通改节，皆此类也。

太宗初，拜博士祭酒，赐爵武城子，常授太宗经书。每至郊祠，父子并乘轩轺，时人荣之。太宗好阴阳术数，闻浩说《易》及《洪范》五行，善之，因命浩筮吉凶，参观天文，考定疑惑。浩综核天人之际，举其纲纪，诸所处决，多有应验，恒与军国大谋，甚为宠密。是时，有兔在后宫，验问门官，无从得入。太宗怪之，命浩推其咎徵。浩以为当有邻国贡嫔嫱者，善应也。明年，姚兴果献女。

神瑞二年，秋谷不登，太史令王亮、苏垣因华阴公主等言谶书国家当治邺，应大乐五十年，劝太宗迁都。浩与特进周澹言于太宗曰："今国家迁都于邺，可救今年之饥，非长久之策也。东州之人，常谓国家居广漠之地，民畜无算，号称牛毛之众。今留守旧都，分家南徙，恐不满诸州之地。参居郡县，处榛林之间，不便水土，疾疫死伤，情见事露，则百姓意沮。四方闻之，有轻侮之意，屈丐、蠕蠕必提挈而来，云中、平城则有危殆之虑，阻隔恒代千里之险，虽欲救援，赴之甚难，如此则声实俱损矣。今居北方，假令山东有变，轻骑南出，耀威桑梓之中，谁知多少？百姓见之，望尘震服。此是国家威制诸夏之长策也。至春草生，乳酪将出，兼有菜果，足接来秋，若得中熟，事则济矣。"太宗深然之，曰："唯此二人，与朕意同。"复使中贵人问浩、澹曰："今既糊口无以至来秋，来秋或复不熟，将如之何？"浩等对曰："可简穷下之户，诸州就谷，若来秋无年，愿更图也。但不可迁都。"太宗从之，于是分民诣山东三州食，出仓谷以禀之。来年遂大熟。赐浩、澹妾各一人，御衣一袭，绢五十匹，绵五十斤。

初，姚兴死之前岁也，太史奏：荧惑在匏瓜星中，一夜忽然亡失，不知所在。或谓下入危亡之国，将为童谣妖言，而后行其灾祸。太宗闻之，大惊，乃召诸硕儒十数人，令与史官求其所诣。浩对曰："案《春秋左氏传》说神降于莘，其至之日，各以其物祭也。请以日辰推之，庚午之夕，辛未之朝，天有阴云，荧惑之亡，当在此二日之内。庚之与未，皆在于秦，辛为西夷。今姚兴据咸阳，是荧惑入秦矣。"诸人皆作色曰："天上失星，人安能知其所诣，而妄说无征之言。"浩笑而不应。后八十余日，荧惑果出于东井，留守盘游，秦中大旱赤地，昆明池水竭，童谣讹言，国内喧扰。明年，姚兴死，二子交兵，三年国灭。于是诸人皆服曰："非所及也。"

泰常元年，司马德宗将刘裕伐姚泓，舟师自淮泗入清，欲溯河西上，假道于国。诏群臣议之。外朝公卿咸曰："函谷关号曰天险。一人荷戈，万夫不得进。裕舟船步兵，何能西入？脱我乘其后，还路甚难。若北上河岸，其行为易。扬言伐姚，意或难测。假其水道，寇不可纵，宜先发军断河上流，勿令西过。"又议之内朝，咸同外计。太宗将从之。浩曰："此非上策。司马休之之徒扰其荆州，刘裕切齿来久。今兴死子劣，乘其危亡而伐之，臣观其意，必欲入关。劲躁之人，不顾后患。今若塞其西路，裕必上岸北侵，如此则姚无事而我受敌。今蠕蠕内寇，民食又乏，不可发军。发军赴南则北寇进击，若其救北则东州复危。未若假之水道，纵裕西入，然后兴兵塞其东归之路，所谓卞庄刺虎，两得之势也。使裕胜也，必德我假道之惠；令姚氏胜也，亦不失救邻之名。纵使裕得关中，县远难守，彼不能守，终为我物。今不劳兵马，坐观成败，斗两虎而收长久之利，上策也。夫为国之计，择利而为之，岂顾婚姻，酬一女子之惠哉？假令国家弃恒山以南，裕必不能发吴越之兵与官军争守河北也，居然可知。"议者犹曰："裕西入函谷，则进退路穷，腹背受敌；北上岸则姚军必不出关助我。扬声西行，意在北进，其势然也。"太宗遂从群议，遣长孙嵩发兵拒之，战于畔城，为裕将朱超石所败，师人多伤。太宗闻之，恨不用浩计。

二年，司马德宗齐郡太守王懿来降，上书陈计，称刘裕在洛，劝国家以军绝其后路，则裕军可不战而克。书奏，太宗善之。会浩在前进讲书传，太宗问浩曰："刘裕西伐，前军已至潼关。其事如何？以卿观之，事得济不？"浩对曰："昔姚兴好养虚名，而无实用。子泓又病，众叛亲离。裕乘其危，兵精将勇，以臣观之，克之必矣。"太宗曰："刘裕武能何如慕容垂？”浩曰：“裕胜。”太宗曰：“试言其状。”浩曰：“慕容垂乘父祖世君之资，生便尊贵，同类归之，若夜蛾之赴火，少加倚仗，便足立功。刘裕挺出寒微，不阶尺土之资，不因一卒之用，奋臂大呼而夷灭桓玄，北擒慕容超，南摧卢循等，僭晋陵迟，遂执国命。裕若平姚而还，必篡其主，其势然也。秦地戎夷混并，虎狼之国，裕亦不能守之。风俗不同，人情难变，欲行荆扬之化于三秦之地，譬无翼而欲飞，无足而欲走，不可得也。若留众守之，必资于寇。孔子曰：“善人为邦百年，可以胜残去杀。今以秦之难制，一二年间岂裕所能哉？且可治戎束甲，息民备境，以待其归，秦地亦当终为国有，可坐而守也。”太宗曰：“裕已入关，不能进退，我遣精骑南袭彭城、寿春，裕亦何能自立？”浩曰：“今西北二寇未殄，陛下不可亲御六师。兵众虽盛，而将无韩白。长孙嵩有治国之用，无进取之能，非刘裕敌也。臣谓待之不晚。”太宗笑曰：“卿量之已审矣。”浩曰：臣尝私论近世人物，不敢不上闻。若王猛之治国，苻坚之管仲也；慕容玄恭之辅少主，慕容暐之霍光也；刘裕之平逆乱，司马德宗之曹操也。太宗曰：“卿谓先帝如何？”浩曰：“小人管窥悬象，何能见玄穹之广大。虽然，太祖用漠北醇朴之人，南入中地，变风易俗，化洽四海，自与羲农齐列，臣岂能仰名。”太宗曰：“屈丐何如？”浩曰：“屈丐家国夷灭，一身孤寄，为姚氏封殖。不思树党强邻，报仇雪耻，乃结忿于蠕蠕，背德于姚兴，撅竖小人，无大经略，正可残暴，终为人所灭耳。”太宗大悦，语至中夜，赐浩御缥醪酒十觚，水精戎盐一两。曰：“朕味卿言，若此盐酒，故与卿同其旨也。”

三年，彗星出天津，入太微，经北斗，络紫微，犯天棓，八十余日，至汉而灭。太宗复召诸儒术士问之曰：“今天下未一，四方岳峙，灾咎之应，将在何国？朕甚畏之，尽情以言，勿有所隐。”咸共推浩令对。浩曰：“古人有言，夫灾异之生，由人而起。人无衅焉，妖不自作。故人失于下，则变见于上，天事恒象，百代不易。《汉书》载王莽篡位之前，彗星出入，正与今同。国家主尊臣卑，上下有序，民无异望。唯僭晋卑削，主弱臣强，累世陵迟，故桓玄逼夺，刘裕秉权。彗孛者，恶气之所生，是为僭晋将灭，刘裕篡之之应也。”诸人莫能易浩言，太宗深然之。五年，裕果废其主司马德文而自立。南镇上裕改元赦书。时太宗幸东南潟卤池射鸟，闻之，驿召浩，谓之曰：“往年卿言彗星之占验矣，朕于今日始信天道。”

初，浩父疾笃，浩乃剪爪截发，夜在庭中仰祷斗极，为父请命，求以身代，叩头流血，岁余不息，家人罕有始者。及父终，居丧尽礼，时人称之。袭爵白马公。朝廷礼仪、优文策诏、军国书记，尽关于浩。浩能为杂说，不长属文，而留心于制度、科律及经术之言。作家祭法，次序五宗，蒸尝之礼，丰俭之节，义理可观。性不好《老》《庄》之书，每读不过数十行，辄弃之，曰："此矫诬之说，不近人情，必非老子所作。老聃习礼，仲尼所师，岂设败法文书，以乱先王之教。韦生所谓家人筐箧中物，不可扬于王庭也。"

太宗恒有微疾，怪异屡见，乃使中贵人密问于浩曰："《春秋》：星孛北斗，七国之君皆将有咎。今兹日蚀于胃昴，尽光赵代之分野，朕疾弥年，疗治无损，恐一旦奄忽，诸子并少，将如之何？其为我设图后之计。"浩曰："陛下春秋富盛，圣业方融，德以除灾，幸就平愈。且天道悬远，或消或应。昔宋景见灾修德，荧惑退舍。愿陛下遗诸忧虞，恬神保和，纳御嘉福，无以暗昧之说，致损圣思。必不得已，请陈瞽言。自圣化龙兴，不崇储贰，是以永兴之始，社稷几危。今宜早建东宫，选公卿忠贤陛下素所委仗者使为师傅，左右信臣简在圣心者以充宾友，入总万机，出统戎政，监国抚军，六柄在手。若此，则陛下可以优游无为，颐神养寿，进御医药。万机之后，国有成主，民有所归，则奸宄息望，旁无觊觎。此乃万世之令典，塞祸之大备也。今长皇子焘，年渐一周，明睿温和，众情所系，时登储副，则天下幸甚。立子以长，礼之大经。若须并待成人而择，倒错天伦，则生履霜坚冰之祸。自古以来，载籍所记，兴衰存亡，鲜不由此。"太宗纳之。于是使浩奉策告宗庙，命世祖为国副主，居正殿临朝。司徒长孙嵩、山阳公奚斤、北新公安同为左辅，坐东厢西面；浩与太尉穆观、散骑常侍丘堆为右弼，坐西厢东面。百僚总己以听焉。太宗避居西宫，时隐而窥之，听其决断，大悦，谓左右侍臣曰："长孙嵩宿德旧臣，历事四世，功存社稷；奚斤辩捷智谋，名闻遐迩；安同晓解俗情，明练于事；穆观达于政要，识吾旨趣；崔浩博闻强识，精于天人之会；丘堆虽无大用，然在公专谨。以此六人辅相，吾与汝曹游行四境，伐叛柔服，可得志于天下矣。"群臣时奏所疑，太宗曰："此非我所知，当决之汝曹国主也。"

会闻刘裕死，太宗欲取洛阳、虎牢、滑台。浩曰："陛下不以刘裕欻起，纳其使贡，裕亦敬事陛下。不幸今死，乘丧伐之，虽得之不令。《春秋》：晋士丐帅侵齐，闻齐侯卒，乃还。君子大其不伐丧，以为恩足以感孝子，义足以动诸侯。今国家亦未能一举而定江南，宜遣人吊祭，存其孤弱，恤其凶灾，布义风于天下，令德之事也。若此，则化被荆扬，南金象齿羽毛之珍，可不求而自至。裕新死，党与未离，兵临其境，必相率拒战，功不可必，不如缓之，待其恶稔。如其强臣争权，变难必起，然后命将扬威，可不劳士卒，而收淮北之地。”太宗锐意南伐，诘浩曰：“刘裕因姚兴死而灭其国，裕死我伐之，何为不可？”浩固执曰：“兴死，二子交争，裕乃伐之。”太宗大怒，不从浩言，遂遣奚斤南伐。议于监国之前曰：“先攻城也？先略地也？”斤曰：请先攻城。”浩曰：“南人长于守城，苻氏攻襄阳，经年不拔。今以大国之力攻其小城，若不时克，挫损军势，敌得徐严而来。我怠彼锐，危道也。不如分军略地，至淮为限，列置守宰，收敛租谷。滑台、虎牢反在军北，绝望南救，必沿河东走。若或不然，即是囿中之物。”公孙表请先图其城。斤等济河，先攻滑台，经时不拔，表请济师。太宗怒，乃亲南巡。拜浩相州刺史，加左光禄大夫，随军为谋主。

及车驾之还也，浩从太宗幸西河、太原。登憩高陵之上，下临河流，傍览川域，慨然有感，遂与同僚论五等郡县之是非，考秦始皇、汉武帝之违失。好古识治，时伏其言。天师寇谦之每与浩言，闻其论古治乱之迹，常自夜达旦，竦意敛容，无有懈倦。既而叹美之曰：“斯言也惠，皆可底行，亦当今之皋繇也。但世人贵远贱近，不能深察之耳。”因谓浩曰：“吾行道隐居，不营世务，忽受神中之诀，当兼修儒教，辅助泰平真君，继千载之绝统。而学不稽古，临事暗昧。卿为吾撰列王者治典，并论其大要。”浩乃著书二十余篇，上推太初，下尽秦汉变弊之迹，大旨先以复五等为本。

世祖即位，左右忌浩正直，共排毁之。世祖虽知其能，不免群议，故出浩，以公归第。及有疑议，召而问焉。浩纤妍洁白，如美妇人。而性敏达，长于谋计。常自比张良，谓己稽古过之。既得归第，因欲修服食养性之术，而寇谦之有《神中录图新经》，浩因师之。

始光中，进爵东郡公，拜太常卿。时议讨赫连昌，群臣皆以为难，唯浩曰：“往年以来，荧惑再守羽林，皆成钩己，其占秦亡。又今年五星并出东方，利以西伐。天应人和，时会并集，不可失也。”世祖乃使奚斤等击蒲坂，而亲率轻骑袭其都城，大获而还。及世祖复讨昌，次其城下，收众伪退。昌鼓噪而前，舒阵为两翼。会有风雨从东南来，扬沙昏冥。宦者赵倪进曰：“今风雨从贼后来，我向彼背，天不助人。又将士饥渴，愿陛下摄骑避之，更待后日。”浩叱之曰：“是何言欤！千里制胜，一日之中岂得变易？贼前行不止，后已离绝，宜分军隐出，奄击不意。风道在人，岂有常也！”世祖曰“善”。分骑奋击，昌军大溃。

初，太祖诏尚书郎邓渊著《国记》十余卷，编年次事，体例未成。逮于太宗，废而不述。神䴥二年，诏集诸文人撰录国书，浩及弟览、高谠、邓颖、晁继、范亨、黄辅等共参著作，叙成《国书》三十卷。

是年，议击蠕蠕，朝臣内外尽不欲行，保太后固止世祖，世祖皆不听，唯浩赞成策略。尚书令刘洁、左仆射安原等乃使黄门侍郎仇齐推赫连昌太史张渊、徐辩说世祖曰：“今年己巳，三阴之岁，岁星袭月，太白在西方，不可举兵。北伐必败，虽克，不利于上。”又群臣共赞和渊等，云渊少时尝谏苻坚不可南征，坚不从而败。今天时人事都不和谐，何可举动！世祖意不决，乃召浩令与渊等辩之。

浩难渊曰：“阳者，德也；阴者，刑也。故日蚀修德，月蚀修刑。夫王者之用刑，大则陈诸原野，小则肆之市朝。战伐者，用刑之大者也。以此言之，三阴用兵，盖得其类，修刑之义也。岁星袭月，年饥民流，应在他国，远期十二年。太白行苍龙宿，于天文为东，不妨北伐。渊等俗生，志意浅近，牵于小数，不达大体，难与远图。臣观天文，比年以来，月行奄昴，至今犹然。其占：‘三年，天子大破旄头之国。’蠕蠕、高车，旄头之众也。夫圣明御时，能行非常之事。古人语曰：‘非常之原，黎民惧焉，及其成功，天下晏然。’愿陛下勿疑也。”渊等惭而言曰：“蠕蠕，荒外无用之物，得其地不可耕而食，得其民不可臣而使，轻疾无常，难得而制，有何汲汲而苦劳士马也？”浩曰：“渊言天时，是其所职，若论形势，非彼所知。斯乃汉世旧说常谈，施之于今，不合事宜也。何以言之？夫蠕蠕者，旧是国家北边叛隶，今诛其元恶，收其善民，令复旧役，非无用也。漠北高凉，不生蚊蚋，水草美善，夏则北迁。田牧其地，非不可耕而食也。蠕蠕子弟来降，贵者尚公主，贱者将军、大夫，居满朝列，又高车号为名骑，非不可臣而畜也。夫以南人追之，则患其轻疾，于国兵则不然。何者？彼能远走，我亦能远逐，与之进退，非难制也。且蠕蠕往数人国，民吏震惊。今夏不乘虚掩进，破灭其国，至秋复来，不得安卧。自太宗之世，迄于今日，无岁不惊，岂不汲汲乎哉！世人皆谓渊、辩通解数术，明决成败。臣请试之，问其西国未灭之前有何亡征。知而不言，是其不忠；若实不知，是其无术。”时赫连昌在座，渊等自以无先言，惭赧而不能对。世祖大悦，谓公卿曰："吾意决矣。亡国之师不可与谋，信矣哉。"而保太后犹难之，复令群臣于保太后前评议。世祖谓浩曰："此等意犹不伏，卿善晓之令悟。"

既罢朝，或有尤浩者曰："今吴贼南寇而舍之北伐。行师千里，其谁不知。若蠕蠕远遁，前无所获，后有南贼之患，危之道也。"浩曰："不然。今年不摧蠕蠕，则无以御南贼。自国家并西国以来，南人恐惧，扬声动众以卫淮北。彼北我南，彼劳我息，其势然矣。比破蠕蠕，往还之间，故不见其至也。何以言之？刘裕得关中，留其爱子，精兵数万，良将劲卒，犹不能固守，举军尽没。号哭之声，至今未已。如何正当国家休明之世，士马强盛之时，而欲以驹犊齿虎口也？设令国家与之河南，彼必不能守之。自量不能守，是以必不来。若或有众，备边之军耳。夫见瓶水之冻，知天下之寒；尝肉一脔，识镬中之味。物有其类，可推而得也。且蠕蠕恃其绝远，谓国家力不能至，自宽来久，故夏则散众放畜，秋肥乃聚，背寒向温，南来寇抄。今出其虑表，攻其不备。大军卒至，必惊骇星分，望尘奔走。牡马护群，牝马恋驹，驱驰难制，不得水草，未过数日则聚而困敝，可一举而灭。暂劳永逸，长久之利，时不可失也。唯患上无此意，今圣虑已决，发旷世之谋，如何止之？陋矣哉，公卿也！"诸军遂行。天师谓浩曰："是行也，如之何，果可克乎？"浩对曰："天时形势，必克无疑。但恐诸将琐琐，前后顾虑，不能乘胜深入，使不全举耳。"

及军入其境，蠕蠕先不设备，民畜布野，惊怖四奔，莫相收摄。于是分军搜讨，东西五千里，南北三千里，凡所俘虏及获畜产车庐，弥漫山泽，盖数百万。高车杀蠕蠕种类，归降者三十余万落。虏遂散乱矣。世祖沿弱水西行，至涿邪山，诸大将果疑深入有伏兵，劝世祖停止不追。天师以浩曩日之言，固劝世祖穷讨，不听。后有降人，言蠕蠕大檀先被疾，不知所为，乃焚烧穹庐，科车自载，将数百人入山南走。民畜窘聚，方六十里中，无人领统。相去百八十里，追军不至，乃徐徐西遁，唯此得免。后闻凉州贾胡言，若复前行二日，则尽灭之矣。世祖深恨之。大军既还，南贼竟不能动，如浩所量。

浩明识天文，好观星变。常置金银铜铤于酢器中，令青，夜有所见即以铤画纸作字以记其异。世祖每幸浩第，多问以异事。或仓促不及束带，奉进蔬食，不暇精美。世祖为举匕箸，或立尝而旋。其见宠爱如此。于是引浩出入卧内，加侍中、特进、抚军大将军、左光禄大夫，赏谋谟之功。世祖从容谓浩曰："卿才智渊博，事朕祖考，忠著三世，朕故延卿自近。其思尽规谏，匡予弼予，勿有隐怀。朕虽当时迁怒，若或不用，久久可不深思卿言也。"因令歌工历颂群臣，事在《长孙道生传》。又召新降高车渠帅数百人，赐酒食于前。世祖指浩以示之，曰："汝曹视此人，尪纤懦弱，手不能弯弓持矛，其胸中所怀，乃逾于甲兵。朕始时虽有征讨之意，而虑不自决，前后克捷，皆此人导吾令至此也。"乃敕诸尚书曰："凡军国大计，卿等所不能决，皆先谘浩，然后施行。"

俄而南藩诸将表刘义隆大严，欲犯河南。请兵三万。先其未发逆击之，因诛河北流民在界上者，绝其乡导，足以挫其锐气，使不敢深入。诏公卿议之，咸言宜许。浩曰："此不可从也。往年国家大破蠕蠕，马力有余，南贼震惧，常恐轻兵奄至，卧不安席，故先声动众，以备不虞，非敢先发。又南土下湿，夏月蒸暑，水潦方多，草木深邃，疾疫必起，非行师之时。且彼先严有备，必坚城固守。屯军攻之，则粮食不给；分兵肆讨，则无以应敌。未见其利。就使能来，待其劳倦，秋凉马肥，因敌取食，徐往击之，万全之计，胜必可克。在朝群臣及西北守将，从陛下征讨，西灭赫连，北破蠕蠕，多获美女珍宝，马畜成群。南镇诸将闻而生羡，亦欲南抄，以取资财。是以披毛求瑕，妄张贼势，冀得肆心。既不获听，故数称贼动，以恐朝廷。背公存私，为国生事，非忠臣也。"世祖从浩议。南镇诸将复表贼至，而自陈兵少，简幽州以南戍兵佐守，就漳水造船，严以为备。公卿议者佥然，欲遣骑五千，并假署司马楚之、鲁轨、韩延之等，令诱引边民。浩曰："非上策也。彼闻幽州已南精兵悉发，大造舟船，轻骑在后，欲存立司马，诛除刘族，必举国骇扰，惧于灭亡，当悉发精锐，来备北境。后审知官军有声无实，恃其先聚，必喜而前行，径来至河，肆其侵暴，则我守将无以御之。若彼有见机之人，善设权谲，乘间深入，虞我国虚，生变不难，非制敌之良计。今公卿欲以威力攘贼，乃所以招令速至也。夫张虚声而召实害，此之谓矣。不可不思，后悔无及。我使在彼，期四月前还。可待使至，审而后发，犹未晚也。且楚之之徒，是彼所忌，将夺其国，彼安得端坐视之。故楚之往则彼来，止则彼息，其势然也。且楚之等琐才，能招合轻薄无赖，而不能成就大功。为国生事，使兵连祸结，必此之群矣。臣尝闻鲁轨说姚兴求入荆州，至则散败，乃不免蛮贼掠卖为奴，使祸及姚泓，已然之效。"浩复陈天时不利于彼，曰："今兹害气在扬州，不宜先举兵，一也；午岁自刑，先发者伤，二也；日蚀灭光，昼昏星见，飞鸟堕落，宿值斗牛，忧在危亡，三也；荧惑伏匿于翼轸，戒乱及丧，四也；太白未出，进兵者败，五也。夫兴国之君，先修人事，次尽地利，后观天时，故万举而万全，国安而身盛。今义隆新国，是人事未周也；灾变屡见，是天时不协也；舟行水涸，是地利不尽也。三事无一成，自守犹或不安，何得先发而攻人哉？彼必听我虚声而严，我亦承彼严而动，两推其咎，皆自以为应敌。兵法当分灾迎受害气，未可举动也。"

世祖不能违众，乃从公卿议。浩复固争，不从。遂遣阳平王杜超镇邺，琅邪王司马楚之等屯颍川。于是贼来遂疾，到彦之自清水入河，溯流西行，分兵列守南岸，西至潼关。

世祖闻赫连定与刘义隆悬分河北，乃治兵，欲先讨赫连。群臣曰："义隆犹在河中，舍之西行，前寇未可必克，而义隆乘虚，则失东州矣。"世祖疑焉，问计于浩。浩曰："义隆与赫连定同恶相招，连结冯跋，牵引蠕蠕，规肆逆心，虚相唱和。义隆望定进，定待义隆前，皆莫敢先入。以臣观之，有似连鸡，不得俱飞，无能为害也。臣始谓义隆军来当屯住河中，两道北上，东道向冀州，西道冲邺。如此，则陛下当自致讨，不得徐行。今则不然，东西列兵，径二千里，一处不过数千，形分势弱。以此观之，儜儿情见，止望固河自守，免死为幸，无北渡意也。赫连定残根易摧，拟之必仆。克定之后，东出潼关，席卷而前，则威震南极，江淮以北无立草矣。圣策独发，非愚近所及，愿陛下西行勿疑。"平凉既平，其日宴会，世祖执浩手以示蒙逊使曰："所云崔公，此是也。才略之美，当今无比。朕行止必问，成败决焉，若合符契，初无失矣。"后冠军将军安颉军还，献南俘，因说南贼之言云，义隆敕其诸将，若北国兵动，先其未至，径前入河，若其不动，住彭城勿进。如浩所量。世祖谓公卿曰："卿辈前谓我用浩计为谬，惊怖固谏。常胜之家，始皆自谓逾人远矣，至于归终，乃不能及。"迁浩司徒。

时方士祁纤奏立四王，以日东西南北为名，欲以致祯吉，除灾异。诏浩与学士议之。浩对曰："先王建国以作蕃屏，不应假名以为其福。夫日月运转，周历四方，京都所居，在于其内，四王之称，实奄邦畿，名之则逆，不可承用。"先是，纤奏改代为万年，浩曰："昔太祖道武皇帝，应天受命，开拓洪业，诸所制置，无不循古。以始封代土，后称为魏，故代、魏兼用，犹彼殷商。国家积德，著在图史，当享万亿，不待假名以为益也。纤之所闻，皆非正义。”世祖从之。

是时，河西王沮渠牧犍内有贰意，世祖将讨焉，先问于浩。浩对曰：“牧犍恶心已露，不可不诛。官军往年北伐，虽不克获，实无所损。于时行者内外军马三十万匹，计在道死伤不满八千，岁常羸死，恒不减万，乃不少于此。而远方承虚，便谓大损，不能复振。今出其不意，不图大军卒至，必惊骇骚扰，不知所出，擒之必矣。且牧犍劣弱，诸弟骄恣，争权从横，民心离解。加比年以来，天灾地变，都在秦凉，成灭之国也。”世祖曰：“善，吾意亦以为然。”命公卿议之。弘农王奚斤等三十余人皆曰：“牧犍西垂下国，虽心不纯臣，然继父职贡，朝廷接以蕃礼。又王姬釐降，罪未甚彰，谓宜羁縻而已。今士马劳止，宜可小息。又其地卤斥，略无水草，大军既到，不得久停。彼闻军来，必完聚城守，攻则难拔，野无所掠。”于是尚书古弼、李顺之徒皆曰：“自温圉河以西，至于姑臧城南，天梯山上冬有积雪，深一丈余，至春夏消液，下流成川，引以溉灌。彼闻军至，决此渠口，水不通流，则致渴乏。去城百里之内，赤地无草，又不任久停军马。斤等议是也。”世祖乃命浩以其前言与斤共相难抑。诸人不复余言，唯曰“彼无水草”。浩曰：“《汉书地理志》称：‘凉州之畜，为天下饶。’若无水草，何以畜牧？又汉人为居，终不于无水草之地筑城郭、立郡县也。又雪之消液，才不敛尘，何得通渠引漕，溉灌数百万顷乎？此言大诋诬于人矣。”李顺等复曰：“耳闻不如目见，吾曹目见，何可共辨！”浩曰：“汝曹受人金钱，欲为之辞，谓我目不见便可欺也！”世祖隐听，闻之乃出，亲见斤等，辞旨严厉，形于神色。群臣乃不敢复言，唯唯而已。于是遂讨凉州而平之。多饶水草，如浩所言。

乃诏浩曰：“昔皇祚之兴，世隆北土，积德累仁，多历年载，泽流苍生，义闻四海。我太祖道武皇帝，协顺天人，以征不服，应期拨乱，奄有区夏。太宗承统，光隆前绪，厘正刑典，大业惟新。然荒域之外，犹未宾服。此祖宗之遗志，而贻功于后也。朕以眇身，获奉宗庙，战战兢兢，如临渊海，惧不能负荷至重，继名丕烈。故即位之初，不遑宁处，扬威朔裔，扫定赫连。逮于神䴥，始命史职注集前功，以成一代之典。自尔已来，戎旗仍举，秦陇克定，徐兖无尘，平逋寇于龙川，讨孽竖于凉域。岂朕一人获济于此，赖宗庙之灵，群公卿士宣力之效也。而史阙其职，篇籍不著，每惧斯事之坠焉。公德冠朝列，言为世范，小大之任，望君存之。命公留台，综理史务，述成此书，务从实录。”浩于是监秘书事，以中书侍郎高允、散骑侍郎张伟参著作，续成前纪。至于损益褒贬，折中润色，浩所总焉。

及恭宗始总百揆，浩复与宜都王穆寿辅政事。时又将讨蠕蠕，刘洁复致异议。世祖逾欲讨之，乃召问浩。浩对曰："往击蠕蠕，师不多日，洁等各欲回还。后获其生口，云军还之时，去贼三十里。是洁等之计过矣。夫北土多积雪，至冬时常避寒南徙。若因其时，潜军而出，必与之遇，则可擒获。"世祖以为然。乃分军为四道，诏诸将俱会鹿浑海。期日有定，而洁恨计不用，沮误诸将，无功而还。事在《洁传》。

世祖西巡，诏浩与尚书、顺阳公兰延都督行台中外诸军事。世祖至东雍，亲临汾曲，观叛贼薛永宗垒，进军围之。永宗出兵欲战，世祖问浩曰："今日可击不？"浩曰："永宗未知陛下自来，人心安闲，北风迅疾，宜急击之，须臾必碎。若待明日，恐其见官军盛大，必夜遁走。"世祖从之。永宗溃灭。车驾济河，前驱告贼在渭北。世祖至洛水桥，贼已夜遁。诏问浩曰："盖吴在长安北九十里。渭北地空，谷草不备。欲渡渭南西行，何如？"浩对曰："盖吴营去此六十里，贼魁所在。击蛇之法，当须破头，头破则尾岂能复动。宜乘势先击吴。今军往，一日便到。平吴之后，回向长安，亦一日而至。一日之内，未便损伤。愚谓宜从北道。若从南道，则盖吴徐入北山，卒未可平。"世祖不从，乃渡渭南。吴闻世祖至，尽散入北山，果如浩言，军无所克。世祖悔之。后以浩辅东宫之勤，赐缯絮布帛各千段。

著作令史太原闵湛、赵郡郄标素谄事浩，乃请立石铭，刊载《国书》，并勒所注《五经》。浩赞成之。恭宗善焉，遂营于天郊东三里，方百三十步，用功三百万乃讫。

世祖搜于河西，诏浩诣行在所议军事。浩表曰："昔汉武帝患匈奴强盛，故开凉州五郡，通西域，劝农积谷，为灭贼之资。东西迭击。故汉未疲，而匈奴已弊，后遂入朝。昔平凉州，臣愚以为北贼未平，征役不息，可不徙其民，案前世故事，计之长者。若迁民人，则土地空虚，虽有镇戍，适可御边而已，至于大举，军资必乏。陛下以此事阔远，竟不施用。如臣愚意，犹如前议，募徙豪强大家，充实凉土，军举之日，东西齐势，此计之得者。"

浩又上《五寅元历》，表曰："太宗即位元年，敕臣解《急就章》《孝经》《论语》《诗》《尚书》《春秋》《礼记》《周易》。三年成讫。复诏臣学天文、星历、《易》式、九宫，无不尽看。至今三十九年，昼夜无废。臣禀性弱劣，力不及健妇人，更无余能，是以专心思书，忘寝与食，至乃梦共鬼争义。遂得周公、孔子之要术，始知古人有虚有实，妄语者多，真正者少。自秦始皇烧书之后，经典绝灭。汉高祖以来，世人妄造历术者有十余家，皆不得天道之正，大误四千，小误甚多，不可言尽。臣愍其如此。今遭陛下太平之世，除伪从真，宜改误历，以从天道。是以臣前奏造历，今始成讫。谨以奏呈。唯恩省察，以臣历术宣示中书博士，然后施用。非但时人，天地鬼神知臣得正，可以益国家万世之名，过于三皇、五帝矣。"事在《律历志》。

真君十一年六月诛浩，清河崔氏无远近，范阳卢氏、太原郭氏、河东柳氏，皆浩之姻亲，尽夷其族。初，郄标等立石铭刊《国记》，浩尽述国事，备而不典。而石铭显在衢路，往来行者咸以为言，事遂闻发。有司按验浩，取秘书郎吏及长历生数百人意状。浩伏受赇，其秘书郎吏已下尽死。

浩始弱冠，太原郭逸以女妻之。浩晚成，不曜华采，故时人未知。逸妻王氏，刘义隆镇北将军王仲德姊也，每奇浩才能，自以为得婿。俄而女亡，王深以伤恨，复以少女继婚。逸及亲属以为不可，王固执与之，逸不能违，遂重结好。浩非毁佛法，而妻郭氏敬好释典，时时读诵。浩怒，取而焚之，捐灰于厕中。及浩幽执，置之槛内，送于城南，使卫士数十人溲其上，呼声嗷嗷，闻于行路。自宰司之被戮辱，未有如浩者，世皆以为报应之验也。初浩构害李顺，基萌已成，夜梦秉火爇顺寝室，火作而顺死，浩与室家群立而观之。俄而顺弟息号哭而出，曰："此辈，吾贼也！"以戈击之，悉投于河。寤而恶之，以告馆客冯景仁。景仁曰："此真不善也，非复虚事。夫以火爇人，暴之极也。阶乱兆祸，复己招也。《商书》曰：'恶之易也，如火之燎于原，不可向迩，其犹可扑灭乎？'且兆始恶者有终殃，积不善者无余庆。厉阶成矣，公其图之。"浩曰："吾方思之"，而不能悛，至是而族。浩既工书，人多托写《急就章》。从少至老，初不惮劳，所书盖以百数，必称"冯代强"，以示不敢犯国，其谨也如此。浩书体势及其先人，而妙巧不如也。世宝其迹，多裁割缀连以为模楷。

浩母卢氏，谌孙也。浩著《食经叙》曰："余自少及长，耳目闻见，诸母诸姑所修妇功，无不蕴习酒食。朝夕养舅姑，四时祭祀，虽有功力，不任僮使，常手自亲焉。昔遭丧乱，饥馑仍臻，饘蔬糊口，不能具其物用，十余年间不复备设。先妣虑久废忘，后生无知见，而少不习业书，乃占授为九篇，文辞约举，婉而成章，聪辩强记，皆此类也。亲没之后，值国龙兴之会，平暴除乱，拓定四方。余备位台铉，与参大谋，赏获丰厚，牛羊盖泽，赀累巨万。衣则重锦，食则粱肉。远惟平生，思季路负米之时，不可复得，故序遗文，垂示来世。”

始浩与冀州刺史赜、荥阳太守模等年皆相次，浩为长，次模，次赜。三人别祖，而模、赜为亲。浩恃其家世魏晋公卿，常侮模、赜。模谓人曰：“桃简正可欺我，何合轻我家周儿也。”浩小名桃简，赜小名周儿。世祖颇闻之，故诛浩时，二家获免。浩既不信佛、道，模深所归向，每虽粪土之中，礼拜形象。浩大笑之，云：“持此头颅不净处跪是胡神也。”

史臣曰：崔浩才艺通博，究览天人，政事筹策，时莫之二，此其所以自比于子房也。属太宗为政之秋，值世祖经营之日，言听计从，宁廓区夏。遇既隆也，勤亦茂哉。谋虽盖世，威未震主，末途邂逅，遂不自全。岂鸟尽弓藏，民恶其上？将器盈必概，阴害贻祸？何斯人而遭斯酷，悲夫！

【译文】

崔浩，字伯渊，清河郡人，白马公崔玄伯的长子。他自小喜爱文学，博览儒家经典和史学著作、天象阴阳及诸子百家的学说，都能融会贯通，探究精神实质，同时代的人没有谁能赶得上他。二十岁的时候，担任直郎，天兴年间，在秘书省供职，转任著作郎。太祖因为他能写一手好字，经常把他留在身边。太祖晚年，对臣下极其严厉，宫省近臣大都因小过失获罪，大家都逃避躲藏，以免遭到眼前的不测之祸，只有崔浩恭谨勤勉，毫不懈怠，有时整天都不回家。太祖知道这个情况后，常让人把自己吃的粥赏赐给他。崔浩就是这样砥砺自己，任何时候都正直行事，不因为贫困和显达而改变自己的操守。

太宗即位初期，任命崔浩为博士祭酒，授爵为武城子，崔浩经常向太宗讲授儒家经书。每当举行郊祀的时候，他与父亲都乘车从驾，当时的人都为他们感到光荣。太宗喜欢阴阳占卜，听说崔浩讲述《周易》及《尚书·洪范》的五行学说，认为很好，便让崔浩占卜吉凶，并参看天象变化，以分析解决疑难问题。崔浩对天象人事进行综合考察，找出其间的重要关系，他做出的判断，大部分是灵验的。他一直参与制定军国大计，深得太宗宠信和亲近。这时，有只兔子出现在后宫，查问守宫门的官吏，也弄不清是从哪儿进来的。太宗对此感到奇怪，就命崔浩判断是不是灾难的征兆。崔浩认为这将是邻国贡献女子为嫔妃，是个好兆应。第二年，姚兴果真献女于魏。

神瑞二年，秋天庄稼收成不好，太史令王亮、苏垣通过华阴公主等人向太宗说，根据谶书，魏国应当建都邺城，将会享受五十年的大好时光，因而劝太宗迁都。崔浩与特进周澹对太宗说："现在国家迁都到邺城，只可以度过今年的饥荒，但不是长久之计。京都平城东面各州的老百姓，常以为国家位于广漠的草原上，人口和牲畜不知其数，多如牛毛。如今要留下部分人守旧都，另分家向南迁都，恐怕不能遍布各州，而且散到各郡县，安家于林间野地，不服水土，会因疾病而发生死伤，这些事情出现后，百姓就会感到丧气。四方邻国听到后，便会产生轻视欺侮我国的念头。西边的赫连屈丐和北边的蠕蠕必定会联合进攻我们，云中和平城一带就会相当危急。邺城与平城相隔千里之遥，加上恒山、代地道路险峻，即便想援救，进军也非常困难，这样一来，声誉和实力都会受到损害。现在我们定都在北边，假如恒山以东的地方发生事变，则可以轻骑南下，驰骋于平野之中，有谁弄得清楚究竟有多少兵马？老百姓看见骑兵扬起的尘土，也会恐惧屈服。这才是我国用武力制伏中原的长久办法。只要等到春天青草长出来，牲畜就会产乳，加上蔬菜水果，足以接上明年秋粮。如果明年秋天有个中等收成，事业就会成功了。"太宗认为这话很正确，说："只有这两个人，与我意见相同。"又派宦官问崔浩、周澹说："现在就是勉强糊口也无法拖到明年秋熟，要是明年秋天收成又不好，那该怎么办呢？"崔浩等人回答说："可以挑选极贫穷的人家到各州有粮食的地方去就食，假如明年收成不好，可以再想办法，只是不能迁都。"太宗采纳了崔浩的建议，于是分民户到恒山以东三州就食，并拿出库藏谷物供给他们。第二年果然获得大丰收。于是赏赐崔浩、周澹每人姬妾一人、皇帝穿的衣服一件、绢五十匹、绵五十斤。

起先，姚兴死的前一年，太史上奏：荧惑星本来在匏瓜星中，一天夜里忽然失去踪影，不知所在。有人说荧惑星降落到将要灭亡的国家，将有童谣妖言，后来就会实现，成为灾难。太宗听了，极为惊恐。于是找来十多个大儒，让他们同史官一起探讨荧惑星到了什么地方。崔浩回答说："根据《春秋左氏传》说，天神降临莘地，当它降临那天，人们分别用相应的物品进行祭祀。现请允许我根据日期和时辰进行推断，庚午日的傍晚，辛未日的早晨，天上有阴云，荧惑星不见的时间，应当在这两天之内。庚与未都指的是秦地，辛指的是西方夷族。现在姚兴占有咸阳，这就是说荧惑星到了秦国。”大家都十分生气地说：“天上星星不见了，世人怎能知道它的去向，却胡说些毫无根据的话。”崔浩笑而不答。过了八十多天，荧惑星果然在东井星旁出现，在那儿徘徊不定，秦地发生大旱灾，赤地千里，昆明池中的水都干涸了，童谣和讹言四起，国内扰攘不宁。次年，姚兴死去，他的两个儿子相互厮杀，才三年国家就灭亡了。于是大家都折服地说：“我们可赶不上崔浩啊。”

泰常元年，司马德宗的将领刘裕进攻姚泓，水军从淮河、泗水进入清水，打算溯河西进，借道魏国。太宗命令群臣就此事进行讨论。外朝公卿们都说：“函谷关号称天险，一人持戈据守，万人也难攻进去。刘裕依靠船只和步兵，哪能西入关中？假如我们起兵断绝他的后路，他要撤退回去都相当困难。但如果他想到黄河北岸进攻我们，行动起来就比较容易。他声称讨伐姚泓，本意原难预料。怎能把水路借给他，对强盗不应放纵，应该先派兵堵住黄河上游，不让他到西边去。”又在内朝官员之间进行讨论，都同意外朝公卿们的计谋。太宗就要采纳这一计谋，崔浩说：“这不是上策，司马休之那帮人骚扰刘裕的荆州，刘裕一直对他们切齿痛恨。如今姚兴死了，他的儿子又无才能，趁其危亡的时候进行讨伐。我看刘裕的本意，一定是想进入关中。恃勇轻躁的人，是不会顾及后患的。现在如果切断他向西进军的道路，刘裕一定会上岸向北侵犯，这样的话，姚泓反倒没事，而我们却受到敌人的攻击。最近蠕蠕向南进犯，老百姓又没吃的，所以不宜征发军队。如果发兵到南边，北边的敌人将大举进攻，若回军救援，恒山以东的地方又有危险。不如把水路借给他，让刘裕西入关中，然后起兵切断他向东归的退路。这就好比卞庄刺虎，势在一举两得。假如刘裕取得胜利，肯定会因为我们借路给他而感恩戴德；假如姚泓胜了，我们也不会失掉援助邻邦的名誉。就算刘裕夺得关中，与江南隔得太远，难以据守，他不能据守，最终还是我们的。现在我们不用劳累兵马，坐观成败，使两虎相斗而获得长久的利益，才是上策。国家大计，应当择利而行，哪能考虑婚姻关系，只为了酬答得到一个女子的恩惠呢？假如我们放弃恒山以南的土地，刘裕绝不可能派江南兵同我国军队争夺黄河以北的地方，这是显而易见的。”参加讨论的人仍然说：“刘裕如果西入函谷关，将进退无路，腹背受敌；如果上黄河北岸进攻我们，姚泓的军队则绝不会出函谷关援助我们。所以刘裕声称进攻西边的姚泓，而其本意却是想进攻北方，形势就是这样啊。”于是太宗听从了大家的意见，派长孙嵩率军阻挡刘裕，在畔城发生战斗，被刘裕的将领朱超石打败，兵士伤亡很大。太宗听到了这一消息，悔恨没有采纳崔浩的计策。

泰常二年，司马德宗齐郡太守王懿来投降，上书陈述计谋，说刘裕在上洛，劝魏发军断绝他的后路，这样就不经战斗而可消灭刘裕的军队。他的上书上奏后，太宗认为这主意不错。刚好崔浩在太宗面前讲授经书史籍，太宗便问崔浩：“刘裕西伐姚泓，前锋已抵达潼关。这事怎样？就你看来，刘裕会不会成功？”崔浩回答说：“先前姚兴喜欢沽名钓誉，实际上却无用处。他的儿子姚泓又犯这个毛病，搞得众叛亲离。刘裕乘其危，加上兵精将勇，以臣下看来，他肯定能打败姚泓。”太宗说：“刘裕勇武才能比得上慕容垂吗？”崔浩说：“刘裕胜过慕容垂。”太宗说：“请你说说具体情况。”崔浩说：“慕容垂凭借父亲和祖父世代为国君的资本，生下来就尊贵，同族人投靠他，就像夜间灯蛾扑火一样，所以稍稍加以利用，就可以建立功业。刘裕从寒族微贱中挺身而出，没有一尺土地作为资本，也没有一个士兵可以利用，只振臂大呼便消灭了桓玄，在北边活捉了南燕国主慕容超，在南边打败了卢循之辈，趁伪晋衰弱之机，掌握了国家大政。这次刘裕如果消灭姚泓胜利而返，一定会篡夺司马德宗的皇位，形势便是如此。但秦地各少数族混居一处，风俗暴戾，刘裕也难据守。风俗不同，人心难以改变，想把荆、扬一带实行的政策法令推行到三秦之地，就好像没生翅膀却想飞翔，没长双足却想奔跑，是不可能的。如果留大军驻守，兵众必将为仇敌所得。孔子说过：有德行的人治理国家一百年，才可使凶暴的人化恶为善，不会相互仇杀。而今秦地如此难以制服，刘裕岂能在一两年间便治理好呢？我们应该整治军备，按兵不动，减轻百姓负担，派兵防守边境，等刘裕撤军，秦地最终仍将为我国所有，我们可以坐享其成。”太宗说：“刘裕的军队已进入函谷关，进退不得，如我派精锐骑兵向南袭击彭城、寿春，刘裕又怎能支持得住呢？”崔浩说：“如今我们西边和北边的两家仇敌还未消灭，陛下不能亲自统帅大军前往。我们兵士虽多，但没有韩信、白起那样的将领。长孙嵩虽有治国之才，却没有指挥队伍冲锋陷阵的才能，不是刘裕的对手。臣下认为等待不迟。”太宗笑着说：“你分析得已经很透彻了。”崔浩说：“我曾私下里对近代人物作过评论，不敢不让陛下知道。像王猛治理国家，好比苻坚的管仲；慕容玄恭辅佐幼主，好比慕容暐的霍光；刘裕平定叛乱，可说得上是司马德宗的曹操。”太宗说：“你认为先帝是什么样的人呢？”崔浩说：“我一个小人，管中窥天，怎能看得出上天的辽阔。话说回来，太祖统率漠北敦厚纯朴的人向南进入中原，改变风俗，教化周遍四海，自然与伏羲、神农并列，岂是我所能称道的。”太宗问：“那赫连屈丐怎样呢？”崔浩说：“屈丐家破人亡，国家毁灭，一人飘零，得到姚兴的扶持。不想法与邻近的强国联合起来，报仇雪耻，却与蠕蠕结仇，忘记姚兴的恩德。卑劣小人，没有远大的韬略，只不过残暴一时，终将被人消灭。”太宗很高兴，两人谈到半夜，赏赐崔浩御用的缥醪酒十觚，水精戎盐一两，并说：“我体味你的话，如同品尝这盐和酒，所以与你分享这美味。”

泰常三年，彗星出现在天津星附近，穿过太微星，经由北斗，掠过紫微星，直达天棓星，历经八十多天，到银河后才消失。太宗又把各位儒生和方术之士找来，问他们：“如今天下没有统一，各地方势力互相对峙，灾异将在哪一国应验呢？这事很让我害怕，你们把真实情况全部说出来，不要隐瞒。”大家都推崔浩来回答。崔浩说：“古时候的人说，灾异的发生是由人们的行为造成的。人若没有罪过，怪异就无从形成。所以人在世上有过失，天象就会发生变化。天象变化有一定的原则，经历百代也不会改变。《汉书》上记载王莽篡位以前，彗星出入各个星宿，正好和今日的一样。国家主上尊崇，群臣卑下，上下有秩序，人民没有非分的想法。只有伪晋卑微，主弱臣强，几代衰败不振，所以桓玄篡位，刘裕掌权。彗星是恶气形成的，它是伪晋行将灭亡，刘裕将篡夺帝位的征兆。”其他人没有谁能推翻崔浩这一说法，太宗深表赞同。泰常五年，刘裕果然废掉了他的君主司马德文而自立为帝。南边各镇送来刘裕改年号时颁布的大赦令。当时太宗在平城东南的潟卤池射鸟，听到这消息，用驿马把崔浩找来，对他说：“你往年就彗星作出的占辞如今应验了，我到今天才开始相信天道。”

当初，崔浩的父亲患了重病，他便剪了指甲，削短头发，夜里在院子中向着北斗祷告，请求用自己的生命换取父亲的生命，不停地叩头，直到流出血来，这样过了一年多，从不间断，家中很少有人知道。父亲死后，他又完全遵照礼仪守丧，当时人都称赞他。崔浩继承了父亲白马公的爵位，朝廷礼仪、优文、策命、诏诰及军国文书，都由崔浩经手办理。他善于论说，而不长于写文章，对制度、法令和经术都很留心。他还制定家祭的方法，排定五宗次序，考究祭祀的礼节，讲明持家的原则，所讲道理都值得借鉴。他生性不喜欢《老子》《庄子》，每次阅读不到数十行便扔在一边，说："这是欺骗人的学说，不近人情，肯定不是老子撰写的。老聃明习礼仪，孔子还向他学习，怎么会写出败坏法制的著作，以扰乱先代圣王的教义呢？这就像韦生所说的私人杂货篓子中的东西，不能在朝廷中宣讲。"

太宗一直有小病，经常出现怪异现象，于是派宦官暗中问崔浩："《春秋》上说：彗星扫过北斗，七国君主都将有灾祸。现在日食发生于胃星和昴星一带，在赵、代分野的星宿附近食尽。我患病已整一年，经治疗也未见减轻，担心一旦去世，几个儿子都还年幼，这该怎么办呢？你给我考虑一下身后之计吧。"崔浩说："陛下年富力强，伟大的事业，正在蒸蒸日上，德能消灾，但愿陛下就会康复。况且天道渺渺，有的应验，有的不应验。以前宋景公见到灾异现象，便修养自己的德行，结果荧惑星退回到原来所在的地方。希望陛下排除种种忧虑，使精神恬淡安和，享受福庆，不要让愚昧的说法，损伤了您的思想。但一定要让我说身后事的话，就容许我说些瞎话吧：自从国家开创以来，就不重视继承人，所以永兴初年的时候，国家几乎危亡。现在应当早立太子，选拔公卿大臣中忠诚贤能，陛下平常信得过的人做太子的师、傅，选拔左右亲信之臣作太子的宾、友，让太子对内统理国家大政，对外统帅军事，监察国政，统辖军队，掌握生杀予夺的权力。这样，陛下就可以悠闲无事，养神延寿，治疗身体。您不幸去世后，国家有现成的君主，人民也知道该归服谁，奸猾之徒就不会有非分的想法，旁人也不会有觊觎的心理。这是继承万代法则，防备祸乱的好办法。如今长皇子拓跋焘，年龄快十二岁了，聪明睿智，人心所向，尽快把他立为太子，这就是天下大幸。立长子为太子，是古礼的重要原则，假如等到皇子们都成人后才作选择，则违反了天伦，便一定会发生祸乱。自古以来，书籍上记载的兴衰存亡，很少不是因为这个缘故。"太宗采纳了他的意见。于是让崔浩带上立拓跋焘的策文敬告宗庙，命令世祖拓跋焘为国家的副主，居于正殿，临朝听政。以司徒长孙嵩、山阳公奚斤、北新公安同为左辅，在正殿东厢向西而坐；崔浩与太尉穆观、散骑常侍丘堆为右弼，坐在正殿西厢，面向东边。百官听命于副主。太宗迁居西宫，时常躲在一旁观察，听副主处理政事。太宗很高兴地对左右侍臣说："长孙嵩是朝中德高望重的老臣，侍奉过四朝君主，对国家立有大功；奚斤能言善辩而有谋略，远近闻名；安同了解世间情状，做事干练；穆观深知为政大体，明白我的意图；崔浩见多识广，记忆力好，又精通天道和人事之间的关系；丘堆虽然没有大的才干，但为公家做事专心谨慎。有这六人辅佐副主，我与你们巡行边境，讨伐叛乱的人，绥抚服从者，这样就可以实现统一天下的志向了。”群臣有时向他报告一些难以处理的事，太宗说：“这事不该我管，应当去找你们的国主做决定。”

在听到刘裕死去的消息时，太宗打算攻占洛阳、虎牢、滑台。崔浩说：“陛下不因为刘裕一时兴起而不理睬他，接待他的使臣，收取他贡献的物品，刘裕侍奉陛下也很恭敬。他今天不幸死去，趁着丧事出兵讨伐，即便取得城池，也不是好事。据《春秋》记载：晋国士丐统师军队侵略齐国，听到齐侯的死讯，当即撤军。有德的人都赞赏士丐不趁人有丧事而进行讨伐，认为他的恩德足以感动孝子，他的仁义足以激励诸侯。如今我们也不可能一举平定江南，所以应该派人前去吊丧，慰问刘裕的孤儿弱子，体恤他们所蒙受的灾祸，使德义之风传遍天下，这是美德之事。这样，我国的教化便可推行到江南，南方的金、象牙、羽毛等珍宝，用不着去索求，自然就会送上门来。刘裕刚死，党羽没有离散，如大军压境，他们一定会齐心抵抗，我们并非一定能取胜，倒不如慢慢来，等到他们的罪恶充分暴露以后再说。如果他们强臣相互争权夺利，则必然会发生祸乱，那时再命将出师，奋扬国威，就可以不使士卒劳累，便占有淮河以北的土地。”太宗执意南伐，反驳崔浩说：“刘裕趁姚兴死后，灭亡了他的国家，现在刘裕死了，我进行讨伐，为什么不可以呢？”崔浩坚持说：“姚兴死后，他的两个儿子互相争权，刘裕才起兵讨伐他们。”太宗大怒，不听从崔浩的建议，便派遣奚斤南伐。在监国拓跋焘面前讨论进军事宜，拓跋焘问：“是应该先攻占城池呢？还是应该先夺取土地？”奚斤说：“请让我先攻占城池。”崔浩说：“南方人擅长守城，当初苻坚攻襄阳，一年也没攻下。现在用大国的军力去进攻小城池，假如不能立刻攻下来，就会有损我军的势力，敌人便可以慢慢整装而来。那时我军疲惫，敌军士气正盛，可就危险了。不如把军队分散，占据地盘，到淮河为止，于各处设置郡县长官，收纳租谷。滑台、虎牢等城反在我军的北面，没有希望得到南方部队的救援，肯定会沿黄河向东逃窜。如果不逃走，就会成为苑囿中的猎物了。”公孙表请求先攻打城池。奚斤等率军渡过黄河，先向滑台发起攻击，过了很久没有攻下，上书请求增派军队。太宗很生气，便亲自率军南下。任命崔浩为相州刺史，加左光禄大夫之官，在军中作为谋主。

当太宗返回时，崔浩随从到达西河、太原。他登上一座高高的山陵，在上面歇息，山下有黄河流过，四望山川土地，感慨顿生，于是和同僚讨论起五等分封制与郡县制的是与非，考察秦始皇与汉武帝的过失。崔浩喜爱古代制度，懂得治国之道，当时人都佩服他的言论。天师寇谦之常同崔浩交谈，倾听崔浩谈说古代治乱的往事，常常从夜晚一直听到第二天早晨，神情肃敬庄重，没有倦意。过后他赞叹崔浩说："这些话都很好，全都得到实行的话，崔浩该是当今的皋陶了。只是世人看重古人而轻忽今人，不能深入地思索他的话罢了。"于是他对崔浩说："我信奉道教，隐居世外，不问世事，现忽然得到神仙秘诀，我应当兼学儒家教义，辅助太平真君，继承断绝千年的道统。求学而不研究古代，遇事就茫然不知。您为我撰写一本记叙先代诸王治国方针的书，并且就这些方针的要旨做出评论。"崔浩便写了二十多篇文章，上自天地开辟之时，下至秦汉改朝换代的历史，主要精神是以恢复五等分封制为治国的根本。

世祖拓跋焘即帝位，左右近臣忌惮崔浩正直，全都排斥诋毁他。世祖虽知道崔浩有才能，但不能不照顾众人的议论，所以罢了崔浩的官，让他以白马公的身份回家。碰上什么疑难之事，才把他找来询问。崔浩身体纤弱俊美，皮肤洁白，像个漂亮的女人。但他生性聪明，通达事理，善于谋略，常把自己比作张良，声称自己在研习古事方面还超过了他。被罢免回家后，便想学习道家服食仙药、保养性命的方法。寇谦之又有《神中图录新经》一书，崔浩便拜他为师。

始光年间，世宗把崔浩的爵位升为东郡公，任命他为太常卿。当时讨论讨伐赫连昌一事，群臣都认为这件事难办，只有崔浩说："去年以来，荧惑星两次出现在羽林四十五星中，同它们形成钩形，作'己'字状，占辞是秦地国家将灭亡。而且今年金、木、水、火、土五星同时于东方出现，有利于向西方进军。上天和人事相应，四时运行也正和顺，不应失去这大好时机。"世祖于是派奚斤等进攻蒲坂，而自己亲率轻装骑兵袭击赫连昌的都城，取得重大胜利后退军。当世祖再次讨伐赫连昌时，驻军于他的都城下，召集大军佯作败退。赫连昌的军队擂动战鼓，呼叫着向前冲锋，把阵势冲击成两部分。刚好从东南方向刮过来一阵风雨，尘土飞扬，天昏地暗。宦官赵倪对世祖说："现在风雨从敌人背后刮过来，我军面对风雨而敌军背向风雨，上天都不帮助我们。再加上将士饥渴，希望陛下收拢骑兵以避敌锋芒，等他日再说。"崔浩斥责他说："这是什么话！谋略已定，岂能在一天之内加以改变？敌军不断向前冲击，同后续部队已经脱离，应当分一支队伍隐蔽出发，出其不意地袭击敌军。风向因人谋而变化，哪有定准！”世祖说：“好。”分骑兵奋勇出击，赫连昌的军队大败。

当初，太祖曾令尚书郎邓渊撰《国记》，有十多卷，按年代记载史事，但体例未臻完善。到太宗时，废弃《国记》，没有继续编写。世祖神䴥二年，下令集中文人们撰写国家史书，崔浩及其弟崔览、高谠、邓颖、晁继、范亨、黄辅等人全都参与著作事宜，编撰成三十卷的《国书》。

这一年，讨论进攻蠕蠕之事，内外朝官员们都不愿出兵，保太后也坚决阻止世祖出军，世祖不听他们的意见，只有崔浩帮助他制定进军的策略。尚书令刘洁、左仆射安原等派黄门侍郎仇齐推举原赫连昌的太史张渊与徐辩对世祖说：“今年甲子是己巳，为三阴之年，木星遮掩月亮，太白金星在西方出现，不能发兵。北伐的话，肯定会失败，即使打胜了，对主上也不好。”大臣们都赞成附和邓渊等人，说邓渊年轻时曾谏阻苻坚不要南征，苻坚没有听他的话，结果失败了；如今天象和人事都不和谐，哪能轻举妄动。世祖拿不定主意，于是把崔浩叫来，让他就天象之事同邓渊等人进行辩论。

崔浩驳难邓渊说：“阳就是德义，阴就是刑罚，所以有日蚀便应注意多做德义之事，有月蚀便应整治刑罚。帝王所用刑罚，大刑在原野上施行，小刑在市场或官府实施。战争便是刑罚中的大刑。从这一方面说，三阴之年发动战争，或者正好和天道相符，即有整治刑罚的意义。木星遮掩月亮，将出现饥荒年成，人民将有流散之祸。但这将在其他国家应验，而且远在十二年以后。太白金星行经苍龙七星，从天文上讲，仍在东方，不会妨害北伐。邓渊世俗儒生，志向短浅，为小技巧所束缚，不识大体，很难同他们商量什么远大计划。我观察天象，近年来月亮行经昴星，到现在仍然如此，占辞为：‘三年之内，天子将大败旄头之国。’蠕蠕、高车，都是所谓旄头之人。圣明君主掌握住时机，才能做出一般人所不能做的事。古时人说：‘非常之原，黎民惧焉，及其成功，天下晏然。’希望陛下不要有所疑虑。”邓渊等人感到羞愧，仍然说：“蠕蠕为荒远无用之物，获取他们的土地，不能耕种而获得粮食，俘获他们的人口，不能役使，他们来去轻捷快速而且反复无常，难以制服，哪里值得慌慌忙忙地让士马劳累呢？”崔浩说：“邓渊谈论天时，是他所主管的，若讨论形势，就不是他所能明白的了。他讲的不过是汉代人的老生常谈，拿到今天来实行，则不合事理。为什么这样说呢？蠕蠕先前是我国北边的逃亡奴隶，现在杀其首恶，收其从善之民，让他们从事先前所服的劳役，并不能说没用。漠北地势高，气候凉爽，不生蚊虫，水草丰美，夏天我们可以向北迁徙，在那儿狩猎放牧，不是不能耕种，得不到食物。蠕蠕子弟前来投降的，尊贵的与公主成婚，卑贱的也做将军、大夫等官，满朝都是，而且高车骑兵号称名骑，并不是不能使之臣服而加以役使。如果让南方人去追击他们，倒会担心他们来往轻捷快速，而对于我国军队来说，就不是这样。为什么呢？他们能远远地逃走，我军也能够远远地追击，随他们进退，并非难以制服。而且前些年蠕蠕曾多次侵略我国，使我国人民和官吏都感到震惊。今年夏天若不趁其空虚而进攻，消灭他们的国家，到秋天他们会再来骚扰，使我们不能安宁。从太宗直到今天，没有哪一年我们没受到蠕蠕的惊扰，难道还不算是慌慌忙忙吗！世人都说邓渊、徐辩通晓术数，可以明确地推断事情的成败。那么我请验证一下，试问赫连昌灭亡前可有什么亡国征兆？如果他们当时知道而不说，便是他们不忠；如果确实不知有什么征兆，他们便是没有什么办法。”当时赫连昌正好在座，邓渊等因为自己先前确实没说什么，惭愧地红着脸，说不出话来。世祖很高兴，对公卿们说：“我下定决心了。亡国官吏不应参与谋略，此话不假啊。”但保太后仍阻止出军，又令群臣到保太后面前商量讨论。世祖对崔浩说：“这些人心中还不服气，你要好好地开导他们，让他们明白过来。”

罢朝后，有人责怪崔浩说：“现在吴寇在南边侵犯我国，你却不管他们而主张北伐，千里行军，哪一个会不知道。如果蠕蠕逃得远远的，前面没有掳获物，后边又有南方敌人造成的灾难，可就危险了。”崔浩说：“不对。今年不打垮蠕蠕，就没办法抵御南边的敌人。自从我们吞并西方的赫连昌以来，南方的人很恐惧，大造声势，动用大军防守淮河以北的土地。他们向北进攻，我们则向南进攻，他们劳苦而我们却安然处之，时势就是这样。等到打败蠕蠕，从出军到退军，一定看不到南方出兵。为什么这样说呢？刘裕夺取关中以后，留下爱子驻守，有数万精兵良将，仍不能坚守，全军覆没。其家属悲伤号哭之声，到现在还未断绝。哪能正当我国政治清明、兵强马壮之时，却打算把马驹牛犊往虎口里送呢？即使把黄河以南的土地送给他们，他们也肯定守不住。他们清楚自己没能力守住，所以肯定不会派军来争。如果说有军队，只不过是为了防备边境罢了。人们看到瓶里的水结了冰，便会知道天下寒冷；尝一块肉，就会知道一锅肉的味道。事物有相同的情形，可以推断而知。而且蠕蠕依仗他们离我国很远，以为我们没有力量打到那儿，自个儿一直放松警惕。所以夏天便解散军队，放牧牲畜。等到秋天马肥壮后才又召集起来，离开寒冷的地方，向温暖的地方迁移，并向南进犯，抢掠财物。如今我们在他们意想不到的情况下攻其不备，大军突然降临，他们必然会惊骇离散，望尘奔逃。而公马护群，母马顾恋小马，奔逃之时难以驯服，又不能饮水吃草，过不了几天便会疲惫不堪，可以一举而加以消灭，一劳永逸，获得长久的益处，机会不能失去。唯恐皇上没有这个主意，现在皇上决心已定，制定空前的谋略，为何还要去阻止他呢？愚昧啊！你们这帮公卿们。”于是各路军队进发。天师问崔浩说：“这次出军究竟怎样？当真能胜吗？”崔浩回答说：“从天时和形势看，一定会成功，只恐众将领卑琐，瞻前顾后，不能乘胜深入，致使不能大获全胜罢了。”

等到大军进入蠕蠕境内，蠕蠕预先没有防备，人员和牲畜遍布在原野上，因受惊吓而四处逃散，没有谁能集合起来。于是分散军队，搜索征讨，战线东西长达五千里，南北长达三千里。所俘获的人口和牲畜、马车、穹庐，山野间到处都是，约有数百万之多。高车人杀死蠕蠕人来投降魏军的达三十多万家。蠕蠕人因此离散混乱。世祖沿弱水向西进军，到达涿邪山，各位大将军果然怀疑继续向前进击将会碰上伏兵，劝世祖停军不要追击。天师用崔浩先前说过的话，坚持劝世祖穷追不舍，世祖不听。后来有投降过来的人说，蠕蠕首领事先患有疾病，不知所措，于是烧掉自己居住的穹庐，取来车马载着自己，率领数百人进入山中向南逃窜。人口牲畜疲劳困顿，聚在一起，没有人统辖。离魏军只有一百八十里地，后来追击的军队没有来，才慢慢向西逃亡，因此免遭灭亡之祸。后来又听凉州经商的胡人说，假如当时魏军再向前走两天，就可完全灭掉蠕蠕。世祖极其后悔。直到大军撤回后，南方的敌人竟然没有什么行动，正如崔浩分析的那样。

崔浩通晓天文，喜欢观察星象变化，经常把金、银和铜块放在装醋的器皿中，使之呈现青色，晚上观察天象时有所发现，便用它们在纸上写字，记下天象的变化情况。世祖每次到崔浩家，常问些奇异之事。崔浩有时仓促间来不及穿好衣服，献上的饮食没时间弄得精美一些，世祖还是拿起汤匙筷子就吃，有时站着尝一下就回宫。崔浩如此受到世祖的宠信和亲近。世祖让崔浩进入自己的寝室，加封崔浩侍中、特进、抚军大将军、左光禄大夫等官，以奖赏他出谋划策的功劳。世祖曾不慌不忙地对崔浩说："你的才智精深广博，曾侍奉过我死去的祖父和父亲，忠心显于三代，我因此把你召在自己身边。你应当想办法尽力正言相劝，以辅佐我，不要有什么隐藏在心中。我有时虽会向你发火，或者不听信你的话，但过一段时间后，还是会仔细思索你所说过的话。"于是让唱歌的乐师用歌曲遍颂群臣，这事记叙在《长孙道生传》中。又召集最近投降的几百名高车首领，在御前赏赐他们酒和食物。世祖把崔浩指给他们看，说："你们看看这个人，他身材弱小无力，双手拉不开弓箭，舞不动长矛，但他胸中所藏的东西，比甲兵还厉害。我当初虽有出兵的想法，但自个儿下不了决心，几次打胜仗，都是因为这个人指导我，使我获得成功。"于是命令各位尚书："一切军国大计，你们不能做出决定的，都要先向崔浩请示，才加以施行。"

过了不久，南方州镇将军报告说，刘义隆大肆整顿军备，想进取黄河以南的土地。请求发兵三万，在刘义隆的军队未行动前率先发起攻击，并趁机杀掉黄河北边来定居在两国交界处的流民，使南方失去向导，这样足以挫败敌人锐气，使他们不敢深入。世祖令公卿们就此进行讨论，都说应该答应。崔浩说："这事不应该顺从。去年我国大败蠕蠕，而马匹还有剩余，南边的敌人惊恐，总担心我们会轻兵突袭，连觉都睡不安稳，因此率先制造声势，发动军队，以防备意料不到的事件发生，并非胆敢首先对我们发起进攻。而且南方地势低下，气候潮湿，夏天天气闷热如蒸，雨水又多，草木茂盛，肯定会发生疫疾，不是出兵的时候，况且敌方既率先整顿军队，做好了防备，一定会加固城池，拼命抵抗。如果我们驻扎军队进行攻击，粮食会不足；分散军队任其攻击，又没法防备敌军。看不到出军的好处。即使敌人要来进攻，等他们疲倦以后，到秋天气候凉爽、战马肥壮之时，我们再收取敌方的庄稼作为军粮，慢慢地进攻他们。这才是万全之计，一定可以获取胜利。朝中群臣及西边和北边的守将，跟随陛下作战，在西边消灭了赫连氏，在北边打败了蠕蠕，获取了许多漂亮女人和珍宝，还有成群的马匹牲畜。南边各镇将领们听说后，都产生羡慕之心，也想向南抢掠，以获得财物。因此吹毛求疵，毫无根据地夸大敌人的声势，企图满足自己的欲望。没有得到允许后，便多次声称敌军有所行动，以使朝廷担心而采取手段。不顾公家利益，只为个人私利着想，给国家造成事端，这不是忠臣所为。"世祖听从了崔浩的意见。南边各镇将领又打报告，说敌军已压境，自己的兵员很少，请选幽州以南各地戍守之军到南边助守，在漳水制造战船，以加强防守力量。公卿大臣参与议论的人都认为应该这样做，准备派遣五千骑兵，同时给司马楚之、鲁轨、韩延之等人虚号官职，让他们引诱敌方边境居民。崔浩说："这不是上策。敌方若听说我们幽州以南的精锐部队已全部调动，一定会全国骚动不安，害怕自己被消灭掉，必然会征发所有精锐部队防守北部边境。事后弄清我军只是虚张声势而无实际行动，他们仰仗先聚集起来的军队，定会踊跃进军，一直攻到黄河边，肆意侵掠，我们的守将却无力抵抗。假若敌方有人能见机行事，善于搞些机巧诡诈的谋略，乘势深入，估计我们国力虚弱，容易给我们造成灾难。因此，这并不是制伏敌人的好策略。如今公卿们想用武力把敌人拒于边境之外，竟促使他们提前进攻。虚张声势却受到实质性的危害，讲的就是这种情况。不能不好好想一想，否则后悔可就来不及了。我们的使节在敌方境内，按约定时间，当在四月以前回来，可以等使节回来，把事情弄清楚以后再发兵，也不晚。而且司马楚之这批人，正为敌方所忌惮，你要去夺取他们的国家，他们哪能安坐无事，等闲视之呢。所以司马楚之等人若到南边去，敌方就会派兵来，司马楚之等人不去，敌方便会按兵不动，形势必然如此。而且司马楚之等实为庸才，只能召集一些轻薄无赖之徒，不可能取得重大成功，给国家造成变故，致使兵连祸结的，肯定会是这帮人。我曾听说鲁轨劝姚兴，请求率军进攻南方荆州之地，到那儿后军队就逃散失利，有的竟被蛮人掠取当成奴隶卖了，使姚泓蒙受灾祸，这是明摆着的证验。"崔浩又讲述天时于敌方发兵不利，说："现在灾害之气聚结在扬州一带，我们不宜先发兵，这是其一；今年甲子逢午，为自杀之年，先起兵将给自己造成伤害，这是其二；发生日蚀，太阳完全失去光泽，白天昏暗，能看见星星，飞鸟从天上自个儿掉了下来，日食又在斗宿和牛宿之间发生，国家将有危亡之患，这是第三；荧惑星藏匿在翼、轸二星座间，这是对祸乱和丧亡提出的警告，这是第四；太白金星还未出现，率先进攻者将遭受失败，这是第五。使国家兴盛的君主，首先应致力于人事，其次应尽量发挥土地的作用，然后观察天象，所以每一次行动都很安全，国家安定而自身强盛。现在刘义隆刚即位，这意味着人事还不完备；不断出现灾祸变化，这就是说天时还不协调；要行船河水却枯竭，这就不能完全发挥有利的地理条件。三件事没哪一件成功，自我防守还恐不安全，哪能先起兵进攻别人呢？他们一定是听到我们大造声势以后，才整治军队，假如我们又因其整治军队而发起攻击，相互推托责任，都自以为所做不过是根据敌方而采取行动。从兵法上讲，这就是分灾受祸，不能采取行动啊。”

世祖没办法违背大家的意志，就听从了公卿们的建议。崔浩又坚持辩驳，世祖还是不听。于是派阳平王杜超镇守邺城，琅邪王司马楚之等屯据颍川。因此敌人进取势头加快，到彦之从清水进入黄河，溯河西上，分兵在黄河南岸据守，西面直达潼关。

世祖听说赫连定与刘义隆预先把黄河以北的土地瓜分了，便整顿军队，想先讨伐赫连定。群臣都说：“刘义隆的军队还在黄河中，置之不顾而进攻西方的敌人，未必就能打败前面之敌。如刘义隆乘虚进兵，那么我们就会失去都城东面各州土地。”世祖对此感到疑惑，向崔浩问计。崔浩说：“刘义隆与赫连定共同作恶，相互引诱，并联合东边的冯跋和北边的蠕蠕，图谋纵其叛逆之心，相互虚伪地呼应。刘义隆希望赫连定先进攻我们，赫连定却等待刘义隆率先进击，都不敢先来。据我看来，他们好比两只连在一起的鸡，不能一起飞，对我们不会产生危害。我当初认为，刘义隆军队若来进攻的话，应屯军于黄河中游，分两路向黄河以北出击，东路军直指冀州，西边一路攻向邺城。这样的话，陛下就应该亲自率军讨伐，不能缓慢从事。今日之事则不一样，刘义隆军队沿黄河从东到西，到处驻扎，战线长达二千里，而一处兵员只不过几千人，形势分散，力量薄弱。从这可看出劣才儿的真心，那就是只希望凭借黄河固守，以免除死亡为幸事，没有北渡黄河的打算。赫连定残余之众容易摧毁，如向他发起攻击，肯定会将他击败。灭掉赫连定后，大军东出潼关，席卷而前，其威势将使最南边的人也会感到震恐，长江、淮河以北将望风披靡，陛下自己定下计策，我们这些资质愚昧、见识短浅的人哪能考虑得到，希望陛下西讨赫连定，不要有什么疑虑。”攻取平凉后，于当天举行宴会，世祖拉着崔浩的手，把他指给沮渠蒙逊说：“我所说的崔公，就是他，才能谋略出众，当今没人能比得上他，我要不要采取行动，一定要询问他的意见，成败都取决于他，他对事情成败与否做出的判断，与事实完全相符，就像符契一样，没有一点差错。”后来冠军将军安颉从南方退军回来，献上俘虏的南方兵士，并讲述南方敌人的话说，刘义隆曾命令他的将领，若北方敌国军队有什么行动，在他们未到达之前，径直向前进入黄河，若敌军不动，便驻扎在彭城，不要前进。正如崔浩分析的那样。世祖对公卿大臣们说：“你们这些人说我采纳崔浩的策略是一种错误，很惊恐，坚决阻止。你们总是打胜仗，起初都自认为远远超过别人，但归根结底，才知道还是比不上别人。”于是升崔浩官为司徒。

这时方术之士祁纤上奏，请立四个王，分别以日东、日西、日南、日北作为名称，想以此得到祥瑞，消除灾异。世祖命令崔浩与学士们进行商谈。崔浩回答说：“先代圣王建立封国是把它们作为王室的屏障，不应该借名称来祈求福庆。日月运行，遍照四方，京都所在之地，也在其照耀之内，四王的名称，实际上包括了京城所在地区，这样命名不好，不能采纳他的意见。”在此以前，祁纤还上奏，请求将“代”改称“万年”，崔浩说：“当初太祖道武皇帝承受天命，开创大业，他所制定的各项制度，全都遵循古制。因为祖先最初的封地在代，后才改称为魏，所以代、魏均可使用，如同殷和商可通用一样。我国历代君主的德行，在史籍中明明白白地记载着，自会享受亿万年的福庆，不需借名号而取得好处。祁纤所说的，都不是正理。”世祖听从了崔浩的意见。

这时，西河王沮渠牧犍暗中怀有二心，世祖将出兵讨伐，先问崔浩的意见。崔浩回答说：“沮渠牧犍罪恶之心已经暴露出来，不可不加以讨伐。我国军队去年北伐，虽说没取得胜利，却也没有遭受损失。当时出征的内外军马有三十万匹，在路上死去和受伤的，总共不到八千匹，而平常每年疲病死亡的一般也不少于万匹，竟比出征时死的还要多。可是远方的人听到不实之词，便认为我们损失很大，再也振作不起来。而今出其不意，他们想不到大军会突然降临，必定会恐惧骚乱，不知所为，肯定能擒获沮渠牧犍。况且沮渠牧犍才能不大，几个弟弟又骄横跋扈，争权夺利，为所欲为，人民离心离德。加上近年来天灾地震都发生在秦、凉一带，沮渠牧犍已成必然灭亡之势了。”世祖说：“好，我也认为如此。”命令公卿大臣加以讨论。弘农王奚斤等三十多人说：“沮渠牧犍是我国西边的小国，尽管内心不是绝对忠诚，但他继续父亲之职，贡献方物，我国也以藩臣礼节对待他，又把公主嫁给他作王姬。现在沮渠牧犍的罪行并未完全暴露，我们认为应该加以笼络。如今我国兵员和马匹都疲困，应该休整，再说河西为盐碱地，几乎没有水源和草料，大军到达后，不能长期停留。他们听说有军队来攻，一定会修筑城池，聚集粮草，据城坚守。我们进攻的话，很难攻得下，而野地里又不可能掳掠到什么。”尚书古弼、李顺等人都说：“从温圉河以西，到姑臧城南边，只有天梯山冬天有积雪，厚达一丈多，到春天、夏天便消融，流下来汇成河流，引其水灌溉土地。他们听说大军前来，定会决开这条水渠，使水流不通，就会使我们人马无水可饮。距姑臧城百里以内，地表呈红色，不生青草，不可能长期驻扎军马，奚斤等人的意见是正确的。”世祖于是令崔浩用先前的说法同奚斤等相互辩驳。众人不再说什么，只是说：“那儿没有饮水和草料。”崔浩说：“《汉书·地理志》说：‘凉州的牲畜，在天下最为丰富。’假如没有水草，怎样放牧牲畜呢？又汉代的人定居，总不至于在没有水草的地方修筑城池，设置郡县。而且冰雪消融，连尘土都难浸湿，哪能修筑渠道，进行运输，并灌溉数百万顷土地呢？这些话确实是骗人的。”李顺等人又说：“耳闻不如目见，我们亲眼所见，你有什么值得同我们争论的！”崔浩说：“你们这些人接受了别人贿赂的金银钱财，就想替他说话，以为我未亲见便可以欺骗吗？”世祖躲在一边听他们争论，听完这些话后才出来，亲自接见奚斤等人，声色俱厉，群臣才不敢再说什么，只好唯唯诺诺地应承。于是就出军凉州，加以平定，那里水草丰茂，正如崔浩所说的那样。

于是世祖命令崔浩说：“先前皇运初开，世代兴盛于北方，经历许多年后，恩泽遍及苍生，德义之声传遍四海。我太祖道武皇帝协调上天和世人，征讨不服从者，接受天命，拨乱反正，统治中国。太宗继承皇位，发扬先代业绩，改正刑法制度，使天下大业焕然一新。但边远之人，仍未归附。这是祖宗遗志，留待子孙来完成。我以微弱之躯，继承祖宗大业，谨慎小心，如同面对深渊大海，唯恐自己不能担负重任，继续光大祖宗的事业。所以即位初年，没有安居之时，扬国威于北方，消灭了赫连氏。到神䴥时，才命令史臣收集记录以前的功绩，撰成一代大典。从那时起，战争不断，征服了秦、陇，平定了徐、兖，在龙川消灭了逃亡之敌，在凉土肃清了残余之众。这些哪里是我一人能做得到的呢？而是托祖宗在天之灵保佑，群臣尽力的结果。但史官缺职，没有把这些记载下来，常恐这些事会被遗忘。你德行在群臣中居于首位，言论成为世人的楷模，事无大小，望君都留心一下。我命令你留在京都，总管修史工作，撰成史书，务必真实记录。”崔浩于是监秘书事，中书侍郎高允、散骑侍郎张伟参加编写，续修先前的《国书》。至于增削史事，褒贬评论，处理史实间的分歧，润饰文字等工作，则由崔浩负责。

及恭宗拓跋晃以太子监国，统领百官，崔浩又与宜都王穆寿一起辅佐他处理政务。当时准备讨伐蠕蠕，刘洁又一次表示不同意见。世祖越发想发军征讨，于是把崔浩找来，问他的想法。崔浩说："前次进攻蠕蠕，出师不久，刘洁等人均想退军，后来俘获蠕蠕之人，说我军撤退时，离敌方只有三十里地了。这是刘洁等人计划上的失误。北方常年积雪，到冬天，北方人经常为避开严寒而向南迁移。如果趁这个时候暗中派兵前往，一定会同敌人遭遇，那就可以把他们俘获。"世祖认为这个说法正确，于是分大军为四路，命令各位将领一同到鹿浑海会师。日期确定了，可是刘洁怀恨自己的计策未被采纳，便延误其他将领，大军无功而返。这件事在《刘洁传》中有详细叙述。

世祖率军巡视西边各州镇，令崔浩与顺阳公兰延同为都督行台中外诸军事。世祖到达雍州，亲自到汾河湾，观察叛乱者薛永宗的城堡，进军将其包围。薛永宗派军出来想和魏军交战，世祖问崔浩："今天可以发起进攻吗？"崔浩说："薛永宗不知道陛下亲自率军而来，人心安闲，没有防备，现在北风刮得正猛，应赶快进攻，不一会儿叛贼就会土崩瓦解。若等到明天，恐怕他们看见官军强盛，一定会在晚间逃走。"世祖听从了他的计策，薛永宗溃亡。世祖渡过黄河，前锋部队报告说叛乱军集中在渭水北边。世祖抵达洛水桥时，叛军已经趁夜间逃走。世祖问崔浩："叛军首领盖吴在长安城北九十里的地方，渭水以北无人，我们又没准备粮草，我打算向南渡过渭河，再向西进击，这样行吗？"崔浩回答说："盖吴叛军驻地离这儿六十里，叛贼头目就在那儿。打蛇的方法，先要打破蛇头，蛇头破碎后，蛇尾怎能再动弹？应乘势先进攻盖吴，现在遣军前去，一天就可以到那儿，消灭盖吴后，再挥师长安，一天也就到了。一天之内没有粮草，我军也不会受到多大损失。愚意认为应该从北道进军。如果从南道进军，那么盖吴会从容地逃进北方山地，就不可能顺利地加以消灭。"世祖不按他的计策行事，便渡过渭水，从南道进发。盖吴听说世祖率军而来，将部众解散，进入北方山地，果真像崔浩说的那样。魏军没有收获，世祖为此很后悔。后来因为崔浩辅佐太子勤劳，赏赐他缯、絮、布、帛各一千段。

著作令史太原人闵湛和赵郡人郄标平常对崔浩就很谄媚，于是请求建造石刻，把《国书》镌刻在上面，同时还镌刻崔浩撰的《五经》注。崔浩也赞成这件事。恭宗觉得不错，于是在祭天处以东三里的地方营建石刻，方圆一百三十步，用了三百万个劳动日才刻成。

世祖在黄河西边打猎，令崔浩到自己所在的地方来商量军事。崔浩上表说："先前汉武帝因匈奴强盛而感到忧虑，所以开拓凉州五郡之地，沟通西域，鼓励农业生产。聚积粮食，作为消灭敌人的资本。东西轮流进击，所以汉朝没有衰弱，而匈奴已经破败，后来便臣服于汉。以前平定凉州时，我认为北方敌人还没有消灭，战争还未停止，可以不迁徙那儿的人口。根据前汉旧事看，这个计划比较好。如果迁走人口，那里空虚，虽然设置镇、戍，只可用来防守边境罢了。若要大举进攻，必然会出现军备不足的情况。陛下当时认为这事情迂阔，竟没有采用。按我的想法，还是应照先前意见，招募迁徙豪强大族，以充实凉州之地，出军之时，东西力量相同，这是好计策。"

崔浩又献上《五寅元历》，并上表说："太宗即帝位的当年，令臣注解《急就章》《孝经》《论语》《诗》《尚书》《春秋》《礼记》《周易》等书，我用三年时间才完成。太宗又令我学习天文、星历、《易》式、九宫等术，有关的书，我全都看了。如今已有三十九年了，我白天晚上都没停过。臣下生性低劣，力气还比不上一个强壮的妇女，也没其他才能，所以一心一意思考书籍中的问题，废寝忘食，甚至竟梦见和鬼争论问题。因此获得了周公、孔子的精髓，才知道古人文章中有虚有实，胡说八道的时候多，讲真话的时候少。自从秦始皇焚烧《诗》《书》以后，儒家经典便灭绝了。汉高祖以来，世人妄造历法者有十多人，都没有掌握天道正义，大错误有四十项，小错误就多得说不完。我为此而感到忧伤。现在欣逢陛下太平之世，消除谬误，遵从真理，也应当修改错误的历法，以顺从天道。所以我先前报告要制定历法，如今才完成。谨把它奉献上来，望陛下加以省察，把我制定的历法向中书博士们公开，然后在全国实施。不仅今世之人，就是天地鬼神知道我弄清了正确的历法，也可以为国家万代声名增添光彩，使陛下超过三皇、五帝啊。"这事记载在《律历志》中。

太平真君十一年六月，诛杀崔浩，清河崔氏不论远近，范阳卢氏、太原郭氏、河东柳氏都是崔浩联姻的亲戚，全都被族灭。当初，郗标等建立石刻，刊载《国记》，崔浩记叙国家之事，详尽却不典雅，而用石刻把这些暴露在交通要道上，来往过路人都谈论上面的事，这件事，便被上边发觉了。有关官员审讯崔浩，取得了秘书郎吏与长历生等数百人的供词。崔浩承认自己曾接受贿赂，秘书郎吏以下全都被杀。

崔浩才二十岁时，太原人郭逸把女儿嫁给他为妻。崔浩大器晚成，不以辞藻自我炫耀，所以当时人知道他的不多。郭逸妻子王氏是刘义隆镇北将军王仲德的姐姐，她常为崔浩的才能而感到惊奇，自认为得了一个好女婿。不久女儿死了，王氏为此深感遗憾，又把小女儿送去，再次联姻。郭逸和亲属都认为要不得，王氏坚持把小女儿送去，郭逸不能违背，于是重新结为姻亲。崔浩诋毁佛教，而其妻郭氏却崇爱佛教经典，经常诵读。崔浩很生气，就把佛经拿来烧掉，并把灰烬倒在厕所中。当崔浩被囚禁，用栅笼送到城南时，让几十个看守轮流在栅笼上小便，士兵们大呼小叫，嗷嗷之声路上的行人全都听见了。大臣被杀之辱，没有谁像崔浩这么惨。世人都认为这是遭受报应。起先崔浩陷害李顺，事情已基本准备成熟，晚上梦见自己拿着火把去烧李顺的卧室，火燃起后，李顺被烧死了，崔浩与自己一家人都站在一边看。忽然李顺的弟弟和儿子们号哭着冲出来说："这帮家伙是我们的仇人啊！"用戈刺杀崔浩等人，把他们全都扔进了河里。崔浩醒来后，对这个梦感到讨恶，就把它告诉自己收养的宾客冯景仁。冯景仁说："这梦确实不好啊，而且并非无中生有。拿火去烧活人，也太残暴了。制造乱事，形成灾祸，都是自己找的。《商书》上说：'不要轻视小恶，否则，就好像大火在原野里燃烧起来，不可接近，还能够扑灭吗？'而且最先作恶的人终将遭殃，长期做不好的事也不会有好结果。祸害之因已经形成，您还是想想办法吧。"可是崔浩不能改正错误，到这时便遭灭族之祸。崔浩善于写字，很多人都请他抄写《急就章》。他从小到老，一点也不怕劳累，大概写了上百遍，（碰到"冯汉强"三字，）他总是写为"冯代强"，表示自己不敢触犯国家忌讳，他就是这样谨慎。崔浩书法的字体和笔势比得上他的先辈，但微妙细巧之处却比不上。世人把他的手迹视为珍宝，大都加以裁割粘贴，作为字帖临摹。

崔浩的母亲卢氏是卢谌的孙女。崔浩曾作《食经叙》说："我从小到成人，各位婶娘和姑姑所做的妇女活计，据我看见的和听到的，都是操作酒食。平日奉养公公、婆婆及一年中祭祀之事，虽要用功夫、下力气，也不让仆人做，经常亲自动手。先前碰到战乱，连年遭受饥荒，只好用稠粥菜蔬糊口，不可能讲究饮食。有十多年中，都不再制作那些精美的食物。我已过世的母亲怕时间长了，这些食物的制作方法将被遗忘，后来的人见不到，而她小时候又没读过书，于是就口授为九篇文章，文辞简明，词义通达，这可见她是多么聪慧，记忆力多么好。母亲去世后，喜逢国家开创之机，平暴除乱，开拓平定四方。我位任公卿，参与制定各项重大谋略，获得丰厚的赏赐，牛羊成群，财产达亿万之多。衣服华丽，食物精美。回想此生，再想像季路那样负米赡养父母，也是不可能之事，所以为母亲的遗文作序，把它传给后世。”

当初，崔浩与冀州刺史崔赜、荥阳太守崔模年龄都有差别，崔浩最大，其次是崔模，最后是崔赜。三人不同祖，但崔模与崔赜的关系亲一些。崔浩依仗他家先祖为魏、晋时公卿，常欺侮崔模与崔赜。崔模对人说：“桃简可以看不起我，但怎能也轻视我们家的周儿呢。”崔浩小名叫桃简，崔赜小名叫周儿。世祖也听说过不少这种话，所以杀崔浩的时候，崔模、崔赜两家不受牵连。崔浩不信佛教，崔模却一心皈依佛门，经常不顾自己身在粪土当中，而向佛像礼拜。崔浩讥笑他，说：“用这脑袋在不干净的地方向这胡人的神灵朝拜。”

撰史人说：崔浩才艺通博，弄清了上天和人事有关的学问，在处理政务和制定计策方面，当时没有谁能比得上他。刚好遇到太宗执政和世祖开拓疆土的时机，对他言听计从，因此使中原得到安宁和统一。崔浩所受到的待遇是相当高了，而他做的事也很多。他谋略虽盖世无双，但并无震主之威势，最后遭不测之祸，以致于不能保全自己性命。这难道是飞鸟尽、良弓藏，人民仇视其统治者？或者是过分盈满，暗中造成的灾祸？为什么他这样的人遭受这么残酷的结局，真是太可悲了啊！

魏书卷四十八

高允列传第三十六

高允，字伯恭，勃海蓨人也。祖泰，在叔父湖《传》。父韬，少以英朗知名，同郡封懿雅相敬慕。为慕容垂太尉从事中郎。太祖平中山，以韬为丞相参军。早卒。

允少孤夙成，有奇度，清河崔玄伯见而异之，叹曰："高子黄中内润，文明外照，必为一代伟器，但恐吾不见耳。"年十余，奉祖父丧还本郡，推财与二弟而为沙门，名法净。未久而罢。性好文学，担笈负书，千里就业。博通经史天文术数，尤好《春秋公羊》。郡召功曹。

神䴥三年，世祖舅阳平王杜超行征南大将军，镇邺，以允为从事中郎，年四十余矣。超以方春而诸州囚多不决，乃表允与中郎吕熙等分诣诸州，共评狱事。熙等皆以贪秽得罪，唯允以清平获赏。府解，还家教授，受业者千余人。四年，与卢玄等俱被征，拜中书博士。迁侍郎，与太原张伟并以本官领卫大将军、乐安王范从事中郎。范，世祖之宠弟，西镇长安，允甚有匡益，秦人称之。寻被征还。允曾作《塞上翁诗》，有混欣戚，遗得丧之致。骠骑大将军，乐平王丕西讨上邽，复以本官参丕军事。语在《丕传》。凉州平，以参谋之勋，赐爵汶阳子，加建武将军。

后诏允与司徒崔浩述成《国记》，以本官领著作郎。时浩集诸术士，考校汉元以来，日月薄蚀、五星行度，并识前史之失，别为魏历，以示允。允曰："天文历数不可空论。夫善言远者必先验于近。且汉元年冬十月，五星聚于东井，此因历术之浅。今讥汉史，而不觉此谬，恐后人讥今犹今之讥古。"浩曰："所谬云何？"允曰："案《星传》，金水二星常附日而行。冬十月，日在尾箕，昏没于申南，而东井方出于寅北。二星何因背日而行？是史官欲神其事，不复推之于理。"浩曰："欲为变者何所不可，君独不疑三星之聚，而怪二星之来？"允曰："此不可以空言争，宜更审之。"时坐者咸怪，唯东宫少傅游雅曰："高君长于历数，当不虚也。"后岁余，浩谓允曰："先所论者，本不注心，及更考究，果如君语，以前三月聚于东井，非十月也。"又谓雅曰："高允之术，阳元之射也。"众乃叹服。允虽明于历数，初不推步，有所论说。唯游雅数以灾异问允。允曰："昔人有言，知之甚难，即知复恐漏泄，不如不知也。天下妙理至多，何遽问此。"雅乃止。

寻以本官为秦王翰傅。后敕以经授恭宗，甚见礼待。又诏允与侍郎公孙质、李虚、胡方回共定律令。世祖引允与论刑政，言甚称旨。因问允曰："万机之务，何者为先？"是时多禁封良田，又京师游食者众。允因言曰："臣少也贱，所知唯田，请言农事。古人云：方一里则为田三顷七十亩，百里则田三万七千顷。若勤之，则亩益三斗，不勤则亩损三斗。方百里损益之率，为粟二百二十二万斛，况以天下之广乎？若公私有储，虽遇饥年，复何忧哉？"世祖善之。遂除田禁，悉以授民。

初，崔浩荐冀、定、相、幽、并五州之士数十人，各起家郡守。恭宗谓浩曰："先召之人，亦州郡选也，在职已久，勤劳未答。今可先补前召外任郡县，以新召者代为郎吏。又守令宰民，宜使更事者。"浩固争而遣之。允闻之，谓东宫博士管恬曰："崔公其不免乎！苟逞其非，而校胜于上，何以胜济。"

辽东公翟黑子有宠于世祖。奉使并州，受布千匹，事寻发觉。黑子请计于允曰："主上问我，为首为讳乎？"允曰："公帷幄宠臣，答诏宜实。又自告忠诚，罪必无虑。"中书侍郎崔览、公孙质等咸言首实罪不可测，宜讳之。黑子以览等为亲己，而反怒允曰："如君言，诱我死，何其不直！"遂与允绝。黑子以不实对，竟为世祖所疏，终获罪戮。

是时，著作令史闵湛、郄摽性巧佞，为浩信待。见浩所注《诗》《论语》《尚书》《易》，遂上疏，言马、郑、王、贾虽注述《六经》，并多疏谬，不如浩之精微。乞收境内诸书，藏之秘府。班浩所注，命天下习业。并求敕浩注《礼传》，令后生得观正义。浩亦表荐湛有著述之才。既而劝浩刊所撰国史于石，用垂不朽，欲以彰浩直笔之迹。允闻之，谓著作郎宗钦曰："闵湛所营，分寸之间，恐为崔门万世之祸。吾徒无类矣。"未几而难作。

初，浩之被收也，允直中书省。恭宗使东宫侍郎吴延召允，仍留宿宫内。翌日，恭宗入奏世祖，命允骖乘。至宫门，谓曰："入当见至尊，吾自导卿。设衅至尊有问，但依吾语。"允请曰："为何等事也？"恭宗曰："入自知之。"即入见帝。恭宗曰："中书侍郎高允自在臣宫，同处累年，小心密慎，臣所委悉。虽与浩同事，然允微贱，制由于浩。请赦其命。”世祖召允，谓曰：“《国书》皆崔浩作不？”允对曰：“《太祖记》，前著作郎邓渊所撰。《先帝记》及《今记》，臣与浩同作。然浩综务处多，总裁而已。至于注疏，臣多于浩。”世祖大怒曰：“此甚于浩，安有生路！”恭宗曰：“天威严重，允是小臣，迷乱失次耳。臣向备向，皆云浩作。”世祖问：“如东宫言不？”允曰：“臣以下才，谬参著作，犯逆天威，罪应天族，今已分死，不敢虚妄。殿下以臣侍讲日久，哀臣乞命耳。实不问臣，臣无此言。臣以实对，不敢迷乱。”世祖谓恭宗曰：“直哉！此亦人情所难，而能临死不移，不亦难乎！且对君以实，贞臣也。如此言，宁失一有罪，宜宥之。”允竟得免。于是召浩前，使人诘浩。浩惶惑不能对。允事事申明，皆有条理。时世祖怒甚，敕允为诏，自浩已下、僮吏已上百二十八人皆夷五族。允持疑不为，频诏催切。允乞更一见，然后为诏。诏引前，允曰：“浩之所坐，若更有余衅，非臣敢知。直以犯触，罪不至死。”世祖怒，命介士执允。恭宗拜请。世祖曰：“无此人忿朕，当有数千口死矣。”浩竟族灭，余皆身死。宗钦临刑，叹曰：“高允其殆圣乎！”

恭宗后让允曰：“人当知机，不知机，学复何益？当尔之时，吾导卿端绪，何故不从人言，怒帝如此。每一念之，使人心悸。”允曰：“臣东野凡生，本无宦意。属休延之会，应旌弓之举，释褐凤池，仍参麟阁，尸素官荣，妨贤已久。夫史籍者，帝王之实录，将来之炯戒，今之所以观往，后之所以知今。是以言行举动，莫不备载，故人君慎焉。然浩世受殊遇，荣曜当时，孤负圣恩，自贻灰灭。即浩之迹，时有可论。浩以蓬蒿之才，荷栋梁之重，在朝无謇谔之节，退私无委蛇之称，私欲没其公廉，爱憎蔽其直理，此浩之责也。至于书朝廷起居之迹，言国家得失之事，此亦为史之大体，未为多违。然臣与浩实同其事，死生荣辱，义无独殊。诚荷殿下大造之慈，违心苟免，非臣之意。”恭宗动容称叹。允后与人言，我不奉东宫导旨者，恐负翟黑子。

恭宗季年，颇亲近左右，营立田园，以取其利。允谏曰：“天地无私，故能覆载；王者无私，故能包养。昔之明王，以至公宰物，故藏金于山，藏珠于渊，示天下以无私，训天下以至俭。故美声盈溢，千载不衰。今殿下国之储贰，四海属心，言行举动，万方所则，而营立私田，畜养鸡犬，乃至贩酤市廛，与民争利，议声流布，不可追掩。夫天下者，殿下之天下，富有四海，何求而不获，何欲而弗从，而与贩夫贩妇竞此尺寸。昔虢之将亡，神乃下降，赐之土田，卒丧其国。汉之灵帝，不修人君之重，好与宫人列肆贩卖，私立府藏，以营小利，卒有颠覆倾乱之祸。前鉴若此，甚可畏惧。夫为人君者，必审于择人。故称知人则哲，惟帝难之。《商书》云‘无迩小人’，孔父有云，小人近之则不逊，远之则怨矣。武王爱周、邵、齐、毕，所以王天下。殷纣爱飞廉、恶来，所以丧其国。历观古今存亡之际，莫不由之。念东宫诚曰乏人，俊乂不少。顷来侍御左右者，恐非在朝之选。故愿殿下少察愚言，斥出佞邪，亲近忠良，所在田园，分给贫下，畜产贩卖，以时收散。如此则休声日至，谤议可除。”恭宗不纳。

恭宗之崩也，允久不进见。后世祖召，允升阶歔欷，悲不能止。世祖流泪，命允使出。左右莫知其故，相谓曰：“高允无何悲泣，令至尊哀伤，何也？”世祖闻之，召而谓曰：“汝不知高允悲乎？”左右曰：“臣等见允无言而泣，陛下为之悲伤，是以窃言耳。”世祖曰：“崔浩诛时，允亦应死，东宫苦谏，是以得免。今无东宫，允见朕因悲耳。”

允表曰：“往年被敕，令臣集天文灾异，使事类相从，约而可观。臣闻箕子陈谟而《洪范》作，宣尼述史而《春秋》著，皆所以章明列辟，景测皇天者也。故先其善恶而验以灾异，随其失得而效以祸福，天人诚远，而报速如响，甚可惧也。自古帝王莫不尊崇其道而稽其法数，以自修饬。厥后史官并载其事，以为鉴诫。汉成帝时，光禄大夫刘向见汉祚将危，权归外戚，屡陈妖眚而不见纳。遂因《洪范》《春秋》灾异报应者而为其传。觊以感悟人主，而终不听察，卒以危亡。岂不哀哉！伏惟陛下神武则天，睿鉴自远，钦若稽古，率由旧章，前言往行，靡不究鉴，前皇所不逮也。臣学不洽闻，识见寡薄，惧无以裨广圣听，仰酬明旨。今谨依《洪范传》《天文志》撮其事要，略其文辞，凡为八篇。”世祖览而善之，曰：“高允之明灾异，亦岂减崔浩乎？”及高宗即位，允颇有谋焉。司徒陆丽等皆受重赏，允既不蒙褒异，又终身不言。其忠而不伐，皆此类也。

给事中郭善明，性多机巧，欲逞其能，劝高宗大起宫室。允谏曰：“臣闻太祖道武皇帝既定天下，始建都邑。其所营立，非因农隙，不有所兴。今建国已久，宫室已备，永安前殿足以朝会万国，西堂温室足以安御圣躬，紫楼临望可以观望远近。若广修壮丽为异观者，宜渐致之，不可仓卒。计斫材运土及诸杂役须二万人，丁夫充作，老小供饷，合四万人，半年可讫。古人有言：‘一夫不耕，或受其饥；一妇不织，或受其寒。’况数万之众，其所损废，亦以多矣。推之于古，验之于今，必然之效也。

诚圣主所宜思量。”高宗纳之。

允以高宗纂承平之业，而风俗仍旧，婚娶丧葬，不依古式，允乃谏曰：

“前朝之世，屡发明诏，禁诸婚娶不得作乐，及葬送之日歌谣、鼓舞、杀牲、烧葬，一切禁断。虽条旨久颁，而俗不革变。将由居上者未能悛改，为下者习以成俗，教化陵迟，一至于斯。昔周文以百里之地，修德布政，先于寡妻，及于兄弟，以至家邦，三分天下而有其二。明为政者先自近始。《诗》云：“尔之教矣，民胥效矣。”人君举动，不可不慎。

《礼》云：“嫁女之家，三日不息烛；娶妇之家，三日不举乐。今诸王纳室，皆乐部给伎以为嬉戏，而独禁细民，不得作乐，此一异也。

古之婚者，皆拣择德义之门，妙选贞闲之女，先之以谋媒，继之以礼物，集僚友以重其别，亲御轮以崇其敬，婚姻之际，如此之难。今诸王十五，便赐妻别居。然所配者，或长少差舛，或罪入掖庭，而作合宗王，妃嫔藩懿。失礼之甚，无复此过。往年及今，频有检劾。诚是诸王过酒致责，迹其元起，亦由色衰相弃，致此纷纭。今皇子娶妻，多出宫掖，令天下小民，必依礼限，此二异也。

万物之生，靡不有死，古先哲王，作为礼制，所以养生送死，折诸人情。若毁生以奉死，则圣人所禁也。然葬者藏也，死者不可再见，故深藏之。昔尧葬谷林，农不易亩；舜葬苍梧，市不改肆。秦始皇作为地市，下固三泉，金玉宝货不可计数，死不旋踵，尸焚墓掘。由此推之，尧舜之俭，始皇之奢，是非可见。今国家营葬，费损巨亿，一旦焚之，以为灰烬。苟靡费有益于亡者，古之臣奚独不然。今上为之不辍，而禁下民之必止，此三异也。

古者祭必立尸，序其昭穆，使亡者有凭，致食飨之礼。今已葬之魂，人直求貌类者事之如父母，燕好如夫妻，损败风化，渎乱情礼，莫此之甚。上未禁之，下不改绝，此四异也。

夫飨者，所以定礼仪，训万国，故圣王重之。至乃爵盈而不饮，肴干而不食，乐非雅声则不奏，物非正色则不列。今之大会，内外相混，酒醉喧诜，罔有仪式。又俳优鄙艺，污辱视听。朝庭积习以为美，而责风俗之清纯，此五异也。

今陛下当百王之末，踵晋乱之弊，而不矫然厘改，以厉颓俗，臣恐天下苍生，永不闻见礼教矣。”

允言如此非一，高宗从容听之。或有触迕，帝所不忍闻者，命左右扶出。事有不便，允辄求见，高宗知允意，逆屏左右以待之。礼敬甚重，晨入暮出，或积日居中，朝臣莫知所论。

或有上事陈得失者，高宗省而谓群臣曰：“君父一也，父有是非，子何为不作书于人中谏之，使人知恶，而于家内隐处也。岂不以父亲，恐恶彰于外也。今国家善恶，不能面陈而上表显谏，此岂不彰君之短，明己之美。至如高允者，真忠臣矣。朕有是非，常正言面论，至朕所不乐闻者，皆侃侃言说，无所避就。朕闻其过，而天下不知其谏，岂不忠乎！汝等在左右，曾不闻一正言，但伺朕喜时求官乞职。汝等把弓刀侍朕左右，徒立劳耳，皆至公王。此人把笔匡我国家，不过作郎。汝等不自愧乎？”于是拜允中书令，著作如故。司徒陆丽曰：“高允虽蒙宠待，而家贫布衣，妻子不立。”高宗怒曰：“何不先言！今见朕用之，方言其贫。”是日幸允第，惟草屋数间，布被缊袍，厨中盐菜而已。高宗叹息曰：“古人之清贫岂有此乎！”即赐帛五百匹、粟千斛，拜长子忱为绥远将军、长乐太守。允频表固让，高宗不许。初与允同征游雅等多至通官封侯，及允部下吏百数十人亦至刺史二千石，而允为郎二十七年不徙官。时百官无禄，允常使诸子樵采自给。

初，尚书窦瑾坐事诛，瑾子遵亡在山泽，遵母焦没入县官。后焦以老得免，瑾之亲故，莫有恤者。允愍焦年老，保护在家。积六年，遵始蒙赦。其笃行如此。转太常卿，本官如故。允上《代都赋》，因以规讽，亦《二京》之流也。文多不载。时中书博士索敞与侍郎傅默、梁祚论名字贵贱，著议纷纭。允遂著《名字论》以释其惑，甚有典证。复以本官领秘书监，解太常卿，进爵梁城侯，加左将军。

初，允与游雅及太原张伟同业相友，雅尝论允曰：“夫喜怒者，有生所不能无也。而前史载卓公宽中，文饶洪量，褊心者或之弗信。余与高子游处四十年矣，未尝见其是非愠喜之色，不亦信哉。高子内文明而外柔弱，其言呐呐不能出口，余常呼为‘文子’。崔公谓余云：‘高生丰才博学，一代佳士，所乏者矫矫风节耳。’余亦然之。司徒之谴，起于纤微，及于诏责，崔公声嘶股战不能言，宗钦已下伏地流汗，都无人色。高子敷陈事理，申释是非，辞义清辩，音韵高亮。明主为之动容，听者无不称善。仁及僚友，保兹元吉，向之所谓矫矫者，更在斯乎？宗爱之任势也，威振四海。尝召百司于都坐，王公以下，望庭毕拜，高子独升阶长揖。由此观之，汲长儒可卧见卫青，何抗礼之有！向之所谓风节者，得不谓此乎？知人固不易，人亦不易知。吾既失之于心内，崔亦漏之于形外。钟期止听于伯牙，夷吾见明于鲍叔，良有以也。”其为人物所推如此。

高宗重允，常不名之，恒呼为“令公”。“令公”之号，播于四远矣。高宗崩，显祖居谅闇，乙浑专擅朝命，谋危社稷。文明太后诛之，引允禁中，参决大政。又诏允曰：“自顷以来，庠序不建，为日久矣。道肆陵迟，学业遂废，子衿之叹，复见于今。朕既纂统大业，八表晏要，稽之旧典，欲置学官于郡国，使进修之业，有所津寄。卿儒宗元老，朝望旧德，宜与中、秘二省参议以闻。”允表曰：“臣闻经纶大业，必以教养为先；咸秩九畴，亦由文德成务。故辟雍光于周诗，泮宫显于《鲁颂》。自永嘉以来，旧章殄灭。乡闾芜没《雅》《颂》之声，京邑杜绝释奠之礼。道业陵夷，百五十载。仰惟先朝每欲宪章昔典，经阐素风，方事尚殷，弗遑克复。陛下钦明文思，纂成洪烈，万国咸宁，百揆时叙。申祖宗之遗志，兴周礼之绝业，爰发德音，惟新文教。搢绅黎献，莫不幸甚。臣承旨敕，并集二省，披览史籍，备究典纪，靡不敦儒以劝其业，贵学以笃其道。伏思明诏，玄同古义。宜如圣旨，崇建学校以厉风俗。使先王之道，光演于明时；郁郁之音，流闻于四海。请制大郡立博士二人、助教四人、学生一百人，次郡立博士二人、助教二人、学生八十人，中郡主博士一人、助教二人、学生六十人，下郡立博士一人、助教一人、学生四十人。其博士取博关经典、世履忠清、堪为人师者，年限四十以上。助教亦与博士同，年限三十以上。若道业夙成，才任教授，不拘年齿。学生取郡中清望，人行修谨，堪循名教者，先尽高门，次及中第。”显祖从之。郡国立学，自此始也。

后允以老疾，频上表乞骸骨，诏不许。于是乃著《告老诗》。又以昔岁同征，零落将尽，感逝怀人，作《征士颂》，盖止于应命者，其有命而不至，则阙焉。群贤之行，举其梗概矣。今著之于左：

中书侍郎、固安伯范阳卢玄子真

郡功曹史博陵崔绰茂祖

河内太守、下乐侯广宁燕崇玄略

上党太守、高邑侯广宁常陟公山

征南大将军从事中郎勃海高毗子翼
征南大将军从事中郎勃海李钦道赐
河西太守、饶阳子博陵许堪祖根
中书郎、新丰侯京兆杜铨士衡
征西大将军从事中郎京兆韦阆友规
京兆太守赵郡李诜令孙
太常博士、钜鹿公赵郡李灵虎符
中书郎中、即丘子赵郡李遐仲熙
营州刺史、建安公太原张伟仲业
辅国大将军从事中郎范阳祖迈
征东大将军从事中郎范阳祖侃士伦
东郡太守、蒲县子中山刘策
濮阳太守、真定子常山许琛
行司隶校尉、中都侯西河宋宣道茂
中书郎燕郡刘遐彦鉴
中书郎、武恒子河间邢颖宗敬
沧水太守、浮阳侯勃海高济叔民
太平太守、平原子雁门李熙士元
秘书监、梁郡公广平游雅伯度
廷尉正、安平子博陵崔建兴祖
广平太守、列人侯西河宋愔
州主簿长乐潘天符
郡功曹长乐杜熙
征东大将军从事中郎中山张纲
中书郎上谷张诞叔术
秘书郎雁门王道雅
秘书郎雁门闵弼
卫大将军从事中郎中山郎苗
大司马从事中郎上谷侯辩
陈留郡太守、高邑子赵郡吕季才

夫百王之御士也，莫不资伏群才，以隆治道。故周文以多士克宁，汉武以得贤为盛。此载籍之所记，由来之堂义。魏自神祐已后，宇内平定，诛赫连积世之僭，扫穷发不羁之寇，南摧江楚，西荡凉域，殊方之外，慕义而至。于是偃兵息甲，修立文学，登延俊造，酬谘政事。梦想贤哲，思遇其人，访诸有司，以求名士。咸称范阳卢玄等四十二人，皆冠冕之胄，著问州邦，有羽仪之用。亲发明诏，以征玄等。乃旷官以待之，悬爵以縻之。其就命三十五人，自余依例州郡所遣者不可称记。尔乃髦士盈朝，而济济之美兴焉。昔与之俱蒙斯举，或从容廊庙，或游集私门，上谈公务，下尽忻娱，以为千载一时，始于此矣。日月推移，吉凶代谢，同征之人，凋歼殆尽。在者数子，然复分张。往昔之忻，变为悲戚。张仲业东临营州，迟其还返，一叙于怀，齐衿于垂殁之年，写情于桑榆之末。其人不幸，复至殒殁。在朝者皆后进之士，居里者非畴昔之人，进涉无寄心之所，出入无解颜之地。顾省形骸，所以永叹而不已。夫颂者美盛德之形容，亦可以长言寄意。不为文二十年矣，然事切于心，岂可默乎？遂为之颂，词曰：

紫气干霄，群雄乱夏，王龚徂征，戎车屡驾。
扫荡游氛，克剪妖霸，四海从风，八垠渐化。
政教无外，既宁且一，偃武橐兵，唯文是恤。
帝乃旁求，搜贤举逸，岩隐投竿，异人并出。
亹亹卢生，量远思纯，钻道据德，游艺依仁。
旌弓既招，释褐投巾，摄齐升堂，嘉谋日陈。
自东徂南，跃马驰轮，僭冯影附，刘以和亲。
茂祖茕单，夙离不造，克己勉躬，聿隆家道。
敦心《六经》，游思文藻，终辞宠命，以之自保。
燕、常笃信，百行靡遗，位不苟进，任理栖迟。
居冲守约，好让善推，思贤乐古，如渴如饥。
子翼致远，道赐悟深，相期以义，相和若琴。
并参幕府，俱发德音，优游卒岁，聊以寄心。
祖根运会，克光厥猷，仰缘朝恩，府因德友。
功虽后建，禄实先受，班同旧臣，位并群后。
士衡孤立，内省靡疚，言不崇华，交不遗旧。
以产则贫，论道则富，所谓伊人，实邦之秀。
卓矣友规，禀兹淑亮，存彼大方，摈此细让。

神与理冥，形随流浪，虽屈王侯，莫废其尚。
赵实名区，世多奇士，山岳所钟，挺生三李。
矫矫清风，抑抑容止，初九而潜，望云而起。
诜尹西都，灵惟作傅，垂训皇宫，载理云雾。
熙虽中夭，迹阶郎署，余尘可挹，终亦显著。
仲业渊长，雅性清到，宪章古式，绸缪典诰。
时值险难，常一其操，纳众以仁，训下以孝。
化被龙川，民归其教，迈则英贤，侃亦称选。
闻达邦家，名行素显，志在兼济，岂伊独善。
绳匠弗顾，功不获展。刘、许履忠，竭力致躬。
出能聘说，入献其功，辅轩一举，挠燕下崇。
名彰魏世，享业亦隆，道茂夙成，弱冠播名。
与朋以信，行物以诚，怡怡昆弟，穆穆家庭。
发响九皋，翰飞紫冥，频在省闼，亦司于京。
刑以之中，政以之平，猗欤彦鉴，思参文雅。
率性任真，器成非假，靡矜于高，莫耻于下。
乃谢朱门，归迹林野，宗敬延誉，号为四俊。
华藻云飞，金声夙振，中遇沈疴，赋诗以讯。
忠显于辞，理出于韵，高沧朗达，默识渊通。
领新悟异，发自心胸，质侔和璧，文炳雕龙。
耀姿天邑，衣锦旧邦，士元先觉，介焉不惑。
振袂来庭，始宾王国，蹈方履正，好是绳墨。
淑人君子，其仪不忒，孔称游夏，汉美渊云。
越哉伯度，出类逾群，司言秘阁，作牧河汾。
移风易俗，理乱解纷，融彼滞义，涣此潜文。
儒道以析，九流以分，崔、宋二贤，诞性英伟。
擢颖闾阎，闻名象魏，謇謇仪形，邈邈风气。
达而不矜，素而能贲，潘符摽尚，杜熙好和。
清不洁流，浑不同波，绝希龙津，止分常科。
幽而逾显，损而逾多，张纲柔谦，叔术正直。
道雅洽闻，弼为兼识，拔萃衡门，俱渐鸿翼。
发愤忘餐，岂要斗食，率礼从仁，罔愆于式。

失不系心，得不形色，郎苗始举，用均已试。
智足周身，言足为治，性协于时，情敏于事。
与今而同，与古曷异，物以利移，人以酒昏。
侯生洁己，唯义是敦，日纵醇醪，逾敬逾温。
其在私室，如涉公门，季才之性，柔而执竞。
届彼南秦，申威致命，诱之以权，矫之以正。
帝道用光，边土纳庆，群贤遭世，显名有代。
志竭其忠，才尽其概，体袭朱裳，腰纽双佩。
荣曜当时，风高千载，君臣相遇，理实难偕。
昔因朝命，举之克谐，披衿散想，解带舒怀。
此忻如昨，存亡奄乖，静言思之，中心九摧。
挥毫颂德，灌尔增哀。

皇兴中，诏允兼太常，至兖州祭孔子庙，谓允曰："此简德而行，勿有辞也。"后允从显祖北伐，大捷而还，至武川镇，上《北伐颂》，其词曰："皇矣上天，降鉴惟德，眷命有魏，照临万国。礼化丕融，王猷允塞，静乱以威，穆民以则。北虏旧隶，禀政在蕃，往因时日，逃命北辕。世袭凶轨，背忠食言，招亡聚资，丑类实繁。敢率犬羊，图纵猖蹶，乃诏训师，兴戈北伐。跃马裹粮，星驰电发，扑讨虔刘，肆陈斧钺。斧钺暂陈，馘翦厥旅，积骸填谷，流血成浦。元凶狐奔，假息穷墅，爪牙既摧，腹心亦阻。周之忠厚，存及行苇，翼翼圣明，有兼斯美。泽被京观，垂此仁旨，封尸野获，惠加生死。生死蒙惠，人欣覆育，理贯幽冥，泽渐殊域。物归其诚，神献其福，遐迩斯怀，无思不服。古称善兵，历时始捷，今也用师，辰不及浃，六军克合，万邦以协，义著春秋，功铭玉牒，载兴颂声，播之来叶。"显祖览而善之。

又显祖时有不豫，以高祖冲幼，欲立京兆王子推，集诸大臣以次召问。允进跪上前，涕泣曰："臣不敢多言，以劳神听，愿陛下上思宗庙托付之重，追念周公抱成王之事。"显祖于是传位于高祖，赐帛千匹，以标忠亮。又迁中书监，加散骑常侍。虽久典史事，然而不能专勤属述，时与校书郎刘模有所缉缀，大较续崔浩故事，准《春秋》之体，而时有刊正。自高宗迄于显祖，军国书檄，多允文也。末年乃荐高闾以自代。以定议之勋，进爵咸阳公，加镇东将军。

寻授使持节、散骑常侍、征西将军、怀州刺史。允秋月巡境，问民疾苦。至邵县，见邵公庙废毁不立，乃曰："邵公之德，阙而不礼，为善者何望。"乃表闻修葺之。允于时年将九十矣，劝民学业，风化颇行，然儒者优游，不以断决为事。后正光中，中散大夫、中书舍人河内常景追思允，帅郡中故老，为允立祠于野王之南，树碑纪德焉。

太和二年，又以老乞还乡里，十余章，上卒不听许，遂以疾告归。其年，诏以安车征允，敕州郡发遣。至都，拜镇军大将军，领中书监。固辞不许。又扶引就内，改定《皇诰》。允上《酒训》曰：

臣被敕论集往世酒之败德，以为《酒训》。臣以朽迈，人伦所弃，而殊恩过隆，录臣于将殁之年，勖臣于已坠之地。奉命惊惶，喜惧兼甚，不知何事可以上答。伏惟陛下以睿哲之姿，抚临万国，太皇太后以圣德之广，济育群生。普天之下，罔不称赖。然日昃忧勤，虑求不已，思监往事，以为敬式。此之至诚，悟通百灵，而况于百官士民。不胜踊跃，谨竭其所见，作《酒训》一篇。但臣愚短，加以荒废，辞义鄙拙，不足观采。伏愿圣慈，体臣悾悾之情，恕臣狂瞽之意。其词曰：

自古圣王，其为飨也，玄酒在堂而醝酒在下，所以崇本重原，降于滋味。虽汎爵旅行，不及于乱。故能礼章而敬不亏，事毕而仪不忒。非由斯致，是失其道。将何以范时轨物，垂之于世？历观往代成败之效，吉凶由人，不在数也。商辛耽酒，殷道以之亡；公旦陈诰，周德以之昌。子反昏酣而致毙，穆生不饮而身光。或长世而为戒，或百代而流芳。酒之为状，变惑情性，虽曰哲人，孰能自竞。在官者殆于政也，为下者慢于令也，聪达之士荒于听也，柔顺之伦兴于诤也，久而不悛，致于病也。岂止于病，乃损其命。谚亦有云：其益如毫，其亦夥乎。无以酒荒而陷其身，无以酒狂而丧其伦。迷邦失道，流浪漂津。不师不遵，反将何因。《诗》不言乎，"如切如磋，如琢如磨"，朋友之义也。作官以箴之，申谟以禁之，君臣之道也。其言也善，则三覆而佩之；言之不善，则哀矜而贷之。此实先王纳规之意。往者有晋，士多失度，肆散诞以为不羁，纵长酣以为高达，调酒之颂，以相眩曜。称尧舜有千钟百觚之饮，著非法之言，引大圣为譬，以则天之明，岂其然乎？且子思有云，夫子之饮，不能一升。以此推之，千钟百觚皆为妄也。

今大魏应图，重明御世，化之所暨，无思不服，仁风敦洽于四海。太皇太后以至德之隆，诲而不倦，忧勤备于皇情，诰训行于无外。故能道协两仪，功同覆载。仁恩下逮，罔有不遵，普天率土，靡不蒙赖。在朝之士，有志之人，宜克己从善，履正存贞。节酒以为度，顺德以为经。悟昏饮之美疾，审敬慎之弥荣。遵孝道以致养，显父母而扬名。蹈闵曾之前轨，遗仁风于后生。仰以答所授，俯以保其成。可不勉欤！可不勉欤！

高祖悦之，常置左右。

诏允乘车入殿，朝贺不拜。明年，诏允议定律令。虽年渐期颐，而志识无损，犹心存旧职，披考史书。又诏曰："允年涉危境，而家贫养薄。可令乐部丝竹十人，五日一诣允，以娱其志。"特赐允蜀牛一头，四望蜀车一乘，素几杖各一，蜀刀一口。又赐珍味，每春秋常致之。寻诏朝晡给膳，朔望致牛酒，衣服绵绢，每月送给。允皆分之亲故。是时贵臣之门，皆罗列显官，而允子弟皆无官爵。其廉退若此。迁尚书、散骑常侍，时延入，备几杖，问以政治。十年，加光禄大夫、金章紫绶。朝之大议，皆咨访焉。

魏初法严，朝士多见杖罚。允历事五帝，出入三省，五十余年，初无谴咎。初，真君中以狱讼留滞，始令中书以经义断诸疑事。允据律评刑，三十余载，内外称平。允以狱者民之命也，常叹曰："皋陶至德也，其后英蓼先亡，刘项之际，英布黥而王。经世虽久，犹有刑之余衅。况凡人能无咎乎？"

其年四月，有事西郊，诏以御马车迎允就郊所板殿观瞩。马忽惊奔，车覆，伤眉三处。高祖、文明太后遣医药护治，存问相望。司驾将处重坐，允启陈无恙，乞免其罪。先是，命中黄门苏兴寿扶持允，曾雪中遇犬惊倒，扶者大惧。允慰勉之，不令闻彻。兴寿称共允接事三年，未尝见其忿色。恂恂善诱，诲人不倦。昼夜手常执书，吟咏寻览。笃亲念故，虚己存纳。虽处贵重，志同贫素。性好音乐，每至伶人弦歌鼓舞，常击节称善。又雅信佛道，时设斋讲，好生恶杀。性又简至，不妄交游。显祖平青齐，徙其族望于代。时诸士人流移远至，率皆饥寒。徙人之中，多允姻媾，皆徒步造门。允散财竭产，以相赡赈，慰问周至。无不感其仁厚。收其才能，表奏申用。时议者皆以新附致异，允谓取材任能，无宜抑屈。先是，允被召在方山作颂，志气犹不多损，谈说旧事，了无所遗。十一年正月卒，年九十八。

初，允每谓人曰："吾在中书时有阴德，济救民命。若阳报不差，吾寿应享百年矣。"先卒旬外，微有不适。犹不寝卧，呼医请药，出入行止，吟咏如常。高祖、文明太后闻而遣医李修往脉视之，告以无恙。修入，密陈允荣卫有异，惧其不久。于是遣使备赐御膳珍羞，自酒米至于盐醢百有余品，皆尽时味，及床帐、衣服、茵被、几杖，罗列于庭。王官往还，慰问相属。允喜形于色，语人曰："天恩以我笃老，大有所赉，得以赡客矣。"表谢而已，不有他虑。如是数日，夜中卒，家人莫觉。诏给绢一千匹、布二千匹、绵五百斤、锦五十匹、杂采百匹、谷千斛以周丧用。魏初以来，存亡蒙赉者莫及焉，朝庭荣之。将葬，赠侍中、司空公、冀州刺史，将军、公如故，谥曰文，赐命服一袭。允所制诗赋诔颂箴论表赞，《左氏》《公羊释》《毛诗拾遗》,《论杂解》《议何郑膏肓事》，凡百余篇，别有集行于世。允明算法，为算术三卷。子忱袭。

【译文】

高允，字伯恭，勃海人。他的祖父高泰，事迹被收录在高允叔父高湖的传记中。他的父亲高韬，少年时代就凭借见识高明、才智过人闻名于世，一向受同乡封懿的敬慕。高韬曾经在后燕担任慕容垂的太尉从事中郎。北魏太祖拓跋珪攻破后燕都城中山后，加封高韬为丞相参军。可是他却英年早逝了。

高允幼年时就成了孤儿，他很早熟，有着超凡的气度，清河人崔玄伯见到他后特别惊异，赞叹说："高子黄中内润，文明外照，将来必能成大器，成为一代人杰，我恐怕不能亲眼看到了。"在高允十几岁时，他的祖父去世了，他为奔丧返回本郡，把家产交给两个弟弟管理，自己出家成了一名僧徒，释名为法净。不久之后，他又还俗了。高允生性喜好文史典籍，身背书籍，不远千里拜师求学。他知识渊博，对历史和儒家的经典以及天文、历法、占卜等学问都很精通，特别喜欢《春秋公羊传》一书。他曾经被郡守征召为功曹。

北魏神祐三年，世祖太武帝的舅舅阳平王杜超临时代理征南大将军职务，镇守邺城，让高允担任从事中郎，此时，他已经四十多岁了。当时正值春天，但各州郡中的囚犯还有很多没有判决，杜超于是派遣高允与中郎吕熙等人分别奔赴这些州郡，共同评议刑罚事宜。吕熙等人皆因贪赃受贿犯了罪，只有高允一人为官清廉，得到了嘉奖。杜超幕府解散之后，他回到家乡，以教书为业，学生达千余人。神祐四年，高允与卢玄等人一起被朝廷征召，任命他为中书博士。后来提拔为侍郎，与太原人张伟一起以侍郎兼领卫大将军及乐安王拓跋范的人事中郎。拓跋范是世祖太武帝的弟弟，深受宠爱，他在陇西镇守长安时，曾得到高允多方面的扶持帮助，很是受益，也深得秦地百姓的拥戴。不久之后，高允被征召回朝。高允曾经写过一首《塞上翁诗》，诗中饱含辛酸、喜悦，抒发了他离开秦地时的得意与失落的情绪。骠骑大将军，乐平王拓跋丕西征上邽时，高允又以侍郎的身份参与商议拓跋丕军中的作战事宜。他的有关事迹收录在《乐平王丕传》中。凉州被平定后，因参议谋划之功，高允被赐予汶阳子的爵位，并兼任建武将军。

自此之后，魏帝颁诏命令高允与司徒崔浩一起著述国史，撰写完成《国记》，兼任著作郎。当时，崔浩召集了很多通晓天文历法的人，让他们考证自汉代建国以来日食月食和金木水火土五星的运行行度，并且识别旧史中的误失，另外撰写了魏国的历法，然后将这些拿给高允阅览。高允说："天文历法不可以凭空而论，要想将距今很远时代的天象推算准确，必须首先对距今较近的时代的天象的推算结果进行检验。况且汉代元年仲冬十月，金、木、水、火、土五星汇聚在东井宿的说法，实际上是对历法的浅薄之论。如今我们嘲笑汉代史官，反而不觉得这种说法是错误的，只怕将来我们的后人也会像我们现在嘲笑古人一样地嘲笑我们了。"崔浩说："你所说的谬误指的是什么呢？"高允说："我考查《星传》，发现金、水二星常常附日而行。仲冬十月的凌晨，太阳在尾箕，昏没于申南，而东井宿此时正从东北方升起。金、水二星会到正对着太阳的最远的地方运行是什么原因呢？这是因为史官想神化汉高祖受命之事，不再推之于理的结果。"崔浩说："想要改变天象并不是不可，你独不怀疑三星之聚，为什么只对金、水二星的往来运行感到奇怪呢？"高允说："这些事不可以无凭无据地争论，最好还是深入地研究一下。"当时在座的人都感到奇怪，只有东宫少傅游雅说："高君擅长历法，他的说法应该是有根据的。"一年多后，崔浩对高允说："过去我们所争论的问题，我原本没有深入思考，后来经过进一步的考证研究，果然像您所说，五星应提前三个月在东井宿汇聚，而不是在十月。"他又对游雅说："高允的学识如此精深，我却浑然不知，就如同钟阳元不知道魏舒的箭法高明一样。"于是众人对高允都很叹服敬佩。高允虽然精通历法，但起初却藏之于怀，也不论说。只有游雅屡次向他请教有关灾害和奇异天象的问题。高允说:“古人说过,真正了解一件事是很难的,已经了解又怕了解得不全面,这样倒还不如不了解。天下玄妙的道理很多,为什么问这些事呢。”游雅从此就作罢了。

不久,高允以本官任秦王拓跋翰的老师。这之后,世祖又命他教授恭宗学习儒家经典,受到了很好的礼遇。同时又命令高允与侍郎公孙质、李虚、胡方回一起议定法令条文。世祖推荐高允参与讨论刑罚与治国之策,高允的言论很得世宗赏识。于是世祖向他询问道:“国家政务繁多,什么事应该是第一位的呢?”当时全国的土地多遭封禁,而且京城中不务正业的人很多。所以高允说:“臣少时穷苦,所以只知耕种之事,请允许我谈谈农事吧。古人说:一平方里的土地可开垦三顷七十亩的良田,一百平方里的土地则可开垦三万七千顷的良田。如果辛勤耕种,那么每亩就可以增产三斗粮食,如果懒散耕种,那么每亩就会减少三斗粮食。如此一来,一百平方里的良田,粮食增产或减产的总数就可以达到二百二十二万斛,何况天下的良田如此之多,增产或减少的粮食又该有多少呢?如果官府和百姓都有储存的粮食,那么即使遭遇荒年,又有什么值得忧虑的呢?”世祖认为他的建议很好。于是就下旨解除对了土地的封禁,把良田都授予农民去耕种。

当初,崔浩推荐并提拔了冀、定、相、幽、并五州的几十个人,他们刚刚做官就担任郡守。于是恭宗对崔浩说:“在这些人之前已经征召了很多人,也都是由各州郡选拔出来的,这些人在职很久了,都勤恳工作,但未能得到任何提拔。现如今可以先把过去征召的这些人补充到其他郡县担任官职,然后让新征召的人代任郎吏一级的官职。而且郡守县令要管理百姓,因此最好任用那些经验丰富的人。”崔浩固执地与太子恭宗争论,并且最终派遣了他自己选拔的那些人赴任。高允听闻此事后,对东宫博士管恬说:“崔公不能幸免于难了!如果他非要拿这种错误做法来与殿下较量,并要分出输赢,还如何能平安度日呢?”

辽东公翟黑子深受世祖宠爱,他奉公出使并州时,竟然收取上千匹布的贿赂,此事很快就败露了。于是黑子向高允请教对策,询问说:“如果陛下向我询问此事,我是俯首认罪呢,还是避而不答呢?”高允说:“您是朝中宠臣,回答陛下的问话时最好实话实说。并且要禀奏陛下您对朝廷的忠诚,这样罪行也许不会太大。”而中书侍郎崔览和公孙质等人却不这样认为,他们都说,一旦俯首认罪,招出实情,获罪大小实在无法揣测,所以最好是避而不答。黑子认为崔览等人更关心自己，怒气冲冲地对高允说："按你说的做，简直就是诱导我去送死，如果你真是如此想法，怎么不直说呢！"于是黑子就与高允断绝来往了。后来，黑子在回答世祖的问题时没有实话实说，从而被世祖疏远，最后他被治罪甚至遭受杀戮。

当时，著作令史闵湛和郄摽因性情奸巧邪佞，巧言逢迎，深受崔浩信任。他们读了崔浩注的《诗经》《论语》《尚书》和《易经》后，立即上表给魏帝，声称马融、郑玄、王肃和贾逵等人，虽然都注释、叙写过《六经》，但都存在遗漏和错误，比不上崔浩的注解精辟细致。请求广泛搜集国内的各种书籍，收藏于秘书府中。然后颁行崔浩所注释的书籍，命天下学子学习。并请求魏帝颁下旨意，命崔浩注解《礼传》，让后人能够了解正确的经义。崔浩也上表举荐闵湛，称他有著述之才。此后，闵湛又劝崔浩在石头上刊刻他所撰的国史，以便万世流传，其目的是想让崔浩撰写国史时秉笔直书，对拓跋部的事迹记录得详备文雅的方面得到更充分的体现。高允听闻此事后，对著作郎宗钦说："闵湛所做所为，转瞬之间，恐怕就会导致崔门的万世灾祸。我的徒弟中可没有这种人。"不久，灾难就降临了。

当初，崔浩被抓捕后，高允就在中书省内值班。恭宗派遣东宫侍郎吴延去召请高允，并让他留宿在宫内。第二天，恭宗要入朝奏启世祖，让高允一起随行。当走到宫门前时，恭宗对高允说："入朝后面见圣上，我自然会引导你的。假如圣上有事询问你，你只管依我所说应答。"高允问恭宗："因为什么事要这样做呢？"恭宗说："你进去就知道了。"入朝后面见魏帝，恭宗说："中书侍郎高允自在臣宫中以来，臣与他一起相处多年，他做事小心谨慎而且周密，臣确实很了解他。虽然他与崔浩是同事，但身份低微，都是听命于崔浩。请圣上饶恕他吧。"世祖将高允叫到面前，询问他说："《国书》都是崔浩撰写的吗？"高允答道："《太祖记》是前著作郎邓渊撰写。《先帝记》和《今记》是臣与崔浩一起撰写而成的。但是崔浩政务繁忙，只是负责统筹裁定而已。至于史中注解疏证的部分，臣所做多于崔浩。"世祖听后非常生气，说道："这个罪比崔造还严重，怎能留他一条生路！"恭宗连忙说："高允是小臣，见到圣上如此威严庄重，就语无伦次了。臣之前仔细询问过他，他每次都说是崔浩撰写。"世祖又问高允："果真如太子所言吗？"高允答道："臣资质平平，著述错误百出，冒犯天威，罪应灭族，如今臣甘愿受死，因此不敢不以实相告。殿下因为臣长期为他讲习授课，所以哀怜臣，为臣求命。实际上他并未问过臣，臣也没说过那些话。臣回答陛下文问话句句属实，不敢心神无主。”世祖对恭宗说道：“正直，对一个人来说很难做到，而高允能够做到至死不移，不就更难得吗！而且他对朕所言都是实话，真是一位忠臣啊。就你刚才这些话，朕宁可漏掉一有罪之人，也应该宽恕于你。”高允最终被赦免了。接着，世祖把崔浩叫到面前，让人诘问他。崔浩特别恍惚恐惧，不能应答。而高允却事事都能郑重说明，有条有理。因此当时世祖更加气愤，命令高允撰写诏书，自崔浩以下，僮仆吏卒以上一百二十八人全部夷灭九族。高允迟疑着没有动笔，世祖就不断下令急切地催促他。高允请求再次拜见世祖，然后再撰写诏书，于是世祖把他召到面前，高允进言说：“崔浩所犯之罪，如果还有除著述国史之外的其他罪行的话，那不是臣所知的。如果只是因国史一事获罪，那么，秉笔直书，直率撰书尽管对朝廷有所冒犯，但也罪不至死吧。”世祖登时震怒，命武士把高允抓起来。恭宗连忙恭敬地为高允求情。世祖说：“如果没有此人对朕表示不满，就有几千人被斩了。”崔浩最终被杀，而且被灭五族，其他人都仅以身死。宗钦在临死时，曾感叹说：“高允大概是位圣人吧！”

此事过后，恭宗责备高允说：“做人应当能够把握时机，审时度势，你不懂得审时度势，书读得再多又有何用呢？在那时，我一开始就引导你回答圣上问话，你为什么不顺着说，甚至还让圣上动怒。每每想起此事，就心有余悸。”高允说：“臣本是东方荒野中的一介书生，本来并没有做官的打算。恰逢太平盛世，朝廷征召贤士，也就应选了。于是臣脱去布衣，穿上官服，任职于中书省，而且还常常在麒麟阁参与校正编撰典籍之事。那些拿着朝廷俸禄却又无所事事的官员都很荣耀，而真正有才干的人却被打压，这种情况已经很久了。史书都是帝王行为的实录，是留给后代的明确借鉴，这样，才能使今人解古人，后人了解今天。正因为言行举止都要详细记录，所以帝王行事才要特别谨慎。而崔浩虽世代蒙受朝廷恩遇，在当时成为非常显赫的大族，却辜负了圣上的恩宠，自取灭亡。但对崔浩的所作所为，在当时也还是有值得探讨之处的。崔浩以蓬蒿之才，却担负栋梁之任，在朝中缺少正直的操守，在私下也无可称道之处，个人的贪欲早已淹没了他作为朝臣的公正廉洁，个人的爱憎早已隐蔽了他的公理之心，这些都是崔浩的罪责。至于记录朝廷日常生活之事，谈论国家政务得失，这些却也都是史书中的重点，没有和事实有太多违背。但臣与崔浩其实一起参与此事，不论生死荣辱，按理说不该有不同，确实是因为蒙受殿下的深切关怀，才违心地暂且幸免于难，这并不是臣的本意。”恭宗听后很是感动，赞叹不已。后来，高允对人说，我没有遵照东宫太子引导去做，是担心辜负了翟黑子，因为当初我就是如此教导他的，所以现在我也应如此去做。

恭宗晚期，对自己身边侍从非常亲近，并自己营造田园，以此来获取钱物。高允劝谏他说：“天地无私，所以天能覆盖大地，而大地能滋养万物；帝王无私，所以能够包养众生。过去的贤明君主，都以最公正之心从政治民，所以把金银埋藏在山中而不去开采，把珍珠留藏在深水中而不去捕捞，用这些事将自己的无私昭告天下，用至俭之言训导万民。所以赞美之声四起，万代颂扬。现在，殿下作为储君，四海归心，您的言行举止，将成为天下人效仿的标准，可是您却营造私田，畜养鸡犬，甚至贩酒于市集，还与市民争利，以至于天下议论之声传布，简直无法补救和掩盖。天下本是您的，您富有四海，想要什么而得不到的呢，有什么欲望不能得到满足呢，竟然去和那些贩夫贩妇们争此蝇头小利。过去，虢国将要灭亡时，神灵降临了，赐予其土地田园，最终丧失了土地家园。汉灵帝不修养君主的庄重威严，却喜欢与宫中的人列市叫卖，私自建立府库，营求小利，最终导致国家颠覆混乱的灾祸。前车之鉴就如您所作所为，太可怕了。作为君主，在选用人才时必须审慎，仔细进行观察。所以称知人善任之人为圣哲，这对于帝王来说是很难做到的。《商书》说：‘不要亲近小人’，孔子也说过，如果亲近了小人，那么他们就会对你行为不逊，如果疏远了小人，那么他们就会怨恨你。武王亲近周公、邵公、姜太公和毕公，所以能在天下称王。殷纣王亲近飞廉、恶来，所以使自己的国家灭亡了。纵观古今兴亡之事，无不是由皇帝亲近小人导致的。现在殿下常常心里感叹人才匮乏，事实上贤才并不少啊。近来在殿下身边侍奉之人，恐怕都不是治国安邦之人吧。所以臣希望殿下能够稍微体谅微臣愚见，斥退奸佞邪恶的小人，亲近忠良之人，把属于自己的田园分给贫苦的人，选择适当时机把畜养和贩卖之事也结束。像这样的话，对您的赞美之声会一天天到来，而指责之声也就会逐渐息止了。”恭宗并没有接受他的建议。

恭宗去世后，高允很久都没有入宫觐见圣上。后来世祖召见他，高允入宫后，登上台阶就开始哭泣，悲不能止。世祖见此情景，也泪流满面，并命高允退出，离开京城。朝臣们都不知其中缘故，互相议论说：“臣等见高允无缘无故哭泣，让圣上如此悲伤，到底是什么原因呢？”世祖听到这些后，将他们召进来说：“你们不知道高允的悲伤吗？”朝臣们说：“臣等看到高允无言而泣，而陛下为此很是悲痛，所以私下议论几句。”世祖说：“崔浩被诛杀时，高允也应该一起被处死，因为太子苦苦进谏，高允才得以幸免于难。如今太子已经不在人世了，高允见到朕因此才很悲痛啊。”

后来，高允上表说：“往年圣上下诏，命臣收集各种天文、灾异现象，并与人间之事相联系，撰写得既要精练又要值得一读。臣听说箕子陈述治国之策于是撰写了《洪范》，孔子讲述鲁史于是著成《春秋》一书，这些都是用来宣扬各种治国安民之策、恭敬地观测天象的事例。因此，根据人们行善或是为恶，上天立刻就会作出反应而出现灾难或奇异之象，随着人们的成功或失败，上天立刻也会应验而降临灾祸或福禄。上天与人间其实距离很远，但人得到的报应，却如同回声一样迅速，真是太让人畏惧了。自古以来，历代帝王，没有谁不尊崇此天人感应的规律，并把此规律作为考核的准则来整治国家，修养德行的。其后的史官都要把他们的事迹记录在册，以此作为戒鉴。汉成帝时，光禄大夫刘向见国家的命运危险，权力归于外戚，因此屡次上表陈述妖异天象出现，但都没有被皇帝采纳。于是以《洪范》和《春秋》中有关上天已对人间的恶迹有所报应而出现了灾异天象的内容加以解释，企图以此让皇帝受到触动而醒悟，可是皇帝最终还是未对当时出现的情况进行处治审问，最终导致国家灭亡。这难道不是很悲哀吗！为臣私下认为陛下神武齐天，英明而有远见，并以非常恭谨的态度来考查前代之事，一切都依照传统的规矩而行，对古代言行，没有不深入鉴别评论的，这些都是前代皇都无法相比的。臣才疏学浅，见识浅薄，恐怕没有能力拓广圣德，对陛下有所帮助，只是仰承您英明的意旨。今天臣郑重地依照《洪范传》《天文志》，收集其中事实大要，并加以汇编，略去修饰性的文辞，一共写成八篇。”世祖阅后称赞写的很好，说道：“高允对灾异现象的精通程度，难道比不上崔浩吗？”等到高宗即位，高允辅佐新君，展现出超群谋略。当时，司徒陆丽等人都受到皇帝的重赏，可是高允却没有得到嘉奖，对于这些事，他至死都无抱怨之言。他对朝廷的忠诚，为人谦逊而不自夸的品行，大致都如此类。

给事中郭善明，生性机灵乖巧，想在皇帝面前逞逞才能，劝高宗大兴土木，建造宫殿。高允对此劝谏道：“臣听说太祖道武皇帝在平定天下后，才开始建造都城，但所有的工程，不是农闲时候，先帝绝不动工营造。现在国家建立已经很久了，各种宫室都已齐备，永安前殿完全可以用来接受万国宾客的朝见，西厢暖房也完全可以让陛下休息，登上紫楼阁临望，远近之景可尽收眼底。如果再大肆修建雄伟华丽的宫殿，也只是图奇异美观，还是应慢慢地营建，不可匆忙求成。估计一下，修建这些宫殿，砍伐木材，运送土方，以及各种杂役，总共需要两万人，壮年男子承担劳役，老人小孩供应饮食，共计需要四万人，而且要半年才能完工。古人说过：一夫不耕种，就会有人挨饿；一妇不织布，就会有人受冻。何况是数万人无法从事耕种呢，那造成的损失和消耗就太大了。回想古代之事，再来验证现在，必然会得到借鉴。圣上实在应该认真考虑才好。”高宗采纳了他的建议。

高宗继承了太平之业，可是仍然沿袭鲜卑的习俗，婚丧嫁娶都没有遵循中原的传统仪式，因此高允劝谏道：

先帝在位时，多次颁发诏令，禁止婚姻嫁娶之时演奏音乐，送殡埋葬之日的唱歌、击鼓跳舞、杀牲和焚烧祭品等都要禁止。虽然这些诏令已颁布很久，可是风俗依然未改变。大概这是因为居于上位之人不能马上改正，所以平民百姓也逐渐习惯而成为风俗，对百姓教育的迟慢，竟达到如此地步。过去周文王凭借百里之地，无论整饬德政民风，还是颁布政令，首先自己和妻子先做到，然后再要求他的兄弟坐到，最后才要求天下百姓做到，最终拥有三分之二的天下。这表明明智的统治者，都会从自己和亲人先做起。《诗经》说：“教导你的亲属行善勿恶，百姓才会效仿啊。”因此，身为君主，一举一动不可不慎重啊。

《礼记》说：要嫁女的人家，三日燃烛不熄灭；娶妻的人家，三日禁止奏乐。现在各王纳室娶亲，都让乐部派艺伎来舞奏表演，以供嬉玩，却唯独只对百姓横加禁止，不准奏乐，这是怪事之一。

古代结婚之人，都挑选有道德节义的人家，精心挑选贞洁娴静的女子，先要请人说媒，接着再送给聘礼，对邀请而汇聚一起的宾朋，格外注重区别其身份，以表示尊重。亲近那些乘车的客人，崇尚他们端庄肃穆的仪态，婚姻大事，做起来就是这么困难。可是如今，诸位宗王年仅十五岁就赐予妻室，离家独居了。可是赐予妻子的宗王们，有的长幼不分，有的竟然闯入嫔妃住所胡来，而与宗王婚配者，也都是些嫔妃宫女。自古以来，违背礼仪之事，没有比这些再过分的了。近年来，屡次有人揭发和检举这些违礼之事。如果是诸位宗王因饮酒过度而遭受责难，事情之因，也都是其妻子因年老色衰而遭抛弃，因而出现这种纷乱的情形。如今皇子所娶的妻室多是嫔妃宫女，可是反倒让天下的百姓必须遵循礼制的规定婚嫁，这是怪事之二。

世间万物生长，最终没有不死的，古代贤明之君制定礼制，是用来养生送死的，这是合乎人情道理的。如果毁灭生命而自寻死路，那就是圣人禁止之事了。但是，埋葬就是掩藏的意思，死者不可能再见面了，因此要把他们深深地埋藏。过去帝尧被葬在谷林，而百姓并没有因此而迁移到其它地方去耕种；帝舜被葬在苍梧，商人也没有被迫到其它地方做买卖。秦始皇倒是营建了地下宫殿，把它的地基牢牢地固定在三泉之上，所用的金玉珍宝不计其数，可是他刚死不多时，就遭焚尸掘墓。由此推知，尧舜的勤俭，秦始皇的奢侈，是非对错一目了然。如今国家营造陵墓，耗费银钱上亿，如果被焚烧了，不也一样化为灰烬。如果奢侈浪费有益于逝者，古人为什么却不这样做呢。如今圣上一刻不停地营建茔域，却坚决禁止百姓兴建房屋，这是怪事之三。

古代丧礼祭礼，为代替死者受祭，必立尸主牌位，用来辨别左昭右穆的次序，以便让凭吊者有所依凭，来行献食之礼。现在埋葬死者后，人们直接寻找与死者相貌相似之人，如果死者是父母，就像对待父母一样服侍他，如果死者是配偶，就与他如夫妻般相互恩爱。伤风败俗，亵渎人伦，混乱礼制，没有比这更严重的了。朝廷如果对此不加禁止，百姓也不会改变、杜绝这些事，这是怪事之四。

宴飨之礼可以确定礼仪，教化天下臣民，所以圣贤帝王对此都很重视。礼制之严苛甚至到了酒杯斟满就不能喝，饭菜不新鲜就不能吃，音乐不是符合规范的高雅之音就不能演奏，食物颜色不正就不能摆上宴席。可是现在大宴宾客时，宫廷内外之人都混在一处，醉酒喧闹，一点没有什么礼仪。又让滑稽小丑进行粗俗的表演，污染视听。朝廷长期如此，才形成了这些坏风气，现在反到以此为美，而责斥纯洁朴素的风气，这是怪事之五。

如今，陛下作为历代帝王中之后的一位，承袭晋末大乱以来的弊俗，却不加以矫正厘定，扭正恶俗，臣恐怕天下百姓永远也不能秉承传统的礼仪和德行了。”

高允多次这样劝谏高宗，而高宗也都能从容听取建议，有时因直言进谏有冒犯之处，高宗实在无法听下去，就让侍臣扶他出去。遇到不便当众劝谏的事情，高允就请求到内宫私下拜见，高宗深知高允之意，总是预先屏退左右迎接他。高宗对他很是礼遇、尊敬，有时，高允早晨来进谏晚上才离开，有时接连几日都在宫里，大臣们都不知道他和皇帝在议论什么。

一次，有人上书高宗，历陈这样做的得失，高宗将表章翻阅后，对群臣说："一国之君就相当于一家之父，父亲有了过错，作为儿子怎么不写表章，在众人面前当众劝谏他，让人都知道他的过错，而是躲在家里私下处理此事呢。这难道不是对父亲的爱戴，而唯恐家丑外扬吗？如今国家善举或恶行，作为臣子不能当面陈奏，却要上表在众臣子面前劝谏一番，这难道不是故意宣扬君主之错，而表明他自己多么正确吗？像高允这样的人，才是真正的忠臣。朕有了过错，他常常用正直之言当面陈奏，哪怕是朕不爱听的进言，仍然侃侃而谈，一点也不躲避迁就。朕认识到了过错，可是天下人却不明白朕曾接受过他的劝谏，这难道不是忠诚正直吗！你们常在朕身边，朕却从未听到过你们当面说过一句正直之言，只是趁朕高兴时候求官乞职。你们手执弓箭、刀斧，侍奉朕左右，只有白白站立的苦劳，却都做到王公贵族等官位。而高允用一支笔，匡正国家的过失，官职却不过是个著作郎。你们内心难道不感到愧疚吗？"于是，高宗任命高允为中书令，同时还命他像过去一样仍兼著作郎。司徒陆丽说："高允虽然蒙圣上恩宠，但家境贫寒，衣着朴素，妻子儿女都无以为生。"高宗生气地说："为什么不早点禀告朕！如今朕要重用他了，才说出他的贫困之状。"当天，高宗亲临高允家中，只看到几间草屋，屋子里是粗布被子和乱麻做成的袍子，厨房中也只有一点咸菜而已。高宗叹息说："古时的人难道还比得上他这样的清苦生活吗！"当即赐给丝帛五百匹、粟米千斛，任命高允长子高忱为绥远将军、长乐太守。高允多次上表坚决推辞，高宗都没有答应。当初与高允一起受征召的游雅等人，大多已经授官封侯，甚至高允部下的一百多名小吏，也都升任刺史郡守一级的官职，可是高允却担任了二十七年的著作郎，没有升官。当时朝中的官吏没有俸禄，高允就常常让自己的几个孩子砍柴采果，维持生活。

当初，尚书窦瑾因获罪被诛杀，他的儿子窦遵为避难逃到山泽之中，窦遵的母亲焦氏也被囚禁在县府。后来，焦氏虽然因年老而被赦免，可是窦瑾的亲朋故旧中没有谁敢赡养她。高允怜悯年老的焦氏，就把她留在家里保护赡养。就这样六年过去了，直到窦遵被赦免，他才将老母接走。高允的品行大多如此。后来，高允调任太常卿，同时还继续担任中书令。他呈奏《代都赋》，借此劝谏皇上，这篇文章类似汉代张衡《东京赋》和《西京赋》之类的作品，但内容太多，本书不再记载。当时，中书博士索敞与侍郎傅默、梁祚论辨人的名与字的尊卑贵贱，议论纷纭，莫衷一是。高允于是撰写了《名字论》，来解惑释疑，该书引经据典，论证内容详实。后来他又以本官兼领秘书监，解除太常卿一职，并晋爵位为梁城侯，加官左将军。

先前，高允、游雅及太原张伟都是同学，于是成了朋友，游雅曾经评价高允说："大概喜怒是人的一生所不可能没有的。而以前的史书中记载的卓公为人宽厚持重，文饶大度宽宏，心地狭窄的人或许不相信。我与高子交往四十年了，却从来没有见过他因为事情的对错而面露喜怒之色，不得不相信啊。高子内心文德显耀而外表柔弱，说来迟迟说不出口，我常称他'文子'。崔公曾对我说：'高生才广学博，是一代名士，只是缺少一点勇武的风度气节。'当时我也这么认为。可是之后发生的事证明他却并非如此。司徒的国史一罪，只不过因小事而起，可是等到圣上降诏责罚时，崔公声音嘶哑，两腿发抖，连话都不敢说，宗钦和比他职位低的官员都伏地流汗，面无人色。可是高子却详细地陈述事理，辨明是非，言辞清晰明确，声音高亢洪亮。圣上为此而动容，在场的人无不对他予以称赞。他以仁厚之心对待同僚、朋友，因此能保住身家，过去所谓的勇武之人，和高允相比又怎么样呢？宗爱凭借权势，威名震四海。他曾经在大臣议政之处召集百官，宗王公侯及各级官员，只要望到他的殿庭就全下拜，只有高子到阶前才长揖见礼。由此可知，汉代的汲长孺可以躺着接见卫青，又怎么能说有悖礼仪呢？过去所谓的风度气节，难道不就是这样吗？了解一个人本来就很不容易，而被人了解就更不容易了。我只是了解高允的表面情况，却不了解他的内心，而崔公竟然连他的表面情况也不了解。钟期只限于听伯牙奏乐，管仲之个人，也只有鲍叔最能明了他的心迹，的确是有缘故啊。"高允就是如此受到世人推崇。

高宗非常敬重高允，经常不直呼他的名字，而习惯称他"令公"。于是"令公"之名传遍四方。高宗去世后，显祖即位，因年纪尚幼，无法独掌大业，乙浑趁机独揽朝政大权，密谋叛乱，危及国家。文明太后将他诛杀，然后召高允入宫，参议谋断国家的大事。又下诏给高允说："很久以来，学校长期没有修建，市肆衰败，学业荒废，学子叹息，在今天又重新出现这些情况。朕已继承大业，八方安定，考察旧制，打算在郡国设立学校，使进修的事业能够继续传授。卿是儒学宗师，开国元老，凭借您如今的名望和多年德行，最适合与中书省和秘书省的官员参议这些大事，使之得以传布四方。"高允上表启奏说："臣听说像筹划治国大事这样的大业，必须先对百姓进行教育、培养；所有的秩序以及九州大法，也要凭借文德来辅其成功。因此，辟雍照耀着周代的《诗经》，而泮宫也是《鲁颂》中重要的内容。自永嘉之乱后，原有的规章制度都被破坏了。乡间再也听不到吟诵《雅》《颂》之声，京城都邑也杜绝了隆重典礼的制度。道德沦丧，基业衰败，到现在已经近一百五十年了。仰想先朝打算效法过去的典章制度，弘扬圣贤的道德风尚，因为正值多事之秋，最终没有完成。陛下恭谨处理政事，注重节俭，明辨是非，继承大业，天下安宁，百官都臣服。为使祖宗的遗志得以申明，已绝迹的周代礼制得以恢复，于是广发仁德之声，创立并振兴礼乐法度及文章教化。无论官士还是百姓，都会为此而深感欣慰。臣承蒙诏令，将会同中书、秘书二省的官员，披阅历史典籍，详细研究制定典章制度和法度准则，随时随地督促儒者竭力从事教育事业，重视学问并专注于自己的学说。此圣明的诏令，综合汇集了古代的理义。当秉承圣旨，兴建学校，以便重振风俗。这样就能使先王之业的显耀未来，读书之音遍布天下。臣请求建立这样的制度，大郡设立两名博士，四名博士的助手，一百名学生；中等规模的郡设立两名博士，两名助手，八十名学生；小规模的郡设立一名博士，两名助手，六十名学生；最小规模的郡设立一名博士，一名助手，四十名学生。博士要选拔录用那些广泛阅读儒家经典，世代忠贞清白，能够为人师表之人，年龄应当在四十岁以上。助手选拔录用的标准与博士一样，年龄应当在三十岁以上。如果有道德修养高又大器早成的人，他的才能足够担任教书授业的工作，那么就不再限定他的年龄。学生就挑选郡府中那些品行清廉，一向有名望，能够遵从礼教之人。首先录取所有富贵人家的子弟，然后再录取那些通过考试的人。"显祖听从了他的建议。从此以后，郡国之内开始设立学校。

后来，高允因为年老多病，多次上表请求辞官归家，皇帝都没有答应。于是写下了《告老诗》。又因为过去一同被征召的同僚故友，如今大多已去世，他感慨时光流逝，怀念故去之人，于是作了一篇《征士颂》，颂文中只写了那些被征召在朝廷为官之人，其余没有被征召的就没有记录。对这些贤达之人，也只是简单列举了其生平事迹。现将颂文抄录下面：

中书侍郎、固安伯范阳人卢玄，字子真

郡功曹史博陵人崔绰，字茂祖

河内太守、下乐侯广宁人燕崇，字玄略

上党太宗、高邑侯广宁人常陟，字公山

征南大将军从事中郎勃海人高毗，字子翼

征南大将军从事中郎勃海人李钦，字道赐

河西太守、饶阳子博陵人许堪，字祖根

中书郎、新丰侯京兆人杜铨，字士衡

征西大将军从事中郎京兆人韦阆，字友规

京兆太守赵郡人李诜，字令孙

太常博士、钜鹿公赵郡人李灵，字虎符

中书郎、即丘子赵郡人李遐，字仲熙

营州刺史、建安公太原人张伟，字仲业

辅国大将军从事中郎范阳人祖迈

征东大将军从事中郎范阳人祖侃，字士伦

东郡太守、蒲县子中山人刘策

濮阳太守、真定子常山人许琛

行司隶校尉、中都侯西河人宋宣，字道茂

中书郎燕郡人刘遐，字彦鉴

中书郎、武恒子河间人邢颖，字宗敬

沧水太守、浮阳侯勃海人高济，字叔民

太平太守、平原子雁门人李熙，字士元

秘书监、梁郡公广平人游雅，字伯度

廷尉正、安平子博陵人崔建，字兴祖

广平太守、列人侯西河人宋愔

州主簿长乐人潘天符

郡功曹长乐人杜熙

征东大将军从事中郎中山人张纲

中书郎上谷人张诞，字叔术

秘书郎雁门人王道雅

秘书郎雁门人闵弼

卫大将军从事中郎中山人郎苗

大司马从事中郎上谷人侯辩

陈留郡太守、高邑子赵郡人吕季才

历代众多帝王管理官吏，没有不蓄积所有招揽各种人才的，以便让自己的统治更加高明有效。因此，周文王因为重用众多的贤达之士得以使天下安定，汉武帝因为得到了贤者的辅佐才开创了昌平盛世。这些都记载在史籍之中，也都是从古至今的恒常之理。魏朝自神祐以来，天下太平安定，诛灭了几世窃据势位的赫连氏，横扫了荒凉僻远之地任意胡为的贼寇，向南攻取了江楚之地，向西扫荡了凉州之地，域外民众，都仰慕魏朝的盛德大义，纷纷前来归降。从此后，国家偃戈息鼓，罢止战争，重修礼教，建立学校，延揽人才，向他们咨询国家政事。那真是日夜梦想贤达之人到来，想立刻见到他们，派人各地寻访，只是为了寻求到才智超群之人。当时，人们都齐声称赞范阳人卢玄等四十二人，他们全都是官宦之后，在地方上都有盛名，可作为辅佐人。皇帝亲自发布圣旨，征召卢玄等人，于是留着官位等待他们，空着爵位等着分封他们，真正应命受征召的有三十五人，其他人虽然按照规定没被州郡征聘，但他们的才能也同样无法估计。那时，满朝都是杰出人才，济济一堂，一派美好兴盛的气象。过去臣与他们一起承蒙朝廷的征聘，进入仕途，或者从容进出于朝廷参与政事，或者随意会集在家中尽情欢娱，大家都认为，千载难逢之际就从那时开始了。但时光易逝，吉凶更迭，一起受征聘之人，因为年老或去世，如今零落将尽。如今还健在的虽有几位，但也分于各处，终难再见。过去的欢乐却变成如今的悲叹。张仲业东行前往营州，多么希望他能返回，共同倾心畅叙，在垂暮之年相互怜惜，在夕阳将落之际共述情谊。可是仲业也突然不幸辞世了。如今，朝中的百官都是后进的学子，左邻右舍也都不再是旧日之人，入宫没有寄托心意的地方，出外也没有让人开颜一笑的地方。自我反思，所以叹息不已。一篇颂辞可以赞美品德高尚之人的形象，也可以借此畅所欲言，寄托自己的情思。我不作文章已有二十余年了，但事情总挂怀于心，怎能沉默不语呢？于是为他们写下颂辞，说：

祥瑞紫气冲九霄，群雄并起乱华夏。

群王恭谨往征战，屡驾战车跃飞马。扫荡贼寇草莽贼，铲除邪恶与妖霸。
四海之内风俗同，八方之内兴教化。刑罚教化功无穷，天下安定且同一。
偃戈息兵战事止，唯设礼教勤思虑。圣帝广求旷世才，寻访荐举能与贤。
投竿垂钓山隐士，奇人异士同出现。勤勉不倦卢子真，器量宽宏心地纯。
钻研学问德为先，研习六艺依凭仁。旌旗弓箭应征选，身着官服除布裙。
手敛衣襟走入朝，良谋妙策日日陈。从东到南勤出使，骑马扬鞭独驰骋。
北燕冯弘东归服，南朝刘宋和似亲。茕茕孤影崔茂祖，年幼衰亲遭不幸。
严于律己勤努力，重振旗鼓家道兴。专注勤勉习《六经》，遨游文藻辞章显。
高官厚禄终辞谢，恬淡自保一清心。燕崇常陟重诚信，言行高尚靡有过。
不求苟且进官爵，顺其自然去留职。淡泊谦逊又节俭，与事无争擅推辞。
遥思贤哲乐于古，如饥似渴求学识。宁静致远高子翼，悟性高妙李道赐。
以礼相约结为友，和谐同处如抚琴。同朝参议万机事，清官为民施善行。
悠闲自得度日月，聊以寄托两颗心。审时度势许祖根，谋深智足逞雄才。
上仰皇恩功名就，下依德友情谊长。功勋建树虽然迟，福禄享受却先行。
同辈旧臣与故友，位居群后是此人。孤身独立杜士衡，扪心自问无愧色。
不尚华丽言和语，交结新知不厌旧。计其财产虽贫乏，讲经论道达五斗。
所说同僚此一人，实是国家真英才。超凡脱俗韦友规，品行正直心良善。
他人优点勤汲取，个人小节善扬弃。禀性有序好静默，南征北战漂泊郎。
虽然屈居王侯下，念念不忘大志向。赵国故土好地方，代代不绝多奇士。
山岳聚集英才众，才秀贤能推三李。神采飘逸如清风，颜语和悦行谦恭。
初九圣贤行隐没，仰慕君王赴京师。李诜拜官治长安，李灵授爵为皇傅。
垂训皇宫教后辈，身兼处理万机务。李熙早夭寿虽短，官已拜达侍郎署。
所遗风尚值效取，光明显赫耀终生。学识渊博张仲业，性情清雅品高洁。
礼仪容止仿古式，典谟诰旨理殷切。身处艰险志不改，操守如一贯始终。
结朋交友重仁德，训导后辈尽孝道。教化遍布及龙川，百姓归附从其教。
祖迈杰出且贤能，祖侃授官也适选。闻名家邦受称颂，声明行为同丕显。
兼济天下唯其志，独善其身非己愿。冲破束缚无拘束，功勋事迹终未展。
刘策许琛忠职守，鞠躬尽瘁竭力行。出使各处能游说，入见皇帝展其功。
驾乘轻车赴天下，燕地臣服崇屈从。名声卓著映当代，社稷大业更昌盛。
大器早成宋道茂，人小年少扬名远。以诚相待结知己，行为处事守信诺。
融洽和睦诸兄弟，穆穆温暖一家人。影响广泛又深远，声名高振入云端。
常在宫中尽臣责，兼管天下京都城。量刑罚罪中为准，民风和睦百事平。

壮哉美哉刘彦鉴，艺文礼乐无不精。顺其自然是禀性，本领才华自修为。
高官厚禄不歆慕，身份寒微不辱慢。谢绝朱门辞官归，回返山林沐自然。
四杰之一邢宗敬，美名赞誉远传扬。辞章华丽如行云，文名彰显早流芳。
道遇路人疾病苦，诗赋相赠相慰问。真挚情感显于辞，人伦事理出于韵。
爽朗豁达高叔民，默识渊通畅古今。领新悟异多妙思，发乎内心睿思明。
气质堪比和氏璧，文采显耀似雕龙。仕途踌躇坐京城，衣锦还乡还旧邦。
先知先觉李士元，秉性耿直不迷惑。振奋精神登殿阁，为臣尽忠报朝廷。
行端履正榜样好，严遵法度守绳墨。心地真淳一君子，言行举止无差错。
孔子称许游和夏，汉人赞颂渊与云。超凡脱俗游伯度，出类拔萃更超群。
校勘经史入秘阁，总领州郡出河汾。移风易俗施教化，审理疑乱解争纷。
怡然理顺通难义，涣然冰释解疑文。悉心研析儒家术，区分九流易辨明。
崔建宋愔二贤人，天资奇伟又英杰。脱颖而出自民间，休名美德遍宫阙。
謇謇仪态殊耿直，邈邈风节益高亮。贤达卓异不自恃，白手起家竟辉煌。
潘符高尚为典范，杜熙随和性友善。洁身自好不随波，纤尘不染有主见。
名望高绝世罕有，只为小吏淡为官。不计得失反逾多，不尚名利反逾显。
张纲温和性谦逊，叔术端正心刚直。道雅洽闻且强识，闳弼博学又多才。
隐者之中出其类，渐成栋梁展鸿愿。奋发进取忘餐饮，雄心岂能足斗食。
遵循礼仪行仁义，榜样规范尽不失。困厄不悲心坦荡，得志不喜意自平。
郎苗初来入仕途，种种方法受考核。智足谋深超乎众，言论足可定邦国。
性与时俗相融洽，勤勉理政不妄言。合于今日新标准，无异古代旧准则。
人求物利性贪婪，惑意乱神沉于酒。洁身自好为侯辩，唯富德义甚笃厚。
日日饮酒虽放浪，益受敬重益温柔。无道身躯隐私室，好似跻彼众公侯。
若论季才真性格，执着奋争且文静。长行远抵南秦地，申明皇威施政令。
公平诱导权利弊，矫正是非凭准绳。帝王基业得发扬，边疆昌盛且安定。
群贤毕至聚一世，声名赫赫扬魏国。竭志效忠安天下，各施其能尽臣责。
身披体袭红衣裳，腰系双佩扎玉带。荣耀显扬在当时，风节高尚千载传。
君臣欢聚难相伴，古今常理更未觉。往日遵奉朝廷令，征举佳士能和谐。
手撩衣襟独畅思，解带宽衣独抒怀。此时忻乐似昨日，生死存亡骤两乖。
静思默想怀故旧，腹内翻腾心摧败。挥毫赞颂诸公德，更添我心悲与哀。

北魏皇兴年间，献文帝下诏任命高允兼任太常，并前往兖州拜祭孔子庙，献文帝对高允说："此事只有品德宽厚、德行高尚的人才有资格前往，请你不要再推辞了。"这之后，高允跟随显祖献文帝出征北伐，大胜返回，行至武川镇时，高允上奏《北伐颂》，颂辞说："昊广皇天真英伟，降赐鉴戒唯仁德，眷恋有魏担重任，居高临下耀万国。礼仪教化更和谐，君王满腹尽谋略，平息战乱凭皇威，严守法度万民和。劫掠旧隶属北疆，承政发令在蕃邦，往日只因常起事，驾车奔北顾逃亡。世袭旧制不遵循，背离忠义失诚信，网罗亡徒聚强盗，丑寇败类何其多。胆敢率领众羊犬，图谋放纵更猖狂，圣帝降旨谕上下，兴师挥戈赴北伐。跃马扬鞭裹干粮，星驰电掣行军忙，攻伐征讨劫杀勇，横扫千军斧钺扬。斧钺所至敌头落，执馘获俘歼敌旅，遍野尸横填沟壑，血流成河可漂橹。元凶敌首犬奔逃，借助陋室暂歇息，手下爪牙尽遭剐，左右心腹皆被杀。周人和亲敬老笃，忠厚仁义及草木，贤德圣君世无伦，古今美德皆此身。恩泽遍及京观下，仁德宏旨又垂临，掩埋尸骨释俘虏，仁爱施予生死魂。生灵死魂皆蒙爱，天地护佑人且喜，人伦贯通幽冥界，皇泽圣恩遍异土。物归其诚天下安，敬神行祭献其福，远近内外尽安抚，率士之宾皆臣服。古代所谓善用兵，三月克敌称神异，而今圣上亦兴师，告捷不用十二日。大军上下合力战，千邦万国共和谐，道义光耀垂万代，功勋劳绩铭玉牒，颂扬之声长久萦，流传散布至未来。"显祖阅后特别高兴。

此外，还有一件事。当时，显祖献文帝经常郁郁寡欢，因为高祖拓跋宏年幼，献文帝想册立京兆王拓跋子推为太子，于是，他召见诸位大臣，依次向他们询问建议。这时，高允走上前，跪倒在地，哭着说："臣不敢多说什么，唯恐烦劳圣听，希望陛下以祖宗所托基业为重，再回头想想周公辅成王的旧事。"于是显祖最终把帝位传给高祖，并赏赐高允千匹丝帛，来对其忠诚亮节进行表彰。后来，高允又升任为中书监，兼领散骑常侍。然而，高允虽然能够对古老典故及历史掌握很多，却不能沉静下来勤奋地专注于著述工作，当时，他与校书郎刘模搜集了一些资料，大体上是对崔浩过去的工作进行续补，把《春秋》的体例作为标准，对崔著时有删削修正。从高宗到显祖的事迹以及军事、国政、书志、檄文，多是高允撰写。直到晚年，高允才举荐高闾接替自己的工作。因为他评定讨论朝政大事立下功劳，又被朝廷晋封爵位为咸阳公，兼领镇东将军。

这之后不久，高允又被任命为使持节、散骑常侍、征西将军和怀州刺史。有一年秋季，高允巡视边境，询问百姓疾苦，所到之处，嘘寒问暖，当巡视到邵县时，高允看见邵公庙已经坍塌毁坏，未被修复，便对人说："邵公贤德，现在其庙坍塌毁坏而无人修缮，那么想要为善的人还敬仰什么呢。”于是，他将此事上奏魏帝，请求重加修葺邵公庙。当时高允已年近九十，仍然劝导百姓注重学业，使得此种风气很是盛行。与之相反，当时的很多儒者却只是悠闲地四处游玩，而不关注国家政事。多年以后，正光年间，中散大夫、中书舍人河内人常景追思高允，亲率郡中的故旧老人，在野王的南面为高允修立祠堂，竖立一块碑石，记录他的功德。

北魏孝文帝太和二年，高允又以年老请求辞官归家，他先后呈递了十余份奏章，可是孝文帝最后也没有答应他，于是高允又以患病为由，请假返回故乡。第二年，孝文帝又下诏征召他，命州郡用舒适的车送他回到京都。高允抵达京城后，皇帝任命他为镇军大将军，兼领中书监。高允坚决推辞，没被允许。孝文帝又命人搀扶着他进入内宫，修改议定《皇诰》。高允当时呈递上《酒训》一文，奏章说：

“圣上曾命臣对历代因贪杯饮酒所导致的弊端以及败德之事加以汇编讨论，因而写成《酒训》一文。臣愚钝又年迈，按道理都是该被抛弃之人了，可是陛下却仍然对臣异常恩宠，在臣垂死之年还予以重用，在臣内心衰颓时进行劝勉。臣接受诏命，特别惶恐，喜忧交织，不知如何用行动来回报圣恩。陛下英明睿智，远见卓识，身处高位抚恤万民；太皇太后英明贤德，仁德宽广，救助抚育万邦百姓。普天之下，无不颂扬。尽管已近暮年依然为国事忧虑且辛劳不停，各种设想和期望总是一个接一个，而且喜好追思往事，总结所作所为带来的警示及借鉴。如此真诚地心怀能够让百神感动，更何况是百官和庶民呢。臣不胜欣喜，郑重地把自己所见所闻都写下来，著成这篇《酒训》。只是臣愚钝无知，见识浅薄，加之习文弄墨之事已荒废多年，所以文辞拙劣，思想浅薄，不值得陛下阅读采纳。陛下以慈悲为怀，能够体恤臣的赤诚，宽恕臣悖理不明的主张。《训》辞如下：

从古至今，贤德之君都要举行宴飨之礼，因为上古还没有酒，当时都是用水举行祭礼活动，所以帝王在举行飨礼时，要把水制的玄酒摆放在厅堂上，把祭礼用的斋酒摆放在它的下面，这正是崇尚根本，重视源头，而将祭品的味道看得更次要的体现。如果做到这样，那么，即使是带着酒杯而行，走到哪里喝到哪里，也不会出现混乱的局面。因此，一个人如果能在彰明礼制后饮酒，人们对他的恭敬仰慕就不会减少，如果能在处理完事务后再饮酒，所有的仪式也就不会出现差错。不遵循这项准则而行，就是违背正道的。如果这样，又将如何成为时代的楷模和处事的典范，然后永世长存呢？纵观古今历代兴衰成败的经验教训，吉凶祸福皆是人为，而不能归咎于天。商纣王帝辛在酒中沉湎，殷商王朝由此而亡；周公姬旦写了《酒诰》，用它来训导劝诫康叔，周朝因此得以兴盛。春秋时楚国的公子侧（字子反）特别昏庸，纵情饮酒，最终招致丧命，而汉代的穆生滴酒不喝，却留下一世美名。有些人长期以来一直是人们言行的戒鉴，而有一些人却被世人万代颂扬。酒能够改变和迷惑人的心性，即使是圣哲之人，但又有谁能控制得住呢？为官的人会因酒而懒散地处理政务，百姓会因酒而对政令懈怠不执行，智慧贤达之士会因酒而背弃道理，温柔恭顺之人会因酒而发生争斗，而长期纵酒无度又不知悔改，就会患病。又哪里仅是让人生病，简直可以说让人减寿。谚语也说：如果想使事物增益，那么增益如同分毫一样慢，而要想使事物减损，却会如刀切一样快。这里所说的增益，只是在一方面增加罢了，不也很慢吗？这里所说的减损，就是幼年时代就心志迷乱，幼年乱志的损害，不也很快吗？千万不要因纵酒而沉沦，千万不要因饮酒争胜而丧失道德人伦。如果做不到这些，国家就会发生祸乱，失去方向，让百姓漂泊流亡。不学习传统，不遵守法度，违背了这些还能继承什么呢？《诗经》也说过，“对待事情要像制造骨器和玉器一样，精心地用刀去切割，用锉去剉平，用刀去雕琢，用物去磨平。”这就是朋友之间应遵循的标准。为官者要对君主的过失进行劝谏，为君者要对多次谋划立功的人有所约束，这是君臣间应恪守的准则。如果一个人所说的话是善良而有益的，就要多加考虑审察，并牢固地记住它，如果一个人所说的话是恶意而无用的，就要怜悯、宽恕它。这就是先王接受劝谏时持有的态度。过去司马晋的时代，士大夫大多做事失去法度，放荡不羁，认为这样才是无拘无束，纵情举杯欢饮，认为这样才有超脱豁达的气度，吟唱着关于酒的颂歌，互相炫耀一番。他们声称尧和舜都都有千杯万盏的酒量，宣扬诋毁法度的言论，以伟大的圣贤为例，来表明他们的行为是在效法前人，难道果真如此吗？子思说过，孔子饮酒，喝不了一升。由此推断，尧舜能饮千杯万盏的说法都是荒谬不实际的。

现在，大魏应受河图而统治万民，如日月之光普照大地，教化所及，没有不真心臣服的，仁德之风渐渐兴盛，遍布天下。太皇太后用至仁至德教化万民，不知疲倦，所付出的忧虑和辛劳比皇亲之情还要殷勤周到，政令和教化广行天下，越过疆界。所以，就能够让国运与天地和谐，让功绩可与天地万物相比。圣上将仁德恩泽施予万民，于是，天下没有不遵守法度的人，普天之下，率土之滨，也无处不蒙受着圣恩。在朝中供职的群臣，都是有志之士，他们最好要自我约束，从善而行，行为端正，正直忠诚。节制饮酒以便形成法度，顺随德政以便建立准则。让人领悟纵饮无度的危害，它会让人明知有害却无法控制，让人懂得恭敬谨慎才是极荣耀的美德。遵守孝道来赡养老人，光宗耀祖而使名声远扬。追随孔子的学生闵子和曾子的足迹，把仁德之风传于后人。这样才能上可报答上天的恩赐，下保有已经取得的功业。怎么能不勉励啊！怎么能不勉励啊！”

高祖阅后很是高兴，经常把此文放在自己身边。

后来，高祖孝文帝下诏，准高允乘车进入大殿，大臣朝拜时也可不必行礼。第二年，孝文帝下令让高允商议制定律令。虽然他的年纪很大了，但志向、知识并没有因之减少，如同当年担任校书郎，披览考定史籍时一样。其后，孝文帝又颁布诏令说：“高允的年纪太大了，但家境贫穷，供养也很微薄。可以让乐部派出十名弹奏丝竹乐器之人，每隔五天到高允家里去演奏一次，以便让他的心情愉悦。”同时还特意赐他一头蜀地牛，一辆蜀地制造的四面开窗的四驾马车，一件素面的几案、一件素面的手杖和一口蜀地制造的刀。又赐给他珍奇食物，每到春秋时节经常派人送到他的住处。不久，又命朝廷负责膳食的官员，，每逢初一和十五还要送去牛肉和美酒，至于衣服绵绢等物，每月都要送。高允把这些都分赠给亲朋故旧。当时，凡是地位显赫的大臣，都有很多亲属在朝廷担任高官，可是高允的子弟中却无一人身兼官爵。他就是如此廉洁谦逊。后来，高允又升任为尚书、散骑常侍，孝文帝常常邀请他入宫，亲自备好几案手杖，向他询问国家大事。等到太和十年，高允兼任光禄大夫，并被授予系有紫色丝带的金印。朝中的大事，都要征求询问他的建议。

北魏刚建国时，法令严苛，大多数官吏都受过杖刑。高允前后侍奉五位皇帝，在尚书省、中书省和门下省都担任过官职，历经五十余年，却从没有过一点过错。当初，在太平真君年间，因为狱讼刑罚的积案很多，于是世祖命高允在中书省，依据儒家经义审断处理多宗疑案。高允根据律法评定行刑，历时三十多年，朝廷内外都称赞他断事公平。高允认为，刑罚之事关系到百姓性命，他常常感叹说："古代的皋陶虽德行高尚，但其后代英蓼却很早就亡灭了，刘邦、项羽争夺天下时，英布虽然因获罪而受黥刑，但是最终称王。经历了很长的时代，但还可能有犯法的危险。古代圣贤尚且如此，更何况普通人，谁能不犯错误呢？"

太和十年四月，群臣在京城西郊共议国事，孝文帝下诏，派人用自己的马车迎接高允赴西郊的住所板殿观看。当走到中途时，马忽然受惊狂奔，车翻人伤，高允的额眉等处受了三处伤。孝文帝和文明太后派医携药前往护理治疗，慰问探视。驾车的车夫将遭受重刑，高允知道后，急忙陈奏身体没有大碍，请求免去车夫之罪。此前，也曾有类似的事情发生，魏帝让中黄门苏兴寿搀扶高允，一次在风雪中突然遇到狗，高允受惊摔倒，苏兴寿很害怕。高允却安慰劝勉他，不让他把此事说出去。苏兴寿说，接待扶持高允，与他共处了三年，从来没有见他有过愤怒的神色。他对人循循善诱，诲人不倦。他昼夜手不释卷，翻看诵读。他与亲人的感情很深厚，对故旧朋友很是思念。他做人谦虚谨慎，喜欢汲取他人之长。虽然身居高位，地位显赫，但志向却很贫素淡泊。他平素爱好音乐，每当乐伎们弹琴唱歌跳舞之时，他总是在一旁和着节拍称好。他还很信仰佛教、道教，经常设斋，请僧人讲法，平生喜欢善行，对杀戮之事特别憎恨。他性格疏简，不随便与人交往。当年，显祖献文帝平定青州，收复齐国故地时，曾将当地的名门望族迁往代州。当时，许多士宦因为辗转迁徙，长途跋涉而饥寒交迫。在这些人中，有许多高允的妻族之人，他们都徒步前行，一直到达目的地。而高允就把自己的财物都分发给了徙民，用来帮助救济他们，并且慰问周到。人们都为其仁厚之心而感动。他又招纳有才能徙民，然后上表举荐，奏请魏帝任用他们。当时人们都对这些新任用之人心存疑虑，高允却说，选用人才，不应该压制身份卑微之人。此前，高允曾被征召到方山写颂文，他的身体还行，记忆力与当年也相差无几，谈论往事，记忆犹新，没有遗忘。太和十一年正月，高允去世，享年九十八岁。

当初，高允常常对人说："我过去在中书省任职时曾积有阴德，救济过百姓。如果在阳报不出差错的话，我当有百年之寿。"在他去世前十天左右，身体稍微有些不适。但他依然没有入寝卧躺，请医用药，而是像往常一样随意出入，行动自如，不断吟诵诗文。高祖孝文帝和文明太后听说高允不适，立即命太医李修前去把脉诊治，李修仔细诊断后，对高允说身体安然无恙。之后李修入宫，偷偷向孝文帝禀告说，高允的荣卫两脉都出现了异常现象，恐怕不久于世了。于是，孝文帝派遣使者送去赏赐给高允的御膳珍馐，从酒米到盐醋，共计一百多种，包括当时所有的美味佳肴，而且还有床帐、衣服、茵被、几案和手杖，这些摆满了整座庭院。朝中之官来来往往，纷纷前来慰问，高允无法抑制地兴奋，满面喜色对人说："因为我太老了，所以上天降恩，赠送我这么多佳品，可以拿这些招待客人了。"然后只是上表谢恩，并没有考虑什么。就这样又过了几天，高允在一天深夜悄然离世，家人都没有察觉。高允去世后，孝文帝下诏赠绢一千匹、布二千匹、丝五百斤、锦五十匹、杂彩织物百匹、谷米千斛，用来供丧葬之用。从北魏初年到现在，不管生者还是逝者，都不曾蒙受过如此丰厚的赏赐，满朝人都认为这是最大的荣耀。将要入葬时，孝文帝又追赠高允侍中、司空公和冀州刺史等官职，他生前担任的将军、公等官爵如故，谥号文，并赐予命服一套。高允撰写的诗、赋、诔、颂、箴、论、表、赞，加上他撰写的《左氏释》《公羊释》《毛诗拾遗》《论杂解》《议何郑膏肓事》等，共计百余篇，都分门别类编纂成集，将它们流行于世。高允还通晓算法，算术方面的著作有三卷。高允去世后，他的儿子高忱承继其事业。

魏书卷五十二

阚骃列传第四十

阚骃，字玄阴，敦煌人也。祖倞，有名于西土。父玟，为一时秀士，官至会稽令。骃博通经传，聪敏过人，三史群言，经目则诵，时人谓之宿儒。注王朗《易传》，学者籍以通经。撰《十三州志》，行于世。蒙逊甚重之，常侍左右，访以政治损益。拜秘书考课郎中，给文吏三十人，典校经籍，刊定诸子三千余卷。加奉车都尉。牧犍待之弥重，拜大行，迁尚书。姑臧平，东平王丕镇凉州，引为从事中郎。王薨之后，还京师。家甚贫弊，不免饥寒。性能多食，一饭至三升乃饱。卒，无后。

【译文】

阚骃字玄阴，甘肃敦煌县人。祖父名倞，闻名于西凉。父亲名玟，是当时杰出的人才，官至会稽县令。阚骃学识渊博，精通经传，智慧超群，《史记》《汉书》《后汉书》以及群言，看一遍就能背诵，当时人称他为“宿儒”。阚骃给王朗的《易传》作了注解，学者借助这些注释可以通读经书。他撰写的《十三州志》流行于当世。北凉的建立者沮渠蒙逊（368—433年）很赏识他，经常命他随侍于身边，向他闻询政治方面的利害得失。后来，他被任命为秘书考课郎中，分别派遣三十名文吏，典藏校订经籍，共刊定子部书三千余卷。之后又被加封为奉车都尉。牧犍对他更加敬重，授予他大行一职，后又升任尚书。姑臧（今甘肃武威）秃发傉檀（363—415年）被蒙逊击败后，东平王丕在凉州镇守时，阚骃被任命为从事中郎。王去世后，阚骃返回京师。家境很贫寒，常常忍受饥寒之苦。他天生饭量大，一顿饭要吃三升才能吃饱。他去世后，没有子嗣后人。

魏书卷五十三

李冲列传第四十一

李冲，字思顺，陇西人，敦煌公宝少子也。少孤，为长兄荥阳太守承所携训。承常言："此儿器量非恒，方为门户所寄。"冲沉雅有大量，随兄至官。是时牧守子弟多侵乱民庶，轻有乞夺，冲与承长子韶独清简皎然，无所求取，时人美焉。

显祖末，为中书学生。冲善交游，不妄戏杂，流辈重之。高祖初，以例迁秘书中散，典禁中文事，以修整敏惠，渐见宠待。迁内秘书令、南部给事中。

旧无三长，惟立宗主督护，所以民多隐冒，五十、三十家方为一户。冲以三正治民，所由来远，于是创三长之制而上之。文明太后览而称善，引见公卿议之。中书令郑羲、秘书令高祐等曰："冲求立三长者，乃欲混天下一法。言似可用，事实难行。"羲又曰："不信臣言，但试行之，事败之后，当知愚言之不谬。"太尉元丕曰："臣谓此法若行，于公私有益。"咸称方今有事之月，校比民户，新旧未分，民必劳怨，请过今秋，至冬闲月，徐乃遣使，于事为宜。冲曰："民者，冥也，可使由之，不可使知之。若不因调时，百姓徒知立长校户之勤，未见均徭省赋之益，心必生怨。宜及课调之月，令知赋税之均。既识其事，又得其利，因民之欲，为之易行。"著作郎傅思益进曰："民俗既异，险易不同，九品差调，为日已久，一旦改法，恐成扰乱。"太后曰："立三长，则课有常准，赋有恒分，苞荫之户可出，侥幸之人可止，何为而不可？"群议虽有乖异，然惟以变法为难，更无异义。遂立三长，公私便之。

迁中书令，加散骑常侍，给事中如故。寻转南部尚书，赐爵顺阳侯。冲为文明太后所幸，恩宠日盛，赏赐月至数千万，进爵陇西公，密致珍宝御物以充其第，外人莫得而知焉。冲家素清贫，于是始为富室。而谦以自牧，积而能散，近自姻族，逮于乡闾，莫不分及。虚己接物，垂念羁寒，衰旧沦屈由之跻叙者，亦以多矣。时以此称之。

初，冲兄佐与河南太守来崇同自凉州入国，素有微嫌。佐因缘成崇罪，饿死狱中。后崇子护又纠佐赃罪，佐及冲等悉坐幽系，会赦乃免，佐甚衔之。至冲宠贵，综摄内外，护为南部郎，深虑为冲所陷，常求退避，而冲每慰抚之。护后坐赃罪，惧必不济。冲乃具奏与护本末嫌隙，乞原恕之，遂得不坐。冲从甥阴始孙孤贫，往来冲家，至如子侄。有人求官，因其纳马于冲，始孙辄受而不为言。后假方便，借冲此马，马主见冲乘马而不得官，后乃自陈始末。冲闻之，大惊，执始孙以状款奏，始孙坐死。其处要自厉，不念爱恶，皆此类也。

是时循旧，王公重臣皆呼其名，高祖常谓冲为中书而不名之。文明太后崩后，高祖居丧，引见待接有加。及议礼仪律令，润饰辞旨，刊定轻重，高祖虽自下笔，无不访决焉。冲竭忠奉上，知无不尽，出入忧勤，形于颜色。虽旧臣戚辅，莫能逮之，不法服其明断慎密而归心焉。于是天下翕然，及殊方听望，咸宗奇之。高祖亦深相仗信，亲敬弥甚，君臣之间，情义莫二。及改置百司，开建五等，以冲参定典式，封荥阳郡开国侯，食邑八百户，拜廷尉卿。寻迁侍中、吏部尚书、咸阳王师。东宫既建，拜太子少傅。高祖初依《周礼》，置夫、嫔之列，以冲女为夫人。

诏曰："昔轩皇诞御，垂栋宇之构；爰历三代，兴宫观之式。然茅茨土阶，昭德于上代；层台广厦，崇威于中叶。良由文质异宜，华朴殊礼故也。是以周成继业，营明堂于东都；汉祖聿兴，建未央于咸镐。盖所以尊严皇威，崇重帝德，岂好奢恶俭，苟弊民力者哉？我皇运统天，协纂乾历，锐意四方，未遑建制，宫室之度，颇为未允。太祖初基，虽粗有经式，自兹厥后，复多营改。至于三元庆飨，万国充庭，观光之使，具瞻有阙。朕以寡德，猥承洪绪，运属休期，事钟昌运，宜遵远度，式兹宫宇。指训规模，事昭于平日；明堂、太庙，已成于昔年。又因往岁之丰资，借民情之安逸，将以今春营改正殿。违犯时令，行之惕然。但朔土多寒，事殊南夏，自非裁度当春，兴役徂暑，则广制崇基，莫由克就。成功立事，非委贤莫可；改制规模，非任能莫济。尚书冲器怀渊博，经度明远，可领将作大匠；司空、长乐公亮，可与大匠共监兴缮。其去故崇新之宜，修复太极之制，朕当别加指授。"

车驾南伐，加冲辅国大将军，统众翼从。自发都至于洛阳，霖雨不霁，仍诏六军发轸。高祖戎服执鞭，御马而出，群臣启颡于马首之前。高祖曰："长驱之谋，庙算已定，今大军将进，公等更欲何云？"冲进曰："臣等不能折冲帷幄，坐制四海，而令南有窃号之渠，实臣等之咎。陛下

以文轨未一，亲劳圣驾，臣等诚思亡躯尽命，效死戎行。然自离都淫雨，士马困弊，前路尚遥，水潦方甚。且伊洛境内，小水犹尚致难，况长江浩瀚，越在南境。若营舟楫，必须停滞，师老粮乏，进退为难，矜丧反旆，于义为允。”高祖曰：“一同之意，前已具论。卿等正以水雨为难，然天时颇亦可知。何者？夏既炎旱，秋故雨多，玄冬之初，必当开爽。比后月十间，若雨犹不已，此乃天也，脱于此而晴，行则无害。古不伐丧，谓诸侯同轨之国，非王者统一之文。已至于此，何容停驾。”冲又进曰：“今者之举，天下所不愿，唯陛下欲之。汉文言，吾独乘千里马，竟何至也？臣有意而无其辞，敢以死请。”高祖大怒曰：“方欲经营宇宙，一同区域，而卿等儒生，屡疑大计，斧钺有常，卿勿复言！”策马将出。于是大司马、安定王休，兼左仆射、任城王澄等并殷勤泣谏。高祖乃谕群臣曰：“今者兴动不小，动而无成，何以示后？苟欲班师，无以垂之千载。朕仰惟远祖，世居幽漠，违众南迁，以享无穷之美，岂其无心，轻遗陵壤。今之君子，宁独有怀？当由天工人代、王业须成故也。若不南銮，即当移都于此，光宅土中，机亦时矣，王公等以为何如？议之所决，不得旋踵，欲迁者左，不欲者右。”安定王休等相率如右。前南安王桢进曰：“夫愚者暗于成事，智者见于未萌。行至德者不议于俗，成大功者不谋于众，非常之人乃能建非常之事。廓神都以延王业，度土中以制帝京，周公启之于前，陛下行之于后，故其宜也。且天下至重，莫若皇居，人之所贵，宁如遗体？请上安圣躬，下慰民望，光宅中原，辍彼南伐。此臣等愿言，苍生幸甚。”群臣咸唱“万岁”。

高祖初谋南迁，恐众心恋旧，乃示为大举，因以胁定群情，外名南伐，其实迁也。旧人怀土，多所不愿，内惮南征，无敢言者，于是定都洛阳。冲言于高祖曰：“陛下方修周公之制，定鼎成周。然营建六寝，不可游驾待就；兴筑城郛，难以马上营讫。愿暂还北都，令臣下经造，功成事讫，然后备文物之章，和玉銮之响，巡时南徙，轨仪土中。”高祖曰：“朕将巡省方岳，至邺小停，春始便还，未宜遂不归北。”寻以冲为镇南将军，侍中、少傅如故，委以营构之任。改封阳平郡开国侯，邑户如先。

车驾南伐，以冲兼左仆射，留守洛阳。车驾渡淮，别诏安南大将军元英、平南将军刘藻讨汉中，召雍泾岐三州兵六千人拟戍南郑，克城则遣。冲表谏曰：“秦州险阨，地接羌夷，自西师出后，饷援连续，加氐胡叛逆，所在奔命，运粮擐甲，迄兹未已。今复豫差戍卒，悬拟山外，虽加优复，恐犹惊骇，脱终攻不克，徒动民情，连胡结夷，事或难测。辄依旨密下刺史，待军克郑城，然后差遣，如臣愚见，犹谓未足。何者？西道险阨，单径千里，今欲深戍绝界之外，孤据群贼之中，敌攻不可卒援，食尽不可运粮。古人有言，‘虽鞭之长，不及马腹’，南郑于国，实为马腹也。且昔人攻伐，或城降而不取；仁君用师，或抚民而遗地。且王者之举，情在拯民；夷寇所守，意在惜地。校之二义，德有浅深。惠声已远，何遽于一城哉？且魏境所掩，九州过八，民人所臣，十分而九。所未民者，惟漠北之与江外耳。羁之在近，岂急急于今日也？宜待大开疆宇，广拔城聚，多积资粮，食足支敌，然后置邦树将，为吞并之举。今钟离、寿阳，密迩未拔；赭城、新野，跬步弗降。所克者舍之而不取，所降者抚之而旋戮。东道既未可以近力守，西蕃宁可以远兵固？若果欲置者，臣恐终以资敌也。又今建都土中，地接寇壤，方须大收死士，平荡江会。轻遣单寡，弃令陷没，恐后举之日，众以留守致惧，求其死效，未易可获。推此而论，不戍为上。”高祖从之。

车驾还都，引见冲等，谓之曰：“本所以多置官者，虑有令仆暗弱，百事稽壅，若明独聪专，则权势大并。今朕虽不得为聪明，又不为劣暗，卿等不为大贤，亦不为大恶。且可一两年许，少置官司。”

高祖自邺还京，泛舟洪池，乃从容谓冲曰：“朕欲从此通渠于洛，南伐之日，何容不从此入洛，从洛入河，从河入汴，从汴入清，以至于淮？下船而战，犹出户而斗，此乃军国之大计。今沟渠若须二万人以下、六十日有成者，宜以渐修之。”冲对曰：“若尔，便是士无远涉之劳，战有兼人之力。”迁尚书仆射，仍领少傅。改封清渊县开国侯，邑户如前。及太子恂废，冲罢少傅。

高祖引见公卿于清徽堂，高祖曰：“圣人之大宝，惟位与功，是以功成作乐，治定制礼。今徙极中天，创居嵩洛，虽大构未成，要自条纪略举。但南有未宾之竖，兼凶蛮密迩，朕夙夜怅惋，良在于兹。取南之计决矣，朕行之谋必矣。若依近代也，则天子下帷深宫之内；准上古也，则有亲行，祚延七百。魏晋不征，旋踵而殒，祚之修短，在德不在征。今但以行期未知早晚。知几其神乎，朕既非神，焉能知也。而顷来阴阳卜术之士，咸劝朕今征必克。此既家国大事，宜共君臣各尽所见，不得以朕先言，便致依违，退有同异。”冲对曰：“夫征战之法，先之人事，然后卜筮，今卜筮虽吉，犹恐人事未备。今年秋稔，有损常实，又京师始迁，众业未定，加之征战，以为未可。宜至来秋。”高祖曰：“仆射之言，非为不合。朕意之所虑，乃有社稷之忧。然咫尺寇戎，无宜自安，理须如此。仆射言人事未从，亦不必如此。朕去十七年，拥二十万众，行不出畿甸，此人事之盛，而非天时。往年乘机，天时乃可，而阙人事，又致不捷。若待人事备，复非天时，若之何？加仆射之言，便终无征理。朕若秋行无克捷，三君子并付司寇。不可不人尽其心。”罢议而出。

后世宗为太子，高祖宴于清徽堂。高祖曰：“皇储所以纂历三才，光昭七祖，斯乃亿兆咸悦，天人同泰，故延卿就此一宴，以畅忻情。”高祖又曰：“天地之道，一盈一虚，岂有常泰。天道犹尔，况人事乎？故有升有黜，自古而然。悼往欣今，良用深叹。”冲对曰：“东晖承储，苍生咸幸。但臣前忝师傅，弗能弼谐，仰惭天日，慈造宽含，得预此宴，庆愧交深。”高祖曰：“朕尚弗能革其昏，师傅何劳愧谢也。”

后尚书疑元拔、穆泰罪事，冲奏曰：“前彭城镇将元拔与穆泰同逆，养子降寿宜从拔罪。而太尉、咸阳王禧等，以为律文养子而为罪，父及兄弟不知情者不坐。谨审律意，以养子于父非天性，于兄弟非同气，敦薄既差，故刑典有降，是以养子虽为罪，而父兄不预。然父兄为罪，养子不知谋，易地均情，岂独从戮乎？理固不然。臣以为：依据律文，不追戮于所生，则从坐于所养，明矣。又律惟言父不从子，不称子不从父，当是优尊厉卑之义。臣禧等以为：‘律虽不正见，互文起制，于乞也举父之罪，于养也见子坐，是为互起。互起两明，无罪必矣。若以嫡继，养与生同，则父子宜均，只明不坐。且继养之法云：若有别制，不同此律。又令文云：诸有封爵，若无亲子，及其身卒，虽有养继，国除不袭。是为有福不及己，有罪便预坐。均事等情，律令之意，便相矛盾。伏度律旨，必不然也。’臣冲以为：指例条寻，罪有无疑，准令语情，颇亦同式。”诏曰：“仆射之议，据律明矣；太尉等论，于典矫也。养所以从戮者，缘其已免所生，故不得复甄于所养。此独何福，长处吞舟？于国所以不袭者，重列爵，特立制，因天之所绝，推而除之耳，岂复报对刑赏？于斯则应死，可特原之。”

冲机敏有巧思，北京明堂、圆丘、太庙，及洛都初基，安处郊兆，新起堂寝，皆资于冲。勤志强力，孜孜无怠，旦理文簿，兼营匠制，几案盈积，剞劂在手，终不劳厌也。然显贵门族，务益六姻，兄弟子侄，皆有爵官，一家岁禄，万匹有余，是其亲者，虽复痴聋，无不超越官次。时论亦以此少之。

年才四十，而鬓发班白，姿貌丰美，未有衰状。李彪之入京也，孤微寡援，而自立不群，以冲好士，倾心宗附。冲亦重其器学，礼而纳焉，每言之于高祖，公私共相援益。及彪为中尉、兼尚书，为高祖知待，便请非复藉冲，而更相轻背，惟公坐敛袂而已，无复宗敬之意也。冲颇衔之。后高祖南征，冲与吏部尚书、任城王澄并以彪倨傲无礼，遂禁止之。奏其罪状，冲手自作，家人不知，辞甚激切，因以自劾。高祖览其表，叹怅者久之，既而曰："道固可谓溢也，仆射亦为满矣。"冲时震怒，数责彪前后愆悖，瞋目大呼，投折几案。尽收御史，皆泥首面缚，詈辱肆口。冲素性温柔，而一旦暴恚，遂发病荒悸，言语乱错，犹扼腕叫詈，称李彪小人。医药所不能疗，或谓肝藏伤裂。旬有余日而卒，时年四十九。高祖为举哀于悬瓠，发声悲泣，不能自胜。诏曰："冲贞和资性，德义树身，训业自家，道素形国。太和之始，朕在弱龄，早委机密，实康时务。鸿渐瀍洛，朝选开清，升冠端右，惟允出纳。忠肃柔明，足敷睿范，仁恭信惠，有结民心。可谓国之贤也，朝之望也。方升宠秩，以旌功旧，奄致丧逝，悲痛于怀。既留勤应陟，兼良宿宜褒，可赠司空公，给东园秘器、朝服一具、衣一袭，赠钱三十万、布五百匹、蜡二百斤。"有司奏谥曰文穆。葬于覆舟山，近杜预冢，高祖之意也。后车驾自邺还洛，路经冲墓，左右以闻，高祖卧疾望坟，掩泣久之。诏曰："司空文穆公，德为时宗，勋简朕心，不幸徂逝，托坟邙岭，旋銮覆舟，躬睇茔域，悲仁恻旧，有恸朕衷。可遣太牢之祭，以申吾怀。"及与留京百官相见，皆叙冲亡没之故，言及流泪。高祖得留台启，知冲患状，谓右卫宋弁曰："仆射执我枢衡，总厘朝务，清俭居躬，知宠已久。朕以仁明忠雅，委以台司之寄，使我出境无后顾之忧，一朝忽有此患，朕甚怀怆慨。"其相痛惜如此。

冲兄弟六人，四母所出，颇相忿阋。及冲之贵，封禄恩赐皆以共之，内外辑睦。父亡后同居二十余年，至洛乃别第宅，更相友爱，久无间然。皆冲之德也。始冲之见私宠也，兄子韶恒有忧色，虑致倾败。后荣名日显，稍乃自安。而冲明目当官，图为己任，自始迄终，无所避屈。其体时推运，皆此类也。子延寔等，语在《外戚传》。

【译文】

李冲，字思顺，陇西人，敦煌公李宝最小的儿子。他很小的时候双亲就去世了，受到大哥荥阳太守李承的抚养教导。李承常说："这小家伙才能气度非同凡响，将成为我们家族的依靠。"李冲深沉儒雅，器量远大，其哥赴任，李冲随兄到任所。当时刺史太守的子弟们大都骚扰老百姓，有巧取豪夺的行为，只有李冲和李承的长子李韶极其清白，不向百姓索取财物，当时人都称赞他们。

显祖献文帝拓跋弘末年，李冲做中书学生。他善于同朋友们相处，不随便开玩笑或说不正经的事，同辈人都很尊重他。高祖孝文帝拓跋元宏即帝位初年，按惯例升李冲为秘书中散，掌管宫中文书事务，因为他行为严谨，做事机敏，逐渐受到宠信。升任内秘书令、南部给事中。

先前没有设置党、里、邻三长，只有宗主督护制度，因此百姓被豪族隐庇，户籍不实，五十家或三十家才立一个户头。李冲认为通过三正管理人户，历史已经很长了，因此创定三长制，把它上奏给执政者。文明太后看了之后，认为不错，便把李冲介绍给公卿大臣们来共同商量这件事。中书令郑羲、秘书令高祐等人说："李冲之所以请求设立三长，是想统一天下法令，这说起来似乎可以采纳，但实际上难以推行。"郑羲又说："不相信我的话，那就试试看，等事情失败之后，就会知道我的话没错。"太尉元丕说："我认为这一法令若能推行下去，对公对私都有好处。"他们都说现在正是农活忙的月份，如果清查登记户口，新迁户和原住户都没有区别，老百姓一定会因烦扰而生怨气，请求等这个秋天过后，到冬天没农活的月份，再慢慢派人推行，比较合适。李冲说："所谓民，就是冥，可以让他们怎样做，不可以让他们知道为什么要那样做。假如不趁征发租税的时候设置三长，百姓只知道设立三长清查户口烦人，看不到平均徭役、减少赋敛的好处，心里定会有怨气。应当趁收取租税的月份进行，使百姓知道这将有平摊赋税的好处，他们既知道置三长的事，又因此获得好处，利用百姓的愿望，就容易推行。"著作郎傅思益上前说："古今民俗不同，事情做起来危险和容易也不一样。如今将民户分为九等而征收赋税，已经实行很久了，一下子要加以改变，恐怕会发生动乱。"文明太后说："设立三长，租税徭役就有一定标准，隐匿的人口就可以清查出来，侥幸逃避的人也将停止，有什么不可以的？"大家意见虽仍不一致，但只不过认为变法实行起来不容易，更没有其他反对的说法。于是便设置三长，公家和老百姓都称道这样很方便。

李冲升任中书令，加官散骑常侍，南部给事中一职仍保留。不久转任南部尚书，被赐以顺阳侯的爵位。李冲受到文明太后的宠爱，日甚一日，赏赐的财物每月达数千万钱之多，进其爵为陇西公，暗中把珍宝及皇帝所用之物送往他的家中，外面的人无从知道这些事。李冲家一直清贫，这时才开始成为富家。但他做事谦虚，并以此自我约束，把积蓄的财物分散给别人，从姻亲同族到同乡同里的人，都得到过他的施舍。他虚己待人，留心照顾漂泊贫寒之士，门第衰落的家族及沦落的士人通过他而得到升迁的为数不少。当时人都为此称赞他。

起先，李冲的哥哥李佐与河南太守来崇一起从凉州来到魏都城，他俩平时有小矛盾。李佐因一次机会使来崇获罪，来崇饿死于监狱中。其后来崇之子来护又举报李佐犯有贪污罪，李佐与李冲等人均被逮捕入狱，碰到大赦，才免除罪罚，李佐因而痛恨来护。等到李冲受宠尊贵，执掌内外大权，来护为尚书南部郎，非常担心会被李冲陷害，多次请求免官退避，但李冲总都安慰他。来护后来犯了贪污罪，担心自己一定不能免死。李冲于是将自己与来护之间的隔阂原原本本地向上做了报告，请求宽恕来护，来护因此没被判刑。李冲的从甥阴始孙自幼父母双亡，家又穷，常到李冲家去，有如李冲的子侄一样。有人想做官，通过阴始孙向李冲送了一匹马，始孙把马接下，却没向李冲说起这事。后来李冲要乘马方便，阴始孙便把这匹马借给李冲，送马的人看到李冲骑着自己送的马，而自己却没有得到官位，后来送马人便自己把事情的始末经过给李冲讲了。李冲听说这事后，大吃一惊，把始孙逮捕起来，写成自首状报告朝廷，始孙被判处死刑。李冲身居要职，却严格要求自己，不照顾亲近的人，也不报复旧仇，都像这类情况。

这时还按旧规矩，王公重臣都直呼其名，只有高祖孝文帝常把李冲称作“中书”而不叫他的名字。文明太后逝世后，高祖在守丧期间接见李冲，比先前更为频繁。议定礼仪和律令制度，遣词造句、修改及决定令文的轻重，虽都是高祖亲自动手写定，但没哪一项不是询问李冲后再做决定的。李冲竭尽忠诚，侍奉孝文帝，凡他知道对国家有利的事，都尽心尽力去做，无论是在官府还是在自己家中，都为国事忧心操劳，从他的举止行动中就可以看出来。就算朝中的老臣和皇亲国戚，也比不上他，无不佩服他做事明白果断又审慎细致，大家都很相信他。于是所有魏国人及他国来魏使节，都把他看成奇才。高祖对他也极依赖信任，亲敬有加，君臣二人之间的情义，没有谁能比得上。后来重新设置各级官员，创置五等封爵制度，都因李冲参与制定法令条例，而封他为荥阳郡开国侯，食邑八百户，并任命他为廷尉卿。不久又升任侍中、吏部尚书、咸阳王师。设立太子后，又任他为太子少傅。高祖开始根据《周礼》，于后宫设置夫人、九嫔等，以李冲的女儿充作夫人。

孝文帝发布诏书说："先前轩辕皇帝统治臣民时，开始建造房舍；到了夏、商、周三代君主时，便兴建宫殿。茅草盖屋，夯土成阶，显示了上古君主的德行；而高楼大厦也体现了中世帝王的威风。这确实因为文彩和质朴适应于不同时代，繁华和朴素代表着不同的礼仪制度。所以周成王继承王业后，在东都洛阳修造明堂；汉高祖刚夺得天下，便在咸阳修建未央宫。这是为了尊崇皇帝的威严，使皇帝的品德更为崇高伟大，哪里是因为他们喜欢奢侈、厌恶俭朴而剥夺民力呢？今我皇朝先代承天运命，开创大业，一心开拓疆土，来不及搞建设，使宫室规模，不能令人满意。太祖开创基业之初，虽曾按古制修建了一些，但那以后，又经过多次重新改建。以至于正月朝会，各国使臣齐集的时候，不能向他们显示我国的气派。我德行不高，辱承祖宗大业，恰好遇到国家昌盛的时期，应遵循先代圣王的制度，建造宫室。有关指导思想和规划，早已讲得很明白了；明堂、太庙都已在去年建成。现在我又想利用去年留下来的丰富的财物，趁百姓安定闲适的时机，在今年春天改建正殿。这违反了季节，做起来也让人有些提心吊胆的，但北方寒冷天气多，和南方中原的情况不一样，如果不从春天开工，到夏天完成，那么宏大的宫殿将永远不可能建成。要把事情做好，只有委仗贤才；改变制度，设计规划，也只有能人可胜任。尚书李冲才干超群，胸怀远大，可代理将作大匠；司空、长乐公穆亮，可与将作大匠一起监察修筑之事。至于怎样以新制代替旧制及太极殿的修建规划，我会另外给你们指示。"

孝文帝亲自率军南伐萧齐，加授李冲辅国大将军，让他带一支部队跟随大军以相策应。从平城出发直到抵达洛阳，阴雨连绵，没一个晴天，孝文帝在洛阳又下令大军开拔。他全副武装，手执马鞭，骑马将出军营，群臣都在他的马前跪下叩头。孝文帝说："我早就制订好了长驱直入的计划，现在大军将继续前进，你们还要说些什么？"李冲走到前面说："我们臣下不能通过决策帷幄使陛下安居，四海臣服，而让南方还存在僭称皇帝的罪魁，这确实是我们的罪责。陛下因天下仍未统一，亲自率军前往，我们实在想过要舍身忘命，在战场上拼死尽力。但是从离开都城以来，长期下雨不止，战士和马匹都极其疲倦，而前边的道路还很遥远，水势正在上涨，而且在洛阳这儿，小小雨水已使大军难以行动，何况南边还有波涛汹涌的长江。假若要造船只，必定得让大军停留等待，那样会使军队士气低落，给养缺乏，进退两难。考虑到有失败的危险而退军，从道理上讲这才是合理的选择。”高祖说：“我要统一天下的想法，先前已给你们详细地讲过了。现在你们只不过因雨水便感到为难，但时令是可以预知的，怎么说呢？夏天既然炎热大旱，秋天雨水必然会多，初冬之时，一定会有晴朗天气。等到十月间，如雨还是下个不停，那就只好说是天意如此了，假如那时会晴，那么现在进军就没有什么害处。古人不趁人有丧事而发动进攻，讲的是统一政权下诸侯国家之间的事，不是指帝王发动的统一战争。现在事情已经到了这一步，哪能中途停止呢。”李冲又向前说：“这次举兵，天下的人都不愿发生，只有陛下想这样做。汉文帝曾说过：‘我一个人就算骑了一匹千里马，又能走到哪儿去呢？’我的想法未能用语言表达出来，只好斗胆以生命请求退军。”孝文帝大怒说：“我正打算经略天下，实现统一，你们这帮儒生多次使此大计不能贯彻执行。按照常规，你们是应受刑罚的，你不要再说了！”说完就要骑马出去。于是大司马、安定王拓跋休，兼左仆射、任城王拓跋澄等人都哭着不停地谏阻。孝文帝于是告诉群臣说：“这次行动声势不小，如果有行动而无成就，怎能给后代做出表率？如果就此班师回平城，就不能扬声誉于千载以后了。我想我们先祖，本来居住在极遥远的大漠，后违背众人意愿向南迁徙，给子孙后代留下无穷无尽的好处。难道是他没有恋念故土之情，而轻易地抛弃祖先的坟墓和家乡，而只有今天的有德行的人才有这种情感吗？应当说这是上天的职责要通过人才能完成，帝王大业需有所成就的缘故啊。如今如不继续向南进发，就应把都城迁到这儿，定都于大地正中央，现在正是大好时机，王公们认为如何？谋议决定以后，就不得改变了。愿意迁都的站在左边去，不愿意的站到右边。”安定王拓跋休等一同站到了右边。曾做过南安王的拓跋桢走向前说：“愚昧的人对已经做成的事情还理解不了，而聪明人在事情还未起因时便能有所觉察。推行大德的人不会和常人商议，要成就大功大业的人就不能和众人谋划。只有不一般的人才做作不一般的事。开拓皇都使帝王之业更为久长，于大地正中营建京城，周公先前曾这样做过，现在陛下您又如此行事，所以本就应该这样。而且天下最重要的莫过于京都，人所最贵重的莫过于父母恩赐的身体，请陛下善自保重，以使天下百姓放心，迁都中原，停止南伐。这是我们的由衷之言，也是天下苍生的幸事。”群臣都齐声高呼“万岁”。

高祖孝文帝开始计划迁都到南边时，怕大家心里依恋旧都，便表示要大举进攻南方，以此相威胁，好让大家取得一致，名义上虽说是南伐，实际上是向南迁都。贵族们依恋北方，很不情愿，但又怕对南方作战，才没有人表示反对，于是定都于洛阳。李冲对高祖说：“陛下将效仿周公，于成周洛阳营建都城，但您总不能到处奔走等皇宫建成，也不可能在马背上等城郭完工，希望陛下暂时回到北都平城，命令臣下营建新都，等事情完全做好后，再找个时间，堂而皇之地南迁中原，统治天下。”高祖说：“我将巡察四方，到邺城稍作停留，等开春后便回到平城，不可能就此不再回去。”不久任命李冲为镇南将军，侍中、太子少傅等官职仍保留，委以建造新都的重任。改其封爵为阳平郡开国侯，食邑户数如先前一样。

孝文帝又亲自率军南伐萧齐，让李冲兼任尚书左仆射，留守洛阳。孝文帝率军渡过淮河，又命令安南大将军元英、平南将军刘藻进攻汉中，并命征发雍、泾、岐三州地方兵共六千人，准备去南郑设防，等元英攻下南郑后就派他们前往。李冲打报告谏阻说：“秦州地势险峻，又接近羌族居住区，自从西面出军以后，转运军饷，增派援军，接连不断，再加上氐人叛乱，西方各州百姓奔走应命，或运送军粮，或裹甲从征，至今仍未停息。现在又预先征发士兵，打算把他们派到秦岭以南的地方去，虽然让他们优免赋税，但我还是担心这会引起他们的恐惧，假如南郑最后攻不下，徒然使民心骚动，若他们联合各少数族起事，事情就难以预料了。依照陛下下密令给各州刺史，让他们在大军确已攻克南郑后，才征发士卒加以派遣，就我个人看来，这还是不够的。为什么呢？西边道路险阻，羊肠小道逶迤千里，如今要在远离我方边界的地方，在群敌环伺的情况下孤城独守，若遭敌方进攻，不能立即增援，粮食耗尽又不能运去。古人说过‘虽鞭之长，不及马腹’，南郑对我国来说，可说得上是马腹。而且古人发动战争，有时攻克敌方城池也不防守；仁德的君主指挥军队，有时只是为了安抚百姓而不是为了夺取土地。况且陛下举兵，究其本心是要救百姓于水火；而敌人固守，本意在于爱惜土地，比较两种用兵的意义，所显示的德行就有深浅不同。我军的好名声已传得很远，又何必忙于争夺一座城池呢？况且魏国疆域，于古代九州已超过八个，所统治的人民，占天下十分之九，还未臣服的，只有漠北和长江以南的人了。要不了多久就会让他们驯服，现在又何必操之过急呢？应等我国边界进一步扩展，攻占敌方更多的城池堡垒，聚积更多的财富粮食，使军粮充足，即使受到敌方的长期进攻也能支持得住，然后再设置机构，委派将领，准备全部消灭敌人。现在敌方钟离、寿阳二城接近我方边境，还未攻下，赭城、新野距洛阳没几步路，也没降服。我军攻下的城池放弃不加驻守，俘获的人员安抚之后旋加杀戮。东边较近的军队还不能坚守，难道调西边远方的兵卒来就可固守？如果真的要置兵防守，我担心最终也会送给敌人。现在定都中原，接近敌境，正须大力招募敢死之士，平定江南。如果轻率地派出势力弱小的部队，则等于抛弃他们，使他们落入敌手，恐怕往后有什么行动，大家都会害怕留守，要让他们舍身效力，就非轻易能得了。从此点来说，不戍守南郑为上策。”高祖听从了他的意见。

孝文帝回到都城，接见李冲等人，对他们说：“原先设置官员很多，这是担心尚书令、尚书仆射如果是昏庸懦弱的，则会使政事延误；如果是聪明能干的，又怕会出现权势过度集中的现象。现在我虽说不上是聪明的君主，也不能就算昏庸无才，你们说不上是大贤，也不能说成是大恶。姑且再等一两年，便可以精简机构。”

高祖从邺城回到京城洛阳，在洪池里荡舟时，不慌不忙地对李冲说：“我想从这儿凿条水道通向洛水，到南伐的时候，不就可以乘船从这儿到洛水，从洛水进入黄河，从黄河进入汴河，从汴河进入清水，再从清水进入淮河了吗？一下船就可战斗，好比出家门而对敌，这是国家的军事战略。今后如有需人在两万以下，六十天内便能修好的渠道，就应该逐渐修造。”李冲回答说：“如果那样的话，士兵们就不会受长途跋涉的劳苦，打起仗来一个顶俩。”不久李冲升任尚书仆射，仍代理太子少傅。改其爵位为清渊县开国侯，食邑户数与先前一样。后太子拓跋恂被废黜，李冲被免去太子少傅。

孝文帝在清徽堂接见公卿，对他们说：“圣人最重要的事物是帝位和功业，所以功业成就后便制作音乐，政治安定后便制定礼仪。现在我们徙都中原，在洛阳再创帝都，虽然宏大的规划还未全部完成，但总的来说，大的方面已基本做成。但是南方还未降服，而且与强悍的少数民族接近，我经常彻夜未眠，想念的就是这件事。我征服南方的决心已下定，进攻的谋略也已做出。若按近代例子，天子是深居宫中不出的，若仿照上古的例子，天子就要亲自率军出征。周武王东征灭商，为后代开创了七百年的基业；魏、晋的君主不亲自出征，结果很快就灭亡了。因此，国运长短，决定于君主的德行，而不在于打不打仗。现在只是不知是早些行动好，还是晚一些行动好。能知道的大概也只有神仙了，我既然不是神仙，当然不可能知道。不过近来阴阳占卜方术之士都劝我，说今年出征一定能成功。这既然是国家的大事，我们君臣应该在一起各抒己见，不要因为我发了话，你们便顺从我，过后又有不同的看法。”李冲回答说：“决定打不打仗的方法，应当先分析人事，然后再参考占卜的结果，如今占卜说出军吉利，我还是担心人事还不周全。今年秋收，比往年要差一些，再加上刚迁都，百姓家业还未奠定，又让他们出征，我认为不行。应该等到明年秋天再说。”孝文帝说：“仆射的话不是没有道理。我所考虑的事，是国家的兴亡大事。敌人就在我们身边，不可能安居，道理上就是这样。仆射说人事不顺当，也不一定就如此。我于太和十七年率二十万大军出征，未到达边境便回来了，这主要是人事上的决定，与天时无关。去年又乘有利时机出兵，天时是有了，但人事不足，使此次行动又未能成功。假使等人事周全后，又与天时不合，该怎么办呢？像仆射所说的那样做，便永远不能出征。我若秋天出军不能大获全胜，将把你们拿来问罪。你们一定得人人尽心尽力。”于是宣告议论结束，大家走出清徽堂。

后来世宗元恪被立为太子，孝文帝在清徽堂设宴庆贺。孝文帝说：“设立皇太子，是准备让他继承帝位，协调天地与世人，光大祖宗的事业，这是亿万人民为之高兴，普天同乐的事。所以我把你叫来参加宴聚，共叙欢欣喜悦的心情。”孝文帝又说：“天地的法则，时圆时缺，哪能一直完美呢？天道尚且如此，又何况人事呢？所以有人被提升，就会有人遭贬黜，自古以来就是如此。我为先前的事感到难过，又为今天的事感到欣喜，这真让人感叹不已啊。”李冲回答说：“复置皇太子，如朝日东升，天下百姓都深感万幸。只是先前我忝为废太子的师傅，不能很好地辅导他，有愧陛下托付，陛下宽宏大量，让我参加这个宴会，我真是又高兴、又羞愧。”孝文帝说：“我作为父亲还不能阻止他胡作非为，你作为师傅又哪用得着惭愧道歉呢。”

后来尚书们在对元拔、穆泰等人的定罪问题上发生疑问。李冲上奏说：“前彭城镇将元拔与穆泰一起谋反，元拔养子元降寿应该同元拔一起问罪。可是太尉、咸阳王元禧等却认为，法律条文上说养子犯罪，其养父及兄弟不知内情者不连坐。谨按法律条文本意，是说养子与养父之间没有天然的联系，与兄弟之间没有血缘关系，情义既有差别，所以刑法上对其处罚也相应减轻，故养子虽犯了罪，其养父与兄弟可以不受牵连。那么如果养父和兄弟们犯了罪，养子不知道他们的预谋，关系倒过来，情形还是一样，怎能独在这种情况下而让养子从坐呢？从道理讲不应这样。我认为：按照法律条文，养子犯罪，其生身之父不受诛连，那么很明显，他的养父就应该连坐；而且，法律上只说养父可不因养子有罪而获罪，而没有说养父有罪，养子可以不连坐，法律这种规定应是取对尊长优待而对晚辈严厉之义。臣下元禧等认为：'法律上未见明文规定，但是这是条例互见的原则，在有关收继的条目下列举养父犯罪时的惩罚办法，在有关养育条目下又列举养子犯罪时的惩罚办法，这就叫所谓互起。而律文中互起两项规定都清楚明了，养子肯定可宣判无罪。假如以嫡子身份继承爵位，养子与亲生之子一样对待，那么养父养子应相互连坐，而这一点也可证明养子可以不因养父有罪而受诛连。况且继养的律令条文下的注文说：如果皇上有特别命令，可以不按此律文行事。又令文说：有封爵的人，如果没有亲生儿子，自身死亡之后，其封爵作废，不再由养子继承。这就是说养子有好事赶不上，有罪责逃不了。情形差不多，可是律令条文就自相矛盾了。我们想法律的本意，一定不会是这样的。'臣下李冲认为：根据案例和法律条文，元降寿当连坐无疑，从令文说到据情节定罪，也应该如此。"孝文帝于是发布诏令说："仆射的议论，很明显是有法律根据的，太尉等人的议论，则违背了法典本意。养子之所以要与养父连坐，是因他既可不因生父有罪而受诛连，所以不能再免去因养父而所获之罪。要不养子就太有福气了，使他可以长逃法网！养子之所以不能继承养父的爵位，目的是要使爵位受到尊重，所以特别立下规定，趁上天绝其后代，顺势除其封爵罢了，哪能因此而免除其罪罚？元降寿应连坐而死，但可特此赦免他。"

李冲机敏而富有创造性思维，平城的明堂、圆丘、太庙等建筑物以及洛阳划定基址、设置郊庙之地、宫殿建筑等事，都由李冲操办。他矢志勤勉，尽力为公，孜孜不倦，一大早便起来处理文件，并兼掌都城营建的工作，案头文书总是堆得满满的，他审阅批驳，始终不感到劳累厌倦。但他致力于使自己的家族显贵于世，并给自己的亲戚谋求好处，他的兄弟和儿子侄儿们都做了官、封了爵位，一家人每年俸禄收入有一万多匹绢布，只要与他有亲戚关系，不管是呆是聋，无不越级提升。当时人们谈起来，也因此而轻视他。

李冲才四十岁时，两鬓头发就花白了，但他相貌堂堂，没有衰老的迹象。李彪刚到京城来的时候，独自一人，没有名声，又没有朋友援助，但却能保持操守，不随流俗，因李冲喜欢招徕士人，便全心依附于他。李冲也看重李彪的才干学识，对他以礼相待，常在孝文帝面前谈到他，在公事和私事方面都给予帮助。后李彪任御史中尉，兼任度支尚书，被孝文帝熟识并受到亲信，便认为自己并不是凭借李冲才走到这一步，而且轻视李冲，与他发生矛盾。两人在大庭广众见面，李彪只整理一下衣袖便算是向李冲表示敬意而已，不再依附尊崇他。李冲为此很恨李彪。后来孝文帝率军南征，李冲与吏部尚书、任城王元澄都认为李彪傲慢无礼，把他看押起来。向孝文帝奏说李彪的罪状，奏章是李冲亲自写的，家里人都不知道这事，奏文中言辞激动，并承认自己因推荐李彪也有罪责。孝文帝读完奏章以后，叹息不快了很久，好一会儿才说："李彪可说是太不检点了，仆射的行为也过分啊！"李冲当时极为愤怒，反复指责李彪历来所犯错误和无礼行为，并瞪着眼睛大声呵斥，把案桌都摔坏了。他还让人把御史们都抓起来，在他们头上涂上泥巴表示有罪，并把他们的双手绑在胸前，对他们破口大骂。李冲平常性情很温和，可是这次突发狂怒，因此生病，神经错乱，胡言乱语，仍紧握双手，大声痛骂，称李彪为小人，吃药也没效果，有人说这是肝脏碎裂所致。过了十多天以后，李冲便死了，当时才四十九岁。孝文帝在悬瓠为他发丧，悲痛得哭出声来。于是发布诏令说："李冲生性坚贞温和，以德义塑造自己，受到家庭的良好教养，节俭朴素，对全国都发生影响。太和初年，我年龄很小，把国家机密大事委托给他，而他把政事都处理得很完美。后来迁都洛阳，朝廷选举区别清流，他官任群臣之首，掌管诏令出纳。他忠诚严谨、文雅聪明，是群臣的好榜样。他仁慈恭敬、取信于民，为他们谋福利，受到人民的衷心爱戴。他可以说是国家的贤臣，朝廷的期望。正准备给他更丰厚的俸禄，以表彰他的功勋的时候，他却忽然间离我们而去，使我内心十分悲痛。他留守辛勤，本应加赏，而且是朝中老臣，更应褒奖，可赠他司空公，送棺椁及朝服一套、上衣一件，赠送他家钱三十万、布五百匹、蜡二百斤。"给李冲"文穆"的谥号。安葬在覆舟山上，坟墓靠近杜预的坟墓，这是孝文帝的主意。后来孝文帝从邺城返回洛阳，途经李冲的墓旁，左右侍臣把这事给他说了，孝文帝当时卧病不起，还是前往探望，伤心地哭了很久。下诏说："司空文穆公德行为当今第一，其功勋我永远也不会忘记，他不幸去世，在邙岭的坟墓中安身，我回程路过覆舟山，亲自来察看他的坟墓，悲仁人早去，伤昔日情谊，使我内心悲恸不已。可用太牢的礼仪祭祀他，以此表示我的心怀。”后来他与京城留守的大臣们见面，都谈到李冲死亡的情况，一说就流眼泪。当初孝文帝收到留台送来的报告，知道李冲的病情，对右卫将军宋弁说：“仆射执掌国家大权，总管朝廷政务，他廉洁俭朴，事必躬亲，我很早就了解他，信任他。我正因为他仁慈聪明，忠诚正直，才把政府各部门都交给他，使我率军进攻敌人时没有后顾之忧，现在他忽然得了这种病，我深感悲叹。”他如此为李冲痛惜。

李冲兄弟共有六人，是四个母亲生的，相互间很不和气。后来李冲尊贵以后，封邑收入与俸禄及受到的赏赐都同兄弟们一起分享，家里家外都很和睦。父亲死了以后，兄弟们一起住了二十多年，到洛阳后才分家而居，但更加友爱，很长时间都没矛盾，这都是李冲的德行所致啊！当初李冲受到文明太后宠爱时，李冲的侄子李韶脸上常有焦虑的表情，怕因此而全家遭祸。后来李冲名声越来越大，李韶才稍稍放心。但李冲本人做官光明正大，一心把自己的事做好，自始至终，都毫不畏缩苟免。他随时运而听命，都是这种情况。李冲的儿子李延寔等，其事迹记载在《外戚传》中。

魏书卷五十六

郑道昭列传第四十四

懿弟道昭，字僖伯。少而好学，综览群言。初为中书学生，迁秘书郎，拜主文中散，徙员外散骑侍郎、秘书丞、兼中书侍郎。

从征沔汉，高祖飨侍臣于悬瓠方丈竹堂。道昭与兄懿俱侍坐焉。乐作酒酣，高祖乃歌曰："白日光天无不曜，江左一隅独未照。"彭城王勰续歌曰："愿从圣明兮登衡会，万国驰骋混江外。"郑懿歌曰："云雷大振兮天门辟，率土来宾一正历。"邢峦歌曰："舜舞干戚兮天下归，文德远被莫不思。"道昭歌曰："皇风一鼓兮九地匝，戴日依天清六合。"高祖又歌曰："遵彼汝坟兮昔化贞，未若今日道风明。"宋弁歌曰："文王政教兮晖江沼，宁如大化光四表。"高祖谓道昭曰："自比迁务虽猥，与诸才俊不废咏缀，遂命邢峦总集叙记。当尔之年，卿频丁艰祸，每眷文席，常用慨然。"寻正除中书郎，转通直散骑常侍。北海王详为司徒，以道昭与琅邪王秉为谘议参军。

迁国子祭酒，道昭表曰："臣窃以为：崇治之道，必也须才；养才之要，莫先于学。今国子学堂房粗置，弦诵阙尔。城南太学，汉魏《石经》，丘墟残毁，藜藿芜秽，游儿牧竖，为之叹息，有情之辈，实亦悼心，况臣亲司，而不言露。伏愿天慈回神纡眄，赐垂鉴察。若臣微意，万一合允，求重敕尚书、门下，考论营制之模，则五雍可翘立而兴，毁铭可不日而就。树旧经于帝京，播茂范于不朽。斯有天下者之美业也。"不从。

广平王怀为司州牧，以道昭与宗正卿元匡为州都。道昭又表曰："臣闻唐虞启运，以文德为本；殷周致治，以道艺为先。然则礼乐者为国之基，不可斯须废也。是故周敷文教，四海宅心；鲁秉周礼，强齐归义。及至战国纷纭，干戈递用，五籍灰焚，群儒坑殄，贼仁义之经，贵战争之术，遂使天下分崩，黔黎荼炭，数十年间，民无聊生者，斯之由矣。爰及汉祖，于行陈之中，尚优引叔孙通等。光武中兴于拨乱之际，乃使郑众，范升校书东观。降逮魏晋，何尝不殷勤于篇籍，笃学于戎伍。伏惟大魏之兴也，虽群凶未殄，戎马在郊，然犹招集英儒，广开学校，且能阐道义于八荒，布盛德于万国，教靡不怀，风无不偃。今者乘休平之基，开无疆之祚，定鼎伊瀍，惟新宝历，九服感至德之和，四垠怀击壤之庆。而蠢尔闽吴，阻化江湫，先帝爰震武怒，戎车不息。而停銮佇跸，留心典坟，命故御史中尉臣李彪与吏部尚书、任城王澄等妙选英儒，以崇文教。澄等依旨，置四门博士四十人，其国子博士、太学博士及国子助教，宿已简置。伏寻先旨，意在速就，但军国多事，未遑营立。自尔迄今，垂将一纪，学官凋落，四术寝废。遂使硕儒耆德，卷经而不谈；俗学后生，遗本而逐末。进竞之风，实由于此矣。伏惟陛下钦明文思，玄鉴洞远。越会未款，务修道以来之；遐方后服，敷文教而怀之。垂心经素，优柔坟籍。将使化越轩唐，德隆虞夏。是故屡发中旨，敦营学馆，房宇既修，生徒未立。臣学陋全经，识蔽篆素，然往年删定律令，谬预议筵。谨依准前修，寻访旧事，参定学令，事旋封呈。自尔迄今，未蒙报判。但废学历年，经术淹滞。请学令并制，早敕施行，使选投有依，生徒可准。”诏曰：“具卿崇儒敦学之意，良不可言。新令寻班，施行无远，可谓职思其忧，无旷官矣。”

道昭又表曰：“窃惟鼎迁中县，年将一纪，缙绅褫业，俎豆阙闻，遂使济济明朝，无观风之美，非所以光国宣风，纳民轨义。臣自往年以来，频请学令，并置生员，前后累上，未蒙一报，故当以臣识浅滥官，无能有所感悟者也。馆宇既修，生房粗构，博士见员，足可讲习。虽新令未班，请依旧权置国子学生，渐开训业，使播教有章，儒风不坠，后生睹徙义之机，学徒崇知新之益。至若孔庙既成，释奠告始，揖让之容，请俟令出。”不报。

迁秘书监，荥阳邑中正。出为平东将军、光州刺史，转青州刺史，将军如故。复入为秘书监，加平南将军。熙平元年卒，赠镇北将军、相州刺史，谥曰文恭。

道昭好为诗赋，凡数十篇。其在二州，政务宽厚，不任威刑，为吏民所爱。

子严祖，颇有风仪，粗观文史。历通直郎、通直常侍。轻躁薄行，不修士业，倾侧势家，干没荣利，闺门秽乱，声满天下。出帝时，御史中尉綦俊劾严祖与宗氏从姊奸通，从士咸耻言之，而严祖聊无愧色。孝静初，除骠骑将军、左光禄大夫、鸿胪卿。出为北豫州刺史，仍本将军。罢州还，除鸿胪卿。卒，赠都督豫兖颍之州诸军事、亹亹将军、司空公、豫州刺史。

严祖弟敬祖，性亦粗疏。起家著作佐郎。郑俨之败也，为乡人所害。

敬祖弟述祖，武定中，尚书。述祖弟遵祖，秘书郎。卒。赠辅国将军、光州刺史。遵祖弟顺，卒于太常丞。

自灵太后预政，淫风稍行，及元叉擅权，公为奸秽。自此素族名家，遂多乱杂，法官不加纠治，婚宦无贬于世，有识者咸以叹息矣。

【译文】

郑懿的弟弟郑道昭，字僖伯。少年时就勤奋好学，广泛阅览各种书籍。最初入仕是中书学生，后提升为秘书郎，又担任主文中散，升任员外散骑侍郎、秘书丞，兼中书侍郎。

郑道昭曾经跟随魏高祖元弘征伐沔、汉，高祖在悬瓠方丈竹堂宴请跟随的众臣子，郑道昭与哥哥郑懿都在受宴请之列。乐队奏乐声响起，众人喝得酒酣耳热，高祖唱道："白日光天无不曜，江左一隅独未照。"彭城王元勰紧跟着唱道："愿从圣明兮登衡会，万国驰骋混江外。"然后郑懿唱道："云雷大振兮天门辟，率土来宾一正历。"邢峦唱道："舜舞干戚兮天下归，文德远被莫不思。"接着郑道昭唱道："皇风一鼓兮九地匝，戴日依天清六合。"高祖又唱道："遵彼汝坟兮昔化贞。未若今日道风明。"接着宋弁唱道："文王政教兮晖江沼，宁如大化光四表。"然后高祖对郑道昭说："最近虽然有迁都事务牵累，但朕和众位也从未断过吟咏诗歌，于是命邢峦将吟诵的诗歌进行整理，编集成册。近几年，你家连遭不幸，可是你依然沉迷于吟诗作赋，朕深深为之感动。"不久，高祖升任他为中书郎正职，转任通直散骑常侍。后来高祖任命北海王元详为司徒，任命郑道昭和琅邪王元秉为谘议参军。

不久，郑道昭又升任为国子祭酒，他上表说："臣认为，治理国家的关键是人才；培养人才的关键，首先是学校教育。如今国子学的房舍已经大体上具备，只是儒家经学还没有修复。洛阳城南旧太学里的汉魏《石经》，由于太学荒废日久，也受到毁坏，杂草横生，只有牧童放牛，小孩嬉戏玩耍，实在让人感叹，所有注重文教之人，都因此伤心，何况臣掌管文教，怎能沉默不言呢？希望陛下皇帝留意此事。如果臣的建议是适当的，请求陛下责令尚书省、门下省，制定营建的规模，那么国学就可以即刻建立，遭受毁坏的《石经》也就可以修复了。《石经》碑竖立在京城，这一盛举就能永垂不朽了，这将是陛下的千秋功业。"但是他的建议没有被采纳。

广平王元怀做司州牧时，任用郑道昭和宗正卿元匡为州都。郑道昭上书说："臣听说尧舜盛世，把文教德政作为根基；商周兴盛，也是把道德六艺作为首要之务。如此说来，礼乐是立国之基，不能一时一刻废止。所以，周朝普施文教，天下百姓归服；鲁国秉承周礼，强大的齐国也如宾客般臣服。等到战国时代，政局混乱，战争纷扰，经典多被焚毁，儒生惨遭坑杀，统治者轻视宣扬仁义之道的儒家典籍，重视军事斗争的方法，导致天下分裂，百姓遭到涂炭，几十年间，民不聊生的原因，就在这里。直到汉高祖刘邦，他在征战时还能善待儒者孙通等人。之后汉光武帝，在拨乱反正中开创中兴之业，然后命郑众、范升等人在东观校定经学典籍。到魏晋时代，又何尝不重视文教呢？在战乱中还沉湎于钻研学问。直到我大魏兴起，虽然当时敌人还没有完全消灭，军队还在郊外激战，依然招纳名儒硕彦，广泛开设学校，所以能在天下各地弘扬德政，颁布盛德于天下，文教所至之处，没有不归服的，像风吹野草，没有不倾服的。如今在国家安定之时，为开拓万世基业，迁都到洛阳，进入新纪元，天下人敬仰陛下推行德政的威名，天下百姓都拍手祝贺。可是冥顽不灵的闽吴，把长江作为险要地势，拒绝归顺我朝，先帝非常气恼，致使战事不断。可是在征战的间隙，仍重视经典，命已故的史中尉李彪和吏部尚书任城王元澄等人，挑选名儒，重视文教。元澄等人依照先帝的意旨，设有四门博士四十人，此外，国子博士、太学博士以及国子助教，都已经选拔。遥想先帝的做法，目的就是要快速建立学校，只因战事频繁，没来得及建立。从那时至今，差不多十年了，教官已经七零八落，学业也已经荒废。导致那些名儒大师，不读经书；无知的后生，舍本逐末。钻营取巧之风，由此蔓延。陛下很是清楚文教的作用，目光长远。吴越会稽地区还没有归顺。陛下一心修复文教招徕他们；远方归服比较迟，就弘扬文教感化他们。陛下重视经籍，精研坟典。将会使教化程度超越陶唐，圣德胜过虞夏。这样，陛下多次传下意旨，督促建立学校，房屋已经修建，但学生还没有选拔出来。臣的经学知识浅薄，书法也不精湛，只是之前制定律令时，曾经参与讨论。也曾依据成规，搜集过去的事例，拟定出一些学校条令，拟好后呈献给陛下。从那时至今，还没见到批示。可是学校已废弃多年，经学也没有什么进展。臣请求把学校条令和陛下的批示，都早早地颁行，以便选拔学官有所依凭，学生也可以有准则遵循。"皇帝颁下旨意说："你的崇儒促学之意，是很值得褒奖的。新条令很快就可以颁布了，付诸施行也不会很久了。你真是忠于职责，没有旷废职事啊。"

郑道昭又上书说："臣思虑迁都到中原，已经将近十年，可是读书之人学业荒废，礼乐还缺乏，导致我大魏，外朝没人来观摩礼乐，如此的话就没有办法宣扬国威，也不能用礼乐拉拢人心。臣从去年以来，多次请求颁布学校条令，并选拔学生，但是前后多次上书，没有得到回复，恐怕是由于臣学识浅薄，没有深刻的建议足够值得陛下关注吧。如今学馆已经建成，房舍也大体上具备，现有的国子博士，也足能够胜任教学任务。虽然新条令还没有颁布，但是请求陛下暂按旧制选收学员，逐渐地开始学业，这样教学也有章可依，学业也不会导致中断，又能让后辈学生感受积极进取之风，在校的学生也能有学业上的收益。至于孔庙已经建成，祭奠先师孔子的典礼以及一切礼仪，等到新令颁布之后再举行。"他的建议没有被皇帝采纳。

后来，郑道昭升任秘书监、荥阳邑中正。又外任为平东将军、光州刺史，转任青州刺史，仍担任平东将军。他又入朝担任秘书监，加平南将军衔。熙平元年去世，追赠为镇北将军、相州刺史，赠谥号为"文恭"。

郑道昭喜欢写诗作赋，共计著述达几十篇。他在光州、青州任上时，处理政事很宽容仁厚，不滥用刑罚，得到官民的爱戴。

郑道昭的儿子郑严祖，特别有风度，粗通文史典籍。历任通直郎，通直常侍等职。但是他为人轻狂浮狂躁，行品行不端正，不专注读书，依附权势之族，贪求名利，家庭人伦关系混乱，臭名昭著。出帝在位时，御史中尉綦儁揭发郑严祖与嫁给宗氏的堂姐通奸，人们一说起他都感到很羞耻。但是郑严祖却一点愧色也没有。孝静帝初年，他升任骠骑将军、左光禄大夫、鸿胪卿。又外任为北豫州刺史，仍担任骠骑将军。后来，他被免除任州刺史，入朝仍担任鸿胪卿。他去世后，朝廷追赠他为都督豫兖颍三州诸军事、亹亹将军、司空公、豫州刺史。

郑严祖之弟郑敬祖，性格也很粗疏。最初担任著作佐郎一职。因为郑俨败亡，他也遭乡民杀害。郑敬祖之弟郑述祖，武定年间官至尚书一职。郑述祖之弟郑遵祖，官至秘书郎。他去世后，被朝廷追赠为辅国将军、光州刺史。郑遵祖的弟弟郑顺，在太常丞任上去世。

自从灵太后掌管朝政后，淫乱之风开始盛行，到元义专权时，就开始公开地通奸。从此后，名门望族，人伦关系特别混乱，官府也不进行惩治，他们在淫乱关系下的婚姻士官行为，世人也不进行抨击，远见卓识的人都为此慨叹。

魏书卷七十三

奚康生杨大眼列传第六十一

奚康生

奚康生，河南洛阳人。其先代人也，世为部落大人。祖直，平远将军，柔玄镇将。入为镇北大将军，内外三都大官，赐爵长进侯。卒，赠幽州刺史，谥曰简。父普怜，不仕而卒。

太和十一年，蠕蠕频来寇边，柔玄镇都将李兜讨击之。康生性骁勇，有武艺，弓力十石，矢异常箭，为当时所服。以兜为前驱军主，频战陷陈，壮气有闻，由是为宗子队主。

从驾征钟离，驾旋济淮，五将未渡，萧鸾遣将率众据渚，邀断津路。高祖敕曰："能破中渚贼者，以为直阁将军。"康生时为军主，谓友人曰："如其克也，得畅名绩，脱若不捷，命也在天。丈夫今日何为不决！"遂便应募，缚筏积柴，因风放火，烧其船舰，依烟直进，飞刀乱斫，投河溺死者甚众。乃假康生直阁将军，后以勋除中坚将军、太子三校、西台直后。

吐京胡反，自号辛支王。康生为军主，从章武王彬讨之。胡遣精骑一千邀路断截，康生率五百人拒战，破之，追至石羊城，斩首三十级。彬甲卒七千，与胡对战，分为五军，四军俱败，康生军独全。迁为统军。率精骑一千追胡至车突谷，诈为坠马，胡皆谓死，争欲取之。康生腾骑奋矛，杀伤数十人，胡遂奔北。辛支轻骑退走，去康生百余步，弯弓射之，应弦而死。因俘其牛羊驼马以万数。

萧鸾置义阳郡，招诱边民。康生复为统军，从王肃讨之，进围其城。鸾将张伏护自升城楼，言辞不逊，肃令康生射之。以强弓大箭望楼射窗，扉开即入，应箭而毙。彼民见箭，皆云狂弩。以杀伏护，赏帛一千匹。又频战再退其军，赏三阶，帛五百匹。萧宝卷将裴叔业率众围涡阳，欲解义阳之急。诏遣高聪等四军往援之，后遣都督、广陵侯元衍，并皆败退。时刺史孟表频启告，高祖敕肃遣康生驰往赴援。一战大破之，赏二阶，帛一千匹。及寿春来降也，遣康生领羽林一千人，给龙厩马两匹，驰赴寿春。既入其城，命集城内旧老，宣诏抚赉。俄而，萧宝卷将桓和顿军梁城，陈伯之据峡石，民心骇动，颇有异谋。康生乃防御内外，音信不通。固城一月，援军乃至。康生出击桓和、伯之等二军，并破走之，拔梁城、合肥、洛口三戍。以功迁征虏将军，封安武县开国男，食邑二百户。

出为南青州刺史。后萧衍郁洲遣军主徐济寇边，康生率将出讨，破之，生禽济。赏帛千匹。时萧衍闻康生能引强弓，力至十余石，故特作大弓两张，送与康生。康生得弓，便会集文武，乃用平射，犹有余力。其弓长八尺，把中围尺二寸，箭粗殆如今之长笛，观者以为希世绝伦。弓即表送，置之武库。

又萧衍遣将宋黑率众寇扰彭城，时康生遭母忧，诏起为别将、持节、假平南将军，领南青州诸军击走之。后衍复遣都督，临川王萧宏，副将张惠绍勒甲十万规寇徐州，又假宋黑徐州刺史，领众二万，水陆俱进，径围高塚戍。诏授康生武卫将军、持节、假平南将军，为别将领羽林三千人，骑、步甲士随便割配。康生一战败之，还京，召见宴会，赏帛千匹，赐骅骝御胡马一匹。

出为平西将军、华州刺史，颇有声绩。转泾州刺史，仍本将军。以辄用官炭瓦为御史所劾，削除官爵。寻旨复之。萧衍直阁将军徐玄明戍于郁洲，杀其刺史张稷，以城内附。诏遣康生迎接，赐细御银缠槊一张并枣柰果。面敕曰："果者，果如朕心；枣者，早遂朕意。"未发之间，郁洲复叛。时扬州别驾裴绚谋反，除康生平东将军，为别将，领羽林四千讨之，会事平不行。

遭父忧，起为平西将军、西中郎将。是岁，大举征蜀，假康生安西将军，领步骑三万邪趣绵竹。至陇右，世宗崩，班师。除卫尉卿。出为抚军将军、相州刺史。在州，以天旱令人鞭石虎画像，复就西门豹祠祈雨，不获，令吏取豹舌。未几，二儿暴丧，身亦遇疾，巫以为虎、豹之祟。

征拜光禄卿，领右卫将军。与元叉同谋废灵太后。迁抚军大将军、河南尹，仍右卫，领左右。与子难娶左卫将军侯刚女，即元叉妹夫也。叉以其通姻，深相委托，三人率多俱宿禁内，时或迭出。叉以康生子难为千牛备身。

康生性粗武，言气高下，叉稍惮之，见于颜色，康生亦微惧不安。正光二年三月，肃宗朝灵太后于西林园，文武侍坐，酒酣迭舞。次至康生，康生乃为力士舞，及于折旋，每顾视太后，举手、蹈足、瞋目、颔首为杀缚之势。太后解其意而不敢言。日暮，太后欲携肃宗宿宣光殿。侯刚曰："至尊已朝讫，嫔御在南，何劳留宿？"康生曰："至尊，陛下儿，随陛下将东西，更复访问谁？"群臣莫敢应。灵太后自起援肃宗臂下堂而去。康生大呼唱万岁于后，近侍皆唱万岁。肃宗引前入阁，左右竞相排，阁不得闭。康生夺其子难千牛刀，斫直后元思辅，乃得定。肃宗既上殿，康生时有酒势，将出处分，遂为叉所执，锁于门下。至晓，叉不出，令侍中、黄门、仆射、尚书等十余人就康生所讯其事，处康生斩刑，难处绞刑。叉与刚并在内矫诏决之。康生如奏，难恕死从流。难哭拜辞父，康生忻子免死，又亦慷慨，了不悲泣。语其子云："我不反死，汝何为哭也？"有司驱逼，奔走赴市。时已昏暗，行刑人注刀数下不死，于地刻截。咸言禀叉意旨，过至苦痛。尝食典御奚混与康生同执刀入内，亦就市绞刑。

康生久为将，及临州尹，多所杀戮。而乃信向佛道，数捨其居宅以立寺塔。凡历四州，皆有建置。死时年五十四。子难，年十八。以侯刚子婿得停百日，竟徙安州。后尚书卢同为行台，又令杀之。

康生于南山立佛图三层，先死忽梦崩坏。沙门有为解云："檀越当不吉利，无人供养佛图，故崩耳。"康生称然。竟及祸。灵太后反政，赠都督冀瀛沧三州诸军事、骠骑大将军、司空公、冀州刺史，又追封寿张县开国侯，食邑一千邑。子刚，袭。武定中，青州开府主簿。齐受禅，爵例降。刚弟定国，袭康生安武县开国男。

【译文】

奚康生是河南洛阳人。他的祖先是鲜卑族，在代郡居住，世代担任部落大人。他的祖父奚直，担任平远将军、柔玄镇将。后来，入朝担任镇北大将军，内外三都大官，赐封爵为长进侯。去世后，朝廷追赠幽州刺史，谥号为"简"。他的父亲奚普怜，没有做官就去世了。

孝文帝太和十一年，柔然多次进犯边境，柔玄镇都将李兜曾征讨攻打，奚康生天生勇猛，武艺超群，弓力有十石(即一千二百斤)，他的箭也与普通之箭有区别，时人都很佩服他。奚康生追随李兜，作为前驱军主，多次参与战斗，他冲锋陷阵，勇猛威名传布四方，因此被任命为宗子队主。

后来奚康生跟随孝文帝征讨钟离。孝文帝渡过淮河之后，五位将领没有渡河，齐明帝萧鸾派遣将领率领军队占据了水中的小岛，将他们渡河的路切断了。孝文帝颁布诏令说："谁能摧毁小岛的敌人，就任命他为直阁将军。"奚康生当时为军主，他对朋友说："如果能攻克敌军，就能够扬威名、立战功，假如不能克敌，那也是天意。大丈夫如今为什么不能一试呢！"然后就前去应募。他绑了木筏堆满木柴，然后顺风放了一把火，焚烧了敌人的战船。奚康生率领将士冒着烟火冲上敌人的战船，用飞刀乱砍一通，敌人投河溺水而死的很多。于是孝文帝任命奚康生兼直阁将军。后因战功又授与中坚将军、太子三校、西台直后等官职。

吐京地区的山胡反叛朝廷，自称辛支王。于是朝廷任命奚康生为军主，跟随章武王元彬前去征讨。山胡派出一千名精锐骑兵阻截进军道路，奚康生率领五百人将他们打败，并一直将他们追赶到石羊城，斩杀三十人。章武王元彬率领七千将士，与山胡对阵交战，共分成五军，四军都战败了，只有奚康生一军独自保全。奚康生因此被提拔为统军。他率领一千名精锐骑兵追击山胡到车突谷时，假装从马上摔落，山胡人以为他们都死了，争相来夺取他们的首级。奚康生突然腾身上马，用矛杀死杀伤几十敌人，于是山胡向北逃窜。辛支王也骑马撤退逃离，奚康生距离他只有百余步远，于是他挽弓射箭，辛支王应弦而死。这次战斗俘获山胡牛羊驼马数以万计。

萧鸾设置义阳郡，招纳北魏边境的民众。奚康生又被任命为统军，跟随王肃征讨，攻打并包围了此城。萧鸾的守将张伏护登上城楼，出言无礼，王肃命令奚康生射杀他。奚康生用强弓大箭对准城楼上的窗射去，窗开箭射入，张伏护应声而死。城众百姓见到弓箭，都称说是"狂弩"所射。因射杀张伏护的功劳，孝文帝赏赐奚康生一千匹帛。后来，又多次打退敌军，因此孝文帝又赏赐并提升三级官阶，五百匹帛。齐东昏侯萧宝卷的大将裴叔业率领军队围攻涡阳，打算解除义阳之急。孝文帝下诏令命高聪等四军前去援助，后来又命都督、广陵侯元衍前去支援，两军都战败。当时南兖州刺史孟表多次向朝廷告急，孝文帝命王肃派遣奚康生马上前往援救。一战就大破齐军，孝文帝提升他二级官阶，赏赐他一千匹帛。等到寿春前来归降。北魏派遣奚康生率领一千羽林军，又赏赐龙厩马两匹，即刻赶赴寿春。奚康生进入城中，下令召集城内年老居民，宣布皇帝安抚赏赐的诏旨。不久，齐萧宝卷的大将桓和的军队在梁城停驻，陈伯之的军队占据峡石，民心惊恐震动，有人想图谋叛乱。奚康生就防御内外，致使音信难通。奚康生坚守此城达一月之久，援军才赶到。奚康生攻打桓和、陈伯之的军队，他们纷纷战败而逃，攻克了齐梁城、合肥、洛口三戍。后来因立有战功被升任为征虏将军，封爵为安武县开国男，食邑二百户。

奚康生外调担任南青州刺史。后来，梁萧衍派遣郁州军主徐济进犯边境，奚康生率领将士征讨，又将梁军打败，并活捉了徐济。朝廷赏赐帛达千匹。当时萧衍听说奚康生能拉开强弓，弓力达到十余石，因此特地制作了两张大弓，送给奚康生。奚康生得到这些弓后，就会集文武官员，举弓平射，还有余力没有使出来。这弓长有八尺，弓把中围有一尺二寸，箭粗像现在的长笛似的，观看的人都认为这是世间少有的勇力。奚康生随即又上表朝廷将弓放入武库之中。

梁武帝萧衍派遣大将宋黑率领军队进攻彭城，当时奚康生恰逢母丧，朝廷任命他为别将、持节、假平南将军，他率领南青州诸军打败了梁军。后来萧衍又派遣都督、临川王萧宏，副将张惠绍率领十万士兵攻打徐州，又任命宋黑为徐州刺史，率领二万士兵，水陆一起进攻，径直围攻高掾戍。朝廷下诏令任命奚康生为武卫将军、持节、假平南将军，为别将，率领羽林军三千人，骑兵和步兵都按照他的要求配给。奚康生一战就击败了梁军。他返回京城洛阳，皇帝亲自接见他，并摆设筵席，赏赐给他一千匹帛，一匹骅骝御胡马。

奚康生外调担任平西将军，华州刺史，处理政事声名远播。后来转任泾州刺史，仍就担任平西将军。因为擅自使用官家的炭和瓦被御史弹劾，削除官爵。不久，皇帝下旨让他官复原职。萧衍的直阁将军徐玄明在郁州防守时，将刺史张稷杀死，请求以郁州城投降归附北魏。北魏派遣奚康生前去迎接他，赏赐给他细御银缠矛一根，还有枣和杏果之类。宣武帝面赐说："果的意思，是要果然符合朕的心意；枣的意思，是要早日实现朕的愿望。"奚康生还没有出发，郁州又反叛了。当时扬州别驾裴绚叛乱，朝廷又任命奚康生为平东将军，别将，率领羽林军四千人前去征讨，正赶上叛乱被平定，于是没有成行。

父亲丧期满后，奚康生被起用为平西将军、西中郎将。这一年北魏大举讨伐梁的蜀地，授予奚康生安西将军一职，命他率领三万步兵、骑兵，攻打绵竹。军队行至陇右，宣武帝驾崩，于是返回京师。朝廷授予他卫尉卿一职，外调为抚军将军、相州刺史。在相州任职时，因为天气干旱，奚康生命人鞭打石虎像；又到西门豹祠祈求降雨，仍未下雨，于是命令手下截取西门豹的舌头。没过多久，他的两个儿子突然病逝，他也身患疾病，巫师认为是石虎、西门豹作祟所致。

朝廷征召并任命奚康生为光禄卿，兼任右卫将军。又因为与元叉共同谋划废除了灵太后。晋升为抚军大将军、河南尹、仍担任右卫，领仗身左右。他为儿子奚难娶左卫将军侯刚的女儿，侯刚的儿子是元叉的妹夫。元叉因为与他们两家通姻，就对他们特别信任器重。三人大多在宫中住宿，或者结伴出游。元叉又任命奚康生的儿子奚难为千牛备身。

奚康生生性粗犷，说话没轻没重，元叉有些惧怕他，常在脸色上表露出来，奚康生也因此稍微有点恐惧不安。正光二年三月，孝明帝在西林园朝拜灵太后，文武百官侍坐左右，酒酣之际就轮流跳舞。轮到奚康生时，他就表演力士舞，每次转身时，就回头注视灵太后，举手、蹈足，瞪着眼，点头，都作出杀戮绑缚的姿式。灵太后明白他的意思却不敢显露出来。天色已晚，灵太后想让孝明帝和她一起在洛阳北宫宣光殿住宿。侯刚说：“皇上已经朝拜完毕，其他妃嫔在洛阳南宫，为什么留宿呢?”奚康生说：“皇上，是陛下与灵太后的儿子，随陛下到东到西，还要再去访见谁呢?”群臣们都不敢说什么了。灵太后站起来，拉着孝明帝的手下堂离开。奚康生在后面高呼万岁，近侍们也都齐声喊万岁。孝明帝在前面进入小阁，左右官员竞相推门，阁门不能够关上。奚康生夺过奚难的千牛刀，砍杀直后元思辅，情势才安定下来。孝明帝上殿后，奚康生趁着酒劲儿，准备作出反元叉的部署，结果被元叉抓住，锁在门下省。到了第二天早晨，元叉自己没有出现，命侍中、黄门、仆射、尚书等十余人到奚康生处审讯这件事，宣布将奚康生处斩，其子奚难被处以绞刑。元叉与侯刚都在宫内用灵太后的名义颁布假诏令：“奚康生按皇上诏令处斩，奚难免除死刑被流放。”奚难哭着与父亲拜别，奚康生为儿子被免死而庆幸，又情绪激昂，但一点也没有悲泣。他对儿子说：“我不是因为反叛而死，你为什么还要哭呢?”有关方面驱使逼迫，将他拖走赶赴刑场。当时已经到了黄昏，行刑人刀砍他数次，他却没有死，刽子手便朝倒在地上的奚康生戳刺。人们都说这禀承的是元叉的意旨，让他多受些痛苦。尝食典御奚混与奚康生一起提刀进入宫内，也在刑场处以绞刑。

奚康生长时间担任将领，等到他到地方担任州尹时，就经常杀戮。但他笃信佛道，多次捐出自己的住宅来建造寺庙或塔。他历任四个州，都有功绩。他死时五十四岁。儿子奚难，十八岁。因为是侯刚的女婿，过了百日，最后被流徙到安州。后来尚书卢同担任行台时，又命令将他杀死。

奚康生在南山修造三层佛塔，去世前忽然梦见佛塔崩塌。有一位和尚为他解梦说："施主应该有不吉利的事情。没有人再供养佛塔，所以崩坏。"康生认为他说得很对。最终发生此祸。灵太后重新执政后，追赠他官都督冀瀛沧三州诸军事、骠骑大将军、司空公、冀州刺史，又追封寿张县开国侯，食邑一千户。他的儿子奚刚，承袭爵位。东魏武定年间，担任青州开府主簿。北齐建立后，依照惯例降爵位。奚刚的弟弟奚定国，承袭奚康生的爵位为安武县开国男。

杨大眼

杨大眼，武都氐难当之孙也。少有胆气，跳走如飞。然侧出，不为其宗亲顾待，颇有饥寒之切。太和中，起家奉朝请。时高祖自代将南伐，令尚书李冲典选征官，大眼往求焉。冲弗许，大眼曰："尚书不见知，听下官出一技。"便出长绳三丈许系髻而走，绳直如矢，马驰不及，见者莫不惊叹。冲曰："自千载以来，未有逸材若此者也。"遂用为军主。大眼顾谓同僚曰："吾之今日，所谓蛟龙得水之秋，自此一举终不复与诸君齐列矣。"未几，迁为统军。从高祖征宛、叶、穰、邓、九江、钟离之间，所经战陈，莫不勇冠六军。世宗初，裴叔业以寿春内附，大眼与奚康生等率众先入，以功封安成县开国子，食邑三百户。除直阁将将军，寻加辅国将军、游击将军。

出为征虏将军、东荆州刺史。时蛮酋樊秀安等反，诏大眼为别将，隶都督李崇，讨平之。大眼妻潘氏，善骑射，自诣军省大眼。至于攻陈游猎之际，大眼令妻潘戎装，或齐镳战场，或并驱林壑。及至还营，同坐幕下，对诸僚佐，言笑自得，时指之谓人曰："此潘将军也。"

萧衍遣其前江州刺史王茂先率众数万次于樊雍，招诱蛮夏，规立宛州，又令其所署宛州刺史雷豹狼、军主曹仲宗等领众二万偷据河南城。世宗以大眼为武卫将军、假平南将军、持节、都督统军曹敬、邴虬、樊鲁等诸军讨茂先等，大破之，斩衍辅国将军王花、龙骧将军申天化，俘馘七千有余。衍又遣其舅张惠绍总率众军，窃据宿豫。又假大眼平东将军为别将，与都督邢峦讨破之。遂乘胜长驱。与中山王英同围钟离。大眼军城东，守淮桥东西二道。属水泛长，大眼所绾统军刘神符、公孙祉两军夜中争桥奔退，大眼不能禁，相寻而走，坐徙为营州兵。

永平中，世宗追其前勋，起为试守中山内史。时高肇征蜀，世宗虑萧衍侵轶徐扬，乃征大眼为太尉长史、持节、假平南将军、东征别将，隶都督元遥，遏御淮肥。大眼至京师，时人思其雄勇，喜其更用，台省闾巷，观者如市。大眼次谯南，世宗崩。时萧衍遣将康绚于浮山遏淮，规浸寿春，诏加大眼光禄大夫，率诸军镇荆山，复其封邑。后与萧宝夤俱征淮堰，不能克。遂于堰上流凿渠决水而还，加平东将军。

大眼善骑乘，装束雄竦，擐甲折旋，见称当世。抚巡士卒，呼为儿子。及见伤痍，为之流泣。自为将帅，恒身先兵士，冲突坚陈，出入不疑，当其锋者，莫不摧拉。南贼前后所遣督将，军未渡江，预皆畏慑。传言淮泗、荆沔之间有童儿啼者，恐之云“杨大眼至”，无不即止。王肃弟子秉之初归国也。谓大眼曰：“在南闻君之名，以为眼如车轮。及见，乃不异人。”大眼曰：“旗鼓相望，瞋眸奋发，足使君目不能视，何必大如车轮。”当世推其骁果，皆以为关张弗之过也。然征淮堰之役，喜怒无常，捶挞过度，军士颇憾焉。识者以为性移所致。

又以本将军出为荆州刺史。常缚蒿为人，衣以青布而射之。召诸蛮渠指示之曰：“卿等若作贼，吾政如此相杀也。”又北淯郡尝有虎害，大眼搏而获之，斩其头悬于穰市。自是荆蛮相谓曰：“杨公恶人，常作我蛮形以射之。又深山之虎尚所不免。”遂不敢复为寇盗。在州二年而卒。

大眼虽不学，恒遣人读书，坐而听之，悉皆记识。令作露布，皆口授之，而竟不多识字也。有三子，长甑生、次领军、次征南，皆潘氏所生，气干咸有父风。

初，大眼徙营州，潘在洛阳，颇有失行。及为中山，大眼侧生女夫赵延宝言之于大眼，大眼怒，幽潘而杀之。后娶继室元氏。大眼之死也，甑生等问印绶所在，时元始怀孕，自指其腹谓甑生等曰：“开国当我儿袭之，汝等婢子，勿有所望！”甑生深以为恨。及大眼丧将还京，出城东七里，营车而宿。夜二更，甑生等开大眼棺，延宝怪而问之，征南射杀之。元怖，走入水，征南又弯弓射之。甑生曰：“天下岂有害母之人。”乃止。遂取大眼尸，令人马上抱之，左右扶挟以叛。荆人畏甑生等骁勇，不敢苦追。奔于襄阳，遂归萧衍。

【译文】

杨大眼是武都地区氐族首领杨难当的孙子。他少年时就很有胆量勇气，跳跃奔跑如飞一般。然而是因为是妾所生，不被其宗族亲戚看重、照顾，常常挨饿受冻。孝文帝太和年间，开始出仕为官为奉朝请。当时孝文帝从都城代郡平城准备向南讨伐，命令尚书李冲主管选拔南征的军官。杨大眼前往应征，李冲没有准许，杨大眼说："尚书不了解下官，请允许下官表演一技。"于是拿出一根三丈多的长绳绑住头发跑起来，那根绳就像射出的箭一样直，连战马都追不上他，看的人无不惊叹。李冲说："千年以来，没有一个才艺超群之人像他这样厉害。"于是任用他为军主。杨大眼回头对同伴说："今天我真可以说是蛟龙出水，从此再不会与诸位为伍了。"不久之后，晋升为统军。他跟随孝文帝征讨宛、叶、穰、邓、九江、钟离之间，每次参加战斗，每次都是勇冠六军。宣武帝初年，南齐裴叔业以寿春城投降北魏，杨大眼与奚康生等率领军队首先进入寿春，因为立下战功被封为安成县开国子，食邑三百户。孝文帝任命他为直阁将军，不久加封辅国将军、游击将军。

后来，离京出任为征虏将军，东荆州刺史。当时蛮族首领樊秀安等叛乱，朝廷任命杨大眼为别将，隶属都督李崇帐下，征讨平定了叛乱。杨大眼的妻子潘氏，擅长骑马射箭，到军营探望杨大眼，在作战或狩猎时，杨大眼让潘氏穿着军服，两人或者在战场上一同战斗，或者在大森林里并行。等返回营后，两人同坐营帐内，在各位属官面前，谈笑自若，杨大眼指着妻子对人说："这位是潘将军。"

梁萧衍派遣前任江州刺史王茂先率领数万大军奔赴樊城、雍州，征募蛮族和汉族民众，打算建立宛州，又命令自己任命的宛州刺史雷豹狼、军主曹仲宗等率领二万大军袭击并占据河南城。宣武帝任命杨大眼为武卫将军、假军南将军、持节、都督，统领曹敬、邴虬、樊鲁等各路军队，征讨并将王茂先等打败，将萧衍的辅国将军王花、龙骧将军申天化杀死，俘虏斩杀七千余人，萧衍又派遣舅舅张惠绍统领各军，暗中攻打并占据宿豫。北魏又让杨大眼代理平东将军，作为另一路的统兵大将，与都督邢峦一起将张惠绍战败。接着，他们又乘胜进军，与中山王元英一起包围并攻打钟离。杨大眼在城东驻军，把守淮河桥的东西两路。正赶上河水暴涨，杨大眼统领的统军刘神符、公孙祉两路军在晚上争着从桥上奔逃，杨大眼没有办法阻止他们，也随军士逃走，因此获罪，被流放到营州为兵。

永平年间，宣武帝感念杨大眼之前的战功，起用他为代理中山内史。当时高肇讨伐梁的蜀地，宣武帝担心萧衍的军队进犯徐州和扬州，于是下诏任命杨大眼为太尉长史、持节、代理平南将军、东征别将，隶属都督元遥麾下，以防御阻截淮河肥水一带的梁军。杨大眼抵达京城洛阳，人们知道他的英勇无敌，都为他被重新起用而高兴，从台省等政府机关到大街小巷，观看他的人如同赶集一般多。杨大眼在谯城南驻军。宣武帝驾崩，当时，萧衍派将军康绚在浮山构筑淮河大堰，打算用淮河水来灌淹寿春城，朝廷颁下诏令加封杨大眼为光禄大夫官，命他率领各军镇守荆山，恢复他之前的封邑。后来，杨大眼与萧宝夤一起攻打淮河上浮山堰，没有攻取，于是在堰的上游开凿渠道将淮水放走，从而让它对寿阳不构成威胁。杨大眼率军返回后，加官平东将军。

杨大眼擅长骑马，穿戴起来很是英武，穿上铠甲，回环盘旋，被时人称赞。他巡视安抚士兵，称他们为儿子，士兵受伤，他常常为之流泪。他虽然是将帅，却总是身先士卒，冲锋陷阵，出入战场一点不犹豫，与他作战之人，无不被其摧垮。南朝前后派遣的督军，军队还没有渡过江，都特别害怕。传说在淮泗、荆沔之间有小孩哭叫，只要吓唬孩子说："杨大眼快来了"，没有不立刻停止哭泣的。南朝王肃的侄子王秉刚投奔北朝后，对杨大眼说："在南方我就听闻您的大名，总以为您的眼睛如车轮般大，如今看到您，和一般人没有差别。"杨大眼说："在两军对峙、旗鼓相望时，我两眼怒视，虎视眈眈，足以让敌人不敢看我，为什么一定要让眼睛如车轮般大呢。"同时代的人推崇他的勇猛，都认为即使是关羽、张飞也无法超过他。但是在征讨淮河浮山堰时，却经常喜怒不定，经常捶打士兵，将士颇有怨恨之词。有识之士认为是他性情变化所致。

后来又凭借本将军出任荆州刺史。他经常把蒿草捆扎成人形，给它穿上青布衣，向着草靶射箭。此外，他还召请蛮族首领来观看，杨大眼指着草人说："你们这些人如果作贼叛乱，我就是用此法宰杀尔等。"在荆州北淯郡曾经有老虎出没伤人，杨大眼就和虎搏斗，最终抓住它，并将虎头砍下，悬挂在穰县的街市上。从此以后，荆州蛮人互相议论说："杨公是残暴之人，经常做一些像我们蛮人的草人，然后对之射箭；而且深山猛虎也难免他的杀害。"于是此地无人敢再抢掠叛乱。杨大眼在荆州两年就去世了。

杨大眼虽然没读过什么书，但是经常叫人给他读书，他坐着听，都能将书中内容记住。命人写一篇捷报，都由他口述，但是终究认识的字不多。他有三个儿子，长子杨甑生，次子杨领军，三子杨征南，都是妻子潘氏生的。他们都有其父的英勇气概和才能。

当初，杨大眼被流放到营州，潘氏在洛阳，行为很是不检点。后在他在中山为官，他的侧室所生女儿的丈夫赵延宝把此事告诉他，大眼愤怒至极，将潘氏幽闭，最终杀死了她。后来杨大眼再娶了继室元氏。杨大眼将去世时，甑生等曾经向元氏询问印绶所在。当时元氏已有身孕，她指着自己的肚子对甑生等说："爵位应当由我儿继袭，你们这些婢女之子，不要指望了！"甑生非常愤怒。后来，杨大眼的灵柩将运回京师，在离城七里的城东面，停下车过夜。深夜二更时，甑生等打开杨大眼的棺材。赵延宝奇怪地询问他。结果被征南射死。元氏非常害怕，奔逃进水中，征南又弯弓准备射杀她，甑生说："天下哪里有杀害自己母亲的人？"征南于是作罢了。于是他们取出杨大眼的尸体，命人在马上抱着尸体，身边随从簇拥着他们叛离了朝廷。荆州人畏惧甑生等勇猛善战，不敢穷追。他们逃奔到襄阳，于是归降了萧衍。

魏书卷九十

逸士列传第七十八

盖兼济独善，显晦之殊，其事不同，由来久矣，昔夷齐获全於周武，华矞不容於太公，何哉？求其心者，许以激贪之用；督其迹者，以为束教之风。而肥遁不反，代有人矣。夷情得丧，忘怀累有。比夫迈德弘道，匡俗庇民，可得而小，不可得而忽也。自叔世浇浮，淳风殆尽，锥刀之末，竞入成群，而能冥心物表，介然离俗，望古独适，求友千龄，亦异人矣。何必御霞乘云而追日月，穷极天地，始为超远哉，今录眭夸等为《逸士传》。

眭夸，一名昶，赵郡高邑人也。祖迈，晋东海王越军谋掾，后投石勒为徐州刺史。父邃，字怀道，慕容宝中书令。夸少有大度，不拘小节。耽志书传，未曾以世务经心。好饮酒，浩然物表。年二十遭父丧，须鬓至白，每一悲哭，闻者为之流涕。高尚不仕，寄情丘壑。同郡李顺愿与之交，夸拒而不许。邦国少长莫不惮之。

少与崔浩为莫逆之交。浩为司徒，奏徵为其中郎，辞疾不赴。州郡逼遣，不得已，入京都。与浩相见，延留数日，惟饮酒谈叙平生，不及世利。浩每欲论屈之，竟不能发言。其见敬惮如此。浩后遂投诏书於夸怀，亦不开口。夸曰："桃简，卿已为司徒，何足以此劳国士也。吾便於此将别。"桃简，浩小名也。浩虑夸即还，时乘一骡，更无兼骑，浩乃以夸骡内之厩中，冀相维絷。夸遂托乡人输租者，谬为御车，乃得出关。浩知而叹曰："眭夸独行士，本不应以小职辱之。又使其人仗策复路，吾当何辞以谢也。"时朝法甚峻，夸既私还，将有私归之咎。浩仍相左右，始得无坐。经年，送夸本骡，兼遗以所乘马。为书谢之。夸更不受其骡马，亦不复书。及浩诛，为之素服，受乡人吊唁，经一时乃止，叹曰："崔公既死，谁能更容眭夸！"遂作《朋友篇》，辞义为时人所称。

妇父钜鹿魏攀，当时名达之士，未尝备婿之礼，情同朋好。或人谓夸曰："吾闻有大才者必居贵仕，子何独在桑榆乎？"遂著《知命论》以释之。年七十五卒。葬日，赴会者如市。无子。

冯亮，字灵通，南阳人，萧衍平北将军蔡道恭之甥也。少博览诸书，又笃好佛理。随道恭至义阳，会中山王英平义阳而获焉。英素闻其名，以礼待接。亮性清净，至洛，隐居嵩高，感英之德，以时展勤。及英亡。亮奔赴，尽其哀恸。

世宗尝召以为羽林监，领中书舍人，将令侍讲《十地》诸经，固辞不拜。又欲使衣帻入见，亮苦求以幅巾就朝，遂不强逼。还山数年，与僧徒礼诵为业，蔬食饮水，有终焉之志。会逆人王敞事发，连山中沙门，而亮被执赴尚书省，十余日，诏特免雪。亮不敢还山，遂寓居景明寺。敕给衣食及其从者数人。后思其旧居，复还山室。亮既雅爱山水，又兼巧思，结架岩林，甚得栖游之适，颇以此闻。世宗给其工力，令与沙门统僧暹、河南尹甄琛等，周视嵩高形胜之处，遂造闲居佛寺。林泉既奇，营制又美，曲尽山居之妙。亮时出京师。延昌二年冬，因遇笃疾，世宗敕以马舆送令还山，居嵩高道场寺。数日而卒。诏赠帛二百匹，以供凶事。遗兄子综，敛以衣巾帽，左手持板，右手执《孝经》一卷，置尸盘石上，去人数里外。积十余日，乃焚於山。以灰烬处，起佛塔经藏。

初，亮以盛冬丧，时连日骤雪，穷山荒涧，鸟兽饥窘，僵尸山野，无所防护。时寿春道人惠需，每旦往看其尸，拂去尘霰。禽虫之迹，交横左右，而初无侵毁，衣服如本，惟风吹帽巾。又以亮识旧南方法师信大栗十枚，言期之将来十地果报，开亮手以置把中。经宿，乃为虫鸟盗食，皮壳在地，而亦不伤肌体。焚燎之日，有素雾蓊郁，回绕其傍，自地属天，弥朝不绝。山中道俗营助者百余人，莫不异焉。

李谧，字永和，赵郡人，相州刺史安世之子。少好学，博通诸经，周览百氏。初师事小学博士孔璠。数年后，璠还就谧请业。同门生为之语曰："青成蓝，蓝谢青，师何常，在明经。"谧以公子徵拜著作佐郎，辞以授弟郁，诏许之。州再举秀才，公府二辟，并不就。惟以琴书为业，有绝世之心。览《考工记》《大戴礼盛德篇》，以明堂之制不同，遂著《明堂制度论》。

谧不饮酒，好音律，爱乐山水，高尚之情，长而弥固，一遇其赏，悠而忘归，乃作《神士赋》，歌曰："周孔重儒教，庄老贵无为。二途虽如异，一是买声儿。生乎意不惬，死名用何施。可心聊自乐，终不为人移。脱寻余志者，陶然正若斯。"延昌四年卒，年三十二，遐迩悼惜之。

其年，四门小学博士孔璠等学官四十五人上书曰："窃见故处士赵郡李谧：十岁丧父，哀号罢邻人之相；幼事兄玚，恭顺尽友于之诚。十三通

《孝经》《论语》《毛诗》《尚书》，历数之术尤尽其长，州闾乡党有神童之号。年十八，诣学受业，时博士即孔璠也。览始要终，论端究绪，授者无不欣其言矣。於是鸠集诸经，广校同异，比三传事例，名《春秋丛林》，十有二卷，为璠等判析隐伏，垂盈百条。滞无常滞，纤毫必举；通不长通，有枉斯屈。不苟言以违经，弗饰辞而背理。辞气磊落，观者忘疲。每曰：‘丈夫拥书万卷，何假南面百城。’遂绝迹下帏，杜门却扫，弃产营书，手自删削，卷无重复者四千有余矣。犹括次专家，搜比谠议，隆冬达曙，盛暑通宵。虽仲舒不窥园，君伯之闭户，高氏之遗漂，张生之忘食，方之斯人，未足为喻。谧尝诣故太常卿刘芳推问音义，语及中代兴废之由，芳乃叹曰：‘君若遇高祖，侍中、太常非仆有也。’前河南尹、黄门侍郎甄琛内赞近机，朝野倾目，于时亲识求官者，答云：‘赵郡李谧，耽学守道，不闷于时，常欲致言，但未有次耳。诸君何为轻自媒炫？’谓其子曰：‘昔郑玄、卢植不远数千里诣扶风马融，今汝明师甚迩，何不就业也？’又谓朝士曰：‘甄琛行不愧时，但未荐李谧，以此负朝廷耳。’又结宇依岩，凭崖凿室，方欲训彼青衿，宣扬坟典，冀西河之教重兴、北海之风不坠。而璠善空闻，暴疾而卒。邦国衔殄悴之哀，儒生结摧梁之慕。况璠等或服议下风，或亲承音旨，师儒之义，其可默乎！”事奏，诏曰：“谧屡辞徵辟，志守冲素，儒隐之操，深可嘉美，可远傍惠、康，近准玄晏，谥曰贞静处士，并表其门闾，以旌高节。”遣谒奉册，於是表其门曰文德，里曰孝义云。

郑修，北海人也。少隐於岐南几谷中，依岩结宇，独处淡然，屏迹人事，不交世俗，耕食水饮，皮冠草服，雅好经史，专意玄门。前后州将，每徵不至。岐州刺史魏兰根频遣致命，修不得已，暂出见兰根，寻还山舍，兰根申表荐修，肃宗诏付雍州刺史萧宝夤访实以闻。会宝夤作逆，事不行。

【译文】

兼济天下与独善其身是有着显著区别的。因为人们所从事的职业不同，这种区别很早就存在。很早以前，伯夷、叔齐在武王时能够保全名节，华裔却不被太公容纳，这是什么原因呢？寻求恬淡之心的行为，可以劝阻贪婪之人，督促人们追随恬淡之人的事迹而行，可以达到对百姓约束教化作用。然而远离人世隐居之人，每个朝代都出现过。他们将成败看得很淡然，也不在意有无灾难过错。至于倡导德行，弘扬正义，匡正时俗，保佑百姓，可以做得不够多，但是不能够忽视。近代以来，民风浮躁，美好淳厚的社会风尚几乎丧失尽了，很小的利益，也有成群的人竞相追逐，而能做到潜心物外，超越世俗，追慕古人、行为超迈的人，也就不是平凡之辈了。为什么一定是能腾云驾雾、遨游天地之间，追寻日月，达到天地的尽头的人才是真正超脱呢？现在我记录下眭夸等人的事迹编成《逸士传》。

眭夸，又有一名为昶，是赵郡高邑县人。他的祖父名迈，是晋朝东海王所率军队中的参谋副官，后投靠石勒担任徐州刺史。他的父亲名邃，字怀道，是慕容宝的中书令。眭夸年少时就特别大度，为人不拘小节。他酷爱读书，俗事从不放在心上，喜欢饮酒，很是超然物外。眭夸二十岁时，父亲去世，他的鬓发竟然全变白，每次伤心痛哭，听到的人都会感动落泪。他的性情高洁，不喜欢做官，喜欢将情志寄托在山水之间。同郡的李顺很想与他结交，可是眭夸拒绝了他，没有答应。地方上无论老少都很敬畏他。

眭夸年轻时与崔浩成了最好的朋友。崔浩担任司徒时，向皇帝奏请征召眭夸担任自己的中郎，可是眭夸以自己有病为由推辞了。州郡的官员也逼迫请他前去就职，他迫于无奈，这才奔赴京城。他和崔浩见面后，留居了几日，只是饮酒叙谈人生琐事，不涉及世俗的各种利害关系。崔浩常常想通过辩论驳倒他，最终也没能说什么。他就是如此让人敬畏。后来崔浩把诏书扔到眭夸的怀中，也没有说什么。眭夸说："桃简，你已经担任司徒了，为什么还要用官位来羁绊我呢？我现在就要与你辞别了。"桃简是崔浩的小名。崔浩想到眭夸就要离开了，他来时只是骑了一匹骡子，没有其它的坐骑，于是就把眭夸的骡子藏到马圈中，希望以此来挽留眭夸。眭夸托付运租的乡下人为自己弄来一辆车，谎称自己是御夫，这才逃出关去。崔浩知道了这件事后，叹息说："眭夸是一个独来独往的人，原本就不该拿这小官职去辱没他。又让他自己赶着车子返回，我将拿什么话来向他道歉呢？"当时的法令严峻，眭夸因为是偷偷离开的，就犯下私归之罪。崔浩依然在君王身边辅助，才得以没有受到牵连。过了一年，崔浩将眭夸的骡子送还给他，并将自己的坐骑也赠送给他，还给他写了一封信表达自己的歉意。但是眭夸并没有收下他的骡马，也没有回信。崔浩死去以后，眭夸为他穿上素服，接受乡里人的凭吊，经过一段时间后才停止做这件事。他曾叹息说："崔公死后，谁还能容得下我眭夸啊！"他撰写《朋友篇》一文，篇中的文辞被当时的人称赞。

他的岳父钜鹿人魏攀也是当时的名士。他和眭夸不曾以翁婿相待，感情就像好朋友似的。有人对眭夸说:“我听说有才华超群之人一定会享有高官厚禄,为什么唯独你在乡下生活呢?”于是眭夸写下《知命论》一文,对这个问题进行解释。眭夸在七十五岁时去世了。他安葬的这天,送葬的人如同赶集一样多。他身后无子。

冯亮,字灵通,南阳人,是梁武帝萧衍平北将军蔡道恭的外甥。他从小博览群书,又非常喜好佛理。后来跟随道恭来到义阳,正好赶上中山王元英平定并攻取了义阳。元英素来就听说冯亮之名,所以对他以礼相待。冯亮天生喜欢清静,他来到洛阳一带,就在嵩山隐居了。为答谢元英的礼待之情,他经常施展才华帮助他。元英去世时,冯亮为他奔丧,特别地哀恸。

世宗曾颁下诏令任命冯亮为羽林监,兼任中书舍人,让他陪侍皇帝讲解《十地》等佛经,但是他予以推辞,没有接受任命。又命他穿上朝服戴上朝冠、穿戴整齐地觐见皇上。他却苦苦请求穿着普通衣服入朝觐见,于是皇上也就不再逼迫他。冯亮返回山林,隐居很多年,把与佛教徒们诵经学佛作为追求之事,吃的是粗食,喝的是冷水,却有终老于山林的愿望。正赶上王敞作乱之事被揭发,山里的僧人受到牵连,冯亮也被抓起来,交付尚书省,十多天后,皇上特意下诏免除其罪为其昭雪。冯亮不敢再返回山里,于是在景明寺寄居。皇上下令送给他衣服食物和几名随从人员。后来冯亮因为思念故居又返回山里。冯亮一向喜欢山水,又心思巧妙,在山岩老林中筑屋,很是有栖游的闲适之乐,并以此而闻名。世宗也给他提供人力,命令他与和尚统领僧暹、河南官员甄琛等遍考嵩高地区风景优美之处,以便建造精舍和佛寺。这里林泉风景已经很是奇特,寺庙建造又很精美,竭尽山居之妙。冯亮也时常出入京城。延昌二年冬季,冯亮因为患了重病,世宗还赠送他马车,让人将他送回山里,在嵩高道场寺居住,几天后,冯亮就去世了。皇上下诏赠布帛二百匹,来备办他的丧事,他在遗嘱中嘱咐哥哥的儿子冯综,给他装殓时要穿布衣戴便帽,左手拿着一块板,右手拿着一卷《孝经》,将他的尸体放在距离村子几里外的大石上,过十多天,才在山里焚化。在其尸体焚化的地方,人们盖起一座佛塔,用来收藏佛经。

冯亮是在隆冬时节去世的,当时大雪封盖了穷山荒涧,鸟兽因为不能觅食将要饿死,冯亮的尸体在山野陈放,没有东西来加以防护。当时寿春的一个名叫惠需的道人,每天早晨都去看护他的尸体,为他扫去积雪。尸体上到处是鸟兽爬虫的印迹,纵横交错,但是尸体一点儿也没有被侵犯毁坏,衣服还像原来一样完好,只是寒风吹掉了便帽。又因为冯亮的旧友、一位南方法师托人带来十颗大栗子给他，说希望将来在佛教修行的十种境地里得到好报，于是惠需掰开冯亮的手，把十颗栗子放在他的手中，过了一夜，栗子就被虫子和鸟偷吃了，皮壳撒在地上，但是也没有伤着冯亮的肌肤。尸体焚化那天，有白雾笼罩、盘旋，从地下腾起一直连向天空，全天都没有散尽。山中佛徒、道士及前来帮助焚尸的民众一百多人，没有一个人不感到奇异的。

李谧，字永和，赵郡人，是相州刺史李安世的儿子。他年少时就很好学，精通各种典籍，也研读过诸子百家。李谧起初是跟随小学博士孔璠求学，几年后，孔璠却反过来向李谧求教。同门师兄弟说："青出于蓝，蓝却比不上青。老师也不是固定的，关键在谁能通晓典籍。"皇上以公子的名义征召他，任命他为著作佐郎，他以要教弟弟李郁学习为由谢绝了，皇上也答应了他的请求。地方上再次举荐优秀的人才，官员们两次举荐他，他都没有答应，只是把弹琴撰文作为追求之事，有与世俗断绝往来的打算。李谧又阅读了《考工记》《大戴礼·盛德篇》，因为这些文章记录古代天子宣明政教之事以及礼义制度的不同，由此他又撰写了《明堂制度论》一文。

李谧不喜欢饮酒，喜好音乐，酷爱山水，这种高尚的情操，随着年龄的增长愈发坚固。每次见到可以欣赏景物的地方，就乐而忘返。于是写了《神士赋》一文，诗里说："周公、孔子重视儒教，庄周、老子崇尚无为。二者道路虽然不同，但都是为了取得好的声名。活着时如果不快乐，那么死后名声又有什么用呢。满足自己的心愿，自得其乐，最终不为人改变心志。假如探寻我的志向，陶然自得是目的。"延昌四年李谧去世了，时年三十二岁，远近之人都前来悼念他，为他惋惜。

有一年，四门博士之一的小学博士孔璠等四十五人向皇帝奏请说："臣等听说已故隐士赵郡李谧的情况是这样：十岁时父亲去世，他悲泣恸哭，使邻居都为之动容。幼年侍奉兄长李玚，特别恭顺友爱。他十三岁就能通读《孝经》《论语》《毛诗》《尚书》等书籍，天文历数更加擅长，在乡间邻里中有神童的称号。他十八岁时，到学校正式从师受业，当时的老师就是博士孔璠。李谧对经籍从头开始阅读，到最后进行归纳总结，探求事物之始并且常常追本溯源，老师听了他的讲解没有不欣喜的。于是他搜集各种经典，广泛地比较它们的异同，根据《春秋》三传的体例，撰写了《春秋丛林》一书，总共十二卷。他的文章条分缕析，为我们阐明了很多深藏不知的思想。他的书中不畅通的地方也并不多，但只要有错讹就进行辨析校正。其著述做到了不妄加议论、歪曲经典的本意，不追求辞藻华丽而违背事理。文辞气势错落分明，读者往往高兴去读，忘记疲劳。他经常说：“大丈夫只是追求拥有万卷图书，何必要面南而拥百城呢。”后来，他就不再教书，闭门谢客，抛弃家产，专注于书籍整理，亲手删定书籍四千余种却没有出现重复的，并且还搜求、排列各家学说和街谈巷议，从隆冬到盛夏，从黎明到深夜，即使像仲舒那样无暇窥园，像君伯那样闭门谢客，像高氏那样遗忘漂洗之物，像张生那样忘记吃饭，他们和李谧相比都是不足道的。李谧曾前往已故太常卿刘芳家中请教音义问题，他们的谈话涉及中代兴废的原因。刘芳感叹说：‘您如果被汉高祖赏识，那么侍中、太常这些官职就不是我的了。’前河南尹、黄门侍郎甄琛是皇上的近臣，朝野之臣对他都刮目相待，当时他的亲戚旧识中有人向他求官，他说：‘赵郡人李谧，好学而坚守其道，不为世事烦扰，我常常想为他进言，但他始终没有就职。你们这些人怎么能轻易就自我炫耀呢？’他还对自己的儿子说：‘过去郑玄、卢植不远千里到扶风去跟随马融学习经籍，现在你的老师也在千里之遥，为什么不前去跟随他学习呢？又对朝中官员说：‘我甄琛的行为无愧于时，只是因为没有举荐李谧，所以有负朝廷啊。’后来，李谧又依托山势筑房，临崖盖屋，正想教育教导学生，宣扬经典教义，希望西河子夏讲学之教重新兴起，北海孔融好士之风不致湮灭。然而这种良好的愿望刚刚听说，他就突然患病去世了。国家满含着悲痛，儒生心里充满无限思念。何况臣等有的赞赏他的观点主张，有的亲耳聆听过他的教诲，我们之间有这种深情厚谊，怎么可以沉默不言呢？”陈奏完毕后，皇上颁下诏书说：“李谧多次谢绝征召，笃志于淡泊自守，清静无为。儒学隐者的操守，确实值得褒奖。可以依照着惠、康、玄晏等人的先例，追封他为贞静处士，并且在家乡为他建造牌坊，用来表彰他的高尚情操。”皇帝还派遣进谒的使者送去封授的文书，当即赐给他的家门文德封号，他居住的地方命名为孝义里。

郑修，是北海郡人。年轻时在岐山南面的山谷中隐居，他依山建房，独来独往，性格恬淡。谢绝世人的拜访，也不与世俗凡人结交。他靠自己种田而食，吃的是粗茶淡饭，穿戴很是随意。但是郑修特别喜好研读经史书籍，特别专注于清谈玄学。前后几任州官都来征召他，他都拒绝赴任。岐州刺史魏兰根多次命人传达征召之令，郑修迫于无奈，暂且前去拜见魏兰根，不久之后，他又返回山里去了。魏兰根向皇上上书举荐郑修，肃宗下诏命雍州刺史肖宝夤探求实情后进行禀告，正赶上肖宝夤叛乱，这件事情没有成行。

魏书卷九十一

晁崇江式列传第七十九

晁 崇

晁崇，字子业，辽东襄平人也。家世史官。崇善天文术数，知名于时。为慕容垂太史郎。从慕容宝败于参合，获崇，后乃赦之。太祖爱其伎术，甚见亲待。从平中原，拜太史令，诏崇造浑仪，历象日月星辰。迁中书侍郎，令如故。天兴五年，月晕，左角蚀将尽，崇奏曰："占为角虫将死。"时太祖既克姚平于柴壁，以崇言之征，遂命诸军焚车而反。牛果大疫，舆驾所乘巨犗数百头亦同日毙于路侧，自余首尾相继。是岁，天下之牛死者十七八，麋鹿亦多死。

崇弟懿，明辩而才不及崇也。以善北人语内侍左右，为黄门侍郎，兄弟并显。懿好矜容仪，被服僭度，言音类太祖。左右每闻其声，莫不惊竦。太祖知而恶之。后其家奴告崇与懿叛，又与亡臣王次多潜通，招引姚兴，太祖衔之。及兴寇平阳，车驾击破之。太祖以奴言为实，还次晋阳，执崇兄弟并赐死。

【译文】

晁崇，字子业，辽东襄平人。他的祖辈世代担任史官。晁崇对天文、历法和占卜等很是擅长，在当时很有名气。他曾担任后燕慕容垂的太史郎。晁崇跟随后燕太子慕容宝征战时，在参合坡被北魏军打得惨败，并被敌人俘获，后来得到赦免。北魏道武帝拓跋珪特别赏识他的才学、技能，备受恩宠。这之后，晁崇跟随道武帝平定中原，授予太史令一职。道武帝还下诏让他制造浑天仪，并且根据日月星辰的运行情况让他制定历法。在被升为中书侍郎后，他继续从事制造浑天仪和修定历制等事务。北魏天兴五年十月，天上出现月晕现象，月亮的左角快要被光气全部遮住了，晁崇立即上奏说："根据星占之说，此现象预示着长有犄角的动物将要死去。"

当时，太祖道武帝统率北魏军队已经在柴壁将姚平战败，因为晁崇陈奏不吉利的天象征兆出现，于是命令全军将战车焚毁，率领军队返回朝廷。果不其然，各地很快出现大范围的牛瘟，军中驾车的几百头被阉割过的体型庞大的牛，在一天之内都死在了道路旁，它们首尾相连，一个个紧挨着。这一年，天下十分之七八的牛都死去了，而且还有很多麋鹿也死去了。

晁崇的弟弟晁懿，聪明善辩，但是才智比不上晁崇。因为他北方话讲得很好，所以在宫廷内来供听使，担任黄门侍郎，兄弟二人的地位都非常显赫。晁懿喜欢修饰外在的服饰容貌，很是，穿着服饰常常僭越官员的等级，而且说话声音与太祖非常相似。身边的人一听到他的声音，没有不吓得浑身颤抖的。道武帝听闻此事后，对他很是憎恶他。后来，晁家的家奴告发晁崇、晁懿兄弟二人密谋叛乱，并且和亡臣王次多暗中串通，又勾结姚兴，使得武帝对他们很是怨恨。适逢天兴五年时，姚兴侵犯边境，进攻平阳，道武帝亲自统率大军大破了姚军。太祖拓跋珪这时才认识到晁家家奴之前对晁崇兄弟的告发应该是真实的，于是返回晋阳后，将晁崇与晁懿全都抓捕起来并且赐以死罪。

江 式

江式，字法安，陈留济阳人。六世祖琼，字孟琚，晋冯翊太守，善虫篆、训估。永嘉大乱，琼弃官西投张轨，子内因居凉土，世传家业。祖疆，字文威，太延五年，凉州平，内徙代京。上书三十馀法，各有体例，又献经史诸子千馀卷，由是擢拜中书博士。卒，赠敦煌太守。父绍兴，高允奏为秘书郎，掌国史二十馀年，以谨厚称。卒于赵郡太守。

式少专家学。教年之中，常攀两人时相教授，乃寤，每有记识。初拜司徒长兼行参军、检校御史，寻除殄寇将军、符节令。以书文昭太后尊号谥册，特除奉朝请，仍符节令。式篆体尤工，洛京宫殿诸门板题，皆式书也。

延昌三年三月，式上表曰：

臣闻庖羲氏作而八卦列其画，轩辕氏兴而龟策彰其彩。古史仓颉览二象之爻，观鸟兽之迹，别创文字，以代结绳，用书契以维事。宣之王庭。则百工以叙；载之方册，则万品以明。迄于三代，厥体颇异，虽依类取制，未能悉殊仓氏矣。故《周礼》八岁放入小学，保氏教国子以六书：一曰指事，二曰象形，三曰谐声，四曰会意，五曰转注，六曰假借。盖是史颉之遗法也。及宣王太史史籀著《大篆》十五篇，与古文或同或异，时人即谓之“楷书”。至孔子定《六经》，左丘明述《春秋》，皆以古文，厥意可得而言。

其后七国殊轨，文字乖别，暨秦兼天下，丞相李斯乃奏蠲罢不合秦文者。斯作《仓颉篇》，中车府令赵高作《爰历篇》，太史令胡毋敬作《博学篇》，皆取史籀大篆，或颇省改，所谓小篆者也。于是秦烧经书、涤除旧典，官狱繁多，以趣约易，始用隶书。古文由此患矣。击书者，始皇使下杜人程邈附于小篆所作也，以邈徒隶，即谓之隶书。故书有八体：一曰大篆，二曰小篆，三曰刻符书，四曰虫书，五曰摹印，六曰署书，七曰殳书，八曰隶书。

汉兴，有尉律学，复教以籀书，又习八体，试之课最，以为尚书史。吏民上书，省字不正，辄举劾焉，又有草书，莫知谁始，考其书形，虽无厥谊，亦是一时之变通也。孝宣时，召通《仓颉》读者，独张敞从之受。凉州刺史杜邺、沛人爰礼，讲学大夫秦近亦能言之。孝平时，征礼等百馀人说文字于未央宫中，以礼为小学元士。黄门侍郎扬雄采以作《训纂篇》。及亡新居摄，自以应运制作，使大司空甄丰校文学之部，颇改定古文。时有六书：一曰古文，孔子壁中书也；二曰奇字，即古文而异者；三曰篆书，云小篆也；四曰佐书，秦隶书也；五曰缪篆，所以摹印也；六曰鸟书，所以幡信也。壁中书者，鲁恭王坏孔子宅而得《礼》《尚书》《春秋》《论语》《孝经》也。又北平侯张仓献《春秋左氏传》，书体与孔氏相类，即前代之古文矣。

后汉郎中扶风曹喜号曰工篆，小异斯法，而甚精巧，自是后学皆其法也。又诏侍中贾逵修理旧文。殊艺异术，王教一端，苟有可以加于国者，靡不悉集。逵即汝南许慎古文学之师也。后慎嗟时人之好奇，叹儒俗之穿凿，惋文毁于誉，痛字败于訾，更诡任情，变乱于世，故撰《说字解字》十五篇，首一终亥，各有部属，包括六艺群书之诂，评释百氏诸子之训，天地、山川、草木、鸟兽、昆虫、杂物、奇怪珍异、王制礼仪、世间人事莫不毕载。可谓类聚群分，杂而不越，文质彬彬，最可得而论也。左中郎将陈留蔡邕采李斯、曹喜之法为古今杂形，诏于太学立石碑，刊载《五经》，题书楷法，多是邕书也。后开鸿都，书画奇能莫不云集，于时诸方献篆无出邕者。

魏初博士清河张揖著《埤雅》《广雅》《古今字诂》，究诸《埤》《广》，缀拾遗漏，增长事类，抑亦于文为益者。然其《字诂》，方之许慎篇，古今体用，或得或失矣。陈留邯郸淳，亦与揖同时，博古开艺，特善《仓》《雅》，许氏字指，八体六书，精究闲理，有名于揖，以书教诸皇子。又建《三字石经》于汉碑之西，其文蔚炳，三体复宣。校之《说文》、篆隶大同，而古字少异。又有京兆韦诞、河东卫觊二家，并号能篆。当时台观榜题、宝器之铭，悉是诞书，咸传之子孙，世称其妙。

晋世义阳王典祠令任城吕忱表上《字林》六卷，寻其况趣，附托许慎《说文》，而案偶章句，隐别古籀奇惑之字，文得正隶，不差篆意也。忱弟静别放故左校令李登《声类》之法，作《韵集》五卷，宫商角征羽各为一篇，而文字与兄便是鲁卫，音读楚、夏，时有不同。

皇魏承百王之季，给五运之绪，世易风移，文字改变，篆形谬错，隶体失真，俗学鄙习，复加虚巧，谈辩之士，又以意说，炫惑于时，难以厘改。故传曰，以众非，非行正。信哉得之于斯情矣。乃曰追来为归，巧言为辩，小兔为䨲，神虫为蚕，如斯甚众，皆不合孔氏古书、史楷大篆、许氏《说文》《石经》三字也。凡所关古，莫不惆怅焉。嗟夫！文字者六艺之宗，王教之始，前人所以垂今，今人所以识古，故曰“本立而道生”。孔子曰：“必也正名手。”又曰：“述而不作。”《书》曰：“予欲观古人之象。”皆言遵修旧史而不敢穿凿也。

臣六世祖琼，家世陈留，往晋之初，与从父兄应元俱受学于卫觊，古篆之法，《仓》《雅》《方言》《说文》之谊，当时并收善誉。而祖官至太子洗马，出为冯翊郡，值洛阳之乱，避地河西，数世传习，斯业所以不坠也。世祖太延中，皇威西被，牧犍内附，臣亡祖文威杖莱归国，奉献五世传掌之书，古篆八体之法，时蒙褒录，叙列于儒林，官班文省，家号世业。暨臣暗短，识学庸薄，渐渍家风，有添无显。但逢时来，恩出愿外，每承泽云津，厕沾漏润，驱驰文阁，参预史官，题篆宫禁，猥同上哲。既竭愚短，欲罢不能，是以敢籍六世之资，奉遵祖考之训，窃慕古人之轨，企践儒门之辙，辄求撰集古来文字，以许慎《说文》为主，爰采孔氏《尚书》《五经》音注、《籀篇》《尔雅》《三仓》《凡将》《方言》《通俗文》《祖文宗》《埤》

《苍》《广雅》《古令字诂》《三字石经》《字林》《韵集》，诸赋文字有六书之谊者，皆以次类编联，文无复重，纠为一部。其古籀、奇惑、俗隶诸体，咸使班于篆下，各有区别。诂训假借之谊，佥随文而解；音读楚、夏之声，并逐字而注。其所不知者，则阙如也。脱蒙逐许，冀省百氏之观，而同文字之域，典书秘书。所须之书，乞垂敕给；并学士五人尝习文字者，助臣披览；书生五人，专令抄写。侍中、黄门、国子祭酒，一月一监，评议疑隐，庶无纰缪。所撰名目，伏听明旨。

诏曰："可如所请，并就太常，冀兼教八书史也。其有所须，依请给之。名目待书成重闻。"

式于是撰集字书，号曰《古今文字》，凡四十卷，大体依许氏《说文》为本，上篆下隶。又除宣威将军、符玺郎，寻加轻车将军。正光中，除骁骑将军、兼著作佐郎，正史中字。四年卒，赠左将军、巴州刺史。其书竟未能成。

式兄子征虏将军顺和，亦工篆书。先是太和中，兖州人沈法会能隶书，世宗之在东宫，敕法会侍书。已后隶迹见知于闾里者甚众，未有如崔浩之妙。

【译文】

江式，字法安，是陈留郡济阳县人。他的六世祖江琼，字孟琚，在晋朝官至冯翊太守，擅长鸟虫书和篆书，又对文字训诂之学很精通。永嘉年间天下大乱，江琼抛弃官位，向西而去，投奔张轨，所以其后代子孙在凉州居住，世代秉承他的家学。江式的祖父江疆，字文威，太延五年凉州被平定后，带领全家迁居代京。他曾经向朝廷呈递奏疏，提出三十多项为政措施，都很有见地，他又向朝廷进献经史及诸子百家书籍一千多卷，因此被提拔为中书博士。江疆去世后，朝廷追赠他为敦煌太守。江式的父亲江绍兴，高允推荐他担任秘书郎，主持编修国史达二十年，以谨慎忠厚被称道。在赵郡太守任上去世。

江式少年时代就专心致志于家传学业。几年之内，他经常梦见有两个人对他进行教导传授，等醒来后，竟将教授的内容全部记住。他最初担任司徒长兼行参军、检校御史，不久之后，又担任殄寇将军、符节令。因他曾经撰写文昭太后的尊号谥册，皇帝特意提拔他为奉朝请，仍然兼任符节令。江式特别擅长篆体，洛阳宫殿各门的匾额，都是江式书写的。

延吕三年三月，江式呈递奏疏说：

臣听说庖羲氏兴起以后，将八卦排列在图画中，轩辕氏兴起后，就用龟纹进行占卜。古代史官仓颉观察到乾坤二象的符号，又观察了鸟兽的形状，另外创造了文字来代替结绳记事，用文字来记录事情。朝廷推行此法，所以百官用它来记录志册，又在典籍中进行记载，那么万物各有专名。到了夏商周三代时，字体发生变化，但是依类相从，和仓颉造字的原则也没有多少差别。所以，《周礼》规定贵族子弟八岁入小学，执掌教育的官员用六书来教导他们：一是指事，二是象形，三是谐声，四是会意，五是转注，六是假借。这大概就是仓颉流传下来的造字法。等到周宣王的时代，太史史籀撰写大篆十五篇，和古代文字有的相同有的有异，当时的人将它称为“籀书”。等到后来，孔子整理修定《六经》，左丘明撰写《春秋》，都采用古代文字，人们都能都能明白并陈说。

后来战国时七国的法度都不相同，文字差别也非常大，等到秦始皇统一天下，丞相李斯向皇帝陈奏，废除与秦文不相符合的文字。李斯撰写《仓颉篇》，中车府令赵高撰写《爰历篇》，太史令胡毋敬撰写《博学篇》，都采用史籀的大篆来写，有的稍微加以简省改变，这就是小篆。于是秦始皇下令焚烧经书，废除旧典籍，因为官府的文书和案件很多，在书写时文字趋向简约，于是开始产生隶书。古文到此就废止使用了。我们所说的隶书，是秦始皇命下杜人程邈在小篆的基础上改造形成的，因为程邈是一个有罪的奴隶，于是就将之称为隶书。因此秦代的文字有八种书体：一是大篆，二是小篆，三是刻符书，四是虫书，五是摹印，六是署书，七是殳书，八是隶书。

汉朝建立后，掌握刑罚的官员学习刑律，又将籀书传授与他们，并学习八种书体，通过考核，成绩优异的，就任命为尚书史。官吏、百姓等上书，书写文字不符合正体的，都要遭受检举。还有一种草书，不知是谁始创，考察它的书写形状，虽然没有一定的规律，也是出于一时的变通。汉宣帝时，征召精通《仓颉篇》之人，只有张敞一人胜任。凉州刺史杜邺、沛人爰礼、讲学大夫秦近等，也能解说《仓颉篇》。汉平帝时，朝廷征召爰礼等一百多人在未央宫讲说文字，任命爰礼为小学元士。黄门郎扬雄采集爰礼等人的研究资料，撰写了

《训纂篇》。等到王莽篡政改国号，自认为承继天命，应制定制度，于是命大司空甄丰校定文字，对古文字修改很多。当时有六种书体：一是古文，就是从孔子旧宅中发掘的书体；二是奇字，在古文的基础上稍加改变的书体；三是篆书，即小篆；四是佐书，即秦代的隶书；五是缪篆，是用来刻印的书体；六是鸟书，用来书写旗帜的书体。孔子墙壁中的书，是鲁恭王拆除孔子旧宅时发掘出的《礼》《尚书》《春秋》《论语》《孝经》等书籍。此外，北平侯张苍进献的《春秋左氏传》，字体和孔子壁中书相似，也就是前代的古文。

后汉时，郎中扶风人曹喜自称擅长篆书，他的书体与李斯的篆书略微有些差别，却很精巧，后学都仿效曹喜的篆法。皇帝又令侍中贾逵研究整理旧有的文字，无论是哪种书体、写法，在宣扬王道方面是一致的，如果对国家政事有好处，都进行收集整理。贾逵就是汝南人许慎的古文字学宗师。后来许慎有感于的喜好新奇，慨叹迂儒的穿凿附会，叹惜文字因为争名夺誉而遭毁坏，痛惜文字受到非议，任情变乱字形，在社会上造成混乱的局面，因此他撰写《说文解字》十五篇，从“一”部开始，到“亥”部结束，文字各归部类，内容包括六艺群书的词义注解，评议诸子百家的解释，大凡天地、山川、草木、鸟兽、昆虫、杂物、奇怪异珍、国家制度、世间之事等，都有详细证明记载。可说是做到了分门别类，以群相分，杂而不乱，文采与内容相合，真是完美的论著。左中郎陈留人蔡邕，仿效李斯、曹喜的篆法，形成古今杂体，皇帝下令在国立大学立下石碑，用这种字体刊刻《五经》，标题和正文，大多是蔡邕亲手书写。后来开设鸿都署，在书画方面具有奇异技能的人云集在这里，当时全国各地进献的篆书作品，没有谁的作品能够超过蔡邕。

曹魏初年，清河人张揖博士撰写《埤雅》《广雅》《古今字诂》等书，研究《埤稚》和《广雅》这两部书，拾遗补缺，增加了部类，对研究文字学大概很有帮助。但是他的《古今字诂》一书，与许慎的《说文解字》相比，在古今字形字义的解释方面，有得也有失。陈留郡人邯郸淳也与张揖同时代，博学多才，特别擅长《仓颉篇》《广雅》，许慎所训释的文字内涵，同时对各种字体和书法也有精细研究，比张揖名气更大，教授诸位皇子学习书法。又在汉碑的西面竖起《三字石经》碑，蔚为大观，让三种书体光彩再现。用《说文解字》来加以校对，篆隶大体相同，而古字则稍有差别。还有京兆人韦诞、河东人卫觊二家，都号称擅长篆书。当时楼台馆阁的匾额、宝器上的铭文，都是韦诞手书，他们的子孙也能承继祖业，被世人传为美谈。

晋朝义阳王典祠令任城人吕忱呈献《字林》六卷，细究它的形状，体例是根据许慎的《说文解字》而来，说解使用的是排偶文字，并且附注古籀奇字，文字的部类明确，不违背篆书的字义。吕忱的弟弟吕静另外效仿已故的左校令李登撰写的《声类》一书的体例，撰著《韵集》五卷，宫、商、角、徵、羽各成一篇，而文字与其兄吕忱相去甚远，音读或取中原读音或荆楚读音，时有差别。

北魏在百代圣王之后建国，随着时代的发展，社会风气的变化，文字也有所改变，篆体多有谬误，隶书也丧失了原貌。学者浅薄鄙陋，又将错误的字形妄加注解。口若悬河的辩士，又随意胡说，哗众取宠，确实难以纠正。所以经传认为，以多数人之谬误，来对正确的内容加以指摘。这话的确阐明了这种流弊的实质。甚至有人说："追来为归"、"巧言为辩"、"小兔为䨲"、"神虫为蚕"，像这样的例子比比皆是，都不符合孔壁古书、史籀、大篆、许慎的《说文解字》《三体石经》。凡是对古文字关注之人，没有不为此而感叹惆怅的。哎！六艺依赖文字传播，圣贤治世也把文字作为根本，古人用文字记载史事，流传至今，今人凭借文字了解古事，所以说"本立而道生"。孔子也说过："必也正名乎。"又说："述而不作。"《书经》上说："予欲观古人之象。"这都是说要遵守旧有的文字规范，不敢去穿凿附会的意思。

臣的六世祖江琼，世代在陈留郡生活，在晋朝初年，与其堂兄江应元都跟从卫觊学习，他们对古代的篆书，以及《仓颉篇》《尔雅》《方言》《说文解字》等的字式都有很深入的研究，在当时享有很高声誉。六世祖官至太子洗马，又外任为冯翊郡守。后来，正赶上洛阳之乱，就逃往河西地区，经过几代人继承传授学习，这门学业才没有中断失传。世祖太延年间，大魏势力强盛，牧犍向朝廷臣服，臣已故祖父江文威扶杖归国，并进献世代传习的书籍，以及古篆八种书体的技法，当时受到朝廷的褒奖征用，他身居儒林之列，在朝担任文官，臣的家族被称为文字世家。传到微臣这一辈，臣资质平庸，学识浅薄，家学中落，愧对祖宗。但是臣适逢盛世，受到陛下的赏识，承蒙陛下之恩惠，臣担任文职，曾参与编修国史，宫门的匾额，陛下也任命臣来题写，臣与古代圣贤的际遇是一样的。臣为朝廷倾尽绵薄之力，但还是欲罢不能，陈斗胆凭借六世家学的修养，尊奉祖辈的遗训，效仿古人的成例，实现儒者的愿望，臣请求编纂一部字书，把许慎的《说文解字》作为蓝本，同时采纳孔壁《尚书》《五经》的音注、《史籀篇》《尔雅》《三仓》《凡将篇》《方言》《通俗文》《祖文宗》《埤仓》《广雅》《古今字诂》《三字石经》《字林》《韵集》，诸赋的文字，有与六书造字原则相符合的，都按照部类进行编排，文字不能重复，编纂成一部书。其中古籀字、奇异字、隶书的俗体字等字体，都在篆体之下连缀而成，各有差别。字义的训诂、字音的假借，都随字进行注解；字音的正读和方言读音，也逐字进行注释。读音不明确的，就暂且付缺如。如果臣的请求陛下能够准奏，那么将来人们就能免去翻检诸子百家，而且还可以统一文字，让它成为一代字典。编撰中所需要的书籍，请求陛下下令如数供给，并派给臣曾学习文字学的学士五人，帮助我阅览书籍；再派遣给臣抄手五人，专门从事抄写工作。侍中、黄门郎、国子祭酒等有关部门一个月进行一次监察，评议解决疑难问题，这样可以避免出现谬误。至于这部书的书名，谨听圣上明旨。

皇帝于是颁布诏令说："可依照其请求办理，并命江式在太常寺办公，希望他兼教八书字体。其所需一切，都按照请求配给。书名待书编成后再加定夺。"

于是江式着手编修这部字书，命名为《古今文字》，共计四十卷，大体上依据许慎的《说文解字》，上列篆书，下列隶书。江式又被提拔为宣威将军、符玺郎，不久之后，又加封轻车将军头衔。正光年间，江式担任骁骑将军兼著作佐郎，负责校正史书中的文字。正光四年去世，朝廷追赠他为右将军、巴州刺史。但是他的字书最终也没有编成。

江式的侄子是征虏将军江顺和，也擅长篆书。原先在太和年间，兖州人沈法会擅长隶书，世宗当时为东宫太子，征召沈法会侍奉在太子左右。从此以后，他的隶书墨迹有很多流传到民间，但是都没有达到崔浩的水平。

魏书卷九十二

列女列传第八十

钜鹿魏溥妻，常山房氏女也。父堪，慕容垂贵乡太守。房氏婉顺高明，幼有烈操。年十六而溥遇病且卒，顾谓之曰："人生如白驹过隙，死不足恨，但夙心往志，不闻于没世矣。良痛母老家贫，供奉无寄；赤子矇眇，血祀孤危。所以抱怨于黄墟耳。"房垂泣而对曰："幸承先人馀训，出事君子，义在自毕。有志不从，命也。夫人在堂，稚子襁褓，顾当以身少，相感长往之恨。"俄而溥卒。及大敛，房氏操刀割左耳，投之棺中，仍曰："鬼神有知，相期泉壤。"流血滂然，助丧者咸皆哀惧。姑刘氏辍哭而谓曰："新妇何至于此！"房对曰："新妇少年不幸，实虑父母未量至情，觊持此自誓耳。"闻知者莫不感怆。于时子缉生未十旬，鞠育于后房之内，未曾出门。遂终身不听丝竹，不预座席。缉年十二，房父母仍存，于是归宁。父兄尚有异议，缉窃闻之，以启母。房命驾绐云他行，因而遂归，其家弗知之也。行数十里方觉，史弟来追，房哀叹而不反。其执意如此。训导一子，有母仪法度。缉所交游有名胜者，则身具酒饭；有不及己者，辄屏卧不餐，须其悔谢乃食。善诱严训，类皆如是。年六十五而终。缉事在《序传》。缉子悦为济阴太守，吏民立碑颂德。金紫光禄大夫高闾为其文，序云："祖母房年在弱笄，艰贞守志，秉恭妻之操，著自毁之诚。"又颂曰："爰及处士，遘疾夙凋。伉俪秉志，识茂行高。残形显操，誓敦久要。诞兹令胤，幽感乃昭。"溥未仕而卒，故云处士焉。

清河房爱亲妻崔氏者，同郡崔元孙之女。性严明高尚，历览书传，多所闻知。子景伯、景先，崔氏亲授经义，学行修明，并为当世名士。景伯为清河太守，每有疑狱，常先请焉。贝丘民列子不孝，吏欲案之。景伯为之悲伤，入白其母。母曰："吾闻闻不如见，山民未见礼教，何足责哉？但呼其母来，吾与之同居。其子置汝左右，令其见汝事吾，或应自改。"景伯遂召其母，崔氏处之于榻，与之共食。景伯之温情，其子侍立堂下。未及旬日，悔过求还。崔氏曰："此虽颜惭，未知心愧，且可置之。"凡经二十馀日，其子叩头流血，其母涕泣乞还，然后听之，终以孝闻。其识度厉物如此，竟以寿终。

奠

泾州贞女兕先氏，许嫁彭老生为妻，聘币既毕，未及成礼。兕先率行贞淑，居贫常自舂汲，以养父母。老生辄往逼之，女曰："与君礼命虽毕，二门多故，未及相见。何由不禀父母，擅见陵辱！若苟行非礼，正可身死耳。"遂不肯从。老生怒而刺杀之，取其衣服，女尚能言，临死谓老生曰："生身何罪，与君相遇。我所以执节自固者，宁更有所邀？正欲奉给君耳。今反为君所杀，若魂灵有知，自当相报。"言终而绝。老生持女珠璎至其叔宅，以告叔，叔曰："此是汝妇，奈何杀之，天不佑汝！"遂执送官。太和七年，有司劾以死罪。诏曰："老生不仁，侵陵贞淑，原其强暴，便可戮之。而女守礼履节，没身不改，虽处草莱，行合古迹，宜赐美名，以显风操。其标墓旌善，号曰'贞女'。"

姚氏妇杨氏者，阉人苻承祖姨也。家贫无产业，及承祖为文明太后所宠贵，亲姻皆求利润，唯杨独不欲。常谓其姊曰："姊虽有一时之荣，不若妹有无忧之乐。"姊每遗其衣服，多不受，强与之，则云："我夫家世贫，好衣美服，则使人不安。"与之奴婢，则云："我家无食，不能供给。"终不肯受。常著破衣，自执劳事。时受其衣服，多不著，密埋之，设有著者，污之而后服。承祖每见其寒悴，深恨其母，谓不供给之。乃启其母曰："今承祖一身何所乏少，而使姨如是？"母具以语之。承祖乃遣人乘车往迎之，则厉志不起，遣人强舁于车上，则大哭，言："尔欲杀我也！"由是苻家内外皆号为痴姨。及承祖败，有司执其二姨至殿庭。一姨致法，以姚氏妇衣裳弊陋，特免其罪。其识机虽吕媖亦不过也。

任城国太妃孟氏，钜鹿人、尚书令，任城王澄之母。澄为扬州之日，率众出讨。于后贼帅姜庆真阴结逆党，袭陷罗城。长史韦缵仓卒失图，计无所出。孟乃勒兵登陴，先守要便。激厉文武，安慰新旧，劝以赏罚，喻之逆顺，于是咸有奋志。亲自巡守，不避矢石。贼不能克，卒以全城。澄以状表闻，属世宗崩，事寝。灵太后后令曰："鸿功盛美，实宜垂之永年。"乃敕有司树碑旌美。

苟金龙妻刘氏，平原人也。廷尉少卿刘叔宗之姊。世宗时，金龙为梓潼太守，郡带关城戍主。萧衍遣众攻围，值金龙疾病，不堪部分，众甚危惧。刘遂率厉城民，修理战具，一夜悉成。拒战百有馀日，兵士死伤过半，戍副高景阴图叛逆。刘斩之，及其党与数十人。自馀将士，分衣减食，劳逸必同，莫不畏而怀之。井在外城，寻为贼陷，城中绝水，渴死者多。刘乃集诸长幼，喻以忠节。遂相率告诉于天，俱时号叫，俄而澍雨。刘命出公私布绢及至衣服。悬之城中，绞而取水，所有杂器悉储之。于是人心益固。会益州刺史傅竖眼将至，贼乃退散。竖眼叹异，具状奏闻，世宗嘉之。正光中，赏平昌县开国子，邑二百户，授子庆珍，又得二子出身。庆珍卒，子纯陀袭。齐受禅，爵例降。

庆珍弟孚，武定末，仪同开府司马。

贞孝女宗者，赵郡柏仁人，赵郡太守李叔胤之女，范阳卢元礼之妻。性至孝，闻于州里。父卒，号恸几绝者数四，赖母崔氏慰勉之，得全。三年之中，形骸销瘠，非人扶不起。及归夫氏，与母分隔，便饮食日损，涕泣不绝，日就羸笃。卢氏合家慰喻，不解，乃遣归宁。还家乃复故，如此者八九焉。后元礼卒，李追亡抚存，礼无违者，事姑以孝谨著。母崔，以神龟元年终于洛阳，凶问初到，举声恸绝，一宿乃苏，水浆不入口者六日。其姑虑其不济，亲送奔丧。而气力危殆，自范阳向洛，八旬方达，攀榇号踊，遂卒。有司以状闻。诏曰："孔子称毁不灭性，盖为其废养绝类也。李既非嫡子，而孝不胜哀，虽乖俯就，而志厉义远，若不加旌异，则无以劝引浇浮。可追号曰'贞孝女宗'，易其里为孝德里，标李卢二门，以惇风俗。"

河东姚氏女字女胜，少丧父，无兄弟，母怜而守养。年六七岁，便有孝性，人言其父者，闻辄垂泣。邻伍异之。正光中，母死，女胜年十五，哭泣不绝声，水浆不入口者数日，不胜哀，遂死。太守崔游申请为营墓立碑，自为制文，表其门闾，比之曹娥，改其里曰上虞。墓在郡城东六里大道北，至今名为孝女冢。

荥阳刁思遵妻，鲁氏女也。始笄，为思遵所聘，未逾月而思遵亡。其家矜其少寡，许嫁已定，鲁闻之，以死自誓。父母不达其志，遂经郡诉，称刁氏吝护寡女，不使归宁。鲁乃与老姑徒步诣司徒府，自告情状。普泰初，有司闻奏，废帝诏曰："贞夫节妇，古今同尚，可令本司依式标榜。"

【译文】

巨鹿人魏溥的妻子是常山房氏之女。她的父亲房堪，是慕容垂政府的贵乡太守。房氏温婉和顺，高洁又明事理，从幼年时便有刚直的操行。房氏十六岁时，魏溥患病，将死时，看着房氏说："人生就如同白驹过隙，死没什么值得遗憾的，只是长久以来的心愿志向，死后再没人知晓听闻了。我很悲痛母亲年老而家中贫寒，无法供奉赡养的保证她；小儿子还年幼不懂事，血脉继承真是孤弱危险。这些都是我怀着怨恨去往黄泉的原因。"

房氏流着泪对他说："我有幸接受了长辈的教诲，离开家服侍您，从道义上说我也要自己实现您的心愿。志向无法实现，这就是命运。夫人还健在，小儿子还处在襁褓之中，只不过我年纪轻轻，只有感叹与您难以相守的遗憾了。"不久魏溥就去世了。当收殓时，房氏拿起刀子将左耳割掉，投放在棺中，并且说："鬼神如果能感知，就让我们相约黄泉相见。"房氏血流如注，帮助办丧事的人对她都很同情畏惧。婆婆刘氏止住悲泣，对她说："媳妇为何要如此！"房氏回答说："媳妇年纪轻轻就遭遇不幸，确实是因为担心父母不体谅我对丈夫的真情（让她改嫁），所以寻找机会用这一行为表明我的志向啊！"听到此话之人，没有不为之慨叹悲伤的。这时，儿子魏缉出生还不到一百天，房氏就在后房里边抚养教育他，没有出过家门。从此以后，她终生不听音乐之声，不参加座席宴会。魏缉十二岁时，房氏的父母还健在，于是回娘家看望他们。父亲兄长还有想法（让她改嫁），魏缉偷听到他们的谈话，于是把这件事禀告母亲。房氏命人驾车欺骗家人说要去其他地方，于是就回去了，她的家人都不知道她这样做。她走了几十里路，家人才发觉，兄长与弟弟前去追赶她，房氏叹息着却没有回去。她是这样坚持自己的想法，不改变。她教育训导自己的儿子，有母亲的礼仪法度。魏缉交往的朋友，有超过他的，房氏就亲自为他准备酒饭；有比不上他的，房氏就关上门躺在床上不吃东西，一定要等到儿子后悔谢罪才吃东西。她善于诱导严格督促，大多都是如此。她六十五岁时去世。魏缉的事迹在《序传》中有记载。魏缉的儿子魏悦担任济阴太守，官吏百姓为他立碑歌颂其美德。金紫光禄大夫高闾撰写了一篇文章，序是这样写的："魏悦的祖母刚刚成年时，艰难中坚守志愿没有改嫁，秉承恭妻的操守，通过伤害自己而将守节的诚意告诉众人。"又赞扬说："处士魏溥，患病去世。作为夫妻她能坚守志愿，见识深远品行高洁。使身体伤残而显扬操守，发誓督促后代而能保持长久。生养了如此杰出的后代，她的在天之灵也会昭明于世。"魏溥没有做官就去世了，因此这里说处士。

清河人房爱亲的妻子崔氏，是同郡人崔元孙之女。她生性严明品行高尚，阅读了很多书籍传记，见闻广泛学识非常渊博。她的儿子景伯、景先，都是她亲自传授经籍义理，学业品行都很优秀通达。都成为当代的名士。景伯担任清河太守，每次出现疑难案件，常常先向她请教。贝丘有一个百姓，他的几个儿子都不孝顺，官员打算审查此事。景伯为这件事感到悲伤，回去向母亲禀告此事。崔氏说："我听说听说到的事不如见到的，山民没有受过礼仪教育，怎么值得责怪呢？只要将他们的母亲唤来，我与她在一起生活。然后把她的儿子留在你身边，让他们看看你是如何服侍我的，或许他们能够自己改错。”于是景伯就让他们的母亲来居住，崔氏与她同床而睡，跟她一同用饭。景伯服侍母亲无微不至，那些儿子侍立在堂下观看。还没有等到十日，他们就都悔改了，请求回家去。崔氏说：“这时虽然他们脸上有惭愧之色，不知心里是否惭愧，还应该将他们继续留在这里。”这样共过了二十多天，她的儿子们磕头磕到流血不止，他们的母亲哭着请求回家，这才答应他们的请求，最终这些儿子以孝顺闻名。她就是如此的有见识气度，能勉励他人，后来寿终正寝。

泾州贞女兕先氏，许配给彭老生为妻，聘礼完成之后，还没有成婚。兕先氏行为举止都很坚贞美好，生活贫困时，她经常亲自舂米汲水，来侍奉父母。老生经常强迫她成婚，她说：“与你虽然已定下了聘礼，但是两家变故很多，还没来得及成婚。有什么理由不禀告父母，而擅自做主，遭受如此凌辱！如果草草行事不讲究礼节，还不如去死好了。”于是没有听从。老生一怒之下就将她刺杀，还将她的衣服脱下。女子此时还能说话，临死时对老生说：“我犯了什么罪，今生与你相遇。我之所以守贞洁保护自己，难道是因为有其他贪求吗？正是为了将自己奉送给你。如今反而被你杀死，如果灵魂有知，我自会报仇的。”说完这些就死去了。老生拿着女子装饰用的珠玉来到叔叔家里，把此事告诉了叔叔。叔叔说：“他是你妻子，怎么能杀了她，上天不会保佑你的！”于是就抓住他送入官府。太和七年，有关部门奏请将他处以死刑。朝廷下诏令说：“老生没有仁德，冒犯凌辱坚贞美好的女子，推究他残暴的罪行，应该立刻就处死他。而女子能谨守礼仪坚守节操，至死不改变，虽然已经深埋荒草之中，但是其行为合乎古代节烈女子的品行，应该赐予美名，来弘扬她的道德操守。在墓碑上标注，褒扬其美德，赐给她‘贞女’的称号。”

姚氏之妻杨氏，是太监苻承祖的姨。家里贫穷，没有产业。等到承祖受到文明太后宠爱身份尊贵后，他的亲戚姻家都向他求取好处，只有杨氏没有这个想法。她常常对姐姐说：“虽然姐姐有一时的荣光，却比不上妹妹有无忧的快乐。”姐姐赠送她衣服，她就说：“我丈夫家里贫寒，穿华美的衣服让我内心不安。”于是姐姐又送给她奴婢，她说：“我家没有什么吃的，恐怕供养不起他们。”最终没有接受。她经常穿着很破旧的衣服，亲自参与劳动。姐姐还是不时地送给她，大多数衣服她都不穿，将它们偷偷埋起来，即使偶尔穿一件，也总是弄脏后再穿上。每次承祖看见她寒酸憔悴的模样，就非常怨恨她的母亲，认为是自己的母亲不供给她。于是就对母亲说："如今承祖还缺少什么呀，而您却如此对待姨？"母亲把实情都告诉给他。于是承祖就派人驾着车迎接她，她却坚决不去，命人把她强行抬到车上，杨氏就大声哭泣，说："你这是想杀了我啊！"于是苻家上下都说她是一个傻姨。等到承祖败落时，有关部门把她的两个姨抓到殿庭。一个姨依法判罪了，而姚氏因为衣裳破旧外形丑陋，特意赦免其罪。她的见识机敏即使是吕媭也难以超过啊。

任城国的太妃孟氏是钜鹿人，是尚书令、任城王澄的母亲。澄在扬州为官时，率领军队前去征讨贼寇。后来贼人统帅姜庆真暗中与反叛之人勾结，偷袭并攻陷了罗城。长史韦缵仓促之间没有谋划，也无人给出谋划策。于是孟氏就率领士兵登上城头矮墙，先把守住要道便道。然后激励文武官员，安抚新旧兵士，用赏罚之理勉励他们，用叛逆和忠顺的道理晓谕他们，于是大家都有奋勇杀敌的斗志。接着她亲自巡视防守，不曾躲避飞箭流石。贼寇久攻不下，最终城池得以保全。澄呈奏表章禀告此事，适逢世宗驾崩，这奏章就被搁置扣留了。后来灵太后颁下诏令说："鸿功盛大而美好，确实应该让它千古传颂。"于是下令有关部门为孟氏竖立石碑来表彰她的事迹。

苟金龙的妻子刘氏是平原人。她是廷尉少卿刘叔宗的姐姐。世宗在位时，金龙担任梓潼太守，郡带关城担任守城主将。萧衍派遣军队攻打包围，正赶上此时金龙患病，无法掌管属下士兵，众人很是忧虑害怕。于是刘氏率领并激励城中百姓，修理作战的用具，一晚上都准备就绪。抵抗之战进行了一百多天，士兵死伤超过半数。守城副将高景暗中谋划叛乱，刘氏将他处死，包括与他共同谋划此事的共计几十人全部处死。剩余的将士，分配给衣服，减少粮食，劳逸安排一定相同，无人不惧怕且佩服她。水井在外城，不久就被贼人攻占，城中饮水断绝，很多人渴死了。刘氏就召集各位老少士兵，向他们阐明忠诚节义的道理，接着率领他们向上天祈祷，一起同时呼喊，不一会儿，天上就下起大雨来。刘氏命令拿出公家和私人的各种布匹以及衣服，将它们悬挂在城中，绞了取水，所有的容器都储满水。于是人心更加稳定。此时正赶上益州刺史傅竖眼率领军队赶到，贼寇这才撤退。竖眼对刘氏很是赞叹惊异，将情况写成奏疏上奏，世宗对刘氏进行褒奖。正光年间，赐予平昌县开国子，食邑二百户，授予她儿子庆珍，又让她的两个儿子为官。庆珍去世后，他的儿子纯陀承袭了爵位。齐接受禅让后，爵位按照惯例降低。

庆珍的弟弟孚，武定末年，担任仪同开府司马一职。

我们所说的贞孝女宗是赵郡柏仁人，是赵郡太守李叔胤的女儿，范阳人卢元礼的妻子。生性非常孝顺，在州里都有名。父亲去世时，哭喊悲痛地好几次差点死去，依赖母亲崔氏的安慰劝勉，才得以保全性命。三年之内，变得骨瘦如柴，没有人扶持就无法站立。等到回到夫家，与母亲分开后，饮食量渐渐减少，哭泣不停，一天天瘦弱病重。卢氏全家人都劝说安慰，没有效果，于是就把她送回娘家。等到回到丈夫家后还是那样，这样反复八九次之多。后来元礼去世了，李氏怀念逝者，抚养生者，礼仪上没有什么违背之处，服侍婆婆孝顺恭谨，闻名于外。母亲崔氏，神龟元年在洛阳去世，刚刚听闻死讯，就大声痛哭，一宿后才苏醒过来，六日内滴水不进。她婆婆担心她身体承受不了了，亲自陪送她前往奔丧。因为身体过度虚弱，从范阳到洛阳，八十天才赶到，她两手扶着棺材哭喊跳跃，就这样去世了。有关部门将此事上奏朝廷。朝廷颁下诏令说："孔子说毁伤身体不应该丧失本性，大概是因为那样会停止奉养亲人断绝血脉吧。李氏既不是正妻所生，而在孝道上又哀痛无比，虽然轻重有错，但是其志向能够激励后人，道义的影响深远，如果不对其特殊褒奖，就没有用来劝勉引导世人改变浇薄风气的办法了。可以追封其为'贞孝女宗'，把她生活的里巷改名为孝德里，给李、卢两家挂匾，凭借这些来使社会风俗淳朴。"

河东人姚氏女字女胜，很小时父亲就去世了，没有兄弟，母亲因为怜爱她就守寡抚养她。姚氏六七岁时，就有了孝敬父母的本性，有人提起她父亲，她听到后就流泪不止。邻居们都对此感到奇异。正光年间，她的母亲又去世了，当时女胜十五岁，哭泣之声没有间断过，多日水米不入口，悲伤至极，就去世了。太守崔游申请求为她建造坟墓竖立墓碑，还亲自撰写文字，表彰她的门庭，将她比作曹娥，将她生活的里巷改名为上虞里。她的坟墓在郡城东边六里处的大道北边，直到今天仍称为孝女冢。

荥阳人刁思遵的妻子是鲁氏女子。她才满十五岁时，就被思遵聘为妻子，没超过一个月思遵就去世了。她家里怜悯她年纪轻轻就守寡，于是把将许配人家的事定下，鲁氏听到这个消息后，以死发下誓言。父母不准许她的做法，于是到郡里申诉，说刁家不爱护守寡之女，不准许她回娘家。于是鲁氏就与年迈的婆婆徒步来到司徒府，自己申述情况。普泰初年，有关部门上奏朝廷，废帝颁下诏令说："坚贞的男子，有节操的女子，古今同样崇尚，可以让本司按照惯例标榜赞扬。"

魏书卷九十四

仇洛齐赵黑列传第八十二

仇洛齐

仇洛齐，中山人，本姓侯氏。外祖父仇款，始出冯翊重泉。款，石虎末徙邺南枋头，仕慕容暐为乌九护军、长水校尉。生二子，长曰嵩，小曰腾。嵩仕慕容垂，迁居中山，位殿中侍御史。嵩有二子，长曰广，小曰盈。洛齐生而非男，嵩养为子，因为之姓仇。

初，嵩长女有姿色，充冉闵宫闱，闵破，入慕容暐，又转赐卢豚。生鲁元，有宠于世祖，而知外祖嵩已死，唯有三舅，每言于世祖，世祖采访其舅。是时，东方罕有仕者，广、盈皆不乐入平城，洛齐独请行，曰："我，养子，兼人道不全，当为兄弟试祸福也。"乃乘驴赴京。鲁元候知将至，结从者百余骑，迎于桑干河，见而下拜，从者亦同致敬。入言于世祖，世祖问其才所宜用，将授之以官。鲁元曰："臣舅不幸生为阉人，唯合与陛下守宫闱耳。"而不言其养子，俄而赐爵文安子，稍迁给事黄门侍郎。

魏初禁网疏阔，民户隐匿漏脱者多。东州既平，绫罗户民乐葵因是请采漏户，供为纶绵。自后逃户占为细茧罗縠者非一。于是杂、营户帅遍于天下，不属守宰，发赋轻易，民多私附，户口错乱，不可检括。洛齐奏议罢之，一属郡县。

从平凉州，以功超迁散骑常侍，又加中书令、宁南将军、进爵零陵公。拜侍中、平远将军、冀州刺史，为内都大官。兴安二年卒，谥曰康。

养子俨，袭。柔和敦敏，有长者风。太和中，为虎牢镇将。初，洛齐贵盛之后，广、盈坐他事诛，世祖以其非仇氏子，不与焉。还取侯家近属，以俨为子。后欲还本。而广有女孙配南安王桢，生章武彬，即中山王英弟也。仇妃闻而请俨曰："由我仇家富贵至此，奈何一旦孤背恩养也！"桢时在内都主司品臣，俨隶于桢，畏惮之，遂不敢。九年卒，谥曰静。子振袭。稍迁至中坚将军、长水校尉。

广、盈并善营产业，家于中山，号为巨富，子孙仕进至州主簿。

腾曾孙儁，位至龙骧将军、骁骑将军、乐不男。

【译文】

仇洛齐是中山人，原本姓侯，外祖父仇款起初是冯翊重泉人。在石虎还没有迁移到邺城南面的枋头时，仇款在慕容暐手下担任官职，任乌丸护军、长水校尉等职。仇款生有两子，大儿子名为仇嵩，小儿子名为仇腾。仇嵩在慕容垂手下为官，后来迁居到中山，担任殿中侍御史。仇嵩有两子，大儿子名为仇广，小儿子名为仇盈。仇洛齐生下来就是阉人，仇嵩将他收为儿子，所以姓仇。

当初，仇嵩的大女儿很有姿色，被冉闵纳入后宫，后来冉闵败亡后，她落到慕容暐之手，慕容暐又将她转赐给卢豚。卢豚与她生下儿子卢鲁元，卢鲁元深得世祖宠爱。卢鲁元知道外祖仇嵩已经去世，只有三个舅舅尚在人间，于是常常向世祖提及他们，世祖于是为他寻访他的三个舅舅。这时，东方来做官之人非常罕见，仇广、仇盈都不愿意进入平城为官，唯独仇洛齐主动请求前去，说："我是养子，再加上人道不健全，应该为兄弟试一下祸福。"于是他就骑着驴奔赴京城。卢鲁元探知仇洛齐很快就要到来，带领一百多名随从，骑着马前往桑干河迎接他，一见面卢鲁元就跪地叩拜，随从之人也跟随他行礼。卢鲁元进宫将此事禀明世祖，世祖询问仇洛齐适合做什么，打算授予他官职。卢鲁元说："我舅舅不幸生下来就是一个阉人，只适合为陛下看守宫闱而已。"却没有说他是个养子。世祖怜悯仇洛齐的遭遇，赏赐给他奴仆、马匹，命人将他带来参见。不久之后，仇洛齐被授予武卫将军一职，很快又赐爵文安子，渐渐地升任为给事黄门侍郎。

北魏初期，法令很是宽松，百姓的户口隐瞒遗漏得很多。东部各州平定之后，绫罗户百姓乐葵根据这些情况请求访查隐瞒遗漏的户口，让他们交纳丝绵。自此以后，逃漏的百姓自己上报交纳蚕茧丝帛的不在少数，导致杂户、营户遍布天下。因为这些人不归州县管理，官府可以随意征收他们的赋税，因此百姓大多依附私室，户口非常混乱，没有办法探查。于是仇洛齐上奏建议废除杂户、营户的名目，让户口由州县统一管理。

仇洛齐跟随大军平定凉州，因为战功被破格提拔为散骑常侍，又加授中书令、宁南将军、晋升爵位为零陵公。后来被授予侍中、平远将军、冀州刺史等职，担任内都大官。兴安二年，仇洛齐去世，谥号为康。

仇洛齐的养子仇俨承袭爵位。仇俨性情温和，忠厚机敏，有长者的风度，太和年间担任虎牢镇将。当初，仇洛齐地位尊贵之后，仇广、仇盈因其他事情而获罪被诛杀，世祖因为仇洛齐不是仇家的后人，没有将他牵连治罪，还将侯家的近支亲属寻找到，让仇俨给仇洛齐做儿子。后来，仇俨希望认祖归宗。仇广有个孙女许配给南安王拓跋桢，然后生下了章武王拓跋彬，拓跋彬就是中山王拓跋英的弟弟。仇妃听说这个消息后去质问仇俨说："因为我仇家你才享有如此富贵，怎么一下子就辜负了培养你的恩情啊！"当时拓跋桢在内都主持朝臣品级的评定，仇俨归属拓跋桢管辖，很惧怕他，所以就不敢认祖归宗。太和九年，仇俨去世，谥号为静。他的儿子仇振承袭爵位，逐渐升官至中坚将军、长水校尉。

仇广、仇盈都擅长经营财产，家在中山，号称巨富，其子孙做官至州中的主簿。

仇腾的曾孙仇儁，为官至龙骧将军、骁骑将军、乐平男。

赵 黑

赵黑，字文静，初名海，本凉州隶户。自云其先河内温人也，五世祖术，晋末为平远将军、西夷校尉，因居酒泉安弥县。

海生而凉州平，没入为阉人，因改名为黑。有容貌，恭谨小心。世祖使进御膳，出入承奉，初无过行。迁侍御，典监藏，拜安远将军，赐爵睢阳侯。转选部尚书，能自谨厉，当官任举，颇得其人。加侍中，进爵河内公。

显祖将传位京兆王子推，访诸群臣，百官唯唯，莫敢先言者。唯源贺等词义正直，不肯奉诏。显祖怒，变色，复以问黑。黑曰："臣愚无识，信情率意。伏惟陛下春秋始富，如日方中，天下说其盛明，万物怀其光景，元元之心，愿终万岁。若圣性渊远，欲颐神味道者，臣黑以死奉戴皇太子，不知其他。"显祖默然良久，遂传祚于高祖。黑得幸两宫，禄赐优厚。

是时，尚书李䜣亦有宠于显祖，与黑对绾选部。䜣奏中书侍郎崔鉴为东徐州，北部主书郎公孙处显为荆州，选部监公孙蘧为幽州，皆曰有能也，实有私焉。黑疾其亏乱选体，遂争于庭曰："以功授官，因爵与禄，国之常典。中书侍郎、尚书主书郎、诸曹监，勋能俱立，不过列郡。今䜣皆用为方州，臣实为惑。"显祖疑之，曰："公孙蘧且止。"蘧最为䜣厚，于是黑与䜣遂为深隙，䜣竟列黑为监藏时有所截没。先是，法禁宽缓，百司所典，与官并食，故多所损折。遂黜出门士。

黑自以为䜣所陷，叹恨终日，废寝忘食，规报前怨。逾年，还入为侍御、散骑常侍、侍中、尚书左仆射，复兼选部如昔。黑告訢专恣，訢遂出为徐州。及其将获罪也，黑构成以诛之，然后食甘寝安，志在于职事。

出为假节、镇南大将军、仪同三司，定州刺史，进爵为王。克己清俭，忧济公私。时有人欲行私赂，黑曰："高官厚禄，足以自给，卖公营私，本非情愿。"终无所纳。高祖、文明太后幸中山，闻之，赐帛五百匹，谷一千五百石，转冀州刺史。太和六年秋，薨于官，诏赐绢四百五十匹、谷一千斛、车牛二十乘，致柩至都，追赠司空公，谥曰康。

黑养族弟赵奴第四子炽为后。炽，字贵乐。初为中散，袭黑爵，后降为公，官至扬州安南府长史，加平远将军。元嵩之死寿春也，炽处分安辑，微有声称。神龟中卒，赠光州刺史。黑为定州，与炽纳钜鹿魏干女，有二子。

长子揆，字景则。袭父侯爵，官至乐陵太守，卒赠左将军、沧州刺史。

揆弟儁之，守仲彦，轻薄无行。为给事中，转谒者仆射。为刘腾养息，犹以阉官作资，赂遗权门，频历显官而卒。

【译文】

赵黑，字文静，起初名是赵海，原本是从凉州收没为奴的隶户。据赵海自己说，他的祖先是河内温县人，五世祖赵术在晋朝末年担任平远将军、西夷校尉等职，于是在酒泉安弥县定居。

赵黑刚出生，凉州已经被北魏平定，赵海被收没宫中，做了太监，因此将名改为赵黑。赵黑生得很俊秀，为人恭谨细心，世祖命他负责进献御膳等事务，侍候世祖的往来出入等事，最初他的行为没有过失。后来他被提升为侍御，负责管理内监的物品，被授予安远将军一职，得以赐封爵位，封为睢阳侯。之后，他改任选部尚书，能够行事谨慎自我勉励，履行遴选任用官员的职责，用人很是得当，加封为侍中，进升爵位为河内公。

显祖打算将帝位传给京兆王拓跋子推，向群臣征求建议，百官都是唯唯诺诺，无人敢率先发言，只有源贺等人直言进谏，不愿意接受诏命。显祖大怒，脸色大变，又拿此事询问赵黑。赵黑说："臣愚钝无知，没有什么见识，只是随性坦率陈言：陛下正值春秋鼎盛，就像那日当中天。天下人纷纷臣服陛下的英明。万物向往陛下的光辉。百姓的心愿，就是希望陛下能传国万年。假如陛下意趣深沉悠远，准备颐神养性，体悟至理，臣誓死拥立皇太子，其他的就不知道了。"显祖沉默很长时间，最终将帝位传给高祖。赵黑得到显祖、高祖的恩宠，官位高，得到的赏赐也非常丰厚。

这时，尚书李訢也很得显祖恩宠，与赵黑一起主管选部。李訢奏请任命中书侍郎崔鉴为东徐州刺史，北部主书郎公孙处显为荆州刺史，选部监公孙蘧为幽州刺史，陈说他们都非常有才干，实际上却是因为有私情。赵黑憎恨李䜣妨害扰乱铨选的体制，于是在大殿上与他争论说："根据功绩授予官职，根据爵位赐予俸禄，这是国家的惯例。诸如中书侍郎、尚书主书郎，诸曹监这样的官员，就算功劳与能力都具备，也不过是主持各郡。如今，李䜣把这些人全部用做各州长官，臣确实不明白其中道理。"显祖心中也很怀疑此事，就说："先不要任命公孙蘧了。"公孙蘧最被李䜣厚待，所以赵黑与李䜣结怨很深，李䜣最终逐条检举赵黑管理内监物品时侵吞了很多财物。之前，法令很宽松，百官管理的物品，可供官员们享用，因此这些物品损耗很多。于是，赵黑就被罢黜，做了个守门的卫士。

赵黑认为自己遭了李䜣的诬陷，整天叹息怨恨此事，废寝忘食，谋划报之前的怨仇。过了一年，赵黑返回朝廷，担任侍御、散骑常侍、侍中、尚书左仆射等职，仍旧兼管选部。赵黑检举李䜣专权妄为，李䜣随即就被外放为徐州刺史。等到李䜣将要获罪时，赵黑就捏造罪名，将他诛杀，这才吃东西有滋味，睡觉很安稳了，专心处理本职事务。

赵黑外放为假节、镇南大将军、仪同三司、定州刺史，后来被进升为王爵，依然对自己严格约束，为人廉洁俭朴，关注并扶助公私事务。当时有人打算私下向他赠送财物，赵黑说："我现在高官厚禄，足够供给自己了。损公营私之事，本来就不是我愿意干的事情。"最终没有接受任何财物。高祖、文明太后驾临中山，听说这些后就赏赐给赵黑五百匹帛、一千五百石谷物。后来，赵黑又改任冀州刺史，在太和六年秋天在任上去世。高祖下诏赏赐绢四百五十匹、谷物一千斛、带牛的车辆二十乘，把他的灵柩运回京城，追赠司空公，谥号为康。

赵黑收养了族弟赵奴的第四个儿子赵炽作为后代。赵炽字贵乐，起初担任中散，承袭赵黑的爵位，后来又降爵为公，为官至扬州安南府长史，又加授平远将军。元嵩在寿春去世时，赵炽把寿春治理得很安定，所以稍微有些声名。神龟年间，赵炽去世，追赠光州刺史。赵黑担任定州刺史时，给赵炽娶了钜鹿人魏干的女儿为妻，生下两子。

赵炽的长子赵揆，字景早，承袭父亲的爵位，官至乐陵太守，去世后追赠左将军、沧州刺史。

赵揆的弟弟赵儁之，字仲彦，为人轻薄没有德行，担任给事中，后来改任谒者仆射，他也是刘腾的养子。赵儁之还凭借宦官给他的地位，贿赂权门，频繁担任重要官职，后来就去世了。

魏书卷一百一十四

释老志第二十

大人有作，司牧生民，结绳以往，书契所绝，故靡得而知焉。自羲轩已还，至于三代，其神言秘策，蕴图纬之文，范世率民，垂坟典之迹。秦肆其毒，灭于灰烬；汉采遗籍，复若丘山。司马迁区别异同，有阴阳、儒、墨、名、法、道德六家之义。刘歆著《七略》，班固志《艺文》，释氏之学，所未曾纪。案汉武元狩中，遣霍去病讨匈奴，至皋兰，过居延，斩首大获。昆邪王杀休屠王，将其众五万来降。获其金人，帝以为大神，列于甘泉宫。金人率长丈余，不祭祀，但烧香礼拜而已。此则佛道流道通之渐也。

及开西域，遣张骞使大夏还，传其旁有身毒国，一名天竺，始闻有浮屠之教。哀帝元寿元年，博士弟子秦景宪受大月氏王使伊存口授浮屠经，中土闻之，未之信了也。后孝明帝夜梦金人，项有日光，飞行殿庭，乃访群臣。傅毅始以佛对。帝遣郎中蔡愔、博士弟子秦景等使于天竺，写浮屠遗范。愔仍与沙门摄摩腾、竺法兰东还洛阳。中国有沙门及跪拜之法，自此始也。愔又得佛经《四十二章》及释迦立像。明帝令画工图佛像，置清凉台及显节陵上，经缄于兰台石室。愔之还也，以白马负经而至，汉因立白马寺于洛城雍关西。摩腾、法兰咸卒于此寺。

浮屠正号曰佛陀，佛陀与浮图声相近，皆西方言，其来转为二音。华言译之则谓净觉，言灭秽成明，道为圣悟。凡其经旨，大抵言生生之类，皆因行业而起。有过去、当今、未来，历三世，识神常不灭。凡为善恶，必有报应。渐积胜业，陶冶粗鄙，经无数形，藻练神明，乃致无生而得佛道。其间阶次心行，等级非一，皆缘浅以至深，藉微而为著。率在于积仁顺，蠲嗜欲，习虚静而成通照也。故其始修心则依佛、法、僧，谓之三归，若君子之三畏也。又有五戒，去杀、盗、淫、妄言、饮酒，大意与仁、义、礼、智、信同，名为异耳。云奉持之，则生天人胜处，亏犯则坠鬼畜诸苦。又善恶生处，凡有六道焉。

诸服其道者，则剃落须发，释累辞家，结师资，遵律度，相与和居，治心修净，行乞以自给。谓之沙门，或曰桑门，亦声相近，总谓之僧，皆胡言也。僧，译为和命众，桑门为息心，比丘为行乞。俗人之信凭道法者，男曰优婆塞，女曰优婆夷。其为沙门者，初修十诫，曰沙弥，而终于二百五十，则具足成大僧。妇入道者曰比丘尼。其诫至于五百，皆以(阙)为本，随事增数，在于防心、摄身、正口。心去贪、忿、痴，身除杀、淫、盗，口断妄、杂、诸非正言，总谓之十善道。能具此，谓之三业清净。凡人修行粗为极。云可以达恶善报，渐阶圣迹。初阶圣者，有三种人，共根业太差，谓之三乘，声闻乘、缘觉乘、大乘。取其可乘运以至道为名。此三人恶迹已尽，但修心荡累，济物进德。初根人为小乘，行四谛法；中根人为中乘，受十二因缘；上根人为大乘，则修六度。虽阶三乘，而要由修进万行，拯度亿流，弥长远，乃可登佛境矣。

所谓佛者，本号释迦文者，译言能仁，谓德充道备，堪济万物也。释迦前有六佛，释迦继六佛而成道，处今贤劫。文言将来有弥勒佛，方继释迦而降世。释迦即天竺迦维卫国王之子。天竺其总称，迦维别名也。初，释迦于四月八日夜，从母右胁而生。既生，姿相超异者三十二种。天降嘉瑞以应之，亦三十二。其《本起经》说之备矣。释加生时，当周庄王九年。《春秋鲁庄公》七年夏四月，恒星不见，夜明。是也。至魏武定八年，凡一千二百三十七年云。释迦年三十成佛，导化群生，四十九载，乃于拘尸那城娑罗双树间，以二月十五日而入般槃涅。涅槃译云灭度，或言常乐我净，明无迁谢及诸苦累也。

诸佛法身有两种义，一者真实，二者权应。真实身，谓至极之体，妙绝拘累，不得以方处期，不可以形量限，有感斯应，体常湛然。权应身者，谓和光六道，同尘万类，生灭随时，修短应物，形由感生，体非实有。权形虽谢，真体不迁，但时无妙感，故莫得常见耳。明佛生非实生，灭非实灭也。佛既谢世，香木焚尸。灵骨分碎，大小如粒，击之不坏，焚亦不焦，或有光明神验，胡言谓之“舍利”。弟子收奉，置之宝瓶，竭香花，致敬慕，建宫宇，谓为“塔”。塔亦胡言，犹宗庙也，故世称塔庙。于后百年，有王阿育，以神力分佛舍利，于诸鬼神，造八万四千塔，布于世界，皆同日而就。今洛阳、彭城、姑臧、临淄皆有阿育王寺，盖成其遗迹焉。释迦虽般涅槃，而留影迹爪齿于天竺，于今犹在。中土来往，并称见之。

初，释迦所说教法，继涅槃后，有声闻弟子大迦叶、阿难等五百人，撰集著录。阿难亲承嘱授，多闻总持，盖能综核深致，无所漏失。乃缀文字，撰载三藏十二部经，如九流之异统，其大归终以三乘为本。后数百年，有罗汉、菩萨相继著论，赞明经义，以破外道，《摩诃衍大、小阿毗昙》,《中论》,《十二门论》,《百法论》,《成实论》等是也。皆傍诸藏部大义，假立外问，而以内法释之。

汉章帝时，楚王英喜为浮屠斋戒，遣郎中令奉黄缣白纨三十四，诣国相以赎愆。诏报曰："楚王尚浮屠之仁祠，洁斋三月，与神为誓，何嫌何疑，当有悔吝。其还赎，以助伊蒲塞、桑门之盛馔。"因以班示诸国。桓帝时，襄楷言佛陀、黄老道以谏，欲令好生恶杀，少嗜欲，去奢泰，尚无为。魏明帝曾欲坏宫西佛图。外国沙门乃金盘盛水，置于殿前，以佛舍利投之于水，乃有五色光起，于是帝叹曰："自非灵异，安得尔乎？"遂徙于道(阙)，为作周阁百间。佛图故处，凿为濛汜池，种芙蓉于中。后有天竺沙门昙柯迦罗入洛，宣译诫律，中国诫律之始也。自洛中构白马寺，盛饰佛图，画迹甚妙，为四方式。凡宫塔制度，犹依天竺旧状而重构之，从一级至三、五、七、九。世人相承，谓之"浮图"，或云"佛图"。晋世，洛中佛图有四十二所矣。汉世沙门，皆衣赤布，后乃易以杂色。

晋元康中，有胡沙门支恭明译佛经《维摩》《法华》、三《本起》等。微言隐义，未之能究。后有沙门常山卫道安性聪敏，日诵经万余言，研求幽旨。慨无师匠，独坐静室十二年，覃思构精，神悟妙赜，以前所出经，多有舛驳，乃正其乖谬。石勒时，有天竺沙门浮图澄，少于乌苌国就罗汉入道，刘曜时到襄国。后为石勒所宗信，号为大和尚，军国规谟颇访之，所言多验。道安曾至邺候澄，澄见而异之。澄卒后，中国纷乱，道安乃率门徒，南游新野。欲令玄宗在所流布，分遣弟子，各趣诸方。法汰诣扬州，法和入蜀，道安与慧远之襄阳。道安后入苻坚，坚素钦德问，既见，宗以师礼。时西域有胡沙门鸠摩罗什，思通法门，道安思与讲释，每劝坚致罗什。什亦承安令问，谓之东方圣人，或时遥拜致敬。道安卒后二十余载而罗什至长安，恨不及安，以为深慨。道安所正经义，与罗什译出，符会如一，初无乖舛。于是法旨大著中原。

魏先建国于玄朔，风俗淳一，无为以自守，与西域殊绝，莫能往来。故浮图之教，未之得闻，或闻而未信也。及神元与魏、晋通聘，文帝又在洛阳，昭成又至襄国，乃备究南夏佛法之事。太祖平中山，经略燕赵，所迳郡国佛寺，见诸沙门、道士，皆致精敬，禁军旅无有所犯。帝好黄老，颇览佛经。但天下初定，戎车屡动，庶事草创，未建图宇，招延僧众也。然时时旁求。先是，有沙门僧朗，与其徒隐于泰山之琨而谷。帝遣使致书，以缯、素、旃罽、银钵为礼。今犹号曰朗公谷焉。天兴元年，下诏曰："夫佛法之兴，其来远矣。济益之功，冥及存没，神踪遗轨，信可依凭。其敕有司，于京城建饰容范，修整宫舍，令信向之徒，有所居止。"是岁，始作五级佛图、耆阇崛山及须弥山殿，加以缋饰。别构讲堂、禅堂及沙门座，莫不严具焉。太宗践位，遵太祖之业，亦好黄老，又崇佛法，京邑四方，建立图像，仍令沙门敷导民俗。

初，皇始中，赵郡有沙门法果，诫行精至，开演法籍。太祖闻其名，诏以礼征赴京师。后以为道人统，绾摄僧徒。每与帝言，多所惬允，供施甚厚。至太宗，弥加崇敬，永兴中，前后授以辅国、宜城子、忠信侯、安成公之号，皆固辞。帝常亲幸其居，以门小狭，不容舆辇，更广大之。年八十余，泰常中卒。未殡，帝三临其丧，追赠老寿将军、越胡灵公。初，法果每言，太祖明叡好道，即是当今如来，沙门宜应尽礼，遂常致拜。谓人曰："能鸿道者人主也，我非拜天子，乃是礼佛耳。"法果四十，始为沙门。有子曰猛，诏令袭果所加爵。帝后幸广宗，有沙门昙证，年且百岁。邀见于路，奉致果物。帝敬其年老志力不衰，亦加以老寿将军号。

是时，鸠摩罗什为姚兴所敬，于长安草堂寺集义学八百人，重译经本。罗什聪辩有渊思，达东西方言。时沙门道彤、僧略、道恒、道𥟖、僧肇、昙影等，与罗什共相提挈，发明幽致。诸深大经论十有余部，更定章句，辞义通明，至今沙门共所祖习。道彤等皆识学洽通，僧肇尤为其最。罗付之撰译，僧肇常执笔，定诸辞义，注《维摩经》，又著数论，皆有妙旨，学者宗之。

又沙门法显，慨律藏不具，自长安游天竺。历三十余国，随有经律之处，学其书语，译而写之。十年，乃于南海狮子国，随商人泛舟东下。昼夜昏迷，将二百日。乃至青州长广郡不其劳山，南下乃出海焉。是岁，神瑞二年也。法显所迳诸国，传记之，今行于世。其所得律，通译未能尽正。至江南，更与天竺禅师跋陀罗辩定之，谓之《僧祇律》，大备于前，为今沙门所持受。先是，有沙门法领，从扬州入西域，得《华严经》本。定律后数年，跋陀罗共沙门法业重加译撰，宣行于时。

世祖初即位，亦遵太祖、太宗之业，每引高德沙门，与其谈论。于四月八日，舆诸佛像，行于广衢，帝亲御门楼，临观散花，以致礼敬。

先是，沮渠蒙逊在凉州，亦好佛法。有罽宾沙门昙摩谶，习诸经论。

于姑臧，与沙门智嵩等，译《涅槃》诸经十余部。又晓术数、禁咒，历言他国安危，多所中验。蒙逊每以国事谘之。神䴥中，帝命蒙逊送谶诣京师，惜而不遣。既而，惧魏威责，遂使人杀谶。谶死之日，谓门徒曰："今时将有客来，可早食以待之。"食讫而走使至。时人谓之知命。智嵩亦爽悟，笃志经籍。后乃以新出经论，于凉土教授。辩论幽旨，著《涅槃义记》。戒行峻整，门人齐肃。知凉州将有兵役，与门徒数人，欲往胡地。道路饥馑，绝粮积日，弟子求得禽兽肉，请嵩强食。嵩以戒自誓，遂饿死于酒泉之西山。弟子积薪焚其尸，骸骨灰烬，唯舌独全，色状不变。时人以为诵说功报。凉州自张轨后，世信佛教。敦煌地接西域，道俗交得其旧式，村坞相属，多有塔寺。太延中，凉州平，徙其国人于京邑，沙门佛事皆俱东，象教弥增矣。寻以沙门众多，诏罢年五十以下者。

世祖初平赫连昌，得沙门惠始，姓张。家本清河，闻罗什出新经，遂诣长安见之，观习经典。坐禅于白渠北，昼则入城听讲，夕则还处静坐。三辅有识多宗之。刘裕灭姚泓，留子义真镇长安，义真及僚佐皆敬重焉。义真之去长安也，赫连屈丐追败之，道俗少长咸见坑戮。惠始身被白刃，而体不伤。众大怪异，言于屈丐。屈丐大怒，召惠始于前，以所持宝剑击之，又不能害，乃惧而谢罪。统万平，惠始到京都，多所训导，时人莫测其迹。世祖甚重之，每加礼敬。始自习禅，至于没世，称五十余年，未尝寝卧。或时跣行，虽履泥尘，初不污足，色愈鲜白，世号之曰白脚师。太延中，临终于八角寺，齐洁端坐，僧徒满侧，凝泊而绝。停尸十余日，坐既不改，容色如一，举世神异之。遂瘗寺内。至真君六年，制城内不得留瘗，乃葬于南郊之外。始死十年矣，开殡俨然，初不倾坏。送葬者六千余人，莫不感动。中书监高允为其传，颂其德迹。惠始冢上，立石精舍，图其形像。

经毁法时，犹自全立。

世祖即位，富于春秋。既而锐志武功，每以平定祸乱为先。虽归宗佛法，敬重沙门，而未存览经教，深求缘报之意。及得寇谦之道，帝以清净无为，有仙化之证，遂信行其术。时司徒崔浩，博学多闻，帝每访以大事。浩奉谦之道，尤不信佛，与帝言，数加非毁，常谓虚诞，为世费害。帝以其辩博，颇信之。会盖吴反杏城，关中骚动，帝乃西伐，至于长安。先是，长安沙门种麦寺内，御驺牧马于麦中，帝入观马。沙门饮从官酒，从官入其便室，见大有弓矢矛盾，出以奏闻。帝怒曰："此非沙门所用，当与盖吴通谋，规害人耳！”命有司案诛一寺，阅其财产，大得酿酒具及州郡牧守富人所寄藏物，盖以万计。又为屈室，与贵室女私行淫乱。帝既忿沙门非法，浩时从行，因进其说。诏诛长安沙门，焚破佛像，敕留台下四方，令一依长安行事。又诏曰：“彼沙门者，假西戎虚诞，妄生妖孽，非所以一齐政化，布淳德于天下也。自王公以下，有私养沙门者，皆送官曹，不得隐匿。限今年二月十五日，过期不出，沙门身死，容止者诛一门。”

时恭宗为太子监国，素敬佛道。频上表，陈刑杀沙门之滥，又非图像之罪。今罢其道，杜诸寺门，世不修奉，土木丹青，自然毁灭。如是再三，不许。乃下诏曰：“昔后汉荒君，信惑邪伪，妄假睡梦，事胡妖鬼，以乱天常，自古九州之中无此也。夸诞大言，不本人情。叔季之世暗君乱主，莫不眩焉。由是政教不行，礼义大坏，鬼道炽盛，视王者之法，蔑如也。自此以来，代经乱祸，天罚亟行，生民死尽，五服之内，鞠为丘墟，千里萧条，不见人迹，皆由于此。朕承天绪，属当穷运之弊，欲除伪定真，复羲农之治。其一切荡除胡神，灭其踪迹，庶无谢于风氏矣。自今以后，敢有事胡神及造形像泥人、铜人者，门诛。虽言胡神，问今胡人，共云无有。皆是前世汉人无赖子弟刘元真、吕伯强之徒，乞胡之诞言，用老庄之虚假，附而益之，皆非真实。至使王法废而不行，盖大奸之魁也。有非常之人，然后能行非常之事。非朕孰能去此历代之伪物！有司宣告征镇诸军、刺史，诸有佛图形象及胡经，尽皆击破焚烧，沙门无少长悉坑之。”是岁，真君七年三月也。恭宗言虽不用，然犹缓宣诏书，远近皆豫闻知，得各为计。四方沙门，多亡匿获免，在京邑者，亦蒙全济。金银宝像及诸经论，大得秘藏。而土木宫塔，声教所及，莫不毕毁矣。

始谦之与浩同从车驾，苦与浩诤，浩不肯，谓浩曰：“卿今促年受戮，灭门户矣。”后四年，浩诛，备五刑，时年七十。浩既诛死，帝颇悔之。业已行，难中修复。恭宗潜欲兴之，未敢言也。佛沦废终帝世，积七八年。然禁稍宽弛，笃信之家，得密奉事，沙门专至者，犹窃法服诵习焉。唯不得显行于京都矣。

先是，沙门昙曜有操尚，又为恭宗所知礼。佛法之灭，沙门多以余能自效，还欲求见。曜誓欲守死，恭宗亲加劝谕，至于再三，不得已，乃止。密持法服器物，不暂离身，闻者叹重之。

高宗践极，下诏曰：“夫为帝王者，必祗奉明灵，显彰仁道，其能惠著生民，济益群品者，虽在古昔，犹序其风烈。是以《春秋》嘉崇明之礼，祭典载功施之族。况释迦如来功济大千，惠流尘境，等生死者叹其达观，览文义者贵其妙明，助王政之禁律，益仁智之善性，排斥群邪，开演正觉。故前代以来，莫不崇尚，亦我国家常所尊事也。世祖太武皇帝，开广边荒，德泽遐及。沙门道士善行纯诚，惠始之伦，无远不至，风义相感，往往如林。夫山海之深，怪物多有，奸淫之徒，得容假托，讲寺之中，致有凶党。是以先朝因其瑕衅，戮其有罪。有司失旨，一切禁断。景穆皇帝每为慨然，值军国多事，未遑修复。朕承洪绪，君临万邦，思述先志，以隆斯道。今制诸州郡县，于众居之所，各听建佛图一区，任其财用，不制会限。其好乐道法，欲为沙门，不问长幼，出于良家，性行素笃，无诸嫌秽，乡里所明者，听其出家。率大州五十，小州四十人，其郡遥远台者十人。各当局分，皆足以化恶就善，播扬道教也。”天下承风，朝不及夕，往时所毁图寺，仍还修矣。佛像经论，皆复得显。

京师沙门师贤，本罽宾国王种人，少入道，东游凉城，凉平赴京。罢佛法时，师贤假为医术还俗，而守道不改。于修复日，即反沙门，其同辈五人。帝乃亲为下发。师贤仍为道人统。是年，诏有司为石像，令如帝身。既成，颜上足下，各有黑石，冥同帝体上下黑子。论者以为纯诚所感。兴光元年秋，敕有司于五缎大寺内，为太祖以下五帝，铸释迦立像五，各长一丈六尺，都用赤金二万五千斤。太安初，有狮子国胡沙门邪奢遗多、浮陀难提等五人，奉佛像三，到京都。皆云，备历西域诸国，见佛影迹及肉髻，外国诸王相承，咸遣工匠，摹写其容，莫能及难提所造者，去十余步，视之炳然，转近转微。又沙勒胡沙门，赴京师致佛钵并画像迹。

和平初，师贤卒。昙曜代之，更名沙门统。初昙曜以复佛法之明年，自中山被命赴京，值帝出，见于路，御马前衔曜衣，时以为马识善人。帝后奉以师礼。昙曜白帝，于京城西武州塞，凿山石壁，开窟五所，镌建佛像各一。高者七十尺，次六十尺，雕饰奇伟，冠于一世。昙曜奏：平齐户及诸民，有能岁输谷六十斛入僧曹者，即为“僧祇户”，粟为“僧祇粟”，至于俭岁，赈给饥民。又请民犯重罪及官奴以为“佛图户”，以供诸寺扫洒，岁兼营田输粟。高宗并许之。于是僧祇户、粟及寺户，遍于州镇矣。昙曜又兴天竺沙门常那邪舍等，译出新经十四部。又有沙门道进、僧超、法存等，并有名于时，演唱诸异。

显祖即位，敦信尤深，览诸经论，好老庄。每引诸沙门及能谈玄之士，与论理要。初，高宗太安末，刘骏于丹阳中兴寺设斋。有一沙门，容止独秀，举众往目，皆莫识焉。沙门惠璩起问之，答名惠明。又问所住，答云，从天安寺来。语讫，忽然不见。骏君臣以为灵感，改中兴为天安寺。是后七年而帝践祚，号天安元年。是年，刘彧徐州刺史薛安都始以城地来降。明年，尽有淮北之地。其岁，高祖诞载。于时起永宁寺，构七级佛图，高三百余尺，基架博敞，为天下第一。又于天宫寺，造释迦立像。高四十三尺，用赤金十万斤，黄金六百斤。皇兴中，又构三级石佛图。榱栋楣楹，上下重结，大小皆石，高十丈。镇固巧密，为京华壮观。

高祖践位，显祖移御北苑崇光宫，览习玄籍。建鹿野佛图于苑中之西山，去崇光右十里，岩房禅堂，禅僧居其中焉。

延兴二年夏四月，诏曰："比丘不在寺舍，游涉村落，交通奸猾，经历年岁。令民间五五相保，不得容止。无籍之僧，精加隐括，有者送付州镇，其在畿郡，送付本曹。若为三宝巡民教化者，在外赍州镇维那文移，在台者赍都维那等印牒，然后听行。违者加罪。"又诏曰："内外之人，兴建福业，造立图寺，高敞显博，亦足以辉隆至教矣。然无知之徒，各相高尚，贫富相竞，费竭财产，务存高广，伤杀昆虫含生之类。苟能精致，累土聚沙，福钟不朽。欲建为福之因，未知伤生之业。朕为民父母，慈养是务。自今一切断之。"又诏曰："夫信诚则应远，行笃则感深，历观先世灵瑞，乃有禽兽易色，草木移性。济州东平郡，灵像发辉，变成金铜之色。殊常之事，绝于往古；熙隆妙法，理在当今。有司与沙门统昙曜令州送像达都，使道俗咸睹实相之容，普告天下，皆使闻知。"

三年十二月，显祖因田鹰获鸳鸯一，其偶悲鸣，上下不去。帝乃惕然，问左右曰："此飞鸣者，为雌为雄？左右对曰："臣以为雌。"帝曰："何以知？"对曰："阳性刚，阴性柔，以刚柔推之，必是雌矣。"帝乃慨然而叹曰："虽人鸟事别，至于资识性情，竟何异哉！"于是下诏，禁断鸷鸟，不得畜焉。

承明元年八月，高祖于永宁寺，设太法供，度良家男女为僧尼者百有余人，帝为剃发，施以僧服，令修道戒，资福于显祖。是月，又诏起建明寺。太和元年二月，幸永宁寺设斋，赦死罪囚。三月，又幸永宁寺设会，行道听讲，命中、秘二省与僧徒讨论佛义，施僧衣服、宝器有差。又于方山太祖营垒之处，建思远寺。自正光至此，京城内寺新旧且百所，僧尼二千余人，四方诸寺六千四百七十八，僧尼七万七千二百五十八人。

四年春，诏以鹰师为报德寺。九年秋，有司奏，上谷郡比丘尼惠香，在北山松树下死。尸形不坏。尔来三年，士女观者有千百。于时人皆异之。十年冬，有司又奏："前被敕以勒籍之初，愚民侥幸，假称入道，以避输课，其无籍僧尼罢遣还俗。重被旨，所检僧尼，寺主、维那当寺隐审。其有道行精勤者，听仍在道；为行凡粗者，有籍无籍，悉罢归齐民。今依旨简遣，其诸州还俗者，僧尼合一千三百二十七人。"奏可。十六年诏："四月八日、七月十五日，听大州度一百人为僧尼，中州五十人，下州二十人，以为常准，著于令。"十七年，诏立《僧制》四十七条。十九年四月，帝幸徐州白塔寺。顾谓诸王及侍官曰："此寺近有名僧嵩法师，受《成实论》于罗什，在此流通。后授渊法师，渊法师授登、纪二法师。朕每玩《成实论》，可以释人深情故至此寺焉。"时沙门道登，雅有义业，为高祖眷赏，恒侍讲论。曾于禁内与帝夜谈，同见一鬼。二十年卒，高祖甚悼惜之，诏施帛一千匹。又设一切僧斋，并命京城七日行道。又诏："朕师登法师奄至徂背，痛怛摧恸，不能已已。比药治慎丧，未容即赴，便准师义，哭诸门外。"绩素之。又有西域沙门名跋陀，有道业，深为高祖所敬信。诏于少室山阴，立少林寺而居之，公给衣供。二十一年五月，诏曰："罗什法师可谓神出五才，志入四行者也。今常住寺，犹有遗地，钦悦修踪，情深遐远，可于旧堂所，为建三级浮图。又见逼昏虐，为道殄躯，既暂同俗礼，应有子胤，可推访以闻，当加叙接。"

先是，立监福曹，又改为昭玄，备有官属，以断僧务。高祖时，沙门道顺、惠觉、僧意、惠纪、僧范、道弁、惠度、智诞、僧显、僧义、僧利，并以义行知重。

世宗即位，永平元年秋，诏曰：缁素既殊，法律亦异。故道教彰于互显，禁劝各有所宜。自今以后，众僧犯杀人已上罪者，仍依俗断，余悉付昭玄，以内律僧制之。二年冬，沙门统惠深上言："僧尼浩旷，清浊混流，不遵禁典，精粗莫别。辄与经律法师群议立制：诸州、镇、郡维那、上坐、寺主，各令戒律自修，咸依内禁，若不解律者，退其本次。又，出家之人，不应犯法，积八不净物。然经律所制，通塞有方。依律，车牛淫人，不净之物，不得为己私畜。唯有老病年六十以上者，限听一乘。又，比来僧尼，或因三宝，出贷私财。缘州外。又，出家舍著，本无凶仪，不应废道从俗。其父母三师，远闻凶问，听哭三日。若在见前，限以七日。或有不安寺舍，游止民间，乱道生过，皆由此等。若有犯者，脱服还民。

其有造寺者，限僧五十以上，启闻听造。若有辄营置者，处以违敕之罪，其寺僧众摈出外州。

僧尼之法，不得为俗人所使。若有犯者，还配本属。其外国僧尼来归化者，求精俭有德行合三藏者听住，若无德行，遣还本国，若其不去，依此僧制治罪。”诏从之。

先是，于恒农荆山造珉玉丈六像一。三年冬，迎置于洛滨之报德寺，世宗躬观致敬。

四年夏，诏曰：“僧祇之粟，本期济施，俭年出贷，丰则收入。山林僧尼，随以给施；民有窘弊，亦即赈之。但主司冒利，规取赢息，及其征责，不计水旱，或偿利过本，或翻改券契，侵蠹贫下，莫知纪极。细民嗟毒，岁月滋深。非所以矜此穷乏，宗尚慈拯之本意也。自今以后，不得传委维那、都尉，可令刺史共加监括。尚书检诸有僧祇谷之处，州别列其元数，出入赢息，赈给多少，并贷偿岁月，见在未收，上台录记。若收利过本，及翻改初券，依律免之，勿复征责。或有私债，转施偿僧，即以丐民，不听收检。后有出贷，先尽贫穷，征债之科，一准旧格。富有之家，不听辄贷。脱仍冒滥，依法治罪。”

又尚书令高肇奏言：“谨案：故沙门统昙曜，昔于承明元年，奏凉州军户赵苟子等二百家为僧祇户，立课积粟，拟济饥年，不限道俗，皆以拯施。又依内律，僧祇户不得别属一寺。而都维那僧暹、僧频等，进违成旨，退乖内法，肆意任情，奏求逼召，致使吁嗟之怨，盈于行道，弃子伤生，自缢溺死，五十余人。岂是仰赞圣明慈育之意，深失陛下归依之心。遂令此等，行号巷哭，叫诉无所，至乃白羽贯耳，列讼宫阙。悠悠之人，尚为哀痛，况慈悲之士，而可安之。请听苟子等还乡课输，俭乏之年，周给贫寡，若有不虞，以拟边捍。其暹等违旨背律，谬奏之愆，请付昭玄，依僧律推处。”诏曰：“暹等特可原之，余如奏。”

世宗笃好佛理，每年常于禁中，亲讲经论，广集名僧，标明义旨。沙门条录，为《内起居》焉。上既崇之，下弥企尚。至延昌中，天下州郡僧尼寺，积有一万三千七百二十七所，徒侣逾众。

熙平元年，诏遣沙门惠生使西域，采诸经律。正光三年冬，还京师。所得经论一百七十部，行于世。

二年春，灵太后令曰：“年常度僧，依限大州应百人者，州郡于前十日解送三百人，其中州二百人，小州一百人。州统、维那与官及精练简取充数。若无精行，不得滥采。若取非人，刺史为首，以违旨论，太守、县令、纲僚节级连坐，统及维那移五百里外异州为僧。自今奴婢悉不听出家，诸王及亲贵，亦不得辄启请。有犯者，以违旨论。其僧尼辄度他人奴婢者，亦移五百里外为僧。僧尼多养亲识及他人奴婢子，年大私度为弟子，自今断之。有犯还俗，被养者归本等。寺主听容一人，出寺五百里，二人千里。私度之僧，皆由三长罪不及已，容多隐滥。自今有一人私度，皆以违旨论。邻长为首，里、党各相降一等。县满十五人，郡满三十人，州镇满三十人，免官，僚吏节级连坐。私度之身，配当州下役。"时法禁宽褫，不能改肃也。

景明初，世宗诏大长秋卿白整准代京灵岩寺石窟，于洛南伊阙山，为高祖、文昭皇太后营石窟二所。初建之始，窟顶去地三百一十尺。至正始二年中，始出斩山二十三丈。至大长秋卿王质，谓斩山太高，费功难就，奏求下移就平，去地一百尺，南北一百四十尺。永平中，中尹刘腾奏为世宗复造石窟一，凡为三所。从景明元年至正光四年六月已前，用功八十万二千三百六十六。肃宗熙平中，于城内太社西，起永宁寺。灵太后亲率百僚，表基立刹。佛图九层，高四十余丈，其诸费用，不可胜计。景明寺佛图，亦其亚也。至于官私寺塔，其数甚众。

神龟元年冬，司空公、尚书令、任城王澄奏曰：

仰惟高祖，定鼎嵩瀍，卜世悠远。虑括终台，制洽天人，造物开符，垂之万叶。故都城制云，城内唯拟一永宁寺地，郭内唯拟尼寺一所，余悉城郭之外。欲令永遵此制，无敢逾矩。逮景明之初，微有犯禁。故世宗仰修先志，爰发明旨，城内不造立浮图、僧尼寺舍，亦欲绝其杀觊。文武二帝，岂不爱尚佛法，盖以道俗殊归，理无相乱故也。但俗眩虚声，僧贪厚润，虽有显禁，犹自冒营。至正始三年，沙门统惠深有违景明之禁，便云："营就之寺，不忍移毁，求自今已后，更不听立。"先旨含宽，抑典从请。前班之诏，仍卷不行，后来私谒，弥以奔竞。永平二年，深等复立条制，启云"自今已后，欲造寺者，限僧五十已上，闻彻听造。若有辄营置者，依俗违敕之罪，其寺僧众，摈出外州。"尔来十年，私营转盛，罪摈之事，寂尔无闻。岂非朝格虽明，恃福共毁，僧制徒立，顾利莫从者也。不俗不道，务为损法，人而无厌，其可极乎！

夫学迹冲妙，非浮识所辩；玄门旷寂，岂短辞能究。然净居尘外，道家所先，功缘冥深，匪尚华遁。苟能诚信，童子聚沙，可迈于道场；纯陀俭设，足荐于双树。何必纵其盗窃，资营寺观。此乃民之多幸，非国之福也。然比日私造，动盈百数。或乘请公地，辄树私福；或启得造寺，限外广制。如此欺罔，非可稍计。臣以才劣，诚忝工务，奉遵成规，裁量是总。所以披寻旧旨，研究图格，辄遣府司马陆昶、属崔孝芬，都城之中及郭邑之内检括寺舍，数乘五百，空地表刹，未立塔宇，不在其数。民不畏法，乃至于斯！自迁都已来，年逾二纪，寺夺民居，三分且一。高祖立制，非徒欲使缁素殊途，抑亦防微深虑。世宗述之，亦不锢禁营福，当在杜塞未萌。今之僧寺，无处不有。或比满城邑之中，或连溢屠沽之肆，或三五少僧，共为一寺。梵唱屠音，连檐接响，像塔缠于腥臊，性灵没于嗜欲，真伪混居，往来纷杂。下司因习而莫非，僧曹对制而不问。其于污染真行，尘秽练僧，薰莸同器，不亦甚欤！往在北代，有法秀之谋；近日冀州，遭大乘之变。皆初假神教，以惑众心，终设奸诳，用逞私悖。太和之制，因法秀而杜远；景明之禁，虑大乘之将乱。始知祖宗睿圣，防遏处深。履霜坚冰，不可不慎。

昔如来阐教，多依山林，今此僧徒，恋著城邑。岂湫隘是经行所宜，浮必栖禅之宅，当由利引其心，莫能自止。处者既失其真，造者或损其福，乃释氏之糟糠，法中之社鼠，内戒所不容，王典所应弃矣。非但京邑如此，天下州、镇僧寺亦然。侵夺细民，广占田宅，有伤慈矜，用长嗟苦。且人心不同，善恶亦异。或有栖心真趣，道业清远者；或外假法服，内怀悖德者。如此之徒，宜辨泾渭。若雷同一贯，何以劝善。然睹法赞善，凡人所知；矫俗避嫌，物情同趣。臣独何为，孤议独发。诚以国典一废，追理至难，法网暂失，条纲将乱。是以冒陈愚见，两愿其益。

臣闻设令在于必行，立罚贵能肃物。令而不行，不如无令。罚不能肃，孰与亡罚。顷明诏屡下，而造者更滋，严限骤施，而违犯不息者，岂不以假福托善，幸罪不加。人殉其私，吏难苟劾。前制无追往之辜，后旨开自今之恕，悠悠世情，遂忽成法。今宜加以严科，特设重禁，纠其来违，惩其往失。脱不峻检，方垂容借，恐今旨虽明，复如往日。又旨令所断，标榜礼拜之处，悉听不禁。愚以为，树榜无常，礼处难验，欲云有造，立榜证公，须营之辞，指言尝礼。如此则徒有禁名，实通造路。且徙御已后，断诏四行，而私造之徒，不惧制旨。岂是百官有司，怠于奉法？将由网漏禁宽，容托有他故耳。如臣愚意，都城之中，虽有标榜，营造粗功，事可改立者，请依先制。在于郭外，任择所便。其地若买得，券证分明者，听其转之。若官地盗作，即令还官。若灵像既成，不可移撤，请依今敕，如旧不禁，悉令坊内行止，不听毁坊开门，以妨里内通巷。若被旨者，不在断限。郭内准此商量。其庙像严立，而逼近屠沽，请断旁屠杀，以洁灵居。虽有僧数，而事在可移者，令就闲敞，以避隘陋。如今年正月赦后造者，求依僧制，案法科治。若僧不满五十者，共相通容，小就大寺，必令充限。其地卖还，一如上式。自今外州，若欲造寺，僧满五十已上，先令本州表列，昭玄量审，奏听乃立。若有违犯，悉依前科。州郡已下，容而不禁，罪同违旨。庶仰遵先皇不朽之业，俯奉今旨慈悲之令，则绳墨可全，圣道不坠矣。

奏可。未几，天下丧乱，加以河阴之酷，朝士死者，其家多舍居宅，以施僧尼，京邑第舍，略为寺矣。前日禁令，不复行焉。

元象元年秋，诏曰："梵境幽玄，义归清旷，伽蓝净土，理绝嚣尘。前朝城内，先有禁断，自聿来迁邺，率由旧章。而百辟士民，届都之始，城外新城，并皆给宅。旧城中暂时普借，更拟后须，非为永久。如闻诸人，多以二处得地，或舍旧城所借之宅，擅立为寺。知非己有，假此一名。终恐因习滋甚，有亏恒式。宜付有司，精加隐括。且城中旧寺及宅，并有定帐，其新立之徒，悉从毁废。"冬，又诏："天下牧守令长，悉不听造寺。若有违者，不问财之所出，并计所营功庸，悉以枉法论。"兴和二年春，诏以邺城旧宫为天平寺。

世宗以来至武定末，沙门知名者，有惠猛、惠辨、惠深、僧暹、道钦、僧献、道晞、僧深、惠光、惠显、法营、道长，并见重于当世。

自魏有天下，至于禅让，佛经流通，大集中国，凡有四百一十五部，合一千九百一十九卷。正光已后，天下多虞，工役尤甚，于是所在编民，相与入道，假慕沙门，实避调役，猥滥之极，自中国之有佛法，未之有也。略而计之，僧尼大众二百万矣，其寺三万有余。流弊不归，一至于此，识者所以叹息也。

道家之原，出于老子。其自言也，先天地生，以资万类。上处玉京，为神王之宗；下在紫微，为飞仙之主。千变万化，有德不德，随感应物，厥迹无常。授轩辕于峨嵋，教帝喾于牧德，大禹闻长生之诀，尹喜受道德之旨。至于丹书紫字，升玄飞步之经；玉石金光，妙有灵洞之说。如此之文，不可胜纪。其为教也，咸蠲去邪累，澡雪心神，积行树功，累德增善，乃至白日升天，长生世上。所以秦皇、汉武，甘心不息。灵帝置华盖于灌龙，设坛场而为礼。及张陵受道于鹄鸣，因传天宫章本千有二百，弟子相授，其事大行。齐祠跪拜，各成法道。有三元九府、百二十官，一切诸神，咸所统摄。又称劫数，颇类佛经。其延康、龙汉、赤明、开皇之属，皆其名也。及其劫终，称天地俱坏。其书多有禁秘，非其徒也，不得辄观。至于化金销玉，行符敕水，奇方妙术，万等千条，上云羽化飞天，次称消灾灭祸。故好异者往往而尊事之。

初文帝入宾于晋，从者务勿尘，姿神奇伟，登仙于伊阙之山寺。识者咸云魏祚之将大。太祖好老子之言，诵咏不倦。天兴中，仪曹郎董谧因献服食仙经数十篇。于是置仙人博士，立仙坊，煮炼百药，封西山以供其薪蒸。令死罪者试服之，非其本心，多死无验。太祖犹将修焉。太医周澹，苦其煎采之役，欲废其事。乃阴令妻货仙人博士张曜妾，得曜隐罪。曜惧死，因请辟谷。太祖许之，给曜资用，为造静堂于苑中，给洒扫民二家。而炼药之官，仍为不息。久之，太祖意少懈，乃止。

世祖时，道士寇谦之，字辅真，南雍州刺史赞之弟，自云寇恂之十三世孙。早好仙道，有绝俗之心。少修张鲁之术，服食饵药，历年无效。幽诚上达，有仙人成公兴，不知何许人，至谦之从母家佣赁。谦之尝觐其姨，见兴形貌甚强，力作不倦，请回赁兴代己使役。乃将还，令其开舍南辣田。谦之树下坐算，兴垦一发致勤，时来看算。谦之谓曰："汝但力作，何为看此？"二三日后，复来看之，如此不已。后谦之算七曜，有所不了，惘然自失。兴谓谦之曰："先生何为不怿？"谦之曰："我学算累年，而近算《周髀》不合，以此自愧。且非汝所知，何劳问也。"兴曰："先生试随兴语布之。"俄然便决。谦之叹伏，不测兴之浅深，请师事之。兴固辞不肯，但求谦之为弟子。未几，谓谦之曰："先生有意学道，岂能与兴隐遁？"谦之欣然从之。兴乃令谦之洁斋三日，共入华山。令谦之居一石室，自出采药，还与谦之食药，不复饥。乃将谦之入嵩山。有三重石室，令谦之住第二重。历年，兴谓谦之曰："兴出后，当有人将药来。得但食之，莫为疑怪。"寻有人将药而至，皆是毒虫臭恶之物，谦之大惧出走。兴还问状，谦之具对，兴叹息曰："先生未便得仙，政可为帝王师耳。"兴事谦之七年，而谓之曰："兴不得久留，明日中应去。兴亡后，先生幸为沐浴，自当有人见迎。"兴乃入第三重石室而卒。谦之躬自沐浴。明日中，有叩石室者，谦之出视，见两童子，一持法服，一持钵及锡杖。谦之引入，至兴尸所，兴欻然而起，著衣持钵、执杖而去。先是，有京兆灞城人王胡儿，其叔父亡，颇有灵异。曾将胡儿至嵩高别岭，同行观望，见金室玉堂，有一馆尤珍丽，空而无人，题曰“成公兴之馆”。胡儿怪而问之，其叔父曰“此是仙人成公兴馆，坐失火烧七间屋，被谪为寇谦之作弟子七年。”始知谦之精诚远通，兴乃仙者谪满而去。

谦之守志嵩岳，精专不懈，以神瑞二年十月乙卯，忽遇大神，乘云驾龙，导从百灵，仙人玉女，左右侍卫，集止山顶，称太上老君。谓谦之曰：“往辛亥年，嵩岳镇灵集仙宫主，表天曹，称自天师张陵去世已来，地上旷诫，修善之人，无所师授。嵩岳道士上谷寇谦之，立身直理，行合自然，才任轨范，首处师位，吾故来观汝，授汝天师之位，赐汝《云中音诵新科之诫》二十卷。号曰‘并进’。言：“吾此经诫，自天地开辟已来，不传于世，今运数应出。汝宣吾《新科》，清整道教，除去三张伪法，租米钱税，及男女合气之术。大道清虚，岂有斯事。专以礼度为首，而加之以服食闭练。”使王九疑人长客之等十二人，授谦之服气导引口诀之法。遂得辟谷，气盛体轻，颜色殊丽。弟子十余人，皆得其术。

泰常八年十月戊戌，有牧土上师李谱文来临嵩岳，云：老君之玄孙，昔居代郡桑乾，以汉武之世得道，为牧土宫主，领治三十六土人鬼之政。地方十八万里有奇，盖历术一章之数也。其中为方万里者有三百六十方。遣弟子宣教，云嵩岳所统广汉平土方万里，以授谦之。作诰曰：“吾处天宫，敷演真法，处汝道年二十二岁，除十年为竟蒙，其余十二年，教化虽无大功，且有百授之劳。今赐汝迁入内宫，太真太宝九州真师、治鬼师、治民师、继天师四录。修勤不懈，依劳复迁。赐汝《天中三真太文录》，劾召百神，以授弟子。《文录》有五等，一曰阴阳太官，二曰正府真官，三曰正房真官，四曰宿宫散官，五曰并进录主。坛位、礼拜、衣冠仪式各有差品。凡六十余卷，号曰《录图真经》。付汝奉持，辅佐北方泰平真君，出天宫静轮之法。能兴造克就，则起真仙矣。又地上生民，末劫垂及，其中行教甚难。但令男女立坛宇，朝夕礼拜，若家有严君，功及上世。其中能修身练药，学长生之术，即为真君种民。”药别授方，销练金丹、云英、八石、玉浆之法，皆有决要。上师李君手笔有数篇，其余，皆正真书曹赵道复所书。古文鸟迹，篆隶杂体，辞义约辩，婉而成章。大自与世礼相准，择贤推德，信者为先，勤者次之。又言二仪之间有三十六天，中有三十六宫，宫有一主。最高者无极至尊，次曰大至真尊，次天复地载阴阳真尊。次洪正真尊，洪赵名道隐，以殷时得道，牧土之师也。牧土之来，赤松、王乔之伦，及韩终、张安世、刘根、张陵，近世仙者，并为翼从。牧土命谦之为子，与群仙结为徒友。幽冥之事，世所不了，谦之具问，一一告焉。《经》云：佛者，昔于西胡得道，在四十二天，为延真宫主。勇猛苦教，故其弟子皆髡形染衣，断绝人道，诸天衣服悉然。

始光初，奉其书而献之，世祖乃令谦之止于张曜之所，供其食物。时朝野闻之，若存若亡，未全信也。崔浩独异其言，因师事之，受其法术。于是上疏，赞明其事曰："臣闻圣王受命，则有天应。而《河图》《洛书》，皆寄言于虫兽之文。未若今日人神接对，手笔粲然，辞旨深妙，自古无比。昔汉高虽复英圣，四皓犹或耻之，不为屈节。今清德隐仙，不召自至。斯诚陛下侔踪轩黄，应天之符也，岂可以世俗常谈，而忽上灵之命。臣窃惧之。"世祖欣然，乃使谒者奉玉帛牲牢，祭嵩岳，迎致其余弟子在山中者。于是崇奉天师，显扬新法，宣布天下，道业大行。浩事天师，拜礼甚谨。人或讥之。浩闻之曰："昔张释之为王生结韈"吾虽才非贤哲，今奏天师，足以不愧于古人矣。"及嵩高道士四十余人至，遂起天师道场于京城之东南，重坛五层，遵其新经之制。给道士百二十人衣食，齐肃祈请，六时礼拜，月设厨会数千人。

世祖将讨赫连昌，太尉长孙嵩难之，世祖乃问幽征于谦之。谦之对曰："必克。陛下神武应期，天经下治，当以兵定九州，后文先武，以成太平真君。"真君三年，谦之奏曰："今陛下以真君御世，建静轮天宫之法，开古以来，未之有也。应登受符书，以彰圣德。"世祖从之。于是亲至道坛，受符录。备法驾，旗帜尽青，以从道家之色也。自后诸帝，每即位皆如之。恭宗见谦之奏造静轮宫，必令其高不闻鸡鸣狗吠之声，欲上与天神交接，功役万计，经年不成。乃言于世祖曰："人天道殊，卑高定分。今谦之欲要以无成之期，说以不然之事，财力费损，百姓疲劳，无乃不可乎？必如其言，未若因东山万仞之上，为功差易。"世祖深然恭宗之言，但以崔浩赞成，难违其意，沉吟者久之，乃曰："吾亦知其无成，事既尔，何惜五三百功。"

九年，谦之卒，葬以道士之礼。先于未亡，谓诸弟子曰："及谦之在，汝曹可求迁录。吾去之后，天宫真难就。"复遇设会之日，更布二席于上师坐前。弟子问其故，谦之曰："仙官来。"是夜卒。前一日，忽言"吾气息不接，腹中大痛"，而行止如常，至明旦便终。须臾，口中气状若烟云，上出窗中，至天半乃消。尸体引长，弟子量之，八尺三寸。三日已后，稍缩，至敛量之，长六寸。于是诸弟子以为尸解变化而去，不死也。

时有京兆人韦文秀，隐于嵩高，征诣京师。世祖曾问方士金丹事，多曰可成。文秀对曰："神道幽昧，变化难测，可以暗遇，难以预期。臣昔者受教于先师，曾闻其事，未之为也。"世祖以文秀关右豪族，风操温雅，言对有方，遣与尚书崔赜诣王屋山合丹，竟不能就。时方士至者前后数人。河东祁纤，好相人。世祖贤之，拜纤上大夫。颍阳绛略、闻喜吴劭，道引养气，积年百余岁，神气不衰。恒农阎平仙，博览百家之言，然不能达其意，辞占应对，义旨可听。世祖欲授之官，终辞不受。扶风鲁祈，遭赫连屈孑暴虐，避地寒山，教授弟子数百人，好方术，少嗜欲。河东罗崇之，常饵松脂，不食五谷，自称受道于中条山。世祖令崇还乡里，立坛祈请。崇云："条山有穴，与昆仑、蓬莱相属。入穴中得见仙人，与之往来。"诏令河东郡给所须。崇入穴，行百余步，遂穷。后召至，有司以崇诬罔不道，奏治之。世祖曰"崇修道之人，岂至欺妄以诈于世，或传闻不审，而至于此。古之君子，进人以礼，退人以礼。今治之，是伤朕待贤之意。"遂赦之。又有东莱人王道翼，少有绝俗之志，隐韩信山，四十余年，断粟食麦，通达经章，书符录。常隐居深山，不交世务，年六十余。显祖闻而召焉。青州刺史韩颓遣使就山征之，翼乃赴都。显祖以其仍守本操，遂令僧曹给衣食，以终其身。

太和十五年秋，诏曰："夫至道无形，虚寂为主。自有汉以后，置立坛祠，先朝以其至顺可归，用立寺宇。昔京城之内，居舍尚希。今者里宅栉比，人神猥凑，非所以祗崇至法，清敬神道。可移于都南桑乾之阴，岳山之阳，永置其所。给户五十，以供斋祀之用，仍名为崇虚寺。可召诸州隐士，员满九十人。"

迁洛移邺，踵如故事。其道坛在南郊，方二步，以正月七日、七月七日、十月十五日，坛主、道士、高人一百六人，以行拜祠之礼。诸道士罕能精至，又无才术可高。武定六年，有司执奏罢之。其有道术，如河东张远游、河间赵静通等，齐文襄王别置馆京师而礼接焉。

【译文】

自从上天造就了人类，管理着民众一直到结绳记事以前的历史，由于没有书本龟契等文字记载，所以就无从知道了。自从伏羲、轩辕以后，一直到三代，他们的神言秘策，蕴藏在图书纬文之中；训范世人、引导民众，也载在经典文献之中。秦始皇放肆荼毒，把这些经典、图籍都化为灰烬了，汉代采集到遗书秘籍，恢复得像山一样多。司马迁区分它们各自的不同，归纳为阴阳、儒、墨、名、法、道德六家。刘歆著《七略》，班固撰写《汉书·艺文志》，释氏的学问，还没有著录记载。汉武帝元狩年间，派霍去病讨伐匈奴，到皋兰，经过居延，斩敌甚多，大获胜利，昆邪王杀休屠王，率领五万多人前来投降，并获得了他们的金人。武帝认为金人是大神，就把它放在甘泉宫。金人大概有一丈多长，但没有对金人祭祀，只不过烧烧香，礼拜礼拜罢了，这就是佛教流行中国的开始。

等到开辟了西域，派遣张骞出使大夏回来，传说大夏国边上有一个身毒国，又名天竺，才开始听说有浮屠之教。汉哀帝元寿元年，博士弟子秦景宪传授了大月氏王的使者伊存口头传授的浮屠经典，中土的人听了以后，没有多少人相信、明白。后来孝明帝夜里梦见金人，头顶有太阳光，在宫庭中飞翔，于是征问众大臣，傅毅开始回答是佛。明帝派遣郎中蔡愔、博士弟子秦景等人出使到天竺，抄写浮屠流传下来的文献。蔡愔于是与沙门摄摩腾、竺法兰回到洛阳，中国有沙门以及行跪拜之礼，是从这时开始的。蔡愔又得到佛经《四十二章》及释迦的立像，明帝命令画工写佛像，放在清凉台及显节陵上，经书则封起来放在石室兰台。蔡愔回来的时侯，用白马背着经书回来，汉朝因此在洛城雍门西建立白马寺，摄摩腾、竺法兰都死在这座寺中。

浮屠正号叫佛陀，佛陀和浮图声音相近，都是西方的话，他们传过来以后变成了两个音，用汉语翻译的意思是叫净觉，讲的是除去污秽，成就光明，大道为圣明者所悟。大凡佛典经书意旨，大多讲的是人生命运一类的事情，都是由其品行、德业所决定的。佛教讲人生有过去、现在、未来，一共经历三世，智识、精神都不灭。只要行善或为恶，就一定会有回报与报应。慢慢积德修行，去掉粗俗鄙浅的东西，经过无数阶段，洗涤冶炼神行，于是可以达到形灭而神存，得到佛道。这中间的阶段及心路历程，程序等级不止一个，都是从浅到深，从小到大。大率在于积累仁行善举，剔除嗜欲，坚守虚静而渐成通观内照。所以他们开始修行就按佛、法、僧三事，称作三归，譬如君子的三件敬畏之事。又有五戒：戒去杀生、偷盗、奸淫、妄言、饮酒五件事，五戒的大意与儒家仁、义、礼、智、信相同，而名称有所差异罢了。说只要奉持了五戒，就会生活在天人胜处，损坏差失就会掉进鬼、畜之苦中。还有善恶的产生，总共有六条途径。

凡是信奉佛道的，必须剃除须发，去除家累，出家修行，师徒聚集一块，遵守戒律法度，共同一起清居，诚心修炼清静洁身，靠行乞来自足，这些人被称作沙门，又称作桑门，也是声音相近的缘故，总称之为僧，都是胡人的语言。僧，翻译成汉意为和合众人之命，桑门意思为静心，比丘之意则为行乞。世俗之人信奉道法的，男的被称作优婆塞，女的则叫优婆夷。那些想成为沙门的人，开始修炼十种戒规，叫做沙弥，最终有二百五十诫，修成后就可以成为大僧人了。女性入道者称作比丘尼，修诫一共有五百条，都以戒条为本。根据事情而增加数目，目的在于防心，控制身体，端正言语。心中应去除贪、忿、痴之心，身体应去掉杀、淫、盗之行，口中应了断妄说、杂说以及其他非正道之言，总括叫作十善道。能达到这些，就可称作心、身、口都清静。普通人修行可以达到善恶相报，并慢慢达到圣明之境。初步达到圣贤之境的有三种人，他们的佛根品业各有差别，称作三乘：声闻乘、缘觉乘、大乘，取的是可以修道进而达到最高道行而得名。这三种人为恶之迹已经干净，只要修心养性、洗荡心累、救济世人、加强品德。初根人为小乘，施守四谛法；中根人叫中乘，受十二因缘；上根人为大乘，那么就修行六度。虽然经历了三乘，而实质上是要修炼一切品行，拯救自己的意念，从不间断以至永远，这样才可成佛。

所谓佛，本来称作释迦，意译为能仁，是说道德充沛周备，能够济度万事万物。释迦以前有六世佛，释迦继承六世佛而成道，处于今贤劫。有的书上说又称将来有弥勒佛，正继释迦而降生。释迦即天竺迦维卫国王之子。天竺是他的总称，迦维是别名。开始，释迦在四月八日夜从母亲的右胁生下来，生下来以后，姿态长相超乎寻常之处有三十二种，上天降下来吉祥的征兆以感应他的降生，也有三十二种。《本起经》叙述这些已很详备了。释迦出生的时候，当时为中国周庄王九年。《春秋》上记载鲁庄公七年夏四月，恒星不见，夜明，就是这个时间。到北魏武定八年，一共一千二百三十七年。释迦三十岁成佛，教导化育万物民众，四十九年，在拘尸那城婆罗双树间，在二月十五日而入涅槃，涅槃译为灭度，有的说法是常乐我净，没有变化衰谢及其他诸多痛苦累赘。

众佛法身有二种意义：一是“真实；二是“权应”。真实身讲的是最高之体，什么至累也奇妙地断绝了，不可能按正规的期待，也不可能用形式去丈量规定，有感动就有感应，本体很清静。“权应身”的意思讲的是六道相合相和，与尘灰及万物相同，随时生存或毁灭，长和短都与物相融，外形是由触感而产生，本体并不是实有。暂存之体虽然凋谢，长存之真实际上不变。但是有时没有灵妙之感，所以不得以经常见到罢了。知道佛的生存并非实在的生存，灭逝也并不是实际的灭逝，佛既然离开世界，香木焚烧尸体。灵骨也分开碎掉，大小像颗粒一样，敲击它也不坏，焚烧也不变焦，有的产生光明神验，西方的说法把它叫“舍利”。弟子收藏敬奉，放置在宝瓶之中，送香花，表达礼敬爱慕，建立宫宇，即称作塔。塔也是西方的语言，像宗庙一样，所以俗世称作塔庙。在后来的百年，有个国王叫阿育，因为用神力分开佛祖的舍利，调动鬼神之力，建造八万四千个塔，遍布在全世界，都是同一天建成。现在洛阳、彭城、姑臧、临淄都有阿育王寺，大概是承袭他的遗迹。释迦虽然涅槃，但留有影迹在天竺，到现在还在。来往中土的人，都说见过。

开始，释迦所说的教义法术，在涅槃后，有声闻弟子大迦叶、阿难等五百人，撰集著录，阿难亲自接受佛祖传授多，就主持这事，大概能综合研核佛祖深旨大意，没有什么遗漏散失。于是缀合文字，撰集而成三藏十二部经，像九流的不同流派，它的大致归承仍以大乘、中乘、小乘为本。后来数百年，有罗汉、菩萨相继著述论述，阐明经义，用来破除异道，《摩诃衍大、小阿毗昙》《中论》《十二门论》《百法论》《成实论》等即是，都是依傍几部大藏的意义，假借外人问答的方式，而用内法解释它。

汉章帝时，楚王英喜欢做浮屠斋戒，派郎中令奉黄缣白纨三十四，让相国用来赎罪。下诏回答说：“楚王喜欢浮屠的斋祠，沐浴清洁斋戒三个月，对神发誓，有什么怀疑和嫌弃的，应当有所悔改，他的贡品送还，用来帮助伊蒲塞、桑门的宴请。”因此把贡品公布给众国。桓帝时，襄楷用佛陀、黄老之道去进谏皇上，想让他爱护生命，不要妄杀，减少嗜欲，除去奢侈与浮华，讲求无为。魏明帝曾想破坏宫西的佛画，外国来的沙门于是用金制杯子装水，放在佛殿前，把佛的舍利投入水中，于是水中出现了五色光。这时明帝感叹说：“假若不是灵异，怎么会这样？”于是就把佛画搬到了路的东面，并为佛画造了百间房屋。佛图的原址，则凿了一个濛汜池，并在水池中种上芙蓉。后来有一位天竺沙门昙柯迦罗来到洛阳，宣传译述戒律，这是中国有戒律的开始。自从洛阳建造白马寺，浓厚地用佛画装饰，画像十分奇妙，为四方形式。所有宫塔形制，仍然按照印度的旧样而加以重构，从一级到三、五、七、九级。世人相沿袭，称之为“浮图”，又叫作“佛图”。晋代，洛中地方佛教壁图达四十二所。汉代的沙门都穿红布，后代才改易为其他颜色。

晋元康年间，有一位胡沙门支恭明翻译佛经《维摩》《法华》，三部《本起》等，经中的微言大义，深奥理论没有探究明白。后来有一位沙门常山卫道安禀性聪明敏锐，一天能背诵经书万余字，研究探求经书旨意，感叹没有老师法匠可以请教，于是独坐静室十二年，精思细研，神悟妙理。从前所译佛经，大多有错误纰漏，于是对这些经书错误加以纠正。石勒的时候，有一位天竺沙门浮图澄。小的时候在乌苌国跟随罗汉学道，刘曜时来到襄国。后来被石勒所信赖，号称为大和尚，国家大事多向他咨询，所说大多灵验。卫道安曾经到过邺地候见浮图澄，浮图澄见到他以后十分惊异。浮图澄死后，中国战乱纷繁，卫道安于是率领门徒，出游到南方的新野，想让佛教广为流传，分别派遣弟子，各去一个方向。法汰到扬州，法和到四川，卫道安与慧远到襄阳。卫道安后来到了苻坚处。苻坚本来十分钦佩他的名声，见到以后，用老师之礼拜见。当时西域有一位胡人沙门鸠摩罗什，精通法门，卫道安想和鸠摩罗什讲论探讨，经常劝苻坚邀请鸠摩罗什。鸠摩罗什也听说了卫道安的大名，并称其为东方圣人，有时遥远地致意相拜。卫道安死二十余年后，鸠摩罗什到长安，遗憾没有见到卫道安，认为这是最大的遗憾。卫道安所改正的佛书经典语言，和鸠摩罗什所译就像符契相会，完全一致，没有一点差错。于是佛法宗旨在中土广为流传开来。

北魏开始建国在北方地带，风俗淳朴单一，以清静无为用来自我保护，和西方地区相隔很遥远，没有什么交往。所以浮图作为宗教，没有谁听说过，即使听说过的人也不相信。等到神元年间和魏、晋通娉后，文帝久在洛阳，昭成又到过襄国，于是才详细地了解了南夏佛法之事。太祖平定中山，经营统治燕赵地区，所管辖的郡县国家里的佛寺，看到众多的沙门、道士，都精诚地加以敬重，禁军军队也不敢侵犯。太祖皇帝喜欢黄老之学，阅读了一些佛经，但是天下刚刚安定，战车经常出动，许多事情刚刚草创，没有建成浮图寺宇，用来招揽延请僧徒佛众。但是仍然不时地抽空访求。在这以前，有位沙门叫僧朗，和他的徒弟隐居在泰山的琨谷中。太祖皇帝派使者送信，用丝缯、素丝、旃罽、银钵等作为礼物，现在仍然称他所住地作朗公谷。天兴元年，下诏书说："佛法的兴起，它的来源很悠久，济世辅益的功劳，都达及了生存与死的人。神灵的踪迹，遗存的轨则，确实可以依据凭靠。敕令百官，在京城中建立庙宇，修饰整顿宫殿寺舍，使信仰归化的人有居往的地方。"这一年，才开始造五级佛图、耆阇崛山及须弥山大殿，都加以修饰，另外建造了讲堂、禅堂以及沙门座，没有不严肃设置的。太宗即位后，遵照太祖的事业，也喜欢黄老之学，崇尚佛法，京城及四方，建立佛图佛像，仍然命令沙门宣传教化民众习俗。

开始，皇始年间，赵郡地方有沙门法果，传戒行为至为精诚，开讲演说佛法经义。太祖听说了他的名字，下诏用礼节征请他赴京师，后来做了道人总领，统管约束僧徒。每次和皇帝讲论，皇帝心里都感到十分高兴，对他供奉布施很优厚。到太宗时，更加对他崇拜礼敬。永兴年间，前前后后被授予辅国、宣城子、忠信侯、安成公等称号，他都坚决地推辞。太宗皇帝曾亲自到他住的地方，因为门太小，无法容纳皇帝车队，于是扩大增广其门。八十多岁，泰常年间逝世。没有埋葬的时候，皇帝三次去吊丧，追赠老寿将军、赵胡灵公。开始，法果每次说，太祖圣明聪慧，喜欢佛道，就是现世的如来，沙门应该行跪拜之礼。于是经常拜敬皇帝，对人说："能弘扬光大佛道的是皇帝，我不是在礼拜皇帝，实际是在礼拜佛。"法果四十岁，才成为沙门。他有个儿子叫猛，下诏让他袭承法果所封的爵位。太宗皇帝后来到广宗寺，有一位沙门叫昙证，年龄百岁了，在路上相见邀请敬奉送呈水果、物品。太宗皇帝尊敬他年老而志向体力不衰，也加封了一个"老寿将军"的称号。

这个时期，鸠摩罗什被姚兴所礼敬，在长安草堂寺聚集了八百余人，重新翻译经典。鸠摩罗什聪明善辩，思想深沉，通晓东西文字。当时沙门道彤、僧略、道恒、道剽、僧肇、昙影等人，和鸠摩罗什共同互相提挈，阐发彰明经旨。各种经书有十多部，他们都重新确定章节、句读，文辞意义通达明白，到现在的沙门都还沿用学习。道彤等人都见识学问博洽通达，僧肇尤其突出，鸠摩罗什的撰述翻译，僧肇经常执笔，确定所要表达的文辞和意义，注释《维摩经》，又写了几种论著，都有精妙的论述，学者们都宗法他们的学说。

又有一个沙门叫法显，感慨经律典籍不完备，从长安到天竺游学，经历了三十多个国家，凡是有经籍的地方，学习他们的语言典籍，翻译并抄写过来。过了十年，又在南海的狮子国，跟随商人船队东下，昼夜昏迷将近二百多天，才到青州长广郡不其劳山，南下才出海。这年是神瑞二年。法显所经过的国家，用传记体记载，现在流传在世。他所得到的经律，通译没有完全表达原意。到江南，又和天竺的禅师跋陀罗辩论审定，称作《僧祇律》，比以前大大的完备了，被现在的沙门所守持接受。从前有沙门法领，从扬州到西域，得到《华严经》，译定后数年，跋陀罗和沙门法业重新加以译述撰写，流传于当时。

世祖刚开始即位，也遵从太祖、太宗的遗业，经常引见有高德的沙门，和他们一起谈论。在四月八日，抬着许多佛像，行走在大街的通道上，世祖皇帝亲自登上城门高楼，在楼台上散花，用来表达对佛教的礼敬。

从前，沮渠蒙逊在凉州，也喜欢佛法，有罽宾沙门昙摩谶，学习许多经典律论，和沙门智嵩等，翻译《涅槃》等经十多部，又通晓术数、禁咒，屡次讲到别国的安危，每每被他言中。蒙逊经常向他咨询国家大事，神䴥年间，世祖皇帝命令蒙逊护送昙摩谶到京城，蒙逊爱惜而不想送。不久，又害怕魏国的威胁责难，于是派人杀掉昙摩谶。昙摩谶死的那天，对弟子们说："今天会有客人来，可以早吃饭来等他们。"刚吃完饭就有使者来了，当时人认为他能知道天命。智嵩也很颖悟，专心致志在经典上。后来就把新译出的经律论，在凉州地区教授传诵，辨论其中深义，并著有《涅槃义记》。守戒严肃整齐，弟子都严格遵守。知道凉州将会发生兵役，和门徒数人，想逃到胡地。路上发生了饥荒，断粮好几天，弟子求到了动物禽兽的肉，请求智嵩勉强吃一顿。智嵩遵守发誓的戒律，于是就饿死在酒泉的西山之中。弟子们堆积柴火焚烧他的尸体，骨头都成了灰，独独舌头完整、颜色形状不变，当时人认为是讲诵宣说之功的报酬。凉州自从张轨以后，世世代代都信奉佛教。敦煌地方连接西域，佛道正根据它们的旧状，村落之间，大多都有佛塔寺院。太延年间，凉州平定，迁徙凉州地方的人到京城，沙门佛事都向东发展，佛教更加发展。不久因为沙门人数太多，下诏罢免五十岁以下者。

世祖刚刚平定赫连昌，得到沙门惠始，俗姓张，家本清河，听说鸠摩罗什译出新经，于是到长安去拜见他，观摩学习经典，并在白渠北坐禅。白天进城去听讲，晚上则回来静坐。三辅有学识的人多效法他。刘裕灭掉姚泓，留下儿子义真镇守长安，义真和幕僚都很敬重他。义真离开长安后，赫连屈丐追杀失败了，佛徒老少都被坑埋杀戮。惠始受到刀刺，而身体没有受伤。大家感到很奇怪，对屈丐说了这件事。屈丐大为发怒，下令惠始前来，用他所带的宝剑杀他，也不能伤害，于是感到害怕而请求宽恕。统定万平后，惠始到京都，对他有些训教，当时人不能推测他的行踪。世祖十分看重他，经常加以礼敬。惠始从习禅一直到逝去，声称五十多年中间，从没有坐下来睡过觉。有时光着脚走路，虽然走在泥坑灰尘之上，开始不会弄脏了脚，走得越久脚越干净，世人号称为"白脚先生"。太延年间，在八角寺逝去，整齐清洁正襟而坐，和尚徒弟立满身旁，平平静静地气绝而亡。停尸十多天，坐式没有改变，颜色同平时一样，所有人都对此感到神异。于是掩埋在寺内。到真君六年，按规定城内不能保留坟墓，于是改葬在南郊之外，这时距惠始死已经十年了，打开棺材仍很端肃，和当初一样没有歪倒。替他送葬的六千多人，没有不被感动的，中书监高允为他写传，歌颂赞述他的品德事迹。惠始的墓冢上，建了一座石制精舍，绘上了他的形象，经过毁法运动，仍然独自保全。

世祖即位时，正值青春年少，立志建立武功，经常把平定祸乱作为重大事情。虽然皈依佛法，敬重沙门，却没有阅读过佛经教义，更没有详细地考求因缘报应的意义。等到得到了寇谦之的道法，世祖皇帝认为道教清静无为，有登仙化去的证验，于是就信奉他的方术，当时司徒崔浩，博学多闻，世祖皇帝经常向他咨询国家大事。崔浩信奉寇谦之的道教，很不喜欢佛教，和皇帝谈话，多次对佛教加以非难诋毁，经常说佛教虚空妄诞，给世上造成浪费和危害。皇帝因为他善辩而且博览，很相信他的说法。正赶上盖吴在杏城造反，关中骚动。世祖皇帝于是西去讨伐，来到长安。以前，长安沙门在寺内种麦。皇帝的看马人在寺中喂马，皇帝进去观看。沙门喝了侍从官的酒，侍从进入他的便室，看到了许多弓箭、长矛、盾牌，出来后向皇帝回奏。皇帝发怒说："这不是沙门所使用的东西，应该是和盖吴共同计划来残害人们。"命令管事的人把全寺的人都杀掉，清点并没收其财产，结果得到了许多酿酒的酒具以及州郡官和富人寄存的藏品数以万计。又制造暗室，和贵族家的女子私自淫乱。皇帝既十分愤怒沙门干非法之事，崔浩当时随行，因此大讲他的言论。下诏诛杀长安的所有沙门，焚毁破坏佛像，下敕传下四方，都按长安的办法办理。又下诏说："那些沙门，假借西方虚诞之说，妄自制造妖孽，不是用来整齐政治教化民众，传布厚德于天下。自王公以下，有私自收养沙门的，都送到官府，不得隐蔽藏匿。限令今年二月十五日，超过期限不送出，沙门杀掉，收留者也一族都杀掉。"

当时恭宗做太子监国，平素敬重佛道，多次上表，陈述用刑法杀害沙门的过滥，指出这不是图画佛像的罪过。现在废除佛道，把那些寺院封闭起来，世代不奉祀守持，建筑装饰自然会毁弃掉。像这样申辩三番五次，皇帝不同意。于是下诏令说："从前后汉的国君荒唐，信奉邪恶虚伪，胡妄地假托睡梦，侍奉西方的妖鬼，因而变乱了天理伦常，自古以来中州大地没有比这更严重的了。夸妄荒诞之言，不本乎人理之情。衰弱的时代，昏暗胡乱的君主，没有不被佛教所迷惑的。从此以后政治教化不实行，礼义大坏，鬼道高涨兴盛，对于王权法律，没有放在眼里。从此以后，每代都经受了战乱和祸害，上天的惩罚经常施行，民众都死光了。从曾祖到曾孙五代之内，都变成了坟墓废墟了，千里萧条，见不到人的踪迹，都是由于这个原因。我承上天之命，多次遇到时运不利的弊病，想除掉伪假而确定真的东西，恢复伏羲神农的天下大治，扫除掉一切西方的神灵，毁灭他们的痕迹，那样或许就无愧于风后氏了。从今以后，胆敢有侍奉西方神灵以及制造神像泥人、铜人的，满门皆杀。虽说是西方之神，询问现在的西方人，都说没有，都是前代汉人无赖子弟刘元真、吕伯强一类的人物，听从西方人的胡言怪语，借用老子、庄子的虚假附会而设立，都不是真正的事实。至使王法废弃而不施行，大概是大奸的魁首了。有非常特殊的人，然后才能做非常特殊的事。不是皇帝我怎能除去这个历代的伪物呢？地方官宣传告诉征镇诸军、刺史，凡是有画佛形象以及佛经，都要击破焚烧，沙门不论年长老少都坑杀掉。”这一年，是真君七年三月。恭帝的言语虽然没有接受，但是仍然得以缓迟宣布诏书，远远近近都提前听说知道了，得以各自打算安排。四面八方的沙门和尚，都逃亡得以幸免。在京城的，也得以全部获救。金银制造的宝物佛像以及许多佛经经论，大多得以秘密收藏。但是有关佛教的建筑佛寺佛塔，诏书命令所及，没有不被销毁的。

开始寇谦之和崔浩一起跟从皇帝车队，苦苦地与崔浩相争，崔浩不肯。对崔浩说：“你现在在走绝路，将会满门杀戮。”后四年，崔浩被杀，备受五刑，时年七十。崔浩既被杀掉，皇帝心里十分悔恨毁佛之事，但已实行，难以修复。恭帝暗地里想要恢复佛教，不敢说。佛教沦丧废弃一直到皇帝去世，长达七八年。但是禁令稍微宽松一些，诚信的人，得以秘密奉行侍佛。沙门专门从事佛教的人，仍然私自偷偷地穿着法服诵读佛经，独独不能明显地流行在京中。

以前，沙门昙曜具有节操品行，又被恭帝所了解礼敬。佛教废灭后，沙门大多靠其他方面的能力自己养活自己，还俗求得自存。昙曜发誓想坚守到死，恭帝亲自加以劝谕，以至于再三，不得已才停止。秘密地穿着法服拿着法物，一点也不离开身边，听说的人对他很敬重。

高宗登上皇位，下命令说：“作为帝王，一定要敬奉神明灵魂，昭显彰明仁义之道，神明能把恩惠带给民众，救济补益万物，虽然从前往古，仍然叙说他们的丰功伟业。所以《春秋》赞叹崇敬神明的礼数，祭祀的典礼记载着布功施力的氏族。更何况释迦如来功力救济大千世界，恩惠流布到尘世。把生和死看得相同的人感叹他的通达博观，批览文章义理的人，以为义理宝贵奇妙，有助于政教的禁律，更有益于仁智者的善良本性，排斥群邪，开导演示真正的觉悟。所以自前代以来，没有不崇尚的，也是我们国家所经常尊敬的事情。世祖太武皇帝，开拓广大边疆荒域，恩德泽润施及很远。沙门道士品纯行善，诚实可靠。惠始这样的人，再远的地方也去，风气意义所感化，往往像林木一样多，山和海由于深广，怪物就多，奸淫之徒，得以借身栖命，讲堂佛寺之中，以致于也有凶党之族。因此前代朝廷因为他们的缺失与过错，杀戮那些有罪的人。管事的人有违背旨意的地方，把一切都禁止废弃了。景穆皇帝每次为此而感慨，正赶巧国家多事，没来得及修理恢复。我承接大业，统帅天下万邦，想继承前代的志向，用来弘扬佛道。现在命令所有的州郡县，在民众居住的地方，都准许建一座佛图，随便花多少钱财，都不加以限制。那些喜欢佛道，想做沙门的，不管他年长年幼，只要出身良家子弟，本性品行朴实敦厚，没有什么嫌疑污秽，乡村中比较明智的，听从他出家入道。大致大的州五十人，小的州四十人，其中边远地带十个人。各个应当按区分布，都可能够除去恶迹，追求好的，弘扬佛教之道。”天下听到这个意旨，早上听到还等不到晚上，以前所有毁掉的浮图佛寺，就都还原修复了。佛像经典，都得以显扬。

京师沙门师贤，本来是罽宾国王种人，从小入门修道，东游凉城。凉城平定后到京城。废除佛法的时候，师贤假借医术还俗为医，但坚守佛道没有改变。在恢复佛教的时候，又重入沙门。他的同辈五个人都一起入佛，皇帝亲自为他剃发。师贤于是做了佛道头领。这一年，命令执事的人雕一个石像，形象像皇帝身体一样。雕成以后，眉毛和脚下，每处一个黑石，和皇帝身体的黑子相同，论说的人认为是真诚所感动的缘故。兴光元年的秋天，命令管事的人在五级大寺内，替太祖以下五位皇帝，铸造五个释迦的立像，每个长一丈六尺，都用赤金二十五万斤。太安初年，有狮子国的西方沙门邪奢遗多、浮陀难提等五个人，奉持三个佛像来到京都，都说：“经历了西方所有的国家，见到了佛的影迹以及肉身发髻，外国诸王相继承，都派遣工匠，摹绘他的形象，没有人能够达到浮陀难提所制造的境界，离十余步远，看上去仍神彩光辉，越近越惟妙惟肖。”又有沙勒西方沙门，到京城送佛教的钵及画像。

和平初年，师贤逝去，昙曜代替他，换名字叫沙门统。开始昙曜在恢复佛法的第二年，从中山受命到京城，赶巧皇帝外出，在路上碰见了，皇帝的马往前衔着昙曜的衣服，当时认为马认识好人。皇帝后来以老师之礼对待他。昙曜告诉皇帝，在京城的西面武州塞，开凿一座山的石壁，开凿五所，每一座雕刻佛像一个；高的七十尺，其次的六十尺，雕的形饰奇伟壮观，冠于一世。昙曜上奏：平齐的民户及广大民众，有能够每年送粮食六十斛到僧人中的，就是僧人的役户，粮食称作“僧祇粟”。至于到了欠收的年岁，救济饥荒的人，又请求民众中犯有重罪的人以及那些官奴户作为佛图户，用来供给各个寺院的打扫，每年兼作种田和运输粮食。高宗都同意，就这样僧祇户、粟以及寺户，遍及每个州和镇了。昙曜又和天竺沙门常那邪舍等一起，翻译出新的佛经十四部，还有沙门道进、僧超、法存等，都在当时很有名气，说经演义都很特别。

显祖即位后，信佛尤其之深，批览众多佛经，喜欢老子、庄子。每次同沙门及能够谈论玄学的人，一起讨论精要之道，开始高宗太安末年，刘骏在丹阳中兴寺设斋，有一个沙门，举止行为特别突出，大家一齐看到，但都没有谁认识他。沙门惠璩起身询问，回答说是惠明。又问从哪儿来。回答说，从天安寺来。说完，突然就不见了。刘骏君臣认为是神灵感应，改中兴寺为天安寺。从此七年之后刘骏便登上了帝位，建号天安元年。这一年，刘彧和徐州刺史薛安都开始拿城来投降。第二年，完全拥有了淮北的土地。这一年，高祖出生了。在这个时候建起了永宁寺，构造七级佛图，高三百多尺，基址构架都很宽阔，为天下第一。又在天宫寺建造释迦的立像，高四十三尺，花了赤金十万斤，黄金六百斤。皇兴中，又建三级石佛图。雕梁画栋，上下重结，大小都是石头，高十多丈。镇固精巧细密，称为京城中的壮观景象。

高祖登基后，显祖迁移住到北苑崇光宫，观览学习佛典，在苑中的西山，建造鹿野佛图，离崇光宫右边十里地，岩房是禅房，禅僧住在中间。

延兴二年夏四月，下诏书说：“比丘不住在佛寺房舍中，游历经过村庄，和奸猾的人往来，过了些年头，命令二十五户相结为保，不得让比丘居住。没有籍属的和尚，严格加以检查，发现有的话送给州镇，如果在郡县，送给本官，假若是佛、法、僧三宝巡民教化的，在外地带着州镇维那等的文书印牒，在本地则带着都维那的印牒，然后随便行走，违犯的加重罪责。”又下诏说：“教内教外的人，兴建造福的事情，建造佛图塔寺，高大宽敞显耀广博，也能够弘扬佛教了。但是无知之徒，各自竞相攀比，贫困富裕互相比阔，花费用尽了财产，仅存下一个高大和广崇，伤害昆虫及有生命的人。假若能诚心尽意，把沙土堆起来，造福也是不朽的。想建造有造福的根本，无知是伤害生命的事情。我作为民众的父母，我的任务是力求慈祥地抚养。从今以后一切都斩断掉。”又下诏书说：“信仰诚实那么报应很远，行为诚实就感动深刻，历观先世的灵验瑞应，就有禽兽变色、草木变性的。济州东平郡，灵像生辉变成金铜一样的颜色，非常不平常的事情，与从前大不相同，特别隆重的妙法，按理应该在现在。执事的人和沙门统昙曜命令送佛像到京都，让道徒及俗众都看到真正的面貌，普告天下，都让他们听说知道。”

三年十二月，显祖因为打猎获得一只鸳鸯，它的配偶很悲哀地哭着，飞上飞下不离开，皇帝于是心中警觉，问左右说：“这个飞叫的鸳鸯，是雄性还是雌性？”帝身边有人回答说：“我以为是雌性的。”皇帝说：“怎么知道的？”回答说：“雄的阳性刚烈，雌的阴性柔和，按刚烈和柔和推断，一定是雌性。”皇帝感慨地叹息说：“即使是人和鸟的事情有差别，至于说到天资禀性情感，又有什么差异！”于是下命令，禁止断绝猛禽，不得养育。

承明元年八月，高祖在永宁寺设大法会供奉，剃度良家男女僧尼一百多人，皇帝为他们剃发，施赏他们和尚衣服，让他们修道守戒，为显祖求福。这个月，又下诏建建明寺。太和元年二月，到永宁寺设斋，大赦死刑犯的罪。三月，又到永宁寺设法会，布道听讲，命令中、秘二省和僧徒一起讨论佛义，施给僧衣服、宝器。又在方山太祖建坟的地方，建造思远寺，从正光到这所佛寺，京城内佛寺新旧有将近一百所，僧及比丘尼二千多人。全国寺庙共六千四百七十八，僧及比丘尼七万七千二百五十八人。四年春，下诏在鹰师故里建立报德寺。九年秋，执事上奏，上谷郡比丘尼惠香，在北山松树下死去，尸体不坏，已经三年，士女观看者成千上百。当时的人都惊叹奇异这件事。十年冬天，执事者又向上报告：“从前接受皇帝敕封强迫入籍的愚民开始怀着侥幸心理，假借号称入道，用来躲避输役征课，那些没有凭借的僧徒比丘尼都让他们还俗，重新授受皇帝的诏令，所检核的僧徒、比丘尼、寺主、维那等应当在寺中暗暗审核，其中修道品行精严勤奋的，听从他在佛道中；行为粗鄙庸俗的，无论有凭籍无凭籍，都罢免为民。现在按照圣旨选择送遣，各个州中那些还俗的，僧徒比丘尼共一千三百二十七人。”奏书被批准。十六年下诏书说：“四月八日，七月十五日，听从大的州剃度一百人为僧尼，中等州郡五十人，小州二十人，作为正常的准则。颁布在令中。”十七年，下诏确立《僧制》四十七条，十九年四月，皇帝到徐州白塔寺，对众王及侍从官说：“这座佛寺最近有位名僧嵩法师，从鸠摩罗什处接受《成实论》，在这里流通。后传授渊法师，渊法师传授登、纪二法师。我每次玩味《成实论》，可以去掉人心上的俗情，所以来到这座寺中。”当时沙门道登，很有学问法术，为高祖所赏识，经常聚在一起讲说讨论。曾经在宫中和皇帝晚上谈话。一块看见一个鬼。

二十多岁死的，高祖十分哀痛婉惜他，下诏施给丝帛一千匹。又设一切僧斋，并且命令京城七天行道。又下诏说："我的老师登法师突然逝世，痛苦伤心，不能停止，近来吃药治疗，要注意丧事，不能够赴丧，只好准备老师之义，在门外兴吊。"僧徒及百姓均感到很荣幸，又有西方的沙门叫跋跎，有道业，很为高祖所敬仰信赖，下诏在少室山的南面，建少林寺住下来，公家供给衣食。二十一年五月，下诏说："鸠摩罗什法师可以称得上神化超出智、勇、仁、信、忠五才，志节进入仁、义、礼、智四行的人，现在经常住在寺中，仍然还有空余之地。敬顺地修道、志向情感很深很远，可以在旧的堂所，为他建造三级浮图。又被昏虐所逼，为佛道而亡身，既然暂时和俗体相同，应该有子孙后代，可以推求访问报告上来，可以加以接续。"

以前，立监福曹，又改为昭玄，配有官职，用来处理佛僧的事情，高祖时，沙门道顺、惠觉、僧意、惠纪、僧范、道弁、惠度、智诞、僧显、僧义、僧利，都因为德义道行而被看重。

世祖即位，永平元年秋天，下诏说："佛徒与百姓既然不同，法律也应该相异，所以道德与教义在互相显明中更为明白，禁令与劝助各有各的适宜。从今以后，僧人犯了杀人以上的罪，仍然按照普通的断法，其余的犯罪都交给昭玄，按内部法律制断治理他们。二年冬天，沙门统惠深上奏说："僧徒以丘尼众多、清浊混杂，有的不遵守禁律典则，好的和坏的没法分辨，于是和经律法师一起商议建立制度：每个州、镇、郡维那、上坐、寺主，都让他们自己修持戒律，都要按照内部禁令，假若有不懂律条的，退至本次。又说：出家的人，不应该犯法，积累八种不净物。但是经律所规定的，通达与否各有差别。按律条：车牛及寺院仆役，是不净的东西，不应该为自己所私养，只有年老多病满六十岁以上的人，限制乘坐一辆。又：近来僧尼，有的因为佛、法、僧三宝，出借财产，化缘州外。又：出家人舍开家庭，本来没有凶仪之事，不应该废弃佛道而随从习俗。父母或三师之丧，远远听说凶讯，任他哭三天，假若在眼前看到见到，限定在七日。有的不安于在寺舍中，游在民众中，违乱佛道制造过失，都是因为这些事情。假若有犯的，脱掉僧服还民。那些建造佛寺的限制收僧五十人以上，报告诉听他们建造。假若有随便建造营制的，按违犯敕制之罪论处，该寺中的僧徒都被赶出外州，僧尼的法规，不应该为普通人所使用。假若有违犯法规的，返还原籍。那些外国僧尼来归化的，寻求那些有高德的高僧符合三藏的，听他居住，假若没什么德行，遣送回本国，假若他不离去，按这种僧律治罪。"下诏听从。

从前，在恒农荆山制造珉玉一丈六的塑像一个，三年冬天，迎送放置在洛水河边的报德寺，世宗亲自向它致敬。

四年夏天，下诏说："僧祇的粮食，本来是期待救济布施，欠收之年出借，丰收之年则收藏。山林僧尼，随时用来补给布施；人民有困难或弊病，也应给予救济。但主持事情的官吏贪图利益，从中求得赢利，等到征用不计较水灾旱情，有的偿还的利息超过本金，有的改动券契，侵害贫困的民众，没有谁知道记录他们的极责。普通民众受苦受难，日子一天比一天艰难。这并不是因此可怜他们的贫困与穷苦，宗法追求慈善拯灾的本来意思，从今以后，不应该专门交给维那、都尉，可以让刺史一起加以监督检束。尚书检核那些有僧祇的地方，州别外列出它们的基数，收进与放出的收入利息，救济的多少以及借贷放债的年岁月份，现存的以及没有收购的，都存簿记录。假若收到的利息超过本粮，以及翻改账本契券，根据法律免去罪过，不复再加罚罪。有的有私人债务，反过来施舍赏给僧人，使用此来救济民众，不听收检，后来有出借放贷，首先尽量救济贫困穷苦，征粮还债的科条，一律按照旧的规定，富裕的家庭，不能任其放债，假若泛滥冒犯，按法律加以治罪。

又尚书令高肇上奏说："小心地说：亡故的沙门统昙曜，以前在承明元年，上凉家州军户赵苟子等二百家为僧祇户，建立课税积累粮食，拟定救济饥民，不限制道徒或俗民，都用来拯救布施，又按内律，僧祇户不得另外属于一寺，但请求强谓诏令，致使叹息的、怨恨的满路都是，抛弃儿子伤害生灵，跳河自杀的，达五十多人。难道是敬仰赞叹圣明慈育的心意，而严重地丧失了皇帝陛下归依民众的心理。因此让这些人，在路上巷中高喊叫唤，没有地方可以安顿，以致于白羽贯过耳朵，在宫廷官府中打官司。普通的人，尚且感到哀叹痛惜，更何况慈祥悲悯的人，怎么可以安心？请听从苟子等回家征役借役，欠收之年，借给贫困的人。假若有意料之外的事情，用来巩固捍卫边疆。像僧暹一样的违反旨意背叛法律，荒谬上奏的罪过，请交给昭玄，按照僧律处罚。"下诏说："僧暹等人特别可原谅，其他按奏折办。"

世宗特别喜欢佛理，每年经常在禁城中亲自讲解经论，广集名僧，称明义旨，沙门担任记录，编成《内起居》一书。皇上既然尊崇，民间就更加追尚。到延昌年中，天下州郡僧尼寺，一共有一万三千七百二十七所，僧徒更加众多。

熙平元年，下诏派沙门惠生出使西域，采访经书律论，正光二年冬，回到京师，所得经书律令一百七十部，流传于世。

二年春，灵太后下令说：“往常剃度的僧人，根据限制大州应该一百人，州郡在前十天里送了三百人，其中中州二百人，小州一百人，州统、维那和官吏应精择严选以充数。假若没有精洁之人，不应该胡乱保送选取。假若取择不得其人，刺史作为负责者，按违犯旨意论处，太守、县令、纲僚都按级相连论罪，沙门统和维那送到五百里以外的其他州做和尚。从今以后奴婢都不让出家为僧，诸王族以及亲友贵族，也不能随便请求，有违犯的，按违犯圣旨论罪。那些僧徒、比丘尼随便剃度他人奴婢的，也移到五百里以外的地方做僧徒，僧民养很多亲朋以及其他人奴婢的孩子，年纪大并私自剃度为弟子的，从今以后取消。有违犯的还俗，被供奉的回到原来的地方，从今有一个人私自剃度，都按违反圣旨论罪。邻长为首，里、党各自都降一级、县里超过五十人、郡里超过三十人，州镇超过三十人，免除官职，慕僚及从吏按级论罪。私自剃度的人，配发所在州充役。”当时法律禁令宽松，不能改变归化。

景明初，世宗下诏大长秋卿白整准代京灵岩寺石窟，在洛南伊阙山，为高祖、文昭皇太后建造石窟三座。刚建的时侯，石窟的顶离地三百一十尺。到正始二年中，开始出高山二十三丈，到大长秋卿王质，说开山太高，费力难以成功，上奏请求往下移动接近平地，离地一百尺，南北一百四十尺。永平中，中尹刘腾上奏为世宗再造一石窟，一共三所。从景明元年至正光四年六日以前，花了八十万二千三百六十六个工。肃宗熙平年间，在城内太社西边，建造永宁寺，灵大后亲自率领百官群臣，奠基建刹，佛图共九层，高四十余丈，它所花费的费用，不可胜计。景明寺佛图，仅是居第二、至于官方私人的佛寺佛塔，数目很多。

神龟元年冬天，司空公、尚书令任城王澄上奏说：

尊敬的高祖皇帝，建立基业在嵩瀍之间，占卜世事悠远，考虑计划从头到尾，创造符合天人，造物开符，垂流万世。故都的都城规定说，城内只建一座永宁寺的地方，城郭内只设尼寺一所，其他都在城郭之外。想要永远遵照这一规定，不敢超过这个规矩。到景明初年，稍有违犯禁令。所以世宗遵从修持先代之志，于是发布圣明之旨，城内不建立设造浮图、僧尼等寺，也是想断绝他们觊觎。文武二帝，不喜欢追尚佛法，大概因为佛道与习俗道路不同，按理应该不相违乱的缘故。但是世俗眩惑佛教的声势，僧徒贪恋丰厚的利润，虽然有明显的禁令，仍然私自建造。至正始三年，沙门总管惠深违犯景明的禁令，于是说：“营建的佛寺，不忍心搬动毁掉，求得从令以后，不再随便建造。”先帝心中宽厚，把典制放宽听从其请。前代颁行的诏令，仍然不能得以遵守，后来私下请求的，更加追求竞争。永平二年，惠深等人再立条例，向皇上报告说：“从今以后，想建造佛寺的，限制在僧尼五十岁以上的人，听他们随意建造；假如有随意建造的，按照普通违犯赦令的罪过处罚，寺中的僧人，赶出外州。”近来十多年，私人建造佛寺越来越兴盛，论罪赶去外州的事情，一点也没听说过。难道不是朝廷规定虽然严明，依靠福降一起毁弃制度。僧制白白地建立，因为考虑到利益而不遵从。既非俗人又不是道人一定有损于法制，作为一个人而没有什么满足，这还有止境吗？

学问很深很远，不是一般浮识之士所能分清；佛门广阔安静，难道是简短的言辞所能说明的？但是安静地生活在红尘之外，这在道家已开先例，功业因缘既冥且深，并非追求奢华或隐遁。假若能真正诚信，童子堆沙，可以超过设道场，纯粹节俭的设置，足可推荐给双树。哪里用得着去放纵盗窃，资助建造佛寺观宇？这实是民众之幸，而不是国家之福，但是近日私人建造，动不动就满百，有的趁机请求公家地址，于是为自己谋福；有的报告造寺，在规定的范围外扩大规模，如此这样欺骗不可以一点点计较。臣子因为才华鄙劣，诚恳地担任工务，奉命遵守成规，总体起来裁定规量。因此所以翻看旧有的旨意，研究图格，于是派府司马陆昶、缘属崔孝芬，都城之中及城郭郡邑之内调查寺庙，总数超过五百，平空起刹，没有建立塔寺，不在这个数之中。民众不害怕法律，竟然到了这个地步。自从迁都以来，时光超过了二十四年，佛寺夺去了民间的居地，三分占了一分，高祖建立制度，并不是白白地想让僧徒与民众这样大的分别，也是考虑很深，防止很远。世宗祖述，也不禁锢造营福业，应当在没有萌芽之时便防止了。现在的僧寺没有一处地方没有，有的连接着满城都是；有的接连着甚至占满了屠场、卖酒的市场，有的三五个小和尚，共同主持着一个佛寺。诵佛的梵语和卖肉的声间，交错在同一檐下，佛塔被腥膻味所缠绕，嗜欲把性灵冲没了。真的和假的混在一起，来来往往很杂乱。下面的官吏因习以为常而没有责难，僧徒互相不问。这对于污染真性，弄脏真正的僧徒，香草与杂草同在一个器皿中，不是更加过分吗？从前在北方代国，有法秀谋乱；近日在冀州，碰到大乘的变化，开始都借助于神教，用来蛊惑民心，终于设立奸诳，用来逞纵自己的欲望。太和的制度，因为法秀的事情而杜绝干净；景明的设禁，考虑到大乘即将发生变乱。才开始知道祖宗睿智圣明，防止制断考虑很深，走在带霜的坚冰之上，不可以不慎重。

从前如来阐扬教义，大多靠在山林，现在的僧徒，却都眷依着大城都邑。难道污水涨满是讲经所适宜，杂乱浮喧是栖息讲禅的地方？大概是由于利益吸引着他们的心，不能够自己控制。居住者既然失去他们真正的一面，建造的人也就有可能有损福业。这是释氏的糟糠，法中的社鼠，法内之戒所不能容忍，王法国典所应抛弃的。不仅京城之中这样，天下州、镇僧寺都是这样。侵害剥夺普通民众，广泛占有田土住宅，伤害慈祥老弱，值得长嗟苦叹。况且人的想法不同，善恶也不一样，有的栖心在真趣之中，道业清远；有的则外在假借法服，心中怀着歹心。像这样的人，应该分清泾渭。假若都看成一样，怎么能劝民为善？然而看到佛法表彰善行，这是普通人所知道的；矫正习俗回避嫌疑，人的情趣相同。下臣独独想干什么？一个人的议论私下发表。确实因为国家之典一旦废弃，正本清源特别艰难；法网一旦失去，条纲就会混乱，所以冒昧地陈述自己的想法，希望僧俗均得其益。

我听说设立法令一定要实行，建立处罚就能严肃，有令不执行，不如没有法令；处罚而不严肃，还不如不处罚。最近圣明诏书多次发下，但是建造的人更加多；严格的限制突然放松，但违犯不停的人，难道不是靠借福，苟幸不加罪于身吗？人追求私心，官吏很难严格追查。前代的制度没有追求以前的不幸，后来的圣旨放开了今天的宽恕。世情啊世情，竟然变成了常法。现在应该加以严格的惩罚，特别设立严重的禁令，来纠正那些违犯者，并惩罚那些过失之事。假若不严厉加以检束，现在允许宽容，担心现在圣明虽然明白，但实施又如以前，而且圣旨命令所规定的，榜示礼拜的地方，都任其放松而不禁止。我认为，设立榜示没有一定礼信就很难证验。想说建造，张榜公布，应该建造的话，的确讲明应该礼信，如此这样则白白地只有禁止的名声，实际打通了营造的道路。况且迁移改变御旨之后，割断的诏书四处流行，但私人建造者，不害怕规定的旨意。难道是百官执事者，对奉法守法有差失？恐怕是法网疏漏禁令不严，抑或有其他缘故。按照下臣的想法，都城之中，即使有标示榜文，营建的大致工夫，事情可以改建的，请按以前的制度办。处在城廓之外的，随便他们选择什么地方，他的地盘假若是买到的，文券契证应该很清楚的，听从随便转让。假若是官府的地盘而偷偷地建造的，马上让他们还给官吏。假若灵像已经建成，不可能移动改换，请求按照现在的赦令。城廓之内按此进行商量。那些寺庙塑像威严耸立、靠近屠场卖酒地很近的，请求搬掉旁边的屠场或酒店，用来清洁神灵之居。虽然有僧徒之数，但事情可以变移的，让他们到空闲宽敞之地，以躲避狭隘、简陋之苦。如果是今年正月下赦令以后建造的，请求按照旧有之制，根据法律治理。假若僧人不满五十个，互相通容，小的合并到大的去，一定让他们满额，地盘买卖归属，一律按照上面的原则。从今以后外州之地，想要建造亲庙，僧人五十以上的，首先让本州上表报告，昭玄考虑审查，上奏允许才准建造。假若有违犯，都按照前面的规定。州郡以下，允许而不禁止，罪过与违背圣旨相同。大概可以上遵照先代皇帝不朽的事业，下可以奉行现在圣旨慈悲之意，那么规定可以全保，圣治之道不远了。

上奏被批准，不久，天下丧乱，加上河阴的严酷，朝廷官吏死去的，他们的家属多把旧宅捐献，以施舍给僧尼。京城中的宅第，大多成了佛寺了。以前的禁令，不再实行了。

元象元年秋天，下诏说："梵境幽玄，本义是归于清静广阔，伽蓝净土世界，理应绝弃热闹的尘世。前朝的城内，首先有禁令制断，自从迁来邺城，都按照旧规矩办。但是百官及士民，筑都的开始，城外的新城，都给一住宅。旧城中暂时都是借用，并打算后来借用，不时成为永久之规。听说有许多人，都在两处得到地方，有的舍弃旧城所借的屋宅，擅自立为寺庙，知道不属于自己所有，假借这一名声。终究担心因袭而更加发展，有亏旧式，应该交给执事者，认真加以统计。况且城中旧寺和住宅，一定都有旧账，那些新立的，都应该毁弃废掉。"冬天，又下诏说："天下的牧守及令长官员，都不准建造佛寺，假若有违犯的，不追问财产从何而来，包括所用的功费，都按违犯法律论罪。"兴和二年春天，下诏用邺城旧宫为天平寺。

世宗以来到武定末年，沙门中著名的有惠猛、惠辩、惠深、僧暹、道钦、僧献、道晞、僧深、惠光、惠显、法荣、道长，都为当世所敬重。

魏国拥有天下，一直到禅让，佛经流通，大集于中国，共有四百一十五部，合计一千九百一十九部。正光以后，天下多乱，征役尤其多，于是所在的编户齐民，都一起入佛为僧，假借仰慕沙门，实则是为逃避征调兵役，猥恶泛滥的极限，自从中国有一佛法，从来没有过。总略计算，僧尼一共有二百万了，佛寺三万多，流俗积弊不归，以致于这地步，有识的人因此而叹息。

道家的本源，出自老子。他们自己说，产生在天地形成以前，用来化育万事万物。在上居住在玉京，作为神王之宗；在下紫微，是飞仙的主宰。千变万化，有道德而不认为有道德，随着万物的变化而感应变化，它的影迹没有什么正常之态。在峨嵋传授轩辕，教授帝喾以统治之德，大禹听说了长生不死之诀，尹喜接受了道德的意旨。至于丹书紫字，是升玄飞仙的经典；玉石金光，是妙有灵洞的学说。像这样的文字，不可以记尽。它作为一种宗教，都是用于除去邪恶秽迹，清洁心神，积累善行道德，建立功勋事业，于是就会白日升天，长生在世上。所以秦始皇、汉武帝，心甘情愿而不停止。灵帝把华盖放在濯龙之上，设立坛场以为礼敬。等到张陵在鹄鸣山授道，因此传授天官章本一千二百人，弟子相互传授，事情大为流行。斋戒祭祀跪拜，都成为法道，有三元九府，百二十官，一切诸神都归其统领管理。又称“劫数”，与佛经很相似。像延康、龙汉、赤明、开皇一类，都是它的名字，等到他们劫数终止，称作是天和地都坏了。它们的书籍中有很多禁秘之事，不是道徒，不得随便观看。至于销化金子玉石，用符化水，奇妙的方术有万样千条。最上称羽化飞天，其次称消灾灭祸，所以喜欢奇异的人往往尊重并习行之。

开始文帝到晋朝为贵宾，跟从的人叫务勿尘，姿态神奇壮伟，在伊阙之山寺登道成仙。知道的人都说魏国的神祚将会壮大。太祖喜欢老子的学说，讲诵吟咏不废倦。天兴年间，仪曹郎董谧因献服食仙经数十篇，于是建立仙人博士，建立仙坊，煮炼各种药物，封西山用来供奉烧薪蒸药。让犯有死罪的人试着服用，因为那些人都不是本心，大多死去而没有效验。太祖仍然修持。太医周澹，认为道教煎煮开采的事情很苦，想废除这件事，于是暗地里让妻子买得仙人博士张曜的小妾，得到张曜隐藏的罪责。曜害怕处死，因此请求辟谷，太祖同意，供给张曜器具费用，在宫苑中建造静室，并拨给打扫二家的人。而炼药的官吏，仍然没有停止，过了很久，太祖心中有些松懈，才停止。

世祖的时候，道士寇谦之，字辅真，南雍州刺史寇赞的弟弟，自称是寇恂之的十三世孙，早年喜欢仙道，有与世俗相绝的心愿。从少修炼张鲁的道术，服寒食散，吃炼丹药，经历多年而没有作用。他的诚心感动了上天，有位仙人叫成公兴，不知道是什么人，至寇谦之叔母家里作佣人。谦之去探望他的姨娘，看见成公兴形象状貌很强壮，辛苦地劳动而不显疲倦，请求让成公兴去为自己帮佣，等到回家后，让成公兴开垦房舍南边的辣田。寇谦之在树下坐算，成公兴勤奋地开垦，当时来看寇谦之坐算。寇谦之说：“你只管拼命干活，为什么来看这些。”三天之后，又来看坐算，像这样没有停止。后来寇谦之计算七曜，有时不清楚，心中很失望。成公兴向谦之说：

“先生为何不高兴？”谦之说：“我学算多年，但近来计算《周髀》不相合，因此而感到惭愧，但事情不是你所知道的，哪里用得着问？”成公兴说：“先生试告诉成公兴，让我来演算一下。”一会儿就算清了。谦之感叹并佩服，不知道成公兴的深浅，请求他当自己的老师。成公兴坚决推辞不肯，只愿意当寇谦之的弟子。不久，对寇谦之说：“先生有意学道，能不能和成公兴一起归隐？”寇谦之很高兴地同意了。成公兴于是让寇谦之斋戒三天，一起到华山，让谦之住石室，自己外出采药，回来让寇谦之吃药，不再饥饿。于是带着寇谦之来到嵩山，有三重石室，让寇谦之住第二重，过了年，成公兴对寇谦之说：“成公兴出去后，将会有人送药来，得到后只管吃，不要感到奇怪。”不久有人送药来了，都是些毒虫腐臭之类的东西，寇谦之十分害怕地逃走了。成公兴回来后问情况，谦之把情况说了，成公兴叹息说：“先生不可能做神仙，只可作为帝王的老师了。”成公兴侍奉寇谦之七年，于是对他说：“成公兴不能久留，明天中午应该离去。成公兴死后，先生自己沐浴，会有人迎接。”成公兴于是进入第三重石室逝去了。寇谦之自己沐浴，第二天中午，有叩石室门的，谦之出去看，看见两个童子，一个拿着法服，一个拿着钵和锡杖。谦之引进门，到成公兴尸体之处，成公兴慢悠悠地起来，穿上法服带着钵，拿着锡杖走了。以前，京兆灞城人王胡儿，他的叔父死了，很有些灵异，曾经将胡儿放在嵩高别岭上，同行的人观望，看见金室玉堂，有一个馆尤其珍贵华丽，里面是空的，于是进入，题名为“成公兴之馆。”胡儿奇怪地问他叔父其中的原因，他的叔父说：“这是仙人成公兴的馆，因为犯了火烧七间屋的罪过，被下谪做寇谦之七年的弟子。”才开始知道谦之精诚通达甚远，成公兴是神仙被谪满以后才离开的。

寇谦之守志在嵩岳，精诚专门没有松懈，在神瑞二年十月乙卯，突然碰到大神，乘云驾龙，百灵带路，仙人玉女，左右侍卫，停集在山顶上，称为太上老君者对寇谦之说：“以前辛亥年，嵩岳镇灵集仙宫主，上表天曹，告诉自从天师张道陵去世以后，地上很久没有职位了，修善的人，没有什么师承传授。嵩岳道士上谷寇谦之，立身端直合理，行为和自然相合，才能可当轨则师范，处于老师之首。所以我来看你，授给你天师的位置，赐给《云中音诵新科之诫》二十卷，号称‘并进’。”又说：“我这个经诫，自从天地开辟以来，没有传于世，现在是运数应该出来了。你宣传我的《新科》，用来清理整顿道教，除掉三张的伪旧之法，以及租米钱税，及男女合气的法术。大道贵清虚，难道有这种事。应该专门以礼度为首务，而辅以服食闭练。”让王九疑人长客之等十二人，传授寇谦之服气导引口诀之法，于是得以辟谷，气盛体轻，颜色十分美丽，弟子十多人，都得到他的法术。

泰常八年十月戊戌，有牧士上师李谱文来到嵩岳，说，老君的后代孙子，以前住在代郡桑乾，在汉武之世得道，成为牧土官主，统领三十六土人鬼的政务。土地方圆十八万里多，大概是历术一章的数字。其中为方万里的有三百六十方，派弟子宣传教义，说：嵩岳所统的广汉平土方万里，用来授予寇谦之。作诰文说：“我住在天宫，敷演真法，考虑到你布道二十二年，除去十年为启蒙，其余十二年，教化虽然没有什么大功，但有传授的苦劳，如今赐给你迁入内宫的权力，为太真太宝九州岛真师、治鬼师、治民师、继天师四录。如果修炼勤恳不懈，还要依照功劳再次升迁。现在赐给你《天中三真太文录》，召致百神，以传授弟子。《文录》有五等，一叫阴阳太官，二叫正府真官，三叫正房真官，四叫宿宫散官，五叫并进录主。坛位、礼拜、衣冠仪式都有差级品位，总共六十多卷，号称《录图真经》，交付给你奉持，辅佐北方泰平真君，出天宫静轮之法。能兴造建就，则是真仙了。又地上的生民，末劫将来，在其中行教很困难。只有命令男男女女建立坛宇，从早到晚礼拜，像家里有父亲，功业能达到上一代。其中能够修身炼药，学习长生之术，就是真君种民。”药另外传授有方，销炼金丹，云英、八石、五浆的方法，都有要诀。上师李君手笔有数篇，其他都是楷书官赵道复所写，古文鸟迹，篆隶杂体，辞旨意义简约说理，委婉成章。大致和世俗之礼相同，选择贤明有德的人，信仰的优先，勤奋的居次。又说天地二仪之间有三十六天，其中有三十六宫，每宫有一宫主，最高的称无极至尊，其次称大至真尊，再次天覆地载阴阳真尊，次洪正真尊，姓赵名道隐，在殷时得道，是牧土的老师。牧土来了以后，赤松、王乔一类的人物，以及韩终、张安世、刘根、张陵，近代成仙的，都跟随附从。牧土把寇谦之当作儿子，让他和群仙结为学徒朋友。幽冥之间的事情，世上不一定清楚，谦之详细问询，都一一回答。《经》说：佛，从前在西方湖人那儿得道，在四十二天，是延真宫主，勇猛苦救，他的弟子都剃发染衣，断绝正常人道，诸天衣服都是这样。

始光初年，奉持他的书向上贡献，世祖于是让谦之住在张曜的地方，供给他食物。当时朝廷、民间听说，或存或亡，没有全部相信。崔浩独独感到奇异，因此师事寇谦之，并接受他的法术。于是上疏，赞叹表明这事说：“我听说圣上受命，就有天人感人。因此《河图》《洛书》，都把文字寄存在虫兽一类的文字上，不像今天人和神仙相接对，笔迹都很明白，文辞意义很深远，自古都没有人可以相比。从前汉高虽然很英圣，四皓仍然感到耻辱，不向他屈膝。现在清明之德的隐逸神仙，不用召唤而亲自来到，这确实是陛下可以赶上轩辕、黄帝，是感应上天的符瑞，怎么可以当作普通世俗之谈，却忽略上灵的命令，下臣私下里感到害怕。"世祖听了很高兴，于是派使者带着玉帛及牲兽太牢等祭品，祭祀嵩岳，迎请在山中的其他弟子。于是崇敬信奉天神，显扬新的道法，宣布天下，道业大行。崔浩事奉天师，拜敬礼信很严。有的人讥笑他，崔浩听说后讲："从前张释之为王先生织袜子，我虽然才华并不是什么贤者哲人，现在敬奉天师，也可以不愧对古人了。"等到嵩高道士四十多人来到，于是设立天师道场在京城的东南，重叠有五层，按照新出经典的制度。供给道士一百二十多人衣服食用，一齐严肃地祈求，六时礼拜，每月设厨会时有数千人。

世祖要讨伐赫连昌，大尉长孙嵩阻拦他，世祖于是向寇谦之询问事情的征兆，寇谦之说："一定会胜利。陛下神武应天期，天经地义地统治天下，应当用兵平定九州，先用武功后施文治，用来成为太平真君。"真君三年，寇谦之上奏说："现在陛下您以真君统治天下，建立静轮天宫之法，开古以来，从来都没有过。应该马上接受符书，用来彰明圣德。"世祖听从，于是亲自到道场，接受符箓，准备法驾，旗帜都是青色的，用来顺从道家的颜色。这以后的几位皇帝，每次即位都按这套办，恭宗看见寇谦之上奏建造静轮宫，一定想让宫高到听不到鸡狗的声音，想从上和天神相接，费工征役按万计，过一年还建不成。于是对世祖说："人和天道不同，高和低有定分。现在寇谦之想要无法成功的期限，说是不可能的事情，财产物力损耗花费，百姓疲劳，不是太不应该吗？一定像他所说的，不如借助东山万仞之高，作办道功也就差不多了。"世祖深深地感到恭宗的话很对，但是因为崔浩赞成，难以违背他的意思，沉默了许久，才说："我也知道这件事情办不成，事情既然这样了，何必爱惜那三五百个工？"

九年，寇谦之逝去，按道士的礼节安葬。在没有逝世的时候，对众弟子说："我谦之在世，你们可以请求迁录，我逝世以后，天宫真是难说。"又碰到设会之日，又设二桌在上师座前，弟子问是什么缘故，谦之说："仙官要来。"当夜逝去。前一天，突然说："我出气闭气接不上，腹中很痛。"但是行为举止正常，至第二天便寿终了。不久，口中气状像烟云，向上从窗中出，至半天中才消失。尸体变长了，弟子量他，达八尺三寸。三天以后，稍微缩少一点，到装殓时量他，才长六尺六寸，于是弟子认为是尸解变化离去了，没有死。

当时京兆人韦文秀，隐藏在嵩高，征到京师。世祖曾经询问方术金丹之事，都说可以成功。文秀回答说："神道幽深，变化难测，可以暗地里碰到，却难以预先期待。我以前受学于先师，曾听说过这事，但没有做过。"世祖因为文秀是关右豪族，风操温雅，回答很有方法，派他和尚书崔赜到王屋山合丹，竟然不能成功。当时方士到来的前后数人。河东祁纤，喜欢相人，世祖认为贤明，封祁纤为上大夫。颍阳绛略，闻喜吴劭，导引养气，活到一百多岁，神态气息没有衰减。恒农阎平仙，博览百家之言，但不能知道真正的意义，言辞占卜回答，意思可以接受。世祖想封他做官吏，最终辞职不肯接受。扶风鲁祈，赶上赫连屈子的暴虐，躲避在寒山之中，教授弟子数百人，喜欢方术，没有嗜好。河东罗崇之，经常吃松脂，不吃五谷粮食，自称是从中条山授道。世祖命令罗崇回到乡里，建坛祈求请愿，罗崇说："条山有一穴，和昆仑、蓬莱相连，进入洞中可以见到仙人，并和他们往来。"下诏让河东郡供给他所需要的。罗崇进入洞穴，走了百多步，洞就到了尽头。后来被征召，掌事者认为罗崇诬罔不守道，上奏治其罪。世祖说："罗崇是修道之人，难道欺骗妄说用来诈行于世？或许是传闻不确，因此这样。古代的君子，用礼进人，也用礼退人，现在治他的罪，实在是伤害我对待贤者的心意。"于是赦免了他，又有东莱人王道翼，从少有不同世俗的志向，隐居韩信山四十多年，断绝粮食只坐吃香草，通晓明白经书，书写符录，经常隐居深山，不和世事相交，活了六十多岁。显祖听说就召见他。青州刺史韩颓派使者到山上去征求他，王道翼于是到郡。显祖认为他守住本业，于是让僧人供给他衣服，以养终年。

太和十五年秋，下诏说："最好的道没有形，以虚无寂静为主。自从汉代以来，设置建立坛祠，前朝认为最为归顺可以利用，因此建立寺宇。从前京城之内，住的房屋都很少，现在房屋一栋挨一栋，人和神杂处，并不是在崇仰佛法，清静尊敬神道，可移到都城南的桑乾之北、岳山之南，永远设置场所，给予五十户，用来供给斋戒祭礼应用，仍然命名为崇虚寺，可以招各州隐士，人数满九十人。

从洛移到邺，办事还同以前，道坛在南郊，方二百步，在正月七日，七月七日，十月十五日，坛主、道士、哥人一百六人，用来施行拜祠之礼。众道士很少能精诚，又没有高才法术。武定六年，执事者上奏罢掉。其中有道术的，像河东张远游，河间赵静通等，齐文襄王在京师别设馆礼貌地对待。

北齐书

北齐书卷十七

斛律光列传第九

光，字明月，少工骑射，以武艺知名。魏末，从金西征，周文帝长史莫孝晖时在行间，光驰马射中之，因擒于阵，光时年十七。高祖嘉之，即擢为都督。世宗为世子，引为亲信都督，稍迁征虏将军，累加卫将军。武定五年，封永乐县子。尝从世宗于洹桥校猎，见一大鸟，云表飞飏，光引弓射之，正中其颈。此鸟形如车轮，旋转而下，至地乃大雕也。世宗取而观之，深壮异焉。丞相属邢子高见而叹曰："此射雕手也"。当时传号落雕都督。寻兼左卫将军，进爵为伯。

齐受禅，加开府仪同三司，别封西安县子。天保三年，从征出塞，光先驱破敌，多斩首虏，并获杂畜。还，除晋州刺史。东有周天柱、新安、牛头三戍，招引亡叛，屡为寇窃。七年，光率步骑五千袭破之，又大破周仪同王敬俊等，获口五百余人，杂畜千余头而还。九年，又率众取周绛川、白马、浍交、翼城等四戍。除朔州刺史。十年，除特进、开府仪同三司。二月，率骑一万讨周开府曹回公，斩之。柏谷城主仪同薛禹生弃城奔遁，遂取文侯镇，立戍置栅而还。乾明元年，除并州刺史。皇建元年，进爵钜鹿郡公。时乐陵王百年为皇太子，肃宗以光世载醇谨，兼著勋王室，纳其长女为太子妃。大宁元年，除尚书右仆射，食中山郡干。二年，除太子太保。河清二年四月，光率步骑二万筑勋掌城于轵关西，仍筑长城二百里，置十三戍。三年正月，周遣将达奚成兴等来寇平阳，诏光率步骑三万御之，兴等闻而退走。光逐北，遂入其境，获二千余口而还。其年三月，迁司徒。四月，率骑北讨突厥，获马千余匹。是年冬，周武帝遣其柱国大司马尉迟迥、齐国公宇文宪，柱国庸国公可叱雄等，众称十万，寇洛阳。光率骑五万驰往赴击，战于邙山，迥等大败。光亲射雄，杀之，斩捕首虏三千余级，迥、宪仅而获免，尽收其甲兵辎重，仍以死者积为京观。世祖幸洛阳，策勋班赏，迁太尉，又封寇军县公。先是世祖命纳光第二女为太子妃，天统元年，拜为皇后。其年，光转大将军。三年六月，父丧去官，其月，诏起光及其弟羡并复前任。秋，除太保，袭爵

咸阳王，并袭第一领民酋长，别封武德郡公，徙食赵州干，迁太傅。

十二月，周遣将围洛阳，壅绝粮道。武平元年正月，诏光率步骑三万讨之。军次定陇，周将张掖公宇文桀、中州刺史梁士彦、开府司水大夫梁景兴等又屯鹿庐交道，光擐甲执锐，身先士卒，锋刃才交，桀众大溃，斩首二千余级。直到宜阳，与周齐国公宇文宪、申国公擒跋显敬相对十旬。光置筑统关、丰化二城，以通宜阳之路。军还，行次安邺，宪等众号五万，仍蹑军后。光纵骑击之，宪众大溃，虏其开府宇文英、都督越勤世良、韩延等，又斩首三百余级。宪仍令桀及其大将军中部公梁洛都与景兴、士彦等步骑三万于鹿卢交塞断要路。光与韩贵孙、呼延族、王显等合击，大破之，斩景兴，获马千匹。诏加右丞相，并州刺史。其冬，光又率步骑五万于玉壁筑华谷、龙门二城，与宪、显敬等相持，宪等不敢动。光乃进围定阳，仍筑南汾城，置州以逼之，夷夏万余户并来内附。

二年，率众筑平陇、卫壁、统戎等镇戍十有三所。周柱国枹罕公普屯威、柱国韦孝宽等，步骑万余，来逼平陇，与光战于汾水之北，光大破之，俘斩千计。又封中山郡公，增邑一千户。军还，诏复令率步骑五万出平阳道，攻姚襄、白亭城戍，皆克之，获其城主仪同、大都督等九人，捕虏数千人。又别封长乐郡公。是月，周遣其柱国纥干广略围宜阳。光率步骑五万赴之，大战于城下，乃取周建安等四戍，捕虏千余人而还。军未至邺，敕令便放兵散。光以为军人多有勋功，未得慰劳，若即便散，恩泽不施，乃密通表请使宣旨，军仍且进。朝廷发使迟留，军还，将至紫陌，光仍驻营待使。帝闻光军营已逼，心甚恶之，急令舍人追光入见，然后宣劳散兵。拜光左丞相，又别封清河郡公。

光入，常在朝堂垂帘而坐。祖珽不知，乘马过其前。光怒，谓人曰："此人乃敢尔！"后珽在内省，言声高慢，光适过，闻之，又怒。珽知光忿，而赂光从奴而问之曰："相王瞋孝征耶？"曰："自公用事，相王每夜抱膝叹曰：'盲人入，国必破矣！'"穆提婆求娶光庶女，不许。帝赐提婆晋阳之田，光言于朝曰："此田，神武帝以来常种禾，饲马数千匹，以拟寇难，今赐提婆，无乃阙军务也？"由是祖、穆积怨。

周将军韦孝宽忌光英勇，乃作谣言，令间谍漏其文于邺，曰"百升飞上天，明月照长安"，又曰"高山不推自崩，槲树不扶自竖"。祖珽因续之曰："盲眼老公背上下大斧，饶舌老母不得语。"令小儿歌之于路。提婆闻之，以告其母令萱。萱以饶舌，斥已也，盲老公，谓珽也，遂相与协谋，以谣言启帝曰："斛律累世大将，明月声震关西，丰乐威行突厥，女为皇后，男尚公主，谣言甚可畏也。"帝以问韩长鸾，鸾以为不可，事寝。祖珽又见帝请间，唯何洪珍在侧。帝曰："前得公启，即欲施行，长鸾以为无此理。"珽未对，洪珍进曰："若本无意则可，既有此意而不决行，万一泄露如何？"帝曰："洪珍言是也。"犹豫未决，会丞相府佐封士让密启云："光前西讨还，敕令放兵散，光令军逼帝京，将行不轨，事不果而止。家藏弩甲，奴僮千数，每遣使丰乐、武都处，阴谋往来。若不早图，恐事不可测。"启云"军逼帝京"，会帝前所疑意，谓何洪珍云："人心亦大圣，我前疑其欲反，果然。"帝性至怯懦，恐即变发，令洪珍驰召祖珽告之。又恐追光不从命。珽因云："正尔召之，恐疑不肯入。宜遣使赐其一骏马，语云'明日将往东山游观，王可乘此马同行'，光必来奉谢，因引入执之。"帝如其言。顷之，光至，引入凉风堂，刘桃枝自后拉而杀之，时年五十八。于是下诏称光谋反，今已伏法，其余家口并不须问。寻百发诏，尽灭其族。

光性少言刚急，严于御下，治兵督众，唯仗威刑。版筑之役，鞭挞人士，颇称其暴。自结发从戎，未尝失律，深为邻敌所慑惮。罪既不彰，一旦屠灭，朝野痛惜之。周武帝闻光死，大喜，赦其境内。后入邺，追赠上柱国、崇国公。指诏书曰："此人若在，朕岂能至邺。"

光有四子。长子武都，历位特进、太子太保、开府仪同三司。梁兖二州刺史。所在并无政绩，唯事聚敛，侵渔百姓。光死，遣使于州斩之。次须达，中护军、开府仪同三司，先光卒。次世雄，开府仪同三司。次恒伽，假仪同三司，并赐死。光小子钟，年数岁，获免，周朝袭封崇国公。隋开皇中卒于骠骑将军。

【译文】

斛律光，字明月，小时候便擅长骑马射箭，因武艺高强而闻名。北魏末年。随父亲斛律金进攻关中，周文帝宇文泰的长史莫孝晖当时参加了战斗，斛律光飞马射中莫孝晖，于是在战场上将他擒获，这时斛律光才十七岁。齐高祖神武帝高欢称赞他，当即提升他为都督。世宗文襄帝被封为世子时，任用他为亲信都督。逐渐升为征虏将军，多次加官至卫将军。东魏孝静帝武定五年，封他为永乐县子。斛律光有一次跟随世宗到洹桥围猎，看见一只大鸟在云端翱翔，斛律光弯弓发箭，正中这只鸟的颈项。这鸟就像车轮一样，旋转着滚落下来，落到地上后才发现是只大雕。世宗拿过雕来观看，深感斛律光勇猛非凡。丞相属邢子高见后感叹道："这就是射雕的名家啊！"当时这话一经传开，大家就称斛律光为"落雕都督"。不久兼任左卫将军，进封为永乐县伯。

北齐文宣帝高洋取代东魏孝静帝元善见即皇帝位后，加斛律光开府仪同三司，另封西安县子。天保三年，随文宣帝到塞北进攻突厥，斛律光率军作前锋打败敌人，杀死、俘虏许多敌军，并夺得各种牲畜。退军回来后，朝廷任命他为晋州刺史。晋州东边有北周设置的天柱、新安、牛头等三个戍所，它们招亡纳叛，多次侵犯抢掠。天保七年，斛律光率领步兵和骑兵共五千人发动突然袭击，把它们攻下，又大败北周仪同王敌俊等人，俘获五百多人及牲畜一千多头而回。天保九年，他又带军攻下北周绛川、白马、浍交、翼城等四个戍所。改任朔州刺史。天保十年，被任命为特进、开府仪同三司。二月，率领一万骑兵进攻北周开府曹回公所部，杀曹回公。北周柏谷城主、仪同薛禹生弃城逃跑，于是斛律光攻下文侯镇，设立戍所建置栅栏后才退军。北齐废帝乾明元年，改任并州刺史。孝昭帝皇建元年，将他的爵位提升为钜鹿郡公。当时乐陵王高百年为皇太子，肃宗因斛律光父子都忠厚谨慎，加上他们有功于朝廷，接纳斛律光的大女儿为皇太子妃。武成帝大宁元年，任命斛律光为尚书右仆射，食中山郡干。大宁二年，任命他为太子太保。河清二年四月，斛律光率领步兵和骑兵两万人在轵关以西修筑起勋掌城，并建造了长达二百里的长城，设置十三个戍所。河清三年正月，北周派将军达奚成兴等人进攻北齐平阳城，朝廷命令斛律光率领步兵和骑兵三万人进行抵御，达奚成兴等人闻讯退逃。斛律光乘势追击，深入北国境内，抓获两千多人而回。这年三月，升任司徒。四月，他率骑兵向北进攻突厥，缴获了一千多匹马。这年冬天，北周武帝宇文邕派他的柱国、大司马尉迟迥与齐国公宇文宪，柱国、庸国公可叱雄等人，号称十万大军，进攻洛阳城。斛律光率领五万骑兵奔驰迎击，在邙山相遇而战，尉迟迥等人大败。斛律光亲自射杀可叱雄，杀死俘获周军三千多人，尉迟迥、宇文宪只来得及自己逃身，斛律光将他们的甲兵和军用物资全部缴获，并把杀死的敌军的尸体堆积成京观。世祖武成帝高湛到洛阳，纪功行赏，提升斛律光为太尉，又封他为冠军县公。事前世祖已经命令接纳斛律光的二女儿为太子妃，天统元年，拜为皇后。当年，斛律光转任大将军。天统三年六月，因为他父亲死了而离任服丧，就在此月，令斛律光和他的弟弟斛律羡官恢复原职。这年秋天，任命解律光为太保，继承他父亲咸阳王的爵位，并且继承第一领民酋长的官衔，又封他为武德郡公，改食赵州干，升任太傅。

天统三年十二月，北周派将领围攻洛阳，堵绝向洛阳运送粮食的道路。武平元年正月，诏令斛律光率步兵和骑兵三万人向北周军队发起攻击。大军进驻定陇时，北周将领张掖公宇文桀、中州刺史梁士彦与开府、司水大夫梁景兴等又率军屯守鹿卢交，扼守要道。斛律光穿着铠甲，手执利器，身先士卒，两军刚一交战，宇文桀所部便大败而逃，杀敌两千多人。斛律光率军直抵宜阳，与北周齐国公宇文宪、中国公擒跋显敬对垒长达一百天。斛律光修建统关、丰化两城，以打通到宜阳的道路。大军退还，路经安邺驻军时，宇文宪等人率军号称五万，仍尾随于后。斛律光放骑兵加以打击，宇文宪的部队溃败，俘获他的部将开府宇文英、都督越勤世良、韩延等人，又杀了三百多人。宇文宪又命令他的部将大将军、中部公梁洛都与梁景兴、梁士彦等人率步兵和骑兵三万在鹿卢交堵住斛律光退军的要路。斛律光与韩贵孙、呼延族、王显等人并力进攻，将他们打得大败，杀梁景兴，缴获战马一千匹。朝廷命令加斛律光右丞相、并州刺史等职。这年冬天，斛律光又率领步兵和骑兵五万人在玉壁筑起华谷、龙门两座城池，与宇文宪、擒跋显敬等人对垒，宇文宪等人不敢采取行动。斛律光于是进军围攻定阳，并筑南汾城，设置南汾州以进逼定阳，少数民族与汉人一万多户都归降了北齐。

武平二年，斛律光率军修筑了平陇、卫壁、统戎等十三座镇戍所。北周柱国、枹罕公普屯威和柱国韦孝宽等人率步兵和骑兵一万多人，来进攻平陇，与斛律光在汾水北边展开战斗，斛律光将他们打得大败，俘虏、杀死上千敌军。又封他为中山郡公，增加食邑户一千。军队退还后，朝廷又命令他率领步兵和骑兵五万人经平阳，进攻北周姚襄、白亭城戍所。斛律光把它们全部攻了下来，俘获北周城主仪同、大都督等官员九人，抓获几千人。又另封他为长乐郡公。同月，北周派柱国纥干广略围攻宜阳。斛律光又率领步兵和骑兵五万人奔救，大战于宜阳城下，于是攻占北周建安等四个戍所，俘虏一千多人而回。大军还未抵达邺城，后主命令他就地将部队解散。斛律光认为士兵们大都立有战功，没有得到犒赏，如果马上将他们解散，他们就得不到朝廷的恩赏，于是暗中上表朝廷，请求派使臣宣布朝廷的意图，大军仍就向邺城进发。朝廷派使的速度缓慢，大军回到邺城，将抵达紫陌时，斛律光才驻扎下来，等待朝廷的使者。后主听说斛律光的军营已经逼近邺城，心中对他极感厌恶，急忙命令舍人赶快召斛律光入宫觐见，然后才派人慰劳部队，解散士兵。任命斛律光为左丞相，又另封他为清河郡公。

斛律光入朝任左丞相后，有一次在朝堂里挂着帘子坐着。祖珽不知道，骑马从他面前经过。斛律光很生气，对别人说："这个人竟敢如此！"后来祖珽在宫内，说话时声音既洪亮又缓慢，斛律光正好从那儿经过，听到后，又很愤怒。祖珽知道斛律光怨恨自己，便贿赂斛律光的奴仆，问他说："相王恨我祖孝征吗？"那人说："自从您任职以来，相王每晚都要抱着膝头叹息说：'瞎子掌权，国家肯定要灭亡了！'"穆提婆请斛律光把妾生的女儿嫁给他，斛律光不答应。后主把晋阳附近一些土地赏赐给穆提婆，斛律光在朝堂上说："这些土地，自从神武帝以来一直种植谷物，养马数千匹，以防备祸难，现在赐给穆提婆，岂不是要使军备缺乏吗？"因此祖珽、穆提婆都非常恨他。

北周将军韦孝宽忌恨斛律光英勇善战，于是制造谣言，让间谍在邺城把谣言传开，说："百升飞上天，明月照长安。"又说："高山不推自崩，槲树不扶自竖。"祖珽趁机在后面加话说："盲眼老公背上下大斧，饶舌老母不得语。"让小孩在路上唱着玩。穆提婆听到后，把这些话告诉他的母亲陆令萱。陆令萱认为饶舌讽刺的是自己，盲老公说的是祖珽，于是相互商定好计策，把谣言告诉后主说："斛律氏两代人都做大将，斛律光声势震动关西，斛律羡威风传遍突厥，女儿为皇后，儿子娶公主，民谣所讲的话太可怕了。"后主因此询问韩长鸾的意见，韩长鸾认为不能处理斛律光，事情便被搁了下来。祖珽又面见后主，找了一个空子，只有何洪珍在旁边。后主说："前次听到你的诉说后，我就想做出处置，但韩长鸾认为没有这种可能。"祖珽还没回答，何洪珍就进言道："如果本来就没有这种意图也就算了，既然有了这种意图却不坚决实行，万一泄露出去又该怎么办呢？"后主说："何洪珍的话有道理啊。"但仍犹豫不决。刚好丞相府佐封士让送来一封密信说："斛律光上次讨伐关西回军时，陛下命令他解散部队，斛律光却命令军队进逼京城，想发动叛乱，没有做成便停止行动。他家中藏有弓弩铠甲，奴僮上千，经常派人到他弟弟幽州刺史斛律羡和长子兖州刺史斛律武都那儿去，相互进行密谋。如果不趁早想办法对付，恐怕会出现意想不到的事。"密信中所说的"军队进逼京城"，正触动了后主先前心中产生的疑虑，便对何洪珍说：“人的心也太神了，我上次怀疑他想谋反，果然如此。”后主生性极其胆小懦弱，害怕斛律光马上就会发生叛乱，命令何洪珍骑马把祖珽叫进宫来，告诉他这一情况。又担心召斛律光进官时，他不听从命令。祖珽于是说：“就这样去叫他，怕他产生疑心，不肯进宫来。应派人赏赐他一匹骏马，告诉他：‘明天我准备到东山游览，咸阳王你可乘这匹马和我一同前往。’斛律光肯定会来道谢，便可以趁机让他进宫来，把他擒获。”后主按他的话行事。过不多久，斛律光就来了，被带入凉风堂，刘桃枝从他背后拉住他，将他杀死，当时他五十八岁。于是后主下诏书称斛律光谋反，现在已经伏法，其他家属一概不追究。不久又下诏书，将斛律光一族人全部杀绝。

斛律光生性不爱讲话，性情刚猛急躁，对部下很严厉，治理军队，统率部众，只依靠威严和刑罚。修筑长城那次，他竟鞭笞士大夫，大家都说他很残暴。自从年轻时参加军队以后，他从未失利过，邻国的敌军十分畏惧。他的罪行既不明显，一时遭到杀戮，朝野之士都为他感到悲痛惋惜。周武帝听说斛律光死了，极为高兴，大赦全国。后周武帝率军进入邺城，追赠斛律光为上柱国、崇国公。他指着追赠斛律光的诏书说：“如果这个人还活着，我怎么能进入邺城呢。”

斛律光有四个儿子。长子斛律武都，历任特进、太子太保、开府仪同三司、梁兖二州刺史。在哪儿都没有政绩，只知道收敛钱财，盘剥百姓。斛律光死后，朝廷派人到兖州将他杀了。次子斛律须达，官至中护军、开府仪同三司，死在斛律光之前。第三子斛律世雄，官至开府仪同三司；第四子斛律恒伽，假仪同三司，都被赐死。斛律光的小儿子斛律钟，年龄才几岁，免于一死。北周灭掉北齐以后，继承父亲崇国公的封号，隋文帝开皇年间死于骠骑将军任上。

北齐书卷三十四

杨愔列传第二十六

杨愔，字遵彦，小名秦王，弘农华阴人。父津，魏时累为司空侍中。愔儿童时，口若不能言，而风度深敏，出入门闾，未尝戏弄。六岁学史书，十一受《诗》《易》，好《左氏春秋》。幼丧母，曾诣舅源子恭。子恭与之饮。问读何书，曰："诵《诗》。"子恭曰："诵至《渭阳》未邪。"愔便号泣感噎，子恭亦对之唏嘘，遂为之罢酒。子恭后谓津曰："常谓秦王不甚察慧，从今以后，更欲刮目视之。"愔一门四世同居，家甚隆盛，昆季就学者三十余人。学庭前有柰树，实落地，群儿咸争之，愔颓然独坐。其季父暐适入学馆，见之大用嗟异，顾谓宾客曰："此儿恬裕，有我家风。"宅内有茂竹，遂为愔于林边别葺一室，命独处其中，常以铜盘具盛馔以饭之。因以督厉诸子曰："汝辈但如遵彦谨慎，自得竹林别室、铜盘重肉之食。"愔从父兄黄门侍郎昱特相器重，曾谓人曰："此儿驹齿未落，已是我家龙文。更十岁后，当求之千里外。"昱尝与十余人赋诗，愔一览便诵，无所遗失。及长，能清言，美音制，风神俊悟，容止可观，人士见之，莫不敬异，有识者多以远大许之。

正光中，随父之并州。性既恬默，又好山水，遂入晋阳西悬瓮山读书。孝昌初，津为定州刺史，愔亦随父之职。以军功除羽林监，赐爵魏昌男，不拜。及中山为杜洛周陷，全家被囚絷。未几，洛周灭，又没葛荣，荣欲以女妻之，又逼以伪职。愔乃托疾，密含牛血数合，于众中吐之，仍佯喑不语。荣以为信然，乃止。永安初，还洛，拜通直散骑侍郎，时年十八。元颢入洛，时愔从父兄侃为北中郎将，镇河梁。愔适至侃处，便属乘舆失守，夜至河。侃虽奉迎车驾北渡，而潜欲南奔，愔固谏止之。遂相与扈从达建州。除通直散骑常侍。愔以世故未夷，志在潜退，乃谢病，与友人中直侍郎河间邢邵隐于嵩山。

及庄帝诛尔朱荣，其从兄侃参赞帷幄。朝廷以其父津为并州刺史、北道大行台，愔随之任。有邯郸人杨宽者，求义从出藩，愔请津纳之。俄而孝庄幽崩，愔时适欲还都，行达邯郸，过杨宽家，为宽所执。至相州，见刺史刘诞，以愔名家盛德，甚相哀念，付长史慕容白泽禁止焉。遣队主巩荣贵防禁送都。至安阳亭，愔谓荣贵曰："仆家世忠臣，输诚魏室，家亡国破，一至于此。虽曰囚虏，复何面目见君父之仇。得自缢于一绳，传首而去，君之惠也。"荣贵深相怜感，遂与俱逃。愔乃投高昂兄弟。

既潜窜累载，属神武至信都，遂投刺辕门。便蒙引见，赞扬兴运，陈诉家祸，言辞哀壮，涕泗横集，神武为之改容。即署行台郎中。大军南攻邺，历杨宽村，宽于马前叩头请罪。愔谓曰："人不识恩义，盖亦常理，我不恨卿，无假惊怖。"时邺未下，神武命愔作祭天文，燎毕而城陷。由是转大行台右丞。于时霸图草创，军国务广，文檄教令，皆自愔及崔㥄出。遭离家难，以丧礼自居，所食唯盐米而已，哀毁骨立。神武愍之，恒相开慰。及韩陵之战，愔每阵先登，朋僚咸共怪叹曰："杨氏儒生，今遂为武士，仁者必勇，定非虚论。"

顷之，表请解职还葬。一门之内，赠太师、太傅、丞相、大将军者二人，太尉、录尚书及中书令者三人，仆射、尚书者五人，刺史、太守者二十余人。追荣之盛，古今未之有也。及丧柩进发，吉凶仪卫亘二十余里，会葬者将万人。是日隆冬盛寒，风雪严厚，愔跣步号哭，见者无不哀之。寻征赴晋阳，仍居本职。

愔从兄幼卿为岐州刺史，以直言忤旨见诛。愔闻之悲惧，因哀感发疾，后取急就雁门温汤疗疾。郭秀素害其能，因致书恐之曰："高王欲送卿于帝所。"仍劝其逃亡。愔遂弃衣冠于水滨若自沉者，变易名姓，自称刘士安，入嵩山，与沙门昙谟征等屏居削迹。又潜之光州，因东入田横岛，以讲诵为业，海隅之士，谓之刘先生。太守王元景阴佑之。

神武知愔存，遣愔从兄宝猗赍书慰喻，仍遣光州刺史奚思业令搜访，以礼发遣。神武见之悦，除太原公开府司马，转长史，复授大行台右丞，封华阴县侯，迁给事黄门侍郎，妻以庶女。又兼散骑常侍，为聘梁使主。至碻磝戍，州内有愔家旧佛寺，入精庐礼拜，见太傅容像，悲感恸哭，呕血数升，遂发病不成行，舆疾还邺。久之，以本官兼尚书吏部郎中。武定末，以望实之美，超拜吏部尚书，加侍中、卫将军，侍学典选如故。

天保初，以本官领太子少傅，别封阳夏县男。又诏监太史，迁尚书右仆射。尚太原长公主，即魏孝静后也。会有雉集其舍，又拜开府仪同三司、尚书右仆射，改封华山郡公。九年，徙尚书令，又拜特进、骠骑大将军。十年，封开封王。文宣之崩，百僚莫有下泪，愔悲不自胜。济南嗣业，任遇益隆，朝章国命，一人而已，推诚体道，时无异议。乾明元年二月，为孝昭帝所诛，时年五十。天统末，追赠司空。

愔贵公子，早著声誉，风表鉴裁，为朝野所称。家门遇祸，唯有二弟一妹及兄孙女数人，抚养孤幼，慈旨温颜，咸出人表。重义轻财，前后赐予，多散之亲族，群从弟侄十数人，并待而举火。频遭迍厄，冒履艰危，一餐之惠，酬答必重，性命之仇，舍百不问。

典选二十余年，奖擢人伦，以为己任。然取士多以言貌，时致谤言，以为愔之用人，似贫士市瓜，取其大者。愔闻，不屑焉。其聪记强识，半面不忘。每有所召问，或单称姓，或单称名，无有误者。后有选人鲁漫汉，自言猥贱，独不见识。愔曰："卿前在元子思坊，骑秃尾草驴，经见我不下，以方曲鄣面，我何不识卿？"漫汉惊服。又调之曰："名以定体，漫汉果自不虚。"又令吏唱人名，误以卢士深为士琛，士深自言。愔曰："卢郎玉润，所以从玉。"自尚公主后，衣紫罗袍，金缕大带。遇李庶，颇以为耻，谓曰："我此衣服，都是内裁，既见子将，不能无愧。"

及居端揆，权综机衡，千端万绪，神无滞用。自天保五年以后，一人丧德，维持匡救，实有赖焉。每天子临轩，公卿拜授，施号发令，宣扬诏册。愔辞气温辩，神仪秀发，百僚观听，莫不悚动。自居大位，门绝私交。轻货财，重仁义，前后赏赐，积累巨万，散之九族，架箧之中，唯有书数千卷。太保、平原王隆之与愔邻宅，愔尝见其门外有富胡数人，谓左右曰："我门前幸无此物。"性周密畏慎，恒若不足，每闻后命，愀然变色。

文宣大渐，以常山、长广二王位地亲逼，深以后事为念。愔与尚书左仆射平秦王归彦、侍中燕子献、黄门侍郎郑子默受遗诏辅政，并以二王威望先重、咸有猜忌之心。初在晋阳，以大行在殡，天子谅闇，议令常山王在东馆，欲奏之事，皆先谘决。二旬而止。仍欲以常山王随梓宫之邺，留长广王镇晋阳。执政复生疑贰，两王又俱从至于邺。子献立计，欲处太皇太后于北宫，政归皇太后。又自天保八年以来，爵赏多滥，至是，愔先自表解其开府封王，诸叨窃恩荣者皆从黜免。由是嬖宠失职之徒，尽归心二叔。高归彦初虽同德，后寻反动，以疏忌之迹尽告两王。尔朱浑天和又每云："若不诛二王，少主无自安之理。"宋钦道面奏帝，称二叔威权既重，宜速去之。帝不许曰："可与令公共详其事。"愔等议出二王为刺史。以帝仁慈，恐不可所奏，乃通启皇太后，具述安危。有宫人李昌仪者，北豫州刺史高仲密之妻，坐仲密事入宫。太后以昌仪宗情，甚相昵爱。太后以启示之，昌仪密启太皇太后。愔等又议不可令二王俱出，乃奏以长广王为大司马、并州刺史，常山王为太师、录尚书事。

及二王拜职，于尚书省大会百僚，愔等并将同赴。子默止之，云："事不可量，不可轻脱。"愔云："吾等至诚体国，岂有常山拜职，有不赴之理，何为忽有此虑？"长广旦伏家僮数十人于录尚书后室，仍与席上勋贵数人相知。并与诸勋胄约，行酒至愔等，我各劝双杯，彼必致辞。我一曰"捉酒"，二曰"捉酒"，三曰"何不捉"，尔辈即捉。及宴如之。愔大言曰："诸王构逆，欲杀忠良邪！尊天子，削诸侯，赤心奉国，未应及此。"常山王欲缓之，长广王曰："不可。"于是愔及天和、钦道皆被拳杖乱殴击，头面血流，各十人持之。使薛孤延、康买执子默于尚药局。子默曰："不用智者言，以至于此，岂非命也。"

二叔率高归彦、贺拔仁、斛律金拥愔等唐突入云龙门。见都督叱利骚，招之不进，使骑杀之。开府成休宁拒门，归彦喻之，乃得入。送愔等于御前。长广王及归彦在朱华门外。太皇太后临昭阳殿，太后及帝侧立。常山王以砖叩头，进而言曰："臣与陛下骨肉相连。杨遵彦等欲擅朝权，威福自己，王公以还，皆重足屏气。共相唇齿，以成乱阶，若不早图，必为宗社之害。臣与湛等为国事重，贺拔仁、斛律金等惜献皇帝基业，共执遵彦等领入宫，未敢刑戮，专辄之失，罪合万死。"帝时默然，领军刘桃枝之徒陛卫，叩刀仰视，帝不睨之。太皇太后令却仗，不肯。又厉声曰："奴辈即今头落。"乃却。因问杨郎何在。贺拔仁曰："一目已出。"太皇太后怆然曰："杨郎何所能，留使不好耶！"乃让帝曰："此等怀逆，欲杀我二儿，次及我，尔何纵之？"帝犹不能言。太皇太后怒且悲，王公皆泣。太皇太后曰："岂可使我母子受汉老妪斟酌。"太后拜谢。常山王叩头不止。太皇太后谓帝："何不安慰尔叔。"帝乃曰："天子亦不敢与叔惜，岂敢惜此汉辈？但愿乞儿性命，儿自下殿去，此等任叔父处分。"遂皆斩之。长广王以子默昔谗己，作诏书，故先拔其舌，截其手。太皇太后临愔丧，哭曰："杨郎忠而获罪。"以御金为之一眼，亲内之，曰："以表我意。"常山王亦悔杀之。先是童谣曰："白羊头尾秃，羖䍽头生角。"又曰："羊羊吃野草，不吃野草远我道，不远打尔脑。"又曰："阿么姑祸也，道人姑夫死也。"羊为愔也，"角"文为用刀，"道人"谓废帝小名，太原公主尝作尼，故曰"阿么姑"，愔、子献、天和皆帝姑夫云。于是乃以天子之命下诏罪之，罪止一身，家口不问。寻复簿录五家，王晞固谏，乃各没一房，孩幼兄弟皆除名。

遵彦死，仍以中书令赵彦深代总机务。鸿胪少卿阳休之私谓人曰："将涉千里，杀骐骥而策蹇驴，可悲之甚。"愔所著诗赋表奏书论甚多，诛后散失，门生鸠集所得者万余言。

【译文】

杨愔，字遵彦，小名叫秦王，是弘农郡华阴县人。他父亲杨津，在北魏时做官官至司空、侍中。杨愔小的时候，似乎不太会说话，但风度深沉机敏，家里家外，从未做过什么顽皮的事。六岁时开始学习历史著作，到十一岁，就跟老师学习《诗经》《周易》，喜爱《左传》。母亲在他幼年时就去世了，有一次他去拜访舅舅源子恭，源子恭和他一起喝酒，问他在读什么书，他回答说："诵读《诗经》。"源子恭问："读到《渭阳》篇没有？"杨愔顿时放声大哭，哽咽不已，源子恭也伤心地相对抽泣，酒再也喝不下去了。源子恭事后对杨津说："以前常说秦王不怎么聪明，从今以后，应当对他刮目相看。"杨愔一家四代人生活在一起，家业极其兴盛，兄弟辈一起读书的就有三十多人。学馆院子前面有柰树，果实掉下来时，小孩们都去争抢，他一个人却独坐在一旁。他的小叔父杨暐碰巧在学馆碰见到这一情况，大加感叹，认为这种行为很特别，回过头对客人们说："这孩子淡定自足，具有我们家族的风尚。"住宅里有一片茂密的竹林，于是特为杨愔一人在竹林边修建一间屋子，经常用铜盘装着丰盛的食物给他吃。因此督促其他男孩说："你们只要能像遵彦那样谨慎小心，自然会得到独住的竹林小屋，也会得到铜盘盛的美食。"杨愔堂兄、黄门侍郎杨昱对他特别器重，曾对人说："这孩子乳齿未脱，已成为我家的龙文名驹，再过十年，必当一跃千里。"杨昱曾与十多个人一起作诗，杨愔只要看过一遍就能让马上背下来，一点也没有遗漏的。成年以后，他更是善于清谈，声音优美，风度超凡脱俗，容貌举止可观。声望很大的人见了他，既敬重又很惊奇，见识多的认为他前途无量。

正光年间，杨愔随父亲去并州。由于他本性恬淡文静，喜欢山水景致，于是就到晋阳西面的悬瓮山读书。孝昌初年，杨愔父亲转任定州刺史，因而跟父亲来到定州任所。因军功补授以羽林监，赐爵魏昌男，杨愔没有接受。后中山城被叛乱的杜洛周攻克，杨愔全家都被关押起来。不久，杜洛周灭亡，杨愔被葛荣所获，葛荣想把女儿嫁给他，又逼他接受自己委任的官职。杨愔便称自己有病，暗中口含着几口牛血，在大庭广众下吐出来，并装哑不说话。葛荣认为他确实有病，才没强迫他。至魏孝庄帝永安初年，杨愔回到洛阳，被任命为通直散骑常侍郎，当时他十八岁。元颢在梁军的保护下进据洛阳，这时杨愔的堂史杨侃任北中郎将，镇河梁。杨愔刚好到杨侃那儿，便遇到孝庄帝放弃洛阳，夜间来到黄河边上。杨侃虽然迎接孝庄帝一行向北渡过黄河，但暗地里却想向南投奔元颢，杨愔坚决加以劝阻。于是两人一起随孝庄帝到达建州。杨愔被任命为通直散骑常侍。但因世道变故还未平息，于是称病辞职，与朋友中直侍郎河间邢劭到嵩山隐居，归隐山林躲避退隐。

孝庄帝诛杀尔朱荣时，杨愔的堂兄杨侃参与谋议。朝廷任命杨津为并州刺史、北道大行台，杨愔随父到任。那时有个邯郸人叫杨宽，请求自备资粮随杨津到并州镇守，杨愔请杨津收纳杨宽。不久孝庄帝被囚禁而死，杨愔当时正好要回都城洛阳，到达邯郸，到杨宽家中拜访，却被杨宽拘留。杨宽送他投奔相州刺史刘诞，刘诞因杨愔出身名门，德行极高，十分赏识他，便让长史慕容白泽把他软禁起来。后派队主巩荣贵把杨愔监送到都城去。到达安阳亭时，杨愔对巩荣贵说："我家世代都是忠臣，对魏朝忠心耿耿，现在国家破败，家族散亡，落到现在这种地步。我虽说是囚犯，哪里有脸去见我君父的仇人。还不如用一根绳子自杀，麻烦你把我的头送去，便是你给我施的恩惠了。"巩荣贵被他的言语深深感动，很怜悯他，便决定跟他一起逃跑。杨愔于是投靠了高昂兄弟。

杨愔到处流亡了几年，又碰到北齐神武帝高欢率军到信都，于是他来到营门把自己的名片呈递上去，当即就受到接见。杨愔称颂国家中兴，诉说自己家族所遇到的祸难，言语悲痛而有气势，眼泪滚滚流下，神武帝听后也不禁为他改变仪容。立即委任他为行台郎中。大军向南攻打邺城，途经杨宽居住的村庄，杨宽在杨愔的马前叩头请罪。杨愔对他说："世上有人不知道什么叫恩德道义，这也是很寻常的事，我并不恨你，你也用不着害怕。"当时邺城还未攻下，神武帝命令杨愔撰写祭天的祭文，刚祭祀完毕，邺城便被攻克。杨愔因此升任大行台右丞。当时神武帝开创大业，军政事务很多，各种公文都是由杨愔和崔㥄撰写的。杨愔遭受一连串的打击，自行按礼制守丧，就只吃加盐的米饭，以致骨瘦如柴。神武帝哀怜他，经常对他进行开导。后来，在韩陵那次战役中，每次作战杨愔都冲在前面，他的朋友和同僚们很奇怪，感叹说："姓杨的，本是儒生，现在居然成了武士，仁德的人必然勇敢，这确实不是一句空话啊。”

随后，杨愔上表请求解除职务回乡安葬在灾难中逝世的亲属。一家人中，赠太师、太傅、丞相、大将军的有两人，赠太尉、录尚书事和中书令的有三人，赠尚书仆射、尚书的有五人，赠刺史、太守的达二十多人。追赠仪式非常盛大，古今未有。在去往墓地时，送葬的仪仗绵延二十多里地，前来参加葬礼的将近一万人。那天正值严冬，寒冷刺骨，风雪交加，杨愔赤着双脚，号哭着送葬，凡是看到这一情景的人，没有一个不伤心的。不久他被召回到晋阳，继续担任原来的职务。

杨幼卿是杨愔的堂兄，在任岐州刺史时因言语耿直违背齐王旨意而被杀害。杨愔听到此消息后，悲痛至极以至于患病在身，于是请急假到雁门温泉去治疗。郭秀平时就妒忌杨愔的才能，趁机写信恐吓他说：“高王想把你拘拿到魏帝那儿去。”并劝他逃走。杨愔便把自己的衣服和帽子扔在水边，仿佛自己投水自尽了，然后改变姓名，自称刘士安，到嵩山，与僧人昙谟征等一起隐居，不与外界联系。又暗中到光州，向东到田横岛，以教书谋生。海边一带的士人称他叫刘先生。太守王元景也在暗地里保护他。

神武帝知道杨愔还活着后，就派他的堂兄杨宝猗带着信去安慰并开导他。同时派光州刺史奚思业察访杨愔的踪迹，按礼节将他送到都城。神武帝见了杨愔很高兴，任命他为太原公开府司马，转任太原公开府长史，又任命他为大行台右丞，封华阴县侯，升任给事黄门侍郎，把小妾所生的女儿嫁给杨愔为妻。后杨愔任散骑常侍，担任出使梁朝的负责人。到碻磝戍，州城内有一座佛寺，是杨愔家先前出资修建的，杨愔走到僧堂礼拜，看到父亲杨津的像，悲从中来，放声大哭以至于鲜血从口中喷出，于是得病，不能出使，乘车返回邺城。过了很久，以原官兼任尚书吏部郎中。东魏孝静帝武定末年，杨愔因德才双备，越级提升为吏部尚书，加侍中、卫将军等官职，辅导孝静帝读书和掌管铨选。

北齐文宣帝天保初年，以原任官职兼任太子少傅，另封为阳夏县男。朝廷又命令他管理太史，升任尚书右仆射。娶神武帝女太原长公主，即原魏孝静帝的皇后。恰巧有群雉鸟飞到他家的房顶上，杨愔因此又被任命为开府仪同三司、尚书左仆射，改封为华山郡公。天保九年，升任尚书令，拜为特进、骠骑大将军。天保十年，封为开封王。文宣帝逝世时，朝臣没有人掉眼泪，杨愔却悲痛欲绝，泪如雨下。高殷继帝位后，更加信任亲待杨愔，全国大政，由他一人决定，杨愔以诚心待人，躬行正道，当时没有人对他有疑意。杨愔在乾明元年二月，被孝昭帝高演所杀，那年五十岁。北齐后主高纬天统末年，追赠他为司空。

杨愔出身显贵，风度仪表和见识，都受到朝野之士的一致称赞。家族变故后，只剩下两个弟弟、一个妹妹和几个侄孙女。杨愔抚养孤儿幼弱，温和慈善，比任何人都做得好。他重道义轻钱财，获得的赏赐大部分都给了亲戚和族人，十多个侄儿侄女都跟随他、依靠他而生活。杨愔虽然亲历危难，连遭不幸，但别人给他一顿饭的恩情，他总是铭记心中加以重重地报答，而对他势不两立的仇人，他却不对他们加以清算。

杨愔主持铨选达二十多年，以奖励和提拔人士为己任。但他所录用的人大都言语迟钝、容貌不好，也因这个缘故，他常常受到讥斥，说他录用人才就像穷人买瓜专拣大的一样。杨愔听到这些话后，也没放在心上。他记忆力特别好，过目不忘。每当他召铨选的人询问情况时，要么只称姓，要么只称名，从未失误过。后来有个名叫鲁漫汉的候选人，声称自己才能不高，出身低贱，所以只有自己没被杨愔认识。杨愔说："你前次在元子思坊，骑一头秃尾巴母驴，走到我旁边看到我后也不下来，用方形曲饼把脸遮着，我哪能不认识你呢？"鲁漫汉于是惊奇叹服。杨愔又开他的玩笑说："名字是用来确定本体的，你叫漫汉，果然不假。"他又曾让属下官吏呼叫别人的名字，误把卢士深读成卢士琛，卢士深自己加以辨别。杨愔说："卢郎润泽如玉，所以把你的名字看成玉旁。"自从娶太原长公主后，他总是穿着紫色的罗袍，系金线绣制的腰带。碰见李庶，很为自己的衣着感到羞耻，对李庶说："我这身衣服，都是宫内缝制的，可是看到你李子将后，我不禁为我的这身衣裳感到惭愧。"

不久后，杨愔的官位达到了百官之首，执掌国家机密大政，他思维敏捷，千头万绪的事情，都能清晰地理清。文宣帝从天保五年以后，日渐荒淫，而维持大局，救正时势的重担，全都依仗着杨愔。每当天子亲到朝堂任命公卿，都由杨愔发号施令，宣读诏册。他声音温和清楚，神态端庄，百官看到他的表情，听到他的声音，无不惊惧动容。杨愔自从任高官后，门中断绝私人交往。他轻贱钱财，看重仁义，先后得到的巨额赏赐，都分给族人，屋中架子和箱子中，只有几千卷书籍。杨愔的住宅与太保、平原王高隆之的住宅相邻，有一次，杨愔看到高隆之门外有几个富有的胡人，便对身边的人说："幸好我的门前没有这些人。"他性情周密而谨慎，追求完美，做事总感觉做得不够，每当闻知命下，脸色便变得很严肃。

文宣帝病危，深深为常山王高演和长广王高湛二位亲弟的地位将威胁到自己的儿子而忧虑。受文宣帝遗命所托，杨愔与尚书左仆射、平秦王高归彦、侍中燕子献，黄门侍郎郑子默等人辅佐新皇帝处理政事。因常山、长广二王本就有很高的威望，大家都对他们二人抱有猜忌心理。最初在晋阳时，因文宣帝还未安葬，而新皇帝守丧不能处理政事，大家商定让常山王住在东馆，如果有事需要上奏给皇帝，都要先和他商量后再做决定。二十天后，这一办法不再实行。大家又打算让常山王随文宣帝的灵柩回邺城，留下长广王镇守晋阳。但辅政的几个人又觉得这样不妥，于是常山、长广二王又一同随灵柩到了邺城。燕子献定计，想把太皇太后娄氏迁到北宫，将大政交给皇太后李氏。另外，从天保八年以来，爵位封得很滥，这时，杨愔率先请求朝廷解除他开府仪同三司的职务和王爵，所有无才能而得官受封的人都随之罢免。因此那些失去官职的人，现在全都拥护新皇帝的两个叔叔。高归彦开始还能够与杨愔等人同心，不久就背叛了他们，把杨愔等人对二王疏远猜忌的情形告诉了二王。尔朱浑天和又常说："如果不杀掉二王，新皇帝就不可能安然无事。"宋钦道又向皇帝当面进言，说他的两个叔叔声望太高，权势过重，应当尽快把他们除掉。皇帝不答应，说："你可以与令公杨愔仔细商量此事再说。"杨愔等人讨论决定让二王离京任刺史。但因皇帝仁慈，怕他不忍心如此办理，杨愔等于是又给皇太后送一封信，详细分析了安危形势。有一个叫李昌仪的宫人，原是北豫州刺史高仲密的妻子，因高仲密犯罪连坐，被送进后宫服役。皇太后因为李昌仪有同宗的情谊，对她很亲近。皇太后把杨愔等人的信给李昌仪看了，李昌仪向太皇太后密报了这件事。杨愔等人又商量，认为不能将二王一起派出去，于是上奏，以长广王为大司马、并州刺史，常山王为太师、录尚书事。

二王受任在尚书省大会百官，杨愔等人都打算前往参加。郑子默阻挡他们说："事情很难预测，你们不要太轻率了。"杨愔说："我们为国家赤胆忠心，难道在常山王受任时，我们能不去吗？为什么你突然产生这种疑虑？"长广王清晨在录尚书官署后面的屋子中埋伏下几十名家奴，同时把这事通知了几位在座的功臣权贵。并与功臣们的子孙约定："我敬酒走到杨愔等人面前时，劝他们每人喝两杯，他们一定会推辞，我第一句话说'拿酒'，第二句话仍说'拿酒'，第三句说'为什么不拿'，你们便把他们抓起来。”宴席上他们照此行事。杨愔大声说：“你们几个亲王谋反，想杀害忠良吗？我们尊奉天子，削弱诸侯，赤心为国，不应受到这种待遇。”常山王想把他们放松一下，长广王说：“不行。”于是杨愔和尔朱浑天和、宋钦道等人都受到拳头棍棒的胡乱殴打，头部和脸上鲜血直流，每人都被十个人死死揪住。又派薛孤延、康买到尚药局把郑子默抓捕。郑子默说：“不听我的话，出现这样的事情，这难道不是命该如此吗？”

二王带着高归彦、贺拔仁、斛律金揪住杨愔等人冲进云龙门。看见都督叱利骚，用手招他过来，叱利骚不听，二王便派人将他杀死。开府成休宁挡在云龙门前，高归彦劝开他后，他们一行人才得以进去。杨愔等人被送到皇帝面前，长广王与高归彦在朱华门外等候。太皇太后到昭阳殿，皇太后与皇帝在旁侍立。常山王用砖敲打头部向前走近说：“臣与陛下骨肉相连。杨遵彦等人想把持朝政，作威作福，王公大臣都有惧意，不敢随意行动、说话。他们相互依托，制造祸端，如果不趁早对他们采取行动，一定会给国家带来危害。臣与高湛等人认为国家大事最重要，贺拔仁、斛律金等人珍惜献皇帝开创的基业，大家一起将杨遵彦等人捉住带进宫来，不敢擅自把他们杀了。我们专断所犯的罪行，死有余辜。”皇帝当时默不作声，领军刘桃枝等人在他身边侍卫，他们抓着刀柄，抬头看着皇帝，可是皇帝也没有给他们任何示意。太皇太后命令仪卫退下，刘桃枝等人不动，太皇太后又厉声说：“我马上让你们这些奴才人头落地。”刘桃枝等人退去。太皇太后于是问杨愔在什么地方。贺拔仁说：“他的一只眼珠已被打出来了。”太皇太后悲伤地说：“杨郎能做得了什么，留下他继续做事不好吗？”于是指责皇帝说：“这些人有叛逆之心，想先杀我的两个儿子，然后再杀我，你为什么要放纵他们？”皇帝仍然无话可说。太皇太后又愤怒又悲伤，王公们都哭起来。太皇太后说：“怎能让我们母子听汉人老婆子摆布。”皇太后敬礼道歉。常山王不停地叩头。太皇太后对皇帝说：“为什么不安慰你叔叔。”皇帝才说：“天子对叔叔也不敢吝惜什么，哪里敢爱惜这些汉人？我只求叔叔能留儿子一命，让我自己下殿去。随叔叔怎么处置这批人。”于是把他们全部杀掉。长广王因郑子默先前曾说过自己的坏话，撰写过诏书，所以在杀他之前，先割下他的舌头，斩断他的双手。太皇太后到杨愔灵前吊丧，哭着说：“杨郎忠心为国却得罪。”用自己的黄金铸了一只眼珠，亲手将它安在杨愔的眼眶里，说：“以此略表我的心意。”常山王也后悔把杨愔杀了。事先有童谣说：“白羊头尾秃，黑羊头生角。”

又说:“羊羊吃野草,不吃野草远我道,不远打尔脑。”又说:“阿么姑祸也,道人姑夫死也。”“羊”说的是杨愔,“角”字可拆成“用”字和“刀”字,“道人”指的是废帝高殷的小名,杨愔的妻子太原公主曾做过尼姑,所以称作“阿么姑”,而杨愔、燕子献、尔朱浑天和都是废帝的姑夫。于是二王便以天子的名义下诏,宣告天下杨愔等人的罪状,只定罪在他们个人身上,不累及全家族。然而,过了不久,二王又想斩草除根,将杨愔等五家所有人口全部逮捕,在王晞的坚决劝阻下,才每个家族只抄灭死者本人一房,将小孩也全部杀死,而他们的兄弟做官的一概罢免。

杨遵彦死后,朝廷仍然委派中书令赵彦深代掌机密事务。鸿胪少卿阳休之私下里对人说:“一个人想走千里,却杀掉良马去骑一头跛足的驴子,实在是太可悲了。”杨愔写的诗、赋、表、奏和书论很多,死后大多都散失了,他门生收集到的仅有一万多字。

北齐书卷三十七

魏收列传第二十九

魏收，字伯起，小字佛助，钜鹿下曲阳人也。曾祖缉，祖韶。父子建，字敬忠，赠仪同、定州刺史。收年十五，颇已属文。及随父赴边，好习骑射，欲以武艺自达。荥阳郑伯调之曰："魏郎弄戟多少？"收惭，遂折节读书。夏月，坐板床，随树阴讽诵，积年，板床为之锐减，而精力不辍。以文华显。

初除太学博士。及尔朱荣于河阴滥害朝士，收亦在围中，以日晏获免。吏部尚书李神俊重收才学，奏授司徒记室参军。永安三年，除北主客郎中。节闵帝立，妙简近侍，诏试收为《封禅书》，收下笔便就，不立稿草，文将千言，所改无几。时黄门郎贾思同侍立，深奇之，白帝曰："虽七步之才，无以过此。"迁散骑侍郎，寻敕典起居注，并修国史，兼中书侍郎，时年二十六。

孝武初，又诏收摄本职，文诰填积，事咸称旨。黄门郎崔㥄从齐神武入朝，熏灼于世，收初不诣门。㥄为帝登阼赦，云"朕托体孝文"，收嗤其率直。正员郎李慎以告之，㥄深愤忌。时节闵帝殂，令收为诏。㥄乃宣言：收普泰世出入帷幄，一日造诏，优为词旨，然则义旗之士尽为逆人；又收父老，合解官归侍。南台将加弹劾，赖尚书辛雄为言于中尉綦俊，乃解。收有贱生弟仲同，先未齿录，因此怖惧，上籍，遣还乡服侍。孝武尝大发士卒，狩于嵩少之南旬有六日。时天寒，朝野嗟怨。帝与从官及诸妃主，奇伎异饰，多非礼度。收欲言则惧，欲默不能已，乃上《南狩赋》以讽焉，时年二十七，虽富言淫丽，而终归雅正。帝手诏报焉，甚见褒美。郑伯谓曰："卿不遇老夫，犹应逐兔。"

初神武固让天柱大将军，魏帝敕收为诏，令遂所请。欲加相国，问品秩，收以实对，帝遂止。收既未测主相之意，以前事不安，求解，诏许焉。久之，除帝兄子广平王赞开府从事中郎，收不敢辞，乃为《庭竹赋》以致已意。寻兼中书舍人，与济阴温子昇、河间邢子才齐誉，世号三才。时孝武猜忌神武，内有间隙，收遂以疾固辞而免。其舅崔孝芬怪而问之，

收曰：“惧有晋阳之甲。”寻而神武南上，帝西入关。

收兼通直散骑常侍，副王昕使梁，昕风流文辩，收辞藻富逸，梁主及其群臣咸加敬异。先是南北初和，李谐、卢元明首通使命，二人才器，并为邻国所重。至此，梁主称曰：“卢、李命世，王、魏中兴，未知后来复何如耳？”收在馆，遂买吴婢入馆，其部下有买婢者，收亦唤取，遍行奸秽，梁朝馆司皆为之获罪。人称其才而鄙其行。在途作《聘游赋》，辞甚美盛。使还，尚书右仆射高隆之求南货于昕、收，不能如志，遂讽御史中尉高仲密禁止昕、收于其台，久之得释。

及孙搴死，司马子如荐收，召赴晋阳，以为中外府主簿。以受旨乖忤，频被嫌责，加以棰楚，久不得志。会司马子如奉使霸朝，收假其余光。子如因宴戏言于神武曰：“魏收天子中书郎，一国大才，愿大王借以颜色。”由此转府属，然未甚优礼。

收从叔季景，有才学，历官著名，并在收前，然收常所欺忽。季景、收初赴并，顿丘李庶者，故大司农谐之子也，以华辩见称，曾谓收曰：“霸朝便有二魏。”收率尔曰：“以从叔见比，便是耶输之比卿。”耶输者，故尚书令陈留公继伯之子也，愚痴有名，好自入市肆，高价买物，商贾共所嗤玩。收忽季景，故方之，不逊例多如此。

收本以文才，必望颖脱见知，位既不遂，求修国史。崔暹为言于文襄曰：“国史事重，公家父子霸王功业，皆须具载，非收不可。”文襄启收兼散骑常侍，修国史。武定二年，除正常侍，领兼中书侍郎，仍修史。魏帝宴百僚，问何故名人日，皆莫能知。收对曰：“晋议郎董勋《答问礼俗》云：‘正月一日为鸡，二日为狗，三日为猪，四日为羊，五日为牛，六日为马，七日为人。’”时邢卲亦在侧，甚恧焉。自魏、梁和好，书下纸每云“想彼境内宁静，此率土安和。”梁后使，其书乃去“彼”字，自称犹著“此”，欲示无外之意。收定报书云：“想境内清晏，今万国安和。”梁人复书，依以为体。后神武入朝，静帝授相国，固让，令收为启。启成呈上，文襄时侍侧，神武指收曰：“此人当复为崔光。”四年，神武于西门豹祠宴集，谓司马子如曰：“魏收为史官，书吾等善恶，闻北伐时，诸贵常饷史官饮食，司马仆射颇曾饷不？”因共大笑。仍谓收曰：“卿勿见元康等在吾目下趋走，谓吾以为勤劳，我后世身名在卿手，勿谓我不知。”寻加兼著作郎。

收昔在洛京，轻薄尤甚，人号云“魏收惊蛱蝶”。文襄曾游东山，令给事黄门侍郎颢等宴。文襄曰："魏收恃才无宜适，须出其短。"往复数番，收忽大唱曰："杨遵彦理屈已倒。"愔从容曰："我绰有余暇，山立不动，若遇当涂，恐翩翩遂逝。"当涂者，魏；翩翩者，蛱蝶也。文襄先知之，大笑称善。文襄又曰："向语犹微，宜更指斥。"愔应声曰："魏收在并作一篇诗，对众读讫，云：'打从叔季景出六百斛米，亦不辨此。'远近所知，非敢妄语。"文襄喜曰："我亦先闻。"众人皆笑。收虽自申雪，不复抗拒，终身病之。

侯景叛入梁，寇南境，文襄时在晋阳，令收为檄五十余纸，不日而就。又檄梁朝，令送侯景，初夜执笔，三更便成，文过七纸。文襄善之。魏帝曾季秋大射，普令赋诗，收诗末云："尺书征建邺，折简召长安。"文襄壮之，顾诸人曰："在朝今有魏收，便是国之光采，雅俗文墨，通达纵横。我亦使子才、子昇时有所作，至于词气，并不及之。吾或意有所怀，忘而不语，语而不尽，意有未及，收呈草皆以周悉，此亦难有。"又敕兼主客郎接梁使谢珽、徐陵。侯景既陷梁，梁鄱阳王范时为合州刺史，文襄敕收以书喻之。范得书，仍率部伍西上，刺史崔圣念入据其城。文襄谓收曰："今定一州，卿有其力，犹恨'尺书征建邺'未效耳。"

文襄崩，文宣如晋阳，令与黄门郎崔季舒、高德正，吏部郎中尉瑾于北第掌机密。转祕书监，兼著作郎，又除定州大中正。时齐将受禅，杨愔奏收置之别馆，令撰禅代诏册诸文，遣徐之才守门不听出。天保元年，除中书令，仍兼著作郎，封富平县子。

二年，诏撰魏史。四年，除魏尹，故优以禄力，专在史阁，不知郡事。初帝令群臣各言尔志，收曰："臣愿得直笔东观，早成《魏书》。"故帝使收专其任。又诏平原王高隆之总监之，署名而已。帝敕收曰："好直笔，我终不作魏太武诛史官。"始魏初邓彦海撰代记十余卷，其后崔浩典史，游雅、高允、程骏、李彪、崔光、李琰之徒世修其业。浩为编年体，彪始分作纪、表、志、传，书犹未出。宣武时，命邢峦追撰《孝文起居注》，书至太和十四年，又命崔鸿、王遵业补续焉。下讫孝明，事甚委悉。济阴王晖业撰《辨宗室录》三十卷。收于是部通直常侍房延祐、司空司马辛元植、国子博士刁柔、裴昂之、尚书郎高孝干专总斟酌，以成《魏书》。辨定名称，随条甄举，又搜采亡遗，缀续后事，备一代史籍，表而上闻之。勒成一代大典：凡十二纪，九十二列传，合一百一十卷。五年三月奏上之。秋，除梁州刺史。收以志未成，奏请终业，许之。十一月，复奏十志：《天象》四卷，《地形》三卷，《律历》二卷，《礼乐》四卷，《食货》一卷，《刑罚》一卷，《灵征》二卷，《官氏》二卷，《释老》一卷，凡二十卷，续于纪传，合一百三十卷，分为十二帙。其史三十五例，二十五序，九十四论，前后二表一启焉。

所引史官，恐其凌逼，唯取学流先相依附者。房延祐、辛元植、睦仲让虽夙涉朝位，并非史才。刁柔、裴昂之以儒业见知，全不堪编缉。高孝干以左道求进。修史诸人祖宗姻戚多被书录，饰以美言。收性颇急，不甚能平，夙有怨者，多没其善。每言："何物小子，敢共魏收作色，举之则使上天，按之当使入地。"初收在神武时为太常少卿修国史，得阳休之助，因谢休之曰："无以谢德，当为卿作佳传。"休之父固，魏世为北平太守，以贪虐为中尉李平所弹获罪，载在《魏起居注》。收书云："固为北平，甚有惠政，坐公事免官。"又云"李平深相敬重。"尔朱荣于魏为贼，收以高氏出自尔朱，且纳荣子金，故减其恶而增其善，论云："若修德义之风，则韦、彭、伊、霍夫何足数。"

时论既言收著史不平，文宣诏收于尚书省与诸家子孙共加论讨，前后投诉百有余人，云"遗其家世职位"，或云："其家不见记录"，或云"妄有非毁"。收皆随状答之。范阳卢斐父同附出族祖玄《传》下，顿丘李庶家《传》称其本是梁国蒙人，斐、庶讥议云："史书不直。"收性急，不胜其愤，启诬其欲加屠害。帝大怒，亲自诘责。斐曰："臣父仕魏，位至仪同，功业显著，名闻天下，与收无亲，遂不立传。博陵崔绰，位止本郡功曹，更无事迹，是收外亲，乃为《传》首。"收曰："绰虽无位，名义可嘉，所以合传。"帝曰："卿何由知其好人？"收曰："高允曾为绰赞，称有道德。"帝曰："司空才士，为人作赞，正应称扬。亦如卿为人作文章，道其好者岂能皆实？"收无以对，战栗而已。但帝先重收才，不欲加罪。时太原王松年亦谤史，及裴、庶并获罪，各被鞭配甲坊，或因以致死，卢思道亦抵罪。然犹以群口沸腾，敕魏史且勿施行，令群官博议。听有家事者入署，不实者陈牒。于是众口喧然，号为"秽史"，投牒者相次，收无以抗之。时左仆射杨愔、右仆射高德正二人势倾朝野，与收皆亲，收遂为其家并作传。二人不欲言史不实，抑塞诉辞，终文宣世更不重论。又尚书陆操尝谓愔曰："魏收《魏书》可谓博物宏才，有大功于魏室。"愔谓收曰："此为不刊之书，传之万古。但恨论及诸家枝叶亲姻，过为繁碎，与旧史体例不同耳。"收曰："往因中原丧乱，人士谱牒，遗逸略尽，是以具书其支流。望公观过知仁，以免尤责。”

八年夏，除太子太傅、监国史，复参议律令。三台成，文宣曰：“台成须有赋。”愔先以告收，收上《皇居新殿台赋》，其文甚壮丽。时所作者，自邢邵已下咸不逮焉。收上赋前数日乃告邵。邵后告人曰：“收甚恶人，不早言之。”帝曾游东山，敕收作诏，宣扬威德，譬喻关西，俄顷而讫，词理宏壮。帝对百僚大嗟赏之。仍兼太子詹事。收娶其舅女，崔昂之妹，产一女，无子。魏太常刘芳孙女，中书郎崔肇师女，夫家坐事，帝并赐收为妻，时人比之贾充置左右夫人。然无子。后病甚，恐身后嫡媵不平，乃放二姬。及疾瘳追忆，作《怀离赋》以申意。文宣每以酣宴之次，云：“太子性懦，宗社事重，终当传位常山。”收谓杨愔曰：“古人云，太子国之根本，不可动摇。至尊三爵后，每言传位常山，令臣下疑贰。若实，便须决行。此言非戏。魏收既忝师传，正当守之以死，但恐国家不安。”愔以收言曰于帝，自此便止。帝数宴喜，收每预侍从。皇太子之纳郑良娣也，有司备设牢馔，帝既酣饮，起而自毁覆之。仍诏收曰：“知我意不？”收曰：“臣愚谓良娣既东宫之妾，理不须牢，仰惟圣怀，缘此毁去。”帝大笑，握收手曰：“卿知我意。”安德王延宗纳赵郡李祖收女为妃，后帝幸李宅宴，而妃母宋氏荐二石榴于帝前。问诸人莫知其意，帝投之。收曰：“石榴房中多子，王新婚，妃母欲子孙众多。”帝大喜，诏收“卿还将来”，仍赐收美锦二匹。十年，除仪同三司。帝在宴席，口敕以为中书监，命中书郎李愔于树下造诏。愔以收一代盛才，难于率尔，久而未讫。比成，帝已醉醒，遂不重言，愔仍不奏，事竟寝。

及帝崩于晋阳，驿召收及中山太守阳休之参议吉凶之礼，并掌诏诰。仍除侍中，迁太常卿。文宣谥及庙号、陵名，皆收议也。及孝昭居中宰事，命收禁中为诸诏文，积日不出。转中书监。皇建元年，除兼侍中、右光禄大夫，仍仪同、监史。收先副王昕使梁，不相协睦。时昕弟晞亲密。而孝昭别令阳休之兼中书，在晋阳典诏诰，收留在邺，盖晞所为。收大不平，谓太子舍人卢询祖曰：“若使卿作文诰，我亦不言。”又除祖珽为著作郎，欲以代收。司空主簿李翥，文词士也。闻而告人曰：“诏诰悉归阳子烈，著作复遗祖孝征，文史顿失，恐魏公发背。”于时诏议二王三恪，收执王肃、杜预义，以元、司马氏为二王，通曹备三恪。诏诸礼学之官，皆执郑玄五代之议。孝昭后姓元，议恪不欲广及，故议从收。又除兼太子少傅，解侍中。

帝以魏史未行，诏收更加研审。收奉诏，颇有改正。及诏行魏史，收以为直置秘阁，外人无由得见。于是命送一本付并省，一本付邺下，任人写之。

太宁元年，加开府。河清二年，兼右仆射。时武成酣饮终日，朝事专委侍中高元海。元海凡庸，不堪大任，以收才名振俗，都官尚书毕义云长于断割，乃虚心倚仗。收畏避不能匡救，为议者所讥。帝于华林别起玄洲苑，备山水台观之丽，诏于阁上画收，其见重如此。

始收比温子昇、邢邵稍微后进，邵既被疏出，子昇以罪幽死，收遂大被任用，独步一时。议论更相訾毁，各有朋党。收每议陋邢邵文。邵又云："江南任昉，文体本疏，魏收非直模拟，亦大偷窃。"收闻乃曰："伊常于《沈约集》中作贼，何意道我偷任昉。"任、沈俱有重名，邢、魏各有所好。武平中，黄门郎颜之推以二公意问仆射祖珽，珽答曰："见邢、魏之臧否，即是任、沈之优劣。"收以温子昇全不作赋，邢虽有一两首，又非所长，常云："会须作赋，始成大才士。唯以章表碑志自许，此外更同儿戏。"自武定二年以后，国家大事诏命，军国文词，皆收所作。每有紧急，受诏立成，或时中使催促，收笔下有同宿构，敏速之工，邢、温所不逮，其参议典礼与邢相埒。

"既而赵郡。公。增年获免"，收知而过之，事发除名。其年又以托附陈使封孝琰，牒令其门客与行，遇昆仑舶至，得奇货猓然褥表、美玉盈尺等数十件，罪当流，以赎论。三年，起除清都尹。寻遣黄门郎元文遥敕收曰："卿旧人，事我家最久，前者之罪，情在可恕。比令卿为尹，非谓美授，但初起卿，斟酌如此。朕岂可用卿之才而忘卿身，待至十月，当还卿开府。"天统元年，除左光禄大夫。二年，行齐州刺史，寻为真。

收以子侄少年，申以戒厉，著《枕中篇》，其词曰：

吾曾览管子之书，其言曰："任之重者莫如身，途之畏者莫如口，期之远者莫如年。以重任行畏途，至远期，惟君子为能及矣。"追而味之，喟然长息。若夫岳立为重，有潜戴而不倾；山藏称固，亦趋负而弗停；吕梁独浚，能行歌而匪惕；焦原作险，或跻踵而不惊；九陔方集，故眇然而迅举；五纪当定，想窅乎而上征。苟任重也有度，则任之而愈固；乘危也有术，盖乘之而靡恤。彼期远而能通，果应之而可必。岂神理之独尔，亦人事其如一。呜呼！处天壤之间，劳死生之地，攻之以嗜欲，牵之以名利，粱肉不期而共臻，珠玉无足而俱致；于是乎骄奢仍作，危亡旋至。

然则上知大贤，唯几唯哲，或出或处，不常其节。其舒也济世成务，其卷也声销迹灭。玉帛子女，椒兰律吕，谄谀无所先；称肉度骨，膏唇挑舌，怨恶莫之前。勋名共山河同久，志业与金石比坚。斯盖厚栋不桡，游刃砉然。逮于厥德不常，丧其金璞。驰骛人世，鼓动流俗。挟汤日而谓寒，包溪壑而未足。源不清而流浊，表不端而影曲。嗟乎！胶漆讵坚，寒暑甚促。反利而成害，化荣而就辱。欣戚更来，得丧仍续。至有身御魑魅，魂沉狴狱。讵非足力不强，迷在当局。孰可谓车戒前倾，人师先觉。

闻诸君子，雅道之士，游遨经术，厌饫文史。笔有奇锋，谈有胜理。孝悌之至，神明通矣。审道而行，量路而止。自我及物，先人后已。情无系于荣悴，心靡滞于愠喜。不仰望于丘壑，不待价于城市。言行相顾，慎终犹始。有一于斯，郁为羽仪。恪居展事，知无不为。或左或右，则髦士攸宜；无悔无吝，故高而不危。异乎勇进忘退，苟得患失，射千金之产，邀万钟之秩，投烈风之门，趣炎火之室，载蹶而坠其贻宴，或蹲乃丧其贞吉。可不畏欤！可不戒欤！

门有倚祸，事不可不密；墙有伏寇，言不可而失。宜谛其言，宜端其行。言之不善，行之不正。鬼执强梁，人囚径廷。幽夺其魄，明夭其命。不服非法，不行非道。公鼎为己信，私玉非身宝。过涅为绀，逾蓝作青。持绳视直，置水观平。时然后取，未若无欲。知止知足，庶免于辱。

是以为必察其几，举必慎于微。知几虑微，斯亡则稀。既察且慎，福禄攸归。昔蘧瑗识四十九非，颜子几三月不违。跬步无已，至于千里。覆一篑进，及于万仞。故云行远自迩，登高自卑，可大可久，与世推移。月满如规，后夜则亏。槿荣于枝，望暮而萎。夫奚益而非损，孰有损而不害？益不欲多，利不欲大。唯居德者畏其甚，体真者惧其大。道尊则群谤集，任重而众怨会。其达也则尼父栖遑，其忠也而周公狼狈。无曰人之我狭，在我不可而覆。无曰人之我厚，在我不可而咎。如山之大，无不有也；如谷之虚，无不受也；能刚能柔，重可负也；能信能顺，险可走也；能知能愚，期可久也。周庙之人，三缄其口。漏卮在前，欹器留后。俾诸来裔，传之坐右。

其后群臣多言魏史不实，武成复敕更审，收又回换。遂为卢同立传，崔绰返更附出。杨愔家《传》，本云“有魏以来一门而已”，至是改此八字，又先云“弘农华阴人”，乃改“自云弘农”，以配王慧龙自云太原人。此其失也。

寻除开府、中书监。武成崩，未发丧。在内诸公以后主即位有年，疑于赦令。诸公引收访焉，收固执宜有恩泽，乃从之。掌诏诰，除尚书右仆射，总议监五礼事，位特进。收奏请赵彦深、和士开、徐之才共监。先以告士开，士开惊辞以不学。收曰："天下事皆由王，五礼非王不决。"士开谢而许之。多引文士令执笔，儒者马敬德、熊安生、权会实主之。武平三年死。赠司空、尚书左仆射，谥文贞。有集七十卷。

收硕学大才，然性褊，不能达命体道。见当途贵游，每以言色相悦。然提奖后辈，以名行为先，浮华轻险之徒，虽有才能，弗重也。初河间邢子才及季景与收并以文章显，世称大邢小魏，言尤俊也。收少子才十岁，子才每曰："佛助寮人之伟。"后收稍与子才争名，文宣贬子才曰："尔才不及魏收。"收益得志。自序云："先称温、邢，后曰邢、魏。"然收内陋邢，心不许也。收既轻疾，好声乐，善胡舞。文宣末，数于东山与诸优为猕猴与狗斗，帝宠狎之。收外兄博陵崔岩尝以双声嘲收曰："愚魏衰收。"收答曰："颜岩腥瘦，是谁所生，羊颐狗颊，头团鼻平，饭房笭笼，著孔嘲玎。"其辩捷不拘若是。既缘史笔，多憾于人，齐亡之岁，收冢被发，弃其骨于外。先养弟子仁表为嗣。位至尚书膳部郎中。隋开皇中卒于温县令。

【译文】

魏收，字伯起，小字佛助，钜鹿郡下曲阳县人。他的曾祖父是魏缉，祖父是魏韶。他的父亲魏子建，字敬忠，朝廷赠封他为仪同、定州刺史。魏收十五岁的时候，已经很会写文章。跟随父亲去了边疆，又好学习骑马射箭，并想将来能凭武艺取得好前程。荥阳人郑伯跟他开玩笑说："魏郎舞弄了多少支坚戟？"魏收感到不好意思，于是改变习武的志向而读书。夏天，他坐在一只木板凳上，追逐着树阴读书，这样苦读了几年，木板凳都被他磨薄了，而他读书的精力却不止息。魏收终于以文章才华显名当时。

开始时朝廷授给他太学博士的官职。到尔朱荣在河阴滥杀朝官的时候，魏收也在被围困而将被杀的人当中，只是因为天晚了来不及加害而侥幸获免。吏部尚书李神俊很看重魏收的才学，奏请朝廷授给他司徒记室参军的官职。北魏孝庄帝永安三年，又授他北主客郎中的官职。北魏节闵帝即位，为精简身边侍臣，下诏命魏收撰写《封禅书》以考试他的才学。魏收下笔立成，不打草稿，文章将近千字，写毕改动的地方没有几个字。当时黄门郎贾思同在旁侍立，对魏收的才华深感惊奇，对节闵帝说："即使像曹植走七步就可作成一首诗那样的才华，也不能超过魏收。”因此魏帝提升他做了散骑侍郎，不久又命他掌领《起居注》的撰写，并撰修国史，兼任史书侍郎，当时魏收才二十六岁。

北魏孝武帝初年，又诏命魏收代理司徒记室参军的本职。魏收所撰各种公文越积越多，事事都能符合皇帝的意旨。黄门郎崔㥄是跟随后来北齐的开创者神武帝高欢进入朝廷做官的，在当时势焰煊赫，但魏收当初并没有去登门拜见他。崔㥄为孝武帝登帝位赦免罪犯作诏书，文中有这样的句子，说："朕托体于孝文皇帝。"魏收笑他写得太率直了。正员郎李慎把这一情况告诉了崔㥄，于是崔㥄对魏收深为愤懑忌恨。当时节闵帝死，朝廷令魏收撰写有关诏命。崔㥄于是扬言说："魏收在普泰年间出入宫禁，每天为被废的节闵帝炮制诏书，以美化废帝的意旨，却把那些举义兵反对废帝而维持正义的人都斥为叛逆之人；又魏收的父亲已经年老，应该解除官职回家侍奉老父。"御史台将对魏收加以弹劾，幸赖尚书辛雄为魏收在中尉綦俊跟前说好话，才没有对魏收加以追究。魏收的父亲有个贱妾为他所生的弟弟名叫仲同，先前没有登记入册，因此这时心中害怕，于是上报户籍，被朝廷打发回乡照顾老父。孝武帝曾调发大批士卒，在嵩山的南边打猎达十六日之久。当时天气严寒，朝廷和地方吏民都叹息怨恨。孝武帝与随从官吏以及嫔妃、公主们，以奇巧的技艺和奇装异服为乐，大多不合礼制法度。魏收想进言劝谏而又感到害怕，想默不作声而又心不能忍，于是作了一篇《南狩赋》上给孝武帝用以讽谏。当时魏收二十七岁，所作的这篇赋虽然文辞过于华丽，而意旨终归于正。孝武帝亲笔书写诏书回报他，对他很是赞扬。郑伯对魏收说："您如果不是遇到了老夫我，还应当去追赶兔子呢。"

当初高欢曾坚决推辞天柱大将军的职位，魏帝就命魏收草拟诏书，下令依从高欢的请求。魏帝又想加给高欢相国的职务，向魏收询问高欢现在的官品和俸禄，魏收照实回答，魏帝于是作罢。魏收没有想到他的回答关系到高欢是否能做相国，再加上前次的事情而内心不安，于是请求辞职，魏帝下诏批准了他的请求。过了很久，魏帝任命魏收做帝兄之子广平王元赞的开府从事中郎，魏收不敢推辞，于是写了一篇《庭竹赋》以此向魏帝表达自己的意思。不久又命他兼任中书舍人，与济阴人温子昇、河间人邢子才具有同样的声誉，社会上称他们为"三才"。当时魏孝武帝猜忌高欢，双方内心有矛盾，魏收于是借口有病坚决要求辞职而得免官。他的舅舅崔孝芬对他的做法感到奇怪而问他，他回答说：“我是害怕有如春秋时期晋国大夫赵鞅因不满朝廷而调发晋阳兵甲的事情出现。”不久高欢南上，孝武帝西入关中。

魏收兼任通直散骑常侍，作为王昕的副手出使梁朝。王昕风流有文才而又善辩，魏收词藻富丽超群绝伦，梁朝君主及其群臣都对他俩既尊敬而又感到惊异。前此南、北朝刚和好的时候，北魏派李谐、卢元明出使梁朝，李、卢二人的才器都被邻国所敬重。到这时，梁朝君主称赞说：“卢元明、李谐二人是著名当世之才，王昕、魏收二人则是可使衰朝重振之才。不知以后的使臣又将是何等人才呢。”魏收住在宾馆中，于是买吴地的婢女到馆中玩乐。他的部下有买婢女的，魏收也把她们叫来，遍加淫秽，致使梁朝管理宾馆的官吏都因此而获罪。所以人们都称赞魏收的才能而看不起他的操行。在出使途中，他曾作了一篇《聘游赋》，文词很华美。出使回来后，尚书右仆射高隆之向王昕和魏收索取南方土物产，不能如愿，于是示意御史中尉高仲密把王昕、魏收二人拘禁在御史台，过了很久才把他俩放出去。

等到孙搴死后，司马子如向自称丞相的高欢推荐魏收接替孙搴的职位，于是高欢召他前来晋阳，任命他做中外府主簿。但因魏收常违反高欢的意旨，连连被责难，还被罚挨打，魏收在高欢手下很久不能得志。正巧司马子如奉使到高欢的霸朝来，魏收得以沾他的光。司马子如借宴会之机半开玩笑地对高欢说：“魏收是天子的中书郎，是一国的大才，但愿大王能给他点好颜色看。”魏收由此转为高欢相府属官，然而高欢对他也还是不怎么看重。

魏收的从叔父名叫魏季景，很有才学，历任官职都很有名声，并且凡所任官位置都排在魏收之前，然而魏收却常常看不起他。魏季景、魏收初到并州，顿丘人李庶，是已故大司农李谐的儿子，以华言善辩见称，曾对魏收说：“霸朝这就有二魏了。”魏收不假思索地说：“把从叔父和我并提，那就等于是把耶输和您并提。”耶输是已故尚书令陈留公继伯的儿子，是个有名的愚痴儿，喜欢一个人到街市上去，用高价买东西，商贾们都常常耍笑他。魏收因看不起魏季景，因此拿耶输来打比方，他为人的桀骜不驯大多如此。

魏收本以为凭着自己的文才，一定会脱颖而出而被朝廷重用，现在官位既不能如愿，便向朝廷请求修撰国史。崔暹替魏收向高欢的儿子高澄请求说："修国史是国家很重大的事情，公家父子所建立的霸王功业，都有待载入史册，这项工程非魏收来承担不可。"于是高澄奏请东魏孝静帝命魏收兼任散骑常侍，从事撰修国史的工作。孝静帝武定二年，任命魏收为正常侍，兼领中书侍郎，于是从事国史的修撰工作。有一次孝静帝宴请百官，问由于什么原因而把正月初七定名为"人日"，百官没有人知道。魏收回答说："晋朝的议郎董勋所作的《答问礼俗》中说：'正月一日为鸡日，二日为狗日，三日为猪日，四日为羊日，五日为牛日，六日为马日，七日为人日。'"当时邢邵也在旁边，听了魏收的回答甚感惭愧。自从魏朝和梁朝和好以来，双方书信往来常常写道："想彼境内宁静，此率土安和。"后来梁朝的来使，所带来的书信中竟把"彼"字去掉，而自称己方却仍保留"此"字，想通过这种手段来表示天下皆属梁朝而无外域之意。魏收于是改定魏朝给梁朝的回信说："想境内清晏，今万国安和。"后来梁朝人回信，也就依照这种写法。后来高欢入朝，孝静帝要授给他相国的职位，高欢坚决推辞，并命魏收撰写推辞书。推辞书写好后魏收向高欢呈上，当时高澄在高欢身旁侍立，高欢指着魏收说："此人当成为又一个崔光。"武定四年，高欢在西门豹祠中宴集群僚，对司马子如说："魏收做史官，记载我们行事的善恶。听说北伐的时候，朝廷贵官们常招待史官酒食，不知当时尊祖司马仆射也曾招待过史官没有？"在座的人都大笑。于是高欢对魏收说："您不要看现在元康等人在我眼下奔走，认为是我使他们这么辛勤劳累，我后世的身名全在您的手中掌握着，不要以为我不知道。"不久又加魏收兼任著作郎。

魏收从前在洛阳时，尤其轻薄，人们都说："魏收使蝴蝶（喻女子）担惊害怕。"高澄曾经到东山游玩，令给事黄门侍郎崔颢等人设宴。高澄说："魏收依仗自己的才能而以为没有人能比得上他，必须揭发他的短处。"于是在座的给事黄门杨愔等与魏收辩驳起来，魏收忽然大声呼道："杨遵彦（杨愔字遵彦）理屈，已经被驳倒了。"杨愔从容地说："我用以批驳你的理由绰绰有余，我像矗立的大山一样不可动摇，如果遇到了'当途'，那恐怕就要翩翩然而飞逝了。""当途"，（是借用的谶语），是指魏（在此暗指魏收）；翩翩而飞，是暗示蝴蝶被吓飞。高澄理解杨愔的意思，大笑着称赞他说得好。高澄又说："刚才杨愔说的意思太隐蔽了，应该说得更直接些。"杨愔应声说："魏收在并州时曾经作过一首诗，对众人读罢，然后说：'即使让我的从叔季景出六百斛米，也不能明白我这首诗的意思。'这是远近都知道的，我不敢胡乱说。”高澄又高兴地说：“我先前也听说过这话。”众人都笑起来。魏收虽然为自己申辩，也再不能抗拒众人之口，因此终身把这件事作为自己的一块心痛。

侯景叛变投降了梁朝，又率梁朝之兵侵犯东魏南部边疆。当时高澄在晋阳，令魏收撰写檄文，檄文写了五十张纸，魏收不到一天就完成了。又命魏收写檄文给梁朝，令传送给侯景，魏收刚入夜的时候执笔开始写作，到三更时候便写成了，文章之长超过七张纸。高澄对他很是赞扬。魏静帝曾在秋季九月举行大射礼，令朝臣们人人都赋诗。魏收写的诗末尾有这样的句子：“尺书征建邺，折简召长安。”（大意是，我一封书信就能征召梁朝或西魏之帝入朝于魏。）高澄称赞这两句诗写得很豪壮，看着大家说：“在朝今有魏收，便是国家的光彩，他的文笔不论雅俗，都能通达纵横。我也让邢子才、温子昇常常写些诗文，至于词气，都比不上魏收。我有时心中有所感怀，但不是忘了而不能说出，就是说了而意思不能表达尽，有些意思我自己也未能考虑到，可是经魏收草拟出来，就能把所有意思都表达得彻底而周全，这也是很难得的。”又命魏收兼任主客郎，负责接待梁朝来使谢珽、徐陵。侯景又在梁朝叛乱攻陷了梁的都城，梁朝的鄱阳王萧范当时做合州刺史，高澄命魏收写信向他劝降，萧范得到魏收的书信，便率部队西上，刺史崔圣念得以入据合州城。高澄对魏收说：“今天能平定一州，您起了很大的作用，但仍遗憾您的‘尺书征建邺’的诗句还未能表现。”

高澄死，高欢的第二子、北齐的开国皇帝文宣帝高洋到晋阳，命令黄门郎崔季舒、高德正，吏部郎中尉瑾在北府掌管机密。调任魏收为秘书监，兼著作郎，又任命他为定州大中正。这时北齐将接受东魏禅让皇位，杨愔奏请高洋将魏收另外安排在一个馆舍中，令他撰写禅代的诏书和有关文件，命徐之才把守舍门不让魏收外出。北齐天宝元年，任命魏收为中书令，仍兼著作郎之职，并封他为富平县子。

天保二年，文宣帝诏命魏收撰写魏史。天保四年，又任命魏收做了魏郡的郡尹，给予优厚的俸禄，只让他专心在史阁从事撰著，而不过问魏郡的事情。当初文宣帝曾令群臣都谈谈自己的志向，魏收说：“臣愿遵循直笔不阿的原则供职于东观，以便早日完成《魏书》。”因此文宣帝使魏收专任史书撰写的工作。文宣帝又下诏命令平原王高隆之总监史书的修撰工作，但只不过是挂个名罢了。文宣帝命令魏收说：“好好地遵循直笔的原则，我终究不会做北魏的太武帝诛杀直笔的史官。”开始时北魏初年的邓彦海曾撰《代记》十多卷，后来崔浩掌管修史工作，游雅、高允、程骏、李彪、崔光、李琰等人世代相继撰修魏史。崔浩所写的史书用的是编年体，李彪开始改为纪传体而分别撰写纪、表、志、传，但书仍未能问世。到北魏宣武帝的时候，命邢峦追撰《孝文起居注》，该书一直记到孝文帝太和十四年，又命崔鸿、王遵业加以续补，一直补续到北魏孝明帝，事迹记载得十分具体细致。济阴王元辉业又撰写了《辨宗室录》三十卷。魏收于是安排通直常侍房延祐、司空司马辛元植、国子博士刁柔、裴昂之、尚书郎高孝干等人专门负责对以前各种史书和史料加以斟酌取舍，以撰成《魏书》。魏收通过辨别而确立应撰写的条目名称，然后逐条甄别而列举史实，又搜采散亡和遗失的材料，以继写后来的事迹，这样撰成了一代完备的史籍，然后撰表上奏朝廷。这部《魏书》完成了一代大典，全书总计十二《纪》，九十二《列传》，合计一百一十卷。于北齐天保五年三月上奏朝廷。这年秋，任命魏收为梁州刺史。魏收因为《魏书》的《志》还没有写完，奏请朝廷允许他完成修撰工作，朝廷答应了他的要求。这年十一月，又向朝廷上奏十《志》:《天象志》四卷,《地形志》三卷,《律历志》二卷,《礼乐志》四卷,《食货志》一卷,《刑罚志》一卷,《灵征志》二卷,《官氏志》二卷,《释老志》一卷，总计二十卷，接续在《纪》《传》的后边，全书合计一百三十卷，分为十二帙。这部史书共制定有三十五条书例，撰写了二十五篇《序》，九十四篇《论》，前后还附有上奏朝廷的两篇《表》和一篇《启》。

魏收所聘用的史官，生怕有人与他持不同意见而不服从他，所以只用那些学术流派先已归属于他的人。房延祐、辛元植、眭仲让三人虽早已在朝中做官，但并不具备史才。刁柔、裴昂之二人是以儒学知名的，也全不堪史书编辑之任。高孝干则是个不以正道求进的人。凡参加修撰史书的人，他们的祖宗和亲戚们都被写进了书中，并对他们加以美化。魏收性情很偏激，不太能持公允之论，早先与他有仇怨的人，在史书中记载时大多抹杀他们的功绩和长处。魏收常说:“什么样的小子，敢对我魏收不恭！我抬举他就可以使他上天，按压他就可以使他入地。”当初魏收在高欢手下做太常少卿撰修国史，曾得到阳休之的帮助，因此魏收感谢阳休之说:“我没有什么可以用来报谢您的厚德，当为您作一篇美好的传。”阳休之的父亲阳固，在北魏时做北平太守，曾因贪婪暴虐而被中尉李平所弹劾而获罪，这情况记载在《魏起居注》中。魏收的史书却记载说:“阳固做北平侯,很有一些利民之政,因为公事而免官。”又说:“李平对阳固深相敬重。”尔朱荣在北魏是叛贼,但魏收因为北齐皇帝高氏出自尔朱氏的门下,而且魏收曾接受过尔朱氏的高利贷利息钱,因此在《魏书》中记载时就减少尔朱荣的罪恶而多写他的好处,并且评论说:“如果尔朱荣能修养德义之风,那么商朝的豕韦、大彭、伊尹和汉代的霍光,又有什么值得称道的呢?”

当时舆论认为魏收著史书而不能持平允之见,于是文宣帝下诏命令魏收到尚书省与有关诸家子孙对史书中的记载共同加以讨论,先后投诉的有一百多人。有的说遗漏了他的家世的职位,有的说他家没有记载,有的还说书中对他家进行了毫无根据的诽谤。魏收都随即对投诉状做了回答。范阳人卢斐的父亲卢同(不得立传,仅仅把他的事迹)附在族祖卢玄的《传》的下边,而顿丘人李庶家的《传》却称李庶本是梁国蒙地人,卢斐、李庶讥刺魏收说:“史书不正直。”魏收性急,听到这话气愤得不行,于是启奏文宣帝,诬说他们要对他加以杀害。文宣帝大怒,亲自对卢、李二人加以责问。卢斐说:“臣的父亲在魏做官,官位做到了仪同,功业显著,名闻天下,因为与魏收没有亲戚关系,于是不被立传。博陵人崔绰,只是在本郡做个功曹,没有什么事迹,因为是魏收的外亲,却把他的《传》放在前边。”魏收回答说:“崔绰虽然没有官位,但名义值得称道,所以应当为他作传。”文宣帝说:“你怎么知道他是好人?”魏收说:“高允曾为崔绰作《赞》,称赞他有道德。”文宣帝说:“司空高允是才士,为别人作《赞》,正应当对人加以称扬,也就像您为人作文章,那些赞美人家的话难道都能够符合事实?”魏收答不上话来,只吓得浑身颤抖。但文宣帝首先看重的是魏收的才能,所以不想加罪于他。当时太原的王松年也攻击魏收的史书,他和卢斐、李庶都因此而获罪,各被鞭打而后发配甲坊,有的人因此而致死。卢思道也因对《魏书》不满而受罚抵罪。然而仍因众口沸腾,朝廷下令魏史暂且不颁行,而令群官广泛地进行议论,允许家有事迹的人入阁叙说,记载不实的可书面陈述。于是众口哗然,称魏收的史书为“秽史”,投递书面材料的人一个接一个,魏收无法辩白。当时左仆射杨愔、右仆射高德正二人势倾朝野,与魏收都是亲戚,魏收于是为他们家的人都作了传,因此杨、高二人不希望听到人说史书不实,便按压住来自下面的申诉辞,一直到文宣帝死前都不再讨论史书的问题。又尚书陆超曾对杨愔说:“魏收的《魏书》,可以称得上是博物宏才,对于魏室立有大功。”杨愔对魏收说：“《魏书》称得上是一部不可删削的书，将传之万古。不过令人遗憾的是记载各家枝叶姻亲的事，过于烦琐，与旧史的体例不同罢了。”魏收说：“因为从前中原地区动荡混乱，各方面人士的家谱族谱，差不多都遗失了，因此书中详尽地记载他们的支脉后裔，希望公发现我的过失而能理解我的用心是好的，以免除对我的指责。”

天保八年夏天，文宣帝任命魏收为太子少傅、监国史，又参议律令的修订。当三台建成的时候，文宣帝说：“台建成了应当有赋加以歌颂。”杨愔把文宣帝这些话告诉了魏收，于是魏收写了一篇《皇居新殿台赋》献上，赋的文词十分壮丽。当时为三台作赋的人，自邢邵以下都比不上魏收。魏收献赋的前几天才把皇帝要求作赋的事告诉邢邵。邢邵后来告诉别人说：“魏收甚可恶，不早把作赋的事告诉我。”文宣帝曾游东山，命魏收作诏书，宣扬皇帝威德，并拿关西的北周作比衬，魏收一会工夫就作成了，文词和所述的道理都很宏壮，文宣帝向百官对魏收写的诏书大加赞叹。于是又命魏收做太子詹事。魏收娶了他舅舅的女儿、崔昂的妹妹为妻，生了一女，没有儿子。魏太常刘芳的孙女，中书郎崔肇师的女儿，都因为夫家有罪，文宣帝把她俩赐给了魏收为妻，当时人把她俩比之为贾充的左右夫人。然而都没有生儿子。后来魏收病得厉害，恐怕自己死后嫡妻和媵妾争位而不平，便把这两个姬妾放逐了。等到病好了追忆起来，便作了一篇《怀离赋》以表达思念之意。文宣帝常常在宴会上酒酣之后，说：“太子性情懦弱，宗庙社稷事情重大，最终当传位给常山。”魏收对杨愔说：“古人说，太子是国家的根本，不可动摇。皇上三杯过后，常说传位常山，使臣下疑惑而产生二心。如果皇上真想这样做，就必须果决地实行。这种话不是开玩笑的。魏收既然辱处太子师傅之位，正当以死相守，只恐怕造成国家的不安定。”杨愔把魏收的话告诉了文宣帝，从此以后文宣帝就再没有说过传位给常山的话了。文宣帝多次因高兴而宴会，魏收常常得侍从在旁。皇太子娶郑良娣的时候，有关官吏摆设了充备的三牲盛馔。文宣帝酣饮之后，起身把牲馔都掀翻了，于是问魏收说：“知道我的意思吗？”魏收说：“臣愚意以为这是表明良娣即是太子的妾，按理不须备设牲牢，仰思陛下的圣意，是因此而毁去牲馔的。”文宣帝大笑，握着魏收的手说：“您理解我的意思。”安德王高延宗娶赵郡李祖收的女儿为妃。后来文宣帝到李祖收家宴会，而妃的母亲宋氏献上两个石榴到文宣帝面前。文宣帝问在坐的人，却无人知道宋氏的用意，文宣帝便把石榴扔了。

魏收说:“石榴房中多子,安德王新婚,妃母是希望子孙众多。”文宣帝大喜,告诉魏收说:“您把石榴再给我拿来。”于是赐给魏收美锦二匹。天保十年,任命魏收为仪同三司。有一次,文宣帝在宴席上喝醉了酒,口头任命魏收为中书监,又命中书郎李愔在树下草拟诏书。李愔认为魏收是一代大才,难于仓促成文,所以过了很久还没有把诏书写好。等到诏书写成之后,文宣帝酒醉已醒,便不再提这事,李愔写的诏书也就没有上奏,事情就这样被搁置下来。

等到文宣帝死在晋阳的时候,驿马驰召魏收和中山郡太守阳休之参议有关丧葬吉凶之礼,并命魏收负责起草诏诰。于是任命魏收为侍中,又迁升为太常卿。文宣帝的谥号、陵墓名称,都是采纳的魏收的意见。等到孝昭帝高演掌管朝政,命魏收在宫禁中负责起草各种诏文,因此魏收多日没有出来。后来转任中书监。皇建元年,又命魏收兼任侍中、右光禄大夫,仍居仪同和监国史之职。魏收先前曾做王昕的副手出使梁朝,两人不能协调和睦。这时王昕的弟弟王晞与孝昭帝的关系亲密。而孝昭帝另外任命阳休之兼中书监,在晋阳负责起草诏诰,把魏收留在邺都,这大概都是王晞起的作用。魏收因此心中大为不平,对太子舍人卢询祖说:“如果要是让您作文诰,我也就不说什么了。”孝昭帝又任命祖珽为著作郎,想用他来取代魏收。司空主簿李翥是个擅长文词的人,听说了这情况告诉别人说:“诏诰全都归阳子烈(阳休之字子烈),著作郎又命祖孝征(祖珽字孝征)担任,撰文和撰史的职务顿时间都失去了,恐怕魏公要气得像范增那样疮发于背了吧。”当时孝昭帝诏命群臣讨论“二王三恪”都是指的谁,魏收坚持王肃和杜预的说法,以元氏、司马氏为“二王”,元、王二氏再下通曹氏为“三恪”。孝昭帝又诏礼学官们来讨论,礼学官们都坚持郑玄将“二王三恪”分属夏、商以及黄帝、尧、舜五代的说法。但因为孝昭皇后姓元,所以议论“三恪”不想更多地涉及其他说法,便决议听从魏收之说。接着又任命魏收做了太子少傅,而解除侍中之职。

孝昭帝因为魏史还没有颁行,下诏书命令魏收重新加以研究审查。魏收接受诏命,对《魏书》作了一些改正。等到孝昭帝命令颁行魏史,魏收以为只是把《魏书》放置在秘阁中,外人不可能看到,于是他命人送一本到晋阳,又送一本给邺下。任人抄写。

武成帝高湛太宁元年,加给魏收开府的名号。河清二年,又命魏收兼任右仆射。当时武成帝终日嗜酒酣饮,朝政大事专门委任侍中高元海去处理。高元海是个平庸之辈，承受不了大任，武成帝以为魏收的才能和名气世人皆知，而都官尚书毕义云则擅长于决断，于是虚心倚仗他二人处理朝政。魏收却因为胆小怕事而对时政不能有所匡正补救，因此被舆论所讥讽。武成帝在华林另又修了个玄洲苑，苑中备置秀丽的山水台观，武成帝还下诏命令在玄洲苑的台阁中画魏收的像，可见武成帝对他多么重视。

开始时魏收比起温子昇、邢邵来稍微后进一些，后来邢邵被疏远而出了朝廷，温子昇又因罪被幽囚而死，魏收于是大被朝政所任用，而超群绝伦于一时。前此他们三人的议论都是互相攻击诋毁，他们都各自树有朋党。魏收常常在议论中把邢邵的文章说得很疏陋。邢邵又说："江南的任昉，文体本来就很疏略，魏收不只是模拟他，还大大偷窃他的文章。"魏收听到这话，于是说："他常在《沈约集》中作贼，没想到他却说我偷窃任昉的文章。"任昉和沈约在文坛上都有很高的名望，邢邵、魏收对他二人则各有所好。后主高纬武平年间，黄门郎颜之推拿了邢、魏二公所说的意思去问仆射祖珽，祖珽回答说："看到邢、魏二人肯定什么、否定什么，也就是任、沈二人的优劣所在。"魏收因为温子昇从不作赋，邢邵虽然作过一两首，而又非他所长，因此常说："必须等到会作赋，才能成为大才士。只是以写作章表碑志自许，这只不过同儿戏一般。"自从东魏孝静帝武定二年以后，有关国家大事的诏命，以及有关军国大政的一些文词，都是魏收所作。每当有紧急需要，魏收受诏作文立待可成，有时皇宫中派出的使者来催促他作文，魏收下笔疾书如同早已有腹稿，这种敏速的工作，是邢邵、温子昇所比不上的。魏收参与议论典礼所表现的学识和见解，与邢邵不相上下。

"既而赵郡。公。增年获免"（这是《魏收传》的原文，因有脱文，意思不明），魏收明知他有罪还去探望他，事情被揭发出来而被从官籍中除名为民。这年又因为托身投附将出使陈朝的封孝琰，并写信令他的门客与封孝琰同行，正好遇上陈朝的"昆仑"号船到来，魏收又获得了许多奇物宝货；一种名叫猓然的长尾猿皮制的褥表，还有一尺多长的美玉好几十件。依罪应当流放，最后以出钱物赎罪论处了。河清三年，朝廷又起用魏收，任命他为清河郡尹。不久武成帝又派黄门郎元文遥给魏收传话说："您是故人，侍奉我高家时间最久，以前所犯的罪，情有可原。近来命您为清河尹，并非认为这是个美差，只因为初起用您，经过斟酌而做出这样的决定。朕怎可用您的才能而忘了您这个人呢？等到十月，当恢复您的开府的官职。”到北齐后主高纬天统元年，任命魏收为左光禄大夫，天统二年，又代理齐州刺史，不久便正式做了齐州刺史。

魏收因为自己的子侄们年轻，对他们严加申戒，并特为此而著《枕中篇》，文中说：

我曾读管子的书，书中说：“没有比修养自身的任务更重要的了，没有比口舌之途更可怕的了，没有比对寿命的期望更长远的了。身负重任而行走在可怕之途上，而又希望达到长寿的远期，只有君子才能够做到。”现在我追忆回味这几句话，真可令人长声叹息。像那矗立的大山该算是稳重了吧，然而有风雨侵蚀或再加载土石而不倾塌的吗？深山的宝藏人们都认为藏得牢固，然而探山取宝的人却奔走不停。吕梁山独深，能边走边唱而心中无所警惕吗？焦原山险峻，能有人攀登而不心惊的吗？天下才平定，因此当以远大的目光迅速兴举大业。年、月、日、星辰、历数等五纪都当正定，应精思深远而博征古制。如果能够身负重任而言行有节度，那么越负重任地位就会越牢固。登危险之途而能有办法对付危险，那就可以面对危险而不忧。期望实现远大目标的人而又有途径可以通往目标，那就一定会获得相应的结果。难道只是依照神理而使事情这样吗？也是靠人始终如一的努力。啊！处天地之间，辛劳在养生送死之地，（获得成功的人如果）身心被嗜欲所攻，被名利所牵，精美的饭菜不用事先打招呼就一起送到，珠玉没有长脚也都一起到来，于是开始骄奢起来，那么危亡很快就会到来了。然而那些上等智慧的大贤们，能够洞察幽微的事理，或隐居出世，或居官处朝，都能相机而行没有一定之规。他们舒展才智就能够有助于社会而成就功业，他们敛才隐退就能够销声匿迹。对于珠玉丝帛和美女，芳香珍异之物和音乐，以及谄媚阿谀的事决不先于别人。对于毒刻肌骨，挑拨是非，而造成仇恨怨恶的事决不上前。使自己的功勋和名声与山河同样长久，志向和业绩的牢固可与金石比坚。这大概可以称得上是大梁不折，游刃而有余了。至于那些德行无常的人，必将丧失他们所拥有的金玉。他们奔逐于人世，影响着社会风气，拥有火热的太阳还说寒冷，财满山谷还嫌不足。源头不清水流就会浑浊，标尺不正日影就会邪曲。啊！胶漆难道能够坚固？寒暑的更迭是很快的。（不重修身正德），必将反利而成害，变光荣而为耻辱。喜和忧是交替而来的，得和失是轮流相续的。有的人竟至于以身试法，而死于刑狱。这难道不是（自身的修养不够以致）足力不强而不能自拔，因此而为现实的利益所迷吗？后车当以前车的倾覆为借鉴，人当以先知先觉者为师。

听说那些君子们和那些正道之士，都钻研经学，饱读文史之书，下笔有超人之论，谈吐有胜人之理。他们都是孝顺父母和敬爱兄弟的楷模，能够上通神明之理。他们都能先审查好道路而后行，又能衡量道路长短好坏而确定自己的终止处。他们善于推己以及物，先人而后己。他们不计较名利的荣枯，又不为喜怒之情所羁縻，既不借隐居山岩以沽取名望，又不在城中集市中待价而售。他们言行一致，始终谨慎如一。有一位这样的君子在此，就可为国为朝增添光彩。他们敬居官职而展才任事，凡他们知道应该做的事情就没有不努力去做的。不论在帝左还是帝右，都是这样的优异之士所适宜的。(他们对于自己做过的事)既不后悔也不会感到耻辱，因此他们能够处高位而不招致危险。他们不同于那些只知道进而不知后退的人，后一种人常不顾原则去获取利益而生怕有所失，为了博得千金的财产，或月俸万钟的高官厚禄，他们敢于投身风卷烈火的门中，进入火焰熊熊燃烧的危室，结果一开始就跌倒而丧失了遗留给后世的基业，有的人竟屈身蜷体而丧失了正道善行，这难道不可怕吗！难道不值得引以为戒吗！

门边就有灾祸相依傍，凡事都不可永远保密。墙外就埋伏有寇贼，说话不可有所失。应该审慎自己的言论，应该端正自己的行为。说话不善，行为就不正。恶鬼也会被强梁之神所捕食，“人囚径廷”(这句是原文，意思不明)。对于干坏事的人鬼神必将暗中夺其魂魄，而在明处丧其性命。不做非法的事，不干不合道义的行为。以公正为自己迎得信誉，而个人拥有的珠玉并非护身的法宝。染之过黑就会变成绀色，染过蓝就会变成青色。要善于利用墨线来衡量直不直，利用水平仪来观测平不平。时机成熟了再获取，时机不到就不要去想。知道适可而止，知道满足，大概就可以免受侮辱。

因此要想有所作为一定要观察时机，要想有所举动一定要把细枝末节都考虑周全。既善于把握时机而又虑事周全，那就很少有败亡的。既善于观察而又谨慎，那么福禄就会到来。从前蘧瑗能识别四十九种错误，颜子差不多三个月都不犯这些错误(按此句原文作“颜子几三月不违”，意思不明，兹据原文姑且这样翻译。)半步半步不停地走下去，也可以达到千里之远。用小竹筐盛土不断地累进，也可以累成万仞的高山。因此说行远路从近处开始，登高山从低处开始，坚持不懈就可达到大而长久的目标，就可与世长存而永不败亡。月亮圆到如同用圆规画出来的一样时，第二天的夜里就要亏缺了。木槿树由于它的枝叶而繁茂，到黄昏的时候就凋萎了。什么东西能够只增加而不减少？谁能做到有所损缺而无害？好处不要想得到太多，利益不要想捞得太大。只有居守德操的人才会害怕好处得到太多，体行真道的人才会畏惧利益捞得太大。地位太尊贵就会有各种诽谤集中而来，责任太重大就会有众人的怨恨会聚其身。地位显达的时候即使是孔子也感到忙碌而不得安宁，忠心耿耿即使如周公也会遭疑忌而处境狼狈。不要说人家小看我，在我就不可以报复；也不要说人家厚待我，那在我就不可以指出他的过错。要像山那样高大而无所不有，要像谷那样空虚而无所不受。能刚能柔，才可以担负重任。能伸能顺，才可以经历危险。能智能愚，才可以期望长久。要像周庙前的金人那样，把嘴封住以谨防失言。座前要放一只渗漏的酒杯以象征永受而不满，座后应放一只容易倾斜的水杯以警惕自己盛满则覆。以上这些话要使子子孙孙都牢记不忘，作为代代相传的座右铭。

后来群臣又有许多人说魏史记载不实，武成帝又下令对《魏书》重新审查，魏收又对《魏书》作了一些调整改写。于是为卢同立传，反而把崔绰的事迹附在《卢同传》后，杨愔家的传，本来有“有魏以来一门而已”（自建立魏朝以来独此一家而已）的话，现在把这八个字改掉了。又先前书中说：“弘农华阴人”，现在改成了“自云弘农”（自己说是弘农人），以便同《王慧龙传》中“自云太原人”的说法相配合。这些都是魏收的失误处。

不久任命魏收为开府、中书监。太上皇武成帝死，还没有发丧。在朝内的诸公认为后主高纬已经即位好几年，因此对于是否还应发布赦免天下罪犯的命令犹豫不定。诸公请魏收来向他询问，魏收坚持认为后主对天下人仍应广施恩泽，诸公于是听从了他的意见。朝廷命魏收掌管起草诏诰，并任命他为右仆射，总掌议论和监察有关吉、凶、宾、军、嘉五礼事，品位为特进。魏收奏请由赵彦深、和士开、徐之才共监五礼。魏收事先告诉了和士开，和士开对这种请求表示惊讶而以不学无术相推辞。魏收说：“天下事都由王做主，五礼大制最后没有王表态都不能决定。”和士开于是向魏收表示感谢而答应了。魏收又邀请了许多文士来执笔起草各项礼制，而实际是由儒家学者马敬德、熊安生、权会等人具体负责制定礼制。后主武平三年魏收死。朝廷追赠他司空、尚书左仆射的官职，赐谥号为“文贞”。魏收有文集七十卷。

魏收有大学问、大才干，然而心性褊狭，不能体达天命人道。看见当权的王公贵族，常常说恭维的话并表现得和颜悦色以讨欢心。然而他提拔和奖励后辈，却首先考虑他们的名声和德行，那些华而不实和轻率险恶之徒，即使有才能，也不加以重用。当初，河间的邢子才和魏季景与魏收都以文章出名，世称“大邢小魏”，这意思是说魏收尤其俊异。魏收小邢子才十岁，邢子才常说：“佛助是同僚中的突出者。”后来魏收渐渐与邢子才争名，文宣帝也贬低邢子才说：“你的才能比不上魏收。”魏收于是越来越得志。他自己排列名次说：“人们先称温子昇、邢子才，后来又说邢子才、魏收。”然而魏收内心却认为邢才子的才能甚陋，并不赞许他。魏收的性情活泼敏捷，喜欢声乐，又善于跳胡舞。文宣帝末年，他多次在东山一带同艺人们扮演猕猴戏并斗狗以为乐，文宣帝却对他宠惯而不加责备。魏收的外兄博陵人崔岩曾用“双声”称他的姓名以嘲讽他说：“愚魏衰收。”魏收回答说：“面如岩石而又腥臊瘦削，是谁所生？羊下巴而狗面颊，头圆而鼻子平，如同厨房里的竹饭筐，自己浑身都是窟窿，却嘲讽别人有补丁。”魏收口辩的迅捷而又无所顾忌就像这样。他执笔撰写史书后，引起很多人对他不满。北齐灭亡的那一年，魏收的坟墓被人挖掘，把他的骨头抛弃在墓外。魏收先前收养他弟弟的儿子魏仁做他的继承人，魏仁做官做到尚书膳部郎中。隋朝开皇年间，魏仁在温县令的职位上死去。

北齐书卷三十九

祖珽列传第三十一

祖珽，字孝徵，范阳遒人也。父莹，魏护军将军。珽神情机警，词藻遒逸，少驰令誉，为世所推。起家秘书郎，封策高第，为尚书仪曹郎中，典仪注，尝为冀州刺史万俟受洛制《清德颂》，其文典丽，由是神武闻之。时文宣为并州刺史，署珽开府仓曹参军，神武口授珽三十六事，出而疏之，一无遗失，大为僚类所赏。时神武送魏兰陵公主出塞嫁蠕蠕，魏收赋《出塞》及《公主远嫁诗》二首，珽皆和之，大为时人传咏。

珽性疏率，不能廉慎守道。仓曹虽云州局，乃受山东课输，由此大有受纳，丰于财产。又自解弹琵琶，能为新曲，招城市年少歌舞为娱，游集诸倡家。与陈元康、穆子容、任胄、元士亮等为声色之游。诸人尝就珽宿，出山东大文绫并连珠孔雀罗等百余匹，令诸妪掷樗蒲赌之，以为戏乐。参军元景献，故尚书令元世儁子也，其妻司马庆云女，是魏孝静帝姑博陵长公主所生。珽忽迎景献妻赴席，与诸人递寝，亦以货物所致。其豪纵淫逸如此。常云："丈夫一生不负身。"已文宣罢州，珽例应随府，规为仓局之间，致请于陈元康，元康为白，由是还任仓曹。珽又委体附参军事摄典籤陆子先，并为画计，请粮之际，令子先宣教，出仓粟十车，为僚官捉送。神武亲问之，珽自言不受署，归罪子先，神武信而释之。珽出而言曰："此丞相天缘明鉴，然实孝徵所为。"性不羁放纵，曾至胶州刺史司马世云家饮酒，遂藏铜叠二面。厨人请搜诸客，果于珽怀中得之，见者以为深耻。所乘老马，常称骝驹。又与寡妇王氏奸通，每人前相闻往复。裴让之与珽早狎，于众中嘲珽曰："卿那得如此诡异，老马十岁，犹号骝驹；一妻耳顺，尚称娘子。"于时喧然传之。后为神武中外府功曹，神武宴僚属，于坐失金叵罗，窦泰令饮酒者皆脱帽，于珽髻上得之，神武不能罪也。后为秘书丞，领舍人，事文襄。州客至，请卖《华林遍略》。文襄多集书人，一日一夜写毕，退其本曰："不须也。"珽以《遍略》数帙质钱樗蒲，文襄杖之四十。又与令史李双、仓督成祖等作晋州启，请粟三千石，代功曹参军赵彦深宣神武教，给城局参军。事过典签高景略，疑其定不实，密以问彦深，彦深答都无此事，遂被推检，珽即引伏。神武大怒，决鞭二百，配甲坊，加钳，其穀倍徵。未及科，会并州定国寺新成，神武谓陈元康、温子昇曰："昔作《芒山寺碑》文，时称妙绝，今《定国寺碑》当使谁作词也？"元康因荐珽才学，并解鲜卑语。乃给笔札就禁所具草。二日内成，其文甚丽。神武以其工而且速，特恕不问，然犹免官，散参相府。文襄嗣事，以为功曹参军。及文襄遇害，元康被伤创重，倩珽作书属家累事，并云："祖喜边有少许物，宜早索取。"珽乃不通此书，唤祖喜私问，得金二十五铤，唯与喜二铤，余尽自入己。盗元康家书数千卷。祖喜怀恨，遂告元康二弟叔谌、季璩等。叔谌以语杨愔，愔嚬眉答曰："恐不益亡者。"因此得停。文宣作相，珽拟补令史十余人，皆有受纳，据法处绞，上寻舍之。又盗官《遍略》一部。事发，文宣付从事中郎王士雅推检，并书与平阳公淹，令录珽付禁，勿令越逸。淹遣田曹参军孙子宽往唤，珽受命，便尔私逃。黄门郎高德正副留台事，谋云："珽自知有犯，惊窜是常，但宣一命向秘书，称"奉并州约束须《五经》三部，仰丞亲检校催遣"，如此则珽意安，夜当还宅，然后掩取。珽果如德正图，遂还宅。薄晚，就家掩之，缚珽送廷尉。据犯枉法处绞刑。文宣以珽伏事先世，讽所司命特宽其罚，遂奏免死除名。天保元年，复被召从驾，依除免例，参于晋阳。

珽天性聪明，事无难学，凡诸伎艺，莫不措怀，文章之外，又善音律，解四夷语及阴阳占候，医药之术尤是所长。文宣帝虽嫌其数犯宪，而爱其才伎，令直中书省，掌诏诰。珽通密状，列中书侍郎陆元规，敕令裴英推问，元规以应对忤旨，被配甲坊。除珽尚药丞，寻迁典御。又奏造胡桃油，复为割截免官。文宣每见之，常呼为贼。文宣崩，普选劳旧，除为章武太守。会杨愔等诛，不之官，授著作郎。数上密启，为孝昭所忿，勅中书门下二省断珽奏事。

珽善为胡桃油以涂画，乃进之长广王，因言"殿下有非常骨法，孝徵梦殿下乘龙上天"。王谓曰："若然，当使兄大富贵。"及即位，是为武成皇帝，擢拜中书侍郎。帝于后园使珽弹琵琶，和士开胡舞，各赏物百段。士开忌之，出为安德太守，转齐郡太守，以母老乞还侍养，诏许之。会江南使人来聘，为中劳使。寻为太常少卿、散骑常侍、假仪同三司，掌诏诰。初珽于乾明、皇建之时，知武成阴有大志，遂深自结纳，曲相祗奉。武成于天保世频被责，心常衔之。珽至是希旨，上书请追尊太祖献武皇帝为神武，高祖文宣皇帝改为威宗景烈皇帝，以悦武成，从之。

时皇后爱少子东平王俨，愿以为嗣，武成以后主体正居长，难于移易。珽私于士开曰："君之宠幸，振古无二，宫车一日晚驾，欲何以克终？"士开因求策焉。珽曰："宜说主上，云襄、宣、昭帝子俱不得立，今宜命皇太子早践大位，以定君臣。若事成，中宫少主皆德君，此万全计也。君此且微说，令主上粗解，珽当自外上表论之。"士开许诺。因有彗星出，太史奏云除旧布新之徵。珽于是上书，言："陛下虽为天子，未是极贵。按《春秋元命苞》云：'乙酉之岁，除旧革政。'今年太岁乙酉，宜传位东宫，令君臣之分早定，且以上应天道。"并上魏献文禅子故事。帝从之。由是拜秘书监，加仪同三司，大被亲宠。

既见重二宫，遂志于宰相。先与黄门侍郎刘逖友善，乃疏侍中尚书令赵彦深、侍中左仆射元文遥、侍中和士开罪状，令逖奏之。逖惧不敢通，其事颇泄，彦深等先诣帝自陈。帝大怒，执珽诘曰："何故毁我士开？"珽因厉声曰："臣由士开得进，本无欲毁之意，陛下今既问臣，臣不敢不以实对。士开、文遥、彦深等专弄威权，控制朝廷，与吏部尚书尉瑾内外交通，共为表里，卖官鬻狱，政以贿成，天下歌谣。若为有识所知，安可闻于四裔！陛下不以为意，臣恐大齐之业隳矣。"帝曰："尔乃诽谤我！"珽曰："不敢诽谤，陛下取人女。"帝曰："我以其俭饿，故收养之。"珽曰："何不开仓赈给，乃买取将入后宫乎？"帝益怒，以刀环筑口，鞭杖乱下，将扑杀之。大呼曰："不杀臣，陛下得名，杀臣，臣得名。若欲得名，莫杀臣，为陛下合金丹。"遂少获宽放。珽又曰："陛下有一范增不能用，知可如何？"帝又怒曰："尔自作范增，以我为项羽邪！"珽曰："项羽人身亦何由可及，但天命不至耳。项羽布衣，率乌合众，五年而成霸王业。陛下藉父兄资，财得至此，臣以项羽未易可轻。臣何止方于范增，纵张良亦不能及。张良身傅太子，犹因四皓，方定汉嗣。臣位非辅弼，疏外之人，竭力尽忠，劝陛下禅位，使陛下尊为太上，子居宸扆，于己及子，俱保休祚。蕞尔张良，何足可数。"帝愈恚，令以土塞其口，珽且吐且言，无所屈挠。乃鞭二百，配甲坊，寻徙于光州。刺史李祖勋遇之甚厚。别驾张奉礼希大臣意，上言："珽虽为流囚，常与刺史对坐。"敕报曰："牢掌。"奉礼曰："牢者，地牢也。"乃为深坑，置诸内，苦加防禁，桎梏不离其身，家人亲戚不得临视。夜中以芜菁子烛熏眼，因此失明。

武成崩，后主忆之，就除海州刺史。是时陆令萱外干朝政，其子穆提婆爱幸。珽乃遗陆媪弟悉达书曰："赵彦深心腹深沉，欲行伊、霍事，仪同姊弟岂得平安，何不早用智士耶？"和士开亦以珽能决大事，欲以为谋主，故弃除旧怨，虚心待之。与陆媪言于帝曰："襄宣、昭三帝，其子皆不得立，今至尊犹在帝位者，实由祖孝徵。此人有大功，宜报重恩。孝徵心行虽薄，奇略出人，缓急真可凭仗。且其双盲，必无反意，请唤取问其谋计。"从之，入为银青光禄大夫、秘书监，加开府仪同三司。和士开死后，仍说陆媪出彦深，以珽为侍中。在晋阳，通密启请诛琅邪王。其计既行，渐被任遇。

又太后之被幽也，珽欲以陆媪为太后，撰魏帝皇太后故事，为太姬言之。谓人曰："太姬虽云妇人，实是雄杰，女娲已来无有也。"太姬亦称珽为国师、国宝。由是拜尚书左仆射，监国史，加特进，入文林馆，总监撰书，对燕郡公，食太原郡干，给兵七十人。所住宅在义井坊，旁拓邻居，大事修筑，陆媪自往案行。势倾朝野。斛律光甚恶之，遥见窃骂云："多事乞索小人，欲行何计数！"常谓诸将云："边境消息，处分兵马，赵令尝与吾等参论之。盲人掌机密来，全不共我辈语，止恐悮他国家事。"又珽颇闻其言，因其女皇后无宠，以谣言闻上曰："百升飞上天，明月照长安。"令其妻兄郑道盖奏之。帝问珽，珽证实。又说谣云："高山崩，槲树举，盲老翁背上下大斧，多事老母不得语"珽并云"盲老翁是臣"，云与国同忧戚，劝上行，语"其多事老母，似道女侍中陆氏"。帝以问韩长鸾、穆提婆，并令高元海、段士良密议之，众人未从。因光府参军封士让启告光反，遂灭其族。

珽又附陆媪，求为领军，后主许之。诏须覆奏，取侍中斛律孝卿署名。孝卿密告高元海，元海语侯吕芬、穆提婆云："孝徵汉儿，两眼又不见物，岂合作领军也。"明旦面奏，具陈珽不合之状，并书珽与广宁王孝珩交结，无大臣体。珽亦求面见，帝令引入。珽自分疏，并云与元海素相嫌，必是元海谮臣。帝弱颜不能讳，曰："然。"珽列元海共司农卿尹子华、太府少卿李叔元、平准令张叔略等结朋树党。遂除子华仁州刺史，叔元襄城郡太守，叔略南营州录事参军。陆媪又唱和之，复除元海郑州刺史。珽自是专主机衡，总和骑兵、外兵事。内外亲戚，皆得显位。后主亦令中要数人扶侍出入，着纱帽直至永巷，出万春门向圣寿堂，每同御榻论决政事，委任之重，群臣莫比。

自和士开执事以来，政体隳坏，珽推崇高望，官人称职，内外称美。

复欲增损政务，沙汰人物。始奏罢京畿府，并于领军，事连百姓，皆归郡县。宿卫都督等号位从旧官名，文武章服并依故事。又欲黜诸阉竖及群小辈，推诚朝廷，为致治之方，陆媪、穆提婆议颇同异。珽乃讽御史中丞郦伯伟令劾主书王子冲纳贿，知其事连穆提婆，欲使赃罪相及，望因此坐，并及陆媪。犹恐后主溺于近习，欲因后党为援，请以皇后兄胡君瑜为侍中、中领军，又徵君瑜兄梁州刺史君璧，欲以为御史中丞。陆媪闻而怀怒，百方排毁，即出君瑜为金紫光禄大夫，解中领军，君璧还镇梁州。皇后之废，颇亦由此。王子冲释而不问。珽日益以疏，又诸宦者更共谮毁之，无所不至。后主问诸太姬，悯默不对，及三问，乃下床拜曰："老婢合死，本见和士开道孝徵多才博学，言为善人，故举之。比来看之，极是罪过，人实难知。老婢合死。"后主令韩长鸾检案，得其诈出敕受赐十余事，以前与其重誓不杀，遂解珽侍中、仆射，出为北徐州刺史。珽求见后主，韩长鸾积嫌于珽，遣人推出栢阁。珽固求面见，坐不肯行。长鸾乃令军士牵曳而出，立珽于朝堂，大加诮责。上道后，令追还，解其开府仪同、郡公，直为刺史。

至州，会有陈寇，百姓多反。珽不关城门，守埤者皆令下城静坐，街巷禁断行人，鸡犬不听鸣吠。贼无所闻见，不测所以，疑惑人走城空，不设警备。珽忽然令大叫，鼓噪聒天，贼大惊，登时走散。后复结阵向城，珽乘马自出，令录事参军王君植率兵马，仍亲临战。贼先闻其盲，谓为不能拒抗。忽见亲在戎行，弯弧纵镝，相与惊怪，畏之而罢。时穆提婆憾之不已，欲令城陷没贼，虽知危急，不遣救援。珽且战且守十余日，贼竟奔走，城卒保全。卒于州。

【译文】

祖珽，字孝征，是范阳郡遒县人。他父亲祖莹，官至北魏护军将军。祖珽非常聪慧机智，文章既有力度，又有文彩，小时候就美名远扬，受到了世人的称赞。初任秘书郎时，祖珽经过策试，获得了高第，担任尚书仪曹郎中，掌管仪注。他曾经替冀州刺史万俟受洛撰写《清德颂》，文词雅正华丽，因此神武帝高欢听说了有祖珽这个人。当时文宣帝高洋担任并州刺史，委任祖珽作为他的仓曹参军，神武帝曾经向祖珽口头叙述了三十六件事，祖珽出去后，将这些事记录下来，没有一件事情被遗漏，深受同僚们的赞誉。当时神武帝曾护送魏兰陵公主前往漠北嫁给蠕蠕首领来和亲，魏收写下《出塞》和《公主远嫁诗》两首诗，祖珽也和了两首，被当时的人们广为传诵。

祖珽性格十分疏忽轻率，不能够廉洁谨慎正直行事。仓曹虽只是州一级的小机构，却负责接管恒山以东的各州所交纳的赋税，祖珽借机大肆贪污，家中财产很多。祖珽又通晓弹奏琵琶，可以谱写新的曲目，招集城中的年轻人唱歌跳舞，寻欢作乐，并聚集到娼妓的家中玩乐。他与陈元康、穆子容、任胄、元士亮等人聚集在一起，迷恋音乐女色。这帮人曾在祖珽的家中过夜，祖珽用山东产的大文绫及连珠孔雀罗等精美的丝织品一百多匹作为赌资，让几位女子掷樗蒲赌博，来游戏取乐。参军元景献，是已故的尚书令元世儁的儿子，他妻子是司马庆云的女儿，也是魏孝静帝的姑姑博陵长公主所生。祖珽忽然将元景献的妻子接到了宴会上，并让她与众人轮流睡觉，这也是他用财物招诱而来的。他就是这样骄奢淫逸的。他经常说："大丈夫一辈子不应亏待自己。"不久后文宣帝被免去了并州刺史的职务，祖珽按例应该随府改任别的官职，但他想要继续当仓曾参军，就让陈元康代他求情，陈元康将他的想法给文宣帝说了，因此他才能够再任仓曹参军。祖珽又倾身去巴结参军事、代理典签陆子先，并为陆子先出主意，在发放粮食时，让陆子先假传文宣帝命令，盗取了十车仓库中的粟米，被同僚抓到送交官府。祖珽却自称没接到文宣帝签名的命令，将罪责推给陆子先，神武帝相信了他的话，就将他放了。祖珽出来后就说："这位丞相天生明察秋毫，不过这次的事情确实是我祖孝征干的。"祖珽生性放荡不羁，有一次他到胶州刺史司马世云的家中喝酒，席间偷藏两只铜碟子，厨师请求将来客挨个搜身，结果就在祖珽的怀中查了出来，在场的人们都认为这是大耻辱。他常将自己乘坐的老马称为宝马，又与一个姓王的寡妇私通，经常在人前相互往来。裴让之很早就与祖珽非常亲昵，在大庭广众下取笑祖珽说："你怎么如此奇怪，一匹十岁的老马，你称它作宝马；妻子已经六十岁了，你竟叫她做娘子。"这话一时在众人口中相传。后祖珽担任神武帝中外府功曹，神武帝宴请属官时，席间丢失一只金叵罗，窦泰让席中喝酒的人全都取下帽子来检查，在祖珽发髻上找到了，神武帝也无法就此问他的罪。后来祖珽担任秘书丞，代理舍人的职责，侍奉文襄帝高澄。有一个客商前来，要卖一部《华林遍略》。文襄帝招集了很多抄书的人，一天一夜就抄完一部，将原本退还给客商说："我不要了。"祖珽却从《华林遍略》中抽出来几本拿到当铺换钱去赌博，文襄帝惩罚打他四十棍。祖珽又与令史李双、仓督成祖等人一起伪造晋州送来的信函，请求给三千石粟，代替功曹参军赵彦深宣布了神武帝的命令，将粟支给城局参军。这件事通过典签高景略那里，高景略怀疑其中必定有诈，就暗中询问赵彦深，赵彦深回答说根本就没有这种事情，因此受到了审查，祖珽当即就招供了。神武帝大怒，作出了判决，抽祖珽两百下鞭子，配送到造甲的作坊，还要加镣铐，被盗取的谷物要加倍的偿还。还没执刑，恰巧遇到并州的定国寺刚刚建成，神武帝就对陈元康、温子升说："原来撰写的《芒山寺碑》碑文，当时号称最妙，现在的《定国寺碑》应该让谁来撰写呢？"陈元康于是就推荐说祖珽有文才学识，并通晓鲜卑的话。于是就把纸笔送到了囚禁祖珽的地方，让他来撰写。祖珽在两天之内写成，文词非常华美。神武帝因为他写得又好又快，就特加宽恕，不再问他的罪，但还是免去了他的官职，没有官职参议相府之事。文襄帝继任为丞相后，任祖珽担任功曹参军。后文襄帝遇害时，陈元康受了重伤，请求祖珽帮他写封信，向家属吩咐些事情，信中还说："祖喜那儿还有一点儿东西，你们应该早一点前去向他要。"祖珽于是就没有把这封信交出去，将祖喜叫来，私下盘问，得到二十五锭金子，他只给祖喜留下了两锭，其余的全都据为己有。他还偷陈元康家中的几千卷书。祖喜因此怀恨在心，就将这些事情告诉陈元康的弟弟陈叔谌、陈季璩等二人。陈叔谌将情况向杨愔讲了，杨愔皱眉回答说："这事捅出去后恐怕会对死者也没好处。"因此这才没有闹下去。文宣帝当丞相时，祖珽负责选择十多个人作令史，都分别向他们索取贿赂，按照法律应当被处以绞刑，文宣帝不久后又将他放了。祖珽又将公家的一部《华林遍略》偷了，这件事被发觉后，文宣帝将他交给从事中郎王士雅审查，并给平阳公高淹写一封信，让他逮捕了祖珽，将他看押起来，不让他逃跑。高淹派遣田曹参军孙子宽去叫祖珽，祖珽接命令后，就趁机溜走。黄门郎高德正是留台副手，他定计策说："祖珽自己知道他有罪，惊惧地逃窜，是人之常情，只需要向秘书省再送去一道命令，就说接到并州指令，要三部《五经》，希望秘书丞可以亲自检核校对，督促他们尽快发书。这样，祖珽的心中就会安定，夜里当他回到家中，乘其不备，我们前往搜捕。"祖珽果然如高德正谋划的那样，回到了家中。傍晚，突然到他家捉捕，将祖珽捆绑起来送给了廷尉。根据他所犯的枉法之罪，应当判处绞刑，文宣帝因为祖珽曾服侍前朝，告诉有关的机构，特地放宽对祖珽的处罚，于是就上奏朝廷，免除他的死刑，罢去了一切官职。天保元年，他又被征召。让他随驾，按照被免除官职的惯例，到晋阳参见文宣帝。

祖珽天性很聪明，什么事都容易学会，各种技艺，没有他不留心的，除写一手好文章外，他又善长音乐律理，懂得四方少数民族语言以及阴阳占卜，非常精通医术。文宣帝虽然讨厌他多次犯法，但爱惜他的才技，命令他到中书省任职，掌管诏诰。祖珽向文宣帝送交一份密状，陈述了中书侍郎陆元规的罪行，文宣帝命令裴英审问时，陆元规回答问题时冒犯了文宣帝，就被发配到造甲的作坊。任命祖珽为尚药丞，不久后，他升任典御。又上奏，请制造胡桃油，又因为私留公家物资，被免去了官职。文宣帝每次见到他时，都把他叫做贼。文宣帝逝世候，朝廷将文宣帝时有勋劳的旧臣都授了官职，祖珽也被任命为章武郡太守。刚好遇上杨愔被杀的事件，祖珽没到任，就被任命为著作郎。他多次递交密信，受到了孝昭帝高演的痛恨，命令中书省及门下省禁止呈交祖珽的奏文。

祖珽很善于制作胡桃油以染画，于是将胡桃油献给长广王高湛，并趁机说："殿下您骨相非凡，孝征我曾经梦见你乘龙上天。"长广王对他说："如果真的能如此，我会让你富贵得了不得。"高湛即皇帝位后，就是北齐武成皇帝，升任祖珽作中书侍郎。武成帝在后花园中让祖珽弹琵琶，又叫和士开跳胡人的舞蹈，每人赏赐百段织锦。和士开很忌妒祖珽，让他离京担任安德郡太守，转任齐郡太守，他因母亲年老请求回家中奉养，武成帝答应他的请求。刚好江南陈朝使节来访，就让祖珽接待陈朝使节。不久祖珽升任太常少卿、散骑常侍，代仪同三司，掌管诏诰。当初，祖珽在北齐废帝与孝昭帝时，就知道武成帝在暗中有夺帝位的意图，就与武成帝大拉关系，想方设法向他表达敬意。武成帝在天保时常遭文宣帝指责，对文宣帝怀恨在心。祖珽这时就迎合武成帝心意，上书请求将太祖献武皇帝高欢追尊为神武帝，将高祖文宣皇帝高洋的尊号改为威宗景烈皇帝，来获得武成帝欢心，武成帝同意了他的请求。

当时皇后很喜欢小儿子东平王高俨，想要他继承皇位，武成帝却认为当时的太子后主高纬地位正，年龄最大，难以改变。祖珽私下对和士开说："你受到皇上宠幸，自古以来没有人能比得上，假如皇上一旦去世了，你想有什么样的结果？"和士开就请他出个对策。祖珽说："你应当讨皇上的喜欢，说文襄、文宣及孝昭帝的儿子都没能继承帝位，现在应让皇太子早点即位，让君臣的名分确定下来。如果事情办成，皇后及小皇帝都会感激你，这是一条万全的计策。你现在暂时旁敲侧击，让皇上大致了解你的意见，我会在宫外上表论述这件事。”和士开答应他。由于天上有彗星出现，太史就上奏，说这是除旧布新的象征。祖珽于是就上书，说：“陛下您虽然身为天子，但还没获得最尊贵的地位。据《春秋元命苞》中说：‘乙酉年，要革除旧政。’今年太岁星运行是乙酉年，应把帝位传给太子，使君臣的名分早日确立下来，并能上应天象。”他还将魏献文帝禅位给儿子孝文帝的事迹写出来一起呈上。武成帝采纳他的意见。因此任命祖珽为秘书监，加仪同三司，非常受亲信宠爱。

祖珽被中宫以及东宫看重后，就立志要当宰相。他起先与黄门侍郎刘逖的关系较好，于是条列侍中、尚书令赵彦深与侍中、左仆射元文遥及侍中和士开的罪状，让刘逖上奏朝廷。刘逖很胆怯，不敢将他的状子送上去，这件事严重泄密，赵彦深等人就抢先到武成帝那儿为自己作辩解。武成帝大怒，将祖珽抓来责问他：“你为何要诽谤我的和士开？”祖珽就厉声说：“臣下因为和士开的关系才受到重用，本就没有诽谤他的想法，陛下现在既然问到了我，我不敢不据实地回答。和士开、元文遥、赵彦深等众人专权，作威作福，控制了朝廷，同吏部尚书尉瑾内外相勾结，互相呼应，出卖官职，看钱断案，为了财物而处理政事，全国各地都有歌谣来指斥他们。如果被有见地的人知道会发生什么事呢，这种事又怎么能让四边邻国知道！陛下您还不留意，我担心大齐江山就要毁灭了。”武成帝说：“你竟然敢诽谤我！”祖珽说：“我怎敢诽谤您，只是陛下您强夺民女。”武成帝说：“我因为她们受饥挨饿，所以才收养她们。”祖珽说：“您为什么不打开粮仓来赈济她们，却要买来要放入后宫呢？”武成帝于是更加愤怒，用刀头捣他的嘴巴，用皮鞭棍棒乱打他，将要把他抽打死。祖珽大叫着说：“陛下如果不杀死我，将会落个好名声，如果将我杀了，我就会得个好名声。如果想得到好名声，就不要杀我，我好给您配制金丹。”于是稍微将他放松了些。祖珽又说：“陛下有范增那样的人才却不任用，知道该怎么做吗？”武成帝又发怒道：“你将自己比作范增，难道是认为我是项羽！”祖珽说：“项羽别人又怎么能赶得上，只是他没有受天命罢了。项羽只是个平民，率领乌合之众，在五年中就建立起霸王之业。而陛下您凭借父亲、兄长们的身份，才能走到这一步，我认为不应当简单地轻视项羽。我又哪里只可以和范增相比呢，即使张良也比不上我。张良身为太子辅导官，仍需要通过商山四皓，才能决定汉朝继承人。我不是辅佐大臣，地位疏远，但是竭力尽忠，劝说陛下传位给太子，让陛下被尊为太上皇，儿子登帝位，无论父子，都能获得福庆。小小一个张良，哪里值得一提。”武成帝因此更加愤恨，命令人用泥土堵住他的嘴，祖珽边吐边说，一点也没屈服。于是就打他两百鞭子，将他发配到造甲的作坊劳动。不久又将他流放到光州。光州的刺史李祖勋对他很好。光州别驾张奉礼为迎合朝廷大臣们的意图，上奏说：“祖珽虽然是被流放的罪犯，却常常与刺史平坐在一起。”朝廷回报说：“将他关在牢里。”张奉礼说：“所谓的牢，就是说地牢。”于是就挖一个深坑，将祖珽关在里边，命人严加看管，脚镣手铐从来没有取下过，家属及亲戚都不准探望他。晚上用芜菁子做的蜡烛照明，祖珽的双眼被烟火熏烤，因此就失明了。

武成帝逝世后，后主想起了他，派遣人到光州任命他为海州的刺史。这时陆令萱正扰乱朝政，陆令萱的儿子穆提婆受后主宠信。祖珽于是就写信给陆媪弟弟陆悉达说：“赵彦深深谋远虑，想要像伊尹、霍光那样来辅政，仪同你们姐弟怎么能平安无事，为何不早点任用有才的人呢？”和士开也认为祖珽能够决定大事，想要依靠他出谋划策，所以就抛弃旧怨，毫无成见地对待他。与陆媪一起对后主说：“文襄、文宣、昭成三位皇帝的儿子都没能做成皇帝，现在陛下您之所以能够登上帝位，确实是因为祖珽的缘故。这个人立了大功，应当报答他的大恩。祖孝征的思想行为虽浮薄，但奇谋妙计总是超人一等，遇到急事还真的可以依靠。况且他已经双目失明，一定不会有谋反意图，请您把他召回来，向他问计。”后主听从了。祖珽回京担任银青光禄大夫、秘书监，加开府仪同三司。和士开死以后，他又劝说陆媪让赵彦深出京到地方上作官，任命他为侍中。祖珽在晋阳的时候，又送密信去谋杀琅邪王高俨。他的计策实现后，逐渐受到了后主的信任与宠待。

武成皇帝皇后胡太后被囚禁时，祖珽想要尊陆媪为皇太后，将北魏的皇帝尊立皇太后的事迹撰写成文章，并向陆太姬讲述。对人说：“陆太姬虽然是个女人，确是个英雄豪杰，女娲以后，没哪个女性能比得上她。”陆太姬也将祖珽称为国师、国宝。因此就任命他为尚书左仆射，监国史，加特进，到文林馆，负责总管撰写史书的工作，赐封他为燕郡公，食太原郡干，给他杂役七十人。他的家在义井坊，拆邻居的屋舍来拓展地基，大力进行修建，陆媪亲自去巡视，威势倾动了朝廷及民间。斛律光非常讨厌他，远远地看到他也会悄悄地骂他道：“这个搬弄是非、四处乞求的家伙，不知道又在打什么鬼主意！”他还常对将领们说：“以前边境有情况，需分派人马，赵彦深尚书令有时还会与我们这些人商量。瞎子掌管了国家机密以后，一概都不给我们讲，唯恐将他的国家大事耽误了。”他的这些话祖珽听了不少，就利用斛律光女儿斛律皇后失宠的机会，将民间流传的谣言说给后主听，谣言中说：“百升飞上了天，明月照亮长安。”祖珽让他妻子的哥哥郑道盖将这句谣言上奏给了后主，后主询问祖珽，祖珽证明说确实有这件事。并且说还有谣言说：“高山崩，槲树举，盲老翁背上下大斧，多事的老母不得语。”祖珽还说：“盲老翁说的是我。”并且声称自己与国家共忧患，劝说后主作出裁决，并说：“谣言中的多事老母，好像指的是女侍中陆氏。”后主又就这些话去询问韩长鸾、穆提婆，并让高元海、段士良秘密商量，众人都不同意处理斛律光。他又通过斛律光将军府中的参军封士让他递交密信，揭发斛律光谋反，于是就将斛律光一族人杀绝。

祖珽又依附于陆媪，请求让他做领军将军，后主答应他。诏令要实行覆奏制度，并要求侍中斛律孝卿的签名。斛律孝卿将这事暗中告诉高元海，高元海对侯吕芬、穆提婆说：“祖孝征是汉人，两个眼睛又看不见东西，怎么能作为领军将军呢。”第二天早上，高元海当面上奏给后主，详细地陈述祖珽不宜当领军将军的理由，而且在奏章中还写到祖珽和广宁王高孝珩交往，没大臣的规矩。祖珽也请求能面见后主，后主命人把他带进宫来。祖珽替自己辩解，并且说自己与高元海平素有仇怨，肯定是高元海说他的坏话。后主脸皮薄、没能隐瞒住，说：“就是他。”祖珽就陈述高元海同司农卿尹子华、太府少卿李叔元、平准令张叔略等众人拉帮结派。于是就贬任尹子华为仁州刺史，贬任李叔元为襄城郡太守，贬任张叔略为南营州录事参军。陆媪又与祖珽呼应，于是再将高元海贬为郑州刺史。祖珽从此独掌机密大政，主管骑兵曹、外兵曹各种事务。他的内亲外亲，都得到高官。后主也命几个宠信的宦官扶祖珽出入皇宫，每次祖珽都戴着纱帽，直到宫中长巷，进万春门后，径直到后主住的圣寿堂，常与后主坐一个榻子上讨论并决定政事，极其受后主的信任、倚重，大臣中没人比得上他。

自从和士开执政后，政治逐渐败坏，祖珽推崇名望高的人，他任命的官员都很称职，朝廷及民间都称赞说他治国有方。他打算增加或者废除一些政事，清理官员。最开始他上奏请求废除了京畿都督府，将它合并入领军府，与百姓有关的事务，都移交给郡县处理。宿卫都督等官位名号恢复它的原名，文武官员礼服都按照原样。他又想要罢免参政的阉官恩幸以及那些投机钻营的小人，要求所有官员都忠于朝廷，以此来作为实现国家安定的方略。陆媪、穆提婆和祖珽的意见非常不同。祖珽于是就暗示御史中丞郦伯伟，命他弹劾主书王子冲收取了贿赂，祖珽知道这件事与穆提婆有关系，就想将他牵连到贪污案中，希望他因此获罪，并牵涉到陆媪，他还担心后主宠爱的这些亲信的人，要依靠皇后家人的援助，就请求让皇后的哥哥胡君瑜当侍中、中领军。又召见胡君瑜哥哥梁州的刺使胡君璧，想让他当御史中丞。陆媪听说以后满腔怒火，千方百计排斥诋毁他们，立即就贬高君瑜为金紫光禄大夫，解除了他中领军的职务，胡君璧还担任梁州刺史。胡皇后遭废黜，与此也有很大的关系。对王子冲没加追究。祖珽同后主关系日益疏远，再加上宦官们都说他的坏话，什么手段都用上了。后主询问陆媪她对祖珽的看法，陆媪做出忧伤的样子，沉默不语，后主连问了三次，陆媪才下座位拜伏在地说："老婢该死，我原本见和士开称赞祖孝征博学多才，说他是好人，所以才推荐他。最近看来，这是犯了一个大错误，一个人确实很难看清楚。老婢该死。"后主命令韩长鸾对他进行审查，得到了祖珽诈传后主的敕令冒领了赏赐等十几件罪行。因为后主之前曾经对祖珽发过重誓，有罪也不杀他，于是就解除祖珽的仆射、侍中等职位，贬任他为北徐州刺史。祖珽请求再见后主一面，韩长鸾因一直对祖珽不满，就派人将他推到柏阁外。祖珽坚决地请求面见后主，坐在了地上不肯走。韩长鸾就命令士兵将他拖出去，让祖珽立在朝堂之上，对他大加指责。祖珽出发后，又命人将他追回来，解除了他开府仪同三司和燕郡公的封爵，只担任北徐州刺史。

祖珽到达北徐州后，赶上陈朝军队来侵犯，大多数百姓反叛来响应陈军。祖珽不关闭城门，命护守矮墙的士兵都走下来静坐，不准人们在大街小巷行走，不让鸡狗鸣叫。陈朝军队听不到声音，也看不见人影，弄不清楚是怎么回事，怀疑人都已经逃走了，只留下一座空城，没有防守。祖珽突然命城中的人击鼓呼喊，响声震天，敌军队大吃一惊，立即就离散逃跑。后来敌军又排开了阵势攻城，祖珽骑马走出了城门，命录事参军王君植统领兵马，他自己也亲自到达战场。敌军事先听说了他是瞎子，认为他不会抵抗。忽然见他亲临战阵，弯弓射箭，大家都觉得奇怪并感到害怕，就撤走了。当时穆提婆对他仍然很恨，想让敌军将城攻下，把祖珽捉走，虽知道情况危急，仍然不派援军。祖珽指挥军队一面作战，一面守城，坚持十多天后，敌军竟然自己逃走了，城池最终完好无缺。祖珽后死在了北徐州。

北齐书卷四十六

苏琼列传第三十八

苏琼，字珍之，武强人也。父备，仕魏至卫尉少卿。琼幼时随父在边，尝谒东荆州刺史曹芝。芝戏问曰：“卿欲官不？”对曰：“设官求人，非人求官。”芝异其对，署为府长流参军。文襄以仪同开府，引为刑狱参军，每加勉劳。并州尝有强盗，长流参军推其事，所疑贼并已拷伏，失物家并识认，唯不获盗脏。文襄付琼更令穷审，乃别推得元景融等十余人，并获赃验。文襄大笑，语前妄引贼者曰：“尔辈若不遇我好参军，几致枉死。”

除南清河太守，其郡多盗，及琼至，民吏肃然，奸盗止息。或外境奸非，辄从界中行过者，无不捉送。零县民魏双成失牛，疑其村人魏子宾，送至郡，一经穷问，知宾非盗者，即便放之。双成诉云：“府君放贼去，百姓牛何处可得？”琼不理，密走私访，别获盗者。从此畜牧不收，多放散，云：“但付府君。”有邻郡富豪将财物寄置界内以避盗，为贼攻急，告曰：“我物已寄苏公矣。”贼遂去。平原郡有妖贼刘黑狗，构结徒侣，通于沧海。琼所部人连接村居，无相染累。邻邑于此伏其德。郡中旧贼一百余人，悉充左右，人间善恶，及长吏饮人一杯酒，无不即知。琼性清慎，不发私书。道人道研为济州沙门统，资产巨富，在郡多有出息，常得郡县为徵。及欲求谒，度知其意，每见则谈问玄理，应对肃敬，研虽为债数来，无由启口。其弟子问其故，研曰：“每见府君，径将我入青云间，何由得论地上事。”郡民赵颍曾为乐陵太守，八十致事归。五月初，得新瓜一双自来送。颍恃年老，苦请，遂便为留，仍致于听事梁上，竟不剖。人遂竞贡新果，至门间，知颍瓜犹在，相顾而去。有百姓乙普明兄弟争田，积年不断，各相援引，乃至百人。琼召普明兄弟封众人谕之曰：“天下难得者兄弟，易求者田地，假令得地失兄弟心如何？”因而下泪，众人莫不洒泣。普明弟兄叩头乞外更思，分异十年，遂还同住。每年春，总集大儒卫觊隆、田元凤等讲于郡学，朝吏文案之暇，悉令受书，时人指吏曹为学生屋。禁断淫祠，婚姻丧葬皆教令俭而中礼。又蚕月预下绵绢度样于

部内，其兵赋次第并立明式，至于调役，事必先办，郡县长吏常无十杖稽失。当时州郡无不遣人至境，访其政术。天保中，郡界大水，人灾，绝食者千余家。琼普集部中有粟家，自从贷粟以给付饥者。州计户徵租，复欲推其贷粟。纲纪谓琼曰："虽矜饥喂，恐罪累府君。"琼曰："一身获罪，且活千室，何所怨乎？"遂上表陈状，使检皆免，人户保安。此等相抚儿子，咸言府君生汝。在郡六年，人庶怀之，遂无一人经州。前后四表，列为尤最。遭忧解职，故人赠遗，一无所受。寻起为司直、廷尉正，朝士嗟其屈。尚书辛述曰："既直且正，名以定体，不虑不申。"

初琼任清河太守，裴献伯为济州刺史，酷于用法，琼恩于养人。房延祐为乐陵郡，过州。裴问其外声，祐云："唯闻太守善。刺史恶。"裴云："得民誉者非至公。"祐答言："若尔，黄霸、龚遂君之罪人也。"后有敕，州各举清能。裴以前言，恐为琼陷，琼申其枉滞，议者尚其公平。毕义云为御史中丞，以猛暴任职，理官忌惮，莫敢有违。琼推察务在公平，得雪者甚众，寺署台案，始自于琼。迁三公郎中。赵州及清河、南中有人频告谋反，前后皆付琼推捡，事多申雪。尚书崔昂谓琼曰："若欲立功名，当更思余理，仍数雪反逆，身命何轻？"琼正色曰："所雪者怨枉，不放反逆。"昂大惭。京师为之语曰："断决无疑苏珍之。"

迁左丞，行徐州事。徐州城中五级寺忽被盗铜像一百躯，有司征检，四邻防宿及纵迹所疑，逮系数十人，琼一时放遣。寺僧怨诉不为推贼，琼遣僧，谢曰："但且还寺，得像自送。"尔后十日，抄贼姓名及赃处所，径收掩，悉护实验，贼徒款引，道俗叹伏。旧制以淮禁不听商贩辄度。淮南岁俭，启听淮北取籴。后淮北人饥，复请通籴淮南，遂得商估往还，彼此兼济，水陆之利，通于河北。后为大理卿而齐亡，仕周为博陵太守。

【译文】

苏琼，字珍之，是武强郡人。他的父亲苏备，在魏官至卫尉少卿。苏琼在幼年时曾跟随父亲到边界去，拜见东荆州的刺史曹芝。曹芝开玩笑地问他说："你想不想当官？"苏琼回答说："先设立官职，再选人来充任，并不是任由人去找官做的。"曹芝对他的回答感到很惊异，就让他作为自己将军府的长流参军。北齐文襄帝高澄用仪同的名号开府设置了属官，将苏琼召任为刑狱参军，经常鼓励并且慰劳他。并州曾发生强盗抢劫的事情，长流参军追查此事时，被怀疑是强盗的人经过拷问已经招认，丢失了财物的人家都认定他们就是强盗，只是没找到抢劫的赃物。文襄帝将案子交给苏琼进行彻底审查，于是就另外追查到了元景融等十多个人，并找到赃物和证据。文襄帝大笑，对之前那些被胡乱牵连为强盗的人说："你们这些人如果没遇到我的好参军，差一点就被冤枉而死了。"

朝廷任命他担任南清河郡太守，南清河郡的盗贼很多，苏琼到任后，百姓及官吏都肃然起敬，犯法偷盗的事情再也没发生过。有时外郡有不法之徒，擅自从南清河郡经过时，没有一个不被捉住送交给官府的。零县百姓魏双成丢失一头牛，怀疑是同村人魏子宾偷窃的，便将他送到郡上，苏琼经过仔细地查问，知道魏子宾并不是偷牛贼，当即将他放了。魏双成告诉他说："府君你将盗贼放跑了，我们百姓的牛又去哪儿找呢？"苏琼不理睬他，暗中去查访，另外抓到偷牛的人。从此以后，南清河郡的百姓在放牧牲畜时都不加收检，大都散放在野外，并说："只管放心地将它们交给苏府君。"有个邻郡的富豪携带着财物到南清河郡存放以躲避盗贼，被盗贼追得很紧时，便对他们说："我的财物已交给苏公保管了。"盗贼就离去。平原郡有个会法术的巨贼刘黑狗，他招纳许多党徒，并与海外有联系。苏琼治下的百姓虽然与刘黑狗村子靠村子，但都没牵连进去。邻郡的人因此都佩服他的德行。南清河郡原来作贼的人有一百多个，都充当了苏琼的耳目，民间的好事坏事，甚至官吏们喝百姓一杯酒，苏琼都立即就知道，苏琼生性十分清廉谨慎，找他办私事的信件他连拆都不拆。道人道研担任济州沙门统，财产很多，在南清河郡放了许多高利贷，先前常让郡县官吏帮他催债。当他来拜见的时候，苏琼猜到他的意图，每次见他就谈论寻问佛法，言语非常严肃恭敬，道研虽然因讨债来了很多次，都没办法说出口。他弟子问其中的原由，道研说："我每次见到苏府君，他就直接将我带到青云中，哪还有可能谈论地上的俗事。"南清河郡人赵颍，曾经做过乐陵郡太守，八十岁时告老归家。五月初，他摘两只新产的瓜，亲自送给苏琼。赵颍依仗着自己年纪大，竭力请求苏琼收下，苏琼就把瓜留下，但还是将瓜放到大堂的梁上，竟然不切开吃。人们于是就争先恐后地送他新摘的瓜果，来到门上后，才知道赵颍送的两只瓜还放在那儿没动，大家你看着我，我看着你，只好又回去了。有个叫乙普明的百姓，兄弟俩因为土地发生争执，多年都没争出结果，两个人各自寻找证人，竟然拉来一百个证人。苏琼把乙普明兄弟叫来。对那些证人说："世间的兄弟难得，田地却易求，假如争到土地却失去兄弟，你们的心情会如何？"说着就掉下眼泪，大家都哭泣。乙普明兄弟磕头请求能让他们出去想一想。两个人已分开住十年，现在又住到一起。每年春季苏琼就招集博学的儒生卫觊隆、田元凤等人在郡学堂讲学，郡吏们处理公务后的闲余时间，苏琼都让他们用来读书，当时人将官衙称为学生宿舍。苏琼禁绝了不合礼制的祭祀，教导百姓婚娶丧葬都要讲求节俭，遵守礼仪。到养蚕的月份，他预先在全郡公布了绵和绢的长度以及式样，徭役赋税先后都有明确的规定，当国家收纳赋税、征派徭役的时候，苏琼总最先把事情办好，郡县官吏一般都不会因为延误而受极轻的处罚。当时其它的州郡都派人到南清河郡，询问苏琼处理政事的方法。文宣帝天保年间，南清河郡内发了大水，百姓受灾荒，有一千多户人家都揭不开锅。苏琼将郡中有粮食的人家都召集来，亲自向他们贷粮分发给挨饿的人。州却是按户征收租税，并想追查苏琼向百姓贷粮的事情。郡主簿对苏琼说："虽说你是哀怜饥饿不堪的百姓，恐怕会连累府君获罪。"苏琼说："我个人获罪，就可救活近千家人，我还有什么值得怨恨的呢？"于是就上表给朝廷，陈述情况，结果州既没派人征收赋税，也没派人查问苏琼，受灾的人家平安度过了困难。这些人抚爱着子女，都说："是苏府君给了你们生命。"苏琼当了六年南清河郡太守，百姓的心都向着他。所以郡内没有一个人因有案子向州申诉过。曾经先后四次上表报告政绩，苏琼在所有的郡太守中排最最上等。后来因居丧离职，老熟人送来财物，他一概不收。不久又让他作官，任命他为司直、廷尉正，朝中的官员都为他感到不公平。尚书辛述说："苏琼他为人正直，名实相符，不必忧虑他会得不到升迁。"

起先苏琼担任南清河郡的太守时，裴献伯担任济州刺史，裴献伯为政很严厉，专用刑法，而苏琼却广施恩惠，养育百姓。房延祐担任乐陵郡太守，从济州经过时，裴献伯问房延祐自己在外的名声如何，房延祐说："只听说过太守善良，刺史残暴。"裴献伯说："受百姓称颂的人并不是就很公正。"房延祐说："这样说的话，黄霸、龚遂这些古代有名的清官在你眼中反倒成罪人了。"后朝廷有令，让每个州推荐清廉而且有才干的人。裴献伯因先前说过那些话，担心会遭苏琼的陷害，而苏琼却替他长期受屈不得提升向朝廷申诉，谈起这事的人都十分推崇苏琼为人公正。毕义云担任御史中丞，以凶猛残暴为己任，法官们都很畏惧他，不敢违背他的意图。苏琼审理案子却尽力保证公平，因此得到昭雪的人很多，大理寺各个衙门处理案子必须经尚书省复查，就是从苏琼开始实行的。他升任尚书三公郎中。赵州、清河、南中等地经常会有人报告有人谋反，先后都交给了苏琼追查，很多人都平反昭雪。尚书崔昂对苏琼说：“如果你想要建立功勋，博取好名声，应再想想其它办法，但你却多次为谋反作乱的人洗雪罪名，干嘛把自己的生命看得那么低贱？”苏琼严肃地说：“我所昭雪的都是被冤枉的人，绝不放过那些谋反作乱的人。”崔昂感到非常羞愧。京城的人称颂他说：“判案无疑是苏珍之。”

朝廷将他升任左丞，代理徐州刺史的职务。徐州城中五级寺有一百座铜像被盗了，官吏审察的结果，在五级寺的四周防守住宿和有迹象而受到怀疑的人，被逮捕的有数十人之多，苏琼一下把他们全都释放了。五级寺僧人抱怨苏琼不为他们追查盗贼，苏琼让僧人们回去，并且告诉他们说：“你们只管暂时回去，我查到铜像以后自会给你们送来。”过十天，苏琼将盗贼的姓名与赃物存放的地点写出来，派人直接去搜捕，全都找到真凭实据，盗贼们老实地招供，僧人、百姓都惊叹敬服。先前曾经有规定，淮河两岸的商贩不得擅自渡淮河进行贸易。当时淮南发生饥荒，苏琼上书朝廷，请求让淮南人到淮北买粮。后来淮北百姓又受饥荒，他又请求使他们到淮南买粮，于是淮河两岸可以进行贸易来往，彼此都得到好处，淮河两岸的水陆物产，竟然运到黄河以北。后来苏琼在任大理卿时，北齐就灭亡了，他在北周又担任博陵太守。

北齐书卷四十九

綦母怀文列传第四十一

綦母怀文，不知何郡人。以道术事高祖。武定初，官军与周文战于邙山。是时官军旗帜尽赤，西军尽黑。怀文言于高祖曰："赤火色，黑水色，水能灭火，不宜以赤对黑。土胜水，宜改为黄。"高祖遂改为赭黄，所谓河阳幡者。

又造宿铁刀，其法烧生铁精以重柔铤，数宿则成刚。以柔铁为刀脊，浴以五牲之溺，淬以五牲之脂，斩甲过三十札。今襄国冶家所铸宿柔铤，乃其遗法，作刀犹甚快利，不能截三十札也。怀文云："广平郡南干子城是干将铸剑处，其土可以莹刀。"怀文官至信州刺史。

【译文】

綦母怀文，不清楚他是在哪个郡出生的。以道术事奉高祖神武帝高欢。东魏孝静帝武定初年，东魏军队与北周文帝宇文泰的军队在邙山会战。当时东魏军队旗帜全是红色的，而西魏军队旗帜全是黑色的。綦母怀文就对高祖说："红色代表火，黑色代表水，水能灭火，不应用我们的红色旗帜去与敌军黑色旗帜对阵。土能堰水，应该将我们的旗帜改为黄色。"高祖于是就把旗帜改为赭黄色，这也就是人们所说的"河阳幡"。

綦母怀文又制造了宿铁刀，制造方法是：将生铁融化为铁水来浸透到熟铁块中，反复几次之后，熟铁块就成了钢。用熟铁作为刀脊，并且用五种牲畜的便液来进行洗磨，然后用五种牲畜油脂来淬火，这样锻铸的刀可以一下斩透三十层的铠甲。现在襄国一带冶炼的名手所锻铸的钢块，就是綦母怀文传下来的方法，用它来制造刀还是很锋利，只是斩不透三十层的铠甲。綦母怀文曾说过："广平郡南面的干子城是古代铸剑名家干将制造剑的地方，那里的土壤可用来磨砺刀剑。"綦母怀文官至信州刺史。

北齐书卷五十

和士开列传第四十二

和士开，字彦通，清都临漳人也。其先西域商胡，本姓素和氏。父安，恭敏善事人，稍迁中书舍人。魏孝静尝夜中与朝贤讲集，命安看斗柄所指，安答曰："臣不识北斗。"高祖闻之，以为淳直。后为仪州刺史。

士开幼而聪慧，选为国子学生，解悟捷疾，为同业所尚。天保初，世祖封长广王，辟士开府行参军。世祖性好握槊，士开善于此戏，由是遂有斯举。加以倾巧便僻，又能弹胡琵琶，因此亲狎。尝谓王曰："殿下非天人也，是天帝也。"王曰："卿非世人也，是世神也。"其深相爱如此。显祖知其轻薄，不令王与小人相亲善，责其戏狎过度，徙长城。后除京畿士曹参军，长广王请之也。

世祖践祚，累除侍中，加开府。遭母刘氏忧，帝闻而悲惋，遣武卫将军吕芬诣宅，昼夜扶侍，成服后方还。其日，帝又遣以犊车迎士开入内，帝见，亲自握手，怆恻下泣，晓喻良久，然后遣还，并诸弟四人并起复本官。其见亲重如此。除右仆射。帝先患气疾，因饮酒辄大发动，士开每谏不从。属帝气疾发，又欲饮，士开泪下歔欷不能言。帝曰："卿此是不言之谏。"因不复饮。言辞容止，极诸鄙亵，以夜继昼，无复君臣之礼。至说世祖云："自古帝王，尽为灰烬，尧、舜、桀、纣，竟复何异。陛下宜及少壮，恣意作乐，纵横行之，即是一日快活敌千年。国事分付大臣，何虑不办，无为自勤苦也。"世祖大悦。其年十二月，世祖寝疾于乾寿殿，士开入侍医药。世祖谓士开有伊、霍之才，殷勤属以后事，临崩，握士开之手曰："勿负我也。"仍绝于士开之手。

后主以世祖顾托，深委仗之。又先得幸于胡太后，是以弥见亲密。赵郡王睿与娄定远等谋出士开，引诸贵人共为计策。属太后觞朝贵于前殿，睿面陈士开罪失，云："士开先帝弄臣，城狐社鼠，受纳货贿，秽乱宫掖，臣等义无杜口，冒死以陈。"太后曰："先帝在时，王等何不道，今日欲欺孤寡耶！但饮酒，勿多言。睿词色愈厉。或曰："不出士开，朝野不定。"睿等或投冠于地，或拂衣而起，言词咆勃，无所不至。明日，睿等共诣云龙门，令文遥入奏之，太后不听。段韶呼胡长粲传言，太后曰："梓宫在殡，事大忽速，欲王等更思量。"赵郡王等遂并拜谢，更无余言。太后及后主召见问士开，士开曰："先帝群官之中，待臣最重，陛下谅闇始尔，大臣皆有觊覦心，若出臣，正是剪陛下羽翼。宜谓睿等云：'令士开为州，待过山陵，然后发遣。'睿等谓臣真出，必心喜之。"后主及太后然之，告睿等如士开旨，以士开为兖州刺史。山陵毕，睿等促士开就路。士开载美女珠帘及条诸宝玩以诣定远，谢曰："诸贵欲杀士开，蒙王特赐性命，用作方伯。今欲奉别，谨具上二女子、一珠帘。"定远喜，谓士开曰"欲得还入不？"士开曰："在内久，常不自安，今得出，实称本意，不愿更入，但乞王保护，长作大州刺史。今日远出，愿得一辞觐二宫。"定远许之。士开由是得见太后及后主，进说曰："先帝一旦登遐，臣愧不能自死。观朝贵势欲以陛下为乾明。臣出之后，必有大变，复何面见先帝于地下。"因恸哭。帝及太后皆泣，问计将安出。士开曰："臣已得入，复何所虑，正须数行诏书耳。"于是诏出定远青州刺史，责赵郡王睿以不臣之罪，召入而杀之。复除士开侍中、右仆射。定远归士开所遗，加以余珍赂之。武平元年，封淮阳王，除尚书令、录尚书事，复本官悉得如故。

世祖时，恒令士开与太后握槊，又出入卧内无复期限，遂与太后为乱。及世祖崩后，弥自放恣，琅邪王俨恶之，与领军库狄伏连、侍中冯子琮、御史王子宜、武卫高舍洛等谋诛之。伏连发京畿军士，帖神武、千秋门外，并私约束，不听士开入殿。其年七月二十五日旦，士开依式早参，伏连前把士开手曰："今有一大好事。"王子宜便授一函，云："有敕令王向台。"遣兵士防送，禁于治书侍御厅事。俨遣都督冯永洛就台斩之，时年四十八，簿录其家口。后诛俨等。上哀悼，不视事数日，追忆不已。诏起复其子道盛为常侍，又敕其弟士休入内省参典机密，诏赠士开假黄钺、十州诸军事、左丞相、太宰如故。

士开禀性庸鄙，不窥书传，发言吐论，惟以谄媚自资。河清、天统以后，威权转盛，富商大贾朝夕填门，朝士不知廉耻者多相附会，甚者为其假子，与市道小人同在昆季行列。又有一人士，曾参士开，值疾。医人云："王伤寒极重，进药无效，应服黄龙汤。"士开有难色。是人云："此物甚易与，王不须疑惑，请为王先尝之。"一举便尽。士开深感此心，为之强服，遂得汗病愈。其势倾朝廷也如此。虽以左道事之者，不问贤愚无不进擢；而以正理干忤者，亦颇能舍之。士开见人将加刑戮，多所营救，既得免罪，即命讽喻，责其珍宝，谓之赎命物。虽有全济，皆非直道云。

【译文】

和士开，字彦通，是清都临漳人。他祖先是西域胡商，本姓素和氏。他的父亲和安，小心聪明、善于事人，后来升迁为中书舍人。东魏孝静帝元善见曾在夜间与朝中贤臣谈论，让和安观看北斗星斗柄指向何方。和安回答说："我不认识北斗星。"北齐高祖听后，认为他忠厚正直。后来就任命他为仪州刺史。

和士开从小就十分聪明，被选为国子学生，他思路敏捷，受到了同学的崇拜。北齐文宣帝天保初年，世祖高湛被赐封为长广王，征召和士开担任府行参军。高湛喜好双陆这个游戏，和士开正好善于此道，因此才会有这一番征召。加上他十分乖巧随和，又弹得一手好胡琵琶，因而得到王的亲近与偏爱。他曾奉承长广王说："殿下您可不是天人，而是天帝啊！"王也回答说："您也不是一个世人，而是世神啊！"他们之间的相亲相爱就是如此亲密。齐显祖高洋知道和士开轻薄无赖，不让各王与这些小人亲近，责备和士开与长广王玩弄时亲昵过分，将他迁徙到长城去。后来又升他为京畿士曹参军，那也是长广王请求的结果。

世祖高湛登极以后，和士开一步步高升为侍中，加开府。和士开母刘氏去世丁忧，皇帝听说后很悲痛，派武卫将军吕芬到他家中，昼夜侍候，直到大殓后才回去。那一天，皇上又派遣牛犊车去迎接和士开进宫。皇帝见到他后，亲自和他握手，伤心地掉下眼泪。慰勉解劝他很久，才让他回去。官吏丁忧是应该辞官居丧的，但皇上却特准和士开兄弟四人继任原来官职。皇帝对他的恩宠就特殊到了如此的地步。又升任他为右仆射。皇帝原本患气病，每次饮酒都会导致病情大发作。和士开多次劝谏他，但他总不听。有一次皇上的气病犯了，又要饮酒，和士开就流泪抽泣着说不出话来。皇帝说："您这是无声劝告啊！"从而不再饮酒。和士开言谈举动都很卑鄙龌龊，由黑夜到白天接连不断，没有一点儿君臣的礼仪。他甚至劝世祖说："自古以来的帝王不论好坏都会化为灰烬，尧舜及桀纣到最后也没什么不同。皇上应趁现在正值少壮之年，抓紧时间纵情享乐，随心所欲，这样的快活一日也抵上千年。国家大事就交给大臣办，还担心什么事情办不成？您就不用自己辛苦了。"世祖听后非常高兴。这一年十二月，世祖卧病在乾寿殿，和士开入宫奉侍医药。世祖认为和士开有伊尹、霍光一样的才能，谆谆地将后事托付给他。临死时，他握着和士开的手说："你可不要辜负我啊！"他就与和士开拉着手断了气。

齐后主高纬因世祖临死时的重托，将一切重任都委托给和士开。他又曾事先得到胡太后宠幸，所以关系就更亲密。赵郡王高睿与娄定远等谋划要把和士开赶出朝廷去，请来朝中的权贵一同商量。趁着太后在前殿上宴请朝中权贵的机会，高睿当面上奏和士开的罪行，说道："和士开是先帝时的奸邪之臣，他是城墙内的狐狸，神社中的老鼠，他接受贿赂，污乱后宫，我们出于对国家社稷的关心，不能闭口不言，现在才冒死陈奏。"太后说："先帝活着时，你们这些王公怎么不说呢？今天才来说这些话，不是在欺侮我们这孤儿寡母吗？所以你们还是只管饮酒，不要多说话了。"高睿言词更加地严厉，又说："如果不将和士开赶出朝廷，朝里朝外都会不安宁。"高叡等人，有的人把帽子摔在地上，有的人拂衣站了起来，大声地喧哗，群情激奋，达到顶点。第二天，高睿等人都到云龙门，又让元文遥进入上奏，太后不听。段韶让胡长粲传出话来，太后说道："天子的棺材就快要殡葬了，事情很大，时间很紧，你们这些王公们还是先想这件大事吧！"赵郡王高权等人只好一同拜谢，没办法再说出其他话来。太后与后主召见并且询问和士开，和士开说："先帝在所有官僚中，待我最恩重。（现在先帝已经死去，）陛下三年的守丧期刚开始，大臣们都有羡慕并且有窃夺帝位的心，如果将我赶出朝廷，正是剪除皇上的翅膀与羽毛。应先对高叙说：'让和士开出去做地方官，等先帝安葬后，就马上赶他走。'高睿等人认为我真的要被赶走了，一定会非常高兴。"后主和太后都十分同意，将和士开这番哄骗的话都告诉他们，并宣布任命和士开为兖州的刺史。高祖安葬已完毕，高睿等人就催促和士开上路出京。和士开先用车装载着美女、珍珠帘及其他宝物器玩去见娄定远，向他告辞道："各位权贵都想要杀我，特蒙临淮郡王您赏我一条命，让我出京作为一方之长。今天来与您告别，特意敬上两个美女、一条珠帘来做为告别礼物。"娄定远听后很高兴，告诉和士开说："你还想要回京做官吗？"和士开说："我在内朝任职的时间过长，心中总感到不安。现在能出京作外官，实在与我的内心想法相合，所以就不想再回来。只希望郡王您在朝中保护我，让我永远做一个大州刺史。今天远出离京，只希望能见一见皇帝和太后同他们告别。"娄定远答应了他。和士开因此能见到太后和后主高纬，趁机进言道："先帝突然登天远去，我恨不得跟随先帝去死。我看朝中的权贵是想要将陛下当做废帝高殷（年号乾明）随便害死。

我离开朝廷后，一定会有大事变，（陛下如果遇害了，）我还有什么脸面到阴间见先帝呢？”因而痛哭失声。皇帝、太后也都哭了。问他怎么办才好。和士开说：“我已能入宫，还有什么值得考虑的！只要几道诏书罢了。”于是就下诏书，命娄定远出京任青州刺史，责备赵郡王高睿有不臣之心，将他召入宫中杀死。又升任和士开为侍中、右仆射。娄定远也将和士开送他的贿赂还给了和士开，并且添上一些珍宝。武平元年，赐封士开为淮阳王，升任尚书令、录尚书事，恢复他原有官爵，一切都与原来一样。

世祖还在世时，经常让和士开同太后一起玩双陆，出入寝宫也没有限制，于是就与太后发生淫乱。世祖死后，他更加肆无忌惮。琅琊王高俨对此很憎恶，就与领军厍狄伏连、侍中冯子琮、御史王子宜、武卫高舍洛等任密谋杀死和士开。厍狄伏连调拨京畿的军士，埋伏在神武、千秋门外，并且暗中约定，设法不让他入朝上殿。这年（武平二年）七月二十五日早上，和士开照旧上朝参拜，厍狄伏连上前拉住着和士开的手说：“现在有一件大好事……”。王子宜就给他一封信，说：“有诏令请王到御史台去一趟。”并且派士兵护送他，于是就把他囚禁在治书侍御厅事。琅琊王高俨派遣都督冯永洛在御史台杀死和士开，那年和士开四十八岁。按簿收录他的家口。后来后主又杀死高俨等人。后主因和士开的死伤心哀悼，几天都不理朝政，思念和士开不能自已。下诏起用他儿子和道盛为常侍，又下令他的弟弟和士休进入内省参与机密。下诏赠和士开假黄钺、十州诸军事、左丞相、太宰，与过去一样。

和士开性格十分粗俗平庸，也不读什么书，说起话时，只以谄媚为能事。齐武帝河清、齐后主天统年以来，他的权势一天大过一天。富商大贾早晚都填门塞户。朝中的士人不知廉耻的都巴结奉承他。甚至去当他的干儿子，与街道小人排在兄弟一伙。更是有一个士人，曾前去看望和士开，正赶上和士开有病。大夫说：“王害伤寒病太重了，服其他药无效，只能服黄龙汤了。”黄龙汤就是将空瓮泡在粪池里多年渗入的汁水。和士开愁眉苦脸地不想喝，这个人就说：“这东西很好喝，王您不用疑惑作难，你看我替您先尝尝。”然后一下将它喝了个净光。和士开心中很感动，也勉强喝下这药，然后发过汗病就好了。和士开的威势压倒了朝廷。只要用邪道巴结他，不论人好坏他都提拔；而用正理抵制他，他也能不予追究。和士开见人犯罪将被杀，他总是多方设法营救。等你免罪后，就让人暗示，跟你要珍宝贡献，还说是赎命钱。他虽也救活人，但走的都不是正道。

周书

周书卷九

宣帝杨皇后列传第一

宣帝杨皇后名丽华，隋文帝长女。帝在东宫，高祖为帝纳后为皇太子妃。宣政元年闰六月，立为皇后。帝后自称天元皇帝，号后为天元皇后。寻又立天皇后及左右皇后，与后为四皇后焉。二年，诏曰："帝降二女，后德所以俪君；天列四星，妃象于焉垂耀。朕取法上玄，稽诸令典，爰命四后，内正六宫，庶弘赞柔德，广修粢盛。比殊礼虽降，称谓曷宜，其因天之象，增锡嘉名。"于是后与三皇后并加大焉。帝遣使持节册后为天元大皇后曰："咨尔含章载德，体顺居贞，肃恭享祀，仪刑邦国，是用嘉兹显号，式畅徽音。尔其敬践厥猷，寅荅灵命，对扬休烈，可不慎欤。"寻又立天中大皇后，与后为五皇后。

后性柔婉，不妒忌，四皇后及嫔御等咸爱而仰之。帝后昏暴滋甚，喜怒乖度。尝谴后，欲加之罪，后进止详闲，辞色不挠。帝大怒，遂赐后死，逼令引决。后母独孤氏闻之，诣阁陈谢，叩头流血，然后得免。帝崩，静帝尊后为皇太后，居弘圣宫。

初，宣帝不豫，诏后父入禁中侍疾。及大渐，刘昉、郑译等因矫诏以后父受遗辅政。后初虽不预谋，然以嗣主幼冲，恐权在他族，不利于己，闻昉、译已行此诏。心甚悦之。后知其父有异图，意颇不平，形于言色。及行禅代，愤惋逾甚。隋文帝既不能谴责，内甚愧之。开皇六年，封后为乐平公主。后又议夺其志，后誓不许，乃止。大业五年，从炀帝幸张掖，殂于河西。年四十九。炀帝还京，诏有司备礼，祔葬后于定陵。

【译文】

北周宣帝宇文赟的杨皇后名叫丽华，是隋文帝的大女儿。宣帝当皇太子时，周武帝做主让他娶杨皇后为皇太子妃。宣政元年闰六月，将她册封为皇后。宣帝后来自称为天元皇帝，称杨皇后为天元皇后。不久又册封了天皇后与左右皇后，同杨皇后共有四位皇后。宣政二年，宣帝下诏说："上天降下二女做舜的妃子，从此皇后的德行便与君王交相辉映；天

上排列着四颗代表嫔妃的星星，从而向人世显示上帝的原则。我效法上苍，考察古代的法则，封立四位皇后。使后宫制度符合正确的准则，希望借此发扬柔美的德行，增加祭献祖先的子嗣。近来虽然赐予特殊的礼仪，名称还不太适合，现在根据天象，进一步赐予美好的名称。”因此杨皇后与其他三个皇后前都加上“大”字。宣帝派人手持皇帝符节册封杨皇后为天元大皇后说：“你内含美质，德行显扬，行为正确，遵循正道，使祭礼宴飨庄严肃穆，成为全国学习的榜样，所以用这一显耀的名号嘉奖你，以宣扬你的美名。希望你恭敬地实践你的美德，以报答这一神圣的任命，和我一起共同把事情办好，难道还不应该慎重吗。”不久又册封了天中大皇后。同杨皇后一共有五个皇后。

杨皇后性格温和，不妒忌，其他四个皇后及嫔妃们都喜欢她并敬重她。宣帝后来越来越昏庸残暴，喜怒没有节制。曾经指责杨皇后，想办她的罪，杨皇后举动安详，言语和表情都不屈服。宣帝大怒，于是让杨皇后去死，逼着她自杀。杨皇后的母亲独孤氏听说这个消息后，到宫门前向宣帝道歉，叩头不止，直到头上的血都流了出来。杨皇后才得以免遭杀害。宣帝去世后，静帝宇文衍尊奉她为皇太后，住在弘圣宫。

起先，宣帝患病，令杨皇后的父亲到禁省中服侍。当宣帝病危时，刘昉、郑译等人趁机谎称宣帝下诏，让杨皇后的父亲接受遗诏辅佐静帝执政。杨皇后开始虽没有参与谋划，但因静帝年龄幼小，担心朝廷大权落到其他人手中，对自己不利，听说刘昉、郑译已经发布这一诏令，心里为此很高兴。后来知道他的父亲有别的阴谋，心中很不服，并在语言和表情上显示出来。当隋文帝代周建隋时，她更加愤怒痛惜。隋文帝又不能为此指责她，心中很有些惭愧。开皇六年，隋文帝封她为乐平公主。后来又商量想让她改嫁，杨皇后发誓不答应，于是不再提这事。大业五年，她跟随隋炀帝到张掖，在黄河西边去世，终年四十九岁。隋炀帝回到京城长安后，下令有关机构配备礼仪，将她安葬在宣帝的定陵。

周书卷十二

宇文宪列传第四

齐炀王宪字毗贺突，太祖第五子也。性通敏，有度量，虽在童龀，而神彩嶷然。初封涪城县公。少与高祖俱受《诗》《传》，咸综机要，得其旨归。太祖尝赐诸子良马，惟其所择。宪独取驳马。太祖问之，对曰："此马色类既殊，或多骏逸。若从军征伐，牧圉易分。"太祖喜曰："此儿智识不凡，当成重器。"后从猎陇上，经官马牧，太祖每见驳马，辄曰："此我儿马也。"命左右取以赐之。魏恭帝元年，进封安城郡公。孝闵帝践阼，拜骠骑大将军、开府仪同三司。

世宗即位，授大将军。武成初，除益州总管、益宁巴泸等二十四州诸军事、益州刺史，进封齐国公，邑万户。初，平蜀之后，太祖以其形胜之地，不欲使宿将居之。诸子之中，欲有推择。遍问高祖以下，谁能此行。并未及对，而宪先请。太祖曰："刺史当抚众治民，非尔所及。以年授者，当归尔兄。"宪曰："才用有殊，不关大小。试而无效，甘受面欺。"太祖大悦，以宪年尚幼，未之遣也。世宗追遵先旨，故有此授。宪时年十六，善于抚绥，留心政术，辞讼辐凑，听受不疲。蜀人怀之，共立碑颂德。寻进位柱国。

保定中，征还京，拜雍州牧。及晋公护东伐，以尉迟迥为先锋，围洛阳。宪与达奚武、王雄等军于邙山。自余诸军，各分守险要。齐兵数万，奄出军后，诸军恇骇，并各退散。唯宪与王雄、达奚武率众拒之。而雄为齐人所毙，三军震惧。宪亲自督励，众心乃安。时晋公护执政，雅相亲委，赏罚之际，皆得预焉。

天和三年，以宪为大司马，治小冢宰，雍州牧如故。四年，齐将独孤永业来寇，盗杀孔城防主能奔达，以城应之。诏宪与柱国李穆将兵出宜阳，筑崇德等五城，绝其粮道。齐将斛律明月率众四万，筑垒洛南。五年，宪涉洛邀之，明月遁走。宪追之，及于安业，屡战而还。是岁，明月又率大众于汾北筑城，西至龙门。晋公护谓宪曰："寇贼充斥，戎马交驰，遂使疆埸之间，生民委弊。岂得坐观屠灭，而不思救之？汝谓计将安出？”曰：“如宪所见，兄宜暂出同州，以为威势，宪请以精兵居前，随机攻取。非惟边境清宁，亦当别有克获。”护然之。

六年，乃遣宪率众二万，出自龙门。齐将新蔡王王康德以宪兵至，潜军宵遁。宪乃西归。仍掘移汾水，水南堡壁，复入于齐。齐人谓略不及远，遂驰边备。宪乃渡河，攻其伏龙等四城，二日尽拔。又进攻张壁，克之，获其军实，夷其城垒。斛律明月时在华谷，弗能救也，北攻姚襄城，陷之。时汾州又见围日久，粮援路绝。宪遣柱国宇文盛运粟以馈之。宪自入两乳谷，袭克齐柏社城，进军姚襄。齐人婴城固守。宪使柱国、谭公会筑石殿城，以为汾州之援。齐平原王段孝先、兰陵王高长恭引兵大至，宪命将士阵而待之。大将军韩欢为齐人所乘，遂以奔退，宪身自督战，齐众稍却。会日暮，乃各收军。

及晋公护诛，高祖召宪入，宪免冠拜谢。帝谓之曰：“天下者，太祖之天下，吾嗣守鸿基，常恐失坠，冢宰无君凌上，将图不轨，吾所以诛之，以安社稷。汝亲则同气，休戚共之，事不相涉，何烦致谢。”乃诏宪往护第，收兵符及诸薄书等。

寻以宪为大冢宰。时高祖既诛宰臣，亲览朝政，方欲导之以政，齐之以刑，爰及亲亲，亦为刻薄。宪既为护所委任，自天和之后，威势渐隆。护欲有所陈，多令宪闻奏。其间或有可不，宪虑主相嫌隙，每曲而畅之。高祖亦悉其心，故得无患。然犹以威名过重，终不能平，虽遥授冢宰，实夺其权也。

开府裴文举，宪之侍读，高祖常御内殿，引见之。谓曰：“晋公不臣之迹，朝野所知，朕所以泣而诛者，安国家，利百姓耳。昔魏末不纲，太祖匡辅元氏；有周受命，晋公复执威权。积习生常，便谓法应须尔。岂有三十岁天子而可为人所制乎？且近代以来，又有一弊，暂经隶属，便即礼若君臣。此乃乱代之权宜，非经国之治术。《诗》云：‘夙夜匪解，以事一人。’一人者，止据天子耳。虽陪侍齐公，不得即同臣主。且太祖十儿，宁可悉为天子？卿宜规以正道，劝以义方，辑睦我君臣，协和我骨肉。无令兄弟，自致嫌疑。”文举拜谢而出，归以白宪。宪指心抚几曰：“吾之夙心，公宁不悉？但当尽忠竭节耳，知复何言。”

建德三年，进爵为王。宪友刘休征献《王箴》一首，宪美之。休征后又以此箴上高祖。高祖方剪削诸弟，甚悦其文。宪常以兵书繁广，难求旨要，乃自刊定为《要略》五篇，至是表陈之。高祖览而称善。

其秋，高祖幸云阳宫，遂寝疾。卫王直于京师举兵反。高祖召宪谓曰："卫王构逆，汝知之乎？"宪曰："臣初不知，今始奉诏。直若逆天犯顺，此则自取灭亡。"高祖曰："汝即为前军，吾亦续发。"直寻败走。高祖至京师，宪与赵王招俱入拜谢。高祖曰："管蔡为戮，周公作辅，人心不同，有如其面。但愧兄弟亲寻干戈，于我为不足耳。"初，直内深忌宪，宪隐而容之。且以帝之母弟，每加友敬。晋公护之诛也，直固请及宪。高祖曰："齐公心迹，吾自悉之，不得更有所疑也。"及文宣皇后崩，直又密启云："宪饮酒食肉，与平日不异。"高祖曰："吾与齐王异生，俱非正嫡，特为吾意，今袒括是同。汝当愧之，何论得失。汝亲太后之子，偏荷慈爱。今但须自勖，无假说人。"直乃止。

四年，高祖将欲东讨，独与内史王谊谋之，余人莫得知也。后以诸弟才略，无出于宪右，遂告之。宪即赞成其事。及大军将出，宪表上私财以助军费曰："臣闻抚机适运，理借时来，兼弱攻昧，军资权道。伏惟陛下继明作圣，阐业弘风，思顺天心，用恢武略。方使长蛇外翦，宇宙大同，军民内向，车书混一。窃以龙旗雷动，天网云布，刍粟粮饩，或须周给。昔边隅未静，卜式愿上家财；江海不澄，卫兹请献私粟。臣虽不敏，敢忘景行！谨上金宝等一十六件，少助军资。"诏不纳，而以宪表示公卿曰："人臣当如此，朕贵其心耳，宁须物乎！"及诏宪率众二万为前军，趣黎阳。高祖亲围河阴，未克。宪攻拔武济，进围洛口，收其东西二城。以高祖疾，班师。是岁，初置上柱国官，以宪为之。

五年，大举东讨，宪率精骑二万，复为前锋，守雀鼠谷。高祖亲围晋州。宪进兵克洪同、永安二城，更图进取。齐人焚桥守险，军不得进，遂屯于永安。齐主闻晋州见围，乃将兵十万，自来援之。时柱国、陈王纯屯兵千里径，大将军、永昌公椿屯鸡楼原，大将军宇文盛守汾水关，并受宪节度。宪密谓椿曰："兵者诡道，去留不定，见机而作，不得遵常。汝今为营，不须张幕，可伐柏为庵，示有形势。令兵去之后，贼犹致疑也。"时齐主分军万人向千里径，又令其众出汾水关，自率大军与椿对阵。宇文盛驰骑告急，宪自以千骑救之。齐人望谷中尘起，相率遽退。盛与柱国侯莫陈芮涉汾逐之，多有斩获。俄而椿告齐众稍逼，宪又回军赴之。会椿被敕追还，率兵夜返。齐人果谓柏庵为帐幕也，不疑军退，翌日始悟。

时高祖已去晋州，留宪为后拒。齐主自率众来追，至于高梁桥。宪以精骑二千，阻水为阵。齐领军段畅直进至桥。宪隔水招畅与语，语毕，宪问畅曰："若何姓名？"畅曰："领军段畅也。公复为谁？"宪曰："我虞候大都督耳。"畅曰："观公言语，不是凡人，今日相见，何用隐其名位？"陈王纯、梁公侯莫陈芮、内史王谊等并在宪侧。畅固问不已。宪乃曰："我天子太弟齐王也。"指陈王以下，并以名位告之。畅鞭马而去，宪即命旋军，而齐人遽追之，戈甲甚锐。宪与开府宇文忻各统精卒百骑为殿以拒之，斩其骁将贺兰豹子、山褥瑰等百余人，齐众乃退。宪渡汾而及高祖于玉壁。

高祖又令宪率兵六万，还援晋州。宪遂进军，营于涑水。齐主攻围晋州，昼夜不息。间谍还者，或云已陷。宪乃遣柱国越王盛、太将军尉迟迥、开府宇文神举等轻骑一万夜至晋州。宪进军据蒙坑，为其后援，知城未陷，乃归涑川。寻而高祖东辕，次于高显，宪率所部，先自晋州。明日，诸军总集，稍逼城下。齐人亦大出兵，阵于营南。高祖诏宪驰往观之。宪返命曰："是易与耳，请破之而后食。"帝悦曰："如汝所言，吾无忧矣。"宪退，内史柳虬私谓宪曰："贼亦不少，王安得轻之？"宪曰："宪受委前锋，情兼家国，扫此逋寇，事等摧枯。商周之事，公所知也，贼兵虽众，其如我何。"既而诸军俱进，应时大溃。其夜，齐主遁走，宪轻骑追之。既及永安，高祖续至。齐人收其余众，复据高壁及洛女砦。高祖命宪攻洛女，破之。明日，与大军会于介休。

时齐主已走邺，留其从兄安德王延宗据并州。延宗因僭伪号，出兵拒战。高祖进围其城，宪攻其西面，克之。延宗遁走，追而获之。以功进封第二子安城公质为河间王，拜第三子賨为大将军。仍诏宪先驱趋邺。明年，进克邺城。

齐任城王湝、广宁王孝珩等据守信都，有众数万。高祖复诏宪讨之。仍令齐主手书与湝曰："朝廷遇纬甚厚，诸王无恙。叔若释甲，则无不优待。"湝不纳，乃大开赏募，多出金帛，沙门求为战士者，亦数千人。宪军过赵州，湝令间谍二人觇窥形势，候骑执以白宪。宪乃集齐之旧将，遍示之。又谓之曰："吾所争者大，不在汝等。今放汝还，可即充我使。"乃与湝书曰：

"山川有间，每深劳伫，仲春戒节，纳履惟宜。承始届两河，仍图三魏，二者交战，想无亏德。昔魏历云季，海内横流，我太祖抚运乘时，大庇黔首。皇上嗣膺下武，武隆景业，兴稽山之会，总盟津之师。雷骇唐郊，则野无横阵；云腾晋水，则地靡严城。袭伪之酋，既奔窜于草泽，窃号之长，亦委命于旌门。德义振开无垠，威风被于有截。彼朝宿将旧臣，良家戚里，俱升荣宠，皆縻好爵。是使临漳之下，效死争驱；营丘之前，奋身毕命。此岂惟人事？抑亦天时。宜访之道路，不俟傍说。

吾以不武，任总元戎，受命安边，指路幽、冀。列邑名藩，莫不屈膝，宣风导礼，皆荷来苏。足下高氏令王，英风夙著，古今成败，备诸怀抱，岂不知一木不维大厦，三谏可以逃身哉！且殷微去商，侯服周代；项伯背楚，赐姓汉朝。去此弗图，苟徇亡辙，家破身殒，为天下笑。又足下谍者为候骑所拘，军中情实，具诸执事。知以弱卒琐甲，欲抗堂堂之师；萦带污城，冀保区区之命。战非上计，无待卜疑；守乃下策，或未相许。已勒诸军，分道并进，相望非远，凭轼有期。兵交命使，古今通典，不俟终日，所望知几也。”

宪至信都，湝阵于城南，宪登张耳冢以望之。俄而湝所署领军尉相原伪出略阵。遂以众降。相愿，湝心腹也。众甚骇惧。湝大怒，杀其妻子。明日复战，遂破之，俘斩三万人，擒湝及孝珩等。宪谓湝曰：“任城王何苦至此？”湝曰：“下官神武帝子，兄弟十五人，幸而独存。逢宗社颠覆，今日得死，无愧坟陵。”宪壮之，命归其妻子，厚加资给。又问孝珩。孝珩布陈国难，辞泪俱下，俯仰有节，宪亦为之改容。

宪素善谋，多算略，尤长于抚御，达于任使，摧锋陷阵，为士卒先，群下感悦，咸为之用。齐人夙闻声威，无不惮其勇略。及并州之捷，长驱敌境，刍牧不挠，军无私焉。

先是，稽胡刘没铎自称皇帝，又诏宪督赵王招等讨平之。语在《稽胡传》。

宪自以威名日重，潜思屏退。及高祖欲亲征北蕃，乃辞以疾。高祖变色曰：“汝若惮行，谁为吾使？”宪惧曰：“臣陪奉銮舆，诚为本愿，但身婴疹疾，不堪领兵。”帝许之。

寻而高祖崩，宣帝嗣位，以宪属尊望重，深忌惮之。时高祖未葬，诸王在内治服。司卫长孙览总兵辅政，而诸王有异志，奏令开府于智察其动静。及高祖山陵还，诸王归第。帝又命智就宅候宪，因是告宪有谋。帝乃遣小冢宰宇文孝伯谓宪曰：“三公之位，宜属亲贤，今欲以叔为太师，九叔为太傅，十一叔为太保，叔以为何如？”宪曰：“臣才轻位重，满盈是惧。三师之任，非所敢当。且太祖勋臣，宜膺此举。若专用臣兄弟，

恐乖物议。”孝伯反命，寻而复来曰：“诏王晚共诸王俱至殿门。”宪独被引进，帝先伏壮士于别室，至即执之。宪辞色不挠，固自陈说。帝使于智对宪。宪目光如炬，与智相质。或谓宪曰：“以王今日事势，何用多言？”宪曰：“我位重属尊，一旦至此，死生有命，宁复图存。但以老母在堂，恐留兹恨耳。”因掷笏于地。乃缢之。时年三十五。以于智为柱国，封齐国公。又杀上大将军安邑公王兴、上开府独孤熊、开府豆卢绍等，皆以昵于宪也。帝既诛宪，无以为辞，故托兴等与宪结谋，遂加其戮。时人知其冤酷，咸云伴宪死也。

宪所生母达步干氏，茹茹人也。建德三年，册为齐国太妃。宪有至性，事母以孝闻。太妃旧患风热，屡经发动，宪衣不解带，扶侍左右。宪或东西从役，每心惊，其母必有疾，乃驰使参问，果如所虑。宪六子：贵、质、赟、贡、乾禧、乾洽。

贵字乾福，少聪敏，涉猎经史，尤便骑射。始读《孝经》，便谓人曰：“读此一经，是为立身之本。”天和四年，始十岁，封安定郡公，邑一千五百户。太祖之初为丞相也，始封此郡，未尝假人，至是封贵焉。年十一，从宪猎于盐州，一围之中，手射野马及鹿十有五头。建德二年，册拜齐国世子。四年，授车骑大将军、仪同三司。寻出为豳州刺史。贵虽出自深宫，而留心庶政。性聪敏，过目辄记。尝道逢二人，谓其左右曰：“此人是县党，何因辄行？”左右不识，贵便说其姓名，莫不嗟伏。白兽烽经为商人所烧，烽帅纳货，不言其罪。他日，此帅随例来参，贵乃问云：“商人烧烽，何因私放？”烽帅愕然，遂即首服。其明察如此。五年四月卒，年十七。高祖甚痛惜之。

质字乾祐，初封安城公。后以宪勋，进封河间郡王。賨字乾礼，大将军、中坝公。贡出后莒庄公。乾禧，安城公。乾洽，龙涸公。并与宪俱被诛。

【译文】

齐炀王宇文宪，字毗贺突，是太祖宇文泰的第五个儿子。生性通达聪敏，有气度，年纪虽小，但神色严峻。最初被封为涪城县公。少年时，与高祖宇文邕一起学习《诗经》《左传》，都能综其要点，得其旨要。太祖曾经赐给儿子们良马，让他们随意挑选，只有宇文宪挑选了一匹驳马（杂色马）。太祖询问他为何这样选，宇文宪回答说：“这匹马颜色与其他的马不同，也许更为出色。如果从军作战，自是容易辨认。”太祖高兴地说：“这孩子见识不凡，当成大才。”后来他跟随太祖到陇上狩猎，经过官马牧场，太祖每次看到驳马，总是说：“这是我儿子的马啊。”就命侍从取来赏赐给宇文宪。魏恭帝元年，宇文宪被进封为安城郡公。孝闵帝登基后，授予他骠骑大将军、开府仪同三司之职。

世宗登基后，宇文宪被授予大将军。武成初年，授予益州总管，益、宁、巴、泸等二十四州诸军事，益州刺史，进封为齐国公，邑万户。当初，蜀地被平定之后，太祖认为蜀地山川险要生活富足，不希望宿将居守那里，打算在几个儿子中挑选一位，并遍问高祖以下之人，谁能担当重任。别人还没有回答，而宇文宪率先请命。太祖说：“刺史应当安抚部下治理百姓，这不是你能做的事。按照年龄而论，应该让你的哥哥们前去。”宇文宪说：“才用有不同，与年龄大小无关。如果试而无效，甘愿承担面欺之罪。”太祖非常高兴，但因为宇文宪年纪还太小，没有委任他前去。世宗登基后，追尊太祖之前的意旨，所以有这个任命。宇文宪当时只有十六岁，到任后，安抚百姓，专注政事，无论有多少诉讼，都处理得井井有条。蜀人感念他的功绩，一起为他立碑颂德。不久之后，宇文宪进升上柱国。

保定年间，宇文宪被召回京师，被任命为雍州刺史。等到后来，晋公宇文护率军向东征讨北齐，让尉迟迥担任先锋，围攻洛阳，宇文宪与达奚武、王雄等在邙山安营扎寨，其余各路军队各自分守险要之处。齐军几万士兵突然在周军背后进攻，周军非常慌乱，纷纷败逃。只有宇文宪和王雄、达奚武率军抵抗敌军，军心才稳定了。当时，晋公宇文护掌权，对宇文宪很是亲近重用，对将帅士兵的赏罚，都让宇文宪参与商讨。

天和三年，任命宇文宪为大司马，行小冢宰之权，雍州牧的官职照旧。天和四年，齐军将领独孤永业前来进犯，盗贼将孔城防主能奔达杀死，拿城来响应齐军。朝廷下诏令宇文宪与柱国李穆率军从宜阳进发，修筑崇德等五座城垒，将齐军粮道切断。齐将斛律明月率领四万大军在洛水南岸修筑城垒来抵抗周军。天和五年，宇文宪率军渡过洛水，邀击齐军，斛律明月败逃。宇文宪率军追赶，抵达安业城，在多次交战后撤退军队。同年，斛律明月又率领大军在汾水北岸修筑城垒，绵延向西，一直修到了龙门。晋公宇文护对宇文宪说：“寇贼猖獗，战火不断，因此边境上，百姓生业凋敝，怎么能够看着百姓遭屠灭，而不想办法救他们呢？你说我们应该怎么办呢？”宇文宪说：“依我之见，兄长应率军暂奔同州，以显示威势，我请求率领精兵冲在前面，窥探时机再进攻。这样不但边境上会安宁些，而且还会有其他收获。”宇文护认为他说得有道理。

天和六年，宇文宪率领大军二万，从龙门进发。齐将新蔡王康德听说宇文宪率军来攻，率军连夜悄悄撤离。宇文宪也率大军西归，并派遣军士挖掘河道让汾水改道，然后汾水南岸的一部分堡垒，又被齐人攻占。北齐认为宇文宪这一举动谋略不足，于是边备就此松弛。宇文宪趁此机会率军渡过黄河，攻打北齐伏龙等四座城垒，两天之内将城全部攻取。又进攻张壁又攻下了，缴获敌军的物资，夷平城垒返回。此时，齐将斛律明月驻扎在华谷，来不及进行救援，于是他向北进攻周的姚襄城，然后攻取了。当时，汾州被齐军围攻已经很长时间了，粮道和援军之路都被切断了。宇文宪派遣柱国宇文盛运送粮草来救济汾州，然后亲自率军进入两乳谷，偷袭并攻占了齐的柏社城，并且进军到姚襄城下。齐军占据城池坚决防守。宇文宪命令柱国、谭公宇文会修筑石殿城，把它作为汾州的后援。齐平原王段孝先、兰陵王高长恭率领大军进攻，宇文宪命令将士结阵迎敌。大将军韩欢掌管的军队被齐军偷袭，士兵溃散奔逃，宇文宪亲自率大军督战，齐军渐渐退去。适逢天近黄昏，双方各自收兵回营。

等到晋公宇文护被高祖诛杀，高祖宇文邕召宇文宪入朝，宇文宪免冠叩拜谢罪。高祖对他说：“天下是太祖的，朕承继鸿业，经常惧怕丧失。冢宰（指宇文护）目无君长，冒犯君上，将图谋不法之事，因此我才将他诛杀，以此来安定社稷。你是朕的弟弟，同气连枝，休戚与共，此事与你无关，不用谢罪。”然后颁诏命宇文宪前往宇文护的府第，收取兵符和各种簿册文书等。

不久之后，任命宇文宪为大冢宰。此时，高祖已经诛杀宰臣，总揽朝政，正打算整顿政事，整肃纲纪，就是对待亲人也很是严苛。宇文宪之前被宇文护信任，自天和年间以来，威权逐渐加重。宇文护想有奏请之事，大多让宇文宪代替自己上奏，其中偶尔有不恰当的建议，为避免互相嫌疑，宇文宪总是委曲心意设法疏通君臣关系。高祖也洞悉他的良苦用心，所以才没有招致祸患。但是因为宇文宪威名过重，高祖内心终难平静，虽然表面提升宇文宪为冢宰，实际上却是削夺了他的权力。

开府裴文举是宇文宪的侍读，高祖曾经在内殿中召见他，对他说：“晋公不臣之行，朝野上下无人不知，朕之所以流着泪将他诛杀，是因为要使国家安定，百姓获益。过去北魏末年纲纪败坏，太祖匡辅元氏；周朝受命建国，晋公又掌握大权。积习为常，便认为本该如此。哪里有三十岁的天子却受他人控制的呢！而且近代以来，还有一弊端，暂时有了隶属关系，便立即礼若君臣。这是战乱之时的权宜之计，却不是治理天下的长久办法。《诗经》说：'夙夜匪解，以事一人。'所说的一人，只是说天子。你虽在齐公身边陪侍，却不能就像臣子与君主一般。况且太祖有十个儿子，难道每一个都要成为天子吗？你应该以正道劝谏于他，以义方引导于他，而不要让我们亲兄弟自相嫌疑。"裴文举听完后，叩谢而出，回去后，将此事禀告宇文宪。宇文宪指着心口，扶着桌子说："我的心思你还不知道吗？我只应当竭尽忠诚侍奉天子，其他还有什么说的。"

建德三年，宇文宪被晋升爵位为王。宇文宪的好友刘休征赠送《王箴》诗一首，宇文宪很是赞赏。刘休征后来又把此诗进献高祖。高祖正准备削弱弟弟们的权势，也很喜欢此诗。宇文宪曾经因为兵书太繁杂，难以抓住其精髓，于是就自己删改为《要略》五篇，并呈献给高祖，高祖阅读后，连连称赞写得好。

这年秋天，高祖临幸云阳宫，患重病。卫王宇文直趁此机会在京师起兵叛乱。高祖召见宇文宪，对他说："卫王谋反，你可知道？"宇文宪说："我起初不知，如今奉诏才知道。宇文直如果逆天犯顺，就是自取灭亡。"高祖说："你立即作为前军先行出发，朕随后就出发。"宇文直很快便败逃了。高祖返回京师，宇文宪和赵王宇文招一起入宫叩拜谢罪。高祖说："管公、蔡公因反叛被诛杀，而周公却能够辅佐成王建国立业，人心不同，就像人面不同一样。只是惭愧兄弟至亲大动干戈，对我而言，这是我的不足啊。"当初，宇文直内心深深嫉恨宇文宪，宇文宪对他却隐忍宽容，而且因为他是高祖的同母弟，对他常常礼敬有加。晋公宇文护被诛杀时，宇文直坚决请求连宇文宪一起诛杀。高祖说："齐公的心迹，我自己早已经洞悉，不能再有所怀疑。"等到文宣皇后去世，宇文直又偷偷上奏说："宇文宪饮酒吃肉，与平时没有不同。"高祖说："我与齐王不是一母所生，都不是正妻之子。他特意了解我，总是袒护与我，你应对此感到惭愧，还谈论他的得失？你是太后的亲生儿子，得到太多偏爱，现在只要自我勉励就行了，不要再说他人。"宇文直这才停止进言了。

建德四年，高祖准备率领大军向东征讨北齐，只与内史王谊暗中谋划此事，其他人全都不知道。后来因为诸弟之才没有比得上宇文宪的，才把东伐之事告诉了宇文宪，宇文宪当即赞成此事。等到大军即将出发时，宇文宪向高祖呈递奏表，请求拿出私财来资助军费，说："臣听说把握时机，适应运会，兼并弱者，攻打愚者，这一切都要凭借权道。望陛下保持圣明，开创大业，弘扬教化，顺应天意，恢宏武略，才能使奸恶被剪除，天下一体，民心归附，车轨文字统一。臣私下认为龙旗雷动，天网密布，粮食军饷，也许要充足供应。过去边境不安定，卜式自愿献上家财；天下大乱，卫兹请求进献私粟。臣虽愚钝，不敢忘记前人的高尚的德行。恭敬地献上金银财宝等十六件，稍稍资助军资吧。"高祖下诏不准许，然后拿着宇文宪的奏表向公卿展示，说："人臣就应该如此啊。朕看重的只不过是他的心意，而不是真的需要他的财物啊。"高祖下诏让宇文宪率领大军二万作为前锋，进逼黎阳。高祖亲自率领大军围攻河阴，没能够攻取下来。宇文宪率军攻陷武济，围攻洛口，占领了其东西两城。因为高祖患病，周军撤军回朝。这一年，开始设置上柱国官职，就让宇文宪担任此职。

建德五年，周军大举向东征讨，宇文宪率领精锐骑兵二万又担任前锋，防守雀鼠谷。高祖亲自率领大军围攻晋州。宇文宪攻取了洪同、永安两座城，准备进一步攻打。齐军将桥梁焚毁，据守险要之处，周军无法前进，于是在永安屯军驻扎。齐主听说晋州被围困，于是率军十万，前来援助。此时，柱国、陈王宇文纯在千里径屯兵驻守，大将军、永昌公宇文椿在鸡楼原屯军驻守，大将军宇文盛把守汾水关，都接受宇文宪统一调遣。宇文宪偷偷对宇文椿说："战争讲的是诡诈之道，去留没有定法，见机而行，不必遵循常规。你现在修筑营垒，不必搭建营帐，可以砍伐柏树搭成庵房形状，表示有营幕的样子。能让我军撤离后，敌军以为我军还在原地未动。"这时，齐主分拨一万军队冲向千里径，又命一部齐军向汾水关进发，而自己率领大军与宇文椿对阵。宇文盛派遣骑兵告急，宇文宪亲自率领一千骑兵前去援救。齐军望见谷中尘土飞扬，就相继立即撤退。宇文盛和柱国侯莫陈芮趁此机会率军渡过汾水追击，斩杀俘获敌军很多。不久，宇文椿禀告齐军攻势猛烈，宇文宪又返回军营救援。正赶上宇文椿奉高祖之令撤军，于是率军连夜撤退。齐军果然以为柏庵是周军的营帐，没有怀疑周军已撤退，直到第二天才发觉。

这时，高祖已撤离晋州，宇文宪率军留下殿后。齐主亲自率领大军来追击，抵达高梁桥。宇文宪率领精骑二千，隔水为阵。齐领军段畅径直进逼到桥边。宇文宪隔水招呼段畅与他谈话，说完后，宇文宪问段畅："你姓名是什么？"段畅说："我是领军段畅，你又是谁？"宇文宪说："我只不过是虞候大都督罢了。”段畅说：“听你言谈，不像一般人。今日相见，何必要隐瞒姓名官位呢？”陈王宇文纯、梁公侯莫陈芮、内史王谊等都站在宇文宪的身旁。段畅坚决地不停地询问。宇文宪这才说：“我是天子的太弟齐王。”又指着陈王等，将他们的姓名、爵位告与段畅。段畅听完后，骑上马离去，宇文宪就立即下令撤军，而齐军也迅速追击，兵甲装备很是精良。宇文宪和天府宇文忻各自率领一百精锐骑兵殿后来抵抗敌军，将齐军骁将贺兰豹子、山褥瑰等一百多人杀死，齐军这才撤退。宇文宪率大军渡过汾水，在玉壁追赶上高祖。

高祖又下诏令命宇文宪率大军六万，返回救援晋州。宇文宪于是率军前进，在涑水安营驻扎。齐主率大军围攻晋州，日夜不停。派出去侦察的间谍回来，有的说晋州已经被攻占了。宇文宪就派遣柱国越王宇文盛、大将军尉迟迥、开府宇文神举等率领一万轻骑连夜进逼晋州。宇文宪进军占据蒙坑，作为大军的后援，得知晋州还没有被攻陷，就率军返回涑川。不久，高祖向东进军，在高显驻扎，宇文宪率领部下先进攻晋州。第二天各路大军会集，逐渐逼近城下。齐军也调遣大军，在周军营南面摆开阵势。高祖命令宇文宪骑马前去观察敌军阵势，宇文宪回来说：“敌军很容易对付，请让我击败他们之后再用饭吧。”高祖高兴地说：“果真如你所说，朕就无需忧心了。”宇文宪退出去后，内史柳虬私下里对宇文宪说：“贼兵也不在少数，您怎么能轻视呢？”宇文宪说：“我受命担任前锋，兼有家族国家双重使命。铲除贼寇，就好像摧折枯木一般。商朝和周朝的事你是了解的。敌兵虽然众多，又能将我怎么样呢！”不一会儿，周军各路军队一起进攻，敌军顿时四散溃逃。当天夜里，齐主逃走，宇文宪率领轻骑追击。等到达永安后，高祖也率大军追赶上他。齐军聚集残兵，又占据并驻守高壁与洛女砦。高祖命宇文宪攻打洛女砦，将其攻占。第二天，宇文宪与大军在介休会聚。

此时，齐主已经返回邺城，让自己的从兄安德王高延宗留下据守并州。高延宗趁此机会即位称帝，并出兵迎战。高祖率大军攻打并包围了度州，宇文宪进攻城西，将其攻占。高延宗逃走，被周军追上活捉。凭借着宇文宪的战功，他的第二子安城公宇文质被进封为河间王，第三子宇文寅被授予大将军一职。高祖仍然诏令宇文宪为前锋，率大军向邺城进发。第二年，进军攻克了邺城。

齐任城王高湝、广宁王高孝珩等在信都据守，有几万军队。高祖又下诏命宇文宪率大军征讨，并让被擒住的齐主高纬亲自写信给高湝说："朝廷待我很优厚，诸王也安然无恙。叔叔如果放下武器投降，也没有不优待的。"高湝没有听从。高祖于是大规模地悬赏招募士兵，拿出很多金帛，僧人请求成为士兵的也有几千人。宇文宪军队经过赵州，高湝派遣两个间谍刺探军情，被周军巡视的骑兵抓住，就将他们交给宇文宪。宇文宪将齐国已经投降的旧将领全部聚集在一起一一指给间谍看，然后对他们说："我争夺的目标很大，不是你们这些小人物。现在我将你们放回去，但你们要充任我的使节。"于是写了一封信给高湝说：

"山川相隔，常常为此忧心，仲春当令，实应纳履求教。刚刚来到两河，就图谋三魏，两军作战，希望不会亏损德行。往昔魏朝末年，天下混乱，我家太祖顺应形势，保护百姓。皇上即位，继承先王功业，并弘扬大业，兴稽山之会，集盟津之师。军威使唐的郊野震骇，而原野没有横陈之军；战火在晋水之滨弥漫，而大地没有坚固之城。篡夺皇位之酋，已经奔窜到草泽深处；窃取帝位的元凶，也在旌门投降。德义在无垠的大地上震荡，威风覆盖四野。朝中的宿将旧臣，世家外戚，都得到提升，享受荣华获得恩宠，都享有很高的爵位。所以让临漳之下，人人都效死争先；营丘之前，奋不顾身完成使命。此难道只是因为人事吗？或许也有天意吧。你可以随意访问路人，无需多方探求。

"我凭借不足以示人的武力，担任总统帅，受命安定边疆，进攻幽、冀。沿途的城邑，没有不投降的；宣扬教化开导礼义，百姓因我们的到来而在困苦中获得了休养生息。足下是高氏令王，英俊的风姿很早就听闻，古今成败之事，都在心中，难道不懂得独木不能建造大厦，多次劝谏不采纳后就可以脱身吗！况且殷朝微子离开商朝，在周朝被封为侯；项伯背弃楚，被汉朝赐姓。摒弃这些做法而想要朝着灭亡的道路走下去，或许会招致家亡身死，被天下人耻笑。再者足下的间谍被我候骑抓住，您军中情况，我已全部知晓。了解你凭借残弱的士兵和细小的兵甲抵抗强大的军队；凭借险要形势，希望保有区区性命。作战不是上策，毋庸怀疑；据守更是下策，或许我们不会答应你们这样做。我已经分命诸军，分道一起进攻，相见之日不远了，驾车出征指日可待，交战前，派遣使者，这是古今通典，不必等到日落，希望您能预知事情的几微。"

宇文宪进军抵达信都，高湝在城南摆开阵势，宇文宪登上张耳的墓冢向齐军眺望。过了一会儿，高湝任命的领军尉相原装作外出巡查阵地，就率领手下士兵投降了。尉相原是高湝的亲信，他投降之后，全军都震惊惧怕。高湝很是气愤，将尉相原的妻子和孩子杀死。第二天，双方再次交战，最终高湝惨败，俘虏斩杀了三万人，抓获了高湝与高孝珩等人。宇文宪对高湝说："任城王何苦落到这种地步呢？"高湝说："下官是神武皇帝（指高欢）的儿子，兄弟十五人，幸运的是只有我还活着。偏偏赶上国家颠覆，如今死去，也不会愧对祖先坟陵了。"宇文宪佩服他的气节，下令将他的妻子儿女放了，给他们丰厚的资财。又询问高孝珩，高孝珩陈述国难，声泪俱下，举动很有气度，宇文宪也因此肃然起敬。

宇文宪一向擅长谋划，精于算略，特别擅长安抚统率士兵，善于用人。作战能做到冲锋陷阵，身先士卒，部下受他感化也奋勇作战，都愿意听他指挥。齐人很早就听说他的声威，没有不忌惮他的勇猛和才略的。等到并州大捷时，他率军长驱直入敌人境内，不惊扰樵夫牧童，百姓安居乐业，军中没有私自抢夺百姓财物的。

在此之前，稽胡人刘没铎自称皇帝，高祖于是又诏令宇文宪督率赵王宇文招等率大军征讨平定他，此事在《稽胡传》中有详细叙述。

宇文宪自己认为威名越来越重，暗中考虑隐退。等高祖打算亲自率军征讨突厥时，宇文宪便以身体有病为借口，不想跟随征讨。高祖听说后，脸色大变说："如果你都害怕出征，那么谁还听朕差遣呢？"宇文宪很害怕地说："臣奉陪皇上出征，的确是发自内心，只是身染疾病，无法率军作战啊。"高祖就准许了。

不久，高祖去世了，宣帝即位，因宇文宪辈分高威望重，对他特别忌惮。此时，高祖还没有下葬，各位亲王都在宫中守丧。司卫长孙览统领军权辅政，而诸王也各怀异心，长孙览奏令开府于智观察亲王们的举动。等高祖下葬完毕，诸王回到府邸，宣帝又命于智在宇文宪家中问候他，于智利用这次会面告发宇文宪准备谋反。宣帝命小冢宰宇文孝伯对宇文宪说："三公之位，应该交给亲人中的贤者担任。现在打算让叔叔担任太师，九叔担任太傅，十一叔担任太保，叔叔认为如何呢？"宇文宪说："臣才浅位重，惧怕崇高的权位。三师之位，不是我能胜任的。而且太祖的功臣应担此任。如果只是任用臣等兄弟，恐怕会招来众议。"宇文孝伯返回禀告此事，不久他又回来说："陛下颁召命王晚上与诸王都到殿门集会。"到了晚上，只有宇文宪被单独领进去，宣帝预先在其他屋里埋下伏兵，宇文宪一进来，立刻被抓了起来。宇文宪面不改色，镇定自若，坚决陈说自己无罪。宣帝命于智讯问宇文宪，宇文宪双目如炬，与于智对质。有人对宇文宪说：“今日大王情势已经至此，多说又有何用呢？”宇文宪说：“我位高辈尊，一下子到这种地步，死生是命中注定，哪里是想活命？只是因为老母在堂，恐怕留下遗憾罢了。”说完就将笏板扔在了地上。宣帝下令将宇文宪缢杀，他时年仅三十五岁。之后，任命于智为柱国，封齐国公。宣帝又将上大将军安邑公王兴、上开府独孤熊、开府豆卢绍等杀死，因为他们与宇文宪私交非常好。宣帝已经诛杀了宇文宪，又没有什么正当理由，于是宣称王兴等和宇文宪勾结谋反，将他们都诛杀。当时的人知道他们是冤屈而死的，都说他们是陪伴宇文宪而死去的。

宇文宪的生母达步干氏，是蠕蠕族人。建德三年，被册封为齐国太妃。宇文宪品行淳厚服侍母亲以孝敬闻名。太妃本来患有风热病，常常发作，宇文宪昼夜衣不解带，在身旁侍奉。宇文宪经常在外东征西讨，每次内心慌乱，必是母亲患病。派人回去询问，果如宇文宪所虑。

宇文宪有六子：宇文贵、宇文质、宇文赍、宇文贡、宇文乾禧、宇文乾洽。

宇文贵字乾福，小时特别聪敏，广泛阅读经史，特别擅长骑射。刚开始阅读《孝经》，就对人说：“读了这本书，就足为立身之本了。”天和四年，他刚满十岁，就内封为安定郡公，封邑一千五百户。太祖宇文泰刚刚担任丞相时，始封此郡，之后不曾加封给别人，等到这时将其封给宇文贵。宇文贵十一岁时，跟随宇文宪在盐州狩猎，一围之中，他亲手射的野马和鹿达到十五头。建德二年，他又被册封授予齐国世子。四年，授予车骑大将军、仪同三司。不久后，又出为豳州刺史。宇文贵虽自深宫长大，却关注治民之政。他生性聪敏，有过目不忘的本领。有一次，在路旁遇见两个人，宇文贵对身边的人说：“这二人是县党，为什么在这儿步行呢？”身边的人都不认识他们，宇文贵就说出了他们的姓名，没有不赞叹佩服的。白兽烽被商人一把火焚毁，烽帅得了商人的贿赂而没有治他的罪。后来，这个烽帅按照惯例前来拜见，宇文贵问他说：“商人焚毁了烽台，你为什么私自将其释放？”烽帅非常吃惊，随即认罪。宇文贵明察的本领大多如此。天和五年四月去世，年仅十七岁。高祖宇文邕为他很是痛心遗憾。

宇文质字乾祐，最初封为安城郡公。后来因为宇文宪的功劳，进封为河间郡王。宇文赍字乾礼，担任大将军、中坝公。宇文贡过继给莒庄公为后。宇文乾禧为安城公；宇文乾洽为龙涸公。他们都与宇文宪一起被诛杀了。

周书卷十九

达奚武列传第十一

达奚武字成兴，代人也。祖眷，魏怀荒镇将。父长，汧城镇将。

武少倜傥，好驰射，为贺拔岳所知。岳征关右，引为别将，武遂委心事之。以战功拜羽林监、子都督。及岳为侯莫陈悦所害，武与赵贵收岳尸归平凉，同翊戴太祖。从平悦，除中散大夫、都督，封须昌县伯，邑三百户。魏孝武入关，授直寝，转大丞相府中兵参军。大统初，出为东秦州刺史，加散骑常侍，进爵为公。

齐神武与窦泰、高敖曹三道来侵，太祖欲并兵击窦泰，诸将多异议，唯武及苏绰与太祖意同，遂擒之。齐神武乃退。太祖进图弘农，遣武从两骑觇候动静，武与其候骑遇，即便交战，斩六级，获三人而反。齐神武趣沙苑，太祖复遣武觇之。武从三骑，皆衣敌人衣服。至日暮，去营百步，下马潜听，得其军号。因上马历营，若警夜者，有不如法者，往往挞之。具知敌之情状，以告太祖，太祖深嘉焉。遂从破之，除大都督，进爵高阳郡公，拜车骑大将军、仪同三司。

四年，太祖援洛阳，武率骑一千为前锋。至谷城，与李弼破莫多娄贷文。进至河桥，武又力战，斩其司徒高敖曹。迁侍中、骠骑大将军、开府仪同三司。出为北雍州刺史。复战邙山，时大军不利，齐神武乘胜进至陕。武率兵御之，乃退。久之，进位大将军。

十七年，诏武率兵三万，经略汉川。梁将杨贤以武兴降，梁深以白马降，武分兵守其城。梁梁州刺史、宜丰侯萧循固守南郑，武围之数旬，循乃请服，武为解围。会梁武陵王萧纪遣其将杨乾运等将兵万余人救循，循于是更据城不出。恐援军之至，表里受敌，乃简精骑三千，逆击乾运于白马，大破之。乾运退走。武乃陈蜀军俘级于城下。循知援军被破，乃降，率所部男女三万口入朝，自剑以北悉平。明年，武振旅还京师。朝议初欲以武为柱国，武谓人曰："我作柱国，不应在元子孝前。"固辞不受。以大将军出镇玉壁。武乃量地形胜，立乐昌、胡营、新城三防。齐将高苟子以千骑攻新城，武邀击之，悉虏其众。

孝闵帝践阼，拜柱国、大司寇。齐北豫州刺史司马消难举州来附，诏武与杨忠迎消难以归。武成初，转大宗伯，进封郑国公，邑万户。齐将斛律敦侵汾、绛，武以万骑御之，敦退。武筑柏壁城，留开府权严、薛羽生守之。

保定三年，迁太保。其年，大军东伐。随公杨忠引突厥自北道，武以三万骑自东道，期会晋阳。武至平阳，后期不进，而忠已还，武尚未知。齐将斛律明月遗武书曰："鸿鹤已翔于寥廓，罗者犹视于沮泽也。"武览书，乃班师。出为同州刺史。明年，从晋公护东伐。时尉迟迥围洛阳，为敌所败。武与齐王宪于邙山御之。至夜，收军。宪欲待明更战，武欲还，固争未决。武曰："洛阳军散，人情骇动。若不因夜速还，明日欲归不得。武在军旅久矣，备见形势。大王少年未经事，岂可将数营士众，一旦弃之乎。"宪从之，遂全军而返。天和三年，转太傅。

武贱时，奢侈好华饰。及居重位，不持威仪，行常单马，左右止一两人而已。外门不施戟，恒昼掩一扉。或谓武曰："公位冠群后，功名盖世，出入仪卫，须称具瞻，何轻率若是？"武曰："子之言，非吾心也。吾在布衣，岂望富贵，不可顿忘畴昔。且天下未平，国恩未报，安可过事威容乎。"言者惭而退。

武之在同州也，时属天旱，高祖敕武祀华岳，岳庙旧在山下，常所祷祈。武谓僚属曰："吾备位三公，不能燮理阴阳，遂使盛农之月，久绝甘雨，天子劳心，百姓惶惧。忝寄既重，忧责实深。不可同于众人，在常祀之所，必须登峰展诚，寻其灵奥。"岳既高峻，千仞壁立，岩路险绝，人迹罕通。武年逾六十，唯将数人，攀藤援枝，然后得上。于是稽首祈请，陈百姓恳诚。晚不得还，即于岳上藉草而宿。梦见一白衣人来，执武手曰："快辛苦，甚相嘉尚。"武遂惊觉，益用祗肃。至旦，云雾四起，俄而澍雨，远近沾洽。高祖闻之，玺书劳武曰："公年尊德重，弼谐朕躬。比以阴阳愆序，时雨不降，命公求祈，止言庙所。不谓公不惮危险，遂乃远陟高峰。但神道聪明，无幽不烛，感公至诚，甘泽斯应。闻之嘉赏，无忘于怀。今赐公杂彩百疋，公其善思嘉猷，匡朕不逮。念坐而论道之义，勿复更烦筋力也。"

武性贪吝，其为大司寇也，在库有万钉金带，当时宝之，武因入库，乃取以归。主者白晋公护，以武勋，不彰其过，因而赐之。时论深鄙焉。五年十月，薨，年六十七。赠太傅、十五州诸军事、同州刺史。谥曰桓。子震嗣。

【译文】

达奚武字成兴，鲜卑族，居住在代郡，他的祖父达奚眷，是北魏怀荒镇镇将，父亲达奚长，担任汧城镇将。达奚武少年时放荡不羁，喜欢骑马射箭，被贺拔岳看重。贺拔岳出征关右，招纳他担任别将，达奚武也就竭尽全力侍奉他。因为战功授予羽林监、子都督等官职。等到贺拔岳被侯莫陈悦诛杀后，达奚武与赵贵将贺拔岳尸体收取，返回平凉，共同拥戴太祖宇文泰。追随他一起将侯莫陈悦平定，之后被任命为中散大夫、都督，加封须昌县伯，食邑三百户。北魏孝武帝进入关中，达奚武被任命为直寝，后又转任大丞相府中兵参军。西魏文帝大统初年，出任东秦州刺史，加封散骑常侍，进封为公爵。

北齐神武帝高欢与窦泰、高敖曹分兵三路前来进犯，太祖宇文泰打算集中兵力攻打窦泰一路大军，其他将领大多不赞同，只有达奚武与苏绰两人与宇文泰想法相同，最终窦泰被擒获了，高欢撤退大军。宇文泰又想进一步攻打弘农，派遣达奚武与两个骑兵前去刺探动静，达奚武遇上了东魏的巡视军队，就交战在一起，达奚武杀死六人，抓获三人而返。高欢的军队进逼沙苑，宇文泰又派遣达奚武前去侦查动静。达奚武带领三个骑兵，他们都穿上了敌人的衣服，在天色将晚时，偷偷来到距离营房约百步的地方，下马偷听，掌握了其军号口令，于是重新骑上马巡视各营帐，好象警夜的士兵一般，有不遵守军纪的士兵，他也经常对他们责打。因此完全掌握了敌情。返回禀告宇文泰，宇文泰对他大大褒奖一番，于是跟随宇文泰将敌人打败。授官为大都督，进封为高阳郡公的爵位，又授予他车骑大将军、仪同三司等职。

大统四年，宇文泰率大军声援洛阳的独孤信，达奚武率领一千骑兵作为前锋。抵达谷城。达奚武与李弼攻取了东魏的莫多娄贷文。进攻河桥，达奚武又竭力作战，在阵上将东魏司徒高敖曹斩杀。提升官职为侍中、骠骑大将军、开府仪同三司。后来出任北雍州刺史。又在邙山与东魏交战，当时大军形势不利，东魏高欢趁着胜利进逼陕，达奚武率士兵抵抗，将高欢军队击退。后来，达奚武被进封为大将军。

大统十七年，宇文泰命达奚武率领三万军队，谋划攻打汉中以及四川。梁大将杨贤管辖的武兴投降，梁深管辖的白马也投降了，达奚武分别派兵镇守这些城池。梁州刺史、宜丰侯萧循坚决驻守南郑，达奚武围攻了几十天，萧循请求投降，达奚武这才解除包围。恰巧此时梁武陵王萧纪派遣他的大将杨乾运等率万余兵马前来救援萧循，萧循因此又重新占据城池不投降了。达奚武惧怕援军到达后，内外受敌，就挑选三千精锐骑兵，在白马阻击杨乾运，将他打得惨败，杨乾运率兵败退。于是达奚武将梁军的战俘和人头放在城下，萧循听闻援军已被打败，就投降了，率领他所管辖的三万男女归顺西魏朝廷，至此从剑阁往北都被平定了。第二年，达奚武的军队凯旋，抵达京城长安。朝廷众人讨论后最初打算加封他为柱国，达奚武对人说："我担任柱国，不应该位居元子孝之前。"坚决辞谢没有接受。于是任命他为大将军，出镇玉壁。达奚武到达那里后，根据地形，建立乐昌、胡营、新城三个防御点，北齐大将高苟子率领一千骑兵攻打新城，达奚武出兵截击，将敌军全都俘获了。

北周孝闵帝即位，任命达奚武为柱国、大司寇。北齐北豫州刺史司马消难举州前来投降，朝廷下诏命令达奚武与杨忠前去迎降。明帝武成初年，转任官职为大宗伯，进封为郑国公，食邑达万户。北齐大将斛律敦进犯汾州、绛州，达奚武率领万余骑兵前去抗击，最终让斛律敦撤退军队。达奚武又率兵修筑柏壁城，将开府权严、薛羽生留下把守。

武帝保定三年，达奚武晋升为太保。这一年，北周大军向东讨伐北齐。隋公杨忠与突厥联手从北道进发，达奚武率领三万骑兵从东道进发，预先约定在晋阳会集。达奚武军抵达平阳，因为晚到没有进入晋阳，而此时杨忠已经败退，达奚武却还不知此事。北齐大将斛律明月给达奚武送去一封信，信中说："大鹤已经飞到高空了，可是捉鹤之人还注视着沼泽地呢。"达奚武看了书信后，就率领大军回朝了。之后，他出任同州刺史。第二年，又跟随晋公宇文护向东征讨。当时尉迟迥进逼围攻洛阳，被北齐打败了。达奚武与齐王宇文宪在邙山一起抵抗北齐军队。一直交战到晚上，双方才收兵回营。宇文宪打算第二天再与敌军交战，达奚武打算撤退大军，两人为此争执不下。达奚武说："洛阳军队败逃，士兵内心又恐惧而浮躁。假如不趁着晚上迅速返回，等到明天想要返回去，也不可能了。我行军打仗时间很长了，见到过太多这样的场面。大王您年纪轻经历事情还少，怎么可以把数营将士送入虎口，一下子就将他们抛弃呢？"宇文宪就答应了，于是军队全部撤退返回。武帝天和三年，转任太傅一职。

达奚武在早年没有显达时，生活就很奢侈，喜好华美的装饰。等到身居高位后，外出却不讲究威武的仪式，外出常单人独骑，身边只带一两个随从而已。府第大门外不设持戟的岗哨，白天只是掩一扇门。有人对他说："您官位比别人高，功勋卓著，出入应该有仪仗卫队，才能与您的身份匹配，怎么可以如此轻视自己呢？"达奚武回答说："我早年还是一介百姓时，哪里敢奢望享有荣华富贵？如今富贵了，也不能一下子将过去忘掉，而且天下还没有安定，朝廷的恩宠还没有回报，怎么可以过分追求威仪呀。"劝说的人很惭愧地退去了。

达奚武在同州时，正好赶上旱灾，周武帝命他去西岳华山祭祀求雨，庙宇过去就在山下，是百姓经常祈祷的地方。达奚武对属下说："我位至三公，却不能够协调阴阳，所以使农忙之季，久旱无雨，天子为此事操劳费心，百姓也惶恐害怕，我责任重大，罪责很深，不能与百姓一样，在山下的庙中祈祷，必须到山顶去祈祷求雨，以此来感动上天，显示我的诚挚，并探寻雨神之妙。"华山极其高峻，千仞峭壁，山路极险，人迹罕至。达奚武已经年过六十岁，只带着几个人，攀援葛藤登上峰顶。于是他叩头祈祷，申述百姓的真诚与请求。晚上无法下山，他就在山上枕着野草睡了一宿。睡后，他梦见一个穿白衣的人前来，拉着自己的手说："你好辛苦啊。我很赞赏、敬佩你。"达奚武就惊醒了，于是更加虔诚恭肃。等到天亮后，山中云雾四起，不一会儿就下起大雨了，远近都得到润泽。周武帝闻听此事后，特意颁布玺书慰劳达奚武说："您年高德重，协助辅佐朕身。近日阴阳协调，久旱无雨，命爱卿前往祈求降雨，只说是在一座庙宇中。没有想到您不惧艰险，爬到了山顶上。但是天道神明，没有一处是看不到的，上天感念您的诚挚，最终应您的请求降下甘霖。朕听说此事后，想要对您嘉奖赏赐，内心不能忘记您的功劳。现在赏赐您杂彩百匹，您一定要好好思谋建议，来匡正朕的不足之处。您要想着三公坐而论道的道理，不要再做伤害身体的事情了。"

达奚武生性很贪婪吝啬，他担任大司寇时，在库房中有一根万钉金带，是当时的珍宝，达奚武从库中将它拿到自己家中。管理库房的人向晋公宇文护禀告此事，朝廷因为达奚武立有功勋，没有宣扬他的过错，因而就算把金带赏赐给他了。当时人们议论起来都很鄙视他。天和五年十月，达奚武去世，时年六十七岁。朝廷颁布诏书追赠太傅、十五州诸军事、同州刺史等官职。谥号为"桓"。他的儿子达奚震继承爵位。

周书卷二十三

苏绰列传第十五

苏绰字令绰，武功人，魏侍中则之九世孙也。累世二千石。父协，武功郡守。

绰少好学，博览群书，尤善算术。从兄让为汾州刺史，太祖饯于东都门外。临别，谓让曰："卿家子弟之中，谁可任用者？"让因荐绰。太祖乃召为行台郎中。在官岁余，太祖未深知之。然诸曹疑事，皆询于绰而后定。所行公文，绰又为之条式。台中咸称其能。后太祖与仆射周惠达论事，惠达不能对，请出外议之。乃召绰，告以其事，绰即为量定。惠达入呈，太祖称善，谓惠达曰："谁与卿为此议者？"惠达以绰对，因称其有王佐之才。太祖曰："吾亦闻之久矣。"寻除著作佐郎。

属太祖与公卿往昆明池观渔，行至城西汉故仓地，顾问左右，莫有知者。或曰："苏绰博物多通，请问之。"太祖乃召绰。具以状对。太祖大悦，因问天地造化之始，历代兴亡之迹。绰既有口辩，应对如流。太祖益喜。乃与绰并马徐行至池，竟不设网罟而还。遂留绰至夜，问以治道，太祖卧而听之。绰于是指陈帝王之道，兼述申韩之要。太祖乃起，整衣危坐，不觉膝之前席。语遂达曙不厌。诘朝，谓周惠达曰："苏绰真奇士也，吾方任之以政。"即拜大行台左丞，参典机密。自是宠遇日隆。绰始制文案程式，朱出墨入，及计账、户籍之法。

大统三年，齐神武三道入寇，诸将咸欲分兵御之，独绰意与太祖同。遂并力拒窦泰，擒之于潼关。四年，加卫将军、右光禄大夫，封美阳县子，邑三百户。加通直散骑常侍，进爵为伯，增邑二百户。十年，授大行台度支尚书，领著作，兼司农卿。

太祖方欲革易时政，务弘强国富民之道，故绰得尽其智能，赞成其事。减官员，置二长，并置屯田以资军国。又为六条诏书，奏施行之。

其一，先治心，曰：

凡今之方伯守命，皆受命天朝，出临下国，论其尊贵，并古之诸侯也。是以前世帝王，每称共治天下者，唯良宰守耳。明知百僚卿尹，虽各有所司，然其治民之本，莫若宰守之最重也。凡治民之体，先当治心。心者，一身之主，百行之本。心不清净，则思虑妄生。思虑妄生，则见理不明。见理不明，则是非谬乱。是非谬乱，则一身不能自治，安能治民也！是以治民之要，在清心而已。夫所谓清心者，非不贪货财之谓也，乃欲使心气清和，志意端静。心和志静，则邪僻之虑，无因而作。邪僻不作，则凡所思念，无不皆得至公之理。率至公之理以临其民，则彼下民孰不从化。是以称治民之本，先在治心。

其次又在治身。凡人君之身者，乃百姓之表，一国之的也。表不正，不可求直影；的不明，不可责射中。今君身不能自治，而望治百姓，是犹曲表而求直影也；君行不能自修，而欲百姓修行者，是犹无的而责射中也。故为人君者，必心如清水，形如白玉。躬行仁义，躬行孝悌，躬引忠信，躬行礼让，躬行廉平，躬行俭约，然后继之以无倦，加之以明察。行此八者，以训其民。是以其人畏而爱之，则而象之，不待家教日见而自兴行矣。

其二，敦教化，曰：

天地之性，唯人为贵。明其有中和之心，仁恕之行，异于木石，不同禽兽，故贵之耳。然性无常守，随化而迁。化于敦朴者，则质直；化于浇伪者，则浮薄。浮薄者，则衰弊之风；质直者，则淳和之俗。衰弊则祸乱交兴，淳和则天下自治。治乱兴亡，无不皆由所化也。

然世道雕丧，已数百年。大乱滋甚，且二十岁。民不见德，唯兵革是闻；上无教化，惟刑罚是用。而中兴始尔，大难未平，加之以师旅，因之以饥馑，几百草创，率多权宜。致使礼让弗兴，风俗未改。比年稍登稔，徭赋差轻，衣食不切，则教化可修矣。凡诸牧守令长，宜洗心革意，上承朝旨，下宣教化矣。

夫化者，贵能扇之以淳风，浸之以太和，被之以道德，示之以朴素。使百姓亹亹，中迁于善，邪伪之心，嗜欲之性，潜以消化，而不知其所以然，此之谓化也。然后教之以孝悌，使民慈爱；教之以仁顺，使民和睦；教之以礼义，使民敬让。慈爱则不遗其亲，和睦则无怨于人，敬让则不竞于物。三者既备，则王道成矣。此之谓教也。先王之所以移风易俗，还淳反素，垂拱而治天下以至太平者，莫不由此。此之谓要道也。

其三，尽地利，曰：

人生天地之间，以衣食为命。食不足则饥，衣不足则寒。饥寒切体，而欲使民兴行礼让者，此犹逆坂走丸，势不可得也。是以古之圣王，知其若此，故先足其衣食，然后教化随之。夫衣食所以足者，在于地利尽。地利所以尽者，由于劝课有方。主此教者，在乎牧守令长而已。民者冥也，智不自周，必待劝教，然后尽其力。诸州郡县，每至岁首，必戒敕部民，无问少长，但能操持农器者，皆令就田，垦发以时，勿失其所。及布种既讫，嘉苗须理，麦秋在野，蚕停于室，若此之时，皆宜少长悉力，男女并功，若援溺、救火、寇盗之将至，然后可使农夫不废其业，蚕妇得就其功。若有游手怠惰，早归晚出，好逸恶劳，不勤事业者，则正长牒名郡县，守令随事加罚，罪一劝百。此则明宰之教也。

夫百亩之田，必春耕之，夏种之，秋收之，然后冬食之。此三时者，农之要也。若失其一时，则谷不可得而食。故先王之戒曰："一夫不耕，天下必有受其饥者；一妇不织，天下必有受其寒者。"若此三时不务省事，而令民废农者，是则绝民之命，驱以就死然。单劣之户，及无牛之家，劝令有无相通，使得兼济。三农之隙，及阴雨之暇，又当教民种桑、植果，艺其菜蔬，修其园圃，畜育鸡豚，以备生生之资，以供养老之具。

夫为政不欲过碎，碎则民烦；劝课亦不容太简，简则民怠。善为政者，必消息时宜而适烦简之中。故《诗》曰："不刚不柔，布政优优，百禄是求。"如不能尔，则必陷于刑辟矣。

其四，擢贤良，曰：

天生蒸民，不能自治，故必立君以治之。人君不能独治，故必置臣以佐之。上至帝王，下及郡国，置臣得贤则治，失贤则乱，此乃自然之理，百王不能易也。

今刺史守令，悉有僚吏，皆佐治之人也。刺史府官则命于天朝，其州吏以下，并牧守自置。自昔以来，州郡大吏，但取门资，多不择贤良；末曹小吏，唯试刀笔，并不问志行。夫门资者，乃先世之爵禄，无妨子孙之愚瞽；刀笔者，乃身外之末材，不废性行之浇伪。若门资之中而得贤良，是则策骐骥而取千里也；若门资之中而得愚瞽，是则土牛木马，形似而用非，不可以涉道也。若刀笔之中而得志行，是则金相玉质，内外俱美，实为人宝也；若刀笔之中而得浇伪，是则饰画朽木，悦目一时，不可以充榱椽之用也。今之选举者，当不限资艺，唯在得人。苟得其人，自可起厮养而为卿相，伊尹、傅说是也，而况州郡之职乎。苟非其人，则丹朱、商均虽帝王之胤，不能守百里之封，而况于公卿之胄乎。由此而言，观人之道可见矣。

凡所求材艺者，为其可以治民。若有材艺而以正直为本者，必以其材而为治也；若有材艺而以奸伪为本者，将由其官而为乱也，何治之可得乎。是故将求材艺，必先择志行。其志行善者，则举之；其志行不善者，则去之。

而今择人者多云“邦国无贤，莫知所举”。此乃未之思也，非适理之论。所以然者。古人有言：明主聿兴，不降佐于昊天；大人基命，不擢才于后土。常引一世之人，治一世之务。故殷、周不待稷、契之臣，魏、晋无假萧、曹之佐。仲尼曰：“十室之邑，必有忠信如丘者焉。”岂有万家之都，而云无士，但求之不勤，择之不审，或用之不得其所，任之不尽其材，故云无耳。古人云：“千人之秀曰英，万人之英曰隽。”今之智效一官，行闻一邦者，岂非近英隽之士也。但能勤而审察，去虚取实，各得州郡之最而用之，则民无多少，皆足治矣。孰云无贤！

夫良玉未剖，与瓦石相类；名骥未驰，与驽马相杂。及其剖而莹之，驰而试之，玉石驽骥，然后始分。彼贤士之未用也，混于凡品，竟何以异。要任之以事业，责之以成务，方与彼庸流较然不同。昔吕望之屠钓，百里奚之饭牛，宁生之扣角，管夷吾之三败，当此之时，悠悠之徒，岂谓其贤。及升王朝，登霸国，积数十年，功成事立，始识其奇士也。于是后世称之，不容于口。彼环伟之材，不世之杰，尚不能以未遇之时，自异于凡品，况降此者哉。若必待太公而后用，是千载无太公；必待夷吾而后任，是百世无夷吾。所以然者，士必从微而至著，功必积小以至大，岂有未任而已成，不用而先达也。若识此理，则贤可求，士可择。得贤而任之，得士而使之，则天下之治，何向而不可成也。

然善官人者必先省其官。官省，则善人易充，善人易充，则事无不理；官烦，则必杂不善之人，杂不善之人，则政必有得失。故语曰：“官省则事省，事省则民清；官烦则事烦，事烦则民浊。”清浊之由，在于官之烦省。案今吏员，其数不少。昔民殷事广，尚能克济，况今户口减耗，依员而置，犹以为少。如闻在下州郡，尚有兼假，扰乱细民，甚为无理。诸如此辈，悉宜罢黜，无得习常。

非直州郡之官，宜须善人，爰至党族闾里正长之职，皆当审择，各得一乡之选，以相监统。夫正长者，治民之基。基不倾者，上必安。

凡求贤之路，自非一途。然所以得之审者，必由任而试之，考而察之。起于居家，至于乡党，访其所以，观其所由，则人道明矣，贤与不肖别矣。率此以求，则庶无愆悔矣。

其五，恤狱讼，曰：

人受阴阳之气以生，有情有性。性则为善，情则为恶。善恶既分，而赏罚随焉。赏罚得中，则恶止而善劝；赏罚不中，则民无所措手足。民无所措手足，则怨叛之心生。是以先王重之，特加戒慎。夫戒慎者，欲使治狱之官，精心悉意，推究事源。先之以五听，参之以证验，妙睹情状，穷鉴隐伏，使奸无所容，罪人必得。然后随事加刑，轻重皆当，赦过矜愚，得情勿喜。又能消息情理，斟酌礼律，无不曲尽人心，远明大教，使获罪者如归。此则善之上也。然宰守非一，不可人人皆有通识，推理求情，时或难尽。唯当率至公之心，去阿枉之志，务求曲直，念尽平当。听察之理，必穷所见，然后栲讯以法，不苛不暴，有疑则从轻，未审不妄罚，随事断理，狱无停滞。此亦其次。若乃不仁恕而肆其残暴，同民木石，专任捶楚。巧诈者虽事彰而获免，辞弱者乃无罪而被罚。有如此者，斯则下矣，非共治所寄。今之宰守，当勤于中科，而慕其上善。如在下条，则刑所不赦。

又当深思远大，念存德教。先王之制曰，与杀无辜，宁赦有罪；与其害善，宁其利淫。明必不得中，宁滥舍有罪，不谬害善人也。今之从政者则不然。深文巧劾，宁致善人于法，不免有罪于刑。所以然者，皆非好杀人也，但云为吏宁酷，可免后患。此则情存自便，不念至公，奉法如此，皆奸人也。夫人者，天地之贵物，一死不可复生。然楚毒之下，以痛自诬，不被申理，遂陷刑戮者，将恐往往而有。是以自古以来，设五听三宥之法，著明慎庶狱之典，此皆爱民甚也。凡伐木杀草，田猎不顺，尚违时令，而亏帝道；况刑罚不中，滥害善人，宁不伤天心、犯和气也！天心伤，和气损，而欲阴阳调适，四时顺序，万物阜安，苍生悦乐者，不可得也。故语曰，一夫吁嗟，王道为之倾覆，正谓此也。凡百宰守，可无慎乎。

若有深奸巨滑，伤化败俗，悖乱人伦，不忠不孝，故为背道者，杀一利百，以清王化，重刑可也。识此二途，则刑政尽矣。

其六，均赋役，曰：

圣人之大宝曰位。何以守位曰仁，何以聚人曰财。明先王必以财聚人，以仁守位。国而无财，位不可守。是故（五）三〔五〕以来，皆有征税之法。虽轻重不同，而济用一也。今逆寇未平，军用资广，虽未遑减省，以恤民瘼，然令平均，使下无匮。夫平均者，不舍豪强而征贫弱，不纵奸巧而困愚拙，此之谓均也。故圣人曰："盖均无贫。"

然财货之生，其功不易。织纴纺绩，起于有渐，非旬日之间，所可造次。必须劝课，使预营理。绢乡先事织纴，麻土早修纺绩。先时而备，至时而输，故王赋获供，下民无困。如其不预劝戒，临时迫切，复恐稽缓，以为己过，捶扑交至，取办目前。富商大贾，缘兹射利，有者从之贵买，无者与之举息。输税之民，于是弊矣。

租税之时，虽有大式，至于斟酌贫富，差次先后，皆事起于正长，而系之于守令。若斟酌得所，则政和而民悦；若检理无方，则吏奸而民怨。又差发徭役，多不存意。致令贫弱者或重徭而远戍，富强者或轻使而近防。守令用怀如此，不存恤民之心，皆王政之罪人也。

太祖甚重之，常置诸座右。又令百司习诵之。其牧守令长，非通六条及计账者，不得居官。

自有晋之季，文章竞为浮华，遂成风俗。太祖欲革其弊，因魏帝祭庙，群臣毕至，乃命绰为大诰，奏行之，其词曰：

惟中兴十有一年，仲夏，庶邦百辟，咸会于王庭。柱国泰洎群公列将，罔不来朝。时乃大稽百宪，敷于庶邦，用绥我王度。皇帝曰："昔尧命羲和，允厘百工。舜命九官，庶绩咸熙。武丁命说，克号高宗。时惟休哉，朕其钦若。格尔有位，胥暨我太祖之庭，朕将丕命女以厥官。"

六月丁巳，皇帝朝格于太庙，凡厥具僚，罔不在位。

皇帝若曰："咨我元辅、群公、列将、百辟、卿士、庶尹、御事，朕惟寅敷祖宗之灵命，稽于先王之典训，以大诰于尔在位。昔我太祖神皇，肇膺明命，以创我皇基。列祖景宗，廓开四表，底定武功。暨乎文祖，诞敷文德，龚惟武考，不賁其旧。自时厥后，陵夷之弊，用兴大难于彼东丘，则我黎人，咸坠涂炭。惟台一人，缵戎下武，夙夜祗畏，若涉大川，罔识攸济。是用稽于帝典，揆于王廷，拯我民瘼。惟彼哲王，示我彝训，曰天生蒸民，罔克自乂，上帝降鉴叡圣，植元后以乂之。惟时元后弗克独乂，博求明德，命百辟群吏以佐之。肆天之命辟，辟之命官，惟以恤民，弗惟逸念。辟惟元首，庶黎惟趾，股肱惟弼。上下一体，各勤攸司，兹用克臻于皇极。胡其彝训曰：'后克艰厥后，臣克艰厥臣，政乃乂。'今台一人，膺天之嘏，既陟元后。股肱百辟又服我国家之命，罔不咸守厥职。嗟夫，后弗艰厥后，臣弗艰厥臣，于政何弗斁，呜呼艰哉！凡尔在位，其敬听命。”

皇帝若曰：“柱国，唯四海之不造，载繇二纪。天未绝我太祖列祖之命，用锡我以元辅。国家将坠，公惟栋梁。皇之弗极，公作相。百揆愆度，公惟大录。公其允文允武，克明克乂，廸七德，敷九功，龛暴除乱，下绥我苍生，旁施于九土。若伊之在商，周之有吕，说之相丁，用保我无疆之祚。”

皇帝若曰：“群公、太宰、太尉、司徒、司空。惟公作朕鼎足，以弼乎朕躬。宰惟天官，克谐六职。尉惟司武，武在止戈。徒惟司众，敬敷五教。空惟司土，利用厚生。惟时三事，若三阶之在天；惟兹四辅，若四时之成岁。天工人其代诸。”

皇帝若曰：“列将，汝惟鹰扬，作朕爪牙，寇贼奸宄，蛮夷猾夏，汝徂征，绥之以惠，董之以威。刑期于无刑，万邦咸宁。俾八表之内，莫违朕命，时汝功。”

皇帝若曰：“庶邦列辟，汝惟守土，作民父母。民惟不胜其饥，故先王重农；不胜其寒，故先王贵女功。民之不率于孝慈，则骨肉之恩薄；弗惇于礼让，则争夺之萌生。惟兹六物，实为教本。呜呼！为上在宽，宽则民怠。齐之以礼，不刚不柔，稽极于道。”

皇帝若曰：“卿士、庶尹、凡百御事，王省惟岁，卿士惟月，庶尹惟日，御事惟时。岁月日时，罔易其度，百宪咸贞，庶绩其凝。呜呼！惟若王官，陶均万国，若天之有斗，斟元气，酌阴阳，弗失其和，苍生永赖；悖其序，万物以伤。时惟艰哉！”

皇帝若曰：“惟天地之道，一阴一阳；礼俗之变，一文一质。爰自三五，以迄于兹，匪惟相革，惟其救弊，匪惟相袭，惟其可久。惟我有魏，承乎周之末流，接秦汉遗弊，袭魏晋之华诞，五代浇风，因而未革，将以穆俗兴化，庸可暨乎。嗟我公辅、庶僚、列侯，朕惟否德，其一心力，祗慎厥艰，克遵前王之丕显休烈，弗敢怠荒。咨尔在位，亦协乎朕心，惇德允元，惟厥艰是务。克捐厥华，即厥实，背厥伪，崇厥诚。勿愆勿忘，一乎三代之彝典，归于道德仁义，用保我祖宗之丕命。荷天之休，克绥我万方，永康我黎庶。戒之哉！戒之哉！朕言不再。”

柱国泰洎庶僚百辟拜手稽首曰：“‘亶聪明作元后，元后作民父母。’惟三五之王，率繇此道，用臻于刑措。自时厥后，历千载而未闻。惟帝念功，将反叔世，逖致于雍。庸锡降丕命于我群臣。博哉王言，非言之难，行之实难。罔不有初，鲜克有终。《商书》曰：‘终始惟一，德乃日新。’惟帝敬厥始，慎厥终，以跻日新之德，则我群臣，敢不夙夜对扬休哉。惟兹大谊，未光于四表，以迈种德，俾九域幽遐，咸昭奉元后之明训，率迁于道，永膺无疆之休。”

帝曰：“钦哉。”

自是之后，文笔皆依此体。

绰性俭素，不治产业，家无余财。以海内未平，常以天下为己任。博求贤俊，共弘治道，凡所荐达，皆至大官。太祖亦推心委任，而无间言。太祖或出游，常预署空纸以授绰，若须有处分，则随事施行，及还，启之而已。绰尝谓治国之道，当爱民如慈父，训民如严师。每与公卿议论，自昼达夜，事无巨细，若指诸掌。积思劳倦，遂成气疾。十二年，卒于位，时年四十九。

太祖痛惜之，哀动左右。及将葬，乃谓公卿等曰：“苏尚书平生谦退，敦尚俭约。吾欲全其素志，便恐悠悠之徒，有所未达；如其厚加赠谥，又乖宿昔相知之道。进退惟谷，孤有疑焉。”尚书令史麻瑶越次而进曰：“昔晏子，齐之贤大夫，一狐裘三十年。及其死也，遣车一乘。齐侯不夺其志。绰既操履清白，廉挹自居，愚谓宜从俭约，以彰其美。”太祖称善，因荐瑶于朝廷。及绰归葬武功，唯载以布车一乘。太祖与群公，皆步送出同州郭门外。太祖亲于车后酹酒而言曰：“尚书平生为事，妻子兄弟不知者，吾皆知之。惟尔知吾心，吾知尔意。方欲共定天下，不幸遂舍我去，奈何！”因举声恸哭，不觉失卮于手。至葬日，又遣使祭以太牢，太祖自为其文。

绰又著《佛性论》《七经论》，并行于世。明帝二年，以绰配享太祖庙庭。子威嗣。

威少有父风，袭爵美阳伯。娶晋公护女新兴公主，拜车骑大将军、仪同三司，进爵怀道县公。建德初，稍迁御伯下大夫。大象末，开府仪同大将军。

史臣曰：《书》云：“惟后非贤弗乂，惟贤非后罔食。”是以知人则哲，有国之所先；用之则行，为下之常道。若乃庖厨、胥靡、种德、微管之臣，罕闻于世；黜鲁、逐荆、抱关、执戟之士，无乏于时。斯固《典》《谟》所以昭则，《风》《雅》所以兴刺也。诚能监前事之得丧，劳虚己于吐握，其知贤也必用，其授爵也勿疑，则舜禹汤武之德可连衡矣，稷契伊吕之流可比肩矣。

太祖提剑而起，百度草创。施约法之制于竞逐之辰，修治定之礼于鼎峙之日。终能斫雕为朴，变奢从俭，风化既被，而下肃上尊；疆埸屡扰，而内亲外附。斯盖苏令绰之力也。名冠当时，庆流后嗣，宜哉。

【译文】

苏绰，字令绰，武功郡人，他是三国魏侍中苏则的第九代孙。他的祖辈接连几代都当到郡太守之职，父亲苏协，任职武功郡太守。

苏绰年轻时热爱学习，博览群书，特别擅长计算的方法。他的堂兄苏让出任汾州刺史，太祖宇文泰在都城东门外为他设宴践行。即将分别时，宇文泰问苏让："你家子弟当中，有谁可以被任用吗？"苏让于是推荐苏绰。宇文泰便把苏绰召来，任命他为行台郎中。苏绰任行台郎中一年多后，宇文泰对他还不是很了解。但行台各官署有什么疑难的事，都要找苏绰商量后才做出决定。颁行的各种公文，格式也是苏绰制订的。行台中的官员都称赞他的才干。后来，宇文泰同行台尚书仆射周惠达讨论事情，周惠达不能回答，请求让他出外找人商量。于是他把苏绰叫来，把讨论的事情告诉他，苏绰立即为他分析情况并做出裁决。周惠达进去向宇文泰禀告，宇文泰连声叫好，问周惠达："谁给你想出的这些建议呢？"周惠达回答说是苏绰，并趁机称赞苏绰有辅佐帝王的才干。宇文泰说："我也听说这个人很久了。"太祖就任命苏绰为著作佐郎。

有一次，恰逢宇文泰和朝廷公卿们一起前往昆明池观看捕鱼，走到城西一个叫仓池的地方，回头询问左右关于仓池的事，没有谁知道。有人说："苏绰见多识广，请您问他。"宇文泰于是把苏绰找来，苏绰详细地做了回答。宇文泰极其高兴，于是从开天辟地、万物初生的情况，一直问到历代兴亡的事迹。苏绰口才本来就好，随问随答，毫不迟疑。宇文泰更加高兴。于是与苏绰一起骑着马并排慢走到了昆明池，竟忘了捕鱼的事情而没有设置渔网就回去了。宇文泰于是把苏绰留下长谈，直到夜间，向苏绰询问治理国家的方法，自己则躺着听苏绰说。苏绰谈起帝王法术，并说到申不害、韩非等法家学术的要点。宇文泰于是爬起来，整理好衣衫，端端正正地坐着听，双膝不知不觉地向前移动。两个人谈到天亮还没有完。第二天早上，宇文泰对周惠达说："苏绰是个奇才，我要把政务委任给他。"太祖当即任命苏绰为大行台左丞，参掌机密。从此以后太祖对苏绰的信任和待遇一天天隆重。苏绰又开始制订公文案卷的格式，规定行台发出的文件用红笔支出，呈送入行台的文件用墨笔，并且制订记账和户籍登记的方法。

大统三年，北齐神武帝率兵分三路入侵。西魏各位将领都打算分兵御敌，只有苏绰与宇文泰意见相同，于是集中兵力抵抗窦泰，在潼关将他活捉。大统四年，朝廷加任苏绰卫将军、右光禄大夫，封他为美阳县子，封食邑三百户。后又加封通直散骑常侍，晋爵为美阳县伯，增加食邑二百户。大统十年，任命苏绰为大行台度支尚书、领著作，兼任司农卿。

太祖当时正想改革时政，致力于寻求强国富民的路子，因此苏绰得以发挥他的全部智慧和才能，辅助宇文泰完成大业。苏绰协助宇文泰削减官员，设置党长、里长，开办屯田给军队和政府提供开支。苏绰还撰写了《六条诏书》，上奏给朝廷，请求施行。

第一条，首先修养自身的思想品德：

凡是当今的地方长官，都是由天朝任命，派到各地统治一方，从他们地位的尊贵来说，都可以说是古代的诸侯。因此，前代帝王常常说，与他们一起治理国家的，正是那些优秀的地方官。从这里可以清楚地知道，朝廷百官卿尹，虽然各有各的职责，但从治理百姓的根本来说，没有谁比地方官吏更重要。凡是治理百姓的根本，首先在于端正思想。思想是身体的主宰，各种行为的来源。思想上不纯洁，就会胡思乱想。胡思乱想，就会不明事理。如果分辨事理不明白，就将混淆是非。是非一旦混淆，自己本身都不可能做好，又怎么去治理百姓呢？所以治理百姓的关键，在于心地要纯洁。所谓心地清净，不是说不贪图钱财，而是要让心情清净平和，精神端正沉静。如果做到思想安和，意志坚定，那么不正当的想法，将无从产生。不产生不正当的想法，那么心中出现的任何念头，都将符合最公正的原则。用这最公正无私的道理来治理自己的属下百姓，那么百姓谁还不能听从你的教化呢。因此说治理百姓的根本首先在于修养思想品德。

其次在于陶冶身心。大凡君主的行为，都是百姓的表率，一国的目标。标杆不竖直，不可能测得端正的日影；目标不明显，就不能要求别人射中。当今君王如果不能很好地陶冶自身，而希望治理好百姓，这就像用一根弯曲的标杆却想测得端正的日影；君主自己的行为不加检点，却要百姓注意自己的行为，就好比没有箭靶却要求别人射中。所以，作为君主，一定要做到思想如清水一样没有杂质，形象如宝玉一样洁白无瑕。亲自实行仁义，亲自实行孝悌，亲自实行忠信，亲自实行礼让，亲自实行廉平，亲自实行节俭。此外，还需孜孜不倦，明察秋毫。把以上八个方面都做好，并以此教诲百姓。因此百姓对君主既敬畏又爱戴，既效法又模仿，美好的品德用不着每家教诲每天显示而自然就可以培养起来了。

第二条，注重教育感化：

天地万物的特性，只有人是宝贵的。因为明白人中有中正平和的思想，仁爱宽厚的品行，跟木石有别，与禽兽不同，所以才觉得人是宝贵的。但人性不是一成不变的，会随不同的感化而改变。受到敦厚质朴美德感化的人，将变得朴实正直；受到虚假欺诈行为熏染的人，将变得轻浮狡诈。人们轻浮狡诈，就会出现衰亡丧乱的风俗；人们朴实正直，就将形成质朴和谐的风气。衰亡丧乱的风俗一经出现，祸乱将接连不断地产生；质朴和谐的风气一旦形成，国家自然就会安定。国家是安定还是混乱，是兴盛还是衰亡，没有不是因为人们受到不同感化的缘故。然而社会风气的败坏，已经几百年了。近二十年来，祸乱变得越来越严重。百姓没见过德政，只听说过接连不断的战争；官吏对百姓不进行教育感化，只对他们使用刑法。现在中兴刚刚开始，大乱尚未平息，加上战争不断，灾荒频繁，许多事情必须从头做起，因此各项政策大都随时事而变通。致使礼仪的风尚不能兴起，旧的风俗习惯不能改正。近年收成逐渐好转，百姓所承担的徭役赋税较轻，人民的衣食不成问题，那么教化就可以进行了。大凡各位地方长官，都应该除去杂念，端正思想，秉承朝廷的旨意，向百姓推行教化。

所谓感化，贵在能够用淳厚的风尚去倡导，用平和的思想去浸润，用道德的行为去影响，用朴素的作风去示范。使百姓勤勉不倦，心中的想法日趋向善，邪恶虚伪的念头、贪得无厌的习性都暗暗消失，而不知道出现这种情形的原因，这就叫作感化。随后，教育百姓要孝敬父母、善待兄弟，使他们互相慈爱；教育他们仁善顺从，使他们互相和睦；用礼节和道义教育他们，使他们相互敬让。百姓们慈爱，便不会抛弃他们的亲人，和睦便不会怨恨别人，敬让便不会因财物而发生争执。假如这三个方面都做到了，王道也就实现了。这就是我们所讲的教育。先代圣王之所以能移风易俗，使社会风气变得淳和朴素，毫不费力便能使国家安定，甚至天下太平，无不是由于教育感化。这就是治理天下的重要方法。

第三条，充分发挥地利：

人活在世界上，把衣食看作是生命一样的重要大事。食物不足就会挨饿受冻。饥寒交迫，却想让百姓实行礼让，这就好比让一个圆球自动往斜坡上滚，这当然是不可能的事情。因此，古代英明君主懂得这个道理，先让百姓丰衣足食，然后才跟着进行教化。之所以能够做到丰衣足食，在于全部发挥土地的生产能力。土地的生产能力之所以能够全部发挥出来，在于鼓励百姓耕种得法。而对鼓励百姓耕种负责的，正是刺史、太守、县令或县长。“民”也就是“冥”，他们的智力不足以保全自己，必须加以鼓励教育，才会全力耕种。各州、各郡、各县，每年年初，一定要命令治下百姓，不论年龄大小，只要拿得起农具，都要让他们下地干活，按季节耕种，不要误了农时。播种完毕后，长势好的禾苗还须管理，地里的麦子黄了，家中的蚕子老了，像这种时候，无论男女老少，都应该全力以赴，就像从水中救人、扑灭大火、防备即将到来的强盗一样，这样才可能使农夫进行正常的生产，养蚕的妇女也可以顺利地获得好收成。如果有人游手好闲，晚出早归，好逸恶劳，不从事劳动生产，那么党正、里长就要记下他们的名字上报郡县，郡守县令就应根据情况加以处罚，罚一人就能勉励百人。这样才是贤明的官员所应采取的教育感化方法。

一家百亩的田地，必定是春耕、夏种、秋收，然后冬天里才有粮食。春、夏、秋这三个季节是农业生产的重要时节。如果耽误了一个季节，那么谷物就不能收获以供食用了。所以古代圣王告诫说：“一个男子不耕种，天下就肯定有人会因此挨饿；一个妇女不纺织，天下就肯定会有人因此受冻。”如果在这三个农忙季节不力求减少徭役，反而让百姓放弃农活，这实际上是夺去百姓的生命，把他们往死路上赶。劳动人手少而弱的农户，以及没有耕牛的人家，应当鼓励他们互通有无，使大家都能渡过难关。农事空闲的时节，以及阴雨连绵无事可做的时候，还应当教百姓栽种桑树、果树，种植蔬菜，饲养鸡猪，以便准备生活的费用，以便供给养老的东西。

处理政事不能过于琐碎，太过琐碎百姓就会感到厌烦；鼓励百姓耕种时也不宜过分简略，过分简略百姓就会懈怠。善于执政的人，一定会根据不同情况，使政事繁简适宜。所以《诗经》上说：“既不刚猛也不软弱，政事宽缓，得到优厚的俸禄。”如果不能如此去做，那么必定会陷于施用刑律的境地。

第四条，选拔贤良人才：

天生平民百姓，自身不能臻于完美的境界，因此必须设立君主来治理。君主不可能一个人进行统治，所以必须设置官员来协助他。上自帝王，下至地方长官，属官选得好，政治就清明，选得不好就混乱，这是自然而然的道理，即使一百个帝皇也改变不了。

现在各级地方长官，都设置僚属，这些都是辅佐管理政务的人。刺史州官就由朝廷任命，而刺史、太守本来就有的属官，全都由刺史、太守自己选置。从先代以来，州和郡的主要属官，只取门第高、祖先有官位的人；那些不重要的官署小吏，也只看他们是否能处理公文，一概不问他们的志向和行为。门第资荫，只不过是祖先的爵位官阶，并不能说明子孙就不会愚昧无知；善于处理公文，只不过是身外的小才能，同样无助于消除浮躁欺诈的本性。如果在有门第资荫的家族中选拔到有才有德的人，真可说是快马加鞭，一日千里；如果在有门第资荫的家族中选取了一个愚昧无知的人，那简直就是土牛木马，虽然外表像牛马，但不能让它们到大道上驰骋。如果在刀笔小吏中找到一位志向远大、行为高洁的人，这可说是外表如金，本质似玉，本质和才干都很好，是真正的人中之宝；如果在刀笔小吏中选到一个浮躁欺诈的人，那就像用美丽的画面装饰起来的一块朽木，即使一时好看，但终究不能用来建造房屋。现在选拔举荐人才，应当不限资格祖荫，只在乎找到真正的人才。如果确属人才，自然可以从奴隶而官至卿相，古代伊尹、傅说就是如此，何况州郡属官呢？假如不是人才，那么像丹朱、商均这些帝王后代，竟不能守住百里封地，又何况公卿的子孙呢？由此说来，观察一个人的道理就显而易见了。

大凡选拔官员要求其具备的才干技艺，是因为可以用来治理百姓。如果有才干，本质又正直，那么这人肯定会用他的才干去导致清平安定；如果有才干，本质上却奸猾狡诈，那么这人将利用他的权力导致混乱不安，哪有可能形成清平安定呢？因此要选取有才干技艺的人才，必定首先观察一个人的道德品行。那些道德品行好的，就推举他；那些道德品行不好的，就弃置不用。

如今负责选拔人才的官员都说："自己管辖的那个地方没有贤明的人才。"这是没有经过认真思考的缘故，并非合理的言论。之所以这样说，是因为古人曾经说过：明君开创大业，上天不会给他另降辅佐他的人；帝王奠定基业，也不会从后土那儿选拔人才。他们总是招来当时的人，以处理当时的政务。所以商、周时代的帝王，不需稷、契来做自己的臣子，魏、晋时代的君主，也不用萧何、曾参去辅佐。孔子说过：“有十家人聚居的地方，就肯定会有像我孔丘这样忠信的人。”怎么会在万家人居住的城邑，却声称没有人才呢？只不过没有辛勤地寻访，认真地选拔，或者说没有把人才用到恰当的地方，没有把可以完全发挥他们才干的官职委任给他们，所以才会说没有人才。古人说：“一千人当中首屈一指者叫‘英’，一万人当中的英就可以称为‘隽’。”当今那些才智足以承担一个职务，德行被一地百姓知晓的人，不就和古代的英隽差不多吗？只要能尽力去审查，辞退徒有虚名的人，选取有真才实学的人，各自发现本州郡中最优秀的人才来任用，那么无论百姓有多少，都能把地方治理好。谁说没有贤才呢！

良玉在没有破开之前，跟瓦石相似；骏马还没有奔驰的时候，跟劣马相混杂也分辨不出来。经过剖开磨治，驰骋检验，美玉与顽石、劣马与良马，才分辨得出来。那些贤才未受到任用的时候，和平庸的人混在一起，究竟用什么办法才可以将他们区别出来呢？关键在于委他们以职责，考察他们的政绩，他们才能与那些平庸之辈截然区别开来。古代吕望宰猪钓鱼，百里奚喂牛，宁戚敲牛角唱歌，管仲三战皆败，在这种时候，人们所见到的只是庸才般的面目，岂有可能称他们为贤才？只有当他们被帝王或强大的诸侯所任用，经过几十年后，建功立业，才认识到他们原来是奇才。于是后代的人称赞他们的话，说也说不完。他们这样的杰出人才，并非每代都有，尚且不能在未被委任的时候把自己同平庸的人区别开来，何况那些才智比他们低的士人呢？如果一定要等到吕望出现才加以委任，那么等上一千年也不会出现吕望；一定要等到管仲出现才加以委任，那么一百年也不会出现管仲。所以这样说的原因，是因为士人必定是从卑微发展到显贵，功劳必定是从小积累到大，哪里有还没有委任就事业已成，不任用就先显达的道理。如果认识到这个道理，那么贤才可以找到，士人也可以选拔出来。求得贤才加以任用，选拔到士人让他们做事，那么天下要治理好，还有什么不能成功的呢？

然而善于任用官员的人必定首先要减少他的官员。官员数量减少才能够找到有能力的好人来担任职务。如果各种职务都容易找到好人来担任，那么任何事情都能做好；官吏多了，就一定会混进一些坏人，坏人一旦混进来，政事肯定就会出现失误。所以俗话说：“官少则事少，事少则百姓安宁；官多则事多，事多则百姓混乱。”百姓是安宁还是混乱的关键，就在于官吏数量的多少。考察今日官吏，数目很大。先前百姓多，事情繁杂，尚且能把事情做好，而今民户减少了，官吏仍按先前的数目设置，还认为不够。好像听说下面的州郡，还有兼任或替代官职的情况，因此搅扰百姓，太没道理。像这一类的官吏，全都应当罢免，不能习以为常。

不仅州郡一级的官吏应该选择有才有德的人，即便党族和闾里正长这些乡里小吏，都应当仔细挑选，选拔一乡中最有才德的人，使他们监察统理百姓。正长是治理百姓的基础，基础不倾斜，处于上位的必定安稳。

大凡寻求贤才的途径，自然不止一条。但要保证选到的是真正的贤才，必须经过任用来检验，对他们进行考察。从他们在家中的情况到他们在乡里的活动，进行询问观察，他们的为人处事就可以弄清楚，贤与不贤也就能分辨出来。用这样的方法来寻求人才，那大概就没有过失了。

第五条，慎重对待诉讼：

人生感受阴阳二气而生，因此有感情有本性。本性使人们行善，感情控制不住就容易作恶。有善有恶就要赏罚分明，赏罚一旦分明，恶的方面将受到阻止而善的方面将得到鼓励。赏罚不准确，百姓将不知所措。如果百姓不知所措，他们就会产生怨恨以致产生犯上作乱的想法。所以历代皇帝很重视赏罚，告诫后人慎用刑法。慎用刑法，即要求官员专心致志，探究事情的本来情况。首先通过辞、色、气、耳、目来把握案情，参考各种证据，来掌握事件的真实情况，弄清案件中不明白的地方，使奸巧无处藏身，罪犯一定会被查出来。然后再根据罪责量刑，轻重准确，宽恕那些因过失犯罪的人，怜悯那些因愚昧而触犯刑法的人，查清了案情也不要沾沾自喜。还要根据人心和公理，参照礼仪与法律，使一切处置都符合人心，宣传国家的教令，使被判刑的人也觉得理应如此。这是最好的办案方式。不过，地方长官不止一人，不可能人人都有这样全面的认识，推断事理，探求真实情况，有时也难以做到十分准确。只是应该本着最公正的思想，放下徇私枉法的意图，致力弄清是非曲直，尽量想着把案子办准确。听取口供，查问情由，一定要把自己发现的疑点弄明白，然后再按照法律规定进行拷问，不要严酷残暴，有疑问没弄清楚便从轻发落，事情没搞确实不要妄加处罚，根据事情大小进行裁决，使案子不致于拖得太久。这是较差的层次。对百姓不讲仁慈宽恕，任意采取残暴的手段，把他们当成树木石块，把拷打当成唯一的办法，花言巧语的人尽管罪责明白却逃脱法网，不善言辞的人虽无罪而受惩罚，如果有这种情况，那便是最下等的层次了，这些地方官不是和君上共治天下的人。当今的地方长官，应当尽力按照较好的做法处理，并慕求最好的做法。如果是用最差的做法，那么刑律不会放过他们。

此外又应当深刻地思考远大的事业，心中想到以德政教化百姓。先王的法律上说过：与其滥杀无辜，不如放掉罪犯；与其残害好人，不如让坏人占便宜。这说明如果案子肯定不能判断准确，宁可让罪犯逃脱，也不能错误地残害好人。但现在当官的就不是这样，他们搜罗法律条款，舞文弄墨，即使把好人送进法网，也不让罪犯免受惩罚。他们之所以这样，并不是他们全都喜欢杀人，而是说做官最好严厉点，这样可以免除后患。这是为自己打算，没有想到公理。像这样执法的人，都是奸邪之徒。人是天地间最宝贵的东西，一旦死去，便不可能再活过来。但在严刑拷打之下，有人受不了痛苦，自认有罪，得不到申诉，于是遭到杀害，这种事恐怕随时都有。因此自古以来，设置了从五个方面听取诉讼、对三种情况从宽处理的原则，写下了明察细审案件的法典，这都是极其爱护百姓的举动。大凡砍伐树木、清除杂草、捕猎野兽，如果不正常进行，尚且会违背时令，有损帝王之道；何况判案不准确，滥杀好人，难道会不伤上天的心，破坏万物的和谐吗？上天的心被伤害，万物的和谐遭破坏，却仍想阴阳协调适当，四季时令正常，万物茁壮生长，百姓一片欢乐，是不可能的。因此有人说过，一个人叹息，王道就会因此倾覆，说的正是这种情况。所有的地方长官，能不审慎吗？

如果有人老奸巨猾，伤风败俗，违背人伦，不忠不孝，故意做出违背道德的行为，杀掉这样的一人，有利于一百人，使帝王的教化得以推行，采用重刑也是可以的。懂得这两方面谈判的原则，那么刑政就完备了。

第六条，平均赋税徭役，内容包括：

圣人最宝贵的是地位。用来守住地位的是仁爱，用来凝聚百姓的是财富。这些表明先代圣王也必须用财富聚集百姓，仁慈才能保住帝王之位。没有财富，帝王之位很难保住。所以从三皇五帝以来，便有征收赋税的办法。虽然赋税轻重不一样，但都是为了满足国家的开支。现在逆贼还未消灭，军用开支很大，即便来不及减少赋税，以体念百姓的疾苦，也应使赋税平均，使百姓不至于穷困。平均，就是不要避开豪强而向贫弱的人家征税，也不要放任奸巧的人而使愚笨的人受欺压，这就是我们所讲的平均。因此，圣人说："只要平均就没有贫困。"

然而财物的生产，其工作也不是一件容易的事情。织布纺麻，得从一丝一线做起，并非在一朝一夕之间仓促可成。地方长官一定要劝说督促百姓，让他们事先便着手生产。种桑的地方要趁早织造绢帛，出麻的地方应尽早纺织布匹。在交纳赋税以前就把该交的东西准备好，到该交的时候便上交，所以国家赋税能得到保证，老百姓也不会感到窘迫。如果预先不对百姓进行督促指示，到交纳赋税时期限紧迫，官吏又怕拖延时间，使自己犯错误，便对百姓进行拷打，让他们一下子就准备好。那些富有的商贾趁此机会牟取暴利，有钱人家向他们高价购买，没有钱的人家向他们付息贷款。交纳赋税的百姓于是遭殃了。

征收租税的时候，虽然有大致的规定，至于考虑贫富差别、排列先后顺序，都由基层的党正里长提出意见，再由郡守县令决定。如果处理得法，政治将会稳定，百姓也将高兴；如果处理不得法，刀笔小吏将投机取巧，百姓将怨声载道。另外，在选派人服徭役时，大都不关心百姓，致使贫穷力弱的人徭役重，服役的地方远，而有钱有势的人徭役轻，服役的地方近。郡守县令考虑事情如此草率，没有一点怜悯百姓的心肠，都是君王政务的罪人。

太祖宇文泰极重视这《六条诏书》，常把它放在座位右边，又命令百官学习背诵。刺史、太守、县令或县长，如果不通晓《六条诏书》及稽查户籍的计账方法，就不能任职。

自从晋朝末年以来，文章竞相追求浮华的风格，终于成为一种风气。宇文泰想改变这种弊病，趁西魏文帝祭祀宗庙，官员们会集到都城的时候，命令苏绰撰成《大诰》，上奏朝廷，加以颁行。《大诰》说：

国家中兴十一年，仲夏，各地长官都聚集在朝廷。柱国宇文泰及群公与各位将军，没有谁没到会。朝廷便在这时全面考查各种制度，颁布给各地，以辅助国家的政教。皇帝说："古代帝尧任命羲和，使百官各尽其职；舜任命皋陶等九人为官，各种事情都顺利做成；武丁任用傅说，使他自己被尊为高宗。现在天时美好，寡人敬重你们的顺从。你们各有职位，全都来到我太祖的王庭，寡人将把那些官职奉天意任命给你们。"

六月丁巳日，皇帝到太庙朝拜，凡是官员，无不在位。

皇帝说："唉，我的宰相、群公、将军、百官、卿士、庶尹及御事们，我承接先祖遗命，考查历代明君的制度，将向官员下达重大命令。先前我太祖神元皇帝，开始接受上天的大命，开创大业。烈祖景宗，向四方开拓疆土，完成了武功。到了文祖，大力施行文教德政，遵奉武考，不失旧制。

从那以后，日益衰弱，东土出现大乱，黎民百姓，遭受涂炭。我继承祖先遗业，日夜警惧，就像要过一条大河，不知该从哪儿下水。所以参考古代帝王的制度，揣度先王的政教，以解救百姓的疾苦。那些贤明的先王，给我以教诲，说上天生育百姓，不能自己治理自己，上天深察下情，明晓事理，设置天子以治理百姓。天子一个人不可能治理百姓，于是广求德行完美的人，设置百官及各种官吏来辅佐自己。上天设立天子，天子设置百官，都是为了体察百姓，不是为了贪图安逸。天子好比头，百姓好比脚，百官好比胳膊和大腿一样辅助天子。上下连为一体，各自把自己应该做的事做好，从而达到最高的原则。所以先王经常教导说：'做天子如能尽力把天子的事做好，臣子如尽力把臣子的事做好，国家就会治理好。'如今我受上天的福佑，登上帝位。辅佐我的百官又服从国家的政令，无不恪尽职守。唉，如果君王不能付出君王的艰辛，大臣不能付出大臣的艰辛，政事哪会不败坏呢？唉，艰难呀！诸位凡是在职的，希望听从寡人之命。"

皇帝说："柱国，四海不幸，由开始至今已有两代。上天没有断绝我太祖列祖之运命，因而把重臣赐给我。国家有灭亡的危险，你成为国家的栋梁。朝廷缺乏最高的准则，你便担任宰相。百官没有秩序，你总率百官。你文武兼备，英明善治，宣扬七种德行，创建九种功绩，剪暴除乱，使百姓安宁，九州以外的人也蒙受你的恩惠。好像伊尹在商代，吕望在周代，傅说辅佐武丁，因而可保我朝无穷无尽的幸福。"

皇帝说："群公、太宰、太尉、司徒、司空，诸位作为寡人的三公重臣，辅佐寡人。太宰是天官府的首脑，要做好治、教、礼、政、刑、事六种职务。太尉掌管军事，职在消除战争。司徒掌管百姓，要认真宣布父义、母慈、兄友、弟恭、子孝五种教化。司空掌管土地，要开发地利，为百姓谋福利。朝廷三公，就像天上有三台星；朝廷四辅，就像一年有四季。一切官职虽然是按上天的意志设立的，但需人去担任。"

皇帝说："各位将军，你们要大展雄才，做寡人英勇善战的勇士。盗贼为非作歹，蛮夷扰乱中原，你们前往征讨，用恩惠安抚他们，用威刑监督他们。战争的最终目的是消除战争，各国实现和平。使八方之内，没有谁敢违抗寡人的命令，这是你们的功劳。"

皇帝说："各地众官，你们掌管所辖的区域，要做百姓的父母。百姓不能忍受饥饿，所以先代圣王重视农耕；百姓不能忍受寒冷，所以先代圣王重视纺织。百姓如果不孝敬慈爱，亲人之间就会缺乏恩情；如果不尊崇礼让，就会产生争夺的念头。这六件事，确实是教化的根本。唉！治理百姓应当宽厚，但太宽厚百姓又会懈怠。只有用礼法使他们的思想与行动一致，不刚不柔，才符合中正之道的准则。”

皇帝说：“卿士、庶尹及御事们，六件事的实行，君王每年视察各地一次，卿士则应每月一次，众官首长每天都应巡视，办事人员则应随时检查。年、月、日、时，先后不发生错乱，各种制度就将合乎时宜，一切事情都将顺畅。唉！你们这些天子的官员，控制治理各地，就像天上的北斗，调和元气阴阳，使其保持和谐，百姓永远仰仗你们；如果违反了应有的次序，世间万物就会因此而受到损伤。这是十分艰辛的事情啊！”

皇帝说：“天地的规律，一阴一阳；礼俗的变化，一文一质。从三皇五帝到今天，不仅有所变革，正是因为它可以挽救时弊，不仅有所沿袭，正因为它可以保持长久。我大魏上继周代衰亡时期的世风，又承接了秦汉时代的陋俗，因袭了魏晋两朝的奢华怪诞，这五代浮薄的风气，历代相承，未加改变。要使风俗和厚，宣扬教化，哪有可能办到呢？唉！公辅、庶僚及列侯们，我自思德行鄙劣，只能全心尽力，努力继承先王的伟大业绩，不敢松懈享乐。唉，你们各位官员，应当与我的想法一样，使德行淳朴，恭谨地坚守自己的职责。丢弃奢华，讲究朴实；背离虚伪，崇尚真诚。不要犯错误，不要忘记自己的职责，用夏、商、周三代常用的典则来统一世风，使社会风气归向道德仁义，以此保全我祖宗传下来的大命。承受皇天的福禄，能够安抚天下各地，永远使我朝百姓安宁。大家要谨慎啊！谨慎啊！我的话不说第二遍了。”

柱国宇文泰与群官敬礼后说：“‘确实聪明的人就做君主，君主做百姓的父母。’三皇五帝大都遵行这种治国之道，以使可以弃置刑法而不用。从那以后，已经过了千年，再也没听说哪个帝王遵循这一原则了。陛下想建立功业，将改正乱世风俗，使社会风气变得和厚，向我们群臣颁布重大命令。陛下的话真博大，说起来并不难，做起来才难。任何事情都有开头，但很少有善始善终的。《商书》上说：‘始终如一，德行日进。’我们希望陛下慎终如始，使德行日益光大，我们臣下怎敢不日夜颂扬陛下的美德。这重大的命令，还未传遍四方，以远布陛下的恩德。应当使全国最偏远的百姓，也清楚地领会陛下的教诲，行为都向正确的方向转变，永远获得无穷无尽的好处。”

皇帝说：“你们可要认真谨慎啊。”

从此之后，文章的风格都依照这种体例。

苏绰品性节俭朴素，不经营私人产业。家中没有多余的财物。因为全国还未平定，他常把统一天下作为自己的责任。广求贤才俊杰，一起探寻治理国家的办法。凡是他所推荐的人，都受到重用。太祖宇文泰也推心置腹地任用他，从未说过不满意他的话。宇文泰有时到城外去游玩，经常预先在空白纸上签上自己的名字交给苏绰，如果有什么事需要处理，苏绰便根据情况做出裁决加以实行，等宇文泰回来后，告诉他一声就可以了。苏绰曾说，治理国家的方法就是，官员们应该像慈祥的父亲那样爱护百姓，像严格的老师那样教诲百姓。苏绰每次与公卿议论政事，都是从白天一直谈到晚上，事情无论大小，都好像在手掌上筹划一样。由于他长期思考，过于疲劳困倦，最终患上气血不通的疾病。大统十二年，苏绰在任职期间去世，终年四十九岁。

太祖宇文泰对苏绰的去世十分痛惜，悲哀的情感使左右的人感动。到了将要下葬的时候，宇文泰对公卿们说："苏尚书一生谦虚逊让，崇尚节俭，我想保全他的志向，又害怕大家不会理解；如果对他加以隆重的追赠，与我们以前互为知己投契相违背，我实在不知道如何是好。"尚书令史麻瑶逾越次序走上前来说："古代晏子是齐国德行卓著的大夫，一件狐皮袄子穿了三十年。他死的时候，遗嘱只需一匹马运载灵柩。齐侯没有改变他的志向。苏绰既然操行纯洁，以谦虚退让自处，愚意认为应该从俭办理，以此宣扬他的美德。"宇文泰认为他的意见很好，于是把他推荐给朝廷。当苏绰的遗体被送回武功老家安葬时，只用一辆布车载着他的灵柩。宇文泰与众大臣都步行把他的灵车送出同州城门外。宇文泰亲自在灵车后面洒酒祭奠，他说："尚书平时所做的事，你的妻子儿女和兄弟们不知道的，我全知道。只有你知道我的心，我知道你的心。正想与你共同安定天下，你却不幸就舍弃我而离开了人世，我该怎么办啊？"于是放声痛哭，酒杯掉在地上也没有察觉。到下葬那天，宇文泰又派人去用牛、羊、猪三种牲畜祭奠他，并亲自写下祭奠文。

苏绰还撰有《佛性论》《七经论》等文章，都传于世。北周明帝二年，让苏绰配祭于太祖庙庭。苏绰的儿子苏威继承了他美阳伯的爵位。

苏威年轻时就有他父亲的风范，承袭了美阳伯的爵位。他娶晋公宇文护的女儿新兴公主，官拜车骑大将军，仪同三司，进封爵位为怀道县公。建德初年，升至御伯下大夫。大象末年，任开府仪同大将军。

史臣说:《尚书》有这样的话说:“君主非贤人不能治理好天下,贤人非君主就没有俸禄。”因此能真正理解大臣称得上聪明智慧,这是君主治国的先决条件;被任用就推行正确的治国措施,这是作为臣子的通常做法。至于像伊尹、傅说、皋陶、管仲这些古代名臣,从微贱而升至高位,世上很少听说过;而孔子、韩信等贤才却受到驱逐,从事卑下的职务,这种事时时都有。《尚书》中的《尧典》《皋陶谟》之所以要昭示古代圣王用人的准则,《诗经》中的《国风》《小雅》之所以要对贤才得不到任用进行讥刺,正是因为这个原因啊。君主们如果真的能借鉴前代事迹的得失,不辞辛劳,虚己待人,像周公纳才那样,一饭三吐哺,一沐三握发,知道有人是贤才就一定加以任用,授给他们爵位时不要有所疑虑,这样,他们的德行就可以与舜、禹、商汤、周武王这些古代圣王媲美,稷、契、伊尹、吕望这一类贤臣并列了。

太祖宇文泰仗剑起事,各种制度开始创立。他在各种势力相互争夺的时候颁行简便的法律制度,在三方鼎峙的时候创建使国家安定的礼仪,最终铲除浮华衰弊的习俗,树立起质朴的新风,使奢侈的社会风气趋于俭朴。新的礼俗制度在全国推行后,百姓们变得恭敬守法,官长受到尊重,边疆虽多次受到敌人的骚扰,但朝中团结,百姓依附。这都是苏绰的功劳啊。他的名声位居当时之首,恩泽传到后代,这都是应该的。

周书卷二十七

赫连达列传第十九

赫连达字朔周，盛乐人，勃勃之后也。曾祖库多汗，因避难改姓杜氏。

达性刚鲠，有胆力。少从贺拔岳征讨有功，拜都将，赐爵长广乡男，迁都督。及岳为侯莫陈悦所害，军中大扰。赵贵建议迎太祖，诸将犹豫未决。达曰："宇文夏州昔为左丞，明略过人，一时之杰。今日之事，非此公不济。赵将军议是也。达请轻骑告哀，仍迎之。"诸将或欲南追贺拔胜，或云东告朝廷。达又曰："此皆远水不救近火，何足道哉。"贵于是谋遂定，令达驰往。太祖见达恸哭，问故，达以实对。太祖遂以数百骑南赴平凉，引军向高平，令达率骑据弹筝峡。时百姓惶惧，奔散者多。有数村民，方扶老弱、驱畜牧，欲入山避难，军士争欲掠之。达曰："远近民黎，多受制于贼，今若值便掠缚，何谓伐罪吊民！不知因而抚之，以示义师之德。"乃抚以恩信，民皆悦附，于是迭相晓语，咸复旧业。太祖闻而嘉之。悦平，加平东将军。太祖谓诸将曰："当清水公遇祸之时，君等性命悬于贼手，虽欲来告，其路无从。杜朔周冒万死之难，远来见及，遂得共尽忠节，同雪仇耻。虽藉众人之力，实赖杜子之功。劳而不酬，何以劝善。"乃赐马二百匹。达固让，太祖弗许。魏孝武入关，褒叙勋义，以达首逆元帅，匡复秦、陇，进爵魏昌县伯，邑五百户。

从仪同李虎破曹泥，除镇南将军、金紫光禄大夫，加通直散骑常待，增邑并前一千户。从复弘农，战沙苑，皆有功。又增邑八百户，除白水郡守，转帅都督，加持节，除济州刺史。诏复姓赫连氏。以达勋望兼隆，乃除云州刺史，即本州也。进爵为公，拜大都督，寻授仪同三司。

从大将军达奚武攻汉中。梁宜丰侯萧循拒守积时，后乃送款。武问诸将进止之宜。开府贺兰愿德等以其食尽，欲急攻取之。达曰："不战而获城，策之上者。无容利其子女，贪其财帛。穷兵极武，仁者不为。且观其士马犹强，城池尚固，攻之纵克，必将彼此俱损。如其困兽犹斗，则成败未可知。况行师之道，以全军为上。"武曰："公言是也。"乃命将帅各申所见。于是开府杨宽并同达议，武遂受循降。师还，迁骠骑大将军、开府仪同三司，加侍中，进爵蓝田县公。

六官初建，授左遂伯。出为陇州刺史。保定初，迁大将军、夏州总管、三州五防诸军事。达虽非文吏，然性质直，尊奉法度，轻于鞭挞，而重慎死罪。性又廉俭，边境胡民或馈达以羊者，达欲招纳异类，报以缯帛。主司请用官物，达曰："羊入我厨，物出官库，是欺上也。"命取私帛与之。识者嘉其仁恕焉。寻进爵乐川郡公。建德二年，进位柱国，薨。子迁嗣。周静帝大象中，位至大将军、蒲州刺史。

【译文】

赦连达字朔周，盛乐人，是赫连勃勃的后代。他的曾祖父库多汗，因为避难而将姓改为杜氏。

赫连达生性刚强正直，很有胆量。他年轻时跟随贺拔岳征战四方立下大功，被任命为都将，赐给长广乡男的爵位，又升任都督。等到贺拔岳被侯莫陈悦诛杀之后，军中将士很是不安。赵贵建议迎接宇文泰管理军务，各位将领犹豫不决。赫连达说："夏州刺史宇文泰之前担任行台左丞，谋略过人，是当时的豪杰。今天的事情，没有这个人不行。赵将军之见是对的。我请求率领轻骑前去禀告丧讯，并迎请他前来主持军务。"诸将中有人想要向南将贺拔胜追回，有人想要向东禀告朝廷。赫连达又说："这些都是远水无法救近火，有什么值得说的。"赵贵于是把迎接宇文泰的计谋确定下来，命令赫连达马上奔赴夏州。宇文泰看到赫连达痛哭，询问其中缘故，赫连达于是将实情告诉他。宇文泰于是率领几百名骑兵向南奔赴平凉，率领军队向高平进发，命令赫连达率领骑兵攻取弹筝峡。当时百姓惊慌不安，四散奔逃的人非常多。有几个村的百姓，正要扶老携幼，赶上牲畜，打算进入山中躲避灾难。赫连达部下的将士都争着要劫掠他们。赫连达说："远近的百姓，大多被贼寇控制，如今如果遇到百姓就对他们抢掠捆绑，还说什么讨伐有罪之人，安抚百姓的话呢！不如趁此时安抚百姓，来彰显义军的恩德。"于是他以恩德信义来安抚百姓，百姓都愿意归顺于他，此后百姓都互相转告，都恢复了原来的产业。宇文泰听说此事后，很是赞赏他。侯莫陈悦被平定后，提升赫连达为平东将军。宇文泰对诸将说："当清水公（贺拔岳）遇害之时，你们的性命都被贼人控制，虽然想要来禀告我，但却无路可通。杜朔周冒着万死的危险，长途跋涉向我禀告，因此我们才能一起竭尽忠节，同雪仇耻。虽然这是凭借众人之力，但

是实际上却是仰赖杜朔周之功劳。这样的功劳还不加以酬报，怎么能劝勉别人行善呢。”于是赏赐赫连达二百匹马。赫连达坚决辞让，宇文泰没有答应。魏孝武帝入关后，褒赏评议功勋，因为赫连达率先迎请元帅，收复秦、陇之地，进封爵为魏昌县伯，封邑有五百户。

赫连达跟随仪同李虎攻取了曹泥，被任命为镇南将军、金紫光禄大夫，加通直散骑常侍等职，给他增加封邑，加上先前的封邑共计一千户。他又跟随宇文泰收复弘农，参与沙苑之战，都立下了战功，又给他增加封邑八百户，被任命为白水郡守，调任帅都督，加持节，担任济州刺史。朝廷下诏命他恢复赫连氏一姓。因为其功勋与声望都很高，被任命为云州刺史，这正是他家乡所在的州。还给他进爵为公，任命为大都督，不久之后，又授予仪同三司一职。

赫连达跟随大将军达奚武攻打汉中。梁宜丰侯萧循抵御很长一段时间后，才表示同意投降。达奚武询问诸将应该采取什么策略。开府贺兰愿德等认为梁军粮食已经用光，打算猛烈进攻以消灭梁军。赫连达说：“不打仗而能够夺取敌人的城池，才是最上等的策略。不应该贪图抓获他们的子女，夺取他们的财帛的利益。穷兵黩武，仁者是不会如此做的。而且观察他们的将士马匹还很强壮，城池也非常坚固，纵使能攻取城池，必将是双方都损失惨重。假如他们困兽犹斗，那么成败还是不可预知的。更何况行军打仗之道，是以保全军力为上。”达奚武说：“你说得很正确。”于是命令将帅各自陈述见解，开府杨宽等都赞同赫连达的建议，达奚武于是接受了萧循的投降。等到班师回朝后，赫连达被升任为骠骑大将军、开府仪同三司，加封侍中，并进爵为蓝田县公。

当初设置六官制度时，赫连达被任命为左遂伯。后来出任陇州刺史。周武帝保定初年，升迁任大将军、夏州总管、三州五防诸军事。赫连达虽然不是文官，但是性格朴实正直，尊奉朝廷法度，虽然常常对属下施以鞭刑，但是在判处死罪上却很是谨慎。他为官很清廉节俭，边境有的胡民送给赫连达一些羊，他想要和胡人交好，就把缯帛赠送给他作为回报。主管官员请求赠送官物报答胡人，赫连达说：“羊是送到我的厨房里的，而我却用官府仓库之物去报答，这是欺骗上司的做法。”于是命人拿来自己私人的缯帛送给胡人。当时有见识的人都很赞赏他这种仁义的做法。不久之后，他又被晋升爵位为乐川郡公。周武帝建德二年，他进位为柱国，在同一年去世。他的儿子赫连迁承袭他的爵位。周静帝大象中期，赦连迁官位至大将军、蒲州刺史。

周书卷三十一

韦孝宽列传第二十三

韦叔裕字孝宽，京兆杜陵人也，少以字行。世为三辅著姓。祖直善，魏冯翊、扶风二郡守。父旭，武威郡守。建义初，为大行台右丞，加辅国将军、雍州大中正。永安二年，拜右将军、南(幽)〔豳〕州刺史。时氐贼数为抄窃，旭随机招抚，并即归附。寻卒官。赠司空、冀州刺史，谥曰文惠。

孝宽沉敏和正，涉猎经史。弱冠，属萧宝夤作乱关右，乃诣阙，请为军前驱。朝廷嘉之，即拜统军。随冯翊公长孙承业西征，每战有功。拜国子博士，行华(阴)〔山〕郡事。属侍中杨侃为大都督，出镇潼关，引孝宽为司马。侃奇其才，以女妻之。永安中，授宣威将军、给事中，寻赐爵山北县男。普泰中，以都督从荆州刺史源子恭，镇襄城，以功除(浙)〔析〕阳郡守。时独孤信为新野郡守，(司)〔同〕荆州，与孝宽情好款密，政术俱美，荆部吏人，号为联璧。孝武初，以都督镇城。

文帝自原州赴雍州，命孝宽随军。及克潼关，即授弘农郡守。从擒窦泰，兼左丞，节度宜阳兵马事。仍与独孤信入洛阳城守。复与宇文贵、怡峰应接颍州义徒，破东魏将任祥、尧雄于颍川。孝宽又进平乐口，下豫州，获刺史冯邕。又从战于河桥。时大军不利，边境骚然，乃令孝宽以大将军行宜阳郡事。寻迁南兖州刺史。

是岁，东魏将段琛、尧杰复据宜阳，遣其(扬)〔阳〕州刺史牛道恒扇诱边民。孝宽深患之，乃遣谍人访获道恒手迹，令善学书者伪作道恒与孝宽书，论归款意，又为落烬烧迹，若火下书者，还令谍人送于琛营。琛得书，果疑道恒，其所欲经略，皆不见用。孝宽知其离阻，日出奇兵掩袭，擒道恒及琛等，崤、渑遂清。

大统五年，进爵为侯。八年，转晋州刺史，寻移镇玉壁，兼摄南汾州事。先是山胡负险，屡为劫盗，孝宽示以威信，州境肃然。进授大都督。

十二年，齐神武倾山东之众，志图西人，以玉壁冲要，先命攻之。连营数十里，至于城下，乃于城南起土山，欲乘之以入。当其山处，城上先有两高楼。孝宽更缚木接之，命极高峻，多积战具以御之。齐神武使谓城中曰："纵尔缚楼至天，我会穿城取尔。"遂于城南凿地道。又于城北起土山，攻具，昼夜不息。孝宽复掘长堑，要其地道，仍饬战士屯堑。城外每穿至堑，战士即擒杀之。又于堑外积柴贮火，敌人有伏地道内者，便下柴火，以皮韛吹之。吹气一冲，咸即灼烂。城外又造攻车，车之所及，莫不摧毁。虽有排楯，莫之能抗。孝宽乃缝布为缦，随其所向则张设之。布既悬于空中，其车竟不能坏。城外又缚松于竿，灌油加火，规以烧布，并欲焚楼。孝宽复长作铁钩，利其锋刃，火竿来，以钩遥割之，松麻俱落。外又于城四面穿地，作二十一道，分为四路，于其中各施梁柱，作讫，以油灌柱，放火烧之，柱折，城并崩坏。孝宽又随崩处竖木栅以捍之，敌不得入。城外尽其攻击之术，孝宽咸拒破之。

神武无如之何，乃遣仓曹参军祖孝征谓曰："未闻救兵，何不降也？"孝宽报云："我城池严固，兵食有余，攻者自劳，守者常逸。岂有旬朔之间，已须救援。适忧尔众有不反之危。孝宽关西男子，必不为降将军也。"俄而孝征复谓城中人曰："韦城主受彼荣禄，或复可尔，自外军士，何事相随入汤火中耶。"乃射募格于城中云："能斩城主降者，拜太尉，封开国郡公，邑万户，赏帛万匹。"孝宽手题书背，反射城外云："若有斩高欢者，一依此赏。"孝宽弟子迁，先在山东，又锁至城下，临以白刃，云若不早降，便行大戮。孝宽慷慨激扬，略无顾意。士卒莫不感励，人有死难之心。

神武苦战六旬，伤及病死者十四五，智力俱困，因而发疾，其夜遁去。后因此忿恚，遂殂。魏文帝嘉孝宽功，令殿中尚书长孙绍远、左丞王悦至玉壁劳问，授骠骑大将军、开府仪同三司，进爵建忠郡公。

废帝二年，为雍州刺史。先是，路侧一里置一土堠，经雨颓毁，每须修之。自孝宽临州，乃勒部内当堠处植槐树代之。既免修复，行旅又得庇荫。周文后见，怪问知之，曰："岂得一州独尔，当令天下同之。"于是令诸州夹道一里种一树，十里种三树，百里种五树焉。

恭帝元年，以大将军与燕国公于谨伐江陵，平之，以功封穰县公。还，拜尚书右仆射，赐姓宇文氏。(二)〔三〕年，周文北巡，命孝宽还镇玉壁。周孝闵帝践阼，拜小司徒。明帝初，参麟趾殿学士，考校图籍。

保定初，以孝宽立勋玉壁，遂于玉壁置勋州，仍授勋州刺史。齐人遣使至玉壁，求通互市。晋公护以其相持日久，绝无使命，一日忽来求交易，疑别有故。又以皇姑、皇世母先没在彼，因其请和之际，或可致之。遂令司门下大夫尹公正至玉壁，共孝宽详议。孝宽乃于郊盛设供帐，令公正接对使人，兼论皇家亲属在东之意。使者辞色甚悦。时又有汾州胡抄得关东人，孝宽复放东还，并致书一牍，具陈朝廷欲敦邻好。遂以礼送皇姑及护母等。

孝宽善于抚御，能得人心。所遣间谍入齐者，皆为尽力。亦有齐人得孝宽金货，遥通书疏。故齐动静，朝廷皆先知。时有主帅许盆，孝宽托以心膂，令守一戍。盆乃以城东入。孝宽怒，遣谍取之，俄而斩首而还。其能致物情如此。

汾州之北，离石以南，悉是生胡，抄掠居人，阻断河路。孝宽深患之。而地入于齐，无方诛翦。欲当其要处，置一大城。乃于河西征役徒十万，甲士百人，遣开府姚岳监筑之。岳色惧，以兵少为难。孝宽曰："计成此城，十日即毕。既去晋州四百余里，一日创手，二日伪境始知；设令晋州征兵，二日方集；谋议之间，自稽三日；计其军行，二日不到。我之城隍，足得办矣。"乃令筑之。齐人果至南首，疑有大军，乃停留不进。其夜，又令汾水以南，傍介山、稷山诸村，所在纵火。齐人谓是军营，遂收兵自固。版筑克就，卒如其言。

四年，进位柱国。时晋公护将东讨，孝宽遣长史辛道宪启陈不可，护不纳，既而大军果不利。后孔城遂陷，宜阳被围。孝宽乃谓其将帅曰："宜阳一城之地，未能损益。然两国争之，劳师数载。彼多君子，宁乏谋猷。若弃崤东，来图汾北，我之疆界，必见侵扰。今宜于华谷及长秋速筑城，以杜贼志。脱其先我，图之实难。"于是画地形，具陈其状。晋公护令长史叱罗协谓使人曰："韦公子孙虽多，数不满百。汾北筑城，遣谁固守？"事遂不行。天和五年，进爵郧国公，增邑通前一万户。

是岁，齐人果解宜阳之围，经略汾北，遂筑城守之。其丞相斛律明月至汾东，请与孝宽相见。明月云："宜阳小城，久劳战争。今既入彼，欲于汾北取偿，幸勿怪也。"孝宽答曰："宜阳彼之要冲，汾北我之所弃。我弃彼图，取偿安在？且君辅翼幼主，位重望隆，理宜调阴阳，抚百姓，焉用极武穷兵，构怨连祸！且沧、瀛大水，千里无烟，复欲使汾、晋之间，横尸暴骨？苟贪寻常之地，涂炭疲弊之人，窃为君不取。"

孝宽参军曲岩颇知卜筮，谓孝宽曰："来年，东朝必大相杀戮。"孝宽因令岩作谣歌曰："百升飞上天，明月照长安。"百升，斛也。又言："高山不摧自崩，槲树不扶自竖。”令谍人多赍此文，遗之于邺。祖孝征既闻，更润色之，明月竟以此诛。

建德之后，武帝志在平齐。孝宽乃上疏陈三策。其第一策曰：

臣在边积年，颇见间隙，不因际会，难以成功。是以往岁出军，徒有劳费，功绩不立，由失机会。何者？长淮之南，旧为沃土，陈氏以破亡余烬，犹能一举平之。齐人历年赴救，丧败而反，内离外叛，计尽力穷。《传》不云乎：“仇有衅焉，不可失也。”今大军若出轵关，方轨而进，兼与陈氏共为掎角；并令广州义旅，出自三鸦；又募山南骁锐，沿河而下；复遣北山稽胡绝其并、晋之路。凡此诸军，仍令各募关、河之外劲勇之士，厚其爵赏，使为前驱。岳动川移，雷骇电激，百道俱进，并趋虏庭。必当望旗奔溃，所向摧殄。一戎大定，实在此机。

其第二策曰：

若国家更为后图，未即大举，宜与陈人分其兵势。三鸦以北，万春以南，广事屯田，预为贮积。募其骁悍，立为部伍。彼既东南有敌，戎马相持，我出奇兵，破其疆场。彼若兴师赴援，我则坚壁清野，待其去远，还复出师。常以边外之军，引其腹心之众。我无宿舂之费，彼有奔命之劳。一二年中，必自离叛。且齐氏昏暴，政出多门，鬻狱卖官，唯利是视，荒淫酒色，忌害忠良。阖境熬然，不胜其弊。以此而观，覆亡可待。然后乘间电扫，事等摧枯。

其第三策曰：

窃以大周土宇，跨据关、河，蓄席卷之威，持建瓴之势。太祖受天明命，与物更新，是以二纪之中，大功克举。南清江、汉，西戡巴、蜀，塞表无虞，河右底定。唯彼赵、魏，独为榛梗者，正以有事三方，未遑东略，遂使漳、滏游魂，更存余晷。昔勾践亡吴，尚期十载；武王取乱，犹烦再举。今若更存遵养，且复相时，臣谓宜还崇怜好，申其盟约。安人和众，通商惠工，蓄锐养威，观衅而动。斯则长策远驭，坐自兼并也。

书奏，武帝遣小司寇淮南公元(卫)〔伟〕、开府伊娄谦等重币聘齐。尔后遂大举，再驾而定山东，卒如孝宽之策。

孝宽每以年迫悬车，屡请致仕。帝以海内未平，优诏弗许。至是复称疾乞骸骨。帝曰：“往已面申本怀，何烦重请也。”

五年，帝东伐，过幸玉壁。观御敌之所，深叹羡之，移时乃去。孝宽自以习练齐人虚实，请为先驱。帝以玉壁要冲，非孝宽无以镇以，乃不许。及赵王招率兵出稽胡，与大军掎角，乃敕孝宽为行军总管，围守华谷以应接之。孝宽克其四城。武帝平晋州，复令孝宽还旧镇。

及帝凯还，复幸玉壁。从容谓孝宽曰："世称老人多智，善为军谋。然朕唯共少年，一举平贼。公以为何如？"孝宽对曰："臣令衰耄，唯有诚心而已。然昔在少壮，亦会输力先朝，以定关右。"帝大笑曰："实如公言。"乃诏孝宽随驾还京。拜大司空，出为延州总管，进位上柱国。

大象元年，除徐兖等十一州十五镇诸军事、徐州总管。又为行军元帅，徇地淮南。乃分遣杞公宇文亮攻黄城，郕公梁士彦攻广陵，孝宽率众攻寿阳，并拔之。初孝宽到淮南，所在皆密送诚款。然彼五门，尤为险要，陈人若开塘放水，即津济路绝。孝宽遽令分兵据守之。陈刺史吴文育果遣决堰，已无及。于是陈人退走，江北悉平。

军还，至豫州，宇文亮举兵反，潜以数百骑袭孝宽营。时亮圉官茹宽密白其状，孝宽有备。亮不得入，遁走，孝宽追获之。诏以平淮南之功，别封一子滑国公。

及宣帝崩，隋文帝辅政，时尉迟迥先为相州总管，诏孝宽代之。又以小司徒叱列长义为相州刺史，先令赴邺。孝宽续进，至朝歌，迥遣大都督贺兰贵齐书候孝宽。孝宽留贵与语以察之，疑其有变，遂称疾徐行。又使人至相州求医药，密以伺之。既到汤阴，逢长义奔还。孝宽兄子魏郡守艺又弃郡南走。孝宽审讦其状，乃驰还。所经桥道，皆令毁撤，驿马悉拥以自随。又勒(骑)〔驿〕将曰："蜀公将至，可多备肴酒及刍粟以待之。"迥果遣仪同梁子康将数百骑追孝宽，驿司供设丰厚，所经之处，皆辄停留，由是不及。

时或劝孝宽，以为洛京虚弱，素无守备，河阳镇防，悉是关东鲜卑，迥若先往据之，则为祸不小。乃入保河阳。河阳城内旧有鲜卑八百人，家并在邺，见孝宽轻来，谋欲应迥。孝宽知之，遂密造东京官司，许称遣行，分人指洛阳受赐。既至洛阳，并留不遣。因此离解，其谋不成。

六月，诏发关中兵，以孝宽为元帅东伐。七月，军次河阳。迥所署仪同薛公礼等围逼怀州，孝宽遣兵击破之。进次怀县永〔桥〕城之东南。其城既在要冲，雉堞牢固，迥已遣兵据之。诸将士以此城当路，请先攻取。孝宽曰："城小而固，若攻而不拔，损我兵威。今破其大军，此亦何能为也。"于是引军次于武陟，大破迥子惇，惇轻骑奔邺。军次于邺西门豹祠之南。迥自出战，又破之。迥穷迫自杀。兵士在小城中者，尽坑于游豫园。诸有未服，皆随机讨之，关东悉平。十月，凯还京师。十一月薨，时年七十二。赠太傅、十二州诸军事、雍州牧。谥曰襄。

孝宽在边多载，屡抗强敌。所有经略，布置之初，人莫之解；见其成事，方乃惊服。虽在军中，笃意文史，政事之余，每自披阅，末年患眼，犹令学士读而听之。又早丧父母，事兄嫂甚谨。所得俸禄，不入私房。亲族有孤遗者，必加振赡。朝野以此称焉。长子谌年已十岁，魏文帝欲以女妻之。孝宽辞以兄子世康年长。帝嘉之，遂以妻世康。孝宽有六子，总、寿、霁、津知名。

【译文】

韦叔裕，字孝宽，京兆杜陵人，自小别人便用他的字称呼他，于是把字作为名。韦孝宽祖祖辈辈都是三辅大族。他的祖父韦直善，曾任北魏冯翊、扶风二郡太守，父亲韦旭，曾任武威郡太守。北魏孝庄帝建义年间初，韦旭任大行台右丞，加辅国将军、雍州大中正等官职。永安二年，被任命为右将军、南豳州刺史。当时氐族多次抢掠财物，韦旭根据情况，加以安抚，氐人都迅速地降附他。不久，韦旭死于任上。朝廷赠他司空、冀州刺史等官，谥号为“文惠”。

韦孝宽为人深沉机敏，温和正直，好读经史。他二十岁时，遇到萧宝夤在关右发动叛乱，于是他前往都城洛阳，请求朝廷让他作为大军的前锋去平定叛乱。朝廷很欣赏他这种行为，便任命他为统军。韦孝宽随冯翊公长孙承业挥师西进，每次战斗，他都有战功。被任命为国子博士，代理华山郡太守的职务。恰好侍中杨侃以大都督的身份离开京城，镇守潼关，让韦孝宽做他的都督府司马。杨侃对韦孝宽的才干感到惊奇，把自己的女儿嫁给他做妻子。永安年间，朝廷任命韦孝宽为宣威将军、给事中，不久又授予他山北县男的爵位。北魏节闵帝普泰年间，韦孝宽以都督的身份隶属荆州刺史源子恭，镇守襄城，因功被任命为析阳郡太守。当时独孤信任新野郡太守，二郡同属荆州，独孤信与韦孝宽很要好，亲密无间，而且政绩都很好，荆州的官吏和百姓称他们二人为“联璧”。北魏孝武帝初年，韦孝宽以都督的身份，独自镇守襄城。

北周文帝宇文泰从原州进军雍州，命令韦孝宽随大军前往。攻下潼关后，当即任命他为弘农郡太守。后随宇文泰俘获东魏大将窦泰，兼任行台左丞，统辖宜阳郡兵马。随即与独孤信进驻洛阳，据城而守。后又与宇文贵、怡峰接应在颍州起事响应西魏的人，在颍川打败了东魏的将领任祥、尧雄。韦孝宽又进军攻下东口，夺得豫州，擒获东魏豫州刺史冯邕。后又随文帝宇文泰在河桥同东魏军会战，西魏军队打了败仗，边界一带极不安宁，于是命令韦孝宽以大将军的身份代理宜阳郡太守的职务。不久升任南兖州刺史。

就在这一年，东魏将领段琛、尧杰再次攻占宜阳，派阳州刺史牛道恒鼓动招诱西魏边界百姓。韦孝宽为此深感忧虑，于是派间谍寻求到牛道恒的手迹，让善于模仿别人笔迹的人伪造了一封牛道恒给韦孝宽的信，信中说到牛道恒向西魏投诚的意图，并在信纸上弄了些火星烧灼的痕迹，好像这封信是牛道恒在灯火下写的一样，再令间谍把这封信扔到段琛的军营中。段琛得到这封信后，果然对牛道恒产生怀疑，牛道恒想做什么事，都得不到段琛的许可。韦孝宽知道敌方已经离心，相互牵制，于是出奇兵突施袭击，俘获牛道恒及段琛等人，崤山、渑池一带因而安定。

西魏文帝大统五年，将韦孝宽的男爵升为侯爵。大统八年，转任晋州刺史，不久改任到玉壁镇守，兼任南汾州刺史。在此以前，山胡依仗地势险阻，经常做打家劫舍的事，韦孝宽既用武力镇压，又以信义招抚，使南汾州境内极其清静。朝廷提升韦孝宽为大都督。

大统十二年，北齐神武帝高欢统率东魏所有军队，立志要攻占关中，因玉壁扼守要道，首先命令大军攻下玉壁。东魏军连营数十里，直抵玉壁城下，于是在城南边垒土为山，打算在土山造成后，登上山顶攻入玉壁城中。正对着东魏军修筑土山的地方，玉壁城墙上本有两座高楼，韦孝宽命令在楼上捆扎树木，尽量增加高度，在那儿聚积许多武器，加以抵御。北齐神武帝派人对城中守军说："任你们把楼增到天那么高，我也会挖通地道把你们抓获。"于是在城南边挖掘地道，并在城北修造土山和攻城器械，昼夜不停。韦孝宽又命令在城中挖一道长长的堑壕，以拦截敌方的地道，并告诫战士在堑壕边防守，城外敌军把地道挖到堑壕时，西魏兵便将他们捉住，并杀掉他们。另外在堑壕外堆积柴草，准备火种，如有敌军隐藏在地道中，便扔下柴草，点燃后，用皮制的风箱鼓风，大火一拥而入，地道里的敌军全都被烧伤。城外敌军又造出攻城车，城墙被攻城车撞到的地方，全都崩毁，即使用排楯也抵敌不住。韦孝宽便用布缝制帐幕，敌方攻城车往哪儿攻，便在哪儿把帐幕展开。布幕悬挂在空中，敌方攻城车始终不能将它损坏。城外敌军又在长竿上绑着松木和麻，浸灌油脂，点上火，想用来烧毁布幕，并试图烧毁城楼。韦孝宽又制造一种长铁钩，将铁钩的刃口磨得很锋利，敌方将火竿伸来时，便远远地用铁钩割截，使火竿上的松木和麻掉下。城外敌军又在玉壁城四周挖掘了二十一条地道，分为四个方向，在各条地道中用横梁和立柱做支撑，地道掘成后，把油脂浇在立柱上，再点火烧，立柱烧断后，地道上面的城墙都崩塌了。韦孝宽又在城墙崩毁的地方竖起木栅，加以防御，敌军不能攻进城中。城外进攻的敌人用尽了一切手段，韦孝宽都一一粉碎了。

神武帝高欢拿韦孝宽没办法，便派他的仓曹参军祖孝征对韦孝宽说："没听说有救兵来，你为什么不投降呢？"韦孝宽回答说："我方城池坚固，兵粮有余，攻城的人空自劳苦，守城的人总是安闲，哪有没几天便不得不要援军的道理？我只是担心你的部下有回不去的危险。我韦孝宽为关西大丈夫，绝不会当投降将军。"不一会儿祖孝征又对城中的兵士说："韦城主受到他主上的恩宠俸禄，或许该那样做，而其他战士，又为什么要跟他赴汤蹈火呢。"于是用箭把悬赏标准射进城中，说："如有人能杀城主向我军投降，将任命他为太尉，封开国郡公，食邑万户，赏赐帛一万匹。"韦孝宽亲手在敌方射进城中的字纸背面写上字，再射到城外，说："如有人能杀高欢，按此行赏。"韦孝宽弟弟的儿子韦迁事先在东魏，这时被戴上枷锁，带到玉壁城下，敌军用刀抵住韦迁的身体，声称韦孝宽如不趁早投降，便将他杀死。韦孝宽言辞慷慨，意气昂扬，一点也没有顾念的意思。战士们无不为之感动激励，人人都有拼死的决心。

神武帝苦战两个月，他的部下受伤及患病而死者达十分之四五，智竭力穷，于是生了病，趁夜间逃走了。后来因这事愤恨至极，竟至死去。西魏文帝嘉奖韦孝宽的功勋，令殿中尚书长孙绍远和尚书左丞王悦到玉壁慰劳，任命韦孝宽为骠骑大将军、开府仪同三司，将他的爵位升为建忠郡公。

西魏废帝二年，韦孝宽就任雍州刺史。在此以前，路边每隔一里便设一土堆作为标志，土堆被雨水冲刷后便崩毁，经常需要修补。韦孝宽任雍州刺史后，便命令雍州各地在原土堆处种植槐树，代替土堆作为标志。这样既不需反复修补，来往行人又可以躲避日晒雨淋。周文帝宇文泰后来看到这一情况，感到奇怪，便加询问，得知事情缘由，说："哪能仅一州如此，应让全国各地都照此办理。"于是命令各州在道路两边每隔一里种一株树，每隔十里种三株树，一百里种五株树。

西魏恭帝元年，任命韦孝宽为大将军，与燕国公于谨一起进攻江陵的梁朝，将它消灭，因功封为穰县公。回到长安，被任命为尚书右仆射，恩准他改姓宇文。恭帝三年，北周文帝宇文泰率军到北边巡视，命令韦孝宽再次镇守玉壁。北周孝闵帝宇文觉即帝位以后，任命韦孝宽为小司徒。周明帝宇文毓即位初年，韦孝宽兼任麟趾殿学士，考订校勘地图书籍。

北周武帝宇文邕保定年间初，因韦孝宽曾在玉壁建立功勋，于是在玉壁设置勋州，并任命韦孝宽为勋州刺史。北齐派使节到玉壁，请求两国通商。晋公宇文护因为两国长期敌对，互不通使，现在忽然请求贸易往来，怀疑其中别有缘故。又因周武帝的姑姑和伯母先前一直留在北齐境内，趁北齐派人求和的时机，也许可以将她们接来。于是命令司门下大夫尹公正到玉壁，与韦孝宽详加讨论。韦孝宽便在城郊摆上丰盛的酒食和华丽的帷帐，让尹公正在那儿会见北齐使节，并谈到皇室亲戚在北齐境内的情况。北齐使节的言语和脸色都显得很高兴。当时又出现汾州胡人抢掠北齐人口的事，韦孝宽把抢来的人口又放回，并让他们带去一封信，详细阐述了周愿与齐和好的本意。齐国便将周武的姑姑及宇文护的母亲等人礼送到周。

韦孝宽善于领导，能让人归心于他。他派到北齐的间谍，都为他尽力。也有齐国人得到韦孝宽给的金银钱财后，与他远通书信。所以齐国有什么行动，周朝都预先知道。当时有支部队的长官叫许盆，韦孝宽把他作为自己的心腹，让他镇守一座戍所。许盆竟把城纳入北齐。韦孝宽很愤怒，派间谍去杀他，不一会儿，许盆的头便被割了送来。他就是这样能得人心。

汾州以北、离石以南一带地方，居住的都是没有编入户籍的胡人，他们抢掠居民财物，隔断黄河通道。韦孝宽便为此深感忧虑。可是该地属于北齐疆土，又没办法出军加以剿除。韦孝宽想在胡人往来的要道上筑一座大城以资防守。于是在黄河西面各地征发十万民夫，配甲士一百人，派开府姚岳监督筑城事宜。姚岳表现出畏惧的神色，因所率战士太少而感到为难。韦孝宽说："算来要筑好此城，十天时间也就够了。那儿距齐国晋州治所有四百多里地，我们第一天开始动工，第二天敌境才会得知此事；假如北齐晋州征调军队，要用两天时间才可能招集起来；而敌方商议对策，又得用三天时间；从晋州派军队来，两天之内不可能到达。我方城墙，是完全有时间筑好的。"于是下令筑城。北齐果然派军队南来，因怀疑北周有大军，便停下来不敢继续进军。当晚，韦孝宽又命令汾水以南，介山、稷山下各村，到处烧起火堆，齐国的人认为那都是北周的军营，于是聚结军队，加强防守。北周终于将城筑成，结果像韦孝宽所说的一样。

保定四年，授韦孝宽为柱国。当时晋公宇文护将向北齐发动进攻，韦孝宽派长史辛道宪陈述不能出兵的意见，宇文护不加采纳，后大军果然失利。随即孔城被北齐攻占，宜阳也受到围攻。韦孝宽便对麾下将领说："宜阳城这地方，有它没多少好处，没它也没多少坏处，可是两国为争夺它，竟打了几年的仗。敌方有识之士很多，难道会缺乏好的谋略。假如他们放弃崤山以东，径直向汾水以北发起攻击，我国疆界，一定会受到侵扰。现在应当在华谷及长秋两地尽快地筑起城池，以便使敌方打消这一念头。假如他们在我们之前采取行动，再想消灭他们就很困难了。"于是画出地形图，把情况向朝廷详细地做了汇报。晋公宇文护让他的长史叱罗协对韦孝宽派来的人说："韦公子孙虽然很多，也不足一百人。他要在汾水以北筑城，准备派谁去坚守呢?"于是这事便没实行下去。周武帝天和五年，将韦孝宽的爵位升为郧国公，增加他食邑户数，加上以前的共达一万户。

这一年，齐国果真解除对宜阳的围攻，占有汾水以北的土地，并筑城据守。北齐丞相斛律明月到汾水东边，请求与韦孝宽会见。斛律明月说："宜阳一座小城，使我们长期交战，现在宜阳既然被你方获取，我们想在汾水北边取得补偿，希望你们不要怪罪才是。"韦孝宽回答说："宜阳是你们的要镇，汾水以北的土地是我们自动放弃了的。我们抛弃的东西，你们却想方设法得到它，哪能说是得到了补偿呢? 况且阁下辅佐幼主，职位很重，声望也高，按理该协调阴阳，安抚百姓，为什么要穷兵黩武，招来怨恨，使祸事不断呢! 而且阁下国内沧、瀛二州一带发大水，致使方圆千里范围内，人烟断绝，难道现在又想在汾、晋二州造成尸骨遍地的景象? 假如贪图不要紧的土地，使本来穷困已极的百姓再遭涂炭，我私下里认为阁下是不会这样做的。"

韦孝宽的参军曲岩很熟悉卜筮的方法，他对韦孝宽说："明年东边的齐国定将发生大屠杀。"韦孝宽于是让曲岩制造童谣说："百升飞上天，明月照长安。"百升，就是斛。又说："高山不摧自崩，槲树不扶自竖。"让间谍带上很多写有这些谣言的纸张，在北齐都城散发。北齐祖孝征听到这些童谣后，又添枝生叶，斛律明月竟因此被杀。

周武帝建德年间以后，立志要吞并齐国，韦孝宽于是上书陈述三个策略。他的第一项策略说：

臣下镇守边疆多年，对齐国的弱点了解得比较清楚，不利用时机，是难以成功的。所以去年出兵，白白地使战士劳苦，物资耗费，没获得任何胜利，正是因为没抓住机会。为什么呢？淮河以南，原来是肥沃的土地，陈朝依靠破败伤亡之后的残余力量，竟还能一举从北齐手中把它夺取，北齐连年派军救援，都大败而回，内部离心，盟国背叛，搞得智穷力竭。《左传》上不是说过这样的话吗："敌方已露出破绽，机不可失。"现在我国大军如果从轵关进击，各军齐头并进，并且与陈国军队形成夹击的形势；再命令广州义军从三鸦发起进攻，招募华山以南勇悍果敢的人，让他们沿黄河东进；另外派北边山地的稽胡部落阻断北齐并州与晋阳之间的交通。同时命令以上各支部队，招募敌境勇猛的人，多给他们一些爵位和赏赐，让他们做前锋。其势足以使山岳震动，河水倒流。各路大军都指向敌方老巢，迅如雷电。敌军看到我们的旗帜也肯定会奔逃，使我们所向无敌。一次战役便可以夺取彻底的胜利，现在正是大好时机。

他的第二项策略说：

如果朝廷准备以后再做打算，不能立即大举进攻，就应当联合陈国，分散齐国的兵力。我国应在三鸦以北、万春以南的地区，大力屯田，预先储备粮食。招募这一地区勇武强悍的人，编成部队。齐国东南边有陈国与之为敌，两国军队对垒，我国再出奇兵，攻击它的边界。齐国若调集大军救援，我方便坚壁清野，等到它的军队退回去以后，再派军进击。经常用我边界以外的部队，调动齐国内部的大军。我军没有丝毫损失，便可使敌人疲于奔命。这样，在一两年中，敌军肯定会出现逃跑叛降的情况。而且齐国君主昏庸残暴，大臣各执己见，断案视钱多少，出售官职，唯利是图，沉溺于酒色，猜忌残害忠良。齐国百姓处于水深火热之中，忍受不了这种腐败的政治。从这方面看，其灭亡指日可待。我们到时再乘机迅速加以消灭，这便有如摧枯拉朽。

他的第三项策略说：

我私下里认为，大周疆域包有潼关、黄河，拥有席卷天下、高屋建瓴的有利形势。太祖承受上天大命，革新政治，所以在二十多年中，便能建立宏伟的功业。在南边平定了长江和汉水交汇的一带地区，在西边夺取了巴、蜀，黄河以西地区也纳入了版图。只剩下赵、魏还未接受统治。而这正因为我国致力于征服其他三方，来不及经营东边，于是使他们能逃命于漳水边的邺城，苟延残喘。先前勾践立志灭吴，尚且以十年为期；周武王攻取丧乱的商朝，还需先后发动两次进攻。现在朝廷若打算等敌人恶贯满盈的时候，再相机行动，我认为最好还是再次与它讲和，缔结条约。使百姓安居乐业，贸易往来，使手工业者和商人获得益处，发现可以利用的时机，便采取行动。这是从长计议，坐着便消灭别人国家的办法。

他的奏章送达朝廷以后，周武帝派小司寇、淮南公元伟、开府伊娄谦等人带上厚礼，出使齐国。以后便大举进攻，两次行动后，便灭掉齐国，结果和韦孝宽制定的策略相符。

韦孝宽经常因为自己快到七十岁了，多次请求朝廷免去他的职务。周武帝因全国还未统一，总是好言相劝，不许他辞职。到这时，韦孝宽又声称有病，请求回家休养。周武帝说："以前我已当着你的面把我的心里话给你说了，你为什么还要再提这个要求呢？"

建德五年，周武帝率军向东进攻齐国，经过玉壁，在那儿停留。他视察了先前韦孝宽抵抗北齐军队的地方，对韦孝宽大加称赞，过了好一会儿才离开。韦孝宽认为自己很熟悉北齐军队的情况，请武帝让他带部队做先锋。武帝认为玉壁是军队往来的要道，除韦孝宽外没人能镇守，于是拒绝了他的请求。后赵王宇文招统率部队，联合稽胡，与武帝所率大军夹击北齐，武帝便命令韦孝宽为行军总管，围攻齐国华谷各城，以接应宇文招。韦孝宽攻占北齐四座城池。武帝攻下北齐晋州以后，又命令韦孝宽回军镇守玉壁。

后周武帝率军凯旋，再到玉壁。武帝随随便便地对韦孝宽说："世上的人说老年人智慧多，善于军事谋略。可是我和一批年轻人，一举消灭敌人。韦公你认为怎样？"韦孝宽回答说："臣下如今老朽不堪，只剩下一颗忠诚的心。不过，当初我年轻力壮的时候，也曾经为先皇出力，从而平定关中。"武帝大笑着说："你说的确是实话。"于是命令韦孝宽跟随自己返回京城长安。任命他为大司空，后离京任延州总管，将他的军勋升为上柱国。

周静帝大象元年，任命韦孝宽为徐、兖等十一州十五镇诸军事、徐州总管。又任行军总管，进军淮河以南。于是分别派杞公宇文亮进攻黄城，郕公梁士彦进攻广陵，韦孝宽率大军进攻寿阳，这些城池全被攻下。开始的时候，韦孝宽刚到达淮南，陈国各城守将都暗中派人联系，表示降服。

其中以五门尤其重要，陈国若打开水库的堤岸，渡口和道路就将被淹没。韦孝宽立即分派部队前往防守。陈刺史吴文育果然派军掘堤，但已经来不及了。于是陈国军队退走，长江以北的地区都被平定。

韦孝宽从淮南撤军而回，到达豫州时，宇文亮举兵反叛，率几百骑兵秘密袭击韦孝宽的营帐。当时宇文亮封国的属官茹宽已把情况密报韦孝宽，使他预先有所防备，宇文亮攻不进去，便逃走了，韦孝宽追击，将他抓获。朝廷因为他夺取淮河以南的功勋，再封他的一个儿子为滑国公。

周宣帝死后，隋文帝杨坚辅政，在此以前尉迟迥已任相州总管，朝廷命令韦孝宽去接替他。又任命小司徒叱列长义为相州刺史，让他先到相州治所邺城去。韦孝宽随后出发，到达朝歌时，尉迟迥派大都督贺兰贵带着书信在那儿迎接他。韦孝宽把贺兰贵留下，与他交谈，察言观色，怀疑事情不妙，便声称自己有病，慢慢前行。又派人到相州，借口寻医生和药物，暗中观察动静。到达汤阴时，碰上从相州逃回来的叱列长义。韦孝宽的侄子、魏郡太守韦艺又弃职南逃。韦孝宽弄清真实情况后，便乘马奔回。他所经过的桥梁，都下令拆毁，驿站马匹全部带走。又告诫驿将说："蜀公快到了，你们得多准备些酒菜和饲料，以便接待他。"尉迟迥果然派仪同梁子康率领几百骑兵追捕韦孝宽，各驿主管人都给他们以丰盛的款待，追兵每到一处，都擅自停留，因而没有追上。

这时有人劝韦孝宽说，洛阳兵员很少，平时就没有多少守卫力量，在河阳城镇守的，都是原北齐的鲜卑兵，尉迟迥如果先一步占据河阳，将带来很大的危害。韦孝宽于是进入河阳，据城而守。河阳城中原有鲜卑族士兵八百人，他们的家属都在邺城，见韦孝宽没带多少人马，暗中商议，准备响应尉迟迥。韦孝宽知道他们的密谋，于是暗中伪造东京洛阳下达的公文，谎称将派他们出征，分一批人到洛阳接受赏赐。被派出的人到洛阳后，全被留下，不让他们回到河阳。鲜卑兵因此力量分散，他们的阴谋也就没有实现。

大象二年六月，朝廷命令征调关中的军队，委任韦孝宽为元帅，率军东征。七月，大军进驻河阳城。尉迟迥所任命的仪同薛公礼等人围攻怀州，韦孝宽派军队将他们打败。大军又进驻怀县永桥城的东南边，永桥城因为地理位置极其重要，城墙建造得很坚固，尉迟迥已经派兵将它占据。众将领认为该城处在进军路线上，请求首先将它攻拔。韦孝宽说："永桥城虽小却很坚固，如果我们发起攻击却攻不下，将使我军声威受到损害。

现在我们打败他们的主力部队，永桥小城又能有什么作为呢。”于是率军进驻武陟，大败尉迟迥之子尉迟惇所部，尉迟惇单马逃回邺城。大军进驻邺城西门豹祠的南边。尉迟迥亲自出城应战，韦孝宽将他击败。尉迟迥因走投无路而自杀。尉迟迥部下在邺城内城中的，全被活埋在游豫园中。各地还有未降服的，韦孝宽都根据情况，派军攻打，使关东完全安定下来。十月，韦孝宽凯旋京城长安。十一月逝世，终年七十二岁。朝廷赠他太傅、十二州诸军事、雍州牧等官。谥号为“襄”。

韦孝宽在边疆镇守多年，多次抵御了强敌的进攻。他所做的一切事情，在开始布置的时候，别人都觉得不可理解；看见他把事情办成后，才感到惊奇，因而很佩服他。他虽身在军营中，却一心一意地学习文学和历史著作，在处理政事后的闲暇时间，常常亲自翻览。晚年的时候，他得了眼病，仍让有文化的人读书给他听。此外，韦孝宽的父母死得很早，他对哥嫂极恭谨。获得的俸禄，也不放进自己的小家。亲戚和同族如有孤儿，他定会救济。朝廷和民间都因此称赞他。韦孝宽的大儿子韦谌已年满十岁，西魏文帝元宝炬想把自己的女儿嫁给他做妻子。韦孝宽推辞，说自己哥哥的儿子韦世康比韦谌年龄大，（比较合适）。文帝称赏他，便把女儿嫁给韦世康。韦孝宽有六个儿子，其中以韦总、韦寿、韦霁、韦津比较有名气。

周书卷四十一

庾信列传第三十三

庾信字子山，南阳新野人也。祖易，齐徵士。父肩吾，梁散骑常侍、中书令。

信幼而俊迈，聪敏绝伦。博览群书，尤善《春秋左氏传》，身长八尺，腰带十围，容止颓然，有过人者。起家湘东国常侍，转安南府参军。时肩吾为梁太子中庶子，掌管记。东海徐摛为左卫率。摛子陵及信，立为抄撰学士。父子在东宫，出入禁闼，恩礼莫与比隆。既有盛才，文并绮艳，故世号为徐、庾体焉。当时后进，竞相模范。每有一文，京都莫不传诵。累迁尚书度支郎中、通直正员郎。出为郢州别驾。寻兼通直散骑常侍，聘于东魏。文章辞令，盛为邺下所称。还为东宫学士，领建康令。

侯景作乱，梁简文帝命信率宫中文武千余人，营于朱雀航。及景至，信以众先退。台城陷后，信奔于江陵。梁元帝承制，除御史中丞。及即位，转右卫将军，封武康县侯，加散骑常侍，来聘于我。属大军南讨，遂留长安。江陵平，拜使持节、抚军将军、右金紫光禄大夫、大都督，寻进车骑将军、仪同三司。

孝闵帝践阼，封临清县子，邑五百户，除司水下大夫。出为弘农郡守，迁骠骑大将军、开府仪同三司、司宪中大夫，进爵义城县侯。俄拜洛州刺史。信多识旧章，为政简静，吏民安之。时陈氏与朝廷通好，有北流寓之士，各许还其旧国，陈氏乃请王褒及信等十数人。高祖唯放王克、殷不害等，信及褒并留而不遣。寻徵为司宗中大夫。

世宗、高祖并雅好文学，信特蒙恩礼。至于赵、腾诸王，周旋款至，有若布衣之交。群公碑志，多相请托。唯王褒颇与信相埒，自余文人，莫有逮者。

信虽住望通显，常有乡关之思。及作《哀江南赋》以致意云。其辞曰：

粤以戊辰之年，建亥之月，大盗移国，金陵瓦解。余乃窜身荒谷，公私涂炭。华阳奔命，有去无归，中兴道消，穷于甲戌。三日哭于都亭，三年囚于别馆。天道周星，物极不反。傅燮之但悲身世，无所求生；袁安之每念王室，自然流涕。昔桓君山之志事，杜元凯之生平，并有著书，咸能自序。潘岳之文彩，始述家风；陆机之词赋，多陈世德。信年始二毛，即逢丧乱，藐是流离，至于暮齿。《燕歌》远别，悲不自胜，楚老相逢，泣将何及。畏南山之雨，忽践秦庭；让东海之，遂餐周粟。下亭漂泊，皋桥羁旅，楚歌非取乐之方，鲁酒无忘忧之用。追为此赋，聊以记言，不无危苦之辞，唯以悲哀为主。

日暮途远，人间何世。将军一去，大树飘零；壮士不远，寒风萧瑟。荆璧睨柱，受连城而见欺；载书横阶，捧珠盘而不定。钟仪君子，入就南冠之囚；季孙行人，留守西河之馆。申包胥之顿地，碎之以首；蔡威公之泪尽，加之以血。钓台移柳，非玉关之可望；华亭唳鹤，岂河桥之可闻。

孙策以天下为三分，众裁一旅；项羽用江东之子弟，人唯八千。遂乃分裂山河，宰割天下。岂有百万义师，一朝卷甲，芟夷斩伐，如草木焉。江、淮无涯岸之阻，亭壁无藩篱之固。头会箕敛者，合纵缔交；锄耰棘矜者，因利乘便。将非江表王气，应终三百年乎？是知并吞六合，不免轵道之灾；混一车书，无救平阳之祸。呜呼！山岳崩颓，既履危亡之运；春秋迭代，必有去故之悲。天意人事，可以凄怆伤心者矣。况复舟楫路穷，星汉非乘槎可上；风飚道阻，蓬莱无可到之期。穷者欲达其言，劳者须歌其事。陆士衡闻而抚掌，是所甘心；张平子见而陋之，固其宜矣。

我之掌庾承周，以世功而为族；经邦佐汉，用论道而当官。禀嵩、华之玉石，润河、洛之波澜。居负洛而重世，邑临河而晏安。逮永嘉之艰虞，始中原之乏主。民枕倚于墙壁，路交横于豺虎。值五马之南奔，适三星之东聚。彼凌江而建国，此播迁于吾祖。分南阳而赐田，袭东岳而胙土。诛茅宋玉之宅，穿径临江之府。水木交运，山川崩竭。家有直道，人多全节。训子见于纯深，事君彰于义烈。新野有生祠之庙，河南有胡书之碣。况乃少微真人，天山逸民。阶庭空谷，门巷蒲轮。移谈讲树，就简书筠。降生世德，载诞贞臣。文词高于甲观，模楷盛于漳滨。嗟有道而无凤，叹非时而有麟。既奸回之奰匿，终不悦于仁人。

王子洛滨之岁，兰城射策之年，始含香于建礼，仍矫翼于崇贤。游洊雷之讲肆，齿明离之胄筵。既倾蠡而酌海，遂侧管以窥天。方塘水白，钓渚池圆。侍戎韬于武帐，听雅曲于文弦。乃解悬而通籍，遂崇文而会武。居笠毂而掌兵，出兰池而典午。论兵于江汉之君，拭圭于西河之主。

于时朝野欢娱，池台钟鼓。里为冠盖，门成邹鲁。连茂苑于海陵，跨横塘于江浦。东门则鞭石成桥，南极则铸铜为柱。树则园植万株，竹则家封千户。西赆浮玉，南琛没羽。吴歈越吟，荆艳楚舞。草木之藉春阳，鱼龙之得风雨。五十年中，江表无事。王歙为和亲之侯，班超为定远之使。马武无预于兵甲，冯唐不论于将帅。岂知山岳暗然，江湖潜沸。渔阳有间左戍卒，离石有将兵都尉。

天子方删诗书，定礼乐。设重云之讲，开士林之学。谈劫烬之灰飞，辨常星之夜落。地平鱼齿，城危兽角。卧刁斗如于荥阳，绊龙媒于平乐。宰衡以干戈为儿戏，缙绅以清谈为庙略。乘渍水而胶船，驭奔驹以朽索。小人则将及水火，君子则方成猿鹤。弊蓖不能救盐池之咸，阿胶不能止黄河之浊。既而鲂鱼赪尾，四郊多垒。殿狎江鸥，宫鸣野雉。湛卢去国，艅艎失水。见被发于伊川，知其时为戎矣。

彼奸逆之炽盛，久游魂而放命。大则有鲸有鲵，小则为枭为獍。负其牛羊之力，凶其水草之性。非玉烛之能调，岂璇玑之可正。值天下之无为，尚有欲于羁縻。饮其琉璃之酒，赏其虎豹之皮。见胡桐于大夏，识鸟卵于条支。豺牙密厉，虺毒潜吹。轻九鼎而欲问，闻三川而遂窥。

始则王子召戎，奸臣介胄。既官政而离逖，遂师言而泄漏。望廷尉之逋囚，反淮南之穷寇，飞狄泉之苍乌，起横江之困兽。地则石鼓鸣山，天则金精动宿。北阙龙吟，东陵麟斗，尔乃桀黠构扇，凭陵畿甸。拥狼望于黄图，填卢山于赤县。青袍如草，白马如练。天子履端废朝，单于长围高宴。两观当戟，千门受箭。白虹贯日，苍鹰击殿。竟遭夏台之祸，遂视尧城之变。官守无奔问之人，干戚非平戎之战。陶侃则空装米船，顾荣则虚摇羽扇。将军死绥，路绝重围。烽随星落，书逐鸢飞。遂乃韩分赵裂，鼓卧旗折。失群班马，迷轮乱辙。猛士婴城，谋臣卷舌。昆阳之战象走林，常山之阵蛇奔穴。五郡则兄弟相悲，三州则父子离别。

护军慷慨，忠能死节。三世为将，终于此灭。济阳忠壮，身参末将。兄弟三人，义声俱唱。主辱臣死，名存身丧。狄人归元，三军凄怆。尚书多算，守备是长。云梯可拒，地道能防。有齐将之闭壁，无燕师之卧墙。大事去矣，人之云亡。申子奋发，勇气咆勃。实总元戎，身先士卒。胄落鱼门，兵填马窟。屡犯通中，频遭刮骨。功业夭枉，身名埋没。或以隼翼鷃披，虎威狐假。沾渍锋镝，脂膏原野。兵弱虏强，城孤气寡。闻鹤唳而虚惊，听胡笳而泪下。据神亭而亡戟，临横江而弃马。崩于钜鹿之沙，碎于长平之瓦。于是桂林颠覆，长洲麋鹿。溃溃沸腾，茫茫惨黩。天地离阻，人神怨酷。晋郑靡依，鲁卫不睦。竞动天关，争回地轴。探雀彀而未饱，待熊蹯而讵熟。乃有车侧郭门，筋悬庙屋。鬼同曹社之谋，人有秦庭之哭。

余乃假刻玺于关塞，称使者之酬对。逢鄂坂之讥嫌，值彨门之征税。乘白马而不前，策青骡而转碍。吹落叶之扁舟，飘长帆于上游。彼锯牙而勾爪，又巡江而习流。排青龙之战舰，斗飞燕之船楼。张辽临于赤壁，王浚下于巴丘。乍风惊而射火，或箭重而回舟。未辨声于黄盖，已先沈于杜侯，落帆黄鹤之浦，藏船鹦鹉之洲。路已分于湘汉，星犹看于斗牛。若乃阴陵失路，钓台斜趣。望赤岸而沾衣，舣乌江而不度。雷池栅浦，鹊陵焚戍。旅舍无烟，巢禽失树。谓荆、衡之杞梓，庶江、汉之可恃。淮海维扬，三千余里。过漂渚而寄食，托芦中而度水。届于七泽，滨于十死。嗟天保之未定，见殷忧之方始。本不达于危行，又无情于禄仕。谬掌卫于中军，滥尸丞于御史。

信生世等于龙门，辞亲同于河洛。奉立身之遗训，受成书之顾托。昔三世而无惭，今七叶而始落。泣风雨于《梁山》，惟枯鱼之衔索。入欹斜之小径，掩蓬藋之荒扉。就汀洲之杜若，待芦苇之单衣。

于时西楚霸王，剑乃繁阳。鏖兵金匮，校战玉堂。苍鹰赤雀，铁舳牙樯。沈白马而誓众，负黄龙而渡湘。海潮迎舰，江萍送王。戎车屯于石城，戈船掩于淮、泗。诸侯则郑伯前驱，盟主则荀莹暮至。剖巢熏穴，奔魁走魅。埋长狄于驹门，斩蚩尤于中冀。然腹为灯，饮头为器。直虹贯垒，长星属地。昔之虎据龙盘，加以黄旗紫气，莫不随狐兔而窟穴，与风尘而殄瘁。

西瞻博望，北临玄圃。月榭风台，池平树古。倚弓于玉女窗扉，系马于凤凰楼柱。仁寿之镜徒悬，茂陵之书空聚。若夫立德立言，谟明夤亮。声超于系表，道高于河上。既不遇于浮丘，遂无言于师旷。指爱子而托人，知西陵而谁望。非无北阙之兵，犹有云台之仗。司徒之表里经纶，狐偃之惟王实勤。横雕戈而对霸主，执金鼓而问贼臣。平吴之功，壮于杜元凯；王室是赖，深于温太真。始则地名全节，终以山称枉人。南阳校书，去之已远。上蔡逐猎，知之何晚。镇北之负誉矜前，风飚懔然。水神遭箭，山灵见鞭。是以蛰熊伤马，浮蛟没船。才子并命，俱非百年。

中宗之夷凶静乱，大雪冤耻。去代邸而承基，迁唐郊而纂祀。反旧章于司隶，归馀风于正始。沉猜则方逞其俗，藏疾则自矜于己。天下之事没焉，诸侯之心摇矣。既而齐交北绝，秦患西起。况背关而怀楚，异端委而开吴。驱绿林之散卒，拒骊山之叛徒。营军梁溠，搜乘巴渝。问诸淫昏之鬼，求诸厌劾之巫。荆门遭廪延之戮，夏首滥逵泉之诛。蔑因亲于教爱，忍和乐于弯孤。慨无谋于肉食，非所望于《论都》。未深思于五难，先自擅于二端。登阳城而避险，卧底柱而求安。既言多于忌刻，实志勇于刑残。但坐观于时变，本无情于急难。地为黑子，城犹弹丸。其怨则黩，其盟则寒。岂冤禽之能塞海，非愚叟之可移山。况以沴气朝浮，妖精夜殒。赤鸟则三朝夹日，苍云则七重围轸。亡吴之岁既穷，入郢之年斯尽。

周含郑怒，楚结秦冤。有南风之不竞，值西邻之责言。俄而梯冲乱舞，冀马云屯。栈秦车于畅毂，沓汉鼓于雷门。下陈仓而连弩，度临晋而横船。虽复楚有七泽，人称三户。箭不丽于六麋，雷无惊于九虎。辞洞庭兮落木，去涔阳兮极浦。炽火兮焚旗，贞风兮害蛊。乃使玉轴扬灰，龙文斫柱。下江馀城，长林故营。徒思钳马之秣，未见烧牛之兵。章曼支以毂走，宫之奇以族行。河无冰而马度，关未晓而鸡鸣。忠臣解骨，君子吞声，章华望祭之所，云梦伪游之地。荒谷缢于莫敖，冶父囚乎群帅。硎阱折拉，鹰□批攅。冤霜夏零，愤泉秋沸。城崩杞妇之哭，竹染湘妃之泪。

水毒秦泾，山高赵陉。十里五里，长亭短亭。饥随蛰燕，暗逐流萤。秦中水黑，关上泥青。于时瓦解冰泮，风飞电散。浑然千里，淄、渑一乱。雪暗如沙，冰横似岸。逢赴洛之陆机，见离家之王粲。莫不闻陇水而掩泣，向关山而长叹。况复君在交河，妾在清波。石望夫而逾远，山望子而逾多。才人之忆代郡，公主之去清河。栩阳亭有离别之赋，临江王有愁思之歌。别有飘摇武威，羁序死而思归。李陵之双凫永去，苏武之一雁空飞。

昔江陵之中否，乃金陵之祸始。虽借人之外力，实萧墙之内起。拨乱之主忽焉，中兴之宗不祀。伯兮叔兮，同见戮于犹子。荆山鹊飞而玉碎，随岸蛇生而珠死。鬼火乱于平林，殇魂惊于新市。梁故丰徙，楚实秦亡。不有所废，其何以昌。有妫之后，遂育于姜。输我神器，居为让王。天地之大德曰生，圣人之大宝曰位。用无赖之子孙，举江东而全弃。

惜天下之一家，遭东南之反气。以鹑首而赐秦，天何为而此醉！

且夫天道回旋，民生预焉。余烈祖于西晋，始流播于东川。洎余身而七叶，又遭时而北迁。提挈老幼，关河累年。死生契阔，不可问天。况复零落将尽，灵光巍然。日穷于纪，岁将复始。逼切危虑，端忧暮齿。践长乐之神皋。望宣平之贵里。渭水贯于天门，骊山回于地市。幕府大将军之爱客，丞相平津侯之待士。见钟鼎于金、张，闻弦歌于许、史。岂知灞陵夜猎，犹是故时将军；咸阳布衣，非独思归王子。

大象初，以疾去职，卒。隋文帝深悼之，赠本官，加荆淮二州刺史。子立嗣。

【译文】

庾信，字子山，南阳新野（今河南新野）人。祖父庾易是南朝齐代的隐士。父亲庾肩吾，任过南朝梁朝散骑常侍、中书令。

庾信少年时代就长得英俊出众，聪明绝伦。他博览群书，特别精通《春秋左氏传》；身高八尺，腰带长十围，容貌举止恭顺，有超过凡人之处。起初，他任湘东（今湖南衡阳）国常侍，后转任安南府参军。当时，庾肩吾任梁太子中庶子，主持管记的工作，东海（今江苏东海沭阳连水以东、淮水以北地区）人徐摛任左卫率，徐摛的儿子徐陵和庾信一齐任抄撰学士。父子在太子的宫室里，出入于皇宫禁地，深受恩宠礼遇的荣耀，无人可以相比。他们都极具才华，文采显得绮丽华艳，因此世称为“徐庾体”。当时，后辈们都竞相模仿学习，他们每有一篇文章问世，便在京城广为传诵。后来，庾信升任为尚书度支郎中、通直正员郎，又出任郢州别驾。接着又兼任通直散骑常侍，出使东魏。他的诗文和应酬的言辞广泛地为邺下（今河北临漳县境）人士所赞许。从东魏回梁朝后，他又出任东宫学士、建康令。

侯景反叛作乱时，梁朝简文帝命令庾信率领宫中文武官员一千多人扎营于朱雀航（在今江苏南京镇淮桥东）。及至侯景兵到，他因敌军众多而先行撤退。台城（今南京玄武湖边）沦陷后，庾信逃到江陵（今属湖北）。梁元帝继承王位，授予他御史中丞之职。元帝登基时，转授右卫将军，并封他为武康县侯，又加授散骑常侍，奉命出使西魏。适值西魏大军进攻南朝，他便留在长安（今陕西西安）。江陵陷落后，他在西魏任使持节、抚军将军、右金紫光禄大夫、大都督。继之，又被引荐为车骑大将军、仪同三司。

孝闵帝即位后，封庾信为临清县子，赐给五百户的封地，授予司水下大夫。他还离京任弘农郡太守。又升迁为骠骑大将军、开府仪同三司、司宪中大夫，提升爵位为义城县侯。不久，任洛州（今河南洛阳）刺史。庾信精通以往的典章制度，为政简约沉静，下属官吏和百姓很安定。当时，陈朝和北周和好交往，羁留在对方国家的人士都被允许返回故国。陈朝使请王褒、庾信等十几个人回去。高祖只放走王克、殷不害等人。庾信和王褒两人都被留下而不得遣返。接着，庾信被征召为司宗中大夫。

周世宗、高祖都很爱好文学，庾信特别蒙受恩宠礼遇。乃至赵王、滕王几位王侯，对他更是多所应酬，款待备至，犹如百姓间的平等交往。众多王公的碑铭文志，多半拜托他撰写。只有诗人王褒和他不相上下，其余的文人就没有比得上他的了。

庾信虽然官位显达，名望显赫，但仍然经常怀有思乡的深情。于是，创作了《哀江南赋》以表达自己的这种情绪。赋是这样写的：

戊辰年（548）十月，窃国大盗侯景反叛篡国，京城金陵沦陷，国家土崩瓦解。我于是逃窜于荒山野谷。朝廷与百姓都陷于泥潭炭火之中。从江陵奉命出使西魏，羁留北方，不得南归。复兴梁朝的希望在甲戌之年（554）便彻底破灭了。国家灭亡，我在长安亭舍遥哭了三天，在异国别馆被囚禁了三年。天理本如岁星运行一样周而复始，但梁朝消亡却不再复兴。我如同傅燮，只有悲叹身世而无处可以求生；又像袁安，每每思念先朝，自然而然地涕流满面。从前，桓谭有志于事业，杜预一生好运，两人都有著述，都在书中作序叙平生志向。潘岳的诗篇，最早叙述家族的风尚；陆机的辞赋，大多陈说祖先的功德。我从中年开始，便遭到丧国的变乱，遥远地离开故国，流落他邦，直到如今已届晚年。吟咏着《燕歌》远别家国，悲伤得无法忍受。遇到了故国遗老，哭泣又有什么用处？本来想隐居避害，却忽然奉命出使而失节于西魏，本以谦让自守，便又不能如伯夷、叔齐以身殉义。漂泊在路旁的亭舍，寄身于异邦的篱下。唱唱怀乡的悲歌，不是取乐的办法；喝喝乏味的薄酒，没起忘忧的效果。如今，追写这篇辞赋，姑且用来记述一朝兴亡之事，其中虽不乏个人危难悲苦的辞句，但还是以国家的悲哀为重。

年老岁残，乡关路远，这混乱多变的世道成了什么世界？冯异将军一旦离去，那大树自然凋零；荆轲壮士一去不返，寒风更加凄凉。蔺相如手持和氏璧斜视庭柱，为换回赵国十五城直面秦王的欺凌，终于完璧归赵；毛遂登上石阶，逼使楚王订立盟约，而我出使魏国，手捧珠盘，却未能使梁朝和西魏结盟。钟仪是楚国的君子，被俘而成了头戴南方楚帽的囚徒；季孙为鲁国的使臣，被晋人拘留在西河的使馆里。申包胥为救楚国向秦王叩头，把头叩破；蔡威公因亡国哭干了眼泪，泪尽泣血。钓台的移柳，不是漂泊玉门关的游子所能望得见的；华亭的鹤鸣，岂是遭河桥之难的人所能听得着的。

孙策用以三分天下的士卒，起初只有五百；项羽起兵所带的江东子弟，也只有八千之众。他们就这样割据山河，主宰天下。哪有过百万义军一时丢盔弃甲，一败涂地，以致敌军滥杀百姓如同割草伐木？长江、淮河起不了普通河岸阻挡敌兵的作用，军营壁垒还不如一道篱笆牢固坚实。征税敛赋的各州官吏乘乱纠集起来，缔结盟约；出身卑微的人趁机窃取了国柄。莫非金陵的天子气数历经三百年理当完结了？由此可知，秦虽打败六国，吞并了天下，仍不能避免于轵道（今陕西西安东北）投降之灾，西晋虽统一了国家，也挽救不了国君于平阳（今山西临汾）丧身之祸。呜呼！大山崩塌，萧梁已走上灭亡的命运，改朝换代，必然会有典午（晋朝）前朝的哀伤。上天的意旨，朝代的更迭，足以使人感到凄凉悲怆，伤心不已。更何况行船到了航道的尽头，天河不是乘木筏可以上去的；暴风阻拦了仙境之路，蓬莱没有可以到达之日。不得志的人要作赋表达心头哀曲，困顿的人要咏唱所做之事。陆机听到我的吟咏会拍手取笑，这是我心甘情愿的；张衡看到这篇辞赋定要加以鄙辱，这本来就是理所当然的事。

我出身于周朝掌庾大夫的世家，因世代功勋而成为官族。辅佐汉室治理国家，凭学识而居官受职。禀承嵩山、华山玉石的灵气，浸润着黄河、洛河的波澜。迁居新野，背倚洛阳古都重新处世。城邑面临晏水，倒也优雅、安静。及至永嘉（307—313）年间，国事艰难多舛，国家失去主心骨，百姓苟延在断壁残垣之间，虎豹豺狼横行于道路之上。适逢中原五大姓南迁，三星聚会在东南，晋元帝迁都金陵，重建国家。我的八世祖也徙居江陵。他受封为遂昌侯而得到赐予的田产，侍奉天子而得到赐封的土地。铲锄茅草，住上了宋玉旧宅，穿路寻径，定居于江陵。

如太子晋游伊、洛时的年龄，我也在十五岁时高中射策甲科。起先，在建礼门任尚书郎，满含芒名；接着，在太子门为东宫学士，羽翼正矫健。游说于皇太子的讲舍，雄辩于帝胄的座席。既如以蠡测天高，池塘水色清纯，洲渚正宜垂钓。在帅帐中以兵戎韬略侍奉君王，在宫廷里听文人的琴弦奏出雅乐歌曲。于是，走出困境，为官做官，继而又进崇文观为春官兵马兼任文武大臣。前呼后拥立于战事上执掌重兵，兵出兰池宫已拜授司马。与湘东王谈论军机，在北魏王面前显露了玉石的纯清。

当时，朝廷和民间都欢欣娱乐，高台深池撣钟鸣鼓。里巷冠盖如云，门庭尽是邹鲁大儒。在海陵兴建了连绵的花苑，在江边筑起了横塘大堤。国家的东门有神人用鞭子抽打过的石横桥，南端有金铜铸成的巨柱。蜀、江、江陵辟园遍植万株橘树，渭川人家有千亩竹林堪称千户侯。西方礼赠浮玉，南方进贡珍贵的“没羽”宝箭。吴国的曲子，越国的歌吟，荆州的美女，楚国的舞蹈。世人的欢乐有如草木遇上阳春，蛟龙适逢风雨。五十年间，江南一带安平无事。有如王歙那样和亲的王侯，如班超那样安定远邦的使臣。没有马武这样的人物提起兴兵之事，没有冯唐这样的人物谈论将帅韬略。哪里知道山岳暗然失色，江湖沸扬汹涌。渔阳有造反的北镇戍兵，离石有拥兵自重的都尉。

天子梁武帝正在删改诗书，制定礼乐。开设重云殿讲坛，建立士林学馆。奢谈大劫焚烧灰烬飘飞的原因，阔论恒星在夜空中消逝的缘故。守地没有鲁齿山（今河南宝丰东南）可以凭借，城防没有猛兽之角可以倚恃。刁斗躺臣在荥阳（今属河南兵库里），龙驹被拘律在平乐馆时。掌政的朱异视兵戎士戈如同儿戏。王公大臣以清谈作为定国安邦之方。乘坐用胶粘合的船只，用腐烂的绳索驾驭奔驰的壮马。于是，小民陷于水火之中，君子成了猿猴水鹤。坏了的蓖子不能阻止盐池的咸，阿胶不能改变黄河的浑浊。于是，鲂鱼有病，其尾变赤，城郊四野，营垒无数。江鸥在殿堂上亲昵，野雉在宫廷中鸣叫，湛卢宝剑离开了故国，艅皇名船沉落在水中。看见有披发的人在伊水祭奠，知道升平不足百年就又有了兵灾！

那奸逆侯景气焰嚣张，反叛之心由来已久。其罪行，大则蚕食诸国，凶如鲸、鲵；小则残灭己类，恶如枭、獍。任它牛羊一般的蛮力，肆虐它啃食水草的野性。这不是四季的和气所能调剂，也非北斗魁四星所能校正。乘天下尊奉释教无为而作乱，还有野心企图控制四方。天子却还请他痛饮精醇美酒，又赏给虎豹之皮。如同在大夏国（在今阿富汗北部一带）见到了胡杨树，在条支（在今底格里斯、幼发拉底两河之间）见到了鸟蛋。奸逆的豺狼牙齿密而厉，毒蛇之气暗中吹出。竟轻狂地举起九鼎，还侧耳窥视京都，妄图篡国称事。

开始，临川王萧宏之子（萧正德）引贼兵进入帝城，奸臣成了披甲戴盔的统兵之将。他先被奸逆侯景立为天子执政，马上又被降为侍中。于是，他密修书信、图求援兵，但又为贼兵截得，天机泄漏。奸逆侯景是觊觎廷尉之职的逃亡之囚，盘踞淮南造反的败兵，如从狄泉（在今河南洛阳）飞起的苍鸟，如从横江（在今安徽和县东南）挣脱的困兽。于是，地上石鼓鸣叫，震撼山岳，天上太白行空，星宿移动。朝廷群龙吟鸣，东陵（在今湖北广济东北及黄梅境内）麒麟相斗。贼兵凶残狡诈，横行滥杀，侵凌天子住处。如将匈奴的狼烟侯望之地移入京畿版图，把北庭的卢山搬至中原大地。贼兵青袍犹如绿草，白马好像系练。天子梁武帝正月不能上朝，奸逆筑长围置酒宴乐。宫前两座高台横遭刀兵攻击，宏伟的宫殿大门饱受箭矢射击。晕圈包围着太阳，苍鹰击拍着殿堂。天子竟然遭致了被囚夏台（在今河南禹县南）的灾祸，也终于看到了被囚尧城的变故。为官有责却没有勤王的人，空有盾斧却不能平定贼兵。王琳无陶侃的机遇，只好自沉米船，羊鸦仁无顾荣的善战，不能挥摇羽扇破敌。将军败退，台城被围，通路断绝。烽火随着星辰下落而熄灭，诏书随着纸鸢被射而飞落。于是，韩国割据，赵国分裂，戍鼓倒卧，牙旗折断。战马失群嘶鸣，败兵轮辙混乱。猛士倚城自守，谋臣瞠目结舌。昆阳（今河南叶县）的战斗如同大象奔逃山林，常山（在今山西浑源县）的战阵好像长蛇逃回洞穴。据有五郡的王子们相向悲泣，拥有三州强兵的儿子也只好与父王遥遥诀别。

护军将军慷慨勤王，忠贞不屈，战死阵前。他祖孙三代都为将领，却在此战中灭绝。济阳（在今河南兰考）的忠勇壮士身为末将，他们兄弟三人开城出战而死，同唱了一曲忠义之歌。天子蒙受耻辱，臣子忠贞而死。身体虽亡，英名永存。贼兵感其忠勇，归还遗体，三军怆然悲泣。都官尚书羊侃足智多谋，善于筹策，多方守城御敌。抵御了贼兵云梯攻城，又以地道挖陷了敌人临城而筑的土山。直如有坚壁固守的齐国将军，但他不幸病卒，失去了可以防护燕昌城的燕国军队。随之，台城沦陷，大势已去，这就是人们所说的国家灭亡了！柳仲礼精神振奋，怒勇冲天，统率前军，身先士卒与奸逆交战。头盔掉在郓城门，青塘败北，兵士陷入了马窟，他身负创伤，中气每每受抑，屡遭刮骨疼痛。以后他又降贼，以致功业短暂夭亡，身名两失。有时，贼兵如鸷鸟披上隼翼，狐狸假借虎威，滥杀无忌，刀刃箭矢满沾血渍，脂膏涂地，横尸原野。我兵转弱，贼兵变强。

义军绕宇孤城，士气低落，听到鹤叫而心惊胆寒，听到贼兵胡笳声响而伤心落泪。如太史慈在神亭（在今江苏丹阳）拒敌失掉手戟而被执，似孙策渡过横江击敌中箭弃马而还。如秦军崩溃于钜鹿（今河北平乡）的沙丘台，如赵军覆灭于长平。就这样，桂林（在今江苏南京北面）苑圃荒鞠倾覆，长洲（今江苏吴县西南）麋鹿漫游，溃溃然江河沸腾，茫茫然宇宙混浊。天地横遭分离阻隔，神与人都怨恨惨毒残酷。之后，诸王如晋国与郑国不能互相依存，鲁国与卫国互不和睦。其竞相杀戮震动了主边事的天官星，其争城夺地如同地轴回旋。梁武帝受饥困，如赵武灵王寻食雏鸟而难饱，又如楚成王求食熊掌，岂能得到？饿死后，被奸逆以轻车简葬于城门外。梁简文帝被杀，如齐王被抽筋，悬挂在庙屋上。人鬼同谋灭亡曹国。我因此逃奔江陵，乞求援救。

于是，我诈称传御旨而蒙混出关隘，假称使臣身份应付盘查。遭受了伍子胥过鄂坂时的讥讽嫌疑和关卡的征税。乘着疲惫的白马艰难跋涉，又改策青骡而辗转前行。扁舟像风中落叶一样漂荡，驾长风逆江而上。那贼兵张牙舞爪，沿江乘胜奔袭，摆开青龙大阵，驾驶飞燕楼船。义师则如合肥之战中的张辽一样勇猛陷阵，如率水军从巴丘下东南的王浚一样势不可挡。贼兵逆风烧火而自焚，又受箭伤而回船败退。还不如中箭落水的黄盖，却如溺死水中的杜侯。我收帐于黄鹤矶（在今湖北武汉蛇山），藏船在鹦鹉洲（在今湖北武汉江中）。路已行至湘水和汉水境界，却仍抬头遥望吴地分野的斗星和牵牛星。我如项羽陷于阴陵沼泽（在今安徽定远西北），走投无路，在樊山钓台（在今湖北北武昌西北）上痛抒忧闷。远望赤岸涕泪沾衣。舟停乌江（在今安徽和县东北四十里）无心过渡。沿江望去，雷池（在今安徽望江南）成了筑栅的水浦，鹊陵成了焚后的军营。旅途中杳无人影，难以投宿，飞禽无树可以筑巢。我以为幸而荆州、衡阳有明君良才，江陵、汉水足以倚靠。从淮海扬州起程，溯江而上，走了三千余里。像韩信一样路过漂衣的小洲向漂母乞食，像伍员藏身芦苇，由渔夫渡江出逃。身临湖泊，十死一生。嗟叹还未报答皇恩，明白深忧还正当开始。本来够上不励行邦国之道，也无意任官食禄。梁元帝却让我错误地掌握右卫将军之职，不适当地充任御史中丞。

我类似生长于龙门（在今陕西韩城），与父亲诀别于黄河、洛水之间的司马迁，尊奉父亲立身扬名的遗训和著论传世的嘱托。过去，许多世代都无愧于公卿的大名。如今，传到自己却开始衰落。思先父，风雨中泣颂曾子《梁山》之曲，只悲叹父母如衔索的枯鱼，都难久留于世。避猜忌，我绕进曲折不平的小路，躲藏于野草丛生的空门里。如屈原戴上汀洲的香草，如诸葛恪穿芦苇做的单衣而待死。

此时，梁元帝驰檄讨贼，义军锐不可挡，犹如西楚霸王剑抵城门。众兵激战于书库，校尉争斗于殿堂。苍鹰船，赤誉舟，铁船舷，牙帆柱，声威赫赫。义军歃血结成白马之盟，典龙负舟速下江东破贼。兵船迎海潮飞驰，江萍助王师成行。兵马军车进驻石头城(在今江苏南京)，戈船水军乘潮涌入淮水、泗水。义军挺进，如诸侯有郑伯为前驱，盟主晋国的荀氏在傍晚抵达。攻入敌巢，如以火熏穴，贼酋如魑魅，四散窜逃。奸逆侯景被斩，犹如长狄被埋于驹门，蚩尤被斩于中冀。其腹被作为灯火点燃。其头被作为饮酒器具。至此，白虹贯于军营，流星坠入大地。过去虎踞龙盘，黄旗紫气的金陵帝都，任凭狐兔筑窟结穴，随着风尘而王气消尽。

向西观瞻博望苑，向北进入玄辅园。有吟赏风月的台榭，波平如镜的池塘，苍劲参天的古树。可在玉女窗扉下放下弓弩，在凤凰楼柱上系马逗留。仁寿殿前空自悬挂着铜镜，茂陵里的经书也白白放置。至于简文帝，功德主行，堪称不配，确乎明智贤能，谨敬谅直，藻辞深于言表，道行高于精通《老子经》的河上公。却不能如太子晋遇浮，丘公而上嵩山，也不能像他那样先把后事告知师旷。只能像魏武临死那样，将爱子托付于人。哪知道他死后又有谁能探望他的西陵坟地？当时并非没有北阙的内应之兵，只是还有兵器精良的贼兵防守。司徒王僧辩表里都是济世经伦，如晋国的狐偃一心一意地勤王。敢于横执刻镂之戈向霸主挑战，手持金鞭斥责奸逆。平定吴地的功绩比杜元凯还壮伟。王室对他的依赖，比温太真还深重。开始，以保全气节而取地为名全节，最终，以死于枉人山的比干之名而著称。他功成被杀，如南阳宰文重，悔之不及，如上蔡游猎的李斯，知之已晚！曾镇守北方的邵陵王空负威名，兵败不前。其为人骄躁、暴虐，如秦始皇箭射水神，鞭击山灵。因此，神灵不佑，蛰熊啮伤座骑，浮蛟翻倒兵船。梁武帝终如高阳氏，虽有八子效命，终因史弟猜忌，国破家亡，不能有百年基业。

中兴之主梁元帝平定了侯景的叛乱，洗雪了父兄百姓的冤耻。由湘东王砂接帝业，在江陵登基，如汉文帝被迎于代邸、帝尧在唐郊受禅。但却不能如光武帝任司隶时那样改变旧制，也不能恢复以往的正始之音。多猜忌而骄矜随意，嫉贤才而自以为是。国家大事因此完结，诸侯人心浮动。接着，与北齐绝交，遭西魏入侵之患。何况如西楚霸王离开关中想回楚地一样，他居江陵而不思返建邺；也不想如太伯以周礼开拓吴国那样，重返吴地。复用任约等侯景旧党去败自己的骨肉兄弟，如驱使绿林的散兵游勇去抗击在骊山（在今陕西临潼东南）造反的叛军。驻军于溠水，阅兵于巴渝。有事求问邪恶的鬼怪，乞灵于用迷信方法消灾除邪的巫术。杀武陵王于荆门（在今湖北宜都西北），如郑庄公追杀亲弟王廪延；使邵陵王死于夏首（在今湖北沙市东南），如咸季以弟害兄。无视骨肉之亲理当相受，残忍地以弯弓取代和乐。令人愤慨的是，当权者既无谋无略，又不能如天下所盼望的回旧都建邺。不能将立国之难深思熟虑，又自以为精通于文武二端。定都江陵，如登上阳城想逃避风险，倚卧砥柱想求得安宁。为人言谈多般猜忌，残忍更呈淫威。坐观时变，本性无情，不顾兄弟的急难。所拥有的狭小地方如同脸面上的黑闹，所据有的城池也只有弹丸一般大小。内外积怨甚深，兄弟之谊、国家之盟又都瓦解。冤禽精卫怎能填海，北山愚公哪能移山。何况灾象白天出现，妖气夜里降临，赤乌夹日而飞三日，青云围轸七重。元帝气数将尽，如同吴国灭亡的日子已经临近，兵入郢州的时间也已经到来。

如周和郑互相怨恨，秦和楚结下冤仇那样，梁元帝杀兄害弟，与梁王结下怨隙，使西魏有机可乘。如南风不劲，楚师无功，西邻责问，嫁女不宜那样，梁朝必败了。继而，西魏入侵，云梯横冲乱舞在城头，冀马如云屯集，大小兵车成阵，擂鼓响彻四方。如诸葛亮兵围陈仓使用连弩之箭，如韩信袭击安邑而横陈战船佯攻临晋。虽楚地有许多湖泊可以陷贼，三户人家就以亡秦，使如乐伯射麋只中其一，梁朝无力御敌。未能如光武帝摧九虎之军，雷震四海。此时，我已告别落叶纷纷的洞庭湖，离开了涔阳尽处的浦口，身在长安。烈火焚旗，其师必败，贞风吹送，君王受擒。于是，魏军烧栅，梁元帝焚烧书画，龙文宝剑折于石柱。魏兵入侵下江，攻陷长林。可惜只白想着养肥可供上阵的战马，见不到可摆火牛阵的军队。见国家将倾覆，士大夫纷纷出走，如章曼支驾毂而逃，宫之奇率族出走，如光武帝骑马涉水渡河，太子丹学鸡鸣，天未亮逃出潼关。忠臣以身殉国，君子饮恨吞声。梁朝既败，魏兵肆意屠戮，章华、云梦诸地成了楚人祭亡、遭拎的所在。文武大臣不死则囚，如莫敖自缢于荒谷，群帅被办于冶父（在今湖北江陵东南），群儒被害于坑井。如鹰隼追逐乌鸦，冤气使夏日凝霜，怨恨使秋泉沸腾，札妇哭夫，使城墙崩塌，湘妃血泪，染得竹纹斑斑。

江陵百姓被掳往西魏，历尽跋涉之苦。水土不服，山高路远，如泾水施毒，井径险峻。十里一长亭，五里一短亭，道路迢遥。饿了就寻找冬天蛰藏的燕子充饥，天黑就追随荧火的微光行路。路过秦中黑水河，关中青泥城。那时，骨肉分离，冰消瓦解，风飞电散。既沦为奴，不分贵贱贤愚，混合一起，千里流亡，如淄水、渑水水味不同却相混合。白雪纷扬如寒沙，冰柱横凝似玉岩，遇到被俘的人，如适被征往洛阳的陆机，远离家乡的王粲。无不听到陇水声而掩面哭泣，无不望见关山无边而哀叹。何况夫君在西城交河（在今新疆吐鲁番西北雅尔和屯），妻子在河南清波（在今河南新蔡县西南）。岩上望夫更是遥不可及，山上望子愈增愁苦。贵妇人受尽凌辱，宫中妃子在追思邯郸生活，清河公主被卖为奴。栩阳亭侯写下了抒发离愁别恨的辞赋，临江王吟哦排遣愁思的诗歌。尚还有像我这样的人，漂泊在武威（今属甘肃），寄居于金微（今新疆北部、蒙古境内的阿尔泰山），回归无望。班超活着表达尸骨还乡的愿望。如李陵笔下的双凫永远北飞，苏武空放了寄书的大雁。

以往西魏克江陵，成为陈朝受禅金陵之祸的发端。虽然是借助外人之力，实际上是内部潜在的祸害。平定侯景之乱的梁元帝遭受杀戮，这位启中兴之业的人无人祭祀。其长子、幼子同时被其侄子梁王萧察所杀。乌鹊飞而荆山玉璧碎，大蛇生而随侯大珠死。臣民死伤无数。鬼火乱舞于平林（在今湖北京山东北）。梁朝的灭亡是因为从建邺迁都江陵，荆楚梁元帝的覆灭是因为西魏的入侵。梁朝不灭，西魏怎能昌盛，陈武帝哪能篡位？陈武帝这个有妫氏的后代，借助姜氏齐国而繁衍，篡夺梁朝的王位，受禅为帝。天地间最好的德行是使百姓安生，圣人最器重的是帝王的宝座。出现陈霸先这样的不肖子孙，江东大地全为他所占据。可惜萧梁一家的天下，被东南的叛逆所葬送。襄阳形胜之地为西魏所占有，梁朝的天下怎能不灭亡！

那往复的天道，预示着民间的生生不息。我的八世祖烈烈有为，举家迁居江陵，到我历经七代，又碰到时局变幻而北迁长安。扶老携幼，寄居关中又经多年，生死艰辛，苍天也难以言喻。何况家世败落，家业将尽，尚有巍巍灵光，唯己独存。一年将尽，岁将复始。忧心如焚，年老更甚。走在长乐宫这神武城门，望着宣平里高贵府邸，渭水流贯天门，骊山蜿蜒在地市。幕府大将军对客人款待备至，丞相平津侯礼贤待士，得与贵戚交游，如在金氏、张氏府上观赏钟鼎古器，在许氏、史氏家中听奏弦歌。有谁知道，在灞陵（故址在今陕西西安东）夜猎的还是梁朝旧时的右卫将军，咸阳（在今陕西西安）百姓中盼望故乡的决非只有昔时梁朝的皇家贵胄！

大象初年，庾信因病离职，后病逝。隋文帝深切悼念他，赠予原来的官职，追认为荆州、淮州刺史。他的儿子庾立为继嗣。

隋书

隋书卷三

炀帝本纪第三

炀皇帝讳广，一名英，小字阿麽，高祖第二子也。母曰文献独孤皇后。上美姿仪，少敏慧，高祖及后于诸子中特所钟爱。在周，以高祖勋，封雁门郡公。

开皇元年，立为晋王，拜柱国、并州总管，时年十三。寻授武卫大将军，进位上柱国、河北道行台尚书令，大将军如故。高祖令项城公韶、安道公李彻辅导之。上好学，善属文，沉深严重，朝野属望。高祖密令善相者来和遍视诸子，和曰："晋王眉上双骨隆起，贵不可言。"既而高祖幸上所居第，见乐器弦多断绝，又有尘埃，若不用者，以为不好声妓，善之。上尤自矫饰，当时称为仁孝。尝观猎遇雨，左右进油衣，上曰："士卒皆沾湿，我独衣此乎！"乃令持去。

六年，转淮南道行台尚书令。其年，征拜雍州牧、内史令。八年冬，大举伐陈，以上为行军元帅。及陈平，执陈湘州刺史施文庆、散骑常侍沈客卿、市令阳慧朗、刑法监徐析、尚书都令史暨慧，以其邪佞，有害于民，斩之石阙下，以谢三吴。于是封府库，资财无所取，天下称贤。进位太尉，赐辂车、乘马，衮冕之服，玄珪、白璧各一。复拜并州总管，俄而江南高智慧等相聚作乱，徙上为扬州总管，镇江都，每岁一朝。高祖之祠太山也，领武候大将军。明年，归藩。后数载，突厥寇边，复为行军元帅，出灵武，无虏而还。

及太子勇废，立上为皇太子。是月，当受册。高祖曰："吾以大兴公成帝业。"令上出舍大兴县。其夜，烈风大雪，地震山崩，民舍多坏，压死者百余口。

仁寿初，奉诏巡抚东南。是后高祖每避暑仁寿宫，恒令上监国。

四年七月，高祖崩，上即皇帝位于仁寿宫。八月，奉梓宫还京师。并州总管汉王谅举兵反，诏尚书左仆射杨素讨平之。九月乙巳，以备身将军崔彭为左领军大将军。十一月乙未，幸洛阳。丙申，发丁男数十万掘堑，自龙门东接长平、汲郡，抵临清关，度河，至浚仪、襄城，达于上洛，以置关防。癸丑，诏曰：

乾道变化，阴阳所以消息，沿创不同，生灵所以顺叙。若使天意不变，施化何以成四时，人事不易，为政何以厘万姓！《易》不云乎："通其变，使民不倦"；"变则通，通则久。""有德则可久，有功则可大。"朕又闻之，安安而能迁，民用丕变。是故姬邑两周，如武王之意，殷人五徙，成汤后之业。若不因人顺天，功业见乎变，爱人治国者可不谓欤！

然洛邑自古之都，王畿之内，天地之所合，阴阳之所和。控以三河，固以四塞，水陆通，贡赋等。故汉祖曰："吾行天下多矣，唯见洛阳。"自古皇王，何尝不留意，所不都者盖有由焉。或以九州未一，或以困其府库，作洛之制所以未暇也。我有隋之始，便欲创兹怀、洛，日复一日，越暨于今。念兹在兹，兴言感哽！

朕肃膺宝历，纂临万邦，遵而不失，心奉先志。今者汉王谅悖逆，毒被山东，遂使州县或沦非所。此由关河悬远，兵不赴急，加以并州移户，复在河南。周迁殷人，意在于此。况复南服遐远，东夏殷大，因机顺动，今也其时。群司百辟，佥谐厥议。但成周墟塉，弗堪葺宇。今可于伊、洛营建东京，便即设官分职，以为民极也。

夫宫室之制本以便生，上栋下宇，足避风露，高台广厦，岂曰适形。故《传》云："俭，德之共；侈，恶之大。"宣尼有云："与其不逊也，宁俭。"岂谓瑶台琼室方为宫殿者乎，土阶采椽而非帝王者乎？是知非天下以奉一人，乃一人以主天下也。民惟国本，本固邦宁，百姓足，孰与不足！今所营构，务以节俭，无令雕墙峻宇复起于当今，欲使卑宫菲食将贻于后世。有司明为条格，称朕意焉。

十二月乙丑，以右武卫将军来护儿为右骁卫大将军。戊辰，以柱国李景为右武卫大将军。以右卫率周罗睺为右武候大将军。

大业元年春正月壬辰朔，大赦，改元。立妃萧氏为皇后。改豫州为溱州，洛州为豫州。废诸州总管府。丙申，立晋王昭为皇太子。丁酉，以上柱国宇文述为左卫大将军，上柱国郭衍为左武卫大将军，延寿公于仲文为右卫大将军。己亥，以豫章王暕为豫州牧。戊申，发八使巡省风俗。下诏曰：

昔者哲王之治天下也，其在爱民乎。既富而教，家给人足，故能风淳俗厚，远至迩安。治定功成，率由斯道。朕嗣膺宝历，抚育黎献，夙夜战兢，若临川谷。虽则聿遵先绪，弗敢失坠，永言政术，多有缺然。况以四海之远，兆民之众，未获亲临，问其疾苦。每虑幽仄莫举，冤屈不申，一物失所，乃伤和气，万方有罪，责在朕躬，所以寤寐增叹，而夕惕载怀者也。

今既布政惟始，宜存宽大。可分遣使人，巡省方俗，宣扬风化，荐拔淹滞，申达幽枉。孝悌力田，给以优复。鳏寡孤独不能自存者，量加赈济。义夫节妇，旌表门闾。高年之老，加其版授，并依别条，赐以粟帛。疾笃之徒，给侍丁者，虽有侍养之名，曾无赒赡之实，明加检校，使得存养。若有名行显著，操履修洁，及学业才能，一艺可取，咸宜访采，将身入朝。所在州县，以礼发遣。其有蠹政害人，不便于时者，使还之日，具录奏闻。

己酉，以吴州总管宇文弼为刑部尚书。

二月己卯，以尚书左仆射杨素为尚书令。

三月丁未，诏尚书令杨素、纳言杨达、将作大匠宇文恺营建东京，徙豫州郭下居人以实之。戊申，诏曰："听采舆颂，谋及庶民，故能审政刑之得失。是知昧旦思治，欲使幽枉必达，彝伦有章。而牧宰任称朝委，苟为徼幸以求考课，虚立殿最，不存治实，纲纪于是弗理，冤屈所以莫申。关河重阻，无由自达。朕故建立东京，躬亲存问。今将巡历淮海，观省风俗，眷求谠言，徒繁词翰，而乡校之内，阙尔无闻。恇然夕惕，用忘兴寝。其民下有知州县官人政治苛刻，侵害百姓，背公徇私，不便于民者，宜听诣朝堂封奏，庶乎四聪以达，天下无冤。"又于皂涧营显仁宫，采海内奇禽异兽草木之类，以实园苑。徙天下富商大贾数万家于东京。辛亥，发河南诸郡男女百余万，开通济渠，自西苑引谷、洛水达于河，自板渚引河通于淮。庚申，遣黄门侍郎王弘、上仪同于士澄往江南采木，造龙舟、凤艒、黄龙、赤舰、楼船等数万艘。

夏四月癸亥，大将军刘方击林邑，破之。

五月庚戌，民部尚书义丰侯韦冲卒。

六月甲子，荧惑入太微。

秋七月丁酉，制战亡之家给复十年。丙午，滕王纶、卫王集并夺爵徙边。

闰七月甲子，以尚书令杨素为太子太师，安德王雄为太子太傅，河间王弘为太子太保。丙子，诏曰：

君民建国，教学为先，移风易俗，必自兹始。而言绝义乖，多历年代，进德修业，其道浸微。汉采坑焚之余，不绝如线，晋承板荡之运，扫地将尽。自时厥后，军国多虞，虽复黉宇时建，示同爱礼，函丈或陈，殆为虚器。遂使纡青拖紫，非以学优，制锦操刀，类多墙面。上陵下替，纲维靡立，雅缺道消，实由于此。

朕纂承洪绪，思弘大训，将欲尊师重道，用阐厥繇，讲信修睦，敦奖名教。方今宇宙平一，文轨攸同，十步之内，必有芳草，四海之中，岂无奇秀！诸在家及见入学者，若有笃志好古，耽悦典坟，学行优敏，堪膺时务，所在采访，具以名闻，即当随其器能，擢以不次。若研精经术，未愿进仕者，可依其艺业深浅，门荫高卑，虽未升朝，并量准给禄。庶夫循循善诱，不日成器，济济盈朝，何远之有！其国子等学，亦宜申明旧制，教习生徒，具为课试之法，以尽砥砺之道。

八月壬寅，上御龙舟，幸江都。以左武卫大将军郭衍为前军，右武卫大将军李景为后军。文武官五品已上给楼船，九品已上给黄蔑。舳舻相接，二百余里。

冬十月己丑，赦江淮以南。扬州给复五年，旧总管内给复三年。十一月己未，以大将军崔仲方为礼部尚书。

二年春正月辛酉，东京成，赐监督者各有差。以大理卿梁毗为刑部尚书。丁卯，遣十使并省州县。

二月丙戌，诏尚书令杨素、吏部尚书牛弘、大将军宇文恺、内史侍郎虞世基、礼部侍郎许善心制定舆服。始备辇路及五时副车。上常服，皮弁十有二琪，文官弁服，佩玉，五品已上给犊车、通幰，三公亲王加油络，武官平巾帻，袴褶，三品已上给爬槊。下至胥吏，服色皆有差。非庶人不得戎服。戊戌，置都尉官。

三月庚午，车驾发江都。先是，太府少卿何稠、太府丞云定兴盛修仪仗，于是课州县送羽毛。百姓求捕之，网罗被水陆，禽兽有堪氅毦之用者，殆无遗类。至是而成。

夏四月庚戌，上自伊阙，陈法驾，备千乘万骑，入于东京。辛亥，上御端门，大赦，免天下今年租税。癸丑，以冀州刺史杨文思为民部尚书。

五月甲寅，金紫光禄大夫、兵部尚书李通坐事免。乙卯，诏曰："旌表先哲，式存飨祀，所以优礼贤能，显彰遗爱。朕永鉴前修，尚想名德，何尝不兴叹九原，属怀千载。其自古以来贤人君子，有能树声立德、佐世匡时、博利殊功、有益于人者，并宜营立祠宇，以时致祭。坟垄之处，不得侵践。有司量为条式，称朕意焉。”

六月壬子，以尚书令、太子太师杨素为司徒。进封豫章王暕为齐王。

秋七月癸丑，以卫尉卿卫玄为工部尚书。庚申，制百官不得计考增级，必有德行功能，灼然显著者，擢之。壬戌，擢藩邸旧臣鲜于罗等二十七人官爵有差。甲戌，皇太子昭薨。乙亥，上柱国、司徒、楚国公杨素死。

八月辛卯，封皇孙倓为燕王，侗为越王，侑为代王。

九月乙丑，立秦孝王俊子浩为秦王。

冬十月戊子，以灵州刺史段文振为兵部尚书。

十二月庚寅，诏曰：“前代帝王，因时创业，君民建国，礼尊南面。而历运推移，年世永久，丘垄残毁，樵牧相趋，茔兆堙芜，封树莫辨。兴言沦灭，有怆于怀。自古以来帝王陵墓，可给随近十户，蠲其杂役，以供守视。”

三年春正月癸亥，敕并州逆党已流配而逃亡者，所获之处，即宜斩决。丙子，长星竟天，出于东壁，二旬而止。是月，武阳郡上言，河水清。

二月己丑，彗星见于奎，扫文昌，历大陵、五车、北河，入太微，扫帝坐，前后百余日而止。

三月辛亥，车驾还京师。壬子，以大将军姚辩为左屯卫将军。癸丑，遣羽骑尉朱宽使于流求国。乙卯，河间王弘薨。

夏四月庚辰，诏曰：“古者帝王观风问俗，皆所以忧勤兆庶，安集遐荒。自蕃夷内附，未遑亲抚，山东经乱，须加存恤。今欲安辑河北，巡省赵、魏。所司依式。”甲申，颁律令，大赦天下，关内给复三年。壬辰，改州为郡。改度量权衡，并依古式。改上柱国已下官为大夫。

戊子，次榆林郡。丁酉，启民可汗来朝。己亥，吐谷浑、高昌并遣使贡方物。甲辰，上御北楼，观渔于河，以宴百僚。

秋七月辛亥，启民可汗上表请变服，袭冠带。诏启民赞拜不名，位在诸侯王上。甲寅，上于郡城东御大帐，其下备仪卫，建旌旗，宴启民及其部落三千五百人，奏百戏之乐。赐启民及其部落各有差。丙子，杀光禄大夫贺若弼、礼部尚书宇文弼、太常卿高颎。尚书左仆射苏威坐事免。发丁男百余万筑长城，西距榆林，东至紫河，一旬而罢，死者十五六。

八月壬午，车驾发榆林。乙酉，启民饰庐清道，以候乘舆。帝幸其帐，启民奉觞上寿，宴赐极厚。上谓高丽使者曰：“归语尔王，当早来朝见。不然者，吾与启民巡彼土矣。”皇后亦幸义城公主帐。己丑，启民可汗归蕃。癸巳，入楼烦关。壬寅，次太原。诏营晋阳宫。九月己未，次济源。幸御史大夫张衡宅，宴享极欢。己巳，至于东都。壬申，以齐王暕为河南尹、开府仪同三司。癸酉，以民部尚书杨文思为纳言。

四年春正月乙巳，诏发河北诸郡男女百余万开永济渠，引沁水南达于河，北通涿郡。庚戌，百僚大射于允武殿。丁卯，赐城内居民米各十石。壬申，以太府卿元寿为内史令，鸿胪卿杨玄感为礼部尚书。癸酉，以工部尚书卫玄为右候卫大将军，大理卿长孙炽为民部尚书。

二月己卯，遣司朝谒者崔毅使突厥处罗，致汗血马。

三月辛酉，以将作大匠宇文恺为工部尚书。壬戌，百济、倭、赤土、迦罗舍国并遣使贡方物。乙丑，车驾幸五原，因出塞巡长城。丙寅，遣屯田主事常骏使赤土，致罗刹。

夏四月丙午，以离石之汾源、临泉、雁门之秀容，为楼烦郡。起汾阳宫。癸丑，以河内太守张定和为左屯卫大将军。乙卯，诏曰：“突厥意利珍豆启民可汗率领部落，保附关塞，遵奉朝化，思改戎俗，频入谒觐，屡有陈请。以毡墙毳幕，事穷荒陋，上栋下宇，愿同比屋。诚心恳切，朕之所重。宜于万寿戍置城造屋，其帷帐床褥已上，随事量给，务从优厚，称朕意焉。”

五月壬申，蜀郡获三足乌，张掖获玄狐，各一。

秋七月辛巳，发丁男二十余万筑长城，自榆谷而东。乙未，左翊卫大将军宇文述破吐谷浑于曼头、赤水。

八月辛酉，亲祠恒岳，河北道郡守毕集。大赦天下。车驾所经郡县，免一年租调。

九月辛未，征天下鹰师悉集东京，至者万余人。戊寅，彗星出于五车，扫文昌，至房而灭。辛巳，诏免长城役者一年租赋。

冬十月丙午，诏曰：“先师尼父，圣德在躬，诞发天纵之姿，宪章文、武之道。命世膺期，蕴兹素王，而颓山之叹，忽逾于千祀，盛德之美，不存于百代。永惟懿范，宜有优崇。可立孔子后为绍圣侯。有司求其苗裔，录以申上。”辛亥，诏曰：“昔周王下车，首封唐、虞之胤，汉帝承历，亦命殷、周之后。皆所以褒立先代，宪章在昔。朕嗣膺景业，傍求雅训，有一弘益，钦若令典。以为周兼夏、殷，文质大备，汉有天下，车书混一，魏、晋沿袭，风流未远。并宜立后，以存继绝之义。有司可求其胄绪列闻。”乙卯，颁新式于天下。

五年春正月丙子，改东京为东都。癸未，诏天下均田。戊子，上自东都还京师。己丑，制民间铁叉、搭钩、穳刀之类，皆禁绝之。太守每岁密上属官景迹。

二月戊戌，次于阌乡。诏祭古帝王陵及开皇功臣墓。庚子，制魏、周官不得为荫。辛丑，赤土国遣使贡方物。戊申，车驾至京师。丙辰，宴耆旧四百人于武德殿，颁赐各有差。己未，上御崇德殿之西院，愀然不怡，顾谓左右曰："此先帝之所居，实用增感，情所未安，宜于此院之西别营一殿。"壬戌，制父母听随子之官。

三月己巳，车驾西巡河右。庚午，有司言，武功男子史永遵与从父昆弟同居。上嘉之，赐物一百段，米二百石，表其门闾。乙亥，幸扶风旧宅。

夏四月己亥，大猎于陇西。壬寅，高昌、吐谷浑、伊吾并遣使来朝。乙巳，次狄道，党项羌来贡方物。癸亥，出临津关，渡黄河，至西平，陈兵讲武。

五月乙亥，上大猎于拔延山，长围周亘二千里，庚辰，入长宁谷。壬午，度星岭。甲申，宴群臣于金山之上。丙戌，梁浩亹，御马度而桥坏，斩朝散大夫黄亘及督役者九人。吐谷浑王率众保覆袁川，帝分命内史元寿南屯金山，兵部尚书段文振北屯雪山，太仆卿杨义臣，东屯琵琶峡，将军张寿西屯泥岭，四面围之。浑主伏允以数十骑遁出，遣其名王诈称伏允，保车我真山。壬辰，诏右屯卫大将军张定和往捕之。定和挺身挑战，为贼所杀。亚将柳武建击破之，斩首数百级。甲午，其仙头王被围穷蹙，率男女十余万口来降。

六月丁酉，遣左光禄大夫梁默、右翊卫将军李琼等追浑主，皆遇贼死之。癸卯，经大斗拔谷，山路隘险，鱼贯而出。风霰晦冥，与从官相失，士卒冻死者大半。丙午，次张掖。辛亥，诏诸郡学业该通、才艺优洽，膂力骁壮超绝等伦，在官勤奋、堪理政事，立性正直、不避强御四科举人。壬子，高昌王麴伯雅来朝，伊吾吐屯设等献西域数千里之地。上大悦。癸丑，置西海、河源、鄯善、且末等四郡。丙辰，上御观风行殿，盛陈文物，奏九部乐，设鱼龙曼延，宴高昌王、吐屯设于殿上，以宠异之。其蛮夷陪列者三十余国。戊午，大赦天下。开皇以来流配，悉放还乡，晋阳逆党，不在此例。陇右诸郡，给复一年，行经之所，给复二年。

秋七月丁卯，置马牧于清海渚中，以求龙种，无效而止。

九月癸未，车驾入长安。冬十月癸亥，诏曰："优德尚齿，载之典训，尊事乞言，义彰胶序。鬻熊为师，取非筋力，方叔元老，克壮其猷。朕永言稽古，用求至治，是以庞眉黄发，更令收叙，务简秩优，无亏药膳，庶等卧治，伫其弘益。今岁耆者赴集者，可于近郡处置，年七十以上，疾患沉滞，不堪居职，即给赐帛，送还本郡；其官至七品以上者，量给廪，以终厥身。"

十一月丙子，车驾幸东都。

六年春正月癸亥朔，旦，有盗数十人，皆素冠练衣，焚香持华，自称弥勒佛，入自建国门。监门者皆稽首。既而夺卫士仗，将为乱。齐王暕遇而斩之。于是都下大索，与相连坐者千余家。丁丑，角抵大戏于端门街，天下奇技异艺毕集，终月而罢。帝数微服往观之。己丑，倭国遣使贡方物。

二月乙巳，武贲郎将陈棱、朝请大夫张镇州击流求，破之，献俘万七千口，颁赐百官。乙卯，诏曰："夫帝图草创，王业艰难，咸仗股肱，叶同心德，用能拯厥颓运，克膺大宝，然后畴庸茂赏，开国承家，誓以山河，传之不朽。近代丧乱，四海未一，茅土妄假，名实相乖，历兹永久，莫能惩革。皇运之初，百度伊始，犹循旧贯，未暇改作，今天下交泰，文轨攸同，宜率遵先典，永垂大训。自今以后，唯有功勋乃得赐封，仍令子孙承袭。"丙辰，改封安德王雄为观王，河间王子庆为郇王。庚申，征魏、齐、周、陈乐人，悉配太常。三月癸亥，幸江都宫。甲子，以鸿胪卿史祥为左骁卫大将军。

夏四月丁未，宴江淮以南父老，颁赐各有差。

六月辛卯，室韦、赤土并遣使贡方物。壬辰，雁门贼帅尉文通聚众三千，保于莫壁谷。遣鹰扬杨伯泉击破之。甲寅，制江都太守秩同京尹。

冬十月壬申，刑部尚书梁毗卒。壬子，民部尚书、银青光禄大夫长孙炽卒。

十二月乙未，左光禄大夫、吏部尚书牛弘卒。辛酉，朱崖人王万昌举兵作乱，遣陇西太守韩洪讨平之。

七年春正月壬寅，左武卫大将军、光禄大夫、真定侯郭衍卒。

二月己未，上升钓台，临扬子津，大宴百僚，颁赐各有差。庚申，百济遣使朝贡。乙亥，上自江都御龙舟入通济渠，遂幸于涿郡。壬午，诏曰："武有七德，先之以安民；政有六本，兴之以教义。高丽高元，亏失藩礼，将欲问罪辽左，恢宣胜略。虽怀伐国，仍事省方。今往涿郡，巡抚民俗。其河北诸郡及山西、山东年九十以上者，版授太守；八十者，授县令。”

三月丁亥，右光禄大夫、左屯卫大将军姚辩卒。

夏四月庚午，至涿郡之临朔宫。

五月戊子，以武威太守樊子盖为民部尚书。

秋，大水，山东、河南漂没三十余郡，民相卖为奴婢。

冬十月乙卯，底柱山崩，偃河逆流数十里。戊午，以东平太守吐万绪为左屯卫大将军。

十二月己未，西面突厥处罗多利可汗来朝。上大悦，接以殊礼。于时辽东战士及馈运者填咽于道，昼夜不绝，苦役者始为群盗。甲子，敕都尉、鹰扬与郡县相知追捕，随获斩决之。

八年春正月辛巳，大军集于涿郡。以兵部尚书段文振为左候卫大将军。壬午，下诏曰：

天地大德，降繁霜于秋令；圣哲至仁，著甲兵于刑典。故知造化之有肃杀，义在无私；帝王之用干戈，盖非获已。版泉、丹浦，莫匪龚行，取乱覆昏，咸由顺动。况乎甘野誓师，夏开承大禹之业，商郊问罪，周发成文王之志。

永监前载，属当朕躬。

粤我有随，诞膺灵命，兼三才而建极，一六合而为家。提封所渐，细柳、盘桃之外，声教爰暨，紫舌、黄枝之域。远至迩安，罔不和会，功成治定，于是乎在。而高丽小丑，迷昏不恭，崇聚勃、碣之间，荐食辽、涉之境。虽复汉、魏诛戳，巢窟暂倾，乱离多阻，种落还集。萃川薮于往代，播实繁以迄今，眷彼华壤，翦为夷类。历年永久，恶稔既盈，天道祸淫，亡征已兆。乱常败德，非可胜图，掩慝怀奸，唯日不足。移告之严，未尝面受，朝觐之礼，莫肯躬亲。诱纳亡叛，不知纪极，充斥边垂，亟劳烽候，关柝以之不静，生人为之废业。在昔薄伐，已漏天网，既缓前擒之戮，未即后服之诛，曾不怀恩，翻为长恶，乃兼契丹之党，虔刘海戍，习靺鞨之服，侵轶辽西。又青丘之表，咸修职贡，碧海之滨，同禀正朔，遂复夺攘琛赆，遏绝往来，虐及弗辜，诚而遇祸。辎轩奉使，爰暨海东，旌节所次，途经藩境，而拥塞道路，拒绝王人，无事君之心，岂为臣之礼！此而可忍，孰不可容！且法令苛酷，赋敛繁重，强臣豪族，咸执国钧，朋党比周，以之成俗，贿货如市，冤枉莫申。重以仍岁灾凶，比屋饥馑，兵戈不息，徭役无期，力竭转输，身填沟壑。百姓愁苦，爰谁适从？境内哀惶，不胜其弊。回首面内，各怀性命之图，黄发稚齿，咸兴酷毒之叹。省俗观风，爰屈幽朔，吊人问罪，无俟再驾。于是亲总六师，用申九伐，拯厥阽危，协从天意，殄兹逋秽，克嗣先谟。

今宜援律启行，分麾屈路，掩勃澥而雷震，历夫余以电扫。比戈按甲，誓旅而后行，三令五申，必胜而后战。左第一军可镂方道，第二军可长岑道，第三军可海冥道，第四军可盖马道，第五军可建安道，第六军可南苏道，第七军可辽东道，第八军可玄菟道，第九军可扶余道，第十军可朝鲜道，第十一军可沃沮道，第十二军可乐浪道。右第一军可黏蝉道，第二军可含资道，第三军可浑弥道，第四军可临屯道，第五军可候城道，第六军可提奚道，第七军可踏顿道，第八军可肃慎道，第九军可碣石道，第十军可东暆道，第十一军可带方道，第十二军可襄平道。凡此众军，先奉庙略，骆驿引途，总集平壤。莫非如豺如貔之勇，百战百胜之雄，顾眄则山岳倾颓，叱咤则风云腾郁，心德攸同，爪牙斯在。朕躬驭元戎，为其节度，涉辽而东，循海之右，解倒悬于遐裔，问疾苦于遗黎。其外轻赍游阙，随机赴响，卷甲衔枚，出其不意。又沧海道军舟舻千里，高帆电逝，巨舰云飞，横断浿江，迳造平壤，岛屿之望斯绝，坎井之路已穷。其余被发左衽之人，控弦待发，微、卢、彭、濮之旅，不谋同辞。杖顺临逆，人百其勇，以此众战，势等摧枯。

然则王者之师，义存止杀，圣人之教，必也胜残。天罚有罪，本在元恶，人之多僻，胁从罔治。若高元泥首辕门，自归司寇，即宜解缚焚榇，弘之以恩。其余臣人归朝奉顺，咸加慰抚，各安生业，随才任用，无隔夷夏。营垒所次，务在整肃，刍荛有禁，秋毫勿犯，布以恩宥，喻以祸福。若其同恶相济，抗拒官军，国有常刑，俾无遗类。明加晓示，称朕意焉。

总一百一十三万三千八百，号二百万，其馈运者倍之。癸未，第一军发，终四十日，引师乃尽，旌旗亘千里。近古出师之盛，未之有也。乙未，以右候卫大将军卫玄为刑部尚书。甲辰，内史令元寿卒。

二月甲寅，诏曰："朕观风燕裔，问罪辽滨。文武协力，爪牙思奋，莫不执锐勤王，舍家从役，罕蓄仓廪之资，兼损播殖之务。朕所以夕惕愀然，虑其匮乏。虽复素饱之众，情在忘私，悦使之人，宜从其厚。诸行从一品以下，佽飞募人以上家口，郡县宜数存问。若有粮食乏少，皆宜赈给；或虽有田畴，贫弱不能自耕种，可于多丁富室劝课相助。使夫居者有敛积之丰，行役无顾后之虑。”壬戌，司空、京兆尹、光禄大夫观王雄薨。

三月辛卯，兵部尚书、左候卫大将军段文振卒。癸巳，上御师。甲午，临戎于辽水桥。戊戌大军为贼所拒，不果济。右屯卫大将军、左光禄大夫麦铁杖，武贲郎将钱士雄、孟金叉等，皆死之。甲午，车驾渡辽。大战于东岸，击贼破之，进围辽东。乙未，大顿，见二大鸟，高丈余，皜身朱足，游泳自若。上异之，命工图写，并立铭颂。

五月壬午，纳言杨达卒。

于时诸将各奉旨，不敢赴机。既而高丽各城守，攻之不下。

六月己未，幸辽东，责怒诸将。止城西数里，御六合城。

七月壬寅，宇文述等败绩于萨水，右屯卫将军辛世雄死之。九军并陷，将帅奔还亡者二千余骑。癸卯，班师。

九月庚辰，上至东都。己丑，诏曰：“军国异容，文武殊用，匡危拯难，则霸德攸兴，化人成俗，则王道期贵。时方拨乱，屠贩可以登朝，世属隆平，经术然后升仕。丰都爰肇，儒服无预于周行，建武之朝，功臣不参于吏职。自三方未一，四海交争，不遑文教，唯尚武功。设官分职，罕以才授，班朝治人，乃由勋叙，莫非拔足行阵，出自勇夫，斅学之道，既所不习，政事之方，故亦无取。是非暗于在己，威福专于下吏，贪冒货贿，不知纪极，蠹政害民，实由于此。自今已后，诸授勋官者，并不得回授文武职事，庶遵彼更张，取类于调瑟，求诸名制，不伤于美锦。若吏部辄拟用者，御史即宜纠弹。”

冬十月甲寅，工部尚书宇文恺卒。

十一月己卯，以宗女华容公主嫁于高昌王。辛巳，光禄大夫韩寿卒。甲申，败将宇文述、于仲文等并除名为民，斩尚书右丞刘士龙以谢天下。是岁，大旱，疫，人多死，山东尤甚。密诏江、淮南诸郡阅视民间童女，姿质端丽者，每岁贡之。

九年春正月丁丑，征天下兵，募民为骁果，集于涿郡。壬午，贼帅杜彦冰、王润等陷平原郡，大掠而去。辛卯，置折冲、果毅、武勇、雄武等郎将官，以领骁果。乙未，平原李德逸聚众数万，称“阿舅贼”，劫掠山东。灵武白榆妄，称“奴贼”，劫掠牧马，北连突厥，陇右多被其患。遣将军范贵讨之，连年不能克。戊戌，大赦。己亥，遣代王侑、刑部尚书卫玄镇京师。辛丑，以右骁骑将军李浑为右骁卫大将军。

二月己未，济北人韩进洛聚众数万为群盗。壬午，复宇文述等官爵。又征兵讨高丽。

三月丙子，济阴人孟海公起兵为盗，众至数万。丁丑，发丁男十万城大兴。戊寅，幸辽东。以越王侗、民部尚书樊子盖留守东都。庚子，北海人郭方预聚徒为盗，自号卢公，众至三万，攻陷郡城，大掠而去。

夏四月庚午，车驾渡辽。壬申，遣宇文述、杨义臣趣平壤。

五月丁丑，荧惑入南斗。己卯，济北人甄宝车聚众万余，寇掠城邑。

六月乙巳，礼部尚书杨玄感反于黎阳。丙辰，玄感逼东都。河南赞务裴弘策拒之，反为贼所败。戊辰，兵部侍郎斛斯政奔于高丽。庚午，上班师。高丽犯后军，敕右武卫大将军李景为后拒。遣左翊卫大将军宇文述、左候卫将军屈突通等驰传发兵，以讨玄感。

秋七月己卯，令所在发人城县府驿。癸未，余杭人刘元进举兵反，众至数万。

八月壬寅，左翊卫大将军宇文述等破杨玄感于阌乡，斩之。余党悉平。癸卯，吴人朱燮、晋陵人管崇拥众十万余，自称将军，寇江左。甲辰，制骁果之家蠲免赋役。丁未，诏郡县城去道过五里以上者，徙就之。戊申，制盗贼籍没其家。乙卯，贼帅陈瑱等众三万，攻陷信安郡。辛酉，司农卿、光禄大夫、葛国公赵元淑以罪伏诛。

九月己卯，济阴人吴海流、东海人彭孝才并举兵为盗，众数万。庚辰，贼帅梁慧尚率众四万，陷苍梧郡。甲午，车驾次上谷，以供费不给，上大怒，免太守虞荷等官。丁酉，东阳人李三儿、向但子举兵作乱，众至万余。

闰月己巳，幸博陵。庚午，上谓侍臣曰："朕昔从先朝周旋于此，年甫八岁，日月不居，倏经三纪，追惟平昔，不可复希！"言未卒，流涕呜咽，侍卫者皆泣下沾襟。

冬十月丁丑，贼帅吕明星率众数千围东郡，武贲郎将费青奴击斩之。乙酉，诏曰："博陵昔为定州，地居冲要，先皇历试所基，王化斯远，故以道冠《豳风》，义高姚邑。朕巡抚氓庶，爰届兹邦，瞻望郊廛，缅怀敬止，思所以宣播德泽，覃被下人，崇纪显号，式光令绪。可改博陵为高阳郡。赦境内死罪已下。给复一年。"于是召高祖时故吏，皆量材授职。壬辰，以纳言苏威为开府仪同三司。朱燮、管崇推刘元进为天子。遣将军吐万绪、鱼俱罗讨之，连年不能克。齐人孟让、王薄等众十余万，据长白山，攻剽诸郡，清河贼张金称众数万，渤海贼帅格谦自号燕王，孙宣雅自号齐王，众各十万，山东苦之。丁亥，以右候卫将军郭荣为右候卫大将军。

十一月己酉，右候卫将军冯孝慈讨张金称于清河，反为所败，孝慈死之。

十二月甲申，车裂玄感弟朝请大夫积善及党与十余人，仍焚而扬之。丁亥，扶风人向海明举兵作乱，称皇帝，建元白乌。遣太仆卿杨义臣击破之。

十年春正月甲寅，以宗女为信义公主，嫁于突厥曷娑那可汗。二月辛未，诏百僚议伐高丽，数日无敢言者。戊子，诏曰："竭力王役，致身戎事，咸由徇义，莫匪勤诚。委命草泽，弃骸原野，兴言念之，每怀愍恻。往年出车问罪，将届辽滨，庙算胜略，具有进止。而谅昏凶，罔识成败，高颎愎很，本无智谋，临三军犹儿戏，视人命如草芥，不遵成规，坐贻挠退，遂令死亡者众，不及埋藏。今宜遣使人分道收葬，设祭于辽西郡，立道场一所。恩加泉壤，庶弭穷魂之冤，泽及枯骨，用弘仁者之惠。"辛卯，诏曰：

黄帝五十二战，成汤二十七征，方乃德施诸侯，令行天下。卢芳小盗，汉祖尚且亲戎，隗嚣余烬，光武犹自登陇，岂不欲除暴止戈，劳而后逸者哉！

朕纂成宝业，君临天下，日月所照，风雨所沾，孰非我臣，独隔声教。蕞尔高丽，僻居荒表，鸱张狼噬，侮慢不恭，抄窃我边陲，侵轶我城镇。是以去岁出军，问罪辽、碣，殪长蛇于玄菟，戮封豕于襄平。扶余众军，风驰电逝，追奔逐北，行径逾浿水，沧海舟楫，冲贼腹心，焚其城郭，污其宫室。高元伏锧泥首，送款军门，寻请入朝，归罪司寇。朕以许其改过，乃诏班师。而长恶靡悛，宴安鸩毒，此而可忍，孰不可容！便可分命六师，百道俱进。朕当亲执武节，临御诸军，秣马丸都，观兵辽水，顺天诛于海外，救穷民于倒悬，征伐以正之，明德以诛之，止除元恶，余无所问。若有识存亡之分，悟安危之机，翻然北首，自求多福；必其同恶相济，抗拒王师，若火燎原，刑兹无赦。有司便宜宣布，咸使知闻。

丁酉，扶风人唐弼举兵反，众十万，推李弘为天子，自称唐王。

三月壬子，行幸涿郡。癸亥，次临渝宫，亲御戎服，祃祭黄帝，斩叛军者以衅鼓。

夏四月辛未，彭城贼张大彪聚众数万，保悬薄山为盗。遣榆林太守董纯击破，斩之。甲午，车驾次北平。

五月庚子，诏举郡孝悌廉洁各十人。壬寅，贼帅宋世谟陷琅邪郡。庚申，延安人刘迦论举兵反，自称皇王，建元大世。

六月辛未，贼帅郑文雅、林宝护等众三万，陷建安郡，太守杨景祥死之。

秋七月癸丑，车驾次怀远镇。乙卯，曹国遣使贡方物。甲子，高丽遣使请降，囚送斛斯政，上大悦。

八月己巳，班师。庚午，右卫大将军、左光禄大夫郑荣卒。

冬十月丁卯，上至东都。己丑，还京师。

十一月丙申，支解斛斯政于金光门外。乙巳，有事于南郊。己酉，贼帅司马长安破长平郡。乙卯，离石胡刘苗王举兵反，自称天子，以其弟六儿为永安王，众至数万。将军潘长文讨之，不能克。是月，贼帅王德仁拥众数万，保林虑山为盗。

十二月壬申，上如东都。其日，大赦天下。戊子，入东都。庚寅，贼帅孟让众十余万，据都梁宫。遣江都郡丞王世充击破之，尽虏其众。

十一年春正月甲午朔，大宴百僚。突厥、新罗、靺鞨、毕大辞、诃咄、传越、乌那曷、波腊、吐火罗、俱虑建、忽论、靺鞨、诃多、沛汗、龟兹、疏勒、于阗、安国、曹国、何国、穆国、毕、衣密、失范延、伽折、契丹等国并遣使朝贡。戊戌，武贲郎将高建毗破贼帅颜宣政于齐郡，虏男女数千口。乙卯，大会蛮夷，设鱼龙曼延之乐，颁赐各有差。

二月戊辰，贼帅杨仲绪率众万余，攻北平，滑公李景破斩之。庚午，诏曰："设险守国，著自前经，重门御暴，事彰往策，所以宅土宁邦，禁邪固本。而近代战争，居人散逸，田畴无伍，郛郭不修，遂使游惰实繁，寇歉未息。今天下平一，海内晏如，宜令人悉城居，田随近给，使强弱相容，力役兼济，穿窬无所厝其奸宄，萑蒲不得聚其逋逃。有司具为事条，务令得所。"丙子，上谷人王须拔反，自称漫天王，国号燕，贼帅魏刁儿自称历山飞，众各十余万，北连突厥，南寇赵。

五月丁酉，杀右骁卫大将军、光禄大夫、郕公李浑，将作监、光禄大夫李敏，并族灭其家。癸卯，贼帅司马长安破西河郡。己酉，幸太原，避暑汾阳宫。

秋七月己亥，淮南人张起绪举兵为盗，众至三万。辛丑，光禄大夫、右御卫大将军张寿卒。

八月乙丑，巡北塞。戊辰，突厥始毕可汗率骑数十万，谋袭乘舆，义成公主遣使告变。壬申，车驾驰幸雁门。癸酉，突厥围城，官军频战不利。上大惧，欲率精骑溃围而出，民部尚书樊子盖固谏乃止。齐王暕以后军保于崞县。甲申，诏天下诸郡募兵，于是守令各来赴难。

九月甲辰，突厥解围而去。丁未，曲赦太原、雁门郡死罪已下。

冬十月壬戌，上至于东都。丁卯，彭城人魏骐麟聚众万余为盗，寇鲁郡。壬申，贼帅卢明月聚众十余万，寇陈、汝间。东海贼帅李子通拥众度淮，自号楚王，建元明政，寇江都。

十一月乙卯，贼帅王须拔破高阳郡。十二月戊寅，有大流星如斛，坠明月营，破其冲军。庚辰，诏民部尚书樊子盖发关中兵，讨降郡贼敬盘陀、柴保昌等，经年不能克。谯郡人朱粲拥众数十万，寇荆襄，僭称楚帝，建元昌达，汉南诸郡多为所陷焉。

十二年春正月甲午，雁门人翟松柏起兵于灵丘，众至数万，转攻傍县。

二月己未，真腊国遣使贡方物。甲子夜，有二大鸟似雕，飞入大业殿，止于御幄，至明而去。癸亥，东海贼卢公暹率众万余，保于苍山。

夏四月丁巳，显阳门灾。癸亥，魏刁儿所部将甄翟儿复号历山飞，众十万，转寇太原。将军潘长文讨之，反为所败，长文死之。

五月丙戌朔，日有蚀之，既。癸巳，大流星陨于吴郡，为石。壬午，上于景华宫征求萤火，得数斛，夜出游山，放之，光遍岩谷。

秋七月壬戌，民部尚书、光禄大夫济北公樊子盖卒。甲子，幸江都宫，以越王侗、光禄大夫段达、太府卿元文都、检校民部尚书韦津、右武卫将军皇甫无逸、右司郎卢楚等总留后事。奉信郎崔民象以盗贼充斥，于建国门上表，谏不宜巡幸。上大怒，先解其颐，乃斩之。戊辰，冯翊人孙华自号总管，举兵为盗。高凉通守洗珤彻举兵作乱，岭南溪洞多应之。己巳，荧惑守羽林，月余乃退。车驾次汜水，奉信郎王爱仁以盗贼日盛，谏上请还西京。上怒，斩之而行。

八月乙巳，贼帅赵万海众数十万，自恒山寇高阳。壬子，有大流星如斗，出王良阁道，声如隤墙。癸丑，大流星如瓮，出羽林。

九月丁酉，东海人杜扬州、沈觅敌等作乱，众至数万。右御卫将军陈棱击破之。戊午，有二枉矢出北斗魁，委曲蛇形，注于南斗。壬戌，安定人荔非世雄杀临泾令，举兵作乱，自号将军。

冬十月己丑，开府仪同三司、左翊卫大将军、光禄大夫、许公宇文述薨。

十二月癸未，鄱阳贼操天成举兵反，自号元兴王，建元始兴，攻陷豫章郡。乙酉，以右翊卫大将军来护儿为开府仪同三司、行左翊卫大将军。壬辰，鄱阳人林士弘自称皇帝，国号楚，建元太平，攻陷九江、庐陵郡。唐公破甄翟儿于西河，掳男女数千口。

十三年春正月壬子，齐郡贼杜伏威率众渡淮，攻陷历阳郡。丙辰，勃海贼窦建德设坛于河间之乐寿，自称长乐王，建元丁丑。辛巳，贼帅徐圆朗率众数千，破东平郡。弘化人刘企成聚众万余人为盗，傍郡苦之。

二月壬午，朔方人梁师都杀郡丞唐世宗，据郡反，自称大丞相。遣银青光禄大夫张世隆击之，反为所败。戊子，贼帅王子英破上谷郡。己丑，马邑校尉刘武周杀太守王仁恭，举兵作乱，北连突厥，自称定杨可汗。庚寅，贼帅李密、翟让等陷兴洛仓。越王侗遣武贲郎将刘长恭、光禄少卿房崱击之，反为所败，死者十五六。庚子，李密自号魏公，称元年，开仓以振群盗，众至数十万，河南诸郡相继皆陷焉。壬寅，刘武周破武贲郎将王智辩于桑乾镇，智辩死之。

三月戊午，庐江人张子路举兵反。遣右御卫将军陈棱讨平之。丁丑，贼帅李通德众十万，寇庐江，左屯卫将军张镇州击破之。

夏四月癸未，金城校尉薛举率众反，自称西秦霸王，建元秦兴，攻陷陇右诸郡。己丑，贼帅孟让，夜入东都外郭，烧丰都市而去。癸巳，李密陷回洛东仓。丁酉，贼帅房宪伯陷汝阴郡。是月，光禄大夫裴仁基、淮阳太守赵佗等并以众叛归李密。

五月辛酉，夜有流星如瓮，坠于江都。甲子，唐公起义师于太原。丙寅，突厥数千寇太原，唐公击破之。

秋七月壬子，荧惑守积尸。丙辰，武威人李轨举兵反，攻陷河西诸郡，自称凉王，建元安乐。

八月辛巳，唐公破武牙郎将宋老生于霍邑，斩之。

九月己丑，帝括江都人女寡妇，以配从兵。是月，武阳郡丞元宝藏以郡叛归李密，与贼帅李文相攻陷黎阳仓。彗星见于营室。

冬十月丁亥，太原杨世洛聚众万余人，寇掠城邑。丙申，罗令萧铣以县反，鄱阳人董景珍以反，迎铣于罗县，号为梁王，攻陷傍郡。戊戌，武贲郎将高毗败济北郡贼甄宝车于嶦山。

十一月丙辰，唐公入京师。辛酉，遥尊帝为太上皇，立代王侑为帝，改元义宁。上起宫丹阳，将逊于江左。有乌鹊来巢幄帐，驱不能止。荧惑犯太微。有石自江浮入于扬子。日光四散如流血。上甚恶之。

二年三月，右屯卫将军宇文化及，武贲郎将司马德戡、元礼，监门直阁裴虔通，将作少监宇文智及，武勇郎将赵行枢，鹰扬郎将孟景，内史舍人元敏，符玺郎李覆、牛方裕，千牛左右李孝本、弟孝质，直长许弘仁、薛世良，城门郎唐奉义，医正张恺等，以骁果作乱，入犯宫闱。上崩于温室，时年五十。萧后令宫人撤床箦为棺以埋之。化及发后，右御卫将军陈棱奉梓宫于成象殿，葬吴公台下。发敛之始，容貌若生，众咸异之。大唐平江南之后，改葬雷塘。

初，上自以藩王，次不当立，每矫情饰行，以钓虚名，阴有夺宗之计。时高祖雅信文献皇后，而性忌妾媵。皇太子勇内多嬖幸，以此失爱。帝后庭有子，皆不育之，示无私宠，取媚于后。大臣用事者，倾心与交。中使至第，无贵贱，皆曲承颜色，申以厚礼。婢仆往来者，无不称其仁孝。又常私入宫掖，密谋于献后，杨素等因机构扇，遂成废立。自高祖大渐，暨谅暗之中，烝淫无度，山陵始就，即事巡游，以天下承平日久，士马全盛，慨然慕秦皇、汉武之事。乃盛治宫室，穷极侈靡，招募行人，分使绝域。诸蕃王者，厚加礼赐，有不恭命，以兵击之。盛兴屯田于玉门、柳城之外。课天下富室，益市武马，匹直十余万，富强坐是冻馁者十家而九。帝性多诡谲，所幸之处，不欲人知。每之一所，辄数道置顿，四海珍馐殊味，水陆必备焉，求市者无远不至。郡县官人，竞为献食，丰厚者进擢，疏俭者获罪。奸使侵渔，内外虚竭，头会箕敛，人不聊生。于时军国多务，日不暇给，帝方骄怠，恶闻政事，冤屈不治，奏请罕决。又猜忌臣下，无所专任，朝臣有不合意者，必构其罪而族灭之。故高颎、贺若弼先皇心膂，参谋帷幄，张衡、李金才藩邸惟旧，绩著经纶，或恶其直道，或忿其正议，求其无形之罪，加以刎颈之诛。其余事君尽礼，謇謇匪躬，无辜无罪，横受夷戮者，不可胜纪。政刑弛紊，贿货公行，莫敢正言，道路以目。六军不息，百役繁兴，行者不归，居者失业。人饥相食，邑落为墟，上不之恤也。东西游幸，靡有定居，每以供费不给，逆收数年之赋。所至唯与后宫流连耽湎，惟日不足，招迎老媪，朝夕共肆丑言，又引少年，令与宫人秽乱，不轨不逊，以为娱乐。区

宇之内，盗贼蜂起，劫掠从官，屠陷城邑，近臣互相掩蔽，隐贼数不以实对。或有言贼多者，辄大被诘责，各求苟免，上下相蒙，每出师徒，败亡相继。战士尽力，必不加赏，百姓无辜，咸受屠戮。黎庶愤怨，天下土崩，至于就擒而犹未之悟也。

【译文】

隋炀帝名杨广，又名杨英，小名叫阿麽，是隋高祖的第二个儿子。（他的）母亲是文献独孤皇后。杨广容貌俊美，小时聪明伶俐，在众多儿子中高祖和皇后特别喜爱他。北周时，因为高祖的功勋，杨广被封为雁门郡公。

开皇元年，杨广被立为晋王，授以柱国、并州总管的职位，那时他才十三岁。不久又被授予武卫大将军的头衔，后来进升为上柱国、河北道行台尚书令，仍保留大将军衔。高祖让项城公王韶、安道公李彻辅佐教导杨广。杨广热爱学习，擅长写文章，含蓄深沉，朝野都对他寄予厚望。高祖偷偷下令让会相面的人来和给所有的儿子相面，来和说："晋王眼眉上双骨突起，高贵极了。"不久，高祖到杨广的住宅来，看见乐器的弦多数都断了，上面又落满灰尘，似乎长期不用，认为杨广的不喜欢歌舞女伎，很赞赏他。杨广尤其善于造作夸饰，掩盖真相，时人都说他仁义孝顺。他曾参观狩猎，遇上大雨，随从的侍臣进献油衣遮雨，他说："士兵都淋湿了，我能单独穿这个吗？"竟让侍臣拿走。

开皇六年，杨广转任淮南道行台尚书令。这一年，高祖征召杨广回京，授予他雍州牧、内史令的官职。开皇八年冬天，大规模兴兵攻打陈国，杨广为行军元帅。平定陈国后，活捉了陈国湘州刺史施文庆、散骑常侍沈客卿、市令阳慧朗、刑法监徐析、尚书都令史暨慧，因为他们奸邪谄媚，害国害民，将他们在宫中右阙之下斩首示众，以此向三吴民众谢罪。杨广查封府库，秋毫无犯，天下人都称赞他贤明。他进升为太尉，高祖赏赐给他辂车、四匹马、礼帽礼服、黑珪白璧各一块。再次任命他为并州总管。不久江南高智慧等聚众造反，高祖调杨广担任杨州总管，镇守江都，每年朝见一次。高祖祭祀泰山的时候，杨广随任武侯大将军，第二年，回到封地。过了几年，突厥侵犯边境，杨广又出任行军元帅，从灵武出兵，没有遇上敌人，回来了。

到太子杨勇被废黜后，杨广被立为皇太子。当月，（杨广）接受册命。

高祖说:“我以大兴公的身份成就帝业。”于是让杨广离开京城,住到大兴县去。当夜,狂风大雪,地震山崩,百姓的住宅多数被破坏,压死了一百余人。仁寿初年,杨广奉诏书巡视安抚东南地区。此后,高祖每到仁寿宫避暑,总是让杨广主持国政。

仁寿四年七月,高祖去世,杨广在仁寿宫即皇帝位。八月,护送高祖灵柩返回京师。并州总管汉王杨谅起兵谋反,命尚书左仆射杨素讨伐平定了他。九月乙巳日,(杨广)任命备身将军崔彭担任左领军大将军。十一月乙未日,炀帝驾临洛阳。丙申日,征发数十万男壮丁挖护城河,从龙门向东连接长平、汲郡,到临清关,过黄河到浚仪、襄城,抵达上洛,沿途设置关口防御。癸丑日,颁下诏书说:

天道变化,阴阳才能减少增加;沿袭的制度不同,百姓才能遵循次序。如果天的意志不变,所施行的教化怎么形成春、夏、秋、冬?人事如果不变,处理政事凭什么管理千家万户?《易》不是说:“通过其变化,使民众不致疲倦。”“变化就能通达,通达就能长久。”“有德政就能长久,有功德就能壮大。”我又听说,居安思危,能够及时改变处境,百姓的资财也会大变。因此,姬氏经营两周都城,合乎武王的心意;殷人五次迁徙,成就商汤的功业。如果不是下合民意上顺天时,在变动中创建功业,那么,爱民治国的人能不明白这个道理吗?

洛阳自古便是都城。都城方圆千里之内,是天地交合之处,阴阳调和的地方。(洛阳城)三河环绕,四塞巩固,水陆通达,贡赋均等。所以汉高祖说:“我走遍天下,经过的地方可以说很多了,只有洛阳最好。”自古帝王,谁不留心洛阳,之所以不建都于此,都是有原因的。有的是因为九州尚未统一,有的是因为财政匮乏,无力创建洛阳城。我隋朝建立之初,便想创建这怀、洛二都,一天一天迁延到今天。朝思暮想,对于此事,说起来不胜感慨。

我恭敬地接受皇位,统治万国,继承先帝意志,遵守而不敢遗忘。如今汉王杨谅违反正道、犯上作乱,崤山以东地区遭受毒害,于是州县沦丧。这是因为关河阻隔,路途遥远,军队不能赶赴应急,加上并州移民又在河南,无法协助。周代把殷人迁往东方,用意就在这里。况且,南方地区遥远,东方地区富庶广大,因势利导,顺时而动,现在正是时候。众官府和百官,都拥护这项主张。但是,成周宫殿荒废贫瘠,无法修葺,如今可在伊、洛地区营建东京,就地设官府、分职务,树立万民的法则。

宫室的规模制度原本是为了便于生活，上有正梁，下有屋檐，就足以遮蔽风雨、雾露，高楼大厦，难道能够说是合适的形制？所以《传》说：“节俭，是德行的总汇；奢侈，是罪恶的大端。”孔子说：“与其不恭敬，不如节俭。”难道说只有瑶台琼楼才是宫殿，而土墙草屋就不是帝王的住宅了吗？由此可知，不是用天下财物供奉一人，而是由一人主治天下。百姓是国家的根本，根本牢固则国家安宁；百姓富足，谁还会不富足！现在营造构建伊洛，务必节俭，不要让雕画的墙壁、崇高的楼房又在今天建起，想让低劣宫殿、简陋饭食遗留给后世。有关部门清楚地制定出条例，以便合乎我的心意。

十二月乙丑日，炀帝任命右武卫将军来护儿担任右骁卫大将军；戊辰日，任命柱国李景为右武卫大将军，右卫率周罗睺为右武候大将军。

大业元年春正月壬辰初一，大赦天下，改年号。立妃子萧氏为皇后。把豫州改名为溱州、洛州改名为豫州，废除各州总管府。丙申日，立晋王杨昭为皇太子。丁酉日，任命上柱国宇文述为左卫大将军、上柱国郭衍为左武卫大将军、延寿公于仲文为右卫大将军。己亥日，任命豫章王杨暕为豫州牧。戊申日，派遣八名使臣巡察各地风气习俗。下诏书说：

从前聪明的皇帝治理天下，关键在于爱民。先让人民富足，然后再进行教化，各家供给充足，所以能风俗淳厚，远方来朝，近地安宁。治理成功，都是循此途径。我继承皇位，抚育黎民。日夜战战兢兢，就好像面对大峡谷一样。虽然遵守先帝功业，不敢有所闪失，但谈到政治措施，多有缺陷。况且，以四海之遥远、黎民之众多，我不能亲自前往，询问民间疾苦。每每想到，民间隐藏的贤人不能被举荐，百姓的冤屈不能申诉，一件事情处置不当，就会伤害和顺的祥气，万方有罪，责任都在我身上，所以我昼夜叹息，早晚挂心。

现在是施政初期，应该抚慰宽恕更多的人。可分别派遣使者，巡察各方风俗，宣扬教化，推荐被埋没的人才，申诉深藏的冤屈。对孝顺父母、努力耕种的人，给以优待，免除租赋。鳏寡孤独不能养活自己的人，酌情给予救济。对义士、烈女，赐匾额表彰其门闾。对年高的老人，加官晋爵，并且依据别的条例，赏赐粟米布帛。对有残疾的人，供给服侍的壮丁，虽然有侍养的名义，并无赡养的实效，应公开检查核实，使他们得到奉养。对有名声显赫、品德高尚、操行廉洁以及有学问才能、精通一经的人，都应该查访清楚，推荐到朝廷中。所在州县官府，要根据礼仪发送。官员中有政治腐败、残害人民、妨碍农时的，使者回朝之日，详细记录上奏。

己酉日，（炀帝）任命吴州总管宇文弼为刑部尚书。

二月己卯日，（炀帝）任命尚书左仆射杨素为尚书令。

三月丁未日，（炀帝）命令尚书令杨素、纳言杨达、将作大匠宇文恺营造构建东京，迁移豫州城郊居民充实东京。戊申日，颁布诏书说："由于听取并采纳公众的意见，政事和平民商议，所以才能清楚政治和刑罚的得失。由此可知，我早晚思虑治国，想使隐藏的冤屈上达朝廷，治国常道得以发扬。但州牧县宰等官职俱是朝廷委任，随便对待巡察的地方用来探访考核督促完成指定的工作，凭空定下优秀、劣等的虚名，不问治理的实际情形，纲纪就会紊乱，冤屈也就不能得到申诉。地方和朝廷有重重关河阻隔，百姓的意见无法自行上述。我因此建立东京，亲自过问民情。现在我将巡视淮海，观察了解各地风土人情，征求正直的意见，但呈上来的只是烦琐的辞章，乡校中议论朝政的话，我都听不到。我恐惧警惕，废寝忘食。民众中有知道州县官吏为政刻薄、侵害百姓、徇私枉法、刁难民众的，应该听任他们到朝廷申奏，希望能做到广开四方视听，使天下无冤屈。"（他）又在阜涧营建显仁宫，采集海内珍禽奇兽、名花异草，充实宫中花园兽苑。迁徙数万家富商大贾到东京。辛亥日，调发黄河以南各郡百余万男女开凿通济渠，从西苑引谷水、洛水到达黄河，从板渚引黄河水通向淮河。庚申日，派黄门侍郎王弘、上信同于士澄到江南去采集木材，建造了数万艘龙舟、凤艒、黄龙、赤舰、楼船等。

夏四月癸亥日，大将军刘方进攻林邑，攻克了林邑。

五月庚戌日，民部尚书义丰侯韦冲去世。

六月甲子日，火星进入太微星区。

秋七月丁酉日，规定战死的家庭免除十年赋税徭役。丙午日，滕王杨纶、卫王杨集都被剥夺爵位，迁往边境。

闰七月甲子日，任命尚书令杨素为太子太师，安德王杨雄为太子太傅，河间王杨弘为太子太保。丙子日，下诏书说：

治理民众，建立国家，应以教学为首要事务，改变旧的风俗习惯，必定由这开始。但圣人的言论断绝，大义遭违背。岁月流逝，虽然努力增进道德进修学业，但治国之道逐渐微小。汉承秦焚书之后，广集经书，学术不绝如缕；而晋遭社会动乱，学术几乎扫地而尽。从此以后，国家军政忧患甚多，虽然不时兴建学舍，表示一样喜爱礼义，今老师虽在，却形同虚设。于是佩带青紫印绶为官的，并非学习优秀者；出仕从政的，多是不学无术之人。上行下效，纲纪无法确立。文化缺少，大道消亡，确实都是这个原因。

我继承皇位，想弘扬先王圣哲的教言，尊敬师长、重视道义，发扬此道，讲究信用，谋求亲善，嘉奖礼教。如今天下统一，车同轨、书同文，十步以内一定有优秀人物，四海之中怎能没有奇才！无论是在家中还是入学的，如果有专门学习古代礼义、埋头经典、品学兼优、能处理政务的人，当地政府应该前去拜访，详细列出名单报上，立即根据其才能越级提拔。如果有研究精通经典、技术而不愿入朝廷做官的人，可根据其学业深浅、门第高下，虽然不上朝为官，也酌情给予俸禄。只要循循善诱，他们不日即可成器，不远的将来，朝廷就能人才济济。国子监等学堂，也应讲明旧制度，教育学生，详细规定考试方法，以达到磨炼、培育人才的目的。

八月壬寅日，炀帝乘龙舟到达江都。任命左武卫大将军郭衍为前军统领，右武卫大将军李景为后军统领。五品以上的文武百官，供给楼船，九品以上的供给黄蔑。船只首尾相接，绵延二百余里。

冬十月己丑日，（炀帝下令）赦免江淮以南的罪人；扬州地区免除五年赋税徭役，旧扬州总管地区免除三年的赋税徭役。十一月己未日，（炀帝）任命大将军崔仲方为礼部尚书。

大业二年春正月辛酉日，东京建成，炀帝分别依照等级赏赐监督工程的人；任命大理卿梁毗为刑部尚书。丁卯日，派遣十名使臣合并减省州县。

二月丙戌日，炀帝命令尚书令杨素、吏部尚书牛弘、大将军宇文恺、内史侍郎虞世基、礼部侍郎许善心制定车服制度。（这时，）天子的车驾以及春、夏、季夏、秋、冬五个季节的天子侍从车才开始完备。皇帝的常礼服，皮帽子，上面饰有十二块琪玉；文官穿弁服、佩带玉，五品以上文官供给犊牛、挂帐幔，三公亲王车上加挂丝络；武官戴平头巾、穿袴褶，三品以上武官供给爬樂仪仗；往下直至胥吏，服饰各有差等；平民不能穿军服。戊戌日，设置都尉官。

三月庚午日，炀帝车驾从江都出发。事前，太府少卿何稠、太府丞云定兴大肆准备仪仗，规定各州县送羽毛。百姓寻捕禽兽，水陆遍设网罗，能够提供羽毛装饰的禽兽，几乎没有遗留下来。到此时，仪仗制成。

夏四月庚戌日，炀帝从伊阙陈列车马，准备千车万马，进入东京。辛亥日，炀帝到端门，大赦天下，免除天下百姓当年的租税。癸丑日，炀帝任命冀州刺史杨文思为民部尚书。

五月甲寅日，金紫光禄大夫、兵部尚书李通因为犯法而被免职。乙卯日，诏书说："表彰先贤，保存祭祀，是为了优待礼遇有道德、有才能的人，明显地表示对他们的敬爱。我永远借鉴前代的事业，思念先贤的功德，无时无刻不感叹九州土地上的贤哲，怀念千载。自古以来的圣贤君子，凡是能树立名声建立功德、辅佐朝政挽救时弊、获巨大利益、有特殊功劳，对人民有益的人，都应该营造建立祠庙，按时祭祀。他们的坟墓，不许（他人）侵犯践踏。有关部门酌情订立条例，以符合我的心意。"

六月壬子，炀帝任命尚书令、太子太师杨素为司徒。晋封豫章王杨暕为齐王。

秋七月癸丑日，炀帝任命卫尉卿卫玄为工部尚书。庚申日，规定百官不能累计考绩升级，一定要德行、功劳、才能明显优秀的人才能被提拔。壬戌日，提拔晋王府的旧臣鲜于罗等二十七人，授予不同等级的官爵。甲戌日，皇太子杨昭去世。乙亥日，上柱国、司徒、楚国公杨素去世。

八月辛卯日，册封皇孙杨倓为燕王、杨侗为越王、杨侑为代王。

九月乙丑日，立秦孝王杨俊的儿子杨浩为秦王。

冬十月戊子，任命灵州刺史段文振为兵部尚书。

十二月庚寅日，颁下诏书说："前代帝王借时势创立基业，治理人民，建立邦国，南面执政，受群臣尊崇。但随着岁月推移，年代久远，帝王的坟茔遭到毁坏，砍柴放牧者竞相光顾，坟墓荒芜废弃，坟堆和标志都分辨不出了。谈到这种沦丧，不胜感慨。自古以来帝王的陵墓，可免除其附近十户人家的杂役，让他们守护监视。"

大业三年春正月癸亥日，命令对并州叛党已逮捕发配而逃亡的，一旦捉到，就地斩首。丙子日，满天出现长星，出自东壁星，二十天后才停止。这一月，武阳郡上奏，黄河水变清。

二月己丑日，彗星在奎宿星区出现，扫过文昌星，经过大陵、五车、北河等星，进入太微星区，扫过帝座星，前后历时一百余天才停止。

三月辛亥日，炀帝车驾回到京师。壬子日，炀帝任命大将军姚辩为左屯卫将军。癸丑日，派遣羽骑尉朱宽出使流求国。己卯日，河间王杨弘去世。

夏四月庚辰日，诏书说："古代帝王观察访问民间风俗，都是因为忧虑百姓，安抚边远地区。自从蛮夷归附，没来得及亲自安抚，崤山以东历经战乱，需要给予慰问和救济。现在想安定黄河以北，巡视查看赵、魏地区。有关部门可依惯例安排。"甲申日，颁布法令，大赦天下，关内人民免除三年赋税徭役。壬辰日，把州改为郡。改变度量衡制度，完全按照古代的标准。把上柱国以下的官改为大夫。

戊子日，炀帝驻扎在榆林郡。丁酉日，启民可汗前来朝拜。己亥日，吐谷浑、高昌都派遣使臣进贡地方特产。甲辰日，炀帝到北楼，在黄河观看捕鱼，宴请百官。

秋七月辛亥日，启民可汗上书请求改变服装，戴帽子，束腰带。炀帝命令启民可汗朝拜时不用上报了，地位在诸侯王之上。甲寅日，炀帝在郡城东设大帐，全部仪仗护卫，树立旌旗，宴请启民可汗及其部落共三千五百人，演奏百戏。按不同级别赏赐启民及其部落的人。丙子日，杀死光禄大夫贺若弼、礼部尚书宇文弼、太常卿高颎。尚书左仆射苏威因犯罪被免职。征发百余万男丁修筑长城，西到榆林，东到紫河，十天修完，死去的男丁占十分之五、六。

八月壬午日，炀帝车驾从榆树起程。乙酉日，启民可汗修饰庐舍，清扫道路，迎接炀帝的车驾。炀帝到启民帐中，启民举杯祝寿。炀帝的宴请和赏赐都极丰厚。炀帝对高丽使臣说："回去告诉你们的国王，应早早前来朝见。不然的话，我和启民可汗将到你们的国土巡察。"皇后也到义城公主帐中。己丑日，启民可汁回突厥。癸巳日，炀帝进入楼烦关。壬寅日，炀帝驻扎在太原。下令营建晋阳宫。九月己未日，炀帝驻扎在济源。到御史大夫张衡家中，饮酒吃饭、极尽欢乐。己巳日，炀帝到达东都。壬申日，任命齐王暕为河南尹、开府仪同三司。癸酉日，任命民部尚书杨文思为纳言。

大业四年春正月乙巳日，炀帝下诏书征发黄河以北各郡百余万男女开凿永济渠，引沁水向南到达黄河、向北通到涿郡。庚戌日，文武百官在允武殿举行射礼。丁卯日，赏赐京城内居民每人十石米。壬申日，任命太府卿元寿为内史令，鸿胪卿杨玄感为礼部尚书。癸酉日，任命工部尚书卫玄为右候卫大将军，大理卿长孙炽为民部尚书。

二月己卯日，派遣司朝谒者崔毅出使突厥处罗，招致汗血马。

三月辛酉日，任命将作大匠宇文恺为工部尚书。壬戌日，百济、倭、赤土、迦罗舍等国一齐派遣使臣贡献土产。乙丑日，炀帝车驾到五原，趁机出边塞巡视长城。丙寅日，派遣屯田主事常骏出使赤土，招到罗刹。

夏四月丙午日，把离石郡的汾源、临泉二县、雁门郡的秀容县，划为楼烦郡。兴建汾阳宫。癸丑日，炀帝任命河内太守张定和为左屯卫大将军。乙卯日，诏书说："突厥意利珍豆启民可汗率领部落归附我朝，保护关塞，遵奉我朝礼仪，想改变戎狄习俗，频繁地入朝谒见礼拜，多次陈述请求。因为毡墙羽帐，极其简陋，愿意建造有梁有檐的房屋。心意恳切，我很重视。应该在万寿戍建造城墙房屋，根据情况酌情供给帷帐、床被等物品，待遇务必优厚，以合乎我的心意。"

五月壬申日，蜀郡捕获一只三脚乌鸦，张掖郡捕获一只黑狐狸。

秋七月辛巳日，征发二十余万男丁修筑长城，自榆谷向东延伸。乙未日，左翊卫大将军宇文述在曼头、赤水大破吐谷浑军。

八月辛酉日，炀帝亲自到恒岳祭祀，河北道的郡守全部聚集到这里。炀帝下令大赦天下。车驾经过的郡县，免除一年的租赋。

九月辛未日，征集全国的鹰师到东京集中，来了一万多人。戊寅日，彗星从五车星流出，扫过文昌星，到房星消失。辛巳日，下诏书对修长城的役夫免征一年租税。

冬十月丙午日，诏书说："先师孔子，道德圣明，发扬天赋英姿，效法文武之道。治理国家，承受天命，蕴育了这位素王，而圣人去世时的悲叹，很快就超过千年，崇高的德行，并没保存一百代。他美好的规范，应该很好的推崇。可立孔子后代为绍圣侯。有关官府寻求其嫡系后裔，把名字报上去。"辛亥日，诏书说："从前，周王即位，首先册封唐、尧、虞、舜的后代；汉高祖即位，也赐给殷、周的后裔名号。这都是为了表彰先代，效法古圣贤。我继承帝位，寻求文雅的教诲，凡有大益处的，都敬遵如法令。因为周代兼有夏、殷两朝传统，规定和刑具都具备，汉代拥有天下，统一车轫文字；魏晋沿袭汉朝旧制，遗风仍在。这些朝代都应立其后裔，以便保存绝世的大义。有关官府应该寻求其后代，开列姓名上报。"乙卯日，向天下颁布新的度量衡规格。

大业五年春正月丙子日，把东京改名为东都。癸未日，下诏书在全国实行均田制。戊子日，炀帝从东都回到京师。乙丑日，规定民间禁止收藏制造铁叉、搭钩、刀矛之类。太守每年都偷偷地奏报其属官的政绩。

二月戊戌日，炀帝驻扎在阌乡。命令祭祀古代帝王陵墓以及开皇年间功臣的坟墓。庚子日，规定北魏、北周官吏的子孙不能因父辈功勋而被赏赐官爵。辛丑日，赤土国派遣使臣贡献地方特产。戊申日，炀帝车驾到达京师。丙辰日，在武德殿宴请四百名故旧老人，按不同等级进行赏赐。己未日，炀帝到崇德殿西院，心中很不高兴，回头对随从人员说："这是先帝居住的地方，确实增添伤感，心中不安，应该在此院的西边另外建造一座宫殿。"壬戌日，规定听任父母跟随儿子到任职官府去。

三月己巳日，炀帝车驾向西巡视黄河右边地区。庚午日，有关官吏说，武功县的男子史永遵和叔父堂兄弟等住在一起。炀帝很赞赏他。赐给一百段布帛、二百石米，并表彰他的门第。乙亥日，炀帝到扶风旧宅去。

夏四月己亥日，在陇西大举狩猎。壬寅日，高昌、吐谷浑、伊吾都派遣使臣前来朝见。乙巳日，炀帝驻扎在狄道，党项羌来进贡地方特产。癸亥日，由临津关出发，渡过黄河，到达西平，排兵布阵演习军事。

五月乙亥日，炀帝在拔延山大举围猎，狩猎圈周围绵延二千里。庚辰日，进入长宁谷。壬午日，翻越星岭。甲申日，在金山上宴请群臣。丙戌日，在浩亹架桥，炀帝马过桥后桥便坏了，朝散大夫黄亘及监督工程的九人被斩首。吐谷浑王率领部众屯守覆袁川，炀帝分别派内史元寿从南边驻扎在金山，兵部尚书段文振从北边驻扎在雪山，太仆卿义臣从东边驻扎在琵琶峡，将军张寿从西边驻扎在泥岭，将四面包围住。吐谷浑王伏允率数十名骑兵逃走，派他的藩王假称伏允，屯守车我真山。壬辰日，命右屯卫大将军张定和前往追捕。定和挺身出战，被吐谷浑杀死。副将柳武建击败吐谷浑军，斩死数百人。甲午日，吐谷浑被围走投无路，仙头王率十余万口男女来投降。

六月丁酉日，炀帝派左光禄大夫梁默、右翊卫将军李琼等人追击吐谷浑王，二人都战死。癸卯日，炀帝经过大斗拔谷，此外山路险要狭隘，大军鱼贯而出。风雪交加，天气阴暗，炀帝和随从官员走散，士兵被冻死大半。丙午日，驻扎在张掖。辛亥日，命令诸郡推举贤才，分四科：学业贯通，才能优异；身强力壮、武艺高超；任职勤奋、善理政务；秉性正直、不畏强暴。壬子日，高昌王麴伯雅来朝拜，伊吾吐屯设等献上西域数千里土地，炀帝十分高兴。癸丑日，设置西海、河源、鄯善、且末等四个郡。丙辰日，炀帝到观风行殿，大量陈列文物，演奏九部乐，安排戏剧杂耍表演，在殿上宴请高昌王、吐屯设，表示特别宠爱。有三十余国少数民族使臣陪席。戊午日，炀帝下令大赦天下，开皇元年以来流放发配的罪人，全部放回故乡，但晋阳叛党不包括在内。陇西各郡，免除一年赋税徭役，炀帝车驾经过的地方，免除两年赋税徭役。

秋七月丁卯日，在青海的小岛上放牧马，以此寻求优良的良种马，没取得成效就停止了。

九月癸亥日，炀帝车驾进入长安。

冬十月癸亥日，诏书说："优待推崇年老德高者，典籍中都有记载，尊敬顾问，表彰学校。鬻熊能做周文王的老师，并非因为力气大，方叔是元老，能够加强他的计谋。我常说要考察古代，寻求达到天下大治的途径。因此，对年老的人，重新起用，事务要简少，俸禄要优厚，不要缺了药和饭，希望能睡卧床上，治理好百姓，收到大的效益。今年集合起来的老人，可安置在附近州郡，七十岁以上、有疾病行动不便，不能任职的，赏赐布帛送回本郡。官职在七品以上的，酌情给予俸禄，一直到死。"

十一月丙子日，炀帝车驾到东都。

大业六年春正月癸亥日初一，清晨，有数十名强盗，都穿着白衣白帽，烧着香、手里拿着花，自称是弥勒佛，从建国门进来。守门人都跪下叩头。不一会他们夺下卫士的武器，企图谋反叛乱。齐王杨暕遇上并杀死了他们。于是京城大肆搜索，牵连犯罪的有一千余户居民。丁丑日，在端门街上演角抵大戏，天下的奇异技艺全部集中在这，演了一个月才停止。炀帝多次穿便服前往观看。己丑日，倭国派遣使臣进献地方特产。

二月乙巳日，武贲郎将陈棱、朝请大夫张镇州进攻琉球，打败了他们。献上一万七千口俘虏；炀帝赏赐百官。乙卯日，诏书说："国家刚开始创立时期，帝王功业开始艰难，全仗大臣辅佐，同心协力，才能拯救衰败的国运，荣登皇位，然后酬报功劳、赏赐功臣，开国建家，以山河宣誓，传山河于万代。近代以来天下动乱，四海未能统一，土地随便被封赐，名实不符，很长时期未能改革。我朝开国之初，诸事都刚开始，还遵循旧的规矩，来不及改制。现在天下太平，文字、车轨都已统一，应该遵奉先朝旧典，把先圣的教训永远留传后代。从此以后，只有有功劳的人才能有赐封，其子孙可以继承封爵。"丙辰日，安德王杨雄改封为观王，河间王的儿子杨庆改封为郇王。庚申日，征集魏、齐、周、陈等地的艺人，全部分配给太常寺。三月癸亥日，炀帝到江都宫。甲子日，任命鸿胪卿史祥为左骁卫大将军。

夏四月丁未日，宴请江淮以南的父老乡亲，分等级进行赏赐。

六月辛卯日，室韦、赤土都派遣使臣进贡地方特产。壬辰日，雁门盗贼头目尉文通聚集三千人马，驻守在莫壁谷。炀帝派鹰扬杨伯泉打败了他。甲丙日，规定江都太守俸禄和京尹相同。

冬十月壬申日，刑部尚书梁毗去世。壬子日，民部尚书、银青光禄大夫长孙炽去世。

十二月己未日，左光禄大夫、吏部尚书牛弘去世。辛酉日，朱崖人王万昌兴兵作乱，炀帝派陇西太守韩洪平定了他。

大业七年春正月壬寅日，左武卫大将军、光禄大夫、真定侯郭衍去世。

二月己未日，炀帝登上钓台，面向扬子津，大宴百官，分不同等级进行赏赐。庚申日，百济派遣使臣朝拜进贡。乙亥日，炀帝从江都乘龙舟进入通济渠，于是到达涿郡。壬午日，诏书说："军事有七德，首称是安定百姓；政治有六本，应以教育和公正的道义来振兴。高丽国高元，有失藩国礼仪，我将赴辽东问罪，宣扬宏图大略。虽然想讨伐敌国，仍然要察看四方。现在到涿郡，巡视安抚民间风俗。黄河以北各郡以及太行山以西、崤山以东地区，年九十岁以上的人均被授予太守衔，八十岁的人授县令衔。"

三月丁亥日，右光禄大夫、左屯卫大将军姚辩去世。

夏四月庚午日，炀帝到涿郡的临朔宫。

五月戊子日，炀帝任命武威太守樊子盖为民部尚书。

秋天，发生大水灾，崤山以东及黄河以南地区淹没了三十多个郡，民众都卖身为奴婢。

冬十月乙卯日，底柱山崩塌，堵住黄河水，使其向上倒流数十里。戊午日，炀帝任命东平太守吐万绪为左屯卫大将军。

十二月乙未日，西面突厥处罗多利可汗前来朝拜，炀帝十分高兴，用特殊礼仪接见了他。那时，辽东的战士以及运送给养的人挤满道路，昼夜不断，苦于服役的人开始聚众为盗。甲子日，命令都尉、鹰扬和郡县相互联系追捕盗贼，捕获之后可随时处决他们。

大业八年春正月辛巳日，大军在涿郡集中。任命兵部尚书段文振为左侯卫大将军。壬午日，下诏书说：

天地德行极大，却在秋天降下严霜；圣贤十分仁爱，却在刑法上著有杀伐。由此可知，天地造化有杀气，道理在于大公无私。帝王使用武器，乃是出于不得已。版泉、丹浦之战，没有不是替天行道的，勘定昏乱，都应天顺人。何况在甘地野外誓师，夏启继承了大禹的事业；在商城郊外兴兵问罪，周武王完成文王的志向。

永远借鉴前代，是我的职责。从我隋朝接受天命以来，兼具天、地、人三才而建立中正的准则，统一天下而成为一家。所带领的边疆地区渐渐扩展到细柳、盘桃以外，声乐教化达到了紫舌、黄枝地区。远人来朝，近人安定，无人不团结和睦，大功告成、治理的国家安定就在于此。然而高丽这跳梁小丑，迷乱狂妄，团聚在勃海、碣石之间，侵犯辽东、猤猶土地。虽经汉、魏两代诛伐，巢穴暂时被捣毁，但战乱仍然频繁，道路多阻隔，他们的部落又聚集起来。他们在前代会聚山川草泽，而在现代结成恶果。想那华夏土地，竟全是蛮夷。年代久远，恶贯满盈，天道惩罚淫乱，他们的败亡已显露征兆。他们破坏道德伦常，难以谋取，收藏奸徒，唯恐不足。送去的庄严书信，他们从不当面接受；朝见的礼仪，他们从不亲自参加。招降纳叛，不知法纪，聚集在边境，使瞭望的烽燧极端疲劳，边关巡夜木梆为此不得安宁，边民因此荒废农业。古代的征伐，他们是漏网之鱼。既未遭前代俘虏，又没受到后代诛杀，他们从不感恩，反而更加作恶，兼并契丹党徒，劫掠海边，改穿靺鞨服装，侵犯辽西。又青丘之外，都按时朝贡；碧海之边，都接受我朝治理，而他们却夺取宝物，断绝往来，无辜的人受害，诚实的人遭祸。使臣奉使前往海东，沿路停留，途经藩国土地，而他们堵塞道路，拒绝王使进入，没有侍奉君王的忠心，哪有做臣的礼节！是可忍，孰不可忍。而且，他们法令苛刻严酷，赋税繁重，强臣和豪族执掌国政，结党营私，朋比为奸，形成风气，贿赂公行，冤屈得不到申诉。再加上连年灾荒，户户饥饿，战乱不止，徭役没有期限，百姓输送给养竭尽全力，死尸填满沟壑。百姓忧愁悲苦，又能听从谁？境内一片哀叹惶恐，不胜凋弊。回头观看境内，人人都担心生命不保，老人孩子无不感叹残酷毒烈。我来到幽州观察风俗，悲悯百姓、兴师问罪，不需等待再次动身了。于是亲自统率六军，进行制裁违犯王命的九伐之征，拯救危机，顺从天意，消灭这些丑类，继承先代的谋略。

现在应该传令动身，兵分数路，以雷霆之势占领勃澥，以闪电之速横扫夫余。整装振戈，誓师之后动身，多次命令和告诫，有必胜把握之后再战。左第一军当镂方道，第二军当长岑道，第三军当海冥道，第四军当盖马道，第五军当建安道，第六军当南苏道，第七军当辽东道，第八军当玄菟道，第九军当扶余道，第十军当朝鲜道，第十一军当沃沮道，第十二军当乐浪道；右第一军当黏蝉道，第二军当含资道，第三军当浑弥道，右第四军当临屯道，第五军当候城道，第六军当提奚道，第七军当踏顿道，第八军当肃慎道，第九军当碣石道，第十军当东暆道，第十一军当带方道，第十二军当襄平道。所有这些军队，先接受朝廷谋略，再络绎前往，在平壤集合。战士无不像豺、像貔一样勇猛，有百战百胜的雄风，回头一看就使山岳倒塌，开口一呼就使风云郁聚，同心同德，猛士俱在。我亲自统率士兵，节制军队，向东走过辽地，沿海右岸前行；解除远方百姓的疾苦，询问海外黎民的苦难。另外有轻装游击的部队，随机应变，人卷甲马衔枚，出其不意，袭击敌人。还有海路大军，舟船千里，帆船疾驰，巨舰云飞，横断坝江，径至平壤，岛屿绝望，废井的路已到尽头。其他随军异族士兵，手持弓矢等待出发，微、卢、彭、濮等异族军队，不用协商，众口一词。顺天行军，面对叛逆，人人勇气百倍，用这样的军队作战，势必如摧枯拉朽一般。

然而，王者的军队，讲究公正的道义，停止杀戮，圣人的教化，一定要改造恶人。上天惩罚罪人，只惩办首恶，至于为奸邪的众人，被逼迫跟随的不惩处。如果高元用泥涂首辕门请罪，自行到司法部门投案，就应该解开绳索，焚烧棺木，宽大处理以示恩惠。其余的臣民如能归顺我朝，一律加以安抚，各自照旧生产，根据其才能录用为官，不论是蛮夷还是华夏人。军营驻扎，一定要整齐严肃，不准放牧、砍柴，要做到不贪取一丝一毫。对高丽百姓要施加恩惠，使他们明白利害。如果他们共同作恶，抗拒官兵，国家有一定的刑法，斩草除根。希望明白告知，合乎我的心意。

总计一百一十三万三千八百兵马，号称二百万，运送给养的人多一倍。癸未日，第一军出发，四十天以后，所有的军队才都走光，旌旗绵延千里。近代出兵，都没有像此次这样盛大的。乙未日，任命右兵卫大将军卫玄为刑部尚书。甲辰日，内史令元寿去世。

二月甲寅日，下诏说："我到燕地边境观察风俗，到辽东海滨兴师问罪。文臣武将协力同心，战士努力，无不手执武器为君王尽力，舍家从军，以致粮食很少积蓄，播种种植的事务受到损失。我因此日夜忧虑，担心他们穷困。虽然饱食的兵众，理应公而忘私，但对踊跃服役的人，也应该待遇优厚。随行人员中，从一品以下至佽飞骑士、招募士以上的人家，郡县都应该经常前去慰问。如果缺乏粮食，就应救济；有人虽有土地但无劳力不能耕种，可以劝说或者规定劳力多的富家帮助。让住家者有积蓄，行役者才会无后顾之忧。"壬戌日，司空、京兆尹、光禄大夫观王杨雄去世。

三月辛卯日，兵部尚书、左候卫大将军段文振去世。癸巳日，炀帝亲临大军。甲午日，炀帝率军到辽水桥。戊戌日，大军遇到贼兵阻挡，不能渡河。右屯卫大将军、左光禄大夫麦铁杖、武贲郎将钱士雄、孟金叉等，都战死了。甲午日，炀帝的车驾渡过辽水，在东岸大战，击败贼兵，进而包围辽东。乙未日，大军驻屯，看见两只大鸟，一丈多大，白身红足，自由翱翔。炀帝为它感到惊异，让画师画下来，并且写文章赞颂。

五月壬午日，纳言杨达去世。

那时，各将领都接到圣旨，遇事必须奏报，故不敢出战。不久，高丽各城都固守，攻不下来。

六月己未日，炀帝到辽东，愤怒地责备各将领。炀帝的车驾在城西数里停止，到达六合城。

七月壬寅日，宇文述等在萨水战败，右屯卫将军辛世雄战死。九路军队都战败，将帅逃回来的只有两千多人。癸卯日，班师回朝。

九月庚辰日，炀帝到东都。己丑日，诏书说："军事和政治内容不同，文臣和武将用途各异，拯救危难，则出众的道德兴起；教化民俗，则称王的道路必定显贵。在平定战乱的时代，屠夫可以做官；太平盛世，则须学习经术才能升职。在丰都开创之始，在周朝官员中没有儒生参与；在建武朝廷之中，有军功的不能担任官职。自从国家分裂为三、没有统一，四海相互竞争，顾不上文学教化，只崇尚与武力和功业。设置官员分派职位，很少根据才能委任。朝中官员，都是因有功而录用，无一不是从部队中选拔的。出身勇士，教学的内容从未学习，执政的方法也无一可取。自己是非不明，属下吏员就作威作福，贪污腐化，贿赂公行，无法无天，腐蚀政府，残害人民，原因都在这里。从此以后，因功授爵的官员，不能同时被任命文、武两种官职和事务，希望改弦更张，就像调瑟一样，只有找到出色的裁缝才不会损伤美锦。如果吏部擅自任用，御史就应该弹劾纠察。"

冬十月甲寅日，工部尚书宇文恺去世。

十一月己卯日，把皇族女儿华容公主嫁给高昌王。辛巳日，光禄大夫韩寿去世。甲申日，败将宇文述、于仲文等人被削职贬为民，把尚书右丞刘士龙斩首以向天下谢罪。这一年天大旱，又发生瘟疫，死人很多，崤山以东地区尤其厉害。炀帝偷偷命令长江、淮河以南各郡查看民间少年、女子，有容貌美丽的，每年进贡。

大业九年春正月丁丑日，征集天下士兵，召募民众做骁果骑士，在涿郡集合。壬午日，盗贼头目杜彦冰、王润等人攻陷平原郡，大肆抢劫之后离去。辛卯日，设置折冲、果毅、武勇、雄武等郎将官，用来统领骁果骑士。乙未日，平原李德逸聚集数万人，被称为“阿舅贼”，抢劫虏掠崤山以东地区的百姓居民。灵武白榆妄，被称为“奴贼”，抢劫虏掠牧马，向北勾结突厥，陇右地区大都遭其祸害。炀帝派遣将军范贵前往讨伐，几年不能平定。戊戌日，炀帝大赦天下。己亥日，派代王杨侑、刑部尚书卫玄镇守京师。辛丑日，炀帝任命右骁骑将军李浑为右骁卫大将军。

二月己未日，济北人韩进洛聚集数万人做强盗。壬午日，炀帝恢复宇文述等人的官职。又征兵讨伐高丽。

三月丙子日，济阳人孟海公起兵做强盗，人数达到数万。丁丑日，征发十万男丁修建大兴城。戊寅日，炀帝到辽东。让越王杨侗、民部尚书樊子盖留守东都。庚子日，北海人郭方预聚众做强盗，自称卢公，人数达三万，攻下郡城，大肆抢劫之后离去。

夏四月庚午日，炀帝车驾渡过辽水。壬申日，炀帝派遣宇文述、杨义臣到平壤。

五月丁丑日，荧惑星进入南斗星。己卯日，济北人甄宝车聚集一万余人，入侵城镇村落。

六月乙巳日，礼部尚书杨玄感在黎阳造反。丙辰日，杨玄感进逼东都。河南赞务裴弘策率兵抵御，反而被贼兵击败。戊辰日，兵部侍郎斛斯政逃奔高丽。庚午日，炀帝班师回国。高丽侵犯断后的部队，炀帝命令右武卫大将军李景断后抵御；派遣左翊卫大将军宇文述、左候卫将军屈突通等乘驿车调发军队，讨伐杨玄感。

秋七月己卯日，命令所在地方征发民夫，修筑县城、府衙、驿站。癸未日，余杭人刘元进举兵谋反，人数达数万。

八月壬寅日，左翊卫大将军宇文述等在阌乡击败杨玄感，杀死了他。玄感余党全部被平定。癸卯日，吴地人朱燮、晋陵人管崇聚集十万余人，自称将军，入侵长江以东地区。甲辰日，规定骁果骑士家庭免除赋税徭役。丁未日，命令郡县城离开道路超过五里的，都迁往道旁。戊申日，规定凡盗贼的家庭财产没收入官。乙卯日，盗贼头目陈瑱等率人三万余人，攻下信安郡。辛酉日，司农卿、光禄大夫、葛国公赵元淑因犯罪被诛杀。

九月己卯日，济阴人吴海流、东海人彭孝才一齐起兵做盗贼，人数达数万。庚辰日，盗贼头目梁慧尚率领四万人攻下苍梧郡。甲午日，炀帝车驾驻扎在上谷，由于供应不足，炀帝大怒，罢免太守虞荷等人的官职。丁酉日，东阳人李三儿、向但子兴兵作乱，人数达一万余。

闰月己巳日，炀帝到博陵。庚午日，炀帝对侍从官员说："我从前跟随先帝在此地盘桓，年刚八岁，日月如梭，不觉已经三十年过去了，追忆往昔生活，一去不复返了。"话未说完，呜咽流泪，侍卫人员都哭了，眼泪沾湿衣裳。

冬十月丁丑日，盗贼头目吕明星率领数千人包围东郡。武贲郎将费青奴迎击，杀死了他。乙酉日，诏书说："博陵从前是定州，地处交通要道，是先皇出任官职的基地，皇统教化源远流长，所以道德被称为周的《豳风》，公正的行为高于舜之姚邑。我巡视安抚黎民，来到此地，瞻望城乡，缅怀先人，充满敬意，就想传播宣扬先人的福泽恩德，广泛地布施给下层人民。应取一崇高的名号，以发扬光大先人的功业。可把博陵改为高阳郡。赦免境内死罪以下囚犯。百姓免除一年赋税徭役。"于是召来高祖时候的旧官吏，根据其才能授予官职。壬辰日，任命纳言苏威为开府仪同三司。朱燮、管崇推出刘元进当皇帝。炀帝派将军吐万绪、鱼俱罗讨伐他们，接连几年不能平定。齐地人孟让、王薄等十余万人占据长白山，攻打、抢劫各郡。清河盗贼张金的军队有数万人，渤海盗贼头目格谦自称燕王，孙宣雅自称齐王，人数各有十万，崤山以东地区的百姓都受到骚扰。丁亥日，任命右候卫将军郭荣为右候卫大将军。

十一月己酉日，右侯卫将军冯孝慈在清河讨伐张金称，反被张军打败，孝慈战死。

十二月甲申日，把杨玄感的弟弟朝请大夫杨积善以及其党徒十余人车裂处死，尸体焚烧后随风扬散。丁亥日，扶风人向海明起兵谋反，自称皇帝，建年号为白乌。炀帝派遣太仆卿杨义臣前往攻打，平定了他。

大业十年春正月甲寅日，炀帝把一皇族女封为信义公主，嫁给突厥曷婆那可汗。

二月辛未日，命令百官商议讨伐高丽，接连几天没人敢发言。戊子日，下诏书说："战士尽力为国服役，献身战争，都是因为深明大义，没有不是忠诚勤劳的；现他们丧命于草莽，被弃尸于原野，想起这些，心中充满悲伤。往年兴师问罪，将到辽海之滨，计谋深远，进退都有安排。但是杨谅凶恶昏愦，不懂军事；高颎固执偏狭，没有智慧谋略，率领三军犹如儿戏，视人命如同草芥，不遵守定好的计策，导致军队挫败溃退，战士大批死亡，来不及埋葬。现在应派人分头收葬，在辽西郡建一所道场，祭祀亡灵。让恩德施于九泉之下，消除穷鬼的冤屈；恩泽加于枯骨之上，以弘扬仁者的恩德。”辛卯日，诏书说：

黄帝进行五十二次战斗，商汤进行二十七次征伐，然后才恩德遍施诸侯，号令行于天下。卢芳不过一名小盗，汉高祖还亲自征战；隗嚣不过是复燃的死灰，光武帝还亲自赴陇西讨伐，难道不是想铲除强暴制止战乱，先劳苦而后安逸吗？

我登上皇位，治理天下，日月照到的地方，风雨淋到的地方，谁不是我的臣民？谁又能独不接受教化？小小的高丽，居住在偏远荒僻地区，气焰嚣张凶残，态度傲慢不恭敬，抢掠偷盗我边境，侵略我城镇。因此去年出动大军，到辽东、碣石问罪；在玄菟杀死长蛇，在襄平屠戮封豕。安扶剩下的各路兵马，风驰电掣，追奔逐北，越过逾浿水，乘坐大海舟船，直捣贼人心脏，焚烧其城池，毁坏其宫殿。高元用泥涂首，伏在刀下，到军营前请罪，不久又请求进京朝见，到司法部门投案。我准许他改过，就下令班师回朝。不料他竟怙恶不悛，耽于逸东而杀身，是可忍，孰不可忍！于是命令六军，兵分百路，一齐进发。我应亲自出征，监领各军。在丸都喂马，在辽水观兵。顺应天意在海外诛杀凶顽，拯救苦难的穷苦百姓。用征伐来匡救时弊，用明德来诛杀坏人，只除首恶，逼迫随从的不惩处。如果有人懂得生死的区别，明白安危的关键，幡然悔悟，自然能够获得福泽；如果一定要共同作恶，抗拒我朝大军，那就像烈火燎原一样，格杀无赦。有关官府要在方便合适时宣布此意，让大家都知道。

丁酉日，扶风人唐弼起兵谋反，人数有十万，推李弘做皇帝，自称唐王。

三月壬子日，炀帝到涿郡。癸亥日，住在临渝宫，炀帝身穿军服，对黄帝进行祃祭，斩杀叛逃的军人，把他们的血涂在鼓上行祭。

夏四月辛未日，鼓城贼人张大彪聚集数万人，屯守悬薄山做强盗。炀帝派遣榆林太守董纯去攻打，杀死了他。甲午日，炀帝车驾驻扎北平。

五月庚子日，炀帝命令各郡推举孝顺父母、敬爱兄长、廉洁高尚的人各十名。壬寅日，盗贼头目宋世谟攻下琅邪郡。庚申日，延安人刘迦论起兵谋反，自称皇王，年号是大世。

六月辛未日，盗贼头目郑文雅、林宝护等三万人，攻下建安郡。太守杨景祥战死。

秋七月癸丑日，炀帝车驾驻扎在怀远镇。乙卯日，曹国派遣使臣进贡地方特产。甲子日，高丽派遣使臣请求投降，把斛斯政囚禁送来，炀帝十分高兴。

八月己巳日，班师回朝。庚午日，右卫大将军、左光禄大夫郑荣去世。

冬十月丁卯日，炀帝到东都。己丑日，炀帝回到京城。

十一月丙申日，在金光门外肢解了斛斯政。乙巳日，炀帝在南郊祭祀。己酉日，盗贼头目司马长安攻破长平郡。乙卯日，离石胡人刘苗王起兵谋反，自称天子，让他弟弟六儿做永安王，人数达数万。将军潘长文前往讨伐，不能战胜。这月，盗贼头目王德仁聚集数万人，占据林虑山做强盗。

十二月壬申日，炀帝去东都。这一天，大赦天下。戊子日，炀帝进入东都。庚寅日，盗贼头目孟让率领十余万人占据都梁宫。炀帝派遣江都郡丞王世充打败了他，把他的部众全部俘虏了。

大业十一年春正月甲午日初一，设盛大宴席宴请百官。突厥、新罗、靺鞨、毕大辞、诃咄、传越、乌那曷、波腊、吐火罗、俱虑建、忽论、诃多、沛汗、龟兹、疏勒、于阗、安国、曹国、何国、穆国、毕、衣密、失范延、伽折、契丹等国都派遣使臣朝见进贡。戊戌日，武贲郎将高建毗在齐郡打败盗贼头目颜宣政，俘虏数千名男女。乙卯日，大会蛮夷各国，表演各种戏剧杂耍娱乐，按不同等级进行赏赐。

二月戊辰日，盗贼头目杨仲绪率领一万余人攻打北平，滑公李景击败并斩杀了他。庚午日，炀帝下诏书说："设置险关保卫国家，前代经典早有著录；牢固防守抵御欺凌，事情将载入史册流传后世。这样做的目的在于安邦定国，禁止奸邪，巩固根基。但近年的战争，居民流散，田地荒芜，城郭没有修建，于是游手好闲的人增加，盗匪骚扰不停。现在天下平定，海内安乐，应该让人全部住进城中，就近拨给土地，使得强弱互相包容、劳力同力相助，小偷没法安置他的违法作乱的事情，强盗没法聚集起来逃亡。有关官府要准备好治事条例，务必让百姓各得其所。"丙子日，上谷人王须拔造反，自称漫天王，国号为燕；盗贼头目魏刁儿自称历山飞，人数都达到十余万，向北勾结突厥，向南侵略赵地。

五月丁酉日，炀帝杀死右骁卫大将军、光禄大夫、郕公李浑，将作监、光禄大夫李敏诛杀、并且灭掉二人家族。癸卯日，盗贼头目司马长安攻下西河郡。乙酉日，炀帝到太原，在汾阳宫避暑。

秋七月己亥日，淮南人张起绪起兵谋反，人数达三万。辛丑日，光禄大夫、右御卫大将军张寿去世。

八月乙丑日，炀帝巡视北部边塞。戊辰日，突厥始毕可汗计划率领数十万骑兵袭击炀帝车驾，义成公主派使者告知。壬申日，炀帝车驾奔到雁门。癸酉日，突厥包围雁门城，官军屡战屡败。炀帝十分恐惧，想率领精兵突围出城，民部尚书樊子盖坚决劝阻才作罢。齐王杨暕率领后军在崞县守卫。甲申日，炀帝命令全国各郡招募军队，于是各郡太守、县令纷纷前来救驾。

九月甲辰日，突厥解围回去。丁未日，因特殊情况赦免太原、雁门郡死罪以下的囚徒。

冬十月壬戌日，炀帝到东都。丁卯日，彭城人魏骐麟聚集一万余人做强盗，侵犯鲁郡。壬申日，盗贼头目卢明月聚集十余万人侵犯陈、汝地区。东海盗贼头目李子通率部众渡过淮河，自称楚王，年号为明政，侵犯江都。

十一月乙卯日，盗贼头目王须拔攻下高阳郡。

十二月戊寅日，一颗像斛一样大的流星坠落在卢明月军营，砸破他的冲车。庚辰日，命令民部尚书樊子盖征发关中士兵，讨伐降郡盗贼敬盘陀、柴保昌等，打了一年也没能平定。谯郡人朱粲率数十万部众侵犯荆襄，妄称楚帝，年号为昌达。汉南各郡大多被他攻下。

大业十二年春正月甲午日，雁门人翟松柏在灵丘起兵，人数达到数万，辗转进攻附近的县城。

二月己未日，真腊国派遣使臣进贡地方物产。甲子日夜晚，有两只像雕的大鸟飞进大业殿，落在炀帝的帷帐上，到天明才飞去。癸亥日，东海盗贼卢公暹率领万余部众，屯守在苍山。

夏四月丁巳，显阳门发生火灾。癸亥日，魏刁儿部将甄翟儿又自称历山飞，部众达十万，辗转进攻太原。将军潘长文出兵讨伐他，反被打败，潘长文战死。

五月丙戌日初一，发生日食现象，日食现象很快就过去了。癸巳日，大流星坠落到吴郡，成了石头。壬午日，炀帝在景华宫征求萤火虫，获得好几斛，夜晚到山上游玩，放出萤火虫，光芒照遍了整个岩谷。

秋七月壬戌，民部尚书、光禄大夫济北公樊子盖去世。甲子日，炀帝到江都宫，让越王杨侗、光禄大夫段达、太府卿元文都、检校民部尚书韦津、右武卫将军皇甫无逸、右司郎卢楚等留守总管政事。奉信郎崔民象因盗贼到处都是，在建国门上奏章，劝谏说现在不适合外出巡视。炀帝大怒，先卸下他的面颊，然后杀死他。戊辰日，冯翊人孙华自称总管，起兵谋反。高凉通守洗瑶彻兴兵作乱，岭南各溪洞人多数响应。己巳日，火星守在羽林星旁，一个多月才消失。炀帝车驾驻扎在汜水，奉信郎王爱仁因为盗贼一天天厉害，劝谏炀帝回西京。炀帝生气，杀了他，然后继续前行。

八月乙巳日，盗贼首领赵万海率领数十万部众，从恒山进犯高阳。壬子日，一颗像斗一样大的流星，从王良星、阁道星中出来，声音大得像墙壁倒塌。癸丑日，像瓮一样大的流星从羽林星出来。

九月丁酉日，东海人杜扬州、沈觅敌等谋反，人数达数万。右御卫将军陈棱击败了他们。戊午日，有两颗枉矢星，从北斗星魁星中出来，弯弯曲曲地像蛇的形状一样流入南斗星。壬戌日，安定人荔非世雄杀死临泾县令，起兵谋反，自称将军。

冬十月己丑日，开府仪同三司、左翊卫大将军、光禄大夫、许公宇文述去世。

十二月癸未日，鄱阳盗贼操天成起兵造反，自称元兴王，年与为始兴，攻下了豫章郡。乙酉日，炀帝任命右翊卫大将军来护儿为开府仪同三司、行左翊卫大将军。壬辰日，鄱阳人林士弘自称皇帝，国号称楚，年号为太平，攻下九江、庐陵郡。唐公李渊在西河打败甄翟儿，俘虏数千名男女。

大业十三年春正月壬子日，齐郡盗贼头目杜伏威率领部众渡过淮河，攻下历阳郡。丙辰日，勃海盗贼窦建德在河间乐寿地方设坛，自称长乐王，年号为丁丑。辛巳日，盗贼头目徐圆朗率数千部众攻下东平郡。弘化人刘企成聚集一万余人做强盗，附近郡县都受他的迫害。

二月壬午日，朔方人梁师都杀死郡丞唐世宗，占领朔方郡谋反，自称大丞相。炀帝派银青光禄大夫张世隆攻打他，反而被梁师都打败。戊子日，盗贼头目王子英攻下上谷郡。己丑日，马邑校尉刘武周杀死太守王仁恭，兴兵谋反，向北勾结突厥，自称定杨可汗。庚寅日，盗贼头目李密、翟让等攻下兴洛仓。越王杨侗派遣武贲郎将刘长恭、光禄少卿房崱攻打他，反被他们打败，士兵战死了十分之五、六。庚子日，李密自称魏公，改年号称元年，打开粮仓赈济众盗贼，人数达到数十万，黄河以南各郡相继失陷。壬寅日，刘武周在桑乾镇打败武贲郎将王智辩，王智辩战死。

三月戊午日，庐江人张子路起兵谋反。炀帝派右御卫将军陈棱讨伐平定了他。丁丑日，盗贼头目李通德率十万部众进犯庐江，左屯卫将军张镇州打败了他。

夏四月癸未日，金城校尉薛举率领部众谋反，自称西秦霸王，年号为秦兴，攻下陇右各郡。己丑日，盗贼头目孟让夜晚进入东都外城，烧毁丰都市然后离去。癸巳日，李密攻下回洛东仓。丁酉日，盗贼头目房宪伯攻下汝阴郡。这月，光禄大夫裴仁基、淮阳太守赵佗等人都率众背叛，投奔李密。

五月辛酉日，夜晚有像瓮一样大的流星，在江都坠落。甲子日，唐公在太原起义。丙寅日，数千名突厥人侵犯太原，唐公打败了他们。

秋七月壬子日，火星守在积尸星旁。丙辰日，武贼人李轨起兵谋反，攻下河西各郡，自称凉王，年号是安乐。

八月辛巳日，唐公在霍邑打败武牙郎将宋老生，并杀了他。

九月己丑日，炀帝搜括江都少女和寡妇，匹配给随军士兵。这月，武阳郡丞元宝藏率领全郡人民造反，投奔李密，和盗贼头目李文相一起攻下黎阳仓。彗星在营室星出现。

冬十月丁亥日，太原杨世洛聚集一万多人，抢劫掳掠城乡。丙申日，罗县县令萧铣率全县谋反，鄱阳人董景珍率全郡谋反，董到罗县迎接萧铣，号称梁王，攻下邻近的郡。戊戌日，武贲郎将高毗在嵫山打败济北郡盗贼甄宝车。

十一月丙辰日，唐公进入京师。辛酉日，遥尊炀帝为太上皇，立代王杨侑为皇帝，改年号为义宁。炀帝在丹阳兴建宫室，想在江南退位。有黑喜鹊来帷帐上居住，赶不走。火星侵入太微星。有石头从长江漂流到扬子江。太阳光四散，就像流血一样，炀帝十分厌恶。

义宁二年三月，右屯卫将军宇文化及，武贲郎将司马德戡、元礼，监门直阁裴虔通，将做少监宇文智及，武勇郎将赵行枢，鹰扬郎将孟景，内史舍人元敏，符玺郎李覆、牛方裕，千牛左右李孝本及其弟李质，直长许弘仁、薛世良，城门郎唐奉义，医正张恺等人，率领骁果骑士造反，进入宫廷。炀帝在温室去世，享年五十岁。萧后命宫女撤去床席作为棺材，埋葬了炀帝。宇文化及离开后，右御卫将军陈棱从成象殿护送灵柩，将其埋葬在吴公台下。开棺入殓时，炀帝面容就像活着一样，大家都为这感到惊奇。大唐平定长江以南地区以后，改葬炀帝到雷塘。

最初，炀帝因为是诸侯王，按继承顺序不应做皇帝，所以常常假装正经，沽名钓誉，阴谋夺取皇位。那时高祖十分信任文献皇后，而生性忌恨妃妾。皇太子杨勇内宫有很多宠爱的姬妾，因此失去高祖对他的喜欢。炀帝时对妾生的儿子一概不抚养，以表示不宠爱妾，以此来讨好文献皇后。对掌权的大臣，炀帝全力交往。宫中使臣到炀帝家，不论地位高低，炀帝都竭力讨好，厚礼相待。宫中奴仆往来炀帝家中的，无不称赞炀帝仁义孝顺。炀帝又常常私自进入宫中，和文献皇后密谋策划，杨素等人趁机煽动，终于废除太子杨勇，立炀帝为太子。从高祖病危至去世，在居丧期中，炀帝就纵情淫乐；高祖陵墓一修成，炀帝更是四处巡察游乐。因天下长期安定，兵马强盛，炀帝赞叹羡慕秦始皇、汉武帝的功业，就大量地兴建宫殿，极尽豪华，招募使者，出使到偏远国家。异族国家来朝见的，都送给很厚的礼，有不恭敬听命的，就派兵攻打。在玉门、柳城以外，大规模屯田。向天下富户征取钱财，大量购置军马，每匹马价值十余万，富户因此十家有九家破产。炀帝生性诡诈，所到的地方，不想让人知道。他每去一个地方，总是要在几条路上设置安歇地点，准备山珍海味、水陆珍品。为购买这些东西，多远的地方都去到了。郡县的官吏，竞相进献食物，进献丰富的得到提拔，进献贫乏的有罪。贪官污吏鱼肉百姓，朝廷和地方国库空虚，按人头向百姓征税，弄得民不聊生。那时国家军事、政治事务繁忙，从早到晚忙不过来。而炀帝骄傲懒惰，不愿过问政务，百姓冤屈得不到申诉，奏报的事情很少得到裁决。炀帝又猜疑臣子，用人不专，朝廷大臣有不合心意的，一定罗织罪名诛灭其九族。高颎、贺若弼是先皇的心腹，为先皇运筹帷幄；张衡、李金才是炀帝做诸侯王时的旧臣，满腹经纶。他们有的因为正直而遭炀帝厌恶，有的因为发表正确的意见而激怒炀帝，都被加上莫须有的罪名，加以诛杀；其余的人，侍奉君王尽力符合礼仪、正直勤恳、没有罪过而横遭杀害的，数不胜数。政治紊乱刑法松驰，贿赂公行，无人敢发表正确的意见，人们都在路上用目光表示不满。军队连年作战，各种劳役频繁征调，服役的人不能回家，留在家里的人失去工作。饥荒严重，以至于人吃人，村庄变成废墟。而炀帝并不体恤民情，东西游玩，没有固定的居住地，常常因为供给不足，提前收取数年的赋税。每到一地，都只是沉湎于和后宫妃妾淫乐，从早到晚犹觉不足；还招进一些老年妇女，早晚说一些淫秽的话，又引进少年，命令他们和宫女发生关系、违法乱纪，以此取乐。全国盗贼风起云涌，抢劫虏掠官府、攻打城乡、屠杀百姓。朝廷大臣互相隐瞒欺骗，不据实情奏报盗贼的人数。有人说盗贼很多，就会被大加训斥。于是各自为求得平安，上下欺骗。出兵作战，不断地吃败仗，士兵死的死逃的逃。尽力作战的士兵，得不到奖赏，无罪的百姓，都受到屠杀。黎民百姓愤恨抱怨，天下土崩瓦解，以至于被人逮捕之后还不明白是什么原因。

隋书卷四十一

高颎列传第六

高颎，字昭玄，一名敏，自云渤海蓨人也。父宾，背齐归周，大司马独孤信引为僚佐，赐姓独孤氏。及信被诛，妻子徙蜀。文献皇后以宾父之故吏，每往来其家。宾后官至鄀州刺史。及颎贵，赠礼部尚书、渤海公。

颎少明敏，有器局，略涉书史，尤善词令。初，孩孺时，家有柳树，高百许尺，亭亭如盖。里中父老曰："此家当出贵人。"年十七，周齐王宪引为记室。武帝时，袭爵武阳县伯，除内史上士，寻迁下大夫。以平齐功，拜开府。寻从越王盛击隰州叛胡，平之。

高祖得政，素知颎强明，又习兵事，多计略，意欲引之入府。遣邗国公杨惠谕意，颎承旨欣然曰："愿受驱驰。纵令公事不成，颎亦不辞灭族。"于是为相府司录。时长史郑译、司马刘昉并以奢纵被疏，高祖弥属意于颎，委以心膂。尉迥之起兵也，遣子惇率步骑八万，进屯武陟。高祖令韦孝宽击之，军至河阳，莫敢先进。高祖以诸将不一，令崔仲方监之，仲方辞父在山东。时颎又见刘昉、郑译并无去意，遂自请行，深合上旨，遂遣颎。颎受命便发，遣人辞母，云忠孝不可两兼，歔欷就路。至军，为桥于沁水，贼于上流纵火筏，颎预为土狗以御之。既渡，焚桥而战，大破之。遂至邺下，与迥交战，仍共宇文忻、李询等设策，因平尉迥。军还，侍宴于卧内，上撤御帷以赐之。进位柱国，改封义宁县公，迁相府司马，任寄益隆。

高祖受禅，拜尚书左仆射，兼纳言，进封渤海郡公，朝臣莫与为比，上每呼为独孤而不名也。颎深避权势，上表逊位，让于苏威。上欲成其美，听解仆射。数日，上曰："苏威高蹈前朝，颎能推举。吾闻进贤受上赏，宁可令去官！"于是命颎复位。俄拜左卫大将军，本官如故。时突厥屡为寇患，诏颎镇遏缘边。及还，赐马百余匹，牛羊千计。领新都大监，制度多出于颎。颎每坐朝堂北槐树下以听事，其树不依行列，有司将伐之。上特命勿去，以示后人，其见重如此。又拜左领军大将军，余官如故。母忧去职，二旬起令视事。颎流涕辞让，优诏不许。

开皇二年，长孙览、元景山等伐陈，令颎节度诸军。会陈宣帝薨，颎以礼不伐丧，奏请班师。萧岩之叛也，诏颎绥集江、汉，甚得人和。上尝问颎取陈之策，颎曰："江北地寒，田收差晚，江南土热，水田早熟。量彼收获之际，微征士马，声言掩袭。彼必屯兵御守，足得废其农时。彼既聚兵，我便解甲，再三若此，贼以为常。后更集兵，彼必不信，犹豫之顷，我乃济师，登陆而战，兵气益倍。又江南土薄，舍多竹茅，所有储积，皆非地窖。密遣行人，因风纵火，待彼修立，复更烧之。不出数年，自可财力俱尽。"上行其策，由是陈人益敝。九年，晋王广大举伐陈，以颎为元帅长史，三军谘禀，皆取断于颎。及陈平，晋王欲纳陈主宠姬张丽华。颎曰："武王灭殷，戮妲己。今平陈国，不宜取丽华。"乃命斩之，王甚不悦。及军还，以功加授上柱国，进爵齐国公，赐物九千段，定食千乘县千五百户。上因劳之曰："公伐陈后，人言公反，朕已斩之。君臣道合，非青蝇所间也。"颎又逊位，诏曰："公识鉴通远，器略优深。出参戎律，廓清淮海，入司禁旅，实委心腹。自朕受命，常典机衡，竭诚陈力，心迹俱尽。此则天降良辅，翊赞朕躬。幸无词费也。"其优奖如此。

是后右卫将军庞晃及将军卢贲等，前后短颎于上。上怒之，皆被疏黜。因谓颎曰："独孤公犹镜也，每被磨莹，皎然益明。"未几，尚书都事姜晔、楚州行参军李君才并奏称水旱不调，罪由高颎，请废黜之。二人俱得罪而去，亲礼逾密。上幸并州，留颎居守。及上还京，赐缣五千匹，复赐行宫一所，以为庄舍。其夫人贺拔氏寝疾，中使顾问，络绎不绝。上亲幸其第，赐钱百万，绢万匹，复赐以千里马。上尝从容命颎与贺若弼言及平陈事，颎曰："贺若弼先献十策，后于蒋山苦战破贼。臣文吏耳，焉敢与大将军论功！"帝大笑，时论嘉其有让。寻以其子表仁取太子勇女，前后赏赐不可胜计。时荧惑入太微，犯左执法。术者刘晖私言于颎曰："天文不利宰相，可修德以禳之。"颎不自安，以晖言奏之。上厚加赏慰。突厥犯塞，以颎为元帅，击贼破之。又出白道，进图入碛，遣使请兵。近臣缘此言颎欲反，上未有所答，颎亦破贼而还。

时太子勇失爱于上，潜有废立之意。谓颎曰："晋王妃有神凭之，言王必有天下，若之何？"颎长跪曰："长幼有序，其可废乎！"上默然而止。独孤皇后知颎不可夺，阴欲去之。初，夫人卒，后言于上曰："高仆射老矣，而丧夫人，陛下何能不为之娶！"上以后言谓颎，颎流涕谢曰："臣今已老，退朝之后，唯斋居读佛经而已。虽陛下垂哀之深，至于纳室，非臣所愿。"上乃止。至是，颎爱妾产男，上闻之极欢，后甚不悦。

上问其故，后曰："陛下当复信高颎邪？始陛下欲为颎娶，颎心存爱妾，面欺陛下。今其诈已见，陛下安得信之！"上由是疏颎。会议伐辽东，颎固谏不可。上不从，以颎为元帅长史，从汉王征辽东。遇霖潦疾疫，不利而还。后言于上曰："颎初不欲行，陛下强遣之，妾固知其无功矣。"又上以汉王年少，专委军于颎。颎以任寄隆重，每怀至公，无自疑之意。谅所言多不用，甚衔之。及还，谅泣言于后曰："儿幸免高颎所杀。"上闻之，弥不平。俄而上柱国王世积以罪诛，当推核之际，乃有宫禁中事，云于颎处得之。上欲成颎之罪，闻此大惊。时上柱国贺若弼、吴州总管宇文弼、刑部尚书薛胄、民部尚书斛律孝卿、兵部尚书柳述等明颎无罪，上逾怒，皆以之属吏。自是朝臣莫敢言者。颎竟坐免，以公就第。

未几，上幸秦王俊第，召颎侍宴。颎歔欷悲不自胜，独孤皇后亦对之泣，左右皆流涕。上谓颎曰："朕不负公，公自负也。"因谓侍臣曰："我于高颎胜儿子，虽或不见，常似目前。自其解落，瞑然忘之，如本无高颎。不可以身要君，自云第一也。"

顷之，颎国令上颎阴事，称："其子表仁谓颎曰：'司马仲达初托疾不朝，遂有天下。公今遇此，焉知非福！'"于是上大怒，囚颎于内史省而鞫之。宪司复奏颎他事，云："沙门真觉尝谓颎云：'明年国有大丧。'尼令晖复云：'十七、十八年，皇帝有大厄。十九年不可过。'"上闻而益怒，顾谓群臣曰："帝王岂可力求。孔子以大圣之才，作法垂世，宁不欲大位邪？天命不可耳。颎与子言，自比晋帝，此何心乎？"有司请斩颎。上曰："去年杀虞庆则，今兹斩王世积，如更诛，天下其谓我何？"于是除名为民。颎初为仆射，其母诫之曰："汝富贵已极，但有一斫头耳，尔宜慎之！"颎由是常恐祸变。及此，颎欢然无恨色，以为得免于祸。

炀帝即位，拜为太常。时诏收周、齐故乐人及天下散乐。颎奏曰："此乐久废。今若征之，恐无识之徒弃本逐末，递相教习。"帝不悦。帝时侈靡，声色滋甚，又起长城之役。颎甚病之，谓太常丞李懿曰："周天元以好乐而亡，殷鉴不遥，安可复尔！"时帝遇启民可汗恩礼过厚，颎谓太府卿何稠曰："此虏颇知中国虚实、山川险易，恐为后患。"复谓观王雄曰："近来朝廷殊无纲纪。"有人奏之，帝以为谤讪朝政，于是下诏诛之，诸子徙边。

颎有文武大略，明达世务。及蒙任寄之后，竭诚尽节，进引贞良，以天下为己任。苏威、杨素、贺若弼、韩擒等，皆颎所推荐，各尽其用，为一代名臣。自余立功立事者，不可胜数。当朝执政将二十年，朝野推服，物无异议。治致升平，颎之力也，论者以为真宰相。及其被诛，天下莫不伤惜，至今称冤不已。所有奇策密谋及损益时政，颎皆削稿，世无知者。

其子盛道，官至莒州刺史，徙柳城而卒。次弘德，封应国公，晋王府记室。次表仁，封渤海郡公，徙蜀郡。

【译文】

高颎字昭玄，又名敏，自己说是渤海蓨人。他的父亲是高宾，叛逃北齐依附北周，大司马独孤信招纳他担任僚佐，赐姓独孤氏。等到独孤信被诛杀后，他的妻子和儿女迁徙到蜀郡。文献皇后因为高宾的父亲曾经在朝为官，因此常常与他家往来。后来，高宾官至鄀州刺史。等到后来高颎低位显赫后，又追赠高宾作为礼部尚书、渤海公。

高颎幼年时聪明机敏，有见识气度，大体上阅读了一些经史典籍，特别擅长辞令。起初，高颎还是孩童时，家中有棵柳树，有百多尺高，繁茂挺拔好似车盖一般。乡里的老人说："这家应该会出一个贵人啊。"高颎十七岁时，北周齐王宇文宪征召他担任记室参军。武帝时期，高颎承袭武阳县伯的爵位，被授予官至内史上士，不久之后，又被升任为下大夫。因为有平齐的战功，被任命为开府。不久之后，他跟随越王宇文盛征讨隰州作乱的胡人，最终平定叛乱。

高祖杨坚主持朝政时，一直知道高颎精明强干，并且熟习军事，足智多谋，便打算把他招揽到相府担任幕僚。于是就派遣邗国公杨惠向高颎表明其心迹，高颎接受旨意后高兴地说："愿意接受您的驱使。即使公大业不成，我高颎也甘愿承受杀身灭族的灾祸，在所不辞。"于是高祖任命他为相府司录参军。当时相府长史郑译、司马刘昉都因为奢侈放纵被疏远，高祖越来越信任高颎，把他视为自己的心腹。尉迟迥起兵作乱，派遣他的儿子尉迟惇率领步兵、骑兵共计八万人，进军驻扎于武陟。高祖命令韦孝宽前去讨伐，军队进发到河阳，诸军都不敢率先进攻。高祖因为各位将领缺少统一指挥，命令崔仲方前去监军。仲方以父亲在崤山以东为借口推辞不愿意前往。那时高颎见刘昉、郑译也都没有前往的意愿，于是就主动请求前往，很是合乎高祖的心意，于是派遣高颎前去监军。高颎接受命令后立刻动身，派人代替自己向母亲辞别，表示忠义与孝顺不能两全，于是感慨悲叹着上路。抵达军中后，高颎就命人在沁水上修建桥梁。叛军在河的上游放火筏，高颎准备了状如蹲坐着的狗的土袋来抵御他们。等过渡过河后，就将桥梁焚毁，与叛军作战，将尉迟惇的军队打得惨败。于是，向邺下进军，与尉迟迥交战。高颎又与宇文忻、李询等人谋划计策，最终平定了尉迟迥的叛乱。官军率领军队回朝，高颎出席高祖在内室举办的宴会，高祖竟然撤下御帐赏赐给他。高颎进位柱国，改封义宁县公，迁升为相府司马，越发得到高祖的信赖。

高祖接受禅位即帝位后，授予高颎尚书左仆射的官职，兼任纳言，晋升并加封渤海郡公，在朝百官没有谁能比得上他；高祖每次招呼他，都叫他独孤姓，而不唤名字。高颎极力避开权柄势力，上表请求辞去官职，让苏威接替自己的职位。高祖想成全他让贤的美名，准许他解除仆射之职。几天后，高祖说："苏威在前朝隐居不肯为官，高颎能举荐他担任官职。朕听说举荐贤能的人理应受上赏，怎么能让他离任呢！"于是命高颎官复原职。不久之后，授予其左卫大将军的职位，原有的官职照旧。当时，突厥屡次进犯边境，骚扰边民，高祖于是派遣高颎驻守边境。等高颎回朝后，皇上赏赐他一百多匹马，还有数以千计的牛羊。高颎又兼任新都大监，营造的一些法则、规定大多是高颎制定的。每次他都坐在朝堂北面的槐树下审理辞章、处理政务，那棵树不在行列之内，所以主管官员打算砍掉它。高祖特意下诏不许砍伐，以此昭示后人。由此可知高颎被敬重到了何种程度。不久高祖又授予他左领军大将军的官职，原有的官职照旧。后来因为母亲去世而离职，二十天后，高祖又下诏让他返职办公，高颎流着眼泪推辞，高祖优诏没有准许。

开皇二年，长孙览、元景山等人出兵征讨陈，高祖命令高颎统领各路军队。适逢此时陈宣帝去世了，高颎认为按照礼节敌方在服丧期间是不能征讨的，于是上奏请求率领大军返回。萧岩叛乱时，高祖诏令高颎安抚并召集江汉百姓，深得民心。高祖曾经向高颎询问攻取陈朝的策略，高颎回答说："江北之地酷寒，田中作物收割很晚；江南气候炎热，水田很早成熟。我们可以考虑在陈收割之时，稍微召集军队，宣称要派军队攻打陈朝，他们一定会屯兵防守，这样做足可以使他们的农时荒废了。等到陈朝聚集好大军后，我方立即解散军队，收兵回营，这样屡次地重复，他们一定会习以为常的。等到他们习以为常后，我们再聚集军队攻打时，他们必定不再相信了，在其犹疑之时，我军趁机渡江登陆作战，士气定会倍增。除此之外，江南地区的土薄，屋舍大多用竹子茅草搭建而成，他们蓄积的物品也都不会用地窖储藏。我们可以偷偷派人顺风放一把火，将他们的屋舍焚毁，等他们修整好后再去烧。过不了几年，他们的财力自然会耗尽。”高祖使用这一计谋后，陈从此愈加衰败。开皇九年，晋王杨广大举派兵攻打陈，任命高颎为元帅长史，军中一切事务都要向高颎征询禀告，由高颎裁断。陈朝被平定之后，晋王杨广打算娶陈后主的宠姬张丽华，高颎说：“当年武王消灭殷商后，就将妲己杀死。如今陈国被平定，您也不应该娶丽华啊。”高颎于是命人将其斩杀，晋王非常不高兴。等到大军返朝后，高颎因为战功加封上柱国，进爵为齐国公，赐物九千段，定食千乘县，封邑一千五百户。高祖慰劳他说：“公讨伐陈以后，有人上表陈说公叛乱，我已经把他斩首了。我们君臣关系和谐，不是进谗言之人能挑拨得了的。”高颎又上表请求辞去官职，高祖下诏说：“公见识卓著，气度非凡，谋略深远。对外能检阅军队，肃清淮海，在内能掌管禁军，确实是我的亲信之人。自朕接受天命即位至今，你常常主管重要事务，殚精竭力，无论是忠诚之心还是所作所为都竭尽全力。您是上天赐给朕的良辅，辅助朕治理朝政。希望你不要再说辞官之言了。”由此可见高祖对他的优待与褒奖。

这之后，右卫将军庞晃与将军卢贲等人，屡次在高祖面前诋毁高颎。高祖很生气，将庞晃、卢贲等人全都贬黜。高祖于是对高颎说：“独孤公就好像一面镜子，每次被磨擦一次，就更加地洁白明亮。”没过多久，尚书都事姜晔、楚州行参军李君才都上奏说，洪涝旱灾不协调是高颎的错，请求皇上罢免他的官职。两人也都因此获罪离开，高祖与高颎关系更加密切。高祖巡幸并州时，委任高颎在京师留守。等到高祖还京后，赐予他五千匹细绢，又把一所行宫赏赐给他作为庄舍。高颎的夫人贺拔氏患病在床后，高祖命宦官探询病情，宦官们往来于道，连续不断。高祖还亲临高颎的府邸，赐予铜钱百万，绢万匹，又把千里马赏赐给他。高祖曾经从容地让高颎与贺若弼探讨平定陈的事宜，高颎说：“贺若弼之前进献十项策略，之后又在蒋山苦战将陈军打败。臣身为文官，怎么敢与大将军探讨军事呢！”高祖大笑起来，当时舆论也都赞赏他谦逊礼让。不久之后，又因为其子表仁迎娶皇太子杨勇之女，高祖前后赐予他的财物又不计其数。当时天象出现火星入太微星，冲犯左执法星的情况。精通术数的刘晖私下对他说：“这些天体运行之象对宰相非常不利，可以凭借完善德行来免除灾祸。”高颎内心很不安，将刘晖之言上奏高祖，高祖对他厚加赏赐和宽慰。突厥侵犯边境，高祖任命高颎为元帅，高颎率军将其击败。高颎又出兵白道，谋划着入碛，于是派遣使者请求朝廷增加援兵。高祖身边的侍臣中有人趁机说高颎想要作乱，高祖没作答复，但是高颎依然破贼而返。

当时太子杨勇不被高祖宠爱，高祖私下有废旧立新的打算，就对高颎说："晋王妃有神庇佑，说晋王一定能坐拥天下，该怎么做呢？"高颎郑重地跪直身体，对皇上说："长幼有序，怎么能废黜太子呢！"高祖沉默不语，于是作罢。独孤皇后深知高颎志节不可改变，暗地里想将他诛杀。起初，高颎夫人去世，皇后对高祖说："高仆射年事已高，加上夫人病逝，陛下怎么不为他再娶一位夫人呢！"高祖把皇后之言告诉了高颎，高颎流着眼泪推辞，说："臣现已老迈，退朝后，只是在书房中读读佛经罢了。虽然陛下深深怜爱，但是纳妻之事不是微臣的本愿。"高祖这才作罢。到这时，高颎的爱妾生下一个男孩，皇上得知后特别高兴，皇后却很是不悦。皇上询问其中缘由，皇后说："陛下还敢信任高颎吗？当初陛下打算为他娶妻，高颎心中只有爱妾，因此欺骗陛下说他不希望再娶。如今他的谎言已经被揭穿，陛下怎能再相信他！"高祖从此就开始疏远高颎。恰逢讨论讨伐辽东之事，高颎坚决地劝说皇帝不要发兵作战，高祖没有听从，任命高颎为元帅长史，跟随汉王杨谅征讨辽东。适逢大雨成灾，士兵间瘟疫传播，官军战事不利而返。皇后对高祖说："高颎当初就不愿出兵打仗，陛下强行派遣他前去，我早知道他不会战胜归来。"此外，高祖因为汉王年纪轻，军事要务特意委派给高颎处理。高颎见皇上如此看重自己，内心总想用最公正的态度处理政事，一点没有疑心。杨谅因为自己的建议大多数不被采纳，内心非常嫉恨高颎。等到从辽东返回朝廷后，杨谅哭着对皇后说："儿子侥幸没被高颎斩杀。"高祖听闻此事后，心中愈加气愤。不久，上柱国王世积因罪被诛杀，正在推鞫审核之时，却传来宫中之事，说是从高颎那里得知的。高祖打算搜罗高颎的罪行，听说此事后很惊诧。当时，上柱国贺若弼、吴州总管宇文弼、刑部尚书薛胄、民部尚书斛律孝卿、兵部尚书柳述等人都作为证人陈述高颎没有罪，皇上更加气恼，把他们都交给有关部门惩治。从此之后，文武百官无人再敢进言。高颎最终获罪被免官，以国公的身份回到家中。

没过多久，高祖亲临秦王杨俊的府宅，召请高颎陪宴。高颎悲泣哽咽，无比悲伤，独孤皇后也对着他哭泣，身边侍臣都跟着落泪。高祖对高颎说："朕没有亏待了于你，是你背弃了自己。"于是对身边的侍臣们说："朕对高颎远超过对自己的儿子，虽然有时不能见到他，却常常感到他就在眼前。自从他解职回家后，朕闭上眼就忘了他，就像原本就没有高颎此人一样。不能以身要挟君主，自称第一啊。"

不久之后，高颎的国令上奏高祖高颎的秘事，说："高颎之子表仁对他说：'司马仲达当年称病不肯觐见陛下，于是坐拥天下。您如今也遇类似情况，怎么能料到这不是好运呢！'"于是高祖非常生气，将高颎囚禁在内史省讯问。宪司又上奏高颎的其他事情，说：“僧人真觉曾经对高颎说：‘明年国家将有大的丧事。’尼姑令晖也说：‘十七、十八年皇帝将有大难。最晚熬不过十九年。’”高祖听说后更加愤怒，回头对群臣们说：“帝王哪里是争取就可得到呢，孔子凭借着大圣之才，制定标准传于后世，他难道没有想过做帝王吗？这只是命中注定罢了。高颎和他儿子的谈话，是把自己比作晋帝，这又是什么居心？”有关部门请求把高颎斩首。高祖说：“去年斩杀了虞庆则，今年斩杀了王世积，如今再斩杀高颎，天下人会怎么说朕呢？”于是削去他的官籍，把他贬为平民。高颎最初担任仆射时，他的母亲就告诫他说：“你现在已经极其富贵，就差被砍头了，一定要谨慎从事啊！”高颎从此常常担忧招致祸患。等到被贬为平民后，高颎很高兴，全无怨恨的神色，他认为历经此事就能免祸了。

隋炀帝登基后，高颎被授予太常一职。皇上当时下令会集周、齐旧时的乐人以及天下散乐。高颎上奏说：“此乐废弃很久了。如今如果要征集，害怕不了解的人会舍弃根本追求次要的，互相教习。”皇上很不高兴。炀帝当时奢侈无度，声色之事日甚一日，又发动修建长城的劳役。高颎深以为忧，对太常丞李懿说：“周朝因贪图享乐而灭亡，殷朝的教训不远，怎么能再如此呢！”当时炀帝对对待启民可汗很是优厚，高颎对太府卿何稠说：“这个突厥人很熟悉中原的虚实、山川险易等情况，恐怕要成为后患啊。”他又对观王杨雄说：“近来朝廷法纪废弛。”有人把他的话向皇上禀告，皇上认为他毁谤讥笑朝政，就下诏令将他处以死罪，他的儿子全部被流放边疆。

高颎有文谋武略，通晓世事。在深受皇上器重时，能竭尽忠诚，举荐并延揽贤才，把国家的兴衰治乱作为自己的责任。苏威、杨素、贺若弼、韩擒虎等人，都是通过高颎举荐为官的，才尽其用，都成为一代名臣。至于其他通过他的举荐为国立功之人更是数不胜数了。他在朝掌管大权将近二十年，朝野没有不推崇敬佩他的，没有谁对他有异议。国家被治理得井井有条，太平安定，这都是其功绩，因此天下人公认他是真正的宰相。等到他被诛杀后，天下百姓无不悲痛遗憾，至今不断陈说其冤屈。而当时所有的奇策密谋以及对政策的增删变动，高颎上奏后都把草稿焚毁，以示行事谨慎，所以世间无人知晓。

高颎的长子盛道，官至莒州刺史，迁往柳城后就去世了。次子弘德，被封爵为应国公，曾经担任晋王杨广的记室参军。三子表仁，被封爵为渤海郡公，后迁徙居住在蜀郡。

隋书卷四十五

杨勇列传第十

房陵王勇字晛地伐，高祖长子也。周世以太祖军功，封博平侯。及高祖辅政，立为世子，拜大将军、左司卫，封长宁郡公。出为洛州总管、东京小冢宰，总统旧齐之地。后征还京师，进位上柱国、大司马，领内史御正，诸禁卫皆属焉。高祖受禅，立为皇太子，军国政事及尚书奏死罪已下，皆令勇参决之。上以山东民多流冗，遣使按检，又欲徙民北实边塞。勇上书谏曰："窃以导俗当渐，非可顿革，恋土怀旧，民之本情，波迸流离，盖不获已。有齐之末，主暗时昏，周平东夏，继以威虐，民不堪命，致有逃亡，非厌家乡，愿为羁旅。加以去年三方逆乱，赖陛下仁圣，区宇肃清，锋刃虽屏，疮痍未复。若假以数岁，沐浴皇风，逃窜之徒，自然归本。虽北夷猖獗，尝犯边烽，今城镇峻峙，所在严固，何待迁配，以致劳扰。臣以庸虚，谬当储贰，寸诚管见，辄以尘闻。"上览而嘉之，遂寝其事。是后时政不便，多所损益，上每纳之。上尝从容谓群臣曰："前世皇王，溺于嬖幸，废立之所由生。朕傍无姬侍，五子同母，可谓真兄弟也。岂若前代多诸内宠，孽子忿诤，为亡国之道邪！"

勇颇好学，解属词赋，性宽仁和厚，率意任情，无矫饰之行。引明克让、姚察、陆开明等为之宾友。勇尝文饰蜀铠，上见而不悦，恐致奢侈之渐，因而诫之曰："我闻天道无亲，唯德是与。历观前代帝王，未有奢华而得长久者。汝当储后，若不上称天心，下合人意，何以承宗庙之重，居兆民之上？吾昔日衣服，各留一物，时复看之，以自警戒。今以刀子赐汝，宜识我心。"

其后经冬至，百官朝勇，勇张乐受贺。高祖知之，问朝臣曰："近闻至节，内外百官相率朝东宫，是何礼也？"太常少卿辛亶对曰："于东宫是贺，不得言朝。"高祖曰："改节称贺，正可三数十人，逐情各去。何因有司征召，一时普集，太子法服设乐以待之？东宫如此，殊乖礼制。"于是下诏曰："礼有等差，君臣不杂，爰自近代，圣教渐亏，俯仰逐情，因循成俗。皇太子虽居上嗣，义兼臣子，而诸方岳牧，正冬朝贺，任土作贡，

别上东宫。事非典则，宜悉停断。”自此恩宠始衰，渐生疑阻。

时高祖令选宗卫侍官，以入上台宿卫。高颎奏称，若尽取强者，恐东宫宿卫太劣。高祖作色曰：“我有时行动，宿卫须得雄毅。太子毓德东宫，左右何须强武？此极敝法，甚非我意。如我商量，恒于交番之日，分向东宫上下，围伍不别，岂非好事？我熟见前代，公不须仍踵旧风。”盖疑高颎男尚勇女，形于此言，以防之也。

勇多内宠，昭训云氏尤称嬖幸，礼匹于嫡。勇妃元氏无宠，尝遇心疾，二日而薨。献皇后意有他故，甚责望勇。自是云昭训专擅内政，后弥不平，颇遣人伺察，求勇罪过。晋王知之，弥自矫饰，姬妾但备员数，唯共萧妃居处。皇后由是薄勇，愈称晋王德行。其后晋王来朝，车马侍从，皆为俭素，敬接朝臣，礼极卑屈，声名籍甚，冠于诸王。临还扬州，入内辞皇后，因进言曰：“臣镇守有限，方违颜色，臣子之恋，实结于心。一辞阶闼，无由侍奉，拜见之期，杳然未日。”因哽咽流涕，伏不能兴。皇后亦曰：“汝在方镇，我又年老，今者之别，有切常离。”又泫然泣下，相对歔欷。王曰：“臣性识愚下，常守平生昆弟之意，不知何罪，失爱东宫，恒蓄盛怒，欲加屠陷。每恐谗谮生于机杼，鸩毒遇于杯勺，是用勤忧积念，惧履危亡。”皇后忿然曰：“睍地伐渐不可耐，我为伊索得元家女，望隆基业，竟不闻作夫妻，专宠阿云，使有如许豚犬。前新妇本无病痛，忽尔暴亡，遣人投药，致此夭逝。事已如是，我亦不能穷治，何因复于汝处发如此意？我在尚尔，我死后，当鱼肉汝乎？每思东宫竟无正嫡，至尊千秋万岁之后，遣汝等兄弟向阿云儿前再拜问讯，此是几许大苦痛邪！”晋王又拜，呜咽不能止，皇后亦悲不自胜。

此别之后，知皇后意移，始构夺宗之计。因引张衡定策，遣褒公宇文述深交杨约，令喻旨于越国公素，具言皇后此语。素瞿然曰：“但不知皇后如何？必如所言，吾又何为者！”后数日，素入侍宴，微称晋王孝悌恭俭，有类至尊，用此揣皇后意。皇后泣曰：“公言是也。我儿大孝顺，每闻至尊及我遣内使到，必迎于境首。言及违离，未尝不泣。又其新妇亦大可怜，我使婢去，常与之同寝共食。岂若睍地伐共阿云相对而坐，终日酣宴，昵近小人，疑阻骨肉。我所以益怜阿麽者，常恐暗地杀之。”素既知意，因盛言太子不才。皇后遂遗素金。始有废立之意。

勇颇知其谋，忧惧，计无所出。闻新丰人王辅贤能占候，召而问之。辅贤曰：“白虹贯东宫门，太白袭月，皇太子废退之象也。”以铜铁五兵造诸厌胜。又于后园之内作庶人村，屋宇卑陋，太子时于中寝息，布衣草褥，冀以当之。高祖知其不安，在仁寿宫，使杨素观勇。素至东宫，偃息未入，勇束带待之，故久不进，以激怒勇。勇衔之，形于言色。素还，言勇怨望，恐有他变，愿深防察。高祖闻素谮毁，甚疑之。皇后又遣人伺觇东宫，纤介事皆闻奏，因加媒糵，构成其罪。高祖惑于邪议，遂疏忌勇。乃于玄武门达至德门量置候人，以伺动静，皆随事奏闻。又东宫宿卫之人，侍官已上，名籍悉令属诸卫府，有健儿者，咸屏去之。晋王又令段达私于东宫幸臣姬威，遗以财货，令取太子消息，密告杨素。于是内外喧谤，过失日闻。段达胁姬威曰："东宫罪过，主上皆知之矣，已奉密诏，定当废立。君能告之，则大富贵。"威遂许诺。

九月壬子，车驾至自仁寿宫，翌日，御大兴殿，谓侍臣曰："我新还京师，应开怀欢乐，不知何意，翻邑然愁苦？"吏部尚书牛弘对曰："由臣等不称职，故至尊忧劳。"高祖既数闻谗谮，疑朝臣皆具委，故有斯问，冀闻太子之愆。弘为此对，大乖本旨。高祖因作色谓东宫官属曰："仁寿宫去此不远，而令我每还京师，严备仗卫，如入敌国。我为患利，不脱衣卧。昨夜欲得近厕，故在后房，恐有警急，还移就前殿。岂非尔辈欲坏我国家邪？"于是执唐令则等数人，付所司讯鞫。令杨素陈东宫事状，以告近臣。素显言之曰："臣奉敕向京，令皇太子检校刘居士余党。太子奉诏，乃作色奋厉，骨肉飞腾，语臣云：'居士党尽伏法，遣我何处穷讨？尔作右仆射，委寄不轻，自检校之，何关我事？'又云：'若大事不遂，我先被诛。今作天子，竟乃令我不如诸弟。一事以上，不得自由。'因长叹回视云：'我大觉身妨。'高祖曰：

此儿不堪承嗣久矣。皇后恒劝我废之，我以布素时生，复是长子，望其渐改，隐忍至今。勇昔从南兖州来，语卫王云："阿娘不与我一好妇女，亦是可恨。"因指皇后侍儿曰："是皆我物。"此言几许异事。其妇初亡，即以斗帐安余老妪。新妇初亡，我深疑使马嗣明药杀。我曾责之，便怼曰："会杀元孝矩。"此欲害我而迁怒耳。

初，长宁诞育，朕与皇后共抱养之，自怀彼此，连遣来索。且云定兴女，在外私合而生，想此由来，何必是其体胤！昔晋太子取屠家女，其儿即好屠割。今傥非类，便乱宗社。又刘金驎，谄佞人也，呼定兴作亲家翁，定兴愚人，受其此语。我前解金驎者，为其此事。勇尝引曹妙达共定兴女同谦，妙达在外说云："我今得劝妃酒。”直以其诸子偏庶，畏人不服，故逆纵之，欲收天下之望耳。我虽德惭尧、舜，终不以万姓付不肖子也。我恒畏其加害，如防大敌，今欲废之，以安天下。

左卫大将军、五原公元袥谏曰：“废立大事，天子无二言，诏旨若行，后悔无及。谗言罔极，惟陛下察之。”袥辞直争强，声色俱厉，上不答。

是时姬威又抗表告太子非法。高祖谓威曰：“太子事迹，宜皆尽言。”威对曰：“皇太子由来共臣语，唯意在骄奢，欲得从樊川以至于散关，总规为苑。兼云：‘昔汉武帝将起上林苑，东方朔谏之，赐朔黄金百斤，几许可笑。我实无金辄赐此等。若有谏者，正当斩之，不过杀百许人，自然永息。’前苏孝慈解左卫率，皇太子奋髯扬肘曰：‘大丈夫会当有一日，终不忘之，决当快意。’又宫内所须，尚书多执法不与，便怒曰：‘仆射以下，吾会戮一二人，使知慢我之祸。’又于苑内筑一小城，春夏秋冬，作役不辍，营起亭殿，朝造夕改。每云：‘至尊嗔我多侧庶，高纬、陈叔宝岂是孽子乎？’尝令师姥卜吉凶，语臣曰：‘至尊忌在十八年，此期促矣。’”高祖泫然曰：“谁非父母生，乃至于此！我有旧使妇女，令看东宫，奏我云：‘勿令广平王至皇太子处。东宫憎妇，亦广平教之。’元赞亦知其阴恶，劝我于左藏之东，加置两队。初平陈后，宫人好者悉配春坊，如闻不知厌足，于外更有求访。朕近览《齐书》，见高欢纵其儿子，不胜忿愤，安可效尤邪！”于是勇及诸子皆被禁锢，部分收其党与。杨素舞文巧诋，锻炼以成其狱。勇由是遂败。

居数日，有司承素意，奏言左卫元桔身备宿卫，常曲事于勇，情存附托。在仁寿宫，裴弘将勇书于朝堂与袥，题封云勿令人见。高祖曰：“朕在仁寿宫，有纤小事，东宫必知，疾于驿马。怪之甚久，岂非此徒耶？”遣武士执袥及弘付法治其罪。

先是，勇尝从仁寿宫参起居还，途中见一枯槐，根干蟠错，大且五六围，顾左右曰：“此堪作何器用？”或对曰：“古槐尤堪取火。”于时卫士皆佩火燧，勇因令匠者造数千枚，欲以分赐左右。至是，获于库。又药藏局贮艾数斛，亦搜得之。大将为怪，以问姬威。威曰：“太子此意别有所在。比令长宁王已下，诣仁寿宫还，每尝急行，一宿便至。恒饲马千匹，云径往捉城门，自然饿死。”素以威言诘勇，勇不服曰：“窃闻公家马数万匹，勇忝备位太子，有马千匹，乃是反乎？”素又发泄东宫服玩，似加雕饰者，悉陈之于庭，以示文武群官，为太子之罪。高祖遣将诸物示勇，以诮诘之。皇后又责之罪。高祖使使责问勇，勇不服。太史令袁充进曰："臣观天文，皇太子当废。"上曰："玄象久见矣，群臣无敢言者。"

于是使人召勇。勇见使者，惊曰："得无杀我耶？"高祖戎服陈兵，御武德殿，集百官，立于东面，诸亲立于西面，引勇及诸子列于殿庭。命薛道衡宣废勇之诏曰：

"太子之位，实为国本，苟非其人，不可虚立。自古储副，或有不才，长恶不悛，仍令守器，皆由情溺宠爱，失于至理，致使宗社倾亡，苍生涂地。由此言之，天下安危，系乎上嗣，大业传世，岂不重哉！皇太子勇，地则居长，情所钟爱，初登大位，即建春宫，冀德业日新，隆兹负荷。而性识庸暗，仁孝无闻，昵近小人，委任奸佞，前后愆衅，难以具纪。但百姓者，天之百姓，朕恭天命，属当安育，虽欲爱子，实畏上灵，岂敢以不肖之子，而乱天下。勇及其男女为王，公主者，并可废为庶人。顾惟兆庶，事不获已，兴言及此，良深愧叹！"令薛道衡谓勇曰："尔之罪恶，人神所弃，欲求不废，其可得耶？"勇再拜而言曰："臣合尸之都市，为将来鉴诫，幸蒙哀怜，得全性命。"言毕，泣下流襟，既而舞蹈而去。左右莫不悯默。又下诏曰。

自古以来，朝危国乱，皆邪臣佞媚，凶党扇惑，致使祸及宗社，毒流兆庶。若不标明典宪，何以肃清天下！左卫大将军、五原郡公元祐，任掌兵卫，委以心膂，陪侍左右，恩宠隆渥；乃包藏奸伏，离间君亲，崇长厉阶，最为魁首。太子左庶子唐令则，策名储贰，位长宫僚，谄曲取容，音技自进，躬执乐器，亲教内人，赞成骄侈，导引非法。太子家令邹文腾，专行左道，偏被亲昵，心腹委付，巨细关知，占问国家，希觊灾祸。左卫率司马夏候福，内事谄谀，外作威势，凌侮上下，亵渎宫闱。典膳监元淹，谬陈爱憎，开示怨隙，妄起讪谤，潜行离阻，进引妖巫，营事厌祷。前吏部侍郎萧子宝，往居省阁，旧非宫臣，禀性浮躁，用怀轻险，进画奸谋，要射荣利，经营间构，开造祸端。前主玺下士何竦，假托玄象，妄说妖怪，志图祸乱，心在速发，兼制奇器异服，皆竦规摹，增长骄奢，糜费百姓。凡此七人，为害乃甚，并处斩，妻妾子孙皆悉没官。

车骑将军阎毗，东郡公崔君绰、游骑尉沈福宝、瀛州民章仇太翼等四人，所为之事，皆是悖恶，论其状迹，罪合极刑。但朕情存好生，未能尽戮，可并特免死，各决杖一百，身及妻子资财田宅，悉可没官。副将作大匠高龙义，豫追番丁，辄配东宫使役，营造亭舍，进入春坊。率更令晋文建，通直散骑侍郎、判司农少卿事元衡，料度之外，私自出给，虚破丁功，擅割园地。并处尽。

于是集群官于广阳门外，宣诏以戮之。广平王雄答诏曰："至尊为百姓割骨肉之恩，废黜无德，实为大庆，天下幸甚！"乃移勇于内史省，立晋王广为皇太子，仍以勇付之，复囚于东宫。赐杨素物三千段，元胄、杨约并千段，杨难敌五百段，皆鞫勇之功赏也。

时文林郎杨孝政上书谏曰："皇太子为小人所误，宜加训诲，不宜废黜。"上怒，挞其胸。寻而贝州长史裴肃表称："庶人罪黜已久，当克已自新，请封一小国。"高祖知勇之黜也，不允天下之情，乃征肃入朝，具陈废立之意。

时勇自以废非其罪，频请见上，面申冤屈。而皇太子来遏之，不得闻奏。勇于是升树大叫，声闻于上，冀得引见。素因奏言："勇情志昏乱，为癫鬼所著，不可复收。"上以为然，卒不得见。素诬陷经营，构成其罪，类皆如此。

高祖寝疾于仁寿宫，征皇太子入侍医药，而奸乱宫闱，事闻于高祖。高祖抵床曰："枉废我儿！"因遣追勇。未及发使，高祖暴崩，秘不发丧。遽收柳述、元岩系于大理狱，伪为高祖敕书，赐庶人死。追封房陵王，不为立嗣。

勇有十男：云昭训生长宁王俨、平原王裕、安城王筠，高良娣生安平王嶷、襄城王恪，王良媛生高阳王该、建安王韶，成姬生颍川王煚，后宫生孝实、孝范。

长宁王俨，勇长子也。诞乳之初，以报高祖，高祖曰："此即皇太孙，何乃生不得地？"云定兴奏曰："天生龙种，所以因云而出。"时人以为敏对。六岁，封长宁郡王。勇败，亦坐废黜。上表乞宿卫，辞情哀切，高祖览而悯焉。杨素进曰："伏愿圣心同于螫手，不宜复留意。"炀帝践极，俨常从行，卒于道，实鸩之也。诸弟分徙岭外，仍敕在所皆杀焉。

【译文】

房陵王杨勇字睍地伐，是高祖杨坚的长子。北周之时，杨勇凭借隋太祖立下的军功，被封为博平候。等到高祖杨坚辅佐北周朝政时，杨勇被立为世子，授予大将军、左司卫等职，加封长宁郡公。后来，外调担任洛州总管，东京小冢宰，管辖原来隶属北齐统治的地区。后来被召回京师，晋升为上柱国、大司马，领导内史御正，京城各禁卫军全部归杨勇统管。后来，高祖杨坚取代北周即位之后，杨勇被册立为皇太子，国家的军政事务与尚书奏请的关于死罪以下的事务，都让杨勇参与决断。杨坚因为山东地区民众大多四处流动，没在原籍，派遣使者审查检验，又打算迁移民户充实边防。杨勇向杨坚呈递奏疏，劝谏说："臣私下认为引导民俗应该循序渐进，而不能一下子使百姓改革更新。眷恋故土，思念故居，本来就是百姓的实情；而四处流亡，大概是迫不得已的。在北齐末年，国君昏庸，时政残暴。北周平定崤山以东之后，又继续以暴政治民，百姓无法忍受，以致纷纷流亡。但是百姓不是厌弃故乡，甘心情愿在外漂泊。再加上去年多方叛乱，依靠陛下的神圣仁智，才能将叛乱平定，整肃天下。如今战争虽已平息，但是创痛还未恢复。如果拿出几年时间(休养生息)，让天下百姓能够沐浴皇风，那么在外流亡的百姓，必然会归本农业，返回家乡。北方突厥人虽然猖狂，曾经多次进犯我边境，但如今我北方边境之城城池高深，防守牢固，无需迁移百姓，以免百姓困顿骚乱。臣平庸愚昧，没有做储君太子的资格，只希望能陈述一点建议，请求陛下留心体察。"高祖杨坚看了杨勇的奏疏，很是赞赏，于是听从他的建议，就不再提遣使审查、徙民实边等事情。这以后，只要当时朝政有于民不利之处，杨勇便多加斟酌，增加或减少上奏的条例，杨坚常常采纳他的建议。杨坚曾经从容地对群臣说："前代君王，多溺爱嬖臣亲幸，废立太子储君的事就是这样发生的。朕身边没有侍姬宠妾、五个儿子都是一母所生，可以说是真正的亲兄弟，怎么会像前代君主那样宠妾众多，孽子奋力争权，走向灭亡国家的道路呢？"

杨勇特别喜欢学习，通晓赋诗为文，性格宽厚仁慈，又随性而为，率真自然，不矫揉造作，不做虚假昧心之事。延揽明克让、姚察、陆开明等人为自己的宾客朋友。有一次，杨勇在自己穿的蜀地产的铠甲上绘上装饰，杨坚见了很是不悦，担心他由此开始奢侈的风气，因此告诫他说："朕听说天道不唯亲，只辅助那些仁德之人。纵观前代帝王，没有一个凭借奢侈豪华而能长治久安的。你身为皇太子，国家未来之君，假如不能上称天意，下合民心，怎么承担国家的重任而居于万民之上呢？朕过去穿的衣服，各样都保留一件，不时拿出看一看，以此来警醒告诫自己。现在朕将腰刀赐予你，你要理解朕的苦心啊。”

这之后，在冬至节时，朝中百官去拜见杨勇，向杨勇恭贺节日，杨勇下令演出乐舞，接受百官朝贺。高祖杨坚听闻此事后，询问朝臣说：“近日朕听说过冬至节时，朝中百官，一起到东宫朝见太子，这是什么礼节呢？”太常少卿辛亶回答说：“臣等到东宫去是祝贺，不能说是朝拜。”杨坚说：“时令变化称贺，只需要三五个上十个人，各自因各自的情况去拜贺而已。为什么要通过有关部门征召下令，一时间聚集完毕，然后太子身穿法服，设乐演出来招待呢？太子如此，确实是不合乎礼制的。”于是杨坚下诏说：“礼仪应各有等级差别，君臣不得混杂。近代以来，圣人的教诲逐渐败坏，人们一举一动迎合下情，沿袭按老办法做事成为习俗。皇太子虽是皇帝子嗣，在道义上也是臣子。可是各地官员，冬至朝贺，依据土地情况，制定贡赋的品种和数量，分别进献东宫。此事不符合典则，应当全部废除停止。”从此之后，杨坚对杨勇的宠爱信赖逐渐减少，怀疑和猜忌逐渐增加。

不久，高祖杨坚下诏挑选宗卫侍官，来皇宫执行宿卫的任务。宰相高颎上奏说，如果把强壮的侍卫都调走，恐怕太子那里的宿卫力量太弱了。杨坚听闻很生气，脸色大变说：“朕经常行走活动，宿卫必须雄毅强壮。太子在东宫修养德行，身边何须强武之人呢？这个法令太不好了，不合朕心。如果让朕裁决，固定宿卫轮番守卫的时间，分派到东宫去，卫队组织不分开，这难道不是好事吗？前代的规定朕很了解，你不必仍然沿袭前代的旧风俗。”大概高祖怀疑高颎儿子娶了杨勇的女儿，所以才说出这种话，以加防范。

杨勇有很多宠爱的妻妾，其中昭训云氏特别受杨勇的宠爱，所用礼仪规格接近于他的正妻。杨勇的妃子元氏不得宠，一次患了心疾，过了两天就去世了。杨勇的母亲文献皇后认为其中另有原因，因此对杨勇很是不满。元氏去世后，云昭训专权太子内宫，文献皇后对他更加不满，曾派人暗地里观察，以搜罗杨勇的过错。晋王杨广听闻此事后，更加有意地伪装自己，姬妾只按照规定备足数目罢了，平素只与正妻萧妃独处。文献皇后因此轻视杨勇，而更加称赞晋王的品行。后来晋王入宫朝见，车马侍从都特别俭朴，与朝臣交往时很是恭敬有礼，近于卑躬屈膝，由此深受夸赞，声名大振，远超诸王。等到要返回扬州时，晋王到宫内向文献皇后辞行，趁机进言说：“臣因镇守远地，行动受限，因此不能经常探望您。但儿臣常常在心里挂念您。一旦辞离帝京，无法服侍在您的身帝，以后拜见母亲，就不知要到何时了。”说着还泣不成声，伏地不起。文献皇后也说：“你在地方驻守，我又年纪大了，今日一别，与平常离别可不一样啊。”说着也流下眼泪，母子相对而泣。晋王趁此机会又说：“臣天生见识短浅，经常恪守兄弟相互友爱之理，却不知犯了什么过失得罪了太子，太子常满怀怨愤，想要陷害我。我常担心谗谮之言生于宫中，而在酒杯饭菜之中又遭毒害，所以忧虑恐惧，怕有不测之祸。”文献皇后气愤地说：“睍地伐愈加地不像话了。我为他迎娶元氏之女，指望他振兴杨氏基业，他竟然不把元氏当妻子看待，专宠云氏，对待元氏还不如猪狗。以前元氏本来没有患病，却突然去世，肯定是派人投毒，从而使元氏夭亡。事已至此，我也无法追查到底治他的罪，他又怎么对你萌发了这样的意思？我在世尚且这样，我去世后，还不视你如鱼肉一般？我常思量，东宫太子没有正妻，您父皇千秋万岁后，你们兄弟还要向阿云这个小儿跪拜问候，俯首听命，这是多么大的痛苦啊！”晋王听了这些话，又跪拜在地，不停哭泣，文献皇后也极度悲痛。

晋王此次与文献皇后辞别后，知道皇后内心有了转变，才开始有了夺取皇位继承权的谋划。晋王使用张衡制定的策略，命褒公宇文述与杨约深相交往，命令杨约向越国公杨素传达意旨，将文献皇后所说的话告诉他。杨素听了这些，惊讶地说：“我只是不知皇后怎么想的。如果也像你所说，我怎会反对呢？”几天之后，杨素进入内宫侍宴，向皇后称赞晋王孝顺父母友爱兄弟、谦恭节俭，与高祖杨坚相像，趁机揣测文献皇后的心思。文献皇后听闻杨素之言，哭着说：“你说得很对，我的儿子很是孝顺，每次听说陛下与我派的内使到来，一定会在管辖的边境上迎接。说到辞别，没有不痛哭的。他的妻子也很讨人喜欢，我派侍婢前去时，她经常与侍婢同寝共食。怎么会像睍地伐与阿云相对而坐，整日欢饮，亲近小人，阻断骨肉至亲。我怜爱阿麽（指晋王）的原因，是怕他被人暗中杀害。”杨素了解皇后的心思后，便大肆诋毁太子没有才德。皇后听说后，便赠送给杨素一些黄金，这才有废除太子的意向。

杨勇知道了他的计谋，忧虑恐惧，不知如何是好。听说新丰人王辅贤能占卜预知未来，于是召王辅贤前来占卜。王辅贤说：“白虹直贯东宫门，太白星袭月，这是皇太子要被废除之象。”杨勇急忙用铜、铁等五兵做成厌胜之物，又在后园内建造庶人村，村中屋宇简陋，太子时常在里边休息，用的是布衣草褥，希望以此免除厄运。杨坚得知杨勇在仁寿宫中内心不宁，就派遣杨素前去探查杨勇的动静。杨素来到东宫后，安卧不进去。杨勇穿戴整齐等待接见他。杨素却故意迟迟不入东宫，以使杨勇发怒。杨勇久等杨素不来，心中充满愤恨，在言语表情中表现了出来。杨素回来后，说杨勇心中怨恨，担心有其他变故，请高祖严加防范。杨坚听了杨素的谗言后，心中很疑惑。皇后又派人探视东宫，无论大小事情，全部向高祖奏闻，还添油加醋，以构成杨勇的罪，杨坚被邪议谗言迷惑，于是便对杨勇疏远防范，还在皇宫的玄武门到量德门之间设置守卫，观察动静，有事即刻上奏。又把东宫宿卫之人从侍官以上，他们的名籍都让属诸卫府管理，其中的健壮之人全都屏退。晋王又命段达与东宫幸臣姬威私下交好，赠送姬威很多钱财，让姬威搜罗太子的信息，把信息偷偷告知杨素。于是，宫内宫外回想喧谤，勾结为奸，杨勇的“过失”也越发多起来。段达胁迫姬威说：“东宫太子所犯之罪，皇上都已经了解，我们已经接到密诏，定会废除太子。你如果能告发太子，必能享有大富贵。”姬威于是同意了。

九月壬子日，高祖杨坚车驾从仁寿宫奔赴皇宫。第二天，杨坚来到大兴殿，对侍臣们说：“我刚刚返回京师，本应该开怀大笑，不知为什么，你们都愁眉苦脸呢。”吏部尚书牛弘回答说：“因为臣等不称职，所以让陛下忧心劳苦。”杨坚已经多次听闻谗言，怀疑朝臣们都依附于太子，所以才如此发问，以期得到太子的罪证。牛弘这样回答，确实不合乎高祖的心意。因此，杨坚脸色大变，对东宫官属说：“仁寿宫距离这里不远，而令朕每次返回京师，严加准备仪仗侍卫，就像进入敌国一样，连夜里就寝都不敢脱下衣服。昨夜朕想移得离厕所近一点，因此在后房之中。恐怕有戒备紧急的情况发生，返回移就前殿。这难道不是你们想败坏朝廷吗？”于是杨坚下令将唐令则等人抓捕，交给有关部门审查讯问。又让杨素详细陈说东宫情状，把这些情况告诉近臣。杨素公开说：“臣奉诏来到京师，来令皇太子检校刘居士等人的余党。太子奉诏后，神情凶狠，十分生气地对臣说：刘居士之党都已经处决，让我到哪里去穷加追讨呢？你担任右仆射，职高任重，应该自己追查此事，关我什么事？’又说：‘如果大事不成，我就会先被杀死。现在做了太子，我的处境竟然还不如我的弟弟们。每件事都不能自行处理。’说着长叹一生回头说：‘我觉得自己处处受到限制。’”杨坚说：

“此儿不能胜任太子已经很久了，皇后总劝说朕废除他。朕因为他是我为平民时所生，又是长子，指望他能逐渐改正，所以隐忍到现在。从前，杨勇从南兖州回来，对卫王说：‘阿嬢没有将美女让给我，真是可恨啊。’还指着皇后的侍女说：‘她们都是我的人。’这话听上去很奇怪。他的妻子刚去世，就以斗帐要我的老妪。他的妻子刚去世时，朕怀疑是他派马嗣明毒杀的，朕曾责问他，他怨恨地说：‘会杀了元孝矩’。这是他想加害于我而将怒气迁引到他人。

当初，长宁王出生时，朕和皇后一起抚养他。他心里想着彼此之分，接连派人来索要。而且（长宁王）是他与云定兴之女（阿云）在外苟合所生，想想其由来，未必会是他的后代啊！从前晋国太子娶屠家之女，他的儿子就喜欢屠割之事。而今，如果不是太子的后代，就会混乱宗庙社稷。此外，刘金麟是个奸佞小人，称呼云定兴为亲家翁。云定兴是个愚蠢之人，竟然接受了他的叫法。朕以前将刘金麟解职，就是因为此事。杨勇曾经招呼曹妙达与云定兴之女一起饮宴，曹妙达在外面宣扬说：“今天我向妃子敬酒了。’这是因为其诸子都是偏庶所生，怕别人不服气，所以大放厥词，想让天下人都知道。朕虽不如尧、舜之德，但最终不会将天下百姓交付给这不肖之子。朕也总是担心他会加害于我，像防备大敌一样防备着他。现在朕想废除杨勇，安定天下。”

左卫大将军、五原公元袏劝谏说：“废立太子是大事，天子没有二言。诏旨如果实行，后悔也来不及了。谗言无边，只求陛下明察。”元袏据理力争，声音和脸色都很严厉，杨坚没有回复。

这时，姬威又上表控告太子不合法则。杨坚对姬威说：“太子之事，你应全部说出来。”姬威回答说：“皇太子与臣说话时，从来都是心里很骄纵，打算把从樊川到散关的土地都划为苑囿。又说：‘过去汉武帝将修建上林苑，东方朔劝谏他，武帝赏赐东方朔黄金百斤，很是可笑。我确实没有金子赐给这等人。如果有谁劝谏于我，将他杀死罢了，不过杀死百十人，自然再也无人劝谏了。’之前苏孝慈解去左卫率之职，皇太子扬起胡须挥舞手臂说：‘大丈夫终会有那一天的，决不会忘记他，一定会使我称心如意的。’还有宫内所需的物品，尚书大多按照法则不供给他，太子于是大怒说：‘仆射以下，我杀一两个人，让他们知道怠慢我的灾祸。’又在苑内修建一小城，春夏秋冬不停修造，建起亭殿，早上造成晚上又要更改。他经常说：'陛下责斥我多娶妾庶，高纬、陈叔宝难道都是孽子吗？'还曾经令年老的巫婆占卜吉凶，对臣说：'陛下的忌日在十八年，此日期已经不远了。'"杨坚听闻后，流着眼泪说："哪个不是父母所生，他竟然到这种地步！朕有个过去差使的妇人，命她照看东宫，回奏说：'请不要让广平王到皇太子处，太子厌恶我，也是广平王教唆的。'元赞也了解他的阴险，劝谏朕在左藏之东，增设两队宿卫。刚刚平定陈朝之后，漂亮的宫人都分配给春坊，却听说他不知满足，又派人在外寻求。朕近日读《齐书》，见高欢放纵自己的儿子，愤怒至极，我怎么能仿效他呢？"于是，杨勇与他的儿子们都被囚禁看管起来，并派人搜捕其党羽。而杨素玩弄文辞，诋毁构陷，罗织罪状构成冤狱。杨勇因此就失败了。

过了几天，有关部门秉承杨素意旨，上奏说左卫元祐身为宿卫，常常暗地里侍奉杨勇，感情深厚，暗自相托付。在仁寿宫中，裴弘在朝堂上把杨勇的书信交给元祐，上面写着勿令人见等字。杨坚说："朕在仁寿宫，有一点小事，东宫必定知道，比驿马传得还快。我感到奇怪已经很久了，难道不是他所为？"于是派武士将元祐和裴弘抓捕，交给有关部门治罪。

在此之前，杨勇曾经从仁寿宫问候杨坚起居后返回，在途中看到一株枯槐，根干交错，有五六围粗，对身边侍从说："这棵树能有何用？"有人回答说："古槐还能用来取火。"当时卫士们都携带火燧，杨勇于是让匠人用这株古槐制作了几千枚火燧，打算分发给卫士们。到现在，这些东西在库中被查获。还有药藏局存放有几斛艾，这时也被搜出。人们感到非常奇怪，去询问姬威。姬威说："太子这意图在别的地方，比如令长宁王以下从仁寿宫回去，总是快速行进，一宿就到达。又总是养几千匹马，说直接前去关上城门，皇上必然会饿死。"杨素拿姬威的话去责问杨勇，杨勇不服气地说："我私下听闻公家有几万匹马。我作为太子，有马千匹，这就是叛乱吗？"杨素又把东宫中的衣服用具全部搜查，只要有一点儿装饰的，就都陈列在庭中，展示给文武百官看，作为太子的罪证。杨坚命人携带这些物品去责备追问杨勇，皇后也派人去责备他的过错。杨坚派遣使者前去责备追究杨勇，杨勇还是不认罪。太史令袁充进言说："臣观测天文，皇太子应该被废黜。"杨坚说："天象已经出现很长时间了，只是群臣都不敢说罢了。"

杨坚于是派人召杨勇前来。杨勇看见使者，吃惊地说："该不会是要杀我吧？"杨坚穿着戎服，陈列兵杖，亲临武德殿，召集百官在东面站立，各位皇亲在西面站立，带领杨勇以及他的儿子们依次排列在殿庭上。杨坚命薛道衡宣读废除杨勇的诏令说：

“太子之位，确实是国家之根本。如果不是适合之人，就不可虚立。从古至今，太子也许有不贤的，作恶不悔改，却仍然令其守护国家社稷，都是因情过分宠爱，丧失至理，导致国家灭亡，百姓遭难。这样说来，国家是安定还是危殆，全在皇位继承人。基业的传承，怎么不重要啊！皇太子杨勇，作为长子，我内心很钟爱他，初登大位，就建春宫，册立他为太子，期望他德行功绩能不断进步，兴隆国运。不料想他却生性平庸昏昧，不懂仁孝，却亲近小人，委任奸佞之人，前后之过，难以详细记录。但是百姓是上天的百姓。朕恭顺天命，理当抚育百姓，虽然想护佑自己的儿子，可也确实畏惧上天之灵，怎么敢让不肖之子扰乱天下。杨勇以及其儿子、女儿为王、为公主者，都将其贬为庶人。只是念及亿万百姓，无可奈何而为此，兴言至此，深感愧疚！”命薛道衡对杨勇说：“你的罪行，百姓和神灵都放弃了你，想要求得不被废黜，那怎么能够呢？”杨勇再拜跪倒，说：“臣本该在都市街头被斩杀，给后世之人以借鉴劝诫，承蒙哀怜，得以保全性命。”说罢，泪水涌出，打湿了衣衫，然后摇摇晃晃地离开。随从的官员，没有不怜悯默然的。杨坚又下诏说：

“从古至今，朝廷倾危，国家大乱，都是奸臣奸邪谄媚，凶党蛊惑，导致灾祸殃及宗社，流毒百姓。如果不明确典宪法纪，拿什么来肃清天下！左卫大将军、五原郡公元祐，担任掌兵卫，都是委以重任的心腹，陪侍身旁，恩宠优厚，他却包藏祸心，挑拨君亲关系，崇长厉阶，最是魁首。太子左庶子唐令则，策名储贰，作为官僚之长，却谄媚惑上，音技自进，亲自拿着乐器，亲自教导内人，鼓动太子骄横奢侈，引导其做不法之事。太子家令邹文腾，专门做些旁门左道之事，亲近太子，做太子的亲信，臣细皆知，却占问国家大事，希望灾祸发生。左卫率司马夏候福，在宫内侍奉竭尽谄媚，在外却作威作福，欺瞒上级，凌侮下级，玩弄宫闱。典膳监元淹，谎陈爱憎，招致嫌隙，妄起毁谤讥讽，潜行阻挠，招引妖巫，营事厌祷。前吏部侍郎萧子宝，往居省阁，过去不是官臣，生性浮躁，内心轻险，谋划奸计，求得荣利，筹划营谋，挑起祸端。前主玺下士何竦，假托玄象，妄说妖怪，意图制造灾祸动乱，心在速发，同时制作奇器异服，都是何竦所筹划，增长骄奢，糜费百姓。这七人，为害最严重，一起处以斩刑，妻妾子孙都抄没户籍收为官奴。

车骑将军阎毗、东郡公崔君绰、游骑尉沈福宝、瀛州民章仇太翼等四个人，所作所为，都是罪恶之行。论其情况，都应该处以极刑。但是朕心存好生之德，不打算全部诛杀，特免一死，每人杖责一百，本人及妻子儿女财物田宅，都抄没入充官府。副将作大匠高龙义、豫调番丁，总是配给东宫役使，营建亭舍，进入春坊。率更令晋文建，通直散骑侍郎、判司农少卿元衡，除俸禄供给之外，私下自己出资供给，虚破丁功，擅自割取园地。这些人都要严惩。”

于是，杨坚将群官在广阳门外会集，向他们宣读诏书，将元祐等人处斩。广平王杨雄答诏书说：“陛下为天下百姓，舍弃骨肉亲情，废黜无德之人，这确实是最值得庆贺的事，这也是天下百姓的幸运啊。”此后，将杨勇移交内史省，册立晋王杨广为皇太子，然后将杨勇交给杨广处置，又将杨勇拘禁在东宫中。赏赐杨素布帛三千段，元胄、杨约二人一千段，杨难敌五百段。这都是他们捉拿审讯杨勇所得的奖赏。

当时，文林郎杨孝敬上疏劝谏杨坚说：“皇太子这是被奸人陷害，应该加以训导教诲，不应当将他罢免废除。”杨坚很气愤，打向杨孝敬的胸脯。不久之后，贝州长史裴肃上表说：“庶人（指杨勇）因罪被废黜已经很长一段时间，应该克服自己改过自新，请分封他一个小国吧。”杨坚知道废黜杨勇不符合天下民情，就征召裴肃入朝，向裴肃详细讲了杨勇废立的缘由。

这时，杨勇自己认为没有被废除的那些罪名，多次请求拜见杨坚，当面申诉冤屈。但是杨广从中阻挠，使杨勇无法见到杨坚。杨勇无可奈何，爬到树上大声喊叫，希望杨坚能够听到，得以相见。杨素却趁此机会上奏说：“杨勇神智昏乱，被癫鬼附身，无法救治了。”杨坚认为是真的，最终没有召见杨勇。杨素诬陷谋划，罗织构成杨勇的罪名，大都如此。

杨坚在仁寿宫病重卧床，召请皇太子杨广进宫陪侍医药，而杨广趁机淫乱宫闱，事情被杨坚知晓。杨坚撑着床悔恨地说：“错废我的勇儿啊！”于是命人去追回杨勇。还没有来得及派遣使者，杨坚突然驾崩。杨广隐瞒着不发丧，并派人抓捕柳述、元严等人，将他们关押在大理狱。又伪造杨坚的诏书，赐死杨勇。杨勇死后，被追封为房陵王，没有为他立嗣。

杨勇有十个儿子：云诏训生下长宁王杨俨、平原王杨裕、安城王杨筠；高良娣生下安平王杨嶷、襄城王杨恪；王良媛生下高阳王杨该、建安王杨韶；成姬生下颍川王杨煚，后宫生下杨孝实、杨孝范。

长宁王杨俨是杨勇的长子。刚刚出生时，把这件事禀告高祖杨坚，杨坚说："这就是皇太孙，为什么竟然生不得地？"云定兴上奏说："天生龙种，因此因云而出。"时人认为应答很机敏。杨俨六岁时，被封为长宁郡王。杨勇衰败后，杨俨也被废黜。杨俨上表乞求配给宿卫，辞情哀伤恳切，杨坚读后，心生怜爱。杨素进言说："希望圣心犹如螫手，丢掉之后，不应该再留恋。"隋炀帝登基后，杨俨常常跟随炀帝巡行，在途中去世，实际上是炀帝指使人毒害致死。杨俨的弟弟们都被流放到岭外，但炀帝仍然不放过他们，命地方官将他们全都杀死。

第十三册

高山 主编

二十四史

光明日报出版社

二十四史

目录

隋书

南史

北史

旧唐书

隋书卷七十

李密杨玄感列传第三十五

李　密

李密字法主，真乡公衍之从孙也。祖耀，周邢国公。父宽，骁勇善战，干略过人，自周及隋，数经将领，至柱国、蒲山郡公，号为名将。密多筹算，才兼文武，志气雄远，常以济物为己任。开皇中，袭父爵蒲山公，乃散家产，周赡亲故，养客礼贤，无所爱吝。与杨玄感为刎颈之交。后更折节，下帷耽学，尤好兵书，诵皆在口。师事国子助教包恺，受《史记》《汉书》，励精忘倦，恺门徒皆出其下。大业初，授亲卫大都督，非其所好，称疾而归。

及杨玄感在黎阳，有逆谋，阴遣家僮至京师召密，令与弟玄挺等同赴黎阳。玄感举兵而密至，玄感大喜，以为谋主。玄感谋计于密，密曰："愚有三计，惟公所择。今天子出征，远在辽外，地去幽州，悬隔千里。南有巨海之限，北有胡戎之患，中间一道，理极艰危。今公拥兵，出其不意，长驱入蓟，直扼其喉。前有高丽，退无归路，不过旬月，赍粮必尽。举麾一召，其众自降，不战而擒，此计之上也。又关中四塞，天府之国，有卫文升，不足为意。今宜率众，经城勿攻，轻赍鼓行，务早西入。天子虽还，失其襟带，据险临之，故当必克，万全之势，此计之中也。若随近逐便，先向东都，唐祎告之，理当固守。引兵攻战，必延岁月，胜负殊未可知，此计之下也。"玄感曰："不然。公之下计乃上策矣。今百官家口并在东都，若不取之，安能动物？且经城不拔，何以示威？"密计遂不行。

玄感既至东都，皆捷，自谓天下响应，功在朝夕。及获韦福嗣，又委以腹心，是以军旅之事，不专归密。福嗣既非同谋，因战被执，每设筹画，皆持两端。后使作檄文，福嗣固辞不肯。密揣知其情，因谓玄感曰："福嗣元非同盟，实怀观望。明公初起大事，而奸人在侧，听其是非，必为所误矣。请斩谢众，方可安辑。”玄感曰：“何至於此！”密知言之不用，退谓所亲曰：“楚公好反而不欲胜，如何？吾属今为虏矣！”后玄感将西入，福嗣竟亡归东都。

时李子雄劝玄感速称尊号，玄感以问於密。密曰：“昔陈胜自欲称王，张耳谏而被外，魏武将求九锡，荀彧止而见疏。今者密欲正言，还恐追踪二子，阿谀顺意，又非密之本图。何者？兵起已来，虽复频捷，至於郡县，未有从者。东都守御尚强，天下救兵益至，公当身先士众，早定关中。乃欲急自尊崇，何示不广也！”玄感笑而止。

及宇文述、来护儿等军且至，玄感谓密曰：“计将安出？”密曰：“元弘嗣统强兵于陇右，今可扬言其反，遣使迎公，因此入关，可得给众。”玄感遂以密谋，号令其众，因引西入。至陕县，欲围弘农宫，密谏之曰：“公今诈众入西，军事在速，况乃追兵将至，安可稽留！若前不得据关，退无所守，大众一散，何以自全？”玄感不从，遂图之，三日攻不能拔，方引而西。至于阌乡，追兵遂及。

玄感败，密间行入关，与玄感从叔询相随，匿於冯翊询妻之舍。寻为邻人所告，遂捕获囚於京兆狱。是时炀帝在高阳，与其党俱送帝所。在途谓其徒曰：“吾等之命，同于朝露，若至高阳，必为菹醢。今道中犹可为计，安得行就鼎镬，不规逃避也？”众咸然之。其徒多有金，密令出示使者曰：“吾等死日，此金并留付公，幸用相瘗。其馀即皆报德。”使者利其金，遂相然许。及出关外，防禁渐弛，密请通市酒食，每宴饮喧哗竟夕，使者不以为意。行次邯郸，夜宿村中，密等七人皆穿墙而遁，与王仲伯亡抵平原贼帅郝孝德。孝德不甚礼之，备遭饥馑，至削树皮而食。仲伯潜归天水，密诣淮阳，舍於村中，变姓名称刘智远，聚徒教授。经数月，密郁郁不得志，为五言诗曰：“金风荡初节，玉露凋晚林。此夕穷途士，空轸郁陶心。眺听良多感，慷慨独沾襟。沾襟何所为？怅然怀古意。秦俗犹未平，汉道将何冀！樊哙市井徒，萧何刀笔吏。一朝时运合，万古传名器。寄言世上雄，虚生真可愧。”诗成而泣下数行。时人有怪之者，以告太守赵他。县捕之，密乃亡去，抵其妹夫雍丘令丘君明。后君明从子怀义以告，帝令捕密，密得遁去，君明竟坐死。

会东郡贼帅翟让聚党万馀人，密归之。其中有知密是玄感亡将，潜劝让害之。密大惧，乃因王伯当以策干让。让遣说诸小贼，所至辄降下，让始敬焉，召与计事。密谓让曰：“今兵众既多，粮无所出，若旷日

持久，则人马困敝，大敌一临，死亡无日。未若直趣荥阳，休兵馆谷，待士马肥充，然可与人争利。”让从之，於是破金堤关，掠荥阳诸县，城堡多下之。荥阳太守郇王庆及通守张须陀以兵讨让。让数为须陀所败，闻其来，大惧，将远避之。密曰：“须陀勇而无谋，兵又骤胜，既骄且狠，可一战而擒。公但列阵以待，保为公破之。”让不得已，勒兵将战，密分兵千馀人於林木设伏。让与战不利，军稍却，密发伏自后掩之，须陀众溃。与让合击，大破之，遂斩须陀於阵。让於是令密建牙，别统所部。

密复说让曰：“昏主蒙尘，播荡吴、越，蝟毛竞起，海内饥荒。明公以英桀之才，而统骁雄之旅，宜当廓清天下，诛剪群凶，岂可求食草间，常为小盗而已！今东都士庶，中外离心，留守诸官，政令不一。明公亲率大众，直掩兴洛仓，发粟以赈穷乏，远近孰不归附！百万之众，一朝可集，先发制人，此机不可失也。”让曰：“仆起陇亩之间，望不至此。必如所图，请君先发，仆领诸军，便为后殿。得仓之日，当别议之。”密与让领精兵七千人，以大业十三年春，出阳城，北逾方山，自罗口袭兴洛口仓，破之。开仓恣民所取，老弱襁负，道路不绝。

越王侗武贲郎将刘长恭率步骑二万五千讨密，密一战破之，长恭仅以身免。让於是推密为主。密城洛口周迴四十里以居之。房彦藻说下豫州，东都大惧。让上密号为魏公。密初辞不受，诸将等固请，乃从之。设坛场，即位，称元年，置官属以房彦藻为左长史，邴元真右长史，杨德方左司马，郑德韬右司马。拜让司徒，封东郡公。其将帅封拜各有差。长白山贼孟让掠东都，烧丰都市而归。密攻下巩县，获县长柴孝和，拜为护军。武贲郎将裴仁基以武牢归密，因遣仁基与孟让率兵二万余人袭回洛仓，破之，烧天津桥，遂纵兵大掠。东都出兵乘之，仁基等大败，仅以身免。密复亲率兵三万逼东都，将军段达、武贲郎将高毗、刘长恭等出兵七万拒之，战於故都，官军败走，密复下回洛仓而据之。俄而德韬、德方俱死，复以郑颋为左司马，郑虔象为右司马。

柴孝和说密曰：“秦地阻山带河，西楚背之而亡，汉高都之而霸。如愚意者，令仁基守回洛，翟让守洛口，明公亲简精锐，西袭长安，百姓孰不郊迎，必当有征无战。既克京邑，业固兵强，方更长驱崤、函，扫荡京、洛，传檄指抝，天下可定。但今英雄竞起，实恐他人我先，一朝失之，噬脐何及！”密曰：“君之所图，仆亦思之久矣，诚为上策。但昏主尚在，从兵犹众，我之所部，并山东人，既见未下洛阳，何肯相随西入！

诸将出於群盗，留之各竞雌雄。若然者，殆将败矣。”孝和曰：“诚如公言，非所及也。大军既未可西出，请间行观隙。”密从之。孝和与数十骑至陕县，山贼归之者万馀人。密时兵锋甚锐，每入苑，与官军连战。会密为流矢所中，卧於营内，后数日，东都出兵击之，密众大溃，弃回洛仓，归洛口。孝和之众闻密退，各分散而去。孝和轻骑归密。

帝遣王世充率江、淮劲卒五万来讨密，密逆拒之，战不利。柴孝和溺死於洛水，密甚伤之。世充营于洛西，与密相拒百余日。武阳郡丞元宝藏、黎阳贼帅李文相、洹水贼帅张升、清河贼帅赵君德、平原贼帅郝孝德并归於密，共袭破黎阳仓据之。周法明举江、黄之地以附密，齐郡贼帅徐圆朗、任城大侠徐师仁，淮阳太守赵他等前后款附，以千百数。

翟让所部王儒信劝让为大冢宰，总统众务，以夺密权。让兄宽复谓让曰：“天子止可自作，安得与人？汝若不能作，我当为之。”密闻其言，有图让之计。会世充列阵而至，让出拒之，为世充所击退者数百步。密与单雄信等率精锐赴之，世充败走。让欲乘胜进破其营，会日暮，密固止之。明日，让与数百人至密所，欲为宴乐。密具馔以待之，其所将左右，各分令就食。诸门并设备，让不之觉也。密引让入坐，有好弓，出示让，遂令让射。让引满将发，密遣壮士蔡建自后斩之，殒於床下。遂杀其兄宽及王儒信，并其从者亦有死焉。让所部将徐世勣，为乱兵所斫中，重创，密遽止之，仅而得免。单雄信等皆叩头求哀，密并释而慰谕之。於是率左右数百人诣让本营。王伯当、邴元真、单雄信等入营，告以杀让之意，众无敢动者。乃令徐世勣、单雄信、王伯当分统其众。

未几，世充夜袭仓城，密逆拒破之，斩武贲郎将费青奴。世充复移营洛北，南对巩县，其后遂於洛水造浮桥，悉众以击密。密与千骑拒之，不利而退。世充因薄其城下，密简锐卒数百人，分为三队出击之。官军稍却，自相陷溺，死者数万人，武贲郎将杨威、王辩、霍世举、刘长恭、梁德重、董智通等诸将率皆没于阵。世充仅而获免，不敢还东都，遂走河阳。其夜雨雪尺馀，众随之者，死亡殆尽。密於是修金墉故城居之，众三十余万。复来攻上春门，留守韦津出拒战，密击败之，执津於阵。其党劝密即尊号，密不许。及义师围东都，密出军争之，交绥而退。

俄而宇文化及杀逆，率众自江都北指黎阳，兵十馀万。密乃自率步骑二万拒之。会越王侗称尊号，遣使者授密太尉、尚书令、东南道大行台、行军元帅、魏国公，令先平化及，然后入朝辅政，密遣使报谢焉。化及与密相遇，密知其军少食，利在急战，故不与交锋，又遏其归路，使不得西。密遣徐世勣守仓城，化及攻之，不能下。密与化及隔水而语，密数之曰："卿本匈奴皂隶破野头耳，父兄子弟并受隋室厚恩，富贵累世，至妻公主，光荣隆显，举朝莫二。荷国士之遇者，当须国士报之，岂容主上失德，不能死谏，反因众叛，躬行杀虐，诛及子孙，傍立支庶，擅自尊崇，欲规篡夺，污辱妃后，枉害无辜？不追诸葛瞻之忠诚，乃为霍禹之恶逆。天地所不容，人神所莫佑，拥逼良善，将欲何之！今若速来归我，尚可得全后嗣。"化及默然，俯视良久，乃瞋目大言曰："共你论相杀事，何须作书语邪？"密谓从者曰："化及庸懦如此，忽欲图为帝王，斯乃赵高、圣公之流，吾当折杖驱之耳。"化及盛修攻具，以逼黎阳仓城，密领轻骑五百驰赴之，仓城兵又出相应，焚其攻具，经夜火不灭。

密知化及粮且尽，因伪与和，以敝其众。化及不之悟，大喜，恣其兵食，冀密馈之。会密下有人获罪，亡投化及，具言密情。化及大怒，其食又尽，乃渡永济渠，与密战于童山之下，自辰达酉。密为流矢所中，顿於汲县。化及掠汲郡，北趣魏县，其将陈智略、张童仁等所部兵归于密者，前后相继。初，化及以辎重留於东郡，遣其所署刑部尚书王轨守之。至是，轨举郡降密，以轨为滑州总管。密引兵而西，遣记室参军李俭朝於东都，执杀炀帝人于弘达以献越王侗。侗以俭为司农少卿，使之反命，召密入朝。密至温县，闻世充已杀元文都、卢楚等，乃归金墉。

世充既得擅权，乃厚赐将士，缮治器械，人心渐锐。然密兵少衣，世充乏食，乃请交易。密初难之，邴元真等各求私利，递来劝密，密遂许焉。初，东都绝粮，人归密者，日有数百。至此，得食，而降人益少，密方悔而止。密虽据仓，无府库，兵数战不获赏，又厚抚初附之兵，於是众心渐怨，时遣邴元真守兴洛仓。元真起自微贱，性又贪鄙，宇文温疾之，每谓密曰："不杀元真，公难未已。"密不答，而元真知之，阴谋叛密。扬庆闻而告密，密固疑焉。会世充悉众来决战，密留王伯当守金墉，自引精兵就偃师，北阻邙山以待之。世充军至，令数百骑渡御河，密遣裴行俨率众逆之。会日暮，暂交而退，行俨、孙长乐，程咬金等骁将十数人皆遇重创，密甚恶之。世充夜潜济师，诘朝而阵，密方觉之，狼狈出战，于是败绩，与万余人驰向洛口。世充夜围偃师，守将郑颋为其部下所翻，以城降世充。密将入洛口仓城，元真已遣人潜引世充矣。密阴知之而不发其事，因与众谋，待世充之兵半济洛水，然后击之。及世充军至，密候骑不时觉，比将出战。世充军悉已济矣。密自度不能支，引骑而遁。元真竟以城降於世充。

密众渐离，将如黎阳。人或谓密曰："杀翟让之际，徐世勣几至於死。今创犹未复，其心安可保乎？"密乃止。时王伯当弃金墉，保河阳，密以轻骑自武牢渡河以归之，谓伯当曰："兵败矣！久苦诸君，我今自刎，请以谢众。"众皆泣，莫能仰视。密复曰："诸君幸不相弃，当共归关中。密身虽愧无功，诸君必保富贵。"其府掾柳燮对曰："昔盆子归汉，尚食均输，明公与长安宗族有畴昔之遇，虽不陪起义，然而阻东都，断隋归路，使唐国不战而据京师，此亦公之功也。"众咸曰："然。"密遂归大唐，封邢国公，拜光禄卿。

【译文】

李密字法主，是真乡公李衍的侄孙。他的祖父名耀，是北周的邢国公。他的父亲李宽，勇猛擅长作战，办事能力与谋略都超过一般人，从北周到隋朝，多次担任将领职务，官爵升至柱国、蒲山郡公，号称名将。李密擅长谋划，文武双全，志向远大、气度雄阔，经常把帮助他人作为自己的职责。开皇年间，李密承继父亲的蒲山公爵位，于是散布家产，救济亲朋好友，收留门客，礼待贤才，从来不吝惜财物。他与杨玄感结为生死之交。后来改变昔日志愿，强迫并克制自己，闭门苦读，专注研习，特别喜好兵书，经常在嘴里诵读。后来拜国子助教包恺为师，听他讲授《史记》《汉书》，学习时精神振奋，疲倦全无，包恺的其他徒弟，才能都在李密之下。大业初年，皇帝授予他亲卫大都督的职位，但这不是他爱好的，于是托病辞官回家。

等到杨玄感在黎阳时，有叛乱隋朝的谋划，便暗中派遣家童到京城邀请李密，叫他与弟弟杨玄挺等一起赶赴黎阳。杨玄感起兵叛乱时，李密来到黎阳，玄感很高兴，把他当作主谋之人。杨玄感向李密询问计策，李密说："我有三条妙计，请您选择一下。现在天子率军征讨，远在辽水之外，那里距离幽州，有千里之远。那里南面有大海阻隔，北面有胡戎作祸，只在中间有一条道路，按理说那是非常艰险的。现在您拥有重兵，可以出其不意，长驱进攻蓟州，径直锁住敌军的咽喉要道。他的前面有敌国高丽，又无退路，不超过十天半月，他们携带的粮食一定消耗殆尽。那时我们只要举旗一呼，他的士兵自会主动来降，无需作战就能捉住敌军，这是上策。再说关中地区四面地势险峻，是天府之国，虽然有卫文升在那驻守，但不足为虑。如今应率领部众，经过城镇不要攻打，轻装进军，必须早日向西进入关中。天子即使返回都城，也已经丧失了险要的屏障，我们占据险要之地然后对抗他，必能取胜，真可说是万全的态势，这是中策。如果贪图近便，先向东都进军，唐祎一禀告皇帝，他们一定会坚决防守。率军去进攻作战，必定拖延时日。谁胜谁负，很难料想，这是下策。”杨玄感听完后却说：“不对。您的下策才是上策啊。如今各位官员的家属全居住在东都，如果不攻占那里，如何震慑众人？而且经过城镇却不攻占土地，怎能显示我们的军威呢？”李密的计策最终未能实行。

杨玄感抵达东都后，连续作战，都取得胜利，自认为天下百姓都响应他的号召，事业成功指日可待了。等到他抓住韦福嗣后，又被他当成亲信任用，因此征战之事，不再交给李密专管。福嗣本来不是共同谋反之人，只不过是因战败被抓，每次要决断计谋时，他总是欲进又退，犹疑不决。后来杨玄感命他写一篇讨隋檄文，韦福嗣坚决推辞不愿执笔。李密猜透了他的想法，就对玄感说：“韦福嗣本来不是同盟者，的确是抱着观望的态度。您刚大业兴起，而奸邪之人就留在身边，如果听任他搬弄是非，必定会被他耽误大事了。我请求您将他诛杀来向众人谢罪，我军才能安定和谐。”杨玄感说：“哪至于严重到如此地步呢！”李密明白自己的建议不会被采纳，回营后对他的亲信说：“楚公敢于叛乱却不想取得胜利，怎么办呢？我等将要被俘虏了！”后来杨玄感打算向西进军，福嗣最终逃归东都。

这时，李子雄劝说杨玄感赶快称帝，玄感拿此事向李密征求意见。李密说：“从前陈胜自己想称王，张耳劝谏他却遭到排斥，魏武帝要求汉献帝给他九种器物以示尊礼，荀彧劝止他而被疏远。现在我李密想直言劝说，又怕步二人后尘，如果阿谀奉承，顺从您的心意说话，那又不是我原本的想法。为什么呢？自从我们起兵以来，尽管多次取得胜利，但到达各郡县后，却没有人追随我们。如今东都的防御还很坚固，天下救援的军队不断到来，您应身先士卒，率军早日平定关中。现在您却急于称帝，怎么显得胸怀这么不宽广呢！”杨玄感听后笑了笑，停止称王的举动。

等到隋将宇文述、来护儿等率军队即将来到时，玄感对李密说：“有什么计策对付呢?”李密说:“元弘嗣统率强大的军队驻扎在陇西,现在可以扬言他要叛乱,派遣使者来迎接您,趁机入关,就能够哄骗士兵。”玄感采纳了李密的计策,向部下发号施令,乘机率领他们向西进军。进军至陕县时,玄感想围攻弘农宫,李密劝他说:“您现在欺骗士兵向西进发,军事贵在神速,况且追兵马上赶到,怎么能在此滞留呢!如果前进不能占据函谷关,撤退又没有地方可守,众人一旦溃散,您拿什么保全自己?”玄感没有听从,于是派士兵包围弘农宫,攻打了三天也没能攻取,这才率军西进。刚抵达阌乡,追兵就赶到了。

杨玄感战败,李密偷偷从小路进入函谷关,与玄感的堂叔杨询一起藏在冯翊杨询妻子的家里。不久被邻居告发,于是官府就把他们逮捕了,关押在京兆府大狱里。此时隋炀帝在高阳,官府就把李密以及他的同伙全部押往皇帝居住地。李密在押解途中对同伙说:“我们的命,就如同早晨的露水,如果被押解到高阳,必会被剁成肉泥啊。如今在途中还可以想对策,怎么能下汤锅送死,而不想法逃跑呢?”大伙都认为他说得很对。同伙中有人携带大量钱财,李密让他拿出来给解差看,并对他说:“我们死的那一天,这笔钱就留给您了,希望您用它为我们埋尸体,剩下的就用来回报您的恩德。”差官被这些金钱诱惑,就同意了。等到出了函谷关后,解差对他们的防范逐渐松懈,李密请求准许犯人买点酒肉食品,经常整夜宴饮喧哗,差官也并不放在心上。当走到邯郸时,晚上在村中过夜,李密等七人都凿通墙壁跑掉了,李密与王仲伯一起逃到平原贼帅郝孝德处。孝德对他们很不礼待,两人全遭受饥饿,甚至只能剥树皮吃。仲伯偷偷回到天水,李密则前往淮阳,住在村中,改换姓名为刘智远,召集门徒,教授学业。过了几个月,李密感到郁闷不得志,写下一首五言诗说:“初秋时节金风吹荡,玉露使夜幕下的树林更加凋零。晚上,我这走投无路之人啊,一颗忧心空自悲伤。远眺近听感叹颇多,慷慨悲歌不禁泪满襟。泪湿衣襟为什么?惆怅之时遥想古人。秦人的习俗还未平治,汉室勃兴之路怎可期盼!樊哙只是市井俗人,萧何原是刀笔小吏。一旦时来运转,万古留才名。寄语世上英雄,虚度一生真惭愧啊。”诗写成后泪落几行。当时有人觉得他很怪异,就把他的情况禀告给太守赵他。县吏就来抓捕他,李密只得逃跑,到他的妹夫雍丘县令丘君明家里藏身。后来君明的侄子怀义又将他告发,皇帝下令抓捕李密,李密趁着时机逃走了,君明最终受株连获罪被处死。

恰逢东郡贼帅翟让聚集同伙万余人叛乱，李密前去依附于他。翟让部下有人知道李密是杨玄感手下的逃亡将领，暗中劝说翟让将他杀死。李密很害怕，于是凭借与王伯当的关系通过献策来求得翟让的信赖。翟让就派遣他去劝说各地小贼，李密所到之处的贼人都投降，翟让才开始敬重他，召他前来谋划大事。李密对翟让说："如今我们士兵已经很多，但是粮食没有地方供给，如果旷日持久地作战，就会人困马乏，大敌一旦来攻，我们随时会败亡。不如径直奔向荥阳，在那里休整军队，住好的房屋，吃精美的粮食，等到兵士强健、马匹肥壮后，才可与敌人争夺利益。"翟让听从了他的建议，于是攻取金堤关，劫掠荥阳各县，城堡大多被攻克。荥阳太守郇王杨庆以及通守张须陀派遣士兵征讨翟让。翟让曾经多次被须陀打败，听闻他率兵来战，很是恐惧，打算远走躲避他。李密说："须陀虽勇猛却没有谋略，他的军队多次取胜，士兵骄横并且狠毒，我们可打一仗就将他们抓获。您只需排列阵势待敌前来，我保证为您将他们打败。"翟让迫不得已，于是率兵准备迎战。李密分派士兵千余人在树林里设下埋伏。翟让与敌人交战失利，士兵逐渐败退，李密命令伏兵从敌军后面偷袭，张须陀的军队溃败。李密与翟让前后夹击，致使敌军惨败，就在阵前将张须陀斩杀。翟让于是让李密在军前竖起将旗，单独统领其他所率领的部众。

李密又对翟让说："昏君丧失帝位，在吴、越间流亡，反隋之人如猬毛竞相起兵，天下闹饥荒，民不聊生。明公您凭借英武超凡的才能，率领勇猛的军队，理应使天下清平，诛灭群奸，怎么能在草莽荒野求生，一辈子做小强盗呢！如今东都的士人、庶民，朝廷内外，离心离德，留守的各位官员，发号施令也不一致。您如果亲率大军，径直袭击兴洛仓，分发粮食救济穷困百姓，远近之人谁不来依附于您！百万人的队伍，一早上的时间就可聚齐。一定要先发制人，这个良机不可以失去啊"。翟让说："我在田野之间起兵，没有这么大的奢望。一定要实行您的计划，那就请您率先进发，我率领众军，就作为后续增援之军。攻取兴洛仓那天，再另外商讨吧。"于是，李密与翟让率领七千精兵，在大业十三年的春天，从阳城出发，向北越过方山，从罗口偷袭兴洛仓，将其攻克。他们打开粮仓，让百姓随意取粮，连老人和背孩子的妇女都来领粮，道路上百姓往来络绎不绝。

越王杨侗的虎贲郎将刘长恭率领步兵、骑兵二万五千人来征讨李密，李密只一战就打败了敌军，只有长恭仅免于一死。于是翟让推选李密担任首领。李密在洛口筑城驻守，城周长四十里。房彦藻劝说攻取了豫州，东都非常恐慌。翟让进献尊号给李密，称为“魏公”。李密最初推辞不受，经过众将领坚决请求，才听从了他们。建造朝会、祭祀用的高台，李密即位，称永平元年，设置属官，任命房彦藻为左长史，邴元真为右长史，杨德方为左司马，郑德韬为右司马。授予翟让司徒的官职，封他为东郡公。其他将帅授予官职各有差别。长白山反贼孟让抢掠东都，焚毁丰都市后归附李密。李密攻克巩县，擒住县长柴孝和，授予他护军之职。武贲郎将裴仁基进献虎牢关归顺李密，李密派遣仁基与孟让率二万余士兵偷袭回洛仓，攻克了它，焚烧天津桥，于是放纵士兵大肆劫掠。东都出兵攻打他们，仁基等人惨败，仅免身死。李密又亲自率领士兵三万进逼东都，将军段达、武贲郎将高毗、刘长恭等出兵七万抗击，双方在汉洛阳故城交锋，官军战败而逃，李密再次将回洛仓攻占。不久德韬、德方都战死了，李密又任命郑颋为左司马、郑虔象为右司马。

柴孝和劝谏李密说：“秦地山势险峻，又有黄河相绕，西楚霸王放弃它而导致败亡，汉高祖在此建都而成就帝业。依臣愚见，应命裴仁基在回洛驻扎、翟让在洛口驻守，明公您亲自挑选精锐士兵，向西袭击长安，百姓谁不前往郊外迎接您，必定是有征无战之举啊。攻占京城后，基业稳固军队强大，然后再长驱崤、函，横扫东都洛阳，颁布檄文指挥调遣，天下就可被平定了。但是现在群雄竞相起兵，确实担心别人抢在我们之前，一旦丧失良机，那就后悔莫及了！”李密说：“您谋求之事，我也思虑很久了，确实是上策。只是昏君还活着，随从的士兵还很多，而我们率领的士兵，都是崤山以东的人，既然看到洛阳还没有攻克，怎么愿意追随我向西进军！众将领都是盗贼出身，留下他们，将会互相争夺。如果这样，恐怕将要失败啊。”孝和说：“的确如您所说，我比不上您啊。大军既然不适合向西进发，请让我偷偷西行去窥探是否有可乘之机。”李密听从了他的建议。柴孝和与几十骑兵到了陕县，有万余人山贼归附他。当时，李密军队的锋芒很盛，常常潜入禁苑，与官军连续交战。恰逢李密被飞箭射中，在军营卧床养伤，几天后，东都出兵攻打他，李密军队惨败，放弃回洛仓，返回洛口。柴孝和军队听闻李密败退，各自溃散奔逃。柴孝和一人骑马返回李密那里。

炀帝派遣王世充率领江、淮五万精锐士兵征讨李密，李密率领军队迎战，抗拒官军，但是战事不利。柴孝和淹死在洛水中，李密很是哀伤。王世充在洛西安营驻扎，与李密相互对峙百余天。武阳郡丞元宝藏、黎阳贼帅李文相、洹水贼帅张升、清河贼帅赵君德、平原贼帅郝孝德一起归附李密，共同袭击并攻克黎阳仓。周法明进献江州、黄州地区归附李密，齐郡贼帅徐圆朗、任城大侠徐师仁、淮阳太守赵他等人先后真心归顺，李密大军以千百计数。

翟让属下王儒信劝说翟让担任大冢宰，统管各项事务，来削夺李密的大权。翟让的兄长翟宽又对崔让说："天子只可自己做，怎能让与他人？你如果不能做，我就来做天子。"李密听到他们的对话后，开始谋划除去崔让的计策。适逢王世充摆开阵势前来进攻，翟让率军出击迎战，被王世充击退几百步。李密与单雄信等率精锐军队迎击，王世充战败而逃。翟让打算乘胜追击敌军，攻取他们的营垒，正赶上天已日暮，李密坚决阻止他前去。第二天，翟让和数百人一起前往李密驻地，想宴饮作乐。李密准备好美食招待他，他带领的随行士兵，各自分开就餐。各门都暗中做好了准备，翟让没有发觉。李密请翟让落座，他有一把好弓，拿出来给翟让看，然后让翟让试着射一下。正当翟让拉满弓将要发射时，李密命壮士蔡建从背后将他斩杀，死在了床下。随后将翟让的哥哥翟宽及王儒信斩杀，连随行士兵也有被杀的。翟让部将徐世勣被乱兵砍中，身受重伤，李密立即制止他们，徐世勣才能够免死。单雄信等都磕头哀求，李密将他们全部放走，并用好话宽慰他们。然后率领左右亲信几百人前往翟让本部营房。王伯当、郝元真、单雄信等人进入营房后，告诉众人诛杀翟让的原因，翟让的部下没有哪一个敢动的。于是命令徐世勣、单雄信、王伯当分别统率翟让的军队。

不久后，王世充夜袭仓城，李密率军迎击，将他战败，斩杀了武贲郎将费青奴。王世充又把军营迁到洛北，军营南面与巩县相对，以后就在洛水修建浮桥，调派他的全部军队来攻打李密。李密率一千骑兵迎击，失利后撤回。王世充趁机逼近城下，李密选出精锐士兵几百人，分成三队迎击。官军逐渐撤退，互相拥挤踩踏，纷纷坠入河中，死者达几万人。武贲郎将杨威、王辩、霍世举、刘长恭、梁德重、董智通等诸将领全部在战场战死。王世充只一人逃脱，不敢返回东都，就逃往河阳。那天夜里积雪一尺多深，跟随他的士兵，几乎都死了。李密于是修整金墉旧城据守，又聚集士兵三十余万。然后率军进攻上春门，东都留守韦津冲出营门迎敌，被李密打败，又在阵前生擒韦津。属下劝说李密登基称帝，李密没有同意。等到李渊义军围攻东都时，李密出兵与之争夺，最后双方军队各自撤退。

不久，宇文化及杀死炀帝背叛隋朝，率领部众从江都北上直攻黎阳，拥有大军十余万。李密于是亲自率领步兵、骑兵两万人前去迎战。适逢此时越王杨侗即位称帝，派遣使臣任命李密担任太尉、尚书令、东南道大行台、行军元帅、魏国公等官职，诏令他先平定宇文化及，然后入朝辅佐处理政务，李密派遣使者答谢圣恩。宇文化及与李密的部队相遇，李密探听到宇文化及的军队粮食匮乏，速战速决对他有利，所以没有和他正面交锋，而是截断他的退路，使其无法西进。李密派遣徐世勣把守仓城，宇文化及攻打这里，却没有攻克。李密和宇文化及隔河对话，李密列数他的罪行他说："你家原本不过是匈奴的奴隶破野头罢了，父兄子弟都蒙受隋朝厚恩，世代享受荣华富贵，甚至娶公主为妻，你得到的荣光和显赫的地位，整个朝廷没有第二个人了。享受国士恩遇之人，就应以国士身份来报效朝廷，怎么能容许在皇上背离德行时，不去以死劝谏，反而趁众人叛乱之时，亲手将皇上虐杀，连其子孙也一起诛杀，扶立皇室旁支中的庶出子弟，专擅大权，密谋篡位，侮辱帝妃皇后，冤枉残杀无罪之人？你不追效诸葛瞻的忠诚，却效仿霍禹的叛逆恶行。天地难以宽恕你，人神不会护佑你。胁迫威迫良善之人，你打算去何处呢！如今如果速速归附于我，还可保全你的后代。"宇文化及沉默不语，低头凝视许久，才怒目圆睁大声喊道："我与你谈论交战之事，何必与我引经据典，咬文嚼字呢？"李密对随从士兵说："宇文化及如此平庸怯懦，竟然还打算称帝，他是赵高、圣公一类人物，我应当折木为杖将他驱逐。"宇文化及大力修造攻城器具，以便逼近黎阳仓，李密率五百轻骑兵驱马进攻，仓城的守兵都出来接应他，将宇文化及的攻城器具焚烧，大火整夜未灭。

李密得知宇文化及的粮食就要耗尽，于是假装与他讲和，来蒙蔽其部众。宇文化及不知道其中有诈，还很高兴，听凭其士兵尽情地吃饭，他希望李密送给他一些食物。适逢李密部下有人获罪，逃奔到宇文化及那里，将李密的实情全都禀告给他。宇文化及很气愤，等他的军粮吃完，就渡过永济渠，与李密在童山下大战，从早晨一直打到傍晚。李密被飞箭射中，在汲县住宿休整。宇文化及到汲郡抢掠，然后向北进军魏县。这时他的大将陈智略、张童仁等率领的士兵，一个接一个地纷纷投降李密。当初，宇文化及把行军时由运输部队携带的军械、粮草、被服等物资留在东郡，派遣他委任的刑部尚书王轨驻守看护。到此时，王轨拿全郡向李密请求投降，李密任命他为滑州总管。李密率军西进，派遣记室参军李俭前往东都朝见，擒住杀死炀帝的于弘达并进献给越王杨侗。杨侗任命李俭为司农少卿，让他返回去复命，召请李密入朝。李密抵达温县，听说王世充已经杀死了元文都、卢楚等人，于是返回金墉。

王世充已经独揽大权，于是给将士丰厚的赏赐，修整兵器战具，军心又逐渐稳定。但是李密的士兵缺少衣服，王世充的士兵缺少粮食，于是就请求彼此交换。起初，李密觉得为难，邴元真等人为求各自的私利，轮番来劝说李密，李密于是就答应了。之前，东都粮食断绝，来归附李密的人，每天有几百人。到如今，百姓得到粮食，来归附的人渐渐减少，李密这才悔悟就停止了交换。李密虽然据守粮仓，但是没有府库，将士屡次参战却得不到赏赐，而李密又对刚刚归附的士兵进行优厚地抚恤，所以将士逐渐心生埋怨。当时派遣邴元真驻守兴洛仓。元真出身于贫贱之家，性格又贪婪鄙俗，宇文温很讨厌他，常常对李密说："如果不杀掉元真，您的灾祸就不会停止。"李密没有回答，而元真得知此事后，就暗中谋划反叛李密。杨庆听说后禀告李密，而李密仍很犹疑。适逢王世充率全部兵马来决战，李密留下王伯当驻守金墉，亲自率领精兵进发偃师，北倚邙山险阻来等待敌军。王世充军队抵达后，命令几百名骑兵渡过御河，李密派遣裴行俨率军队迎战。此时正值日暮，双方短暂交锋后撤退，裴行俨、孙长乐、程咬金等十余名猛将都身负重伤，李密很憎恶此战。世充夜里悄悄地率军渡过了河，第二天清晨摆好阵势，李密才发觉，只好在困窘中仓促迎战，结果惨败，率领万余士兵骑马奔向洛口。世充夜里围攻偃师，守将郑颋被部下推翻，献上城向王世充投降。李密打算进入洛口仓城，邴元真已派人暗中带领王世充的军队去了。李密暗中知晓此事但没有揭发，然后与众人谋划，等王世充的士兵渡洛水的一半时，突然袭击他们。但当世充的部队到达时，李密的巡逻侦察骑兵没有及时地发现，等到将要作战时，世充的军队已全部渡过了河。李密自己揣度不能支撑了，于是率领骑兵逃走了。邴元真最终献出仓城投降了王世充。

李密的士兵渐渐离散，他打算奔赴黎阳。有人对他说："杀翟让时，徐世勣差一点被打死。直到如今创伤还没有痊愈，他的心怎能保证不改变呢？”李密于是停止了黎阳之行。当时王伯当放弃了金墉，驻守在河阳，李密率领轻骑兵从武牢渡过黄河去归附他，对王伯当说：“军队战败了，长时间地使诸君劳苦了，我现在自杀，向各位谢罪。”众人都流泪了，不能抬头仰视。李密又说：“很荣幸承蒙诸君不忍弃我而去，我们应当一起归附关中。我李密虽然羞愧没有什么功业，诸君必定能保全富贵。”他的府掾柳燮回答说：“以前刘盆子归顺汉朝后，还能享受租赋，明公您与长安的皇帝同宗，还有昔日的遇合，虽然不曾随他一起起义，但是阻击东都，截断隋军归路，使唐国不用作战就据有京都，这也是您的功劳啊。”众人都说：“对！”李密就归顺了大唐，被加封为邢国公，授予光禄卿一职。

杨玄感

杨玄感，司徒素之子也。体貌雄伟，美须髯。少时晚成，人多谓之痴，其父每谓所亲曰：“此儿不痴也。”及长，好读书，便骑射。以交军功，位至柱国，与其父俱为第二品，朝会则齐列。其后高祖命玄感降一等，玄感拜谢曰：“不意陛下宠臣之甚，许以公廷获展私敬。”初拜郢州刺史，到官，潜布耳目，察长吏能不。其有善政及赃污者，纤介必知之，往往发其事，莫敢欺隐。吏民敬服，皆称其能。后转宋州刺史，父忧去职。岁余，起拜鸿胪卿，袭爵楚国公，迁礼部尚书。性虽骄倨，而爱重文学，四海知名之士多趋其门。

自以累世尊显，有盛名于天下，在朝文武多是父之将吏，复见朝纲渐紊，帝又猜忌日甚，内不自安，遂与诸弟潜谋废帝，立秦王浩。及从征吐谷浑，还至大斗拔谷，时从官狼狈，玄感欲袭击行宫。其叔慎谓玄感曰：“士心尚一，国未有衅，不可图也。”玄感乃止。

时帝好征伐，玄感欲立威名，阴求将领。谓兵部尚书段文振曰：“玄感世荷国恩，宠逾涯分，自非立效边裔，何以塞责！若方隅有风尘之警，庶得执鞭行阵，少展丝发之功。明公兵革是司，敢布心腹。”文振因言于帝，帝嘉之，顾谓群臣曰：“将门必有将，相门必有相，故不虚也。”于是赍物千段，礼遇益隆，颇预朝政。

帝征辽东，命玄感于黎阳督运。于时百姓苦役，天下思乱，玄感遂与武贲郎将王仲伯、汲郡赞治赵怀义等谋议，欲令帝所军众饥馁，每为逗留，不时进发。帝迟之，遣使者逼促，玄感扬言曰：“水路多盗贼，不可前后而发。”其弟武贲郎将玄纵、鹰扬郎将万硕并从幸辽东，玄感潜遣人召之。时将军来护儿以舟师自东莱将入海，趣平壤城，军未发。玄感无以动众，乃遣家奴伪为使者，从东方来，谬称护儿失军期而反。玄感遂入黎阳县，闭城大索男夫。于是取帆布为牟甲，署官属，皆准开皇之旧。移书傍郡，以讨护儿为名，各令发兵，会于仓所。以东光县尉元务本为黎州刺史，赵怀义为卫州刺史，河内郡主簿唐祎为怀州刺史。有众且一万，将袭洛阳。唐祎至河内，驰往东都告之。越王侗、民部尚书樊子盖等大惧，勒兵备御。修武县民相率守临清关，玄感不得济，遂于汲郡南渡河，从乱者如市。数日，屯兵上春门，众至十余万。子盖令河南赞治裴弘策拒之，弘策战败。瀍、洛父老竟致牛酒。玄感屯兵尚书省，每誓众曰：“我身为上柱国，家累钜万金，至于富贵，无所求也。今者不顾破家灭族者，但为天下解倒悬之急，救黎元之命耳。”众皆悦，诣辕门请自效者，日有数千。与樊子盖书曰：

夫建忠立义，事有多途，见机而作，盖非一揆。昔伊尹放太甲于桐宫，霍光废刘贺于昌邑，此并公度内，不能一二披陈。

高祖文皇帝诞膺天命，造兹区宇，在琁玑以齐七政，握金镜以驭六龙，无为而至化流，垂拱而天下治。今上纂承宝历，宜固洪基，乃自绝于天，殄民败德。频年肆眚，盗贼于是滋多，所在修治，民力为之凋尽。荒淫酒色，子女必被其侵，耽玩鹰犬，禽兽皆离其毒。朋党相扇，货贿公行，纳邪佞之言，杜正直之口。加以转输不息，徭役无期，士卒填沟壑，骸骨蔽原野。黄河之北，则千里无烟，江淮之间，则鞠为茂草。

玄感世荷国恩，位居上将，先公奉遗诏曰：“好子孙为我辅弼之，恶子孙为我屏黜之。”所以上禀先旨，下顺民心，废此淫昏，更立明哲。四海同心，九州响应，士卒用命，如赴私仇，民庶相趋，义形公道。天意人事，较然可知。公独守孤城，势何支久！愿以黔黎在念，社稷为心，勿拘小礼，自贻伊戚。谁谓国家一旦至此，执笔潸泫，言无所具。

遂进逼都城。

刑部尚书卫玄，率众数万，自关中来援东都。以步骑二万渡瀍、涧挑战，玄感伪北。玄逐之，伏兵发，前军尽没。后数日，玄复与玄感战，兵始合，玄感诈令人大呼曰：“官军已得玄感矣。”玄军稍怠。玄感与数千骑乘之，于是大溃，拥八千人而去。玄感骁勇多力，每战亲运长矛，身先士卒，喑呜叱咤，所当者莫不震慑。论者方之项羽。又善抚驭，士乐致死，由是战无不捷。玄军日蹙，粮又尽，乃悉众决战，阵于北邙，一日之间，战十余合。玄感弟玄挺中流矢而毙，玄感稍却。樊子盖复遣兵攻尚书省，又杀数百人。

帝遣武贲郎将陈稜攻元务本于黎阳，武卫将军屈突通屯河阳，左翊卫大将军宇文述发兵继进，右骁卫大将军来护儿复来赴援。玄感请计于前民部尚书李子雄，子雄曰："屈突通晓习兵事，若一渡河，则胜负难决，不如分兵拒之。通不能济，则樊、卫失援。"玄感然之，将拒通。子盖知其谋，数击其营，玄感不果进。通遂济河，军于破陵。玄感为两军，西抗卫玄，东拒屈突通。子盖复出兵，于是大战，玄感军频北。复请计于子雄，子雄曰："东都援军益至，我师屡败，不可久留。不如直入关中，开永丰仓以赈贫乏，三辅可指麾而定。据有府库，东面而争天下，此亦霸王之业。"会华阴诸杨请为乡导，玄感遂释洛阳，西图关中，宣言曰："我已破东都，取关西矣。"宇文述等诸军蹑之。至弘农宫，父老遮说玄感曰："宫城空虚，又多积粟，攻之易下。进可绝敌人之食，退可割宜阳之地。"玄感以为然，留攻之，三日城不下，追兵遂至。玄感西至阌乡，上槃豆，布阵亘五十里，与官军且战且行，一日三败。复阵于董杜原，诸军击之，玄感大败，独与十余骑窜林木间，将奔上洛。追骑至，玄感叱之，皆惧而返走。至葭芦戍，玄感窘迫，独与弟积善步行。自知不免，谓积善曰："事败矣。我不能受人戮辱，汝可杀我。"积善抽刀斫杀之，因自刺，不死，为追兵所执，与玄感首俱送行在所。磔其尸于东都市三日，复脔而焚之。余党悉平。其弟玄奖为义阳太守，将归玄感，为郡丞周琁玉所杀。玄纵弟万硕，自帝所逃归，至高阳，止传舍，监事许华与郡兵执之，斩于汲郡。万硕弟民行，官至朝请大夫，斩于长安。并具枭磔。公卿请改玄感姓为枭氏，诏可之。

初，玄感围东都也，梁郡人韩相国举兵应之，玄感以为河南道元帅。旬月间，众十余万，攻剽郡县。至于襄城，遇玄感败，兵渐溃散，为吏所执，传首东都。

【译文】

杨玄感是司徒杨素的儿子。他体貌雄伟，须髯漂亮。他少年时很晚才懂事，因此很多人都说他痴。他的父亲却常对亲近的人说："这个孩子不痴。"等到长大后，他喜欢读书，并喜欢骑马射箭。他凭借父亲的军功，获得了柱国的高位，同他的父亲都是二品官，朝会的时候与父亲站在同一行列中。后来高祖让杨玄感官品降一级，杨玄感拜谢说："没想到陛下如此宠爱臣，允许臣在公廷上得以表示对家父的尊敬。"开始时朝廷授予他郢州刺史的官职，他上任后，暗中布下耳目，探索下面官吏是否能干。有政事处理得好的以及贪赃枉法的，哪怕一丝一毫杨玄感也会知道，因此玄感常常把这些官吏的表现公布出来，官吏们也就没有人敢于对他有什么欺骗隐瞒。吏民们敬服他，都称赞他贤能。后调任宋州刺史，因父亲去世而离职。过了一年多，被授予鸿胪卿一职，并承袭父爵为楚国公，后又调升为礼部尚书。他的性情虽然倨傲，却十分爱好和重视文学，因此天下知名的文士多归附到他的门下。

杨玄感自以为杨家世世尊贵显耀，在天下享有盛名，在朝廷上的文武官员也多是他父亲手下的将吏，又发现朝廷纲纪渐渐混乱，而炀帝对杨家的猜忌又越来越厉害，因此他内心深感不安，于是就同他的弟弟们暗地谋划废掉炀帝，更立秦王杨浩为帝。到杨玄感随从炀帝出征吐谷浑，回来时走到大斗拔谷，这时从行的官吏们都很狼狈，杨玄感便想趁机袭击炀帝的行宫。他的叔叔杨慎对他说："现在人心还一致，国政又没有出现大的问题，还不可采取行动。"玄感这才作罢。

当时炀帝喜欢出兵征伐，杨玄感想为自己树立威名，便暗地谋求做将领。他对兵部尚书段文振说："玄感世世蒙受国恩，获得朝廷过分的荣宠，如果不能立志效命边疆，用什么来报答朝廷呢！如果边疆有军情，希望能服役于行伍之中，多少做一点微薄的贡献。明公你是执掌军事的，因此冒昧地向您表白我内心的想法。"段文振把杨玄感的话转告炀帝，炀帝称赞他，看着群臣说："将门必有将才，相门必有相才，这话不假。"于是赐给杨玄感丝织物一千段，对他的礼遇更加隆重，杨玄感因此也很能参与一些朝政。

炀帝征伐辽东，命杨玄感在黎阳督运粮草。这时老百姓为徭役所苦，天下人心思乱，杨玄感于是同武贲郎将王仲伯、汲郡赞治赵怀义等人谋议，想让炀帝所率的军队挨饿，因此每次运送粮草都故意逗留，不及时送发。炀帝认为粮草送达得太迟，遣使者来催逼。杨玄感扬言说："水路多盗贼，不可前后相继发送。"杨玄感的弟弟武贲郎将杨玄纵、鹰扬郎将万硕都跟从炀帝在辽东，玄感暗地派人召他们回来。当时将军来护尔率领水军从东莱入海，前往平壤城，军队还没有出发。杨玄感正愁没有借口发动众人，于是就派他的家奴伪装成使者，从东方来，谎称来护儿因为失军期而造反。杨玄感于是进入黎阳县城，关闭城门，大肆搜索成年男子。又取帆布做成盔甲，设置官属，都依照开皇年间的旧制来办。又写文告发送到周围各郡，以讨伐来护儿为名，命令各郡发兵，到黎阳仓会师。杨玄感用东光县尉元务本作为黎州刺史，赵怀义作为卫州刺史，河内郡主簿唐祎作为怀州刺史。这时杨玄感拥有军队将近一万人，将要袭击洛阳。唐祎到河内后，便飞马驰往东都洛阳报告了这件事。在洛阳城的越王杨侗、民部尚书樊子盖等大为恐惧，调兵防御。修武县的人民都相率前来守卫临清关，使杨玄感不能从这里渡河，于是杨玄感便从汲郡南渡过黄河，前来跟从杨玄感叛乱的人就像赶集市一样。过了几天，杨玄感把兵屯驻在上春门，已经拥有十多万人。樊子盖命令河南赞治裴弘策率兵抵御杨玄感，裴弘策被打败了。瀍水、洛水一带的父老乡亲们都竞相送牛送酒来慰问杨玄感的军队。玄感把兵屯驻在尚书省，常发誓言以鼓动众人说："我身为上柱国，家中有上万金钱，至于说富贵，我已经无所求了。今天之所以不顾破家灭族的大灾难，只是为了替天下人解救危如倒悬的急难，拯救百姓的性命罢了。"众人听了都很高兴，到杨玄感的营门前来请求效命的人，每天都有好几千。杨玄感写信给樊子盖说：

要想建立忠义之名，有多种途径，见机行事，一只一个办法。从前伊尹把商帝太甲放逐到桐宫，霍光把汉帝刘贺废掉而让他回到昌邑，这都是你所知道的，类似的事情不能一一陈述。

高祖文皇帝承受天命，缔造了隋的天下，像北斗处天极以节制日月与金木水火土的运行，握英明之道以驾驭贤才能士，从容安静而使最好的教化流布全国，拱手垂衣不操劳细务而天下得到治理。当今皇上继承帝位，应该巩固大业，他却自绝于天，残害人民而败坏德行。连年肆行过恶，盗贼因此越来越多。他到处大兴土木工程，致使民力耗尽。他荒淫酒色，臣民的女子必然被他侵侮。他酷好玩弄鹰犬，致使禽兽都遭受他的毒害。他治下的官吏结党营私互相煽惑，致使贿赂公行。他纳用邪恶谗佞的鬼话，杜绝正直之士的嘴巴。加上为战争转运粮草不停，徭役没有期限，士卒大量死亡，骸骨布满原野。黄河以北，千里不见人烟；

江淮之间，长满茂草。

玄感之家世世蒙受国恩，位居上将。我的先父曾接受先帝遗诏说：“如果是好子孙您就为我辅佐他，如果是坏子孙您就为我废除他。”所以我上禀先帝遗旨，下顺天下民心，废掉这个荒淫昏乱的昏君，更立明哲的君主。四海同心，九州响应，士卒听命而行，如同前去报私仇一般，百姓竞相归附，正义之气显现于大路上。天意民心如何，已经清楚可知了。你独守此座孤城，这种形势难道可以支持长久？愿以百姓为念，把国家社稷放在心上，不要被小礼所束缚，自己给自己留下忧患。谁知国家今天到了这步田地，握笔流泪，不知所云。

于是杨玄感率兵前进逼迫东都洛阳城。

刑部尚书卫玄，率兵好几万人，从关中前来支援东都。卫玄用两万步兵和骑兵渡过瀍水、涧水来向杨玄感挑战。杨玄感假装败走。卫玄在后追赶，玄感布置的伏兵发起攻击，使卫玄的前军全部被消灭。此后过了几天，卫玄又与杨玄感作战，双方刚交手，玄感就假装让人大声呼喊道：“官军已经抓获玄感了。”卫玄的军队听到这消息便有些松懈了。玄感与好几千骑兵乘机袭来，卫玄的军队于是大溃败，只带得八千人逃走。杨玄感勇敢而又有力量，每次战斗都亲自挥舞长矛，身先士卒，叱咤怒吼，所有抵挡他的人没有不感到惊恐害怕的，人们把他比作项羽。他又善于抚慰和使用部下，将士多乐于为他效死力，因此战无不胜。卫玄军的处境一天天窘迫，粮食也吃完了，于是带领全部军队同杨玄感决战，在北邙山上布阵，一天之内，与杨玄感交战十多回合。玄感的弟弟玄挺被流矢射中而死，于是玄感率军稍退。樊子盖派兵攻尚书省，又杀了玄感好几百人。

炀帝派遣武贲郎将陈稜进攻据守黎阳的元务本，武卫将军屈突通屯兵河阳，左翊卫大将军宇文述发兵继后而进，右骁卫大将军来护儿又奔赴洛阳来增援。杨玄感向前民部尚书李子雄请教计策，李子雄说：“屈突通知道熟悉军事，他一旦渡过黄河，那就胜负难定了，不如分出一部分兵力来抵御他。屈突通不得渡河，樊子盖、卫玄就失去了支援。”玄感赞同他的意见，将要分兵抵御屈突通。樊子盖得知杨玄感的计谋，多次派兵攻击玄感的营地，结果使玄感未能分兵前往。屈突通于是渡过河来，把军队驻扎在破陵。杨玄感把部队分成两军，西面抵抗卫玄，东面抵抗屈突通。樊子盖又出兵，于是大战，玄感军连连被打败。玄感又向李子雄请教计策，李子雄说："东都的援军越来越多，我军多次被打败，不可久留此地。不如直接攻入关中，开永丰仓以救济贫民，这样京师周围地区就很容易平定。占据了府库，再向东争夺天下，这是霸王之业。"恰逢华阴县各杨氏家族的人请求入关做向导，杨玄感于是放弃洛阳，向西谋取关中。他向军士们宣称："我军已攻破了东都，现在要夺取关西之地了。"宇文述等各率官兵跟踪追赶。到达弘农宫的时候，当地父老乡亲拦住杨玄感劝说道："现在宫城空虚，又多积粮，进攻它很容易拿下来，这样进可以断绝敌人的粮食，退可以割据宜阳之地。"玄感认为这话说得不错，便留下来攻夺弘农宫城，攻了三天也未能攻下来，追兵赶到了。杨玄感于是向西到达阌乡，上槃豆山，布阵横亘五十里，与官军边打边走，一天被打败多次。杨玄感又在董杜原布阵。官兵各军发起攻击，杨玄感大败，只与十几个骑兵逃窜到树林中，想要逃奔到洛阳。追兵赶到，玄感大声呵斥，都害怕得返身退走。到达葭芦戍，玄感被困，只能同弟弟积善步行。杨玄感自知难免一死，便对积善说："事情已经失败了。我不能被别人杀戮和侮辱，你可以把我杀掉。"积善于是抽刀砍杀了玄感，然后自杀，却没有死，被追兵抓住，把玄感的头和他一起送到军营所在地，把杨玄感的尸体在东都肢解了，并陈尸三天，又剁成肉泥而后用火焚烧了。杨玄感的余党也全部被平定了。杨玄感的弟弟杨玄奖担任义阳太守，想要去归附杨玄感的时候，被郡丞周琁玉所杀。玄纵的弟弟万硕，从炀帝那里逃回来，到达高阳，住在旅社里，监事许华和郡兵把他抓住，送到涿郡斩杀了。万硕的弟弟行民，做官做到朝请大夫，被斩杀在长安。被害的杨氏兄弟几人都被斩首示众并被肢解。公卿们向炀帝请求把玄感的姓改为"枭氏"，炀帝同意了。

当初，杨玄感包围东都的时候，有个叫韩相国的梁郡人举兵响应他，玄感任命他为河南道元帅。一个月的时间，韩相国的兵力就发展到十多万人，进攻剽掠郡县。打到襄城的时候，遇到玄感战败，韩相国的兵也就逐渐溃散了。后来韩相国被官吏抓获，杀死后把他的头传送到东都。

隋书卷七十四

库狄士文田式燕荣列传第三十九

库狄士文

库狄士文，代人也。祖干，齐左丞相，父敬，武卫将军，肆州刺史。士文性孤直，虽邻里至亲莫与通狎。少读书。在齐，袭封章武郡王，官至领军将军。周武帝平齐，山东衣冠多迎周师，唯士文闭门自守。帝奇之，授开府仪同三司、随州刺史。

高祖受禅，加上开府，封湖陂县子，寻拜贝州刺史。性清苦，不受公料，家无余财。其子常敢官厨饼，士文枷之于狱累日，杖之一百，步送还京。僮隶无敢出门。所买盐菜，必于外境。凡有出入，皆封署其门，亲旧绝迹，庆吊不通。法令严肃，吏人股战，道不拾遗。有细过，必深文陷害。尝入朝，遇上置酒高会，赐公卿入左藏，任取多少，人皆极重，士文独口衔绢一匹，两手各持一匹。上问其故，士文曰："臣口手俱满，余无所须。"上异之，别加赏物，劳而遣之。

士文至州，发擿奸隐，长吏尺布升粟之赃，无所宽贷。得千余人而奏之，上悉配防岭南，亲戚相送，哭泣之声遍於州境。至岭南，遇瘴疠死者十八九，于是父母妻子唯哭士文。士文闻之，令人捕捉，挝捶盈前，而哭者弥甚。有京兆韦焜为贝州司马，河东赵达为清河令，二人并苛刻，唯长史有惠政。时人为之语曰："刺史罗刹政，司马蝮蛇瞋。长史含笑判，清河生吃人。"上闻而叹曰："士文之暴，过於猛兽。"竟坐免。

未几，以为雍州长史，士文谓人曰："我向法深，不能窥候要贵，必死此官矣。"及下车，执法严正，不避贵戚，宾客莫敢至门，人多怨望。士文从父妹为齐氏嫔，有色，齐灭之后，赐薛国公长孙览为妾。览妻郑氏性妬，谮之於文献后，后令览离绝。士文耻之，不与相见。后应州刺史唐君明居母忧，娉以为妻，由是士文，君明并为御史所劾。士文性刚，在狱数日，愤恚而死。家无余财，有子三人，朝夕不继，亲友无内之者。

【译文】

库狄士文是代州人。他的祖父库狄干是北齐的左丞相；父亲库狄敬，担任过武卫将军、肆州刺史之职。库狄士文性格孤僻正直，即使是邻居和至亲也没有与他来往亲近的。年轻时喜欢读书，在北齐袭封章武郡王，官职到了领军将军。北周武帝平定北齐后，山东地区的士族很多出来欢迎北周军队，只有库狄士文关起门不出来。北周武帝认为此人很奇异，任命他为开府仪同三司、随州刺史。

隋文帝接受禅位建立隋朝，升任库狄士文为上开府，加封湖陂县子，不久后又授予县州刺史一职。库狄士文天性喜欢清苦生活，不接受规定俸禄之外的供给，因此，家里没有剩余的钱财。他的儿子经常吃公家厨房中的面食，库狄士文知道后就把儿子锁在狱中好多天，杖责一百，将他徒步押送回京城。库狄士文家里僮仆都不敢随便出门。盐和蔬菜，都是在辖境外买来的。凡是出门进门，都要在门上贴封条，亲戚故旧也和他断绝来往，连喜事和丧事也不通知一声。法令严明，部下的官员都吓得两腿颤抖，路不拾遗。如果别人有小的过失，一定要想法设法引用法令进行陷害。有一次上朝，正赶上隋文帝设宴大会群臣，赏赐公卿大臣进入储藏钱帛的左边库藏，任凭他们从中拿取财物绢帛。别人都拿重重地一大捆，只有库狄士文只是嘴里咬着一匹绢，两手又各拿着一匹。隋文帝问他为何如此，他回答说：“臣的嘴里手里都满了，再无别的需求。”隋文帝认为他很奇异，另外又对他加赐物品，进行慰劳，让他回去。库狄士文到抵达贝州，检举隐藏的坏人坏事，地方官即使接受一尺布一升粟的贿赂，也不加以宽恕。他抓捕此类人有一千多，他还上奏隋文帝，将他们全都发配到岭南戍守。发配之时，亲戚前来为他们送行，哭泣之声遍及全州境内。他们抵达岭南后，又遭遇瘴气疫病，有十分之八、九的人都死去了，于是死者的父母妻儿都哭骂库狄士文。库狄士文听闻此事，就派人抓捕他们，遭受鞭打之人跪满堂前，可是哭骂的人却骂的愈加厉害。当时有个京北人韦焜担任贝州司马，河东人赵达担任清河县令，这两个人对百姓都凶狠刻薄，只有长史能够爱护百姓。当时的人将这些人编成民谣说：“刺史治民如恶鬼，司马发怒像蝮蛇。长史带笑去审案，清河县令吃活人。”隋文帝听闻叹息说：“库狄士文的残暴，超过猛虎啊。”最终因此而免官。

没过多久，皇帝任命他为雍州刺史。库狄士文对别人说：“我向来执法认真严厉，不能揣测逢迎权贵之心，这次肯定会死在官位上。”

等到他刚一上任，就执法严厉，不避皇亲权贵，宾客没有人敢登门拜访，对他心怀怨恨的人很多。厍狄士文的堂妹是北齐后宫的妃嫔，容貌很美丽，北齐亡国后，她被赐给薛国公长孙览为妾。长孙览的妻子郑氏性情妒忌，在独孤皇后面前诋毁她，独孤皇后就命长孙览休离了她。厍狄士文把这件事当作一种耻辱，不跟她想见。后来应州刺史唐君明在为母亲服丧期间，娶厍狄氏为妻，所以厍狄士文与唐君明都被御史弹劾。厍狄士文性格刚直，在监狱中囚禁了几天，愤懑而死。死后家里没有多余的财产。他有三个儿子，贫穷得连饭都吃不上，亲戚朋友中也没有人接纳他们。

田式

田式，字显标，冯翊下邽人也。祖安兴，父长乐，仕魏，俱为本郡太守。式性刚果，多武艺，拳勇绝人。周明帝时，年十八，授都督，领乡兵。后数载，拜渭南太守，政尚严猛，吏人重足而立，无敢违法者。迁本郡太守，亲故屏迹，请托不行。武帝闻而善之，进位仪同三司，赐爵信都县公，擢拜延州刺史。从帝平齐，以功加上开府，徙为建州刺史，改封梁泉县公。

高祖总百揆，尉迥作乱邺城，从韦孝宽击之。以功拜大将军，进爵武山郡公。及受禅，拜襄州总管，专以立威为务。每视事于外，必盛气以待其下，官属股栗，无敢仰视。有犯禁者，虽至亲昵，无所容贷。其女婿京兆杜宁，自长安省之，式诫宁无出外。宁久之不得还，窃上北楼，以畅羁思。式知之，笞宁五十。其所爱奴，尝诣式白事，有虫上其衣衿，挥袖拂去之。式以为慢己，立棒杀之。或僚吏奸赃，部内劫盗者，无问轻重，悉禁地牢中，寝处粪秽，令其苦毒，自非身死，终不得出。每赦书到州，式未暇读，先召狱卒，杀重囚，然后宣示百姓。其刻暴如此。由是为上所谴，除名为百姓。式渐恚不食，妻子至其所，辄怒，唯侍僮二人给使左右。从家中索椒，欲以自杀。家人不与。阴遣所侍僮诣市买毒药，妻子又夺而弃之。式恚卧。其子信时为仪同，至式前流涕曰：“大人既是朝廷旧臣，又无大过。比见公卿卿放辱者多矣，旋复升用，大人何能久乎？乃至於此！”式欻然而起，抽刀斫信。信遽走避之，刃中於阈。

上知之，以式为罪己之深，复其官爵。寻拜广州总管，卒官。

【译文】

田式字显标，冯翊郡下邽人。他的祖父田安兴，父亲田长乐，在北魏担任官职，都曾经做过本郡太守。田式生性刚强果断，武艺高强，拳术没有人能比。周明帝时，田式十八岁，被任命为都督，统领本乡乡兵。过了几年，田式被授予渭南太守的官职，治理百姓崇尚严苛威猛，属下官吏对他特别惧怕，在他面前都脚挨脚站立，没有敢违法乱纪的。后来，升迁为本郡太守，亲戚故旧都和他断绝往来，向他请托事情根本行不通。周武帝听闻后对他加以赞赏，进升为仪同三司，加封为信都郡公，提升为延州刺史。后来，他跟随武帝平定了北齐，因为战功加封为上开府，升任为建州刺史，改封果泉县公。

高祖掌管北周大权，尉迟迥在邺城起兵叛乱，田式跟随韦孝宽攻打尉迟迥。因为战功被授予大将军的职位，进升爵位为武山郡公。等到隋文帝接受禅让即位称帝，又授予田式襄州总管的职位，在任上专专注于建立自己的威信。每次在外处理政事，一定会盛气凌人对待下属，他的属下官员都是两腿颤抖，无人敢抬头看他。有触犯禁令的人，即使是最亲近之人，也坚决不宽恕。他的女婿京兆人杜宁，从长安前往襄州看望他。田式告诫他不要随意外出。杜宁住了很长时间不能返回家中，就偷偷登上襄州城楼，来疏解羁留在外的思乡之情。田式得知这件事后，将杜宁鞭打五十竹板。田式有一个宠爱的仆人，有一次前往田式那里禀告事情，有条虫子爬上他的衣襟，他就挥起袖子想把虫子甩走。田式认为这个仆人对轻慢自己，立即命人将他棍棒打死。假如手下的属官作恶贪赃，衙门里的人抢劫偷盗，他不管情节轻重，全囚禁在地下室的牢狱里，让他们在粪便污秽之中睡觉，让他们忍受痛苦荼毒，除非死了，否则，不能离开这座牢狱。每次朝廷有赦免令到达这里，田式还没来得及打开读，就先将狱官召来，让他先处死罪行重的犯人，之后才把赦书向百姓宣布。他的狠毒暴虐就是这样。因为这样，田式被文帝责罚，免官除名成为百姓。田式因此惭愧愤恨不吃东西，妻子儿子到他那里去，他就生气，只有两个家童在他身边服侍。田式从家里拿取椒，想用它自杀。家里人没有给他。他又暗中派遣服侍他的家童到集市上买（药性）强烈的毒药，妻子儿子又把它夺走扔掉了。田式愤恨地躺在床上。他的儿子田信当时担任仪同一职，来到他面前流着眼泪说："父亲大人您既然是朝廷的重臣，又没有什么大过错。近来看到公卿被放逐的很多，不久就重新被任用，您怎么能长久被免官呢？竟然到如此地步吗？"田式一下子站起来，抽出刀子砍向田信。田信躲开了，刀子砍在门上。隋文帝听说此事，认为田式深刻地认识到自己的错误，就恢复了他的官爵。不久任命他为广州总管，在任上去世。

燕荣

燕荣，字贵公，华阴弘农人也。父偘，周大将军。荣性刚严，有武艺，仕周为内侍上士。从武帝伐齐，以功授开府仪同三司，封高邑县公。

高祖受禅，进位大将军，封落丛郡公，拜晋州刺史。从河间王弘击突厥，以功拜上柱国，迁青州总管。荣在州，选绝有力者为伍伯，吏人过之者，必加诘问，辄楚挞之，创多见骨。奸盗屏迹，境内肃然。他州县人行经其界者，畏若寇雠，不敢休息。上甚善之。后因入朝观，特加劳勉。荣以母老，请每岁入朝，上许之。及辞，上赐宴于内殿，诏王公作诗以饯之。伐陈之役，以为行军总管，率水军自东莱傍海入太湖，取吴郡。既破丹阳，吴人共立萧瓛为主，阻兵於晋陵，为宇文述所败，退保包山，荣率精甲五千蹑之。瓛败走，为荣所执，晋陵、会稽悉平。检校扬州总管，寻征为右武候将军。突厥寇边，以为行军总管，屯幽州。母忧去职。明年，起为幽州总管。

荣性严酷，有威容，长史见者，莫不惶惧自失。范阳卢氏，代为著姓，荣皆署为吏卒以屈辱之。鞭笞左右，动至千数，流血盈前，饮啖自若。尝按部，道次见丛荆，堪为笞棰，命取之，辄以试人。人或自陈无咎，荣曰："后若有罪，当免尔。"及后犯细过，将挞之，人曰："前日被杖，使君许有罪宥之。"荣曰："无过尚尔，况有过邪！"榜捶如旧。荣每巡省管内，闻官人及百姓妻女有美色，辄舍其室而淫之，贪暴放纵日甚。是时元弘嗣被除为幽州长史，惧为荣所辱，固辞。上知之，敕荣曰："弘嗣杖十已上罪，皆须奏闻。"荣忿曰："竖子何敢弄我！"於是遣弘嗣监纳仓粟，飏得一糠一粃，辄罚之。每笞虽不满十，然一日之中，或至三数。如是历年，怨隙日构，荣遂收付狱，禁绝其粮。弘嗣饥馁，抽衣絮，杂水咽之。其妻诣阙称冤。上遣考功侍郎刘士龙驰驿鞫问，奏荣虐毒非虚，又赃秽狼籍，遂征还京师，赐死。先是，荣家寝室无故有蛆数斛，从地坟出。未几，荣死於蛆虫之处。有子询。

【译文】

燕荣字贵公，是华阴郡弘农人。他的父亲燕偘是北周的大将军。燕荣生性刚强严厉，有武艺，在北周担任官职为内侍上士。燕荣跟随北周武帝征讨北齐，因为立下战功被任命为开府仪同三司，封为高邑县公。

隋文帝接受禅让即位称帝，升任燕荣为大将军，加封落丛郡公，被授予晋州刺史的职位。他跟随河间王杨弘进攻突厥，因为有战功被授予上柱国的职位，升任为青州总管。燕荣在青州时，挑选力气很大的人担任掌刑衙役，官吏到他管辖的地方，一定要盘查询问，并且经常加以责打，打到皮肉绽开露出骨头。因此坏人寇贼绝迹，州境内平安无事。其他州县的人经过青州地界时，惧怕燕荣就如同惧怕仇人一般，不敢停下休息。隋文帝对他很赞赏。后来因为燕荣前往长安朝拜，特意对他慰劳勉励。燕荣因为母亲年事已高，向皇帝请求每年回长安朝见朝拜顺便探问母亲，隋文帝准许了。等到他辞行时，隋文帝在内殿设宴相送，下诏命王公大臣赋诗为燕荣送行。在攻打陈朝的战役中，高祖任命燕荣为行军总管，率领水军从东莱沿着海岸南下进入太湖，攻克吴郡。攻取丹阳后，吴地人共同举荐萧瓛为国主，在晋陵阻截大军，萧瓛被宇文述打败，撤退军队据守包山，燕荣率领五千精锐甲兵紧紧追赶。萧瓛败逃，被燕荣抓获，晋陵、会稽一带全部被平定。朝廷任命燕荣为检校扬州总管，不久之后，又征召他为右武侯将军。突厥进犯边境，任命燕荣为行营总管，在幽州屯驻军队。因为为母亲服丧而解职。第二年，朝廷起用他，恢复官职为幽州总管。

燕荣性情严苛残暴，相貌威严，前去拜见的官员，没有不惶恐害怕举止失措的。范阳卢氏，世代都是大家族，燕荣让卢姓族人充任小吏士卒来打压羞辱他们。鞭打身边侍从，动不动就是千余下，被鞭打的人流血满地，燕荣却像平时一样饮酒吃饭。有一次，他出去巡视，在路上看到一丛荆棘，可以作为鞭打的工具，命人把它拿了过来，用它来试着鞭打人。有人自己申诉辩解说没犯什么罪，燕荣说：“今后如果再犯罪，可以宽恕你。”等后来这人因小过失而获罪，燕荣又要责打他，这人说：“前些天我被责打，使君您曾经答应再犯罪可以饶恕我的。”燕荣说：“没有犯罪尚且那么责打你，更何况你有罪过呢！”又像原来那样打了他一顿。燕荣每次巡视幽州境内，听说官吏或百姓的妻子女儿有长得漂亮的，就住在人家家里，将这些女子奸污，贪酷暴虐肆意放纵，一天比一天厉害。当时元弘嗣被任命为幽州长史，害怕被燕荣凌辱，坚决推辞官职。隋文帝了解情况后，颁下勅书给燕荣说：“元弘嗣即使犯鞭打十下以上的罪，也需要上奏让朕得知。”燕荣气愤地说：“元弘嗣这小子怎么敢戏耍于我！”于是就派遣元弘嗣监管百姓缴纳粮食的事务，只要在粮食里发现一点米糠一颗秕子，就进行处罚。虽然每次鞭打不超过十下，但一天之内有时要鞭打好多次。像这样过了一年，怨恨一天天累积，燕荣就把元弘嗣抓捕下狱，禁止给他食物吃。元弘嗣饿得不行，取出衣服里的棉絮，和着水吞咽下去。元弘嗣的妻子进京告发他。隋文帝派遣考功郎刘士龙乘坐驿马赶去审问，审问之后上奏说，燕荣确实暴虐凶残又贪污受贿名声败坏，于是就将他召回京师，赐他自尽。在此之前，燕荣家里寝室中无缘无故出现了几斛蛆，从地里涌出来。没过多久，燕荣就在出现蛆的地方死去。他有一个儿子，名叫燕询。

隋书卷八十

列女列传第四十五

自昔贞专淑媛，布在方策者多矣。妇人之德，虽在于温柔，立节垂名，咸资于贞烈。温柔，仁之本也；贞烈，义之资也。非温柔无以成其仁，非贞烈无以显其义。是以诗书所记，风俗所在，图像丹青，流声竹素，莫不守约以居正，杀身以成仁者也。若文伯、王陵之母，白公、杞植之妻，鲁之义姑，梁之高行，卫君灵主之妾，夏侯文宁之女，或抱信以舍贞，或蹈忠而践义，不以存亡易心，不以盛衰改节，其修名彰於既往，徽音传於不朽，不亦休乎！或有王公大人之妃偶，肆情于淫僻之俗，虽衣绣衣，食珍膳，坐金屋，乘玉辇，不入彤管之书，不沾良史之笔，将草木以俱落，与麋鹿而同死，可胜道哉！永言载思，实庶姬之耻也。观夫今之静女，各励松筠之操，甘于玉折兰摧，足以无绝今古。故述其雅志，以纂前代之列女云。

兰陵公主字阿五，高祖第五女也。美姿仪，性婉顺，好读书，高祖于诸女中特所钟爱。初嫁仪同王奉孝，卒，适河东柳述，时年十八。诸姊并骄贵，主独折节遵于妇道，事舅姑甚谨，遇有疾病，必亲奉汤药。高祖闻之大悦。由是述渐见宠遇。

初，晋王广欲以主配其妃弟萧瑒，高祖初许之，后遂适述，晋王因不悦。及述用事，弥恶之。高祖既崩，述徙岭表。炀帝令主与述离绝，将改嫁之。公主以死自誓，不复朝谒，上表请免主号，与述同徙。帝大怒曰："天下岂无男子，欲与述同徙耶？"主曰："先帝以妾适于柳家，今其有罪，妾当从坐，不愿陛下屈法申恩。"帝不从，主忧愤而卒，时年三十二。临终上表曰："昔共姜自誓，著美前诗，郧妫不言，传芳往诰。妾虽负罪，窃慕古人。生既不得从夫，死乞葬于柳氏。"帝览之愈怒，竟不哭，乃葬主于洪渎川，资送甚薄。朝野伤之。

南阳公主者，炀帝之长女也。美风仪，有志节，造次必以礼。年十四，嫁于许国公宇文述子士及，以谨肃闻。及述病且卒，主亲调饮食，手自奉上，世以此称之。

及宇文化及杀逆，主随至聊城，而化及为窦建德所败，士及自济北西归大唐。时隋代衣冠并在其所，建德引见之，莫不惶惧失常，唯主神色自若。建德与语，主自陈国破家亡，不能报怨雪耻，泪下盈襟，声辞不辍，情理切至。建德及观听者莫不为之动容陨涕，咸肃然敬异焉。及建德诛化及，时主有一子，名禅师，年且十岁。建德遣武贲郎将於士澄谓主曰："宇文化及躬行杀逆，人神所不容。今将族灭其家，公主之子，法当从坐，若不能割爱，亦听留之。"主泣曰："武贲既是隋室贵臣，此事何须见问!"建德竟杀之。主寻请建德削发为尼。

及建德败，将归西京，复与士及遇于东都之下，主不与相见。士及就之，立于户外，请复为夫妻。主拒之曰："我与君仇家。今恨不能手刃君者，但谋逆之日察君不预知耳。"因与告绝，诃令速去。士及固请之，主怒曰："必欲就死，可相见也。"士及见其言切，知不可屈，乃拜辞而去。

襄城王恪妃者，河东柳氏女也。父旦，循州刺史。妃姿仪端丽，年十余，以良家子合法相，娉以为妃。未几而恪被废，妃修妇道，事之愈敬。炀帝嗣位，恪复徙边，帝令使者杀之于道。恪与辞诀，妃曰："若王死，妾誓不独生。"于是相对恸哭。恪既死，棺敛讫，妃谓使者曰："妾誓与杨氏同穴。若身死之后得不别埋，君之惠也。"遂抚棺号恸，自经而卒。见者莫不为之涕流。

华阳王楷妃者，河南元氏之女也。父岩，性明敏，有气干。仁寿中，为黄门侍郎，封龙涸县公。炀帝嗣位，坐与柳述连事，除名为民，徙南海。后会赦，还长安。有人谮岩逃归，收而杀之。妃有姿色，性婉顺，初以选为妃。未几而楷被幽废，妃事楷逾谨，每见楷有忧惧之色，辄陈义理以慰谕之，楷甚敬焉。及江都之乱，楷遇宇文化及之逆，以妃赐其党元武达。武达初以宗族之礼，置之别舍，后因醉而逼之。妃自誓不屈，武达怒，挞之百余，辞色弥厉。因取甓自毁其面，血泪交下，武达释之。妃谓其徒曰："我不能早死，致令将见侵辱，我之罪也。"因不食而卒。

谯国夫人者，高凉洗氏之女也。世为南越首领，跨据山洞，部落十余万家。夫人幼贤明，多筹略，在父母家，抚循部众，能行军用师，压服诸越。每劝亲族为善，由是信义结于本乡。越人之俗，好相攻击，夫人兄南梁州刺史挺，恃其富强，侵掠傍郡，岭表苦之。夫人多所规谏，由是怨隙止息，海南、儋耳归附者千余洞。梁大同初，罗州刺史冯融闻夫人有志行，为其子高凉太守宝娉以为妻。融本北燕苗裔。初，冯弘之投高丽也，遣融大父业以三百人浮海归宋，因留于新会。自业及融，三世为守牧，他乡羁旅，号令不行。至是，夫人诫约本宗，使从民礼。每共宝参决辞讼，首领有犯法者，虽是亲族，无所舍纵。自此政令有序，人莫敢违。

遇侯景反，广州都督萧勃征兵援台。高州刺史李迁仕据大皋口，遣召宝。宝欲往，夫人止之曰："刺史无故不合召太守，必欲诈君共为反耳。"宝曰："何以知之？"夫人曰："刺史被召援台，乃称有疾，铸兵聚众，而后唤君。今者若往，必留质，追君兵众。此意可见，愿且无行，以观其势。"数日，迁仕果反，遣主帅杜平虏率兵入灨石。宝知之，遽告，夫人曰："平虏，骁将也，领兵入灨石，即与官兵相拒，势未得还。迁仕在州，无能为也。若君自往，必有战斗。宜遣使诈之，卑辞厚礼，云身未敢出，欲遣妇往参。彼闻之喜，必无防虑。于是我将千余人，步担杂物，唱言输赕，得至栅下，贼必可图。"宝从之，迁仕果大喜，觇夫人众皆担物，不设备。夫人击之，大捷。迁仕遂走，保于宁都。夫人总兵与长城侯陈霸先会于灨石。还谓宝曰："陈都督大可畏，极得众心。我观此人必能平贼，君宜厚资之。"

及宝卒，岭表大乱，夫人怀集百越，数州晏然。至陈永定二年，其子仆年九岁，遣帅诸首领朝于丹阳，起家拜阳春郡守。后广州刺史欧阳纥谋反，召仆至高安，诱与为乱。仆遣使归告夫人，夫人曰："我为忠贞，经今两代，不能惜汝辄负国家。"遂发兵拒境，帅百越酋长迎章昭达。内外逼之，纥徒溃散。仆以夫人之功，封信都侯，加平越中郎将，转石龙太守。诏使持节册夫人为中郎将、石龙太夫人，赍绣幰油络驷马安车一乘，给鼓吹一部，并麾幢旌节，其卤簿一如刺史之仪。至德中，仆卒。后遇陈国亡，岭南未有所附，数郡共奉夫人，号为圣母，保境安民。

高祖遣总管韦洸安抚岭外，陈将徐璒以南康拒守。洸至岭下，逡巡不敢进。初，夫人以扶南犀杖献于陈主，至此，晋王广遣陈主遗夫人书，谕以国亡，令其归化，并以犀杖及兵符为信。夫人见杖，验知陈亡，集首领数千，尽日恸哭。遣其孙魂帅众迎洸，入至广州，岭南悉定。表魂为仪同三司，册夫人为宋康郡夫人。

未几，番禺人王仲宣反，首领皆应之，围洗于州城，进兵屯衡岭。夫人遣孙暄帅师救洗。暄与逆党陈佛智素相友善，故迟留不进。夫人知之，大怒，遣使执暄，系於州狱。又遣孙盎出讨佛智，战克，斩之。进兵至南海，与鹿愿军会，共败仲宣。夫人亲被甲，乘介马，张锦伞，领彀骑，卫诏使裴矩巡抚诸州，其苍梧首领陈坦、冈州冯岑翁、梁化邓马头、藤州李光略、罗州庞靖等皆来参谒。还令统其部落，岭表遂定。高祖异之，拜盎为高州刺史，仍赦出暄，拜罗州刺史。追赠宝为广州总管、谯国公，册夫人为谯国夫人。以宋康邑回授仆妾洗氏。仍开谯国夫人幕府，置长史以下官属，给印章，听发部落六州兵马，若有机急，便宜行事。降敕书曰："联抚育苍生，情均父母，欲使率土清净，兆庶安乐。而王仲宣等辄相聚结，扰乱彼民，所以遣往诛翦，为百姓除害。夫人情在奉国，深识正理，遂令孙盎斩获佛智，竟破群贼，甚有大功。今赐夫人物五千段。暄不进愆，诚合罪责，以夫人立此诚效，故特原免。夫人宜训导子孙，敦崇礼教，遵奉朝化，以副朕心。"皇后以首饰及宴服一袭赐之，夫人并盛于金箧，并梁、陈赐物各藏于一库。每岁时大会，皆陈于庭，以示子孙，曰："汝等宜尽赤心向天子。我事三代主，唯用一好心。今赐物具存，此忠孝之报也，愿汝皆思念之。"

时番州总管赵讷贪虐，诸俚獠多有亡叛。夫人遣长史张融上封事，论安抚之宜，并言讷罪状，不可以招怀远人。上遣推讷，得其赃贿，竟致於法。降敕委夫人招慰亡叛。夫人亲载诏书，自称使者，历十余州，宣述上意，谕诸俚獠，所至皆降。高祖嘉之，赐夫人临振县汤沐邑，一千五百户。赠仆为崖州总管、平原郡公。仁寿初，卒，赙物一千段，谥为诚敬夫人。

郑善果母者，清河崔氏之女也。年十三，出适郑诚，生善果。而诚讨尉迥，力战死于阵。母年二十而寡，父彦穆欲夺其志，母抱善果谓彦穆曰："妇人无再见男子之义。且郑君虽死，幸有此儿。弃儿为不慈，背死为无礼。宁当割耳截发以明素心，违礼灭慈，非敢闻命。"善果以父死王事，年数岁，拜使持节、大将军，袭爵开封县公，邑一千户。开皇初，进封武德郡公。年十四，授沂州刺史，转景州刺史，寻为鲁郡太守。

母性贤明，有节操，博涉书史，通晓治方。每善果出听事，母恒坐胡床，于鄣后察之。闻其剖断合理，归则大悦，即赐之坐，相对谈笑。

若行事不允，或妄瞋怒，母乃还堂，蒙被而泣，终日不食，善果伏于床前，亦不敢起。母方起谓之曰："吾非怒汝，乃愧汝家耳。吾为汝家妇，获奉洒扫，如汝先君，忠勤之士也，在官清恪，未当问私，以身徇国，继之以死，吾亦望汝副其此心。汝既年小而孤，吾寡妇耳，有慈无威，使汝不知礼训，何可负荷忠臣之业乎？汝自童子承袭茅土，位至方伯，岂汝身致之邪？安可不思此事而妄加瞋怒，心缘骄乐，堕于公政！内则坠尔家风，或亡失官爵，外则亏天子之法，以取罪戾。吾死之日，亦何面目见汝先人于地下乎？"

母恒自纺绩，夜分而寐。善果曰："儿封侯开国，位居三品，秩俸幸足，母何自勤如是邪？"答曰："呜呼！汝年已长，吾谓汝知天下之理，今闻此言，故犹未也。至于公事，何由济乎？今此秩俸，乃是天子报尔先人之徇命也。当须散赡六姻，为先君之惠，妻子奈何独擅其利，以为富贵哉！又丝枲纺织，妇人之务，上自王后，下至大夫士妻，各有所制。若堕业者，是为骄逸。吾虽不知礼，其可自败名乎？"

自初寡，便不御脂粉，常服大练。性又节俭，非祭祀宾客之事，酒肉不妄陈于前。静室端居，未尝辄出门阁。内外姻戚有吉凶事，但厚加赠遗，皆不诣其家。非自手作及庄园禄赐所得，虽亲族礼遗，悉不许入门。

善果历任州郡，唯内自出馔，于衙中食之，公廨所供，皆不许受，悉用修治廨宇及分给僚佐。善果亦由此克己，号为清吏。炀帝遣御史大夫张衡劳之，考为天下最。征授光禄卿。其母卒后，善果为大理卿，渐骄恣，清公平允遂不如畴昔焉。

孝女王舜者，赵郡王子春之女也。子春与从兄长忻不协，属齐灭之际，长忻与其妻同谋杀子春。舜时年七岁，有二妹，粲年五岁，璠年二岁，并孤苦，寄食亲戚。舜抚育二妹，恩义甚笃。而舜阴有复仇之心，长忻殊不为备。姊妹俱长，亲戚欲嫁之，辄拒不从。乃密谓其二妹曰："我无兄弟，致使父仇不复。吾辈虽是女子，何用生为？我欲共汝报复，汝意如何？"二妹皆垂泣曰："唯姊所命。"是夜，姊妹各持刀逾墙而入，手杀长忻夫妻，以告父墓。因诣县请罪，姊妹争为谋首，州县不能决。高祖闻而嘉叹，特原其罪。

韩觊妻者，洛阳于氏女也，字茂德。父实，周大左辅。于氏年十四，适于觊。虽生长膏腴，家门鼎盛，而动遵礼度，躬自俭约，宗党敬之。

年十八，觊从军战没，于氏哀毁骨立，恸感行路。每至朝夕奠祭，皆手自捧持。及免丧，其父以其幼少无子，将嫁之。誓无异志。复令家人敦喻，于氏昼夜涕泣，截发自誓。其父喟然伤感，遂不夺其志焉。因养夫之孽子世隆为嗣，身自抚育，爱同己生，训导有方，卒能成立。自孀居已后，唯时或归宁，至于亲族之家，绝不来往。有尊卑就省谒者，送迎皆不出户庭。蔬食布衣，不听声乐，以此终身。高祖闻而嘉叹，下诏褒美，表其门闾，长安中号为节妇阙。终于家，年七十二。

陆让母者，上党冯氏女儿。性仁爱，有母仪，让即其孽子也。仁寿中，为番州刺史，数有聚敛，赃货狼籍，为司马所奏。上遣使按之皆验，于是囚诣长安，亲临问。让称冤，上复令治书侍御史抚按之，状不易前。乃命公卿百僚议之，咸曰"让罪当死"。诏可其奏。

让将就刑，冯氏蓬头垢面诣朝堂数让曰："无汗马之劳，致位刺史，不能尽诚奉国，以答鸿恩，而反违犯宪章，赃货狼籍。若言司马诬汝，百姓百官不应亦皆诬汝。若言至尊不怜愍汝，何故治书覆汝？岂诚臣？岂孝子？不诚不孝，何以为人！"于是流涕呜咽，亲持盂粥劝让令食。既而上表求哀，词情甚切，上愍然为之改容。献皇后甚奇其意，致请于上。治书侍御史柳彧进曰："冯氏母德之至，有感行路。如或杀之，何以为劝？"上于是集京城士庶于朱雀门，遣舍人宣诏曰："冯氏以嫡母之德，足为世范，慈爱之道，义感人神，特宜矜免，用奖风俗。让可减死，除名为民。"复下诏曰："冯氏体备仁慈，夙闲礼度。孽让非其所生，往犯宪章，宜从极法，躬自诣阙，为之请命，匍匐顿颡。朕哀其义，特免死辜。使天下妇人皆如冯者，岂不闺门雍睦，风俗和平！朕每嘉叹不能已。宜标扬优赏，用章有德。可赐物五百段。"集诸命妇，与冯相识，以宠异之。

刘昶女者，河南长孙氏之妇也。昶在周，尚公主，官至柱国、彭国公，数为将帅，位望隆显。与高祖有旧。及受禅，甚亲任，历左武卫大将军、庆州总管。其子居士，为太子千牛备身，聚徒任侠，不遵法度，数得罪。上以昶故，每辄原之。居士转恣，每大言曰："男儿要当辮头反缚，籧篨上作獠舞。"取公卿子弟膂力雄健者，辄将至家，以车轮括其颈而棒之。殆死能不屈者，称为壮士，释而与交。党与三百人，其矫捷者号为饿鹘队，武力者号为蓬转队。每韝鹰绁犬，连骑道中，殴击路人，多所侵夺。长安市里无贵贱，见之者皆辟易，至于公卿妃主，莫敢与校者。其女则居士之姊也，每垂泣诲之，殷勤垦恻。居士不改，至破家产。昶年老，奉养甚薄。其女时寡居，哀昶如此，每归宁于家，躬勤纺绩，以致其甘脆。

有人告居士与其徒游长安城，登故未央殿基，南向坐，前后列队，意有不逊，每相约曰："当为一死耳。"又时有人言居士遣使引突厥令南寇，当于京师应之。上谓昶曰："今日之事，当复如何？"昶犹恃旧恩，不自引咎，直前曰："黑白在于至尊。"上大怒，下昶狱，捕居士党与，治之甚急。宪司又奏昶事母不孝。其女知昶必不免，不食者数日，每亲调饮食，手自捧持，诣大理饷其父。见狱卒，长跪以进，嘘唏呜咽，见者伤之。居士坐斩，昶竟赐死于家。诏百僚临亲。时其女绝而复苏者数矣，公卿慰谕之。其女言父无罪，坐子以及于祸。词情哀切，人皆不忍闻见。遂布衣蔬食以终其身。上闻而叹曰："吾闻衰门之女，兴门之男，固不虚也！"

钟士雄母者，临贺蒋氏女也。士雄仕陈，为伏波将军。陈主以士雄岭南酋帅，虑其反复，每质蒋氏于都下。及晋王广平江南，以士雄在岭表，欲以恩义致之，遣蒋氏归临贺。既而同郡虞子茂、钟文华等作乱，举兵攻城，遣人召士雄，士雄将应之。蒋氏谓士雄曰："我前在扬都，备尝辛苦。今逢圣化，母子聚集，没身不能上报，焉得为逆哉！汝若禽兽其心，背德忘义者，我当自杀于汝前。"士雄于是遂止。蒋氏复为书与子茂等，谕以祸福。子茂不从，寻为官军所败。上闻蒋氏，甚异之，封为安乐县君。

时尹州寡妇胡氏者，不知何氏妻也。甚有志节，为邦族所重。当江南之乱，讽谕宗党，皆守险不从叛逆，封为密陵郡君。

赵元楷妻者，清河崔氏之女也。家有素范，子女皆遵礼度。元楷父为仆射，家富于财，重其门望，厚礼以聘之。元楷甚敬崔氏，虽在宴私，不妄言笑，进止容服，动合礼仪。

化及之反也，元楷随至河北，将归长安。至滏口，遇盗攻掠，元楷仅以身免。崔氏为贼所拘，贼请以为妻，崔氏谓贼曰："我士大夫女，为仆射子妻，今日破亡，自可即死。遣为贼妇，终必不能。"群贼毁裂其衣，形体悉露，缚于床箦之上，将凌之。崔氏惧为所辱，诈之曰："今力已屈，当听处分，不敢相违，请解缚。"贼遽释之。崔因著衣，取贼佩刀，倚树而立曰："欲杀我，任加刀锯。若觅死，可来相逼！"贼大怒，乱射杀之。元楷后得杀妻者，支解之，以祭崔氏之柩。

史臣曰：夫称妇人之德，皆以柔顺为先，斯乃举其中庸，未臻其极者也。至于明识远图，贞心峻节，志不可夺，唯义所在，考之图史，亦何世而无哉。兰陵主质迈寒松，南阳主心逾匪石，洗媪、孝女之忠壮，崔、冯二母之诚恳，足使义勇惭其志烈，兰玉谢其贞芳。襄城、华阳之妃，裴伦、元楷之妇，时逢艰阻，事乖好合，甘心同穴，颠沛靡它。志励冰霜，言逾皎日，虽诗咏共姜之自誓，传述伯姬之守死，其将复何以加焉！

【译文】

自古以来，坚贞专一贤淑美好的女子，在文献中被记载的已经够多了。女人的美德，虽然在于性格温婉柔和，但是坚守节操流名于世，都凭借坚贞刚毅。温婉柔和是仁爱之本，坚贞刚毅是道义的承继。没有温婉柔和不能展现其仁爱，没有坚贞刚毅不能彰显其道义。所以诗歌书籍中记载的，风俗中留存的，在丹青史书中画成图像的，名声在竹帛中得以传颂的，没有不秉持简约以达到居处正当的，杀死自己来成就仁爱的。例如文伯、王陵的母亲，白公、杞植的妻子，鲁的道义婆婆，梁氏的高尚品行，卫君灵主的妾，夏侯文宁的女儿，有的怀着真诚并蕴含坚贞，有的遵循忠义之路，不因生死存亡而改变想法，不因盛衰之变而改变操守，她们的美好名声之前就非常卓著，美好的赞颂声不断地传播，这难道不是好事吗！也有王公大人的妃子配偶，在世俗风气中纵情恣肆，虽然身穿锦绣华服，吃着珍贵的膳食，坐在金屋里，乘着玉辇，但是进入不了女史写的书中，优秀的史学家也不会为她们书写的，她们只能与草木一起衰败，与麋鹿一起死掉，这类事例怎么能说得完呢！只是一味陈说思念之情，确实是普通女人的羞耻啊。看那贞静女子，各自磨练松竹般的节操，甘愿玉折兰摧，也要古今传颂不断。所以，记述她们的本来志愿，来编集整理前代的各位女子的事迹。

兰陵公主字阿五，是高祖的第五个女儿。姿容外貌很美丽，性情温婉柔和，喜好读书，在所有女儿中高祖特别宠爱她。兰陵公主起初嫁给仪同王奉孝，王奉孝去世了，她又嫁给河东人柳述，当时她只有十八岁。她的各位姐姐都很骄纵，只有这位公主委屈自己遵循作为女人的道义，服侍公婆非常恭谨，遇到公婆患病，一定亲自服侍汤药。高祖听说这些后特别高兴。所以，柳述逐渐得到恩宠。

当初，晋王杨广打算把公主许配给他妃子的弟弟萧瑒，高祖起初答应了他，后来又将公主嫁与柳述，晋王于是很不高兴。等到柳述掌管大权后，晋王愈加怨恨他。高祖去世后，柳述被流放到岭南一带。炀帝命令公主与柳述离婚，打算将她改嫁。公主以死来表明心迹，不再上朝拜见皇帝，还上表请求将她的公主称号免去，她愿意与柳述一起被流放。炀帝非常生气地说："天下难道没有男人了，为什么要同柳述一道流放到岭南！"公主说："先帝将我嫁到柳家，如今他获罪，我应该跟他一样被治罪，不希望陛下歪曲法律来显示对我的恩宠。"皇帝没有答应她，公主忧伤悲愤而死，当时她三十二岁。她临死时呈递奏表说："之前共姜自己发誓，古代的诗歌记载她的美好德行，鄎妫没有说什么，但是古时的文告中却为她传播芬芳美德。我虽然有罪，也暗自仰慕古人的言行。既然活着不能追随丈夫，那么死后请求陛下将我埋葬在柳氏墓地。"皇帝看完后，愈加生气，竟然没有流泪，就把公主埋葬在洪渎川，资助送葬的费用也非常微薄。朝野人士都很为她悲伤。

南阳公主是炀帝的长女。风度仪表很美好，有志向节操，仓促之时也要注重礼仪。十四岁时嫁给了许国公宇文述的儿子宇文士及，她以恭谨端庄而闻名于世。宇文述病得将死之时，公主亲自为他调理饮食，亲自奉上，世人依据此事称颂她。

等到宇文化及诛杀皇帝叛乱时，公主跟随到达聊城。化及被窦建德打败，士及从济北向西归顺大唐。当时隋代读书做官之人都聚集在那里，窦建德把他们包围，没有人不惊恐失去常态的，只有公主神态自若。建德和她谈话，公主自己陈说国破家亡，却无法报仇雪恨，眼泪流下，打湿衣襟，哭声言辞不断，情理深切。建德和看见听见的人没有不被她感动得变了脸色，并且落下眼泪，都对其肃然起敬。等到建德征讨化及，当时公主有个儿子，名叫禅师，年龄快要十岁了。建德派遣武贲郎将于士澄对公主说："宇文化及亲自诛杀了皇上叛乱，人与神都无法容忍他。现在要把他的家族全部诛杀，公主的儿子，依法应该牵连到，如果您不能割爱，也由你留着他。"公主哭着说："武贲既然是隋朝的大臣，这件事何必来询问我！"建德最终杀死了他。不久，公主请求建德答应她削发为尼。

等到建德灭亡时，她打算回西京去，又与士及在东都城下相遇，公主不与他见面。士及前去见她，在门外站立，请求彼此再做夫妻。公主拒绝他说：“我和你是仇人。如今恨不能亲手将你杀死，只因你作乱那天我认为你之前并不知道罢了。”于是就与他断绝了关系，斥责他让他快速离开。士及坚决请求她，公主气愤地说：“一定想死，就相见吧。”士及见她言辞如此坚决，清楚说服不了她了，就拜辞着离开了。

襄城王杨恪的妃子是河东柳氏的女儿。她的父亲柳旦担任循州刺史。妃子姿容仪表端庄秀美，十多岁时，凭借良家女子合乎标准的相貌，被聘为王妃。不久之后杨恪被废黜了，妃子学习妇道，服侍他更加恭谨。炀帝继承皇位后，杨恪又被流放到边疆，炀帝命令使者在路上将他杀死。杨恪与她说诀别之言。妃子说：“如果大王死了，我发誓决不一人苟活。”于是相对痛哭。杨恪死之后，入棺收殓完毕，妃子对使臣说：“我发誓与杨恪在同一墓穴里。假如死后没有被埋在他处，那真是您的恩惠啊。”于是她抚摸棺材哭叫，然后上吊自尽了。看见的人没有不为她流泪的。

华阳王杨楷的妃子是河南元氏的女儿。她的父亲元岩，性格开朗敏锐，有气魄才华。仁寿年中，担任黄门侍郎，被封为龙涸县公。炀帝即位后，因在柳述事件中受到牵连，被削职为民，流放到了南海。后来遇到大赦，他又回到长安。有人诋毁元岩是逃跑回来的，于是抓住后被杀死了。妃子姿容美貌，性情温和柔顺，当初是被选为王妃的。不久之后，杨楷被幽禁废黜，妃子侍奉楷比之前更加恭谨，每当看到楷有忧愁恐惧的样子，就陈述义理来抚慰说服他，杨楷对她非常敬重。江都作乱时，杨楷赶上了宇文化及的叛乱，于是将妃子赐予了他的下属元武达。武达起初用同宗族的礼节来对待她，把她安置在其他屋里，后来借酒醉逼迫她。妃子发誓不屈从他，武达很气愤，打了她一百多下，而她的言辞神色更加坚定。然后她拿着甓将自己的脸面毁伤，血水与泪水交汇在一起流下来，于是武达将她放了。妃子对自己的仆人说：“我不能早点死掉，致使差点被侵犯侮辱，这是我的罪过啊。”于是不再吃饭一直到死去。

谯国夫人是高凉冼氏的女儿。她家世代担任南越首领，跨越据守山洞，属下的村落有十多万家。夫人从小聪慧豁达，擅长筹划谋略，在父母家时，抚慰引导属下的民众，能指挥军队作战，使每个越民族臣服。

她经常规劝亲戚族人要多做善事，所以，信誉道义在本乡树立起来。越人的风俗，喜好相互攻击，夫人的哥哥南梁州刺史冼挺，仰仗着自己强大，攻打劫掠周围郡县，岭南百姓深受其苦。夫人常常规劝他，因此怨恨不和睦的事情就此止息消除了，海南、儋耳来归顺的有千馀洞。梁朝大同初年，罗州刺史冯融听闻夫人有志向品行，替自己的儿子高凉太守冯宝聘她为妻。冯融原本是北燕之后。当初，冯弘投降高丽，派遣冯融的伯父冯业率领三百人渡海归顺宋朝，所以留在新会。从冯业到冯融，三代都担任太守州牧，因为在异国他乡居住生活，所以，发号施令都没有人执行。到此时，夫人告诫管理自己家族之人，让他们顺着百姓的礼仪。每当她与冯宝一起商量裁断诉讼案件时，首领中有犯罪的，即使是亲戚族人，也没有放纵不去管制的。从此之后，政策号令都被执行得井井有条，没人再敢违抗。

适逢侯景叛乱，广州都督萧勃召集军队去台援助。高州刺史李迁仕把守大皋口，派人来征调冯宝。冯宝打算前去，夫人阻止他说："刺史无缘无故不会征召太守的，一定是哄骗您去一起叛乱。"冯宝说："夫人怎么知道呢？"夫人说："刺史被征召去援救台，就说自己患病，铸造兵器集合众人，然后来召唤您。如今一旦您去了，一定会被扣留作为人质，向您追要部众。这意思是看得出来的，希望您不要前去，先观察他的变化。"几天之后，迁仕果然谋反，派遣主帅杜平虏率领军队进入灨石。冯宝得知这事后，很快告知了夫人，夫人说："杜平虏是一员猛将，率领军队进入灨石，就是前去与官兵相抗击，看情况是不可能回来的。迁仕驻扎在高州城，那是没有太大能力作为的。假如您亲自前往，一定会有战斗。最好派遣使者前去哄骗他，说话要谦恭，礼物要贵重，只说自己不敢前来，打算派遣妻子前去参见。他听后一高兴，必定不会做防范考虑的。这样一来，我率领一千多人，步行肩挑各种杂物，喊着说是拿着携带礼物前来赎罪，等到了栅门下，贼人就可想办法解决了。"冯宝同意了她的建议，迁仕果然非常高兴，他看见夫人等都挑着东西，所以没进行防备。夫人趁机袭击了他，大获全胜。迁仕于是逃跑了，在宁都城里自我防守。夫人率领全部兵马跟长城侯陈霸先在灨石会师。夫人返回对冯宝说："陈都督非常值得敬畏，很是得民心。我看此人一定能平定贼寇，您应该多资助他。"

冯宝去世之后，岭南一带大乱，夫人招集并团结百越，很多州安定无事。到了陈永定二年，她的儿子冯仆九岁，夫人派遣他率领各位首领前去丹阳朝见，开始被授予阳春郡太守。后来广州刺史欧阳纥叛乱，征召冯仆前往高安，引诱他和他一起叛乱。冯仆派手下回去禀告夫人，夫人说："我家是忠贞之臣，到如今已经有两代了，我不能因为疼爱你就辜负国家。"于是派遣军队抗击，率领百越酋长迎接章昭达。他们内外夹击，欧阳纥的军队溃散奔逃。冯仆凭借夫人的功劳，被封为信都侯，加平越中郎将，调任石龙太守。奉旨使者拿着符节册封夫人为中郎将、石龙太夫人，赏赐绣幰油络四匹马的马车一辆，赐予鼓吹乐队一支，而且连旗幢旌节，仪仗都与刺史相同。至德年中，冯仆去世了。后来又赶上陈国灭亡，岭南没有朝廷可归附，几个郡一起尊奉夫人为首领，号称圣母，保护边境，安定百姓。

高祖派遣总管韦洸抚慰岭南地区百姓，陈朝旧将徐璒在南康进行抗击。韦洸抵达岭下，来回巡视迟疑着不敢进去。当初，夫人把扶南的犀杖（犀牛角制成的权杖）进献给陈朝皇帝，此时，晋王杨广命陈国国君给夫人寄一封信，阐明陈朝已经灭亡，命她归顺，并且用犀杖与兵符作为证明。夫人看到权杖，明白陈朝已灭亡，就招集几千首领，整日痛哭。夫人派遣她的孙子冯魂率众人迎接韦洸，抵达广州，岭南全部平定了。韦洸上表任命冯魂为仪同三司，册封夫人为宋康郡夫人。

没过多长时间，番禺人王仲宣作乱，首领们都响应他，在州城将韦洸包围，进军驻扎在衡岭。夫人派孙子冯暄率兵救援韦洸。冯暄和叛军首领陈佛智向来关系友好，所以迟迟停留没有进军。夫人得知此事后，很生气，派使者将冯暄抓起来，囚禁在州监狱里。又派孙子冯盎出兵征讨陈佛智，打败了他并将他斩杀。接着又进军到南海，与鹿愿军会集，一起将仲宣打败。夫人亲自穿上铠甲，乘坐带甲的战马，撑着锦绣的伞，率领擅长射箭的骑兵，保卫朝廷使臣裴矩巡视安抚各州，苍梧首领陈坦、冈州冯岑翁、梁化邓马头、藤州李光略、罗州庞靖等人都前来参见拜谒。裴矩返回后命令他们各自统率自己的部落，于是岭南被平定了。高祖认为他很奇异，授予冯盎高州刺史的官职，并赦免了冯暄，授予他罗州刺史的官职；追赠冯宝为广州总管、谯国公，册封夫人为谯国夫人。把宋康邑回赠给冯仆的妾冼氏。并且建立谯国夫人幕府，设长史以下的官员下属，授予她印章，听凭她统领部落六州兵马，如果有紧急军务，她可以依据情况自己裁定。颁下诏令说："朕抚育万民，情义如同对待父母一样，想使全国清平安宁，万民安居乐业。可是王仲宣等却互相聚集勾结，扰乱那里的百姓，所以朕派遣军队前去征讨铲除，为百姓铲除祸害。夫人的情义都在辅助朝廷，深深知晓正义道理，于是命令孙子冯盎斩杀了陈佛智，最终攻克群贼，立下大功。现在朕赏赐给夫人物品五千段。冯暄率军不进发的过失，确实应该论罪惩处，因为夫人立下如此大功，所以特意原谅赦免他的过错。夫人应该训诫教导子孙，敦厚尊崇礼仪教化，遵奉朝廷的教化，来报答朕的用心。”皇后把首饰以及礼服一套赐予她，夫人都将它们放在金箱子里，加上梁、陈赏赐的物品各收藏在一个仓库中。每年逢着节日大会，都会在庭中陈列出来，给子孙们展示，说：“你们应该对天子竭尽忠诚。我侍奉了三朝国君，只凭一颗真心。如今赏赐的物品全部在这里，这是忠孝的回报啊，希望你们都好好想想并记住它啊。”

当时的番州总管赵讷贪婪残暴，俚、獠各地有很多逃亡作乱之人。夫人派遣长史张融向皇帝呈递奏疏，论述安抚事宜，并且禀告了赵讷的罪行，无法招纳安抚远方的民众。皇帝命人审查赵讷，缴获了他赃物贿赂的物品，最终将他依法惩处。皇帝颁下诏令委托夫人招纳安抚逃亡作乱的人。夫人亲自携带诏书，自称是使者，经过十几州，宣讲传达皇帝的意旨，向各俚、獠部族解释明白，她所到之处民众都投降了。高祖嘉奖她，赏赐夫人临振县汤沐邑一千五百户。追赠冯仆为崖州总管、平原郡公。仁寿初年，夫人去世，皇帝赠给物一千段，谥号为诚敬夫人。

郑善果的母亲是清河崔氏的女儿。她十三岁时，嫁给郑诚，生下了善果。郑诚讨伐尉迥时，英勇作战在战场上战死了。郑善果的母亲二十岁就成了寡妇，她父亲崔彦穆想要改变她守节的志向，郑善果的母亲抱着善果对崔彦穆说：“妇人没有第二次嫁男子的道理。况且郑君虽然战死了，幸好还有这个儿子。抛弃儿子是不慈爱的，背叛死者是不合礼法的。我宁愿割掉耳朵剪掉头发来表明心迹，违背礼制丧失慈爱，我不敢从命。”善果因为父亲为朝廷战死，年龄才几岁，就被封为持节大将军，承袭开封县公的爵位，食邑一千户。开皇初年，郑善果进升被封为武德郡公。十四岁时授予沂州刺史一职，调任景州刺史，不久，改任鲁郡太守。

郑善果的母亲生性贤惠开明，有操守，广泛阅读文献史书，了解精通治理的方法。每次善果外出处理事情，母亲总是端坐在床上，在帐幕后面观察他。听到他分析判断符合情理，回去后就非常高兴，就让他坐下，对着他有说有笑。如果处理事情不恰当，或者胡乱生气，母亲就回到家里，蒙着被子哭泣，整天不吃东西。善果跪拜在床前，也不敢站起来。母亲这时才起身对他说："我不是生你的气，而是替你家感到羞愧啊。我成为你家的媳妇，能够奉命洒扫，像你去世的父亲，就是个忠诚勤勉的人，为官时清廉恪尽职守，不曾为私事做过考虑，把身体都交付给了国家，战死沙场，我也期望你不要辜负了他的用心。你已经年纪很小就成了孤儿，我只不过是个寡妇罢了，有慈爱却没有威严，致使你不懂得礼仪训诫，怎么能够担负忠臣的事业呢？你从儿时起就承继祖上的余荫，地位高达伯爵，这难道是你自己得到的吗？怎么能不思量这事却随意发怒，心里只想着骄横玩乐，败坏公家的大事！对内而言，就是败坏你家家风，或者失去官爵，对外而言，就是有损天子的法度，所以会犯下罪恶。我死之日，还有什么脸面在黄泉见你的先人呢？"

母亲经常自己纺纱织布，夜很深了才睡觉。郑善果说："儿子被封侯开国，已经官居三品，俸禄足够用了，母亲为什么还要这样辛劳呢？"郑母回答说："哎！你已经长大了，我以为你懂得天下的道理，如今听你这话，原来还没有懂得啊。像那公家的事，凭什么成功呢？如今你的这些职位俸禄，是天子回报你父亲牺牲性命而赐予你的啊。你应当将财物分散给亲戚们，作为你父亲的恩惠，妻子儿子怎么能独占这些好处，当作自己的财富地位呢！况且，丝麻纺织，也是女人的份内之事，上自皇后，下至士大夫的妻子，各有规定。如果抛弃这件事，那是骄奢放纵。我虽不懂得礼制，但是怎么能自己败坏名声吗？"

郑善果的母亲从守寡开始，就不使用胭脂水粉，经常穿大练做的衣服。生性又节俭，如果不是祭祀或款待兵客的事，酒肉从不随意摆放在面前。在安静的居室里过着端正的生活，不曾随便走出家门。内外亲家有喜事或白事，也只是赠送丰厚的礼物，从来不前往他们的家里。不是自己亲手制作以及庄园出产或者俸禄赏赐得到的东西，即使是亲戚族人送给的礼物，她全部不准拿进家门。

郑善果历任州郡长官，都是自家供给饮食，送到衙门中食用，公家官府供给的，郑母都不准许他享用，全部用来建造官府房舍，或者分送给下属。善果于是也约束自己，被人称作清廉的官员。炀帝派遣御史大夫张衡去慰劳他，考察后政绩被评为天下第一。皇帝征召他到京城授予他光禄卿一职。郑母去世后，善果担任大理寺卿，逐渐地骄横放纵，清廉公平处事公允方面于是比不上以前了。

孝女王舜是赵郡人王子春的女儿。子春与堂兄长忻关系不和睦，恰巧在齐国灭亡时，长忻与妻子联合谋杀王子春。王舜当时是七岁，还有两个妹妹，王粲五岁，王璠两岁，都很孤苦无依，在亲戚家里寄养。王舜抚养教导两个妹妹，情义很深厚。而王舜暗地里有复仇的想法，长忻对此一点没有防备。姊妹都长大成人，亲戚打算把她嫁出去，她总是拒绝不答应。然后她悄悄对两个妹妹说："我没有哥哥和弟弟，致使父亲的大仇没有人来报。我们虽是女子，活着是为了什么呢？我想和你们一起报仇，你们觉得如何呢？"两个妹妹都低着头流泪说："只听姐姐的安排。"这一夜，姐妹们各自拿着刀子翻墙而进，亲手杀死了长忻夫妻，在父亲的坟墓前禀告此事。接着就到县衙门前请求惩罚罪行，姊妹都争着说自己是主犯，州县官不能裁断。高祖听闻此事赞许感叹，特意原谅了她们的罪行。

韩觊的妻子是洛阳于氏的女儿，字茂德。她的父亲于实，担任周朝的大左辅。于氏十四岁时嫁给了韩觊。她虽然生长在富裕的家庭，家门又尊贵，但是一举一动都遵循礼制法度，自己做到勤俭节约，同宗族的人都很尊敬她。于氏十八岁时，韩觊从军作战战死沙场，于氏悲伤得骨瘦如柴，悲痛的哭声使路人都深深感动。每到早晚祭奠时，她都亲自捧着祭品。服丧期满后，她的父亲因为她很年轻又没有孩子，想要把她嫁给他人。她发誓没有改嫁的志向。她父亲又让家里人来敦促劝解她，于氏昼夜哭泣流泪，剪掉头发表明坚决不改嫁的心迹。她父亲感叹忧伤，于是不再逼她改稼。于是她收养了丈夫家族旁枝的儿子世隆做了后代，亲自抚养教导，对他如同亲生儿子般疼爱，因为训导有方，最终能成家立业。于氏自从孀居后，只是偶尔回一次娘家，至于亲戚族人家，就断绝不再来往了。有地位高的人前去探望拜访她，送往迎来她一概不走出家门。她吃的是粗疏的饭食，穿的是粗布衣，不听乐声，就这样度过一生了。高帝听闻后赞赏感叹，下诏褒奖赞美，表彰她的门闾，长安中号称节妇门。在家去世，享年七十二岁。

陆让的母亲是上党冯氏的女儿。她生性仁慈怜悯，有母亲的仪表，陆让是她丈夫家族旁枝人家的儿子。仁寿年间，担任番州刺史，多次聚敛财物，赃货非常多，被司马弹劾。皇帝派遣使者审查，情况都属实，于是将他押送到长安，亲自审讯。陆让声称冤枉，皇帝又下令治书侍御史一一进行核对，情况跟之前的没有改变。于是诏令公卿百官商讨此事，众官员都说："陆让的罪行应当判处死罪。"皇帝诏令准许他们的奏请。

陆让即将被行刑时，冯氏蓬头垢面的到朝廷上数落他的罪行说："你没有汗马功劳，做到刺史一职，不能竭尽忠诚为国家效力，来报答皇恩，反而触犯宪法章程，收取许多赃货。如果说司马诬陷你，百姓百官不应该也全都诬告你。如果说皇帝不可怜你，为什么还要写信复查你的案子？你难道是忠诚的臣子吗？难道是孝子吗？你不忠心不孝顺，凭什么还做人呢！"然后流泪痛哭，亲自端着一盂粥劝说陆让吃下。接着她上书哀求，言辞情感都很恳切，皇帝因为同情她而动容。献皇后对她的用意感到好奇，向皇上请教，治书侍御史柳彧对皇帝说："冯氏身为母亲，德行很高尚，连路人都感动了。如果诛杀她儿子，用什么来鼓励百姓呢？"于是皇帝在朱雀门召集京城官员百姓，派遣舍人宣读诏书说："冯氏凭借亲生母亲的德行，足可成为世人的模范，她的慈爱的做法，在道义上足以感动人神，特别应该同情而免其罪行，用以鼓励良好的风俗。陆让可以免去一死，去除官名降为百姓。"皇帝又下诏书说："冯氏富有仁慈之心，向来在礼仪法度方面很娴熟。孽子陆让不是她亲生之子，以前触犯了宪法章程，理应被判处死刑，她亲自前往宫殿，为儿子请命，跪地叩头。朕怜悯她的义气，特意免去了陆让的死罪。如果天下妇女都与冯氏一样，怎会不使闺门雍容和睦，风俗和平啊！朕常常对此赞叹不已。她的事迹应广为宣扬并给予较高的赏赐，使其美德更加显扬。可以赏赐给物品五百段。"聚集了各位命妇，与冯氏结识，通过这种做法表明对她特别喜爱褒扬。

刘昶的女儿是河南人长孙氏的妻子。刘昶在周朝廷娶了公主，官至柱国、彭国公，多次担任将帅，地位显赫声望隆盛。他与高祖有老交情。高祖受禅即位后，很亲近信任他，让他历任左武卫大将军、庆州总管等职。他的儿子居士担任太子千牛备身（官名），聚集党徒，行为无拘束，不遵循礼法制度，屡次犯罪。皇帝因为刘昶的原因，每次都宽恕他。居士因此更加放纵骄横，经常说大话："男子要在头上编辫子反绑着两手，在籧篨(竹制器具)上跳獠人的舞蹈。”召唤公卿子弟中膂力雄健的人,把他们带到自己家里,用车轮碾磨他们的头并且用棍棒打他们。如果快死时还能不屈服的话,就称他为壮士,将他放开后与之交朋友。结交的党羽有三百人,其中矫健敏捷的人被称为饿鹘队,勇武有力的被称为蓬转队。他经常携着鹰带着狗,成群结队在路上骑马,还殴打过路之人,到处侵犯抢掠别人的财物。长安城里的人不管身份高贵低贱,一见到他都躲藏起来,甚至公卿妃子公主等,没有胆敢跟他发生争执的。刘昶的女儿,也就是居士的姐姐,经常流着泪教导他,很是殷勤恳切。居士仍不悔改,一直到家产被败光。刘昶年老后,他的供奉赡养也很微薄。他的女儿此时寡居,对刘昶如今生活的处境感到怜悯,每次回家探望父亲,总是亲自劳动纺织,以此来换些吃的东西。

有人控告居士与他的徒众在长安城游逛时,登上原来的未央殿旧址,面向南坐着,前后排列队伍,有对皇帝不恭敬之意,还经常相约说:“总有一死的。”又时常有人说居士派遣使者引领突厥让他们向南进犯,他要在京城响应他们。皇帝对刘昶说:“今日的事情又该怎么处理呢?”刘昶还依仗昔日的恩宠,没有引咎自责,一直走到皇帝面前说:“判断是非黑白全凭陛下。”皇帝很生气,把刘昶囚禁到狱中,抓捕居士的同伙,惩处的非常迅速。宪司又上奏说刘昶侍奉母亲很不孝顺。他女儿清楚刘昶必定不能被免罚,好几天没有吃饭,每次都亲自准备饮食,双手捧着,前往大理寺送给她父亲吃。遇见监狱的士兵,长跪着请求进去,叹息呜咽,看到的人都很为她伤心。居士被斩首,刘昶最终在家里被赐死。皇帝诏令百官都去观看。当时他的女儿哭得昏迷又醒转过来有好几回,公卿都抚慰规劝她。他的女儿说父亲是没有犯罪的,只是因为儿子才遭受大祸的。言辞情绪哀婉凄楚,人们都不忍心再听下去。她于是穿着粗布衣服、每天吃粗茶淡饭,就这样度过了一生。皇帝听闻后叹息说:“朕听说衰败之家女儿有出息,兴盛之家儿子有出息,果真是不虚假啊!”

钟士雄的母亲是临贺人蒋氏的女儿。士雄在陈朝廷为官,担任伏波将军。陈的皇帝任命钟士雄担任岭南酋长的统帅,担忧他要叛乱,每次都把蒋氏作为人质让其居住在都城。等到晋王杨广平定江南后,因为士雄在岭南任职,打算用恩情道义来招揽他,于是把蒋氏送回临贺。不久之后同郡人虞子茂、钟文华等叛乱,率领军队攻城,派人召士雄前去,士雄准备响应他们。蒋氏对士雄说:“我之前在都城扬州,尽数品尝辛劳艰苦。如今遇上圣明的教化,母子才能相聚,到死我们也报答不完国君的恩德,你怎么还能叛乱呢!你如果违背道义忘掉恩情,我就在你面前自尽。”钟士雄就这样停止反叛。蒋氏又给子茂等人写去一封信,向他们晓谕祸福之事。子茂没有听从,不久就被官军打败。皇帝听闻蒋氏的事迹,认为此人很奇异,封她为安乐县君。

当时的尹州寡妇胡氏,不知道是谁的妻子。她非常有志向节操,深受邦国宗族的敬重。江南动乱时,她劝说同宗族的人,让他们都坚守险要之地不顺从叛乱之人,被封为密陵郡君。

赵元楷的妻子是清河人崔氏的女儿。她家素来有良好的风范,子女都遵循礼制法度。元楷的父亲担任仆射,家里有很多财物,为了增强家族的名望,用丰厚的礼物来聘娶她。元楷非常敬重崔氏,即使是在宴会中私下相处时,崔氏也不随意说笑,进退举止服饰,都符合礼仪。

宇文化及叛乱时,元楷跟随他来到了河北,打算回到长安。到达滏口时,恰巧遇上强盗抢掠,元楷独身逃脱。崔氏被贼人抓获,贼人请求她做自己的妻子,崔氏对贼人说:“我是士大夫的女儿,做了仆射儿子的妻子,今天遭受大难,自然只能一死了。让我给贼人做妻子,绝对办不到。”众贼人将她的衣服撕裂,她的身体都裸露出来,把她捆在床上,准备侮辱她。崔氏害怕被他们侮辱,欺骗他们说:“现在我已经没有力气了,会任由你们处置的,不敢再违抗你们,请帮我解开绑绳吧。”贼人立刻给他松绑。崔氏凭借穿衣服的机会,夺过贼人身上的佩刀,倚靠着树站立说:“想要杀死我,任凭你们施用兵器器具。如果你们想找死,可以过来逼迫我!”贼人很气愤,用乱箭将她射死。元楷后来抓住了杀他妻子的人,将他们肢解了,以此来祭奠崔氏的灵柩。

史官说:凡是赞扬妇女的德行,都是把柔软、顺从作为最重要的因素,在这里列举的女子都是处于中庸没有达到极端。至于那些见识清晰谋划深远,品德坚贞操守严峻,不能改变其意志,只懂得坚守道义的妇女,考查图书历史,又有哪个时代没有出现过这样的人呢?兰陵公主的品行胜过耐寒之松柏,南阳公主的情义超越了匪石(匪石,意志坚定的意思);冼媪、孝女的忠贞节烈,崔冯两位母亲的诚恳,都足以让义勇之人为他们的意志贞烈感到羞愧,使兰花美玉的坚贞芬芳逊色;襄城、华阳的妃子,裴伦、元楷的妻子,生逢艰难的时世,遭遇磨难,但是夫妻美满，心甘情愿死后同穴，生活岁月颠沛流离但情爱操守不改。其意志比冰霜还凌厉，言辞比白日还要光明，即使是《诗经》中歌咏共姜的誓言，《传》中记叙的伯姬为死者守节，也没有哪方面能超过她们呢！

隋书卷八十五

宇文化及列传第五十

宇文化及，左翊卫大将军述之子也。性凶险，不循法度，好乘肥挟弹，驰骛道中，由是长安谓之轻薄公子。炀帝为太子时，常领千牛，出入卧内。累迁至太子仆。数以受纳货贿，再三免官。太子嬖昵之。俄而复职。又以其弟士及尚南阳公主。化及由此益骄，处公卿间，言辞不逊，多所陵轹。见人子女狗马珍玩，必请托求之。常与屠贩者游，以规其利。炀帝即位，拜太仆少卿，益恃旧恩，贪冒尤甚。大业初，炀帝幸榆林，化及与弟智及违禁与突厥交市。帝大怒，囚之数月。还至青门外，欲斩之而后入城，解衣辫发，以公主故，久之乃释，并智及并赐述为奴。述薨后，炀帝追忆之，遂起化及为右屯卫将军，智及为将作少监。

是时李密据洛口，炀帝惧，留淮左，不敢还都。从驾骁果多关中人，久客羁旅，见帝无西意，谋欲叛归。时武贲郎将司马德戡总领骁果，屯於东城，风闻兵士欲叛，未之审，遣校尉元武达阴问骁果，知其情，因谋构逆。共所善武贲郎将元礼、直阁裴虔通互相扇惑曰："今闻陛下欲筑宫丹阳，势不还矣。所部骁果莫不思归，人人耦语，并谋逃去、我欲言之，陛下性忌，恶闻兵走，即恐先事见诛。今知而不言，其后事发，又当族灭我矣。进退为戮，将如之何？"虔通曰："上实尔，诚为公忧之。"德戡谓两人曰："我闻关中陷没，李孝常以华阴叛，陛下收其二弟，将尽杀之。吾等家属在西，安得无此虑也！"虔通曰："我子弟已壮，诚不自保，正恐旦暮及诛，计无所出。"德戡曰："同相忧，当共为计取。骁果若走，可与俱去。"虔通等曰："诚如公言，求生之计，无以易此。"因递相招诱。又转告内史舍人元敏、鹰扬郎将孟秉，符玺郎李覆、牛方裕，直长许弘仁、薛良，城门郎唐奉义，医正张恺等，日夜聚博，约为刎颈之交，情相款昵，言无回避，於座中辄论叛计，并相然许。时李孝质在禁，令骁果守之，中外交通，所谋益急。赵行枢者，乐人之子，家产巨万，先交智及，勋侍杨士览者，宇文甥，二人同告智及。智及素狂悖，闻之喜，即共见德戡，期以三月十五日举兵同叛，劫十二卫武马，虏掠居人财物，结党西归。智及曰："不然。当今天实丧隋，英雄并起，同心叛者已数万人，因行大事，此帝王业也。"德戡然之。行枢、薛良请以化及为主，相约既定，方告化及。化及性本驽怯，初闻大惧，色动流汗，久之乃定。

义宁二年三月一日，德戡欲宣言告众，恐以人心未一，更思谲诈以胁骁果，谓许弘仁、张恺曰："君是良医，国家任使，出言惑众，众必信。君可入备身府，告识者，言陛下闻说骁果欲叛，多酝毒酒，因享会尽鸩杀之，独与南人留此。"弘仁等宣布此言，骁果闻之，递相告语，谋叛逾急。德戡知计既行，遂以十日总召故人，谕以所为。众皆伏曰："唯将军命！"其夜，奉義主闭城门，乃与虔通相知，诸门皆不下钥。至夜三更，德戡於东城内集兵，得数万人，举火与城外相应。帝闻有声，问是何事。虔通伪曰："草坊被烧，外人救火，故喧嚣耳。"中外隔绝，帝以为然。孟秉、智及於城外得千余人，劫候卫武贲冯普乐，共布兵分捉郭下街巷。至五更中，德戡授虔通兵，以换诸门卫士。虔通因自开门，领数百骑，至成象殿，杀将军独孤盛。武贵郎将元礼遂引兵进，宿卫者皆走。虔通进兵，排左阁，驰入永巷，问："陛下安在？"有美人出，方指云："在西阁。从往执帝。帝谓虔通曰："卿非我故人乎！何恨而反？'虔通曰："臣不敢反，但将士思归，奉陛下还京师耳。"帝曰："与汝归。"虔通因勒兵守之。

至旦，孟秉以甲骑迎化及。化及未知事果，战慄不能言，人有来谒之者，但低头据鞍，答云："罪过"。时士及在公主第，弗之知也。智及遣家僮庄桃树就第杀之，桃树不忍，执诣智及，久之乃见释。化及至城门，德戡迎谒，引入朝堂，号为丞相。令将帝出江都门以示群贼，因复将入。遣令狐行达弑帝于宫中，又执朝臣不同己者数十人及诸外戚，无少长害之，唯留秦孝王子浩，立以为帝。

十余日，夺江都人舟楫，从水路西归。至显福宫，宿公麦孟才、折冲郎将沈光等谋击化及，反为所害。化及于是入据六宫，其自奉养一如炀帝故事。每於帐中南面端坐，人有白事者，默然不对。下牙时，方收取启状，共奉義、方裕、良、恺等参决之。行至徐州，水路不通，复夺人车牛，得二千两，并载宫人珍宝。其戈甲戎器，悉令军士负之。道远疲极，三军始怨。德戡失望，窃谓行枢曰："君大谬误我。当今拨乱，必藉英贤。化及庸暗，群小在侧，事将必败，当若之何？"行枢曰："在我等尔，废之何难！"因共李本、宇文导师、尹正卿等谋，以后军万余兵袭杀化及，更立德戡为主。弘仁知之，密告化及，尽收捕德戡及其支党十余人，皆杀之。引兵向东郡，通守王轨以城降之。

元文都推越王侗为主，拜李密为太尉，令击化及。密遣徐勣据黎阳仓。化及渡河，保黎阳县，分兵围勣。密壁清淇，与勣以烽火相应。化及每攻仓，密辄引兵救之。化及数战不利，其将军于弘达为密所擒，送于侗所，镬烹之。化及粮尽，渡永济渠，与密决战于童山，遂入汲郡求军粮，又遣使拷掠东郡吏民以责米粟。王轨怨之，以城归於李密。化及大惧，自汲郡将率众图以北诸州。其将陈智略率岭南骁果万余人，张童儿率江东骁果数千人，皆叛归李密。化及尚有众二万，北走魏县。张恺等与其将陈伯谋去之，事觉，为化及所杀。腹心稍尽，兵势日蹙，兄弟更无他计，但相聚酣宴，奏女乐。醉后，因尤智及曰："我初不知，由汝为计，强来立我。今所向无成，士马日散，负杀主之名，天下所不纳。今者灭族，岂不由汝乎？"持其两子而泣。智及怒曰："事捷之日，都不赐尤，及其将败，乃欲归罪。何不杀我以降建德？"兄弟数相斗阋，言无长幼，醒而复饮，以此为恒。其众多亡，自知必败，化及叹曰："人生故当死，岂不一日为帝乎？"于是鸩杀浩，僭皇帝位于魏县，国号许，建元为天寿，署置百官。

攻元宝藏于魏州，四旬不克，反为所败，亡失千余人。乃东北趣聊城，将招携海曲诸贼。时遣士及徇济北，求馈饷。大唐遣淮安王神通安抚山东，并招化及。化及不从，神通进兵围之，十余日不克而退。窦建德悉众攻之。先是，齐州贼帅王薄闻其多宝物，诈来投附。化及信之，与共居守。至是，薄引建德入城，生擒化及，悉虏其众。先执智及、元武达、孟秉、杨士览、许弘仁，皆斩之。乃以轞车载化及之河间，数以杀君之罪，并二子承基、承趾皆斩之，传首於突厥義成公主，枭於虏庭。士及自济北西归长安。

【译文】

宇文化及是左翊卫大将军宇文述之子。他生性凶狠阴险，不遵循法度，喜欢骑肥马手拿弹弓，在路上驰骋，所以长安城中都说他是一个轻佻浅薄的公子。隋炀帝做太子时，宇文化及担任禁卫官，经常出入杨广内室。多次升迁为太子仆。他因为多次收受贿赂而反复被免官。太子宠爱他，不久又将他恢复原职。又因为他的弟弟宇文士及迎娶了南阳公主，宇文化及于是愈加骄横，在与公卿相处时，言辞多有不逊，很多人都被他凌辱过。看见人家有美女、小狗、肥马、珍贵珍物，一定会通过请托将其夺到手。他经常和屠户商贩往来，以此谋取财利。炀帝登基后，授予他太仆少卿一职，他更加依仗东宫时的旧恩情，贪求财货更加厉害。大业初年，炀帝巡幸榆林，宇文化及和弟弟宇文智及触犯禁约和突厥人贸易做生意。炀帝很生气，把他关押了好几个月。炀帝返回时抵达青门外，想斩杀他然后再进城，已经脱下了他的衣服，把头发也梳成了辫子，但是因为公主的缘故，炀帝考虑很久之后又放掉了他们，把他与宇文智及都赐予宇文述为奴。宇文述去世后，炀帝又追想起他们，于是起用宇文化及担任右屯卫将军，宇文智及担任将作少监。

当时李密据守洛口，炀帝很害怕，于是在江都稽留，不敢返回都城。随从御驾的骁果大多是关中人，长期客居在旅舍，看到炀帝一点没有西归之意，就谋划着打算叛逃回乡。当时武贲郎将司马德戡统率骁果，在东城屯驻，风闻士兵要作乱，但是又不太确定，于是派遣校尉元武达暗中询问骁果们，探知实情，于是就一起谋划叛乱。他和交好的武贲郎将元礼和直阁裴虔通互相煽惑说：“最近听闻陛下要在丹阳建造宫殿，我揣测形势是不能回京城了。我统率的骁果没有不想返回的，士兵都凑在一起私语，都打算叛逃。我打算禀告此事，只是担心陛下生性猜忌，憎恶听说兵士叛逃，我担心的是未奏完就招致杀身之祸。现在知道此事却不禀告，以后此事发生，又该将我灭族了。总之，进退都是死，这将怎么办才好？”裴虔通说：“陛下的确如此，我也真替您担心啊。”司马德戡对两人说：“我听说关中已经沦陷，李孝常在华阴叛乱，陛下抓获了他的两个兄弟，准备将他们全部杀掉。我们的家属都在西面居住，怎能没有这种忧虑呢！”裴虔通说：“我的孩子都已经长大成人，的确应该自保，正惧怕早晚被诛杀，但又没办法应付。”司马德戡说：“我们有共同的担忧，就应该一起谋划生路。骁果们假如叛逃，我们可以与他们一起逃走。”裴虔通等说：“的确如您所说，求生的办法，除此之外没有比这更好的了。”于是递相招诱，又将此事转告内史舍人元敏，鹰扬郎将孟秉，符玺郎李覆、牛方裕，直长许弘仁、薛良，城门郎唐奉义，医正张恺等人，昼夜聚集在一起赌博，相互结成生死之交，亲密无间，说话一点不避讳，在座上就商讨叛逃之策，而且互相称许。当时李孝质正被囚禁，炀帝命令骁果看守他，他们内外勾结，谋划行动愈加紧迫了。有个叫赵行枢的，是乐人之子，家资巨万，原先和宇文智及交好；还有个叫杨士览勋侍，是宇文家的外甥，这两人先将此事禀告宇文智及。宇文智及生性狂妄，听闻之后非常高兴，立即一起去拜见司马德戡，约定在三月十五日率军同叛，劫掠十二卫的军马，抢劫本地居民的财物，结成同伙西归。宇文智及说："不能这样。如今上天要灭亡隋朝，因此英雄并起，一心叛乱的人已有数万，借以成就大事，这是帝王的基业呀！"司马德戡很赞同他的说法。赵行枢、薛良求让宇文化及担任谋主，相约已经确定，这才将此事告知宇文化及。宇文化及性格原本愚钝胆小，刚一听闻此事，惊吓得变了脸色，浑身直出汗，过了一会儿内心才安定下来。

义宁二年三月一日，司马德戡准备向众将士宣告，又担心人心不齐，于是想用欺诈手段来胁迫骁果，就对许弘仁、张恺说："您是良医，被陛下任使，如果你们发言迷惑众人，众人一定相信。您可前去备身府，告诉相识之人，陈说陛下听闻骁果要造反，于是酿了很多毒酒，准备凭借大宴之机将他们全部毒死，只与南方人在此地稽留。"许弘仁、张恺等把这些话宣扬出去，骁果们听说此事，相互转告，于是更加紧了作乱的谋划。司马德戡知道计谋已经得逞，于是在十日把旧相识全部聚集在一起，告诉他们要做的事情。众人皆跪拜说："只听将军的命令！"这天夜里，唐奉义负责锁闭城门，于是与裴虔通相知会，各个城门全都没有取下钥匙。等到夜里三更时分，司马德戡在东城内聚集兵士，获得几万人，拿着火把与城外相呼应。炀帝听到外面有动静，询问发生什么事。裴虔通哄骗他说："草坊被烧着了，外面来了士兵救火，因此喧嚣不止。"宫内与外面隔绝，所以炀帝认为就是这么回事。孟秉、宇文智及在城外聚集了千余人，劫持候卫武贲冯普乐，一起部署兵士分头把守城郭下的街巷。等到五更时，司马德戡将一部分士兵交给裴虔通，前去换掉各城门的卫士。裴虔通趁机打开城门率领几百骑士，来到成象殿，将将军独孤盛杀死。武贲郎将元礼于是率兵而入，值班卫士们都逃走了。裴虔通率军进来，推开左阁。骑马进入永巷，问："陛下在哪里呢？"有个美人走出来，指划着说："在西阁。"于是跟随着前去捉拿炀帝。炀帝对裴虔通说："你难道不是朕的老朋友吗！有什么仇恨要叛乱呢？"裴虔通说："臣不敢作乱，只是将士们想返回京城，特意奉请陛下回京城。"炀帝说："朕与你回去。"裴虔通于是布置士兵监守着他。

等到天明，孟秉率领甲骑来迎接宇文化及。宇文化及还不知道此事已经成功，颤抖着说不出话来，有人来拜见，他只是低头伏在马鞍上，回答说："罪过，罪过。"当时宇文士及正在公主府，不知道发生的事情。宇文智及派遣家童庄桃树前往公主府将他杀死。庄桃树不忍心杀死他，就抓来送给宇文智及，过了很长时间才被释放。宇文化及来到城门，司马德戡迎上拜见，然后领入朝堂，称其为丞相。又命人带着炀帝走出江都门，让群贼看后，又带了进去。命令狐行达在宫中杀死炀帝，又逮捕与自己政见不合的朝臣几十位以及各位外戚，无论长幼，全部杀死，只留下秦孝王之子杨浩，将他立为皇帝。

过了十多天，他们夺取了江都人的船只，顺着水路西归。到达显福宫，宿公麦孟才、折冲郎将沈光等人密谋击杀宇文化及，反被宇文化及杀害。宇文化及于是霸占了六宫，自己的奉养与炀帝的旧例一样。他经常在帐内朝南端坐，有人进来禀告事情，他沉默不回答。官吏退朝后，才收取呈递的文书，他和唐奉义、牛方裕、薛良、张恺等人一起研究决策。行进到徐州，水路不畅通，又夺取了百姓的牛车，得到两千辆，都用来装载宫人与珍宝。那些戈甲军备，全部命军士背负。路途很远，军士疲乏极了，三军开始充满怨怒。司马德戡非常失望，暗中对赵行枢说："你可把我耽误了。如今拨乱反正，必须依靠英贤之人，宇文化及平庸无能，一群小人跟随在他身边，此事一定会失败，这该怎么办呢？"赵行枢说："事情全凭我们，将他废除又有什么难的！"于是就与李本、宇文导师、尹正卿等人筹划，率后军万余人袭杀宇文化及，改立司马德戡为主。许弘仁得知此事，偷偷告知宇文化及，宇文化及将司马德戡及其党羽十余人全部抓住并杀死。率领军队向东郡洛阳进发，通守王轨以城投降。

元文都推举越王杨侗作为皇帝，授李密为太尉，命他进军攻打宇文化及。李密派遣徐世勣攻取黎阳仓。宇文化及渡过黄河，屯驻在黎阳县城，分兵围攻徐世勣。李密在清淇建造营垒，与徐世勣通过烽火相互呼应。宇文化及每次进攻黎阳仓，李密就率兵援救。宇文化及多次作战都不利，他的部将于弘达被李密擒拿，送交杨侗处，被杨侗用锅烹死。宇文化及的粮食已经用尽，于是渡过永济渠，与李密在童山决战，然后进入汲郡寻找军粮，又派遣人抢掠东郡的官民，索取米粟。东郡的道守王轨对他很是怨恨，于是以城归附李密。宇文化及非常惧怕，从汲郡出发准备率军谋夺以北诸州。他的部将陈智略率领岭南骁果万余人，张童儿率领江东骁果几千人，全都叛逃归附了李密。宇文化及还有二万兵马，于是北逃到达魏县。张恺等与其部将陈伯谋划离去，此事被发觉，他们都被宇文化及杀害。宇文化及的亲信渐渐没有了，兵力一天比一天窘迫，兄弟们没有其他办法，只是聚在一起酣饮，演奏女乐。醉酒之后，宇文化及就埋怨智及说："我原本不知道此事，是由你来筹划的，你非要来拥立我，现在所向皆败，兵马一天比一天少，我背负着弑君恶名，为天下所不容。如今就要被灭族了，难道这不都是因为你吗？"于是抱着两个儿子大哭。宇文智及愤怒地说："事情成功时，没听到你埋怨我，等到将失败时，就想归咎于我。你为什么不将我杀死去投靠窦建德！"兄弟两人多次争吵，谈话也长幼不分，酒醒后又接着喝，把这作为常事。他们的士兵大多逃跑，宇文化及自知一定会破败，于是叹息说："人生原本会有一死，难道我就不能做一天皇帝吗？"于是他将杨浩鸩杀，在魏县僭窃皇帝位，定国号为许，建年号为天寿，设置文武百官。

宇文化及率军在魏州攻打元宝藏，四十天也没能攻取，反而被元宝藏打败，损失千余人。于是向东北奔赴聊城，准备招揽沿海诸贼。当时派遣宇文士及巡视攻占济北，寻求粮饷。大唐派遣淮安王李神通抚慰崤山以东地区，并且招抚宇文化及。宇文化及没有接受，李神通于是进军包围了他，过十余天也未能攻克，就撤退了。窦建德率领全军来攻打宇文化及。在此之前，齐州贼首王薄听闻宇文化及有很多财宝，假装前来投靠。宇文化及相信他，于是与他一起守城。到这时，王薄引领窦建德军队入城，活捉宇文化及，将他的兵众全部俘获。首先捉住宇文智及、元武达、孟秉、杨士览、许弘仁等人，将他们全都斩首。然后用槛车装着宇文化及前往河间，以杀君之罪责斥并列举他的罪行，连同他的两个儿子承基、承趾一齐被斩首，并把其首级递送给突厥义成公主，在突厥王庭枭示。宇文化及从济北向西归附长安。

南史

南史

南史卷十

陈后主本纪下第十

后主讳叔宝，字元秀，小字黄奴，宣帝嫡长子也。梁承圣二年十一月戊寅，生于江陵。明年，魏平江陵，宣帝迁于长安，留后主于穰城。天嘉三年，归建邺，立为安成王世子。光大二年，累迁侍中。

太建元年正月甲午，立为皇太子。十四年正月甲寅，宣帝崩。乙卯，始兴王叔陵构逆伏诛。丁巳，太子即皇帝位于太极前殿，大赦，在位文武及孝悌力田为父后者，并赐爵一级，孤老鳏寡不能自存者，赐谷人五斛、帛二匹。癸亥，以侍中、丹阳尹、长沙王叔坚为骠骑将军、开府仪同三司、扬州刺史。乙丑，尊皇后为皇太后。丁卯，立皇弟叔重为始兴王，奉昭烈王祀。己巳，立妃沈氏为皇后。辛未，立皇弟叔俨为寻阳王，叔慎为岳阳王，叔达为义阳王，叔熊为巴山王，叔虞为武昌王。甲戌，设无碍大会于太极前殿。

三月癸亥，诏内外众官九品以上，各荐一人。又诏求忠谠，无所隐讳。己巳，以新除翊左将军永阳王伯智为尚书仆射。

夏四月丙申，立皇子永康公胤为皇太子，赐天下为父后者爵一级，王公以下赉帛各有差。庚子，诏："镂金银薄、庶物化生、土木人、彩华之属，及布帛短狭轻疏者，并伤财废业，尤成蠹患。又僧尼道士，挟邪左道，不依经律，人间淫祀祆书诸珍怪事，详为条制，并皆禁绝。"

秋七月辛未，大赦。是月，自建邺至荆州，江水色赤如血。

八月癸未，天有声如风水相激。乙酉夜，又如之。

九月丙午，设无碍大会于太极前殿，舍身及乘舆御服，大赦。辛亥夜，天东北有声如虫飞，渐移西北。丙寅，以骠骑将军、开府仪同三司、扬州刺史长沙王叔坚为司空，征南将军、江州刺史豫章王叔英即本号开府仪同三司。

至德元年春正月壬寅，大赦，改元。以征南将军、江州刺史豫章王叔英为中卫大将军；以司空、骠骑将军、开府仪同三司、扬州刺史长沙王陈叔坚为江州刺史；征东将军、开府仪同三司、东扬州刺史司马消难进号车骑将军。癸卯，立皇子琛为始安王。

秋八月丁卯，以骠骑将军、开府仪同三司长沙王叔坚为司空。

九月丁巳，天东南有声如虫飞。

冬十一月丁酉，立皇弟叔平为湘东王，叔敖为临贺王，叔宣为阳山王，叔穆为西阳王，叔俭为南安王，叔澄为南郡王，叔兴为沅陵王，叔韶为岳山王，叔纯为新兴王。

十二月丙辰，头和国遣使朝贡。司空、长沙王叔坚有罪免。戊午夜，天开，自西北至东南，其内有青黄杂色，隆隆若雷声。

二年春正月丁卯，分遣大使，巡省风俗。癸巳，大赦。

夏五月戊子，以吏部尚书江总为尚书仆射。

秋七月壬午，皇太子加元服，在位文武赐帛各有差。孝悌力田为父后者，赐爵一级；鳏寡癃老不能自存者，人谷五斛。

冬十一月丙寅，大赦。是月，盘盘、百济国并遣使朝贡。

三年春正月戊午朔，日有蚀之。庚午，镇左将军长沙王叔坚即本号开府仪同三司。

三月辛酉，前丰州刺史章大宝举兵反。

夏四月庚戌，丰州义军主陈景详斩大宝，传首建邺。

冬十月己丑，丹丹国遣使朝贡。

十一月己未，诏修复仲尼庙。辛巳，幸长干寺，大赦。

十二月癸卯，高丽国遣使朝贡。

是岁，梁明帝殂。

四年春正月甲寅，诏王公以下各荐所知，无隔舆皂。

二月丙申，立皇弟叔谟为巴东王，叔显为临江王，叔坦为新会王，叔隆为新宁王。

夏五月丁巳，立皇子庄为会稽王。

秋九月甲午，幸玄武湖，肄舻舰阅武。丁未，百济国遣使朝贡。

冬十月癸亥，以尚书仆射江总为尚书令，吏部尚书谢伷为尚书仆射。

十一月己卯，大赦。

祯明元年春正月戊寅，大赦，改元。乙未，地震。

秋九月庚寅，梁太傅安平王萧岩、荆州刺史萧瓛，遣其都官尚书沈君公诣荆州刺史陈慧纪请降。辛卯，岩等帅其文武官男女济江。甲午，大赦。

冬十一月丙子，以萧岩为平东将军、开府仪同三司、东扬州刺史。丁亥，以骠骑大将军、开府仪同三司豫章王叔英为兼司徒。

十二月丙辰，以前镇卫大将军、开府仪同三司、东扬州刺史鄱阳王伯山为镇卫大将军、开府仪同三司。

二年春正月辛巳日，立皇子陈为东阳王，恬为钱唐王。

夏四月戊申，有群鼠无数，自蔡洲岸入石头，渡淮至于青塘两岸，数日自死，随流出江。是月，郢州南浦水黑如墨。

五月甲午，东冶铸铁，有物赤色，大如数升，自天坠熔所，有声隆隆如雷，铁飞出墙外，烧人家。

六月戊戌，扶南国遣使朝贡。庚子，废皇太子胤为吴兴王，立扬州刺史始安王深为皇太子。辛丑，以太子詹事袁宪为尚书仆射。丁巳，大风自西北激涛水入石头城，淮渚暴溢，漂没舟乘。

冬十月己亥，立皇子藩为吴王。己酉，幸莫府山，大校猎。

十一月丁卯，诏克日于大政殿讯狱。丙子，立皇弟叔荣为新昌王，叔匡为太原王。

初隋文帝受周禅，甚敦邻好，宣帝尚不禁侵掠。太建末，隋兵大举，闻宣帝崩，乃命班师，遣使赴吊，修敌国之礼，书称姓名顿首。而后主益骄，书末云："想彼统内如宜，此宇宙清泰。"隋文帝不说，以示朝臣。清河公杨素以为主辱，再拜请罪，及襄邑公贺若弼并奋求致讨。后副使袁彦聘隋，窃图隋文帝状以归，后主见之，大骇曰："吾不欲见此人。"每遣间谍，隋文帝皆给衣马，礼遣以归。

后主愈骄，不虞外难，荒于酒色，不恤政事，左右嬖佞珥貂者五十人，妇人美貌丽服巧态以从者千余人。常使张贵妃、孔贵人等八人夹坐，江总、孔范等十人预宴，号曰"狎客"。先令八妇人襞采笺，制五言诗，十客一时继和，迟则罚酒。君臣酣饮，从夕达旦，以此为常。而盛修宫室，无时休止。税江税市，征取百端。刑罚酷滥，牢狱常满。

覆舟山及蒋山柏林，冬月常多采醴，后主以为甘露之瑞。前后灾异甚多。有神自称老子，游于都下，与人对语而不见形，言吉凶多验，得酒辄酹之，经三四年乃去。船下有声云"明年乱"。视之，得婴儿长三尺而无头。蒋山众鸟鼓两翼以拊膺，曰"奈何帝！奈何帝！"又建邺城无故自坏。青龙出建阳门，井涌雾，赤地生黑白毛，大风拔朱雀门，临平湖草旧塞，忽然自通。后主又梦黄衣人围城，乃尽去绕城橘树。又见

大蛇中分，首尾各走。夜中索饮，忽变为血。有血沾阶至于坐床头而火起。有狐入其床下，捕之不见。以为祆，乃自卖于佛寺为奴以禳之。于郭内大皇佛寺起七层塔，未毕，火从中起，飞至石头，烧死者甚众。又采木湘州，拟造正寝，筏至牛渚矶，尽没水中，既而渔人见筏浮于海上。起齐云观，国人歌曰："齐云观，寇来无际畔。"始北齐末，诸省官人多称省主，未几而灭。至是举朝亦有此称，识者以为省主，主将见省之兆。

隋文帝谓仆射高颎曰："我为百姓父母，岂可限一衣带水不拯之乎？"命大作战船。人请密之，隋文帝曰："吾将显行天诛，何密之有！使投绫于江，若彼能改，吾又何求。"及纳梁萧瓛、萧岩，隋文愈忿，以晋王广为元帅，督八十总管致讨。乃送玺书，暴后主二十恶。又散写诏书，书三十万纸，遍喻江外。

诸军既下，江滨镇戍相继奏闻。新除湘州刺史施文庆、中书舍人沈客卿掌机密，并抑而不言。

初萧岩、萧瓛之至也，德教学士沈君道梦殿前长人，朱衣武冠，头出栏上，攘臂怒曰："那忽受叛萧误人事。"后主闻之，忌二萧，故远散其众，以岩为东扬州刺史，瓛为吴州刺史。使领军任忠出守吴兴郡，以襟带二州。使南平王嶷镇江州，永嘉王彦镇南徐州。寻召二王赴期明年元会，命缘江诸防船舰，悉从二王还都为威势，以示梁人之来者，由是江中无一斗船。上流诸州兵，皆阻杨素军不得至。都下甲士尚十余万人。及闻隋军临江，后主曰："王气在此，齐兵三度来，周兵再度至，无不摧没。虏今来者必自败。"孔范亦言无渡江理。但奏伎纵酒，作诗不辍。

三年春正月乙丑朔，朝会，大雾四塞，入人鼻皆辛酸。后主昏睡，至晡时乃罢。是日，隋将贺若弼自北道广陵济，韩擒趋横江济，分兵晨袭采石，取之。进拔姑孰，次于新林。时弼攻下京口，缘江诸戍望风尽走，弼分兵断曲阿之冲而入。丙寅，采石戍主徐子建至告变。戊辰，乃下诏曰："犬羊陵纵，侵窃郊畿，蜂虿有毒，宜时扫定，朕当亲御六师，廓清八表，内外并可戒严。"于是以萧摩诃为皇畿大都督，樊猛为上流大都督，樊毅为下流大都督，司马消难、施文庆并为大监军，重立赏格，分兵镇守要害，僧尼道士尽皆执役。

庚午，贺若弼攻陷南徐州。辛未，韩擒又陷南豫州。隋军南北道并进。辛巳，贺若弼进军钟山，顿白土冈之东南，众军败绩。弼乘胜进军宫城，烧北掖门。是时，韩擒率众自新林至石子冈，镇东大将军任忠出降擒，仍引擒经朱雀航趣宫城，自南掖门入。城内文武百司皆遁出，唯尚书仆射袁宪、后阁舍人夏侯公韵侍侧。宪劝端坐殿上，正色以待之。后主曰："锋刃之下，未可及当，吾自有计。"乃逃于井。二人苦谏不从，以身蔽井，后主与争久之方得入。沈后居处如常。太子深年十五，闭而坐，舍人孔伯鱼侍焉。戍士叩阁而入，深安坐劳之曰："戎旅在涂，不至劳也。"既而军人窥井而呼之，后主不应。欲下石，乃闻叫声。以绳引之，惊其太重，及出，乃与张贵妃、孔贵人三人同乘而上。隋文帝闻之大惊。开府鲍宏曰："东井上于天文为秦，今王都所在，投井其天意邪。"先是江东谣多唱王献之《桃叶辞》，云："桃叶复桃叶，度江不用楫，但度无所苦，我自接迎汝。"及晋王广军于六合镇，其山名桃叶，果乘陈船而度。丙戌，晋王广入据台城，送后主于东宫。

三月己巳，后主与王公百司，同发自建邺，之长安。隋文帝权分京城人宅以俟，内外修整，遣使迎劳之，陈人讴咏，忘其亡焉。使还奏言："自后主以下，大小在路，五百里累累不绝。"隋文帝嗟叹曰："一至于此。"及至京师，列陈之舆服器物于庭，引后主于前，及前后二太子、诸父诸弟众子之为王者，凡二十八人；司空司马消难、尚书令江总、仆射袁宪、骠骑萧摩诃、护军樊毅、中领军鲁广达、镇军将军任忠、吏部尚书姚察、侍中中书令蔡征、左卫将军樊猛，自尚书郎以上二百余人，文帝使纳言宣诏劳之。次使内史令宣诏让后主，后主伏地屏息不能对，乃见宥。隋文帝诏陈武、文、宣三帝陵，总给五户分守之。

初，武帝始即位，其夜奉朝请史普直宿省，梦有人白天而下，导从数十，至太极殿前，北面执玉策金字曰："陈氏五帝三十二年。"及后主在东宫时，有妇人突入，唱日"毕国主"。有鸟一足，集其殿庭，以嘴画地成文，曰："独足上高台，盛草变为灰，欲知我家处，朱门当水开。"解者以为独足盖指后主独行无众，盛草言荒秽，隋承火运，草得火而灰。及至京师，与其家属馆于都水台，所谓上高台当水也。其言皆验。或言后主名叔宝，反语为"少福"，亦败亡之征云。

既见宥，隋文帝给赐甚厚，数得引见，班同三品。每预宴，恐致伤心，为不奏吴音。后监守者奏言："叔宝云，'既无秩位，每预朝集，愿得一官号'。"隋文帝曰："叔宝全无心肝。"监者又言："叔宝常耽醉，罕有醒时。"隋文帝使节其酒，既而曰："任其性；不尔，何以过日。"未几，帝又问监者叔宝所嗜。对曰："嗜驴肉。"问饮酒多少？对曰："与其子弟日饮一石。”隋文帝大惊。及从东巡，登芒山，侍饮，赋诗曰：“日月光天德，山川壮帝居，太平无以报，愿上东封书。”并表请封禅，隋文帝优诏谦让不许。后从至仁寿宫，常侍宴，及出，隋文帝目之曰：“此败岂不由酒；将作诗功夫，何如思安时事。当贺若弼度京口，彼人密启告急，叔宝为饮酒，遂不省之。高颎至日，犹见启在床下，未开封。此亦是可笑，盖天亡也。昔苻氏所征得国，皆荣贵其主。苟欲求名，不知违天命，与之官，乃违天也。”

隋文帝以陈氏子弟既多，恐京下为过，皆分置诸州县，每岁赐以衣服以安全之。

后主以隋仁寿四年十一月壬子，终于洛阳，时年五十二。赠大将军，封长城县公，谥曰炀。葬河南洛阳之芒山。

【译文】

陈后主名为叔宝，字元秀，小字黄奴，是宣帝陈顼的嫡长子。梁朝承圣二年十一月戊寅日，出生在江陵。第二年，西魏攻陷江陵，陈顼迁都到长安，将陈叔宝留在穰城。陈文帝天嘉三年，陈顼回到建邺，立陈叔宝为安成王陈顼的世子。光大二年，官位多次得到提升，官至侍中。

太建元年正月甲午日，陈叔宝被立为皇太子。太建十四年正月甲寅日，宣帝驾崩。乙卯日，始兴王陈叔陵反叛被杀。丁巳日，太子陈叔宝在太极殿前即皇位，大赦天下，在位的文武官员以及民间孝顺父母、友爱兄弟、致力耕作以及做父亲较晚的一律赐给爵位一级，孤老鳏寡不能独立生活的，每人赐谷五斛、帛二匹。癸亥日，任用侍中、丹阳尹、长沙王陈叔坚为骠骑将军、开府仪同三司、扬州刺史。乙丑日，皇后被立为皇太后。丁卯日，皇弟陈叔重被立为始兴王，继承始兴昭烈王陈道谈一支。己巳日. 皇妃沈氏被立为皇后。辛未日，皇弟陈叔俨被立为寻阳王，立陈叔慎为岳阳王，陈叔达为义阳王，陈叔熊为巴山王，陈叔虞为武昌王。甲戌日，在太极前殿举行无碍大法会。

三月癸亥日，陈后主诏令朝廷内外九品以上的官员，各推荐一人。又下诏书寻求忠言直谏，不要有隐瞒忌讳。己巳日，任命新任翊左将军永阳王陈伯智为尚书仆射。

夏季的四月丙申日，立皇子永康公陈胤为皇太子，赏赐天下做父亲较晚的人每人晋爵一级，王公以下按等级赐给数量不等的丝帛。庚子日，颁布诏书说："雕镂黄金制作银薄、用各种绸布和蜡制作的婴儿、土木偶人、五彩丝绸之类的奢侈物品，以及布帛尺寸、横幅、重量、质量不足的，都耗费财物荒废生产业，特别容易形成祸害。又有僧尼道士，利用歪门邪道，不遵守佛经戒律，世间泛滥的祭祀妖书和各种怪事，官府都应当用详细的条例加以限制，一概加以禁绝。"

秋七月辛未日，大赦天下。这个月，从建邺到荆州，江水的颜色红得像血。

八月癸未日，天上发出有如风和水互相撞击的响声。乙酉日的夜里，又出现了这种情况。

九月丙午日，在太极前殿举行无碍大法会，陈后主舍身苦行并捐赠銮舆御服等，大赦天下。辛亥日夜里，天空东北方发出如同昆虫飞行一样的声音，逐渐向西北移动。丙寅日，陈后主任命骠骑将军、开府仪同三司、扬州刺史长沙王陈叔坚为司空，征南将军、江州刺史豫章王陈叔英在本官号上加封为开府仪同三司。

等到德元年春正月壬寅日，后主大赦天下，更改年号。将征南将军、江州刺史豫章王陈叔英封为中卫大将军；任命司空、骠骑将军、开府仪同三司、扬州刺史陈叔坚为江州刺史；将征东将军、开府仪同三司、东扬州刺史司马消难进号为车骑将军。癸卯日，立皇子陈琛为始安王。

秋八月丁卯日，任命骠骑将军、开府仪同三司长沙王陈叔坚为司空。

九月丁巳日，天空的东南方传来如同昆虫飞行的声音。

冬十一月丁酉日，陈后主立皇弟陈叔平为湘东王，陈叔敖为临贺王，陈叔宣为阳山王，陈叔穆为西阳王，陈叔俭为南安王，陈叔澄为南郡王，陈叔兴为沅陵王，陈叔韶为岳山王，陈叔纯为新兴王。

十二月丙辰日，头和国派遣使臣前来朝贡。司空、长沙王陈叔坚因为有罪而被免除了官职。在戊午日的夜里，天空裂开，从西北绵延至东南，其中有青黄等各种颜色，轰隆隆的有如雷鸣般的响声。

二年春正月丁卯日，分别派出使者，巡视各地风俗。癸巳日，大赦天下。

夏五月戊子日，陈后主任任命吏部尚书江总为尚书仆射。

秋七月壬午日，皇太子举行加冠仪式，在位的文武官员按等等级赐给数量不等的丝绸布帛。孝顺父母、友爱兄弟、致力耕作和做父亲较晚的，赐爵位一级；鳏寡病弱不能维持生活的，每人赐谷五斛。

冬十一月丙寅日，大赦天下。这个月，盘盘国、百济国都派遣使臣前来朝贡。

三年春季的正月戊午初一日，出现日食。庚午日，镇左将军长沙王陈叔坚按照原来的封号加封开府仪同三司。

三月辛酉日，前丰州刺史章大宝举兵反叛。

夏四月庚戌日，丰州义军的军主陈景祥斩杀章大宝，把他的首级传送到建邺。

冬十月己丑日，丹丹国派遣使臣前来朝贡。

十一月己未日，陈后主下诏修复孔子庙。辛巳日，皇帝驾临长干寺，大赦天下。

十二月癸卯，高丽国派遣使臣前来朝贡。

这一年，梁明帝逝世。

四年春季的正月甲寅日，陈后主诏令王公以下官员，各自举荐所知晓的贤才，即使是出身卑微的车夫和小吏也都在举荐之内。

二月丙申日，立皇弟陈叔谟为巴东王，陈叔显为临江王，陈叔坦为新会王，陈叔隆为新宁王。

夏五月丁巳日，立皇子陈庄为会稽王。

秋九月甲午日，皇帝驾临玄武湖，视察军舰，检阅军队。丁未日，百济国派使臣前来朝贡。

冬十月癸亥日，陈后主任命尚书仆射江总为尚书令，吏部尚书谢伷为尚书仆射。

十一月己卯日，大赦天下。

祯明元年春季的正月戊寅日，大赦天下，改换年号。乙未日，发生地震。

秋九月庚寅日，后梁国的太傅安平王萧岩、荆州刺史萧瓛，派遣他们的都官尚书沈君公拜见荆州刺史陈慧纪，请求归降。辛卯日，萧岩等率领他们的文武官员及儿女家眷渡过长江。甲午日，大赦天下。

冬十一月丙子日，任命萧岩为平东将军、开府仪同三司、东扬州刺史。丁亥日，任命骠骑大将军、开府仪同三司豫章王陈叔英兼任司徒。

十二月丙辰日，任命前镇卫大将军、开府仪同三司、东扬州刺史鄱阳王陈伯山为镇卫大将军、开府仪同三司。

祯明二年春季的正月辛巳日，立皇子陈蕃为东阳王，陈恬为钱唐王。

夏季的四月戊申日，无数成群的老鼠，从蔡洲岸涌进石头城，渡过秦淮河到达青塘两岸，几天后又自行死去，随水漂流进长江。这个月，郢州南浦的河水颜色黑如墨。

五月甲午日，东冶铸造铁器的地方，有个巨大的红色物体，有几升大，从天上坠入熔炉之中，发出雷鸣般的隆隆声，铁水飞溅出墙外，烧毁了民房住宅。

六月戊戌日，扶南国派使臣前来朝贡。庚子日，陈后主废黜皇太子陈胤为吴兴王，立扬州刺史始安王陈深为皇太子。辛丑日，任命太子詹事袁宪为尚书仆射。丁巳日，大风从西北激起浪涛涌入石头城，秦淮河暴涨，掀翻淹没了船只。

冬十月己亥日，立皇子陈藩为吴王。己酉日，驾临莫府山，进行大规模地打猎。

十一月丁卯日，下诏限定日期在大政殿审讯狱案。丙子日，立皇弟陈叔荣为新昌王，陈叔匡为太原王。

开始，隋文帝接受北周的禅让，与邻国友好相处，陈宣帝还不能制止北兵的入侵掠夺。太建末年，隋朝大军南下，听说陈宣帝去世，于是就下令班师回朝，派遣使臣到南朝吊唁，采用平等国家之间的礼仪，在书信上，隋文帝自己称名并用顿首的字样。但是陈后主却因此日益傲慢起来，在回信最后中写道："想来你们北国的境内如果是安定的，这里的天地就会清明安泰。"隋文帝看了信很不高兴，把信给朝臣们看。清河公杨素认为这是对隋国君主的侮辱，再三叩首请罪。同时与襄邑公贺若弼等人都激愤地请求讨伐陈国。后来陈国副使袁彦出使隋朝，暗地里描绘隋文帝的容貌送回朝，陈后主见了隋文帝的画像，大为惊恐说："我不想看到这个人。"陈朝每次派间谍北来，隋文帝都会供给衣服马匹，以礼待之并且遣送回陈朝。

陈后主更加骄傲，不担忧境外强敌，沉湎于酒色之中，不关心国家政事，左右侍从得到宠幸，冠上佩带貂尾的有五十人，形容美貌、服饰华丽，陪从在身边的女子有一千多。陈后主经常让张贵妃、孔贵人等八个美女夹着自己坐着，江总、孔范等十人参加欢宴作乐，号称"狎客"。每次先让八个女子叠好彩笺，作五言诗，十个客人同时相继和诗，超过时间就罚酒。君臣经常通宵达旦畅饮，以此作为常事。他还大修宫殿，没有停工的时候。他还从江面和市场上征税，征税的名目繁多，百般掠夺。刑罚严酷繁多，监狱常常人满为患。

覆舟山与蒋山的柏树林，冬季经常有很多从树皮上分泌出来的汁液，陈后主认为这是天降甘露的祥瑞。在这先后出现了许多灾异之事。有神仙自称是老子，在京城里游荡，同别人对面谈话却看不到他的身形，预言吉凶的事常常应验，得到酒便一饮而尽，历经三四年才从街面消失。有人听到在船底下有声音说："明年大乱。"往船下看，发现一个三尺长的没有头的婴儿。蒋山上有许多鸟鼓动双翅拍打胸脯，鸣叫的声音就像"奈何帝！奈何帝！"还有建邺城墙无缘无故自己塌坏。有青龙飞出建阳门，井里喷涌出雾气，干旱而不生五谷的地上长出黑草白草，大风吹毁了朱雀门，临平湖过去被水草堵塞不流，忽然水自通流出。陈后主又梦到穿黄衣的人来围攻都城，于是把环绕城墙四周的橘树全都砍掉。他又曾梦到一条大蛇从中间分成两段，头和尾各自爬走。他在夜里要水喝，忽然水变成了血。有血沾湿台阶又浸润到坐床，忽然变成火烧起来。有只狐狸钻到床下，派人捕捉时却又不见了。陈后主认为这些都是妖异，于是便自己到佛寺去卖身为奴以便禳除灾祸。他在外城的大皇佛寺建造七层塔，还没完工，火从塔中烧起，大火飞到石头城，烧死的人很多。又在湘州采购木材，打算修建正殿。木排到达牛渚矶时，全都沉入水中，不久打渔人看见木排都在大海上漂浮。造齐云观，国内有人唱歌说："齐云观，与云齐，敌人到来无边又无际。"先前在北齐末年，各省长官大多称为省主，不久北齐灭亡。到后主时，整个朝廷也有这种称号，有见识的人认为省主，将是国主被省去的预兆。

隋文帝对仆射高颎说："我身为百姓的父母，哪能因为隔着一条衣带宽的长江而不拯救南方的百姓呢？"于是下令大造战船。有人请求秘密制造，隋文帝说："我将公开按照天意讨伐陈国，有什么秘密，扔块木片到长江里，如果陈后主能改恶从善，我有什么理由去讨伐他呢？"等到陈后主接纳后梁萧瓛、萧岩之后，隋文帝更加气愤，命令晋王杨广为元帅，统领八十个总管率军去攻打。于是传送盖有玉玺的信，列举揭露陈后主二十条罪状。又到处散发诏书，写出三十万张，告知江南百姓。

隋朝的各路大军南下，长江沿岸陈朝的镇守官员接连奏知朝廷。新任湘州刺史施文庆、中书舍人沈客卿掌握机要大权，把警报都压住不上奏。

起初萧岩、萧瓛到来，德教学士沈君道梦见宫殿前有个穿红衣戴武士帽的高大的人，头露出木栏之上，挥动手臂发怒说："怎么忽然被叛徒萧氏误了大事。"后主听说后，就开始忌讳二萧，所以将他们手中的兵力远远地分散，任萧岩为东扬州刺史，萧瓛为吴州刺史。陈后主派遣领军任忠出京城镇守吴兴郡，以便像襟带一样控制东扬州和吴州。又派南平王陈嶷镇守江州，永嘉王陈彦镇守南徐州。不久召二王前来参加第二年元旦的朝会，下令沿江各处江防用的战船，全都跟随二王回家以壮声势，借此向归降的后梁人显示军威，因此江里再没有一条战船。上流各州的驻军，都在堵截杨素的部队而不能前来。京城里带甲的士兵还有十多万人。等到听说隋军也攻到江边时，后主说："帝王之气在此，齐兵来攻三次，周兵来攻两次，都被打退了。敌寇如今又来进攻必然自取失败。"孔范也说隋兵没有渡江的可能。陈后主只是继续听歌伎奏乐纵情饮酒，仍不停作诗。

三年春季的正月乙丑初一日，举行朝会，雾气弥漫四方，人吸入雾气后，鼻孔感到一阵酸辣。后主昏睡到傍晚时分才醒过来。这天隋将贺若弼从北道广陵渡江，韩擒虎赶到横江渡江，分兵在凌晨袭击并占领采石。隋军又挺进攻占姑孰，进军到新林。这时贺若弼又攻下京口，陈朝沿江的各个驻军望风而逃，贺若弼分兵截断曲阿的要冲继续深入。丙寅日，采石戍守主将徐子建前来报告说形势急变。戊辰日，于是陈后主下诏说："隋军像犬羊一般的欺凌狂放，侵犯京城郊区，像剧毒有害的蜂毒，应当及时扫除，朕将亲自率领六军，肃清国内八方敌寇，京城内外应当全严阵以待。"于是任萧摩诃为皇畿大都督，樊猛为上流大都督，樊毅为下流大都督，司马消难、施文庆都为大监军，确立优厚的奖赏条例，分兵镇守要害地区，僧尼道士全部都被强迫执行各种劳役。

在庚午日这天，贺若弼攻陷南徐州。辛未日，韩擒虎又攻陷南豫州。隋军南北两路齐头并进。辛巳日，贺若弼进军到达钟山，驻军在白土冈的东南方，陈朝各军战败。贺若弼乘胜攻打宫城，火烧北掖门。这时，韩擒虎率领众军从新林到达石子冈，镇东大将军任忠出城向韩擒虎投降，然后引导韩擒虎经过朱雀航攻打宫城，从南掖门攻入。城内的文武百官都出城逃命，只有尚书仆射袁宪、后阁舍人夏侯公韵守在皇帝身边侍候。袁宪劝陈后主端正地坐在正殿上，以庄重的表情等待隋军的到来。后主说："在锋利的剑刃之下，来不及抵挡，我自有计谋来对付。"于是逃入井中。袁宪、夏侯公韵二人苦苦劝谏而不听从，他们用身子挡住井口，后主和他们争执很久才躲进井里。沈皇后坐在宫里如往常一样。太子陈深十五岁，关闭阁门独坐，舍人孔伯鱼在旁服侍。隋兵推开阁门闯进来，陈深安然地坐着慰劳他们说：“途中行军，没有前去慰劳！”不久，隋军向井里察看并且呼喊，陈后主不敢应声。隋军要向井里扔石头，才听到下边的叫喊声。隋军用绳子把他拉上来，大家都惊奇地感到陈后主很沉重，等到拉上来一看，才知道是陈后主和张贵妃、孔贵人三个人同拉一根绳子上来的。隋文帝听到后大为吃惊。开府鲍宏说：“东井星宿在天文上是秦地的分野，如今是王都所在的地方，他投入井中，怕是天意吧！”先前江东歌谣多唱王献之的《桃叶辞》，说：“桃叶又桃叶，渡江不用桨，过江无困难，我来迎接你。”等到隋朝晋王杨广在六合镇驻军，那里的山名叫桃叶，后来果真是乘陈朝的船渡了江。丙戌日，晋王杨广进兵占据台城，将陈后主送入东宫居住。

三月己巳日，陈后主和王公百官一同从建邺出发，到长安去。隋文帝暂时腾出京城人家的住宅等待陈朝君臣，对住宅内外加以修整，又派出使臣去迎接慰劳他们，陈朝的人却咏诗吟唱，竟忘记了他们是亡国的俘虏。使臣回来报告说：“自陈后主以下，男女老少都在路上走着，足有五百里，络绎不绝。”隋文帝叹息说：“竟落到这样的下场。”当陈朝人到了京城，把陈朝皇帝的车服器物陈列在庭院中，引导后主排列在前列，以及前后两个皇太子、陈后主的各个叔父兄弟儿子封王的，总计二十八人；还有司空司马难消、尚书令江总、仆射袁宪、骠骑萧摩诃、护军樊毅、中领军鲁广达、镇军将军任忠、吏部尚书姚察、侍中中书令蔡征、左卫将军樊猛，自尚书郎以上官员二百多人。另外派内史令宣布诏令慰劳他们，然后又让内史令宣读诏书责备陈后主，陈后主跪伏在地屏住气不能回答，才得到了宽恕。隋文帝下诏说陈武帝、文帝、宣帝三个帝陵，总共给五户守陵户分别守陵。

起初，陈武帝即位后，当天夜里奉朝请史普在宫中值宿，梦见有人从天而降，导引和随从有几十人，到了太极殿前朝北手执写着金字的玉板说：“陈氏五个皇帝在位三十二年。”当后主在东宫时，有个女人突然闯进宫来，唱着说：“最后的国主。”有一群鸟长着一条腿，聚焦飞落在殿庭，用嘴在地上写画文字：“独脚上高台，盛草变成灰，欲知我家处，朱门当水开。”解释的人认为独脚是指陈后主独断专行不得人心；盛草说的是荒秽腐败，隋朝承继五行中的火运，草遇到火便烧成灰；等到后主来到京城长安，他和家属都住在都水台，就是说上高台对着水。歌谣里说的都应验了。有的人说陈后主名叫叔宝，反语为“少福”，这也是败亡的征兆。

陈后主被饶恕后，隋文帝对他的赏赐非常优厚，并屡次得到召见，班位与三品官相等。每次参加隋文帝举行的宴会，隋文帝从来不命令演奏吴地的歌曲，担心陈后主闻旧音而伤心。后来负责监视的官员上奏说：“陈叔宝说，‘既然没有官位级别，可是常常参加朝廷的集会，希望能得到一个官号’。”隋文帝说：“陈叔宝全无心肝。”监视的官员又报告说：“陈叔宝经常醉酒昏睡，很少有清醒的时候。”隋文帝下令减少酒的供给，稍后又说：“由着他的性子，不这样，他怎么过日子。”过了不久，隋文帝问监视的人陈叔宝有什么嗜好。回答说：“爱吃驴肉。”又问能喝多少酒？回答说：“陈叔宝和他的子弟们每天要喝一石。”隋文帝听了大惊。后来陈后主跟随隋文帝往东去巡守，登上芒山，陈后主陪同饮酒，作诗说：“日月光示上天恩德，山川壮丽衬映帝王所居，安享太平无以报答，愿意献上东封泰山的奏书。”并且撰写表章请求封禅，隋文帝宽厚地下了诏书表示谦让没有答应。后来陈后主又跟随隋文帝到仁寿宫，经常陪宴，当退席走出来，隋文帝目送陈后主说：“这人败亡，难道不是因为喝酒吗？如果将精力都放在诗歌创作上，他哪有时间来思量国家大事？当初贺若弼打到京口时，陈朝人秘密上奏告急，陈叔宝因为贪杯，所以不知道这件事。高颎打进宫中的那天，仍看见密件在床底下放着，还没打开信封。这也的确可笑，这是天要亡陈。先前苻坚对待被征服的国家，都让亡国之主享受荣华富贵。这只是为了沽名钓誉，却不知违背天意；如果真给陈叔宝官职，这便是违背天意了。”

隋文帝认为陈氏子弟人数过多，恐怕留在京城里会形成祸害，就将其分别安置到各个州县去，每年赐给衣服用来安抚和保全他们。

隋文帝仁寿四年十一月壬子日，陈后主在洛阳逝世，当时年龄五十二岁。追赠大将军，封长城县公，谥号叫做炀，葬在河南洛阳的芒山。

南史卷十九

谢灵运列传第九

谢灵运，安西将军弈之曾孙而方明从子也。祖玄，晋车骑将军。父瑍，生而不慧，位秘书郎，早亡。灵运幼便颖悟，玄甚异之。谓亲知曰："我乃生瑍，瑍儿何为不及我。"

灵运少好学，博览群书，文章之美，与颜延之为江左第一。纵横俊发过于延之，深密则不如也。从叔混特知爱之。袭封康乐公，以国公例除员外散骑侍郎，不就。为琅邪王大司马行参军。性豪侈，车服鲜丽，衣物多改旧形制，世共宗之，咸称谢康乐也。累迁秘书丞，坐事免。

宋武帝在长安，灵运为世子中军谘议、黄门侍郎，奉使慰劳武帝于彭城，作《撰征赋》。后为相国从事中郎，世子左卫率，坐辄杀门生免官。宋受命，降公爵为侯，又为太子左卫率。

灵运多愆礼度，朝廷唯以文义处之，不以应实相许。自谓才能宜参权要，既不见知，常怀愤惋。庐陵王义真少好文籍，与灵运情款异常。少帝即位，权在大臣，灵运构扇异同，非毁执政，司徒徐羡之等患之，出为永嘉太守。郡有名山水，灵运素所爱好。出守既不得志，遂肆意游遨，遍历诸县，动逾旬朔。理人听讼，不复关怀，所至辄为诗咏以致其意。

在郡一周，称疾去职，从弟晦、曜、弘微等并与书止之，不从。灵运父祖并葬始宁县，并有故宅及墅，遂移籍会稽，修营旧业。傍山带江，尽幽居之美。与隐士王弘之、孔淳之等放荡为娱，有终焉之志。每有一首诗至都下，贵贱莫不竞写，宿昔间士庶皆遍，名动都下。作《山居赋》，并自注以言其事。

文帝诛徐羡之等，征为秘书监，再召不起。使光禄大夫范泰与书敦奖，乃出。使整秘阁书遗阙，又令撰晋书。粗立条流，书竟不就。寻迁侍中，赏遇甚厚。灵运诗书皆兼独绝，每文竟，手自写之，文帝称为二宝。既自以名辈，应参时政，至是唯以文义见接，每侍上宴，谈赏而已。王昙首、王华、殷景仁等名位素不逾之，并见任遇，意既不平，多称

疾不朝直。穿池植援，种竹树果，驱课公役，无复期度。出郭游行，或一百六七十里，经旬不归。既无表闻，又不请急。上不欲伤大臣，讽旨令自解。灵运表陈疾，赐假东归。将行，上书劝伐河北。而游娱宴集，以夜续昼。复为御史中丞傅隆奏免官，是岁，元嘉五年也。

灵运既东，与族弟惠连、东海何长瑜、颍川荀雍、泰山羊璿之以文章赏会，共为山泽之游，时人谓之四友。惠连幼有奇才，不为父方明所知。灵运去永嘉还始宁，时方明为会稽，灵运造方明，遇惠连，大相知赏。灵运性无所推，唯重惠连，与为刎颈交。时何长瑜教惠连读书，亦在郡内，灵运又以为绝伦。谓方明曰："阿连才悟如此，而尊作常儿遇之；长瑜当今仲宣，而饴以下客之食。尊既不能礼贤，宜以长瑜还灵运。"载之而去。荀雍字道雍，官至员外散骑郎。璿之字曜璠，为临川内史，被司空竟陵王诞所遇，诞败坐诛。长瑜才亚惠连，雍、璿之不及也。临川王义庆招集文士，长瑜自国侍郎至平西记室参军。尝于江陵寄书与宗人何勖，以韵语序义庆州府僚佐云："陆展染白发，欲以媚侧室，青青不解久，星星行复出。"如此者五六句。而轻薄少年遂演之，凡人士并为题目，皆加剧言苦句，其文流行。义庆大怒，白文帝，除广州所统曾城令。及义庆薨，朝士并诣第叙哀，何勖谓袁淑曰："长瑜便可还也。"淑曰："国新丧宗英，未宜以流人为念。"庐陵王绍镇寻阳，以长瑜为南中郎行参军，掌书记之任。行至板桥，遇暴风溺死。

灵运因祖父之资，生业甚厚，奴僮既众，义故门生数百，凿山浚湖，功役无已。寻山陟岭，必造幽峻，岩嶂数十重，莫不备尽。登蹑常着木屐，上山则去其前齿，下山去其后齿。尝自始宁南山伐木开径，直至临海，从者数百。临海太守王琇惊骇，谓为山贼，末知灵运乃安。又要琇更进，琇不肯。灵运赠琇诗曰："邦君难地崄，旅客易山行。"在会稽亦多从众，惊动县邑。太守孟觊事佛精恳，而为灵运所轻，尝谓觊曰："得道应须慧业，丈人升天当在灵运前，成佛必在灵运后。"觊深恨此言。又与王弘之诸人出千秋亭饮酒，裸身大呼，觊深不堪，遣信相闻。灵运大怒曰："身自大呼，何关痴人事。"

会稽东郭有回踵湖，灵运求决以为田，文帝令州郡履行。此湖去郭近，水物所出，百姓惜之，觊坚执不与。灵运既不得回踵，又求始宁休崲湖为田，觊又固执。灵运谓觊非存利人，政虑决湖多害生命，言论伤之。与觊遂隙。因灵运横恣，表其异志，发兵自防，露板上言。灵运驰诣阙上表，自陈本末。文帝知其见诬，不罪也。不欲复使东归，以为临川内史。

在郡游放，不异永嘉，为有司所纠。司徒遣使随州从事郑望生收灵运。灵运兴兵叛逸，遂有逆志。为诗曰：“韩亡子房奋，秦帝鲁连耻，本自江海人，忠义感君子。”追讨擒之，送廷尉，廷尉论正斩刑。上爱其才，欲免官而已。彭城王义康坚执，谓不宜恕。诏以“谢玄勋参微管，宜宥及后嗣，降死徙广州”。

后秦郡府将宋齐受使至涂口，行达桃墟村，见有七人下路聚语，疑非常人，还告郡县，遣兵随齐掩讨禽之。其一人姓赵名钦，云：“同村薛道双先与灵运共事，道双因同村成国报钦云：‘灵运犯事徙广州，给钱令买弓箭刀盾等物，使道双要合乡里健儿于三江口篡之。若得志如意后，功劳是同。’遂合部党要谢不得，及还饥馑，缘路为劫。’”有司奏收之，文帝诏于广州弃市。临死作诗曰：“龚胜无余生，李业有终尽，嵇公理既迫，霍生命亦殒。”所称龚胜、李业，犹前诗子房、鲁连之意也。时元嘉十年，年四十九。所著文章传于世。

【译文】

谢灵运，是安西将军谢奕的曾孙，是谢方明的侄子。祖父谢玄，是晋代的车骑将军。父亲谢瑍，生来不聪明，当过秘书郎，很早就死了。谢灵运幼年时便聪明过人，谢玄感到十分惊奇。对亲近相识的人说：“我生了瑍儿，可是瑍儿怎么比不上我呢。”

谢灵运少年时便喜爱读书，广泛阅览各种书籍，写的文章辞藻华美，和颜延之的文章都是江南第一流的作品。文章纵横流畅、俊逸新颖超过了颜延之，但深奥周密却不如颜延之。堂叔谢混特别了解并喜爱他。谢灵运承袭祖父的爵位，被封为康乐公，按照国公的惯例规定授予员外散骑侍郎的职位，没有就职。做琅邪王的大司马行参军。谢灵运喜欢豪华奢侈的生活，车马服饰鲜艳美丽，衣物也多改变旧有的样式加以创新，世人全都模仿他，人们全都称他谢康乐。调做秘书丞，由于连罪犯事被免官。

宋武帝刘裕在长安时，谢灵运担任世子中军咨议、黄门侍郎，曾奉命出使去彭城慰劳宋武帝，写了《撰征赋》。后来担任相国从事中郎，世子左卫率，由于犯了随意杀死门生罪被免除官职。宋武帝刘裕做皇帝后，谢灵运的爵位由公爵降为侯爵，又做太子左卫率。

谢灵运的行为多有违背礼仪和法度之处，朝廷只是在有关文义的职位上安置他，不给他有实权的官职。谢灵运认为自己的才干应当担任朝中执掌权要的大臣，现在既然不受重视，心中常怀有怨恨不平的情绪。庐陵王刘义真年轻时喜好文学，和谢灵运的交情不比寻常。宋少帝刘义符即位后，朝中权力掌握在大臣手中，谢灵运在中间挑拨离间，诽谤执政的人物，司徒徐羡之等人都有点怕他，调他出京做永嘉太守。永嘉郡中有名山秀水，这些都是谢灵运向来喜爱的。谢灵运出京做郡守后既感到不得志，于是便尽情地四处遨游玩乐，走遍了全郡各个县，每出去一次就超过十天或一个月。对于管理官吏和老百姓的诉讼的事，他不再关心，他每到一处便作诗歌咏，借此抒发自己的心意和志趣。

谢灵运在郡满一年，便称病离职，堂弟谢晦、谢曜和谢弘微等都写信来劝导他，不听。谢灵运的祖父、父亲都安葬在始宁县，县里还有谢家的旧宅和别墅，于是谢灵运便移居到会稽郡，修葺营建原有的房舍。谢家的住宅依山临江，极尽幽雅山居美丽的景致。谢灵运和隐士王弘之、孔淳之等人在此纵情游乐，有在这里终老一生的心愿。每当写作一首诗传到京城来，不论贵贱人物莫不争相抄写，他的诗一夜之间在文士和平民中间就传遍，名声震动了京城。谢灵运又撰写了一篇《山居赋》，并且自己做出注解用来说明赋中写到的事情。

宋文帝杀掉徐羡之等大臣之后，召令谢灵运做秘书监，两次下召令，他都不赴任。宋文帝让光禄大夫范泰写信劝导和夸奖他，谢灵运才去就职。文帝让他整理出宫中秘阁藏书的遗失缺漏，又命令他撰写晋朝的历史。他粗略地草拟出条例和目录，但这本书终究没有写成。不久升做侍中，受到的赏赐和待遇都很优厚。谢灵运作的诗、写的字都是绝好的杰作，每当作完文章，便亲手把它写下来，宋文帝称他的诗和字是二宝。既然谢灵运认为自己是名流，就应该参与国家大政，到这时他还只能以文才被接待，每当侍从皇帝宴会时，只是让他谈论赏析诗文而已。王昙首、王华、殷景仁等人的名望和地位一向都超不过他，可是都受到朝廷的信任和重用，为此谢灵运心中愤闷不平，经常装病推辞不上朝值差。谢灵运在住宅里挖池塘植树木，栽竹子种果树，驱使民众充当公家的劳役，一切都没有固定的日期和限度。谢灵运离城出游，有时一天能走出一百六七十里，往往过十天也不返回。既不上表报告，又不告病请假。皇帝不想伤害大臣，便讽示以旨意传话让他自己辞职。于是谢灵运便上表陈述有病，请求皇帝准奏让他东归。刚要出发的时候，他又上书劝说皇帝征伐河北。随后谢灵运游乐宴会，以夜继日。他又被御史中丞傅隆启奏弹劾免除官职，这年，正是宋文帝元嘉五年。

谢灵运东归到会稽之后，和同族兄弟谢惠连、东海何长瑜、颍川荀雍、泰山羊璿之等人经常聚会欣赏文章，一同游览山水，当时的人称他们为“四友”。谢惠连少年时便有出众的才华，但不被他父亲谢方明所重视。谢灵运离开永嘉回到始宁，当时谢方明正担任会稽郡守，谢灵运去拜望谢方明，遇见谢惠连，极其赞赏谢惠连。谢灵运本性从不推崇别人，唯独推崇谢惠连，和他成为生死之交。当时何长瑜正教谢惠连读书，也在会稽郡任职，谢灵运认为他也是杰出无比的人才。谢灵运对谢方明说：“阿连兄弟有如此聪明才智，可是大人竟把他当作一般孩子看待；何长瑜是当今的王粲，可是大人竟用下等客人的饭食待他。大人既不能以礼待贤士，应该把何长瑜还给侄儿灵运。”便同何长瑜一起乘船离去。荀雍，字道雍，官位居员外散骑侍郎。羊璿之，字曜璠，担任临川内史，受到司空竟陵王刘诞的相知和恩遇，刘诞失败后羊璿之连罪被杀。何长瑜的才智不如谢惠连，但是荀雍、羊璿之又不及何长瑜。临川王刘义庆招集文人志士，何长瑜的官职从国侍郎升迁到平西记室参军。何长瑜曾经在江陵寄信给本家人何勖，用韵语的形式记述刘义庆府中僚佐的情况说：“陆展染黑白发，想着取媚小妾，黑色不能持久，点点白茬又露。”像这样的有五六句。有些轻薄少年便加以铺叙，凡是当时的士人都来给它加上题目，全用些刻薄挖苦的言辞，使它到处流传。刘义庆知道后大怒，向文帝报告，把何长瑜贬到广州管下的曾城做县令。等到刘义庆死后，朝中人士都到宅里来吊唁致哀，何勖对袁淑说：“何长瑜就可以回京了。”袁淑说：“国家刚刚死了宗室的英才，还不是想起流放者的时候。”庐陵王刘绍镇守寻阳，任用何长瑜做南中郎行参军，掌管书记的职务。何长瑜走到板桥，遇到暴风落水淹死。

谢灵运因为继承了祖父的资产，家业丰厚，奴才和门僮很多，先人的故吏门生也有几百人，他开山浚湖，工程劳役没有停止过。每次登山爬岭，谢灵运一定要到最幽静奇险的去处观赏，重岩叠嶂几十里，没有不全去看过的地方。登山时经常穿着特制的带齿的木底鞋，上山时取下鞋的前齿，下山时取下鞋的后齿。又曾经亲自带着人从始宁南山伐树开路，直到临海，随从的人员有几百人。临海太守王琇听到这消息后很惊骇，以为是山贼，事后知道是谢灵运才安下心来。谢灵运便邀请王琇一同前进，王琇不肯应邀。谢灵运写诗赠给王琇说："太守害怕地势险峻，来客乐于山行。"谢灵运在会稽也有很多跟从他的人，经常惊动县邑的长官。太守孟颛精勤诚恳拜佛，遭到谢灵运的轻蔑，他曾经对孟颛说："得道成佛必须要有慧根，大人升天应当在灵运之前，但是成佛必定落在灵运之后。"孟颛对这话怀恨在心。谢灵运又同王弘之等人到千秋亭饮酒，脱光衣服赤身大喊大叫，孟颛极为不满，派人去朝廷报告，谢灵运大怒说："我自己大喊，和傻子白痴有什么相干。"

会稽东城外有个回踵湖，谢灵运请求打开口子放水改湖造田，文帝下令让州郡执行这个命令。这湖距离城郭很近，水中所出物产，百姓都很珍惜，孟颛坚决不同意把湖给谢灵运改田。谢灵运既然得不到回踵湖之后，又请求要始宁的休崲湖改田，孟颛又固执不给。谢灵运认为孟颛并非心存利民的想法，正是借口怕决湖之后将会伤害众多动物性命，言论中谢灵运伤害了孟颛。因此他和孟颛结下了嫌隙。因为谢灵运横行放肆，孟颛上表说谢灵运心怀异志，出兵自加防备，封书送上朝廷说谢灵运想谋反。谢灵运亲自骑马前去朝廷上表，陈述自己和孟颛争执的缘由。文帝知道谢灵运受到诬告，没有给他加罪。文帝不想让他再回东方去，便让他做临川内史。

谢灵运在临川郡里遨游，和在永嘉时没有不同，遭到有关官员的弹劾。司徒遣使随州从事郑望生去捉捕谢灵运。谢灵运便起兵叛逃，于是从此产生了反逆的心思。他作诗说："韩国被灭，张良奋起复仇，秦始皇称帝鲁仲连感到受辱，我本是寄身江海的人士，无限感佩古代的忠义君子。"郡中追击并擒获谢灵运，并把他交给朝中廷尉，廷尉判处他斩刑。文帝爱惜他的才华，打算只免除他的官职就罢了。彭城王刘义康坚持执行廷尉的判决，认为他不该宽恕。诏书说："谢玄的功勋和管仲相等，应该宽恕他的后代，减去死刑把他流放到广州。"

后来秦郡府将宋齐接受使命到涂口去，路过桃墟村时，发现有七个人聚在路边一起说话，宋齐怀疑他们不是好人，便回头报告给郡县长官，派兵跟随宋齐去袭击并把他们活捉。其中一个人姓赵名钦，他供说："同村人薛道双先前曾给谢灵运做事，薛道双托同村人成国告诉我说：'谢灵运犯事被流放去广州，谢灵运出钱让人买弓箭刀盾等兵器，并让薛道双集合乡里中健壮的男子在三江口劫下谢灵运。如果得手成功之后，大家都有同样的功劳赏赐。’于是我便集合同伙的人前去拦截谢灵运，没成，回来后都很饿，顺便打算在路上抢劫。”主管官员上奏并把这伙人收监，文帝下诏命令把这些人在广州处决。谢灵运临刑前作诗说：“龚胜不贪生，李业忠节尽，嵇康守理死，霍原恨殒命。”诗里称赞龚胜、李业，就像先前在诗中称道张良和鲁仲连是同样的心意。当时是元嘉十年，谢灵运年龄四十九岁。谢灵运所作的文章流传在世上。

南史卷三十二

徐文伯徐嗣伯列传第二十二

徐文伯

文伯字德秀。濮阳太守熙曾孙也。熙好黄老，隐于秦望山，有道士过求饮，留一瓠芦与之，曰："君子孙宜以道术救世，当得二千石。"熙开之，乃《扁鹊镜经》一卷，因精心学之，遂名震海内。生子秋夫，弥工其术，仕至射阳令。尝夜有鬼呻吟，声甚凄怆，秋夫问何须。答言姓某，家在东阳，患腰痛死。虽为鬼痛犹难忍，请疗之。秋夫曰："云何厝法？"鬼请为刍人，案孔穴针之。秋夫如言，为灸四处，又针肩井三处，设祭埋之。明日见一人谢恩，忽然不见。当世伏其通灵。

秋夫生道度、叔向，皆能精其业。道度有脚疾不能行，宋文帝令乘小舆入殿，为诸皇子疗疾，无不绝验。位兰陵太守。宋文帝云："天下有五绝，而皆出钱唐。"谓杜道鞠弹棋，范悦诗，褚欣远模书，褚胤围棋，徐道度疗疾之。

道度生文伯，叔向生嗣伯。文伯亦精其业，兼有学行，倜傥不屈意于公卿，不以医自业。融谓文伯、嗣伯曰："昔王微，稽叔夜并学而不能，殷仲堪之徒故所不论。得之者由神明洞彻，然后可至，故非吾徒所及。且褚侍中澄富贵亦能救人疾，卿此更成不达。"答曰："唯达者知此可崇，不达者多以为深累，既鄙之何能不耻之。"文伯为效与嗣伯相埒。宋孝武路太后病，众医不识。文伯诊之曰："此石博小肠耳。"乃为水剂清石汤，病即愈。除鄱阳王常侍，遗以千金，旬日恩意隆重。宋明帝宫人患腰痛牵心，每至辄气欲绝。众医以为肉症。文伯曰："此发症。"以油投之，即吐得物如发。稍引之长三尺，头已成蛇能动，挂门上适尽一发而已，病都差。宋后废帝出乐游苑门，逢一妇人有娠，帝亦善诊，诊之曰："此腹是女也。"问文伯，曰："腹有两子，一男一女，男左边，青黑，形小于女。"帝性急，便欲使剖。文伯恻然曰："若刀釜恐其变异，请针之立落。”便写足太阴，补手阳明；胎便应针而落。两儿相续出，如其言。

子雄，亦传家业，尤工诊察，位奉朝请，能清言，多为贵游所善。事母孝谨，母终，毁瘠几至自灭。俄而兄亡，扶杖临丧，扶膺一恸，遂以哀卒。

【译文】

文伯字德秀。他是濮阳太守徐熙的曾孙。徐熙喜好黄老之道，在秦望山隐居，有一位过路的道士向他讨水喝，并且送给他一个葫芦，说："您的子孙应该学习道术来救世，如此的话可担任郡太守。”徐熙将葫芦打开，发现里面藏着一卷《扁鹊镜经》，悉心钻研学习，于是全国闻名。徐熙的儿子名秋夫，和他相比更擅长医术，官至射阳县令。秋夫曾在夜间听到鬼呻吟之声，声音特别凄惨。他询问鬼有什么请求，鬼回答，他姓某，家住在东阳，因为患腰痛病而去世。虽然去世后变成鬼，可是腰部仍然疼痛难忍，请求秋夫给他进行救治。秋夫说，“你作为鬼是没有形体的，我怎么救治呢？”鬼请求他制作一个草人，按穴位进行针灸。秋夫按照他说的话去做，灸治四处，并且针刺肩井等三处穴位，然后设祭礼将草人埋葬。第二天，秋夫看见一人前来谢恩，忽然又不见踪影了。当时世人都敬佩他能和神灵相通。

秋夫生了道度、叔向，他们两个全都精通医术。道度患有脚疾无法行走，宋文帝命他乘坐小轿进宫为皇子们看病，没有不应验的。道度官做到了兰陵太守。宋文帝说："天下有五绝，都出自钱塘。”他说的是杜道鞠的弹棋、范悦的诗、褚欣远的书法、褚胤的围棋、徐道度的医术。

道度生下文伯，叔向生下嗣伯。文伯也精通医术、品学都很优秀。而且生性风流豪爽，不屈从于公卿，但是他没有把医术作为职业。朋友张融对文伯、嗣伯说："以前王微、稽叔夜二人有学识可是不懂得医术。殷仲堪等人暂且不谈了。做学问的人一定要天资聪慧、眼光敏锐，才能达到最高的境界，因此不是我们能力所及的。更何况侍中褚澄虽然富贵尚且还救人疾苦，你我之辈更是没办法达到此种程度啊。”文伯回答："只有学识很高的人清楚医学应该值得尊崇。而没有学识的人大多把医学当作沉重的负担。既然轻视医学，又怎能不以从事医业为羞耻呢。”文伯治病的效果和嗣伯相近。宋孝武帝时路太后生病，医生们都无法辨识她患的是哪种疾病，文伯诊断后说："这是结石博结于小肠。"于是就开了水剂方药消石汤给她服用，病立即就痊愈了。不久之后，徐文伯被授予鄱阳王散骑常侍一职，还被赐予千金，十天后恩宠更加深重。宋明帝时宫里有人患腰痛病，而且牵痛至心脏，每当病发作时就像要断气了一般。各位医生都认为是肉症。文伯说："这是发症。"用油治疗后，立刻呕吐出像头发一样的东西，慢慢牵引出来有三尺长，头部像蛇一样能蠕动，挂在门上正好和一人头发那么长，这之后病人康复如初。宋后废帝曾在苑门游乐，看见一个怀孕的妇女。皇帝也擅长诊脉，为她切脉后推测说："她怀的是女孩。"又让文伯为她切脉，文伯诊脉后回答："她的腹中有两个胎儿。一男一女，男孩位于左边，胎儿肤色又青又黑，和女孩相比形体小些。"皇帝性情急躁，立即就打算命人剖开妇人的腹来验证此事。文伯怜悯地说："如果用刀斧剖开可能会有变化，请让我为她施以针灸，胎儿很快就会降生了。"于是他用泻法针刺太阴脾经三阴交穴；用补法针刺手阳明，大肠给合谷穴。胎儿随着针刺就降生了。两胎儿相继分娩出，正如文伯说的那样。

文伯的儿子名雄，也继承了他的家业，特别擅长诊察疾病，官至奉朝请。他能够清谈玄理，经常被贵公子们称赞。他服侍母亲非常孝顺而且特别谨慎，母亲去世后，他因为悲痛而使身体瘦弱几乎失去性命。不久之后，兄长去世，他拄杖参加丧礼，抚着胸口悲伤痛哭，最终因为哀伤过度去世。

徐嗣伯

嗣伯字叔绍，亦有孝行，善清言，位正员郎，诸府佐，弥为临王映所重。时直阁将军房伯玉服五石散十许剂，无益，更患冷，夏日常复衣。嗣伯为诊之，曰："卿伏热，应须以水发之，非冬月不可。"至十一月，冰雪大盛，令二人夹捉伯玉，解衣坐石，取冷水从头浇之。尽二十斛，伯玉口噤气绝，家人啼哭请止。嗣伯遣人执杖防阁，敢有谏者挝之。又尽水百斛，伯玉始能动，而见背上彭彭有气。俄而起坐，曰："热不可忍，乞冷饮。"嗣伯以水与之，一饮一升，病都差。自尔恒发热，冬月犹单裤衫，体更肥壮。

常有妪人患滞冷，积年不差。嗣伯为诊之曰："此尸注也，当取死人枕煮服之及愈。”于是往古冢中取枕，枕已一边腐缺，服之即差。后秣陵人张景，年十五，腹胀面黄，众医不能疗，以问嗣伯，嗣伯曰：“此石蛔耳，极难疗。当取死人枕煮之。”依语煮枕，以汤投之，得大利，并蛔虫头坚如石，五升，病即差。后沈僧翼患眼痛，又多见鬼物，以问嗣伯。嗣伯曰：“邪气入肝，可觅死人枕煮服之。竟，可埋枕于故处。”如其言又愈。王晏问之曰：“三病不同，而皆用死人枕而俱差，何也？”答曰：“尸注者，鬼气伏而未起，故令人沉滞。得死人枕投之，魂气飞越，不得复附体，故尸注可差。石蛔者，久蛔也，医疗既僻，蛔虫转坚，世间药不能遣，所以须鬼物驱之然后可散，故令煮死人枕也。夫邪气入肝，故使眼痛而见魍魉，应须邪物以钩之，故用死人枕也。气因枕去，故令埋于冢间也。”又春月出南篱门戏，闻笪屋中有呻吟声。嗣伯曰：“此病甚重，更二日不疗必死。”乃往视，见一老姥称体痛，而处处有黯黑无数。嗣伯还，煮斗余汤送令服之，服讫痛势愈甚，跳投床者无数。须臾所黯处皆拔出钉，长寸许。以膏涂诸疮口，三日而复，云“此名钉疽也。”

时又有薛伯宗善徙痈疽，公孙泰患背，伯宗为气封之，徙置斋前柳树上。明旦痈消，树边便起一瘤如拳大。稍稍长二十余日，瘤大脓烂，出黄赤汁斗余，树为之痿损。

论曰：徐氏妙理通灵，盖非常所至，虽古之和、鹊，何以加兹。

【译文】

徐嗣伯字叔绍，他也非常孝顺，善于清谈，任职为正员郎，诸府佐。特别被临川王映器重赏识。当时恰逢閤将军房伯玉因为患病服用五石散十多剂，对身体却没有什么效果，反而更加害怕寒冷，在夏天经常穿着几件衣服。嗣伯替他诊脉，说：“您有热气在体内潜藏，必须用冷水来将热气激发出来，而且必须在冬天才可以。”等到十一月，冰天大雪之时，嗣伯命两人抓紧伯玉并且夹住他，然后解开他的衣带让他坐在石头上，拿来冷水从头开始往身上浇。浇完二十斛后，伯玉就眼闭气绝了，他的家人哭喊着请求嗣伯停止。嗣伯命人执手杖在阁楼防护，如果有人敢劝阻诊治就痛打他。然后又浇完冷水百斛，伯玉身体开始能活动了，而且能够看到后背上冒出热气。过一会儿他就能坐起来，说：“我太热了，热到没办法忍受，请给我喝冷水吧。”嗣伯于是给他喝水，他一喝就是一升冷水。疾病因此痊愈了。从这以后伯玉身体经常发热，冬天还穿着单衣裤，身体却愈加健壮。

曾经有一老妇患滞冷之症，多年没有好转的迹象。嗣伯替她诊病后说："这是尸注。应该取来死人的枕席将它煮水服之才能痊愈。"于是前去古墓中取来枕席，枕席的一边已经腐烂缺损了，老妇煮后服之病立即就好了。后有秣陵人张景，年纪十五岁，患腹部肿胀之病，脸色蜡黄，很多医生都没办法为他医治，于是其家人前来询问嗣伯，嗣伯说："这是石蛔病。特别难治疗。应该取死人的枕席煮后服用。"他的家人依照嗣伯之言煮枕席，病人服用枕席汤之后，大泻一番，共计泻下五升蛔虫，虫头坚硬如石，之后病就痊愈了。后来沈僧翼得眼痛症，自己经常感觉见到了鬼物，他来询问嗣伯。嗣伯答："邪气侵入肝部，可以前去寻找死人的枕席煮服。服后再将枕席埋回原处。"家人按照嗣伯之言去做，病人又被治愈了。于是王晏前来讨教嗣伯："上述三种疾病都不相同，可是却全部用死人枕席治愈，这是什么原因呢？"嗣伯解释说："尸注病是指鬼潜伏在身体内而不起来，所以令人感到深重滞冷。拿死人枕席让他的魂气飞越而出，令他不再依附身体，因此能治愈尸注；石蛔是指病程很久的蛔虫症，再加上治疗方法不对，蛔虫已经变得非常坚硬，一般的药物无法奏效，因此必须用鬼物驱赶才能使之散去，因此要煮服死人枕席；此外邪气入肝，所以眼睛疼痛好像见到鬼怪，必须用邪物引诱使之出来，因此选用死人枕席。邪气随着枕席离去，所以让其将枕席埋葬在坟墓间。"还有一年的春季，嗣伯前去南篱门游玩，听到一竹席搭成的房屋中传出痛苦呻吟之声。嗣伯说："这病非常严重，过两天不诊治必定会死去。"于是他前往探视，看见一老妇人自称身体疼痛，只见她身体各个地方都是黯黑色块。嗣伯返回来，煮斗余汤药送去并且让她服下，服药后病情更加厉害，病人疼痛到了极点，在床上不断翻滚。不一会儿身体色黯的地方都拔出一寸左右的疽钉。之后用药膏涂搽所有的疮口，三天之后患者痊愈，徐嗣伯说，此病称为"钉疽"。

当时还有薛伯宗擅长转移痈疽，公孙泰患了背部痈疽病，伯宗发气功替他封闭患处，并且把痈疽转移到斋前的柳树上。第二天公孙泰的痈疽消失了，树上长出了一个拳头大的疽瘤，过了二十多天后，痈瘤逐渐长大流脓溃烂，流出的黄红色汁液有一斗多，那棵树因此而受损枯萎。

有人评价：徐氏医术精妙通灵，技艺不是一般人能达到的。就算是古代名医医和、扁鹊也没有比他更高超的本领。

南史卷七十二

祖冲之列传第六十二

祖冲之字文远，范阳遒人也。曾祖台之，晋侍中。祖昌，宋大匠卿。父朔之，奉朝请。

冲之稽古，有机思，宋孝武使直华林学省，赐宅宇车服。解褐南徐州从事、公府参军。

始元嘉中，用何承天所制历，比古十一家为密。冲之以为尚疏，乃更造新法，上表言之。考武令朝士善历者难之，不能屈。会帝崩不施行。

历位为娄县令，谒者仆射。初，宋武平关中，得姚兴指南车，有外形而无机杼，每行，使人于内转之。升明中，齐高帝辅政，使冲之追修古法。冲之改造铜机，圆转不穷，而司方如一，马钧以来未之有也。时有北人索驭驎者亦云能造指南车，高帝使与冲之各造，使于乐游苑对共校试，而颇有差僻，乃毁而焚之。晋时杜预有巧思，造欹器，三改不成。永明中，竟陵王子良好古，冲之造欹器献之，与周庙不异。文惠太子在东宫，见冲之历法，启武帝施行。文惠寻薨又寝。

转长水校尉，领本职。冲之造《安边论》，欲开屯田，广农殖。建武中，明帝欲使冲之巡行四方，兴造大业，可以利百姓者，会连有军事，事竟不行。

冲之解钟律博塞，当时独绝，莫能对者。以诸葛亮有木牛流马，乃造一器，不因风水，施机自运，不劳人力。又造千里船，于新亭江试之，日行百余里。于乐游苑造水碓磨，武帝亲自临视。又特善算。永元二年卒，年七十二。著《易老庄义》，释《论语》《孝经》，注《九章》，造《缀述》数十篇。子暅之。

暅之字景烁，少传家业，究极精微，亦有巧思。入神之妙，般、倕无以过也。当其诣微之时，雷霆不能入。尝行遇仆射徐勉，以头触之，勉呼乃悟。父所改何承天历时尚未行，梁天监初，暅之更修之，于是始行焉。位至太舟卿。

暅之子皓，志节慷慨，有文武才略。少传家业，善算历。大同中为江都令，后拜广陵太守。

侯景陷台城，皓在城中，将见害，乃逃归江西。百姓感其遗惠，每相蔽匿。广陵人来嶷乃说皓曰："逆竖滔天，王室如燬，正是义夫发愤之秋，志士忘躯之日。府君荷恩重世，又不为贼所容。今逃窜草间，知者非一，危亡之甚，累棋非喻。董绍先虽景之心腹，轻而无谋，新克此州，人情不附，袭而杀之，此一壮士之任耳。今若纠率义勇，立可得三二百人。意欲奉戴府君，剿除凶逆，远近义徒，自当投赴。如其克捷，可立桓、文之勋；必天未悔祸，事生理外，百代之下，犹为梁室忠臣。若何？"皓曰："仆所愿也，死且甘心。"为要勇士耿光等百余人袭杀景兖州刺史董绍先，推前太子舍人萧勔为刺史，结东魏为援。驰檄远近，将讨景。景大惧，即日率侯子鉴等攻之。城陷，皓见执，被缚射之，箭遍体，然后车裂以徇。城中无少长，皆埋而射之。

【译文】

祖冲之字文远，是范阳郡遒县人。他的曾祖父祖台之，担任晋朝侍中。祖父祖昌，担任宋朝大匠卿。父亲祖朔之，担任奉朝请。

祖冲之研习古事，思维机智灵巧，宋孝武帝让他在华林学中值勤，赐给他住宅和车服。祖冲之离家出仕，任南徐州从事、公府参军。

早先，元嘉年间，使用何承天所制作的历法，比古代十一家历法精密。祖冲之认为何承天的历法仍然比较粗疏，于是重新制作历法，上表奏请此事。孝武帝让朝士中精通历法的人驳难祖冲之，不能让他屈服。适逢皇帝去世而没有颁布执行。

他历职为娄县县令，谒者仆射。起初，宋武帝平定关中地区，得到后秦姚兴的指南车，有外形却没有内部机械，每次行车都让人在里面转动它。升明年间，齐高帝辅政，让祖冲之追究古代方法修造。祖冲之重新改造铜制机械，指南车运转不停，而指的方向始终如一，这是从马钧以来没有过的。当时有个北方人名叫索驭驎的也说能制造指南车，高帝让他和祖冲之各自制造，然后在乐游苑一同比试，索驭驎的指南车多有误差，于是被毁坏并且焚烧。晋朝人杜预有精巧的心思，制造倾斜易覆的器具，三次改造而不成。永明年间，竟陵王萧子良喜爱古事，祖冲之制造倾斜易覆的器具献给他，和周庙的没有差别。文惠太子在东宫时，看见祖冲之的历法，启奏武帝颁行。文惠太子不久去世，事情又被搁置下来。

转任长水校尉，领原职。祖冲之撰写了《安边论》，想开创屯田，扩大农业种植面积。建武年间，明帝想让祖冲之巡视四方，兴造可以惠利百姓的大业，适逢接连有军事行动，事情最终也没有实行。

祖冲之通晓钟律和博戏，在当时可称独家绝手，没有能和他匹敌的人。他因为诸葛亮造有木牛流马，就自己制造一器，不用风力和水力，装上机械可以自行运转，不需要人力。又制造了千里船，在新亭江上试验，一天可行百余里。还在乐游苑制造了水碓磨，武帝亲自前往观看。他又特别善于计算。永元二年病死，享年七十二岁。著有《易老庄义》，诠释《论语》《孝经》，为《九章算术》作注，制作《缀述》数十篇。他有一儿子暅之。

祖暅之字景烁，少年进传习父业，探究极为精微，也有灵巧的心思。出神入化的机妙，公输般和倕也不能超过他。当他研究到达精微处时心神十分专注，就连打雷的声音也听不见。有一次走路边走边想，遇到仆射徐勉，头碰到徐勉身上，徐勉呼叫，他才醒悟。他父亲修改的何承天的历法当时还没有颁布实行，梁朝天监初年，他又加以修订，于是才开始颁行。他多次升官至太舟卿。

祖暅之的儿子祖皓，为人慷慨有志向气节，又有文武才能和谋略。少年时传习家学，精通算术和历法。大同年间任江都县令，后来担任广陵太守。

侯景攻陷台城时，祖皓正在城内。他估计留在城内将被杀害，就逃回江西。百姓感激他以前留下的恩惠，就帮助他荫蔽躲藏。广陵人来嶷劝说祖皓道："逆贼竖子罪恶滔天，王室像被焚烧一样，正是义夫发愤之时，志士忘身之日。府君世代蒙受朝廷重恩，又不被逆贼宽容。如今逃窜到草莽中间，知道这件事的不只一人，危亡的严重性，超过把棋子一个个摞起来时刻有可能倒塌的情况。董绍先虽说是侯景的心腹，但是轻率而没有谋略，刚攻克此州，人心还没有归附，袭击然后杀死他，这是一位壮士可以完成的任务。今天如果招集义勇之士，马上可以得到二、三百人。我想奉戴府君，剿灭凶逆的人，远近的义故门徒，自然会来投奔参战。如果能够取胜，可以建立像齐桓公、晋文公那样的功勋；如果天意不让消除祸难，事情的发展出于意料，百代以后，仍然是梁朝的忠臣。怎么样?”祖皓说:“这正是我的心愿,就是死了也甘心。”于是邀约勇士耿光等一百多人袭击广陵城,杀死侯景的兖州刺史董绍先,推举前太子舍人萧勔为刺史,交结东魏政权作为外援。派人散发檄文到各地,将要讨伐侯景。侯景十分恐慌,当天就率领侯子鉴等将佐进攻广陵。城被攻陷,祖皓被俘,他手脚被捆绑起来,放乱箭射死。全身被箭布满,然后又施以车裂之刑示众。城中居民不论老幼,都被活埋或射死。

南史卷七十六

邓郁马枢列传第六十六

邓 郁

南岳邓先生名郁，荆州建平人也。少而不仕，隐居衡山极峻之岭，立小板屋两间，足不下山，断谷三十余载，唯以涧水服云母屑，日夜诵《大洞经》。梁武帝敬信殊笃，为帝合丹，帝不敢服，起五岳楼贮之供养，道家吉日，躬往礼拜。白日，神仙魏夫人忽来临降，乘云而至，从少妪三十，并着绛紫罗绣袿襦，年皆可十七八许。色艳桃李，质胜琼瑶，言语良久，谓郁曰："君有仙分，所以故来，寻当相候。"至天监十四年，忽见二青鸟悉如鹤大，鼓翼鸣舞，移晷方去。谓弟子等曰："求之甚劳，得之甚逸。近青鸟既来，期会至矣。"少日病而终。山内唯闻香气，世未尝有。武帝后令周舍为《邓玄传》，具序其事。

【译文】

南岳邓先生名郁，是荆州建平人。他年轻时不想当官，在衡山非常高险陡峭的山上隐居。建造了两间小板屋，在山上居住，从未下过山，他不吃谷物时间长达三十多年，只拿山涧里之水服用云母屑，日夜都在朗诵《大洞经》。梁武帝非常敬重、信赖他，他为武帝调配了仙丹，武帝不敢食用，于是造了五层岳楼将它储存起来供奉。在道家做道场时，他总是亲自前往，拜祭仙丹。青天白日里，神仙魏夫人忽然降临，腾云驾雾来到，身后跟随三十位少女，她们全都穿着绛紫色的丝绣连衣裙，年龄大约都在十七八岁。肤如桃李之色，质胜美玉，她们探讨许久，对邓郁说："您有成仙之福，因此我们才来这里，不久之后，我们将等着您的来临。"等到天监十四年，他忽然看到两只与白鹤一样大的青鸟，舞动着翅膀，边叫边起舞，过了很久才离开。于是他对弟子说："我很费力地苦苦追寻它，没想到得到它却非常容易。最近青鸟已经飞来了，我与神

仙们相会的日子也就到来了。”没过几天，他就无疾而终了。山里面只闻到阵阵香气，这是世上所不曾闻到过的香气。后来梁武帝命周舍撰写《邓玄传》，详细地记录了这件事。

马 枢

马枢字要理，扶风郿人也。祖灵庆，齐竟陵王录事参军。

枢数岁而孤，为其姑所养。六岁，能诵《孝经》《论语》《老子》。及长，博极经史，尤善佛经及《周易》《老子》义。梁邵陵王纶为南徐州刺史，素闻其名，引为学士。纶时自讲《大品经》，令枢讲《维摩》《老子》《周易》，同日发题，道俗听者二千人。王欲极观优劣，乃谓众曰："与马学士论义，必使屈服，不得空立客主。"于是数家学者，各起问端。枢乃依次剖判，开其宗旨，然后枝分派别，转变无穷，论者拱默听受而已，纶甚嘉之。

寻遇侯景之乱，纶举兵援台，乃留书二万卷付枢。枢肆志寻览，殆将周遍，乃喟然叹曰："吾闻贵爵位者以巢、由为桎梏，爱山林者以伊、吕为管库，束名实则刍芥柱下之言，玩清虚则糠秕席上之说，稽之笃论，亦各从其好也。比求志之士，望涂而息，岂天之不惠高尚，何山林之无闻甚乎。"乃隐于茅山，有终焉之志。

陈天嘉元年，文帝徵为度支尚书，辞不应命。时枢亲故并居京口，每秋冬之际，时往游焉。及鄱阳王为南徐州刺史，钦其高尚，鄙不能致，乃卑辞厚意，令使者邀之，枢固辞以疾。门人劝请，不得已乃行。王别筑室以处之，枢恶其崇丽，乃于竹林间自营茅茨而居。每以王公馈饷，辞不获已者，率十分受一。

枢少属乱离，凡所居处，盗贼不入，依托者常数百家。目精洞黄，能视暗中物。有白鷀一双，巢其庭树，驯狎櫩庑，时至几案，春来秋去，几三十年。太建十三年卒。撰《道觉论》行于世。

【译文】

马枢字要理，是扶风郿县人。他的祖父马灵庆是南齐竟陵王的录事参军。

马枢年幼时父母都去世了，就成了孤儿，他的姑姑收养了他。他六岁时，就能背诵《孝经》《论语》《老子》。等到长大成人后，广泛阅读经籍历史，尤其精通佛经与《周易》《老子》。梁朝邵陵王纶担任南徐州刺史时，向来就听闻了他的大名，于是请他担任学士。当时邵陵王自己讲授《大品经》，让马枢讲授《维摩诘经》《老子》《周易》等，同一天开讲，前来听讲的道士与俗人达二千人。邵陵王想看看他讲得如何，于是对众人说："与马学士辨论，一定要让他屈服，不能空立主客之席。"于是几家学者都提出自己的问题。马枢按照次序分析，先阐明其宗旨、大意，然后分流别派，阐述其源流演变、师承、发展等，与他辨论的人只能顶礼膜拜默默聆听而已。邵陵王非常赞赏他。

不久，正赶上侯景之乱，邵陵王纶率领军队前去援救，于是留下两万卷书送给马枢。马枢竭尽全力找来阅览，几乎全部读完，于是喟然叹息说："我听说看重爵位的人把巢父、许由当成了束缚自己的羁绊，爱好山林之人把伊尹、吕尚当成了不值一提的小官。崇尚名利，则把道家之言视为一钱不值，喜欢清谈之人，则把儒家学说贬得没有可取之处。我公正地考察这些言论，不过是各人依据自己的喜好发表感慨罢了。近来孜孜以求的人望路而叹。难道是上天不愿施惠给高尚之人吗？为什么山林隐逸之士那样不为人所知呢？"于是在茅山隐居，有终生隐居在那里的志愿。

陈朝天嘉元年，文帝征召他担任度支尚书，他推辞没有接受诏令。这时马枢的亲朋故友都在京口居住，每当秋冬之时，他都前往那里游玩。等到鄱阳王担任南徐州刺史，马枢很敬佩其高尚节操，自己没有办法做到这种境界，于是以谦逊的言辞，恳切地派人去邀请他。他以生病为借口，坚决予以推辞。他门下的弟子也劝说他，无可奈何他才前往。鄱阳王特意建造一间房屋来安置他，他讨厌这套房屋太过奢侈了，于是就在竹林间自己搭了间茅屋居住。每次当王公给他送食物时，无法推脱的，他也只接受十分之一。

马枢少年时遭受战乱离散之苦，凡是他居住的地方，盗贼都不敢进去，凭借他得到庇佑的经常达到几百家。他的眼光敏锐，能看见黑暗中的东西。有一对白燕，在他院中的树上做窝，在栏杆、走廊下互相亲昵嬉戏，不时地飞到桌边来。春来秋往，将近有三十年。太建十三年马枢去世。他撰写的《道觉论》在世上流传。

南史卷八十

侯景列传第七十

侯景字万景，魏之怀朔镇人也，少而不羁，为镇功曹史。魏末北方大乱，乃事边将尔朱荣，甚见器重。初学兵法于荣部将慕容绍宗，未几绍宗每询问焉。后以军功为定州刺史。始魏相高欢微时，与景甚相友好，及欢诛尔朱氏，景以众降，仍为欢用。稍至史部尚书，非其好也。每独曰："何当离此反故纸邪。"寻封濮阳郡公。

欢之败于沙苑，景谓欢曰："宇文泰恃于战胜，今必致怠；请以数千劲骑至关中取之。"欢以告其妃娄氏，曰："彼若得泰，亦将不归。得泰失景，于事奚益。"欢乃止。后为河南道大行台，位司徒。又言于欢曰："恨不得泰。请兵三万，横行天下；要须济江缚取萧衍老公，以作太平寺主。"欢壮其言，使拥兵十万，专制河南，仗任若己之半体。

景右足短，弓马非其长，所在唯以智谋。时欢部将高昂、彭乐皆雄勇冠时，唯景常轻之，言"似豕突尔，势何所至"。及将镇河南，请于欢曰："今握兵在远，奸人易生诈伪，大王若赐以书，请异于他者。"许之。每与景书，别加微点，虽子弟弗之知。

及欢疾笃，其世子澄矫书召之。景知伪，惧祸，因用王伟计，乃以太清元年二月遣其行台郎中丁和上表求降。帝召群臣议之，尚书仆射谢举等皆议纳景非便，武帝不从。初，帝以是岁正月乙卯于善言殿读佛经，因谓左右黄慧弼曰："我昨梦天下太平，尔其识之。"及和至，校景实以正月乙卯日定计，帝由是纳之。于是封景河南王、大将军、使持节、董督河南南北诸军事、大行台，承制如邓禹故事。

高澄嗣事为勃海王，遣其将慕容绍宗围景于长社。景急，乃求割鲁阳、长社、东荆、北兖请救于西魏，魏遣五城王元庆等率兵救之，绍宗乃退。景复请兵于司州刺史羊鸦仁，鸦仁遣长史邓鸿率兵至汝水，元庆军夜遁，鸦仁乃据悬瓠。

时景将蔡道遵守北归，言景有悔过志。高澄以为信然，乃以书喻景，若还，许以豫州刺史终其身，所部文武更不追摄，阖门无恙，并还宠妻爱子。景报书不从。澄知景无归志，乃遣军相继讨景。

帝闻鸦仁已据悬瓠，遂命群帅指授方略，大举攻东魏，以贞阳侯萧明为都督。明军败见俘。绍宗攻潼州，刺史郭凤弃城走。景乃遣其行台左丞王伟、左户郎中王则诣阙献策，请元氏子弟立为魏主。诏遣太子舍人元贞为咸阳王，须度江许即位，以乘舆之副资给之。

高澄又遣慕容绍宗追景，景退保涡阳，使谓绍宗曰："欲送客邪？将定雄雌邪？"绍宗曰："将决战。"遂顺风以阵。景闭垒，顷之乃出。绍宗曰："景多诡，好乘人背。"使备之，果如其言。景命战士皆被短甲短刀，但低视斫人胫马足，遂败绍宗军。裨将斛律光尤之，绍宗曰："吾战多矣，未见此贼之难也。尔其当之。"光被甲将出，绍宗戒之曰："勿度涡水。"既而又为景败。绍宗谓曰："定何如也。"相持连月，景食尽，诳其众以为家口并见杀。众皆信之。绍宗遥谓曰："尔等家并完。"乃被发向北斗以誓之。景士卒并北人，不乐南度，其将暴显等各率所部降绍宗。景军溃散，丧甲士四万人，马四千匹，辎重万余两。乃与腹心数骑自硖石济淮，稍收散卒，得马步八百人。南过小城，人登陴诟之曰："跛脚奴何为邪！"景怒，破城杀言者而去。昼夜兼行，追军不敢逼。使谓绍宗曰："景若就禽，公复何用？"绍宗乃纵之。

既而莫适所归，马头戍主刘神茂者，为韦黯所不容，因是踣马乃驰谓景曰："寿阳去此不远，城池险固，韦黯是监州耳。王若次近郊，必郊迎，因而执之，可以集事。得城之后，徐以启闻，朝廷喜王南归，必不责也。"景执其手曰："天教也。"及至，而黯授甲登陴。景谓神茂曰："事不谐矣。"对曰："黯懦而寡智，可说下也。"乃遣豫州司马徐思玉夜入说之，黯乃开门纳景。景执黯，数将斩之，久而见释。乃遣于子悦驰以败闻，自求贬削。优诏不许。复求资给，即授南豫州刺史，本官如故。

帝以景兵新破，未忍移易，故以鄱阳王范为合州刺史，即镇合肥。魏人攻悬瓠，悬瓠粮少，羊鸦仁去悬瓠归义阳。

魏人入悬瓠，更求和亲，帝召公卿谋之。张绾、朱异咸请许之。景闻未之信，乃伪作邺人书，求以贞阳侯换景。帝将许之。舍人傅岐曰："侯景以穷归义，弃之不祥。且百战之余，宁肯束手受执。"谢举、朱异曰："景奔败之将，一使之力耳。"帝从之，复书曰："贞阳旦至，侯景夕反。"景谓左右曰："我知吴儿老公薄心肠。"又请娶于王、谢，帝曰："王、谢门高非偶，可于朱、张以下访之。"景恚曰："会将吴儿女以配奴。”王伟曰：“今坐听亦死，举大事亦死，王其图之。”于是遂怀反计。属城居人，悉占募为军士。辄停责市估及田租，百姓子女悉以配将士。又启求锦万匹为军人袍，中领军朱异议以御府锦署止充颁赏，不容以供边用，请送青布以给之。又以台所给仗多不能精，启请东冶锻工欲更营造，敕并给之。景自涡阳败后，多所征求，朝廷含弘，未尝拒绝。

是时贞阳侯明遣使还梁，述魏人请追前好，许放之还。武帝览之流涕，乃报明启当别遣行人。帝亦欲息兵，乃与魏和通。景闻之惧，驰启固谏，帝不从。尔后表疏跋扈，言辞不逊。又闻遣伏挺、徐陵使魏，不知所为。

元贞知景异志，累启还朝。景谓曰：“将定江南，何不少忍。”贞益惧，奔还建邺，具以事闻。景又招司州刺史羊鸦仁同逆，鸦仁录送其使。时鄱阳王范镇合肥，及鸦仁俱累启称景有异志。朱异曰：“侯景数百叛虏，何能为役。”并抑不奏闻，景所以奸谋益果。乃上言曰：“高澄狡猾，宁可全信。陛下纳其诡语，求与连和，臣亦窃所笑也。臣行年四十有六，未闻江左有佞邪之臣，一旦入朝，乃致嚣嚣，宁堪粉骨，投命谁门。请乞江西一境，受臣控督；如其不许，即领甲临江，上向闽、越。非唯朝廷自耻，亦是三公旰食。”帝使朱异宣语答景使曰：“譬如贫家畜十客五客，尚能得意，朕唯有一客，致有忿言，亦是朕之失也。”景又知临贺王正德怨望朝廷，密令要结。正德许为内启。

二年八月，景遂发兵反，于豫州城内集其将帅，登坛歃血。是日地大震。于是以诛中领军朱异、少府卿徐驎、太子左率陆验、制局监周石珍为辞，以为奸臣乱政，请带甲入朝。先攻马头、木栅，执太守刘神茂、戍主曹璆等。武帝闻之，笑曰：“是何能为，吾以折棰笞之。”乃敕：斩景者不问南北人同赏封二千户兼一州刺史；其人主帅欲还北不须州者，赏以绢布二万，以礼发遣。于是诏合州刺史鄱阳王范为南道都督，北徐州刺史封山侯正表为北道都督，司州刺史柳仲礼为西道都督，通直散骑常侍裴之高为东道都督，同讨景，济自历阳。又令侍中、开府仪同三司邵陵王纶持节，董督众军。

景闻之，谋于王伟。伟曰：“莫若直掩扬都，临贺反其内，大王攻其外，天下不足定也。兵闻拙速，不闻工迟，令今便须进路，不然邵陵及入。”九月，景发寿春，声云游猎，人不觉也。留伪中军大都督王贵显守寿春城，出军伪向合肥，遂袭谯州。助防董绍先降之，执刺史丰城侯泰。

武帝闻之，遣太子家令王质率兵三千巡江遏防。景进攻历阳太守庄铁，铁遣弟均夜斫景营，战没。铁母爱其子，劝铁降。景拜其母，铁乃劝景曰："急则应机，缓必致祸。"景乃使铁为导。

是时镇戍相次启闻，朱异尚曰："景必无度江志。"萧正德先遣大船数十艘伪称载荻，实拟济景。景至江将度，虑王质为梗，俄而质被追为丹阳尹，无故自退。景闻未之信，乃密遣觇之，谓使者："质若退，折江东树枝为验。"觇人如言而返。景大喜曰："吾事办矣。"乃自采石济，马数百匹，兵八千人，都下弗之觉。

景出，分袭姑孰，执淮南太守文成侯宁，遂至慈湖。南津校尉江子一奔还建邺。皇太子见事急，入面启武帝曰："请以事垂付，愿不劳圣心。"帝曰："此自汝事，何更问为。"太子仍停中书省指授，内外扰乱相劫不复通。于是诏以扬州刺史宣城王大器为都督内外诸军事，都官尚书羊侃为军师将军以副焉。遣南浦侯推守东府城，西丰公大春守石头，轻车长史谢禧守白下。

既而景至朱雀航，遣徐思玉入启，乞带甲入朝，除君侧之恶，请遣了事舍人出相领解，实欲观建成中虚实。帝遣中书舍人贺季、主书郭宝亮随思玉往劳之于板桥。景北面受敕，季曰："今者之举，何以为名？"景曰："欲为帝也。"王伟进曰："朱异、徐驎谄黩乱政，欲除奸臣耳。"景既出恶言，留季不遣，宝亮还宫。

先是，大同中童谣曰："青丝白马寿阳来。"景涡阳之败，求锦，朝廷所给青布，及是皆用为袍，采色尚青。景乘白马，青丝为辔，欲以应谣。萧正德先屯丹阳郡，至是率所部与景合。建康令庾信率兵千余人屯航北，及景至彻航，始除一舶，见贼军皆著铁面，遂弃军走。南塘游军复闭航度景。皇太子以所乘马授王质，配精兵三千，使援庾信。质至领军府与贼遇，未阵便奔。景乘胜至阙下。西丰公大春弃石头城走，景遣其仪同于子悦据之。谢禧亦弃白下城走。

景遣百道攻城，纵火烧大司马、东西华诸门。城中仓卒未有备，乃凿门楼，下水沃火，久之方灭。贼又斫东掖门将入，羊侃凿门扇刺杀数人，贼乃退。又登东宫墙射城内。至夜，简文募人出烧东宫台殿遂尽，所聚图籍百厨，一皆灰烬。先是简文梦有人书作秦始皇，云"此人复焚书"，至是而验。景又烧城西马厩、士林馆、太府寺。明日，景又作木驴数百攻城，城上掷以石，并皆碎破。贼又作尖顶木驴，状似彗，石不能破。乃作雉尾炬，灌以膏蜡，丛下焚之。

贼既不克，士卒死者甚多，乃止攻，筑长围以绝内外。又启求诛朱异、陆验、徐驎、周石珍等。城内亦射赏格出外，有能斩景首，授以景位，并钱一亿万，布绢各万匹，女乐二部。庄铁乃奔历阳，始言景已枭首。景城守郭骆惧，弃城走寿阳。铁得入城，遂奔寻阳。

十一月，景立萧正德为帝，即伪位，居于仪贤堂，改年曰正平。初童谣有"正平"之言，故立号以应之。识者以为正德卒当平殄也。景自为相国、天柱将军，正德以女妻之。景又攻东府城，设百尺楼车，钩城堞尽落。城陷，景使其仪同庐晖略率数千人持长刀夹城门，悉驱城内文武裸身而出，使交兵杀之，死者三千余人。南浦侯推是日遇害。景使正德子见理及晖略守东府城。

初，景至都，便唱云"武帝已晏驾"。虽城内亦以为然。简文虑人情有变，乃请上与驾巡城。上将登城，陆验谏曰："陛下万乘之重，岂可轻脱。"因泣下。帝深感其言，乃幸大司马门。城上闻跸声皆鼓噪，军人莫不屑涕，百姓乃安。

景又于城东西各起土山以临城，城内亦作两山以应之，简文以下皆亲畚锸。初，景至便望克定建邺，号令甚明，不犯百姓。既攻不下，人心离沮，又恐援军总集，众必溃散，乃纵兵杀掠，交尸塞路。富室豪家，恣意哀剥，子女妻妾，悉入军宫。又募北人先为奴者，并令自拔，赏以不次。朱异家黥奴乃与其侪逾城投贼，景以为仪同，使至阙下以诱城内，乘马披锦袍诟曰："朱异五十年仕宦，方得中领军。我始事侯王，已为仪同。"于是奴僮竞出，尽皆得志。

景食石头常平仓既尽，便掠居人，尔后米一升七八万钱，人相食，有食其子者。又筑土山，不限贵贱，昼夜不息，乱加殴棰，疲羸者因杀以填山，号哭之声动天地。百姓不敢藏隐，并出从之，旬日间众至数万。

景仪同范桃棒密贪重赏，求以甲士二千人来降，以景首应购，遣文德主帅前白马游军主陈昕夜逾城入，密启言状。简文以启上，上大悦，使报桃棒，事定许封河南王，镌银券以与之。简文恐其诈，犹豫不决。上怒曰："受降常理，何忽致疑。"朱异、傅岐同请纳之。简文曰："吾即坚城自守，所望外援，外援若至，贼岂足平。今若开门以纳桃棒，桃棒之意尚且难知，一旦倾危，悔无及矣。"桃棒又曰："今止将所领五百余人，若至城门，自皆脱甲。乞朝廷赐容。事济之时，保禽侯景。"简文见其言愈疑之。朱异以手槌胸曰："今年社稷去矣。"俄而桃棒军人鲁伯和告景，并烹之。

至是，邵陵王纶率西丰公大春、新淦公大成、永安侯确、南安乡侯骏、前谯州刺史赵伯超、武州刺史萧弄璋、步兵校尉尹思合等马步三万，发自京口，直据钟山。景党大骇，咸欲逃散。分遣万余人拒战，纶大败之于爱敬寺下。

景初闻纶至，惧形于色，及败军还，尤言其盛，愈恐，命具舟石头将北济。任约曰："去乡万里，走欲何之？战若不捷，君臣同死。草间乞活，约所不为。"景乃留宋子仙守壁，自将锐卒拒纶，阵于覆舟山北，与纶相持。会暮，景退还。南安侯骏率数十骑挑之，景回军，骏退。时赵伯超阵于玄武湖北，见骏退，仍率军前走。众军因乱，遂败绩。纶奔京口。贼执西丰公大春、纶司马庄丘慧达、直阁将军胡子约、广陵令霍儁等来送城下，逼令云："已禽邵陵王。"霍儁独云："王小失利，已全军还京口，城中但坚守，援军寻至。"语未卒，贼以刀伤其口，景义而释焉。正德乃收而害之。是日，鄱阳世子嗣、裴之高至后渚，结营于蔡洲。景分军屯南岸。

十二月，景造诸攻具及飞楼、橦车、登城车、钩堞车、阶道车、火车，并高数丈，车至二十轮，陈于阙前，百道攻城。以火车焚城东南隅大楼，因火势以攻城。城上纵火，悉焚其攻具，贼乃退。是时，景土山成，城内土山亦成。以太府卿韦黯守西土山，左卫将军柳津守东土山。山起芙蓉层楼，高四丈，饰以锦罽捍以乌笙。山峰相近，募敢死士，厚衣袍铠，名曰"僧腾客"，配二山，交稍以战。鼓叫沸腾，昏旦不息。土山攻战既苦，人不堪命，柳津命作地道，毁外山，掷雉尾炬烧其橹堞。外山崩，厌贼且尽。贼又作虾蟆车，运土石填堑，战士升之楼车，四面并至。城内飞石碎其车，贼死积于城下。贼又掘城东南角，城内作迂城形如却月以捍之，贼乃退。

材官将军宋嶷降贼，因为立计，引玄武湖水灌台城，阙前御街并为洪波矣。又烧南岸居人营寺，莫不咸尽。司州刺史柳仲礼、衡州刺史韦粲、南陵太守陈文彻、宣猛将军李孝钦等皆来赴援，鄱阳世子嗣、裴之高又济江。柳仲礼营朱雀航南，裴之高营南苑，韦粲营青塘，陈文彻、李孝钦屯丹阳郡，鄱阳世子嗣营小航南，并缘淮造栅。及旦，景方觉，乃登禅灵寺门楼以望之。见韦粲营垒未合，度兵击之，粲败，景斩粲首徇城下。柳仲礼闻粲败，不遑贯甲，与数十人赴之。遇贼，斩首数百，仍投水死者千余人。仲礼深入，马陷泥，亦被重创。自是贼不敢济岸。

邵陵王纶又与临城公大连等自东道集于南岸；荆州刺史湘东王绎遣世子方等、兼司马吴晔、天门太守樊文皎赴援，营于湘子岸前；高州刺史李迁仕、前司州刺史羊鸦仁又率兵继至。既而鄱阳世子嗣、永安侯确、羊鸦仁、李迁仁、樊文皎率众度淮，攻破贼东府城前栅，遂营于青溪水东。景遣其仪同宋子仙缘水西立栅以相拒。景食稍尽，人相食者十五六。

初，援兵至北岸，众号百万。百姓扶老携幼以候王师，绕过淮，便竟剥掠，征责金银。列营而立，互相疑贰，邵陵王纶、柳仲礼甚于谁敌，临城公大连、永安侯确逾于水火，无有关心。贼党有欲自拔者，闻之咸止。

贼之始至，城中绕得固守，平荡之事，期望援军。既而中外断绝，有羊车儿献计，作纸鸦紧以长绳，藏敕于中。简文出太极殿前，因西北风而放，冀得书达。众贼骇之，谓是厌胜之术，又射下之，其危急如此！是时城中围逼既久，胜味顿绝，简文上厨，仅有一肉之膳。军士煮弩熏鼠捕雀食之。殿堂旧多鸽群聚，至是殆焉。初，宫门之闭，公卿以食为念，男女贵贱并出负米，得四十万斛，收诸府藏钱帛五十亿万，并聚德阳堂，鱼盐樵采所取盖寡。至是乃壤尚书省为薪，撤荐锉以饲马，尽又食饣焉。御甘露厨有干苔，味酸咸，分给战士。军人屠马于殿省间鬻之，杂以人肉，食者必病。贼又置毒于水窦，于是稍行肿满之疾，城中疫死者大半。初，景之未度江，魏人遣檄，极言景反覆猜忍，又言帝饰智惊愚，将为景欺。至是祸败之状，皆如所陈，南人咸以为识。

时景军亦饥，不能复战。东城有积粟，其路为援军所断，且闻湘东王下荆州兵。彭城刘邈乃说景曰："大军顿兵已久，攻城不拔，今众军云集，未易可破。如闻军粮不支一月，运漕路绝，野无所掠，婴儿掌上，信在于今。未若乞和，全师而反。"景乃与王伟计，遣任约至城北拜表伪降，以河南自效。帝曰："吾有死而已，宁有是议。且贼凶逆多诈，此言云何可信。"既而城中日蹙，简文乃请武帝曰："侯景围逼，既无勤王之师，今欲许和，更思后计。"帝大怒曰："和不如死。"简文曰："城下之盟，乃是深耻；白刃交前，流矢不顾。"上迟回久之，曰："尔自图之，无令取笑千载。"乃听焉。

景请割江右四州地，并求宣城王大器出送，然后解围济江。仍许遣其仪同于子悦、左丞王伟入城为质。中领军傅岐议以宣城王嫡嗣之重，有轻言者请剑斩之。乃请石城公大款出送，诏许焉。遂于西华门外设坛，遣尚书仆射王克、兼侍中上甲乡韶、兼散骑常侍萧瑳与于子悦、王伟等登坛共盟。右卫将军柳津出西华门下，景出其栅门，与津遥相对，刑牲歃血。

南兖州刺史南康嗣王会理、前青冀二州刺史湘潭侯退、西昌侯世子□率众三万至于马印洲，景虑北军自白下而上，断其江路，请悉勒聚南岸。敕乃遣北军并进江潭苑。景又启称："永安侯、赵威方频隔栅诟臣，云'天子自与尔盟，我终当逐汝'。乞召入城，即进发。"敕并召之。景遂运东城米于石头，食乃足。又启云："西岸信至，高澄已得寿春、钟离，便无处安足，权借广陵、谯州，须征得寿春、钟离，即以奉还朝廷。"

时荆州刺史湘东王绎师于武成，河东王誉次巴陵，前信州刺史桂阳王慥顿江津，并未之进。既而有敕班师。湘东王欲旋，中记室参军萧贲曰："景以人臣举兵向阙，今若放兵，未及度江，童子能斩之，必不为也。大王以十万之师，未见贼而退，若何！"湘东王不悦。贲，骨鲠士也，每恨湘东不入援。尝与王双六，食子未下，贲曰："殿下都无下意。"王深为憾，遂因事害之。

景既知援军号令不一，终无勤王之效，又闻城中死疾转多，当有应之者。既却湘东王等兵，又得东城之米，王伟且说景曰："王以人臣举兵背叛，围守宫阙，已盈十旬。逼辱妃主，陵秽宗庙，今日持此，何处容身？愿且观变。"景然之，乃表陈武帝十失。三年三月丙辰朔，城内于太极殿前设坛，使兼太宰、尚书仆射王克等告天地神祇，以景违盟，举烽鼓噪。初，城围之日，男女十余万，贯甲者三万，至是疾疫且尽，守埤者止二三千人，并悉羸懦。横尸满路，无人埋瘗，臭气熏数里，烂汁满沟洫。于是羊鸦仁、柳仲礼、鄱阳世子嗣进军于东府城北，栅垒未立，为景将宋子仙所败，送首级于阙下。景又遣于子悦乞和，城内遣御史中丞沈浚至景所。景无去意，浚因责之，景大怒，既决石阙前水，百道攻城，昼夜不息。

丁卯，邵陵王世子坚帐内白昙朗、董勋华于城西北楼纳贼。五鼓，贼四面飞梯，众悉上。永安侯确与其兄坚力战不能却，乃还见文德殿言状。须臾，景乃先使王伟、仪同陈庆入殿陈谢曰："臣既与高氏有隙，所以归投，每启不蒙为奏，所以入朝。而奸佞惧诛，深见推拒，连兵多日，罪合万诛。”武帝曰：“景今何在？可召来。”景入朝，以甲士五百人自卫，带剑升殿。拜讫，帝神色不变，使引向三公榻坐，谓曰：“卿在戎日久，无乃为劳。”景默然。又问：“卿何州人？而来至此。”又不对。其从者任约代对。又问：“初度江有几人？”景曰：“千人。”“围台城有几人？”曰：“十万。”“今有几人？”曰：“率土之内，莫非己有。”帝免首不言。景出，谓其厢公王僧贵曰：“吾常据鞍对敌，矢刃交下，而意了无怖。今见萧公，使人自慑，岂非天威难犯。吾不可以再见之。”出见简文于永福省，简文坐与相见，亦无惧色。

初，简文《寒夕》诗云：“雪花无有蒂，冰镜不安台。”又《咏月》云：“飞轮了无辙，明镜不安台。”后人以为诗谶：谓无蒂者，是无帝；不安台者，台城不安；轮无辙者，以邵陵名纶，空有赴援名也。

既而景屯兵西州，使伪仪同陈庆以甲防太极殿，悉卤掠乘与服玩、后宫嫔妾，收王侯朝士送永福省，撤二宫侍卫。使王伟守武德殿，于子悦屯太极东堂。矫诏大赦，自为大都督、都督中外诸军事、录尚书事，其侍中、使持节、大丞相、王如故。

先是，城中积尸不暇埋瘗，又有已死未敛，或将死未绝，景悉令聚而焚之，臭气闻十余里。尚书外兵郎鲍正疾笃，贼曳出焚之，宛转火中，久而方绝。景又矫诏征镇牧守各复本位，于是诸军并散。降萧正德为侍中、大司马，百官皆复其职。

帝虽外迹不屈，而意犹忿愤，景欲以宋子仙为司空，帝曰：“调和阴阳，岂在此物！”景又请以文德主帅邓仲为城门校尉，帝曰：“不置此官。”简文重入奏。帝怒曰：“谁令汝来！”景闻亦不敢逼。后每征求，多不称旨，至于御膳亦被裁抑。遂怀忧愤，五月，感疾馁，崩于文德殿。景秘不发丧，权殡于昭阳殿，自外文武咸莫之知。二十余日，然后升梓宫于太极前殿，迎简文即位。及葬修陵，使卫士以大钉于要地钉之，欲令后世绝灭。矫诏赦北人为奴婢者，冀收其力用焉。时东扬州刺史临城公大连据州，吴兴太守张嵊据郡，自南陵以上并各据守。景制命所行，唯吴郡以西、南陵以北而已。

六月，景乃杀萧正德于永福省，封元罗为西秦王，元景袭为陈留王，诸元子弟封王者十余人。以柳仲礼为使持节、大都督，隶大丞相，参戎事。

十一月，百济使至，见城邑丘墟，于端门外号泣，行路见者莫不洒泣。景闻大怒，收小庄严寺，禁不听出入。

大宝元年正月，景矫诏自加班剑四十人，给前后部羽葆、鼓吹，置左右长史、从事中郎四人。三月甲申，景请简文禊宴于乐游苑，帐饮三日。其逆尝咸以妻子自随，皇太子以下，并令马射，箭中者赏以金钱。翌日向晨，简文还宫。景拜伏苦请，简文不从。及发，景即与溧阳主共据御状南面并坐，群臣文武列坐侍宴。

四月辛卯，景又召简文幸西州，简文御素辇，侍卫四百余人。景众数千浴铁翼卫。简文至西州，景等逆拜。上冠下屋白纱帽，服白布裙襦。景服紫紬褶，上加金带，与其伪仪同陈庆、索超世等西向坐。溧阳主与其母范淑妃东向坐。上闻丝竹，凄然下泣。景起谢曰："陛下何不乐？"上为笑曰："丞相言索超世闻此以为何声？"景曰："臣且不知，岂独超世。"上乃命景起舞，景即下席应弦而歌。上顾命淑妃，淑妃固辞乃止。景又上礼，遂逼上起舞。酒阑坐散，上抱景于床曰："我念丞相。"景曰："陛下如不念臣，臣何至此。"上索筌蹄，曰："我为公讲。"命景离席，使其唱经。景问超世何经最小，超世曰："唯观世音小。"景即唱"尔时无尽意菩萨"。上大笑，夜乃罢。

时江南大饥，江、扬弥甚，旱蝗相系，年谷不登，百姓流亡，死者涂地。父子携手共入江湖，或弟兄相要俱缘山岳，芰实荇花，所在皆罄，草根木叶，为之凋残。虽假命须臾，亦终死山泽。其绝粒久者，鸟面鹄形，俯伏床帷。不出户牖者，莫不衣罗绮，怀金玉，交相枕藉，待命听终。于是千里绝烟，人迹罕见，白骨成聚，如丘陇焉。而景虐于用刑，酷忍无道，于石头立大舂碓，有犯法者捣杀之。东阳人李瞻起兵，为贼所执，送诣建邺。景先出之市中，断其手足，刻析心腹，破出肝肠。瞻正色整容，言笑自若，见其胆者乃如升焉。又禁人偶语，不许大酺，有犯则刑及外族。其官人任兼阃外者位必行台，入附凶徒者并称开府，其亲寄隆重则号曰左右厢公，勇力兼人名为库真部督。

七月，景又矫诏自进位相国，封泰山等二十郡为汉王。入朝不趋，赞拜不名，剑履上殿，依汉萧何故事。十月，景又矫诏自加宇宙大将军、都督六合诸军事。以诏文呈简文。简文大惊曰："将军乃有宇宙之号乎？"初，武帝既崩，景立简文，升重云殿礼佛为盟曰："臣乞自今两无疑贰，臣固不负陛下，陛下亦不得负臣。"及南康王会理之事，景稍猜惧，谓简文欲谋之。王伟因构扇，遂怀逆谋矣。

二年正月，景以王克为太宰，宋子仙为太保，元罗为太傅，郭元建为太尉，张化仁为司徒，任约为司空，于庆为太师，纥奚斤为太子太傅，时灵护为太子太保，王伟为尚书左仆射，索超世为右仆射。于大航跨水筑城，名曰捍国。

四月，景遣宋子仙袭陷郢州刺史方诸。景乘胜西上，号二十万，联旗千里，江左以来，水军之盛未有也。元帝闻之，谓御史中丞宗懔曰："贼若分守巴陵，鼓行西上，荆、郢殆危，此上策也。身顿长沙，徇地零、桂，运粮以至洞庭，湘、郢非吾有，此中策也。拥众江口，连攻巴陵，锐气尽于坚城，士卒饥于半菽，此下策也，吾安枕而卧，无所多忧。"及次巴陵，王僧辩沉船卧鼓，若将已遁。景遂围城。元帝遣平北将军胡僧佑与居士陆法和大破之，禽其将任约，景乃夜遁还都。左右有泣者，景命斩之。王僧辩乃东下，自是众军所至皆捷。先是，景每出师，戒诸将曰："若破城邑，净杀却，使天下知吾威名。"故诸将以杀人为戏笑，百姓虽死不从之。

是月，景乃废简文，幽于永福省，迎豫章王栋即皇帝位，升太极前殿，大赦，改元为天正元年。有回风自永福省吹其文物皆倒折，见者莫不惊骇。初，景既平建邺，便有篡夺志，以四方须定，故未自立。既而巴陵失律，江、郢丧师，猛将外残，雄心内沮，便欲速僭大号。又王伟云："自古移鼎必须废立。"故景从之。其太尉郭元建闻之，自秦郡驰还谏曰："主上仁明，何得废之？"景曰："王伟劝吾。"元建固陈不可，景意遂回，欲复帝位，以栋为太孙。王伟固执不可，乃禅位于栋。景以哀太子妃赐郭元建，元建曰："岂有皇太子妃而降为人妾。"竟不与相见。景司空刘神茂、仪同尹思合、刘归义、王晔、桑干王元頵等据东阳归顺。

十一月，景矫萧栋诏，自加九锡，汉国置丞相以下百官，陈备物于庭。忽有鸟似山鹊翔于景册书上，赤足丹嘴，都下左右所无。贼徒悉骇，竞射之，不能中。景又矫栋诏，追崇其祖为大将军，父为大丞相，自加冕十有二旒，建天子旌旗，出警入跸，乘金根车，驾六马，备五时副车，置旄头云罕，乐舞八佾，钟簴宫悬之乐，一如旧仪。寻又矫萧栋诏禅位，使伪太宰王克奉玺绂于己。先夕，景宿大庄严寺，即南郊，柴燎于天，升坛受禅，大风拔木，旗盖尽偃，文物并失旧仪。既唱警跸，识者以为名景而言警跸，非久祥也。景闻恶之，改为备跸，人又曰，备于此便毕矣。有司乃奏改云永跸。乃以广柳车载鼓吹，橐驼负牺牲，辇上置垂脚坐焉。景所带剑水精标无故堕落，手自拾取，甚恶之。将登坛，有兔自前而走，俄失所在。又白虹贯日三重，日青无色。还将登太极殿，丑徒数万同共吹唇唱吼而上。及升御装，床脚自陷。大赦，改元为太始元年。方飨群臣，中会而起，触扆坠地。封萧栋为淮阴王，幽之。改梁律为汉律，改左户尚书为殿中尚书，五兵尚书为七兵尚书，直殿主帅为直寝。

景三公之官，动置十数，仪同尤多。或匹马孤行，自执羁绁。以宋子仙、郭元建、张化仁、任约为佐命元功，并加三公之位：王伟、索超世为谋主；于子悦、彭儁主击断；陈庆、吕季略、庐晖略、于和、史安和为爪牙；斯皆尤毒于百姓者。其余王伯丑、任延和等复有数十人。梁人而为景用者，则故将军赵伯超、前制局监姬石珍、内监严亶、邵陵王记室伏知命，此四人尽心竭力者。若太宰王克、太傅元罗、侍中殷不害、太常姬弘正等虽官尊，止从人望，非腹心任也。景祖名乙羽周，及篡以周为庙讳，故改周弘正、石珍姓姬焉。

王伟请立七庙，景曰："何谓七庙？"伟曰："天子祭七世祖考，故置七庙。"并请七世讳，敕太常具祭祀之礼。景曰："前世吾不复忆，唯阿爷名标，且在朔州，伊那得来噉是。"众闻咸笑之。景尝有知景祖名乙羽周者，自外悉是王伟制其名位。以汉司徒侯霸为始祖，晋征士侯瑾为七世祖。于是推尊其祖周为大丞相，父标为元皇帝。

于时景修饰台城及朱雀、宣阳等门，童谣曰："的脰乌，拂朱雀，还与吴。"又曰："脱青袍，著芒屩，荆州天子挺应著。"时都下王侯庶姓五等庙树，咸见残毁，唯文宣太后庙四周柏树独郁茂。及景篡，修南郊路，伪都官尚书吕季略说景令伐此树以立三桥。始斫南面十余株，再宿悉枿生，便长数尺。时既冬月，翠茂若春。贼乃大惊恶之，使悉斫杀。识者以为昔僵柳起于上林，乃表汉宣之兴，今庙树重青，必彰陕西之瑞。又景床东边香炉无故堕地，景呼东西南北皆谓为厢，景曰："此东厢香炉那忽下地。"议者以为湘东军下之征。

十二月，谢答仁、李庆等军至建德，攻元颙、李占栅，大破之。执颙、占送京口，截其手足徇之，经日乃死。

景二年，谢答仁攻东阳，刘神茂降，以送建康，景为大锉碓，先进其脚，寸寸斩之，至头方止。使众观之以示威。

王僧辩军至芜湖，城主宵遁。侯子鉴率步骑万余人度州，并引水军俱进。僧辩逆击，大破之。景闻之大惧涕下，覆面引衾卧，良久方起，叹曰："咄叱！咄叱！误杀乃公。"

初，景之为丞相，居于西州，将帅谋臣，朝必集行列门外，谓之牙门。以次引进，赉以酒食，言笑谈论，善恶必同。及篡，恒坐内不出，旧将稀见面，咸有怨心。至是登烽火楼望西师，看一人以为十人，大惧。僧辩及诸将遂于石头城西步上，连营立栅，至于落星墩。景大恐，遣掘王僧辩父墓，剖棺焚其尸。王僧辩等进营于石头城北，景列阵挑战，僧辩大破之。

景既退败，不敢入宫，敛其散兵屯于阙下，遂将逃。王伟按剑揽辔谏曰："自古岂有叛天子！今宫中卫士尚足一战，宁可便走。"景曰："我在北打贺拔胜，败葛荣，扬名河朔，与高王一种人。来南直度大江，取台城如反掌，打邵陵王于北山，破柳仲礼于南岸，皆乃所亲见。今日之事，恐是天亡。乃好守城，当复一决。"仰观石阙，逡巡叹息久之。乃以皮囊盛二子挂马鞍，与其仪同田迁、范希荣等百余骑东奔。王伟遂委台城窜逸。侯子鉴等奔广陵。王克开台城门引裴之横入官，纵兵蹂掠。是夜遗烬烧太极殿及东西堂、延阁、秘署皆尽，羽仪辇辂莫有孑遗。王僧辩命武州刺史杜崱救火，仅而得灭。故武德、五明、重云殿及门下、中书、尚书省得免。

僧辩迎简文梓宫升于朝堂，三军缟素，踊于哀次。命侯瑱、裴之横追贼于东，焚伪神主于宣阳门，作神主于太庙，收图书入万卷归江陵。杜崱守台城，都下户口百遗一二，大航南岸极目无烟。老小相扶竞出，才度淮，王琳、杜龛军人掠之，甚于寇贼，号叫闻于石头。僧辩谓为有变，登城问故，亦不禁也。佥以王师之酷，甚于侯景，君子以是知僧辩之不终。

初，景之图台城，援军三十万，兵士望青袍则气消胆夺。及赤亭之役，胡僧佑以羸卒一千破任约精甲二万，转战而东，前无横阵。既而侯瑱追及，景众未阵，皆举幡乞降。景不能制，乃与腹心人数十单舸走，推堕二子于水，自沪渎入海至胡豆洲，前太子舍人羊鲲杀之，送于王僧辩。

景长不满七尺，长上短下，眉目足采秀，广头高颧，色赤少鬓，低视屡顾，声散，识者曰："此谓豺狼之声，故能食人，亦当为人所食。"既南奔，魏相高澄悉命先剥景妻子面皮，以大铁镬盛油煎杀之。女以入宫为婢，男三岁者并下蚕室。后齐文宣梦猕猴坐御床，乃并煮景子于镬，其子之在北者殆焉。

景性猜忍，好杀戮，恒以手刃为戏。方食，斩人于前，言笑自若，口不辍食。或先断手足，割舌劓鼻，经日乃杀之。自篡立后，时著白纱帽，而尚披青袍，头插象牙梳，床上常设胡床及筌蹄，著靴垂脚坐。或肢户限，或走马遨游，弹射鸦鸟。自为天子，王伟不许轻出，于是郁怏，更成失志，曰："吾无事为帝，与受摈不殊！"及闻义师转近，猜忌弥深，床前兰骑自远，然后见客。每登武帝所常幸殿，若有芒刺在身，恒闻叱咄者。又处宴居殿，一夜惊起，若有物扣其心。自是凡武帝所常居处，并不敢处，多在昭阳殿廊下。所居殿屋，常有鸺鹠鸟鸣呼，景恶之，每使人穷山野捕鸟。景所乘白马，每战将胜，辄踯躅嘶鸣，意气骏逸；其有奔衄，必低头不前。及石头之役，精神沮丧，卧不肯动。景使左右拜请，或加棰策，终不肯进。始景左足上有肉瘤，状似龟，战应克捷，瘤则隐起分明；如不胜，瘤则低。至景败日，瘤隐陷肉中。

天监中，沙门释宝志曰："掘尾狗子自发狂，当死未死啮人伤，须臾之间自灭亡，起自汝阴死三湘。"又曰："山家小儿果攘臂，太极殿前作虎视。"狗子，景小字，山家小儿，猴状。景遂覆陷都邑，毒害皇家。起自悬瓠，即昔之汝南。巴陵有地名三湘，景奔败处。其言皆验。景常谓人曰："侯字人边作主，下作人，此明是人主也。"台城既隐，武帝当语人曰："侯景必得为帝，但不久耳。破'侯景'字成'小人百日天子'，为帝当得百日。"案景以辛未年十一月十九日篡位，壬申年三月十九日败，得一百二十日。而景以三月一日便往姑孰，计在宫殿足满十旬，其言竟验。又大同中，太医令朱耽尝直禁省，无何梦犬羊各一在御坐，觉而告人曰："犬羊非佳物也，今据御座，将有变乎！"既而天子蒙尘，景登正殿焉。

及景将败，有僧通道人者，意性若狂，饮酒敢肉，不异凡等。世间游行已数十载，姓名乡里，人莫能知。初言隐伏，久乃方验。人并呼为阇梨。景甚信敬之。景尝于后堂与其徒共射，时僧通在坐，夺景弓射景阳山，大呼云"得奴已"。景后又宴集其党，又召僧通。僧通取肉揾盐以进景，问曰："好不？"景答："所恨大咸。"僧通曰："不咸则烂。"及景死，僧辩截其二手送齐文宣，传首江陵，果以盐五斗置腹中，送于建康，暴之于市。百姓争取屠脍羹食皆尽，并溧阳主亦预食例。景焚骨扬灰，曾罹其祸者，乃以灰和酒饮之。首至江陵，元帝命枭于市三日，然后煮而漆之，以付武库。先是江陵谣言："苦竹町，市南有好井。荆州军，杀侯景。"及景首至，元帝付谘议参军李季长宅，宅东即苦竹町也。既加鼎镬，即用市南井水焉。景仪同谢答仁、行台赵伯超降于侯瑱，生禽贼行台田迁、仪同房世贵、蔡寿乐、领军王伯丑。凶党悉平，斩房世贵于建康市，余党送江陵。初，郭元建以有礼于皇太子妃，将降，侯子鉴曰："此小惠也，不足自全。"乃奔齐。

【译文】

侯景字万景，是北魏的怀朔镇人。从小就放荡不羁，作为本镇的功曹吏。魏末北方大乱，他便效力于边将尔朱荣，很受器重。他开始向尔朱荣的部将慕容绍宗学习兵法，没有多久，慕容绍宗就要反过来请教他了。后来他因军功为定州刺史。早先，东魏丞相高欢微贱时，与侯景非常要好，等到高欢诛灭了尔朱氏，侯景带领部众投降，于是被高欢重用。逐渐升为吏部尚书，但这不合他的愿望，他常常独自说："什么时候才能从这破纸堆里摆脱出来呢？"不久被封为濮阳郡公。

高欢在沙苑被西魏打败，侯景对高欢说："宇文泰自恃打了胜仗，现在必然懈怠，请让我带领数千劲骑入关中捉拿他！"高欢把这话告诉了他的王妃娄氏，娄氏说："他如果捉住宇文泰，也就不会再回来了。得了宇文泰而失去了侯景，这对事情有什么补益。"高欢就停止了这次行动。侯景后来又担任河南道大行台，位至司徒。他又对高欢说："我很遗憾不能捉住宇文泰。请给我三万兵，我就可以横行天下。一定能渡过长江捆来萧衍老翁（梁武帝名），让他当太平寺的寺主。"高欢认为他说得有气魄，就让他拥兵十万，专门管理河南，对他的信赖，好像自己身体的一半。

侯景右腿短，弯弓骑马不是他的擅长，他的本领全在智谋上。当时高欢部将高昂、彭乐都是雄勇冠当世，只有侯景常瞧不起他们，说"像野猪一样乱窜，他的势力能到哪儿！"等到他将出镇河南时，侯景向高欢提议说："如今我握兵在远方，奸人容易施行伪诈，大王如果给我写信，请与其他的有些区别。"高欢答应了。以后他每次给侯景写信，都另外加上个小墨点儿，即使是他自己的子弟也不知道这暗号。

等到高欢病危，他的长子高澄假托高欢的名义写信召侯景回朝。侯景知道这是假的，害怕大祸临头，因此便用王伟的主意，在梁武帝太清元年二月派遣他的行台郎中丁和向梁朝上表请求投降。梁武帝召集群臣商议，尚书仆射谢举等人都认为接纳侯景有所不合适，武帝不听从。开初，武帝在这年正月乙卯日在善言殿读佛经，当时对左右黄慧弼说："我昨天梦见天下太平，你要记住这件事。"等到丁和来到，经核对侯景正是在正月乙卯日决定投降，所以武帝就同意接纳侯景了。于是封侯景为河南王、大将军、使持节、董督河南南北诸军事、大行台，可以秉承皇帝旨意而便宜行事，像东汉的邓禹一样。

高澄嗣位为渤海王，派遣他的部将慕容绍宗在长社包围侯景。侯景危急，便请求割让鲁阳、长社、东荆、北兖，向西魏求救。西魏派遣五城王元庆等率兵援救，慕容绍宗才退兵。侯景又向梁朝的司州刺史羊鸦仁请求救兵，羊鸦仁派遣长史邓鸿率兵进至汝水，元庆军乘夜逃遁，羊鸦仁于是占据了悬瓠。

当时侯景的部将蔡道遵又返回东魏，说侯景有悔过的意思。高澄信以为真，便写信告诉侯景，如果回来，答应给他豫州刺史以终身，所属的文武将吏不再追回，保他全家平安无恙，并归还他的宠妻爱子。侯景回信不听从。高澄知道侯景没有回来的打算，就派遣军队相继讨伐侯景。

梁武帝听说羊鸦仁已经占据了悬瓠，便命令群帅布置战略，大举进攻东魏，委派贞阳侯萧明为都督。萧明军败被俘。慕容绍宗进攻潼州，刺史郭凤弃城逃去。侯景便派遣他的行台左丞王伟、左户郎中王则前往梁朝都城献策，建议立元氏子弟为魏主。梁武帝就封太子舍人元贞（投奔梁朝的魏宗室）为咸阳王，等到渡江答应让他即位，并把梁皇帝备用的乘舆送给他。

高澄又派遣慕容绍宗追击侯景，侯景退保涡阳，派人对慕容绍宗说："你是想送客呢，还是想一决雌雄？"慕容绍宗答道："准备决战。"于是就顺风摆下战阵。侯景紧闭营垒，不久又出来。慕容绍宗说："侯景多有诡计，好从背后偷袭。"派兵防备，果然如他所说。侯景命令战士都披短甲持短刀，只管低头砍人腿马足，于是击败了慕容绍宗。裨将斛律光责怪他，慕容绍宗说："我打的仗多了，还没有见过这么难以对付的贼呢！你去对付他吧。"斛律光披甲准备出战，慕容绍宗告诫他说："不要渡过涡水。”接着，斛律光又被侯景打败了。慕容绍宗对他说：“到底怎么样？”相持连月，侯景的粮食吃尽了，就诳骗他的部下说他们的家属都被高澄杀死了。众人都相信了他。慕容绍宗在远处对他们说：“你们的家属都安然无恙。”便披发面向北斗发誓来证明自己的话。侯景的部卒都是北方人，不愿意随侯景南渡，他的部将暴显等各率部下投降慕容绍宗。侯景的军队溃散，损失甲士四万人，马四千匹，辎重车一万多辆。于是侯景便和几个心腹乘马自硖石渡过淮河逐渐收聚散兵，得到马步兵八百人。向南行经过一座小城，有人登上城墙诟骂侯景说：“跛脚奴要干什么！”侯景发怒，攻破小城，把骂他的人杀了才离开。他们昼夜兼行，追军不敢逼近。侯景派人对慕容绍宗说：“我如果被擒，您还有什么用呢？”慕容绍宗便故意放跑了他。

接着侯景不知去哪里为好。马头戍主刘神茂，和他的上司韦黯关系不好，于是骑马驰奔投见侯景，说：“寿阳离这里不远，城池险要坚固，韦黯是那里的监州。大王如果抵达寿阳近郊，他必然要出迎，大王趁机捉住他，可以成大事。得到寿阳之后，再慢慢向朝廷解释，朝廷高兴大王南归，一定不会责怪大王的。”侯景握着刘神茂的手说：“这是上天对我的指教呀！”赶到寿阳，韦黯披甲登上城楼，侯景对刘神茂说：“事情要失败了。”刘神茂答道：“韦黯怯懦而缺少智虑，可以说服他下城的。”于是侯景派遣豫州司马徐思玉夜间入城说服韦黯，韦黯果然开门接纳了侯景。侯景促住韦黯，责数着要杀死他，过了很久才把他释放。于是侯景派遣于子悦驰往朝廷报告打了败仗，自己请求贬官削爵。武帝优诏不许。侯景又请求朝廷救济，朝廷便委任他为南豫州刺史，本来的官职不变。

梁武帝因为侯景的军队刚刚被击破，不忍把他调动，所以就派鄱阳王萧范为合州刺史，镇守合肥。东魏攻打悬瓠，悬瓠粮食用尽，羊鸦仁就离开悬瓠回到义阳。

东魏人进入悬瓠，再次请求和好，梁武帝召集公卿商议此事。张绾、朱异都建议答应东魏。侯景听说了还不大相信，便伪造了邺都人的书信，要求用俘虏的贞阳侯萧明交换侯景。梁武帝准备答应下来。舍人傅岐说：“侯景无路可走才来投奔，抛弃他不合适。而且他身经百战，岂肯束手就擒！”谢举、朱异说：“侯景是个败逃之将，要捉他只用一个使者就够了。”梁武帝答应了，回信道：“贞阳侯早晨送到，侯景晚上就交回。”侯景得到回信，对左右说：“我知道这吴儿老翁没有好心肠。”他又请求娶王、谢豪族的女儿为妻，梁武帝说：“王、谢门第很高，你配不上，你可在朱、张以下各家求婚。”侯景发怒说：“我一定要把吴人的儿女配给奴婢！”王伟说：“如今坐等也是死，举大事也也是，请大王好好考虑。”于是侯景就怀下造反的念头。他把属内的居民全部强制募为军士，停止征收市税和田租，把老百姓的子女全都配给了将士。他又要求朝廷给他锦缎万匹做军人的衣袍，中领军朱异提议说御库中的锦缎只做颁赏用，不能供边塞使用，建议送给侯景青布。侯景又说朝廷发给的兵杖都不精好，奏请用东冶的铁匠重新锻造，武帝都同意满足他。侯景自从在涡阳失败以后，多次向朝廷提出索求，朝廷宽宏大量，从未拒绝过。

当时贞阳侯萧明打发使者回梁朝，陈述东魏人希望接续以前的友好关系，把他放还南方的意愿。武帝看信后流下了眼泪，便回信给萧明说准备另外派遣使者去东魏。武帝也想停止征战，就与东魏通知。侯景听说了非常恐惧，赶紧派人去向武帝恳切请求不要与魏和好，武帝不听从。此后侯景再给朝廷上奏就开始有计划跋扈，言辞不逊。他又听说朝廷派遣伏挺、徐陵出使东魏，便惶惑不知所为了。

元贞知道侯景有野心，屡次启请还朝。侯景对他说：“我很快就会平定江南，你为什么不稍微忍耐一下呢。”元贞更加恐惧了，就逃回了建邺，把情况全部向齐帝报告。当时鄱阳王萧范镇守合肥，和羊鸦仁都屡次启奏报告侯景有野心。朱异说：“侯景不过有几百个叛虏，哪能打仗！”把奏表都扣压下来不送交武帝，侯景因此奸谋更得以实现。他上言说：“高澄狡猾，怎能完全相信？陛下如果接受了他的诡诈之言，要求与他联和，连我也觉得可笑。我年已将近四十六岁，还没有听说过江南有邪佞之臣，可是我一旦入朝，竟然招致攻讦，我宁可粉身碎骨，也拼命于仇家！请给我江西一境，受我的控制；如果不答应，我就率兵逼临长江，向闽、越进军，那就不仅朝廷要感到耻辱，三公大臣们也要寝食不安了。”武帝让朱异传语答复侯景的使者说：“譬如穷人家养着十个五个客人，还能让他们满意，朕只有你一个客人，却致使你有怨愤之言，这就是朕的过失了。”侯景又知道临贺王萧正德怨恨朝廷，秘密地与他勾结。萧正德答应做他的内线。

太清二年八月，侯景便发兵造反，在豫州城内召集他的将帅，登坛歃血为盟。当天出现地震。于是以诛除中领军朱异、少府卿徐驎、太子左率陆验、制局监周石珍为借口，认为奸臣扰乱朝政，请求带兵入朝。他首先攻打马头、木栅，捉住太守刘神茂、戍主曹璆王等。梁武帝听说了，笑道："他能成什么事，让我用马鞭子抽他！"便敕令：能斩侯景的人，不论南北方人，都赏封两千户的爵位，兼授一州刺史；如果是魏人想回北方而不需要做州刺史的，赏绢布二万匹，用礼遣给他送行。于是诏命合州刺史鄱阳王萧范为南道都督，北徐州刺史封山侯萧正表为北道都督，司州刺史柳仲礼为西道都督，通直散骑常侍裴之高为东道都督，共同讨伐侯景，从历阳渡江。又命令侍中、开府仪同三司、邵陵王萧纶持节，督率诸军。

侯景听说后，与王伟谋划。王伟说："不如径直掩袭扬都（建邺），临贺王在里边反，大王在外边攻，天下不难安定了。兵法中只听说可以计划不周但行军迅速，没听说应该计划周密却动作迟缓的。今天我们就要出发，否则邵陵王就赶到了。"九月，侯景自寿春出发，声言要去游猎，人们毫无知觉。他留下伪中军大都督王贵显驻守寿春城，自己假装出军合肥，却突然袭击谯州。谯州助防董绍先投降侯景，捉住刺史丰城侯萧泰。梁武帝听说，派太子家令王质率兵三千巡守长江防遏。侯景进攻历阳太守庄铁，庄铁派遣自己的弟弟庄均夜袭侯景军营，结果全部战死。庄铁的母亲疼爱他的儿子，劝庄铁投降。侯景拜见庄铁的母亲，庄铁便劝侯景说："事急就应该随机应变，行动迟缓必然要导致祸害。"侯景就派庄铁为先导。

当时各驻军戍接连上奏报警，朱异还说："侯景一定没有渡江的意图。"萧正德提前派遣数十艘大船假称装载芦苇，其实是准备接应侯景。侯景到江边准备渡过，担心王质作梗。但不久王质就被任命为丹阳尹，平白无故地撤走了。侯景听说了还不敢相信，便秘密派人过江侦察，他对使者说："王质如果真的撤走，你就折下江东的树枝作为凭证。"侦察的人像他说的那样回来了。侯景大喜道："我的事成功了。"于是从采石渡江，有马数百匹，兵八千人，都城一带毫无知觉。

侯景出兵，分兵袭击姑孰，捉住准南太守文成侯萧宁，于是抵达慈湖。南津校尉江子一逃回建邺。皇太子见事情紧急，入宫面奏武帝，说："请把这事交给我，不必让圣心操劳。"武帝说："这本来就是你的事，何必再问。"太子就留在中书省指挥分派，但城内外扰乱劫抢，已经不能传通信息了。于是下诏任命扬州刺史宣城王萧大器为都督内外诸军事，都官尚书羊侃为军师将军，做他的副手。派遣南浦侯萧推守卫东府城（建邺的东南部），西丰公萧大春守卫石头城（建邺的西部），轻车长史谢禧守卫白下（建邺的北部）。

不久侯景进至朱雀航，派遣徐思玉入朝启奏，请求带兵入朝，铲除君主身边的恶人，要求朝廷派个能办事的舍人出来引领，他的意图是观察城内的虚实。武帝派遣中书舍人贺季、主书郭宝亮跟随徐思玉前往板桥慰劳侯景。侯景面北接受诏敕，贺季说："你今日的行动，是为了什么？"侯景说："我要当皇帝！"王伟进前说："朱异、徐驎渎乱国政，我们不过要铲除奸臣。"但侯景已经说出了恶言，就扣留下贺季不让他回去，只准郭宝亮回宫。

起初，在大同年间有童谣说："青丝白马寿阳来。"侯景在涡阳战败后，请求给他锦缎，朝廷给了青布，到此时都用来做了战袍，颜色还青。侯景乘坐上一匹白马，用青丝做马辔，想用此与童谣相应合。萧正德开始屯驻丹阳郡，这时率领他的部下与侯景会合。建康令庾信率兵千余人屯驻朱雀航北边，等侯景来到时他要撤去浮桥，刚刚拆下一只船，看见贼军都戴着铁面具，于是丢下军队逃跑了。南塘的游军又把浮桥连接上，让侯景渡过。皇太子把自己所乘的马交给王质，配给他精兵三千，让他援助庾信。王质走到领军府就遇见了敌军，还没有列阵就逃跑了。侯景乘胜来到宫阙之下，西丰公萧大春放弃石头城逃走，侯景派他的仪同于子悦据守。谢禧也抛弃白下城逃了。

侯景派兵百道攻城，纵火焚烧大司马、东华、西华诸城门。城中仓促间没有任何准备，便拆毁门楼，泼水浇火，很久才将头扑灭。贼军又砍破东掖门，即将冲入，羊侃命人凿破门扇，刺杀数人，贼兵才退却。贼兵又登上东宫的墙向城内射箭。到了夜里，太子萧纲（后来的简文帝）招募人出城去焚烧东宫的台阁宫殿，几乎烧尽，所收集的图书典籍数百厨，全部化为灰烬。此前太子曾梦见有人把他画成秦始皇，说"这人要再次焚书"，这时候应验了。侯景又烧城西的马厩、士林馆、太府寺。第二天，侯景又制造了几百头木驴，用来攻城，城上掷下石头，把木驴全都砸碎。贼兵又制造尖顶木驴，形状如彗星，石头砸不破。城上便造了雉尾炬，灌上膏油和蜡，纷纷抛下，把尖顶木驴烧毁。

贼兵不能攻克，士卒死了很多，就停止攻城，建筑长围以封锁内外。侯景又上启事，要求诛杀朱异、陆验、徐驎、周石珍等。城内也用箭射出赏格，有能斩侯景的头的人，就授予侯景的官位，并赏钱一亿万，布绢各一万匹，女乐二部。庄铁便奔回历阳，谎称侯景已经被枭首。侯景的守将郭骆恐惧，弃城逃往寿阳。庄铁得以入城，于是奔往寻阳。

十一月，侯景立萧正德为帝，即伪皇帝位，居住在仪贤堂，改年号为正平。开初童谣有“正平”这样的话，所以立年号以应验。而有见识者认为“正平”预兆着“正德终当要平灭”。侯景自己担任相国、天柱将军，萧正德把女儿嫁给了他。侯景又攻打东府城，设下百尺楼车，把城堞全部钩掉。东府城陷落后，侯景派他的仪同卢晖略率领数千人持着长刀夹城门而立，然后把城中的文武官员裸着身体驱逐出城，让城门两侧的贼兵杀死他们，砍死了三千多人。南浦侯萧推在这天遇害。侯景让萧正德的儿子萧见理和卢晖略守护东府城。

开初，侯景刚到都城，便呼叫“武帝已经晏驾”，就是城里的人也相信了。太子担心人心有变，就请梁武帝乘车巡城。武帝将要巡城，陆验进谏说：“陛下万乘之重，岂能轻易出来。”说着就哭了起来。武帝为他的话所感动，就到大司马门去。城上听见警跸声，都鼓噪起来，军民无不纷纷落泪，百姓这才安定下来。

侯景又在城的东西两面各垒土山以临城，城内也堆起两座土山来应付，太子以下的人都亲自拿畚锸劳动。开初，侯景到后以为很快就会攻克建邺，所以号令严明，不触犯百姓。等到攻打不下，人心涣散沮丧，又恐怕援军会集后，自己的军队溃散，便纵兵杀掠，死尸堵塞道路。富室豪家被肆意剥夺，他们的妻子儿女，全部被抓进兵营。他又招募北方人早先做奴仆的，让他们都自行逃出，给以超常的赏赐。朱异家的一个黥面的奴隶和他的同伴翻城投奔贼兵，侯景竟然封以仪同之官，让他到城下引诱城内的人，这人乘着马披着锦袍诟骂道：“朱异作官五十年，才当了个中领军。我刚刚归顺侯王，就已经当了仪同。”于是奴仆们竞相出城，全都称了心愿。

侯景把石头城常平仓的粮食快吃光了，就开始掠夺居民，后来一升米卖到七八万钱，居民饿得人吃人，还有吃自己孩子的。侯景又为了筑土山，不论身份贵贱，昼夜不息，乱加鞭打，体弱疲惫的就杀了填进土山中，号哭的声音惊天动地。百姓不敢隐藏，都出来听从他们的指派，十多天的时间凑集了数万人。

侯景的仪同范桃棒暗自贪图重赏，要求带两千甲士来投降，用侯景的人头应购，他派萧文德主帅前白马游军主陈昕乘夜翻城进入，秘密启奏情况。简文帝报告给武帝，武帝非常高兴，派人回报范桃棒，答应事成之后封他为河南王，并刻银券交给他。简文帝恐怕有诈，犹豫不决。武帝怒道："接受投降是常有的事，为什么突然怀疑起来。"朱异、傅岐也都建议纳降。简文帝说："我就只管坚城自守，所依赖的就是外援，外援如果赶到，贼兵还有何难平定。现在如果开门接纳范桃棒，范桃棒的意图尚且难以料知，一旦倾危，后悔也来不及了。"范桃棒又派人来说："如今我只率领部下五百多人，如果到了城门，就自动脱去衣甲。请朝廷收容。事成之时，保证活捉侯景。"简文帝听了这话，便更加起疑了。朱异用手捶胸说："今年国家完了！"不久，范桃棒的军士鲁伯和报告给侯景，侯景把他们全都烹了。

到这时，邵陵王萧纶率领西丰公萧大春、新淦公萧大成、永安侯萧确、南安乡侯萧骏、前谯州刺史赵伯超、武州刺史萧弄璋、步兵校尉尹思和等马步兵三万人，从京口出发，直驱占据钟山。侯景一伙大为惊骇，都想逃散。侯景分派一万多人拒战，萧纶在爱敬寺下把他们打得大败。

侯景开始听说萧纶来到，吓得脸上变色，等到败军逃回，张扬对方的强盛，他就越发恐慌，便命人在石头城预备舟船打算北渡。任约说："离开家乡万里，逃往何处？这仗要是打不赢，我们君臣一起死，要是草间偷活，我是不屑为此的。"侯景便留下宋子仙留守壁宫垒，自己亲自率领精兵拒战，在覆舟山北面布阵，与萧纶相持。到晚上，侯景退军。南安侯萧骏率领数十名骑军去挑战，侯景回军，萧骏撤退。当时赵伯超在玄武湖北布阵，见萧骏撤退，就率领军队带头逃跑。众军因此大乱，于是败绩。萧纶逃回京口。贼兵抓获西丰公萧大春、萧纶的司马庄丘慧达、直阁将军胡子约、广陵令霍儁等，将他们押到城下，逼着让他们对城上说："已经捉住了邵陵王。"只有霍儁自己说："邵陵王小有失利，已经全军返还京口。城中只管坚守，援军很快就会来到。"话没说完，贼兵就用刀刺伤了他的嘴。侯景佩服他的忠义释放了他。但萧正德竟逮捕并杀害了他。这一天，鄱阳王世子萧嗣、裴之高抵达后渚，在蔡洲扎营。侯景分兵屯守南岸。

十二月，侯景制造各种攻城器具以及飞楼、橦车、登城车、钩堞车、阶道车、火车，都高达数丈，一辆车甚至有二十个轮子，都陈列于城门之前，多路攻城。贼兵用火车焚烧城东南角的大楼，借火势以攻城。城上也纵火，把贼兵攻具全部焚毁，贼兵才撤退。这时，侯景的土山已经垒成，城内的土山也垒成了。派太府卿韦黯守卫西土山，左卫将军柳津守卫东土山。山上建造芙蓉层楼，高四丈，装饰以锦罽，捍卫以乌笙（一种涂黑漆的竹席）。双方的山顶离得很近，各自招募敢死之士，穿上厚厚的战袍铠甲，起名叫“僧腾客”，分派在两山上，用长矛交战。擂鼓呐喊，声如鼎沸，从早到晚，没个停歇。土山的攻战很苦，人们难以忍受，柳津便命人挖地道，毁坏城外土山，抛掷雉尾火炬烧毁贼军橹楼的栏堞。城外土山崩塌，山上的敌兵几乎全部被压死。贼军又制造了蛤蟆车，运土石填塞沟堑，战士登上楼车，可以走到城的四面。城内用飞石击碎楼车，贼兵的尸首堆满城下。贼兵又挖掘城的东南角，城内则筑形如弯月的御城来捍御，贼兵这才退却。

林官将军宋嶷投降贼军，于是为他们出主意，引来玄武湖的水灌台城（侯景一直围攻的宫城），城门前的御街变成了一片汪洋。贼兵又焚烧居民住宅和官府，全都化为灰烬。司州刺史柳仲礼、衡州刺史韦粲、南陵太守陈文彻、宣猛将军李孝钦等都来赴援；鄱阳王世子萧嗣、裴之高又渡过长江。柳仲礼在朱雀航南扎营，裴之高在南苑扎营，韦粲在青塘扎营，陈文彻、李孝钦屯驻于丹阳郡城，鄱阳王世子萧嗣扎营小航南边，都沿着淮水（秦淮河）早建造营栅。等到天亮，侯景才发觉，于是登上禅灵寺门楼了望。他见韦粲的营垒还没有合围，就派兵渡河袭击，韦粲被击败，侯景斩韦粲人头于徇城下。柳仲礼听说韦粲兵败，连盔甲都顾不得披挂，带领数十人前往赴援。他遇见敌兵，斩首数百，敌军投水死的还有一千多人。柳仲礼深入敌阵，马陷于泥中，自己也受了重伤。从此贼军不敢渡过对岸。

邵陵王萧纶又与临城公萧大连等从东道会集到长江南岸。荆州刺史湘东王萧绎派遣世子萧方等、兼司马吴晔、天门太守樊文皎赶来赴援，在湘子岸前扎营。高州刺史李迁仕、前司州刺史羊鸦仁又率领军队相继到来。不久鄱阳王世子萧嗣、永安侯萧确、羊鸦仁、李迁仁、樊文皎率众渡过淮水，攻破贼兵在东府城前的营栅，于是便在青溪水东岸扎营。侯景派遣他的仪同宋子仙沿着淮水的西岸建立营栅拒守，百姓人相食已吃掉了十分之五六，侯景的食粮快要吃完。

开初，援兵抵达北岸，号称兵众百万。百姓们扶老携幼盼望王师，可官军刚刚渡过淮水，就争着盘剥虏掠百姓，征收金银。他们列营而立，互相猜疑，邵陵王萧纶和柳仲礼胜似仇敌，临城公萧大连和永安侯萧确关系如同水火，没有对敌战斗的心思。贼党中本来有想要投诚的，听说这情况就都罢休了。

贼兵刚刚到来，城中只想固守，平灭贼军，都指望着援军了。不久都城内外消息断绝，有个叫羊车儿献计，造纸鸦（风筝）用长绳把敕令藏系在其中。简文帝站在太极殿前，顺着西北风放飞。群贼惊骇，以为是什么厌胜之术，又把纸鸦射了下来。情况就是如此危急。此时城中围困日久，肉食顿时断绝，简文帝上等膳食，仅仅只剩一味肉膳。军士们煮弓弩熏老鼠，以捕鸟雀为食。殿堂过去有很多鸽子群聚，这时全被杀光了。开初宫城大门将关闭的时候，公卿为食物，无论男女贵贱都出来背米，积攒了四十万斛，聚敛了各府库的钱帛五十亿万，都聚集在德阳堂，但鱼盐柴薪却没有积蓄多少。此时，便拆毁尚书省的屋宇当柴薪，撤下草垫切碎喂马，用完以后就只能吃生粮食了。宫内的御甘露厨中有干苔菜，味道酸咸，也分给战士了。军人宰了马在殿庭之间出卖，中间还搀杂上人肉，吃了的人必然得病。贼兵又在水洞中放了毒药，于是城中渐渐流行满胀之病，城中的人病死了一大半。开初，侯景没有渡江以前，东魏人送给梁朝的檄文中，极力讲述侯景的反复无常，猜忌残忍，还说梁武帝喜好显示自己的聪明以证实别人愚昧，必将受侯景欺骗。这时，所有的祸乱破败之状，全如魏人所说，南朝人都把它当成了谶言。

当时侯景的军队也很饥饿，不能再作战了。东城有积蓄的粮食，但路径被援军所截断，而且听说湘东王萧绎的荆州军队已经顺流而下了。彭城人刘邈向侯景建议说："我军顿兵已久，攻城不能拔取，如今众援军云集于此，更是难以攻破。听说我们的军粮不够支撑一个月了，漕运的路被断绝，田野中无粮可掠，我们此时的处境，确实如婴儿在人家的手掌之上一样。如今实在就是这种情况，不如向他们求和，还可以全师而返。"侯景就与王伟商议，派任约到城北拜上表章，假装投降，以河南自效赎罪。武帝说："我有一死而已，岂能有讲和之议。况且这贼凶逆多诈，他的话有什么可信的。"不久城中日益危困，简文帝便向武帝请示说："侯景围攻紧逼，而我们也没有勤王的援军，我想先答应他们的求和，再考虑以后的打算。"武帝大怒说："请和还不如死。"简文帝说："城下之盟，确是很深的耻辱，可是白刃在前，也就顾不得流矢了。”武帝犹豫了很久，说：“你自己决定吧，不要给千载以下留下笑柄。”这样就同意了和谈。

侯景要求割让江右四州的地盘，并要求宣城王萧大器出城给他相送，然后才能解围渡江。同时答应派遣他的仪同于子悦、左丞王伟入城做人质。中领军傅岐提议说宣城王以嫡嗣之重，不应为人质，再有敢随意提起此事者，请以剑斩了他。便建议用石城公萧大款为人质送出，武帝同意了。于是在西华门外设坛，派遣尚书仆射王克、兼侍中上甲乡侯萧韶、兼散骑常侍萧瑳和于子悦、王伟等一起登坛盟誓。右卫将军柳津出立于西华门下，侯景也出立其营栅门外，与柳津遥遥相对，宰杀牺牲，歃血为盟。

南兖州刺史南康嗣王萧会理，前青冀二州刺史湘潭侯萧退、西昌侯世子萧□，率兵三万抵达马印洲。侯景顾虑这些北来的军队会自白下沿江而上，断绝他渡江的路，便向朝廷要求把北军全部都部勒聚集南岸。于是朝廷就调遣北军都进驻江潭苑。侯景又启奏说：“永安侯萧确和赵威方常常隔着营栅诟骂我，说‘天子自己与你盟誓，我终究要把你赶出去’。请把他们召入城内，我就出发。”朝廷就把他们全召入城。侯景遂即把东府城的粮米运往石头城，军粮立刻充足了。于是他又启奏说：“西岸来了消息，说高澄已经占据了寿春、钟离，我就失去了立足之地。请暂借广陵、谯州，等到我夺回寿春、钟离，就把它还给朝廷。”

当时荆州刺史湘东王萧绎驻军武成，河东王萧誉师驻扎巴陵，前信州刺史桂阳王萧慥顿兵于江津，但都不再前进。接着朝廷敕令他们班师撤走。湘东王萧绎想回去，中记室参军萧贲说：“侯景作为人臣举兵攻打宫阙，现在如果撤军回去，不等他渡江，就是个小孩子也能把他杀了，所以他一定不会撤走。大王带十万大兵，还没有见到走兵就撤退，这算什么。”湘东王很不高兴。萧贲是个骨鲠刚直的人，常怨恨湘东王不去救援。他曾经和湘东王玩双六，湘东王持子不下，萧贲一语双关地说：“殿下没有一点儿下（沿江而下）的意思。”萧绎对湘东王恨透了，便找了个借口杀了他。

侯景既已知道援军号令不统一，谁也不肯为勤王效功，又听说城中死病的人越来越多，估计一定会有为自己做内应的。他既哄退了湘东王的军队，又得到了东府城的粮米，王伟就说服侯景说：“大王作为人臣举兵背叛，围攻宫阙，已经超过百日，威逼侮辱王妃公主，侵凌糟蹋皇家宗庙，如今带着这些罪过，何处可以容身？希望大王先观察一下事态的变化再说。”侯景觉得他说得有理，便上表陈述梁武帝的十大过失。太清三年三月初一早上，城内在太极殿前设坛，派兼太宰、尚书仆射王克等启告天地神祇，说侯景背叛盟誓，点燃烽火擂鼓呐喊。开初，台城被围的时候，城内有男女人口十多万，披甲之士有三万，到这时因疾病都快死光了，守城的只有两三千人，还都是一些病弱无力的人。城中横尸满路，没有人掩埋，臭气熏腾数里，腐烂的尸水流满了沟洫。于是羊鸦仁、柳仲礼、鄱阳王世子萧嗣进军到东府城北，营垒还未建立，就被侯景的部将宋子仙击败，把砍下的头摆在皇城下面。侯景又派遣于子悦去求和，城内派遣御史中丞沈浚到侯景处。侯景没有撤走的意思，沈浚因此指责他，侯景大怒，马上决开石阙前的水，百道攻城，昼夜不息。

丁卯日，邵陵王世子萧坚的属下白昙朗、董勋华在城西北门楼放进贼兵。五更时，贼兵四面架起云梯，纷纷上城。永安侯萧确和他的兄长萧坚奋力战不能退敌，便返回文德殿汇报情况。须臾，侯景先派王伟、仪同陈庆入殿谢罪说：“臣既与高氏有了仇隙，所以归顺投奔朝廷，每次启事都不被奏闻，因此入朝。而奸佞害怕被诛戮，极力抗拒，连兵多日，臣罪该万死。”武帝问：“侯景现在何处，可以让他进来。”侯景入朝，带五百名甲士自卫，带剑上殿。叩拜完毕，武帝神色不变，让人把他领到三公的座位上坐下，对他说：“你打了这么多天仗，太劳苦了吧。”侯景默然不语。武帝又问：“你是哪州人，怎么来到此地？”侯景还是不说话，他的随从任约代替他回答了。武帝又问：“你开始渡江时有多少人？”侯景答：“一千人。”问：“围台城的有多少人？回答：”“十万。”问：“现在有多少人？”侯景道：“普天之下，没有不是我的人了。”武帝低头不言了。侯景走出来，对他的厢公王僧贵说：“我经常骑马对敌，刀箭齐下，从未恐惧过。如今见了萧公，使人不由得害怕，难道不是天威难犯吗。我不能再见他了。”侯景出来后见简文帝在永福省，太子坐着与他相见，也是面无惧色。

开初，太子写了首《寒夕》诗说：“雪花无有蒂，冰镜不安台。”又有《咏月》诗道：“飞轮了无辙，明镜不安台。”后人认为这是“诗谶”，说“无蒂”，就是“没有皇帝”；“不安台”，就是说台城不安；“轮无辙”，因为邵陵王名纶，空有赴援之名。

接着侯景屯兵西州，派伪仪同陈庆带甲士防卫太极殿，把皇宫的乘舆服玩和后宫的嫔妃全部掠走，逮捕王侯朝臣送交永福省，撤去两宫（指武帝和太子）的侍卫。派王伟把守武德殿，于子悦屯驻太极东堂。假借帝命下诏大赦，自封为大都督、都督中外诸军事、隶尚书事，他的侍中、使持节、大丞相、河南王职务不变。

原来，城中累积的尸首没有时间葬埋，还有已经死了没有入殓，或者将死还没有断气的，侯景命令全部敛聚起来焚烧掉，臭气传到十余里外。尚书外兵郎鲍正病重，贼兵把他也曳出去焚烧了，他宛转在火中，很久才断气。侯景又假借帝命诏令各勤王兵镇牧守都撤回原位，于是所有的援军全都解散了。把萧正德降位为侍中、大司马，百官都各复原职。

武帝虽然表面上已屈服，但心里是很愤懑的。侯景想让宋子仙为司空，武帝说："调和阴阳，岂能由这种东西。"侯景又建议用萧文德的主帅邓仲为城门校尉，武帝说："我不设这官职。"太子重新入奏，武帝发怒道："谁让你来的！"侯景听说了也不敢强逼。后来武帝每有需求，大多不能满足，甚至御膳也被裁减克扣。于是武帝心怀忧愤，五月，他得了疾病，逝世于文德殿。侯景隐秘起来不公布丧讯，暂且殡殓在昭阳殿，外面的文武官员都不知道。过了二十多天，才把棺木抬到太极前殿，迎太子即位（梁简文帝）。等到葬于修陵时，侯景让卫士把要害的地方都用大钉子钉上，想让他后嗣灭绝。侯景假借朝廷命令赦免北方人当奴婢者为自由人，希冀能利用他们。当时东扬州刺史临城公萧大连占据本州，吴兴太守张嵊据有本郡，从南陵以西都各据所守。侯景命令所行的地区，只有吴郡以西、南陵以北而已。

六月，侯景便在永福省杀死萧正德，封元罗为西秦王，元景袭为陈留王，元氏子弟封王的有十几人。委任柳仲礼为使持节、大都督，隶属大丞相管辖，参与军事。

十一月，百济使者来到，见城邑化为一片废墟，在端门外号哭，看到的行路之人无不落泪。侯景听说了大怒，把使者逮捕关押在小庄严寺，禁闭不许出入。

大宝元年正月，侯景借皇帝的名义给自己增加班剑四十人，赐给自己前后部羽葆、鼓吹，设置左右长史、从事中郎四人。三月甲申日，侯景请简文帝参加在乐游苑的禊宴（古代于三月三日饮宴于野外水边，称禊饮或禊宴），设帐蓬饮宴三日。这天，侯景的党羽都带着妻子儿子，命令让皇太子以下都骑马射箭，射中者赏给金钱。第二天早晨，简文帝就要回宫。侯景拜伏在地上，苦请他留下，简文帝不答应。等到简文帝出发，侯景就和溧阳公主（简文帝之女，为侯景所娶）并排朝南坐在御床上，文武群臣分列就坐侍宴。

四月辛卯日，侯景又召简文帝到西州去，简文帝乘坐没有彩饰的车子，侍卫四百余人。侯景则由身披铁甲的数千部下护卫。简文帝到达西州，侯景等人迎拜。简文帝头戴下屋白纱帽，身穿白布裙襦。侯景则身穿紫绸褶，上面还加上金带，和他的伪仪同陈庆、索超世等面西而坐。溧阳公主和她的母亲范淑妃面东而坐。简文帝听到奏起了丝竹，凄然落泪。侯景起身问道："陛下为什么不高兴了呢？"简文帝强笑道："丞相说索超世知道这以为是什么音乐？"侯景说："我尚且不知道，何况索超世呢！"简文帝便让侯景起舞，侯景当即离座应和着音乐唱起歌来。简文帝回头吩咐淑妃起舞，淑妃极力推辞才作罢。侯景又上前行礼，逼简文帝起舞。酒喝到尽兴散席，简文帝坐在床上抱着侯景说："我想念丞相呀。"侯景说："陛下如果不想念臣，臣怎么会来到这里呢？"简文帝索要筌蹄（当时讲经时手持的一种近似拂尘类的东西）说："我要为您讲经。"命侯景离开座席，让他唱经。侯景问索超世什么经最短，索超世说："只有《观世音》最短。"侯景便唱"尔时无尽意菩萨"。简文帝大笑，到夜里才罢宴。

当时江南大饥荒，江州、扬州最严重，旱灾和蝗灾连续而来，五谷不收，百姓流亡，死者遍地。或者父子携手进入江湖之中，或者兄弟相邀钻进深山之内，菱芰荇花，所在精光，草叶木根，都被吃得净光。他们虽然苟延片刻，但终究要死于山泽。那些断绝食粮很久的，都瘦得鸟面鹄形，只是俯伏在床榻上。那些不肯出门逃生的，无不穿上绫罗，怀抱着金玉，互相枕藉着，等待着死亡。当时千里断绝烟火，人迹罕见，白骨堆堆，如同山丘。而侯景用刑酷虐，残忍无道，他在石头城设了一套很大的舂碓，有犯法的就用石碓捣死。东阳人李瞻起兵反抗，为贼兵所擒，送至建邺。侯景先把他带到市中，砍掉手足，剖开肚腹，掏出肝肠。李瞻面不改容，谈笑自如，看到他的胆的都说有升那样大。侯景还禁止人们在一起说话，不许聚饮，有违犯者刑及母族、妻族。他的官员凡是职兼外郡的官位必是行台，在朝附逆的全叫开府，他的亲信显贵的号为左右厢公，勇力超人的名为库真都督（原文为库真部督，误）。

七月，侯景又用朝廷名义把自己进位为相国，封泰山等二十郡，号为汉王。入朝时不趋步，赞拜时不呼名字，佩剑着履上殿，依照汉时萧何的故事。十月，侯景又借皇帝的名义给自己加宇宙大将军、都督六合诸军事的封号。他把拟好的诏文呈送给简文帝过目，简文帝大惊说："将军还有宇宙的称号吗？"开初，梁武帝死去之后，侯景扶立简文帝，登上重云殿立誓说："我希望从今以后双方各不猜疑，我固然不会对不起陛下，陛下也不要对不起我。"等到南康王萧会理的事发生（大宝元年十一月，南康王会理集众千余人，准备起兵诛杀王伟，为建安侯萧贲告密，被杀），侯景开始疑惧，认为简文帝想图谋自己。王伟又乘机煽动，于是侯景就心怀弑逆之谋了。

大宝二年正月，侯景任命王克为太宰，宋子仙为太保，元罗为太傅，郭元建为太尉，张化仁为司徒，任约为司空，于庆为太师，纥奚斤为太子太傅，时灵护为太子太保，王伟为尚书左仆射，索超世为右仆射。在大航跨水筑城，起名叫"捍国"。

四月，侯景派遣宋子仙袭击郢州，俘刺史方诸。侯景乘胜西上，兵马号称二十万众，旗帜相连千里，江南从来没有过如此盛大的水军。梁元帝（湘东王萧绎，次年十一月方即位，为孝元帝）闻讯，对御史中丞宗懔说："贼兵如果分兵镇守巴陵，主力鼓行西上，荆、郢二州就危险了，这是他们的上策。如果他们把主力停顿在长沙，分兵徇地零、桂阳，运粮到洞庭，则湘、郢二州非我所有，这是他们的中策。如果拥众于汉江口，连兵攻打巴陵，则锐气耗尽于坚城之下，士卒饥困于半饱之中，这是他们的下策，我们就可以高枕而卧，没有什么忧虑了。"及至侯景进军巴陵，王僧辩把船沉没，鼓声销歇，好像已经逃遁了。侯景便包围了巴陵。元帝派遣平北将军胡僧佑与居士陆法和大破侯景，生擒他的将任约，侯景于是乘夜逃回都城。左右有人哭泣的，侯景就命人斩杀。王僧辩于是率兵东下，从此诸军所向则胜。此前，侯景每次出兵，都告诫诸将说："如果攻破城池，就把人都杀死，让天下知道我的威名。"所以诸将把杀人当成儿戏，百姓宁死也不肯归顺他们。

当月，侯景便废黜了简文帝，把他幽禁在永福省，迎接豫章王萧栋即皇帝位，登上太极前殿，大赦天下，改年号为天正元年。有旋风起于永福省，把仪仗礼器都吹得或倒或折，见到的无不惊骇。开初，侯景攻破建邺之后，就有篡夺皇位的打算，因为四方还须平定，所以没有自立为帝。接着巴陵败绩，江、郢丧师，猛将被歼于外，雄心受挫于内，就想赶快僭称帝号。又因为王伟进言说："自古夺取江山，必须先行废立。"所以侯景便照着做了。他的太尉郭元建闻讯，立即由秦郡驰马回朝进谏道："皇上宽仁明达，为什么废黜了他？"侯景说："是王伟劝我这样做的。"郭元建极力陈述不能这样，侯景便改了主意，想恢复简文帝的帝位，让萧栋作为太孙。王伟坚持认为不行，便让简文帝禅位于萧栋。侯景把哀太子（宣城王萧大器，简文帝立为皇太子，不久被侯景杀死）的妃子赐给郭元建，郭元建说："哪里有皇太子的妃子降为别人姬妾的。"始终不与她相见。侯景的司空刘神茂、仪同尹思和、刘归义、王晔、桑干王元頵等据东阳郡投降了梁元帝。

十一月，侯景借萧栋之诏，为自己加九锡，在他的汉国置丞相以下百官，在庭中陈设礼器。忽然有只像山鹊似的鸟飞落在侯景的册书上，它生着赤足红嘴，都城附近地区都没有这种鸟。贼党都很惊骇，争着射箭，都没有射中。侯景又借萧栋之诏，追封自己的祖父为大将军，父亲为大丞相，给自己的冠冕增加到十二旒，设置天子旌旗，出入都要警戒清道，乘坐金根车，驾六匹马，备置五时的副车，设置旄头云罕，乐舞八佾，以及簴架悬钟等乐器，一如旧时之仪。不久又借萧栋之诏禅位，派伪太宰王克奉献天子的玉玺绶绂给自己。前一天的夜里，侯景在大庄严寺过夜，从那里前往南郊，燎柴告天，升坛受禅，大风吹拔树木，旗伞全被吹倒，礼器都错离位置。等到喊起"警跸"，有识者认为他名字叫"景"而说"警跸"，是不会久长的兆头（跸、毙、毕谐音）。侯景听了很腻歪，就改为"备跸"，人们又说："齐备到此就该完毕了。"有司便奏请改为"永跸"。就用广柳车载着鼓吹，用骆驼驮着牺牲，辇上放个垂脚（一种坐具）让侯景坐上。侯景佩剑的水晶饰物无故自己坠落，他亲手拾起来，心里很是腻歪。将要登坛时，有只兔子从前面跑过，忽然不见踪影。又有白虹贯日，太阳发青失去光芒。返还时准备登上太极殿时，有数万徒党打着呼哨，吼叫着一哄而上。及至侯景坐上御床，床腿无故自己陷塌。大赦天下，改元为太始元年。正在宴飨群臣，他中途站起，头触屏风，坠倒在地上。封萧栋为淮阴王，幽禁起来。改梁律为汉律，改左户尚书为殿中尚书，五兵尚书为七兵尚书，直殿主帅为直寝。

侯景的三公一级的官职，动不动就设置十多人，仪同更多，有的只是一人乘马独行，自己执着辔头。因宋子仙、郭元建、张化仁、任约为佐命元勋，都加三公之位；王伟、索超世为谋主；于子悦、彭隽主持监察官员；陈庆、吕季略、卢晖略、于和、史安和为爪牙；这些都是对百姓特别狠毒的人。其余还有王伯丑、任延和等数十人。梁朝的官员而被侯景所用的，则是前将军赵伯超、前制局监姬石珍、内监严亶、邵陵王的记室伏知命，这四人均是尽心竭力为侯景卖命的。像太宰王克、太傅元罗、侍中殷不害、太常姬弘正等人官位虽然尊崇，只是顺从人望，并不是腹心之任。侯景的祖父名叫乙羽周，等到他篡位后就把“周”当成庙讳，所以把周弘正、周石珍都改姓为姬。

王伟提议建立七庙，侯景问：“什么叫七庙？”王伟说：“天子要祭祀七代的祖先，所以要建立七庙。”并询问他七代祖宗的名讳，让他命令太常准备祭祀之礼。侯景说：“前代的名讳我记不得了，只有我爹名叫标，而且他埋在朔州，怎么能跑那么远来吃祭品？”众人听了都讪笑他。侯景的党徒有知道他祖父的名字叫乙羽周的，其他都是王伟编造的牌位。把汉朝的司徒侯霸为始祖，晋朝的征士侯瑾为七世祖。于是推尊他的祖父乙羽周为大丞相，父亲侯标为元皇帝。

当时侯景整修台城和朱雀、宣阳等城门，童谣说：“的脰乌，拂朱雀，还与吴。”又说：“脱青袍，著芒屩，荆州天子挺应著。”当时都城下王侯庶姓的五等宗庙及树木都被残毁，只有文宣太后庙（梁武帝妃阮修容，湘东王即梁元帝萧绎之母）四周的柏树独茂盛。等到侯景篡位，整修南郊祭天的道路，伪都官吕季略建议侯景砍伐此树来建造三桥。刚刚砍了南面的十几棵，经过一夜就都长出的新枝条，一下子就长了几尺长。当时正是冬天，青翠茂盛，宛如春天。贼众于是大惊，觉得不祥，就把树全部砍伐掉。有见识者认为从前僵死的柳树复生于上林苑，是预示着汉宣帝的兴起，如今庙树重青，一定是湘东王的瑞应。另外，侯景床东侧的香炉无故堕地，侯景称呼东西南北都叫厢，他说：“这东厢的香炉怎么忽然掉下来了？”议论的人说这是湘东王沿江而下的征兆。

十二月，侯景部将谢答仁、李庆等军抵达建德，攻打元頵、李占的营栅，大败他们。生擒元頵、李占，送往京口，砍断他们的手足游行示众，过了一天才死去。

侯景二年，谢答仁攻打东阳，刘神茂投降，送往建康。侯景设大锉碓，先把刘神茂的脚送进去，一寸一寸地碓斩，到头才算完。并让众人观看以示威。

王僧辩的军队进至芜湖，守城官员趁夜逃遁。侯景部将侯子鉴率领步骑一万余人经过此州，并引领水军并进。王僧辩迎击，大败子鉴。侯景听说消息后，大为惊惧，流下了眼泪，拉过被子蒙头躺在床上，很久才起来，叹道："咄！咄！你算把我给耽误了！"

开初，侯景担任丞相，居住在西州，他的将帅谋士，早晨必须集合排列在门外，这门称为牙门。他按次序把他们召进，赏给酒食，说笑谈论，对什么事的态度都完全一样。等到他篡位以后，常常坐在宫里面不出来，旧时的部属很少能见面的，都产生了怨恨之心。此时，侯景登上烽火楼向西望去，见一个敌兵就以为十个，大为恐惧。王僧辩和诸将便在石头城西步上，连营扎寨，一直到落星墩。侯景害怕极了，派人挖掘王僧辩父亲的坟墓，打开棺材焚烧了他的尸首。王僧辩等人进扎在石头城北，侯景列阵挑战，王僧辩把他打得大败。

侯景败退之后，不敢进入宫殿，收聚其散兵屯驻阙下，准备逃跑。王伟按剑拉住他的马辔说："自古哪里有叛逃的天子！如今宫中的卫士还足可一战，哪能就逃！"侯景说："我在北方打败贺拔胜，击败葛荣，扬名于河北，与高王爷是一类人。到南方直渡长江，取台城易如反掌。在北山打邵陵王，在南岸破柳仲礼，都是你亲眼所见。今天的事，恐怕是天意要灭亡我。你们好好守城，再决一战。"他仰观宫阙，徘徊叹息了很久。便用皮囊装上他的两个儿子挂到马鞍上，和他的仪同田迁、范希荣等百余骑向东奔逃。王伟便也抛弃台城逃窜了。侯子鉴等奔往广陵。王克开台城门领裴之横入宫，裴之横纵兵蹂躏抢掠。这天夜里，留下的残火把太极殿和东西堂、延阁、秘署烧得精光，皇帝的仪仗车辇莫有孑遗。王僧辩命令武州刺史杜崱救火，才勉强救灭。所以武德殿、五明殿、重云殿和门下省、中书省、尚书省得以保全。

王僧辩迎接简文帝的棺木登于朝堂，三军穿上缟素，捶胸顿足以示哀悼。命侯瑱、裴之横向东追贼兵，焚烧伪宗庙的牌位于宣阳门，造梁诸帝牌位立于太庙，收聚图书八万卷送归江陵。杜崱镇守台城，都下的户口百余一二，从大航南岸极目望去，没有人烟。老幼争相扶携而出来迎接，刚刚渡过秦淮河，王琳、杜龛的士兵就对他们抢掠起来，比贼寇还凶恶，号叫之声，直传到石头城。王僧辩以为发生了兵变，登上城头问清原因，也不加禁止。都认为王师的残酷胜过了侯景，君子以此知道王僧辩是得不到善终了。

开初，侯景围攻台城的时候，援军有三十万，士兵们望见青袍（侯景士兵穿青色战袍）就气消胆落。等到赤亭之战，胡僧佑用弱卒一千击破任约二万精兵，转战向东，没遇到过敢于列阵的敌兵。等到侯瑱追及侯景，侯景的士兵还没有列阵，就都举旗求降。侯景不能制止，便与数十名心腹乘坐一条船逃走。他把两个儿子推入水里，从沪渎入海到了胡豆洲，被前太子舍人羊鲲杀死，把尸体送交王僧辩。

侯景身高不足七尺，上身长下身短，眉目疏朗清秀，宽额头，高颧骨脸色发红，鬓发稀疏，眼睛下视，好频频看人，嗓音发散。有见识者说："这叫作豺狼之声，所以他能吃人，也终究被人吃。"他南奔以后，东魏丞相高澄命人先把侯景妻子、儿子的脸皮全剥下，然后用大铁锅盛油煎杀。他的女儿都入宫当宫婢，男孩三岁以下都阉割。后来北齐文宣帝（高洋，高澄之弟）梦见猕猴坐在御床上，就连侯景的幼儿也用锅煮了，他在北方的儿子息全被灭绝了。

侯景生性猜疑残忍，喜欢杀戮，常常把亲手杀人当作游戏。他正在吃饭的时候，在他面前杀人，他谈笑自若，口不停食。有时他先割下人的手足，然后再割舌头、鼻子，折磨一整天才最后处死。自从他篡位以后，时常戴着白纱帽，还披着青袍，头上插着象牙梳子，床上常摆着胡床和筌蹄，穿着靴子垂脚坐着。有时他踩着门坎，有时他走马遨游，弹射鸦鸟。自从他当了天子，王伟不许他随便出去，于是他郁郁怏怏，反而成了不自在，说："我没事做什么皇帝，和被摈弃有什么两样！"等到听说义军开始临近，猜忌得更厉害了，必须把兵器架绕满床前，然后才肯见客。每次登上梁武帝常临幸的大殿，他都好像有芒刺在身，常常好像听见有咄斥的声音。还有他睡在宴居殿，有一夜突然惊起，好像有什么东西扣在他心口上。从此凡是武帝常居处的地方，他都不敢居住，大多都住在昭阳殿的廊下。他所居住的殿屋，时常有夜猫子鸣叫，侯景很是厌恶，常派人跑遍山野去捕鸟。侯景所乘坐的白马，每次打仗将要取胜的时候，就跳跃嘶鸣，意气骏逸；而遇上败仗，必然低头不肯前进。等到石头城之役，这马便精神沮丧，卧地不肯动弹。侯景让左右拜请它，甚至加以鞭策，它始终不肯前进。开始侯景左脚上有个肉瘤，形状好像乌龟，打仗如果克捷，瘤子就轮廓分明，如果不胜，就软垂下来。到侯景败亡的那天，瘤子居然隐陷在肉中。

梁武帝天监年间，沙门释宝志说："掘尾狗子自发狂，当死未死啮人伤，须臾之间自灭亡，起自汝阴死三湘。"还说："山家小儿果攘臂，太极殿前作虎视。"狗子，是侯景的小名；山家小儿，就是猴子的模样。侯景沦陷都城，毒害皇家。他起自悬瓠，即古代的汝南。巴陵有个地方名叫三湘，是侯景败逃之处。宝志的话都应验了。侯景常对人说："'侯'字是'人'字旁一个'主'字，下面又是个'人'字，分明是'人主'呀。"台城陷没之后，梁武帝曾经对人说："侯景必然要当皇帝，只是不长久而已。破开'侯景'二字，成'小人百日天子'，他当皇帝应该有一百天。"按侯景以辛未年十一月十九日篡位，壬申年三月十九日败亡，共有一百二十天。而侯景在三月一日就前往姑孰，算起来在宫殿整够十旬，这话终究应验了。还有梁武帝大同年间，太医令朱耽曾经在宫内值勤，没有多久就梦见一条狗和一只羊在御座上，醒来后告诉人说："狗和羊都不是好东西，如今占据御座，莫非要有事变吗！"接着天子蒙尘，侯景登上了正殿。

在侯景将要失败的时候，有个叫僧通的和尚，精神好像有些癫狂，喝酒吃肉，与俗人一样。他在世间游荡了几十年，谁都不晓得他的姓名乡里。他说的话开始觉得很隐晦，过了很久才应验。人们都叫他阇梨。侯景对他极为敬重虔信。侯景曾经和他的党徒在后堂一起射箭，当时僧通在座，夺下侯景的弓射景阳山，大呼道："得奴已。"侯景后来与其党会宴，又请来僧通。僧通取肉蘸盐递给侯景，问他："好不好？"侯景说："可惜太咸了。"僧通说："不咸就烂了。"等到侯景死了，王僧辩截下他的两只手送给北齐文宣帝，把发送往江陵，果然把五斗盐放进侯景的肚子里，送往建康，在大街上示众。百姓们争着割取侯景的肉做成脍羹来吃，一下子就割得精光，连溧阳公主都跟着吃他的肉。侯景被焚骨扬灰，曾受过他祸害的人，就把他的骨灰调到酒里喝掉。他的头送到江陵，梁元帝命令在市中挂三日，然后煮熟上漆，交付武库收藏。此前江陵有童谣说："苦竹町，市南有好井。荆州军，杀侯景。"等到侯景的头送到，元帝把它交送咨议参军李季长的宅子中，宅子的东面就是苦竹町。到了煮它的时候，用的就是市南的井水。侯景的仪同谢答仁、行台赵伯超投降了侯瑱。其行台田迁、仪同房世贵、蔡寿乐、领军王伯丑，都被生擒。凶党全部荡平，斩房世贵于建康市中，其余的党徒送往江陵。开初，郭元建因为对皇太子妃守有礼，就准备投降，侯子鉴说："这不过是小惠，不足以保全自己。"于是他就奔往北齐了。

北史

北史

北史卷六

齐本纪上第六

齐高祖神武皇帝姓高氏，讳欢，字贺六浑，勃海蓨人也。六世祖隐，晋玄菟太守。隐生庆，庆生泰，泰生湖，三世仕慕容氏。及慕容宝败，国乱，湖率众归魏，为右将军。湖生四子。第三子谧，仕魏，位至侍御史，坐法徙居怀朔镇。谧生皇考树生，性通率，不事家业，住居白道南，数有赤光紫气之异，邻人以为怪，劝徙居以避之。皇考曰："安知非吉？"居之自若。

及神武生而皇妣韩氏殂，养于同产姊婿镇狱队尉景家。神武既累世北边，故习其俗，遂同鲜卑。长而深沈有大度，轻财重士，为豪侠所宗。目有精光，长头高权，齿白如玉，少有人杰表。家贫，及娉武明皇后，始有马，得给镇为队主。镇将辽西段长常奇神武貌，谓曰："君有康济才，终不徒然。"便以子孙为托。及贵，追赠长司空，擢其子宁而用之。

神武自队主转为函使。尝乘驿过建兴，云雾昼晦，雷声随之，半日乃绝，若有神应者。每行道路，往来无风尘之色。又尝梦履众星而行，觉而内喜。为函使六年，每至洛阳，给令史麻祥使。祥尝以肉啖神武，神武性不立食，坐而进之，祥以为慢己，笞神武四十。

及自洛阳还，倾产以结客。视故怪问之，答曰："吾至洛阳，宿卫羽林相率焚领军张彝宅，朝廷惧其乱而不问，为政若此，事可知也。财物岂可常守邪？"自是乃有澄清天下之志。与怀朔省事云中司马子如及秀容人刘贵、中山人贾显智为奔走之友，怀朔户曹史孙腾、外兵史侯景亦相友结。刘贵尝得一白鹰，与神武及尉景、蔡俊、子如、贾显智等猎于沃野，见一赤兔，每搏辄逸，遂至迥泽。泽中有茅屋，将奔入，有狗自屋中出噬之，鹰兔俱死。神武怒，以鸣镝射之，狗毙。屋中乃有二人出，持神武襟甚急。其母两目盲，曳杖，呵其二子，曰："何故触大家！"出瓮中酒，烹羊以待客。因自言善暗相，遍扪诸人，言皆贵，而指麾俱由神武。又曰："子如历位显，智不善终。"饮竟，出行数里，还更访之，则本无人居，乃向非人也。由是诸人益加敬异。

孝昌元年，柔玄镇人杜洛周反于上谷，神武乃与同志从之。丑其行事，私与尉景、段荣、蔡俊图之，不果而逃，为其骑所追。文襄及魏永熙后皆幼，武明后于牛上抱负之。文襄屡落牛，神武弯弓将射之以决去，后呼荣求救，赖荣透下取之以免。遂奔葛荣，又亡归尔朱荣于秀容。

先是刘贵事荣，盛言神武美，至是始得见。以憔悴故，未之奇也。贵乃为神武更衣，复求见焉。因随荣之厩，厩有恶马，荣命剪之，神武乃不加羁绊而剪，竟不蹄啮。已而起曰："御恶人亦如此马矣。"荣遂坐神武于床下，屏左右而访时事。神武曰："闻公有马十二谷，色别为群，将此竟何用也？"荣曰："但言尔意。"神武曰："方今天子愚弱，太后淫乱，孽宠擅命，朝政不行。以明公雄武，乘时奋发，讨郑俨、徐纥而清帝侧，霸业可举鞭而成。此贺六浑之意也。"荣大悦，语自日中至夜半乃出。自是每参军谋。

后从荣徙据并州，抵扬州邑人庞苍鹰，止团焦中。每从外归，主人遥闻行响动地。苍鹰母数见团焦上赤气赫然属天。又苍鹰尝夜欲入，有青衣人拔刀叱曰："何故触王？"言讫不见。始以为异，密觇之，唯见赤蛇蟠床上，乃益惊异，因杀牛分肉，厚以相奉。苍鹰母求以神武为义子。及得志，以其宅为第，号为南宅。虽门巷开广，堂宇崇丽，其本所住团焦，以石垩涂之，留而不毁。至文宣时，遂为宫。

既而荣以神武为亲信都督。于时魏明帝衔郑俨、徐纥，逼灵太后，未敢制，私使荣举兵内向。荣以神武为前锋。至上党，明帝又私诏停之。及帝暴崩，荣遂入洛。因将篡位，神武谏恐不听，请铸像卜之，铸不成，乃止。孝庄帝立，以定策勋，封铜鞮伯。及尔朱荣击葛荣，令神武喻下贼别称王者七人。后与行台于晖破羊侃于太山。寻与元天穆破邢杲于济南。累迁第三镇人酋长。

尝在荣帐内，荣尝问左右曰："一日无我，谁可主军？"皆称尔朱兆。荣曰："此正可统三千骑以还。堪代我主众者，唯贺六浑耳。"因诫兆曰："尔非其匹，终当为其穿鼻。"乃以神武为晋州刺史。于是大聚敛，因刘贵货荣下要人，尽得其意。时州库角无故自鸣，神武异之，无几而孝庄诛荣。

及尔朱兆自晋阳将举兵赴洛，召神武，神武使长史孙腾辞以绛蜀、汾胡欲反，不可委去，兆恨焉。腾复命，神武曰："兆举兵犯上，此大贼也，吾不能久事之。"自是始有图兆计。及兆入洛，执庄帝以北，神武闻之大惊，又使孙腾伪贺兆，因密觇孝庄所在，将劫以举义，不果。乃以书喻之，言不宜执天子以受恶名于海内。兆不纳，杀帝而与尔朱世隆等立长广王晔，改元建明，封神武为平阳郡公。

及费也头纥豆陵步藩入秀容，逼晋阳，兆征神武。神武将往，贺拔焉过儿请缓行以弊之。神武乃往往逗留，辞以河无桥，不得渡。步藩军盛，兆败走。初，孝庄之诛尔朱荣，知其党必有逆谋，乃密敕步藩，令袭其后。步藩既败兆等，以兵势日盛，兆又请救于神武。神武内图兆，复虑步藩后之难除，乃与兆悉力破之，藩死。兆深德神武，誓为兄弟。时世隆、度律、彦伯共执朝政，天光据关右，兆据并州，仲远据东郡，各拥兵为暴，天下苦之。

葛荣众流入并、肆者二十余万，为契胡陵暴，皆不聊生，大小二十六反，诛夷者半，犹草窃不止。兆患之，问计于神武。神武曰："六镇反残，不可尽杀，宜选王素腹心者，私使统焉，若有犯者，罪其帅，则所罪者寡。"兆曰："善！谁可行也？"贺拔允时在坐，请神武。神武拳殴之，折其一齿，曰："生平天柱时，奴辈伏处分如鹰犬，今日天下安置在王，而阿鞠泥敢诬下罔上，请杀之。"兆以神武为诚，遂以委焉。神武以兆醉，恐醒后或致疑贰，遂出，宣言"受委统州镇兵，可集汾东受令"。乃建牙阳曲川，陈部分。有款军门者，绛巾袍，自称梗杨驿子，愿厕左右。访之，则以力闻，尝于并州市扼杀人者，乃署为亲信。兵士素恶兆而乐神武，于是莫不皆至。

居无何，又使刘贵请兆，以并、肆频岁霜旱，降户掘黄鼠而食之，皆面无谷色，徒污人国土。请令就食山东，待温饱而处分之。兆从其议。其长史慕容绍宗谏曰："不可，今四方扰扰，人怀异望，况高公雄略，又握大兵，将不可为。"兆曰："香火重誓，何所虑邪？"绍宗曰："亲兄弟尚难信，何论香火！"时兆左右已受神武金，因谮绍宗与神武旧隙，兆乃禁绍宗而催神武发。

神武乃自晋阳出滏口。路逢尔朱荣妻乡郡长公主自洛阳来，马三百匹，尽夺易之。兆闻，乃释绍宗而问焉。绍宗曰："犹掌握中物也。"于是自追神武，至襄垣。会漳水暴长，桥坏，神武隔水拜曰："所以借公主马，非有他故，备山东盗耳。王受公主言，自来赐追，今渡河而死，不辞，此众便叛。"兆自陈无此意，因轻马渡，与神武坐幕下，陈谢，遂授刀引头，使神武斫己。神武大哭，曰："自天柱薨背，贺六浑更何所仰！

愿大家千万岁，以申力用。今旁人构间至此，大家何忍复出此言？”兆投刀于地，遂刑白马而盟，誓为兄弟，留宿夜饮。尉景伏壮士欲执兆，神武啮臂止之，曰：“今杀之，其党必奔归聚结。兵饥马瘦，不可相支。若英雄崛起，则为害滋甚。不如且置之。兆虽劲捷，而凶狡无谋，不足图也。”旦日，兆归营，又召神武，神武将上马诣之，孙腾牵衣乃止。兆隔水肆骂，驰还晋阳。兆心腹念贤领降户家累别为营，神武伪与之善，观其佩刀，因取之以杀其从者，尽散。于是士众咸悦，倍愿附从。

初，魏真君中，内学者奏言上党有天子气，云在壶关大王山。太武帝于是南巡以厌当之，累石为三封，斩其北凤皇山以毁其形。后上党人居晋阳者号上党坊，神武实居之。及是行，舍大王山，六旬而进。将出滏口，倍加约束，纤毫之物，不听侵犯。将过麦地，神武辄步牵马。远近闻之，皆称高仪同将兵整肃，益归心焉。遂前行屯邺北，求粮于相州刺史刘诞，诞不供。有军营租米，神武自取之。

魏普泰元年二月，神武军次信都，高乾、封隆之开门以待，遂据冀州。是月，尔朱度律废元晔而立节闵帝。欲羁縻神武，三月，乃白节闵帝，封神武为勃海王，征使入觐。神武辞。四月癸巳，又加授东道大行台、第一镇人酋长。庞苍鹰自太原来奔，神武以为行台郎，寻以为安州刺史。

神武自向山东，养士缮甲，禁兵侵掠，百姓归心。乃诈为书，言尔朱兆将以六镇人配契胡为部曲，众皆愁。又为并州符，征兵讨步落稽。发万人将遣之，孙腾、尉景伪请留五日，如此者再。神武亲送之郊，雪涕执别。人号恸，哭声动地。神武乃喻之，曰：“与尔俱失乡客，义同一家，不意在上乃尔征召！直向西已当死，后军期又当死，配国人又当死，奈何？”众曰：“唯有反耳！”神武曰：“反是急计，须推一人为主。”众愿奉神武。神武曰：“尔乡里难制，不见葛荣乎？虽百万众，无刑法，终自灰灭。今以吾为主，当与前异，不得欺汉儿，不得犯军令，生死任吾，则可。不尔，不能为取笑天下。”众皆顿颡，死生唯命。神武曰若不得已。明日，椎牛飨士，喻以讨尔朱兆之意。封隆之进曰：“千载一时，普天幸甚。”神武曰：“讨贼，大顺也，拯时，大业也，吾虽不武，以死继之，何敢让焉。”

六月庚子，建义于信都，尚未显背尔朱氏。及李元忠与高乾平殷州，斩尔朱羽生首来谒，神武抚膺曰：“今日反决矣！”乃以元忠为殷州刺史。是时，兵威即振，乃抗表罪状尔朱氏。世隆等秘表不通。八月，尔朱兆攻陷殷州，李元忠来奔。

孙腾以为朝廷隔绝，不权立天子，则众望无所系。十月壬寅，奉章武王融子勃海太守朗为皇帝，年号中兴，是为废帝。时度律、仲远军次阳平，尔朱兆会之。神武用窦泰策，纵反间，度律、仲远不战而还，神武乃败兆于广阿。十一月，攻邺，相州刺史刘诞婴城固守。神武起土山，为地道，往往建大柱，一时焚之，城陷入地。麻祥时为汤阴令，神武呼之曰麻都，祥惭而逃。

永熙元年正月壬午，拔邺城，据之。废帝进神武大丞相、柱国大将军、太师。是时，青州建义大都督崔灵珍、大都督耿翔皆遣使归附，行汾州事刘贵弃城来降。

闰三月，尔朱天光自长安，兆自并州，度律自洛阳，仲远自东郡，同会邺，众号二十万，挟洹水而军。节闵以长孙承业为大行台，总督焉。神武令封隆之守邺，自出顿紫陌。时马不满二千，步兵不至三万，众寡不敌。乃于韩陵为圆阵，连牛驴以塞归道。于是将士皆为死志，四面赴击之。尔朱兆责神武以背己。神武曰："本戮力者，共辅王室，今帝何在？"兆曰："永安枉害天柱，我报仇耳。"神武曰："我昔日亲闻天柱计，汝在户前立，岂得言不反邪？且以君杀臣，何报之有？今日义绝矣。"乃合战，大败之。尔朱兆对慕容绍宗叩心曰："不用公言，以至于此。"将轻走，绍宗反旗鸣角，收聚散卒，成军容而西上。高季式以七骑追奔，度野马岗，与兆遇。高昂望之不见，哭曰："丧吾弟矣！"夜久，季式还，血满袖。斛斯椿倍道先据河桥。初，普泰元年十月，岁星、荧惑、镇星、太白聚于觜、参，色甚明。太史占云，当有王者兴。是时，神武起于信都，至是而破兆等。

四月，斛斯椿执天光、度律以送洛阳。长孙承业遣都督贾显智、张欢入洛阳，执世隆、彦伯斩之。兆奔并州。仲远奔梁，遂死焉。时凶蠹既除，朝廷庆悦。初，未战之前月，章武人张绍夜中忽被数骑将逾城至一大将军前，敕绍为军导向邺，云佐受命者除残贼。绍回视之，兵不测，整疾无声。将至邺，乃放焉。及战之日，尔朱氏军人见阵外士马四合，盖神助也。

既而神武至洛阳，废节闵及中兴主而立孝武。孝武既即位，授神武大丞相、天柱大将军、太师，世袭定州刺史，增封并前十五万户。神武辞天柱，减户五万。壬辰，还邺，魏帝饯于乾脯山，执手而别。

七月壬寅，神武帅师北伐尔朱兆。封隆之言，侍中斛斯椿、贺拔胜、贾显智等往事尔朱，普皆反噬，今在京师宠任，必构祸隙。神武深以为然。乃归天光、度律于京师，斩之。遂自滏口入。尔朱兆大掠晋阳，北保秀容，并州平。神武以晋阳四塞，乃建大丞相府而定居焉。

尔朱兆既至秀容，分兵守险，出入寇抄。神武扬声讨之，师出止者数四，兆意怠。神武揣其岁首当宴会，遣窦泰山精骑驰之，一日一夜行三百里，神武以大军继之。

二年正月，窦泰奄至尔朱兆庭。军人因宴休惰，忽见泰军，惊走，追破之于赤洪岭。兆自缢，神武亲临，厚葬之。慕容绍宗以尔朱荣妻子及余众自保乌突城，降，神武以义故待之甚厚。

神武之入洛也，尔朱仲远部下都督桥宁、张子期自滑台归命，神武以其助乱，且数反覆，皆斩之。斛斯椿由是内不自安，乃与南阳王宝炬及武卫将军元毗、魏光、王思政构神武于魏帝。舍人元士弼又奏神武受敕大不敬，故魏帝心贰于贺拔岳。初，孝明之时，洛下以两拔相击，谣言“铜拔打铁拔，元家世将末”，好事者以二拔谓拓拔、贺拔，言俱将衰败之兆。

时司空高乾密启神武，言魏帝之贰。神武封呈，魏帝杀之。又遣东徐州刺史潘绍业密敕长乐太守庞苍鹰，令杀其弟昂。昂先闻其兄死，以槊刺柱，伏壮士执绍业于路，得敕书于袍领，遂来奔。神武抱其首哭曰：“天子枉害司空。”遽使以白武幡劳其家属。时乾次弟慎在光州，为政严猛，又纵部下取纳，魏帝使代之。慎闻难，将奔梁，其属曰：“公家勋重，必不兄弟相及。”乃弊衣推鹿车归勃海，逢使者，亦来奔。于是魏帝与神武隙矣。

阿至罗虏正光以前常称藩，自魏朝多事，皆叛。神武遣使招纳，便附款。先是，诏以寇贼平，罢行台，至是以殊俗归降，复授神武大行台，随机处分。神武赉其粟帛，议者以为徒费无益，神武不从，抚慰如初。其酋帅吐陈等感恩，皆从指麾，救曹泥，取万俟受洛干，大收其用。河西费也头虏纥豆陵伊利居苦池河，恃险拥众，神武遣长史侯景屡招不从。

天平元年正月壬辰，神武西伐费也头虏纥豆陵伊利于河西，灭之，迁其部落于河东。

二月，永宁寺九层浮屠灾。既而人有从东莱至，云及海上人咸见之于海中，俄而雾起，乃灭。说者以为天意若曰："永宁见灾，魏不宁矣，飞入东海，勃海应矣。"

魏帝既有异图，时侍中封隆之与孙腾私言，隆之丧妻，魏帝欲妻以从妹。腾亦未之信，心害隆之，泄其言于斛斯椿。椿以白魏帝。又孙腾带仗入省，擅杀御史。并亡来奔。称魏帝挝舍人梁续于前，光禄少卿元子干攘臂击之，谓腾曰："语尔高王，元家儿拳正如此。"领军娄昭辞疾归晋阳。魏帝于是以斛斯椿兼领军，分置督将及河南、关西诸刺史。华山王鸷在徐州，神武使邸珍夺其管籥。建州刺史韩贤、济州刺史蔡俊皆神武同义，魏帝忌之，故省建州以去贤，使御史中尉綦俊察俊罪，以开府贾显智为济州，俊拒之。

魏帝逾怒，五月，下诏，云将征句吴，发河南诸州兵，增宿卫，守河桥。六月丁巳，密诏神武曰："宇文黑獭自平破秦、陇，多求非分，脱有变非常，事资经略。但表启未全背戾，进讨事涉忽忽。遂召群臣，议其可否。佥言假称南伐，内外戒严，一则防黑獭不虞，二则可威吴楚。"时魏帝将伐神武，神武部署将帅，虑疑，故有此诏。神武乃表曰："荆州绾接蛮左，密迩畿服，关陇恃远，将有逆图。臣今潜勒兵马三万，拟从河东而渡；又遣恒州刺史厍狄干、瀛州刺史郭琼、汾州刺史斛律金、前武卫大将军彭乐拟兵四万，从其来违津渡；遣领军将军娄昭、相州刺史窦泰、前瀛州刺史尧雄、并州刺史高隆之拟兵五万，以讨荆州；遣冀州刺史尉景、前冀州刺史高敖曹、济州刺史蔡俊、前侍中封隆之拟山东兵七万、突骑五万，以征江左。皆约勒所部，伏听处分。"魏帝知觉其变，乃出神武表，命群官议之，欲止神武诸军。

神武乃集在并僚佐，令其博议。还以表闻，仍以信誓自明忠款曰："臣为嬖佞所间，陛下一旦赐疑，令猖狂之罪，尔朱时计。臣若不尽诚竭节，敢负陛下，则使身受天殃，子孙殄绝。陛下若垂信赤心，使干戈不动，佞臣一二人，愿斟量废出。"

辛未，帝复录在京文武议意，以答神武。使舍人温子升草敕，子升逡巡未敢作，帝据胡床拔剑作色，子升乃为敕曰：

前持心血，远以示王，深冀彼此共相体悉，而不良之徒，坐生间贰。近孙腾仓卒向彼，致使闻者疑有异谋。故遣御史中尉綦俊，具申朕怀。今得王启，言誓恳恻，反覆思之，犹所未解。以朕眇身，遇王武略，不劳尺刃，坐为天子。所谓生我者父母，贵我者高王。今若无事背王，规相攻讨，则使身及子孙，还如王誓，皇天后土，实闻此言。

近虑宇文为乱，贺拔胜应之，故纂严，欲与王俱为声援。宇文今日使者相望，观其所为，更无异迹。贺拔在南，开拓边境，为国立功，念无可责。君若欲分讨，何以为辞？东南不宾，为日已久，先朝已来，置之度外，今天下户口减半，未宜穷兵极武。

朕既暗昧，不知佞人是谁，可列其姓名，令朕知也。如闻厍狄干语王云："本欲取懦弱者为主，无事立此长君，使其不可驾御。今但作十五日行，自可废之，更立余者。"如此议论，自是王间勋人，岂出佞臣之口？去岁封隆之背叛，今年孙腾逃走，不罪不送，谁不怪王？腾既为祸始，曾无愧惧，王若事君尽诚，何不斩送二首？王虽启图西去，而四道俱进，或欲南度洛阳，或欲东临江左，言之者犹应自怪，闻之者宁能不疑？王若守诚不贰，晏然居北，在此虽有百万之众，终无图彼之心。王脱信邪弃义，举旗南指，纵无匹马只轮，犹欲奋空拳而争死。朕本寡德，王已立之，百姓无知，或谓实可。若为他所图，则彰朕之恶；假令还为王杀，幽辱齑粉，了无遗恨。何者？王既以德见推，以义见举，一朝背德舍义，便是过有所归。

本望君臣一体，若合符契，不图今日，分疏到此！古语云："越人射我，笑而道之；吾兄射我，泣而道之。"朕既亲王，情如兄弟，所以投笔拊膺，不觉歔欷。

初，神武自京师将北，以为洛阳久经丧乱，王气衰尽，虽有山河之固，土地褊狭，不如邺，请迁都。魏帝曰："高祖定鼎河洛，为永永之基，经营制度，至世宗乃毕。王既功在社稷，宜遵太和旧事。"神武奉诏。至是，复谋焉。遣兵千骑镇建兴，益河东及济州兵，于白沟虏船，不听向洛。诸州和籴粟，运入邺城。魏帝又敕神武曰："王若厌伏人情，杜绝物议，唯有归河东之兵，罢建兴之戍，送相州之粟，追济州之军，令蔡俊受代，使邸珍出徐，止戈散马，各事家业。脱须粮廪，别遣转输。则谗人结舌，疑悔不生。王高枕太原，朕垂拱京洛，终不举足渡河，以干戈相指。王若马首南向，问鼎轻重，朕虽无武，欲止不能，必为社稷宗庙，出万死之策。决在于王，非朕能定，为山止篑，相为惜之。"

魏帝时以任祥为兼尚书左仆射，加开府。祥弃官走至河北，据郡待神武。魏帝乃敕文武官，北来者任去留。下诏罪状神武，为北伐经营。

神武亦勒马宣告曰："孤遇尔朱擅权，举大义于四海，奉戴主上，义贯幽明。横为斛斯椿谗构，以诚节为逆首。昔赵鞅兴晋阳之甲，诛君侧恶人。今者南迈，诛椿而已。"以高昂为前锋，曰："若用司空言，岂有今日之举！"司马子如答神武曰："本欲立小者，正为此耳。"

魏帝征兵关右，召贺拔胜赴行在所，遣大行台长孙承业、大都督颍川王斌之、斛斯椿共镇武牢，汝阳王暹镇石济，行台长孙子彦帅前恒农太守元洪略镇陕，贾显智率豫州刺史斛斯元寿伐蔡俊。神武使窦泰与左箱大都督莫多娄贷文逆显智，韩贤逆暹。元寿军降泰。贷文与显智遇于长寿津，显智阴约降，引军退。军司元玄觉之，驰还请益师。魏帝遣大都督侯几绍赴之，战于滑台东，显智以军降，绍死之。

七月，魏帝躬率大众屯河桥。神武至河北十余里，再遣口申诚款，魏帝不报。神武乃引军渡河。魏帝问计于群臣，或云南依贺拔胜，或云西就关中，或云守洛口死战，未决。而元斌之与斛斯椿争权不睦，斌之弃椿径还，始帝云神武兵至。即日，魏帝逊于长安。

己酉，神武入洛，停于永宁寺。八月甲寅，召集百官谓曰："为臣奉主，匡救危乱。若处不谏争，出不陪随，缓则耽宠争荣，急便窜失，臣节安在！"遂收开府仪同三司叱列延庆、兼尚书左仆射辛雄、兼吏部尚书崔孝芬、都官尚书刘廞、兼度支尚书杨机、散骑常侍元士弼，并杀之，诛其贰也。士弼籍没家口。

神武以万机不可旷废，乃与百僚议，以清河王亶为大司马，居尚书下舍而承制决事焉。王称警跸，神武丑之。神武寻至弘农，遂西克潼关，执毛洪宾，进军长城，龙门都督薛崇礼降。神武退舍河东，命行台尚书长史薛瑜守潼关，大都督厍狄温守封陵，于蒲津西岸筑城守华州，以薛绍宗为刺史，高昂行豫州事。神武自发晋阳至此，凡四十启，魏帝皆不答。

九月庚寅，神武还至洛阳，乃遣僧道荣奉表关中，又不答。乃集百僚沙门耆老，议所推立。以为自孝昌衰乱，国统中绝，神主靡依，昭穆失序，永安以孝文为伯考，永熙迁孝明于夹室。业丧祚短，职此之由。遂议立清河王世子善见。议定，白清河王。王曰："天子无父，苟使儿立，不惜余生。"乃立之，是为孝静帝。魏于是始分为二。

神武以孝武既西，恐逼崤陕，洛阳复在河外，接近梁境，如向晋阳，形势不能相接，依议迁邺。护军祖莹赞焉。诏下三日，车驾便发，户四十万，狼狈就道。神武留洛阳部分，事毕还晋阳。自是军国政务，皆归相府。先是童谣曰：“可怜青雀子，飞来邺城里，羽翮垂欲成，化作鹦鹉子。”好事者窃言，雀子谓魏帝清河王子，鹦鹉谓神武也。

初，孝昌中，山胡刘蠡升自称天子，年号神嘉，居云阳谷，西土岁被其寇，谓之胡荒。

二年正月，西魏渭州刺史可朱浑道元拥众内属，神武迎纳之。壬戌，神武袭击刘蠡升，大破之。己巳，魏帝褒诏，以神武为相国，假黄钺，剑履上殿，入朝不趋，神武固辞。

三月，神武欲以女妻蠡升太子，候其不设备，辛酉，潜师袭之。其北部王斩蠡升首以送，其众复立其子南海王。神武进击之，又获南海王，及其弟西海王、北海王、皇后、公卿已下四百余人，胡、魏五万户。壬申，神武朝于邺。

四月，神武请给迁人廪各有差。

九月甲寅，神武以州、郡、县官多乖法，请出使问人疾苦。

三年正月甲子，神武帅厍狄干等万骑袭西魏夏州。身不火食，四日而至，缚槊为梯，夜入其城，擒其刺史费也头斛拔俄弥突，因而用之。留都督张琼以镇守，迁其部落五千户以归。西魏灵州刺史曹泥与其婿凉州刺史刘丰遣使请内属。周文围泥，水灌其城，不没者四尺。神武命阿至罗发骑三万，径度灵州，绕出西军后，获马五十匹，西师乃退。神武率骑迎泥、丰生，拔其遗户五千以归，复泥官爵。魏帝诏加神武九锡，固让乃止。

二月，神武令阿至罗逼西魏秦州刺史建忠王万俟普拨，神武以众应之。六月甲午，普拨与其子太宰受洛干、豳州刺史叱干宝乐、右卫将军破六韩常及督将三百余人，拥部来降。

八月丁亥，神武请均斗尺，班于天下。

九月辛亥，汾州胡王迢触、曹贰龙聚众反，署立百官，年号平都，神武讨平之。

十二月丁丑，神武自晋阳西讨，遣兼仆射行台、汝阳王暹、司徒高昂等趣上洛，大都督窦泰入自潼关。

四年正月癸丑，窦泰军败自杀。神武军次蒲津，以冰薄不得赴救，乃班师。高昂攻克上洛。

二月乙酉，神武以并、肆、汾、建、晋、东雍、南汾、秦、陕九州霜旱，人饥流散，请所在开仓振给。

六月壬申，神武如天池，获瑞石，隐起成文曰“六王三川”。

十月壬辰，神武西讨，自蒲津济，众二十万。周文军于沙苑。神武以地厄少却，西人鼓噪而进。军大乱，弃器甲十有八万，神武跨橐驼，候船以归。

元象元年三月辛酉，神武固请解丞相，魏帝许之。

四月庚寅，神武朝于邺。壬辰，还晋阳，请开酒禁，并振恤宿卫武官。

七月壬午，行台侯景、司徒高昂围西魏将独孤信于金墉，西魏帝及周文并来赴救。大都督厍狄干帅诸将前驱，神武总众继进。

八月辛卯，战于河阴，大破西魏军，俘获数万。司徒高昂、大都督李猛、宋显死之。西师之败，独孤信先入关，周文留其都督长孙子彦守金墉，遂烧营以遁。神武遣兵追奔至崤，不及而还。初，神武知西师来侵，自晋阳率众驰赴，至孟津，未济，而军有胜负。既而神武渡河，子彦亦弃城走。神武遂毁金墉而还。

十一月庚午，神武朝于京师。十二月壬辰，还晋阳。

兴和元年七月丁丑，魏帝进神武为相国、录尚书事，固让乃止。

十一月乙丑，神武以新宫成，朝于邺。魏帝与神武谦射，神武降阶下称贺。又辞勃海王及都督中外诸军事，诏不许。十二月戊戌，神武还晋阳。

二年十二月，阿至罗别部遣使请降，神武帅众迎之，出武州塞，不见，大猎而还。

三年五月，神武巡北境，使使与蠕蠕通和。

四年五月辛巳，神武朝于邺。请令百官，每月面敷政事；明扬仄陋，纳谏屏邪，亲理狱讼，褒黜勤怠；牧守有愆，节级相坐；椒掖之内，进御以序；后园鹰犬，悉皆弃之。六月甲辰，神武还晋阳。

九月，神武西征，十月己亥，围西魏仪同三司王思政于玉壁城，欲以致敌。西师不敢出。

十一月癸未，神武以大雪，士卒多死，乃班师。

武定元年二月壬申，北豫州刺史高慎据武牢西叛。三月壬辰，周文率众援高慎，围河桥南城。戊申，神武大败之于芒山，禽西魏督将以下四百余人，俘斩六万计。是时军士有盗杀驴者，军令应死，神武弗杀，将至并州决之。明日，复战，奔西军，告神武所在。西师尽锐来攻。众溃，神武失马。赫连阳顺下马，以授神武，与苍头冯文洛扶上，俱走。从者步骑六七人。追骑至，亲信都督尉兴庆曰："王去矣，兴庆腰边百箭，足杀百人。"神武勉之曰："事济，以尔为怀州；若死，则用尔子。"兴庆曰："儿小，愿用兄。"许之。兴庆斗，矢尽而死。西魏太师贺拔胜以十三骑逐神武，河州刺史刘洪徽射中其二。胜槊将中神武，段孝先横射胜马殪，遂免。豫、洛二州平，神武使刘丰追奔徇地，至恒农而还。

七月，神武贻周文书，责以杀孝武之罪。

八月辛未，魏帝诏神武为相国、录尚书事、大行台，余如故，固辞乃止。是月，神武命于肆州北山筑城，西自马陵戍，东至土隥，四十日罢。

十二月己卯，神武朝于京师，庚辰，还晋阳。

二年三月癸巳，神武巡行冀、定二州，因朝京师。以冬春亢旱，请蠲县责，振穷乏，宥死罪以下。又请授老人板职各有差。四月丙辰，神武还晋阳。

十一月，神武讨山胡，破平之，俘获一万余户，分配诸州。

三年正月甲午，开府仪同三司尔朱文畅、开府司马任胄、都督郑仲礼、中府主簿李世林、前开府参军房子远等谋贼神武，因十五日夜打簇，怀刃而入。其党薛季孝以告，并伏诛。丁未，神武请于并州置晋阳宫，以处配口。

三月乙未，神武朝邺。丙午，还晋阳。

十月丁卯，神武上言，幽、安、定三州北接奚、蠕蠕，请于险要修立城戍以防之。躬自临履，莫不严固。乙未，神武请释芒山俘桎梏，配以人间寡妇。

四年八月癸巳，神武将西伐，自邺会兵于晋阳。殿中将军曹魏祖曰："不可，今八月西方王，以死气逆生气，为客不利，主人则可。兵果行，伤大将。"神武不从。自东西魏构兵，邺下每先有黄黑蚁阵斗。占者以为黄者东魏戎衣色，黑者西魏戎衣色，人间以此候胜负。是时黄蚁尽死。

九月，神武围玉壁以挑西师，不敢应。西魏晋州刺史韦孝宽守玉壁。城中出铁面，神武使元盗射之，每中其目。用李业兴孤虚术，萃其北。北，天险也。乃起土山，凿十道，又于东面凿二十一道，以攻之。城中无水，汲于汾，神武使移汾，一夜而毕。孝宽夺据土山。顿军五旬，城不拔，死者七万人，聚为一冢。有星坠于神武营，众驴并鸣，士皆詟惧。神武有疾。

十一月庚子，舆疾班师。庚戌，遣太原公洋镇邺。辛亥，征世子澄至晋阳。有恶鸟集于亭树，世子使斛律光射杀之。己卯，神武以无功，表解都督中外诸军事。魏帝优诏许焉。是时，西魏言神武中弩。神武闻之，乃勉坐见诸贵。使斛律金敕勒歌，神武自和之，哀感流涕。

侯景素轻世子，尝谓司马子如曰："王在，吾不敢有异；王无，吾不能与鲜卑小儿共事。"子如掩其口。至是，世子为神武书，召景。景先与神武约，得书，书背微点，乃来。书至，无点，景不至。又闻神武疾，遂拥兵自固。神武谓世子曰："我虽疾，尔面更有余忧色，何也？"世子未对。又问曰："岂非忧侯景叛邪？"曰："然。"神武曰："景专制河南十四年矣，常有飞扬跋扈志，顾我能养，岂为汝驾御也。今四方未定，勿遽发哀。厍狄干鲜卑老公，斛律金敕勒老公，并性遒直，终不负汝。可朱浑道元、刘丰生远来投我，必无异心。贺拔焉过儿朴实无罪过，潘相乐本作道人，心和厚，汝兄弟当得其力。韩轨少戆，宜宽借之。彭相乐心腹难得，宜防护之。少堪敌侯景者，唯有慕容绍宗。我故不贵之，留以与汝，宜深加殊礼，委以经略。"

五年正月朔，日蚀。神武曰："日蚀其为我邪？死亦何恨。"丙午，陈启于魏帝。是日，崩于晋阳，时年五十二。秘不发丧。六月壬午，魏帝于东堂举哀三日，制缌衰，诏凶礼依汉大将军霍光、东平王苍故事，赠假黄钺、使持节、相国、都督中外诸军事、齐王玺绂、辒辌车、黄屋左纛、前后羽葆鼓吹、轻车介士、兼备九锡殊礼，谥献武王。八月甲申，葬于邺西北漳水之西，魏帝临送于紫陌。天保初，追崇为献武帝，庙号太祖，陵曰义平。天统元年，改谥神武皇帝，庙号高祖。

神武性深密高岸，终日俨然，人不能测，机权之际，变化若神。至于军国大略，独运怀抱，文武将吏，罕有预之。经驭军众，法令严肃，临敌制胜，策出无方。听断昭察，不可欺犯，知人好士，全护勋旧。性周给，每有文教，常殷勤款悉，指事论心，不尚绮靡。擢人授任，在于得才，苟其所堪，乃至拔于厮养，有虚声无实者，稀见任用。诸将出讨，奉行方略，罔不克捷，违失指画，多致奔亡。雅尚俭素，刀剑鞍勒无金玉之饰。少能剧饮，自当大任，不过三爵。居家如官。仁恕爱士。始范阳卢景裕以明经称，鲁郡韩毅以工书显，咸以谋逆见禽，并蒙恩置之第馆，教授诸子。其文武之士，尽节所事见执获而不罪者甚多，故遐迩归心，皆思效力。至南和梁国，北怀蠕蠕，吐谷浑、阿至罗咸所招纳，获其力用，规略远矣。

……

论曰：昔魏氏失驭，中原荡析，齐神武爰从晋部，大号冀方，屡战而翦凶徒，一麾以清京洛。尊主匡国，功济天下。既而魏武帝规避权逼，历数既尽，适所以速关、河之分焉。

【译文】

齐高祖神武皇帝姓高，名欢，字贺六浑，是勃海郡县人。六世祖高隐，曾任晋朝的玄菟太守。高隐生高庆、高庆生高泰、高泰生高湖，这三代都在慕容氏建立的前后在燕国做官。当后燕皇帝慕容宝被北魏军队击败之后，国中大乱，高湖就率领一批部众归顺了北魏，并出任右将军的官职。高湖一共生了四个儿子。第三个儿子高谧，在北魏做官，做到了侍御史，后来因为犯法被流放到北边的怀朔镇居住。高谧生了高欢的父亲高树生，高树生性情豁达直率，不从事振兴家庭产业的活动。他定居在白道南面，那里屡次出现红光、紫气等怪现象，邻居们都觉得很惊讶，劝他搬家以躲避灾祸。高树生却说："你们怎么知道这不会是好的征兆呢？"他照旧居住在那里。

当高欢生下来的时候，他的母亲韩氏就去世了，于是他被寄养在同母的姐夫在镇狱队做事的尉景家中。由于家里已经有好几代定居在北边，所以到高欢这一代已经完全习惯了当地的风俗，言行举止都同鲜卑人一样了。高欢长大以后，性情深沉，度量宽广，轻视钱财敬重士人，为豪强侠士所推崇。他目光炯炯有神，长脸盘、高颧骨，牙齿洁白如玉，从小就有一副非凡的相貌。他家里很穷，直到娶了后来被追谥为武明皇后的娄氏，才有了马匹，因而能够到镇上当队主。镇将辽西人段长经常觉得高欢相貌非凡，对他说："你有安国兴邦的才能，终究不会这样下去的。"于是就嘱托他照顾好自己的子孙。到了高欢发迹以后，追赠段长为司空，并提拔了他的儿子段宁加以重用。

高欢后来由队主升为函使。他曾经因公事乘驿传外出路过建兴，白天里突然云雾大集，就像黑夜一样，还有雷声随之隆隆不断，整整半天过后才恢复正常，好像有神灵操纵一般。他每次外出办事，来来去去，都没有疲倦的神态。他又曾经梦见脚踩着群星行走，醒来后心里暗自高兴。他共当了六年函使，每次到洛阳，都在令史麻祥手下当差。有一次麻祥拿肉给高欢吃，高欢一向没有站着吃东西的习惯，就坐下来进食。麻祥认为这是对自己不敬，就打了高欢四十板子。

高欢最后一次从洛阳回来，就破费家产来结纳天下的豪客。亲戚朋友们感到奇怪，问他原因。高欢回答说："我到了洛阳，恰好碰上宿卫的羽林军们一起焚烧了领军张彝的住宅，朝廷害怕他们作乱，不加追究。政事到了这样的地步，以后的状况可想而知，财物这东西难道能够死守一辈子吗？"从此高欢就立下了澄清天下的大志。高欢与怀朔的省事云中人司马子如以及秀容人刘贵、中山人贾显智结为能奔走相助的朋友，另外怀朔镇的户曹史孙腾，外兵史侯景也和他们交结在一起。刘贵曾经弄到一头白鹰，就与高欢、尉景、蔡俊、司马子如、贾显智等人一同到沃野打猎。他们见到一只红色的兔子，白鹰每次去扑它，都被它逃脱了，于是追到一片大的沼泽地中。沼泽中央有一间草屋，兔子正要蹿进去的时候，屋中跑出一只狗来咬它，连兔子带鹰都被咬死了。高欢大怒，用响箭一箭射去，把狗射死。于是屋里出来两个人，紧抓住高欢的衣襟不放，很生气的样子。他们的母亲双目失明，拖着拐杖走出来，呵斥她的两个儿子说："为什么触犯这位大人物！"说着抱出了一坛酒，又煮羊肉招待客人。这位老妇人自称能不用眼看就可以相面，她把众人一一摸了一遍，说他们日后都会富贵，而且都将服从高欢的指挥。又说："司马子如经历的官位最显达，贾显智得不到善终。"喝完了酒，众人出来走了几里，又返回去再次探访，结果那里根本就没有人烟房屋，才明白刚才见到的都不是凡间的人。从此众人对高欢更加尊敬仰慕。

孝昌元年，柔玄镇人杜洛周在上谷造反，高欢就和那些志趣相投的人一起去投奔他。后来又看不惯杜洛周的所作所为，就暗中与尉景、段荣、蔡俊图谋搞掉他。但事情没有成功，只好仓皇逃走，被杜洛周的骑兵紧追不舍。当时高欢的长子，即后来被追谥为齐文襄帝的高澄，以及后来成为北魏孝武帝皇后的女儿年纪都还很小，高欢的妻子娄氏骑在牛背上，紧紧地抱着他们。高澄几次从牛背上掉下来，高欢弯弓搭箭，打算射死他，以便专心逃命。娄氏呼叫段荣，求他救命。幸亏段荣从马上跳下来救起高澄，才使他免于一死。于是一行人去投奔与杜洛周一起造反的葛荣，不久又跑到秀容去转投契胡酋长尔朱荣。

在此以前刘贵已经侍奉尔朱荣，曾在尔朱荣面前极力赞扬高欢的才能，直到这时，尔朱荣才见到高欢。由于高欢长途奔波，神色憔悴，尔朱荣并没看出他有什么出众的地方。于是刘贵为高欢换了一套新衣服，再次求见。见过之后高欢就跟着尔朱荣到了马圈，圈中有一匹顽劣的马，尔朱荣命令高欢为它剪毛。高欢不用绳索辔头捆马，就直接为它剪了毛，那马居然也没有踹咬他。高欢剪完之后，起身对尔朱荣说："驾驭坏人，也就和驾驭这匹马一样。"于是尔朱荣就把高欢带入卧室，让他坐在床边，命令左右侍从回避，向高欢询问天下大势。高欢说："听说您有十二山谷的马匹，按颜色分为大群放牧，要这些马究竟准备做什么呢？"尔朱荣说："只管讲你的想法吧。"高欢说："现在的天子愚昧孱弱，太后淫乱，得宠的小人专权发号施令，朝政走不上轨道。凭着明公您的雄才勇略，抓住这个机会奋发而起，讨伐小人郑俨、徐纥以清君侧，一举马鞭就可以建立霸业。这就是我贺六浑的想法。"尔朱荣听了之后大为高兴，一直和高欢从中午交谈到半夜，高欢才从卧室出来。自此以后尔朱荣经常让高欢参与军事机密的策划。

后来高欢随同尔朱荣迁徙部落，占领了并州，去访问扬州人庞苍鹰，住在一个圆形的草屋里面。每次高欢从外边回来，主人都远远地听见动地的脚步声。庞苍鹰的母亲还几次看见草屋上有一道红气，赫然直冲天空。又有一次庞苍鹰半夜里想进入草屋，看见一个穿青衣的人拔出刀来呵斥说："为什么触犯大王？"说完突然就不见了。庞苍鹰这才觉得事情很奇怪，暗中向草屋里偷看，发现一条红色的蛇盘踞在床上，更觉得惊讶奇怪，于是他杀牛割肉时，对高欢厚加款待。庞苍鹰的母亲请求高欢做她的义子。到了高欢显贵以后，就把庞宅作为自己的府第，称为南宅。虽然屋门和小巷都加以扩建，堂厅庭院修饰华丽，但高欢最初住过的圆形草屋，只用石灰粉刷了一遍，保存下来未被拆毁。到高欢的次子高洋建立了北齐时，又把这个地方作为行宫。

不久尔朱荣让高欢做他的亲信都督。当时魏孝明帝痛恨郑俨、徐纥，碍于灵太后胡氏的面子和势力，不敢加以控制，就暗中命令尔朱荣发兵前往京城。尔朱荣委派高欢为前锋。当军队到达上党时，孝明帝又暗中下诏命令停止前进。到了孝明帝突然死亡以后，尔朱荣就统兵开入洛阳。他想趁这个机会篡取皇位，高欢意图劝阻，怕尔朱荣不听，就请求用铸铜像的办法来占卜吉凶。铜像没有铸成，尔朱荣只好中止了篡位的计划。魏孝庄帝即位后，高欢因为有参与定策的功劳，受封为铜鞮伯。当尔朱荣发兵讨伐葛荣时，命令高欢去谕降小股起义军中单独称王的七个人。后来随同行台于晖在太山打败了羊侃的军队，不久又跟从元天穆在济南击败邢杲。多次升迁而被任命为第三镇民酋长。

有一次高欢坐在尔朱荣的牙帐内，尔朱荣问左右的人说："一旦我不在了，谁能够统率全军？"大家都说尔朱荣的侄子尔朱兆可以承担此任。尔朱荣说："尔朱兆最多只能统领三千骑兵归来。真正能代替我主掌全军的，只有贺六浑啊。"因而告诫尔朱兆说："你不能和高欢相比，最终一定要受他驱使。"于是委任高欢为晋州刺史。高欢到任后大肆搜刮财物，通过刘贵贿赂尔朱荣手下的当权要人，都讨得他们的欢心。当时州中仓库的号角无缘无故就自己响了起来，高欢感到很奇怪。过了不久孝庄帝就杀掉了尔朱荣。

当尔朱兆从晋阳准备发兵夺赴洛阳的时候，派人征召高欢。高欢派长史孙腾复命，推辞说绛蜀、汾胡等部族图谋作乱，不能随同入洛阳，尔朱兆怀恨在心。孙腾回来把情况汇报给高欢，高欢说："尔朱兆擅自兴兵、犯上作乱，是国家的大奸贼，我不能长久侍奉他。"从此他开始有了图谋反对尔朱兆的计划。等到尔朱兆进入洛阳，俘虏了孝庄帝北还时，高欢听说以后大为震惊，又派孙腾前去假装向尔朱兆称贺，趁机暗中探访孝庄帝被拘禁的地方，打算劫持孝庄帝以发动反对尔朱兆的义举，但没有成功。于是高欢就写信劝尔朱兆不应该关押天子，使天下蒙受坏名声。尔朱兆不听，杀害了孝庄帝，又与尔朱世隆等人共同拥立长广王元晔为皇帝，改年号为建明，加封高欢为平阳郡公。

当费也头部落的纥豆陵步藩出兵占领秀容，逼近晋阳时，尔朱兆征调高欢前来救援。高欢准备出发，部下贺拔焉过儿请求推迟行动，这样就对尔朱兆不利。高欢于是找原因逗留不进，推辞说河上没有桥，军队渡不过去。纥豆陵步藩的军队力量强大，尔朱兆败走。起初，魏孝庄帝杀掉尔朱荣时，知道他的党羽肯定有造反的计划，就暗中命令纥豆陵步藩，让他在尔朱氏军队的背后发动袭击。纥豆陵步藩打败了尔朱兆之后，军队势力日益强盛，尔朱兆再一次向高欢请求救援。高欢正在暗中图谋对付尔朱兆，又考虑到纥豆陵步藩以后也不好消灭，于是就同尔朱兆全力打败了纥豆陵步藩的军队，纥豆陵步藩死于阵中。尔朱兆非常感激高欢，与他订立誓约，结拜为兄弟。当时尔朱家族的尔朱世隆、尔朱度律、尔朱彦伯在洛阳共同执掌朝政，尔朱天光占据关西地区，尔朱兆占据并州，尔朱仲远占据东郡，各自拥有重兵，实行暴政，天下百姓痛苦不堪。

葛荣的余部流落进入并州、肆州的有二十几万人，他们被当地的契胡人欺压侮辱，都感到无法生存，大小共造反二十六次，被杀掉了将近一半的人，但小规模的盗窃仍然不断。尔朱兆为此十分头疼，向高欢征询计策。高欢说："这些人都是六镇造反部队的残余，不可能全部杀掉，应该选派大王的一位心腹之人，委托他去统领他们。如果有人犯法，就惩罚他的主帅。这样就用不着惩罚很多人。"尔朱兆说："好主意！谁能去承担这个任务呢？"贺拔允当时正在座参与计议，便请求派高欢前往。高欢一拳打去，打掉了贺拔允的一颗牙齿，骂道："过去天柱大将军（译者按：即尔朱荣）在世的时候，你们这班奴才听他号令，就像鹰犬一样唯唯诺诺。现在天下大事都由大王安排，而你贺拔阿鞠泥胆敢欺下罔上，请大王把他杀掉。"尔朱兆觉得高欢十分忠诚，最终就委派他承担此任。高欢看到尔朱兆已经喝醉了，怕他酒醒后又产生猜疑，就出来宣布说："我已经受委派统领六镇残余部队，这些人可以在汾河东面集合，等待命令。"于是就到阳曲川建立了牙帐，统一整编部署军队。有一个在军营门口求见的人，穿戴着红色的头巾和袍子，自称是梗阳地方管理驿传人的儿子，愿当高欢左右的随从。经查访，此人以力大闻名，曾经在并州的闹市上把人掐死。于是高欢选拔他作为自己的亲信侍从。六镇兵士一贯厌恶尔朱兆，乐意接受高欢统领，所以听到命令都纷纷赶到。

过了不久，高欢又派刘贵向尔朱兆报告，说并州、肆州一带连年遭受霜冻和旱灾，六镇的降户竟有的挖掘黄鼠来吃，全都面无血色，白白地糟踏了这块土地。希望让这些人到太行山以东一带找饭吃，等待他们得到温饱后再加以调遣使用。尔朱兆同意了这个计划。他的长史慕容绍宗进谏说："不行，现在天下纷乱不已，人们各怀异想，况且高欢富有雄才大略，而且又手握重兵，以后局面将控制不住了。"尔朱兆说："我们结拜为兄弟，立过重誓，有什么可担心的！"慕容绍宗说："现在亲生兄弟也不能完全信任，更何况是结拜兄弟！"当时尔朱兆的左右侍从都已经受了高欢的金钱贿赂，于是就诬陷说因为慕容绍宗过去同高欢关系不好。尔朱兆就把慕容绍宗关押起来，并催促高欢赶快出发。

高欢于是从晋阳出滏口。路上碰到尔朱荣的妻子乡郡长公主从洛阳来，驱赶着三百匹马，高欢把三百匹马全抢了过来。尔朱兆听说此事后，就释放了慕容绍宗，问他该怎么办。慕容绍宗说：“高欢不过是掌中之物，可赶快去追擒回来。”于是尔朱兆亲自率兵追赶高欢，一直追到襄垣。恰好漳河水猛涨，桥被冲坏了。高欢隔着河向尔朱兆下拜，说：“我之所以暂借公主的马匹，并没有别的原因，只是为了防备太行山以东的盗贼。大王听了公主的陈诉，亲自屈驾前来追赶，我现在就渡过河来受死，也决不推辞，但这些部队就会因此而叛变。”尔朱兆也表明自己并没有捉拿高欢问罪的意图，于是轻装骑马渡过漳河，与高欢一同坐在帐篷下，向高欢道歉，又给他一把刀，伸直脖颈，让高欢把自己砍死。高欢大哭起来，说：“自从天柱大将军过世，我贺六浑还能指望谁呢？只希望大王您能活到千万岁，我好为大王效力。现在别人挑拨我们的关系到了这种程度，大王您怎么还忍心说这样的话呢？”尔朱兆感动得把刀扔在地上，于是就杀了一匹白马，再次缔结兄弟的盟誓。尔朱兆还留宿在高欢的营地，在夜里继续饮酒。尉景在外面埋伏了一批壮士，想趁机擒获尔朱兆。高欢咬臂出血以竭力阻止，说：“现在把尔朱兆干掉，他的党羽一定会回去聚到一起。而我们的将士饥饿，战马瘦弱，无法同他们抗衡。如果再有英雄豪杰趁机举事，那样造成的乱子就更大了。不如暂时放过他。尔朱兆虽然勇力过人，但凶狠粗暴没有谋略，不难对付。”第二天早上，尔朱兆回到自己的营地，又召请高欢过河去会面。高欢准备上马前往，孙腾拉着他的衣服不放，这才没有去。尔朱兆隔着漳河大骂了一通，就率众奔回晋阳。尔朱兆的心腹念贤率领着一部分降户及其家口单独驻扎为一个营地，高欢假装与他友好，观看他的佩刀，趁机拿刀杀掉了他的随从，其余的人都逃散了。于是军士们都十分振奋，更加愿意跟着高欢。

起初，北魏太平真君年间，宫内的学者上奏说上党一带有天子气，具体地点在壶关大王山。魏太武帝于是就从平城南巡，来镇遏这股天子气。到达之后，堆积石头建了三个祭坛祭天，又挖掉了北面的凤凰山以毁坏地貌。后来晋阳城中的上党人居住地区叫上党坊，高欢确实在那里住过。到这次东进，又通过大王山行军，共走了六十天。部队就要走出滏口的时候，高欢下令对军士严加管束，民间一丝一毫的小东西都不准侵犯。部队将要穿过麦地时，高欢亲自牵马步行。远近的老百姓听说此事之后，都赞扬高欢统兵严明有纪律，对他更加仰慕归心。于是高欢率军继续前进，屯扎在邺城的北面，向相州刺史刘诞要粮食，刘诞不予供应。军营有屯积的军用粮食，高欢就自行夺取。

北魏普泰元年二月，高欢的军队抵达信都，高乾、封隆之开城门迎接，于是就占据了冀州地区。这个月，尔朱度律废掉了长广王元晔而拥立节闵帝元恭。尔朱度律想和高欢拉拢关系，就在三月奏准节闵帝，封高欢为勃海王，召他入朝觐见。高欢推辞不去。四月癸巳日，又加授高欢东道大行台、第一镇民酋长的职务。庞苍鹰从太原前来投奔高欢，高欢任命他为行台郎，不久又升为安州刺史。

高欢自从进入太行山以东地区以后，休养士卒，修缮兵器，禁止军队骚扰掠夺，得到老百姓的拥护。于是高欢伪造了一封书信，说尔朱兆打算将六镇人分配给契胡族人做部曲家丁，六镇人闻讯后十分发愁。他又假造了一份并州发来的兵符，征集军队讨伐步落稽。高欢调集了一万名士兵准备派遣，孙腾、尉景假装恳求高欢，让这些士兵再多留五天。如此一再恳求了好几次。最后出发时高欢亲自到郊外送行，洒泪和他们告别。士兵们十分伤心悲痛，哭声震天动地。高欢于是就开导他们说："我和你们一样都是离乡背井的人，情义就像一家人一样，没有料到上司突然来征调你们！现在西去作战就要送命；迟误了军期，按军律又应该处死；配给契胡人做部曲，最终也会被虐待致死；这该怎么办呢？"大家说："看来只能造反了！"高欢说："造反倒是一个应急救命的办法，但必须推举一个人做首领。"大家都奉戴高欢。高欢说："你们这些人和我都是同乡，不好管制。还记得葛荣失败的教训吗？虽然有一百万人马，但没有立下刑罚法度进行管理，最终灰飞烟灭。现在你们推戴我当首领，就都要与以前不同：不准欺负汉族老百姓，不准违犯军令，生杀大权由我操纵。否则的话，我不能因为你们而被天下人耻笑。"大家都再三叩头，表示生死都交给高欢掌握。高欢装出一副迫不得已的样子接受了推戴。第二天，杀牛摆宴，犒劳军士，告诉他们讨伐尔朱兆的计划。封隆之上前称贺说："这真是千载难遇的好时机，天下百姓太幸运了！"高欢说："讨伐奸贼，是顺乎天意的事情；救民于水火，也是流芳百世的大业。我虽然不勇武，但也要不惜生命努力去做，怎么敢推辞呢？"

六月庚子日，高欢在信都正式拉起旗帜，但还没有明显表示背离尔朱氏。直到李元忠和高乾打下殷州，斩了守将尔朱羽生的首级前来进见，高欢才拍着胸脯说："今天造反算是造定了！"于是他任命李元忠为殷州刺史。这时，军威已经振作起来，于是就向北魏朝廷上表列举尔朱氏的罪状。尔朱世隆等人把这份上表扣押下来不予上奏。八月，尔朱兆攻占了殷州，李元忠逃奔回来。

孙腾，认为朝廷如今音讯不通，如果不暂时另立一个皇帝，就无法维系众人的心。十月壬寅日，立章武王元融的儿子勃海太守元朗为皇帝，年号中兴，这就是北魏废帝。当时尔朱度律、尔朱仲远率军进驻阳平，尔朱兆前来与他们会合。高欢采纳了大将窦泰的计策，在他们中间挑拨离间，尔朱度律和尔朱仲远果然不战而退，于是高欢就在广阿打败了尔朱兆的军队。十一月，进攻邺城，相州刺史刘诞据城顽固抵抗。高欢就在城外建造土山，向城中挖掘地道，地道内树起许多大的柱子，然后把这些柱子一起烧毁，城内的地面塌陷下来。麻祥此时是汤阴县令，高欢称他为麻长官，麻祥惭愧逃走。

永熙元年正月壬午日，攻打邺城，并占据了它。魏废帝晋封高欢为大丞相、柱国大将军、太师。这时，青州建义大都督崔灵珍、大都督耿翔都派遣使节前来归附高欢，行汾州事刘贵也丢弃城池前来投降。

闰三月，尔朱天光从长安出发，尔朱兆从并州出发，尔朱度律从洛阳出发，尔朱仲远从东郡出发，一同率兵到邺城城下会合，军队人数号称二十万，沿着洹水驻扎军队。魏节闵帝任命长孙承业为大行台，总督这些军队。高欢命令封隆之留守邺城，自己率军到城外的紫陌驻扎。当时高欢手下马匹不满两千，步兵不到三万，与敌军相比众寡悬殊。于是在韩陵列了一个圆阵，把牛、驴拴在一起堵住退路。于是全军将士都做好了战死的准备，从四面奋勇出击。尔朱兆指责高欢背叛了自己。高欢说："我们原来戮力同心，是为了辅佐皇室，但现在皇帝在哪儿呢？"尔朱兆说："孝庄帝无故杀害天柱大将军，我只不过是为天柱大将军报仇罢了。"高欢说："当初我亲耳听见天柱大将军定计，你那时也在门前站着，难道能说天柱大将军不是谋反吗？况且君主杀死臣下，哪还有报仇的道理？今天我们已经恩断义绝了。"于是双方交战，尔朱兆的军队大败。尔朱兆对着慕容绍宗捶胸说："当初不听你的话，以至有今日！"准备轻装逃走，慕容绍宗举着战旗回过身来，吹起号角，把逃散的士卒聚集在一起，排成行军的列队向西开去。高欢的大将高季式带着七个战士骑马追奔，一直追过了野马岭，与尔朱兆的军队相遇。他的哥哥高昂等了半天不见他回来，大哭道："我弟弟一定是战死了！"直到夜深的时候，高季式才返回军营，袍袖上浸透了鲜血。北魏的大臣斛斯椿兼程赶路，先占据了河桥。早先节闵帝普泰元年十月的时候，岁星、荧惑星、镇星、太白星都聚集到觜星、参星一带，闪闪发亮。太史官占卜说，应当有王者兴起。当时恰好是高欢在信都独立扯起旗帜的时候，至此果然打败了尔朱兆等人。

四月，斛斯椿擒拿了尔朱天光、尔朱度律，并将他们送回洛阳。长孙承业也派都督贾显智、张欢率兵赶回洛阳，逮捕了尔朱世隆、尔朱彦伯，并把他们杀掉。尔朱兆逃回并州。尔朱仲远投奔梁朝，后来就死在那里。至此尔朱氏的势力已被推翻，朝廷内外无不欢庆欣悦。起初，交战前一个月，章武人张绍半夜里突然被几个骑马的将领带出城外，到了一个大将军面前，大将军命令他引导军队开往邺城，说是去帮助承受天命的人剿灭乱贼。张绍回头看了看，只见军士多得数不清，行军既整齐速度又快，并且毫无声响。将抵达邺城的时候，张绍才得到释放。到交战那一天，尔朱氏军队的士兵只看到阵外有无数的军士骑着战马从四面杀来，看来是有神灵在暗中帮助高欢啊。

随后高欢到达洛阳，废掉了节闵帝元恭及废帝元朗，拥立孝武帝元修。孝武帝即位以后，加授高欢为大丞相、天柱大将军、太师，世袭定州刺史的头衔，加封的和从前受封的封户共十五万户。高欢辞掉了天柱大将军的称号，又减去了五万封户。壬辰日，高欢由洛阳返回邺城，魏孝武帝亲自到乾脯山为他送行，两人拉着手告别。

七月壬寅日，高欢率军队北伐尔朱兆。封隆之对他说，侍中斛斯椿、贺拔胜、贾显智这几个人过去都侍奉尔朱氏，后来又都背叛搞垮了尔朱氏，现在他们在京城受到皇帝的宠信重用，以后一定会制造祸乱。高欢非常同意他的话。于是先把被关押的尔朱天光、尔朱度律送回京城杀掉，然后率兵从滏口进入并州。尔朱兆在晋阳大肆劫掠，又北撤据守秀容，并州被平定。高欢认为晋阳四面都有险阻屏障，于是就在晋阳建造大丞相府，定居下来。

尔朱兆退回秀容以后，分兵把守险要关口，并不时派兵出来侵扰抄掠。高欢放出风来说要去讨伐他，军队出发又停止前进，这样搞了好几次，尔朱兆的戒备逐渐就松懈下来。高欢估计尔朱兆在新年的时候肯定要举行大宴会，就派窦泰率领精锐骑兵飞驰前往，一天一夜走了三百里，高欢率领大部队随后出发。

永熙二年正月，窦泰的军队突然杀到尔朱兆的大本营。尔朱兆部下的军士因举行宴会，正在懒散地休息，突然见到窦泰的军队，大吃一惊，仓皇逃散，窦泰穷追不舍，在赤洪岭大破尔朱兆的军队。尔朱兆上吊自杀，高欢亲自前来祭奠，并厚葬了他。慕容绍宗保护着尔朱荣的妻子儿女，率领残部据守乌突城，投降后，高欢认为慕容绍宗是个重信义的人，所以对他十分厚待。

高欢进入洛阳的时候，尔朱仲远的部下都督桥宁、张子期从滑台前来投降。高欢认为他们昔日助纣为虐，又反复无常，把他们都杀掉了。斛斯椿因此心里就有些害怕，于是同南阳王元宝炬以及武卫将军元毗、魏光、王思政等人在魏孝武帝面前说高欢的坏话。中书舍人元士弼又上奏说高欢领受制敕时有大不敬的表现，因此魏孝武帝又逐渐对占据关中地区的贺拔岳有猜疑之心。起初，魏孝明帝的时候，洛阳城里有人用两个拔互相撞击，并有谣言流传说："铜拔打铁拔，元家世将末。"喜欢生事的人说"二拔"就是指拓拔氏和贺拔氏，谣言的意思是说这两家都有衰败的征兆。

当时司空高乾暗中写信给高欢，说魏孝武帝对他已有猜疑之心。高欢把这封信封起来上奏，魏孝武帝就杀掉了高乾。接着魏孝武帝又派东徐州刺史潘绍业暗中带命令给长乐太守庞苍鹰，让他杀掉高乾的弟弟高昂。高昂事先得知兄长被杀的消息愤怒得将一长矛刺在厅柱上，随后在路上埋伏壮士，抓住了潘绍业，从他的衣领中找出了密藏的敕书，就前来投奔高欢。高欢抱着他的头大哭说："天子竟然无故杀害了司空！"他马上派使者拿着白虎旗去向高乾的家属吊唁。当时高乾的二弟高慎在光州做官，为政严厉粗暴，又纵容部下搜刮民间财物，魏孝武帝派人代替他的官职。高慎听说兄长已经被杀，想逃亡到梁朝，他的下属说："你的一家为国立过大功，朝廷一定不会让兄弟互相株连的。"于是他就换了破衣服，推着鹿车，想回到勃海郡老家。半路上碰到高欢的使者，就也来投奔高欢。从此魏孝武帝与高欢就有了仇隙。

阿至罗虏在魏孝明帝正光年间之前经常自称为藩国，自从北魏王朝出现动荡局面以后，都纷纷背叛了。高欢派使者进行招纳，这些部族表示归降。在此之前，朝廷下诏说，各地叛乱已告平定，罢去行台的官职。至此因为边疆的部族归降，就又授给高欢大行台的头衔，让他根据情况加以处分行事。高欢赐给他们粮食布帛，很多人认为这是白费钱财而又毫无益处，但高欢不予理睬，依然像起初那样坚持抚慰的政策。部族酋帅吐陈等人感激高欢的恩德，都愿意听从调遣，先后援救曹泥，讨伐万俟受洛干，发挥了很大作用。黄河以西的费也头部族首领纥豆陵伊利居住在苦池河一带，依仗险阻，收集部众，高欢几次派长史侯景前去招纳都不降附。

天平元年正月壬辰日，高欢发兵西征黄河以西费也头部族的纥豆陵伊利，灭掉了这一部族，把部族成员都迁到黄河以东。

二月，洛阳永宁寺的九层高佛塔发生火灾。不久有人从东莱前来，说在海上看见了永宁寺的佛塔，过了一会儿起了雾，佛塔才消失了。有人认为这是天意，并说："永宁寺发生火灾，象征着大魏王朝不再有安宁的日子；佛塔飞入东海，象征着勃海王高欢将要应运而起。"

魏孝武帝既已有了图谋高欢的计划，当时侍中封隆之与孙腾私下交谈，说自己死了妻子，皇帝想要把堂妹嫁给他。孙腾并不相信，但心里一直嫉妒封隆之，就把他的话泄露给了斛斯椿。斛斯椿又报告给了孝武帝。随后孙腾又带兵器进入尚书省，并擅自杀害御史。封、孙二人一齐逃到高欢那里，向高欢禀报说魏孝武帝曾当面下令责打中书舍人梁续，光禄少卿元子干也挥拳一同帮着打，并对孙腾说："告诉你们高大王，元家子弟的拳头都像我这样的！"领军娄昭因有病而辞职回到晋阳。魏孝武帝于是委派斛斯椿兼任领军，同时分别任命了一大批都督将领以及河南、关西地区的州刺史。华山王元鸷被派到徐州，高欢派邸珍前去夺取了城门锁钥。建州刺史韩贤、济州刺史蔡俊都曾和高欢一同起义，魏孝武帝对他们不信任，就省掉了建州的建置，乘机罢免韩贤，又让御史中丞綦俊伺察蔡俊的罪证，任命开府仪同三司贾显智为济州刺史代替蔡俊，蔡俊抗命不纳。

魏孝武帝更加愤怒。五月，下了一道诏书，说打算南征句吴，命令调发河南各州的军队，增加宿卫力量，把守河桥。六月丁巳，给高欢下了一道机密诏书说："宇文黑獭（译者按：即宇文泰）自从平定了秦、陇一带，经常有非分的索求，万一发生什么大的变乱，就需要花力气去对付。不过他上表的口气还没有完全显示出背叛的迹象，现在就去征讨未免有些操之过急。于是召集各位大臣，商量应该怎么办为好。大家一致建议假装南伐，内外戒备森严，这样一则可以防备宇文黑獭有什么不测的举动，二则能够威吓吴、楚一带的南方人。"当时魏孝武帝准备讨伐高欢，高欢也加紧委派将帅，魏孝武帝怕高欢产生怀疑，所以发了这道密诏。高欢于是上表说："荆州一带西连群蛮，距离京城很近，关陇的宇文泰则凭借着距离京城较远，将要发动叛乱。臣现在暗中部署了三万兵马，计划从河东渡河西征；又派恒州刺史厍狄干、瀛州刺史郭琼、汾州刺史斛律金、前武卫大将军彭乐，计划率兵四万，从来违津渡河西征；派领军将军娄昭、相州刺史窦泰、前瀛州刺史尧雄、并州刺史高隆之，计划率兵五万，讨伐荆州；派冀州刺史尉景、前冀州刺史高敖曹、济州刺史蔡俊、前侍中封隆之，计划率领太行山以东地区的军队七万、精锐骑兵五万，讨伐江东。现在将领们都部署好了军队，等待着陛下的命令。"魏孝武帝知道高欢已经察觉了情况的变化，就出示高欢的奏表，命令百官发表意见，都希望阻止高欢发兵。

高欢也召集了在并州的僚属们，让他们各自发表意见。随即又上表奏闻议论的情况，并发誓表明自己的忠心说："臣被陛下宠信的奸佞之臣挑拨，使陛下产生了怀疑的想法，认为臣犯有猖狂之罪，就像尔朱氏过去的情况一样。臣如果不竭尽忠心和臣节，胆敢有负于陛下，那就让臣身受天诛，子孙灭绝。陛下如果能相信臣的赤胆忠心，打算避免刀兵相见的情况，那么也希望酌情罢免或放逐几个奸臣。"

辛未日，魏孝武帝又抄录了在京文武百官商议的意见，答复高欢。命令中书舍人温子升起草答敕，温子升犹豫不敢下笔，魏孝武帝坐在胡床上拔出宝剑，发了脾气，温子升才起草了答敕，答敕中这样写道：

不久前写下了浸透我的心血的诏书，远道拿去给大王看，深切希望彼此之间能够互相体谅理解。可是一些居心不良的家伙，却一再制造隔阂和争端。最近孙腾又突然逃奔晋阳，以至听说的人更加怀疑要发生异常事变。所以派御史中尉綦俊前往，详细阐述朕的想法。现在看了大王的启奏，词句誓言恳切悱恻，但我反复考虑，还有些不明白的地方。以我渺小的出身，幸而遇到大王的武功谋略，因此才能够不费一刀一枪登上天子宝位。正所谓"生我者父母，贵我者高王"。现在我如果无缘无故背弃大王，打算对大王进攻讨伐的话，那就让我和我的子孙都受灾祸，正如大王的誓言一样，皇天后土，都可以为我做证。

最近担心宇文泰作乱，贺拔胜响应，因此我才下令戒严，想和大王彼此互相声援。现在宇文氏的使者接踵而至，看他的所作所为，并没有异常的迹象。贺拔氏在南边，开拓边境，为国立功，也没有可以责备的地方。大王如果想分兵讨伐他们，以什么作为借口呢？至于东南的梁朝没有臣服，时间已经很久，先朝的各位皇帝都把那里划在本国疆界之外。现在天下户口减耗了一半，不应该穷兵黩武。

我的头脑愚笨，不知道大王所指的奸臣是谁？大王不妨写出他们的姓名，让我知道。我倒听说厍狄干对大王讲："本来打算立一个懦弱的人做君主，不知为什么却立了一个年长的皇帝，以至于不受我们控制，现在只要行军十五天，就可以去洛阳把他废掉，再立别人为王。"像这样的话，是大王左右的勋臣说的，难道也出自我身边的"奸臣"之口吗？去年封隆之背弃了我，今年孙腾又逃到晋阳，大王对他们既不加罪又不送还，谁不责怪大王？孙腾是制造祸乱的元凶，居然一点不觉得惭愧害怕。大王如果侍君竭忠尽力，为什么不斩下封、孙二人的首级送来？大王虽然上表说打算西征，但却分兵四路出发，有的向南经过洛阳，有的向东开往江南，说的人自己就应该觉得奇怪，听到的人哪能不产生怀疑呢？大王如果坚守臣节，忠心不二，可以完全放心地待在北方，这里就算有百万大军，也绝不会有图谋大王的意思。大王如果听信奸邪挑拨，背信弃义，发兵南下，那么洛阳的战士就算没有一匹马、一辆车，也要赤手空拳而战斗到死。我本来没有什么德行，但已经为大王所立，老百姓不知道情况，有的就认为的确应当立。我如果受了别人的算计，那么我的过失就会暴露出来。假定我还是被大王杀了，就算是被拘禁、受折辱、粉身碎骨，我也不会感到遗憾。为什么呢？大王既然是本着德行和道义的原则推戴我的，一旦大王自己背离了德行和道义，天下人就会知道谁对谁错了。

本来希望君臣亲如一体，能够协调得完全一致，没有料到到了今天，和大王隔绝疏远到这般地步！古话说：'越国的人向我射箭，可以笑着对人谈起；我的兄长向我射箭，就只能哭着向人诉说。'我本来很依恋大王，对大王有兄弟般的感情，所以写到这里就禁不住扔笔捶胸，不禁伤感流泪。

起初，高欢将要从京城北还的时候，认为洛阳一再遭受兵火战乱，王气衰尽、虽然四周有山河险阻，但地方狭窄短小，不如迁徙邺城，于是请求迁都。魏孝武帝说："高祖孝文皇帝定都洛阳，作为万世相传的基业，经营筹划有关制度，直到世宗宣武皇帝时才完成。大王既然为国家立过大功，就应该遵从高祖太和年间所定的旧制。"高欢遵从了诏令。

到这时，又开始考虑迁都的事。派遣一千名骑兵镇守建兴，又增加河东和济州的守军，在白沟一带掳掠船只，不让驶往洛阳。将各州平价收购的粮食都运到邺城。魏孝武帝又下敕给高欢说："大王如果顺应民情，打算杜绝流言蜚语，就应该撤回河东的军队，罢掉建兴的戍兵，送还相州的粮食，追回济州的军士，让蔡俊办理交代，邸珍退回徐州，收起武器，解散兵马，各干各的事情。如果需要粮食，我另外派人运输过去。这样谗言也就无从出口，猜疑怨悔之情自然也不会产生。大王在太原高枕无忧，我在洛阳垂拱而治，决不会渡过黄河，对大王兴动刀兵。大王如果率军南下，窥伺帝位，我虽然没有武略，无法阻止大王南进，但为了社稷宗庙，也一定会想办法殊死抵抗。事态发展的关键在于大王，非我所能决定。大王如果臣节不终，就像堆积山丘只差一筐土那样，所以要相互珍惜。"

当时魏孝武帝任命任祥为兼尚书左仆射，加授开府仪同三司的散官。任祥丢掉官位，跑到河北，占据郡城等候高欢。于是魏孝武帝下敕给文武百官，凡是从北面来京的，都由自己决定去留。又下诏书宣布高欢的罪状，为北伐做准备。高欢也召集部队，发布宣告说："我遇到尔朱氏擅权的情况，就举起义旗讨伐，四海响应，于是拥立了当今主上，忠义之心贯于天地之间。现在无故受到斛斯椿的挑拨诬陷，以致主上把忠诚的臣下当作逆乱的元凶。过去赵鞅在晋阳兴兵，讨伐国君身边的坏人。今天我也从晋阳南伐，目的不过只是杀掉斛斯椿而已。"他选派高昂为前锋，并说："要是早听从你的兄长高司空的意见，哪会有今天这次行动！"司马子如也回答高欢说："我本来主张拥立一个年幼的皇帝，就是为了防止今天这种情况发生啊。"

魏孝武帝向关西地区征兵，又将贺拔胜召到身边，派大行台长孙承业、大都督颍川王元斌之、斛斯椿一同镇守武牢，汝阳王元暹镇守石济，行台长孙子彦率领前恒农太守元洪略镇守陕州，贾显智率领豫州刺史斛斯元寿讨伐蔡俊。高欢派窦泰和左箱大都督莫多娄贷文迎战贾显智，韩贤迎战元暹。斛斯元寿率军向窦泰投降。莫多娄贷文与贾显智在长寿津遭遇，贾显智暗中约定投降，率军后撤。军司元玄觉察了贾显智的企图，奔回洛阳请求增加兵力。魏孝武帝派大都督侯几绍统军前往，双方在滑台以东交战，贾显智率军投降，侯几绍战死。

七月，魏孝武帝亲自统率大军屯扎在河桥。高欢到了黄河以北十几里的地方，又一次派人口头表达忠诚的态度，魏孝武帝不予答复。高欢于是率军渡河。魏孝武帝向大臣们询问计谋，有人建议往南投奔贺拔胜，有人建议向西进入关中，还有人建议把守洛口死战，都没有做出决定。而元斌之与斛斯椿二人因相互争夺权力关系不好，元斌之丢下斛斯椿跑回来，向魏孝武帝谎报说高欢的军队已到。这一天，魏孝武帝就向长安逃跑。

己酉日，高欢进入洛阳，暂时住在永宁寺。八月甲寅日，高欢召集留下来的朝廷百官，对他们说："做臣子的侍奉君主，应当能够匡扶挽救危难的局面。如果君主在位不进行谏争，君主出行又不护驾从行，事态和缓时就只知享乐争名利，事态紧急时便逃得无影无踪，那还有什么臣节可言呢！"于是高欢就逮捕了开府仪同三司叱列延庆、兼尚书左仆射辛雄、兼吏部尚书崔孝芬、都官尚书刘廞、兼度支尚书杨机、散骑常侍元士弼，把他们统统杀掉，以惩罚他们怀有二心的行为。还籍没了元士弼的家属。

高欢认为国家大政不能耽搁废置，就和众位僚属商议，让清河王元亶任大司马，住在尚书省下舍代理皇帝处理政务。而清河王出入就用起了天子仪仗，高欢觉得很可耻。不久高欢到达弘农，进而向西夺取了潼关，活捉守将毛洪宾，又向长城进军，龙门都督薛崇礼投降。高欢随后退回黄河以东，命令行台尚书长史薛瑜镇守潼关，大都督厍狄温镇守封陵，在蒲津的西岸建筑城堡以镇守华州，任命薛绍宗为刺史，又任命高昂代行豫州刺史的事务。高欢从晋阳出兵，到这时，一共向魏孝武帝上了四十份奏启，魏孝武帝都没有答复。

九月庚寅日，高欢又返回洛阳，派遣和尚道荣前往关中上表，魏孝武帝又不答复。于是他就召集文武百官、僧侣、长者，商议推选谁当皇帝。大家认为自从孝明帝孝昌年间以来，国家发生动乱，皇帝承袭的统系从中断绝，神主没有依靠，祭祀的秩序混乱，以至于永安时奉孝文帝为伯考，永熙时又把孝明帝的牌位迁入夹室。最近拥立的几个皇帝一事无成，在位短促，都是由于上述情况造成的。于是商议立清河王元亶的世子元善见为帝。商议已定，就去告诉清河王。清河王说："虽然有天子没有父亲的说法，但如果我的儿子能立为皇帝，我就是现在死了也不感到遗憾了。"于是就拥立了元善见，这就是后来的东魏孝静帝。北魏王朝从此分裂为东魏和西魏两部分。

高欢认为孝武帝既已西逃，恐怕就会逼进崤关陕州，而且洛阳又在黄河以南，与梁朝的疆土也比较接近。如果迁都到晋阳，又有些僻远，不易控制大局，于是就按照以前的打算迁都到邺城。护军祖莹也赞同这个计划。迁都诏书下了才三天，皇帝的车驾就出发了，洛阳的四十万户居民也仓皇上路。高欢留在洛阳处理善后工作，事务完毕之后返回晋阳。从此国家的军政大事，全都归晋阳的丞相府处置。在此之前有童谣唱道："可怜那小青雀飞进邺城，羽毛快长成的时候却变成了小鹦鹉。"好事的人私下说：小青雀就是指清河王的儿子，而鹦鹉则是指后来追谥为北齐神武皇帝的高欢。

起初，魏孝明帝孝昌年间，山胡人刘蠡升自称为天子，定年号为神嘉，住在云阳谷一带。西部边疆一带每年都受其侵扰，人们称之为"胡荒"。

天平二年正月，西魏渭州刺史可朱浑道元率部下前来降附，高欢亲自前去迎接。壬戌日，高欢发兵袭击刘蠡升，大败他的军队。己巳日，魏孝静帝下诏褒奖，任命高欢为相国，赐给他黄钺，可以带剑穿鞋上殿，入朝时不必疾速行走。高欢坚决推辞。

三月，高欢想把女儿嫁给刘蠡升的太子，趁他不加防备，在辛酉日突然发兵偷袭。刘蠡升的北部王斩了刘蠡升的首级前来奉送，其余部又立了刘蠡升的儿子南海王为帝。高欢继续进攻，又擒获了南海王以及他的弟弟西海王、北海王、皇后、公卿大臣以下一共四百多人，还有胡人、北魏百姓一共五万户。壬申日，高欢到邺城入朝。

四月，高欢请求发给迁徙的百姓粮食，多少不等。

九月甲寅日，高欢因为州、郡、县的地方官吏大都有枉法行为，请求由朝廷派遣使节询问民间的疾苦。

天平三年正月甲子日，高欢率领厍狄干等一万多骑兵袭击西魏夏州。他们在路上不埋锅造饭，只吃干粮疾驰了四天到达夏州，捆扎长矛做成云梯，半夜攻入城内，活捉了刺史费也头斛拔俄弥突，又重新对他加以任用。留下都督张琼在那里镇守，迁徙费也头部族的五千户百姓返回并州。西魏灵州刺史曹泥和他的女婿凉州刺史刘丰派来使节请求降附。西魏丞相宇文泰把曹泥包围在灵州，放水灌城，只有四尺没有被淹入城中。高欢命令阿至罗征发三万名骑兵，直接越过灵州，绕到西魏军队后方出击，缴获战马五十匹，西魏军队才撤退。高欢率骑兵迎接曹泥和刘丰，救出剩下的五千户百姓返回并州，又恢复了曹泥的官职爵位。魏孝静帝下诏加授高欢九锡的殊礼。高欢坚决辞让，于是作罢。

二月，高欢命令阿至罗进攻西魏的秦州刺史建忠王万俟普拔，并亲自率军接应。六月甲午日，万俟普拔和他的儿子西魏太宰万俟受洛干、豳州刺史叱干宝乐、右卫将军破六韩常以及都督将领共三百多人，率领部族前来降附。

八月丁亥日，高欢奏请统一斗尺度量的标准，颁布于天下。

九月辛亥日，汾州的胡人王迢触、曹贰龙聚众谋反，部署建立各级官吏，建年号为平都，高欢讨伐平定了他们。

十二月丁丑日，高欢从晋阳发兵西征，派遣兼仆射行台、汝阳王元暹和司徒高昂等率兵奔赴上洛，大都督窦泰从潼关进兵。

天平四年正月癸丑日，窦泰兵败自杀。高欢的军队到达蒲津，因为冰太薄而无法过河救援，只好撤退班师。高昂攻占了上洛。

二月己酉日，高欢因为并州、肆州、汾州、建州、晋州、东雍州、南汾州、秦州、陕州这九个州遭受了霜灾和旱灾，百姓因饥饿而流亡，奏请流亡所到的地区都打开仓库赈济。

六月壬申日，高欢到天池巡视，得到一块祥瑞的石头，石头上隐隐约约可以看出“六王三川”的字样。

十月壬辰日，高欢率军西征，从蒲津渡过黄河，军队一共二十万人。周文在沙苑布置军队。高欢因为看到地势狭窄而下令军队稍微后退，西魏军队乘机鸣鼓呐喊冲过来。高欢的军队大乱，丢弃的兵器甲胄有十八万副。高欢骑着骆驼逃走，等到一只船逃回河东。

元象元年三月辛酉日，高欢坚决要求解除自己的丞相职务，魏孝静帝答应了他的请求。

四月庚寅日，高欢到邺城入朝。壬辰日，动身返回晋阳，奏请解除酿酒的禁令，并给宿卫军队的武官发放钱粮补助。

七月壬午日，行台侯景、司徒高昂把西魏大将独孤信包围在金墉城，西魏文帝和周文都亲自前来救援。大都督库狄干率领诸将作为先锋前往迎敌，高欢亲统大军随后进发。

八月辛卯日，在河阴交战，大破西魏军队，俘虏了几万人。司徒高昂及大都督李猛、宋显都在战斗中死了。西魏军队败逃时，独孤信先逃入关内，周文留下都督长孙子彦坚守金墉城，于是自己也烧掉营垒逃走。高欢派兵追赶到崤山，没有追上，只好返回。起初，高欢知道西魏军队前来进犯，从晋阳率军奔赴救援，到达孟津，尚未渡河，而两军已交战并决出了胜负。随后高欢渡过黄河，长孙子彦也丢下金墉城逃走了。高欢于是毁掉金墉城，率军北还。

十一月庚午日，高欢到京师入朝，十二月壬辰日，返回晋阳。

兴和元年七月丁丑日，魏孝静帝晋封高欢为相国、录尚书事。高欢执意辞让，于是作罢。

十一月乙丑日，高欢因为新的皇宫落成，专门到邺城朝贺。魏孝静帝与高欢一同宴饮射箭，高欢走下台阶，向魏孝静帝道贺。又要求辞去勃海王的爵位和都督中外诸军事之职，魏孝静帝下诏不准。十二月戊戌日，高欢返回晋阳。

兴和二年十二月，阿至罗族的一个分支部落派遣使节请求降附，高欢率部队前去迎接。出了武州的关塞，没有见到前来降附的部落，就大规模地打了一次猎后返回。

兴和三年五月，高欢到北部边境巡视，派遣使节与蠕蠕通好讲和。

兴和四年五月辛巳日，高欢到邺城入朝。他奏请下令给文武百官，让他们每月都要当面向皇帝报告政事；还奏请严格推行官员考核制度，听取谏言，斥逐奸邪，亲自处理刑狱事务，褒赏勤劳的官员，惩罚懒惰的官员；地方官有了过失，上级也要连坐；皇帝后宫的嫔妃，要按照一定级别程序入侍；后宫园林中的鹰犬，一律除去。六月甲辰日，高欢返回晋阳。

九月，高欢率军西征。十月己亥日，把西魏的仪同三司思政包围在玉壁城内，目的在于引诱敌军。西魏军队不敢出兵援救。

十一月癸未日，高欢因为天降大雪，很多士卒都被冻死，于是下令解围撤军。

武定元年二月壬申日，北豫州刺史高慎占据武牢城，向西魏投降。三月壬辰日，西魏周文率军队救援高慎，包围了河桥的南城。戊申日，高欢在芒山大败西魏军队，活捉了都督将领以下官员四百多人，一共俘虏并杀敌六万人左右。当时有一个偷杀毛驴的军士，按照军令应当处死，高欢没有马上杀掉他，打算回并州后再行处罚。到第二天再次交战的时候，这个军士逃到西魏军营之中，告诉他们高欢所在的具体地方。于是西魏集中全部精锐部队前来进攻。高欢的部队抵挡不住，四下溃散，高欢丢掉了战马。赫连阳顺下马把自己的马交给高欢，与军中的奴隶冯文洛一同把高欢扶上马一齐逃走。随从的步兵骑兵只有六七个人。西魏骑兵前来追赶，高欢的亲信都督尉兴庆说："大王先走，我腰边带着一百支箭，足可以射死一百人。"高欢勉励他说："如果你掩护成功，就让你当怀州刺史；你如果战死，就把这一职务授给你的儿子。"尉兴庆说："我的儿子还小，希望把这一职务授给我的兄长。"高欢答应了。尉兴庆奋力狙击，箭射完以后战死了。西魏太师贺拔胜率领十三名骑兵追杀高欢，河州刺史刘洪徽射死了其中两个人。贺拔胜的长矛将要刺中高欢，段孝先从侧面一箭射死了贺拔胜的战马，高欢才幸免于难。豫州、洛州最终被高欢平定，高欢派刘丰追击徇地，一直到了恒农才折回来。

七月，高欢给周文写了一封书信，指责他杀害魏孝武帝的罪行。

八月辛未日，魏孝静帝下诏任命高欢为相国、录尚书事、大行台，其余官职同以前一样。高欢坚决推让，才作罢。这个月，高欢下令在肆州北面的山上建城，西起马陵戍，东到土隥，四十天后完工了。

十二月己卯日，高欢到京城入朝。庚辰日，返回晋阳。

武定二年三月癸巳日，高欢到冀州、定州巡回视察，并顺路到京城入朝。因为由冬到春一直干旱，奏请减免各地所欠税收，赈济穷困的百姓，赦免死罪以下的罪犯行为。又奏请授给各地高龄老人一些大小不等的官衔。四月丙辰日，高欢回到晋阳。

十一月，高欢出兵讨伐山胡，击败和讨平了他们的军队，共俘虏了一万多户居民，把他们分配到各个州居住。

武定三年正月甲午日，开府仪同三司尔朱文畅、开府司马任胄、都督郑仲礼、中府主簿李世林、前开府参军房子远等人暗中策划刺杀高欢，打算趁正月十五日晚上放焰火的时候，带刀入府行刺。他们的同党薛季孝把这个阴谋向高欢告发了。于是他们都被逮捕杀掉。丁未日，高欢奏请在并州设置晋阳宫，用来安置分配居住的山胡族人。

三月乙未日，高欢到邺城入朝。丙午日，返回晋阳。

十月丁卯日，高欢上奏说，幽州、安州、定州三个州的北面与奚族、蠕蠕族邻境，请求在这三个州险要的地方修筑城堡，派兵戍守，以防备遭到入侵。高欢亲自去督察这一工程，城堡都修筑得非常坚实牢固。乙未日，高欢又奏请释放在芒山之战中俘获的西魏战俘，让他们同在战乱中失去丈夫的民间的寡妇匹配成亲。

武定四年八月癸巳日，高欢准备西征，从邺城召集诸军到晋阳会合。殿中将军曹魏祖劝阻说："不能西征。今年八月西方有王气，出现死气迎战生气的天象。这表明作战的客方将会遇到不利，对主方有利。如果一定要出兵，只怕会折损大将。"高欢没有听从他的劝告。自从东魏西魏交兵以来，邺城一带经常在战事前就有大片的黄色和黑色两种蚂蚁列阵交战。占卜的人说：黄色是东魏军衣的颜色，黑色是西魏军衣的颜色。所以老百姓都通过蚂蚁交战来事先预测东西魏两方的胜负。当时，黄蚁都战败死掉了。

九月，高欢率军包围了玉壁城以引诱西魏军队前来交战，西魏军队不敢应战。西魏晋州刺史韦孝宽坚守玉壁城。城头上竖了一个铁制面具，高欢命令大将元盗向它射箭，大都射中了它的眼睛。采用李业兴的算命推步法进行占卜，结果决定集中力量进攻北面。城的北面十分险要，于是在城外修筑土山，挖了十条地道，又在东面挖了二十一条地道，全力进攻。城中没有水，平时都从汾河打水。高欢下令改挖汾河河道，一夜之间就宣告完工。韦孝宽派兵夺占了土山。东魏军队在玉壁城下进攻了五十天，城还没有被攻下来，牺牲的战士已有七万人，他们被聚在一起埋了一个大坟。有流星落在高欢的军营中，军中的毛驴都齐声鸣叫起来，士卒都感到震耳欲聋，十分害怕。高欢自己也得了病。

十一月庚子日，高欢带病率领军队班师。庚戌日，派遣次子太原公高洋到邺城镇守。辛亥日，征召世子高澄来到晋阳。有一群丑恶的鸟聚在亭边的树上，世子高澄让大将斛律光用弓箭把它们射死了。己卯日，高欢因为西征无功而还，上表请求免去自己都督中外诸军事的头衔。魏孝静帝下诏慰问勉励，答应了他的请求。当时，西魏散布谣言说高欢在玉壁城下中了弩箭。高欢听说之后，就带病勉强坐起来接见各位公卿贵族。高欢让斛律金演唱敕勒民歌，自己跟着伴唱，悲从中来，忍不住流下了眼泪。

侯景一向看不起世子高澄，曾经对司马子如说："高大王如果活着，我不敢有异心；大王如果逝世，我可不能和这个鲜卑小孩子一同共事！"司马子如捂住了他的嘴。这时，高澄用高欢的名义写了一封信，征召侯景。侯景从前曾与高欢单独约定，接到高欢的书信，如果信背面有一个小点，才按要求前去。这封信送到侯景手中，侯景看信背面没有小点，就没有应召前往。他又听说高欢得了病，于是就集结兵马，加强防守。高欢对高澄说:“我虽然得了病,可你脸上还有多余的担忧神色,这是为什么呢?”高澄不知如何回答。高欢又问:“是不是担心侯景发动叛乱?”高澄说:“是。”高欢说:“侯景专权统辖河南地区已经有十四年了,经常有飞扬跋扈,不受制于人的志向,只有我才能笼络住他,他怎么会听从你的驾驭呢。现在天下还不安定,我死之后,不要立即发布丧亡的消息。库狄干是鲜卑族老臣,斛律金是敕勒族老臣,这两个人性情诚实朴直,一定不会做对不起你的事情。可朱浑道元、刘丰生都从边远地方前来投奔我,也肯定不会有异心。贺拔焉过儿性情朴实,没有犯过错误,潘相乐过去当过道人,心地宽和厚道,你们兄弟一定会得到他的帮助。韩轨稍微有些倔犟,应该加以宽容谅解。彭相乐心计过人,应当对他加以提防。略微可以和侯景对抗的,只有慕容绍宗一人。我故意没有提拔他,是想留下来给你使用,应当对他加以特别的礼遇,交给他一方面的军政大权。”

武定五年正月的头一天,发生了日食。高欢说:“日食难道是因为我的缘故吗?就算死了又有什么悔恨!”丙午日,高欢向魏孝静帝上了临终的奏启。这一天,高欢在晋阳逝世,终年五十二岁。暂时保守秘密不发丧。到六月壬午日,魏孝静帝才在东堂举行三天的哀悼活动,缝制了麻布丧衣,下诏按西汉大将军霍光、东汉东平王刘苍的丧葬礼节行事。追赠高欢假黄钺、使持节、相国、都督中外诸军事的头衔,追授给他齐王的玉玺绶带又追赐辒辌车、黄屋左纛、前后羽葆鼓吹、轻车介士等仪仗,兼备了九锡的特殊礼遇,追谥为献武王。八月甲申日,在邺城西北漳河的西岸下葬,魏孝静帝亲自护送到紫陌。到北齐天保初年,追崇高欢为献武皇帝,庙号太祖,陵墓的名字为义平陵。北齐后主天统元年,又改谥为神武皇帝,改庙号为高祖。

高欢生性深沉严密,思虑高远,平日相貌端庄严肃,心思深不可测。长于机虑权谋,变化运用如神。至于国家的军政方略,完全由他一人思考决定,文武官员,将帅僚吏,都很少能参与决策。他统率军队,法令严明,临敌作战,出奇制胜,策略灵活,变幻莫测。听取汇报,处理政务,十分精明细致,绝不会受下属的欺骗蒙蔽。善于用人,赏识人才,对有功的勋旧大臣能加以保全周护。性情细密敏捷,对文教事业十分关心,经常诚恳地加以了解,办事务求实际,不搞虚浮的点缀。提拔官员、任命职务,都以有无才能作为标准,只要能够胜任,就算出身是奴隶仆役也一样提拔。相反那些徒有虚名，并无真才实学的人，极少被任用。将领出征作战，如果按高欢事先制定的战略作战，没有不打胜仗的；如果不按高欢的指示办事，就大多遭致损兵折将。他一贯崇尚俭朴，日常使用的刀剑鞍辔都不带有金玉装饰。年轻时有很大酒量，但自从承担国家重任以后，每次喝酒都不超过三杯。在家里的日常举动也都和在官府里一样。仁慈宽恕，爱赏士人。当初范阳人卢景裕以精通经书出名，鲁郡人韩毅因擅长书法著称，他们都因策划反对高欢被逮捕，但高欢不加处罚，而让他们住自己的宅第，开馆教授高欢的几个儿子读书。其余的文士武将，因为尽忠侍奉自己的主人，高欢擒获他们也不加罪，这样的例子非常多。所以远近地方的人都被高欢折服，愿意为他效力。至于南面与梁朝通好，北面结纳蠕蠕，吐谷浑、阿至罗等部族也都被招降，得到他们的帮助，可见高欢统治国家的方略、眼光和度量都是非常远大的。

史臣说：当年北魏王朝控制不住天下的局面，中原陷入动荡分离的状态。高欢在山西地区开始创业，在河北地区正式树起旗帜。几次大战，消灭了叛逆势力，马鞭一挥，京城洛阳地区即告平定。尊奉天子、匡扶国家，为天下百姓立了大功。过不久魏孝武帝为躲避高欢权势的逼迫进入关中，北魏王朝的气数正要断绝，这就更加快了东魏、西魏的分裂。

北史卷十三

西魏文帝文皇后乙弗氏
文帝悼皇后郁久闾氏列传第一

西魏文帝文皇后乙弗氏

文帝文皇后乙弗氏，河南洛阳人也。其先世为吐谷浑渠帅，居青海，号青海王。凉州平，后之高祖莫环拥部落入附，拜定州刺史，封西平公。自莫环后，三世尚公主，女乃多为王妃，甚见贵重。父瑗，仪同三司、兖州刺史。母淮阳长公主，孝文之第四女也。后美容仪，少言笑，年数岁，父母异之，指示诸亲曰："生女何妨也。若此者，实胜男。"年十六，文帝纳为妃。及帝即位，以大统元年册为皇后。后性好节俭，蔬食故衣，珠玉罗绮绝于服玩。又仁恕不为嫉妒之心，帝益重之。生男女十二人，多早夭，唯太子及武都王戊存焉。

时新都关中，务欲东讨，蠕蠕寇边，未遑北伐，故帝结婚以抚之。于是更纳悼后，命后逊居别宫，出家为尼。悼后犹怀猜忌，复徙后居秦州，依子秦州刺史武都王。帝虽限大计，恩好不忘，后密令养发，有追还之意。然事秘禁，外无知者。

六年春，蠕蠕举国度河，前驱已过夏，颇有言虏为悼后之故兴此役。帝曰："岂有百万之众为一女子举也，虽然，致此物论，朕亦何颜以见将帅邪！"乃遣中常侍曹宠赍手敕令后自尽。后奉敕，挥泪谓宠曰："愿至尊享千万岁，天下康宁，死无恨也。"因命武都王前，与之决。遗语皇太子，辞皆凄怆，因恸哭久之。侍御咸垂涕失声，莫能仰视。召僧设供，令侍婢数十人出家，手为落发。事毕，乃入室，引被自覆而崩，年三十一。凿麦积崖为龛而葬，神柩将入，有二丛云先入龛中，顷之一灭一出，后号寂陵。及文帝山陵毕，手书云，万岁后欲令后配飨。公卿乃议追谥曰文皇后，祔于太庙。废帝时，合葬于永陵。

【译文】

西魏文帝元宝矩文皇后乙弗氏是河南洛阳人。她的祖先世代担任吐谷浑部落的首领，在青海居住，号称青海王。凉州归降之后，乙弗皇后的高祖莫环统领部落归顺北魏，被任命为定州刺史，加封西平公。从莫环之后，三代子孙都迎娶北魏的公主，女孩则大多嫁给宗王为妃，在朝廷特别受重视。乙弗皇后的父亲乙弗瑗，官至仪同三司、西兖州刺史。她的母亲淮阳长公主是孝文帝的第四个女儿。乙弗皇后容貌俊美，不喜欢交谈玩笑，很小的时候，她的父母亲就对她感到惊奇，指着她对亲戚们说："生女儿又怎么样呢。比如我这个女儿，事实上比男孩还强呢。"她十六岁时，文帝迎娶她为南阳王王妃。等到文帝登基后，在大统元年册封她为皇后。乙弗皇后生性喜欢节俭，经常吃蔬菜，穿旧衣服，她的衣服中没有珠宝玉石和精美的丝织品。而且她为人仁慈宽容，没有嫉妒之心，文帝愈发地敬重她。她共生下十二个儿女，大多年幼就夭折了，只有太子元钦和武都王元戊存活了下来。

当时西魏刚刚在关中长安建都，打算全力进攻东魏，蠕蠕族进犯北部边境，但是没来得及进行征讨，因此文帝采取与蠕蠕族联姻的办法加以拉拢。于是又迎娶蠕蠕首领阿那环的女儿悼皇后，诏命乙弗皇后从皇后宫迁出居住到其他的宫殿中，之后乙弗皇后出家为尼。悼皇后依旧心中充满猜忌，又将乙弗皇后迁往秦州居住，与儿子秦州刺史武都王元戊在一起居住。文帝虽然受国家大计逼迫，可是仍没有忘记和乙弗皇后的深厚感情，后来暗地里让她蓄发，还有让她回宫为后的意图。只不过事情进行得非常隐秘，外面没有人知晓。

大统六年春天，蠕蠕族发动全国军队渡过黄河，前锋已经过夏州，很多人说蠕蠕族向西魏发动此战是因为悼皇后不受宠爱的缘故。文帝说："怎么会有百万大军是为一个女子不受恩宠而发动的呢？虽然如此，但是让人说出如此言论，朕又有什么颜面面对众将呢！"于是派遣中常侍曹宠携带自己的亲笔诏令命乙弗皇后自尽。乙弗皇后接到诏令后，流着眼泪对曹宠说："希望陛下能活千万岁，天下富足安定，我就死而无恨了。"然后她让武都王前来，与他诀别。又给皇太子留下遗言，话语都特别凄凉，于是她悲痛地哭了很长时间。侍奉她的人都哭出声来，没有人敢抬头直视她。乙弗皇后又召来僧侣，摆上供品，命令侍奉自己的几十个婢女出家为尼，并亲自给她们剪掉头发。事情办完后，才走进寝室，拉开被子将自己盖住而死去了，终年三十一岁。朝廷在麦积崖开凿了一个石窟来安葬她，灵柩将被放进去时，有两朵云先涌进石窟中，很快其中一朵云彩消失不见了，另一朵也飘了出去，后来人们把这里称为寂陵。文帝的陵墓修建竣工后，他亲笔写下文书，说自己去世后打算让乙弗皇后配祭。于是朝廷公卿们经过商讨，追谥她为文皇后，在太庙中配祭。西魏废帝元钦在位时，将她与文帝一起埋葬在永陵中。

文帝悼皇后郁久闾氏

文帝悼皇后郁久闾氏，蠕蠕主阿那环之长女也。容貌端严，夙有成智。大统初，蠕蠕屡犯北边，文帝乃与约，通好结婚，扶风王孚受使奉迎。蠕蠕俗以东为贵，后之来，营幕户席，一皆东向。车七百乘，马万匹，驼千头。到黑盐池，魏朝卤簿文物始至。孚奏请正南面，后曰："我未见魏主，故蠕蠕女也。魏仗向南，我自东面。"孚无以辞。

四年正月，至京师，立为皇后，时年十四。六年，后怀孕将产，居于瑶华殿，闻上有狗吠声，心甚恶之。又见妇人盛饰来至后所，后谓左右："此为何人。"医巫傍侍，悉无见者，时以为文后之灵。产讫而崩，年十六，葬于少陵原。十七年，合葬永陵。当会横桥北，后梓宫先至鹿苑，帝絺綌后来，将就次所，轨折不进。

【译文】

西魏文帝元宝矩悼皇后是蠕蠕首领阿那环的大女儿。她容貌端庄，很小时候就有成年人的智慧。西魏大统初年，蠕蠕屡次进犯北部边境，文帝于是与他们约定，两国通使求和联姻，扶风王元孚奉命作为使臣前去迎娶。按照蠕蠕的风俗，把东边视为尊贵之位，悼皇后在来西魏的路上，营帐的门以及坐席都是朝东的。随行的马车有七百辆，马有一万匹，骆驼有一千头。她抵达黑盐池时，西魏送来的皇后仪仗器物才送到。元孚上奏请求悼皇后按照西魏的习俗，以南方为尊位。悼皇后说："我还没有与魏主相见，因此还是蠕蠕的女儿。魏朝的仪仗朝向南方，我自己仍朝向东方。"元孚无话可说。

大统四年正月，悼皇后抵达京城长安，被册封为皇后，当时她仅有十四岁。大统六年，悼皇后怀孕马上要生产，在瑶华殿居住，听到屋顶上有狗叫的声音，心中对此非常厌烦。她又看到一个女人穿着华丽的衣服来到自己的住所，悼皇后对身边的人说：“她是什么人？”当时医生与巫师在她身边侍奉，他们都没有看到什么，当时人们认为这是文皇后的灵魂在作怪。悼皇后生下孩子后就去世了，终年十六岁，被安葬在少陵原。大统十七年，被迁到永陵与文帝安葬在一起。安葬那天，悼皇后的灵柩应当在横桥北边与文帝的灵柩会合，悼皇后的灵柩预先抵达鹿苑，运送文帝棺椁的灵车随后抵达，将要靠近暂住之处时，灵车车轮折断而没有办法前进。

北史卷十四

后主冯淑妃列传第二

冯淑妃名小怜，大穆后从婢也。穆后爱衰，以五月五日进之，号曰“续命”。慧黠能弹琵琶，工歌舞。后主惑之，坐则同席，出则并马，愿得生死一处。命淑妃处隆基堂，淑妃恶曹昭仪所常居也，悉令反换其地。

周师之取平阳，帝猎于三堆，晋州亟告急，帝将还，淑妃请更杀一围，帝从其言。识者以为后主名纬，杀围言非吉征。及帝至晋州，城已欲没矣。作地道攻之，城陷十余步，将士乘势欲入。帝敕且止，召淑妃共观之。淑妃妆点，不获时至。周人以木拒塞，城遂不下。旧俗相传，晋州城西石上有圣人迹，淑妃欲往观之。帝恐弩矢及桥，故抽攻城木造远桥，监作舍人以不速成受罚。帝与淑妃度桥，桥坏，至夜乃还。称妃有功勋，将立为左皇后，即令使驰取袆翟等皇后服御。仍与之并骑观战，东偏少却，淑妃怖曰：“军败矣！”帝遂以淑妃奔还。至洪洞戍，淑妃方以粉镜自玩，后声乱唱贼至，于是复走。内参自晋阳以皇后衣至，帝为按辔，命淑妃著之，然后去。帝奔邺，太后后至，帝不出迎。淑妃将至，凿城北门出十里迎之。复以淑妃奔青州。后主至长安，请周武帝乞淑妃，帝曰：“朕视天下如脱屣，一老妪岂与公惜也！”仍以赐之。

及帝遇害，以淑妃赐代王达，甚嬖之。淑妃弹琵琶，因弦断，作诗曰：“虽蒙今日宠，犹忆昔时怜。欲知心断绝，应看胶上弦。”达妃为淑妃所谮，几致于死。隋文帝将赐达妃兄李询，令著布裙配舂。询母逼令自杀。

后主以李祖钦女为左昭仪，进为左娥英。裴氏为右娥英。娥英者，兼取舜妃娥皇、女英名，阳休之所制。

乐人曹僧奴进二女，大者忤旨，剥面皮，少者弹琵琶，为昭仪。以僧奴为日南王。僧奴死后，又贵其兄弟妙达等二人，同日皆为郡王。为昭仪别起隆基堂，极为绮丽。陆媪诬以左道，遂杀之。

又有董昭仪、毛夫人、彭夫人、王夫人、小王夫人、二李夫人，皆嬖

宠之。毛能弹筝，本和士开荐人。帝所幸彭夫人，亦音妓进，死于晋阳，造佛寺，与总持相埒。一李是隶户女，以五弦进。一李即孝贞之女也。小王生一男，诸阉人在旁，皆蒙赐给。毛兄思安，超登武卫。董父贤义，为作军主，由昭仪亦超登开府。自余姻属，多至大官。

【译文】

冯淑妃名为小怜，是北齐后主高纬穆皇后的侍婢。穆皇后不再受宠幸后，在五月五日就把冯淑妃进献给后主，此做法被称为“续命”。冯淑妃聪敏灵巧，很会弹奏琵琶，能歌善舞。后主被她迷惑了，坐便和她同席，出去便与她乘同一匹马而行，希望能与她生死相随。后主诏命冯淑妃住在隆基堂，冯淑妃因为曹昭仪曾经在此居住，很厌恶此地，于是命人将住处的东西全部更换。

北周军队攻取平阳城时，后主正在三堆狩猎，晋州多次派人来禀告形势危急，后主准备返回晋阳，冯淑妃请求再杀上一围，后主听从了她的话。有见识的人认为后主名为纬，“杀围”这话是不吉利的征兆。当后主抵达晋州时，平阳已经快被攻陷了。后主命令齐军挖掘地道攻打城池，城墙倒塌十多步宽的缺口，将士们想趁此机会攻入城去。后主下令暂时停止攻击，派人将冯淑妃召来与他一起观看攻城。可是冯淑妃正在梳妆打扮，没有及时来到。周军便用许多木头将缺口堵塞严密，平阳城因此没能够被攻克。过去民间传说晋州城西边一块石头上有古代圣人的遗迹，冯淑妃想前去观看。后主担心城上的弓弩能把箭射到桥上，因此抽调攻城用的木头在远处再建造一座桥，监督作桥的舍人因为桥没有快速建成而受到惩罚。后主与冯淑妃过了桥后，桥就塌了，直到晚上才返回。后主称赞冯淑妃有功劳，准备册封她为左皇后，立即命令使臣乘快马前去拿袆衣雉羽等皇后穿用的衣服饰物。并和冯淑妃一起乘马观看交战，齐军东面的部队稍微有些后退，淑妃惊恐地说：“大军败了！”后主于是带着淑妃奔逃回去。当他们到洪洞戍城时，冯淑妃拿起脂粉和镜子摆弄，后面传来杂乱的呼叫声，说敌军杀过来了，于是又起身逃跑。内参从晋阳携带皇后的衣服赶到，后主为她勒住马缰，让冯淑妃穿上衣服，然后才继续奔逃。后主奔逃到邺城，母亲皇太后随后抵达，后主却没有出城迎接，冯淑妃快到来时，后主开凿邺城的北门，到十里之外去迎接她。又携带着淑妃逃奔到青州。后主被抓到长安之后，向周武帝请求把冯淑妃赐还给他，周武帝说："我看天下也不过像脱下鞋子一般，一个老太婆我怎么会舍不得给你呢！"于是把冯淑妃依旧赐予他。

当后主被诛杀后，周武帝把冯淑妃赐予代王宇文达，宇文达特别宠幸她。冯淑妃弹奏琵琶，趁琵琶断弦的时候，写了一首诗说："虽蒙今日宠，犹忆昔时怜。欲知心断绝，应看胶上弦。"宇文达的王妃因为冯淑妃的谗言，几乎被杀死。隋文帝将冯淑妃又赐予宇文达王妃的哥哥李询为婢女，让她穿着粗布裙舂米。李询的母亲逼冯淑妃自尽而死。

后主册封李祖钦的女儿为左昭仪，进封为左娥英。册封裴氏为右娥英。所说的娥英，是依据舜的两个妃子娥皇、女英的名字而起的名号，这是阳休之制定的。

在朝廷演奏乐曲的一个叫曹僧奴的人，进献两个女儿给后主，大女儿因触犯了后主的意旨，被剥去了脸皮。小女儿能弹奏琵琶，被册封为昭仪。加封曹僧奴为日南王。曹僧奴去世后，后主又尊奉他的哥哥曹妙达等两人，在同一天把他们都封为郡王。还为曹昭仪另外建造一座名为隆基堂的宫殿，特别精巧壮丽。陆媪诬陷曹昭仪搞邪门歪道，后主于是把曹昭仪杀死了。

除此之外还有董昭仪、毛夫人、彭夫人、王夫人、小王夫人、两个李夫人，后主对她们都很恩宠。毛夫人擅长弹筝，之前是通过和士开进献给后主的。后主宠爱的彭夫人，原本是一个妓女，凭借会乐曲而被召进宫中，后来在晋阳去世，后主为她建造佛寺，与总持寺的规模相差不大。李夫人之一是隶户的女儿，因为能弹奏五弦琴而被召进宫中。另一个就是李孝贞的女儿。小王夫人生下了一个男孩，当时在她身边的所有宦官都受到了恩赐。毛夫人的兄长毛思安，被破格提拔为武卫将军。董昭仪的父亲董贤义，原本是掌管工匠的军主，因为董昭仪的缘故也被破格提拔为开府。其他受宠之人的亲属，很多也都做了大官。

北史卷二十七

郦道元列传第十五

道元字善长。初袭爵永宁侯，例降为伯。御史中尉李彪以道元执法清刻，自太傅掾引为书侍御史。彪为仆射李冲所奏，道元以属官坐免。景明中，为冀州镇东府长史。刺史于劲，顺皇后父也，西讨关中，亦不至州，道元行事三年。为政严酷，吏人畏之，奸盗逃于他境。后试守鲁阳郡，道元表立黉序，崇劝学教。诏曰："鲁阳本以蛮人，不立大学。今可听之，以成良守文翁之化。"道元在郡，山蛮伏其威名，不敢为寇。延昌中，为东荆州刺史，威猛为政，如在冀州。蛮人诣阙讼其刻峻，请前刺史寇祖礼。及以遣戍兵七十人送道元还京，二人并坐免官。

后为河南尹。明帝以沃野、怀朔、薄骨律、武川、抚冥、柔玄、怀荒、御夷诸镇并改为州，其郡、县、戍名，令准古城邑。诏道元持节兼黄门侍郎，驰驿与大都督李崇筹宜置立，裁减去留。会诸镇叛，不果而还。

孝昌初，梁遣将攻扬州，刺史元法僧又于彭城反叛。诏道元持节、兼侍中、摄行台尚书，节度诸军，依仆射李平故事。梁军至涡阳，败退。道元追讨，多有斩获。

后徐御史中尉。道元素有严猛之称，权豪始颇惮之。而不能有所纠正，声望更损。司州牧、汝南王悦嬖近左右丘念，常与卧起。及选州官，多由于念。念常匿悦第，时还其家，道元密访知，收念付狱。悦启灵太后，请全念身，有敕赦之。道元遂尽其命，因以劾悦。

时雍州刺史萧宝夤反状稍露，侍中、城阳王徽素忌道元，因讽朝廷，遣为关右大使。宝夤虑道元图己，遣其行台郎中郭子帙围道元于阴盘驿亭。亭在冈上，常食冈下之井。既被围，穿井十余丈不得水。水尽力屈，贼遂逾墙而入。道元与其弟道（缺）二子俱被害。道元瞋目叱贼，厉声而死。宝夤犹遣敛其父子，殡于长安城东。事平，丧还，赠吏部尚书、冀州刺史、安定县男。

道元好学，历览奇书，撰注《水经》四十卷，《本志》十三篇。又为

《七聘》及诸文皆行于世。然兄弟不能笃睦，又多嫌忌，时论薄之。子孝友袭。

【译文】

郦道元，字善长，起初，继承父亲的封爵永宁侯，按照惯例，由侯降为伯。御史中尉李彪因为道元执法清正苛刻，举荐他由太傅掾升任书侍御史。李彪被仆射李冲参奏下台后，道元因为是李彪的下属官员也被罢免。景明期间（500—503），道元任冀州镇东府长史。冀州刺史于劲，是顺皇后的父亲，当时带兵在关中打仗，不在冀州上任，州上的事全由道元管理达三年之久。由于道元行政严酷，所以不仅是官吏畏惧，就是奸诈小人和强盗也纷纷逃离冀州，到别的地方去。后来调道元去鲁阳郡代理太守，他向皇帝上奏，请求在鲁阳建立学校，崇尚并勉励学校教育。皇帝下诏说："鲁阳原来因为是南方边远地区，不立大学。现在可以允许，使鲁阳像西汉文翁办学那样成为有文化教养的地区。"道元在鲁阳郡的日子，老百姓佩服他的威名，不敢违法。延昌期间（512—515），道元任东荆州刺史，行政威猛跟在冀州一样。当地百姓到朝廷向皇帝告状，告他苛刻严峻，请求前任刺史寇祖礼回来复任。等到寇祖礼回来并派遣戍边士兵七十名送道元回京时，两人都因为犯事而被罢官。

后来道元任河南尹。北魏明帝因为沃野、怀朔、薄骨律、武川、抚冥、柔玄、怀荒、御夷等镇均改为州，这些州的郡、县、戍的名称，命令以古城邑为标准。皇帝诏令道元持节兼黄门侍郎，与大都督李崇一道按驿站制度兼程而行，筹划哪些地方宜立郡、县、戍，哪些地方要裁减去留。正赶上诸镇叛乱，他们的工作没有结果就回去了。

孝昌初期，梁朝派遣将领攻打扬州，刺史元法僧又在彭城叛乱。孝明帝命道元持节、兼侍中、代理行台尚书，指挥调遣各路军马，如同仆射李平过去的权力一样。梁朝的军队到涡阳，被击退，道元指挥军马追杀，杀敌颇多。

后来任命道元为御史中尉。道元素有行政严猛的名声，掌握大权的人开始有些畏惧。但过了一段时间后，道元纠正不正之风没有显著的成效，他的声望因此受到很大的损害。司州牧、汝南王元悦宠爱丘念，常常跟他一起睡觉，一起生活。等到选举州官时，全由丘念操纵。平时丘念隐藏在元悦的家里，隔三差五才回一次家。道元秘密查清丘念回家的规律，找一次机会把丘念抓住关进监狱。元悦上告灵太后，请求释放丘念。灵太后命令释放，道元抢在命令下达之前就把丘念处死，并凭借此事而检举元悦的违法行为。

正在这个时候，雍州刺史萧宝夤反叛北魏的意图已经暴露，侍中、城阳王元徽一向忌恨道元，就劝灵太后派道元为关右大使去视察萧宝夤。萧宝夤害怕道元收拾他，于是派手下的行台郎中郭子帙把道元围困在阴盘驿亭。亭在山冈上，平时喝水靠山下的水井。已经被围困在山上了，道元在山冈上打井十余丈却仍无水，水尽力竭，贼兵于是翻墙入亭，把道元和他的弟弟以及两个儿子杀害。道元怒目高声骂萧，气竭而亡，萧宝夤派人把道元父子、弟弟埋葬在长安城东。萧宝夤平定之后，道元的尸骨被迁回家乡。朝廷追赠道元吏部尚书、冀州刺史、安定县男。

道元好学，一向喜欢阅览奇书。撰《水经注》四十卷，《本志》十三篇，又创作了《七聘》和其他文章流行于世。然而兄弟之间不能和睦相处，又多嫌忌，当时的舆论有点看不起他。儿子孝友继承爵位。

北史卷四十

李彪列传第二十八

李彪字道固，顿丘卫国人也，孝文赐名焉。家寒微，少孤贫，有大志，好学不倦。初受业于长乐监伯阳，伯阳称美之。晚与渔阳高悦、北平阳尼等将隐名山，不果而罢，悦兄闾博学高才，家富典籍，彪遂于悦家手抄口诵，不暇寝食。既而还乡里。平原王陆睿年将弱冠，雅有志业。娶东徐州刺史博陵崔鉴女，路由冀、相，闻彪名而诣之，修师友之礼，称之州郡，遂举孝廉，至京师，馆而受业焉。阐闾称之朝贵，李冲礼之甚厚，彪深宗附之。

孝文初，为中书教学博士。后假散骑常侍、卫国子，使于齐。迁秘书丞，参著作事。自成帝已来，至于太和，崔浩、高允著述国书，编年序录为《春秋》体，遗落时事。彪与秘书令高祐始奏从迁、固体，创为纪、传、表、志之目焉。

彪又表上封事七条，曰：

古先哲王之为制也，自天子以至公卿，下及抱关击柝，其宫室车服，各有差品，少不得僭大，贱不得逾贵。夫然，故上下序而人志定。今时浮华相竞，情无常守，大为消功之物，巨制费力之事，岂不谬哉！天消功者，锦绣彤文是也；费力者，广宅高宇，壮制丽饰是也。其妨男业害女工者，可胜言哉！汉文时，贾谊上疏，云今之王政可为长太息者六，此即是其一也。

夫上之所好，下必从之。故越王好勇而士多轻死，楚王好瘠而国有饥人。今二圣躬行俭素，诏令殷勤，而百姓之奢犹未革者，岂楚、越之人易变如彼，大魏之士难化如此？此盖朝制不宣，人未见德，使之然耳。臣遇以为第宅车服，自百官以下至于庶人，宜为其等制。使贵不逼贱，卑不僭高，不可以称其侈意，用违经典。

其二曰：《易》称“主器者莫若长子”，传曰“太子奉冢嫡之粢盛。”然则祭无主则宗庙无所飨，冢嫡废则神器无所传。圣贤知其如此，故垂诰以为长世之法。昔姬王得斯道也，故恢崇儒术以训世嫡，世嫡于是乎习成懿德，用大协于黎蒸。是以世统黎元，载祀八百。逮嬴氏之君于秦也，弗以义方教厥冢子，冢子于是习成凶德，肆虐以临黔首。是以飨年不永，二世而亡。亡之与兴，道在于师傅。故《礼》云："冢子生，因举以礼，使士负之，有司齐肃端冕，见于南郊"。明冢嫡之重，见乎天也。"过阙则下，过庙则趋"，明孝敬之道也。然古之太子，自为赤子而教固以行矣。此则远世之镜也。高宗文成皇帝慨少时师不勤教，尝谓群臣曰："朕始学之日，年尚幼冲，情未能专。既临万机，不遑温习。今而思之，岂非唯予之咎，抑亦师傅之不勤。"尚书李䜣免冠而谢。此则近日之可鉴也。

伏惟太皇太后翼赞高宗，训成显祖，使巍巍之功，邈乎前王。陛下幼蒙鞠诲，圣敬日跻，及储宫诞育，复亲抚诰，日省月课，实劳神虑。今诚宜准古立师傅，以诏导太子。诏导正则太子正，太子正则皇家庆，皇家庆则人事幸甚矣。

其三曰：记云：国无三年之储，谓国非其国。光武以一亩不实，罪及牧守。圣人之忧世重谷殷勤如彼；明君之恤人劝农，相切若此。顷年山东饥，去岁京师俭，风外人庶，出入就丰，既废营产，疲困乃加，又于国体，实有虚损。若先多积谷，安而给之，岂有驱督老弱，糊口千里之外？以今况古，诚可惧也。

臣以为宜析州郡常调九分之二，京都度支岁用之余，各立官司。年丰粜积于仓，时俭则加私之二，粜之于人。如此，人必事田以买官绢，又务贮财以取官粟。年登则常积，岁凶则直给。又别立农官，取州郡户十分之一以为屯人。相水陆之宜，料顷亩之数，以赃赎杂物余财市牛科给，令其肆力。一夫之田，岁责六十斛，甄其正课并征戍杂役。行此二事，数年之中，则谷积而人足，虽灾不害。

臣又闻前代明王皆务怀远人，礼贤引滞。故汉高过赵，求乐毅之胄；晋武廓定，旌吴、蜀之彦。臣谓宜于河表七州人中，擢其门才，引令赴阙，依中州官比，随能序之。一可以广圣朝均新旧之义，二可以怀江、汉归有道之情。

其四曰：汉制，旧断狱报重尽季冬，至孝章时改尽十月，以育三微。后岁旱，论者以十月断狱，阴气微，阳气泄，以故至旱。事下公卿。尚书陈宠曰："冬至阳气始萌，故十一月有射干芸荔之应，周以为春。十二月阳气上通，雉雊鸡乳，殷以为春。十三月阳气已至，蛰虫皆震，夏以为春。三微成著，以通三统，三统之月断狱流血，是不稽天意也。”章帝善其言，卒以十月断。

今京都及四方断狱报重，常竟季冬，不推三正以育三微。宽宥之情，每过于昔，遵之典宪，犹或阙然。今岂所谓助阳发生，垂奉微之仁也？诚宜远稽周典，近采汉制，天下断狱起自初秋，尽于孟冬。不于三统之春，行斩绞之刑。如此则道协幽显，仁垂后昆矣。

其五曰：古者大臣有坐不廉而废者，不谓之不廉，乃曰簠簋不饰。此君之所以礼贵臣，不明言其过也。臣有大谴，则白冠厘缨盘水加剑，造室而请死，此臣之所以知罪而不敢逃刑也。圣朝宾遇大臣，礼崇古典，自太和以降，有负罪当陷大辟者，多得归第自尽。遣之日，深垂隐愍，言发凄泪，百官莫不见，四海莫不闻，诚足以感将死之心，慰戚属之情。然恩发于衷，未著永制，此愚臣所以敢陈末见。

昔汉文时，人有告丞相勃谋反者，逮系长安狱，顿辱之与皂隶同。贾谊乃上书，极陈君臣之义不宜如是。夫贵臣者，天子为其改容而体貌之，吏人为其俯伏而敬贵之。其有罪过，废之可也，赐之死可也。若束缚之，输之司寇，榜笞之，小吏詈骂之，殆非所以令众庶见也。及将刑也，臣则北面再拜，跪而自裁。天子曰：“子大夫自有过耳，吾遇子有礼矣。上下使人抑而刑之也。”孝文深纳其言。是后大臣有罪，皆自杀不受刑。至孝武时，稍复下狱。良由孝文行之当时，未为永制故耳。今天下有道，庶人不议之时，安可陈瞽言于朝？且恐万世之后，继体之主有若汉武之事。焉得行恩当时，不著长世之制乎？

其六曰：《孝经》称父子之道天性，盖明一体而同气，可共而不可离者也。及其有罪不相及者，乃君上之厚恩也。而无情之人，父兄系狱，子弟无惨惕之容，子弟即刑，义兄无愧恧之色。宴安荣位，游从自若、车马仍华、衣冠犹饰。宁是同体共气，分忧均戚之理也？臣愚以为父兄有犯，宜令子弟素服肉袒，诣阙请罪；子弟有坐，宜令父兄露板引咎，乞解所司。若职任必要，不宜许乾，慰勉留之。如此，足以敦厉凡薄，使人知有所耻矣。

其七曰：《礼》云：臣有大丧，君三年不呼其门。此圣人缘情制礼，以终孝子之情也。周季陵夷，丧礼稍亡，是以要绖即戎，素冠作刺。逮乎虐秦，殆皆泯矣。汉初，军旅屡兴，未能遵古。至宣帝时，人当从军屯者，遭大父母、父母死，未满三月，皆弗徭役。其朝臣丧制，未有定闻。至后汉元初中，大臣有重忧，始得去官终服。暨魏、武、孙、刘之世，日寻干戈，前世礼制，复废不行。晋时鸿胪郑默丧亲，因请终服，武帝感其孝诚，遂著令以为常。

圣魏之初，拨乱反正，未遑建终丧之制。今四方无虞，百姓安逸，诚是孝慈道洽，礼教兴行之日也。然愚臣所怀，窃有未尽。伏见朝臣丁大忧者，服满赴职，衣锦乘轩，从郊庙之祀；鸣玉垂緌，同节庆之醼。伤人子之道，亏天地之经。愚谓如有遭父母丧者，皆得终服。若无其人有旷官者，则优旨慰喻，起令视事。但综理所司，出纳敷奏而已，国之吉庆，一令无预。其军戎之警，墨缞从役，虽愆于礼，事所宜行也。

帝览而善之，寻皆施行。

彪稍见礼遇。诏曰："彪虽宿非清第，代阙华资，然识性严聪，学博坟籍，刚辩之才，颇堪时用。兼优吏职，载宣朝美，若不赏庸叙绩，将何以劝奖勤能？特迁秘书令。"以参议律令之勤，赐帛五百匹，马一匹、牛二头。

其年，加员外散骑常侍，使于齐。齐遣其主客郎刘绘接对，并设谦乐。彪辞乐。及坐，彪曰："向辞乐者，卿或未相体。我皇孝性自天，追慕罔极，故有今者丧除之议。去三月晦，朝臣始除缞裳，犹以素服以事。裴、谢在北，固应见此。今辞乐，想卿无怪。"绘答言："请问魏朝丧礼竟何所依？"彪曰："高宗三年，孝文逾月。今圣上追鞠育之深思，感慈训之厚德，报于殷、汉之间，可谓得礼之变。"绘复问："若欲遵古，何不终三年？"彪曰："万机不可久旷，故割至慕，俯从群议。服变不异三年，而限同一期，可谓失礼？"绘言："汰哉叔氏，专以礼许人。"彪曰："圣朝自为旷代之制，何关许人。"绘言："百官总已听于冢宰，万机何虑于旷？"彪曰："五帝之臣，臣不若君，故君亲揽其事。三王君臣智等，故共理机务。主上亲揽，盖远轨轩、唐。"

彪将还，齐主亲谓彪曰："卿前使还日，赋阮诗云：'但愿长闲暇，后岁复来游。'果如今日。卿此还也，复有来理否？"彪答："请重赋阮诗曰：'宴衎清都中，一去永矣哉。'齐主惘然曰："清都可尔，一去何事！观卿此言，似成长阔。朕当以殊礼相送，"遂亲至琅邪城，登山临水，命群臣赋诗以送别。其见重如此。彪前后六度衔命，南人奇其謇博。

后为御史中尉，领著作郎。彪既为孝文所宠，性又刚直，遂多劾纠，远近畏之，豪右屏气。帝常听为李生，从容谓群臣曰："吾之有李生，犹汉之有汲黯。"后除散骑常侍，领御史中尉，解著作事。帝宴群臣于流化池，谓仆射李冲曰："崔光之博，李彪之直，是我国得贤之基。"

车驾南伐，彪兼度支尚书，与仆射李冲，任城王澄等参理留台事。彪素性刚豪，与冲等意议乖异，遂形声色，殊无降下之心。冲积其前后罪过，乃于尚书省禁止彪，上表曰：

案臣彪昔于凡品，特以才拔，等望清华，司文东观，绸缪恩眷，绳直宪台，左加金珰，右珥蝉冕。东省。宜感思厉节，忠以报德。而窃名忝职，身为违傲，矜势高亢，公行僭逸。坐与禁省，冒取官材，辄驾乘黄，无所惮惧。肆志傲然，愚聋视听。此而可忍，谁不可怀。臣今请以见事免彪所居职，付廷尉狱。

冲又表曰：

臣与彪相识以来，垂二十载，彪始南使之时，见其色厉辞辩，臣之愚识，谓是拔萃之一人。及彪官位升达，参与言宴，闻彪平章古今，商略人物，兴言于侍筵之次，启论于众莫之中，赏忠职正，发言恳恻，惟直是语，辞无隐避。臣虽不愚，辄亦钦其正直。及其始居司直，执志经行，其所弹劾，应弦而倒。赫赫之威，振于下国，肃肃之称，著自京师，天下改目，贪暴敛手。然时有私臣云其威暴者，臣以直强之官，人所忌疾，风谤之际，易生音谣，必不承信。

往年以河阳事，曾与彪在领军府共太尉、司空及领军诸卿等集阅廷尉所问囚徒。时有人诉枉者，二公及臣少欲听采。语理未尽，彪便振怒，东坐攘袂挥赫，口称贼奴，叱吒左右，高声大呼曰："南台中取我木手去，搭奴肋折！"虽有此言，终竟不取。即言："南台所问，唯恐枉活，终无枉死。"时诸人以所枉至重，有首实者多，又心难彪，遂各默尔。因缘此事，臣遂心疑有滥。知其威虐。犹谓益多损少，故不以申撤，实失为臣知无不闻之义。

及去年大驾南行以来，彪兼尚书，日夕共事，始乃知其言与行舛，是已非人，专恣无忌，尊身忽物。臣与任城卑躬曲己，其所欲者无不屈从。依事求实，悉有成验。如臣列得实，宜亟投彪于有北，以除奸矫之乱政。如臣列无证，宜于臣于四裔，以息青蝇之白黑。

帝在悬瓠，览表叹愕曰："何意留京如此也！"有司处彪大辟，帝恕之，除名而已。彪寻归本乡。帝北幸邺，彪野服称草茅臣，拜迎邺南。帝曰："朕以卿为己死。"彪对曰："子在，回何敢死。"帝悦，因谓曰："朕期卿每以贞松为志，岁寒为心，卿应报国，尽心为用，近见弹文，殊乖所以。卿罹此谴，为朕与卿？为宰事？为卿自取。"彪曰："臣愆由己至，罪自身招，实非陛下横与臣罪，又非宰事无辜滥臣。臣罪既如此，宜伏东皋之下，不应远点属车之清尘。但仗承圣躬不豫，臣肝胆涂地，是以敢至，非谢罪而来。"帝曰："朕欲用卿，忆李仆射不得。"帝寻纳宋弁之言，将复采用。会留台表至，言彪与御史贾尚往穷庶人恂事，理有诬抑，奏请收彪。彪自言语枉，帝明彪无此，遣左右慰勉之，听以牛车散载，送之洛阳。会赦得免。

宣武践阼，彪自托于王肃，又与廓祚、崔光、刘芳、甄琛、邢峦等诗书往来，迭相称重。因论求复旧职，修史官之事，肃等许为左右。彪乃表曰：

惟我皇魏之奄有中华也，岁越百令，年几十纪，史官叙录，未充其盛。加以东观中圮，册勋有阙，美随日落，善因月稀。故谚曰："一日不书，百事荒芜。"至于太和之十一年，先帝先后召名儒博达之士，以充麟阁之选。于时忘臣众短，采臣片志，令臣出纳，授臣丞职，猥属斯事，无所与让。高祖时诏臣曰："平尔雅志，正尔笔端，书而不法，后世何观？"臣奉以周旋，不敢失坠。

伏惟孝文皇帝承天地之宝，崇祖宗之业，景功未就，奄焉崩殂，凡百黎萌，若无天地。赖遇陛下体明睿之真，应保合之量，恢大明以独物，履静恭充和邦，天清其气，地乐其静，可谓重明叠圣，元首康哉。《记》曰："善迹者欲人继其行，善歌者欲人继其声。"故传曰："文王基之，周公成之。"然先皇之茂勋圣达，今王之懿美洞鉴，准之前代，其德靡悔也。时哉时哉，可不光昭哉！合德二仪者，先皇之陶钧也。齐明日月者，先皇之洞照也。虑周四时者，先皇之茂功也；合契鬼神者，先皇之玄烛也；迁都改邑者，先皇之达也；变是协和者，先皇之鉴也；思同书轨者，先皇之远也；守在四夷者，先皇之略也；海外有截者，先皇之威也；礼由岐阳者，先皇之义也；张乐岱郊者，先皇之仁也；銮幸幽漠者，先皇之智也；燮伐南荆者，先皇之礼也；升中告成者，先皇之肃也；亲虔宗社者，先皇之敬也；衮实无阙者，先皇之德也；开物成务者，先皇之贞也；观乎人文者，先皇之蕴也；革弊创新者，先皇之志也。孝慈道洽者，先皇之衷也。先皇有大功二十，加以谦尊而光，为而弗有者，可谓四三皇而六五帝矣。诚宜功书于竹素，声播于金石。

臣窃谓史官之达者，大则与日月齐其明，小则与四时并其茂，故能声流无穷，义昭来裔。是以金石可灭，而风流不泯者，其唯载籍乎。谚曰："相门有相，将门有将。"斯不唯其性，盖言习之所得也。窃谓天文之官，太史之职，如有其人，宜其世矣。是以谈、迁世事而功立，彪、固世事而名成，此乃前鉴之轨辙，后镜之蓍龟也。然前代史官之不终业者，皆陵迟之世，不能容善。是以平子去史而成赋，伯喈违阁而就志。近僭晋之世，有佐郎王隐，为著作虞预所毁，亡官在家，昼则樵薪供炊，夜则观文属缀，集成晋书，存一代之事。司马绍敕尚书唯给笔札而已。国之大籍，成于私家，末世之弊，乃至如此。此史官之不遇时也。

今大魏之史，职则身贵，禄则亲荣，优哉游哉，式谷令尔休矣！而典谟弗恢者。其有以也。而故著作渔阳傅毗，北平阳尼、河间邢产、广平宋弁、昌黎韩显宗并以文才见举，注述是同，并登年不永，弗终茂绩。前著作程灵虬同时应举，共掌此务，今徙他职，官非所司。唯著作崔光一人，虽不移任，然侍官两兼，故载述致阙。

臣闻载籍之兴，由于大业；雅颂垂荐，起于德美。昔史谈诫其子迁曰："当世有美而不书，汝之罪也。"是以久而见美。孔明在蜀，不以史官留意，是以久而受讥。《书》称"无旷庶官"，《诗》有"职思其忧"，臣虽今非所司，然昔忝斯任，故不以草茅自疏，敢言及于此。语曰："患为之者不必知，知之者不得为。"臣诚不知，强欲为之耳。窃寻先朝赐臣名彪者，远则拟汉史之叔皮，近则准晋史之绍统，推名求义，欲罢不能。今求都下乞一静处，综理国籍，以终前志，官给事力，以充所须。虽不能光启大录，庶不为饱食终日耳。近则期月可就，远则三年有成，正本蕴之麟阁，副贰藏之名山。

时司空北海王详、尚书令王肃许之。肃以其无禄，颇相赈饷。遂在秘书省，同王隐故事，白衣修史。

宣武亲政，崔光表曰："臣昔为彪所致，与之同业积年，其志力贞强，考述无倦。顷来契阔，多所废离，近蒙收起，还综厥事。老而弥厉，史才日新。若克复旧职，专功不殆，必能昭明《春秋》阐成皇籍。既先帝厚委，宿历高班，纤负微愆，应从涤洗。愚谓宜申以常伯，正绾著作。”宣武不许。诏彪兼通直散骑常侍、行汾州事，非彪好也，固请不行，卒于洛阳。

始彪为中尉，号为严酷，以奸款难得，乃为木手击其胁腑，气绝而复属者时有焉。又慰喻汾州叛胡，得其凶渠，皆鞭面杀之。及彪病，体上往往疮溃，痛毒备极。赠汾州刺史，谥曰刚宪。彪在秘书岁余，史业竟未及就，然区分书体，皆彪之功。述《春秋三传》合成十卷，其余著诗颂赋诗章表别有集。

彪号与宋弁结管、鲍交，弁为大中正，与孝文私议，犹以寒地处之，殊不欲微相优假。彪亦知之，不以为恨。彪卒，彪痛之无已，为之哀诗，备尽辛酸。郭祚为吏部，彪为子求官，祚仍以旧第处之。彪以位经常伯，又兼尚书，谓祚应以贵游拔之，深用忿怨，形于言色，时论以此非祚。祚每曰：“尔与义和至友，岂能饶尔，而怨我乎。”任城王澄与彪先亦不穆，及为雍州，彪诣澄，为志求其府僚。澄释然为启，得为列曹行参军，时称澄之美。

志字鸿道。博学有才干，年十余，便能属文。彪奇之，谓崔鸿曰：“子宜与鸿道为二鸿于洛阳。”鸿遂与交款往来。

彪有女，幼而聪令，彪每奇之，教之书学，读诵经传。赏窃谓所亲曰：“此当兴我家，卿曹容得其力。”彪亡后，宣武闻其名，召为婕妤，在宫常教帝妹书，诵授经史。始彪奇志及婕妤，特加器爱，公私坐集，必自称咏，由是为孝文所贵。及彪亡后，婕妤果入掖廷，后宫成师宗之。宣武崩后，为比丘尼，通习经义，法座讲说，诸僧叹重之。

志历官所在著绩。桓叔兴外叛，南荆荒毁，领军元乂举其才任抚导，擢为南荆州刺史。建义初，叛入梁。

志弟游，有才行。随兄志在南荆州，属尔朱之乱，与志俱奔江左。子昶。

【译文】

李彪字道固，顿丘卫国人，名字是孝文帝赐予的。他的家世低贱，少年时父亲去世家境贫穷，但是胸怀大志，勤奋学习不知疲倦。最初他向长乐人监伯阳学习，监伯阳十分称赞他。后来他与渔阳人高悦、北平人阳尼等打算在名山隐居，但是愿望没有实现便只好作罢。高悦的哥哥高闾，学识广博才能突出，家中藏有很多书籍，李彪就前往高悦家中手抄口读这些书籍，连睡觉吃饭都顾不上。过了一段时间返回家乡。平原王陆睿将近二十岁，向来有建功立业的大志。他迎娶东徐州刺史博陵人崔鉴的女儿为妻，经过冀州、相州时，听闻李彪之名便前去拜访他，将他视为老师和朋友，在州郡官员中称赞他，于是李彪就被举荐为孝廉。等到京城后，陆睿又设馆舍招待他并向他学习。高闾在朝中权贵官员中称赞他，李冲对李彪礼遇优厚，李彪就对李冲深深依附。

孝文帝初年，李彪担任中书教学博士。之后代理散骑常侍、卫国子等职，奉命出使南齐。返回后晋升为秘书丞，参与撰写事宜。自从昭成帝（拓跋什翼犍）以来，一直到孝文帝太和年间，崔浩、高允等撰写魏朝的史书，采用的是《春秋》的编年体体例记述，有的时事被遗落了。李彪与秘书令高祐开始奏请效仿司马迁、班固的纪传体体例编写，撰写分为纪、传、表、志等名目。

李彪又上奏，提出七条建议说：

古代贤明之君制定的制度，从皇帝到公卿百官，往下再到守门、打更的，他们住的房子、坐的车子、穿的衣服，都各有等级差别，地位低的不准许穿地位高低的官员的服饰，地位卑贱之人不超越高贵之人。正因如此，因此上下都有秩序并且民心安定。如今人们竞相追求浮华，性情变化无常，大肆兴办耗费财力人力的事情，难道不是很荒谬吗！那些耗费财力的，就是制造大量的锦缎和珍玩之事；那些耗费人力的，就是大肆兴建宽广的住宅巍峨的屋宇，以及规模盛大的仪仗与华美的装饰之事。这些会妨害男子耕作、女子纺织的事情，真是数不胜数啊。汉文帝时，贾谊曾经上奏此事，说当前的朝政让人长久叹惋之事有六点，这就是其中之一。

那些在高位之人所爱好的，在低位之人一定会效仿。因此从前越王喜欢好勇斗狠，而武士们大多把死看得很淡，楚王爱好苗条的身材，而国人就节食饿肚子。如今太上皇和皇上都亲自倡导节俭，下诏书殷勤劝勉百姓，可是百姓的奢靡之风依然没有改变，难道是楚国和越国之人这样容易改变，而大魏之人却如此难以接受教化吗？这是因为朝廷制度不明确，百姓不了解德行导致的。臣认为住宅、车辆和衣服，从百官以下直到平民，应该制定等级差别。使高贵之人不逼迫低贱之人，卑贱之人也不越至高贵之列，不能让百姓都任意奢靡，而违反典章的规定。

其二说：《周易》说“主管祭器的人都不如天子的长子。”古书上说：“太子继承王位，庄稼就生长得茂盛。”所以祭礼没有主祭之人就让宗庙祖先没有办法享用，大宗嫡子被废黜帝位就没有了传人。圣贤之人都懂得这个道理，因此训示劝诫后人把这个作为长治久安的法典。从前的周朝就做到了这一点，因此崇尚儒学来教育嫡子，嫡子们于是养成良好的品行，以此让百姓非常和谐。所以周朝世代统治百姓，前后经历了八百年。等到嬴政成为秦国之君，没有用做人的正当道理教导自己的儿子，他的儿子于是养成了凶恶的德行，任意虐待百姓，因此秦国统治时间很短，二世就灭亡了。国家的灭亡与兴衰，其原因在于教导后代的师傅。因此《礼》上说：“君主的嫡长子降生后，就以礼来教养他，让士人背负着他，有司的官员整齐恭肃端正地戴着冠冕，去南郊祭天拜见。”这表明了嫡长子的重要身份，要被上天看到。嫡长子经过宫阙就要下车马步行，经过宗庙就要小步快走，这表明了孝敬尊长的道理。如此一来古代的太子，从婴孩时起就已经接受教诲。这是之前很久远的镜鉴。大魏高宗文成皇帝感慨年少时老师没有勤力地进行教诲，曾经对群臣说：“朕起初学习时，年纪还很小，内心不能专注。后来亲自主持国家繁重的政务，没有时间再进行温习。如今想想，并非只有朕的过错，也还有老师们教导不勤所造成的。”尚书李䜣立即摘帽谢罪。这是近代可为借鉴之事。

臣私下认为太皇太后辅助高宗，教导显祖长大，让他们功绩卓著，远远胜过前代帝王。陛下小时接受太皇太后的抚育教导，所以圣德渐渐提升。等到太子出生后，您又亲自抚育教导，每日每月考校他的实效，确实很劳心费神。如今应当效仿古代设立师傅，以此来训导太子。训导正确恰当，太子的行为就正确恰当，太子的行为正确恰当就是皇家的福分，皇家有福分则政事就幸运了。

其三说：《记》中说：“国家没有三年的粮食储备，叫做国非其国。从前汉光武帝因为一亩田没有收成，就将州牧太守判罪。圣人忧虑世事看重谷物，是如此地殷切勤奋；贤明的君主体恤百姓劝勉农务，是如此地恳切。近年来崤山以东闹饥荒，去年京城一带粮食歉收，畿内畿外的百姓，背井离乡前往丰产之地，既荒废了所经营的产业，又更加疲惫困顿，还会使国体有很大损伤。如果能预先多储备谷物，抚慰并且救济百姓，他们哪里会扶老携幼，为吃饭而远走千里之外呢？用现在的情况与古代相比，实在是很可怕。

臣认为应当拿出州郡中常年征收的布帛税收中的九分之二，京城里度支官署中每年结算的余额，各自设置官署主管。丰收之年就买进五谷放在仓库中储备，收成不好时就将比私人加二成的谷物卖给百姓。这样百姓一定专心种田来购买官府的绢匹，又务必会积蓄财货来购买官府的米。收成好就经常加以积存，收成不好就取值供给。此外再设置农官，取州郡中户数的十分之一作为“屯人”。考察水土适合种哪种作物，衡量一顷一亩土地的产量，用没收的赃款、入财赎罪的款项以及其他剩余的收入购买牛分给屯人，让他们勤劳耕种。一个农夫的田，每年要求缴纳六十斛粮食，甄别他们应缴纳的租税与当兵服劳役之事。做好了这两件事，几年之后，谷物就会储备起来而人们生活更加富足，即使遭遇灾荒也不会受侵害。

臣又听闻前朝贤明之君都致力于招抚远方人才，敬重贤德之人，提拔沉滞不起的英才。因此汉高祖经过赵国，访求乐毅的后代；晋武帝平定吴蜀后，就表彰两地有才学的人。臣认为应在黄河以南七州之中，选拔高门中的有才学之人，招揽他们前来朝廷，按照中原官员的标准，根据其才能授予官职。这样一者可以广开圣朝对新旧士庶一视同仁的道理，二者可以抚慰江、汉之人，让他们有归附有道之邦的感情。

其四说：汉朝法度规定：旧制判处刑狱到冬季十二月才结束，等到孝章帝时改为到十月就结束，用以养育细微而还没有显现的阳气。后来因为天气干旱，讨论的人认为用十月判决刑狱，阴气很微弱，阳气就会散泄，所以引起旱灾。此事就交付公卿探讨。尚书陈宠说：“冬至时阳气开始萌发，因此十一月有射干木、芸香草、荔草萌芽的征兆，周朝以此作为春天。十二月阳气向上涌动，雄雉鸣叫着求雌，鸡也开始繁殖，殷朝以此作为春天。十三月（正月）阳气已来到，蛰伏的虫子都因震雷而惊醒，夏朝以此作为春天。这三个朝代将动植物的萌动现象，分别演化成人统、地统、天统三历，就是我们所说的三统，在这三统的月份里处决囚犯，就是没有体察上天的意愿。”汉章帝认为他说的话很正确，最终决定在十月里审断刑狱。

如今京城与其他地方判断刑狱奏请处决犯人，总是等到十二月执行，这就是没有考察三代的历法来养育三个月内微弱的阳气的做法。我们大魏断案用心宽大，往往超过从前，但是要遵循前人的典籍，则往往是不够的。今天这种做法，难道就是所说的帮助阳气上升，而施行仁道来养育微弱的阳气的方法吗？确实应该远则考察周朝的典籍，近则采纳汉朝的制度，让全国判决刑狱的时间从初秋开始，到十月完结。不要在三统历法中的春天（指十一月和十二月）实行斩首绞杀等刑罚。这样就在道义上符合天道与人道，仁德就能够流传于后代了。

其五说：从前大臣有因为不清廉而被免职的，不是说他不清廉，而是说他盛祭品的礼器不干净。这是国君用礼来尊重臣下，不明确说出他的过错的缘故。臣子有大的罪行，就派遣一位戴有毛缨白帽子的人手端一盘水，上面放上一把剑，来到罪臣屋里要求他自杀，这表明臣子知道自己的罪过而不敢逃避刑罚啊。我朝礼遇大臣如同宾客一般，礼数比古时更多，自太和以来，有犯罪的臣子应被处以死刑的，大多能返回私人府宅自尽。遣出之日，陛下深感沉痛哀怜，说话时流着眼泪，这是朝廷百官有目共睹的，天下百姓无所不闻的，这实在可以感动将死之人的心怀，抚慰其家属的感情。但是此恩泽只是发自陛下的内心，并没有立为永久的制度，所以愚臣才敢陈奏浅见。

从前汉文帝时，有人告发丞相周勃作乱，周勃就被抓捕并囚禁在长安狱中，狱吏像对待奴隶一样凌辱他。贾谊就呈递奏疏，竭力阐明君臣之义不应该如此处理。那些显贵之臣，天子应该和颜悦色来对待，下级官吏应该毕恭毕敬地敬重他。他们犯罪，被免官可以，赐他自尽也可以。但是如果将他们捆绑，交付给掌管刑罚的司寇，用棍棒责打他们，让小吏们斥骂他们，这种做法是不适合让众多百姓看到的。等到前去行刑时，臣子就向北再次跪拜君主，跪完然后自尽。天子说：“你自己犯了罪，我对你已经很有礼节了。朝廷不会派人押着你前去行刑的。”汉文帝完全采纳了他的建议。此后大臣犯罪，都让他自尽而不再行刑。等到汉武帝时，逐渐恢复了下狱的做法。这是因为文帝当时实施这种办法时没有制定为永久的政策的缘故啊。如今天下正赶上有道之君在位，这是百姓不应发议论之时，怎么能够在朝廷上胡说呢？只是担心陛下万年之后，承继帝位之君会有像汉武帝那样的做法。怎么只能在当时实行恩德，却不能制定成永久之策呢？

其六说：《孝经》说父子之道是人的天性，这表明同一种体质而禀性相同，可以永聚而无法分离。等到有人获罪而其他人没有被株连的话，则是君主的深厚恩德所致。但是没有情义之人，父亲与兄长下狱，儿子与弟弟并没有悲惨怵惕的神色；儿子或弟弟接受刑罚，父亲或哥哥也没有羞惭的表情。他们照旧处在显耀的地位，嬉戏玩乐与往常一样，车马依旧华丽，衣冠还是如此整洁。这难道还是同一体质禀性相同之人，祸福同担的道理吗？愚臣以为：父兄有犯罪的行为，应命令其子弟身着素色衣服，裸露着肩背，前往朝廷请求罪责；子弟有犯罪的行为，父兄应该公开呈递奏疏自认罪责，请求免职。如果职务很重要，必须要留下的话，应由皇帝抚慰勉励命其留任。这样一来，就可以促使恶薄的世风归于淳厚，让百姓懂得有所羞耻。

其七说：《礼》规定，臣子的家里遭遇丧事，君主在三年之内不能派人登门召请。这是圣人根据人情而制定的礼，用来让孝子能尽他们对父母的哀悼之情。周代末年世风衰败，丧礼几乎逐渐泯灭了，只在腰里扎上丧带就算是穿孝服，《诗经》中以素冠来进行讽刺。到了残暴的秦代，礼制全部都泯灭了。汉朝初年，多次发生军事战乱，没有能遵循古代的礼制。等到汉宣帝时，人们应该从军屯戍的，遭逢祖父母、父母去世不满三个月的，都不再征发。至于朝臣遭遇丧事的制度，还没有听闻明确的规定。等到后来汉安帝元初年间，大臣遭逢重大的丧事，才被允许解职服完丧期。等到魏武帝、孙权和刘备的时代，每天都在战争，前朝礼制的规定又被废止不实行了。晋朝时大鸿胪郑默母亲去世，他坚决请求在丧服期间守制，武帝被他的诚孝感动了，就下令明文规定丧服常制。

圣明的魏朝初年，拨去战乱恢复正道，还没有来得及建立服丧三年的制度。如今天下太平，百姓安居乐业，实在是孝慈的道理被广泛推广，使礼教得以振兴实行的时候啊。但是愚臣想到，还有未尽的地方。臣看到朝中大臣遭遇大丧，丧假期满回到任上来，穿着绵缎的衣服，坐着华美的车子，跟随帝王前往南郊和宗庙参加祭祀；身上的玉器相撞，发出清脆之音，头上带着冠，缨络低垂，与别人一样，如同参加节日庆典的宴会。这样确实伤害作为人子的道德，损害天地的常理。臣认为假如有人遭逢父母之丧，应该都守孝三年。如果没有人代替而让职位空缺，就请陛下颁布优抚的诏令进行抚慰，命令他出来担任职务。但只是管理相关事务，向陛下奏请劝谏陈奏之事罢了，国家的吉庆之类的喜事，一概不准许参加。至于军事方面的警备之事，穿着丧服出征，虽然不符合礼法，但的确应该准许实行。

魏孝文帝看了李彪的奏章之后觉得非常好，不久之后这些建议都加以实施。

李彪逐渐受到孝文帝的礼遇。孝文帝颁下诏令说："李彪虽然原来不是出自清高门第，家世缺少荣华的资历，但是他见识缜密、性情聪慧，学识上遍读古代典籍，有刚强舌辩的才能，很适合如今被任用。再加上他为官恪尽职守，宣扬本朝美德，如果不奖赏他的功劳，叙录他的功绩，那么将怎么去鼓励和奖赏在政事上勤勉又有才能的人呢？孝文帝特意将他升迁为秘书令。"根据他参与制定律令的功劳，孝文帝赏赐他帛五百匹、马一匹、牛二头。

这一年，李彪被授予员外散骑常侍的官衔，奉命出使南齐。南齐派遣其主客郎刘绘来接待他，并且设置宴会，备有音乐。李彪对演奏音乐进行推辞。等坐定后，李彪说："刚才我辞去演奏音乐，您或许还没有体谅吧。我们皇上天生很孝顺，无时无刻不追念去世的太皇太后，因此到如今才有除丧的想法。三月底，魏朝大臣才开始除去服丧的麻衣，但仍穿着素服处理政事。裴、谢等人在北方时，必然也都知晓这些。我今天推辞演奏音乐，请您不要责怪。"刘绘回答说："魏朝的丧礼究竟凭什么依据去制定呢？"李彪说："殷高宗（武丁）守孝三年，汉文帝规定过月除丧。如今陛下追念太皇太后的抚育之恩，对她仁慈教导的厚德很是感激，从殷代和汉代取法，可以说是很懂得礼制的变通。"刘绘又问："假如要遵守古代的礼制，为什么没有服丧三年呢？"李彪说："国家政事不能长时间没人主持，因此割舍自己的追慕之情，接受群臣的建议。服丧时间的变化实际上和守丧三年并没有区别，而只是限了守丧一年，这怎么能说是失礼呢?”刘绘说:“叔氏太过分了,专拿礼制来称道他人。”李彪说:“圣朝自己制定旷古未有的礼制,与称道人有什么关系?”刘绘说:“古礼君主守丧期间,群臣各司其职并且都要听命于宰相,国家政事怎么会荒废呢?”李彪说:“五帝时,臣不如君主,因此君主亲自处理政务。三王时君臣能力相当,因此共同管理国家政事。君主亲自管理政事,是取法于远古的轩辕、唐尧。”

李彪将要返回北魏时,齐武帝亲自对李彪说:“你上次出使离开时,曾经背诵阮籍的诗说:‘但愿经常有闲暇的时间,明年再来这里游观。’现在确实又前来了。你这次返回,还会再来这里吗?”李彪回答说:“请允许我再背诵阮籍的诗说:‘宴乐在这清明的都城里,一离去就永远不能再来了。’”齐武帝非常感慨地说:“您称清明的都城是可以的,说一去不再来又是为什么呢!仔细推想你这话,似乎要永远诀别似的。我要用特别的礼节来欢送你。”齐武帝于是亲自前往琅邪城,登上高山,面对着流水,命令群臣赋诗来为他送别。李彪就是如此被齐武帝看重。李彪前后共计六次奉命出使,南朝人对他的正直和博学感到惊异。

后来,李彪担任御史中尉,兼任著作郎之职。李彪既被孝文帝宠爱信任,性格又刚硬正直,就屡次对朝臣中的违法行为进行弹劾,远近的臣子都惧怕他,豪门大族不敛声屏气。孝文帝经常把李彪叫做李生,从容地对群臣说:“朕有李生,就好比汉武帝有汲黯。”后来他担任散骑常侍,兼任御史中尉之职,被免去兼管的著述事务。孝文帝在流化池宴请群臣,对仆射李冲说:“崔光的学识渊博,李彪的为人耿直,是我们国家求得贤才的基础。”

孝文帝率领军队向南征讨,任命李彪兼为度支尚书,与仆射李冲、任城王元澄等一起参与处理留守机构的事务。李彪向来性情刚直豪纵,与李冲等人意见有分歧,就在话语和脸色中显露出来,完全没有退让之意。于是李冲搜集他前后所犯的罪行与过失,就在尚书省拘禁了李彪,然后呈递奏疏给孝文帝说:

> 考察李彪在之前本属平庸的品第,只是仰仗才能被提升官职,让他的名声与清贵的高门相符合,在东观司掌文书,深受恩宠,后来又担任御史中尉,他左边佩戴黄金的冠饰,右边戴着蝉状的礼冠。东省(原缺)。应该感谢皇恩磨砺臣节,恪尽职守以报答皇恩。可是他窃取各种官职,亲自做出违背礼节的傲慢之事,自己夸赞权

势高，公开地僭越与放肆。他还端坐在宫禁的官署中，随意选取官家的木料，擅自驾着四匹黄马拉的车，毫不忌惮。他恣意地怠慢，愚弄、堵塞众臣的视听。这样假如还能够容忍，那就没有什么不可以容忍的了。臣下如今请求凭借现有的事实罢免李彪所任官职，将他交付给廷尉监狱审讯。

李冲又呈递表章说：

微臣与李彪彼此认识以来，已经接近二十年了。李彪起初出使南方时，看到他脸色严肃、能言善辩。臣见识浅薄，以为他是出类拔萃之人。等到李彪官位被提升之后，参加议事与宴会时，臣听闻他评论古今的事情，探讨古人的优劣，在服侍陛下宴会时发表言论，在众多英才面前阐发议论，展现忠诚，见地正确恰当。他所说之言非常诚恳，只说正直之言，一点也不隐瞒。臣虽是愚钝之人，也经常敬佩他的正直无私。等到他担任御史中尉时，志向坚定、想到做到，他所弹劾的人，没有不被参倒的。他赫赫的威势，震动四方官民，严肃刚直的声誉，在京城里闻名。天下人都对他刮目相看，贪污暴虐之人都为之收敛。可是当时有人私下对臣说他过于威严暴虐，臣认为是正直刚硬之臣，被朝臣嫉恨，风闻毁谤之言时，容易掺杂谣言，因此心中没有相信这些流言。

过去因为河阳之事，臣曾经在领军府与太尉元丕、司空穆亮以及领军将军九卿诸官集会审讯廷尉所审理的罪犯。当时有罪犯申诉冤屈，元丕、穆亮与臣打算稍稍听听。他的话还没说完，李彪就大怒，坐在东边的座位上挽起衣袖、挥动胳臂，口中骂着贼奴，喝令他身边的人，高声大叫说："到御史台把我的刑具拿来，让我来打折你们这些奴才的肋骨！"他虽然说这话，最终也没有取来。他就说："御史台所审讯的犯人，唯恐宽恕得活的，绝对没有枉死的！"当时在座的各位官员认为被冤枉的情况太严重，而有口供的情况很多，内心又不想和李彪为难，于是各位官员都保持缄默。因为此事，臣就怀疑李彪审案有错判之处。知道其残虐。但臣还认为他优点比错处多，因此未加奏闻，这确实是有失为臣子知道的事一定要奏闻的道理。

自从去年陛下征讨南方以来，李彪兼任尚书，我每天和他一起共事，才了解他言行不一致，自认为正确而责难他人，专横跋扈，毫无忌惮，唯我独尊，蔑视他人。臣与任城王委曲求全，李彪所想要做的事我们没有不屈从的。依据事实推断，前面这些都有确实的证据。如果臣陈奏属实，陛下应该尽快将李彪流放到北方严寒荒远之地，来清除奸邪小人们扰乱朝政的局面。如果臣陈奏确实没有证据，陛下就把臣放逐到四方边远之地，来止息像嗡嗡的青蝇那样进谗言的小人的颠倒黑白之言。

当时孝文帝在悬夸瓠，阅读了李冲的奏表后惊讶叹息说："怎么能想到留守京城的官员竟是这个样子呢！"有关部门要判处李彪死罪，孝文帝将他宽恕了，只是免除官职罢了。

不久之后，李彪返回家乡。孝文帝从洛阳向北巡幸至邺城，李彪穿着平民的衣服自称"草茅臣"，在邺城南面拜迎。孝文帝说："朕以为你已经去世了。"李彪引用《论语》中话说"子（孔子）在，颜回怎么敢死呢。"孝文帝很高兴，就对李彪说："朕经常以坚贞的松树般的气节期望于你，希望你有不畏惧岁寒的心，你应该为国家效力，全心为朝廷做事，但近来阅览弹劾你的奏疏，你的行为很是违背朕的期望。你遭受此次免职，是因为朕强加于你呢？还是因为宰相强加于你呢？还是因为你自己咎由自取呢？"李彪说："臣的过失是我自己的缘故，是我咎由自取，确实不是陛下强加于臣的罪名，也不是宰相无缘无故冤枉臣。臣犯下如此的罪行，本应在田亩之中苟且生活，不应该再来玷污陛下的车驾。只是臣听说圣上身体不适，这是臣肝脑涂地之事，之所以敢来，并不是因为谢罪。"孝文帝说："朕想任用你，只是恐怕李仆射（李冲）不答应啊。"孝文帝后来采纳宋弁的建议，又再次起用李彪。正赶上留台的奏章送到，陈说李彪与御史贾尚之前审问被废太子元恂一案，按理说应有诬枉之处，奏请将李彪拘捕。李彪自称冤枉，孝文帝也知道他没有犯罪，便派身边的侍从前去抚慰他，准许他乘坐牛车，返回洛阳。适逢大赦而被免罪。

宣武帝即位后，李彪主动依附王肃，又与郭祚、崔光、刘芳、甄琛、邢峦等人赋诗唱和、书信来往，常常互相称赞推重。于是李彪谋划请求恢复原职，重新从事史官的工作，王肃等人答应替他想想办法。李彪于是上表说：

我大魏拥有中原之地，已经超过百年，将近十纪，可是史官的著述记录还没有很完备。再加上秘书著作机构倾毁，记录功勋之事有不足，美事一天天被遗漏，善事一月月更加稀少。因此谚语说："史官一天不记录事情，所有的事情就会荒废。"等到太和十一年时，先帝先太后召请著名儒者与博雅通达之人来充任史官的人选。当时圣上忽视臣的许多不足，采纳臣的微薄之愿，命臣出纳善言，授予臣秘书丞的职位，托付臣去做此事，臣也没有谦让。高祖皇帝当时颁布诏令给臣说："平正你素有的志愿，端正你手中的笔法，记录史事却不符合法则，后代人会如何看待呢？"臣遵奉高祖之诏从事此事，不敢有所过失。

臣私下认为孝文皇帝承继天地间的大位，让祖宗的基业能够崇扬，大业还没有成就，突然就去世了，天下万民，如同丧失了天地一般。幸亏仰赖陛下明察先帝圣明睿智的本性，顺应上天护佑养育万民的气度，彰显杰出的智慧体察万物，亲自做到沉静恭顺来使万邦和顺，上天因而气清，大地赖以安宁，可以说是两代圣明君主重现，君主圣贤于上。《记》上说："擅长行路之人希望别人承继其行为，擅长唱歌之人希望别人延续其声音。"因此古书说："文王奠定了周朝的基业，周公完成了建国的事业。"然则先皇功业盛大，才德圣明，如今陛下的美好的德行和明察的智慧，与古代相比，德行是没有过失的。这伟大的机遇啊，怎么能不发扬光大呢！先皇化育万物，其德行合于阴阳二仪；先皇的洞察事理，其圣明与日月同辉；先皇的卓越功绩，其思虑缜密与四时同行；先皇的明察和鬼神相符；迁都改邑，是先皇的见识超凡；变是协和的，是先皇的玄鉴，想让天下统一，是先皇的深谋远虑；抚慰四方让陛下拥有疆土，是先王的雄才大略；让境外安宁整肃，是先皇的威德；礼制效仿周代，是先皇的明识大义；在泰山设乐祭天，是先皇的仁德；车驾亲自征讨漠北，是先皇的谋略才智；征讨南方，是先皇的守礼（指孝文帝伐南齐，闻齐明帝死，退兵）；登上泰山，祭告上天这是先皇对天神恭敬；亲自祭祀宗庙社稷，是先皇对祖先的孝敬；官员没有过失，是先皇的德行；通天下之志而能完成其事务，是先皇的正道；体察天下万事，是先皇的智慧深厚；摒弃弊端、创建新制，是先皇的大志；孝慈之道广泛传扬，是先皇的大善。先皇有二十件大功，加上他处尊位能谦恭并且光明正大，成就大事却不据为己有，可以说是功包三皇五帝了。实在应该把功绩撰写在竹帛上，让声名流传于金石。

臣私下认为史官中通达之人，大的可与日月同辉，小的也能与四时并茂，因此能将名声无尽地流传下去，把道理清楚地告知后人。因此金石可以磨灭而人的遗风流韵不会消亡的，恐怕就是史籍吧。谚语说："宰相之门出宰相，将军之门出将军。"这不仅是因为禀性，实际上也因为积习的教导所致。臣私下认为掌管天文的官员，作为太史的官员，如果的确得到了人才，就应该让他的家族世居世官。因此司马谈、司马迁世代担任史职而立下功绩，班彪、班固世代担任史职而得以成就声名，这是前人已经实践过的经验，后人应当以此为鉴。可是前代史官中没有完成其事业的，都是因为在衰乱之世，在上者无法容忍善人。因此张衡解职去作赋，蔡邕离开掌史职的东阁前去实现自己的志向。近代东晋时，有个佐郎名叫王隐，被著作虞预诋毁，被免官归家，白天就打柴供生火煮饭，晚上就阅读文书作史，这样撰写成《晋书》，记述了一代的事情。当时晋明帝司马绍只是命尚书供给王隐纸笔罢了。国家大的典籍，竟然由私人来撰成，衰乱末世的弊病，竟然达到如此地步。这是史官生不逢时啊。

如今大魏的史官，按职位说是显贵的，俸禄让亲属深以为是荣耀的，可以悠闲地工作，因它给予人以福禄。可是比如典谟一类文字并没有恢弘，这是有其原因的。而前任著作渔阳人傅毗、北平人阳尼、河间人邢产、广平人宋弁、昌黎人韩显宗都凭借文学才华被举荐，都掌管记述之事，但是都为时不长，没能完成重大的功绩。臣与前著作郎程灵虬同时被举荐，一起掌管此事务，如今被调任其他官职，不再掌管著史之事。只有著作崔光一人，虽然没有被调任其他官职，但身兼侍中与著作两个官职，因此记载史事便被遗漏。

臣听说记载史籍的兴起，是因为帝王的大业；《雅》《颂》让后世赞叹，是因为帝王德行之美。之前司马谈告诫自己的儿子司马迁说："当代有美行而你没有撰记，是你的过失。"所以司马迁之书久而展现美行。诸葛亮在蜀国，没有把史官放在心上，因此很长时间受人嘲笑。《尚书》说"不要旷废各种官职"，《诗经》说"担任什么官职就有什么忧虑"，臣虽然如今并没有掌管史事，但之前担任过此职，因此并不因身处草野之中而自觉被疏远，敢于谈论这些。俗语说："就担心做一件事的人不知道，知道的人又不能去做。"臣诚然不知道史事，只不过是勉强想为之而已。臣私下思考先帝赐臣名为彪的意图，远则将臣拟比写汉史的班彪，近则要让臣效仿作晋史的司马彪，从赐名来推求其含义，臣欲罢不能。如今臣请求在都城边寻求一处僻静之地，让臣综合整理国史典籍，来完成长久以来的志愿，由国家派人服役，来满足修史所需。臣虽然不能让史传光耀今古，但是也不愿做饱食终日、无所用心之人。时间稍短的话，一个月就可完成此书，时间稍长的话则三年一定有所成就。史传的正本收藏在秘书监，副本可收藏在名山之中。

当时司空北海王元详、尚书令王肃同意李彪的请求。王肃因为李彪没有俸禄，还常常给予救济。于是像当年王隐的先例一样，将李彪安置在秘书省中，以庶民的身份编修史书。

魏宣武帝亲理朝政，崔光呈递奏表说："臣之前是李彪召来的，与他同时担任史官，他心志正，精力强，考订撰写不知疲倦。之后阔别，史事常有废缺之处，最近他又承蒙起用，仍然从事修史的工作。他虽然年老但更加努力，修史之事做得愈发精细。如果圣上能恢复他原来的职位，专攻治书之事，一定可以昭明《春秋》，完成皇朝的典籍。他曾经受先帝的托付委以重任，过去历任高位，他所犯小小的过失，应该给予赦免。臣认为应该赐以他官职，正式任命他担任著作郎。"魏宣武帝没有答应。魏宣武帝颁下诏书让李彪兼任通直散骑常侍，代理汾州事务，但这不是李彪愿意做的事情，他坚决请求不去就任，后来在洛阳去世。

当初李彪担任御史中尉，以严厉残酷著称，他认为让人招供罪行很难，于是制造了木手来打犯人的肋腋，犯人气绝之后又定其罪的事时有发生。他又曾经奉命安抚汾州叛乱的胡人，擒拿住为首之人，都被他鞭打面部然后再处死。等到李彪患病，身上往往生疮溃烂，特别地痛苦。去世后追赠汾州刺史，谥号为"刚宪"。李彪在秘书监一年多，修史之业最终没有完成，然而区分史书的体例，却都是李彪的功劳。李彪还阐述《春秋》的《左氏》《公羊》《谷梁》三传，合成十卷。其余所写的诗颂、赋诗、章表等另外有文集收录。

李彪虽然与宋弁情谊如同管仲、鲍叔般深厚，但是当宋弁担任大中正，与孝文帝私下探讨时，还是把李彪作为卑贱之辈，一点也没有宽容的态度。李彪也知道此事，但是并不怨恨他。宋弁去世后，李彪悲痛不已，撰写耒文哀悼他，言辞极为辛酸。郭祚担任吏部尚书，李彪为儿子李志请求官职，郭祚依然把他作为卑贱之人。李彪认为自己官至御史中尉，又兼任尚书，认为郭祚应用高门的标准来提拔李志，所以深深怨恨他，在言语和神色上表露出来。当时的舆论不认为郭祚是对的。郭祚常说："你与宋弁是最好的朋友，他哪里肯宽容于你，你却一味怨恨我呢？"任城王元澄与李彪起初也不友好和谐，等元澄担任雍州刺史，李彪前去拜访元澄，请求让李志担任其幕僚。元澄尽弃前嫌答应了他的请求，李志因此担任列曹行参军，当时舆论都称赞元澄的美德。

李志字鸿道。他博学而有才华，十几岁就能撰写文章。李彪很欣赏他，对崔鸿说："你应该与鸿道在洛阳并称二鸿。"崔鸿于是就与李志结交来往。

李彪有一个女儿，从小聪明伶俐，李彪很欣赏她，教导她读书学习，诵读经传。李彪曾经私下对亲近之人说："她能让我家族兴盛，你们也许能获得她的帮助。"李彪去世后，宣武帝听说他的女儿的声名，召她进宫并封为婕妤。她在宫里经常教导皇帝的妹妹读书，给她讲授经史。当初李彪很欣赏李志和李婕妤，对他们非常宠爱，在公私聚会的场合，必定要亲自进行赞赏，因此遭到孝文帝的责备。等到李彪去世后，婕妤果然入宫，后宫之人都尊奉其为老师。宣武帝去世后，李婕妤就去做尼姑，她精通佛经，设座讲佛经，很多僧人都称赞尊重她。

李志为官，在各地都有政绩。桓叔兴背叛魏入梁，南荆州的辖区就废弃了，领军元义举荐李志的才能足以抚慰百姓，于是提升他为南荆州刺史。魏孝庄帝建义初年，李志背叛入梁。

李志的弟弟李游，才华卓著，品行很好。他跟随兄长李志在南荆州生活。适逢尔朱氏之乱，李游于是与李志一起投奔江南。李游的儿子叫李昶。

北史卷四十五

傅永列传第三十三

傅永字修期，清河人也。幼随叔父洪仲与张幸自青州入魏，寻复南奔。有气干，拳勇过人，能手执鞍桥，倒立驰骋。年二十余，有友人与之书而不能答，请洪仲，洪仲深让之而不为报。永乃发愤读书，涉猎经史，兼有才干为崔道固城局参军，与道固俱降，入为平齐百姓。父母并老，饥寒十数年，赖其强于人事，戮力庸丐，得以存立。晚为奉礼郎，诣长安拜文明太后父燕宣王庙，赐爵贝丘男，除中书博士。

王肃之为豫州，又以永为王肃平南长史。咸阳王禧虑肃难信，言于孝文。曰："已选傅修期为其长史，虽威仪不足，而文武有余矣。"肃以永宿士，礼之甚厚；永亦以肃为帝眷遇，尽心事之。情义至穆。

齐将鲁康祖、赵公政侵豫州之太仓口，肃令永击之。永量吴、楚兵好以斫营为事，又贼若夜来，必于渡淮之所以火记其浅处。永既设伏，有密令人以瓠盛火，渡南岸，当深处置之，教云："若仍火起，即亦燃之。"其夜，康祖、公政等果亲率领来斫营。东西二伏夹击之，康祖等奔趣淮水。火既竞起，不能记其本济，遂望永所置火争渡，水深溺死，斩首者数千级。生禽公政，康祖人马坠淮，晓而获其尸，斩首并公政送京师。

时裴叔业率王茂先、李定等东侵楚王戍，肃复令永将伏兵击其后军破之。获叔业伞扇鼓幕甲仗万余。两月之中，遂献再捷。帝嘉之，遣谒者就豫州策拜永安远将军、镇南府长史、汝南太守、贝丘县男。帝每叹曰："上马能击贼，下马作露布，唯傅修期耳。"

裴叔业又围涡阳，时帝在豫州，遣永为统军，与高聪、刘藻、成道益、任莫问等救之。永曰："深沟固垒，然后图之。"聪等不从，一战而败。聪等弃甲奔悬瓠，永独收散卒徐还，贼追至，又设伏击之，挫其锐。藻仵边，永免官爵而已。不经旬，诏永为汝阴镇将，带汝阴太守。

景明初，裴叔业将以寿春归魏，密通于永。及将迎纳，诏永为统军，与杨大眼、奚康生等诸军俱入寿春。同日而永在后，故康生、大眼二人并赏列土，永唯清河男。

齐将陈伯之逼寿春，沿淮为寇。时司徒彭城王勰、广陵侯元衍同镇寿春，以九江初附，人情未洽，兼台援不至，深以为忧。诏遣永为统军，令汝阴三千人先援之。永至，勰令永引军入城。永曰："若如教旨，便共殿下同被围守，岂是救援之意？"遂孤军城外，与勰并势以击伯之，频有克捷。

中山王英之征义阳，永以宁朔将军、统军，当长围遏其南门。齐将马仙王琕连营稍进，规解城围。永乃分兵付长史贾思祖，令守营垒，自将马步千人，南逆仙琕。贼俯射永，洞其左股，永出箭复入，遂大破之，仙琕烧营卷甲而遁。英曰："公伤矣！且还营。"永曰："昔汉祖扪足，不欲人知。下官虽微，国家一帅，奈何使虏有伤将之名！"遂与诸军追之，极夜而返。时年七十余矣，三军莫不壮之。

义阳既平，英使司马陆希道为露布，意谓不可，令永改之。永亦不增文采，直与之改，陈列军仪，处置形要，而英深赏之。还京，除太中大夫。

后除恒农太守，非心所乐。时英东征钟离，表请永，求以为将，朝廷不听。永每言曰："马援、充国，竞何人哉？吾独白首见拘此郡！"然于御人非其所长，故在任无多声称。后为南衮州刺史。年逾八十，犹能驰射，盘马奋矟，常讳言老，每自称六十九。还京，拜光禄大夫。卒，赠齐州刺史。

永尝登北芒，于平坦处奋矛跃马，盘旋瞻望，有终焉之志。远慕杜预，近好李冲、王肃，欲葬附墓，遂买左右地数顷，遗勑子叔伟："此吾之永宅也。"永妻贾氏留本乡，永至代都，娶妾冯氏，生叔伟及数女。贾后归平城，无男，唯一女。冯恃子，事贾无礼，叔伟亦奉贾不顺，贾常忿之。冯先永卒，叔伟称父命欲葬北芒，贾疑叔伟将以冯合葬，遂求归葬永于所封贝丘县。事经司徒，司徒胡国珍感其所慕，许叔伟葬焉。贾乃邀诉灵太后，太后从贾意，乃葬于东清河。又永昔营宅兆，葬父母于旧乡，贾于此强徒之，与永同处，永宗亲不能抑。葬已数十年矣，棺为桑枣根所遶束，去地尺余，甚为周固，以斧斫，出之于坎，时人咸怪。

叔伟膂力过人，弯弓三百斤，左右驰射，能立马上与人角骋，见者以为得永武而不得永文。

【译文】

傅永字修期，清河人。幼年时跟随叔父傅洪仲和张幸从青州投靠北魏，不久又再次投奔南朝。他有气魄，会拳击，非常勇猛，能够手抓马鞍，倒立在马上驰骋。他二十多岁时，有朋友给他写信但他却不会回复，就请求叔父洪仲为他回复，洪仲严厉地责备他，没有为他回复。傅永于是发奋读书，广泛阅读五经和史书，同时他也很有才能。他担任宋徐州刺史崔道固的城局参军，不久之后，他与崔道固一起投奔北魏，成为平齐郡的百姓。父母都已经年老，十几年里生活贫困，饥寒难耐，依靠他擅长处理人事，勤劳帮工，才能够勉强生存。后来担任奉礼郎，前往长安参拜文明太后的父亲燕宣王冯朗的宗庙，被赐予爵位贝丘男，被授予中书博士一职。

王肃担任豫州刺史时，朝廷任命傅永为王肃的平南长史。咸阳王元禧因为王肃是从南朝投奔而来的，思量他不能信任，对孝文帝表明意思。孝文帝说："已经任用傅修期为他的长史，虽然还没有威信，但是文韬武略已经足够了。"王肃因傅永是素有名望之人，对他非常敬重有礼；傅永也因王肃被孝文帝恩宠重用，竭尽全力侍奉他。两人情谊深厚。

南齐将军鲁康祖、赵公政进犯豫州的太仓口，王肃命令傅永率军攻击。傅永考虑到吴、楚的士兵在战斗中经常劫营，如果他们晚上前来，一定会在淮河水浅可渡之处点燃火把，作为标记。傅永于是就设下埋伏，暗中命人把壶装上火油，渡到南岸，安置在水深之处，并嘱咐伏兵说："如果火把点燃，也立即点燃火油。"这天晚上，鲁康祖、赵公政等人果然亲自率领军队来劫营。傅永在营外东西两处设下伏兵夹击齐军，鲁康祖等人奔逃到淮河边打算渡河。河南岸的火把纷纷燃烧起来，他们便无法记起之前渡河的地方，于是就朝着傅永设置火把的地方竞相渡河，因为水太深，齐军溺死、被杀死的有几千人。这次战斗生擒了赵公政，鲁康祖连人带马都掉进淮河里，次日清晨才找到他的尸体，斩下他的首级和赵公政一起运送到京城。

当时，南齐徐州刺史裴叔业率领王茂先、李定等人向东进犯楚王戍，王肃再次命令傅永率军绕到敌军后面打败了他们，缴获了裴叔业的伞、扇、战鼓、帐篷、盔甲、武器等万余件。两个月内，两次捷报传来。孝文帝褒奖他，派遣使者前往豫州任命傅永为安远将军、镇南府长史、汝南太守、贝丘县男等职。孝文帝经常感叹说："上马能抗击贼军，下马能撰写公文，只有傅修期一人能做到。”

裴叔业再次围攻涡阳，当时孝文帝在豫州，派遣傅永为统军，与高聪、刘藻、成道益、任莫问等人去援救解围。傅永说：“先挖掘深深的壕沟、修筑坚固的城堡坚守，然后再谋划攻打敌人。”高聪等人没有听从他的建议，结果一抗击敌军，就战败了。于是他们纷纷丢盔弃甲逃奔到悬瓠，只有傅永一人收拾溃败士兵慢慢撤退，敌人追上来，他又埋伏伏兵，将敌人打败，打击了敌军的锐气。孝文帝诏命将高聪、刘藻等人流放到边境，傅永只被免去官职与爵位。过了不到十天，又诏命傅永为汝阴镇将，兼任汝阴太守。

宣武帝景明初年，裴叔业打算以寿春来归降北魏，暗中与傅永取得联系。等到将要迎接他归降时，诏命傅永担任统军，与杨大眼、吴康生等诸军一起进入寿春。三人同日抵达那里，而傅永在他们之后，因而康生、杨大眼都被封赐土地，而傅永只被授予清河男的爵位。

齐将陈伯之逼近寿春，顺着淮河向北魏进击。当时司徒彭城王元勰、广陵侯元衍共同镇守寿春，因九江（即淮南地区）刚从南朝归顺，百姓之间关系还不太融洽，再加上朝廷派的援军未到，他们常担忧。宣武帝下诏命令傅永担任统军，率汝阴三千人先去援助。傅永抵达后，元勰命令傅永让军队进入城内，傅永说：“如果按您指教的做，那就是和殿下一起被围守，这哪里是救援的本意呢？”于是孤军在城外留守，与元勰相互配合进攻陈伯之，经常打胜仗。

中山王元英征讨义阳，傅永担任宁朔将军、统军，在义阳的南门外部署围城之军。齐将马仙琕扎营相连，渐渐挺进，谋划解除义阳的围困。傅永分出部分士兵交给长史贾思祖，命令他防守营垒，自己则率领骑兵、步兵共计千人，向南迎战马仙琕。敌军的箭将傅永的左腿射中，傅永把箭拔出，再次冲入敌阵，于是敌军惨败，马仙琕烧毁营寨、卷起盔甲逃走了。元英说：“你受伤了，暂且回营吧。”傅永说：“从前汉高祖刘邦被项羽军射中胸部，刘邦却捂自己的脚，声称射中其足趾，是不想让人知晓自己受伤。我虽然地位不高，但也是朝廷一统领，怎能让贼寇有伤我方大将的名声呢！”于是与其他将领共同追杀敌军，追赶了一夜才返回。这时他已经七十二岁了，三军中没有不赞赏他的豪壮英勇的。

义阳被攻克后，元英命令司马陆希道撰写打胜战的捷报，但是感觉不太满意，于是又命令傅永进行修改。傅永也没有增加文采修饰，直接在上面讲述并逐一写下军事处置及设防办法等，元英对他特别赞赏。等他返回京城后，被授予太中大夫的官职。

后来他又被授予恒农太守的官职，这不是他心里喜欢的职务。当时元英向东征讨钟离，上表请求让傅永担任部下大将，朝廷没有答应他的请求。傅永经常说："东汉的马援、西汉的赵充国，最终成了什么人呢？我难道头发都白了还要被束缚在这个小县城吗！"心里很是不满意。可是任用人才不是他擅长的，因此在太守任上没有什么可称道的政绩。后来又担任南兖州刺史。他年过八十，还能骑马驰骋射箭，骑马舞弄挺矛，他很忌讳别人说他老，总是自称六十九岁。返回京城后，被授予光禄大夫一职。去世后，追赠他为齐州刺史。

傅永曾经登上洛阳北郊的北芒山，在山上平坦的地方舞矛纵马，奔驰眺望，有死后埋葬在这里的想法。他远慕西晋的杜预，近敬李冲、王肃，打算将自己的墓安排在他们附近，于是买下左右附近的数顷土地，给儿子叔伟留下遗嘱说："这就是我的墓地了。"傅永的妻子贾氏在家乡居住，傅永到达代都后，又娶冯氏为妾，生下叔伟与几个女儿。贾氏后来回归平城，没有儿子，只生有一个女儿。冯氏仰仗自己有儿子，对贾氏经常不以礼相待，叔伟对贾氏也不孝敬，贾氏很怨恨。冯氏在傅永之前去世，叔伟称父命想在北芒山安葬，贾氏怀疑叔伟想让冯氏和傅永合葬，于是就要求将来自己归葬到傅永所封的贝丘县。此事上报给司徒，司徒胡国珍鉴于傅永生前仰慕李冲、王肃，准许傅永在北芒山安葬。贾氏向灵太后申诉，太后依从贾氏之愿，让她葬在东清河郡贝丘。此外傅永之前经营墓地，把父母埋葬在家乡，贾氏强行将其迁移，与傅永墓地在同一处，傅永的宗室亲属都无法阻止此事。此墓下葬已经数十年，棺材被桑树枣树根缠绕，距离地面一尺多高，非常牢固，用斧头将树根砍掉，才从墓穴中运出来，当时人们都感到很奇怪。

叔伟体力超过常人，可以弯重达三百斤的弓，能够一边骑马奔驰一边左右开弓射箭，还能立在马上与人比赛跑马，见过他的人都认为他继承了傅永的勇武之才却没有继承他的文学才能。

北史卷四十八

尔朱荣列传第三十六

尔朱荣字天宝，北秀容人也。世为部落酋帅，其先居尔朱川，因为氏焉。

高祖羽健，魏登国初为领人酋长，率契胡武士从平晋阳，定中山，拜散骑常侍。以居秀容川，诏割方三百里封之，长为世业。道武初，以南秀容川原沃衍，欲令居之。羽健曰："家世奉国，给侍左右，北秀容既在划内，差近京师，岂以沃塉，更迁远地？"帝许之。所居处曾有狗舐地，因而穿之得甘泉，因名狗舐泉。

曾祖郁德、祖代勤，继为酋长。代勤，太武敬哀皇后舅也。既以外亲，兼数征伐有功，给复百年，除立义将军。曾围山而猎，部人射虎，误中其髀，代勤仍令拔箭，竟不推问，曰："此既过误，何忍加罪。"部内咸感其意。位肆州刺史，封梁郡公，以老致仕，岁赐帛百匹以为常。卒，谥曰庄。孝庄初，追赠太师、司徒公、录尚书事。

父新兴，太和中继为酋长。曾行马群，见一白蛇，头有两角，咒之，求畜牧蕃息。自是牛羊驼马，日觉滋盛，色别为群，谷量之。朝廷每有征讨，辄献私马，兼备资粮，助裨军用。孝文嘉之。及迁洛，特听冬朝京师，夏归部落。每入朝，诸公王朝贵，竞以珍玩遗之，新兴亦报以名马。位散骑常侍、平北将军、秀容第一领人酋长。新兴每春秋二时，恒与妻子阅畜牧于川泽，射猎自娱。明帝时，以年老，启求传爵于荣。卒，谥曰简。孝庄初，赠太师、相国、西河郡王。

荣洁白美容貌，幼而神机明决。及长，好射猎，每设围誓众，便为军阵之法，号令严肃，众莫敢犯。秀容界有池三所，在高山上，清深不测，相传曰祁连池，魏言天池也。父新兴曾与荣游池上，忽闻箫鼓音，谓荣曰："古老相传，闻此声，皆至公辅。吾年老暮，当为汝耳。"荣袭爵，后除直寝、游击将军。

正光中，四方兵起，遂散畜牧，招合义勇。以讨贼功，进封博陵郡公，其梁郡前爵听赐第二子。时荣率众至肆州，刺史尉庆宾闭城不纳。

荣怒，攻拔之，乃署其从叔羽生为刺史，执庆宾还秀容。自是兵威渐盛，朝廷亦不能罪责。及葛荣吞杜洛周，荣恐其南逼邺城，表求东援相州，帝不许。荣以山东贼盛，虑其西逸，乃遣兵固守滏口以防之。于是北捍马邑，东塞井陉。

寻属明帝崩，事出仓卒，荣乃与元天穆等密议，入匡朝廷。抗表云："今海内草草，异口一言，皆云大行皇帝鸩毒致祸，举潘嫔之女以诳百姓，奉未言之儿而临四海。求以徐纥、郑俨之徒，付之司败。更召宗亲，推其明德。"于是将赴京师。灵太后甚惧，诏以李神轨为大都督，将于太行杜防。荣抗表之始，遣从子天光、亲信奚毅及仓头王相入洛，与从弟世隆密议废立。天光乃见庄帝，具论荣心，帝许之。天光等还北，荣发晋阳，犹疑所立，乃以铜铸孝文及咸阳王禧等五王子孙像，成者当奉为主。唯庄帝独就。师次河内，重遣王相密迎庄帝与帝兄彭城王劭、弟始平王子正。武泰元年四月，庄帝自高渚度，至荣军，将士咸称万岁。

及庄帝即位，诏以荣为使持节、都督中外诸军事、大将军、开府、尚书令、领军将军、领左右、太原王。及渡河，太后乃下发入道，内外百官皆向河桥迎驾。

荣惑武卫将军费穆之言，谓天下乘机可取，乃谲朝士共为盟誓，将向河阴西北三里，至南北长堤，悉命下马西度，即遣胡骑四面围之。妄言丞相高阳王欲反，杀百官王公卿士二千余人，皆敛手就戮。又命二三十人拔刀走行宫。庄帝及彭城王、霸城王俱出帐。荣先遣并州人郭罗察共西部高车叱列杀鬼在帝左右，相与为应。及见事起，假言防卫，抱帝入帐，余人即害彭城、霸城二王。乃令四五十人迁帝于河桥，沈灵太后及少主于河。时又有朝士百余人后至，仍于堤东被围。遂临以白刃，唱云能为禅文者出，当原其命。时有陇西李神俊、顿丘李谐、太原温子升并立当世辞人，皆在围中，耻是从命，俯伏不应。有御史赵元则者，恐不免死，出作禅文。荣令人诫军士，言元氏既灭，尔朱氏兴，其众咸称万岁。荣遂铸金为己像，数四不成。时荣所信幽州人刘灵助善卜占，言今时人事未可。荣乃曰："若我作不吉，当迎天穆立之。"灵助曰："天穆亦不吉，唯长乐王有王兆耳。"荣亦精神恍惚，不自支持，遂便愧悔，至四更中，乃迎庄帝，望马首叩头请死。其士马三千余骑，既滥杀朝士，乃不敢入京，即欲向北为移都之计。持疑经日，始奉驾向洛阳宫。及上北芒，视城阙，复怀畏惧，不肯更前。武卫将军泛礼苦执不听。

复前入城，不朝戍。北来之人，皆乘马入殿。诸贵死散，无复次序，庄帝左右，唯有故旧数人。荣犹执移都之议，上亦无以拒焉。又在明光殿重谢河桥之事，誓言无复二心。庄帝自起止之，因复为荣誓，言无疑心。荣喜，因求酒一遍。及醉熟，帝欲诛之，左右苦谏乃止。即以床舆向中常侍省。荣夜半方寤，遂达旦不眠。自此不复禁中宿矣。

荣女先为明帝嫔，欲上立为后，帝疑未决。给事黄门侍郎祖莹曰："昔文公在秦，怀嬴入侍。事有反经合义，陛下独何疑焉？"上遂从之，荣意甚悦。

于时人间犹或云荣欲迁都晋阳，或云欲肆兵大掠，迭相惊恐，人情骇震。京邑士子，十不一存，率皆逃窜，无敢出者，直卫空虚，官守废旷。荣闻之，上书谢愆。无上王请追尊帝号；诸王、刺史，乞赠三司；其位班三品，请赠令仆；五品之官，各赠方伯；六品已下及白身，赠以镇郡。诸死者无后，听继，即授封爵。均其高下，节级别科，使恩洽存亡，有慰生死。诏如所表。又启帝，遣使巡城劳问，于是人情遂安，朝士逃亡者，亦稍来归阙。荣又奏请番直，朔望之日，引见三公、令、仆、尚书、九卿及司州牧、河南尹、洛阳河阴执事之官，参论国政，以为常式。

五月，荣还晋阳，乃令元天穆向京，为侍中、太尉公、录尚书事、京畿大都督，兼领军将军，封上党王。树置腹心在列职，举止所为，皆由其意。七月，诏加荣柱国大将军。

时葛荣向京师，众号百万，相州刺史李神俊闭门自守。荣率精骑七千，马皆有副，倍道兼行，东出滏口。而与葛荣众寡非敌。葛荣闻之，喜见于色，乃令其众办长绳，至便缚取。自邺以北，列阵数十里，箕张而进。荣潜军山谷为奇兵，分督将已上三人为一处，处有数百骑，令所在扬尘鼓噪，使贼不测多少。又以人马逼战，刀不如棒，密勒军士，马上各赍袖棒一枚，至战时，虑废腾逐，不听斩级，使以棒棒之而已。乃分命壮勇，所当冲突，号令严明，将士同奋。荣身自陷阵，出于贼后，表里合击，大破之。于阵禽葛荣，余众悉降。荣恐其疑惧，乃普令各从所乐，亲属相随，任所居止。于是群情喜悦，登即四散，数十万众，一朝散尽。待出百里之外，乃始分道押领，随便安置，咸得其宜。获其渠帅，量才授用，新附者咸安。时人服其处分机速。乃槛车送葛荣赴阙。诏加荣大丞相、都督河北畿外诸军事。

初，荣将讨葛荣，军次襄垣，遂大猎，有双兔起于马前，荣弯弓誓之曰:“中则禽葛荣,不中则否。”既而并应弦而殪,三军咸悦。及后,命立碑于其所,号双兔碑。又将战夜,梦一人从葛荣索千牛刀,葛荣初不肯与,此人自称已是道武皇帝,葛荣乃奉刀,此人手持授荣。寤而喜,自知必胜。

又诏以冀州之长乐、相州之南赵、定州之博陵、沧州之浮阳、平州之辽西、燕州之上谷、幽州之渔阳七郡,各万户,通前满十万,为太原国邑。又加位太师。

建义初,北海王元颢南奔梁,梁立为魏主,资以兵将。时邢杲以三齐应颢。朝廷以颢孤弱,永安二年春,诏元天穆先平齐地,然后征颢。颢乘虚径进,荥阳、武牢并不守,车驾出居河北。荣闻之,驰传朝行宫于上党之长子,舆驾于是南趣。荣为前驱,旬日之间,兵马大集。天穆克平邢杲,亦渡河以会。车驾幸河内。荣与颢相持于河上,无船不得即渡。议欲还北,更图后举,黄门郎杨侃、高道穆等并固执以为不可。属马渚杨云有小船数艘,求为乡导。荣乃令都督尔朱兆等率精骑夜济。颢奔,车驾渡河,入居华林园。诏加荣天柱大将军,增封通前二十万户,加前后部羽葆鼓吹。

荣寻还晋阳,遥制朝廷,亲戚腹心,皆补要职,百僚朝廷动静,莫不以申。至于除授,皆须荣许,然后得用。庄帝虽受制权臣,而勤政事,朝夕省纳,孜孜不已。数自理冤狱,亲览辞讼。又选司多滥,与吏部尚书李神俊议正纲纪,而荣乃大相嫌责。曾关补定州曲阳县令,神俊以阶县不奏,别更拟人。荣大怒,即遣其所补者往夺其任。荣使入京,虽复微蔑,朝贵见之,莫不倾靡。及至阙下,未得通奏,恃荣威势,至乃忿怒。神俊遂上表逊位。荣欲用世隆摄选,上亦不违。荣曾启北人为河内诸州,欲为犄角势,上不即从。天穆入见论事,上犹未许。天穆曰:“天柱既有大功,为国宰相,若请普代天下官属,恐陛下亦不得违。如何启数人为州,便停不用?”帝正色曰:“天柱若不为人臣,朕亦须代;如其犹存臣节,无代天下百官理。”荣闻,大怒曰:“天子由谁得立?今乃不用我语!”皇后复嫌内妃嫔,甚有妒恨之事。帝遣世隆语以大理,后曰:“天子由我家置立,今便如此。我父本日即自作,今亦复决?”世隆曰:“兄止自不为,若本自作,臣今亦得封王。”帝既外迫强臣,内逼皇后,恒怏怏不以万乘为贵。

先是,葛荣枝党韩娄仍据幽、平二州,荣遣都督侯深讨斩之。时万俟丑奴、萧宝夤拥众豳、泾，荣遣其从子天光为雍州刺史，令率都督贺拔岳、侯莫陈悦等入关讨之。天光至雍州，以众少未进，荣大怒，遣其骑兵参军刘贵驰驿诣军，加天光杖罚。天光等大惧，乃进讨，连破之，禽丑奴，宝夤，并槛车送阙。天光又禽王庆云、万俟道乐，关中悉平。于是天下大难便尽。庄帝恒不虑外寇，唯恐荣为逆，常时诸方未定，欲使与之相持，及告捷之日，乃不甚喜，谓尚书令、临淮王彧曰："即今天下便是无贼？"临淮见帝色不悦，曰："臣恐贼平以后，方劳圣虑。"帝畏余人怪，还以他语解之，曰："其实抚宁荒余，弥成不易。"

荣好射猎，不舍寒暑，法禁严重，若一鹿出，乃有数人殒命。曾有一人，见猛兽便走，谓曰："欲求活邪！"遂即斩之。自此猎如登战场。曾见一猛兽在穷谷中，乃令余人重衣空手搏之，不令复损，于是数人被杀，遂禽得之。持此为乐焉。列围而进，虽阻险不得回避，其下甚苦之。

太宰元天穆从容言荣勋业，宜调政养人。荣便攘肘谓天穆曰："太后女主，不能自正，推奉天子者，此是人臣常节。葛荣之徒，本是奴才，乘时作乱，譬如奴走，禽获便休。顷来受国大宠，未能混一海内，何宜今日便言勋也？如闻朝士犹自宽纵，今秋欲共兄戒勒士马，校猎嵩原，令贪污朝贵，入围搏虎。仍出鲁阳，历三荆，悉拥生蛮，北填六镇。回军之际，因平汾胡。明年简练精骑，分出江、淮，萧衍若降，乞万户侯；如其不降，径度数千骑，便往缚取。待六合宁一，八表无尘，然后共兄奉天子巡四方，观风俗，布政教，如此乃可称勋耳。今若止猎，兵士懈怠，安可复用也？"

及见四方无事，用遣人奏曰："参军许周劝臣取九锡，臣恶其此言，已发遣令去。"荣时望得殊礼，故以意讽朝廷。帝实不欲与之，因称其忠。荣见帝年长明悟，为众所归，欲移自近，皆使由己。每因醉云，入将天子，拜谒金陵后，还复恒朔。而侍中朱元龙辄从尚书索太和中迁京故事，于是复有移都消息。

荣乃暂来向京，言看皇后娩难。帝惩河阴之事，终恐难保，乃与城阳王徽、侍中杨侃、李彧、尚书右仆射元罗谋，皆劝帝刺杀之。唯胶东侯李侃晞、济阴王晖业言荣若来，必有备，恐不可图。又欲杀其党羽，发兵拒之。帝疑未定，而京师人怀忧惧，中书侍郎邢子才之徒，已避之东出。荣乃遍与朝士书，相任留。中书舍人温子升以书呈帝，帝恒望其不来，及见书，以荣必来，色甚不悦。武卫将军奚毅，建义初往来通命，帝每期之甚重，然以为荣通亲，不敢与之言情。毅曰："若必有变，臣宁死陛下难，不能事契胡。"帝曰："朕保天柱无异心，亦不忘卿忠款。"

三年八月，荣将四五千骑，发并州向京。时人皆言其反，复道天子必应图之。九月初，荣至京。有人告云，帝欲图之。荣即具奏。帝曰："外人亦言王欲害我，岂可信之？"于是荣不自疑，每入谒帝，从人不过数十，皆不持兵仗。帝欲止，城阳王曰："纵不反，亦何可耐？况何可保耶？"又北人语讹，语"尔朱"为"人主"。上又闻其在北言，我姓人主。先是，长星出中台，扫大角。恒州人高荣祖颇明天文，荣问之曰："是何祥也？"答曰："除旧布新象也。昔长星扫大角，秦以之亡。"荣闻之悦。又荣下行台郎中李显和曾曰："天柱至，那无九锡，安须王自索也？亦是天子不见机！"都督郭罗察曰："今年真可作禅文，何但九锡？"参军褚光曰："人言并州城上有紫气，何虑天柱不应？"荣下人皆凌侮帝左右，无所忌惮，其事皆上闻。奚毅又见，求闻。帝即下明光殿与语。帝又疑其为荣，不告以情。乃知毅赤诚，乃召城阳王徽及杨侃、李彧，告以毅语。

荣小女嫁与帝兄子陈留王，小字伽邪，荣尝指之曰："我终当得此女婿力。"徽又云："荣虑陛下终为此患，脱有东宫，必贪立孩幼。若皇后不生太子，则立陈留以安天下。"并言荣指陈留语状。帝即有图荣意，夜梦手持一刀自害，落十指节，都不觉痛。恶之，以告城阳王徽及杨侃。徽解梦曰："蝮蛇螫手，壮士解腕。割指节与解腕何异？去患乃是吉祥。"闻者皆言善。

九月十五日，天穆到京，驾迎之。荣与天穆并从入西林园谦射。荣乃奏曰："近来侍官皆不习武，陛下宜将五百骑出猎，因省辞讼。"先是奚毅言荣因猎挟天子移都，至是，其言相符。

至十八日，召中书舍人温子升告以杀荣状，并问以杀董卓事。子升具通本，上曰："王允若即赦凉州人，必不应至此。"良久，语子升曰："朕之情理，卿所具知，死犹须为，况必不死！宁与高贵卿公同日死，不与常道乡公同日生。"上谓杀荣、天穆，即赦其党，便应不动。应诏王道习曰："尔朱世隆、司马子如、朱元龙比来偏被委付，具知天下虚实，谓不宜留。"城阳王及杨侃曰："若世隆不全，仲远、天光岂有来理？"帝亦谓然，无复杀意。城阳曰："荣数征伐，腰间有刀，或能狠戾伤人。临事，愿陛下出。"乃伏侃等十余人于明光殿东。其日，荣与天穆并入，坐食未讫，起出。侃等从东阶上殿，见荣、天穆出至中庭，事不果。

十九日是帝忌日，二十日荣忌日，二十一日，暂入，即向陈留王家，饮酒极醉。遂言病动，频日不入。上谋颇泄，世隆等以告荣。荣轻帝，不谓能反。预帝谋者皆惧。

二十五日，旦，荣、天穆同入，其日大欲革易。上在明光殿东序中西面坐，荣与天穆并御床西北小床上南坐，城阳入，始一拜，荣见光禄卿鲁安等持刀从东户入，即驰向御坐，帝拔千牛刀手斩之，时年三十八。得其手板上有数牒启，皆左右去留人名，非其腹心，悉在出限。帝曰："竖子！若过今日，便不可制。"时又天穆与荣子菩提亦就戮，于是内外喜叫，声满京城。既而大赦。

荣虽威名大振，而举止轻脱，正以驰射为伎艺，每入朝见，更无所为，唯戏上下马。于西林园宴射，恒请皇后出观，并召王公妃主，共在一堂。每见天子射中，辄自起舞叫，将相卿士，悉皆盘旋，乃至妃主妇人，亦不免随之举袂。及酒酣耳热，必自匡坐唱虏歌，为《树梨》《普梨》之曲。见临淮王彧从容闲雅，爱尚风素，固令为敕勒舞。日暮罢归，便与左右连手踢地，唱《回波乐》而出。性甚严暴，愠喜无恒，弓箭刀槊，不离于手，每有瞋嫌，即行忍害，左右恒有死忧。曾欲出猎，有人诉之，披陈不已，发怒，即射杀之。曾见沙弥重骑一马，荣即令相触，力穷不复能动，遂使傍人以头相击，死而后已。

节闵帝初，世隆等得志，乃诏赠假黄钺、相国、录尚书、都督中外诸军事、晋王，加九锡，给九旒銮辂，武贲班剑三百人，辒辌车，准晋太宰、安平献王故事，谥曰武。又诏百官议荣配飨，司直刘季明曰："晋王若配永安，则不能终臣节。以此论之，无所配。"世隆作色曰："卿合配？"季明曰："下官预在议限，据理而言，不合上心，诛翦唯命。"众为之危，季明自若。世隆意不已，乃配享孝文庙庭。

【译文】

尔朱荣，字天宝，北秀容人。他世代担任部落酋长，他的祖先居住在尔朱川，因此，尔朱成为他的姓氏。

尔朱羽健是尔朱荣的高祖父，北魏道武帝登国初年任契胡部落的领民酋长，率领契胡武士随从道武帝平定晋阳，攻取中山，朝廷拜授他为散骑常侍。他当时居住在秀容川，于是道武帝就下诏割出秀容川一块三百里的土地封给他，作为子孙相传的产业。道武帝正式即位后，认为南秀容川的土地肥沃平坦，打算让尔朱羽健迁居到那里。尔朱羽健说："我们家世代为国家服务，侍从于皇帝左右，听凭调遣。北秀容一带现已在我治理之下，这地方离京城又比较近，我怎么能只考虑土地的肥瘠，就搬到远离陛下的地方呢？"道武帝于是就准许他仍然住在原地。尔朱羽健的住处附近曾经有狗用舌头舐地，因而在那地方挖出了一股甘泉，于是把该泉命名为狗舐泉。

尔朱荣的曾祖父尔朱郁德，祖父尔朱代勤，相继担任部落领民酋长。尔朱代勤是北魏太武帝敬哀皇后的舅舅。因为他是皇帝的外戚，又屡次出征作战立有功劳，太武帝下令免除他家里一百年的赋役，并授予他立义将军一职。有一次尔朱代勤率众围山打猎，部落中的人射老虎，误射中了尔朱代勤的大腿，尔朱代勤只让人把箭拔出来，并不加以追究，说："这既然是无心而犯的过错，我怎么忍心加罪呢？"部落中的人都为他的宽厚所感动。后来任肆州刺史，加封梁郡公。因年老退休，皇帝每年赏赐他一百匹丝绸，后来形成了常制。他死后，谥号称为庄。在孝庄帝初年追赠尔朱代勤为太师、司徒公、录尚书事。

尔朱新兴是尔朱荣的父亲，在太和年间继任酋长。他曾经巡察马群，看见一条头上还长有两只角的白蛇，便向它祈祷，希望保佑牲畜不断繁衍生息。此后，部落中的牛羊驼马等牲畜，一天比一天多，以至于后来把它们按颜色专门分群，每群都以山谷作为计量单位。北魏朝廷每遇到对外战事，尔朱新兴就献上自己的私有马匹，并兼备资财粮草，帮助解决军队的费用。孝文帝因此对他十分欣赏。到迁都洛阳以后，特旨准许他冬天到京城朝见，夏天回部落休养。每次入朝，朝中的王侯公卿等贵族都争相送给他各种奇珍异宝，尔朱新兴也以良种骏马回赠。官至散骑常侍、平北将军、秀容第一领民酋长。每年春秋两季，尔朱新兴都要带着妻子儿女到临水的草原上检阅放牧情况，并举行狩猎活动作为娱乐。孝明帝时，尔朱新兴因为年老，上书请求把爵位传给尔朱荣。去世后，谥号为简。孝庄帝初年，追赠尔朱新兴为太师、相国、西河郡王。

尔朱荣长相俊美，皮肤白皙，小时候就神情机警，聪明果断。当他长大后，特别喜欢射箭打猎，他每次设置围猎都与众人宣誓，然后演练作战时的军阵程式，号令严明，没有人敢冒犯。有三个处于秀容的边境上且位于高山之上的水池，水色清澈透明，没人知道到底有多深，相传叫做祁连池，北魏称它们为天池。尔朱新兴曾带着尔朱荣在池上游览，忽然听到箫鼓的声音，就对尔朱荣说："上年纪的人相传，听到这种声音的人，将来会做到三公宰相的高位。今天这声音大概是为你而发的吧，因为我已经老了。"尔朱荣承袭了父亲的爵位，后来又官拜直寝、游击将军。

正光年间，正当烽烟四起之时，尔朱荣就散发牲畜，招纳义勇组织军队。因为讨伐贼寇有功，晋封为博陵郡公，原来家传的爵位梁郡公被恩准赐给他的第二个儿子承袭。当时尔朱荣率领军队到了肆州，刺史尉庆宾紧闭城门不予接纳。尔朱荣大怒，就攻占了肆州，任命他的堂叔尔朱羽生为肆州刺史，把尉庆宾抓回了秀容。自此之后尔朱荣的兵力日渐强大，北魏朝廷也无力加以惩罚。到了葛荣吞并杜洛周起义军以后，尔朱荣担心葛荣会南下进逼邺城，上表请求东进到相州一带增援，孝明帝没有答应。尔朱荣认为太行山以东的起义军力量不断壮大，怕他们向西发展，就派遣部队坚守滏口以防敌人侵入。于是尔朱荣的军队在北面捍卫住马邑，东面把守着井陉要道。

不久，孝明帝突然去世，事情来得特别仓促。尔朱荣就和元天穆等人暗中商议，准备入朝辅政。他上书直言道："目前国内人心骚动，大家异口同声，都说先皇帝是中毒致死的。朝廷先拿潘嫔生的女儿冒充太子欺骗百姓，随后又立了一个还不会说话的幼儿君临四海。我们要求把徐纥、郑俨这些佞幸之徒都抓起来，交给司法官员论罪。然后再召集宗室亲王，重新推选一个有德之君为天下之主。"于是尔朱荣就准备开赴京师。皇太后胡氏十分害怕，下诏委任李神轨为大都督，准备在太行山一带布防。尔朱荣在一开始上表的时候，就派侄子尔朱天光、亲信奚毅及家人王相进入洛阳，和在洛阳做官的堂弟尔朱世隆一同暗中商议废立皇帝的计划。尔朱天光随即拜见了长乐王元子攸，也就是后来的北魏孝庄帝，向他陈述尔朱荣准备拥立他为皇帝的打算，孝庄帝表示同意。尔朱天光等人北返之后，尔朱荣就从晋阳统兵南下。临行对拥立计划又有些犹疑，就专门用铜铸造孝文帝以及咸阳王元禧等五位亲王子孙们的塑像，塑像能铸成的，就推奉他为皇帝。结果只有孝庄帝一人的塑像铸成了。尔朱荣的军队停驻在河内，尔朱荣再次派遣王相秘密迎接孝庄帝，以及孝庄帝的哥哥彭城王元劭和弟弟始平王元子正。武泰元年四月，孝庄帝从高渚出发渡过黄河，到达尔朱荣的军营，将士们全都高呼万岁。

当孝庄帝即位后，任命尔朱荣为使持节、都督中外诸军事、大将军、开府、尚书令、领军将军、领左右、太原王。当他们渡过黄河时，灵太后就剃掉头发进了道观，朝廷百官都到河边迎接孝庄帝。

尔朱荣被费穆认为可以趁此机会夺取天下的言语所蛊惑，于是他就欺骗朝廷百官一起盟誓，带领他们去河阴西北三里之处，当到了南北长堤时，他就命令他们全部下马从西边渡河，并马上派胡人的骑兵从四面包围他们。他诬陷丞相高阳王元雍企图谋反，并杀掉文武百官、王公贵族一共两千多人，这些人都毫无防备，束手就戮。尔朱荣又派二三十名军士持刀奔向孝庄帝临时居住的行宫。孝庄帝与元劭、元子正三人一同走出帐外观看。尔朱荣事先已派并州人郭罗察和西部高车人叱列杀鬼在孝庄帝左右侍奉，准备相机与外边互为策应。至此时见到外边已经开始行动，便假称防护保卫，抱持着孝庄帝进入帐内。外边的军士就杀害了元劭和元子正。尔朱荣随后命令四五十名军士把孝庄帝挟持到河桥，并把沈灵太后以及她扶立的幼帝元钊都沉到黄河里淹死。这时又有一百多名朝官随后赶到，仍然在大堤东面被包围起来。于是就以钢刀相威胁，宣布说能写禅位给尔朱荣诏书的人可以出来，饶了他的性命。当时陇西人李神俊、顿丘人李谐，太原人温子升都是当代著名的文章高手，均被包围在里面。这些人耻于从命，都伏在地上不作声。有一个叫赵元则的御史，害怕自己不免一死，就出来写了禅位诏书。尔朱荣随即让人晓谕军士，说元魏王朝已经灭亡，尔朱氏将要代为皇帝。部下的军士都齐呼万岁。于是尔朱荣就用黄金浇铸自己的塑像，铸了四次也没有铸成。当时尔朱荣信任的一个幽州人叫刘灵助的，善于占卜，对尔朱荣说现在人事方面的条件还不具备，还不能做皇帝。尔朱荣就说："要是我做皇帝不吉利，那就把元天穆接来，立他好了。"刘灵助说："元天穆也不吉利。只有长乐王才有做皇帝的天命。"尔朱荣也感到精神恍惚，心理上支持不住，就有了惭愧追悔的意思。到夜里四更左右，又把孝庄帝接回来，对着孝庄帝的马头下拜叩头，请求以死赎罪。尔朱荣带来的军队共有三千多名骑兵，既已滥杀了大批朝官，就不敢进入京城，而想裹胁孝庄帝一同北还，做迁都的打算。这样犹豫不决了好几天，才簇拥着孝庄帝向洛阳的皇宫进发。当走到北芒山时，看见了洛阳的城墙，尔朱荣又害怕起来，不肯往前走。武卫将军泛礼苦苦相劝，也不听从。最后总算进入了洛阳城中，但也没有正式恢复朝会和戍卫制度。北来的军士，都骑着马直接闯入大殿。原来的高官贵族或是被杀，或是已经逃窜，朝廷中已毫无秩序章法可言。孝庄帝身边也只剩下少数几个从前的亲信大臣。尔朱荣仍然坚持迁都的意见，孝庄帝也无力与他抗衡。尔朱荣又在明光殿再次就河桥迁驾的事情向孝庄帝谢罪，发誓说自己对孝庄帝绝无二心。孝座帝亲自站起来劝阻他，并且自己也向尔朱荣发誓，说对尔朱荣信任如故，没有疑心。尔朱荣高兴起来，就请求君臣一起喝一次酒。不久尔朱荣就喝醉睡熟了，孝庄帝打算趁机杀掉他，左右的人苦苦劝阻才得以停止，于是就把尔朱荣连床抬到了中常侍省。尔朱荣直到半夜酒劲才醒，后来一直到天亮也没有睡着，从此他再也不敢在宫禁中留宿。

尔朱荣的女儿先前是孝庄帝的嫔妃，尔朱荣想要孝庄帝立她为皇后，皇帝犹豫不决。给事黄门侍郎祖莹说："从前晋文公在秦国时，让自己的妻子怀嬴入宫侍奉。此事虽然违反经书上的准则，但事实上却合乎道义。陛下有什么可犹豫的呢?"孝庄帝听从了他的建议，尔朱荣非常高兴。

当时民间还是有人说尔朱荣想把国都迁都到晋阳，还有人说尔朱荣准备放纵士兵大肆抢夺，这些事情都让人们惊恐，以致人心动荡。京城洛阳里的士人，大都逃亡躲避，没有人敢出来露面。朝廷中官位职守也出现很多空缺，几乎无人当值戍卫。尔朱荣听说这种情况，上书谢罪。奏请追尊孝庄帝的哥哥元劭皇帝帝号，遇害的诸王、刺史都追赠三公的称号；三品官追赠尚书令、仆射；五品官追赠刺史；六品以下直到没有官位的人都追赠郡守。死者没有了后嗣的，准许过继后嗣，然后再以封爵相授。按照原来的官品高低，分级分类赠恤，使皇恩普及于每个人，让死者都能得到安慰。孝庄帝下诏按尔朱荣的奏请去办。尔朱荣又启奏孝庄帝，请求派使节在洛阳城巡视慰劳问候老百姓。于是人心逐渐安定下来，逃亡在外的朝官也慢慢都回到朝中。尔朱荣又上奏请求让轮班值日的人，在农历初一和十五那天，皇帝专门接见三公、尚书令、仆射、各部尚书、九卿，以及司州牧、河南尹和洛阳、河阴的有关行政官员，参加讨论国政，并以此为常制。

尔朱荣在五月返回晋阳，于是命令元天穆前去京城，担任侍中、太尉公、录尚书事、京畿大都督，兼领军将军，加封上党王。朝廷各主要机构都安插了尔朱荣的心腹，他们的一言一行都由尔朱荣决定。七月，皇帝诏令把尔朱荣升为柱国大将军。

当时葛荣逼近京城，号称有百万士兵，相州刺史李神俊紧闭城门做坚固的防守。尔朱荣亲自率领七千名精锐骑兵，每人都有正副两匹马，日夜兼程，从东门出了滏口。但人马与葛荣相比却是寡不敌众。葛荣听说此事后，喜形于色，就命令自己部下的军士每人准备一条长绳，打算把尔朱荣的军队手到擒来，一一捆捉。葛荣的军队在邺城以北列了几十里的长阵，阵如箕形，张开两翼向前推进。尔朱荣在四周的山谷中埋伏部队作为奇兵，把督将以上的将领每三个人分派在一处，每处都有几百名骑兵，让各处一起飞扬尘土，呐喊鼓噪，使敌军无法知道到底有多少人马。尔朱荣又考虑到骑兵贴身近战，与刀相比用棒做兵器更方便，于是暗中下令给军士，让他们在马上各自携带一只袖棒。交战的时候为了不至于妨碍奔驰追逐，不要求斩下敌军的首级，只要用袖棒把他们打倒就可以了。于是分派精锐军士在各处冲突敌阵，号令严明，将领士卒的情绪都十分高涨。尔朱荣一马当先，亲自率军从葛荣军队后面绕出来，冲锋陷阵。这样各小股军队协同作战，内外一同进击，大败葛荣的军队，当场在阵中活捉葛荣，他的部众也全部投降了。尔朱荣担心他们有猜疑畏惧的心理，就广泛下令，让他们各自找喜欢去的地方，准许让亲属追随，自选安身之地。因此，众人喜悦，一下子便四散而走，数十万的人马，片刻之间就散光了。等到走出一百多里地后，才开始分路押送，就便安置，每个人都得到了恰当的安排。对擒获的葛荣部将，尔朱荣量才而用，新归附的人也都能安下心来。当时的人佩服他处理事情迅速敏捷。尔朱荣于是用囚车把葛荣押送回朝廷。孝庄帝下诏，加授尔朱荣大丞相、都督河北畿外诸军事。

当初，尔朱荣率领部队征讨葛荣，到达襄垣时，曾进行过大规模的围猎。有两只兔子跳到马前，尔朱荣弯弓搭箭，对天立誓说："如果射中，就表明能生擒葛荣，射不中则不能。"结果两只兔子都应弦而死，全军将士大为振奋。等到战役结束以后，尔朱荣命令在围猎的地方立一块碑以示纪念，叫作双兔碑。另外，交战头一天夜里，尔朱荣梦见有一个人向葛荣索要千牛刀，葛荣一开始不肯给他，那人自称是北魏开国皇帝道武帝，葛荣于是把刀进献给他，那个人又把刀亲手转交给尔朱荣。尔朱荣梦醒之后非常高兴，知道自己一定会取得胜利。

皇帝又诏令把冀州的长乐郡、相州的南赵郡、定州的博陵郡、沧州的浮阳郡、平州的辽西郡、燕州的上谷郡、幽州的渔阳郡总共七个郡，每郡一万户，加上从前所封的总共有十万户，作为尔朱荣的太原国食邑，并加封他为太师。

建义初年，北海王元颢往南部投奔梁朝，梁朝把他推立为魏主，并赐予他兵将。当时河间人邢杲为响应元颢，在山东地区造反。朝廷认为元颢势单力弱，不足为虑。永安二年春天，下诏派元天穆率军先去平定山东，然后再去讨伐元颢。元颢趁洛阳一带兵力空虚，长驱直入，荣阳、武牢都被攻占，孝庄帝逃到黄河以北。尔朱荣闻讯，乘驿传急驰到上党郡长子县的行宫朝见孝庄帝，孝庄帝才转而向南进发。尔朱荣亲自充当前驱，十来天的时间里，各地兵马纷纷前来集合。元天穆平定了邢杲的起义，也率军渡过黄河前来会合。孝庄帝进入河内。尔朱荣与元颢隔黄河相持，但没有船，一下子过不去。和诸位大臣、僚属商议，打算收军北撤，以后再另做讨伐元颢的打算。黄门郎杨侃、高道穆等人坚决反对，认为不能这样做。恰好马渚有几户姓杨的人家报告说有几艘小船，请求担任向导。尔朱荣于是命令都督尔朱兆等人率领精锐骑兵夜晚渡河。元颢逃奔，皇帝渡过黄河，入住华林园。皇帝诏令加授尔朱荣为天柱大将军，增加封户，与以前合计共达二十万户。还加赐前后部羽葆仪仗、音乐鼓吹等待遇。

尔朱荣不久后返回晋阳，他在那里来遥控朝廷。他的亲戚和心腹，都在朝廷担任要职，百官在朝廷的一举一动，他们都会向他汇报。官员的任用都必须经过尔朱荣的批准，然后才能上任。孝庄帝虽然被朝臣监督控制着，但却勤于处理朝廷政事，批改奏章，孜孜不倦。而且他还亲自审理冤狱，过问刑法诉讼。又因为官吏选拔没有标准、比较粗滥，与吏部尚书李神俊一起商量，打算严肃选拔官吏的纲纪。尔朱荣对孝庄帝的这些举动都非常不满，屡加责难。有一次尔朱荣批文委任一个人做定州曲阳县的县令，李神俊认为此人级别太低，不够资格，就没有奏闻，而另外拟定人选。尔朱荣知道后大怒，就派他委任的人前去夺取原官位。尔朱荣的使节入京城，虽然官轻职微，朝中的达官贵人见到他，没有不低声下气、献媚讨好的。等到了皇宫门口，一时没有得到通报入见，仗着尔朱荣的权威声势，甚至就当场发起脾气来。李神俊便向孝庄帝上表请求辞职。尔朱荣想起用他的堂弟尔朱世隆来掌管官员的选任事务，孝庄帝也不好反对。又有一次，尔朱荣奏请选用一些北边部族的人充任河内地区各州的长官，希望与自己构成犄角呼应之势，孝庄帝没有马上答应。元天穆入宫晋见孝庄帝论及此事，孝庄帝仍然不同意。元天穆说："天柱大将军既然为国家立有大功，做到宰相的高位，就算是请求全面更换天下所有的官员吏属，恐怕陛下也不能不答应。为什么尔朱荣只是启奏几个人任州官，陛下就不同意呢？"皇帝严肃地说："尔朱荣假如不是朕的臣子，朕也应当被替代；如果他还有臣子的节操，就没有替换天下百官的理由。"尔朱荣听说之后，大怒说："皇帝是靠谁拥立起来的？现在竟然不听我的话了！"尔朱荣的女儿孝庄帝皇后又对孝庄帝聘娶妃嫔不满，做出很多妒忌的举动。孝庄帝派尔朱世隆向她晓谕做妻子的道理，尔朱皇后说："你是靠我尔朱家里的人才拥立起来的，你现在竟变成这样。我父亲从现在起一切事情就会自作主张，现在你还能再做决定吗？"尔朱世隆说："我兄长只是不想自己当皇帝而已，如果他原先就想当皇帝，我现在也就可以被封为王了。"孝庄帝外受权臣所逼，内受皇后所迫，常怏怏不乐，不以皇位为贵。

葛荣的余党韩娄在此之前仍然占据幽州和平州。尔朱荣派都督侯深进讨伐并杀掉了韩娄。当时万俟丑奴、萧宝夤聚众占据了关中的豳州、泾州地区，尔朱荣派自己的堂侄尔朱天光出任雍州刺史，命令尔朱天光率领都督贺拔岳、侯莫陈悦等人的部队入关征讨他们。尔朱天光到了雍州，因为兵力太少不敢前进，尔朱荣非常愤怒，派属下的骑兵参军刘贵乘驿传急驰到军中杖罚尔朱天光。尔朱天光等人非常恐惧，于是进军征讨，连连击败敌人，生擒万俟丑奴和萧宝夤，一并装在囚车里送往洛阳。尔朱天光另外还擒获了王庆云、万俟道乐等人，关中地区完全被平定。至此北魏境内的起兵、割据势力都被消灭了。孝庄帝实际上一直不为外地的祸患担忧，只害怕尔朱荣谋反。平时四方的战事没有结束，希望借此牵制尔朱荣的力量，内外抗衡。等到报捷的那一天，孝庄帝便显得不太高兴，对尚书令、临淮王元彧说："现在天下果真是没有盗贼了吗？"临淮王看到孝庄帝的神色不悦，就说："我怕贼军被消灭之后，皇上更加劳神。"孝庄帝害怕其他人见怪，就用话岔开说："其实要使边远地区安宁下来，是更加不容易的事情啊。"

尔朱荣喜好打猎，不论是冬天还是夏天。他法令严酷，如果有一头鹿跑掉了，他就要杀掉几个人。曾经有一个兵士见到猛兽就跑，尔朱荣对他说："你想逃命吗？"马上将他斩首。从此之后军士参加围猎，就像上了战场一样。又有一次，尔朱荣见到一只猛兽被困在深谷当中，就让周围的军士多穿几层衣服，空手去擒拿这只猛兽，不准让它受到损伤。结果一连死了好几个人，才把这只猛兽擒住。尔朱荣常常以此为乐。他列队圈圈向前推进，即使遇到险要地形也不允许士兵退缩，他的部下为此特别愁苦。

太宰元天穆从容地谈论尔朱荣的功勋，还说应该调整朝政爱护人民。尔朱荣挽起胳膊对元天穆说："灵太后是国家的女主，她自身就不正派，我之所以推立天子，这是当臣子应有的节操。葛荣那些本来就是奴隶出身的人，趁机作乱，就如同奴仆跑了，抓回来就算完事了。近来承蒙国家给我极大的荣誉、地位，但还没能统一天下，今天怎么就能谈得上有功勋业绩呢？前不久又听说朝中官员行为仍然放纵、不加检点，因此今年秋天打算和老兄一起检阅军队，到嵩山周围的原野上进行围猎演习，让那些贪赃枉法、行为不端的朝中贵人们，都到围猎的圈子里面徒手捉拿老虎。然后兵出鲁阳，横扫荆、楚地区，把那些不开化的蛮族统统抓来，送到北边，充实六镇的人口。军队返回的时候，顺便再讨平汾河沿岸的胡人。明年选拔操练精锐骑兵，分路开往江、淮流域。梁朝皇帝萧衍如果投降，就替他讨一个万户侯的爵位；要是不投降，就直接差遣几千骑兵，过江把他抓回来。等到天下统一、四方没有战乱，然后再和老兄一同簇拥着天子巡视各地，观察风土人情，推广政令教化。像这样才能算有功勋。现在我如果停止射猎活动，士兵就会松懈下来，今后还怎么再依靠他们行军打仗呢？"

当看到天下平安无事，尔朱荣于是派人上奏说："参军许周建劝我向陛下要九锡之赐，我讨厌这种言论，已经发布命令让他走了。"尔朱荣当时很期待得到特殊的待遇，所以用那样的话来暗示朝廷。而皇帝其实不想给他特殊待遇，于是就称赞他的忠诚不二。尔朱荣见到孝庄帝年纪已大，聪明机智，为很多人所归心，就打算把他引到自己的身边，使他的一举一动都能由自己控制。因此每次喝醉时都谈到，将要入京拥戴着天子，拜谒北魏先代皇帝陵墓之后，一同回到山西北部的恒州、朔州地区。而侍中朱元龙就向尚书省索要孝文帝太和年间由平城迁都洛阳的有关制度典故，这样迁都的传闻再次传播开来。

于是，尔朱荣突然来到京城，声称是来看望难产中的皇后。皇帝鉴于两年前河阳发生的事情，担心不能自保，就和城阳王元徽、侍中杨侃、李彧、尚书右仆射元罗一同商量，他们都劝说皇帝应该趁机杀死尔朱荣。只有胶东侯李侃晞、济阴王元晖业说尔朱荣必定是有备而来，难以算计。又有人主张先杀掉尔朱荣的党羽，然后发兵抵御。孝庄帝心中迟疑未定，而这时京城中的人都已预感到情况不妙，心怀恐惧，中书侍郎邢子才等人已经为躲避灾祸向东逃出了洛阳。尔朱荣于是一一给朝中官员写信，希望他们留在京城。中书舍人温子升把收到的信呈送给孝庄帝，孝庄帝一直盼望尔朱荣不要来，等看到信，知道尔朱荣一定会来，神色非常不高兴。武卫将军奚毅曾经在孝庄帝即位之初往来传递消息，孝庄帝常常对他寄予很大的期望，但又考虑到他和尔朱荣有亲戚关系，不敢向他吐露真实的心情。奚毅说："如果一定会出现变故的话，我宁愿为陛下赴死，也不愿侍奉胡人。"孝庄帝说："朕担保尔朱荣不会有二心，但朕不能忘记你的忠诚。"

建义三年八月，尔朱荣从并州率领四五千骑兵向京城进发。当时百姓说尔朱荣准备造反，又说皇上一定会有所准备。九月初，尔朱荣到达京城，有人告诉他皇帝想要杀死他。尔朱荣就立即上奏。孝庄帝说："外面传言说你也想要杀我，这样的谣言可以相信吗？"于是尔朱荣不再疑虑，每次入朝拜谒皇帝，随从的人都不超过几十人，而且都不带兵器。孝庄帝因而想停止刺杀计划，城阳王元徽说："就算他不想谋反，您又怎么能忍耐呢？更何况怎么能保证他一定不会谋反呢？"另外，当时北边地方的人语音不标准，把"尔朱"往往说成"人主"。孝庄帝又听说尔朱荣在北边自称，我姓人主。在此之前，有一个长尾巴的彗星从中台一带出现，扫过大角星。恒州人高荣祖颇通晓天文，尔朱荣就问他："这是什么征兆呢？"高荣祖回答说："这是除旧布新的征兆。过去长尾巴的彗星扫过大角星，秦朝就因此而灭亡了。"尔朱荣听了以后非常高兴。尔朱荣的部属行台郎中李显和有一次曾对人说："天柱大将军到了京城，哪能不给九锡之礼，怎么还用得着大王本人索取呢？这也是天子太不会见机行事了！"都督郭罗察说："今年连禅位的诏书也可以写出来，岂但九锡之礼呢？"参军褚光说："听人说并州城头上有紫气出现，还怕天柱大将军不会上应天象吗？"连尔朱荣的部下都欺凌皇帝的身边人，而且肆无忌惮，这些事情都上报给了皇帝。奚毅再次求见，询问皇帝的打算。孝庄帝立即到明光殿同他讲话。孝庄帝又怀疑他是为尔朱荣而来，因此没有告诉他实情。当知道奚毅的一片赤诚之后，便召集城阳王元徽及杨侃、李彧，把奚毅的意思告诉了他们。

尔朱荣把名叫伽邪的小女儿嫁给了皇帝的侄子陈留王。尔朱荣曾指着陈留王说：“我最终一定会得到这个女婿的帮助的。”城阳王元徽又上奏说：“尔朱荣担心陛下最终把他当作祸患，如果要立太子，一定急着推立小太子。如果皇后没有生太子，就会拥立陈留王来安抚天下。”同时陈述了尔朱荣指着陈留王说的那些话。孝庄帝既已有了图谋尔朱荣的意图，夜里梦见手里拿着一把刀自残，砍掉了自己的十个手指，但都不觉得痛。醒来以后觉得不吉利，就告诉了城阳王元徽和杨侃。元徽解释这个梦说：“一旦手被蝮蛇咬了，真正的壮士就会砍掉自己的手腕。割指头和切断手腕有什么不同呢？除掉祸患才能吉祥如意。”听到这话的人都认为他说的很对。

元天穆九月十五日来到京城，皇帝亲自前去迎接他。尔朱荣和元天穆一同跟随皇帝进入西林园参加宴饮和射箭。于是尔朱荣趁机上奏说：“近来侍从官员们都不加以练习武艺，陛下应该带五百名骑兵出去打猎，顺便检查一下地方上的诉讼情况。”先前奚毅曾经报告尔朱荣将要趁打猎的机会来挟持天子迁都。至此，他的话得到了验证。

到了十八日，皇上召见中书舍人温子升，告诉他暗杀尔朱荣的策划，并且向他详细询问有关刺杀董卓的事。温子升陈述了全部过程，皇上说：“王允如果当时立即赦免凉州董卓的部下，一定不会到如此地步。”沉默许久，又对温子升说：“朕的心情，你全都知道，就算死也必须要这样做，更何况朕不一定会死！我宁可像高贵卿公那样与权臣抗争而死，也不愿意像常道乡公那样忍受屈辱、生不如死。”孝庄帝认为杀掉尔朱荣、元天穆之后，马上宣布赦免他的党羽，这些人就不会发动叛乱。应诏王道习说：“尔朱世隆、司马子如、朱元龙这几个人近来因尔朱荣的缘故被委以重任，完全了解朝廷内外的虚实情况，我认为不应该留下他们的性命。”城阳王元徽和杨侃说：“如果尔朱世隆得不到保全，尔朱仲远、尔朱天光这些人怎么会有来降服的道理呢？”孝庄帝也认为如此，就不再有杀掉尔朱世隆等人的打算。城阳王说：“尔朱荣多次外出征伐，腰里总是佩带着钢刀，说不定凶恶本性发作起来会伤害周围的人。到行动的时候，希望陛下离开现场。”于是就让杨侃等十几个人都埋伏在明光殿东面。那一天，尔朱荣与元天穆一起进宫，东西还没吃完，就起身出去了。杨侃等人从东侧台阶奔上明光殿，看见尔朱荣和元天穆已经走出来到了中庭，因而刺杀行动没有成功。

十九日是孝庄帝的忌日，二十日是尔朱荣的忌日，二十一日这天，尔朱荣刚到京城只停留了片刻，马上又到陈留王家里去了，在那里喝酒喝得很醉。于是尔朱荣自称得了病，接连几天都没有上朝。孝庄帝的计划有些泄露，尔朱世隆等人把消息报告了尔朱荣。尔朱荣看不起孝庄帝，不认为他会对自己下手。参与孝庄帝计划的人都害怕起来。

尔朱荣与元天穆在二十五日清晨一同进殿，在这一天想要举行任免一批重要官吏的大事。孝庄帝在明光殿的东厢房朝西而坐，尔朱荣和元天穆一起在御床西北方向的小床上朝南而坐。城阳王进来，才刚刚拜见，尔朱荣就看见光禄卿鲁安等人拿着刀从东门冲进来，他立刻跑到皇帝御座前，皇帝立即拔出佩带的千牛刀迎面刺去，亲手杀了尔朱荣。尔朱荣死时三十八岁。死时他手里拿的手板被呈交上来，上面有几份启奏，内容都是孝庄帝左右侍从去留的名单，但凡不是尔朱荣心腹的人，都在逐出之列。孝庄帝说："这小子！要是让他活过今天，以后就没有办法能制服他了。"当时元天穆和尔朱荣的儿子尔朱菩提也一起被杀了。于是朝廷内外欢呼叫嚷，声震京城。不久皇帝大赦天下。

尔朱荣虽然威名远扬，但他举止轻浮，唯独以骑马射箭作为能事，所以每次入宫进见，他没有其他的事情可以做，只把上马下马当作游戏。他在西林园参加宴饮和射箭时，经常请皇后出来观看，并且还要召集王公妃嫔一起赏乐。每次看到天子射中目标，他就站起身手舞足蹈起来，文武百官都旋转跳跃起来，以至于王妃、公主这些妇女，也都跟着不由自主地跳起来。当酒酣耳热时，尔朱荣一定会端坐在那，唱起胡人的歌曲，诸如《树梨曲》《普梨曲》之类的歌曲。看到临淮王神态从容不迫、温文尔雅，喜欢闲适、清静，就强迫他跳敕勒族的舞蹈。傍晚宴会结束，准备回去的时候，就与左右侍从一起手拉着手，跳跃跺脚，唱着《回波乐》的曲子跳出门去。尔朱荣性情十分严酷残暴，喜怒无常，弓箭刀槊总不离手，一旦对谁发起脾气，顺手就抓起手里的兵器对他加以残害，所以左右侍从总是怀有随时可能丧命的恐惧。有一次尔朱荣正想出去打猎，有一个人前来陈述事情，啰唆起来说个没完。尔朱荣大发脾气，立即就把他射杀了。他曾经看见两个和尚同骑一匹马，他就马上把他们叫过来，让他们用头相顶角力，两个人力气用完后不再动弹，于是又让旁边的人抓着他们的头互相碰撞，一直把他们撞死才算完事。

节闵帝元恭初年，尔朱世隆等人得志，于是颁诏追赠尔朱荣为假黄钺、相国、录尚书事、都督中外诸军事、晋王，追加九锡殊礼，并加九旒，带有旗子和铃铛的车子，武贲班剑三百人，辒辌车，丧礼按西晋太宰、安平献王司马孚的先例为标注，谥号称为武。皇帝还让百官商议尔朱荣配享北魏前代皇帝灵位的有关事宜，司直刘季明说："如果让晋王配享孝文帝，那么他就没有保持臣子的节操。从这点来评论，他就不能配享。"尔朱世隆沉下脸来说："难道你可以去配享吗？"刘季明说："下官是因为参与了商议这件事的行列，所以才根据实际情理发言的。要是不合上面的意旨，那么要杀要砍悉听尊便。"众人都为他捏了一把汗，但刘季明却处变不惊。由于尔朱世隆不坚持己见，便让尔朱荣配享了孝文帝的灵位。

北史卷八十八

崔廓徐则张文诩列传第七十六

崔廓

崔廓字士玄，博陵安平人也。父子元，齐燕州司马。廓少孤贫，母贱，由是不为邦族所齿。初为里佐，屡逢屈辱，于是感激，逃入山中。遂博览书籍，多所通涉，山东学者皆宗之。既还乡，不应辟命。与赵郡李士谦为忘言友，时称崔、李。士谦死，廓哭之恸，为之作传，输之秘府。士谦妻卢氏寡居，每家事，辄令人谘廓取定。廓尝著论言刑名之理，其义甚精，文多不载。隋大业中，终于家。

【译文】

崔廓字士玄，博陵安平人。父亲名叫子元，担任北齐的燕州司马。崔廓幼年时父亲去世，家境贫寒，母亲身份卑微，因此被同族本家瞧不起。他最初担任乡里的小官，多次遭到欺辱，他对此非常感慨，于是逃到深山里。他广泛阅读各种书籍，很多典籍都很精通，燕山以东的求学之人都以他为宗师。他返回故乡以后，就不再接受朝廷的征召。他与赵郡人李士谦结成莫逆之交，当时并称为“崔李”。李士谦去世后，崔廓因此伤心痛哭，并为他写了传记，呈递给官府存档。李士谦的妻子卢氏孀居在家中，每逢她家里有事情，总是派人向崔廓寻求建议，然后再决定做法。崔廓曾经撰写文章阐述刑名之学的理论，崔廓的思想、著作论述非常精湛，但是很多史料对他都没有什么记载。隋大业年间在家中去世。

徐则

徐则，东海郯人也。幼沈静，寡嗜欲，受业于周弘正，善三玄，精于论议，声擅都邑。则叹曰：“名者实之宾，吾其为宾乎！”遂怀栖隐之操，杖策入缙云山。后学者数百人苦请教授，则谢而遣之。不娶妻，常服巾褐。陈太建中，应召来憩于至真台，期月，又辞入天观山。因绝粒养性，所资唯松术而已，虽隆冬冱寒，不服绵絮。太傅徐陵为之刊山立颂。

初在缙云山，太极真人徐君降之曰："汝年出八十，当为王者师，然后得道也。"晋王广镇扬州，闻其名，手书召之曰："夫道得众妙，法体自然，包涵二仪，混成万物，人能弘道，道不虚行。先生履德养空，宗玄齐物，深晓义理，颇味法门。悦性冲玄，恬神虚白，食松饵术，栖息烟霞。望赤城而待风云，游玉堂而驾龙凤。虽复藏名台岳，犹且腾实江、淮。藉甚嘉猷，有劳寤寐。钦承素道，久积虚襟，侧席幽人，梦想岩穴。霜风已冷，海气将寒，偃息茂林，道体休悆。昔商山四皓，轻举汉庭，淮南八公，来仪藩邸。古今虽异，山谷不殊。市朝之隐，前贤已说。道凡述圣，非先生而谁故遣使人，往彼延请，想无劳束帛，贲然来思，不待蒲轮，去彼空谷。希能屈己，伫望披云。"则谓门人曰："吾今年八十一，王来召我，徐君之旨，信而有徵。"于是遂诣扬州。

晋王将请受道法，则辞以时日不便。其后夕中，命侍者取香火，如平常朝礼之仪，至于五更而死。支体柔弱如生，停留数旬，颜色不变。晋王下书曰："天台真隐东海徐先生，虚确居宗，冲玄成德，齐物处外，检行安身。草褐蒲衣，餐松饵术，栖隐灵岳，五十余年。卓矣仙才，飘然腾气，千寻万顷，莫测其涯。寡人钦承道风，久餐德素，频遣使乎，远此延屈，冀得虔受上法，式建良缘。至止甫尔，未淹旬日，厌尘羽化，反真灵府。身体柔软，颜色不变，经方所谓尸解地仙者哉。诚复尸体未申，而心许有在，虽忘怛化，犹怆于怀。丧事所资，随须供给。霓裳羽盖，既且腾云，空椰余衣，讵藉坟垄？但杖舄在尔，可同俗法。宜遣使人，送还天台定葬。"

是时，自江都至天台，在道多见则徒步，云得放还。至其旧居，取经书道法，分遣弟子，仍令净扫一房，曰："若有客至，宜延之于此。"然后跨石梁而去，不知所之。须臾尸柩至，知其灵化，时年八十二。晋王闻而益异之，赐物千段，遣画工图其状，令柳抃为之赞。

时有建安宋玉泉、会稽孔道茂、丹阳王远知等，亦行辟谷道，以松术自给，皆为炀帝所重。

【译文】

徐则是东海郡郯县人。他小时候性情很娴静，清心寡欲，没有什么不良嗜好和欲望，后来拜周弘正为老师，精通《周易》《老子》《庄子》，擅长发表见解和评论，闻名于各大城镇。徐则曾经感叹说：'名'是'实'的表象，我难道只是徒有虚名吗！"于是内心怀有隐居的念头，就拄着拐杖进入缙云山中隐居。他的弟子与后学有几百人竭力请求他继续教导他们，徐则都辞谢并遣散了他们。徐则没有结婚，经常身穿粗布衣服，头上戴着头巾。陈代太建年间，应召在至真观短暂居住，一月后，他又辞别返回天台山。因为要断绝食物来服食养气，因此只依靠吃松子与白术保有生命。即使在隆冬特别寒冷的天气里，也没有穿过棉衣。太傅徐陵刻石立碑赞颂他。

早年在缙云山时，太极真人徐君屈尊拜访他说："你年龄超过八十岁后，将成为帝王的师傅，之后就能得道成为仙人了。"晋王统领扬州时，听闻其名声，亲自给他写信征召他说："道应该集万物之精华，法应该源于自然，二者涵纳天地万物，孕育芸芸众生。人可以将道发扬光大，道也不会毫无规律地运行。先生实行仁德，怡养性情，相信物我合一的思想，深谙大义之理，非常能领略出世的真谛。您性情冲淡和善，清虚恬淡，把松子、白术作为饮食，在烟云霞雾中栖息。眺望那赤城，等待着风云涌动，遨游在天空之中而能驾龙御风。虽然在天台山中隐居，却犹如腾越在长江、淮河之上。进献良谋，真是很勤苦。我恭敬地承继大道，长久以来就渴盼贤才，把尊位空出来等待隐士贤人前来，就连做梦都想您这位居住在山洞里的贤才。霜风已经刮起，气候很快变冷，在深山老林中居住，对您的修炼、您的身体都非常不利。过去商山四皓轻易地托举起汉朝廷，淮南八公来到小国的官邸参与议论时政。古今虽不尽相同，但隐居之人却是一样的。争夺名利的隐患，前贤已经指教。导引凡人、讲述古代圣人的思想，除了您还能有谁？我之所以派遣使者前去您那里邀请您，猜想不用束帛之礼，您很快就会屈尊驾临，不用舒适的车子去请，您就会离开那空寂的山谷。希望您能委屈自己走出深山，我抬头盼望着您前来。"徐则对门人说："我今年八十一岁了，皇上还来应召我，徐君所言，的确是有应验的。"于是就前往扬州。

晋王准备请他传授道法，徐则以时日不宜为由推辞了。之后有一天夜晚，他命侍者取来香火，就像平常上朝一样，等到五更时分就去世了。尸体柔软，就像活着时一样，停尸几十天，颜色都没有改变。晋王诵读文书说："天台山真隐士东海人徐先生清虚实在，可以称得上是宗师，冲淡娴静成就大德，与天地万物相齐，超然物外，修检品行，乐天知命。

脚穿草鞋，身穿蒲衣，食用松子、白术，在灵山中隐居了五十多年。品行高尚，神仙般的人才，飘飘然腾云驾雾，即使千尺高、万丈深，也无法揣测他道术的边界。我恭敬地承继起到的风范，想念这样有德之人已经很长时间，多次派使者从远地前去请他屈尊出山，希望能够得到神奇之法，成就良好机缘。来这里如此短暂的时间，还不到十天，就厌倦了尘世，仙逝而去，返璞归真进入天堂。他的躯体柔软，脸色不改，这是经书上所说的‘尸解地仙’啊。虽然说我始终没能够拜他为师，但总是耿耿于怀，就算是忘记了他的逝去，内心依旧感到很悲哀。丧事的花费，按照所需保证供给。他的灵魂既已仙逝，空空的棺材和遗留下来的衣服，哪里还需坟墓呢？只是拐杖与鞋子还在，所以可按照风俗安葬。应该派使者把他送回天台山安葬。”

这时候，从江都到天台的道路上，很多行人都看见徐则徒步而行，说是被放还归山，来到他以前的住处，取来经书道法，分别赠给自己的弟子，并且命人打扫出一个房间，说：“如果有客人来，应该请他到这来。”然后跨过石桥就离开了，不知到哪个地方去了。不久他的灵柩就运到了，弟子才知晓他已经仙逝了，终年八十二岁。晋王听闻后更加对他感到奇异，赠给他安葬用的布帛一千段，派遣画工画出他的相貌，命令柳抃撰写文章赞颂他。

当时有建安人宋玉泉、会稽人孔道茂、丹阳人王远知等人，也都喜好道术，不吃谷物，只吃松子、白术保有性命，都被隋炀帝看重。

张文诩

张文诩，河东人也。父琚，开皇中，为洹水令，以清正闻。

文诩博览群书，特精《三礼》，隋文帝方引天下名儒硕学之士，文诩时游太学，博士房晖远等莫不推伏之。书侍御史皇甫诞，一时朝彦，恒执弟子之礼，以所乘马就学邀屈。文诩遂每牵马步进，意在不因人自致也。右濮射苏威闻而召之，与语大悦，劝令从官，文诩策辞。

仁寿末，学废，文诩策杖而归，灌园为业。州郡频举，皆不应命。事母以孝闻。每以德化人，乡党颇移风俗。尝有人夜中窃刈其麦者，见而避之。盗因感悟，弃麦而谢。文诩慰谕之，自誓不言，固令持去。经数年，盗者向乡人说之，始为远近所悉。邻家筑墙。心有不直，文诩因毁旧堵以应之。文诩常有腰疾，会医者自言善禁，文诩令禁之，遂为刀所伤，至于顿伏床枕。医者叩头请罪。文诩遽遣之，因为隐，谓妻子曰："吾昨风眩，落坑所致。"其掩人短，皆此类也。州县以其贫素，将加赈恤，辄辞不受。尝闲居无事，从容叹曰："老冉冉而将至，恐修名之不立！"以如意击几自乐，皆有处所，时人方之闵子骞、原宪焉。终于家，乡人为立碑颂，号曰张先生。

【译文】

张文诩是河东人。他的父亲张琚，开皇年间担任洹水令，以清廉耿直闻名。

文诩广泛阅览群书，特别精通《周礼》《仪礼》《礼记》。隋文帝刚开始招揽天下名儒饱学之士时，文诩恰巧在太学游学，博士房晖远等人没有不举荐、钦佩他的。书侍御史皇甫诞是当时朝廷中的出类拔萃之人，却总是在文诩面前以弟子自居，坐着马车到太学去屈尊拜访他。于是文诩每次都牵着马步行，表示不是别人屈就自己而是自己让他前来。右仆射苏威听闻后召他前去，与他谈论一番后非常高兴，劝说他为官，文诩坚决推辞了。

仁寿末年，太学停止创建，文诩拄着拐杖返回家乡，以种菜为业。州里郡里频频举荐他为官，他都没有赴任。他服侍母亲，以孝闻名。他常常用自己的德行去感化他人，乡里的风俗习气都有很大改观。曾经有人在半夜偷割他家的麦子，他看到之后反而躲藏起来。小偷于是有所感化，扔下麦子向他道歉。文诩抚慰开导他，自己发誓不把此事宣扬出去，坚持要他把麦子拿走。几年之后，小偷向乡里人说起此事，这件事才被远近的人知晓。邻居筑墙，心术不太正直，文诩于是毁掉旧墙来迁就他们。文诩曾经患上腰痛病，恰巧遇到一个医生，说自己擅长用巫术"禁"的方法来治疗此病，文诩就请他治疗，最后被刀弄伤，甚至趴在床上不能动。医生磕头请罪。文诩连忙打发了他，并将此事隐瞒，对妻子说："我昨天头晕，掉坑里摔成这样的。"他替别人遮掩错误缺点，都是如此。州里县里因他很穷困，打算救助他，他总是推辞，不肯接受。他曾经闲暇无事，缓缓地叹息说："老年慢慢地就来到了，我担心好名声没有树立啊。"他用如意敲打着小茶几，自得其乐，到哪里都这样，当时的人将他比作闵子骞与原宪。他在家中去世，同乡人为他立石碑赞颂，称其"张先生"。

北史卷九十二

齐诸宦者列传第八十

宦者韩宝业、卢勒义、齐绍、秦子徵，并神武旧左右，唯阁内驱使，不被恩遇。历天保、皇建之朝，亦不至宠幸，但渐有职任。宝业至长秋卿，勒义等或为中常侍。武成时有曹文摽、夏侯通、伊长游、鲁恃伯、郭沙弥、邓长颙及宝业辈，亦有至仪同食干者，唯长颙武平中任参宰相，干预朝权。如宝业及勒义、齐绍、子徵后并封王，俱自收敛，不过侵暴。又有陈德信亦参时宰，与长颙并开府封王，俱为侍中、左右光禄大夫、领侍中。又有潘师子、崔孝礼、刘万通、研胥光弁、刘通远、王弘远、王子立、王玄昌、高伯华、左君才、能纯陀、宫钟馗、赵野义、徐世凝、苟子溢、斛子慎、宋元宾、康德汪，并于后主之朝肆其奸佞，败政虐人，古今未有。多授开府，罕止仪同，亦有加光禄大夫，金章紫绶者。多带甲侍中、中常侍，此二职乃至数十人。恒出入门禁，往来园苑，趋侍左右，通宵累日。承候颜色，竞进谄谀，发言动意，多会深旨。一戏之赏，动逾巨万，丘山之积，贪吝无厌。犹以波斯狗为仪同、郡君，分其干禄。神兽门外，有朝贵憩息之所，时人号为解卸厅。诸阉或在内多日，暂放归休，所乘之马，牵至神兽门阶，然后升骑，飞鞭竞走，十数为群，马尘必坌诸贵，爰至唐、赵、韩、骆，皆隐厅趋避，不敢为言。齐、卢、陈、邓之徒，亦意属尚书、卿尹，宰相既不为致言，时主亦无此命。唯以工巧矜功，用长颙为太府卿焉。

【译文】

宦官韩宝业、卢勒义、齐绍、秦子徵都是神武帝昔日的亲信，只是供阁内驱遣，没有加以恩宠优待。历经天保到皇建年间，他们仍然没有达到蒙受恩宠的的程度，但是渐渐拥有了职位。韩宝业官至长秋卿，卢勒义等人，有的担任中常侍。武成帝时，有曹文摽、夏侯通、伊长游、鲁恃伯、郭沙弥、邓长颙以及韩宝业之辈，也有担任仪同三司职位的，加封食邑的，只有邓长颙在武平年间担任职位与宰相相差无几，干预朝廷

政事。至于韩宝业以及卢勒义、齐绍、秦子徽等人，后来全被分封为王，可是都非常收敛，不肆意越职侵官，逞强为暴。还有陈德信也在当时处在执政官员的行列，和邓长颙一起担任开府仪同三司，被封为王，担任侍中、左右光禄大夫，兼任侍中等职。又有潘师子、崔孝礼、刘万通、研胥光弁、刘通远、王弘远、王子立、王玄昌、高伯华、左君才、能纯陀、宫钟馗、赵野义、徐世凝、苟子溢、斛子慎、宋元宾、康德汪等人，在后主朝都大肆做奸恶之事，使朝政败坏，残杀百姓，古今未有。他们大多能够任职开府，只担任仪同三司的已经很少了，还有加授光禄大夫，佩戴金印紫绶的。大多兼任甲侍中、中常侍，身兼这两个职衔的甚至有几十人之多。他们经常在宫廷园苑中来往出入，整天整夜服侍在君王身旁，察言观色，争相取悦逢迎，说的话、想的办法大多能揣测君王的心意。一次游戏所得的赏赐，就超过好几万钱，财宝更是堆积如山，而他们却贪婪吝啬，仍然不知满足。还有让波斯人来担任仪同、郡君，享有俸禄的。神兽门外有朝廷权贵休息之处，当时人们称之为“解卸厅。”众位宦官有的在内宫多时，暂且休假，把准备骑的马牵到神兽门的石阶前，然后从石阶骑上马，扬起马鞭快速奔驰，成群结伴，一定让尘土飞扬，飞到各位权贵的身上，甚至使唐、赵、韩、骆各家都到厅堂里躲避，忍辱吞声。齐绍、卢勒叉、陈德信、邓长颙这些人也有意图要担任尚书、卿尹，但是宰相不愿意替他们进言，当时的皇帝也没有此类任命，只是因为他们为人机灵乖巧，擅长夸功，才任用邓长颙担任了太府卿。

北史卷一百

李延寿列传第八十八

延寿与敬播俱在中书侍郎颜师古、给事中孔颖达下删削。既家有旧本，思欲追终先志，其齐、梁、陈五代旧事所未见，因于编辑之暇，昼夜抄录之。至五年，以内忧去职。服阕，从官蜀中，以所得者编次之。然尚多所阙，未得及终。十五年，任东宫典膳丞日，右庶子、彭阳公令狐德棻又启延寿修《晋书》，因兹复得勘究宋、齐、魏三代之事所未得者。十七年，尚书右仆射褚遂良时以谏议大夫奉敕修《隋书》十志，复准赖召延寿撰录，因此遍得披寻。时五代史既未出，延寿不敢使人抄录；家素贫罄，又不办雇人书写。至于魏、齐、周、隋、宋、齐、梁、陈正史，并手自写，本纪依司马迁体，以次连缀之。又从此八代正史外，更勘杂史于正史所无者一千余卷，皆以编入。其烦冗者，即削去之。始末修撰，凡十六载。始宋，凡八代，为《北史》《南史》二书，合一百八十卷。其《南史》先写讫，以呈监国史、国子祭酒令狐德棻，始末蒙读了，乖失者亦为改正，许令奏闻。次以《北史》谘知，亦为详正。因遍谘宰相，乃上表。表曰：

臣延寿言：臣闻史官之立，其来已旧，执简记言，必资良直。是以《典》《谟》载述，唐、虞之风尤著；《诰》《誓》斯陈，殷、周之烈弥显。鲁书有作，鹿门贻鉴于臧孙；晋《乘》无隐，桃园取讥于赵孟。斯盖哲王经国，通贤垂范，惩诫之方，率由兹义。逮秦书既炀，周籍俱湮。子长创制，五三毕纪，条流且异，纲目咸张。自斯以后，皆所取则。虽左史笔削，无乏于时，微婉所传，唯称班、范。次有陈寿《国志》，亦曰名家。并已见重前修，无俟扬榷。

洎紫气南浮，黄旗东徙，时更五代，年且三百。元熙以前，则总归诸晋，著述之士，家数虽多，泛而商略，未闻尽善。太宗文皇帝神资睿圣，天纵英灵，爰动冲襟用纡玄览，深嗟芜秽，大存刊勒，既悬诸日星，方传不朽。然北朝自魏以还，南朝从宋以降，运行迭变，时俗污隆，代有载笔，人多好事，考之篇目，史牒不少，互陈闻见，同异甚多。而小说短书，易为湮落，脱或残灭，求勘无所。一则王道得丧，朝市贸廷，日失其真，晦明安取？二则至人高迹，达士弘规，因此无闻，可为伤叹。三则败俗巨蠹，滔开桀恶，书法不纪，孰为劝奖？

臣轻生多幸，运奉千龄，从贞观以来，屡叨史局，不揆愚固，私为修撰。起魏登国元年，尽隋义宁二年，凡三代二百四十四年，兼自东魏天平元年，尽齐隆化二年，又四十四年行事，总编为本纪十二卷、列传八十八卷，谓之《北史》；又起宋永初元年，尽陈祯明三年，四代一百七十年，为本纪十卷，列传七十卷，谓之《南史》。凡八代，合为二书，一百八十卷，以拟司马迁《史记》。就此八代，而梁、陈、齐、周、隋五书，是贞观中敕撰，以十志未奏，本犹未出。然其书及志，始末是臣所修。臣既夙怀慕尚，又备得寻闻，私为抄录，一十六年，凡所猎略，千有余卷。连缀改定，止资一手，故淹时序，迄今方就。唯鸠聚遗逸，以广异闻，编次别代，共为部秩。除其冗长，捃其菁华。若文之所安，则因而不改，不敢苟以下愚，自申管见。虽则疏野，远惭先哲，于披求所得，窃谓详尽。其《南史》刊勒已定，《北史》勘校初了。既撰自私门，不敢寝嘿，又未经闻奏，亦不敢流传。轻用陈闻，伏深战越。谨言。

【译文】

李延寿与敬播都在中书侍郎颜师古、给事中孔颖达属下担任撰写的工作。因为家里已经有（南北史的）旧稿，打算承继、实现先人之愿，补充齐、梁、陈、周、隋五代没有写到的部分，因此在编撰之余，日夜抄录这些资料。等到贞观五年，因为家里有丧事而解职。服丧期满之后，到蜀地为官，把所得到的材料进行编辑。但所缺失的材料还有很多，没有能够完成。贞观十五年，李延寿担任东宫典膳丞时，右庶子、彭阳公令狐德棻又启用李延寿编修《晋书》，于是再次能够勘校研究有关宋、齐、魏三代还没有得到的材料。贞观十七年，尚书右仆射褚遂良当时凭借谏议大夫的身份尊奉皇上之命编修《隋书》的十志，又得到皇上的批准征召李延寿参与撰修工作，李延寿于是获得了广泛阅读的机会。当时五代史还没有公开发行，李延寿不敢让别人抄录；家中向来贫穷，又没有能力雇人书写。魏、齐、周、隋、宋、齐、梁、陈诸正史，都是李延寿亲自抄写的，其中本纪是按照司马迁的史书体例，将它们连缀而成的。李延寿又在这八部正史之外，参考了一千余卷杂史，将之前正史中没有的记述，都编写到书中。对其繁冗之处，进行删减。南北史从开始编写到编修完成，共花了十六年的时间。从刘宋开始，共计八代，分为《北史》《南史》二书，共计一百八十卷。其中《南史》先编写完，李延寿将其呈献给监国史、国子祭酒令狐德棻，承蒙他从头到尾阅读完毕，并将其中的谬误进行修改，准许向皇上呈递。接着又拿《北史》请教，令狐德棻也为其进行详细地更正。将二书向各宰相讨教之后，就向皇上呈递奏章。表文说：

臣延寿说：臣下听闻设置史官，源头已很久远，执简记言，必须凭借直笔。因此《典》《谟》记载阐述的，唐尧、虞舜的风范特别突出；《诰》《誓》陈述的，殷代、周代的伟绩尤其卓著。后来鲁国的《春秋》完成，鹿门之会给臧孙带来借鉴；晋国的史书《乘》没有隐晦之处，赵桃园杀君赵盾遭到讥笑。大概圣哲之君治理国家，结交贤人以树立榜样，惩罚告诫之法，都是从史书中引出的意义。等到秦朝焚烧大批书籍，周代的典籍也都毁灭殆尽。后来司马迁创立了纪传体的体例，五帝三代都被编入了本纪之中，不同的事情归属于不同的体例记载，纲目都非常清晰。从此之后，这都被作为后人效法的标准。尽管作传写史的人，每个时代都不缺少，但是委婉含蓄作传的，只有班固与范晔得到赞赏。其次还有陈寿撰写的《三国志》，也被认为是名家所作。这些著作都被前代修史之人所重视，无需在这里再评论赞扬了。

等到紫气南浮，黄旗东迁，五代更迭，大约有三百年的时间。元熙年之前，就统归于晋朝，著书记述这段历史的士人，虽然多达数家，但只是大略地探讨一下，没有听说其中有完美作品的。太宗文皇帝神资睿智圣明，上天赐予他英明灵气，对此事衷恸冲襟，经多方考查，深深地为这些史书的芜秽而叹息，于是决心删减撰成新著，此作既悬之于日月星辰，就成为了传诵不朽的著作了。可是，北朝从元魏之后，南朝从刘宋之后，朝代更迭演变，当时的风气喜好诋毁前朝，每个朝代都著有史书，人们大多好事，从篇目来看，史书不在少数，但是各人都陈述自己的见闻，同异非常多。而一些小说短书，极易被湮灭散失，其中的脱文或者残缺之处，不知到哪里去校勘。一则是因王道衰颓，朝廷与市场不断更替，资料每天都失却其真，如何判断其真假呢？二则是道德修养达到最高境界之人的高尚事迹，通达之士的重要的教诲，由此就无法听闻了，这是让人哀叹的。三则是伤风败俗的巨蠹，犯下像夏桀一般的滔天大罪之人，不进行记载加以责斥，那么用谁作为例子来进行勉励和劝导后人呢？

臣下的生命虽然轻贱但又是多么幸运，有幸服侍千岁，自从贞观以来，多次忝入史局，不思量自己的愚钝鄙陋，私自编修了前代史。从北魏登国元年开始，到隋朝义宁二年结束，共计三代二百四十四年，又兼撰写了从东魏天平元年到北齐隆化二年，共四十四年的事迹，总编为本纪十二卷、列传八十八卷，称作《北史》；又从南朝宋永初元年起，到陈祯明三年结束，共计四代一百七十年，总编为本纪十卷、列传七十卷，称作《南史》。总计共八代，合成二书，共计一百八十卷，用来模仿司马迁的《史记》。以上八代之中，梁、陈、齐、周、隋五代的史书，是贞观年间奉皇上之命编写的，因为撰写的十志没有上奏，所以这些书都没有公开。但是这些书和志，从开始到结束都是臣下一人所写的。臣下原本就一直追慕古事，又全部获得了研寻闻见的条件，就私自抄录，共计花了十六年的时间，广泛阅读的书籍达一千多卷。连缀修改只凭臣一人之手，因此耗费的时间很长，到如今才撰写完成。臣下只是搜集遗书逸事，用来增补与众不同的见闻，区分朝代进行编纂，把它们统编在一部书里。删除冗长之处，保留精华部分。如果原文很妥当，就没有修改而是加以采用，不敢以臣的愚钝，自发管见。虽然这部书粗疏朴野，面对先哲很是羞惭，但是在搜寻材料方面还是有收获的，臣私下认为还是详实的。其中的《南史》删改修订已经是定稿了，《北史》修改校对仅仅是初步完成。南北史既然是私人编修的，因此不敢静默置之，又没有奏请皇上，也不敢私自流传。臣下轻率陈述，伏地颤抖等待皇上的决断。臣就恭敬地说以上这些话吧。

旧唐书

旧唐书卷二、三

太宗本纪第二、三

太宗文武大圣大广孝皇帝讳世民，高祖第二子也。母曰太穆顺圣皇后窦氏。隋开皇十八年十二月戊午，生于武功之别馆。时有二龙戏于馆门之外，三日而去。高祖之临岐州，太宗时年四岁。有书生自言善相，谒高祖曰："公贵人也，且有贵子。"见太宗，曰："龙凤之姿，天日之表，年将二十，必能济世安民矣。"高祖惧其言泄，将杀之，忽失所在，因采"济世安民"之义以为名焉。太宗幼聪睿，玄鉴深远，临机果断，不拘小节，时人莫能测也。

大业末，炀帝于雁门为突厥所围，太宗应募救援，隶屯卫将军云定兴营。将行，谓定兴曰："必赍旗鼓以设疑兵。且始毕可汗举国之师，敢围天子，必以国家仓卒无援。我张军容，令数十里幡旗相续，夜则钲鼓相应，虏必谓救兵云集，望尘而遁矣。不然，彼众我寡，悉军来战，必不能支矣。"定兴从焉。师次崞县，突厥候骑驰告始毕曰：王师大至。由是解围而遁。及高祖之守太原，太宗时年十八。有高阳贼帅魏刁儿，自号历山飞。来攻太原，高祖击之，深入贼阵。太宗以轻骑突围而进，射之，所向皆披靡，拔高祖于万众之中。适会步兵至，高祖与太宗又奋击，大破之。时隋祚已终，太宗潜图义举，每折节下士，推财养客，群盗大侠，莫不愿效死力。及义兵起，乃率兵略徇西河，克之。拜右领大都督，右三军皆隶焉，封敦煌郡公。

大军西上贾胡堡，隋将宋老生率精兵二万屯霍邑，以拒义师。会久雨粮尽，高祖与裴寂议，且还太原，以图后举。太宗曰："本兴大义以救苍生，当须先入咸阳，号令天下；遇小敌即班师，将恐从义之徒一朝解体。还守太原一城之地，此为贼耳，何以自全！"高祖不纳，促令引发。太宗遂号泣于外，声闻帐中。高祖召问其故，对曰："今兵以义动，进战则必克，退还则必散。众散于前，敌乘于后，死亡须臾而至，是以悲耳。"高祖乃悟而止。

八月己卯，雨霁，高祖引师趣霍邑。太宗恐老生不出战，乃将数骑先诣其城下，举鞭指麾，若将围城者，以激怒之。老生果怒，开门出兵，背城而阵。高祖与建成合阵于城东，太宗及柴绍阵于城南。老生麾兵疾进，先薄高祖，而建成坠马，老生乘之，高祖与建成军咸却。太宗自南原率二骑驰下峻坂，冲断其军，引兵奋击，贼众大败，各舍仗而走。悬门发，老生引绳欲上，遂斩之，平霍邑。至河东，关中豪杰争走赴义。太宗请进师入关，取永丰仓以赈穷乏，收群盗以图京师，高祖称善。太宗以前军济河，先定渭北。三辅吏民及诸豪猾诣军门请自效者日以千计，扶老携幼，满于麾下。收纳英俊，以备僚列，远近闻者，咸自托焉。师次于泾阳，胜兵九万，破胡贼刘鹞子，并其众。留殷开山、刘弘基屯长安故城。太宗自趣司竹，贼帅李仲文、何潘仁、向善志等皆来会，顿于阿城，获兵十三万。长安父老赍牛酒诣旌门者不可胜纪，劳而遣之，一无所受。军令严肃，秋毫无所犯。寻与大军平京城。高祖辅政，受唐国内史，改封秦国公。会薛举以劲卒十万来逼渭滨，太宗亲击之，大破其众，追斩万余级，略地至于陇坻。

义宁元年十二月，复为右元帅，总兵十万徇东都。及将旋，谓左右曰："贼见吾还，必相追蹑。"设三伏以待之。俄而隋将段达率万余人自后而至，度三王陵，发伏击之，段达大败，追奔至于城下。因于宜阳、新安置熊、谷二州，戍之而还。徙封赵国公。高祖受禅，拜尚书令、右武候大将军，进封秦王，加授雍州牧。

武德元年七月，薛举寇泾州，太宗率众讨之，不利而旋。九月，薛举死，其子仁杲嗣立。太宗又为元帅以击仁杲，相持于折墌城，深沟高垒者六十余日。贼众十余万，兵锋甚锐，数来挑战，太宗按甲以挫之。贼粮尽，其将牟君才、梁胡郎来降。太宗谓诸将军曰："彼气衰矣，吾当取之。"遣将军庞玉先阵于浅水原南以诱之，贼将宗罗睺并军来拒，玉军几败。既而太宗亲御大军，奄自原北，出其不意。罗睺望见，复回师相拒。太宗将骁骑数十入贼阵，于是王师表里齐奋，罗睺大溃，斩首数千级，投涧谷而死者不可胜计。太宗率左右二十余骑追奔，直趣折墌以乘之。仁杲大惧，婴城自守。将夕，大军继至，四面合围。诘朝，仁杲请降，俘其精兵万余人、男女五万口。既而诸将奉贺，因问曰："始大王野战破贼，其主尚保坚城，王无攻具，轻骑腾逐，不待步兵，径薄城下，咸疑不克，而竟下之，何也？"太宗曰："此以权道迫之，使其计不暇发，以故克也。罗睺恃往年之胜，兼复养锐日久，见吾不出，意在相轻。今喜吾出，悉兵来战，虽击破之，擒杀盖少。若不急蹑，还走投城，仁杲收而抚之，则便未可得矣。且其兵众皆陇西人，一败披退，不及回顾，散归陇外，则折墌自虚，我军随而迫之，所以惧而降也。此可谓成算，诸君尽不见耶？”诸将曰：“此非凡人所能及也。”获贼兵精骑甚众，还令仁杲兄弟及贼帅宗罗睺、翟长孙等领之。太宗与之游猎驰射，无所间然。贼徒荷恩慑气，咸愿效死。时李密初附，高祖令密驰传迎太宗于豳州。密见太宗天姿神武，军威严肃，惊悚叹服，私谓殷开山曰：“真英主也。不如此，何以定祸乱乎？”凯旋，献捷于太庙。拜太尉、陕东道行台尚书令，镇长春宫，关东兵马并受节度。寻加左武候大将军、凉州总管。

宋金刚之陷浍州也，兵锋甚锐。高祖以王行本尚据蒲州，吕崇茂反于夏县，晋、浍二州相继陷没，关中震骇，乃手敕曰：“贼势如此，难与争锋，宜弃河东之地，谨守关西而已。”太宗上表曰：“太原王业所基，国之根本，河东殷实，京邑所资。若举而弃之，臣窃愤恨。愿假精兵三万，必能平殄武周，克复汾、晋。”高祖于是悉发关中兵以益之，又幸长春宫亲送太宗。二年十一月，太宗率众趣龙门关，履冰而渡之，进屯柏壁，与贼将宋金刚相持。寻而永安王孝基败于夏县，于筠、独孤怀恩、唐俭并为贼将寻相、尉迟敬德所执，将还浍州。太宗遣殷开山、秦叔宝邀之于美良川，大破之，相等仅以身免，悉虏其众，复归柏壁。于是诸将咸请战，太宗曰：“金刚悬军千里，深入吾地，精兵骁将，皆在于此。武周据太原，专倚金刚以为捍。士卒虽众，内实空虚，意在速战。我坚营蓄锐以挫其锋，粮尽计穷，自当遁走。”

三年二月，金刚竟以众馁而遁，太宗追之至介州。金刚列阵，南北七里，以拒官军。太宗遣总管李世绩、程咬金、秦叔宝当其北，翟长孙、秦武通当其南。诸军战小却，为贼所乘。太宗率精骑击之，冲其阵后，贼众大败，追奔数十里。敬德、相率众八千来降，还令敬德督之，与军营相参。屈突通惧其为变，骤以为请。太宗曰：“昔萧王推赤心置人腹中，并能毕命，今委任敬德，又何疑也。”于是刘武周奔于突厥，并、汾悉复旧地。诏就军加拜益州道行台尚书令。

七月，总率诸军攻王世充于洛邑，师次谷州。世充率精兵三万阵于慈涧，太宗以轻骑挑之。时众寡不敌，陷于重围，左右咸惧。太宗命左右先归，独留后殿。世充骁将单雄信数百骑夹道来逼，交抢竞进，太宗几为所败。太宗左右射之，无不应弦而倒，获其大将燕颀。世充乃拔慈涧之镇归于东都。太宗遣行军总管史万宝自宜阳南据龙门，刘德威自太行东围河内，王君廓自洛口断贼粮道。又遣黄君汉夜从孝水河中下舟师袭回洛城，克之。黄河已南，莫不响应，城堡相次来降。大军进屯邙山。九月，太宗以五百骑先观战地，卒与世充万余人相遇，会战，复破之，斩首三千余级，获大将陈智略，世充仅以身免。其所署筠州总管杨庆遣使请降，遣李世绩率师出轘道安抚其众。荥、汴、洧、豫九州相继来降。世充遂求救于窦建德。

四年二月，又进屯青城宫。营垒未立，世充众二万自方诸门临谷水而阵。太宗以精骑阵于北邙山，令屈突通率步卒五千渡水以击之，因诫通曰："待兵交即放烟，吾当率骑军南下。"兵才接，太宗以骑冲之，挺身先进，与通表里相应。贼众殊死战，散而复合者数焉。自辰及午，贼众始退。纵兵乘之，俘斩八千人，于是进营城下。世充不敢复出，但婴城自守，以待建德之援。太宗遣诸军掘堑，匝布长围以守之。吴王杜伏威遣其将陈正通、徐召宗率精兵二千来会于军所。伪郑州司马沈悦以武牢降，将军王君廓应之，擒其伪荆王王行本。会窦建德以兵十余万来援世充，至于酸枣。萧瑀、屈突通、封德彝皆以腹背受敌，恐非万全，请退师谷州以观之。太宗曰："世充粮尽，内外离心，我当不劳攻击，坐收其敝。建德新破孟海公，将骄卒惰，吾当进据武牢，扼其襟要。贼若冒险与我争锋，破之必矣。如其不战，旬日间世充当自溃。若不速进，贼入武牢，诸城新附，必不能守。二贼并力，将若之何？"通又请解围就险以候其变，太宗不许。于是留通辅齐王元吉以围世充，亲率步骑三千五百人趣武牢。

建德自荥阳西上，筑垒于板渚，太宗屯武牢，相持二十余日。谍者曰："建德伺官军刍尽，候牧马于河北，因将袭武牢。"太宗知其谋，遂牧马河北以诱之。诘朝，建德果悉众而至，陈兵汜水，世充将郭士衡阵于其南，绵互数里，鼓噪，诸将大惧。太宗将数骑升高丘以望之，谓诸将曰："贼起山东，未见大敌。今度险而嚣，是无政令；逼城而阵，有轻我心。我按兵不出，彼乃气衰，阵久卒饥，必将自退，追而击之，无往不克。吾与公等约，必以午时后破之。"建德列阵，自辰至午，兵士饥倦，皆坐列，又争饮水，逡巡敛退。太宗曰："可击矣！"亲率轻骑追而诱之，众继至。建德回师而阵，未及整列，太宗先登击之，所向皆靡。俄而众军合战，嚣尘四起。太宗率史大奈、程咬金、秦叔宝、宇文歆等挥幡而入，直突出其阵后，张我旗帜。贼顾见之，大溃。追奔三十里，斩首三千余级，虏其众五万，生擒建德于阵。太宗数之曰："我以干戈问罪，本在王世充，得失存亡，不预汝事，何故越境，犯我兵锋？"建德股栗而言曰："今若不来，恐劳远取。"高祖闻而大悦，手诏曰；"隋氏分崩，崤函隔绝。两雄合势，一朝清荡。兵既克捷，更无死伤。无愧为臣，不忧其父，并汝功也。"乃将建德至东都城下。世充惧，率其官属二千余人诣军门请降，山东悉平。太宗入据宫城，令萧瑀、窦轨等封守府库，一无所取，令记室房玄龄收隋图籍。于是诛其同恶段达等五十余人，枉被囚禁者悉释之，非罪诛戮者祭而诔之。大飨将士，班赐有差。高祖令尚书左仆射裴寂劳于军中。

七年秋，突厥颉利、突利二可汗自原州入寇，侵扰关中。有说高祖云："只为府藏子女在京师，故突厥来，若烧却长安而不都，则胡寇自止。"高祖乃遣中书侍郎宇文士及行山南可居之地，即欲移都。萧瑀等皆以为非，然终不敢犯颜正谏。太宗独曰："霍去病，汉廷之将帅耳，犹且志灭匈奴。臣忝备藩维，尚使胡尘不息，遂令陛下议欲迁都，此臣之责也。幸乞听臣一申微效，取彼颉利。若一两年间不系其颈，徐建移都之策，臣当不敢复言"。高祖怒，仍遣太宗将三十余骑行划。还日，固奏必不可移都，高祖遂止。八年，加中书令。

九年，皇太子建成、齐王元吉谋害太宗。六月四日，太宗率长孙无忌、尉迟敬德、房玄龄、杜如晦、宇文士及、高士廉、侯君集、程知节、秦叔宝、段志玄、屈突通、张士贵等于玄武门诛之。甲子，立为皇太子，庶政皆断决。太宗乃纵禁苑所养鹰犬，并停诸方所进珍异，政尚简肃，天下大悦。又令百官各上封事，备陈安人理国之要。己巳，令曰："依礼，二名不偏讳。近代已来，两字兼避，废阙已多，率意而行，有违经典。其官号、人名、公私文籍，有'世民'两字不连续者，并不须讳。"罢幽州大都督府。辛未，废陕东道大行台，置洛州都督府，废益州道行台，置益州大都督府。壬午，幽州大都督庐江王瑗谋逆，废为庶人。乙酉，罢天策府。七月壬辰，太子左庶子高士廉为侍中，右庶子房玄龄为中书令，尚书右仆射萧瑀为尚书左仆射，吏部尚书杨恭仁为雍州牧，太子左庶子长孙无忌为吏部尚书，右庶子杜如晦为兵部尚书，太子詹事宇文士及为中书令，封德彝为尚书右仆射。

八月癸亥，高祖传位于皇太子，太宗即位于东宫显德殿。遣司空、魏国公裴寂柴告于南郊。大赦天下。武德元年以来责情流配者并放还。文武官五品已上先无爵者赐爵一级，六品已下加勋一转。天下给复一年。癸酉，放掖庭宫女三千余人。甲戌，突厥颉利、突利寇泾州。乙亥，突厥进寇武功，京师戒严。丙子，立妃长孙氏为皇后。己卯，突厥寇高陵。辛巳，行军总管尉迟敬德与突厥战于泾阳，大破之，斩首千余级。癸未，突厥颉利至于渭水便桥之北，遣其酋帅执失思力入朝为觇，自张形势，太宗命囚之。亲出玄武门，驰六骑幸渭水上，与颉利隔津而语，责以负约。俄而众军继至，颉利见军容既盛，又知思力就拘，由是大惧，遂请和，诏许焉。即日还宫。乙酉，又幸便桥，与颉利刑白马设盟，突厥引退。九月丙戌，颉利献马三千匹、羊万口，帝不受，令颉利归所掠中国户口。丁未，引诸卫骑兵统将等习射于显德殿庭，谓将军已下曰："自古突厥与中国，更有盛衰。若轩辕善用五兵，即能北逐獯鬻；周宣驱驰方、召，亦能制胜太原。至汉、晋之君，逮于隋代，不使兵士素习干戈，突厥来侵，莫能抗御，致遗中国生民涂炭于寇手。我今不使汝等穿池筑苑，造诸淫费，农民恣令逸乐，兵士唯习弓马，庶使汝斗战，亦望汝前无横敌。"于是每日引数百人于殿前教射，帝亲自临试，射中者随赏弓刀、布帛。朝臣多有谏者，曰："先王制法，有以兵刃至御所者刑之，所以防萌杜渐，备不虞也。今引裨卒之人，弯弧纵矢于轩陛之侧，陛下亲在其间，正恐祸出非意，非所以为社稷计也。"上不纳。自是后，士卒皆为精锐。壬子，诏私家不得辄立妖神，妄设淫祀，非礼祠祷，一皆禁绝。其龟易五兆之外，诸杂占卜，亦皆停断。长孙无忌封齐国公，房玄龄邢国公，尉迟敬德吴国公，杜如晦蔡国公，侯君集潞国公。

二年春正月辛丑，尚书右仆射、齐国公长孙无忌为开府仪同三司。徙封汉王恪为蜀王，卫王泰为越王，楚王祐为燕王。复置六侍郎，副六尚书事，并置左右司郎中各一人。前安州大都督、赵王元景为雍州牧，蜀王恪为益州大都督，越王泰为扬州大都督。二月丙戌，靺鞨内属。三月戊申朔，日有蚀之。丁卯，遣御史大夫杜淹巡关内诸州。出御府金宝，赎男女自卖者还其父母。庚午，大赦天下。

夏四月己卯，诏骸骨暴露者，令所在埋瘗。丙申，契丹内属。初诏天下州县并置义仓。夏州贼帅梁师都为其从父弟洛仁所杀，以城降。五月，大雨雹。六月庚寅，皇子治生，宴五品以上，赐帛有差，仍赐天下是日生者粟。辛卯，上谓侍臣曰："君虽不君，臣不可以不臣。裴虔通，炀帝旧左右也，而亲为乱首。朕方崇奖敬义，岂可犹使宰民训俗。”诏曰：

天地定位，君臣之义以彰；卑高既陈，人伦之道斯著。是用笃厚风俗，化成天下。虽复时经治乱，主或昏明，疾风劲草，芬芳无绝，剖心焚体，赴蹈如归。夫岂不爱七尺之躯，重百年之命？谅由君臣义重，名教所先，故能明大节于当时，立清风于身后。至如赵高之殒二世，董卓之鸩弘农，人神所疾，异代同愤。况凡庸小竖，有怀凶悖，遐观典策，莫不诛夷。辰州刺史、长蛇县男裴虔通，昔在隋代，委质晋藩，炀帝以旧邸之情，特相爱幸。遂乃志蔑君亲，潜图弑逆，密伺间隙，招结群丑，长戟流矢，一朝窃发。天下之恶，孰云可忍！宜其夷宗焚首，以彰大戮。但年代异时，累逢赦令，可特免极刑，除名削爵，迁配驩州。

秋七月戊申，诏：“莱州刺史牛方裕、绛州刺史薛世良、广州都督府长史唐奉义、隋武牙郎将高元礼，并于隋代俱蒙任用，乃协契宇文化及，构成弑逆。宜依裴虔通，除名配流岭表。”太宗谓侍臣曰：“天下愚人，好犯宪章，凡赦宥之恩，唯及不轨之辈。古语曰：‘小人之幸，君子之不幸。’‘一岁再赦，好人喑哑。’凡养稂莠者伤禾稼，惠奸宄者贼良人。昔文王作罚，刑兹无赦。又蜀先主尝谓诸葛亮曰：‘吾周旋陈元方、郑康成间，每见启告理乱之道备矣，曾不语赦也。’夫小人者，大人之贼，故朕有天下已来，不甚放赦。今四海安静，礼义兴行，非常之恩，施不可数，将恐愚人常冀侥幸，唯欲犯法，不能改过。”八月甲戌朔，幸朝堂，亲览冤屈。自是，上以军国无事，每日视膳于西宫。癸巳，公卿奏曰：“依礼，季夏之月，可以居台榭。今隆暑未退，秋霖方始，宫中卑湿，请营一阁以居之。”帝曰：“朕有气病，岂宜下湿。若遂来请，糜费良多。昔汉文帝将起露台，而惜十家之产。朕德不逮于汉帝，而所费过之，岂谓为民父母之道也。”竟不许。是月，河南、河北大霜，人饥。

九月丙午，诏曰：“尚齿重旧，先王以之垂范；还章解组，朝臣于是克终。释菜合乐之仪，东胶西序之制，养老之义，遗文可睹。朕恭膺大宝，宪章故实，乞言尊事，弥切深衷。然情存今古，世踵浇季，而策名就列，或乖大体。至若筋力将尽，桑榆且迫，徒竭夙兴之勤，未悟夜行之罪。其有心惊止足，行堪激励，谢事公门，收骸闾里，能以礼让，固可嘉焉。内外文武群官年高致仕、抗表去职者，参朝之日，宜在本品见任之上。”丁未，谓侍臣曰：“妇人幽闭深宫，情实可愍。隋氏末年，求采无已，至于离宫别馆，非幸御之所，多聚宫人，皆竭人财力，朕所不取。且洒扫之余，更何所用？今将出之，任求伉俪，非独以惜费，亦人得各遂其性。”于是遣尚书左丞戴胄、给事中杜正伦等，于掖庭宫西门简出之。

冬十月庚辰，御史大夫、安吉郡公杜淹卒。戊子，杀瀛州刺史卢祖尚。十一月辛酉，有事于圆丘。十二月壬午，黄门侍郎王珪为侍中。

三年春正月辛亥，契丹渠帅来朝。戊午，谒太庙。癸亥，亲耕籍田。辛未，司空、魏国公裴寂坐事免。二月戊寅，中书令、邢国公房玄龄为尚书左仆射，兵部尚书、检校侍中、蔡国公杜如晦为尚书右仆射，刑部尚书、检校中书令、永康县公李靖为兵部尚书，右丞魏征为守秘书监，参预朝政。

夏四月辛巳，太上皇徙居大安宫。甲子，太宗始于太极殿听政。五月，周王元方薨。六月戊寅，以旱，亲录囚徒。遣长孙无忌、房玄龄等祈雨于名山大川，中书舍人杜正伦等往关内诸州慰抚。又令文武官各上封事，极言得失。已卯，大风折木。秋八月己巳朔，日有蚀之。薛延陀遣使朝贡。

九月癸丑，诸州置医学。冬十一月丙午，西突厥、高昌遣使朝贡。庚申，以并州都督李世绩为通汉道行军总管，兵部尚书李靖为定襄道行军总管，以击突厥。十二月戊辰，突利可汗来奔。癸未，杜如晦以疾辞位，许之。癸丑，诏建义以来交兵之处，为义士勇夫殒身戎阵者各立一寺，命虞世南、李伯药、褚亮、颜师古、岑文本、许敬宗、朱子奢等为之碑铭，以纪功业。是岁，户部奏言：中国人自塞外来归及突厥前后内附、开四夷为州县者，男女一百二十余万口。

四年春正月乙亥，定襄道行军总管李靖大破突厥，获隋皇后萧氏及炀帝之孙正道，送至京师。癸巳，武德殿北院火。二月己亥，幸温汤。甲辰，李靖又破突厥于阴山，颉利可汗轻骑远遁。丙午，至自温汤。甲寅，大赦，赐酺五日。民部尚书戴胄以本官检校吏部尚书，参预朝政。太常卿萧瑀为御史大夫，与宰臣参议朝政。御史大夫、西河郡公温彦博为中书令。三月庚辰，大同道行军副总管张宝相生擒颉利可汗，献于京师。甲申，尚书右仆射、蔡国公杜如晦薨。甲午，以俘颉利告于太庙。

夏四月丁酉，御顺天门，军吏执颉利以献捷。自是西北诸蕃咸请上尊号为“天可汗”，于是降玺书册命其君长，则兼称之。秋七月甲子朔，日有蚀之。上谓房玄龄、萧瑀曰：“隋文何等主？”对曰：“克己复礼，勤劳思政，每一坐朝，或至日昃。五品已上，引之论事。宿卫之人，传餐

而食。虽非性体仁明，亦励精之主也。”上曰：“公得其一，未知其二。此人性至察而心不明。夫心暗则照有不通，至察则多疑于物。自以欺孤寡得之，谓群下不可信任，事皆自决，虽劳神苦形，未能尽合于理。朝臣既知上意，亦复不敢直言，宰相已下，承受而已。朕意不然。以天下之广，岂可独断一人之虑？朕方选天下之才，为天下之务，委任责成，各尽其用，庶几于理也。”因令有司：“诏敕不便于时，即宜执奏，不得顺旨施行。”八月丙午，诏三品已上服紫，五品已上服绯，六品七品以绿，八品九品以青；妇人从夫色。甲寅，兵部尚书、代国公李靖为尚书左仆射。九月庚午，令收瘗长城之南骸骨，仍令致祭。壬午，令自古明王圣帝、贤臣烈士坟墓无得刍牧，春秋致祭。

冬十月壬辰，幸陇州，曲赦陇、岐二州，给复一年。辛丑，校猎于贵泉谷。甲辰，校猎于鱼龙川，自射鹿，献于大安宫。甲子，至自陇州。戊寅，制决罪人不得鞭背，以明堂孔穴针灸之所。兵部尚书侯君集参议朝政。十二月辛亥，开府仪同三司、淮安王神通薨。甲寅，高昌王麹文泰来朝。是岁，断死刑二十九人，几致刑措。东至于海，南至于岭，皆外户不闭，行旅不赍粮焉。

五年正月癸酉，大蒐于昆明池，蕃夷君长咸从。丙子，亲献禽于大安宫。己卯，幸左藏库，赐三品已上帛，任其轻重。癸未，朝集使请封禅。二月己酉，封皇弟元裕为郐王，元名为谯王，灵夔为魏王，元祥为许王，元晓为密王。庚戌，封皇子愔为梁王，贞为汉王，恽为郯王，治为晋王，慎为申王，嚣为江王，简为代王。

夏四月壬辰，代王简薨。以金帛购中国人因隋乱没突厥者男女八万人，尽还其家属。六月甲寅，太子少师、新昌县公李纲薨。秋八月甲辰，遣使毁高丽所立京观，收隋人骸骨，祭而葬之。戊申，初令天下决死刑必三覆奏，在京诸司五覆奏，其日尚食进蔬食，内教坊及太常不举乐。九月乙丑，赐群官大射于武德殿。

冬十月，右卫大将军、顺州都督、北平郡王阿史那什钵苾卒。十二月壬寅，幸温汤。癸卯，猎于骊山。丙午，赐新丰高年帛有差。戊申，至自温汤。

六年春正月乙卯朔，日有蚀之。二月丙戌，置三师官员。戊子，初置律学。

三月戊辰，幸九成宫。六月己亥，酆王元亨薨。辛亥，江王嚣薨。

冬十月乙卯，至自九成宫。十二月辛未，亲录囚徒，归死罪者二百九十人于家，令明年秋末就刑。其后应期毕至，诏悉原之。是岁，党项羌前后内属者三十万口。

七年春正月戊子，诏曰："宇文化及弟智及、司马德戡、裴虔通、孟景、元礼、杨览、唐奉义、牛方裕、元敏、薛良、马举、元武达、李孝本、李孝质、张恺、许弘仁、令狐行达、席德方、李覆等，大业季年，咸居列职，或恩结一代，任重一时；乃包藏凶慝，罔思忠义，爰在江都，遂行弑逆，罪百阎、赵，衅深枭獍。虽事是前代，岁月已久，而天下之恶，古今同弃，宜置重典，以励臣节。其子孙并宜禁锢，勿令齿叙。"是日，上制《破阵乐舞图》。辛丑，赐京城酺三日。丁卯，雨土。乙酉，薛延陀遣使来朝。庚寅，秘书监、检校侍中魏征为侍中。癸巳，直太史、将仕郎李淳风铸浑天黄道仪，奏之，置于凝晖阁。夏五月癸未，幸九成宫。八月，山东、河南三十州大水，遣使赈恤。

冬十月庚申，至自九成宫。十一月丁丑，颁新定《五经》。壬辰，开府仪同三司、齐国公长孙无忌为司空。十二月丙辰，狩于少陵原，诏以少牢祭杜如晦、杜淹、李纲之墓。

八年春正月癸未，右卫大将军阿史那吐苾卒。辛丑，右屯卫大将军张士贵讨东、西五洞反獠，平之。壬寅，命尚书右仆射李靖、特进萧瑀杨恭仁、礼部尚书王珪、御史大夫韦挺、鄜州大都督府长史皇甫无逸、扬州大都督府长史李袭誉、幽州大都督府长史张亮、凉州大都督李大亮、右领军大将军窦诞、太子左庶子杜正伦、绵州刺史刘德威、黄门侍郎赵弘智使于四方，观省风俗。

二月乙巳，皇太子加元服。丙午，赐天下酺三日。三月庚辰，幸九成宫。五月辛未朔，日有蚀之。丁丑，上初服翼善冠，贵臣服进德冠。七月，始以云麾将军阶为从三品。陇右山崩，大蛇屡见。山东、河南、淮南大水，遣使赈恤。八月甲子，有星孛于虚、危，历于氐，十一月上旬乃灭。九月丁丑，皇太子来朝。

冬十月，右骁卫大将军、褒国公段志玄击吐谷浑，破之，追奔八百余里。甲子，至自九成宫。十一月辛未，右仆射、代国公李靖以疾辞官，授特进。丁亥，吐谷浑寇凉州。己丑，吐谷浑拘我行人赵德楷。十二月辛丑，命特进李靖、兵部尚书侯君集、刑部尚书任城王道宗、凉州都督李大亮等为大总管，各帅师分道以讨吐谷浑。壬子，越王泰为雍州牧。

乙卯，帝从太上皇阅武于城西。是岁，龟兹、吐蕃、高昌、女国、石国遣使朝贡。

九年春三月，洮州羌叛，杀刺史孔长秀。壬午，大赦。每乡置长一人，佐二人。乙酉，盐泽道总管高甑生大破叛羌之众。庚寅，敕天下户立三等，未尽升降，置为九等。

夏四月壬寅，康国献狮子。闰月丁卯，日有蚀之。癸巳，大总管李靖、侯君集、李大亮、任城王道宗破吐谷浑于牛心堆。五月乙未，又破之于乌海，追奔至柏海。副总管薛万均、薛万彻又破之于赤水源，获其名王二十人。庚子，太上皇崩于大安宫。壬子，李靖平吐谷浑于西海之上，获其王慕容伏允。以其子慕容顺光降，封为西平郡王，复其本国。秋七月甲寅，增修太庙为六室。

冬十月庚寅，葬高祖太武皇帝于献陵。戊申，祔于太庙。辛丑，左仆射、魏国公房玄龄加开府仪同三司，余如故。十二月甲戌，吐谷浑西平郡王慕容顺光为其下所弑，遣兵部尚书侯君集率师安抚之，仍封顺光子诺曷钵为河源郡王，使统其众。右光禄大夫、宋国公萧瑀依旧特进，复令参预朝政。

十年春正月壬子，尚书左仆射房玄龄、侍中魏征上梁、陈、齐、周、隋五代史，诏藏于秘阁。癸丑，徙封赵王元景为荆王，鲁王元昌为汉王，郑王元礼为徐王，徐王元嘉为韩王，荆王元则为彭王，滕王元懿为郑王，吴王元轨为霍王，豳王元凤为虢王，陈王元庆为道王，魏王灵夔为燕王，蜀王恪为吴王，越王泰为魏王，燕王祐为齐王，梁王愔为蜀王，郯王恽为蒋王，汉王贞为越王，申王慎为纪王。夏六月，以侍中魏征为特进，仍知门下省事。壬申，中书令温彦博为尚书右仆射。甲戌，太常卿、安德郡公杨师道为侍中。己卯，皇后长孙氏崩于立政殿。冬十一月庚寅，葬文德皇后于昭陵。十二月壬申，吐谷浑河源郡王慕容诺曷钵来朝。乙亥，亲录京师囚徒。是岁，关内、河东疾病，命医赍药疗之。

十一年春正月丁亥朔，徙郐王元裕为邓王，谯王元名为舒王。癸巳，加魏王泰为雍州牧、左武候大将军。庚子，颁新律令于天下。作飞山宫。甲寅，房玄龄等进所修《五礼》。诏所司行用之。

二月丁巳，诏曰：

夫生者天地之大德，寿者修短之一期。生有七尺之形，寿以百龄为限，含灵禀气，莫不同焉，皆得之于自然，不可以分外企也。是以《礼记》云："君即位而为椑"。庄周云："劳我以形，息我以死。"岂非圣人远鉴，通贤深识？末代已来，明辟盖寡，靡不矜黄屋之尊，虑白驹之过，并多拘忌，有慕遐年。谓云车易乘，羲轮可驻，异轨同趣，其蔽甚矣。有隋之季，海内横流，豺狼肆暴，吞噬黔首。朕投袂发愤，情深拯溺，扶翼义师，济斯涂炭。赖苍昊降鉴，股肱宣力，提剑指麾，天下大定。此朕之宿志，于斯已毕。犹恐身后之日，子子孙孙，习于流俗，犹循常礼，加四重之榇，伐百祀之木，劳扰百姓，崇厚园陵。今预为此制，务从俭约，于九嵕之山，足容棺而已。积以岁月，渐而备之。木马涂车，土桴苇籥，事合古典，不为时用。

又佐命功臣，或义深舟楫，或谋定帷幄，或身摧行阵，同济艰危，克成鸿业，追念在昔，何日忘之！使逝者无知，咸归寂寞；若营魂有识，还如畴曩，居止相望，不亦善乎！汉氏使将相陪陵，又给以东园秘器，笃终之义，恩意深厚，古人岂异我哉！自今已后，功臣密戚及德业佐时者，如有薨亡，宜赐茔地一所，及以秘器，使窀穸之时，丧事无阙。所司依此营备，称朕意焉。

甲子，幸洛阳宫，命祭汉文帝。三月丙戌朔，日有蚀之。丁亥，车驾至洛阳。丙申，改洛州为洛阳宫。辛亥，大蒐于广城泽。癸丑，还宫。

夏四月甲子，震乾元殿前槐树。丙寅，诏河北、淮南举孝悌淳笃，兼闲时务；儒术该通，可为师范；文辞秀美，才堪著述；明识政体，可委字人：并志行修立，为乡闾所推者，给传诣洛阳宫。六月甲寅，尚书右仆射、虞国公温彦博薨。丁巳，幸明德宫。己未，定制诸王为世封刺史。戊辰，定制勋臣为世封刺史。改封任城王道宗为江夏郡王，赵郡王孝恭为河间郡王。己巳，改封许王元祥为江王。秋七月癸未，大霪雨。谷水溢入洛阳宫，深四尺，坏左掖门，毁宫寺十九所；洛水溢，漂六百家。庚寅，诏以灾命百官上封事，极言得失。丁酉，车驾还宫。壬寅，废明德宫及飞山宫之玄圃院，分给遭水之家，仍赐帛有差。丙午，修老君庙于亳州，宣尼庙于兖州，各给二十户享祀焉。凉武昭王复近墓二十户充守卫，仍禁刍牧樵采。九月丁亥；河溢，坏陕州河北县，毁河阳中潭。幸白司马坂以观之，赐遭水之家粟帛有差。冬十一月辛卯，幸怀州。乙未，狩于济源。丙午，车驾还宫。十二月辛酉，百济王遣其太子隆来朝。

十二年春正月乙未，吏部尚书高士廉等上《氏族志》一百三十卷。壬寅，松、丛二州地震，坏人庐舍，有压死者。二月乙卯，车驾还京。癸亥，观砥柱，勒铭以纪功德。甲子，夜郎獠反，夔州都督齐善行讨平之。乙丑，次陕州，自新桥幸河北县，祀夏禹庙。丁卯，次柳谷顿，观盐池。戊寅，以隋鹰扬郎将尧君素忠于本朝，赠蒲州刺史，仍录其子孙。闰二月庚辰朔，日有蚀之。丙戌，至自洛阳宫。夏五月壬申，银青光禄大夫、永兴县公虞世南卒。六月庚子，初置玄武门左右飞骑。秋七月癸酉，吏部尚书、申国公高士廉为尚书右仆射。

冬十月己卯，狩于始平，赐高年粟帛有差。乙未，至自始平。己亥，百济遣使贡金甲雕斧。十二月辛巳，右武候将军上官怀仁大破山獠于壁州。

十三年春正月乙巳朔，谒献陵。曲赦三原县及行从大辟罪。丁未，至自献陵。戊午，加房玄龄为太子少师。二月丙子，停世袭刺史。三月乙丑，有星孛于毕、昴。

夏四月戊寅，幸九成宫。甲申，阿史那结社尔犯御营，伏诛。壬寅，云阳石燃者方丈，昼如灰，夜则有光，投草木于上则焚，历年而止。自去冬不雨至于五月。甲寅，避正殿，令五品以上上封事，减膳罢役，分使赈恤，申理冤屈，乃雨。

六月丙申，封皇弟元婴为滕王。秋八月辛未朔，日有蚀之。庚辰，立右武候大将军、化州都督、怀化郡王李思摩为突厥可汗，率所部建牙于河北。

冬十月甲申，至自九成宫。十一月辛亥，侍中、安德郡公杨师道为中书令。十二月丁丑，吏部尚书、陈国公侯君集为交河道行军大总管，帅师伐高昌。乙亥，封皇子福为赵王。壬午，巂州都督王志远有罪，伏诛。诏于洛、相、幽、徐、齐、并、秦、蒲等州并置常平仓。己丑，吐谷浑河源郡王慕容诺曷钵来逆女。壬辰，狩于咸阳。是岁，滁州言："野蚕食槲叶，成茧大如柰，其色绿，凡六千五百七十石。"高丽、新罗、西突厥、吐火罗、康国、安国、波斯、疏勒、于阗、焉耆、高昌、林邑、昆明及荒服蛮酋，相次遣使朝贡。

十四年春正月庚子，初命有司读时令。甲寅，幸魏王泰宅。赦雍州及长安狱大辟罪已下。二月丁丑，幸国子学，亲释奠，赦大理、万年系囚，国子祭酒以下及学生高第精勤者加一级，赐帛有差。庚辰，左骁卫将军、淮阳王道明送弘化公主归于吐谷浑。壬午，幸温汤。辛卯，至自温汤。乙未，诏以梁皇侃、褚仲都，周熊安生、沈重，陈沈文阿、周弘正、张机，隋何妥、刘焯、刘炫等前代名儒，学徒多行其义，命求其后。

三月戊午，置宁朔大使，以护突厥。夏五月壬戌，徙封燕王灵夔为鲁王。六月乙酉，大风拔木。己丑，薛延陀遣使求婚。乙未，滁州野蚕成茧，凡收八千三百石。八月庚午，新作襄城宫。癸巳，交河道行军大总管侯君集平高昌，以其地置西州。九月癸卯，曲赦西州大辟罪。乙卯，于西州置安西都护府。冬十月己卯，诏以赠司空、河间元王孝恭，赠陕东道大行台尚书右仆射、郧节公殷开山，赠民部尚书、渝襄公刘政会等配飨高祖庙庭。闰月乙未，幸同州。甲辰，狩于尧山。庚戌，至自同州。丙辰，吐蕃遣使献黄金器千斤以求婚。

十一月甲子朔，日南至。有事于圆丘。十二月丁酉，交河道旋师。吏部尚书、陈国公侯君集执高昌王麴智盛，献捷于观德殿，行饮至之礼，赐酺三日。乙卯，高丽世子相权来朝。

十五年春正月丁卯，吐蕃遣其国相禄东赞来逆女。丁丑，礼部尚书、江夏王道宗送文成公主归吐蕃。辛巳，幸洛阳宫。三月戊申，幸襄城宫。庚午，发襄城宫。

夏四月辛卯，诏以来年二月有事泰山，所司详定仪制。五月壬申，并州僧道及老人等抗表，以太原王业所因，明年登封已后，愿时临幸。上于武成殿赐宴，因从容谓侍臣曰："朕少在太原，喜群聚博戏，暑往寒逝，将三十薦矣。"时会中有旧识上者，相与道旧以为笑乐。因谓之曰：'他人之言，或有面谀。公等朕之故人，实以告朕，即日政教，于百姓何如？人间得无疾苦耶？"皆奏："即日四海太平，百姓欢乐，陛下沥也。臣等余年，日惜一日，但眷恋圣化，不知疾苦。"因固请过并州。上谓曰："飞鸟过故乡，犹踯躅徘徊；况朕于太原起义，遂定天下，复少小游观，诚所不忘。岱礼若毕，或冀与公等相见。"于是赐物各有差。丙子，百济王扶余璋卒。诏立其世子扶余义慈嗣其父位，仍封为带方郡王。

六月戊申，诏天下诸州，举学综古今及孝悌淳笃、文章秀异者，并以来年二月总集泰山。己酉，有星孛于太微，犯郎位。丙辰，停封泰山，避正殿以思咎，命食减膳。

秋七月甲戌，孛星灭。

冬十月辛卯，大阅于伊阙。壬辰，幸嵩阳。辛丑，还宫。十一月壬戌，废乡长。壬申，还京师。癸酉，薛延陀以同罗、仆骨、回纥、靺鞨霫之众度漠，屯于白道川。命营州都督张俭统所部兵压其东境；兵部尚书李绩为朔方行军总管，右卫大将军李大亮为灵州道行军总管，凉州都督李袭誉为凉州道行军总管，分道以御之。十二月戊子朔，至自洛阳宫。甲辰，李绩及薛延陀战于诺真水，大破之，斩首三千余级，获马万五千匹，薛延陀跳身而遁。绩旋破突厥思结于五台县，虏其男女千余口，获羊马称是。

十六年春正月辛未，诏在京及诸州死罪囚徒，配西州为户；流人未达前所者，徙防西州。兼中书侍郎、江陵子岑文本为中书侍郎，专知机密。夏六月辛卯，诏复隐王建成曰隐太子，改封海陵剌王元吉曰巢剌王。秋七月戊午，司空、赵国公无忌为司徒，尚书左仆射、梁国公玄龄为司空。

九月丁巳，特进、郑国公魏征为太子太师，知门下省事如故。冬十一月丙辰，狩于岐山。辛酉，使祭隋文帝陵。丁卯，宴武功士女于庆善宫南门。酒酣，上与父老等涕泣论旧事，老人等递起为舞，争上万岁寿，上各尽一杯。庚午，至自岐州。十二月癸卯，幸温汤。甲辰，狩于骊山，时阴寒晦冥，围兵断绝。上乘高望见之，欲舍其罚，恐亏军令，乃回辔入谷以避之。是岁，高丽大臣盖苏文弑其君高武，而立武兄子藏为王。

十七年春正月戊辰，右卫将军、代州都督刘兰谋反，腰斩。太子太师、郑国公魏征薨。戊申，诏图画司徒、赵国公无忌等勋臣二十四人于凌烟阁。三月丙辰，齐州都督齐王祐杀长史权万纪、典军韦文振，据齐州自守，诏兵部尚书李绩、刑部尚书刘德威发兵讨之。兵未至，兵曹杜行敏执之而降，遂赐死于内侍省。丁巳，荧惑守心前星，十九日而退。

夏四月庚辰朔，皇太子有罪，废为庶人。汉王元昌、吏部尚书侯君集并坐与连谋，伏诛。丙戌，立晋王治为皇太子，大赦，赐酺三日。丁亥，中书令杨师道为吏部尚书。己丑，加司徒、赵国公长孙无忌太子太师，司空、梁国公房玄龄太子太傅；特进、宋国公萧瑀太子太保，兵部尚书、英国公李绩为太子詹事，仍同中书门下三品。庚寅，上亲谒太庙，以谢承乾之过。癸巳，魏王泰以罪降爵为东莱郡王。五月乙丑，手诏举孝廉茂才异能之士。

六月己卯朔，日有蚀之。壬午，改葬隋恭帝。丁酉，尚书右仆射高士廉请致仕，诏以为开府仪同三司、同中书门下三品。闰月戊午，薛延陀遣其兄子突利设献马五万匹、牛驼一万、羊十万以请婚，许之。丙子，徙封东莱郡王泰为顺阳王。秋七月庚辰，京城讹言云："上遣枨枨取人心肝，以祠天狗。"递相惊悚。上遣使遍加宣谕，月余乃止。丁酉，司空、太子太傅、梁国公房玄龄以母忧罢职。八月，工部尚书、郧国公张亮为刑部尚书，参预朝政。九月癸未，徙庶人承乾于黔州。

冬十月丁巳，房玄龄起复本职。十一月己卯，有事于南郊。壬午，赐天下酺三日。以凉州获瑞石，曲赦凉州，并录京城及诸州系囚，多所原宥。

十八年春正月壬寅，幸温汤。

夏四月辛亥，幸九成宫。秋八月甲子，至自九成宫。丁卯，散骑常侍清苑男刘洎为侍中，中书侍郎江陵子岑文本、中书侍郎马周并为中书令。九月，黄门侍郎褚遂良参预朝政。冬十月辛丑朔，日有蚀之。甲辰，初置太子司议郎官员。甲寅，幸洛阳宫。安西都护郭孝恪帅师灭焉耆，执其王突骑支送行在所。十一月壬寅，车驾至洛阳宫。庚子，命太子詹事、英国公李绩为辽东道行军总管，出柳城，礼部尚书、江夏郡王道宗副之；刑部尚书、郧国公张亮为平壤道行军总管，以舟师出莱州，左领军常何、泸州都督左难当副之。发天下甲士，召募十万，并趣平壤，以伐高丽。十二月辛丑，庶人承乾死。

十九年春二月庚戌，上亲统六军发洛阳。乙卯，诏皇太子留定州监国；开府仪同三司、申国公高士廉摄太子太傅，与侍中刘洎、中书令马周、太子少詹事张行成、太子右庶子高季辅五人同掌机务；以吏部尚书、安德郡公杨师道为中书令。赠殷比干为太师，谥曰忠烈，命所司封墓，葺祠堂，春秋祠以少牢，上自为文以祭之。三月壬辰，上发定州，以司徒、太子太师兼检校侍中、赵国公长孙无忌，中书令岑文本、杨师道从。

夏四月癸卯，誓师于幽州城南，因大飨六军以遣之。丁未，中书令岑文本卒于师。癸亥，辽东道行军大总管、英国公李绩攻盖牟城，破之。五月丁丑，车驾渡辽。甲申，上亲率铁骑与李绩会围辽东城，因烈风发火弩，斯须城上屋及楼皆尽，麾战士令登，乃拔之。

六月丙辰，师至安市城。丁巳，高丽别将高延寿、高惠真帅兵十五万来援安市，以拒王师。李绩率兵奋击，上自高峰引军临之，高丽大溃，杀获不可胜纪。延寿等以其众降，因名所幸山为驻跸山，刻石纪功焉。赐天下大酺二日。秋七月，李绩进军攻安市城，至九月不克，乃班师。

冬十月丙辰，入临渝关，皇太子自定州迎谒。戊午，次汉武台，刻石以纪功德。十一月辛未，幸幽州。癸酉，大飨，还师。十二月戊申，幸并州。侍中、清苑男刘洎以罪赐死。是岁，薛延陀真珠毗伽可汗死。

二十年春正月，上在并州。丁丑，遣大理卿孙伏伽、黄门侍郎褚遂良等二十二人，以六条巡察四方，黜陟官吏。庚辰，曲赦并州，宴从官及起义元从，赐粟帛、给复有差。三月己巳，车驾至京师。己丑，刑部尚书、郑国公张亮谋反，诛。闰月癸巳朔，日有蚀之。

夏四月甲子，太子太师、赵国公长孙无忌，太子太傅、梁国公房玄龄，太子太保、宋国公萧瑀各辞调护之职，诏许之。六月，遣兵部尚书、固安公崔敦礼，特进、英国公李绩击破薛延陀于郁督军山北，前后斩首五千余级，虏男女三万余人。秋八月甲子，封皇孙为陈王。己巳，幸灵州。庚午，次泾阳顿。铁勒回纥、拔野古、同罗、仆骨、多滥葛、思结、阿跌、契苾、跌结、浑、斛薛等十一姓各遣使朝贡，奏称："延陀可汗不事大国，部落乌散，不知所之。奴等各有分地，不能逐延陀去，归命天子，乞置汉官。"诏遣会灵州。九月甲辰，铁勒诸部落俟斤、颉利发等遣使相继而至灵州者数千人，来贡方物，因请置吏，咸请至尊为可汗。于是北荒悉平，为五言诗勒石以序其事。辛亥，灵州地震有声。

冬十月，前太子太保、宋国公萧瑀贬商州刺史。丙戌，至自灵州。

二十一年春正月壬辰，开府仪同三司、申国公高士廉薨。丁酉，诏以来年二月有事泰山。甲寅，赐京师酺三日。二月壬申，诏以左丘明、卜子夏、公羊高、谷梁赤、伏胜、高堂生、戴圣、毛苌、孔安国、刘向、郑众、杜子春、马融、卢植、郑康成、服子慎、何休、王肃、王辅嗣、杜元凯、范宁等二十一人，代用其书，垂于国胄，自今有事于太学，并命配享宣尼庙堂。丁丑，皇太子于国学释菜。

夏四月乙丑，营太和宫于终南之上，改为翠微宫。五月戊子，幸翠微宫。六月癸亥，司徒、赵国公无忌加授扬州都督。秋七月庚子，建玉华宫于宜君县之凤凰谷。庚戌，至自翠微宫。八月壬戌，诏以河北大水，停封禅。辛未，骨利干国遣使贡名马。丁酉，封皇子明为曹王。冬十一月癸卯，徙封顺阳王泰为濮王。十二月戊寅，左骁卫大将军阿史那社尔、右骁卫大将军契苾何力、安西都护郭孝恪、司农卿杨弘礼为瑁山道行军大总管，以伐龟兹。是岁，堕婆登、乙利、鼻林送、都播、羊同、石、波斯、康国、吐火罗、阿悉吉等远夷十九国，并遣使朝贡。又于突厥之北至于回纥部落，置驿六十六所，以通北荒焉。

二十二年春正月庚寅，中书令马周卒。司徒、赵国公无忌兼检校中书令，知尚书门下二省事。己亥，刑部侍郎崔仁师为中书侍郎，参知机务。戊戌，幸温汤。戊申，还宫。二月，前黄门侍郎褚遂良起复黄门侍郎。中书侍郎崔仁师除名，配流连州。癸丑，西番沙钵罗叶护率众归附，以其俟斤屈裴禄为忠武将军，兼大俟斤。戊午，以结骨部置坚昆都督。乙亥，幸玉华宫，乙卯，赐所经高年笃疾粟帛有差。己卯，蒐于华原。

四月甲寅，碛外蕃人争牧马出界，上亲临断决，然后咸服。丁巳，右武候将军梁建方击松外蛮，下其部落七十二所。五月庚子，右卫率长史王玄策击帝那伏帝国，大破之，获其王阿罗那顺及王妃、子等，虏男女万二千人、牛马二万余以诣阙。使方士那罗迩娑婆于金飚门造延年之药。吐蕃赞普击破中天竺国，遣使献捷。六月癸酉，特进、宋国公萧瑀薨。秋七月癸卯，司空、梁国公房玄龄薨。八月己酉朔，日有蚀之。九月己亥，黄门侍郎褚遂良为中书令。

十月癸亥，至自玉华宫。十一月戊戌，眉、邛、雅三州獠反，右卫将军梁建方讨平之。庚子，契丹帅窟哥、奚帅可度者并率其部内属。以契丹部为松漠都督，以奚部置饶乐都督。十二月乙卯，增置殿中侍御史、监察御史各二员，大理寺置平事十员。闰月丁丑朔，昆山道总管阿史那社尔降处密、处月，破龟兹大拨等五十城，虏数万口，执龟兹王诃黎布失毕以归，龟兹平，西域震骇。副将薛万彻胁于阗王伏阇信入朝。癸未，新罗王遣其相伊赞千金春秋及其子文王来朝。是岁，新罗女王金善德死，遣册立其妹真德为新罗王。

二十三年春正月辛亥，俘龟兹王诃黎布失毕及其相那利等，献于社庙。二月丙戌，置瑶池都督府，隶安西都护府。丁亥，西突厥肆叶护可汗遣使来朝。三月丙辰，置丰州都督府。自去冬不雨，至于此月己未乃雨。辛酉，大赦。丁卯，敕皇太子于金液门听政。是月，日赤无光。

四月己亥，幸翠微宫。五月戊午，太子詹事、英国公李绩为叠州都督。辛酉，开府仪同三司、卫国公李靖薨。己巳，上崩于含风殿，年五十二。遗诏皇太子即位于柩前，丧纪宜用汉制。秘不发丧。庚午，遣旧将统飞骑劲兵从皇太子先还京，发六府甲士四千人，分列于道及安化门，翼从乃入；大行御马舆，从官侍御如常。壬申，发丧。六月甲戌朔，殡于太极殿。八月丙子，百僚上谥曰文皇帝，庙号太宗。庚寅，葬昭陵。上元元年八月，改上尊号曰文武圣皇帝。天宝十三载二月，改上尊号为文武大圣大广孝皇帝。

史臣曰：臣观文皇帝发迹多奇，聪明神武。拔人物则不私于党，负志业则咸尽其才。所以屈突、尉迟，由仇敌而愿倾心膂；马周、刘洎，自疏远而卒委钧衡。终平泰阶，谅由斯道。尝试论之：础润云兴，虫鸣螽跃。虽尧、舜之圣，不能用梼杌、穷奇而治平；伊、吕之贤，不能为夏桀、殷辛而昌盛。君臣之际，遭遇斯难，以至抉目剖心，虫流筋擢，良由遭值之异也。以房、魏之智，不逾于丘、轲，遂能尊主庇民者，遭时也。或曰：以太宗之贤，失爱于昆弟，失教于诸子，何也？曰：然，舜不能仁四罪，尧不能训丹朱，斯前志也。当神尧任谗之年，建成忌功之日，苟除畏逼，孰顾分崩，变故之兴，间不容发，方惧"毁巢"之祸，宁虞"尺布"之谣？承乾之愚，圣父不能移也。若文皇自定储于哲嗣，不骋志于高丽；用人如贞观之初，纳谏比魏征之日。况周发、周成之世袭，我有遗妍；较汉文、汉武之恢弘，彼多惭德。迹其听断不惑，从善如流，千载可称，一人而已！

【译文】

太宗文武大圣大广孝皇帝名世民，是高祖的第二个儿子。母亲是太穆顺圣皇后窦氏。隋代开皇十八年十二月戊午，出生于高祖在武功县的别馆里。当时有两条龙在别馆门外游戏，三天才离开。高祖到岐州任刺史，太宗当时四岁。有个书生自称善长算命，晋见高祖说："您是贵人，而且有贵子。"见到太宗，说："（太宗）有龙凤的姿貌，天庭隆起的仪表，年近二十，必定能济世安民。"高祖怕他把这话泄露出去，准备杀掉他，书生忽然不见了，于是取"济世安民"的意思作为名字。太宗年幼时聪明多智，见解深远，处事果断，不拘小节，当时人都摸不透他。

大业末年，隋炀帝在雁门被突厥围困，太宗应募前去救援，隶属于屯卫将军云定兴的部队。临出发时，太宗对定兴说："一定要携带旗鼓，用来虚设队伍，迷惑敌人。始毕可汗率领全国的军队，敢于来围困天子，一定以为国家仓促间派不出援兵。我方部署队伍，让数十里旗帜相连，夜晚则钲鼓声相应，敌人必定会以为救兵云集，望见我军的行尘而逃去。要不然，敌众我寡，敌人全军来战，我方一定支持不住。"定兴听从太宗的意见。部队在崞县宿营，突厥的侦察骑兵跑回去报告始毕说：隋朝的大军已到。突厥因此解围而去。高祖守太原的时候，太宗十八岁。有高阳盗贼首领魏刁儿，自己起个号叫“历山飞”。他率兵来攻太原，高祖袭击敌人，深入贼阵。太宗用轻骑兵突围进入贼阵，箭射贼兵，所到之处，敌皆倒退，于是把高祖从上万贼兵的围困中救出。这时正好遇上步兵开到，高祖与太宗又奋力进击，大破敌兵。这时隋朝气数已尽，太宗暗中图谋起义，常屈己下人，舍财养客，群盗大侠，无不愿效死力。等到义军一起，便率兵夺取西河，攻下了它。太宗拜右领军大都督，右三军都归他统领，封敦煌郡公。

起义大军西上贾胡堡，隋将宋老生率领精兵两万屯驻霍邑，以抵挡义军。正遇上连天阴雨，军粮用尽，高祖与裴寂商议，暂且领兵回太原，再谋划以后的行动。太宗说：“原本兴立大义是为了拯救百姓，应当先攻入咸阳，号令天下；遇到小敌就回师，恐怕随从起义的人将会一朝解体。回去守太原一城之地，这不过是贼寇罢了，怎么能保全自己！”高祖不接受这一提议，催促他带兵出发。太宗于是在营帐外啼哭，声音传入营帐中。高祖召太宗进帐，询问原因，回答说：“现在部队凭借正义而出动，继续战斗就必定胜利，退回就一定会散伙。大家散伙于前，敌人趁机追击于后，死亡将顷刻而至，因此悲伤。”高祖醒悟，停止退兵。

八月己卯日，雨过天晴，高祖领兵直趋霍邑。太宗怕老生不出战，于是率领数名骑兵先到霍邑城下，拿着马鞭指点比划，好像要围城的样子，以此激怒老生。老生果然发怒，开门出兵，背城列阵。高祖与李建成一起列阵于城东，太宗和柴绍列阵于城南。老生指挥兵士迅速前进，先逼近高祖，这时建成忽然坠马，老生趁机进攻，高祖与建成的部队都往后退。太宗自城南高地率领两名骑兵急驰而下，冲断了老生的部队，又领兵奋力进击，敌军大败，各自扔掉兵器逃跑。城上的闸门放下，老生手拉绳子想上城，于是被砍死，霍邑平定。部队到河东，关中豪杰争着跑来参加义军。太宗请求进兵入关，夺取永丰仓用来救济穷苦百姓，收编各路盗贼以便谋取京师，高祖认为这个建议很好。太宗带领先锋部队渡过黄河，先平定渭北。三辅的官吏百姓以及各式强宗豪族，到营门请求让自己效力的每日有上千人，扶老携幼，拥挤于将旗之下。太宗收纳优秀人才，用以充任朝廷官吏，远近听到消息的人，无不自求托身于此。部队在泾阳宿营，有优秀兵士九万名，击破贼寇胡人刘鹞子，兼并了他的部下。留下殷开山、刘弘基屯驻长安旧城。太宗自己奔赴司竹，盗贼首领李仲文、何潘仁、向善志等都来相见，停留于阿城，获得兵士十三万人。长安父老牵牛担酒到营门劳军的不可胜数，太宗都加以慰问，然后送走他们，东西一概不收。军令严肃，秋毫无犯。接着与大军一起平定京城。高祖任宰相时，太宗当唐国内史，改封秦国公。恰巧薛举率精壮的士兵十万逼近渭水边，太宗亲自迎击，大破敌兵，追杀万余人，夺取的土地一直到了陇坻。

义宁元年十二月，太宗又任右元帅，统兵十万前去夺取东都。到了准备回师的时候，太宗对部下说："贼寇见我回去，必定会追赶。"设三处埋伏等待敌军。没多久隋将段达率领一万多人尾随而至，走过三王陵，发伏兵出击，段达大败，太宗的部队追击逃敌一直到了东都城下。于是在宜阳、新安设置熊、谷两州，派兵防守而后回京。太宗改封赵国公。高祖接受隋帝禅让，太宗拜尚书令、右武候大将军，进封秦王，加授雍州牧。

武德元年七月，薛举入侵泾州李世民率军讨伐，战败后又率军返回长安。九月，薛举死去，他的儿子薛仁杲继位。太宗又任元帅带兵攻打仁杲，双方相持于折墌城，各挖深沟筑高垒，对抗六十余日。贼寇有十多万人，军队的锋芒甚锐，多次来挑战，太宗按兵不动以挫敌军的锐气。贼寇的粮食用完了，他们的将领牟君才、梁胡郎前来投降。太宗对手下的将军们说："敌军已经气衰，我应该征服它了。"派将军庞玉先在浅水原南列阵以引诱敌人，敌将宗罗睺率全军出战，庞玉的部队几乎被打败。接着太宗亲自统领大军，忽然从浅水原北出现，趁敌军没注意突然袭击。罗睺望见后，又回师抵抗。太宗率领数十名骁勇的骑兵冲入贼阵，于是朝廷的军队里外一起奋战，罗睺溃不成军，斩敌兵首级数千，落入涧谷而死的人更多得没法统计。太宗率领左右二十多名骑兵追击逃敌，直趋折墌城下以便乘机破城。仁杲非常害怕，环城固守。快到傍晚的时候，大军到达，将四面合围。第二天早晨，仁杲请求投降，俘获他的精兵一万多人、随军的男女五万名。接着将领们向太宗表示祝贺，于是问道："开始大王在野外击破贼寇，他们的主子还保有坚固的城池，大王没有攻城的器具，靠轻骑兵奔驰追逐，不等候步兵，直逼城下，大家都怀疑不能攻克这个城，却竟然攻下了，这是为什么呢？"太宗说："这是用随机应变的方法逼迫敌人，使他们的计谋来不及形成，所以能攻克。罗睺依恃往年的胜利，加上养精蓄锐的日子很长，见我们不出战，便有相轻之意。现在高兴我们出战，于是率领全部人马迎击，我们虽然击破敌人，但擒获、杀死的人并不多。如不急追，使敌人还跑回城里，仁杲收聚、安抚这些败卒，那我们就得不到这个城了。而且罗睺的部下都是陇西人，一打败仗，溃散后退，来不及回头，便逃归陇西，那么折墌城自然空虚，我军顺势逼近它，所以（仁杲）就害怕而投降。这可说是既定的计划，诸位都没看到吗？”将领们说：“这不是我们这些凡人所能赶得上的。”太宗获得敌军精壮的骑兵甚多，还让仁杲兄弟及敌军首领宗罗睺、翟长孙等统领。太宗和他们一起骑马打猎，没有什么隔阂。这帮贼寇蒙受恩惠，屏息丧气，全愿舍命效力。当时李密刚归附朝廷，高祖命他乘驿车到幽州迎接太宗。李密见太宗容貌精明而威武，军威严肃，惊畏叹服，私下对殷开山说：“真是英明的主子。不像这样，怎么能平定祸乱呢？”太宗凯旋回京，到太庙进献战利品。拜为太尉、陕东道行台尚书令，坐镇长春宫，关东的兵马都归他指挥调度。接着加授左武候大将军、凉州总管。

宋金刚攻陷浍州的时候，军队的锋芒甚锐。高祖因为王行本还占据蒲州，吕崇茂在夏县反叛，晋州、浍州相继陷落，关中震惊，就亲自给太宗写诏书说：“贼寇的势力像这样，难以同他们争斗一决胜负，应该放弃河东，谨慎防守关西。”太宗进上奏章说：“太原是王业的奠基之地，国家的根本，河东富足，京城依托于它。如果攻下而又放弃它们，臣私下感到愤恨。愿陛下借给精兵三万，必定能消灭刘武周，克复汾州、晋州。”高祖于是全部征调关中的军队以增强太宗的兵力，又亲临长春宫送太宗。武德二年十一月，太宗率领部队奔赴龙门关，踩着冰过河，进驻柏壁，与贼将宋金刚相持。接着永安王李孝基在夏县打了败仗，于筠、独孤怀恩、唐俭都被贼将寻相、尉迟敬德抓获，敌军将回浍州。太宗派殷开山、秦叔宝在美良川拦击，大破敌军，寻相等只独自逃脱，他们的部下全被俘虏，殷开山、秦叔宝又回到柏壁。于是将领们全来请战，太宗说：“金刚孤军千里，深入我们的地方，精兵骁将，都集中在这里。刘武周据有太原，专依靠金刚保卫自己。敌人士卒虽多，内实空虚，意在速战。我们加固营垒、养精蓄锐以挫敌人的锋芒，一朝粮尽计穷，敌人自当逃走。”

武德三年二月，金刚竟因士卒饥饿而逃跑，太宗追赶他们到介州。

金刚列阵，南北七里，以抵挡官军。太宗派总管李世绩、程咬金、秦叔宝在其阵北抵敌，翟长孙、秦武通在其阵南抵敌。各军作战退却，被贼寇钻了空子。太宗率领精壮骑兵攻打敌人，冲击敌军阵后，贼寇大败，太宗追击逃兵跑了数十里地。尉迟敬德、寻相率领八千人前来投降，太宗还让敬德统领这些兵士，与太宗军营的人相杂。屈突通害怕他们有变故，急忙向太宗禀报。太宗说："以前萧王将心腹安排到他人身旁，都能尽力效命，现在委任敬德，又有什么可以怀疑的地方呢。"于是刘武周逃奔突厥，并州、汾州全恢复原有的辖地。高祖下令往军中加授太宗为益州道行台尚书令。

七月，太宗总领各军往洛邑攻打王世充，部队在谷州宿营。世充率领精兵三万在慈涧列阵，太宗率领轻骑兵向敌人挑战。当时众寡不敌，官军陷于重围，太宗旁边的人都感到害怕。太宗命令旁边的人先回去，自己单独留下来殿后。这时世充骁将单雄信的数百名骑兵从道路两边直逼太宗，他们交互争先，竞相向前，太宗几乎被他们打败。太宗左右开弓，敌兵无不应弦落马，将敌军的大将燕颀俘获。世充于是撤去慈涧的据点回到东都。太宗派行军总管史万宝自宜阳往南占据龙门，刘德威自太行向东包围河内，王君廓自洛口截断贼寇的运粮通道。又派黄君汉率水军夜晚从孝水河顺流而下袭击回洛城，一举攻克了它。黄河以南，无不响应，城堡一个接一个前来投降。大军进驻邙山。九月，太宗带五百名骑兵先去观察地形，突然与世充率领的一万多人相遇，双方会战，又破敌军，斩首级三千余，俘获大将陈智略，只有世充独自脱身。王世充所委任的筠州总管杨庆派使者要求投降，太宗派李世绩率军出辕道安抚杨庆的部队。荥、汴、洧、豫等九州相继前来投降。世充于是向窦建德求救。

武德四年二月，太宗又进驻青城宫。营垒还没有建立起来，王世充的部队两万人即出方诸门临谷水列阵。太宗率精壮骑兵在北邙山列阵，命令屈突通率步兵五千渡过谷水攻击敌军，于是告诫屈突通说："等两军交战就放烟为号，我当率骑兵南下。"军队刚交战，太宗率骑兵冲击敌人，挺身走在队伍前方，与屈突通里外相应。贼军拼死战斗，多次散而复合。自辰时到午时，敌人才开始后退。太宗趁势纵兵追击，俘虏和杀死敌军八千人，于是部队前进到洛阳城下扎营。世充不敢再出来，只环城固守，以等待窦建德的援兵。太宗派各部队在营外挖壕沟，营四周布满长围子以利防守。吴王杜伏威派他的将领陈正通、徐召宗率精兵两千前来同太宗的部队会合。伪郑州司马沈悦献武牢关投降，将军王君廓同他里应外合，擒获了关里的伪荆王王行本。正好窦建德领兵十多万前来援救世充，到了酸枣。萧瑀、屈突通、封德彝都认为腹背受敌，恐怕不是万全之策，要求退兵到谷州以观察敌情。太宗说："世充粮尽，内外离心，我们应当不费力攻击，坐等他自己破败而得利。建德刚刚攻破了孟海公，将骄兵惰，我们应该进兵据守虎牢，扼制要害之地。贼寇如果冒险与我们决战，击破他们是必然的。如果贼寇不战，十日间世充当自崩溃。如果不迅速进兵，贼寇一入虎牢，各城新归附我们，必定无法守住。那时世充、建德两贼协力，我们将怎么办呢？"屈突通又要求解东都之围移军险要之地以等待敌军的变化，太宗不允许。于是留下屈突通辅助齐王李元吉包围世充，亲自率领步、骑兵三千五百人奔赴武牢。

窦建德由荥阳西上，筑营垒于板渚，太宗驻武牢，双方相持二十余日。间谍报告说："建德等候官军草料用尽，侦察到官军在黄河北岸放马，就将袭击武牢。"太宗知道敌人的计划，于是将马匹放在黄河的北岸引诱敌人。第二天早晨，建德果然倾巢而动，列军汜水，世充的将领郭士衡也列阵于窦建德之南，绵延数里，击鼓呼叫，将领们非常害怕。太宗带数名骑兵登上高地瞭望敌阵，对将领们说："这些贼寇起于山东，未遇见大敌。现在他们将要通过险要之地却如此喧闹，这是军队中没有规矩法令的表现。逼近城堡而列阵，这是有轻我之心。我们按兵不出，敌军的锐气就会渐衰，列阵时间一长，兵士饥饿，必将自己退兵，那时追击敌人，就会无往不克。我与诸位相约，一定在午时后破敌。"窦建德列阵，自辰时至午时，兵士饥饿疲倦，都坐在队列里，又争水喝，不一会儿收兵退走。太宗说："可以出击了！"于是亲自率领轻骑兵追赶并引诱敌人，大部队也接着赶到。建德把军队掉转过来列阵，还来不及整理队伍，太宗就先上前进攻，所到之处，敌皆倒退。一会儿众军合战，喊声四起，尘土飞扬。太宗率领史大奈、程咬金、秦叔宝、宇文歆等挥旗进入敌阵，直接冲杀到敌军阵后，张开我军的旗帜。贼寇回头见到旗帜，溃不成军。太宗追击逃兵跑了三十里地，斩敌军首级三千余，俘获敌兵五万名，在阵中活捉了窦建德。太宗责备他说："我兴师问罪，目标本在王世充。得失存亡，不干你事，为什么越过自己的境域，触犯我军的锋芒？"建德吓得两腿发抖说道："现在我如果不来，怕还要有劳您到远方去拿我。”高祖听到胜利的消息非常高兴，亲自给太宗写诏书说：“隋朝分崩离析，崤山函谷关隔绝不通。两个豪杰势力相联，一时就可把他们清除。军队既打胜仗，又没有死伤。无愧为臣子的表率，不让自己的父亲忧虑，这些都是你的功劳。”太宗于是带着建德到东都城下。世充害怕，率领他的部属两千多人到营门要求投降，山东全部平定。太宗进驻东都宫城，命令萧瑀、窦轨等封闭和防守仓库，一无所取，命令记室房玄龄收集隋朝的地图和户籍。于是诛杀和窦、王一起作恶的段达等五十余人，无辜被囚禁的人一律释放，无罪被杀害的人都加以祭奠并做悼辞。大宴将士，分等级颁赏。高祖派尚书左仆射裴寂到军中慰问。

武德七年秋，突厥颉利、突利两可汗由原州入侵，袭扰关中。有人劝说高祖道：“只因为财宝、子女在京师，所以突厥人来，如果烧掉长安城而不以它为首都，那么胡寇自然不会来。”高祖于是派中书侍郎宇文士及巡视山南可居之地，准备迁都。萧瑀等都认为这样做不对，但终不敢冒犯天子，正言劝谏。太宗独自进谏说：“霍去病，汉朝的一个将帅罢了，尚且立志消灭匈奴。臣充诸侯王之数，还使边患不息，于是让陛下准备迁都，这都是臣的责任。现在有幸乞求陛下听任臣效些微之劳，拿住那颉利。如果一两年间不能把绳子套在他颈上，慢慢再议迁都之策，臣当不敢再说什么。”高祖发怒，仍派太宗带领三十多名骑兵去巡视栈道。回来的时候，太宗坚决奏请一定不能迁都，高祖于是打消了迁都的念头。八年，加授太宗中书令。

武德九年，皇太子建成、齐王元吉图谋杀害太宗。六月四日，太宗率领长孙无忌、尉迟敬德、房玄龄、杜如晦、宇文士及、高士廉、侯君集、程知节、秦叔宝、段志玄、屈突通、张士贵等在玄武门杀死建成、元吉。甲子，太宗被立为皇太子，各种政务都由他裁定。太宗于是放走禁苑中所养的鹰犬，并命各地停止进献珍异之物，政治崇尚简约严肃，天下人非常高兴。又命令百官各上密封的奏章，细述安民治国的要旨。己巳日，发布命令说：“依照礼的规定，两个字的名字不单个避讳。近代以来，两个字的名字都单个避讳，名号、词语、书籍等废弃、空缺已多。随意而行，有违经典。凡官号、人名、公私文书，有‘世民’两字不相连的，都不须避讳。”撤销幽州大都督府。辛未，废除陕东道大行台，设置洛州都督府；废除益州道行台，设置益州大都督府。壬午，幽州大都督庐江王李瑗图谋叛逆，废为平民。乙酉，撤销天策府。七月壬辰，太子左庶子高士廉任侍中，右庶子房玄龄任中书令，尚书右仆射萧瑀任尚书左仆射，吏部尚书杨恭仁任雍州牧，太子左庶子长孙无忌任吏部尚书，右庶子杜如晦任兵部尚书，太子詹事宇文士及任中书令，封德彝任尚书右仆射。

八月癸亥，高祖传位给皇太子，太宗在东宫显德殿即位。派司空、魏国公裴寂在南郊烧柴祭告上天，大赦天下的罪人。武德元年以来究问得实被流放到边远地区的人全部放回。文武官五品以下原先无爵的赐给最低一等爵，六品以上各加勋官一级。天下免除徭役一年。癸酉，放走后宫里的宫女三千多人。甲戌，突厥颉利、突利可汗侵犯泾州。乙亥，突厥进犯武功，京师戒严。丙子，立妃子长孙氏为皇后。己卯，突厥侵犯高陵。辛巳，行军总管尉迟敬德同突厥在泾阳作战，大破敌军，斩首级一千多。癸未，突厥颉利可汗到了渭水便桥北边，派他的酋长执失思力入朝窥探，擅自察看地形，太宗下令囚禁他。太宗亲自出玄武门，乘六匹马驾的车疾驱到渭水上，与颉利隔着河谈话，指责他负约。一会儿各个部队接连开到，颉利见军容壮盛，又知道思力被囚禁，因此很害怕，要求讲和，太宗允许。当日回宫。乙酉，又亲临便桥，与颉利杀白马订盟，突厥退兵。九月丙戌，颉利献马三千匹、羊一万头，皇帝不收，让颉利送还给所掠夺的中原百姓。丁未，（太宗）领进各部的骑兵统领等在显德殿庭练习射箭，对将军以下的人说："自古以来突厥与中原，互有盛衰，像轩辕善于使用五种兵器，就能在北方驱逐獯鬻；周宣王使方叔、召虎为自己效力，也能在太原克敌制胜。到了汉、晋的君主，以至于隋代，不让兵士平时练习各种兵器，突厥来犯，不能抵御，导致扔下中原百姓在敌寇手中遭难。我现在不让你们挖池筑苑，建造各种过度浪费钱财的设施。农民可恣意，让他们安乐，兵士只有练习射箭骑马，希望你们能征善战，也盼望在你们面前没有敢于横行的敌人。"于是（太宗）每天领进数百人在殿前教他们射箭，皇帝亲自考试，射中的人立刻赏给弓刀、布匹、丝织品。朝臣多有进谏的，他们说："先代的圣王制定法律，有带兵器到天子住处的处死刑，这是制止刚萌生的不良现象扩展，防备不测之事的办法。现在领进偏将士卒一类人，在皇宫旁边弯弓放箭，正怕灾祸产生于不意之中，这不是为国家考虑的办法。"皇上不接受。从这以后，士兵都变精锐了。壬子，天子命令私家不得随便立妖神，滥设祭祀，不符合礼制规定的祭祀，一律禁止。除龟卜和它的五种兆形、《易经》和它的卜筮术外，各种形形色色的占卜术，也全禁止。长孙无忌封齐国公，房玄龄封邢国公，尉迟敬德封吴国公，杜如晦封蔡国公，侯君集封潞国公。

贞观二年春正月辛丑，尚书右仆射、齐国公长孙无忌任开府仪同三司。改封汉王李恪为蜀王，卫王李泰为越王，楚王李祐为燕王。又设置六部侍郎，辅助六部尚书治理政事，并设置左右司郎中各一人。前安州大都督、赵王李元景任雍州牧，蜀王李恪任益州大都督，越王李泰任扬州大都督。二月丙戌，靺鞨成为唐的属国。三月戊申初一，出现日食。丁卯，派御史大夫杜淹巡视关内各州。取出皇宫府库里的黄金和宝物，赎回自己卖身为奴的男女，送还给他们的父母。庚午，大赦天下的罪人。

夏四月己卯，太宗下令凡有死人的骸骨暴露在外的，让所在的地方政府负责掩埋。丙申，契丹成为唐的属国。首次命令天下的州县都设置义仓。夏州的盗贼首领梁师都被他的堂弟洛仁杀死，洛仁献城投降唐朝。五月，下大冰雹。六月庚寅，皇子李治诞生，设宴招待五品以上官吏，分等第赐给他们丝织物，还赐给全国在这一天出生的人粮食。辛卯，皇上对随侍左右的人说："君主虽然不像君主，臣子却不可以不像臣子。裴虔通，本是炀帝的侍从之臣，却亲自当叛乱的首领。朕正推崇、鼓励恭敬信义，怎么还可以让他继续统治人民、训导风俗呢。"发布诏令说：

天与地确定了位置，君臣之间应有的关系也就明白了；地卑天高的位置既已确立，人与人之间应有的等级关系也就清楚了。所以能使风俗淳厚，天下教化成功。虽然又时常经历太平或动乱的年代，君主有昏有明，但疾风中有劲草，芬芳的品德不绝，不少人为君主剖胸焚身，赴汤蹈火，视死如归。难道他们不爱惜七尺的身躯，不重视百年的生命？实由于君臣之间应有的关系非常重，在礼教中被置于首要地位，所以他们能在当世显示临难不苟的节操，于身后树立清正高洁的风范。至于像赵高杀害秦二世，董卓毒死弘农王，是人与神所憎恶的，连其他时代的人都共同感到气愤。更何况平庸小子，有凶暴悖逆之心！远观前代帝王的策命，这种人没有不被杀掉的。辰州刺史、长蛇县男裴虔通，过去在隋代，侍奉晋王杨广，炀帝因原先在王府的交情，对其特别加以宠幸。于是裴虔通就心无君亲，暗中图谋弑君，秘密窥测可乘之机，招纳、勾结各种恶人，长戟流矢，竟一朝私自往宫中发射。这是天下的恶事，谁说可以忍受！应当诛灭裴虔通的同宗，焚烧他的首级，用以表明他的犯上行为是一种大耻辱。但发生的年代不与当今同时，又多次遇到发布赦令，可特别免去他的死刑，从官籍中除名并削去爵位，流放驩州。

秋七月戊申，发布诏令："莱州刺史牛方裕、绛州刺史薛世良、广州都督府长史唐奉义、隋武牙郎将高元礼，在隋代都蒙炀帝任用，却协同宇文化及，构成弑君之罪。应当按照裴虔通的样子，除名流放岭南。"太宗对随侍左右的臣子说："天下的愚人，好触犯法令，所有赦免罪人的恩惠，只能给予不守法度之辈。古语说：'小人的幸运，是君子的不幸。''一年两次赦免罪人，好人成了哑巴。''凡养着杂草，会妨害禾苗的生长，施恩惠给为非作歹的人，会伤害好人。'从前文王设刑罚，该用刑的都不能赦免。还有蜀国先主刘备曾对诸葛亮说：'我周旋于陈元方、郑康成之间，常听见他们告诉我治乱之道，内容相当全面，而不曾谈到赦免罪人。'小人，是君子的祸害，所以朕自得天下以来，不大发布赦令。现今四海安静，礼义得到振兴和推行；非常的恩惠，施给不可频繁，怕愚人常会冀求侥幸，只想犯法，不能改过。"八月甲戌初一，太宗到朝堂，亲自过问冤狱。从这以后，皇上因为国家、军队无事，每天到西宫侍奉太上皇，问寒问暖。癸巳，公卿大臣进言："按照礼的规定，季夏六月，可以住在台上的高屋里。现在盛暑未退，秋天的多雨季节即将开始，宫中地势低而潮湿，请营造一座楼阁居住。"皇帝说："朕有气力衰竭的病，哪里适合住在低而湿的地方。如果答应你们的请求，要耗费的钱财实在不少。从前汉文帝准备建露台，而舍不得相当于十户人家财产的花销。朕品德赶不上汉文帝，而所费的钱超过他，难道说做百姓父母的方法就是这样？"皇帝竟没有答应。这一月，河南、河北有大霜害，百姓饥饿。

九月丙午，发布诏令说："尊崇老年人，看重旧臣，先代的圣王以此为后人留下了榜样；送回官印，解下绶带，去职退休，朝臣于是能有一个好结局。放置芹藻祭祀先师合奏众乐的礼仪，设立东胶西序一类学校的制度，奉养老人的道理，前代的遗文里都可以看到。朕恭敬地接受帝位，效法先代旧事，尊敬、侍奉老人，向他们求教，这样做也十分符合自己内心深处的意愿。但今古的情况有所不同，时代进入风俗浮薄的末世，却出仕就职，或许违背原则。至于像筋力将尽，暮年逼近，而仍居官位，徒然极尽起早的辛劳，不明白夜行的过错，他们中有的人心中惊恐，知止知足，行为堪激励后辈，主动辞去官职，归死乡里，能以礼相让，精神本来可嘉。内外文武官吏凡年老退休、上表辞官的，入朝参见天子之时，位次应在本品现任官之上。”丁未，对随侍左右的臣子说：“妇女被幽闭于深宫，那情况实在可怜。隋朝末年，选女入宫，没有停止的时候，至于建在各地的离宫别馆，不是天子临幸游息之处，也多集聚宫女，全耗尽了人民的财力，这是我所不赞成的。而且宫女除洒水扫地之处，还能用在什么地方？现在准备遣返宫女，听任她们寻求配偶。不是因为吝惜费用，而是想让这些人能够各按照自己的本性生活。”于是派尚书左丞戴胄、给事中杜正伦等在妃嫔居住的掖庭宫西门选择宫女，遣返她们。

冬十月庚辰，御史大夫、安吉郡公杜淹去世。戊子，太宗下令杀瀛州刺史卢祖尚。十一月辛酉，在圜丘祭天。十二月壬午，黄门侍郎王珪任侍中。

贞观三年春正月辛亥，契丹首领来朝见天子。戊午，在太庙祭祀。癸亥，天子行亲耕籍田礼。辛未，司空、魏国公裴寂因事获罪被免职。二月戊寅，中书令、邢国公房玄龄任尚书左仆射，兵部尚书、检校侍中、蔡国公杜如晦任尚书右仆射，刑部尚书、检校中书令、永康县公李靖任兵部尚书，右丞魏征任守秘书监，参与朝政。

夏四月辛巳，太上皇迁居大安宫。甲子，太宗开始在太极殿处理政务。五月，周王李元方逝世。六月戊寅，由于天旱，太宗亲自省察囚徒的罪状。派长孙无忌、房玄龄等人在名山大川祈雨，派中书舍人杜正伦等到关内各州安抚、慰问。又下令文武官吏各上密封的奏章，毫无保留地谈出自己对政治得失的看法。己卯，大风吹折树木。秋八月己巳初一，出现日食。薛延陀派使者入朝拜见天子，进献方物。

九月癸丑，各州设立培养医师的学校。冬十一月丙午，西突厥、高昌派使者入朝拜见天子，进献地方物产。庚申，任命并州都督李世绩为通汉道行军总管，兵部尚书李靖为定襄道行军总管，领兵攻打突厥。十二月戊辰，突利可汗投奔中原。癸未，杜如晦因病辞官，皇上答应。癸丑，下令在自树立义旗以来交战的地方，为那些丧生于战阵的义士勇夫各立一座寺庙，命令虞世南、李伯药、褚亮、颜师古、岑文本、许敬宗、朱子奢等人为他们撰写碑铭，以记载他们的功业。这一年，户部报告：中原人自塞外归来和突厥人前后归附中原以及开辟四境异族地区而建立的州县所增加的人口，合计共有男女一百二十多万。

贞观四年春正月乙亥，定襄道行军总管李靖大破突厥，俘获隋朝皇后萧氏和炀帝的孙子杨正道，送到京师。癸巳，武德殿北院发生火灾。二月己亥，太宗到温泉。甲辰，李靖又在阴山击败突厥，颉利可汗轻装骑马远逃。丙午，自温泉回到长安。甲寅，发布大赦令，赐臣民会饮五天。民部尚书戴胄兼任检校吏部尚书，参与朝政。太常卿萧瑀任御史大夫，和宰相一起参议朝政。御史大夫、西河郡公温彦博任中书令。三月庚辰，大同道行军副总管张宝相活捉颉利可汗，送往京师。甲申，尚书右仆射、蔡国公杜如晦逝世。甲午，太宗到太庙向祖先报告俘获颉利的喜讯。

夏四月丁酉，皇上临顺天门，军中的官吏押解颉利向天子献战利品。自这以后西北各藩属都请求皇上用“天可汗”的尊号，于是皇上下诏书册封各藩属的君长，就兼用这个称号。秋七月甲子初一，出现日食。皇上对房玄龄、萧瑀说：“隋文帝是个什么样的君主？”回答说：“约束自己，使言行符合于礼，辛勤思考政事，有时坐在朝廷上，直到太阳偏西。领着五品以上官吏议论政事，皇宫的卫士不能下岗，站着传递干粮而食。虽然不能说品性仁爱、贤明，也可算是一个励精图治的君主了。”皇上说：“你们只看到他的一个方面，而不了解他的另一个方面。这人本性极其明察而内心并不贤明。内心昏昧那么审察事理就不能都通达，极极明察就会临事多疑。自己靠欺骗孤儿寡母得到天下，认为众臣不可信任，凡事都自己决定，虽然使精神劳累、身体受苦，处事也未能都符合道理。朝廷的臣子既然了解皇上的这种心理，也就不敢直言，自宰相以下，接受皇帝的命令罢了。朕的意思不认为这样做就对。以天下事物之广，难道可以凭一个人的思考独自决断？朕将选用天下的人才，治理天下的事务，信任人才，要求他们完成任务，使他们各尽其用，这样做也许可以达到政治的清明安定。”因此命令官吏：“天子的诏令如果不适合于时世，就应当坚持上报，不得顺旨施行。”八月丙午，下诏规定三品以上官员穿紫色衣服，五品以上官员穿红色衣服，六品、七品官穿绿色衣服，八品、九品官穿青色衣服。妇人衣服的颜色随从丈夫。甲寅，兵部尚书、代国公李靖任尚书右仆射。九月庚午，下令收埋长城南边的死人骸骨，并让祭奠死者。壬午，命令不得在自古至今的圣明君主、贤臣义士的坟墓上放牧，每年春秋两季在他们的坟上祭奠。

冬十月壬辰，皇帝来到陇州，因特殊情况赦免陇、岐两州的罪犯，免除两州百姓的徭役一年。辛丑，在贵泉谷立栅栏围猎野兽。甲辰，在鱼龙川围猎野兽，亲自射鹿，献给大安宫。十一月甲子，自陇州回到长安。戊寅，命令判决处置罪犯不得鞭打背部，免得连及针灸穴位。兵部尚书侯君集参议朝政。十二月辛亥，开府仪同三司、淮安王李神通逝世。甲午，高昌王麴文泰前来朝见天子。这一年，判死刑的共二十九人，几乎达到刑罚弃置不用的地步。东到大海，南到五岭，都夜不闭户，来往的旅客用不着携带粮食。

贞观五年春正月癸酉，太宗在昆明池打猎，藩属和四境异族君长都跟随。丙子，亲自到大安宫献猎获的禽兽。己卯，亲临左藏库，赐给三品以上官员丝织品，听任自取，不限轻重。癸未，朝集使请求行封禅礼。二月己酉，封皇弟元裕为郐王，元名为谯王，灵夔为魏王，元祥为许王，元晓为密王。庚戌，封皇子愔为梁王，贞为汉王，恽为郯王，治为晋王，慎为申王，嚣为江王，简为代王。

夏四月壬辰，代王简去世。朝廷用黄金和丝织品赎回由于隋末动乱沦入突厥的中原男女八万人，全部送还给他们的家属。六月甲寅，太子少师、新昌县公李纲逝世。秋八月甲辰，派遣使者到高丽，毁掉高丽人所立的京观，收集隋代战死者的骸骨，祭奠并埋葬他们。戊申，首次命令天下判死刑必须经过三次按验、上奏，在京各司要经过五次按验、上奏，判死刑这一天，尚食局供应膳食只有蔬菜，内教坊和太常寺不奏乐。九月乙丑，赐群臣在武德殿举行射礼。

冬十月，右卫大将军、顺州都督、北平郡王阿史那什钵苾去世。十二月壬寅，到温泉。癸卯，在骊山打猎。丙午，分等第赏给新丰县年事已高的人丝织品。戊申，自温泉回到长安。

贞观六年春正月乙卯初一，出现日食。二月丙戌，设置三师的官职。戊子，开始设立律学。

三月戊辰，到九成宫。六月己亥，酆王李元亨逝世。辛亥，江王李嚣逝世。

冬十月乙卯，自九成宫回到长安。十二月辛未，太宗亲自省察囚徒的罪状，释放犯死罪的二百九十个人回家，命令他们明年秋末自动前来受刑。后来死囚们全部按期归来，天子下诏宽赦所有人的罪过。这一年党项羌前后归附于中国的共三十万人。

贞观七年春正月戊子，发布诏令说："宇文化及的弟弟智及、司马德戡、裴虔通、孟景、元礼、杨览、唐奉义、牛方裕、元敏、薛良、马举、元武达、李孝本、李孝质、张恺、许弘仁、令狐行达、席德方、李覆等，大业末年，全任各种官职，有的家中一代人都蒙受隋帝的恩惠，有的整整一个时代都担负重任，却包藏邪恶之心，不思忠义，竟在江都，干出弑君的勾当。罪行是阎乐、赵高的百倍，超过了生而食母的枭和生而食父的獍。虽然事情发生在前代，时间已久，而天下的恶人，为古今所共弃，当应处以重法，用来劝勉臣子保持节操。这些人的子孙都应当禁锢，不允许录用。"这一天，皇上制作《破阵乐舞图》。辛丑，赐京城臣民会饮三天。丁卯，天上落下泥土。乙酉，薛延陀派使者来朝见天子。庚寅，秘书监、检校侍中魏征任侍中。癸巳，直太史、将仕郎李淳风铸造浑天黄道仪，进献给天子，放置于凝晖阁。夏五月癸未，太宗到九成宫。八月，山东、河南三十州发生大水灾，皇上派使臣救济。

冬十月庚申，自九成宫回到长安。十一月丁丑，颁行新编定的《五经》。壬辰，开府仪同三司、齐国公长孙无忌任司空。十二月丙辰，在少陵原打猎，命令用羊、猪二牲在杜如晦、杜淹、李纲的坟上祭奠。

贞观八年春正月癸未，右卫大将军阿史那吐苾去世。辛丑，右屯卫大将军张士贵讨伐东、西五洞反叛的獠族人，平定了他们。壬寅，命令尚书右仆射李靖、特进萧瑀、杨恭仁、礼部尚书王珪、御史大夫韦挺、鄜州大都督府长史皇甫无逸、扬州大都督府长史李袭誉、幽州大都督府长史张亮、凉州大都督李大亮、右领军大将军窦诞、太子左庶子杜正伦、绵州刺史刘德威、黄门侍郎赵弘智出使四方，观察风俗民情。

二月乙巳，皇太子加冠。丙午，赐全国臣民会饮三天。三月庚辰，太宗到九成宫。五月辛未初一，出现日食。丁丑，皇上开始戴翼善冠，贵臣戴进德冠。七月，首次封定武散官云麾将军的阶位为从三品。陇右发生山崩，大蛇屡次出现。山东、河南、淮南发生大水灾，天子派使臣救济。八月甲子，有一颗彗星出现于虚、危宿之间，经过氐宿，到十一月上旬才消失。九月丁丑，皇太子来拜见天子。

冬十月，右骁卫大将军、褒国公段志玄攻打吐谷浑国，击破了它，又追踪逃敌走了八百多里。甲子，皇上自九成宫回到长安。十一月辛未，右仆射、代国公李靖因病辞官，授特进。丁亥，吐谷浑侵犯凉州。

己丑，吐谷浑拘禁我国使者赵德楷。十二月辛丑，命令特进李靖、兵部尚书侯君集、刑部尚书任城王李道宗、凉州都督李大亮等为大总管，各率兵分路讨伐吐谷浑。壬子，越王李泰任雍州牧。乙卯，皇帝跟随太上皇在城西检阅军队。这一年，龟兹、吐蕃、高昌、女国、石国派使者入朝拜见天子，进献方物。

贞观九年春三月，洮州羌族反叛，杀死了刺史孔长秀。壬午，发布大赦令。每个乡各设置乡长一人，乡佐二人。乙酉，盐泽道总管高甑生大破反叛的羌族民众。庚寅，下诏说天下的住户分成三等，不能完全显示出住户资产的增减情况，现改定为九等。

夏四月壬寅，康国进献狮子。闰四月丁卯，出现日食。癸巳，总管李靖、侯君集、李大亮、任城王李道宗在牛心堆击败吐谷浑。五月乙未，又在乌海击败吐谷浑，追击逃敌到了柏海。副总管薛万均、薛万彻又在赤水源击破吐谷浑，抓获吐谷浑有名的王二十人。庚子，太上皇在永安宫逝世。壬子，李靖在西海上平定了吐谷浑，俘虏了吐谷浑王慕容伏允。由于慕容伏允的儿子慕容顺光投降唐朝，被封为西平郡王，吐谷浑国又得到恢复。秋七月甲寅，增修太庙，扩大为六个室。

冬十月庚寅，安葬高祖太武皇帝于献陵。戊申，在太庙合祭高祖和祖先。辛丑，左仆射、魏国公房玄龄加授开府仪同三司，其他官位封爵不变。十二月甲戌，吐谷浑西平郡王慕容顺光被他的下属杀害，天子派兵部尚书侯君集率兵安抚吐谷浑，封顺光的儿子慕容诺曷钵为河源郡王，让他统领吐谷浑军民。右光禄大夫、宋国公萧瑀依旧任特进，又命令他参与朝政。

贞观十年春正月壬子，尚书左仆射房玄龄、侍中魏征进献梁、陈、齐、周、隋五代史，天子命令将这些书藏在秘阁。癸丑，改封赵王李元景为荆王，鲁王元昌为汉王，郑王元礼为徐王，徐王元嘉为韩王，荆王元则为彭王，滕王元懿为郑王，吴王元轨为霍王，豳王元凤为虢王，陈王元庆为道王，魏王灵夔为燕王，蜀王恪为吴王，越王泰为魏王，燕王祐为齐王，梁王愔为蜀王，郯王恽为蒋王，汉王贞为越王，申王慎为纪王。夏六月，任命侍中魏征为特进，仍执掌门下省事务。壬申，中书令温彦博任尚书右仆射。甲戌，太常卿、安德郡公杨师道任侍中。己卯，皇后长孙氏在立政殿逝世。冬十一月庚寅，安葬文德皇后于昭陵。十二月壬申，吐谷浑河源郡王慕容诺曷钵来朝见天子。乙亥，太宗亲自省察京师囚徒的罪状。这一年，关内、河东疾病流行，命令医师携带药品前去治疗。

贞观十一年春正月丁亥初一，改封郐王元裕为邓王，谯王元名为舒王。癸巳，加封魏王泰为雍州牧、左武候大将军。庚子，将新定的律令颁发到全国。建造飞山宫。甲寅，房玄龄等进献他们所写的《五礼》，皇上命令主管礼仪的部门施行。

二月丁巳，发布诏令说：

生是天地的大德大恩，寿是或长或短的一个期限。生有七尺的身躯，寿以百岁为限度，包藏灵性、禀受天地之气的人类，无不一样。生与寿都得之于自然，是不能够分外企求的。所以《礼记》说："君主即位就制作棺木。"庄周说："躯体使我劳累，死亡使我休息。"这难道不是圣人的远见，通达事理的贤人的深识？近代以来，明君不多，无不自负帝王尊贵，想到光阴迅速，犹如白驹过隙，因而全都有不少拘限禁忌，思慕长生。认为仙人的云车容易乘坐，羲和驾驭的太阳之车可以停留，车轨不同趋向一致，他们受蒙蔽已经很厉害了。隋朝末年，天下大乱，豺狼恣行暴虐，吞噬百姓。朕挥袖而起，发愤努力，对拯救危难一往情深，护持义军，救民于涂炭之中。依赖苍天明察下情，辅佐之臣效劳出力，朕提剑指挥，终于使天下得到安定。这是朕平素的志向，现在已经实现。但仍怕朕死后的日子，子子孙孙习惯于流行的风俗，仍然遵循通常的礼仪，加四层的棺材，砍伐百年的巨木，骚扰百姓，增高增大陵园。现在预先写下这一诏令，丧事务必遵从俭省的原则，陵园在九峻山，地宫不过足以容纳棺木而已。岁月累积，逐渐齐备。葬具有木马泥车，瓦制的鼓，芦苇截成的笛，这样做符合古代的典章制度，却不被当代采用。

另外辅助朕立国的功臣，有的对朕的情义之深，犹如过大河所需的船和桨；有的人与朕在军队的帐幕中商定计谋，有的亲自冲锋陷阵，与朕一起度过艰难危险，成就大业。追念往事，没有一天能够忘掉！假如死去的人没有知觉，那就尽可各居东西，都归于孤单冷清；如果魂魄有知，那就还像从前一样，居处相望，不也是很好的吗！汉朝让将相葬在天子陵墓附近，又供给他们东园制作的棺木，重视送终，恩义深厚，古人哪里不同于我呢！从今以后，功臣近亲和德行、事业有助于当世的人，如果逝世，应当赐给坟地一处及所用的棺木，使其在被埋葬的时候，丧事完满。有关主管部门照此筹措准备，就合朕的心意了。

甲子，往洛阳宫，命令祭奠汉文帝。三月丙戌初一，出现日食。丁亥，车驾抵达洛阳。丙申，改洛州为洛阳宫。辛亥，在广城泽举行大规模的狩猎活动。癸丑，回洛阳宫。

夏四月甲子，雷击乾元殿前槐树。丙寅，命令河北、淮南推荐孝顺父母、敬爱兄长、淳厚朴实兼熟悉当代事务的人；推荐博通儒术、可作为学习榜样的人；推荐文辞秀美、才能可以担负著述任务的人；推荐明了施政的要领、可委以抚养百姓任务的人。这些人都必须是志向、操守修治树立，为乡里所推崇的，官府供给驿车送他们到洛阳宫。六月甲寅，尚书右仆射、虞国公温彦博逝世。丁巳，太宗到明德宫。己未，定立制度，诸王任世袭刺史。戊辰，定立制度，功臣任世袭刺史。改封任城王李道宗为江夏郡王，赵郡王孝恭为河间郡王。己巳，改封许王元祥为江王。秋七月癸未，长时间下大雨。谷水泛滥，流入洛阳宫，深四尺，冲坏左掖门，冲毁宫观十九处；洛水泛滥，冲走六百家。庚寅，由于水灾命令群臣各上密封的奏章，毫无保留地谈出自己对政治得失的看法。丁酉，天子回到洛阳宫。壬寅，放弃明德宫和飞山宫的玄圃院，分给遭水淹的人家居住，还分等第赐给他们丝织品。丙午，在亳州修建老君庙，在兖州修建尼庙，每个庙各给二十户人家负责祭祀。免除靠近凉武昭王陵墓的二十户人家的徭役，让他们负责陵墓的守卫，并禁止在墓地放牧打柴。九月丁亥，黄河泛滥，冲坏陕州河北县，冲毁河阳县中潭城。太宗亲临白司马坂观察水情，分等第赐给遭水淹的人家粮食和丝织品。冬十一月辛卯，太宗到怀州。乙未，在济源打猎。丙午，回到洛阳宫。十二月辛酉，百济王派他的太子隆来朝见天子。

十二年春正月乙未，吏部尚书高士廉等进献《氏族志》一百三十卷。壬寅，松、丛两州发生地震，毁坏百姓房屋，有人被压死。二月乙卯，皇帝自洛阳回长安。癸亥，观看砥柱，刻铭文记载功德。甲子，夜郎獠反叛，被夔州都督齐善行讨平。乙丑，在陕州停留，皇上自新桥到河北县，祭夏禹庙。丁卯，在柳谷顿停留，皇上观看盐池。戊寅，认为隋鹰扬郎将尧君素忠于自己的朝廷，赠给蒲州刺史的官号，还录用他的子孙。闰二月庚辰初一，出现日食。丙戌，自洛阳宫回到了长安。夏五月壬申，银青光禄大夫、永兴县公虞世南去世。六月庚子，开始设立玄武门左右飞骑。秋七月癸酉，吏部尚书、申国公高士廉任尚书右仆射。

冬十月己卯，在始平打猎，分等第赐给那里的高龄老人粮食和丝织品。乙未，自始平回到长安。己亥，百济派使者进献黄金甲和刻有花纹的斧子。十二月辛巳，右武候将军上官怀仁在壁州大破山獠。

贞观十三年春正月乙巳初一，太宗晋谒高祖献陵。因特殊原因赦免三原县及随从出行人员中犯有死罪的人。丁未，自献陵回到长安。戊午，加授房玄龄为太子少师。二月丙子，取消世袭刺史制度。三月乙丑，有彗星出现于毕、昴宿之间。

夏四月戊寅，太宗到九成宫。甲申，阿史那结社尔进犯禁卫军营帐，被处死刑。壬寅，云阳县一块石头能燃烧，有一丈见方大小，白天像灰，晚上便有光，将草木扔到它上面就会燃烧，这种现象历时一年才消失。自去年冬天不下雨一直持续到今年五月。甲寅，不居正殿，命令五品以上官员各上密封的奏章，减少肴馔，免除徭役，分派使者到各地救济百姓，为受冤屈的人昭雪，天于是下雨。

六月丙申，封皇弟元婴为滕王。秋八月辛未初一，出现日食。庚辰，立右武候大将军、化州都督、怀化郡王李思摩为突厥可汗，让他率领部属在黄河北边建立官署。

冬十月甲申，太宗自九成宫回到长安。十一月辛亥，侍中、安德郡公杨师道任中书令。十二月丁丑，吏部尚书、陈国公侯君集任交河道行军大总管，率军讨伐高昌。乙亥，封皇子李福为赵王。壬午，巂州都督王志远有罪被处死刑。下令在洛、相、幽、徐、齐、并、秦、蒲等州设立常平仓。己丑，吐谷浑河源郡王慕容诺曷钵前来迎亲。壬辰，太宗在咸阳打猎。这一年，滁州报告：“野蚕吃槲树的叶子，结的茧大得像沙果，绿色，共收得六千五百七十石。”高丽、新罗、西突厥、吐火罗、康国、安国、波斯、疏勒、于阗、焉耆、高昌、林邑、昆明及边远地区的异族首领，相继派使者入朝拜见天子，进献地方特产。

贞观十四年春正月庚子，首次命令有关官吏宣读按季节制定的政令。甲寅，太宗到魏王李泰的宅第。赦免雍州和长安监狱中犯死罪以下的囚犯。二月丁丑，到国子学，亲自参与祭奠先师孔子，赦免大理寺、万年县在押的囚犯，国子祭酒以下学官及在学生徒成绩优异学习勤奋的，提升一级，赐给丝织品，多少不等。庚辰，左骁卫将军、淮阳王李道明送弘化公主远嫁吐谷浑。壬午，天子到温泉。辛卯，自温泉回到长安。乙未，发布诏令说梁代皇侃、褚仲都，周代熊安生、沈重，陈代沈文阿、周弘正、张机，隋代何妥、刘焯、刘炫等前代名儒，他们的学生多能实行老师的道义，下令寻找这些名儒的后代。

三月戊午，设置宁朔大使，用来监视突厥。夏五月壬戌，改封燕王灵夔为鲁王。六月乙酉，大风把树连根拔起。己丑，薛延陀派使者前来求婚。乙未，滁州野蚕结茧，共收得八千三百石。八月庚午，新建成襄城宫。癸巳，交河道行军大总管侯君集平定高昌，在那里设置西州。九月癸卯，因特殊原因赦免西州的死刑罪犯。乙卯，在西州设立安西都护府。冬十月己卯，下令让赠司空、河间元王李孝恭，赠陕东道大行台尚书右仆射、郧国公殷开山，赠民部尚书、渝襄公刘政会等在高祖庙陪从受祭。闰十月乙未，到同州。甲辰，在尧山打猎。庚戌，自同州回到长安。丙辰，吐蕃派使者进献总重约一千斤的黄金器物，向唐求婚。

十一月甲子初一，冬至，在圆丘祭天。十二月丁酉，交河道的军队归来。吏部尚书、陈国公侯君集押解高昌王麹智盛，到观德殿献战利品，天子行饮至礼犒劳将士，赐他们会饮三天。乙卯，高丽太子相权来拜见天子。

贞观十五年春正月丁卯，吐蕃派他的国相禄东赞前来迎亲。丁丑，礼部尚书、江夏王李道宗送文成公主远嫁吐蕃。辛巳，往洛阳宫。三月戊申，到襄城宫。庚午，放弃襄城宫。

夏四月辛卯，命令在第二年二月封泰山，有关主管部门详细制定封禅的礼仪制度。五月壬申，并州的和尚、道士及老人等上书，说成就王业有赖于太原，明年封泰山之后，希望陛下降临太原。皇上在武成殿设宴招待来洛阳上书的并州父老，于是从容不迫地对随侍左右的人说："朕年幼时在太原，喜欢好多人聚在一块下棋取乐，岁月流逝，快三十年了。"当时宴会上有过去认识皇上的人，皇上和他们在一起叙故旧之情，感到很快乐。于是对他们说："别人的话，或许是当面阿谀奉承。你们是朕的老朋友，请如实告诉朕，现在的政治教化，百姓认为怎么样？民间能没有疾苦吗？"大家都奏道："现在天下太平、百姓欢乐，这是陛下的功劳。我们这些人剩下的日子，一天比一天更加爱惜，只眷恋圣人的教化，不知道疾苦。"于是坚决请求皇上到并州去。皇上对他们说："飞鸟经过故乡，还要徘徊不前。何况朕在太原起义，终于平定天下，太原又是幼时游览的地方，确实是朕所不能忘的。泰山的封禅礼一旦结束，希望与你们相见。"于是赐给他们礼物，各有差别。丙子，百济王扶余璋去世。下令立他的嫡长子扶余义慈承继父位，仍封为带方郡王。

六月戊申，命令天下各州，推荐学问纵贯古今和孝顺父母、敬爱兄长、淳厚朴实以及文辞优异的人，都在明年二月会集泰山。己酉，有彗星出现于太微垣，侵犯郎位。丙辰，取消封泰山。不居正殿，自思过错，命令尚食局减少肴馔。

秋七月甲戌，彗星消失。

冬十月辛卯，太宗在伊阙大规模检阅军队。壬辰，到嵩阳。辛丑，回到洛阳宫。十一月壬戌，废除乡长。壬申，还京师。癸酉，薛延陀率领同罗、仆骨、回纥、靺鞨霫的士兵越过沙漠，屯驻于白道川。命令营州都督张俭带领所统率的部队逼近敌人的东境；命令兵部尚书李世绩任朔方行军总管，右卫大将军李大亮任灵州道行军总管，凉州都督李袭誉任凉州道行军总管，率兵分道抵御敌人。十二月戊子初一，自洛阳宫回到了长安。甲辰，李世绩在诺真水同薛延陀打仗，大破敌军，斩首级三千多，获得马一万五千匹，薛延陀首领跃身逃脱。李世绩接着在五台县打败突厥思结，俘获敌军男女一千余人，得到的羊、马数量和这相当。

贞观十六年春正月辛未，太宗命令将在京城和各州的死刑罪犯，发配到西州为住户；被流放的人还没有抵达流放地的，改送到西州戍边。任命兼中书侍郎、江陵子岑文本为中书侍郎，专门执掌机要事务。夏六月辛卯，命令恢复隐王李建成为隐太子，改封海陵刺王李元吉为巢刺王。秋七月戊午，司空、赵国公长孙无忌任司徒，尚书左仆射、梁国公房玄龄任司空。

九月丁巳，特进、郑国公魏征任太子太师，仍执掌门下省事务。冬十一月丙辰，到岐山打猎。辛酉，派人到隋文帝陵墓祭奠。丁卯，在庆善宫南门设宴招待武功县士女。酒喝得高兴，皇上与武功父老等谈论往事，甚至于哭泣落泪。老人等交替起身为皇上跳舞，竞相向皇上敬酒祝寿，皇上逐个喝完每个人敬的一杯酒。庚午，自岐州回到长安。十二月癸卯，到温泉。甲辰，在骊山打猎，当时天色阴冷晦暗，围猎野兽的部队失去联络，皇上登高望见他们，想免掉对他们应有的处罚，又怕损害军令的严肃性，于是掉转马走入谷中以避开他们。这一年，高丽大臣盖苏文杀死高丽君主高武，而立高武哥哥的儿子高藏为王。

贞观十七年春正月戊辰，右卫将军、代州都督刘兰图谋造反，被腰斩。太子太师、郑国公魏征逝世。戊申，命令画司徒、赵国公长孙无忌等二十四个功臣的画像放于凌烟阁。三月丙辰，齐州都督齐王李祐杀死齐州长史权万纪、典军韦文振，占领齐州，据城自守，命令兵部尚书李世绩、刑部尚书刘德威调兵讨伐。军队还没有开到，齐州兵曹杜行敏逮住齐王投降，于是解送齐王入京，赐死于内侍省。丁巳，火星出现在心宿前头那颗星星的位置上，十九天才隐没。

夏四月庚辰初一，皇太子有罪，废为平民。汉王李元昌、吏部尚书侯君集都犯有与太子同谋的罪，被处死刑。丙戌，立晋王李治为皇太子，发布大赦令，赐天下会饮三天。丁亥，中书令杨师道任吏部尚书。己丑，加授司徒、赵国公长孙无忌太子太师，司空、梁国公房玄龄太子太傅；授特进、宋国公萧瑀太子太保，兵部尚书、英国公李世绩太子詹事，两人又任同中书门下三品。庚寅，皇上亲自晋谒太庙，就原太子承乾的罪过向祖先道歉。癸巳，魏王李泰因有罪降爵为东莱郡王。五月乙丑，太宗亲自写诏书命令各地推荐孝顺廉洁、才能优秀杰出的士人。

六月己卯初一，出现日食。壬午，改葬隋恭帝。丁酉，尚书右仆射高士廉请求退休，皇上命他任开府仪同三司、同中书门下三品。闰六月戊午，薛延陀可汗派他哥哥的儿子突利设进献马五万匹、牛和骆驼一万头、羊十万只，向唐朝求婚，天子答应。丙子，改封东莱郡王李泰为顺阳王。秋七月庚寅，京城有谣言说："皇上派枨枨取人心肝，用来祭天狗。"百姓一批接一批，都十分惊恐不安。皇上派使者到处宣传解说，过了一个多月风波才止息。丁酉，司空、太子太傅、梁国公房玄龄因母丧罢职。八月，工部尚书、勋国公张亮任刑部尚书，参与朝政。九月癸未，流放平民李承乾到黔州。

冬十月丁巳，房玄龄服丧未满，又被起用担任原来的职务。十一月己卯，在南郊祭天。壬午，赐天下会饮三日。由于凉州获得吉祥之石，赦免凉州的罪犯，并省察京城及各州在押囚犯的罪状，受到宽赦的人不少。

贞观十八年春正月壬寅，太宗到温泉。

夏四月辛亥，到九成宫。秋八月甲子，自九成宫回到长安。丁卯，散骑常侍、清苑县男刘洎任侍中；中书侍郎、江陵县子岑文本，中书侍郎马周，同任中书令。九月，黄门侍郎褚遂良参与朝政。冬十月辛丑初一，出现日食。甲辰，开始设立太子司议郎的官职。甲寅，往洛阳宫。安西都护郭孝恪率兵灭焉耆，捉住焉耆王突骑支，并送往天子所在的地方。十一月壬寅，天子抵达洛阳宫。庚子，命令太子詹事、英国公李绩任辽东道行军总管，自柳城出兵，礼部尚书、江夏郡王李道宗辅助他；刑部尚书、郧国公张亮任平壤道行军总管，率水师自莱州出发，左领军常何、泸州都督左难当辅助他。征调天下的兵士，又召募到兵士十万名，同趋平壤，征讨高丽。十二月辛丑，平民李承乾去世。

贞观十九年春二月庚戌，皇上亲自统率六军自洛阳出发。乙卯，命令皇太子留在定州代天子处理国政；命开府仪同三司、申国公高士廉代理太子太傅，与侍中刘洎、中书令马周、太子少詹事张行成、太子右庶子高季辅五人共同掌管机要事务；任用吏部尚书、安德郡公杨师道为中书令。追赠殷代比干为太师，定谥号为忠烈。命令有关主管部门给他的墓添土，并修葺祠堂，每年春秋二季用猪、羊二牲祭奠，皇上亲自写祭文。三月壬辰，皇上从定州出发，司徒、太子太师兼检校侍中、赵国公长孙无忌，中书令岑文本、杨师道随从。

夏四月癸卯，在幽州城南誓师，于是大宴六军将士而后派他们出征。丁未，中书令岑文本死于军中。癸亥，辽东道行军大总管、英国公李绩进攻盖牟城，击破了它。五月丁丑，天子渡过辽水。甲申，皇上亲自率领精锐的骑兵与李绩合围辽东城，借助大风接连发射带引火物的箭，不一会儿城上的房屋和城楼全被烧光，于是指挥战士登城，随即拿下了这座城。

六月丙辰，部队到达安市城下。丁巳，高丽偏将高延寿、高惠真率兵十五万前来援救安市，抵抗天子的军队。李绩率兵奋力进击，皇上从高山上领兵俯冲敌阵，高丽军大败，杀死和俘获的敌兵多得没法计算。延寿等带领剩下的兵士投降。于是将天子所到的山改名为驻跸山，并在那里刻石记功。赐天下会饮两天。秋七月，李绩进军攻打安市城，到九月仍没有攻下，于是班师回朝。

冬十月丙辰，进入临渝关，皇太子自定州来关上迎接和晋见天子。戊午，在汉武台停留，刻石记载功德。十一月辛未，到幽州。癸酉，大宴将士，接着军队撤回。十二月戊申，到并州。侍中、清苑县男刘洎因有罪被赐死。这一年，薛延陀真珠毗伽可汗去世。

贞观二十年春正月，皇上在并州。丁丑，派大理卿孙伏伽、黄门侍郎褚遂良等二十二人，用汉代制定的六条标准巡察四方，升降官吏。庚辰，因特殊情况赦免并州的罪犯，设宴招待随从的官员和一开始就随从起义的战士，分等第赐给他们粮食、丝织品和免除徭役的待遇。三月己巳，天子抵达京师。己丑，刑部尚书、郧国公张亮图谋造反，被处死。闰三月癸巳初一，出现日食。

夏四月甲子，太子太师、赵国公长孙无忌，太子太傅、梁国公房玄龄，太子太保、宋国公萧瑀各自辞去调理保护太子的职务，天子同意。六月，派兵部尚书、固安县公崔敦礼，特进、英国公李绩在郁督军山北击破薛延陀，前后斩敌军首级五千余，俘获男女三万多人。秋八月甲子，封皇孙李忠为陈王。己巳，往灵州。庚午，在泾阳顿停留。铁勒回纥、拔野古、同罗、仆骨、多滥葛、思结、阿跌、契苾、跌结、浑、斛薛等十一个部落各派使者来朝见天子，贡献地方特产，进奏说："薛延陀的可汗不侍奉大国，部落如鸟兽散，不知道往哪儿去了。我等各有自己的地盘，不能跟随薛延陀走，现归顺天子，请求在我们那儿设置汉族的官吏。"天子命令他们派人到灵州聚会。九月甲辰，铁勒各部落的俟斤、颉利发等派使者相继到达灵州的有数千人，他们前来贡献地方特产，接着要求设置官吏，都请天子做他们的可汗。于是北部边远地区全部平定，天子写了一首五言诗刻在石上记叙这件事。辛亥，灵州发生地震，可听到声音。

冬十月，从前的太子太保、宋国公萧瑀被贬任商州刺史。丙戌，天子自灵州回到长安。

贞观二十一年春正月壬辰，开府仪同三司、申国公高士廉逝世。丁酉，下令在第二年二月封泰山。甲寅，赐京师会饮三日。二月壬申，下诏说左丘明、卜子夏、公羊高、谷梁赤、伏胜、高堂生、戴圣、毛苌、孔安国、刘向、郑众、杜子春、马融、卢植、郑康成、服子慎、何休、王肃、王辅嗣、杜元凯、范宁等二十一人，世上使用他们的书，恩惠及于公卿大夫的子弟，从今以后太学祭祀，全让他们在孔子庙堂陪从受祭。丁丑，皇太子在国学放置芹藻祭奠先师。

夏四月乙丑，在终南山上营造太和宫，改名为翠微宫。五月戊子，到翠微宫。六月癸亥，司徒、赵国公长孙无忌加授扬州都督。秋七月庚子，在宜君县的凤凰谷建玉华宫。庚戌，自翠微宫回到长安。八月壬戌，下诏说河北发生大水灾，取消原定于明年举行的封禅典礼。辛未，骨利干国派使者进献名马。丁酉，封皇子李明为曹王。冬十一月癸卯，改封顺阳王李泰为濮王。十二月戊寅，任命左骁卫大将军阿史那社尔、右骁卫大将军契苾何力、安西都护郭孝恪、司农卿杨弘礼为琯山道行军大总管，领兵讨伐龟兹。这一年，堕婆登、乙利、鼻林送、都播、羊同、石、波斯、康国、吐火罗、阿悉吉等远方异族的十九个国家，都派使者入朝拜见天子，进献地方特产。又在突厥的北边到回纥部落之间，设立驿站六十六处，以使往北部荒远地区的道路得以畅通。

贞观二十二年春正月庚寅，中书令马周去世。司徒、赵国公长孙无忌兼检校中书令，执掌尚书、门下两省事务。己亥，刑部侍郎崔仁师任中书侍郎，参与执掌机要事务。戊戌，到温泉。戊申，太宗回宫。二月，前任黄门侍郎褚遂良服丧未满，又被起用为黄门侍郎。中书侍郎崔仁师从官籍中除名，流放连州。癸丑，西部异族首领沙钵罗叶护率领他的臣民归附唐朝，太宗任命他的俟斤屈裴禄为忠武将军，兼大俟斤。戊午，在结骨部落居住区设置坚昆都督。乙亥，往玉华宫。乙卯，赐给所经之地高龄有重病的人粮食和丝织品，多少不等。己卯，在华原打猎。

四月甲寅，漠北异族人为牧马越出疆界而相争，皇上亲自裁决，然后各方都心服。丁巳，右武候将军梁建方进攻松外蛮，打下它的部落七十二个。五月庚子，右卫率长史王玄策进攻帝那伏帝国，大破敌兵，捉到国王阿罗那顺及王妃、王子等，俘获男女一万二千人、牛马两万头而后还朝。派方士那罗迩娑婆在金飚门制造延长寿命的药。吐蕃赞普击破中天竺国，派使者来献战利品。六月癸酉，特进、宋国公萧瑀逝世。秋七月癸卯，司空、梁国公房玄龄逝世。八月己酉初一，出现日食。九月己亥，黄门侍郎褚遂良升任中书令。

十月癸亥，天子自玉华宫回到长安。十一月戊戌，眉、邛、雅三州的獠人反叛，右卫将军梁建方将他们平定。庚子，契丹首领窟哥、奚首领可度者都率部归附唐朝。太宗下令在契丹部落居住区设立松漠都督，在奚部落居住区设立饶乐都督。十二月乙卯，增设殿中侍御史、监察御史各二人，大理寺设平事十人。闰十二月丁丑初一，昆山道总管阿史那社尔逼降处密、处月，攻破龟兹大拨等五十座城，俘获数万人，捉拿龟兹王诃黎布失毕回朝，龟兹平定，西域各国震惊。副将薛万彻胁迫于阗王伏阇信入朝。癸未，新罗女王派她的宰相伊赞千金春秋和她的儿子文王来朝见天子。这一年，新罗女王金善德去世，派使者册封她的妹妹真德为新罗王。

贞观二十三年春正月辛亥，俘获的龟兹王诃黎布失毕和他的宰相那利等，被献到祭土神的庙里。二月丙戌，设立瑶池都督府，隶属于安西都护府。丁亥，西突厥肆叶护可汗派使者来朝见天子。三月丙辰，设立丰州都督府。自去年冬天不下雨，到了这月己未才下雨。辛酉，发布大赦令。丁卯，命令皇太子在金液门处理政务。这一月，太阳发赤无光。

四月己亥，皇上到翠微宫。五月戊午，太子詹事、英国公李绩任叠州都督。辛酉，开府仪同三司、卫国公李靖逝世。己巳，皇上在含风殿去世，享年五十二。遗诏命皇太子在灵柩前即位，说丧事应当按照汉代的制度办理。不公布天子逝世的消息。庚午，派先帝旧将统率飞骑营的精壮士兵随从皇太子先回京，调集六府披甲的士兵四千人，分列于道路及安化门，以这些士兵为护卫侍从，而后天子的车驾才入京；辞世的天子所用的车马，以及侍从护卫的官吏，都和平日一样。壬申，公布天子逝世的消息。六月甲戌初一，停柩于太极殿。八月丙子，百官进献谥号为文皇帝，庙号太宗。庚寅，葬于昭陵。上元元年八月，改进献尊号为文武圣皇帝。天宝十三载二月，改进献尊号为文武大圣大广孝皇帝。

史官说：臣观文皇帝，创业立功，才能出众，聪慧多智，精明威武。选拔人物不对自己的同伙有所偏私，胸有志向、想成大业的人都能充分发挥自己的才能。所以屈突通、尉迟恭，由仇敌变而为愿意竭尽心力效力的臣子；马周、刘洎，自关系疏远而最终被委以宰相的重任。终于使天下太平，实因为这个道理。臣曾听说这样的事：柱子下的石墩湿润，空中就会云起雨落，昆虫叫唤，螽斯就会跳跃。纵然尧、舜圣明，不可能任用梼杌、穷奇而使天下太平；伊尹、吕尚贤能，不可能辅助夏桀、殷辛而使国家昌盛。君臣之间，遇合是困难的，以致于伍子胥挖眼，比干剖心，齐桓公尸体腐烂生蛆，虫子爬到门外，齐缗王被抽筋而薨，这实在是由于遇到的人不同造成的。以房玄龄、魏征的才智而论，没有超过孔丘、孟轲，之所以能使君主尊贵、百姓受到保护，是因为遇到了机会。有人问：凭太宗的贤明，却对兄弟没有爱，对儿子们有失教诲，为什么？回答是：对，舜不能爱四个被惩处的恶人，尧不能教育好丹朱，这是过去的记载中说的。当高祖神尧皇帝任用谗人的日子，李建成嫉妒太宗的功劳的时候，如果能消除畏惧，谁还顾得上家族的分崩离析，那时变故的发生，迫在眉睫，太宗正害怕“毁巢”的灾祸，哪里考虑到“兄弟二人不能相容”的歌谣？李承乾的愚昧，是圣明的父亲不能改变的。假如文皇帝自己选定贤明的太子，不随心所欲地攻打高丽，任用人才像贞观初年那样，接受谏言同于魏征在世的时候，那么，较之周武王、周成王的王位世代相袭，他们定感叹自己有美德遗留于世；同汉文帝、汉武帝的气度恢弘相比，他们多半会因为自己的行事有缺欠而内愧于心。推求太宗的听言断事不迷惑，从善如流，千载之间，可以说是只有一人而已！

旧唐书卷五十四

窦建德列传第四

窦建德，贝州漳南人也。少时，颇以然诺为事。尝有乡人丧亲，家贫无以葬，时建德耕于田中，闻而叹息，遽辍耕牛，往给丧事，由是大为乡党所称。初，为里长，犯法亡去，会赦得归。父卒，送葬者千余人，凡有所赠，皆让而不受。

大业七年，募人讨高丽，本郡选勇敢优异者以充小帅，遂补建德为二百人长。时山东大水，人多流散，同县有孙安祖，家为水所漂，妻子馁死。县以安祖骁勇，亦选在行中。安祖辞贫，白言漳南令，令怒笞之。安祖刺杀令，亡投建德，建德舍之。是岁，山东大饥，建德谓安祖曰："文皇帝时，天下殷盛，发百万之众以伐辽东，尚为高丽所败。今水潦为灾，黎庶穷困，而主上不恤，亲驾临辽，加以往岁西征，疮痍未复，百姓疲弊，累年之役，行者不归，今重发兵，易可摇动。丈夫不死，当立大功，岂可为逃亡之虏也。我知高鸡泊中广大数百里，莞蒲阻深，可以逃难，承间而出虏掠，足以自资。既得聚人，且观时变，必有大功于天下矣。"安祖然其计。建德招诱逃兵及无产业者，得数百人，令安祖率之，入泊中为群盗，安祖自称将军。鄃人张金称亦结聚得百人，在河阻中。蓨人高士达又起兵得千余人，在清河界中。时诸盗往来漳南者，所过皆杀掠居人，焚烧舍宅，独不入建德之闾。由是郡县意建德与贼徒交结，收系家属，无少长皆杀之。建德闻其家被屠灭，率麾下二百人亡归士达。士达自称东海公，以建德为司兵。后安祖为张金称所杀，其兵数千人又尽归于建德。自此渐盛，兵至万余人，犹往来高鸡泊中。每倾身接物，与士卒均执勤苦，由是能致人之死力。

十二年，涿郡通守郭绚率兵万余人来讨士达。士达自以智略不及建德，乃进为军司马，咸以兵授焉。建德既初董众，欲立奇功以威群贼，请士达守辎重，自简精兵七千人以拒绚，诈为与士达有隙而叛之。士达又宣言建德背亡，而取虏获妇人给为建德妻子，于军中杀之。建德伪遣人遗绚书请降，愿为前驱，破士达以自效。绚信之，即引兵从建德至长河界，期与为盟，共图士达。绚兵益懈而不备，建德袭之，大破绚军，杀略数千人，获马千余匹，绚以数十骑遁走，遣将追及于平原，斩其首以献士达。由是建德之势益振。

隋遣太仆卿杨义臣率兵万余人讨张金称，破之于清河，所获贼众皆屠灭，余散在草泽间者复相聚而投建德。义臣乘胜至平原，欲入高鸡泊中，建德谓士达曰："历观隋将，善用兵者唯义臣耳。新破金称，远来袭我，其锋不可当。请引兵避之，令其欲战不得，空延岁月，将士疲倦，乘便袭击，可有大功。今与争锋，恐公不能敌也。"士达不从其言，因留建德守壁，自率精兵逆击义臣，战小胜，而纵酒高宴，有轻义臣之心。建德闻之曰："东海公未能破贼而自矜大，此祸至不久矣。隋兵乘胜，必长驱至此，人心惊骇，吾恐不全。"遂留人守壁，自率精锐百余据险，以防士达之败。后五日，义臣果大破士达，于阵斩之，乘势追奔，将围建德。守兵既少，闻士达败，众皆溃散。建德率百余骑亡去，行至饶阳，观其无守备，攻陷之，抚循士众，人多愿从，又得三千余兵。

初，义臣既杀士达，以为建德不足忧。建德复还平原，收士达败兵之死者，悉收葬焉。为士达发丧，三军皆缟素。招集亡卒，得数千人，军复大振，始自称将军。初，群盗得隋官及山东士子皆杀之，唯建德每获士人，必加恩遇。初得饶阳县长宋正本，引为上客，与参谋议。此后隋郡长吏稍以城降之，军容益盛，胜兵十余万人。

十三年正月，筑坛场于河间乐寿界中，自称长乐王，年号丁丑，署置官属。七月，隋遣右翊卫将军薛世雄率兵三万来讨之，至河间城南，营于七里井。建德闻世雄至，选精兵数千人伏河间南界泽中，悉拔诸城伪遁，云亡入豆子䴚中。世雄以为建德畏己，乃不设备。建德觇知之，自率敢死士一千人袭击世雄。会云雾昼晦，两军不辨，隋军大溃，自相踏藉，死者万余，世雄以数百骑而遁，余军悉陷。于是建德进攻河间，频战不下。其后城中食尽，又闻炀帝被弑，郡丞王琮率士吏发丧，建德遣使吊之，琮因使者请降，建德退舍具馔以待焉。琮率官属素服面缚诣军门，建德亲解其缚，与言隋亡之事，琮俯伏悲哀，建德亦为之泣。诸贼帅或进言曰："琮拒我久，杀伤甚众，计穷方出，今请烹之。"建德曰："此义士也。方加擢用，以励事君者，安可杀之？往往泊中共为小盗，容可恣意杀人，今欲安百姓以定天下，何得害忠良乎？"因令军中曰："先与王琮有隙者，今敢动摇，罪三族。"即日授琮瀛州刺史。始都乐寿，号曰金城宫，自是郡县多下之。

武德元年冬至日，于金城宫设会，有五大鸟降于乐寿，群鸟数万从之，经日而去，因改年为五凤。有宗城人献玄圭一枚，景城丞孔德绍曰："昔夏禹膺箓，天锡玄圭。今瑞与禹同，宜称夏国。"建德从之。先是，有上谷贼帅王须拔自号漫天王，拥众数万，入掠幽州，中流矢而死。其亚将魏刀儿代领其众，自号历山飞，入据深泽，有徒十万。建德与之和，刀儿因弛守备，建德袭破之，又尽并其地。

二年，宇文化及僭号于魏县，建德谓其纳言宋正本、内史侍郎孔德绍曰："吾为隋之百姓数十年矣，隋为吾君二代矣。今化及杀之，大逆无道，此吾仇矣，请与诸公讨之，何如？"德绍曰："今海内无主，英雄竞逐，大王以布衣而起漳浦，隋郡县官人莫不争归附者，以大王仗顺而动，义安天下也。宇文化及与国联姻，父子兄弟受恩隋代，身居不疑之地，而行弑逆之祸，篡隋自代，乃天下之贼也。此而不诛，安用盟主！"建德称善。即日引兵讨化及，连战大破之。化及保聊城，建德纵撞车抛石，机巧绝妙，四面攻城，陷之。建德入城，先谒隋萧皇后，与语称臣。悉收弑炀帝元谋者宇文智及、杨士览、元武达、许弘仁、孟景，集隋文武官，对而斩之，枭首辕门之外。化及并其二子同载以槛车，至大陆县斩之。

建德每平城破阵，所得资财，并散赏诸将，一无所取。又不啖肉，常食唯有菜蔬、脱粟之饭。其妻曹氏不衣纨绮，所使婢妾才十数人。至此，得宫人以千数，并有容色，应时放散。得隋文武官及骁果尚且一万，亦放散，听其所去。又以隋黄门侍郎裴矩为尚书左仆射，兵部侍郎崔君肃为侍中，少府令何稠为工部尚书，自余随才拜授，委以政事。其有欲往关中及东都者亦恣听之，仍给其衣粮，以兵援之，送出其境。攻陷洺州，虏刺史袁子干。迁都于洺州，号万春宫。遣使往灌津，祠窦青之墓，置守冢二十家。又与王世充结好，遣使朝隋越王侗于洛阳。后世充废侗自立，乃绝之，始自尊大，建天子旌旗，出警入跸，下书言诏。追谥隋炀帝为闵帝，封齐王暕子政道为郧公。然犹依倚突厥。隋义城公主先嫁突厥，及是遣使迎萧皇后，建德勒兵千余骑送之入蕃，又传化及首以献公主。既与突厥相连，兵锋益盛。

九月，南侵相州，河北大使淮安王神通不能拒，退奔黎阳。相州陷，杀刺史吕珉。又进攻卫州，陷黎阳，左武卫大将军李世勣、皇妹同安长公主及神通并为所虏。滑州刺史王轨为奴所杀，携其首以奔建德，曰："奴杀主为大逆，我何可纳之。"命立斩奴，而返轨首于滑州。吏人感之，即日而降。齐、济二州及兖州贼帅徐圆朗皆闻风而下。建德释李世勣，使其领兵以镇黎州。

三年正月，世勣舍其父而逃归，执法者请诛之，建德曰："勣本唐臣，为我所虏，不忘其主，逃还本朝，此忠臣也，其父何罪！"竟不诛。舍同安长公主及神通于别馆，待以客礼。高祖遣使与之连和，建德即遣公主与使俱归。尝破赵州，执刺史张昂、邢州刺史陈君宾、大使张道源等，以侵轶其境，建德将戮之。其国子祭酒凌敬进曰："夫犬各吠非其主，今邻人坚守，力屈就擒，此乃忠确士也。若加酷害，何以劝大王之臣乎？"建德盛怒曰："我至城下，犹迷不降，劳我师旅，罪何可赦？"敬又曰："今大王使大将军高士兴于易水抗御罗艺，兵才至，士兴即降，大王之意复为可不？"建德乃悟，即命释之。其宽厚从谏，多此类也。

又遣士兴进围幽州，攻之不克，退军于笼火城，为艺所袭，士兴大溃。先是，其大将王伏宝多勇略，功冠等伦，群帅嫉之。或言其反，建德将杀之，伏宝曰："我无罪也，大王何听谗言，自斩左右手乎？"既杀之，后用兵多不利。

九月，建德自帅师围幽州，艺出兵与战，大破之，斩首千二百级。艺兵频胜而骄，进袭其营。建德列阵于营中，填堑而出，击艺败之。建德薄其城，不克，遂归洺州。其纳言宋正本好直谏，建德又听谗言杀之。是后人以为诫，无复进言者，由此政教益衰。

先，曹州济阴人孟海公拥精兵三万，据周桥城以掠河南之地。其年十一月，建德自率兵渡河以击之。时秦王攻王世充于洛阳，建德中书舍人刘斌说建德曰："今唐有关内，郑有河南，夏居河北，此鼎足相持之势也。闻唐兵悉众攻郑，首尾二年，郑势日蹙而唐兵不解。唐强郑弱，其势必破郑，郑破则夏有齿寒之忧。为大王计者，莫若救郑，郑拒其内，夏攻其外，破之必矣。若却唐全郑，此常保三分之势也。若唐军破后而郑可图，则因而灭之，总二国之众，乘唐军之败，长驱西入，京师可得而有，此太平之基也。"建德大悦曰："此良策矣。"适会世充遣使乞师于建德，即遣其职方侍郎魏处绘入朝，请解世充之围。

四年二月，建德克周桥，虏海公，留其将范愿守曹州，悉发海公及徐圆朗之众来救世充。军至滑州，世充行台仆射韩洪开城纳之，遂进逼元州、梁州、管州，皆陷之，屯于荥阳。三月，秦王入武牢，进薄其营，多所伤杀，并擒其将殷秋、石瓒。时世充弟世辨为徐州行台，遣其将郭士衡领兵数千人从之，合众十余万，号为三十万，军次成皋，筑宫于板渚，以示必战。又遣间使约世充共为表里。经二月，迫于武牢，不得进。秦王遣将军王君廓领轻骑千余抄其粮运，获其大将张青特，虏获甚众。

建德数不利，人情危骇，将帅已下破孟海公，皆有所获，思归洺州。凌敬进说曰："宜悉兵济河，攻取怀州河阳，使重将居守。更率众鸣鼓建旗，逾太行，入上党，先声后实，传檄而定。渐趋壶口，稍骇蒲津，收河东之地，此策之上也。行此必有三利：一则入无人之境，师有万全；二则拓土得兵；三则郑围自解。"建德将从之，而世充之使长孙安世阴赍金玉啖其诸将，以乱其谋。众咸进谏曰："凌敬书生耳，岂可与言战乎？"建德从之，退而谢敬曰："今众心甚锐，此天赞我矣。因此决战，必将大捷。已依众议，不得从公言也。"敬固争，建德怒，扶出焉。其妻曹氏又言于建德曰："祭酒之言可从，大王何不纳也？请自滏口之道，乘唐国之虚，连营渐进，以取山北，又因突厥西抄关中，唐必还师以自救，此则郑围解矣。今顿兵武牢之下，日月淹久，徒为自苦，事恐无功。"建德曰："此非女子所知也。且郑国悬命朝暮，以待吾来，既许救之，岂可见难而退，示天下以不信也？"于是悉众进逼武牢，官军按甲挫其锐。

及建德结阵于汜水，秦王遣骑挑之，建德进军而战，窦抗当之。建德少却，秦王驰骑深入，反覆四五合，然后大破之。建德中枪，窜于牛口渚，车骑将军白士让、杨武威生获之。先是，军中有童谣曰："豆入牛口，势不得久。"建德行至牛口渚，甚恶之，果败于此地。

建德所领兵众，一时奔溃，妻曹氏及其左仆射齐善行将数百骑遁于洺州。余党欲立建德养子为主，善行曰："夏王平定河朔，士马精强，一朝被擒如此，岂非天命有所归也？不如委心请命，无为涂炭生人。"遂以府库财物悉分士卒，各令散去。善行乃与建德右仆射裴矩、行台曹旦及建德妻率伪官属举山东之地，奉传国等八玺来降。七月，秦王俘建德至京师，斩于长安市，年四十九。自起军至灭，凡六岁，河北悉平。其年，刘黑闼复盗据山东。

【译文】

窦建德，贝州漳南县人。年幼时，常做一些重许诺的义举。曾有一个同乡亲人去世，家里贫穷无钱埋葬，当时建德正在田里犁地，听到这事后不禁叹息，突然中止犁地，把耕牛送去充作办丧事的费用，由此大为乡里所称道。起初，建德当里长，因犯法逃亡，遇上朝廷发布大赦令，又回到家乡。他父亲去世时，送葬的有一千多人。所有送给他的礼物，他都推辞不受。

大业七年，朝廷募兵讨伐高丽，本郡挑选特别勇敢的人充当军队的小头目，于是委任建德做二百人长。当时山东发生大水灾，百姓流散逃亡，同县有一个叫孙安祖的人，家被水淹，妻子饿死。县里认为安祖骁勇，也选中他从军出征。安祖以家贫为由推辞，亲自向漳南县令报告，县令发怒鞭打他。安祖刺杀县令，逃到建德这里，建德安排他住下。这一年，山东发生大饥荒，建德对安祖说："隋文帝的时候，天下繁盛，朝廷征集百万大军征讨辽东，尚且被高丽打败。现今大水成灾，百姓穷困，而皇上不加抚恤，却亲自驾临辽水；加上往年西征，国家所受的创伤尚未平复，百姓疲弊，连年的兵役徭役，应征的人只去不回，现在又再次征兵，天下轻易就可以摇动。大丈夫不死，当建立大功业，岂可做一名逃亡的贼寇！我知道高鸡泊中广大，方圆数百里，有蒲草阻隔，可以避难，再趁机出来抢掠，足可以自己供给自己。你在那里可以聚集民众，观察时世的变化，将来一定会为天下人立大功。"安祖赞成他的计划。建德招聚、引诱逃兵和没有产业的百姓，得到数百人，让安祖统率，入泊中当强盗，安祖自称将军。当时鄃县人张金称也聚集上百人，居于黄河的险阻之处。蓨县人高士达又起兵反隋，有千余人，在清河县境内。当时各路盗贼往来于漳南的，所到之处都杀掠居民，焚烧住宅，唯独不进入建德的居里。因此郡县官猜测建德同盗贼交结，于是逮捕他的家属，不论长幼，全部杀死。建德听到他的家人被杀绝的消息后，率领手下二百人投奔士达。士达自称东海公，让建德任司兵。后来安祖被张金称杀死，他的部队数千人又全归属建德。从此声势渐盛，军队达到一万多人，仍活动于高鸡泊中。建德常竭尽全力待人，和士兵一样干劳苦的工作，因此能使他人为他尽死力。

十二年，涿郡通守郭绚率领一万多名士兵来征讨士达。士达自认为智谋赶不上建德，于是让建德升任军司马，把军队全交给他指挥。建德初次统领全部人马，想立奇功以使盗贼们畏服，于是请士达看守军用物资，自己挑选精兵七千人抵御郭绚，假装成与士达有嫌隙而背叛他的样子。士达又宣称建德背叛自己，带兵逃走，而且找来一个掳获的妇女，伪称是建德的妻子，在军中把她杀了。建德派人给郭绚送信，假装请求投降，说自己愿充当前锋，击破士达，以此为郭绚效力。郭绚相信了他的话，便领兵跟随建德到达长河县境内，期望与他订立盟约，共同对付士达。郭绚的军队更加松懈，毫无防备，建德乘机袭击，大破郭绚的部队，杀死、劫掠数千人，获得马一千多匹，郭绚带领数十名骑兵逃走，建德派手下将领在平原追上他，砍下了他的头献给士达。从此建德的势力更加兴盛。

隋朝派太仆卿杨义臣率士兵一万多人讨伐张金称，在清河击破他，将所俘获的贼寇全部杀死，其余逃散在荒野之间的又聚集一起，投奔建德。义臣乘胜到平原，想进入高鸡泊中，建德对士达说："遍观隋朝将领，善于用兵的只有义臣一人而已。现在他新破金称，从远方来袭击我们，锋芒正锐不可当。我请求领兵避开他，让他想打又打不成，白白拖延岁月，那时战士疲倦，我们乘便袭击，便可建立大功。现在同他争斗以决胜负，恐怕您不是对手。"士达不听他的话，于是留建德守营，自己率精兵迎击义臣，战斗取得小胜，士达便设盛宴狂饮，有轻视义臣之心。建德知道这件事后说："东海公没有能破敌却骄傲自大，这样距离灾祸临头就不会很远了。隋军乘胜，一定会顺利地前进到这里，那时人心惊恐，我们怕不能自全。"于是留人守营，自己率领精锐士兵一百多人占据险要之地，以预防士达的失败。过了五天，义臣果然大破士达，在阵上杀死他，并乘势追击逃敌，准备围攻建德。建德的守兵既少，得知士达失败，又全部溃散。建德带领一百多名骑兵逃跑，走到饶阳县，发现城里不设防，便攻陷了它，安抚士人百姓，人们多愿跟从，又得到士兵三千多名。

起初，义臣杀了士达后，认为建德不值得忧虑。于是建德又回到平原，收集士达已战败士兵的尸体，都加以埋葬。公布士达逝世的消息，部队全穿白色丧服。招集已逃散的士达的士兵，得到数千人，军队再次振兴，建德开始自称将军。起初，各路盗贼捕获隋朝官吏及山东士人全都杀掉，只有建德每次得到士人，必定以德惠相待。最初得到饶阳县长宋正本，待为上宾，让他参与军政大事的谋议。这以后隋朝的郡县长官逐渐献城投降，建德军容更盛，有优秀的士兵十余万。

十三年正月，建德在河间乐寿县境内筑坛场祭祀，自称长乐王，年号丁丑，设置官职并任命官吏。七月，隋朝派右翊卫将军薛世雄率领三万军队前来讨伐，到达河间城南，扎营于七里井。建德得知世雄的军队已到，挑选精兵数千人埋伏于河间南境的沼泽地中，全部军队从各城撤出，假装逃跑，放出话说，已逃入豆子航中。世雄以为建德害怕自己，于是毫不设防。建德侦察到这一情况，亲自率领敢于赴死的战士一千人袭击世雄。正好遇上白昼大雾，天色昏暗，敌我两军无从分辨，隋军惊逃溃散，自相践踏，死的人有一万多，世雄带领数百名骑兵逃走，余下的军队全部被俘。于是建德进攻河间，打了多次未能攻下。以后城中粮食用完，又听说炀帝被杀，郡丞王琮率领城中的士卒官吏公布炀帝逝世的消息，建德派使者去吊唁，王琮通过使者请求投降，建德于是撤走围城的军队、备好食物等待王琮。王琮率领郡中佐吏穿白色衣服反绑双手到营门投降，建德亲自给他解开绳子，同他谈到隋亡的事，王琮俯伏在地，非常悲哀，建德也为此而哭泣。贼将们有的向建德进言说："王琮抵抗我们很久，杀伤我们的士兵甚多，无计可施才出来投降，现在我们要求对他处以烹刑。"建德说："这是一位义士，将加以提拔任用，借此鼓励侍奉君主的人，怎么可以杀死他？从前在高鸡泊中一起当小强盗，也许可以任意杀人，现在要安抚百姓，平定天下，怎么能杀害忠良呢？"于是在军中发布命令说："从前与王琮有嫌隙的，现在如果胆敢有所动作，罪及父母、兄弟、妻子。"当天便任命王琮为瀛州刺史。开始在乐寿建都，称为金城宫。从这以后隋朝的郡县多降伏建德。

武德元年冬至那天，同僚属在金城宫聚会，有五只大鸟降落到乐寿，各种鸟数万只跟随它们，历时一天才离去，于是改年号为五凤。有一个宗城人进献玄圭一枚，景城县丞孔德绍说："从前夏禹亲授图篆，应运而兴，上天赐给玄圭。现在的祥瑞和夏禹的时候一样，国名应当改为夏。"建德听从。在这之前，有上谷盗贼首领王须拔自称漫天王，拥有徒众数万，进入幽州劫掠，中流箭身亡。他的副将魏刀儿代他统领徒众，自称历山飞，进据深泽县，有兵士十万。建德同他讲和，刀儿于是放松防备，建德击破他，又兼并了他的所有土地。

武德二年，宇文化及在魏县僭越称帝，建德对自己的纳言宋正本、内史侍郎孔德绍说："我当隋朝的百姓已经数十年了，隋做我的君主已经两代了。现在化及杀死隋帝，大逆不道，这是我的仇敌，请诸位与我一起讨伐他，怎么样？"德绍说："当今海内没有君主，英雄相互竞争，大王以平民的身份兴起于漳水之滨，隋朝的郡县官吏之所以都争相归附，是因为大王坚持顺理而行，用仁义安定天下。宇文化及与天子联姻，父子兄弟都蒙受隋朝的恩惠，身处于不被怀疑的地位，而干弑君谋逆的勾当，篡隋自代，是危害天下的坏人。这样的人不诛杀，要盟主做什么！”建德说他的意见很好。当天就领兵讨伐化及，连续作战都大破敌军。化及守聊城，建德派出撞车抛射石块，打击敌人，装置灵巧绝妙，四面攻城，打下了它。建德入城，先觐见隋朝萧皇后，同她谈话自称臣。全部收捕弑杀炀帝的主谋宇文智及、杨士览、元武达、许弘仁、孟景等，召集隋朝文武官吏，当着他们的面将这些人处斩，首级挂在营门外示众。化及和他的两个儿子都被装进囚车，到大陆县处斩。

建德每次平定城池攻破敌阵，所得资财，全都分赏给手下的将领，自己一无所取。又不吃肉，平常的食品只有蔬菜、糙米饭。他的妻子曹氏不穿用细绢和有花纹的丝织品做成的衣服，使用的奴婢、侍妾才十几人。到这时候，得到的宫女以千计算，都有姿色，立时释放。得到的隋朝文武官员及骁勇敢死之士将近一万，也全部释放，随他们愿意上哪儿都可以。又让隋黄门侍郎裴矩任尚书左仆射，兵部侍郎崔君肃任侍中，少府令何稠任工部尚书，其余也随才授职，委以政事。有想到关中及东都去的也听便，还供给他们衣服、粮食，派士兵帮助他们，送他们出自己的国境。攻陷洺州，俘获刺史袁子干。迁都到洺州，称万春宫。派使者往灌津，到窦青的墓上祭祀，为他设置了二十户守墓的人家。又同王世充建立友好关系，派使者到洛阳朝见隋朝越王杨侗。后来王世充废掉杨侗，自立为帝，才同建德断绝关系。建德开始将自己放于至高至大的位置，立天子旌旗，像天子那样出入称警跸，发布文书称诏。为隋炀帝追定谥号为闵帝，封齐王杨暕的儿子政道为郧公。但仍依靠突厥。隋朝义城公主早先嫁到突厥，到这时候派使者来迎接萧皇后，建德带领一千多名骑兵送她入突厥，又递送化及的首级献给公主。这以后与突厥联合，兵势更盛。

九月，南侵相州，唐河北大使淮安王李神通不能抵御，逃到黎阳。相州沦陷，杀死刺史吕珉。又进攻卫州，打下黎阳，唐左武卫大将军李世勣、皇妹同安长公主及神通都被俘获。滑州刺史王轨被他的奴仆杀死，这个奴仆携带王轨的头投奔建德，建德说：“奴仆杀死主人是大逆不道，我怎么可以接纳这样的人呢。”下令立刻杀掉这个奴仆，而把王轨的头送回滑州。滑州的官吏百姓十分感激他，当天就投降。齐、济二州及兖州的盗贼首领徐圆朗都闻风降伏。建德释放李世勣，派他领兵镇守黎州。

三年正月，李世勣丢下他的父亲逃回唐朝，负责执法的官吏要求斩杀世勣的父亲，建德说："世勣原是唐朝的臣子，被我俘获，不忘自己的主人，逃回本朝，这是忠臣，他的父亲有什么罪呢！"竟然不杀世勣的父亲。安排同安长公主和神通住在客馆里，以客礼相待。唐高祖派使者来同建德和好、联合，建德就送公主和使者一起回唐。曾攻破赵州，捉住刺史张昂、刑州刺史陈君宾、大使张道源等，由于他们侵突建德的辖境，建德准备杀掉他们。建德的国子祭酒凌敬进言说："狗对不是自己的主人的人总要吠叫，现在邻居们坚持防守，力尽就擒，这些人都很忠诚、刚强。如果残酷地加以杀害，用什么来劝励大王的臣子呢？"建德非常生气地说："我到城下，他们仍坚持错误不投降，使我的军队吃苦受累，这罪怎么可以赦免？"凌敬又说："现在大王如果派大将军高士兴在易水抵抗罗艺，敌兵刚到，士兴就投降，大王的意思以为可不可以呢？"建德于是醒悟，便下令释放他们。他的宽厚和听谏，多类似这样。

又派士兴前去围攻幽州，没有能攻下，退兵到笼火城，被罗艺袭击，士兴的军队奔逃溃散。在这之前，建德的大将王伏宝勇猛多谋，功劳在同辈之上，许多将领都嫉妒他。有人告他造反，建德要杀他，伏宝说："我没有罪，大王为什么听信谗言，自己砍去左右手呢？"建德既杀了伏宝，以后作战大多失利。

九月，建德亲自领兵包围幽州，罗艺出兵与建德作战，大破建德的军队，斩首级一千二百。罗艺的军队屡战屡胜，骄傲轻敌，进袭建德的营地。建德在营中列阵，填掉部分营外的壕沟，领兵冲出，回击罗艺，并打败了他。建德逼近幽州城，未能攻下它，于是回到洺州。建德的纳言宋正本好直言进谏，建德又听信谗言杀了他。此后人们以此为诫，不再进言，从此政治教化更显衰落。

起初，曹州济阴人孟海公拥有精兵三万，占据周桥城，以它为据点劫掠黄河以南之地。这一年十一月，建德亲自率兵渡过黄河攻打海公。当时秦王在洛阳攻打王世充，建德的中书舍人刘斌劝建德说："现在唐占有关内，郑占有河南，夏居于河北，这是三方鼎足相持的形势。听说唐军出动全部人马攻打郑国，前后两年，郑国的势力日减而唐军仍不解除对它的围困。唐强郑弱，那趋势必定会击破郑国，郑国被击破，那么夏就会有唇亡齿寒的忧患。为大王考虑，不如援救郑国，郑在内部抵抗，夏从外面进攻，击破唐军是必然的。如果逼唐退兵，保全郑国，这样就可以长久地保持天下三分的形势了。如果唐军被击破后而郑可谋取，那就接着灭掉它，再统领两国的军队，利用唐军的失败，长驱西入，京师就可以得到，这是使天下太平的基础。”建德非常高兴地说：“这是好计策啊！”刚巧遇上世充派使者来向建德求救兵，便派他的职方侍郎魏处绘入唐，要求解除对世充的围困。

武德四年二月，建德攻克周桥，俘获海公，留下他的将领范愿守曹州，全部征集海公及徐圆朗的军队来救世充。军队到滑州，世充的行台仆射韩洪打开城门接纳他们进城，于是进逼元州、梁州、管州，全攻下它们，屯兵于荥阳。三月，秦王入虎牢关，进逼建德的营垒，多所杀伤，并抓获建德的将领殷秋、石瓒。当时世充的弟弟世辨任徐州行台，派他的将领郭士衡领兵数千人跟随建德，两方的军队合起来共有十余万，号称三十万，驻扎在成皋，又在板渚筑宫室，借以表示一定要同唐决战。又派使者约世充相互呼应、配合。经过两个月，因被虎牢关阻迫，不能前进。秦王派将军王君廓率领轻骑兵千余名走近路袭击建德的运粮队伍，捉住他的大将张青特，其他俘获也不少。

建德屡次失利，人们的情绪惊惧不安，将帅以下新破孟海公，都各自掠夺到一些东西，想回洺州。凌敬向建德进言说：“我们应当全军渡过黄河，攻取怀州河阳县，派重要将领镇守。然后再率领部队，击鼓立旗，越过太行，进入上党，先树立声威，挫折敌方士气，然后进军，无须作战，传递檄文即可使所到之地平定。进而逐渐趋向壶口，惊动蒲津，取得河东之地，这是上策。依此而行必定有三大好处：一是进入无人之境，军队不会受到任何伤害；二是可以扩展领土，得到士兵；三是对郑的围困能自动解除。”建德准备听从凌敬的建议，而世充的使者长孙安世暗中送黄金宝玉引诱建德的将领，让他们扰乱建德的谋划。将领们都进谏说：“凌敬不过是个书生，怎么可以同他讨论作战的事呢？”建德听从了他们的意见，下朝后谢绝凌敬说：“现在大家的意志坚决，这是上天助我。因此决战，必将大胜。已依从众人的议论，不能听你的话了。”凌敬坚决争辩，建德发怒，命令手下人将他扶出。建德的妻子曹氏又对建德说：“祭酒的话可以听从，大王为什么不采纳呢？请由滏口的道路进兵，趁唐国在那儿空虚无备，军营相连逐渐推进，以夺取山北之地，又利用突厥的军队向西抄掠关中，唐朝必定回师自救，这样对郑的围困也就解除了。现在驻军于虎牢关下，时间很长，只是自己苦自己，恐怕不会有什么功效。”建德说：“这不是女人所能知道的事。而且郑国性命不保，朝朝暮暮等待我们来，我们既已答应援救，怎么可以见难而退，向天下人表明我们不讲信用呢？”于是全军出动进逼虎牢，官军按兵不动，挫杀了建德的锐气。

等到建德在汜水列阵，秦王于是派骑兵挑战，建德进兵攻打唐军，窦抗领兵抵挡他。建德略往后退，秦王率骑兵深入敌阵，反复交战四五次，然后大破建德的军队。建德中枪，逃窜到牛口渚，车骑将军白士让、杨武威活捉了他。在这之前，军中有童谣说：“豆入牛口，势力不能长久。”建德走到牛口渚，很厌恶这个名称，果然败于这个地方。

建德所率领的部队，一时间奔逃溃散，他的妻子曹氏和左仆射齐善行带领数百名骑兵逃回洺州。建德的余党想立建德的养子做君主，善行说：“夏王平定河北，兵马精强，顷刻间被擒就像这样，难道不是天命已有所归属了吗？不如倾心于唐，请求保全生命，不要使百姓再受苦受难。”于是把仓库里的财物全都分给士兵，让他们各自散去。善行就同建德的右仆射裴矩、行台曹旦及建德的妻子，率领伪夏国官员献上山东的土地及夏皇帝的传国玺等八个印章投降唐朝。七月，秦王带着被俘的建德到京师，在长安的市场上将他处斩，当时他四十九岁。建德从起兵到灭亡，共六年。河北全部平定。这一年，刘黑闼又窃据山东反叛朝廷。

旧唐书卷六十八

秦叔宝列传第十八

秦叔宝名琼，齐州历城人。大业中，为隋将来护儿帐内。叔宝丧母，护儿遣使吊之，军吏怪曰："士卒死亡及遭丧者多矣，将军未尝降问，独吊叔宝何也？"答曰："此人勇悍，加有志节，必当自取富贵，岂得以卑贱处之。"

隋末群盗起，从通守张须陀击贼帅卢明月于下邳。贼众十余万，须陀所统才万人，力势不敌，去贼六七里立栅，相持十余日，粮尽将退，谓诸将士曰："贼见兵却，必轻来追我。其众既出，营内即虚，若以千人袭营，可有大利。此诚危险，谁能去者？"人皆莫对，唯叔宝与罗士信请行。于是须陀委栅遁，使二人分领千兵伏于芦苇间。既而明月果悉兵追之，叔宝与士信驰至其栅，栅门闭不得入，二人超升其楼，拔贼旗帜，各杀数人，营中大乱。叔宝、士信又斩关以纳外兵，因纵火焚其三十余栅，烟焰涨天。明月奔还，须陀又回军奋击，大破贼众。明月以数百骑遁去，余皆虏之。由是勇气闻于远近。

又击孙宣雅于海曲，先登破之。以前后累勋授建节尉。从须陀进击李密于荥阳，军败，须陀死之，叔宝以余众附裴仁基。会仁基以武牢降于李密，密得叔宝大喜，以为帐内骠骑，待之甚厚。密与化及大战于黎阳童山，为流矢所中，堕马闷绝。左右奔散，追兵且至，唯叔宝独捍卫之，密遂获免。叔宝又收兵与之力战，化及乃退。后密败，又为王世充所得，署龙骧大将军。叔宝薄世充之多诈，因其出抗官军，至于九曲，与程咬金、吴黑闼、牛进达等数十骑西驰百许步，下马拜世充曰："虽蒙殊礼，不能仰事，请从此辞。"世充不敢逼，于是来降。

高祖令事秦府，太宗素闻其勇，厚加礼遇。从镇长春宫，拜马军总管。又从征于美良川，破尉迟敬德，功最居多。高祖遣使赐以金瓶，劳之曰："卿不顾妻子，远来投我，又立功效。朕肉可为卿用者，当割以赐卿，况子女玉帛乎？卿当勉之。"寻授秦王右三统军。又从破宋金刚于介休。录前后勋，赐黄金百斤、杂彩六千段，授上柱国。从

讨王世充，每为前锋。太宗将拒窦建德于武牢，叔宝以精骑数十先陷其阵。世充平，进封翼国公，赐黄金百斤、帛七千段。从平刘黑闼，赏物千段。

叔宝每从太宗征伐，敌中有骁将锐卒，炫耀人马，出入来去者，太宗颇怒之，辄命叔宝往取。叔宝应命，跃马负枪而进，必刺之万众之中，人马辟易，太宗以是益重之，叔宝亦以此颇自矜尚。

六月四日，从诛建成、元吉。事宁，拜左武卫大将军，食实封七百户。其后每多疾病，因谓人曰："吾少长戎马，所经二百余阵，屡中重疮。计吾前后出血亦数斛矣，安得不病乎？"十二年卒，赠徐州都督，陪葬昭陵。太宗特令所司就其茔内立石人马，以旌战阵之功焉。十三年，改封胡国公。十七年，与长孙无忌等图形于凌烟阁。

【译文】

秦叔宝名琼，齐州历城人。大业中，在隋将来护儿军中做事。叔宝母亲去世，护儿派使者去吊唁，宫中官佐奇怪地问道："士兵死亡和遭遇丧事的人很多，将军不曾下问，唯独到叔宝家中吊唁，这是为什么呢？"回答说："这人勇猛强悍，加上有志向操守，必定能凭借自己的力量获取富贵，怎么能把他当成一个地位卑贱的人来对待呢。"

隋朝末年，群盗蜂起，叔宝跟随通守张须陀在下邳攻打盗贼首领卢明月。贼寇的徒众有十多万，须陀的部队才一万人，远非势均力敌，须陀在离贼寇六七里远的地方立营，与贼寇相持十多日，粮食用完，准备退兵，对部下的将士们说："贼寇见兵退走，一定会轻易地来追我们。敌人的部队既已出击，营内自然空虚，如果用一千人的兵力偷袭敌营，就可获得大胜利。这确实危险，谁可以去呢？"别人都不说话，只有叔宝和罗士信要求执行这一任务。于是须陀充营而逃，派他们两人各带一千名士兵埋伏在芦苇中。接着明月果然带领全军追击，叔宝和士信迅速跑到敌人的营地，营门紧闭无法进入，两人偷偷越过营栅，爬上敌人的营楼，拔掉敌军的旗帜，各杀死敌兵数名，营中大乱。叔宝、士信又砍断门闩放进在营外的士兵，接着纵火焚烧敌人的三十多座营垒，烟焰弥漫天空。明月急忙奔回，须陀又回师奋力进击，大破敌兵。明月率领数百名骑兵逃跑，其余全被俘虏。从此秦叔宝的勇气远近闻名。

又在沿海的偏僻地区攻打孙宣雅，捷足先登击破了敌军。由于前后多次立功被任命为建节尉。跟随须陀在荥阳进击李密，军队打了败仗，须陀去世，叔宝率领残余部队依附裴仁基。恰巧仁基献虎牢关投降李密，李密得到叔宝后非常高兴，让他在军中任骠骑将军，待他很不薄。李密同宇文化及在黎阳童山大战，被流箭射中，坠马晕倒。跟随左右的士卒逃散，追兵就要到达，叔宝独自保卫他，李密于是免于遭难。叔宝又收拢士卒与敌奋战，化及终于退兵。后来李密失败，叔宝又被王世充得到，世充任命他为龙骧大将军。叔宝鄙薄王世充的狡诈，趁他带兵出来抵抗官军，到了九曲的时候，与程咬金、刘黑闼、牛进达等数十人骑马西走百余步，然后下马拜辞世充说道："虽然蒙受您的特殊礼遇，但自思不能侍奉您，请就此告辞。"世充不敢逼他们留下，于是来投降官军。

高祖让叔宝在秦王府做事，太宗素闻叔宝勇猛，厚加礼遇。秦叔宝随从秦王坐镇长春宫，拜马军总管。又随从秦王出征美良川，击破尉迟敬德。这次战役功劳数他最多。高祖派使者赐给金瓶，慰问他说："卿不顾妻儿，从远方来投奔我，又立下功劳，朕的肉如果能为卿所用，也当割下赐给卿，更何况女子、玉器、丝织品呢！卿应当努力。"接着任秦王右三统军。又随从秦王在介休击破宋金刚。综合前后立下的功劳，赐给黄金百斤、各种颜色的丝织品六千段，加授上柱国。随从讨伐王世充，常担任前锋。太宗率兵在虎牢关抵抗窦建德的时候，叔宝带领数十名精壮骑兵首先攻陷敌阵。世充被平定后，进封翼国公，赐给黄金百斤、丝织品七千段。随从平定刘黑闼，赏给织物一千段。

叔宝每次随从太宗出征，敌军中有骁勇的将领、精锐的士卒，在阵上出入来去，自我炫耀的，太宗看到后往往很生气，总是命令叔宝去收拾他们。叔宝应命，跃马扛枪进击，一定能在万众之中刺杀敌人，使他们的人马惊退，太宗因此更加看重他，叔宝也因此常自我夸耀。

武德九年六月四日，随从太宗诛杀建成、元吉。诸事安定之后，拜左武卫大将军，赐给封邑七百户。这以后常多疾病，于是对人说："我自幼生长于戎马之中，经历的战斗有二百多次，屡受重创。合计我前后流的血也有数十斗之多，怎能不病呢？”贞观十二年去世，赠徐州都督，让他葬在昭陵附近。太宗特令有关主管部门在他的坟墓内立石人石马，以表彰他的战功。十三年，改封胡国公。十七年，和长孙无忌等功臣一样，他的像也被画在凌烟阁上。

旧唐书卷七十一

魏征列传第二十一

魏征，字玄成，钜鹿曲城人也。父长贤，北齐屯留令。征少孤贫，落拓有大志。不事生业，出家为道士。好读书，多所通涉，见天下渐乱，尤属意纵横之说。

大业末，武阳郡丞元宝藏举兵以应李密，召征使典书记。密每见宝藏之疏，未尝不称善。既闻征所为，遽使召之。征进十策以干密，虽奇之而不能用。及王世充攻密于洛口，征说密长史郑颋曰："魏公虽骤胜，而骁将锐卒死伤多矣；又军无府库，有功不赏，战士心惰。此二者难以应敌。未若深沟高垒，旷日持久，不过旬月，敌人粮尽，可不战而退，追而击之，取胜之道。且东都食尽，世充计穷，意欲死战，可谓穷寇难与争锋，请慎无与战。"颋曰："此老生之常谈耳！"征曰："此乃奇谋深策，何谓常谈？"因拂衣而去。

及密败，征随密来降，至京师，久不见知，自请安辑山东，乃授秘书丞，驱传至黎阳。时徐世勣尚为李密拥众，征与世勣书曰：

自隋末乱离，群雄竞逐，跨州连郡，不可胜数。魏公起自叛徒，奋臂大呼，四方响应，万里风驰，云合雾聚，众数十万。威之所被，将半天下，破世充于洛口，摧化及于黎山。方欲西蹈咸阳，北凌玄阙，扬旌翰海，饮马渭川，翻以百胜之威，败于奔亡之虏。固知神器之重，自有所归，不可以力争。是以魏公思皇天之乃眷，入函谷而不疑。公生于扰攘之时，感知己之遇，根本已拔，确乎不动，鸠合遗散，据守一隅。世充以乘胜余勇，息其东略；建德因侮亡之势，不敢南谋。公之英声，足以振于今古。然谁无善始，终之虑难，去就之机，安危大节。若策名得地，则九族荫其余辉；委质非人，则一身不能自保。殷鉴不远，公所闻见。孟贲犹豫，童子先之，知几其神，不俟终日。今公处必争之地，乘宜速之机，更事迟疑，坐观成败，恐凶狡之辈，先人生心，则公之事去矣。

世勣得书，遂定计遣使归国，开仓运粮，以馈淮安王神通之军。

俄而建德悉众南下，攻陷黎阳，获征，署为起居舍人。及建德就擒，与裴矩西入关。隐太子闻其名，引直洗马，甚礼之。征见太宗勋业日隆，每劝建成早为之所。及败，太宗使召之，谓曰："汝离间我兄弟，何也？"征曰："皇太子若从征言，必无今日之祸。"太宗素器之，引为詹事主簿。及践祚，擢拜谏议大夫，封钜鹿县男，使安辑河北，许以便宜从事。征至磁州，遇前宫千牛李志安、齐王护军李思行锢送诣京师。征谓副使李桐客曰："吾等受命之日，前宫、齐府左右，皆令赦原不问。今复送思行，此外谁不自疑？徒遣使往，彼必不信，此乃差之毫厘，失之千里。且公家之利，知无不为，宁可虑身，不可废国家大计。今若释遣思行，不问其罪，则信义所感，无远不臻。古者，大夫出疆，苟利社稷，专之可也。况今日之行，许以便宜从事，主上既以国士见待，安可不以国士报之乎？"即释遣思行等，仍以启闻，太宗甚悦。

太宗新即位，励精政道，数引征入卧内，访以得失。征雅有经国之才，性又抗直，无所屈挠，太宗与之言，未尝不欣然纳受。征亦喜逢知己之主，思竭其用，知无不言。太宗尝劳之曰："卿所陈谏，前后二百余事，非卿至诚奉国，何能若是？"其年，迁尚书左丞。或有言征阿党亲戚者，帝使御史大夫温彦博案验无状。彦博奏曰："征为人臣，须存形迹，不能远避嫌疑，遂招此谤。虽情在无私，亦有可责。"帝令彦博让征，且曰："自今后不得不存形迹。"他日，征入奏曰："臣闻君臣协契，义同一体。不存公道，唯事形迹，若君臣上下，同遵此路，则邦之兴丧，或未可知。"帝瞿然改容曰："吾已悔之。"征再拜曰："愿陛下使臣为良臣，勿使臣为忠臣。"帝曰："忠、良有异乎？"征曰："良臣，稷、契、皋陶是也。忠臣，龙逢、比干是也。良臣使身获美名，君受显号，子孙传世，福禄无疆。忠臣身受诛夷，君陷大恶，家国并丧，空有其名。以此而言，相去远矣。"帝深纳其言，赐绢五百匹。

贞观二年，迁秘书监，参与朝政。征以丧乱之后，典章纷杂，奏引学者校定四部书。数年之间，秘府图籍，粲然毕备。

时高昌王麹文泰将入朝，西域诸国咸欲因文泰遣使贡献，太宗令文泰使人厌怛纥干往迎接之。征谏曰："中国始平，疮痍未复，若微有劳役，则不自安。往年文泰入朝，所经州县，犹不能供，况加于此辈。若任其商贾来往，边人则获其利，若为宾客，中国即受其弊矣。汉建武二十二年，天下已宁，西域请置都护，送侍子。光武不许，盖不以蛮夷劳弊中国也。今若许十国入贡，其使不下千人，欲使缘边诸州何以取

济？人心万端，后虽悔之，恐无所及。”上善其议。时厌怛纥干已发，遽追止之。

后太宗幸九成宫，因有宫人还京，憩于沣川县之官舍。俄又右仆射李靖、侍中王珪继至，官属移宫人于别所而舍靖等。太宗闻之，怒曰：“威福之柄，岂由靖等？何为礼靖而轻我宫人！”即令案验沣川官属及靖等。征谏曰：“靖等，陛下心膂大臣；宫人，皇后扫除之隶。论其委付，事理不同。又靖等出外，官吏访朝廷法式，归来，陛下问人间疾苦。靖等自当与官吏相见，官吏亦不可不谒也。至于宫人，供食之外，不合参承。若以此罪责县吏，恐不益德音，徒骇天下耳目。”帝曰：“公言是也。”乃释官吏之罪，李靖等亦寝而不问。

寻宴于丹霄楼，酒酣，太宗谓长孙无忌曰：“魏征、王珪，昔在东宫，尽心所事，当时诚亦可恶。我能拔擢用之，以至今日，足为无愧古人。然征每谏我不从，发言辄即不应，何也。”对曰：“臣以事有不可，所以陈论，若不从辄应，便恐此事即行。”帝曰：“但当时且应，更别陈论，岂不得耶？”征曰：“昔舜诫群臣：‘尔无面从，退有后言。’若臣面从陛下方始谏，此即‘退有后言’，岂是稷、契事尧、舜之意耶？”帝大笑曰：“人言魏征举动疏慢，我但觉妩媚，适为此耳。”征拜谢曰：“陛下导之使言，臣所以敢谏，若陛下不受臣谏，岂敢数犯龙鳞？”

是月，长乐公主将出降，帝以皇后所生，敕有司资送倍于永嘉长公主。征曰：“不可。昔汉明欲封其子，云‘我子岂与先帝子等？可半楚、淮阳’。前史以为美谈。天子姊妹为长公主，子为公主，既加‘长’字，即是有所尊崇。或可情有浅深，无容礼相逾越。”上然其言，入告长孙皇后，后遣使赍钱四十万、绢四百匹，诣征宅以赐之，寻进爵郡公。

七年，代王珪为侍中，尚书省滞讼有不决者，诏征评理之。征性非习法，但存大体，以情处断，无不悦服。

初，有诏遣令狐德棻、岑文本撰《周史》，孔颖达、许敬宗撰《隋史》，姚思廉撰《梁》《陈史》，李百药撰《齐史》。征受诏总加撰定，多所损益，务存简正。《隋史》序论，皆征所做，《梁》《陈》《齐》各为总论，时称良史。史成，加左光禄大夫，进封郑国公，赐物二千段。

征自以无功于国，徒以辩说，遂参帷幄，深惧满盈，后以目疾频表逊位。太宗曰：“朕拔卿于仇虏之中，任公以枢要之职，见朕之非，未尝不谏。公独不见金之在矿也，何足贵哉，良冶锻而为器，便为人所宝，朕方自比于金，以卿为良匠。卿虽有疾，未为衰老，岂得便尔？”其年，征又面请逊位，太宗难违之，乃拜征特进，仍知门下事。其后又频上四疏，以陈得失。

其一曰：

臣观自古受图膺运，继体守文，控御英杰，南面临下，皆欲配厚德于天地，齐高明于日月，本枝百代，传祚无穷。然而克终者鲜，败亡相继，其故何哉？所以求之失其道也。殷鉴不远，可得而言。

昔在有隋，统一寰宇，甲兵强盛，三十余年，风行万里，威动殊俗，一旦举而弃之，尽为他人之有。彼炀帝岂恶天下之治安，不欲社稷之长久，故行桀虐，以就灭亡哉？恃其富强，不虞后患，驱天下以从欲，罄万物以自奉。采域中之子女，求远方之奇异。宫宇是饰，台榭是崇，徭役无时，干戈不戢，外示威重，内多险忌。谗邪者必受其福，忠正者莫保其生。上下相蒙，君臣道隔，人不堪命，率土分崩。遂以四海之尊，殒于匹夫之手，子孙殄灭，为天下笑，深可痛哉！

圣哲乘机，拯其危溺，八柱倾而复正，四维绝而更张。远肃迩安，不逾于期月；胜残去杀，无待于百年。今宫观台榭，尽居之矣，奇珍异物，尽收之矣；姬姜叔媛，尽侍于侧矣；四海九州，尽为臣妾矣。若能鉴彼之所以亡，念我之所以得，日慎一日，虽休勿休。焚鹿台之宝衣，毁阿房之广殿，惧危亡于峻宇，思安处于卑宫，则神化潜通，无为而理，德之上也。若成功不毁，即仍其旧，除其不急，损之又损。杂茅茨于桂栋，参玉砌以土阶，悦以使人，不竭其力。常念居之者逸，作之者劳，亿兆悦以子来，群生仰而遂性，德之次也。若惟圣罔念，不慎厥终，忘缔构之艰难，谓天命之可恃。忽采椽之恭俭，追雕墙之侈靡，因其基以广之，增其旧而饰之。触类而长，不知止足，人不见德，而劳役是闻，斯为下矣。譬之负薪救火，扬汤止沸，以乱易乱，与乱同道，莫可则也，后嗣何观？则人怨神怒；人怨神怒，则灾害必下，而祸乱必作。祸乱既作，而能以身名令终者鲜矣。顺天革命之后，隆七百之祚，贻厥孙谋，传之万世，难得易失，可不念哉。

其二曰：

臣闻求木之长者，必固其根本；欲流之远者，必浚其泉源；思国之安者，必积其德义。源不深而岂望流之远，根不固而何求木之长。德不厚而思国之治，虽在下愚，知其不可，而况于明哲乎！人君当神器之重，居域中之大，将崇极天之峻，永保无疆之休。不念于居安思危，戒贪以俭，德不处其厚，情不胜其欲，斯亦伐根以求木茂，塞源而欲流长者也。

凡百元首，承天景命，莫不殷忧而道著，功成而德衰。有善始者实繁，能克终者盖寡，岂其取之易而守之难乎？昔取之而有余，今守之而不足，何也？夫在殷忧必竭诚以待下，既得志则纵情以傲物。竭诚则胡越为一体，傲物则骨肉为行路。虽董之以严刑，振之以威怒，终苟免而不怀仁，貌恭而不心服。怨不在大，可畏惟人。载舟覆舟，所宜深慎，奔车朽索，其可忽乎？

君人者，诚能见可欲则思知足以自戒，将有所作则思知止以安人，念高危则思谦冲而自牧，惧满溢则思江海而下百川，乐盘游则思三驱以为度，恐懈怠则思慎始而敬终，虑壅蔽则思虚心以纳下，想谗邪则思正身以黜恶，恩所加则思无因喜以谬赏，罚所及则思无因怒而滥刑。总此十思，弘兹九德，简能而任之，择善而从之，则智者尽其谋，勇者竭其力，仁者播其惠，信者效其忠。文武争驰，君臣无事，可以尽豫游之乐，可以养松乔之寿，鸣琴垂拱，不言而化。何必劳神苦思，代下司职，役聪明之耳目，亏无为之大道哉！

其三曰：

臣闻《书》曰："明德慎罚，惟刑恤哉！"《礼》云："为上易事，为下易知，则刑不烦矣。上多疑则百姓惑，下难知则君长劳矣。"夫上易事，下易知，君长不劳，百姓不惑。故君有一德，臣无二心，上播忠厚之诚，下竭股肱之力，然后太平之基不坠，"康哉"之咏斯起。当今道被华夷，功高宇宙，无思不服，无远不臻。然言尚于简大，志在于明察，刑赏之本，在乎劝善而惩恶，帝王之所以与天下为画一，不以亲疏贵贱而轻重者也。今之刑赏，未必尽然。或申屈在乎好恶，轻重由乎喜怒。遇喜则矜其刑于法中，逢怒则求其罪于事外，所好则钻皮出其毛羽，所恶则洗垢求其瘢痕。瘢痕可求，则刑斯滥矣；毛羽可出，则赏典谬矣。刑滥则小人道长，赏谬则君子道消。小人之恶不惩，君子之善不劝，而望治安刑措，非所闻也。

且夫暇豫清谈，皆敦尚于孔、老；威怒所至，则取法于申、韩。直道而行，非无三黜，危人自安，盖亦多矣。故道德之旨未弘，刻薄之风已扇。夫上风既扇，则下生百端，人竞趋时，则宪章不一，稽之王度，实亏君道。昔州黎上下其手，楚国之法遂差；张汤轻重其心，汉朝之刑以弊。

人臣之颇僻，犹莫能申其欺罔，况人君之高下，将何以措其手足乎！以睿圣之聪明，无幽微而不烛，岂神有所不达，智有所不通哉？安其所安，不以恤刑为念；乐其所乐，遂忘先笑之变。祸福相倚，吉凶同域，唯人所召，安可不思。顷者责罚稍多，威怒微厉，或以供给不赡，或以人不从欲，皆非致治之所急，实乃骄奢之攸渐。是知贵不与骄期而骄自来，富不与奢期而奢自至，非徒语也。

且我之所代，实在有隋。隋氏乱亡之源，圣明之所临照。以隋氏之甲兵，况当今之士马；以隋氏之府藏，譬今日之资储，以隋氏之户口，校今时之百姓，度长计大，曾何等级？然隋氏以富强而丧败，动之也；我以贫寡而安宁，静之也。静之则安，动之则乱，人皆知之，非隐而难见也，微而难察也。鲜蹈平易之涂，多遵覆车之辙，何哉？在于安不思危，治不念乱，存不虑亡之所致也。昔隋氏之未乱，自谓必无乱；隋氏之未亡，自谓必不亡。所以甲兵屡动，徭役不息，至于身将戮辱，竟未悟其灭亡之所由也。可不哀哉！

夫鉴形之美恶，必就于止水，鉴国之安危，必取于亡国。《诗》曰："殷鉴不远，在夏后之世。"又曰："伐柯伐柯，其则不远。"臣愿当今之动静，思隋氏以为鉴，则存亡治乱，可得而知。若能思其所以危，则安矣；思其所以乱，则治矣；思其所以亡，则存矣。存亡之所在，节嗜欲以从人，省畋游之娱，息靡丽之作，罢不急之务，慎偏听之怒。近忠厚，远便佞，杜悦耳之邪说，听苦口之忠言。去易进之人，贱难得之货，采尧、舜之诽谤，追禹、汤之罪己，惜十家之产，顺百姓之心，近取诸身，恕以待物，思劳谦以受益，不自满以招损。有动则庶类以和，出言而千里斯应，超上德于前载，树风声于后昆。此圣哲之宏规，帝王之盛业，能事斯毕，在乎慎守而已。

夫守之则易，取之实难，既得其所以难，岂不能保其所以易。其或保之不固，则骄奢淫泆动之也，慎终如始，可不勉欤！《易》云："君子安不忘危，存不忘亡，治不忘乱，是以身安而国家可保。"诚哉斯言，不可以不深察也。伏惟陛下欲善之志，不减于昔时；闻过必改，少亏于曩日，若能以当今之无事，行畴昔之恭俭，则尽善尽美，固无得而称焉。

其四曰：

臣闻为国之基，必资于德礼；君子所保，惟在于诚信。诚信立则下无二心，德礼形则远人斯格。然则德礼诚信，国之大纲，在于父子君臣，不可斯须而废也。故孔子曰："君使臣以礼，臣事君以忠。"又曰："自古皆有死，人无信不立。"文子曰："同言而信，信在言前；同令而行，诚在令外。"然则言而不行，言不信也；令而不从，令无诚也。不信之言，无诚之令，为上则败国，为下则危身，虽在颠沛之中，君子所不为也。

自王道休明，十有余载，威加海外，万国来庭，仓廪日积，土地日广。然而道德未益厚，仁义未益博者，何哉？由乎待下之情未尽于诚信，虽有善始之勤，未睹克终之美故也。其所由来者渐，非一朝一夕之故。昔贞观之始，闻善若惊，暨五六年间，犹悦以从谏。自兹厥后，渐恶直言，虽或勉强，时有所容，非复曩时之豁如也。謇谔之士，稍避龙鳞；便佞之徒，肆其巧辩。谓同心者为朋党，谓告讦者为至公，谓强直者为擅权，谓忠谠者为诽谤。谓之朋党，虽忠信而可疑；谓之至公，虽矫伪而无咎。强直者畏擅权之议，忠谠者虑诽谤之尤。至于窃斧生疑，投杼致惑，正人不得尽其言，大臣莫能与之诤。荧惑视听，郁于大道，妨化损德，其在兹乎？故孔子恶利口之覆邦家，盖为此也。

且君子小人，貌同心异。君子掩人之恶，扬人之善，临难无苟免，杀身以成仁。小人不耻不仁，不畏不义，唯利之所在，危人以自安。夫苟在危人，则何所不至。今将求致治，必委之于君子；事有得失，或访之于小人。其待君子也则敬而疏，遇小人也必轻而狎，狎则言无不尽，疏则情或不通。是毁誉在于小人，刑罚加于君子，实兴丧所在，亦安危所系，可不慎哉！夫中智之人，岂无小慧，然才非经国，虑不及远，虽竭力尽诚，犹未免于倾败；况内怀奸利，承颜顺旨，其为祸患，不亦深乎？故孔子曰："君子或有不仁者焉，未见小人而仁者。"然则君子不能无小恶，恶不积无妨于正道；小人或时有小善，善不积不足以立忠。今谓之善人矣，复虑其有不信，何异夫立直木而疑其影之不直乎？虽竭精神，劳思虑，其不可亦已明矣。

夫君能尽礼，臣得竭忠，必在于内外无私，上下相信。上不信则无以使下，下不信则无以事上，信之为义大矣哉！故自天佑之，吉无不利。昔齐桓公问于管仲曰："吾欲酒腐于爵，肉腐于俎，得无害于霸乎？"管仲曰："此极非其善者，然亦无害霸也。"公曰："何如而害霸乎？"曰："不能知人，害霸也；知而不能用，害霸也；用而不能信，害霸也；既信而又使小人参之，害霸也。"晋中行穆伯攻鼓，经年而不能下，馈间伦曰："鼓之啬夫，间伦知之，请无疲士大夫而鼓可得。"穆伯不应。左右曰："不折一戟，不伤一卒，而鼓可得，君奚为不取？"穆伯曰："间伦之为人也，佞而不仁。若间伦下之，吾不可以不赏。赏之，是赏佞人也。佞人得志，是使晋国之士舍仁而为佞，虽得鼓，将何用之？"夫穆伯列国大夫，管仲霸者之佐，犹慎于信任，远避佞人也如此，况乎为四海之大君，应千龄之上圣，而可使巍巍之盛德，复将有所间然乎？

若欲令君子小人是非不杂，必怀之以德，待之以信，厉之以义，节之以礼，然后善善而恶恶，审罚而明赏。则小人绝其佞邪，君子自强不息，无为之化，何远之有。善善而不能进，恶恶而不能去，罚不及于有罪，赏不加于有功，则危亡之期，或可未保，永锡祚胤，将何望哉！

太宗手诏嘉美，优纳之。尝谓长孙无忌曰："朕即位之初，上书者或言'人主必须威权独运，不得委任群下'；或欲耀兵振武，慑服四夷。唯有魏征劝朕'偃革兴文，布德施惠，中国既安，远人自服'。朕从其语，天下大宁。绝域君长，皆来朝贡，九夷重译，相望于道。此皆魏征之力也。"

太宗尝嫌上封者众，不近事实，欲加黜责。征奏曰："古者立诽谤之木，欲闻己过，今之封事，谤木之流也。陛下思闻得失，只可恣其陈道。若所言衷，则有益于陛下；若不衷，无损于国家。"太宗曰："此言是也。"并劳而遣之。

后太宗在洛阳宫，幸积翠池，宴群臣，酒酣各赋一事。太宗赋《尚书》曰："日昃玩百篇，临灯披《五典》。夏康既逸豫，商辛亦流湎。恣情昏主多，克己明君鲜。灭身资累恶，成名由积善。"征赋西汉曰："受降临轵道，争长趣鸿门。驱传渭桥上，观兵细柳屯。夜宴经柏谷，朝游出杜原。终藉叔孙礼，方知皇帝尊。"太宗曰："魏征每言，必约我以礼也。"寻以修定《五礼》，当封一子为县男，请让孤兄子叔慈。太宗怆然曰："卿之此心，可以励俗。"遂许之。

十二年，礼部尚书王珪奏言："三品以上遇亲王于涂，皆降乘，违法申敬，有乖仪准。"太宗曰："卿辈皆自崇贵，卑我儿子乎？"征进曰："自古迄兹，亲王班次三公之下。今三品皆曰天子列卿及八座之长，为王降乘，非王所宜当也。求诸故事，则无可凭，行之于今，又乖国宪。"太宗曰："国家所以立太子者，拟以为君也。然则人之修短，不在老少，设无太子，则母弟次立。以此而言，安得轻我子耶？"征曰："殷家尚质，有兄终弟及之义；自周以降，立嫡必长，所以绝庶孽之窥觎，塞祸乱之源本，有国者之所深慎。”于是遂可珪奏。会皇孙诞育，召公卿赐宴，太宗谓侍臣曰：“贞观以前，从我平定天下，周旋艰险，玄龄之功，无所与让。贞观之后，尽心于我，献纳忠谠，安国利民，犯颜正谏，匡朕之违者，唯魏征而已。古之名臣，何以加也。”于是亲解佩刀以赐二人。

征以戴圣《礼记》编次不伦，遂为《类礼》二十卷，以类相从，削其重复，采先儒训注，择善从之，研精覃思，数年而毕。太宗览而善之，赐物一千段，录数本以赐太子及诸王，仍藏之秘府。

先是，遣使诣西域立叶护可汗，未还，又遣使多赍金银帛历诸国市马。征谏曰：“今以立可汗为名，可汗未定，即诣诸国市马，彼必以为意在市马，不为专意立可汗。可汗得立，则不甚怀恩。诸蕃闻之，以为中国薄义重利，未必得马而失义矣。昔汉文有献千里马者，曰：吾凶行日三十里，吉行五十里，銮舆在前，属车在后，吾独乘千里马将安之？乃赏其道里所费而返之。汉光武有献千里马及宝剑者，马以驾鼓车，剑以赐骑士。陛下凡所施为，皆邈逾三王之上，奈何至于此事，欲为孝文、光武之下乎？又魏文帝欲求市西域大珠，苏则曰：‘若陛下惠及四海，则不求自至，求而得之，不足为贵也。’陛下纵不能慕汉文之高行，可不畏苏则之言乎？”太宗纳其言而止。

时公卿大臣并请封禅，唯征以为不可。太宗曰：“朕欲卿极言之。岂功不高耶？德不厚耶？诸夏未治安耶？远夷不慕义耶？嘉瑞不至耶？年谷不登耶？何为而不可？”对曰：“陛下功则高矣，而民未怀惠；德虽厚矣，而泽未滂流；诸夏虽安，未足以供事；远夷慕义，无以供其求；符瑞虽臻，罻罗犹密；积岁丰稔，仓廪尚虚。此臣所以窃谓未可。臣未能远譬，且借喻于人。今有人十年长患瘵，治且愈，此人应皮骨仅存，便欲使负米一石，日行百里，必不可得。隋氏之乱，非止十年，陛下为之良医，疾苦虽已□安，未甚充实，告成天地，臣窃有疑。且陛下东封，万国咸萃，要荒之外，莫不奔走。今自伊、洛以东，暨乎海岱，灌莽巨泽，苍茫千里，人烟断绝，鸡犬不闻，道路萧条，进退艰阻，岂可引彼夷狄，示以虚弱？竭财以赏，未厌远人之望，重加给复，不偿百姓之劳。或遇水旱之灾，风雨之变，庸夫横议，悔不可追。岂独臣之恳诚，亦有舆人之诵。”太宗不能夺。是后，右仆射缺，欲拜之，征固让乃止。

及皇太子承乾不修德业，魏王泰宠爱日隆，内外庶僚，并有疑议。太宗闻而恶之，谓侍臣曰：“当今朝臣忠謇，无逾魏征，我遣傅皇太子，用绝天下之望。”十六年，拜太子太师，知门下省事如故。征自陈有疾，诏答曰：“汉之太子，四皓为助，我之赖公，即其义也。知公疾病，可卧护之。”

其年，称绵惙，中使相望。征宅先无正寝，太宗欲为小殿，辍其材为征营构，五日而成。遣中使赍素褥布被而赐之，遂其所尚也。及病笃，舆驾再幸其第，抚之流涕，问所欲言，征曰：“嫠不恤纬，而忧宗周之亡。”后数日，太宗夜梦征若平生，及旦而奏征薨，时年六十四。太宗亲临恸哭，废朝五日，赠司空、相州都督，谥曰文贞，给羽葆鼓吹、班剑四十人，赙绢布千段，米粟千石，陪葬昭陵。及将祖载，征妻裴氏曰：“征平生俭素，今以一品礼葬，羽仪甚盛，非亡者之志。”悉辞不受，竟以布车载柩，无文彩之饰。太宗登苑西楼，望丧而哭。诏百官送出郊外。帝亲制碑文，并为书石。其后追思不已，赐其实封九百户。尝临朝谓侍臣曰：“夫以铜为镜，可以正衣冠；以古为镜，可以知兴替；以人为镜，可以明得失。朕常保此三镜，以防己过。今魏征殂逝，遂亡一镜矣！征亡后，朕遣人至宅，就其书函得表一纸，始立表草，字皆难识，唯前有数行，稍可分辨，云：‘天下之事，有善有恶。任善人则国安，用恶人则国乱。公卿之内，情有爱憎。憎者唯见其恶，爱者唯见其善。爱憎之间，所宜详慎，若爱而知其恶，憎而知其善，去邪勿疑，任贤勿贰，可以兴矣。’其遗表如此。然在朕思之，恐不免斯事。公卿侍臣，可书之于笏，知而必谏也。”

征状貌不逾中人，而素有胆智。每犯颜进谏，虽逢王赫斯怒，神色不移。尝密荐中书侍郎杜正伦及吏部尚书侯君集有宰相之材。征卒后，正伦以罪黜，君集犯逆伏诛，太宗始疑征阿党。征又自录前后谏诤言辞往复以示史官起居郎褚遂良。太宗知之，愈不悦。先许以衡山公主降其长子叔玉，于是手诏停婚，顾其家渐衰矣。

征四子。叔玉、叔琬、叔璘、叔瑜。叔玉袭爵国公，官至光禄少卿；叔瑜至潞州刺史；叔璘礼部侍郎，则天时为酷吏所杀。

神龙初，继封叔玉子膺为郑国公。

叔瑜子华，开元初太子右庶子。

【译文】

魏征，字玄成，钜鹿县曲城人。父亲魏长贤，任北齐屯留县令。魏征少年时孤苦贫穷，但风流洒脱，胸怀大志，不去谋生，出家做了道士。他喜好读书，往往能融会贯通。看到天下一天天混乱，便特别留意起纵横学说。

隋朝大业末年，武阳郡丞元宝藏起兵响应李密，召魏征掌管文书。李密每次见到元宝藏的书信，都要称赞一番，当他得知这些书信都出自魏征之手，立即派人把魏征召去。魏征向李密提出十条计策，李密虽然称奇却不采用。及至王世充在洛口攻打李密，魏征对李密的长史郑颋说："魏公（李密）虽然迅速取胜，但精兵强将死伤太多，加之军队没有钱物，有功将士得不到奖赏，士气低落。这两点使他的军队难于应敌。不如深挖沟，高筑墙，拖延时日，这样不出十天半月，敌人粮草用尽，就可以不战而退敌，此时再追击消灭敌人，这是取胜之道。而且东都洛阳粮尽，王世充无计可施，就要死战，可以说被逼入绝境的敌人很难与他争锋。请慎重考虑，不要与敌人交战。"郑颋说："这些不过是老生常谈。"魏征说："这是奇谋深策，怎么说是常谈？"于是拂袖而去。

等到李密失败，魏征随他一同降唐，来到京城。魏征很久得不到赏识，便自己请求去安抚山东地区。于是他被授为秘书丞，乘驿马赶到黎阳。当时徐世勣还在效忠李密，聚众一方，魏征投书徐世勣，信中写道：

自从隋末战乱分裂，争夺天下的群雄跨州连郡，数不胜数。魏公叛隋而起，振臂疾呼，四方响应，驱驰万里，追随之众如云合雾聚，以数十万计，威风所至，几达半壁天下。在洛口攻破王世充，在黎山摧毁宇文化及，正要西蹈咸阳，北夺玄阙，扬旌旗于瀚海，饮战马于渭川，却以百战百胜的神威败为奔亡逃命的穷寇。因此可知帝王之位，自有所归，不是奋力争夺就能得到的。为此，魏公念及皇帝眷顾，毫不迟疑西入函谷关。您生于乱世，感念魏公的知遇之恩。如今依靠的根基已撤，您却不改初衷，纠集残余部众，固守一隅。使王世充以乘胜余勇，不敢东向，窦建德顺有利之势，不敢南攻。您的英名足以传扬今古。然而谁没有好的开端呢？要想有好的结局却不易。背离唐还是归附唐是关系您安危的大计。如果接受唐的封爵，领受封地，那么九族都可以享受余荫；若误投他人，那么您就连自身也无法保全。前代已有教训，您已耳闻目睹。孟贲只因犹豫不决，就使童子先他一步，征兆一出现，应当立即把握，不能等到明天。现在您位于兵家必争之地，处在须尽快决断的关头，若再迟疑不决，坐观成败，恐怕凶顽狡诈之徒就会抢先一步萌生献地降唐之心，那样的话您的大势就无可挽回了。

徐世勣得到书信，便定计遣使归附唐朝，并开仓运粮，供应淮安王神通的军队。

不久窦建德率部众南下，攻占黎阳，俘获魏征，让他任起居舍人。等到窦建德被俘，他又和裴矩一起西行入关归唐。隐太子李建成听说他的名声，引荐他做太子洗马，对他十分尊敬。魏征看到太宗李世民的功业日盛一日，常劝建成对他早做防备。及至建成失败，太宗派人召来魏征，对他说："你挑拨我们兄弟二人的关系，这是为什么？"魏征回答："皇太子若是听从我的话，绝不会有今日的灾祸了。"太宗一直很器重他，引荐他做詹事主簿。太宗继位后，升魏征为谏议大夫，封钜鹿县男，派他去安抚河北地区，并准许他遇事相机处理，不必请示。魏征行至磁州，遇到李建成的东宫千牛李志安和齐王护军李思行正被枷梏押往京城。魏征对副使李桐客说："我辈接受使命之日，原东宫太子府、齐王府的人，都已被圣命赦免，不再问罪。现在却又押送思行问罪，别人谁能不自生疑心，徒然派使臣前去，他们一定不会相信。这真是差之毫厘，失之千里。况且只要于国家有利，就该知无不为，宁可殃及自身，也不可败坏国家大计。现在如果放还思行，不向他问罪，那么朝廷信义能够感化之处，就会无远不及。古时，卿大夫出使边地，只要于国家有利的事，就可以专断，何况此次出行，允许我们有遇事随时处理、不必请示的权利。皇上既把我们当国士对待，我们怎么能够不以国士的身份行事以报效皇上呢？"他们立即开释思行等人，过后据实上报，太宗十分高兴。

太宗初即位，励精图治，多次领魏征进卧室，询问施政得失。魏征很有治国的才略，并且性情耿直，无所屈服。太宗与他谈话后，总是欣然采纳他的意见，他也欣喜遇到知己的君主，力图竭尽所能，知无不言。太宗曾慰劳他说："卿所陈述劝谏的事，前后共有二百余条，如果不是卿竭诚为国效力，怎么能如此？"这一年，魏征升任尚书左丞。有人传言魏征偏袒自己的亲戚，皇帝派御史温彦博调查证明传言不实。温彦博奏报说："魏征身为朝臣，应该检点自己的言行举止，他却不能避开嫌疑，所以招来这些非议。虽然在情理上他并没有徇私，但也有该受责备的地方。"皇帝命温彦博去责备魏征，并且说："从今以后不可不注意自己行为的影响。"过了几天，魏征入朝上奏道："臣听说君臣和协默契，二者道义上如同一个整体。哪有弃公道于不顾，只追求个人行为影响的。如果君臣上下，都按这条道路行事，那么国家的兴亡就不可预知了。”皇帝吃惊地变了脸色，说：“我已经悔悟了。”魏征再次叩拜说：“希望陛下让臣做良臣，不要让臣做忠臣。”皇帝说：“难道忠和良还有区别吗？”魏征答：“稷、契和皋陶就是良臣，而龙逄、比干则是忠臣。良臣能使自身获得美名，君主也获得显赫的尊号，并且子孙相传，福禄无穷。忠臣却不但自己遭杀身之祸，也使君主陷于罪恶深重的境地，自家、国家一同毁灭，只是空得一个忠臣的美名。由此而言，忠和良相差太远了。”皇帝诚恳地接受了他的意见，并赐给他五百匹绢。

贞观二年，魏征迁秘书监，开始参与朝政。他提出战乱过后，典籍章册纷零杂乱，奏请选派学者校定经、史、子、集四部书，几年之内，国家书库的典藏已是洋洋大观、十分齐备了。

其时高昌国王麴文泰即将入京朝见，西域各国都想随文泰一行派使朝贡，太宗命令文泰的使臣厌怛纥干前往迎接他们。魏征劝阻说：“中国刚刚安定，还没有从战争的创伤中恢复过来，如果稍有劳役，就会使自身不安定。往年文泰一人入朝，一路经过的州县都供他不起，更何况又加上这些来使。如果听任他们的商贾往来经商，边地的人还可以从中获利，但若作为宾客，中国很快就会受到他们的困累。东汉建武二十二年时，天下已经安定，西域请求汉设置都护，并遣送子弟入汉侍奉天子。光武皇帝没有同意，就是因为不想为了异族而使中国劳顿困竭。现在如果准许十国入朝进贡，十国的使臣不少于千人，想要让沿边各州拿什么来接待他们呢？人心万种，日后虽然后悔，恐怕也于事无补了。”皇帝认为他的意见很好。这时厌怛纥干已启程，于是立即派人去追赶并阻止他。

后来，太宗游幸九成宫。因为有宫女要回京城，她们就住在沛川县的官舍里，不久右仆射李靖、侍中王珪相继到来，县里官吏把宫女从官舍移走，而让李靖等人住下。太宗得知后恼怒地说：“威福的权柄难道归李靖这几个人吗？为什么优礼接待李靖而怠慢我的宫女。”随即下令查处沛川县官员和李靖等人。魏征劝阻说：“李靖他们几人是陛下的心腹大臣，而宫女是替皇上皇后清扫的奴婢，若论他们各自的职守，完全不是一回事。何况李靖等人外出，各地官吏要向他们打听朝廷的纲纪，回朝后，陛下也要向他们询问民间的疾苦。李靖等人自然应当与下面的官吏见面，下面的官吏也不能不去参见大臣。至于宫女，除了供给她们饮食之外，并不需要另外参见逢承。如果以此为罪责罚县吏，恐怕不利于陛下仁德的名声，只会使天下人听说后惊骇。”太宗说：“你的话很对。”于是宣布县官无罪，对李靖等人也不再责问。

不久太宗在丹霄楼设宴。酒兴正浓时，太宗对长孙无忌说：“魏征、王珪过去在东宫做事尽心竭力，当时也实在可恶。我能提拔他们，一直到今天，完全算得上无愧于古人了。但是魏征每次劝谏，我不听从时，我说的话他总不立即回答，这是为什么？”长孙无忌回答：“大臣们认为事情不妥，所以才陈述意见，如果陛下不听从而大臣马上回答，就恐事情会立即实行。”皇帝说：“当时姑且先答应，过后再另外陈述意见，不是就可以了吗？”魏征说：“往昔舜告诫群臣：‘你们不要当面顺从我，退下后又有话说。’如果臣当面顺从陛下，回去后又要进谏，这就叫‘退下后又有话说’，这哪里是稷、契用来侍奉尧、舜的心志呢。”皇帝大声笑道：“人家都说魏征举止粗疏傲慢，我却只觉得他柔媚，刚才的事就是这样。”魏征拜谢道：“陛下引导臣，让臣讲话，所以臣才敢进谏。如果陛下不接受臣的劝谏，臣岂敢屡次冒犯陛下？”

当月，长乐公主将要下嫁，皇帝认为她是皇后所生，因此命主管官员送去的陪嫁比永嘉长公主多一倍。魏征说：“不行。过去汉明帝要封自己的儿子时说：‘我的儿子怎么可以与先帝的儿子同等待遇呢？只可以给他相当于楚王、淮阳王一半的封土。’这件事被前代的史书传为美谈。天子的姐妹称长公主，女儿称公主。既然加上‘长’字，就表示尊崇的意思。或许对她们的感情可以有深浅之分，但是在礼遇上却不能越制。”皇帝同意他的话，回去后告诉给长孙皇后。皇后派人带上钱四十万、绢四百匹，到魏征家中赏赐给他。不久他的爵位进为郡公。

贞观七年，魏征代替王珪任侍中，尚书省有迟迟判决不下的案子，皇上命令魏征评断。魏征本不熟悉法律，他只是依据大的原则，按情理断处，没有人不心悦诚服。

当初皇帝下诏令，派令狐德棻、岑文本撰写《周史》，派孔颖达、许敬宗撰写《隋史》，派姚思廉撰写《梁史》《陈史》，李百药撰写《齐史》。魏征奉诏统一修订，对上面各书有多处删改，力求简明无误。《隋史》的序和论，都是魏征所作，他还为《梁史》《陈史》《齐史》各书写了总论。当时这几部书被称为良史。史书修成以后，魏征升左光禄大夫，进封为郑国公，受赐彩帛两千段。

魏征自认为对国家没有功劳，只是因为能言善辩，才参与国事的决策，生怕荣宠太过，后来便以眼疾为由多次上表辞官。太宗说：“朕把卿从仇敌的阵营中提拔起来，让卿担任机要的职务，卿见到朕的过失，也从来没有不加以劝谏的。卿难道看不见，金属埋在矿里时，哪里值得珍惜，擅长冶炼的良匠把它锻造后制成器具，才被世人看作宝物。朕把自己比作金属，把卿比作良匠。卿虽然有病，却没有衰老，怎么能让卿就辞官呢？”这一年，魏征又当面向太宗请求辞官，太宗难于违背他的要求，于是拜他为特进，依旧让他掌管门下省政务。其后魏征又连上四篇章疏，论述治国成功与失败的经验。

第一篇说：

臣考察自古以来凡接受版图配享天命、承继帝位恪守成法、统御英豪君临天下者，都希望道德崇厚达于天地，神思睿智与日月同辉，子孙百代，国运相传，没有穷尽。但是能够保全天下的很少，一个个相继败亡，这是什么缘故呢？我为此探求他们失败的原因。历史教训并不遥远，可以求得为陛下言说。

往昔隋朝，统一天下，军势强盛，三十余年间风行万里，声威远震异域，然而一旦举天下而弃之，天下便都为他人所有。难道他隋炀帝不喜欢天下太平安定，不想使国家命运长远，而故意像夏桀那样施行虐政，以致走向败亡吗？就是因为他自恃国家富强，不思虑以后的祸患。驱使天下人以放纵一己的私欲，耗尽天下资财以供自己享用，搜寻天下美女，求取远方珍奇异物，宫殿室宇务求装饰华丽，楼台亭榭务求建筑巍峨，徭役不息，战事不断，对外耀武扬威，内部危机四伏，奸诈邪恶者必定从中获福，忠臣义士不能保全性命。上下欺骗，君臣猜忌，百姓不堪重负，国家分崩离析，于是天下至尊之主死在匹夫手下，子孙也遭诛戮，最终为天下人耻笑，真是太让人痛惜了。

圣人贤哲善于把握时机，挽救危急沉沦的局势。支撑苍穹的八根立柱倾倒能使它重新竖起来，礼义廉耻四义沦丧能使它重新光大，不出十天半月，可使远近整肃安定，无须等待百年，便可使恶人归善而废除刑杀。如今隋朝的宫观楼台都已住上，珍奇异物都已收齐，又有妻妾嫔妃在身旁服侍，四海九州也已称臣称妾了。如果能够以隋亡的教训为鉴，记住我唐朝所以得天下的原因，一天比一天谨慎，虽政绩良好而不自以为好，焚烧商纣王鹿台的宝衣，捣毁秦始皇阿房宫宽广的殿堂，身处高大的宫殿便忧惧国家危亡，身居卑陋的宫室才能安然处之，那么就会暗通神灵化境，使天下无为而治，这是德之中最上乘的境界。如果不毁弃已经完成的功业，继续按照成规行事，停罢并非急需之务，将用度减损之后再减损，雕梁画栋间参以茅草，玉石台阶旁杂以土台，以和悦役使百姓而不穷竭民力，时常想到坐享其成者已十分安逸，劳作者却十分辛苦，百姓因愉悦而归顺，众生因仰慕而安守本分，这是德之中次一等的境界。如果不思念圣贤之道，不顾及日后的结局，忘却创业的艰难，自以为可以依恃天命，忽视建筑的俭朴，追求雕墙画栋的奢侈靡费，前代的宫室要拓宽，旧物添新再加粉饰，遇到相类似之物必定与之攀比、一争高下，而不想到适可而止，人们看不到德政，只听说无休止的劳役，这是德之中最下等的。这样做就如同背负柴草去救火，泼上开水以制止沸腾，这是以新乱代替旧乱，与原有的乱如出一辙，切不可以效法。这样做后果如何？会使天怒人怨。天怒人怨，就必定遭受灾害、引发祸乱。一旦祸乱发生，便很少有国君能够保全自家性命、留下美好名声的了。顺应天命改朝换代之后，国运兴盛七百年。这七百年的江山谁都想把它留给后人，传续万代。然而得天下难、失天下易，难道还不认真想一想吗！

第二篇说：

臣听说要想树木茂盛，必须使它的根部扎得牢固；要想河水流得长远，必须疏浚它的源头；要想使国家安泰，必须积聚德政义行。源头不深怎么能希望河流长远，根部扎得不牢哪有树木的繁茂。德行不崇厚却希望国家大治，臣虽愚钝，也知道不行，更何况贤明圣哲呢。君主掌握国家的重权，居宇宙间道、天、地、王四大之一，其尊崇与上天一样高峻，应永保福运无疆。如果不想到居安思危，以节俭戒除贪婪，不能使德行聚累崇厚，不能用情理战胜欲望，这也就如同砍伐树根而想使它茂盛、阻塞源头而想使河流长远一样。

一切帝王，承受上天之命，没有不是深怀忧惧而治绩卓著、功业告成而德行衰微的。有良好开端的实在很多，能够贯彻到底的却很少。难道是夺取江山容易守护江山难吗？昔日夺取时力有余，如今守卫却力不足，原因何在？原来深怀忧患时必定竭尽诚心对待下面的人，已经实现志向后就会放纵自己，傲视一切。如果竭尽诚心，那么就会四海结为一家，如果傲视一切，那么至亲骨肉也会视同路人。虽以严刑管束、以威怒震摄，终究也只是免于刑罚而并不感念仁德，外表恭顺而内心不服。怨愤不在大小，可畏惧的是众人。(众人如水)水可以载舟，也可以覆舟，这是应该十分谨慎对待的；腐朽的绳索套着奔驰的车辆，这种危险是可以忽视的吗？

为人君主者，如果能做到见到引起贪欲之物就想到知足以警诫自己；将要有所举措时就想到应当适可而止以使百姓安定；每念身居高位面临危殆就想到谦虚淡泊以自处；惧怕满盈而溢出就想到要如江海那样低下以容纳百川；以巡游为乐就想到天子射猎应以三驱为限；恐怕松懈倦怠就要想到做事应当谨慎地开始、兢兢业业地结束；忧虑壅塞蒙蔽就要想到应虚心待人以接纳下面的意见；思虑谗言邪说就要想到端正自身以去除邪恶；有所赏赐就该想到不因个人喜好而误赏；有所惩罚就要想到不因盛怒而滥用刑罚。总结这“十思”，弘扬九德，选拔有才能者任用，择取好的意见听从，那么聪明的人就会献出全部智谋，勇敢的人就会献出全部力量，仁慈的人就会传播他们的恩惠，诚信的人就会贡献全部忠心。文臣武将争相效力，君臣之间没有嫌隙。这样就可以尽享悠游之乐，可以颐养天年、弹琴鸣曲，垂衣拱手，无须烦言而教化已成。何必劳费精神，苦苦思虑，代替臣下履行各自的职责，役使聪明的耳目，而有亏“无为而治”的大道呢！

第三篇说：

臣听《尚书》说：“崇显道德而慎用刑罚，用刑务求慎重不滥！”《礼记》说：“君主易于侍奉，臣民易于了解，那么刑罚就不至苛繁。如果君上多猜忌之心，百姓就会困惑；如果臣民难于了解，君上就要操劳。”君主易于侍奉，臣民易于了解，君主不操劳，臣民不困惑。君主有专一的美德，臣民就不会萌生异心，君主以忠厚的诚心待下，臣下就会效辅佐之力，这样太平的基业才不致坠亡，“康哉”的赞颂就会响起。当今圣道遍及华夏和异邦，功劳高达于宇宙，无处不归服，无远不向化。然而言谈崇尚简要，心志贵在明察。刑罚赏赐的本意在于劝善惩恶。帝王之所以要划一天下，就在于不因亲疏贵贱而使赏罚轻重不一。如今的刑罚和赏赐未必都适当，是非曲直以个人的好恶为准，赏罚的轻重视个人的喜怒而定。高兴时依法慎重量刑，发怒时则在事实之外寻找罪名。对于喜爱的人，不惜以皮上钻孔显露羽毛般的夸张去赞美，对于厌恶的人，则把瘢痕当作污点加以挑剔。瘢痕可以找到，刑罚就可以滥施，羽毛不难显露，赏赐便可以谬加。滥用刑罚，小人之道大张，赏赐失当，君子之道消亡。小人的恶行得不到惩处，君子的善举得不到鼓励，却希望天下安定，刑罚弃置不用，这样的事臣没有听说过。

而且闲暇清淡时，都信奉、推崇孔子、老子；一旦发威动怒，则效法申不害、韩非。凭道义行事，也难保不会被三次罢官；危害他人保全自己，这样的事大约也有许多。因此道德的宗旨没有弘扬，而刻薄的风气大涨。上面已兴起风气，下面就会不断滋生事端。人人争相追逐时尚，法度规章便会不一致。稽考王者法度，这样实在有亏人君之道。昔日伯州黎与人串通作弊，楚国的法律于是败坏；张汤量刑轻重不一，汉朝的刑律便有偏差。臣下的偏颇，人们尚且不能申明他的欺瞒，更何况君主倚高倚低，将使下面何以适从呢！以圣上的聪明才智，应该无所不知。难道是神思有所不及，睿智有所不通吗？这是因为安于现状便不考虑刑罚须谨慎，乐于眼前便忘记先笑难免日后祸变。祸福相互依赖，凶吉连在一起，只在于人们自己招致，怎么可以不慎重考虑！近来对下责罚稍多，威怒稍盛，或由于供应物品不足，或由于不能顺遂自己的欲望，都不是达到天下太平所急须的事务，实际上是骄纵奢侈在渐渐滋长。由此可知尊贵没有与骄傲相约而骄傲自会到来，富足没有与奢侈相约而奢侈自会来到，这并不只是说说而已。

况且我朝所取代的是隋朝，隋朝祸乱灭亡的根源，应该是圣上明君所应对照思考的。以隋朝的兵马，比当今的军力；以隋朝的库藏，比当今的储备；以隋朝的户口，比当今的百姓；衡量两者的长短大小，有多大的差别呀！然而隋朝以富国强兵而丧乱败亡，因为国家动荡；我朝却以贫国寡民而邦国安宁，因为国家平静。以静治国则天下安定，以动治国则天下离乱，人人都明白这个道理，并非隐蔽不明显、细微难于觉察。但很少有人走平坦易行的道路，大多却跟从翻车的辙印，原因何在？就在于安定时不思虑危难，太平时想不到战乱，生存时不忧惧灭亡。往昔隋朝未乱时，自以为一定不会乱，未灭亡时，自以为一定不会亡。因此屡屡兴兵打仗，徭役不止，以至于自身行将被杀受辱，竟然还不知道灭亡的原因，不是很可悲吗？

照看相貌的美丑，一定要去静止的水面；照看国家的安危，一定要吸取亡国的教训。《诗经》说："殷朝的借鉴不远，就在夏朝。"又说："砍伐树枝做斧柄，斧柄尺度并不远。”臣希望当今有所举动时，要把隋朝作为镜子，那么存亡治乱的道理便可以明白了，若能想到隋朝危机的原因，就会安定；想到隋朝祸乱的原因，就会太平；想到隋朝灭亡的原因，就会长存。生存还是灭亡就在于：节制嗜好欲望以顺从他人，减少游猎的娱乐，制止靡费华丽的兴作，停办并非急需的事务，小心因偏听而犯怒，接近忠诚敦厚者，疏远巧言媚宠者，杜绝悦耳的邪说，听取逆耳忠言，使善于钻营的人远去，使稀罕的货物轻贱。采用尧舜树立诽谤之木的做法；追念夏禹、商汤责罚自己的美德。珍惜民产，顺应民心，近取自身为则，以宽恕待人接物，想到勤劳谦和可以受益，不要因自满而招致损害。这样便能有所动作而万众相和，说一句话便千里呼应，超越前代人高尚的道德，为后世树立良好的风范。这是圣哲的宏伟规划，帝王的盛大功业。要做的事就是这些，只在于慎重保守成业而已。

保守帝王的成业容易，夺取它却很困难。已经取得难于得到的，还能保不住容易守护的吗？如果保守得不稳固，那是因为骄奢淫逸动摇了它。因此怎能不努力，力求做到慎终如始呢！《易经》说：“君子平定不忘危险，生存不忘灭亡，太平不忘动乱，因此自身安全，国家也可以保全。”这些话千真万确，不能不深刻体会呀。臣唯愿陛下求善的心志不减当年，闻过必改的行为不逊于往日。若能在当今的太平之世，仍像往昔一样奉行恭谦节俭，那么尽善尽美自然是当之无愧的了。

第四篇说：

臣听说治理国家的根本，必定要依靠德和礼；君子所保有的，只是诚和信。建立起诚、信，臣下就不会怀有二心；有了德、礼，远方异国的人也会感通圣德。所以德、礼、诚、信是治国的大纲，父子君臣之间，一刻也不能废弃。因此孔子说：“君主以礼使用臣下，臣下以忠侍奉君主。”又说：“自古人都有一死，做人如果没有信义便会一事无成。”文子说：“同样的话有些能得到信任，可知在说话之前就有一个信义的问题；同样的命令，有些就能够施行，可见在命令之外，还有一个诚意的问题。”这样看来说过的话没有被实行，是因为说话不讲信义；下达的命令没有被遵从，是因为命令缺乏诚意。不讲信义的话语、缺乏诚意的命令，对上会使国家败亡，对下会危及自身，即使处在颠沛流离的困境，君子也是不会不讲诚信的。

自从实行帝王正道，天下美好清明，至今已有十余年，皇朝声威远播海外，万国前来朝贡，仓谷日益充实，土地日渐宽广。然而道德却没有更加崇厚，仁义也不见一天天广博，原因何在？就在于陛下还没有完全以诚意和信任对待臣下，虽然开始时十分勤奋，却不见坚持到底的美德。之所以会这样是逐渐形成的，而非一朝一夕的缘故。过去在贞观初年，陛下听到善言就为之惊叹，乃至五六年间仍以听从劝谏为乐。但从此之后逐渐嫌恶直言，虽有时勉强接受，不时加以容忍，但已不再有往日的豁达大度了。正义直言的大臣，慢慢开始回避陛下；阿谀媚宠的小人却大肆施展巧辩的伎俩。彼此同心的大臣被指为朋党，揭短告密者被说成大公无私，坚强耿直者被说成专权，忠诚正直者被诬为诽谤。被指为朋党的大臣，虽忠诚守信义仍受到猜疑；被说成大公无私的小人，虽伪善虚假也不受责罚；坚强耿直者畏惧擅权的非议，忠诚正直者担心诽谤的罪名，以至于猜疑成风，谣言惑众，正直的人不能畅所欲言，大臣中没有人敢于争辩。蛊惑视听、阻塞正道，妨碍教化、亏损道德，不正是如此吗？孔子之所以厌恶以巧言善辩颠覆国家的人，大概就是因为这个道理。

况且君子和小人外表相同而内心不一样。君子替人掩恶扬善，危难临头不苟且免祸，而是杀身成仁。小人不耻于不讲仁，不畏惧丧失义，只要有利可图，就会危害他人以求自身平安。如果敢于危害他人，还有什么不敢干呢！现在要想达到天下太平，必定任用君子；事情有差错，有时又会询问小人。对待君子敬重而疏远，对待小人轻视而亲昵。亲昵就会无话不说，疏远就会情感互不相通。这样毁誉由小人决定，刑罚由君子担当，实在关系到国家的兴亡安危，怎么可以不慎重对待呀！才智中等的人，哪能没有小聪明，然而才能不足以治国，考虑问题不深远，虽然全力以赴、忠心耿耿，仍不免失败。更何况内心奸诈贪利、善于察颜观色、迎合陛下心意的人，这种人造成的祸患还不够深吗？因此孔子说："君子中也有有时不仁的，但从未见到小人具有仁的品德的。"这样看来，君子不可能没有小恶，但只要恶不积累就不会妨碍正道；小人有时也会有小善，但善不积累就不足以树立忠诚。现在说一个人善，却又担心他不讲信义，这同树立一根笔直的木头却怀疑它的影子不正有什么两样？这样做即使耗尽精神，殚思竭虑，依旧行不通，这也是十分明白的。

君王能尽礼，人臣能效忠，必定由于对内对外没有私心，上下彼此相信。君上不信任臣下就无法使用臣下，臣下不相信君上就不能侍奉君上，信的意义真是太大了！借此能得到上天的佑助，没有不吉不利的。从前齐桓公问管仲说："我想让酒在酒杯中发臭，让肉在砧板上烂掉，这不会妨害霸业吗？"管仲说："这样做非常不好，但是不妨害霸业。"齐桓公问："怎样做就会损害霸业呢？"齐桓公说："不能了解人损害霸业；了解了而不去任用损害霸业；任用了而不加信任损害霸业；已经给予信任了而又使小人参杂其间也损害霸业。"晋国中行穆伯攻打鼓国，过了一年仍不能攻克。馈间伦说："鼓国的啬夫，间伦认识。请允许我不使士大夫们劳累而夺取鼓国。"穆伯没有答应。随从问："不折毁一支戟，不伤害一个士兵，而鼓国可以攻克，您为什么不采用呢？"穆伯说："间伦为人，巧于谄媚而不讲仁义。如果他攻下鼓城，我不能不奖赏，奖赏他，就是奖赏谄媚的人，谄媚的人得志，这会使晋国士人放弃仁而去做谄媚的事。这样即使夺取鼓国，又有什么用呢。"穆伯身为列国大夫，管仲是霸业的辅臣，对于"信任"尚且如此慎重，远远避开谄媚之徒，何况陛下是身为四海大国的君主、享千年之寿的圣上，岂能使巍巍盛德，又稍有不足呢？

若要使君子和小人之间是非不致混杂，必须以德安抚臣民，以信对待臣民，以义鼓励臣民，以礼约束臣民，然后奖善惩恶，做到赏罚分明。这样小人就可以戒除阿谀奸邪的恶习，君子则会自强不息。陛下无为而臣民得到教化，还有比这更好的吗？奖善而不能使善者进升，惩恶而不能去除恶者，有罪不罚，有功不赏，那么国家危亡的日子，就不好说了。又将如何指望把福运永久赐给子孙后代呢！

太宗手写诏书表示称赞，优礼采纳。又对长孙无忌说："朕即位初期，上书者有的说：'人君必须独断威权，不能委任群臣。'有的想炫耀武功，使四方异族慑服。只有魏征劝朕'放弃武力，振兴教化，广布德政，遍施惠泽，中国安定之后，远方异族自然归服'。朕听从了他的话，天下于是十分安定，偏远僻地的君长都来朝贡，各国行人辗转翻译着彼此的语言，在大路上往来不断。这都是魏征的功劳。"

太宗曾经嫌上密封奏章的人太多，不合乎事实，想加以罢斥。魏征上奏说："古人立诽谤之木，想听到自己的过失，今天的密封奏书和古时的谤木是一样的意思。陛下想知道自己的得失，就只能任人说短论长，如果所说切合实际，就会有益于陛下，不切合实际，也无损于国家。"太宗说:“这番话很对。”继而向魏征表示慰问犒劳并送他离去。

后来太宗在洛阳宫,游幸积翠池,宴请群臣。酒兴浓时,每人以一件事赋诗。太宗以《尚书》为题赋诗一首:“日昃玩百篇,临灯披《五典》。夏康既逸豫,商辛亦流湎。恣情昏主多,克己明君鲜。灭身资累恶,成名由积善。”魏征以西汉历史为题赋诗一首:“受降临轵道,争长趣鸿门。驱传渭桥上,观兵细柳屯。夜宴经柏谷,朝游出杜原。终藉叔孙礼,方知皇帝尊。”太宗说:“魏征每次讲话,必定以礼约束我。”不久因魏征修成《五礼》,应当封他的一个儿子为县男。魏征请求把封爵让给亡兄的孤子叔慈。太宗凄然说:“卿这样的心,可以激励世俗。”随后批准了他的请求。

贞观十二年,礼部尚书王珪上奏说:“三品以上官员在路上遇到亲王,都要下马,这种违反法令以表示尊敬的做法,有悖于礼的准则。”太宗说:“大臣们都自认为尊崇高贵,难道我的儿子就卑下吗?”魏征进言说:“自古至今,亲王的等级在三公以下。如今三品官指的都是天子的列卿、尚书省长官和各部尚书,他们为亲王下马,可不是亲王应当承受的。查询以往的成例,没有凭据;实行到现在,又违背国家大法。”太宗说:“国家所以要立太子,就是准备让他做国君的。但是人寿命的长短,不在年长年少。假如没有太子,他的胞弟也会依次而立。以此而言,怎么可以轻视我的儿子呢?”魏征说:“殷商崇尚质朴,有兄长死后弟弟取代王位的做法。周朝以后,立嫡子必定立嫡长子,以此杜绝其余子嗣觊觎王位,堵塞祸乱的根源。这是掌管国家的人应当十分谨慎的。”于是太宗同意了王珪的奏言。适逢皇孙出世,太宗召集公卿赐宴。太宗说:“贞观以前,跟随我平定天下,在乱世奔波周旋的,房玄龄的功劳不可推让。贞观之后,对我尽心竭力,奉献忠诚,使国家平安、百姓获益、敢犯颜直谏、纠正朕的过失的,只有魏征一人了。古代的名臣又怎能比得上他呢。”于是亲自解下佩刀赐给房玄龄、魏征二人。

魏征因戴圣的《礼记》编排没有秩序,所以编《类礼》二十卷,分门别类,删除重复,采用前代大儒的训注,择善而从。研究精辟而思考深入,经过几年编成全书。太宗看了给予赞扬,赐给魏征帛一千段,又把书抄录了几部,赐给太子和各亲王,并将书收藏在秘书省书库中。

先前,朝廷曾派使臣到西域立叶护为可汗。使臣还没有回来,又派使节带上许多金、银、帛、缎到西域各国买马。魏征劝谏说:“现在以立可汗为名，去西域，可汗还没有确定，又到各国去买马，各国一定以为我们意在买马，并不专为立可汗。这样即使立了可汗，可汗也不会十分感恩戴德。而各国听说这件事，会认为中国薄义重利。我们未必能得到马，却又失去了义。过去汉文帝时有人献千里马，汉文帝说：‘我因凶丧的事出行，每日走三十里，因吉庆的事出行每日行五十里，銮车在前，扈行车马在后，我独自骑着千里马能安然处之吗？’于是赏还路途费用后让献马的人返回。汉光武帝时有人献千里马和宝剑，光武帝用千里马驾车，把宝剑赐给骑士。陛下一切所作所为，都远远超过三王之上，为什么在这件事情上要在孝文帝、光武帝之下呢？再有，魏文帝想买西域的大珠，苏则说：‘如果陛下的惠泽遍及四海，那么大珠不求自来，经过索求才得到它，也就没有什么可珍贵的。’陛下纵然不能追慕汉文帝的高尚行为，能不以苏则的话为戒吗？”太宗接受了他的意见而停派买马使者。

其时公卿大臣一致请求举行封禅大典，只有魏征认为不可以。太宗说：“朕想让卿彻底说出对这件事的看法。难道朕功劳还不高、道德还不崇厚、国家还不太平安定、远方异邦还不仰慕大义、祥瑞还没有到来、粮谷还没有丰收吗？为什么不可以举行封禅大典？”魏征回答：“陛下的功勋当然很高，但是百姓还没有感怀恩惠；陛下的道德虽然崇厚，但圣泽还没有汇成巨流；国家虽然安定，但还不足以供奉国家大典；远方异邦虽仰慕大义，但我们还拿不出东西满足他们的索求；祥瑞虽然到来，但刑网还很密结；虽然连年丰收，但粮仓尚嫌空虚，这些就是臣私下以为不可以封禅的道理。臣不能借用太远的东西做比喻，姑且以人做比喻：现在有一个人，患病长达十年，刚刚治好，瘦得只剩下皮包骨。若马上就让他背上一石米，一天走百里路，必定做不到。隋朝的祸乱，不止十年，陛下做它的良医，疾病虽已治好，但是还不够强壮，就去向天地报告成功，臣私下有些怀疑。而且陛下要去东方封禅泰山，各国都要汇聚而来，连荒蛮极远之地，也没有不奔驰而来的。如今从伊水、洛水向东直到海岱，遍地灌木草莽和巨大的沼泽，苍茫千里，人烟断绝，听不到鸡鸣狗吠，道路萧条，前后都有艰难险阻。怎么可以引来异族，让他们看到我们的虚弱呢？穷竭财力去赏赐，也不能满足远方异族的愿望，加重偿还，仍不足以补偿百姓的辛劳。若再遇水旱灾害、风雨变幻，庸俗小人横加议论，就会追悔不及了。岂止臣一人有恳切劝谏的诚心，还有众人的公议。”太宗不能使魏征改变主张。此后，右仆射的官位空缺，太宗想让魏征担任，魏征坚决推辞，太宗才没有任命。

及至皇太子承乾不注意修行、道德，魏王李泰越来越受到皇上宠爱，内外百官都有疑议，太宗听说后十分厌恶，对侍臣说：“当今朝臣中论忠诚正直的，没有人能超过魏征，我要派他当太子的老师，以此断绝天下人改立太子的希望。”贞观十六年，拜魏征为太子太师，仍然知门下省事，魏征自己诉说有病。太宗下诏书答复：“汉朝的太子，有商山四位皓首隐士辅佐，我依赖公，也是这个用意。我知道公有疾病在身，公可以卧床佑护太子。”

这一年，魏征病重，太宗派宦官前去看望。魏征的家宅原来没有正厅，太宗原要造一座小殿，于是停造小殿用其料为魏征家修建正厅，五天完工。又派宦官送来白色的褥子和布被赐给魏征，这是顺从魏征的喜好。待到魏征病危，太宗又亲自去他家，摸着魏征流下眼泪，问他还有什么话要说。魏征说：“寡妇不担心纬纱少，而忧虑宗周的灭亡。”过了几天，太宗梦见魏征一如往常，等到天亮，就得到魏征去世的奏报。这一年魏征六十四岁。太宗亲自前去痛哭，五日不上朝办公。赠魏征司空、相州都督，加谥号文贞，供给有羽葆和鼓吹乐的仪仗以及佩剑护卫四十人，赐给绢布千段，粮谷千石，令在昭陵陪葬。等到即将抬棺柩上灵车行祖祭礼时，魏征夫人裴氏说：“魏征一生节俭朴素，现在以一品官的礼遇安葬他，羽旗仪仗盛大，不合乎亡者的心愿。”于是退回所有的东西不受纳，最后以布幔的车子载着棺木，上面没有漆刻任何文彩做装饰。太宗登上禁苑西楼，遥望丧车而哭悼。下诏令百官送灵车出郊外。太宗亲自作碑文，并把它书写到碑石上。而后追思不已，赐给魏征遗属实封户九百家。太宗曾在朝廷对侍臣说：“以铜为镜可以端正衣冠，以历史为镜可以知道兴衰的道理，以人为镜可以看清自己的得失，朕时常保有这三面镜子，以防止自己的过失，现在魏征去世，朕这是失去了一面镜子呀。魏征去世后，朕派人去他家，在他书写的函件中得到一纸表文，刚刚写了草稿，字迹都很难辨认，只有前面几行可以看得清楚些，上面说：‘天下的事，有善有恶，任用善者国家就会平安，任用恶人国家就会动乱；公卿之间，陛下对他们的情感有爱有憎，对于憎恶的，只看到恶的一面，对于钟爱的，只看到善的一面。在爱憎之间，应当十分审慎。如果陛下能做到对于爱的知道恶的一面，对于憎的知道善的一面，去除邪恶毫不迟疑，任用贤能不加猜疑，国家就可以兴旺发达了。’魏征遗留表文的内容就是这些。然而在朕看来，仍恐怕不免要犯魏征所说的过错，公卿侍臣可以把表文书写在朝笏上，知道朕有过失一定要劝谏。”

魏征体态相貌不超过平常的人，但是向来有胆量、有智谋。每次冒犯天子进谏，即便碰到天子勃然大怒，仍能做到面不改色。他曾秘密推荐中书侍郎杜正伦和史部尚书侯君集有做宰相的才干。魏征死后，杜正伦因犯罪被罢官，侯君集因叛逆罪被处死，太宗开始疑心魏征偏袒同党。魏征又自己抄录了先后劝谏皇帝的言辞，并把它拿给史官起居郎褚遂良看，太宗得知更加不高兴，原先曾答应把衡山公主嫁给魏征的长子叔玉，现在亲手写诏书停掉这门婚事。这样魏征的家也就渐渐衰落了。

魏征有四个儿子，叔玉、叔琬、叔璘、叔瑜。叔玉继承魏征国公的爵位，任官至光禄少卿；叔瑜任官至潞州刺史；叔璘任官至礼部侍郎，武则天时被酷吏杀害。

神龙初年，叔玉的儿子魏膺被续封为郑国公。

叔瑜的儿子魏华在开元初年任太子右庶子。

旧唐书卷八十九

狄仁杰列传第三十九

狄仁杰字怀英，并州太原人也。祖孝绪，贞观中尚书左丞。父知逊，夔州长史。仁杰儿童时，门人有被害者，县吏就诘之，众皆接对，唯仁杰坚坐读书。吏责之，仁杰曰："黄卷之中，圣贤备在，犹不能接对，何暇偶俗吏，而见责耶！"后以明经举，授汴州判佐。时工部尚书阎立本为河南道黜陟使，仁杰为吏人诬告，立本见而谢曰："仲尼云：'观过知仁矣。'足下可谓海曲之明珠，东南之遗宝。"荐授并州都督府法曹。其亲在河阳别业，仁杰赴并州，登太行山，南望见白云孤飞，谓左右曰："吾亲所居，在此云下。"瞻望伫立久之，云移乃行。仁杰孝友绝人，在并州，有同府法曹郑崇质，母老且病，当充使绝域。仁杰谓曰："太夫人有危疾，而公远使，岂可贻亲万里之忧！"乃诣长史蔺仁基，请代崇质而行。时仁基与司马李孝廉不协，因谓曰："吾等岂独无愧耶？"由是相待如初。

仁杰，仪凤中为大理丞，周岁断滞狱一万七千人，无冤诉者。时武卫大将军权善才坐误斫昭陵柏树，仁杰奏罪当免职。高宗令即诛之，仁杰又奏罪不当死。帝作色曰："善才斫陵上树，是使我不孝，必须杀之。"左右瞩仁杰令出，仁杰曰："臣闻逆龙鳞，忤人主，自古以为难，臣愚以为不然。居桀、纣时则难，尧、舜时则易。臣今幸逢尧、舜，不惧比干之诛。昔汉文时有盗高庙玉环，张释之廷诤，罪止弃市。魏文将徙其人，辛毗引裾而谏，亦见纳用。且明主可以理夺，忠臣不可以威惧。今陛下不纳臣言，瞑目之后，羞见释之、辛毗于地下。陛下作法，悬之象魏，徒流死罪，俱有等差。岂有犯非极刑，即令赐死？法既无常，则万姓何所措其手足！陛下必欲变法，请从今日为始。古人云：'假使盗长陵一抔土，陛下何以加之？'今陛下以昭陵一株柏杀一将军，千载之后，谓陛下为何主？此臣所以不敢奉制杀善才，陷陛下于不道。"帝意稍解，善才因而免死。居数日，授仁杰侍御史。

时司农卿韦机兼领将作、少府二司，高宗以恭陵玄宫狭小，不容送终之具，遣机续成其功。机于埏之左右为便房四所，又造宿羽、高山、上阳等宫，莫不壮丽。仁杰奏其太过，机竟坐免官。左司郎中王本立恃宠用事，朝廷慑惧，仁杰奏之，请付法寺，高宗特原之。仁杰奏曰："国家虽乏英才，岂少本立之类，陛下何惜罪人而亏王法？必欲曲赦本立，请弃臣于无人之境，为忠贞将来之诫。"本立竟得罪，繇是朝廷肃然。

寻加朝散大夫，累迁度支郎中。高宗将幸汾阳宫，以仁杰为知顿使。并州长史李冲玄以道出妒女祠，俗云盛服过者必致风雷之灾，乃发数万人别开御道。仁杰曰："天子之行，千乘万骑，风伯清尘，雨师洒道，何妒女之害耶？"遽令罢之。高宗闻之，叹曰："真大丈夫也！"

俄转宁州刺史，抚和戎夏，人得欢心，郡人勒碑颂德。御史郭翰巡察陇右，所至多所按劾，及入宁州境内，耆老歌刺史德美者盈路。翰既授馆，召州吏谓之曰："入其境，其政可知也。愿成使君之美，无为久留。"州人方散。翰荐名于朝，征为冬官侍郎，充江南巡抚使。吴、楚之俗多淫祠，仁杰奏毁一千七百所，唯留夏禹、吴太伯、季札、伍员四祠。

转文昌右丞，出为豫州刺史。时越王贞称兵汝南事败，缘坐者六七百人，籍没者五千口，司刑使逼促行刑。仁杰哀其诖误，缓其狱，密表奏曰："臣欲显奏，似为逆人申理；知而不言，恐乖陛下存恤之旨。表成复毁，意不能定。此辈咸非本心，伏望哀其诖误。"特敕原之，配流丰州。豫囚次于宁州，父老迎而劳之曰："我狄使君活汝辈耶！"相携哭于碑下，斋三日而后行。豫囚至流所，复相与立碑颂狄君之德。

初，越王之乱，宰相张光辅率师讨平之。将士恃功，多所求取，仁杰不之应。光辅怒曰："州将轻元帅耶？"仁杰曰："乱河南者，一越王贞耳。今一贞死而万贞生。"光辅质其辞，仁杰曰："明公董戎三十万，平一乱臣，不戢兵锋，纵其暴横，无罪之人，肝脑涂地，此非万贞何耶？且凶威胁从，势难自固，及天兵暂临，乘城归顺者万计，绳坠四面成蹊。公奈何纵邀功之人，杀归降之众？但恐冤声腾沸，上彻于天。如得尚方斩马剑加于君颈，虽死如归。"光辅不能诘，主甚衔之。还都，奏仁杰不逊，左授复州刺史。入为洛州司马。

天授二年九月丁酉，转地官侍郎、判尚书、同凤阁鸾台平章事。则天谓曰："卿在汝南时，甚有善政，欲知谮卿者乎？"仁杰谢曰："陛下以臣为过，臣当改之；陛下明臣无过，臣之幸也。臣不知谮者，并为善友，臣请不知。"则天深加叹异。

未几，为来俊臣诬构下狱。时一问即承者例得减死，来俊臣逼胁仁杰，令一问承反。仁杰叹曰："大周革命，万物唯新，唐朝旧臣，甘从诛戮。反是实！"俊臣乃少宽之。判官王德寿谓仁杰曰："尚书必得减死。德寿意欲求少阶级，凭尚书牵杨执柔，可乎？"仁杰曰："若何牵之？"德寿曰："尚书为春官时，执柔任其司员外，引之可也。"仁杰曰："皇天后土，遣仁杰行此事！"以头触柱，流血被面，德寿惧而谢焉。既承反，所司但待日行刑，不复严备。仁杰求守者得笔砚，拆被头帛书冤，置绵衣中，谓德寿曰："时方热，请付家人去其绵。"德寿不之察。仁杰子光远得书，持以告变。则天召见，览之而问俊臣，俊臣曰："仁杰不免冠带，寝处甚安，何由伏罪？"则天使人视之，俊臣遽命仁杰巾带而见使者。乃令德寿代仁杰作谢死表，附使者进之。则天召仁杰，谓曰："承反何也？"对曰："向若不承反，已死于鞭笞矣。""何为作谢死表？"曰："臣无此表。"示之，乃知代署也。故得免死，贬彭泽令。武承嗣屡奏请诛之，则天曰："朕好生恶杀，志在恤刑。涣汗已行，不可更返。"

万岁通天年，契丹寇陷冀州，河北震动，征仁杰为魏州刺史。前刺史独孤思庄惧贼至，尽驱百姓入城，缮修守具。仁杰既至，悉放归农亩，谓曰："贼犹在远，何必如是。万一贼来，吾自当之，必不关百姓也。"贼闻之自退，百姓咸歌诵之，相与立碑以纪恩惠。俄转幽州都督。神功元年，入为鸾台侍郎、同凤阁鸾台平章事，加银青光禄大夫，兼纳言。仁杰以百姓西戍疏勒等四镇，极为凋弊，乃上疏曰：

臣闻天生四夷，皆在先王封疆之外，故东拒沧海，西隔流沙，北横大漠，南阻五岭，此天所以限夷狄而隔中外也。自典籍所纪，声教所及，三代不能至者，国家尽兼之矣。此则今日之四境，已逾于夏、殷者也。诗人矜薄伐于太原，美化行于江、汉，则是前代之远裔，而国家之域中。至前汉时，匈奴无岁不陷边，杀掠吏人。后汉则西羌侵轶汉中，东寇三辅，入河东上党，几至洛阳。由此言之，则陛下今日之土宇，过于汉朝远矣。若其用武荒外，邀功绝域，竭府库之实，以争硗确不毛之地，得其人不足以增赋，获其土不可以耕织。苟求冠带远夷之称，不务固本安人之术，此秦皇、汉武之所行，非五帝、三皇之事业也。若使越荒外以为限，竭资财以骋欲，非但不爱人力，亦所以失天心也。昔始皇穷兵极武，以求广地，男子不得耕于野，女子不得蚕于室，长城之下，死者如乱麻，于是天下溃叛。汉武追高、文之宿愤，藉四帝之储实，于是定朝鲜，讨西域，平南越，击匈奴，府库空虚，盗贼蜂起，百姓嫁妻卖子，流离于道路者万计。末年觉悟，息兵罢役，封丞相为富民侯，故能为天所祐也。昔人有言："与覆车同轨者未尝安。"此言虽小，可以喻大。

近者国家频岁出师，所费滋广，西戍四镇，东戍安东，调发日加，百姓虚弊。开守西域，事等石田，费用不支，有损无益，转输靡绝，杼轴殆空。越碛逾海，分兵防守，行役既久，怨旷亦多。昔诗人云："王事靡盬，不能艺稷黍。岂不怀归，畏此罪罟。念彼恭人，涕零如雨。"此则前代怨思之辞也。上不是恤，则政不行而邪气作；邪气作，则虫螟生而水旱起。若此，虽祷祀百神，不能调阴阳矣。方今关东饥馑，蜀、汉逃亡，江、淮以南，征求不息。人不复业，则相率为盗，本根一摇，忧患不浅。其所以然者，皆为远戍方外，以竭中国，争蛮貊不毛之地，乖子养苍生之道也。

昔汉元纳贾捐之之谋而罢珠崖郡，宣帝用魏相之策而弃车师之田，岂不欲慕尚虚名，盖惮劳人力也。近贞观年中，克平九姓，册李思摩为可汗，使统诸部者，盖以夷狄叛则伐之，降则抚之，得推亡固存之义，无远戍劳人之役。此则近日之令典，经边之故事。窃见阿史那斛瑟罗，阴山贵种，代雄沙漠，若委之四镇，使统诸蕃，封为可汗，遣御寇患，则国家有继绝之美，荒外无转输之役。如臣所见，请捐四镇以肥中国，罢安东以实辽西，省军费于远方，并甲兵于塞上，则恒、代之镇重，而边州之备实矣。况绥抚夷狄，盖防其越逸，无侵侮之患则可矣，何必穷其窟穴，与蝼蚁计校长短哉！

且王者外宁必有内忧，盖为不勤修政故也。伏惟陛下弃之度外，无以绝域未平为念。但当敕边兵谨守备，蓄锐以待敌，待其自至，然后击之，此李牧所以制匈奴也。当今所要者，莫若令边城警守备，远斥候，聚军实，蓄威武。以逸待劳，则战士力倍；以主御客，则我得其便；坚壁清野，则寇无所得。自然贼深入必有颠蹶之虑，浅人必无虏获之益。如此数年，可使二虏不击而服矣。

仁杰又请废安东，复高氏为君长，停江南之转输，慰河北之劳弊，数年之后，可以安人富国。事虽不行，识者是之。寻检校纳言，兼右肃政台御史大夫。

圣历初，突厥侵掠赵、定等州，命仁杰为河北道元帅，以便宜从事。

突厥尽杀所掠男女万余人，从五迴道而去。仁杰总兵十万追之不及。便制仁杰河北道安抚大使。时河朔人庶，多为突厥逼胁，贼退后惧诛，又多逃匿。仁杰上疏曰：

臣闻朝廷议者，以为契丹作梗，始明人之逆顺，或因迫胁，或有愿从，或受伪官，或为招慰，或兼外贼，或是土人，迹虽不同，心则无别。诚以山东雄猛，由来重气，一顾之势，至死不回。近缘军机，调发伤重，家道悉破，或至逃亡，剔屋卖田，人不为售，内顾生计，四壁皆空。重以官典侵渔，因事而起，取其髓脑，会无心愧。修筑池城，缮造兵甲，州县役使，十倍军机。官司不矜，期之必取，枷杖之下，痛切肌肤。事迫情危，不循礼义，愁苦之地，不乐其生。有利则归，且图赊死，此乃君子之愧辱，小人之常行。人犹水也，壅之则为泉，疏之则为川，通塞随流，岂有常性。昔董卓之乱，神器播迁，及卓被诛，部曲无赦，事穷变起，毒害生人，京室丘墟，化为禾黍。此由恩不普洽，失在机先。臣一读此书，未尝不废卷叹息。今以负罪之伍，必不在家，露宿草行，潜窜山泽。赦之则出，不赦则狂，山东群盗，缘兹聚结。臣以边尘暂起，不足为忧，中土不安，以此为事。臣闻持大国者不可以小道，理事广者不可以细分。人主恢弘，不拘常法，罪之则众情恐惧，恕之则反侧自安。伏愿曲赦河北诸州，一无所问。自然人神道畅，率土欢心，诸军凯旋，得无侵扰。

制从之。军还，授内史。

圣历三年，则天幸三阳宫，王公百僚咸经侍从，唯仁杰特赐宅一区，当时恩宠无比。是岁六月，左玉钤卫大将军李楷固、右武威卫将军骆务整讨契丹余众，擒之，献俘于含枢殿。则天大悦，特赐楷固姓武氏。楷固、务整，并契丹李尽忠之别帅也。初，尽忠之作乱，楷固等屡率兵以陷官军，后兵败来降，有司断以极法。仁杰议以为楷固等并有骁将之才，若恕其死，必能感恩效节。又奏请授其官爵，委以专征。制并从之。及楷固等凯旋，则天召仁杰预宴，因举觞亲劝，归赏于仁杰。授楷固左玉钤卫大将军，赐爵燕国公。

则天又将造大像，用功数百万，令天下僧尼每日人出一钱，以助成之。仁杰上疏谏曰：

臣闻为政之本，必先人事。陛下矜群生迷谬，溺丧无归，欲令像教兼行，睹相生善。非为塔庙必欲崇奢，岂令僧尼皆须檀施？得栈尚舍，而况其余。今之伽蓝，制过宫阙，穷奢极壮，画缋尽工，宝珠殚于缀饰，瓌材竭于轮奂。工不使鬼，止在役人，物不天来，终须地出，不损百姓，将何以求？生之有时，用之无度，编户所奉，常若不充，痛切肌肤，不辞箠楚。游僧一说，矫陈祸福，剪发解衣，仍惭其少。亦有离间骨肉，事均路人，身自纳妻，谓无彼我。皆托佛法，诖误生人。里陌动有经坊，阛阓亦立精舍。化诱倍急，切于官征；法事所须，严于制敕。膏腴美业，倍取其多；水碾庄园，数亦非少。逃丁避罪，并集法门，无名之僧，凡有几万，都下检括，已得数千。且一夫不耕，犹受其弊，浮食者众，又劫人财。臣每思惟，实所悲痛。

往在江表，像法盛兴，梁武、简文，舍施无限。及其三淮沸浪，五岭腾烟。列刹盈衢，无救危亡之祸；缁衣蔽路，岂有勤王之师！比年已来，风尘屡扰，水旱不节，征役稍繁。家业先空，疮痍未复，此时兴役，力所未堪。伏惟圣朝，功德无量，何必要营大像，而以劳费为名。虽敛僧钱，百未支一。尊容既广，不可露居，覆以百层，尚忧未遍，自余廊庑，不得全无。又云不损国财，不伤百姓，以此事主，可谓尽忠？臣今思惟，兼采众议，咸以为如来设教，以慈悲为主，下济群品，应是本心，岂欲劳人，以存虚饰。当今有事，边境未宁，宜宽征镇之徭，省不急之费。设令雇作，皆以利趋，既失田时，自然弃本。今不树稼，来岁必饥，役在其中，难以取给。况无官助，义无得成，若费官财，又尽人力，一隅有难，将何救之！

则天乃罢其役。是岁九月，病卒，则天为之举哀，废朝三日，赠文昌右相，谥曰文惠。

仁杰常以举贤为意，其所引拔桓彦範、敬晖、窦怀贞、姚崇等，至公卿者数十人。初，则天尝问仁杰曰："朕要一好汉任使，有乎？"仁杰曰："陛下作何任使？"则天曰："朕欲待以将相。"对曰："臣料陛下若求文章资历，则今之宰臣李峤、苏味道亦足为文吏矣。岂非文士龌龊，思得奇才用之，以成天下之务者乎？"则天悦曰："此朕心也。"仁杰曰："荆州长史张柬之，其人虽老，真宰相才也。且久不遇，若用之，必尽节于国家矣。"则天乃召拜洛州司马。他日，又求贤，仁杰曰："臣前言张柬之，犹未用也。"则天曰："已迁之矣。"对曰："臣荐之为相，今为洛州司马，非用之也。”又迁为秋官侍郎，后竟召为相。柬之果能兴复中宗，盖仁杰之推荐也。

仁杰尝为魏州刺史，人吏为立生祠。及去职，其子景晖为魏州司马功参军，颇贪暴，为人所恶，乃毁仁杰之祠。长子光嗣，圣历初为司府丞，则天令宰相各举尚书郎一人，仁杰乃荐光嗣。拜地官员外郎，莅事称职，则天喜而言曰：“祁奚内举，果得其人。”开元七年，自汴州刺史转扬州大都督府长史，坐赃贬歙州别驾卒。

初，中宗在房陵，而吉顼、李昭德皆有匡复谠言，则天无复辟意。唯仁杰每从容奏对，无不以子母恩情为言，则天亦渐省悟，竟召还中宗，复为储贰。初，中宗自房陵还宫，则天匿之帐中，召仁杰以庐陵为言。仁杰慷慨敷奏，言发涕流，遽出中宗谓仁杰曰：“还卿储君。”仁杰降阶泣贺，既已，奏曰：“太子还宫，人无知者，物议安审是非？”则天以为然，乃复置中宗于龙门，具礼迎归，人情感悦。仁杰前后匡复奏对，凡数万言，开元中，北海太守李邕撰为《梁公别传》，备载其辞。中宗返正，追赠司空；睿宗追封梁国公。

【译文】

狄仁杰，字怀英，是并州太原人。他的祖父孝绪，是贞观年间尚书左丞。他父亲知逊，是夔州长史。仁杰还是孩子时，他家有一个看门的人被害，县里有个小官吏来询问情况，大家都去接待、回答问题，只有仁杰坐着不动，继续读书。小官吏责备他，他回答说：“书卷之中，圣人贤人全在那里，我尚且不能够接待应对，哪有闲空来陪世俗的小吏，受他的责问呢！”后来仁杰考中了明经，朝廷授给他汴州佐史的职位。当时工部尚书阎立本担任河南黜陟使，仁杰受到官吏诬告，阎立本召见并且向他表示歉意说：“仲尼曾说：‘考察一个人犯的什么错，就能知道他是否有仁德了。’足下您可以说是海角的明珠，东南方遗失的宝物。”于是便向朝廷推荐了他，授给他并州都督府法曹参军的官职。他的父母居住在河阳县别墅中，仁杰奔赴并州，登上了太行山，向南看见一片白云在空中飘荡，于是就对随从的人说：“我父母住的地方，就是在这片云下。”他长时间地站在那儿瞻望白云，等到白云移开才继续赶路。仁杰孝顺、友爱，超越了常人，在并州时，有个同府的法曹参军叫郑崇质，他母亲年老多病，自己却必须充当使者到很远的地方去。仁杰便对他说："太夫人有危险的病痛，而您却要出使远方，怎能把万里离别的忧愁留给老母亲呢！"于是就到并州长史蔺仁基那里，要求由他替代崇质执行这个任务。当时仁基与司马李孝廉不和，（他被仁杰的行为感动，）于是说："我们这些人难道不会觉得惭愧吗！"从此两人抛弃了嫌隙，相待如初。

仁杰在仪凤年间担任大理丞，一年中审理各种长期不决的积案，涉及到一万七千人，没有一个人因受冤上诉的。当时武卫大将军权善才犯下了误砍昭陵柏树的罪，仁杰报告说他罪应免职。高宗命令将他立即处死，仁杰又报告说他罪不该死。皇帝的脸上变色道："善才砍陵上树，这是使我不孝，必须杀死他。"天子左右的人都用眼睛示意仁杰出去，仁杰却说："臣听说如果不顺从皇帝，违背君主旨意，自古以来都被认为很难，臣愚昧地认为不是这样的。生活在桀、纣的时代就难，生活在尧、舜的时代就容易。臣现在有幸遇到了尧、舜的时代，不害怕会像比干那样被杀死。从前汉文帝时有人盗窃高庙的玉环，张释之就在朝廷上当众谏诤，被判的罪也只是在闹市上被处死。魏文帝准备迁徙百姓，辛毗拉住了他的衣袖进谏，也被采纳了。而且贤明的君主能用道理使他改变，忠臣却无法用权势使他害怕。现在陛下您不采纳臣的意见，臣闭眼以后，羞见释之、辛毗在地下。陛下您制定法律，悬挂在宫廷门外阙楼上，服劳役、流放、死罪，全都有差别。哪有犯罪不应该处以极刑，就下令赐死的？法律既然不固定，那么百姓又该怎么办好呢！陛下如果一定想要改变法律，臣请求您从今天开始，古人说：'（盗窃高庙的玉环就诛灭整个的家族，）假如有人盗挖了长陵一抔土，陛下又该怎么加刑？'现在陛下您因昭陵一株柏树就杀掉一个将军，千年之后，人们会认为陛下是什么样的君主？这就是臣不敢遵旨杀掉善才，使陛下陷于不行德政过失的原因。"皇帝杀掉善才的想法才逐渐消除，善才因此被免死。过数日后，高宗任命仁杰为侍御史。

当时的司农卿韦机兼掌管将作监、少府监两个部门，高宗认为恭陵地宫很狭小，无法容纳送终的器物，派遣韦机继续这项工程。韦机在墓道两侧建四所便房，又造宿羽、高山、上阳等地宫，都十分壮丽。仁杰向天子进言说，这样做太过分，韦机最终获罪免官。左司郎中王本立倚仗天子宠幸专权，朝廷官员很害怕他，仁杰向天子报告，要求把将他交给司法部门治罪，高宗却特别赦免他的罪行。仁杰向天子进言道："国家虽然缺少英才，却不缺王本立一类的人，陛下您为何爱惜罪人而让王法受损呢？一定要特赦王本立的话，那就请先将我流放到无人的地区，作为对忠臣将来的警告。”王本立终于获罪，从此朝廷无不恭谨严肃。

接着加授仁杰为朝散大夫，经过多次升迁，担任度支郎中。高宗准备到洛阳宫时，任命仁杰担任知顿使。并州长史李冲玄认为天子到洛阳会途经妒女祠，而世俗传说盛装经过这座祠庙，一定会招来风雷之灾，于是征集了数万人为天子另开辟道路。仁杰说：“天子出行时，千车万骑，风神为天子清除尘土。雨神在道上洒水，哪会有什么妒女的危害呢？”立即命令取消了这项工程。高宗听到这件事后，赞叹说：“狄仁杰是真正的大丈夫啊！”

不久，仁杰转任宁州刺吏，他安抚、调和戎汉各个民族，州民心里很高兴，大家刻碑来歌颂他的功德。御史郭翰巡察陇右地区时，所到之地，被审查、被弹劾的人不少，等进入宁州境内，歌颂刺史美德的老人挤满了道路。郭翰在客馆住下后，召集州中的官吏对他们说道：“刚进入一个州的境域，就能知道它的政治怎么样。我愿意成全使君好事，不在这儿久留。”州里的百姓这才散去。郭翰向朝廷推荐了仁杰，朝廷征召他入朝，拜任为冬官侍郎，充任江南巡抚使。吴、楚地区的习俗多好滥设祠庙，仁杰奏请朝廷后，毁弃一千七百座祠庙，只留下夏禹、吴太伯、季札、伍员四座祠庙。

仁杰转任文昌右丞，又出任为豫州刺史。当时越王李贞因在汝南起兵失败，受到牵连获罪的有六七百人，财产被没收入宫中的有五千人，司刑使催逼着行刑。仁杰哀怜这些人被连累，就延缓办理这些案子，秘密上表报告天子道：“臣如果明白地上报，又像在为叛逆者申冤；如果知道情况不说，又怕违背陛下您安抚的旨意。表章写成了又毁掉，主意拿不定。这些人虽参与叛乱但都不是出自本心，希望陛下您对他们受的连累给予怜悯。”天子特下诏宽赦了他们的罪，将他们发配到丰州。豫州的囚犯到丰州途中住宿于宁州，宁州的父老迎接并慰劳他们说：“是我们的狄使君挽救了你们的命吧！”囚犯们一同在狄仁杰颂德碑下痛哭，斋戒三天后上路。豫州的囚犯到达流放地以后，又一起立碑歌颂狄仁杰的恩德。

起初，越王叛乱时，宰相张光辅领兵讨伐并且平定了叛乱。将士们依仗有功，多次向地方索取财物，仁杰没有答应他们。张光辅发怒道：

“州将是在轻视元帅吗？”仁杰说：“搞乱了河南的人，一个越王李贞也罢了。现在一个李贞死亡了一万个李贞却诞生了。”光辅质问他这句话的意思，仁杰说：“明公您统领三十万兵士，平定了一个乱臣，不收敛军队锋芒，放任他们凶暴强横，让无罪的人，肝脑涂地，这不是一万个李贞又是什么呢？况且恶人威慑被迫跟从的人，其势难于自保，等到国家军队突然降临，登城归顺的人用万计算，放绳子从城上下来投降的人有很多，四面踩成小路。您为什么放任邀功求赏的人，杀死归降的人？只怕怨恨会沸腾，上通到天吧。如果能得到天子的尚方斩马剑横在您的颈上，我虽死也不怕，视作归家一般。”光辅无法反诘他，心中很恨他。回到都城后，向天子进言仁杰言辞不逊，仁杰被降为复州刺史。又入都担任洛州司马。

天授二年九月丁酉，仁杰转任地官侍郎，兼任地官尚书、同凤阁鸾台平章事。武则天对他说：“你在汝南时，有很多妥善的政令，想知道诬陷你的人吗？”仁杰推辞道：“陛下认为臣有过错，臣应当改正；陛下知道臣没过错，这是臣的幸运。臣不知道诬陷的人，我们都是好朋友，臣请求不要让我知道。”武则天深为赞叹、惊异。

没多久，仁杰因被来俊臣诬陷下狱。当时坦白承认错误的人照例可以减罪免死，来俊臣逼迫、威胁仁杰，让他承认自己造反。仁杰叹道：“大周实行变革以应天命，万象更新，唐朝的旧臣，甘愿听会诛戮。造反也是实情！”来俊臣就对他略微宽松了一些。判官王德寿对仁杰说：“尚书您一定可以被减罪免死。我想找一个小的升迁阶梯，委托尚书牵连杨执柔，可以吗？”仁杰说：“怎能牵连他呢？”德寿说：“尚书在春宫任职时，执柔任这个部门的员外郎，拉上他也可以。”仁杰说：“天神地神在上，居然让仁杰干这种事！”于是便用头撞击柱子，血流满面，德寿很害怕，向他表示了歉意。仁杰既然承认造反，主管部门只等时间执行刑罚，不再严加防备。仁杰请求看守给他笔砚，拆下被头上的丝织物写下冤情，又将它放到棉衣里，对德寿说：“天气正热，请把棉衣交给家里人帮忙撤去丝绵。”德寿没有检查。仁杰的儿子光远得到这封信后，拿着它向朝廷报告了这一非常事变。武则天召见光远，看到仁杰的信后问俊臣，俊臣说：“我没让仁杰脱去官吏的帽子、腰带，住处也十分舒服，（如果不是真有造反的事，）为什么会服罪呢？”武则天派人上监狱看望仁杰，俊臣马上命令仁杰戴帽束带再见使者。俊臣又让德寿代仁杰作谢死表，让使者捎带进献给天子。武则天召见仁杰，对他说："为什么要承认造反？"回答说："前些时候如果不承认造反，早就已在鞭打中丧命了。""为什么作谢死表？"回答说："臣没有写过这表。"把表拿给他看，才知道是别人代他签名的。因此仁杰才得以免死，被贬为彭泽县令。武承嗣多次进言，请求杀死仁杰，武则天说："朕爱惜生灵，憎恶杀戮，志在减轻刑罚。朕的号令已经发出，不能再收回。"

万岁通天年间，契丹入侵大唐，攻陷了冀州，河北震动，天子征召仁杰任魏州刺史。前任刺史独狐思庄因惧怕贼寇到来，把百姓全赶进城里，修造守城的器具。仁杰到任后，都将百姓放回去种地，并对他们说："贼寇还在远方，何必这样。万一贼寇来到，我自己抵挡他们，一定不会牵连百姓。"贼寇听说这件事后自己退走了，百姓都歌颂这件事，一起立碑记载仁杰的恩惠。不久他转任幽州都督。神功元年，仁杰入朝任鸾台侍郎、同凤阁鸾台平章事，加拜为银青光禄大夫，兼纳言。仁杰认为百姓西守疏勒等四镇，非常凋敝，于是上疏说：

臣听说上天生养了东夷、西戎、南蛮、北狄，都在先代贤王的疆界处，因此东边有沧海拦阻，西边有沙漠阻隔，北边有大沙漠横亘，南边有五岭作屏障，这些都是上天来限制夷狄让中外相隔的险阻。据典籍所记载，声威、教化所能达到，三代不能到的地方，国家都兼而有之。这也就是说现在国家的四境，已经超过夏、殷代了。诗歌的作者夸耀征伐太原，赞美教化推行到了江、汉流域，也就是说在前代属于边远的地区，现在都已是国家境内之地了。到前汉时，匈奴没有一年不来攻陷边地，杀掠官吏百姓的。后汉则有西羌袭击汉中，向东劫掠三辅地区，进入到河东上党，几乎到达洛阳。由此说来，那么陛下现在的领土，已经超过汉朝很远了。至于在荒远地区使用武力，在僻远地域追求功名，耗尽了仓库中的财物，用来争夺贫瘠不毛之地，得到的百姓不足以增加赋税收入，获取的土地不能在那里种田织布，姑且追求让远方族成为文明之邦的好名声，不致力于让国家的根本稳固、百姓安定的实务，这是秦始皇、汉武帝所做的事，不是五帝、三皇的事业。如果以越出荒远的地区作为疆界，耗尽了资财，放纵欲望，这不仅是不爱惜民力的表现，也是违背了天意的做法。从前秦始皇使用了全部武力，追求扩大自己的领土，让男人不能在田野里耕种，女人不能在家中养蚕，长城之下，死去的人多如乱麻，于是天下就崩溃离叛。汉武帝回想高祖、文帝的旧恨，凭借四代皇帝积蓄的财物，于是安定了朝鲜，讨伐西域，平定了南越，攻打匈奴，导致国家仓库空虚，盗贼蜂起，数以万计的百姓们嫁妻卖子，流转在道路上。晚年觉悟后，停止用兵，免除徭役，封丞相为富民侯，所以才能被上天保祐。从前人们有这样一句话："与倾覆的车子走在同一条路不会平安。"这话虽然说的是小事，也可以比喻大事。

近年来国家连年出兵，耗费更大，往西方守卫四镇，往东方守卫安东，征调兵士日多，百姓极度匮乏疲困。开辟并防守西域，如同得到一块石头很多、无法耕种的田，费用难以负担，有损害无益处，不停往边地运输粮食，百姓家中差不多已经被搜刮一空。逾越过沙漠，分兵防守，服役已经很久，怨恨久别故乡的人也增多了。从前诗歌作者说："为王服役没休息的时候，不能回到家种小米高粱。难道我不想回家，只怕会落网受到刑罚。想起那些敬谨服役的人，涕泪齐下像落雨。"这就是前代抒发的怨恨、思念之情的话。上级如果对此没有体恤，那么政令就会无法推行，邪气就会兴起；邪气兴起后，那么虫害就会产生，水旱灾害就会形成。如果这样下去，就算祈祷祭祀众神，也不能让阴阳调和。当今关东地区闹饥荒，蜀汉地区百姓逃亡，长江、淮河以南，赋税的征收从没停息过。百姓无法恢复常业，就会做盗贼，国家的根基一动摇，忧患不会少的。之所以这样，都是因为远戍在荒远之地，耗尽国家的人力物力，争夺异族不毛之地，违背应像养育子女那样养育百姓的道理。

从前汉元帝采纳了贾捐之的谋议而撤销了珠崖郡，汉宣帝采用魏相的计策而舍弃了车师的田地，难道他们不仰慕虚名，实在出于害怕耗费民力的考虑。近时贞观年中，攻克平定了九姓，册封李思摩为可汗，命他统领各部族，这样做的原因是，夷狄反叛就应讨伐它们，投降就应安抚它们，这符合将灭亡的就去摧毁它、能存在的就巩固它的道理，不再有远戍荒远之地的兵役、不再有让百姓劳苦的徭役。这就是现在的好规章，治理边疆的旧例。臣私下看阿史那斛瑟罗，他是阴山的贵族，在当代称雄沙漠，如果将四镇托付给他，让他统领众附属国，封他为可汗，派遣他制止异族入侵的祸患，那么国家就能有恢复已经灭绝的世祀的美名，荒远地区也不会有长途运粮的劳役。照臣看，请放弃四镇来使中国富裕，撤销安东都护府来充实辽西，在远方省下了军费，将军队集中在塞上，那么恒、代州的镇守就被加强，而沿边各州的防备也能得到充实。况且安抚夷狄，大体就是防止它们逾越边界，没有越过境侵犯期侮的灾祸就可以了，何必穷尽它们的藏身的洞穴，同蝼蛄蚂蚁去较量长短呢！

而且为王之人外部安宁一定就会有内部忧患，这是因为外部安宁很容易导致不勤于治理政事。臣俯伏思惟，望陛下置边事于度外，不以边远地区尚未平定为念。只应该命令边兵谨慎地设防，养精蓄锐来等待敌人，等敌人自己到来，然后攻击他们，这是李牧制服匈奴的方法。当今首要的事情，不如让边城警觉设防，向远处派侦察人员，积聚军事物资，蓄养军队声势。以逸待劳，那么战士威力就会加倍；以主人来抵御客人，那么我军就可以得到各种便利；加固防御工事，清除四野的财物，那么敌人会一无所得。像这样，自然敌人深入我方的领土必定会有倾跌的忧虑，浅入又一定得不到掳掠人口、财物的好处。这样经过数年时间，可使突厥、吐蕃两个敌人不战而自服。

仁杰又请求废除安东都护府，恢复了高姓之人当那里的君主，停止江南地区的粮食运输，抚慰河北疲劳的百姓，他认为这样做，数年之后，就可以民安国富。这事虽没有实行，但有见识的人认为他的意见很正确。接着仁杰担任检校纳言，兼右肃政台御史大夫。

圣历初年，突厥侵掠了赵、定等州，朝廷任命仁杰担任河北道元帅，允许他见机行事，不用等待上奏。突厥杀掉全部掳掠的一万多男女，从五回道撤走。仁杰统领十万军队追击，没能赶上。天子于是命令仁杰任河北道安抚大使。当时河的百姓，大多受突厥逼迫威胁而降贼，贼寇退走后害怕会被处死，很多逃跑隐藏起来。仁杰上疏说：

臣听说朝廷议政的人，认为有了契丹的干扰，才能显示出人的逆顺，有的人因受逼迫威胁，有的人是自愿跟从，有的人接受伪官，有的人被招抚，有的人身为外来盗贼，有的人则是当地寇盗，形迹虽各异，但他们的心却无差别。确实山东人很勇猛，一向重情义，一次受人看顾，到死不相违。最近因为军队机要事务，征兵调粮失之过重，百姓的家业都破败，有的甚至开始逃亡，拆屋卖田，然而田产又卖不出去，自视家中生计，可谓四壁之内空无所有。再加上利用朝廷法令侵吞百姓的财物，又借着重大事变而兴起，贪吏取人的髓脑，却不感心中有愧。修筑城壕城墙，修造兵器铠甲，州县官吏役使百姓，更是军队机要事务的十倍。官府不怜悯百姓，规定了期限，到期必取，戴枷锁，施行棍棒，疼痛进入百姓的肌肤。事情紧迫、危急，就不再遵循礼义，处在愁苦的境地，就不会以生为乐。有利就归附，姑且就谋求缓死，这是令君子感到羞耻的、却是小人经常做的行为。百姓犹如水，堵塞它就会成为地下水，疏通它就会成为河流，不论疏通还是堵塞，它都随宜而流，哪有常性！从前董卓起祸乱，百姓流离迁徙，等董卓被杀，他的军队没被赦免，事物发展到极端，变故就发生，百姓受到毒害，京师的房屋化为废墟，长满了小米黍子。这是因为恩惠没有普遍施行，错在事物初露苗头时没能发现。臣一读这段记载，没有不放下书叹息的。现在担负了罪名的一群人，必定不会呆在家中，露中宿、草里行，隐藏流窜在山野沼泽。赦免他们就会露面，不赦免他们就放肆妄为，山东的许多盗贼，就是因此才集结的。臣认为边地的战争忽然爆发，不值得您忧虑，中原不安定，这才是大事。臣听说主持大国不能用小的道理，治理的事务很广，不可细分。君主胸怀很广阔，不被常法拘束，如果治这些人罪那么就会群情恐惧，宽恕他们，反复无常的人就会感到心安。希望能特别赦免河北各州，一概不加问罪。这样做，自然人与神的思想顺畅，境内的百姓欢心，军队凯旋，就能够不受到侵扰。

天子听从了他的建议。撤回军队，授给他内史的官职。

圣历三年，武则天到三阳宫，王公百官都曾随从，唯独特别赐给仁杰第一处宅子，当时蒙受的恩宠无人可以比。这一年六月，左玉钤卫大将军李楷固、右武威卫将军骆务整一起讨伐契丹的余部，擒获了他们，在含枢殿献俘虏。武则天非常高兴，特赐楷固姓武。楷固、务整，都曾是契丹李尽忠的部将。起初，李尽忠作乱时，楷固等多次带兵击破官军，兵败后投降，有关的主管部门判他们极刑。仁杰发表意见，认为楷固等人有骁将的才干，如果可以宽赦他们死罪，他们一定能感戴恩德效忠天子。又进言请求授予他们官爵，委任他们自行率兵征讨的重任。天子都听从了仁杰的建议。等楷固等获胜回朝时，武则天召仁杰参加宴会，于是就举杯亲自劝饮，将功劳归于仁杰。授给楷固左玉钤卫大将军，又赐给他燕国公的爵位。

武则天又准备建造大佛像，工程费用需要数百万，下令全国和尚尼姑每天每人出一钱，帮助建成佛像，仁杰上疏进谏说：

臣听说处理政务时的根本，一定要将人世上的事放到首先的位置。陛下您怜悯众生迷误，精神陷溺在险地没有归依，想让佛教并行，让百姓见到佛的相貌就生善心。但造塔庙并不是必须要崇尚奢侈，怎能让和尚尼姑都必须布施呢？佛的教法就像木筏，用它渡到涅架地彼岸后，尚且应该舍弃，更何况其他。现在的佛寺，规模超过了皇宫，非常奢侈壮丽，雕画穷尽了工巧，装饰佛殿用尽老人各种宝珠，高大华美的建筑耗费大量的珍材异木。工程不能用鬼神完成，只能役使百姓，物资不能从天上掉下来，终究需要从地里产出，不依靠损害百姓，将要如何找到这些物资？生产它有一定的时间，使用它却没限度，平民所当进献的，常苦于不能够供应，痛苦入到百姓肌肤，受杖刑也在所不辞。游方和尚一游说，诈称祸福，（百姓就受蒙骗），剪下了头发解下衣服布施，仍惭愧自己布施的东西少。也有的和尚离间他人的骨肉（引诱他们出家），使他们视亲骨肉就如同路人；还有的和尚亲自纳别人的女儿为妻，而且说什么彼我无别。这都是依托佛法，来贻误百姓。里巷经常有佛寺，市场里也立有佛寺。佛教教化诱导众生所急需的物品，往往被人们视为比官府征收赋税还急迫；作佛事所需要的物品，也被看成比天子诏令还紧急。肥美的土地产业，佛寺大量地夺取；水碾庄园，也有不少被它拥有。逃亡的壮丁、躲避惩罚的罪人，都聚集在佛门，没有名籍的僧人，共有几万人，都城检查，已得到数千人。而且一个男子不种地，尚且会产生弊端，何况不事生产的和尚很多，又劫夺百姓钱财呢。臣每当想起这事，确实感到悲痛。

从前在南朝时，佛法兴盛，梁武帝、简文帝，施舍给佛寺的财物没限度。等三淮波浪翻滚，五岭烟尘腾涌，佛塔满街时，也不能救国家危亡的灾祸；僧徒蔽路，哪有救援王朝的军队！近年来，多次受战事干扰，水旱失调，赋税徭役逐渐增多。百姓家产先空虚，创伤还没平复，这时兴建工程，百姓实在无力承担。臣思量圣朝，已经功德无量，何必营造大佛像，导致劳民费财的名声！虽然收取僧人的钱，但数量不及所有费用的百分之一。佛像既然广大，又不可居在露天中，用百层高的殿堂来覆盖，还担心不能完全地盖上，其余堂前的廊屋等，也不能都没有。有人说造大佛像不会耗费国财，不会伤害百姓，这样服侍君主的，能说是尽忠吗？臣现在思考，兼采纳众人意见，都认为如来佛设施的教化，用慈悲作为主旨，下救助众生，应该是如来本心，哪要劳民伤财，来设置浮华无实用的装饰！现在天下有事，边境不安宁，应宽缓地方徭役，节省不紧急费用。假如雇工建造佛像，百姓都因为有利可图而前往受雇（就会丧失农时），农时已失，自然也就要抛弃农业。现在不种庄稼，来年必定会饥饿，那么工程正进行，也就很难取得粮食供应了。况且没有官府帮助，按说工程无法完成，假如耗费官府财物，又用尽民力，那么一方有难，将要怎么去救援呢！武则天于是取消这项工程。这年九月，仁杰病逝了，则天为他举行哀悼的活动，三天停止办公，追赠他为文昌右相，定谥号为文惠。

仁杰经常把推荐贤才放在心上，他引荐提拔的桓彦范、敬晖、窦怀贞、姚崇等人，官做到公卿的有数十人。起初，武则天曾问仁杰说："朕要一个好汉用，有吗？"仁杰说："陛下准备作什么用呢？"则天说："朕想让他当将相。"回答说："臣料想陛下如果追求文辞、资历，那么当今宰相李峤、苏味道，也足可称为是有文采的官吏了。难道不是因文士局促拘谨，想要得到奇才任用，来完成天下的事务吗？"武则天高兴地说："这正是我的心思。"仁杰说："荆州长史张柬之，人虽然年老，却是真的宰相之才。而且长期怀才不遇，如果任用他，必定会尽忠国家。"武则天于是征召柬之拜他为洛州司马。另有一天，武则天又向仁杰求贤才，仁杰说："臣前些时候已经提到张柬之，还没任用呢。"则天说："已经提拔他了。"回答说："臣推荐他做了宰相，现在只担任洛州司马，不算是任用。"武则天又提拔柬之为秋官侍郎，后来任命他为宰相。张柬之果然能使中宗复位，这是因为仁杰的推荐啊。

仁杰曾担任魏州刺史，百姓官吏在他在任的时候就为他建立祠庙。等他离任时，他的儿子景晖担任魏州司功参军，非常贪婪残暴，为百姓所憎恶，于是百姓毁掉了仁杰的祠庙。仁杰的长子光嗣，圣历初年当司府丞，武则天让宰相各推举一个人任尚书郎，仁杰于是就推荐光嗣。朝廷拜光嗣地官员外郎，到任很称职，武则天很高兴，说道："祁奚推荐自己的亲友，果然得到了合适人选。”开元七年，光嗣自汴州刺史转任扬州大都督府长史，因受贿获罪被贬任歙州别驾而去世。

起初，中宗在房陵，吉顼、李昭德都有挽救唐皇室的正直言论，但武则天没让中宗复位的意思。只有仁杰经常从容进言，无不以母子恩情为话题，武则天也逐渐醒悟，终于召还了中宗，让他提任太子。起初，中宗从房陵回宫，武则天将他藏在帷帐中，召见仁杰同他谈起了庐陵王。仁杰慷慨地陈辞，话说眼泪也流下，武则天忽然让中宗出来，对仁杰说：“还给你太子。”仁杰走下台阶哭着道贺，行礼完毕，就进言说：“太子回宫，人们都不知道，社会舆论哪里能考究其中的是非呢？”武则天认为他的意见很对，于是又将中宗安置在龙门，设置礼仪迎接他回宫，人们无不感动欢悦。仁杰前后进奏来挽救唐室的言论，共有数万字，开元年间，北海太守李邕撰写了《梁公别传》，全部记载了他这些话。中宗复位，追赠仁杰为司空；睿宗又追封了仁杰为梁国公。

旧唐书卷九十六

姚崇列传第四十六

姚崇，本名元崇，陕州硖石人也。父善意，贞观中，任巂州都督。元崇为孝敬挽郎，应下笔成章举，授濮州司仓，五迁夏官郎中。时契丹寇陷河北数州，兵机填委，元崇剖析若流，皆有条贯。则天甚奇之，超迁夏官侍郎，又寻同凤阁鸾台平章事。

圣历初，则天谓侍臣曰："往者周兴、来俊臣等推勘诏狱，朝臣递相牵引，咸承反逆，国家有法，朕岂能违。中间疑有枉滥，更使近臣就狱亲问，皆得手状，承引不虚，朕不以为疑，即可其奏。近日周兴、来俊臣死后，更无闻有反逆者，然则以前就戮者，不有冤滥耶？"元崇对曰："自垂拱已后，被告身死破家者，皆是枉酷自诬而死。告者特以为功，天下号为罗织，甚于汉之党锢。陛下令近臣就狱问者，近臣亦不自保，何敢辄有动摇？被问者若翻，又惧遭其毒手，将军张虔勗、李安静等皆是也。赖上天降灵，圣情发寤，诛锄凶竖，朝廷乂安。今日已后，臣以微躯及一门百口保见在内外官更无反逆者。乞陛下得告状，但收掌，不须推问。若后有征验，反逆有实，臣请受知而不告之罪。"则天大悦曰："以前宰相皆顺成其事，陷朕为淫刑之生。闻卿所说，甚合朕心。"其日，遣中使送银千两以赐元崇。

时突厥叱利元崇构逆，则天不欲元崇与之同名，乃改为元之。俄迁凤阁侍郎，依旧知政事。

长安四年，元之以母老，表请解职侍养，言甚哀切，则天难违其意，拜相王府长史，罢知政事，俾获其养。其月，以令元之兼知夏官尚书事、同凤阁鸾台三品。元之上言："臣事相王，知兵马不便。臣非惜死，恐不益相王。"则天深然其言，改为春官尚书。是时，张易之请移京城大德僧十人配定州私置寺，僧等苦诉，元之断停，易之屡以为言，元之终不纳。由是为易之所谮，改为司仆卿，知政事如故，使充灵武道大总管。

神龙元年，张柬之、桓彦範等谋诛易之兄弟，适会元之自军还都，遂预谋，以功封梁县侯，赐实封二百户。则天移居上阳宫，中宗率百官就合起居，王公已下皆欣跃称庆，元之独呜咽流涕。彦範、柬之谓元之曰："今日岂是啼泣时！恐公祸从此始。"元之曰："事则天岁久，乍此辞违，情发于衷，非忍所得。昨预公诛凶逆者，是臣子之常道，岂敢言功；今辞违旧主悲泣者，亦臣子之终节，缘此获罪，实所甘心。"无几，出为亳州刺史，转常州刺史。

睿宗即位，召拜兵部尚书、同中书门下三品，寻迁中书令。时玄宗在东宫，太平公主干预朝政，宋王成器为闲厩使，岐王範、薛王业皆掌禁兵，外议以为不便。元之同侍中宋璟密奏请令公主往就东都，出成器等诸王为刺史，以息人心。睿宗以告公主，公主大怒。玄宗乃上疏以元之、璟等离间兄弟，请加罪，乃贬元之为申州刺史。再转扬州长史、淮南按察使，为政简肃，人吏立碑纪德。俄除同州刺史。先天二年，玄宗讲武在新丰驿，召元之代郭元振为兵部尚书、同中书门下三品，复迁紫微令。避开元尊号，又改名崇，进封梁国公。固辞实封，乃停其旧封，特赐新封一百户。

先是，中宗时，公主外戚皆奏请度人为僧尼，亦有出私财造寺者，富户强丁，皆经营避役，远近充满。至是，崇奏曰："佛不在外，求之于心。佛图澄最贤，无益于全赵；罗什多艺，不救于亡秦。何充、苻融，皆遭败灭；齐襄、梁武，未免灾殃。但发心慈悲，行事利益，使苍生安乐，即是佛身。何用妄度奸人，令坏正法？"上纳其言，令有司隐括僧徒，以伪滥还俗者万二千余人。

开元四年，山东蝗虫大起，崇奏曰："《毛诗》云：'秉彼蟊贼，以付炎火。'又汉光武诏曰'勉顺时政，劝督农桑，去彼蝗蜮，以及蟊贼。'此并除蝗之义也。虫既解畏人，易为驱逐。又苗稼皆有地主，救护必不辞劳。蝗既解飞，夜必赴火，夜中设火，火边掘坑，且焚且瘗，除之可尽。时山东百姓皆烧香礼拜，设祭祈恩，眼看食苗，手不敢近。自古有讨除不得者，只是人不用命，但使齐心戮力，必是可除。"乃遣御史分道杀蝗。汴州刺史倪若水执奏曰："蝗是天灾，自宜修德。刘聪时除既不得，为害更深。"仍拒御史，不肯应命。崇大怒，牒报若水曰："刘聪伪主，德不胜妖；今日圣朝，妖不胜德。古之良守，蝗虫避境，若其修德可免，彼岂无德致然！今坐看食苗，何忍不救，因以饥馑，将何自安？幸勿迟回，自招悔吝。"若水乃行焚瘗之法，获蝗一十四万石，投汴渠流下者不可胜纪。

时朝廷喧议，皆以驱蝗为不便，上闻之。复以问崇。崇曰：“庸儒执文，不识通变。凡事有违经而合道者，亦有反道而适权者。昔魏时山东有蝗伤稼，缘小忍不除，致使苗稼总尽，人至相食；后秦时有蝗，禾稼及草木俱尽，牛马至相啖毛。今山东蝗虫所在流满，仍极繁息，实所稀闻。河北、河南，无多贮积，倘不收获，岂免流离，事系安危，不可胶柱。纵使除之不尽，犹胜养以成灾。陛下好生恶杀，此事请不烦出敕，乞容臣出牒处分。若除不得，臣在身官爵，并请削除。”上许之。

黄门监卢怀慎谓崇曰：“蝗是天灾，岂可制以人事？外议咸以为非。又杀虫太多，有伤和气。今犹可复，请公思之。”崇曰：“楚王吞蛭，厥疾用瘳；叔敖杀蛇，其福乃降。赵宣至贤也，恨用其犬；孔丘将圣也，不爱其羊。皆志在安人，思不失礼。今蝗虫极盛，驱除可得，若其纵食，所在皆空。山东百姓，岂宜饿杀！此事崇已面经奏定讫，请公勿复为言。若救人杀虫，因缘致祸，崇请独受，义不抑关。”怀慎既庶事曲从，竟亦不敢逆崇之意，蝗因此亦渐止息。

是时，上初即位，务修德政，军国庶务，多访于崇，同时宰相卢怀慎、源乾曜等，但唯诺而已。崇独当重任，明于吏道，断割不滞。然纵其子光禄少卿彝、宗正少卿异广引宾客，受纳馈遗，由是为时所讥。时有中书主书赵诲为崇所亲信，受蕃人珍遗，事发，上亲加鞫问，下狱处死。崇结奏其罪，复营救之，上由是不悦。其冬，曲赦京城，敕文特标诲名，令决杖一百，配流岭南。崇自是忧惧，频面陈避相位，荐宋璟自代。俄授开府仪同三司，罢知政事。

居月余，玄宗将幸东都，而太庙屋坏，上召宋璟、苏颋问其故，璟等奏言：“陛下三年之制未毕，诚不可行幸。凡灾变之发，皆所以明教诫。陛下宜增崇大道，以答天意，且停幸东都。”上又召崇问曰：“朕临发京邑，太庙无故崩壞，恐神灵诫以东行不便耶？”崇对曰：“太庙殿本是苻坚时所造，隋文帝创立新都，移宇文朝故殿造此庙，国家又因隋氏旧制，岁月滋深，朽蠹而毁。山有朽壤，尚不免崩，既久来枯木，合将摧折，偶与行期相会，不是缘行乃崩。且四海为家，两京相接，陛下以关中不甚丰熟，转运又有劳费，所以为人行幸，岂是无事烦劳？东都百司已作供拟，不可失信于天下。以臣愚见，旧庙既朽烂，不堪修理，望移神主于太极殿安置，更改造新庙，以申诚敬。车驾依前径发。”上曰：“卿言正合朕意。”赐绢二百匹，令所司奉七庙神主于太极殿，改新庙，车驾乃幸东都。因令崇五日一参，仍入阁供奉，甚承恩遇。后又除太子少保，以疾不拜。九年薨，年七十二，赠扬州大都督，谥曰文献。

崇先分其田园，令诸子侄各守其分，仍为遗令以诫子孙，其略曰：

古人云：富贵者，人之怨也。贵则神忌其满，人恶其上；富则鬼瞰其室，虏利其财。自开辟已来，书籍所载，德薄任重而能寿考无咎者，未之有也。故范蠡、疏广之辈，知止足之分，前史多之。况吾才不逮古人，而久窃荣宠，位逾高而益惧，恩弥厚而增忧。往在中书，遘疾虚惫，虽终匪懈，而诸务多阙。荐贤自代，屡有诚祈，人欲天从，竟蒙哀允。优游园沼，放浪形骸，人生一代，斯亦足矣。田巴云："百年之斯，未有能至。"王逸少云："俛仰之间，已为陈迹。"诚哉此言。

比见诸达官身亡以后，子孙既失覆荫，多至贫寒，头尺之间，参商是竞。岂唯自玷，仍更辱先，无论曲直，俱受嗤毁。庄田水碾，既众有之，递相推倚，或致荒废。陆贾、石苞，皆古之贤达也，所以预为定分，将以绝其后争，吾静思之，深所叹服。

昔孔丘亚圣，母墓毁而不修；梁鸿至贤，父亡席卷而葬。昔杨震、赵咨、卢植、张奂，皆当代英达，通识今古，咸有遗言，属以薄葬。或濯衣时服，或单帛幅巾，知真魂去身，贵于速朽，子孙皆遵成命，迄今以为美谈。凡厚葬之家，例非明哲，或溺于流俗，不察幽明，咸以奢厚为忠孝，以俭薄为悭惜，至令亡者致戮尸暴骸之酷，存者陷不忠不孝之诮。可为痛哉，可为痛哉！死者无知，自同粪土，何烦厚葬，使伤素业。若也有知，神不在柩，复何用违君父之令，破衣食之资。吾身亡后，可殓以常服，四时之衣，各一副而已。吾性甚不爱冠衣，必不得将入棺墓，紫衣玉带，足便于身，念尔等勿复违之。且神道恶奢，冥涂尚质，若违吾处分，使吾受戮于地下，于汝心安乎？念而思之。

今之佛经，罗什所译，姚兴执本，与什对翻。姚兴造浮屠于永贵里，倾竭府库，广事庄严，而兴命不得延，国亦随灭。又齐跨山东，周据关右，周则多除佛法而修缮兵威，齐则广置僧徒而依凭佛力。及至交战，齐氏灭亡，国既不存，寺复何有？修福之报，何其蔑如！梁武帝以万乘为奴，胡太后以六宫入道，岂特身戮名辱，皆以亡国破家。近日孝和皇帝发使赎生，倾国造寺，太平公主、武三思、悖逆庶人、张夫人等皆度人造寺，竟术弥街，咸不免受戮破家，为天下所笑。经云："求长命得长命，求富贵得富贵"，"刀寻段段坏，火坑变成池"。比来缘精进得富贵长命者为谁？生前易知，尚觉无应，身后难究，谁见有征。且五帝之时，父不葬子，兄不哭弟，言其致仁寿、无夭横也。三王之代，国祚延长，人用休息，其人臣则彭祖、老聃之类，皆享遐龄。当此之时，未有佛教，岂抄经铸像之力，设斋施物之功耶？《宋书西域传》，有名僧为《白黑论》，理证明白，足解沈疑，宜观而行之。

且佛者觉也，在乎方寸，假有万像之广，不出五蕴之中，但平等慈悲，行善不行恶，则佛道备矣。何必溺于小说，惑于凡僧，仍将喻品，用为实录，抄经写像，破业倾家，乃至施身亦无所吝，可谓大惑也。亦有缘亡人造像，名为追福，方便之教，虽则多端，功德须自发心，旁助宁应获报？递相欺诳，浸成风俗，损耗生人，无益亡者。假有通才达识，亦为时俗所拘。如来普慈，意存利物，损众生之不足，厚豪僧之有余，必不然矣。且死者是常，古来不免，所造经像，何所施为？

夫释迦之本法，为苍生之大弊，汝等各宜警策，正法在心，勿效儿女子曹，终身不悟也。吾亡后必不得为此弊法。若未能全依正道，须顺俗情，从初七至终七，任设七僧斋。若随斋须布施，宜以吾缘身衣物充，不得辄用余财，为无益之枉事，亦不得妄出私物，徇追福之虚谈。

道士者，本以玄牝为宗，初无趋竞之教，而无识者慕僧家之有利，约佛教而为业。敬寻老君之说，亦无过斋之文，抑同僧例，失之弥远。汝等勿拘鄙俗，辄屈于家。汝等身没之后，亦教子孙依吾此法云。

十七年，重赠崇太子太保。

崇长子彝，开元初光禄少卿。次子异，坊州刺史。少子弈，少而修谨，开元末，为礼部侍郎、尚书右丞。天宝元年，右相牛仙客薨，彝男闳为侍御史、仙客判官，见仙客疾亟，逼为仙客表，请以弈及兵部侍郎卢奂为宰相代己。其妻因中使奏之，玄宗闻而怒之，闳决死，弈出为永阳太守，奂为临淄太守。玄孙合，登进士第，授武功尉，迁监察御史，位终给事中。

【译文】

姚崇，本名姚元崇，是陕州硖石人。父亲名叫姚善意，贞观年间，曾担任巂州都督。姚元崇曾经担任孝敬皇帝挽郎，参加下笔成章科考试，被朝廷授予濮州司仓参军的官职，后来经过五次升迁，成为夏官郎中。当时契丹进犯，攻陷河北好多州郡，军事要务堆积如山，姚元崇剖析决断，如水分流，井井有条。武则天十分欣赏他的才干，破格提拔他为夏官侍郎，随后又任命他为同凤阁鸾台平章事。

圣历初年，武则天对随侍左右的人说："过去周兴、来俊臣等审问监狱中犯谋反罪的囚犯，牵扯株连许多朝臣，但他们全承认犯有叛逆罪，国家有法律，朕也不能违反。这中间也曾怀疑有滥施刑罚、含冤受屈的情况，就派近臣前往狱中亲自询问，得到了囚犯们的亲笔供词，所有人全部承认自己有罪，朕就不再怀疑，于是批准了周兴、来俊臣的奏章。近日周兴、来俊臣死后，再没有听说有叛逆的人，这样看来，从前被处死的，难道不是有被冤枉而滥杀的吗？"姚元崇回答说："自您登基以来，被告发的人遭酷刑被迫认罪，最终家破人亡。而告发的人把这当成立功的捷径，天下称为'罗织'，比汉代的党锢之祸还要厉害。陛下派近臣前往狱中询问，近臣也担心无法自保，怎敢对已经断好的案子有所改变？被审问的人虽然想翻案，但又害怕遭酷吏毒打，将军张虔勗、李安静等都是这种情况。所幸上天降福，陛下醒悟，剿灭凶恶小人，使朝廷平安无事。臣以微贱之躯以及一家百口担保，今日以后，现任内外官吏再没有谋反叛逆的人。请求陛下今后再得到控告状词，只是收存保管，不必推究审问。倘若后来有证据，证明造反叛逆是实情，臣请求承担知而不告的罪名。"武则天十分高兴地说："从前的宰相都揣摩朕的意思行事，使朕成为滥用刑罚的君主。今天爱卿所说的话，正合朕的心意。"这一天，武则天派宦官给姚元崇送去一千两银子。

当时突厥叱利元崇图谋造反，武则天不愿姚元崇和他同名，于是姚元崇改名姚元之。不久姚元之转任凤阁侍郎，依旧掌管朝廷政事。

长安四年，姚元之因为母亲年老，上表请求辞职回乡侍奉老母，言词极其悲伤，武则天不好违背他的心意，于是让他担任相王府长史，不再掌管朝廷政事，使他能够奉养老母。过了一个月，武则天又让姚元之兼任夏官尚书、同凤阁鸾台三品。姚元之进言道："臣服事相王，不便执掌兵马。臣不是爱惜生命，是担心对相王不利。"武则天认为他的话很对，让他改任春官尚书。这时候，张易之请求将京城的十位高僧派往他在定州私设的寺庙，僧人们不愿前往，极力申诉，姚元之下令停办这件事，张易之又多次提出，姚元之始终不肯答应。因此张易之向武则天进谗言诋毁姚元之，武则天将姚元之降职为司仆卿，依旧掌管朝廷政事。后来又命他出任灵武道大总管。

神龙元年，张柬之、桓彦范等人谋划诛杀张易之兄弟，恰好姚元之由灵武军中返回都城，于是参与谋划，凭借这个功劳被封为梁县侯，并赐给二百封户。武则天传位给太子，自己移居上阳宫，中宗率领百官迁到皇宫作息，王公以下无不欢欣鼓舞，相互祝贺，只有姚元之呜咽流泪。桓彦范、张柬之对姚元之说："今天哪是哭泣的时候！恐怕从现在开始你要大祸临头了。"姚元之说："我侍奉则天皇后的时间很长，突然这样分离，感情发自内心，想忍也忍不住。过去和你们一同诛杀凶恶的逆臣，这是当臣子应尽的本分。哪里敢说有什么功劳；现在和原先的君主分别而悲伤哭泣，也是臣子应有的礼节，因此而得罪，我心甘情愿。"没过多久，姚元之出任亳州刺史，又转任常州刺史。

睿宗即位，征召姚元之入朝，拜为兵部尚书、同中书门下三品，接着又升为中书令。当时玄宗还是太子，太平公主干预朝政，宋王李成器担任闲厩使，岐王李范、薛王李业负责掌管禁军，朝外认为这样对太子不利。姚元之和侍中宋璟秘密地向睿宗进言，请求将太平公主迁往东都居住，让李成器等诸王前往地方担任刺史，以此来安定人心。睿宗将这件事告诉太平公主，太平公主大怒。玄宗于是上疏说姚元之、宋璟等离间皇室兄弟，请求给他们加罪，于是姚元之被任为申州刺史。后来又转任扬州长史、淮南按察使。姚元之处理政务崇尚简约严肃，官吏百姓曾立碑记载他的功德。不久又升为同州刺史。先天二年，玄宗在新丰驿讲习武事，征召姚元之接替郭元振担任兵部尚书、同中书门下三品，又升任紫微令。姚元之因为避开元尊号，又改名为姚崇，玄宗进封他为梁国公。姚崇坚持不肯接受封户，玄宗于是取消他原来的封户，但又特别赐给他新的一百封户。

在这之前，中宗的时候，公主外戚都上奏天子请求度人出家当和尚尼姑，也有拿出私人财产修建佛寺的，以致富户壮丁，也都营造寺庙来逃避徭役，和尚尼姑到处都是。到这时候，姚崇进言说："佛不在身外，而在于内心。佛图澄最有德行，但后赵并没有因此保全；鸠摩罗什多才多艺，也无法挽救后秦的灭亡。何充、苻融奉佛，最终全都败亡；齐襄帝、梁武帝佞佛，也没有能逃过灾祸。只要慈悲发自内心，行事有利于他人，能使百姓安乐，这就是佛了。何须妄度奸诈之徒出家，让他们玷污佛法？”玄宗采纳了他的意见，命令有关部门审查僧徒，因有名无实而被勒令还俗的有一万二千人。

开元四年，山东发生大面积蝗灾，姚崇进言说：“《毛诗》说：‘抓住那害虫，放到火中烧死。’汉光武帝的诏书也说：‘努力顺应时令，鼓励、督促农民织布耕田，除掉那蝗螟以及其他害虫。’这说的都是消灭蝗虫的意思。蝗虫既然怕人，也就容易驱逐。禾苗都各有主人，他们救护禾苗一定不辞劳苦。蝗虫既然会飞，夜间一定会扑火，晚上设置火堆，在火堆旁挖坑，边烧边埋，蝗虫是能够消灭干净的。可是现在山东百姓都烧香拜神，设祭祈福，眼看着蝗虫吃禾苗，却不动手消灭。自古以来蝗虫不能除灭，不过是因为人们不肯效命出力，只要大家齐心合力，蝗虫一定是能够消灭的。”于是分派御史前往各道督促捕蝗。汴水刺史倪若水进言说：“蝗虫是上天降下的灾祸，自然应该靠修养德行来消除。从前刘聪也下令捕杀蝗虫，但没有成功，灾害反而更重了。”于是抵制御史的命令，不肯捕蝗。姚崇大怒，发公文通知倪若水说：“刘聪是伪皇帝，德行无法压过邪恶；今日朝廷圣明，邪恶不能压过德行。古时的好太守，蝗虫不进入他的辖境，倘若修养德行可以免除蝗害，那不就等于说蝗害是因为没有德行才招致的吗！现在蝗虫吃禾苗，怎么能忍心坐视不救？由此导致饥荒，你自己又怎么能够心安？千万不要迟疑，为自己招来悔恨。”倪若水于是用烧埋法灭蝗，捕获蝗虫十四万石，扔进汴渠里被冲走的蝗虫数不胜数。

当时朝廷中议论纷纷，都认为驱逐蝗虫是有害的，玄宗听到这些话后，询问姚崇。姚崇说：“平庸的儒者拘泥经书文字，不知变通。有些事情违背经书的说法却合乎道理，也有些事情违反常理却符合变通原则。从前魏时，山东有蝗虫毁坏庄稼，只因为略微忍耐一下而没有马上除灭，以致庄稼全被蝗虫吃尽，百姓没有粮食充饥，到了人吃人的地步；后秦时发生蝗灾，庄稼和草木全被吃尽，牛马饥饿，到了相互咬毛吃的地步。现今山东蝗虫遍地都是，仍在尽力繁殖，灾情实在是自古罕见。河北、河南地区，粮食贮存不多，如果庄稼没有收成，百姓哪能免于流离失所？事情关系到国家的安危，不可拘泥经书。就算灭蝗不能灭尽，也比不灭蝗造成灾害强。陛下爱惜生灵，讨厌杀戮，这件事不须麻烦陛下发布敕令，就让臣发公文处置。倘若蝗虫不能除灭，臣身上的官爵，请陛下全部免除。”玄宗赞同他的看法。

黄门监卢怀慎对姚崇说：“蝗虫是上天降下的灾祸，人力哪里能够控制？朝外议论都认为您的做法不对。而且杀虫太多，会妨害阴阳的调和。现在改变政令还来得及，请您考虑。”姚崇说：“楚王吞下蚂蟥，病就痊愈了；孙叔敖杀死两头蛇，上天降福给他。赵宣子非常贤明，憎恨晋灵公放恶狗咬他而将狗杀死；孔丘近乎圣人，不吝惜祭祀用的羊。他们都志在安定百姓，考虑问题不违反礼的规定。现在蝗虫很多，驱除它完全有可能，倘若放任它吃禾苗，那么蝗虫所到之处，庄稼都会被吃光。山东百姓，难道就应该饿死？这件事我已经当面禀告天子并决定下来，请您不要再说什么。倘若为拯救百姓杀死害虫，会招来灾祸，我愿意独自承受，依据道义，决不会让您分担责任。”卢怀慎一向曲意顺从姚崇，终究不敢违背姚崇的意志，蝗害因而也逐渐消除。

这时候，皇上刚刚即位，致力于兴立德政，国家、军队的各种事务，大多询问姚崇，同时期的宰相卢怀慎、源乾曜等人，不过遵从命令罢了。姚崇独自担当重任，熟悉为官之道。裁决政事从不拖泥带水。但是听任他的儿子光禄少卿姚彝、宗正少卿姚异广泛接引宾客，收受馈赠，因此遭到当时人的非议。当时有一位中书主书赵诲，受到姚崇亲近信任，赵诲收受外国人的珍贵礼物，事情败露，玄宗亲自审讯，将他下狱，并判处死刑。姚崇对他的罪行作了结案处理并上奏玄宗，却又想营救他，玄宗因此不高兴。这一年冬天，因为特殊原因而赦免京城的罪犯，玄宗的赦令中特别标出赵诲的名字，命令打他一百棍，而后将他流放到岭南。姚崇因此感到忧虑、恐惧，多次当面向玄宗请求辞去宰相的官位，并推荐宋璟接替自己。不久玄宗任命他为开府仪同三司，免去了他宰相的职务。

过了一个多月，玄宗准备前往东都，可是太庙的房屋突然倒塌，玄宗召见宋璟、苏颋询问原因。宋璟等上奏说：“陛下的三年服丧期还没有终结，确实不应该出行。凡是发生灾害、变故，都是上天来表示教训、警戒的意思。陛下应该更加遵崇正道，答复上天的旨意，应暂且停止前往东都。”玄宗又召见姚崇问道：“朕刚想从京城出发，太庙的房屋就无故倒塌，这恐怕是神灵警示朕不应该东行吧？”姚崇回答说：“太庙的殿堂原本是苻坚时期所造。隋文帝创立新都，用拆毁宇文氏朝廷旧殿的木料建造太庙（而宇文氏朝廷旧殿又是苻坚时建造的），大唐因袭隋代旧制，沿用了这座太庙，因为年深日久，木料因虫蛀而腐烂毁坏了。山有腐土，尚且还要崩塌，木料使用的时间过长，当然会折断，只是偶然和陛下的行期相合，并不是陛下要出行太庙才倒塌的。况且天子以四海为家，西京、东都相互连接，陛下因为关中收成不好，转运粮食到关中又要劳民费财，所以为了百姓才决定前往东都，哪里是没事自寻劳苦？东都的各个部门已经作好了供应计划，切不可对天下失信。依臣的愚见，既然旧的太庙已经倒塌，无法修理，希望将太庙的神位迁往太极殿安置，另外改建新庙，来表达对先帝的真诚敬意。陛下的车驾应该按原先的计划马上出发。”玄宗说：“爱卿的话正符合朕的心意。”赐给姚崇二百匹绢，命令有关部门恭敬地捧着太庙的七个神位前往太极殿安置，并改建新庙。玄宗的车驾于是前往东都。玄宗又命令姚崇每五日上朝参见一次，仍旧立于内廷供奉班次的首位，给予他的恩惠非常深厚。后来又任命他为太子少保，姚崇因病没有到职。开元九年姚崇病逝，享年七十二岁，朝廷赠给他扬州大都督，定谥号为文献。

姚崇逝世前将自己的田园家产分给后辈，让众子侄各守本分，还立下遗嘱告诫子孙，遗嘱的大意说：

古人说：富贵，会招来别人的怨恨。贵如果有神通，就会嫉妒你权势熏天，让人们厌恶你高高在上；富如果通灵，就会窥视你的家，使奴仆贪图你的财产。开天辟地以来，书籍中所记载，凡德才浅薄担当重任而能够命长无祸的，一个也没有。因而范蠡、疏广等人，有知止知足的素质，前代的史书赞美他们。况且我的才能比不上古人，却长时间担当重任，地位愈高心里愈害怕，天子给予的恩惠越厚自己的忧虑越多。过去任职中书省的时候，因为得病身体虚弱，虽然始终不敢懈怠，但是各种事务仍多有缺失。于是想推荐贤才接替自己，多次有这种真诚的请求，天从人愿，终于得到天子的怜悯和应允。我在园林池沼间闲适自得，放任自己的形体，不受拘束，人生一世，这就非常满足了。田巴说：“一百年的生命期限，没有人能够达到。”王逸少说：“不过低头抬头之间的功夫，已经成为过去的事情。”这些话说得很对。

近来看到诸位达官显贵身死以后，他们的子孙失去庇护，大多贫困，以至于兄弟不睦，一斗一尺的东西，也相互争夺。不但玷污了自己，还辱没了祖宗，不论谁对谁错，都会受到人们的讥笑、非议。还有田庄水碾，是大家所共有的，就难免互相推托、依靠，有时导致田园荒芜。陆贾、石苞，全是古时的贤达，因为这个缘故在自己死前就预先分好家产，来杜绝身后子孙们互相争夺。静下心来想想这些事，我深深地赞叹佩服他们。

从前孔丘地位仅次于圣人，母亲的坟墓坏了却不修理；梁鸿非常贤明，父亲去世用席子一卷就下葬。以前的杨震、赵咨、卢植、张奂，都是当时才德出众、见识通达的人，他们通晓古今之事，死前都有遗言，叮嘱薄葬。有的将平时衣服洗涤干净穿上，有的束发只用一幅单层的绢，他们知道人的魂魄一旦离身，肉身还是快点腐烂为好，子孙都遵照他们的遗言，至今成为美谈。凡是厚葬的人家，依照常理都是不明智的，有的沉溺于流行的习俗，不能甄别好坏，将厚葬当成忠孝，薄葬当成吝啬，以至于使死去的人遭到尸体被戮、骸骨暴露的惨祸，活着的人受到不忠不孝的指责。这是多么令人悲痛的事啊！死者没有知觉，自然如同腐土，为什么还要费力厚葬，使原有的家业受损失？倘若死者有知觉，那么灵魂也不会留在棺材里，又何必要违反君父的遗命，耗费充作衣食之用的钱财？我身死之后，就用平常的衣服收殓，四季的衣服，各一套就可以了。我天性非常不喜欢官员的礼服，一定不要放入墓里，紫衣玉带，穿在身上也就十分便当了，你们切勿违背我的这个心愿。而且神祇讨厌奢侈，阴间推崇质朴，你们倘若违背我的安排，让我在地下蒙受尸体被戮的灾祸，你们的心能安宁吗？这件事情你们要好好考虑。

现在的佛经，是鸠摩罗什所译，姚兴手拿本子，同他一起翻译。姚兴在永贵里修造佛塔，耗尽仓库里的财物，大肆装饰，佛塔美盛庄严，但姚兴的寿命却没有延长，国家也随着灭亡。还有齐国据有山东，周国据有关石，周除灭佛法，整治军威，齐却广招和尚，想依凭佛教之力。等到两国兵戎相见，结果自然是齐国灭亡。国家已经不存在了，佛寺还有什么用？奉佛求福的想法，是多么虚无飘渺！从前梁武帝以天子之尊舍身成为寺奴，胡太后以皇后的身份充当佛教徒，他们不仅身死名辱，还都因此国破家亡。近时孝和皇帝派遣使者买生物放生，耗尽国家资财修造寺庙，太平公主、武三思、悖逆庶人、张夫人等全都度人出家，修建寺庙，用尽各种手段让人出家，修造的佛寺布满街道，结果全不能免于身死家破，遭到天下人的耻笑。佛经说："求长命得长命，求富贵得富贵。""（临刑时心念佛菩萨之力）大刀会一段段折断，（落入火坑时心念佛菩萨之力）火坑会变成水池。"可是近来因为努力修善断恶而得到富贵长命的又有谁呢？生前的事容易知晓，尚且感到修佛没有回报，身后的事更加难以推求，谁看到过佛教所说的那套东西的证据？而且五帝的时候，父不葬子，兄不哭弟，意思是说那时候的人都长寿，没有夭折或者遭横祸而死的。三王的时代，国运长久，百姓得以休息，那时的人臣就有彭祖、老聃之类，全都高寿。可是那时候，还没有佛教，难道是抄写佛经、铸造佛像的功绩或者供应斋食、施舍财物的成效吗？《宋书·西域传》中，有一位高僧撰写的《黑白论》，道理论证得清楚透彻，足可解除疑惑，你们应当读一读并依照他的说法去做。

况且佛是觉悟的意思，在于内心。倘若说万象的广大，不超出五蕴的范围，那么只需对一切众生都同样慈悲，只行善不作恶，也就能完全把握住佛道了。何必沉迷于浅薄琐屑的言论，被凡僧的说教迷惑，将佛经中的比喻当成实录，画佛像抄佛经，破产倾家，甚至于毫不吝惜地舍去生命，真可说是糊涂透顶啊。也有的人为死者建造佛像，名叫"追福"，为度脱众生而采取灵活教法，虽然有多种，但做善事必须自己发愿，旁人帮助难道也可以得到善报？人们互相欺骗，逐渐形成风俗，耗损活人的资财，却对死者没什么好处。即使有博学多识、通达事理的人，也同样被时代的习俗约束。如来广施慈爱，意在为众生造福，让资财不足的众生受损失，使资财有余的豪富和尚得到厚利，如来一定不会这样做的。而且死是常理，自古以来不能避免，那么制作的佛经佛像，又有什么用呢？

释迦牟尼的根本大法，是百姓的大家，你们各自应该警惕，要让自己心中有正确法则，不要仿效那些女孩子们，终身不醒悟。我死后治丧一定要免除佛教那些迷惑人的仪式。倘若不能完全依照正确的准则去做，一定要顺应世俗的风尚，（从死的那一天直到第四十九日，每隔七日祭奠一次，）那么，从第一个七日至第七个七日，听凭你们请僧人设斋会祭奠。倘若设斋会的同时必须布施，则应该使用我身边的衣物，不得耗费多余的资财，去干没有好处的冤枉事，也不得随意拿出私人财物，去顺应“追福”的虚妄言论。

道士，本以自然无为为宗旨，起初并没有趋于互相争竞的教说，但是一些没有见识的人，羡慕僧人能够获得厚利，按照佛教的做法行事。恭敬地翻阅查找老君的言论，也没有见到有设斋会的条文，道士的做法同于僧人，错得更离谱。你们不要受鄙陋习俗的束缚，请道士到家设斋会。你们自己去世，也要教育子孙依照我的这种办法去做。

开元十七年，天子又追赠姚崇为太子太保。

姚崇的长子姚彝，开元初担任光禄少卿。次子姚异，担任坊州刺史。最小的儿子姚弈，自幼能静思修身，行事谨慎，开元末年，担任礼部侍郎、尚书右丞。天宝元年，右相牛仙客去世，姚彝的儿子姚闳担任侍御史、牛仙客幕府判官，看到牛仙客病情危急，逼他上表朝廷，请求让姚弈和兵部侍郎卢奂接替自己做宰相。牛仙客的妻子通过宫廷的使者向天子禀告这件事，玄宗知道后非常生气，于是姚闳被判处死刑，姚弈被贬为永阳太守，卢奂被贬为临淄太守。姚崇的玄孙姚合，考中进士，授武功县尉，又升任监察御史，最终官做到了给事中。

旧唐书卷一百六

李林甫列传第五十六

李林甫，高祖从父弟长平王叔良之曾孙。叔良生孝斌，官至原州长史。孝斌生思诲，官至扬府参军，思诲即林甫之父也。林甫善音律，初为千牛直长，其舅楚国公姜皎深爱之。开元初，迁太子中允。时源乾曜为侍中，乾曜侄孙光乘，姜皎妹婿，乾曜与之亲。乾曜之男洁白其父曰："李林甫求为司门郎中。"乾曜曰："郎官须有素行才望高者，哥奴岂是郎官耶？"数日，除谕德。哥奴，林甫小字。累迁国子司业。

十四年，宇文融为御史中丞，引之同列，因拜御史中丞，历刑、吏二侍郎。时武惠妃爱倾后宫，二子寿王、盛王以母爱特见宠异，太子瑛益疏薄。林甫多与中贵人善，乃因中官干惠妃云："原保护寿王。"惠妃德之。初，侍中裴光庭妻武三思女，诡谲有材略，与林甫私。中官高力士本出三思家，及光庭卒，武氏衔哀祈于力士，请林甫代其夫位，力士未敢言。玄宗使中书令萧嵩择相，嵩久之以右丞韩休对，玄宗然之，乃令草诏。力士遽漏于武氏，乃令林甫白休，休既入相，甚德林甫，与嵩不和，乃荐林甫堪为宰相，惠妃阴助之，因拜黄门侍郎，玄宗眷遇益深。

二十三年，以黄门侍郎平章事裴耀卿为侍中，中书侍郎平章事张九龄为中书令，林甫为礼部尚书、同中书门下三品，并加银青光禄大夫。林甫面柔而有狡计，能伺候人主意，故骤历清列，为时委任。而中官妃家，皆厚结托，伺上动静，皆预知之，故出言进奏，动必称旨。而猜忌阴中人，不见于词色，朝廷受主恩顾，不由其门，则构成其罪；与之善者，虽厮养下士，尽至荣宠。寻历户、兵二尚书，知政事如故。

寻又以太子瑛、鄂王瑶、光王琚皆以母失爱而有怨言，驸马都尉杨洄白惠妃。玄宗怒，谋于宰臣，将罪之。九龄曰："陛下三个成人儿不可得。太子国本，长在宫中，受陛下义方，人未见过，陛下奈何以喜怒间忍欲废之？臣不敢奉诏。"玄宗不悦。林甫惘然而退，初无言，既而谓中贵人曰："家事何须谋及于人。"时朔方节度使牛仙客在镇，有政能，玄宗加实封，九龄又奏曰："边将训兵秣马，储蓄军实，常务耳，陛下赏之可也；欲赐实赋，恐未得宜。惟圣虑思之。”帝默然。林甫以其言告仙客，仙客翌日见上，泣让官爵。玄宗欲行实封之命，兼为尚书，九龄执奏如初。帝变色曰：“事总由卿？”九龄顿首曰：“陛下使臣待罪宰相，事有未允，臣合尽言。违忤圣情，合当万死。”玄宗曰：“卿以仙客无门籍耶？卿有何门阀？”九龄对曰：“臣荒徼微贱，仙客中华之士。然陛下擢臣践台阁，掌纶诰；仙客本河湟一使典，目不识文字，若大任之，臣恐非宜。”林甫退而言曰：“但有材识，何必辞学，天子用人，何有不可？”玄宗滋不悦。

九龄与中书侍郎严挺之善。挺之初娶妻出之，妻乃嫁蔚州刺史王元琰。时元琰坐赃，诏三司使推之，挺之救免其罪。玄宗察之，谓九龄曰：“王元琰不无赃罪，严挺之嘱托所由辈有颜面。”九龄曰：“此挺之前妻，今已婚崔氏，不合有情。”玄宗曰：“卿不知，虽离之，亦却有私。”玄宗籍前事，以九龄有党，与裴耀卿俱罢知政事，拜左、右丞相，出挺之为洺州刺史，元琰流于岭外。即日林甫代九龄为中书、集贤殿大学士、修国史；拜牛仙客工部尚书、同中书门下平章事，知门下省事。监察御史周子谅言仙客非宰相器，玄宗怒而杀之。林甫言子谅本九龄引用，乃贬九龄为荆州长史。

玄宗终用林甫之言，废太子瑛、鄂王瑶、光王琚为庶人，太子妃兄驸马都尉薛锈长流瀼州，死于故驿，人谓之“三庶”，闻者冤之。其月，佞媚者言有乌鹊巢于大理狱户，天下几致刑措。玄宗推功元辅，封林甫晋国公，仙客豳国公。其冬，惠妃病，三庶人为祟而薨。储宫虚位，玄宗未定所立。林甫曰：“寿王年已成长，储位攸宜。”玄宗曰：“忠王仁孝，年又居长，当守器东宫。”乃立为皇太子。自是林甫惧，巧求阴事以倾太子。”

林甫既秉枢衡，兼领陇右、河西节度，又加吏部尚书。天宝改易官名，为右相，停知节度事，加光禄大夫，迁尚书左仆射。六载，加开府仪同三司，赐实封三百户，而恩渥弥深。凡御府膳羞，远方珍味，中人宣赐，道路相望。与宰相李适之虽同宗属，而适之轻率，尝与林甫同论时政，多失大体，由是主恩益疏，以至罢免。黄门侍郎陈希烈性便佞，尝曲事林甫，适之既罢，乃引希烈同知政事。林甫久典枢衡，天下威权，并归于己，台司机务，希烈不敢参议，但唯诺而已。每有奏请，必先赂遗左右，伺察上旨，以固恩宠。上在位多载，倦于万机，恒以大臣接对拘检，难徇私欲，自得林甫，一以委成。故杜绝逆耳之言，恣行宴乐，衽席无别，不以为耻，由林甫之赞成也。

林甫京城邸第，田园水硙，利尽上腴。城东有薛王别墅，林亭幽邃，甲于都邑，特以赐之，及女乐二部，天下珍玩，前后赐与，不可胜纪。宰相用事之盛，开元已来，未有其比。然每事过慎，条理众务，增修纲纪，中外迁除，皆有恒度，而耽宠固权，已自封植，朝望稍著，必阴计中伤之。初，韦坚登朝，以坚皇太子妃兄，引居要职，示结恩信，实图倾之，乃潜令御史中丞杨慎矜阴伺坚隙。会正月望夜，皇太子出游，与坚相见，慎矜知之，奏上。上大怒，以为不轨，黜坚，免太子妃韦氏。林甫因是奏李适之与坚昵狎，及裴宽、韩朝宗并曲附適之，上以为然，赐坚自尽，裴、韩皆坐之斥逐。后杨慎矜权位渐盛，林甫又忌之，乃引王鉷为御史中丞，托以心腹。鉷希林甫意，遂诬罔密奏慎矜左道不法，遂族其家。杨国忠以椒房之亲，出入中禁，奏请多允，乃擢在台省，令按刑狱。会皇太子良娣杜氏父有邻与子婿柳勣不叶，勣飞书告有邻不法，引李邕为证，诏王鉷与国忠按问。鉷与国忠附会林甫奏之，于是赐有邻自尽，出良娣为庶人，李邕、裴敦复枝党数人并坐极法。林甫之苞藏安忍，皆此类也。

林甫自以始谋不佐皇太子，虑为后患，故屡起大狱以危之，赖太子重慎无过，流言不入。林甫尝令济阳别驾魏林告陇右、河西节度使王忠嗣，林往任朔州刺史，忠嗣时为河东节度，自云与忠王同养宫中，情意相得，欲拥兵以佐太子。玄宗闻之曰："我儿在内，何路与外人交通？此妄也。"然忠嗣亦左授汉阳太守。八载，咸宁太府赵奉章告林甫罪状二十余条。告未上，林甫知之，讽御史台逮捕，以为妖言，重杖决杀。

十载，林甫兼领安西大都护、朔方节度，俄兼单于副大都护。十一载，以朔方副使李献忠叛，让节度，举安思顺自代。国家武德、贞观已来，蕃将如阿史那社尔、契苾何力，忠孝有才略，亦不专委大将之任，多以重臣领使以制之。开元中，张嘉贞、王晙、张说、萧嵩、杜暹皆以节度使入知政事，林甫固位，志欲杜出将入相之源，尝奏曰："文士为将，怯当矢石，不如用寒族、蕃人，蕃人善战有勇，寒族即无党援。"帝以为然，乃用思顺代林甫领使。自是高仙芝、哥舒翰皆专任大将，林甫利其不识文字，无入相由，然而禄山竟为乱阶，由专得大将之任故也。

林甫恃其早达，舆马被服，颇极鲜华。自无学术，仅能秉笔，有才名于时者尤忌之。而郭慎微、苑咸文士之阘茸者，代为题尺。林甫典选部时，选人严迥判语有用“杕杜”二字者，林甫不识“杕”字，谓吏部侍郎韦陟曰：“此云‘杖杜’，何也？”陟俯首不敢言。太常少卿姜度，林甫舅子，度妻诞子，林甫手书庆之曰：“闻有弄獐之庆。”客视之掩口。

初，杨国忠登朝，林甫公微才不之忌；及位至中司，权倾朝列，林甫始恶之。时国忠兼领剑南节度，会南蛮寇边，林甫请国忠赴镇。帝虽依奏，然待国忠方渥，有诗送行，句末言入相之意。又曰：“卿止到蜀郡处置军事，屈指待卿。”林甫心尤不悦。林甫时已寝疾。其年十月，扶疾从幸华清宫，数日增剧，巫言一见圣人差减，帝欲视之，左右谏止。乃敕林甫出于庭中，上登降圣阁遥视，举红巾招慰之，林甫不能兴，使人代拜于席。翌日，国忠自蜀还，谒林甫，拜于床下，林甫垂涕托以后事。寻卒，赠太尉、扬州大都督，给班剑、西园秘器。诸子以吉仪护柩还京师，发丧于平康坊之第。

林甫晚年溺于声妓，姬侍盈房。自以结怨于人，常忧刺客窃发，重局复壁，络板甃石，一夕屡徙，虽家人不之知。有子二十五人、女二十五人：岫为将作监，崿为司储郎中，屿为太常少卿；子婿张博济为鸿胪少卿，郑平为户部员外郎，杜位为右补阙，杨齐宣为谏议大夫，元扐为京兆府户曹。

初，林甫尝梦一白皙多须长丈夫逼己，接之不能去。既寤，言曰：“此形状类裴宽，宽谋代我故也。”时宽为户部尚书、兼御史大夫，故因李适之党斥逐之。是时杨国忠始为金吾胄曹参军，至是不十年，林甫卒，国忠竟代其任，其形状亦类宽焉。国忠素憾林甫，既得志，诬奏林甫与蕃将阿布思同构逆谋，诱林甫亲族间素不悦者为之证。诏夺林甫官爵，废为庶人，岫、崿诸子并谪于岭表。林甫性沉密，城府深阻，未尝以爱憎见于容色。自处台衡，动循格令，衣冠士子，非常调无仕进之门。所以秉钧二十年，朝野侧目，惮其威权。及国忠诬构，天下以为冤。

史臣曰：李林甫以谄佞进身，位极台辅，不惧盈满，蔽主聪明，生既唯务陷人，死亦为人所陷，得非彼苍假手，以示祸淫者乎！

【译文】

李林甫，是唐高祖的堂弟长平王李叔良的曾孙。李叔良的儿子李孝斌，官做到原州长史。李孝斌的儿子李思诲，官做到扬州都督府参军，李思诲就是李林甫的父亲。李林甫通晓音律，起初担任千牛卫直长，他的舅父楚国公姜皎非常喜欢他。开元初年，李林甫升任太子中允。当时源乾曜担任侍中，源乾曜的侄孙源光乘，是姜皎的妹婿，源乾曜和他关系亲密。源乾曜的儿子源洁告诉父亲说："李林甫请求担任司门郎中。"源乾曜说："郎官必须有纯洁的品行和出众的才能，哥奴哪里是郎官的材料？"过了几天，任命李林甫为太子谕德。哥奴，是李林甫的小名，经多次升迁，李林甫升为国子司业。

开元十四年，宇文融担任御史中丞，提携李林甫为同事，于是拜御史中丞，又担任刑部、吏部侍郎。当时武惠妃受到天子宠爱，超过所有的妃嫔，她的两个儿子寿王、盛王因为母亲得宠也受到天子特别的宠爱优待，太子李瑛更加被轻视、疏远。李林甫大肆结交受宠信的宦官，并且借助宦官迎合、巴结武惠妃说："愿保护寿王。"惠妃十分感激他。当初，侍中裴光庭娶了武三思的女儿，她为人诡诈，有谋略才智，和李林甫私通。宦官高力士本出自武三思家，等到裴光庭去世，武氏含悲请求高力士，让李林甫接替她的丈夫担任侍中，高力士没有敢向玄宗提出。玄宗让中书令萧嵩选择宰相，萧嵩考虑很久提名尚书右丞韩休，玄宗同意了，于是下令草拟诏书。高力士迅速将这个消息泄漏给武氏，武氏于是让李林甫告诉韩休。韩休担任宰相后，非常感激李林甫。韩休和萧嵩不和，于是推荐李林甫，说他有宰相之才，武惠妃暗中帮助李林甫，于是李林甫被任命为黄门侍郎，玄宗对他十分宠爱。

二十三年，玄宗任命黄门侍郎、平章事裴耀卿为侍中，中书侍郎、平章事张九龄为中书令，李林甫为礼部尚书、同中书门下三品，三人都加授银青光禄大夫。李林甫外表温顺而内心狡诈，能揣度君主的心意，因而很快进入清贵的行列，受到玄宗的信任。李林甫对宦官妃嫔之家，都倾心结交巴结，通过他们侦察皇上的动静，一切都能预先知道，因而出言进奏，全都符合天子的心意。李林甫暗中猜忌陷害人，表面却不露声色，朝廷中受到君主恩遇和照顾的人，倘若不是出自他的门庭，李林甫就设计诬陷，使他们获罪；同李林甫亲善的人，即使是奴仆、下等人，也全受到提拔，官至显位，得到君主的恩宠。不久李林甫担任户部、兵部尚书，依旧掌理朝廷政事。

太子李瑛、鄂王李瑶、光王李琚都因为母亲失宠而有怨言，驸马都尉杨洄将这事告诉武惠妃，玄宗得知后发怒，和宰相商量，准备治太子等人的罪。张九龄说:“陛下的三个儿子都已成年,是不可多得,极为可贵的。太子是国家的根本,他生长在宫中,接受陛下的教导,人们没有看到他的过错,陛下怎么能因为自己一时的喜怒而忍心要废黜他?臣不敢接受诏命。”玄宗不高兴。李林甫装出一副迷惘失意的样子,退下后,开始不说什么,后来却对受宠信的宦官说:“天子家中的事,何须和外人商议。”当时的朔方节度使牛仙客,在方镇中才能出众,玄宗要赐给他封户,张九龄又进言说:“边将训练军兵,喂养马匹,不过是平常的事务,陛下赏给他财物就行了;要赐给封户,恐怕不合适。请圣上考虑。”玄宗沉默不语。李林甫将张九龄的话告诉牛仙客,牛仙客第二天参见玄宗,哭着要将官爵让给别人。玄宗要颁布赐给牛仙客封户的诏令,并且任命牛仙客为尚书,张九龄坚持进言,像原先那样表示反对。玄宗变了脸色说:“事情都由卿决定?”张九龄叩头说道:“陛下让臣担任宰相之职,事情有不允当之处,臣就应当进言。臣违背圣上心意,合当处死一万次。”玄宗说:“爱卿是认为牛仙客不是贵族吗?爱卿又是什么门第?”张九龄回答说:“臣只是边远地区一个卑贱的人,牛仙客是中华之士。但是陛下提拔臣进入中书省,掌管草拟诏书;牛仙客本是河湟地区一个小吏,目不识丁,假如重用他,臣担心他不能胜任。”李林甫退下后说道:“只要有识见才能,何必一定通晓辞学文章,天子用人,哪有不行的?”玄宗听到李林甫的话后,更加不高兴。

张九龄和中书侍郎严挺之亲善。严挺之起初娶了妻子,后来又把她遗弃,妻子于是嫁给蔚州刺史王元琰。当时王元琰因为贪污犯了罪,玄宗命令三司使审问他,严挺之援救王元琰,使他得以免罪。玄宗察知这件事,对张九龄说:“王元琰并不是没有贪污罪,是严挺之向有关官吏说情,他很有脸面啊。”张九龄说:“她只是严挺之的前妻,现在严挺之已和崔氏结婚,不应该有私情。”玄宗说:“卿不知道,虽然已经离异,却还有私情。”玄宗因为这件事和从前的一些事情,认为张九龄有同党,不再让他以及裴耀卿掌管朝廷政事,任命他们为尚书左、右丞相,又贬严挺之为洺州刺史,流放王元琰到岭南。当日李林甫接替张九龄任中书令、集贤殿大学士、修国史;拜牛仙客为工部尚书、同中书门下平章事,掌管门下省的事务。监察御史周子谅说牛仙客没有宰相的才能,玄宗发怒,将他赐死。李林甫说周子谅是张九龄举荐任用的,于是贬张九龄为荆州长史。

玄宗终于采纳李林甫的意见，将太子李瑛、鄂王李瑶、光王李琚都废为平民，把太子妃的哥哥驸马都尉薛锈长期流放瀼州，最终太子、鄂王、光王都死在旧驿站里，人们称他们为“三庶”，听到他们死讯的人都说他们是冤枉的。这一月，善于阿谀逢迎的人进言，说有乌鹊在大理寺监狱的门上筑巢，天下几乎达到弃置刑罚不用的地步。玄宗归功于宰相，封李林甫为晋国公，牛仙客为豳国公。这年冬天，武惠妃生病，因为三个平民作祟而逝世。当时太子之位空缺，玄宗还没有想好立谁为太子，李林甫说：“寿王已长大了，适合当太子。”玄宗说：“忠王孝顺仁爱，年龄又居长，应该在东宫当太子。”于是立忠王为皇太子。从这以后，李林甫恐惧，不择手段地搜求太子秘事，借以颠覆太子。

李林甫执掌朝廷权力中枢以后，又兼领陇右、河西节度使，加授吏部尚书。天宝年间更改官名，李林甫担任右相，不再掌理节度使的事务，加光禄大夫，改任尚书左仆射。天宝六年，加授李林甫开府仪同三司，赐给三百个封户，给予他的恩泽更加深厚。宣读赏赐给他皇宫的美食，远方的珍味的圣旨的宦官，往来于道路，前后不断。李林甫和宰相李适之虽然同宗同族，但是李适之禀性轻率，曾和李林甫一起讨论时政，所说的大多抓不住要点，因此君主给予他的恩惠越来越少，以至于罢免他的相职。黄门侍郎陈希烈天性擅长阿谀奉迎，曾曲意侍奉李林甫，李适之罢相后，李林甫于是推荐陈希烈一同执掌朝廷政事。李林甫长期执掌权柄，天下的权力，全抓在自己手中，宰相的机要事务，陈希烈不敢参与议论，只是从命罢了。李林甫每次进奏，必定先贿赂玄宗身边的人，让他们侦察天子的想法，借此保持玄宗对自己的宠幸。玄宗在位多年，倦于处理成千上万的国家事务，常常因为要接待应答大臣，难以遂顺私欲，自从得到李林甫，便将国事全托付给他。从此杜绝逆耳之言，任意宴饮游乐，该寝卧时也一样，不以为耻，这都是李林甫一味逢迎导致的。

李林甫在京城的府第，田园水碾，全是肥沃的上等土地。长安城东有薛王别墅，园林亭阁幽深，为京城之冠，玄宗特将它赐给李林甫，又赐予他两队歌舞伎，前后赐给他的天下珍贵的玩赏物品，更是数不胜数。自开元以来，宰相权力之大，没有人能同李林甫相比。然而李林甫处理每件事情都十分谨慎，尽量让各种事务都有条理，还增立法度，中央和地方官吏的迁徙任命，都有常规。但他沉溺于得到皇帝宠幸，极力维护权力，显示自己，朝廷中名望稍微显著的人，李林甫必定暗中设计中伤他。当初，韦坚步入仕途，因为韦坚是皇太子妃的哥哥，李林甫就推荐他担当要职，表示和他永结恩义，实际却图谋倾覆他，于是暗中命令御史中丞杨慎矜秘密查找韦坚的过失。恰好正月十五日夜，皇太子出游，和韦坚相见，杨慎矜知道这件事，便禀告玄宗。玄宗大怒，认为不合法度，下令贬黜韦坚，废掉太子妃韦氏。李林甫趁机禀告玄宗，说李适之和韦坚亲昵，还有裴宽、韩朝宗都曲意依附李适之，玄宗认为他说得对，赐韦坚自尽，裴宽、韩朝宗都因此被贬逐。后来杨慎矜地位权势渐盛，李林甫又嫉妒他，于是举荐王鉷为御史中丞，将他当成心腹。王鉷迎合李林甫的心意，于是欺骗、密报玄宗，称杨慎矜搞邪门歪道，违法乱纪，于是玄宗将杨慎矜满门抄斩。杨国忠凭借后妃亲属的身份，出入皇宫，有所请求，玄宗大多应允，于是李林甫提拔杨国忠到御史台，让他审理有关刑罚的事，碰巧皇太子良娣杜氏的父亲杜有邻和女婿柳勣不和，柳勣写匿名信诬告杜有邻违法，拉上李邕作证明，玄宗命令王供和杨国忠审问。王拱和杨国忠附会李林甫的心意，向玄宗禀告，于是玄宗赐杜有邻自尽，废良娣为平民，李邕、裴敦复以及党羽数人都被处死。李林甫的阴险残忍，类似这样的还有许多。

李林甫认为自己最初没有帮助皇太子，顾虑皇太子成为后患，所以多次制造大案，借以倾覆太子，所幸太子十分谨慎，没有过失，因此玄宗对那些流言全不相信。李林甫曾令济阳别驾魏林控告陇右、河西节度使王忠嗣，魏林从前担任朔州刺史，当时王忠嗣担任河东节度使。魏林上奏称王忠嗣自己说同忠王一起在宫中长大，情意相投，因而想聚集军队辅佐太子。玄宗听到这话后说："我儿子在宫内，有什么途径和外人往来？这是胡说。"但是王忠嗣也被贬为汉阳太守。天宝八年，咸宁太守赵奉章控告李林甫二十多条罪状。控告书还没有送到玄宗那儿，李林甫就知道了，他暗示御史台逮捕赵奉章，以散布妖言的罪名，用重棍将他击毙。

天宝十年，李林甫兼任安西大都护、朔方节度使，没过多久又兼任单于副大都护。天宝十一年，由于朔方节度副使李献忠谋反，李林甫让出朔方节度使的职位，举荐安思顺接替自己。自武德、贞观以来，外族将领如阿史那社尔、契苾何力，都孝顺忠诚，有谋略才能，朝廷也不单独委任他们为大将，多派一位重臣兼任节度使来控制他们。开元年间，张嘉贞、王晙、张说、萧嵩、杜暹都凭借节度使的身份入朝掌理政事，李林甫为了保持相位，立志要杜绝边将入朝担任宰相，曾经向玄宗进言说："文士担任边将，害怕挨箭射、挨石块打，不如任用出身寒门的人、外族人，外族人擅长打仗，有勇气胆量，出身寒门的人不用担心形成朋党。"玄宗认为他的意见正确，于是让安思顺接替李林甫成为朔方节度使。从此高仙芝、哥舒翰都单独担任大将，李林甫认为他们目不识丁对自己构不成威胁，他们不存在入朝担任宰相的可能，然而安禄山最终成为天下祸乱的根源，这都是让他们单独担任大将造成的。

李林甫自恃很早就显达，车马衣服，非常华丽。李林甫自己没有什么学问，仅能拿笔写字，对于当世有才名的人十分嫉妒。文士中的鄙贱之辈郭慎微、苑成等人，代他写文章或书信，李林甫掌管吏部的时候，参加吏部铨选的严迥的判词中用了"杕杜"二字，李林甫不认识"杕"字，对吏部侍郎韦陟说："这里说'杖杜'，是什么意思？"韦陟低头不敢回答。太常少卿姜度，是李林甫舅舅的儿子，姜度的妻子生了儿子，李林甫亲自写信向他表示祝贺说："听说有弄獐的喜庆。"客人看到后连忙用手捂住嘴，免得笑出声来。

当初，杨国忠进入朝廷，李林甫认为他才能低下，不嫉妒他；等到杨国忠官做到御史中丞，权势压过朝廷官员，李林甫才开始厌恶他。当时杨国忠兼任剑南节度使，碰巧南蛮进犯边境，李林甫于是向玄宗请求让杨国忠赶赴剑南任所。玄宗虽然听从了李林甫的意见，但这时对杨国忠的恩情正厚，写诗送行，诗末谈到让杨国忠入朝担任宰相的意思。又对杨国忠说："卿只管前往蜀郡处置军事，朕弯着手指计算日子等卿回来。"李林甫心里非常不高兴。李林甫当时已卧病。这年十月，李林甫带病跟随玄宗前往华清宫，几天后病情加重，巫师说见到圣人病就会减轻，玄宗想去看望他，被随侍身边的人劝住。于是玄宗命令李林甫站在院子里，自己登上降圣阁遥望，手举红巾招呼、慰问李林甫，李林甫已经不能起床，让人代替自己在席上参拜玄宗。第二天，杨国忠从属郡回来，谒见李林甫，拜于床下，李林甫流着眼泪，将后事托付给他，之后就去世了。朝廷追踪李林甫为太尉、扬州大都督，供给仪仗队、棺木。李林甫的儿子们用吉事的礼仪护送李林甫的灵柩返回京师，在平康坊的府第里公布李林甫去世的消息。

李林甫晚年沉溺于歌舞伎，家中侍妾成群。自己认为和别人结下了怨仇，常常担心刺客暗中出现，住处门禁森严，加许多道锁，墙壁两重而中空，房屋采用石头砌成，四周用木板围绕，李林甫一个晚上多次迁徙，连家里人也不知晓他住在哪儿。李林甫有二十五个儿子、二十五个女儿：李岫担任将作监，李崿担任司储郎中，李屿担任太常少卿；女婿张博齐担任鸿胪少卿，郑平担任户部员外郎，杜位担任右补阙，杨齐宣担任谏义大夫，元抙担任京兆府户曹参军。

当初，李林甫曾梦见一个皮肤洁白脸上多须的高个男人逼近自己，一接触他便连在一块不能分开。李林甫醒过来后，说道："这人的相貌很像裴宽，这是裴宽图谋接替我成为宰相。"当时裴宽担任户部尚书，兼御史大夫，于是李林甫以李适之同党的罪名贬逐他。当时杨国忠担任金吾卫胄曹参军，到这时不到十年，李林甫去世，杨国忠终于接替他担任宰相，杨国忠的相貌酷似裴宽。杨国忠一向仇恨李林甫，得志之后，便向玄宗诬告李林甫和外族将领阿布思一起图谋造反，引诱李林甫亲族中平时不喜欢李林甫的人作证明。于是玄宗命令削夺李林甫的官爵，废为平民，李林甫的儿子李岫、李崿等人都贬谪到岭南。李林甫禀性深沉缜密，心机高深莫测，爱憎从不表现在外表上。自从担任宰辅大臣，遵循规则条令，官绅士人，都必须依照常规迁转任用，别无其他仕进的门路。因而李林甫当宰相二十年，朝廷民间人士虽然怨恨，但又害怕他的威势。等到杨国忠诬陷他谋反，天下人都认为是冤枉的。

史官说：李林甫靠阿谀奉承升官，官做到宰相，不惧怕满盈，蔽塞君主的耳目，活着只致力于陷害人，死了也遭到别人陷害，这能不是苍天借助他人之手，来表示降祸给恶人吗！

旧唐书卷一百十

李光弼列传第六十

李光弼，营州柳城人。其先，契丹之酋长。父楷洛，开元初，左羽林将军同正、朔方节度副使，封蓟国公，以骁果闻。光弼幼持节行，善骑射，能读班氏《汉书》。少从戎，严毅有大略；起家左卫郎。丁父忧，终丧不入妻室。

天宝初，累迁左清道率兼安北都护府、朔方都虞候。五载，河西节度王忠嗣补为兵马使，充赤水军使。忠嗣遇之甚厚，常云："光弼必居我位。"边上称为名将。八载，充节度副使，封蓟郡公。十一载，拜单于副使都护。十三载，朔方节度安思顺奏为副使、知留后事。思顺爱其材，欲妻之，光弼称疾辞官。陇右节度哥舒翰闻而奏之，得还京师。禄山之乱，封常清、高仙芝战败，斩于潼关。又以哥舒翰率师拒贼。寻命郭子仪为朔方节度，收兵河西。玄宗眷求良将，委以河北、河东之事，以问子仪，子仪荐光弼堪当阃寄。

十五载正月，以光弼为云中太守，摄御史大夫，充河东节度副使、知节度事。二月，转魏郡太守、河北道采访使，以朔方兵五千会郭子仪军，东下井陉，收常山郡。贼将史思明以卒数万来援常山，追击破之，进收藁城等十余县，南攻赵郡。三月八日，光弼兼范阳长史、河北节度使，拔赵郡。自禄山反，常山为战场，死人蔽野，光弼酹其尸而哭之，为贼幽闭者出之，誓平寇难，以慰其心。六月，与贼将蔡希德、史思明、尹子奇战于常山郡之嘉山，大破贼党，斩首万计，生擒四千。思明露发跣足，奔于博陵，河北归顺者十馀郡。

光弼以范阳禄山之巢穴，将先断之，使绝根本。会哥舒翰潼关失守，玄宗幸蜀，人心惊骇。肃宗理兵于灵武，遣中使刘智达追光弼、子仪赴行在，授光弼户部尚书，兼太原尹、北京留守、同中书门下平章事，以景城、河间之卒五千赴太原。时节度王承业军政不修，诏御史崔众交兵于河东。众侮易承业，或裹甲持枪突入承业厅事玩谑之。光弼闻之素不平。至是，交众兵于光弼。众以麾下来，光弼出迎，旌旗相接而不避。

光弼怒其无礼，又不即交兵，令收系之。顷中使至，除众御史中丞，怀其敕问众所在。光弼曰："众有罪，系之矣！"中使以敕示光弼，光弼曰："今只斩侍御史；若宣制命，即斩中丞；若拜宰相，亦斩宰相。"中使惧，遂寝之而还。翌日，以兵仗围众，至碑堂下斩之，威震三军。命其亲属吊之。

二年，贼将史思明、蔡希德、高秀岩、牛廷玠等四伪帅率众十余万来攻太原。光弼经河北苦战，精兵尽赴朔方，麾下皆乌合之众，不满万人。思明谓诸将曰："光弼之兵寡弱，可屈指而取太原，鼓行而西，图河陇、朔方，无后顾矣！"光弼所部将士闻之皆惧，议欲修城以待之，光弼曰："城周四十里，贼垂至，今兴功役，是未见敌而自疲矣。"乃躬率士卒百姓外城掘壕以自固。作堑数十万，众莫知所用。及贼攻城于外，光弼即令增垒于内，坏辄补之。贼城外诟詈戏侮者，光弼令穿地道，一夕而擒之，自此贼将行皆视地，不敢逼城。强弩发石以击之，贼骁将劲卒死者十二三。城中长幼咸伏其勤智，懦兵增气而皆欲出战。史思明揣知之，先归，留蔡希德等攻之，月余，我怒而寇怠，光弼率敢死之士出击，大破之，斩首七万余级，军资器械一皆委弃。贼始至及遁，五十余日，光弼设小幕，宿于城东南隅，有急即应，行过府门，未尝回顾。贼退三日，决军事毕，始归府第。转检校司徒，收清夷、横野等军，擒贼将李弘义以归。诏曰："银青光禄大夫、检校司徒、兼户部尚书、同中书门下平章事、兼御史大夫、鸿胪卿、太原尹、北京留守、河东节度副大使、蓟国公光弼，全德挺生，英才间出，干城御侮，坐甲安边。可守司空、兼兵部尚书、中书门下平章事，进封魏国公，食实封八百户。"

乾元元年，与关内节度使王思礼入朝，敕朝官四品已上出城迎谒。迁侍中，改封郑国公。二年七月，制曰："元帅之任，实属于师贞；左军之选，谅资于邦杰。自非道申启沃，学富韬钤，则何以翊分阃而专征，膺凿门而受律。求诸将相，允得其人。司空、兼侍中、郑国公光弼，器识弘远，志怀沉毅，蕴孙、吴之略，有文武之材。往属艰难，备彰忠勇，协风云而经始，保宗社于阽危。由是出备长城，入扶大厦，茂功悬于日月，嘉绩被于岩廊。属残寇犹虞，总戎有命，用择惟贤之佐，式弘建亲之典。必能缉宁邦国，协赞天人，誓于丹浦之师，剿彼绿林之盗。载明朝奖，爰籍旧勋。宜副出车之命，仍践分麾之宠。为天下兵马元帅赵王係之副，知节度行营事。"

八月，兼幽州大都督府长史、河北节度支度营田经略等使，余如故。与九节度兵围安庆绪于相州，拔有日矣。史思明自范阳来救，屡绝粮道，光弼身先士卒，苦战胜之。属大风晦冥，诸将引众而退，所在剽掠，唯光弼所部不散。东京留守崔圆、河南尹苏震南奔襄阳，郭子仪率众屯于谷水。史思明因杀安庆绪，即伪位，纵兵河南。加光弼太尉、兼中书令，代郭子仪为朔方节度、兵马副元帅，以东师委之。左厢兵马使张用济承子仪之宽，惧光弼之令，与诸将颇有异议，欲逗留其众。光弼以数千骑出次汜水县，用济单骑迎谒，即斩于辕门。诸将慑伏，都兵马使仆固怀恩先期而至。

初，光弼次汴州，闻思明悉众且至，谓许叔冀曰："大夫能守此城浃旬，我必将兵来救。"叔冀曰："诺。"光弼还东京，思明至汴，叔冀与战不利，遂与董秦、梁浦、刘从谏率众降思明。贼势甚炽，遣梁浦、刘从谏、田神功等将兵徇江淮，谓之曰："收得其地，每人贡两船玉帛。"思明乘胜而西。光弼整众徐行，至洛，谓留守韦陟曰："贼乘邺下之胜，再犯王畿，宜按甲以挫其锋，不利速战。洛城非御备之所，公计若何？"陟曰："加兵陕州，退守潼关，据险以待之，足挫其锐矣！"光弼曰："此盖兵家常势，非用奇之策也。夫两军相寇，贵进尺寸之间耳。今委五百里而不顾，是张贼势也。若移军河阳，北阻泽潞、三城以抗，胜则擒之，败则自守，表里相应，使贼不敢西侵，此则猿臂之势也。夫辨朝廷之礼，光弼不如公；论军旅之事，公不如光弼。"陟无以应。判官韦损曰："东京帝宅，侍中何不守之？"光弼曰："若守洛城，汜水、崿岭皆须人守，子为兵马判官，能守之乎？"遂移牒留守及河南尹并留司官、坊市居人，出城避寇，空其城，率军士运油铁诸物，以为战守之备。

时史思明已至偃师，光弼悉军赴河阳。贼已至洛城，光弼军方至石桥。曰暮，令秉炬徐行，与贼相随，而不敢来犯。乙夜，入河阳三城。排阅守备，号令严明，与士卒同甘苦，咸誓力战。贼惮光弼威略，顿兵白马寺，南不出百里，西不敢犯宫阙，于河阳南筑月城，掘壕以拒光弼。十月，贼攻城。于中潬城西大破逆党五千余众，斩首千余级，生擒五百余人，溺死者大半。

初，光弼谓李抱玉曰："将军能为我守南城二日乎？"抱玉曰："过期若何？"光弼曰："过期而救不至，任弃也。"抱玉禀命，勒兵守南城。将陷，抱玉绐贼曰："吾粮尽，明日当降。"贼众大喜，敛军以俟之。抱玉复得缮完设备，明日，坚壁请战。贼怒见欺，急攻之。抱玉出奇兵，表里夹击，杀伤甚众，贼帅周挚领军而退。光弼自将于中潬城，城外置栅，栅外大掘堑，阔二丈，深亦如之。周挚舍南城，并力攻中潬。光弼命荔非元礼出劲卒于羊马城以拒贼。光弼于城东北角树小红旗，下望贼军。贼恃众直逼其城，以车二乘载木鹅、蒙冲、斗楼、橦车随其后，督兵填城下堑，三面各八道过其兵，又当堑开栅，各置一门。光弼遥望贼逼城，使人语荔非元礼曰："中丞看贼填堑开栅过兵，居然不顾，何也？元礼报曰："太尉拟守乎，拟战乎？"光弼曰："战。"元礼曰："若战，贼为我填堑，复何嫌也！"光弼曰："吾智不及公，公其勉之！"元礼俟栅开，率其勇敢出战，一逼贼军，退走数百步。元礼料敌阵坚，虽出入驰突，不足破贼，收军稍退，以怠其寇而攻之。光弼望见收军，大怒，使人唤元礼，欲按军令。元礼曰："战正忙，唤作何物？"良久，令军中鼓噪出栅门，徒搏齐进，贼大溃。

周挚复整军押北城而下，将攻之。光弼遽率众入北城，登城望曰："彼虽众，乱而嚣，不足惧也。当为公等日午而破之。"命出将战。及期，不决，谓诸将曰："向来战，何处最坚而难犯？"或曰："西北角。"遽命郝玉曰："尔往击之。"玉曰："玉，步卒也，请骑军五百翼之。"光弼与之三百。又问："何处最坚？"曰："东南隅。"即命论惟贞以所部往击之。对曰："贞，蕃将也，不知步战，请铁骑三百。"与之百。光弼又出赐马四十匹分给，且令之曰："尔等望吾旗而战，若麾旗缓，任尔观望便宜；吾旗连麾三至地，则万众齐入，生死以之，少退者斩无舍。"玉策马赴贼，有一人将援枪刺贼，洞马腹，连刺数人；一人逢贼，不战而退。光弼召不战者斩，赏援枪者绢五百匹。须臾，郝玉奔归。光弼望之，惊曰："郝玉退，吾事危矣。"命左右取玉头来。玉见使者曰："马中箭，非敢败也。"使者驰报，光弼令换马遣之。玉换马复入，决死而前。光弼连麾，三军望旗俱进，声动天地，一鼓而贼大溃，斩万余级，生擒八千余人，军资器械粮储数万计，临陈擒其大将徐璜玉、李秦授、周挚。其大将安太清走保怀州。思明不知挚等败，尚攻南城。光弼悉驱俘囚临河以示之，杀数十人以威之，余众惧，投河赴南岸，光弼皆斩之。初，光弼将战，谓左右曰："战，危事，胜负系之。光弼位为三公，不可死于贼手，苟事之不捷，继之以死。"及是击贼，常纳短刀于靴中，有决死之志，城上面西拜舞，三军感动。

贼既败走，光弼收怀州，思明来救，迎击于沁水之上，又败之。城将安太清极力拒守，月余不下。光弼令仆固怀恩、郝玉由地道而入，得其军号，乃登陴大呼，我师同登，城遂拔。生擒安太清、周挚、杨希文等，送于阙下，即日怀州平。以功进爵临淮郡王，累加实封至一千五百户。

观军容使鱼朝恩屡言贼可灭之状，朝旨令光弼速收东都。光弼屡表："贼锋尚锐，请候时而动，不可轻进。"仆固怀恩又害光弼之功，潜附朝恩，言贼可灭。由是中使督战，光弼不获已，进军列阵于北邙山下。贼悉精锐来战，光弼败绩，军资器械并为贼所有。时李抱玉亦弃河阳，光弼渡河保闻喜。朝旨以怀恩异同致败，优诏征之。光弼自河中入朝，抗表请罪，诏释之。光弼恳让太尉，遂加开府仪同三司、侍中、河南尹、行营节度使；俄复拜太尉，充河南、淮南、山南东道、荆南等副元帅，侍中如故，出镇临淮。史朝义乘邙山之胜，寇申、光等十三州，自领精骑围李岑于宋州。将士皆惧，请南保扬州，光弼径赴徐州以镇之，遣田神功击败之。浙东贼首袁晁攻剽郡县，浙东大乱，光弼分兵除讨，克定江左，人心乃安。

初，光弼将赴临淮，在道舁疾而行。监军使以袁晁方扰江淮，光弼兵少，请保润州以避其锋。光弼曰："朝廷寄安危于我，今贼虽强，未测吾众寡，若出其不意，当自退矣。"遂径往泗州。光弼未至河南也，田神功平刘展后，逗留于扬府，尚衡、殷仲卿相攻于兖、郓，来瑱旅拒于襄阳，朝廷患之。及光弼轻骑至徐州，史朝义退走，田神功遽归河南，尚衡、殷仲卿、来瑱皆惧其威名，相继赴阙。宝应元年，进封临淮王，赐铁券，图形凌烟阁。

广德初，吐蕃入寇京畿，代宗诏征天下兵。光弼与程元振不协，迁延不至。十月，西戎犯京师，代宗幸陕。朝廷方倚光弼为援，恐成嫌疑，数诏问其母。吐蕃退，乃除光弼东都留守，以察其去就。光弼伺知之，辞以久待敕不至，且归徐州，欲收江淮租赋以自给。代宗还京，二年正月，遣中使往宣慰。光弼母在河中，密诏子仪与归京师。其弟光进，与李辅国同掌禁兵，委以心膂。至是，以光进为太子太保、兼御史大夫、凉国公、渭北节度使，上遇之益厚。

光弼御军严肃，天下服其威名，每申号令，诸将不敢仰视。及惧朝恩之害，不敢入朝，田神功等皆不禀命，因愧耻成疾，遣衙将孙珍奉遗表自陈。广德二年七月，薨于徐州，时年五十七。辍朝三日，赠太保，谥曰武穆。光弼既疾亟，将吏问以后事，曰："吾久在军中，不得就养，既为不孝子，夫复何言！"因取已封绢布各三千匹、钱三千贯文分给将士。部下护丧柩还京师。代宗遣中官开府，鱼朝恩吊问其母于私第，又命京兆尹第五琦监护丧事。十一月，葬于三原，诏宰臣百官祖送于延平门外。母李氏，有须数十茎，长五六寸，以子贵，封韩国太夫人，二子皆节制一品。光弼十年间三入朝，与弟光进在京师，虽与光弼异母，性亦孝悌，双旌在门，鼎味就养，甲第并开，往来追欢，极一时之荣。

史官曰：凡言将者，以孙、吴、韩、白为首。如光弼至性居丧，人子之情显矣，雄才出将，军旅之政肃然。以奇用兵，以少败众，将今比古，询事考言，彼四子者，或有惭德。邙山之败，阃外之权之专；徐州之留，君侧之人伺隙。失律之尤虽免，匪躬之义或亏，令名不全，良可惜也。然阃外之事，君侧之人，得不慎诸！

【译文】

李光弼，是营州柳城人。他的祖先是契丹的酋长。父亲李楷洛，开元初年，担任左羽林将军同正、朔方节度副使，封蓟国公，凭借骁勇果敢闻名于世。李光弼从小修持操行，擅长骑射，能通读班固的《汉书》。年少从军，威严刚毅，有过人的谋略，最初担任左卫郎将。因为父丧辞官，整个居丧期间，不进入妻子的房间。

天宝初年，李光弼经多次升迁担任左清道率，兼任安北都护府都护、朔方节度都虞候。天宝五年，河西节度使王忠嗣任命他为河西兵马使，充任赤水军使。王忠嗣待他恩情深厚，经常说："李光弼一定会担任我现在的官职。"边地上称李光弼为名将。天宝八年，李光弼充任河西节度副使，封蓟郡公。天宝十一年，拜单于大都护府副大都护。天宝十三年，朔方节度使安思顺上奏朝廷，推荐李光弼为朔方节度副使，执掌朔方节度留后的事务。安思顺倾慕李光弼的才干，想将女儿嫁给他，李光弼声称有病辞去官职。陇右节度使哥舒翰知道这件事后上奏朝廷，使李光弼得以回到京师。安禄山发动叛乱后，封常清、高仙芝打了败仗，在潼关被处死。朝廷又派哥舒翰统领军队抵御贼寇。接着朝廷任命郭子仪为朔方节度使，前往河西征集军队。玄宗急于寻求一位良将，以便将河北、河东的军务托付给他，询问郭子仪，郭子仪推荐了李光弼。

天宝十五年正月，玄宗任命李光弼为云中太守，代理御史大夫，充任河东节度副使，掌管节度使的事务。二月，转任魏郡太守、河北道采访使，带领朔方的五千军队同郭子仪的部队会合，东下井陉，收复常山郡。贼将史思明率领数万军兵来援救常山，李光弼追击贼兵，打败了他们，于是进兵收复藁城等十余县，又向南攻打赵郡。三月八日，李光弼兼任范阳长史、河北节度使，收复赵郡。自从安禄山造反，常山郡就成为战场，那里死尸遍野，李光弼以酒洒地，祭奠死者，释放被贼寇囚禁的人，发誓平定贼寇，抚慰受害者的心灵。六月，李光弼与和贼将蔡希德、史思明、尹子奇在常山郡的嘉山交战，李光弼大破贼军，斩首级以万计算，活捉四千敌兵。在这次战斗中，史思明丢了帽子，光着脚逃向博陵，河北地区归顺朝廷的有十余郡。

李光弼认为范阳是安禄山的巢穴，准备先攻取它，使贼冠失去根据地。碰巧哥舒翰打了败仗，潼关失守，玄宗逃往蜀地，人心不稳。肃宗在灵武训练军队，派宫中的使者刘智达追上李光弼、郭子仪，要他们前往自己所在的地方，于是肃宗任命李光弼为户部尚书，兼太原尹、北京留守、同中书门下平章事，命他统领景城、河间的五千军兵赶奔太原。当时河东节度使王承业军政事务处理混乱，天子命令御史崔众前往河东让王承业交出军队。崔众轻视、欺侮王承业，有时穿甲持抢冲入王承业私宅戏弄他。李光弼听说这事后一直为王承业感到不平。到这时候，朝廷下令崔众将军队交给李光弼。崔众带领部下来见李光弼，李光弼出迎，两方旌旗相接而崔众不退避。李光弼对他的无礼十分生气，崔众又不肯马上交出军队，于是李光弼下令逮捕他。一会儿宫中的使者来到，任命崔众为御史中丞，使者怀藏敕书询问崔众在那里。李光弼说："崔众有罪，我已将他逮捕了！"使者拿出敕书给李光弼看，李光弼说："现在只是斩杀侍御史；假如宣布诏令，就是斩杀御史中丞；就算他拜为宰相，也一样将他处斩。"使者害怕，于是没有宣读诏令便回去了。第二天，李光弼让士兵们手拿武器，将崔众围在中间，押到碑堂下斩首，声威震动全军。李光弼下令崔众的亲属可以祭奠崔众。

至德二年，贼军的四个伪帅史思明、蔡希德、高秀岩、牛廷玠带领十多万军队前来攻打太原。当时双方在河北僵持不下，李光弼的精锐部队全都调往朔方，这时只剩下老弱残兵，还不满一万人。史思明对将领们说："李光弼军队少而且弱，我们只需数根手指头就能计算出拿下太原的日子，然后向西进兵，夺取河西、陇右、朔方，这样就不会再有后顾之忧了！”李光弼部下的将士听说敌兵来犯都十分害怕，商议要增修城墙来对付敌人，李光弼说：“太原城方圆四十里，贼兵马上就到了，现在动工，这是还没有打仗就先使自己疲劳的昏招。”于是李光弼亲自带领士兵百姓在城外挖壕沟，来使防守稳固。李光弼又造土坯数十万个，大家不知道有什么用。等到贼寇在外面攻城，李光弼就下令在城内用土坯增高营垒，营垒坏了马上用土坯修补。有一些贼寇专在城外辱骂、戏侮唐军，李光弼下令挖地道，从地道中出击，一个晚上就把他们全部捉住，从此贼兵走路都先看地，不敢靠近太原城。李光弼又用强弩发射石块打击敌人，被打死的贼寇的精兵骁将有十分之二三。城中无论男女老少全都佩服李光弼的勤勉睿智，连一向怯懦的士兵也勇气倍增想要出战。史思明猜到城中的情况，自己先撤走，留下蔡希德等人攻城。过了一个多月，唐军士气旺盛而贼寇日益松懈，于是李光弼率领不怕牺牲的战士出击，大破敌军，斩首七万多，其他敌兵全都扔下器械军资逃走。贼寇从开始攻城到逃走，前后共五十多天，李光弼一直在城东南角张设一顶小帐篷，住在里面，有紧急情况马上处理，连路过自家府第门口，也不曾回头看一下。贼寇退走后三天，李光弼处理军务完毕，才返回府第休息。李光弼转任检校司徒，又打败清夷、横野等军，捉住贼将李弘义凯旋。天子的诏书说：“银青光禄大夫、检校司徒、兼户部尚书、同中书门下平章事、兼御史大夫、鸿胪卿、太原尹、北京留守、河东节度副大使、蓟国公李光弼，品性完美，才能杰出，是隔代才出现的英才。卿捍卫国家，抗御外侮，披甲待敌，安定边地。可以担任司空，兼兵部尚书、中书门下平章事，进封魏国公，赐给封户八百个。”

乾元元年，李光弼和关内节度使王思礼一起入朝，天子下令朝廷中四品以上官员出城迎接李光弼。李光弼升任侍中，改封郑国公。乾元二年七月，天子下诏说：“元帅的任用，实在应该选拔军队中的大臣；东路军统领的选择，确须任用国家的杰出人才。倘若没有能一再竭诚尽忠君主的道德，没有用兵如神的韬略，那么靠什么辅佐元帅处理某一方面的军事，担当受命出征的重任？从将相中寻找，确实也得到了合适的人选。司空兼侍中、郑国公李光弼，见识器量弘大高远，志向抱负深沉刚毅，拥有孙武、吴起的谋略，文武兼备。在从前的艰难时世中，完全显出忠勇的品质，君臣遇合开始经营天下，在面临危难的时刻维护了宗庙社稷。从此出外成为保卫国家的长城，入内就是支撑朝廷的大厦，丰功好像日月高悬，伟绩惠及整个朝廷。现在残敌仍是心腹之患，统帅有令，打破任用亲属的常规，选拔有才能的将领做副手。这样一定能安定国家，顺应上天、下民的心愿，劝勉丹水之滨的军队，消灭绿林中的盗贼。明白朝廷的意旨，凭借往日的功勋，可以辅助完成出征的使命，延续统兵做将的荣耀。任命李光弼为天下兵马元帅赵王系的辅佐，掌理节度行营的事务。”

八月，李光弼兼任幽州大都督府长史、河北节度支度营田经略等使，其他官爵依旧。李光弼会同九位节度使的军队一起在相州围攻安庆绪，攻克它指日可待。史思明自范阳领兵来救援安庆绪，多次截断唐军的运粮通道，李光弼身先士卒，和敌人苦战，击败了他们。恰好遇上刮大风，天色昏暗，诸将各自率军退走，所到之处，大肆抢劫，只有李光弼的部队纪律严明不扰民。东京留守崔圆、河南尹苏震向南逃往襄阳，郭子仪带领部队在谷水屯驻。史思明于是杀死安庆绪，即伪皇帝位，发兵攻打河南。朝廷加授李光弼太尉，兼中书令，让他接替郭子仪担任朔方节度使、天下兵马副元帅，将关东的部队都交付给李光弼。左厢兵马使张用济习惯了郭子仪的宽泛，害怕李光弼的严格，（对李光弼接替郭子仪为帅）和诸将都很不满意，想要停住自己的部队（不按李光弼的命令开往指定地点）。李光弼率数千骑兵东行屯驻在汜水县，张用济单人匹马前来迎接拜见李光弼，李光弼就在营门外将他斩首。诸将因为畏惧而屈服，都兵马使仆固怀恩在规定的期限内到达了指定地点。

当初，李光弼领兵屯驻汴州，听说史思明率领大军即将到达，对汴滑节度使许叔冀说：“大夫能守住这城十天，我一定领兵前来救援。”许叔冀说：“是。”李光弼返回东京，史思明来到汴州，许叔冀和史思明作战失利，于是同董秦、梁浦、刘从谏一起率领军队投降史思明。贼寇的势力越发强大，史思明派遣梁浦、刘从谏、田神功等率军夺取江淮地区，对他们说：“拿下那地方，每人向我进贡两船玉器、丝织物。”史思明乘胜向西进攻。李光弼整顿军队徐徐退却，到了洛阳，对东京留守韦陟说：“贼寇趁着邺下获胜之势，再次进犯东京，应该按兵不动来挫折敌人的锋芒，和敌人速战是不利的。洛城不是抵御敌人的好地方，您有什么妙计？”韦陟说：“增兵陕州，退守潼关，占据险要地势来抵御敌人，可以挫折敌人的锐气！”李光弼说：“这是军事家的通常做法，不是出奇制胜的谋略。两军对抗，能前进一尺一寸之地也是重要的。现在一下子丢弃五百里的地方，这是扩大敌军的声势。假如我军移驻河阳，北依恃泽潞、三城来抗击敌人，胜就出兵擒敌，败就退守城池自保，内外相应，使贼寇不敢西进，这就形成了像猿猴的手臂那样可伸可缩的态势。讲说朝廷的礼仪，李光弼不如您；议论作战的事情，您不如李光弼。”韦陟回答不上来。判官韦损说：“东京是皇帝的居所，侍中为什么不守住它呢？”李光弼说：“倘若死守洛城，那么汜水、崿岭都须有人防守，你担任兵马判官，能守住它们么？”于是李光弼发文书给东京留守和河南尹以及设在东京的中央官署的各部的官吏、东京坊市的居民，让他们出城躲避敌人，使东京成为一座空城，李光弼率领军兵运送油、铁等物前往河阳，做作战和防守的准备。

当时史思明已经来到偃师，李光弼率领全军赶赴河阳。贼寇已经到了洛城，李光弼的军队才到石桥。这时天色已黑，李光弼下令军兵手持火炬缓慢行进，贼寇领兵跟随，却不敢来犯。二更时候，李光弼进入河阳三城。他安排和检查部队的设防，号令严明，和士兵同甘苦，大家都发誓要尽力作战。贼寇害怕李光弼的声威谋略，驻扎在白马寺，往南不敢走出一百里，往西不敢进犯皇宫，在河阳南边修筑半圆形的小城，并挖壕沟来抵御李光弼。十月，贼寇攻打河阳城。李光弼在河阳中潬城西大败叛党的军队五千余人，斩首一千余，生擒五百余人，其余大半贼兵都被淹死。

当初，李光弼对李抱玉说：“将军能替我守住河阳南城两天吗？”李抱玉说：“过了期限怎么办？”李光弼说：“过了期限而救兵不到，任你弃城退走。”李抱玉受命，率领军队守卫南城。城即将被攻陷，李抱玉欺骗贼寇说：“我的粮食已经用完，明天就投降。”贼寇们十分高兴，收兵等候投降的时间到来。李抱玉于是得以修治和完善设施。第二天，李抱玉加固壁垒后，要求再战。贼寇因为受骗发怒，疾速攻城。李抱玉出奇兵，内外夹攻，杀伤许多敌人，贼寇首领周挚率领部队退走。李光弼自己带兵居中潬城，城外设置栅栏，栅栏外挖掘壕沟，宽两丈，深也一样。周挚放弃南城，合力攻中潬城。李光弼命令荔非元礼带领一些精壮士兵在城外的羊马城抵御贼寇。李光弼在城东北角立一面小红旗，观察敌军。贼寇依仗人多直逼羊马城，军队之后，用两辆大车装载着木鹅、蒙冲、斗楼等攻城器具，又督促士兵填埋城外的壕沟，城的三面各填八条路来方便军队通过，又正对着道路打开栅栏，各设一门。李光弼远远望见贼寇逼近城下，派人对荔非元礼说："中丞看到贼寇填埋壕沟冲破栅栏准备通过军队，居然不理不睬，这是为什么呢？"荔非元礼报告说："太尉是想防守呢，还是想出战？"李光弼说："打算出战。"荔非元礼说："假如想出战，贼寇为我们填埋壕沟，又有什么不好的呢！"李光弼说："我的才智比不上您，您努力吧！"荔非元礼等到栅栏被打开，就带领他手下有勇气有胆量的军兵出战，一逼近敌军，敌军便后退数百步。荔非元礼猜想敌人的战阵坚固，即使来回奔驰冲撞，也不能够破敌，于是收兵略往后退，等待敌寇松懈后再攻击他们。李光弼望见荔非元礼收兵，大怒，派人唤荔非元礼来，准备依照军令处置。荔非元礼说："作战正忙，唤我干什么？"过了很久，荔非元礼下令军队击鼓呼叫着冲出栅门，一边进攻一边追击，贼寇大败。

周挚又整顿军队逼近河阳北城，准备进攻它。李光弼迅速率领部队进入北城，登上城楼眺望敌军，说道："他们虽然人多，但混乱喧闹，不值得担心。中午时我当替你们击败他们。"于是命令将领们出战。到了中午，胜负未分，李光弼对将领们说："近日作战，敌阵哪个地方最坚固难攻？"有人说："西北角。"李光弼立即命令郝玉说："你去进攻那个地方。"郝玉说："末将带的是步兵，请派五百名骑兵协助。"李光弼给他三百名骑兵。李光弼又问："还有哪个地方最坚固？"回答说："东南角。"李光弼立即命令论惟贞带领自己的部队去攻打东南角。论惟贞回答说："我是外族将领，不熟悉步行作战，请给骑兵三百名。"李光弼给他一百名骑兵。李光弼又牵出天子赐给的四十匹马分给郝玉等人，并且命令他们说："你们大家看我的旗子行动，假如旗子挥动缓慢，听凭你们见机行事；假如我的旗子连续挥动三次到地上，就要万众一心冲入敌阵，不顾生死，稍微后退的立刻斩首，决不姑息。"郝玉用鞭子打马，杀向敌阵，有一个唐军将领持枪刺敌，刺穿了敌人战马的肚子，又接连刺杀了好几个敌兵；有一个将领遇到敌人，不战而退。李光弼喊来不战而退的人，将他斩首，赏给持枪刺敌的将领五百匹绢。过了一会儿，郝玉跑回。李光弼望见他，吃惊地说道："郝玉撤退，事情就危急了！"下令旁边的人去将郝玉的头取来。郝玉见到李光弼派去的使者说道："我的马中箭了，怎敢败退。"使者跑回来报告，李光弼让郝玉换一下马，又派他出战。换过马后郝玉又冲入敌阵，决心战死，奋勇向前。李光弼连续挥动旗子，全军看到旗子后一起前进，喊声震天动地，贼寇大败，斩首一万多，生擒八千余人，得到的军资器械粮食有数万，捉住了敌军大将徐璜玉、李秦授。敌军的大将安太清逃到怀州。史思明不知道周挚等打了败仗，还在攻打南城。李光弼将所有俘虏驱赶到黄河上给史思明看，杀了数十个俘虏来震慑敌人，其他俘虏害怕，纷纷投入黄河向南岸跑，李光弼都杀了他们。当初，李光弼将要出战，对身边的将士说："战争，是危险的事情，和胜负相联。李光弼居于三公的高位，不可死在贼寇之手，假如事情不能成功，我将自杀。"这次和敌人交战，李光弼经常把短刀放到长筒鞋里，有决心一死的打算，战斗打响前又在城上面向西行跪拜礼，全军都被感动。

贼寇败逃之后，李光弼准备收复怀州，史思明带兵援救贼寇，李光弼在沁水上迎击史思明，又击败了他。怀州城守将安太清极力抵御，过了一个多月怀州仍没能攻下。李光弼命令仆固怀恩、郝玉从地道进入怀州，得到敌军的口令，于是登上城墙的女墙大声呼喊，唐军由城外一起登城，于是攻克了怀州。生擒了安太清、周挚、杨希文等，送往京师，当日怀州平定。李光弼因立功进爵临淮郡王，累计赏赐的封户达到一千五百。

观军容使鱼朝恩多次向天子禀告贼寇可以立即消灭，圣旨命令李光弼迅速收复东都。李光弼多次上表说："贼寇的锋芒还锐利，请求待机而动，不可轻易进攻。"仆固怀恩妒忌李光弼的功劳，暗中依附鱼朝恩，说贼寇可以马上消灭。因此朝廷派宫中的使者前来督战，李光弼不得已进兵，在北邙山下列阵。贼寇调集全部精锐部队和李光弼作战，李光弼大败，军资器械都被贼寇抢走。这时李抱玉也弃守河阳，李光弼渡过黄河守卫闻喜。朝廷认为由于仆固怀恩没按李光弼的意见去做而导致失败，因而下达优厚的敕令征召李光弼入朝。李光弼从河中府入朝，上表请罪，天子下诏免罪。李光弼恳切地请求将太尉的官职让给别人，于是朝廷加授他开府仪同三司、侍中、河南君、行营节度使；不久又拜为太尉，担任河南、淮南、山南东、荆南等道副元帅，仍兼任侍中，出镇临淮。史朝义趁着邙山获胜之势，进犯申、光等十三州，亲自带领精壮骑兵在宋州包围李岑。唐军将士都害怕，请求李光弼往南守卫扬州，李光弼不同意，直趋徐州来镇压贼寇，派田神功打败了史朝义。浙东盗贼首领袁晁劫掠郡县，浙东大乱，李光弼分兵讨伐，攻克、平定江东，于是民心安定。

当初，李光弼将赴临淮，在路上抱病而行。监军使认为袁晁正在骚扰江、淮地区，李光弼的军队少，请求往南守卫润州来避开袁晁的锋芒。李光弼说："朝廷将国家的安危托付给我，现在贼寇虽然强大，但不知道我们兵少，倘若出其不意，贼寇当会自己退走。"于是直接赶往泗州。李光弼还没到河南的时候，田神功平定刘展，在扬州府逗留，尚衡、殷仲卿在兖州、郓州之间互相攻伐，来瑱在襄阳聚众抗命，朝廷认为他们是祸患。等到李光弼率轻装的骑兵赶到徐州，史朝义退走，田神功就迅速回到河南，尚衡、殷仲卿、来瑱都畏惧李光弼的声势，也相继入朝。宝应元年，朝廷进封李光弼为临淮王，赐给他铁券，又在凌烟阁挂上他的画像。

广德初年，吐蕃进犯长安附近地区，代宗下令调集全国的军队。李光弼和程元振不和，拖延时间不带兵前往长安。十月，吐蕃进犯京师，代宗逃往陕州。朝廷正想仰仗李光弼救援，害怕发生猜疑，多次下诏抚慰他的母亲。吐蕃退兵，朝廷于是任命李光弼为东都留守，来观察他的动向。李光弼测知朝廷的用意，禀告说因久等天子的敕令不到，姑且率军返回徐州，计划收取江淮的租税来供应自己的部队。代宗回京，广德二年正月，派宫中的使者前去安抚李光弼。李光弼的母亲在河中府，天子密令郭子仪用车送她返回京师。李光弼的弟弟李光进，和李辅国一起掌管禁军，被当作亲信看待。到这时候，又任命李光进为太子太保，兼任御中大夫、凉国公、渭北节度使，代宗待他的恩情更加深厚。

李光弼治军严肃，天下人佩服他的声威，每次颁布号令，诸将都不敢仰视。等到李光弼害怕遭到鱼朝恩的陷害，不敢入朝，田神功等将领便都不听从他的命令，李光弼因此愧恨成疾，派节镇军官孙珍进献遗表陈述心迹。广德二年七月，李光弼在徐州逝世，时年五十七岁。朝廷停止办公三天，赏给他太保的官职，定谥号为"武穆"。李光弼病情危急的时候，部将官吏询问他后事怎样处理，李光弼说："我长期在军队服役，不能侍奉老母，既然是不孝之子，有什么可说的呢！"于是取出已经封存的绢布各三千匹，钱三千贯分给将士。李光弼的部下护送李光弼的灵柩返回京师。代宗派宦官开府仪同三司，鱼朝恩前往李光弼的私宅向他的母亲表示哀悼慰问，又命令京兆尹第五琦监理治丧事务。十一月，李光弼葬于三原县，代宗命令宰相百官在延平门外设奠为李光弼送行。李光弼的母亲李氏，有数十根胡须，长五六寸，因为儿子尊贵，被封韩国太夫人，两个儿子都担任节度使、一品官。李光弼十年间三次入朝，和弟弟李光进同在京师，李光进虽然和李光弼不是同一母亲所生，但性情孝顺友爱，兄弟两人都有双旌双节在门，用各种美味孝敬老母，头等的宅第并立，老母往来两府寻求欢乐，极尽一时的荣耀。

史官说：人们一谈到将军，就将孙武、吴起、韩信、白起列为首位。至于像李光弼，服丧时显现出孝亲之性，做儿子应有的孝顺感情很显明；凭借杰出的才智出任将帅，军中政令整肃。指挥作战能够出奇谋，以少胜多。将今人和古人相比，考察他们的言行，前面所提的那四位古人，比起李光弼，或许会因行事有缺点而心中有愧。邙山失败，是因为不能单独掌握在外统兵的权力；徐州滞留，是因为君主身边的恶人正窥测可乘之机。作战失利的过错虽能够免除，尽忠不顾身的大义却难免受损，美名不完善，实在可惜啊。不过在外统兵的将领，对君主身边的恶人，能不谨慎对待吗！

旧唐书卷一百六十

柳宗元列传卷第一百一十

柳宗元字子厚，河东人。后魏侍中济阴公之系孙。曾伯祖奭，高宗朝宰相。父镇，太常博士，终侍御史。宗元少聪警绝众，尤精西汉《诗》《骚》。下笔构思，与古为侔。精裁密致，璨若珠贝。当时流辈咸推之。登进士第，应举宏辞，授校书郎、蓝田尉。贞元十九年，为监察御史。

顺宗即位，王叔文、韦执谊用事，尤奇待宗元。与监察吕温密引禁中，与之图事。转尚书礼部员外郎。叔文欲大用之，会居位不久，叔文败，与同辈七人俱贬。宋元为邵州刺史，在道，再贬永州司马。既罹窜逐，涉履蛮瘴，崎岖堙厄，蕴骚人之郁悼，写情叙事，动必以文。为骚文十数篇，览之者为之凄恻。

元和十年，例移为柳州刺史。时朗州司马刘禹锡得播州刺史，制书下，宗元谓所亲曰："禹锡有母年高，今为郡蛮方，西南绝域，往复万里，如何与母偕行。如母子异方，便为永诀。吾于禹锡为执友，胡忍见其若是？"即草章奏，请以柳州授禹锡，自往播州。会裴度亦奏其事，禹锡终易连州。

柳州土俗，以男女质钱，过期则没入钱主，宗元革其乡法。其已没者，仍出私钱赎之，归其父母。江岭间为进士者，不远数千里皆随宗元师法；凡经其门，必为名士。著述之盛，名动于时，时号柳州云。有文集四十卷。元和十四年十月五日卒，时年四十七。子周六、周七，才三四岁。观察使裴行立为营护其丧及妻子还于京师，时人义之。

【译文】

柳宗元字子厚，是河东人。后魏侍中济阴公的远世子孙。曾伯祖父柳夷，是高宗朝的宰相。父亲柳镇，曾担任太常博士，最终官做到侍御史。柳宗元从小就敏捷聪慧，超过常人，特别擅长撰写西汉体古文、诗歌、骚体赋，下笔构思，能和古人并驾齐驱，经过精心剪裁细密安排的文章，看上去就如同宝珠珍贝那样灿烂，当时的同辈都非常推重他。柳宗元参加进士科考试中第，又应博学宏辞举中第，先后担任校书郎、蓝田县尉。贞元十九年，担任监察御史。

顺宗即位，王叔文、韦执谊当权，对柳宗元另眼相看。将他和监察御史吕温秘密引入宫中，和他们商议国事。接着柳宗元升任尚书省礼部员外郎。王叔文还想重用他，恰好王叔文在职不久就失势，柳宗元和同辈七人都被贬逐。柳宗元被贬为邵州刺史，在赴任途中，又被贬为永州司马。柳宗元遭到放逐后，途经南方多瘴气之地，道路艰险崎岖，胸中蓄积了《离骚》作者屈原的那种郁愤哀伤，无论叙事抒情，一动笔皆成文章。他写的骚体文十余篇，人们读了无不为之感伤。

元和十年，柳宗元依照常例移任柳州刺史。当时郎州司马刘禹锡移任播州刺史，诏书下达后，柳宗元对与自己亲近的人说："刘禹锡的母亲年纪已经很大，现在刘禹锡要到南蛮所在地去当刺史，那里地处西南边陲，来回有万里之遥，怎么能带着母亲一起赴任？假如母子各在一地，那就等于永别。我同刘禹锡是志同道合的朋友，怎么忍心看他这样！"于是当即写奏章，请求将柳州刺史的职务授给刘禹锡，自己前往播州去当刺史。恰好裴度也向顺宗报告刘禹锡母亲年老的事，刘禹锡终于改任连州刺史。

在柳州，有借钱拿子女作抵押，过期不还钱主就将人带走当作奴婢的地方风俗，柳宗元到任后革除这种风俗。那种已经没为奴婢的，柳宗元也拿出私钱把他们赎回，交还给他们的父母。长江、五岭之间想考进士的人，都不远千里来柳州跟随柳宗元学习，凡出自他门下的，必定成为名士。柳宗元著述之多，声名震动当世，人们称他为"柳柳州"，有文集四十卷传世。元和十四年十月五日柳宗元去世，当时四十七岁。儿子周六、周七，当时才三四岁。观察使裴行立为柳宗元治理丧事并护送灵柩和他的妻儿返回京师，当时人称赞裴行立讲道义。

旧唐书卷一百九十中

贺知章列传第一百四十

贺知章，会稽永兴人，太子洗马德仁之族孙也。少以文词知名，举进士。初授国子四门博士，又迁太常博士，皆陆象先在中书引荐也。开元十年，兵部尚书张说为丽正殿修书使，奏请知章及秘书员外监徐坚、监察御史赵冬曦皆入书院，同撰《六典》及《文纂》等，累年，书竟不就。后转太常少卿。

十三年，迁礼部侍郎，加集贤院学士，又充皇太子侍读。是岁，玄宗封东岳，有诏应行从群臣，并留于谷口，上独与宰臣及外坛行事官登于岳上斋宫之所。初，上以灵山清洁，不欲喧繁，召知章讲定仪注，因奏曰："昊天上帝君位，五方诸帝臣位，帝号虽同，而君臣异位。陛下享君位于山上，群臣祀臣位于山下，诚足垂范来叶，为变礼之大者也。然礼成于三献，亚终合于一处。"上曰："联正欲如是，故问卿耳。"于是敕："三献于山上行事，五方帝及诸神座于下坛行事。"俄属惠文太子薨，有诏礼部选挽郎，知章取舍非允，为门阴子弟喧诉盈庭。知章于是以梯登墙，首出决事，时咸嗤之，由是改授工部侍郎，兼秘书监同正员，依旧充集贤院学士。俄迁太子宾客、银青光禄大夫兼正授秘书监。

知章性放旷，善谈笑，当时贤达皆倾慕之。工部尚书陆象先，即知章之族姑子也，与知章甚相亲善。象先常谓人曰："贺兄言论倜傥，真可谓风流之士。吾与子弟离阔，都不思之，一日不见贺兄，则鄙吝生矣。"知章晚年尤加纵诞，无复规检，自号"四明狂客"，又称"秘书外监"，遨游里巷。醉后属词，动成卷轴，文不加点，咸有可观。又善草隶书，好事者供其牋翰，每纸不过数十字，共传宝之。

时有吴郡张旭，亦与知章相善。旭善草书，而好酒，每醉后号呼狂走，索笔挥洒，变化无穷，若有神助，时人号为"张颠"。

天宝三载，知章因病恍惚，乃上疏请度为道士，求还乡里，仍舍本乡宅为观。上许之，仍拜其子典设郎曾为会稽郡司马，仍令侍养。御制诗以赠行，皇太子以下成就执别，至乡，无几寿终，年八十六。

肃宗以侍读旧，乾元元年十一月诏曰："故越州千秋观道士贺知章，器识夷淡，襟怀和雅，神清志逸，学富才雄，挺会稽之美箭，蕴昆冈之良玉。故飞名仙省，侍讲龙楼，常静默以养闲，因谈谐而讽谏。以暮齿辞禄，再见款诚，愿追二老之踪，克遂四明之客。允叶初志，脱落朝衣，驾青牛而不还，狎白衣而长往。丹壑非昔，人琴两亡，惟旧之怀，有深追悼，宜加缛礼，式展哀荣。可赠礼部尚书。"

先是神龙中，知章与越州贺朝、万齐融，扬州张若虚、邢巨，湖州包融，俱以吴、越之士，文词俊秀，名扬于上京。朝万止山阴尉，齐融昆山令，若虚兖州兵曹，巨监察御史。融遇张九龄，引为怀州司户、集贤直学士。数子人间往往传其文，独知章最贵。

【译文】

贺知章，会稽永兴（会浙江萧山）人，是太子洗马贺德仁的族孙。贺知章少年时代，就以擅长写文章闻名，参加科举考试考中进士。起初被授予国子监四门博士之职，又提升为太常博士。这两个官职，都是陆象先在中书省为官时所举荐的。

开元十年（722），兵部尚书张说担任丽正殿修撰使，向皇上奏请让贺知章以及秘书员外监徐坚、监察御史赵冬曦三人都进丽正书院，一起撰修《六典》与《文纂》等书，这些书最终没有完成。后来，贺知章调任官职为太常少卿。

开元十三年（725），贺知章被晋升为礼部侍郎，加封集贤殿学士，又充任皇太子侍读。这年，唐玄宗前往东岳泰山封禅，下诏命所有随从官员都在泰山的谷口停留，只有皇帝与宰相以及祭坛行事的官员登上泰到山顶上的斋宫。刚开始时，玄宗认为灵山圣境，是清静之地，不让喧哗杂乱，就召请贺知章宣讲礼仪；贺知章于是上奏说："九天上帝居于君位，五方诸帝居于臣位，帝号尽管一样，可是实际上却是君臣异位的。陛下在山顶祭奠居于君位的上帝，群臣在山下祭祀居于臣位的五方诸帝，这的确足以给后世留下典范，这是对礼制变通的大事啊。但是祭礼三献完成后，亚献与终献应该合于一处。"玄宗说："朕正打算如此，因此询问你呀。"于是玄宗诏令："祭典三献在山顶举行，五方帝和诸神座的祭礼在山下祭坛举行。"

不久之后，遭逢惠文太子去世，朝廷下诏命礼部挑选牵引灵柩唱挽歌的少年，贺知章挑选挽郎时取舍有失妥当，挽郎按照惯例应该在公卿至六品官员的子弟中选择，因此有门荫的官宦子弟前往贺知章公署去喧哗申诉。贺知章没有开门与之对话，而是爬上梯子，在墙头露出身子，裁断此事。当时的人都讥笑他。他也因此改任工部侍郎，兼任秘书监同正员，依然充任集贤院学士；不久之后又升任太子宾客、银青光禄大夫兼正授秘书监。

贺知章性格豪放旷达，擅长谈笑，当时贤达之士都很崇拜仰慕他。工部尚书陆象先，也就是贺知章族姑之子，与贺知章关系特别亲密。陆象先经常对人说："贺兄言论高拔豪迈，真可说是风流之士啊。我与兄弟子女们离别已很长时间，都不怎么想念他们，惟独一天见不到贺兄，就觉得自己又变得浅薄庸俗不堪了。"贺知章晚年愈加放纵怪诞，行为更加不检点，自号为"四明狂客"，又自称"秘书外监"，常常在里巷中游玩饮酒，他醉酒后撰写文章诗歌，一写起来就是成卷成轴的，而且文不加点，都非常可观。他又擅长写书法，最擅长草书、隶书，好事者供给他牋纸，让他来写，每张纸不过写几十字，但都被当成宝贝，竟相流传。

当时有吴郡张旭，也与贺知章相互交好。张旭擅长写草书，并且喜好喝酒，每次醉酒之后就狂奔呼喊，索要笔墨挥洒写字。他的书法变幻无穷，如神相助，当时的人称其为"张颠"。

天宝三载（744），贺知章生病，精神恍惚，于是呈递奏疏请度为道士，并请求返回故乡，依旧选择本乡旧宅作为道观。唐玄宗准许了他的请求，任命他的儿子原典设郎贺曾为会稽郡司马，让他侍奉老父，玄宗亲自写诗为他送行，从皇太子以下，都前去与他握手辞别。他返回乡里没多长时间，就辞别人世了，终年八十六岁。

唐肃宗因昔日曾让贺知章担任侍读，因此在乾元元年（758）十一月颁布诏令说："已故越州千秋观道士贺知章，特别有气度见识，为人恬淡，胸怀平和，精神澄净，豪气飘逸，学富五车，才雄百代，就像会稽东面的箭美竹挺拔而出，如昆岗的温润良玉蕴藏于胸。之前曾在东宫驰名，在龙楼侍讲，经常沉默无语，娴静以养闲适之志，又经常说些滑稽幽默的笑话，并蕴含讽谏规劝之意。他以年老请辞官职，再次展现出其忠诚真挚。他宁愿追随老子和老莱子这"二老"，确实成为了四明狂客，在四明山中隐居。实现了他的最初之志，脱掉朝中官服，如老子一样骑着青牛，一去不复返了，与那些白衣布衫的百姓聚集一处，永远不回来了。山水已不是过去的景象，人琴都已经故去，只是感怀故旧之交，于是追悼之情更浓。应对之繁文缛礼，以此来昭示悲伤与荣耀。可以追赠贺知章为礼部尚书。”

在此之前，神龙年间，贺知章与越州贺朝、万齐融，扬州张若虚、邢巨，湖州包融，都以吴、越的文士，词采俊秀，在京都长安扬名。朝万官止于山阴县尉，齐融官止于昆山县令，若虚官止于衮州兵曹，邢巨官止于监察御史。包融被张九龄赏识，被他举荐为怀州司户、集贤直学士。这几人的文章大多在民间流传，惟独贺知章声名最显扬。

旧唐书卷一百九十下

孟浩然王维杜甫李商隐温庭筠
司空图列传第一百四十

孟浩然

孟浩然字浩然，襄州襄阳人。少好节义，喜振人患难，隐鹿门山。年四十，乃游京师。尝于太学赋诗，一座嗟伏，无敢抗。张九龄、王维雅称道之。维私邀入内署，俄而玄宗至，浩然匿于床下，维以实对，帝喜曰："朕闻其人而未见也，何惧而匿？"诏浩然出。帝问其诗，浩然再拜，自诵所为，至"不才明主弃"之句，帝曰："卿不求仕，而朕未尝弃卿，奈何诬我？"因放还。采访使韩朝宗约浩然偕至京师，欲荐诸朝。会故人至，剧饮欢甚，或曰："君与韩公有期。"浩然叱曰："业已饮，遑恤他！"卒不赴。朝宗怒，辞行，浩然不悔也。张九龄为荆州，辟置于府，府罢。开元末，病疽背卒。

后樊泽为节度使，时浩然墓庳坏，符载以片戈叩泽曰："故处士孟浩然，文质杰美，殒落岁久，门裔陵迟，丘陇颓没，永怀若人，行路慨然。前公欲更筑大墓，阖州乡绅，闻风竦动。而今外迫军旅，内劳宾客，牵耗岁时，或有未遑。诚令好事者乘而有之，负公夙志矣。"泽乃更为刻碑凤林山南，封宠其墓。

初，王维过郢州，画浩然像于刺史亭，因日浩然亭。咸通中，刺史郑诚谓贤者名不可斥，更署日孟亭。

开元、天宝间，同知名者王昌龄、崔颢，皆位不显。

【译文】

孟浩然字浩然，襄州襄阳（今湖北襄樊）人。少年时代就重视气节，讲究仁义，喜好急人危难，助人为乐，在鹿门山中隐居。

他四十岁那年，才到京师长安游学，曾经在太学吟咏诗赋，在座之

人没有不赞叹敬服的，没有人敢和他相抗衡。张九龄、王维平素都很赞赏他。王维以私人的名义邀请他进入内署官舍，不一会儿，唐玄宗也驾临此地，孟浩然措手不及，连忙躲藏在床下；王维看见唐玄宗前来，只好如实禀告，玄宗高兴地说："朕只听闻过此人，却不曾亲见其面，为什么惧怕甚至于藏起来呢？"于是下诏命孟浩然从床下出来。玄宗询问其诗，孟浩然叩头再拜，然后朗诵自己写的诗作，读到"因为没有才能而被圣明之君抛弃"这句时，玄宗皇帝说："你自己不求进仕当官，朕也不曾抛弃你，为什么种种诬陷于朕呢？"于是玄宗将其放还归家。

采访使韩朝宗曾经约请孟浩然一同前往京师，打算向朝廷举荐他。适逢有老朋友来拜访，他就陪着友人痛饮，很是欢畅，有人提醒他说："您与采访使韩公相互约定赶赴京城，可不要忘记了。"孟浩然训斥他说："既然已经喝得如此酣畅了，哪里还管其他事情呢！"最终没有赴约。韩朝宗因为其失约而很生气，辞别而去，但他并不因为失去此机会而后悔。张九龄担任荆州刺史时，提升他到荆州府中，在府中没有任职而作罢。开元末年，孟浩然背上生毒疮去世。

后来樊泽担任节度使，那时孟浩然的坟墓已经被毁坏，符载写信给樊泽说："已故的处士孟浩然，文采出众俊美，已经去世很久，他家后代很衰败，导致坟墓荒废。追思他的人，路过其墓地，无不万分感慨。以前您曾想另外修筑大墓，全州乡绅，听闻这一消息，很是震动。而今您外有军事政务的烦劳，内有应酬宾客的劳累，拖延消耗时间，如今还是没来得及修筑。假如此事被好事者趁机为之，难道不辜负了您原先之愿！"于是樊泽另外为孟浩然刻碑于凤林山的南面，荣封他的坟墓。

当初，王维路过郢州，绘孟浩然画像，在刺史亭中悬挂；这个刺史亭因而被称为"浩然亭"。咸通中，刺史郑诚说贤者之名不可随意题写，于是被改题为"孟亭"。

开元、天宝间，与孟浩然同样闻名的王昌龄、崔颢，他们的政治地位都不显耀。

王　维

王维字摩诘，太原祁人，父处廉，终汾州司马，徙家于蒲，遂为河东人。维开元九年进士擢第。事母崔氏以孝闻。与弟缙具有俊才，博学多艺亦齐名，闺门友悌，多士推之。历右拾遗、监察御史、左补阙、库部郎中。居母丧，柴毁骨立，殆不胜丧。服阕，拜吏部郎中末，宝末，为给事中。

禄山陷两都，玄宗出幸，维扈从不及，为贼所得。维服药取痢，伪称喑病。禄山素怜之，遣人迎置洛阳，拘于普施寺，迫以伪署。禄山宴其徒于凝碧宫，其乐工皆梨园弟子、教坊工人。维闻之悲恻，潜为诗曰："万户伤心生野烟，百官何日再朝天？秋槐花落空宫里，凝碧池头奏管弦。"贼平，陷贼官三等定罪。维以《凝碧诗》闻于行在，肃宗嘉之，会缙请削已刑部侍郎以赎兄罪，特宥之，责授太子中允。乾元中，迁太子中庶子、中书舍人，复拜给事中，转尚书右丞。

维以诗名盛于开元、天宝间，昆仲宦游两都，凡诸王附马豪右贵势之门，无不拂席迎之，宁王、薛王待之如师友。维尤长五言诗。书画特臻其妙，书踪措思，恭于造化，而创意经图，即有所缺，如山水平远，云峰石色，绝迹天机，非绘者之所及也。人有得《奏乐图》，不知其名，维视之曰："《霓裳》第三叠第一拍也。"好事者集乐工按之，一无差，咸服其精思。

维弟兄俱奉佛，居常蔬食，不茹荤血，晚年长斋，不衣文采。得宋之问蓝田别墅，在辋口，辋水周于舍下，别涨竹洲花坞，与道友裴迪浮舟往来，弹琴赋诗，啸咏终日。尝聚其田园所为诗，号《辋川集》。在京日饭十数名僧，以玄谈为乐。斋中无所有，唯茶铛、药臼、经案、绳床而已。退朝之后，焚香独坐，以禅诵为事。妻亡不再娶，三十年孤居一室，屏绝尘累。乾元二年七月卒。临终之际，以缙在凤祥，忽索笔作别缙书，又与平生亲故作别书数幅，多敦厉朋友奉佛修心之旨，舍笔而绝。

代宗时，缙为宰相，代宗好文，常谓缙曰："卿之伯氏，天宝中诗名冠代，朕尝于诸王座闻其乐章。今有多少文集，卿可进来。"缙曰："臣兄开元中诗百千余篇，天宝事后，十不存一。比于中外亲故间相与编缀，都得四百余篇。"翌日上之，帝优诏褒赏。缙自有传。

【译文】

王维字摩诘，太原祁人。他的父亲王处谦，在汾州司马任上死去，于是迁居到蒲永济，王维也就成为了河东人。

王维在开元九年(公元721年)进士考试中考中。他侍奉母亲崔氏,特别守孝道,远近闻名。他与弟弟王缙二人,都有俊拔之才,并且博学多艺,都有名声,闺门之女,友悌的兄弟,以及众多的士子,都特别崇拜他们。历任右拾遗、监察御史、左补阙、库部郎中等官职。母亲去世后,王维为母守丧,形销骨立,瘦得如干柴一般,悲哀极了。守丧期满后,他又被任命为吏部郎中。天宝末年,任职给事中。

安禄山起兵叛唐,攻取东都洛阳与西都长安,唐玄宗逃奔成都,王维来不及跟随而去,最终被叛军抓获。王维自己偷吃了一些药,得了痢疾,并且装作哑巴。安禄山一向很欣赏他,于是命人将他从长安接到洛阳安置,在普施寺中将他拘禁,威逼他在安禄山伪政权中担任职务。安禄山在凝碧宫大宴他的手下部将,在那里演奏音乐的人,都是从长安调去的唐朝梨园子弟与教坊中的乐工。王维听闻音乐,不胜哀伤,暗中写下一首诗,诗是这样的:

千门万户的百姓啊都特别悲伤,因为看到荒野的战争烽烟,大唐朝廷的百官啊,不知何时才能再拜天子而朝天呢?秋风无情地吹着那宫中的槐树,槐花纷纷飘落满地堆积,可就在这令人肝肠寸断之时,叛贼们却在凝碧池弹奏管弦!

安史之乱被平定后,凡是被叛军抓获并且在伪政权中任职的,分成三个等级判罪。因为王维这首《凝碧诗》传到肃宗所居之地,很受肃宗赞赏与嘉奖,再加上他弟弟王缙请求免除自己刑部侍郎一职,来为哥哥王维赎罪,因此特意赦免他的陷贼之罪,经批评之后被授予太子中允一职。乾元(公元758—760年)中,王维又被进升为太子中庶子、中书舍人,再拜官职为给事中,升迁为尚书右丞。

王维的诗名在开元天宝年间盛传,他与王缙兄弟二人在洛阳、长安东西两都游宦为官,凡是皇室诸王、驸马以及豪强权贵之家,没有不扫径拂席迎接他们的,尤其是宁王与薛王,更是礼待他如同对待老师和朋友一般。王维特别擅长五言诗。书法与绘画,他也能极尽其妙,运笔构思,都能师法自然,而极富创造性的构图,就算是有所不足,但如山水平远的境界,云峰石色的独到,可说是天然妙绝,不是一般画师能企及的高度。有人收藏一幅《奏乐图》,不知演奏的是何曲名,王维看了一下,说:"画的是演奏《霓裳羽衣曲》第三叠第一拍。"好事之人召集乐工演奏此曲,按之三叠一拍,没有一点差错,都佩服王维在音乐与绘画方面的精思。

王维、王缙兄弟都尊崇佛教，平素居家常吃一些素食，不吃荤菜，晚年更是长期吃斋，不穿有文采装饰的衣服。购买了宋之问的蓝田别墅，别墅就建在辋川口，辋水环绕屋舍之下，另外在辋水中漂浮着竹洲与花坞，他经常与道友裴迪乘船于洲渚之间往来，弹琴吟诗，或者终日长啸，曾经把他咏田园山水写的诗编成诗集，命名曰《辋川集》。

王维在京师长安居住时，每天要请十几位僧人吃饭，之后谈玄说佛，把这事作为乐趣。他的斋中几乎没有什么，只有煮茶的茶铛，捣药的药臼，诵经的经案，坐卧的绳床罢了。他退朝回家之后，在斋中，常常焚香独自静坐，把诵禅念经作为日常活动。他妻子去世后，也没有再娶，三十年孤身一人独居一室，与世俗尘嚣的牵绊隔绝。乾元二年（公元 759 年）七月去世。他临死之时，因为弟弟王缙在凤翔（今属陕西），忽然索要毛笔，给王缙写下诀别信，又写下几封与亲朋故旧诀别的书信。这些信大多是劝勉朋友诚心奉佛的。他写完这些信，将毛笔放下，就辞别人世了。

唐代宗时，他的弟弟王缙担任宰相。代宗喜好文章，经常对王缙说："你哥哥王维，在天宝年间，诗名在当代称第一，朕曾经在诸王座中，听闻他的歌词。现在你的兄长有多少文集，你可呈现上来。"王缙说："臣之兄长，在开元中有诗百千余篇，天宝安史之乱之后，十篇没遗留一篇。最近在内外亲戚朋友中，一起搜集编纂，共计整理出四百多篇。"第二天，王缙把王维的诗进献给代宗，代宗下诏令进行赞扬。王缙自己另有传记。

杜甫

杜甫字子美，本襄阳人，后徙河南巩县。曾祖依艺，位终巩令。祖审言，位终膳部员外郎，自传。父闲，终奉天令。

甫天宝初应进士不第。天宝末，献《三大礼赋》，玄宗奇之，召试文章，授京兆府兵曹参军。十五载，禄山陷京师，肃宗征兵灵武，甫自京师宵遁赴河西，谒肃宗于彭原郡，拜右拾遗。房绾布衣时与甫善，时琯为宰相，请自帅师讨贼，帝许之。其年十月，王琯兵败于陈涛斜。明年春，琯罢相。甫上疏言王官有才，不宜罢免。肃宗怒，贬琯为刺史，出甫为华州司功参军。时关畿乱离，谷食踊贵，甫寓居成州同谷县，自负薪采梠，儿女饿殍者数人。久之，召补京兆府功曹。

上元二年冬，黄门侍郎、郑国公严武镇成都，奏为节度参谋、检校尚书工部员外郎，赐绯鱼袋。武与甫世旧，待遇甚隆。甫性褊躁，无器度，恃恩放恣，尝凭醉登武之床，瞪视武曰："严挺之乃有此儿！"武虽急暴，不以为忤。甫于成都浣花里种竹植树，结庐枕江，纵酒啸咏，与田畯野老相狎荡，无拘检。严武过之，有时不冠，其傲诞如此。永泰元年夏，武卒，甫无所依。及郭英义代武镇成都，英义武人粗暴，无能刺谒，乃游东蜀依高适。既至而适卒。是岁，崔宁杀英义，杨子琳攻西川，蜀中大乱。甫以其家避乱荆、楚，扁舟下峡，未维舟而江陵乱，乃诉沿湘流，游衡山，寓居耒阳。甫尝游岳庙，为暴水所阻，旬日不得食。耒阳聂令知之，自棹舟迎甫而还。永泰二年，啖牛肉白酒，一夕而卒于耒阳，时年五十九。

子宗武，流落湖、湘而卒。元和中，宗武子嗣业，自来阳迁甫之柩，归葬于偃师县西北首阳山之前。

天宝末诗人，甫与李白齐名，而白自负文格放达，讥甫龌龊，而有饭颗山之嘲诮。无和中，词人元稹论李、杜优劣曰：

予读诗至杜子美而知小大之有所总萃焉。始尧、舜之时，君臣以赓歌相和。是后诗人继作，历夏、殷、周千余年，仲尼缉拾选拣，取其干预教化之尤者三百，余无所闻。骚人作而怨愤之态繁，然犹去《风》《雅》日近，尚相比拟。秦、汉已还，采诗之官既废，天下妖谣民讴、歌颂讽赋、曲度嬉戏之辞，亦随时间作。至汉武赋《柏梁》而七言之体具。苏子卿、李少卿之徒，尤工为五言。虽句读文律各异，雅郑之音亦杂，而辞意简远，指事言情，自非有为而为，则文不妄作。建安之后。天下之士遭罹兵战，曹氏父子鞍马间为文，往往横槊赋诗，故其遒壮抑扬、冤哀悲离之作，尤极于古。晋世风概稍存。宋、齐之间，教失根本，士以简慢翕习舒徐相尚，文章以风容色泽，放旷精清为高，盖吟写性灵、留连光景之文也，意义格力无取焉。陵迟至于梁、陈，淫艳刻饰、佻巧小碎之词剧，又宋、齐之所不取也。

唐兴，官学大振，历世之文，能者互出。而又沈、宋之流，研练精切，稳顺声势，谓之为律诗。由是之后，文体之变极焉。然而莫不好古者遗近，务华者去实，效齐、梁则不逮于魏、晋，工乐府则力屈于五言，律切则骨格不存，闲暇则纤秾莫备。至于子美，盖所谓上薄《风》《骚》，下该沈、宋，言夺苏、李，气吞曹、刘，掩颜、谢之孤高，杂徐、庾之流丽，尽得古今之体势，而兼人人之所独专矣。使仲尼考锻其旨要，尚不知贵其多乎哉！苟以为能所不能，无可无不可，则诗人以来未有如子美者。

是时山东人李白，亦以文奇取称，时人谓之李、杜。予观其壮浪纵恣，摆去拘束，模写物象，及乐府诗歌，诚亦差肩于子美矣。至若铺陈终始，排比声韵，大或千言，次犹数百，词气豪迈，而风调清深，属对律切，而脱弃凡近，则李尚不能历其藩翰，况堂奥乎！

予尝欲条析其文，体别相附，与来者为之准，特病懒未就尔。自后属文者，以稹论为是。甫有文集六十卷。

【译文】

杜甫字子美，祖籍襄阳，后来迁移到河南巩县。曾祖父杜依艺，最终官职是巩县令。祖父杜审言，最终官职是膳部员外郎。他在本书中有自己的传记。父亲杜闲，官职止于奉天县令。

杜甫天宝初年参加进士第考试，没有考中。天宝末年，杜甫向朝廷进献《三大礼赋》，玄宗觉得这篇赋非常新奇，于是召他入朝考查作文，授予他京兆府兵曹参军一职。

天宝十五年，安禄山叛军攻取京师，肃宗在灵武征召军队抗击叛军。杜甫在夜里从京师长安逃走，奔赴河西，在彭原郡谒见肃宗，授予右拾遗之职。房琯没担任官职之前与杜甫交好，这时房琯已经官至宰相，请求亲自作为统帅，率军征讨叛军，肃宗答应其请求。同年十月，房琯的军队在陈涛斜战败；第二年春天，房琯被罢免宰相职务。杜甫上疏进言房琯有才干，不应该被罢免官职。肃宗非常生气，将房琯贬为刺史，让杜甫出京城到华州担任司功参军。这时关中京畿正遭遇战乱，百姓流离失所，粮食出奇地贵，杜甫西行，在成州同谷县寓居，亲自到山中去背柴草，采摘橡栗，儿女有好几个被饿死。过了很长时间，朝廷征召杜甫补任京兆府功曹。

上元二年（761）的冬天，黄门侍郎、郑国公严武出京镇守成都，他上表荐举杜甫为节度参谋、检校尚书工部员外郎，并赏赐绯鱼袋。严武与杜甫的父辈就有交情，是世交。因此给予杜甫优厚的礼遇。杜甫的性格急躁，度量狭小，依靠严武之恩，放浪随性，曾经趁着醉酒登上严武所坐之床，瞪着眼盯着严武看，说："严挺之竟然有这样的儿子！"严武虽然性情也暴躁，但并不认为杜甫这样是忤逆之举。杜甫在成都浣花里栽竹种树，在江边结庐居住，整天饮酒，长啸赋诗，与乡下的野老农父相互开玩笑，一点不拘检。严武去探望他，他有时没有戴冠就与严武见面，他就是如此这般倨傲怪诞。

永泰元年（765）夏天，严武去世了，杜甫没有什么朋友可以凭靠了。一直到郭英乂替代严武来镇守成都，英乂是个武人，很粗暴，杜甫没有办法求见拜谒，只好东游蜀地去依靠高适。等他来到东蜀，而高适也已经去世了。这一年，崔宁将郭英乂杀死，杨子琳进攻西川，蜀中军阀混战，形势混乱。杜甫携带家眷出川，到荆楚之地躲避战乱。他所乘船只还没有在三峡外的江陵停靠稳，江陵也已经战乱，于是又溯流湘江，往游衡山，寓居于耒阳。杜甫曾经游览南岳庙，被暴涨的江水阻隔，十天没有吃到食物。耒阳的聂县令听闻这个消息，就亲自驾着船将杜甫迎接回来。永泰二年（公元766年），杜甫吃牛肉喝白酒，有个晚上，在耒阳去世，去世时五十九岁。

杜甫的儿子杜宗武，在湖湘之间漂流，在那里去世。元和（公元806—820年）中，宗武之子嗣业，把杜甫的灵柩从耒阳迁葬到偃师县西北首阳山之前。

天宝末年的诗人，杜甫和李白齐名，而李白自己凭借文风旷达豪放，讥讽杜甫之诗局促，于是就有《饭颗山》一诗的嘲讽之语。元和中，诗人元稹评论李白、杜甫的优劣，说：

> 我读诗读到杜子美的诗，才明白诗之小者大者都能集其精华。从前唐尧虞舜的时候，君主与臣子用古歌互相唱和，这之后诗人相继涌现，历经夏、商、周，过了千余年，孔子编辑筛选，记录关于教化方面的好诗三百篇，剩下的无所见闻。骚人撰写《离骚》抒发怨恨愤懑之情的也就多了，但是与《国风》《小雅》和《大雅》的主旨还是比较接近，还可以相提并论。自秦朝、汉朝以来，采诗的官署已经被废止，天下的妖谣民歌、赞美之颂、讽谕之赋，以及配曲娱乐的词，也随时偶尔有所作。到了汉武帝写《柏梁》体的诗，

七言诗体才具备。苏武、李陵等人，特别擅长作五言诗。尽管断句格律各有不同，雅歌与淫词之音也互相间杂，但是词意简洁深远，叙事抒情，如果不是有所为而为之，那么诗文不要任意胡作。建安之后，天下士人惨遭兵燹之祸，曹氏父子在战乱鞍马之间撰写诗文，经常横槊赋诗，因此其诗风有劲健抑扬、哀怨伤离的特色，特别接近古人之作。晋代诗文的风貌，还稍微留存于世。南朝宋、齐之间，教化丧失根本，士人以怠慢、亲近、舒缓、互相推崇，文章则把风貌、色泽、放旷、清新视为高等，吟诵抒写性灵、流连光景的诗文，意义骨力却不值得效法。衰落到梁朝、陈朝，淫靡艳丽、雕刻藻饰、小巧琐碎之词更严重，与宋代、齐代相比，更加不可取。

唐朝兴起后，官设之学大大兴起，历代的各种文体，能撰写之人不断涌现。而沈佺期、宋之问等人，探讨练习，既精妙又真挚，妥帖地顺着四声体势，所写之诗被称作“律诗”。从此之后，诗体的演变已达到顶峰了。但是时尚没有不是喜好崇尚古代而遗弃近代的，致力于华丽的抛弃质实的，效仿齐代、梁代的，不及于魏代、晋代，擅长作乐府的，就竭力压低五言诗，诗律切当但是骨格难以保存，诗意闲暇但纤繁不能备举。至于杜甫，可以说上可逼近《国风》《离骚》，下涵盖沈佺期、宋之问，他的诗歌语言可以胜过苏武、李陵，气概可以压倒曹植、刘桢，超越颜延之、谢灵运的孤高，杂取徐陵、庾信的流丽，囊括尽古今诗歌的体势，并且兼取历代诗人之所长，如果让孔子来考核推敲他诗中的要旨，恐怕也不知道看重多少啊。假如以为“能其所不能，无可无不可”为标准，那么从有诗人以来，还没有人能像杜甫一样做到这一点的。

当时有山东人李白，也以诗文奇巧而闻名，世人将他们并称为“李杜”。我看李白的诗歌，壮浪纵恣，尽去拘束，描画物象，以及乐府歌诗，确实可与杜甫比肩而立。至于铺陈排比，注重声韵，长篇达千言，稍微次一点的也有几百言，词气豪放，而风调清深，对仗工整，而超凡脱俗，则李白尚且不能达到其藩篱，更何况登堂入室呢！

我曾打算分析杜甫的诗歌，按照诗体分门归类，留给后人作为标准模式，只是因为有懒散的毛病，因此没有完成。

自此之后，撰写诗文之人，都认定元稹所论是对的。杜甫有文集六十卷。

李商隐

李商隐字义山，怀州河内人。曾祖叔恒，年十九登进士第，位终安阳令。祖俌，位终邢州录事参军。父嗣。

商隐幼能为文。令狐楚镇河阳，以所业文干之，年才及弱冠，楚以其少俊，深礼之，令与诸子游。楚镇天平、汴州，从为巡官，岁给资装，令随计上都。开成二年，方登进士第，释褐秘书省校书郎，调补弘农尉。会昌二年，又以书判拔萃。王茂元镇河阳，辟为掌书记，得侍御史。茂元爱其才，以子妻之。茂元虽读书为儒，然本将家子，李德裕素遇之，时德裕秉政，用为河阳帅。德裕与李宗闵、杨嗣复、令狐楚大相雠怨。商隐既为茂元从事，宗闵党大薄之。时令狐楚已卒，子绹为员外郎，以商隐背恩，尤恶其无行。俄而茂元卒，来游京师，久之不调。会给事中郑亚廉察桂州，请为观察判官、检校水部员外郎。大中初，白敏中执政，令狐绹在内署，共排李德裕逐之。亚坐德裕党，亦贬循州刺史。商隐随亚在岭表累载。三年入朝，京兆尹卢弘正奏署椽曹，令典笺奏。明年，令狐绹作相，商隐屡启陈情，绹不之省。弘政镇徐州，又从为掌书记。府罢入朝，复以文章干，乃补太学博士。会河南尹柳仲郢镇东蜀，辟为节度判官，检校工部郎中。大中末，仲郢坐专杀左迁，商隐废罢，还郑州，未几病卒。

商隐能为古文，不喜偶对。从事令狐楚幕，楚能章奏，遂以其道授商隐，自是始为今体章奏。博学强记，下笔不能自休，尤善为耒奠之辞。与太原温庭筠、南郡段成式齐名，时号“三十六”。文思清丽，庭筠过之。而俱无持操，恃才诡激，为当涂者所薄，名宦不进，坎壈终身。弟羲叟，亦以进士擢第，累为宾佐。商隐有表状集四十卷。

【译文】

李商隐字义山，怀州河内人。其曾祖李叔恒，十九岁考中进士，官位止于安阳县令。其祖父李俌，官位止于邢州事参军。父亲李嗣。

李商隐自幼就能撰写文章。令狐楚出京镇守河阳，李商隐把撰写的文章投献给他，当时李商隐还不到十二岁。令狐楚因为他年轻英俊，深加礼遇，让他与读书的诸生交往。令狐楚镇守天平、汴州，李商隐跟随担任巡官，令狐楚每年供给他衣食，让他跟随到上都考核官吏。开成二年（837），李商隐才考中进士，脱掉布衣担任秘书省校书郎，补任弘农县尉。会昌二年（842），他又以书判考中拔萃科。王茂元镇守河阳，起用他担任掌书记，得侍御史。王茂元爱惜他的才华，把自己的女儿嫁给他为妻。王茂元虽然读书是个儒者，但原本是武将之后，李德裕平素待他很优厚，这时李德裕掌握大权，起用他担任河阳主帅。李德裕与李宗闵、杨嗣复、令狐楚相互之间有很深的嫌怨。李商隐已经担任王茂元的干事，李宗闵之党对他很鄙薄。当时令狐楚已经去世，他的儿子令狐绹担任员外郎，因为李商隐背弃恩义，特别憎恶他没有品行。不久之后，王茂元去世，李商隐到京师游学，但朝廷很长时间不给他安排职务。适逢给事中郑亚担任桂州廉察使，征聘他为观察判官、检校水部员外郎。大中（847—860）初年，白敏中执掌朝政，令狐绹在内署，一起排挤李德裕，并将其逐出京师。郑亚因为隶属李德裕一党，也被贬为循州刺史。李商隐跟随郑亚在岭南居住多年。大中三年（849）入朝，京兆尹卢弘正奏请任命李商隐为掾曹，让他管理草写钱奏之事，第二年，令狐绹担任宰相，李商隐多次上奏述说内心的苦衷，令狐绹对他没有理睬。卢弘正出京镇守徐州，李商隐又跟随前去担任掌书记。后来被罢免徐州府职又入朝，他以文章请求拜见令狐绹，于是被补任为太学博士。正巧赶上河南府尹柳仲郢镇守东蜀，任用他担任节度判官、检验工部郎中。大中（847—860）末年，柳仲郢因擅自杀人，被贬官了，李商隐也跟随他被罢废，返回郑州，没多长时间，也就病逝了。

李商隐能撰写古文，文章不喜欢注重对仗。在令狐楚幕中担任官职时，令狐楚能撰写奏章，于是就将他的写作经验传授给李商隐，从这时开始他才撰写今体带对偶的奏章。李商隐学识渊博，记忆力强，写文章时下笔不止，特别擅长撰写诔和祭奠之辞。他与太原温庭筠、南郡段成式同时齐名，当时号称“三十六”。文思清丽这一点，温庭筠能超过他。但他们都不能坚守操行，恃才怪癖偏激，被当时的宦途之人鄙薄，因此不能进一步成为名宦，坎坷一生。他的弟弟李义叟，也是进士及第，累任宾佐。李商隐有表状集四十卷。

温庭筠

温庭筠者，太原人，本名岐，字飞卿。大中初，应进士。苦心砚席，尤长于诗赋。初至京师，人士翕然推重。然士行尘杂，不修边幅，能逐弦吹之音，为侧艳之词，公卿家无赖子弟裴诚、令狐缟之徒，相与蒱饮，酣醉终日，由是累年不第。徐商镇襄阳，往依之，署为巡官。咸通中，失意归江东，路由广陵，心怨令狐绹在位时不为成名。既至，与新进少年狂游狭邪，久不刺谒。又乞索于杨子院，醉而犯夜，为虞候所击，败面折齿，方还扬州诉之。令狐绹捕虞候治之，极言庭筠狭邪丑迹，乃两释之。自是汙行闻于京师。庭筠自至长安，致书公卿间雪冤。属徐商知政事，颇为言之。无何，商罢相出镇，杨收怒之，贬为方城尉。再迁隋县尉，卒。

子宪，以进士擢第。弟庭皓，咸通中为徐州从事，节度使崔彦鲁为庞勋所杀，庭皓亦被害。庭筠著述颇多，而诗赋韵格清拔，文士称之。

【译文】

温庭筠，太原（今属山西）人。他原名为岐，字飞卿。大中（847—860）初年，参加进士考试。于笔砚之间苦心经营，特别擅长诗赋。他刚刚来到京师时，京师人士都纷纷推崇他。但是他在士人的品行方面沾染世俗之气，不修边幅，不是太检点，能够按管弦之间，填写出艳丽的歌词，公卿之家的无赖子弟裴诚、令狐缟等人，与他一起赌博喝酒，整日酣醉，所以参加考试很多年却不能考中。徐商镇守襄阳（今湖北襄樊）时，温庭筠前去投靠他，被录用担任巡官。

咸通中，温庭筠仕途失意，前往江东，经过广陵时，内心怨恨令狐绹在担任要职时没有让自己成名。他来到江东，与新进少年狂游小街曲巷，很长时间不前往投判拜谒达官权贵。又向杨子院乞求，因为醉酒而触犯夜禁，被禁卫官敲打，伤害了脸部又打掉了牙齿，才返回扬州申诉。令狐绹将禁卫官抓住审问，禁卫官强硬地说温庭筠在小街曲巷中的丑行之态，于是把他们两人都释放了。从此之后温庭筠劣迹丑行就在京师传开了。温庭筠自己抵达长安，写信给公卿们申诉冤屈。正赶上徐商担任参知政事，很是为温庭筠辩解。不久之后，徐商被罢免宰相之职，到地方任职，杨收对温庭筠非常气愤，将他贬为方城县尉。又迁任隋县县尉，在那里去世了。

温庭筠的儿子温宪，考中进士。他的弟弟温庭皓，咸通中担任徐州从事，节度使崔彦鲁被庞勋杀害，庭皓也被杀死。温庭筠著述很丰富，他的诗赋格调风韵清新劲拔，文士都赞赏他的诗赋。

司空图

司空图字表圣，本临淮人。曾祖遂，密令。祖象，水部郎中。父舆，精吏术。大中初，户部侍郎卢弘正领盐铁，奏舆为安邑两池榷盐使、检校司封郎中。先是，盐法条例疏阔，吏多犯禁；舆乃特定新法十条奏之，至今以为便。入朝为司门员外郎，迁户部郎中，卒。

图咸通十年登进士第，主司王凝于进士中尤奇之。凝左授商州刺史，图请从之，凝加器重，洎谦问宣歙，辟为上客。召拜殿中侍御史，以赴阙迟留，责授光禄寺主簿，分司东都。乾符六年，宰相卢携罢免，以宾客分司，图与之游，携嘉其高节，厚礼之。尝过图舍，手题于壁曰："姓氏司空贵，官班御史卑。老夫如且在，不用念屯奇。"明年，携复入朝，路由陕虢，谓陕帅卢渥曰："司空御史，高士也，公其厚之。"渥即日奏为宾佐。其年，携复知政事，召图为礼部员外郎，赐绯鱼袋，迁本司郎中。其年冬，巢贼犯京师，天子出幸，图从之不及，乃退还河中。时故相王徽亦在蒲，待图颇厚。数年，徽受诏镇潞，乃表图为副使，徽不赴镇而止。僖宗自蜀还，次凤翔，召图知制诰，寻正拜中书舍人。其年僖宗出幸宝鸡，复从之不及，退还河中。

龙纪初，复召拜舍人，未几又以疾辞。河北乱，乃寓居华阴。景福中，又以谏议大夫征。时朝廷微弱，纪纲大坏，图自深惟出不如处，移疾不起。乾宁中，又以户部侍郎征，一至阙廷致谢，数日乞还山，许之。昭宗在华，征拜兵部侍郎，称足疾不任趋拜，致章谢之而已。昭宗迁洛，鼎欲归梁，柳璨希贼旨，陷害旧族，诏图入朝。图惧见诛，力疾至洛阳，谒见之日，坠笏失仪，旨趣极野。璨知不可屈，诏曰："司空图俊造登科，朱紫升籍，既养高以傲代，类移山以钓名，心惟乐于漱流，仕非专于禄食。匪夷匪惠，难居公正之朝；载省载思，当徇栖衡之志。可放还山。"

图有先人别墅在中条山之王官谷，泉石林亭，颇称幽栖之趣。自考盘高卧，日与名僧高士游咏其中。晚年为文，尤事放达，尝拟白居易《醉吟传》为《休休亭记》曰：

司空氏祯贻溪之休休亭，本名濯缨亭，为陕军所焚。天复癸亥岁，复葺于坏垣之中，乃更名曰休休。休，休也，美也，既休而具美存焉。盖量其才一宜休，揣其分二宜休，耄且聩三宜休。又少而惰，长而率，老而迂，是三者皆非济时之用，又宜休也。尚虑多难不能自信，既而昼寝，遇二僧谓予曰："吾尝为汝师。汝昔矫于道，锐而不固，为利欲之所拘，幸悟而悔，将复从我于是溪耳。且汝虽退，亦尝为匪人之所嫉，宜耐辱自警，庶保其终始，与靖节、醉吟第其品级于千载之下，复何求哉！"因为《耐辱居士歌》，题于东北楹曰："咄咄，休休休，莫莫莫，伎俩虽多性灵恶，赖是长教闲处着。休休休，莫莫莫，一局棋，一炉药，天意时情可料度。白日偏催快活人，黄金难买堪骑鹤。若曰：'尔何能？'答云：'耐辱莫。'"

其诡激啸傲，多此类也。

图既脱柳璨之祸还山，乃欲为寿藏终制。故人来者，引之圹中，赋诗对酌，人或难色，图规之曰："达人大观，幽显一致，非止暂游此中，公何不广哉！"图布衣鸠杖，出则以女家人鸾台自随。岁时村社雩祭祠祷，鼓舞会集，图必造之，与野老同席，曾无傲色。王重荣父子兄弟尤重之，伏腊馈遗，不绝于途。唐祚亡之明年，闻辉王遇弑于济阴，不怿而疾，数日卒，时年七十二。有文集三十卷。

图无子，以其甥荷为嗣。荷官至永州刺史。以甥为嗣，尝为御史所弹，昭宗不之责。

【译文】

司空图字表圣，原本是临淮人。他的曾祖司空遂，担任密县县令。他的祖父司空彖，担任水部郎中。他的父亲司空舆，精通吏术。大中初年，户部侍郎卢弘正掌管盐铁，奏请任命司空舆为安邑两盐池榷盐使、检校司封郎中。在此之前，盐法条例不是很严密，官吏大多触犯禁令；于是司空舆特意制定新法十条上奏朝廷，至今新法仍然非常适宜。司空舆入朝担任司门员外郎，升迁户部郎中，在任上去世。

司空图在咸通十年(870)考中进士,主考官王凝在进士中尤其器重他的奇才。王凝降任商州刺史,司空图申请跟随他前往商州,王凝更加看重他,等到王凝探察宣歙时,召请他为上客。后来被征召入朝官拜殿中侍御史,因为司空图赴京拖延了日期,受到斥责,改任光禄寺主簿,公司东都。乾符六年(879),宰相卢携被罢免官职,以宾客身份分司东都,司空图与他交往,卢携赞赏司空图的高风亮节,对他礼遇很是优厚。卢携曾经探访他的住宅,亲手在其壁上题写:"姓氏司空贵气,官作御史卑下。老夫我如在位,不用怪命运坏。"第二年,卢携又入朝,途经陕虢,对陕虢节度使卢渥说:"司空御史是一位高士,您一定要厚待于他。"卢渥当天就奏请任命司空图为宾佐。这一年,卢携又担任参知政事,征召司空图为礼部员外郎,赐予其绯鱼袋,提升为本司郎中。这一年冬天,黄巢攻取京师长安,皇帝离京奔逃,司空图没有来得及跟随,于是退回河中。这时前宰相王徽也在蒲,对司空图也非常优待。过了几年,王徽接受诏令镇守潞,于是上表请求任命司空图为副使,王徽没有赴任因而作罢。唐僖宗从蜀中返回长安,中途在凤翔停留,召请司空图担任知制诰,不久之后,拜为中书舍人。这一年僖宗巡幸宝鸡,他又没来得及跟随而去,于是又退回河中。

龙纪(公元889年)初年,又征召任命司空图为中书舍人,不久之后又因患病辞官。河北发生战乱,于是司空图客居华阴。景福中,司空图又被征召为谏议大夫,进入朝廷。那时朝廷政事衰微,纪纲败坏,司空图深深思考前后认为去为官不如退居林下,因此称病没有赴京为官。乾宁中,朝廷又以户部侍郎之职征召司空图,他前往朝廷表达谢意,过了几天后,就申请返回山中,皇帝准许他返回。唐昭宗在华州,征召司空图前去,任命兵部侍郎一职,他以脚有病推拖,没有能力胜任趋拜,呈递奏章辞谢了。昭宗迁都洛阳,国家大权全部归梁,柳璨假称叛贼的意旨,陷害旧族,颁布诏令命司空图入朝拜见。司空图惧怕被杀害,带病前来洛阳,拜谒皇帝那天,笏板掉落在地,仪态尽失,言语很是粗野。柳璨清楚司空图不会屈从,下诏说:"司空图学识造诣精深,登科及第,朱紫高官,既想修养高风亮节来傲视世俗,又想移居山林来获取声名,他一心只愿意漱清流,为官并不专注于俸禄。他不是伯夷,也不是柳下惠,难以在公正之朝任职;反复深思,应该依从他栖居衡门的心愿。可以命他返回山林。"

司空图原来居住在中条山之王官谷，有祖上的田产，那里有清泉白石，树林亭榭，很是具有幽栖之趣。他自从在山林隐居后，就高卧云泉，整日与名僧高士在王官谷中优游吟咏。晚年撰写文章，特别旷达，他曾经模仿白居易的《醉吟先生传》，写下《休休亭记》，说：

司空氏建在祯贻溪的休休亭，原名是濯缨亭，被陕军焚毁。天复癸亥年（903），又从断壁残垣中进行修建，于是将其改名为“休休”。休，是休息之意，也是美好之意，既休息又美好，同时具有这两个意思。自己思量后才宣布辞官，这是其一；自己思量本分，也应该辞官，这是其二；年老两眼昏花，又应该辞官，这是其三。再加上少年时懒散，成人后粗率，年老又迂腐，这样三个缺点，都不是能作为济世之人的，又应该辞官。而且考虑到时世艰难很不相信自己的能力，于是我白天睡觉，梦见两个和尚，对我说：“我曾经是你的师傅。你之前高举于道，锐意进取却行动不坚决，受名利欲望所累，幸亏现在悔悟，准备再次跟随我隐居在这条溪边。而且，你虽已经退隐，也曾被匪人嫉恨，自己应该忍耐屈辱，警戒自己，大概才能保有善终，与陶渊明、白居易排在同一品级而名垂千秋后，还有什么追求的呢！”于是写了《耐辱居士歌》，题在东北的亭柱上，歌云：“咄咄，休休休，莫莫莫，伎俩虽然非常多可是灵魂性情很险恶，所以长期让你闲居养。休休休，莫莫莫，一局棋，一炉药，皇天之意时世之情难揣测。白昼偏偏催促快活之人，黄金难买时光只能骑白鹤。你说：‘你有什么本领？’答道：‘耐辱莫。’”

他的诡异激愤长啸倨傲，大多如此。

司空图已经摆脱了柳璨之祸返回山林，然后预先做好寿衣。有老朋友前来，他就把他领到预选的墓穴中，把酒吟诗，朋友有为难的神色。他就劝说道：“旷达之人有深入透彻的观察，阴间和阳间是一样的，不只是暂且来此一游呀。你的见识为什么如此不深广呢！”司空图身穿布衣，手拿杖头刻有鸠形的老人拐杖，出门就命那个名为鸾台的侍女相随。逢年过节，村中的春社秋社，祭祀祈祷，击鼓歌舞的集会，司空图必定前去参加，与田夫野老同席而坐，一点没有傲慢的神色。王重荣父子兄弟都很敬重他，夏伏冬腊馈赠给他一些物品，不绝于路。唐朝的国运倾覆的第二年，听闻辉王在济阴被诛杀，司空图心情很差，于是患病，没过几天就去世了，享年七十二岁。有文集三十卷。

司空图没有子嗣，让他的外甥司空荷作为子嗣。司空荷官至永州刺史。司空图以外甥作为继承人，曾经被御史弹劾，唐昭宗却没有责怪他。

旧唐书卷一百九十一

崔善为许胤宗孙思邈张文仲孟诜玄奘一行神秀列传第一百四十一

崔善为

崔善为，贝州武城人也。祖颙，后魏员外散骑侍郎。父权会，齐丞相府参军事。善为好学，兼善天文算历，明达时务，弱冠州举，授文林郎。属隋文帝营仁寿宫，善为领丁匠五百人。右仆射杨素为总监，巡至善为之所，索簿点人，善为手持簿暗唱之，五百人一无差失，素大惊。自是有四方疑狱，多使善为推按，无不妙尽其理。

仁寿中，稍迁楼烦郡司户书佐。高祖时为太守，甚礼遇之。善为以隋政倾颓，乃密劝进，高祖深纳之。义旗建，引为大将军府司户参军，封清河县公。武德中，历内史舍人、尚书左丞，甚得誉。诸曹令史恶其聪察，因其身短而伛，嘲之曰："崔子曲如勾，随例得封侯。髆上全无项，胸前别有头。"高祖闻之，劳勉之曰："浇薄之人，丑正恶直。昔齐末奸吏歌斛律明月，而高纬愚暗，遂灭其实。朕虽不德，幸免斯事。"因购流言者，使加其罪。时傅仁均所撰《戊寅元历》，议者纷然，多有同异，李淳风又驳其短十有八条。高祖令善为考校二家得失，多有驳正。

贞观初，拜陕州刺史。时朝廷立议，户殷之处，得徙宽乡。善为上表称"畿内之地，是谓户殷，丁壮之人，悉入军府。若听移转，便出关外。此则虚近实远，非经通之议。"其事乃止。后历大理、司农二卿，名为称职。坐与少卿不协，出为秦州刺史，卒，赠刑部尚书。

【译文】

崔善为是贝州武城人。他的祖父崔颙是北魏的员外散骑侍郎。父亲崔权会，担任北齐的丞相府参军事。崔善为喜欢学习，擅长天文历法计算，又精通政治经济。二十来岁时由州里被荐举，担任文林郎。隋文帝营建仁寿宫时，崔善为率领工匠五百人（参与营建）。右仆射杨素担任工程总监，到崔善为的住地巡视，取来花名册点名。崔善为手拿名册背诵人名，五百人竟然没有一个出错，杨素很是吃惊。从此之后各地有疑难案件，常命崔善为去审理，都能巧妙解决。

隋文帝仁寿年间，崔善为担任楼烦郡司户书佐。唐高祖李渊当时任职太守，对他特别礼遇。崔善为看见隋朝政治腐败，私下劝说李渊取而代之，非常受赞赏。李渊起义之后，崔善为担任大将军府司户参军，被加封清河县公的爵位。唐高祖武德年间（公元618—626年），历任内史舍人、尚书左丞，有很好的声名。下级官吏憎恨他严厉清廉，因为他身矮背驼，就编了顺口溜来嘲骂他："崔先生弯得像只钩，熬年头得以封侯，肩膀上没有脖颈，胸前多长一个头。"高祖李渊听闻后安抚他说："见识浅薄的小人，都嫉恨正直之人。以前北齐末年奸吏编歌谣辱骂斛律明月，而高纬昏庸无道，将斛律明月一家诛杀。我虽然称不上高明，但也绝对不会做这样的事情。"于是悬赏追查惩罚编造流言之人。当时傅仁均发布《戊寅元历》，一段时期内，人们议论纷纷，有褒扬有贬斥。李淳风也指出其中十八条谬误不足之处。奉高祖之令，崔善为考核校对了傅、李两家的优缺点，指出很多不足之处并加以修正。

唐太宗贞观初年，崔善为担任陕州刺史。当时朝廷商议，让人口密集地区的百姓迁移到人口稀少的地区。崔善为上表陈奏说："京城附近人口稠密，青壮年男子都被编入军府。如果让他们任意迁移，流落到关外，那么京城附近就会人口空虚，这确实不是个好办法。"于是移民之事没有再进行下去。崔善为后来历任大理寺卿、司农卿等职，在职位上很是称职。但因为与少卿关系不和谐，离京担任秦州刺史，在任上去世了。朝廷追赠他为刑部尚书。

许胤宗

许胤宗，常州义兴人也。初事陈，为新蔡王外兵参军。时柳太后病风不言，名医治皆不愈，脉益沉而噤。胤宗曰："口不可下药，宜以汤气薰之。令药入腠理，周理即差。"乃造黄耆防风汤数十斛，置于床下，气如烟雾，其夜便得语。由是超拜义兴太守。陈亡入隋，历尚药奉御。武德初，累授散骑侍郎。时关中多骨蒸病，得之必死，递相连染，诸医无能疗者。胤宗每疗，无不愈。或谓曰："公医术若神，何不著书以贻将来"？胤宗曰："医者，意也，在人思虑。又脉候幽微，苦其难别，意之所解，口莫能宣。且古之名手，唯是别脉，脉既精别，然后识病。夫病之于药，有正相当者，唯须单用一味，直攻彼病，药力既纯，病即立愈。今人不能别脉，莫识病源，以情臆度，多安药味。譬之于猎，未知兔所，多发人马，空地遮围，或冀一人偶然逢也。如此疗疾，不亦疏乎！假令一药偶然当病，复共他味相和，君臣相制，气势不行，所以难差，谅由于此。脉之深趣，既不可言，虚设经方，岂加于旧。吾思之久矣，故不能著述耳"。年九十余卒。

【译文】

许胤宗是常州义兴人氏。早年在南朝陈国效力。新蔡王叔齐掌管朝政时，担任外兵参军。当时柳太后患中风之症无法讲话，许多名医为她诊治都没有效果，太后的脉象更加沉滞而嘴紧闭不能言。胤宗说："口不能服药，应该用药汤蒸气薰治，可以让药物之力从皮肤肌肉与脏腑的纹理进入。皮肉脏腑通畅，病就可以痊愈了。"于是配制了黄芪防风汤几十斛，放置在太后的床下，药汤蒸气像烟雾一样升腾起来。当天晚上太后就能开口讲话了。胤宗因为诊治有效果被破格授予义兴太守的职位。陈国灭亡之后，胤宗进入隋朝为官，担任尚药奉御。到了唐朝武德元年(618)被提升为散骑侍郎。当时陕西关中一带肺结核病流行，得了此病必死无疑，而且彼此相互传染，各位医生都无计可施，没人能医治此病。而胤宗每次诊治，病人一定痊愈。于是有人对胤宗说："您的医术如此神妙，为什么不著书立说传于后人呢。"胤宗答道："医学道理很深奥，在凭人的思考与理解。脉象变化很微妙，脉理的意义又深邃，在区别上最有难度，虽然内心有所领会，但是很难用言语来把它讲明白。而且古代诊治疾病的名医，最重视的是诊脉。精确区分脉象，然后判断疾病。病对于药来说，有正好对症的，只需要单用一味药，直攻病的所在，药力纯正强大，病可以很快痊愈。如今许多医家不能区别脉象，不知道患病的原因，只是依凭主观揣测，处方的药味繁杂。就好比狩猎，不知道兔子在何方，多派遣人马，在旷野围猎，希望有人能够偶然遇到兔子。像这样去治病，不也太粗疏草率了吗！如果有一味药偶然对症，但是与其他药物混杂一处，君药、臣药互相制约，药的力度就很受影响，很难治愈疾病，大概就是因为这个缘故吧。脉理的深刻道理，既然无法用言语讲说清楚，虚设一些经验医方，难道不也是徒劳无益吗。我已经考虑很长时间了，因此没办法著述。”许胤宗寿至九十余岁而逝世。

孙思邈

孙思邈，京兆华原人也。七岁就学，日诵千余言。弱冠，善谈庄、老及百家之说，兼好释典。洛州总管独孤信见而叹曰：“此圣童也，但恨其器大，难为用也。”周宣帝时，思邈以王室多故，乃隐居太白山。隋文帝辅政，征为国子博士，称疾不起。尝谓所亲曰：“过五十年，当有圣人出，吾方助之以济人。”及太宗即位，召诣京师，嗟其容色甚少，谓曰：“故知有道者诚可尊重，羡门、广成，岂虚言哉！”将授以爵位，固辞不受。显庆四年，高宗召见，拜谏议大夫，又固辞不受。

上元元年，辞疾请归，特赐良马及鄱阳公主邑司以居焉。当时知名之士宋令文、孟诜、卢照邻等，执师资之礼以事焉。思邈曾从幸九成宫，照邻留在其宅。时庭前有病梨树，照邻为之赋，其序曰：“癸酉之岁，余卧疾长安光德坊之官舍。父老云：‘是鄱阳公主邑司。昔公主未嫁而卒，故其邑废。’时有孙思邈处士居之。邈道合古今，学殚数术，高谈正一，则古之蒙庄子，深入不二，则今之维摩诘耳。其推步甲乙，度量乾坤，则洛下闳、安期先生之俦也。”照邻有恶疾，医所不能愈，乃问思邈：“名医愈疾，其道何如？”思邈曰：“吾闻善言天者，必质之于人；善言人者，亦本之于天。天有四时五行，寒暑迭代，其转运也。和而为雨，怒而为风，凝而为霜雪，张而为虹蜺，此天地之常数也。人有四支五藏，一觉一寐，呼吸吐纳，精气往来，流而为荣卫，彰而为气色，发而为音声，此人之常数也。阳用其形，阴用其精，天人之所同也。及其失也，蒸则生热，否则生寒，结而为瘤赘，陷而为痈疽，奔而为喘乏，竭而为憔枯，诊发乎面，变动乎形，推此以及天地亦如之。故五纬盈缩，星辰错行，日月薄蚀，孛慧飞流，此天地之危诊也。寒暑不时，天地之蒸否也；石立土踊，天地之瘤赘也；山崩土陷，天地之痈疽也；奔风暴雨，天地之喘乏也；川渎竭涸，天地之燋枯也。良医导之以药石，救之以针剂，圣人和之以至德，辅之以人事。故形体有可愈之疾，天地有可消之灾。”又曰：“胆欲大而心欲小，智欲圆而行欲方。诗曰：‘如临深渊，如履薄冰’，谓小心也；‘赳赳武夫，公侯干城’，谓大胆也。‘不为利回。不为义疚’，行之方也，‘见机而作，不俟终日’，智之圆也”。

思邈自云开皇辛酉岁生，至今年九十三矣。询之乡里，咸云数百岁人，话周、齐间事，历历如眼见，以此参之，不啻百岁人矣。然犹视听不衰，神采甚茂，可谓古之聪明博达不死者也。

初，魏徵等受诏修齐、梁、陈、周、隋五代史，恐有遗漏，屡访之。思邈口以传授，有如目睹。东台侍郎孙处约将其五子侹、儆、俊、佑、佺以谒思邈，思邈曰："俊当先贵；佑当晚达；佺最名重，祸在执兵。"后皆如其言。太子詹事卢齐卿童幼时，请问人伦之事，思邈曰："汝后五十年位登方伯，吾孙当为属吏，可自保也。"后齐卿为徐州刺史，思邈孙溥果为徐州萧县丞。思邈初谓齐卿之时，溥犹未生，而预知其事。凡诸异迹，多此类也。

永淳元年卒。遗令薄葬，不藏冥器，祭祀无牲牢。经月余，颜容不改，举尸就木，犹若空衣，时人异之。自注《老子》《庄子》，撰《千金方》三十卷，行于代。又撰《福禄论》三卷，《摄生真录》及《枕中素书》《会三教论》各一卷。

【译文】

孙思邈是京兆府华原人。他七岁开始读书，一天之内能诵读千余字。他二十岁左右，善于谈论庄子、老子以及百家学说，同时喜好佛学经典。洛州总管独孤信看到他后感叹说："他真是神童，只可惜他气度宏大，很难被一般人任用。"周宣帝时，因为王室争斗，更迭频仍；孙思邈于是在太白山中隐居。隋文帝杨坚辅佐北周时，征聘思邈为国子博士，他以患病为借口没有赴任。思邈曾对亲属说："再过五十年，会有圣人出现，我将帮助他救助世人。"到唐太宗李世民登基，征召思邈前去京城长安，太宗见他容颜体貌非常年轻，感叹说："由此可知有德行之人实在应当敬重，羡门、广成子，怎会是虚假之言呢？"太宗打算授予他官职，他坚决推辞，没有接受。显庆四年（659），唐高宗征召他，任命他为谏议大夫，他又坚决不肯接受。

上元元年（675）思邈称病请求返归故乡。高宗特意赐予良马与鄱阳公主故居让他居住。当时的名人宋令文、孟诜、卢照邻等人都按照尊敬老师的礼仪侍奉他。他曾经追随皇帝在九成宫避暑，卢照邻在他家留居。当时屋宅的庭院前有一棵生病的梨树，照邻以病梨树为题作了一篇赋。赋的序中说：“癸酉年，我因病在长安城光德坊的官舍留居。当地老年人都说：‘这是鄱阳公主的故居。之前公主还没有出嫁就去世了，因此其府邑被废弃了。’如今有孙思邈处士居住在此。思邈学识广博，通晓古今，学尽星相医卜、调生养性之术，擅长谈论道家正一学术，好比古代道家的庄子，精通佛学之理，正如当今的大居士维摩诘。他推算演绎天文、地理、历数等学问，就好比洛下闳、安期先生一般。”卢照邻患有无法治愈的疾病，于是询问思邈：“名医能够治愈疾患，是什么原因呢？”思邈回答：“我听闻擅长讲解天地四时变化之人，必须参考人体的理论；擅长谈论人的生理病理之人，也必须根据天地运行的规律。天地有春夏秋冬四时，木火土金水五行变化，寒暑更替，循环运行。如果天地之气调和，那么就会降而为雨，天地之气怒则鼓荡成风，天地之气凝结则化为霜雪；天地之气弥漫散布则为彩虹，这是自然界的普遍规律。人体有四肢五脏，觉醒和睡眠，呼吸吐故纳新，水谷精华往来，循环流动而成为营卫之气，显露于外就成为神采与气色，发扬就成为声音，这是人体的普遍规律。阳气有形可察，阴气为精所化，自然界与人体的规律是一样的。如果阴阳失调，阳气蒸腾那么就产生热症，阴气凝滞就产生寒症，精气郁结则就产生瘿瘤赘肉，气虚下陷就产生痈疽，气逆妄行就出现短气喘息，气血衰竭就出现憔悴枯槁。症候在面部展现，在形体上变化展露，推而广之，用这个规律对自然界进行解释也是一样的。所以木火土金水五星盈亏，日月星辰错行，日蚀月蚀，慧星流逝，都是自然界的危险征兆。寒暑无法适应季节，是天地万物变化反常；石立土踊是自然的赘瘤；山崩地裂是自然的痈疽；狂风暴雨是自然的短气喘息；河川干涸断流是自然的憔悴枯槁。当人们患病时，技艺高超的医师用药物、砭石、针刺予来疏导、诊治。当自然界出现反常现象时，圣人以高尚的道德化解，并辅之以人事。所以身体患病可以治愈，天地有灾可以消除掉。”又说：“治病用药要大胆，观症辨病要细心慎重，学识要丰富，行为要端正。就像《诗经》所说：‘犹如面对深渊，犹如脚踩薄冰’。比喻做事要小心谨慎；用‘英勇无畏，出生入死保卫城池的勇士’比喻大胆勇敢；‘不因利欲而违礼，不因见义勇为而内疚’说的是品行端正；发现事情的端倪，应该马上行动起来，不能终日等待’说的是知识经验都应该丰富。”

思邈自称在隋文帝开皇辛丑年（601 年）仁寿元年出生，到今年已经九十三岁了。询问他的故里乡邻，都说他是几百岁之人了。他谈论起周、齐朝之事，形象生动，就像亲眼所见一样，很据这些揣测他已经不只百岁了。但是他依旧耳聪眼明，神色面貌精神得很，可以称他为古代聪明博学、有见识的长生不老之人。

唐代初期，魏征等奉命对齐、梁、陈、周、隋五代历史进行编修，唯恐出现遗漏，曾经多次拜访孙思邈。他亲口讲述过去的事情，好像亲眼目睹一般。东台侍郎孙处约带着他的五个儿子便、做、俊、佑、俭去拜访思邈，思邈说："俊将会最先地位显贵；佑要到晚年才能发迹；俭的声名最大，但是他会因为执掌兵权而祸及自身。"这之后果然如他所预言的一般。太子詹事卢齐卿小时候曾经向思邈求教人伦之事，思邈说："你五十年后将会为官，我的孙子将成为你的属下。你要自我多加保重。"后来齐卿担任徐州刺史，孙思邈的孙子孙溥果真是徐州萧县县丞。思邈对齐卿说这些话时，孙溥还没有出生，却预先知晓他的事情。凡是他的种种与众不同的事迹，大多如此。

永淳元年（682 年）孙思邈去世。他留下遗言命薄葬，坟墓中不要安放随葬的器物，祭祀不要使用牛、羊、猪等。思邈去世后一个多月，其容貌脸色依然未变，抬着尸体入棺，就好像没有分量一般，当时人们都觉得非常奇怪。他生前曾经自己注解《老子》《庄子》，编撰的《千金方》三十卷流传于世。另外还撰有《福禄论》三卷、《摄生真录》以及《枕中素书》《会三教论》各一卷。

张文仲

张文仲，洛州洛阳人也。少与乡人李虔纵、京兆人韦慈藏并以医术知名。文仲，则天初为侍御医。时特进苏良嗣于殿庭因拜跪便绝倒，则天令文仲、慈藏随至宅候之。文仲曰："此因忧愤邪气激也，若痛冲肋，则剧难救。"自朝候之，未及食时，即苦冲胁绞痛。文仲曰："若入心，即不可疗。"俄顷心痛，不复下药，日旰而卒。文仲尤善疗风疾。其后则天令文仲集当时名医共撰疗风气诸方，仍令麟台监王方庆监其修撰。文仲奏曰："风有一百二十四种，气有八十种。大抵医药虽同，人性各异，庸医不达药之行使，冬夏失节，因此杀人。唯脚气头风上气，常须服药不绝，自余则随其发动，临时消息之。但有风气之人，春末夏初及秋暮，要得通泄，即不困剧。”于是撰四时常服及轻重大小诸方十八首表上之。文仲久视年终于尚药奉御。撰《随身备急方》三卷，行于代。

虔纵，官至侍御医。慈藏，景龙中光禄卿。自则天、中宗已后，诸医咸推文仲等三人为首。

【译文】

张文仲是洛州洛阳人。他年轻时与同乡李虔纵、京兆人韦慈藏一起因为医术闻名于时。武则天初年，张文仲担任侍御医。当时特进苏良嗣在殿庭因谢恩跪拜而昏倒，武则天命张文仲、韦慈藏跟随他前去住所为其治疗。文仲说：“这是由忧愤邪气激化导致，如果两肋疼痛，那么将会病重难治。”从早晨开始侍候，不到一顿饭的工夫，病人就开始两肋疼痛。文仲又说：“如果痛到心脏，就不能救治了。”不一会儿，病人心中绞痛，就不再下药医治。傍晚苏良嗣就去世了。文仲非常擅长治疗风疾。这之后武则天命文仲聚集当时名医，一起编撰治疗风疾的医方，并诏令麟台监王方庆监督他们修撰。文仲奏请说：“风有一百二十四种，气有八十种。一般医药虽然相同，但是人的禀性各有差别。庸医不懂药的性味功效，冬夏用药不当，所以害人。只有脚气、头风、上气三种病症，必须要经常不间断地服药，其他就可以在发病时临时进行治疗。但是有风气症的患者，春末、夏初与晚秋，得到疏通排泄，那么病情不会加剧。”于是文仲编撰四时常服以及轻重大小各种药方共计十八首，呈献给皇上。唐久视年（700）文仲在担任尚药奉御时去世。他生前撰有《随身备急方》三卷，流传于世。

李虔纵，官至侍御医。韦慈藏景龙年中担任光禄卿一职。从武则天、唐中宗之后，医界都推举张文仲等三人为首。

孟诜

孟诜，汝州梁人也。举进士。垂拱初，累迁凤阁舍人。诜少好方术，尝于凤阁侍郎刘祎之家，见其敕赐金，谓祎之曰：“此药金也。若烧火其上，当有五色气。”试之果然。则天闻而不悦，因事出为台州司马。

后累迁春官侍郎。睿宗在藩，召充侍读。长安中，为同州刺史，加银青光禄大夫。神龙初致仕，归伊阳之山第，以药饵为事。诜年虽晚暮，志力如壮，尝谓所亲曰："若能保身养性者，常须善言莫离口，良药莫离手。"睿宗即位，召赴京师，将加任用，固辞衰老。景云二年，优诏赐物一百段，又令每岁春秋二时特给羊酒糜粥。开元初，河南尹毕构以诜有古人之风，改其所居为子平里。寻卒，年九十三。

诜所居官，好勾剥为政，虽繁而理。撰《家》《祭礼》各一卷，《丧服要》二卷，《补养方》《必效方》各三卷。

【译文】

孟诜是汝州梁县人。曾经应举参加进士科的考试。垂拱初年被提升为凤阁舍人。孟诜年轻时喜好医药方术，曾经在凤阁侍郎刘祎之的家中看到皇上赐予刘祎之的黄金，他对祎之说："这是药金，假如用火烧这黄金，一定有五种颜色的烟气呈现"。祎之按照方法试验一下，果真如此。武则天听闻此事后心中很不高兴，于是凭借此事把孟诜贬出京城到台州担任司马。后来孟诜又升任为春官侍郎。唐睿宗李旦为相王时，征召孟诜作为侍读，为他讲经读史。长安年间他担任同州刺史，加封为银青光禄大夫一职。神龙初年辞官归家，回归伊阳山的故居，一心致力于研究药物的调养补益之方。孟诜尽管年纪很老了，但是雄心与体力和壮年时一样。他曾经对亲友说："保养身体、修身养性的人，常常要善言不离口，良药不离手。"睿宗李旦登基后，征召他前往京城长安，准备对他加以重用。孟诜以年老身体衰弱为借口，坚决不接受。景云二年（公元711年），睿宗诏令赏赐给他衣物百缎，又诏令有关部门在每年的春秋两季特意为孟诜供给羊酒与糜粥。开元元年（713年）河南尹毕构认为孟诜有古代圣人之风，下令将孟诜的住处改名称为子平里。不久之后，孟诜去世，享年九十三岁。

孟诜作为官员，处事喜好深入地考察，清廉公正，虽然公务繁杂可是他却处理得井然有序。编撰有《家》《祭礼》、各一卷，《丧服要》两卷，《补养方》《必效方》各三卷。

玄奘

僧玄奘，姓陈氏，洛州偃师人。大业末出家，博涉经论。当谓翻译者多有讹谬，故就西域，广求异本以参验之。贞观初，随商人往游西域。玄奘既辩博出群，所在必为讲释论难，蕃人远近咸尊伏之。在西域十七年，经百余国，悉解其国之语，仍采其山川谣俗，土地所有，撰《西域记》十二卷。贞观十九年，归至京师。太宗见之，大悦，与之谈论。于是诏将梵本六百五十七部于弘福寺翻译，仍敕右仆射房玄龄、太子左庶子许敬宗，广召硕学沙门五十余人，相助整比。

高宗在东宫，为文德太后追福，造慈恩寺及翻经院，内出大幡，敕九部乐及京城诸寺幡盖众伎，送玄奘及所翻经像、诸高僧等入住慈恩寺。显庆元年，高宗又令左仆射于志宁，侍中许敬宗，中书令来济、李义府、杜正伦，黄门侍郎薛元超等，共润色玄奘所定之经，国子博士范义硕、太子洗马郭瑜、弘文馆学士高若思等，助加翻译。凡成七十五部，奏上之。后以京城人众竞来礼谒，玄奘乃奏请逐静翻译，敕乃移居于宜君山故玉华宫。六年卒。时年五十六，归葬于白鹿原，士女送葬者数万人。

【译文】

玄奘和尚，原本姓陈，是洛州偃师人。隋炀帝大业末年出家为僧。他广泛阅览，接触了各派佛教经典与理论著作。他曾经说翻译的佛经有很多谬误，因此许下心愿要前往西域，广求不同的经本，来作为参考、验证。唐贞观初年，他跟随一批商人前往西域游历。玄奘通晓佛学，擅长辩讲，所到之处都被邀请前去宣讲佛经，或者参加佛学辩证会。远近的外域之人都很敬重钦佩他。玄奘在西域居留十七年，游历了一百多个国家，并且通晓了当地的语言。于是他搜集这些国家的山脉、河流、民间传说、民风习俗与当地特产等相关资料，撰写了《西域记》十二卷。贞观十九年，玄奘返回京师长安。唐太宗对玄奘完成取经大任归来，特别欣喜，亲自前去接见他，并与他探讨了西行情况和收获。之后颁布诏令命玄奘留住在弘福寺内，翻译六百五十七部梵文佛经。又诏命右仆射房玄龄、太子左庶子许敬宗，选派五十多位博学的僧人协助他进行整理校对的工作。

唐高宗在东宫为太子时，给文德太后诵经礼忏与祈祷祝福，建造了慈恩寺和译经院。并且派出了皇家旗幡仪仗，命令九部乐班与京师各寺庙的旗幡仪仗，簇拥着女乐，迎送玄奘与所翻译的佛经、佛像，以及其他高僧等人入住慈恩寺。显庆元年，高宗又诏命左仆射于志宁，侍中许敬宗，中书令来济、李义府、杜正伦，黄门侍郎薛元超等，一起为玄奘定稿的佛经润色加工。国子博士范义硕、太子洗马郭瑜、弘文馆学士高若思等辅助进行增译工作。共计完成七十五部佛经，呈献给朝廷。后来，因为京师的百姓纷纷竞相前来礼敬请求晋见玄奘，于是玄奘奏请希望寻找一个幽静之处继续佛经的翻译工作。高宗批准将他们迁移到宜君山原来就有的玉华宫。显庆六年，玄奘去世，享年五十六岁。归葬在白鹿原，送葬的善男信女有几万人。

一　行

僧一行，姓张氏，先名遂，魏州昌乐人，襄州都督、郯国公公谨之孙也。父擅，武功令。一行少聪敏，博览经史，尤精历象、阴阳、五行之学。时道士尹崇博学先达，素多坟籍。一行诣崇，借扬雄《太玄经》，将归读之。数日，复诣崇，还其书。崇曰："此书意指稍深，吾寻之积年，尚不能晓，吾子试更研求，何遽见还也？"一行曰："究其义矣。"因出所撰《大衍玄图》及《义决》一卷以示崇。崇大惊，因与一行谈其奥赜，甚嗟伏之，谓人曰："此后生颜子也。"一行由是大知名。武三思慕其学行，就请与结交，一行逃匿以避之。寻出家为僧，隐于嵩山，师事沙门普寂。睿宗即位，敕东都留守韦安石以礼征，一行固辞以疾，不应命。后步往荆州当阳山，依沙门悟真以习梵律。

开元五年，玄宗令其族叔礼部郎中洽赍敕书就荆州强起之。一行至京，置于光太殿，数就之，访以安国抚人之道，言皆切直，无有所隐。开元十年，永穆公主出降，敕有司优厚发遣，依太平公主故事。一行以为高宗末年，唯有一女，所以特加其礼。又太平骄僭，竟以得罪，不应引以为例。上纳其言，遽追敕不行，但依常礼。其谏诤皆此类也。

一行尤明著述，撰《大衍论》三卷，《摄调伏藏》十卷，《天一太一经》及《太一局遁甲经》《释氏系录》各一卷。时《麟德历经》推步渐疏，敕一行考前代诸家历法，改撰新历，又令率府长史梁令瓒等与工人创造黄道游仪，以考七曜行度，互相证明。于是一行推《周易》大衍之数，立衍以应之，改撰《开元大衍历经》。至十五年卒，年四十五，赐谥曰大慧禅师。

初，一行从祖东台舍人太素，撰《后魏书》一百卷，其《天文志》未成，一行续而成之。上为一行制碑文，亲书于石，出内库钱五十万，为起塔于铜人之原。明年，幸温汤，过其塔前，又驻骑徘徊，令品官就塔以告其出豫之意，更赐绢五十匹，以莳塔前松柏焉。

初，一行求访师资，以穷大衍，至天台山国清寺，见一院，古松十数，门有流水，一行立于门屏间，闻院僧于庭布算声，而谓其徒曰："今日当有弟子自远求吾算法，已合到门，岂无人寻达也？"即除一算。又谓曰："门前水当却西流，弟子亦至。"一行承其言而趋入，稽首请法，尽受其术焉，而门前水果却西流。道士邢和璞尝谓尹愔曰："一行其圣人乎？汉之洛下闳造历，云：'后八百岁当差一日，必有圣人正之。'今年期毕矣，而一行造《大衍》正其差谬，则洛下闳之言信矣，非圣人而何？"

时又有黄州僧泓者，善葬法。每行视山原，即为之图，张说深信重之。

【译文】

僧人一行，姓张，原来的名字为遂，是魏州昌乐人，襄州都督、郑国公张公谨的孙子。父亲张擅，曾任武功县的县令。一行小时候聪慧灵敏，广泛阅览经史，尤其精通历象、阴阳、五行之学。当时的道士尹崇学识渊博聪慧，有非常多的藏书。一行前去他那里借阅扬雄的《太玄经》，将其拿回去阅读。过了几天，又到尹崇那里归还他的书。尹崇说："这本书旨意比较深奥，我探究了好多年，还是没有懂。你试着再研究研究，为什么如此快就归还呢？"一行回答："我已经弄清楚其中的意旨了。"于是拿出自己撰写的《大衍玄图》与《义决》一卷给尹崇阅览。尹崇非常吃惊，于是与一行一起探讨其深奥的义理，非常佩服他。尹崇对人说："这个人是后来出世的颜回啊。"一行由此名声大噪。武三思仰慕其学识品行，前去与他结交，他逃奔其他地方躲藏起来避开他。不久之后就出家为僧，在嵩山隐居，拜僧人普寂为师。睿宗即位后，诏令东都留守韦安石以礼节征召他，他坚决地称病推辞，没有听从诏命。后来他步行到荆州当阳山，跟随和尚悟真学习梵律。

开元五年，玄宗诏令他同族的叔叔礼部郎中李洽携带敕令前往荆州强迫逼他出山。一行来到京城，被安置在光太殿。玄宗几次驾临他那里，向他请教治国安民之法，他的话都非常直率恳切，一点也没有隐瞒的。开元十年，永穆公主出嫁，命令有关机构优厚送嫁，按照太平公主出嫁的旧例。一行认为高宗晚年，只有一个女儿，所以特意优待她。然而太平公主骄纵僭越，最终因此而获罪，认为不应该拿她作为例子。玄宗采纳了他的建议，于是立刻追回诏令，只依照通常的礼节办理。他劝诫皇帝的事情大多如此。

一行非常擅长著述，撰写《大衍论》三卷，《摄调伏藏》十卷，《天一太一经》与《太一局遁甲经》《释氏系录》各一卷。当时《麟德历经》推算天象历法逐渐出现偏差，玄宗命一行考查前代各家的历法，撰写新的历书。又命率府长史梁令瓒等和工人制作黄道游仪，用来考察七曜行度，互相验证。于是一行推算《周易》大衍数目，设立衍来顺合它，重新撰写成《开元大衍历经》。等到开元十五年一行去世，享年四十五岁。玄宗赐谥号为大慧禅师。

当初，一行的曾祖父东台舍人太素，撰写了《后魏书》一百卷，其中的《天文志》没有完成，一行继续撰写完成。玄宗为一行书写碑文，亲自在碑石上书写。诏令从国库取出五十万钱，为他在铜人之原上修造一个塔。第二年，玄宗到温汤巡视，路过塔前，又停下车马徘徊一阵，命令大臣到塔前去禀告他出巡情况，此外又赐予五十匹绢，用来整修塔前的松柏。

当初，一行探求寻访师傅，以便探究出大衍的义理。等到天台山国清寺后，看见一个院子，其中有十几棵古松，门口有水流淌。一行站在大门和墙屏之间，听闻院里僧人在庭院内讲说历算之声，并对自己的徒弟说："今天将会有弟子远道前来学习我的历算之法，应该已经到达门口，该不会是没人引领他进来吧？"于是进行一次运算。又对弟子说："门前的流水应该向西流淌，徒弟也就该来了。"一行随着他的话语立即进来，磕头请求他传法，将他的秘诀全部学到了。而门前的水果真是向西流淌的。道士邢和璞曾经对尹愔说："一行该不会是圣人吧？汉代的洛下闳创造历算，曾经说：'八百年之后会差一天，一定会有圣人来进行纠正。'今年正好到了八百年，而一行撰写的《大衍》正好纠正了它的错误，由此可见洛下闳的话是可信的。一行不是圣人又是什么呢？”

当时还有黄州的僧人泓，在葬的方法上很擅长。每次外出观看山地平原，就绘制成图。张说很信任并看重他。

神秀

僧神秀，姓李氏，汴州尉氏人。少遍览经史，隋末出家为僧。后遇蕲州双峰山东山寺僧弘忍，以坐禅为业，乃叹伏曰：“此真吾师也。”便往事弘忍，专以樵汲自役，以求其道。

昔后魏末，有僧达摩者，本天竺王子，以护国出家，入南海，得禅宗妙法，云自释迦相传，有衣钵为记，世相付授。达摩赍衣钵航海而来，至梁，诣武帝，帝问以有为之事，达摩不说。乃之魏，隐于嵩山少林寺，遇毒而卒。其年，魏使宋云于葱岭回，见之，门徒发其墓，但有衣履而已。达摩传慧可，慧可尝断其左臂，以求其法；慧可传璨；璨传道信；道信传弘忍。

弘忍姓周氏，黄梅人。初，弘忍与道信并住东山寺，故谓其法为东山法门。神秀既师事弘忍，弘忍深器异之，谓曰：“吾度人多矣，至于悬解圆照，无先汝者。”弘忍以咸亨五年卒，神秀乃往荆州，居于当阳山。则天闻其名，追赴都，肩舆上殿，亲加跪礼，敕当阳山置度门寺以旌其德。时王公已下及京都士庶，闻风争来谒见，望尘拜伏，日以万数。中宗即位，尤加敬异。中书舍人张说尝问道，执弟子之礼，退谓人曰：“禅师身长八尺，庞眉秀耳，威德巍巍，王霸之器也。”

初，神秀同学僧慧能者，新州人也，与神秀行业相埒。弘忍卒后，慧能住韶州广果寺。韶州山中，旧多虎豹，一朝尽去，远近惊叹，成归伏焉。神秀尝奏则天，请追慧能赴都，慧能固辞。神秀又自作书重邀之，慧能谓使者曰：“吾形貌矬陋，北土见之，恐不敬吾法。又先师以吾南中有缘，亦不可违也。”竟不度岭而死。天下乃散传其道，谓神秀为北宗，慧能为南宗。

神秀以神龙二年卒，士庶皆来送葬。有诏赐谥曰大通禅师。又于相王旧宅置报恩寺，岐王范、张说及徵士卢鸿一皆为其碑文。神秀卒后，弟子普寂、义福，并为时人所重。

普寂姓冯氏，蒲州河东人也。年少时遍寻高僧，以学经律。时神秀在荆州玉泉寺，普寂乃往师事，凡六年，神秀奇之，尽以其道授焉。久视中，则天召神秀至东都，神秀因荐普寂，乃度为僧。及神秀卒，天下好释氏者咸师事之。中宗闻其高年，特下制令普寂代神秀统其法众。开元十三年，敕普寂于都城居止。时王公士庶，竞来礼谒，普寂严重少言，来者难见其和悦之容，远近尤以此重之。二十七年，终于都城兴唐寺，年八十九。时都城士庶曾谒者，皆制弟子之服。有制赐号为大照禅师。及葬，河南尹裴宽及其妻子，并衰麻列于门徒之次，士庶倾城哭送，闾里为之空焉。

义福姓姜氏，潞州铜鞮人。初止蓝田化感寺，处方丈之室，凡二十余年，未尝出宇之外，后隶京城慈恩寺。开元十一年，从驾往东都，途经蒲、虢二州，刺史及官吏士女，皆赍幡花迎之，所在途路充塞。以二十年卒，有制赐号大智禅师。葬于伊阙之北，送葬者数万人。中书侍郎严挺之为制碑文。

神秀，禅门之杰，虽有禅行，得帝王重之，而未尝聚徒开堂传法。至弟子普寂，始于都城传教，二十余年，人皆仰之。

【译文】

僧人神秀，姓李，是汴州尉氏人。他小时候遍读经史，隋朝末年出家为僧。后来碰上了蕲州双峰山东山寺僧人弘忍，弘思以每天定时静坐、排除杂念、让心神恬静的“坐禅”为修行功课，就赞叹佩服地说：“这真是我的师傅啊。”于是前去侍奉弘忍，专门做些打柴挑水的杂事，来求取弘忍的佛道。

之前，在后魏末年，有一位达摩僧人，原本是天竺王的儿子，为了保护国家而出家为僧，到达南海，悟到禅宗的妙法，说是从释迦牟尼那里传来的，有一代代相传授的衣钵可为证明。达摩携带衣钵航海而来，到梁朝，拜谒武帝，武帝询问他治理天下之事，达摩很不高兴。又去魏朝，在嵩山少林寺隐居，后来中毒而逝。这一年，北魏的使臣宋云返回时途经葱岭，打算见见他，门徒于是挖开坟墓，见里面只有衣服、鞋子罢了。达摩将衣钵传给慧可，慧可曾经砍断自己的左臂，来求取佛法；慧可将衣钵传给璨，璨将衣钵传给道信，道信将衣钵传给弘忍。

弘忍姓周，是黄梅人，当初，弘忍与道信都在东山寺居住，因此称他们的佛法为东山法门。神秀把弘忍作为师傅之后，弘忍特别器重他。

对他说:“我教导的人太多了,至于理解透辟的聪慧之人,都没有超过你的。”弘忍在咸亨五年去世,神秀于是前往荆州,在当阳山居住。武则天听闻其名声,将他追请回都城,用轿子抬着他上殿,亲自向他行跪拜之礼,诏令当阳山修建度门寺来表彰其德行。当时,王公贵族以及京都庶士,听闻消息,都纷纷前来遥望伏拜,每天来的人数以万计。等到中宗登基后,对他愈加尊崇。中书舍人张说曾经向他求教佛道,以弟子的礼仪对待他,返回后对别人说:“禅师身高八尺,眉阔耳秀,威望品德高拔,是建立霸业的人才啊。”

当初,神秀的同门师弟僧人慧能,是新州人,和神秀的品行、学业相差无几。弘忍去世后,慧能在韶州广果寺居住。在韶州山中,之前有很多虎豹出没,慧能来后,突然全部离开了,远近之人都对此惊奇赞叹,全部听从他的。神秀曾经奏请武则天,请求让慧能来到京城。慧能坚决推辞。神秀又亲自写信重新邀请他,慧能对来的人说:“我外形丑陋,北方的人见到我,恐怕会对我们的佛法大不敬。此外我的师傅也认为我与南方有缘分,这也是不能违背的。”最终没有跨过大庾岭就去世了。天下之人继承他的佛道,将神秀称为北宗,将慧能称为南宗。

神秀在神龙二年去世。士大夫与老百姓都来为他送葬。中宗颁布诏书赐他谥号为大通禅师。又在相王旧址上建造报恩寺,岐王李范、张说以及居士卢鸿一都为他撰写了碑文。神秀去世后,他的弟子普寂、义福,都受到当时人推重。

普寂姓冯,是蒲州河东人。年轻时广泛寻访高僧,来研习经律。当时神秀在荆州玉泉寺居住,普寂于是前去拜师,共计六年。神秀觉得他不平凡,把自己的道全部授予他。久视年中,武则天征召神秀前往东都,神秀趁此机会举荐普寂,于是普寂剃度做了僧人。等到神秀去世后,天下喜好佛教之人都以他为师。中宗听闻他年纪很大,专门诏令让普寂替代神秀担任佛法界的领袖。开元十三年,诏命普寂在都城居住。一时之间王公贵族与士大夫百姓,都竞相拜望谒见。普寂性格严肃不喜欢说话,来拜谒之人很难看到他和悦的脸色。远近之人都因为这点而特别敬重他。开元二十七年,在都城兴唐寺去世,享年八十九岁。当时都城中曾经拜谒过他的士大夫与百姓,都以弟子身份吊唁。皇帝颁下诏书赐他为大照禅师。等到安葬时,河南尹裴宽与他的妻子都穿麻戴孝排列在门徒的行列之中,满城的士大夫与老百姓都哭着为他送行,真是万人空巷啊。

义福姓姜，是潞州铜鞮人。之前在蓝田化感寺居住，居住在一丈大小的房间内，共计二十多年，没有出过门。后来在京城慈恩寺居住。开元十一年，跟随皇上前往东都，经过蒲、虢二州，刺史与官吏、士大夫、老百姓，都带着幡花迎接他，他们经过的路途都拥挤堵塞了。他在开元二十年去世，皇帝诏令赐他为大智禅师。埋葬在伊阙的北面，送葬之人达几万。中书侍郎严挺之为他撰写了碑文。

神秀是禅门的杰出人物，虽然有佛禅之行，又受到帝王的器重，却没有招集徒弟开堂传授佛法。等到弟子普寂，才开始在都城传授佛教，长达二十多年之久，人们都很敬重他。

第十四册

高山　主编

二十四史

光明日报出版社

目录

新唐书

旧五代史

新五代史

宋 史

新唐书

新唐书卷七十六

则天武皇后杨贵妃列传第一

则天武皇后

高宗则天顺圣皇后武氏，并州文水人。父士彟。文德皇后崩，久之，太宗闻士彟女美，召为才人，方十四。母杨，恸泣与诀，后独自如，曰："见天子庸知非福，何儿女悲乎？"母韪其意，止泣。既见帝，赐号武媚。及帝崩，与嫔御皆为比丘尼。高宗为太子时，入侍，悦之。王皇后久无子，萧淑妃方幸，后阴不悦。它日，帝过佛庐，才人见且泣，帝感动。后廉知状，引内后宫，以挠妃宠。

才人有权数，诡变不穷。始，下辞降体事后，后喜，数誉于帝，故进为昭仪。一旦顾幸在萧右，浸与后不协。后性简重，不曲事上下，而母柳见内人尚宫无浮礼，故昭仪伺后所薄，必款结之，得赐予，尽以分遗。由是后及妃所为必得，得辄以闻，然未有以中也。昭仪生女，后就顾弄，去，昭仪潜毙儿衾下，伺帝至，阳为欢言，发衾视儿，死矣。又惊问左右，皆曰："后适来。"昭仪即悲涕，帝不能察，怒曰："后杀吾女，往与妃相谗媢，今又尔邪！"由是昭仪得入其訾，后无以自解，而帝愈信爱，始有废后意。久之，欲进号"宸妃"，侍中韩瑗、中书令来济言："妃嫔有数，今别立号，不可。"昭仪乃诬后与母厌胜，帝挟前憾，实其言，将遂废之。长孙无忌、褚遂良、韩瑗及济濒死固争，帝犹豫；而中书舍人李义府、卫尉卿许敬宗素险侧，狙势即表请昭仪为后，帝意决，下诏废后。诏李勣、于志宁奉玺绶进昭仪为皇后，命群臣及四夷酋长朝后肃义门，内外命妇入谒。朝皇后自此始。

后见宗庙，再赠士彟至司徒，爵周国公，谥忠孝，配食高祖庙。母杨，再封代国夫人。家食魏千户。后乃制《外戚诫》献诸朝，解释讥噪。于是逐无忌、遂良，踵死徙，宠煽赫然。后城宇深，痛柔屈不耻，以就大事，帝谓能奉己，故扳公议立之。已得志，即盗威福，施施无惮避，帝亦

儒昏，举能钳勒，使不得专，久稍不平。麟德初，后召方士郭行真入禁中为蛊祝，宦人王伏胜发之，帝怒，因是召西台侍郎上官仪，仪指言后专恣，失海内望，不可承宗庙，与帝意合，乃趣使草诏废之。左右驰告，后遽从帝自诉，帝羞缩，待之如初，犹意其恚，且曰："是皆上官仪教我！"后讽许敬宗构仪，杀之。

初，元舅大臣怫旨，不阅岁屠覆，道路目语，及仪见诛，则政归房帷，天子拱手矣。群臣朝、四方奏章，皆曰"二圣"。每视朝，殿中垂帘，帝与后偶坐，生杀赏罚惟所命。当其忍断，虽甚爱，不少隐也。帝晚益病风不支，天下事一付后。后乃更为太平文治事，大集诸儒内禁殿，撰定《列女传》《臣轨》《百僚新诫》《乐书》等，大抵千余篇。因令学士密裁可奏议，分宰相权。

始，士擭娶相里氏，生子元庆、元爽。又娶杨氏，生三女：伯嫁贺兰越石，蚤寡，封韩国夫人；仲即后；季嫁郭孝慎，前死。杨以后故，宠日盛，徙封荣国。始，兄子惟良、怀运与元庆等遇杨及后礼薄，后衔不置。及是，元庆为宗正少卿，元爽少府少监，惟良司卫少卿，怀运淄州刺史。它日，夫人置酒，酣，谓惟良曰："若等记畴日事乎？今谓何？"对曰："幸以功臣子位朝廷，晚缘戚属进，忧而不荣也。"夫人怒，讽后伪为退让，请惟良等外迁，无示天下私。由是，惟良为始州刺史；元庆，龙州；元爽，濠州，俄坐事死振州。元庆至州，忧死。韩国出入禁中，一女国姝，帝皆宠之。韩国卒，女封魏国夫人，欲以备嫔职，难于后，未决。后内忌甚，会封泰山，惟良、怀运以岳牧来集，从还京师，后毒杀魏国，归罪惟良等，尽杀之，氏曰"蝮"，以韩国子敏之奉士擭祀。初，魏国卒，敏之入吊，帝为恸，敏之哭不对。后曰："儿疑我！"恶之。俄贬死。杨氏徙鄭、卫二国，咸亨元年卒，追封鲁国，谥忠烈，诏文武九品以上及五等亲与外命妇赴吊，以王礼葬咸阳，给班剑、葆仗、鼓吹。时天下旱，后伪表求避位，不许。俄又赠士擭太尉兼太子太师、太原郡王，鲁国忠烈夫人为妃。

上元元年，进号天后，建言十二事：一、劝农桑，薄赋徭；二、给复三辅地；三、息兵，以道德化天下；四、南北中尚禁浮巧；五、省功费力役；六、广言路；七、杜谗口；八、王公以降皆习《老子》；九、父在为母服齐衰三年；十、上元前勋官已给告身者无追核；十一、京官八品以上益禀入；十二、百官任事久，材高位下者得进阶申滞。帝皆下诏略施行之。

萧妃女义阳、宣城公主幽掖廷，几四十不嫁，太子弘言于帝，后怒，鸩杀弘。帝将下诏逊位于后，宰相郝处俊固谏，乃止。后欲外示宽裕，劫人心使归己，即奏言："今群臣纳半俸、百姓计口钱以赡边兵，恐四方妄商虚实，请一罢之。"诏可。

仪凤三年，群臣、蕃夷长朝后于光顺门。即并州建太原郡王庙。帝头眩不能视，侍医张文仲、秦鸣鹤曰："风上逆，砭头血可愈。"后内幸帝殆，得自专，怒曰："是可斩，帝体宁刺血处邪？"医顿首请命。帝曰："医议疾，乌可罪？且吾眩不可堪，听为之！"医一再刺，帝曰："吾目明矣！"言未毕，后帘中再拜谢，曰："天赐我师！"身负缯宝以赐。

帝崩，中宗即位，天后称皇太后，遗诏军国大务听参决。嗣圣元年，太后废帝为庐陵王，自临朝，以睿宗即帝位。后坐武成殿，帝率群臣上号册。越三日，太后临轩，命礼部尚书摄太尉武承嗣、太常卿摄司空王德真册嗣皇帝。自是太后常御紫宸殿，施惨紫帐临朝。追赠五世祖后魏散骑常侍克己为鲁国公，妣裴即其国为夫人；高祖齐殷州司马居常为太尉、北平郡王，妣刘为王妃；曾祖永昌王咨议参军、赠齐州刺史俭为太尉、金城郡王，妣宋为王妃；祖隋东郡丞、赠并州刺史、大都督华为太尉、太原郡王，妣赵为王妃。皆置园邑，户五十。考为太师、魏王，加实户满五千，妣为王妃，王园邑守户百。时睿宗虽立，实囚之，而诸武擅命。又谥鲁国公曰靖，裴为靖夫人；北平郡王曰恭肃，金城郡王曰义康，太原郡王曰安成，妃从夫谥。太后遣册武成殿使者告五世庙室。

于是柳州司马李敬业、括苍令唐之奇、临海丞骆宾王疾太后胁逐天子，不胜愤，乃募兵杀扬州大都督府长史陈敬之，据州欲迎庐陵王，众至十万。楚州司马李崇福连和。盱眙人刘行举婴城不肯从，敬业攻之，不克。太后拜行举游击将军，擢其弟行实楚州刺史。敬业南度江取润州，杀刺史李思文，曲阿令尹元贞拒战死。太后诏左玉钤卫大将军李孝逸为扬州道行军大总管，率兵三十万讨之，战于高邮，前锋左豹韬果毅成三朗为唐之奇所杀。又以左鹰扬卫大将军黑齿常之为江南道行军大总管，并力。敬业兴三月败，传首东都，三州平。

始，武承嗣请太后立七庙，中书令裴炎沮止，及敬业之兴，下炎狱，杀之，并杀左威卫大将军程务挺。太后方怫恚，一日，召群臣廷让曰："朕于天下无负，若等知之乎？"群臣唯唯。太后曰："朕辅先帝逾三十年，忧劳天下。爵位富贵，朕所与也；天下安佚，朕所养也。先帝弃群臣，以社稷为托，朕不敢爱身，而知爱人。今为戎首者皆将相，何见负之遽？且受遗老臣伉扈难制有若裴炎乎？世将种能合亡命若徐敬业乎？宿将善战若程务挺乎？彼皆人豪，不利于朕，朕能戮之。公等才有过彼，蚤为之。不然，谨以事朕，无诒天下笑。”群臣顿首，不敢仰视，曰：“惟陛下命。”

久之，下诏阳若复辟者。睿宗揣非情，固请临朝，制可。乃冶铜匭为一室，署东曰“延恩”，受干赏自言；南曰“招谏”，受时政失得；西曰“申冤”，受抑枉所欲言；北曰“通玄”，受谶步秘策。诏中书门下一官典领。

太后不惜爵位，以笼四方豪桀自为助，虽妄男子，言有所合，辄不次官之，至不称职，寻亦废诛不少纵，务取实材真贤。又畏天下有谋反逆者，诏许上变，在所给轻传，供五品食，送京师，即日召见，厚饵爵赏歆动之。凡言变，吏不得何诘，虽耘夫荛子必亲延见，禀之客馆。敢稽若不送者，以所告罪之。故上变者遍天下，人人屏息，无敢议。

新丰有山因震突出，太后以为美祥，赦其县，更名庆山。荆人俞文俊上言：“人不和，疣赘生；地不和，堆阜出。今陛下以女主处阳位，山变为灾，非庆也。”太后怒，投岭外。

诏毁乾元殿为明堂，以浮屠薛怀义为使、鄠人，本冯氏，名小宝，伟岸淫毒，佯狂洛阳市，千金公主嬖之。主上言：“小宝可入侍。”后召与私，悦之。欲掩迹，得通籍出入，使祝发为浮屠，拜白马寺主。诏与太平公主婿薛绍通昭穆，绍父事之。给厩马，中官为驺侍，虽承嗣、三思皆尊事惟谨。至是护作，士数万，巨木率一章千人乃能引。又度明堂后为天堂，鸿丽严奥次之。堂成，拜左威卫大将军、梁国公。

始作崇先庙于西京，享武氏。承嗣伪款洛水石，导使为帝，遣雍人唐同泰献之，后号为“宝图”，擢同泰游击将军。于是汜人又上瑞石，太后乃郊上帝谢况，自号圣母神皇，作神皇玺，改宝图曰“天授圣图”，号洛水曰永昌水，图所曰圣图泉，勒石洛坛左曰“天授圣图之表”，改汜水曰广武。时柄去王室，大臣重将皆挠不得逞，宗室孤外无寄足地。于是，韩王元嘉等谋举兵唱天下，迎还中宗。琅邪王冲、越王贞先发，诸王仓卒无应者，遂败。元嘉与鲁王灵夔等皆自杀，余悉坐诛，诸王牵连死灭殆尽，子孙虽婴褓亦投领南。太后身拜洛受图，天子率太子、群臣、蛮夷以次列，大陈珍禽、奇兽、贡物、卤簿坛下，礼成去。

永昌元年，享万象神宫，改服衮冕，祻大圭，执镇圭，睿宗亚献，太子终献。合祭天地，五方帝、百神从，以高祖、太宗、高宗配，引魏王士彟从配。班九条，训百官。遂大飨群臣。号士彟周忠孝太皇，杨忠孝太后。以文水墓为章德陵，咸阳墓为明义陵。太原安成王为周安成王，金城郡王为魏义康王，北平郡王为赵肃恭王，鲁国公为太原靖王。

载初中，又享万象神宫，以太穆、文德二皇后配皇地祇，引周忠孝太后从配。作曌、𠀑、𡆠、𠡦、囝、𠀐、𤯔、𠦚、𠡆、𡔈十有二文。太后自名曌。改诏书为制书。以周、汉为二王后，虞、夏、殷后为三恪，除唐属籍。拜薛怀义辅国大将军，封鄂国公，令与群浮屠作《大云经》，言神皇受命事。春官尚书李思文诡言："《周书·武成》为篇，辞有"垂拱天下治"，为受命之符。"后喜，皆班示天下，稍图革命。然畏人心不肯附，乃阴忍鸷害，肆斩杀怖天下。内纵酷吏周兴、来俊臣等数十人为爪吻，有不慊若素疑惮者，必危法中之。宗姓侯王及它骨鲠臣将相骈颈就铁，血丹狴户，家不能自保。太后操奁具坐重帏，而国命移矣。

御史傅游艺率关内父老请革命，改帝氏为武。又胁群臣固请，妄言凤集上阳宫，赤雀见朝堂。天子不自安，亦请氏武，示一尊。太后知威柄在己，因大赦天下，改国号周，自称圣神皇帝，旗帜尚赤，以皇帝为皇嗣。立武氏七庙于神都。尊周文王为文皇帝，号始祖，妣姒曰文定皇后；武王为康皇帝，号睿祖，妣姜曰康惠皇后；太原靖王为成皇帝，号严祖，妣曰成庄皇后；赵肃恭王为章敬皇帝，号肃祖，妣曰章敬皇后；魏义康王为昭安皇帝，号烈祖，妣曰昭安皇后；祖周安成王为文穆皇帝，号显祖，妣曰文穆皇后；考忠孝太皇为孝明高皇帝，号太祖，妣曰孝明高皇后。罢唐庙为享德庙，四时祠高祖以下三室，余废不享。至日，祀上帝万象神宫，以始祖及考妣配，以百神从祀。尽王诸武。诏并州文水县为武兴，比汉丰、沛，百姓世给复。以始祖冢为德陵，睿祖为乔陵，严祖为节陵，肃祖为简陵，烈祖为靖陵，显祖为永陵，章德陵为昊陵。明义陵为顺陵。

太后虽春秋高，善自涂泽，虽左右不悟其衰。俄而二齿生，下诏改元为长寿。明年，享神宫，自制大乐，舞工用九百人，以武承嗣为亚献，三思为终献。帝之为皇嗣，公卿往往见之，会尚方监裴匪躬、左卫大将军阿史那元庆、白润府果毅薛大信、监门卫大将军范云仙潜谒帝，皆腰斩都市，自是公卿不复上谒。

有上封事言岭南流人谋反者，太后遣摄右台监察御史万国俊就按，得实即论决。国俊至广州，尽召流人，矫诏赐自尽，皆号哭不服，国俊驱之水曲，使不得逃，一日戮三百余人。乃诬奏流人怨望，请悉除之。于是太后遣右卫翊府兵曹参军刘光业、司刑评事王德寿、苑南面监丞鲍思恭、尚辇直长王大贞、右武卫兵曹参军屈贞筠，皆摄监察御史，分往剑南、黔中、安南等六道讯鞫，而擢国俊左台侍御史。光业等亦希功于上，惟恐杀人之少。光业杀者九百人，德寿杀七百人，其余亦不减五百人。太后久乃知其冤，诏六道使所杀者还其家。国俊等亦相踵而死，皆见有物为厉云。

太后又自加号金轮圣神皇帝，置七宝于廷：曰金轮宝，曰白象宝，曰女宝，曰马宝，曰珠宝，曰主兵臣宝，曰主藏臣宝，率大朝会则陈之。又尊其显祖为立极文穆皇帝，太祖为无上孝明皇帝。延载二年，武三思率蕃夷诸酋及耆老请作天枢，纪太后功德，以黜唐兴周，制可。使纳言姚璹护作。乃大裒铜铁合冶之，署曰“大周万国颂德天枢”，置端门外。其制若柱，度高一百五尺，八面，面别五尺，冶铁象山为之趾，负以铜龙，石镵怪兽环之。柱颠为云盖，出大珠，高丈，围三之。作四蛟，度丈二尺，以承珠。其趾山周百七十尺，度二丈。无虑用铜铁二百万斤。乃悉镂群臣、蕃酋名氏其上。

薛义怀稍宠衰，而御医沈南璆进，怀义大望，因火明堂，太后羞之，掩不发。怀义愈恨恣怏怏。乃密诏太平公主择健妇缚之殿中，命建昌王武攸宁、将作大匠宗晋卿率壮士击杀之，以畚车载尸还白马寺。怀义负幸昵，气盖一时，出百官上，其徒多犯法。御史冯思勖劾其奸，怀义怒，遇诸道，命左右欧之，几死，弗敢言。默啜犯塞，拜新平、伐逆、朔方道大总管，提十八将军兵击胡，宰相李昭德、苏味道至为之长史、司马。后厌入禁中，阴募力少年千人为浮屠，有逆谋。侍御史周矩劾状请治验，太后曰：“第出，朕将使诣狱。”矩坐台，少选，怀义怒马造廷，直往坐大榻上，矩召吏受辞，怀义即乘马去。矩以闻，太后曰：“是道人素狂，不足治，力少年听穷劾。”矩悉投放丑裔。怀义构矩，俄免官。

太后祀天南郊，以文王、武王、士彟与唐高祖并配。太后加号天册金轮圣神皇帝。遂封嵩山，禅少室，册山之神为帝，配为后。封坛南有大槲，赦日置鸡其杪，赐号“金鸡树”。自制《升中述志》，刻石示后。改明堂为通天宫，铸九州鼎，各位其方，列廷中。又敛天下黄金作大仪钟，不克。久之，以崇先庙为崇尊庙，礼视太庙，旋复崇尊庙为太庙。

自怀义死，张易之、昌宗得幸，乃置控鹤府，有监，有丞及主簿、录事等，监三品，以易之为之。太后自见诸武王非天下意，前此中宗自房州还，复为皇太子，恐百岁后为唐宗室躏藉无死所，即引诸武及相王、太平公主誓明堂，告天地，为铁券使藏史馆。改昊陵署为攀龙台。久视初，以控鹤监为天骥府，又改奉宸府，罢监为令，以左右控鹤为奉宸大夫，易之复为令。

神龙元年，太后有疾，久不平，居迎仙院。宰相张柬之与崔玄暐等建策，请中宗以兵入诛易之、昌宗，于是羽林将军李多祚等帅兵自玄武门入，斩二张于院左。太后闻变而起，桓彦范进请传位，太后返卧，不复语。中宗于是复即位。徙太后上阳宫，帝率百官诣观风殿问起居，后率十日一诣宫，俄朝朔、望。废奉宸府官，迁东都武氏庙于崇尊庙，更号崇恩，复唐宗庙。诸武王者咸降爵。是岁，后崩，年八十一。遗制称则天大圣皇太后，去帝号。谥曰则天大圣后，祔乾陵。

会武三思蒸韦庶人，复用事。于是大旱，祈陵辄雨。三思訹帝诏崇恩庙祠如太庙，斋郎用五品子。博士杨孚言："太庙诸郎取七品子，今崇恩取五品，不可。"帝曰："太庙如崇恩可乎？"孚曰："崇恩太庙之私，以臣准君则僭，以君准臣则惑。"乃止。及韦、武党诛，诏则天大圣皇后复号天后，废崇恩庙及陵。景云元年，号大圣天后。太平公主奸政，请复二陵官，又尊后曰天后圣帝，俄号圣后。太平诛，诏黜周孝明皇帝号，复为太原郡王，后为妃，罢昊、顺等陵。开元四年，追号则天皇后。太常卿姜皎建言："则天皇后配高宗庙，主题天后圣帝，非是，请易题为则天皇后武氏。"制可。

【译文】

高宗则天顺圣皇后武氏，是并州文水人。她的父亲是武士彟。太宗的文德皇后去世后，过了很久，太宗听说武士彟的女儿生得美貌，召她入宫封为才人，当时她才十四岁。才人的母亲杨氏，放声痛哭与女儿诀别，只有才人还如平常一样，她说："我能拜见天子，怎么知道不是福分，为什么要有儿女悲情呢？"母亲认为她的想法是对的，止住啼哭。才人见到太宗之后，太宗赐予她武媚的称号。等到太宗驾崩后，才人与太宗的侍妾、宫女都做了比丘尼。高宗做太子时，入宫服侍太宗，见到才人后非常喜欢她。高宗王皇后长期没有儿子，萧淑妃正被高宗宠幸，王皇后暗中很不高兴。有一天，高宗途经佛寺，才人看着他眼泪直流，高宗的内心受到触动。王皇后探查了这一情况，于是将才人领入后宫，希望以此阻挠萧淑妃得宠。

才人擅长权术，诡诈善变，手段无穷。开始时，她低声下气、卑躬屈节地服侍皇后，皇后很高兴，多次在高宗面前称赞她，因此被晋封为昭仪。一旦她受到天子的眷顾、宠爱超过萧淑妃，就逐渐和皇后不和。皇后性情高傲庄重，不会曲意逢迎上下之人，而她的母亲柳氏看到宫女与女官时不讲究外在的礼节，因此昭仪有可乘之机，她探查到皇后薄待之人，一定竭力与之结交，得到皇上的赏赐，全都分赠给她们。所以皇后与淑妃的所为，昭仪必定知晓，她知晓后就禀告天子，但是还没有搜寻到足以攻击陷害她们的事情。后来，昭仪生下一个女儿，皇后前来探望、逗弄孩子，皇后离开后，昭仪偷偷在被里将女儿掐死，等到皇帝前来，昭仪假装高兴地与皇帝畅谈，不一会儿，她掀开被子看女儿，孩子已经死了。她又吃惊地询问左右之人，都说："皇后刚才来过。"昭仪立即悲伤痛哭，皇帝不能体察实情，大怒说："皇后杀死朕的女儿！过去她和淑妃相互诋毁、妒忌，如今又如此可恨！"从此之后昭仪得以在天子那里不断地诬陷皇后，皇后没有办法自己解释明白，因此皇帝对昭仪更加信任、宠爱，开始有了废黜王皇后的意图。过了很长时间，天子打算进封昭仪为"宸妃"，侍中韩瑗、中书令来济说："天子的妃嫔有一定的数目，现在另立封号，这是不适合的。"于是昭仪诬告皇后和她的母亲请巫师施厌胜术，诅咒自己，皇帝对皇后怀有旧恨，所以认为昭仪的话是实情，准备废黜皇后。长孙无忌、褚遂良、韩瑗以及来济坚决冒死争辩，皇帝犹豫不决；而中书舍人李义府、卫尉卿许敬宗平素都奸佞不正当，窥探形势就上表奏请册立昭仪为皇后，皇帝不再犹疑，下诏废黜王皇后。诏令李勣、于志宁手捧玺印进封昭仪为皇后，又诏令群臣以及四方少数民族酋长前往肃义门朝拜皇后，宫廷内外授予封号的妇女入宫拜谒皇后。群臣朝见皇后是从此时开始的。

皇后前往宗庙朝拜祖先。天子又追赠皇后的父亲武士彟司徒之职，封爵周国公，谥号忠孝，在高祖庙陪从受祭。其母杨氏，又被晋封为代国夫人，赏赐她家在魏州的封户一千。皇后于是作《外戚戒》呈献给朝廷，来消解人们的非议。然后她将长孙无忌、褚遂良赶出朝廷，不久将他们流放，死在外地，皇后可谓荣宠炽热，威势显赫。皇后心机隐秘难测，极尽柔媚驯服，不觉得羞耻，凭此成就大事，皇帝认为她能顺从自己，因此力排众议册立她为皇后。等到她一朝得志，就窃取大权，得意扬扬，无所畏避。皇帝也怯懦、昏庸，皇后都能加以挟制、束缚，让他不能独自做主，时间一长，皇帝渐渐感觉不平。麟德初年，皇后召请术士郭行真入宫施行以诅咒害人的邪术，宦官王伏胜向天子告发此事，皇帝大怒，因此召见西台侍郎上官仪，上官仪指出皇后独断专行，随意而为，让天下人大失所望，不应该奉祀宗庙，正好与皇帝的心意吻合，于是皇帝催促他草拟诏书将皇后废除。皇帝身边之人跑去禀告皇后，皇后连忙到皇帝那里替自己申诉，皇帝羞怯畏缩，又如原先一样对待皇后，还揣测皇后可能会怨恨自己，对她说："这都是上官仪教我干的！"皇后示意许敬宗诬陷上官仪，把他诛杀了。

当初，天子的长舅长孙无忌和褚遂良等大臣因违背圣旨，没过多久就被诛灭，人们在路上遇到都不敢说什么，只是以目示意，等到上官仪被诛杀后，政权就都被皇后掌控，天子不过拱手无为罢了。群臣朝见、四方奏章，都称呼"二圣"。每次临朝处理政务，殿中放下帘子，皇帝和皇后相对而坐，生杀赏罚全部听从皇后的吩咐。当她狠心裁断时，即使是她特别宠爱之人，也不稍微加以怜悯。皇帝晚年患风邪病愈加严重，身体不能支撑，天下之事都交托给皇后。皇后于是接连做了一些太平时期以文教治民的事情，在皇宫的殿堂内聚集诸儒，撰写而成《列女传》《臣轨》《百僚新戒》《乐书》等书，大致上有一千余篇。皇后又让学士们秘密裁断群臣的奏议，凭此侵夺宰相之权。

当初，武士彟迎娶相里氏，生下儿子元庆、元爽。又迎娶杨氏，生下三个女儿：大女儿嫁给贺兰越石，很早就守寡了，被封为韩国夫人；二女儿就是皇后；三女儿嫁给郭孝慎，早逝。杨氏因为女儿是皇后的缘故，蒙受的恩宠一日胜过一日，又改封为荣国夫人。起初，武士彟哥哥的儿子惟良、怀运和元庆对待杨氏与皇后礼薄，皇后一直心怀怨恨。到此时，元庆担任宗正少卿，元爽担任少府少监，惟良担任司卫少卿，怀运担任淄州刺史。有一天，荣国夫人摆设酒宴，喝酒正在高兴之时，对惟良说："你们还记得以前的事情吗？如今还有什么话好说呢？"惟良回答说："我等有幸凭借功臣子弟的身份在朝廷为官，最近因为是外戚被晋升，只觉得忧虑没有感觉到荣耀。”荣国夫人大怒，示意皇后假装谦让，请求天子命惟良等出任地方官员，向天下人展示天子没有私心。所以，惟良出京担任始州刺史；元庆担任龙州刺史；元爽担任濠州刺史，不久之后因事获罪在振州去世。元庆抵达龙州，因为忧虑而去世了。韩国夫人出入宫中，有一个女儿姿容非常美丽，她们都被皇帝宠爱。韩国夫人去世后，她的女儿被封为魏国夫人，皇帝打算让她担任宫廷女官，因惧怕皇后，没有决定。皇后心里非常妒忌，正赶上天子驾临泰山祭天，惟良、怀运以地方长官的身份在泰山集会，又跟随天子返回京师，皇后将魏国夫人毒杀，将罪责归于惟良、怀运，将他们诛杀，并把他们的姓改为“蝮”，让韩国夫人的儿子贺兰敏之继承士彟的血脉。当初，魏国夫人去世，敏之入宫凭吊，皇帝特别悲伤，敏之只是哭泣，没有说话。皇后说：“这孩子一定是怀疑我！”皇后很憎恶他。不久之后，敏之被贬逐死去。杨氏又被改封为酂、卫二国夫人，咸亨元年去世，追封鲁国夫人，赐予谥号“忠烈”，诏命文武官员九品以上以及杨氏的五服以内亲属与宫廷外有封号的妇女都前往杨氏的府宅吊唁，以亲王的礼仪安葬杨氏于咸阳，官府供给手持班剑、羽葆的仪仗队与鼓吹乐。当时天下大旱，皇后假装上表奏请离开皇后之位，天子不准许。不久之后，天子又追赠武士彟为太尉兼太子太师、太原郡王，加封鲁国忠烈夫人杨氏为太原郡王妃。

上元元年，皇后进封尊号为天后，她上表提出十二条建议：一、勉励耕田养蚕，减轻赋税徭役；二、免除三辅地区的徭役；三、停止战争，用道德教化天下万民；四、南、北、中尚署都禁止制作没有实用性的奇巧之物；五、减省各种工程费用和百姓的劳役负担；六、广开言路；七、阻塞谗言；八、王公以下全部必须学习《老子》；九、父亲仍然在世，为去世的母亲服丧，穿着齐衰三年；十、上元之前的勋官，朝廷已赐予凭证的，不再追查核实；十一、八品以上的京官增加薪俸；十二、官吏长期任职、才能高地位低的可以晋升官职。皇帝下令这些建议准许实行。

萧淑妃的女儿义阳、宣城公主被囚禁在宫中的旁舍，年近四十还没有嫁人，太子李弘将此事禀告皇帝，皇后非常生气，用毒酒将李弘毒杀。皇帝打算下诏将皇位让给皇后，宰相郝处俊坚决劝阻，于是皇帝没有这样做。皇后想要对外展现自己的宽宏大量以博取人心，让天下之人归附自己，于是向天子进言说：“如今群臣缴纳一半的薪俸、百姓缴纳人口税来供给边疆的军队，臣妾担心各地虚报数额，请求将这些全部免除。”皇帝准许了。

仪凤三年，群臣、四方少数民族酋长在光顺门朝拜皇后。同一年，又在并州建造太原郡王庙。皇帝头晕无法看东西，皇帝的医官张文仲、秦鸣鹤说：“这是风邪上升之症，用针刺头让其出血就可以治好了。”皇后内心正暗自庆幸皇帝病重，自己可以独断专行了，因此听到这话后气愤地说：“这话就应该砍头，皇帝贵体哪里是可以用针来刺的？”医官跪地叩头，请求保全性命。皇帝说：“医官商议疾病之事，怎么能给他治罪呢？况且朕头晕得难以忍受，就听任他们诊治吧！”医官用针刺了两次，皇帝说：“朕的眼睛能看清东西了！”话还没有说完，皇后就在帘子后两次拜谢，说道：“这是上天赐予我们的医官呀！”她亲自取来珍贵的丝织物赏赐给医官。

皇帝驾崩后，中宗登基，天后改称皇太后。高宗皇帝的遗诏说，军政大事全部依凭太后裁断。嗣圣元年，太后将中宗废掉让其为庐陵王，亲自临朝听政，让睿宗登基称帝。太后在武成殿端坐，睿宗率领群臣呈献上尊号、册书。过了三天，太后来到殿前，命礼部尚书代理太尉武承嗣、太常卿代理司空王德真册封即位的皇帝。从此之后，太后经常来到紫宸殿，悬挂浅紫色的帷帐处理政务。太后追赠武氏五代祖父后魏散骑常侍武克己为鲁国公，五代祖母裴氏为鲁国夫人；高祖父齐殷州司马武居常为太尉、北平郡王，高祖母刘氏为郡王妃；曾祖父永昌王谘议参军、追赠齐州刺史武俭为太尉、金城郡王，曾祖母宋氏为郡王妃；祖父隋东郡丞、追赠并州刺史、并州大都督武华为太尉、太原郡王，祖母赵氏为郡王妃。都为他们设置守护陵园的居民区，每个陵园设置五十户人家。追赠父亲为太师、魏王，加赐封户满五千，母亲为王妃，魏王的护陵居民区有一百户人家。当时睿宗虽被册立为皇帝，事实上等于被拘囚，而武氏家族诸人能够擅自专权，发布号令。太后又追赠鲁国公谥号为“靖”，裴氏为“靖夫人”；北平郡王谥号为“恭肃”，金城郡王为“义康”，太原郡王为“安成”，郡王妃的谥号都跟随其丈夫。太后命在武成殿册封其祖先官爵的使臣前往她的五代祖先的祠堂禀告册封之事。

柳州司马李敬业、括苍县令唐之奇、临海县丞骆宾王憎恨太后胁迫、驱逐天子，怨愤到了极点，于是招募士兵，将扬州大都督府长史陈敬之杀死，占据扬州打算迎立庐陵王，聚集兵马达十万人。楚州司马李崇福与李敬业等联合在一起。盱眙人刘行举据守城池坚决防守不肯跟随李敬业。李敬业攻打盱眙，没有攻克。太后任命刘行举为游击将军，提升其弟刘行实为楚州刺史。李敬业南渡长江攻取润州，将润州刺史李思文杀死，曲阿县令尹元贞率领军队抗拒，战败死去。太后诏令左玉钤卫大将军李孝逸为扬州道行军大总管，率领军队三十万征讨李敬业，在高邮与李敬业交战，前锋左豹韬卫果毅成三朗被唐之奇杀死。太后又任命左鹰扬卫大将军黑齿常之为江南道行军大总管，和李孝逸联合兵力征讨李敬业。李敬业起兵三个月就宣告失败，他的首级被传送到东都，扬、润、楚三州于是被平定了。

当初，武承嗣请求太后设置七庙来供奉武氏的七代祖先，中书令裴炎加以阻止，等到李敬业起兵作乱，太后将裴炎关入大狱，将其杀死，又诛杀了左威卫大将军程务挺。太后感到愤懑，有一天，将群臣召集在朝廷上当面斥责他们说："朕没有什么辜负天下人之处，你们明白吗？"群臣连声称是。太后说："朕辅助先帝超过三十年，替天下人忧虑辛劳。你们的官爵富贵，是朕赐予的；天下万民安闲乐业，是朕养育的。先帝抛弃群臣逝去，把国家托付于朕，朕不顾惜自己，却懂得爱民，如今挑起战争之人都是将相，为什么如此快速地辜负朕了呢？况且接受先帝遗诏辅政的老臣中，倨傲跋扈有像裴炎那样难以控制的吗？有像李敬业那样世代为将能纠合亡命之徒的人吗？有像程务挺那样英勇善战的老将吗？他们都是人中之杰，对朕却不利，朕能将他们诛杀。你们中有能力超过他们打算作乱的，就请早些动手吧。假如不想如此，那就恭敬地服侍朕，不要让天下人嘲笑你们。"群臣跪下叩头，不敢抬头仰视，都说："一切听从陛下吩咐。"

过了很长时间，太后颁下诏令，假装好像要把政权交付给给睿宗似的。睿宗猜度这不是太后的真实意图，坚决请求太后临朝听政，太后下诏赞同。于是太后诏令铸造一个大铜匭（中间隔成四室）东边一室题名为"延恩"，接受请求赏赐之人的自述；南边一室为"招谏"，接受议论时政得失之人的奏疏；西边一室为"申冤"，接受有冤屈之人的申诉；北边一室为"通玄"，接受观测天象灾异预言未来之人的文字与有关机要军事的绝密策略。太后诏令中书、门下省挑选一名官员来管理铜匭。

太后不吝惜官爵，凭借它来拉拢四方英才辅佐自己，即使是狂妄的男子，言谈有合乎自己心思之处，总是破格授予官职，至于不称职之人，或者罢免或者诛杀，一点不稍微加以宽恕放纵，务必要挑选真正的人才。太后又惧怕天下有谋反作乱之人，下诏准许直接向朝廷密告作乱之事，有告密之人，所在地方要供给其轻便的驿车与五品官的饮食，运送他们前往京师，太后就立即召见他们，用厚优厚的利益来诱惑、用赏赐官职来打动告密之人。凡是禀告叛乱之事，官吏不得追究询问，就算是农人、樵夫，太后也一定亲自召见，命令鸿胪寺的客馆来供给他们食宿。对于告密之人，有胆敢掩延不运送的，按照被告发之人的罪名惩治。所以向朝廷密告作乱之事的人在遍布全国，人人都屏住呼吸，说都不敢说话。

新丰县因为地震而涌现出一座山，太后以为是祥瑞之兆，下令将该县的犯人赦免，改称新丰县为庆山县。荆州人俞文俊呈递奏疏说："人气不和谐，身上就会长出来肉瘤；地气不和谐，大地上才会涌现土山。如今陛下以太后身份处在帝位上，因此山涌现形成灾祸，臣以为这并不是喜庆之兆。"太后大怒，将他放逐到岭南去了。

太后诏令将乾元殿拆毁建造明堂，命僧人薛怀义担任使者监督这项工程。薛怀义是鄠县人，原本姓冯，名叫小宝，身形魁梧，阴险狠毒，在洛阳市场上假装狂放，得到千金公主的宠幸。公主禀告太后说："小宝可以进宫来服侍太后。"太后于是召见小宝，并和他私通，非常喜欢他。太后打算掩盖和小宝私通的事情，让小宝能够在皇宫出入，于是就命他削发为僧，让他担任白马寺主持。又命他改姓换名，和太平公主的丈夫薛绍互认成为同族，命薛绍把他当作父辈来服侍。又赐予他御厩的马匹，出入有宦官充任他的侍从，就算是武承嗣、武三思，对他也都特别恭敬谨慎。到此时薛怀义负责监造明堂，动用数万名民工，大的木头一般一根就要一千人才能拉得动。他又丈量明堂后面的土地修建天堂，其建筑的宏伟、富丽、庄严、幽深仅次于明堂。明堂、天堂修建完成，太后加封薛怀义为左威卫大将军、梁国公。

太后开始在西京修造崇先庙，用来供奉武氏的祖先。武承嗣在洛水的石头上造了假的刻辞，以此来诱导太后称帝，派遣雍州人唐同泰进献石头，太后给它命名，称之为"宝图"，并晋升唐同泰为游击将军。汜水人又呈献吉祥的石头，于是太后在南郊祭祀天帝，感谢上天的恩赐。太后自称是圣母神皇，命人制作圣母神皇玺印，又将"宝图"改称为"天授圣图"，将洛水改称为永昌水，为得到圣图之处命名，称为"圣图泉"，在洛水坛左的石上刻字，文字为"天授圣图之表"，又将汜水县改称为广武县。当时，皇室权力尽失，朝廷的重臣大将都想阻扰却不能得逞，宗室与失去凭借的皇室异姓亲属无立足之地。于是，韩王李元嘉等谋划作乱，倡导百姓起义，以此迎中宗返朝。琅邪王李冲、越王李贞率先行动，因起事很仓促，诸王没有来得及响应，于是起事宣告失败。李元嘉和鲁王李灵夔等都自尽，其余之人全部因为犯罪被诛杀，诸王受到牵连几乎死光，他们的子孙虽然处于襁褓之中也被流放到了岭南。太后亲自祭拜洛水，接受“天授圣图”，睿宗率领太子、群臣、少数民族酋长按照次序排列，大量珍禽、奇兽、贡品、仪仗在洛水坛下排列，一起等到受图典礼完成后太后才离开。

永昌元年，太后在万象神宫祭祀。太后改换衮冕，她的腰带上插着大圭，手拿镇圭，（祭祀时由她第一个献盛了酒的爵）睿宗第二个呈献，太子第三个呈献。第一次为合祭天地，五方帝、众神跟随受祭，以唐高祖、太宗、高宗配享，又连带魏王武士彟跟随配享。太后在万象神宫颁布了九条政令，以此来训导百官。然后大宴群臣。太后又追赠武士彟为周忠孝太皇，杨氏为忠孝太后。称武氏在文水的陵墓为章德陵，在咸阳的陵墓为明义陵。追赠太原安成王为周安成王，金城郡王为魏义康王，北平郡王为赵肃恭王，鲁国公为太原靖王。

载初年间，太后又在万象神宫祭祀。祭祀皇地祇时，以唐高祖太穆、唐太宗文德二皇后配享，又连带周忠孝太后跟随配享。创造了曌、𠀑、𡆠、𥘉、𠀃、𤯔、𠡦、𦚯、𠟍、𤩰等十二个字。太后自己以“曌”作为名字。将诏书改称为制书。明确以周、汉两朝的王族后裔为“二王”，虞、夏、殷三朝的王族后裔为“三恪”，将唐皇族名册废除。太后任命薛怀义为辅国大将军，又加封他为鄂国公，诏令他与僧人们共同撰写《大云经》，探讨圣母神皇受命于天之事。春官尚书李思文欺骗说：“《周书·武成》篇中，有‘垂拱天下治’之言，这是太后受命于天的证据。”太后很高兴，将这些都诏告于天下，逐渐谋划改换朝代。但是惧怕人心不肯归顺，于是她暗中使用狠毒手段，如同鸷鸟一样凶残，大肆进行杀戮，以此震慑恐吓天下万民。她暗地里怂恿酷吏周兴、来俊臣等几十人成为自己的爪牙，对于有不满或素来疑忌之人，一定用设法陷害。唐皇族的侯王以及其他的正直大臣、将相被大批杀戮，鲜血使监狱被染红，家家无法自保。太后只不过手拿梳妆用具在皇宫的层层帷幕之内端坐而已，可是国家的大权却已经转移了。

御史傅游艺率领关内父老向太后请求顺应天命，实施改革，改称皇帝的姓氏为武。又胁迫群臣坚决请求，胡说凤凰于上阳宫停留，赤雀在朝堂上出现。天子内心不安，也请求赐姓武氏，表明天下只尊武这一姓。太后清楚大权掌握在自己之手，于是大赦天下，改称国号为周，自称是圣神皇帝，旗帜崇尚赤色，把睿宗皇帝作为皇位继承人。在神都洛阳设立武氏七庙。追尊周文王为文皇帝，称为始祖，先妣姒氏称文定皇后；周武王为康皇帝，称为睿祖，先妣姜氏称康惠皇后；五代祖父太原靖王为成皇帝，称为严祖，五代祖母称成庄皇后；高祖父赵肃恭王为章敬皇帝，称为肃祖，高祖母称章敬皇后；曾祖父魏义康王为昭安皇帝，称为烈祖，曾祖母称昭安皇后；祖父周安成王为文穆皇帝，称为显祖，祖母称文穆皇后；父亲忠孝太皇为孝明高皇帝，称为太祖，母亲称孝明高皇后。改称唐太庙为享德庙，春夏秋冬四季祭唐高祖之下的三庙，其余都废止不再祭祀。冬至这天，太后在万象神宫祭祀天帝，以始祖与其父母亲配享，以众神跟随受祭。太后将武氏家族诸人全部加封为王。下令将并州文水县改称为武兴县，和汉代的丰、沛县一样，县中的百姓世世代代免除徭役。太后下令尊称始祖墓为德陵，睿祖墓为乔陵，严祖墓为节陵，肃祖墓为简陵，烈祖墓为靖陵，显祖墓为永陵，又改章德陵为吴陵，明义陵为顺陵。

太后虽然年事已高，却善于修饰自己的容貌，就算是她身边的人，也没有觉得她多衰老。不久之后她又长出两颗新牙，于是下诏改年号为长寿。第二年，太后在万象神宫祭祀，太后自己编排大型乐舞，使用的舞者达到九百人。祭祀时太后命武承嗣第二个进献盛了酒的爵，让武三思第三个进献。睿宗作为皇位的继承者，公卿大臣常常去拜见他，正好赶上尚方监裴匪躬、左卫大将军阿史那元庆、白润府果毅薛大信、监门卫大将军范云仙暗地里谒见睿宗，于是都被押送到闹市腰斩，于是从此之后公卿大臣都不再敢谒见睿宗。

有人呈递密封的奏疏，说被流放到岭南之人谋划造反，太后派遣代理右台监察御史万国俊前去审查此事，如果合乎实情就定罪处决。万国俊抵达广州，召集所有被放逐之人，欺骗他们说是皇帝的命令，赐他们自尽，被流放之人都大声哭喊，内心不平，万国俊把他们驱赶到水边，让他们没有办法逃跑，一天之内就杀掉了三百多人。然后捏造事实禀告太后，说被放逐之人都满心怨恨，请求把他们全部诛除。于是太后派遣右卫翊府兵曹参军刘光业、司刑评事王德寿、苑南面监丞鲍思恭、尚辇直长王大贞、右武卫兵曹参军屈贞筠，都担任代理监察御史，分别前往剑南、黔中、安南等六道对被流放之人进行审讯，而提升万国俊为左台侍御史。刘光业等人也打算从朝廷求取功名，杀人只担心杀得不够多。刘光业杀死九百人，王德寿杀死七百人，其余的人也杀死不少于五百人。太后很久之后才知晓这些人是被冤屈的，诏令将六道使者杀害之人的灵柩送回他们的家乡。万国俊等人也相继死掉了，他们死时都看到有异物在作祟。

太后又自己加上尊号，称为金轮圣神皇帝，在朝廷上摆设七种宝物：分别是金轮宝，白象宝，女宝，马宝，珠宝，掌兵臣宝，掌府库臣宝，一般有大朝会之时就将它们陈列出来。太后又尊奉武氏显祖为立极文穆皇帝，太祖为无上孝明皇帝。延载二年，武三思率领少数民族酋长与一些受人敬重的老人请求铸造天枢，用来记载太后的功德，凭借它贬唐兴周，太后下诏赞同，派遣纳言姚璹负责进行监造。于是收聚大量的铜铁将它们放在一起熔炼，铸造而成天枢，为它题名为“大周万国颂德天枢”，在端门外设置。它的形状如柱子一般，高达一百零五尺，八个面，每个面单宽五尺，把铁铸造成山形作为它的基础部分，铁山上载有铜龙，铁山四周还有用石头雕凿成的怪兽围绕。柱顶铸造了一个云形的盖，盖上铸造了一颗大珠子，高达一丈，圆周长度是高的三倍。又铸造了四条蛟龙捧举着大珠，每条蛟龙长达一丈二尺。天枢的山形基础圈围达一百七十尺，高达两丈。大约使用铜铁二百万斤。于是将群臣、少数民族酋长的姓名全部刻在天枢上。

太后对薛怀义的宠爱渐渐减少，而御医沈南璆却深得太后宠幸，薛怀义非常憎恶，于是放火将明堂焚毁，太后心中感到羞愧，于是掩盖了真相没有揭露。薛怀义愈加凶残放肆无忌，怏怏不乐。于是太后秘密诏令太平公主选择若干名身体健壮的妇女，在殿中将薛怀义捆绑起来，又命建昌王武攸宁、将作大匠宗晋卿率领壮士将薛怀义击杀，用运泥车将他的尸体送送回白马寺。薛怀义仰仗太后的宠幸，嚣张气焰倾轧世人，远超百官之上，他的弟子大多犯罪，御史冯思勖揭发他的罪行，薛怀义大怒，有一次在路上遇到冯思勖，薛怀义命自己的侍从殴打冯思勖，差一点将他打死，而冯思勖也不敢说什么。突厥默啜进犯边境，太后任命薛怀义为新平、伐逆、朔方道大总管，统领十八个将军的军队进攻胡兵，宰相李昭德、苏味道甚至充任他的行军长史、司马。后来薛怀义厌倦进入内宫，暗地里招募有力气的一千少年做和尚，有作乱的谋划。侍御史周矩揭发他的罪行请求太后审查，太后说："你暂且出去，朕将命薛怀义前往御史台。"周矩在御史台端坐着处理公务，过了一会儿，薛怀义驱马奔驰进入御史台的庭院，径直来到大榻上坐下，周矩召来官吏准备记录他的口供，薛怀义立刻骑上马离开了。周矩把此事禀告太后，太后说："这个僧人素来狂妄，无需处治，那些有力气的少年任凭你彻底盘查、审理。"周矩把他们全部放逐到穷困的边远之地。后来薛怀义诬陷周矩，不久之后，周矩就被罢免了官职。

太后在南郊祭天，以文王、武王、武士彟与唐高祖一起配享。太后加上天册金轮圣神皇帝的尊号。于是在嵩山祭天，在少室山祭地，册封山神为帝，他的妻子为后。嵩山的祭坛南边生长着一棵大槲树，当太后在山上祭天宣布大赦令时，将鸡放在槲树枝头，于是太后赐名为"金鸡树"。太后自己撰写《升中述志》，在石上刻字留给后人看。新明堂修建完成，将名称改为通天宫，铸造了九州鼎，按照各州的方位摆放，在通天宫庭中陈列。太后又收聚全国的黄金铸造大仪钟，但是没能够铸成。过了很长时间，改称西京崇先庙为崇尊庙，祭祀礼仪都依照太庙的标准，接着又改称崇尊庙为太庙。

自从薛怀义被杀死后，张易之、张昌宗兄弟就受到太后的宠爱，于是设置控鹤府，设置监、丞、主簿、录事等职位，控鹤监是三品官，任命张易之担任。太后自己发觉加封武氏家族诸人为王不合乎天下万民的意愿，在此之前，中宗从房州返回神都，又被册立为皇太子，太后忧虑自己去世后武氏诸王被唐皇族欺压残害，死无葬身之地，就带领武氏诸人与相王、太平公主在明堂发下誓言，并向天地祭告，将誓文在铁券上进行铸刻，收藏在史馆。太后下诏改昊陵署为攀龙台。久视初年，改称控鹤府为天骥府，又改称为奉宸府，监改称为令，左右控鹤改为奉宸大夫，张易之又担任府令。

神龙元年，太后患病，很长时间身体不能恢复，在迎仙院居住。宰相张柬之和崔玄暐等谋划计策，请求中宗率兵进入内宫诛杀张易之、张昌宗，于是羽林将军李多祚等率领士兵从玄武门入宫，在迎仙院旁诛杀二张。太后知晓发生事变，从床上坐起来，桓彦范上前请求太后将帝位传给太子，太后回身躺在床上，不再说话。中宗于是又即位。把太后迁移到上阳宫居住，中宗率领百官前往上阳宫观风殿向太后请安，从此以后中宗大约每十天一次前往上阳宫问候太后，不久之后改成每月初一、十五朝拜太后。中宗下令将奉宸府的官职废除，将东都武氏七庙的神主迁移到西京崇尊庙，改称崇尊庙为崇恩庙，又下诏恢复唐朝的宗庙。凡是封王的武氏诸人全部被降爵。在这一年，太后去世，享年八十一岁。遗诏说除去帝号，改称则天大圣皇太后。太后去世后赠谥号为则天大圣皇后，合葬在高宗乾陵。

正赶上武三思和中宗韦庶人作乱，武三思再次掌权，于是天下出现大旱，中宗命人前往乾陵祈求则天皇后，竟然即刻下起雨来。武三思诱导皇帝下诏规定武氏崇恩庙依旧祭祀，礼仪与太庙一样，斋郎让自己五品官的儿子充任。太常博士杨孚说："太庙斋郎应选取七品官的儿子充任，如今崇恩庙斋郎却选取五品官的儿子担任，这样做不适合。"皇帝说："太庙也与崇恩庙一样，行吗？"杨孚说："崇恩庙是太庙的家臣，臣拿君作为标准是僭越本分，而君拿臣作为标准就是乱礼了。"于是皇帝废止用五品官的儿子充任崇恩庙斋郎一事。等到韦氏、武氏的党羽被诛灭后，天子下诏则天大圣皇后再次改称为天后，废除崇恩庙以及武氏诸陵。景云元年，天后改称为大圣天后。太平公主干预朝政，请求恢复设置昊、顺二陵的守陵官，又追尊太后为天后圣帝，不久之后改称圣后。太平公主被诛杀，天子诏令废除周孝明皇帝称号，仍然改称为太原郡王，孝明皇后改称为太原郡王妃，又废除昊、顺等陵。开元四年，追称太后为则天皇后。太常卿姜皎上表建议："则天皇后配享于高宗庙，神主题作天后圣帝，这不对，请求皇上改题为则天皇后武氏。"天子下诏答应此事。

杨贵妃传

玄宗贵妃杨氏，隋梁郡通守汪四世孙。徙籍蒲州，遂为永乐人。幼孤，养叔父家。始为寿王妃。开元二十四年，武惠妃薨，后廷无当帝意者，或言妃姿质天挺，宜充掖廷，遂召内禁中，异之，即为自出妃意者，丐籍女官，号"太真"，更为寿王聘韦诏训女，而太真得幸。善歌舞，邃晓音律，且智算警颖，迎意辄悟。帝大悦，遂专房宴，宫中号"娘子"，仪体与皇后等。

天宝初，进册贵妃。追赠父玄琰太尉、齐国公。擢叔玄珪光禄卿，宗兄铦鸿胪卿，锜侍御史，尚太华公主。主，惠妃所生，最见宠遇。而钊亦浸显。钊，国忠也。三姊皆美劭，帝呼为姨，封韩、虢、秦三国，为夫人，出入宫掖，恩宠声焰震天下。每命妇入班，持盈公主等皆让不敢就位。台省、州县奉请托，奔走期会过诏敕。四方献饷结纳，门若市然。建平、信成二公主以与妃家忤，至追内封物，驸马都尉独孤明失官。

它日，妃以谴还铦第，比中仄，帝尚不御食，笞怒左右。高力士欲验帝意，乃白以殿中供帐、司农酒饩百余车送妃所，帝即以御膳分赐。力士知帝旨，是夕，请召妃还，下钥安兴坊门驰入。妃见帝，伏地谢，帝释然，抚尉良渥。明日，诸姨上食，乐作，帝骤赐左右不可赀。由是愈见宠，赐诸姨钱岁百万为脂粉费。铦以上柱国门列戟，与锜、国忠、诸姨五家第舍联亘，拟宪宫禁，率一堂费缗千万。见它第有胜者，辄坏复造，务以瑰侈相夸诩，土木工不息。帝所得奇珍及贡献分赐之，使者相衔于道，五家如一。

妃每从游幸，乘马则力士授辔策。凡充锦绣官及冶瑑金玉者，大抵千人，奉须索，奇服秘玩，变化若神。四方争为怪珍入贡，动骇耳目。于是岭南节度使张九章、广陵长史王翼以所献最，进九章银青阶，擢翼户部侍郎，天下风靡。妃嗜荔枝，必欲生致之，乃置骑传送，走数千里，味未变已至京师。

天宝九载，妃复得谴还外第，国忠谋于吉温，温因见帝曰："妇人过忤当死，然何惜宫中一席广为铁锧地，更使外辱乎？"帝感动，辍食、诏中人张韬光赐之。妃因韬光谢帝曰："妾有罪当万诛，然肤发外皆上所赐，今且死，无以报。"引刀断一缭发奏之，曰："以此留诀。"帝见骇惋，遂召入，礼遇如初。因又幸秦国及国忠第，赐两家巨万。

国忠既遥领剑南，每十月，帝幸华清宫，五宅车骑皆从，家别为队，队一色，俄五家队合，烂若万花，川谷成锦绣，国忠导以剑南旗旌。遗钿堕舄，瑟瑟玑琲，狼藉于道，香闻数十里。十载正月望夜，妃家与广宁主僮骑争阛门，鞭挺欢竞，主堕马，仅得去。主见帝泣，乃诏杀杨氏奴，贬驸马都尉程昌裔官。国忠之辅政，其息昢尚万春公主，暄尚延和郡主；弟鉴尚承荣郡主。又诏为玄琰立家庙，帝自书其碑。铦、秦国早死，故韩、虢与国忠贵最久。而虢国素与国忠乱，颇为人知，不耻也。每入谒，并驱道中，从监、侍姆百余骑，炬蜜如昼，靓妆盈里，不施帏障，时人谓为“雄狐”。诸王子孙凡婚聘，必先因韩、虢以请，辄皆遂，至数百千金以谢。

初，安禄山有边功，帝宠之，诏与诸姨约为兄弟，而禄山母事妃，来朝，必宴饯结欢。禄山反，以诛国忠为名，且指言妃及诸姨罪。帝欲以皇太子抚军，因禅位，诸杨大惧，哭于廷。国忠入白妃，妃衔块请死，帝意沮，乃止。及西幸至马嵬，陈玄礼等以天下计诛国忠，已死，军不解。帝遣力士问故，曰：“祸本尚在！”帝不得已，与妃诀，引而去，缢路祠下，裹尸以紫茵，瘗道侧，年三十八。

帝至自蜀，道过其所，使祭之，且诏改葬。礼部侍郎李揆曰：“龙武将士以国忠负上速乱，为天下杀之。今葬妃，恐反仄自疑。”帝乃止。密遣中使者具棺椁它葬焉。启瘗，故香囊犹在，中人以献，帝视之，凄感流涕，命工貌妃于别殿，朝夕往，必为鲠欷。

马嵬之难，虢国与国忠妻裴柔等奔陈仓，县令率吏追之，意以为贼，弃马走林。虢国先杀其二子，柔曰：“丐我死！”即并其女刺杀之，乃自刭，不殊，吏载置于狱，问曰：“国家乎？贼乎？”吏曰：“互有之。”乃死，瘗陈仓东郭外。

【译文】

唐玄宗的贵妃杨氏，是隋朝梁郡通守杨汪四代孙。她家移居到蒲州，于是成为了永乐人。她幼年时父母去世了，在叔父家中长大。起初是玄宗的儿子寿王的妃子。开元二十四年，武惠妃去世后，后宫中找寻不到皇帝中意之人。有人说杨妃的容貌性情天生出众，应该可以充任妃嫔，于是玄宗就将她召入宫中，彼此见过面后，玄宗认为杨妃与众不同，便命杨玉环自请度为女道士，请求担任宫中女官，并为她取了法号为太真，另外为寿王迎娶韦昭训的女儿为妻。太真入宫后就受到天子的宠爱。她能歌善舞，很是通晓音律，而且才智超群，能揣测他人的心意并且总能猜中。皇帝特别高兴，于是仅仅让她一人侍寝陪宴，在宫中将她称为“娘子”，对待她的礼仪规格与皇后一样。

天宝初年，皇帝册封太真为贵妃。追赠其父亲杨玄琰为太尉、齐国公。晋升她的叔父杨玄珪为光禄卿，族兄杨铦为鸿胪卿，杨锜为侍御史，还让杨锜迎娶太华公主为妻。太华公主是武惠妃所生，最被玄宗宠爱厚待。而杨钊的地位也渐渐显赫。杨钊就是杨国忠。贵妃的三个姊姊都生得很美貌，皇帝称她们为姨，分别加封她们为韩国、虢国、秦国夫人，她们在宫廷出入，蒙受皇帝的恩宠，声威气焰震动天下。每次宫外有封号的妇女进入宫中朝见，按照规定的位次排列，玄宗的妹妹持盈公主等都对杨氏诸姨很谦恭，不敢就位。中央官署与州县的官吏接受杨家人的暗中嘱托，马上奔走处理自定期限，比办理皇帝下令要处理的事还花气力。四方官员奉献财宝和他们交往，杨家真是门庭若市。玄宗的女儿建平、信成两位公主因为与贵妃家人关系不和睦，玄宗甚至将宫中分赐给她们的物品追缴回来，信成公主的丈夫驸马都尉独孤明还因此丢掉了官职。

有一天，贵妃因为遭受玄宗的责斥被遣送回杨铸家中，等到过了午时，玄宗还没有进食，抽打身边服侍之人，对他们大发怒气。高力士打算试探一下玄宗的心意，于是禀告玄宗，请求将宫中张设的帷帐、司农寺供给的酒与食品等一百多车物品运送到杨宅，皇帝不仅赞同，还立即将自己的御膳分赐给贵妃。高力士得知玄宗的意图，这天晚上，就请求将贵妃召请回宫，于是将安兴坊坊门打开，贵妃的车马从那里驶入宫中。贵妃一见玄宗，跪地谢罪，玄宗特别高兴，好好地安慰了她一会儿。第二天，杨家诸姨前往宫中呈献美食，宴会的音乐一开始奏响，玄宗就给他身边之人赏赐大量财物，数量多得不能计数。从此之后，贵妃更加被玄宗宠幸。玄宗赏赐给杨家诸姨每人每年一百万钱，来当作她们的脂粉费用。杨铦凭借正二品勋官上柱国的身份，在住宅门前立戟，并与杨锜、杨国忠、杨家诸姨等五家府邸相互连接，都仿照皇宫的建筑风格，大概建造一个厅堂要花费一千万钱。杨家人见到别人的府宅有超过自己的，就将建筑拆掉重新再盖，一定拿府邸的瑰丽奢华来炫耀，大兴土木，永无休止。玄宗获得的珍奇之物以及四方的贡品都分赐给他们，宫中派遣的送礼物的使者络绎不绝，而且赐予五家的礼物都要相同。

贵妃经常跟随玄宗外出游乐，贵妃骑着马，高力士就亲自递缰绳、马鞭给她。宫中负责为贵妃织锦刺绣以及铸造、雕刻金玉器物的工匠，大约有一千人，他们供给贵妃所需，各种稀奇服饰、珍玩都能制作，简直变化如神。四方竞相制作奇珍异物呈献给贵妃，物品的奇特精巧，常常骇人耳目。岭南节度使张九章、广陵长史王翼因为呈献的物品无人能相比，玄宗晋升张九章为从三品散官银青光禄大夫，提升王翼为户部侍郎，于是天下百姓没有不追随这种风气的。贵妃特别喜欢吃荔枝，而且一定要吃到新鲜的荔枝，于是玄宗特意设驿骑来传送荔枝，往往要奔驰几千里地，荔枝的味道还未变就已经送达了京师。

天宝九载，贵妃又受到玄宗责备，被遣送回宫外的住处，杨国忠跑到吉温处与之商量此事，于是吉温觐见玄宗说："妇女过分地不顺从的话就应当被处死，但是陛下为什么吝惜宫中可用来处斩的一张席子大的地方，却让贵妃外出受辱呢？"玄宗内心被触动，于是停止吃东西，诏令宦官张韬光将自己的食物赏赐给贵妃。贵妃通过张韬光传话给玄宗，与他辞别说："妾所犯之罪应当被处死一万次，可是除了身体头发之外，妾的所有物品都是陛下赏赐的，如今妾将死去，也没有可用来报答陛下之物。"说完就马上拿刀割下自己的一束头发进献给玄宗，说："留给陛下这束头发来作为诀别吧。"玄宗看到她的头发之后，既震惊又叹息，连忙命人召她入宫，还像之前那样对她很礼遇。接着玄宗又亲临秦国夫人与杨国忠的府邸，赏赐这两家财物无数。

杨国忠遥领剑南节度使之后，每年的十月，皇帝前往华清宫，杨氏五家的人马都跟随前往，每家独自排成一队，每队都穿着同样颜色的衣服，不一会儿，五家的队伍又聚合在一处，绚烂好似万花竞放，山川深谷成为一片锦绣，杨国忠还使用剑南节度使的旌旗在队伍的前面导引。队伍经过的地方，遗落的首饰，抛弃的鞋子，还有琴瑟、珠串等乱糟糟地在路上扔着，香气能传到几十里外。天宝十载正月十五的晚上，贵妃家人和玄宗的女儿广宁公主的侍从争着过市门，杨氏家奴挥着鞭子打人，双方都喧嚷争吵，公主从马上摔落，不得不躲开了。于是公主来找玄宗哭诉，玄宗诏令将杨氏家奴诛杀，但是公主的丈夫驸马都尉程昌裔也被贬官了。国忠担任宰相，他的儿子杨昢迎娶玄宗的女儿万春公主为妻，杨暄迎娶延和郡主为妻；他的弟弟杨鉴迎娶承荣郡主为妻。玄宗又诏令为贵妃的父亲杨玄琰设立家庙，玄宗亲自撰写家庙的碑文。杨铦、秦国夫人很早就去世了，因此韩国、虢国夫人与杨国忠显达之日最长久。虢国夫人素来与杨国忠淫乱私通，深为外人闻知，却不以之为耻。每当入宫谒见天子，两人在路上并驾齐驱，跟随的宦官、侍婢有一百多人，都骑着马，蜡烛照耀得就像白天一样，妆饰美艳的妇女在街巷到处都是，虢国夫人甚至连帐帘都不使用，当时的人说这是齐襄公的淫妹的行径。诸王的子孙凡是有婚嫁之事的，一定要首先通过韩国、虢国夫人，然后再向天子禀告，这样做就都能如偿所愿，诸王甚至拿数百金或者上千金来感谢她们。

当初，安禄山立下边功，皇帝很宠爱信赖他，命令他和杨家诸姨结成兄弟，因而禄山就拜贵妃为母，禄山每次前来京城谒见天子，杨家人一定设宴款待他，与他建立友好关系。后来安禄山叛乱，把征讨杨国忠作为借口，而且公开地指斥贵妃以及杨家诸姨的罪行。玄宗打算让皇太子统领军队，并将帝位禅让于他，杨家诸人非常恐慌，聚集在庭院里痛哭。杨国忠入宫报告贵妃，贵妃口衔土块请求玄宗将自己处死，玄宗内心很沮丧，于是就没有如此做。等到潼关失守后，玄宗向西奔逃行到马嵬驿，陈玄礼等就为天下百姓思虑而诛杀了杨国忠，但是杨国忠被诛杀后，军队将士仍然没有散去。玄宗派遣高力士前去询问缘故，将士们说："祸乱的根源还在啊！"皇帝迫不得已，和贵妃诀别，让人将她带走，在路旁的祠庙里勒死，用紫色的褥子裹住尸首，埋在大道边，此时贵妃三十八岁。

后来玄宗从蜀郡返回长安，途径马嵬驿，命人前去祭奠贵妃，并且命令改葬。礼部侍郎李揆说："龙武军将士因为杨国忠辜负陛下，招致灾祸，为天下百姓诛杀杨国忠。如今改葬贵妃，担心将士们会疑虑不安的。"于是玄宗没有正式地改葬贵妃。他暗中派遣宦官准备好棺椁将贵妃的遗体迁移到其他地方安葬。挖掘掩埋贵妃的地方，贵妃原来佩带的香囊还在那里，宦官将它进献给玄宗，玄宗一见香囊后，感伤流泪，于是就命令画工在偏殿里为贵妃画像，早晚前去探看，每次必定要哽咽哭泣。

马嵬驿事变发生时，虢国夫人与杨国忠的妻子裴柔等逃往陈仓，她们猜度是逆贼叛乱，于是抛弃马跑进树林里。虢国夫人先将她的两个孩子杀死，裴柔说："请让我死吧！"虢国夫人马上把她与她的女儿一块刺死，然后自己也自杀，但还没有气绝时，官吏就将她驮在马上投进了监狱，虢国夫人询问道："是朝廷要诛杀我们？还是逆贼叛乱呢？"县吏回答她说："两者都是。"于是就死去了，被埋在陈仓东城外。

新唐书卷七十七

吴皇后郭太后王贤妃何皇后列传第二

章敬吴皇后传

肃宗章敬皇后吴氏，濮州濮阳人。父令珪，以郫丞坐事死，故后幼入掖廷。

肃宗在东宫，宰相李林甫阴构不测，太子内忧，鬓发班秃。后入谒，玄宗见不悦，因幸其宫，顾廷宇不汛扫，乐器尘蠹，左右无嫔侍，帝愀然谓高力士曰："儿居处乃尔，将军叵使我知乎？"诏选京兆良家子五人虞侍太子，力士曰："京兆料择，人得以藉口，不如取掖廷衣冠子，可乎？"诏可。得三人，而后在中，因蒙幸。忽寝厌不寤。太子问之，辞曰："梦神降我，介而剑，决我胁以入，殆不能堪。"烛至，其文尚隐然。生代宗，为嫡皇孙。生之三日，帝临澡之。孙体孪弱，负姆嫌陋，更取他宫儿以进，帝视之不乐。姆叩头言非是。帝曰："非尔所知，趣取儿来！"于是见嫡孙，帝大喜，向日视之，曰："福过其父。"帝还，尽留内乐宴具，顾力士曰："可与太子饮，一日见三天子，乐哉！"

后性谦柔，太子礼之甚渥，年十八薨。代宗即位，群臣请以后祔肃宗庙，乃追尊为皇后，上谥，合葬建陵。启故窆，貌泽若生，衣皆赭色。见者叹异，谓有圣子之符云。

【译文】

肃宗章敬皇后吴氏是濮州濮阳人。她的父亲吴令珪，担任郫县丞时获罪被处死，因此吴皇后幼年时被送入掖庭。

肃宗在东宫做太子时，宰相李林甫暗中编造罪状陷害他，太子内心忧虑，鬓发斑白脱落。后来入宫拜谒玄宗，玄宗见到太子闷闷不乐，因此就到太子宫中来探望。他看到宫殿内外没有侍从打扫，乐器上沾满灰尘，都被虫子蛀坏了，身边也没有嫔妃侍女。唐玄宗感伤地对高力士说:“太子的住处与生活竟然是这样，将军为什么不让朕得知呢?”于是下诏选择京兆的良家女子五人来侍奉太子。高力士说:“如果在京兆地区挑选，会贻人口实的，不如挑选掖庭中的衣冠士族之女，可以吗?”唐玄宗下诏说可以。于是从掖庭中挑选三人，而吴皇后也在其中，由此被太子宠爱。有一次，吴皇后忽然沉睡不醒。太子询问她原因，她回答说:“我梦见有神降临到我这，他身穿盔甲，手拿着剑，刺穿了我的两肋之间，让人几乎无法忍受啊。”命人点上蜡烛来看时，肋间的剑痕还隐约可见。吴皇后生下代宗，就是玄宗的嫡皇孙。生下代宗的第三天，玄宗前来为他洗澡。皇孙的身体瘦小虚弱，保姆嫌弃他生得丑陋，另外选了其他宫中的婴孩送过来。玄宗见到后很不高兴。保姆磕头说这个孩子不是皇孙。玄宗说:“这不是你们能明了的，赶快把孩子取来给朕!”于是玄宗才看到嫡皇孙。唐玄宗特别高兴，迎着太阳光线看着他，说:“他的福分会超过其父。”玄宗回去后，将宫内奏乐、饮宴的器具全都留在那里，看着高力士说:“可以与太子饮酒，一日里看见三个天子，真是快乐啊!”

皇后性情谦恭柔顺，太子对她的礼遇特别周到，但是她在十八岁时就去世了。等到代宗登基后，群臣们奏请让皇后附在肃宗庙堂中接受祭祀，于是就将她追尊为皇后，追赠谥号，在建陵合葬。打开之前下葬的棺材时，吴皇后的面容皮肤就像活着时一样，衣服全部变成赭色。看到的人都十分奇异，认为这些都是皇后生下圣人的祥兆。

懿安郭太后传

宪宗懿安皇后郭氏，汾阳王子仪之孙。父暧，尚升平公主，生后。宪宗为广陵王，娉以为妃。顺宗以其家有大功烈，而母素贵，故礼之异诸妇。是生穆宗。元和元年，进册贵妃。八年，群臣三请立为后，帝以岁子午忌，又是时后廷多嬖艳，恐后得尊位，钳掣不得肆，故章报闻罢。

穆宗嗣位，上尊号皇太后，赠暧太尉，母齐国大长公主，擢兄钊刑部尚书，鏦金吾大将军。后移御兴庆宫，凡朔望三朝，帝率百官诣宫门为寿。或岁时庆问燕飨。后宫戚里内外妇，车骑骈蹇，环佩之声满宫。帝亦豪矜，朝夕供御，务华衍侈大称后意。后尝幸骊山，登览裴回，诏景王督禁甲从，帝自到昭应奉迎，留帐饮数日还。帝崩，中人有为后谋称制者。后怒曰:“吾效武氏邪?今太子虽幼,尚可选重德为辅,吾何与外事哉?”

敬宗立,号太皇太后。宝历仓卒,后召江王嗣皇帝位,是为文宗。文宗性谨孝,事后有礼,凡羞果鲜珍及四方奇奉,必先献宗庙、三宫,而后御之。

武宗喜畋游,角武抃,择五坊小儿得出入禁中。它日问后起居,从容请曰:“如何可为盛天子?”后曰:“谏臣章疏宜审览,度可用用之,有不可,以询宰相。毋拒直言,勿纳偏言,以忠良为腹心,此盛天子也。”帝再拜,还索谏章阅之,往往道游猎事,自是畋幸稀,小儿武抃等不复横赐矣。

宣宗立,于后,诸子也。而母郑,故侍儿,有曩怨。帝奉养礼稍薄,后郁郁不聊,与一二侍人登勤政楼,将自陨,左右共持之。帝闻不喜,是夕后暴崩。有司上尊谥,葬景陵外园。太常官王皞请后合葬景陵,以主祔宪宗室。帝不悦,令宰相白敏中让之。皞曰:“后乃宪宗东宫元妃,事顺宗为妇,历五朝,母天下,不容有异论。”敏中亦怒。周墀又责谓。皞终不桡,墀曰:“皞信孤直。”俄贬皞句容令。懿宗咸通中,皞还为礼官,申抗前论。乃诏后主祔于庙。

【译文】

宪宗的懿安皇后郭氏是汾阳王郭子仪的孙女。她的父亲郭暧,迎娶了升平公主,生下皇后。宪宗担任广陵王时,聘娶她做自己的王妃。顺宗因为她家里有大功,而她母亲身份本来就很尊贵,因此对她的礼遇与对其他贵妇不一样。她生下了穆宗。元和元年,被进封为贵妃。元和八年,群臣们三次请求册立她为皇后。宪宗因为年岁的干支阴阳犯了忌讳,又因为当时宫中有很多受宠的美丽女子,担心郭氏取得皇后的尊位之后,自己受到她的钳制,不能完全随意而为,因此听闻奏疏之后就将此事搁置了。

穆宗即位后,为郭氏上尊号为皇太后,任命郭暧太尉一职,追赠郭皇太后的母亲齐国大长公主的称号。将她的哥哥郭钊提升为刑部尚书,郭鏦升任为金吾大将军。郭皇太后移驾兴庆宫居住,每到初一、十五等日子的清晨,皇帝率领百官前往宫门来祝贺她长寿无疆。有时在过年时,皇帝来祝贺、问候太后,并且举行宴会。后宫的亲属同乡,内外命妇们前来出席，车马拥挤不堪，满宫之中都是环佩之声。皇帝也很豪奢大方，早晚供奉财物，一定要达到奢华宏大的气势，使太后满意。郭皇太后曾经前往骊山，登上山去游览，流连不想回去。皇帝下诏让景王统领甲士护卫太后，皇帝还亲自前往昭应去迎请太后。太后将他留在帐幕之中，宴饮几日才返回。穆宗驾崩后，宫中的侍者有人给郭太后筹划听政之事。郭太后大怒，说："我要效仿武则天吗？如今太子尽管年幼，还可以选择德高望重之人辅助他，我为什么干预外面的事务呢？"

唐敬宗被册立为皇帝，称郭氏为太皇太后。宝历年间，事变突然，郭太皇太后召来江王即皇帝位，这就是唐文宗。唐文宗禀性谨慎孝顺，侍奉郭太皇太后非常有礼节，凡是新鲜珍奇的果品珍馐与四方供奉的奇异物品，必定先进献宗庙与三宫太后，然后才自己拿去享用。

唐武宗喜好游玩狩猎，角力比武，选出五坊少年，准许他们出入宫廷。有一天武宗去问候郭太皇太后的起居，随意问询说："怎样才可以成为盛世的天子呢？"郭太皇太后说："应该审阅进谏之臣的奏疏，考虑可以采纳的建议就加以采用，有不能采用的，就拿去向宰相询问。不要拒绝直言进谏之人，不要听取片面的建议。任用忠臣良将作为亲信，这就是太平盛世的天子了。"唐武宗再次向太后叩拜行礼，返回之后就取来官员的奏疏审阅。这些奏疏往往是劝谏皇帝游玩狩猎的。从此之后武宗很少出去狩猎，对角力的少年们也不再赐予过多奖赏了。

唐宣宗即皇帝位，他对于郭太皇太后来说属于儿子辈的。他的母亲郑氏是郭氏之前的侍女，素来有旧怨。唐宣宗供奉赡养郭太皇太后的礼数渐渐减少。郭太皇太后内心忧郁不平，就与一两个侍女登上勤政楼，准备跳楼自尽。身边侍女一起将她拉住。唐宣宗听闻此事后很不高兴。这天深夜郭太皇太后突然暴卒。主管官员奉上尊号、谥号，将她安葬在景陵的外园中。太常官王皞奏请将郭后在景陵中合葬，将她的神主附在唐宪宗的神庙中祭祀。唐宣宗很不高兴，诏令宰相白敏中前去责斥他。王皞说："皇后是宪宗在东宫时的正妃，作为儿媳奉事顺宗历经五代君王，为天下的国母，不容许有其他说法。"白敏中也很愤怒。周墀又前来责斥王皞。王皞最终也没有屈服。周墀说："王皞的确很正直。"不久之后，皇帝贬王皞去担任句容令。唐懿宗咸通年间，王皞返回京城担任礼官，申诉坚持之前对郭太皇太后合葬的建议。唐懿宗于是颁下诏令将郭太皇太后的神主附在宪宗神庙中。

王贤妃传

武宗贤妃王氏，邯郸人，失其世。年十三，善歌舞，得入宫中。穆宗以赐颍王。性机悟。开成末，王嗣帝位，妃阴为助画，故进号才人，遂有宠。状纤颀，颇类帝。每畋苑中，才人必从，袍而骑，校服光侈，略同至尊，相与驰出入，观者莫知孰为帝也。帝欲立为后，宰相李德裕曰："才人无子，且家不素显，恐诒天下议。"乃止。

帝稍惑方士说，欲饵药长年，后浸不豫。才人每谓亲近曰："陛下日燎丹，言我取不死。肤泽消槁，吾独忧之。"俄而疾侵，才人侍左右。帝熟视曰："吾气奄奄，情虑耗尽，顾与汝辞。"答曰："陛下大福未艾，安语不祥？"帝曰："脱如我言，奈何？"对曰："陛下万岁后，妾得以殉。"帝不复言。及大渐，才人悉取所常贮散遗宫中，审帝已崩，即自经幄下。当时嫔媛虽常妒才人专上者，返皆义才人，为之感恸。宣宗即位，嘉其节，赠贤妃，葬端陵之柏城。

【译文】

唐武宗的贤妃王氏是邯郸人，不知晓她的身世。她十三岁时，擅长歌舞，于是被选入宫中。唐穆宗将她赐给颍王。王氏生性灵巧聪颖。开成末年，颍王继承帝位，王氏暗中辅助他谋划政事，因此被进封为才人，深受宠爱。王氏身形又瘦又高，特别像唐武宗。武宗每次在苑囿中狩猎，王氏一定追随他前往，穿着长袍，骑着战马，服饰光彩华美，与皇帝基本是一样的。他们前后相随着骑马奔驰出入，观看之人不知晓谁是皇帝。唐武宗打算将王氏册立为皇后。宰相李德裕说："王才人没有子嗣，并且她的家族一向不显赫，恐怕会导致天下人的议论。"武宗这才打消了这种想法。

唐武宗渐渐受到方士说法的迷惑，打算食用药物，达到长寿的目的，这之后武宗患病，卧床不起。王才人经常对亲近之人说："陛下每天炼丹服药，说自己能寻到不死之药，但是容颜枯槁，我为此非常忧虑。"不久之后，武宗病情严重了，王才人在身旁侍奉。武宗长久地注视着她说："朕气息奄奄，精力已经耗尽，看来要与你诀别了。"王才人回答说："陛下的大福分还没有享用尽，怎么能说出如此不吉利之言呢？"武宗

说:“如果如朕所言,那该怎么办呢?”王才人回答说:“陛下万年归天之后,我就会以身为陛下殉葬。”武宗就不再说话了。等到武宗临终之时,王才人把平常积蓄的财物全部分散给宫人,一见武宗已经驾崩了,就在帐子前自缢而死。当时就算是常常嫉妒王才人深得武宗专宠的妃嫔,也都转过来称颂王才人的节义,被她感动得泪流满面。唐宣宗即位之后,褒奖她的节义,追赠她为贤妃,在端陵的柏城中安葬。

何皇后传

昭宗皇后何氏,梓州人,系族不显。帝为寿王,后得侍,婉丽多智,恩答厚甚。既即位,号淑妃。从狩华州,诏册为皇后。

光化三年,帝猎夜归,后遣德王还邸,遇刘季述,留王紫廷院。明日,季述等挟王陈兵召百官,胁帝内禅。后恐贼臣加害天子,即取玺授季述,与帝同幽东宫。贼平,反正。

天复中,从帝驻凤翔,李茂贞请帝劳军,不得已,后从御南楼。会朱全忠逼帝东迁,后谓帝曰:“此后大家夫妇委身贼手矣!”涕数行下。帝奔播既屡,威柄尽丧,左右皆悍逆庸奴,后侍膳服,无须臾去侧。至洛,帝忧,忽忽与后相视无死所。已而遇弑。

哀帝即位,尊为皇太后,宫中不敢哭,徙居积善宫,号积善太后。帝将禅天下,后亦遇害。初,蒋玄晖为全忠邀九锡,入喻,后度不免,见玄晖垂泣祈哀,以母子托命。宣徽使赵殷衡谮于全忠曰:“玄晖等铭石像瘗积善宫,将复唐。”全忠怒,遂遣缢后,以丑名加之,废为庶人。

【译文】

唐昭宗的皇后何氏,是梓州人,何皇后的世系家族都不显贵。昭宗还是寿王的时候,何皇后有机会服侍他。何皇后长得秀丽柔媚,非常聪明有智慧,因此寿王对她的情谊很深。寿王即帝位后,封她为淑妃。何皇后曾经跟着昭宗到华州打猎,被册封为皇后。

光化三年,唐昭宗有一次出猎后在夜晚归来,何皇后只好打发德王回官邸去,德王遇上了刘季述,刘季述设法将德王留在紫廷院。第二天,刘季述等人挟持德王,摆开军队,召来百官,逼迫昭宗禅让帝位。何皇后怕贼臣伤害昭宗,于是就拿出皇帝玺印交给刘季述。后来,何皇后和昭宗一同被幽禁在东宫之中。叛贼被平定后，昭宗才恢复帝位。

天复年间，何皇后跟着昭宗一起住在凤翔，李茂贞请求昭宗去慰劳军队。何皇后迫不得已，跟随昭宗到南楼去。途中正遇上朱全忠逼迫昭宗东迁。何皇后对昭宗说："从今以后，皇帝夫妇都落入贼人手中了。"说话的时候泪流满面。昭宗已经多次奔逃、迁移，权力威严几乎都丧失了，身边的人都是叛逆的凶悍的奴仆。何皇后亲自服侍昭宗的膳食、衣服，片刻没有离开过昭宗身边。帝后二人到了洛阳后，昭宗总是十分忧虑，神情恍惚地与何皇后对望，担心自己不知死在哪里。不久后昭宗被杀死。

哀帝即位时，把何皇后尊为皇太后。宫中不敢哭。何皇后移居到积善宫，被称为积善太后。哀帝将要禅让天下，何皇后被杀害。当初，蒋玄晖应朱全忠的要求获得了九锡的特权，入宫劝说何皇后。何皇后自己思量不能免除一死，见到蒋玄晖时，流着泪哀求蒋玄晖，想把母子的命运托付给他。宣徽指使赵殷衡向朱全忠进谗言说："蒋玄晖等人刻了石像埋在积善宫中，准备要恢复唐朝。"朱全忠非常恼怒，就派人把何皇后勒死，并且给她加上丑恶的名声，废黜何皇后为庶人。

新唐书卷九十三

李靖列传第十八

李靖，字药师，京兆三原人。姿貌魁秀，通书史。尝谓所亲曰："丈夫遭遇，要当以功名取富贵，何至作章句儒！"其舅韩擒虎每与论兵，辄叹曰："可与语孙，吴者，非斯人尚谁哉！"仕隋为殿内直长，吏部尚书牛弘见之曰："王佐才也！"左仆射杨素拊其床谓曰："卿终当坐此！"

大业末，为马邑丞。高祖击突厥，靖察有非常志，自囚上急变，传送江都，至长安，道梗。高祖已定京师，将斩之，靖呼曰："公起兵为天下除暴乱，欲就大事，以私怨杀谊士乎？"秦王亦为请，得释，引为三卫，从平王世充，以功授开府。

萧铣据江陵，诏靖安辑，从数童骑道金州，会蛮贼邓世洛兵数万屯山谷间，卢江王瑗讨不胜，靖为瑗谋，击却之。进至峡州，阻铣兵不得前。帝谓逗留，诏都督许绍斩靖，绍为请而免。开州蛮冉肇则寇夔州，赵郡王孝恭战未利，靖率兵八百破其屯，要险设伏，斩肇则，俘禽五千。帝谓左右曰："使功不如使过，靖果然。"因手敕劳曰："既往不咎，向事吾久已忘之。"靖遂陈图铣十策。有诏拜靖行军总管，兼摄孝恭行军长史，军政一委焉。

武德四年八月，大阅兵夔州。时秋潦，涛濑涨恶，铣以靖未能下，不设备。诸将亦请江平乃进。靖曰："兵机事，以速为神。今士始集，铣不及知，若乘水傅垒，是震霆不及塞耳，有能仓卒召兵，无以御我，此必禽也。"孝恭从之。

九月，舟师叩夷陵，铣将文士弘以卒数万屯清江，孝恭欲击之。靖曰："不可。士弘健将，下皆勇士，今新失荆门，悉锐拒我，此救败之师，不可当。宜驻南岸，待其气衰乃取之。"孝恭不听，留靖守屯，自往与战，大败还。贼委舟散掠，靖视其乱，纵兵击破之，取四百余艘，溺死者万人。即率轻兵五千为先锋，趋江陵，薄城而营。破其将杨君茂、郑文秀，俘甲士四千。孝恭军继进，铣大惧，檄召江南兵，不及到，明日降。靖入其都，号令静严，军无私焉。或请靖籍铣将拒战者家赀以赏军，靖曰："王者之兵，吊人而取有罪，彼其胁驱以来，藉以拒师，本非所情，不容以叛逆比之。今新定荆、郢，宜示宽大，以慰其心，若降而籍之，恐自荆而南，坚城剧屯，驱之死守，非计之善也。"止不籍。由是江、汉列城争下。以功封永康县公，检校荆州刺史。乃度岭至桂州，分道招慰。酋领冯盎等皆以子弟来谒，南方悉定。裁量款效，承制补官。得郡凡九十六，户六十余万。诏书劳勉，授岭南抚慰大使、检校桂州总管。以岭海陋远，久不见德，非震威武、示礼义，则无以变风。即率兵南巡，所过问疾苦，延见长老，宣布天子恩意，远近欢服。

辅公祏据丹阳反，诏孝恭为帅，召靖入朝受方略，副孝恭东讨，李世勣等七总管皆受节度。公祏遣冯惠亮以舟师三万屯当涂，陈正通步骑二万屯青林，自梁山连锁以断江道。筑却月城，延袤十余里，为掎角。诸将议曰："彼劲兵连栅，将不战疲老我师。若直取丹阳，空其巢窟，惠亮等自降。"靖曰："不然。二军虽精，而公祏所自将亦锐卒也，既保石头，则牢未可拔。我留不得志，退有所忌，腹背蒙患，非百全计。且惠亮、正通百战余贼，非怯野斗，今方持重，特公祏立计尔。若出不意，挑攻其城，必破之。惠亮拔，公祏禽矣。"孝恭听之。靖率黄君汉等水陆皆进，苦战，杀伤万余人，惠亮等亡去。靖将轻兵至丹阳，公祏惧，众尚多，不能战，乃出走，禽之，江南平。置东南道行台，以为行台兵部尚书。赐物千段、奴婢百口、马百匹。行台废，检校扬州大都督府长史。帝叹曰："靖乃铣、公祏之膏肓也，古韩、白、卫、霍何以加！"

八年，突厥寇太原，为行军总管，以江淮兵万人屯太谷。时诸将多败，独靖以完军归。俄权检校安州大都督。太宗践阼，授刑部尚书，录功，赐实封四百户，兼检校中书令。突厥部种离畔，帝方图进取，以兵部尚书为定襄道行军总管，率劲骑三千繇马邑趋恶阳岭。颉利可汗大惊，曰："兵不倾国来，靖敢提孤军至此？"于是帐部数恐。靖纵谍者离綦腹心，夜袭定襄，破之，可汗脱身遁碛口。进封代国公。帝曰："李陵以步卒五千绝漠，然卒降匈奴，其功尚得书竹帛。靖以骑三千，蹀血虏庭，遂取定襄，古未有辈，足澡吾渭水之耻矣！"

颉利走保铁山，遣使者谢罪，请举国内附。以靖为定襄道总管往迎之。又遣鸿胪卿唐俭、将军安修仁慰抚。靖谓副将张公谨曰："诏使到，虏必自安，若万骑赍二十日粮，自白道袭之，必得所欲。"公谨曰："上已与约降，行人在彼，奈何？"靖曰："机不可失，韩信所以破齐也。如唐俭辈何足惜哉！”督兵疾进，行遇候逻，皆俘以从，去其牙七里乃觉，部众震溃，斩万余级，俘男女十万，禽其子叠罗施，杀义成公主。颉利亡去，为大同道行军总管张宝相禽以献。于是斥地自阴山北至大漠矣。帝因大赦天下，赐民五日酺。

御史大夫萧瑀劾靖持军无律，纵士大掠，散失奇宝。帝召让之，靖无所辩，顿首谢。帝徐曰：“隋史万岁破达头可汗，不赏而诛，朕不然，赦公之罪，录公之功。”乃进左光禄大夫，赐绢千匹，增户至五百。既而曰：“向人谮短公，朕今悟矣。”加赐帛二千匹，迁尚书右仆射。

靖每参议，恂恂似不能言，以沈厚称。时遣使十六道巡察风俗，以靖为畿内道大使，会足疾，恳乞骸骨。帝遣中书侍郎岑文本谕旨曰：“自古富贵而知止者盖少，虽疾顿惫。犹力于进。公今引大体，朕深嘉之。欲成公美，为一代法，不可不听。”乃授检校特进，就第，赐物段千，尚乘马二，禄赐、国官、府佐皆勿废。若瘆少间，三日一至门下中书平章政事。加赐灵寿杖。

顷之，吐谷浑寇边。帝谓侍臣曰：“靖能复起为帅乎？”靖往见房玄龄，曰：“吾虽老，尚堪一行。”帝喜，以为西海道行军大总管，任城王道宗、侯君集、李大亮、李道彦、高甑生五总管兵皆属。军次伏俟城，吐谷浑尽火其莽，退保大非川。诸将议，春草未牙，马弱不可战。靖决策深入，遂逾积石山，大战数十，多所杀获，残其国，国人多降，吐谷浑伏允愁蹙自经死。靖更立大宁王慕容顺而还。甑生军繇盐泽道后期，靖簿责之。既归而憾，与广州长史唐奉义告靖谋反，有司按验无状，甑生等以诬罔论。靖乃阖门自守，宾客亲戚一谢遣。改卫国公。其妻卒，诏坟制如卫、霍故事，筑阙象铁山、积石山，以旌其功，进开府仪同三司。

帝将伐辽，召靖入，谓曰：“公南平吴，北破突厥，西定吐谷浑，惟高丽未服，亦有意乎？”对曰：“往凭天威，得效尺寸功。今疾虽衰，陛下诚不弃，病且瘳矣。”帝悯其老，不许。二十三年，病甚，帝幸其第，流涕曰：“公乃朕生平故人，于国有劳。今疾若此，为公忧之。”薨，年七十九，赠司徒、并州都督，给班剑、羽葆、鼓吹，陪葬昭陵，谥曰景武。

【译文】

李靖，字药师，是京兆三原人，身材魁梧，容貌端正，对书史十分熟悉。曾对所亲近的人说：“大丈夫要争取有所际遇，应该依靠功名来取得富贵，怎么能做只知道背诵章句的儒生呢?”他的舅舅韩擒虎每次与他谈论兵家之事时，就发出感叹说：“可以一起讨论孙子、吴起兵法的，除了这个人之外还有谁呢?”李靖曾在隋朝任官为殿内直长，吏部尚书牛弘见到他评价说：“这人是辅佐帝王的将相之才！”左仆射杨素也曾摸着自己的座椅对李靖说：“你终究会坐这个位置！”

大业后期，李靖任马邑丞。高祖李渊出击突厥，李靖看出了李渊有夺取天下的野心，就自带枷锁向隋政府告发说有紧急事变。于是押送李渊到江都。到了长安，道路不通。高祖平定京师后，将要斩李靖，李靖大呼说：“您起兵是为天下百姓除去暴乱，要成大事业，难道可以因私怨杀义士吗?”秦王李世民也为他说情，终于得到释放，还被任为宫廷卫士，随从秦王平定王世充叛乱，因军功被授官开府。

萧铣占据江陵，皇帝诏命李靖去安抚，李靖与随从的几个童子骑马取道金州，刚好蛮贼邓世洛有数万兵屯驻在山谷间，庐江王李瑗讨伐却不能得胜，李靖为他出计谋，击退了蛮贼。李靖进而到峡州，遇到萧铣的兵阻挡不能前进。皇帝认为他故意停留，下诏命令都督许绍斩杀李靖，许绍为李靖说情，终于使李靖免于斩首。开州蛮人首领冉肇则侵扰夔州，赵郡王李孝恭出战没有获胜，李靖率领八百士兵出击，攻破了他们的营垒，又在险要的地方设了伏兵，杀死了冉肇则，还俘获了他的五千士兵。天子对左右的官吏说：“任用有功之人不如任用有过之人，用李靖果然就是这样。”接着亲自写命令慰劳李靖说：“既往不咎，过去的事我早已忘记了。”李靖于是上奏设法攻克萧铣的十条计策。天子下诏任命李靖做行军总管，兼代理李孝恭的行军长史，军政大权集于一身。

武德四年八月，在夔州大规模检阅士兵。当时秋天雨水大，河水上涨水流急，萧铣以为李靖不可能沿江而下，于是就不加防备。各位将领也提议等江水平静后再进军。李靖说：“打仗，是神机妙算的事情，以迅速为神。现在士兵刚集合，萧铣还来不及得知消息，如果我们乘水势靠近他们的营垒，就是迅雷不及掩耳之态势，他们即使能仓促召集士兵，也没有办法抵御我们，这样就必然被擒。”李孝恭同意了这个计划。

九月，水军出击夷陵，萧铣的将领文士弘带数万士兵驻屯在清江，李孝恭想进攻他，李靖说：“不可。文士弘是个健将，下面都是勇士，现在他刚刚失守荆门，把全部精兵都用来抵抗我们，这是为了挽救失败的军队，我们不可抵当他们。应该驻军到南岸，等他们士气有所衰落后再攻打他们。”李孝恭不同意，留下李靖守卫营垒，自己率领部队去与他们作战，结果大败而归。贼军弃船四处抢掠，李靖见他们队伍混乱，就出兵攻击并且打败了他们，夺取了四百余艘船，敌人溺死上万人。接着他率领轻装的五千名士兵为先锋，直接攻向江陵，靠近城池扎营。然后打败他们的将领杨君茂、郑文秀，俘获敌兵四千名。李孝恭的军队紧接而来，萧铣十分害怕，用檄文急召江南的军兵来支援他，援军还没有赶到，第二天萧铣就投降了。李靖进入他的都城，号令非常严格，军队没有人私下掠夺。有人请求李靖籍收萧铣手下将领中抗拒者的家产来赏赐士兵，李靖说：“天子的士兵是用来救民于水火而征伐有罪的人的，这些人是被威胁驱逐而来，借用他们来抗拒王师，本来不是他们所情愿的，不许把他们比作叛逆之徒。现在刚刚平定荆州、郢州，我们应该表示宽大，来安慰他们的心，如果投降后却没收他们的家产，恐怕自荆州以南，碰到的将都是坚守的城池和强有力的营垒，再驱使一些死守的士兵，这恐怕不是良好的计策。”于是就不再籍没。从此长江、汉水两岸城池争着投降，李靖因功被封为永康县公、检校荆州刺史。又翻越南岭到桂州，分道招降慰喻。少数民族的部落首领冯盎等人都派子弟来进谒，南方都平定了。他根据归附投降人的不同情况，按照政策授予官职。一共得到九十六郡，六十余万户的人口。天子下诏书慰劳勉励李靖，授以岭南抚慰大使、检校桂州总管的职务。李靖认为岭南近海一带粗俗而遥远，长久不见德治，如果不用武力震慑、用礼义教育，就不能改变他们的风气。于是就率领士兵南下巡行，所过的地方询问百姓疾苦，请老人们来相见，宣布天子的恩意，远近的人们都欢欣鼓舞地臣服了。

辅公祏占据丹阳谋反，朝廷下诏命李孝恭为帅，召李靖入朝听取朝廷用兵的方针策略，同时作为李孝恭的副职向东方讨伐，李世勣等七个总管都要受他指挥。辅公祏派冯惠亮用三万水兵屯驻当涂，陈正通的二万步兵骑兵屯驻青林，从梁山南北连锁来切断长江水道。又筑成半月形的城垒，长度十余里，作战时可以互相支援呼应。许多将士议论说：“他们用强劲的士兵把营垒相互连接起来，准备不战而使我军疲劳。如果我们直接攻取丹阳，捣毁他们的老巢，冯惠亮等人自然会投降。”李靖说：“不是这样的。这两支军队虽然是精兵，辅公祏自己率领的部队也是锐卒，他既然据守石头城，那么肯定牢不可拔，我如果直取丹阳，万一攻不下，则留下不能取胜，后退又要受到两将的攻击，有所顾忌，腹背都受敌，这不是考虑周密的计策。而且冯惠亮、陈正通身经百战，不怕在空旷的地区作战，而现在屯兵不动，一定是辅公祏的计谋。假如我们可以出其不意，进攻他们的城池，必然能取胜。冯惠亮的城池被攻破，辅公祏也一定会被擒。”李孝恭同意了他的计策。李靖率领黄君汉等人的军对水、陆两路并进，经过艰苦战斗，杀死、杀伤敌军一万多人，冯惠亮等人却逃走了。李靖带领轻装的士兵到丹阳，辅公祏十分害怕，辅公祏士兵很多，但都不能战斗，于是就逃出去，最后还是被活捉，江南就这样被平定了。朝廷设置东南道行台，任命李靖为行台兵部尚书。皇帝赐给他千段织物、奴婢一百口、一百匹马。后来行台被废除，又担任检校扬州大都督府长史。天子曾经感叹说：“李靖是萧铣、辅公祏的心腹之患，古代的韩信、白起、卫青、霍去病也不一定能超过他！”

武德八年，突厥进犯太原，李靖被任命为行军总管，用江淮一万士兵屯驻太谷。当时其他将领都战败了，只有李靖带着全部军队胜利归来。不久暂时代理检校安州大都督的职务。太宗李世民即位后，授予李靖刑部尚书的官职，按照他的功劳，赐给李靖封户四百户，李靖还兼任检校中书令。突厥部落因内乱叛离，天子打算乘机进攻突厥，任命李靖为兵部尚书和定襄道行军总管，率领三千名强劲的骑兵从马邑奔向恶阳岭。颉利可汗十分震惊，说：“如果唐军不是倾尽全国的兵力来攻打我，李靖难道会敢率领孤军来到这里吗？”因此突厥营帐的人多次感到惊恐。李靖派间谍离间他们的心腹人物，又在夜晚时袭击定襄，终于打败了突厥，颉利可汗脱身逃到碛口。天子进封李靖为代国公。天子说：“李陵率领五千步兵到大漠，最终投降匈奴，他的功劳尚且要记载在历史上。李靖仅仅用了三千骑兵，血战突厥王庭，攻取定襄，从古到今都没有这样的人，这足以洗刷我在渭水所受的耻辱了。”

颉利可汗出逃到铁山，派遣使者向唐王朝谢罪，请求让突厥全国依附于唐朝。朝廷任命李靖为定襄道总管前往迎接突厥归降。又派鸿胪卿唐俭、将军安修仁前去慰劳、安抚颉利可汗。李靖对副将张公谨说：“天子派遣的送诏书的使臣到了那里，突厥众人必定感到安心，如果出一万骑兵带二十日粮食，如果从白道攻击他们，必定能得到我们所想要的胜利。”张公谨说：“天子已经与他们约定了受降之事，使臣已经在那里了，我们怎么办？”李靖说：“这样的机会不可以失去，这是韩信之所以袭破齐王田广的原因。像唐俭这类人有什么可惜的！”李靖督促士兵快速前进，行军途中遇到了望哨和巡逻兵，都将他们俘虏了带着走，直到他们来到距离突厥有主帅的牙旗营帐七里的地方，颉利可汗才发觉，他的部下震惊崩散，李靖斩杀敌军一万多人，俘获男女共计十万人，擒获颉利可汗的儿子叠罗施，杀了义成公主。颉利趁乱逃走，被大同道行军总管张宝相抓获以后献给朝廷。于是开拓唐朝土地从阴山以北直到大漠。天子因此大赦天下，赐准全国臣民聚会饮酒五天。

御史大夫萧瑀弹劾李靖掌管军队纪律不严，放纵士兵大肆掠夺财物，致使突厥的珍奇宝物散失。天子召见李靖责备他，李靖没有辩解，叩头谢罪认错。天子慢慢又说：“隋朝史万岁破达头可汗，不仅没有得到赏赐反而被诛杀，朕不会这样做，赦免你的罪，记录你的功劳。”晋升李靖为左光禄大夫，赐一千匹绢，增加封户共计为五百户。过后又说：“过去人们在背后说你的坏话，朕现在知道是什么原因了。”加赐二千匹帛，升为尚书右仆射。

李靖每次参加宰相组织的政务会议，总是很忠厚老实好似不善言谈，因此以信实厚道而闻名。当时皇上派遣使者分十六道巡视观察社会状况和风俗，派李靖为畿内道大使，赶上他脚有病，恳求允许他退休。天子派中书侍郎岑文本宣布圣旨说：“自古以来人们深处富贵却激流勇退的人是很少的，即使身体有病已经困顿疲惫，还要尽力而进，你现在能识大体，朕深感可嘉，想要成全你的美事，又成为一代人效仿的榜样，不可以不同意。”授予李靖检校特进，就居于府中，赐给他千段织物，天子御用的马二匹，俸禄、属官、府佐都不废除。如果一旦李靖病情稍好，就三天一次到门下和中书省参议政事。加赐李靖一根灵寿杖。

不久之后，吐谷浑进犯边境。天子对侍臣说：“李靖能够重新出来当统帅吗？”李靖去见房玄龄，说：“我虽然老了，还能够担任一次统帅。”天子十分高兴，任命他为西海道行军大总管，任城王李道宗、侯君集、李大亮、李道彦、高甑生五个总管的军队都归李靖统辖。军队停下驻扎在伏俟城，吐谷浑把附近的草木全部烧光，退守大非川。将领们议论纷纷，春草还没有发芽，战马力弱不能战斗。李靖决定深入敌军，于是率领大军越过积石山。大战数十次，斩杀俘获很多敌兵，摧毁了吐谷浑，国中的人大多投降，吐谷浑可汗伏允因忧愁自杀。李靖重新拥立他的儿子大宁王慕容顺后撤回军队。高甑生的军队从盐泽道出发迟到了，李靖写文书责备他。回军后高甑生怀恨在心，就与广州长史唐奉义一起合谋告发李靖谋反，有关部门查访后却没有发现证据，高甑生等人也因为诬告反坐而被判罪。此后李靖就关闭家门不出，谢绝一切外人来访。被改封为卫国公。他的妻子死后，天子诏命营建李靖夫妇坟墓，遵循卫青、霍去病的旧制规格，在象铁山、积石山建造坟冢，来表彰他的功绩，为他加官建造仪同三司公府。

天子将要征伐辽国，召李靖上朝，对他说："您向南平定吴地，向北攻破突厥，西方平定吐谷浑，只有高丽还没臣服，你有意征伐高丽吗？"李靖答道："过去是凭借皇帝的威力，才使我有了尺寸的功劳。现在我虽然有病衰弱，如果陛下不嫌弃，我的病很快要痊愈了。"天子悯怜他年老，没有同意。贞观二十三年，李靖病情加重，天子到他的府第，流着眼泪说："你是我从少到老相处的朋友，对国家有功劳。现在生病到这种程度，我十分担忧你。"李靖死时，七十九岁。天子追赠他司徒、并州都督的官职，给予李靖由持剑武士组成的仪仗队、华盖和鼓吹乐队，允许他陪葬在昭陵附近，谥号为"景武"。

新唐书卷九十七

魏徵列传第二十二

魏徵，字玄成，魏州曲城人。少孤，落魄，弃赀产不营，有大志，通贯书术。

隋乱，诡为道士。武阳郡丞元宝藏举兵应李密，以徵典书檄。密得宝藏书，辄称善，既闻徵所为，促召之。徵进十策说密，不能用。王世充攻洛口，徵见长史郑颋曰："魏公虽骤胜，而骁将锐士死伤略尽；又府无见财，战胜不赏。此二者不可以战。若浚池峭垒，旷日持久，贼粮尽且去，我追击之，取胜之道也。"颋曰："老儒常语耳！"徵不谢去。

后从密来京师，久之未知名。自请安辑山东，乃擢秘书丞，驰驿至黎阳。时李勣尚为密守，徵与书曰："始魏公起叛徒，振臂大呼，众数十万，威之所被半天下，然而一败不振，卒归唐者，固知天命有所归也。今君处必争之地，不早自图，则大事去矣！"勣得书，遂定计归，而大发粟馈淮安王之军。

会窦建德陷黎阳，获徵，伪拜起居舍人。建德败，与裴矩走入关，隐太子引为洗马。徵见秦王功高，阴劝太子早为计。太子败，王责谓曰："尔阋吾兄弟，奈何？"答曰："太子早从徵言，不死今日之祸。"王器其直，无恨意。

即位，拜谏议大夫，封钜鹿县男。当是时，河北州县素事隐、巢者不自安，往往曹伏思乱。徵白太宗曰："不示至公，祸不可解。"帝曰："尔行安喻河北。"道遇太子千牛李志安、齐王护军李思行传送京师，徵与其副谋曰："属有诏，宫府旧人普原之。今复执送志安等，谁不自疑者？吾属虽往，人不信。"即贷而后闻。使还，帝悦，日益亲，或引至卧内，访天下事。徵亦自以不世遇，乃展尽底蕴无所隐，凡二百余奏，无不剀切当帝心者。由是拜尚书右丞，兼谏议大夫。

左右有毁徵阿党亲戚者，帝使温彦博按讯，非是。彦博曰："徵为人臣，不能著形迹，远嫌疑，而被诽谤，是宜责也。"帝谓彦博行让徵。徵见帝，谢曰："臣闻君臣同心，是谓一体，岂有置至公，事形迹？若上下

共由兹路，邦之兴丧未可知也。”帝矍然，曰：“吾悟之矣！”徵顿首曰：“愿陛下俾臣为良臣，毋俾臣为忠臣。”帝曰：“忠、良异乎？”曰：“良臣，稷、契、咎陶也；忠臣，龙逢、比干也。良臣，身荷美名，君都显号，子孙传承，流祚无疆；忠臣，己婴祸诛，君陷昏恶，丧国夷家，只取空名。此其异也。”帝曰：“善。”因问：“为君者何道而明，何失而暗？”徵曰：“君所以明，兼听也；所以暗，偏信也。尧、舜氏辟四门，明四目，达四聪。虽有共、鲧，不能塞也，靖言庸违，不能惑也。秦二世隐藏其身，以信赵高，天下溃叛而不得闻；梁武帝信朱异，侯景向关而不得闻；隋炀帝信虞世基，贼遍天下而不得闻。故曰，君能兼听，则奸人不得壅蔽，而下情通矣。”

郑仁基息女美而才，皇后建请为充华，典册具。或言许聘矣。徵谏曰：“陛下处台榭，则欲民有栋宇；食膏粱，则欲民有饱适；顾嫔御，则欲民有室家。今郑已约昏，陛下取之，岂为人父母意！”帝痛自咎，即诏停册。

贞观三年，以秘书监参豫朝政。高昌王麴文泰将入朝，西域诸国欲因文泰悉遣使者奉献。帝诏文泰使人厌怛纥干迎之。徵曰：“异时文泰入朝，所过供拟不能具，今又加诸国焉，则濒塞州县以乏致罪者众。彼以商贾来，则边人为之利；若宾客之，中国萧然耗矣。汉建武时，西域请置都护、送侍子，光武不许，不以蛮夷弊中国也。”帝曰：“善。”追止其诏。

于是帝即位四年，岁断死二十九，几至刑措，米斗三钱。先是，帝尝叹曰：“今大乱之后，其难治乎？”徵曰：“大乱之易治，譬饥人之易食也。”帝曰：“古不云善人为邦百年，然后胜残去杀邪？”答曰：“此不为圣哲论也。圣哲之治，其应如响，期月而可，盖不其难。”封德彝曰：“不然。三代之后，浇诡日滋。秦任法律，汉杂霸道，皆欲治不能，非能治不欲。徵书生，好虚论，徒乱国家，不可听。”徵曰：“五帝、三王不易民以教，行帝道而帝，行王道而王，顾所行何如尔。黄帝逐蚩尤，七十战而胜其乱，因致无为。九黎害德，颛顼征之，已克而治。桀为乱，汤放之；纣无道，武王伐之。汤、武身及太平。若人渐浇诡，不复返朴，今当为鬼为魅，尚安得而化哉！”德彝不能对，然心以为不可。帝纳之不疑。至是，天下大治。蛮夷君长袭衣冠，带刀宿卫。东薄海，南逾岭，户阖不闭，行旅不赍粮，取给于道。帝谓群臣曰：“此徵劝我行仁义，既效矣。惜不令封德彝见之！”

俄检校侍中，进爵郡公。帝幸九成宫，宫御舍围川宫下。仆射李靖、侍中王珪继至，吏改馆宫御以舍靖、珪。帝闻，怒曰：“威福由是等邪！何轻我宫人？”诏并按之。徵曰：“靖、珪皆陛下腹心大臣，宫人止后宫扫除隶耳。方大臣出，官吏谘朝廷法式；归来，陛下问人间疾苦。夫官舍，固靖等见官吏之所，吏不可不谒也。至宫人则不然，供馈之余无所参承。以此按吏，且骇天下耳目。”帝悟，寝不问。

后宴丹霄楼，酒中谓长孙无忌曰：“魏徵、王珪事隐太子、巢刺王时，诚可恶，我能弃怨用才，无羞古人，然徵每谏我不从，我发言辄不即应，何哉？”徵曰：“臣以事有不可，故谏，若不从辄应，恐遂行之。”帝曰：“弟即应，须别陈论，顾不得？”徵曰：“昔舜诫群臣：‘尔无面从，退有后言。’若面从可，方别陈论，此乃后言，非稷、离所以事尧、舜也。”帝大笑曰：“人言徵举动疏慢，我但见其妩媚耳！”徵再拜曰：“陛下导臣使言，所以敢然；若不受，臣敢数批逆鳞哉！”

七年，为侍中。尚书省滞讼不决者，诏徵平治。徵不素习法，但存大体，处事以情，人人悦服。进左光禄大夫、郑国公。多病，辞职，帝曰：“公独不见金在矿何足贵邪？善冶锻而为器，人乃宝之。朕方自比于金，以卿为良匠而加砺焉。卿虽疾，未及衰，庸得便尔？”徵恳请，数却愈牢。乃拜特进，知门下省事，诏朝章国典，参议得失，禄赐、国官、防阁并同职事。

文德皇后既葬，帝即苑中作层观，以望昭陵，引徵同升，徵孰视曰：“臣眊昏，不能见。”帝指示之，徵曰：“此昭陵邪？”帝曰：“然。”徵曰：“臣以为陛下望献陵，若昭陵，臣固见之。”帝泣，为毁观。寻以定五礼，当封一子县男，徵请封孤兄子叔慈。帝怆然曰：“此可以励俗。”即许之。

后幸洛阳，次昭仁宫，多所谴责。徵曰：“隋惟责不献食，或供奉不精，为此无限，而至于亡。故天命陛下代之，正当兢惧戒约，奈何令人悔为不奢。若以为足，今不啻足矣；以为不足，万此宁有足邪？”帝惊曰：“非公不闻此言。”退又上疏曰：

《书》称“明德慎罚”，“惟刑之恤”。《礼》曰：“为上易事，为下易知，则刑不烦。”“上多疑，则百姓惑；下难知，则君长劳。”夫上易事，下易知，君长不劳，百姓不惑，故君有一德，臣无二心。夫刑赏之本，在乎劝善而惩恶。帝王所与，天下画一，不以亲疏贵贱而轻重者也。今之刑赏，或由喜怒，或出好恶。喜则矜刑于法中，怒则求罪于律外；好则钻皮出羽，恶则洗垢索瘢。盖刑滥则小人道长，赏谬则君子道消。小人之恶不惩，君子之善不劝，而望治安刑措，非所闻也。且暇豫而言，皆敦尚孔、老；至于威怒，则专法申、韩。故道德之旨未弘，而锲薄之风先摇。昔州犁上下其手而楚法以敝，张汤轻重其心而汉刑以谬，况人主而自高下乎！顷者罚人，或以供张不赡，或不能从欲，皆非致治之急也。夫贵不与骄期而骄自至，富不与奢期而奢自至，非徒语也。

且我之所代，实在有隋。以隋府藏况今之资储，以隋甲兵况今之士马，以隋户口况今之百姓，挈长度大，曾何等级焉！然隋以富强而丧，动之也；我以贫寡而安，静之也。静之则安，动之则乱，人皆知之，非隐而难见、微而难察也。不蹈平易之涂，而遵覆车之辙，何哉？安不思危，治不念乱，存不虑亡也。方隋未乱，自谓必无乱；未亡，自谓必不亡。所以甲兵亟动，徭役不息，以至戮辱而不悟灭亡之所由也，岂不哀哉！夫监形之美恶，必就止水；监政之安危，必取亡国。《诗》曰："殷鉴不远，在夏后之世。"臣愿当今之动静，以隋为鉴，则存亡治乱可得而知。思所以危则安矣，思所以乱则治矣，思所以亡则存矣。存亡之所在，在节嗜欲，省游畋，息靡丽，罢不急，慎偏听，近忠厚，远便佞而已。夫守之则易，得之实难。今既得其所难，岂不能保其所易？保之不固，骄奢淫泆有以动之也。

帝宴群臣积翠池，酣乐赋诗。徵赋《西汉》，其卒章曰："终借叔孙礼，方知皇帝尊。"帝曰："徵言未尝不约我以礼。"他日，从容问曰："比政治若何？"徵见久承平，帝意有所忽，因对曰："陛下贞观之初，导人使谏。三年以后，见谏者悦而从之。比一二年，勉强受谏，而终不平也。"帝惊曰："公何物验之？"对曰："陛下初即位，论元律师死，孙伏伽谏以为法不当死，陛下赐以兰陵公主园，直百万。或曰：'赏太厚。'答曰：'朕即位，未有谏者，所以赏之。'此导人使谏也。后柳雄妄诉隋资，有司得，劾其伪，将论死，戴胄奏罪当徒，执之四五然后赦。谓胄曰：'弟守法如此，不畏滥罚。'此悦而从谏也。近皇甫德参上书言：'修洛阳宫，劳人也；收地租，厚敛也；俗尚高髻，宫中所化也。'陛下恚曰：'是子使国家不役一人，不收一租，宫人无发，乃称其意。'臣奏：'人臣上书，不激切不能起人主意，激切即近讪谤。'于时，陛下虽从臣言，赏帛罢之，意终不平。此难于受谏也。"帝悟曰："非公，无能道此者。人苦不自觉耳！”

先是，帝作飞山宫，徵上疏曰：

隋有天下三十余年，风行万里，威憺殊俗，一旦举而弃之。彼炀帝者，岂恶治安、喜灭亡哉？恃其富强，不虞后患也。驱天下，役万物，以自奉养，子女玉帛是求，宫宇台榭是饰，徭役无时，干戈不休，外示威重，内行险忌，谗邪者进，忠正者退，上下相蒙，人不堪命，以致殒匹夫之手，为天下笑。圣哲乘机，拯其危溺。今宫观台榭，尽居之矣；奇珍异物，尽收之矣；姬姜淑媛，尽侍于侧矣；四海九州，尽为臣妾矣。若能鉴彼所以亡，念我所以得，焚宝衣，毁广殿，安处卑宫，德之上也。若成功不废，即仍其旧，除其不急，德之次也。不惟王业之艰难，谓天命可恃，因基增旧，甘心侈靡，使人不见德而劳役是闻，斯为下矣。以暴易暴，与乱同道。夫做事不法，后无以观。人怨神怒，则灾害生；灾害生，则祸乱作；祸乱作，而能以身名令终者鲜矣。

是岁，大雨，谷、洛溢，毁宫寺十九，漂居人六百家。徵陈事曰：

臣闻为国基于德礼，保于诚信。诚信立，则下无二情；德礼形，则远者来格。故德礼诚信，国之大纲，不可斯须废也。传曰：“君使臣以礼，臣事君以忠。”“自古皆有死，民无信不立。”又曰：“同言而信，信在言前；同令而行，诚在令外。”然则言而不行，言不信也；令而不从，令无诚也。不信之言，不诚之令，君子弗为也。

自王道休明，绵十余载，仓廪愈积，土地益广，然而道德不日博，仁义不日厚，何哉？由待下之情，未尽诚信，虽有善始之勤，而无克终之美。故便佞之徒得肆其巧，谓同心为朋党，告讦为至公，强直为擅权，忠谠为诽谤。谓之朋党，虽忠信可疑，谓之至公，虽矫为无咎。强直者畏擅权而不得尽，忠谠者虑诽谤而不敢与之争。荧惑视听，郁于大道，妨化损德，无斯甚者。

今将致治则委之君子，得失或访诸小人，是誉毁常在小人，而督责常加君子也。夫中智之人，岂无小惠，然虑不及远，虽使竭力尽诚，犹未免倾败，况内怀奸利，承颜顺旨乎？故孔子曰：“君子而不仁者有矣，未有小人而仁者。”然则君子不能无小恶，恶不积无害于正；小人时有小善，善不积不足以忠。今谓之善人矣，复虑其不信，何异立直木而疑其景之曲乎？故上不信则无以使下，下不信则无以事上。信之为义大矣！

昔齐桓公问管仲曰："吾欲使酒腐于爵，肉腐于俎，得无害霸乎？"管仲曰："此固非其善者，然无害霸也。"公曰："何如而害霸？"曰："不能知人，害霸也；知而不能用，害霸也；用而不能任，害霸也；任而不能信，害霸也；既信而又使小人参之，害霸也。"晋中行穆伯攻鼓，经年而不能下，馈闲伦曰："鼓之啬夫，闲伦知之，请无疲士大夫，而鼓可得。"穆伯不应。左右曰："不折一戟，不伤一卒，而鼓可得，君奚不为？"穆伯曰："闲伦之为人也，佞而不仁。若使闲伦下之，吾不可以不赏，若赏之，是赏佞人也。佞人得志，是使晋国舍仁而为佞，虽得鼓，安用之！"夫穆伯，列国大夫，管仲，霸者之佐，犹能慎于信任，远避佞人，况陛下之上圣乎？若欲令君子小人是非不杂，必怀之以德，待之以信，厉之以义，节之以礼，然后善善而恶恶，审罚而明赏，无为之化何远之有！善善而不能进，恶恶而不能去，罚不及有罪，赏不加有功，则危亡之期或未可保。

帝手诏嘉答。于是，废明德宫玄圃院赐遭水者。

他日，宴群臣，帝曰："贞观以前，从我定天下，间关草昧，玄龄功也。贞观之后，纳忠谏，正朕违，为国家长利，徵而已。虽古名臣，亦何以加！"亲解佩刀，以赐二人。帝尝问群臣："徵与诸葛亮孰贤？"岑文本曰："亮才兼将相，非徵可比。"帝曰："徵蹈履仁义，以弼朕躬，欲致之尧、舜，虽亮无以抗。"时上封者众，或不切事，帝厌之，欲加谯黜，徵曰："古者立谤木，欲闻己过。封事，其谤木之遗乎！陛下思闻得失，当恣其所陈。言而是乎，为朝廷之益；非乎，无损于政。"帝悦，皆劳遣之。

十三年，阿史那结社率作乱，云阳石然，自冬至五月不雨，徵上疏极言曰：

臣奉侍帷幄十余年，陛下许臣以仁义之道，守而不失；俭约朴素，终始弗渝。德音在耳，不敢忘也。顷年以来，浸不克终。谨用条陈，裨万分一。

陛下在贞观初，清净寡欲，化被荒外，今万里遣使，市索骏马，并访怪珍。昔汉文帝却千里马，晋武帝焚雉头裘。陛下居常论议，远辈尧、舜，今所为，更欲处汉文、晋武下乎？此不克终一渐也。子贡问治人。孔子曰："懔乎若朽索之驭六马。"子贡曰："何畏哉?”对曰:“不以道导之,则吾仇也,若何不畏!”陛下在贞观初,护民之劳,煦之如子,不轻营为。顷既奢肆,思用人力,乃曰:“百姓无事则易骄,劳役则易使。”自古未有百姓逸乐而致倾败者,何有逆畏其骄而为劳役哉?此不克终二渐也。陛下在贞观初,役己以利物,比来纵欲以劳人。虽忧人之言不绝于口,而乐身之事实切诸心。无虑营构,辄曰:“弗为此,不便我身。”推之人情,谁敢复争?此不克终三渐也。在贞观初,亲君子,斥小人。比来轻亵小人,礼重君子。重君子也,恭而远之;轻小人也,狎而近之。近之莫见其非,远之莫见其是。莫见其是,则不待间而疏;莫见其非,则有时而昵。昵小人,疏君子,而欲至治,非所闻也。此不克终四渐也。在贞观初,不贵异物,不作无益。而今难得之货杂然并进,玩好之作无时而息。上奢靡而望下朴素,力役广而冀农业兴,不可得已。此不克终五渐也。贞观之初,求士如渴,贤者所举,即信而任之,取其所长,常恐不及。比来由心好恶,以众贤举而用,以一人毁而弃,虽积年任而信,或一朝疑而斥。夫行有素履,事有成迹,一人之毁未必可信,积年之行不应顿亏。陛下不察其原,以为臧否,使谗佞得行,守道疏间。此不克终六渐也。在贞观初,高居深拱,无田猎毕弋之好。数年之后,志不克固,鹰犬之贡,远及四夷,晨出夕返,驰骋为乐,变起不测,其及救乎?此不克终七渐也。在贞观初,遇下有礼,群情上达。今外官奏事,颜色不接,间因所短,诘其细过,虽有忠款,而不得申。此不克终八渐也。在贞观初,孜孜治道,常若不足。比恃功业之大,负圣智之明,长傲纵欲,无事兴兵,问罪远裔。亲狎者阿旨不肯谏,疏远者畏威不敢言。积而不已,所损非细。此不克终九渐也。贞观初,频年霜旱,畿内户口并就关外,携老扶幼,来往数年,卒无一户亡去。此由陛下矜育抚宁,故死不携贰也。比者疲于徭役,关中之人,劳弊尤甚。杂匠当下,顾而不遣。正兵番上,复别驱任。市物襁属于廛,递子背望于道。脱有一谷不收,百姓之心,恐不能如前日之怗泰。此不克终十渐也。

夫祸福无门,惟人之召,人无衅焉,妖不妄作。今旱熯之灾,远被郡国,凶丑之孽,起于毂下,此上天示戒,乃陛下恐惧忧勤之日也。千载休期,时难再得,明主可为而不为,臣所以郁结长叹者也!

疏奏，帝曰："朕今闻过矣，愿改之，以终善道。有违此言，当何施颜面与公相见哉！方以所上疏，列为屏障，庶朝夕见之，兼录付史官，使万世知君臣之义。"因赐黄金十斤，马二匹。

高昌平，帝宴两仪殿，叹曰："高昌若不失德，岂至于亡！然朕亦当自戒，不以小人之言而议君子，庶几获安也。"徵曰："昔齐桓公与管仲、鲍叔牙、宁戚四人者饮，桓公请叔牙曰：'盍起为寡人寿？'叔牙奉觞而起曰：'愿公无忘在莒时，使管仲无忘束缚于鲁时，使宁戚无忘饭牛车下时。'桓公避席而谢曰：'寡人与二大夫能无忘夫子之言，则社稷不危矣。'"帝曰："朕不敢忘布衣时，公不得忘叔牙之为人也。"

帝遣使者至西域立叶护可汗，未还，又遣使赍金帛诸国市马。徵曰："今立可汗未定，即诣诸国市马，彼必以为意在马，不在立可汗。可汗得立，必不怀恩。诸蕃闻之，以中国薄义重利，未必得马而行先义矣。魏文帝欲求市西域大珠，苏则以为惠及四海，则不求自至；求而得之，不足贵也。陛下可不畏苏则言乎！"帝遂止。

是后右仆射缺，欲用徵，徵让，得不拜。皇太子承乾与魏王泰交恶，帝曰："当今忠謇贵重无逾徵，我遣傅皇太子，一天下之望，羽翼固矣。"即拜太子太师。徵以疾辞，诏答曰："汉太子以四皓为助，我赖公，其义也。公虽卧，可拥全之。"

十七年，疾甚。徵家初无正寝，帝命辍小殿材为营构，五日毕。并赐素褥布被，以从其尚。令中郎将宿其第，动静辄以闻，药膳赐遗无算，中使者缀道。帝亲问疾，屏左右，语终日乃还。后复与太子至徵第，徵加朝服，拖带。帝悲恸，拊之流涕，问所欲。对曰："嫠不恤纬，而忧宗周之亡！"帝将以衡山公主降其子叔玉，时主亦从，帝曰："公强视新妇！"徵不能谢。是夕，帝梦徵若平生，及旦，薨。帝临哭，为之恸，罢朝五日。太子举哀西华堂。诏内外百官朝集使皆赴丧，赠司空、相州都督，谥曰文贞，给羽葆、鼓吹、班剑四十人，陪葬昭陵。将葬，其妻裴辞曰："徵素俭约，今假一品礼，仪物褒大，非徵志。"见许，乃用素车，白布幨帷，无涂车、刍灵。帝登苑西楼，望哭尽哀。晋王奉诏致祭。帝作文于碑，遂书之。又赐家封户九百。

帝后临朝叹曰："以铜为鉴，可正衣冠；以古为鉴，可知兴替；以人为鉴，可明得失。朕尝保此三鉴，内防己过。今魏徵逝，一鉴亡矣。朕比使人至其家，得书一纸，始半藁，其可识者曰：'天下之事，有善有恶，任善人则国安，用恶人则国弊。公卿之内，情有爱憎，憎者惟见其恶，爱者止见其善。爱憎之间，所宜详慎。若爱而知其恶，憎而知其善，去邪勿疑，任贤勿猜，可以兴矣。’其大略如此，朕顾思之，恐不免斯过。公卿侍臣可书之于笏，知而必谏也。”

徵状貌不逾中人，有志胆，每犯颜进谏，虽逢帝甚怒，神色不徙，而天子亦为霁威。议者谓贲、育不能过。尝上冢还，奏曰：“向闻陛下有关南之行，既办而止，何也？”帝曰：“畏卿，遂停耳。”始，丧乱后，典章湮散，徵奏引诸儒校集秘书，国家图籍粲然完整。尝以《小戴礼》综汇不伦，更作《类礼》二十篇，数年而成。帝美其书，录置内府。帝本以兵定天下，虽已治，不忘经略四夷也。故徵侍宴，奏《破阵武德舞》，则俯首不顾，至《庆善乐》，则谛玩无斁，举有所讽切如此。

徵亡，帝思不已，登凌烟阁观画像，赋诗悼痛。闻者媢之，毁短百为。徵尝荐杜正伦、侯君集才任宰相，及正伦以罪黜，君集坐逆诛，孅人遂指为阿党；又言徵尝录前后谏争语示史官褚遂良。帝滋不悦，乃停叔玉昏，而仆所为碑，顾其家衰矣。

辽东之役，高丽、靺鞨犯阵，李勣等力战破之。军还，怅然曰：“魏徵若在，吾有此行邪！”即召其家到行在，赐劳妻子，以少牢祠其墓，复立碑，恩礼加焉。

四子：叔玉、叔琬、叔璘、叔瑜。叔玉袭爵为光禄少卿。神龙初，以其子膺绍封。叔璘，礼部侍郎，武后时，为酷吏所杀。叔瑜，豫州刺史，善草隶，以笔意传其子华及甥薛稷。世称善书者“前有虞、褚，后有薛、魏”。华为检校太子左庶子、武阳县男。开元中，寝堂火，子孙哭三日，诏百官赴吊。

……

赞曰：君臣之际，顾不难哉！以徵之忠，而太宗之睿，身殁未几，猜谮遽行。始，徵之谏累数十余万言，至君子小人，未尝不反复为帝言之，以佞邪之乱忠也。久犹不免。故曰：“皓皓者易污，峣峣者难全”，自古所叹云。唐柳芳称：“徵死，知不知莫不恨惜，以为三代遗直。”谅哉！

【译文】

魏徵，字玄成，魏州曲城人。幼丧父母，穷困失意，扔下家产不经营，有远大志向，对各种书籍、学问都能融会贯通。

隋末天下大乱，魏徵假意出家为道士。武阳郡丞元宝藏起兵响应李密，让魏徵掌管文书。李密每次得到宝藏的书信，总称赞它写得好，后来听说是魏徵写的，马上把他召来。魏徵进献十条计策劝说李密，李密没有用。王世充进攻洛口，魏徵求见魏公李密的长史郑颋，说道："魏公虽然屡次获胜，但精兵骁将有的死有的受伤已所剩无几；又仓库里没有财物，打胜仗不能给予奖赏。有这两条就不应该出战。如果我们挖深洛口的城壕，加高它的防御工事，拖延时间不和敌人作战，敌人粮食用完将会自己离开，那时我军再追击他们，这就是夺取胜利的方法。"郑颋说："你这些话不过是老生常谈罢了！"魏徵不辞而别。

后来魏徵随从李密降唐，到了京师，很长时间默默无闻。魏徵自己请求去安抚山东地区，天子于是提拔他为秘书丞，驾驿车疾行到了黎阳。当时李勣还在为李密守黎阳，魏徵写信给他说："当初魏公由叛逆者而起兵，振臂大呼，四方响应，有部下数十万，势力所及，近半个中国，然而一失败就再也振作不起来，最后终于归附唐朝，因此知道天命已有所归属。现在您处于兵家必争之地，如果自己不及早谋划，那么大事就会无可挽回！"李勣得到信，终于定计归附唐朝，并开仓发粮，赠给唐淮安王的军队。

恰巧窦建德攻陷黎阳，抓获了魏徵，于是让他担任起居舍人的伪官。建德失败，魏徵与裴矩西行入潼关，隐太子建成推荐他任太子洗马。魏徵见秦王李世民功高，暗中劝说太子早定对策。太子失败，秦王责问魏徵说："你让我们兄弟互相争斗，这是为什么呢？"他回答说："如果太子早听我魏徵的话，就不会死于今天的祸乱。"秦王器重魏徵敢于直言，毫无怨恨他的意思。

秦王即帝位，拜魏徵为谏议大夫，封钜鹿县男。正在这个时候，河北州县过去侍奉隐太子、巢王元吉的人都自己觉得不安全，往往成群藏匿思谋作乱。魏徵禀告太宗说："不向天下人显示天子至公无私，灾祸不能解除。"太宗说："你去安抚和开导一下河北的人。"魏徵在出使河北途中，遇到隐太子千牛李志安、齐王元吉府护军李思行被解往京师，魏徵同他的副使商议道："正好有诏令，前东宫、齐王府的旧人一律免罪，现在又拘捕、解送志安等人，谁心里不怀疑呢？我辈虽前去传达天子的旨意，人们一定不会相信。"立即赦免志安等人而后上报天子。魏徵出使回来，太宗非常高兴，对他日益亲近，有时把他领进卧室，询问天下的事情。魏徵也自认为得到君主非常的赏识，于是把心里的想法全部说出，毫不隐瞒，共提出建议二百多项，全都切实可行符合皇帝的心意。因此太宗任命他为尚书右丞，兼谏议大夫。

天子的近臣中有人诽谤魏徵偏袒自己的亲戚，皇帝让温彦博前去查问，结论是这种说法不符合事实。彦博说："魏徵作为臣子，不能注意行迹，以避开嫌疑，因而受到意外的诽谤，这是应该责备的。"皇帝就叫彦博去责备魏徵。魏徵觐见皇帝，拒绝道："臣听说君臣应该同心，这叫作如同一个整体，哪有抛弃至公无私，只注意个人行迹的？如果君臣上下共同遵循这条道路，那么国家是兴是亡就没法预料了。"皇帝一副吃惊的样子，说道："我已经领悟你的意思了！"魏徵跪下叩头说："愿陛下让臣做良臣，不要让臣做忠臣。"皇帝说："忠臣、良臣有不同吗？"魏徵说："良臣，就是稷、契、皋陶；忠臣，就是龙逢、比干。良臣，自身得美名，君主有尊号，子孙世代相继，福祚传之无穷；忠臣，自身得祸受戮，使君主陷于愚昧、凶暴的境地，国亡家灭，只得到一个空名。这就是忠臣与良臣的不同。"皇帝说："说得好。"接着问道："做君主的人用什么方法能做到明，犯什么错误会导致暗？"魏徵说："君主之所以明，是由于能多方面地听取意见；之所以暗，是因为偏听偏信。从前尧、舜大开四方之门，广招贤才，目明能远视四方，耳聪能远听四方，虽有共工、鲧这样的恶人，不能蒙蔽他们；言语动听行为背谬，也不能使他们受迷惑。秦二世居于深宫，偏信赵高，天下离散叛乱却不知道；梁武帝偏信朱异，侯景领兵准备攻城却不知道；隋炀帝偏信虞世基，造反的人到处都是却不知道。所以说，君主能多方面地听取意见，那么奸臣就不可能蒙蔽君主，而下情也就能上达。"

郑仁基的亲生女儿长得漂亮又有才华，皇后建议让她当九嫔中的充华，天子的封册都准备好了。有人说她已和别人有婚约，魏徵进谏道："陛下居于楼台，就想让百姓有房子住；吃精美的食物，就想让百姓能吃饱吃好；看到身边的侍妾，就想让百姓有家庭。现在郑家的女儿已有婚约，陛下娶她，哪里有一点做百姓父母的情意！"皇帝沉痛地责备自己，立即下令停止册封郑仁基的女儿为充华。

贞观三年，魏徵以秘书监的身份参与朝政。高昌王麴文泰将入京朝见天子，西域各国都想趁文泰入朝的机会派遣使者向天子进献。皇帝命令文泰的使臣厌怛纥干前去迎接西域各国的使者。魏徵说："往年文泰入京朝见天子，所经过的地方，计划供应的物品尚不能备齐，现在又加上各国的使者，那么近边的州县，由于物资供应不上而招致犯罪的人将会很多。西域人以商贾的身份前来，边地人民会因此而得利；如果作为宾客前来，那么中国就会因消耗大量资财而变得冷落了。东汉建武年间，西域诸国请求汉在西域设置都护府并派遣王子入京侍奉皇帝，光武帝不答应，因为不愿为了异族而使中国受害。”皇帝说：“你的意见很好。”立即把发布的诏令追回。

这时是太宗即位的第四年，一年中判处死刑的只有二十九人，几乎达到对刑罚弃置不用的地步，米价每斗才三钱。在这之前，皇帝曾经感叹道：“现在处于大乱之后，国家很难治理吧！”魏徵说：“大乱之后容易治理，就像饥饿的人吃东西容易对付一样。”皇帝说：“古人不是说善人治理国家经一百年，然后可以制伏凶残的人，从而废除死刑吗？”魏徵回答说：“这话不是为圣人哲人说的。圣人哲人治理国家，理应像回声一样，一年便可以有成效，并不是那么费力的事。”封德彝说：“不是这样的。夏、商、周三代之后，浮薄诡诈之风日益滋长。秦朝专用法律，汉朝杂用霸道，都想把国家治理好而不能，不是能把国家治理好而不想。魏徵是个书生，喜欢空谈，他的话只会使国家混乱，不可听从。”魏徵说：“五帝、三王不是换掉百姓而后教化，实行帝道便称帝于天下，实行王道便称王于天下，就看所实行的是什么了。黄帝驱逐蚩尤，经过七十次战争而制伏蚩尤的为害，于是达到无为而治。九黎危害道德，颛顼征讨它，获胜后天下就得到很好地治理。桀作乱，汤放逐他；纣无道，武王讨伐他。汤、武王都在自己生前达到天下太平。如果人民日渐浮薄诡诈，不再返于淳朴，那么到了今天，应当都成为鬼怪，君主又怎么能教化他们呢！”德彝回答不上来，但内心以为魏徵的意见不可行。皇帝完全接受魏徵的意见而毫不怀疑。到这个时候，天下太平。边地异族君长受中华文明礼教的熏染，带刀到宫中担任警卫。国土东到大海，南过五岭，都夜不闭户，来往的旅客不用携带粮食，在路上就能得到供应。太宗对群臣说：“这都是因为魏徵劝我行仁义啊，现在已经有成效了。可惜封德彝已去世，不能让他见到了！”

不久魏徵任检校侍中，爵位晋升为郡公。皇帝到九成宫，有宫女住在九成宫下围川县的官舍里。尚书右仆射李靖、侍中王珪接着到来，县吏将宫女移到别的地方居住腾出官舍给李靖、王珪。皇帝听说这事，发怒道:“权力归这些人吗!为什么轻视我的宫女?”下令审查县吏和李靖、王珪。魏徵说:“李靖、王珪都是陛下的心腹大臣,宫女不过是后宫中负责打扫垃圾的奴婢。当大臣外出,官吏要向他们询问朝廷的法度;当他们归来,陛下要询问他们民间的疾苦。官舍,本是李靖等人接见官吏的地方,因为官吏是不能不拜见大臣的嘛。至于宫女就不是这样,除供给饮食之外,无须参见侍侯。如果因此而审查官吏,将使天下人听了吃惊。”皇帝醒悟,便放下这事不再查问。

后来,皇帝在丹霄楼宴请近臣,饮酒之中,天子对长孙无忌说:“魏徵、王珪侍奉隐太子、巢剌王的时候,确实可恶,我能抛弃旧怨,任用有才能的人,也算无愧于古人了。但魏徵每次进谏,如果我不从,我发话,他总不马上答应,这是为什么呢?”魏徵说:“臣认为事情有不合适的地方,所以进谏,如果陛下不从而臣马上答应,便怕事情就这样施行。”皇帝说:“只管马上答应,等机会再另陈述意见,难道不行吗?”魏徵说:“从前舜告诫群臣说:‘你们不要当面顺从我,退下后又有话说。’如果臣当面顺从,答应陛下,又另找机会陈述意见,这就是‘退下后又有话说’,不是稷、离用来侍奉尧、舜的办法。”皇帝大笑道:“别人说魏徵举止粗暴傲慢,我却只看到他的柔媚。”魏徵一拜再拜,说道:“陛下引导臣让臣说话,所以敢这样;如果陛下不接受进谏,臣又怎敢多次触怒陛下呢!”

贞观七年,魏徵任侍中。当时尚书省有长期不决的诉讼案件,天子命令魏徵秉公处理。魏徵不是特别熟悉法律,只抓住原则,按照实际情况处理,大家都心悦诚服。天子进封魏徵为左光禄大夫、郑国公。魏徵多病,请求辞去官职,太宗说:“您难道没有看见金属在矿里,没有什么值得珍贵的,擅长冶炼金属的工匠把它锻造成器物,人们才觉得它宝贵。朕正把自己比作金属,把卿比作好的工匠,而对它加以磨砺。卿虽有病,但还未衰老,哪能就这样辞官呢?”魏徵恳切请求,多次推辞官职,态度更加坚决。太宗于是改命魏徵为特进,仍旧让他执掌门下省事务,命令朝廷的规章、国家的制度,由魏徵参议得失。他的俸禄、属吏、卫士都同职事官侍中一样。

太宗文德皇后安葬后,太宗就在禁苑建高层望楼,用它瞭望昭陵,有一次领着魏徵一起登上望楼,魏徵细看后说道:“臣两眼昏花,看不到什么。”皇帝指给他看,魏徵说:“这是昭陵吗?”皇帝说:“是。”魏徵说:

“臣以为陛下是望高祖献陵呢，如果是昭陵，臣原已看到了。”皇帝哭泣，为此毁掉望楼。接着魏徵由于修定吉、嘉、宾、军、凶礼，应封自己的一个儿子为县男，魏徵请求封自己已故哥哥的儿子叔慈。皇帝悲伤地说：“这样可以劝导世俗的人。”就答应了他。

后来太宗往洛阳，途中住在昭仁宫，对负责供应物资的官吏多所谴责。魏徵说：“隋朝专门指责郡县不进献食物，或者指责奉献的物品不精美，因做这种事没有节制，而至于灭亡。所以上天命令陛下取代隋朝，陛下正应当谨慎戒惧，警告约束自己，怎么能让人因为供奉不奢侈而后悔呢！如果认为充足，那么现在这样已经很充足了；如果认为不充足，那么等于现在这样的一万倍难道就会觉得充足吗？”皇帝吃惊地说：“没有你，朕听不到这样的话。”魏徵退下后又进献奏疏说：

《尚书》说“宣扬道德，小心刑罚”，“只有惧用刑法”。《礼记》说：“处在上级地位的人容易侍奉，处在下级地位的人容易了解，那么刑罚就不会繁多。”“处在上级地位的人多疑，那么百姓就会感到迷惑；处在下级地位的人难于了解，那么君长就会觉得疲劳。”处在上级地位的人容易侍奉，处在下级地位的人就容易了解，那么君长就不会觉得疲劳，百姓就不会感到迷惑。所以君主有一种美德，臣下就不会有二心。刑罚赏赐的根本，在于劝善惩恶。帝王给赏赐用刑罚，全国划一，是不应因为亲疏贵贱而有所轻重的。现在的刑罚赏赐则不这样，有时因为高兴生气，有时出于喜好厌恶。遇上高兴的时候就惜于用刑，虽然依照法律应当用刑，遇上生气的时候就离开法律去寻找别人的罪过；自己喜好的人就极力赞美，言过其实，自己厌恶的人就故意挑剔。（这样必将导致刑罚过度、赏赐不当。）刑罚过度，那么小人之道就会增长，赏赐不当，那么君子之道就会消亡。小人的恶行不惩罚，君子的善行不奖励，而希望达到天下太平、刑罚弃置不用，这是我没有听说过的。而且空闲时清谈，都笃信、崇尚孔子、老子；到了发威动怒的时候，就专门效法申不害、韩非。所以道德的好处未能推广，刻薄的风尚已先煽起。从前伯州犁与人串通作弊，楚国的法律便遭破坏，张汤心有所轻重，汉朝的刑罚便会出差错，更何况身为君主而自己有偏颇呢！近来处罚人，有的由于供应物品不充足，有的因为不能顺从自己的欲望，这些都不是为达到太平而急需办理的事务。古人说，尊贵没有与骄傲相约而骄傲自来，富裕没有与奢侈相约而奢侈自到，这并不是空话。

况且我们所取代的是隋朝。以隋朝的仓库，比今日的储备；以隋朝的军队，比今日的兵马；以隋朝的户口，比今日的百姓，计量其长短大小，有多少差别呀！然而隋朝以富强而灭亡，原因是国家动荡；我们以贫乏而安宁，原因是国家平静。平静就安宁，动荡就混乱，这大家都知道，并不是隐晦难见、微细难察的道理。不走平坦的道路，而遵循已倾覆的车子的行迹，这是为什么呢？原因在于安宁时没想到危险，太平时没想到动乱，生存时没考虑到灭亡。当隋朝还没有乱的时候，自以为一定不会乱；还没有亡的时候，自以为一定不会亡。所以屡次发动战争，徭役不息，直到被杀受辱，还不明白灭亡的原因，岂不可悲！照看长相的美丑，一定要用静止的水；考察国家政治的安危，一定要找已灭亡的国家。《诗经》说："殷朝的借鉴不远，就在前一代的夏朝。"臣希望现今的行动，能以隋朝为借鉴，那么存亡治乱的道理就能知道了。如能想到导致危险的原因就会安宁，想到导致动乱的原因就会太平，想到导致灭亡的原因就能生存。生存灭亡的症结，只在于节制嗜好与欲望，减少出游和打猎，摆脱奢华，停止办理非急迫事务，小心不要偏听偏信，亲近忠厚的人，疏远善于阿谀逢迎的人罢了。保持帝王之业是容易的，但取得它则确实困难。现在既然已取得那难于取得的帝王之业，难道就不能保持这易于保持的帝业了吗？保持它不牢固，是因为有骄奢淫逸之心在动摇它。

皇帝在洛阳宫积翠池宴请群臣，酒喝得高兴，和群臣一起赋诗。魏徵赋《西汉》诗，它的末章说："终借叔孙礼，方知皇帝尊。"皇帝说："魏徵说话，没有不用礼来约束我的。"有一天，皇帝不慌不忙地问魏徵说："近来国家的政治怎么样？"魏徵见国家长时间太平，皇帝的思想上有所忽视，于是回答说："陛下在贞观初年，引导臣下使他们进谏。三年以后，遇到进谏能高兴地听取。近一二年，勉强接受进谏，而心里终究愤慨不满。"皇帝吃惊地说："你有什么事例可作为证明？"魏徵回答说："陛下刚即位的时候，判处元律师死刑，孙伏伽进谏，认为按法律不应处死，陛下赐给他兰陵公主的别墅，值一百万钱。有人说：'赏赐太厚。'陛下回答说：'朕即位以来，还没有进谏的人，所以给予厚赏。'这就是引导臣下使他们进谏。后来柳雄乱报在隋朝做官的资历，有关官吏得到实情，弹劾他弄虚作假，陛下判处他死刑，戴胄进言，说他的罪只应当处以徒刑，戴胄坚持了四五次，然后陛下才宣布赦免柳雄的死罪。陛下对戴胄说：‘只管像这样严格执行法律，就不怕会有滥罚的现象了。’这就是能高兴地听从谏言。近时皇甫德参上书说：‘修建洛阳宫，是让百姓受累；收地租，是滥征捐税；世俗好梳高髻，是受到宫中的影响。’陛下发怒道：‘这人要国家不役使一个人，不收一斗租，宫女都没有头发，才算合他的心意。’臣进言道：‘臣下上书，不激切不能动君主之心，激切就近于毁谤。’当时，陛下虽听从臣的话，赏给德参丝织物，没有治他的罪，但心里终究愤慨不满。这就是不大容易接受进谏。”皇帝于是醒悟，说道：“不是你，没有人能说出这样的话。人往往苦于不能自己知道自己。”

在这之前，皇帝想建造飞山宫，魏徵进献奏疏说：

隋朝据有天下三十多年，教化传布于万里之外，威力使异邦的人感到畏惧，然而一时之间，天下却全部丧失。那炀帝，难道讨厌太平而喜欢灭亡吗？这是由于他依仗国家的富强不考虑后患的缘故。炀帝驱遣天下之人，役使万物，以奉养自己，搜求妇女、财物，修整宫殿楼台，徭役随时都有，战争连年不断，向外显示自己的威严，对内行其险诈猜忌之道，邪恶的人受重用，忠正的人被斥逐，上下相互欺骗，百姓实在无法活命，因而导致自身死于平民之手，被天下人耻笑。圣人趁这个机会，拯救天下的危难。现在隋帝的宫殿楼台，陛下已全部住上了；奇珍异物，陛下已全收敛入宫；贵妇美女，已全在陛下的身旁侍候；四海九州的人，已全臣服归顺。陛下如果能借鉴隋朝之所以灭亡的原因，思考我之所以得天下的原因，焚毁隋宫的宝衣，废弃隋帝的广殿，安居于低矮的宫室，那就具有最高一等的道德。假如已成就的事业不败落，能继续承袭原有的传统，取消一切非急迫事务，那就具有次一等的道德。如果不考虑创立帝业的艰难，认为天命可以依恃，凭借旧基址扩大宫殿，增饰原有的建筑，甘心过奢侈糜烂的生活，使百姓看不到君王的德政，而只听到要他们服劳役的事，那就是最下等的了。用暴虐代替暴虐，将走上动乱的道路。做事情不能为后人所效法，子孙就看不到榜样。（这样，必将导致民怨神怒。）民怨神怒，那么自然灾害就会发生；自然灾害发生，那么祸乱就会出现；祸乱出现，自己的躯体名声能够善终的那就很少了。

这一年，天降大雨，谷水、洛水泛滥，毁坏宫观十九处，冲走居民六百家。魏徵上书陈述政事的得失时说：

臣听说治国用德、礼作基础，以诚、信为领先。诚、信建立，那么处在下级地位的人就不会有二心；德、礼具备，那么远方的人就会前来朝贡。所以德、礼、诚、信，是治国的重要纲领，不可以有片刻时间废弃。古人的书上说："君主应该按礼来使用臣子，臣子应该以忠来侍奉君主。""自古以来，人总是要死的，如果老百姓不信任统治者，国家也就立不住脚了。"又说："同样的言语，有时能被信任，（有时不被信任）可见在言语之前，存在着一个信任的问题；同样的命令，有时能被执行，（有时不被执行）可见在命令之外，存在着一个是否真诚待人的问题。"这样看来，言语不能执行，是因为言语不被信任；命令不被听从，是因为命令缺少真诚待人之意。不被信任的言语，不能真诚待人的命令，君子是不发出的。

自从帝王的正道美善兴旺，已延续十余年，国家仓库里的粮食越来越多，土地更加广大，然而道德不能一天天增广，仁义不能一天天加深，这是为什么呢？因为陛下对待臣下，还没有能完全达到真诚、信任，虽有善始的勤劳，却无善终的优点。所以阿谀奉迎之徒得以尽力施展他们的巧辩伎俩，说彼此同心的人是结党营私，说揭人隐私的人是大公无私，说刚强正直的人是专权，说忠直敢谏的人是诽谤。说成结党营私，虽然忠实不欺也值得怀疑；说成大公无私，虽然弄虚作假也没有过错。刚强正直的人害怕专权的非议而不能全部说出自己想说的话，忠直敢谏的人考虑到诽谤的指责而不敢直言谏争。惑乱视听，阻滞正道，妨害教化，损伤道德，没有比这更厉害的。

现在要追求达到太平，就把任务托付给君子，而事情的得失，有时则询问小人，这样诽谤赞誉便常操控在小人手里，而督察责罚则常加到君子头上。中等才智的人，难道没有点小聪明，然而其心思不能达到远大，即使他们竭诚尽力，仍不能免于使国家倾覆败亡，更何况内心怀有用不正当手段营利的企图，专门承顺天子的脸色、旨意行事的人呢！所以孔子说："君子中没有仁德的人是有的，没有小人而具有仁德的。"这样看来，君子不能没有小恶，但恶不多不妨害他是正人；小人也时常有小善，但善不多不足以使他成为忠臣。现在说某人是善人，又考虑他不可信任，这和竖立一根直的木头却怀疑它的影子不直有什么不同呢？所以上级不被下级信任就无法使唤下级，下级不被上级信任就无法侍奉上级，信任的意义是很重大的呀！

从前齐桓公问管仲说："我要让祭祀时用的酒在酒爵里发臭，用的肉在俎上腐烂，该不会妨害成就霸业吧？"管仲说："这固然不好，但不会妨害成就霸业。"桓公说："怎么样会妨害成就霸业呢？"管仲说："不能了解人，会妨害成就霸业；了解而不能使用，会妨害成就霸业；使用而不能授给官职，会妨害成就霸业；授给官职而不能信任，会妨害成就霸业；既加以信任而又让小人参与他的事务，会妨害成就霸业。"晋国中行穆伯攻打鼓国，历时一年而不能攻下，馈闲伦说："鼓国的啬夫，闲伦认识，请不必让士大夫们受累，鼓国便可以得到。"穆伯不答应。穆伯身边的人说："不折断一枝戟，不伤害一个士兵，而鼓国便可以得到，这样的事您为什么不做呢？"穆伯说："闲伦的为人，善于阿谀奉承，而没有仁德。如果让闲伦拿下鼓国，我不可以不给奖赏，如果奖赏他，就是奖赏善于阿谀奉承的人。善于阿谀奉承的人得志，这是让晋国的人舍弃仁德而效法阿谀奉承，虽然得到鼓国，又有什么用呢！"穆伯不过是春秋列国的大夫，管仲只是霸主的辅佐，尚且能够对应该信任什么人十分谨慎，远远地躲开善于阿谀奉承的人，更何况陛下这样的大圣人呢！如果想让君子小人和是非不混杂，一定要用德来安抚臣下，用信来对待臣下，用义来激励臣下，用礼来约束臣下，然后奖善而嫉恶，使赏罚分明，这样，以德化民、无为而治的美政，离我们也就并不远了！如果奖善而不能提拔善人，嫉恶而不能除去恶人，惩罚不给予有罪的人，奖赏不施与有功的人，那就会有危亡的时候，国家也许不能保住。

皇帝亲自写诏书给予表扬和批复。于是，下令废除明德宫玄圃院，将它赐给遭水淹的人家。

有一天，太宗宴请群臣，皇帝说："贞观以前，跟随我平定天下，辗转奔波于乱世，这是房玄龄的功劳。贞观之后，进献忠诚的劝告，纠正朕的过错，为国家的长远利益着想，只有魏徵一人而已。即使是古代的名臣，也不能超越他们！”于是亲自解下佩刀，赐给他们两人。皇帝曾经问群臣说：“魏徵与诸葛亮相比哪一个贤能？”岑文本说：“诸葛亮兼备将相的才干，魏徵不能同他相比。”皇帝说：“魏徵实践仁义以辅佐朕，想使朕达到尧、舜的地步，即使是诸葛亮也无法同他匹敌。”当时进献密封奏章的人很多，有的不切合世事，皇帝厌烦，想加以贬斥，魏徵说：“古时，尧设立诽谤之木，想知道自己的过错。密封的奏章，就是古时立谤木制度的遗留吧！陛下想知道政事的得失，就当听任人们上言。话说得对，有益于朝廷；说得不对，无损于国家政治。”皇帝很高兴，对进献密封奏章的人都加以抚慰而后才让他们离去。

贞观十三年，突厥人阿史那结社率在京师作乱，云阳的石头自己燃烧，自去年冬天到今年五月不下雨，魏徵于是进献奏章全部道出自己的心里话：

臣在皇宫内侍奉陛下十余年，陛下答应臣实行仁义之道，保持它不丧失；节俭朴素，始终不变。陛下的善言还在耳边，臣不敢忘记。近年以来，陛下却渐渐不能坚持到底。现恭敬地分条陈述，或可裨补缺失于万分之一。

陛下在贞观初年，清净寡欲，教化遍及荒远之地。现在派遣使者到万里之外，购买、索取骏马，并寻访奇珍异物。从前汉文帝推辞不接受千里马，晋武帝烧毁用雉鸡头羽制成的裘。陛下平时议论，自己远比于尧、舜，现在所作所为，却要处于汉文帝、晋武帝之下吗？这就是逐渐不能坚持到底的第一件事。子贡问治理百姓的事，孔子说：“多么危险啊，就像用朽烂的缰绳去驾驭马车上的六匹马。”子贡说：“为什么这样害怕呢！”孔子回答说：“不用道去引导百姓，百姓就会成为我的仇敌，怎么能不害怕呢？”陛下在贞观初年，救助百姓的劳苦，爱抚他们如同自己的儿子一般，不轻易经营建造宫室。近来既奢侈放纵，就想使用民力，于是说：“百姓无事就容易傲慢，让他们服劳役就容易使唤。”自古以来不曾有百姓安乐而导致国家倾覆败亡的，哪有预先害怕他们傲慢而要他们服劳役的呢！这就是逐渐不能坚持到底的第二件事。陛下在贞观初年，约束自己的享受以利于他人，近年来则纵欲而劳民。虽然嘴里不停地说着忧民的话，而心里实际关切的是使自身快乐的事。不考虑修筑建造的事，就说：“不做这些事，不利于我的身体。”按人的常情推论，这样说还有谁敢再争辩呢！这就是逐渐不能坚持到底的第三件事。在贞观初年，陛下亲近君子，排斥小人。近来则亵渎小人，敬重君子。敬重君子，是对他们敬而远之；亵渎小人，是对他们亲近宠幸。亲近小人，就不能看到他们的非，疏远君子，就不能看到他们的是。不能看到他们的是，那么就会不等有嫌隙而自然疏远；不能看到他们的非，那么过一定的时候就会自然亲昵。对小人亲昵，对君子疏远，而想达到政治清明，臣没有听说过。这就是逐渐不能坚持到底的第四件事。在贞观初年，陛下不看重奇异的物品，不做无益的事情，而现在各种稀有难得的物品，纷杂繁多，一齐送进皇宫，各种陛下赏玩嗜好之物的制作，没有停止的时候。上级奢侈糜烂而希望下级朴素，劳役广泛而盼望农业兴盛，是不可能的。这就是逐渐不能坚持到底的第五件事。贞观初年，陛下求贤若渴，贤人所推荐的人，陛下就信赖和任用，各取他们的所长，常害怕做不到这样。近来陛下用人由内心的好恶出发，有时由于贤人们的推荐而任用，因为一个人的诽谤而抛弃，即使是多年任用和信赖的人，有时由于一时的怀疑即加以斥逐。人的行为有他一向遵循的东西，事情各有它既成的痕迹，一个人的诽谤未必可信，多年的行为不应当一下勾销。陛下不考察事情的根源，以一人的诽谤作为褒贬的依据，这让恶意中伤、花言巧语得以通行，使坚持正道的人日益被疏远和产生隔阂。这就是逐渐不能坚持到底的第六件事。在贞观初年，陛下居于高位，拱手安坐，没有打猎的嗜好。数年之后，不能保持原有的心志，于是连四方的少数民族地区也远来进献打猎用的鹰犬，陛下晨出夜归，以驰马射猎为乐，倘若有意外的事故，能来得及解救吗？这就是逐渐不能坚持到底的第七件事。在贞观初年，陛下对待臣下有礼貌，群情能够上达。现在地方官员入朝奏事，见不到天子的容颜，偶然因为有短处，便受到指责，连小过也不放过，他们虽有忠诚，又怎能表达。这就是逐渐不能坚持到底的第八件事。在贞观初年，陛下孜孜不倦地寻求治国之道，常常感到自己好像有不足之处。近来陛下依仗建立的功业之大，凭恃自己才智的超凡、英明，增长骄气，放纵欲望，无事而出动军队，向边远地区的人问罪。被陛下亲近宠幸的人迎合陛下的旨意不肯进谏，被陛下疏远的人则害怕陛下的威势而不敢说话。这类事不停地积累，损害是不会小的。这就是逐渐不能坚持到底的第九件事。贞观初年，连年有霜灾旱灾，京师附近地区的住户都到关外避灾，扶老携幼，来往数年，终无一户逃亡。这是由于陛下的怜惜抚养，所以百姓死不离心。近年来百姓疲于徭役，尤其是关中地区，人民更加疲惫不堪。各种工匠服役期限已到，应当放回，又强留雇用不予遣返；适龄的兵士轮番值勤，到期又另外派给任务。官府向百姓议价购买的货物很多，背东西的人相接于市肆，长途转运传递货物的丁壮往来于道路，前后相继。现在倘若有一年粮食没有收成，百姓的心，恐怕是不会像从前那样安定妥帖的。这就是逐渐不能坚持到底的第十件事。

祸与福没有定规，都是人们自己招来的，人无疏漏，怪异反常的事物就不会随便出现。现在干旱的灾害，远及各郡，恶人制造的祸害，就出现在京城，这是上天用来向我们表示警告的，也是陛下应当忧愁、恐惧和操劳的时候。当今是千载一遇的盛世吉期，机会不容易再得到，贤明的君主能做到而不做，这就是臣之所以忧思积聚深深叹息的原因。

这篇奏疏呈送给天子，皇帝说："朕现在已经知道自己的过错了，愿意改正它，以使已推行的善道得以坚持到底。如果违背这些话，朕与您相见，当把这脸面往哪里放呢！正准备把您呈送的这篇奏疏，安置在屏风上，让朕早晚都能见到它，还准备将它抄送史官，使千秋万代都知道什么是君臣之间的大义。"于是赐给魏徵黄金十斤，马两匹。

高昌平定以后，皇帝在两仪殿设宴招待群臣。叹息说："高昌如果不丧失道德，哪至于灭亡呢！然而朕也应当自己警告自己，不用小人的话来非议君子，国家差不多就能得到安定了。"魏徵说："从前齐桓公与管仲、鲍叔牙、宁戚一共四人在一起喝酒，桓公要求叔牙说：'为什么不站起来为寡人祝寿？'叔牙手捧酒杯站起来说：'愿您不要忘记逃到莒国的日子，让管仲不要忘记在鲁国被囚禁的日子，让宁戚不要忘记在车下喂牛的日子。'桓公离开座位向叔牙表示感谢道：'寡人和两位大夫能不忘记先生的话，那么国家就不会有危险了。'"皇帝说："朕不敢忘记当平民的日子，您不可忘记鲍叔牙的为人。"

皇帝派遣使者到西域立西突厥沙钵罗叶护为可汗，使者还没有回来，皇帝又派遣使者携带金银绢帛到西域诸国买马，魏徵说："现在立可汗的事还没有确定下来，就派人到西域诸国买马，西域人一定会以为陛下意在买马，不在立可汗。可汗能够被立，一定不会怀念陛下的恩德。西域各属国听说这事，会以为中国轻义重利，于是不一定能得到马却先把义给丢掉了。从前魏文帝想寻找、购买西域大珠，苏则认为如果天子的恩泽达于四海，那么东西就会不寻找而自来；寻找而后得到它，也不值得宝贵。陛下能不敬畏苏则的议论吗！”皇帝于是停止派遣买马的使者。

这以后尚书右仆射的职位空缺，太宗想任用魏徵，魏徵谦让，于是没有担任这一职务。皇太子承乾与魏王李泰彼此怀恨，皇帝说：“当今朝臣忠直尊贵的，没有人能超过魏徵，我派他辅佐皇太子，统一天下人的希望，皇太子的翅膀也就结实了。”于是任命魏徵为太子太师。魏徵因病推辞，太宗下诏回答说：“汉朝的太子以四皓为辅佐，我现在依靠您，也是这个道理。您虽然卧病，也能保全太子。”

贞观十七年，魏徵病重。魏徵家的住宅原先没有正室，皇帝命令停建一座小殿，用小殿的材料为魏徵修造正室，五天就修成了。皇帝还赐给魏徵白色褥子、布被，这样做是出于遵从魏徵的爱好。太宗命令中郎将住在魏徵家中，有什么动静立即上报，赐给魏徵的药物、膳食无从计算，宫中派出的送物使者相接于道。皇帝亲自到魏徵家中问病，屏退左右，单独和魏徵谈了一整天才回宫。后来又与太子一起到魏徵的住宅，魏徵不能起床，把朝服盖在身上，拖着腰带。皇帝忧伤烦闷，用手抚摸魏徵，流下了眼泪，问魏徵有什么要求，魏徵回答说：“寡妇不忧虑纬线之少，而忧虑宗周的危亡！”皇帝准备把衡山公主嫁给魏徵的儿子叔玉，当时公主也跟随皇帝到魏徵家中，皇帝对魏徵说：“您勉强看一下新娘子吧！”魏徵已说不出话，不能表示感谢。这一天晚上，皇帝梦见魏徵还像平时一样，到了天亮，魏徵便去世了。皇帝亲临哭吊，极其悲痛，下令朝廷停止办公五天。太子在西华堂哭祭魏徵。天子命令朝廷内外官吏朝集使都前去送葬，追赠魏徵为司空、相州都督，定谥号为文贞，官府供给手持羽葆、班剑的仪仗队和鼓吹乐手共四十人，令他陪葬昭陵。将要下葬的时候，魏徵的妻子裴氏推辞说：“魏徵平素节俭，现在让他按一品官的礼节安葬，所需仪仗、器物极多，不符合魏徵的心意。”太宗答应她的要求，于是用未经雕饰上漆的车载棺柩，用白布作丧车的帷幔，不用陶车、草人草马等随葬器物。皇帝登上长安禁苑的西楼，遥望魏徵的灵车而哭泣，尽情倾吐自己的哀痛之意。晋王奉天子之命，在道旁设食祭奠。皇帝亲自为魏徵作碑文，并将它书写在石上。又赐给魏徵家封户九百。

皇帝后来在朝廷处理政事，叹息道："人用铜做镜子，可以使衣冠整齐；用历史做镜子，可以知道兴亡；用人做镜子，可以看清得失。朕曾依靠这三面镜子，以防止自己犯错误。现在魏徵去世，我丧失一面镜子了。朕最近派人到魏徵家里，得到他遗表的草稿，只有一页纸，才写了一半，其中可辨认的几行字说：'天下的事情，有善有恶，任用善人国家就安定，任用恶人国家就破败。公卿大臣之中，陛下对他们的感情有爱有憎，往往憎的只看到他们的恶，爱的只看到他们的善。爱憎之间，应当审慎。如果爱而知道他们的恶，憎而知道他们的善，除去恶人不犹豫，任用贤人不猜忌，国家就能兴旺发达了。'遗表的大意就是这样。朕思考这事，自己恐怕不能避免魏徵所说的这种过错。公卿侍臣，可把魏徵的这些话写在手板上，知道朕有这种过错，一定要进谏。"

魏徵的相貌不过中等，有志向胆量，常冒犯天子的威严进谏，即使遇到皇帝大发脾气，仍然神色不变，而天子也往往为之收敛威严。人们议论，说孟贲、夏育的勇气也不能超过魏徵。有一次魏徵上坟回来，对太宗说："过去听说陛下想到关南去，已经准备好了却没有去，为什么呢？"皇帝说："怕卿进谏，于是停下来。"起初，天下经历祸乱之后，图书湮没散失，魏徵报告天子，带领诸儒校勘宫中藏书和搜集图书，于是国家的图书便很有条理和完整了。魏徵曾认为《小戴礼记》编次没有条理，于是又作《类礼》二十篇，历经数年完成。皇帝称赞他的这部书，把它抄录下来收入宫中藏书处。皇帝本靠武力平定天下，虽然天下已太平，也不忘经营四方少数民族地区。所以魏徵陪从天子宴饮，当表演《破阵武德舞》的时候，就低下头不看，到表演《庆善乐》的时候，便仔细欣赏，毫不厌倦，他的举动含有讽喻、责备之意就像这一类。

魏徵去世，皇帝思念不已，曾登上凌烟阁看魏徵的画像，赋诗哀悼。知道这事的人嫉妒魏徵，百般诽谤他。魏徵曾推荐杜正伦、侯君集才干可担任宰相，等到杜正伦因犯罪被免职，侯君集因犯叛逆罪被处死，小人于是指责魏徵偏袒同党；又说魏徵曾抄录前后直言规劝天子的话给史官褚遂良看。皇帝更加不高兴，于是取消公主与叔玉的婚约，推倒自己书写的魏徵碑，所以魏徵家也就逐渐衰落了。

太宗攻打辽东的战役，高丽、靺鞨的军队进犯唐阵，李勣等人力战破敌。太宗回师，心里不痛快，说道：“魏徵如果在世，我会有这次出征吗？”立即下令召魏徵的家人到天子所在的地方，赏赐、慰问魏徵的妻子、儿子，派人用羊猪二牲到魏徵的墓上祭奠，又把魏徵碑竖立起来，对他的礼遇增加了。

魏徵有四个儿子：叔玉、叔琬、叔璘、叔瑜。叔玉承袭魏徵的爵位，任光禄少卿。神龙初年，让他的儿子魏膺继承爵位。叔璘，任礼部侍郎，武后时代，被酷吏杀害。叔瑜，任豫州刺史，擅长草书、隶书，把自己的书法风格传授给他的儿子魏华和外甥薛稷。世人称擅长书法的人，“前有虞、褚，后有薛、魏。”魏华任检校太子左庶子，封武阳县男。开元年间，他家卧室失火，子孙痛哭三天，天子命令百官前去吊问。

……

赞辞：君臣之间相处，难道不难吗？以魏徵的忠诚，太宗的明智，魏徵身亡不久，猜忌诬陷便立即畅行。起初，魏徵的谏辞，累计数十余万言，谈到君子小人，未尝不反复为皇帝说明，这是因为谄谀奸恶之徒会祸害忠臣的缘故。时间一长，魏徵仍不能免于被祸害，所以说“洁白的东西易于被玷污，刚直的人难于自全”，这是自古以来人们所叹息的。唐柳芳说：“魏徵死，无论认识他与不认识他的人，没有不感到遗憾、惋惜的，都认为他正直，有三代遗风。”这话一点不错啊！

新唐书卷一百二

虞世南列传第二十七

虞世南，越州馀姚人。出继叔陈中书侍郎寄之后，故字伯施。性沉静寡欲，与兄世基同受学于吴顾野王馀十年，精思不懈，至累旬不盥栉。文章婉缛，慕仆射徐陵，陵自以类己，由是有名。陈天嘉中，父荔卒，世南毁不胜丧。文帝高荔行，知二子皆博学，遣使至其所护视，召为建安王法曹参军。时寄陷于陈宝应，世南虽服除，仍衣布饭蔬；寄还，乃释布啖肉。至德初，除西阳王友。陈灭，与世基入隋。世基辞章清劲过世南，而赡博不及也，俱名重当时，故议者方晋二陆。炀帝为晋王，与秦王俊交辟之。大业中，累至秘书郎。炀帝虽爱其才，然疾峭正，弗甚用，为七品十年不徙。世基佞敏得君，日贵盛，妻妾被服拟王者，而世南躬贫约，一不改。宇文化及已弑帝，间杀世基，而世南抱持号诉请代，不能得，自是哀毁骨立。从至聊城，为窦建德所获，署黄门侍郎。秦王灭建德，引为府参军，转记室，迁太子中舍人。王践祚，拜员外散骑侍郎、弘文馆学士。时世南已衰老，屡乞骸骨，不听，迁太子右庶子，固辞，改秘书监，封永兴县子。

世南貌儒谨，外若不胜衣，而中抗烈，论议持正。太宗尝曰："朕与世南商略古今，有一言失，未尝不怅恨，其恳诚乃如此！"

贞观八年，进封县公。会陇右山崩，大蛇屡见，山东及江、淮大水，帝忧之，以问世南，对曰："春秋时，梁山崩，晋侯召伯宗问焉。伯宗曰：'国主山川，故山崩川竭，君为之不举，降服，乘缦，彻乐，出次，祝币以礼焉'。梁山，晋所主也，晋侯从之，故得无害。汉文帝元年，齐、楚地二十九山同日崩，水大出，诏郡国无来贡，施惠天下，远近洽穆，亦不为灾。后汉灵帝时，青蛇见御坐。晋惠帝时，大蛇长三百步，见齐地，经市入庙。蛇宜在草野，而入市，此所以为怪耳。今蛇见山泽，适其所居。又山东淫雨，江、淮大水，恐有冤狱枉系，宜省录累囚，庶几或当天意。"帝然之，于是遣使赈饥民，申挺狱讼，多所原赦。

后星孛虚、危，历氐，馀百日，帝访群臣。世南曰："昔齐景公时，彗见，公问晏婴，婴曰：‘公穿池诏畏不深，起台榭畏不高，行刑罚畏不重，是以天见彗为戒耳。’景公惧而修德，后十六日而灭。臣愿陛下勿以功高而自矜，勿以太平久而自骄，慎终于初，彗虽见，犹未足忧。”帝曰：“诚然，吾良无景公之过，但年十八举义兵，二十四平天下，未三十即大位，自谓三王以来，拨乱之主莫吾若，故负而矜之，轻天下士。上天见变，其为是乎？秦始皇除六国，隋炀帝有四海之富，卒以骄败，吾何得不戒邪？”

高祖崩，诏山陵一准汉长陵故事，厚送终礼，于是程役峻暴，人力告弊。世南谏曰：

古帝王所以薄葬者，非不欲崇大光显以荣其亲，然高坟厚陇，宝具珍物，适所以累之也。圣人深思远虑，安于菲薄，为长久计。昔汉成帝造延、昌二陵，刘向上书曰：“孝文居霸陵，凄怆悲怀，顾谓群臣曰：‘嗟呼！以北山石为椁，用纻絮斮陈漆其间，岂可动哉？’张释之曰：‘使其中有可欲，虽锢南山犹有隙；使无可欲，虽无石椁，又何戚焉？’夫死者无终极，而国家有废兴。孝文寤焉，遂以薄葬。”

又汉法，人君在位，三分天下贡赋之一以入山陵。武帝历年长久，比葬，方中不复容物。霍光暗于大体，奢侈过度，其后赤眉入长安，破茂陵取物，犹不能尽。无故聚敛，为盗之用，甚无谓也。

魏文帝为寿陵，作终制曰：“尧葬寿陵，因山为体，无封树、寝殿、园邑，棺椁足以藏骨，衣食足以朽肉。吾营此不食之地，欲使易代之后不知其处。无藏金银铜铁，一以瓦器。丧乱以来，汉氏诸陵无不发者，至乃烧取玉匣金缕，骸骨并尽，乃不重痛哉！若违诏妄有变改，吾为戮尸地下，死而重死，不忠不孝，使魂而有知，将不福汝。以为永制，藏之宗庙。”魏文此制，可谓达于事矣。

陛下之德，尧、舜所不逮，而俯与秦、汉君同为奢泰，此臣所以尤戚也。今为丘陇如此，其中虽不藏珍宝，后世岂及信乎？臣愚以为霸陵因山不起坟，自然高显。今所卜地势即平，宜依周制为三仞之坟，明器一不得用金银铜铁，事讫刻石陵左，以明示大小高下之式，一藏宗庙，为子孙万世法，岂不美乎！

书奏，未报。又上疏曰：“汉家即位之初，便营陵墓，近者十馀岁，远者五十年。今以数月之程，课数十年之事，其于人力不亦劳矣。汉家大郡，户至五十万，今人众不逮往时，而功役一之，此臣所以致疑也。”时议者颇言宜奉遗诏，于是稍稍裁抑。

帝尝作宫体诗，使虞和。世南曰：“圣作诚工，然体非雅正。上之所好，下必有甚者，臣恐此诗一传，天下风靡。不敢奉诏。”帝曰：“朕试卿耳！”赐帛五十匹。帝数出畋猎，世南以为言，皆蒙嘉纳。尝命写《列女传》于屏风，于时无本，世南暗疏之，无一字谬。帝每称其五绝：一曰德行，二曰忠直，三曰博学，四曰文词，五曰书翰。世南始学书于浮屠智永，究其法，为世秘爱。

十二年，致仕，授银青光禄大夫，弘文馆学士如故，禄赐仿阁视京官职事者。卒，年八十一，诏陪葬昭陵，赠礼部尚书，谥曰文懿。帝手招魏王泰曰：“世南于我犹一体，拾遗补阙，无日忘之，盖当代名臣，人伦准的。今其云亡，石渠、东观中无复人矣！”后帝为诗一篇，述古兴亡，既而叹曰：“钟子期死，伯牙不复鼓琴。朕此诗将何所示邪？”敕起居郎褚遂良即其灵坐焚之。后数岁，梦进谠言若平生，翌日，下制厚恤其家。

【译文】

虞世南，是越州余姚人。因被过继给他的叔父——南朝陈中书侍郎虞寄，所以字伯施。他生来性格沉静，清心寡欲，和他的哥哥虞世基一起在吴郡顾野王门下学习十多年，终日专心学问，从来不懈怠，有时甚至十多天都不洗脸不梳头。虞世南的文章委婉多彩，他非常崇拜仆射徐陵的文章，徐陵也说虞世南的文风颇像自己，因为这样虞世南才可以以文章著名。陈朝天嘉年间，他的父亲虞荔过世，虞世南因为过分悲伤，损伤了自己的身体，几乎坚持不住。陈文帝敬重虞荔品德高尚，又了解到他的两个儿子都非常博学，所以派人到他家里进行看护，下召任命虞世南为建安王的法曹参军。当时虞寄被陈宝应劫持，虞世南虽然为自己的父亲服丧期已满，仍然是粗衣粗饭；虞寄平安回来后，才换去粗布衣服，开始吃肉食。至德初年，升任西阳王友。陈朝灭亡后，虞世南和哥哥虞世基在隋朝担任官职。虞世基的文章清劲，超越了虞世南，但是不如虞世南学识渊博，二人在当时都有很高的声望，人们将他们兄弟二人比作晋朝的陆机、陆云兄弟。在隋炀帝杨广做晋王时，和秦王杨俊递相任用他。大业年间，虞世南官至秘书郎。隋炀帝喜欢他的才能，但是对他刚正的性格感到非常头痛，所以并不怎么重用他，当了十年七品官也没有得到升迁。虞世基机敏而且善于奉承，隋炀帝非常喜欢他，于是身份变得日益尊贵起来，妻妾的穿戴都和王公贵族一样，虞世南家里却很清贫，但他一点儿也不想改变自己的情操。宇文化及杀死隋炀帝，又将要杀死虞世基，虞世南抱住虞世基，请求代虞世基而死，宇文化及不允许，虞世基被杀，虞世南悲痛万分，瘦得只剩下皮包骨。他随着宇文化及来到聊城，被窦建德俘虏，任命他担任黄门侍郎。秦王李世民消灭窦建德后，任命他为王府参军，后来转任记室，又升任太子中舍人。秦王李世民即位后，封他为员外散骑侍郎、弘文馆学士。当时虞世南已经年老体衰，多次请求退休，皇帝都不允许，并且升任他担任太子右庶子，虞世南坚持不就任，改任命他为秘书监，后来封爵为永兴县子。

虞世南长相十分儒雅温顺，从外表看，似乎连身上的衣服都抱不动，但他意志坚强，议论政事时，能坚持正确意见。太宗李世民曾说："我和虞世南讨论古今史事，他说了一句不合适的话，就因此感到无限悔恨，态度竟是这样诚恳！"

贞观八年，虞世南进封为永兴县公。当时陇右一带发生山崩、地震，大蛇不断出现，山东和江、淮一带发生水灾，太宗为此十分忧虑，问虞世南该如何做，虞世南回答说："春秋时期，梁山发生山崩，晋侯召见伯宗，问他该怎么办。伯宗回答：'山河是国家的象征，之所以会发生山崩河枯的灾难，君主您应该放弃盛大的排场，换盛装为素服，乘坐素帷车，撤去鼓乐，离开宫殿，另外居住在别室，举行祈求免灾的典礼。梁山，是晋国的象征，晋侯按照伯宗的话做，因此没有造成灾害。汉文帝元年，齐、楚两地的二十九座山峰同日发生山崩，大水从地下涌出来，汉文帝下令，各郡国都不要纳贡，给天下人恩惠，因此国家稳定，也没有造成灾害。后汉灵帝时，青蛇出现在皇帝宝座旁；晋惠帝时，齐地出现三百步长的大蛇，经过街市，进入宗庙。蛇本来应该在野外草丛中，那时却进入街市，因此人们感到非常怪异。现在蛇出现在山岭沼泽，这正是它所生活的地方。再者，山东大雨，江、淮之间的大水，恐怕是有受冤屈的人被关在监狱所致，应该辨明在押犯是否有冤屈，这样做，或许能顺应天意。"太宗认为他的话有道理，于是派使者救济灾民，昭雪冤狱，赦免了很多人。

后来有彗星侵入虚宿、危宿，并且横扫氐宿，这种现象持续一百多天，太宗为此访遍群臣。虞世南说："古代齐景公时，彗星出现，齐景公问晏婴原因，晏婴回答说：'君主您下令挖池塘，总嫌不深；下令盖亭台，总嫌不高；推行刑罚，总嫌不重。上天现出彗星，是用来告诫您。'齐景公听后十分害怕，开始推行德政，过了十六天，彗星就消失了。我希望您不要因为自己有大功就有自负情绪，不要因长久的天下太平而有骄傲情绪，始终如一，这样彗星虽然出现，也不必担心。"太宗说："确实像你说的那样，我虽然没有齐景公那样大的过失，但从十八岁率兵起义，二十四岁平定天下，不到三十岁就登上帝位，自以为从三皇五帝以来，平定祸乱的君主都不如我。因此自负傲慢，看轻天下的人物。上天出现这样的变异，大概是为此而生吧？秦始皇平灭六国，隋炀帝富有四海，最后都因骄傲失败，我哪能不警惕呢？"

唐高祖李渊逝世，太宗下令，高祖的陵墓规格，以汉高祖刘邦的长陵规格为准，丧礼十分隆重，于是徭役十分繁重，百姓被奴役得疲惫不堪。虞世南上书进行劝诫：

古代的帝王提倡薄葬，并不是不想用宏大的丧礼、显赫的陵墓来使他们的亲人感到荣耀，而是高大的坟墓，厚重的坟山，陪葬的各种宝物用具，反而会成为国家沉重的负担。圣人经过深思远虑，提倡薄葬，实在是为长远打算。过去汉成帝建造延陵、昌陵时，刘向上书说："文帝登上霸陵，心情十分凄怆，悲从中来，对群臣说：'好啊！用北山的石头砌成外廓，内外棺之间填上丝麻，随后浇上油漆，如此坚固，怎么能打开呢！'张释之说：'如果坟墓中有人们想得到的东西，即使压在南山之下，也有缝可钻；如果其中没有人们想要的东西，即使没有石椁，又有什么可担心的呢？'死人的事，时时都可能发生，没有完结，但国家政权却有兴有灭。汉文帝听后，猛然省悟，于是薄葬高祖。

再者，按照汉代的墓葬规定，君主在位，抽天下三分之一的贡赋，来准备葬入自己的陵墓。汉武帝因为在位的时间长，死后下葬的时候，陵墓被填满，已经放不进任何东西了。霍光因为不识大体，主持葬礼时挥霍过度，后来赤眉军攻入长安，打开汉武帝的茂陵，各种物品极多，取之不尽。聚集不用的财物，却被盗贼利用，实在没有意义。

魏文帝建造自己的陵墓时，立下遗嘱说："帝尧的陵墓，依山建造，地表没有坟堆，不建造灵殿和坟园，棺椁只容下尸体即可，衣服被褥能掩盖住尸体即可。我的坟墓也选在不毛之地，这样做，是想子孙后代不知我葬在何处。也不要随葬金银铜铁材质的器物，一律用陶器。战乱以来，汉代各个皇帝的陵墓，没有不被盗的，甚至有盗贼为了取金，把金缕玉衣也融化了，遗骨也被烧光了，这不是让人很痛心吗？如果违背我的遗嘱，肆意改变，就等于是在地下戳我的尸体，让我死了又死，这种不忠不孝的行为，如果我的灵魂知晓，绝不会保佑你们。这一条还要定为后代永远遵守的制度，把我的遗嘱收藏在祖庙里。”魏文帝定的这一制度真可以说是通达事理啊。

陛下您在德政方面，尧、舜也不如您，但却在一点上，不如他们，您与秦、汉的君主一样，过分奢侈，我为此感到非常痛心。现在坟墓建造得如此高大，其中即使没有随葬珍奇宝物，但后世人能相信吗？我认为，霸陵依山就势，不起坟头，也自然显得高大显赫。现在既然选择平地，应按照周朝制度，建造三仞高的坟头，随葬器物，一律不用金银铜铁器物，埋葬完毕后，在陵墓左侧立一块石碑，上面刻写陵墓的大小高低规格，放一份收藏在祖庙里，成为子孙万代遵循的制度。不是很好吗！

虞世南的奏疏送上去后，太宗并没有理睬。他又上奏折说：“按照汉代的规定，皇帝即位，就开始营造陵墓，时间短的用了十几年，长的用了五十多年。现在您要用几个月的时间，完成规定的几十年工程量，百姓会特别劳累。汉代时候的大郡，人口可以达到五十万户，现在我朝的人数达不到汉代的数量，却工作量相同，这就是我提出疑问的原因。”当时群臣议论纷纷，也都认为应遵守高祖的遗嘱，于是陵墓的规模稍微缩小了一些。

太宗曾经作宫体诗，让虞世南唱和。虞世南推辞说：“您的诗作，确实很好，但这种宫体诗并不是严肃的诗体。上面喜好哪些东西，下面一定会更加喜好，我担心您的诗作一经传开，就会风靡天下。因此，我不敢唱和。”太宗说道：“我这只是考验你罢了！”赏赐给他五十匹丝帛。太宗经常出外打猎，虞世南又进行劝诫，他的谏言都被太宗采纳。太宗曾命令他把《列女传》书写在屏风上，由于当时手头没有书本可以作为依据，虞世南就凭自己的记忆书写，结果居然不差一字。太宗经常说虞世南有五绝：一是品德，二是忠直，三是博学，四是文章，五是书法。虞世南最初向僧人智永学习书法，对智永的书法艺术之妙，深有所得，因此他的书法作品，很受世人珍爱。

贞观十二年虞世南退休，加官衔为银青光禄大夫，弘文馆学士官衔仍然保留，另外俸禄、赏赐、卫队等待遇，和在职的京官一样。虞世南八十一岁时逝世，太宗下命令，将他陪葬在昭陵旁，赠礼部尚书官衔，加谥号为“文懿”。太宗亲笔写下圣旨给魏王李泰说：“虞世南和我的关系，就像一个人一样，他对朝廷政事的疏漏，能够拾遗补阙，没有一天不记在心里，他真称得上是当代的名臣，是人们行为的模范。可惜他已经过世，宫中的学者，再也没有这样的人了！”后来，太宗写了一首诗，历述古代国家的兴亡原因，诗写好后，感叹说：“钟子期死后，伯牙因为没有知音，不再弹琴。我这首诗要给谁看呢？”于是派起居郎褚遂良在虞世南的灵前把诗稿焚烧了。几年之后，太宗有一次做梦，梦见虞世南对他进行劝诫，和生前一样。第二天，太宗下令给虞世南家丰厚的抚恤。

新唐书卷一百一十一

薛仁贵列传第三十六

薛仁贵，绛州龙门人。少贫贱，以田为业。将改葬其先，妻柳曰："夫有高世之材，要须遇时乃发。今天子自征辽东，求猛将，此难得之时，君盍图功名以自显？富贵还乡，葬未晚。"仁贵乃往见将军张士贵应募。

至安地。会郎将刘君印为贼所围，仁贵驰救之，斩贼将，系首马鞍，贼皆慑伏，由是知名。王师攻安市城，高丽莫离支遣将高延寿等率兵二十万拒战，倚山结屯，太宗命诸将分击之。仁贵恃骁悍，欲立奇功，乃著白衣自标显，持戟，腰鞬两弓，呼而驰，所向披靡：军乘之，贼遂奔溃。帝望见，遣使驰问："先锋白衣者谁？"曰："薛仁贵。"帝召见，嗟异，赐金帛、口马甚众，授游击将军、云泉府果毅，令北门长上。师还，帝谓曰："朕旧将皆老，欲擢骁勇付阃外事，莫如卿者。朕不喜得辽东，喜得虓将。"迁右领军中郎将。

高宗幸万年宫，山水暴至，夜突玄武门，宿卫皆散走，仁贵曰："当天子缓急，安可惧死？"遂登门大呼，以警宫内，帝遽出乘高。俄而水入帝寝，帝曰："赖卿以免，始知有忠臣也。"赐以御马。

苏定方讨贺鲁，仁贵上疏曰："臣闻兵出无名，事故不成；明其为贼，敌乃可服。今泥熟不事贺鲁，为其所破，虏系妻子。王师有于贺鲁部落转得其家口者，宜悉取以还，厚加赍遣，使百姓知贺鲁为暴而陛下至德也。"帝纳之，遂还其家属，泥熟请随军效死。

显庆三年。诏副程名振经略辽东，破高丽于贵端城，斩首三千级。明年，与梁建方、契苾何力遇高丽大将温沙多门，战横山，仁贵独驰入，所射皆应弦仆。又战石城，有善射者，杀官军十余人，仁贵怒，单骑突击，贼弓矢俱废，遂生禽之。俄与辛文陵破契丹于黑山，执其王阿卜固献东都。拜左武卫将军，封河东县男。

诏副郑仁泰为铁勒道行军总管。将行，宴内殿，帝曰："古善射有穿七札者，卿试以五甲射焉。"仁贵一发洞贯，帝大惊，更取坚甲赐之。时九姓众十余万，令骁骑数十来挑战，仁贵发三矢，辄杀三人，于是虏气慑，皆降。仁贵虑为后患，悉坑之。转讨碛北余众。擒伪叶护兄弟三人以归，军中歌曰："将军三箭定天山，壮士长歌入汉关。"九姓遂衰。

铁勒有思结、多览葛等部，先保天山，及仁泰至，惧而降，仁泰不纳，虏其家以赏军，贼相率遁去。有候骑言："虏辎重畜牧被野，可往取。"仁泰选骑万四千卷甲驰，绝大漠，至仙萼河，不见虏，粮尽还。人饥相食，比入塞，余兵才二十之一。仁贵亦取所部为妾，多纳赇遗，为有司劾奏，以功见原。

乾封初，高丽泉男生内附，遣将军庞同善、高侃往慰纳，弟男建率国人拒弗纳，乃诏仁贵率师援送同善。至新城，夜为虏袭，仁贵击之，斩数百级。同善进次金山，衄虏不敢前，高丽乘胜进，仁贵击虏断为二，众即溃，斩馘五千，拔南苏、木底、苍岩三城，遂会男生军。手诏劳勉。仁贵负锐，提卒二千进攻扶余城，诸将以兵寡劝止。仁贵曰："在善用，不在众。"身帅士，遇贼辄破，杀万余人，拔其城，因旁海略地，与李勣军合。扶余既降，它四十城相率送款，威震辽海。有诏仁贵率兵二万与刘仁轨镇平壤，拜本卫大将军，封平阳郡公，检校安东都护，移治新城。抚孤存老，检制盗贼，随才任职，褒崇节义，高丽士众皆欣然忘亡。

咸亨元年，吐蕃入寇，命为逻娑道行军大总管，率将军阿史那道真、郭待封击之，以援吐谷浑。待封尝为鄯城镇守，与仁贵等夷，及是，耻居其下，颇违节度。初，军次大非川，将趋乌海，仁贵曰："乌海地险而障，吾入死地，可谓危道，然速则有功，迟则败。今大非岭宽平，可置二栅，悉内辎重，留万人守之，吾倍道掩贼不整，灭之矣。"乃约赍，至河口，遇贼，破之，多所杀掠，获牛羊万计。进至乌海城，以待后援。待封初不从，领辎重踵进，吐蕃率众二十万邀击取之，粮仗尽没，待封保险。仁贵退军大非川，吐蕃益兵四十万来战，王师大败。仁贵与吐蕃将论钦陵约和，乃得还，吐谷浑遂没。仁贵叹曰："今岁在庚午，星在降娄，不应有事西方，邓艾所以死于蜀，吾固知必败。"有诏原死，除名为庶人。

未几，高丽余众叛，起为鸡林道总管，复坐事贬象州，会赦还。帝思其功，乃召见曰："畴岁万年宫，微卿，我且为鱼。前日殄九姓，破高丽，尔功居多。人有言向在乌海城下纵虏不击，以至失利，此朕所恨而疑也。今辽西不宁，瓜、沙路绝，卿安得高枕不为朕指麾邪？"于是拜瓜州长史、右领军卫将军、检校代州都督，率兵击突厥元珍于云州。突厥

问曰：“唐将为谁？”曰：“薛仁贵。”突厥曰：“吾闻薛将军流象州死矣，安得复生？”仁贵脱兜鍪见之，突厥相视失色，下马罗拜，稍稍遁去。仁贵因进击，大破之，斩首万级，获生口三万，牛马称是。

永淳二年卒，年七十。赠左骁卫大将军、幽州都督，官给舆，护丧还乡里。

【译文】

薛仁贵，是绛州龙门人，年少时家里非常清贫，以种田为业。他想要改葬已去世的父母，妻子柳氏劝他说：“有超群才能的人，关键是遇到好的机会才能有发展。现在天子亲自出征辽东，正在选求猛将，这正是难得的机会，您为何不图求功名来使自己显赫呢？以后富贵还乡，再为父母改葬也不晚。”薛仁贵就去见将军张士贵应募。

到了安地，正赶上郎将刘君印被贼军包围，薛仁贵火速去救他，斩杀贼军将领，把贼军将领的首级系在马鞍上，贼军都畏服了，薛仁贵因此十分出名。唐王朝军队攻打安市城时，高丽莫离支派将领高延寿等率领二十万士兵抵抗唐军，依靠山势扎营，太宗命令各个将领分别攻击他。薛仁贵自恃勇猛，想要立奇功，就身穿白色衣服来使自己显得突出，手提长戟，腰挂两张弓，大声呼喊着飞驰而出，所向披靡；唐军军队趁势追击，贼军奔散溃败。天子看见后，派使者立即去询问：“先锋中穿白衣服的人是谁？”有人回答说：“是薛仁贵。”天子召见薛仁贵，非常感叹诧异，赐给他黄金、绢帛，奴婢、马匹等许多东西，授给薛仁贵游击将军、云泉府果毅都尉的官职，命令他在北门宿卫。回到军中后，天子对他说：“朕的旧将都已经年老，想提拔勇猛的人在外统兵，却没有一个像你那样勇猛的，朕不为得到辽东高兴，而是为得到你这位勇将高兴。”升任薛仁贵为右领军中郎将。

高宗到万年宫，突然山洪暴发，夜晚大水很快流到玄武门，戍卫战士都已撤走，薛仁贵说：“当天子危急的时候，我们怎么能怕死？”于是登门大声呼喊，来叫醒宫内的人，天子急忙出来登上高处。不一会儿大水已进涌入天子睡觉的地方，天子说：“有赖于你我才免于一死，我现在才知道有忠臣。”于是把御马赐给了薛仁贵。

苏定方将要讨伐突厥沙钵罗可汗贺鲁，薛仁贵上疏说：“臣听说我们师出无名，事情肯定不会成功；只有证明他们是盗贼，敌人才可以心服。现在泥熟不侍奉贺鲁，被贺鲁打败后，贺鲁像对待奴隶那样捆绑泥熟的妻子儿女，我们如果从贺鲁部落转而得到泥熟的家口，应该都还给他们，并给以优厚的赏赐，使百姓知道贺鲁的暴虐而了解陛下您的至高德行。”皇帝采纳了他的意见，就遣还他们的家属，泥熟请求随唐朝军队作战，以死效忠。

显庆三年，天子下诏命令薛仁贵作为程名振的副职用武力筹划谋取辽东，在贵端城打败高丽军，斩首敌军三千级。第二年，薛仁贵与梁建方、契苾何力与高丽大将温沙多门碰到，在横山发生大战，薛仁贵单枪匹马奔入阵中，向敌人射箭，敌人都应弦而倒。后来又在石城发生战斗，敌军中有个善于射箭的人，射杀唐朝官军十多人，薛仁贵大怒，单骑闯入阵中击贼，贼军弓矢都被薛仁贵打得不能发挥作用，于是活捉了那个射箭的人。不久与辛文陵一起在黑山大败契丹，俘获契丹的王阿卜固献到东都洛阳。被任命为左武卫将军，封为河东县男。

天子下诏命令薛仁贵作为郑仁泰的副职担任铁勒道行军总管。薛仁贵将要出发的时候，天子在内殿设宴，天子说：“古代善于射箭的人可以射穿铠甲上的七层金属叶片，你试着射五层甲片。”薛仁贵一箭就穿透了，天子十分震惊，拿出更坚固的铠甲赏赐给他。当时九姓铁勒的部落联盟有十几万人，他们派出骁勇的骑兵数十人来挑战薛仁贵，薛仁贵射出三箭，连续杀死三人，于是铁勒非常震撼害怕，都来投降唐军。薛仁贵害怕有后患，将他们全部坑杀了。薛仁贵转而讨伐沙漠北部地区的剩余部众，擒获伪叶护兄弟三人返回朝廷。军中有歌谣唱道：“将军射出三箭平定天山，壮士唱着长歌进入汉关。”九姓从此变得衰落。

铁勒中有思结、多览葛等部落，先保天山，等郑仁泰的大军到达后，因惧怕唐军而投降，郑仁泰却没有接受，反而虏掠他们的家属来赏给军队的将士，贼军相继都逃了出去。有侦察骑兵回来报告说：“贼虏的军用物资和牲畜漫山遍野，我们可以前去夺取。”郑仁泰挑选一万四千名骑兵卸掉沉重的铠甲飞驰而去，穿越过大沙漠，到达仙萼河，没有见到贼虏，粮食也吃完了，只好撤军，由于饥饿难耐，甚至出现人吃人的惨象，等回到塞内，仅剩下二十分之一的士兵。薛仁贵也因为娶了投降部落中的人为妾，并且收受了很多贿赂，被有关官吏弹劾上奏，但因有功劳而被原谅。

乾封年间初期，高丽泉男生请求依附唐朝，朝廷派将军庞同善、高侃前往慰问接纳，但他的弟弟泉男建率领国内的人抗拒依附唐朝，朝廷派薛仁贵率领军队援助并护送庞同善。到了新城，夜晚军队被敌军袭击，薛仁贵击败他们，斩杀敌军数百人。庞同善进驻到金山，败北的敌军都不敢向前，泉男生乘胜前进，薛仁贵攻打敌军把他们分割成两部分，敌军随即就溃败，斩杀敌兵五千，攻下南苏、木底、苍岩三座城池，与泉男生的军队会合。天子亲自书写诏书慰劳勉励军队。薛仁贵倚仗士气高涨，率领二千士兵进攻扶余城，其他将领以兵少作为理由来劝阻他，薛仁贵说："用兵之道在于运用得好，而不在于人多。"他身先士卒，碰到贼军就打败他们，杀了万余人，终于攻下了扶余城，接着沿着海岸扩张地盘，与李勣军会合。扶余城投降后，其他四十个城池也相继来投降，威震辽海地区。朝廷下诏命令薛仁贵率两万名士兵与刘仁轨一起镇守平壤，官拜本卫大将军，封为平阳郡公，检校安东都护，移治所到新城。薛仁贵抚慰存活的孤寡老人，搜索剿除盗贼，根据各人的才能任命相应的官职，褒奖并推崇有气节讲义气的人，高丽士大夫和百姓都高兴得忘记了国家灭亡的伤痛。

咸亨元年，吐蕃入侵，天子命令薛仁贵为逻娑道行军大总管，率领将军阿史那道真、郭待封出兵攻击吐蕃，以支援吐谷浑。郭待封曾任鄯城镇守，与薛仁贵地位相等，这时候，认为受他的领导非常耻辱，因而常常违背薛仁贵的指挥调度。起初，军队驻屯在大非川，将要进军去乌海，薛仁贵说："乌海地势险要而且湿热将士容易生病，我们进入死亡地带，可说是很危险的道路，然而只要快速就有成功的可能，迟缓就要失败。现在大非岭宽阔平坦，可以设置两座营垒，把军用物资都放在里面，留一万人守卫，我用加倍的速度对没有防备的贼军发动突然袭击，就可以消灭他们。"于是轻装，到河口，遇到贼军，打败了他们，多所杀戮和掠夺，获得数以万计的牛羊。进军到乌海城，以等待后面军队的支援。郭待封起初不服从命令，率领有军用物资的部队跟在薛仁贵军后行军，吐蕃率领二十万军队围剿追击唐朝军队，粮草兵器全部损失，待封据守险要。仁贵退兵到大非川。吐蕃增加兵力共四十万人进攻，唐军大败。薛仁贵与吐蕃将领论钦陵约定讲和，才得以撤回军队，而吐谷浑最后陷于吐蕃。薛仁贵感叹道："今年是庚午年，岁星运行到降娄范围内，位居西方，是太岁所在的地方，所以是凶方，因此在西方不应该有战事，邓艾之所以死在蜀地也是由于这个原因，我知道肯定会失败。"

皇帝有诏书颁布下来，原谅他免去他的死罪，但除去他的官衔，成为普通的平民。

不久，高丽剩余的部众反叛，薛仁贵又被起用担任鸡林道总管。再次因事被贬到象州，碰到天下大赦才回来。皇帝想起他的功劳，召见他说："过去在万年宫，没有你，我就要成为砧板上的鱼了。从前消灭九姓，攻破高丽，你的功劳很多。有人说你从前在乌海城下放纵敌人不出战，导致作战失利，这是朕怨恨和怀疑你的原因。现今辽西地区不安宁，瓜州、沙州道路被断绝不通，你怎么能够高枕无忧而不为朕带兵作战呢？"于是任命薛仁贵为瓜州刺史、右领军卫将军、检校代州都督，率兵在云州出兵攻击突厥的元珍。突厥人问："唐将军是谁？"答曰："薛仁贵。"突厥人说："我听说薛将军已被流放到象州死了，哪里还能再生？"薛仁贵脱下头盔让他们看，突厥人相视大惊失色，下马四面围着朝薛仁贵下拜，然后悄悄地逃离而去。薛仁贵趁机进攻，打败他们，斩首敌军万余人，俘获三万人口，牛马也相当此数。

永淳二年薛仁贵去世，时年七十岁。天子赠左骁卫大将军、幽州都督的官职，官府给以车辆，护送他的棺材回家乡。

新唐书卷一百一十八

白居易列传第四十四

白居易，字乐天，其先盖太原人。北齐五兵尚书建，有功于时，赐田韩城，子孙家焉。又徙下邽。父季庚，为彭城令，李正己之叛，说刺史李洧自归，累擢襄州别驾。

居易敏晤绝人，工文章。未冠，谒顾况。况，吴人，恃才少所推可，见其文，自失曰："吾谓斯文遂绝，今复得子矣！"贞元中，擢进士、拔萃皆中，补校书郎。元和元年，对制策乙等，调盩厔尉，为集贤校理，月中，召入翰林为学士。迁左拾遗。

四年，天子以旱甚，下诏有所蠲贷，振除灾沴。居易见诏节未详，即建言乞尽免江淮两赋，以救流瘠，且多出宫人。宪宗颇采纳。是时，于頔入朝，悉以歌舞人内禁中，或言普宁公主取以献，皆頔嬖爱。居易以为不如归之，无令頔得归曲天子。李师道工私钱六百万，为魏徵孙赎故第，居易言："征任宰相，太宗用殿材成其正寝，后嗣不能守，陛下犹宜以贤者子孙赎而赐之。师道人臣，不宜掠美。"帝从之。河东王锷将加平章事，居易以为："宰相天下具瞻，非有重望显功不可任。按锷诛求百计，不恤彫瘵，所得财号为'羡余'以献。今若假以名器，四方闻之，皆谓陛下得所献，与宰相。诸节度私议曰：'谁不如锷？'争裒割生人以求所欲。与之则纲纪大坏，不与则有厚薄，事一失不可复追。"是时，孙璹以禁卫劳，擢凤翔节度使。张奉国定徐州，平李锜有功，迁金吾将军。居易为帝言："宜罢璹，进奉国，以竦天下忠臣心。"度支有囚系閿乡狱，更三赦不得原。又奏言："父死，絷其子，夫久系，妻嫁，债无偿期，禁无休日，请一切免之。"奏凡十余上，益知名。

会王承宗叛，帝诏突吐承璀率师出讨，居易谏："唐家制度，每征伐，专委将帅，责成功，比年始以中人为都监。韩全义讨淮西，贾良国监之；高崇文讨蜀，刘贞亮监之。且兴天下兵，未有以中人专统领者。神策既不置行营节度，即承璀为制将，又充诸军招讨处置使，是实都统。恐四方闻之。必轻朝廷。后世且传中人为制将自陛下始，陛下忍受此名哉？且刘济等洎诸将必耻受承璀节制，心有不乐，无以立功。此乃资承宗之奸，挫诸将立锐。”帝不听。既而兵老不决，居易上言：“陛下讨伐，本委承璀，外则卢从史、范希朝、张茂昭。今承璀进不决战，已丧大将，希朝、茂昭数月乃入贼境，观其势，似阴相为计，空得一县，即壁不进，理无成功。不亟罢之，且有四害。以府帑金帛、齐民膏血助河北诸侯，使益富强，一也。河北诸将闻吴少阳受命，将请洗涤承宗，章一再上，无不许，则河北合从，其势益固。与夺恩信，不出朝廷，二也。今暑湿暴露，兵气熏蒸，虽不顾死，孰堪其苦？又神策杂募市人，不忸于役，脱奔逃相动，诸军必摇，三也。回鹘、吐蕃常有游侦，闻讨承宗历三时无功，则兵之强弱，费之多少，彼一知之，乘虚入寇，渠能救首尾哉？兵连事生，何故蔑有？四也。事至而罢，则损威失柄，祇可逆防，不可追悔。”亦会承宗请罪，兵遂罢。

后对殿中，论执强鲠，帝未谕，辄进曰：“陛下误矣。”帝变色，罢，谓李绛曰：“是子我自拔擢，乃敢尔，我叵堪此，必斥之！”绛曰：“陛下启言者路，故群臣敢论得失。若黜之，是箝其口，使自为谋，非所以发扬盛德也。”帝悟，待之如初。岁满当迁，帝以资浅，且家素贫，听自择官。居易请如姜公辅以学士兼京兆户曹参军，以便餋，诏可。明年，以母丧解，还，拜左赞善大夫。

是时，盗杀武元衡，京都震扰。居易首上疏，请亟捕贼，刷朝廷耻，以必得为期。宰相嫌其出位，不悦。俄有言：“居易母坠井死，而居易赋《新井篇》，言浮华，无实行，不可用。”出为州刺史。中书舍人王涯直言不宜治郡，追贬江州司马。既失志，能顺适所遇，托浮屠生死说，若忘形骸者。久之，徙忠州刺史。入为司门员外郎，以主客郎中知制诰。

穆宗好畋游，献《续虞人箴》以讽，曰：

> 唐受天命，十有二圣。兢兢业业，咸勤厥政。鸟生深林，兽在丰草。春搜冬狩，取之以道。鸟兽虫鱼，各遂其生。民野君朝，亦克用宁。在昔玄祖，厥训孔彰：“驰骋田畋猎猪，俾心发狂。”何以效之，曰羿与康。曾不是诫，终然覆亡。高祖方猎，苏长进言：“不满十旬，未足为欢。”上心既悟，为之辍畋。降及宋王璟，亦谏玄宗。温颜听纳，献替从容。璟趋以出，鹞死握中。噫！逐兽于野，走马于路。岂不快哉，衔橛可惧。审其安危，惟圣之虑。

俄转中书舍人。田布拜魏博节度使，命持节宣谕，布遗五百缣，诏使受之，辞曰："布父雠国耻未雪，人当以物助之，乃取其财，谊不忍。方谕问旁午，若悉有所赠，则贼未殄，布赀竭矣。"诏听辞饷。

是时，河朔复乱，合诸道兵出讨，迁延无功。贼取弓高，绝粮道，深州围益急。居易上言："兵多则难用，将众则不一。宜诏魏博、泽潞、定、沧四节度，令各守境，以省度之赀饷。每道各出锐兵三千，使李光颜将。光颜故有凤翔、徐、滑、河阳、陈许军无虑四万，可径薄贼，开弓高粮路，合下博，解深州之围，与牛元翼合。还裴度招讨使，使悉太原兵西压境，见利乘隙夹攻之，间令招谕以动其心，未及诛夷，必自生变。且光颜久将，有威名，度为人忠勇，可当一面，无若二人者。"于是，天子荒纵，宰相才下，赏罚失所宜，坐视贼，无能为。居易虽进忠，不见听，乃丐外迁。为杭州刺史，始筑堤捍钱塘湖，钟泄其水，溉田千顷；复浚李泌六井，民赖其汲。久之，以太子左庶子分司东都。复拜苏州刺史，病免。

文宗立，以秘书监召，迁刑部侍郎，封晋阳县男。大和初，二李党事兴，险利乘之，更相夺移，进退毁誉，若旦暮然。杨虞卿与居易姻家，而善李宗闵，居易恶缘党人斥，乃移病还东都。除太子宾客分司。逾年，即拜河南尹，复以宾客分司。开成初，起为同州刺史，不拜，改太子少傅，进冯翊县侯。会昌初，以刑部尚书致仕。六年，卒，年七十五，赠尚书右仆射，宣宗以诗吊之。遗命薄葬，毋请谥。

居易被遇宪宗时，事无不言，湔剔抉摩，多见听可，然为当路所忌，遂摈斥，所蕴不能施，乃放意文酒。既复用，又皆幼君，偃蹇益不合，居官辄病去，遂无立功名意。与弟行简、从祖弟敏中友爱。东都所居履道里，疏沼种树，构石楼香山，凿八节滩，自号"醉吟先生"，为之传。暮节惑浮屠道尤甚，至经月不食荤，称"香山居士"。尝与胡杲、吉旼、郑据、刘真、卢真、张浑、狄兼谟、卢贞燕集，皆高年不事者，人慕之，绘为《九老图》。

居易于文章精切，然最工诗。初，颇以规讽得失，及其多，更下偶俗好，至数千篇，当时士人争传。鸡林行贾售其国相，率篇易一金，甚伪者，相辄能辩之。初，与元稹酬咏，故号"元白"；稹卒，又与刘禹锡齐名，号"刘白"。其始生七月能展书，姆指"之"、"无"两字，虽试百数不差；九岁暗识声律。其笃于才章，盖天禀然。敏中为相，请谥，有司曰"文"。后履道第卒为佛寺。东都、江州人为立祠焉。

【译文】

白居易，字乐天，他的先祖是太原（今属山西）人。北齐时五兵尚书白建，在当时有很大功劳，赐给他在韩城（今属陕西）的田地，子孙后代也就在那里安家。后来又迁徙到下邽（今陕西渭南）。父亲字季庚，当过彭城（今江苏徐州）县令，李正己叛变时，他说服刺史李洧归顺，因而被提升为襄州（今湖北襄樊）别驾。

白居易自幼聪敏颖悟过人，善于写文章。还没成年时，拜访顾况。顾况，是吴（今江苏）人，对自己的才华非常自负，很少有人被他称赞。他见到白居易的文章，脱口而说："我以为这样的文章马上就要绝迹了，没想到今天又得到了你。"贞元中，白居易考进士和拔萃科，都考中了，补任做了校书郎。元和元年（公元806年），参加朝廷对制策考试，得了乙等，调任盩厔（今陕西周至）县尉，做了集贤院校理；月中，后又被召入翰林院做学士，升任左拾遗。

元和四年（公元809年），因为天下旱灾非常严重，天子下诏减免税赋，以消除灾害。白居易见诏书事端未详述，于是立即建议尽免江淮两地之赋，来救流亡贫病，并且多放出一些宫女。宪宗认真采纳了许多建议。那时，于頔入朝，都将歌伎舞女收入禁宫中，或说普宁公主取来献上的，其实都是于頔喜爱的。白居易认为不如将这些女子放回去，不要让于頔将自己做的不义之事推到天子头上。李师道献上私钱六百万，为魏徵的孙子赎回旧宅，白居易说："魏徵任宰相时，太宗用盖宫殿的材料建造魏徵的正寝之室，他的子孙不能守业，陛下还是应该因他是魏徵的子孙，赎他的宅子并且赐给他。李师道作为人臣，不能掠取这样的美事。"皇帝听从了他的意见。河东王锷将要加任平章事，白居易认为："宰相是天下人所瞩望的的人，不是有威望很高功勋卓著的人是不可胜任的。而王锷这个人千方百计贪求财物，不能体恤民间疾苦，所得的财物被人称为'羡馀'，用来献给他的上司。今天如果给王锷重任，四方之人听说这件事，都会说陛下得到他所献的财物，所以才让他当宰相。各地节度使也会私下议论说：'谁不如王锷呀？'于是都争先恐后去搜刮老百姓，来得到自己想要的。如果都满足了他们的要求，国家纲纪必然会大受破坏；如果不满足他们的要求，那就有厚此薄彼的嫌疑。事情一旦办得失当，就不可追回了。"那时候，孙天琇因禁卫的功劳，被提升为凤翔（会属陕西）节度使，张奉国因平定徐州，攻打叛臣李锜有功，升任为金吾将军。白居易向皇帝进言："应该罢免孙琇的官，提拔张奉国，以振奋天下忠臣的心。"度支有囚犯关在閿乡（今河南灵宝）狱中，先后经历三次赦令却还是没得到赦免。白居易又上书奏言说："父亲死了，抓他的儿子；丈夫长久地关在狱中，妻室嫁出去，债务没有偿还的期限，囚禁没有到头的日子，请将他一切都宽免了。"奏章送上去十多次，白居易因此更加出名。

遇上王承宗反叛，皇帝下诏让吐突承璀率领大军前去征讨，白居易进谏说："唐朝的制度，每当有征伐的事情，就专门委任将帅带兵，责令他成功，近年才有任用宦官为都监，监督兵将出征。韩全义讨伐淮西，任命贾良国监督他；高崇文讨伐蜀，任命刘贞亮监督他。而且率领天下的兵，从来没有宦官专权统领军队的。神策军既然没有设置行营节度，就是以吐突承璀为将，又充诸军招讨处置使，实际是都统。恐怕四方之人听说这件事，必定会看轻朝廷。后代也会传说宦官为制将是从陛下开始的，您难道忍心受这样的坏名声吗？而且刘济等人至诸将，都必然认为受吐突承璀的节制指挥是耻辱。心中不痛快，也就无法立功。这实在是帮助王承宗的奸行，而挫败诸将的锐气啊。"皇帝不听从他的建议。接着军队很久不出兵，师老而未决，白居易又上书说："陛下讨伐叛将，本来委托吐突承璀，外援则有卢从史、范希朝、张茂昭。现在吐突承璀进兵却不决战，已丧失了大将的责任，范希朝、张茂昭经过数月才进入到叛贼的地方，观看敌军形势，像是暗中相勾结定计，空得一县之地，就停止不进，必定没有成功的道理。如果不迅速罢掉他，将有四个害处：用府库的钱币金帛和齐地的民脂民血帮助河北诸侯，使他们更加富强，这是一害；河北的诸将听说吴少阳受朝廷之命，将要请求洗涤王承宗，奏章一上再上，无不许，则河北合从，各种势力联合，他们的势力必定更加坚固。恳信的予之或夺之，都在下面而不出朝廷，这是二害；现在正赶上溽暑湿势，而军队露天停留在野外，像被熏被蒸似的，虽有不怕死的勇气，谁能忍受这样的痛苦？又神策军募来市民杂入军队中，不习惯服兵役，如有奔走逃亡的人相互影响，诸军一定会动摇，这是三害；回鹘、吐蕃常有骑兵侦察，听说讨伐王承宗，已经历时三个季节却没有战功，那么我们军队的强弱，军费的多少，一旦让他们知道，乘虚而入，进犯我们的边境，哪里能救头不救尾呢？战事接连，什么变故不会发生？这是四害。事已到了这个地步而罢休，则损威望而且失权柄，只可提防，不能追悔。”正好碰到王承宗自己向朝廷请罪，于是就罢兵。

后来白居易进入殿中对答，持论非常强硬，皇帝还没说明白，白居易就进言：“陛下错了。”皇帝因为这样而变了脸色，于是不再与他对答，对李绛说：“白居易是我自己提拔的，竟敢这样狂，我不能忍受，一定要罢斥他！”李绛说：“陛下开的是言者之路，所以群臣敢于直言论说政事的得失对错。若罢黜白居易，是箝住言者的口舌，使其自谋，这不是发扬盛德的做法啊。”皇帝领悟，对待白居易和原来一样。白居易任职期满，应当迁转职位，皇帝因白居易资历不深，而且家境清贫，就任他自己选择官职。白居易请求像姜公辅那样，以学士兼京兆户曹参军，以方便自己奉养双亲，天子下诏许可。第二年，因为母丧解除官职，直到服丧期满才还朝，担任左赞善大夫。

这时，有强盗刺杀宰相武元衡，京都人纷纷感到震惊混乱。白居易首先上疏，请求马上追捕凶贼，来洗刷朝廷的耻辱，并限定逮捕期限。宰相厌恶他越位上书，非常不高兴。不久，有人传言说“白居易母亲坠井而死，而他还写《新井篇》，他说话浮华，没有踏实的作风，不可重用”。贬为州刺史。中书舍人王涯上书说白居易不适宜治理州郡，于是又贬官做了江州（今江西九江）司马。白居易已经失意，却能够顺其所遇，依托佛教的生死轮回之说，像是忘了自身形骸似的。很久以后，他又转任忠州（今四川忠县）刺史。后来又入朝为司门员外郎，以主客郎中知制诰。

唐穆宗喜好游猎，白居易献上《续虞人箴》加以讽劝，文中说：

唐朝受天命，已经有十二位皇帝，都兢兢业业，勤于政事。鸟禽生在深林里，野兽活在茂草之中。春、冬两季打猎，猎取有一定的规律。这样鸟兽虫鱼，便会各自顺应环境而生存。百姓在野外，君主在朝廷，也都是各安其位。以前玄祖留下的遗训是很明白的，说：“驰骋打猎，使心发狂。”谁来仿效，就是后羿与康叔。曾经不以此为诫，最终覆亡。高祖刚要去打猎，苏长进言：“不足一百日，不算大快乐。”高祖心里已经领悟，也就停止了打猎。后来到了宋璟辅政时，也曾劝谏过玄宗。皇上脸色温和，听取臣下的劝谏，臣下也就从容的诤言进谏。宋璟快步走出宫，鹞鹰已经死在手中。哎呀！在原野上追逐野兽，在路上骑着马儿奔跑，岂不痛快，但是车马驱驰，恐怕会有颠覆的危惧。仔细审察打猎的安与危，是您所应该思虑的。

不久之后，白居易转任中书舍人。田布担任魏博节度使，命令白居易持节去宣布解说，田布送给他五百匹布，朝廷有诏书让他接受，白居易推辞说："田布的父仇和国耻都还没昭雪，人们应当用物资帮助他，却反而去取他的财物，从情谊上来说，实在是不忍心。现在正当朝廷派人慰问多的时候，如果都有所赠送，将来必定贼人没有消灭但田布的资财已经枯竭了。"皇帝下诏同意他辞掉馈赠。

那时候，河朔（黄河以北地区）又发生叛乱，朝廷聚集诸道的兵力出征，迁延时日，却没有战功。河朔贼攻陷弓高（今河北东光），截断了运粮的道路，深州（今河北深县）之围更加危急。白居易上书说："兵多了就很难指挥，将多了就会指挥不统一。应该下诏给魏博、泽潞、定、沧四地节度，命令他们各自守卫本境，以节省军费粮饷。每道各派出三千精锐兵，让李光颜统率。李光颜原有凤翔、徐州、滑州、河阳、陈、许各处兵丁不少于四万之众，可直接逼近叛贼，开弓高的粮道，联合下博，解除深州之围，和牛元翼会合。恢复裴度招讨使的职位，让他率领全部太原军队从西边压迫其境，见有利时机乘隙夹攻，间或下令招降，使他们军心动摇，还没到诛杀夷灭的时候，贼军一定会自行发生变乱。况且李光颜长期做将领，很有威名，裴度为人忠直勇敢，可独当一面，没有人像这两人的了。"在那时，天子荒淫放纵，宰相才能低下，赏罚失当，因而坐视叛贼嚣张，却不能有所作为。白居易虽然进献了忠言，但是却不被采纳，于是乞求外放。被任命为杭州刺史，开始筑堤保护钱塘湖，集中泻水，灌溉千顷良田；又疏浚了李泌组织开凿的六井，百姓依靠它们来汲水。又过了很久，以太子左庶子分司东都。又被任命为苏州刺史，后来因为患病而免去官职。

文宗即位，以秘书监召入朝廷，迁刑部侍郎，被封为晋阳县男。大和初年，二李党争事发，险与利皆乘之，互相剥夺推移，进或退，诋毁或赞誉，就像日间与夜里互为更迭。杨虞卿与白居易是姻亲，而且也与李宗闵友善，白居易嫌恶因涉及党争而受人指责排斥，于是称病移居到东都。升任太子宾客分司东都。过了一年，即担任河南（今河南洛阳）府尹，又以太子宾客分司东都。开成初年，被起用担任同州（今陕西大荔）刺史，没有赴任，改任命他为太子少傅，升职为冯翊县侯。会昌初年，白居易在刑部尚书任上退休。会昌六年（846），白居易去世，享年七十五岁，追赠尚书右仆射，唐宣宗写诗吊唁他。白居易留下遗嘱说他死后要薄葬，不要请封谥号。

白居易被唐宪宗厚待的时候，事无不言，取舍切磋，意见大多都被采纳，然而却被当道掌权者忌妒，于是被排斥，自己所蕴藏的才华也不能施展，于是放纵自己的情意在写文章饮酒上。等到再次被任用为官时，所遇到的又都是年幼的君主，偃蹇难伸，更加与当时的世俗不合，虽然当官却因病辞退，于是就没有立功扬名的志向。和他的弟弟白行简、堂弟白敏中互相友爱。在东都洛阳他所居住的履道里，疏沼种树，在香山筑石楼，凿八节滩，自号为“醉吟先生”，并写了《醉吟先生传》。晚年时十分沉迷于佛教，甚至整月不吃荤，称为“香山居士”。曾与胡杲、吉旼、郑据、刘真、卢真、张浑、狄兼谟、卢贞饮宴集会，这些人都是年事已高不再做官的人，人们仰慕他们，绘制成《九老图》。

白居易在做文章方面十分精切，但最擅长的还是写诗。初时，白居易十分能以诗来规劝讽谏政治的得失，待写了很多，更是合当时世俗所好，数量非常多达到数千篇，当时士民争相传诵。鸡林（古朝鲜）的商人拿了白居易的诗卖给他们国家的宰相，大概一篇可以换得一金，甚至伪作，也能很快辨别。起初，和元稹唱酬吟咏，因此号称“元白”；元稹死后，又同刘禹锡齐名，号称“刘白”。据说他才生下七个月，就能展书识字，他的奶妈指着“之”与“无”二字，白居易能辨识，试了百数次，都没有差错；九岁就能暗辨声律。他专精于文才，是天性所禀。白敏中当宰相时，为白居易请谥号，上级官员说谥“文”。后来履道里白居易的宅第被捐作佛寺。东都和江州人为白居易立祠祭祀。

新唐书卷一百三十七

郭子仪列传第六十二

郭子仪，字子仪，华州郑人。长七尺二寸。以武举异等补左卫长史，累迁单于副都护、振远军使。天宝八载，木剌山始筑横塞军及安北都护府，诏即军为使。俄苦地偏不可耕，徙筑永清，号天德军，又以使兼九原太守。

十四载，安禄山反，诏子仪为卫尉卿、灵武郡太守，充朔方节度使，率本军东讨。子仪收静边军，斩贼将周万顷，击高秀岩河曲，败之，遂收云中、马邑，开东陉。加御史大夫。贼陷常山，河北郡县皆没。会李光弼攻贼常山，拔之，子仪引军下井陉，与光弼合，破贼史思明众数万，平稿城。南攻赵郡，禽贼四千，纵之，斩伪守郭献璆，还常山。思明以众数万尾军，及行唐，子仪选骑五百更出挑之。三日，贼引去，乘之，又破于沙河，遂趋常阳以守。禄山益出精兵佐思明。子仪曰："彼恃加兵，必易我；易我，心不固，战则克矣。"与战未决，戮一步将以徇，士殊死斗，遂破之，斩首二千级，俘五百人，获马如之。于是昼扬兵，夜捣垒，贼不得息，气益老。乃与光弼、仆固怀恩、浑释之、陈回光等击贼嘉山，斩首四万级，获人马万计。思明跳奔博陵。于是河北诸郡往往斩贼守，迎王师。方北图范阳，会哥舒翰败，天子入蜀，太子即位灵武，诏班师。子仪与光弼率步骑五万赴行在。时朝廷草昧，众单寡，军容缺然，及是国威大振。拜子仪兵部尚书、同中书门下平章事，仍总节度。肃宗大阅六军，鼓而南，至彭原。宰相房琯自请讨贼，次陈涛，师败，众略尽，故帝唯倚朔方军为根本。

贼将阿史那从礼以同罗、仆骨骑五千，诱河曲九府、六胡州部落数万迫行在。子仪以回纥首领葛逻支击之，执获数万，牛羊不可胜计，河曲平。

至德二载，攻贼崔乾祐于潼关，乾祐败，退保蒲津。会永乐尉赵复、河东司户参军韩浞、司士徐景及宗室子锋在城中，谋为内应，子仪攻蒲，复等斩陴者，披阖内军。乾祐走安邑，安邑伪纳之，兵半入，县门发，乾祐得脱身走。贼安守忠壁永丰仓，子仪遣子旰与战，多杀至万级，旰死于阵。进收仓。于是关、陕始通。诏还凤翔，进司空，充关内、河东副元帅。率师趋长安，次潏水上。贼守忠等军清渠左。大战，王师不利，委仗奔。子仪收溃卒保武功，待罪于朝，乃授尚书左仆射。俄从元帅广平王率蕃、汉兵十五万收长安。李嗣业为前军，元帅为中军，子仪副之，王思礼为后军，阵香积寺之北，距沣水，临大川。弥亘一舍。贼李归仁领劲骑薄战，官军嚣，嗣业以长刀突出，斩贼数十骑，乃定。回纥以奇兵缭贼背，夹攻之，斩首六万级，生禽二万，贼帅张通儒夜亡陕郡。翌日，王入京师，老幼夹道呼曰："不图今日复见官军！"王休士三日，遂东。

安庆绪闻王师至，遣严庄悉众十万屯陕，助通儒，旌帜钲鼓径百余里。师至新店，贼已阵。出轻骑，子仪遣二队逐之，又至，倍以往，皆不及贼营辄反。最后，贼以二百骑掩军，未战走，子仪悉军追，横贯其营。贼张两翼包之，官军却。嗣业率回纥从后击，尘且坌，飞矢射贼，贼惊曰："回纥至矣！"遂大败，僵尸相属于道。严庄等走洛阳，挟庆绪度河保相州，遂收东都。于是河东、河西、河南州县悉平。以功加司徒，封代国公，食邑千户。入朝，帝遣具军容迎灞上，劳之曰："国家再造，卿力也。"子仪顿首陈谢。有诏还东都，经略北讨。

乾元元年，破贼河上，执安守忠以献，遂朝京师。诏百官迎于长乐驿，帝御望春楼待之。进中书令。帝即诏大举九节度师讨庆绪，以子仪、光弼皆元功，难相临摄，弟用鱼朝恩为观军容宣尉使，而不立帅。

子仪自杏园济河，围卫州。庆绪分其众为三军。将战，子仪选善射三千士伏壁内，诫曰："须吾却，贼必乘垒，若等噪而射。"既战，伪遁，贼薄营，伏发，注射如雨。贼震骇，王师整而奋，斩首四万级，获铠胄数十万，执安庆和，收卫州。又战愁思冈，破之。连营进围相州，引漳水灌城，漫二时，不能破。城中粮尽，人相食。庆绪求救于史思明，思明自魏来，李光弼、王思礼、许叔冀、鲁炅前军遇之，战邺南，夷负相当，炅中流矢。子仪督后军，未及战。会大风拔木，遂晦，跬步不能相物色，于是王师南溃，贼亦走，辎械满野。诸节度引还。子仪以朔方军保河阳，断航桥。时王师众而无统，进退相顾望，责功不专，是以及于败。有诏留守东都，俄改东畿、山南东道、河南诸道行营元帅。

鱼朝恩素疾其功，因是媒谮之，故帝召子仪还，更以赵王为天下兵马元帅，李光弼副之，代子仪领朔方兵。子仪虽失军，无少望，乃心朝廷。思明再陷河、洛，西戎逼扰京辅，天子旰食，乃授邠宁、鄜坊两节度使，仍留京师。议者谓子仪有社稷功，而孽寇首鼠，乃置散地，非所宜。帝亦悟。

上元初，诏为诸道兵马都统，以管崇嗣副之，率英武、威远兵及河西、河东镇兵，繇邠宁、朔方、大同、横野军以趋范阳。诏下，为朝恩沮解。明年，光弼败邙山，失河阳。又明年，河中乱，杀李国贞，太原戕邓景山。朝廷忧二军与贼合，而少年新将望轻不可用，遂以子仪为朔方、河中、北庭、潞仪泽沁等州节度行营，兼兴平，定国副元帅，进封汾阳郡王，屯绛州。时帝已不豫，群臣莫有见者，子仪请曰："老臣受命，将死于外，不见陛下，目不瞑。"帝引至卧内，谓曰："河东事一以委卿。"子仪呜咽流涕。赐御马、银器、杂采，别赐绢布九万。子仪至屯，诛首恶王元振等数十人，太原辛云京亦治害景山者，诸镇皆惕息。

代宗立，程元振自谓于帝有功，忌宿将难制，离构百计。因罢子仪副元帅，加实户七百，为肃宗山陵使。子仪惧谗且成，尽裒代宗所赐诏敕千余篇上之，因自明。诏曰："朕不德，诒大臣忧，朕甚自愧，自今公毋有疑。"初，帝与子仪平两京，同天下忧患，至是悔悟，眷礼弥重。

时史朝义尚盗洛，帝欲使副雍王，率师东讨，为朝恩、元振交訾之，乃止。会梁崇义据襄州叛，仆固怀恩屯汾州，阴召回纥、吐蕃寇河西，残泾州，犯奉天、武功，遽拜子仪为关内副元帅，镇咸阳。初，子仪自相州罢归京师，部曲离散，逮承诏，麾下才数十骑，驱民马补行队。至咸阳，虏已过渭水，并南山而东，天子跳幸陕。子仪闻，流涕，董行营还京师。遇射生将王献忠以彀骑叛，劫诸王欲奔虏，子仪让之，取诸王送行在。乃率骑南收兵，得武关防卒及亡士数千，军浸完。会六军将张知节迎子仪洛南，大阅兵，屯商州，威震关中。乃遣知节率乌崇福、羽林将长孙全绪为前锋，营韩公堆，击鼓欢山，张旗帜，夜丛万炬，以疑贼。初，光禄卿殷仲卿募兵蓝田，以劲骑先官军为游弈，直度浐，民绐虏曰："郭令公来。"虏惧。会故将军王甫结侠少，夜鼓朱雀街，呼曰："王师至！"吐蕃夜溃。于是遣大将李忠义屯苑中，渭北节度使王仲升守朝堂，子仪以中军继之。射生将王抚自署京兆尹，乱京城，子仪斩以徇。破贼书闻，帝以子仪为京城留守。

自变生仓卒，赖子仪复安，故天下皆咎程元振，群臣数论奏。元振惧，乃说帝都洛阳，帝可其计。子仪奏曰：

雍州古称天府，右陇、蜀，左崤、函，襟冯终南，太华之险，背负清渭、浊河之固，地方数千里，带甲十余万，兵强士勇，真用武之国，秦、汉所以成帝业也。后或处而泰、去而亡者不一姓，故高祖先入关定天下，太宗以来居洛阳者亦鲜。先帝兴朔方，诛庆绪，陛下席西土，戮朝义，虽天道助顺，亦地势则然。比吐蕃冯陵而不能抗者，臣能言其略。夫六军皆市井人，窜虚名，逃实赋，一日驱以就战，有百奔无一前；又宦竖掩迷，庶政荒夺，遂令陛下彷徨暴露，越在陕服。斯委任失人，岂秦地非良哉！今道路流言，不识信否，咸谓且都洛阳。洛阳自大盗以来，焚埃略尽，百曹榛荒，环服不满千户，井邑如墟，豺狼群嗥；东薄郑、汴，南界徐，北绵怀、卫及相，千里萧条，亭舍不烟，何以奉万乘牲饩、供百官次舍哉？且地狭厄，裁数百里，险不足防，适为斗场。陛下意者不以京畿新罹剽蹂，国用不足乎？昔卫为狄灭，文公庐于曹，衣大布之衣，冠大帛之冠，卒复旧邦，况赫赫天子，躬俭节用，宁为一诸侯下哉？臣愿陛下斥素餐，去冗食，抑阉寺，任直臣，薄征弛役，恤隐抚鳏，委宰相以简贤任能，付臣以训兵御侮，则中兴之功，日月可冀。惟时迈亟还，见宗庙，谒园陵，再造王家，以幸天下。

帝得奏，泣谓左右曰："子仪固社稷臣也，朕西决矣。"乘舆还，子仪顿首请罪，帝劳曰："用卿晚，故至此。"乃赐铁券，图形凌烟阁。

仆固怀恩纵兵掠并、汾属县，帝患之，以子仪兼河东副元帅、河中节度使，镇河中。怀恩子玚屯榆次，为帐下张惟岳所杀，传首京师，持其众归子仪。怀恩惧，委其母走灵州。广德二年，进太尉，兼领北道邠宁、泾原、河西通和吐蕃及朔方招抚观察使。辞太尉不拜。怀恩诱吐蕃、回纥、党项数十万入寇，朝廷大恐，诏子仪屯奉天。帝问计所出，对曰："无能为也。怀恩本臣偏将，虽剽果，然素失士心。今能为乱者，诛思归之人，劫与俱来，且皆臣故部曲，素以恩信结之，彼忍以刃相向乎？"帝曰："善。"虏寇邠州，先驱至奉天，诸将请击之。子仪曰："客深入，利速战。彼下素德我，吾缓之，当自携贰。"因下令："敢言战者斩！"坚壁待之，贼果遁。

子仪至自泾阳，恩赉崇缛，进拜尚书令，恳辞，不听。诏趣诣省视事，百官往庆，敕射生五百骑执戟宠卫。子仪确让，且言："太宗尝践此官，故累圣旷不置员，皇太子为雍王，定关东，乃得授，渠可猥私老臣，隳大典？且用兵以来，僭赏者多，至身兼数官，冒进亡耻。今凶丑略平，乃作法审官之时，宜从老臣始。”帝不获已，许之，具所以让付史官。因赐美人六人，从者自副，车服帷帟咸具。

永泰元年，诏都统河南道节度行营，复镇河中。怀恩尽说吐蕃、回纥、党项、羌、浑、奴剌等三十万，掠泾、邠，躏凤翔，入醴泉、奉天，京师大震。于是帝命李忠臣屯渭桥，李光进屯云阳，马玶、郝廷玉屯便桥，骆奉先、李日越屯盩厔，李抱玉屯凤翔，周智光屯同州，杜冕屯坊州，天子自将屯苑中。急召子仪屯泾阳，军才万人。比到，虏骑围已合，乃使李国臣、高升、魏楚玉、陈回光、朱元琮各当一面，身自率铠骑二千出入阵中。回纥怪问：“是谓谁？”报曰：“郭令公。”惊曰：“令公存乎？怀恩言天可汗弃天下，令公即世，中国无主，故我从以来。公今存，天可汗存乎？”报曰：“天子万寿。”回纥悟曰：“彼欺我乎！”子仪使谕虏曰：“昔回纥涉万里，戡大憝，助复二京，我与若等休戚同之。今乃弃旧好，助叛臣，一何愚！彼背主弃亲，于回纥何有？”回纥曰：“本谓公云亡，不然，何以至此。今诚存，我得见乎？”子仪将出，左右谏：“戎狄野心不可信。”子仪曰：“虏众数十倍，今力不敌，吾将示以至诚。”左右请以骑五百从，又不听。即传呼曰：“令公来！”虏皆持满待。子仪以数十骑出，免胄见其大酋曰：“诸君同艰难久矣，何忽亡忠谊而至是邪？”回纥舍兵下马拜曰：“果吾父也。”子仪即召与饮，遗锦綵结欢，誓好如初。因曰：“吐蕃本吾舅甥国，无负而来，弃亲也。马牛被数百里，公等若倒戈乘之，若俯取一芥，是谓天赐，不可失。且逐戎得利，与我继好，不两善乎？”会怀恩暴死，群虏无所统一，遂许诺。吐蕃疑之，夜引去。子仪遣将白元光合回纥众追蹑，大军继之，破吐蕃十万于灵台西原，斩级五万，俘万人，尽得所掠士女牛羊马橐驼不胜计。遂自泾阳来朝，加实封二百户，还河中。

大历元年，华州节度使周智光谋叛，帝间道以蜡书赐子仪，令悉军讨之。同、华将吏闻军起，杀智光，传首阙下。二年，吐蕃寇泾州，诏移屯泾阳。邀战于灵州，败之，斩首二万级。明年，还河中。吐蕃复寇灵武，诏率师五万屯奉天，白元光破虏于灵武。议者以吐蕃数为盗，马璘孤军在邠不能支，乃以子仪兼邠邠宁庆节度使，屯邠州，徙璘为泾原节度使。回纥赤心请市马万匹，有司以财乏，止市千匹。子仪曰：“回纥有大功，宜答其意，中原须马，臣请内一岁奉，佐马直。”诏不听，人许其忠。九年，入朝，对延英，帝与语吐蕃方强，慷慨至流涕。退，上书曰：

朔方，国北门，西御犬戎，北虞猃狁，五城相去三千里。开元、天宝中，战士十万，马三万匹，仅支一隅。自先帝受命灵武，战士从陛下征讨无宁岁。顷以怀恩乱，痍伤彫耗，亡三分之二，比天宝中止十之一。今吐蕃兼吞河、陇，杂羌、浑之众，岁深入畿郊，势逾十倍，与之角胜，岂易得邪？属者虏来，称四节度，将别万人，人兼数马。臣所统士不当贼四之一，马不当贼百之二，外畏内惧，将何以安？臣惟陛下制胜，力非不足，但简练不至，进退未一，时淹师老，地广势分。愿于诸道料精卒满五万者，列屯北边，则制胜可必。窃惟河南、河北、江淮大镇数万，小者数千，殚屈禀给，未始搜择。臣请追赴关中，勒步队，示金鼓，则攻必破，守必全，长久之策也。

又自陈衰老，乞骸骨。诏曰：“朕终始倚赖，未可以去位。”不许。

德宗嗣位，诏还朝，摄冢宰，充山陵使，赐号“尚父”，进位太尉、中书令，增实封通前二千户，给粮千五百人，刍马二百匹，尽罢所领使及帅。建中二年，疾病，帝遣舒王到第传诏省问，子仪不能兴，叩头谢恩。薨，年八十五。帝悼痛，废朝五日。诏群臣往吊，随丧所须，皆取于官。赠太师。陪葬建陵。及葬，帝御安福门，哭过其丧，百官陪位流涕。赐谥曰忠武，配飨代宗庙廷。著令，一品坟崇丈八尺，诏特增丈，以表元功。

子仪事上诚，御下恕，赏罚必信。遭幸臣程元振、鱼朝恩短毁，方时多虞，握兵处外，然诏至，即日就道，无纤介顾望，故谗间不行。破吐蕃灵州，而朝恩使人发其父墓，盗未得。子仪自泾阳来朝，中外惧有变，及入见，帝唁之，即号泣曰：“臣久主兵，不能禁士残人之墓，人今发先臣墓，此天遣，非人患也。”朝恩又尝约子仪修具，元载使人告以军容将不利公。其下衷甲愿从，子仪不听，但以家僮十数往。朝恩曰：“何车骑之寡？”告以所闻。朝恩泣曰：“非公长者，得无致疑乎？”田承嗣傲佷不轨，子仪尝遣使至魏，承嗣西望拜，指其膝谓使者曰：“兹膝不屈于人久矣，今为公拜。”李灵耀据汴州，公私财赋一皆遏绝，子仪封币道其境，莫敢留，令持兵卫送。麾下宿将数十，皆王侯贵重，子仪颐指进退，若部曲然。幕府六十余人，后皆为将相显官，其取士得才类如此。与李光弼齐名，而宽厚得人过之。子仪岁入官俸无虑二十四万缗。宅居亲仁里四分之一，中通永巷，家人三千相出入，不知其居。前后赐良田、美器、名园、甲馆不胜纪。代宗不名，呼为大臣。以身为天下安危者二十年，校中书令考二十四。八子七婿，皆贵显朝廷。诸孙数十，不能尽识，至问安，但颔之而已。富贵寿考，哀荣终始，人臣之道无缺焉。

【译文】

郭子仪，字子仪，是华州郑人。身高七尺二寸。因为武举位列优等所以补官担任左卫长史，不断加官升任为单于副都护、振远军使。天宝八年，木剌山开始设置横塞军及安北都护府，诏命郭子仪担任军使。不久因为苦恼该地太偏而且土地不宜耕种，搬迁到永清筑城，被称为天德军，又担任天德军使兼任九原太守。

天宝十四年，安禄山发动叛乱，朝廷下诏任命郭子仪担任卫尉卿、灵武郡太守，又充任朔方节度使，率领本军向东讨伐安禄山军队。郭子仪收复静边军，斩杀叛将周万顷，在河曲出击高秀岩，并击败了他，于是收复云中、马邑，开东陉关。升任为御史大夫。叛军攻陷常山，河北地区的郡县都被叛军占领。恰逢李光弼进攻常山，收复了它，郭子仪就率领军队出井陉，与李光弼军队汇合，打败史思明数万人的部队，收复稿城。向南进攻赵郡，活捉四千人叛军，又都释放了他们，斩杀伪太守郭献璆，回到常山。史思明收散兵数万人跟在唐军之后，到了行唐，郭子仪选取五百骑兵向叛军挑战。三天后，叛军撤退离开，郭子仪乘机进攻，又在沙河打败了他们，于是进到常阳守卫。安禄山派出精兵帮助史思明。郭子仪说："他们倚仗增加兵力，一定会轻视我们；轻视我们，战斗的决心就不大，战争一定能胜利。"在与贼军战斗时胜负未决，郭子仪处斩了一个步将，于是士兵们都拼死战斗，大败敌军，斩首两千叛军，俘获五百人，俘获的马匹也是这个数目。接着白天在敌阵前摆开军队，作进攻的态势，夜晚就偷袭敌军营垒，贼军昼夜不得休息，都十分疲倦。郭子仪就与李光弼、仆固怀恩、浑释之、陈回光等人联合在嘉山出击贼军，斩首四万人，俘获人口、马匹上万数。史思明逃到博陵。在河北的十余郡都杀叛军守将，迎接唐王朝的军队。正当要向北进攻范阳时，碰到哥舒翰作战失败，唐玄宗逃往四川，太子李亨在灵武即位，朝廷下诏班师回朝。郭子仪就与李光弼率领五万余步兵和骑兵赶往灵武——皇帝所在地。当时肃宗刚即位，势单力薄，人也不多，军容不严整，郭、李大部队来到后，国威大振。朝廷任命郭子仪为兵部尚书、同中书门下平章事，仍然总节度。肃宗检阅六军，鼓行向南，到了彭原。宰相房琯上疏请求自己率兵讨伐贼军，军队到了陈涛，与敌军作战，结果失败了，差不多全军覆没，因此肃宗只能依靠朔方的军队来作为自己的基本力量。

贼将阿史那从礼用少数族同罗、仆骨的五千骑兵，又游说河曲九府、六胡州各胡人部落数万人进军逼迫皇帝所在的地方。郭子仪用回纥首领葛逻支的军队攻击他们，俘虏数万人，牛羊多得无法计算，河曲被平定。

至德二年，在潼关进攻贼军崔乾祐，崔乾祐战败，退保蒲津。时值永乐尉赵复、河东司户参军韩浞、司士徐景及宗室子锋在城中，他们作为内应，郭子仪攻打蒲津，赵复等人斩杀城上的敌兵，打击城内的所有敌军。崔乾祐逃到安邑，安邑人假装投降接纳他，军队刚进入一半，县门的士兵就出击了他们，崔乾祐发觉后就脱身逃走。贼军安守忠率军在永丰仓筑营垒，郭子仪派儿子郭旰出击，杀敌多达万余人，但郭旰阵亡。郭子仪进攻并且收复永丰仓，于是潼关、陕郡道路开始畅通。朝廷下诏命令郭子仪回凤翔，升任为司空，充任关内、河东副元帅。郭子仪率领军队进发到长安，停驻到潏水上。安守忠等人的军队在清渠东边。双方发生大战，唐军最终失败，丢盔弃甲奔逃而回。郭子仪收集溃散的士兵退守武功，等待朝廷的处罚，但朝廷仍然任命他为尚书左仆射。不久随从广平王李俶元帅率领蕃、汉兵共十五万去收复长安。李嗣业为前军，元帅为中军，郭子仪为中军副职，王思礼为后军，在长安西香积寺的北面布阵，在沣水东、面临沈水、交水等大河，连在一起。贼将李归仁率领强劲的骑兵出来挑战，官军十分惊慌混乱乱，李嗣业提着长刀冲出来，杀了贼军的数十骑兵，官军阵地才稍稍稳定。回纥用奇兵绕到贼军背后，与大军前后夹击贼军，斩首六万人，活捉两万人，贼军统帅张通儒连夜逃往陕郡。第二天，官军进入长安，男女老少夹道欢呼，说："想不到今天能再见到官军！"广平王命士兵休整三天，接着向东进军。

安庆绪听说官军来到，派严庄率领全部军队共十万人屯驻在陕郡，来协助张通儒，战旗和钲鼓的声音传向四周达百余里。官军到达新店，贼军已经摆好阵势，派出轻装骑兵作战，郭子仪派两队士兵攻击他，后来他们再次到来，郭子仪派加倍的士兵去作战，但都没有攻打到贼军营垒就立即返回。最后，贼军用两百骑兵来突袭，没有战斗又回去了，郭子仪派全军追击，横穿过贼军的营垒，贼军从两翼包抄攻击，官军却开始退却。李嗣业率领回纥军从贼军背后出击，在黄土尘埃中发出飞矢来射击贼军，贼军惊呼说："回纥人到了。"于是大败，尸体布满道路。严庄等向洛阳方向逃跑，又拥护着安庆绪渡过黄河逃奔到相州，官军收复东都洛阳。接着河东、河西、河南的州县叛乱都平定了。郭子仪因为功勋升任为司徒，被封为代国公，食邑一千户。入朝进见天子，皇帝派遣仪仗队在灞上迎接，慰劳他说："国家再生，是您的功劳呀。"郭子仪叩头谢恩。诏书命令郭子仪回到东都，再研究向北讨伐贼军的事宜。

乾元元年，郭子仪在黄河边击败贼军，俘获安守忠献给朝廷，于是郭子仪进京朝见。朝廷下诏命令百官在长乐驿迎接他，皇帝到望春楼等待他。升任他为中书令。皇帝当即下诏命令九个节度使大举讨伐安庆绪，因郭子仪、李光弼都有头等功，难以相互统率，因此不设置元帅，而是任用宦官鱼朝恩做为观军容宣慰使，实际上统驭诸将。

郭子仪的军队在杏园渡过清河，包围卫州。安庆绪把他的士兵一分为三。在即将开战前，郭子仪选了射箭技能好的三千士兵埋伏在垒垣之内，对他们下令说："等我后退，贼军一定追到我们营垒前来，你们就登垒，大声喊杀并向他们射箭。"接着与安庆绪军作战，假装失败而退兵，贼军逼近营垒，埋伏的士兵万箭齐发，箭矢向雨点一样落下。贼军十分震惊害怕，官军士气更加高涨，大败贼军，斩首四万人，缴获铠甲数十万套，活捉安庆和，收复卫州。安庆绪逃向邺城，郭子仪追到那里，在邺城西愁思冈又发生战斗，大败安庆绪。安庆绪入邺城固守，郭子仪与其他军队联合包围相州的邺城，引漳水灌入城中，自冬到春，大水弥漫了两季，都没有破城。城中粮食吃完后，甚至出现人吃人的惨剧。安庆绪向史思明求救，史思明从魏州引兵来救他，在邺城南，与李光弼、王思礼、许叔冀、鲁炅的前军相遇而发生战斗，双方伤亡人数相当，鲁炅中了流箭。郭子仪在后方督军，来不及布阵。碰到大风起，吹沙拔木，天昏地暗，人们即使近在咫尺也不能相辨认，于是官军溃败向南撤退，贼军向北退却，军用物资和武器丢得满山遍野。各节度使带领军队退还。郭子仪用朔方兵保河阳，为此切断航桥。这次战争是因为官军人数虽多却没有统一指挥，大家想保存实力互相观望，责任不明确，最终造成战败。诏书命令郭子仪留守东都，不久改任东畿、山南东道、河南诸道行营元帅。

鱼朝恩素来妒忌郭子仪的功劳，因而战争失败就嫁祸给他，在天子面前说他的坏话，因此天子召郭子仪回来，重新任命赵王李系为天下兵马元帅，又任李光弼为副元帅，来取代郭子仪领朔方节度使的兵。郭子仪虽然失去军权，却没有感到失望，仍然心向朝廷。史思明再次攻陷河南、洛阳，西戎逼近并且扰乱长安三辅地区，天子顾不得用餐，就急忙授命郭子仪为邠宁、鄜坊两道节度使，仍然留在京师。有人议论说郭子仪对国家有功劳，而贼寇首鼠两端，天下还未太平，把他放在闲散的职位上，不太合适。天子对此也有所觉悟，

上元初年，天子诏命郭子仪做诸道兵马都统，任用管崇嗣为副职，率领英武、威远等禁军及河西、河东镇兵，由邠宁、朔方、大同、横野军向范阳进军。诏书下达后没几天，就被鱼朝恩阻挠，这件事最终没有实行。第二年，李光弼军在邙山战败，失守河阳。再下一年，即宝应元年，河中有叛乱，绛州兵杀死朔方等诸道行营都统李国贞，太原兵杀死河东节度使邓景山。朝廷担心这两支军队与贼军相勾结，而年轻的新将领又因威望不够不可任用，于是又任命郭子仪为朔方、河中、北庭、潞、仪、泽、沁等州的节度行营，兼任兴平、定国副元帅，进封郭子仪为汾阳郡王，进驻在绛州。当时肃宗已经病危，群臣中没有人能够见到他，郭子仪请求说："老臣受命，将要死于外地，不见陛下，我死不瞑目。"天子在卧室接见了他，对他说："河东的事就完全委托你了。"郭子仪呜咽哭泣，流下泪水。天子赐给他御马、银器、杂色丝织品，另外又赐给他绢布九万。郭子仪到军营，果断擒杀了带头杀害李国贞的王元振等数十人，太原的辛云京也惩治害邓景山的人，如此一来，其他诸镇都比较安定了。

代宗即位，程元振自认为对天子有功，忌讳宿将难以控制，就千方百计地挑拨离间。因此罢免了郭子仪的副元帅职务，加封户七百户，担任肃宗山陵使。郭子仪怕别人在天子面前的挑拨离间得逞，于是就聚集了代宗为广平王时所赏赐的往来手札千余篇送给天子，并自表忠心。天子下诏说："我德行不高，使大臣担忧，我很惭愧，从今以后您不必有所怀疑。"早先，代宗与郭子仪一起收复两京，共同为天下事担忧，到此时天子悔悟，对郭子仪也更加礼敬和眷念。

当时史朝义占领洛阳，代宗想让郭子仪担任雍王李适副职，率领军

队向东讨伐史朝义，结果被鱼朝恩、程元振联合诋毁，就没有得到任命。遇上梁崇义占据襄州反叛朝廷，仆固怀恩在汾州屯兵，暗中召回纥、吐蕃军队进攻河西，残害泾州，侵犯奉天、武功，京师震动，天子立即下诏任命郭子仪做关内副元帅，出镇咸阳抵御敌人。起初，郭子仪从相州被罢官后回到京师，部队离散，下达诏书时，部下只有数十名骑兵，于是召募民马补充到军队中。到了咸阳，敌虏已经渡过渭水，并沿南山向东，天子逃到陕州。郭子仪听说后，流下眼泪，督促部队从咸阳回到京师长安。遇上射生将王献忠带领用弓弩的骑兵反叛，并劫持诸王想要向西投奔吐蕃，郭子仪叱责他，派兵送诸王到天子所在处。接着率领骑兵到南部商州召集逃散士兵，又得到武关防守士兵及逃亡士兵数千人，军队声势稍振。遇上六军将张知节在洛南迎接郭子仪，于是大规模检阅士兵，屯军在商州，威震关中。郭子仪派张知节率领乌崇福、任命羽林将长孙全绪为前锋，到韩公堆筑营垒，白天击鼓声震山谷，树很多旗帜，夜晚则到处点燃火炬，用来迷惑吐蕃。先前，光禄卿殷仲卿在蓝田招募一些士兵，这时他率领强劲的骑兵在官军之前作为游军渡过了浐河，老百姓又欺骗贼军说："郭令公要率大军来了。"吐蕃军队害怕。刚好射生将王甫在长安城中暗中聚集勇敢的少年，夜晚在朱雀街上一边击鼓一边大呼"王师来了！"吐蕃军队更加恐惧，全部连夜逃离。于是派大将李忠义驻屯在禁苑中，渭北节度使王仲升守卫朝堂，郭子仪的中军在后进入长安。射生将王抚自命为京兆尹，在京城作乱，郭子仪将他处斩。天子见到破贼的文书，任命郭子仪为京城留守。

自从在仓卒之中发生事变，天下依赖郭子仪才得重新安定，所以天下人都归咎于程元振，群臣多次上奏论说。程元振惧怕，劝天子把都城迁到洛阳，天子同意他的意见。郭子仪上奏说：

> 雍州古代被称为天府，西面是陇、蜀，东面是崤关、函谷关，前面凭借终南山、华山的险要地形，背部有清澈的渭水和混浊的黄河作为阻挡，方圆数千里，披甲的士卒十余万，士兵强壮而勇敢，真是适合用武的地区，这是秦、汉所以能建国和成就帝业的原因。后来或者处于这地区而兴盛、离开这地区而亡国的不止一朝，所以唐高祖先进入关中平定天下，太宗以来居于洛阳的君主也很少。先帝兴朔方兵，诛杀安庆绪，陛下席卷西土，杀戮史朝义，虽然这是上天在帮助正义的一方，但也是由于地势有利起了一定的作用。这

就是近来吐蕃有依持而侵犯我国，我们不能抗击的原因，臣能讲述它的大概。首先六军都是市井无赖，为的是捞虚名，逃避实在的赋税，一旦让他们作战，有一百人会逃避而无一人向前；其次宦官掌权，政治昏暗，因为这样使陛下彷徨犹豫，最后到达陕州。这实在是用人的过失，哪里是秦的地势不优越！现在道路上的人都在流传，不知是否可信，都说将要迁都洛阳。洛阳自从安史之乱受破坏，焚烧得已经差不多了，百官衙门荆棘丛生，整个地区不足千户，村落已成废墟，豺狼出没嗥叫；东面靠近郑州、汴州，南方到徐州，北方直到怀州、卫州和相州，千里萧条，亭舍都不冒烟，如何来供应您如此多马匹的饲料，供给百官的住房？而且这里地方狭小，周围才数百里，是平原地区，没有险要的地势可防守，反而正好作为战场。陛下迁都的意思不就是因为京畿地区新近遭到吐蕃蹂躏，国家需要的东西不足吗？春秋时卫国被狄人攻灭，卫文公住在曹国，穿粗布的衣服，戴粗帛做的帽子，最终恢复了旧国，何况赫赫的天子，亲自带头节俭，还能在诸侯之下吗？臣但愿陛下能辞退只会吃饭而不干事的多余人，抑制宦官的权力，任用忠直的大臣，轻徭薄赋，抚恤老弱孤独的人，委任宰相选拔贤才，交给我训练士兵抵御外敌的任务，那么唐朝的中兴，就指日可待。虽然时间已过了这么多天还是应该立即回去，入见宗庙，拜谒园陵，使唐王室再生，那么天下百姓就有好日子了。

天子看到这个奏疏，流着泪对左右侍臣说："郭子仪真是国家的忠臣呀，我决定向西返回长安。"天子回到长安，郭子仪叩头谢罪，天子慰劳他说："用你迟了，所以到了这地步。"赐给郭子仪铁券，把他的像画在凌烟阁。

仆固怀恩放纵士兵掠夺并州、汾州所属的县城，天子非常忧虑，任命郭子仪兼任河东副元帅、河中节度使。镇守河中。仆固怀恩的儿子仆固瑒屯兵在榆次，被部下张惟岳杀死，首级送回到长安，张惟岳带着他的部下投奔郭子仪。仆固怀恩害怕，抛下他的母亲向北逃到灵州。广德二年，郭子仪进而被升任为太尉，兼领北道邠宁、泾原、河西以来通和吐蕃使及朔方招抚观察使。郭子仪被辞去了太尉的职务。仆固怀恩招引吐蕃、回纥、党项数十万人进犯，朝廷大震，诏命郭子仪率领诸将出镇京兆奉天县。天子召见他问他有何计谋，郭子仪说："他是不会有所作为的。仆固怀恩本来是臣的偏将，虽然剽悍果断，但一向不得军心，现在能和他一起作乱的人，都是一些想回老家的人，而且是受威胁而来，又都是臣的老部下，我们之间有恩情，他们能忍心拿刀来砍杀我们吗？”天子说：“好。”贼军进犯泾州，其前锋到奉天，各位将领请求出兵。郭子仪说：“敌人深入我处，速战对我们有利。他们的部下一向感我恩德，我们等待一下，他们内部就会分化。”于是下命令：“敢再讲出战的人斩首！”坚守营垒严阵以待，贼军果然逃走了。

郭子仪从泾阳回到长安，多次受到天子恩赐，进而被任命尚书令，他恳切地辞退，天子不准。诏命他赶快到尚书省办公，百官都向他庆贺，天子命射生将五百骑兵拿着戟护卫他。郭子仪坚决推辞，他说：“太宗曾经担任过此官，所以以后的皇帝都空着这个位置，皇太子还是雍王的时候，平定了关东，才被任命担任此官，怎么能为了照顾老臣，而改变国家的制度呢？而且自用兵以来，我受到的不该有的赏赐颇多，导致我身兼数官，我感到冒进而惭愧，现在凶恶的敌人已经略有平定，是到了应该加强法典审核官吏的时候，这应该从老臣开始。”天子不得已，准许了他，并把这事的前后经过嘱史官记下。赐给美人六名，随从自备，车子服装帐幕等都具备。

永泰元年，天子诏命郭子仪担任都统河南道节度行营，再次镇守河中。仆固怀恩诱说吐蕃、回纥、党项、羌、浑、奴剌等共三十万部众入侵，掠夺泾、邠两州，蹂躏凤翔，进入醴泉、奉天，京师长安大震。于是代宗命令李忠臣驻屯渭桥，李光进驻云阳、马璘、郝廷玉驻屯便桥，骆奉先、李日越驻屯盩厔，李抱玉驻屯凤翔，周智光驻屯同州，杜冕驻屯坊州，天子亲自率领六军在禁苑中。又急忙召命郭子仪驻屯泾阳，他的军队才一万人。刚到泾阳，虏骑已经完成包围圈，郭子仪命令李国臣、高升、魏楚玉、陈回光、朱元琮各当一面，自己率领穿铠甲的骑兵两千人出入于敌阵之中。回纥人奇怪地问：“这人是谁？”回报说：“郭令公。”回纥将领吃惊地说：“令公还活着吗？仆固怀恩说唐天子已经弃天下而死，令公也已经去世，中国无主，因此我随从他而来。令公现在还活着，唐天子还活着吗？”有人回答说：“唐天子万寿。”回纥将领有所觉悟，说：“仆固怀恩欺骗了我们！”郭子仪派人告谕回纥将领说：“过去回纥远涉万里，讨伐安史元凶大恶，帮助恢复长安和洛阳两京，我们和你们休戚与共。今日你们抛弃旧日的好友，帮助叛臣，是多么愚蠢！仆固怀恩背叛天子抛弃亲人，对你们回纥有何好处？”回纥的将领说：“本来以为令公已亡，不然的话，我们何至于到这样的地步。现在令公既然还活着，我可以见他一面吗？”郭子仪准备出去见他们，左右部下进谏说：“戎狄的人有野心，不可以相信。”郭子仪说：“他们的士兵比我们多十倍，现在我们论实力是敌不过他们的，我只能向他们表示我最诚恳的心意。”左右的人请郭子仪带五百骑兵随同前去，郭子仪又不同意，于是立即传呼说：“郭令公来了！”敌兵都拉满了弓严阵以待。郭子仪带了数十人骑马而出，不穿盔甲，见了回纥的大酋长说：“各位大人和我们同患难已经很久了，为什么忽然抛弃忠信友谊而到这般地步呢？”回纥首领当即离开卫兵上前下马拜谢说：“您果然是我们的长者呀。”郭子仪当即召唤他们来一起饮酒，送给他们锦彩等丝织品，双方谈得十分高兴，发誓要友好得像以前一样。郭子仪趁机说：“吐蕃本来与我们国家结为甥舅，现在他们背叛负心而来，是抛弃亲人。他们的马牛遍布数百里，你们如果能倒戈一击，趁机进攻他们取得他们的牛马就像弯腰拾芥菜一般容易，这是天赐良机，不可失去。而且打败吐蕃可以得到利益，又与我们继续和好，这不是一举两得的好事吗？”刚好仆固怀恩突然死去，许多少数族军队没有统一领导，于是回纥答应了。吐蕃有了怀疑，夜里就逃离而去。郭子仪派将领白元光联合回纥军队在后面追击，大军紧随而去，在灵台西原大败十万吐蕃兵，斩首五万人，俘获万人，获得吐蕃所掠夺的百姓、牛、羊、马、骆驼等不可胜数。于是郭子仪从泾阳回京师朝见天子，加封邑二百户，后来又回到河中。

大历元年，华州节度使周智光叛变，天子命令人从偏僻的小道送蜡封的诏书给郭子仪，命令他率领全军去讨伐。同州、华州的将吏听说军队出发，就杀了周智光，将他的首级传送到朝廷。大历二年，吐蕃军进犯泾州，天子诏命郭子仪移军到泾阳。郭子仪率兵在灵州与吐蕃发生战斗，打败了它，斩首两万余人。下一年，回到河中。吐蕃再次进犯灵武，天子诏命郭子仪率领五万军队驻屯奉天。白元光在灵武打败吐蕃。有人议论吐蕃屡次进犯，马璘孤军在邠州不能支撑，于是朝廷任命郭子仪兼任邠、宁、庆三州节度使，驻屯邠州，徙马璘为泾原节度使。回纥赤心请唐朝买万匹马，衙门以经费缺乏为理由，只同意买千匹。郭子仪说：“回纥有功劳，应该同意他们的要求，中原也需要马，臣请求交出一年俸禄，来增加买马的经费。”朝廷下诏不同意，但人们都赞扬他的忠心。

大历九年，郭子仪入朝，在延英殿，天子与他谈到了吐蕃的强盛，很激动，以致流下了眼泪。郭子仪退下后，上书说：

朔方，是国家北边的门户，西方防御犬戎，北方警戒猃狁，五座城相距三千里。开元、天宝年间，有十万战士，三万匹马，仅支撑这一边区。自从先帝在灵武即位，战士们随从陛下出征讨伐没有过安宁的日子。近来因为仆固怀恩之乱，伤亡消耗，人口少了三分之二，比起天宝年间中期只有十分之一。现今吐蕃兼有河西、甘肃一带的土地，杂有党项、吐谷浑的部众，每年深入到京师附近，势力强大了十倍，与他们战斗想要取胜，难道是容易的事？近时少数族来，称四个节度，每将分别有万人，每人有数匹马，臣所统率的士兵不到贼军的四分之一，马不到贼军的百分之二，内外都畏惧，将要怎么安心呢？臣思索陛下要战胜，力量并非不足，只是士兵训练不够，进退没有统一计划，军队滞留久而且疲劳，地区太广力量分散。请求在各道发精兵共计五万人，分别驻屯在北边，则制胜敌人是肯定的。臣私下以为河南、河北、江淮大镇数万人，小镇数千人，只是竭尽供给粮食，而从未加以选择。臣请求召他们到关中，挑选步兵队伍，演练阵列，熟悉号令，那样就必能进攻破敌，防守必能保全，是长治久安的计策。

郭子仪又陈述说自己已经衰老，请求退休返回老家。天子下诏说："朕始终要依赖你，你不可以离开职位。"没有准许。

德宗即位，下诏命令郭子仪还朝，任代理冢宰，充任山陵使，赐号为"尚父"。进一步升职为太尉、中书令，增加食邑封户连同以前的共为二千户，给一千五百人的粮食，二百匹马的草料，全部罢免郭子仪所任的"使"和"帅"的职位。建中二年，郭子仪患病，皇帝派舒王李元名到他家中传达诏命问候，郭子仪已经不能起来，叩头谢恩。这一年郭子仪死了，年龄八十五岁。皇帝哀悼痛哭，暂停上朝五天。诏命群臣到郭子仪家吊唁，凡丧事所需的一切都由官家供给。赠郭子仪太师官职。陪葬在建陵。下葬那天，皇帝到安福门，哭得比郭子仪死的那天还厉害，百官都在一旁陪着哭。赐谥号为"忠武"。在代宗庙廷里附祭。按照令文，一品官坟高一丈八尺，诏命他的坟再增加一丈，用以表彰他的功勋。

郭子仪侍奉天子忠诚，对待下级宽恕，赏罚分明。虽然遭到皇帝宠幸的大臣宦官程元振、鱼朝恩的诋毁，又遇到国家多事，他掌握大军在外，但诏书一到，他就当日上路回京，没有丝毫犹豫顾望，所以别人的坏话和挑拨离间都不能得逞。在灵州破吐蕃，而鱼朝恩派人发掘他父亲的坟墓，没有得到什么东西。郭子仪从泾阳来朝见天子，内外怕有变动，等到觐见，天子对此事表示慰问，郭子仪痛哭着说："臣做军队统帅很久了，不能够禁止士兵发掘别人的坟墓，有人现在发掘我父亲的墓，这是上天的谴责，不是人事呀。"鱼朝恩又曾约郭子仪游览他建造的章敬寺，瞻仰佛容，元载派人告诉他观军容使鱼朝恩将做有害于他的事。他的部下请求在衣中穿上铠甲一起去，郭子仪不同意，只带十几个家僮就前往。鱼朝恩说："为什么车马随从那么少？"郭子仪告诉他所听到的一切。鱼朝恩哭着说："公如果不是个有修养的长者，能不怀疑吗？"魏博节度使田承嗣傲慢跋扈，郭子仪曾派使者去见魏博，田承嗣向西下拜，指着膝盖对使者说："这个膝盖不对人弯曲已经很久了，今天为郭公下拜。"李灵曜占据汴州作乱，公私财赋过汴州的都要留下，郭子仪封存的钱币和帛过他的境，李灵曜不敢扣留，还派士兵护送他们出境。郭子仪部下中有几十个老将，都已封王封侯地位很高，郭子仪可以不开口用动作指挥他们进退，就像对部队士兵一样。幕府中有六十多人，后来都做了将相等显赫的高官，他善于选拔人才就是这样。郭子仪与李光弼的名气一样大，但比李光弼宽厚得人心。郭子仪每年官俸收入大致有二十四万缗。住宅占亲仁里的四分之一，中间可通到宫中的长巷，家人有三千人进出，不知道他住在何处。前后受到赏赐的良田、美器、有名园林、上等住房不可胜数。代宗不叫他的名字，而叫大臣。郭子仪身系天下安危达二十年，掌中书令等二十四年。八个儿子七个女婿，都在朝中地位显赫。孙子有几十人，郭子仪不能都认识，到请安时，只能点头示意。一生富贵寿终，有哀有荣，作为臣下应该做的一切他确实是十分完备的。

新唐书卷一百五十三

颜真卿列传第七十八

颜真卿，字清臣，秘书监师古五世从孙。少孤，母殷躬加训导。既长，博学，工辞章，事亲孝。

开元中，举进士，又擢制科。调醴泉尉。再迁监察御史，使河、陇。时五原有冤狱久不决，天且旱，真卿辨狱而雨，郡人呼"御史雨"。复使河东，劾奏朔方令郑延祚母死不葬三十年，有诏终身不齿，闻者耸然。迁殿中侍御史。时御史吉温以私怨构中丞宋浑，谪贺州，真卿曰："奈何以一时忿，欲危宋璟后乎？"宰相杨国忠恶之，讽中丞蒋冽奏为东都采访判官。再转武部员外郎。国忠终欲去之，乃出为平原太守。

安禄山逆状牙孽，真卿度必反，阳托霖雨，增陴浚隍，料才壮，储仓禀。日与宾客泛舟饮酒，以纾禄山之疑。果以为书生，不虞也。禄山反，河朔尽陷，独平原城守具备，使司兵参军李平驰奏。玄宗始闻乱，叹曰："河北二十四郡，无一忠臣邪？"及平至。帝大喜，谓左右曰："朕不识真卿何如人，所为乃若此！"

时平原有静塞兵三千，乃益募士，得万人，遣录事参军李择交统之，以刁万岁、和琳、徐浩、马相如、高抗朗等为将，分总部伍。大飨士城西门，慷慨泣下，众感励。饶阳太守卢全诚、济南太守李随、清河长史王怀忠、景城司马李玮、邺郡太守王焘各以众归，有诏北海太守贺兰进明率精锐五千济河为助。贼破东都，遣段子光传李憕、卢奕、蒋清首徇河北，真卿畏众惧，绐诸将曰："吾素识憕等，其首皆非是。"乃斩子光，藏三首。它日，结刍续体，敛而祭，为位哭之。

是时，从父兄杲卿为常山太守，斩贼将李钦凑等，清土门。十七郡同日自归，推真卿为盟主，兵二十万，绝燕、赵。诏即拜户部侍郎，佑李光弼讨贼。真卿以李晖自副，而用李铣、贾载、沈震为判官。俄加河北招讨采访使。

清河太守使郡人李崿来乞师，崿曰："闻公首奋裾唱大顺，河朔恃公为金城。清河，西邻也，有江淮租布备北军，号'天下北库'，计其

积，足以三平原之有，士卒可以二平原之众。公因而抚有，以为腹心，它城运之如臂之指耳。”真卿为出兵六千，谓曰：“吾兵已出，子将何以教我？”崿曰：“朝家使程千里统众十万，自太行而东，将出崞口，限贼不得前。公若先伐魏郡，斩贼首袁知泰，以劲兵披崞口，出官师使讨邺、幽陵，平原、清河合十万众徇洛阳，分犀锐制其冲。公坚壁勿与战，不数十日，贼必溃，相图死。”真卿然之。乃檄清河等郡，遣大将李择交，副将范冬馥、和琳、徐浩，与清河、博平士五千屯堂邑。袁知泰遣将白嗣深、乙舒蒙等兵二万拒战，贼败，斩首万级，知泰走汲郡。

史思明围饶阳，遣游弈兵绝平原救军，真卿惧不敌，以书招贺兰进明，以河北招讨使让之。进明败于信都。会平卢将刘正臣以渔阳归，真卿欲坚其意，遣贾载越海遗军资十馀万，以子颇为质。颇甫十岁，军中固请留之，不从。

肃宗已即位灵武，真卿数遣使以蜡丸裹书陈事。拜工部尚书兼御史大夫，复为河北招讨使。时军费困竭，李崿劝真卿收景城盐，使诸郡相输，用度遂不乏。第五琦方参进明军，后得其法以行，军用饶雄。

禄山乘虚遣思明、尹子奇急攻河北，诸郡复陷，独平原、博平、清河固守。然人心危，不复振。真卿谋于众曰：“贼锐甚，不可抗。若委命辱国，非计也，不如径赴行在，朝廷若诛败军罪，吾死不恨。”至德元载十月，弃郡度河，间关至凤翔谒帝，诏授宪部尚书，迁御史大夫。

方朝廷草昧不暇给，而真卿绳治如平日。武部侍郎崔漪、谏议大夫李何忌皆被劾斥降。广平王总兵二十万平长安，辞日，当阙不敢乘，趋出陛枑乃乘。王府都虞候管崇嗣先王而骑，真卿劾之。帝还奏，慰答曰：“朕子每出，谆谆教戒，故不敢失。崇嗣老而訑，卿姑容之。”百官肃然。两京复，帝遣左司郎中李选告宗庙，祝署“嗣皇帝”，真卿谓礼仪使崔器曰：“上皇在蜀，可乎？”器遽奏改之，帝以为达识。又建言：“《春秋》，新宫灾，鲁成公三日哭。今太庙为贼毁，请筑坛于野，皇帝东向哭，然后遣使。”不从。宰相厌其言，出为冯翊太守。转蒲州刺史，封丹阳县子。为御史唐旻诬劾，贬饶州刺史。

乾元二年，拜浙西节度使。刘展将反，真卿豫饬战备，都统李峘以为生事，非短真卿，因召为刑部侍郎。展卒举兵度淮，而峘奔江西。

李辅国迁上皇西宫，真卿率百官问起居，辅国恶之，贬蓬州长史。代宗立，起为利州刺史，不拜，再迁吏部侍郎。除荆南节度使，未行，改尚书右丞。

帝自陕还，真卿请先谒陵庙而即宫，宰相元载以为迂，真卿怒曰："用舍在公，言者何罪？然朝廷事岂堪公再破坏邪！"载衔之。俄以检校刑部尚书为朔方行营宣慰使，未行，留知省事，更封鲁郡公。时载多引私党，畏群臣论奏，乃绐帝曰："群臣奏事，多挟谗毁。请每论事，皆先白长官，长官以白宰相，宰相详可否以闻。"真卿上疏曰：

诸司长官者，达官也，皆得专达于天子。郎官、御史，陛下腹心耳目之臣也，故出使天下，事无细大得失，皆俾访察，还以闻。此古明四目、达四聪也。今陛下欲自屏耳目，使不聪明，则天下何望焉？《诗》曰："营营青蝇，止于棘，谗言罔极，交乱四国。"以其能变白为黑，变黑为白也。诗人疾之，故曰："取彼谗人，投畀豺虎；豺虎不食，投畀有北。"昔夏之伯明，楚之无极，汉之江充，皆谗人也。陛下恶之，宜矣。胡不回神省察？其言虚诬，则谗人也，宜诛殛之；其言不诬，则正人也，宜奖励之。舍此不为，使众人谓陛下不能省察而倦听览，以是为辞，臣窃惜之。

昔太宗勤劳庶政，其《司门式》曰："无门籍者有急奏，令监司与仗家引对，不得关碍。"防拥蔽也。置立仗马二，须乘者听。此其平治天下也。天宝后，李林甫得君，群臣不先咨宰相辄奏事者，托以他故中伤之，犹不敢明约百司，使先关白。时阉人袁思艺日宣诏至中书，天子动静，必告林甫，林甫得以先意奏请，帝惊喜若神，故权宠日甚，道路以目。上意不下宣，下情不上达，此权臣蔽主，不遵太宗之法也。陵夷至于今，天下之敝皆萃陛下，其所从来渐矣。自艰难之初，百姓尚未凋竭，太平之治犹可致，而李辅国当权。宰相用事，递为姑息。开三司，诛反侧，使余贼溃将北走党项，裒啸不逞，更相惊恐，思明危惧，相挺而反，东都陷没，先帝由是忧勤损寿。臣每思之，痛贯心骨。

今天下疮痏未平，干戈日滋，陛下岂得不博闻谠言，以广视听，而塞绝忠谏乎？陛下在陕时，奏事者不限贵贱，群臣以为太宗之治可跋而待。且君子难进易退，朝廷开不讳之路，犹恐不言，况怀厌怠，令宰相宣进止，御史台作条目，不得直进，从此人不奏事矣。陛下闻见，止于数人耳目，天下之士，方钳口结舌，陛下便谓无事可论，岂知惧而不敢进，即林甫、国忠复起矣。臣谓今日之事，旷古未有，虽林甫、国忠犹不敢公为之。陛下不早觉悟，渐成孤立，后悔无及矣。

于是中人等腾布中外。后摄太庙，言祭器不饬，载以为诽谤，贬峡州别驾。改吉州司马，迁抚、湖二州刺史。

载诛，杨绾荐之，擢刑部尚书，进吏部。帝崩，以为礼仪使，因奏列圣谥繁，请从初议为定，袁傪固排之，罢不报。时丧乱后，典法湮放，真卿虽博识今古，屡建议厘正，为权臣沮抑，多中格云。

杨炎当国，以直不容，换太子少师，然犹领使。及卢杞，益不喜，改太子太师，并使罢之，数遣人问方镇所便，将出之。真卿往见杞，辞曰："先中丞传首平原，面流血，吾不敢以衣拭，亲舌舐之，公忍不见容乎？"杞矍然下拜，而衔恨切骨。

李希烈陷汝州，杞乃建遣真卿："四方所信，若往谕之，可不劳师而定。"诏可，公卿皆失色。李勉以为失一元老，贻朝廷羞，密表固留。至河南，河南尹郑叔则以希烈反状明，劝不行，答曰："君命可避乎？"既见希烈，宣诏旨，希烈养子千余拔刃争进，诸侯皆慢骂，将食之，真卿色不变。希烈以身扞，麾其众退，乃就馆，逼使上书雪己，真卿不从。乃诈遣真卿兄子岘与从吏数辈继请，德宗不报。真卿每与诸子书，但戒严奉家庙，恤诸孤，讫无它语。希烈遣李元平说之，真卿叱曰："尔受国委任，不能致命，顾吾无兵戮汝，尚说我邪？"希烈大会其党，召真卿，使倡优斥侮朝廷，真卿怒曰："公，人臣，奈何如是！"拂衣去。希烈大惭。时朱滔、王武俊、田悦、李纳使者皆在坐，谓希烈曰："闻太师名德久矣，公欲建大号而太师至，求宰相孰先太师者？"真卿叱曰："若等闻颜常山否？吾兄也，禄山反，首举义师，后虽被执，诟贼不绝于口。吾年且八十，官太师，吾守吾节，死而后已，岂受若等胁邪！"诸贼失色。

希烈乃拘真卿，守以甲士，掘方丈坎于廷，传将坑之，真卿见希烈曰："死生分矣，何多为？"张伯仪败，希烈令赍旌节首级示真卿，真卿恸哭投地。会其党周曾、康秀林等谋袭希烈，奉真卿为帅，事泄，曾死，乃拘送真卿蔡州。真卿度必死，乃作遗表、墓志、祭文，指寝室西壁下曰："此吾殡所也。"希烈僭称帝，使问仪式，对曰："老夫耄矣，曾掌国礼，所记诸侯朝觐耳！"

兴元后，王师复振，贼虑变，遣将辛景臻、安华至其所，积薪于廷曰："不能屈节，当焚死。"真卿起赴火，景臻等遽止之。希烈弟希倩坐朱泚诛，希烈因发怒，使阉奴等害真卿，曰："有诏。"真卿再拜。奴曰："宜赐卿死。"曰："老臣无状，罪当死，然使人何日长安来？"奴曰："从大梁来。"骂曰："乃递贼耳，何诏云！"遂缢杀之，年七十六。嗣曹王皋闻之，泣下，三军皆恸，因表其大节。淮、蔡平，子頵、硕护丧还，帝废朝五日，赠司徒，谥文忠，赙布帛米粟加等。

真卿立朝正色，刚而有礼，非公言直道，不萌于心。天下不以姓名称，而独曰鲁公。如李正己、田神功、董秦、侯希逸、王玄志等，皆真卿始招起之，后皆有功。善正、草书，笔力遒婉，世宝传之。贞元六年赦书，授頵五品正员官。开成初，又以曾孙弘式为同州参军。

【译文】

颜真卿，字清臣，他是秘书监颜师古的五代堂孙，少年时丧父，母亲亲自严格教诲他。成人以后，颜真卿学问渊博，文章写得很漂亮，对母亲也很孝顺。

开元年间，颜真卿考中进士，在皇帝亲自主持的殿试中，他又中选。被任命为醴泉县尉，再升任监察御史，出使到河西、陇右地区。当时五原县有件冤案，长期得不到昭雪，时值天气大旱，颜真卿将这起冤案理清楚后，就下了一场大雨，当地的人称这场雨为"御史雨"。天子又派他去河东巡察，他弹劾朔方县令郑延祚母亲去世三十年而不入葬，有诏书命令郑延祚终身不予任用，听到这一消息，人们都为之一惊。又升任他为殿中侍御史。当时御史吉温因私仇陷害中丞宋浑被贬往贺州，颜真卿说道："怎么能因一时的愤怒，来危害名相宋璟的后人呢？"宰相杨国忠因此厌恶颜真卿，唆使中丞蒋洌弹劾他，被降为东都采访判官，又转任为武部员外郎。杨国忠始终想把颜真卿排挤出京城，于是外补任命他为平原郡太守。

安禄山谋反的举动初露端倪，颜其卿就预料他必定会反叛，他假托因为连日阴雨，下命令增筑城防，疏浚壕沟，选择壮兵，充实仓库。颜真卿整日与宾客们划船饮酒，来避免安禄山对他的举动有所怀疑。安禄山见他整日划船饮酒，认为他确实是书生之辈，不必担心。安禄山举兵反叛，河朔各地都沦陷了，只有平原郡城因防御完善没有陷落，颜真卿派司兵参军李平急速向皇帝奏报消息。唐玄宗起初听到安禄山反叛的奏报，叹口气，说道："河北地区的二十四郡，难道就没有一个忠臣吗？"

对于李平的到来，玄宗非常高兴，对身边的人说："我不了解颜真卿是怎么一个人，他的所做所为真是难能可贵！"

当时平原郡有静塞守兵三千人，又增募兵卒，最终得到一万多人，派录事参军李择交统领，任命刁万岁、和琳、徐浩、马相如、高抗朗等人为将领，分别统率各部。颜真卿又在城西门大摆酒宴，犒赏士卒，他当场陈述利害，慷慨激昂，泪流满面，将士们都感激奋发。饶阳太守卢全诚、济南太守李随、清河长史王怀忠、景城司马李晔、邺郡太守王焘等人，都率领部下来投奔颜真卿，朝廷命令北海太守贺兰进明率领五千精兵渡过黄河来增援颜真卿。贼军攻破东都洛阳后，派段子光将李憕、卢奕、蒋清的首级传示到河北各地，颜其卿担心兵将们看后产生惧敌心理，于是欺骗诸将说："我认识李憕等人，这首级不是他们的。"于是颜真卿杀掉段子光，把三颗首级收装起来。后来，用草扎成人体形状，配上收装的首级，进行殡敛祭奠，设立灵牌，颜真卿哭祭三人。

这时，他的堂兄颜杲卿任常山太守，斩杀贼将李钦凑等人，清剿土门的叛军，河北地区十七郡的人马同一天投奔颜真卿，推举他做主帅，拥兵二十万，在燕、赵之间坚持抗击叛军。朝廷任命他为户部侍郎，帮助李光弼讨伐叛军。颜真卿任命李晖为自己的副手，任命李铣、贾载、沈震为判官。不久，朝廷又任命颜真卿为河北招讨采访使。

清河太守派郡人李崿前来请求援兵，李崿说："听说大人您首先举起效忠朝廷的大旗，河朔地区依靠大人您成为坚不可摧的长城。清河郡是平原郡的西邻，这里有江淮间运来的租米、布匹，供应北军的军需，被号称为'天下北库'，计算它的储备，是平原郡的三倍，兵卒也比平原郡多出两倍。大人您如果拥有此郡，以它为中心，那么您指挥其他城池，就像手臂指挥手指一样灵活。"颜真卿往清河郡派六千兵，对李崿说："我已经派出军队，你还有什么意见？"李崿说："朝廷派程千里领十万士兵，从太行山东下，将要出兵崞口，阻止敌军，使之不能前进。大人您如果先攻伐魏郡，杀掉叛军守将袁知泰，派精兵攻占崞口，而让朝廷派来的军队去讨伐邺、幽陵，平原、清河两郡合兵十万去攻占洛阳，分别派精兵控制战略要冲。大人您就坚壁清野，不与袁知泰交战，不出十天，叛军必然会溃败，互相残杀而死。"颜真卿采纳了他的建议。于是传令清河等郡，派大将李择交，副将范冬馥、和琳、徐浩，同清河、博平二郡五千士卒一起屯驻堂邑县。袁知泰派白嗣深、乙舒蒙等将领领二万士兵前来抵抗，叛军失败，一万多人被杀，袁知泰逃往汲郡。

史思明围攻饶阳，派游击兵断绝平原援兵的进军路线，颜真卿担心敌不过叛军，就写信招贺兰进明来增援他，并把河北招讨使的职位让给他。贺兰进明在信都打了败仗。恰逢平卢将领刘正臣献渔阳郡归顺，颜真卿想稳住他，便派贾载从海道送去十多万两军费，刘正臣把他的儿子刘颇送到颜真卿处，作为人质。刘颇才十岁，诸将请求留下刘颇，颜真卿没有答应。

唐肃宗在灵武即位，颜真卿多次派人送去用蜡丸包裹的疏奏，陈述战事。朝廷任命他为工部尚书兼御史大夫，仍任河北招讨使。当时军费困难，李崿建议颜真卿收购景城所产的食盐，并向各郡转卖，这样一来，军费就不再缺乏。第五琦在贺兰进明军中任参军，也推行颜真卿的措施，军费也得到充实。

安禄山趁着河北地区空虚，派史思明、尹子奇猛攻河北，各郡又陷入敌手，只有平原、博平、清河三郡仍然固守。但是人人自危，士气难以重新振作。颜真卿和诸将商议说："叛军的攻势，锐不可当。如果死在这里，是有辱使命的，并不是上策，不如直接回到皇帝那里，朝廷如果追究兵败的责任而将我处死，我毫无怨言。"至德元年十月，颜真卿放弃平原郡，渡过黄河，辗转来到凤翔，朝见皇帝，肃宗封他为宪部尚书，又升任为御史大夫。

当时朝廷流亡在外，战乱之中各种制度都顾不上执行，但是颜真卿对御史大夫一职，却坚持尽职尽责，惩治违法行为和平时一样。武部侍郎崔漪、谏议大夫李何忌都被他弹劾而降职。广平王领二十万士兵去平定长安，在他向皇帝告辞的那天，在行宫前不敢骑马，待走出栅栏之后才敢上马。王府的都虞候管崇嗣，在广平王上马之前先骑上马背，遭到颜真卿的弹劾。肃宗退回他的奏章，安慰他说："我的皇子前次外出，我都谆谆告诫，因此他不敢有过失的举动。崇嗣年岁大了，又是瘸腿，你就饶过他一次吧。"群臣都肃然起敬，不敢怠慢。两京平复后，肃宗派左司郎中李选去宗庙告慰祖宗，告慰文后署名"嗣皇帝"，颜真卿对礼仪使崔器说："太上皇还在四川，这样署名合适吗？"崔兴马上回奏肃宗，加以修改，皇帝认为颜真卿通达事理。颜真卿又建言说："据《春秋》记载，鲁国的新宫遭受火灾破坏，鲁成公为此哭祭了三天。现在祖庙被叛贼毁坏，请求在郊野筑坛，皇帝东向哭祭祖宗，然后再派使者去告慰祖宗。”他的这一建议没有被采纳。宰相讨厌他的言论，把他外补任为冯翊太守。后又转任蒲州刺史，封他为丹阳县子。因遭御史唐曼的诬陷，颜真卿被贬为饶州刺史。

乾元二年，颜真卿升任浙西节度使。刘展将要反叛朝廷，颜真卿预先进行战备，都统李峘认为这样做会惹起事端，对颜真卿的所作所为进行刁难，因而朝廷将颜真卿召回，任命他为刑部侍郎。刘展果然反叛，领兵渡过淮河，李峘逃往江西。

李辅国把上皇唐玄宗软禁在西宫，颜真卿率领百官去西宫向玄宗问安，李辅国对颜真卿此举感到非常厌恶，把颜真卿贬降为蓬州刺史。唐代宗即位，起用他为利州刺史，颜真卿没有接受，于是升任他为吏部侍郎。又任命他为荆南节度使，还没有赴任，改任为尚书右丞。

代宗从陕州回到长安，颜真卿请求皇帝先去拜祭祖陵祖庙，然后再入皇宫，宰相元载认为这建议非常迂腐，颜真卿愤怒地说：“我的建议是否采纳，由您来决定，提建议的人有什么罪过？但是朝廷的政事还能经得起您再去破坏吗！”元载怀恨在心。不久，派颜真卿以检校刑部尚书的职衔出任朔方行营宣慰使，没有赴任，又留他在京主管尚书省事务，改封他为鲁郡公。当时元载大肆任用私人亲党，他担心群臣向皇帝揭发，便欺蒙皇帝说：“群臣上书言事，往往夹杂毁谤朝政的言论。我请求做这样的规定：但凡朝臣议论政事的奏章，必须先送给本部门的长官，长官再送交给宰相，宰相再审查决定是否上奏给皇帝。”颜真卿为此上奏说：

> 各部门的长官，都是显贵官员，他们有资格直接向皇帝奏事。郎官、御史，都是陛下您的心腹臣子，因此，他们巡视天下，不论大事小事、成败得失，您派他们进行调查，回朝以后，向天子回报。这是古人广开视听之路的措施。现在陛下您要堵塞住自己的耳目，让自己耳不聪、目不明，那么天下人还仰望什么呢？《诗经》上说：“往来飞行的黑苍蝇，落在篱笆上；谗言危害无边，能使国破家亡。”谗言就像苍蝇一样，能变白为黑，变黑为白。因此，诗人对进谗言的人十分痛恨，因此写下这样的诗句：“抓住进谗言的人，扔去喂豺虎；豺虎嫌他脏，扔到蛮荒处。”古代夏朝的伯明，楚国的无极，汉朝的江充，都是进献谗言的人。陛下您厌恶这种人，是应该的。但是不对自己眼前的人们的言论加以分析，如果他的言论纯属虚伪诬

诞，那么他就是进谗言的人，应该除掉他；如果他的言论实实在在，那么他就是正人君子，应该奖励他。如果陛下不采取这种态度，导致人们认为陛下您不能分辨言论好坏而且又懒于听取正确的建议，如果是这样的话，我真替陛下惋惜。

过去太宗皇帝勤于政事，他在《司门式》中说："没有进门证件却有急事要上奏，让主管官员和仪仗引领觐见，不许阻挡。"这样做是为了防止自己的耳目受到蒙蔽。为此，备有两匹马，称为"仗马"，奏事的人如需要乘骑，可以听从自便。这是太宗治国平天下措施的一端。天宝年间以后，李林甫受到玄宗的宠信，群臣奏事如果不先经宰相允许，李林甫就找借口对奏事者进行中伤陷害，但是他并不敢明目张胆地规定，群臣奏事必须经国他同意。当时太监袁思艺每天到中书省读圣旨，他把玄宗的一言一行，都告诉李林甫，李林甫这才能够做到迎合玄宗的意向，先行预测之言，玄宗十分惊喜，以为李林甫料事如神，因此李林甫更受宠信而夺权，路人为之侧目。这样，皇帝的旨意不能下传，下情不能上达，这种权臣蒙敝君主的局面，是由于不遵循太宗皇帝制定的成法形成的。这样每况愈下直到今天，天下的各种矛盾才都集中在陛下您的身上，这种情况是慢慢发展形成的。在安禄山反叛初期，百姓还没有彻底破产，还有希望赢得天下太平，但是李辅国当权，宰相夺政，相互姑息迁就。设置的御史大夫、中书、门下三司衙门，受理刑狱，大肆诛杀反叛，致使叛军的残兵败将向北逃往党项，那些啸聚山林的不法之徒，更是惊慌不定，史思明成天恐惧，举兵反叛，致使东都洛阳沦陷，先帝肃宗由于忧虑操劳，损害寿命。每当我想起这些，就如万箭穿心般痛苦。

现在国家的创伤还没恢复，各地战事又日益加剧，陛下您说怎能不广听忠臣的言论，使自己耳聪目明呢？怎么能拒绝忠言直语呢！陛下您在陕州时，凡奏事的官员，不论贵贱，群臣认为太宗的贞观之治指日可待。再说，正人君子，难进而易退，即使朝廷明文规定言者无罪，还担心他们不敢进言，何况心怀厌倦，又让宰相决定他们能否进言，御史台又拟出条条框框，使群臣不能面见天子，从此以后，群臣就不会再奏事了。陛下您的所见所闻，只是来自几个人的耳目闻见，天下的官员因此闭口不言，陛下您还认为无事可奏，哪知是他们因惧怕而不敢进言呢！这样就为李林甫、杨国忠之类的人夺权创造了条件。我认为今天这样的局面，自古未有，即使是李林甫、杨国忠也不敢明目张胆这么干。陛下您如不及早觉悟，慢慢就成为孤家寡人，那时后悔可就晚了。

于是宫内太监将颜真卿的言论在朝廷内外广为散布。后来颜真卿主持祭祀太庙，他反映供祭祀的祭器不整洁，宰相元载认为他是诽谤朝廷，把他贬为陕州别驾。后来又改任吉州司马，又升任为抚、湖二州刺史。

元载因有罪被处死，杨绾推荐颜真卿，朝廷提拔他担任刑部尚书，又进升为吏部尚书。代宗去世，任颜真卿身为礼仪使，上书陈奏，以前各位皇帝的谥号太繁冗，请求按照当初的意见确定代宗的谥号，袁傪排斥他的建议，不替他上报。在安史之乱后，各种典制被废弃，颜真卿虽然博通今古，屡次建议改正，但因被权臣阻挠，都中途搁浅了。

杨炎当政时，因颜真卿耿介忠直，不为杨炎所容，改任他为太子少师，仍然兼任礼仪使。至卢杞当政，更不喜欢颜真卿，改任他为太子太师，罢去礼仪使之职，并多次派人去向颜真卿询问愿意去哪个方镇任职，想将他排挤出京师。颜真卿去见卢杞，责备他说："当年你父亲卢奕中丞的首级被传送到平原郡时，满面都是血迹，我不敢用衣服去擦拭，亲自用舌头去舔舐，你就这样狠心容不得我吗！"卢杞听了，表面上对颜真卿矍然下拜，但内心恨之入骨。

李希烈攻陷汝州，卢杞趁机向皇帝上奏，要把颜真卿派往外地，他说："颜真卿被各地官员信任，如果派他去说服，可以不出兵而平定叛乱。"代宗批准他的奏章，满朝文武都大惊失色。李勉认为，这样朝廷将会失去一位元老大臣，也会给朝廷带来羞辱，秘密上表，请求留下颜真卿。颜真卿来到河南，河南尹郑叔则鉴于李希烈谋反的迹象已经非常明显，劝他不要前去，颜真卿说："君主的命令能违背吗？"他见到李希烈时，宣读圣旨，李希烈的养子一千多人都拔刀前来，李希烈手下的将领也破口大骂，恨不得把他吃下去，颜真卿不动声色。李希烈以身体护住颜真卿，斥退了众人，颜真卿才得以进入宾馆。李希烈逼迫颜真卿，让他上疏为自己辩白，颜真卿不答应，于是李希烈采用欺骗手段，让颜真卿的侄子颜岘以及颜真卿手下的官吏向朝廷为他辩白，为李希烈昭雪，德宗皇帝不予理睬。其实颜真卿每次给子侄们写信，只是教育他们要好好守护宗庙，体恤孤儿，并没有其他言语。李希烈派李元平去劝说颜真卿，颜真卿斥责说：“你受国家的委任，却不以死报效朝廷，可惜我手中无刀，有刀就把你宰了，你还来劝说我吗？”李希烈和他的同党聚会，把颜真卿召来，让艺人演唱，辱骂朝廷，颜真卿怒不可遏，斥责说：“你是朝廷的臣子，怎么能这么做！”说罢甩袖子离开了。李希烈则满面羞愧。当时朱滔、王武俊、田悦、李纳派来的使者都在座，他们对李希烈说：“早就听说太师颜真卿的高名盛德，大人您想要称帝，而太师来到了，要找宰相的人才，有人能比太师颜真卿更合适的吗？”颜真卿呵斥说：“你们听说过颜常山（杲卿）吗？他是我的哥哥，安禄山反叛时，他首先兴兵平叛，后来虽然被俘，但口中骂贼不绝。我已年近八十，官至太师，我坚守我的节操，死而后已，我难道怕你们的胁迫吗！”叛贼们都大惊失色。

李希烈于是拘捕颜真卿，派士兵看守，在院中挖了一丈见方的大坑，传令将要活埋他。颜真卿见到李希烈，说道：“死生天定，你不必再说什么了！”张伯仪失败被杀，李希烈派人将张伯仪的符节和首级送给颜真卿看，颜真卿失声痛哭，扑倒在地。适逢李希烈的同伙周曾、康秀林等人谋划袭杀李希烈，推举颜真卿为元帅，事情泄露，周曾被杀，于是李希烈将颜真卿押送至蔡州。颜真卿估计自己这次必死无疑，便写下遗书、墓志、祭文，指着居室的西墙下说：“这就是我死的地方。”李希烈谮号皇帝，派人去向颜真卿请教皇帝登基的仪式，颜真卿回答说：“我已经老了，曾经主管国家的礼仪，我只记得诸侯朝见皇帝的礼仪！”

兴元年间以后，官军的力量又强大起来，叛贼担心形势发生变化，派将领辛景臻、安华到颜真卿那里，在院中堆满柴草，对颜真卿说：“你如果不变节投降，就把你烧死！”颜真卿站起来向烈火扑去，辛景臻等人马上拉住他。李希烈的弟弟李希倩因为与朱泚同谋，被朝廷处死，李希烈非常恼怒，派太监带人来杀害颜真卿，他们对颜真卿说：“圣旨到！”颜真卿行礼听旨。太监说：“应该赐你死罪。”颜真卿说：“老臣我出使却没有完成使命，罪该赐死，但使臣你是哪一天从长安出发的呢？”那太监说：“我是从大梁派来的。”颜真卿大骂：“原来是叛贼派来的，怎么能称为圣旨！”于是颜真卿被勒死，时年七十六岁。嗣曹王李皋听到这一消息，泪流满面，三军将士都为之痛哭，于是李皋向朝廷上表，陈述颜真卿的高风亮节。淮、蔡地区平定以后，颜真卿的儿子颜頵、颜硕护送他父亲的灵柩回到长安，德宗五日不上朝，以表示悲哀，追赠颜真卿为司徒，谥号为“文忠”，加倍赐给供丧葬用的布帛米粟等物。

颜真卿作为朝臣，端庄严肃，刚毅有礼，凡是不符合公论正道的事，心里连想也不想。天下人出于对他的尊敬，不直呼他的姓名，而是称他为“鲁公”。像李正己、田神功、董秦、侯希逸、王玄志这些人才，都是颜真卿发现并提拔起来的，后来都建立了功勋。他擅长楷书、草书，笔力遒劲婉转，世人把他的墨迹视为珍宝，加以传播。根据贞元六年朝廷颁发的大赦令，颜頵被授予五品正员官。开成初年，朝廷又任命他的曾孙颜弘式为同州参军。

新唐书卷一百六十六

杜佑列传第九十一

杜佑，字君卿，京兆万年人。父希望，重然诺，所交游皆一时俊桀。为安陵令，都督宋庆礼表其异政。坐小累去官。开元中，交河公主嫁突骑施，诏希望为和亲判官。信安郡王漪表署灵州别驾、关内道支度判官。自代州都督召还京师，对边事，玄宗才之。属吐蕃攻勃律，勃律乞归，右相李林甫方领陇西节度，故拜希望鄯州都督，知留后。驰传度陇，破乌莽众，斩千余级，进拔新城，振旅而还。擢鸿胪卿。于是置镇西军，希望引师部分塞下，吐蕃惧，遗书求和。希望报曰："受和非臣下所得专。"虏悉众争檀泉，希望大小战数十，俘其大酋，至莫门，焚积蓄，卒城而还。授二子官。时军屡兴，府库虚寡，希望居数岁，刍粟金帛丰余。宦者牛仙童行边，或劝希望结其欢，答曰："以货藩身，吾不忍。"仙童还奏希望不职，下迁恒州刺史，徙西河。而仙童受诸将金，事泄，抵死，畀金者皆得罪。希望爱重文学，门下所引如崔颢等，皆名重当时。

佑以荫补济南参军事、剡县丞。尝过润州刺史韦元甫，元甫以故人子待之，不加礼。它日，元甫有疑狱不能决，试讯佑，佑为辨处契要无不尽，元甫奇之，署司法参军。府徙浙西、淮南，皆表置幕府。入为工部郎中，充江淮青苗使，再迁容管经略使。杨炎辅政，历金部郎中，为水陆转运使，改度支兼和籴使。于是军兴馈漕，佑得转到刬决。以户部侍郎判度支。建中初，河朔兵挐战，民困，赋无所出。佑以为救敝莫若省用，省用则省官，乃上议曰：

> 汉光武建武中废县四百，吏率十署一；魏太和时分遣使者，省吏员，正始时并郡县；晋太元省官七百；隋开皇废郡五百；贞观初省内官六百员。设官之本，以治众庶，故古者计人置吏，不肯虚设。自汉至唐，因征战艰难以省吏员，诚救弊之切也。
>
> 昔咎繇作士，今刑部尚书、大理卿，则二咎繇也。垂作共工，今工部尚书、将作监，则二垂也。契作司徒，今司徒、户部尚书，则二契也。伯夷为秩宗，今礼部尚书、礼仪使，则二伯夷也。伯益为

虞，今虞部郎中、都水使者，则二伯益也。伯冏为太仆，今太仆卿、驾部郎中、尚辇奉御、闲厩使，则四伯冏也。古天子有六军，汉前后左右将军四人，今十二卫、神策八军，凡将军六十员。旧名不废，新资日加。且汉置别驾，随刺史巡察，犹今观察使之有副也。参军者，参其府军事，犹今节度判官也。官名职务，直迁易不同尔，讵有事实哉？诚宜斟酌繁省。欲致治者先正名。神龙中，官纪荡然，有司大集选者，既无阙员，则置员外官二千人，自是以为常。当开元、天宝中，四方无虞，编户九百余万，帑藏丰溢，虽有浮费，不足为忧。今黎苗凋瘵，天下户百三十万，陛下诏使者按比，才得三百万，比天宝三分之一，就中浮寄又五之二，出赋者已耗，而食之者如旧，安可不革？

议者以天下尚有跋邑不廷，一省官吏，被罢者皆往托焉。此常情之说，类非至论。且才者荐用，不才者何患其亡，又况顾姻戚家产哉！建武时公孙述、隗嚣未灭，太和、正始、太元时吴、蜀鼎立，开皇时陈尚割据，皆罗取俊疢，犹不虑失人以资敌。今田悦辈繁刑暴赋，惟军是恤，遇士人如奴，固无范雎业秦、贾季强狄之患。若以习久不可以遽改，且应权省别驾、参军、司马，州县额内官，约户置尉。当罢者，有行义，在所以闻；不如状，举者当坐；不为人举者，任参常调。亦何患哉？如魏置柱国，当时宿德盛业者居之，贵宠第一，周、隋间授受已多，国家以为勋级，才得地三十顷耳。又开府仪同三司、光禄大夫，亦官名，以其太多，回作阶级。随时立制，遇弊则变，何必因循惮改作耶？

议入，不省。

卢杞当国，恶之，出为苏州刺史。前刺史母丧解，佑母在，辞不行，改饶州。俄迁岭南节度使。佑为开大衢，疏析廛閈，以息火灾。朱崖黎民三世保险不宾，佑讨平之。召拜尚书右丞。俄出为淮南节度使，以母丧解，诏不许。

徐州节度使张建封卒，军乱，立其子愔，请于朝，帝不许，乃诏佑检校尚书左仆射、同中书门下平章事，节度徐泗讨定之。佑具舠舰，遣属将孟准度淮击徐，不克，引还。佑于出师应变非所长，因固境不敢进，乃诏授愔徐州节度使，析濠、泗二州隶淮南。初，佑决雷陂以广灌溉，斥海濒弃地为田，积米至五十万斛，列营三十区，士马整饬，四邻畏之；

然宽假僚佐，故南宫僔、李亚、郑元均至争权乱政，帝为佑斥去之。

十九年，拜检校司空、同中书门下平章事。德宗崩，诏摄冢宰。进检校司徒，兼度支盐铁使。于是王叔文为副，佑既以宰相不亲事，叔文遂专权。后叔文以母丧还第，佑有所按决，郎中陈谏请须叔文，佑曰："使不可专耶？"乃出谏为河中少尹。叔文欲摇东宫，冀佑为助，佑不应，乃谋逐之，未决而败。佑更荐李巽以自副。宪宗在谅闇，复摄冢宰，尽让度支盐铁于巽。始，度支啬用度，多署吏权摄百司，繁而不纲；佑以营缮还将作，木炭归司农，湅染还少府，职务简修。明年，拜司徒，封岐国公。

党项阴导吐蕃为乱，诸将邀功，请讨之，佑以为无良边臣，有为而叛，即上疏曰：

昔周宣中兴，猃狁为害，追之太原，及境而止，不欲弊中国，怒远夷也。秦恃兵力，北拒匈奴，西逐诸羌，结怨阶乱，实生谪戍。盖圣王之治天下，惟欲绥静生人，西至于流沙，东渐于海，在北与南，止存声教，岂疲内而事外耶？昔冯奉世矫诏斩莎车王，传首京师，威震西域，宣帝议加爵土，萧望之独谓矫制违命，虽有功不可为法，恐后奉使者为国家生事夷狄。比突厥默啜寇害中国，开元初，郝灵佺捕斩之，自谓功莫与二，宋璟虑边臣由此邀功，但授郎将而已，繇是讫开元之盛，不复议边，中国遂安。此成败鉴戒之不远也。

党项小蕃，与中国杂处，间者边将侵刻，利其善马子女，敛求徭役，遂致叛亡，与北狄西戎相诱盗边。《传》曰："远人不服，则修文德以来之。"管仲有言："国家无使勇猛者为边境。"此诚圣哲识微知著之略也。今戎丑方强，边备未实，诚宜慎择良将，使之完辑，禁绝诛求，示以信诚，来则惩御，去则谨备。彼当怀柔，革其奸谋。何必亟兴师役，坐取劳费哉？

帝嘉纳之。

岁余，乞致仕，不听，诏三五日一入中书，平章政事。佑每进见，天子尊礼之，官而不名。后数年，固乞骸骨，帝不得已，许之，仍拜光禄大夫、守太保致仕，俾朝朔望，遣中人锡予备厚。元和七年卒，年七十八，册赠太傅，谥曰安简。

佑资嗜学，虽贵犹夜分读书。先是，刘秩摭百家，侔周六官法，为

《政典》三十五篇，房琯称才过刘向。佑以为未尽，因广其阙，参益新礼为二百篇，自号《通典》，奏之，优诏嘉美，儒者服其书约而详。

为人平易逊顺，与物不违忤，人皆爱重之，方汉胡广，然练达文采不及也。朱坡樊川，颇治亭观林舸，凿山股泉，与宾客置酒为乐。子弟皆奉朝请，贵盛为一时冠。天性精于吏职，为治不皦察，数斡计赋，相民利病而上下之，议者称佑治行无缺。惟晚年以妾为夫人，有所蔽云。

【译文】

杜佑，字君卿，是京兆府万年县人。杜佑的父亲杜希望，是一个言而有信的人，他结交的朋友都是当时的杰出人物。他担任安陵县令时，都督宋庆礼曾上表向朝廷汇报，说杜希望为官从政有独到之处。杜希望后来因为小过失而被免官。开元年间，交河公主下嫁突骑施，玄宗下诏派杜希望做和亲判官，送公主进入突厥。信安郡王李漪也曾上表请求准许杜希望代理灵州别驾、关内道支度判官。杜希望从代州都督府被召回长安，处理边防之事，他的才能深得玄宗赏识。当时吐蕃攻打勃律，勃律请求归附唐朝，尚书右丞相李林甫刚领任陇西节度使的官衔，所以任命杜希望为鄯州都督，代行陇西节度使的职权。于是，朝廷诏命刚到甘肃，杜希望当即率军大破乌莽兵众，杀死一千多人，乘胜追击，攻占新城，军威大振，凯旋而归。杜希望因此升为鸿胪卿。于是在甘肃宁夏一带设置镇西军，杜希望带领部分军队驻扎在边关，吐蕃人很害怕，写信求和。杜希望回复吐蕃："接受和议，事关重大，不是我作为臣下所能决定的。"吐蕃又倾巢出动与唐朝争夺檀泉，杜希望率领部下与吐蕃大小交战了数十次，终于俘虏吐蕃的酋长，直捣莫门，焚烧吐蕃积蓄的物资，筑好城池，班师归来。因此得到两个儿子可以授官的褒奖。当时，由于频繁兴兵打仗，府库空虚，而自杜希望镇守边防以来，数年间粮草、钱帛都丰盛有余。宦官牛仙童到边防巡行，有人劝杜希望讨好他，杜希望回答说："用钱巩固自己的地位，这样的事我不能容忍。"因此，牛仙童还朝奏报，诬陷杜希望不称职，结果，杜希望被降职为恒州刺史，后来又调任西河太守。然而，牛仙童接受诸将钱财的事情终于败露，以死抵罪。那些送钱行贿的人也都受到惩罚。杜希望喜爱、重视文章、诗词，出自他门下的，像崔颢等人都是当时著名的文士。

杜佑凭借先人的勋业而步入仕途，开始做济南府的参军事，继而又担任剡县县丞。杜佑曾去拜访润州刺史韦元甫，韦元甫把他当作老友的儿子来接待，并没有特殊的礼遇。一天韦元甫碰到一个疑案难以决断，就试着征询杜佑的意见，杜佑替他辨析有关此案的关键之处无一遗漏。韦元甫对他的才华感到十分惊异，于是委派他担任司法参军事。自此以后，不管任所在浙西，还是淮南，韦元甫都上表请求准许杜佑在他门下任职。大历六年，韦元甫死，杜佑入朝担任工部郎中，后又充任江淮青苗使，又调任容管经略使。大历十四年，杨炎辅佐朝政，杜佑应召入京，先后担任金部郎中、水陆转运使，后来又改任度支兼和籴使。于是，每当有战事，杜佑有权决定增减、调整漕运的数量、次数等事宜。杜佑也曾以户部侍郎的身份做度支之事。建中初年，河朔地区战乱纷起，民不聊生，百姓交不起租赋。杜佑认为解决时弊的良策莫过于节省开支，而节省开支就必须裁减官员，于是上表说：

汉光武帝在建武年间，合并、废除了四百个县，大约每十个官吏中只留用一个；魏明帝太和年间，朝廷采用派遣使者的方法，减少在编官员的数量；正始年间又合并郡县，通过这种方法来减少官吏；东晋太元年间，减省七百名官吏；隋文帝开皇年间，废掉五百个郡；唐太宗贞观初年，精减禁中诸省官吏六百人。设置官吏的根本目的在于治理百姓，所以古人根据百姓多少来决定官吏的数量，不愿虚设多余的官吏。从汉朝到唐朝，由于征战和时局艰难，从而减少官吏，这确实是拯救时弊的切实有效的办法。

古代咎繇作士，掌管刑狱，现在由刑部尚书、大理卿分掌，就相当于两个咎繇。垂为共工，掌管百工的事情，现在由工部尚书、将作监分管，就相当于两个垂。契作司徒，掌管土地、民户，现在由司徒、户部尚书分掌，就相当于两个契。伯夷为秩宗，分别长幼尊卑，掌管礼仪，现在由礼部尚书、礼仪使分管，就相当于两个伯夷。伯益任虞，掌管山泽，现在由虞部郎中、都水使者分管，就相当于两个伯益。伯冏为太仆，掌管厩牧、车马，现在由太仆卿、驾部郎中、尚辇奉御、闲厩使分别掌管，就相当于四个伯冏。古代天子有六军，汉代有前、后、左、右将军四人，本朝有掌管宫禁宿卫的十二卫，还有神策八军，一共有将军六十人。旧的官职没废，而新的官职却在日益增加。汉代设别驾之官，跟随刺史巡察地方，就像现在观察使的副职。参军这一官职，参与官府的军事事务，不过是变动罢了，难道真有什么事实根据吗？实在应该斟酌情况增减官员。想把天下治理好，必须先端正名分，使其名实相符。神龙年间，官吏制度松弛，主管官吏的部门聚集着很多候选为官的人，官府已经没有空缺，就安排了二千名员外官，从此之后，这就成了通例。正巧赶上开元、天宝时期，四方太平无事，国家编户有九百余万，朝廷金库丰溢，虽然有些浪费，却不致于引起人们的忧虑。而今，百姓几经丧乱，元气大伤，天下户数只有一百三十万，陛下命令使者查核户口，也只有三百万户，这个数字不过是天宝年间的三分之一，而且其中还包括五分之二的浮寄户，交纳赋税的人锐减，而消耗赋税的人却依然如故，怎能不改革呢？

一些议论省官的人，顾虑到目前天下还存在着跋扈骄横不听命于朝廷的割据势力，一旦减省官吏，被罢免者就会投奔到割据势力那里。这虽然是合乎常情的说法，但大概并非深切中肯之论。况且有才能的人得到举荐录用，为什么还怕无能的人走掉，更何况那些人还是眷顾亲友、家产的，投靠割据势力谈何容易！汉光武建武时，公孙述、隗嚣尚未翦灭，曹魏太和、正始以及东晋太元时，吴、蜀仍与魏鼎立，隋开皇年间陈叔宝依旧割据东南，他们都能网罗杰出之士，当时尚且不担心人才外流而增强敌方的力量，何况现在的田悦之流，刑法繁苛，横征暴敛，只顾体恤军伍，却对待读书人像对待奴仆一样，所以才没有范雎效力于秦、贾季使狄强盛的忧患。如果因官吏多的状况沿袭太久，而不能马上彻底改变，那也应暂且减少别驾、参军、司马这些在州县编制之内的官吏，要根据户数多少设置官吏。应当减省下来的官员，是有品行道义的人，他们所在的官府可为其陈述，如果实际情况与推举者所说的不符，推举者应当受到惩罚。不被人举荐的，任凭他们参与正常官吏调动。还有什么可担心的呢？比如北魏开始设柱国之职，由当时德高望重、功劳卓著的人担任，其贵宠为整个国家第一。北周以及隋，授予柱国之职的人已经很多了，于是，国家就将柱国定为勋级，而获得柱国称号的人，也只得到三十顷土地而已。还有开府仪同三司、光禄大夫，也都是官职，因授予的人过多，反过来成了官位的等级。根据时势建立制度，遇到弊病就改正，何必因循守旧而害怕改革呢？

这本奏折呈送朝廷后并没有得到重视。

卢杞把持朝政时，憎恶杜佑，将他贬出京师担任苏州刺史。前苏州刺史因为母亲去世而解任，杜佑的母亲还健在，他以此为借口提出不愿去苏州赴任，于是改任他为饶州刺史。不久后，杜佑就被派到岭南担任节度使。在岭南，杜佑为当地百姓开辟大路，疏散民宅、店铺，来防止火灾。朱崖地区的百姓三代依靠天险，不服从唐王朝统治，杜佑率兵讨平了他们。后来，朝廷召杜佑回京担任尚书右丞，不久又命令他离京出任淮南节度使，杜佑以母亲新丧为由推辞不愿前去，但朝廷下诏，没有批准他的请求。

徐州节度使张建封病逝，军中一片混乱，拥立张建封的儿子张愔为留后，上报朝廷后，德宗不批准，于是下诏任命杜佑为检校尚书左仆射、同中书门下平章事，统率徐、泗兵马讨伐张愔，安定徐州。杜佑在军中准备战舰，派遣部将孟准渡过淮河攻打徐州，结果攻城失败，只好带兵返回。统兵打仗，应付瞬息万变的战事，不是杜佑所特长，因而杜佑固守城池不敢前进。朝廷只好下诏授予张愔徐州节度使之职，不过把原属于徐州节度使管辖的濠、泗两州分出来，隶属于淮南节度使。当初，杜佑在淮南任上，引雷陂的水扩大灌溉面积，将海边的荒地开拓为农田，于是淮南积存的米达五十万斛之多。杜佑所管辖的军队驻扎在三十个营区，个个兵强马壮，四邻没有不敬畏的。但是，杜佑对部下宽容，管理松散，所以南宫僔、李亚、郑元均等人竟发展到争权乱政的地步，最后还是德宗出面，才替杜佑清除这些人。

贞元十九年，杜佑担任检校司空、同中书门下平章事。贞元二十一年，德宗驾崩，新帝诏命杜佑代行冢宰之职，进而又任命他为检校司徒并兼度支盐铁使。这时王叔文是度支盐铁副使，杜佑因身为宰相，不能亲自处理度支盐铁事务，于是王叔文得以独揽大权。后来，王叔文因为母亲去世，回到家乡办理丧事，杜佑才有了处理事务的权力，然而郎中陈谏却让他等王叔文回来再处理事务，杜佑气愤地说："难道我这个度支盐铁正使不能独立处理公事吗？"事后就将陈谏贬官出京师，担任河中少尹。王叔文想要废黜太子，希望杜佑可以帮助他，杜佑不答应，于是王叔文等谋划驱逐杜佑，然而这计划还没实施，顺宗驾崩，王叔文等人就被贬斥了。杜佑改举荐李巽作为自己的助手，任度支盐铁副使。宪宗居丧，杜佑又代行冢宰之职，并把度支盐铁的大权全部交给李巽。当初，度支为节省用费，多数时候都让官吏暂且身兼数职，涉足各官府，因此职责杂乱而又不得要领。杜佑对此做了改革，把营缮归将作监，木炭归司农寺，湅染归少府监，职务简化、整肃。第二年，杜佑担任司徒，被封为岐国公。

党项暗地勾结吐蕃寻衅闹事，边防许多将领求功心切，要求征讨吐蕃。杜佑认为没有好的治边臣将，采取进击的做法反倒会招致少数民族的背叛，于是立即上疏说：

“古代周宣王中兴，猃狁侵害周朝，宣王率领军队追击猃狁到太原，而一到边境立即停兵不再向前，这样做的原因是不想消耗中原实力，也不想触怒远方的夷狄。秦王自恃兵力雄厚，在北方抵御匈奴，在西方驱逐诸羌，与边境异族结怨过多最终形成乱事，这实际上就是派大批罪徒戍守边疆的原因。通常说来，圣王治理天下，只想安抚百姓，如果西至沙漠，东濒大海，北方与南方，都只存在天子的声威教谕，难道还会出现为了应付外来骚扰而削弱国力的事吗？从前，冯奉世假托圣旨杀了莎车王，将他的首级传往京师长安，这一举动威震西域。汉宣帝与朝臣议论，要褒奖冯奉世，封他爵位赐他田地，唯独萧望之力排众议，说冯奉世违抗圣命，虽然有功劳，但不能以此为法，否则，恐怕以后奉命出使的人将他作为榜样，在处理与夷狄的关系时给国家带来祸患。突厥默啜侵害中原时，正值开元初年，郝灵佺捕杀默啜，自己号称功大无比，希望得到厚重的奖励，而宋璟担心边防诸臣效法郝灵佺而追求边功，玄宗采纳了宋璟的意见，只授予郝灵佺右武卫郎将而已。从此以后一直到开元盛世，再也没有边境争端，中原于是和平安定。这样的成败教训，与现在距离并不远啊。

党项是个不大的民族，与我朝边境的百姓杂居，由于有时边疆守将对党项人侵害过于严重，贪图他们的良马、子女，强征虏掠，迫使他们服劳役，因而逼得他们叛逃，与北狄、西戎相勾结攻打我朝的边防。有记载说：“远方的人不臣服，就修治文德，使他们来归顺。”管仲说过：“国家不要委派勇猛的人戍守边疆。”这真是圣贤哲人洞察细末的明识灼见啊。目前，边疆众民族势力正强，而我边防军备却还不充实，实在应该谨慎地选择良将，让他们与边境民族缔修友好，禁绝对他们的诛杀苛求，来显示我们的信用和诚意，如果异族来犯边境，就坚决抵制，予以严惩；打退进犯后，就要谨慎防守。对他们应采取怀柔的政策，革除他们反叛、犯边的阴谋。何必急急忙忙再动干戈，徒然自招劳费消耗呢！”

宪宗欣然采纳了他的建议。

过了一年多，杜佑要求退休，朝廷不批准，下诏允许他三五天到中书省一次，处理政事。杜佑每次上朝进见，宪宗都非常尊敬他，称呼他的官职，而不是称呼他的名字。又过了几年，杜佑坚持要退休，宪宗不得已同意，仍然任命他为光禄大夫、守太保致仕，让他每逢初一、十五入朝，宪宗吩咐宦官给杜佑丰厚、齐备的赏赐。元和七年，杜佑病逝，终年七十八岁。朝廷追赠杜佑为太傅，谥为“安简”。

杜佑嗜好学问，虽然身居高位，还是经常读书到深夜。以前，刘秩兼采百家，按《周礼》的六官法撰成《政典》三十五卷，房琯称赞刘秩的才学胜过刘向。而杜佑却认为其中尚有不足，因此在《政典》的基础上，广泛地补其所缺，并斟酌情况，增加《开元新礼》的内容，完成一部二百卷的巨著，杜佑称它为《通典》。贞元十七年，杜佑把《通典》呈献给德宗，德宗非常高兴，下诏大加褒奖他，当时的读书人也被《通典》的简明详备所折服。

杜佑为人平易、谦逊、和顺，遇事能迁就别人，不把自己的意愿强加于人，所以众人都爱戴、敬重他。杜佑为人处事很像汉代胡广，但是就熟练、通达和文采而论，却不如胡广。杜佑位于朱坡之南的樊川别墅，修缮得亭阁错落，草木繁茂，加上凿山引泉，景致十分宜人，杜佑在此设酒宴客，很是惬意。杜佑的子侄都在朝为官，杜氏家族的高贵兴盛，在当时无与伦比。杜佑生性擅长做官，从政比较宽厚，不苛察，多次主管、筹划赋税收支，能根据对百姓的利弊而权衡变化。凡评论杜佑的人，都认为他做官品行完美无缺。惟有晚年扶正妾李氏为夫人，受到当时人们的非议。

新唐书卷一百九十六

王绩陆羽列传第一百二十一

王绩传

王绩，字无功，绛州龙门人。性简放，不喜拜揖。兄通，隋末大儒也，聚徒河、汾间，仿古作《六经》，又为《中说》以拟《论语》。不为诸儒称道，故书不显，惟《中说》独传。通知绩诞纵，不婴以家事，乡族庆吊冠昏，不与也。与李播、吕才善。

大业中，举孝悌廉洁，授秘书省正字。不乐在朝，求为六合丞，以嗜酒不任事，时天下亦乱，因劾，遂解去。叹曰："网罗在天，吾且安之！"乃还乡里。有田十六顷在河渚间。仲长子光者，亦隐者也，无妻子，结庐北渚，凡三十年，非其力不食。绩爱其真，徙与相近。子光喑，未尝交语，与对酌酒甲甚。绩有奴婢数人，种黍，春秋酿酒，养凫雁，莳药草自供。以《周易》《老子》《庄子》置床头，佗书罕读也。欲见兄弟，辄渡河还家。游北山东皋，著书自号"东皋子"。乘牛经酒肆，留或数日。

高祖武德初，以前官待诏门下省。故事，官给酒日三升，或问："待诏何乐邪？"答曰："良署可恋耳！"侍中陈叔达闻之，日给一斗，时称"斗酒学士"。贞观初，以疾罢。复调有司，时太乐署史焦革家善酿，绩求为丞，吏部以非流不许，绩固请曰："有深意。"竟除之。革死，妻送酒不绝，岁余，又死。绩曰："天不使我酣美酒邪？"弃官去。自是太乐丞为清职。追述革酒法为经，又采杜康、仪狄以来善酒者为谱。李淳风曰："君，酒家南、董也。"所居东南有磐石，立杜康祠祭之，尊为师，以革配。著《醉乡记》以次刘伶《酒德颂》。其饮至五斗不乱，人有以酒邀者，无贵贱辄往，著《五斗先生传》。刺史崔喜悦之，请相见，答曰："奈何坐诏严君平邪？"卒不诣。杜之松，故人也，为刺史，请绩讲礼，答曰："吾不能揖让邦君门，谈糟粕，弃醇醪也。"之松岁时赠以酒脯。初，兄凝为隋著作郎，撰《隋书》未成死，绩续余功，亦不能成。豫知终日，命薄葬，自志其墓。

绩之仕，以醉失职，乡人靳之，托无心子以见趣曰："无心子居越，越王不知其大人也，拘之仕，无喜色。越国法曰：'秽行者不齿。'俄而无心子以秽行闻，王黜之，无愠色。退而适茫荡之野，过动之邑而见机士，机士抚髀曰：'嘻！子贤者而以罪废邪？'无心子不应。机士曰：'愿见教。'曰：'子闻蜚廉氏马乎？一者朱鬣白毳，龙骼凤亿，骤驰如舞，终日不释辔而以热死；一者重头昂尾，驼颈貉膝，踶齿善蹶，弃诸野，终年而肥。夫凤不憎山栖，龙不羞泥蟠，君子不苟絜以罹患，不避秽而养精也。'"其自处如此。

【译文】

王绩，字无功，是绛州龙门（今山西河津）人。性情傲岸豪放，不喜欢对人打躬作揖，奉迎拍马。他哥哥王通，是隋朝末年的一位著名学者，曾经在黄河和汾水之间聚集门徒讲学；专心钻研儒家经典，模仿古代的经书，写了一部《六经》，又模仿《论语》，写了一部《中说》。这两部书因为没有众多儒家学者推崇，所以不是非常知名，只有《中说》被留传下来。王通知道弟弟王绩性情古怪放纵，所以凡是家中杂事都不拖累他，诸如乡亲或族人的婚丧喜事等活动，都没让他参加。王绩和李播、吕才两人最友好。

隋大业年间，王绩参加科举考试，中了孝廉，也就是所谓的孝悌廉洁之士，授予他秘书省正字的官职。他不乐意在朝中当官，自己请求到六合（今江苏南京长江北岸）当县丞，但却因为爱喝酒而不管理政事。当时天下局势已乱，有人告了他一状，王绩也就乘机辞官而去，并且感叹说："罗网就挂在天上，我还能到哪里去呢？"于是返回老家。他家在黄河岸边还有十六顷田呢。有一位名叫仲长子光的人，也是个隐士，没有妻室和子女，在黄河北岸结庐而居，长达三十年，一直都是自食其力。王绩喜爱他的真性情，便搬迁到距离他家近的地方，毗邻而居。仲长子光是个哑巴，王绩从来不曾同他交谈，但两人相对饮酒，却都很开心。王绩有几个奴婢，在地里耕种黄米，每年春和秋两季用黄米酿酒，又养了些水鸭，还种了些草药，自供自给。他喜爱读《周易》《老子》《庄子》这些道家的书籍，将它们放在床头，随时翻阅，很少读别的书。他想和兄弟见面时，就乘船渡河到南岸的家中。平时王绩常在北山东皋游玩，著书署名时就署东皋子。有时他骑着牛外出，经过卖酒的店铺，一停留就是几天。

唐高祖武德初年，王绩按原来的官职在门下省待诏。按照旧例，门下省的官员，每日朝廷给三升酒。有人问他："你当待诏有什么可乐的呢？"王绩答道："只是有美酒值得依恋而已！"侍中陈叔达听说他爱酒，就每日拨给王绩一斗酒，当时的人们就称呼他为"斗酒学士"。贞观（627—649）初年，因病辞官在家疗养。后来又调任官职。当时太乐署官吏焦革家很擅长酿酒，王绩就要求去太乐署任职，管理安排官吏的吏部认为没有合适的官职，没有同意。王绩却坚持说："我这个请求，用意很深。"终于派他到太乐署任职。焦革死后，他的妻子仍然不断为王绩送酒；又过了一年多，焦妻也去世了，没人给王绩送酒了。王绩感慨地说："老天这是不让我沉醉于美酒之中啊？"于是辞官离开。自从王绩担任官职却不务政事只管饮酒，太乐丞也就成了清闲之职。王绩追记下焦革酿酒之法，撰写成了一本酒经，又采集收录杜康、仪狄以来善于酿酒的酒家，编成了酒谱。李淳风说："王绩是酒家的南史、董狐啊，善于记录史实。"他家东南方向有一大块盘石，王绩就在那里盖了一座祠庙，叫杜康祠，用来祭祀杜康，尊杜康为师；以焦革配祠。写作《醉乡记》，来续刘伶的《酒德颂》。王绩的酒量很大，即使饮五斗酒，也不会醉。有人邀请他喝酒，不管邀请的人是高贵的，还是低贱的，王绩全都欣然应邀去饮酒。为自己作自传题为《五斗先生传》。刺史崔喜欣赏他的为人，邀请他相见。王绩回答说："为什么要坐在官府里召见严君平呀？"责怪崔喜没有亲自登门拜访，最终没去见崔喜。他的老朋友杜之松，也官至刺史，聘请王绩前去讲礼，王绩回答道："我不能到刺史门下作揖推让，谈些糟粕，而舍弃醇香的美酒啊！"杜之松逢年过节必定赠送他美酒和干肉。初时，王绩的哥哥王凝担任隋朝著作郎，曾经撰写《隋书》，没有完稿；王绩继承兄业，接着续写下去，也没能完成。他预知到自己快要死了，嘱咐家人一定要将他薄葬，不要讲究排场。为自己撰写一篇墓志铭。

王绩当官时，曾经因酒醉而失职，乡里有人嘲弄他，托名无心子，风趣地说："无心子旅居到越国时，越王不知他是个大人物，强行聘任他做官，他面上没有喜色。按越国法律规定：'行为不端正的人，不能当官。’不久，无心子因为行为不正而闻名于远近，越王就罢掉他的官位，他面上并没有愤怒的表情。被罢退后，无心子就到茫荡的原野，经过动城时见到机士。机士手拍大腿，感叹地说：‘哎呀！您是贤人，却因罪而被废弃啊？’无心子不回答。机士说：“请您指教指教我。”无心子说：“您听说过蜚廉氏的马吗？他有一匹马颈上的毛是红色的，身上的细毛是白色的，骨骼像龙，胸臆像凤凰，奔跑起来就像跳舞一样，成天也不卸下马鞍，那匹马最终因为太热而死了；有一匹头沉重地向下垂，尾高高地向上扬，脖子像骆驼，膝盖像野貉，会踢会咬又会尥蹶子，因而被丢弃在野外，反而一年到头都是骠肥肉壮的。那凤凰呀不嫌恶栖宿在山里，那蛟龙呀也不因盘屈在泥中而羞愧，君子不拘泥于洁行而招来祸患，不回避污秽而善养精神呀。”王绩对待自己就是这样的。

陆羽传

陆羽，字鸿渐，一名疾，字季疵，复州竟陵人。不知所生，或言有僧得诸水滨，畜之。既长，以《易》自筮，得《蹇》之《渐》，曰：“鸿渐于陆，其羽可用为仪。”乃以陆为氏，名而字之。

幼时，其师教以旁行书，答曰：“终鲜兄弟，而绝后嗣，得为孝乎？”师怒，使执粪除污塓以苦之，又使牧牛三十，羽潜以竹画牛背为字。得张衡《南都赋》，不能读，危坐效群儿嗫嚅若成诵状，师拘之，令剃草莽。当其记文字，懵懵若有遗，过日不作，主者鞭苦，因叹曰：“岁月往矣，奈何不知书！”呜咽不自胜，因亡去，若为优人，作诙谐数千言。

天宝中，州人酺，吏署羽伶师，太守李齐物见，异之，授以书，遂庐火门山。貌侻陋，口吃而辩。闻人善，若在己，见有过者，规切至忤人。朋友燕处，意有所行辄去，人疑其多嗔。与人期，雨雪虎狼不避也。上元初，更隐苕溪，自称桑苎翁，阖门著书。或独行野中，诵诗击木，裴回不得意，或恸哭而归，故时谓今接舆也。久之，诏拜羽太子文学，徙太常寺太祝，不就职。贞元末，卒。

忌嗜茶，著经三篇，言茶之原、之法、之具尤备，天下益知饮茶矣。时鬻茶者，至陶羽形置炀突间，祀为茶神。有常伯熊者，因羽论复广著茶之功。御史大夫李季卿宣慰江南，次临淮，知伯熊善煮茶，召之，伯熊执器前，季卿为再举杯。至江南，又有荐羽者，召之，羽衣野服，挈具

而入，季卿不为礼，羽愧之，更著《毁茶论》。其后尚茶成风，时回纥入朝，始驱马市茶。

【译文】

陆羽，字鸿渐，又名疾，字季疵，是复州竟陵（湖北天门）人。不知道他的父母是谁，有人说，他是个和尚从水边捡来并收养的。长大后，陆羽用《周易》给自己卜算了一卦，得到的是《蹇》卦中的《渐》卦，卦相上说："大雁飞翔到陆地上，它的羽毛可以用来做装饰。"于是便用陆当作自己的姓氏，并按照这个意思来取名和字。

小时候，他的老师用左右书写横排的文字教他。他回答说："我没有兄弟，也没有子孙后代，能尽到自己的孝心吗？"老师听后很气愤，惩罚他去做搬运垃圾，清除脏污的工作，又让他放三十头牛。陆羽偷偷用竹枝在牛背上练习写字。得到一篇张衡写的《南都赋》，他不认识上面的文字，但仍然正襟危坐，仿效那群小孩，口中念念有词，好像能背诵出来一样。被老师抓住，又命令他去割草。陆羽背诵文章时，总是糊里糊涂，好像遗漏什么似的，过了一天也不能背出来，老师用鞭子狠狠地抽打他，他自己叹气说："时光都白白地过去了，为什么还读不好书呢！"陆羽痛哭不止，便逃跑了，躲起来，成了卖艺的人，并作了几千字的幽默诙谐的小品。

天宝年间，复州有人聚会饮酒，官吏任命陆羽为歌舞表演队的管事，太守李齐物对他感到非常惊奇，给了他一些书，于是他便在火门山建了简易的房子寄居。他长相难看，说话结巴但有辩才。听到人家有什么优点，就好象自己有优点似的。见到人家有什么过错，就去规劝人家，甚至为此别人对他有不满情绪。朋友们一道聚会，只要有不合他心意的地方，他起身就走。大家都觉得他是个容易生气的人。和别人有约，即使下雨落雪，有虎狼挡道，他都要去赴约。上元初，他又隐居在苕溪，自称"桑苎翁"，闭门著书。有时独自一人在荒野中漫步，一边读着诗，一边敲击木头。徘徊许久，心情不好，有时便大哭而归。所以当时人们都称他为"今日的楚狂人接舆"。很久以后，皇帝下诏任命陆羽为太子文学，升为太常寺太祝，陆羽没有到任就职。贞元末年，陆羽逝世。

陆习喜好饮茶，著有《茶经》三篇，讲述茶的起源，茶叶生产方法和茶具，特别详细齐备，从此之后，天下人就更懂得饮茶了。当时卖茶的人，甚至把陆羽制成陶器模形，放置在烘炉的烟囱之间，将陆羽尊为茶神。有个名叫常伯熊的人，在陆羽论述的基础上，更深入宣传茶的功效。御史大夫李季卿到江南视察，停留在临淮，知道伯熊善长煮茶，便把他叫来了，伯熊拿着茶具将茶呈献在御史大夫面前，李季卿为此两次举起茶杯。到了江南，又有人向他推荐陆羽，他又把陆羽叫来，陆羽身着一身便服，拿着茶具走进来，李季卿对他无理，陆羽为此感到十分耻辱。又写作了《毁茶论》。在他之后，尚茶成为一种社会风气，当时回纥人进京朝拜，也开始赶着马来交换茶叶。

新唐书卷一百九十八

欧阳询列传第一百二十三

欧阳询，字信本，潭州临湘人。父纥，陈广州刺史，以谋反诛。询当从坐，匿而免。江总以故人子，私养之。貌寝侻，敏悟绝人。总教以书记，每读辄数行同尽，遂博贯经史。仕隋，为太常博士。高祖微时，数与游，既即位，累擢给事中。

询初仿羲之书，后险劲过之，因自名其体。尺牍所传，人以为法。高丽尝遣使求之，帝叹曰："彼观其书，固谓形貌魁梧邪？"尝行见索靖所书碑，观之，去数步复返，及疲，乃布坐，至宿其傍，三日乃得去。其所嗜类此。

贞观初，历太子率更令、弘文馆学士，封渤海男。卒，年八十五。

子通，仪凤中累迁中书舍人。居母丧，诏夺哀。每入朝，徒跣及门。夜直，藉藁以寝。非公事不语，还家辄号恸。年饥，未克葬，居庐四年，不释服。冬月，家人以毡絮潜置席下，通觉，即彻去。迁累殿中监，封渤海子。天授初，转司礼卿，判纳言事。辅政月余，会凤阁舍人张嘉福以武承嗣为太子，通与岑长倩等固执，忤诸武意。及长倩下狱，坐大逆死，来俊臣并引通同谋，通虽被惨毒无异词，俊臣代占，诛之。神龙初，追复官爵。

通早孤，母徐教以父书，惧其堕，尝遗钱使市父遗迹，通乃刻意临仿以求售，数年，书亚于询，父子齐名，号"大小欧阳体"。褚遂良亦以书自名，尝问虞世南曰："吾书何如智永？"答曰："吾闻彼一字直五万，君岂得此？"曰："孰与询？"曰："吾闻询不择纸笔，皆得如志，君岂得此？"遂良曰："然则何如？"世南曰："君若手和笔调，固可贵尚。"遂良大喜。通晚自矜重，以狸毛为笔，复以兔毫，管皆象犀，非是未尝书。

【译文】

欧阳询，字信本，是潭州临湘人。他的父亲欧阳纥，是南朝陈广州刺史，因为谋反被杀。按照法律规定，欧阳询也应该被治罪，因躲藏起来而幸免。江总因为他是老朋友的儿子，就私下收养了他。欧阳询相貌丑陋，但聪慧过人。江总教他读书，他每次读书都能一目十行，过目不忘，因此他博通经史。在隋朝做官，官任太常博士。唐高祖李渊还没发迹的时候，和他交往密切，李渊登上皇帝宝座后，欧阳询多次升迁，官至给事中。

欧阳询起初临摹王羲之的书体，后来用笔险涩刚劲，甚至超过王羲之，因而自成欧阳体。他随意书写的书信，流传在世上，都被人们当作楷模效法。高丽国曾经专门派遣使者，购求他的墨迹，皇帝李渊也慨叹说："高丽人看到他的书法，一定会以为他相貌魁伟、仪表堂堂呢！"欧阳询曾在路上看到晋人索靖所书写的石碑，详细观摩，离开几步，又返回仔细观看，站着看得疲劳了就坐下来再看，最后索性就睡在石碑旁边，三天三夜才离去。他对书法艺术的爱好，竟达到如此痴迷的地步。

唐太宗贞观初年，欧阳询历任太子率更令、弘文馆学士，被封爵为渤海男。死时八十五岁。

欧阳询的儿子欧阳通，唐高宗仪凤年间官升至中书舍人。母亲死后，理应在家守孝，皇帝下令欧阳通照旧任官供职，不许在家守孝。欧阳通每次上朝都赤脚走路，一直到朝门。夜里值班，睡觉只铺一张草席。不为公事，概不说话，回家后就哀嚎大哭。因为遇上灾荒，母亲的灵柩久久未能下葬，欧阳通在丧室中守孝四年，从未脱下孝服。在冬天，家人偷偷地在他睡的草席下铺上毛毡和棉絮保暖，欧阳通发现后，立即把棉絮撤去。后来他升任为殿中监，封爵为渤海子。武则天天授初年，欧阳通转任司礼卿、判纳言事。担任辅政大臣一个多月，正赶上凤阁舍人张嘉福奏请以武承嗣为太子，欧阳通和岑长倩坚决反对，因此得罪了武氏诸人。岑长倩被投入狱中，以大逆不道的罪名被判死刑，酷吏来俊臣诬告欧阳通与岑长倩同谋，欧阳通虽然被毒刑拷打，但却始终不肯承认，于是来俊臣替他拟供词，将他处死。中宗神龙初年，追复欧阳通原来的官爵。

欧阳通早年丧亲，母亲徐氏教育他学习父亲的书法，害怕他不能继承父业，曾给他钱去购买父亲的手迹，于是欧阳通刻意摹仿，以求功名，过了几年，他的书法水平仅次于父亲欧阳询，因此父子齐名，号称"大小欧阳体"。褚遂良也因书法著名，褚遂良曾问虞世南："我的书法比智永如何?"虞世南回答说："我听说智永的字，一字值五万钱，你的字怎能值那么多钱？”褚遂良又问：“我和欧阳询比谁好？”虞世南回答：“我听说欧阳询写字，不论纸笔好坏，都能写出他的水平，你怎么能做到？”褚遂良说：“那么我的书法怎么样？”虞世南说：“你若写顺手，笔也合适，写出字来，也是难得的作品。”褚遂良非常高兴。欧阳通晚年更加矜持自重，用狸毛作笔尖，外面再加一层兔毛，笔管都用象牙犀牛角做的，若不是这样的笔，他就不肯动手书写。

新唐书卷二百一

王勃杜甫列传第一百二十六

王勃传

王勃，字子安，绛州龙门人。六岁善文辞，九岁得颜师古注《汉书》读之，作《指瑕》以擿其失。麟德初，刘祥道巡行关内，勃上书自陈，祥道表于朝，对策高第。年未及冠，授朝散郎，数献颂阙下。沛王闻其名，召署府修撰，论次《平台秘略》。书成，王爱重之。是时，诸王斗鸡，勃戏为文檄英王鸡，高宗怒曰："是且交构。"斥出府。

勃既废，客剑南。尝登葛愦山旷望，慨然思诸葛亮之功，赋诗见情。闻虢州多药草，求补参军。倚才陵藉，为僚吏共嫉。官奴曹达抵罪，匿勃所，惧事泄，辄杀之。事觉当诛，会赦除名。父福畤，繇雍州司功参军坐勃故左迁交趾令。勃往省，度海溺水，痵而卒，年二十九。

初，道出锺陵，九月九日都督大宴滕王阁，宿命其婿作序以夸客，因出纸笔遍请客，莫敢当，至勃，汎然不辞。都督怒，起更衣，遣吏伺其文辄报。一再报，语益奇，乃矍然曰："天才也！"请遂成文，极欢罢。勃属文，初不精思，先磨墨数升，则酣饮，引被覆面卧，及寤，援笔成篇，不易一字，时人谓勃为腹稿。尤喜著书。

初，祖通，隋末居白牛溪，教授门人甚众。尝起汉、魏尽晋作书百二十篇，以续古《尚书》，后亡其序，有录无书者十篇，勃补完缺逸，定著二十五篇。尝谓人子不可不知医，时长安曹元有秘术，勃从之游，尽得其要。尝读《易》，夜梦若有告者曰："《易》，有太极，子勉思之。"寤而作《易发挥》数篇，至《晋卦》，会病止。又谓："王者乘土王，世五十，数尽千年；乘金王，世四十九，数九百年；乘水王，世二十，数六百年；乘木王，世三十，数八百年；乘火王，世二十，数七百年。天地之常也。自黄帝至汉，五运适周，土复归唐，唐应继周、汉，不可承周、隋短祚。"乃斥魏、晋以降非真主正统，皆五行沴气。遂作《唐家千岁历》。

武后时，李嗣真请以周、汉为二王后，而废周、隋，中宗复用周、隋。天宝中，太平久，上言者多以诡异进，有崔昌者采勃旧说，上《五行应运历》，请承周、汉，废周、隋为闰，右相李林甫亦赞佑之。集公卿议可否，集贤学士卫包、起居舍人阎伯玙上表曰："都堂集议之夕，四星聚于尾，天意昭然矣。"于是玄宗下诏以唐承汉，黜隋以前帝王，废介、酅公，尊周、汉为二王后，以商为三恪，京城起周武王、汉高祖庙。授崔昌太子赞善大夫，卫包司虞员外郎。杨国忠为右相，自称隋宗，建议复用魏为三恪，周、隋为二王后，酅、介二公复旧封，贬崔昌乌雷尉，卫包夜郎卫，阎伯玙涪川尉。

【译文】

王勃，字子安，是绛州龙门（今山西河津）人。六岁时就很会写文章，九岁读颜师古注的《汉书》，并且写了《指瑕》一文，纠正《汉书》中的失误之处。麟德初年，右相刘祥道到关内巡视，王勃上书自荐，展示自己的才学；刘祥道上表报告给朝廷，天子诏令王勃入朝面试，他对答治国方略，引经据典，滔滔不绝，果然得到皇帝的赏识。不满二十岁，还未戴上成人的帽子，王勃就被授予朝散郎的职位，并且几次献上他自作的赋颂给朝廷。沛王听说他很有文名，就召他到府署担任专门的写作工作，编著《平台秘略》。书编完后，沛王更加重视他。那时候，诸王都喜爱斗鸡的游戏。王勃动了童心，为沛王写了一篇檄文，声讨英王的鸡。高宗知道后，非常愤怒，说："这是在诸王之间挑拨离间制造矛盾。"于是将王勃逐出沛王府。

王勃既已被废，便到剑南游历。曾经登上葛愦山遥望，感慨地怀念起三国蜀汉诸葛亮的功劳，并写诗抒发这种感情。听说虢州（今河南灵宝南）盛产草药，便请求补任为虢州参军。他依仗自己才高，凌驾于他人之上，所以被许多同僚官吏嫉恨。有官奴名叫曹达，犯罪应该抵偿罪责，他躲藏在王勃的住所；王勃生怕事情败露，竟然将他杀掉。王勃私自杀死官奴的事被发觉后，按照杀人论罪应当被斩首。正好遇到天下大赦，才没有被处死，只是免掉了他的官职。王勃的父亲王福畤，曾是雍州（今陕西彬县）司功参军，也因受到王勃的牵连，被贬谪到交趾（在今越南）做县令。王勃到交趾省亲，中途渡海时，掉进海水中，因惊恐而引起心悸死亡。死时年仅二十九岁。

一开始，王勃曾途经锺陵（今江西南昌），正逢九月九日重阳节，都督阎公在滕王阁大宴宾客，他也赴宴。都督事先让他的女婿作了一篇序文，准备在宴会上向众位宾客夸耀。为表客气，在筵席上拿出纸笔，一个个宾客让过去，请客人写序，没有一个人敢担当此任的；到请王勃作序时，王勃却不推辞。都督有些生气，站起来去换件衣服，又派一名小吏去偷看王勃写的序文，并让他及时回报写的内容。一报，再报，都督听了小吏的报告，觉得王勃的序文愈往后，文句愈是奇警精采，于是忍不住惊叹道："真是天才呀！"便让王勃当即将文章写完，宾主尽欢而罢。王勃写文章，起初并不用心构思，先磨几升墨汁，接着便痛快地喝酒，然后拉被盖着脸，倒头就睡，等醒过来，拿起笔就写，下笔成文，一个字都不不改动。当时人们说王勃写文是先打"腹稿"。他尤其喜欢著书。

当初，王勃的祖父王通，隋朝末年居住在白牛溪，教授过很多学生。曾经著书一百二十篇，记述汉魏至晋朝的事，用来续写古书《尚书》。后来书的序文丢失，有目录却无正文的十篇，王勃补写完缺佚的部分，并定为二十五篇。他曾说一个人不可不通晓医术，当时长安曹元有秘方，王勃和他交游，学得他的全部要旨。他读《易》经，曾夜里梦到有人告诉他："《易》经中有太极，你好好地思考它。"醒来就撰写《易发挥》几篇，写到《晋卦》的时候，遇上染病才中止写作。王勃又说："为王者，因土德而王，五十世，尽千年之数；因金德而王，四十九世，有九百年之数；因水德而王，二十世，有六百年之数；因木德而王，三十世，有八百年之数；因火德而王，二十世，有七百年之数。这是天地的常规。自黄帝至汉朝，五德运转，正好满一个周期。现在土德复归于唐朝，唐朝应该继周朝和汉朝，不可承北周和隋朝之短命。"这样相当于斥责魏、晋以来，不是真主君临天下，也不是承继先朝的正统，都属于土、金、水、木、火五行之中的不祥之气。于是著有《唐家千岁历》一书。

武则天当皇帝时，李嗣真建议以周朝、汉朝二代帝王的后裔为"二王后"，而废除以前以北周、隋朝二代；到唐中宗时，又恢复北周、隋朝二代后裔为"二王后"。天宝中，太平日久，向皇帝进言的，大多说些迷信的鬼话，有一个叫崔昌的人，采用王勃的旧说，以五德终始来推算王朝寿数，写成并献上《五行应运历》一书，请求以唐朝直接继承周朝和汉朝，将北周和隋二朝作为“闰”，就像闰月一样。右丞相李林甫表示赞同并且支持这种说法。于是召集公卿大臣们讨论这件事是否可行，集贤学士卫包、起居舍人阎伯玙上表说：“在都堂集中讨论《五行应运历》及以周、汉为‘二王后’时，这夜四星聚集在尾宿，天意非常明显可见。”于是唐玄宗下诏书，声称以唐朝直接承接汉朝，而废除隋朝以前的各代帝王，废介公、酅公，而以周、汉为“二王后”，以周之前的商代后裔为“三恪”，在都城长安建造周武王、汉高祖的祀庙，授予崔昌太子赞善大夫的官职，授予卫包司虞员外郎的官职。后来，杨国忠当宰相，自称是隋朝帝王杨氏的宗室之后，建议复用北魏后裔为“三恪”，而仍以北周、隋朝二代后裔为“二王后”，酅公、介公恢复旧封，贬崔昌做了乌雷县尉，贬卫包做了夜郎县尉，贬阎伯玙做了涪川县尉。

杜甫传

甫，字子美，少贫不自振，客吴越、齐赵间。李邕奇其材，先往见之。举进士不中第，困长安。

天宝十三载，玄宗朝献太清宫，飨庙及郊，甫奏赋三篇。帝奇之，使待制集贤院，命宰相试文章，擢河西尉，不拜，改右卫率府胄曹参军。数上赋颂，因高自称道，且言：“先臣恕、预以来，承儒守官十一世，迨审言，以文章显中宗时。臣赖绪业，自七岁属辞，且四十年，然衣不盖体，常寄食于人，窃恐转死沟壑，伏惟天子哀怜之。若令执先臣故事，拔泥涂之久辱，则臣之述作虽不足鼓吹《六经》，至沈郁顿挫，随时敏给，扬雄、枚皋可企及也。有臣如此，陛下其忍弃之？”

会禄山乱，天子入蜀，甫避走三川。肃宗立，自鄜州羸服欲奔行在，为贼所得。至德二年，亡走凤翔上谒，拜右拾遗。与房琯为布衣交，琯时败陈涛斜，又以客董廷兰，罢宰相。甫上疏言：“罪细，不宜免大臣。”帝怒，诏三司杂问。宰相张镐曰：“甫若抵罪，绝言者路。”帝乃解。甫谢，且称：“琯宰相子，少自树立为醇儒，有大臣体，时论许琯才堪公辅，陛下果委而相之。观其深念主忧，义形于色，然性失于简。酷嗜鼓琴，廷兰托琯门下，贫疾昏老，依倚为非，琯爱惜人情，一至玷污。臣叹其功名未就，志气挫衄，觊陛下弃细录大，所以冒死称述，涉近讦激，违忤圣心。陛下赦臣百死，再赐骸骨，天下之幸，非臣独蒙。”然帝自是不甚省录。

时所在寇夺，甫家寓鄜，弥年艰窭，孺弱至饿死，因许甫自往省视。从还京师，出为华州司功参军。关辅饥，辄弃官去，客秦州，负薪采橡栗自给。流落剑南，结庐成都西郭。召补京兆功曹参军，不至。会严武节度剑南东、西川，往依焉。武再帅剑南，表为参谋，检校工部员外郎。武以世旧，待甫甚善，亲入其家。甫见之，或时不巾，而性褊躁傲诞，尝醉登武床，瞪视曰："严挺之乃有此儿！"武亦暴猛，外若不为忤，中衔之。一日欲杀甫及梓州刺史章彝，集吏于门。武将出，冠钩于帘三，左右白其母，奔救得止，独杀彝。武卒，崔旰等乱，甫往来梓、夔间。

大历中，出瞿唐，下江陵，溯沅、湘以登衡山，因客耒阳。游岳祠，大水遽至，涉旬不得食，县令具舟迎之，乃得还。令尝馈牛炙白酒，大醉，一昔卒，年五十九。

甫旷放不自检，好论天下大事，高而不切。少与李白齐名，时号"李杜"。尝从白及高适过汴州，酒酣登吹台，慷慨怀古，人莫测也。数尝寇乱，挺节无所污，为歌诗，伤时桡弱，情不忘君，人怜其忠云。

赞曰：唐兴，诗人承陈、隋风流，浮靡相矜。至宋之问、沈佺期等，研揣声音，浮切不差，而号"律诗"，竞相袭沿。逮开元间，稍裁以雅正，然恃华者质反，好丽者壮违，人得一概，皆自名所长。至甫，浑涵汪茫，千汇万状，兼古今而有之，它人不足，甫乃厌余，残膏剩馥，沾丐后人多矣。故元稹谓："诗人以来，未有如子美者。"甫又善陈时事，律切精深，至千言不少衰，世号"诗史"。昌黎韩愈于文章慎许可，至歌诗，独推曰："李、杜文章在，光焰万丈长。"诚可信云。

【译文】

杜甫，字子美，年幼时家贫不能依靠己力而有作为，离家出游于吴越、齐赵之间。李邕认为杜甫的才能特殊，自己先主动去见他。杜甫应进士试没有考中，困居于长安。

天宝十三年，玄宗到太清宫祭祀，又在太庙祭祀和在南郊祭天，杜甫进献自己写的赋三篇。皇帝读过后认为他的才能特殊，让他在集贤院候命，又命令宰相考他的文章，考后提拔他为河西县尉，杜甫不接受这一任命，于是改授右卫率府胄曹参军。杜甫多次进献赋颂，过高地自己称道自己，而且对天子说："自臣的祖先杜恕、杜预以来，承继儒业保持官位共十一代，到了杜审言，以擅长文章显扬于中宗的时代。臣依赖祖先的遗业，自七岁开始写作，至今将近四十年，但仍衣不蔽体，常依附他人而生活，臣私下常害怕流离转徙，死于山沟荒野，希望天子哀怜。如果陛下让依照臣祖先为国守职的往事来任用臣，将臣从处于卑下地位的长期屈辱中拔出，那么臣的著作，虽然不能宣扬《六经》，但是文章的深沉蕴积，抑扬有致，随时而作，才思敏捷，如扬雄、枚皋之类，臣却可以企及。有这样的臣下，陛下能忍心抛弃他吗？”

恰巧安禄山叛乱，玄宗进入蜀地，杜甫于是逃到三川避乱。肃宗即位，杜甫衣着破烂，想由鄜州奔往肃宗所在的地方，结果被叛军捉住。至德二年，杜甫逃到凤翔晋见肃宗，被任命为右拾遗。杜甫同房琯是贫贱之交，房琯当时带兵讨伐叛军，在陈涛斜打了败仗，又因为以董廷兰为门客，被免去宰相的职务。杜甫上疏说：“罪过小，不应当因此而罢免大臣。”皇帝发怒，命令三司共同审问杜甫。宰相张镐说：“杜甫如果因此而获罪，会断绝言路。”皇帝于是免除了他的罪责。杜甫感谢天子的恩典，并说：“房琯是宰相的儿子，年幼时就能有建树，成为学识精纯的儒者，有大臣的气质，当代的舆论认可他的才干能够承当三公、辅相的重任，陛下果然委任他为宰相。臣观他能念念不忘君主的忧虑，仗义之气时时流露在脸上，但性情失之于高傲。又酷爱弹琴，琴师董廷兰寄身于房琯门下，他贫病交迫，年老糊涂，依仗房琯做坏事，房琯爱惜人的情感，终至于受玷污。臣叹惜房琯功名尚未成就，志气受到挫折，希望陛下弃小取大，所以冒死陈述，言辞近于激烈率直，违反了圣上的心意。陛下赦免臣该死一百次的罪过，再次赐给臣身体生命，这是天下人的幸运，不止是臣一个人独自蒙受好处。”但皇帝从此不大理睬和任用杜甫。

当时天下大乱，到处有攻劫掠夺之事，杜甫的家属住在鄜州，整年生活贫困艰难，幼儿弱女甚至被饿死，于是天子准许杜甫亲往鄜州探望家人。杜甫的家属随从他回到京师。接着天子命令杜甫离京出任华州司功参军。当时关中地区发生饥荒，杜甫便弃官离开关中，客居于秦州，亲自背柴、采集栎树的果实，借此自己维持生活。后杜甫流落剑南，在成都西城造房子居住。朝廷征召杜甫回京任京兆府功曹参军，杜甫没有到任。恰巧严武出任剑南东、西川节度使，杜甫便前去依附他。严武再次出镇剑南，上表奏请杜甫任剑南节度参谋、检校工部员外郎。严武因为和杜甫是世交，对待杜甫很友善，常亲自到杜甫家中探望。杜甫见严武，有时不戴头巾，而且他性情狭隘急躁，傲慢放诞，曾喝醉酒登上严武的坐床，瞪大眼睛对严武说：“严挺之却有这样的儿子！”严武也暴躁凶猛，外表似乎不以为杜甫冒犯了他，实际则怀恨在心。有一天，想杀杜甫和梓州刺史章彝，把官吏聚集到衙门里。严武将出家门，他的帽子接连三次被门帘钩住，严武左右的人报告严武的母亲，严母急忙跑来解救，这事才得到制止，只杀死了章彝。严武去世，崔旰等人在蜀中作乱，杜甫往来于梓州、夔州之间。

大历年间，杜甫出瞿唐峡，沿长江东下到江陵，又逆沅水、湘水而上，登上了衡山，于是客居于耒阳。有一次杜甫游岳祠，忽然发大水，有十天弄不到吃的，耒阳县令备下小船迎接他，才得以回还。县令曾赠给杜甫牛肉白酒，杜甫吃得大醉，一个晚上便去世了，当时他五十九岁。

杜甫放任不羁，举止不自检束，好议论天下大事，立论高远而不切合实事。年轻时与李白齐名，当时人称为“李杜”。杜甫曾随从李白和高适路过汴州，酒喝得痛快尽兴然后登上吹台，怀想古人，激昂慷慨，人们都摸不透他的用意。杜甫多次经历盗贼作乱，都能坚持节操，无所玷污；作歌诗，忧念时世，俯就弱者，情不忘君，人们无不哀怜他的忠诚。

赞辞：唐朝兴起，诗人承继陈、隋遗风，以浮华绮靡相夸耀。到宋之问、沈佺期等人，研究揣摩诗歌的声韵，平仄丝毫不差，号称“律诗”，人们竞相沿袭。到了开元年间，逐渐以雅正为取舍标准，但诗人依赖华美的同质朴相反，喜好绮丽的与雄壮相违，人各取得一个方面，都自称道其所长。到了杜甫，广大深沉，千态万状，兼有古今各种体势，他人感到不足之处，杜甫却有多余，他的余泽，滋润后人实在是很多的。所以元稹说：“自有诗人以来，没有人能像子美这样的。”杜甫的诗又擅长陈述时事，格律切合，精密深远，长的至于上千言而笔力不稍衰减，世人称为“诗史”。昌黎韩愈对于文章从不随便认可，至于歌诗，唯独推崇说：“李杜文章在，光焰万丈长。”这话确实可信。

新唐书卷二百二

李邕李白列传第一百二十七

李邕传

李邕，字泰和，扬州江都人。父善，有雅行，淹贯古今，不能属辞，故人号“书簏”。显庆中，累擢崇贤馆直学士兼沛王侍读。为《文选注》，敷析渊洽，表上之，赐赉颇渥。除潞王府记室参军，为泾城令，坐与贺兰敏之善，流姚州，遇赦还。居汴、郑间讲授，诸生四远至，传其业，号“《文选》学”。

邕少知名。始善注《文选》，释事而忘意。书成以问邕，邕不敢对，善诘之，邕意欲有所更，善曰：“试为我补益之。”邕附事见义，善以其不可夺，故两书并行。既冠，见特进李峤，自言读书未遍，愿一见秘书。峤曰：“秘阁万卷，岂时日能习邪？”邕固请，乃假直秘书。未几辞去，峤惊，试问奥篇隐帙，了辩如响，峤叹曰：“子且名家！”

峤为内史，与监察御史张廷珪荐邕文高气方直，才任谏诤，乃召拜左拾遗。御史中丞宋璟劾张昌宗等反状，武后不应，邕立阶下大言曰：“璟所陈社稷大计，陛下当听。”后色解，即可璟奏。邕出，或让曰：“子位卑，一忤旨，祸不测。”邕曰：“不如是，名亦不传。”

中宗立，郑普思以方伎幸，擢秘书监。邕陈曰：“陛下躬政日浅，有九重之严，未闻道路横议。今藉藉皆言普思冯诡惑，说妖祥，陛下不知，猥见驱使。孔子曰：‘《诗》三百，一言以蔽之。曰：思无邪。’陛下诚以普思术可致长生，则爽鸠氏且因之永有天下，非陛下乃今可得；能致神人邪，秦、汉且因之永有天下，非陛下乃今可得；能致佛法邪，梁武帝且因之永有天下，非陛下乃今可得；能鬼道邪，墨翟、干宝且各献其主，永有天下，非陛下乃今可得。自古尧、舜称圣者，臣观所以行，皆在人事，敦睦九族，平章百姓，不闻以鬼神道治天下，惟陛下省察。”不纳。

五王诛，坐善张柬之，出为南和令，贬富州司户参军事。韦氏平，召拜左台殿中侍御史，弹劾任职，人颇惮之。谯王重福谋反，邕与洛州司马崔日知捕支党，迁户部员外郎。岑羲、崔湜恶日用，而邕与之交，玄宗在东宫，邕及崔隐甫、倪若水同被礼遇，羲等忌之，贬邕舍城丞。玄宗即位，召为户部郎中。张廷珪为黄门侍郎，而姜皎方幸，共援邕为御史中丞。姚崇疾邕险躁，左迁括州司马，起为陈州刺史。

帝封太山还，邕见帝汴州，诏献辞赋，帝悦。然矜肆，自谓且宰相。邕素轻张说，与相恶。会仇人告邕赃贷枉法，下狱当死。许昌男子孔璋上书天子曰：

明主举能而舍过，取才而弃行，烈士抗节，勇者不避死，故晋用林父不以过，汉任陈平不以行，禽息殒身不祈生，北郭碎首不爱死。向若林父诛，陈平死，百里不用，晏婴见逐，是晋无赤狄之土，汉无天子之尊，秦不强，齐不霸矣。伏见陈州刺史邕，刚毅忠烈，难不苟免。往者折二张之角，挫韦氏之锋，虽身受谪屈，而奸谋沮解，即邕有功于国。且邕所能者，拯孤恤穷，救乏□惠，家无私聚。今闻坐赃下吏，死在旦夕。臣闻生无益于国者，不若杀身以明贤。臣愿以六尺之躯膏铁钺，以代邕死。臣与邕生平不款曲，臣知有邕，邕不知有臣，臣不逮邕明矣。夫知贤而举，仁也；任人之患，义也。获二善以死，臣又何求？伏惟陛下宽邕之死，使率德改行。兴林父、曲逆之功，臣得瞑目；附禽息、北郭之迹，大愿毕矣。若以阳和方始，重行大戮，则臣请伏剑，不敢烦有司，皇天后土，实闻臣言。昔吴、楚反，汉得剧孟则不忧，夫以一贤而敌七国之众，伏惟敷含垢之道，弃遐之义，远思剧孟，近取于邕。况告成岱宗，天地更新，赦而复论，人谁无罪，惟明主图之。臣闻士为知己者死，臣不为死者所知，而甘之死者，非特惜邕贤，亦以成陛下矜能之慈。

疏奏，邕得减死，贬遵化尉，流璋岭南。邕妻温，复为邕请戍边自赎，曰：

邕少习文章，疾恶如仇，不容于众，邪佞切齿，诸儒侧目。频谪远郡，削迹朝端，不啻十载。岁时叹恋，闻者伤怀。属国家有事泰山，法驾旋路，邕献牛酒，例蒙恩私。妾闻正人用则佞人忧，邕之祸端，故自此始。且邕比任外官，卒无一毁，天意暂顾，罪过旋生。谚曰："士无贤不肖，入朝见疾。"惟陛下明察。邕初蒙讯责，便系牢户，水不入口者逾五日，气息奄奄，惟吏是听。事生吏口，迫邕手书。贷人蚕种，以为枉法；市罗贡奉，指为奸赃。于时匭使朝堂，守捉严固，号天诉地，谁肯为闻？泣血去国，投骨荒裔，永无还期。妾愿使邕得充一卒，效力王事，膏涂朔边，骨粪沙壤，成邕夙心。

表入不省。

邕后从中人杨思勖讨岭南贼有功，徙澧州司马。开元二十三年，起为括州刺史，喜兴利除害。复坐诬枉，且得罪，天子识其名，诏勿劾。后历淄、滑二州刺史，上计京师。始，邕早有名，重义爱士，久斥外，不与士大夫接。既入朝，人间传其眉目瑰异，至阡陌聚观，后生望风内谒，门巷填隘。中人临问，索所为文章，且进上。以谗媢不得留，出为汲郡、北海太守。

天宝中，左骁卫兵曹参军柳勣有罪下狱，邕尝遗勣马，故吉温使引邕尝以休咎相语，阴赂遗。宰相李林甫素忌邕，因傅以罪。诏刑部员外郎祁顺之、监察御史罗希奭就郡杖杀之，时年七十。代宗时，赠秘书监。

邕之文，于碑颂是所长，人奉金帛请其文，前后所受巨万计。邕虽诎不进，而文名天下，时称李北海。卢藏用尝谓："邕如干将、莫邪，难与争锋，但虞伤缺耳。"后卒如言。杜甫知邕负谤死，作《八哀诗》，读者伤之。邕资豪放，不能治细行，所在賄谢，畋游自肆，终以败云。

【译文】

李邕字泰和，是扬州江都县人。父亲李善，品行高雅，博通古今，但却不善于写文章，因此被世人称为"书簏"。唐高宗显庆年间，李善升任崇贤馆直学士兼沛王侍读。他作的《文选注》，阐述详尽、准确，呈给皇帝后，得到了丰厚的赏赐。皇帝又升李善为潞王府记室参军，又担任泾城县令，因他和贺兰敏之是好朋友，贺兰敏之犯罪，他被连累流放到姚州，遇上大赦后才回到中原。他在汴州、郑州之间讲学，求学的人从四面八方远道而来，他教授的学问，称为"《文选》学"。

李邕从小就有文名。当初他的父亲李善注释《文选》，注重词句和史实的解析，却忽略了文章的主旨。书注成后，他问李邕对书的评价，李邕不敢说，李善一再追问，李邕说想改变注释的体例，李善说："你替我补充吧。"李邕就注释史实，道出文章的宗旨，李善看后也认为李邕的阐释不可或缺，于是两书并录传于世。李邕二十岁时，去见特进李峤，说明来意，称："有些书我还没读过，希望看看宫廷的藏书。"李峤说：

"内阁有上万卷藏书，哪能短时间内读完？"李邕再三坚持要看，于是李峤就暂时让他在内阁藏书处值班。没过多久，李邕就请求辞职离开，李峤很吃惊，便拿出藏书中的深奥、冷僻书籍内容考问他，李邕随问即答，对答如流，李峤赞叹说："你将来要成为名家！"

李峤担任内史，和监察御史张廷珪一起推荐说李邕文章写得好，为人正直，是谏官的好材料，于是李邕被任命为左拾遗。御史中丞宋璟揭发张昌宗等人谋反的事实，武则天没有理睬，李邕立在殿阶下大声说道："宋璟所奏的事，事关国家命运，陛下您应该听从。"武则天神色稍微缓和，就批准了宋璟的奏章。李邕退出宫殿后，有人责备他说："你的官职低，如果违背皇帝的意旨，就会大祸临头。"李邕说："不这样做，我也就不能闻名。"

唐中宗即位，郑普思因为擅长方术而受宠幸，被提拔升为秘书监。李邕劝诫皇帝说："陛下您亲政的时间还不久，因有天子的威严，听不到世人的议论。现在外边沸沸扬扬，都说郑普思凭借方术来惑乱视听，讲说妖祥，陛下您不了解实情，被他驱使。孔子说：'《诗》三百篇，用一句话来概括就是：没有邪恶的念头。'陛下您如果认为郑普思的方术能够使人长生不老的话，那么爽鸠氏将会因此而永远统治天下，陛下您的皇帝宝座，现在就不可能得到；如果他的方术能招致神仙，秦朝和汉朝会因此而永远拥有天下，陛下您今天也做不了皇帝；如果他的方术能让人成佛，那么梁武帝就会因此而永远拥有天下，今天陛下您的皇帝也就做不成了；如果他的方术能役鬼施展邪术，那么墨子、干宝会把这种办法献给他们的君主，从而永远地拥有天下，今天陛下您也做不了皇帝。自古以来尧、舜之所以被尊为圣人，我观察他们的所言所行，都是时事人伦，使人家族和睦，使百姓安居乐业，没听说用鬼神的方法来治理天下的，希望陛下您认真考虑。"中宗不接受他的意见。

张柬之、敬晖、崔玄暐、袁恕己、桓彦范等五位郡王遭贬降，李邕因与张柬之是好朋友，也被贬出京，任南和县令，再被贬为富州司户参军事。韦氏之乱被平定后，皇帝召任李邕为左台殿中侍御，他尽职弹劾不法官员，人们都对他惧怕三分。谯王李重福谋反，李邕和洛州司马崔日知搜捕谯王余党有功，升任为户部员外郎。岑羲、崔湜与崔日用交恶，李邕却和崔日用来往；玄宗在东宫为太子时，李邕和崔隐甫、倪若水都受到玄宗的礼遇，岑羲等人十分嫉妒他，于是贬降李邕为舍城县丞。玄宗即皇帝位，召任命李邕为户部郎中。当时张廷珪官居黄门侍郎，姜皎又正受皇帝宠幸，二人共同推荐李邕任御史中丞。宰相姚崇讨厌李邕轻薄躁进，把他降职为括州司马，后来又升为陈州刺史。

玄宗去泰山祭祀归来，李邕在汴州拜见皇帝，玄宗命令他献呈辞赋歌颂泰山封禅，看了以后，玄宗很高兴。但是李邕傲慢放肆，自以为将做宰相。李邕一向看不起丞相张说，二人关系很坏。恰逢有仇人告发李邕为官贪赃枉法，李邕被捕入狱，判为死罪。许昌人孔璋给天子上书说：

开明的君主，提拔有才的人，却不去计较他的过错，只用其才，而不问他的行为，壮烈之士坚持节操，勇敢之士不怕死，因此，晋国任用荀林父，不计较他的过错，汉朝任用陈平，并不计较他的品行，秦国的禽息为荐贤不惜一死，齐国的北郭骚为劝留晏婴甘心自刎，不惜身死。如果荀林父因有过错被杀，陈平因偷嫂被处死，百里奚因得不到别人推荐而被弃，晏婴被驱逐，那么晋国不会拥有赤狄的地盘，汉朝就不会取得天下，秦国也不会强大，齐国也不能称霸。我听说，陈州刺史李邕，是个刚毅忠烈、不苟且避祸的人。以前为除掉张昌宗、张易之，为摧毁韦氏之乱，虽然遭受委屈而被贬谪，但坏人的阴谋没有得逞，李邕对国家是有功的。况且李邕在官位上，能做到的都做到了，他拯救孤寡，抚恤贫苦的人，普施恩惠，且家中并不聚集私产。现在听说他因贪赃而入狱，不久就要被处死。我崇仰这样的信条：人生在世如果不能做对国家有益的事情，不如舍弃生命，来为贤人申明冤屈。我情愿用我的六尺之身代替李邕服刑而死。我和李邕一向没有交往，我知道李邕，李邕却不知道有我孔璋这个人，我比不上李邕是很明显的。能知道他是贤人并且加以举荐，这是仁的表现；能替人承担祸患，这是义的表现。能以一死得到仁义的好名声，我还有什么企求呢？我希望陛下您宽恕李邕的死罪，让他改过自新，去建立荀林父、陈平那样的功业，我死也瞑目了；让他像禽息、北郭骚那样为国家舍生忘死，我的愿望也就达到了。如果陛下认为刚即位就杀戮大臣不妥，我请求伏剑自刎，不敢麻烦行刑官。皇天在上，会听从我的忠直之言的。过去吴、楚等七国之乱，汉朝得到剧孟这员战将，就不必担忧，一员战将能抵挡七国兵众，我认为，君主应该宽容大度，不计较小节的失误，这样就可以得到人才，远有剧孟，近有李邕。况且陛下已封禅泰山，向上天报告成功，天下面目焕然一新，如把已赦免的罪人重新判罪，那谁会没有罪过呢？希望贤明的陛下您认真考虑。我听说过“士为知己者死”这句古训，被判死罪的李邕并不了解我，我之所以甘心替他而死，不只是出于可惜李邕的才华，也想成全陛下您爱护人才的德行。

这封书信上奏给皇帝后，李邕被免去死罪，贬降为遵化县尉，孔璋也被流放到岭南。李邕的妻子温氏又向朝廷请求，让李邕去守卫边境来赎罪，她说：

李邕年少时读书习文，养成嫉恶如仇的性格，因此不被众人所容，邪恶的人对他恨得咬牙切齿，读书人也因嫉妒对他怒目而视。他多次被贬降到边远地区，朝廷中再没有他的踪迹，这样度过了十多年。他时时刻刻为离开朝廷而伤叹，使人听了以后非常伤感。陛下去泰山封禅，圣驾归来的路上，李邕向皇帝进献牛肉美酒，受到皇帝的恩赐。我听说过，正人君子被任用，奸恶小人就担忧，李邕的灾难，就源于此。再者李邕常年在外地任官，没有一个人诋毁他，但是陛下刚对他产生好感，马上就被加上种种罪名。常言说：“不管是贤才或者不肖之徒，只要进入朝廷，就会被人嫉妒。”这一点请陛下您明辨是非。李邕刚被审讯，就被投入监狱，五天五夜，汤水不得入口，被折磨得气息奄奄，只得听从狱吏的摆布。罪名由狱吏口述，逼迫李邕书写。贷给百姓蚕种，被说成是枉法；收购丝罗献给朝廷，被诬告为贪赃。当时的投诉衙门，被严密封锁，尽管呼天唤地，有谁能听？他满怀悲愤，离开京师，投身边地，将永远没有归还的日期。我情愿让李邕充当一名军卒，在边境为国家效力，即使血染边壤，身埋黄沙，也是成全李邕平生报国之心。

这封书信送上去后，没有被理睬。

后来，李邕跟随宫中内臣杨思勖征伐岭南的盗贼有功，升任澧州司马。开元二十三年，又被起用为括州刺史。因他喜欢兴利除害，又被人诬告，将要被判罪，因皇帝记住了他的名字，下令不判他的罪。后来李邕历任淄、滑二州刺史，进京述职。当初，李邕很早就有名望，重义气，爱惜人才，因长年被贬在外地，与京师的官员没有往来。他进京以后，人们传说他的长相怪异，以致于路人都在道路上围观他，年轻的后生，慕名纷纷去拜访他，街巷都挤满了人。朝廷的内臣也来问候他，并索取他的文章呈送皇帝。因遭受谗言、嫉妒，李邕不能留在京师，出京被任命为汲郡、北海太守。

天宝年间，左骁卫兵曹参军柳勣因有罪被逮捕入狱，因李邕曾经赠送给柳勣一匹马，于是吉温逼迫柳勣供出李邕曾向他陈说朝廷的吉凶祸福，并暗中向他贿赂财物。宰相李林甫一向忌恨李邕，便趁机给他加罪名。传旨刑部员外郎祁顺之、监察御史罗希奭去北海郡就地处死李邕。时年七十岁。唐代宗时，追赠李邕为秘书监衔。

李邕尤其擅长作碑铭颂文，人们拿黄金丝帛作为礼物请他撰文，前后所收的润笔钱，以巨万计。李邕虽然官运不通，却以文章闻名天下，当时人们称他为“李北海”。卢藏用曾说：“李邕的为人，好像宝剑干将、莫邪，人们很难和他争锋，但担心宝剑会断刃。”李邕的下场，正如卢藏用说的那样。杜甫知道李邕是遭受诽谤而死，为此作了《八哀诗》，读者也为李邕伤心。李邕生性豪放，不拘细节，所到之处，接受赠礼酬谢，尽兴打猎游玩，最终因此而败亡。

李白传

李白，字太白，兴圣皇帝九世孙。其先隋末以罪徙西域，神龙初，遁还，客巴西。白之生，母梦长庚星，因以命之。十岁通诗书，既长，隐岷山。州举有道，不应。苏颋为益州长史，见白异之，曰：“是子天才英特，少益以学，可比相如。”然喜纵横术，击剑，为任侠，轻财重施。更客任城，与孔巢父、韩准、裴政、张叔明、陶沔居徂来山，日沉饮，号“竹溪六逸”。

天宝初，南入会稽，与吴筠善，筠被召，故白亦至长安。往见贺知章，知章见其文，叹曰：“子，谪仙人也！”言于玄宗，召见金銮殿，论当世事，奏颂一篇。帝赐食，亲为调羹，有诏供奉翰林。白犹与饮徒醉于市。帝坐沉香子亭，意有所感，欲得白为乐章，召入，而白已醉，左右以水颒面，稍解，授笔成文，婉丽精切，无留思。帝爱其才，数宴见。白尝侍帝，醉，使高力士脱靴。力士素贵，耻之，擿其诗以激杨贵妃，帝欲官白，妃辄沮止。白自知不为亲近所容，益骜放不自修，与知章，李适之、汝阳王王琎、崔宗之、苏晋、张旭、焦遂为“酒八仙人”。恳求还山，帝赐金放还。白浮游四方，尝乘月与崔宗之自采石至金陵，著宫锦袍坐舟中，旁若无人。

安禄山反，转侧宿松、匡庐间，永王璘辟为府僚佐。璘起兵，逃还

彭泽；璘败，当诛。初，白游并州，见郭子仪，奇之。子仪尝犯法，白为救免。至是子仪请解官以赎，有诏长流夜郎。会赦，还寻阳，坐事下狱。时宋若思将吴兵三千赴河南，道寻阳，释囚辟为参谋，未几辞职。李阳冰为当涂令，白依之。代宗立，以左拾遗召，而白已卒，年六十余。

白晚好黄老，度牛渚矶至姑孰，悦谢家青山，欲终焉。及卒，葬东麓。元和末，宣歙观察使范传正祭其冢，禁樵采。访后裔，惟二孙女嫁为民妻，进止仍有风范，因泣曰："先祖志在青山，顷葬东麓，非本意。"传正为改葬，立二碑焉。告二女，将改妻士族，辞以孤穷失身，命也，不愿更嫁。传正嘉叹，复其夫徭役。

文宗时，诏以白歌诗、裴旻剑舞、张旭草书为"三绝"。

【译文】

李白，字太白，是兴圣皇帝第九代孙。他的祖先在隋朝末年因罪被流放到西域。神龙初年，他的父辈从西域逃回来，客居于巴西（在今四川江油）。李白诞生时，他母亲梦见太白星，因而给他取字为太白。十岁时就通晓诗书，及至长大成人，隐居于岷山。当时所在州郡以有道科举荐他，李白没有应举。苏颋为益州（今四川成都）长史时，见到李白后诧异道："这个青年天才英特，如果再稍加努力，增加一些学问，便可以同汉代的司马相如相媲美。"然而李白喜好纵横家的术数，学习击剑，想当个游侠，轻视钱财乐于施舍。后来，李白又客居在任城（今山东济宁），和孔巢父、韩准、裴政、张叔明、陶沔居住在徂来山，成日酣饮沉醉，当时号称"竹溪六逸"。

天宝初年，李白向南游历到会稽（今浙江绍兴），和吴筠非常友好。吴筠被召入京，所以李白也到了长安。李白在长安，去拜见贺知章；贺知章看到他的诗文，感叹说："您，是个天上贬下人间的仙人啊。"并经常在玄宗面前说起，玄宗于是就在金銮殿召见李白，与他谈论当代的大事，李白献上一篇赋颂。玄宗皇帝赐李白吃食，并亲自为他调羹，下诏命他担任翰林供奉。李白和酒徒还在街市中醉酒，玄宗皇帝坐在沉香子亭中，忽然心有所感，想要听人演奏歌唱李白的歌词，于是召李白入宫，但是李白已经醉倒，左右侍从只好为他用水洗面，酒醉稍微清醒，侍从拿笔给他，他提起笔一挥而就，下笔成文，词章婉转华丽，意精旨切，一气呵成。玄宗皇帝爱惜他的才华，几次召见宴请招待他。李白曾经陪玄宗皇帝饮酒，醉后，让高力士为他脱靴。高力士平时为朝中显贵，竟然替李白脱鞋，他深以为耻，于是就挑剔李白诗中的毛病，并加以附会，用来激怒杨贵妃。玄宗皇帝想让李白当官，杨贵妃就一直从中作梗加以阻止。

李白自己知道不被玄宗的亲近之人所容忍，也就更加桀骜不群，放荡不羁，与贺知章、李适之、汝阳王李琎、崔宗之、苏晋、张旭、焦遂并称为“酒八仙人”。李白恳求引退还居山林，玄宗皇帝就赐给他金帛，放他回去。李白浮游漂泊四方，曾经在夜间借着月色，与崔宗之乘船从采石矶至金陵（今江苏南京），身着皇帝所赐的宫锦袍，坐在船中，好似旁边没有人一样。

安禄山起兵造反，天下局势大乱，李白辗转于宿松（今属安徽）和匡庐（今江西庐山）之间。永王李璘请他到幕下当僚佐，到永王起兵，他立即逃回彭泽（今属江西）；永王失败后，李白论罪行应当处斩。起初，李白游并州（今山西太原）时曾见到郭子仪，心中暗暗称奇。当时郭子仪曾犯法，应受到处罚，李白救了他，使他免受处罚。及至李白论罪行当诛的时候，郭子仪情愿解除官职来为李白赎罪，于是他免于一死，朝廷下诏书，将他长期流放夜郎。正好碰上天下大赦，李白又回到浔阳（今江西九江），又因一件事获罪下狱。那时候宋若思率领吴地的三千士兵将赴河南（今河南洛阳），路过浔阳，将李白释放了，并聘请他为行军参谋，没过多久，李白又辞去参谋的职位。李阳冰当时正任当涂（今属安徽）县令，李白就去投奔他。代宗即帝位后，召命李白担任左拾遗之职，而此时李白已经逝世，终年六十余岁。

李白晚年颇好黄老之学，经过牛渚矶来到姑孰（今安徽当涂），喜欢谢朓终老的青山，也想在此终老。李白死后，先被葬在龙山东麓。元和末年，宣歙观察使范传正到姑孰祭奠他，并下命令禁止在李白坟墓周围采樵和放牧。范传正拜访李白的后裔，只有嫁给平民为妻的两个孙女，行为举止仍然保有斯文世家的风范。她们见了范传正，哭泣说：“先祖志在青山，死后却被临时葬在龙山东麓，这不是他的本意。”于是改葬李白在青山，并立两块石碑。他还告诉李白的两位孙女，要将她们改嫁给士族为妻；两位孙女辞谢说因为孤独穷苦而失身于平民，是命该如此，不愿意再嫁。范传正嘉奖感叹不已，免除他们夫家的徭役。

唐文宗时，下诏将李白的歌诗，裴旻的剑舞，张旭的草书，合称为“三绝”。

新唐书卷二百二十三上

许敬宗列传第一百四十八上

许敬宗，字延族，杭州新城人。父善心，仕隋为给事中。敬宗幼善属文，大业中举秀才中第，调淮阳书佐，俄直谒者台，奏通事舍人事。善心为宇文化及所杀，敬宗哀请得不死，去依李密为记室。武德初，补涟州别驾。太宗闻其名，召署文学馆学士。贞观中，除著作郎，兼修国史，喜谓所亲曰："仕宦不为著作，无以成门户。"俄改中书舍人。文德皇后丧，群臣衰服，率更令欧阳询貌丑异，敬宗侮笑自如，贬洪州司马。累转给事中，复修史，以劳封高阳县男，检校黄门侍郎。高宗在东宫，太子右庶子。高丽之役，太子监国定州，敬宗与高士廉典机剧。岑文本卒，帝驿召敬宗，以本官检校中书侍郎。驻跸山破贼，命草诏马前，帝爱其藻警，由是专掌诏令。

初，太子承乾废，官属张玄素、令狐德棻、赵弘智、裴宣机、萧钧皆除名为民，不复用。敬宗为言玄素等以直言被嫌忌，今一概被罪，疑洗宥有所未至。帝悟，多所甄复。高宗即位，迁礼部尚书。敬宗饕沓，遂以女嫁蛮酋冯盎子，多私所聘。有司劾举，下除郑州刺史。俄复官，为弘文馆学士。

帝将立武昭仪，大臣切谏，而敬宗险揣帝私，即妄言曰："田舍子剩获十斛麦，尚欲更故妇。天子富有四海，立一后，谓之不可，何哉！"帝意遂定。王后废，敬宗请削后家官爵，废太子忠而立代王，遂兼太子宾客。帝得所欲，故诏敬宗待诏武德殿西闼。顷拜侍中，监修国史，爵郡公。

帝尝幸故长安城，按跸裴回，视古区处，问侍臣："秦、汉以来几君都此？"敬宗曰："秦居咸阳，汉惠帝始城之。其后苻坚、姚苌、宇文周居之。"帝复问："汉武开昆明池实何年？"对曰："元狩三年，将伐昆明，实为此池以肄战。"帝乃诏与弘文学士讨古宫室故区，具条以闻。进中书令，仍守侍中。敬宗于立后有助力，知后钳戾，能固主以久已权，乃阴连后谋逐韩瑗、来济、褚遂良，杀梁王、长孙无忌、上官仪，朝廷重足事之，威宠炽灼，当时莫与比。改右相，辞疾，拜太子少师、同东西台三品。年老，不任趋步，特诏与司空李勣朝朔日，听乘小马至内省。

帝东封泰山，以敬宗领使。次濮阳，帝问窦德玄："此谓帝丘，何也？"德玄不对。敬宗曰："臣能知之。昔帝颛顼始居此地，以王天下。其后夏后相因之，为寒浞所灭。后缗方娠，逃出自窦，在此地也。后昆吾氏因之，而为夏伯。昆吾既衰，汤灭之。其颂曰：'韦、顾既伐，昆吾、夏桀'是也。至春秋时，卫成公自楚丘徙居之，《左氏》称'相夺予享'，以旧地也。由颛顼所居，故曰帝丘。臣闻有德者居其国土，失道者则丧其疆宇，自古大都美国，居者不一姓，故有国家者不可不慎也。"帝曰："'书'称'浮于济、漯'，今济与漯断不相属，何故而然？"对曰："夏禹道沇水东流为济，入于河。今自漯至温而入河，水自此洑地过河而南，出为荥，又洑而至曹、濮，散出于地，合而东，汶水自南入之，所谓'泆为荥，东出于陶丘北，又东会于汶'是也。古者五行皆有官，水官不失职，则能辨味与色。潜而出，合而更分，皆能识之。"帝曰："天下洪流巨谷，不载祀典，济甚细而在四渎，何哉？"对曰："渎之言独也。不因余水，独能赴海者也。且天有五星，运而为四时，地有五岳，流而为四渎，人有五事，用而为四支。五，阳数也，四，阴数也，有奇偶、阴阳焉。阳者光曜，阴者晦昧，故辰隐而难见。济潜流屡绝，状虽微细，独而尊也。"帝曰："善。"敬宗退，矜曰："大臣不可无学，向德玄不能对，吾耻之。"德玄闻之，不屑曰："人各有能，不强所不知，吾所能也。"李勣曰："敬宗多闻，美矣；窦之不强，不亦善乎！"

初，《高祖》《太宗实录》，敬播所撰，信而详。及敬宗身为国史，窜改不平，专出己私。始虞世基与善心同遭贼害，封德彝常曰："昔吾见世基死，世南匍匐请代；善心死，敬宗蹈舞求生。"世为口实。敬宗衔愤，至立《德彝传》，盛诬以恶。敬宗子娶尉迟敬德女孙，而女嫁钱九陇子。九陇，本高祖隶奴也，为虚立门阀功状，至与刘文静等同传。太宗赐长孙无忌《威凤赋》，敬宗猥称赐敬德。蛮酋庞孝泰率兵从讨高丽，贼笑其懦，袭破之。敬宗受其金，乃称"屡破贼，唐将言骁勇者唯苏定方与孝泰，曹继叔、刘伯英出其下远甚"。然自贞观后，论次诸书，自晋尽隋，及《东殿新书》《西域图志》《姓氏录》《新礼》等数十种皆敬宗总知之，赏赉不胜纪。

敬宗营第舍华僭，至造连楼，使诸妓走马其上，纵酒奏乐自娱。嬖其婢，因以继室，假姓虞。子昂烝之，敬宗怒黜虞，奏斥昂岭外，久乃表还。

咸亨初，以特进致仕，仍朝朔望，续其俸禄。卒，年八十一，帝为举哀，诏百官哭其第，册赠开府仪同三司、扬州大都督，陪葬昭陵。太常博士袁思古议："敬宗弃子荒徼，女嫁蛮落，谥曰缪。"其孙彦伯诉思古有嫌，诏更议。博士王福畤曰："何曾忠而孝，以食日万钱谥缪丑，况敬宗忠孝两弃，饮食男女之累过之。"执不改。有诏尚书省杂议，更谥曰恭。

彦伯，昂子也，颇有文。敬宗晚年不复下笔，凡大典册悉彦伯为之。尝戏昂曰："吾儿不及若儿。"答曰："渠父不如昂父。"后又纳婢谮，奏流彦伯岭表，遇赦还，累官太子舍人。既与思古有憾，欲邀击诸路，思古曰："吾为先子报仇耳。"彦伯惭而止。

垂拱中，诏敬宗配飨高宗庙廷。

【译文】

许敬宗，字延族，是杭州新城人。父亲许善心，在隋朝担任给事中。许敬宗自幼擅长做文章，隋炀帝大业年间被举秀才中第，调任为淮阳书佐，不久入职谒者台，奏通事舍人事。许善心后来被宇文化及杀害，许敬宗苦苦哀求才得以活命，投奔李密担任记事。唐高祖武德初年，补官为涟州别驾。太宗听说了他的名号，召任为署文学馆学士。贞观年间，担任著作郎，兼修国史。他高兴地对亲近的人说："当官不当著作郎，就不能成立门户。"不久又改官为中书舍人。文德皇后（太宗皇后长孙氏）去世后，群臣服丧，率更令欧阳询生得面貌十分丑怪，许敬宗侮弄戏笑他，因而被贬为洪州司马。累转任给事中，重修国史，因功劳被封为高阳县男爵，检校黄门侍郎，高宗在东宫为太子时，许敬宗升任太子右庶子。征伐高丽的战争中，太子在定州监国，许敬宗与高士廉典掌机要事务。岑文本去世后，太宗用驿车召见许敬宗，继续担任原职检校中书侍郎。驻跸山大破高丽军，太宗命令许敬宗在马前起草诏令，很喜爱他的文章华藻警拔，从此就任命他专掌诏令。

早先，太子李承乾被废后，他的官属张玄素、令狐德棻、赵弘智、裴宣机、萧钧都被除名为平民，不再被起用。许敬宗为此上书说道：张玄素等曾因进谏直言而被废太子嫌忌，如今他们一概都被治罪，陛下您应考虑宽恕不够周到。太宗醒悟，大多都被甄别恢复官职。高宗即位后，许敬宗迁升为礼部尚书。许敬宗为人贪婪，将女儿嫁给蛮族酋长冯盎的儿子，得到很多聘礼。有司检举劾奏他，天子降许敬宗为郑州刺史。不久将他又官复原职，担任弘文馆学士。

唐高宗想立武昭仪为皇后，大臣言辞恳切地谏阻，而许敬宗却暗自揣摩高宗的心思，便妄言道："庄稼汉多剩十斛麦子，还想换掉旧妻子。天子您富有四海，想立一位皇后，竟然被认为不可以，这是什么道理！"高宗便打定主意。王皇后被废，许敬宗建议削除王皇后家属的官爵，废除太子忠却立代王李弘为皇太子，于是他又兼任太子宾客。高宗得到他想要做的事情，所以降诏命许敬宗待诏武德殿西闼。不久又任命他为侍中，监修国史，封爵为郡公。

高宗曾经临幸长安旧城，驻跸周游，观看古代的遗迹，问侍臣说："秦、汉以来，有几个君王在此建都？"许敬宗道："秦朝在咸阳建都，汉惠帝才在此地建城，其后有苻坚、姚苌、宇文氏的北周把此地当作国都。"高宗又问："汉武帝开掘昆明池到底是在哪一年？"许敬宗答道："元狩三年，汉武帝准备征伐昆明，便开挖此池来练习水战。"高宗便命令他与弘文学士一起考察古代宫室的旧址，条列上奏。进位为中书令，仍然担任侍中。许敬宗对册立武后出了力，他深知武后善于操纵，生性钳戾，能够控制皇上而稳固自己的权力，就暗自交结武后，并驱逐韩瑗、来济、褚遂良，杀害梁王、长孙无忌、上官仪。朝臣叠足而立，惊惧地奉侍他，威宠炽灼，当时无人能及。后改任为右相，因为生病推辞了，担任太子少师、同东西台三品。他年老时，上朝时不能趋步而进，高宗特别降诏，让他与司空李勣朔日上朝，而且可以乘小马到内省。

高宗到泰山封禅，任命许敬宗领封禅使。行至濮阳时，高宗问窦德玄："此地又名为帝丘，为什么？"窦德玄没有回答上来。许敬宗插嘴说："臣知道。古时颛顼帝开始居住在此地，以为天下王。后来夏后相袭为都，被寒浞消灭。相的妻子缗正在怀孕，从墙洞中逃出，就在此地。后来昆吾氏居住在此地，而为夏伯。昆吾氏衰落以后，为商汤所灭。《商颂》中说'韦、顾既伐，昆吾、夏桀'（意思是伐灭了韦、顾二国，接着就是昆吾和夏桀了），说的就是这件事。到春秋时，卫成公从楚丘迁居到此地，《左传》说'相夺予享'（意思是夏后相失去的，被我享有），就是因为它是夏时的旧地。因为它为颛顼帝所居，所以叫帝丘。我听说有德的君主要开拓国土，而失道的君主则会丧失疆域，自古以来大的都邑美好的国家，都不是由一姓永久地占有，所以有国家的人不可以不慎重呀。”高宗道：“《书经》说‘浮于济、漯’，如今济水与漯水隔断而不相连接，这是什么缘故？”许敬宗回答道：“夏禹引导沇水向东流为济水，流入黄河。如今由漯水至温县而流入黄河，水从此伏流在地下，过黄河而南，出地为荥水，又伏流地下而至曹州、濮州，分散流出到地面，合流而东，汶水由南方流入，所谓‘泆为荥，东出于陶丘北，又东会于汶’（此句出于《书经·禹贡》）就是这样。古时五行都有官职，水官不失职，就能辨别水的滋味与颜色。潜入地下再流出，合流而又分开，水官都能辨识。”高宗说：“天下许多大河巨流都没能载入祀典，济水很小却被列为四渎之一，这是因为什么呢？”许敬宗答道：“渎的意思就是单独，是指不凭借其他水流就独自流入海洋的河流。而且天有五星，运行而成四时；地有五岳，其水流就是四渎；人有五事，用之就是四肢。五是阳数，四是阴数，天、地、人都是有奇偶和阴阳的。阳者光明，阴者晦暗，所以辰星隐约难见。济水潜流在地，多次断绝，它的面积虽然微小，但却是独特而且尊贵的。”高宗道：“说得好。”许敬宗下去后，自夸道：“大臣不可以没有学问，刚才窦德玄不能答对，我都替他觉得羞耻。”窦德玄听后，不屑地说：“每个人都有他的特长，我不勉强说自己不懂的东西，这就是我的特长。”李勣说：“许敬宗博学多闻，这当然很好，但窦德玄不强说不知之事，不也是很好吗！”

起初，《高祖实录》和《太宗实录》都是敬播撰写，内容信实而详尽。等到许敬宗担任监修国史，就随意窜改内容，没有秉持公允，专出一己之私心。早先虞世基与许善心一起被宇文化及杀害，封德彝常说：“当我见虞世基被杀时，虞世南匍匐在地，请求替代哥哥去死；而许善心被杀时，许敬宗叩头拜舞来求保全自己。”当世以之为口实。而许敬宗却怀恨在心，到了给封德彝写传时，他极力用恶事诬诋他。许敬宗的儿子娶尉迟敬德的孙女，而他的女儿嫁给钱九陇的儿子。钱九陇本是唐高祖的家奴，许敬宗就为他编造门第功状，甚至将他与刘文静等人合并为一传。唐太宗赐给长孙无忌《威凤赋》，许敬宗却说成是赐给尉迟敬德的。蛮酋长庞孝泰率领士兵随驾征讨高丽，敌人讥笑他怯懦，打破了他的军队。许敬宗收受他的金钱，竟然称他“屡次击破敌军，唐将中称得上骁勇的只有苏定方和庞孝泰，曹继叔、刘伯英与他们相差甚远”。但自贞观之后，编次自晋至隋的诸书，以及《东殿新书》《西域图志》《姓氏录》《新礼》等数十种，都是由许敬宗总管的，皇帝的赏赐不可胜数。

许敬宗经营的府第十分豪华不合礼制，甚至建造互相通连的楼阁，让许多歌妓在上面跑马，纵酒奏乐享受。他宠爱一个婢女，就让她做为继室，假姓虞氏。他儿子许昂与她通奸，许敬宗十分恼怒斥黜了虞氏，同时奏请贬斥许昂到岭南，很久以后才上表请求让许昂回来。

咸亨初年，以特进退休，仍然在初一、十五上朝，续领俸禄。死时，年龄八十一，高宗为他举哀，诏令百官到他的府第哀哭，册赠开府仪同三司、扬州大都督，陪葬在昭陵。太常博士袁思古评议道："许敬宗把儿子抛弃在蛮荒之境，将女儿嫁到蛮夷之部，应该为他定谥号为缪。"许敬宗的孙子许彦伯投诉袁思古说他怀有仇嫌，高宗诏命重新评议。博士王福畤说："古时的何曾虽然忠孝，但他一日吃饭的花费高达万钱，因此谥号为缪丑，何况许敬宗忠、孝两弃，而饮食男女的毛病又比何曾还多呢！"坚执不肯改。高宗又诏命尚书省参予评议，改谥号为恭。

许彦伯，是许昂的儿子，非常有文才。许敬宗晚年不再写文章，凡是朝廷需要的重要典册都由许彦伯代笔。许敬宗曾经对许昂开玩笑说："我儿子不如你儿子。"许昂回答道："他父亲不如我父亲。"后来，许敬宗又听信婢女谮言，奏请把许彦伯流放到岭表，遇到大赦才得以还朝，累任太子舍人。他既与袁思古结下仇隙，想在路上拦截殴打袁思古，袁思古说："我是在为你的亡父报仇呢。"许彦伯惭愧而停止。

武则天垂拱年间，诏令许敬宗附祭于高宗庙中。

新唐书卷二百二十五

黄巢列传第一百五十下

黄巢，曹州冤句人。世鬻盐，富于赀。善击剑骑射，稍通书记，辩给，喜养亡命。

咸通末，仍岁饥，盗兴河南。乾符二年，濮名贼王仙芝乱长垣，有众三千，残曹、濮二州，俘万人，势遂张。仙芝妄号大将军，檄诸道，言吏贪沓，赋重，赏罚不平。宰相耻之，僖宗不知也。其票帅尚君长、柴存、毕师铎、曹师雄、柳彦璋、刘汉宏、李重霸等十余辈，所在肆掠。而巢喜乱，即与群从八人，募众得数千人以应仙芝，转寇河南十五州，众遂数万。

帝使平卢节度使宋威与其副曹全晸数击贼，败之，拜诸道行营招讨使，给卫兵三千、骑五百，诏河南诸镇皆受节度，以左散骑常侍曾元裕副焉。仙芝略沂州，威败贼城下，仙芝亡去。威因奏大渠死，擅纵麾下兵还青州；群臣皆入贺。居三日，州县奏贼故在。时兵始休，有诏复遣，士皆忿，思乱。贼间之，趣郏城，不十日破八县。帝忧迫近东都，督诸道兵检遏，于是凤翔、邠宁、泾原兵守陕、潼关，元裕守东都，义成、昭义以兵卫宫。

仙芝去攻汝州，杀其将，刺史走，东都大震，百官脱身出奔。贼破阳武，围郑州，不克，蚁聚邓、汝间。关以东州县，大抵皆畏贼，婴城守，故贼放兵四略，残郢、复二州，所过焚剽，生人几尽。官军急追，则遗赀布路，士争取之，率逗桡不前。贼转入申、光，残隋州，执刺史，据安州自如，分奇兵围舒，击卢、寿、光等州。

时威老且暗，不任军，阴与元裕谋曰："昔庞勋灭，康承训即得罪。吾属虽成功，其免祸乎？不如留贼，不幸为天子，我不失作功臣。"故蹑贼一舍，完军顾望。帝亦知之，更以陈许节度使崔安潜为行营都统，以前鸿胪卿李瑑代威，右威卫上将军张自勉代元裕。

贼出入蕲、黄，蕲州刺史裴渥为贼求官，约罢兵。仙芝与巢等诣渥饮。未几，诏拜仙芝左神策军押衙，遣中人慰抚。仙芝喜，巢恨赏不及已，询曰："君降，独得官，五千众且奈何？丐我兵，无留。"因击仙芝，伤首。仙芝惮众怒，即不受命，劫州兵，渥、中人亡去。贼分其众：尚君长入陈、蔡；巢北掠齐、鲁，众万人，入郓州，杀节度使薛崇，进陷沂州，遂至数万，繇颍、蔡保嵖岈山。

是时柳彦璋又取江州，执刺史陶祥。巢引兵复与仙芝合，围宋州。会自勉救兵至，斩贼二千级，仙芝解而南，度汉，攻荆南。于是节度使杨知温婴城守，贼纵火焚楼堞，知温不出，有诏以高骈代之。骈以蜀兵万五千赍糒粮，期三十日至，而城已陷，知温走，贼不能守。于是诏左武卫将军刘秉仁为江州刺史，勒兵乘单舟入贼栅，贼大骇，相率迎降，遂斩彦璋。

巢攻和州，未克。仙芝自围洪州，取之，使徐唐莒守。进破朗、岳，遂围潭州，观察使崔瑾拒却之，乃向浙西，扰宣、润，不能得所欲，身留江西，趣别部还入河南。

帝诏崔安潜归忠武，复起宋威、曾元裕，以招讨使还之，而杨复光监军。复光遣其属吴彦宏以诏谕贼，仙芝乃遣蔡温球、楚彦威、尚君长来降，欲诣阙请罪，又遗威书求节度。威阳许之，上言"与君长战，禽之"。复光固言其降。命侍御史与中人驰驿即讯，不能明。卒斩君长等于狗脊岭。仙芝怒，还攻洪州，入其郛。威自将往救，败仙芝于黄梅，斩贼五万级，获仙芝，传首京师。

当此时，巢方围亳州未下，君长弟让率仙芝溃党归巢，推巢为王，号"冲天大将军"，署拜官属，驱河南、山南之民十余万掠淮南，建元王霸。

曾元裕败贼于申州，死者万人。帝以威杀尚君长非是，且讨贼无功，诏还青州，以元裕为招讨使，张自勉为副。巢破考城，取濮州，元裕军荆、襄，援兵阻，更拜自勉东北面行营招讨使，督诸军急捕。巢方掠襄邑、雍丘，诏滑州节度使李峄壁原武。巢寇叶、阳翟，欲窥东都。会左神武大将军刘景仁以兵五千援东都，河阳节度使郑延休兵三千壁河阴。巢兵在江西者，为镇海节度使高骈所破；寇新郑、郏、襄城、阳翟者，为崔安潜逐走；在浙西者，为节度使裴璩斩二长，死者甚众。巢大沮畏，乃诣天平军乞降，诏授巢右卫将军。巢度藩镇不一，未足制已，即叛去，转寇浙东，执观察使崔璆。于是高骈遣将张潾、梁缵攻贼，破之。贼收众逾江西，破虔、吉、饶、信等州，因刊山开道七百里，直趋建州。

初，军中谣曰："逢儒则肉，师必覆。"巢入闽，俘民绐称儒者，皆释，时六年三月也。俛路围福州，观察使韦岫战不胜，弃城遁，贼入之，焚室庐，杀人如蓺。过崇文馆校书郎黄璞家，令曰："此儒者，灭炬弗焚。"又求处士周朴，得之，谓曰："能从我乎？"答曰："我尚不仕天子，安能从贼？"巢怒斩朴。是时闽地诸州皆没，有诏高骈为诸道行营都统以拒贼。

巢陷桂管，进寇广州，诒节度使李迢书，求表为天平节度，又胁崔璆言于朝，宰相郑畋欲许之，卢携、田令孜执不可。巢又丐安南都护、广州节度使，书闻，右仆射于琮议："南海市舶利不赀，贼得益富，而国用屈。"乃拜巢率府率。巢见诏大诟，急攻广州，执李迢，自号"义军都统"，露表告将入关，因诋宦竖柄朝，垢蠹纪纲，指诸臣与中人赂遗交构状，铨贡失才，禁刺史殖财产，县令犯赃者族，皆当时极敝。

天子既惩宋威失计，罢之，而宰相王铎请自行，乃拜铎荆南节度使、南面行营招讨都统，率诸道兵进讨。铎屯江陵，表泰宁节度使李系为招讨副使、湖南观察使，以先锋屯潭州，两屯烽驿相望。曾贼中大疫，众死什四，遂引北还。自桂编大桴，沿湘下衡、永，破潭州，李系走朗州，兵十余万镞焉，投胔蔽江。进逼江陵，号五十万。铎兵寡，即乘城。先此，刘汉宏已略地，焚庐屋，人皆窜山谷。俄而系败问至，铎弃城走襄阳，官军乘乱纵掠，会雨雪，人多死沟壑。

其十月，巢据荆南，胁李迢草表报天子，迢曰："吾腕可断，表不可为。"巢怒，杀之。欲进蹑铎，会江西招讨使曹全晸与山南东道节度使刘巨容壁荆门，使沙陀以五百骑钉辔藻鞯望贼阵纵而遁，贼以为怯。明日，诸将乘以战，而马识沙陀语，呼之辄奔还，莫能禁。官兵伏于林，斗而北，贼急追，伏发，大败之，执贼渠十二辈。巢惧，度江东走，师促之，俘什八。铎招汉宏降之。或劝巨容穷追，答曰："国家多负人，危难不吝赏，事平则得罪，不如留贼冀后福。"止不追，故巢得复整，攻鄂州，入之。全会将度江，会有诏以段彦谟代其使，乃止。

巢畏袭，转掠江西，再入饶、信、杭州，众至二十万。攻临安，戍将董昌兵寡，不敢战，伏数十骑莽中，贼至，伏弩射杀贼将，下皆走。昌进屯八百里，见舍媪曰："有追至，告以临安兵屯八百里矣。"贼骇曰："向数骑能困我，况军八百里乎！"乃还，残宣、歙等十五州。

广明元年，淮南高骈遣将张潾度江败王重霸，降之。巢数却，乃保饶州。众多疫。别部常宏以众数万降，所在戮死。诸军屡奏破贼，皆不实，朝廷信之，稍自安。巢得计，破杀张潾，陷睦、婺二州，又取宣州，而汉宏残众复奋，寇宋州，掠申、光，来与巢合，济采石，侵扬州。高骈按兵不出。诏兖海节度使齐克让屯汝州。拜全晸天平节度使兼东面副都统。贼方守滁、和，全晸以天平兵败于淮上。宰相豆卢瑑计："救师未至，请假巢天平节度使，使无得西，以精兵戍宣武，塞汝、郑路，贼首可致矣。"卢携执不可，请"召诸道兵壁泗上，以宣武节度统之，则巢且还寇东南，徘徊山浙，救死而已。"诏可。前此已诏天下兵屯溵水，禁贼北走。于是徐兵三千道许，其帅薛能馆徐众城中，许人惊谓见袭，部将周岌自溵水还，杀能，自称留后。徐军闻乱，列将时溥亦引归，囚其帅支详。兖海齐克让惧下叛，引军还兖州，溵水屯皆散。

巢闻，悉众度淮，妄称"率土大将军"，整众不剽掠，所过惟取丁壮益兵。李罕之犯申、光、颍、宋、徐、兖等州，吏皆亡。巢自将攻汝州，欲薄东都。当是时，天子冲弱，怖而流泪，宰相更共建言，悉神策并关内诸节度兵十五万守潼关。田令孜请自将而东，然内震扰，前说帝以幸蜀事。帝自幸神策军，擢左军骑将张承范为先锋，右军步将王师会督粮道，以飞龙使杨复恭副令孜。于是募兵京师，得数千人。

当是时，巢已陷东都，留守刘允章以百官迎贼，巢入，劳问而已，里闾晏然。帝饯令孜章信门，赉遗丰优。然卫兵皆长安高赀，世籍两军，得禀赐，侈服怒马以诧权豪，初不知战，闻料选，皆哭于家，阴出赀雇贩区病坊以备行阵，不能持兵，观者寒毛以慄。承范以强弩三千防关，辞曰："禄山率兵五万陷东都，今贼众六十万，过禄山远甚，恐不足守。"帝不许。贼进取陕、虢，檄关戍曰："吾道淮南，逐高骈，如鼠走穴，尔无拒我！"神策兵过华，裹三日粮，不能饱，无斗志。

十二月，巢攻关，齐克让以其军战关外，贼少却。俄而巢至，师大呼，川谷皆震。时士饥甚，潜烧克让营，克让走入关。承范出金谕军中曰："诸君勉报国，救且至。"士感泣，拒战。贼见师不继，急攻关，王师矢尽，飞石以射，巢驱民内堑，火关楼皆尽。始，关左有大谷，禁行人，号"禁谷"。贼至，令孜屯关，而忘谷之可入。尚让引众趋谷，承范惶遽，使师会以劲弩八百邀之，比至，而贼已入。明日，夹攻关，王师溃。师会欲自杀，承范曰："吾二人死，孰当辨者？不如见天子以实闻，死未晚。"乃羸服逃。始，博野、凤翔军过渭桥，见募军服鲜燠，怒曰："是等何功，遽然至是！”更为贼乡导，前贼归，焚西市。帝类郊祈哀。会承范至，具言不守状，帝黜宰相卢携。方朝，而传言贼至，百官奔，令孜以神策兵五百奉帝趋咸阳，惟福、穆、潭、寿四王与妃御一二从，中人西门匡范统右军以殿。

巢以尚让为平唐大将军。盖洪、费全古副之。贼众皆被发锦衣，大抵辎重自东都抵京师，千里相属。金吾大将军张直方与群臣迎贼灞上，巢乘黄金舆，卫者皆绣袍、华帻，其党乘铜舆以从，骑士凡数十万先后之。陷京师，入自春明门，升太极殿，宫女数千迎拜，称黄王。巢喜曰："殆天意欤！”巢舍田令孜第。贼见穷民，抵金帛与之。尚让即妄晓人曰："黄王非如唐家不惜而辈，各安毋恐。”甫数日，因大掠，缚箠居人索财，号“淘物”。富家皆跣而驱，贼酋阅甲第以处，争取人妻女乱之，捕得官吏悉斩之，火庐舍不可赀，宗室侯王屠之无类矣。

巢斋太清宫，卜日舍含元殿，僭即位，号大齐。求衮冕不得，绘弋绨为之；无金石乐，击大鼓数百，列长剑大刀为卫。大赦，建元为金统。王官三品以上停，四品以下还之。因自陈符命，取“广明”字，判其文曰："唐去丑口而著黄，明黄当代唐，又黄为土，金所生，盖天启”云。其徒上巢号承天应运启圣睿文宣武皇帝，以妻曹为皇后，以尚让、赵璋、崔璆、杨希古为宰相，郑汉璋御史中丞，李俦、黄谔、尚儒为尚书，方特谏议大夫，皮日休、沈云翔、裴渥翰林学士，孟楷、盖洪尚书左右仆射兼军容使，费传古枢密使，张直方检校左仆射，马祥右散骑常侍，王璠京兆尹，许建、米实、刘瑭、朱温、张全、彭攒、李逵等为诸将军、游弈使，其余以次封拜。取跷伟五百人号“功臣”，以林言为之使，比控鹤府。下令军中，禁妄杀人，悉输兵于官。然其下本盗贼，皆不从。召王官，无有至者，乃大索里闾，豆卢瑑、崔沆等匿永宁里张直方家。直方者，素豪桀，故士多依之。或告贼纳亡命者，巢攻之，夷其家，瑑、沆及大臣刘邺、裴谂、赵濛、李溥、李汤死者百余人。将作监郑綦、郎官郑系举族缢。

是时，乘舆次兴元，诏促诸道兵收京师，遂至成都。巢使朱温攻邓州，陷之，以扰荆、襄。遣林言、尚让寇凤翔，为郑畋将宋文通所破，不得前。畋乃传檄召天下兵，于是诏泾原节度使程宗楚为诸军行营副都统，前朔方节度使唐弘夫为行营司马。数攻贼，斩万级。邠将朱玫阳为贼将王玫哀兵，俄而杀玫，引军入于王师。弘夫进屯渭北，河中王重荣营沙苑，易定王处存次渭桥，鄜延李孝昌、夏州拓拔思恭壁武功。弘夫拔咸阳，桄渭水，破尚让军，乘胜入京师。巢窃出，至石井。宗楚入自延秋门，弘夫傅城舍，都人共譟曰："王师至！"处存选锐卒五千以白繻自志，夜入杀贼，都人传言巢已走，邠、泾军争入京师，诸军亦解甲休，竞掠货财子女，市少年亦冒作繻，肆为剽。

巢伏野，使觇城中弛备，则遣孟楷率贼数百掩邠、泾军，都人犹谓王师，欢迎之。时军士得珍贿，不胜载，闻贼至，重负不能走，是以甚败。贼执弘夫害之，处存走营。始，王璠破奉天，引众数千随弘夫，及诸将败，独一军战尤力。巢复入京师，怒民迎王师，纵击杀八万人，血流于路可涉也，谓之"洗城"。诸军退保武功，于是中和二年二月也。

其五月，昭义高浔攻华州，王重荣与并力，克之。朱玫以泾、岐、麟、夏兵八万营兴平，巢亦遣王璠营黑水，玫战未能胜。郑畋将窦玫夜率士燔都门，杀逻卒，贼震惧。于时畿民栅山谷自保，不得耕，米斗钱三十千，屑树皮以食，有执栅民鬻贼以为粮，人获数十万钱。士人或卖饼自业，举奔河中。

李孝昌、拓拔思恭徙壁赤渭桥，收水北垒。数月，贼帅朱温、尚让涉渭败孝昌等军。高浔击贼李详，不胜，贼复取华州，巢即授华州刺史，以温为同州刺史。贼又袭孝昌，二军引去。贼破陈敬王瑄兵，走南山。齐克俭营兴平，为贼所围，决河灌之，不克。有题尚书省户讥贼且亡，尚让怒，杀吏，辄剔目悬之，诛郎官门阑卒凡数千人，百司逃，无在者。

天子更以王铎为诸道行营都统，崔安潜副之，周岌、王重荣为左右司马，诸葛爽、康实为左右先锋，平师儒为后军，时溥督漕赋，王处存、李孝章、拓拔思恭为京畿都统，处存直左，孝章在北，思恭直右。西门思恭为铎都监，杨复光监行营，中书舍人卢胤征为克复制置副使。于是铎以山南、剑南军营灵感祠，朱玫以岐、夏军营与平，重荣、处存营渭北，复光以寿、沧、荆南军合岌营武功，孝章合拓拔思恭营渭桥，程宗楚营京右。

朱温以兵三千掠丹、延南鄙，趋同州，刺史米逢出奔，温据州以守。六月，尚让寇河中，使朱温攻西关，败诸葛爽，破重荣数千骑于河上，爽闭关不出，让遂拔黎阳，攻宜君垒，大雨雪盈尺，兵死什三。

七月，贼攻凤翔，败节度李昌言于涝水，又遣强武攻武功、槐里，泾、邠兵却，独凤翔兵固壁。拓拔思恭以锐士万八千赴难，逗留不进。

河中粮艘三十道夏阳，朱温使兵夺艘，重荣以甲士三万救之，温惧，凿沈其舟，兵遂围温。温数困，又度巢势蹙，且败，而孟楷方专国，温丐师，楷沮不报，即斩贼大将马恭，降重荣。帝进拓拔思恭为京四面都统，敕朱玫军马嵬。温既降，重荣遇之厚，故李详亦献款，贼觉，斩之于赤水，更以黄思邺为刺史。

十月，铎浚壕于兴平，左抵马嵬，使将薛韬董之；由马嵬、武功入斜谷，以通盩厔，列屯十四，使将梁璩主之。置关于沮水、七盘、三溪、木皮岭，以遮秦、陇。京左行营都统东方逵禽贼锐将李公迪，破堡三十。华卒逐黄思邺，巢以王遇为刺史，遇降河中。

明年正月，王铎使雁门节度使李克用破贼于渭南，承制拜东北行营都统。会铎与安潜皆罢，克用独引军自岚、石出夏阳，屯沙苑，破黄揆军，遂营乾坑。二月，合河中、易定、忠武等兵击巢。巢命王璠、林言军居左，赵璋、尚让军居右，众凡十万，与王师大战梁田陂。贼败，执俘数万，僵胔三十里，敛为京观。璠与黄揆袭华州，据之，遇亡去。克用掘堑环州，分骑屯渭北，命薛志勤、康君立夜袭京师，火屋聚，俘贼而还。

巢战数不利，军食竭，下不用命，阴有遁谋，即发兵三万搤蓝田道，使尚让援华州。克用率重荣迎战零口，破之，遂拔其城，揆引众出走。泾原节度使张钧说蕃、浑与盟，共讨贼。是时，诸镇兵四面至。四月，克用遣部将杨守宗率河中将白志迁、忠武将庞从等最先进，击贼渭桥，三战，贼三北。于是诸节度兵皆奋，无敢后，入自光泰门。克用身決战，呼声动天，贼崩溃，逐北至望春，入升阳殿闼。巢夜奔，众犹十五万，声趋徐州，出蓝田，入商山，委辎重珍赀于道，诸军争取之，不复追，故贼得整军去。

自禄山陷长安，宫阙完雄；吐蕃所燔，唯衢弄庐舍；朱泚乱定百余年，治缮神丽如开元时。至巢败，方镇兵互入虏掠，火大内，惟含元殿独存；火所不及者，止西内、南内及光启宫而已。杨复光献捷行在，帝诏陈许、延州、凤翔、博野军合东西神策二万人屯京师，命大明宫留守王徽卫诸门，抚定居人。诏尚书右仆射裴璩修复宫省，购辇辂、仗卫、旧章、秘籍。豫败巢者：神策将横冲军使杨守亮、蹑云都将高周彝、忠顺都将胡真、天德将顾彦朗七十人。

巢已东，使孟楷攻蔡州，节度使秦宗权迎战，大败，即臣贼，与连和。楷击陈州，败死，巢自围之，略邓、许、孟、洛，东入徐、兖数十州。

人大饥，倚死墙堑，贼俘以食，日数千人，乃办列百巨碓，糜骨皮于臼，并啖之。时朱全忠为宣武节度使，与周岌、时溥帅师救陈，赵犨亦乞兵太原。巢遣宗权攻许州，未克。于是粮竭，木皮草根皆尽。

四年二月，李克用率山西兵由陕济河而东，会关东诸镇壁汝州。全忠击贼瓦子堡，斩万余级，诸军破尚让于太康，亦万级，获械铠马羊万计，又败黄邺于西华，邺夜遁。巢大恐，居三日，军中相惊，弃壁走，巢退营故阳里。其五月，大雨震电，川谿皆暴溢，贼垒尽坏，众溃，巢解而去。全忠进戍尉氏。克用追巢，全忠还汴州。

巢取尉氏，攻中牟，兵度水半，克用击之，贼多溺死。巢引残众走封丘，克用追败之，还营郑州。巢涉汴北引，夜复大雨，贼惊溃，克用闻之，急击巢河濒。巢度河攻汴州，全忠拒守，克用救之，斩贼骁将李周、杨景彪等。巢夜走胙城，入冤句。克用悉军穷蹑，贼将李谠、杨能、霍存、葛从周、张归霸、张归厚往降全忠，而尚让以万人归时溥。巢愈猜忿，屡杀大将，引众奔兖州。克用追至曹，巢兄弟拒战，不胜，走兖、郓间，获男女牛马万余、乘舆器服等，禽巢爱子。克用军昼夜驰，粮尽不能得巢，乃还。巢众仅千人，走保太山。

六月，时溥遣将陈景瑜与尚让追战狼虎谷，巢计蹙，谓林言曰："我欲讨国奸臣，洗涤朝廷，事成不退，亦误矣。若取吾首献天子，可得富贵，毋为他人利。"言，巢出也，不忍。巢乃自刎，不殊，言因斩之，及兄存、弟邺、揆、钦、秉、万通、思厚，并杀其妻子，悉函首，将诣溥。而太原博野军杀言，与巢首俱上溥，献于行在，诏以首献于庙。徐州小吏李师悦得巢伪符玺，上之，拜湖州刺史。

巢从子浩众七千，为盗江湖间，自号"浪荡军"。天复初，欲据湖南，陷浏阳，杀略甚众。湘阴强家邓进思率壮士伏山中，击杀浩。

【译文】

黄巢是曹州冤句县人。家中世代以卖盐为生，家中资财众多。他本人擅长击剑和骑马射箭，稍微通晓文字，能言善辩，喜欢收留逃亡的人。

唐懿宗咸通末年，天下连年饥荒，有盗贼在河南兴起。唐僖宗乾符二年，濮州有名的盗贼王仙芝率先在长垣发动叛乱，有三千徒众，他们残害曹、濮二州，抓走上万人，势力逐渐扩大。王仙芝自己妄称自己为大将军，到各道传送檄文，说现在的官吏贪得无厌，百姓赋税繁重，赏罚不公。宰相为此感到十分耻辱，而僖宗根本不知王仙芝起兵一事。王仙芝手下有骠悍将领尚君长、柴存、毕师铎、曹师雄、柳彦璋、刘汉宏、李重霸等十余人，到处肆意抢掠。黄巢却喜欢天下大乱，与兄弟八人，召募部众得到数千人，起兵响应王仙芝，黄巢辗转攻掠河南十五个州，于是部下达到数万人。

唐僖宗指派平卢节度使宋威和他的副使曹全晸多次攻打贼寇，最终击败他们，任命宋威为诸道行营招讨使，给他三千名禁卫军、五百名骑兵，下诏令河南各镇都接受他的指挥调度，又任命左散骑常侍曾元裕为招讨副使。王仙芝攻打沂州时，宋威在沂州城下击败贼寇，王仙芝逃走。宋威于是上奏朝廷说大头目王仙芝已死，擅自放手下的士兵回青州；群臣都入朝贺喜。过了三天，州县上奏说王仙芝还活着。当时士兵刚开始休整，天子又下诏派他们出征，士兵们都感到十分愤怒，很多人都有了谋乱之心。贼寇钻空子，奔赴郏城，不到十天就攻陷了八个县。皇帝担心贼寇靠近东都，督促各道军队阻止贼寇，于是命令凤翔、邠宁、泾原三镇军队防守陕州、潼关，曾元裕守卫东都，义成、昭义两镇派兵保卫东都皇宫。

王仙芝攻打汝州，杀死了汝州的守将，汝州刺史逃走，东都洛阳大为震惊，百官大多都离城出逃。贼寇攻陷阳武后，又包围郑州，没有攻下，聚集兵将在邓州、汝州之间。潼关以东的州县，大都害怕贼寇，各自据守城池，因此贼寇便纵兵四下掠夺，残害郢、复二州，贼寇所过的地方，焚烧房屋，抢劫财物，百姓几乎逃光。官军迅速追击他们，贼寇们就将许多财物扔在路上，官军士兵争相夺取财物，都在路上逗留却不前进。贼寇辗转进入申州、光州，残害隋州，捉住了隋州刺史，占据了安州，行动自如，又出奇兵包围舒州，攻打庐、寿、光等州。

当时宋威既年老又昏庸，不能担负军事重任，私下同曾元裕商议："从前庞勋灭亡，康承训就因此获罪。我们即使成功了，可以免除灾祸吗？不如留下贼寇，如果不幸贼寇当天子，我们还能算作功臣。"所以宋威紧随贼寇之后，总是保持三十里的距离，力求保全自己的军队，经常观望不前。皇帝也知道他无意讨贼，于是又任命陈许节度使崔安潜为行营都统，任命原鸿胪卿李琢替代宋威担任诸道行营招讨使，右威卫上将军张自勉替代曾元裕为招讨副使。

贼寇出入于蕲州、黄州，蕲州刺史裴渥代替贼寇向朝廷求取官位，双方约定停战。王仙芝和黄巢等人到裴渥那儿喝酒。没过多久，天子下诏任命王仙芝担任左神策军押衙，又派宦官前来慰问他。王仙芝很高兴，黄巢却怨恨朝廷没有赏赐自己，骂王仙芝说："你投降，独自得官，跟随你的五千名将士怎么办？你把士兵给我，不要留下他们。"于是黄巢殴打王仙芝，击伤他的头部。王仙芝害怕会引起大家的愤怒，就没有接受朝廷的任命，带领贼寇劫夺蕲州的士兵，裴渥和宦官都逃走了。贼寇将他们的军队分为两部：尚君长进入陈、蔡一带；黄巢北上劫掠齐、鲁一带，率领一万部众，进入郓州，杀死节度使薛崇，又攻陷沂州，部众由此发展到数万人，接着率部众经由颍州、蔡州而至嵖岈山据守。

这时柳彦璋夺取了江州，捉江州刺史陶祥。黄巢又领兵与王仙芝会合，共同围攻宋州。恰逢张自勉带领救援部队到达宋州，杀死两千贼寇，王仙芝就解除对宋州的包围率部南下，渡过汉水，进攻荆南。荆南节度使杨知温率兵环城自守，贼寇纵火焚烧城楼，杨知温拒不出战，天子下诏任命高骈替代杨知温为节度使。高骈率领一万五千名蜀兵携带干粮，约定三十天就到达荆南，而到达的时候荆南城已被贼寇攻陷，杨知温逃走，但贼寇也没有守住荆南城。天子下诏任命左武卫将军刘秉仁为江州刺史，刘秉仁带兵乘一艘大船进入贼寇的营寨，贼寇十分惊慌，全都出迎并向刘秉仁投降，于是柳彦璋被处斩。

黄巢进攻和州，没有攻下。王仙芝自己围攻洪州，拿下了它，派徐唐莒守卫。又进兵攻陷朗州、岳州，包围潭州，潭州观察使崔瑾抵御并击退王仙芝，于是王仙芝率部众奔向浙西，骚扰宣州、润州，但没能得到想要的东西，于是王仙之留在江西，催促手下另一支部队返回河南。

皇帝命令崔安潜回到忠武镇，又再次起用宋威、曾元裕，仍让二人担任招讨使与招讨副使，派杨复光任监军。杨复光派他的部属吴彦宏用皇帝的名义告谕贼寇，王仙芝于是派蔡温球、楚彦威、尚君长前来投降，准备到朝廷请罪，又给宋威写信要求自己当节度使。宋威假装答应他，但上报朝廷说"同尚君长作战，抓到了他"。杨复光却坚持说尚君长等人是自己前来投降的。天子命侍御史与宦官即刻乘驿车前去审问此事，但竟然弄不清楚谁对谁错。最后在狗脊岭将尚君长等人斩首。王仙芝大怒，再次进攻洪州，进入洪州外城。宋威亲自带兵援救洪州，在黄梅击败王仙芝，杀死五万贼寇，俘获王仙芝，砍下他的首级传送到长安。

在此时，黄巢正在包围亳州还没有攻下，尚君长的弟弟尚让率领王仙芝的残余部队投奔黄巢，推举黄巢为王，号称“冲天大将军”，设置并任命属官，驱使河南、山东的十多万百姓侵掠淮南，设立王霸的年号。

曾元裕在申州击败贼寇，杀死一万人。皇帝认为宋威错杀尚君长，而且讨伐贼寇无功，命令他回到青州，任用曾元裕为招讨使，张自勉为招讨副使。黄巢攻陷考城，夺取濮州，曾元裕驻扎在荆州、襄州，派兵救援的道路遥远、有阻隔，因此朝廷另外任命张自勉为东北面行营招讨使，督促各路军队迅速追捕黄巢。黄巢正夺取襄邑、雍丘，皇帝命滑州节度使李峄扎营在原武。黄巢进犯叶县、阳翟，想企图夺取东都。恰巧左神武大将军刘景仁领五千士兵救援东都，河阳节度使郑延休的三千军队驻扎在河阴。黄巢派往江西的军队，被镇海节度使高骈击破；进犯新郑、郏城、襄城、阳翟的部队，被崔安潜赶跑；在浙西的军队，被浙西节度使裴璩杀掉两个头领，死伤众多。黄巢非常沮丧、惶恐，于是向唐天平的军队请求投降，朝廷授予黄巢右卫将军的官号。黄巢考虑到唐朝的藩镇不齐心，不足以制服自己，于是又叛离朝廷，转而进犯浙东，捉住浙东观察使崔璆，于是高骈派将领张潾、梁缵进攻贼寇，打败了他们。黄巢收聚部众越过江西，攻陷了虔、吉、饶、信等州，于是凿山开路七百里，直向建州进军。

起初，黄巢军中有谚语说：“遇儒生便杀，军队必定覆灭。”黄巢进入闽地后，俘获的百姓骗他说是儒生，就都被释放了，当时是乾符六年三月。黄巢走捷径围攻福州，福州观察使韦岫迎战失败，弃城逃走，贼寇进入福州，焚烧百姓住宅，杀人犹如割草。经过崇文馆校书郎黄璞的家，黄巢下令说：“这是儒者，熄灭火炬不许焚烧。”又寻找到处士周朴，黄巢对他说：“你肯追随我吗？”周朴回答说：“我尚且不做天子的官，怎么可能追随贼寇？”黄巢发怒，杀掉了周朴。当时闽地各州全部沦陷，天子下诏任命高骈为诸道行营都统来抵御贼寇。

黄巢攻陷桂管，进犯广州，给节度使李迢写信，让他上表给朝廷允许自己担任天平节度使，又胁迫浙东观察使崔璆将此事向朝廷报告，宰相郑畋打算同意，卢携、田令孜却坚决反对。黄巢又请求担任安南都护、广州节度使，他的上书呈给天子后，尚书右仆射于琮计议道：“南海的对外通商获利颇多，贼寇得到这样丰厚的利益会更富，而整个国家的财富将越来越少。”于是任命黄巢为率府率。黄巢见到任命他为率府率的诏令后破口大骂，马上开始进攻广州，抓住李迢，自称为“义军都统”，上公开的表章，宣告自己将进入潼关，在表中诋毁朝廷由宦官执掌朝政，污染、败坏国家法度，指责朝臣与宦官彼此间赠送财物相互勾结，又说铨选、贡举的制度埋没人才，必须禁止刺史经营资产，县令犯贪污罪应诛杀全家，这些都是当时社会的最大弊端。

天子既然已经责罚宋威的失策，免去他的招讨使职务，宰相王铎就自己请求率军出征，天子任命王铎为荆南节度使、南面行营招讨都统，带领各道军队进军讨伐贼寇。王铎驻守江陵，上表推荐泰宁节度使李系担任招讨副使、湖南观察使，充任先锋驻守潭州，江陵、潭州间用烽火、驿站相互联络消息。恰巧贼寇的部队中发生大瘟疫，十分之四的士兵染病死亡，黄巢于是就自岭南领兵北返。在桂州编制大木筏，沿湘江顺流而下攻陷衡州、永州，又攻陷了潭州，李系逃往朗州，十多万官军被消灭，扔进江中的死尸甚至遮蔽了江面。贼寇进逼江陵，号称五十万大军。王铎军队少，就登城防守。在这以前，刘汉宏已在江陵夺取土地，焚烧房屋，百姓都逃窜到山谷中。没多久李系失败的消息传来，王铎就弃城逃往襄阳，官军趁乱肆意抢掠，恰逢下大雪，许多百姓被冻死在山沟里。

乾符六年十月，黄巢占据荆南，胁迫李迢草拟表章上奏天子，李迢说：“我的手腕你可以砍断，但表章不能写。”黄巢非常生气，杀死了李迢。黄巢想进兵继续追击王铎，恰巧江西招讨使曹全晸与山南东道节度使刘巨容驻扎于荆门，让沙陀兵将五百匹配有华丽辔头和坐垫的马往贼阵里放然后逃走，贼寇以为官军胆怯。第二天，贼军将领们骑上这些马作战，这些马能听懂沙陀语，沙陀兵喊它们，就都跑回到官军这边，贼寇没办法阻止。官军先在树林里布下伏兵，与贼寇作战时就假装战败逃跑，贼寇立即追击，伏兵突然出现，大败贼寇，捉住十二名贼将。黄巢害怕，渡过长江往东逃跑，官军逼近黄巢的部队，俘虏了十分之八的士兵。王铎招抚刘汉宏，刘汉宏投降了王铎。有人劝说刘巨容继续追击贼寇，刘巨容回答说：“国家总是辜负人，在有危难时就毫不吝惜赏赐，但变故平定后将领却往往获罪，我们不如暂且留下贼寇来期望日后的幸福。”停下来不再追击，所以黄巢能够再次整顿队伍，进攻鄂州，进入鄂州城。曹全晸正要渡江追击，恰巧天子下诏令段彦谟替代他担任招讨使，于是他也停止了进兵。

黄巢害怕官军袭击，转而侵掠江西，再次进入饶州、信州、杭州，部众达到二十万人。黄巢进攻临安，临安守将董昌因为士兵数量少，不敢与黄巢正面交战，在丛生的草木中埋伏数十名骑兵，贼寇来到时，暗藏的弩弓放箭射死贼将，贼将手下的人都逃走了。黄巢进驻到八百里这个地方，旅馆的一个老妇见到他们说道："有追兵来到这里了，告诉他们临安的军队已屯驻八百里了。"贼寇听了老妇的话后吃惊地说道："过去几名骑兵尚且能让我们受挫，更何况军队屯驻在八百里呢！"于是撤退回去，残害宣、歙等十五州。

僖宗广明元年，淮南高骈派将领张潾渡过长江打败王重霸，迫使他投降。黄巢多次败退，于是据守在饶州，士兵大多染上瘟疫。贼寇的另一支部队首领常宏率领数万人投降唐朝，投降的人被杀戮。唐朝各军多次上报击败贼寇的情况，都不符合事实，但朝廷却相信他们的话，又让他们自己稍微觉得心安。黄巢如愿以偿，趁机击败并杀死张潾，攻陷睦、婺二州，又夺取宣州，而刘汉宏的残部又兴起，他们进犯宋州，侵掠申州、光州，率军与黄巢会合，一起在采石渡江，侵犯扬州。高骈按兵不出。天子下诏命令兖海节度使齐克让驻守汝州，任命曹全晸为天平节度使兼东面副都统。贼寇正守卫滁州、和州，曹全晸率天平镇兵在淮河边与贼寇交战，被击败。宰相豆卢瑑计议道："救兵还没到来，请给黄巢天平节度使的官职，从而阻止他西进，然后派精兵守卫宣武，堵住通往汝州、郑州的道路，贼寇的首级就能得到了。"卢携坚决反对，请求道："调集各道的军队驻扎在泗水之上，让宣武节度使统领这些军队，那么黄巢就将会回去劫掠东南地区，在会稽山、浙江徘徊，这也只是挽救自己的死亡而已。"天子赞同他的意见。在这以前天子已命令全国的军队驻守溵水，来制止贼寇北行。于是徐州的三千士兵路过许州，许州的统帅薛能指挥徐州的士兵住进城里，许州人吃惊地以为受到袭击，薛能的部将周岌从溵水回到许州，杀死薛能，自称为节度使留后。徐州的军队见许州发生内乱，部将时溥也领兵回徐州，囚禁徐州的统帅支详。兖海节度使齐克让惧怕部下反叛，也领兵回兖州，溵水的驻军于是全部散去。

黄巢听到消息后，带领全部人马渡过淮河，自己妄称为"率土大将军"，整顿部队不允许抢劫，所经之地只选择少壮的男子来扩充军队。李罕之进犯申、光、颍、宋、徐、兖等州，官吏都相继逃亡。黄巢率领部队进攻汝州，想要进逼东都。这时候，天子因为年幼，吓得直流眼泪，宰相们一起建议，调集全部神策军和关内各节度使的兵马共十五万来守卫潼关。田令孜请求让自已统领军队奔赴潼关，但内心惊恐慌乱，上前劝说皇帝到蜀地避难。皇帝亲自到神策军中，提拔左军骑将张承范为先锋，右军步将王师会负责督察运粮草的通道，命令飞龙使杨复恭去辅助田令孜。田令孜于是在京师召募兵士，得到数千人。

这时候，黄巢已经攻陷东都，唐东都留守刘允章率百官迎接贼寇，黄巢进入东都，慰问官吏百姓，街市里巷平安。皇帝在章信门为田令孜饯行，赐给他赏赐也很丰厚。但禁卫军都是长安的富家子弟，世代有左右神策军籍，得到朝廷的丰厚赏赐，便身着奢华的服饰纵马疾驰，来向权贵豪门夸耀，根本不懂得作战，等到得知被征入出征的队伍，都在家中痛哭，他们私下出钱雇用市场上小贩以及病坊里的贫民，来代替他们凑足军队的人数，这些人有的甚至拿不住兵器，看到的人都感到很吃惊，全身寒毛竖起。张承范率三千强弩手防守潼关，辞别天子说："安禄山率领五万军队攻陷东都，现在贼寇的部队有六十万，大大超过安禄山的军队，潼关恐怕会守卫不住。"皇帝不同意他的话。贼寇进兵夺取陕州、虢州，发檄文给潼关守军说："我路过淮南，追赶高骈，他就像老鼠逃入地洞一样慌乱，你们不要抵抗我！"神策军经过华州，只带了三天的粮食，士兵们由于吃不饱饭，根本没有斗志。

十二月，黄巢率军进攻潼关，齐克让带领他的军队在关外与之交战，贼寇略微后退。不久黄巢到关下，贼寇全军大声呼喊，川谷都为之震动。当时齐克让的士兵都很饿，暗地里在齐克让的营地放火后逃散，齐克让只好逃入关内。张承范拿出金子告谕军中的士兵说："各位努力报效国家，我们的救兵即将到达。"士兵们没有不感动流泪的，于是阻击贼寇。贼寇见官军没有后援，就急速攻关，官军的箭已经全部用尽，于是就扔石块打击贼寇，黄巢驱赶百姓进入关外的壕沟，命令他们挖土填平壕沟，又放火将关楼全部烧光。起初，潼关左边有一条大谷，禁止行人往来，被称为"禁谷"。贼寇到来后，田令孜驻守潼关，却忘记从禁谷也能进入到关内。尚让领兵奔往禁谷，张承范感到非常惊慌，急忙派王师会带领八百名强弩手到禁谷去阻截贼寇，王师会抵达禁谷时，贼寇已经进入禁谷。第二天，贼寇前后夹攻潼关，官军溃败。王师会想要自杀，张承范说："我们两人死了，谁来承担辨别是非的事情？不如见了天子告诉他实情，再死也不迟。"于是换上穷人的衣服逃跑。起初，博野、凤翔镇的军队经过渭桥，见从京师召募来的新军衣服既漂亮又暖和，愤怒地道：“这些人有什么功劳，一下子就到了这样！”因此都反过来给贼寇当向导，走在贼寇前面返回长安，焚毁了长安的西市。皇帝在郊外祭天祈求上天怜悯。恰巧张承范来到长安，向天子一一陈述了潼关失守的情况，天子罢免卢携的宰相职务。群臣当时正在上朝，传言说贼寇已经到来，官吏们争相逃跑，田令孜率领神策军五百士兵护卫皇帝奔赴咸阳，只有福王、穆王、潭王、寿王和妃嫔一二人跟随，宦官西门匡范统率右军殿后。

黄巢任命尚让为平唐大将军，盖洪、费全古辅助他。贼寇的部众都散发穿锦衣，装载物资的车辆从东都到达长安，绵延千里不断绝，唐金吾大将军张直方和群臣在灞上迎接贼寇，黄巢乘坐用黄金做装饰的车子，卫士都身着绣袍、华丽的头巾，他的党羽乘坐用铜做装饰的车子跟随在后面，有数十万骑兵在黄巢的前后护卫。黄巢攻陷京师后，经由春明门进入长安，登上太极殿，有数千名宫女跪迎黄巢，尊称他为黄王。黄巢高兴地说：“这大概是天意吧！”黄巢住在田令孜的宅第里。贼寇见到穷苦的百姓，就扔钱和丝织物给他们。尚让立即妄自告诉百姓说：“黄王不像唐家那样不爱惜你们，大家各自安居，不要害怕。”但刚过几天，贼寇便大肆劫掠，捆绑、鞭打居民索要财物，号称“淘物”。富家都光着脚被赶出家门，贼寇头目察看头等宅第居住，竞相掠夺百姓的妻女与她们淫乱，而被抓到的官吏全部被处斩，焚烧的大量房屋，损失的财富无法用钱计算，留在长安的李唐宗室侯王都被屠戮，没有一个人幸存。

黄巢在太清宫斋戒，选择吉日入居含元殿，越分即皇帝位，国号大齐。黄巢即位时没找到皇帝的礼服礼帽，就在黑色的丝织物上绘出各种图案制成皇帝的礼服；没有钟磬等乐器伴奏，用敲击数百面大鼓来代替，又陈列长剑大刀作为仪仗。发布天下大赦令，立年号为金统。投降的唐官凡三品以上都被停职，四品以下则留任原职。于是黄巢自述得天命的符瑞，拿唐僖宗的年号“广明”两个字分析判断说：“唐字去掉丑和口而加黄字为广，表明黄应当替代唐，又黄就是土，金生于土，这大概是上天的启示吧”等等。黄巢的同伙进上黄巢的尊号为承天应运启圣睿文宣武皇帝。黄巢立自己的妻子曹氏为皇后，任命尚让、赵璋、崔璆、杨希古为宰相，任命郑汉璋为御史中丞，李俦、黄谔、尚儒为尚书，方特为谏议大夫，皮日休、沈云翔、裴渥为翰林学士，孟楷、盖洪为尚书左右仆射兼军容使，费传古为枢密使，张直方为检校左仆射，马祥为右散骑常侍，王播为京兆尹，许建、米实、刘瑭、朱温、张全、彭攒、李逵等人为诸卫将军、游奕使，其余的人也按照等级封官。又选取五百名勇健魁梧的人，称为“功臣”，派林言当他们的长官，犹如武则天时的控鹤府。黄巢下令军队中，禁止乱杀人，兵器都要交给官府。但黄巢的部下原来都是盗贼，都不从命。黄巢招引唐朝的官吏，却没有人前来，于是在长安的街市里巷进行大规模大搜索，豆卢瑑、崔沆等人藏于永宁里张直方家。张直方一向是个豪杰，所以士人中有很多都依附于他。有人向贼寇告发张直方收留逃亡的人，黄巢进攻张直方的住宅，杀死他的全部家人，豆卢瑑、崔沆及唐朝大臣刘邺、裴谂、赵濛、李溥、李汤等一百多人被杀害。唐将作监郑綦、郎官郑系全家自缢而死。

这时候，唐僖宗停留在兴元，下诏催促各道军队收复京师，接着又到达成都。黄巢派朱温进攻邓州，并且打下了它，依靠这里来骚扰荆州、襄州。又派林言、尚让侵犯凤翔，被郑畋的将领宋文通击败，没有办法继续前进。郑畋于是传送文书征召全国的军队，命令泾原节度使程宗楚担任诸军行营副都统，原朔方节度使唐弘夫担任行营司马。他们多次进攻贼寇，杀死一万个敌人。邠宁将领朱玫假装为贼将王玫搜罗兵士，没多久就杀掉王玫，带领部队加入官军。唐弘夫进驻在渭北，河中王重荣扎营在沙苑，易定王处存留驻守渭桥，鄜延李孝昌、夏州拓拔思恭驻守武功。唐弘夫攻下咸阳后，在渭水编制木筏，击败尚让的军队，趁胜进入长安。黄巢暗中出城，逃到石井。程宗楚自延秋门进入长安，唐弘夫接近京城的房屋，长安人一起喊叫：“官军到了！”王处存挑选五千精锐士兵用白巾束发作标志，在晚上进入长安杀贼，长安人传说黄巢已经逃走，邠宁、泾原的军队争相进入长安，官军各部队都脱下铠甲休息，竞相劫掠财物、女子，长安坊市内少年也用白巾束发假冒官军，肆意抢劫。

黄巢潜伏在野外，派人侦察到长安城中正在放松戒备，就派孟楷率领数百贼寇突袭邠宁、泾原的军队，长安人仍然以为是官军，就高兴地迎接他们。当时官军士兵抢到的贵重财物，多得承载不了，听见贼寇到来，身上背的东西太重而无法逃跑，因此大败。贼寇捉住弘夫并杀害了他，王处存逃回营中。起初，王播攻陷奉天，带领数千部下跟随唐弘夫，等到诸位将领战败，唯独王播一军作战特别尽心尽力。黄巢又进入长安，对百姓迎接官军感到很生气，放纵部下杀死了八万百姓，路上血流成河，称为“洗城”。各军队退守武功，这时是唐僖宗中和二年二月。

这一年五月，昭义镇高浔攻打华州，王重荣与他合力进击，打下华州。朱玫率领泾州、岐州、鄜州、夏州的八万军队屯驻在兴平，黄巢也派王播屯驻在黑水，朱玫与王播作战没有取胜。郑畋的将领窦玫每夜带领士兵放火焚烧长安城门，杀死巡逻的敌兵，贼寇十分震惊。这时候京城附近的百姓，都在山谷中立寨栅自保，没有办法种地，每斗米三十千钱，百姓把树皮捣碎当饭吃，有人捕捉山寨的居民卖给贼寇当食粮，一人可以卖几十万钱。士人有的以卖饼为业，都奔赴河中。

李孝昌、拓拔思恭移驻到东渭桥，夺取了渭水北边的营垒。几个月后，贼帅朱温、尚让领兵越过渭水击败了李孝昌等人的军队。高浔率军袭击贼寇李详，没有取胜，贼寇又夺取华州，黄巢当即任命李详担任华州刺史，任命朱温为同州刺史。贼寇又袭击李孝昌，李孝昌、拓拔思恭两支军队撤退。贼寇击败陈敬瑄的军队，败兵逃往终南山。齐克俭屯驻兴平，被贼寇包围，克俭决开堤岸引河水淹贼寇，贼寇没能攻下兴平。有人在尚书省门上题诗讥讽贼寇即将灭亡，尚让十分生气，杀害官吏，都挖去眼珠倒吊而死，共杀数千名郎官以及看门士兵，各部门官吏都逃走，没有留在衙门办公的。

唐天子又任命王铎为诸道行营都统，崔安潜为副都统，周岌、王重荣为左右司马，诸葛爽、康实为左右先锋，平师儒为后军统领，时溥负责督察漕运军资，王处存、李孝章、拓拔思恭为京畿都统，王处存担任东面都统，李孝章担任北面都统，拓拔思恭担任西面都统。西门思恭为王铎的行营都监，杨复光为行营监军，中书舍人卢胤征为克复制置副使。于是王铎率领山南、剑南的军队屯驻在灵感祠，朱玫率领岐州、夏州的军队屯驻在兴平，王重荣、王处存屯驻在渭北，杨复光率领寿州、沧州、荆南的军队与周岌一起屯驻在武功，李孝章与拓拔思恭一起屯驻在渭桥，程宗楚屯驻在京西。

朱温领三千兵侵掠丹州、延州南部的边境，趋赴同州，同州刺史米逢出逃，朱温据守同州。同年六月，尚让进犯河中，派朱温攻打河中西门，击败诸葛爽，又在黄河边击败王重荣的数千骑兵，诸葛爽闭门不出，尚让于是拿下黎阳，又进攻宜君的营寨，恰巧天下大雪，积雪有一尺厚，冻死了十分之三贼兵。

七月，贼寇进攻凤翔，并在涝水击败凤翔节度使李昌言，又派强武进攻武功、槐里，泾原、邠宁的军队撤退，只有凤翔的军队坚守营垒。拓拔思恭带领一万八千名精锐士兵去救凤翔的危难，但逗留不前进。河中镇的三十艘粮船路过夏阳，朱温派兵夺取粮船，王重荣率三万士兵前来解救粮船，朱温非常害怕，凿沉粮船，官军就包围朱温，朱温多次被困，又估量黄巢势力缩减，将要失败，而孟楷正独揽国家大权，朱温请求给他增派军队，孟楷却进行阻止，不报告给黄巢，于是便杀死贼寇大将马恭，投降了王重荣。唐僖宗晋升拓拔思恭为京城四面都统，命令朱玫驻扎在马嵬。朱温投降后，王重荣厚待他，所以李详也表露出归顺之意，贼寇发觉，在赤水杀死他，另外任命黄思邺为华州刺史。

十月，王铎在兴平疏通壕沟，左方到达马嵬，派将领薛韬督察工程，由马嵬、武功进入斜谷，与盩厔（周至）相通，其间并列十四处军营，派将领梁璩主持这项工程。在沮水、七盘、三溪、木皮岭设关，以遏制秦陇之地。京东行营都统东方逵擒获贼寇猛将李公迪，攻破三十个城堡。华州士兵驱逐黄思邺，黄巢任命王遇为华州刺史，王遇投降了河中镇。

第二年正月，王铎派雁门节度使李克用在渭南击败贼寇，王铎奉诏任命李克用为东北面行营都统。恰巧王铎与崔安潜都被免去了行营都统和副都统的职务，李克用就独自领兵经过岚州、石州出夏阳，屯驻在沙苑，击败了黄揆的军队，接着进驻在乾坑。二月，李克用联合河中、易定、忠武等镇的军队攻打黄巢。黄巢命令王璠、林言的军队在左方，赵璋、尚让的军队在右方，一共十万人，与官军在梁田陂发生大战。贼寇战败，数万人被俘，死尸布满三十里地，后来尸体被收集到一块，封土筑成京观。王璠与黄揆占领华州，王遇逃走。李克用在华州四周挖掘壕沟，分别派骑兵屯驻在渭北，命令薛志勤、康君立夜袭长安，放火烧毁仓库，俘获贼寇后返回。

黄巢作战多次失利，军粮全部用尽，部下不服从他的命令，暗中有逃跑的计划，立即调三万兵控制蓝田的通道，派尚让去援救华州。李克用率领王重荣领兵在零口迎战尚让，击败他，于是就攻下华州，黄揆带领部下逃走。泾原节度使张钧劝说吐蕃、吐谷浑参与签订盟约，共同讨贼。这时候，各镇的军队从四面八方涌到关中。四月，李克用派部将杨守宗率领河中将领白志迁、忠武将领庞从等人冲在最前面，在渭桥攻击贼寇，三战三捷。于是各节度使的军队都精神振奋，不敢落后，争相从光泰门进入长安。李克用亲自参加决战，喊声震天，贼寇崩溃，官军追赶败逃的敌人，到达望春宫，进入升阳殿门。黄巢连夜逃走，仍有十五万部众，声称要趋赴徐州，实际上却出了蓝田，进入商山，贼寇将各种财宝物资都扔在路上，官军们争相夺取，都不再继续追击，所以贼寇才得以整顿军队从容离去。

自从安禄山攻陷长安，宫阙仍保持完整雄伟；吐蕃所焚毁的，只是大街小巷的房舍；安史之乱平定后的一百余年，宫阙经过修缮已像开元时那样神奇壮丽。到黄巢失败时，方镇军队相继进入长安抢掠，放火烧毁大明宫，只有含元殿保存下来；没被焚烧的只有太极宫、兴庆宫和光启宫。杨复光向天子报捷，天子下诏命陈许、延州、凤翔、博野镇的军队加上东西神策军共有两万人驻守京师，命令大明宫留守王徽守卫各门，安抚京师的百姓。命令尚书右仆射裴璩修复宫殿，购置御辇、仪仗、典章、秘籍。参与击败黄巢的人还有：神策军将领横冲军使杨守亮、蹑云都将领高周彝、忠顺都将领胡真、天德镇将领顾彦朗等七十人。

黄巢东行后，派遣孟楷进攻蔡州，蔡州节度使秦宗权领兵迎战，被贼寇打得大败，就向贼寇称臣，与贼寇联合、讲和。孟楷攻打陈州，最终失败被杀，黄巢亲自包围陈州，劫掠邓州、许州、孟州、洛州，向东进入到徐、兖等数十州。这时百姓极为饥饿，身子靠着墙壁堑壕而死，贼寇用这些死人当食粮，每天死者有数千人，贼寇于是准备数百个大石碓，把死人放在石碓中捣碎，连骨头带皮肉一起吃。当时朱全忠（朱温）担任宣武节度使，与周岌、时溥一起领兵援救陈州，陈州刺史赵犨也向太原请求派援兵。黄巢派秦宗权攻打许州，没有攻下。这时粮食已经用尽，树皮草根全部被吃光了。

中和四年二月，李克用率领山西的军队从陕州渡过黄河东行，与关东各镇的军队会合驻扎在汝州。朱全忠在瓦子堡进攻贼寇，杀死贼寇一万多人，各路军联合在太康击败尚让，也杀死一万多人，缴获贼寇数以万计的兵器、铠甲、马、羊，又在西华击败黄邺，黄邺连夜逃走。黄巢非常恐惧，又过三天，贼寇军中惊恐，士兵抛弃营帐逃跑，黄巢于是就退兵驻守陈州城北的故阳里。这年五月，暴雨雷电交加，河水暴涨，贼寇的营垒全被水冲坏，徒众溃散，黄巢于是解除对陈州的包围撤兵离去。朱全忠进驻尉氏。李克用追击黄巢，朱全忠领兵回到汴州。

黄巢夺取尉氏，进攻中牟，有一天黄巢的军队正在渡河，刚渡过一半，李克用就趁机进攻，贼寇士兵许多都被水淹死。黄巢带领残余部队逃往封丘，李克用追赶并击败黄巢，然后回师驻守郑州。黄巢越过汴河向北去，晚上又下大雨，贼寇惊散，李克用得到消息，迅速到汴河边攻打黄巢。黄巢渡过汴河进攻汴州，朱全忠守卫汴州时，李克用领兵援救他，杀死贼寇的骁将李周、杨景彪等人。黄巢连夜逃往胙城，进入冤句。李克用率领全部军队紧追不舍，贼将李谠、杨能、霍存、葛从周、张归霸、张归厚前往汴州投降朱全忠，而尚让率领一万人归顺时溥。黄巢更加猜疑和愤怒，多次杀死大将，带领部下奔向兖州。李克用追击黄巢到曹州，黄巢兄弟抵抗，但没有打胜，逃往兖州、郓州之间，李克用得到贼寇一万余男女、牛马以及皇帝用的器物衣服等，并捉住黄巢的爱子。李克用的军队日夜驰驱，粮食用尽还未能抓到黄巢，于是回师。黄巢部下只剩一千人，逃入太山据守。

六月，时溥派将领陈景瑜与尚让在狼虎谷追击黄巢，黄巢无计可施，对林言说："我想讨伐国家的奸臣，清除朝廷的污垢，但事成不引退，这也是错。你拿我的首级献给天子，可获取富贵，不要让他人得利。"林言是黄巢的外甥，不忍心杀死黄巢。黄巢于是自刎，还没有死，林言便杀了他，又杀死黄巢的哥哥黄存，弟弟黄邺、黄揆、黄钦、黄秉、黄万通、黄思厚，连他们的妻子儿女也一起杀死，把首级全部装进匣里，准备进献到时溥那里。而太原博野军又杀了林言，将他的首级与黄巢等人的首级一起献给时溥，时溥又将这些首级献给住在成都的天子，天子下诏将这些首级献到太庙。徐州的小吏李师悦得到黄巢伪皇帝的印信，献给天子，因功被任命为湖州刺史。

黄巢的侄儿黄浩有七千徒众，在江湖间当盗贼，自称"浪荡军"。唐昭宗天复初年，黄浩想占据湖南，攻陷浏阳，杀死、劫掠很多人。湘阴豪强邓进思率领壮士在山中埋伏，杀死了黄浩。

旧五代史

明五外史

旧五代史卷十三·梁书三

刘知俊传

刘知俊，字希贤，徐州沛县人也。姿貌雄杰，倜傥有大志。始事徐帅时溥，为列校，溥甚器之，后以勇略见忌。唐大顺二年冬，率所部二千人来降，即署为军校。知俊被甲上马，轮剑入敌，勇冠诸将。太祖命左右义胜两军隶之，寻用为左开道指挥使，故当时人谓之“刘开道”。后讨秦宗权及攻徐州皆有功，寻补徐州马步军都指挥使。攻海州下之，遂奏授刺史。天复初，历典怀、郑二州，从平青州，以功奏授同州节度使。天祐三年冬，以兵五千破岐军六万于美原。自是连克鄜、延等五州，乃加检校太傅、平章事。开平二年春三月，命为潞州行营招讨使。知俊未至潞，夹寨已陷，晋人引军方攻泽州，闻知俊至，乃退。寻改西路招讨使。六月，大破岐军于幕谷，俘斩千计，李茂贞仅以身免。三年五月，加检校太尉、兼侍中，封大彭郡王。

时知俊威望益隆，太祖雄猜日甚，会佑国军节度使王重师无罪见诛，知俊居不自安，乃据同州叛，送款于李茂贞。又分兵以袭雍、华，雍州节度使刘捍被擒，送凤翔害之，华州蔡敬思被伤获免。太祖闻知俊叛，遣近臣谕之曰：“朕待卿甚厚，何相负耶？”知俊报曰：“臣非背德，但畏死耳！王重师不负陛下，而致族灭。”太祖复遣使谓知俊曰：“朕不料卿为此。昨重师得罪，盖刘捍言阴结邠、凤，终不为国家用。我今虽知枉滥，悔不可追，致卿如斯，我心恨恨，盖刘捍误予事也，捍一死固未塞责。”知俊不报，遂分兵以守潼关。太祖命刘鄩率兵进讨，攻潼关，下之。时知俊弟知浣为亲卫指挥使，闻知俊叛，自洛奔至潼关，为鄩所擒，害之。寻而王师继至，知俊乃举族奔于凤翔，李茂贞厚待之，伪加检校太尉、兼中书令，以土疆不广，无藩镇以处之，但厚给俸禄而已。寻命率兵攻围灵武，且图牧圉之地。灵武节度使韩逊遣使来告急，太祖令康怀英率师救之，师次邠州长城岭，为知俊邀击，怀英败归。茂贞悦，署为泾州节度使。复命率众攻兴元，进围西县，会蜀军救至，乃退。

既而为茂贞左右石简颙等间之，免其军政，寓于岐下，掩关历年。

茂贞犹子继崇镇秦州，因来宁觐，言知俊途穷至此，不宜以谗嫉见疑，茂贞乃诛简颙等以安其心。继崇又请令知俊挈家居秦州，以就丰给，茂贞从之。未几，邠州乱，茂贞命知俊讨之。时邠州都校李保衡纳款于朝廷，末帝遣霍彦威率众先入于邠，知俊遂围其城，半载不能下。会李继崇以秦州降于蜀，知俊妻孥皆迁于成都，遂解邠州之围而归岐阳。以举家入蜀，终虑猜忌，因与亲信百余人夜斩关奔蜀。

王建待之甚至，即授伪武信军节度使。寻命将兵伐岐，不克，班师，因围陇州，获其帅桑弘志以归。久之，复命为都统，再领军伐岐。时部将皆王建旧人，多违节度，不成功而还，蜀人因而毁之。先是，王建虽加宠待，然亦忌之，尝谓近侍曰："吾渐衰耗，恒思身后。刘知俊非尔辈能驾驭，不如早为之所。"又嫉其名者于里巷间作谣言云："黑牛出圈棕绳断。"知俊色黔而丑生，棕绳者，王氏子孙皆以"宗"、"承"为名，故以此构之。伪蜀天汉元年冬十二月，建遣人捕知俊，斩于成都府之炭市。及王衍嗣伪位，以其子嗣禋尚伪峨眉长公主，拜驸马都尉。后唐同光末，随例迁于洛，卒。

知俊族子嗣彬，幼从知俊征行，累迁为军校。及知俊叛，以不预其谋，得不坐。贞明末，大军与晋王对垒于德胜，久之，嗣彬率数骑奔于晋，具言朝廷军机得失，又以家世仇怨，将以报之。晋王深信之，即厚给田宅，仍赐锦衣玉带，军中目为"刘二哥"。居一年，复来奔，当时晋人谓是刺客，以晋王恩泽之厚，故不窃发。龙德三年冬，从王彦章战于中都，军败，为晋人所擒。晋王见之，笑谓嗣彬曰："尔可还予玉带。"嗣彬惶恐请死，遂诛之。

【译文】

刘知俊，字希贤，徐州沛县人。身材魁梧，相貌不凡，风度潇洒，胸有大志。起初在徐州镇主帅时溥属下谋事，是列校之一，很受时溥器重，后因有勇有谋受到猜忌。唐大顺二年冬天，刘知俊率部属两千人来降，被后梁太祖任命为军校。知俊常披甲骑马，挥舞宝剑冲入敌阵，勇猛程度为诸将之最。太祖令将左右义胜两军归他指挥，不久又任命其为左开道指挥使，所以当时人又称他为"刘开道"。随从太祖讨伐秦宗权及进攻徐州，都立有战功，不久又补任为徐州马步军都指挥使。攻取海州后，随即又奏授他为刺史。天复初年，历任怀、郑二州刺史，随从太祖平定青州，因战功被奏授为同州节度使。天祐三年冬天，率军五千于美原击败六万岐军。此后接连攻克鄜、延等五州，于是加官为检校太傅、平章事。开平二年春季三月，又被任命为潞州行营招讨使。知俊还未到达潞州，夹寨就已经陷落，晋军正移军进攻泽州，听说知俊率军前来，就退了回去。不久又改任西路招讨使。六月，于幕谷大破岐军，俘获、斩首敌军数以千计，李茂贞只身逃脱。三年五月，又加官检校太尉、兼侍中，封为大彭郡王。

这时，知俊的威望越来越高，太祖的猜忌也逐渐加深，又碰上佑国军节度使王重师无罪被杀，知俊更加坐卧不安，就据同州称兵反叛，并向李茂贞表示愿意归附。同时还分兵袭击雍州、华州，雍州节度使刘捍被他擒获，送至凤翔后被杀，华州的蔡敬思受伤后才脱险。太祖听说知俊反叛，就派亲近的大臣前往说明利害，对他说："朕待你很优厚，为什么背叛呢？"知俊回答说："我并不愿意背叛您的恩德，只是害怕被害而已。王重师没有对不起陛下，却遭到族灭之祸。"太祖又派使者前往告诉知俊说："朕没有料到你是因为这件事。不久前重师被治罪，是因为刘捍说他暗中勾结邠宁镇、凤翔镇，最终不会为国家效力。我现在虽然知道冤枉了他，可是悔不可及，又导致了你如今这样，我心里很悔恨，是刘捍误了我的事，刘捍虽然死了也弥补不了他的罪责。"知俊不予作答，于是分出一部分兵力扼守潼关。太祖命令刘鄩率兵进讨，很快就攻克了潼关。当时知俊的弟弟知浣担任亲卫指挥使，听说知俊反叛，就从洛阳逃奔，在潼关被刘鄩擒获、杀害。不久后梁军队相继赶到，知俊就举族逃奔于凤翔，李茂贞对他厚礼相待，加授伪官检校太尉、兼中书令，因为辖区不大，没有给他藩镇的名号，只是给予优厚的俸禄而已。不久命他率兵围攻灵武，并进一步图谋夺取牧业区。灵武节度使韩逊派使者来朝廷告急，太祖命令康怀英率军前往救援，部队进至邠州长城岭，受到知俊的伏击，怀英失败而归。李茂贞很高兴，任知俊为泾州节度使，又命令他率军进攻兴元，进围西县，等到蜀兵救兵来到，才退了回来。

不久受到李茂贞的亲信石简颙的挑拨离间，被夺掉了军政大权，寓居于岐下，好多年闭门不出。李茂贞的侄子李继崇镇守秦州，在进见茂贞的时候说道：知俊是在无路可走的情况下来投奔的，不应该因谗言嫉妒而受到猜疑，茂贞于是杀掉简颙等人来安抚知俊。继崇又提议让知俊全家迁居秦州，靠近富裕的地区，茂贞答应了。时间不长，邠州发生变乱，茂贞命令知俊前往讨伐。当时邠州都校李保衡向朝廷投诚，末帝派霍彦威率军抢先进入了邠州城，知俊于是率军包围了邠州城，围城半年未能攻下。后逢李继崇在秦州投降前蜀，知俊的妻儿老小都随迁到了成都，于是他就放弃了对邠州的包围而回到岐阳，由于全家已经入蜀，到底还是担心遭猜忌，就借机与亲信百余人利用夜晚的时间夺关而逃，投奔了前蜀。

王建待他很周到，随即授予他伪武信军节度使一职。不久命他率军进攻岐州镇，没有攻克，班师途中又顺路围攻陇州，带着俘获的陇州主帅桑弘志返回了蜀境。过了很久，又任命他为都统，再次领兵讨伐岐州。这时的部将都是王建的旧部，很多人都不听指挥，结果无功而返，蜀人便借机诋毁排挤他。先前，王建对他虽是优礼相待，但也猜忌他，曾对亲随说："我慢慢衰老了，常常思考身后的安排。刘知俊不是你们等人所能驾驭的，不如尽早给他做出安排。"嫉妒他名声的人，在民间散布谣言说："黑牛出圈棕绳断。"知俊脸色黝黑，生于丑牛年；所谓"棕绳"，是指王氏的子孙都以"宗"、"承"起名，因这句话含有王氏将要灭绝的意思，就以此诬陷知俊。伪蜀政权天汉元年冬季十二月，王建派人逮捕知俊，在成都府的炭市将他斩首。以后等王衍继承伪皇帝位，就以知俊的儿子刘嗣禋娶伪峨眉长公主为妻，官拜驸马都尉。后唐同光末年，嗣禋依例迁居洛阳，死于该地。

知俊的族子刘嗣彬，年幼时即跟随知俊征战，逐渐升至军校。及知俊反叛，他因没有参与谋反，未受到株连。贞明末年，后梁大军与晋王对峙于德胜一带，过了一段时间，嗣彬便带领几名骑兵投奔了晋军，和盘托出朝廷的军事机密和处置得失，又因有家族世仇，发誓要报仇。晋王很相信他，随即赏给了很多田地和房子，还赐给他锦衣玉带，在军中被视为"刘二哥"。过了一年，又投奔了过来，当时晋军都说他是刺客，因为晋王待他恩德很厚，所以没有暗中下手。龙德三年冬天，跟随王彦章在中都作战，失败后被晋军俘获。晋王见到他，笑着对他说："你可以还给我玉带了。"嗣彬很恐慌，请求一死，于是被杀。

旧五代史卷十六·梁书六

葛从周传

葛从周，字通美，濮州鄄城人也。曾祖阮，祖遇贤，父简，累赠兵部尚书。从周少豁达，有智略，初入黄巢军，渐至军校。唐中和四年三月，太祖大破巢军于王满渡，从周与霍存、张归霸昆弟相率来降。七月，从太祖屯兵于西华，破蔡贼王夏寨。太祖临阵马踣，贼众来追甚急，从周扶太祖上马，与贼军格斗，伤面，矢中于肱，身被数枪，奋命以卫太祖。赖张延寿回马转斗，从周与太祖俱免。退军溵水，诸将并削职，唯擢从周、延寿为大校。其从入长葛、灵井，大败蔡贼，至斤沟、淝河，杀铁林三千人，获九寨虞候王涓。

太祖遣郭言募兵于陕州，有黄花子贼据于温谷，从周击破之。又破秦贤之众于荥阳，寻佐朱珍收兵于淄、青间。时兖州齐克让军于任城，从周败之，擒其将吕全真。淄人不受制，复与之战，获其骁将巩约。会青州以步骑万余人列三寨于金岭，以扼要害，从周与朱珍大歼其众，掳其将杨昭范五人而还。至大梁，不解甲，径至板桥击蔡贼，破卢瑭寨，瑭自溺而死。又于赤岗杀蔡军二万余人。从讨谢殷于亳州，擒之。回袭曹州，掳刺史丘弘礼以归。与兖、郓军遇于临濮之刘桥，杀数万人，朱瑄、朱瑾仅以身免，擒都将邹务卿已下五十人。从太祖至范县，复与朱瑄战，掳尹万荣等三人，遂平濮州。未几，与朱珍击蔡贼于陈、亳间，获都将石璠。

文德元年，魏博军乱，乐从训来告急，从太祖渡河，拔黎阳、李固、临河等镇，至内黄，破魏军万余众，获其将周儒等十人。李罕之引并人围张全义于河阳，从周与丁会、张存敬、牛存节率兵赴援，大破并军，杀蕃汉二万人，解河阳之围，以功表授检校工部尚书。从朱珍讨徐州，拔丰县，败时溥于吴康，得其辎重，加检校刑部尚书。佐庞师古讨孙儒于淮南，略地至庐、寿、滁等州，下天长、高邮，破邵伯堰。回军攻濠州，杀刺史魏勋，得饷船十艘。

大顺元年八月，并帅围潞州，太祖遣从周率敢死之士，夜衔枚犯围而入，会王师不利于马牢川，即弃上党而归。其年十二月，与丁会诸将讨魏州，连收十邑。明年正月，大破魏军于永定桥，魏军五败，斩首万余级。十月，佐丁会攻宿州，从周壅水灌其城，刺史张筠以郡降。从讨兖州，破朱瑾之军于马沟。景福二年二月，与诸将大破徐、兖之兵于石佛山。八月，与庞师古同攻兖州。

乾宁元年三月，军至新太县，朱瑾令都将张约、李胡椒率三千人来拒战，师古遣从周、张存敬掩袭，生擒张约、李胡椒等都将数十人。二年十月，围兖州，兖人不出，从周诈扬言并人、郓人来救，即引军趋高吴，夜半却潜归寨。朱瑾果出兵攻外壕，我军士突出，掩杀千余人，生擒都将孙汉筠。从周累立战功，自怀州刺史历曹、宿二州刺史，累迁检校左仆射。

三年五月，并帅以大军侵魏，遣其子落落率二千骑屯洹水，从周以马步二千人击之，杀戮殆尽，擒落落于阵，并帅号泣而去。遂自洹水与庞师古渡河击郓。四年正月，下之。从周乘胜伐兖，会朱瑾出师在徐境，其将康怀英以城降，以功授兖州留后、检校司空。复领兵万余人渡淮讨杨行密，至濠州，闻庞师古清口之败，遽班师。光化元年四月，率师经略山东，时并帅以大军屯邢、三名，从周至钜鹿与并军遇，大破之，并帅遁走。我军追袭至青山口，数日之内，邢、三名、磁三州连下，斩首二万级，获将吏一百五十人，即以从周兼领邢州留后。十月，复破并军五千骑于张公桥。晋将李嗣昭急攻邢州，阵于城门外，从周大破之，擒番将贲金铁、慕容腾百余人。

二年春，幽州刘仁恭率军十万寇魏州，屠贝郡。从周自邢台驰入魏州，燕军突上水关，攻馆陶门。从周与贺德伦率五百骑出战，谓门者曰："前有敌，不可返顾！"命阖其门。从周等极力死战，大败燕人，擒都将薛突厥、王郐郎等。翊日，破其八寨，追击至临清，刘仁恭走沧州，从周授宣义军行军司马。五月，并人讨李罕之于潞州，太祖以丁会代罕之。令从周驰入上党。七月，并人陷泽州，太祖召从周，令贺德伦守潞州，德伦等寻弃城而归。三年四月，领军讨沧州，先攻德州，下之。及进攻浮阳，幽州刘仁恭大举来援，时都监蒋玄晖谓诸将曰："吾王命我护军，志在攻取，今燕帅来赴，不可外战，当纵其入壁，聚食困廪，力屈粮尽，必可取也。"从周对曰："兵在机，机在上将，非督护所言也。"乃令张存敬、氏叔琮守其寨，从周逆战于乾宁军老鸦堤，大破燕军，斩首三万，获将佐马慎交已下百余人，夺马三千匹。八月，并人攻邢、三名，从太祖破之，从周追袭至青山口，斩首五千级，获其将王郜郎、杨师悦等，得马千匹，表授检校太保兼徐州两使留后，寻为兖州节度使。

天复元年三月，与氏叔琮讨太原，从周以兖、郓之众，自土门路入，与诸军会于晋阳城下，以粮运不给，班师。顷之，从周染疾，会青州将刘鄩陷兖州，太祖命讨之，遂力疾临戎。三年十一月，鄩举城降，以功授检校太傅。太祖以从周抱疾既久，命康怀英代之，授左金吾上将军，以风恙不任朝谒，改右卫上将军致仕，养疾偃师县亳邑乡之别墅。顷之，授太子太师，依前致仕。末帝即位，制授潞州节度使，令坐食其俸，加开府仪同三司、检校太师、兼侍中，封陈留郡王，累食邑至七千户，命近臣赍旌节就别墅以赐之。贞明初，卒于家。册赠太尉。

【译文】

葛从周，字通美，是濮州鄄城人。曾祖父是葛阮，祖父是葛遇贤，父亲是葛简，三人都先后被追赠为兵部尚书。葛从周少年时性情十分豁达，富有智谋。最初参加黄巢军队，逐渐升职为军校。唐中和四年三月，梁太祖在王满渡大败黄巢军队，葛从周与霍存、张归霸兄弟相继来投降。七月，葛从周跟随太祖在西华屯兵，击破在蔡州的贼军王夏寨。太祖亲临阵地的时候战马跌倒了，贼军众人趁机赶来，情势万分危急。葛从周扶着太祖上马，与贼军拼死格斗，脸上受伤，胳膊被箭射中，身上被刺了好几枪，但他仍奋不顾身护卫太祖。幸好张延寿调转马头赶来厮杀，从周和太祖才得以幸免于难。军队撤退到溵水附近，其他将领都被削职，太祖唯独擢升葛从周和张延寿担任大校。随后，他跟随太祖进军长葛、灵井一带，大败蔡州贼军，到斤沟、淝河时，杀死三千铁林人，活捉九寨都虞候王涓。

太祖派郭言去陕州招兵，有一股称为黄花子的土匪在温谷盘踞，葛从周打败了他们。又在荥阳击败秦贤的队伍。不久帮助朱珍在淄、青一带募集兵员。这时兖州的齐克让驻扎在任城，葛从周击败他，生擒其将领吕全真。淄州人不服管制，于是葛从周同他们重新开战，俘获他们的猛将巩约。正好青州人把一万多步兵、骑兵分成三寨在金岭列阵，用来扼守要害之处，葛从周与朱珍将其歼灭大半，俘虏杨昭范等五个将领，随后班师回朝。回到大梁，连盔甲都没有解开，就直接奔赴板桥攻击蔡州贼军，攻破卢瑭营寨，卢瑭本人投水而死。又在赤堈消灭二万多蔡军。跟从太祖在亳州讨伐谢殷，并且将其擒获。然后又迂回袭击曹州，抓住刺史丘弘礼后返回。途中与兖、郓军队遭遇于临濮的刘桥，歼灭数万人，朱瑄、朱瑾只身逃脱，活捉都将邹务卿以下五十人。又跟随太祖进军范县，再次与朱瑄交战，俘获尹万荣等三人，于是平定濮州。没过多久，与朱珍一起出兵进击在陈州、亳州之间的蔡州贼军，俘获敌军都将石璠。

文德元年，魏博镇军队发生兵变，乐从训前来告急请求援助，葛从周跟随太祖渡过黄河，接连攻克黎阳、李固、临河等镇，进至内黄，击败魏博军一万多人，俘获其将领周儒等十人。李罕之带领并州军把张全义围困在河阳，葛从周与丁会、张存敬、牛存节率领部队赶去增援，大败并州军，杀死二万蕃汉兵，解了河阳之围。由于这次战功，葛从周被授官为检校工部尚书。后又跟随朱珍一起讨伐徐州，攻克丰县，在吴康大败时溥，缴获他的辎重之物，又被加官为检校刑部尚书。帮助庞师古在淮南讨伐孙儒，攻入庐州、寿州、滁州等地，又攻克天长、高邮，毁坏邵伯堰。回师攻打濠州，击毙刺史魏勋，并缴获十艘饷船。

大顺元年八月，并州军主帅发兵围攻潞州，梁太祖派葛从周率领敢死队员深夜掩旗息鼓突破敌人的包围圈进入潞州。这时正赶上梁军在马牢川失利，葛从周随即放弃上党回师。这年的十二月，与丁会等将讨伐魏州，连续收复十座城邑。第二年正月，在永定桥大败魏军，魏军五战五败，被斩首一万余人。十月，葛从周协助丁会攻打宿州，从周蓄水灌城，迫使刺史张筠下令全州投降。又随从征讨兖州，在马沟击败朱瑾的部队。景福二年的二月，与其他将领一起在石佛山大败徐州、兖州军队。八月，葛从周与庞师古会同进攻兖州。

乾宁元年三月，葛从周进军至新太县，朱瑾命令都将张约、李胡椒率三千兵前来阻击，庞师古派葛从周、张存敬趁其不备，突然袭击，生擒张约、李胡椒等都将数十人。二年十月，葛从周围攻兖州，兖州守军拒不出战，葛从周故意散布并州军、郓州军前来救援的消息，然后率军奔赴高吴，半夜里却又秘密返回营寨。朱瑾果然派军队攻打外壕，从周指挥士兵突然出击，趁势歼灭敌军一千余人，生擒敌都将孙汉筠。葛从周多次立下赫赫战功，自怀州刺史起，历任曹、宿二州刺史，逐渐升迁至检校左仆射。

乾宁三年五月，并州军主帅率领大批人马侵犯魏博镇，派他的儿子落落率二千名骑兵在洹水驻扎，葛从周指挥二千骑兵和步兵进击敌军，几乎全歼敌军，在阵前生擒落落，并州统帅嚎啕大哭而去。于是与庞师古从洹水渡过黄河出击郓州，四年正月，郓州被攻下，接着，葛从周乘胜讨伐兖，恰遇朱瑾在徐州境内出兵，他的部将康怀英献城出降。从周因为这样的功劳被授予兖州留后、检校司空职务。又领一万余兵渡过淮河讨伐杨行密，进至濠州时，得知庞师古在清口战败，于是火速回师。光化元年四月，葛从周率军建设巩固山东地区，这时并州军主帅正统领大军在邢、三名一带屯聚，葛从周进至钜鹿时与并州军遭遇，大败敌军，并州军主帅逃跑。梁军追赶至青山口，几天之内，连续攻克邢、三名、磁州三州，斩敌军二万首级，俘获一百五十个将吏。随后，葛从周被任命兼领邢州留后。十月，葛从周再次在张公桥击败五千并州军骑兵。晋将李嗣昭猛烈反攻邢州，在城门外摆战阵，葛从周又大败来敌，生擒蕃将贲金铁、慕容腾等一百多人。

光化二年春天，幽州的刘仁恭率十万大军侵犯魏州，屠灭贝郡。葛从周自邢台火速援救魏州，燕军突破上水关，攻打馆陶门，葛从周与贺德伦率五百名骑兵出战，对把守城门的军兵说："只要前面还有敌人，就决不让我们的人退回城门！"下令将城门关闭。从周等人拼力死战，大败燕军，生擒敌方都将薛突厥、王郐郎等。第二天，葛从周率军攻破燕军八座营寨，一直追击到临清，刘仁恭逃向沧州。葛从周因功被授官为宣义军行军司马。五月，并州军讨伐驻扎在潞州的李罕之，太祖用丁会代替李罕之，命令葛从周迅速援救上党。七月，并州军攻陷泽州，太祖召回从周，命令贺德伦守卫潞州，德伦等人不久弃城而归。三年四月，葛从周率军讨伐沧州，首先攻打德州，拿下城池。等进攻浮阳时，幽州刘仁恭大举出兵来援。这时都监蒋玄晖对众位将领说："梁王命我来监军，意图在攻取沧州，现在燕军主帅赶来支援，我们不能与他们在外面作战，应当放他们进入我军的壁垒，消耗他们的粮仓，等他们力疲粮尽时，我们一定能够取得胜利。"葛从周回答说："战争的奥秘在于抓住战机，而能否抓住战机则在于主将，并不是像督护你所说的那样。"于是命令张存敬、氏叔琮留守营寨，葛从周率军在乾宁军老鸦堤迎战，大败燕军，斩首三万人，俘获敌军部将马慎交以下一百多人，夺得三千匹战马。八月，并州军进攻邢州、三名州，葛从周随太祖击败敌军，一直追击到青山口，斩首五千人，俘获敌军将领王郃郎、杨师悦等，缴获一千匹战马，被授为检校太保兼徐州两使留后，不久担任兖州节度使。

天复元年三月，同氏叔琮讨伐太原。葛从周率领兖、郓二州的部队，从土门路进发，与各路人马在晋阳城下会师，因粮草供应不上而撤回。不久，葛从周患病，正好青州军将领刘鄩攻陷兖州，太祖命令葛从周前去征讨，于是抱病出征。三年十一月，刘鄩率全城投降，葛从周因功授检校太傅。太祖考虑到从周患病已久，便命康怀英接替他的职务，授命他为左金吾上将军，又因他得中风病不能上朝，又改授为右卫上将军，让他退休在偃师县亳邑乡的别墅养病。不久，授官为太子太师，依旧退休。末帝继位后，又授予他为潞州节度使，享受此职的俸禄，加官开府仪同三司、检校太师、兼侍中，被封为陈留郡王，多次封给他的食邑达到七千户。皇帝还命令近臣捧着节度使的旌节到他居住的别墅赐给他。贞明初年，葛从周在家中病逝，朝廷追赠他为太尉。

旧五代史卷二十一·梁书十一

王彦章传

王彦章，字贤明，郓州寿张县人也。祖秀，父庆宗，俱不仕，以彦章贵，秀赠左散骑常侍，庆宗赠右武卫将军。彦章少从军，隶太祖帐下，以骁勇闻。稍迁军职，累典禁兵。从太祖征讨，所至有功，常持铁枪冲坚陷阵。开平二年十月，自开封府押牙、左亲从指挥使授左龙骧军使。三年，转左监门卫上将军，依前左龙骧军使。乾化元年，改行营左先锋马军使，又加金紫光禄大夫、检校司空，依前左监门卫上将军。二年，庶人友珪篡位，加检校司徒。三年正月，授濮州刺史、本州马步军都指挥使，依前左先锋马军使。未几，改先锋步军都指挥使。四年，为澶州刺史，进封开国伯。

五年三月，朝廷议割魏州为两镇，虑魏人不从，遣彦章率精骑五百屯邺城，驻于金波亭，以备非常。是月二十九日夜，魏军作乱，首攻彦章于馆舍，彦章南奔。七月，晋人攻陷澶州，彦章举家陷没。晋王迁其家于晋阳，待之甚厚，遣细人间行诱之，彦章即斩其使以绝之。后数年，其家被害。九月，授汝州防御使、检校太保，依前行营先锋步军都指挥使。贞明二年四月，改郑州防御使。三年十二月，授西面行营马军都指挥使，加检校太傅，依前郑州防御使。顷之，授行营诸军左厢马军都指挥使。五年五月，迁许州两使留后，军职如故。六年正月，正授许州匡国军节度使，充散指挥都头都军使，进封开国侯。未几，授北面行营副招讨使。七年正月，移领滑州。

龙德三年四月晦，晋师陷郓州，中外大恐。五月，以彦章代戴思远为北面招讨使。拜命之日，促装以赴滑台，遂自杨村砦浮河而下，水陆俱进，断晋人德胜之浮梁，攻南城，拔之，晋人遂弃北城，并军保杨刘。彦章以舟师沿流而下，晋人尽撤北城，析屋木编筏，置步军于其上，与彦章各行一岸，每遇转滩水汇，即中流交斗，流矢雨集，或舟筏覆没，比及杨刘，凡百余战。彦章急攻杨刘，昼夜不息，晋人极力固守，垂陷者数四。六月，晋王亲援其城，彦章之军，重壕复垒，晋人不能入。晋王乃于博州东岸筑垒，以应郓州。彦章闻之，驰军而至，急攻其栅，自旦及午，其城将拔，会晋王以大军来援，彦章乃退。七月，晋王至杨刘，彦章军不利，遂罢彦章兵权，诏令归阙，以段凝为招讨使。

先是，赵、张二族挠乱朝政，彦章深恶之，性复刚直，不能缄忍。及授招讨之命，因谓所亲曰："待我立功之后，回军之日，当尽诛奸臣，以谢天下。"赵、张闻之，私相谓曰："我辈宁死于沙陀之手，不当为彦章所杀。"因协力以倾之。时段凝以贿赂交结，自求兵柄，素与彦章不协，潜害其功，阴行逗挠，遂至王师不利，竟退彦章而用段凝，未及十旬，国以之亡矣。

是岁秋九月，朝廷闻晋人将自兖州路出师，末帝急遣彦章领保銮骑士数千于东路守捉，且以郓州为敌人所据，因图进取，令张汉杰为监军。一日，彦章渡汶，以略郓境，至递坊镇，为晋人所袭，彦章退保中都。十月四日，晋王以大军至，彦章以众拒战，兵败，为晋将夏鲁奇所擒。鲁奇尝事太祖，与彦章素善，及彦章败，识其语音，曰："此王铁枪也。"挥矟刺之，彦章重伤，马踣，遂就擒。

晋王见彦章，谓之曰："尔常以孺子待我，今日服未？"又问："我素闻尔善将，何不保守兖州？此邑素无城垒，何以自固？"彦章对曰："大事已去，非臣智力所及。"晋王恻然，亲赐药以封其创。晋王素闻其勇悍，欲全活之，令中使慰抚，以诱其意。彦章曰："比是匹夫，本朝擢居方面，与皇帝十五年抗衡，今日兵败力穷，死有常分，皇帝纵垂矜宥，何面目见人！岂有为臣为将，朝事梁而暮事晋乎！得死幸矣。"晋王又谓李嗣源曰："尔宜亲往谕之，庶可全活。"时彦章以重伤不能兴，嗣源至卧内以见之，谓嗣源曰："汝非邈佶烈乎？"邈佶烈，盖嗣源小字也，彦章素轻嗣源，故以小字呼之。既而晋王命肩舆随军至任城，彦章以所伤痛楚，坚乞迟留，遂遇害，时年六十一。

彦章性忠勇，有膂力，临阵对敌，奋不顾身。居尝谓人曰："李亚子斗鸡小儿，何足顾畏！"初，晋王闻彦章授招讨使，自魏州急赴河上，以备冲突，至则德胜南城已为所拔。晋王尝曰："此人可畏，当避其锋。"一日，晋王领兵迫潘张寨。大军隔河，未能赴援，彦章援枪登船，叱舟人解缆，招讨使贺瑰止之，不可。晋王闻彦章至，抽军而退，其骁勇如此。及晋高祖迁都夷门，嘉彦章之忠款，诏赠太师，搜访子孙录用。

【译文】

王彦章，字贤明，是郓州寿张县人。他的祖父叫王秀、父亲叫王庆宗，都没有做官。后来因为王彦章身份显贵，朝廷追赠王秀为左散骑常侍，追赠王庆宗为右武卫将军。王彦章少年时就投身军旅，隶属在梁太祖朱全忠帐下，以骁勇善战而闻名军中。在军队中逐渐升迁职务，多次主管皇帝亲兵。王彦章跟随梁太祖征战讨伐，所到之处都有战功。经常手持铁枪冲锋陷阵。开平二年十月，王彦章从开封府押牙、左亲从指挥使迁至左龙骧军使。开平三年，升任至左监门卫上将军，仍担任左龙骧军使。乾化元年，改任行营左先锋马军使，加封官职为金紫光禄大夫、检校司空，兼任左监门卫上将军。乾化二年，梁太祖的儿子朱友珪杀父篡位，加授王彦章为检校司徒。乾化三年正月，王彦章又被授为濮州刺史、濮州马步军都指挥使，仍然兼任左先锋马军使。不久，王彦章改任先锋步军都指挥使。乾化四年，又被任命为澶州刺史，进封为开国伯。

乾化五年三月，朝廷决定将魏州划分成两镇，担心魏州人不服从命令，派王彦章率五百精锐骑兵防守邺城，驻扎在金波亭，以防万一。这个月二十九日的夜里，魏州军队发生兵变，首先围攻王彦章的寓所，王彦章向南逃脱。七月，晋人攻陷了澶州，王彦章全家人都落入晋人之手。晋王把他的家迁移到晋阳，给予王彦章非常优厚的待遇，同时派遣密使偷偷地前来劝诱他，王彦章当即斩杀使者，断绝晋人的招降企图。几年后，王彦章全家被杀害。乾化五年九月，王彦章被授任为汝州防御使、检校太保，仍然兼任行营先锋步军都指挥使。贞明二年四月，王彦章改任郑州防御使。三年十二月，他任西面行营马军都指挥使，被加封为检校太傅，同时兼任郑州防御使。随后，王彦章又被任命为行营诸军左厢马军都指挥使。五年五月，调任为许州两使留后，他的军职未变。六年正月，正式被授官为许州匡国军节度使，充散指挥都头都军使，晋封为开国侯。不久，王彦章担任北面行营副招讨使。七年正月，移防到滑州。

龙德三年四月最后一天，晋王的军队攻陷郓州，朝野上下惊恐不安。五月，朝廷派王彦章取代戴思远出任北面招讨使。受命当天，就匆忙整理行装赶赴滑台。于是从杨村砦出发，顺黄河飘流而下，水陆两军同时进击，截断晋人在德胜架设的浮桥，攻打南城并占领它。晋人于是放弃北城，收拢兵力守卫杨刘。王彦章督率水军顺流而下。此时，全部撤离北城的晋人，拆房劈木编成许多大木筏，让步兵站在上面，与王彦章的水军在黄河各沿一侧齐头并行，每当遇到转折的水滩以及水流汇合之处，双方就在水上交战厮杀，飞箭像下雨一样密集，有的舟筏就此沉没，等到双方船队抵达杨刘时，已经打了一百多次仗。王彦章指挥军队猛攻杨刘，昼夜不停，晋人竭力固守，差点儿就被攻克的危急局面达四次之多。六月，晋王亲自率军支援杨刘，王彦章的军队设重重壕沟和营垒，使晋王军队始终无法越过防线。晋王于是下令在博州东岸修筑高墙，以策应郓州。王彦章听到音讯，率军飞驰而来，猛攻晋人的寨墙，从清晨到中午，眼看就要攻克，正赶上晋王率大军赶来增援，王彦章不得已只好后退。七月，晋王赶到杨刘，王彦章的军队失利，梁末帝于是罢免他的兵权，下诏命令他回朝，任命段凝为招讨使。

在此之前，赵岩、张汉杰两个家族扰乱朝政，王彦章对他二人深恶痛绝，加上生性刚正直率，遇事不能沉默、忍耐，等到受任招讨使之际，就对身边亲近的人说："待我立功以后，班师回朝时，一定杀尽奸臣，来答谢天下。"赵岩、张汉杰两人听说后，私下互相说："我们宁可死在沙陀人之手，也不能被王彦章杀死。"因此二人合谋陷害王彦章。这时，段凝通过贿赂手段交结朝中权贵，为自己谋求军权，他平日与王彦章不和，背地里忌妒他的功劳，暗中多行阻挠之事，以至于后梁军队失利。终使末帝罢免王彦章的兵权而起用段凝，然而还不到十个月，国家就因此而灭亡。

这年秋天九月，朝廷探知晋人要从兖州路出兵，末帝急忙派遣王彦章率领几千保銮骑士去东路驻防把守。而且认为郓州被敌人占据，计划趁此机会进兵攻取，命令张汉杰为监军。一天，王彦章率领军队横渡汶水，攻略郓州疆界，部队行进到递坊镇，被晋人偷袭，王彦章退守中都。十月四日，晋王率大军来到，彦章率众应战，不幸失败，被晋军将领夏鲁奇擒获。夏鲁奇曾在梁太祖手下供职，与王彦章十分要好。彦章兵败时，夏鲁奇在乱军中听出了他的声音，说："这是王铁枪啊！"挥矛便刺，王彦章被刺成重伤，战马跌倒，于是被俘获。

晋王看到王彦章，对他说："你经常把我比作小孩子，今天你服不服？"又问："我早听说你是一员良将，为什么不守住兖州？这座城本来就没有城墙，用什么能固守呢？"王彦章答道："大势已去，这不是我的智慧和能力所能办到的。"晋王听罢，面露同情之色。亲自赐给他伤药来敷住伤口。晋王久闻王彦章勇猛强悍的大名，想要保全他的性命，便派宦官安抚他，以试探他的想法。王彦章说：“你是个宫中服役的微贱之人，我们朝廷提升我为独当一面的封疆大吏，与你们的皇帝抗衡相争十五年，今天兵败力穷，死也是常情，纵使皇帝怜悯宽恕我，我还有什么脸面见人呢！哪里有做大臣、当大将的，早晨为梁做事，晚上就为晋效劳的呢？我能以死报国是非常幸运的事。”晋王又对李嗣源说：“你该亲自去告诉他，还有保全性命的可能。”当时，王彦章因为伤势过重已经不能起床，李嗣源径直走进他的卧室内见到他。王彦章对李嗣源说：“你不是邈佶烈吗？”邈佶烈是李嗣源的小名，王彦章一贯轻视李嗣源，所以故意用小名称呼他。不久，晋王下令用肩舆抬王彦章跟随军队到任城去，王彦章以伤势疼痛难忍为由，坚持要留下来，于是被杀害。这年他六十一岁。

王彦章天性忠诚、勇敢，体力过人。每当临阵对敌时，奋勇向前，不惜生命。平日曾经对别人讲：“李亚子不过是只会斗鸡的小孩子，对他有什么顾忌和害怕的呢？”当初，晋王听说王彦章担任招讨使，就从魏州急忙赶赴河上，以防备王彦章的军队向前突击。等赶到时德胜南城已被王彦章攻克。晋王曾经说：“这个人令人害怕，我们应当避开他的锋芒。”有一天，晋王指挥部队逼近潘张寨，梁军的主力隔着黄河没办法赶赴支援，王彦章手持铁枪登上战船，喝令船工解开缆绳开船，招讨使贺瑰阻止他，他不听。晋王听说王彦章赶到，慌忙撤兵。他的骁勇善战到了这种地步。后来晋高祖把国都迁到夷门，为嘉奖王彦章的忠心与赤诚，下诏追赠他为太师，查访到他的子孙并录用为官。

旧五代史卷四十九·唐书一

贞简曹太后传

武皇帝贞简皇后曹氏，庄宗之母也。太原人，以良家子嫔于武皇。姿质闲丽，性谦退而明辨，雅为秦国夫人所重。常从容谓武皇曰："妾观曹姬非常妇人，王其厚待之。"武皇多内宠，乾宁初，平燕蓟，得李匡俦妻张氏，姿色绝代，嬖幸无双。时姬侍盈室，罕得进御，唯太后恩顾不衰。武皇性严急，左右有过，必峻于谴罚，无敢言者，唯太后从容救谏，即为解颜。及庄宗载诞，体貌奇杰，武皇异而怜之，太后益宠贵，诸夫人咸出其下，后亦恭勤内助，左右称之。

武皇薨，庄宗嗣晋王位。时李克宁、李存颢谋变，人情危惧。太后召监军张承业，指庄宗谓之曰："先人把臂授公此儿，如闻外谋，欲孤付托，公等但置予母子有地，毋令乞食于汴，幸矣。"承业因诛存颢、克宁，以清内难。庄宗善音律，喜伶人谑浪，太后尝提耳诲之。天祐七年，镇、定求援，庄宗促命治兵，太后曰："予齿渐衰，儿但不坠先人之业为幸矣。何事栉风沐雨，离我晨昏？"庄宗曰："禀先王遗旨，须灭仇雠。山东之事，机不可失。"及发，太后饯于汾桥，悲不自胜。庄宗平定赵、魏，驻于邺城，每一岁之内，驰驾归宁者数四，民士服其仁孝。

太后初封晋国夫人。庄宗即位，命宰臣卢损奉册书上皇太后尊号。其年平定河南，西幸洛阳，令皇弟存渥、皇子继岌就太原迎奉。庄宗亲至怀州，迎归长寿宫。太后素与刘太妃善，分诀之后，悒然不乐。俄闻太妃寝疾，尚医中使，问讯结辙。既而谓庄宗曰："吾与太妃恩如伯仲，彼经年抱疾，但见吾面，差足慰心。吾暂至晋阳，旬朔与之俱来。"庄宗曰："时方暑毒，山路崎岖，无烦往复。可令存渥辈迎侍太妃。"乃止。及凶问至，太后恸哭累旬，由是不豫，寻崩于长寿宫。同光三年冬十月，上谥曰贞简皇太后，葬于寿安陵。

【译文】

后唐武皇帝的贞简皇后曹氏，是后唐庄宗的母亲。她是太原人，

以良家女子的身份嫁给武皇帝做嫔妃。曹氏体态安闲容貌秀丽，性情谦虚，又能明辨事理，因而深得秦国夫人看重。秦国夫人经常在谈话中不慌不忙地告诉武皇帝："我看曹氏不是一般的妇女，请您厚待她。"武皇帝宠爱的女子很多，乾宁初年，他平定燕蓟后，得到李匡俦的妻子张氏。张氏姿色举世无双，武皇帝对她的宠幸无人可比。当时满屋中都是姬妾，很少有人能和武皇帝同房，只有他对曹皇后的恩情没有衰减。武皇帝的性情严厉急躁，身边的侍从有过错，一定要给予严厉的斥责和惩罚，没人敢替犯错的人说情，只有曹皇后能从容劝谏排解，武皇帝当时就转怒为喜。到了庄宗出生后，容貌体格十分突出，武皇帝感到他的与众不同，很爱他。曹皇后因此更加受宠，地位更尊贵，各个夫人全都排在她后面。曹皇后也恭敬勤恳地做好内助，周围的人都称赞她。

武皇帝去世，庄宗继承晋王王位。当时李克宁、李存颢谋划叛乱，人们都感到危险和恐惧。曹太后把监军张承业召来，指着庄宗对他说："先人握着你的手臂，将这个孩子交给你。如果一听到外面有阴谋，就想辜负先人的委托，那么您们只要有个地方安置我们母子，不让我们到汴梁去要饭，我们就很幸运了。"张承业因此诛杀李存颢和李克宁，平定内部的危难。唐庄宗喜好音乐，喜欢与戏子调笑打闹。太后曾经揪着他的耳朵教训他。天祐七年，镇、定地区求援。庄宗急忙命令集合军队出征。曹太后说："我渐渐老了。儿子只要不把先人的基业丧失掉就万幸了。何必要栉风沐雨，离开我，早晚不得相见呢？"庄宗说："我领受先王临终遗嘱，必须消灭仇敌。山东的战事，机不可失。"到出发时，曹太后在汾桥饯行，悲痛难忍。庄宗平定赵州、魏州，驻扎在邺城，每年里面，多次奔驰回来探望母亲。士人百姓都被庄宗的仁义孝敬所感动。

曹太后当初被封为晋国夫人。庄宗即位后，命令宰相卢损送上册书，给曹氏加上皇太后的尊号。当年庄宗平定河南，向西到洛阳，命令皇弟李存渥、皇子李继岌到太原去迎接太后。庄宗亲自到怀州，把太后迎接回长寿宫。太后一向和刘太妃交好，分开以后一直闷闷不乐。不久听到太妃卧病的消息，派去的医生和宫中使节，车马不断，接连问讯。后来太后又对庄宗说："我和太妃有像姐妹一样的恩情。她连年患病，只要见到我的面，还多少可以得到些安慰。我暂时到晋阳去，过十几天和她一起回来。”唐庄宗说：“这时正是暑热酷毒的时候，山路崎岖，您不要麻烦来回跑了。可以让李存渥他们去迎接太妃。”太后这才停止出发。听到太妃去世的凶信传来，太后痛哭几十天，从此身体不适，无法痊愈，不久后在长寿宫去世。同光三年冬季十月，皇帝给她赠谥号为贞简皇太后，葬在寿安陵。

旧五代史卷五十六·唐书八

周德威传

周德威，字镇远，小字阳五，朔州马邑人也。初事武皇为帐中骑督，骁勇便骑射，胆气智数皆过人，久在云中，谙熟边事，望烟尘之警，悬知兵势。乾宁中，为铁林军使，从武皇讨王行瑜，以功加检校左仆射，移内衙军副。光化二年三月，汴将氏叔琮率众逼太原，有陈章者，以虓勇知名，众谓之“夜叉”，言于叔琮曰：“晋人所恃者周阳五，愿擒之，请赏以郡。”陈章尝乘骢马朱甲以自异。武皇戒德威曰：“我闻陈夜叉欲取尔求郡，宜善备之。”德威曰：“陈章大言，未知鹿死谁手。”他日致师，戒部下曰：“如阵上见陈夜叉，尔等但走。”德威微服挑战，部下伪退，陈章纵马追之，德威背挥铁楇击堕马，生获以献，由是知名。

天复中，我师不利于蒲县，汴将朱友宁、氏叔琮来逼晋阳。时诸军未集，城中大恐，德威与李嗣昭选募锐兵出诸门，攻其垒，擒生斩馘，汴人支吾不暇，乃退。天祐三年，与李嗣昭合燕军攻潞州，降丁会，以功加检校太保、代州刺史，代嗣昭为蕃汉都将。李思安之寇潞州也，德威军于余吾。时汴军十万筑夹城，围潞州，内外断绝，德威以精骑薄之，屡败汴人，进营高河，令游骑邀其刍牧。汴军闭壁不出，乃自东南山口筑甬道树栅以通夹城，德威之骑军，倒墙堙堑，日数十战，前后俘馘，不可胜纪。梁有骁将黄角鹰、方骨仑，皆生致之。

五年正月，武皇疾笃，德威退营乱柳。武皇厌代，四月，命德威班师。时庄宗初立，德威外握兵柄，颇有浮议，内外忧之。德威既至，单骑入谒，伏灵柩哭，哀不自胜，由是群情释然。是月二十四日，从庄宗再援潞州。二十九日，德威前军营横碾，距潞四十五里。五月朔，晨雾晦暝，王师伏于三垂岗下，翌日，直趋夹城，斩关破垒，梁人大败，解潞州之围。初，德威与李嗣昭有私憾，武皇临终顾谓庄宗曰：“进通忠孝不负我，重围累年，似与德威有隙，以吾命谕之，若不解重围，殁有遗恨。”庄宗达遗旨，德威感泣，由是励力坚战，竟破强敌，与嗣昭欢爱如初。以功加检校太保、同平章事、振武节度使。

六年，岐人攻灵夏，遣使来求助，德威渡河以应之，师还，授蕃汉马步总管。七年十一月，汴人据深、冀，汴将王景仁军八万次柏乡，镇州节度使王镕来告难，帝遣德威率前军出井陉，屯于赵州。十二月，帝亲征，二十五日，进薄汴营，距柏乡五里，营于野河上。汴将韩勍率精兵三万，铠甲皆被缯绮，金银炫耀，望之森然，我军惧形于色。德威谓李存璋曰："贼结阵而来，观其形势，志不在战，欲以兵甲耀威耳。我军人乍见其来，谓其锋不可当，此时不挫其锐，吾军不振矣！"乃遣存璋谕诸军曰："尔见此贼军否？是汴州天武健儿，皆屠沽佣贩，虚有表耳，纵被精甲，十不当一，擒获足以为资。"德威自率精骑击其两偏，左驰右决，出没数四。是日，获贼百余人，贼渡河而退。德威谓庄宗曰："贼骄气充盛，宜按兵以待其衰。"庄宗曰："我提孤军，救难解纷，三镇乌合之众，利在速战，卿欲持重，吾惧其不可使也。"德威曰："镇、定之士，长于守城，列阵野战，素非便习。我师破贼，唯恃骑军，平田广野，易为施功。今压贼营，令彼见我虚实，则胜负未可必也。"庄宗不悦，退卧帐中。德威患之，谓监军张承业曰："王欲速战，将乌合之徒，欲当剧贼，所谓不量力也。去贼咫尺，限此一渠水，彼若早夜以略彴渡之，吾族其为俘矣。若退军鄗邑，引贼离营，彼出则归，复以轻骑掠其刍饷，不逾月，败贼必矣。"承业入言，庄宗乃释然。德威得降人问之，曰："景仁下令造浮桥数日"，果如德威所料。二十七日，乃退军保鄗邑。

八年正月二日，德威率骑军致师于柏乡，设伏于村坞间，令三百骑以压汴营。王景仁悉其众结阵而来，德威转战而退，汴军因而乘之，至于鄗邑南。时步军未成列，德威阵骑河上以抗之。亭午，两军皆阵，庄宗问战时，德威曰："汴军气盛，可以劳逸制之，造次较力，殆难与敌。古者师行不逾一舍，盖虑粮饷不给，士有饥色。今贼远来决战，纵挟糗糒，亦不遑食。晡晚之后，饥渴内侵，战阵外迫，士心既倦，将必求退。乘其劳弊，以生兵制之，纵不大败，偏师必丧。以臣所筹，利在晡晚。"诸将皆然之。时汴军以魏、博之人为右广，宋、汴之人为左广，自未至申，阵势稍却，德威麾军呼曰："汴军走矣！"尘埃涨天，魏人收军渐退，庄宗与史建瑭、安金全等因冲其阵，夹攻之，大败汴军，杀戮殆尽，王景仁、李思安仅以身免，获将校二百八十人。八月，刘守光僭称大燕皇帝。十二月，遣德威率步骑三万出飞狐，与镇州将王德明、定州将程严等军进讨。九年正月，收涿州，降刺史刘知温。五月七日，刘守光令骁将单廷珪督精甲万人出战，德威遇于龙头岗。初，廷珪谓左右曰："今日擒周阳五。"既临阵，见德威，廷珪单骑持枪躬追德威，垂及，德威侧身避之。廷珪少退，德威奋楇击坠其马，生获廷珪，贼党大败，斩首三千级，获大将李山海等五十二人。十二日，德威自涿州进军良乡、大城。守光既失廷珪，自是夺气。德威之师，屡收诸郡，降者相继。十年十一月，擒守光父子，幽州平。十二月，授德威检校侍中、幽州卢龙等军节度使。

德威性忠孝，感武皇奖遇，尝思临难忘身。十二年，汴将刘鄩自洹水乘虚将寇太原，德威在幽州闻之，径以五百骑驰入土门，闻鄩军至乐平不进，德威径至南宫以候汴军。初，刘鄩欲据临清以扼镇、定转饷之路，行次陈宋口，德威遣将擒数十人，皆剸割刃于背，縶而遣之。既至，谓刘鄩曰："周侍中已据宗城矣！"德威其夜急骑扼临清，刘鄩乃入贝州。是时德威若不至，则胜负未可知也。

十四年三月，契丹寇新州，德威不利，退守范阳。敌众攻城仅二百日，外援未至，德威抚循士众，昼夜乘城，竟获保守。十五年，我师营麻口渡，将大举以定汴州。德威自幽州率本军至，十二月二十三日，军次胡柳陂。诘旦，骑报曰："汴军至矣！"庄宗使问战备，德威奏曰："贼倍道而来，未成营垒，我营栅已固，守备有余，既深入贼疆，须决万全之策。此去大梁信宿，贼之家属，尽在其间，人之常情，孰不以家国为念？以我深入之众，抗彼激愤之军，不以方略制之，恐难必胜。王但按军保栅，臣以骑军疲之，使彼不得下营，际晚，粮饷不给，进退无据，因以乘之，破贼之道也。"庄宗曰："河上终日挑战，恨不遇贼，今款门不战，非壮夫也。"乃率亲军成列而出，德威不获已，从之。谓其子曰："吾不知其死所矣！"庄宗与汴将王彦章接战，大败之。德威之军在东偏，汴之游军入我辎重，众骇，奔入德威军，因纷扰无行列。德威兵少，不能解，父子俱战殁。先是，镇星犯上将，星占者云，不利大将。是夜收军，德威不至，庄宗恸哭谓诸将曰："丧我良将，吾之咎也。"

德威身长面黑，荚不改容，凡对敌列阵，凛凛然有肃杀之风，中兴之朝，号为名将。及其殁也，人皆惜之。同光初，追赠太师。天成中，诏与李嗣昭、符存审配飨庄宗庙廷。晋高祖即位，追封燕王。

子光辅，历汾、汝州刺史。

【译文】

周德威，字镇远，小字阳五，朔州马邑人。起初在武皇李克用手下任帐中骑督，骁勇善战，尤其擅长骑马射箭，胆量、气魄、智慧和计谋都有过人之处。由于长期居住在云中地区，十分熟悉边境一带的事情。望见烟尘升起，便能料算到兵力有多少。乾宁年间，担任铁林军使，跟随武皇征讨王行瑜，因功加官为检校左仆射，移任内衙军副。光化二年三月，汴将氏叔琮率军进逼太原，有一个名叫陈章的人，号称像猛虎一样凶猛，大家都称他“夜叉”。他对叔琮说：“晋军所依恃的人是周阳五，我愿生擒他，请赏给我刺史的官职。”陈章经常骑着一匹青白色的战马，披挂着鲜红色的铠甲来显示自己与众不同。武皇告诫周德威说：“我听说陈夜叉想活捉你来谋得刺史的官做，应当好生提防他。”周德威说：“陈章净说大话，还不知鹿死谁手呢。”隔几天来到部队，他叮嘱部下说：“如果在阵上看见陈夜叉，你们尽管跑开好了。”周德威穿着普通士兵的服装出马挑战，他的部下佯装退却，陈章骑马追来，周德威从背后挥动铁锤把他击落马下，活捉了陈章并将其献于武皇帐下。通过这一仗，周德威的名声大振。

天复年间，晋王军队在蒲县失利，汴将朱友宁、氏叔琮率军迫近晋阳。当时各支部队还没有集结，晋阳城中十分惊恐。周德威与李嗣昭仔细选拔了精锐士兵从几个城门同时出击，攻打敌军的营垒，抓住敌人就割下左耳，汴军招架不迭，就撤退了。天祐三年，周德威与李嗣昭会同燕军攻打潞州，梁将丁会投降，周德威因功加授检校太保、代州刺史，接替李嗣昭担任蕃汉都将。李思安侵犯潞州的时候，周德威的军队正驻扎在余吾。当时汴军十万人沿城筑起长围，围困潞州，断绝了城内和城外的联系。周德威用精锐的骑兵逼近敌人，屡次打败汴梁军队。随后进至高河安营，命令游动的骑兵阻截出来割草放牧的敌人，于是汴军紧闭营门，拒不出战。又从东南山口修筑了一条两侧是墙并竖立栅栏的通道通往环城长围。周德威的骑兵推倒墙壁，填平壕沟，一天之内战斗几十次，前后活捉的俘虏和从敌尸上割下的耳朵，多得数不过来，梁军的猛将黄角鹰、方骨仑都被活捉。

五年正月，武皇病重，周德威退兵驻守在乱柳。武皇去世。四月，命周德威班师回朝。这时，庄宗刚刚即位，周德威在外地掌握兵权，招来许多流言和议论，朝廷上下对此十分担忧。周德威来到之后，一个人进朝拜谒，趴在武皇李克用的棺材上放声痛哭，控制不住自己的悲哀之情。于是大家的情绪才安稳下来。这个月二十四日，周德威跟随庄宗再度增援潞州。二十九日，周德威率领前锋部队进驻横碾，距离潞州有四十五里的路程。五月初一清晨，大雾弥漫、朦胧不清，庄宗的军队埋伏在三垂岗下面。第二天，直奔环城长围，砍开关门，摧毁营壁，梁军大败，终于解除了潞州之围。当初，周德威与李嗣昭有个人私怨，武皇临终前对庄宗说："进通（嗣昭字）是个忠孝之人，不会背叛我，他身处重围中一年多了，好像与周德威有矛盾，你要把我的命令告诉周德威，倘若不解除重围，我死有遗恨。"庄宗转达了这一遗旨，周德威感动地流下了眼泪，因此奋勇作战，终于打败了强敌，与李嗣昭彼此和好如初。因功而升任检校太保、同平章事、振武节度使。

六年，岐人进攻灵夏，派遣使者来请求援助。周德威渡过黄河去策应他们。部队回来，被授为蕃汉马步总管。七年十一月，汴军占据深、冀，他们的将领王景仁率领八万人马兵临柏乡，镇州节度使王镕赶来告急。庄宗派周德威率领先头部队从井陉出发，屯驻于赵州。十二月，庄宗亲自出征。二十五日，部队向前接近汴军营地，离柏乡五里安营扎寨于野河北面。汴军将领韩勍率精兵三万人，盔甲上都披挂着丝绸、金银装饰来炫耀军威，远远望去十分整齐森严，晋军见之害怕得变了脸色。周德威对李存璋说："贼军布下阵势前来，看他们的样子，意图不在交战，只是想用兵甲来炫耀武力罢了。我军士兵刚刚看到他们来到，就说其兵锋不可阻挡，现在如果不挫败他们的锐气，我军就无法振作起来。"于是派李存璋通告全军说："你们看见这些贼军了吗？这些所谓的汴州天武健儿，都是杀猪、卖酒、走卒、小贩之流，只有虚假的外表而已，尽管他们穿着精美的铠甲，但十个人也赶不上我军一个人，捉住他们足以满足我们的费用。"周德威亲率精锐骑兵攻击梁军的两侧，左冲右突，出入敌军阵地四次。这一天，俘获敌人一百多人，敌军渡河撤退。周德威对庄宗说："贼军骄傲的气势非常充沛强盛，应当按兵不动来等待他们的衰弱。"庄宗说："我统领一支孤军来挽救危难解除纷乱，三镇之兵都是乌合之众，利在速战速决，你想要稳重行事，我却担心你的计策不能使用啊。"周德威说："镇州、定州的人，擅长坚守城池，而布阵野战，本来他们就不习惯，我军击败敌军，只有依靠骑兵，平旷的田地和宽广的野外，正容易施展我们的长处。现在去逼近敌营，让他们知道我军的虚实情况，这样一来胜负就不一定了。”庄宗听了很不高兴，回身去帐中躺下。周德威对此十分着急，对监军张承业说：“大王想要速战，率领乌合之众，去面对厉害的贼军，这是不能正确估计自己的力量啊。离贼军这么近，又仅有这么一条河水为阻隔，他们如果早晚造桥渡河过来，我们这些人就都成为他们的俘虏了。假如我们把部队撤退到鄗邑，引诱敌人离开营寨，他们出击我们则返回来，再用轻骑兵抢掠他们的粮草军需，不超过一个月，打败敌军是必然的。”张承业进去向庄宗陈述了周德威的意见，庄宗才高兴起来。周德威审问一个投降过来的人，这人回答：“王景仁下令建造浮桥已经几天了。”果然像周德威预料的一样。二十七日，撤军保卫鄗邑。

八年正月二日，周德威率骑兵进至柏乡，预先在村落中设置了埋伏，命令三百个骑兵迫近汴梁军营寨。王景仁率全部人马列阵应战，周德威且战且退，汴梁军趁机追赶。到了鄗邑城南，这时步兵还没有摆好队形，周德威把骑兵列阵于河边高地抵抗敌人。正午，两军各自摆好阵势，庄宗问出战的时机，周德威答道：“汴梁军气势昂盛，只能以逸待劳才能制服他们，轻易地与他们比试力量，几乎很难取胜。古时候军队行军一次不超过三十里，就是怕粮饷接应不上，战士们有饥饿的脸色。现在贼军自远方前来决战，纵使携带着干粮也没有空吃，从中午到晚上后，饥饿和干渴在内部侵袭，战阵又在外部施以压力，战士的士气既然懈怠，其将领一定谋划撤兵，趁着他们疲劳困苦，用我们的生力军去压制他们，纵然敌人不会溃败，也要丧失一部分部队。以我之见，最好的出战时机在傍晚。”众将都赞同这个看法。当时，汴梁军以魏、博的部队为右军，宋、汴的部队为左军，从未时到申时，阵势渐退。周德威指挥部下大声叫道：“汴梁军逃走了！”尘土扬天，魏人收缩兵力逐渐退却。庄宗与史建瑭、安金全等人趁机冲击他们的阵地，两下夹攻，汴梁军大败，几乎被全歼，王景仁、李思安仅以身免，俘获了将校二百八十人。八月，刘守光自称大燕皇帝。十二月，庄宗派周德威率步骑三万人出飞狐，与镇州将领王德明、定州将领程严等进军讨伐。九年正月，收复涿州，刺史刘知温投降。五月七日，刘守光命令骁将单廷珪统领精兵一万出战，与周德威遭遇于龙头岗。开始，单廷珪对部下说：“今天一定要活捉周阳五。”随即来到阵前，看见周德威，单廷珪单枪匹马躬身来追周德威，等他接近时，周德威侧身避过，单廷珪稍微后退，周德威举起马鞭把他击落下马，生擒了单廷珪，贼众大败，斩首三千级，俘获大将李山海等五十二人。十二日，周德威自涿州进军良乡、大城。刘守光既然损失了单廷珪，从此就丧失了勇气。周德威的军队接连收复了几个郡，投降的人接连不断。十年十一月，抓获了刘守光父子，平定了幽州。十二月，周德威被授为检校侍中、幽州卢龙等军节度使。

周德威天性忠心耿耿，崇尚孝义，感怀武皇李克用的奖掖与恩遇，常常想着一旦国家有难就奋不顾身。十二年，汴梁军将领刘鄩打算从洹水乘虚进犯太原，德威在幽州闻听此讯，立刻率五百名骑兵径直奔向土门，听说刘鄩的部队到了乐平就停止不前，周德威直接赶到南宫等候汴梁军。开始，刘鄩打算占据临清以扼守镇、定二州转运饷银的道路。行进至陈宋口，周德威派将领抓获了汴梁军几十人，用刀剑插入他们的后背，然后用绳子捆绑上放他们回去。这些人回去后，对刘鄩说："周侍中已经占领宗城了！"周德威这天晚上率骑兵急速赶往临清扼守，刘鄩只得退入贝州。这个时候，周德威如果不来，那么胜败就很难预料了。

十四年三月，契丹进犯新州，周德威的军队失利，退守范阳。敌人攻城近二百天，援兵仍然未到，周德威安抚将士，昼夜上城督战，终于坚守住了范阳城。十五年，晋军屯驻麻口渡，即将大举进攻以平定汴州。周德威从幽州率部下赶到。十二月二十三日，部队在胡柳陂宿营。次日早晨，哨骑报告说："汴梁军到了！"庄宗派人来问战斗准备情况，周德威回答说："汴梁军日夜兼程而来，还没有来得及修筑营垒，而我军的营栅却已固立，坚守防备已经够用。既然深入到敌境，必须决定一个万全的计策。这里离大梁只有一天一夜的路程，敌军的家属全在城里，人之常情，谁不牵挂自己的家园和国家？用我们这些深入到敌境的部众，来对抗他们群情激愤的军队，如果不用计谋遏制敌人，恐怕难以必胜。晋王您只管按兵不动，保守营寨，我派骑兵骚扰他们，使其无法立下营寨，到了晚上，敌军粮草供给不上，进不得，退不得，乘势出击，这是打败敌人的途径。"庄宗说："我们在大河岸上整天挑战，遗憾的是没有遇上敌人，现在敲响敌人的大门却不出击，这不是壮士的行为。"然后就率领亲军排队出战，周德威没办法只好从命。他对自己的儿子说："我不知道将死在哪里呀！"庄宗与汴梁军将领王彦章交战，彦章大败。周德威的部队在东边，汴梁军的游动部队进入晋军的辎重中，晋军士兵惊恐万状，飞跑入周德威的部队中，所以纷纷扰扰不成队形。周德威的兵力少，不能解救危机，父子二人都战死了。在此之前，土星触犯了上将星，星象家说，这种天象不利于大将。这天夜里收兵，周德威没回来，庄宗悲哀已极，哭着对众将说：“损失了我的良将，这是我的过错啊。”

周德威身材魁伟，面目黝黑，笑起来容貌不改，每当临阵对敌，威风凛凛有一种肃杀的气度。在朝廷中兴时期，号称名将，他死后，人们都痛惜不已。同光初年，朝廷追赠周德威为太师。天成年间，下诏把周德威和李嗣昭、符存审的灵牌放入庄宗庙内。晋高祖即位后，又追封周德威为燕王。

周德威的儿子周光辅，历任汾、汝州刺史。

旧五代史卷一百二十六·周书六

冯道传

冯道，字可道，瀛州景城人。其先为农为儒，不恒其业。道少纯厚，好学能文，不耻恶衣食，负米奉亲之外，唯以披诵吟讽为事，虽大雪拥户，凝尘满席，湛如也。天祐中，刘守光署为幽州掾。守光引兵伐中山，访于僚属，道常以利害箴之，守光怒，置于狱中，寻为人所救免。守光败，遁归太原，监军使张承业辟为本院巡官。承业重其文章履行，甚见待遇。时有周玄豹者，善人伦鉴，与道不洽，谓承业曰："冯生无前程，公不可过用。"时河东记室卢质闻之曰："我曾见杜黄裳司空写真图，道之状貌酷类焉，将来必副大用，玄豹之言不足信也。"承业寻荐为霸府从事，俄署太原掌书记，时庄宗并有河北，文翰甚繁，一以委之。

庄宗与梁军夹河对垒，一日，郭崇韬以诸校伴食数多，主者不办，请少罢减。庄宗怒曰："孤为效命者设食都不自由，其河北三镇，令三军别择一人为帅，孤请归太原以避贤路。"遽命道对面草词，将示其众。道执笔久之，庄宗正色促焉，道徐起对曰："道所掌笔砚，敢不供职。今大王屡集大功，方平南寇，崇韬所谏，未至过当，阻拒之则可，不可以向来之言，喧动群议，敌人若知，谓大王君臣之不和矣。幸熟而思之，则天下幸甚也。"俄而崇韬入谢，因道之解焉，人始重其胆量。

庄宗即位邺宫，除省郎，充翰林学士，自绿衣赐紫。梁平，迁中书舍人、户部侍郎。丁父忧，持服于景城。遇岁俭，所得俸余，悉赈于乡里，道之所居，唯蓬茨而已，凡牧宰馈遗，斗粟匹帛，无所受焉。时契丹方盛，素闻道名，欲掠而取之，会边人有备，获免。

明宗入洛，遽谓近臣安重诲曰："先帝时冯道郎中何在？"重诲曰："近除翰林学士。"明宗曰："此人朕素谙悉，是好宰相。"俄拜端明殿学士，端明之号，自道始也。未几，迁中书侍郎、刑部尚书平章事。凡孤寒士子，抱才业、素知识者，皆与引用，唐末衣冠，履行浮躁者，必抑而置之。有工部侍郎任赞，因班退，与同列戏道于后曰："若急行，必遗下《兔园册》。"道知之，召赞谓曰："《兔园册》皆名儒所集，道能讽之。中朝士子止看文场秀句，便为举业，皆窃取公卿，何浅狭之甚耶！”赞大愧焉。复有梁朝宰臣李琪，每以文章自擅，曾进《贺平中山王都表》，云“复真定之逆城”。道让琪曰：“昨来收复定州，非真定也。”琪昧于地理，顿至折角。其后百僚上明宗徽号凡三章，道自为之，其文浑然，非流俗之体，举朝服焉。道尤长于篇咏，秉笔则成，典丽之外，义含古道，必为远近传写，故渐畏其高深，由是班行肃然，无浇醨之态。继改门下侍郎、户部吏部尚书、集贤殿弘文馆大学士，加尚书左仆射，封始平郡公。一日，道因上谒既退，明宗顾谓侍臣曰：“冯道性纯俭，顷在德胜寨居一茅庵，与从人同器食，卧则刍藁一束，其心晏如也。及以父忧退归乡里，自耕樵采，与农夫杂处，略不以素贵介怀，真士大夫也。”

天成、长兴中，天下屡稔，朝廷无事。明宗每御延英，留道访以外事，道曰：“陛下以至德承天，天以有年表瑞，更在日慎一日，以答天心。臣每记在先皇霸府日，曾奉使中山，经井陉之险，忧马有蹶失，不敢怠于衔辔。及至平地，则无复持控，果为马所颠仆，几至于损。臣所陈虽小，可以喻大。陛下勿以清晏丰熟，便纵逸乐，兢兢业业，臣之望也。”明宗深然之。他日又问道曰：“天下虽熟，百姓得济否？”道曰：“谷贵饿农，谷贱伤农，此常理也。臣忆得近代有举子聂夷中《伤田家诗》云：‘二月卖新丝，五月粜秋谷，医得眼下疮，剜却心头肉。我愿君王心，化作光明烛，不照绮罗筵，偏照逃亡屋。”明宗曰：“此诗甚好。”遂命侍臣录下，每自讽之。道之发言简正，善于裨益，非常人所能及也。时以诸经舛缪，同列李愚委学官田敏等，取西京郑覃所刊石经，雕为印板，流布天下，后进赖之。

明宗崩，唐末帝嗣位，以道为山陵使，礼毕，出镇同州，循故事也。道为政闲淡，狱市无挠。一日，有上介胡饶，本出军吏，性粗犷，因事诟道于衙门，左右数报不应。道曰：“此必醉耳！”因召入，开尊设食，尽夕而起，无挠愠之色。未几，入为司空。

契丹入汴，道自襄、邓召入，戎王因从容问曰：“天下百姓，如何可救？”道曰：“此时百姓，佛再出救不得，唯皇帝救得。”其后衣寇不至伤夷，皆道与赵延寿阴护之所至也。

是岁三月，随契丹北行，与晋室公卿俱抵常山。俄而戎王卒，永康王代统其众。及北去，留其族解里以据常山。时汉军愤激，因共逐出解里，寻复其城。道率同列，四出按抚，因事从宜，各安其所。人或推其功，道曰："儒臣何能为，皆诸将之力也。"道以德重，人所取则，乃为众择诸将之勤宿者，以骑校白再荣权为其帅，军民由是帖然，道首有力焉。道在常山，见有中国士女为契丹所俘者，出橐装以赎之，皆寄于高尼精舍，后相次访其家以归之。

又，契丹先留道与李崧、和凝及文武官等在常山，是岁闰七月二十九日，契丹有伪诏追崧，令选朝士十人赴木叶山行事。契丹麻答召道等至帐所，欲谕之，崧偶先至，知其旨，惧形于色。麻答将以明日与朝士齐遣之，崧乃不俟道，与凝先出，既而相遇于帐门之外，因与分手俱归。俄而李筠等纵火与契丹交斗，鼓槊相及。是日若齐至，与麻答相见，稍或踌躇，则悉为俘矣。时论者以道布衣有至行，立公朝有重望，其阴报昭感，多此类也。

及自常山入觐，汉祖嘉之，拜守太师。乾祐中，道奉朝请外，平居自适。一日，著《长乐老自叙》云：

"余世家宗族，本始平、长乐二郡，历代之名实，具载于国史家牒。余先自燕亡归晋，事庄宗、明宗、闵帝、清泰帝，又事晋高祖皇帝、少帝。契丹据汴京，为戎主所制，自镇州与文武臣僚、马步将士归汉朝，事高祖皇帝、今上。顾以久叨禄位，备历艰危，上显祖宗，下光亲戚。亡曾祖讳湊，累赠至太傅，亡曾祖母崔氏，追封梁国太夫人；亡祖讳炯，累赠至太师，亡祖母褚氏，追封吴国太夫人；亡父讳良建，秘书少监致仕，累赠至尚书令，母张氏，追封魏国太夫人。

余阶自将仕郎，转朝议郎、朝散大夫、银青光禄大夫、金紫光禄大夫、特进、开府仪同三司。职自幽州节度巡官、河东节度巡官、掌书记，再为翰林学士，改授端明殿学士、集贤殿大学士、太微宫使，再为弘文馆大学士，又充诸道盐铁转运使、南郊大礼使、明宗皇帝晋高祖皇帝山陵使，再授定国军节度、同州管内观察处置等使，一为长春宫使，又授武胜军节度、邓随均房等州管内观察处置等使。官自摄幽府参军、试大理评事、检校尚书祠部郎中兼侍御史、检校吏部郎中兼御史中丞、检校太尉，同中书门下平章事、检校太师、兼侍中，又授检校太师、兼中书令。正官自行台中书舍人，再为户部侍郎，转兵部侍郎、中书侍郎，再为门下侍郎、刑部吏部尚书、右仆射，三为司空，两在中书，一守本官，又授司徒、兼侍中，赐私门十六戟，又授太尉、兼侍中，又授戎太傅，又授汉太师。爵自开国男至开国公、鲁国公，再封秦国公、梁国公、燕国公、齐国公。食邑自三百户至一万一千户，食实封自一百户至一千八百户。勋自柱国至上柱国。功臣名自经邦致理翊赞功臣至守正崇德保邦致理功臣、安时处顺守义崇静功臣、崇仁保德宁邦翊圣功臣。

“先娶故德州户掾褚讳濆女，早亡；后娶故景州弓高县孙明府讳师礼女，累封蜀国夫人。亡长子平，自秘书郎授右拾遗、工部度支员外郎；次子吉，自秘书省校书郎授膳部金部职方员外郎、屯田郎中；第三亡子可，自秘书省正字授殿中丞、工部户部员外郎；第四子幼亡；第五子义，自秘书郎改授银青光禄大夫、检校国子祭酒兼御史中丞，充定国军衙内都指挥使，职罢改授朝散大夫、左春坊太子司议郎、授太常丞；第六子正，自协律郎改授银青光禄大夫、检校国子祭酒兼御史中丞，充定国军节度使，职罢，改授朝散大夫、太仆丞。长女适故兵部崔侍郎讳衍子太仆少卿名绚，封万年县君；三女子早亡。二孩幼亡。

“唐长兴二年敕，瀛州景城县庄来苏乡改为元辅乡，朝汉里为孝行里。洛南庄贯河南府洛阳县三州乡灵台里，奉晋天福五年敕，三州乡改为上相乡，灵台里改为中台里，时守司徒、兼侍中；又奉八年敕，上相乡改为太尉乡，中台里改为侍中里，时守太尉、兼侍中。

“静思本末，庆及存亡，盖自国恩，尽从家法，承训诲之旨，关教化之源，在孝于家，在忠于国，口无不道之言，门无不义之货。所愿者下不欺于地，中不欺于人，上不欺于天，以三不欺为素。贱如是，贵如是，长如是，老如是，事亲、事君、事长、临人之道，旷蒙天恕，累经难而获多福，曾陷蕃而归中华，非人之谋，是天之佑。

“六合之内有幸者，百岁之后有归所。无以珠玉含，当以时服敛，以籧篨葬，及择不食之地而葬焉，以不及于古人故。祭以特羊，戒杀生也，当以不害命之物祭。无立神道碑，以三代坟前不获立碑故。无请谥号，以无德故。

“又念自宾佐至王佐及领藩镇时，或有微益于国之事节，皆形于公籍。所著文章篇咏，因多事散失外，收拾得者，编于家集，其间见其志。知之者，罪之者，未知众寡矣。有庄、有宅、有群书，有二子可以袭其业。于此日五盥，日三省，尚犹日知其所亡，月无忘其所能。为子、为弟、为人臣、为师长、为夫、为父，有子、有犹子、有孙，奉身既有余矣。为时乃不足，不足者何？不能为大君致一统、定八方，诚有愧于历职历官，何以答乾坤之施。时开一卷，时饮一杯，食味、别声、被色，老安于当代耶！老而自乐，何乐如之！时乾祐三年朱明月长乐老序云。”

及太祖平内难，议立徐州节度使刘赟为汉嗣，遣道与秘书监赵上交、枢密直学士王度等往迎之。道寻与赟自徐赴汴，行至宋州，会澶州军变。枢密使王峻遣郭崇领兵至，屯于衙门外，时道与上交等宿于衙内。是日，赟率左右甲士阖门登楼，诘崇所自，崇言太祖已副推戴。左右知其事变，以为道所卖，皆欲杀道等以自快。赵上交与王度闻之，皆惶怖不知所为，唯道偃仰自适，略无惧色，寻亦获免焉。道微时尝赋诗云：“终闻海岳归明主，未省乾坤陷吉人。”至是，其言验矣。

广顺初，复拜太师、中书令，太祖甚重之，每进对不以名呼。及太祖崩，世宗以道为山陵使。会河东刘崇入寇，世宗召大臣议欲亲征，道谏止之，世宗因言：“唐初，天下草寇蜂起，并是太宗亲平之。”道奏曰：“陛下得如太宗否？”世宗怒曰：“冯道何相少也！”乃罢。及世宗亲征，不令扈从，留道奉太祖山陵。时道已抱疾。及山陵礼毕，奉神主归旧宫，未及祔庙，一夕薨于其第，时显德元年四月十七日也，享年七十有三。世宗闻之，辍视朝三日，册赠尚书令，追封瀛王，谥曰文懿。

道历任四朝，三入中书，在相位二十余年，以持重镇俗为己任，未尝以片简扰于诸侯，平生甚廉俭，逮至末年，闺庭之内，稍徇奢靡。其子吉，尤恣狂荡，道不能制，识者以其不终令誉，咸叹惜之。

【译文】

冯道，字可道，瀛州景城人。他的祖先有的务农，有的从学，没有固定从事的职业。冯道小时候就纯朴厚道，喜欢学习，善于写作，不以布衣食物粗劣为耻，除了供养孝敬父母之外，其余时间都用来诵读诗书典籍，不论是大雪封门，还是积尘满席，他也仍然平淡自足。在天祐年间，他被刘守光任用为幽州掾吏。当刘守光领兵攻伐中山时，刘守光向幕僚属吏咨询，而冯道却经常用成败关系重大来规谏他。刘守光大怒，把冯道关押在监狱中，随即被人解救。刘守光失败后，冯道逃奔到太原，监军使张承业招他为本院巡官。张承业器重冯道的文章操行，冯道很受礼遇厚待。当时有个叫周玄豹的，善于评论人，但与冯道不融洽，就对张承业说：“姓冯的没有发展的前途，您不可过分任用。”当时河东记室卢质闻知此言说：“我曾见过杜黄裳司空的肖像图，冯道的相貌和他十分类似，将来必受重用，周玄豹的话不值得听信。”张承业随即荐举冯道为霸府从事，不久又被委任为太原掌书记。当时庄宗李存勖兼并占有河北，文书事务极为繁忙，全委托给冯道处理。

庄宗同梁军在黄河两岸对峙。一天，郭崇韬因众将校中吃闲饭无事可做的人数量过多，主管部门供给不上，请求稍稍裁减。李存勖发怒说："我为卖命效力的人谋取食物都不自由，对于河北三镇，三军将士另外选择一个人当主帅，我自请返归太原来为贤者让路。"他立即命令冯道当面草拟文辞，准备向他的部众宣布。冯道执笔很久，李存勖神色严肃地催促他，冯道慢慢地起身回答说："我所担任的是文职工作，怎敢不按职责办事。但如今大王屡建大功，正在平定南方贼寇，郭崇韬的进谏，并不过分失当，拒绝他就可以了。千万不可用刚才的话，引起部众喧哗骚动。敌人倘若知道，就认为大王君臣之间不和了。望您深思熟虑，则天下大幸啊。"不一会儿郭崇韬前来道歉，这是由于冯道的劝解，人们这才看重冯道的胆量。

庄宗在邺宫即位，任命冯道为尚书省郎官，充翰林学士，官服由绿衣改赐高官的紫服。在平定梁朝时，他又被迁升为中书舍人、户部侍郎。到他父亲去世后，冯道在景城守孝服丧。灾荒之年，冯道便将自己所得俸禄的节余，全用作赈济分给乡里百姓。冯道所居住的，只是柴门茅屋而已。凡是州守县令的馈赠，冯道连一斗粮食、一匹绢帛都不接受。当时契丹势力正盛，早就听说冯道的名声，打算劫掠而夺取他；适逢边境军队有防备，冯道得以免遭厄运。

唐明宗进入洛阳之时，立即对身边大臣安重诲说："先皇帝时的冯道郎中现在在什么地方呢？"安重诲回答道："新近被任命为翰林学士。"明宗说："这个人朕非常熟悉，他是个好宰相。"不久任命冯道为端明殿学士，因而端明这个称号，从冯道开始使用。不久，冯道迁升中书侍郎、刑部尚书平章事。凡是出身卑微的士人学子，具有才干学识的，冯道全都加以引荐任用；像唐末官员操行浮躁的，冯道必定抑制而弃置不用。有个叫任赞的工部侍郎，趁着列班退朝，和同僚在后面奚落冯道说："倘若行走太急，必定会掉下《兔园册》（乡儒习书）。"冯道知道后，召见任赞说："《兔园册》都是名儒所集录的，我能背诵。朝中士人只看考场文章的佳句，便当作科举学业，都想借以窃取公卿高位，为何肤浅狭隘到如此地步呀！"任赞大为惭愧。又有原后梁宰辅大臣李琪，常以写文章作为自己的专长，曾经进献《贺平中山王都表》，说"收复真定之叛城"。

冯道责备李琪说："日前收复的是定州，不是真定。"李琪不明地理，顿时被驳正受挫。此后朝廷百官总共三次进献上明宗徽号的表章，都由冯道亲笔撰写。其文浑然一体，不同于流行庸俗的体制，举朝上下为之叹服。冯道尤其擅长文章诗词，提笔即成，除了词语典雅华丽之外，还具义理包含古道，必定被远近四方传诵抄写，所以群臣逐渐敬畏冯道学问的高深，从此朝班行列风气严肃，没有轻薄之态。接着冯道改任门下侍郎、户部吏部尚书、集贤殿弘文馆大学士，加官尚书左仆射，封始平郡公。有一天，在冯道朝见退下后，唐明宗回头对侍从大臣说："冯道天性纯朴，先前在德胜寨居住在一个茅草小庵，和随从同用一个餐具吃饭，睡觉就用干草一捆，他的心境平和、安定。当他因父亲去世离任回乡，亲自从事耕作打柴，和农夫共处，一点不把尊贵放在心上，是真正的士大夫啊。"

在天成、长兴年间，全国各地都连年丰收，朝廷内外清闲无事。唐明宗每次在延英殿会见朝臣，都留下冯道向他咨询外部事宜。冯道说："陛下的德行奉天承运，上天便用年成丰收来指示吉祥，然而现在更需陛下一天比一天谨慎，用以回报上天的心意。臣常常回忆起在先皇藩镇府邸时，曾奉命出使中山，经过井陉的险关，担心马会失蹄跌倒，不敢大意放松缰绳；但当我走到平地，就不再留心控制，结果被马绊倒，差点丧命。臣所陈述的事虽然小，却可以比喻大事。陛下不要因为太平丰收，便放纵享乐；而君主您依然兢兢业业，是臣所盼望的。"唐明宗深以为是。又有一天，明宗又问冯道说："天下虽然丰收，但百姓能否得到接济？"冯道说："粮价贵了农民要受饿，粮价贱了又会伤农。臣记得近代有个举子聂夷中写的《伤田家诗》云：'二月卖新丝，五月粜秋谷，医得眼下疮，剜却心头肉。我愿君王心，化作光明烛，不照绮罗筵，偏照逃亡屋。"明宗说："此诗很好。"马上命令侍臣记录下来，经常自己讽诵。冯道发表言论简洁纯正，善于裨益朝政，不是常人所能比得上的。当时因为各种儒学经文大多错误很多，冯道就和同僚李愚委托学官田敏等人，用西京郑覃所刊石经，雕成可供印刷的木版，颁发全国各地，后来求学的人获益匪浅。

唐明宗去世后，唐末帝继位，任用冯道为山陵使，明宗的葬礼结束后，冯道离京领镇同州，这是依照惯例安排的。冯道为政清闲淡泊，凡政治经济政策不做太多更动，无所干扰。一天，有个上介人胡饶，原本出身军吏，性格粗鲁，因为某件事在衙门辱骂冯道，左右侍从多次报告，冯道都不加理睬。冯道说：“他必定是醉了！”因而召见入内，陈列樽俎摆设食物，到晚上胡饶才起身回去，冯道脸上没有恼怒之色。不久，冯道又入京为司空。

契丹攻入汴京，冯道由襄、邓地区被征召入朝，契丹国主就随和地问他：“怎样才可解救天下百姓？”冯道说：“这时的百姓，就是佛祖再出世都不能救助他们，而今只有皇帝您能救得了。”后来中原百姓不至斩尽杀绝，都靠冯道和赵延寿暗地里救护的结果。

就在这年三月，冯道随契丹人北上，和晋室公卿大臣一起抵达常山。不久，契丹国主去世，永康王耶律兀接着统率契丹部众。当永康王北归离去，留下他的本族耶律解里占据常山。当时汉军群情激愤，就一同赶走解里，旋即光复常山城。冯道率领同僚，四处安抚，因事制宜，分别安定各方。有人推许他的功劳，冯道说：“儒臣能做什么，这都是众将领的力量啊。”冯道以德行受到尊重，成为人们效法的榜样，于是为部众挑选将领中勤勉老成的，让骑校白再荣临时为主帅。军队因此能够安定顺服，冯道在其中起到首要作用。冯道在常山，经常用行李中的钱财来赎取被契丹军队所俘获的中原男女，把他们暂时安置在僧尼寺院，然后一一寻访他们的家人送他们回家。

还有一事，契丹人先前留下冯道和李崧、和凝以及文武官员等在常山。在这年的闰七月二十九日，耶律兀下诏书征召李崧，要他挑选朝廷官员十人赶赴木叶山安葬耶律德光。契丹将领麻答召见冯道等到帅帐，准备通知他们，李崧偶然先到，得知诏书旨意，现出恐惧的神色。麻答准备在第二天将他们和十名朝廷官员一起遣送，于是李崧不等冯道到来，同和凝先出走；过了一会儿冯道和他们在帐门外相遇，就离开契丹人一起回归。不久李筠等纵火同契丹军队交战，刀枪相加。这天倘若冯道和李崧等一起到达，和麻答相见，稍有犹豫，就全被契丹人俘获了。当时评论的人认为冯道当平民时就有高尚品行，有重大声望远播朝廷内外，他感通神灵而受到暗中保护，因此他的事迹大多都是这一类。

冯道从常山入京觐见，汉高祖赞赏他，任命他为守太师。乾祐年间，除了上朝觐见外，冯道平时安闲自适。有一天，他写了一篇《长乐老自叙》云：

“我出身于世代承袭的宗族，出自始平、长乐二郡，历代人的声名业绩，都记载在国史和家谱之中。我先从燕地逃归太原，侍奉唐庄宗、明宗、闽帝、清泰帝，又侍奉晋高祖皇帝、少帝。契丹入据汴京，被戎狄君主所挟制，从镇州和文武臣僚、马步军将士投归汉朝，侍奉高祖皇帝、当今皇上。回顾自己长久享受俸禄官位，经历各种艰难危险，上可显耀祖宗，下能光荣亲戚。已故曾祖名讳凑，屡次赠授官至太傅，已故曾祖母崔氏，追封为梁国太夫人；已故祖父名讳炯，屡次赠授官至太师，已故祖母褚氏，追封为吴国太夫人；已故父亲名良建，曾以秘书少监退休，最终赠官至尚书令，母亲张氏，追封为魏国太夫人。

“我的官阶由将仕郎，升为朝议郎、朝散大夫、银青光禄大夫、金紫光禄大夫、特进、开府仪同三司。职务从幽州节度巡官、河东节度巡官、掌书记，再为翰林学士，改授端明殿学士、集贤殿大学士、太微宫使，再为弘文馆大学士，又充任诸道盐铁转运使、南郊大礼使、唐明宗皇帝晋高祖皇帝山陵使，再授定国军节度、同州管内观察处置等使，一为长春宫使，又授武胜军节度、邓随均房等州管内观察处置等使。官从摄幽州参军、试大理评事、检校尚书祠部郎中兼侍御史、检校吏部郎中兼御史中丞、检校太尉，直到同中书门下平章事、检校太师、兼侍中，又授检校太师、兼中书令。正官从行台中书舍人，再为户部侍郎，转兵部侍郎、中书侍郎，再为门下侍郎。刑部吏部尚书、右仆射，三为司空，两在中书，一守本官，又授司徒、兼侍中，赐私门十六戟，又授太尉、兼侍中，又授契丹太傅，又授汉太师。爵从开国男至开国公、鲁国公，再封秦国公、梁国公、燕国公、齐国公。食邑由三百户增加到一万一千户，实际享受的租赋从一百户至一千八百户。我的功勋从柱国至上柱国。我的功臣名号从经邦致理翊赞功臣，至守正崇德保邦致理功臣、安时处顺守义崇静功臣、崇仁保德宁邦翊圣功臣。

“我最先娶了原德州户掾褚讳濆之女，却不幸早年亡故；后来又娶了原景州弓高县明府孙师礼的女儿，她的封号一直加到蜀国夫人。长子冯平，已经病故，由秘书郎授右拾遗、工部度支员外郎；次子冯吉，从秘书省校书郎授膳部金部职方员外郎、屯田郎中；已故第三子冯可，从秘书省正字授殿中丞、工部户部员外郎；第四子幼年亡故；第五子冯义，从秘书郎改授银青光禄大夫、检校国子祭酒兼御史中丞，充任定国军衙内都指挥使，职罢改授朝散大夫、左春坊太子司议郎，授太常丞；第六子冯正，从协律郎改授银青光禄大夫、检校国子祭酒兼御史中丞，充任定国军节度使，职罢改授朝散大夫、太仆丞。长女嫁给原兵部侍郎崔衍之子太仆少卿崔绚，封为万年县君；有三个女儿早年夭亡。两个孙子幼年丧命。

“唐长兴二年下诏，瀛洲景城县所在的老家来苏乡改名为元辅乡，朝汉里改为孝行里。洛南老家原籍河南府洛阳县三州乡灵台里，奉晋天福五年敕令，三州乡改为上相乡，灵台里改为中台里，当时我任职司徒、兼侍中；又奉天福八年敕令，上相乡改为太尉乡，中台里改为侍中里，当时我任职太尉、兼侍中。

“冷静思考我一生的经历，生者亡者都得到幸福，这是由于国家的恩惠，全遵从家庭的教育。我承蒙教诲的要义，有关教化的根本在于在家尽孝，在国尽忠，口中不讲不道德的话，家里没有不义之财。我所希望的是下不欺骗地，中不欺骗人，上不欺骗天，以这三不欺为本。我贫贱时这样，显贵时这样，壮年时这样，老年时这样，把这几点作为侍奉双亲、侍奉君主、侍奉尊长、待人接物的准则，得到上天特大的宽恕，我多次经历灾难却能幸存，曾经身陷外邦但最终得以返回中原，这不是人为的谋略，这是上天的保佑。

“天地四方之间有我这样的幸存者，百岁归天后有葬身之地，不要用珠玉含在嘴里入葬，当用平时的服装收殓，用粗竹席裹尸，并要选择不毛之地下葬，这是因为我比不上古代贤人。祭祀只用一只羊，是为了表示戒绝杀生，应当用不伤害生命的物品作为祭品。不要立神道碑，因为我祖上三代坟前没有获得立碑。不要请求谥号，因为我没有德行。

“又考虑到自任幕僚宾佐到君王辅佐以及典领藩镇时，偶尔有稍微对国家有益的事情，都全部记入公家簿籍。我所写的诗歌文章，除因战乱而散失的都编入家集。从中可以看到我的志向，赏识的或指责的，就不知谁多谁少了。我有庄园、有宅第、有大批书籍，有两个儿子可以继承家业。在此一日五次盥洗，一天三次反省，尚能每日知道所失去的，每月不忘记所能做的。我当儿子、当弟弟、当人臣、当师长、当丈夫、当父亲，有儿子、有侄子、有孙子，侍奉我已绰绰有余了。但时间仍然感到不够，感到时间不够的是什么呢？是不能为君主实现一统天下，安定四面八方；实在有愧于历任职官，还能用什么来报答天地的恩惠？时时读一卷书，时时喝上一杯茶，品尝佳肴，欣赏音乐，身着美衣，在当代就这样安度晚年。晚年能够自寻欢乐，这是多么可喜的事情啊。时乾祐三年，朱明月长乐老自序。”

当周太祖平息内部动乱，商议拥立徐州节度使刘赟为汉室继位者，派冯道和秘书监赵上交、枢密直学士王度等前往迎接。冯道和刘赟不久从徐州赶赴汴州，走到宋州，遇到澶州兵变。枢密使王峻派遣郭崇领兵到达，屯驻在宋州军府衙门外，当时冯道和赵上交等人住宿在军府衙内。这一天，刘赟率领侍从武士关上府门登上门楼，盘问郭崇来自何方，郭崇说郭威已经接受推举拥戴即位。刘赟身边将吏知道京城事变后，以为被冯道所出卖，都想杀死冯道等人来痛快一番。赵上交和王度听说后，都惶恐不知所措。只有冯道应付自如，毫无惧色，不久也得以免遭祸难。冯道贫微时曾经赋诗云：“终闻海岳归明主，未省乾坤陷吉人。”这时他的话应验。

冯道在周广顺初年又被任命为太师、中书令。周太祖非常器重他，在他每次进朝应对时从不直呼其名。当太祖去世，世宗任命冯道为山陵使。正逢河东刘崇领兵进犯，世宗召见大臣商议，冯道劝谏阻止世宗亲自出征，周世宗就说：“唐朝初年，天下草贼蜂起，都是唐太宗亲自领兵平定的。”冯道上奏说：“陛下能做到和太祖一样吗？”周世宗发怒说：“冯道何等小看我啊！”于是作罢。及至周世宗亲自出征，不让冯道随从，留冯道侍奉周太祖陵墓。当时冯道已经抱病在身。及至周太祖灵柩安葬大礼完毕，冯道护送神主返归旧宫，还没来得及行祔庙礼，一天晚上在自己宅第里去世，那是显德元年四月十七日，冯道享年七十三岁。周世宗闻讯，停止上朝三天，册封赠授冯道尚书令，追封为瀛王，谥号为文懿。

冯道历任四朝之官，三次进入中书门下，在相位达二十余年，以守成持重稳定天下为自己的职责，没有用只言片语打扰过藩镇诸侯。他平生极为廉洁俭朴，直到晚年，闺阁庭园之内才逐渐趋向奢侈糜费。他的儿子冯吉，特别恣肆放荡，冯道不能约束他；熟识的人因冯道不能最终保持好名声，全都感叹惋惜。

旧五代史卷一百二十八·周书八

杨凝式传

杨凝式，华阴人也。父涉，唐末梁初，再登台席，罢相守左仆射卒。凝式体虽蕞眇，而精神颖悟，富有文藻，大为时辈所推。唐昭宗朝，登进士第，解褐授度支巡官，再迁秘书郎，直史馆。梁开平中，为殿中侍御史、礼部员外郎、三川守，齐王张宗奭见而嘉之，请以本官充留守巡官。梁相赵光裔素重其才，奏为集贤殿直学士，改考功员外郎。

唐同光初，授比部郎中、知制诰。寻以心疾罢去，改给事中、史馆修撰，判馆事。明宗即位，拜中书舍人，复以心疾不朝而罢。长兴中，历右常侍、工户二部侍郎，以旧恙免，改秘书监。清泰初，迁兵部侍郎。唐末帝按兵于怀覃，凝式在扈从之列，颇以心恙喧哗于军砦，末帝以其才名，优容之，诏遣归洛。

晋天福初，改太子宾客，寻以礼部尚书致仕，闲居伊、洛之间，恣其狂逸，多所干忤，自居守以降，咸以俊才耆德，莫之责也。晋开运中，宰相桑维翰知其绝俸，艰于家食，奏除太子少保，分司于洛。汉乾祐中，历少傅、少师。太祖总政，凝式候于军门，且以年老不任庶事上诉，太祖特为奏免之。广顺中，表求致政，寻以右仆射得请。显德初，改左仆射，又改太子太保，并悬车。元年冬，卒于洛阳，年八十五。诏赠太子太傅。

凝式长于歌侍，善于笔札，洛川寺观蓝墙粉壁之上，题纪殆遍，时人以其纵诞，有“风子”之号焉。

【译文】

杨凝式，是华阴县人。他的父亲杨涉，在唐朝末年梁代初年，曾两次担任台阁大臣，罢相后被任为仆射，死在任上。杨凝式身体瘦小，却非常有精神，富有文采，被当时的名人大力推荐，天祐年间，考中进士，非仕被任命为度支巡官，又升为秘书郎，任职史馆。后梁开平年间，杨凝式任殿中侍御史、礼部员外郎、三川太守，齐王张宗奭一见他就满口称赞，请他以原职充任留守巡官。后梁丞相赵光裔一向重视杨凝式的才华，推荐他担任集贤殿直学士，后改为考功员外郎。

后唐同光初年，任命他为比部郎中、知制诰。不久因为他神经有疾病，改任为给事中、史馆修撰，掌管史馆事务。后唐明宗即位后，任命他为中书舍人，又因犯神经疾病不能上朝而罢官。长兴年间，杨凝式历任右常侍、工户二部侍郎，仍因旧疾被免官，改任秘书监。清泰初年，升任兵部侍郎。后唐末帝率军驻扎在怀覃，杨凝式跟随在皇帝身边，不时因神经病复发而在军营中大吵大闹，末帝因他有才名，原谅他，将他送回洛阳。

后晋天福初年，改任他为太子宾客，不久以礼部尚书的官衔退休，在伊水、洛水之间闲住，肆意发疯发癫，得罪不少人，从郡太守以下，人们因他有高才又资格老，没有责备他。后晋开运年间，宰相桑维翰知道他没有薪俸收入，吃饭也成问题，上奏朝廷，任他为太子太保，在洛阳设立分支机构。后汉乾祐年间，他历任少傅、少师。后周太祖郭威专擅军政，杨凝式在军营外等候郭威接见，诉说自己年岁已老不能再管理日常事务，郭威为此上奏皇帝，免去他的日常杂务。后周广顺年间，杨凝式上书请求去任，不久以右仆射的官衔准予退休。显德初年，他改任左仆射，又改任太子太保，二任都闲居在家，不管政事。显德元年冬天，杨凝式死在洛阳，时年八十五岁。朝廷赠给他太子太傅的荣衔。

杨凝式擅长作诗，又长于书法，洛川寺观的蓝墙红壁之上，都是他的题字。当时的人因他放纵怪诞，将他称之为“疯子”。

新五代史

新五代史卷一·梁本纪第一

太祖上

太祖神武元圣孝皇帝，姓朱氏，宋州砀山午沟里人也。其父诚，以《五经》教授乡里，生三子，曰全昱、存、温。诚卒，三子贫，不能为生，与其母佣食萧县人刘崇家。全昱无他材能，然为人颇长者。存、温勇有力，而温尤凶悍。

唐僖宗乾符四年，黄巢起曹、濮，存、温亡入贼中。巢攻岭南，存战死。巢陷京师，以温为东南面行营先锋使，攻陷同州，以为同州防御使。是时，天子在蜀，诸镇会兵讨贼。温数为河中王重荣所败，屡请益兵于巢，巢中尉孟楷抑而不通。温客谢瞳说温曰："黄家起于草莽，幸唐衰乱，直投其隙而取之尔，非有功德兴王之业也，此岂足与共成事哉！今天子在蜀，诸镇之兵日集以谋兴复，是唐德未厌于人也。且将军力战于外，而庸人制之于内，此章邯所以背秦而归楚也。"温以为然，乃杀其监军严实，自归于河中，因王重荣以降。都统王铎承制拜温左金吾卫大将军、河中行营招讨副使，天子赐温名全忠。

中和三年三月，拜全忠汴州刺史、宣武军节度使。四月，诸镇兵破巢，复京师。巢走蓝田。七月丁卯，全忠归于宣武。是岁，黄巢出蓝田关，陷蔡州，节度使秦宗权叛附于巢，遂围陈州。徐州时溥为东南面行营兵马都统，会东诸镇兵以救陈。陈州刺史赵犨亦乞兵于全忠。溥虽为都统而不亲兵。四年，全忠乃自将救犨，率诸镇兵击败巢将黄邺、尚让等。犨以全忠为德，始附属焉。是时，河东李克用下兵太行，度河，出洛阳，与东兵会击巢。巢已败去，全忠及克用追败之于郾城。巢走中牟，又败之于王满。巢走封丘，又大败之。巢挺身东走，至泰山狼虎谷，为时溥追兵所杀。九月，天子以全忠为检校司徒、同中书门下平章事，封沛郡侯。光启二年三月，进爵王。义成军乱，逐其节度使安师儒，推牙将张骁为留后，师儒来奔，杀之。遣朱珍、李唐宾陷滑州，以胡真为留后。十二月，徙封吴兴郡王。

自黄巢死，秦宗权称帝，陷陕、洛、怀、孟、唐、许、汝、郑州，遣其将秦贤、卢瑭、张晊攻汴。贤军板桥，晊军北郊，瑭军万胜，环汴为三十六栅。王顾兵少，不敢出。乃遣朱珍募兵于东方，而求救于兖、郓。三年春，珍得万人、马数百匹以归。乃击贤板桥，拔其四栅。又击瑭万胜，瑭败，投水死。宗权闻瑭等败，乃自将精兵数千，栅北郊。五月，兖州朱瑾、郓州朱宣来赴援。王置酒军中，中席，王阳起如厕，以轻兵出北门袭晊，而乐声不辍。晊不意兵之至也，兖、郓之兵又从而合击，遂大败之，斩首二万余级。宗权与晊夜走，过郑，屠其城而去。宗权至蔡，复遣张晊攻汴。王闻晊复来，登封禅寺后冈，望晊兵过，遣朱珍蹑之，戒曰："晊见吾兵，必止。望其止，当速返，毋与之斗也。"已而晊见珍在后，果止。珍即驰还。王令珍引兵蔽大林，而自率精骑出其东，伏大冢间。晊止而食，食毕，拔旗帜，驰击珍。珍兵小却，王引伏兵横出，断晊军为三而击之。晊大败，脱身走。宗权怒，斩晊。而河阳、陕、洛之兵为宗权守者，闻蔡精兵皆已歼于汴，因各溃去。故诸葛爽将李罕之取河阳、张全义取洛阳以来附。十月，天子使来，赐王纪功碑。朱宣、朱瑾兵助汴，已破宗权东归，王移檄兖、郓，诬其诱汴亡卒以东，乃发兵攻之，取其曹州、濮州。遂遣朱珍攻郓州，大败而还。十二月，天子使来，赐王铁券及德政碑。

淮南节度使高骈死，杨行密入扬州。天子以王兼淮南节度使。王乃表行密为副使，以行军司马李璠为留后。璠之扬州，行密不纳。文德元年正月，王如淮南，至宋州而还。是时，秦宗权陷襄州，以赵德谭为节度使。德谭叛于宗权以来附。天子因以王为蔡州四面行营都统，以德谭为副。

三月庚子，僖宗崩。天雄军乱，囚其节度使乐彦贞。其子相州刺史从训攻魏，来乞兵。遣朱珍助从训攻魏。而魏军杀彦贞，从训战死，魏人立罗弘信，珍乃还。张全义取河阳，逐李罕之。罕之奔于河东。李克用遣兵围河阳，全义来求救，遣丁会、牛存节救之，击败河东兵于沇河。

五月，行营讨蔡州，围之百余日，不克。是时，时溥已为东南面都统，又以王统行营而溥犹称都统，王乃上书，论溥讨蔡无功而不落都统，且欲激怒溥以起兵端。初，高骈死，淮南乱，楚州刺史刘瓒来奔，纳之，及王兵攻蔡不克，还，欲攻徐，乃遣朱珍将兵数千以东，声言送瓒还楚州。溥怒论已，又闻珍以兵来，果出兵拒之。珍战于吴康，大败之，取

其丰、萧二县。遂攻宿州，下之。珍屯萧县，别遣庞师古攻徐州。龙纪元年正月，师古败溥于吕梁。淮西牙将申丛执秦宗权，折其足，将槛送京师；别将郭璠杀丛，篡宗权以来献。王遣行军司马李璠献俘于京师，表郭璠淮西留后。三月，天子封王为东平王。七月，朱珍杀李唐宾，王如萧县，执珍杀之，遂攻徐州。冬，大雨，水，不能军而旋。

初，秦宗权遣其弟宗衡掠地淮南，是岁，宗衡为其将孙儒所杀，儒攻杨行密于扬州。淮南大乱，行密走宣州，儒入扬州。大顺元年春，遣庞师古攻孙儒于淮南，大败而还。四月，宿州将张筠以宿州复归于时溥，王自将攻之，不克。

初，黄巢败走，李克用追之，至于冤朐，不及而旋。过汴，驻军于北郊，王邀克用置酒上源驿，夜以兵攻之。克用逾城而免，讼其事于京师，天子知曲在汴而和解之。至是，宰相张浚私与汴交，王厚之以赂，浚为汴请伐河东。唐诸大臣皆以为不可兴师。浚挟汴力，请益坚。天子不得已，许之。五月，以浚为太原四面行营都统，王为东南面招讨使。然王不亲兵，以兵二千属浚而已。浚屯于阴地。河东叛将冯霸杀潞州守将李克恭来降，遣葛从周入潞州。李克用遣康君立攻之，从周走河阳。九月，王如河阳。十月，天子以王兼宣义军节度使，遂如滑州，假道于魏，以攻河东，且责其军须，亦所以怒魏为兵端也。魏人果以谓非兵所当出，而辞以粮乏，皆不许。于是攻魏。十一月，张浚之师大败于阴地。二年正月，王及魏人战于内黄，大败之，屠故元城，罗弘信来送款。十月，克宿州。十一月，曹州将郭绍宾杀其刺史郭饶来降。十二月，丁会败朱瑾于金乡。景福元年二月，攻郓州，前军朱友裕败于斗门，王军后至，又败而还。冬，友裕取濮州，遂攻徐州。二年四月，庞师古克徐州，杀时溥。王如徐州，以师古为留后，遂攻兖、郓。

乾宁元年二月，王及朱宣战于渔山，大败之。二年八月，又败宣于梁山。十一月，又败之于钜野。兖、郓求救于河东，李克用发兵救之，假道于魏。既而魏人击之，克用怒，大举攻魏。罗弘信来求救，遣葛从周救魏。是岁，李克用封晋王。三年五月，战于洹水，擒克用子落落，送于魏，杀之。七月，凤翔李茂贞犯京师，天子出居于华州。王请以兵赴难，天子优诏止之。又请迁都洛阳，不许。四年正月，庞师古克郓州，王如郓州，以朱友裕为留后。遂攻兖州。朱瑾奔于淮南，以葛从周为兖州留后。九月，攻淮南，庞师古出清口，葛从周出安丰，王军屯于宿州。杨行密遣朱瑾先击清口，师古败死。从周亟返兵，至于淠河，瑾又败之。王惧，驰归。

光化元年三月，天子以王兼天平军节度使。四月，遣葛从周攻晋之山东，取邢、洺、磁三州。襄州赵匡凝自其父德諲时来附，匡凝又与杨行密、李克用通，而其事泄。七月，遣氏叔琮、康怀英攻匡凝，取其泌、随、邓三州。匡凝请和乃止。十二月，李罕之以潞州来降。二年，幽州刘仁恭攻魏，罗绍威来求救。王救魏，败仁恭于内黄。四月，遣氏叔琮攻晋太原，不克。七月，李克用取泽、潞。十一月，保义军乱，杀其节度使王珙，推其牙将李璠为留后，其将朱简杀璠来降。以简为保义军节度使。三年四月，遣葛从周攻刘仁恭之沧州，取其德州，及仁恭战于老鸦堤，大败之。八月，晋取洺州。王如洺州，复取之。是时，镇、定皆附于晋。遂攻镇州，破临城，王镕来送款。进攻定州，王郜奔于晋，其将王处直以定州降。

唐宦者刘季述作乱，天子幽于东宫。天复元年正月，护驾都头孙德昭诛季述，天子复位。封王为梁王。遣张存敬攻王珂于河中，出含山，下晋、绛二州。王珂求救于晋，晋不能救，乃来降。三月，大举攻晋。氏叔琮出太行，取泽、潞。葛从周、张存敬、侯言、张归厚及镇、定之兵，皆会于太原，围之，不克，遇雨而还。五月，天子以王兼河中尹、护国军节度使。六月，晋取慈、隰。

自刘季述等已诛，宰相崔胤外与梁交，欲假梁兵尽诛宦者。而凤翔李茂贞、邠宁王行瑜等皆遣子弟以精兵宿卫天子，宦官韩全诲等亦因恃以为助。天子与胤计事，宦者属耳，颇闻之。乃选美女，内之宫中，阴令伺察其实。久之，果得胤奏谋所以诛宦者之说，全诲等大惧，日夜相与涕泣，思图胤以求全。胤知谋泄，事急，即矫为制，召梁兵入诛宦者。十月，王以宣武、宣义、天平、护国兵七万，至于河中，取同州，遂攻华州，韩建出降。全诲等闻梁王兵且至，即以岐、邠宿卫兵劫天子奔于凤翔。王乃上书言胤所以召之之意。天子怒，罢胤相，责授工部尚书，诏梁兵还镇。王引兵去，攻邠州，屯于三原。邠州节度使杨崇本以邠、宁、庆、衍四州降。崔胤奔于华州。二年春，王退军于河中。晋攻晋、绛。遣朱友宁击败晋军于蒲县，取汾、慈、隰，遂围太原，不克而还，汾、慈、隰复入于晋。四月，友宁引兵西，至兴平，及李茂贞战于武功，大败之。王兵犯凤翔，茂贞数出战，辄败，遂围之。十一月，鄜坊李周彝以兵救凤翔，王遣孔勍袭鄜州，虏周彝之族，徙于河中，周彝乃降。是时，岐兵屡败，而围久，城中食尽，自天子至后宫，皆冻馁。三年正月，茂贞杀韩全诲等二十人，囊其首，示梁军，约出天子以为解。甲子，天子出幸梁军。遣使者驰召崔胤，胤托疾不至。王使人戏胤曰："吾未识天子，惧其非是，子来为我辨之。"天子还至兴平，胤率百官奉迎。王自为天子执辔，且泣且行，行十余里，止之。人见者，咸以为忠。己巳，天子至自凤翔，素服哭于太庙而后入，杀宦者七百余人。二月甲戌，天子赐王"回天再造竭忠守正功臣"，以辉王祚为诸道兵马元帅，王为副元帅。王乃留子友伦为护驾指挥使，以为天子卫，引兵东归。天子饯于延喜楼，赐《杨柳枝》五曲。

初，梁兵已西，青州王师范遣其将刘鄩袭据梁兖州。王已还梁，四月，如郓州，遣朱友宁攻青州。师范败之于石楼，友宁死。九月，杨师厚败青人于临朐，取其棣州，师范以青州降，而鄩亦降。友伦击鞠，堕马死。王怒，以为崔胤杀之，遣朱友谦杀胤于京师。其与友伦击鞠者，皆杀之。

自天子奔华州，王请迁都洛阳，虽不许，而王命河南张全义修洛阳宫以待。天祐元年正月，王如河中，遣牙将寇彦卿如京师，请迁都洛阳，并徙长安居人以东。天子行至陕州，王朝于行在，先如东都。是时，六军诸卫兵已散亡，其从以东者，小黄门十数人，打球供奉、内园小儿等二百余人。行至谷水，王教医官许昭远告其谋乱，悉杀而代之，然后以闻。由是，天子左右皆梁人矣。四月甲辰，天子至自西都。是时，晋王李克用、岐王李茂贞、楚王赵匡凝、蜀王王建、吴王杨行密闻梁迁天子洛阳，皆欲举兵讨梁，王大惧。六月，杨崇本复附于岐。王乃以兵如河中，声言攻崇本，遣朱友恭、氏叔琮、蒋玄晖等行弑，昭宗崩。十月，王朝于京师，杀朱友恭、氏叔琮。十一月，攻淮南，取其光州，攻寿州，不克而旋。二年二月，遣蒋玄晖杀德王裕等九王于九曲池。六月，杀司空裴贽等百余人。七月，天子使来，赐王"迎銮纪功碑"。

王欲代唐，使人谕诸镇，襄州赵匡凝以为不可。遣杨师厚攻之，取其唐、邓、复、郢、随、均、房七州。王如襄州，军于汉北。九月，师厚破襄州，匡凝奔于淮南。师厚取荆南，荆南留后赵匡明奔于蜀。遂出光州，以攻寿州，不克。天子卜祀天于南郊，王怒，以为蒋玄晖等欲祈天以延唐。天子惧，改卜郊。十一月辛巳，天子封王为魏王、相国，总百揆。以宣武、宣义、天平、护国、天雄、武顺、佑国、河阳、义武、昭义、武宁、保义、忠义、武昭、武定、泰宁、平卢、匡国、镇国、荆南、忠武二十一军为魏国，备九锡。王怒，不受。十二月，天子以王为天下兵马元帅。王益怒，遣人告枢密使蒋玄晖与何太后私通，杀玄晖而焚之，遂弑太后于积善宫。又杀宰相柳璨，太常卿张廷范车裂以徇。天子诏以太后故停郊。

三年春，魏州罗绍威谋杀其牙军，来假兵以虞变，王为发兵北攻刘仁恭之沧州，兵过魏而绍威已杀牙军，其兵之在外者皆叛，据贝、卫、澶、博州，王以兵悉杀之。遂攻沧州，军于长芦。刘仁恭求救于晋。晋人取潞州，王乃旋军。

【译文】

梁太祖神武元圣孝皇帝，姓朱，是宋州砀山午沟里人。他的父亲朱诚，在乡里教授《五经》，生有三个儿子，名叫朱全昱、朱存、朱温。朱诚去世，三个儿子贫困，不能操持生计，和母亲在萧县人刘崇家打工吃饭。朱全昱没有其他才能，然而为人颇有长者风度。朱存、朱温勇猛有力气，而朱温尤其凶狠强悍。

唐僖宗乾符四年，黄巢在曹州、濮州一带起事，朱存、朱温流亡进入贼寇中间。黄巢进攻岭南，朱存战死。黄巢攻陷京城，任命朱温为东南面行营先锋使。朱温攻陷同州，被任命为同州防御使。当时天子唐僖宗在蜀地，各路藩镇会合兵马讨伐贼寇。朱温多次被河中节度使王重荣击败，屡次向黄巢请求增兵，黄巢的中尉孟楷压住不通报。朱温门客谢瞳劝说朱温道："黄家起于草莽之中，侥幸遇上唐朝衰败动乱，只是时机凑巧而取得成功，不是有功劳德行而振兴统一天下的大业，这哪里值得与他共成事业呢！如今天子在蜀地，各外藩镇的军队日益集结来图谋复兴王室，这表明唐室德运还没有被人厌弃啊！况且将军在外拼力作战，庸人在内极力牵制，这是章邯当年背叛秦朝而归附楚王项羽的形势啊！"朱温认为很有道理，于是杀死他的监军严实，自己向河中归附，通过节度使王重荣投降唐朝。诸道行营都统王铎承奉制命授朱温为左金吾卫大将军、河中行营招讨副使，天子唐僖宗赐朱温名为全忠。

中和三年三月，授朱全忠为汴州刺史、宣武军节度使。四月，各路藩镇军队击败黄巢，收复京师。黄巢逃奔到蓝田。七月丁卯日，朱全忠返归宣武军节度使治所汴州。这一年，黄巢军队从蓝田关而出，攻陷蔡州，奉国军节度使秦宗权叛唐归附黄巢，于是围困陈州。徐州感化节度使时溥任东南面行营兵马都统，会同东部各藩镇军队来援救陈州。陈州刺史赵犨也向朱全忠乞求援兵。时溥虽然身为都统而不亲自领兵。中和四年，朱全忠就亲自率领军队救援赵犨，统领其他藩镇军队击败黄巢的将领黄邺、尚让等。赵犨感激朱全忠的恩德，开始附属于他。这时候，河东节度使李克用率军南下太行山，渡过黄河，从洛阳而出，与东面军队会合攻击黄巢。黄巢已经战败离去，朱全忠和李克用追赶到郾城击败他。黄巢逃奔中牟，又在王满战败。黄巢逃奔至封丘，又被打得大败。黄巢自身向东逃跑，到达泰山狼虎谷，被时溥的追兵杀死。九月，天子唐僖宗封朱全忠为检校司徒、同中书门下平章事，封爵为沛郡侯。唐僖宗光启二年三月，朱全忠晋爵为王。义成军发生叛乱，驱逐节度使安师儒，推举牙将张骁为义成留后，安师儒前来投奔，朱全忠杀了他。朱全忠派遣朱珍、李唐宾攻陷滑州，任命胡真为义成留后。十二月，朱全忠改封为吴兴郡王。

自从黄巢死后，秦宗权自称皇帝，攻陷陕州、洛州、怀州、孟州、唐州、许州、汝州、郑州，派遣他的将领秦贤、卢瑭、张晊进攻汴州。秦贤进军到板桥，张晊进军到汴州北郊，卢瑭进军到万胜，环绕汴州城安扎三十六座营寨。吴兴郡王朱全忠顾忌兵力单薄，不敢出击。于是派遣朱珍到东方招募兵员，同时向兖州、郓州求救。光启三年春天，朱珍募集得兵员一万人、马几百匹而归来。于是进攻板桥的秦贤部，攻拔他的四座营寨。又进攻万胜的卢瑭部，卢瑭战败，投水而死。秦宗权听说卢瑭等部兵败，就亲自率领精兵几千人，在汴州北郊安扎营寨。五月，兖州朱瑾、郓州朱宣前来救援。吴兴郡王在军中设置酒宴，酒席中间，吴兴郡王假装上厕所，率领轻骑兵出北门袭击张晊，而宴席的鼓乐之声没有停止。张晊不料军队会到达，兖州、郓州的军队又随之合力夹击，于是大败张晊部，斩首二万多级。秦宗权和张晊当夜逃跑，经过郑州，屠杀郑州百姓而后离开。秦宗权到达蔡州，又派遣张晊进攻汴州。吴兴郡王听说张晊又来，登上封禅寺后面的山冈，望见张晊军队经过，派遣朱珍跟踪，告诫说："张晊看到我们的军队，一定会停止前进。望见他们停止前进，应当急速返回，不要和他交战。"不久张晊看到朱珍军队在后面，果然停止前进。朱珍立即奔驰返回。吴兴郡王命令朱珍领兵隐蔽在大树林，而自己率领精锐骑兵从东面出来，埋伏在大山之间。张晊停下来吃饭，吃完饭，拔起旗帜，奔驰攻击朱珍军队。朱珍军队稍稍退却，吴兴郡王率领埋伏的军队横向出击，将张晊军队断为三截而攻击他。张晊大败，自己脱身逃跑。秦宗权大怒，斩杀张晊。而为秦宗权守卫河阳、陕州、洛州的军队，听说蔡州的精锐部队已经在汴州被歼，因此各自溃散离去。原诸葛爽的将领李罕之取得河阳、张全义取得洛阳前来归附。十月，天子唐僖宗的使者来到，赐给吴兴郡王纪功碑。朱宣、朱瑾军队帮助汴州，已经打败秦宗权向东返回，吴兴郡王移传檄文声讨兖州、郓州，诬陷他们引诱汴州逃亡士兵往东，就调发军队进攻，取得曹州、濮州。接着派遣朱珍进攻郓州，结果大败而归。十二月，天子唐僖宗的使者来到，赐给吴兴郡王铁券和德政碑。

淮南节度使高骈死去，杨行密进入扬州。天子唐僖宗任命吴兴郡王兼淮南节度使。吴兴郡王于是上表荐举杨行密为节度副使，任命行军司马李璠为留后。李璠前往扬州，杨行密不接纳他。唐僖宗文德元年正月，吴兴郡王前往淮南，到达宋州而返回。当时，秦宗权攻陷襄州，任命赵德諲为节度使。赵德諲背叛秦宗权而来归附。天子唐僖宗因此任命吴兴郡王为蔡州四面行营都统，任命赵德諲为副都统。

三月庚子日，唐僖宗去世。天雄军发动叛乱，囚禁天雄节度使乐彦贞。乐彦贞的儿子相州刺史乐从训进攻魏州，前来求讨援兵。吴兴郡王派遣朱珍援助乐从训进攻魏州。但魏州军队杀死乐彦贞，乐从训战死，魏州人拥立罗弘信，朱珍于是返回。张全义取得河阳，驱逐李罕之。李罕之逃奔到河东。李克用派兵包围河阳，张全义前来求救，吴兴郡王派遣丁会、牛存节救援他，在沇河击败河东军队。

五月，各路行营讨伐蔡州，包围蔡州城一百多天，没有攻克。这时，时溥已担任东南面都统，又任命吴兴郡王统领各路行营而时溥仍然称都统，吴兴郡王于是上书朝廷，弹劾时溥讨伐蔡州没有功劳而不除去都统之职，并且想要激怒时溥而挑起战争事端。当初，高骈死后，淮南大乱，楚州刺史刘瓒前来投奔，接纳了他，及至吴兴郡王攻打蔡州不下，便返回，准备进攻徐州，就派遣朱珍领兵数千人向东，声称护送刘瓒返回楚州。时溥恼怒吴兴郡王弹劾自己，又听说朱珍领兵前来，果真出兵抵抗。朱珍在吴康交战，大败时溥军队，攻取他的丰、萧二县。于是进攻宿州，攻下宿州。朱珍驻守萧县，另外派遣庞师古进攻徐州。唐昭宗龙纪元年正月，庞师古在吕梁击败时溥。淮西牙将申丛抓获秦宗权，打断他的脚，准备用囚车送往京师；别将郭璠杀死申丛，夺取秦宗权前来献上。吴兴郡王派遣行军司马李璠到京师献俘虏，上表荐举郭璠为淮西留后。三月，天子唐昭宗封吴兴郡王为东平王。七月，朱珍杀死李唐宾，东平王前往萧县，拘捕朱珍而杀了他，于是进攻徐州。冬天，下大雨、发大水，因不能进兵而返回。

当初，秦宗权派遣他的弟弟秦宗衡抢掠淮南土地，这一年，秦宗衡被他的部将孙儒杀死，孙儒前往扬州进攻杨行密。淮南大乱，杨行密逃奔宣州，孙儒进入扬州。唐昭宗大顺元年春天，东平王派遣庞师古到淮南攻打孙儒，大败而归。四月，宿州将领张筠率宿州重新归附时溥，东平王亲自领兵攻打宿州，没有攻克。

当初，黄巢兵败逃跑，李克用追赶，到达冤朐，没有追上而返回。路过汴州，在城北郊外驻军，东平王在上源驿馆设置酒宴邀请李克用，夜晚却领兵进攻他。李克用越墙逃跑而免一死，到京师对此事提起诉讼，天子唐昭宗明知汴州理亏而进行和解。到这时，宰相张浚私下与汴州结交，东平王厚加贿赂，张浚替汴州请求讨伐河东李克用。唐朝廷众大臣都认为不应当兴师出兵。张浚挟持汴州力量，请求越发坚决。天子唐昭宗不得已，准许张浚之请。五月，任命张浚为太原四面行营都统，东平王为东南面招讨使。然而东平王不亲自领兵，只将两千军队交给张浚而已。张浚驻扎在阴地。河东叛将冯霸杀死潞州守将李克恭前来投降，派遣葛从周进入潞州。李克用派遣康君立攻打潞州，葛从周逃奔到河阳。九月，东平王前往河阳。十月，天子唐昭宗任命东平王兼宣义节度使，于是前往滑州，向魏州借路，来进攻河东，并且求取军饷，也为了激怒魏州制造兵争事端。魏州人果真认为不应当出兵，同时以粮食缺乏推却，全都不答应。于是进攻魏州。十一月，张浚的军队在阴地大败。唐昭宗大顺二年正月，东平王与魏人在内黄交战，大败魏人，屠杀原元城，罗弘信派人来表示归顺。十月，攻克宿州。十一月，曹州将领郭绍宾杀死曹州刺史郭饶前来投降。十二月，丁会在金乡击败朱瑾。唐昭宗景福元年二月，进攻郓州，前头部队朱友裕在斗门战败，东平王率领军队随后到达，又战败而返回。冬天，朱友裕取得濮州，于是进攻徐州。唐昭宗景福二年四月，庞师古攻克徐州，杀死时溥。东平王前往徐州，任命庞师古为留后，于是进攻兖州、郓州。

唐昭宗乾宁元年二月，东平王同朱宣在渔山交战，大败朱宣。乾宁二年八月，又在梁山击败朱宣。十一月，又在钜野击败朱宣。兖州、郓州向河东求救，李克用发兵救援他们，向魏州借路。不久魏人攻击河东，李克用发怒，大举进攻魏州。罗弘信前来请求救援，东平王派遣葛从周救援魏州。这一年，李克用被封为晋王。乾宁三年五月，在洹水作战，擒获李克用的儿子李落落，送到魏州，杀死了他。七月，凤翔节度使李茂贞侵犯京师，天子唐昭宗出京居住在华州。东平王请示率军队赶赴京城救难，天子唐昭宗下诏优抚制止出兵。又请求将京都迁到洛阳，没有准许。乾宁四年正月，庞师古攻克郓州，东平王前往郓州，任命朱友裕为郓州留后。于是进攻兖州。朱瑾逃奔到淮南，任命葛从周为兖州留后。九月，进攻淮南，庞师古从清口出兵，葛从周从安丰出兵，东平王进军驻扎在宿州。杨行密派遣朱瑾先攻击清口，庞师古战败身亡。葛从周急忙率兵返回，到达淠河，朱瑾又击败葛从周。东平王感到恐惧，飞驰返归。

唐昭宗光化元年三月，天子任命东平王兼天平军节度使。四月，东平王派遣葛从周进攻晋王的山东一带，夺取邢州、洺州、磁州等三州。襄州赵匡凝自从他父亲赵德諲时前来归附，但赵匡凝又私下同杨行密、李克用交往，而这事情泄露。七月，东平王派遣氏叔琮、康怀英进攻赵匡凝，夺取他的泌、随、邓三州。赵匡凝求和才罢休。十二月，李罕之率潞州前来投降。光化二年，幽州节度使刘仁恭进攻魏州，罗绍威前来请求救援。东平王出兵救援魏州，在内黄击败刘仁恭。四月，派遣氏叔琮进攻晋太原，没有攻克。七月，李克用夺取泽州、潞州。十一月，保义军叛乱，杀死节度使王珙，推举牙将李璠为保义留后，保义将领朱简杀死李璠前来投降。东平王任命朱简为保义军节度使。光化三年四月，东平王派遣葛从周进攻刘仁恭的沧州，取得他的德州，同刘仁恭在老鸦堤交战，大败刘仁恭。八月，晋王取得洺州。东平王前往洺州，又收复洺州。当时，镇州、定州都归附于晋王。于是进攻镇州，攻破临城，王镕前来献表归顺。进兵攻打定州，王郜逃奔到太原，王郜的将领王处直率定州投降。

唐朝宦官刘季述发动叛乱，天子唐昭宗被幽禁在东宫。唐昭宗天复元年正月，护驾都头孙德昭诛杀刘季述，天子恢复帝位。封东平王为梁王。梁王派遣张存敬向河中进攻王珂，从含山出兵，攻下晋、绛二州。

王珂向晋王求救，晋王未能救援，于是前来投降。三月，梁王大举进攻晋王。氏叔琮从太行出兵，取得泽州、潞州。葛从周、张存敬、侯言、张归厚以及镇州、定州的军队，都会合到太原，包围太原，没有攻克，遇天下大雨而返回。五月，天子任命梁王兼河中尹、护国军节度使。六月，晋王取得慈州、隰州。

自从刘季述等人被诛杀，宰相崔胤与朝外梁王交结，打算利用梁王的军队杀尽宦官。凤翔节度使李茂贞、邠宁节度使王行瑜等都派遣子弟率领精兵值宿护卫天子，宦官韩全诲等也乘机依仗他们作为援助。天子与崔胤计议政事，宦官耳目相接，听说不少情况。宦官于是选送美女，安插在宫中，暗中让她们监视天子的动静。过了一段时间，果然获得崔胤奏陈图谋诛杀宦官的计划，韩全诲等人大为惊恐，日夜相互一起流泪哭泣，想法对付崔胤来企求保全自己。崔胤得知密谋泄露，事情紧急，立即假造制令，召梁王军队入京诛杀宦官。十月，梁王率宣武、宣义、天平、护国四镇七万军队，到达河中，取得同州，于是进攻华州，韩建出城投降。韩全诲等听说梁王军队将要到达，立即用岐州、邠州的值宿警卫部队劫持天子逃奔到凤翔。梁王于是上书陈述崔胤召见自己来的意思。天子发怒，罢免崔胤的宰相职务，斥责贬授工部尚书，诏令梁王军队返回藩镇。梁王领兵离去，进攻邠州，在三原驻扎。邠州节度使杨崇本率邠、宁、庆、衍四州投降。崔胤逃奔到华州。天复二年春天，梁王退兵到河中。晋王进攻晋州、绛州。梁王派遣朱友宁出击，在蒲县打败晋王军队，夺取汾州、慈州、隰州，于是围攻太原，没有攻克而返回，汾州、慈州、隰州又落入晋王之手。四月，朱友宁领兵西进，到达兴平，与李茂贞在武功交战，大败李茂贞。梁王军队进犯凤翔，李茂贞多次出城迎战，都战败，梁王军队于是围困凤翔。十一月，鄜坊节度使李周彝领兵救援凤翔，梁王派遣孔勍袭击鄜州，俘虏李周彝家族，将他们迁徙到河中，李周彝于是投降。当时，岐州军队屡遭战败，而且围城已久，凤翔城中粮食耗尽，从天子直至后宫嫔妃，都受冻挨饿。天复三年正月，李茂贞杀死韩全诲等二十人，将首级装入口袋，给梁王军队看，约定放出天子来作为和解条件。甲子日，天子出城到达梁王军中。梁王派遣使者骑马奔驰召见崔胤，崔胤推托有病不来。梁王派人对崔胤开玩笑说："我不认识天子，恐怕来人不是真的，您来替我辨认天子。"天子返回到达兴平，崔胤率领文武百官迎接。梁王亲自为天子牵马缰绳，一边流泪一边行走，走了十几里，才止步。人们看见这情形，都认为梁王忠诚。己巳日，天子从凤翔到达长安，穿着素服哭拜太庙后入宫，杀死宦官七百多人。二月甲戌日，天子赐梁王为“回天再造竭忠守正功臣”，任命辉王李祚为诸道兵马元帅，梁王为副元帅。梁王于是留下儿子朱友伦为护驾指挥使，作为天子卫戍将领，自己领兵向东返归。天子在延喜楼为梁王饯行，赐给《杨柳枝》五支曲。

当初，梁王军队向西进发，青州节度使王师范派遣他的将领刘鄩袭击占据梁王的兖州。梁王返回大梁，四月，前往郓州，派遣朱友宁进攻青州。王师范在石楼击败梁兵，朱友宁战死。九月，杨师厚在临朐击败青州军队，取得棣州，王师范率青州投降，而后刘鄩也投降。朱友伦击球，从马上摔下来死去。梁王发怒，以为是崔胤杀死了朱友伦，派遣朱友谦在京师杀死崔胤。那些与朱友伦打马球的人，全部杀死。

自从天子逃奔到华州，梁王便请求将都城迁到洛阳，虽然天子不准许，但梁王还是命令河南张全义修建洛阳的宫殿来等待迁都。唐昭宗天祐元年正月，梁王前往河中，派遣牙将寇彦卿前往京师，请求迁都洛阳，同时将长安居民往东迁移。天子出行到达陕州，梁王至天子出行所在地朝见，先迁往东都洛阳。这时，六军各卫士兵已经散失逃亡，随从天子东进的，只有小黄门十几人，打马球的供奉人员、宫禁小厮等二百多人。走到谷水岸边，梁王唆使医官许昭远告发他们密谋作乱，全部杀死而派人替代他们，事后才奏报天子。从此，天子左右都是梁王的人了。四月甲辰日，天子从西都长安到达洛阳。当时，晋王李克用、岐王李茂贞、楚王赵匡凝、蜀王王建、吴王杨行密听说梁王将天子迁居洛阳，都准备发兵讨伐梁王，梁王大为恐惧。六月，杨崇本又归附岐王李茂贞。梁王于是领兵前往河中，声称进攻杨崇本，派遣朱友恭、氏叔琮、蒋玄晖等行刺天子，唐昭宗去世。十月，梁王到京师朝见昭宣帝，杀死朱友恭、氏叔琮。十一月，进攻淮南，取得光州，又进攻寿州，没能攻克而返回。唐昭宣帝天祐二年二月，梁王派遣蒋玄晖在九曲池杀死德王李裕等九王。六月，杀死司空裴贽等一百多人。七月，天子使者来到，赐梁王“迎銮纪功碑”。

梁王打算取代唐室，让人告知各藩镇，襄州节度使赵匡凝认为不可以。梁王派遣杨师厚进攻赵匡凝，取得他的唐、邓、复、郢、随、均、房七州。梁王前往襄州，进军到汉水北岸。九月，杨师厚攻破襄州，赵匡凝逃奔到淮南。杨师厚取得荆南，荆南留后赵匡明逃奔到蜀。梁王于是从光州城外出发，进攻寿州，没有攻克。天子占卜日子到南郊祭天，梁王发怒，认为蒋玄晖等人想祈求上天来延续唐室国运。天子害怕，另外占卜祭天的日子。十一月辛巳日，天子唐昭宣帝封梁王为魏王、相国，总理百官。将宣武、宣义、天平、护国、天雄、武顺、佑国、河阳、义武、昭义、武宁、保义、忠义、武昭、武定、泰宁、平卢、匡国、镇国、荆南、忠武二十一军作为魏国，准备九锡之礼。梁王发怒，不接受。十二月，天子任命梁王为天下兵马元帅。梁王益发恼怒，派人告发枢密使蒋玄晖与何太后私通，杀死蒋玄晖然后焚烧尸体，接着在积善宫杀死何太后。又杀死宰相柳璨，太常卿张廷范被车裂示众。天子下诏因太后的缘故停止祭天。

唐昭宣帝天祐三年春天，魏州节度使罗绍威密谋杀灭他的牙军，前来借兵以防备变故，梁王为之发兵向北进攻刘仁恭的沧州，军队经过魏州时罗绍威已经消灭牙军，他在外的军队全都叛变，占据了贝州、卫州、澶州、博州，梁王领兵攻杀他们。于是进攻沧州，驻扎在长芦。刘仁恭向晋王求救。晋人取得潞州，梁王才撤回军队。

新五代史卷四·唐本纪第四

庄宗上

庄宗光圣神闵孝皇帝，其先本号朱邪，盖出于西突厥，至其后世，别自号曰沙陀，而以朱邪为姓。

唐德宗时，有朱邪尽忠者，居于北庭之金满州。贞元中，吐蕃赞普攻陷北庭，徙尽忠于甘州而役属之。其后赞普为回鹘所败，尽忠与其子执宜东走，赞普怒，追之，及于石门关，尽忠战死，执宜独走归唐，居之盐州，以隶河西节度使范希朝。希朝徙镇太原，执宜从之，居之定襄神武川之新城。其部落万骑，皆骁勇善骑射，号"沙陀军"。

执宜死，其子曰赤心。懿宗咸通十年，神策大将军康承训统十八将讨庞勋于徐州，以朱邪赤心为太原行营招讨沙陀三部落军使。以从破勋功，拜单于大都护、振武军节度使，赐姓名曰李国昌，以之属籍。沙陀素强，而国昌恃功益横恣，懿宗患之。十三年，徙国昌云州刺史、大同军防御使，国昌称疾拒命。

国昌子克用，尤善骑射，能仰中双凫，为云州守捉使。国昌已拒命，克用乃杀大同军防御使段文楚，据云州，自称留后。唐以太仆卿卢简方为振武节度使，会幽、并兵讨之。简方行至岚州，军溃，由是沙陀侵掠代北为边患矣。

明年，僖宗即位，以谓前太原节度使李业遇沙陀有恩，而业已死，乃以其子钧为灵武节度使、宣慰沙陀六州三部落使，以招缉之。拜克用大同军防御使。

居久之，国昌出击党项，吐谷浑赫连铎袭破振武。克用闻之，自云州往迎国昌，而云州人亦闭关拒之。国昌父子无所归，因掠蔚、朔间，得兵三千，国昌入保蔚州，克用还据新城。僖宗乃拜铎大同军使，以李钧为代北招讨使，以讨沙陀。

乾符五年，沙陀破遮虏军，又破苛岚军，而唐兵数败，沙陀由此益炽，北据蔚、朔，南侵忻、代、岚、石，至于太谷焉。

广明元年，招讨使李琢会幽州李可举、云州赫连铎击沙陀，克用与可举相拒雄武军。其叔父友金以蔚、朔州降于琢，克用闻之，遽还。可举追至药儿岭，大败之，琢军夹击，又败之于蔚州，沙陀大溃，克用父子亡入达靼。

克用少骁勇，军中号曰“李鸦儿”，其一目眇，及其贵也，又号“独眼龙”，其威名盖于代北。其在达靼，久之，郁郁不得志，又常惧其图己，因时时从其群豪射猎，或挂针于木，或立马鞭，百步射之辄中，群豪皆服以为神。

黄巢已陷京师，中和元年，代北起军使陈景思发沙陀先所降者，与吐浑、安庆等万人赴京师，行至绛州，沙陀军乱，大掠而还。景思念沙陀非克用不可将，乃以诏书召克用于达靼，承制以为代州刺史，雁门以北行营节度使。率蕃汉万人出石岭关，经过太原，求发军钱。节度使郑从谠与之钱千缗、米千石，克用怒，纵兵大掠而还。

二年十一月，景思、克用复以步骑万七千赴京师。三年正月，出于河中，进屯乾坑。巢党惊曰：“鸦儿军至矣！”二月，败巢将黄邺于石堤谷；三月，又败赵璋、尚让于良田坡，横尸三十里。是时，诸镇兵皆会长安，大战渭桥，贼败走入城，克用乘胜追之，自光泰门先入，战望春宫升阳殿，巢败，南走出蓝田关，京师平，克用功第一。天子拜克用检校司空、同中书门下平章事、河东节度使，以国昌为雁门以北行营节度使。十月，国昌卒。

十一月，遣其弟克修攻昭义孟方立，取其泽、潞二州。方立走山东，以邢、洺、磁三州自别为昭义军。黄巢南走至蔡州，降秦宗权，遂攻陈州。四年，克用以兵五万救陈州，出天井关，假道河阳，诸葛爽不许，乃自河中渡河。四月，败尚让于太康，又败黄邺于西华。巢且走且战，至中牟，临河未渡，而克用追及之，贼众惊溃。比至封丘，又败之，巢脱身走，克用追之，一日夜驰二百里，至于冤朐，不及而还。

过汴州，休军封禅寺，朱全忠飨克用于上源驿，夜，酒罢，克用醉卧，伏兵发，火起，侍者郭景铢灭烛，匿克用床下，以水醒面而告以难。会天大雨灭火，克用得从者薛铁山、贺回鹘等，随电光，缒尉氏门出还军中。七月，至于太原，讼其事于京师，请加兵于汴，遣弟克修将兵万人屯于河中以待。僖宗和解之，用破巢功，封克用陇西郡王。

光启元年，河中王重荣与宦者田令孜有隙，徙重荣兖州，以定州王处存为河中节度使，诏克用以兵护处存之镇。重荣使人给克用曰：“天子诏重荣，俟克用至，与处存共诛之。”因伪为诏书示克用曰：“此朱全忠之谋也。”克用信之，八上表请讨全忠，僖宗不许，克用大怒。

重荣既不肯徙，僖宗遣邠州朱玫、凤翔李昌符讨之。克用反以兵助重荣，败玫于沙苑，遂犯京师，纵火大掠。天子出居于兴元，克用退屯河中。朱玫亦反以兵追天子，不及，得襄王熅，迫之称帝，屯于凤翔。僖宗念独克用可以破玫而不能使也，当破黄巢长安时，天下兵马都监杨复恭与克用善，乃遣谏议大夫刘崇望以诏书召克用，且道复恭意，使进兵讨玫等。克用阳诺而不行。

明年，孟方立死，弟迁立。大顺元年，克用击破孟迁，取邢、洺、磁三州，乃遣安金俊攻赫连铎于云州。幽州李匡威救铎，战于蔚州，金俊大败。于是匡威、铎及朱全忠皆请因其败伐之。昭宗以克用破黄巢功高，不可伐，下其事台、省四品官议，议者多言不可。宰相张浚独以谓沙陀前逼僖宗幸兴元，罪当诛，可伐。军容使杨复恭，克用所善也，亦极谏以为不可，昭宗然之，诏谕全忠等。全忠阴赂浚，使持其议益坚，昭宗不得已，以浚为太原四面行营兵马都统，韩建为副使。

是时，潞州将冯霸叛降于梁，梁遣葛从周入潞州。唐以京兆尹孙揆为昭义军节度使，克用遣李存孝执揆于长子，又遣康君立取潞州。十一月，浚及克用战于阴地，浚军三战三败，浚、建遁归。克用兵大掠晋、绛，至于河中，赤地千里。克用上表自诉，其辞慢侮，天子为之引咎，优诏答之。

二年二月，复拜克用河东节度使、陇西郡王，加检校太师兼中书令。四月，攻赫连铎于云州，围之百余日，铎走吐谷浑。八月，大搜于太原，出晋、绛，掠怀、孟，至于邢州，遂攻王镕于镇州。克用栅常山西，以十余骑渡滹沱觇敌，遇大雨，平地水深数尺。镇人袭之，克用匿林中，祷其马曰：“吾世有太原者马不嘶。”马偶不嘶以免。前军李存孝取临城，进攻元氏。李匡威救镕，克用还军邢州。景福元年，王镕攻邢州，李存信、李嗣勋等败镕于尧山。二月，会王处存攻镕，战于新市，为镕所败。八月，李匡威攻云州，以牵克用之兵，克用潜入于云州，返出击匡威，匡威败走。十月，李存孝以邢州叛。二年，存孝求援于王镕，克用出兵井陉击镕，且以书招镕，而急攻其平山，镕惧，遂与克用通和，献帛五十万匹，出兵助攻邢州。乾宁元年三月，执存孝，杀之。冬，攻幽州，李匡俦弃城走，追至景城，见杀，以刘仁恭为留后。

二年，河中王重盈卒，其诸子珂、珙争立，克用请立珂，凤翔李茂贞、邠宁王行瑜、华州韩建请立珙。昭宗初两难之，乃以宰相崔胤为河中节度使，既而许克用立珂。茂贞等怒，三镇兵犯京师，闻克用亦起兵，乃皆罢去。六月，克用攻绛州，斩刺史王瑶。瑶，珙弟，助珙以争者。七月，至于河中，同州王行约奔于京师，阳言曰："沙陀十万至矣！"谋奉天子幸邠州，茂贞假子阎圭亦谋劫幸凤翔，京师大乱，昭宗出居于石门。

克用军留月余不进，昭宗遣延王戒丕、丹王允兄事克用，且告急。八月，克用进军渭桥，以为邠宁四面行营都统。昭宗还京师。十一月，克用击破邠州，王行瑜走至庆州，见杀。克用还军云阳，请击茂贞，昭宗慰劳克用，使与茂贞解仇以纾难，拜克用"忠正平难功臣"，封晋王。是时，晋军渭北，遇雨六十日，或劝克用入朝，克用未决，都押衙盖寓曰："天子还自石门，寝未安席，若晋兵渡渭，人情岂复能安？勤王而已，何必朝哉？"克用笑曰："盖寓犹不信我，况天下乎！"乃收军而还。

三年正月，昭宗复以张浚为相，克用曰："此朱全忠之谋也。"乃上表曰："若陛下朝以浚为相，则臣将暮至阙廷！"京师大恐，浚命遽止。朱全忠之攻兖、郓也，克用遣李存信假道魏州以救朱宣等，存信屯于莘县，军士侵掠魏境，罗弘信伏兵攻之，存信败走洺州。克用自将击魏，战于洹水，亡其子落落。六月，破魏成安、洹水、临漳等十余邑。十月，又败魏人于白龙潭，进攻观音门，全忠救至，乃解。

四年，刘仁恭叛晋，克用以兵五万击仁恭，战于安塞，克用大败。

光化元年，朱全忠遣葛从周攻下邢、洺、磁三州，克用遣周德威出青山口，遇从周于张公桥，德威大败。冬，潞州守将薛志勤卒，李罕之据潞州，叛附于朱全忠。

二年，全忠遣氏叔琮攻破承天军，又破辽州，至于榆次，周德威败之于洞涡。秋，李嗣昭复取泽、潞。三年，嗣昭败汴军于沙河，复取洺州，朱全忠自将围之，嗣昭走，至青山口，遇汴伏兵，嗣昭大败。秋，嗣昭取怀州。是岁，汴人攻镇、定，镇、定皆绝晋以附于朱全忠。

天复元年，全忠封梁王。梁王攻下晋、绛、河中，执王珂以归。晋失三与国，乃下意为书币聘梁以求和。梁王以为晋弱可取，乃曰："晋虽请盟，而书辞慢。"因大举击晋。四月，氏叔琮入天井，张文敬入新口，葛从周入土门，王处直入飞狐，侯言入阴地。叔琮取泽、潞，其别将白奉国破承天军，辽州守将张鄂、汾州守将李瑭皆迎梁军降，晋人大惧。会天大雨霖，梁兵多疾，皆解去。五月，晋复取汾州，诛李瑭。六月，周德威、李嗣昭取慈、隰。二年，进攻晋、绛，大败于蒲县，梁军乘胜破汾、慈、隰三州，遂围太原。克用大惧，谋出奔云州，又欲奔匈奴，未决，梁军大疫，解去，周德威复取汾、慈、隰三州。

四年，梁迁唐都于洛阳，改元曰天祐。克用以谓劫天子以迁都者梁也，天祐非唐号，不可称，乃仍称天复。

五年，会契丹阿保机于云中，约为兄弟。

六年，梁攻燕沧州，燕王刘仁恭来乞师。克用恨仁恭反覆，欲不许，其子存勖谏曰："此吾复振之时也。今天下之势，归梁者十七八，强如赵、魏、中山，莫不听命。是自河以北，无为梁患者，其所惮者惟我与仁恭耳，若燕、晋合势，非梁之福也。夫为天下者不顾小怨，且彼常困我而我急其难，可因以德而怀之，是谓一举而两得，此不可失之机也。"克用以为然，乃为燕出兵攻破潞州，梁围乃解去，以李嗣昭为潞州留后。

七年，梁兵十万攻潞州，围以夹城。遣周德威救潞州，军于乱柳。冬，克用疾。是岁，梁灭唐，克用复称天祐四年。

五年正月辛卯，克用卒，年五十三。子存勖立，葬克用于雁门。

呜呼，世久而失其传者多矣，岂独史官之缪哉！李氏之先，盖出于西突厥，本号朱邪，至其后世，别自号曰沙陀，而以朱邪为姓，拔野古为始祖。其自序云：沙陀者，北庭之碛也，当唐太宗时，破西突厥诸部，分同罗、仆骨之人于此碛，置沙陀府，而以其始祖拔野古为都督，其传子孙，数世皆为沙陀都督，故其后世因自号沙陀。

然予考于传记，其说皆非也。夷狄无姓氏，朱邪，部族之号耳，拔野古与朱邪同时人，非其始祖，而唐太宗时，未尝有沙陀府也。

唐太宗破西突厥，分其诸部，置十三州，以同罗为龟林都督府，仆骨为金微都督府，拔野古为幽陵都督府，未尝有沙陀府也。当是时，西突厥有铁勒，延陀、阿史那之类为最大；其别部有同罗、仆骨、拔野古等以十数，盖其小者也；又有处月、处密诸部，又其小者也。朱邪者，处月别部之号耳。太宗二十二年，已降拔野古，其明年，阿史那贺鲁叛。至高宗永徽二年，处月朱邪孤注从贺鲁战于牢山，为契苾何力所败，遂没不见。后百五六十年，宪宗时，有朱邪尽忠及子执宜见于中国，而自号沙陀，以朱邪为姓矣。

盖沙陀者，大碛也，在金莎山之阳，蒲类海之东，自处月以来居此碛，号沙陀突厥，而夷狄无文字传记，朱邪又微不足录，故其后世自失其传。至尽忠孙始赐姓李氏，李氏后大，而夷狄之人遂以沙陀为贵种云。

【译文】

庄宗光圣神闵孝皇帝，他的祖先原号称朱邪，大概是西突厥的一个支系，到了后世，才自己另立名号为沙陀，而且以朱邪为姓。

唐德宗的时候，有一位名叫朱邪尽忠的人，住在北庭的金满州。贞元年间，吐蕃赞普攻陷了北庭，把尽忠迁移到甘州作为他们奴役的从属。后来，赞普被回鹘部族打败了，尽忠和他的儿子执宜向东逃走，惹恼了赞普，率兵追赶他们，在石门关这个地方追上了，尽忠力战身死，执宜一个人逃脱归顺了唐朝，住在盐州，隶属于河西节度使范希朝。希朝转镇太原，执宜随从希朝，驻守在定襄神武川的新城。他的部落有一万名骑兵，都是骁勇善骑射的士卒，号称“沙陀军”。

执宜死去，他的儿子名叫赤心。懿宗咸通十年，神策大将军康承训统率十八位将领攻打徐州，讨伐庞勋，让朱邪赤心做了太原行营招讨沙陀三部落军使。因随从康承训平定庞勋有功，拜任单于大都护、振武军节度使，赐给他姓名叫李国昌，将他改属为李姓名籍。沙陀部落向来强盛，而且国昌仗着有功更加骄横恣情，懿宗对他很不放心。咸通十三年时，调国昌任云州刺史、大同军防御使，国昌借口患病，拒不受命。

国昌的儿子名叫克用，特别善于骑射，能向空中一箭射中双凫，做了云州守捉使。国昌已经拒绝了唐朝廷的任命，克用于是又杀了大同军防御使段文楚，占据了云州，自称为云州留后。唐朝廷任命太仆卿卢简方为振武节度使，会同幽州、并州的军队讨伐克用。简方行至岚州时，军队溃散了，从此沙陀部落侵略代北，成了边地的祸患。

第二年，僖宗即皇帝位，听说前太原节度使李业对沙陀部落有恩，但李业已经死去，于是任用他儿子李钧为灵武节度使、宣慰沙陀六州三部落使，让他招缉沙陀兵。还任命克用为大同军防御使。

过了很长时间，国昌出兵攻击党项部族，吐谷浑部族首领赫连铎破袭了振武城。克用听说这件事后，从云州出发前去迎接国昌，然而云州人闭关拒绝他回来。国昌父子二人没了去处，于是在蔚州、朔州一带掠夺丁壮，得到了三千名兵卒，国昌夺取了蔚州作为立足之地，克用又回到了新城。僖宗于是拜任赫连铎为大同军防御使，让李钧做了代北招讨使，命他讨伐沙陀。

乾符五年，沙陀攻破了遮虏军，又破了岢岚军，而且唐朝官兵连连失败，沙陀兵从此更加强盛，北边占据了蔚州、朔州，南边侵占了忻州、代州、岚州、石州一直到了太谷。

广明元年，招讨使李琢会同幽州李可举、云州赫连铎攻击沙陀部族，克用与可举在雄武军对峙。他的叔叔李友金带着蔚州、朔州的地盘投降了李琢，克用听到这事，就急忙率兵返回。可举追到药儿岭，克用被打得大败，李琢的军队前后夹击，克用在蔚州又遭失败，沙陀兵全溃散了，克用父子逃奔到达靼部落。

克用从小就很骁勇，军队中送他外号为"李鸦儿"，他一只眼睛瞎了，到他发迹的时候，人又号称他为"独眼龙"，他的威名在代北一带十分显赫。他生活在达靼部落里，时间长了，感到郁闷不得志，又常常怕达靼人谋害自己，于是时时随从达靼众位豪酋射猎，有时把一根针挂在木棍上，有时把马鞭树立在地上，都能在一百步以外射中，众位豪酋把他当成神一样佩服他。

黄巢已经攻陷了京师长安，中和元年，代北起军使陈景思派出沙陀先前投降的兵卒，与吐浑、安庆等一万人奔赴京师救援，行军至绛州，沙陀军骚乱，大肆掠夺一番就回去了。景思考虑到沙陀军非克用不能统制，于是唐皇帝下诏书把克用从达靼部落中召回，并任命他为代州刺史、雁门以北行营节度使。率领蕃汉兵一万人出石岭关，经过太原时，请求唐朝廷发放军饷。节度使郑从谠只给了他一千缗的钱，一千石的米，克用非常恼火，纵容兵卒大肆掠夺就又回去了。

中和二年十一月，景思、克用再次率领步骑一万七千人赶赴京师救援。三年正月，取道河中，前行驻扎在乾坑。黄巢的部下惊慌地喊道："鸦儿的军队到了！"二月，在石堤谷打败了黄巢的部将黄邺；三月，又在良田坡打败了赵璋、尚让，沿途三十里内尸体遍野。这时，各镇的兵都在长安会师，在渭桥与黄巢军大战，黄巢军败退入城，克用乘胜追击，从光泰门先行入城，于望春宫升阳殿再战，黄巢军大败，向南撤走，出了蓝田关，京师平定了，克用的功劳居各将领之首。唐皇帝拜任克用为检校司空、同中书门下平章事、河东节度使，让国昌做了雁门以北行营节度使。这年十月，国昌逝世。

十一月，李克用派他的弟弟克修进攻昭义军节度使孟方立，夺取了他的泽、潞二州的地盘。方立逃向山东，在邢、洺、磁三州自己又另立为昭义军。黄巢向南走到了蔡州，降服了秦宗权，遂又攻打陈州。四年，克用率兵五万人救援陈州，出了天井关，想借道从河阳渡河，诸葛爽不答应，于是才从河中渡过黄河。四月，在太康打败了尚让，又在西华打败了黄邺。黄巢边走边战，到了中牟，濒临黄河，还未来得及渡过，而克用就率军追到了，黄巢军众惊慌失措，纷纷溃散。克用到了封丘，又打败黄巢军，黄巢脱身逃走，克用追赶，一天一夜驰行二百里路，追到了冤朐，没能追上，这才回来。

过了汴州，军队在封禅寺休整，朱全忠在上源驿请克用吃饭，到了夜里，酒宴散罢，克用醉倒了，全忠设下的伏兵动手了，火光燃起，克用的贴身侍卫郭景铢灭掉了蜡烛，把克用藏在床下，又端来水泼洒在克用的脸上使他清醒过来，告诉他大难临头。正赶上天降大雨，浇灭了大火。克用在薛铁山、贺回鹘等随从的护持下，乘着闪电的光亮，从尉氏门上沿绳缒落，逃回了军中。七月，到了太原，克用因这事在朝廷那里告了朱全忠的状，请求出兵攻打汴州，派弟弟克修领兵一万人屯扎在河中，等待进军的命令。僖宗出面进行调解，由于克用击破黄巢军立下了功劳，封他为陇西郡王。

光启元年，河中节度使王重荣与宦人田令孜有了矛盾，调重荣改镇兖州，让定州守将王处存当了河中节度使，诏命克用派兵护送处存到镇。重荣派人哄骗克用说："皇帝下诏书给重荣说，等克用到了，与处存一起杀掉他。"又把伪造的诏书拿给克用看，说："这是朱全忠的阴谋。"克用信以为真，八次上表请求讨伐全忠，僖宗都没有答应，克用大为恼怒。

重荣既然不肯去兖州赴任，僖宗派邠州朱玫、凤翔李昌符讨伐他。克用反过来派兵帮助重荣，在沙苑打败了朱玫，遂又侵犯京师长安，纵火大掠。皇帝逃出京城，住在兴元，克用退军屯驻在河中。朱玫也反过来追迫皇帝，没有追上，俘获了襄王李煴，逼迫他即位称帝，屯守在凤翔。僖宗寻思着只有克用可以攻破朱玫，但又使唤不动他，当在长安打败黄巢时，天下兵马都监杨复恭与克用要好，于是派谏议大夫刘崇望带着诏书去召唤克用，并且还说明了复恭的意见，让他进兵讨伐朱玫等。克用口头上答应而实际上按兵不动。

第二年，孟方立死去，他的弟弟孟迁承继昭义军。大顺元年，克用击破了孟迁，夺取了邢、洺、磁三州，于是派安金俊进攻云州的赫连铎。幽州守将李匡威救援赫连铎，双方在蔚州交战，金俊被打得大败。于是匡威、赫连铎及朱全忠都请求朝廷趁着克用军的失败讨伐他。昭宗认为克用破黄巢功高，不能讨伐他，又把这事交给台、省四品以上的官员进行讨论，多数人认为不能讨伐。宰相张浚独自认为沙陀前曾逼迫僖宗出居兴元，按罪当杀，应该讨伐。军容使杨复恭是克用所友好的人，也竭力劝阻不可讨伐，昭宗同意了他的看法，下诏告诉了朱全忠等人。全忠暗中贿赂张浚，让他进一步坚持自己的意见，昭宗不得已，只得让张浚为太原四面行营兵马都统，韩建担任副使。

这时，潞州守将冯霸叛变投降了梁，梁派葛从周进入潞州城。唐朝廷任命京兆尹孙揆为昭义军节度使，克用派李存孝在长子逮捕了孙揆，又派康君立夺取了潞州。十一月，张浚与克用双方在阴地争战，张浚的军队三战三败，浚、建二人逃回长安。克用的兵在晋、绛一带大肆抄掠，一直到河中，千里之内的地方被烧光、杀光、抢光。克用向朝廷上表诉说了自己的理由，言辞骄慢轻蔑，皇帝为他承担了责任，并好言好语劝慰克用。

第二年二月，又拜任克用为河东节度使、陇西郡王，加任检校太师兼中书令。四月，进攻云州的赫连铎，围困了一百多天，赫连铎投奔了吐谷浑。八月，在太原进行了大规模阅兵，又取道晋、绛，出兵抄掠怀、孟，到了邢州，遂又进攻镇州的王镕。克用在常山西树立营栅，派了十几名骑兵渡过滹沱河侦察敌情，遇上了大雨，平地水深有好几尺。镇州兵出来袭击他们，克用躲藏在树林里，向他的马祈祷说："我如果能世世代代据有太原的话，马就不要嘶叫。"马果然不叫，这才免遭不幸。前军李存孝夺取了临城，又进攻元氏。李匡威出兵来救王镕，克用撤军到邢州。景福元年，王镕的军队进攻邢州，李存信、李嗣勋等在尧山打败了王镕的军队。二月，正值王处存进攻王镕，双方争战于新市，处存被王镕的军队打败。八月，李匡威进攻云州，以此来牵制克用的兵力，克用暗暗率兵进入了云州城内，又返回来攻击匡威，匡威败走。十月，李存孝在邢州叛变。二年，存孝向王镕求救，克用派兵出井陉攻击王镕，并且修书一封招抚他，同时又向他所辖的平山发起猛烈进攻，王镕害怕被消灭，于是与克用通和，向克用贡献了五十万匹帛，还出兵帮助克用进攻邢州。乾宁元年三月，俘获了存孝，把他杀了。冬天，进攻幽州，李匡俦弃城逃走，追到景城，被克用的兵杀死，克用让刘仁恭做了幽州留后。

二年，河中的王重盈死去，他的儿子王珂、王珙争着继承父亲的官职，克用向唐朝廷请求立王珂；凤翔的李茂贞、邠宁的王行瑜、华州的韩建则请求立王珙。昭宗开始时有些左右为难，于是让宰相崔胤去做河中节度使，不久又允许克用拥立王珂。茂贞等人十分恼怒，发动凤翔、邠宁、华州三镇的兵联合起来进犯京师长安，听说克用也要起兵，这才罢散开去。六月，克用进攻绛州，斩了刺史王瑶。瑶是王珙的弟弟，曾是帮助王珙争抢父亲官位的人。七月，到了河中，同州的王行约急急忙忙赶到京师，扬言道："沙陀兵十万人到了！"密谋把昭宗劫持到邠州，茂贞的干儿子阎圭也图谋把皇帝劫持到凤翔，京城内一片混乱，昭宗逃出京师，住在了石门。

克用的军队停留了一个多月没有前进，昭宗派延王李戒丕、丹王李允到了克用那里，并管克用叫哥哥，告诉他皇帝处境危急。八月，克用进军到了渭桥，朝廷任命他为邠宁四面行营都统。昭宗回到了京师。十一月，克用击破了邠州，王行瑜逃到庆州，被杀死了。克用把军队撤到云阳，向皇帝请求攻击茂贞，昭宗派人慰劳克用的军队，让克用与茂贞两人消除相互间的仇恨，来共同解救朝廷的危机。拜任克用为"忠正平难功臣"，封他为晋王。这时，晋王的军队驻扎在渭水以北，遇上了连绵六十天的阴雨天气，有人劝克用到朝廷中去，克用犹豫不决，都押衙盖寓说："天子从石门回来，还没睡上几天安稳觉，如果晋王的军队渡过渭水，人心难道还能安定吗？仅仅是解救皇帝的危难罢了，为什么还一定要去朝见呢？"克用笑着说："连盖寓都不相信我，况且是天下的人们呀！"于是收军回到了太原。

三年正月，昭宗又任命张浚为宰相，克用说："这是朱全忠的阴谋。"于是向皇帝上表说："如果陛下您早上让张浚做宰相，那么我傍晚将率兵到京城！"京师里的人们十分恐慌，对张浚的任命仓促作废。朱全忠去攻打兖、郓二城，克用派李存信借道经魏州来救援朱宣等人，存信屯守在莘县，士兵侵入魏州的辖境进行抄掠，罗弘信埋设伏兵攻击他们。存信失败逃到了洺州。克用亲自率军攻击魏，在洹水之滨与魏兵交战，他的儿子落落下落不明。六月，攻破了魏州的成安、洹水、临漳等十多座城邑。十月，又在白龙潭打败了魏州的军队，进攻观音门，全忠的救兵到了，这才解了魏州的灾难。

四年，刘仁恭背叛了晋王，克用出动五万人的兵力攻击仁恭，在安塞与仁恭接战，克用被打得大败。

光化元年，朱全忠派葛从周攻取了邢、洺、磁三州。克用派周德威道出青山口，在张公桥与从周遭遇，德威被打得大败。冬天，潞州守将薛志勤死去，李罕之占据了潞州，叛变依附于朱全忠。

二年，全忠派氏叔琮攻破了承天军，又破了辽州，一直打到榆次，周德威在洞涡打败了他。秋天，李嗣昭又夺取了泽、潞。三年，嗣昭在沙河打败了汴梁的军队，再次攻取了洺州，朱全忠亲自率军包围他们，嗣昭退走，到了青山口，遇上了汴梁的伏兵，嗣昭被打得大败。秋天，嗣昭取得了怀州。这一年，汴梁的军队进攻镇、定，镇、定都和晋断绝了交往，从而依附了朱全忠。

天复元年，全忠被封为梁王，梁王攻下了晋、绛和河中，俘获王珂而班师。晋失掉了三个附属邦州，这才有服输的意思，写信给梁王，并送去钱币向梁求和。梁王认为晋已衰弱可以灭掉它，于是说："晋虽然请求和我盟好，但来信中的言辞仍是怠慢了我们。"因而大举进攻晋地。四月，氏叔琮进入了天井关，张文敬进入了新口，葛从周进入了土门关，王处直进入了飞狐，侯言进入了阴地关。叔琮夺取了泽、潞，他的别将白奉国攻破了承天军，晋的辽州守将张鄂、汾州守将李瑭都出城迎降，晋人十分恐惧。正赶上连续几天的大雨天气，梁的士兵染上了疾疫，全都散去了。五月，晋又取得了汾州，杀掉了李瑭。六月，周德威、李嗣昭夺取了慈、隰。二年，进攻晋、绛，在蒲县被梁军打得大败，梁军乘胜破了汾、慈、隰三州，遂又包围了太原。克用非常恐惧，打算出奔云州，又想着投奔匈奴，犹豫不决，梁军中又发生了大疫，解围而去，周德威再次取得了汾、慈、隰三州。

四年，梁把唐朝的都城迁到了洛阳，改年号为天祐。克用认为劫持天子迁徙都城的正是梁，天祐不是唐朝廷的年号，不能称用，于是仍称用天复的年号。

五年，在云中与契丹的阿保机会盟，结为兄弟。

六年，梁军进攻燕的沧州，燕王刘仁恭派人来请求援兵。克用怨恨仁恭反复无常，打算不发援兵，他的儿子李存勗劝说道："这是我们再次振兴的时机，现在天下的形势，归顺梁的人有十分之七八，像赵、魏、中山这样强大的州镇，没有敢不听命于梁的。自黄河以北，没有能成为梁忧患的势力，他所害怕的只有我们和仁恭而已，如果燕、晋合成一股势力，对梁来说，当然不是福音。为了打天下的人不会计较小小的怨恨，况且他常常困扰我们而我们能急他之所难，可以此用恩德来感召他，这就叫一举两得，这是不可错过的机会。”克用同意了这个看法，这才为燕出兵攻破了潞州，梁军的包围于是被冲散了，克用任命李嗣昭为留后。

七年，梁兵十万人进攻潞州，前后、左右夹城布置围困圈。晋派周德威救援潞州，军队驻扎在乱柳。冬天，克用病了。这一年，梁灭掉了唐朝，克用又称用了天祐四年的年号。

五年正月辛卯这一天，克用死了，时年五十三岁。他的儿子存勗继立，把克用的尸体埋葬在雁门。

可叹啊，时间长了而事迹失传的人太多了，难道仅仅是史官的谬误吗！李氏的先族，大概源出于西突厥，本号为朱邪，到了他的后世人，自己另立号为沙陀，而以朱邪为姓，以拔野古为始祖。他们的族谱自序说：沙陀是北庭的沙漠，在唐太宗的时候，攻破了西突厥各个部落，分拨同罗、仆骨的人口到了这一带的沙漠，设置了沙陀府，而且任用他们的始祖拔野古做了都督，他传世的子孙，几代人都做沙陀都督，所以他的后世人因此自号为沙陀。

但我从史书中考证出来，他们的说法都不对，少数民族部落没有姓氏，朱邪不过是部族的称号罢了，拔野古与朱邪是同时代的人，不是他们的始祖，而且在唐太宗时，不曾有沙陀府的建置。

唐太宗攻破了西突厥，分散了他们的各个部落，设置了十三州，因同罗部置龟林都督府，仆骨为金微都督府，拔野古为幽陵都督府，并未曾设有沙陀府。那时，西突厥有铁勒，延陀、阿史那一类的部落最大；另外还有同罗、仆骨、拔野古等十几个部落，大概都是小部落；又有处月、处密各部落，就更小了。朱邪不过是处月部落一个分支的称号。太宗二十二年，已经投降了拔野古，第二年，阿史那贺鲁叛变了。到了高宗永徽二年，处月的朱邪孤注跟随贺鲁在牢山参加战争，被契苾何力打败，从此朱邪部的踪迹就不见了。过了一百五六十年以后，到了宪宗时，才有名叫朱邪尽忠的人及他的儿子执宜出现在中原，而且自己号称沙陀，以朱邪为姓。

大概沙陀的意思是大沙漠，在金莎山的南边，蒲类海的东边，自从处月以来，他们居住在这一带沙漠之中，号称沙陀突厥，但少数部族没有文字传记，朱邪又微小不足以记录，所以他们的后世自然失去了有关他们的传说。到了尽忠的孙子辈时，才开始被赐姓李氏，李氏后来发展起来了，从而少数部族就以沙陀为高贵的种族了。

新五代史卷八·晋本纪第八

高　祖

高祖圣文章武明德孝皇帝，其父臬捩鸡，本出于西夷，自朱邪归唐，从朱邪入居阴山。其后，晋王李克用起于云、朔之间，臬捩鸡以善骑射，常从晋王征伐有功，官至洺州刺史。臬捩鸡生敬瑭，其姓石氏，不知得其姓之始也。

敬瑭为人沈厚寡言，明宗爱之，妻以女，是为永宁公主，由是常隶明宗帐下，号左射军。

庄宗已得魏，梁将刘鄩急攻清平，庄宗驰救之，兵未及阵，为鄩所掩，敬瑭以十余骑横槊驰击，取之以旋。庄宗拊其背而壮之，手啖以酥，啗酥，夷狄所重，由是名动军中。十五年，庄宗战于胡柳，前锋周德威战死，敬瑭以左射军从明宗复击败梁兵。明宗战胡卢套、杨村，为梁兵所败，敬瑭常脱明宗于危。

赵在礼之乱，明宗讨之，至魏而兵变，明宗初欲自归于天子，明已所以不反者。敬瑭献计曰："岂有军变于外，上将独无事者乎？且犹豫者兵家大忌，不如速行。愿得骑兵三百先攻汴州，夷门天下之要害也，得之可以成事。"明宗然之，与之骁骑三百，渡黎阳为前锋，明宗遂入汴。庄宗自洛后至，不得入，而兵皆溃去。庄宗西还，明宗以敬瑭为前锋趋汜水，且收其散卒。庄宗遇弑，明宗入立，拜敬瑭保义军节度使，赐号"竭忠建策兴复功臣"，兼六军诸卫副使。

在陕为政以廉闻。是时，诸侯多不奉法，邓州陶玘、亳州李鄴皆以赃污论死，明宗下诏书褒廉吏普州安崇阮、洺州张万进、耀州孙岳等以讽天下，而以敬瑭为首。

天成二年十月，从幸汴州，为御营使，拜宣武军节度使、侍卫亲军马步军都指挥使，六军副使如故；改赐"耀忠匡定保节功臣"。三年四月，徙镇天雄，拜同中书门下平章事、兴唐尹。五月，拜驸马都尉。董璋反东川，为行营都招讨使，不克而还。复兼六军诸卫副使。徙镇河阳三城，未行，而契丹、吐谷浑、突厥皆入寇，是时，秦王从荣统六军，敬瑭疑其必及祸，不欲为其副，乃自请行。及制出，不落副使，辄复辞行。明宗数责大臣问谁可行者，范延光、赵延寿等卒以敬瑭为请，乃拜河东节度使、大同彰国振武威塞等军蕃汉马步军总管，落六军副使，乃行。

明年，明宗崩，愍帝即位，加中书令。三月，徙镇成德。清泰元年五月，复镇太原，来朝京师。潞王从珂反于凤翔，愍帝出奔，遇敬瑭于道，敬瑭杀帝从者百余人，幽帝于卫州而去。废帝即位，疑敬瑭必反。

天福元年五月，徙镇天平，敬瑭果不受命，谓其属曰："先帝授吾太原使老焉，今无故而迁，是疑吾反也。且太原地险而粟多，吾当内檄诸镇，外求援于契丹，可乎？"桑维翰、刘知远等共以为然。乃上表论废帝不当立，请立许王从益为明宗嗣。废帝下诏削夺敬瑭官爵，命张敬达等讨之，敬瑭求援于契丹。

九月，契丹耶律德光入自雁门，与唐兵战，敬达大败。敬瑭夜出北门见耶律德光，约为父子。

十一月丁酉，皇帝即位，国号晋。以幽、涿、蓟、檀、顺、瀛、莫、蔚、朔、云、应、新、妫、儒、武、寰州入于契丹。己亥，大赦，改元。掌书记桑维翰为翰林学士、尚书礼部侍郎，知枢密使事。

闰月丙寅，翰林学士承旨、尚书户部侍郎赵莹为门下侍郎，桑维翰为中书侍郎，同中书门下平章事，兼枢密使。甲戌，赵德钧及其子延寿叛于唐来降，契丹锁之以归。己卯，次河阳，节度使苌从简叛于唐来降。辛巳，至自太原。卢文纪、姚颢罢。甲申，大赦，杀张延朗、刘延朗，赦房暠。

十二月乙酉，如河阳。追降王从珂为庶人。丁亥，司空冯道兼门下侍郎、同中书门下平章事。己丑，曹州指挥使石重立杀其刺史郑玩。辛卯，御札求直言。癸巳，镇州牙内都虞侯秘琼逐其节度副使李彦琦。同州裨将门铎杀其将杨汉宾。庚子，天平军节度使王建立杀其副使李彦赟。旱。

二年春正月癸亥，安远军节度使卢文进叛降于吴。丁卯，天雄军节度使范延光杀齐州防御使秘琼。戊寅，兵部侍郎李崧为中书侍郎、同中书门下平章事、枢密使。封唐宗室子为公，及隋酅公为二王后，以周介公备三恪。

二月丁酉，契丹使皇太子解里来。

三月庚辰，如汴州。

夏四月丁亥，赦囚，蠲民租赋。赵莹使于契丹。辛卯，宣武军节度使杨光远进助国钱。契丹使宫苑使李可兴来。

五月壬戌，御札求直言。丁丑，追尊祖考为皇帝，妣为皇后；高祖璟谥曰孝安，庙号靖祖，祖妣秦氏谥曰孝安元；曾祖郴谥曰孝简，庙号肃祖，祖妣安氏谥曰孝简恭；祖昱谥曰孝平，庙号睿祖，祖妣来氏谥曰孝平献；考绍雍谥曰孝元，庙号献祖，妣何氏谥曰孝元懿。

六月癸未，契丹使夷离毕来。天雄军节度使范延光反。丁酉，传信箭于义成军节度使符彦饶。丁未，杨光远为魏府四面行营都部署。东都巡检张从宾反，留守判官李遐死之，奉国都指挥使侯益、护圣都指挥使杜重威讨之。从宾寇河阳，杀皇子重信；寇河南，杀皇子重乂。

秋七月，从宾陷汜水关，杀巡检使宋廷浩。壬子，右卫大将军尹晖叛奔于吴，不克，伏诛。右监门卫大将军娄继英叛降于张从宾。义成军乱，杀戍将侍卫马步军都指挥使白奉进。甲寅，戍将奉国指挥使马万执符彦饶归于京师，命杀之于赤冈。乙卯，杨光远为魏府行营都招讨使。辛酉，杜重威克汜水关。壬申，杨光远克博州。丙子，安州屯防指挥使王晖杀其节度使周瓌，右卫大将军李金全讨之。

八月丙申，静难军节度使安叔千进添都马。乙巳，赦非死罪囚及张从宾、符彦饶、王晖余党。

九月，杨光远进粟。

冬十月辛巳，禁造甲兵。

三年春二月戊戌，诸镇皆进物以助国。

三月壬戌，回鹘可汗王仁美使翟全福来。丁丑，禁私造铜器。

秋七月辛酉，以皇业钱作受命宝。

八月戊寅，冯道及左仆射刘昫为契丹册礼使。壬午，澶州刺史冯晖降。丙戌，许御署官选。己丑，蠲水旱民税。辛丑，归伶官于契丹。

九月己酉，赦范延光。己未，归静鞭官刘守威、金吾勘契官王殷、司天鸡叫学生殷晖于契丹。于阗使马继荣来，回鹘使李万金来。己巳，赦魏州，蠲民税。是月，宣徽南院使刘处让为枢密使。

冬十月戊寅，契丹使中书令韩颎来奉册曰英武明义皇帝。庚辰，升汴州为东京，以洛阳为西京，雍州为晋昌军。戊子，右金吾卫大将军马从斌使于契丹。己未，契丹使梅里来。戊戌，大赦。庚子，封李圣天为大宝于阗国王。

十一月辛亥，升广晋府为邺都。壬戌，除铸钱令。

十二月丙子，封子重贵为郑王。

四年春正月，盗发唐愍皇帝墓。辛亥，澶州防御使张从恩为枢密副使。旌表深州民李自伦门闾。

三月乙巳，回鹘使其都督拽里敦来。丙辰，颁《调元历》。灵州戍将王彦忠以怀远城反。己未，彦忠降，供奉官齐延祚杀之。

夏四月辛巳，封回鹘可汗王仁美为奉化可汗。甲申，废枢密使。

秋七月丙辰，复禁铸钱。

闰月壬申，桑维翰罢。

八月己亥朔，河决博平。西戎寇泾州，彰义军节度使张彦泽败之，执其首领野离罗虾独。

九月丁丑，契丹使粘木孤来。癸未，封李从益为郇国公以奉唐后。丙戌，高丽王建使其广评侍郎邢顺来。

冬十一月乙亥，立唐高祖、太宗、庄宗、明宗、愍帝庙于西京。戊子，契丹使遥折来，吐蕃罢延族来附。

五年春正月丁卯朔，德音除民公私债。己丑，回鹘使石海金来。

夏四月甲子，契丹兴化王来。

五月丙戌，安远军节度使李金全叛附于唐。

六月癸卯，李昪遣其将李承裕入于安州，金全奔于唐，安远军节度使马全节及承裕战，败之。丁巳，克安州，承裕奔于云梦，全节执而杀之。

秋八月丁酉，阅稼于西郊。己未，西京留守杨光远杀太子太师范延光。

九月丁卯，翰林学士承旨、户部侍郎和凝为中书侍郎、同中书门下平章事。辛巳，阅稼于沙台。

冬十月丁未，契丹使舍利来。

十一月丙子，冬至，始用二舞。

六年春正月戊寅，封唐叔虞为兴安王，台骀为昌宁公。

二月戊申，停买宴钱。三月，除民二年至四年以前税。

夏四月己未，契丹使述括来。五月，吐浑首领白承福来。

秋七月壬午，突厥使薛同海来。

八月壬辰，如邺都，开封尹郑王重贵留守东京，宣徽南院使张从恩东京内外兵马都监。壬寅，大赦。甲寅，光禄卿张澄使于契丹。

九月乙亥，前安国军节度使杨彦询使于契丹。丁丑，吐谷浑使白可久来。河决中都，入于沓河。

冬十月，河决滑、濮、郓、澶州。山南东道节度使安从进反。

十一月丁丑，西京留守高行周为南面军前都部署以讨之。

十二月丙戌朔，郑王重贵为广晋尹，徙封齐王。先锋都指挥使郭金海及安从进战于唐州，败之。成德军节度使安重荣反。天平节度使杜重威为镇州行营招讨使。丙申，契丹遣使者来。戊戌，杜重威及安重荣战于宗城，败之。

七年春正月丁巳，克镇州，安重荣伏诛，赦广晋。庚午，契丹使达剌来。

三月，归德军节度使安彦威塞决河于滑州。

闰月，天兴蝗食麦。

夏五月乙巳，尊皇太妃刘氏为太后。

六月丙辰，吐谷浑使念丑汉来。乙丑，皇帝崩于保昌殿。

【译文】

后晋高祖圣文章武明德孝皇帝，父亲叫臬捩鸡，原是西夷人，自从朱邪氏归附唐朝，就跟随朱邪氏进入唐境，居住于阴山一带。此后，晋王李克用起兵于云、朔一带，臬捩鸡因善于骑马射箭，经常跟随晋王出征作战，因战功官至洺州刺史。臬捩鸡生子敬瑭，姓石，不知他得姓的起因是什么。

敬瑭为人深沉厚重，寡言少语，后唐明宗很喜欢他，将女儿嫁给他，这个女儿就是永宁公主，从此他常常隶属于明宗部下，号称左射军。

后唐庄宗攻取魏州后，后梁军将刘鄩猛攻清平，庄宗紧急前往救援，部队还没有列开阵式，就受到刘鄩的袭击，敬瑭率领十几个骑兵举槊猛烈冲击，将庄宗救回。庄宗拍着他的肩膀称赞他很勇敢，亲手端着酥油让他吃，上级亲自给下级酥油吃，在夷狄人中很受看重，因此敬瑭名闻全军。十五年，庄宗领兵在胡柳作战，前锋周德威战死，敬瑭以左射军的身份跟随明宗再次击败后梁军队。明宗在胡卢套、杨村交战中被后梁军队打败，敬瑭屡次使明宗脱离险境。

赵在礼之乱发生后，明宗前往讨伐，至魏州时发生了兵变，明宗起初想亲自回到庄宗身边，以表明自己没有参加反叛。敬瑭向他献计说："哪里有部队在外边发生兵变，而将领能不受怀疑的呢？况且犹豫不决是兵家的大忌，不如迅速发兵。希望能给我三百骑兵，先去攻打汴州，夷门是天下的要害，得到它可以成就大事。"明宗认为他说得很对，给他三百精锐骑兵，从黎阳渡河，作为部队先锋，明宗于是进入了汴州城。庄宗从洛阳赶到时已经晚了一步，无法入城，所率军队都溃散而去。庄宗西还洛阳，明宗派敬瑭作为前锋直趋汜水，同时收编散兵游勇。庄宗被害，明宗入宫称帝，任命敬瑭为保义军节度使，赐给他"竭忠建策兴复功臣"的封号，兼任六军诸卫副使。

在陕州任官期间，以施政廉洁闻名当时。这一时期，许多方镇节帅不遵奉中央法令，邓州的陶玘、亳州的李邺都因贪赃被处以死刑，明宗还下诏褒奖清官，用来激励天下的官员，被褒奖的有普州的安崇阮、洺州的张万进、耀州的孙岳等人以暗示天下，敬瑭就列入其中并被排在首位。

天成二年十月，敬塘随从明宗前往汴州，担任了御营使一职，拜官为宣武军节度使、侍卫亲军马步军都指挥使，而六军副使一职依然如故；又改赐封号为"耀忠匡定保节功臣"。三年四月，调任镇守天雄军，拜官同中书门下平章事、兴唐尹。五月，拜官驸马都尉。董璋于东川起兵反叛，敬瑭担任行营招讨使前往讨伐，不胜而还。又兼任六军诸卫副使。再度调任镇守河阳三城，还未赴任，契丹、吐谷浑、突厥都已开始入侵，这时秦王李从荣受命统率六军，敬瑭怀疑他必定会有灾祸，不想担任他的副职，就自己请求出征。可是等诏书发布，仍未除去副使一职，他就屡次请求辞职。明宗多次向大臣询问谁能担当出征的重任，范延光、赵延寿等一直请求让敬瑭出任，于是任命他为河东节度使、大同、彰国、振武、威塞等军蕃汉马步军总管，撤销了六军副使的原职，敬瑭这才前往赴任。

次年，明宗逝世，后唐愍帝即皇帝位，敬瑭加官为中书令。三月，调任镇守成德军。清泰元年五月，重又镇守太原，接着到京城朝见。潞王李从珂在凤翔起兵反叛，愍帝离京逃奔，在路上遇到了敬瑭，敬瑭杀死了愍帝的随从一百多人，将愍帝幽禁于卫州才离去。后唐废帝即皇帝位，他怀疑敬瑭一定会反叛。

天福元年五月，废帝调敬瑭镇守天平，敬瑭果然不从命，对他的部属说:“先帝让我镇守太原,是一直到老的,现在无故将我调离,是怀疑我要反叛。再说太原地势险要,粮食很多,我应当对内传檄诸镇,对外向契丹求援,你们说可以吗?”桑维翰、刘知远等都认为很对。于是就上表说不应当立废帝当皇帝,请求立许王李从益做明宗的嗣子。废帝于是下诏剥夺敬瑭的官爵,命令张敬达等讨伐他,敬瑭随即向契丹求援。

九月,契丹的耶律德光自雁门进入内地,与后唐军队交战,敬达大败。敬瑭夜晚出北门,与耶律德光会面,相约为父子关系。

十一月丁酉日,敬瑭即皇帝位,国号为晋。将幽州、涿州、蓟州、檀州、顺州、瀛州、莫州、蔚州、朔州、云州、应州、新州、妫州、儒州、武州、寰州划归契丹。己亥日,实行大赦,改年号为天福。任掌书记桑维翰为翰林学士、尚书礼部侍郎,知枢密使事。

闰月丙寅日,任命翰林学士承旨、尚书户部侍郎赵莹为门下侍郎,桑维翰为中书侍郎,均为同中书门下平章事,兼枢密使。甲戌日,赵德钧同他的儿子延寿一起背叛后唐来降,契丹兵将他们捆绑带走。己卯日,皇帝行至河阳,节度使苌从简背叛后唐来降。辛巳日,皇帝自太原到达京城。罢免卢文纪、姚颢的官职。甲申日,实行大赦,杀死了张延朗、刘延朗,并赦免了房暠。

十二月乙酉日,皇帝前往河阳。将王从珂追降为普通百姓。丁亥日,司空冯道兼任门下侍郎、同中书门下平章事。己丑日,曹州指挥使石重立杀死了本州刺史郑玩。辛卯日,皇帝下达札子,求访直言之士。癸巳日,镇州牙内都虞侯秘琼赶走了节度副使李彦琦。同州副将门铎杀死了主将杨汉宾。庚子日,天平军节度使王建立杀死了副使李彦赟。发生旱灾。

天福二年春季正月癸亥日,安远军节度使卢文进反叛,投降了吴国。丁卯日,天雄军节度使范延光杀死了齐州防御使秘琼。戊寅日,任兵部侍郎李崧为中书侍郎、同中书门下平章事、枢密使。封唐朝宗室之子为公,与隋酅公同为二王后,以周介公备三恪之员。

二月丁酉日,契丹派皇太子解里来京。

三月庚辰日,皇帝前往汴州。

夏季,四月丁亥日,赦免囚犯,免除百姓租赋。赵莹出使契丹。辛卯日,宣武军节度使杨光远进献助国钱。契丹派宫苑使李可兴来京。

五月壬戌日,皇帝下达札子,求访直言之士。丁丑日,追尊祖先为皇帝，祖先配偶为皇后；追谥高祖父石璟为孝安皇帝，庙号靖祖，高祖母秦氏为孝安元皇后；追谥曾祖父石郴为孝简皇帝，庙号肃祖，曾祖母安氏为孝简恭皇后；追谥祖父石昱为孝平皇帝，庙号睿祖，祖母来氏为孝平献皇后；追谥父亲石绍雍为孝元皇帝，庙号献祖，母亲何氏为孝元懿皇后。

六月癸未日，契丹派夷离毕来京。天雄军节度使范延光反叛。丁酉日，向义成军节度使符彦饶传送信箭。丁未日，任命杨光远为魏府四面行营都部署。东都巡检张从宾反叛，留守判官李遐被杀，奉国都指挥使侯益、护圣都指挥使杜重威发兵讨伐张从宾。从宾进犯河阳，杀害皇子石重信；进犯河南，杀害皇子石重乂。

秋季七月，从宾攻陷汜水关，杀害巡检使宋廷浩。壬子日，右卫大将军尹晖反叛，投奔吴国不成，被处决。右监门卫大将军娄继英叛降于张从宾。义成军发生变乱，杀害了戍将侍卫马步军都指挥使白奉进。甲寅日，戍将奉国指挥使马万将符彦饶捕送京城，皇帝命令在赤冈把他杀掉。乙卯日，杨光远担任魏府行营都招讨使。辛酉日，杜重威攻克汜水关。壬申日，杨光远攻克博州。丙子日，安州屯防指挥使王晖杀害节度使周瓌，右卫大将军李金全领兵讨伐王晖。

八月丙申日，静难军节度安叔千使进献添都马。乙巳日，赦免非死罪囚犯以及张从宾、符彦饶、王晖的余党。

九月，杨光远进献粟米。

冬季，十月辛巳日，禁止制造兵器。

天福三年春季，二月戊戌日，各方镇进献物资以充实中央国库。

三月壬戌日，回鹘可汗王仁美派翟全福来京朝见。丁丑日，下令禁止私造铜器。

秋季，七月辛酉日，将皇业钱作为皇帝承受天命的宝货。

八月戊寅日，冯道以及左仆射刘昫担任出使契丹的册礼使。壬午日，澶州刺史冯晖投降。丙戌日，允许御署选官。己丑日，免除遭受水灾、旱灾地区百姓的税收。辛丑日，送乐官给契丹。

九月己酉日，赦免范延光。己未日，将静鞭官刘守威、金吾勘契官王般、司天鸡叫学生殷晖送给契丹。于阗派马继荣来朝，回鹘派李万金来朝。己巳日，赦免魏州，免除百姓税收。本月，任命宣徽南院使刘处让为枢密使。

冬季，十月戊寅日，契丹派中书令韩颊来京，册封后晋高祖为英武明义皇帝。庚辰日，将汴州升格为东京，以洛阳为西京，雍州为晋昌军。戊子日，右金吾卫大将军马从斌出使契丹。己未日，契丹派梅里来京。戊戌日，实行大赦。庚子日，封李圣天为大宝于阗国王。

十一月辛亥日，将广晋府升为邺都。壬戌日，解除铸钱禁令。

十二月丙子日，封皇子石重贵为郑王。

天福四年春季，正月，强盗发掘后唐愍帝的陵墓。辛亥日，澶州防御使张从恩担任枢密副使。在深州百姓李自伦家门前立牌坊赐匾额，用以表彰。

三月乙巳日，回鹘派都督拽里敦来京朝见。丙辰日，颁布《调元历》。灵州戍将王彦忠据怀远城反叛。己未日，彦忠投降，供奉官齐延祚将他杀掉。

夏季，四月辛巳日，封回鹘可汗王仁美为奉化可汗。甲申日，废去枢密使一职。

秋季，七月丙辰日，恢复私自铸钱的禁令。

闰月壬申日，桑维翰被罢官。

八月己亥日为初一，黄河于博平段决口。西部戎夷进犯泾州，彰义军节度使张彦泽将其击败，俘获了首领野离罗虾独。

九月丁丑日，契丹派粘木孤来京。癸未日，封李从益为郇国公，作为后唐的后裔。丙戌日，高丽王建派广评侍郎邢顺来京朝见。

冬季，十一月乙亥日，在西京建立唐高祖、唐太宗、后唐庄宗、后唐明宗、后唐愍帝庙。戊子日，契丹派遥折来京，吐蕃的罢延族前来归附。

天福五年春季，正月丁卯日为初一，皇帝颁布恩诏，免除百姓的公私债务。己丑日，回鹘派石海金来京朝见。

夏季，四月甲子日，契丹兴化王来京。

五月丙戌日，安远军节度使李金全叛归南唐。

六月癸卯日，李昇派部将李承裕进入安州，金全逃奔南唐，安远军节度使马全节与承裕交战，将南唐军队击败。丁巳日，攻克安州，承裕逃至云梦，全节将他抓获杀掉。

秋季，八月丁酉日，皇帝于京城西郊视察庄稼。己未日，西京留守杨光远杀死太子太师范延光。

九月丁卯日，翰林学士承旨、户部侍郎和凝为中书侍郎、同中书门下平章事。辛巳日，皇帝于沙台视察庄稼。

冬季，十月丁未日，契丹派舍利来京。

十一月丙子日是冬至，开始启用文武二舞的礼仪。

天福六年春季，正月戊寅日，封唐叔虞为兴安王，台骀为昌宁公。

二月戊申日，停罢各地进奉的买宴钱。三月，免除百姓天福二年至四年以前的税收。

夏季，四月己未日，契丹派述括来京。五月，吐浑首领白承福来京朝见。

秋季，七月壬午日，突厥派薛同海来京朝见。

八月壬辰日，皇帝前往邺都，开封尹、郑王重贵留守东京，宣徽南院使张从恩任东京内外兵马都监。壬寅日，实行大赦。甲寅日，光禄卿张澄出使契丹。

九月乙亥日，前安国军节度使杨彦询出使契丹。丁丑日，吐谷浑派白可久来京朝见。黄河于中都一带决口，流入沓河。

冬季，十月，黄河在滑州、濮州、郓州、澶州一带决口。山南东道节度使安从进反叛。

十一月丁丑日，西京留守高行周担任南面军前都部署，前往讨伐安从进。

十二月丙戌日为初一，任郑王重贵为广晋府尹，改封为齐王。先锋都指挥使郭金海与安从进交战于唐州，将安从进击败。成德军节度使安重荣反叛。任命天平节度使杜重威为镇州行营招讨使。丙申日，契丹派使节来京。戊戌日，杜重威与安重荣交战于宗城，将安重荣击败。

天福七年春季，正月丁巳日，攻克镇州，安重荣被处决，赦免广晋一府。庚午日，契丹派达刺来京。

三月，归德军节度使安彦威于滑州堵塞黄河决口。

闰月，天兴一带蝗虫食麦。

夏季，五月乙巳日，尊奉皇太妃刘氏为皇太后。

六月丙辰日，吐谷浑派念丑汉来京朝见。乙丑日，皇帝逝世于保昌殿。

新五代史卷十三·梁家人传第一

太祖母文惠皇后王氏传

梁太祖母曰文惠皇后王氏，单州单父人也。其生三子：长曰广王全昱，次曰朗王存，其次太祖。

后少寡，携其三子佣食萧县人刘崇家。太祖壮而无赖，县中皆厌苦之。崇患太祖慵堕不作业，数加笞责。独崇母怜之，时时自为栉沐，戒家人曰："朱三非常人也，宜善遇之。"黄巢起，太祖与存俱亡为盗，从黄巢攻广州，存战死。居数岁，太祖背巢降唐，反以破巢，遂镇宣武。乃遣人以车马之萧县，迎后于崇家。使者至门，后惶恐走避，谓刘氏曰："朱三落魄无行，作贼死矣，何以至此邪！"使者具道太祖所以然，后乃惊喜泣下，与崇母俱载以归，封晋国太夫人。

太祖置酒太夫人前，举觞为寿，欢甚。太祖启曰："朱五经平生读书，不登一第。有子为节度使，无忝于先人也。"后恻然良久，曰："汝能至此，可谓英特，然行义未必得如先人也。"太祖莫知其故。后曰："朱二与汝俱从黄巢，独死蛮岭，其孤皆在午沟。汝今富贵，独不念之乎？"太祖泣涕谢罪，乃悉召存诸子以归。太祖刚暴多杀戮，后每诫之。多赖以全活。

大顺二年秋，后疾。卜者曰："宜还故乡。"乃归，卒于午沟。太祖即位，立四庙，追尊皇考为穆皇帝，后曰文惠皇后。

【译文】

梁太祖朱温的母亲就是文惠皇后王氏，王氏是单州单父县（今山东省单县）人。她生有三个儿子，长子是广王朱全昱，二子是朗王朱存，第三子就是太祖。

王氏年轻时守寡，带三个儿子在萧县一个叫刘崇的人家里做佣人。朱温长大后变成无赖，萧县的人都尝过他的苦头，非常讨厌他。刘崇担心朱温好吃懒做、不务正业，屡次打骂教训他。唯有刘崇的母亲怜悯朱温，经常亲自为他梳头洗澡；还告诫家人："朱三不是一个平常人，要好好对待他！”黄巢起义时，朱温和朱存都跑去参加起义军，跟随黄巢攻打广州，朱存战死。过了几年，朱温背叛黄巢投降唐王朝，反过来打败黄巢起义军，在宣武城驻守。于是派人带车马到萧县刘崇家去接他的母亲王氏。使者到了家门，王氏惊慌地避开，对刘崇说：“朱三丧失德行，造反死了，怎么会来接我呢！”使者详细地讲述太祖的经历。王氏听后惊喜交加，老泪纵横，就这样，王氏和刘崇的母亲一块被接回去，太祖封王氏为晋国太夫人。

一天，太祖置备酒宴为太夫人祝寿，举杯祝酒，十分欢乐。太祖先开口说：“我的父亲朱五经读了一辈子书，从没考中过一次科举。有我这个儿子当节度使，也不算辱没祖宗了。”太夫人听后黯然伤神，很久才说：“你能有今天，可以说是个英雄奇才。然而你做事行仁义却未必能跟你的祖先一样。”太祖感到莫名其妙。太夫人又说：“朱二与你一同跟随黄巢，单单他死在岭南。现在他的孩子还在老家午沟。你现在富贵了，难道不想念他们吗？”太祖哭着向母亲赔罪。就把朱存所有的孩子都接过来。太祖性格刚烈残暴，动辄杀人。太夫人经常告诫他，因此挽救许多人。

唐昭宗大顺二年（公元891）秋天，太夫人生病。算命先生说：“最好送她回老家。”于是太夫人回乡，死在老家午沟。太祖当皇帝后，建立四座祖庙，追封他的父亲为穆皇帝，母亲为文惠皇后。

新五代史卷十四·唐太祖家人传第二

庄宗神闵敬皇后刘氏传

庄宗神闵敬皇后刘氏，魏州成安人也。庄宗正室曰卫国夫人韩氏；其次燕国夫人伊氏；其次后也，初封魏国夫人。

后父刘叟，黄须，善医卜，自号刘山人。后生五、六岁，晋王攻魏，掠成安。裨将袁建丰得后，纳之晋宫。贞简太后教以吹笙歌舞。既笄，甚有色，庄宗见而悦之。庄宗已为晋王，太后幸其宫。置酒为寿，自起歌舞。太后欢甚，命刘氏吹笙佐酒，酒罢去，留刘氏以赐庄宗。先时，庄宗攻梁军于夹城，得符道昭妻侯氏，宠专诸宫，宫中谓之“夹寨夫人”。庄宗出兵四方，常以侯氏从军。其后，刘氏生子继岌，庄宗以为类已，爱之，由是刘氏宠益专。自下魏博、战河上十余年，独以刘氏从。刘氏多智，善迎意承旨，其他嫔御莫得进见。

其父闻刘氏已贵，诣魏宫上谒。庄宗召袁建丰问之。建丰曰：“臣始得刘氏于成安北坞，时有黄须丈人护之。”及出刘叟示建丰，建丰曰：“是也。”然刘氏方与诸夫人争宠，以门望相高，因大怒曰：“妾去乡时，略可记忆。妾父不幸死于乱兵，妾时环尸恸哭而去。此田舍翁安得至此！”因命笞刘叟于宫门。

庄宗已即皇帝位，欲立刘氏为皇后，而韩夫人正室也。伊夫人位次在刘氏上，以故难其事而未发。宰相豆卢革、枢密使郭崇韬希旨，上章言刘氏当立，庄宗大悦。同光二年癸未，皇帝御文明殿，遣使册刘氏为皇后。皇后受册，乘翟车，卤簿、鼓吹，见于太庙。韩夫人等皆不平之，仍封韩氏为淑妃，伊氏为德妃。

庄宗自灭梁，志意骄怠。宦官、伶人乱政。后特用事于中。自以出于贱微，逾次得立，以为佛力。又好聚敛，分遣人为商贾，至于市肆之间，薪刍果茹，皆称中宫所卖。四方贡献，必分为二，一以上天子，一以入中宫，宫中货贿山积。惟写佛书，馈赂僧尼，而庄宗由此亦佞佛。

有胡僧自于阗来。庄宗率皇后及诸子迎拜之。僧游五台山，遣中使供顿，所至倾动城邑。又有僧诚惠，自言能降龙。尝过镇州，王熔不为

之礼，诚惠怒曰："吾有毒龙五百，当遣一龙揭片石，常山之人，皆鱼鳖也。"会明年滹沱河大水，坏镇州关城，人皆以为神。庄宗及后率诸子、诸妃拜之，诚惠端坐不起，由是士无贵贱皆拜之，独郭崇韬不拜也。

是时，皇太后及皇后交通藩镇，太后称"诰令"，皇后称"教命"，两宫使者旁午于道。许州节度使温韬以后佞佛，因请以私第为佛寺，为后荐福。庄宗数幸郭崇韬、元行钦等私等，常与后俱。其后，幸张全义第，酒酣，命后拜全义为养父。全义日遣姬妾出入中宫，问遗不绝。

庄宗有爱姬，甚有色而生子，后心患之。庄宗燕居宫中，元行钦侍侧。庄宗问曰："尔新丧妇，其复娶乎？吾助尔聘。"后指爱姬请曰："帝怜行钦，何不赐之。"庄宗不得已，阳诺之。后趣行钦拜谢。行钦再拜，起顾爱姬，肩舆已出宫矣。庄宗不乐，称疾不食者累日。

同光三年秋，大水。两河之民，流徙道路。京师赋调不充。六军之士，往往殍踣。乃预借明年夏、秋租税。百姓愁苦，号泣于路。庄宗方与后荒于畋游。十二月己卯腊，畋于白沙。后率皇子、后宫毕从，历伊阙，宿龛涧，癸未乃还。是时大雪，军士寒冻。金枪卫兵万骑，所至责民供给，坏什器，彻庐舍而焚之。县吏畏惧，亡窜山谷。

明年三月，客星犯天库，有星流于天棓。占星者言："御前当有急兵，宜散积聚以禳之。"宰相请出库物以给军。庄宗许之，后不肯，曰："吾夫妇得天下，虽因武功，盖亦有天命。命既在天，人如我何？"宰相论于延英。后于屏间耳属之，因取汝奁及皇幼子满喜置帝前曰："诸侯所贡，给赐已尽，宫中所有惟此耳，请鬻以给军。"宰相惶恐而退。及赵在礼作乱，出兵讨魏，始出物以赉军。军士负而诟曰："吾妻子已饿死，得此何为？"

庄宗东幸汴州，从驾兵二万五千，及至万胜，不得进而还。军士离散，所亡太半。至罂子谷，道路隘狭。庄宗见从官执兵仗者，皆以好言劳之曰："适报魏王平蜀，得蜀金银五十万，当悉给尔等。"对曰："陛下与之太晚，得者亦不感恩。"庄宗泣下，因顾内库使张容哥索袍带以赐之。容哥对曰："尽矣。"军士叱容哥曰："致吾君至此，皆由尔辈！"因抽刀逐之。左右救之而免。容哥曰："皇后惜物，不以给军，而归罪于我。事若不测，吾身万段矣。"乃投水而死。

郭从谦反。庄宗中流矢，伤甚，卧绛霄殿廊下，渴欲得饮。后令宦官进飧酪，不自省视。庄宗崩，后与李存渥等焚嘉庆殿，拥百骑出师子门。后于马上以囊盛金器宝带，欲于太原造寺为尼。在道与存渥奸，及至太原，乃削发为尼。明宗入立，遣人赐后死。晋天福五年，追谥曰神闵敬皇后。

【译文】

唐庄宗李存勖的神闵敬皇后刘氏，是魏州成安县人。他的元配是卫国夫人韩氏，第二任妻子是燕国夫人伊氏，刘氏是庄宗的第三个妻子，最初被封为魏国夫人。

刘氏的父亲叫刘叟，长着黄胡子，能治病，会算命，自称为刘山人。刘氏五六岁时，晋王攻打魏州，抢掠成安城，刘氏被晋军偏将袁建丰抢去，送进晋王宫。晋王的贞简太后就教她吹笙、唱歌、跳舞。刘氏长到十五岁时，长成一个很漂亮的姑娘，庄宗见后非常喜欢。庄宗当晋王后，太后到他宫中，庄宗为太后摆宴祝寿，亲自唱歌跳舞。太后十分高兴，又命刘氏吹笙助酒。酒宴结束离去时，太后留下刘氏赐给庄宗。早先，庄宗在夹城攻打梁朝军队时，得到梁将符道昭的妻子侯氏。侯氏受庄宗专宠，宫里人就把她叫“夹寨夫人”。庄宗带兵四处征战，也常常带着侯氏。后来，刘氏生了个儿子叫继岌，庄宗认为他长得很像自己，就特别喜欢他，这样刘氏就越来越受庄宗专宠。从打下魏博城，在黄河边战斗的十余年间，庄宗总是只带刘氏。刘氏很聪明，善于迎合庄宗的旨意，其他嫔妃就再也见不到皇帝了。

刘氏的父亲听说女儿成了贵人，就到魏宫求见。庄宗召见袁建丰询问情况，袁建丰说：“臣最初在成安城北的一个洼地见到刘氏，那时有个黄胡子老头保护着她。”等叫出刘叟让袁建丰看，袁建丰说：“就是他。”然而刘氏此时正与几个夫人争宠，互相攀比门望高低，就大怒道：“离开家乡的情景，我还略记得一点。当时我父亲不幸死于乱兵，我抱尸痛哭后才走。这个种田老头怎么到这里来了！”于是叫人在宫门外痛打刘叟一顿。

庄宗当皇帝后，想立刘氏为皇后，但韩夫人是他的元配，伊夫人的地位也在刘氏之上，觉得此事难办就没有正式公布。宰相豆卢革、枢密使郭崇韬迎合皇帝旨意，上书说应当立刘氏当皇后，庄宗很高兴。同光二年（公元 924）癸未日，庄宗在文明殿临朝，派使者正式册封刘氏为皇后。皇后受封后，乘着羽毛装饰的皇后专车（翟车），在皇后专用仪仗

(卤簿)和乐队的簇拥下，到太庙祭祖。韩夫人等都对此极为不满，于是又封韩夫人为淑妃，伊夫人为德妃。

庄宗自灭后梁后，逐渐心高气傲起来，致使宦官、戏子乱政。皇后刘氏在后宫中独掌大权。她认为自己出身低贱，现在越过次序当上皇后，是得力于佛力。同时，她又喜欢聚敛财物，还派人到各处去做生意，以至于市场上的柴草果蔬都被说成是后宫拿出来卖的。连各地的贡品也要一分为二，皇帝和皇后一家一份，因此，后宫财物堆积如山。皇后整天不是抄写佛经，就是施舍僧尼，而庄宗也由此开始迷信佛。

从于阗来了个胡人僧侣，庄宗带领皇后和皇子们去迎接拜见。这个僧人游到五台山，庄宗又派宦官安排食宿，所到之处闹得满城不安。又有一个叫诚惠的和尚，自称能降龙。经过镇州时，守将王熔没有以礼相待，诚惠气愤地叫骂："我有五百条毒龙，要是放一条出来可以揭起一片大石，常山的人都会变成鱼鳖。"正好第二年滹沱河发大水，冲坏了镇州关城，于是人们都说这个和尚是神仙。庄宗与皇后又带着皇子嫔妃拜见诚惠，诚惠端坐不起，从此士大夫凡是见了诚惠不论官职高低都要跪拜他，只有枢密使郭崇韬不拜。

那时，皇太后和皇后与各地藩镇的官吏联络，太后的旨意称为"诰令"，皇后的旨意称为"教命"，两宫的使者在各地之间频繁地往来。许州节度使温韬看到皇后如此信佛，请求在自己的家里修建佛寺，为皇后祈福。庄宗常常与皇后一起，到郭崇韬、元行钦等大臣家去。后来，又到张全义家去拜佛。在张家喝酒到高兴时，还叫皇后拜张全义为养父。张全义也每天派妻妾到后宫问安、不断赠送礼品。

庄宗有一爱妾，长得很漂亮，而且为皇上生下儿子。她成了皇后的心腹之患。一次，庄宗在宫中休息，大臣元行钦在旁边侍候。庄宗问他："你夫人死后又续娶了吗？我可以帮你做个媒。"皇后马上指着皇帝的爱妾说："皇帝怜悯元行钦，何不将她赐给他呢！"庄宗不得已，就假装答应。皇后催促元行钦拜谢皇上。元行钦拜谢完毕，起身看那位爱妾，已经被送上轿子送出宫去了。庄宗非常不高兴，好几天都称病不吃饭。

同光三年(公元925)秋天发大水，伊、洛两河地区的百姓流离失所。朝廷赋税锐减。全军将士许多都成为饿殍。朝廷要预借百姓第二年夏秋的租税。百姓愁苦不堪，到处是哀嚎哭喊声。庄宗皇帝却正在同皇后沉溺于打猎游乐。十二月初八，正值腊月时节，皇帝又要去白沙打猎，皇后带着皇子及后宫妃嫔全都跟随着。经过伊阙时，住宿在龛涧，两天后才回去。正赶上下大雪，兵士们挨冻受冷。护驾的一万名金枪军骑兵，全部责成当地老百姓供给吃食。他们所到之处，毁坏家什用品，甚至折毁茅庐房舍生火，以球场于连县里的官吏都害怕地跑到山里躲藏起来。

第二年三月，有外来的星宿进入天库星空，还有流星飞过天棒星空。观察星相的官吏说："皇上将会有兵难，应该散发宫中的财物来躲避灾祸。"宰相请求拿出国库财物供给军队，庄宗皇帝同意，但皇后拒绝给，说："我们夫妇能得天下，尽管是由于武功，但也全靠有天命。命既然在天，人能把我们怎么样？"宰相等人又在延英殿商量，皇后躲在屏风后偷听，然后拿出脂粉盒和皇幼子李满喜放到皇帝面前说："诸侯的贡品都被赏赐完了。现在宫里就剩这些，你把它们卖成钱作为军饷吧！"宰相惊慌不安地退下去。后来，赵在礼反叛，要出兵攻打魏城，皇后才被迫拿出宫中的财物赏赐军队。兵士们把赏赐的东西都扔掉，口里骂道："我们妻子儿女已经饿死，还要这些有何用？"

庄宗往东亲征汴州的叛军，带着二万五千兵马，走到万胜镇时，不能继续往前去就返回来。兵士们纷纷逃散，损失大半。退到一个道路狭窄的罂子谷山口，庄宗看到随从官员中拿着武器的人，就好言好语地抚慰他们："刚才得报说魏王已经平定蜀国，得到蜀国的五十万两金银，我要全部赏赐给你们。"对方回答："陛下赏赐得太晚，得到的人也不会感恩您。"庄宗听后开始哭泣。又让管内库的张容哥找出官服玉带赏给他们，张容哥说："全都给完了。"军士们大声斥责张容哥说："我们的君王到了这个地步，都是你们这些人造成的。"拔出刀来就要砍张容哥，被左右的人挡住。张容哥说："皇后吝啬，不愿意给养军队。你们把罪责归于我，假如有不测之事，我岂不是要粉身碎骨吗。"说完投河而死。

郭从谦反叛，庄宗身中飞箭，伤得很利害，躺在绛霄殿廊下，口渴想喝水，皇后只让宦官给拿一点奶酪去，自己也不亲自去看望。庄宗死后，皇后与李存渥等人烧毁嘉庆殿，在百骑簇拥下出了师子门。皇后在马匹上带着装满金银财宝的口袋，打算去太原建造佛寺，去当尼姑。在路上她又与李存渥通奸，到太原后，就削发为尼。唐明宗继位以后，派人赐死刘氏皇后。晋天福五年（公元940），追谥她为神闵敬皇后。

新五代史卷十八·汉家人传第六

高祖皇后李氏传

高祖皇后李氏，晋阳人也，其父为农。高祖少为军卒，牧马晋阳，夜入其家劫取之。高祖已贵，封魏国夫人，生隐帝。

开运四年，高祖起兵太原，赏军士，帑藏不足充，欲敛于民。后谏曰："方今起事，号为义兵。民未知惠而先夺其财，殆非新天子所以救民之意也。今后宫所有，请悉出之，虽其不足，士亦不以为怨也。"高祖为改容谢之。高祖即位，立为皇后。高祖崩，隐帝册尊为皇太后。

帝年少，数与小人郭允明、后赞、李业等游戏宫中，后数切责之。帝曰："国家之事，外有朝廷，非太后所宜言也。"太常卿张昭闻之，上疏谏帝，请："亲近师博，延问正人，以开聪明。"帝益不省。其后，帝卒与允明等谋议，遂至于亡。

初，帝与允明等谋诛杨邠、史弘肇等，议已定，入白太后。太后曰："此大事也，当与宰相议之。"李业从旁对曰："先皇帝平生言，朝廷大事，勿问书生。"太后深以为不可，帝拂衣而去，曰："何必谋于闺门！"邠等死，周太祖起兵向京师，慕容彦超败于刘子陂，帝欲出自临兵，太后止之曰："郭威本吾家人，非其危疑，何肯至此！今若按兵无动，以诏谕威，威必有说，则君臣之际，庶几尚全。"帝不从以出，遂及于难。

周太祖入京师，举事皆称太后诰。已而议立湘阴公赟为天子，赟未至，太祖乃请太后临朝。已而太祖出征契丹，军士拥之以还。太祖请事太后为母。太后诰曰："侍中功烈崇高，德声昭著，剪除祸乱，安定邦家，讴歌有归，历数攸属，所以军民推戴，亿兆同欢。老身未终残年，属此多难，唯以衰朽，托于始终。载省来笺，如母见待，感认深意，涕泗横流。"于是迁后于太平宫，上尊号曰昭圣皇太后。显德元年春崩。

【译文】

汉高祖的皇后李氏，是晋阳人，她父亲是农民。高祖年轻时当兵，在晋阳放马，晚上偷偷到李氏家带她出走。后来高祖成了贵人，就封她为魏国夫人，生下了隐帝。

开运四年，高祖从太原起兵反叛后晋，想要犒赏军队，但库藏的银钱不够，想从百姓处征集。李氏劝阻道："我们现在刚起义，号称仁义之师。百姓还没有得到我们给的恩惠，就先抢他们的银钱，这不符合新天子起义救民的本意。请把后宫里的所有钱财拿出来。虽然不多，士兵们也不会有什么怨言。"高祖为此恭敬地感谢李氏。高祖当皇帝后，封李氏为皇后。高祖死后，隐帝又尊封皇后为皇太后。

隐帝年幼时，经常同郭允明、后赞、李业等势利小人在宫中游戏玩耍，李氏多次严厉地责备他。隐帝回答说："国家大事自有朝廷管理，不是太后可以随便干涉的。"主管宗教礼仪的官吏张昭听说这件事后，上书给隐帝，说："亲近师傅，不断请教正直的人，才可以启发自己的聪明才智。"隐帝还是没有觉悟。后来，始终坚持与郭允明等人商议朝事，终于导致后汉灭亡。

起初，隐帝同郭允明等人密谋杀害杨邠、史弘肇一伙。计划商定后，就告诉李太后。太后说："这是件大事，你应该同宰相商量。"李业在旁边回答："先皇帝在世时总说，朝廷大事不要同读书人商量。"李太后深感不应该这样做，隐帝不高兴地离开，还说："何必同妇人家商量！"杨邠等人被害死后，周太祖郭威起义，带兵攻打京师，在刘子陂打败慕容彦超，隐帝要亲自领兵出击，李太后劝阻道："郭威本来和我们是一家人，他如果不是到了危难之际，怎能这么干呢？现在你如果按兵不动，下诏晓谕郭威，他肯定会来申诉的，这样你们君臣之间的关系，应该就可以保住了。"隐帝不听李太后的劝告，仍坚持出击，因此才有了死难。

周太祖进入京城后，凡事都说是太后的命令。后来商议要立湘阴公刘赟当皇帝，刘赟还没有到来，太祖就请李太后临朝听政。后来，太祖又出兵征讨契丹，取胜后被将士族拥着凯旋而归。太祖请求将李太后当母亲侍奉。太后下诏说："郭侍中功劳崇高，美名传扬。铲除祸乱，使国泰民安。载誉而归，始终称臣。因此军民拥护，举国同欢。我人已老，生未死，在如此多难之时，只有始终依靠你。你不是亲自来看望，就是写信来问候，对待我像对待母亲一样。深感你的好意，这让我高兴得老泪横流。"于是太祖把李太后迁居到了太平宫，还尊封她为昭圣皇太后。显德元年春天，李太后去世。

新五代史卷二十·周世宗家人传第八

宣懿皇后符氏传

宣懿皇后符氏，其祖秦王存审，父魏王彦卿。后世王家，出于将相之贵，为人明果有大志。初适李守贞子崇训。守贞事汉为河中节度使，已挟异志。有术者善听人声以知吉凶，守贞出其家人使听之，术者闻后声，惊曰："此天下之母也！"守贞益自负，曰："吾妇犹为天下母，吾取天下复何疑哉！"于是决反。而汉遣周太祖讨之，逾年，攻破其城。崇训知不免，手自杀其家人，次以及后，后走匿，以帷幔自蔽，崇训惶遽求后不得，遂自杀。汉兵入其家，后俨然坐堂上，顾军士曰："郭公与吾父有旧，汝辈无犯我。"军士见之，不敢迫。太祖闻之，以谓一女子能使乱兵不敢犯，奇之，为加慰勉，以归彦卿。后感太祖不杀，拜太祖为父。其母以后夫家灭亡，而独脱死兵刃之间，以为天幸，欲使削发为尼。后不肯，曰："死生有命，天也。何必妄毁形发为？"太祖于后有恩，而世宗性特英锐，闻后如此，益奇之。及刘夫人卒，遂纳以为继室。世宗即位，册为皇后。世宗卞急多暴怒，而后尝追悔。每怒左右，后必从容伺颜色，渐为解说，世宗意亦随解，由是益重之。世宗征淮，后以帝不宜亲行，切谏止之，世宗不听。师久无功，遭大暑雨，后以忧成疾而崩。议者以方用兵，请杀丧礼。于是百官朝临于西宫，三日而释服，帝亦七日而释，葬于新郑，陵曰懿陵。后立皇后符氏，后妹也。国初，迁西宫，号周太后。

【译文】

宣懿皇后符氏，她的祖父是秦王符存审，她的父亲是魏王符彦卿。符氏出身帝王之家，是出于将相的贵族，她为人精明果断，心怀大志。最初嫁给李守贞的儿子李崇训。李守贞是后汉的河中节度使，早已有谋反之心。有一个会巫术的人善于凭借人的声音来判断吉凶，李守贞就叫家里人说话让他听，巫师一听符氏的声音，立即惊叫："这是天下之母！"李守贞就更加自信，说道："我儿媳妇是天下之母，我夺取天下

又有什么问题呢！”于是坚决反叛后汉。后汉朝廷派后来成为周太祖的将军郭威带兵征讨李守贞，第二年，攻破李守贞的守城。李崇训知道自己难以逃避，就亲手杀死家人，轮到杀符氏时，符氏跑去躲藏在窗帘后面。李崇训慌忙之中找不到符氏，就自杀了。后汉的士兵进李家后，符氏严肃地坐在正厅里，看着士兵说：“郭将军与我父亲素有交情，你们不要侵犯我。”士兵们就不敢动她。郭威听说后，认为一个弱女子能让乱兵不敢动，真是非常稀奇。为了勉励符氏，就将她交给符彦卿。符氏感激郭威不杀之恩，拜郭威为父亲。郭威的母亲看到符氏的夫家全被杀死，只有她一人能逃脱死难，认为是老天爷保佑，想要她削发为尼。符氏不愿意，说：“生死有命，全在天意。何必要随便剪掉自己的头发让人改变形象呢？”郭威对符氏有恩，世宗柴荣生性敏锐，聪明过人，听说符氏是这样一个人，也更加认定她与众不同。等到刘夫人死后，世宗就娶符氏为继室。世宗当皇帝后，册封符氏为皇后。世宗性情急躁，经常发脾气，过后又非常后悔。每当他对左右人发脾气时，皇后必会从容地看他的脸色，慢慢劝说他，世宗的气也就消了，因为这样，世宗更加器重符氏。世宗要到淮南征讨，皇后认为皇帝不宜亲征，极力劝阻，但世宗不听。军队出征很久也不能取胜，又碰上大热天和大雨，皇后忧伤过度病死。议论的人认为正在用兵，请求减少丧礼规格。于是百官到西宫朝拜，三天后就去掉丧服，皇帝也在七天后去掉丧服，把符皇后葬在新郑，陵墓叫作懿陵。以后再立的皇后符氏，是符皇后的妹妹。宋朝初年，把她迁移到西宫去，称为周太后。

新五代史卷二十九·晋臣传第十七

景延广传

景延广字航川，陕州人也。父建善射，尝教延广曰："射不入铁，不如不发。"由是延广以挽强见称。事梁邵王友诲，友诲谋反被幽，延广亡去。后从王彦章战中都，彦章败，延广身被数创，仅以身免。

明宗时，朱守殷以汴州反，晋高祖为六军副使，主诛从守殷反者。延广为汴州军校当诛，高祖惜其才，阴纵之使亡，后录以为客将。高祖即位，以为侍卫步军都指挥使，领果州团练使，徙领宁江军节度使。天福四年，出镇义成，又徙保义，复召为侍卫马步军都虞候，徙镇河阳三城，迁马步军都指挥使，领天平。

高祖崩，出帝立，延广有力，颇伐其功。初，出帝立，晋大臣议告契丹，致表称臣，延广独不肯，但致书称孙而已，大臣皆知其不可而不能夺。契丹果怒，数以责晋，延广谓契丹使者乔莹曰："先皇帝北朝所立，今天子中国自册，可以为孙，而不可为臣。且晋有横磨大剑十万口，翁要战，则来，佗日不禁孙子，取笑天下。"莹知其言必起两国之争，惧后无以取信也，因请载于纸，以备遗忘。延广敕吏具载以授莹，莹藏其书衣领中以归，具以延广语告契丹，契丹益怒。

天福八年秋，出帝幸大年庄还，置酒延广第。延广所进器服、鞍马、茶床、椅榻皆裹金银，饰以龙凤。又进帛五千匹，绵一千四百两，马二十二匹，玉鞍、衣袭、犀玉、金带等，请赐从官，自皇弟重睿，下至伴食刺史、重睿从者各有差。帝亦赐延广及其母、妻、从事、押衙、孔目官等称是。时天下旱、蝗，民饿死者岁十数万，而君臣穷极奢侈以相夸尚如此。

明年春，契丹入寇，延广从出帝北征为御营使，相拒澶、魏之间。先锋石公霸遇虏于戚城。高行周、符彦卿兵少不能救，驰骑促延广益兵，延广按兵不动。三将被围数重，帝自御军救之，三将得出，皆泣诉。然延广方握亲兵，恃功恣横，诸将皆由其节度，帝亦不能制也。契丹尝呼晋人曰："景延广唤我来，何不速战？"是时，诸将皆力战，而延广未尝见敌。契丹已去，延广独闭壁不敢出。自延广一言而契丹与晋交恶，凡号令征伐一出延广，晋大臣皆不得与，故契丹凡所书檄，未尝不以延广为言。契丹去，出帝还京师，乃出延广为河南尹，留守西京。明年，出帝幸澶渊，以延广从，皆无功。

延广居洛阳，郁郁不得志。见晋日削，度必不能支契丹，乃为长夜之饮，大治第宅，园置妓乐，惟意所为。后帝亦追悔，遣供奉官张晖奉表称臣以求和，德光报曰："使桑维翰、景延广来，而割镇、定与我，乃可和。"晋知其不可，乃止。契丹至中渡，延广屯河阳，闻杜重威降，乃还。

德光犯京师，行至相州，遣骑兵数千杂晋军渡河趋洛，以取延广，戒曰："延广南奔吴，西走蜀，必追而取之。"而延广顾虑其家，未能引决，虏骑奄至，乃与从事阎丕驰骑见德光于封丘，并丕见锁。延广曰："丕，臣从事也，以职相随，何罪而见锁？"丕乃得释。德光责延广曰："南北失欢，皆因尔也。"召乔莹质其前言，延广初不服，莹从衣领中出所藏书，延广乃服。因以十事责延广，每服一事，授一牙筹，授至八筹，延广以面伏地。不能仰视，遂叱而锁之，将送之北行。至陈桥，止民家。夜分，延广伺守者殆，引手扼吭而死，时年五十六。汉高祖时，赠侍中。

【译文】

景延广，字航川，是陕州人。他的父亲景建擅长射箭，曾经教导景延广说："射箭如果射不进铁里，就好像没发箭。"因此一样景延广因善于力挽强弓而见称于世。曾在后梁邵王朱友诲手下做事，后来朱友诲因图谋反叛被囚禁，景延广逃走。后来跟从王彦章在中都作战，王彦章兵败，景延广身负数伤，勉强逃过一死。

后唐明宗时，朱守殷在汴州反叛，晋高祖石敬塘担任六军副使，主持诛杀参与朱守殷叛乱的人。景延广是汴州军校，理应被杀，但高祖怜惜他的才华，暗中放他逃走，后来又录用他为客将。晋高祖即位后，又任命他为侍卫步军都指挥使，兼领果州团练使，后又调任宁江军节度使。天福四年，景延广出京镇守义成，又调任保义，重新被召回担任侍卫马步军都虞候，调往镇守河阳三城，升任马步军都指挥使，兼领天平。

高祖去世后，出帝继位，景延广出了不少力，所以总是逢人便夸耀自己的功劳。起初，出帝立为皇帝时，后晋大臣们商议报告给契丹，送表向他们称臣，景延广坚持不肯，仅在信上自称为孙子，大臣们都知道这样做不妥但又无法让他改变主意。契丹人果然大怒，屡次因此事谴责后晋。景延广对契丹的使者乔莹说：“先皇帝是你们契丹所拥立的，现在的天子是中国自己册立的，可以做你们的孙子，但绝不能做你们的臣子。况且晋朝有十万口横磨大剑，老爷子要开战，那就来吧，他日约束不住孙子，一定会被天下人取笑。”乔莹知道他的这番话势必会挑起两国争端，担心没有凭据，就请求他把这些话记在纸上，以防遗忘。景延广命令属吏全部记录下后交给乔莹，乔莹将文书藏在衣领中带回，并将景延广所说的话报告给契丹主，契丹主更加生气。

天福八年秋天，出帝巡幸大年庄返回时，在景延广的府第摆置酒宴。景延广进献的器皿服装、鞍马、茶床、椅榻全包裹上金银，雕饰着龙凤。还进献五千匹帛，一千四百两绵，二十二匹马，以及玉鞍、衣袭、犀玉、金带等，请出帝将这些东西赏赐给随行的官员，上自皇弟重睿，下至一起吃饭的刺史、重睿的随从都有不同的赏赐。出帝也赏赐给景延广及其母亲、妻子、从事、押衙、孔目官等相应的物品。当时天下旱灾、蝗灾并起，百姓一年饿死的有十几万人，然而，君臣的穷奢极欲、相互夸耀财富竟达到如此地步。

第二年春天，契丹入侵，景延广跟随出帝北征担任御营使，与敌军在澶州、魏州之间对峙。先锋石公霸与契丹人在戚城遭遇，高行周、符彦卿因兵力单薄不能前去解救，飞骑前来催促景延广增加兵力，景延广却始终按兵不动。三位将领被敌军重重包围，出帝亲自率领部队去救他们，三位将领才得以冲出重围，三人一起向出帝哭诉。然而这时景延广正手握禁军，恃功劳恣意横行，众将士都由他节制调度，出帝也没有办法制止他。契丹曾向晋军呼喊：“景延广叫我们来，为何却不赶快出战？”当时，各位将领也都拼死力战，然而景延广却连敌人的面都未曾见到。契丹军队已经撤走，只有景延广紧闭营门不敢出来。自从景延广一句话而使契丹与后晋交恶后，凡是号令征伐都出自景延广一人，后晋其他大臣都无法参与，所以契丹的所有文书檄告，无一不是针对景延广而说的。契丹离去后，出帝回到京师，就调景延广出京担任河南尹，留守西京。第二年，出帝出巡澶渊，带着景延广随行，他都没有立功。

景延广居住在洛阳，郁郁不得志。看到后晋日益衰落，估计已经无法抵挡住契丹，于是就整夜饮酒作乐，大兴土木，修缮自家宅院，在花园设置妓乐，为所欲为。后来，出帝也非常后悔，派遣供奉官张晖带着表章向契丹称臣求和，契丹主耶律德光回答道："让桑维翰、景延广前来求和，并且割让镇州、定州给我们，才可以议和。"后晋知道他们不肯去，就停止这个行动。契丹军队进至中渡，景延广屯守在河阳，听到杜重威投降的消息后，就返回来。

耶律德光进犯京师，行至相州时，派数千名骑兵混杂在晋军中渡过黄河直奔洛阳，去捉拿景延广，并且告诫说："景延广无论是向南奔跑到吴或是西逃到蜀，也一定要捉拿到他。"然而景延广始终顾虑家人，没能自杀。契丹骑兵突然赶到，景延广就与从事阎丕骑马去封丘见耶律德光。连同阎丕一同上了枷锁。景延广说："阎丕是我的从事，因为他的职责跟随我来，他有什么罪而被上枷锁？"阎丕这才被释放了。耶律德光斥责景延广说："南北失欢，都是因为你。"召乔莹前来，与他对质之前说的话，景延广开始时不承认，乔莹从衣领中取出所藏文书，景延广才承认。然后又用十件事指责景延广，每承认一件事就给他一个象牙制的筹码，当给他加到第八个筹码时，延广把脸伏在地上，无法抬头仰视，于是喝令手下将他锁起来，准备将他送到契丹。走到陈桥时，停宿在一百姓家中，夜半时分，景延广趁看守的人疲倦，掐自己的喉咙而死，这年他五十六岁。后汉高祖时，追赠他为侍中。

新五代史卷三十·汉臣传第十八

史弘肇传

史弘肇字化元，郑州荥泽人。为人骁勇，走及奔马。梁末，调民七户出一兵，弘肇为兵，隶开道指挥，选为禁兵。汉高祖典禁兵，弘肇为军校。其后，汉高祖镇太原，使将武节左右指挥，领雷州刺史。高祖建号于太原，代州王晖拒命，弘肇攻破之，以功拜忠武军节度使、侍卫步军都指挥使。

是时契丹北归，留耿崇美攻王守恩于潞州。高祖遣弘肇前行击之，崇美败走，守恩以城归汉。而河阳武行德、泽州翟令奇等，皆迎弘肇自归。弘肇入河阳，高祖从后至，逐入京师。

弘肇为将，严毅寡言，麾下尝少忤意，立挝杀之，军中为股栗，以故高祖起义之初，弘肇行兵所至，秋毫无犯，两京帖然。迁侍卫亲军马步军都指挥使，领归德军节度使，同中书门下平章事。高祖疾大渐，与杨邠、苏逢吉等同授顾命。

隐帝时，河中李守贞、凤翔王景崇、永兴赵思绾等皆反，关西用兵，人情恐惧，京师之民，流言以相惊恐。弘肇出兵警察，务行杀戮，罪无大小皆死。是时太白昼见，民有仰观者，辄腰斩于市。市有醉者忤一军卒，诬其讹言，坐弃市。凡民抵罪，吏以白弘肇，但以三指示之，吏即腰斩之。又为断舌、决口、斮筋、折足之刑。李崧坐奴告变族诛，弘肇取其幼女以为婢。于是前资故将失职之家，姑息僮奴，而厮养之辈，往往胁制其主。侍卫孔目官解晖狡酷，因缘为奸，民抵罪者，莫敢告诉。燕人何福进有玉枕，直钱十四万，遣僮卖之淮南以鬻茶。僮隐其钱，福进笞责之，僮乃诬告福进得赵延寿玉枕，以遗吴人。弘肇捕治，福进弃市，帐下分取其妻子，而籍其家财。

弘肇不喜宾客，尝言："文人难耐，呼我为卒。"

弘肇领归德，其副使等月率私钱千缗为献。颍州麴场官麴温与军将何拯争官务，讼之三司，三司直温。拯诉之弘肇，弘肇以谓颍已属州，而温不先白己，乃追温杀之，连坐者数十人。

周太祖平李守贞，推功群臣，弘肇拜中书令。隐帝自关西罢兵，渐近小人，与后赞、李业等嬉游无度，而太后亲族颇行干托，弘肇与杨邠稍裁抑之。太后有故人子求补军职，弘肇辄斩之。帝始听乐，赐教坊使等玉带、锦袍，往谢弘肇，弘肇怒曰："健儿为国征行者未有偏赐，尔曹何功，敢当此乎！"悉取所赐还官。

周太祖出镇魏州，弘肇议带枢密行，苏逢吉、杨邠以为不可，弘肇恨之。明日，会饮窦贞固第，弘肇厉声举爵属太祖曰："昨日廷论，何为异同？今日与公饮此。"逢吉与邠亦举大爵曰："此国家事也，何必介意乎！"逐俱饮釂。弘肇曰："安朝廷，定祸乱，直须长枪大剑，若'毛锥子'安足用哉？"三司使王章曰："无'毛锥子'，军赋何从集乎？""毛锥子"，盖言笔也。弘肇默然。他日，会饮章第，酒酣，为手势令，弘肇不能为，客省使阎晋卿坐次弘肇，屡教之。苏逢吉戏曰："坐有姓阎人，何忧罚爵！"弘肇妻阎氏，酒家倡，以为讥己，大怒，以丑语诟逢吉，逢吉不校。弘肇欲殴之，逢吉先出。弘肇起索剑欲追之，杨邠泣曰："苏公，汉宰相，公若杀之，致天子何地乎？"弘肇驰马去，邠送至第而还。由是将相如水火。隐帝遣王峻置酒公子亭和解之。

是时，李业、郭允明、后赞、聂文进等用事，不喜执政。而隐帝春秋渐长，为大臣所制，数有忿言，业等乘间谮之，以谓弘肇威震人主，不除必为乱。隐帝颇欲除之。夜闻作坊锻甲声，以为兵至，达旦不寐。由是与业等密谋禁中。乾祐三年冬十月十三日，弘肇与杨邠、王章等入朝，坐广政殿东庑，甲士数十人自内出，擒弘肇、邠、章斩之，并族其三家。

弘肇已死，帝坐崇元殿召群臣，告以弘肇等谋反，群臣莫能对。又召诸军校见于万岁殿，帝曰："弘肇等专权，使汝曹常忧横死，今日吾得为汝主矣！"军校皆拜。周太祖即位，追封弘肇郑王，以礼归葬。

【译文】

史弘肇，字化元，是郑州荥泽人。天生勇猛敏捷，跑起来快得能追上飞奔的骏马。梁末时，从每七户人家征调一个士兵，史弘肇因此从军，隶属开道指挥，后被选入禁军。汉高祖刘知远统率禁军时，史弘肇担任军校。后来，汉高祖镇守太原，让史弘肇担任武节左右指挥，遥领雷州刺史。高祖在太原建立国号时，代州的王晖拒不从命，史弘肇率兵进攻并打败他，他也因功升任为忠武军节度使、侍卫步军都指挥使。

这时契丹返回北方，留下耿崇美进攻潞州的王守恩。高祖派史弘肇前去攻打他，耿崇美战败逃走，王守恩率全城归顺汉。同时，河阳的武行德、泽州的翟令奇等人，都迎接史弘肇而自动归附。史弘肇进入河阳，高祖随后赶到，于是进入京师。

史弘肇身为将领，严肃刚毅而且寡言少语，他的部下曾稍微违反他的旨意，当即就被用马鞭活活抽死，军中人都被吓得双腿发颤。因此，在高祖起兵举事之初，史弘肇率领的兵将所到之处，都秋毫无犯，两京才得以秩序井然。后来升任侍卫亲军马步军都指挥使，兼任归德军节度使，同中书门下平章事。高祖病情加剧，史弘肇与杨邠、苏逢吉等人一起接受临终遗诏。

隐帝时，河中的李守贞、凤翔的王景崇、永兴的赵思绾等人相继反叛，关西一带兵连祸结，人们都非常恐惧不安，在京师里百姓中流传着各种消息互相惊扰。史弘肇发兵警戒巡察，进行残酷杀戮，罪过不分大小一律处死。当时太白星在白日出现，老百姓凡有抬头仰观的人立刻被当街腰斩。集市中有一个喝醉酒的人触犯一名士兵，就诬陷他谣言惑众，被定罪为死刑。凡有百姓否认犯罪，官吏向史弘肇报告时，只要他伸出三根手指示意，官吏立刻就腰斩百姓。还规定割断舌头、撕裂嘴巴、切断筋、削掉脚等酷刑。李崧被仆人告发谋乱，全家人被杀，史弘肇将他的小女儿留下做自己的婢女。从此以后，那些功臣、宿将和被削职的仕宦人家，都宽容迁就他们的奴仆，而那些干粗活的仆役，往往胁迫、挟制他们的主人。侍卫孔目官解晖性情狡猾、冷酷，趁势无恶不做，犯罪的老百姓没有人敢申诉。燕人何福进有一只玉枕，价值十四万钱，派他的仆人去淮南将玉枕卖掉，买回些茶叶。仆人隐瞒他钱数，福进用竹板责打他，于是仆人就诬告福进，说他得到赵延寿的玉枕，将它赠给吴人。史弘肇逮捕并审讯他，何福进被判死刑，史弘肇的部下强占了福进的妻子女儿，同时没收他的家产。

史弘肇不喜欢宾客，曾说过："文人让人难以忍受，呼唤我就像叫士卒似的。"

史弘肇担任归德军节度使，他的副使每月拿一千串私钱进献给他。颍州麴场官麴温与军将何拯在公务问题上有争辩，二人争论到三司，三司判定麴温正确。何拯向史弘肇投诉，史弘肇认为颍州受自己管辖，但麴温却不事先告知自己，就派人追杀麴温，并株连了几十个人。

周太祖郭威平定李守贞，在群臣中比功劳，史弘肇被任命为中书令。隐帝自从关西结束战争后，逐渐亲近小人，与后赞、李业等人嬉闹游乐无度，而且太后的亲戚又经常干预政事，史弘肇与杨邠渐渐抑制住他们。有一个太后熟人的儿子想谋求补任军职，弘肇当即斩杀他。隐帝刚听完歌舞，赏赐给教坊使等人玉带、锦袍，他们去向史弘肇致谢，史弘肇大怒道："好男儿为国家出征远行尚未都受赏，你们有什么功劳，竟敢担当这份赏赐！"就收取全部所赐之物送回官库。

周太祖郭威外出镇守魏州，史弘肇想让他兼任枢密使的官职前去赴任，苏逢吉、杨邠都认为不妥，史弘肇因此怀恨在心。第二天，在窦贞固家中聚会饮酒，史弘肇举起酒杯高声对郭威说："昨天在朝中议论，不知为何搞得意见不一，今天与您干了这杯酒。"逢吉与杨邠也举起大酒杯说："这是国家大事，你何必耿耿于怀呢？"于是一起喝酒。史弘肇又说："安定国家，平定祸乱，只需要长枪大剑就可以，像'毛锥子'有什么用呀？"三司使王章说："没有'毛锥子'，军队费用如何征集？""毛锥子"，就是指毛笔。史弘肇顿时哑口无言。又有一天，在王章家中聚饮，酒喝到畅快之际，划拳行酒令，史弘肇不会划拳，客省使阎晋卿坐在史弘肇旁边，屡屡教给他。苏逢吉打趣说："身旁坐着姓阎的人，还怕什么罚酒呀！"史弘肇的妻子姓阎，原本是酒家歌妓，史弘肇认为他在讥笑自己，勃然大怒，用丑话大骂逢吉，逢吉毫不在意，史弘肇又想殴打他，逢吉只得先躲出去了。史弘肇起身找出宝剑想要追上去，杨邠哭着说："苏公是汉的宰相，您若杀他，把天子放在什么位置啊？"史弘肇骑马飞驰而去，杨邠一直陪送他到家才返回。从此以后，将相二人势如水火。隐帝派王峻在公子亭摆宴劝二人和解。

此时，李业、郭允明、后赞、聂文进等人弄权用事，不喜欢执掌政柄的史弘肇等人。而且隐帝年龄渐大，对自己身受大臣摆布、节制的处境，多次说过忿忿不平的话。李业等人趁机陷害史弘肇，说他的声望震慑人主，不除掉他将来必会谋反作乱。隐帝于是就想除掉他。夜里听见外面作坊锻造兵甲的声音，便以为是来了士兵，到天亮也没有睡着。于是与李业等人在宫中密谋。乾祐三年冬十月十三日，史弘肇与杨邠、王章等人入朝，坐在广政殿东侧走廊，几十个甲士从殿内冲出，擒拿史弘肇、杨邠、王章并斩杀他们，同时诛灭他们三家。

史弘肇已死，隐帝坐在崇元殿召集群臣，告知他们史弘肇等人谋反，群臣不能应对。又在万岁殿召见众军校，隐帝说："史弘肇等人专权独断，使你们这些人常担心招来横祸而死，今天我总算成为你们的主人啦。"军校们都拜伏在地。周太祖即位后，追封史弘肇为郑王，用他应享的礼节安葬他。

新五代史卷三十八·宦者传第二十六

张承业传

张承业，字继元，唐僖宗时宦者也。本姓康，幼阉，为内常侍张泰养子。晋王兵击王行瑜，承业数往来兵间，晋王喜其为人。及昭宗为李茂贞所迫，将出奔太原，乃先遣承业使晋以道意，因以为河东监军。其后，崔胤诛宦官，宦官在外者，悉诏所在杀之。晋王怜承业，不忍杀，匿之斛律寺。昭宗崩，乃出承业，复为监军。

晋王病且革，以庄宗属承业曰："以亚子累公等！"庄宗常兄事承业，岁时升堂拜母，甚亲重之。庄宗在魏，与梁战河上十余年，军国之事，皆委承业，承业亦尽心不懈。凡所以畜积金粟，收市兵马，劝课农桑，而成庄宗之业者，承业之功为多。自贞简太后、韩德妃、伊淑妃及诸公子在晋阳者，承业一切以法绳之，权贵皆敛手畏承业。

庄宗岁时自魏归省亲，须钱蒲博、赏赐伶人，而承业主藏，钱不可得。庄宗乃置酒库中，酒酣，使子继岌为承业起舞，舞罢，承业出宝带、币、马为赠，庄宗指钱积呼继岌小字以语承业曰："和哥乏钱，可与钱一积，何用带、马为也！"承业谢曰："国家钱，非臣所得私也。"庄宗以语侵之，承业怒曰："臣，老敕使，非为子孙计，惜此库钱，佐王成霸业尔。若欲用之，何必问臣？财尽兵散，岂独臣受祸也？"庄宗顾元行钦曰："取剑来！"承业起，持庄宗衣而泣曰："臣受先王顾托之命，誓雪家国之仇。今日为王惜库物而死，死不愧于先王矣！"阎宝从旁解承业手，令去，承业奋拳殴宝踣，骂曰："阎宝，朱温之贼，蒙晋厚恩，不能有一言之忠，而反谄谀自容邪！"太后闻之，使召庄宗。庄宗性至孝，闻太后召，甚惧，乃酌两卮谢承业曰："吾杯酒之失，且得罪太后。愿公饮此，为吾分过！"承业不肯饮。庄宗入内，太后使人谢承业曰："小儿忤公，已笞之矣。"明日，太后与庄宗俱过承业第，尉劳之。

卢质嗜酒傲忽，自庄宗及诸公子多见侮慢，庄宗深嫉之。承业乘间请曰："卢质嗜酒无礼，臣请为王杀之。"庄宗曰："吾方招纳贤才，以就功业，公何言之过也！"承业起，贺曰："王能如此，天下不足平也！"质

因此获免。

天祐十八年，庄宗已诺诸将即皇帝位。承业方卧病，闻之，自太原肩舆至魏，谏曰："大王父子与梁血战三十年，本欲雪家国之仇，而复唐之社稷。今元凶未灭，而遽以尊名自居，非王父子之初心，且失天下望，不可！"庄宗谢曰："此诸将之所欲也。"承业曰："不然，梁，唐，晋之仇贼，而天下所共恶也。今王诚能为天下去大恶，复列圣之深仇，然后求唐后而立之。使唐之子孙在，孰敢当之！使唐无子孙，天下之士，谁可与王争者？臣，唐家一老奴耳，诚愿见大王之成功，然后退身田里，使百官送出洛东门，而令路人指而叹曰'此本朝敕使，先王时监军也'，岂不臣主俱荣哉！"庄宗不听。承业知不可谏，乃仰天哭曰："吾王自取之！误老奴矣。"肩舆归太原，不食而卒，年七十七。同光元年，赠左武卫上将军，谥曰正宪。

【译文】

张承业，字继元，是唐僖宗时的宦官。原来姓康，幼年时被阉割，成为内常侍张泰的养子。晋王的军队进击王行瑜时，张承业多次在军中往来，晋王喜欢他的为人。等到唐昭宗受到李茂贞逼迫，准备出逃到太原，就先派张承业出使晋王处去说明意图，于是晋王让他担任河东监军。之后，崔胤诛杀宦官，在外地的宦官，一律下诏命令就地杀死。晋王可怜张承业，不忍杀他，把他藏在斛律寺里。唐昭宗去世后，晋王才让张承业露面，又当了监军。

晋王快病死时，把庄宗托付给张承业说："让亚子拖累您了！"庄宗通常以兄长的礼数待他，每年按四季时令登堂拜望他的母亲，对他非常亲近器重。庄宗在魏州时，与后梁在黄河边作战十余年，军队和国家的大事，都交给张承业。张承业也毫不懈怠，尽心办事。大凡积蓄钱粮，收购兵器战马，劝百姓从事农桑，来成就庄宗的基业，张承业出力最多。由贞简太后、韩德妃、伊淑妃乃至留在晋阳的公子，张承业一律以法令严格加以约束，权贵都敬畏张承业。

庄宗每年按时令从魏州回来省亲，需要用钱赌博以及赏赐伶人，却因为张承业掌管库存，因而得不到钱。于是庄宗在库房摆下酒席，酒兴正浓时，让儿子李继岌为张承业起身演练武艺。表演完后，张承业拿出宝带、币、马相赠。庄宗手指钱堆，口喊李继岌的小名对张承业说："和哥缺钱，给他一堆钱就行，给他宝带和币马有什用！"张承业谢罪说：

"国家的钱，不是臣能私自动用的。"庄宗出语冒犯，张承业生气地说："我是唐朝的敕使，不想为子孙后代打算。珍惜这库中的钱，是要帮助您成就霸业。如果您想用这些钱，何必问臣？钱财一没有，军队就会散伙，难道只有臣才遭受灾祸？"庄宗看着元行钦说："拿剑来！"张承业站起身来，拉着庄宗的衣服哭泣说："臣受先王的顾命嘱托，立誓为家国报仇。今天为大王珍惜钱库而死，对先王也问心无愧了！"阎宝从旁边拉开张承业的手，让他离开，张承业奋力举拳将阎宝打倒，骂道："阎宝，你是朱温属下的贼寇，蒙受晋国的厚恩，却不能进一句忠言，反而献媚逢迎，想要以此求容身吗！"太后闻讯，派人来叫庄宗。庄宗天性非常孝顺，听说太后来召，十分害怕，便斟两杯酒，向张承业道歉说："我酒后有失，而惹恼太后，希望你喝下这杯酒，为我分担过错。"张承业不肯喝酒。庄宗进入内宫，太后派人向张承业谢罪说："小孩子家冒犯您，我已把他打了。"第二天，太后与庄宗一起到张承业的住处去表示慰问。

卢质喜欢喝酒，而且目空一切，从庄宗到各位公子大多都受到侮慢，庄宗深深地恨他。张承业趁机请示说："卢质饮酒贪杯，傲慢无礼，请让臣为大王把他杀死。"庄宗说："我正在招揽贤才，来成就功业，您说得太过分了！"张承业起身祝贺道："大王您能这样做，天下不难平定！"卢质因此才得以不死。

天祐十八年，庄宗已经答应诸将即位称帝。张承业此时正卧床生病，闻讯后，从太原坐轿来魏州，进谏说："大王父子与梁国血战三十年，本想为家为国报仇，恢复唐朝的社稷江山。现在元凶尚未消灭，您却遽然自称皇帝，这不是大王父子当初的心愿，而且使天下人失望，千万不能这样做！"庄宗歉然说："诸将想要这样。"张承业说："不然。梁国是唐、晋两国的仇敌，被天下人痛恨。现在，如果大王能为天下除去这一大元凶，去报列位先帝的大仇，应该找唐室的后人立为皇帝。只要唐朝后人在位，谁敢称帝！假如唐室没有后人，天下之士有谁可以与大王相争？臣只是唐室的一个老奴，的确愿意看到大王您获得成功，然后臣就引退乡里。如果百官将臣送出洛阳东门时，让行人指着臣称赞说：'这人是本朝的敕使，先王在世时的监军'，岂不是主上与臣下都很光彩吗！"庄宗不听劝。张承业知道无法谏阻，便仰天大哭说："我王自己称帝去吧，误了老奴了。"坐轿返回太原，绝食而死，当时七十七岁。同光元年，庄宗追赠张承业为左武卫上将军，谥号正宪。

新五代史卷五十·杂传第三十八

刘词传

刘词字好谦，大名元城人也。少事杨师厚，以勇悍知名。唐庄宗下魏博，与梁战夹河，词以军功为效节军使，迁长剑指挥使，坐事，左迁汝州十余年。

废帝时，诏诸州镇选骁勇者充禁军，词得选为禁军校。从破张从宾、杨光远，以功迁奉国第一军都虞候。从马全节破安州，以功迁指挥使。从杜重威破镇州，以先登功拜泌州刺史。晋军讨安从进，为襄州行营都虞候，以功迁泌州团练使。徙房州，岁余，为政不苛挠，人颇便之。词居暇日，常被甲枕戈而卧，谓人曰："我以此取富贵，岂可一日辄忘之，且人情易习，若一堕其筋力，有事何以报国！"

汉高祖时，复为奉国右厢都指挥使。汉军讨李守贞于河中，词以侍卫步军都指挥使领宁江军节度使，为行营都虞候，以功拜镇国军节度使。

周太祖入立，加同中书门下平章事。历镇安国、河阳三城。世宗战高平，樊爱能等军败南走，遇词而止之曰："军败矣，可无前也。"词不听，辄趣兵以进，世宗嘉之，以为随驾都部署。及班师，以为河东行营副都部署，徙镇永兴。明年卒于镇，年六十五，赠侍中，谥忠惠。

【译文】

刘词，字好谦，是大名元城人。年轻时在杨师厚手下做事，以勇敢强悍而名扬四方。唐庄宗攻陷魏博州时，刘词与梁军在夹河激战，刘词因战功卓著而被任命为效节军使，升任长剑指挥使。后来因事犯罪，被降职在汝州达十余年。

唐废帝时，曾诏令各州镇选拔勇猛敏捷的人充任宫中卫士，刘词被选为禁军校。刘词随军击败张从宾、杨光远，因功被升任为奉国第一军都虞候。跟随马全节攻克安州，又因功升任指挥使。跟随杜重威攻克镇州，以首先登城之功担任泌州刺史。晋军讨伐安从进时，刘词担任襄州行营都虞候，因为战功升任泌州团练使。转任房州，在一年多的时间里，他主持政务不因苛刻扰民，人们对他的施政方式颇感方便。刘词在闲暇之余，经常身披铠甲枕着武器伏在小桌上睡觉，对别人说："我因为这些东西获得富贵荣华，哪怕一天也不能忘了它们，况且人的性情很容易成为习惯，一旦松懈了筋骨气力，有事时用什么来报答国家！"

汉高祖时，刘词又被任命为奉国右厢都指挥使。汉军在河中地区讨伐李守贞，刘词任职侍卫步军都指挥使兼任宁江军节度使，担任行营都虞候，因功被授为镇国军节度使。

周太祖即位后，加任刘词为同中书门下平章事。先后镇守安国、河阳三城。周世宗在高平作战，樊爱能等人率领的部队兵败南逃，正好遇上刘词所率的部队，劝他说："我军已经失败，你可以别向前走了。"刘词不听劝阻，立刻催促部队向前跃进，世宗对此大加赞赏，任命他为随驾都部署。等到班师回朝时，又任命他为河东行营副都部署，后来他被调任永兴军节度使。第二年刘词病逝在镇守的地方，终年六十五岁。朝廷追赠他为侍中，给他的谥号是忠惠。

新五代史卷五十七·杂传第四十五

马重绩传

马重绩字洞微，其先出于北狄，而世事军中。重绩少学数术，明太一、五纪、八象、《三统大历》，居于太原。唐庄宗镇太原，每用兵征伐，必以问之，重绩所言无不中，拜大理司直。明宗时，废不用。

晋高祖以太原拒命，废帝遣兵围之，势甚危急，命重绩筮之，遇《同人》，曰："天火之象，乾健而离明。健者君之德也，明者南面而向之，所以治天下也。同人者人所同也，必有同我者焉。《易》曰：'战乎乾。'乾，西北也。又曰：'相见乎离。'离，南方也。其同我者自北而南乎？乾，西北也，战而胜，其九月十月之交乎？"是岁九月，契丹助晋击败唐军，晋遂有天下。拜重绩太子右赞善大夫，迁司天监。明年，张从宾反，命重绩筮之，遇《随》，曰："南瞻析木，木不自续，虚而动之，动随其覆。岁将秋矣，无能为也！"七月而从宾败。高祖大喜，赐以良马、器、币。

天福三年，重绩上言："历象，王者所以正一气之元，宣万邦之命。而古今所纪，考审多差，《宣明》气朔正而星度不验，《崇玄》五星得而岁差一日，以《宣明》之气朔，合《崇玄》之五星，二历相参，然后符合。自前世诸历，皆起天正十一月为岁首，用太古甲子为上元，积岁愈多，差阔愈甚。臣辄合二历，创为新法，以唐天宝十四载乙未为上元，雨水正月中气为气首。"诏下司天监赵仁锜、张文皓等考覆得失。仁琦等言："明年庚子正月朔，用重绩历考之，皆合无舛。"乃下诏班行之，号《调元历》。行之数岁辄差，遂不用。

重绩又言："漏刻之法，以中星考昼夜为一百刻，八刻六十分刻之二十为一时，时以四刻十分为正，此自古所用也。今失其传，以午正为时始，下侵未四刻十分而为午。由是昼夜昏晓，皆失其正，请依古改正。"从之。

重绩卒年六十四。

【译文】

马重绩，字洞微，他的祖先原是北狄人，历代在军队里任职。马重绩年轻时学习天文历术，熟悉太一、五纪、八象、《三统大历》，居住在太原。后唐庄宗（李存勖）镇守太原时，每次用兵征讨时，都必定询问他出兵的吉凶，马重绩每次所答都没有不中的，所以让他做大理司直的官。后唐明宗孝嗣原时，罢免他的官职，而且不重用。

后晋高祖石敬瑭占据太原，反抗后唐的统治，后唐的末代皇帝派兵围困他，形势非常危急，他就让马重绩占卜，卜到《同人》这一卦，解释说："天火之象，乾健而离明。'健'指君子的德行，'明'是面向南面的意思，这些都是治理天下的象征。'同人'的意思是人心相同，所以一定有与我有同心的人。《易经》又说：'战乎乾。''乾'指西北方，又说：'相见乎离。''离'指南方。这个与我同道的人难道是从北面向南而来吗？'乾'是西北方，作战取得胜利，是九月和十月之间吗？"这一年九月，契丹人帮助后晋打败后唐军队，于是后晋取得统治地位。并授予马重绩太子右赞善大夫的官职，又被任命为司天监。第二年，张从宾叛乱，皇帝又让马重绩占卜，占卜到《随》卦，说："向南边看到析木这个星次，木不能自己延续下去，空虚而动，动之后就倾覆。节气快到秋天了，无所作为了。"到七月的时候张从宾就失败了。高祖非常高兴，赏赐给他好马、用具和钱币。

天福三年，马重绩上书说："历法和天象，是国君树立一气的原始，以此显示对万邦的命令。但是从古至今所记载的，对它们进行考核审查，大多有差误：《宣明历》的节气和朔望是与天象相符的，但所推的五星行度却与测验不合；《崇玄历》所推的五星行度与天相符合，但所推节气却有一日之差。如果以《宣明历》推气朔的方法，配合《崇玄历》的步五星原理，两种历法相互参考，就能都与天象相符合。以前的各种历法，都把天正十一月作为岁首，以远古甲子为上元，积年越多，误差越大。我当臣子的参考这两种历法，创造了一种新法，以大唐天宝十四年乙未为上元，正月中气雨水为气首。"皇帝就下诏到钦天监，让赵仁锜、张文皓等检测符合情况。赵仁锜等上复说："第二年庚子正月朔，用重绩的历法检测，都与天象相合没有误差。"于是皇帝便颁布诏书使用新历，并定名为《调元历》。颁行数年因出现误差，就废而不用。

马重绩又说："漏刻的使用方法，是以中星考定，以一昼夜为一百刻。以八又六十分之二十刻为一个时辰。每个时辰又以四刻十分以后为时正的开始。这是自古以来天下一直所用的方法，但现在已经失传，以午正为一个时辰的开始，直到未四刻十分还仍为午时。由于这个原因，昼夜昏晓，都偏离正确的时辰，请求依照古法改正过来。”皇帝听从了他的意见。

马重绩去世时，享年六十四岁。

新五代史卷六十二·南唐世家第二

李煜传

煜字重光，初名从嘉，景第六子也。煜为人仁孝，善属文，工书画，而丰额、骈齿，一目重瞳子。自太子冀已上，五子皆早亡，煜以次封吴王。建隆二年，景迁南都，立煜为太子，留监国。景卒，煜嗣立于金陵。母钟氏，父名泰章。煜尊母曰“圣尊后”；立妃周氏为国后；封弟从善韩王，从益郑王，从谦宜春王，从度昭平郡公，从信文阳郡公。大赦境内。遣中书侍郎冯延鲁修贡于朝廷，令诸司四品已下无职事者，日二员待制于内殿。

三年，泉州留从效卒。景之称臣于周也，从效亦奉表贡献于京师，世宗以景故，不纳。从效闻景迁洪州，惧以为袭己，遣其子绍基纳贡于金陵，而从效病卒，泉人因并送其族于金陵，推立副使张汉思。汉思老不任事，州人陈洪进逐之，自称留后，煜即以洪进为节度使。乾德二年，始用铁钱，民间多藏匿旧钱，旧钱益少，商贾多以十铁钱易一铜钱出境，官不可禁，煜因下令以一当十。拜韩熙载中书侍郎、勤政殿学士。封长子仲遇清源公，次子仲仪宣城公。

五年，命两省侍郎、给事中、中书舍人、集贤勤政殿学士，分夕于光政殿宿直，煜引与谈论。煜尝以熙载尽忠，能直言，欲用为相，而熙载后房妓妾数十人，多出外舍私侍宾客，煜以此难之，左授熙载右庶子，分司南都。熙载尽斥诸妓，单车上道，煜喜留之，复其位。已而诸妓稍稍复还，煜曰：“吾无如之何矣！”是岁，熙载卒，煜叹曰：“吾终不得熙载为相也。”欲以平章事赠之，问前世有此比否？群臣对曰：“昔刘穆之赠开府仪同三司。”遂赠熙载平章事。熙载，北海将家子也，初与李谷相善。明宗时，熙载南奔吴，谷送至正阳，酒酣临诀，熙载谓谷曰：“江左用吾为相，当长驱以定中原。”谷曰：“中国用吾为相，取江南如探囊中物尔。”及周师之征淮也，命谷为将，以取淮南，而熙载不能有所为也。

开宝四年，煜遣其弟韩王从善朝京师，遂留不遣。煜手疏求从善还国，太祖皇帝不许。煜尝怏怏以国蹙为忧，日与臣下酣宴，愁思悲歌不已。

五年，煜下令贬损制度。下书称教，改中书、门下省为左、右内史府，尚书省为司会府，御史台为司宪府，翰林为文馆，枢密院为光政院，诸王皆为国公，以尊朝廷。煜性骄侈，好声色，又喜浮图，为高谈，不恤政事。

六年，内史舍人潘佑上书极谏，煜收下狱，佑自缢死。

七年，太祖皇帝遣使诏煜赴阙，煜称疾不行，王师南征，煜遣徐铉、周惟简等奉表朝廷求缓师，不答。八年十二月，王师克金陵。九年，煜俘至京师，太祖赦之，封煜违命侯，拜左千牛卫将军。其后事具国史。

【译文】

李煜，字重光，初名从嘉，是李景第六子。李煜为人仁且孝，善于写作诗文，又善于写字作画。他额头很宽，前齿两个并成一个，一只眼睛里有两个瞳仁。从太子李冀以上五个哥哥都早死，李煜就按顺序被封为吴王。宋建隆二年（公元 961），李景迁于南都（今江苏南京），立李煜为太子，留京监国。李景死后，李煜在金陵继帝位。母亲钟氏，其父名泰章。李煜尊他的母亲为“圣尊后”；立妃子周氏为皇后；封他的弟弟李从善为韩王，李从益为郑王，李从谦为宜春王，李从度为昭平郡公，李从信为文阳郡公。大赦天下。派中书侍郎冯延鲁准备贡礼送给宋朝廷，令各司四品以下的官员没有任务的，每日派二人奉陪于内殿。

建隆三年（公元 962），泉州（今属福建）留从效死。李景向周朝称臣时，留从效也奏表章将贡品献到京师，宋世宗因为李景的原故，没有接受。留从效听说李景迁到洪州（今江西南昌），怕李景袭击他，于是派他儿子留绍基到金陵（今江苏南京）去纳贡，而留从效已病死，泉州人于是将他的族人一并送到金陵，另推立副使张汉思补任他的职位。张汉思年岁已大，不能胜任职务之事，泉州人陈洪进将他赶走，自己称“留后”，李煜便任命陈洪进为节度使。乾德二年（公元 964），朝廷开始使用铁钱，民间多私藏旧钱，旧钱更加稀少，很多商人用十个铁钱换一个铜钱带出州境，官家也无法禁止，李煜因此下令以一枚铜钱抵十枚铁钱用。李煜任韩熙载为中书侍郎、勤政殿学士。封他的长子韩仲遇为清源公，封他的次子韩仲仪为宣城公。

建隆五年（公元 964），李煜命令两省侍郎、给事中、中书舍人、集贤殿勤政殿学士，分批在光政殿值夜班，和他们谈论政事。李煜曾经因为韩熙载尽忠，能率直说真话，想起用他为宰相，而韩熙载的后房有数十名妓女侍妾，很多甚至到外舍私陪宾客，李煜因此觉得韩熙载难以为相，于是降而授予韩熙载右庶子的职位，分司南都。韩熙载将众妓女尽数斥逐，自己单车上路，李煜很高兴，将他留下来，恢复了他的职位。不久后，众妓女又渐渐回来，李煜说："我真是无可奈何啊！"这一年，韩熙载死了，李煜感叹地说："我始终没有让韩熙载当宰相啊。"他想以平章事的职位追赠他，问前代是否有这样的事例，群臣答道："以前刘穆之曾追赠开府仪同三司。"于是就追赠韩熙载为平章事。韩熙载，是北海（今山东益都）武将家的孩子，一开始和李谷相友善。后唐明宗时，韩熙载南奔到吴地，李谷送他到正阳（今河南汝阳），酒酣话别，韩熙载对李谷说："江左如果任用我为宰相，我一定长驱北上，平定中原。"李谷说："中原如果任用我为宰相，我直取江南，就像探囊取物一样。"等到周朝的军队南征到淮河一带，任命李谷为将领，率领军队攻取淮南，而韩熙载却没能有所作为。

开宝四年（公元971），李煜派他的弟弟韩王李从善入朝宋京，李从善被扣留。李煜亲手写信请求宋朝让他弟弟李从善回到南唐，宋太祖还是不准许他回去。李煜因国家日益困窘而怏怏不乐，满怀忧愁，成天与臣下饮酒，愁思悲歌，不能自已。

开宝五年（公元972），李煜下令降低国家制度的规格，下书称为"教"，改中书、门下省为左、右内史府，尚书省为司会府，御史台为司宪府，翰林院为文馆，枢密院为光政院，诸王为国公，以尊于宋朝。李煜生性骄矜奢侈，喜好声色，又信奉佛教，喜爱高谈阔论，不理政事。

开宝六年（公元973），内史舍人潘佑上书进谏，李煜将他抓起来，投入到狱中，潘佑自缢身亡。

开宝七年（公元974），宋太祖派使者手拿诏书宣李煜赶赴宋京，李煜推托有病，不肯入宋京。宋朝大军南征，李煜派徐铉、周惟简等人奉表向宋朝请求暂缓军事进攻，宋太祖没有答复，开宝八年（公元975）十二月，宋师攻破金陵（今江苏南京）。开宝九年（公元976），李煜被俘至宋京，宋太祖赦免了他，并封他为"违命侯"，官拜左千牛卫将军。他的后事均可见于《宋史》。

宋史

宋史卷一

太祖本纪第一

太祖启运立极英武睿文神德圣功至明大孝皇帝，讳匡胤，姓赵氏，涿郡人也。高祖朓，是为僖祖，仕唐历永清、文安、幽都令。朓生珽，是为顺祖，历藩镇从事，累官兼御史中丞。珽生敬，是为翼祖，历营、蓟、涿三州刺史。敬生弘殷，是为宣祖。周显德中，宣祖贵，赠敬左骁骑卫上将军。

宣祖少骁勇，善骑射，事赵王王镕，为镕将五百骑援唐庄宗于河上有功。庄宗爱其勇，留典禁军。汉乾祐中，讨王景於凤翔，会蜀兵来援，战于陈仓。始合，矢集左目，气弥盛，奋击大败之，以功迁护圣都指挥使。周广顺末，改铁骑第一军都指挥使，转右厢都指挥，领岳州防御使。从征淮南，前军却，吴人来乘，宣祖邀击，败之。显德三年，督军平扬州，与世宗会寿春。寿春卖饼家饼薄小，世宗怒，执十余辈将诛之，宣祖固谏得释。累官检校司徒、天水县男，与太祖分典禁兵，一时荣之。卒，赠武清军节度使、太尉。

太祖，宣祖仲子也，母杜氏。后唐天成二年，生于洛阳夹马营，赤光绕室，异香经宿不散，体有金色，三日不变。既长，容貌雄伟，器度豁如，识者知其非常人。学骑射，辄出人上。尝试恶马，不施衔勒，马逸上城斜道，额触门楣坠地，人以为首必碎，太祖徐起，更追马腾上，一无所伤。又尝与韩令坤博土室中，雀斗户外，因竞起掩雀，而室随坏。

汉初，漫游无所遇，舍襄阳僧寺，有老僧善术数，顾曰："吾厚赆汝，北往则有遇矣。"会周祖从枢密使征李守真，应募居帐下。广顺初，补东西班行首，拜滑为副指挥。世宗尹京，转开封府马直军使。

世宗即位，复典禁兵。北汉来寇，世宗率师御之，战于高平。将合，指挥樊爱能等先遁，军危，太祖麾同列驰马冲其锋，汉兵大溃。乘胜攻河东城，焚其门，左臂中流矢，世宗止之。还，拜殿前都虞候，领严州刺史。

三年春，从征淮南，首败万众于涡口，斩兵马都监何延锡等。南唐节度皇甫晖、姚凤众号十五万，塞清流关，击走之。追至城下，晖曰："人各为其主，愿成列以决胜负。"太祖笑而许之。晖整阵出，太祖拥马项直入，手刃晖中脑，并姚凤禽之。宣祖率兵夜半至城下，传呼开门，太祖曰："父子固亲，启闭，王事也。"诘旦，乃得入。韩令坤平扬州，南唐来援，令坤议退，世宗命太祖率兵二千趋六合。太祖下令曰："扬州兵敢有过六合者，断其足。"令坤始固守。太祖寻败齐王景达于六合东，斩首万余级。还，拜殿前都指挥使，寻拜定国军节度使。

四年春，从征寿春，拔连珠砦，遂下寿州。还，拜义成军节度、检校太保，仍殿前都指挥使。冬，从征濠、泗，为前锋。时南唐砦于十八里滩，世宗方议以橐驼济师，而太祖独跃马截流先渡，麾下骑随之，遂破其砦。因其战舰乘胜攻泗州，下之。南唐屯清口，太祖从世宗翼淮东下，夜追至山阳，俘唐节度使陈承昭以献，遂拔楚州。进破唐人于迎銮江口，直抵南岸，焚其营栅，又破之于瓜步，淮南平。唐主畏太祖威名，用间于世宗，遣使遗太祖书，馈白金三千两，太祖悉输之内府，间乃不行。五年，改忠武军节度使。

六年，世宗北征，为水陆都部署。及莫州，先至瓦桥关，降其守将姚内斌，战却数千骑，关南平。世宗在道，阅四方文书，得韦囊，中有木三尺馀，题云"点检作天子"，异之。时张永德为点检，世宗不豫，还京师，拜太祖检校太傅、殿前都点检，以代永德。恭帝即位，改归德军节度、检校太尉。

七年春，北汉结契丹入寇，命出师御之。次陈桥驿，军中知星者苗训引门吏楚昭辅视日下复有一日，黑光摩荡者久之。夜五鼓，军士集驿门，宣言策点检为天子，或止之，众不听。迟明，逼寝所，太宗入白，太祖起。诸校露刃列于庭，曰："诸军无主，愿策太尉为天子。"未及对，有以黄衣加太祖身，众皆罗拜，呼万岁，即掖太祖乘马。太祖揽辔谓诸将曰："我有号令，尔能从乎？"皆下马曰："唯命。"太祖曰："太后、主上，吾皆北面事之，汝辈不得惊犯；大臣皆我比肩，不得侵凌；朝廷府库、士庶之家，不得侵掠。用令有重赏，违即孥戮汝。"诸将皆载拜，肃队以入。副都指挥使韩通谋御之，王彦昇遽杀通于其第。

太祖进登明德门，令甲士归营，乃退居公署。有顷，诸将拥宰相范质等至，太祖见之，呜咽流涕曰："违负天地，今至于此！"质等未及对，列校罗彦瓌按剑厉声谓质等曰："我辈无主，今日须得天子。"质等相顾，计无从出，乃降阶列拜。召文武百僚，至晡，班定。翰林承旨陶穀出周恭帝禅位制书于袖中，宣徽使引太祖就庭，北面拜受已，乃掖太祖升崇元殿，服兖冕，即皇帝位。迁恭帝及符后于西宫，易其帝号曰郑王，而尊符后为周太后。

建隆元年春正月乙巳，大赦，改元，定有天下之号曰宋。赐内外百官军士爵赏，贬降者叙复，流配者释放，父母该恩者封赠。遣使遍告郡国。丙午，诏谕诸镇将帅。戊申，赐书南唐。赠韩通中书令，命以礼收葬。己酉，遣官告祭天地社稷。复安州、华州、兖州为节度。辛亥，论翊戴功，以周义成军节度使、殿前都指挥使石守信为归德军节度使、侍卫亲军马步军副都指挥使，江宁军节度使、侍卫亲军马军都指挥使高怀德为义成军节度使、殿前副都点检，武信军节度使、侍卫亲军步军都指挥使张令铎为镇安军节度使、侍卫亲军马步军都虞候，殿前都虞候王审琦为泰宁军节度使、殿前都指挥使，虎捷右厢都虞候张光翰为江宁军节度使、侍卫亲军马军都指挥使，侍卫亲军马军都指挥吏，龙捷右厢都指挥使赵彦徽为武信军节度使，馀领军者并进爵。壬子，赐宰相、枢密、诸军校袭衣、犀玉带、鞍马有差。癸丑，放南唐降将周成等归国。乙卯，遣使分振诸州。丁巳，命周宗正郭玘祀周陵庙，仍以时祭享。己未，宰相表请以二月十六日为长春节。癸亥，以周天雄军节度使、魏王符彦卿守太师，雄武军节度使王景守太保、太原郡王，定难军节度使、守太傅、西平王李彝殷守太尉，荆南节度使高保融守太傅，余领节镇者并进爵。甲子，赐皇弟殿前都虞候匡义名光义。己巳，立太庙。镇州郭崇报契丹与北汉军皆遁。

二月乙亥，尊母南阳郡夫人杜氏为皇太后。以周宰相范质依前守司徒、兼侍中，王溥守司空、兼门下侍郎、同中书门下平章事，魏仁浦为尚书右仆射、兼中书侍郎、同中书门下平章事，枢密使吴廷祚同中书门下二品。丙戌，长春节，赐群臣衣各一袭。

三月乙巳，改天下郡县之犯御名、庙讳者。丙辰，南唐主李景、吴越王钱俶遣使以御服、锦绮、金帛来贺。宿州火，遣使恤灾。壬戌，定国运以火德王，色尚赤，腊用戌。癸亥，命武胜军节度使宋延渥等率舟师巡江徼。是春，均、房、商、洛鼠食苗。

夏四月癸酉，窦俨上二舞十二乐曲名、乐章。乙酉，幸玉津园。遣使分诣京城门，赐饥民粥。丙戌，浚蔡河。癸巳，昭义军节度使李筠叛，遣归德军节度使石守信讨之。

五月己亥朔，日有食之。庚子，遣昭化军节度使慕容延钊、彰德军节度使王全斌将兵出东道，与守信会讨李筠。壬寅，窦俨上太庙舞曲名。癸卯，石守信败李筠于长平。甲辰，命诸道进讨。丙午，幸魏仁浦第视疾。己酉，西京作周六庙成，遣官奉迁。丁巳，诏亲征，以枢密使吴廷祚留守上都，都虞候光义为大内都点检，命天平军节度使韩令坤屯兵河阳。己未，发京师。丁卯，石守信、高怀德破筠众于泽州，禽伪节度范守图，杀北汉援兵之降者数千人，筠遁入泽州。戊辰，王师围之。

六月癸酉，有星赤色出心。辛未，拔泽州，筠赴火死。命埋胔骼，释河东相卫融，禁剽掠。甲申，免泽州今年租。有星赤色出太微垣，历上相。乙酉，伐上党。丁亥，筠子守节以城降，赦之。上如潞。辛卯，大赫，减死罪，免附潞三十里今年租，录阵殁将校子孙，丁夫给复三年。甲午，永安军节度使折德扆破北汉沙谷砦。

秋七月戊申，上至自潞。壬子，幸范质第视疾。甲子，遣工部侍郎艾颖拜嵩、庆陵。乙丑，南唐进白金，贺平泽、潞。丁卯，南唐进乘舆御服物。

八月戊辰朔，御崇元殿，行入阁仪。辛未，遣郭玘飨周庙。壬申，复贝州为永清军节度。甲戌，命宰相祷雨。辛巳，以周武胜军节度使侯章为太子太师。壬午，以光义领泰宁军节度，依前殿前都虞候。甲申，立琅琊郡夫人王氏为皇后。戊子，南唐进贺平泽潞金银器、罗绮以千计。

九月壬寅，昭义军节度使李继勋焚北汉平遥县。癸卯，三佛齐国遣使贡方物。丙午，奉玉册谥高祖日文献皇帝，庙号僖祖，高祖妣崔氏日文懿皇后；曾祖日惠元皇帝，庙号顺祖，曾祖妣桑氏曰惠明皇后；祖曰简恭皇帝，庙号翼祖，祖妣刘氏曰简穆皇后；皇考曰武昭皇帝，庙号宣祖。己酉，幸宜春苑。中书舍人赵逢坐从征避难，贬房州司户参军。己未，淮南节度李重进以扬州叛，遣石守信等讨之。甲子，归太原俘。

冬十月丁卯朔，赐内外文武官冬衣有差。壬申，定县为望、紧、上、中、下，令三年一注。壬午，河决厌次。乙酉，晋州兵马钤辖荆罕儒袭北汉汾州，死之；龙捷指挥石进二十九人坐不救弃市。丁亥，诏亲征扬州，以都虞候光义为大内都部署，枢密使吴廷祚权上都留守。戊子，诏诸道长贰有异政，众举留请立碑者，委参军验实以闻。庚寅，发京师。

十一月丁未，师傅扬州城，拔之，重进尽室自焚。戊申，诛重进党，扬州平。命诸军习战舰于迎銮，南唐主惧甚。其臣杜著、薛良因诡迹来奔，帝疾其不忠，斩著下蜀市，配良庐州牙校。己酉，振扬州城中民人米一斛，十岁以下者半之。胁隶为军者，赐衣屦遣还。庚戌，给攻城役夫死者人绢三匹，复三年。乙卯，南唐主遣使来犒师。庚申，遣其子从镒来朝。

十二月己巳，驾还。丁亥，上至自扬。辛卯，泉州节度使留从效称藩。

二年春正月丙申朔，上诣太后宫门称庆。庚子，占城国王遣使来朝。壬寅，幸造船务，观习水战。戊申，以扬州行宫为建隆寺。太仆少卿王承哲坐举官失实，责授殿中丞。壬子，商州鼠食苗，诏免赋。谓宰臣曰："比命使度田，多邀功弊民，当慎其选，以见朕意。"丁巳，寻蔡水入颍。己未，遣郭玘飨周庙。灵武节度使冯继业献马五百、橐驼百、野马二。甲子，泽州刺史张崇诂坐党李重进弃市。

二月丙寅，幸飞山营阅炮车。壬申，疏五丈河。癸酉，有司奏进士合格者十一人。荆南高保勖进黄金什器。甲戌，幸城南，观修水匮。丁丑，南唐进长春节御衣、金带及金银器。己卯，赐天雄军节度符彦卿粟。禁春夏捕鱼射鸟。己丑，定窃盗律。

三月丙申，内酒坊火，酒工死者三十余人，乘火为盗者五十人，擒斩三十八人，余以宰臣谏获免。酒坊使左承规、副使田处岩以酒工为盗，坐弃市。

闰月己巳，幸玉津园，谓侍臣曰："沉湎非令仪，朕宴偶醉，恒悔之。"壬辰，南唐进谢赐生辰金器、罗绮。丁丑，金、商、房三州饥，振之。癸未，幸迎春苑宴射。

夏四月癸巳朔，日有食之。壬寅，诏郡国置前代帝王、贤臣陵冢户。己酉，无棣男子赵遇诈称皇弟，伏诛。己未，商河县令李瑶坐赃杖死，左赞善大夫申文纬坐失觉察除籍。庚申，班私炼货易盐及货造酒麴律。

五月癸亥朔，以皇太后疾，赦杂犯死罪已下。乙丑，天狗堕西南。丙寅，三佛齐国来献方物。丁丑，以安邑、解两池盐给徐、宿、郓、济。庚寅，供奉官李继昭坐盗卖官船弃市。诏诸道邮传以军卒递。

六月甲午，皇太后崩于滋德殿。己亥，群臣请听政，从之。庚子，以太后丧，权停时享。辛丑，见百官于紫宸殿门。壬子，祈雨。庚申，释服。

秋七月壬戌，以皇太后殡，不受朝。辛未，晋州神山县谷水泛出铁，方圆二丈三尺，重七千斤。壬申，以光义为开封府尹，光美行兴元尹。己卯，陇州进黄鹦鹉。

八月壬辰朔，不视朝。壬寅，诏诸大辟送所属州军决判。甲辰，南唐主李景死，子煜嗣，遣使请追尊帝号，从之。己酉，执易定节度使、同平章事孙行友，削官勒归私第。辛亥，幸崇夏寺，观修三门。女直国遣使来朝献。大名府永济主簿郭颢坐赃弃市。庚申，《周世宗实录》成。

九月壬戌朔，不御殿。南唐遣使来进金银、缯彩。甲子，契丹解利来降。荆南节度使高保勖遣其弟保寅来朝。戊子，遣使南唐赙祭。

冬十月癸巳，南唐遣其臣韩熙载、田霖来会皇太后葬。丙申，遣枢密承旨王仁赡赐南唐礼物。戊戌，禁边民盗塞外马。辛丑，丹州大雨雹。丙午，葬明宪皇太后于安陵。

十一月辛酉朔，不视朝。甲子，太后祔庙。己巳，幸相国寺，遂幸国子监。癸酉，沙州节度使曹元忠、瓜州团练使曹延继等遣使献玉鞍勒马。

十二月壬申，回鹘可汗景琼遣使来献方物。乙未，李继勋败北汉军，俘辽州刺史傅廷彦、弟勋来献。辛丑，幸新修河仓。庚戌，畋于近郊。癸丑，遣使赐南唐吴越马、羊、橐驼有差。

三年春正月庚申朔，以丧不受朝贺。己巳，淮南饥，振之。庚午，幸迎春苑宴射。甲戌，广皇城。诏郡国长史劝民播种。丙子，瓜沙归义节度使曹元忠献马。庚辰，女直国遣使只骨来献。诏郡国不得役道路居民。癸未，幸国子监。

二月丙辰，复幸国子监，遂如迎春苑宴从官。庚寅，诏文班官举堪为宾佐、令录者各一人，不当者比事连坐。甲午，诏自今百官朝对，须陈时政利病，无以触讳为惧。乙未，滑州节度使张建丰坐失火免官。己亥，更定窃盗律。壬午，上谓侍臣曰："朕欲武臣尽读书以通治道，何如？"左右不知所对。甲寅，北汉寇潞、晋，守将击走之。

三月戊午朔，厌次霣霜杀桑。壬戌，三佛齐国遣使来献。癸亥，祷雨。丁卯，幸太清观，遂幸开封尹后园宴射。己巳，大雨。诏申律文谕郡国，犯大辟者刑部审覆。乙亥，遣使赐南唐主生辰礼物。丁丑，女直国遣使来献。丁亥，命徙北汉降人于邢、洺。

夏四月乙未，延州大雨雪，赵、卫二州旱。丙申，宁州大雨雪，沟洫冰。戊戌，幸太清观。庚子，回鹘阿督等来献方物。壬寅，丹州雪二尺。乙巳，赠兄光济为邕王，弟光赞为夔王，追册夫人贺氏为皇后。

五月甲子，幸相国寺祷雨，遂幸迎春苑宴射。乙亥，海州火。开太行运路。癸未，命使检河北诸州旱。甲申，诏均户役，敢蔽占者有罪。复幸相国寺祷雨。乙酉，广大内。齐、博、德、相、霸五州自春不雨，以旱减膳彻乐。

六月辛卯，振宿州饥。癸巳，吴廷祚以雄武军节度使罢。乙未，赐酒国子监。丁酉，幸太清观。己亥，减京畿、河北死罪以下。壬寅，京师雨。壬子，蕃部尚波于等争采造务，以兵犯渭北，知秦州高防击走之。乙卯，幸迎春苑宴射。黄陂县有象自南来食稼。

秋七月庚申，南唐遣其臣翟如璧谢赐生辰礼，贡金银、锦绮千万。壬戌，放南唐降卒弱者数千人归国。乙丑，免舒州菰蒲新税。丁卯，潞州大雨雹。索内外军不律者配沙门岛。己卯，北汉捉生指挥使路贵等来降。辛巳，遣从臣十人检河北旱。癸未，兖、济、德、磁、洺五州蝝。

八月癸巳，蔡河务纲官王训等四人坐以糠土杂军粮，磔于市。乙未，用知制诰高锡言，诸行赂获荐者许告讦。奴婢邻视能告者赏。诏注诸道司法参军皆以律疏试判。诏尚书吏部举书判拔萃科。

九月庚午，吐蕃尚波于等归伏羌县地。壬申，修武成王庙。丙子，占城国来献。禁伐桑枣。

冬十月乙酉朔，赐百官冬服有差。丙戌，幸太清观，遂幸造船务，观习水战。己亥，幸岳台，命诸军习骑射，复幸玉津园。辛丑，以枢密副使赵普为枢密使。辛亥，畋近郊。

十一月癸亥，禁奉使请托。县令考课以户口增减为黜陟。丙寅，南唐遣其臣顾彝来朝。丙子，三佛齐国使李丽林等来献，高丽国遣使李兴祐等来朝。己卯，畋于近郊。壬午，赐南唐建隆四年历。

十二月丙戌，诏县置尉一员，理盗讼；置弓手，视县户为差。戊戌，蒲、晋、慈、隰、相、卫六州饥，振之。庚子，班捕盗令。甲辰，衡州刺史张文表叛。

是岁，周郑王出居房州。

乾德元年春正月甲寅朔，不御殿。乙卯，发关西乡兵赴庆州。丁巳，修畿内河堤。己未，遣使赐南唐吴越马、橐驼、羊有差。庚申，遣山南东道节度使慕容延钊率十州兵以讨张文表。乙丑，幸造船务，观造战船。甲戌，诏荆南发水卒三千应延钊于潭。己卯，女直国遣使来献。

二月壬辰，周保权将杨师璠枭文表于朗陵市。甲午，慕容延钊入荆南，高继冲请归朝，得州三，县十七。乙未，克潭州。辛亥，澶、滑、卫、魏、晋、绛、蒲、孟八州饥，命发廪振之。

三月辛未，幸金凤园习射，七发皆中。符彦卿等进马称贺，乃遍赐从臣名马、银器有差。壬申，高继冲籍其钱帛刍粟来上。癸酉，班新定律。戊寅，慕容延钊破三江口，下岳州，克复朗州，湖南平，得州十四，监一，县六十六。

夏四月，旱。甲申，遍祷京城祠庙，夕雨。减荆南朗州、潭州管内死罪一等，卤掠者给主。乙酉，遣使祭南岳。丁亥，幸国子监，遂幸武成王庙，宴射玉津园。庚寅，出内钱募诸军子弟凿习战池。辛卯，《建隆应天历》成，御制序。壬辰，赏湖南立功将士。癸巳，幸玉津园。丙申，兵部郎中曹匪躬弃市，海陵、盐城屯田副使张蔼除名，并坐不法。庚子，荆南节度使高继冲进助宴金银、罗纨、柱衣、屏风等物。癸卯，辰、锦、叙等州归顺。甲辰，诏疏凿三门。禁泾、原、邠、庆等州补蕃人为边镇将。夏西平王李彝兴献犛牛一。乙巳，幸玉津园，阅诸军骑射。丙午，免湖南茶税，禁峡州盐井。辛亥，贷澶州民种食。

五月壬子朔，祷雨京城。甲寅，遣使祷雨岳渎。乙丑，广大内。庚午，给荆南管内符印。癸酉，幸玉津园。

六月乙酉，免潭州诸县无名配敛。壬辰，暑，罢营造，赐工匠衫履。乙未，诏：荆南兵愿归农者听。丙申，诏历代帝王三年一飨，立汉光武、唐太宗庙。己亥，澶、濮、曹、绛蝗，命以牢祭。庚子，百官三上表请举乐，从之。减左右仗千牛员。丙午，雨。诏蜡祀、庙、社皆用戌腊一日。己酉，命习水战于新池。

秋七月辛亥朔，定州县所置杂职、承符、厅子等名数。甲寅，以湖湘殁王事靳彦朗男承勋等三十人补殿直。丙辰，幸新池，赐役夫钱，遂幸玉津园。丁巳，安国军节度使王全斌等率兵入太原境，以俘来献，给钱米以释之。己未，诏民有疾而亲属遗去者罪之。癸亥，湖南疫，赐行营将校药。丁卯，幸武成王庙，遂幸新池，观习水战。己巳，郎州贼将汪端寇州城，都监尹重睿击走之。诏免荆南管内夏税之半。甲戌，释周保权罪。乙亥，诏缮朗州城，免其管内夏税。丁丑，分命近臣祷雨。己卯，班《重定刑统》等书。

八月壬午，殿前都虞候张琼以陵侮军校史珪、石汉卿等，为所诬谮，下吏，琼自杀。丙戌，遣给事中刘载朝拜安陵。丁亥，王全斌攻北汉乐平县，降之。辛卯，以乐平县为平晋军，降卒千八百人为效顺军，人赐钱帛。壬辰，诏《九经》举人下第者再试。癸巳，女直国遣使献名马。蠲登州沙门岛民税，令专治船渡马。丙申，北汉静阳十八砦首领来降。泉州陈洪进遣使来朝贡。齐州河决。京师雨。己亥，契丹幽州岐沟关使柴廷翰等来降。癸卯，宰相质率百官上尊号，不允。

九月甲寅，三上表请，从之。丙寅，宴广政殿，始用乐。丁卯，责宣徽南院使兼枢密副使李处耘为淄州刺史。戊辰，女直国遣使献海东青名鹰。丙子，禁朝臣公荐贡举人。赐南唐羊万口。磔汪端于朗州。戊寅，北汉引契丹兵攻平晋，遣洺州防御使郭进等救之。

冬十月庚辰，诏州县征科置簿籍。己亥，畋近郊。丁未，吴越国王进郊祀礼金银、珠器、犀象、香药皆万计。十一月乙卯，荆南节度使高继冲进郊祀银万两。甲子，有事南郊，大赦，改元乾德。百官奉玉册上尊号曰应天广运仁圣文武至德皇帝。丙寅，南唐进贺南郊、尊号银绢万计。丁卯，赐近臣袭衣、金带、器币、鞍马有差。乙亥，畋近郊。

十二月庚辰，殿前祇候李璘以父雠杀员僚陈友，璘自首，义而释之。辛巳，开封府尹光义、兴元尹光美各益食邑，赐功臣号；宰相质、溥、仁浦并特进，易封，益食邑；枢密使普加光禄大夫，易功臣号；文武臣僚各进阶、勋、爵、邑。甲申，皇后王氏崩。辛卯，罢登州都督。己亥，泉州陈洪进遣使贡白金千两，乳香、茶药皆万计。己巳，南唐主上表乞呼名，诏不允。

闰月己酉朔，校医官，黜其艺不精者二十二人。甲寅，命近臣祈雪。丁卯，覆试拔萃科，田可封、宋白、谭利用等称旨，赐与有差。辛未，卜安陵于巩县。乙亥，折德扆败北汉军于府州城下，禽其将杨璘。以太常议，奉赤帝为感生帝。

二年春正月辛巳，谕郡国长吏劝农耕作。有象入南阳，虞人杀之，以齿革来献。京师雨雪，雷。癸未，幸迎春苑宴射。甲申，诏著四时听选式。回鹘遣使献方物。戊子，质以太子太傅、溥以太子太保、仁浦仍尚书左仆射罢。庚寅，以赵普为门下侍郎、同中书门下平章事，李崇矩枢密使。壬辰，诏亲试制举三科，不限官庶，许直诣阁门进状。甲辰，诏诸道狱词令大理、刑部检详，或淹留差失致中书门下改正者，重其罪。乙巳，幸玉津园宴射。丁未，诏县令、簿、尉非公事毋至村落。令、录、簿、尉诸职官有耄耋笃疾者举劾之。

二月戊申朔，北汉辽州刺史杜延韬以城来降。癸丑，遣使振陕州饥。导渠水入京。丁巳，治安陵，隧坏，役兵压死者二百人，命有司瘗恤。庚午，府州俘北汉卫州刺史杨璘来献。甲戌，南唐进改葬安陵银绫绢各万计。浚汴河。

三月辛巳，幸教船池，赐水军将士衣有差，还幸玉津园宴射。乙未，北汉耀州团练使周审玉等来降。丁酉，遣使祈雨于五岳。禁臣僚往来假官军部送。辛丑，遣摄太尉光义奉册宝上明宪皇太后谥曰昭宪，皇后贺氏谥曰孝惠，王氏谥曰孝明。

夏四月丁未朔，策贤良方正直言极谏科，博州判官颖贽中第。戊申，振河中饥。己酉，免诸道今年夏税之无苗者。乙卯，葬昭宪皇太后、孝明皇后于安陵。乙丑，始置参知政事，以兵部侍郎薛居正、吕余庆为之。己巳，灵武饥，转泾粟以饷。壬申，祔二后于别庙。徙永州诸县民之畜蛊者三百二十六家于县之僻处，不得复齿于乡。

五月己卯，知制诰高锡坐受藩镇赂，贬莱州司马。辛巳，宗正卿赵砺坐赃杖、除籍。癸未，幸玉津园宴射。

六月己酉，以光义为中书令，光美同中书门下平章事，子德昭贵州防御使。庚申，幸相国寺，遂幸教船池、玉津园。辛未，河南北及秦诸州蝗，惟赵州不食稼。

秋七月乙亥，春州暴水溺民。庚辰，郃阳雨雹。辛巳，幸玉津园，还幸新池，观习水战。辛卯，诏翰林学士陶穀、窦仪等举堪为藩郡通判者各一人，不当者连坐。

九月甲戌朔，《周易》博士奚屿责乾州司户，库部员外王贻孙责左赞善大夫，并坐试任子不公。戊子，延州雨雹。乙未，幸北郊观稼。辛丑，太子太傅质薨。壬寅，潘美等克郴州。

冬十月戊申，周纪王熙谨薨，辍视朝。

十一月甲戌，命忠武军节度使王全斌为西川行营前军兵马都部署，武信军节度崔彦进副之，将步骑三万出凤州道；江宁军节度使刘光义为西川行营前军兵马副都部署，枢密承旨曹彬副之，将步骑二万出归州道以伐蜀。乙亥，宴西川行营将校于崇德殿，示川峡地图，授攻取方略，赐金玉带、衣物各有差。壬辰，畋近郊。

十二月乙巳，释广南郴州都监陈琄等二百人。戊申，刘光义拔夔州，蜀节度高彦俦自焚。丁巳，蠲归、峡秋税。辛酉，王全斌克万仞、燕子二砦，下兴州，连拔石圌等二十余砦。甲子，光义拔巫山等砦，斩蜀将南光海等八千级，禽其战棹都指挥袁德宏等千二百人。全斌先锋史进德败蜀人于三泉砦，禽其节度使韩保正、李进等。南唐进银二万两、金银器皿数百事。庚午，诏招复山林聚匿。辛未，畋北郊。

【译文】

太祖启运立极英武睿文神德圣功至明大孝皇帝，名叫匡胤，姓赵氏，是涿郡人。高祖赵朓，就是赵匡胤称帝后追加庙号的僖祖，唐朝时历任永清、文安、幽都三县的县令。赵朓的儿子赵珽，就是后来的顺祖，历任藩镇从事，累官兼任御史中丞。赵珽的儿子赵敬，就是后来的翼祖，历任营州、蓟州、涿州三州刺史。赵敬的儿子赵弘殷，就是后来的宣祖。后周显德年间，宣祖显贵时，后周皇帝追赠他的父亲赵敬为左骁骑卫上将军。

宣祖年轻时非常骁勇，擅长骑马射箭，在赵王王镕帐下效力，受王镕派遣率领五百名骑兵在黄河沿岸增援后唐庄宗立有战功。庄宗欣赏他勇猛善战，留下他掌管禁军。后汉乾祐年间，宣祖前往凤翔讨伐王景，恰逢后蜀军队前来救援王景，双方在陈仓大战。刚刚交兵，宣祖左眼中箭，但他的气势更加旺盛，奋勇出击，将敌军打得大败，因功升为护圣都指挥使。后周太祖广顺末年，改任铁骑第一军都指挥使，后来转任右厢都指挥，遥领岳州防御使。跟随后周世宗柴荣征讨淮南，前军战斗失利退却，吴兵乘机进攻，宣祖带领军队拦腰攻击吴兵，将他们打败。显德三年，宣祖统率军队攻打扬州，和周世宗在寿春会合。寿春卖饼店的饼既小又薄，世宗大怒，捉拿了十几个卖饼人要处死他们，宣祖坚持进谏，这些人才获得释放。之后宣祖累官至检校司徒、天水县男，和儿子赵匡胤分别掌管禁军，荣耀一时。宣祖去世，后周朝廷追赠他为武清军节度使、太尉。

太祖，是宣祖的第二个儿子，母亲杜氏。后唐天成二年，出生在洛阳夹马营，当时红光绕室，奇异的香气一整夜也没有消散，身上有金黄颜色，三天没有消失。长大后，太祖相貌雄伟，器度豁达，有见识的人都认为他绝非一般人。学习骑马射箭，技艺在常人之上。曾经试骑一匹脾气凶暴的烈马，不用嚼口马鞍，烈马奔上登城楼的坡道，太祖的额头撞上门框的横木从马上摔到地下，人们都以为太祖的脑袋一定撞碎了，只见太祖慢慢站起来，再次追上烈马飞身跳上，一点也没受伤。还曾经和韩令坤在一间土屋中赌博，麻雀在屋子外面相互啄斗，因此二人争着起身来到屋子外面捕捉麻雀，土屋随即就坍塌了。

后汉初年，太祖四处漂泊没有获得机遇，在襄阳寺庙中借住，有位老和尚擅长算命看相，看了太祖后说："我送给你充足的旅费，你朝北走就会有机遇了。"恰好周太祖凭后汉枢密使的身份讨伐李守真，太祖应募在周太祖军帐下效力。后周广顺初年，太祖补任禁军东西班行首，担任滑州副指挥。周世宗担任开封尹时，太祖转任开封府马直军使。

周世宗即位做了皇帝，太祖执掌禁军。北汉前来侵犯，周世宗带领军队抵御来犯之敌，在高平摆开战场。在战斗将要开始的时候，指挥樊爱能等人首先逃跑，周军非常危急，太祖指挥自己的同伴催马迅速冲向敌人前锋部队，北汉军队大败溃散。太祖乘胜攻打河东城，焚烧城门，左臂被流箭射中，周世宗收兵不让他再攻城。返回京城后，太祖被任命为殿前都虞候、遥领严州刺史。

显德三年春天，太祖跟随周世宗征讨淮南，首战在涡口击败南唐军万余人，斩杀南唐兵马都监何延锡等人。南唐节度使皇甫晖、姚凤带领着号称十五万的军队在清流关驻扎，太祖率领军队将他们赶走了。太祖追到城下，皇甫晖说："我们各自为了自己的主人，我希望双方布好阵式来一决胜负。"太祖笑着回答说可以。皇甫晖摆好阵式上前迎战，太祖抱着马脖子一直冲入敌军阵内，手起刀落，砍中皇甫晖的脑袋，并将姚凤一起擒获。宣祖带领军队半夜时来到城下，传呼开门，太祖说："父子确实是至亲，但是城门开关，却是国家的事情。"等到天亮，宣祖才得以进城。韩令坤攻克扬州，南唐派军队来夺取，韩令坤主张撤兵，周世宗命令太祖领兵二千赶往六合。太祖下令说："敢有过六合的扬州兵，砍断他们的脚。"韩令坤才固守扬州。不久太祖在六合东面击败南唐齐王李景达，斩杀一万多人。回来后，太祖被任命为殿前都指挥使，不久又被任命为定国军节度使。

显德四年春天，太祖跟随周世宗征讨寿春，攻克连珠寨，乘势攻克寿州。回师后，太祖被任命为义成军节度使、检校太保，仍旧担任殿前都指挥使。这年冬天，太祖跟随周世宗出征濠州、泗州，担任前锋。当时南唐在十八里滩扎寨，周世宗刚商议用骆驼载渡军队时，太祖已经率先单骑横渡而过，他的部下骑兵也跟随他渡了河，因而攻破南唐军寨。太祖又用缴获的南唐战舰乘胜攻打泗州，攻下了泗州。南唐在清口驻屯军队，太祖和世宗两翼分兵沿淮河东下，连夜追到山阳，俘虏了南唐节度使陈承昭献给周世宗，因而攻克楚州。乘胜进军，在迎銮江口击败南唐军，直抵南岸，烧毁敌军营寨，又在瓜步大败南唐军，平定淮南。南唐主畏惧太祖的威名，在周世宗那里使用离间计，派遣使臣送给太祖一封信，馈赠三千两白金，太祖将白金全部送到内府，南唐的离间计没有成功。显德五年，太祖改任忠武军节度使。

显德六年，周世宗北伐，太祖担任水陆都部署。到达莫州，太祖先到瓦桥关，守将姚内斌投降，太祖打退几千名敌军骑兵，平定关南。周世宗在行军路上，审阅各地送来的文书，得到一只皮口袋，内有一块三尺多长的木板，上面写着“点检作天子”，周世宗感到这件事非常奇怪。当时张永德担任点检，世宗卧病，返回京城，任命太祖为检校太傅、殿前都点检，来接替张永德。周恭帝即位，太祖改任归德军节度使、检校太尉。

显德七年春天，北汉勾结契丹侵犯后周，朝廷命令太祖带领军队抵御敌人。大军抵达陈桥驿，军队里一名懂得天文的名叫苗训的人招呼门吏楚昭辅看太阳下面还有一个太阳，黑光来回晃动了很长时间。这天下半夜，军中将士在驿门前集中，当众宣布拥戴点检当皇帝，有人劝阻将士，大家也不听从。天快亮的时候，将士们来到太祖寝室外面，太宗进入房间向太祖禀告外面发生的事情，太祖起身。军校们手里拿着武器排列在庭院中，说：“现在军队没有主人，我们愿意拥戴太尉当皇帝。”太祖还没有来得及说话，就有人将黄袍披在太祖身上，大家围着他下拜，高呼万岁，当即扶太祖上马。太祖拉住马缰绳对将领们说：“我的号令，你们都能够听从吗？”众将下马回答：“一定听从差遣。”太祖说：“太后、皇帝，我都曾经侍奉他们，你们这些人不能冒犯惊扰；各位大臣都是我的同事，你们不得凌侮侵犯；朝廷的府库、官宦百姓的家庭，不得掠夺侵犯。听从命令都有重赏，违抗命令就杀你们的头。”将领们全都再次下拜，整顿队伍返回开封城。后周副都指挥使韩通准备抵抗，王彦升情急之下将韩通杀死在他家中。

太祖进城登上明德门，命令将士返回军营，自己也回到官署。过了不久，将领们拥着宰相范质等人一起前来，太祖见了他们，低声哭着说："我违背天地，今天到了这种地步！"范质等人还没有来得及回话，列校罗彦瓌手按宝剑对范质等人高声说："我们这些人没有主人，今天一定要有天子。"范质等人相互看看，无计可施，于是全都退到台阶下列队下拜。太祖召集文武百官，等到了黄昏，文武官员都已排定了位置。翰林承旨陶穀从袍袖中取出周恭帝的禅位制书，宣徽使引导太祖来到殿前庭里，面向北面下拜接受制书后，又扶着太祖登上崇元殿，更换皇帝的衣帽，登上皇帝宝座。太祖将周恭帝和符太后迁到西宫，把恭帝改为郑王，尊奉符太后为周太后。

建隆元年春正月乙巳，太祖大赦天下，改用新纪元，定国号为宋。太祖赐给朝廷内外文武百官和军士爵位与奖赏，贬官降职的人都恢复原职，发配流放的人也一律释放，文武百官的父母亲按照应当得到的恩典加以封赠。派遣使臣通告全国各处州郡。丙午，太祖下诏告知各地将帅。戊申，太祖赐给南唐书信。追赠韩通为中书令，下令依照礼仪收殓安葬。己酉，太祖派遣官员祭告天地社稷。恢复安州、华州、兖州为节度州。辛亥，对拥戴太祖为皇帝的有功人员论功行赏，任命后周义成军节度使、殿前都指挥使石守信为归德军节度使、侍卫亲军马步军副都指挥使，任命江宁军节度使、侍卫亲军马军都指挥使高怀德为义成军节度使、殿前副都点检，任命武信军节度使、侍卫亲军步军都指挥使张令铎为镇安军节度使、侍卫亲军马步军都虞候，任命殿前都虞候王审琦为泰宁军节度使、殿前都指挥使，任命虎捷右厢都虞候张光翰为江宁军节度使、侍卫亲军马军都指挥使，任命龙捷右厢都指挥使赵彦徽为武信军节度使，其余统兵将领也一律得到提升，被赐予爵位。壬子，太祖依等级赐给宰相、枢密使、禁军各位将领多少不等的整套衣服、犀玉带、配好马鞍的骏马。癸丑，太祖释放南唐投降的将领周成等人，让他们回国。乙卯，太祖派遣使臣前往各地州县赈济百姓。丁巳，太祖命令后周宗正少卿郭玘祭祀后周的皇陵和太庙，仍旧和后周时一样按时祭祀供献。己未，宰相上表请求把二月十六日做为长春节。癸亥，太祖让后周天雄军节度使、魏王符彦卿代理太师，雄武军节度使王景代理太保、太原郡王，定难军节度使、守太傅、西平王李彝殷代理太尉，荆南节度使高保融代理太傅，其余领节度使的人也一律被提升了爵位。甲子，太祖赐皇弟殿前都虞候赵匡义改名为光义。己巳，建立太庙。镇州郭崇上奏契丹和北汉军队都退回去了。

二月乙亥，太祖尊奉母亲南阳郡夫人杜氏为皇太后，让后周宰相范质仍旧担任守司徒、兼侍中，任命王溥守司空、兼门下侍郎、同中书门下平章事，任命魏仁浦为尚书右仆射、兼中书侍郎、同中书门下平章事，加封枢密使吴廷祚为同中书门下二品。丙戌，长春节，太祖赐给大臣们每人一套衣服。

三月乙巳，修改全国各地触犯太祖名讳、已死皇帝名字的州县名称。丙辰，南唐主李景、吴越王钱俶派遣使臣呈送皇帝衣服、锦绮、金帛表示祝贺。宿州发生火灾，太祖派遣使者抚慰灾区。壬戌，决定国运以火德王，颜色崇尚红色，年终岁末祭祀百神的腊日采用戌这一天。癸亥，太祖命令武胜军节度使宋延渥等人统领水军在长江巡查。这年春天，均州、房州、商州、洛阳发生鼠灾，田鼠吃光庄稼幼苗。

夏四月癸酉，窦俨进上两种舞蹈十二种乐曲的名称、乐章。乙酉，太祖亲临玉津园。派遣使臣分别前往京城各门，给饥民赐粥。丙戌，疏浚蔡河。癸巳，昭义军节度使李筠造反，太祖派遣归德军节度使石守信讨伐他。

五月己亥初一，日食。庚子，太祖派遣昭化军节度使慕容延钊、彰德军节度使王全斌统领军队从东路出兵，和石守信一同讨伐李筠。壬寅，窦俨进上太庙舞曲名称。癸卯，石守信在长平击败李筠。甲辰，太祖下令各路兵马进军征讨李筠。丙午，太祖亲临魏仁浦的府第探望他的病情。己酉，西京洛阳建成后周六祖的宗庙，太祖派官员将后周六祖的神位从京城开封迁往西京安奉。丁巳，太祖下诏亲征，让枢密使吴廷祚留守京城，都虞候赵光义担任大内都点检，命令天平军节度使韩令坤屯驻河阳。己未，太祖从京城出发。丁卯，石守信、高怀德在泽州击败李筠，生擒李筠所部节度范守图，杀掉北汉派来援救李筠被迫降宋的士兵几千人。李筠逃入泽州城。戊辰，宋军将泽州城包围。

六月癸酉，有一颗红色星出现在心宿处。辛未，宋军攻克泽州，李筠自焚而死。太祖下令将死尸掩埋，释放北汉宰相卫融，禁止军兵抢劫掠夺。甲申，下令免征泽州今年的田租。有一颗红色星出现在太微垣星处，经过上相星。乙酉，下令讨伐上党。丁亥，在上党的李筠的儿子李守节投降，太祖赦免了他的罪过。太祖来到潞州。辛卯，大赦天下，死罪犯人减刑，免除潞州城方圆三十里内地区今年的田租，录用阵亡将士的子孙，随军丁夫免除三年徭役。甲午，永安军节度使折德扆攻克北汉沙谷寨。

秋七月戊申，太祖从潞州返回京城开封。壬子，太祖亲临范质府第探望他的病情。甲子，派遣工部侍郎艾颖朝拜嵩陵、庆陵。乙丑，南唐进贡白金，祝贺泽州、潞州叛乱平定。丁卯，南唐进贡皇帝乘坐的车子、衣服等物品。

八月戊辰初一，太祖来到崇元殿，举行入阁仪式。辛未，太祖派遣郭玘祭祀后周的太庙。壬申，下令恢复贝州为永清军节度。甲戌，命令宰相祈祷求雨。辛巳，任用后周武胜军节度使侯章为太子太师。壬午，任命赵光义领泰宁军节度，仍然担任殿前都虞候。甲申，太祖立琅琊郡夫人王氏为皇后。戊子，南唐进贡数以千计的金银器具、丝织品祝贺泽州、潞州叛乱平定。

九月壬寅，昭义军节度使李继勋放火烧毁北汉平遥县。癸卯，三佛齐国派遣使臣进贡当地特产。丙午，太祖手捧玉册给祖先追加谥号，高祖父被尊奉为文献皇帝，庙号僖祖，高祖母崔氏被尊奉为文懿皇后；曾祖父被尊奉为惠元皇帝，庙号顺祖，曾祖母桑氏被尊奉为惠明皇后，祖父被尊奉为简恭皇帝，庙号翼祖，祖母刘氏被尊奉为简穆皇后；父亲被尊奉为武昭皇帝，庙号宣祖。己酉，太祖亲临宜春苑。中书舍人赵逢因为跟随太祖讨伐李筠时逃避艰险，被贬为房州司户参军。己未，淮南节度使李重进在扬州发动叛乱，太祖派遣石守信等人统率军队征讨他。甲子，下令归还北汉俘虏。

冬十月丁卯初一，太祖赏赐朝廷内外文武百官冬衣多少不等。壬申，决定将县分为望、紧、上、中、下几个等级，规定每三年注册一次。壬午，黄河在厌次决口。乙酉，晋州兵马钤辖荆罕儒偷袭北汉汾州，并死于这次战斗；龙捷指挥使石进等二十九人因为没有去救援荆罕儒在闹市被斩首示众。丁亥，太祖下诏亲征扬州，任命都虞候赵光义为大内都部署，枢密使吴廷祚权为上都留守。戊子，太祖下诏征求各个道的正副长官中有优异政绩，百姓公举请求留任、立碑的人，由参军考核查实后上报朝廷。庚寅，太祖领兵从京城出发。

十一月丁未，宋军抵达扬州城下，攻陷扬州，李重进全家自焚而死。

戊申，下令处死李重进的同党，扬州平定。太祖命令各军在迎銮操练战舰，南唐主非常恐惧。南唐臣僚杜著、薛良也因为害怕采用欺骗手段逃离南唐来投奔大宋，太祖憎恨他们没有忠义之心，在下蜀闹市将杜著斩首，将薛良流放到庐州做牙校。己酉，赈济扬州城里百姓每人一斛米，十岁以下的儿童给半斛米。被李重进胁迫而当兵的人，太祖赏给他们衣服鞋子遣散回家。庚戌，给因在攻城过程中服役战死的丁夫每人绢三匹，死者家属免除三年徭役。乙卯，南唐主派遣使臣前来慰劳征讨扬州的宋军。庚申，南唐主派遣儿子李从镒前来朝拜太祖。

十二月己巳，太祖起驾返回京城。丁亥，太祖由扬州回到京城开封。辛卯，泉州节度使留从效归宋称臣。

建隆二年春正月丙申初一，太祖来到杜太后居住的宫门祝贺新春。庚子，占城国王派遣使臣前来朝拜。壬寅，太祖来到造船务，检阅水军作战演习。戊申，下令将扬州行宫改为建隆寺。太仆少卿王承哲因为举荐官员失实，被贬为殿中丞。壬子，商州田鼠吃光庄稼幼苗，下诏免征赋税。太祖对宰相说："每次派遣使臣查看庄稼受灾情况，多数使臣只为邀功而让百姓受害，今后应该慎重选用使臣，以便让百姓了解我的爱民之心。"丁巳，疏导蔡水流入颍河。己未，派遣郭玘祭祀后周太庙。灵武节度使冯继业进贡五百匹马、一百头骆驼、二匹野马。甲子，泽州刺史张崇诂因为是李重进同党在闹市被斩首示众。

二月丙寅，太祖来到飞山营检阅炮车。壬申，疏浚五丈河。癸酉，经办部门禀告有十一人进士合格。荆南高保勖进献黄金器皿。甲戌，太祖来到城南，视察修建的水匮。丁丑，南唐进献祝贺长春节的皇帝衣服、金带以及金银器皿。己卯，太祖赐给天雄军节度使符彦卿粮食。禁止春夏两季射鸟捕鱼。己丑，制定窃盗律。

三月丙申，内酒坊失火，三十多名酒工被烧死，有五十人乘火灾之机进行偷盗被抓住，三十八人被斩首，其余人因宰相进谏而免于死刑。酒坊使左承规、副使田处岩因为酒工行盗在闹市被斩首示众。

闰三月己巳，太祖来到玉津园，对侍从大臣说："沉湎于酒不是好榜样，我在宴席上偶然醉倒，常常为此后悔。"壬辰，南唐进献金器、罗绮用来答谢对南唐国主生日的赏赐。丁丑，金、商、房三州发生饥荒，太祖下令救济那里的百姓。癸未，太祖来到迎春苑举行宴会射箭。

夏四月癸巳初一，日食。壬寅，诏令各地州县设置看守前代帝王、贤臣陵墓的陵冢户。己酉，无棣县男子赵遇谎称自己是皇帝的弟弟，被处死刑。己未，商河县令李瑶因为犯贪污罪被杖死，左赞善大夫申文纬因为没能发现李瑶赃罪被削官为民。庚申，颁布私自炼盐贸易以及私自贩酒造酒舶的法律。

五月癸亥初一，因皇太后生病，赦免死罪以下囚犯。乙丑，天狗星在西南方向堕落。丙寅，三佛齐国前来进贡当地土产。丁丑，下令用解州安邑、解县两池盐供给徐州、宿州、郓州、济州。庚寅，供奉官李继昭因为盗卖官船罪在闹市被斩首示众。诏令各道的邮传使用军卒递送。

六月甲午，皇太后在滋德殿去世。己亥，大臣们请求太祖治理国事，太祖采纳了他们的建议。庚子，因为太后去世，暂停祭祀太庙。辛丑，太祖在紫宸殿门接见文武百官。壬子，祈求降雨。庚申，太祖除去丧服。

秋七月壬戌，因为杜太后出殡，太祖不接受朝拜。辛未，晋州神山县山谷水中流出铁块，方圆二丈三尺，重达七千斤。壬申，太祖任用赵光义为开封府尹，赵光美为行兴元府尹。己卯，陇州进献黄鹦鹉。

八月壬辰初一，太祖没有上殿处理政事。壬寅，太祖下诏把被判处死刑的重犯送往所属州郡决判。甲辰，南唐主李景去世，儿子李煜继位成为皇帝，派遣使臣向太祖请求为李景皇帝追尊称号，太祖同意了他的请求。己酉，逮捕易定节度使、同平章事孙行友，削夺官爵，押回私宅。辛亥，太祖来到崇夏寺，参观修建三门。女直国派遣使臣前来朝拜进献礼物。大名府永济县主簿郭颉因为贪赃罪在闹市被斩首示众。庚申，《周世宗实录》编撰成功。

九月壬戌初一，太祖没有上殿处理政事。南唐派遣使者前来进贡金银、缯彩。甲子，契丹解利前来投降。荆南节度使高保勖派遣自己的弟弟高保寅前来朝拜太祖。戊子，太祖派遣使者携带赠送的财物前往南唐来帮助办理丧事并祭奠李景。

冬十月癸巳，南唐派遣使臣韩熙载、田霖参加皇太后的葬礼。丙申，太祖派遣枢密承旨王仁赡前往南唐赏赐礼物。戊戌，下令禁止边境地区的百姓偷盗塞外马匹。辛丑，丹州下大雨冰雹。丙午，明宪皇太后被安葬在安陵。

十一月辛酉初一，太祖没有上朝处理政事。甲子，将皇太后的神主牌位送入太庙祭祀。己巳，太祖来到相国寺，然后又到了国子监。癸酉，沙州节度使曹元忠、瓜州团练使曹延继等人派遣使者进献骏马，马鞍、马笼头都用玉镶嵌。

十二月壬申，回鹘可汗景琼派遣使者前来进贡当地土产。乙未，李继勋击败北汉军队，生擒辽州刺史傅廷彦、他的弟弟傅勋并献给朝廷。辛丑，太祖来到新修河仓视察。庚戌，太祖在近郊狩猎。癸丑，太祖派遣使者赐给南唐、吴越多少不等的马匹、羊、骆驼。

建隆三年春正月庚申初一，因为在皇太后丧期不接受百官朝贺新春。己巳，淮南发生饥荒，下令救济那里的灾民。庚午，太祖来到迎春苑宴会射箭。甲戌，下令扩建皇城。太祖诏令地方官员劝勉百姓春天播种。丙子，瓜沙归义节度使曹元忠进贡马匹。庚辰，女直国派遣使者只骨前来进献礼物。诏令各地不得役使道路两旁居民。癸未，太祖来到国子监视察。

二月丙辰，太祖再次视察国子监，然后又到迎春苑设宴款待陪从官员。庚寅，诏令文班官员举荐可以担任宾佐、令录的官员各一名，举荐不当者比照被推荐人所犯过失一并治罪。甲午，太祖下诏从现在起百官上朝奏对，必须讲述时政的对错，不要因为惧怕触犯忌讳而不讲实情。乙未，滑州节度使张建丰因为失火罪被免官。己亥，改定窃盗律。壬午，太祖对侍臣说："我希望武将们都读书，从而懂得治理国家的道理，怎么样？"身边侍臣不知如何答对。甲寅，北汉军队进犯潞州、晋州，守城将领将他们赶走。

三月戊午初一，庆次县下霜，桑树被冻死。壬戌，三佛齐国派遣使者前来贡献礼物。癸亥，祈祷降雨，丁卯，太祖亲临太清观，之后又到开封府尹赵光义的后园举行宴会射箭。己巳，大雨。太祖下诏申明法律条文并通告各地州郡，犯有死罪的人送交刑部复审。乙亥，大祖派遣使臣前往南唐赐给李煜生日礼物。丁丑，女直国派遣使臣前来贡献礼品。丁亥，太祖下令将北汉投降的人迁徙到邢州、洺州。

夏四月乙未，延州下大雨夹雪，赵州、卫州发生旱灾。丙申，宁州下大雨夹雪，沟渠里的水都结成冰。戊戌，太祖亲临太清观。庚子，回鹘阿督等人前来进贡当地土产。壬寅，丹州降雪深达二尺。乙巳，太祖追赠哥哥赵光济为邕王，弟弟赵光赞为夔王，追封夫人贺氏为皇后。

五月甲子，太祖亲自来到相国寺祈祷降雨，之后又到迎春苑举行宴会射箭。乙亥，海州发生火灾。下令在太行山开辟运送物资的道路。癸未，命令使者察看河北各州的旱情。甲申，太祖下诏均衡户役，敢于隐瞒的人治罪。太祖再次亲自来到相国寺祈祷降雨。乙酉，下令扩建皇宫。齐、博、德、相、霸五州从春天至现在都没有下雨，因为旱灾太祖减少肴撰、停奏音乐。

六月辛卯，太祖下令赈济宿州饥荒。癸巳，任用吴廷祚为雄武军节度使，免除他的枢密使职务。乙未，太祖赐酒给国子监。丁酉，太祖亲自前往太清观。己亥，京城附近、河北地区犯死罪以下罪行的囚犯减刑。壬寅，京城下雨。壬子，蕃部尚波于等人来争采造务，派军队进犯渭北，秦州知州高防将他们击败赶走。乙卯，太祖亲临迎春苑举行宴会射箭。黄陂县有从南面来的大象吃庄稼。

秋七月庚申，南唐派遣大臣翟如璧答谢太祖赐给南唐主李煜的生日礼物，进献金银、锦绮以千万计。壬戌，释放南唐投降军兵中几千名体弱的人回国。乙丑，免征舒州茭白香蒲新税。丁卯，潞州下大雨并且夹着冰雹。太祖下令搜求京城内外军队中不守法的人，将他流放到沙门岛。己卯，北汉捉生指挥使路贵等人前来投降。辛巳，太祖派遣十名从臣察看河北旱情。癸未，兖、济、德、磁、洺五州没有生翅膀的小蝗虫吃光了庄稼。

八月癸巳，蔡河务纲王训等四人因为将糠土掺入军粮中，在闹市被分尸。乙未，太祖采纳知制诰高锡建议，允许知情者揭发检举所有通过行贿获得推荐的人，奴婢邻居亲属能揭发检举的给予奖励。太祖下诏凡按资叙授各道司法参军时都要先用正律和疏出题考试判定。诏令尚书吏部上奏恢复书判拔萃科的条文。

九月庚午，吐蕃尚波于等人归还伏羌县土地。壬申，下令修建武成王庙。丙子，占城国前来进献礼物。太祖下令禁止砍伐桑树、枣树。

冬十月乙酉初一，太祖赐给百官多少不等的冬天衣服。丙戌，太祖亲临太清观，之后又去造船务，检阅水战演习。己亥，太祖来到岳台，命令各军操演骑马射箭，太祖又前往玉津园。辛丑，任命枢密副使赵普为枢密使。辛亥，太祖前往近郊打猎。

十一月癸亥，下令禁止奉命出使各道时私相嘱托。考核县令政绩时以辖区百姓户口增减为升降依据。丙寅，南唐派遣使臣顾彝前来朝拜。丙子，三佛齐国派遣使臣李丽林等人前来进贡礼物，高丽国派遣李兴祐等人前来朝拜。己卯，太祖在近郊打猎。壬午，太祖赐给南唐建隆四年历。

十二月丙戌，太祖下诏让各县设置县尉一名，负责盗窃诉讼；设置弓箭手，弓箭手的数量依据各县户数多少不等。戊戌，蒲、晋、慈、隰、相、卫六州发生饥荒，下令赈济灾区百姓。庚子，颁布捕盗令。甲辰，衡州刺史张文表造反。

这一年，周郑王离开京城前往房州居住。

乾德元年春正月甲寅初一，太祖没有上殿听政。乙卯，征调关西乡兵前往庆州。丁巳，修筑京城开封辖区内的黄河河堤。己未，派遣使臣赐给南唐、吴越多少不等的马匹、骆驼、羊。庚申，太祖派遣山南东道节度使慕容延钊统领十州军队去征讨张文表。乙丑，太祖亲临造船务，督察建造战船事务。甲戌，太祖诏令荆南征调三千名水军去潭州接受慕容延钊指挥。己卯，女直国派遣使者前来进献礼物。

二月壬辰，周保权的将领杨师璠在朗陵闹市将张文表斩首示众。甲午，慕容延钊攻入荆南，高继冲请求归顺朝廷，大宋得到三个州、十七个县。乙未，宋军攻克潭州。辛亥，澶、滑、卫、魏、晋、绛、蒲、孟八州发生饥荒，太祖命令开仓赈济灾民。

三月辛未，太祖前往金凤园练习射箭，七箭都射中靶子。符彦卿等人进献马匹表示祝贺，太祖于是遍赏随从大臣多少不等的名马、银器。壬申，高继冲登记荆南所有的钱财丝帛、粮食草料禀报给太祖。癸酉，颁布新的法律。戊寅，慕容延钊攻克三江口，攻破岳州，收复郎州，平定湖南，大宋得到十四个州，一个监，六十六个县。

夏四月，发生旱灾。甲申，下令京城所有的祠观庙宇祈祷降雨，傍晚时分下雨。荆南郎州、潭州管辖内的死罪囚犯减刑一等，掠夺抢劫的财物归还原主。乙酉，太祖派遣使臣祭祀南岳衡山。丁亥，太祖亲临国子监，之后又去了武成王庙，在玉津园设宴射箭。庚寅，太祖用内库钱币招募各军的子弟挖掘练习水战的池塘。辛卯，《建隆应天历》编好，太祖亲自作序。壬辰，赏赐平定湖南的有功将士。癸巳，太祖前往玉津园。丙申，兵部郎中曹匪躬在闹市被枭首示众，海陵、盐城屯田副使张蔼被除去官籍，都是因为违法犯罪。庚子，荆南节度使高继冲进献助宴的金银、罗绮、柱衣、屏风等物品。癸卯，辰、锦、叙等州县归顺宋朝。甲辰，太祖下诏开凿疏浚黄河三门。禁止泾、原、邠、庆等州任用少数民族的人担任镇守边境的将领。夏西平王李彝兴进贡一头牦牛。乙巳，太祖亲临玉津园，视察各军骑马射箭。丙午，免征湖南的茶税，禁止峡州开凿盐井。辛亥，借贷种子、粮食给澶州百姓。

五月壬子初一，太祖在京城祈祷降雨。甲寅，太祖派遣使臣前往五岳四渎祈祷降雨。乙丑，扩建皇宫。庚午，将符印发给荆南管辖内的官吏。癸酉，太祖前往玉津园。

六月乙酉，免除潭州所属各县不合理的摊派。壬辰，天气炎热，停止营造工程，赐给工匠鞋子衣衫。乙未，太祖下诏：原荆南士兵愿意回乡务农的可以回家。丙申，下诏历代帝王每三年祭献一次，修建汉光武帝、唐太宗庙。己亥，澶州、濮州、曹州、绛州发生蝗灾，太祖命令拿牛羊猪三牲祭祀。庚子，百官三次上表请求太祖同意奏乐，太祖采纳了他们的建议。太祖减少身边的禁卫官员。丙午，下雨。太祖下诏年终祭祀百神的腊祭、庙祭、社祭都放在举行腊祭的戌这一天进行。己酉，太祖命令在新挖成的水塘中演习水战。

秋七月辛亥初一，规定州县可以设置的杂职、承符、厅子等人数。甲寅，将平定湖湘时为国牺牲的靳彦朗的儿子靳承勋等三十人补为殿直。丙辰，太祖来到新挖成的水塘，赐给役夫钱币，之后又前往玉津园。丁巳，安国军节度使王全斌等人带领军队进入太原境内，将俘虏献给朝廷，太祖赐给俘虏钱和米后释放了他们。己未，太祖下诏如果百姓生病而亲属将他抛弃依照犯罪论处。癸亥，湖南发生瘟疫，太祖给行营将校赐药。丁卯，太祖亲临武成王庙，之后又去了新挖的水塘，检阅水战演习。己巳，朗州贼将汪端袭击州城，都监尹重睿将他们打败赶走。太祖下诏免征荆南全境一半的夏税。甲戌，免予追究周保权的罪行。乙亥，诏命修缮朗州城，免征朗州全境百姓的夏税。丁丑，太祖分别命令亲近的大臣祈祷降雨。己卯，颁布《重定刑统》等书。

八月壬午，殿前都虞候张琼因为欺侮军校史珪、石汉卿等人，被他们诬陷，送交法官审讯，张琼因此自杀。丙戌，太祖派给事中刘载朝拜安陵。丁亥，王全斌进攻北汉乐平县，乐平县投降。辛卯，将乐平县改为平晋军，一千八百名投降军兵编为效顺军，赐给每个人钱帛。壬辰，下诏《九经》举人落榜之后允许再次参加考试。癸巳，女直国派遣使者进贡名马。免除登州沙门岛百姓赋税，命令他们专门修造船只渡送马匹。丙申，北汉静阳十八寨首领前来投降。泉州陈洪进派遣使者前来朝拜进贡。黄河在齐州决口。京城下雨。己亥，契丹幽州岐沟关使柴廷翰等人前来投降。癸卯，宰相范质带领文武百官给太祖上尊号，太祖没有接受。

九月甲寅，文武百官三次上表请求太祖接受尊号，太祖同意了他们的请求。丙寅，太祖在广政殿摆宴，开始演奏音乐。丁卯，贬黜宣徽南院使兼枢密副使李处耘为淄州刺史。戊辰，女直国派遣使者前来进贡名鹰海东青。丙子，禁止知举官将要去贡院时大臣们再向他保荐人。赐给南唐羊一万只。在朗州将汪端分尸。戊寅，北汉引诱契丹军队攻打平晋军，太祖派遣治州防御使郭进等人救援平晋军。

冬十月庚辰，太祖下诏州县征收赋税应该造册登记。己亥，太祖在近郊狩猎。丁未，吴越国进献南郊大礼的礼物金银、珍珠器皿、犀象、香药等，礼物都以万计。十一月乙卯，荆南节度使高继冲进献南郊大礼的银子一万两。甲子，太祖在南郊祭祀天地，下诏大赦天下，改年号为乾德。文武百官捧着玉册进上尊号为应天广运仁圣文武至德皇帝。丙寅，南唐进贡祝贺南郊大礼的银绢，礼物以万计。丁卯，太祖赐给身边亲近大臣多少不等的衣服、金带、器币、带鞍的马匹。乙亥，太祖在近郊狩猎。

十二月庚辰，殿前祗候李璘因父仇杀死员僚陈友，李璘自首，太祖被他的孝义感动，释放了他。辛巳，分别给开封府尹赵光义、兴元府尹赵光美增加封地，赐给功臣号；宰相范质、王溥、魏仁浦都晋升为特进，更换封号，增加封地；枢密使赵普加官为光禄大夫，更换功臣号；文武臣僚分别晋升官阶、勋位、封爵、增加食邑户数。甲申，皇后王氏去世。辛卯，废除登州都督。己亥，泉州陈洪进派遣使者进献白金一千两，乳香、茶药都以万计算。己巳，南唐主李煜上表请求直呼其名，太祖没有同意。

闰十二月己酉初一，考核医官，清除医术不精的医官二十二人。甲寅，太祖命令身边近臣祈祷降雪。丁卯，拔萃科举行复试，田可封、宋白、谭利用等人符合太祖心意，太祖赏赐他们多少不等的物品。辛未，安陵选址在巩县。乙亥，折德扆在府州城下击败北汉军队，生擒北汉军队将领杨璘，因为太常建议，尊奉赤帝为感生帝。

乾德二年春正月辛巳，太祖诏谕各地州县长官劝勉农民及时耕作播种。有大象进入南阳，掌管山泽田猎的官吏杀死了大象，将大象皮和象牙进献给太祖。京城下雨夹雪，打雷。癸未，太祖来到迎春苑设宴射箭。甲申，太祖下诏编写四时听选式。回鹘派遣使者前来进献当地土产。戊子，范质担任太子太傅、王溥担任太子太保、魏仁浦仍担任尚书左仆射，三人同时被罢免了宰相职务。庚寅，太祖任命赵普为门下侍郎、同中书门下平章事，任命李崇矩为枢密使。壬辰，太祖下诏亲自主持制举三个科目的考试，官员百姓，都可以直接到阁门投书札自荐。甲辰，太祖下诏命令大理寺检断、刑部详复各道所上狱词，如有滞留差错失误，最终被中书门下省发现加以改正的案件，从重处罚两个机构的责任人。乙巳，太祖来到玉津园设宴射箭。丁未，太祖下诏命令没有公事，县令、主簿、县尉不得下乡。担任令、录、簿、尉等职的官员有年老病重的允许弹劾。

二月戊申初一，北汉辽州刺史杜延韬从辽州前来归降。癸丑，太祖派遣使臣救济陕州饥荒。疏导溟水引入京城。丁巳，建造安陵时，隧道坍塌，压死两百名役夫士兵，太祖命令有关机构将死者掩埋并抚恤死者家庭。庚午，府州擒获北汉卫州刺史杨璘来献给朝廷。甲戌，南唐进贡改葬安陵的银绫绢数以万计。疏浚汴河。

三月辛巳，太祖来到教船池，赏赐水军将士多少不等的衣服，回宫时来到玉津园设宴射箭。乙未，北汉耀州团练使周审玉等人前来投降。丁酉，太祖派遣使者前往五岳祈祷降雨。禁止臣僚出外或返京时借官兵按部护送。辛丑，太祖派遣摄太尉赵光义手捧宝册尊奉明宪皇太后的谥号为昭宪、皇后贺氏谥号为孝惠，王氏谥号为孝明。

夏四月丁未初一，贤良方正直言极谏科考查策问，博州判官颖贽中第。戊申，救济河中地区饥荒。己酉，免征各道播种后没有长出禾苗地区今年的夏税。乙卯，昭宪皇太后、孝明皇后入葬安陵。乙丑，开始设立参知政事，任命兵部侍郎薛居正、吕余庆担任这个官职。己巳，灵武发生饥荒，转运泾州粮食进行赈济。壬申，将两位皇后的神主牌位安奉在同一个宗庙的两个室中。将永州各县发生牲畜蛊毒的三百二十六户人家迁徙到县中的僻静地区，不得再在乡里饲养牲畜。

五月己卯，知制诰高锡因为接受藩镇贿赂，被贬为莱州司马。辛巳，宗正卿赵砺因为贪赃受杖刑、官籍被除名。癸未，太祖前往玉津园设宴射箭。

六月巳酉，任命弟弟赵光义为中书令，弟弟赵光美为同中书门下平章事，儿子赵德昭为贵州防御使。庚申，太祖来到相国寺，之后又去了教船池、玉津园。辛未，黄河南北及陕西各州发生蝗灾，只有赵州蝗虫没有吃光庄稼。

秋七月乙亥，春州突然发生大水，淹死了百姓。庚辰，邻阳下雨，夹杂冰雹。辛巳，太祖前往玉津园，回宫时去了新池，检阅水战训练。辛卯，太祖下诏让翰林学士陶穀、窦仪等人各自举荐一名能够胜任州郡通判职务的人，如果推荐不当一同获罪。

九月甲戌初一，《周易》博士奚屿被贬为乾州司户，库部员外郎王贻孙被贬为左赞善大夫，都是因在考试品官子弟时不公正。戊子，延州下雨和冰雹。乙未，太祖前往京城北郊视察庄稼。辛丑，太子太傅范质去世。壬寅，潘美等人攻陷郴州。

冬十月戊申，周纪王柴熙谨去世，太祖停止上朝处理政务。

十一月甲戌，太祖任用忠武军节度使王全斌为西川行营前军兵马都部署，任命武信军节度使崔彦进担任他的副手，带领步兵骑兵三万人从凤州道出发；任用江宁军节度使刘光义为四川行营前军兵马副都部署，任命枢密承旨曹彬担任他的副手，带领步兵骑兵二万人从归州道出发征讨后蜀。乙亥，太祖在崇德殿设宴款待西川行营的将校，出示川峡地图，传授将领们攻取后蜀的方法措施，赏赐每人多少不等的金带玉带、衣物。壬辰，太祖在近郊狩猎。

十二月乙巳，下令释放广南郴州都监陈琄等二百人。戊申，刘光义攻陷夔州，后蜀节度使高彦俦自焚。丁巳，下令免征归州、峡州秋税。辛酉，王全斌攻陷万仞、燕子两寨，攻克兴州，接连攻下石圌等二十几个营寨。甲子，刘光义攻陷巫山等营寨，斩杀后蜀将领南光海等八千人，生擒后蜀战棹都指挥袁德宏等一千二百人。王全斌的先锋史进德在三泉寨击败后蜀军队，生擒后蜀节度使韩保正、李进等人。南唐进献白银二万两、金银器皿几百件。庚午，太祖下诏招降在山林中聚集藏匿的人。辛未，太祖前往北郊打猎。

宋史卷二

太祖本纪第二

三年春正月癸酉朔，以出师不御殿。甲戌，王全斌克剑门，斩首万余级，禽蜀枢密使王昭远、泽州节度赵崇韬。乙亥，诏瘞征蜀战死士卒，被伤者给缯帛。壬午，全斌取利州。乙酉，蜀主孟昶降。得州四十五、县一百九十八、户五十三万四千三十有九。高丽国王遣使来朝献。戊子，吏部郎中邓守中坐试吏不当，责本曹员外郎。癸巳，刘光义取万、施、开、忠四州，遂州守臣陈愈降。乙未，诏抚西川将吏百姓。丙申，赦蜀，归俘获，除管内逋赋，免夏税及沿征物色之半。

二月癸卯，南唐、吴越进长春节御衣、金银器、锦绮以千计。甲辰，遣皇城使窦思俨迎劳孟昶。丁未，全州大水。庚申，王全斌杀蜀降兵二万七千人于成都。

三月癸酉，诏置义仓。是月，两川贼群起，先锋都指挥使高彦晖死之，诏所在攻讨。

夏四月乙巳，回鹘遣使献方物。癸丑，职方员外郎李岳坐赃弃市。南唐进贺收蜀银绢以万计。戊午，遣中使给蜀臣鞍马、车乘于江陵。癸亥，募诸军子弟导五丈河，通皇城为池。

五月辛未朔，诏还诸道幕职、令录经引对者，以涉途远近，差减其选。壬申，幸迎春苑宴射。乙亥，遣开封尹光义劳孟昶于玉津园。丙戌，见孟昶于崇元殿，宴昶等于大明殿。丁亥，赐将士衣服钱帛。戊子，大赦，减死罪一等。壬辰，宴孟昶及其子弟于大明殿。

六月甲辰，以孟昶为中书令、秦国公，昶子弟诸臣锡爵有差。庚戌，孟昶薨。

秋七月，珍州刺史田景迁内附。壬辰，追封孟昶为楚王。丁酉，幸教船池，遂幸玉津园宴射。

八月戊戌朔，诏籍郡国骁勇兵送阙下。癸卯，河决阳武县。庚戌，诏王全斌等廪蜀亡命兵士家。乙卯，河溢河阳，坏民居。戊午，殿直成德钧坐赃弃市。己未，郓州河水溢，没田。辛酉，寿星见。

九月己巳，阅诸道兵，以骑军为骁雄，步军为雄武，并隶亲军。壬申，诏蜀诸郡各置克宁军五百人。辛巳，河决澶州。戊子，幸西水硙。

十月丁酉朔，大雾。己未，太子中舍王治坐受赃杀人，弃市。丙寅，济水溢邹平。

十一月丙子，甘州回鹘可汗遣僧献佛牙、宝器。乙未，剑州刺史张仁谦坐杀降，贬宋州教练。

十二月丁酉朔，诏妇为舅姑丧者齐、斩。己亥，诏西川管内监军、巡检毋预州县事。戊午，甘州回鹘可汗、于阗国王等遣使来朝，进马千匹、橐驼五百头、玉五百团、琥珀五百斤。

四年春正月丙子，遣使分诣江陵、凤翔，赐蜀群臣家钱帛。丁亥，命丁德裕等率兵巡抚西川。己丑，幸迎春苑宴射。

二月癸卯，视皇城役。丙辰，于阗国王遣其子德从来献。安国军节度使罗彦瓌等败北汉于静阳，擒其将鹿英。辛酉，试下第举人。甲子，免西川今年夏税及诸征之半，田不得耕者尽除之。岳州火。

三月癸酉，罢义仓。甲戌，占城国遣使来献。癸未，僧行勤等一百五十七人，各赐钱三万，游西域。

夏四月丁酉，占城遣使来献。丙午，潭州火。壬子，罢光州贡鹰鹞。丁巳，契丹天德军节度使于延超与其子来降。进士李蔼坐毁释氏，辞不逊，黥杖，配沙门岛。庚申，幸燕国长公主第视疾。

五月，南唐贺文明殿成，进银万两。甲戌，光禄少卿郭玘坐赃弃市。乙亥，阅蜀法物、图书。丁丑，诏蜀郡敢有不省父母疾者罪之。辛巳，潭州火。壬午，澶州进麦两岐至六岐者百六十五本。辛卯，荧惑犯轩辕。

六月甲午，东阿河溢。甲辰，河决观城。月犯心前星。丙午，澧州刺史白全绍坐纵纪纲规财部内，免官。诏：人臣家不得私养宦者，内侍年三十以上方许养一子，士庶敢有阉童男者不赦。己酉，果州贡禾，一茎十三穗。

秋七月丙寅，诏：蜀官将吏及姻属疾者，所在给医药钱帛。戊辰，西南夷首领董暠等内附。己巳，幸造船务，又幸开封尹北园宴射。癸酉，赐西川行营将士钱帛有差。庚辰，罢剑南蜀米麦征。华州旱，免今年租。给州县官奉户。

八月丁酉，诏除蜀倍息。庚子，水坏高苑县城。壬寅，诏宪臣及吏、刑部官三周岁满日，即转授加恩。庚戌，枢密直学士冯瓒、绫锦副使李美、殿中侍御史李楫为宰相赵普陷，以赃论死；会赦，流沙门岛，逢恩不还。辛亥，幸玉津园宴射。京兆府贡野蚕茧。壬子，衡州火。乙卯，录囚。丙辰，河决滑州，坏灵河大堤。普州兔食稼。

闰月乙丑，河溢入南华县。己巳，衡州火。乙亥，诏：民能树艺、开垦者不加征，令佐能劝来者受赏。

九月壬辰朔，水。虎捷指挥使孙进、龙卫指挥使吴瓌等二十七人，坐党吕翰乱伏诛，夷进族。庚子，占城献驯象。乙巳，幸教船池，遂幸玉津园观卫士骑射。丙午，诏吴越立禹庙于会稽。

冬十月辛酉朔，命太常复二舞。癸亥，诏诸郡立古帝王陵庙，置户有差。己巳，禁吏卒以巡察扰民。

十二月庚辰，妖人张龙儿等二十四人伏诛，夷龙儿、李玉、杨密、聂赟族。

五年春正月戊戌，治河堤。丁未，合州汉初县上青樛木，中有文曰“大连宋”。甲寅，王全斌等坐伐蜀黩货杀降，全斌责崇义军节度使，崔彦进责昭化军节度使，王仁赡责右卫大将军。丙辰，诏伐蜀将校有受蜀人钱物者，并即还主。丁巳，赏伐蜀功，曹彬、刘光义等进爵有差。

二月庚申朔，幸造船务，遂幸城西观卫士骑射。甲子，薛居正、吕余庆并为吏部侍郎，依前参知政事。己丑，幸教船池。

三月甲辰，诏翰林学士、常参官于幕职、州县及京官内各举堪任常参官者一人，不当者连坐。乙巳，诏诸道举部内官吏才德优异者。丙午，以普为尚书左仆射兼门下侍郎、同中书门下平章事，崇矩检校太傅。是日，幸教船池，又幸玉津园宴射。丙辰，北汉石盆砦招收指挥使阎章以砦来降。五星聚奎。

夏五月乙巳，赐京城贫民衣。北汉鸿唐砦招收指挥使樊晖以砦来降。甲寅，王溥为太子太傅。

六月戊午朔，日有食之。辛巳，幸建隆观，遂幸飞龙院。丁亥，牂牁顺化王子等来献方物。

七月丁酉，禁毁铜佛像。己酉，免水旱灾户今年租。

八月甲申，河溢入卫州城，民溺死者数百。

九月壬辰，仓部员外郎陈郾坐赃弃市。甲午，西南蕃顺化王子部才等遣使献方物。己酉，畋近郊。

十一月乙酉朔，工部侍郎毋守素坐居丧娶妾免。供奉武仁海坐枉杀人弃市。

十二月丙辰，禁新小铁鑞等钱、疏恶布帛入粉药者。癸酉，升麟州为建宁军节度。赵普以母忧去位，丙子，起复。

开宝元年春正月甲午，增治京城。陕之集津、绛之垣曲、怀之武陟饥，振之。己亥，北汉偏城砦招收指挥使任恩等来降。

三月庚寅，班县令、尉捕盗令。癸巳，幸玉津园。乙巳，有驯象自至京师。

夏四月乙卯，幸节度使赵彦徽第视疾。

五月丁未，赐南唐米麦十万斛。

六月癸丑朔，诏民田为霖雨、河水坏者，免今年夏税及沿征物。癸亥，诏：荆蜀民祖父母、父母在者，子孙不得别财异居。丁丑，太白昼见；戊寅，复见。辛巳，龙出单父民家井中，大风雨，漂民舍四百区，死者数十人。

秋七月丙申，幸铁骑营，赐军钱羊酒有差。北汉颖州砦主胡遇等来降。丙午，幸铁骑营，遂幸玉津园。戊申，坊州刺史李怀节坐强市部民物，责左卫率府率。北汉主刘钧卒，养子继恩立。

八月乙卯，按鹘于近郊，还幸相国寺。戊午，又按鹘于北郊，还幸飞龙院。丙寅，遣客省使卢怀忠等二十二人率禁军会潞州。戊辰，命昭义军节度使李继勋等征北汉。

九月辛巳朔，禁钱出塞。癸未，监察御史杨士达坐鞠狱滥杀弃市。庚子，李继勋败北汉于铜温河。己酉，北汉供奉官侯霸荣弑其主继恩，继元立。

冬十月己未，畋近郊，还幸飞龙院。丙子，吴越王遣其子惟濬来朝贡。

十一月癸卯，日南至，有事南郊，改元开宝，大赦，十恶、杀人、官吏受赃者不原。宰相普等奉玉册、宝，上尊号曰应天广运大圣神武明道至德仁孝皇帝。

十二月甲子，行庆，自开封兴元尹、宰相、枢密使及诸道蕃侯，并加勋爵有差。乙丑，大食国遣使献方物。

二年春正月己卯朔，以出师，不御殿。

二月乙卯，命昭义军节度使李继勋为河东行营前军都部署，侍卫步军指挥使党进副之，宣徽南院使曹彬为都监，棣州防御使何继筠为石岭关部署，建雄军节度使赵赞为汾州路部署，以伐北汉。宴长春殿。命彰德军节度使韩仲赟为北面都部署，彰义军节度使郭延义副之，以防契丹。戊午，诏亲征。己酉，以开封尹光义为上都留守，枢密副使沈义伦为大内部署、判留司三司事。甲子，发京师。乙亥，雨，驻潞州。

三月壬辰，发潞州。乙未，李继勋败北汉军于太原城下。戊戌，驾传城下。庚子，观兵城南，筑长连城。辛丑，幸汾河，作新桥。发太原诸县丁数万集城下。癸卯，北汉史昭文以宪州来降。乙巳，临城南，谓汾水可以灌其城，命筑长堤壅之，决晋祠水注之。遂砦城四面，继勋军于南，赞军于西，彬军于北，进军于东，乃北引汾水灌城。辛亥，遣海州刺史孙方进率兵围汾州。

四月戊申，幸城东观筑堤。壬子，复幸城东。己未，何继筠败契丹于阳曲，斩首数千级，俘武州刺史王彦符以献，命陈示所获首级、铠甲于城下。壬戌，幸汾河观造船。戊辰，幸城西上生院。丙子，复幸城西。

五月癸未，韩仲赟败契丹于定州北。自戊子至庚寅，命水军载弩环攻，横州团练使王廷义、殿前都虞候石汉卿死之。甲午，北汉赵文度以岚州来降。甲辰，都虞候赵廷翰奏，诸军欲登城以死攻，上愍之，不允。

闰月戊申，雉圮，水注城中，上遽登堤观。己酉，右仆射魏仁浦薨。壬子，以太常博士李光赞言，议班师。己未，命兵士迁河东民万户于山东。庚申，分命使臣率兵赴镇、潞。壬戌，驾还。戊辰，驻跸于镇州。

六月丙子朔，发镇州。癸巳，至自太原。曲赦京城囚。

秋七月丁巳，幸封禅寺。诏镇、深、赵、邢、洺五州管内镇、砦、县悉城之。甲子，大宴。赐宰相、枢密使、翰林学士、节度、观察使袭衣金带。戊辰，西南夷顺化王子武才等来献方物。癸酉，幸新水硙。汴决下邑。乙亥，寿星见。

八月丁亥，诏川峡诸州察民有父母在而别籍异财者，论死。

九月乙巳朔，幸武成王庙。壬戌，幸玉津园宴射。

冬十月戊子，畋近郊。庚寅，散指挥都知杜延进等谋反伏诛，夷其族。诏：相、深、赵三州丁夫死太原城下者，复其家。庚子，以王溥为太子太师，武衡德为太子太傅。癸卯，西川兵马都监张延通、内臣张屿、引进副使王珏为丁德裕所谮，延通坐不逊诛，钦、珏并杖配。

十一月丙午，幸镇宁军节度使张令铎第视疾。甲寅，畋近郊，还幸金凤园。庚申，回鹘、于阗遣使来献方物。

十二月癸未，幸中书视宰相赵普疾。己亥，右赞善大夫王昭坐监大盈仓，其子与仓吏为奸赃，夺两任，配隶汝州。丁德裕诬奏西川转运使李铉指斥，事既直，犹坐酒失，责授右赞善大夫。

三年春正月癸卯朔，雨雪，不御殿。癸丑，增河堤。辛酉，诏：民五千户举孝弟彰闻、德行纯茂者一人，奇才异行不拘此限，里闾郡国递审连署以闻，仍为治装诣阙。

二月庚寅，幸西茶库，遂幸建隆观。

三月庚戌，诏阅进士十五举以上司马浦等百六人，并赐本科出身。辛亥，赐处士王昭素国子博士致仕。丙辰，殿中丞张颙坐先知颍州政不平，免官。己未，幸宰相赵普第视疾。

夏四月辛未朔，日有食之。丁亥，幸寺观祷雨。辛卯，雨。甲午，幸教船池。己亥，罢河北诸州盐禁。诏郡国非其土产者勿贡。

五月丁未，禁京城民畜兵器。癸丑，幸城北观水硙。癸亥，赐诸班营舍为雨坏者钱有差。

六月乙未，禁诸州长吏亲随人掌厢镇局务。

秋七月乙巳，立报水旱期式。壬子，诏蜀州县官以户口差第省员加禄，寻诏诸路亦如之。戊辰，幸教船池，又幸玉津园宴射。

八月戊子，幸教船池，又幸玉津园。

九月己亥朔，命潭州防御使潘美为贺州道兵马行营都部署，朗州团练使尹崇珂副之。遣使发十州兵会贺州，以伐南汉。甲辰，诏：西京、凤翔、雄耀等州，周文、成、康三王，秦始皇，汉高、文、景、武、元、成、哀七帝，后魏孝文，西魏文帝，后周太祖，唐高祖、太宗、中宗、肃宗、代宗、德、顺、文、武、宣、懿、僖、昭诸帝，凡二十七陵，尝被盗发者，有司备法服、常服各一袭，具棺椁重葬，所在长吏致祭。己酉，幸开宝寺观新钟。丙辰，女直国遣使斋定安国王烈万华表，献方物。丁卯，潘美等败南汉军万众于富州，下之。

十月庚辰，克贺州。

十一月壬寅，下昭、桂二州。乙巳，减桂阳岁贡白金额。癸丑，右领军卫将军石延祚坐监仓与吏为奸赃弃市。癸亥，定州驻泊都监田钦祚败契丹于遂城。丙寅，以曹州举德行孔蟾为章丘主簿。

十二月壬申，潘美等下连州。辛卯，大败南汉军万余于韶州，下之。

癸巳，增河堤。

四年春正月戊戌朔，以出师，不视朝。丙午，罢诸道州县摄官。丁未，右千牛卫大将军桑进兴坐赃弃市。癸丑，潘美等取英州、雄州。

二月丁亥，南汉刘铱遣其左仆射萧漼等以表来上。己丑，潘美克广州，俘刘铱，广南平。得州六十、县二百十四、户十七万二百六十三。辛卯，大赦广南，免二税，伪署官仍旧。

三月乙未，幸飞龙院，赐从臣马。丙申，诏：广南有买人男女为奴婢转佣利者，并放免；伪政有害于民者具以闻，除之。增前代帝王守陵户二。

夏四月丙寅朔，前左监门卫将军赵玭诉宰相赵普，坐诬毁大臣，汝州安置。丁卯，三佛齐国遣使献方物。己巳，诏禁岭南商税、盐、麴，如荆湖法。辛未，幸永兴军节度使吴廷祚第视疾。癸未，幸开宝寺。辛卯，南唐遣其弟从谏来朝贡。发厢军千人修前代陵寝之在秦者。壬辰，监察御史闾丘舜卿坐前任盗用官钱，弃市。

五月乙未朔，御明德门受刘铱俘，释之；斩其柄臣龚澄枢、李托、薛崇誉。大宴于大明殿，铱预焉。丁酉，赏伐广南功，潘美、尹崇珂等进爵有差。

六月癸酉，遣使祀南海。丁丑，命翰林试南汉官，取书判稍优者，授令、录、簿、尉。壬午，以孝子罗居通为延州主簿。封刘铱为恩赦侯。乙酉，罢贺州银场。赐刘铱月奉外钱五万、米麦五十斛。河决原武，汴决穀熟。

秋七月戊戌，赐开封尹光义门戟十四。庚子，幸新修水硙，赐役人钱帛有差。戊午，复著内侍养子令。癸亥，幸建武军节度使何继筠第视疾。汴决宋城。

八月壬申，文武百官上尊号，不允。辛卯，景星见。

冬十月癸亥朔，日有食之。己巳，诏伪作黄金者弃市。庚午，太子洗马王元吉坐赃弃市。辛巳，除广南旧无名配敛。甲申，诏十月后犯强窃盗者郊赦不原。丙戌，放广南民驱充军者。

十一月癸巳朔，南唐遣其弟从善，吴越国王遣其子惟濬，以郊祀来朝贡。南唐主煜表乞去国号呼名，从之。庚戌，诏诸道所罢摄官三任无遗阙者以闻。河决澶州，通判姚恕坐不即上闻弃市。己未，日南至，有事南郊，大赦，十恶、故劫杀、官吏受赃者不原。诏置诸州幕职官奉户。

壬戌，蜀班内殿直四十人，援御马直例乞赏，遂挝登闻鼓，命各杖二十；翌日，悉斩于营，都指挥单斌等皆杖、降。

十二月癸亥朔，赐南郊执事官器币有差。丁卯，行庆，开封尹光义、兴元尹光美、贵州防御使德昭、宰相赵普并益食邑。己巳，内外文武官递进勋爵。辛未，赐《九经》李符本科出身。壬午，畋近郊。

【译文】

乾德三年春正月癸酉初一，因为军队出征太祖没有上殿听政。甲戌，王全斌攻下剑门，斩杀后蜀军一万多人，生擒后蜀枢密使王昭远、泽州节度使赵崇韬。乙亥，太祖下诏埋葬出征后蜀战死的军兵，受伤的军兵赐给丝帛。壬午，王全斌攻克利州。乙酉，后蜀皇帝孟昶投降，大宋得到四十五个州、一百九十八个县、百姓五十三万四千零三十九户。高丽国王派遣使臣前来朝奉进献礼品。戊子，吏部郎中邓守中因为考核吏员不当而获罪，被贬为吏部员外郎。癸巳，刘光义攻陷万、施、开、忠四个州，遂州太守陈愈投降。乙未，太祖下诏抚恤西川的将士官吏百姓。丙申，赦免后蜀全境，虏获的牲口物归原主，免除原后蜀管辖地区拖欠的赋税，免征一半夏税，物品也不再征收。

二月癸卯，南唐、吴越进献长春节御衣、金银器皿、锦绮一千多件。甲辰，派遣皇城使窦思俨前去迎接慰问孟昶。丁未，全州发大水。庚申，王全斌在成都处死投降的后蜀士兵二万七千人。

三月癸酉，太祖下诏设立义仓。这个月，两川地区盗匪群起，先锋都指挥使高彦晖被盗匪杀死，太祖下诏所在地区讨伐攻击盗匪。

夏四月乙巳，回鹘派遣使臣进贡当地土产。癸丑，职方员外郎李岳因为贪赃罪在闹市被斩首示众。南唐进贡祝贺收复蜀地的银绢数以万计。戊午，太祖派遣中使在江陵转赐后蜀官员鞍马、车辆。癸亥，招募各军子弟疏浚五丈河，河水贯穿皇城流入内庭池塘。

五月辛未初一，太祖诏令放还各道幕职、令录已经通过问对的官员，根据离京路程远近，差等减少选限。壬申，太祖前往迎春苑设宴射箭。乙亥，派开封尹赵光义在玉津园慰劳孟昶。丙戌，太祖在崇元殿接见孟昶，在大明殿设宴款待孟昶等人。丁亥，太祖赏赐将士衣服钱帛。戊子，大赦天下，死罪囚犯减刑一等。壬辰，在大明殿宴请孟昶及他的子弟。

六月甲辰，太祖任命孟昶为中书令、秦国公，赐给孟昶的子弟以及臣僚不等的官爵。庚戌，孟昶去世。

秋七月，珍州刺史田景迁归降宋朝。壬辰，追封孟昶为楚王。丁酉，太祖前往教船池，之后又到玉津园设宴射箭。

八月戊戌初一，太祖下诏登记州郡中骁勇的士卒并将他们送到京师。癸卯，黄河在阳武县决口。庚戌，太祖诏令王全斌等人发放粮食给后蜀逃亡军兵的家庭。乙卯，黄河在河阳溢出河道，毁坏百姓的房屋。戊午，殿直成德钧因为贪赃受贿在闹市被斩首示众。己未，黄河在郓州溢出河道，淹没农田。辛酉，寿星出现。

九月己巳，太祖检阅各个道的军队，将骑兵编为骁雄军，步兵编为雄武军，全部隶属侍卫亲军。壬申，诏令蜀地各州郡建立五百人的克宁军。辛巳，黄河在澶州决口。戊子，太祖前往西水硙视察。

十月丁酉初一，大雾。己未，太子中舍王治因为接受贿赂杀人，在闹市被斩首示众。丙寅，济水在邹平溢出河道。

十一月丙子，甘州回鹘可汗派遣和尚进贡佛牙、宝器。乙未，剑州刺史张仁谦因为杀死投降的人获罪，被贬为宋州教练。

十二月丁酉初一，太祖下诏已经出嫁女子在公公、婆婆去世时分别穿用粗麻布做成的缉边缝齐的丧服和粗麻布做成的左右和下边不缝的丧服。己亥，太祖下诏西川管辖区内的监军、巡检不得干涉州县事务。戊午，甘州回鹘可汗、于阗国王等派遣使臣前来朝拜，进献一千匹马、五百头骆驼、五百团玉、五百斤琥珀。

乾德四年春正月丙子，太祖派遣使臣分别前往江陵、凤翔，赐给后蜀官员家属钱帛。丁亥，命令丁德裕等人统领军队巡行安抚西川。己丑，太祖前往迎春苑设宴射箭。

二月癸卯，太祖视察皇城工程。丙辰，于阗国王派遣他的儿子李德从前来进贡。安国军节度使罗彦瓌等部在静阳击败北汉军队，生擒北汉将领鹿英。辛酉，公布考试落榜的举人。甲子，免征西川今年的夏税，各种应征物品减征一半，田地未能及时耕种的全部免征。岳州发生火灾。

三月癸酉，废弃义仓。甲戌，占城国派遣使臣前来进贡。癸未，太祖赐给僧行勤等一百五十七人每人三万钱，前往西域游历。

夏四月丁酉，占城国派遣使臣前来朝进贡。丙午，潭州发生火灾。

壬子，停止光州进献老鹰鹞子。丁巳，契丹天德军节度使于延超和他的儿子前来投降。进士李蔼因为诋毁佛教获罪，说话又不恭敬谦虚，被刺面服杖刑，流放沙门岛。庚申，太祖前往燕国长公主府第探视她的病情。

五月，南唐祝贺文明殿落成，进贡一万两银子。甲戌，光禄少卿郭玘因为贪赃罪在闹市被斩首示众。乙亥，太祖察看后蜀皇帝仪仗队所用的器物、图书。丁丑，太祖下诏蜀郡敢有不探视父母疾病的人依照犯罪论处。辛巳，潭州发生火灾。壬午，澶州进贡从两处分蘖到六处分蘖的小麦一百六十五株。辛卯，火星侵犯轩辕星。

六月甲午，黄河在东阿溢出河道。甲辰，黄河在观城决口。月亮侵犯心前星。丙午，澧州刺史白全绍因为破坏法纪在管辖区内聚敛钱财，被罢免官职。太祖下诏：大臣家中不得私自养阉人，三十岁以上的内侍允许收养一个儿子，敢有阉割童男的官吏和百姓决不赦免罪行。己酉，果州进献水稻，一株稻上有十三棵穗。

秋七月丙寅，诏令：后蜀文武官吏及他们的亲属如果生病，所在地区的官府发给他们医药钱帛。戊辰，西南夷首领董暠等人归降。己巳，太祖前往造船务，又前往开封尹赵光义的北园设宴射箭。癸酉，赏赐西川行营将士数量不等的钱帛。庚辰，免除后蜀剑南地区的米麦征敛。华州发生旱灾，免除华州今年的田租。下令给州县官员俸户。

八月丁酉，太祖下诏免去蜀地加倍的利息。庚子，大水冲毁高苑县城。壬寅，太祖下诏御史及吏部、刑部官员任职满三年时，就可以依据原任官职转官或者加恩。庚戌，枢密直学士冯瓒、绫锦副使李美、殿中侍御史李楫遭到宰相赵普陷害，以贪赃罪被判处死刑；恰好大赦，三人被流放到沙门岛，遇到朝廷施恩时也不可以回来。辛亥，太祖前往玉津园设宴射箭。京兆府进献野蚕茧。壬子，衡州发生火灾。乙卯，下令记录讯问囚徒的罪状。丙辰，黄河在滑州决口，冲毁灵河大堤。普州野兔吃光庄稼。

闰八月乙丑，黄河溢出河道流入南华县。己巳，衡州发生火灾。乙亥，太祖下诏：百姓可以广栽桑枣树，开垦荒田，不加租税，令佐官员能够招复逃亡农户以及劝勉农户栽桑植枣树的受赏。

九月壬辰初一，发大水。虎捷指挥使孙进、龙卫指挥使吴瓌等二十七个人，因为参与吕翰叛乱被处死，孙进被灭族。庚子，占城国进献受过驯养的大象。乙巳，太祖亲临教船池，之后又到玉津园观看卫士骑马射箭。丙午，太祖下诏吴越国在会稽修建大禹庙。

冬十月辛酉初一，诏令太常恢复文德、武功二舞。癸亥，诏令各个州郡修缮古代帝王的陵墓和宗庙，并安排不同数量的民户护陵。己巳，禁止吏员军兵借口巡察骚扰百姓。

十二月庚辰，妖人张龙儿等二十四人被判处死刑，张龙儿、李玉、杨密、聂赟被灭族。

乾德五年春正月戊戌，修治黄河河堤。丁未，合州汉初县进贡青梎木，木头中有文字，写着“大连宋”三个字。甲寅，王全斌等人因为征讨后蜀时贪污受贿并且杀死投降的军兵获罪，王全斌被贬为崇义军节度使，崔彦进被贬为昭化军节度使，王仁赡被贬为右卫大将军。丙辰，诏令征讨后蜀时有接受后蜀钱财物品的将校军官，都要立即将物品归还原主。丁巳，赏赐征讨后蜀有功的将士，曹彬、刘光义等人不同程度地被提升了官爵。

二月庚申初一，太祖亲临造船务，之后到城西观看卫士骑马射箭。甲子，薛居正、吕余庆一起担任吏部侍郎，仍旧担任参知政事。己丑，太祖亲临教船池。

三月甲辰，太祖下诏翰林学士、常参官在幕职、州县官员及京官中各自举荐一名能够担任常参官的人选，被举荐的人不称职，举荐人将一同获罪。乙巳，太祖下诏让各个道举荐所属官吏中德行才能优异的人。丙午，任用赵普为尚书左仆射兼门下侍郎、同中书门下平章事，任命李崇矩为检校太傅。这一天，太祖前往教船池，又到玉津园举行宴会射箭。丙辰，北汉石盆寨招收指挥使阎章在本寨归降。金、木、水、火、土五颗行星在奎宿星处相聚。

夏五月乙巳，太祖赏赐京城中贫苦百姓衣服。北汉鸿唐寨招收指挥使樊晖在本寨归降。甲寅，任用王溥为太子太傅。

六月戊午初一，日食。辛巳，太祖前往建隆观，之后又到飞龙院。丁亥，牂牁顺化王子等人前来进贡当地土产。

七月丁酉，禁止损毁铜佛像。己酉，免除遭受水旱灾害的农户今年的租税。

八月甲申，黄河溢出河道流入卫州城，淹死的百姓有数百人。

九月壬辰，仓部员外郎陈郾因为贪赃犯法在闹市被斩首示众。甲午，西南蕃顺化王子部才等人派遣使臣进贡当地土产。己酉，太祖前往近郊打猎。

十一月乙酉初一，工部侍郎毋守素因为在父丧期中娶妾被免官。供奉武仁海因为滥杀无辜在闹市被斩首示众。

十二月丙辰，停止使用流通新铸的小铁钀等钱、涂粉加药质地稀疏低劣的布帛。癸酉，进升麟州为建宁军节度。宰相赵普因为母亲去世而离职，丙子，赵普服丧期未满重新被起用为宰相。

开宝元年春正月甲午，扩建京城。陕州的集津、绛州的垣曲、怀州的武陟发生饥荒，下诏赈济这些地区。己亥，北汉偏城寨招收指挥使任恩等人前来投降。

三月庚寅，颁布县令、县尉捕盗令。癸巳，太祖亲临玉津园。乙巳，有驯养的大象自己来到京城。

夏四月乙卯，太祖前往节度使赵彦徽的府第探望他的病情。

五月丁未，赏赐南唐大米小麦十万斛。

六月癸丑初一，太祖下诏田地被连绵大雨、河水淹坏的百姓，免征今年的夏税和因袭征收的杂税。癸亥，太祖下诏：荆蜀地区有祖父母、父母在世的百姓，子孙不准分开财产另外居住。丁丑，太白星在白天出现；戊寅，太白星再次出现。辛巳，单父县百姓家中的水井中有龙出现，伴随着大风大雨，淹没百姓房屋四百间，死亡几十人。

秋七月丙申，太祖前往铁骑营，赏赐将士多少不等的钱、羊、酒。北汉颍州寨主胡遇等人前来投降。丙午，太祖前往铁骑营，之后到玉津园。戊申，坊州刺史李怀节因为强行购买辖区百姓的物品，被贬为左卫率府率。北汉主刘钧去世，养子刘继恩继位成为皇帝。

八月乙卯，太祖前往近郊打鹘鸟，回宫时来到相国寺。戊午，太祖又在北郊打鹘鸟，回宫时前往飞龙院。丙寅，派遣客省使卢怀忠等二十二人统率禁军在潞州会合。戊辰，太祖命令昭义军节度使李继勋等人征讨北汉。

九月辛巳初一，禁止钱币流出边境。癸未，监察御史杨士达因为审案滥杀无辜在闹市被斩首示众。庚子，李继勋在铜温河击败北汉军队。己酉，北汉供奉官侯霸荣杀死北汉皇帝刘继恩，刘继元继位成为皇帝。

冬十月己未，太祖前往近郊打猎，回宫时来到飞龙院。丙子，吴越王派遣儿子钱惟濬前来朝贡。

十一月癸卯，冬至日，太祖在南郊举行祭祀大典，改年号为开宝，大赦天下，但犯有十恶、杀人、贪污受贿的官吏不赦罪。宰相赵普率领官员进奉玉册、宝，进上太祖尊号为应天广运大圣神武明道至德仁孝皇帝。

十二月甲子，举行庆祝活动，从开封尹、兴元尹、宰相、枢密使到各个道的藩侯，都相应地加勋进爵。乙丑，大食国派遣使臣进献当地土产。

开宝二年春正月己卯初一，太祖因为军队出征，没有上殿听政。

二月乙卯，太祖任命昭义军节度使李继勋为河东行营前军都部署，任命侍卫步军指挥使党进担任他的副手，任命宣徽南院使曹彬为都监，任命棣州防御使何继筠为石岭关部署，任命建雄军节度使赵赞为汾州路部署，征讨北汉。太祖在长春殿设宴款待各位将领。任用彰德军节度使韩仲赟为北面都部署，任命彰义军节度使郭延义担任副职，用来防备契丹。戊午，太祖下诏亲征。己酉，太祖任命开封尹赵光义为上都留守，任命枢密副使沈义伦为大内部署、判留司三司事。甲子，太祖统率大军从京城出发。乙亥，下雨，大军在潞州驻扎。

三月壬辰，大军在潞州出发。乙未，李继勋在太原城下击败北汉军队。戊戌，太祖来到临近太原城下的地方。庚子，在太原城南检阅军队来显示军威，修筑长连城。辛丑，太祖来到汾河，下令修建一座新桥。征调太原附近各县的几万名男丁，在太原城下聚集。癸卯，北汉史昭文在宪州归降，乙巳，太祖来到太原城南，说汾河可以淹灌太原城，命令筑起长堤拦挡汾河水，决开晋祠水淹灌太原城。于是又在太原城周围建立营寨，李继勋的军队在太原城南，赵赞的军队在太原城西，曹彬的军队在太原城北，党进的军队在太原城东，再从北面引来汾河水淹灌太原城。辛亥，派遣海州刺史孙方进统率军队包围汾州。

四月戊申，太祖来到太原城东察看修建的堤坝。壬子，太祖又来到太原城东。己未，何继筠在阳曲击败契丹，斩杀几千人，将俘虏的武州刺史王彦符献给太祖，太祖下令将所缴获的首级、铠甲在太原城下陈列出来，壬戌，太祖亲临汾河边检视造船。戊辰，太祖来到太原城西上生院。丙子，又前往城西。

五月癸未，韩仲赟在定州北面击败契丹。自戊子到庚寅，太祖下令水军驾船载着强弩四面围攻太原城，横州团练使王廷义、殿前都虞候石汉卿相继战死。甲午，北汉赵文度在岚州归降。甲辰，都虞候赵廷翰上奏，各军请求冒死攻击太原城，太祖怜惜将士，没有答应。

闰五月戊申，太原城墙坍塌，河水倒灌入城内，太祖马上登上长堤察看。己酉，右仆射魏仁浦去世。壬子，依据太常博士李光赞提议，讨论大军班师回朝。己未，命令士兵将河东万户百姓迁徙到山东。庚申，太祖分别命令使臣带领军队前往镇州、潞州。壬戌，太祖起驾返京。戊辰，太祖在镇州停驻。

六月丙子初一，太祖车驾从镇州出发。癸巳，太祖从太原返回京城。赦免京城中的囚犯。

秋七月丁巳，太祖亲临封禅寺。下诏命令镇、深、赵、邢、洺五个州管辖内的镇、寨、县都要修筑城墙。甲子，举行盛大宴会。赏赐宰相、枢密使、翰林学士、节度使、观察使成套衣裳和金带。戊辰，西南夷顺化王子武才等人前来进贡当地土产。癸酉，太祖前往新建的水硙视察。汴河在下邑决口。乙亥，寿星出现。

八月丁亥，太祖下诏川峡各州检察百姓中有父母仍在世，本人却分家另住的，依照死罪论处。

九月乙巳初一，太祖亲临武成王庙。壬戌，太祖前往玉津园设宴射箭。

冬十月戊子，太祖在近郊狩猎。庚寅，散指挥都知杜延进等人谋划造反被处死，杜延进被灭族。太祖下诏：相、深、赵三州在太原城下战死的丁夫，免除他们家庭的赋税和徭役。庚子，任用王溥为太子太师，任用武衡德为太子太傅。癸卯，丁德裕在太祖面前进谗言，诬陷西川兵马都监张延通、内臣张屿、引进副使王珏，张延通以大不敬获罪被处死，张屿、王珏都服杖刑并被流放。

十一月丙午，太祖前往镇宁军节度使张令铎府第探望他的病情。甲寅，太祖在近郊狩猎，回宫时来到金凤园。庚申，回鹘、于阗派遣使臣前来进贡当地土产。

十二月癸未，太祖亲临中书省探望宰相赵普病情。己亥，右赞善大夫王昭因监大盈仓，儿子和仓吏勾结贪赃枉法，被削夺两任官职，流放到汝州服役。丁德裕上奏诬陷西川转运使李铉诽谤皇上，冤枉已经得到平反，李铉还是因为酒醉的过错，被贬为右赞善大夫。

开宝三年春正月癸卯初一，下雨雪，太祖没有上殿处理政务。癸丑，增筑黄河河堤。辛酉，太祖下诏：每五千户百姓推举一名孝顺父母敬爱兄长名声显著的人，德行优秀、才能卓越、行为与众不同的人不受这条限制，里巷州郡逐级审核连名签署后呈报朝廷，还要为被推荐人赶赴朝廷准备行装。

二月庚寅，太祖来到西茶库，之后又到建隆观。

三月庚戌，太祖下诏参加进士考试十五次以上的司马浦等一百零六人，全都赐给本科出身。辛亥，赐给处士王昭素国子博士的职位后让他退休。丙辰，殿中丞张颙因为在从前担任颍州知州时处理政务不公正，被罢免官职。己未，太祖亲临赵普府第探望他的病情。

夏四月辛未初一，日食。丁亥，太祖亲自前往寺观祈祷下雨。辛卯，下雨。甲午，太祖亲临教船池。己亥，废除河北各州的盐禁。太祖下诏州郡不是当地的土产不允许向朝廷进贡。

五月丁未，禁止京城百姓收藏兵器。癸丑，太祖前往城北观看水硙。癸亥，赐给营房被雨水淋坏的各班军兵钱多少不等。

六月乙未，禁止各州长吏的亲随人员掌理厢镇局务。

秋七月乙巳，建立上奏水旱灾害期限的法令。壬子，太祖下诏蜀地州县官员依据管辖户口数多少减少官吏或增加俸禄，不久又下诏各路也依照蜀地办法减员增俸。戊辰，太祖前往教船池，又亲临玉津园举行宴会射箭。

八月戊子，太祖来到教船池，又到了玉津园。

九月己亥初一，任用潭州防御使潘美为贺州道兵马行营都部署，任用朗州团练使尹崇珂担任他的副手。派遣使者征调十个州的军队前往贺州会合，用来讨伐南汉。甲辰，太祖下诏：西京、凤翔、雄州、耀州等州，周文王、成王、康王三位周代帝王，秦始皇，汉高祖、汉文帝、汉景帝、汉武帝、汉元帝、汉成帝、汉哀帝七位汉朝皇帝，后魏孝文帝，西魏文帝，后周太祖，唐高祖、唐太宗、唐中宗、唐肃宗、唐代宗以及德、顺、文、武、宣、懿、僖、昭各位唐代帝王，一共二十七座陵墓中曾经被盗挖过的陵墓，有关机构应准备礼法规定的衣服、平常的衣服各一套，备好棺椁重新入葬，所在地区的长吏主持祭祀。己酉，太祖亲临开宝寺察看新钟。丙辰，女直国派遣使臣带着安定国王烈万华的表章，进献当地土产。丁卯，潘美等人在富州击败一万多名南汉军队，攻陷富州。

十月庚辰，攻取贺州。

十一月壬寅，攻下昭、桂二州。乙巳，减少桂阳每年进贡白金的数额。癸丑，右领军卫将军石延祚利用监仓身份和管库的吏员勾结贪污，在闹市被斩首示众。癸亥，定州驻泊都监田钦祚在遂城击败契丹。丙寅，任命曹州所举荐的德行善美的孔蟾为章丘主簿。

十二月壬申，潘美等人攻取连州。辛卯，在韶州将一万多名南汉军队打得大败，攻占韶州。癸巳，加筑黄河大堤。

开宝四年春正月戊戌初一，因为军队出征，太祖没有上朝处理政事。丙午，罢免各道州县原有的代理官员。丁未，右千牛卫大将军桑进兴因为贪赃在闹市被斩首示众。癸丑，潘关等人攻取英州、雄州。

二月丁亥，南汉刘鋹派遣他的左仆射萧漼等人带着表章来求和。己丑，潘美攻占广州，生擒刘鋹，平定广南。大宋得到六十个州、二百十四个县、十七万零二百六十三户。辛卯，大赦广南，免征夏秋二季租税，原来广南政权的官吏继续留任。

三月乙未，太祖亲临飞龙院，赏赐随从官员马匹。丙申，太祖下诏：广南地区有买人家子女作奴婢并且转雇给他人以获利的，奴婢一律释放；原来广南政权推行的损害百姓的政策措施都要上报朝廷，加以废除。增加前代帝王各个陵墓的守陵户二户。

夏四月丙寅初一，前任左监门卫将军赵玭上书控告宰相赵普，最终因诬蔑诋毁大臣而获罪，被安置到汝州。丁卯，三佛齐国派遣使者进献当地土产。己巳，太祖下诏岭南地区商税、盐、麴，依照荆湖地区法令执行。辛未，太祖亲临永兴军节度使吴廷祚府第探望他的病情。癸未，太祖前往开宝寺。辛卯，南唐派遣皇弟李从谏前来朝贡。征调一千名厢军修缮在陕西地区的前代帝王的陵墓。壬辰，监察御史闾丘舜卿因从前当官时盗用官钱，在闹市被斩首示众。

五月乙未初一，太祖亲临明德门行受俘刘鋹礼，赦免了刘鋹的罪过；将他的权臣龚澄枢、李托、薛崇誉斩首。太祖在大明殿举行盛大酒宴，刘鋹也参加了。丁酉，太祖奖赏征讨广南的有功人员，潘美、尹崇珂等人进升爵位不等。

六月癸酉，太祖派遣使者祭祀南海。丁丑，命令翰林院考核南汉官员，选取书判稍微优异的人，授予令、录、簿、尉的官职。壬午，任用孝子罗居通为延州主簿。封刘鋹为恩赦侯。乙酉，撤消贺州银场。在刘鋹每月俸禄之外另赏给五万钱、米麦五十斛。黄河在原武决口，汴河在谷熟决口。

秋七月戊戌，太祖赏给开封尹赵光义十四把门戟。庚子，太祖亲自前往新修建的水硙，赏赐工匠役人多少不等的钱财布帛。戊午，重新签发内侍养子令。癸亥，太祖亲临建武军节度使何继筠府第探望他的病情。汴水在宋城决口。

八月壬申，文武百官给太祖上尊号，太祖没有答应。辛卯，景星出现。

冬十月癸亥初一，日食。己巳，太祖下诏凡是伪造黄金的人都将在闹市被斩首示众。庚午，太子洗马王元吉因为贪赃在闹市被斩首示众。辛巳，免除广南地区原有的无名摊派的苛捐杂税。甲申，太祖下诏十月后凡是犯有强行盗窃抢劫罪行的人，在南郊大赦时也不能得到赦免。丙戌，释放被强行征集充军的广南百姓。

十一月癸巳初一，因太祖在郊外祭祀天地，南唐皇帝派遣弟弟李从善，吴越国王派遣儿子钱惟濬前来朝贡。南唐主李煜上表请求去掉国号并且直呼其名，太祖答应了他的请求。庚戌，太祖下诏各道将罢免的代理官员中三任没有过失的人报告上来。黄河在澶州决口，通判姚恕因为没有立刻上报朝廷在闹市被斩首示众。己未，冬至日，在南郊举行祭祀大典，大赦天下，犯有刑律规定的十恶罪犯、故意抢劫杀人犯、贪污受贿的官吏不能被赦免。太祖下诏设立各州幕职官俸户。壬戌，四十名蜀班内殿直，援引御马直的例子请求赏赐，最后竟然敲登闻鼓请愿，太祖命令各杖二十；第二天，全部在营中被处死，都指挥单斌等人都被处以杖刑并降职。

十二月癸亥初一，赐给南郊祭祀时的执事官多少不等的器皿钱财。丁卯，举行庆祝活动，开封尹赵光义、兴元尹赵光美、贵州防御使赵德昭、宰相赵普都被增加了食邑。己巳，朝廷内外的文武百官分别递升了勋爵。辛未，赏给考试《九经》的李符本科出身。壬午，太祖前往近郊打猎。

宋史卷三

太祖本纪第三

五年春正月壬辰朔，雨雪，不御殿。禁铁铸浮屠及佛像。庚子，前卢氏县尉鄢陵许永年七十有五，自言父琼年九十九，两兄皆八十余，乞一官以便养。因召琼厚赐之，授永鄢陵令。壬寅，省州县小吏及直力人。乙巳，罢襄州岁贡鱼。

二月丙子，诏沿河十七州各置河堤判官一员。庚辰，以凤州七房银冶为开宝监。庚寅，以兵部侍郎刘熙古参知政事。

闰月壬辰，礼部试进士安守亮等诸科共三十八人，召对讲武殿，始放榜。庚戌，升密州为安化军节度。

三月庚午，赐颍州龙骑指挥使仇兴及兵士钱。辛未，占城国王波美税遣使来献方物。壬申，幸教船池习战。乙酉，殿中侍御史张穆坐赃弃市。

夏四月庚寅朔，三佛齐国主释利乌耶遣使来献方物。丙午，遣使检视水灾田。丙寅，遣使诸州捕虎。

五月庚申，赐恩赦侯刘𬬮钱一百五十万。乙丑，命近臣祈晴。并广南州十三、县三十九。丙寅，罢岭南采珠媚川都卒为静江军。辛未，河决濮阳，命颍州团练使曹翰往塞之。甲戌，以霖雨，出后宫五十余人，赐予以遣之。丁亥，河南、北淫雨，澶、滑、济、郓、曹、濮六州大水。

六月己丑，河决阳武，汴决穀熟。丁酉，诏：淫雨河决，沿河民田有为水害者，有司具闻除租。戊申，修阳武堤。

秋七月己未，右拾遗张恂坐赃弃市。癸未，邕、容等州獠人作乱。

八月庚寅，高丽国王王昭遣使献方物。己亥，广州行营都监朱宪大破獠贼于容州。癸卯，升宿州为保静军节度，罢密州仍为防御。

九月丁巳朔，日有食之。癸酉，李崇矩以镇国军节度使罢。

冬十月庚子，幸河阳节度使张仁超第视疾。甲辰，试道流，不才者勒归俗。

十一月己未，李继明、药继清大破獠贼于英州。癸亥，禁僧道习天文地理。己巳，禁举人寄应。庚辰，命参知政事薛居正、吕余庆兼淮、湖、岭、蜀转运使。

十二月乙酉朔，祈雪。己亥，畋近郊。开封尹光义暴疾，遂如其第视之。甲寅，内班董延谔坐监务盗刍粟，杖杀之。诏合入令录者引见后方注。乙卯，大雨雪。

是岁，大饥。

六年春正月丙辰朔，不御殿。置蜀水陆转运计度使。癸酉，修魏县河。

二月丙戌朔，棣州兵马监押、殿直傅延翰谋反伏诛。丙申，曹州饥，漕太仓米二万石振之。己亥，吴越国进银装花舫、金香师子。

三月乙卯朔，周郑王殂于房州，上素服发哀，辍朝十日，谥曰恭帝，命还葬庆陵之侧，陵曰顺陵。己未，复密州为安化军节度。庚申，覆试进士于讲武殿，赐宋準及下第徐士廉等诸科百二十七人及第。乙亥，赐宋准等宴钱二十万。大食国遣使来献。翰林学士、知贡举李昉坐试人失当，责授太常少卿。试朝臣死王事者子陆坦等，赐进士出身。丙子，幸相国寺观新修塔。

夏四月丁亥，召开封尹光义、天平军节度使石守信等赏花习射于苑中。辛丑，遣卢多逊为江南国信使。甲辰，占城国王悉利陀盘印茶遣使来献方物。丙午，黎州保塞蛮来归。戊申，诏修《五代史》。

五月庚申，刘熙古以户部尚书致仕。诏：中书吏擅权多奸赃，兼用流内州县官。己巳，交州丁琏遣使贡方物。幸玉津园观刈麦。辛巳，杀右拾遣马適。

六月辛卯，阅在京百司吏，黜为农者四百人。癸巳，占城国遣使献方物。隰州巡检使李谦溥拔北汉七砦。癸卯，雷有邻告宰相赵普党堂吏胡赞等不法，赞及李可度并杖、籍没。庚戌，诏参知政事与宰相赵普分知印押班奏事。

秋七月壬子朔，诏诸州府置司寇参军，以进士、明经者为之。丙辰，减广南无名率钱。

八月乙酉，罢成都府伪蜀嫁装税。辛卯，赐布衣王泽方同学究出身。丁酉，泗州推官侯济坐试判假手，杖、除名。甲辰，赵普罢为河阳三城节度使、同平章事。辛酉，幸都亭驿。

九月丁卯，余庆以尚书左丞罢。己巳，封光义为晋王，兼侍中，德昭同中书门下平章事，薛居正为门下侍郎、同平章政事，户部侍郎、枢密副使沈义伦为中书侍郎、同平章事，石守信兼侍中，卢多逊中书舍人、参知政事。壬申，诏晋王光义班宰相上。

冬十月甲申，葬周恭帝，不视朝。丁亥，幸玉津园观稼。戊子，流星出文昌、北斗。甲辰，特赦诸官吏奸赃。

十一月癸丑，诏常参官进士及第者各举文学一人。

十二月壬午，命近臣祈雪。丙午，前中书舍人、参知政事多逊起复视事。行《开宝通礼》。限度僧法，诸州僧帐及百人岁许度一人。

七年春正月庚戌，不御殿。庚申，占城国王波美税遣使献方物。齐州野蚕成茧。癸亥，左拾遗秦亶、太子中允吕鹄并坐赃，宥死，杖、除名。

二月庚辰朔，日有食之。丙戌，日有二黑子。癸卯，命近臣祈雨。诏:《诗》、《书》、《易》三经学究，依《三经》、《三传》资叙入官。乙巳，太子中舍胡德冲坐隐官钱，弃市。

三月乙丑，三佛齐国王遣使献方物。

夏四月丙午，遣使检岭南民田。

五月戊申朔，殿中侍御史李莹坐受南唐馈遗，责授右赞善大夫。甲寅，以布衣齐得一为章丘主簿。乙丑，诏市二价者以枉法论。丙寅，幸讲武池观习水战。丙子，又幸讲武池，遂幸玉津园。

六月丙申，河中府饥，发粟三万石振之。己亥，淮溢入泗州城；壬寅，安阳河溢，皆坏居民。

秋七月壬子，幸讲武池观习水战，遂幸玉津园。丙辰，南丹州溪洞酋帅莫洪燕内附。诏减成都府盐钱。庚午，太子中允李仁友坐不法，弃市。

八月戊寅，吴越国王遣使来朝贡。丁亥，谕吴越伐江南。戊子，陈州贡芝草，一本四十九茎。己丑，幸讲武池，赐习水战军士钱。戊戌，殿中丞赵象坐擅税，除名。甲辰，幸讲武池观习水战，遂幸玉津园。

九月癸亥，命宣徽南院使、义成军节度使曹彬为西南路行营马步军战棹都部署，山南东道节度使潘美为都监，颍州团练使曹翰为先锋都指挥使，将兵十万出荆南，以伐江南。将行，召曹彬、潘美戒之曰：“城陷之日，慎无杀戮；设若困斗，则李煜一门，不可加害。”丁卯，以知制诰李穆为江南国信使。

冬十月甲申，幸迎春苑，登汴堤观战舰东下。丙戌，又幸迎春苑，登汴堤观诸军习战，遂幸东水门，发战棹东下。江南进绢数万，御衣、金带、器用数百事。壬辰，曹彬等将舟师步骑发江陵，水陆并进。丁酉，命吴越王钱俶为升州东南行营招抚制置使。己亥，曹彬收下峡口，获指挥使王仁震、王宴、钱兴。

闰月己酉，克池州。丁巳，败江南军于铜陵。庚申，命宰相、参知政事更知日历。壬戌，彬等拔芜湖、当涂两县，驻军采石。癸亥，诏减湖南新制茶。甲子，薛居正等上新编《五代史》，赐器币有差。丁卯，彬败江南军于采石，擒兵马部署杨收、都监孙震等千人，为浮梁以济。

十一月癸未，黥李从善部下及江南水军一千三百九十人为归化军。甲申，诏省剑南、山南等道属县主簿。丁亥，秦、晋旱，免蒲、陕、晋、绛、同、解六州逋赋，关西诸州免其半。己丑，知汉阳军李恕败江南水军于鄂。甲午，曹彬败江南军于新林砦。辛丑，命知雄州孙全兴答涿州修好书。壬寅，大食国遣使献方物。

十二月己酉，彬败江南军于白鹭洲。辛亥，命近臣祈雪。甲子，吴越王帅兵围常州，获其人马，寻拔利城砦。丙寅，彬败江南军于新林港。己巳，左拾遗刘祺坐受赂，黥面、杖配沙门岛。庚午，北汉寇晋州，守臣武守琦败之于洪洞。壬申，吴越王败江南军于常州北界。

八年春正月甲戌朔，以出师，不御殿。丙子，知池州樊若水败江南军于州界；田钦祚败江南军于溧水，斩其都统使李雄。乙酉，御长春殿，谓宰相曰："朕观为臣者比多不能有终，岂忠孝薄而无以享厚福耶？"宰相居正等顿首谢。庚寅，曹彬拔昇州城南水砦。

二月癸丑，彬败江南军于白鹭洲。乙卯，拔升州关城。丁巳，太子中允徐昭文坐抑人售物，除籍。甲子，知扬州侯陟败江南军于宣化镇。戊辰，覆试进士于讲武殿，赐王嗣宗等三十一人、诸科纪自成等三十四人及第。

三月乙酉，赐王嗣宗等宴钱二十万。己丑，命祈雨。庚寅，彬败江南军于江中。己亥，契丹遣使克沙骨慎思以书来讲和。知潞州药继能拔北汉鹰涧堡。辛丑，召契丹使于讲武殿观习射。壬寅，遣内侍王继恩领兵赴升州。大食国遣使来朝献。

夏四月乙巳，幸东水硙。癸丑，幸都亭驿阅新战船。丁巳，吴越王拔常州。壬戌，彬等败江南军于秦淮北。戊辰，幸玉津园观种稻，遂幸讲武池观习水战。庚午，诏岭南盗赃满十贯以上者死。幸西水硙。

五月壬申朔，以吴越国王钱俶守太师、尚书令，益食邑。知桂阳监张侃发前官隐没羡银，追罪兵部郎中董枢、右赞善大夫孔璘，杀之，太子洗马赵瑜杖配海岛；侃受赏，迁屯田员外郎。辛巳，祈晴。甲申，江南宁远军及沿江砦并降。乙酉，诏武冈、长沙等十县民为贼卤掠者蠲其逋租，仍给复一年。甲午，安南都护丁琏遣使来贡。辛丑，河决濮州。

六月壬寅，曹彬等遣使言，败江南军于其城下。丁未，宋州观察判官崔绚、录事参军马德休并坐赃弃市。辛亥，河决澶州顿丘。甲子，彗出柳，长四丈，辰见东方。

秋七月辛未朔，日有食之。庚辰，遣阁门使郝崇信、太常丞吕端使契丹。癸未，西天东印土王子穰结说啰来朝献。甲申，诏吴越王班师。己亥，山后两林鬼主、怀化将军勿尼等来朝献。

八月乙卯，幸东水硙观鱼，遂幸北园。辛酉，诏权停今年贡举。壬戌，契丹遣左卫大将军耶律霸德等致御衣、玉带、名马。西南蕃顺化王子若废等来献名马。癸亥，丁德裕败润州兵于城下。

九月壬申，狩近郊，逐兔，马蹶坠地，因引佩刀刺马杀之。既而悔之，曰："吾为天下主，轻事畋猎，又何罪马哉！"自是遂不复猎。戊寅，润州降。

冬十月己亥朔，江南主遣徐铉、周惟简来乞缓师。辛亥，诏郡国令佐察民有孝悌力田、奇材异行或文武可用者遣诣阙。丁巳，修西京宫阙。江南主贡银五万两、绢五万匹，乞缓师。戊午，改润州镇海军节度为镇江军节度。幸晋王北园。己未，曹彬遣都虞候刘遇破江南军于皖口，擒其将朱令赟、王晖。

十一月辛未，江南主遣徐铉等再奉表乞缓师，不报。甲申，曹彬夜败江南军于城下。丙戌，以校书郎宋準、殿直邢文庆充贺契丹正旦使。乙未，曹彬克昇州，俘其国主煜，江南平，凡得州十九、军三、县一百八十、户六十五万五千六十。临视新龙兴寺。

十二月庚子，幸惠民河观筑堰。辛丑，赦江南，复一岁；兵戈所经，二岁。戊申，三佛齐遣使来献方物。己酉，幸龙兴寺。辛亥，免开封府诸县今年秋租十之三。己未，以恩赦侯刘鋹为彭城郡公。甲子，契丹遣使耶律乌正来贺正旦。丁卯，吴越国王乞以长春节朝觐，从之。

九年春正月辛未，御明德门，见李煜于楼下，不用献俘仪。壬申，大赦，减死罪一等。乙亥，封李煜为违命侯，子弟臣僚班爵有差。己卯，江南昭武军节度使留后卢绛焚掠州县。庚辰，诏郊西京。癸巳，晋王率文武上尊号，不允。

二月癸卯，三上表，不允。庚戌，以曹彬为枢密使。辛亥，命德昭迎劳吴越国王钱俶于宋州。契丹遣使耶律延颀以御衣、玉带、名马、散马、白鹘来贺长春节。乙卯，吴越王奏内客省使丁德裕贪很，贬房州刺史。丁巳，观礼贤宅。戊午，以卢多逊为吏部侍郎，仍参知政事。己未，吴越国王钱俶偕子惟濬等朝于崇德殿，进银绢以万计。赐俶衣带鞍马，遂以礼贤宅居之，宴于长安殿。壬戌，钱俶进贺平升州银绢、乳香、吴绫、䌷绵、钱茶、犀象、香药，皆亿万计。甲子，召晋王、吴越国王并其子等射于苑中，俶进御衣、寿星、通犀带及金器。丁卯，幸礼贤宅，赐俶金器及银绢倍万。

三月己巳，俶进助南郊银绢、乳香以万计。庚午，赐俶剑履上殿，诏书不名。癸酉，以皇子德芳为检校太保、贵州防御使，中书侍郎、同平章事沈义伦为大内都部署，右卫大将军王仁赡权判留司、三司、兼知开封府事。丙子，幸西京。己卯，次巩县，拜安陵，号恸陨绝者久之。庚辰，赐河南府民今年田租之半，奉陵户复一年。辛巳，至洛阳。庚寅，大雨，分命近臣诣诸祠庙祈晴。辛卯，幸广化寺，开无畏三藏塔。

夏四月己亥，雨霁。庚子，有事园丘，回御五凤楼大赦，十恶、故杀者不原，贬降责免者量移叙用，诸流配及逋欠悉放，诸官未赠恩者悉覃赏。壬寅，大宴，赐亲王、近臣、列校袭衣金带鞍马器币有差。丙午，驾还。辛亥，上至自洛。丁巳，曹翰拔江州，屠之，擒牙校宋德明、胡则等。诏益晋王食邑，光美、德昭并加开府仪同三司，德芳益食邑，薛居正、沈义伦加光禄大夫，枢密使曹彬、宣徽北院使潘美加特进，吴越国王钱俶益食邑，内外文武臣僚咸进阶封。己未，著令旬假为休沐。丙寅，大食国王珂黎拂遣使蒲希密来献方物。

五月己巳，幸东水硙，遂幸飞龙院，观渔金水河。甲戌，遣司勋员外郎和岘往江南路采访。杀卢绛。庚辰，幸讲武池，遂幸玉津园观稼。宋州大风，坏城楼官民舍几五千间。甲申，以阁门副使田守奇等充贺契丹生辰使。晋州以北汉岚、石、宪三州巡检使王洪武等来献。

六月庚子，步至晋王邸，命作机轮，挽金水河注邸中为池。癸卯，吴越王进银、绢、绵以倍万计。乙卯，荧惑入南斗。

秋七月戊辰，幸晋王第观新池。丙子，幸京兆尹光美第视疾。戊寅，再幸光美第。泉州节度使陈洪进乞朝觐。丙戌，命近臣祈晴。丁亥，命修先代帝王及五岳四渎祠庙。庚寅，幸光美第。

八月乙未朔，吴越国王进射火箭军士。己亥，幸新龙兴寺。辛丑，太子中允郭思齐坐赃弃市。乙巳，幸等觉院，遂幸东染院，赐工人钱。又幸控鹤营观习射，赐帛有差。又幸开宝寺观藏经。丁未，遣侍卫马军都指挥使党进、宣徽北院使潘美伐北汉。丙辰，遣使率兵分五道入太原。

九月甲子，幸绫锦院。庚午，权高丽国事王伷遣使来朝献。党进败北汉军于太原城北。辛巳，命忻、代行营都监郭进迁山后诸州民。庚寅，幸城南池亭，遂幸礼贤宅，又幸晋王第。

冬十月甲午朔旦，赐文武百官衣有差。丁酉，兵马监押马继恩率兵入河东界，焚荡四十余砦。己亥，幸西教场。庚子，镇州巡检郭进焚寿阳县，俘九千人。辛丑，晋、隰巡检穆彦璋入河东，俘二千余人。党进败北汉军于太原城北。己酉，吴越王献驯象。癸丑夕，帝崩于万岁殿，年五十，殡于殿西阶，谥曰英武圣文神德皇帝，庙号太祖。太平兴国二年四月乙卯，葬永昌陵。大中祥符元年，加上尊谥曰启运立极英武睿文神德圣功至明大孝皇帝。

帝性孝友节俭，质任自然，不事矫饰。受禅之初，颇好微行，或谏其轻出。曰："帝王之兴，自有天命，周世宗见诸将方面大耳者皆杀之，我终日侍侧，不能害也。"既而微行愈数，有谏，辄语之曰："有天命者任自为之，不汝禁也。"

一日，罢朝，坐便殿，不乐者久之。左右请其故。曰："尔谓为天子容易耶？早作乘快误决一事，故不乐耳。"汴京新宫成，御正殿坐，令洞开诸门，谓左右曰："此如我心，少有邪曲，人皆见之。"

吴越钱俶来朝，自宰相以下咸请留俶而取其地，帝不听，遣俶归国。及辞，取群臣留俶章疏数十轴，封识遗俶，戒以涂中密观，俶届途启视，皆留己不遣之章也。俶自是感惧，江南平，遂乞纳土。南汉刘𬬮在其国，好置鸩以毒臣下，既归朝，从幸讲武池，帝酌卮酒赐𬬮，𬬮疑有毒，捧杯泣曰："臣罪在不赦，陛下既待臣以不死，愿为大梁布衣，观太平之盛，未敢饮此酒。"帝笑而谓之曰："朕推赤心于人腹中，宁肯尔耶？"即取𬬮酒自饮，别酌以赐𬬮。

王彦昇擅杀韩通，虽预佐命，终身不与节钺。王全斌入蜀，贪恣杀降，虽有大功，即加贬绌。

宫中苇帘，缘用青布；常服之衣，浣濯至再。魏国长公主襦饰翠羽，戒勿复用，又教之曰："汝生长富贵，当念惜福。"见孟昶宝装溺器，摏而碎之，曰："汝以七宝饰此，当以何器贮食？所为如是，不亡何待！"

晚好读书，尝读《二典》，叹曰："尧、舜之罪四凶，止从投窜，何近代法网之密乎？"谓宰相曰："五代诸侯跋扈，有枉法杀人者，朝廷置而不问。人命至重，姑息藩镇，当若是耶？自今诸州决大辟，录案闻奏，付刑部覆视之。"遂著为令。

乾德改元，先谕宰相曰："年号须择前代所未有者。"三年，蜀平，蜀宫人入内，帝见其镜背有志"乾德四年铸"者，召窦仪等诘之。仪对曰："此必蜀物，蜀主尝有此号。"乃大喜曰："作相须读书人。"由是大重儒者。

受命杜太后，传位太宗，太帝尝病亟，帝往视之，亲为灼艾，太宗觉痛，帝亦取艾自灸。每对近臣言：太宗龙行虎步，生时有异，他日必为太平天子，福德吾所不及云。

赞曰："昔者尧、舜以禅代，汤、武以征伐，皆南面而有天下。四圣人者往，世道升降，否泰推移。当斯民涂炭之秋，皇天眷求民主，亦惟责其济斯世而已。使其必得四圣人之才，而后以行其事畀之，则生民平治之期，殆无日也。

五季乱极，宋太祖起介胄之中，践九五之位，原其得国，视晋、汉、周亦岂甚相绝哉？及其发号施令，名藩大将，俯首听令，四方列国，次第削平，此非人力所易致也。建隆以来，释藩镇兵权，绳赃吏重法，以塞浊乱之源；州郡司牧，下至令录、幕职，躬自引对；务农兴学，慎罚薄敛，与世休息，迄于丕平；治定功成，制礼作乐。在位十有七年之间，而三百余载之基，传之子孙，世有典则。遂使三代而降，考论声明文物之治，道德仁义之风，宋于汉、唐，盖无让焉。呜呼，创业垂统之君，规模若是，亦可谓远也已矣！

【译文】

开宝五年春正月壬辰初一，降雪，太祖没有上殿处理政事。禁止用铁铸造宝塔以及佛像。庚子，曾担任卢氏县尉的鄢陵人许永已经七十五岁，自己说父亲许琼年龄九十九岁，两位哥哥都已经八十多岁了，请求朝廷任命他一个官职以便奉养父兄。因此太祖召见许琼并丰厚地赏赐了他，任用许永为鄢陵县令。壬寅，减少州县小吏和为衙门服务的人。乙巳，停止襄州每年进贡鱼。

二月丙子，太祖下诏沿黄河的十七个州都设置河堤判官一名。庚辰，在凤州七房冶炼银子的地方设置开宝监。庚寅，任用兵部侍郎刘熙古为参知政事。

闰二月壬辰，太祖召见礼部考试合格的进士安守亮等三十八人，请他们到讲武殿回答题问，然后才张榜公布。庚戌，将密州升为安化军节度。

三月庚午，赐钱给颍州龙骑指挥使仇兴和他的军兵。辛未，占城国王波美税派遣使臣前来进贡当地土产。壬申，太祖亲临教船池观看作战演习。乙酉，殿中侍御史张穆因为贪赃在闹市被斩首示众。

夏四月庚寅初一，三佛齐国主释利乌耶派遣使臣前来进贡当地土产。丙午，太祖派遣使臣视察遭受水灾的田地。丙寅，派遣使臣前往各个州郡捕捉老虎。

五月庚申，赏给恩赦侯刘铱一百五十万钱。乙丑，太祖命令身边大臣祈祷天气放晴。合并广南十三个州、三十九个县。丙寅，废除岭南专门采集珍珠的部门并把原有军兵改编为静江军。辛未，黄河在濮阳决口，太祖命令颍州团练使曹翰前往堵塞决口。甲戌，由于阴雨连绵，放出后宫五十多名宫女，赏赐物品后将她们送回家。丁亥，河南、河北连续下大雨，澶、滑、济、郓、曹、濮六个州发大水。

六月己丑，黄河在阳武决口，汴水在穀熟决口。丁酉，太祖下诏说：大雨连绵，黄河决口，黄河沿岸百姓有遭受水灾的，有关机构应全部报告朝廷免除田租。戊申，修复阳武地区的黄河大堤。

秋七月己未，右拾遗张恂因为贪赃在闹市被斩首示众。癸未，邕、容等州郡的獠人造反。

八月庚寅，高丽国王王昭派遣使臣前来进贡当地土产。己亥，广州行营都监朱宪在容州大败獠人贼寇。癸卯，将宿州升为保静军节度，废除密州安化军节度，仍旧为防御州。

九月丁巳初一，日食。癸酉，李崇矩被免除枢密使，出任镇国军节度使。

冬十月庚子，太祖亲临河阳节度使张仁超府第探望他的病情。甲辰，举行道士考试，学业不合格的人被强迫还俗。

十一月己未，李继明、药继清在英州大败獠贼。癸亥，禁止道士僧人学习天文地理。己巳，禁止举人寄住他处参加进士考试。庚辰，任用参知政事薛居正、吕余庆兼任淮、湖、岭、蜀转运使。

十二月乙酉初一，祈祷降雪。己亥，太祖前往近郊打猎。开封尹赵光义忽然生病，太祖于是前往他府第探视病情。甲寅，内班董延谔因为监守自盗草料粮食，被处以杖死之刑。太祖下诏符合担任令录条件的人引对之后才能任官。乙卯，降大雪。

这一年，发生大饥荒。

开宝六年春正月丙辰初一，太祖没有上殿处理政事。设立蜀水陆转运计度使。癸酉，修缮魏县境内的黄河大堤。

二月丙戌初一，棣州兵马监押、殿直傅延翰谋划造反被处死刑。丙申，曹州发生饥荒，转运京师太仓大米二万石赈济灾荒地区。己亥，吴越国进献用银子装饰的花舫、用黄金香料装饰的狮子。

三月乙卯初一，后周郑王在房州去世，太祖穿素色衣服发布讣告，停止上朝十天，赐谥号为恭帝，命令将棺木运回来安葬在庆陵的旁边，称为顺陵。己未，恢复密州为安化军节度。庚申，太祖在讲武殿组织殿试，恩准宋准以及落第的徐士廉等诸科考生一百二十七人及第。乙亥，赐给宋准等人举行宴会的钱二十万。大食国派遣使臣前来进贡。翰林学士、知贡举李昉因为组织考试举人时不得当，被贬为太常少卿。组织考试朝廷官员中因公事死亡人员的儿子陆坦等人，被赐给进士出身。丙子，太祖亲临相国寺察看新修建成的宝塔。

夏四月丁亥，太祖将开封尹赵光义、天平军节度使石守信等人召来，在御苑中赏花练习射箭。辛丑，任命卢多逊为江南国信使。甲辰，占城国王悉利陀盘印茶派遣使臣前来进献当地土产。丙午，黎州保塞蛮前来归顺朝廷。戊申，太祖下诏编撰《五代史》。

五月庚申，刘熙古凭户部尚书的身份退休。太祖下诏说：中书吏人喜欢揽权又大多贪赃受贿，现在兼用入流的州县官吏担任堂吏。己巳，交州丁琏遣使进献当地土产。太祖亲自来到玉津园观看收割小麦。辛巳，处死右拾遗马适。

六月辛卯，太祖召试在京的各个机构吏员，将其中的四百人罢黜为平民。癸巳，占城国派遣使臣进献当地土产。隰州巡检使李谦溥攻取北汉的七个寨子。癸卯，雷有邻控告宰相赵普袒护包庇违法犯罪的堂吏胡赞等人，胡赞和李可度都受杖刑并且被登记抄没家产。庚戌，太祖下诏让参知政事和宰相赵普分别保管宰相印信，上朝时分别领班上奏政事。

秋七月壬子初一，太祖下诏各州府设立司寇参军，让考中进士、明经科的人担任这一职务。丙辰，减免广南地区无名率钱。

八月乙酉，废止成都府后蜀时期的嫁妆税。辛卯，赏给平民王泽方同学究出身。丁酉，泗州推官侯济因为在考虑据律断案时让别人顶替自己，被处以杖刑，并被除名。甲辰，罢黜赵普的宰相职务，任用他为河阳三城节度使，同平章事。辛酉，太祖亲临都亭驿。

九月丁卯，吕余庆担任尚书左丞，免除他的参知政事职务。己巳，太祖加封赵光义为晋王，兼任侍中，加封赵德昭同中书门下平章事，任用薛居正为门下侍郎、同平章事，任用户部侍郎、枢密副使沈义伦为中书侍郎、同平章事，任用石守信兼任侍中，任用卢多逊为中书舍人、参知政事。壬申，太祖下诏晋王赵光义上朝时班位在宰相之上。

冬十月甲申，安葬周恭帝，太祖没有上朝处理政务。丁亥，太祖亲临玉津园察看庄稼。戊子，流星出现在文昌星、北斗星处。甲辰，太祖特赦隐瞒贪污受贿数额的官吏。

十一月癸丑，太祖下诏常参官进士及第的人各自举荐一名文学。

十二月壬午，太祖命令自己身边的大臣祈祷降雪。丙午，前任中书舍人、参知政事卢多逊服丧日期没满又被起用处理政事。推行《开宝通礼》。颁布限制剃度平民为僧的法令，规定各州根据僧帐现有数目满百人每年准许一人剃度出家。

开宝七年春正月庚戌，太祖没有上殿处理政务。庚申，占城国王波美税派遣使臣进献当地土产。齐州的野蚕结出蚕茧。癸亥，左拾遗秦亶、太子中允吕鹄因为贪污受贿，免于死刑，服杖刑，并取消他原有的身份。

二月庚辰初一，日食。丙戌，太阳中出现两颗黑子。癸卯，太祖命令身边的近臣祈求降雨。太祖下诏：《诗》、《书》、《易》三经学究，参照《三经》、《三传》资格依据规定的等级次第来授予官职。乙巳，太子中舍胡德冲因隐没官钱，在闹市被斩首示众。

三月乙丑，三佛齐国王派遣使臣进献当地土产。

夏四月丙午，太祖派遣使臣检视岭南地区百姓的田地。

五月戊申初一，殿中侍御史李莹因接受南唐馈赠的礼物被贬为右赞善大夫。甲寅，任用平民齐得一为章丘县主簿。乙丑，太祖下诏从今以后买卖官物不得与时价不同，如果有抬高或压低价钱的依照违法论处。丙寅，太祖亲临讲武池检阅水战训练。丙子，太祖又来到讲武池，之后又去了玉津园。

六月丙申，河中府发生饥荒，调运三万石谷子赈济受灾地区。己亥，淮河水溢出河道冲入泗州城；壬寅，黄河水在安阳溢出河道，这两次水灾都冲毁了百姓房屋。

秋七月壬子，太祖亲临讲武池检阅水战训练，之后又来到玉津园。丙辰，南丹州溪洞首领统帅莫洪燕归顺朝廷。太祖下诏降低成都府的盐价。庚午，太子中允李仁友因为违法犯罪，在闹市被斩首示众。

八月戊寅，吴越国王派遣使臣前来朝拜进贡。丁亥，太祖通知吴越出兵征讨江南。戊子，陈州进献芝草，一棵草有四十九条茎。己丑，太祖亲自来到讲武池，赏钱给进行水战训练的将士。戊戌，殿中丞赵象因擅自收税，被取消原有身份。甲辰，太祖亲临讲武池检阅水战训练，之后又到了玉津园。

九月癸亥，太祖任用宣徽南院使、义成军节度使曹彬为西南路行营马步军战棹都部署，任用山南东道节度使潘美为都监，任用颍州团练使曹翰为先锋都指挥使，统领十万大军从荆南出发，讨伐江南。大军即将出征时，太祖召来曹彬、潘美，告诫他们说：“攻占升州的时候，重要的是不要大肆杀戮；如果守军困兽犹斗的话，那么李煜一家，也不可以杀害。”丁卯，派知制诰李穆出任江南国信使。

冬十月甲申，太祖亲自前往迎春苑，登上汴水河堤观看战舰顺水东下。丙戌，太祖又亲临迎春苑，登上汴水河堤检阅各军作战训练，于是又来到了东水门，下令战舰出发顺水东下。江南进献几万匹绢以及皇帝的御衣、金带、几百件器皿用品。壬辰，曹彬等人统领水军、步兵、骑兵从江陵出发，水陆并进。丁酉，太祖任用吴越王钱俶为升州东南行营招抚制置使。己亥，曹彬攻占峡口，生擒江南指挥使王仁震、王宴、钱兴。

闰十月己酉，攻占池州。丁巳，在铜陵打败江南军队。庚申，太祖下令宰相、参知政事交替主持按日记录朝政事务的日历工作。壬戌，曹彬等人攻取芜湖、当涂两个县，在采石屯驻军队。癸亥，太祖下诏减免湖南进贡新制的茶叶。甲子，薛居正等人呈上新编的《五代史》，太祖赐给他多少不等的器皿钱财。丁卯，曹彬在采石击败江南军队，俘虏江南兵马部署杨收、都监孙震等一千人，在长江上架设浮桥让军队渡过长江。

十一月癸未，给李从善部下以及江南水军一千三百九十人脸上刺字，编为归化军。甲申，太祖下诏减省剑南、山南等道属县主簿的数量。丁亥，秦、晋地区干旱，免掉蒲、陕、晋、绛、同、解六个州拖欠的赋税，关西地区各州赋税减免一半。己丑，知汉阳军李恕在鄂州打败江南水军。甲午，曹彬在新林寨打败江南军队。辛丑，太祖命令知雄州孙全兴回复契丹涿州守臣重新和好的书信。壬寅，大食国派遣使臣进献当地土产。

十二月己酉，曹彬在白鹭洲击败江南军队。辛亥，太祖下令身边亲近的大臣祈祷降雪。甲子，吴越王统领军队包围常州，生俘一些江南守军人马，不久攻陷利城寨。丙寅，曹彬在新林港击败江南军队。己巳，左拾遗刘祺因为接受贿赂，被在脸上刺字、服杖刑后流放沙门岛。庚午，北汉进犯晋州，晋州守臣武守琦在洪洞击败北汉军队。壬申，吴越王在常州北界击败江南军队。

开宝八年春正月甲戌初一，太祖因为军队出征，没有上殿处理政事。丙子，知池州樊若水在池州附近击败江南军队；田钦祚在溧水击败江南军队，斩杀江南军都统使李雄。乙酉，太祖在长春殿听政时，对宰相说："我看做臣子的人大都不能将名节一直保持到老，难道是他们忠孝观念很薄，因而没法享受厚福吗？"宰相薛居正等人叩头表示感谢教诲。庚寅，曹彬攻占升州城南水寨。

二月癸丑，曹彬在白鹭洲击败江南军队。乙卯，攻取升州关城。丁巳，太子中允徐昭文因为抑制百姓出售货物获罪，被从簿籍上除去姓名。甲子，知扬州侯陟在宣化镇击败江南军队。戊辰，太祖在讲武殿组织进士复试，赐进士王嗣宗等三十一人、纪自成等诸科三十四人及第。

三月乙酉，赐给王嗣宗等人举行宴会的钱二十万贯。己丑，太祖下令祈求降雨。庚寅，曹彬在长江中击败江南军队。己亥，契丹派遣使臣克沙骨慎思携带国书前来讲和。知潞州药继能攻占北汉鹰涧堡。辛丑，太祖召请契丹使臣来到讲武殿观看演习射箭。壬寅，太祖派遣太监王继恩统领军队赶往升州。大食国派遣使臣前来朝拜进贡。

夏四月乙巳，太祖亲自前往东水磨视察。癸丑，太祖前往都亭驿检阅新造的战船。丁巳，吴越王攻取常州。壬戌，曹彬等人在秦淮北面击败江南军队。戊辰，太祖亲临玉津园观看种植水稻。之后又亲临讲武池检阅水军作战训练。庚午，太祖下诏岭南地区盗窃赃物满十贯钱以上的罪犯处以死刑。太祖亲临西水硙视察。

五月壬申初一，太祖任命吴越国王钱俶守太师、尚书令，增加食邑。知桂阳监张侃揭发前任官员隐瞒并吞没多余的银子，太祖下令追究处罚兵部郎中董枢、右赞善大夫孔璘，两人被斩首，太子洗马赵瑜服杖刑，被流放海岛；张侃受到赏赐，升为屯田员外郎。辛巳，祈祷天气放晴。甲申，江南宁远军和沿江营寨投降。乙酉，太祖下诏武冈、长沙等十县百姓中遭盗贼掠夺的人家可以减免拖欠的田租，并免除一年徭役。甲午，安南都护丁琏派遣使臣前来进贡。辛丑，黄河在濮州决口。

六月壬寅，曹彬等人派遣使者回报说，在升州城下击败江南军队。丁未，宋州观察判官崔绚、录事参军马德休都因为贪赃受贿在闹市被斩首示众。辛亥，黄河在澶州顿丘决口。甲子，彗星在柳宿出现，四丈长，辰时在东方出现。

秋七月辛未初一，日食。庚辰，太祖派阁门使郝崇信、太常丞吕端出使契丹。癸未，西天东印土王子穰结说啰前来朝贡。甲申，太祖诏令吴越王钱俶班师。己亥，山后两林鬼主、怀化将军勿尼等人前来朝贡。

八月乙卯，太祖亲临东水磨观看游鱼。之后又去了北园。辛酉，太祖下诏暂停今年的科举考试。壬戌，契丹派遣左卫大将军耶律霸德等人进献皇帝穿的衣服、玉带、名马。西南蕃顺化王子若废等人前来进贡名马。癸亥，丁德裕在润州城下击败守军。

九月壬申，太祖在近郊狩猎，骑马追赶兔子时，马忽然跌倒，太祖摔在地上，因此太祖拔出佩刀刺死了这匹马。立刻又对这件事感到后悔，说："我是天下的主人，草率地出来打猎，又为什么要惩罚马匹呢！"于是从此以后不再打猎。戊寅，润州归降。

冬十月己亥初一，江南主派遣徐铉、周惟简来朝请求宋军暂缓进攻。辛亥，太祖下诏州县令佐官员考察举荐百姓中那些孝顺父母敬爱兄长努力耕种田地的、具有非凡才能和优异行为的或者文武才能可以任用的，将他们送到朝廷。丁巳，建造西京宫殿。江南国主李煜进献银子五万两、绢五万匹，乞求暂缓进攻。戊午，改润州镇海军节度为镇江军节度。太祖亲自来到晋王赵光义的北园。己未，曹彬派遣都虞候刘遇在皖口击败江南军队，生擒江南军将领朱令赟、王晖。

十一月辛未，江南主李煜派遣徐铉等人再次携带表章乞求宋军暂缓进攻，没有得到回复。甲申夜里，曹彬在升州城下击败江南军队。丙戌，任用校书郎宋准、殿直邢文庆担任贺契丹正旦使。乙未，曹彬攻取升州，俘虏江南国主李煜，平定了江南，大宋一共得到十九个州、三个军、一百八十个县、六十五万五千零六十户。太祖亲临视察新建的龙兴寺。

十二月庚子，太祖亲临惠民河视察修筑的堤堰。辛丑，在江南地区实行大赦，免除一年徭役；遭受战火的地区，免除两年徭役。戊申，三佛齐国派遣使者前来进贡当地土产。己酉，太祖亲临龙兴寺。辛亥，减免开封府所属各县今年十分之三的秋租。己未，任用恩赦侯刘𬬮为彭城郡公。甲子，契丹派遣使臣耶律乌正前来朝廷祝贺正旦。丁卯，吴越国王钱俶请求在长春节前来朝见太祖，太祖答应了他的请求。

开宝九年春正月辛未，太祖前往明德门，在楼下接见李煜，没有采用进献俘虏的仪式。壬申，大赦天下，犯有死罪的都减刑一等。乙亥，太祖封李煜为违命候，李煜的子弟和臣僚也都有不等的封赏。己卯，江南昭武军节度使留后卢绛掠夺并焚烧州县。庚辰，太祖下诏在西京举办祭祀活动。癸巳，晋王赵光义率领满朝文武百官进上尊号，太祖没有答应。

二月癸卯，三次上表进尊号，太祖还是没有同意。庚戌，任用曹彬为枢密使。辛亥，太祖命令赵德昭前往宋州迎接慰劳吴越国王钱俶。契丹派遣使臣耶律延领带着御衣、玉带、名马、散马、白鹘前来庆贺长春节。乙卯，吴越国王钱俶上奏朝廷批评内客省使丁德裕凶狠贪婪，丁德裕被贬为房州刺史。丁巳，太祖视察礼贤宅。戊午，任用卢多逊为吏部侍郎，仍然担任参知政事。己未，吴越国王钱俶以及他的儿子钱惟濬等人在崇德殿朝见太祖，进献银绢数以万计。太祖赏给他衣带和鞍马，然后让钱俶等人住在礼贤宅，太祖在长安殿设宴招待他们。壬戌，钱俶进献庆贺平定升州的银绢、乳香、吴绫、丝绵、钱茶、犀象、香药，都以亿万计。甲子，太祖召请晋王赵光义、吴越国王钱俶和他的儿子等人在御苑中射箭，钱俶进献皇帝的御衣、寿星、通犀带以及金器。丁卯，太祖亲临礼贤宅，赐给钱俶金器和数万银绢。

三月己巳，钱俶进献帮助南郊祭祀的银绢、乳香数以万计。庚午，太祖赐钱俶可以穿履佩剑朝见皇帝，诏书中不直接称呼他的名字。癸酉，任用皇子赵德芳为检校太保、贵州防御使，任用中书侍郎、同平章事沈义伦为大内都部署，任用右卫大将军王仁赡权判留司三司、兼知开封府事。丙子，太祖前往西京。己卯，太祖在巩县逗留，朝拜安陵，悲号痛哭很长时间。庚辰，太祖下诏河南府百姓今年田租减免一半，看守陵墓的百姓家庭免除一年的徭役。辛巳，太祖抵达洛阳。庚寅，大雨，太祖分别命令身边亲近大臣前往各个祠观庙宇祈祷天晴。辛卯，太祖亲临广化寺，宣布正式开放无畏三藏塔。

夏四月己亥，雨停。庚子，太祖在园丘祭天，返回时到五凤楼宣布大赦天下，十恶、故意杀人者不能赦免，贬谪降官、受责免官的人酌情移近安置或分级进用，各种流放以及拖欠赋税的人全都释放免于追究，官吏中没有得到赠恩的人也都广泛地受到赏赐。壬寅，太祖举行盛大宴会，赏给亲王、身边亲近大臣、将帅们一套衣裳、金带、带鞍的马匹以及多少不等的器皿钱币。丙午，太祖起驾返京。辛亥，太祖从洛阳返回开封。丁巳，曹翰攻陷江州，屠城，生擒牙校宋德明、胡则等人。太祖下诏增加晋王赵光义的食邑，赵光美、赵德昭都被加封为开府仪同三司，增加赵德芳食邑，薛居正、沈义伦被加封为光禄大夫，枢密使曹彬、宣徽北院使潘美被加封为特进，给吴越国王钱俶增加食邑，朝廷内外的文武百官都得到封赏，提升了官阶。己未，太祖发布官吏每十天休假一天用来休息沐浴的诏令。丙寅，大食国王珂黎拂派遣使者蒲希密前来进贡当地土产。

五月己巳，太祖亲临东水硙视察，之后又到了飞龙院，观赏在金水河中捕鱼。甲戌，太祖派遣司勋员外郎和岘去江南路采访民情。处死卢绛。庚辰，太祖亲临讲武池，之后又到玉津园察看庄稼。宋州大风，吹坏城楼官民近五千间房屋。甲申，任用阁门副使田守奇等人担任贺契丹生辰使。晋州将北汉岚、石、宪三州巡检使王洪武等人送来献给朝廷。

六月庚子，太祖步行前往晋王赵光义的府第，下令建造抽水的机轮，汲取金水河水灌注到赵光义府邸挖掘的池塘。癸卯，吴越国王钱俶进献银两、绢帛、丝绵以数万计。乙卯，火星进入南斗。

秋七月戊辰，太祖亲临晋王赵光义府第检视新挖成的池塘。丙子，太祖亲临京兆尹赵光美府第探望他的病情。戊寅，太祖又一次亲临赵光美府第。泉州节度使陈洪进请求前来朝廷觐见太祖。丙戌，命令身边亲近大臣祈祷天晴。丁亥，太祖命令建造先代帝王以及五岳四渎的祠庙。庚寅，太祖亲临赵光美的府第。

八月乙未初一，吴越国王钱俶送来会发射火箭的军士。己亥，太祖亲临新落成的龙兴寺。辛丑，太子中允郭思齐因为贪赃在闹市被斩首示众。乙巳，太祖来到等觉院，之后又去了东染院，赐给工人钱币。又前往控鹤营视察将士练习射箭，赐给将士多少不等的布帛。又亲临开宝寺观看藏经。丁未，太祖派遣侍卫马军都指挥使党进、宣徽北院使潘美讨伐北汉。丙辰，派遣西上阁门使等统领军队分五路攻打太原。

九月甲子，太祖亲临绫锦院。庚午，高丽国主王伷派遣使臣前来朝拜进贡。党进在太原城北大败北汉军队。辛巳，太祖下令忻、代行营都监郭进迁徙山后各州的百姓。庚寅，太祖亲临城南池亭，之后又前往礼贤宅，又去了晋王赵光义的府第。

冬十月甲午初一，太祖赐给文武百官多少不等的衣服。丁酉，兵马监押马继恩统率军队进入河东境内，扫荡焚烧了四十多处营寨。己亥，太祖亲临西教场。庚子，镇州巡检郭进焚烧寿阳县，俘获九千人。辛丑，晋、隰巡检穆彦璋进入河东，俘获二千多人。党进在太原城北打败北汉军队。己酉，吴越国王钱俶进献经过驯养的大象。癸丑晚上，太祖在万岁殿去世，享年五十岁，灵柩停放在进入万岁殿的西甬道中，谥号为英武圣文神德皇帝，庙号为太祖。太宗太平兴国二年四月乙卯，太祖被安葬在永昌陵。真宗大中祥符元年，尊崇太祖的谥号为启运立极英武睿文神德圣功至明大孝皇帝。

太祖天性孝顺父母，友爱兄弟，俭省节约，秉性率性自然，不故意矫揉造作来掩饰自己。接受后周禅让的初期，非常喜欢便装出行，有人劝他不要轻易出去。太祖说：“帝王的兴起，自有天命，周世宗看到方脸大耳的将领都将他们杀死，我整日侍奉在他身边，他也不能加害我。”这以后便装出宫的次数更加多了，有人劝谏他，他就对劝谏的人说：“享有天命的人可以顺从他自己的心意做事，你不要阻止。”

有一天，太祖退朝回来，坐在便殿中很长时间不高兴。身边侍从问太祖因为什么事。太祖说：“你们认为做天子是件容易的事吗？在早朝时我乘一时高兴而错误地处理了一件事，因而不高兴。”汴京新修建的宫殿落成，太祖来到正殿坐下，下令将殿门全部打开，对身边的人说：

“这好比是我的内心，很少有不端正的地方，人们都可以看见。”

吴越国王钱俶来到朝廷后，自宰相以下的文武百官都请求太祖留下钱俶并且收取他的土地，太祖没有采纳这种意见，放钱俶回国。等到钱俶辞行的时候，太祖拿出大臣们请求留下钱俶的几十件章疏，密封后交给他，叮嘱他在路上秘密观看。途中钱俶启封阅读，都是请求太祖将自己留下而不要遣还吴越的奏章。从这件事之后钱俶既感激又恐惧。江南平定后，钱俶于是请求把国土归宋。南汉刘𬬮在自己的国家里，喜欢在酒中放毒药毒死臣下，不久归顺朝廷，随着太祖来到讲武池，太祖倒了一杯酒赏给刘𬬮，刘𬬮疑心酒中有毒药，捧着杯子哭泣着说：“我犯的是不能赦免的死罪，陛下竟然不把当死囚对待，我愿意在大梁做一名平民百姓，亲眼看看太平盛世，我不敢饮下这杯酒。”太祖笑着对他说：“我将自己的一颗赤诚之心放到别人的胸膛中，我怎么会那样做呢？”立即取过刚给刘𬬮倒的酒自己喝了下去，另外倒了一杯酒赏给他。

王彦升擅自杀死韩通，因而虽然参预辅佐太祖建立霸业，但终身没有得到大将的符节和斧钺。王全斌进入四川，放纵贪婪屠杀降兵，所以虽然立有大功，也马上就被贬官黜责。

皇宫中的苇帘，采用青布包边；太祖经常穿的衣服，洗涤过多次仍然在穿。魏国长公主的短袄上装饰着翠鸟的羽毛，太祖告诫她不要再用了，又教诲她说：“你在富贵之中长大，应该懂得珍惜福分。”看到孟昶用珠宝装饰的小便器具，就将它捣毁打碎，说：“你拿七种宝石装饰便器，那么应当用什么器皿来盛放食物？你这样的所作所为，不亡国还等什么！”

太祖晚年喜欢读书，曾经读到《尚书》的《尧典》、《舜典》，叹息说：“尧、舜处罚四个凶人，也仅仅是将他们流放出去，为什么近代法网如此严密啊！”对宰相说：“五代时诸侯骄横，有违法杀人的人，朝廷也不管不问。人命是至关重要的，姑息纵容藩镇，应该这样的吗？从现在开始各州判处犯人死刑，要记录好案情上报朝廷，交给刑部重新复核查验。”于是立为法令。

乾德改年号，太祖事先告诉宰相说：“年号必须选用以前朝代没有使用过的文辞。”乾德三年，平定后蜀，后蜀的宫女来到太祖内宫，太祖看见她们使用的铜镜背后铸有“乾德四年铸”这样的文字，将窦仪等人召来查问这件事。窦仪回答说：“这必定是后蜀的东西，后蜀皇帝曾经采用过这个年号。”太祖于是非常高兴地说：“担任宰相的还应当是读书人。”从此以后非常器重读书人。

太祖听从杜太后之命，将皇位传给太宗。太宗曾经病得厉害，太祖前去探望他，亲自为太宗用艾草灼烧穴位，太宗感到疼痛，太祖就拿艾草烧灼自己的穴位。他经常对身边亲近大臣们说：“太宗龙行虎步，出生时有奇异的现象出现，以后必定成为大平天子，论福份我比不上他。”

评论说：从前唐尧、虞舜因为禅让，商汤、周武因为征伐，都面南背北拥有天下。四位圣人之后，世道升降，否泰转易。百姓处于灾难困苦时，皇天遍求的百姓主人，也仅要求他能救助这个世界罢了。如果一定要求他拥有四位圣人一样的才能，之后才将天下事务交给他处理，那么百姓太平安定的日子，似乎就遥遥无期了。

五代时期非常混乱，宋太祖从行伍起家，登上皇帝的宝座，探究他取得帝位的根源，比晋、汉、周难道又有什么独一无二的条件吗？等到他发号施令，所有有名的藩镇大将，一律俯首听命，四方诸侯，依次削平，这不是人力容易做到的。建隆以来，削夺藩镇兵权，用重法惩治贪官污吏，来堵塞混乱的根源；上至州郡长吏、下到令录、幕职官，都亲自接见问对；专力农业，振兴学校，慎重刑罚、减轻赋税，让全国休养生息，终于获得天下大治；治定功成之后，制作礼乐。太祖在位十七年时间，却将宋朝三百多年的基业传给了子孙，世代有了常典法则。即使从三代以下，考评文明教化、典章制度，道德仁义，宋代与汉、唐相比，也没有什么指摘之处。呜呼，创基业垂统绪的帝王，规模如宋太祖，也可以说影响非常深远啊！

宋史卷二百八十一

寇准列传第四十

寇准字平仲，华州下邽人也。父相，晋开运中，应辟为魏王府记室参军。准少英迈，通《春秋》三传，年十九，举进士。太宗取人，多临轩顾问，年少者往往罢去。或教准增年，答曰："准方进取，可欺君邪？"后中第，授大理评事，知归州巴东、大名府成安县。每期会赋役，未尝辄出符移，唯具乡里姓名揭县门，百姓莫敢后期。累迁殿中丞、通判郓州。召试学士院，授右正言、直史馆，为三司度支推官，转盐铁判官。会诏百官言事，而准极陈利害，帝益器重之。擢尚书虞部郎中，枢密院直学士，判吏部东铨。尝奏事殿中，语不合，帝怒起，准辄引帝衣，令帝复坐，事决乃退。上由是嘉之，曰："朕得寇准。犹文皇之得魏徵也。"

淳化二年春，大旱，太宗延近臣问时政得失，众以天数对。准对曰："《洪范》天人之际，应若影响；大旱之证，盖刑有所不平也。"太宗怒，起入禁中，顷之，召准问所以不平状，准曰："愿召二府至，臣即言之。"有诏召二府入，准乃言曰："顷者祖吉、王淮皆侮法受赇，吉赃少乃伏诛；淮以参政沔之弟，盗主守财至千万，止杖，仍复其官，非不平而何？"太宗以问沔，沔顿首谢，于是切责沔，而知准为可用矣。即拜准左谏议大夫、枢密副使，改同知院事。

准与知院张逊数争事上前。他日，与温仲舒偕行，道逢狂人迎马呼万岁，判左金吾王宾与逊雅相善，逊嗾上其事。准引仲舒为证，逊令宾独奏，其辞颇厉，且互斥其短。帝怒，谪逊，准亦罢知青州。

帝顾准厚，既行，念之，常不乐。语左右曰："寇准在青州乐乎？"对曰："准得善藩，当不苦也。"数日，辄复问。左右揣帝意且复召用准，因对曰："陛下思准不少忘，闻准日纵酒，未知亦念陛下乎？"帝默然。明年，召拜参知政事。

自唐末，蕃户有居渭南者，温仲舒知秦州，驱之渭北，立堡栅以限其往来。太宗览奏不怿，曰："古羌戎尚杂处伊、洛，彼蕃夷易动难安，一有调发，将重困吾关中矣。"准言："唐宋璟不赏边功，卒致开元太平。

疆场之臣邀功以稔祸，深可戒也。”帝因命准使渭北，安抚族帐，而徙仲舒凤翔。

至道元年，加给事中。时太宗在位久，冯拯等上疏乞立储贰，帝怒，斥之岭南，中外无敢言者。准初自青州召还，入见，帝足创甚，自褰衣以示准，且曰：“卿来何缓耶？”准对曰：“臣非召不得至京师。”帝曰：“朕诸子孰可以付神器者？”准曰：“陛下为天下择君，谋及妇人、中官，不可也；谋及近臣，不可也；唯陛下择所以副天下望者。”帝仰首久之，屏左右曰：“襄王可乎？”准曰：“知子莫若父，圣虑既以为可，愿即决定。”帝遂以襄王为开封尹，改封寿王，于是立为皇太子。庙见还，京师之人拥道喜跃，曰：“少年天子也。”帝闻之不怿，召准谓曰：“人心遽属太子，欲置我何地？”准再拜贺曰：“此社稷之福也。”帝入语后嫔，宫中皆前贺，复出，延准饮，极醉而罢。

二年，祠南郊，中外官皆进秩。准素所喜者多得台省清要官，所恶不及知者退序进之。彭惟节位素居冯拯下，拯转虞部员外郎，惟节转屯田员外郎，章奏列衔，惟节犹处其下。准怒，堂帖戒拯毋乱朝制。拯愤极，陈准擅权，又条上岭南官吏除拜不平数事。广东转运使康戬亦言：吕端、张洎、李昌龄皆准所引，端德之，洎能曲奉准，而昌龄畏愞，不敢与准抗，故得以任胸臆，乱经制。太宗怒，准适祀太庙摄事，召责端等。端曰：“准性刚自任，臣等不欲数争，虑伤国体。”因再拜请罪。及准入对，帝语及冯拯事，自辩。帝曰：“若廷辩，失执政体。”准犹力争不已，又持中书簿论曲直于帝前，帝益不悦，因叹曰：“鼠雀尚知人意，况人乎？”遂罢准知邓州。

真宗即位，迁尚书工部侍郎。咸平初，徙河阳，改同州。三年，朝京师，行次阌乡，又徙凤翔府。帝幸大名，诏赴行在所，迁刑部，权知开封府。六年，迁兵部，为三司使。时合盐铁、度支、户部为一使，真宗命准裁定，遂以六判官分掌之，繁简始适中。

帝久欲相准，患其刚直难独任。景德元年，以毕士安参知政事，逾月，并命同中书门下平章事，准以集贤殿大学士位士安下。是时，契丹内寇，纵游骑掠深、祁间，小不利辄引去，徜徉无斗意。准曰：“是狃我也。请练师命将，简骁锐据要害以备之。”是冬，契丹果大入。急书一夕凡五至，准不发，饮笑自如。明日，同列以闻，帝大骇，以问准。准曰：“陛下欲了此，不过五日尔。”因请帝幸澶州。同列惧，欲退，准止之，令候驾起。帝难之，欲还内。准曰："陛下入则臣不得见，大事去矣，请毋还而行。"帝乃议亲征，召群臣问方略。

既而契丹围瀛州，直犯贝、魏，中外震骇。参知政事王钦若，江南人也，请幸金陵；陈尧叟，蜀人也，请幸成都。帝问准，准心知二人谋，乃阳若不知，曰："谁为陛下画此策者，罪可诛也。今陛下神武，将臣协和，若大驾亲征，贼自当遁去。不然，出奇以挠其谋，坚守以老其师，劳佚之势，我得胜算矣。奈何弃庙社欲幸楚、蜀远地，所在人心崩溃，贼乘势深入，天下可复保邪？"遂请帝幸澶州。

及至南城，契丹兵方盛，众请驻跸以觇军势。准固请曰："陛下不过河，则人心益危，敌气未慑，非所以取威决胜也。且王超领劲兵屯中山以扼其亢，李继隆、石保吉分大阵以扼其左右肘，四方征镇赴援者日至，何疑而不进？"众议皆惧，准力争之，不决。出遇高琼于屏间，谓曰："太尉受国恩，今日有以报乎？"对曰："琼武人，愿效死。"准复入对，琼随立庭下，准厉声曰："陛下不以臣言为然，盍试问琼等。"琼即仰奏曰："寇准言是。"准曰："机不可失，宜趣驾。"琼即麾卫士进辇，帝遂渡河，御北城门楼，远近望见御盖，踊跃欢呼，声闻数十里。契丹相视惊愕，不能成列。

帝尽以军事委准，准承制专决，号令明肃，士卒喜悦。敌数千骑乘胜薄城下，诏士卒迎击，斩获太半，乃引去。上还行宫，留准居城上，徐使人视准何为，准方与杨亿饮博，歌谑欢呼。帝喜曰："准如此，吾复何忧。"相持十余日，其统军挞览出督战。时威虎军头张瓌守床子弩，弩撼机发，矢中挞览额，挞览死，乃密奉书请盟。准不从，而使者来请益坚，帝将许之。准欲邀使称臣，且献幽州地。帝厌兵，欲羁縻不绝而已。有谮准幸兵以自取重者，准不得已许之。帝遣曹利用如军中议岁币，曰："百万以下皆可许也。"准召利用至幄，语曰："虽有敕，汝所许毋过三十万，过三十万，吾斩汝矣。"利用至军，果以三十万成约而还。河北罢兵，准之力也。

准在相位，用人不以次，同列颇不悦。它日，又除官，同列因吏持例簿以进。准曰："宰相所以进贤退不肖也，若用例，一吏职尔。"二年，加中书侍郎兼工部尚书。准颇自矜澶渊之功，虽帝亦以此待准甚厚。王钦若深嫉之。一日会朝，准先退，帝目送之，钦若因进曰："陛下敬寇准，为其有社稷功邪？"帝曰："然。"钦若曰："澶渊之役，陛下不以为耻，而谓准有社稷功，何也？”帝愕然曰：“何故？”钦若曰：“城下之盟，《春秋》耻之；澶渊之举，是城下之盟也。以万乘之贵而为城下之盟，其何耻如之！”帝愀然为之不悦。钦若曰：“陛下闻博乎？博者输钱欲尽，乃罄所有出之，谓之孤注。陛下，寇准之孤注也，斯亦危矣。”

由是帝顾准寖衰。明年，罢为刑部尚书、知陕州，遂用王旦为相。帝谓旦曰：“寇准多许人官，以为己恩。俟行，当深戒之。”从封泰山，迁户部尚书、知天雄军。祀汾阴，命提举贝、德、博、洺、滨、棣巡检捉贼公事，迁兵部尚书，入判都省。幸亳州，权东京留守，为枢密院使、同平章事。

林特为三司使，以河北岁输绢阙，督之甚急。而准素恶特，颇助转运使李士衡而沮特，且言在魏时尝进河北绢五万而三司不纳，以至阙供，请劾主吏以下。然京师岁费绢百万，准所助才五万。帝不悦，谓王旦曰：“准刚忿如昔。”旦曰：“准好人怀惠，又欲人畏威，皆大臣所避；而准乃为己任，此其短也。”未几，罢为武胜军节度使、同平章事、判河南府。徙永兴军。

天禧元年，改山南东道节度使，时巡检朱能挟内侍都知周怀政诈为天书，上以问王旦。旦曰：“始不信天书者准也。今天书降，须令准上之。”准从上其书，中外皆以为非。遂拜中书侍郎兼吏部尚书、同平章事、景灵宫使。

三年，祀南郊，进尚书右仆射、集贤殿大学士。时真宗得风疾，刘太后预政于内，准请间曰：“皇太子人所属望，愿陛下思宗庙之重，传以神器，择方正大臣为羽翼。丁谓、钱惟演，佞人也，不可以辅少主。”帝然之。准密令翰林学士杨亿草表，请太子监国，且欲援亿辅政。已而谋泄，罢为太子太傅，封莱国公。时怀政反侧不自安，且忧得罪，乃谋杀大臣，请罢皇后预政，奉帝为太上皇，而传位太子，复相准。客省使杨崇勋等以告丁谓，谓微服夜乘犊车诣曹利用计事，明日以闻。乃诛怀政，降准为太常卿、知相州，徙安州，贬道州司马。帝初不知也，他日，问左右曰：“吾目中久不见寇准，何也？”左右莫敢对。帝崩时亦言惟准与李迪可托，其见重如此。

乾兴元年，再贬雷州司户参军。初，丁谓出准门至参政，事准甚谨。尝会食中书，羹污准须，谓起，徐拂之。准笑曰：“参政国之大臣，乃为官长拂须邪？”谓甚愧之，由是倾构日深。及准贬未几，谓亦南窜，道雷州，准遣人以一蒸羊逆境上。谓欲见准，准拒绝之。闻家僮谋欲报仇者，乃杜门使纵博，毋得出，伺谓行远，乃罢。

天圣元年，徙衡州司马。初，太宗尝得通天犀，命工为二带，一以赐准。及是，准遣人取自洛中，既至数日，沐浴，具朝服束带，北面再拜，呼左右趣设卧具，就榻而卒。

初，张咏在成都，闻准入相，谓其僚属曰："寇公奇材，惜学术不足尔。"及准出陕，咏适自成都罢还，准严供帐，大为具待。咏将去，准送之郊，问曰："何以教准？"咏徐曰："《霍光传》不可不读也。"准莫谕其意，归取其传读之，至"不学无术"，笑曰："此张公谓我矣。"

准少年富贵，性豪侈，喜剧饮，每宴宾客，多阖扉脱骖。家未尝爇油灯，虽庖匽所在，必然炬烛。

在雷州逾年。既卒，衡州之命乃至，遂归葬西京。道出荆南公安，县人皆设祭哭于路，折竹植地，挂纸钱，逾月视之，枯竹尽生笋。众因为立庙，岁时享之。无子，以从子随为嗣。准殁后十一年，复太子太傅，赠中书令、莱国公，后又赐谥曰忠愍。皇祐四年，诏翰林学士孙抃撰神道碑，帝为篆其首曰"旌忠"。

【译文】

寇准字平仲，是华州下邽人。父亲名叫寇相，后晋开运年间，应辟为魏王府记室参军。寇准少时，见识才智出众，通晓《春秋》三传，十九岁，考中进士。宋太宗选拔人才，大多是太宗亲试的贡士和顾问，年少的人往往都被罢去。有人让寇准虚报年龄，寇准回答说："我寇准正要锐意进取，怎么可以欺骗君主呢？"后来在殿试中及第，被授予大理评事，掌管归州巴东县、大名府成安县。每当收取赋税时，从来没有发出符移，只是将乡里姓名全都公布在县衙门外，老百姓没有敢拖延时间缴纳的。多次升迁为殿中丞、通判郓州。召试学士院，被授予右正言、直史馆，升为三司度支推官，转任盐铁判官。恰好赶上诏令文武官员议论政事，寇准极陈利害，太宗更加宠幸他。提升他为尚书虞部郎中、枢密院直学士，掌管吏部选拔官员的事务。曾经在宫殿中奏事，所说和太宗意见不统一，太宗愤怒地站了起来，寇准拉着太宗的衣服，请太宗重新坐下，事情定下来这才退出宫中。太宗因而称赞他，说："我得到寇准，好比唐太宗得到魏征。"

淳化二年春天，大旱，太宗召请近臣入宫，询问朝政得失，大家用天数来回答。寇准回答说："《洪范》中天与人的关系，应验得如同阴影一样，大旱的征兆，大概是刑罚有不公正之处。"太宗很生气，起身回到禁中。过了一会，召见寇准，询问刑罚不公平的情况，寇准说："希望将二府的人召来，我就说清楚。"于是下诏命二府的人入宫，寇准才说："近来祖吉、王淮都犯法收受贿赂，祖吉收取的赃物少被诛杀；王淮因为是参知政事王沔的弟弟，盗取他所主管的钱财达一千万，却只施以杖刑，之后仍旧官复原职，这不是不公正是什么？"太宗于是向王沔询问，王沔叩头请罪。太宗于是深深地责备王沔，而知道寇准能够委以重任。当即拜寇准为左谏议大夫、枢密副使，改任同知院事。

寇准和知院张逊多次在太宗面前争论事情。有一天，寇准和温仲舒一同行走，路上遇到有一个狂人对着他的马迎上来，高呼万岁，判左金吾王宾和张逊非常友好，张逊就唆使王宾将这件事上报太宗。寇准请温仲舒作证，张逊让王宾一个人单独上奏，言辞非常严厉。后来两人相互揭露对方的短处。太宗愤怒，贬黜张逊，寇准也被贬官为青州知州。

太宗回想寇准十分厚道，寇准走后，又想念他，为此经常不高兴。对身边的人说："寇准在青州还快乐吗？"回答说："寇准所处的地方很好，应当不会苦恼。"几天后，太宗又询问。身边的近臣猜测太宗的意思是想再召回寇准加以任用，因而回答说："陛下想念寇准，没有稍许忘记他，听说寇准在青州每天纵酒，不知是否也思念陛下？"太宗默不作声。第二年，召拜寇准为参知政事。

自从唐朝末年，蕃户就有居住在渭南的，温仲舒担任秦州知州，将他们驱赶到渭水北边，设置堡垒、栅栏，限制他们往来活动。太宗看到奏章十分不高兴，说："古代的羌族还杂居在伊、洛一带，那些蕃人和夷人容易冲突难以安稳，一有异动，将会严重威胁我们的关中。"寇准说："唐朝时宋璟不奖赏边境有功的人，终于成就开元年间的太平盛世。战场上的臣子因为邀功而造成祸害，这应当深以为戒。"太宗因此命令寇准出使渭北，安抚少数民族部族，迁徙温仲舒到凤翔任职。

至道元年，寇准担任给事中。当时太宗在位很久了，冯拯等人上书请求立太子，太宗大怒，将冯拯贬斥到岭南，朝廷内外没有敢再说这件事的人。寇准从青州被召回朝廷，入宫拜见，太宗脚伤很重，自己用手提起衣服给寇准看，并且说："你怎么来得这样缓慢呀？"寇准回答说：“我不是征召不能回到京师。”太宗说：“我的几个儿子哪个能够托付国家大事？”寇准说：“陛下为天下选立君主，和妇人、中官谋划，是不行的；和近臣谋划，也不可以；只能陛下自己挑选符合天下百姓愿望的人。”太宗低头很久，屏退身边的人说：“襄王可以吗？”寇准说：“知子莫若父，陛下既然认为可以，希望立刻决定。”太宗于是让襄王担任开封尹，改封寿王，立他为皇太子。拜见宗庙回来，京师的人拥堵在路上，高兴得跳起来，说：“是一位少年天子。”太宗听说后不高兴，召见寇准，对他说：“人心立刻归属太子，想将我放在什么位置？”寇准下拜两次，道贺说：“这是国家的洪福。”太宗入宫告诉后妃嫔妾，宫中的人都前去祝贺。又出宫，请寇准饮酒，喝到烂醉方才罢宴。

二年，在南郊祭祀（天地），朝廷内外官员都进秩。寇准平常所喜欢的人，大多得到台、省等清闲却又重要的官职，所厌恶的人还不如他不认识的人晋升的职位高。彭惟节的职位一向在冯拯之下，冯拯转任虞部员外郎，彭惟节转任屯田员外郎，奏章上所列官衔，彭惟节还是位居冯拯之下。寇准大怒，出堂帖警告冯拯不要扰乱朝廷制度。冯拯愤怒极了，状告寇准擅权，又分别上奏陈述岭南官吏拜授不公平的几件事。广东转运使康戬也说：“吕端、张洎、李昌龄都是寇准引荐的，吕端有德行，张洎一味曲意奉承寇准，而李昌龄却害怕畏惧，不敢和寇准对抗，因此寇准得以随心所欲，扰乱法制。太宗大怒，寇准被降职到祭祀太庙理事，太宗又召见、责备吕端等人。吕端说：“寇准生性刚直自信，我们这些人不想和他过多的争辩，是考虑到这样做有伤国体。”因此再拜谢罪。等到寇准入宫与太宗对策，太宗说到冯拯的事，寇准自己辩解。太宗说：“倘若在朝廷强词夺理，有失执政体面。”寇准仍旧力争不止，又拿着中书省的簿籍到太宗面前争论是非曲直，太宗更加不高兴，因而叹息说：“鼠雀还知晓人的意思，何况人呢？”于是罢免寇准的官职，认命他为邓州知州。

宋真宗即位，寇准升迁为尚书工部侍郎。咸平初年，徙居河阳，改到同州。三年，去京师朝拜真宗，寇准行走到阌乡，又接到命令让他徙居凤翔府。真宗巡幸大名，诏令寇准赶赴真宗巡行的住所，晋升为刑部官员，代理开封府知府。六年，迁兵部，担任三司使。当时合并盐铁司、度支司、户部为一使，真宗命寇准裁定，于是让六个判官分别负责，繁简这才适中。

真宗早就想任命寇准为相，担心他刚正难以独立承担。景德元年，让毕士安担任参知政事，过了一月，一同任命寇准、毕士安为同中书门下平章事，寇准凭集贤殿大学士的身份位处毕士安之下。当时，契丹人进犯，驱使骑兵抢掠深、祁地区，稍微不利就撤退，徘徊逡巡没有交战的意思。寇准说："这是在试探我们。请求练兵命将，选拔骁勇精锐的士兵占据要害地带防备他们。"这年冬天，契丹兵果然大肆入侵。告急的文书一天送来五次，寇准没有公开，像平时一样饮酒谈笑。第二天，同僚们禀告真宗，真宗大为惊骇，拿这件事质问寇准。寇准说："陛下若想了结此事，用五天时间就可以了。"因而请求真宗巡幸澶渊。同僚们害怕，想要退避，寇准阻止他们，命令他们等候真宗车驾出发。真宗感到为难，想回到内宫。寇准说："陛下返回内宫，我就无法见到您，国家大事也就完了，请不回内宫就出发。"真宗于是决定亲征，召集群臣询问方针策略。

契丹随即围攻瀛州，直接进犯贝、魏，朝廷内外震动恐惧。参知政事王钦若，是江南人，请真宗巡幸金陵；陈尧叟，是四川人，请真宗巡幸成都。真宗向寇准询问，寇准心中明白是这二个人的主意，却佯装不知，说："谁替陛下谋划这个策略，罪当不赦。现在陛下神武，将臣和谐，倘若大驾亲征，敌贼自己就会逃走。就算敌人不退走，我们出奇兵扰乱敌人的谋略，坚固防守来使敌人的军队疲劳，（敌人的军队一旦出现）疲劳、离散的情形，我们就可以取胜了。怎么能够放弃宗庙、国家而想出巡楚、蜀等遥远的地方呢？（如果这样）人心就会崩溃，敌人乘势深入，天下还能够保全吗？"于是请求真宗出巡澶州。

到达南城，契丹的兵势非常强盛，大家请求真宗停驻，来观察军势。寇准坚决请求说："陛下不渡过黄河，那么人心更加恐慌，敌人的气势没有被震慑，这不是取得声威和决定胜负的好计策。况且王超统率精锐部队屯驻在中心，扼守着要害，李继隆、石保吉分别布下大阵控制着左右两翼，四方征伐镇守，前来援救的人每天都在到达，怎么心生疑虑而不进兵呢？"大家的议论都说危险，寇准极力劝谏，仍没有最后决定。出来时在无人的地方遇到高琼，对他说："太尉蒙受国家重恩，今天想有所报效吗？"回答说："我高琼是武将，情愿效死力。"寇准又入内对策，高琼随着他站在堂下，寇准厉声地说："陛下若认为我所说的不正确，不妨问一问高琼等人。"高琼当即抬头向真宗面奏说："寇准所说的是对的。"

寇准说:“时机不可失去,应当赶快起驾。”高琼当即指挥卫士准备步辇(让皇帝乘坐),真宗终于渡过黄河,到达北城门楼上,远近的人望见真宗的华盖,都欢呼雀跃,声音传出数十里。契丹人相互观望、惊恐。队列大乱。

真宗将军务全部委托给寇准,寇准秉承制度裁决,号令严明,士卒心悦诚服。敌人的骑兵乘胜逼近城下,诏令士卒迎击,契丹骑兵被斩首俘获的有一大半,被迫退却离去。真宗回到行宫,留下寇准住在城上,不时派人观察寇准有什么作为,寇准正和杨亿饮酒打赌,歌舞、戏谑、欢呼。真宗高兴地说:“寇准是这个样子,我又有什么好担心的呢?”相持不下十余天,契丹统军挞览前来督战,当时威虎军头张瑰守着床子弩,扣动弩机,箭中挞览前额,挞览当场毙命,于是契丹秘密送书请求订立盟约。寇准没有同意,而契丹使者的请求更加坚决,真宗准备答应。寇准想要邀约使者让他们称臣,并且献出幽州之地。真宗厌恶兵事,只想对他们进行牵制罢了。有人进谗言说寇准拥兵自重,寇准不得已同意了。真宗派遣曹利用前往契丹军中商议岁币,说:“一百万以下都可以答应。”寇准召请曹利用到帐篷中,对他说:“虽有陛下的命令,你所答应的不能超过三十万,超过三十万,我杀你的头。”曹利用来到契丹军中,果真以三十万成约而后返回。河北罢除兵事,寇准出了大力。

在宰相职位上,寇准用人不因次序而有所区别,同僚对此很不高兴。有一天,又授予官职,同僚派属吏拿着例簿送给他。寇准说:“宰相负责进贤能,斥退不肖,倘若采用惯例,只是一个吏职罢了。”二年,加授中书侍郎兼工部尚书。寇准对澶渊之战颇自夸,即使是真宗也因为这个而对寇准厚待。王钦若对此非常痛恨。有一天上朝,寇准先退朝,真宗用目光送走他,王钦若趁机进言说:“陛下敬重寇准,是因为他对国家有功劳吗?”真宗说:“是的。”王钦若说:“澶渊那一战,陛下不认为是耻辱,却说寇准有功于国家,为什么?”真宗惊奇地说:“什么缘故?”王钦若说:“城下之盟,《春秋》上面认为是耻辱;澶渊的举动,就是城下之盟。凭万乘的尊贵而订立城下之盟,有什么耻辱能像这样!”真宗神色变得严肃而不高兴。王钦若说:“陛下听说过赌博吗?赌博的人钱将输尽时,才将所有的东西拿出来(作赌注),这叫作孤注。陛下,您是寇准的孤注,这也是危险的。”

从此以后真宗对寇准的宠幸日减。第二年,罢相为刑部尚书,知陕州，任用王旦作宰相。真宗对王旦说："寇准多次拿官位许人，以此作为自己的恩惠。你以后办事，应该深以为戒。"寇准跟从真宗封泰山，迁为户部尚书、知天雄军。祭祀汾阴，命寇准提举贝、德、博、洺、滨、棣巡检捉贼公事，升任兵部尚书，入判都省。真宗巡幸亳州，寇准代理东京留守，担任枢密院使，同平章事。

林特任三司使，因河北每年缴纳的绢不够，催促很急，而寇准一向讨厌林特，特意帮助转运使李士衡诋毁林特，并且说在魏时曾经进贡河北的绢五万匹，而三司使没有收纳，以至于缺少供给，请求弹劾主管官吏以下的人，然而，京师每年耗费绢百万匹，寇准所能帮助的才五万。真宗不高兴，对王旦说："寇准刚直、愤恨仍像过去一样。"王旦说："寇准喜好别人怀念他的恩惠，又想让别人害怕他的威严，都是大臣所应当避免的；而寇准将它们作为己任，这是他的缺点。"不久，寇准被罢职，担任武胜军节度使、同平章事、判河南府。迁徙到永兴军。

天禧元年，改任山南东道节度使，当时巡检朱能胁迫内侍都知周怀政伪造天书，真宗拿此事询问王旦。王旦说："开始寇准不相信有天书，现在天书降下来，必须让寇准上呈。"寇准同意了，上呈天书，朝堂内外都对此事都有非议。于是寇准被拜为中书侍郎兼吏部尚书、同平章事、景灵宫使。

天禧三年，在京城南郊祭天，寇准晋升为尚书右仆射、集贤殿大学士。当时宋真宗中风，刘太后在宫内参预政事，寇准请求和真宗单独说："皇太子众望所归，希望陛下以国家为重，传以帝位，选用方正大臣辅佐。丁谓、钱惟演，是佞人，不可以辅助少主。"真宗认为说得对。寇准秘密地让翰林学士杨亿草拟书表，请求让太子监国，并且想力挺杨亿辅政。不久计谋败露，被罢官，担任太子太傅，封莱国公。当时怀政左思右想不自安，担心得罪，于是谋杀大臣，请求废除皇后干预政事，奉真宗为太上皇，传位给太子，重新任用寇准为宰相。客省使杨崇勋等将这件事告诉丁谓，丁谓在晚上穿着便衣，坐着牛车来到曹利用家谋划事情，第二天事发。于是诛杀怀政，贬寇准为太常卿、知相州，迁徙到安州，又贬为道州司马。真宗起初不知道，有一天，问身边的人："我很长时间不见寇准，什么原因？"左右没有人敢回答。真宗临终时，还说只有寇准和李迪可以托付重任，他被器重就像这样。

乾兴元年，再被贬为雷州司户参军。以前，丁谓离开寇准门下参预政事，事奉寇准非常谨慎。曾经一起在中书省吃饭，菜汤沾污了寇准的胡须，丁谓起身，慢慢地帮寇准擦除。寇准笑着说："参预国政的大臣，竟为官长擦胡须呀？"丁谓非常惭愧，从此怀恨日深。等到寇准被贬后不久，丁谓也被流放到南方，途经雷州，寇准派人送一只蒸羊到他的旅舍。丁谓想见寇准，寇准拒绝了。听说家僮密谋想要报仇，寇准关上大门让他们赌博，不许出门，等到丁谓走远了，才解除禁令。

天圣元年，调任衡州司马。从前，太宗曾经得到通天犀，命令工匠作成二带，将其中一带赏给寇准。到这时，寇准派人从洛阳取回，取回来数日，洗澡，穿好朝服系上佩带，向北面再拜，召呼随从赶快铺设卧具，倒在卧榻上就去世了。

刚开始时，张咏在成都，听闻寇准入朝为相，对他的僚属说："寇公是天下奇才，可惜学术不精。"等到寇准出京来到陕州，张咏恰好从成都罢官回家，寇准替他准备住处，盛情招待。张咏将要告辞，寇准送他到郊外，问他说："拿什么指教我？"张咏慢慢地说："《霍光传》不可不读。"寇准没有明白他的意思，回去后将《霍光传》拿出来读，读到"不学无术"，寇准笑着说："这是张公在说我。"

寇准少年富贵，生性豪华奢侈，喜好狂饮，每次宴请宾客，大多关闭门户，解下客人车辆的骖马（挽留客人）。家里从来没有烧过油灯，就算是厨房的角落之处，一定点着炬烛。

在雷州一年有余，死后调往衡州的任命才到，于是归葬西京洛阳。途经荆南公安县，县里的人都在路旁设祭哭泣，砍下竹子插在地上，挂上纸钱，过了一个多月再去看，干枯的竹子上全部长出嫩芽。人们因此为寇准立庙，每年祭祀他。寇准没有儿子，以从子寇随作为后代。寇准死后十一年，追复为太子太傅，赠中书令、莱国公，后又赐谥号忠愍。皇祐四年，诏令翰林学士孙抃撰写神道碑，皇帝在神道碑的碑头上篆刻"旌忠"二字。

宋史卷二百九十

狄青列传第四十九

狄青字汉臣，汾州西河人。善骑射。初隶骑御马直，选为散直。

宝元初，赵元昊反，诏择卫士从边，以青为三班差使、殿侍、延州指使。时偏将屡为贼败，士卒多畏怯，青行常为先锋。凡四年，前后大小二十五战，中流矢者八。破金汤城，略宥州，屠嚨、岁香、毛奴、尚罗、庆七、家口等族，燔积聚数万，收其帐二千三百，生口五千七百。又城桥子谷，筑招安、丰林、新砦、大郎等堡，皆扼贼要害。尝战安远，被创甚，闻寇至，即挺起驰赴，众争前为用。临敌被发、带铜面具，出入贼中，皆披靡莫敢当。

尹洙为经略判官，青以指使见，洙与谈兵，善之，荐于经略使韩琦、范仲淹曰："此良将材也。"二人一见奇之，待遇甚厚。仲淹以《左氏春秋》授之曰："将不知古今，匹夫勇尔。"青折节读书，悉通秦、汉以来将帅兵法，由是益知名。以功累迁西上阁门副使，擢秦州刺史、泾原路副都总管、经略招讨副使，又加捧日天武四厢都指挥使、惠州团练使。

仁宗以青数有战功，欲召见问以方略，会贼寇渭州，命图形以进。元昊称臣，徙真定路副都总管，历侍卫少军殿前都虞候、眉州防御使，迁步军副都指挥使、保大安远二军节度观察留后，又迁马军副都指挥使。

青奋行伍，十余年而贵，是时面涅犹存。帝尝敕青傅药除字，青指其面曰："陛下以功擢臣，不问门地，臣所以有今日，由此涅尔，臣愿留以劝军中，不敢奉诏。"以彰化军节度使知延州，擢枢密副使。

皇祐中，广源州蛮侬智高反，陷邕州，又破沿江九州，围广州，岭外骚动。杨畋等安抚经制蛮事，师久无功。又命孙沔、余靖为安抚使讨贼，仁宗犹以为忧。青上表请行，翌日入对，自言："臣起行伍，非战伐无以报国。愿得蕃落骑数百，益以禁兵，羁贼首致阙下。"帝壮其言，遂除宣徽南院使、宣抚荆湖南北路、经制广南盗贼事，置酒垂拱殿以遣之。时智高还据邕州，青合孙沔、余靖兵次宾州。

先是，蒋偕、张忠皆轻敌败死，军声大沮。青戒诸将毋妄与贼斗，听吾所为。广西钤辖陈曙乘青未至，辄以步卒八千犯贼，溃于崑崙关，殿直袁用等皆遁。青曰："令之不齐，兵所以败。"晨会诸将堂上，揖曙起，并召用等三十人，按以败亡状，驱出军门斩之。沔、靖相顾愕眙，诸将股栗。

已而顿甲，令军中休十日。觇者还，以为军未即进。青明日乃整军骑，一昼夜绝崑崙关，山归仁铺为阵。贼既失险，悉出逆战。前锋孙节搏贼死山下，贼气锐甚，沔等惧失色。青执白旗麾骑兵，纵左右翼，出贼不意，大败之，追奔五十里，斩首数千级，其党黄师宓、侬建中智中及伪官属死者五十七人，生擒贼五百余人，智高夜纵火烧城遁去。迟明，青按兵入城，获金帛钜万、杂畜数千，招复老壮七千二百尝为贼所俘胁者，慰遣之。枭黄师宓等邕州城下，敛尸筑京观子城北隅。时贼尸有衣金龙衣者，众谓智高已死，欲以上闻。青曰："安知非诈邪？宁失智高，不敢诬朝廷以贪功也。"初，青之至邕也，会瘴雾昏塞，或谓贼毒水上流，士饮者多死，青殊忧之。一夕，有泉涌砦下，汲之甘，众遂以济。

复为枢密副使，迁护国军节度使、河中尹。还至京师，帝嘉其功，拜枢密使，赐第敦教坊，优进诸子官秩。初，青既行，帝每忧之曰："青有威名，贼当畏其来。左右使令，非青亲信者不可；虽饮食卧起，皆宜防窃发。"乃驰使戒之。及闻青已破贼，顾宰相曰："速议赏，缓则不足以劝矣。"

始，交阯愿出兵助讨智高，余靖言其可信，具万人粮于邕、钦待之。诏以缗钱三万赐交阯为兵费，许贼平厚赏之。青既至，檄余靖无通使假兵，即上奏曰："李德政声言将步兵五万、骑一千赴援，非其情实。且假兵于外以除内寇，非我利也。以一智高而横蹂二广，力不能讨，乃假兵蛮夷，蛮夷贪得忘义，因而启乱，何以御之？请罢交阯助兵。"从之，贼平，人服其有远略。

青在枢密四年，每出，士卒辄指目以相矜夸。又言者以青家狗生角，且数有光怪，请出青于外以保全之，不报。嘉祐中，京师大水，青避水徙家相国寺，行止殿上，人情颇疑，乃罢青为同中书门下平章事，出判陈州。明年二月，疽发髭，卒。帝发哀，赠中书令，谥武襄。

青为人慎密寡言，其计事必审中机会而后发。行师先正部伍，明赏罚，与士同饥寒劳苦，虽敌猝犯之，无一士敢后先者，故其出常有功。

尤喜推功与将佐。始，与孙沔破贼，谋一出青，贼既平，经制余事，悉以诿沔，退若不用意者。沔始叹其勇，既而服其为人，自以为不如也。尹洙以贬死，青悉力赒其家事。子谘、咏，并为阁门使。咏数有战功。

熙宁元年，神宗考次近世将帅，以青起行伍而名动夷夏，深沉有智略，能以畏慎保全终始，慨然思之，命取青画像入禁中，御制祭文，遣使赍中牢祠其家。

【译文】

狄青字汉臣，是汾州西河人。擅长骑马射箭。起初隶属于骑御马直，后来选拔为散直。

宝元初，赵元昊造反，下诏选拔卫士从边，让狄青担任三班差使、殿侍、延州指使。当时偏将多次被敌贼击败，士卒大多胆怯畏惧，狄青经常担任先锋。总共四年，前后大小共交战二十五次，中流矢八次。攻克金汤城，夺取宥州，屠杀咓咩、岁香、毛奴、尚罗、庆七、家口等部族，焚毁他们的聚积数万，缴获他们的帐篷二千三百，人口五千七百。又在桥子谷建造城市，在招安、丰林、新砦、大郎等地构筑城堡，全是控制敌贼的要害的地方。曾经在安远作战，受伤很重，听闻敌寇来到，就挺身骑马赴敌，众人争着为他效力。临敌披发，带铜面具，出入敌阵中，所向披靡，没有人敢抵挡。

尹洙担任经略判官，狄青凭指使的身份拜见他，尹洙和他谈论兵事，赞赏他，向经略使韩琦、范仲淹举荐说："这是良将的材料。"两人一见到他，就认为他是奇才，待他十分优厚。范仲淹送给他《左氏春秋》，说："将领不通晓古今，只不过是匹夫之勇罢了。"狄青于是强迫自己读书，全部精通秦、汉以来的将帅兵法，因而更加知名。因功多次升迁为西上阁门副使，又被提拔为秦州刺史、泾原路副都总管、经略招付副使，又加捧日天武四厢都指挥使、惠州团练使。

宋仁宗因狄青多次立有战功，想召见他询问用兵方略，碰上敌贼进犯渭州，命令他绘成阵图上奏。元昊称臣，狄青调任真定路副都总管，历侍卫步军殿前都虞侯、眉州防御使，升迁为步军副都指挥使、保大、安远二军节度观察留后，又升迁为马军副都指挥使。

狄青从行伍中奋起，十余年而富贵，这时脸上的黑字还保存着。宋仁宗曾经敕令狄青用药消除脸上的字，狄青指着自己的脸说："陛下因功提拔我，不问门第出身，我所以有今天，是因为有这个字，我愿意留下它劝勉士兵，不敢接受诏令。”以彰化军节度使知延州，后被提拔为枢密副使。

皇祐中，广源州蛮族侬智高反叛，攻占邕州，又攻陷沿江九州，围困广州，岭外骚动。杨畋等人管理安抚蛮族事务，用兵很长时间却没有成效。又命令孙沔、余靖担任安抚吏，征讨叛贼，宋仁宗还对此忧心忡忡。狄青上表请求出征，第二天入宫对策，自己说：“我出身于行伍，不是出征、讨伐，不能报效国家。希望得到部落骑兵数百，加上禁军，生擒叛贼头目押送宫门。”宋仁宗鼓励他，于是任用他为宣徽南院使、宣抚荆湖南北路、经制广南盗贼事，在垂拱殿设酒宴替他送行。当时侬智高还占据邕州，狄青汇合孙沔、余靖的军队，进占宾州。

早些时候，蒋偕、张忠都因轻敌而失败身亡，军队的士气也大大跌落。狄青告诫将领不要轻易与叛贼交战，一切听从他的调度。广西钤辖陈曙趁狄青未到，就率领步兵八千人进攻叛贼，在昆仑关被击溃，殿直袁用等都逃走。狄青说：“命令不一致，军队因此失败。”早晨将将领们集合到堂上，缉拿陈曙，并且召来袁用等三十人，调查核实他们失败逃亡的情况，将他们推出军门斩首。孙沔、余靖相互对视，露出惊异的目光，将领们吓得两腿发抖。

接着整齐兵甲，下令军中休息十天。侦察的人回来，认为军队应当立即前进。狄青第二天整顿人马，一天一夜渡过昆仑关，在归仁铺这座山上布好阵势。叛贼因失去天险，全都出来迎战。前锋孙节和叛贼在山下搏斗战死，叛贼气势很强大，孙沔等因害怕而变了脸色。狄青手持白旗指挥骑兵，驱使左右两翼骑兵出击，出其不意，大败叛贼，一路追杀了五十里，斩首数千级，叛贼的党羽黄师宓、侬建中、侬智中以及伪官属死亡的有五十七人，生擒叛贼五百余人，侬智高夜里放火烧城逃跑。天明，狄青领兵入城，缴获金帛钜数万、杂畜数千，召集曾经被叛贼胁迫的年老的壮丁七千二百人，慰劳遣散他们。将黄师宓等在邕州城下枭首，收敛尸体，在城北角堆成高冢。当时叛贼的尸体中有穿金龙衣的，众人都说侬智高已经死亡，想要因此上报。狄青说：“怎么知道不是诡计呢？宁可失去侬智高，不敢欺骗朝廷而贪求功劳。”刚开始，狄青来到邕州，碰上瘴雾弥漫要塞，有人说叛贼在河水上流放毒，士兵饮了水的，大多死亡，狄青特别发愁。一天傍晚，有泉水从山寨下边涌出，饮了甘甜，众人于是获救。

后来担任枢密副使，迁护国军节度使、河中尹。回到京师，宋仁宗嘉奖他的功劳，拜为枢密使，在敦教坊赏赐住宅，破例晋升他的几个儿子官秩。之前，狄青已经出发，宋仁宗有一次忧虑地说："狄青有威名，叛贼会害怕他的到来。身边的护卫，不是狄青的亲信不行；即使是饮食起居，也应当防止敌贼暗中做手脚。"于是派使者疾驰告诫。当听说狄青已经破贼，回过头对宰相说："赶紧商议赏赐，迟了就不足以惩恶劝善。"

起初，交阯愿意出兵帮助征讨侬智高，余靖说交阯可以相信，留下一万人在邕州、钦州，供给粮食。下诏将缗钱三万赐给交阯军队作为军费，答应等叛贼平定后再重赏他们。狄青一到，檄书余靖不要派使者借兵，当即上书说："李德政声称率领步兵五万、骑兵一千援助，他并非心甘情愿。并且对外借兵清除内贼，对我们不利。因为一个侬智高横行不法，蹂躏二广，力量不能讨平，就向蛮夷借兵，蛮夷贪婪而不讲道义，趁机发生变乱，拿什么抵御？请求罢除交阯援助的军队。"朝廷听从了。叛贼平定，众人佩服他深谋远虑。

狄青在枢密院四年，每次出征，士卒们就指着他夸奖、称赞。又有人说狄青家的狗头上长角，而且多次有光怪，请求让狄青出京，以便保全他（免遭不测），宋仁宗没有答应。嘉祐中，京师涨洪水，狄青因避水而将家搬到相国寺，行走到宫殿上，人们对他怀疑，于是罢狄青为同中书门下平章事，出判陈州。第二年二月，胡须部位长疽，去世。宋仁宗为他致哀，赠中书令，谥号武襄。

狄青为人谨慎寡言，他考虑谋划事情一定要反复斟酌思虑，然后才作出行动。行军用兵首先整正部队，严明赏罚，和士卒同甘共苦，就算是敌人突然来犯，没有一个士兵敢落后的，因而他出兵常常有功。特别喜欢把功劳推让给将佐。刚开始，和孙沔破贼，计谋都是狄青想出，盗贼平定了，经制处置后事，全部归功于孙沔，返回后好像没有发生事情一样。孙沔开始叹服他勇敢，不久又敬佩他的为人，自己认为赶不上他。尹洙因为被贬而死，狄青全力救济他家。儿子狄谘、狄詠，一同担任阁门使，狄詠多次立有战功。

熙宁元年，神宗考察近代将帅，因为狄青出身行伍而名显夷族，深沉有谋略，能够因为敬畏、谨慎保全始终，感慨地思念他，命令取出狄青的画像放入禁中，亲自撰写祭文，派遣使者带着中牢的祭礼前往他家祭祀。

宋史卷三百一十四

范仲淹列传第七十三

范仲淹字希文，唐宰相履冰之后。其先，邠州人也，后徙家江南，遂为苏州吴县人。仲淹二岁而孤，母更适长山朱氏，从其姓，名说。少有志操，既长，知其世家，乃感泣辞母，去之应天府，依戚同文学。昼夜不息，冬月惫甚，以水沃面；食不给，至以糜粥继之，人不能堪，仲淹不苦也。举进士第，为广德军司理参军，迎其母归养。改集庆军节度推官，始还姓，更其名。

监泰州西奚盐税，迁大理寺丞，徙监楚州粮料院，母丧去官。晏殊知应天府，闻仲淹名，召置府学。上书请择郡守，举县令，斥游惰，去冗僭，慎选举，抚将帅，凡万余言。服除，以殊荐，为秘阁校理。仲淹泛通《六经》，长于《易》，学者多从质问，为执经讲解，亡所倦。尝推其奉以食四方游士，诸子至易衣而出，仲淹晏如也。每感激论天下事，奋不顾身，一时士大夫矫厉尚风节，自仲淹倡之。

天圣七年，章献太后将以冬至受朝，天子率百官上寿。仲淹极言之，且曰："寿亲于内，自有家人礼，顾与百官同列，南面而朝之，不可为后世法。"且上疏请太后还政，不报。寻通判河中府，徙陈州。时方建太一宫及洪福院，市材木陕西。仲淹言："昭应、寿宁，天戒不远。今又侈土木，破民产，非所以顺人心、合天意也。宜罢修寺观，减常岁市木之数，以蠲除积负。"又言："恩幸多以内降除官，非太平之政。"事虽不行，仁宗以为忠。

太后崩，召为右司谏。言事者多暴太后时事，仲淹曰："太后受遗先帝，调护陛下者十余年，宜掩其小故，以全后德。"帝为诏中外，毋辄论太后时事。初，太后遗诰以太妃杨氏为皇太后，参决军国事。仲淹曰："太后，母号也，自古无因保育而代立者。今一太后崩，又立一太后，天下且疑陛下不可一日无母后之助矣。"

岁大蝗旱，江、淮、京东滋甚。仲淹请遣使循行，未报。乃请间曰："宫掖中半日不食，当何如？"帝恻然，乃命仲淹安抚江、淮，所至开仓振之，且禁民淫祀，奏蠲庐舒折役茶、江东丁口盐钱，且条上救敝十事。

会郭皇后废，率谏官、御史伏阁争之，不能得。明日，将留百官揖宰相廷争，方至待漏院，有诏出知睦州。岁余，徙苏州。州大水，民田不得耕，仲淹疏五河，导太湖注之海，募人兴作，未就，寻徙明州，转运使奏留仲淹以毕其役，许之。拜尚书礼部员外郎、天章阁待制，召还，判国子监，迁吏部员外郎、权知开封府。

时吕夷简执政，进用者多出其门。仲淹上《百官图》，指其次第曰："如此为序迁，如此为不次，如此则公，如此则私。况进退近臣，凡超格者，不宜全委之宰相。"夷简不悦。他日，论建都之事，仲淹曰："洛阳险固，而汴为四战之地，太平宜居汴，即有事必居洛阳。当渐广储蓄，缮宫室。"帝问夷简，夷简曰："此仲淹迂阔之论也。"仲淹乃为四论以献，大抵讥切时政。且曰："汉成帝信张禹，不疑舅家，故有新莽之祸。臣恐今日亦有张禹，坏陛下家法。"夷简怒诉曰："仲淹离间陛下君臣，所引用，皆朋党也。"仲淹对益切，由是罢知饶州。

殿中侍御史韩渎希宰相旨，请书仲淹朋党，揭之朝堂。于是秘书丞余靖上言曰："仲淹以一言忤宰相，遽加贬窜，况前所言者在陛下母子夫妇之间乎？陛下既优容之矣，臣请追改前命。"太子中允尹洙自讼與仲淹师友，且尝荐己，愿从降黜。馆阁校勘欧阳修以高若讷在谏官，坐视而不言，移书责之。由是，三人者偕坐贬。明年，夷简亦罢，自是朋党之论兴矣。仲淹既去，士大夫为论荐者不已。仁宗谓宰相张士逊曰："向贬仲淹，为其密请建立皇太弟故也。今朋党称荐如此，奈何？"再下诏戒敕。

仲淹在饶州岁余，徙润州，又徙越州。元昊反，召为天章阁待制、知永兴军，改陕西都转运使。会夏竦为陕西经略安抚、招讨使，进仲淹龙图阁直学士以副之。夷简再入相，帝谕仲淹使释前憾。仲淹顿首谢曰："臣乡论盖国家事，于夷简无憾也。"

延州诸砦多失守，仲淹自请行，迁户部郎中兼知延州。先是，诏分边兵：总管领万人，钤辖领五千人，都监领三千人。寇至御之，则官卑者先出。仲淹曰："将不择人，以官为先后，取败之道也。"于是大阅州兵，得万八千人，分为六，各将三千人，分部教之，量贼众寡，使更出御贼。时塞门、承平诸砦既废，用种世衡策，城青涧以据贼冲，大兴营田，且听民得互市，以通有无。又以民远输劳苦，请建鄜城为军，以河中、同、华中下户税租就输之。春夏徙兵就食，可省籴十之三，他所减不与。诏以为康定军。

明年正月，诏诸路入讨，仲淹曰："正月塞外大寒，我师暴露，不如俟春深入，贼马瘦人饥，势易制也。况边备渐修，师出有纪，贼虽猖獗，固已慑其气矣。鄜、延密迩灵、夏，西羌必由之地也。第按兵不动，以观其衅，许臣稍以恩信招来之。不然，情意阻绝，臣恐偃兵无期矣。若臣策不效，当举兵先取绥、宥，据要害，屯兵营田，为持久计，则茶山、横山之民，必挈族来归矣。拓疆御寇，策之上也。"帝皆用其议。仲淹又请修承平、永平等砦，稍招还流亡，定堡障，通斥候，城十二砦，于是羌汉之民，相踵归业。

久之，元昊归陷将高延德，因与仲淹约和，仲淹为书戒喻之。会任福败于好水川，元昊答书语不逊，仲淹对来使焚之。大臣以为不当辄通书，又不当辄焚之，宋庠请斩仲淹，帝不听。降本曹员外郎、知耀州，徙庆州，迁左司郎中，为环庆路经略安抚、缘边招讨使。初，元昊反，阴诱属羌为助，而环庆酋长六百余人，约为乡道，事寻露。仲淹以其反复不常也，至部即奏行边，以诏书犒赏诸羌，阅其人马，为立条约："若仇已和断，辄私报之及伤人者，罚羊百、马二，已杀者斩。负债争讼，听告官为理，辄质缚平人者，罚羊五十、马一。贼马入界，追集不赴随本族，每户罚羊二，质其首领。贼大入，老幼入保本砦，官为给食；即不入砦，本家罚羊二；全族不至，质其首领。"诸羌皆受命，自是始为汉用矣。

改邠州观察使，仲淹表言："观察使班待制下，臣守边数年，羌人颇亲爱臣，呼臣为'龙图老子'，今退而与王兴、朱观为伍，第恐为贼轻矣。"辞不拜。庆之西北马铺砦，当后桥川口，在贼腹中。仲淹欲城之，度贼必争，密遣子纯祐与蕃将赵明先据其地，引兵随之。诸将不知所向，行至柔远，始号令之，版筑皆具，旬日而城成，即大顺城是也。贼觉，以骑三万来战，佯北，仲淹戒勿追，已而果有伏。大顺既城，而白豹、金汤皆不敢犯，环庆自此寇益少。

明珠、灭臧劲兵数万，仲淹闻泾原欲袭讨之，上言曰："二族道险，不可攻，前日高继嵩已丧师。平时且怀反侧，今讨之，必与贼表里，南入原州，西扰镇戎，东侵环州，边患未艾也。若北取细腰、胡芦众泉为堡障，以断贼路，则二族安，而环州、镇戎径道通彻，可无忧矣。"其后，遂筑细腰、胡芦诸砦。

葛怀敏败于定川，贼大掠至潘原，关中震恐，民多窜山谷间。仲淹率众六千，由邠、泾援之，闻贼已出塞，乃还。始，定川事闻，帝按图谓左右曰："若仲淹出援，吾无忧矣。"奏至，帝大喜曰："吾固知仲淹可用也。"进枢密直学士、右谏议大夫。仲淹以军出无功，辞不敢受命，诏不听。

时已命文彦博经略泾原，帝以泾原伤夷，欲对徙仲淹，遣王怀德喻之。仲淹谢曰："泾原地重，第恐臣不足当此路。与韩琦同经略泾原，并驻泾州，琦兼秦凤，臣兼环庆。泾原有警，臣与韩琦合秦凤、环庆之兵，掎角而进；若秦凤、环庆有警，亦可率泾原之师为援。臣当与琦练兵选将，渐复横山，以断贼臂，不数年间，可期平定矣。愿诏庞籍兼领环庆，以成首尾之势。秦州委文彦博，庆州用滕宗谅总之。孙沔亦可办集。渭州，一武臣足矣。"帝采用其言，复置陕西路安抚、经略、招讨使，以仲淹、韩琦、庞籍分领之。仲淹与琦开府泾州，而徙彦博帅秦，宗谅帅庆，张亢帅渭。

仲淹为将，号令明白，爱抚士卒，诸羌来者，推心接之不疑，故贼亦不敢辄犯其境。元昊请和，召拜枢密副使。王举正懦默不任事，谏官欧阳修等言仲淹有相材，请罢举正用仲淹，遂改参知政事。仲淹曰："执政可由谏官而得乎？"固辞不拜，愿与韩琦出行边。命为陕西宣抚使，未行，复除参知政事。会王伦寇淮南，州县官有不能守者，朝廷欲按诛之。仲淹曰："平时讳言武备，寇至而专责守臣死事，可乎？"守令皆得不诛。

帝方锐意太平，数问当世事，仲淹语人曰："上用我至矣，事有先后，久安之弊，非朝夕可革也。"帝再赐手诏，又为之开天章阁，召二府条对，仲淹皇恐，退而上十事：

一曰明黜陟。二府非有大功大善者不迁，内外须在职满三年，在京百司非选举而授，须通满五年，乃得磨勘，庶几考绩之法矣。二曰抑侥幸。罢少卿、监以上乾元节恩泽；正郎以下若监司、边任，须在职满二年，始得荫子；大臣不得荐子弟任馆阁职，任子之法无冗滥矣。三曰精贡举。进士、诸科请罢糊名法，参考履行无阙者，以名闻。进士先策论，后诗赋，诸科取兼通经义者。赐第以上，皆取诏裁。余优等免选注官，次第人守本科选。进士之法，可以循名而责实矣。四曰择长官。委中书、枢密院先选转运使、提点刑狱、大藩知州；次委两制、三司、御史台、开封府官、诸路监司举知州、通判；知州通判举知县、令。限其人数，以举主多者从中书选除。刺史、县令，可以得人矣。五曰均公田。外官廪给不均，何以求其为善耶？请均其入，第给之，使有以自养，然后可以责廉节，而不法者可诛废矣。六曰厚农桑。每岁预下诸路，风吏民言农田利害，堤堰渠塘，州县选官治之。定劝课之法以兴农利，减漕运。江南之圩田，浙西之河塘，隳废者可兴矣。七曰修武备。约府兵法，募畿辅疆壮为卫士，以助正兵。三时务农，一时教战，省给赡之费。畿辅有成法，则诸道皆可举行矣。八曰推恩信。赦令有所施行，主司稽违者，重置于法；别遣使按视其所当行者，所在无废格上恩者矣。九曰重命令。法度所以示信也，行之未几，旋即厘改。请政事之臣参议可以久行者，删去烦冗，裁为制敕行下，命令不至于数变更矣。十曰减徭役。户口耗少而供亿滋多，省县邑户少者为镇，并使、州两院为一，职官白直，给以州兵，其不应受役者悉归之农，民无重困之忧矣。

天子方信响仲淹，悉采用之，宜著令者，皆以诏书画一颁下；独府兵法，众以为不可而止。

又建言："周制，三公分兼六官之职，汉以三公分部六卿，唐以宰相分判六曹。今中书，古天官冢宰也，枢密院，古夏官司马也；四官散于群有司，无三公兼领之重。而二府惟进拟差除，循资级，议赏罚，检用条例而已。上非三公论道之任，下无六卿佐王之职，非治法也。臣请仿前代，以三司、司农、审官、流内铨、三班院、国子监、太常刑部、审刑、大理、群牧、殿前马步军司，各委辅臣兼判其事。凡官吏黜陟、刑法重轻、事有利害者，并从辅臣予夺；其体大者，二府佥议奏裁。臣请自领兵赋之职，如其无补，请先黜降。"章得象等皆曰不可。久之，乃命参知政事贾昌朝领农田，仲淹领刑法，然卒不果行。

初，仲淹以忤吕夷简，放逐者数年，士大夫持二人曲直，交指为朋党。及陕西用兵，天子以仲淹士望所属，拔用之。及夷简罢，召还，倚以为治，中外想望其功业。而仲淹以天下为己任，裁削幸滥，考覆官吏，日夜谋虑兴致太平。然更张无渐，规摹阔大，论者以为不可行。及按察使出，多所举劾，人心不悦。自任子之恩薄，磨勘之法密，侥幸者不便，于是谤毁稍行，而朋党之论浸闻上矣。

会边陲有警，因与枢密副使富弼请行边。于是，以仲淹为河东、陕西宣抚使，赐黄金百两，悉分遗边将。麟州新罹大寇，言者多请弃之，仲淹为修故砦，招还流亡三千余户，蠲其税，罢榷酤予民。又奏免府州商税，河外遂安。比去，攻者益急，仲淹亦自请罢政事，乃以为资政殿学士、陕西四路安抚使、知邠州。其在中书所施为，亦稍稍沮罢。

以疾请邓州，进给事中。徙荆南，邓人遮使者请留，仲淹亦愿留邓，许之。寻徙杭州，再迁户部侍郎，徙青州。会病甚，请颍州，未至而卒，年六十四。赠兵部尚书，谥文正。初，仲淹病，帝常遣使赐药存问，即卒，嗟悼久之。又遣使就问其家，既葬，帝亲书其碑曰"褒贤之碑。"

仲淹内刚外和，性至孝，以母在时方贫，其后虽贵，非宾客不重肉。妻子衣食，仅能自充。而好施予，置义庄里中，以赡族人。泛爱乐善，士多出其门下，虽里巷之人，皆能道其名字。死之日，四方闻者，皆为叹息。为政尚忠厚，所至有恩，邠、庆二州之民与属羌，皆画像立生祠事之。及其卒也，羌酋数百人，哭之如父，斋三日而去。四子：纯祐、纯仁、纯礼、纯粹。

【译文】

范仲淹字希文，是唐朝宰相范履冰的后代。他的祖先，原本是邠州人，后来迁徙到江南定居，于是成为苏州吴县人。范仲淹两岁时父亲就去世了，母亲改嫁到长山县的朱家，他也就跟着改姓朱，名叫朱说。范仲淹少年时就有节操志气，长大后，知道了自己的身世，就流着眼泪辞别母亲，前往应天府，跟随戚同文学习。他昼夜不停地学习，冬天读书非常疲乏时，用冷水浇脸；他的食物不够，甚至不得不依靠喝稀粥度日，面对一般人不能忍受的艰苦生活，范仲淹却从不叫苦。他考中进士后，被任命为广德军司理参军，他将母亲接来奉养。调任集庆军节度推官后，就恢复了原来的姓氏，改名为范仲淹。

监泰州西溪盐税，后来升为大理寺丞，移监楚州粮料院，因为母亲去世离职。晏殊知应天府时，听闻范仲淹的名声，召请他来到府学任职。范仲淹上书朝廷请求选择郡守，举荐县令时，斥逐游散懒惰之人，裁汰冗员和不守本分的人，慎重选拔官员，慰抚将帅，这封奏书长达万余字。他为母亲服丧期满后，因为得到晏殊的荐举，担任秘阁校理。他通晓《六经》，长于《易经》，学习经学的人大多向他请教求正，他手持经典给他们讲解，不知疲倦。他曾经拿自己的俸禄供养前来求学的四方游士，自己的几个孩子甚至需要轮换穿一件好衣服才能出门，范仲淹却处之泰然。每当他激动地谈论天下大事时，就奋不顾身，当时士大夫间注重矫正世风，严以律己，崇尚品德节操，就是范仲淹倡导的。

天圣七年，章献太后将在冬至这天接受朝拜，届时仁宗率领文武官员为太后上寿。范仲淹上疏详细论述了这件事，并且说："在内宫侍奉亲长，自有家人的礼仪，但在朝堂上天子和百官站在一起，朝南面礼拜太后，不可以成为后世的礼法。"他还上疏请求章献太后把朝政大权交还仁宗，这道奏疏没有得到答复。不久范仲淹担任河中府通判，又调任陈州通判。当时正在修建太一宫和洪福院，朝廷在陕西征购木材。范仲淹说："昭应宫、寿宁宫毁于火灾，上天的惩戒刚刚过去不久。如今又大兴土木，损耗百姓财产，这不是顺乎人心、合乎天理的事情。应当停止修建寺观，减少平常年份征购木材的数量，从而免除百姓上供木材的积欠。"又说："受到恩宠的人大多由皇宫里直接降敕授官，这不是太平治世的做法。"这些事情虽然没有推行，但仁宗认为范仲淹是忠诚的。

章献太后去世后，范仲淹被召回朝廷担任右司谏。这时上疏议论国事的大臣们大多揭露章献太后听政时的事情，范仲淹说："太后接受先帝遗命，养育保护陛下十几年，应当遮掩她的细小过错，以成全太后的德誉。"仁宗因此诏谕朝廷内外，不要总是谈论太后听政时的事情。当初，章献太后立下遗诰让皇太妃杨氏做皇太后，参与决策军国大事。范仲淹说："太后，是皇帝母亲的称号，自古以来没有因保育皇帝有功就代替皇帝立太后的。如今一位太后去世，又立另一位太后，天下人恐怕要疑心陛下一天也离不开母后的扶助了。"

这一年发生大蝗灾和旱灾，江南路、淮南路、京东路的灾情尤其严重。范仲淹请求朝廷派遣使臣前往灾区巡察，没有得到回复。于是就问仁宗说："宫庭里的人假如半天不吃饭，会怎么样呢？"仁宗脸上流露出难过的神情，便派范仲淹前去安抚江南路、淮南路的受灾地区，范仲淹所到之处开仓救济灾民，并且禁止灾区百姓举行过分的祭祀活动，奏请朝廷免除庐州、舒州上供的折役茶、江南东路的丁口盐钱，并且逐条陈述了匡正朝政弊端的十件事。

碰巧郭皇后被废，范仲淹率领谏官、御史跪伏在阁门前劝谏此事，没有能得到同意。第二天，范仲淹准备留下百官，拜见宰相，在朝廷上再次争辩，他刚走到待漏院，有诏命让他出任睦州知州。过了一年多，调任苏州知州。苏州发大水，民田无法耕种，范仲淹疏凿五条河渠，引导太湖水流入大海，他募人兴修的水利工程，还没有竣工，就调任明州知州，转运使奏请暂留范仲淹以便完成水利工程，朝廷批准了转运使的请求。（范仲淹）升为礼部员外郎、天章阁待制，召回京城，判国子监。转官为吏部员外郎、权知开封府。

当时吕夷简掌理朝政，受到提拔和重用的人大多出自他的门下。范仲淹向仁宗呈上一份《百官图》，指着图上百官的升迁次序说："这样是循序升迁，那样是不合次序的晋升，这样升迁是公道，那样提拔是私意。况且天子近臣的提拔和贬黜，凡是超过规矩制度的，也不应该全部委托给宰相处理。"吕夷简很不高兴。另一天讨论建都的事情，范仲淹说："洛阳地势险要，城池坚固，而汴京是四面攻战之地，太平时天子适宜住在汴京，如果有事一定要居住在洛阳。应该逐渐增加洛阳的储备，修缮那里的宫室。"仁宗问吕夷简，吕夷简说："这是范仲淹迂腐的空论。"范仲淹便又写了四论上奏仁宗，大都是指斥当时的朝政。并且说："汉成帝听信张禹的话，不怀疑母舅家，因而有王莽篡位的灾祸。我担心今天也有张禹那样的人，破坏陛下的家法。"吕夷简愤怒地向仁宗诉苦道："范仲淹离间我们君臣关系，他所任用的人，都是他的同党。"范仲淹对抗之辞也更加急切，因此被罢免天章阁待制而出知饶州。

殿中侍御史韩渎迎合宰相旨意，奏请仁宗将范仲淹同党的姓名写出来，在朝堂上张贴公布。于是秘书丞余靖上奏说："范仲淹因为一句话得罪了宰相，就仓卒间加以贬黜流窜，再说他前次议论有关陛下母子夫妇间的事，陛下都已经宽容了他！我恳请陛下追回并修改前道诏命。"太子中允尹洙上疏自讼和范仲淹是师友关系，而且范仲淹还曾经推荐过自己，愿意和范仲淹一起被降官贬黜。馆阁校勘欧阳修因高若讷身为谏官，坐视范仲淹被贬却不发一言，就写信责备他。因此，这三位都因为范仲淹一案而被贬官。第二年，吕夷简也被罢除宰相职务，从此关于朋党的争论就兴起了。范仲淹离开朝廷后，士大夫们接连不断地替他辩白解释。仁宗对宰相张士逊说："以前贬谪范仲淹，是因为他密奏请求立皇太弟。现在他的同党这样称赞举荐他，怎么办？"再次下诏警告不准结党。

范仲淹知饶州一年多后，调任润州知州，又调任越州知州。赵元昊造反，范仲淹被召回京城担任天章阁待制、出知永兴军，改任陕西都转运使。当时夏竦担任陕西经略安抚、招讨使，朝廷擢升范仲淹为龙图阁直学士以便担任夏竦的副手。吕夷简再次出任宰相，仁宗劝告范仲淹消除当年和吕夷简的怨恨。范仲淹叩头回答说："我从前的论奏都是国家的公事，对于吕夷简个人是没有怨恨的。"

延州周边各寨大多失守，范仲淹主动请求去那里，被升为户部侍郎兼知延州。起初，诏令规定将领分别统领边境军队：总管统领一万人，钤辖统领五千人，都监统领三千人。敌寇来到需要抵御时，官职低的将领首先出击。范仲淹说："战将不选拔适当的人，只凭官阶高低作为出阵的先后次序，这是自取灭亡的办法。"于是他普遍检阅本州厢兵，得到一万八千人，分为六部，每位将领分别统帅三千人，分部训练士兵，依据敌军多少，派遣他们轮流出战对抗敌军。那时塞门、承平各寨已被废弃，范仲淹采纳种世衡的建议，筑起青涧城来阻挡敌军锋芒，大兴营田，而且开放民间贸易，以便边民互通有无。又因百姓远路输纳赋税过于劳苦，他奏请把鄜城县升为军一级的行政单位，让河中府、同州、华州的中下户就近缴纳税租。春夏季节调军队来就地取得给养，可以节约十分之三的买粮开支，其他节省的费用还不计算在内。仁宗诏命该军为康定军。

第二年正月，仁宗诏命陕西各路兵马讨伐西夏，范仲淹说："正月是塞外最冷的时候，我军露野受冻，不如等到春季再深入敌境，敌军人饥马瘦，我军容易控制形势。况且边防守御逐渐加强，我军纪律严明，敌军虽然猖獗，一定已被我军气势所震服了。鄜州、延州邻近灵州、夏州，是西羌族的必经之地。我军只需按兵不动，注意查找他们的破绽，请允许我逐渐用恩惠和信义招纳他们前来归降。不然，情义断绝，我担心罢兵休战遥遥无期了。假如我这个计策没有取得成效，就应当发兵先攻取绥州、宥州，占据要害地区，屯兵营田，作长久打算，那么茶山、横山的百姓一定会带着全族来归顺的。开拓疆土防御敌寇，这是上策。"仁宗全部采纳了他的建议。范仲淹又奏请朝廷修筑承平、永平等营寨，逐渐招募流亡的百姓，加固堡寨屏障，畅通敌情侦察，将十二座旧寨改建为城，于是汉族和羌族的流散百姓相继归来重操旧业。

过了很长一段时间，赵元昊遣还被俘的宋将高延德，用他和范仲淹讲和，范仲淹写信告诫西夏罢兵。碰巧任福在好水川打了败仗，赵元昊给范仲淹复信的语气十分不恭敬，范仲淹当着来使的面烧书信。朝中大臣认为不应擅自和西夏通信，又不应随意把西夏复信烧掉，宋庠奏请处斩范仲淹，仁宗没有听取他的意见。范仲淹被降为户部员外郎、知耀州，调任庆州知州，升阶为左司郎中，任环庆路经略安抚、缘边招讨使。当初，赵元昊造反时，秘密引诱归属宋朝的羌人帮助自己，而环庆路羌人首领六百多人，和元昊相约愿作向导，这项密约不久就败露了。范仲淹因羌人反复无常，一到达辖区就奏请前往边境巡察，他以皇帝诏命的名义犒赏羌族各部，检阅他们的人马，同他们订立条约："如果仇恨已经和解或了断，又擅自进行报复并伤人的，罚一百只羊、两匹马，已经伤人致死的斩首。因负债而引起的诉讼，听任到官府告状理断，擅自扣押捆绑无辜者的，罚五十只羊，一匹马，西夏军马入侵边界时，集合时不随本族前往的人家，每户罚两只羊，扣押他们的首领。敌军大举进犯时，老少自外而入保卫本寨，官府供给粮食；到时不入寨的人家，每家罚两只羊；全族不进寨的，扣押他们的首领。"羌族各部都接受这些条约，从此他们开始为宋朝效命了。

范仲淹改授邠州观察使，上表说："观察使在朝班中的位次在待制之下，我守边数年，羌人对我十分敬服，称我为'龙图老子'，今天退到和王兴、朱观同列，怕被敌军轻蔑。"他辞谢而没有接受这个任命，庆州西北的马铺寨，正对着后桥川口，处在西夏的腹地中。范仲淹想在那里筑城，料定敌军必定会来争夺，秘密派遣儿子范纯祐和少数族将领赵明先行占据这一地区，自己率领军队紧随其后。将领们不清楚行军的目的地，部队行进到柔远寨，才发布筑城的命令，版筑工具都已经准备好了，十天就筑起一座城池，这就是大顺城。敌军发觉之后，派遣三万骑兵来攻，并假装战败逃走，范仲淹下令不得追击，随后知道敌军果然有伏兵。大顺城建成后，白豹城、金汤寨一带的敌军都不敢再来骚扰，对环庆路的入侵从此就更少了。

明珠、灭臧两部族拥有数万强兵，范仲淹听说泾原路宋军将要袭击征讨他们，上奏朝廷说："通往明珠、灭臧两族的道路凶险，不可以攻打他们，前些时候高继嵩的军队已经败亡。这两族平时尚且怀有异心，如今征讨他们，必然和敌军相互勾结，向南侵犯原州，向西骚扰镇戎军，向东进犯环州，边患将没有终止了。如果能够北取细腰、胡芦泉等地并筑起堡垒屏障，以便切断敌军的通路，那么这两族就能安心归附，而环州、镇戎军之间的小路近道也畅通无阻，可以不用担心了。"此后，便筑起细腰、胡芦各寨。

葛怀敏在定川失利，西夏军大肆掠夺到达潘原县一带，关中地区惊恐震动，百姓纷纷逃窜到山谷中去。范仲淹带领军队六千人，从邠州、泾州出发救援泾原路，听说西夏军已经撤出边塞，才带领军队返回。当初，定川战败的消息传到朝廷，仁宗审视地图对身边大臣们说："倘若范仲淹出兵援救，我就没有什么可忧虑的了。"范仲淹出兵救援的奏报一到，仁宗大喜说："我一向知道范仲淹是可以重用的。"擢升范仲淹为枢密直学士、右谏议大夫。范仲淹因这次军队出征没有战功，辞谢不敢接受任命，仁宗没有同意他的意见。

当时已经任命文彦博管辖泾原路，仁宗认为泾原路在战争中深受创伤，打算让文彦博和范仲淹对调辖区，派王怀德去传达这件事。范仲淹辞谢说："泾原路的地位重要，只怕我不足以担起这路的责任。请让我和韩琦一同筹划泾原路的事务，并且一起在泾州驻扎。韩琦兼管秦凤路。我兼管环庆路。泾原路有警报，我和韩琦联合秦凤、环庆两路兵马，形成犄角之势进攻敌军；倘若秦凤路、环庆路有警报，我也可以带领泾原路的军队去做援军。我应当和韩琦一起训练士兵，选用将才，逐渐收复横山，以切断敌人的臂膀，不出数年时间，可以期望边患平定了。我希望陛下降诏任用庞籍兼领环庆路统帅，以便形成首尾呼应的态势。秦州委派文彦博负责，庆州任用滕宗谅总领事务。孙沔也是合适人选。渭州，有一员武将管理就足够了。"仁宗听取了他的建议，恢复设立陕西路安抚、经略、招讨使，让范仲淹、韩琦、庞籍分领职事。范仲淹和韩琦在泾州设立帅府，而将文彦博调到秦州做统帅，滕宗谅调到庆州做统帅，张亢在渭州担任统帅。

范仲淹做将领，号令清楚，爱护军兵，对于前来归附的各部羌人，能诚恳接纳不怀疑，因此西夏军也不敢轻易进犯他统辖的地区。元昊请求议和，范仲淹被召回朝廷担任枢密副使。王举正胆怯不敢直言不能胜任职事，谏官欧阳修等人说范仲淹具有宰相之才，请求仁宗罢免王举正而任用范仲淹，于是范仲淹改任参知政事。范仲淹说："执政官可以通过谏官的几句话就得到吗？"他坚决辞谢不肯接受任命，希望和韩琦一起出京巡视边防。任命他为陕西宣抚使，还没有出发，又被任用为参知政事。恰逢王伦入侵淮南路，州县官吏中有不能守卫城池的，朝廷准备调查核实后处死他们。范仲淹说："平日忌讳讲究武备，贼寇来到时却专一责令州县官吏以死殉职，应该吗？"未能坚守城池的州县官吏都没有被处死。

仁宗正急于实现太平，多次征询当世急需办理的大事，范仲淹对人说："陛下对我信用至极，不过做事总有先后，长期安定局面所带来的弊病，不是一朝一夕就能够革除的。"仁宗再次赐给他亲笔写的诏书，又因为这件事打开天章阁，将二府大臣召来按条奏对，范仲淹惶恐不安，退朝回家后就上奏十件事：

一是严明官吏升降制度。二州府官员没有大功劳和完美品德的人不得升迁，朝廷内外官员必须在职任满三年，在京城各个部门任职的官员倘若不是通过选任和保举而得官的，必须累计任满五年，才能得到升迁，这差不多算是考核官吏政绩的方法吧。二是抑制侥幸。取消乾元节给少卿、监以上官员的恩惠；正郎以下如监司官、边远地区的文官，必须在职任满两年，才可以享受恩荫任子；大臣不得举荐自己的子弟担任馆阁职务，这样任子制度就不会出现冗滥了。三是严密贡举制度。进士、诸科考试时请废黜将试卷姓名封起的糊名法，结合考察操行，将没有缺陷的人的姓名上报朝廷。进士先考策论，后考诗赋，诸科录取兼通经旨大义的人。赐第以上的高等人，都由皇帝裁决宣布。其余优等的人免除吏部铨选直接注册授官，再次一等的人由本科发给凭证后等候吏部铨选。这样进士考试的方法，便能够就其名而求其实了。四是拣选地方长官。委托中书省、枢密院首先选任转运使、提点刑狱、大州郡的知州：其次委任两制、三司、御史台、开封知府、各路监司长官荐举的知州、通判：知州、通判荐举的知县、县令。限制各级官员举荐的人数，在有很多人举荐的被荐举人中，由中书挑选授官。这样刺史、县令，就可以获得称职的人选了。五是均公田。外官的廪食供给不均，怎能要求他们推行善政呢？请朝廷均衡他们的职田收入，按等级分给他们职田，使他们能有足够的衣食来养活自己，然后朝廷才可以要求他们为政廉洁奉公，对违法的官员就可以惩办或撤职了。六是重视农桑生产。每年预先给各路转运司下达诏书，要他们督促官吏向百姓陈说农田利害，堤堰河渠、陂塘等水利工程，由州县选派官员治理。制定奖励和考核制度以便大兴农利。减省漕运的费用。江南路的圩田，浙西路的河塘，已经毁坏废弃的可以兴修恢复。七是整治军备。大体按照府兵制度，募集京畿及其附近州郡的强壮男子充当卫士，用来辅助正规军。一年之中三个季度务农，一个季度训练备战，可以节省国家供养军队的费用。京畿及其附近州郡有了完备的制度，然后各路仿效推广。八是落实朝廷的恩泽和信义。敕令内宣布的恩泽有所施行，而主管部门拖延施行敕令或违反敕令的，要依法从重处理；另外，派遣使臣前往各州检查那些应当施行的恩泽是否得到落实。这样各处就没有搁置陛下恩泽的官员了。九是慎重发布朝廷命令。法度要取信于民，现在一项政令颁布不久，很快就加以变更改动了。请让掌管政事的大臣讨论出可以长久推行的法令，删去冗杂多余的部分，裁定为皇帝的制书敕令颁布下去，这样朝廷的命令就不至于多次变更了。十是减轻徭役。现在州县户口减少，可是对官府的供给却更加繁重，应当将户口少的县改为镇，把各州军的使院和州院合并为一院，职官厅的白直人等所服杂役，可以让州兵担任，凡不应该服役的人全部放回农村，这样百姓便没有了因重役困扰而产生的忧愁了。

仁宗正专意宠信范仲淹，全部采用了这些建议，凡适合立为法令的，便用诏书统一颁布下去；只有府兵制度，大家认为不能施行而作罢。

范仲淹又建议说："周代的制度，三公分别兼任六官的职务，汉代是用三公分别管辖六卿职事，唐代是让宰相分别兼判六曹事务。现在的中书，就是古代天官卿冢宰，枢密院，就是古代的夏官卿司马；其余四官负责的职事现在分散给众多的官吏办理，三公已经没有兼掌大权的重任了。而现在的二府只是在草拟授官文书时，按照资历级别，讨论赏罚时，负责检用现成条例罢了。上没有三公讲论天下治道的重任，下没有六卿辅助君王的职责，这不是治国的正道。我请求仿照前代的制度，将三司、司农寺、审官院、流内铨、三班院、国子监、太常寺、刑部、审刑院、大理寺、群牧司、殿前马步军司这些机构的职事，分别委派给宰辅大臣兼判。凡属官吏擢升黜降、刑法加重减轻、事情有关利害关系的，都听任宰辅大臣全权处理；其中事关重大的，由二府大臣共同讨论并奏请皇帝裁定。我请求兼领军事和财赋方面的职事，倘若对职事没有裨益，请将我先贬官罢免。"宰相章得象等人都说范仲淹的建议无法实行。很久以后，才任命参知政事贾昌朝兼领农田方面的事务，范仲淹兼领刑法方面的事务，可是最终都没有实行。

当初，范仲淹因触犯了吕夷简，被放逐在外多年，士大夫们坚持争论他们两人的是非曲直，互相指斥对方是朋党。等到陕西一带发生战争，仁宗因为看到范仲淹众望所归，便提拔重用他。等到吕夷简罢相，朝廷召回范仲淹，依靠他来处置国事，朝廷内外都希望他能建功立业。而范仲淹本人也将治理天下作为己任，他裁抑侥幸，削减冗滥，考核官吏，日夜思虑谋划以便实现太平世界。然而他的改革不是逐步推行，改革的规模过于浩大，评论者认为无法推行。等到按察使出巡，许多问题被揭发检举出来之后，人们心里十分不高兴，自任子的恩荫减损，磨勘制度的严密，希图侥幸的人深感不便，于是毁谤的言论渐渐传播，而指责范仲淹等是朋党的议论也逐渐传到了仁宗耳中。

适逢边境报警，范仲淹就和枢密副使富弼请求去巡察边防。于是，任用范仲淹为河东、陕西宣抚使，赐给他一百两黄金，他全部分赠给守边的将领。麟州新最受到了大规模的侵扰，进言的人大多请求放弃麟州，范仲淹却整修旧寨，招回流亡的百姓三千多户，免除他们的赋税，废止当地官府酒类专卖，准许百姓卖酒，他又奏请朝廷免除府州商税，于是黄河以外地区安定下来。范仲淹离开朝廷后，反对他的人加紧了对他的攻击，范仲淹自己也请求罢免参知政事职务，这样他被任命为资政殿学士、陕西四路安抚使、知邠州。他在中书时所推行的政策也逐渐被废止了。

范仲淹因病请求知邓州，被擢升为给事中，调任荆南知府时，邓州百姓拦住使者请求范仲淹留任，范仲淹也愿意继续留在邓州，朝廷答应了他的请求。不久调任知杭州，再擢升为户部侍郎，又调任知青州。正好遇到他的病情加重，他奏请知颍州，还没到任便去世了，终年六十四岁。朝廷赠他为兵部尚书，谥号文正。当初，范仲淹生病期间，仁宗经常派使臣去赐给他药物并慰问他。他死后，仁宗悲伤了很长时间。又派遣使臣前往他家中慰问，范仲淹安葬以后，仁宗亲自在他的墓碑头上书写了“褒贤之碑”四个字。

范仲淹内心刚强，外表温和，天性非常孝顺父母，可惜母亲在世时他正贫困，后来虽然富贵了，没有宾客时仍不吃两样肉菜，妻子儿女的衣食，也仅够自己吃穿。但是他乐意把自己的钱财送给他人，在家乡设立义庄，用来赡养本族的穷人。他博爱众人，乐于行善，当时的读书人很多出自他的门下，即使是城乡的普通百姓，也都能说出他的名字。他去世的时候，各地听闻死讯的人，都为他叹息。他处置政务崇尚忠厚，所到之处多有恩德，邠、庆两州的百姓和归附宋朝的羌人，都画了他的肖像并建立生祠来纪念他。等到他去世的时候，羌族大小首领几百人，像父亲去世一样为他痛哭，斋祭了三天才散去。范仲淹有四个儿子：范纯祐、范纯仁、范纯礼、范纯粹。

第十五册

高山 主编

二十四史

光明日报出版社

目 录

宋 史

辽 史

金 史

宋史卷三百一十六

包拯列传第七十五

包拯字希仁，庐州合肥人也。始举进士，除大理评事，出知建昌县。以父母皆老，辞不就。得监和州税，父母又不欲行，拯即解官归义。后数年，亲继亡，拯庐墓终丧，犹徘徊不忍去，里中父老数来劝勉。久之，赴调，知天长县。有盗割人牛舌者，主来诉。拯曰："第归，杀而鬻之。"寻复有来告私杀牛者，拯曰："何为割牛舌而又告之？"盗惊服。徙知端州，迁殿中丞。端土产砚，前守缘贡，率取数十倍以遗权贵。拯命制者才足贡数，岁满不持一砚归。

寻拜监察御史里行，改监察御史。时张尧佐除节度、宣徽两使，右司谏张择行、唐介与拯共论之，语甚切。又尝建言曰："国家岁赂契丹，非御戎之策，宜练兵选将，务实边备。"又请重门下封驳之制，及废锢赃吏，选守宰，行考试补荫弟子之法。当时诸道转运加按察使，其奏劾官吏多摭细故，务苛察相高尚，吏不自安，拯于是请罢按察使。

去使契丹，契丹令典客谓拯曰："雄州新开便门，乃欲诱我叛人，以刺疆事耶？"拯曰："涿州亦尝开门矣，刺疆事何必开便门哉？"其人遂无以对。

历三司户部判官，出为京东转运使，改尚书工部员外郎、直集贤院，徙陕西，又徙河北，入为三司户部副使。秦陇斜谷务造船材木，率课取于民；又七州出赋河桥竹索，恒数十万，拯皆奏罢之。契丹聚兵近塞，边郡稍警，命拯往河北调发军食。拯曰："漳河沃壤，人不得耕，邢、洺、赵三州民田万五千顷，率用牧马，请悉以赋民。"从之。解州盐法率病民，拯往经度之，请一切通商贩。

除天章阁待制、知谏院。数论斥权幸大臣，请罢一切内除曲恩。又列上唐魏郑公三疏，愿置之坐右，以为龟鉴。又上言天子当明听纳，辨朋党，惜人才，不主先入之说，凡七事；请去刻薄，抑侥幸，正刑明禁，戒兴作，禁妖妄。朝廷多施行之。

除龙图阁直学士、河北都转运使。尝建议无事时徙兵内地，不报。

至是，请："罢河北屯兵，分之河南兖、郓、齐、濮、曹、济诸郡，设有警，无后期之忧。借曰戍兵不可遽减，请训练义勇，少给糇粮，每岁之费，不当屯兵一月之用，一州之赋，则所给者多矣。"不报。徙知瀛州，诸州以公钱贸易，积岁所负十余万，悉奏除之。以丧子乞便郡，知扬州，徙庐州，迁刑部郎中。坐失保任，左授兵部员外郎、知池州。

复官，徙江宁府，召权知开封府，迁右司郎中。拯立朝刚毅，贵戚宦官为之敛手，闻者皆惮之。人以包拯笑比黄河清，童稚妇女，亦知其名，呼曰"包待制"。京师为之语曰："关节不到，有阎罗包老。"旧制，凡讼诉不得径造庭下。拯开正门，使得至前陈曲直，吏不敢欺。中官势族筑园榭，侵惠民河，以故河塞不通，适京师大水，拯乃悉毁去。或持地券自言有伪增步数者，皆审验劾奏之。

迁谏议大夫、权御史中丞。奏曰："东宫虚位日久，天下以为忧，陛下持久不决，何也？"仁宗曰："卿欲谁立？"拯曰："臣不才备位，乞豫建太子者，为宗庙万世计也。陛下问臣欲谁立，是疑臣也。臣年七十，且无子，非邀福者。帝喜曰："徐当议之。"请裁抑内侍，减节冗费，条责诸路监司，御史府得自举属官，减一岁休暇日，事皆施行。

张方平为三司使，坐买豪民产，拯劾奏罢之；而宋祁代方平，拯又论之；祁罢，而拯以枢密直学士权三司使。欧阳修言："拯所谓牵牛蹊田而夺之牛，罚已重矣，又贪其富，不亦甚乎！"拯因家居避命，久之乃出。其在三司，凡诸管库供上物，旧皆科率外郡，积以困民。拯特为置场和市，民得无扰。吏负钱帛多缧系，间辄逃去，并械其妻子者，类皆释之。迁给事中，为三司使。数日，拜枢密副使。顷之，迁礼部侍郎，辞不受，寻以疾卒，年六十四。赠礼部尚书，谥孝肃。

拯性峭直，恶吏苛刻，务敦厚，虽甚嫉恶，而未尝不推以忠恕也。与人不苟合，不伪辞色悦人，平居无私书，故人、亲党皆绝之。虽贵，衣服、器用、饮食如布衣时。尝曰："后世子孙仕宦，有犯赃者，不得放归本家，死不得葬大茔中。不从吾志，非吾子若孙也。"初，有子名繶，娶崔氏，通判潭州，卒。崔守死，不更嫁。拯尝出其媵，在父母家生子，崔密抚其母，使谨视之。繶死后，取媵子归，名曰綖。有奏议十五卷。

【译文】

包拯，字希仁，是庐州合肥人。刚中进士时，朝廷授他大理评事，

迴避

让他担任建昌县知县。他因为自己父母都已年老，辞谢没有就职。又得到监和州税的差事，包拯的父母还是不愿意他离开家乡，他就辞官回乡侍奉双亲。过了几年，父母相继去世，他在父母的墓旁建起茅屋守丧直到期满，仍然在墓旁徘徊不忍离去，乡里的父老多次来安慰劝勉他。过了很长的时间，包拯听从调遣，担任天长县知县。有人偷偷把别人耕牛的舌头割掉，耕牛的主人来到县衙告状。包拯对牛主人说："你立即回去，将牛杀掉卖肉。"不久就有人前来告发牛主人私自宰杀耕牛。包拯对这个人说："你为什么要割掉别人耕牛的舌头而又来告发别人呢？"这个盗贼大吃一惊，认了罪。包拯调任端州知州，并升迁为殿中丞。端州的特产是砚台，从前的知州总是以进贡端砚为名，敛取几十倍于进贡定额的砚台，用来送给朝廷的权贵。包拯下令只制作刚够进贡之数的砚台，他任职期满离开端州时没有带走一块砚台。

不久包拯被任命为监察御史里行，后改任监察御史。当时张尧佐被授予节度使、宣徽使两种官职，右司谏张择行、唐介和包拯一起议论这件事，言语激切。他又曾经建议说："国家年年给契丹送财物，这不是抵御契丹的办法，应当训练士兵，选拔将才，大力充实边境的防御力量。"又请求重视门下省封还和驳正诏命的制度，以及罢免、禁锢贪官污吏，选任地方长官，推行考试官员子弟恩荫补官的办法。当时各路转运使兼任按察使，他们上奏弹劾官吏大多是收集这些官吏的细小过失，力求用苛刻的审查来标榜自己的高尚，使州县官吏惴惴不安，于是包拯请求废除按察使。

包拯奉命出使契丹，契丹命令典客对包拯说："雄州新开了一座便门，是否打算引诱我国的叛徒，用来侦察我国边境机密？"包拯回答说："涿州也曾开过便门，刺探边境机密又何须开便门呢？"于是那个典客无言以对。

包拯担任三司户部判官后，出任京东转运使，又改任尚书工部员外郎、直集贤院，调任陕西转运使，再调任河北转运使，入朝担任三司户部副使。秦陇斜谷务造船所选用的木材物料，全部作为课税取自百姓；还有七个州要缴纳河桥竹索的税钱，通常达到几十万缗，包拯都奏明仁宗予以废除。契丹在靠近宋朝边境要塞的地方聚集军队，边境州县逐渐出现紧张气氛。朝廷命令包拯往河北调运军粮。包拯说："漳河附近土地肥沃，而百姓却不能耕种，邢州、洺州、赵州三州的一万五千顷民田，都用来牧马，请朝廷全部分给百姓耕种交租。”朝廷采纳了他这个建议。解州的盐法总是侵害百姓，包拯前往那里经营规划，请求一切通商，禁止官府专卖。

包拯担任天章阁待制、知谏院。多次评论斥责仁宗亲近的权贵宠臣，请求废除一切皇帝从内廷而不经过有关机构下发的恩命。又分别上奏唐朝魏征的三道奏疏，希望仁宗能把它放在座右，作为龟鉴。还上书仁宗，指出天子应当明于听取采纳正确的见解，辨别朋党，爱惜人才，不要有先入为主的看法等七件事；同时请求仁宗清除刻薄之人，抑制侥幸之辈，纠正刑法中的过失，申明禁令，不要大兴土木，禁止妖言惑众的不法活动。这些建议大多被朝廷采纳实行。

包拯担任龙图阁直学士、河北都转运使。曾经建议边境没有事情的时候将军队调往内地，没有得到答复。到这时，包拯请求：“取消河北的屯兵，将军队分别调到河南的兖、郓、齐、濮、曹、济等州，即使遇有紧急情况，也不会有误期的忧虑。如果说边境驻军无法大量减少，那么请训练义勇，少许供应他们点干粮，每年的花费不到屯驻部队一个月的费用，这样一个州的财赋，能够供给的部队就多了。”还是没有得到回复。调任瀛州知州，各州都拿公家的钱从事贸易，多年来亏损了十多万贯，包拯上奏全部免除了这笔钱款。包拯因为儿子去世请求在家乡附近的州郡任职，朝廷任命他为扬州知州，调任庐州知州，迁刑部郎中。因为保举人失误，降为兵部员外郎、池州知州。

包拯复官刑部郎中，调任江宁府知府。奉诏入京权知开封府，升迁为右司郎中。包拯在朝为人坚毅刚强，皇亲贵戚、内侍宦官因而有所收敛，听到他名字的人都感到恐惧。人们将包拯笑比作难以见到的黄河清，儿童妇女也都知晓包拯的名字，称呼他为“包待制”。京城里流传着这样的话：“关节不到，有阎罗包老。”过去制度规定，凡是打官司的人，不能直接到官衙庭下投诉。包拯大开开封府衙正门，使告状的人可以直接来到官衙陈述案情的是非曲直，这样府吏不敢从中欺瞒。宦官和势家大族修建园第亭榭时，侵占了惠民河岸边土地，因而造成河道堵塞不通，适逢京城发大水，包拯下令将这些建筑全部拆除。有人拿着地契说上面写明宅基地就是这样，实际是弄虚作假增大了土地面积，包拯全都查明验实，上奏弹劾他们弄虚作假的行为。

包拯升任谏议大夫、权御史中丞。上奏说：“东宫太子的位置空缺已经很长时间了，天下人为此十分忧虑，陛下长期不作立太子的决定，是因为什么呢？”仁宗说：“你看应当立谁为太子？”包拯回答说：“我凭低下的才智供职朝廷，所以恳请预先确立太子，是替大宋江山千秋万世考虑。陛下问我谁能够立为太子，是怀疑我了。我已经七（应是六）十岁了，而且没有儿子，并不谋求日后的富贵。”仁宗高兴地说：“这件事还是慢慢再商议。”包拯请求裁减和抑制宦官，节省不必要的开支，按条文要求各路监司尽职尽责，御史府可以自行荐举所属官吏，减少一年的休假日，这些建议都得到了施行。

张方平担任三司使，因为买豪民的产业，包拯上奏弹劾，朝廷免除了张方平的三司使职务；宋祁接替张方平后，包拯又上疏抨击；宋祁也被罢职，而后朝廷任命包拯凭枢密直学士的身份代理三司使。欧阳修说：“包拯这样做好比有人牵牛踩了别人的田，别人就将他的牛夺为已有，惩罚已经很重了，还要贪图他的富有，这不是太过份了么！”包拯因此在家回避任命，过了很长时间才就职。包拯在三司时，发现凡是仓库里供应皇宫的物品，过去都是摊派到外地州县，加重了百姓负担，包拯特地设立场务机构向百姓购买这些物品，使百姓没有了这项困扰。亏空了钱帛的三司属吏大多被关押起来，其间有些人逃跑了，就将他们的妻子儿女关押起来，凡是这类人，包拯都把他们释放了。升为给事中，担任三司使。几天后，被任命为枢密副使。不久，升为礼部侍郎，包拯辞谢不接受任命，很快便因病去世，终年六十四岁。朝廷追赠他为礼部尚书，谥号孝肃。

包拯性格刚直严峻，痛恶官吏苛刻，做事力求宽厚诚朴，虽然嫉恶如仇，然而总是用忠恕之道待人，和人交往不随意附和，不用虚伪的言辞和笑脸取悦于人。平时没有私人信件往来。和朋友、亲戚都断绝了来往。虽然身居高位，但衣服、器用、饮食和没有做官时一样。他曾经说：“我的后代子孙做官，如果有犯贪污罪的，不准放他进入家门，死后也不准埋入我家的墓地里。不遵从我的这个意愿，就不是我的子孙。”起初，包拯有个儿子名叫包繶，娶妻崔氏，担任潭州通判，已死。崔氏守节到死，没有改嫁。包拯曾经逐走一位偏房，这位小妾在自己父母家中生了一个儿子。崔氏秘密供养孩子的母亲，请她仔细照看孩子，包繶死后，就将小妾生的儿子接回来，取名叫包綖。包拯有奏议十五卷。

宋史卷三百一十九

欧阳修列传第七十八

欧阳修字永叔，庐陵人。四岁而孤，母郑守节自誓，亲诲之学，家贫，至以荻画地学书。幼敏悟过人，读书辄成诵。及冠，嶷然有声。宋兴且百年，而文章体裁，犹仍五季余习。锼刻骈偶，淟涊弗振，士因陋守旧，论卑气弱。苏舜元舜钦、柳开、穆修辈，咸有意作而张之，而力不足。修游随，得唐韩愈遗稿于废书簏中，读而心慕焉。苦志探赜，至忘寝食，必欲并辔绝驰而追与之并。

举进士，试南宫第一，擢甲科，调西京推官。始从尹洙游，为古文，议论当世事，迭相师友，与梅尧臣游，为歌诗相倡和，遂以文章名冠天下。入朝，为馆阁校勘。

范仲淹以言事贬，在廷多论救，司谏高若讷独以为当黜。修贻书责之，谓其不复知人间有羞耻事。若讷上其书，坐贬夷陵令，稍徙乾德令、武成节度判官。仲淹使陕西，辟掌书记。修笑而辞曰："昔者之举，岂以为己利哉？同其退不同其进可也。"久之，复校勘，进集贤校理。庆历三年，知谏院。

时仁宗更用大臣，杜衍、富弼、韩琦、范仲淹皆在位，增谏官员，用天下名士，修首在选中。每进见，帝延问执政，咨所宜行。既多所张弛，小人翕翕不便。修虑善人必不胜，数为帝分别言之。

初，范仲淹之贬饶州也，修与尹洙、余靖皆以直仲淹见逐，目之曰"党人"。自是，朋党之论起，修乃为《朋党论》以进。其略曰：君子以同道为朋，小人以同利为朋，此自然之理也。臣谓小人无朋，惟君子则有之。小人所归者利禄，所贪者财货，当其同利之时，暂相党引以为朋者，伪也。及其见利而争先，或利尽而反相贼害，虽兄弟亲戚，不能相保，故曰小人无朋。君子则不然，所守者道义，所行者忠信，所惜者名节。以之修身，则同道而相益，以之事国，则同心而共济，终始如一，故曰：惟君子则有朋。纣有臣亿万，惟亿万心，可谓无朋矣，而纣用以亡。武王有臣三千，惟一心，可谓大朋矣，而周用以兴。盖君子之朋，虽多而不厌故也。故为君但当退小人之伪朋，用君子之真朋，则天下治矣。”

修论事切直，人视之如仇，帝独奖其敢言，面赐五品服。顾侍臣曰：“如欧阳修者，何处得来？”同修起居注，遂知制诰。故事，必试而后命，帝知修，诏特除之。

奉使河东。自西方用兵，议者欲废麟州以省馈饷。修曰：“麟州天险不可废，废之，则河内郡县，民皆不安居矣。不若分其兵，驻并河内诸堡，缓急得以应援，而平时可省转输，於策为便。”由是州得存。又言：“忻、代、岢岚多禁地废田，愿令民得耕之，不然，将为敌有。”朝廷下其议，久乃行，岁得粟数百万斛。凡河东赋敛过重民所不堪者，奏罢十数事。

使还，会保州兵乱。以为龙图阁直学士、河北都转运使。陛辞，帝曰：“勿为久留计，有所欲言，言之。”对曰：“臣在谏职得论事，今越职而言，罪也。”帝曰：“第言之，毋以中外为间。”贼平，大将李昭亮、通判冯博文私纳妇女，修捕博文系狱，昭亮惧，立出所纳妇。兵之始乱也，招以不死，既而皆杀之，胁从二千人，分禁诸郡。富弼为宣抚使，恐后生变，将使同日诛之，与修遇于内黄，夜半，屏人告之故。修曰：“祸莫大于杀已降，况胁从乎？既非朝命，脱一郡不从，为变不细。”弼悟而止。

方是时，杜衍等相继以党议罢去，修慨然上疏曰：“杜衍、韩琦、范仲淹、富弼，天下皆知其有可用之贤，而不闻其有可罢之罪。自古小人谗害忠贤，其说不远。欲广陷良善，不过指为朋党，欲动摇大臣，必须诬以颛权，其故何也？去一善人，而众善人尚在，则未为小人之利；欲尽去之，则善人少过，难为一一求瑕，唯指以为党，则可一时尽逐。至如自古大臣，已被主知而蒙信任，则难以他事动摇，唯有颛权是上之所恶，必须此说，方可倾之。正士在朝，群邪所忌，谋臣不用，敌国之福也。今此四人一旦罢去，而使群邪相贺于内，四夷相贺于外，臣为朝廷惜之。”于是邪党益忌修，因其孤甥张氏狱傅致以罪，左行知制诰、知滁州。居二年，徙扬州、颍州。复学士，留守南京，以母忧去。服除，召判流内铨，时在外十一年矣。帝见其发白，问劳甚至。小人畏修复用，有诈为修奏，乞澄汰内侍为奸利者。其群皆怨怒，谮之，出知同州，帝纳吴充言而止。迁翰林学士，俾修《唐书》。奉使契丹，其主命贵臣四人押宴，曰：“此非常制，以卿名重故尔。”知嘉佑二年贡举。时士子尚为险怪奇涩之文，号“太学体”，修痛排抑之，凡如是者辄黜。毕事，向之嚣薄者伺修出，聚譟于马首，街逻不能制；然场屋之习，从是遂变。

加龙图阁学士、知开封府，承包拯威严之后，简易循理，不求赫赫名，京师亦治。旬月，改群牧使。《唐书》成，拜礼部侍郎兼翰林侍读学士。修在翰林八年，知无不言。河决商胡，北京留守贾昌朝欲开横垅故道，回河使东流。有李仲昌者，欲导入六塔河，议者莫知所从。修以为：“河水重浊，理无不淤，下流既淤，上流必决。以近事验之，决河非不能力塞，故道非不能力复，但势不能久耳。横垅功大难成，虽成将复决。六塔狭小，而以全河注之，滨、棣、德、博必被其害。不若因水所趋，增堤峻防，疏其下流，纵使入海，此数十年之利也。”宰相陈执中主昌朝，文彦博主仲昌，竟为河北患。台谏论执中过恶，而执中犹迁延固位。修上疏，以为“陛下拒忠言，庇愚相，为圣德之累”。未几，执中罢。狄青为枢密使，有威名，帝不豫，讹言籍籍，修请出之于外，以保其终，遂罢知陈州。修尝因水灾上疏曰：“陛下临御三纪，而储宫未建。昔汉文帝初即位，以群臣之言，即立太子，而享国长久，为汉太宗。唐明宗恶人言储嗣事，不肯早定，致秦王之乱，宗社遂覆。陛下何疑而久不定乎？”其后建立英宗，盖原于此。

五年，拜枢密副使。六年，参知政事。修在兵府，与曾公亮考天下兵数及三路屯戍多少、地理远近，更为图籍。凡边防久缺屯戍者，必加搜补。其在政府，与韩琦同心辅政。凡兵民、官吏、财利之要，中书所当知者，集为总目，遇事不复求之有司。时东宫犹未定，与韩琦等协定大议。英宗以疾未亲政，皇太后垂帘，左右交构，几成嫌隙。韩琦奏事，太后泣语之故。琦以帝疾为解，太后意不释，修进曰：“太后事仁宗数十年，仁德著于天下。昔温成之宠，太后处之裕如；今母子之间，反不能容邪？”太后意稍和，修复曰：“仁宗在位久，德泽在人。故一日晏驾，天下奉戴嗣君，无一人敢异同者。今太后一妇人，臣等五六书生耳，非仁宗遗意，天下谁肯听从。”太后默然，久之而罢。

修平生与人尽言无所隐。及执政，士大夫有所干请，辄面谕可否，虽台谏官论事，亦必以是非诘之，以是怨诽益众。帝将追崇濮王，命有司议，皆谓当称皇伯，改封大国。修引《丧服记》，以为：“‘为人后者，为其父母报。’降三年为期，而不没父母之名，以见服可降而名不可没也。若本生之亲，改称皇伯，历考前世，皆无典据。进封大国，则又礼无加爵之道。故中书之议，不与众同。”太后出手书，许帝称亲，尊王为皇，三夫人为后。帝不敢当。于是御史吕诲等诋修主此议，争论不已，皆被逐。惟蒋之奇之说合修意，修荐为御史，众目为奸邪。之奇患之，则思所以自解。修妇弟薛宗孺有憾于修，造帷薄不根之谤摧辱之，展转达于中丞彭思永，思永以告之奇，之奇即上章劾修。神宗初即位，欲深谴修。访故宫臣孙思恭，思恭为辨释，修杜门请推治。帝使诘思永、之奇，问所从来，辞穷，皆坐黜。修亦力求退，罢为观文殿学士、刑部尚书、知亳州。明年，迁兵部尚书、知青州，改宣徽南院使、判太原府。辞不拜，徙蔡州。

修以风节自持，既数被汗蔑，年六十，即连乞谢事，帝辄优诏弗许。及守青州，又以请止散青苗钱，为安石所诋，故求归愈切。熙宁四年，以太子少师致仕。五年，卒，赠太子太师，谥曰文忠。

修始在滁州，号醉翁，晚更号六一居士。天资刚劲，见义勇为，虽机阱在前，触发之不顾。放逐流离，至于再三，志气自若也。方贬夷陵时，无以自遣，因取旧案反复观之，见其枉直乖错不可胜数，于是仰天叹曰：“以荒远小邑，且如此，天下固可知。”自尔，遇事不敢忽也。学者求见，所与言，未常及文章，惟谈吏事，谓文章止于润身，政事可以及物。凡历数郡，不见治迹，不求声誉，宽简而不扰，故所至民便之。或问：“为政宽简，而事不弛废，何也？”曰：“以纵为宽，以略为简，则政事弛废，而民受其弊。吾所谓宽者，不为苛意；简者，不为繁碎耳。”修幼失父，母常谓曰：“汝父为吏，常夜烛治官书，屡废而叹。吾问之，则曰：‘死狱也，我求其生，不得尔。’吾曰：‘生可求乎？’曰：‘求其生而不得，则死者与我皆无恨。夫常求其生，犹失之死，而世常求其死也。’其平居教他子弟，常用此语，吾耳熟焉。”修闻而服之终身。

为文天才自然，丰约中度。其言简而明，信而通，引物连类，折之于至理，以服人心。超然独惊，众莫能及，故一下翕然师尊之。奖引后进，如恐不及，赏识之下，率为闻人。曾巩、王安石、苏洵、洵子轼辙，布衣屏处，未为人知，修即游其声誉，谓必显于世。笃于朋友，生则振掖之，死则调护其家。

好古嗜学，凡周、汉以降金石遗文、断编残简，一切掇拾，研稽异同，立说于左，的的可表证，谓之《集古录》。奉诏修《唐书》纪、志、表，自撰《五代史记》，法严词约，多取《春秋》遗旨。苏轼叙其文曰：

“论大道似韩愈，论事似陆贽，记事似司马迁，诗赋似李白。”识者以为知言。

论曰：三代而降，薄乎秦、汉，文章虽与时盛衰，而蔼如其言，晔如其光，皦如其音，盖均有先王之遗烈。涉晋、魏而弊，至唐韩愈氏振起之。唐之文，涉五季而弊，至宋欧阳修又振起之。挽百川之颓波，息千古之邪说，使斯文之正气，可以羽翼大道，扶持人心，此两人之力也。愈不获用，修用矣，亦弗克究其所为，可为世道惜也哉！

【译文】

欧阳修，字永叔，庐陵（今江西吉安）人。四岁时父亲就去世了，母亲郑氏，立誓守节，亲自教导儿子读书，家境贫困，以至用芦管当笔在地上描画着学习写字。欧阳修自幼就聪敏颖悟，超过常人，书读过就能熟记背诵。一到成年，就有了很高的声望。宋代立国将近百年，但文章的体裁，还是依然沿袭着五代的风气。文人们刻镂雕琢的都是骈偶之文，文坛污浊，文风不振，读书人因循陋习，墨守成规，评论卑下，气调柔弱。苏舜元、苏舜钦兄弟、柳开、穆修等人，都有意振作张扬正气，但力量不足。欧阳修游历随州（今属湖北），在废书篓中得到了唐朝韩愈的遗稿，读后万分欣慕。于是就苦心孤诣地探幽索隐，以至废寝忘食，他决心要同韩愈并驾齐驱，比肩齐名。

中进士，得南宫殿试第一，被选拔为甲科，调任西京推官。开始和尹洙交游，和尹洙一起写作古文，议论当朝时政，互相都把对方看成自己的教师和朋友，又同梅尧臣交往，相互作诗唱和，就这样，欧阳修凭着他的文章名满天下。不久，选进朝廷，为馆阁校勘。

范仲淹因为议论政事被贬了官，朝廷中很多官员都议论相救，只有司谏高若讷一个人认为范仲淹当贬。欧阳修就写了封信责备他，指责他不复知人间还有羞耻事。高若讷把欧阳修写给他的信送给了皇上，欧阳修因此获罪，被贬为夷陵（今湖北宜昌）县令，不久又迁为乾德（今湖北光化）县令、武成（今河南滑县）节度判官。范仲淹出使陕西，征辟欧阳修执掌书记。欧阳修笑着推辞说：“从前我所以那样做，难道是为自己的私利吗？还是同其退不同其进较好吧。”过了很久，朝廷又恢复了他的校勘职务，并被进举为集贤院校理。宋仁宗庆历三年（1043），主持谏院。

当时仁宗皇帝更换大臣，杜衍、富弼、韩琦、范仲淹都做了朝廷大臣，仁宗还决定增加谏官，起用天下名士，欧阳修第一个在被选之列。每次进见，仁宗都要征求每个大臣的意见，询问他们应该做些什么。因为朝中兴废的事多了，小人们的聚合趋附感到了很多的不便。欧阳修考虑到正直的好人必然不会得胜，多次向仁宗分别谈了自己的看法。

当初，范仲淹被贬饶州（治所在今江西波阳），欧阳修和尹洙、余靖都因为替范仲淹辩白伸冤而被逐，且被看成“党人”。从此，朋党的争论就开始了，欧阳修写了《朋党论》进呈仁宗。其大概的意思是说：“君子和君子因为志同道合结成朋党，小人和小人因为私利相投结成朋党，这是自然的道理。但我说小人是没有朋党的，只有君子才有朋党。因为小人所喜好的是名利和厚禄，所贪图的是金钱和财物，当他们利害一致的时候，就暂时互相勾结拉拢成为朋党，这是虚伪的。等到有利可图的时候就互相争先，或者无利可图的时候就反而相互残害，虽然是兄弟亲戚，也不能互相保护，所以说小人是没有朋党的。君子就不是这样，他们所恪守的是道义，所奉行的是忠信，所珍惜的是名节。用它们来修身，就不仅志同道合而且还互相裨益，用它们来效忠国家，就不仅同心协力而且同舟共济，始终如一，所以说：只有君子才有朋党。商纣有臣子亿万个，就有亿万颗心，可说是没有朋党了吧，商纣因此而亡国；周武王有臣子三千人，三千人只有一条心，可以说是大的朋党了吧，而周王朝因此而兴。这是因为君子的朋党，虽然多也不会满足的缘故。所以做国君的人只该贬退小人的假朋党，起用君子的真朋党，那么天下就可大治了。”

欧阳修评议朝政严厉正直，小人们把他看成似仇人，而仁宗独夸奖他敢于说话，当面赐给他五品朝服，并且回看着侍臣们说：“像欧阳修这样的人，到哪里去找得来？”于是，提拔为同修起居注，又主管起草皇帝的诏令。按照先例，选拔主管起草皇帝诏令的官员一定要经过面试以后才能任命，因为仁宗了解欧阳修，下诏书特地任命欧阳修担任这个职务。

后来欧阳修奉命出使河东。自从朝廷对西方用兵以来，议论时政的人就想废除麟州（今陕西神木）以便节省军队的供给。欧阳修说：“麟州是天然的险要之地，不要废除，废除了麟州，那么河内这些郡县的百姓就不能安居了。不如分出麟州的军队，让他们进驻河内的各个要塞，遇到危急情况也可以互相得到接应和救援，而平时又可以省去转辗运输之劳，对于谋略来说，这样做比较有利。”由于欧阳修的这个建议，麟州得到了保存。他又说：“忻州（治所在今山西忻县）、代州（治所在今山西代县）、岢岚（今属山西）多的是禁地和废田，希望下命令让老百姓去开垦和种植，不然，就将被敌人占有了。”朝廷把欧阳修的提议交给有关部门讨论，直到很久以后才得以实行，朝廷每年因此得到了几百万斛的粮食。凡是河东土地赋税过重，人民无法忍受的摊派，欧阳修上奏朝廷请求免除了十几项。

欧阳修出使回来，正值保州（今河北保定）屯兵作乱，欧阳修被授为龙图阁直学士、河北都转运使。他在向天子辞别的时候，仁宗对他说：“你不要做长久留在外面的打算，有什么想说的，说吧。”欧阳修回答说：“我在谏官任上就该评论朝政，现在我已经不做谏官了，再评议朝政就是越职了，这是有罪的。”仁宗说：“只管说，没关系，不要因为京官和外官而生出间隔来。”乱贼平定了，大将李昭亮、通判冯博文私藏妇女，欧阳修逮捕了冯博文，把他囚禁在监狱里，李昭亮害怕了，马上放出了所有私藏的妇女。保州屯兵开始作乱的时候，官府曾经用投降不杀的诺言进行招安，等到叛乱平定后却把他们通通杀死了，另外尚有胁从的两千人，本来已经把他们分别编制、隶属到各个州郡里去了，当时富弼是宣抚使，担心这些被编的人以后会再生变故，所以又决定将他们在同一天里全部杀死。碰巧富弼和欧阳修在内黄（今属河南）这个地方相遇了，半夜里，富弼屏退左右，悄悄地把自己的这个打算告诉了欧阳修。欧阳修说：“灾祸没有比杀死已经投降的人更大的了，何况是胁从的人呢？既然不是朝廷的命令，如果有哪个州郡不服从你的这个命令，变故起来可不是小事呀！”富弼恍然大悟，因此中止了这个计划。

当时，杜衍等大臣因为党议一个接一个被罢了官，欧阳修愤慨地向朝廷上奏疏说：“杜衍、韩琦、范仲淹、富弼，天下人都知道他们是可以被举用的贤才，而没有听说他们有什么应该被免职的罪过。自古以来小人谗害忠贤，他们的说法其实也并不复杂。想大批地陷害忠良，不过就是指责他们是朋党，想动摇大臣的地位，就必须用专权来诬陷他们，这是什么原因呢？因为除去一个好人，其他很多的好人还在，这对小人并不能带来多大的利益；想把好人一网打尽，但好人却又很少有过失，很难一一找到他们的缺点，只有指责他们结为朋党，那么就可以在同一个时间内全部贬逐他们。至于自古以来那种已经被皇上了解而且深得皇上信任的大臣，那么就难以用其他的事由来动摇他们了，只有专权是皇上最忌讳和憎恶的，所以一定要用这种说法才可以打倒他们。正直的人士在朝廷，邪恶的小人就会有所避忌，谋臣不被举用，正是敌国的福气。现在这四个正直的大臣一旦被罢免，一定会使邪恶的小人相互庆贺于内，四周的敌人相互称贺于外，我替朝廷可惜呀！”于是邪党更加憎恨欧阳修，就借他妹妹的孤女张化的案子罗织他的罪名，把他降为知制诰，出为滁州（今安徽滁县）知州。欧阳修在滁州住了两年，徙扬州（今属江苏）、颍州（今安徽阜阳）。不久，恢复了他龙图阁直学士的官衔，留守南京，因为母亲去世而去职。服丧期满，朝廷任命他为流内铨。当时，欧阳修在外已十一年了，仁宗看到他的头发都已发白，问候慰劳很是周到。小人们害怕欧阳修再次被重用，就有人假造欧阳修的奏章请求仁宗清洗内侍中挟持恩宠为非作歹，用非法手段获取私利的奸徒。这样就激起了宦官们对欧阳修的深切怨怒，纷纷诬陷他，要把他外放同州（今陕西大荔），仁宗皇帝采纳了吴充的意见才得以中止。迁翰林学士，让他修纂《唐书》。欧阳修奉命出使契丹，契丹君主命令四个贵臣掌管宴会，并且对欧阳修说：“这种规格的接待并不是常规制度，只是因为你的名声大，所以才这样做的。”嘉佑二年（1057），欧阳修主持贡举。当时应考的读书人喜欢写作险怪奇涩的文章，号为“太学体”，欧阳修极力排斥，贬抑这种文体，凡是写作这种文章的人一概黜落。这件事结束后，从前那些轻狂浅薄的人等候欧阳修出门，聚集在一起气势汹汹地拦住欧阳修的马头高声责骂，街上的巡逻队无法制止；然而科举考试的风气却从此得到了改变。

欧阳修被封为龙图阁学士，知开封府。他继承包拯威严治政之后，用简明便易、遵循法制的原则治政，不求显赫的名声，京师也治理得很好。十个月以后，改充群牧使。《唐书》修撰完毕，欧阳修被任命为礼部侍郎兼翰林侍读学士。欧阳修在翰林院八年，真正做到了知无不言。当时黄河在商胡决口，北京（今河北大名）留守贾昌朝想掘开横垅故道，回折河水使它向东流。有个叫李仲昌的人，却主张把河水引入六塔河。议论的人不知听谁的好。欧阳修认为：“黄河水流多泥沙，按理说来没有不淤塞的，下流既然已经淤塞了，上流就一定会决口。用近来发生的事情去考察，黄河的决口并不是不能努力塞住，故道也不是不能努力恢复，但是这种做法都不是治本之道，因而势必不能保持久长。开掘横垅故道工程很大，难以成功，即使成功了，最终还是要再次决口。而六塔河河床狭窄，令黄河水悉数倾注，滨、棣、德、博各州一定会遭到它的灾害。不如依循河水的走向，增高河堤，疏通它的下游，让黄河之水无所阻拦地流入大海，这才是几十年的长久利益呀。”当时的宰相陈执中主张贾昌朝的意见，文彦博主张李仲昌的意见，终于造成了河北的大灾难。谏院论述陈执中的过失，但陈执中仍然拖延着企图稳住自己的官位。欧阳修上书皇帝，认为“皇上拒绝采纳忠告，庇护愚顽的宰相，给皇上带来了连累”。过了不久，陈执中被免去了宰相职位。狄青做了枢密使，很有威望，仁宗不高兴，谣言纷起，欧阳修请求出任外官，以保全自己得以善终。于是就免去了他的朝官而改任陈州（今河南淮阳）知州。欧阳修曾经因为水灾向仁宗上奏疏说：“皇上君临天下已经三纪了，但至今东宫太子之位未定。从前汉文帝刚即位，因为臣子们的建议，马上立了太子，因此在帝位很长久，被称为汉太宗。唐明宗讨厌臣下议论接班人的事，不肯早早立定太子，因此造成秦王之乱，宗庙社稷由此倾覆。皇上为何犹豫而久久不选定太子呢？”此后的建立英宗，推究其源，就在于欧阳修的这次上书。

嘉佑五年（1060），欧阳修升任为枢密副使。嘉佑六年（1061），为参知政事。欧阳修在兵府时，曾经和曾公亮考核全国的军队数量和三路驻守兵员的多少，地理的远近，重新制造了地图和簿籍。凡是边防长久以来没有派兵驻守的，一定进行检阅和补充。他在任执政大臣时，和韩琦同心辅助仁宗。凡是兵民、官吏、财利等中书省应当知晓的重要大事，编集成一个总目，碰到事情就不必临时匆忙地向有关部门了解。当时东宫太子的人选还没有决定，欧阳修就和韩琦等人对这样一件大事协商出了一个意见。宋英宗因为得了病，无法亲自处理朝政。皇太后垂帘听政，左右的人互相猜忌，制造矛盾，皇帝和皇太后几乎因此结成怨仇。在韩琦奏事的时候，太后哭着向韩琦说了英宗和自己的种种矛盾。韩琦用英宗有病来进行劝解，太后听了不高兴，欧阳修就进一步劝说道：“太后侍奉仁宗皇帝已经几十年了，您的仁德昭示于天下。以前温成专宠，太后您处置得从容自如；现在母子之间，反而不能宽容吗？”太后的情绪稍稍和缓了些，欧阳修又劝说道：“仁宗皇帝在位的时间很久，他德政的恩泽深深地留在人们心中，所以一旦驾崩，天下奉戴太子，没有一个人敢不赞成的。现在太后您只是一个妇人，而我们也只是五六个书生罢了，如果不是仁宗皇帝的遗意，天下谁人肯听从呢？”太后不作声，过了很久，母子之间的矛盾才逐渐缓和了。

欧阳修平素和人相处总是坦率地说出自己要说的话，从不掩饰和隐瞒。等到他执政以后，士大夫们对他有所请求，他总是当面说明可以还是不可以的理由，就是谏院的官员议论政事，他也一定用是非作为标准来责问他们，因此怨恨他、说他坏话的人就更多了。英宗将追封尊崇濮王，下命令让有关部门讨论，都说应当称皇伯，改封一个大国。欧阳修引述《礼记·丧服记》，认为：“身为人子的人，应该替他的父母实行‘报祭’，降服丧三年为服丧一年，而不隐没父母的名字，可是丧服可以降等，但名字是绝不可隐没的。如果出嗣的儿子把亲生的父亲改称为皇伯，这种例子就是遍考前代，都是没有根据的。进封为大国的王，但礼制规定又没有加爵的道理。所以中书省的意见，和大家的意见不同。”最后太后写出了手书，允许英宗称濮王为亲，推尊濮王为皇考，三夫人为后。英宗不敢承当。于是御史吕诲等人毁谤说欧阳修主张这种意见，争论不休，后来吕诲等人都被贬逐出了御史台。只有蒋之奇的意见附和欧阳修的主张，所以欧阳修推荐他为监察御史，但是被御史台的很多人看成奸佞邪恶的小人，蒋之奇为此十分害怕，就想使自己摆脱这种窘境。正好欧阳修的内弟薛宗孺和欧阳修有仇恨，他捏造了欧阳修家庭生活淫乱的谤言来诋毁欧阳修，这个谤言辗转相传，一直传到了御史中丞彭思永的耳中，彭思永又把这个谣言告诉了蒋子奇，蒋子奇就上奏章弹劾欧阳修。当时，神宗皇帝初即位，心里希望重重地谴责一下欧阳修，就去征求过去的宫臣孙思恭的意见，孙思恭替欧阳修辩白解释，欧阳修杜门不出，要求神宗对制造谣言的人治罪。神宗派人诘问彭思永、蒋之奇，追问谣言的出处，彭思永、蒋之奇回答不出来，结果都遭到了贬逐。欧阳修也坚决要离开朝廷，结果被罢为观文殿学士、刑部尚书、亳州（今安徽亳县）知州。第二年，迁兵部尚书、青州（今山东益都）知州，后来又改为宣徽南院使、兼任太原（今属山西）知府。欧阳修辞不受命，后又改徙蔡州（今河南汝南）。

欧阳修总是以风骨气节自我制约，但却屡屡遭到污蔑，且年纪已六十了，就一再上表要求辞去官职，神宗帝总是宽慰他，没有答应他的辞官。及至出守青州，又因为请求停止散发青苗钱，被王安石所诋毁，因此要求放归的愿望益发急切。熙宁四年(1071),欧阳修以太子少师的身份退休。熙宁五年(1072)死,赠太子太师,谥号“文忠”。

欧阳修起初在滁州时,自号为“醉翁”,晚年改号“六一居士”。他天资刚劲,见义勇为,虽然机关陷阱就在前面,但也能置触发之险于不顾。虽然一而再、再而三地被放逐流放,却仍旧是志气自若。当他被贬夷陵时,没有什么可以自我排遣,就取出积年的陈旧案牍反复观看,看到其中冤屈谬误的地方不可胜数,于是仰天长叹道:“一个荒远的山城,尚且如此,天下冤屈谬误事之多就可想而知了。”自此以后,碰到狱讼之类的事就不敢有丝毫的懈怠疏忽。学者求见,和他们谈话,从来不论及文章,只谈官事,他认为文章只能润及自身,而政事却可以推及它物。他前后历任数郡的长官,不炫耀政绩,不追求声誉,为政宽缓简要而不扰民,所以凡是他所到的州郡,人民都感到安适。有人问他:“您治政宽缓简要,而政事却并没有弛废,这是什么原因呢?”欧阳修说:“如果以放纵为宽,以怠慢为简,那么政事就一定会弛废,而人民也一定会受其弊害。我这里所说的宽,是指政令不苛刻急迫,我所说的简,是指政令不繁杂琐碎。”欧阳修从小失去了父亲,母亲曾经对他说:“你父亲做官的时候,常常秉烛夜读公文,屡屡停卷而叹。我问他,他就说:‘这是个死狱啊,我想设法让他能活,不能啊!’我说:‘生可求吗?’你父亲就说:‘做官的人想方设法寻求使死狱者获生的办法而不得,那么死的人和我就都无恨了。而做官的人虽然常常存有使死狱者变活的愿望,尚且会不小心使他死了,何况世上不少做官的常常希望的是治民以死呢!’他平时教育他的子弟,也常常用这样的话来说,我耳朵都听得熟了。”欧阳修听后终身遵循父亲的这个教导。

欧阳修写的文章,自然天成,或丰满或简约,都符合标准。他的文辞简要,旨意明朗,立论有据,内容通博,旁征博引,引类例举,分析事理至深至透,因此很能折服人心。他超然脱俗,独自奔驰,众人不能相及,所以天下的人都聚集在他的周围尊称他为师。欧阳修鼓励提携后进,犹恐不及,凡是被他赏识的人,大多成了有名望的人。曾巩、王安石、苏洵、苏洵的儿子苏轼、苏辙,当他们还是平民的时候,屏处乡里,不为人知,欧阳修就为他们游说,赞美他们的声誉,说他们一定会显名闻达于世。他对待朋友非常笃实,朋友在世的时候举拔扶持他们;朋友去世以后就尽力周济保护他们的家族。

欧阳修喜好古文，爱好读书，凡是周、汉以来的金石遗文、断编残简，都要采集收拾起来，研究考核它们的异同，把自己的观点写在左边，明白、昭著可为表证，称之为《集古录》。奉诏修撰《唐书》纪、志、表，自撰《五代史记》，章法严谨，用词精约，多取《春秋》遗旨。苏轼论述欧阳修的文章时说："论大道时像韩愈，议政事时像陆贽，记史事像司马迁，作诗赋像李白。"有识之人以为这是真正了解欧阳修的话。

评论说：自从夏、商、周三代以来，一直到秦、汉，文章虽然跟着时代而有所盛衰，但它们的语言却都繁富滋润，它们的光泽都灿烂照人，它们的音节都清晰明亮，这是因为还都保留有先王遗留下来的功绩。经过晋、魏，文章就衰弊了，到了唐代韩愈的手里，文章重新振兴起来。唐代的文章，经过五代又衰弊了，到了宋代欧阳修手里，又再次振兴起来。挽回百川之颓波，平息千古的邪说，使这种文章的正气，可以辅佐大道，可以扶持人心，这都是韩愈、欧阳修两人所做的努力啊！韩愈在政治上没有得到重用，欧阳修得到了重用，但最终还是不能有所作为，这件事真应该被世道所惋惜啊！

宋史卷三百二十七

王安石列传第八十六

王安石字介甫，抚州临川人。父益，都官员外郎。安石少好读书，一过目终身不忘。其属文动笔如飞，初若不经意，既成，见者皆服其精妙。友生曾巩携以示欧阳修，修为之延誉。擢进士上第，签书淮南判官。旧制，秩满许献文求试馆职，安石独否。再调知鄞县，起堤堰，决陂塘，为水陆之利；贷谷与民，出息以偿，俾新陈相易，邑人便之。通判舒州。文彦博为相，荐安石恬退，乞不次进用，以激奔竞之风。寻召试馆职，不就。修荐为谏官，以祖母年高辞。修以其须禄养言于朝，用为群牧判官，请知常州。移提点江东刑狱，入为度支判官，时嘉祐三年也。

安石议论高奇，能以辩博济其说，果于自用，慨然有矫世变俗之志。于是上万言书，以为："今天下之财力日以困穷，风俗日以衰坏，患在不知法度，不法先王之政故也。法先王之政者，法其意而已。法其意，则吾所改易更革，不至于倾骇天下之耳目，嚣天下之口，而固已合先王之政矣。因天下之力以生天下之财，收天下之财以供天下之费，自古治世，未曾以财不足为公患也，患在治财无其道尔。在位之人才既不足，而闾巷草野之间亦少可用之才，社稷之托，封疆之守，陛下其能久以天幸为常，而无一旦之忧乎？愿监苟且因循之弊，明诏大臣，为之以渐，期合于当世之变。臣之所称，流俗之所不讲，而议者以为迂阔而熟烂者也。"后安石当国，其所注措，大抵皆祖此书。

俄直集贤院。先是，馆阁之命屡下，安石屡辞；士大夫谓其无意于世，恨不识其面，朝廷每欲畀以美官，惟患其不就也。明年，同修起居注，辞之累日。閤门吏赍敕就付之，拒不受；吏随而拜之，则避于厕；吏置敕于案而去，又追还之；上章至八九，乃受。遂知制诰，纠察在京刑狱，自是不复辞官矣。

有少年得斗鹑，其侪求之不与，恃与之昵辄持去，少年追杀之。开封当此人死，安石驳曰："按律，公取、窃取皆为盗。此不与而彼携以去，是盗也；追而杀之，是捕盗也，虽死，当勿论。"遂劾府司失入。府官不伏，事下审刑、大理，皆以府断为是。诏放安石罪，当诣䦨门谢。安石言："我无罪。"不肯谢。御史举奏之，置不问。

时有诏舍人院无得申请除改文字，安石争之曰："审如是，则舍人不得复行其职，而一听大臣所为，自非大臣欲倾侧而为私，则立法不当如此。今大臣之弱者不敢为陛下守法；而强者则挟上旨以造令，谏官、御史无敢逆其意者，臣实惧焉。"语皆侵执政，由是益与之忤。以母忧去，终英宗世，召不起。

安石本楚士，未知名于中朝，以韩、吕二族为巨室，欲借以取重。乃深与韩绛、绛弟维及吕公著交，三人更称扬之，名始盛。神宗在颍邸，维为记室，每讲说见称，辄曰："此非维之说，维之友王安石之说也。"及为太子庶子，又荐自代。帝由是想见其人，甫即位，命知江宁府。数月，召为翰林学士兼侍讲。熙宁元年四月，始造朝。入对，帝问为治所先，对曰："择术为先。"帝曰："唐太宗何如？"曰："陛下当法尧、舜，何以太宗为哉？尧、舜之道，至简而不烦，至要而不迂，至易而不难。但末世学者不能通知，以为高不可及尔。"帝曰："卿可谓责难于君，朕自视眇躬，恐无以副卿此意。可悉意辅朕，庶同济此道。"

一日讲席，群臣退，帝留安石坐，曰："有欲与卿从容议论者。"因言："唐太宗必得魏征，刘备必得诸葛亮，然后可以有为，二子诚不世出之人也。"安石曰："陛下诚能为尧、舜，则必有皋、夔、稷、卨；诚能为高宗，则必有傅说。彼二子皆有道者所羞，何足道哉？以天下之大，人民之众，百年承平，学者不为不多。然常患无人可以助治者，以陛下择术未明，推诚未至，虽有皋、夔、稷、卨、傅说之贤，亦将为小人所蔽，卷怀而去尔。"帝曰："何世无小人，虽尧、舜之时，不能无四凶。"安石曰："惟能辨四凶而诛之，此其所以为尧、舜也。若使四凶得肆其谗慝，则皋、夔、稷、卨亦安肯苟食其禄以终身乎？"

登州妇人恶其夫寝陋，夜以刃斫之，伤而不死。狱上，朝议皆当之死，安石独援律辨证之，为合从谋杀伤，减二等论。帝从安石说，且著为令。

二年二月，拜参知政事。上谓曰："人皆不能知卿，以为卿但知经术，不晓世务。"安石对曰："经术正所以经世务，但后世所谓儒者，大抵皆庸人，故世俗皆以为经术不可施于世务尔。"上问："然则卿所施设以何先？"安石曰："变风俗，立法度，最方今之所急也。"上以为然。于是设制置三司条例司，命与知枢密院事陈升之同领之。安石令其党吕惠卿任其事。而农田水利、青苗、均输、保甲、免役、市易、保马、方田诸役相继并兴，号为新法，遣提举官四十余辈，颁行天下。

青苗法者，以常平籴本作青苗钱，散与人户，令出息二分，春散秋敛。均输法者，以发运之职改为均输，假以钱货，凡上供之物，皆得徙贵就贱，用近易远，预知在京仓库所当办者，得以便宜蓄买。保甲之法，籍乡村之民，二丁取一，十家为保，保丁皆授以弓弩，教之战阵。免役之法，据家资高下，各令出钱雇人充役，下至单丁、女户，本来无役者，亦一概输钱，谓之助役钱。市易之法，听人赊贷县官财货，以田宅或金帛为抵当，出息十分之二，过期不输，息外每月更加罚钱百分之二。保马之法，凡五路义保愿养马者，户一匹，以监牧见马给之，或官与其值，使自市，岁一阅其肥瘠，死病者补偿。方田之法，以东、西、南、北各千米，当四十一顷六十六亩一百六十步为一方，岁以九月，令、佐分地计量，验地土肥瘠，定其色号，分为五等，以地之等，均定税数。又有免行钱者，约京师百物诸行利入厚薄，皆令纳钱，与免行户祇应。自是四方争言农田水利。古陂废堰，悉务兴复。又令民封状增价以买坊场，又增茶盐之额，又设措置河北籴便司，广积粮谷于临流州县，以备馈运。由是赋敛愈重，而天下骚然矣。

御史中丞吕诲论安石过失十事，帝为出诲，安石荐吕公著代之。韩琦谏疏至，帝感悟，欲从之，安石求去。司马光答诏，有“士夫沸腾，黎民骚动”之语，安石怒，抗章自辩，帝为巽辞谢，令吕惠卿谕旨，韩绛又劝帝留之。安石入谢，因为上言中外大臣、从官、台谏、朝士朋比之情，且曰：“陛下欲以先王之正道胜天下流俗，故与天下流俗相为重轻。流俗权重，则天下之人归流俗；陛下权重，则天下之人归陛下。权者与物相为重轻，虽千钧之物，所加损不过铢两而移。今奸人欲败先王之正道，以沮陛下之所为。于是陛下与流俗之权适争轻重之时，加铢两之力，则用力至微，而天下之权，已归于流俗矣，此所以纷纷也。”上以为然。安石乃视事，琦说不得行。

安石与光素厚，光援朋友责善之义，三致书反复劝之，安石不乐。帝用光副枢密，光辞未拜而安石出，命遂寝。公著虽为所引，亦以请罢新法出颍州。御史刘述、刘琦、钱颢、孙昌龄、王子韶、程颢、张戬、陈襄、陈荐、谢景温、杨绘、刘挚，谏官范纯仁、李常、孙觉、胡宗愈皆不得其言，相继去。骤用秀州推官李定为御史，知制诰宋敏求、李大临、苏颂封还词头，御史林旦、薛昌朝、范育论定不孝，皆罢逐。翰林学士范镇三疏言青苗，夺职致仕。惠卿遭丧去，安石未知所托，得曾布，信任之，亚于惠卿。

三年十二月，拜同中书门下平章事。明年春，京东、河北有烈风之异，民大恐。帝批付中书，令省事安静以应天变，放遣两路募夫，责监司、郡守不以上闻者。安石执不下。

开封民避保甲，有截指断腕者，知府韩维言之，帝问安石，安石曰："此固未可知，就令有之，亦不足怪。今士大夫睹新政，尚或纷然惊异；况于二十万户百姓，固有蠢愚为人所惑动者，岂应为此遂不敢一有所为邪？"帝曰："民言合而听之则胜，亦不可不畏也。"

东明民或遮宰相马诉助役钱，安石白帝曰："知县贾蕃乃范仲淹之婿，好附流俗，致民如是。"又曰："治民当知其情伪利病，不可示姑息。若纵之使妄经省台，鸣鼓邀驾，恃众侥幸，则非所以为政。"其强辩背理率类此。

帝用韩维为中丞，安石憾曩言，指为善附流俗以非上所建立，因维辞而止。欧阳修乞致仕，冯京请留之，安石曰："修附丽韩琦，以琦为社稷臣。如此人，在一郡则坏一郡，在朝廷则坏朝廷，留之安用？"乃听之。富弼以格青苗解使相，安石谓不足以阻奸，至比之共、鲧。灵台郎尤瑛言天久阴，星失度，宜退安石，即黥隶英州。唐坰本以安石引荐为谏官，因请对极论其罪，谪死。文彦博言市易与下争利，致华岳山崩。安石曰："华山之变，殆天意为小人发。市易之起，自为细民久困，以抑兼并尔，于官何利焉？"阏其奏，出彦博守魏。于是吕公著、韩维，安石藉以立声誉者也；欧阳修、文彦博，荐己者也；富弼、韩琦，用为侍从者也；司马光、范镇，交友之善者也。悉排斥不遗力。

礼官议正太庙太祖东向之位，安石独定议还僖祖于祧庙，议者合争之，弗得。上元夕，从驾乘马入宣德门，卫士诃止之，策其马。安石怒，上章请逮治。御史蔡确言："宿卫之士，拱扈至尊而已，宰相下马非其处，所应诃止。"帝卒为杖卫士，斥内侍，安石犹不平。王韶开熙河奏功，帝以安石主议，解所服玉带赐之。

七年春，天下久旱，饥民流离，帝忧形于色，对朝嗟叹，欲尽罢法度之不善者。安石曰："水旱常数，尧、舜所不免，此不足招圣虑，但当修人事以应之。”帝曰：“此岂细事，朕所以恐惧者，正为人事之未修尔。今取免行钱太重，人情咨怨，至出不逊语。自近臣以至后族，无不言其害。两宫泣下，忧京师乱起，以为天旱更失人心。”安石曰：“近臣不知为谁，若两宫有言，乃向经、曹佾所为尔。”冯京曰：“臣亦闻之。”安石曰：“士大夫不逞者以京为归，故京独闻此言，臣未之闻也。”监安上门郑侠上疏，绘所见流民扶老携幼困苦之状，为图以献，曰：“旱由安石所致。去安石，天必雨。”侠又坐窜岭南。慈圣、宣仁二太后流涕谓帝曰：“安石乱天下。”帝亦疑之，遂罢为观文殿大学士、知江宁府，自礼部侍郎超九转为吏部尚书。

吕惠卿服阕，安石朝夕汲引之，至是，白为参知政事，又乞召韩绛代己。二人守其成模，不少失，时号绛为“传法沙门”，惠卿为“护法善神”。而惠卿实欲自得政，忌安石复来，因郑侠狱陷其弟安国，又起李士宁狱以倾安石。绛觉其意，密白帝请召之。八年二月，复拜相，安石承命，即倍道来。《三经义》成，加尚书左仆射兼门下侍郎，以子雱为龙图阁直学士。雱辞，惠卿劝帝允其请，由是嫌隙愈著。惠卿为蔡承禧所击，居家俟命。雱风御史中丞邓绾，复弹惠卿与知华亭县张若济为奸利事，置狱鞫之，惠卿出守陈。

十月，彗出东方，诏求直言，及询政事之未协于民者。安石率同列疏言：“晋武帝五年，彗出轸；十年，又有孛。而其在位二十八年，与《乙巳占》所期不合。盖天道远，先王虽有官占，而所信者人事而已。天文之变无穷，上下傅会，岂无偶合。周公、召公，岂欺成王哉？其言中宗享国日久，则曰‘严恭寅畏，天命自度，治民不敢荒宁’。其言夏、商多历年所，亦曰‘德’而已。裨灶言火而验，欲禳之，国侨不听，则曰‘不用吾言，郑又将火’。侨终不听，郑亦不火。有如裨灶，未免妄诞，况今星工哉？所传占书，又世所禁，誊写讹误，尤不可知。陛下盛德至善，非特贤于中宗，周、召所言，则既阅而尽之矣，岂须愚瞽复有所陈。窃闻两宫以此为忧，望以臣等所言，力行开慰。”帝曰：“闻民间殊苦新法。”安石曰：“祁寒暑雨，民犹怨咨，此无庸恤。”帝目：“岂若并祁寒暑雨之怨亦无邪？”安石不悦，退而属疾卧，帝慰勉起之。其党谋曰：“今不取上素所不喜者暴进用之，则权轻，将有窥人间隙者。”安石是其策。帝喜其出，悉从之。时出师安南，谍得其露布，言：“中国作青苗，助役之法，穷困生民。我今出兵，欲相拯济。”安石怒，自草敕榜诋之。

华亭狱久不成，雱以属门下客吕嘉问、练亨甫共议，取邓绾所列惠卿事，杂他书下制狱，安石不知也。省吏告惠卿于陈，惠卿以状闻，且讼安石曰："安石尽弃所学，隆尚纵横之末数，方命矫令，罔上要君。此数恶力行于年岁之间，虽古之失志倒行而逆施者，殆不如此。"又发安石私书曰"无使上知"者。帝以示安石，安石谢无有，归以问雱，雱言其情，安石咎之。雱愤恚，疽发背死。安石暴绾罪，云"为臣子弟求官及荐臣婿蔡卞"，遂与亨甫皆得罪。绾始以附安石居言职，及安石与吕惠卿相倾，绾极力助攻惠卿。上颇厌安石所为，绾惧失势，屡留之于上，其言无所顾忌；亨甫险薄，谄事雱以进，至是皆斥。

安石之再相也，屡谢病求去。及子雱死，尤悲伤不堪，力请解几务。上益厌之，罢为镇南军节度使、同平章事、判江宁府。明年，改集禧观使，封舒国公。屡乞还将相印。元丰二年，复拜左仆射、观文殿大学士。换特进，改封荆。哲宗立，加司空。

元祐元年，卒，年六十六，赠太傅。绍圣中，谥曰文，配享神宗庙庭。崇宁三年，又配食文宣王庙，列于颜、孟之次，追封舒王。钦宗时，杨时以为言，诏停之。高宗用赵鼎、吕聪问言，停宗庙配享，削其王封。

初，安石训释《诗》《书》《周礼》，既成，颁之学官，天下号曰"新义"。晚居金陵，又作《字说》，多穿凿傅会，其流入于佛、老。一时学者，无敢不传习，主司纯用以取士，士莫得自名一说，先儒传注，一切废不用。黜《春秋》之书，不使列于学官，至戏目为"断烂朝报"。

安石未贵时，名震京师，性不好华腴，自奉至俭，或衣垢不浣，面垢不洗，世多称其贤。蜀人苏洵独曰："是不近人情者，鲜不为大奸慝。"作《辩奸论》以刺之，谓王衍、卢杞合为一人。

安石性强忮，遇事无可否，自信所见，执意不回。至议变法，而在廷交执不可，安石傅经义，出己意，辩论辄数百言，众不能诎。甚者谓："天变不足畏，祖宗不足法，人言不足恤。"罢黜中外老成人几尽，多用门下儇慧少年。久之，以旱引去，洎复相，岁余罢，终神宗世不复召，凡八年。子雱。

【译文】

王安石，字介甫，抚州临川人。父亲王益，任都官员外郎。王安石小时候喜好读书，一经过目终身不忘。他写起文章来下笔如飞，初看好像漫不经心，完成后，见到的人都佩服他的文章精彩绝妙。朋友曾巩把他的文章带给欧阳修看，欧阳修为他扩大声誉。王安石考中进士，被选为上等，出任签书淮南判官。按照以前的制度，任职期满，允许进献文章要求考试馆阁职务，唯独王安石没有这样做。又调任鄞县的知县，修筑堤堰，疏治陂塘，兴修水利，方便水陆交通；将官谷借贷给农民，让他们秋后加些利息偿还，使官仓中的存谷能够以旧换新，鄞县的老百姓都觉得很方便。再任舒州通判。当时文彦博做宰相，向朝廷推荐王安石淡于名利，请求越级提拔，以此来遏止追逐名利的不良风气。不久，朝廷召王安石考试馆职，他没有参加。欧阳修推荐他做谏官，他又以祖母年事已高为理由而推辞。欧阳修对朝廷说王安石需要俸禄养家，于是朝廷任命他为群牧判官，他请求担任常州知州。调任提点江东刑狱，又进京担任度支判官，当时是宋仁宗嘉祐三年。

王安石的议论和主张高深新奇，善于用雄辩和旁征博引来维护自己的观点，敢于坚持按照自己的意见办事，慷慨激昂地立下了矫正世事、改变传统陋俗的志向。于是，他向仁宗皇帝上万言书，认为："如今天下的财力一天比一天困乏，风俗一天比一天败坏，毛病就在于不知道法度、不遵循先王的政令。效法先王政令，在于效法先王政令的精神。只要效法先王政令的精神，那么我们所推行的改革变更就不至于惊扰天下人的视听，就不至于使天下舆论哗然、议论纷纷，也就必然符合先王的政令了。依靠天下的人力物力来生产天下的财富，征收天下的财富来供给天下的消费，自古以来的太平治世，不曾因为财富不足而造成国家的祸患，忧患是在于治理财政不得其法。居官任职的人的才能已经不足，而城乡民间又缺少可以使用的人才，国家的重托，疆域的保持，陛下难道能够长久地依靠上天赐予的幸运作为常法，而不考虑万一出现忧患该怎么办吗？希望陛下能够明察朝政中因循苟且的弊端，明文诏令大臣，逐渐采取措施，革除这些弊端，以符合和适应当前世事的变化。我所讲的这些想法，那些沉溺在颓靡习俗中的人是不会谈论的，而且议论者还会认为这些都是迂腐疏阔、不切实际的老生常谈。"后来王安石执政，他所施行的各项政策措施，大体上都是以这份万言书为依据的。

此后不久，王安石任直集贤院。在此以前，朝廷多次下达委任他担任馆阁职务的命令，但王安石一再推辞。士大夫们都认为他不想显赫于世、对功名利禄十分淡漠，都恨不能跟他结识，朝廷多次想委派他担任名利优厚的高官，生怕他不肯接受。第二年，朝廷委任他同修起居注，王安石推辞了好几天。閤门吏带着委任状到他府上交给他，他拒不接爱；閤门吏随即下拜，他却溜到厕所里躲避起来；閤门吏干脆把委任状放在桌上离去，王安石又追上去将委任状还给他；他连续上章辞谢了八九次，才接受了这项任命。于是任知制诰，纠察京城的刑事狱讼，从此他不再辞官了。

有位少年得到了一只善斗的鹌鹑，他的同伴向他求取，他不给，同伴仗着跟他关系亲密就把鹌鹑拿走了，这个少年追上去把同伴杀了。开封府判决这个少年当处死刑，王安石反驳道："按照刑律，公开的夺取和偷偷的窃取都是盗贼行为。一方不给而另一方拿之以去，就是盗窃；追上去把他杀死，是追捕盗贼，虽然把人杀死了也不应当追究。"于是弹劾开封府审判机构将不该判刑的人反而判了重刑，犯了轻罪重判的错误。开封府的官员不服，皇帝将这件事交给审刑院和大理寺再次审理，审刑院和大理寺都认为开封府的判决是正确的。皇帝下诏免于追究王安石的弹劾错误，但他应当到閤门前道歉。王安石说："我没有罪！"不肯道歉。御史上章弹劾他，皇帝置之不问。

当时有诏令规定舍人院不得申请删改诏书文字，王安石争辩说："假如真是这样，那么舍人院就不再能够履行自己的职责，而听任大臣为所欲为，假如不是大臣为了私利而侵夺舍人职权，那么国家立法就不应当这样。如今大臣中软弱的人不敢为陛下执法守纪，而强硬蛮横的人则假借皇帝的旨意来制造命令，谏官和御史们都不敢违背他们的意志，我实在感到害怕。"王安石的这些话侵犯了执政大臣，从此跟执政大臣相抵触得更加严重了。他因为母亲去世离任，直到英宗朝结束，朝廷多次召他，他都不肯赴任。

王安石本是楚人，在朝廷中没什么名气，因为韩、吕二姓是世家大族，所以他想借助韩、吕二族来取得别人对自己的尊重。于是就和韩绛、韩绛的弟弟韩维以及吕公著深交，这三人对王安石交相称赞，王安石的声望才开始显著。宋神宗在颍王府时，韩维任记室，每当他的讲解议论得到神宗称赞时，就说："这不是我的说法，而是我的好友王安石的见解呀！"到他升任太子庶子时，韩维又推荐王安石代替自己。神宗于是很想见到王安石，刚即帝位，就任命他为江宁府知府。几个月后，又召王安石为翰林学士兼侍讲。熙宁元年四月，王安石才到朝廷。他进宫答对皇帝询问时，神宗问他治理国家首先应当做什么事，他回答说：“首先应当选择治国的方法。”神宗问道：“唐太宗怎么样？”王安石答道：“陛下应当效法尧、舜，何必要学唐太宗呢？尧、舜的治国之道，极为简明而不烦琐，极为扼要而不迂阔，极为简易而不繁难。但后世学者不能通晓，所以才被认为高不可及。”神宗说：“你这可以说是让我勉为其难了，我自己认为跟尧、舜相比太过于渺小，恐怕无法跟你的这番好意相称。你可以尽心尽意地辅佐我，希望共同实现这一目标。”

有一天讲学，大臣们都退朝了，神宗皇帝让王安石留坐，说：“我有事想跟你认真讨论。”于是说道：“唐太宗必须得到魏征，刘备必须得到诸葛亮，然后才能够有所作为，这两人确实不是每代都有的杰出人物啊。”王安石回答说：“陛下果真能为尧、舜，那么必然会有皋、夔、稷、离这样的人物来辅佐；果真能为商高宗，那么必然会有傅说。诸葛亮和魏征那两个人都是有识之士所羞于提及的，有什么值得称道的呢？凭借我大宋幅员之大，人民之多，百年治平相承，有学问的人不可以说不多。但经常忧虑没人可以帮助陛下治理国家，其原因在于陛下选拔人才的方法还不明确，诚意待人做得还不到位，即使有皋陶、后夔、后稷、离和傅说这样的贤人，也会被小人遮蔽，藏身退隐而去。”神宗说：“哪个朝代没有小人？即使是尧、舜的时代，也不能没有‘四凶’。”王安石答道：“正因为能够辨别‘四凶’而加以惩处和铲除，尧、舜才能够成其为尧、舜。假如让‘四凶’肆无忌惮、谗害忠良、为非作歹，那么皋陶、后夔、后稷、离还肯因循苟且、贪图俸禄而虚度一生吗？”

登州有个妇人嫌恶自己的丈夫相貌丑陋，夜里用刀砍杀丈夫，丈夫受了伤，但没有死。这个案子上报朝廷后，朝中讨论都认为这个妇人应判死刑，唯独王安石依据法律辩驳证明，此案符合谋杀致伤的律条，应当减死刑二等论处。神宗同意了王安石的意见，并且把它定为法律。

熙宁二年二月，王安石被任命为参知政事。神宗对他说：“别人都不能了解你，以为你只懂经学，不明白现实事务。”王安石回答道：“经学正是用来治理现实事务的，但后世的所谓儒生，大都是些平庸之辈，所以世俗才认为经学不能施用于治理现实事务。”神宗又问：“既然这样，那么你首先要施行设置的是什么呢？”王安石回答说：“改变风俗，建立法度，最是今天的当务之急。”神宗认为很对。于是设立制置三司条例司，任命王安石跟知枢密院事陈升之共同掌管。王安石命令他的党徒吕惠卿承担条例司的具体事务。随后，农田水利、青苗、均输、保甲、免役、市易、保马、方田等法相继问世，称为新法，朝廷派遣了四十多名提举官，到全国各地颁行新法。

青苗法，是把籴买常平粮的本钱作为青苗钱，散借给百姓，让他们出二分的利息偿还，每年春天借出、秋天收回。均输法，是把发运的职能改为均输，先由朝廷给予钱币和实物，凡是上供朝廷的物品，都必须离开价钱高的地区而到价钱便宜的地区购买，并用路程近的地区代替路程远的地区，预先了解京城仓库需要购买的物品，以便用便宜的价钱购买贮存。保甲法，就是把乡村的人口编入户籍簿，两名男丁取一人，十家为一保，挑选出来的保丁都授予弓弩，教给他们战斗阵法，维护地方治安。免役法，就是根据百姓家庭财产的多少，分别让他们出钱雇人充役，下至单丁户、女户等本来不用服役的家庭，也一律出钱，称为助役钱。市易法，允许私人向官府赊购或借贷货物钱款，以自己的田地、住宅或者金帛作为抵押，出十分之二的利息还官，超过期限没有交纳的，利息之外每月另加百分之二的罚金。保马法，凡是五路义勇保甲愿意养马的，每户养一匹，以牧马监现有的马匹给他们喂养，或者由官府给予买马的钱款，让他们自行购买，每年检查一次马的肥瘦，死亡的和生病的由养马户负责赔偿。方田法，以东、西、南、北各一千步，相当于四十一顷六十六亩一百六十步的田地作为一方。每年九月，县令、县佐分地丈量计算，检验土地肥瘠，确定这些土地的成色，分为五个等级，按照土地的等级均定赋税数额。还有免行钱，规定京师各行各业根据获利多少，都要交钱，官府则给予免除行户的当差义务。自从这些法令推行以后，全国各地争相谈论农田水利。古代的陂塘和废弃的堤堰，都必须兴建修复。又下令平民百姓可以向官府投递密封状，增加价钱购买坊场，又增加茶、盐的税收数额，还设立了措置河北籴便司，在临近河流的州县大量囤积粮食，以备粮饷运输。从此赋税聚敛越来越重，而天下也开始骚动不安了。

御史中丞吕诲论说王安石的十大过失，神宗为此将吕诲调离朝廷到地方任职，王安石推荐吕公著取代吕诲任御史中丞。韩琦规劝神宗停止实行青苗法的奏疏送到朝廷，神宗感动醒悟，打算同意韩琦的意见，王安石立即要求辞职离去。司马光为神宗起草批答诏书，其中有“士大夫沸腾，臣民百姓骚动不安”的话，王安石大怒，上章为自己辩护，神宗不得不谦逊地向他道歉，派吕惠卿传达劝慰的旨意，韩绛又劝神宗挽留他。王安石入朝谢恩，因而对神宗说了朝廷内外大臣、侍从官、台谏官、朝士互相依附勾结的情形，并且说："陛下想用先王的正道战胜天下流于颓靡风俗的人，所以跟他们较量轻重。流俗的势力大了，那么天下人就会归向流俗；陛下的力量强大了，那么天下人就会归依陛下。秤锤与物体较量轻重时，即使是重达千钧的物体，增加或减少一铢一两的重量就会使秤杆移动变化。如今奸邪的人们想要败坏先王的正道，以阻止和破坏陛下所进行的改革。现在正是陛下和流俗的秤锤较量轻重的时候，流俗增加铢两的重量，用力虽然极小，但天下这杆秤已向流俗这一方倾斜了，这就是天下议论纷纷的缘故啊！"神宗认为确实是这样。于是王安石重新任职治事，韩琦的意见没有得到采纳。

王安石与司马光一直很有交情，司马光依据朋友之间相互督促行善的道理，三次写信给王安石反复进行规劝，王安石很不高兴。神宗起用司马光任枢密副使，司马光推辞不就，而王安石已经出任执政，这项任命就停止执行了。吕公著虽然是王安石推荐的，也因为请求废除新法而被派出去担任颍州知州。御史刘述、刘琦、钱颉、孙昌龄、王子韶、程颢、张戬、陈襄、陈荐、谢景温、杨绘、刘挚，谏官范纯仁、李常、孙觉、胡宗愈都因为自己的意见不被采纳，相继离开朝廷。王安石很快提升秀州推官李定任御史，知制诰宋敏求、李大临、苏颂封还任命诏书，御史林旦、薛昌朝、范育弹劾李定不守孝道，都被罢免并逐出朝廷。翰林学士范镇三次上疏议论青苗法，被免除职务，迫令退休。吕惠卿因为父亲去世离开朝廷，王安石在不知道把他走后的空缺委任给谁时，得到了曾布，王安石对他很信任，程度仅次于吕惠卿。

熙宁三年十二月，王安石就任同中书门下平章事。第二年春天，京东、河北两路发生了暴风的灾异现象，老百姓十分恐慌。神宗批示中书机构，命令息事安静、停止变法以应付天变，放还这两路应募的农夫，责罚不如实上报情况的监司和郡守。王安石扣下这道诏令，不予传达。

开封府的百姓为逃避保甲，有截掉自己的手指、砍断自己手腕的，知府韩维将这些情况报告朝廷，神宗问王安石，王安石回答说："这些情况我固然还不太清楚，即使有的话，也不足为怪。如今士大夫们看到推行新政，尚且大惊小怪、吵吵嚷嚷；何况是二十万户百姓，必然会有由于愚蠢而受人煽动蛊惑的，怎能因为这种人而不敢有所作为呢？"

神宗说："听取百姓们符合实际的各种意见就能取得成功，百姓的意见也不能不畏惧。"

东明县的老百姓有人拦住宰相的坐骑控诉助役钱的不合理，王安石对神宗说："知县贾蕃是范仲淹的女婿，喜欢依附流俗，导致老百姓做出这样的事。"又说："治理百姓应当知道他们的真假利弊，不可以向他们表示毫无原则的姑息宽容。如果放纵他们越轨闯过中书省、御史台，击鼓拦驾，凭借人多以图侥幸，这不是治理国家的办法。"王安石的强词夺理，大体上都是如此。

神宗皇帝起用韩维任御史中丞，王安石对韩维以前的言论怀恨在心，指斥他善于附和流俗来反对神宗所建立的新法，这次任命因韩维推辞而停止。欧阳修请求退休，冯京要求朝廷挽留他，王安石说："欧阳修依附韩琦，把韩琦看作关系到社稷安危的重臣。像他这样的人，在一郡就败坏一郡，在朝廷就败坏朝廷，留下他有什么用？"于是神宗同意欧阳修退休。富弼因为阻挠青苗法的实施而被削除了使相的称号，王安石说这还不足以制止奸邪小人，甚至把富弼比作共工和鲧。灵台郎尤瑛讲天气阴了很久，星辰违背了正常的运行轨迹，应该黜退王安石，随即被刺面发配到英州。唐坰本来是由王安石推荐而担任谏官的，只因他请求奏对时极力论说了王安石的罪过，结果被贬谪而死。文彦博说市易法是跟天下人争利，致使华山崩塌。王安石说："华山的灾变，仅仅是天意为小人而发作的。推行市易法，原本就是因为平民长久空困，用来抑制兼并的，对官府有什么利益呢？"他压下文彦博的奏章，将文彦博逐出朝廷，去担任大名府留守。所以说，吕公著、韩维是王安石凭借他们树立自己声誉的人；欧阳修、文彦博是推荐自己的人；富弼、韩琦是重用自己担任皇帝侍从的人；司马光、范镇是，自己的好朋友。王安石对他们都不遗余力地加以排斥。

礼官讨论确立太庙中太祖牌位东向的位置，王安石独自决定将僖祖的牌位奉还到祧庙里，参加讨论的官员们联合起来与王安石争论，没能改变他的决定。上元节的傍晚，王安石跟随神宗皇帝的圣驾，骑马进入宣德门，守门的卫士呵斥阻止，并鞭打王安石的坐骑。王安石大怒，上章要求逮捕惩罚这些卫士。御史蔡确说道："在宫廷内值宿的卫士，其职责只是保卫皇帝，宰相下马下得不是地方，卫士理应予以呵斥阻止。"神宗终于还是为了王安石而杖打了卫士，并斥责了内侍，王安石还是愤愤不平。王韶开拓熙河路成功，向朝廷奏报，神宗因为这是王安石主持建议的，解下自己身佩的玉带赐给了王安石。

熙宁七年春，天下长久干旱，饥民们流离失所，皇帝忧容满面，上朝时叹息不已，想把不好的法令制度通通罢除。王安石说道："水旱灾害是常有的事情，尧、汤的时候也不能避免，这不足以招致陛下的忧虑，但必须治理好人力所能及的事情来应付天灾。"神宗说："这怎么是小事呢？我之所以感到害怕，正是因为没能做好人力能及的事情。现在官府征收免行钱负担太重，百姓怨叹，甚至有人说出对朝廷不敬的话来。从亲近大臣到皇后家族，没有不说免行钱的祸害的。两宫太后为此落泪，担心京城会发生骚乱，认为天旱使朝廷更加失去了人心。"王安石说："亲近大臣不知道是谁，如果两宫太后有这样的话，那也是向经、曹佾所干的罢了。"冯京说："我也听说了。"王安石道："士大夫中不得志的人都归附你冯京，所以唯独你冯京听到过这样的话，我可从来没听说过。"监安上门郑侠上呈奏疏，把所看到的流民扶老携幼、困苦不堪的情状画成图进献给神宗，说："旱灾是因为王安石变法而引起的。罢免王安石，上天必然会下雨。"郑侠又因为这件事被流放到岭南。慈圣、宣仁两位皇太后流着眼泪对神宗说："王安石扰乱了天下。"神宗也开始怀疑王安石，于是罢免了他的宰相职务，任命他为观文殿大学士、江宁府知府，从礼部侍郎超九转而为吏部尚书。

吕惠卿服丧期满，王安石早晚不停地推荐他。这时，王安石奏请神宗让吕惠卿任参知政事，又请求召回韩绛代替自己。这两人都坚持遵循王安石的陈规旧模，没有丝毫改变，当时韩绛的绰号是"传法沙门"，吕惠卿的绰号是"护法善神"。然而吕惠卿实际上是想自己掌握执政大权，害怕王安石重新回来当政，于是假借郑侠一案来陷害王安石的弟弟王安国，又制造李士宁案件来排挤王安石。韩绛觉察到了吕惠卿的用意，秘密奏知皇帝，请求召回王安石。熙宁八年二月，神宗再次任命王安石为宰相，王安石受命后，立即兼程赶赴京城。《三经义》修成，王安石加官为尚书左仆射兼门下侍郎，任命他的儿子王雱为龙图阁直学士。王雱推辞不受，吕惠卿劝说神宗接受他的请求，从此王、吕之间的猜疑和隔阂更加明显。吕惠卿被蔡承禧攻击弹劾，在家里等待皇帝的处理诏令。王雱暗示御史中丞邓绾，再次弹劾吕惠卿和华亭县和县张若济相互勾结、犯法谋利的事情，立案审查他们，吕惠卿于是被派出去担任陈州知州。

十月，东方出现彗星，神宗下诏征求直言得失，并询问政事中对百姓不利的地方。王安石带领同朝大臣们上疏说：“晋武帝五年，彗星出现在轸宿；十年，又出现了孛星。然而晋武帝在位二十八年，与《乙巳占》所预言的期限不相符合。这是因为天道遥远，先王虽然有官方占卜的预言，但所相信的依旧是人为之事。天文的变化无穷无尽，上下牵强附会，难道就没有偶然的巧合？周公、召公，怎么会欺骗周成王呢？他们说到商中宗在位的时间很长，就说‘中宗谨慎谦虚，兢兢业业，用天命约束自己，治理人民，不敢荒废政事’。谈到夏、商二朝维持了很长时间，也说是由于‘施行德政’而已。裨灶预言火灾能够灵验，想用祭祀求免灾祸，国侨不听他的意见，裨灶就说‘不采纳我的意见，郑国还将发生火灾’。国侨最终还是没听他的意见，郑国也没有发生什么火灾。像裨灶这样的人，都难免荒诞，更何况今天的占卜星象的人呢？现在流传的占书，又是历代所禁止的，誊写讹误，尤其不知道有多少。陛下的品德至善至美，不仅比商中宗更加贤明，而且周公、召公所说的话也早已全部看过了，哪里用得着蠢人、盲人再有什么陈述呢？我听说两宫太后因为这次天灾而担忧，希望陛下用我们所说的这些道理尽力地开导劝慰。”神宗说：“听说民间吃足了新法的苦头。”王安石说：“冬天严寒，夏天暴雨，老百姓尚且怨恨，这用不着抚恤。”神宗说：“难道不能使冬寒夏雨的怨恨也没有吗？”王安石听后很不高兴，回家托病卧床，神宗忙安慰劝勉，王安石这才上朝治理政事。他的同党谋划道：“现在不要选取皇上历来不喜欢的人迅速提拔任用，这会使自己地位变轻，那时就将有窥伺和利用君臣间隙的人了。”王安石很赞同这个计策。神宗因为王安石出来执政而感到欣慰和喜悦，完全听从他的所有意见。当时军队出征安南，密探得到安南的布告，说：“中国推行青苗、助役法，使老百姓非常穷困。我国现在出兵，是要帮助拯救那里的百姓。”王安石恼怒，亲自起草敕榜诋毁安南。

华亭一案拖了很久还不能成立，王雱就把它交给门客吕嘉问、练亨甫共同商议，他们取来邓绾所列举的吕惠卿的罪状，夹杂在其他文书中，下达给皇帝批准审讯的制狱，王安石不知道这件事。省吏到陈州把此事告诉给吕惠卿，吕惠卿随即写了奏状上报神宗，并控告王安石说：“王安石完全抛弃了自己所学的先王教诲，崇尚纵横家的末流小技，违背君命，假传圣旨，欺骗皇帝，要挟君主。一年之中极力干尽这些坏事，即使是古代丧失理智、倒行逆施的人，恐怕都没有这样的。”又揭发王安石在私人书信中写有“不要让皇帝知道”的话。神宗把这些材料给王安石看，王安石谢说没有这些事，回家问王雱，王雱把情况说了出来，王安石斥责了他。王雱恼怒怨恨，背上的痈疽发作而死。王安石公开宣布邓绾的罪过，说“邓绾为我的子弟求取官职并举荐我的女婿蔡卞”，于是邓绾和练亨甫都获罪。邓绾开始因为依附于王安石而做了谏官，等到王安石和吕惠卿互相倾轧时，邓绾极力帮助王安石攻击惠卿。神宗对王安石的所作所为感到厌烦，邓绾生怕失势，屡次在皇帝面前要求挽留王安石，说起话来无所顾忌；练亨甫为人阴险刻薄，靠巴结王雱而得以进用，到现在两人都被贬斥了。

王安石再次担任宰相后，多次托病请求离职，到儿子王雱死后，更是悲戚忧伤得无法承受，极力请求解除他的枢要职务。于是神宗更加厌烦他了，罢免了他的宰相职务，任命他为镇南军节度使、同平章事、判江宁府。第二年，改任集禧观使，封为舒国公。王安石多次乞求把自己的将相大印交还朝廷。元丰二年，王安石再次被任命左仆射、观文殿大学士。换为特进，改封荆国公。哲宗即位，加封他为司空。

元祐元年，王安石去世，终年六十六岁，追赠为太傅。绍圣年间，赐谥号为“文”，配享于神宗庙庭。徽宗崇宁三年，又配享于文宣王庙，牌位列在颜回和孟子后面，追封为舒王。钦宗时，杨时有议论，朝廷停止王安石在文宣王庙配享。高宗采纳赵鼎、吕聪问的意见，停止王安石在宗庙配享，并削夺了他的王位封号。

当初，王安石训释《诗》《书》《周礼》，写成后，颁布到官学学舍，天下称之为《新义》。晚年定居金陵，又写做了《字说》一书，其中有不少穿凿附会的内容。观点则混合了佛经和老庄的思想。一时间，读书的士人没有敢不传授学习的，主考官只用王安石的学说为标准录取考生，士人不得自立一说，凡是先儒解释经书的著述全都废除不用。又废黜《春秋》这部书，不把它列在学校教材里，甚至将它戏称为“断缺残陋的朝廷公报”。

王安石没有显贵时，名声震动京师，生性不喜好华丽的服饰和丰美的饮食，自己的日常生活极为俭朴，有时衣服脏了不洗，脸上脏了也不洗，当时人们都称赞他贤明有德。只有蜀人苏洵说：“这样子是不近人情的，这种人很少不成为大奸大恶的。”并写了《辩奸论》一文来讽刺王安石，说他是王衍、卢杞合为一身的人。

王安石性格坚强刚愎，遇到事情不管对错，都相信自己的见解，固执己见不肯改变。到议论变法时，在朝百官都持不能变法的意见，王安石附会儒家经义，提出自己的主张，辩论起来动不动就是好几百字，大家都驳不倒他。他甚至说："天灾不足以畏惧，祖宗不足以效法，人们的议论不足以忧虑。"朝廷内外老成持重的人几乎被王安石罢除殆尽，他多任用自己门下轻薄而有点小聪明的年轻人。当了很长时间的宰相后，因为天发旱灾而引退；到他第二次担任宰相，一年多后就又被罢免了，直到神宗朝结束没有再召他回朝廷，前后共八年。儿子是王雱。

宋史卷三百三十一

沈括列传第九十

括字存中，以父任为沭阳主簿。县依沭水，乃职方氏所书“浸曰沂、沭”者，故迹漫为污泽，括新其二坊，疏水为百渠九堰，以播节原委，得上田七千顷。

擢进士第，编校昭文书籍，为馆阁校勘，删定三司条例。故事，三岁郊丘之制，有司按籍而行，藏其副，吏沿以干利。坛下张幔，距城数里为园囿，植采木、刻鸟兽绵络其间。将事之夕，法驾临观，御端门、陈仗卫以阅严警，游幸登赏，类非斋祠所宜。乘舆一器，而百工侍役者六七十辈。括考礼沿革，为书曰《南郊式》。即诏令点检事务，执新式从事，所省万计，神宗称善。

迁太子中允、检正中书刑房、提举司天监，日官皆市井庸贩，法象图器，大抵漫不知。括始置浑仪、景表、五壶浮漏，招卫朴造新历，募天下上太史占书，杂用士人，分方技科为五，后皆施用。加史馆检讨。

淮南饥，遣括察访，发常平钱粟，疏沟渎，治废田，以救水患。迁集贤校理，察访两浙农田水利，迁太常丞、同修起居注。时大籍民车，人未谕县官意，相挺为忧；又市易司患蜀盐之不禁，欲尽实私井而辇解池盐给之。言者论二事如织，皆不省，括侍帝侧，帝顾曰：“卿知籍车乎？”曰：“知之。”帝曰：“何如？”对曰：“敢问欲何用？”帝曰：“北边以马取胜，非车不足以当之。”括曰：“车战之利，见于历世。然古人所谓兵车者，轻车也，五御折旋，利于捷速。今之民间辎车重大，日不能三十里，故世谓之太平车，但可施于无事之日尔。”帝喜曰：“人言无及此者，朕当思之。”遂问蜀盐事，对曰：“一切实私井而运解盐，使一出于官售，诚善。然忠、万、戎、泸间夷界小井尤多，不可猝绝也，势须列候加警，臣恐得不足偿费。”帝颔之。明日，二事俱寝。擢知制诰，兼通进、银台司，自中允至是才三月。

为河北西路察访使。先是，银冶，转运司置官收其利，括言：“近宝则国贫，其势必然；人众则囊橐奸伪何以检颐？朝廷岁遗契丹银数十万，以其非北方所有，故重而利之。昔日银城县、银坊城皆没于彼，使其知凿山之利，则中国之币益轻，何赖岁饷，邻衅将自兹始矣。”

时赋近畿户出马备边，民以为病，括言：“北地多马而人习骑战，犹中国之工强弩也。今舍我之长技，强所不能，何以取胜。”又边人习兵，唯以挽强定最，而未必能贯革，谓宜以射远入坚为法。如是者三十一事，诏皆可之。

辽萧禧来理河东黄嵬地，留馆不肯辞，曰：“必得请而后反。”帝遣括往聘。括诣枢密院阅故牍，得顷岁所议疆地书，指古长城为境，今所争盖三十里远，表论之。帝以休日开天章阁召对，喜曰：“大臣殊不究本末，几误国事。”命以画图示禧，禧议始屈。赐括白金千两使行。至契丹庭，契丹相杨益戒来就议，括得地讼之籍数十，预使吏士诵之，益戒有所问，则顾吏举以答。他日复问，亦如之。益戒无以应，谩曰：“数里之地不忍，而轻绝好乎？”括曰：“师直为壮，曲为老。今北朝弃先君之大信，以威用其民，非我朝之不利也。”凡六会，契丹知不可夺，遂舍黄嵬而以天池请。括乃还，在道图其山川险易迂直，风俗之纯庞，人情之向背，为《使契丹图抄》上之。拜翰林学士、权三司使。

尝白事丞相府，吴充问曰：“自免役令下，民之诋訾者今未衰也，是果于民何如？”括曰：“以为不便者，特士大夫与邑居之人习于复除者尔，无足恤也。独微户本无力役，而亦使出钱，则为可念。若悉弛之，使一无所预，则善矣。”充然其说，表行之。

蔡确论括首鼠乖刺，阴害司农法，以集贤院学士知宣州。明年，复龙图阁待制、知审官院，又出知青州，未行，改延州。至镇，悉以别赐钱为酒，命廛市良家子驰射角胜，有轶群之能者，自起酌酒以劳之，边人欢激，执弓傅矢，唯恐不得进。越岁，得彻札超乘者千余，皆补中军义从，威声雄他府。以副总管种谔西讨拔银、宥功，加龙图阁学士。朝廷出宿卫之师来戍，赏赉至再而不及镇兵。括以为卫兵虽重，而无岁不战者，镇兵也。今不均若是，且召乱。乃藏敕书，而矫制赐缗钱数万，以驿闻。诏报之曰：“此右府颁行之失，非卿察事机，必扰军政。”自是，事不暇请者，皆得专之。蕃汉将士自皇城使以降，许承制补授。

谔师次五原，值大雪，粮饷不继，殿直刘归仁率众南奔，士卒三万人皆溃入塞，居民怖骇。括出东郊饯河东归师，得奔者数千，问曰：“副都总管遣汝归取粮，主者为何人？”曰：“在后。”即谕令各归屯。及暮，至者八百，未旬日，溃卒尽还。括出按兵，归仁至，括曰："汝归取粮，何以不持军符？"归仁不能对，斩以徇。经数日，帝使内侍刘惟简来诘叛者，具以对。

大将景思谊、曲珍拔夏人磨崖葭芦浮图城，括议筑石堡以临西夏，而给事中徐禧来，禧欲先城永乐。诏禧护诸将往筑，令括移府并塞，以济军用。已而禧败没，括以夏人袭绥德，先往救之，不能援永乐，坐谪均州团练副使。元祐初，徙秀州，继以光禄少卿分司，居润八年卒，年六十五。

括博学善文，于天文、方志、律历、音乐、医药、卜算，无所不通，皆有所论著。又纪平日与宾客言者为《笔谈》，多载朝廷故实、耆旧出处，传于世。

【译文】

沈括，字存中，因为父荫得官担任沭阳主薄。沭阳县靠着沭水，是职方氏所写的"水泽叫做沂水、沭水"的地方，早先的河道漫衍为停滞不流的污泽，沈括重新修筑堤坝，疏浚水流为一百条水渠，筑起九道堤坝，用来分导和控制沭水的主流和支流，得到上等好良田七千顷。

沈括考中进士后，被派去编集校对昭文馆的书籍，担任馆阁校勘，删定三司条例。依照惯例，皇帝每三年一次往南郊的圜丘举行祭祀天地的礼仪，由有关机构按照典籍记载安排进行，吏员们将副本收藏起来，常常借着举行祭祀仪式而谋求私利。祭坛下张设帐幕，距离皇城数里的地方建造园林，竖立起五彩的木头，将雕刻好的飞鸟走兽连绵不断地放置在林木之间。举行祭祀的前夕，皇帝亲自前来观赏，登上端门，陈列仪仗卫队以便检阅他们的威严警戒，游览赏玩，这些都不是斋戒祭祀时所应有的现象。皇帝使用的一个器物，就需要六七十名工匠制作。沈括查考了南郊大礼的历史沿革，撰写了一本书叫《南郊式》，于是皇帝降诏命令他负责郊祀的事务，依照新礼仪办事，所节省的费用数以万计，神宗非常满意。

（沈括）升任太子中允、检正中书刑房、提举司天监，当时的日官都是些庸庸碌碌的人，对于天文现象，天体图象以及天文仪器，几乎一点不懂。沈括开始设置浑仪、景表、五壶浮漏，召请卫朴制定新的历法，向全国各地征集太史用的观测天象的书籍，在司天监里掺杂使用读书人，将方技科分为五项，这些办法后来都被采纳施行。加官为史馆检讨。

淮南发生饥荒，朝廷派遣沈括前去巡视，他发放常平仓的钱币和粮食，疏通河渠，修治废弃的农田，以此来消除水灾造成的破坏。升任集贤校理，考察两浙地区的农田水利情况，升任太常丞、同修起居注。当时朝廷大规模地登记民间车辆，人们不了解朝廷的用意，都对这件事感到忧虑；市易司又担忧四川无法禁止私贩井盐，打算将四川的私井全部填实封住，然后运解池的盐去供应。上书议论这两件事的奏疏多得好像织机上的纱线，但神宗都不予理睬，沈括侍立在神宗身边，神宗回头看看他说："你知晓征集车辆的事吗？"沈括回答说："我知道这件事。"神宗说："这件事怎么样？"沈括回答说："请问征集车辆打算做什么？"神宗说："北方的辽军用马来取胜，没有车不足以抵挡他们。"沈括说："车战的好处，在历代都可以看到。只是古人所说兵车，是轻车，五匹马拉车折冲旋转，有利于快速行军。现在民间的载重车庞大笨重，每天走不了三十里路，因此人们把它称为太平车，只能够在太平的日子用用罢了。"神宗高兴地说："别人没有说过这些话，我要好好考虑。"于是又询问他关于川盐的事，沈括回答说："把所有的私井都填塞封掉而后去运解池的盐，使盐全部交由官府发售，固然好。只是忠州、万州、戎州、泸州一带少数民族地区的小盐井很多，不可能一下子禁绝，势必要在这个地区设置斥候加强警戒，夷界更须列候加警，我担心所得不足以偿所费。"神宗点头同意。第二天，这两件事都停止实施了。沈括被提升为知制诰，兼管通进、银台司，从任太子中允到知制诰才三个月的时间。

任河北西路察访使。按照过去的惯例，凡有银冶之处，转运使就设置官员收取银冶的息钱，沈括说："靠近宝藏就会使国家贫穷，这是必然的事；靠近宝藏的人多了，那么怎样将窝藏的奸伪之徒检查出来呢？朝廷每年送给契丹数十万两银子，因为白银不是北方所有的东西，所以他们看重它并且认为获得它是有利的。过去的银城县、银坊城都已经被契丹侵占，倘若他们知道开凿矿山的好处，那么中国的岁币更加要被他们看轻了，还有什么东西可以每年送给他们，边境争端将要从这里开始了。"

当时朝廷命京城附近地区的百姓每户出马抵作赋税以便保卫边境，百姓把这当作灾难。沈括说："北方地区马多并且人们熟悉骑马作战，好比是中原地区擅长强弩。现在舍弃我们擅长的技艺，勉强去做不擅长的事情，怎么能够获得胜利。”另外，边境地区的人练习打仗，只凭拉开弓的强度来确定高下，但未必能够射穿皮革，沈括说应当以射出距离的远近和射入硬物的程度作为考核的标准。沈括提出类似的建议三十一件，神宗降诏都同意实行。

辽国的萧禧前来处理河东黄嵬一带划界争议，留在馆舍不肯离去，说：“我一定要达到目的才能返回。”神宗派遣沈括出使辽国。沈括来到枢密院查阅过去的档案文件，查找到往年商定边境的文件，文件中指定以古代的长城为边界，而现在所争执的地方和长城相距三十里远，沈括上书论述了这件事。神宗在休假日打开天章阁召见沈括答对，高兴地说：“大臣们根本不去查究事情的原委，差一点误了国家大事。”神宗命人将地图拿给萧禧看，萧禧才感到自己的主张理屈。神宗赐给沈括一千两白金，让他出发前往辽国。他来到契丹宫庭，契丹宰相杨益戒来同他面议，沈括找出争论地界的各种书信档案数十件，预先让吏员和幕僚背熟，杨益戒有问题提出，沈括就回头让吏员列举所得档案进行回答。改天再问，还是用同样的办法回答。杨益戒无言可对，傲慢地说：“几里土地都舍不得，难道忍心轻率地断绝和好吗？”沈括回答说：“军队以正义为强大，以理屈为衰弱，你们北朝现在抛弃你们以前皇帝的重大信誓，用暴力役使百姓，这对我们南朝没有什么不利。”总共会谈了六次，契丹知道沈括不会屈服，于是丢开黄嵬不谈，只要求将天池地区划归他们。于是沈括启程回国，他在路上画下沿途山川的险峻平缓迂回顺直，记录风俗的纯朴和复杂，人情的向背，编撰成《使契丹图抄》一书献给朝廷。朝廷任命他为翰林学士、权三司使。

沈括曾经前往宰相府汇报事情，吴充问他说：“自从免役令颁行以后，百姓对它的攻击诋毁至今没有减少。免役法究竟对百姓怎么样？”沈括说：“认为不方便的，只是士大夫和城市中习惯于免除服役的人，这不必顾虑。只是贫穷寒微人家本来不服力役，现在也要他们出钱，这是应当考虑的。假如对这些人全部放宽，完全不收他们的钱，就好了。”吴充认为他说得对，上表朝廷推行了这项建议。

蔡确抨击沈括对役法的言行前后反复，暗中损害司农法，沈括以集贤院学士出任宣州知州。第二年，复职龙图阁待制、知审官院，又被派遣出任青州知州，还没有前去上任，改任延州知州。到了延州，沈括将朝廷额外赐给的钱买成酒，命令街市百姓中清白人家的子弟比赛骑马射箭，分出高下，有超群出众的人，沈括亲自起身酌酒慰劳他，边境上的百姓欢悦激动，拿着弓箭练习，唯恐不能参加比赛。过了一年，沈括挑选到一千多名能射穿箭靶，飞身上车的人，都补充到中军做志愿兵，因此延州军队的声势超过了其他州府。因为副总管种谔征讨西夏攻克银州、宥州有功，沈括加官为龙图阁学士。朝廷派出守卫京城的禁军来到边境驻防，两次赏赐禁军都没有赏地方军队。沈括认为京城的卫兵虽然重要，但是年年都在打仗的，却是地方守军。假如像现在这样赏赐不均，会引发变乱。于是藏起敕书，假托朝廷命令赐给地方军队几万缗钱，并通过驿站上奏朝廷。神宗降诏回复他说："这是枢密院颁发赏赐时的失误，如果不是你看到事情的要害，一定会扰乱军政。"从此以后，事情来不及请示报告的，沈括都可以自己作主处理。少数民族和汉族将士从皇城使以下的官职，允许沈括用朝廷的名义补授。

种谔军队来到五原，正遇到下大雪，粮饷没有及时运到，殿直刘归仁带领部下向南奔逃，士兵三万多人都溃散入塞，当地居民害怕恐慌。沈括出城在东郊准备酒食接待回来的河东军队，得到逃回来的士兵几千人，询问他们说："副都总管派你们回来取粮食，为首的人是谁呢？"士兵回答说："在后面。"沈括便命令他们各自返回兵营。到了晚上，又来了八百人，不到十天，溃散的士兵全都回来了。沈括出去巡视部队，刘归仁来见，沈话说："你回来取粮食，为什么不拿军符？"刘归仁无言以对，沈括把他斩首示众。过了几天，神宗派内侍刘惟简前来查问叛乱的人，沈括将处理的情况报告了朝廷。

大将景思谊，曲珍攻取西夏的磨崖、葭芦、浮图城，沈括建议修筑石堡城来抵御西夏，但是给事中徐禧来到后，要先修建永乐城。神宗降诏命徐禧总领将领们前去筑城，命令沈括把他的帅府移到边界，以便接济军用物资和救援。不久徐禧失利战死，沈括因为西夏军队袭击绥德，而先去救援绥德，无法去援救永乐城，因而被贬为均州团练副使。元祐初年，改到秀州安置，接着以光禄少卿分司，在润州居住八年后去世，终年六十五岁。

沈括学识广博，擅长写文章，对于天文、方志、律历、音乐、医药、卜算，没有不熟悉的，都有论述著作。他又把平时和宾客谈论的事记录下来编成《笔谈》一书，大多记载朝廷中的事实典故，故旧老臣的进退，流传于世。

宋史卷三百三十六

司马光列传卷九十五

司马光字君实，陕州夏县人也。父池，天章阁待制。光生七岁，凛然如成人，闻讲《左氏春秋》，爱之，退为家人讲，即了其大指。自是手不释书，至不知饥渴寒暑。群儿戏于庭，一儿登瓮，足跌没水中，众皆弃去，光持石击瓮破之，水迸，儿得活。其后京、洛间画以为图。仁宗宝元初，中进士甲科。年甫冠，性不喜华靡，闻喜宴独不戴花，同列语之曰："君赐不可违。"乃簪一枝。

除奉礼郎，时池在杭，求签苏州判官事以便亲，许之。丁内外艰，执丧累年，毁瘠如礼。服除，签书武成军判官事，改大理评事，补国子直讲。枢密副使庞籍荐为馆阁校勘，同知礼院。

中官麦允言死，给卤簿。光言："繁缨以朝，孔子且犹不可。允言近习之臣，非有元勋大劳，而赠以三公官，给一品卤簿，其视繁缨，不亦大乎。"夏竦赐谥文正，光言："此谥之至美者，竦何人，可以当之？"改文庄。加集贤校理。

从庞籍辟，通判并州。麟州屈野河西多良田，夏人蚕食其地，为河东患。籍命光按视，光建："筑二堡以制夏人，募民耕之，耕者众则籴贱，亦可渐纾河东贵籴远输之忧。"籍从其策；而麟将郭恩勇且狂，引兵夜渡河，不设备，没于敌，籍得罪去。光三上书自引咎，不报。籍没，光升堂拜其妻如母，抚其子如昆弟，时人贤之。

改直秘阁、开封府推官。交趾贡异兽，谓之麟，光言："真伪不可知，使其真，非自至不足为瑞，愿还其献。"又奏赋以风。修起居注，判礼部。有司奏日当食，故事食不满分，或京师不见，皆表贺。光言："四方见、京师不见，此人君为阴邪所蔽；天下皆知而朝廷独不知，其为灾当益甚，不当贺。"从之。

同知谏院。苏辙答制策切直，考官胡宿将黜之，光言："辙有爱君忧国之心，不宜黜。"诏定末级。

仁宗始不豫，国嗣未立，天下寒心而莫敢言。谏官范镇首发其议，

光在并州闻而继之，且贻书劝镇以死争。至是，复面言："臣昔通判并州，所上三章，愿陛下果断力行。"帝沉思久之，曰："得非欲选宗室为继嗣者乎？此忠臣之言，但人不敢及耳。"光曰："臣言此，自谓必死，不意陛下开纳。"帝曰："此何害，古今皆有之。"光退未闻命，复上书曰："臣向者进说，意谓即行，今寂无所闻，此必有小人言陛下春秋鼎盛，何遽为不祥之事。小人无远虑，特欲仓卒之际，援立其所厚善者耳。'定策国老'、'门生天子'之祸，可胜言哉？"帝大感动曰："送中书。"光见韩琦等曰："诸公不及今定议，异日禁中夜半出寸纸，以某人为嗣，则天下莫敢违。"琦等拱手曰："敢不尽力。"未几，诏英宗判宗正，辞不就，遂立为皇子，又称疾不入。光言："皇子辞不赀之富，至于旬月，其贤于人远矣。然父召无诺，君命召不俟驾，愿以臣子大义责皇子，宜必入。"英宗遂受命。

兖国公主嫁李玮，不相能，诏出玮卫州，母杨归其兄璋，主入居禁中。光言："陛下追念章懿太后，故使玮尚主。今乃母子离析，家事流落，独无雨露之感乎？玮既黜，主安得无罪？"帝悟，降主沂国，待李氏恩不衰。

进知制诰，固辞，改天章阁待制兼侍讲、知谏院。时朝政颇姑息，胥史喧哗则逐中执法，辇官悖慢则退宰相，卫士凶逆而狱不穷治，军卒詈三司使而以为非犯阶级。光言皆陵迟之渐，不可以不正。

充媛董氏薨，赠淑妃，辍朝成服，百官奉慰，定谥，行册礼，葬给卤簿。光言："董氏秩本微，病革方拜充媛。古者妇人无谥，近制惟皇后有之。卤簿本以赏军功，未尝施于妇人。唐平阳公主有举兵佐高祖定天下功，乃得给。至韦庶人始令妃主葬日皆给鼓吹，非令典，不足法。"时有司定后宫封赠法，后与妃俱赠三代，光论："妃不当与后同，袁盎引却慎夫人席，正为此耳。天圣亲郊，太妃止赠二代，而况妃乎？"

英宗立，遇疾，慈圣光献后同听政。光上疏曰："昔章献明肃有保佑先帝之功，特以亲用外戚小人，负谤海内。今摄政之际，大臣忠厚如王曾，清纯如张知白，刚正如鲁宗道，质直如薛奎者，当信用之；猥鄙如马季良，谗谄如罗崇勋者，当疏远之，则天下服。"

帝疾愈，光料必有追隆本生事，即奏言："汉宣帝为孝昭后，终不追尊卫太子、史皇孙；光武上继元帝，亦不追尊钜鹿、南顿君，此万世法也。"后诏两制集议濮王典礼，学士王珪等相视莫敢先，光独奋笔书曰：

"为人后者为之子，不得顾私亲。王宜准封赠期亲尊属故事，称为皇伯，高官大国，极其尊荣。"议成，珪即命吏以其手稿为按。既上与大臣意殊，御史六人争之力，皆斥去。光乞留之，不可，遂请与俱贬。

初，西夏遣使致祭，延州指使高宜押伴，傲其使者，侮其国主，使者诉于朝。光与吕诲乞加宜罪，不从。明年，夏人犯边，杀略吏士。赵滋为雄州，专以猛悍治边，光论其不可。至是，契丹之民捕鱼界河，伐柳白沟之南，朝廷以知雄州李中祐为不材，将代之。光谓："国家当戎夷附顺时，好与之计较末节，及其桀骜，又从而姑息之。近者西祸生于高宜，北祸起于赵滋；时方贤此二人，故边臣皆以生事为能，渐不可长。宜敕边吏，疆场细故辄以矢刀相加者，罪之。"

仁宗遗赐直百余万，光率同列三上章，谓："国有大忧，中外窘乏，不可专用乾兴故事。若遗赐不可辞，宜许侍从上进金钱佐山陵。"不许。光乃以所得珠为谏院公使钱，金以遗舅氏，义不藏于家。后还政，有司立式，凡后有所取用，当覆奏乃供。光云："当移所属使立供已，乃具数白后，以防矫伪。"

曹佾无功除使相，两府皆迁官。光言："陛下欲以慰母心，而迁除无名，则宿卫将帅、内侍小臣，必有觊望。"已而迁都知任守忠等官，光复争之，因论："守忠大奸，陛下为皇子，非守忠意，沮坏大策，离间百端，赖先帝不听；及陛下嗣立，反覆交构，国之大贼。乞斩于都市，以谢天下。"责守忠为节度副使，蕲州安置，天下快之。

诏刺陕西义勇二十万，民情惊挠，而纪律疏略不可用。光抗言其非，持白韩琦。琦曰："兵贵先声，谅祚方桀骜，使骤闻益兵二十万，岂不震慑？"光曰："兵之贵先声，为无其实也，独可欺之于一日之间耳。今吾虽益兵，实不可用，不过十日，彼将知其详，尚何惧？"琦曰："君但见庆历间乡兵刺为保捷，忧今复然，已降敕榜与民约，永不充军戍边矣。"光曰："朝廷尝失信，民未敢以为然，虽光亦不能不疑也。"琦曰："吾在此，君无忧。"光曰："公长在此地，可也；异日他人当位，因公见兵，用之运粮戍边，反掌间事耳。"琦嘿然，而讫不为止。不十年，皆如光虑。

王广渊除直集贤院，光论其奸邪不可近："昔汉景帝重卫绾，周世宗薄张美。广渊当仁宗之世，私自结于陛下，岂忠臣哉？宜黜之以厉天下。"进龙图阁直学士。

神宗即位，擢为翰林学士，光力辞。帝曰："古之君子，或学而不文，或文而不学，惟董仲舒、扬雄兼之。卿有文学，何辞为？"对曰："臣不能为四六。"帝曰："如两汉制诏可也；且卿能进士取高第，而云不能四六，何邪？"竟不获辞。

御史中丞王陶以论宰相不押班罢，光代之，光言："陶由论宰相罢，则中丞不可复为。臣愿俟既押班，然后就职。"许之。遂上疏论修心之要三：曰仁，曰明，曰武；治国之要三：曰官人，曰信赏，曰必罚。其说甚备。且曰："臣获事三朝，皆以此六言献，平生力学所得，尽在是矣。"御药院内臣，国朝常用供奉官以下，至内殿崇班则出；近岁暗理官资，非祖宗本意。"因论高居简奸邪，乞加远窜。章五上，帝为出居简，尽罢寄资者。既而复留二人，光又力争之。张方平参加政事，光论其不叶物望，帝不从。还光翰林兼侍读学士。

光常患历代史繁，人主不能遍览，遂为《通志》八卷以献。英宗悦之，命置局秘阁，续其书。至是，神宗名之曰《资治通鑑》，自制《序》授之，俾日进读。

诏录颍邸直省官四人为侯门祗候，光曰："国初草创，天步尚艰，故御极之初，必以左右旧人为腹心耳目，谓之随龙，非平日法也。阁门祗候在文臣为馆职，岂可使厮役为之。"

西戎部将嵬名山欲以横山之众，取谅诈以降，诏边臣招纳其众。光上疏极论，以为："名山之众，未必能制谅诈。幸而胜之，灭一谅祚，生一谅祚，何利之有；若其不胜，必引众归我，不知何以待之。臣恐朝廷不独失信谅祚，又将失信于名山矣。若名山余众尚多，还北不可，入南不受，穷无所归，必将突据边城以救其命。陛下不见侯景之事乎？"上不听，遣将种谔发兵迎之，取绥州，费六十万，西方用兵，盖自此始矣。

百官上尊号，光当答诏，言："先帝亲郊，不受尊号。末年有献议者，谓国家与契丹往来通信，彼有尊号我独无，于是复以非时奉册。昔匈奴冒顿自称'天地所生日月所置匈奴大单于'，不闻汉文帝复为大名以加之也。愿追述先帝本意，不受此名。"帝大悦，手诏奖光，使善为答辞，以示中外。

执政以河朔旱伤，国用不足，乞南郊勿赐金帛。诏学士议，光与王珪、王安石同见，光曰："救灾节用，宜自贵近始，可听也。"安石曰："常衮辞堂馔，时以为衮自知不能，当辞位不当辞禄。且国用不足，非当世急务，所以不足者，以未得善理财者故也。”光曰：“善理财者，不过头会箕敛尔。”安石曰：“不然，善理财者，不加赋而国用足。”光曰：“天下安有此理？天地所生财货百物，不在民，则在官，彼设法夺民，其害乃甚于加赋。此盖桑羊欺武帝之言，太史公书之以见其不明耳。”争议不已。帝曰：“朕意与光同，然姑以不允答之。”会安石草诏，引常衮事责两府，两府不敢复辞。

安石得政，行新法，光逆疏其利害。迩英进读，至曹参代萧何事，帝曰：“汉常守萧何之法不变，可乎？”对曰：“宁独汉也，使三代之君常守禹、汤、文、武之法，虽至今存可也。汉武取高帝约束纷更，盗贼半天下；元帝改孝宣之政，汉业遂衰。由此言之，祖宗之法不可变也。”

吕惠卿言：“先王之法，有一年一变者，‘正月始和，布法象魏’是也；有五年一变者，巡守考制度是也；有三十年一变者，‘刑罚世轻世重’是也。光言非是，其意以风朝廷耳。”帝问光，光曰：“布法象魏，布旧法也。诸侯变礼易乐者，王巡守则诛之，不自变也。刑新国用轻典，乱国用重典，是为世轻世重，非变也。且治天下譬如居室，敝则修之，非大坏不更造也。公卿侍从皆在此，愿陛下问之。三司使掌天下财，不才而黜可也，不可使执政侵其事。今为制置三司条例司，何也？宰相以道佐人主，安用例？苟用例，则胥吏矣。今为看详中书条例司，何也？”惠卿不能对，则以他语诋光。帝曰：“相与论是非耳，何至是。”光曰：“平民举钱出息，尚能蚕食下户，况县官督责之威乎！”惠卿曰：“青苗法，愿取则与之，不愿不强也。”光曰：“愚民知取债之利，不知还债之害，非独县官不强，富民亦不强也。昔太宗平河东，立籴法，时米斗十钱，民乐与官为市。其后物贵而和籴不解，遂为河东世世患。臣恐异日之青苗，亦犹是也。”帝曰：“坐仓籴米何如？”坐者皆起，光曰：“不便。”惠卿曰：“籴米百万斛，则省东南之漕，以其钱供京师。”光曰：“东南钱荒而粒米狼戾，今不籴米而漕钱，弃其有余，取其所无，农末皆病矣！”侍讲吴申起曰：“光言，至论也。”

它日留对，帝曰：“今天下汹汹者，孙叔敖所谓‘国之有是，众之所恶’也。”光曰：“然。陛下当论其是非。今条例司所为，独安石、韩绛、惠卿以为是耳，陛下岂能独与此三人共为天下邪？”帝欲用光，访之安石。安石曰：“光外托劘上之名，内怀附下之实。所言尽害政之事，所与尽害政之人，而欲置之左右，使与国论，此消长之大机也。光才岂能害政，但在高位，则异论之人倚以为重。韩信立汉赤帜，赵卒气夺，今用光，是与异论者立赤帜也。”

安石以韩琦上疏，卧家求退。帝乃拜光枢密副使，光辞之曰：“陛下所以用臣，盖察其狂直，庶有补于国家。若徒以禄位荣之，而不取其言，是以天官私非其人也。臣徒以禄位自荣，而不能救生民之患，是盗窃名器以私其身也。陛下诚能罢制置条例司，追还提举官，不行青苗、助役等法，虽不用臣，臣受赐多矣。今言青苗之害者，不过谓使者骚动州县，为今日之患耳。而臣之所忧，乃在十年之外，非今日也。夫民之贫富，由勤惰不同，惰者常乏，故必资于人。今出钱贷民而敛其息，富者不愿取，使者以多散为功，一切抑配。恐其逋负，必令贫富相保，贫者无可偿，则散而之四方；富者不能去，必责使代偿数家之负。春算秋计，展转日滋，贫者既尽，富者亦贫。十年之外，百姓无复存者矣。又尽散常平钱谷，专行青苗，它日若思复之，将何所取？富室既尽，常平已废，加之以师旅，因之以饥馑，民之羸者必委死沟壑，壮者必聚而为盗贼，此事之必至者也。”抗章至七八，帝使谓曰：“枢密，兵事也，官各有职，不当以他事为辞。”对曰：“臣未受命，则犹侍从也，于事无不可言者。”安石起视事，光乃得请，遂求去。

以端明殿学士知永兴军。宣抚使下令分义勇戍边，选诸军骁勇士，募市井恶少年为奇兵；调民造乾粮，悉修城池楼橹，关辅骚然。光极言：“公私困敝，不可举事，而京兆一路皆内郡，缮治非急。宣抚之令，皆未敢从，若乏军兴，臣当任其责。”于是一路独得免。徙知许州，趣入觐，不赴；请判西京御史台归洛，自是绝口不论事。而求言诏下，光读之感泣，欲嘿不忍，乃复陈六事，又移书责宰相吴充，事见《充传》。

蔡天申为察访，妄作威福，河南尹、转运使敬事之如上官；尝朝谒应天院神御殿，府独为设一班，示不敢与抗。光顾谓台吏曰：“引蔡寺丞归本班。”吏即引天申立监竹木务官富赞善之下。天申窘沮，即日行。

元丰五年，忽得语涩疾，疑且死，豫作遗表置卧内，即有缓急，当以畀所善者上之。官制行，帝指御史大夫曰：“非司马光不可。”又将以为东宫师傅。蔡确曰：“国是方定，愿少迟之。”《资治通鉴》未就，帝尤重之，以为贤于荀悦《汉纪》，数促使终篇，赐以颍邸旧书二千四百卷。及书成，加资政殿学士。凡居洛阳十五年，天下以为真宰相，田夫野老皆号为司马相公，妇人孺子亦知其为君实也。

帝崩，赴阙临，卫士望见，皆以手加额曰："此司马相公也。"所至，民遮道聚观，马至不得行，曰："公无归洛，留相天子，活百姓。"哲宗幼冲，太皇太后临政，遣使问所当先，光谓："开言路。"诏榜朝堂。而大臣有不悦者，设六语云："若阴有所怀；犯非其分；或扇摇机事之重；或迎合已行之令；上以侥幸希进；下以眩惑流俗。若此者，罚无赦。"后复命示光，光曰："此非求谏，乃拒谏也。人臣惟不言，言则入六事矣。"乃具论其情，改诏行之，于是上封者以千数。

起光知陈州，过阙，留为门下侍郎。苏轼自登州召还，缘道人相聚号呼曰："寄谢司马相公，毋去朝廷，厚自爱以活我。"是时天下之民，引领拭目以观新政，而议者犹谓"三年无改于父之道"，但毛举细事，稍塞人言。光曰："先帝之法，其善者虽百世不可变也。若安石、惠卿所建，为天下害者，改之当如救焚拯溺。况太皇太后以母改子，非子改父。"众议甫定。遂罢保甲团教，不复置保马；废市易法，所储物皆鬻之，不取息，除民所欠钱；京东铁钱及茶盐之法，皆复其旧。或谓光曰："熙、丰旧臣，多憸巧小人，他日有以父子义间上，则祸作矣。"光正色曰："天若祚宗社，必无此事。"于是天下释然，曰："此先帝本意也。"

元祐元年复得疾，诏朝会再拜，勿舞蹈。时青苗、免役、将官之法犹在，而西戎之议未决。光叹曰："四患未除，吾死不瞑目矣。"折简与吕公著云："光以身付医，以家事付愚子，惟国事未有所托，今以属公。"乃论免役五害，乞直降敕罢之。诸将兵皆隶州县，军政委守令通决。废提举常平司，以其事归之转运、提点刑狱。边计以和戎为使。谓监司多新进少年，务为刻急，令近臣于郡守中选举，而于通判中举转运判官。又立十科荐士法。皆从之。

拜尚书左仆射兼门下侍郎，免朝觐，许乘肩舆，三日一入省。光不敢当，曰："不见君，不可以视事。"诏令子康扶入对，且曰："毋拜。"遂罢青苗钱，复常平粜籴法。两宫虚己以听。辽、夏使至，必问光起居，敕其边吏曰："中国相司马矣，毋轻生事，开边隙。"光自见言行计从，欲以身徇社稷，躬亲庶务，不舍昼夜。宾客见其体羸，举诸葛亮食少事烦以为戒，光曰："死生，命也。"为之益力。病革，不复自觉，谆谆如梦中语，然皆朝廷天下事也。

是年九月薨，年六十八。太皇太后闻之恸，与帝即临其丧，明堂礼成不贺，赠太师、温国公，襚以一品礼服，赙银绢七千。诏户部侍郎赵瞻、内侍省押班冯宗道护其丧，归葬陕州。谥曰文正，赐碑曰《忠清粹德》。京师人罢市往吊，鬻衣以致奠，巷哭以过车。及葬，哭者如哭其私亲。岭南封州父老，亦相率具祭，都中及四方皆画像以祀，饮食必祝。

光孝友忠信，恭俭正直，居处有法，动作有礼。在洛时，每往夏县展墓，必过其兄旦，旦年将八十，奉之如严父，保之如婴儿。自少至老，语未尝妄，自言："吾无过人者，但平生所为，未尝有不可对人言者耳。"诚心自然，天下敬信，陕、洛间皆化其德，有不善，曰："君实得无知之乎？"

光于物澹然无所好，于学无所不通，惟不喜释、老，曰："其微言不能出吾书，其诞吾不信也。"洛中有田三顷，丧妻，卖田以葬，恶衣菲食以终其身。

绍圣初，御史周秩首论光诬谤先帝，尽废其法。章惇、蔡卞请发冢斫棺，帝不许，乃令夺赠谥，仆所立碑。而惇言不已，追贬清远军节度副使，又贬崖州司户参军。徽宗立，复太子太保。蔡京擅政，复降正议大夫，京撰《奸党碑》，令郡国皆刻石。长安石工安民当镌字，辞曰："民愚人，固不知立碑之意。但如司马相公者，海内称其正直，今谓之奸邪，民不忍刻也。"府官怒，欲加罪，泣曰："被役不敢辞，乞免镌安民二字于石末，恐得罪于后世。"闻者愧之。

靖康元年，还赠谥。建炎中，配飨哲宗庙庭。

【译文】

司马光，字君实，是陕州夏县人。他的父亲司马池，曾经担任天章阁待制。司马光七岁时，严肃如同成年人，听别人讲授《左氏春秋》，特别喜爱，回家后将听到的讲给家人，能说出其中的大意，此后，（他读书的兴趣越来越浓厚）整天手不释卷，常常不知道饥饿、口渴，忘了寒暑季节。（有一次）一群小孩在院中游戏，其中有一个小孩爬到一个大缸上，不慎落入有水的缸中，（小孩们因害怕）都逃走了，（只有司马光十分冷静，从地上拾起一块石头）把缸砸破，缸里的水一下子全都流了出来，小孩得救。后来京师、洛阳一带将这件事绘成图画。宋仁宗宝元初年，中进士甲科，刚满二十岁。性格不喜欢华丽，（朝廷规定，凡是中进士的人，都要参加一次"闻喜宴"，在参加宴会时，皇帝要赐给每位新中进士一朵大红花佩戴）唯独司马光不戴花，一个同中进士的人告诉他说："君王的赏赐，不敢违背。"于是这才别上一枝花。

朝廷授予他奉礼郎，因为司马池在杭州，司马光便请求担任苏州判官以便侍奉父亲，朝廷答应了。父母亲去逝，守丧多年。容颜憔悴，谨守礼节。守丧期满，主管武成军判官的事务，改为大理评事，增补为国子监直讲。枢密副使庞籍举荐他为馆阁校勘，一同负责礼院事务。

中官麦允言死后，被给予帝王出门时扈从的仪仗队。司马光说："戴有很多缨子的帽子上朝，孔子尚且认为不可。麦允言只是陛下亲近的大臣，没有勋劳，却被赠以三公的官位，给予一品官的仪仗队，看他帽上的缨子，不是太多了吗？"夏竦（死后）被赐谥号文正，司马光说："这个谥号是最美的，夏竦是什么人，可以承受吗？"（因为他的话）夏竦被改谥号文庄。司马光被加官为集贤校理。

司马光接受庞籍的邀请，担任并州判官。麟州屈野河西面有许多良田，西夏人蚕食这一带的土地，成为河东的祸患。庞籍命令司马光巡察，司马光建议说："修筑两座城堡来抵御西夏人，招募老百姓前去耕种，耕种的人多，粮食的价格就低，也就可以慢慢缓解河东粮食价格昂贵并且依赖远处供应的忧虑。"庞籍采纳了他的计策；然而，麟州将领郭恩勇敢却狂妄，带兵在夜间渡河，不加防备，被敌人消灭，庞籍因此获罪离开了麟州。司马光三次上书说（郭恩被敌人消灭这件事）是自己的过错，没有答复。庞籍死后，司马光上堂拜见庞籍的妻子，像对待自己母亲一样对待她，像抚养自己的兄弟一样抚养庞籍的儿子，当时的人称赞他。

改任直秘阁、开封府推官。交趾进贡一种奇怪的野兽，说是麟，司马光说："真假不得而知，就算是真的，不是自己来的不能说是祥瑞，希望送还他们的献纳之物。"又写了一篇赋进行讽谏。修撰起居注，主管礼部。有关部门说有日食，按照惯例，日食不满度数，或许京师看不见，大家都上表庆贺。司马光说："四方都能看得见，京师看不见，这是君王被阴险邪恶的人蒙蔽；天下的人都知道，只有朝廷不知道，它所带来的灾害会更加厉害，不应该庆贺。"朝廷听从了。

一同负责谏院。苏辙在回答科举考试的对策中，言辞切中要害但是言辞直率，考官胡宿打算不录取他，司马光说："苏辙有爱君忧国之心，不应当落榜。"（因为司马光的建议），下诏将苏辙定为最后一等。

仁宗身体不好，国家的继承人还没有确立，天下的人都非常忧虑却不敢说。谏官范镇首先发表自己的议论，司马光在并州听说后，接着发表意见，并且写书信给范镇，劝他以死抗争。到这时，司马光又（对仁宗）当面说："我过去在并州作通判，所上的文书三章，希望陛下果断施行。"仁宗深思了很久，说："莫非是挑选宗室后代作为继承人这件事吗？这是忠臣的话，只是别人不敢说罢了。"司马光说："我说这个，自己认为必定会招来死罪，没想到陛下开明接受了。"仁宗说："这有什么害处，古今都有这样的事。"司马光退朝后没有听说有命令，又上书说："我前面所说，心想立刻就会施行，现在一片沉默未听到什么，这中间必定有小人说陛下年富力强，怎么立即做不吉祥的事。小人缺乏长远的考虑，只是想在仓猝之间，拉拢他们所看重和友善的。'定策国老'、'门生天子'之祸，能说得完吗？"仁宗大大地感动，说："将上书送往中书省。"司马光见到韩琦等说："诸公没来得及商定大计，他日宫中半夜传出寸纸，将某人作为继承人，而且天下的人都不敢违背。"韩琦等双手作揖说："不敢不尽力。"不久，下诏让英宗主管宗正事务，（英宗）一再推辞，不肯答应，于是被立为皇子。（英宗）又推说自己有病，不肯入宫。司马光说："皇子推辞没有意料到的富贵，已经有一个月，可见他比一般人贤能得多。然而，对父亲的召唤不答应，君王征召不肯应命，希望用臣下的道义责备皇子，想必一定会入宫。"（仁宗照办以后），英宗果真接受了命令。

克国公主嫁给李玮，李玮不能胜任宰相，下诏调李玮前往卫州，李玮的母亲依附她的哥哥李璋，公主回到宫中居住。司马光说："皇帝陛下想念章懿太后，因此让李玮娶了公主。现在是母子分离，家事流落，唯独陛下未感觉没有恩泽吗？李玮已经罢黜，公主怎么会没有罪过？"仁宗明白了，下诏让公主前往沂国，对待李氏的恩惠不变。

晋升负责起草皇帝诏书，司马光一再推辞，于是改授为天章阁待制兼侍讲、负责谏院。当时朝政多姑息迁就，小官吏们起哄就能够驱逐执法官，负责皇帝坐车的官吏违令、傲慢，就撤换宰相，卫士们行凶、造反，只是监禁不处理，兵士辱骂三司使却不认为是冒犯长官。司马光说这些都是犯死罪的开始，不能不严正法度。

充媛董氏死后，被赠予淑妃称号，停止上朝，为她穿丧服，官员们都前去安慰，议定谥号，实行册封的礼节，送葬时给予仪仗队，司马光说："董氏的次序原本低微，病危将死才拜为充媛。古时候妇人没有谥号，近代的制度只有皇后才有。仪仗队本来是用于奖赏有军功的将士，从来没有给过妇人。唐朝平阳公主有领兵辅佐唐高祖平定天下的功劳，才被给予。至于韦庶人开始让妃子下葬的日子都给予鼓吹，不是要让它成为制度，不值得仿效。”当时有关部门议定后宫的封赠办法，皇后和妃子全都封赠三代，司马光议论说：“妃子不应该和皇后相同，(西汉)袁盎引导慎夫人离开(和皇后同坐的)坐席，正是这个缘故。仁宗天圣年间举行郊祀祭礼，太妃只赠给三代，何况妃子呢？”

英宗被立为皇帝，生病，慈圣光献皇后一同处理政务，司马光上疏说：“过去章献明肃皇后有保佑先帝的功劳，只是因为亲近重用外戚小人，被海内外人士非议。现在处理政务，大臣中忠诚厚道的像王曾，清静纯正的像张知白，刚正不阿的像鲁宗道，正直无私的像薛奎等人，应当相信重用他们；低劣、卑鄙的像马季良，谗害忠良的像罗崇勋等，应该疏远他们，那么天下的人就会心悦诚服。”

英宗病愈，司马光料想一定会追究出继皇子的事，于是上书说：“汉宣帝作为孝昭帝的后代，终究不追尊卫太子、史皇孙；汉光武帝继承西汉元帝，也不追尊钜鹿、南顿君，这是万世的法表。”后来下诏让两制集体商议濮王的典章礼仪，学士王珪等相互观望不敢首先说话，司马光独自挥笔写道：“作为一个人后嗣，就是这个人的儿子，不能顾及自己的亲属。大王应当准许封赠他的父亲，称为皇伯，给他以高官和很大的封国，来表示对他的尊敬和荣耀。”商议完了，王珪就命令属吏将司马光的手稿作为商议结果。送上去以后，和大臣们的意见不同，六名御史力争，都被斥退。司马光请求将他们留下，没有被允许，于是请求和他们一同被贬。

起初，西夏派遣使者前来参加祭祀，延州指挥使高宜负责护送陪伴，对西夏使者十分傲慢，侮辱西夏国王，使者回去以后，禀告了他们的朝廷。司马光和吕诲请求对高宜治罪，(朝廷)没有听从。第二年，西夏人入侵边疆，杀戮官吏和平民。赵滋在雄州为官，专门凭借勇猛和彪悍治理边境，司马光认为不行。到这时，契丹的百姓在界河捕鱼，在白沟的南面砍伐柳树，朝廷认为雄州知州李中祐没有才能，准备派人替代他。司马光说：“国家应该在少数民族归附服从时，喜欢和他们计较细枝末节，等到他们桀骜不驯时，又应当听从他们、姑息他们。近来西边的祸患因为高宜，北边的祸患因为赵滋，时论认为这两个人是贤人，所以边境的臣子都将惹是生非当做本事，渐渐发展到无法控制。应该命令边境官吏，边疆的小事动辄使用武力的，按犯罪论处。”

宋仁宗用于赏赐、赠送的东西，价值达百余万，司马光率领同事三次上书，说：“国家有大的忧患，中外很贫乏，不可以专门使用乾兴的旧事。假如赏赐、赠送无法免除，应当准许侍从向上进献金钱来帮助营建山陵。”没有被许可。司马光于是将所得到的珠宝作为谏院的办公费，黄金送给舅家，坚决不肯收藏在家里。皇后归政，有关部门制订法律，大凡皇后想要获取东西，上奏两次才供给。司马光说：“应当转交给所归属的部门供给。如数告诉皇后，防止其中作弊。”

曹佾没有功劳却被任命为使相，两府都升官。司马光说：“陛下想要慰藉母亲的心，因而晋升和提拔无名之辈，然则守卫的老将、侍奉的小臣，必定会有所希图。”不久，晋升都知任守忠等官员，司马光又争辩，并且因此发表议论说：“任守忠是大奸臣，陛下作皇子，不是任守忠的本意，他阻止和破坏重大决策，离间各种事情，幸好先帝没有听信；等到陛下继承皇位，他又多次勾结他人干坏事，是国家的大贼。请求在都市将他斩首，以此答谢天下。”（因为他的这一议论），贬谪任守忠为节度副使，在蕲州居住，天下人对此都感到高兴。

下诏征调陕西义勇二十万人，百姓很惊扰，而且（义勇）纪律混乱，不可任用。司马光慷慨激昂地加以非议，将情况告诉韩琦。韩琦说：“用兵贵在先声夺人，谅诈现在正桀骜不逊，假如他一下听说增兵二十万，难道不会感到震惊害怕？”司马光说：“用兵之所以贵在先声夺人，是因为它不真实，只可以欺骗一时罢了。现在我们虽然增兵，实际上不能使用，不超过十天，他们就会知晓我们的真实情况，还会有什么害怕的呢？”韩琦说：“你只看到庆历年间乡兵打了胜仗，忧虑现在又会像那样，已经下达圣旨和百姓约定，永远不再充军防守边防。”司马光说：“朝廷曾经失信于民，老百姓不敢那样认为，就是我司马光也不能不怀疑。”韩琦说：“我在这里，你不用有忧虑。”司马光说：“您在这里，可以这样，他日别人处在您这个位置，因为公事征兵，用兵运粮守边，同样易如反掌。”韩琦默不作声，可事情完了，也不停止（老百姓的兵役）。不到十年，都像司马光所考虑的情形一样。

王广渊被安置到集贤院，司马光认为他奸邪不可以亲近，说：“以前汉景帝重用卫绾，周世宗鄙薄张美。王广渊在仁宗在世时，私自结交陛下，难道是忠臣吗？应当贬黜他，来严肃天下。”司马光被晋升为龙图阁直学士。

宋神宗即位，提拔（司马光）为翰林学士，司马光极力推辞。神宗说：“古时候的君子，要么有学问而不写文章，要么写文章却没有学问，只有董仲舒、扬雄二者兼之。你有文章、学问，为什么推辞呢？”回答说：“我不能作四六骈体文。”神宗说：“像两汉的诏书就可以；何况你能在进士考试中获得很高的名次，而说不能作四六骈文，为什么？”终究推辞不得。

御史中丞王陶因议论宰相不值日而被罢官，让司马光接替他。司马光说：“王陶因为议论宰相被罢免，不能再担任御史中丞。我希望等到宰相已经值日，然后再就职。”朝廷答应了。于是上书谈论修心的三个关键：仁、明、武；治国的三个主要问题：任人、信赏、必罚。他的议论非常详备。并且还说：“我事奉三朝，都以这六句话进献，一生努力学习所获得的，全都在这里。”担任音乐院内臣，宋朝经常任用供奉官以下的官吏，调到内殿领班一段时间就调出了；近年官吏暗中领取国家财物，不是祖宗的本意。因此，司马光检举高居简是奸邪之人，请求疏远和流放他。奏章上了五次，神宗罢黜了高居简，全部罢免了那些转寄资财（牟求私利）的人，不久又留下两人，司马光又极力抗争。张方平担任参知政事，司马光说他与众望不合，神宗没有听从。让他继续担任翰林兼侍读学士。

司马光常常忧虑历代史书浩繁众多，君主不能全部浏览，于是撰写《通志》八卷，呈献英宗。英宗非常高兴，下令放在秘书省，让他继续编写这部书。到这时，宋神宗命名为《资治通鉴》，亲自撰写《序》赐给他，使人每天诵读。

下诏录用颍邸直省官四人为閤门祗侯，司马光说：“朝廷刚建立初年，大政实施困难，所以统治开始，必定使用亲信旧人作为心腹耳目，把他们叫做随龙，并不是平时的常法。閤门祗侯在文臣里面是馆职，怎么可以让服役的仆人担任。”

西边的少数民族部落将领嵬名山想率领横山的百姓，夺取谅祚前来归降，诏令边境的臣子招纳他的部众。司马光上疏尖锐地指出说：“嵬名山的民众，不一定能制服谅祚。侥幸战胜它，消灭了谅祚，又生出一个谅祚，有什么利益；倘若没有取胜，一定会带领民众归顺我们，不知道怎么对待他们。我担心朝廷不仅失信于谅祚，而且又要失信于嵬名山了。假如嵬名山余众还很多，返回北方又不行，进入南边又不被接受，穷困无所归附，必定会突然占据边境城堡来保。陛下没有听说过侯景的事吗？”神宗没有听从，派遣将领种谔领兵迎接，夺取绥州，耗费六十万，西方用兵，从此开始了。

百官上尊号，司马光掌管诏书，说：“先帝举行祭祀大礼，不接受尊号。先帝末年有进献建议的人，说国家和契丹往来通信，他们有尊号我们唯独没有，因而在不是册封的时候进行册封。过去匈奴冒顿自称‘天地所生日月所置匈奴大单于’，没有听说汉文帝又取大名来加封自己。希望追述先帝的本意，不接受这个名号。”神宗很高兴，亲手下诏嘉奖司马光，命他写好答谢辞，给中外人士传阅。

掌管政务时，因为河朔地区天旱伤农，国家用度不足，请求南郊大祀时不赏赐绢帛黄金。下诏让学士们讨论，司马光和王珪、王安石同时被召见，司马光说：“救灾节约用度，应当从贵戚和近臣开始，可以听从。”王安石说：“常衮废止政事堂的公膳，当时人认为常衮自己没有能力，应该辞去职务而不应当推辞俸禄。何况国家用度不足，不是当前紧急事务，之所以国用不足，是因为没有得到善于理财的人。”司马光说：“善于理财的人，不过是按人头收偲，用箕收取罢了。”王安石说：“不是这样，善于理财的人，不增加赋税，可是国家的财用也会充足。”司马光说：“天下怎么会有这样的道理？天地所出产的财货和各种物资，不在于老百姓，就在于官，他们设法掠夺百姓，危害比增加赋税更厉害。这大概就是桑弘羊欺骗汉武帝的话，太史公写他，可见太史公不明白罢了。”（对这个问题）群臣们争辩不休。神宗说：“我的意思和司马光相同，然而姑且用不允许答复你们。”碰上王安石草拟诏书，引用常衮事责备两府，两府不敢再推辞。

王安石主持政务，推行新法，司马光反对，上书陈述利害。迩英将上书进献诵读，当读到曹参接替萧何事时，神宗说：“汉朝经常坚守萧何之法不变，行得通吗？”回答说：“不仅是汉朝，三代的君主也经常固守大禹、商汤、周文王、周武王的法规，即使保存到今日也可以实行。汉武帝采取高祖纷纷改变成规的办法，结果盗贼布满了半壁江山，元帝更改孝宣帝时候的政策，汉朝的王业从此衰落。由此说来，祖宗之法不可变改。”

吕惠卿说："先王的成法，有一年改变一次的，'正月始和，布法象魏'说的就是这种情况；有五年更改一次的，巡行境内的考绩制度就是；有三十年改变一次的，'刑法时轻时重'就是。司马光说的不对，他的用意在于讽刺朝廷罢了。"神宗询问司马光，司马光说："布法象魏，是颁布原有的法规。诸侯国更改礼节和变换乐器的，国君巡行境内遇到了就要诛杀诸侯王，不是自己改变。至于刑法，刚刚建立的国家用轻法，混乱的国家用重法，这就是时重时轻，不是变化。况且治理天下好比居住的房子，房子坏了就修补一下；不是大坏，就没有必要另造新的。公卿侍从们都在这里，希望陛下询问他们。三司使掌理天下财富，没有才能的人罢黜是可以的，但不要让主管政事的人干预三司使的事务。现在设置三司条例司，不知为什么？宰相应用德行辅佐君王，怎么能用规程、条例呢？假如用规程、条例，那么就是低级官吏了。现在看到的详见于中书条例司，为什么呢？"吕惠卿无法回答，就用其他的话来诋毁司马光。神宗说："相互讨论是非，何必这样。"司马光说："百姓放债收取利息，还能蚕食下等人家，何况政府放债产生的威力呢？"吕惠卿说："青苗法，是愿意借就借给他，不愿借的不强迫。"司马光说："愚民只知道借债的利益，不知道还债的害处，不只是政府没有强迫，富裕的百姓也没有强迫。过去太宗平定河东，制定和籴法令，当时一斗米十钱，百姓乐意和官府交易。后来物价昂贵，可是和籴没有被取消，终于成为河东的世代祸患。我担心它日的青苗法，也像这样。"神宗说："官仓籴米怎么样？"在坐的人都站了起来，司马光说："不便。"吕惠卿说："籴米一百万斛，就可以省去东南的漕运，用这些省下的钱供给京师。"司马光说："东南缺少钱币，为了一粒大米而变得凶残贪暴，现在不籴米而收取漕运的费用，是舍弃有余，取其没有，对商业和农业都有害处！"侍讲吴申站起来说："司马光所说，是切中要害的。"

第二天（司马光）留下来回答问题，神宗说："现在天下一片混乱不安，是孙叔敖所说'国家有的，民众所厌恶'的。"司马光说："是的，陛下应该讨论谁是谁非。现在条例司所作所为，只有王安石、韩绛、吕惠卿认为是对的，陛下怎么能够单独和这三个人共同治理天下呢？"神宗想要重用司马光，询问王安石。王安石说："司马光表面上是直言劝谏陛下，内心却怀着依附下臣的真实用意。所说的全部是危害政务的事情，和他在一起的人，全都是危害政务的人，而（陛下）想要（将他）安置在身边，让他参预讨论国家大事，这是互相消耗的关键所在。司马光的才能不足以妨害政治，只是他处在高位，那些有不同意见的人会依附他作为重托。韩信树起汉的红色旗，赵地士兵的勇气就全没有了，现在任用司马光，是给那些有不同意见的人树起红色旗。”

王安石因为韩琦上疏，躺在家中请求退位。神宗于是任命司马光为枢密副使，司马光推辞说：“陛下之所以任用我，大概是发现我直率敢言，也许有助于国家。倘若仅仅是用俸禄和职位荣耀我，却不听我的言论，是用官位来作私恩，而不是任用人。我仅仅拿俸禄和职位作为荣耀，却不能拯救百姓的患难，这是盗窃国家的名位和车服仪制来为自己谋利。假如陛下真能够罢除制置条例司，追还提举官，不推行青苗、助役等法令，虽然不任用我，我得到的恩赐也很多了。现在讲说青苗法害处的，不过是说使者骚动州县，是现在的祸患罢了。可是我所担心的，乃是十年以后，不是今天的事。百姓的贫富，因为勤劳和懒惰不同，懒惰的人常常贫困，所以必定求助于别人。现在拿出钱借给百姓收取利息，富裕的人不愿意借取，而使者把多借出去金钱作为功劳，一切都是压制分配。（使者）担心拖欠债务，必定要让贫人和富人相互担保，贫困的人无法进行偿还，就会向四方逃跑；富裕的人不能离开，一定会被责令偿还几家所欠的债务。春天开始到秋天结算，数额一天天增大，贫困的人跑光了，富裕的人也穷困了。十年以后，百姓没有生存的根本了。又全部散发常平仓的钱和粮食，专门推行青苗法，它日假如想要恢复常平仓，将凭借什么？富裕人家已然穷困了，常平仓也废除了，加上军队，因而造成饥荒，老百姓中那些羸弱的必定会死于沟壑，强壮的必定会聚集起来造反成为盗贼，事情一定发展到这个地步。”上书达七、八次，神宗派人对他说：“枢密，是负责军事，做官各有职责，不应当拿其他事情来推辞。”回答说：“我没有接受任命，那么还是侍从，对于事情没有不可以说的。”王安石出来处理政事，司马光于是得到请求辞职的机会，终于离开了京城。

（司马光）以端明殿学士的身份出知永兴军。宣抚使下令分拨义勇戍守边疆，挑选各军中骁勇的武士，招募市井恶少年做为奇兵，征调百姓制作干粮，全部修缮城池望楼，关辅一带骚动不安。司马光大声疾呼：“公私本来困窘疲乏，不可以生事，京兆一路全都是内郡，修缮并不是当务之急。宣抚的命令，不敢听从，倘若说缺乏军事准备，我当担负责任。”于是司马光管辖地区独能免受骚扰。迁徙到许州任知州，因急忙朝见神宗，没有赴任；请求回洛阳西京御史台任职，从此闭口不谈政事。而请求言论的诏令下达以后，司马光读后感动得流了泪，想默不作声又难以忍受，于是又陈述了六件事，又写信责备宰相吴充，事情见于《吴充传》。

蔡天申担任察访官，作威作福，河南尹、转运使对他恭敬得像对待上司一样；曾经朝拜应天院神御殿，官府单独为他设了一班，以此表示不敢和他对抗。司马光回头走到台吏面前说："将蔡寺丞带回本班。"官吏于是带领蔡天申站到监竹木务官富赞善之后，蔡天申很是窘迫沮丧，当天就走了。

元丰五年，(司马光)忽然患言语不流畅的疾病，怀疑自己将离开人世，准备了遗书，将其放在屋内卧房中，一旦病情加重，就将它交给亲近的人送给皇上。官制施行，神宗指着御史大夫说："非司马光不可。"又准备让他做太子东宫的师傅。蔡确说："国家的储君刚刚确定下来，希望稍微推迟。"《资治通鉴》还没有完成，神宗特别重视它，认为比荀悦的《汉纪》好，多次催促司马光完稿，将颍邸旧书二千四百卷赏赐给他。等到书写完，加授司马光为资政殿学士。(司马光)总共居住在洛阳十五年，天下把他当作真正的宰相，村夫野老都称他为司马相公，妇人孺子都知道他是司马君实。

神宗去逝，赶赴宫殿，守卫的士兵望见他，都将手放在前额说："这是司马相公呀！"所到之处，老百姓拦在路上，聚集在一起观看，以至马都无法通过，(百姓们)说："你不要回洛阳了，留下来作天子的宰相，救活百姓。"哲宗年幼，太皇太后临朝听政，派遣使者询问司马光首要之务，司马光说："广开言路。"于是下诏在朝堂公开贴出文书、告示。针对有不满朝廷措施，想要进谏的大臣，定下了六条，说："暗中有所怀疑；犯非其分；或者煽动动摇机要事情；或者迎合已经在施行的法令；对上想侥幸得到晋升；往下想迷惑流俗。像这些，受惩罚不能赦免。"然后将它交给司马光，司马光说："这不是请求进谏，而是在拒谏。作臣子的只能不说，一说就被归入到六条里了。"于是深入研讨其中的情况，将诏书修改后施行。在当时，上书言事的人数以千计。

起用司马光作陈州知州，路经朝廷，被留下担任门下侍郎。苏轼从登州被召回朝廷，所经过的路上，人们聚集在一起大声呼喊说："感谢司马相公，你不要去朝廷了，好好保重救活我们。"当时天下的老百姓都用衣袖擦亮眼睛来看新政，可是还有人议论说："三年不改变父亲的制度。"只是粗略地列举出一些细小事情，稍微搪塞人们的耳目。司马光说："先帝的法规，好的部分就算百代也不应当改变，像王安石、吕惠卿所创建的，成为天下祸害的法规，更改它们就像救民于水火一样。何况太皇太后临朝听政，这是母亲改变儿子，不是儿子改变父亲。"众议决定了。于是罢除保甲团教，不再设立保马法；废止市易法，所储存的物资全部卖掉，不收取利息，免掉老百姓所欠的钱；京东铁钱及茶盐的办法，全都恢复原来的样子。有人对司马光说："熙宁、咸丰时期的旧臣，多数是奸佞小人，他日有人拿父子情义离间皇上，那么就大祸临头了。"司马光用严厉的神色说："上天若降福宗庙，一定没有这类事。"于是天下的人都放心了，说："这正是先帝的本意。"

元祐元（司马光）又得了疾病，哲宗下诏说朝会后再去拜见，不要激动。当时青苗法、免役法、将官法都还存在，而对待西方少数民族的意见也没有决定。司马光叹息说："四个祸患没有消除，我死不瞑目呀！"写信给吕公著说："我把身体交给了医生，将家事交给儿子，只有国家大事没有可以寄托的人，现在把它托付给您。"于是申述免役法的五点害处，请求直接下令罢除。各位将领统率的兵士都隶属州县，军政事务委托郡守、县令一同决定。废除提举常平司，将其事务转交给转运使、提点刑狱。边疆大计将与少数民族讲和当作便利。说监司多选用新近选拔的少年，以刻薄急躁为务，命令亲近的臣子从郡守中选拔荐举，在通判中选拔转运判官。又设立十科荐士法。（朝廷）都听从了。

拜授尚书左仆射兼门下侍郎，免去上朝朝拜，准许他坐肩舆，三天去一次门下省。司马光不敢接受，说："不见到君王，不能够处理事务。"下诏让司马光的儿子司马康搀扶着司马光入朝对策，而且说："不要下拜。"（在司马光的一再反对下）罢去了青苗钱，恢复了常平仓的粜籴法。皇宫和东宫太子都虚心地听取他的意见。辽国、西夏的使者来到，一定要询问司马光的起居，并且命令他们的边境官员说："中国的宰相是司马氏，不要草率生事，以勉发生边境纠纷。"司马光见自己得到重用，想要以身报国，便亲自过问一切事务，不分昼夜。宾客看他身体羸弱，列举诸葛亮吃得少而事情多作为鉴戒，司马光说："生和死，是命中注定的。"工作更加勤勉。病危将死，不再有知觉，恳切教导好像是梦中说话，然而所说都是朝廷、天下的大事。

这年九月去逝，终年六十八岁。太皇太后听到司马光去逝的消息，非常悲痛，和哲宗当即前去吊丧，以至明堂落成的大礼也没有去祝贺，赠封司马光为太师、温国公，赠给死者的衣服是一品官的礼服，赠送的白银和绢达七千。诏令户部侍郎赵瞻、内侍省押班冯宗道监理丧事，归葬到陕州。谥号叫文正，赐碑叫《忠清粹德》。京师的人们罢市前去凭吊，卖掉衣物去祭奠，街巷中的哭声超过了车子走动的声音。等到安葬，哭的人好像是在哭自己的亲属。岭南封州的父老，也都纷纷祭奠，京城以及四方都画他的像来进行祭祀，饭食前一定要先祝福他。

司马光礼敬朋友，讲求忠信、恭敬、节俭、正直，居处有法度，言行举止有礼节。在洛阳时，每次前往夏县去扫墓，一定会经过他的哥哥司马旦家，司马旦年近八十，司马光侍奉他像侍奉严父一样，保护他像保护婴儿一样。从小到老，从来没有妄说一句言语，自己说：“我没有超过别人的地方，只是一生的所做所为，从来没有不可以对别人说的。”一片诚心就好像天生的，天下的人都相信敬重他，陕西、洛阳一带都将他的德行作为教化，说：“莫非不知道司马君实吗？”

司马光对东西看得十分淡薄，没有什么爱好，对学问没有不精通的，惟独不喜欢佛教、道教，说：“其中的微言大义不能够超过我读过的书，其中的荒诞我不相信。”洛阳有三顷田，妻子死后，卖掉土地作为葬丧费用，一直到死都穿很普通的衣服，食用微薄的饮食。

绍圣初年，御史周秩第一个说司马光诽谤、诬蔑先帝，全部废除先帝新法。章惇、蔡卞请求掘开他的坟墓，砸碎他的棺材，皇帝没有答应，仅下令剥夺他的赠谥，推倒为他树立的石碑。可是章惇一直上书进谏，于是追贬司马光为清远军节度副使，又贬他为崖州司户参军，宋徽宗被立为帝，恢复司马光为太子太保。蔡京擅权专政，又降司马光为正议大夫，在京城撰刻《奸党碑》，命令各郡国都刻石勒碑。长安石工安民被叫来刻字，推辞说：“安民是愚蠢之人，固然不知道立碑的用意。但像司马相公这样的人，海内外都赞赏他的正直，现在说他是奸邪，我安民不忍心刻。”长安府的官吏非常恼怒，想要治他的罪，安民哭着说：“被征发服役，不敢推辞，请求在碑的最后免刻‘安民’二字，害怕得罪后世的人。”听到此话的人都感到十分羞惭。

靖康元年，又归赠他原先的谥号。建炎年间，将他供奉在哲宗的宗庙里。

宋史卷三百三十八

苏轼列传第九十七

苏轼字子瞻，眉州眉山人。生十年，父洵游学四方，母程氏亲授以书，闻古今成败，辄能语其要。程氏读东汉《范滂传》，慨然太息，轼请曰："轼若为滂，母许之否乎？"程氏曰："汝能为滂，吾顾不能为滂母邪？"

比冠，博通经史，属文日数千言，好贾谊、陆贽书。既而读《庄子》，叹曰："吾昔有见，口未能言，今见是书，得吾心矣。"嘉祐二年，试礼部。方时文磔裂诡异之弊胜，主司欧阳修思有以救之，得轼《刑赏忠厚论》，惊喜，欲擢冠多士，犹疑其客曾巩所为，但置第二；复以《春秋》对义居第一，殿试中乙科。后以书见修，修语梅圣俞曰："吾当避此人出一头地。"闻者始哗不厌，久乃信服。

丁母忧。五年，调福昌主簿。欧阳修以才识兼茂，荐之秘阁。试六论，旧不起草，以故文多不工。轼始具草，文义粲然。复对制策，入三等。自宋初以来，制策入三等，惟吴育与轼而已。

除大理评事、签书凤翔府制官。关中自元昊叛，民贫役重，岐下岁输南山木筏，自渭入河，经砥柱之险，衙吏踵破家。轼访其利害，为修衙规，使自择水工以时进止，自是害减半。

治平二年，入判登闻鼓院。英宗自藩邸闻其名，欲以唐故事召入翰林，知制诰。宰相韩琦曰："轼之才，远大器也，他日自当为天下用。要在朝廷培养之，使天下之士莫不畏慕降伏，皆欲朝廷进用，然后取而用之，则人人无复异辞矣。今骤用之，则天下之士未必以为然，适足以累之也。"英宗曰："且与修注如何？"琦曰："记注与制诰为邻，未可遽授。不若于馆阁中近上帖职与之，且请召试。"英宗曰："试之未知其能否，如轼有不能邪？"琦犹不可，及试二论，复入三等，得直史馆。轼闻琦语，曰："公可谓爱人以德矣。"

会洵卒，赙以金帛，辞之，求赠一官，于是赠光禄丞。洵将终，以兄太白早亡，子孙未立，妹嫁杜氏，卒未葬，属轼。轼既除丧，即葬姑。后官可荫，推与太白曾孙彭。

熙宁二年，还朝。王安石执政，素恶其议论异己，以判官告院。四年，安石欲变科举、兴学校，诏两制、三馆议。轼上议曰：

得人之道，在于知人；知人之法；在于责实。使君相有知人之明，朝廷有责实之政，则胥史皂隶未尝无人，而况于学校贡举乎？虽因今之法，臣以为有余。使君相不知人，朝廷不责实，则公卿侍从常患无人，而况学校贡举乎？虽复古之制，臣以为不足。夫时有可否，物有废兴，方其所安，虽暴君不能废，及其既厌，虽圣人不能复。故风俗之变，法制随之，譬如江河之徙移，强而复之，则难为力。

庆历固尝立学矣，至于今日，惟有空名仅存。今将变今之礼，易今之俗，又当发民力以治宫室，敛民财以食游士。百里之内，置官立师，狱讼听于是，军旅谋于是，又简不率教者屏之远方，则无乃徒为纷乱，以患苦天下邪？若乃无大更革，而望有益于时，则与庆历之际何异？故臣谓今之学校，特可因仍旧制，使先王之旧物，不废于吾世足矣。至于贡举之法，行之百年，治乱盛衰，初不由此。陛下视祖宗之世，贡举之法，与今为孰精？言语文章，与今为孰优？所得人才，与今为孰多？天下之事，与今为孰办？较此四者之长短，其议决矣。

今所欲变改不过数端：或曰乡举德行而略文词，或曰专取策论而罢诗赋，或欲兼采誉望而罢封弥，或欲经生不帖墨而考大义，此皆知其一，不知其二者也。愿陛下留意于远者、大者，区区之法何预焉。臣又切有私忧过计者。夫性命之说，自子贡不得闻，而今之学者，耻不言性命，读其文，浩然无当而不可穷；观其貌，超然无著而不可挹，此岂真能然哉！盖中人之性，安于放而乐于诞耳。陛下亦安用之？

议上，神宗悟曰："吾固疑此，得轼议，言释然矣。"即日召见，问："方今政令得失安在？虽朕过失，指陈可也。"对曰："陛下生知之性，天纵文武，不患不明，不患不勤，不患不断，但患求治太急，听言太广，进人太锐。愿镇以安静，待物之来，然后应之。神宗悚然曰："卿三言，朕当熟思之。凡在馆阁，皆当为朕深思治乱，无有所隐。"轼退，言于同列。安石不悦，命权开封府推官，将困之以事。轼决断精敏，声闻益远。

会上元敕府市浙灯，且令损价。轼疏言："陛下岂以灯为悦？此不过以奉二宫之欢耳。然百姓不可户晓，皆谓以耳目不急之玩，夺其口体必用之资。此事至小，体则甚大，愿追还前命。"即诏罢之。

时安石创行新法，轼上书论其不便，曰：

臣之所欲言者，三言而已。愿陛下结人心，厚风俗，存纪纲。人主之所恃者人心而已，如木之有根，灯之有膏，鱼之有水，农夫之有田，商贾之有财。失之则亡，此理之必然也。自古及今，未有和易同众而不安，刚果自用而不危者。陛下亦知人心之不悦矣。

祖宗以来，治财用者不过三司。今陛下不以财用付三司，无故又创制置三司条例一司，使六七少年，日夜讲求于内，使者四十余辈，分行营干于外。夫制置三司条例司，求利之名也；六七少年与使者四十余辈，求利之器也。造端宏大，民实惊疑；创法新奇，吏皆惶惑。以万乘之主而言利，以天子之宰而治财，论说百端，喧传万口，然而莫之顾者，徒曰："我无其事，何恤于人言。"操罔罟而入江湖，语人曰"我非渔也"，不如捐罔罟而人自信。驱鹰犬而赴林薮，语人曰"我非猎也"，不如放鹰犬而兽自驯。故臣以为欲消谗慝而召和气，则莫若罢条例司。

今君臣宵旰，几一年矣，而富国之功，茫如捕风，徒闻内帑出数百万缗，祠部度五千余人耳。以此为术，其谁不能？而所行之事，道路皆知其难。汴水浊流，自生民以来，不以种稻。今欲陂而清之，万顷之稻，必用千顷之陂，一岁一淤，三岁而满矣。陛下遂信其说，即使相视地形，所在凿空，访寻水利，妄庸轻剽，率意争言。官司虽知其疏，不敢便行抑退，追集老少，相视可否。若非灼然难行，必须且为兴役。官吏苟且顺从，真谓陛下有意兴作，上糜帑廪，下夺农时。堤防一开，水失故道，虽食议者之肉，何补于民！臣不知朝廷何苦而为此哉？

自古役人，必用乡户。今者徒闻江、浙之间，数郡顾役，而欲措之天下。单丁、女户，盖天民之穷者也，而陛下首欲役之，富有四海，忍不加恤！自杨炎为两税，租调与庸既兼之矣，奈何复欲取庸？万一后世不幸有聚敛之臣，庸钱不除，差役仍旧，推所从来，则必有任其咎者矣。青苗放钱，自昔有禁。今陛下始立成法，每岁常行。虽云不许抑配，而数世之后，暴君污吏，陛下能保之与？计愿请之户，必皆孤贫不济之人，鞭挞已急，则继之逃亡，不还，则均及邻保，势有必至，异日天下恨之，国史记之，曰“青苗钱自陛下始”，岂不惜哉！且常平之法，可谓至矣。今欲变为青苗，坏彼成此，所丧逾多，亏官害民，虽悔何及！

昔汉武帝以财力匮竭，用贾人桑羊之说，买贱卖贵，谓之均输。于时商贾不行，盗贼滋炽，几至于乱。孝昭既立，霍光顺民所欲而予之，天下归心，遂以无事。不意今日此论复兴。立法之初，其费已厚，纵使薄有所获，而征商之额，所损必多。譬之有人为其主畜牧，以一牛易五羊。一牛之失，则隐而不言；五羊之获，则指为劳绩。今坏常平而言青苗之功，亏商税而取均输之利，何以异此？臣窃以为过矣。议者必谓：“民可与乐成，难与虑始。”故陛下坚执不顾，期于必行。此乃战国贪功之人，行险侥幸之说，未及乐成，而怨已起矣。臣之所愿陛下结人心者，此也。

国家之所以存亡者，在道德之浅深，不在乎强与弱；历数之所以长短者，在风俗之薄厚，不在乎富与贫。人主知此，则知所轻重矣。故臣愿陛下务崇道德而厚风俗，不愿陛下急于有功而贪富强。爱惜风俗，如护元气。圣人非不知深刻之法可以齐众，勇悍之夫可以集事，忠厚近于迂阔，老成初若迟钝。然终不肯以彼易此者，知其所得小，而所丧大也。仁祖持法至宽，用人有叙，专务掩覆过失，未尝轻改旧章。考其成功，则曰未至。以言乎用兵，则十出而九败；以言乎府库，则仅足而无余。徒以德泽在人，风俗知义，故升遐之日，天下归仁焉。议者见其末年吏多因循，事不振举，乃欲矫之以苛察，齐之以智能，招来新进勇锐之人，以图一切速成之效。未享其利，浇风已成。多开骤进之门，使有意外之得，公卿侍从跬步可图，俾常调之人举生非望，欲望风俗之厚，岂可得哉？近岁朴拙之人愈少，巧进之士益多。惟陛下哀之救之，以简易为法，以清净为心，而民德归厚。臣之所愿陛下厚风俗者，此也。

祖宗委任台谏，未尝罪一言者。纵有薄责，旋即超升，许以风闻，而无官长。言及乘舆，则天子改容；事关廊庙，则宰相待罪。台谏固未必皆贤，所言亦未必皆是。然须养其锐气，而借之重权者，岂徒然哉？将以折奸臣之萌也。今法令严密，朝廷清明，所谓奸臣，万无此理。然养猫以去鼠，不可以无鼠而养不捕之猫；畜狗以防盗，不可以无盗而畜不吠之狗。陛下得不上念祖宗设此官之意，下为子孙万世之防？臣闻长老之谈，皆谓台谏所言，常随天下公议。公议所与，台谏亦与之；公议所击，台谏亦击之。今者物论沸腾，怨讟交至，公议所在，亦知之矣。臣恐自兹以往，习惯成风，尽为执政私人，以致人主孤立，纪纲一废，何事不生！臣之所愿陛下存纪纲者，此也。

轼见安石赞神宗以独断专任，因试进士发策，以"晋武平吴以独断而克，苻坚代晋以独断而亡，齐桓专任管仲而霸，燕哙专任子之而败，事同而功异"为问。安石滋怒，使御史谢景温论奏其过，穷治无所得，轼遂请外，通判杭州。高丽入贡，使者发币于官吏，书称甲子。轼却之曰："高丽于本朝称臣，而不禀正朔，吾安敢受！"使者易书称熙宁，然后受之。

时新政日下，轼于其间，每因法以便民，民赖以安。徙知密州。司农行手实法，不时施行者以违制论。轼谓提举官曰："违制之坐，若自朝廷，谁敢不从？今出于司农，是擅造律也。"提举官惊曰："公姑徐之。"未几，朝廷知法害民，罢之。

有盗窃发，安抚司遣三班使臣领悍卒来捕，卒凶暴恣行，至以禁物诬民，入其家争斗杀人，且畏罪惊溃，将为乱。民奔诉轼，轼投其书不视，曰："必不至此。"散卒闻之，少安，徐使人招出戮之。

徙知徐州。河决曹村，泛于梁山泊，溢于南清河，汇于城下，涨不时泄，城将败，富民争出避水。轼曰："富民出，民皆动摇，吾谁与守？吾在是，水决不能败城。"驱使复入。轼诣武卫营，呼卒长曰："河将害城，事急矣，虽禁军且为我尽力。"卒长曰："太守犹不避涂潦，吾侪小人，当效命。"率其徒持畚锸以出，筑东南长堤，首起戏马台，尾属于城。雨日夜不止，城不沈者三版。轼庐于其上，过家不入，使官吏分堵以守，卒全其城。复请调来岁夫增筑故城，为木岸，以虞水之再至。朝廷从之。

徙知湖州，上表以谢。又以事不便民者不敢言，以诗托讽，庶有补于国。御史李定、舒亶、何正臣摭其表语，并媒蘖所为诗以为讪谤，逮赴台狱，欲置之死，锻炼久之不决。神宗独怜之，以黄州团练副使安置。轼与田父野老，相从溪山间，筑室于东坡，自号"东坡居士"。

三年，神宗数有意复用，辄为当路者沮之。神宗尝语宰相王珪、蔡确曰："国史至重，可命苏轼成之。"珪有难色。神宗曰："轼不可，姑用曾巩。”巩进《太祖总论》，神宗意不允，遂手扎移轼汝州，有曰：“苏轼黜居思咎，阅岁滋深，人材实难，不忍终弃。”轼未至汝，上书自言饥寒，有田在常，愿得居之。朝奏，夕报可。

道过金陵，见王安石，曰：“大兵大狱，汉、唐灭亡之兆。祖宗以仁厚治天下，正欲革此。今西方用兵，连年不解，东南数起大狱，公独无一言以救之乎？”安石曰：“二事皆惠卿启之，安石在外，安敢言？”轼曰：“在朝则言，在外则不言，事君之常礼耳。上所以待公者非常礼，公所以待上者，岂可以常礼乎？”安石厉声曰：“安石须说。”又曰：“出在安石口，入在子瞻耳。”又曰：“人须是知行一不义，杀一不辜，得天下弗为，乃可。”轼戏曰：“今之君子，争减半年磨勘，虽杀人亦为之。”安石笑而不言。

至常，神宗崩，哲宗立，复朝奉郎、知登州，召为礼部郎中。轼旧善司马光、章惇。时光为门下侍郎，惇知枢密院，二人不相合，惇每以谑侮困光，光苦之。轼谓惇曰：“司马君实时望甚重。昔许靖以虚名无实，见鄙于蜀先主，法正曰：‘靖之浮誉，播流四海，若不加礼，必以贱贤为累。’先主纳之，乃以靖为司徒。许靖且不可慢，况君实乎？”惇以为然，光赖以少安。

迁起居舍人。轼起于忧患，不欲骤履要地，辞于宰相蔡确。确曰：“公徊翔久矣，朝中无出公右者。”轼曰：“昔林希同在馆中，年且长。”确曰：“希固当先公耶？”卒不许。元祐元年，轼以七品服入侍延和，即赐银绯，迁中书舍人。

初，祖宗时，差役行久生弊，编户充役者不习其役，又虐使之，多致破产，狭乡民至有终岁不得息者。王安石相神宗，改为免役，使户差高下出钱雇役，行法者过取，以为民病。司马光为相，知免役之害，不知其利，欲复差役，差官置局，轼与其选。轼曰：“差役、免役，各有利害。免役之害，掊敛民财，十室九空，敛聚于上而下有钱荒之患。差役之害，民常在官，不得专力于农，而贪吏猾胥得缘为奸。此二害轻重，盖略等矣。”光曰：“于君何如？”轼曰：“法相因则事易成，事有渐则民不惊。三代之法，兵农为一，至秦始分为二，及唐中叶，盖变府兵为长征之卒。自尔以来，民不知兵，兵不知农，农出谷帛以养兵，兵出性命以卫农，天下便之。虽圣人复起，不能易也。今免役之法，实大类此。公欲骤罢免役而行差役，正如罢长征而复民兵，盖未易也。”光不以为然。轼又陈于政事堂，光忿然。轼曰："昔韩魏公刺陕西义勇，公为谏官，争之甚力，韩公不乐，公亦不顾。轼昔闻公道其详，岂今日作相，不许轼尽言耶？"光笑之。寻除翰林学士。

二年，兼侍读。每进读至治乱兴衰、邪正得失之际，未尝不反覆开导，觊有所启悟。哲宗虽恭默不言，辄首肯之。尝读祖宗《宝训》，因及时事，轼历言："今赏罚不明，善恶无所劝沮；又黄河势方北流，而强之使东；夏人入镇戎，杀掠数万人，帅臣不以闻。每事如此，恐寖成衰乱之渐。"

轼尝锁宿禁中，召入对便殿，宣仁后问曰："卿前年为何官？"曰："臣为常州团练副使。"曰："今为何官？"曰："臣今待罪翰林学士。"曰："何以遽至此？"曰："遭遇太皇太后、皇帝陛下。"曰："非也。"曰："岂大臣论荐乎？"曰："亦非也。"轼惊曰："臣虽无状，不敢自他途以进。"曰："此先帝意也。先帝每诵卿文章，必叹曰'奇才，奇才！'但未及进用卿耳。"轼不觉哭失声，宣仁后與哲宗亦泣，左右皆感涕。已而命坐赐茶，彻御前金莲烛送归院。

三年，权知礼部贡举。会大雪苦寒，士坐庭中，噤未能言。轼宽其禁约，使得尽技。巡铺内侍每摧辱举子，且持暖昧单词，诬以为罪，轼尽奏逐之。

四年，积以论事，为当轴者所恨。轼恐不见容，请外拜龙图阁学士、知杭州。未行，谏官言前相蔡确知安州，作诗借郝处俊事以讥太皇太后。大臣议迁之岭南。轼密疏："朝廷若薄确之罪，则于皇帝孝治为不足；若深罪确，则于太皇太后仁政为小累。谓宜皇帝敕置狱逮治，太皇太后出手诏赦之，则于仁孝两得矣。"宣仁后心善轼言而不能用。轼出郊，用前执政恩例，遣内侍赐龙茶、银合，慰劳甚厚。

既至杭，大旱，饥疫并作。轼请于朝，免本路上供米三之一，复得赐度僧牒，易米以救饥者。明年春，又减价粜常平米，多作饘粥药剂，遣使挟医分坊治病，活者甚众。轼曰："杭，水陆之会，疫死比他处常多。"乃裒羡缗得二千，复发橐中黄金五十两，以作病坊，稍畜钱粮待之。

杭本近海，地泉咸苦，居民稀少。唐刺史李泌始引西湖水作六井，民足于水。白居易又浚西湖水入漕河，自河入田，所溉至千顷，民以殷富。湖水多葑，自唐及钱氏，岁辄浚治，宋兴，废之，葑积为田，水无几矣。漕河失利，取给江潮，舟行市中，潮又多淤，三年一淘，为民大患，六井亦几于废。轼见茅山一河专受江潮，盐桥一河专受湖水，遂浚二河以通漕。复造堰闸，以为湖水畜泄之限，江潮不复入市。以余力复完六井，又取葑田积湖中，南北径三十里，为长堤以通行者。吴人种菱，春辄芟除，不遗寸草。且募人种菱湖中，葑不复生。收其利以备修湖，取救荒余钱万缗、粮万石，及请得百僧度牒以募役者。堤成，植芙蓉、杨柳其上，望之如画图，杭人名为苏公堤。

杭僧净源，旧居海滨，与舶客交通，舶至高丽，交誉之。元丰末，其王子义天来朝，因往拜焉。至是，净源死，其徒窃持其像，附舶往告。义天亦使其徒来祭，因持其国母二金塔，云祝两宫寿。轼不纳，奏之曰："高丽久不入贡，失赐予厚利，意欲求朝，未测吾所以待之厚薄，故因祭亡僧而行祝寿之礼。若受而不答，将生怨心；受而厚赐之，正堕其计。今宜勿与知，从州郡自以理却之。彼庸僧猾商，为国生事，渐不可长，宜痛加惩创。"朝廷皆从之。未几，贡使果至，旧例使所至吴越七州，费二万四千余缗。轼乃令诸州量事裁损，民获交易之利，无复侵挠之害矣。

浙江潮自海门东来，势如雷霆，而浮山峙于江中，与渔浦诸山犬牙相错，洄洑激射，岁败公私船不可胜计。轼议自浙江上流地名石门，并山而东，凿为漕河，引浙江及溪谷诸水二十余里以达于江。又并山为岸，不能十里以达龙山大慈浦，自浦北折抵小岭，凿岭六十五丈以达岭东古河，浚古河数里达于龙山漕河，以避浮山之险，人以为便。奏闻，有恶轼者，力沮之，功以故不成。

轼复言："三吴之水，潴为太湖，太湖之水，溢为松江以入海。海日两潮，潮浊而江清，潮水常欲淤塞江路，而江水清驶，随辄涤去，海口常通，则吴中少水患。昔苏州以东，公私船皆以篙行，无陆挽者。自庆历以来，松江大筑挽路，建长桥以扼塞江路，故今三吴多水，欲凿挽路、为千桥，以迅江势。亦不果用，人皆以为恨。轼二十年间再莅杭，有德于民，家有画像，饮食必祝。又作生祠以报。

六年，召为吏部尚书，未至。以弟辙除右丞，改翰林承旨。辙辞右丞，欲与兄同备从官，不听。轼在翰林数月，复以谗请外，乃以龙图阁学士出知颍州。先是，开封诸县多水患，吏不究本末，决其陂泽，注之惠民河，河不能胜，致陈亦多水。又将凿邓艾沟与颍河并，且凿黄堆欲注之于淮。轼始至颍，遣吏以水平准之，淮之涨水高于新沟几一丈，若凿黄堆，淮水顾流颍地为患。轼言于朝，从之。

郡有宿贼尹遇等，数劫杀人，又杀捕盗吏兵。朝廷以名捕不获，被杀家复惧其害，匿不敢言。轼召汝阴尉李直方曰："君能禽此，当力言于朝，乞行优赏；不获，亦以不职奏免君矣。"直方有母且老，与母诀而后行。乃缉知盗所，分捕其党与，手戟刺遇，获之。朝廷以小不应格，推赏不及。轼请以己之年劳，当改朝散郎阶，为直方赏，不从。其后吏部为轼当迁，以符会其考，轼谓已许直方，又不报。

七年，徙扬州。旧发运司主东南漕法，听操舟者私载物货，征商不得留难。故操舟者辄富厚，以官舟为家，补其弊漏，且周船夫之乏，故所载率皆速达无虞。近岁一切禁而不许，故舟弊人困，多盗所载以济饥寒，公私皆病。轼请复旧，从之。未阅岁，以兵部尚书召兼侍读。

是岁，哲宗亲祀南郊，轼为卤簿使，导驾入太庙。有赭繖犊车并青盖犊车十余争道，不避仪仗。轼使御营巡检使问之，乃皇后及大长公主。时御史中丞李之纯为仪仗使，轼曰："中丞职当肃政，不可不以闻之。"纯不敢言，轼于车中奏之。哲宗遣使赍疏驰白太皇太后，明日，诏整肃仪卫，自皇后而下皆毋得迎谒。寻迁礼部兼端明殿、翰林侍读两学士，为礼部尚书。高丽遣使请书，朝廷以故事尽许之。轼曰："汉东平王请诸子及《太史公书》，犹不肯予。今高丽所请，有甚于此，其可予乎？"不听。

八年，宣仁后崩，哲宗亲政。轼乞补外，以两学士出知定州。时国是将变，轼不得入辞。既行，上书言："天下治乱，出于下情之通塞。至治之极，小民皆能自通；迨于大乱，虽近臣不能自达。陛下临御九年，除执政、台谏外，未尝与群臣接。今听政之初，当以通下情、除壅蔽为急务。臣日侍帷幄，方当戍边，顾不得一见而行，况疏远小臣欲求自通，难矣。然臣不敢以不得对之故，不效愚忠。古之圣人将有为也，必先处晦而观明，处静而观动，则万物之情，毕陈于前。陛下圣智绝人，春秋鼎盛。臣愿虚心循理，一切未有所为，默观庶事之利害，与群臣之邪正。以三年为期，俟得其实，然后应物而作。使既作之后，天下无恨，陛下亦无悔。由此观之，陛下之有为，惟忧太蚤，不患稍迟，亦已明矣。臣恐急进好利之臣，辄劝陛下轻有改变，故进此说，敢望陛下留神，社稷宗庙之福。天下幸甚。"

定州军政坏弛，诸卫卒骄惰不教，军校蚕食其廪赐，前守不敢谁何。

轼取贪污者配隶远恶，缮修营房，禁止饮博，军中衣食稍足，乃部勒战法，众皆畏伏。然诸校业业不安，有卒史以赃诉其长，轼曰："此事吾自治则可，听汝告，军中乱矣。"立决配之，众乃定。

会春大阅，将吏久废上下之分，轼命举旧典，帅常服出帐中，将吏戎服执事。副总管王光祖自谓老将，耻之，称疾不至。轼召书吏使为奏，光祖惧而出，讫事，无一慢者。定人言："自韩琦去后，不见此礼至今矣。"契丹久和，边兵不可用，惟沿边弓箭社与寇为邻，以战射自卫，犹号精锐。故相庞籍守边，因俗立法。岁久法弛，又为保甲所挠。轼奏免保甲及两税折变科配，不报。

绍圣初，御史论轼掌内外制日，所作词命，以为讥斥先朝。遂以本官知英州，寻降一官，未至，贬宁远军节度副使，惠州安置。居三年，泊然无所蒂芥，人无贤愚，皆得其欢心。又贬琼州别驾，居昌化。昌化，故儋耳地，非人所居，药饵皆无有。初僦官屋以居，有司犹谓不可，轼遂买地筑室，儋人运甓畚土以助之。独与幼子过处，著书以为乐，时时从其父老游，若将终身。

徽宗立，移廉州，改舒州团练副使，徙永州。更三大赦，遂提举玉局观，复朝奉郎。轼自元祐以来，未尝以岁课乞迁，故官止于此。建中靖国元年，卒于常州，年六十六。

轼与弟辙，师父洵为文，既而得之于天。尝自谓："作文如行云流水，初无定质，但常行于所当行，止于所不可不止。"虽嬉笑怒骂之辞，皆可书而诵之。其体浑涵光芒，雄视百代，有文章以来，盖亦鲜矣。洵晚读《易》，作《易传》未究，命轼述其志。轼成《易传》，复作《论语说》；后居海南，作《书传》；又有《东坡集》四十卷、《后集》二十卷、《奏议》十五卷、《内制》十卷、《外制》三卷、《和陶诗》四卷。一时文人如黄庭坚、晁补之、秦观、张耒、陈师道，举世未之识，轼待之如朋俦，未尝以师资自予也。

自为举子至出入侍从，必以爱君为本，忠规谠论，挺挺大节，群臣无出其右。但为小人忌恶挤排，不使安于朝廷之上。

高宗即位，赠资政殿学士，以其孙符为礼部尚书。又以其文置左右，读之终日忘倦，谓为文章之宗，亲制集赞，赐其曾孙峤。遂崇赠太师，谥文忠。轼三子：迈、迨、过，俱善为文。迈，贺部员外郎。迨，承务郎。

【译文】

苏轼字子瞻，是眉州眉山人。苏轼十岁时，父亲苏洵前往各地求学，母亲程氏亲自教授苏轼读书，听到古今人物成功和失败之处，就能说出其中的要害。程氏读《后汉书·范滂传》，叹息激愤，苏轼请问母亲："倘若我成为范滂，母亲是否赞许？"程氏说："你能够成为范滂，难道我就不能成为范滂的母亲吗？"

等到二十岁，苏轼博通经书史籍，一天能写出几千字的文章，喜欢读贾谊、陆贽的书，不久读了《庄子》，感叹说："我过去有些见解，口中却说不出来，今天读到这本书，深得我的心意。"嘉祐二年，参加礼部考试。当时流行的文章大多割裂肢解、诡辩异辞，主考官欧阳修很想矫正这些弊端，读到苏轼的《刑赏忠厚论》，特别惊喜，打算将苏轼录取为第一名，可是怀疑是自己门客曾巩所作，只把这篇文章放在第二；苏轼再凭回答《春秋》意旨获第一，殿试时考中进士乙科。此后苏轼写了谢书去拜见欧阳修，欧阳修对梅圣俞说："我应该避让这个人，给他留出出头之地。"听说此话的人开始纷纷议论不息，很久以后才信服。

苏轼因为母亲去世在家服丧。嘉祐五年，苏轼调任福昌主簿。欧阳修因为苏轼才能见识俱佳，把他推荐到秘阁。考试六篇论文，从前考试不允许打草稿，因此文章大多写得不工整。从苏轼开始允许打草稿，文字意义十分夺目。再对答皇帝的策问，考入三等。自宋朝初年以来，制策考入三等的，只有吴育和苏轼二人罢了。

苏轼被任命为大理评事、签书凤翔府判官。关中自从赵元昊造反以来，百姓贫困，徭役沉重，岐下每年运输南山木筏，从渭水进入黄河，途经中流砥柱这一险要地区，负责运输的衙吏接连倾家荡产。苏轼查清了运输南山木筏的利害关系，特地修正了衙规，允许衙吏自行选择水工，并且根据河水涨落的时间自行决定木筏行进还是停止，从此以后运输的危害减少了一半。

治平二年。苏轼入京担任判登闻鼓院。英宗在藩王府时就听闻他的名声，想仿效唐朝故事召苏轼进入翰林院，任命他为知制诰。宰相韩琦说："苏轼的才能，将来是会成为大器的，今后自然会被朝廷重用。关键在于朝廷要善于培养他，使天下的人都信服仰慕他，都希望朝廷重用他。到那时任用苏轼，人们就不会再有异议。如果现在马上提拔重用他，那么人们未必信服，反而对他有害。"英宗说："暂且让他担任修起居注怎么样？”韩琦说：“修起居注和知制诰的地位差不多，不可以马上授予他。不如给苏轼一个接近陛下的馆阁职务，并且要召他来参加考试。”英宗说：“考试是不知道这个人能否胜任，像苏轼还有什么不能的吗？”韩琦还是不同意，后来考试两道策论，再次考入三等，获得直史馆的职务。苏轼听说了韩琦的话，说：“可以说韩公是用道德修养来爱护人才。”

适逢苏洵去世。英宗赐给黄金丝帛帮助办理丧事，苏轼辞谢了赏赐，请求赠给苏洵官职，于是朝廷赠苏洵为光禄丞。苏洵临死时，因为兄长苏太白早年亡故，子孙还没有长大成人，妹妹嫁给了杜氏，死后还没有下葬，苏洵将这些事托付给苏轼。苏轼服丧期满，立刻安葬了姑姑。后来苏轼的官职做到可以恩荫子孙时，让给了苏太白的曾孙苏彭。

熙宁二年。苏轼回到朝廷。王安石执政，一向厌恶苏轼的议论和自己不同，让他判官告院。熙宁四年，王安石打算改变科举、兴办学校，神宗下诏两制、三馆讨论。苏轼上疏说：

> 得到人才的途径，在于知人；知人的方法，在于求实。如果天子和宰相有知人之明，朝廷有求实措施，那么胥史皂隶之中未尝没有人才，何况是学校贡举呢？即使沿袭现在的方法，我认为人才也绰绰有余。如果天子和宰相没有知人之明，朝廷不求实，那么公卿侍从大臣都常常忧虑没有人才，何况学校贡举呢？即使恢复古代的制度，我认为人才也是不够的。时代有可以不可以，万物有废有兴，当一项制度合乎时代需要时，虽是暴君也不能废除它，等到这项制度已经没落，虽是圣人也不能使它恢复。所以风俗变化了，法制也跟着变化，这好比江河的迁移，强要它回到故道，那是难以成功的。
>
> 庆历年间原曾建立学校，到了今天，仅有空名存在。现在要改变现存的礼仪，变易现存的风俗，又要征调民力修筑官舍，聚敛百姓的财物来供养游说的人。百里以内，设置官员设立老师，案件诉讼在这里听命，军旅之事在这里谋划，又选择不遵守教育的人流放到远方，不是徒然增加纷乱，因而害苦天下吗？倘若没有大的更新改革，而期望能对当代有利，那么与庆历年间的改革有什么不同？因此我认为现在的学校，只可以沿袭原有的制度，让先王的旧制度不在我们这一代废弃就足够了。至于贡举的规定，已经实行了百

年，国家的治乱盛衰，当初不由此。陛下回顾祖宗的时代，贡举的规定，和现在相比哪个时候更精审？文章著作，和现在相比哪个时候更优秀？所得到的人才，和现在相比哪个时候更多？天下的事情，和现在相比哪个时候更容易得到治理？比较这四方面的优劣，这次讨论就可以得出结论了。

现在想改变的不过几件事：或是说乡举重视德行而忽视文词，或是说专取策论而废除诗赋，或是想兼用有声誉人望而废止封弥制度，或是想让参加儒家经典著作考试的考生不考试帖经墨义而考试经书的要旨，这都是只知其一，不知其二的主张。我希望陛下关注长远的事情、大的事情，区区科举，学校制度何必亲自参预呢？我又切实有超过正常估计的暗自忧虑之处。关于性命的学说，自子贡那时就没有再听说了，然而今天的学者，却以不谈性命为耻，读他们的文章，浩然之气已到不恰当的地步，可是还没有穷尽；看他们容貌仪表，超脱世俗已到无法形容的地步，可是还不可抑制，这些人怎么能那样呢！一般人的习性，习惯于放纵自己，又喜欢说大话。陛下又怎么能任用他们呢？

苏轼奏议呈上之后，神宗醒悟说："我本来怀疑这件事，读完苏轼的奏议，思想上的疑虑消失了。"当天召见苏轼，问道："现在政令的得失在哪里？哪怕是我的过失，你也可以指明陈述出来。"苏轼回答说："陛下天性具有文武才能，不担心陛下不会明察，不担心陛下不能勤奋，不担心陛下不会果断，但是担心陛下追求大治太迫切，听他人的话太广泛，提拔人太快。希望陛下静观其变，等事情发生，然后再处理。"神宗吃惊地说："你所说的三句话，我都要周密思考。凡是在馆阁任职的人，都应该为我深入思考治乱的问题，不要有所隐讳。"苏轼退出后，将召见的情况对同僚们说了。王安石不高兴，任命苏轼代理开封府推官，想用事务来困住苏轼。苏轼决狱断案敏捷清楚，名声愈传愈远。恰逢上元节神宗降旨要开封府购买浙江生产的灯，而且下令要压低价格。苏轼上疏说："难道陛下真想用灯取乐？不过是让两宫太后高兴罢了。然而百姓不可能家家知晓陛下的心意，都说陛下是用听的看的一类不急需的玩物，夺取他们吃的穿的这类生活必需品。这件事很小，对国家的影响却很大，希望陛下追还前面下达的诏命。"神宗立即下诏停止买灯。

当时王安石开始颁布新法，苏轼上书论述新法不便，说：

我所想说的，三句话罢了。希望陛下凝聚人心，敦厚风俗，保存纪纲。天子可以凭借的只有人心罢了。好比树木有根，灯有油，鱼有水，农夫有田，商贾有财。失去这些东西就会败亡，这是必然的道理。从古到今，没有和善地对待百姓而不安定的，刚愎自用而不危险的。陛下也知道现在人心是不快乐的。

祖宗开国以来，掌理财政开支的不过是三司。现在陛下不将财政开支交给三司管理，无缘无故又设立制置三司条例司这样一个机构，让六七名少年日夜在里面谋划索取，使者四十多人，在外面分别前往各处经营办理。制置三司条例司，是求利的代名词；六七名少年和四十多名使者，是求利的工具。开始时声势浩大，百姓实在感到惊疑；创立的各法非常新奇，官吏也都感到疑惧。凭大国之主的身份来谈利，以天子的宰相的身份来治财，议论百出，万口喧哗，然而仍不回头，光空说："我没有做这种事，何必担心人家说三道四。"拿着渔网到江河湖泊去，对人们说"我不是去打鱼"，不如丢弃渔网，人们自然会相信。驱赶着鹰犬到森林中去，对人们说"我不是去打猎"，不如放走鹰犬，野兽自然驯服。所以我以为要消除谗言恶语而召来和气，就不如取消制置三司条例司。

现在陛下和大臣们勤于政务，已经快一年了，然而富强国家的功效，渺茫得好比捕捉风，光听说内库钱币拿出来几百万缗，祠部准许五千多人剃度出家罢了。用这样的措施作为办法，那么谁不能做到呢？然而要实行的事情，大家都知道它的艰难。汴水浑浊，自有百姓以来，不用来种植水稻。现在主张挖掘池塘使水澄清，种万顷地的水稻，必须使用千顷面积的池塘，一年一淤，三年池塘就淤满了。陛下相信这种说法，立即派人察看地形，到处凿空，寻访水利。狂妄轻飘无知的人，争相任意进言。有关衙门虽然知道他们的办法粗疏，却不敢自行贬退他们，把年老和年少的人聚集起来，去察看他们所说的是否可行。如果不是明显难以办理的，必须动工兴建。官吏苟且顺从，真的认为是陛下有意兴建，上耗费国家的粮食钱财，下耽误农时。万一堤防决口，河水冲出原有的河道，就算吃光提出建议人的肉，对于百姓又有什么补救！我真不知道朝廷何苦要做这件事？

自古役使人，必然使用乡村农户。现在听说江、浙之间，几个州郡实行雇募役人，并且想把雇役之法推行到全国。单丁、女户，是百姓中最贫苦的人，然而陛下首先想要役使他们，陛下富有四海，怎忍心不加以抚恤！自从杨炎推行两税法，田租户调和庸役就包含在一起了，为什么又要征收庸役呢？万一后世不幸出现搜刮百姓钱财的大臣，没有废除雇人股役的钱，差役又和以前一样，推究其根源，就必然会有承担这罪责的人。青苗时放债钱，自古代就有禁令。现在陛下把它确立为成法，每年都要实行。虽然说不许强迫百姓借贷交息，但几代之后，暴君污吏，陛下能保证他们不这样做吗？估计那些愿意借贷青苗钱的农户，必然都是孤苦贫穷无处告借的人，鞭挞他们急了之后，他们就要逃亡，这些人不还青苗钱，就由邻居互保户均摊，这种情况是必然会发生的，他日天下百姓痛恨青苗法，国史记载这件事，说："青苗钱从陛下开始"，难道不可惜？何况常平法，可以说非常完善了，现在想变更为青苗法，破坏常平法推行青苗法，所丧失的更加多了，亏了官家苦了百姓，虽然后悔又怎么来得及！

过去汉武帝因为财产枯竭匮乏，采纳商人桑羊的建议，买进时便宜卖出时贵，称为均输。当时行商坐贾都不流通，盗贼滋生，声势强盛，几乎导致叛乱。孝昭帝即位做了皇帝，霍光顺应百姓心愿，给予他们所期望的，天下百姓都归向朝廷，于是天下太平。不料现在这种论调重新兴起。立法的初期，它的费用已经很多，就算稍稍有所收获，但是商税征收的数额，损失的必然更多。譬如有人为他的主人放牧牲畜时，用一头牛换了五只羊，一头牛的损失，隐瞒不说，五只羊的收获，却指为功劳成绩。现在破坏常平法，讲说青苗法的功劳；亏损商税来获取均输的利益，和上面所说的比喻有什么不同？我私下认为太过份了。议论的人必然会说："可以与百姓一起享受成功的快乐，难以和他们一起谋虑创始。"因而陛下坚持实行而不顾反对意见，期望这些新法一定得到推行。这正是战国时代贪图功利的人，凭冒险侥幸求取成功的观点，没有等到成功的快乐，怨恨却已经兴起了，我之所以希望陛下凝聚人心，正在于此。

国家生存与灭亡的原因，在于道德的高低，不在于国家的强弱；改朝换代的时间之所以有长短，在于风俗的轻薄还是敦厚，不在于国家的富有还是贫穷。陛下懂得了这个道理，就知道孰轻孰重了。因此我希望陛下务必崇尚道德，敦厚风俗，不希望陛下急于取得成功，追求富强。爱惜风俗，好像保护人的元气。圣人不是不知道严峻刻薄的法律可以让百姓整齐划一，勇猛彪悍的男子可以成就事业，忠厚近似迂阔，老成初看好像是迟钝。但是终究不肯以彼代此，是因为知道所得到的少，而所丧失的多啊。仁宗皇帝执行法律非常宽厚，用人依照次序，专意从事遮盖过失，不曾轻易更改旧的规章制度。考察他的成功，只能说还没有得到。说到用兵，十次出征九次战败；说到国库，仅仅能满足需要而没有剩余。但因恩泽存在百姓之中，民间风俗通晓大义，因此仁宗皇帝升天之日，天下归于仁。议论是非的人看到仁宗皇帝晚年官吏大多因循守旧，政事没有什么起色，就想用苛细急察加以矫正，用智谋才能加以匡救，招来新提拔的勇于急进的人来取得一切速成的效果。还没有享受到它的好处，浮薄的社会风气已经形成。广开迅速提拔官员的途径，如果有意外的收获，一步便可以得到公卿侍从这样的官职，使得依照常规升迁的人也产生非份的希望，想期望风俗的敦厚，哪里可能得到呢？近年纯厚率真的人愈来愈少，投机取巧得到拔擢的人愈来愈多。只有陛下痛恨这种状况挽救这种风气，把简单易便当作立法的标准，把清静作为思想的出发点，百姓的道德便会归向敦厚了。我之所以希望陛下敦厚风俗，正在于此。

祖宗委任台谏官，不曾处罚过一位进谏的人。即使有轻微的责罚，不久就会越级提升，允许台谏官依据传闻弹劾，并且御史台和谏院都不设第一把手。进谏时说到天子，那么皇帝改变仪容；弹劾之事牵连到朝廷，那么宰相暂离相位等待调查。固然台谏官未必个个都是贤人，所说的也未必都是正确的。但是必须培养台谏官的锐气，借用他们来使掌权者感到沉重的压力，这是空说的吗？是用他们来摧折奸臣萌芽。现在法令严密，朝廷清明，所谓的奸臣，万万没有存在的道理。然而养猫是为了捕捉老鼠，不能因为没有老鼠就养不捕捉老鼠的猫；养狗是为了防盗，不能因为没有盗贼就养不叫的狗。陛下怎能不往前常思祖宗设立这一官职的用意，往后为子孙后代作好长久的防备？我听过老年人的谈话，都说台谏官所讲的，经常是随着天下公论。公论所称赞的，台谏官也称赞；公论所抨击的，台谏官也抨击。现在世人舆论沸腾，毁谤怨恨交替而来，公众议论所在之处，也可以知道了。我担心从今以后，习惯成风气，台谏官都成为执政大臣的私人工具，以致皇帝被孤立，纪纲法度一旦坏乱，什么事情不会发生？我之所以希望陛下保存纪纲法度，正在于此。

苏轼见王安石引导神宗独断专行、专用亲信，因此在考试进士策论出题时，用"晋武帝平定东吴因独自决断而成功，苻坚伐晋因独自决断而亡国，齐桓公专用管仲而称霸，燕哙专用子之而失败，事情相同而结果不同"作为试题。王安石更加恼怒，让御史谢景温弹劾苏轼的过失，但一再查找没有得到什么材料，苏轼于是请求出任地方官，担任杭州通判。高丽国来朝进贡，使者赠送礼物给官吏们，书写时采用干支纪年。苏轼拒绝接受礼物说："高丽国对本朝称臣，却不接受本朝颁布的年号历法，我怎么敢接受他们的礼品！"使者改写为熙宁年号，苏轼这才接受了礼品。

当时新法天天下达，苏轼在这期间，每每借推行新法之际方便百姓，百姓依靠这种做法得以安定。调任密州知州。司农寺推行手实法，不按时施行的官员依照违反法令论处。苏轼对提举官说："违反法令的罪名，假如出自朝廷，谁敢不遵从？现在出于司农寺，这是擅自制造法律。"提举官惊慌地说："您暂且慢慢施行。"没过多久，朝廷知道手实法侵害百姓，废除了它。

有盗窃案发生，安抚使派三班使臣带领强悍兵士前来搜捕，兵士凶暴放纵行事，甚至用藏有违禁物品来诬陷百姓，进入百姓家中争斗杀人，又畏罪惊慌逃走，将要作乱。百姓急忙跑去禀告苏轼，苏轼扔掉百姓的投诉书不看，说："一定不会到这种地步。"溃散的兵士听说这件事，稍稍安定，苏轼慢慢派人查访出肇事的兵士后杀了他。

调任徐州知州，黄河在曹村决口，使梁山泊泛滥，南清河水溢出河道，洪水聚集到徐州城下，暴涨的洪水不断泄出，城墙即将被洪水冲毁，富有的百姓争相出城躲避洪水。苏轼说："富有的百姓出城躲避洪水，全城百姓都会动摇，我和谁来守城？我在这里，洪水决不能冲毁城墙。"驱使富有的百姓重新返回城里。苏轼前往武卫营，呼喊长官说："河水即将冲毁城墙，事情已经十分紧急，虽然你们是禁军，但也请你们为我尽一点力。"士卒长官说："太守尚且不躲避洪水，我辈小人，应当效命。"带领士兵们拿着铁锹畚箕出来，修筑东南长堤，头起戏马台，尾连着城墙。雨日夜不停地下，露出水面的城墙仅仅只有三版那么高。苏轼搭建小草屋住在城墙上，路过自己家门也不进去，派官吏分别堵塞缺口来守护城墙，终于保全了徐州城。又请求征调明年服役的役夫增筑徐州旧城，修建木质护岸，防备洪水再来。朝廷同意了苏轼的请求。

调任湖州知州，苏轼上表谢恩。又因为一些措施不方便百姓但又不敢明说，他写诗寄托讽喻，希望对国家有所补救。御史李定、舒亶、何正臣摘抄苏轼谢表上的话，并且诬陷苏轼所写的诗是毁谤朝廷，逮捕苏轼，押送京城，投入御史台监狱，想将他置于死地，罗织罪名很长时间却一直不能决断。神宗怜惜苏轼，用黄州团练副使安置了他。苏轼和乡里父老结伴去山水之间消磨光阴，在东坡修建房屋，自号"东坡居士"。

元丰三年，神宗几度有意再次起用苏轼，但都被当政的大臣阻止了。神宗曾经对宰相王珪、蔡确说："国史至关重要，可以命令苏轼修撰国史。"王珪面有难色。神宗说："苏轼不可用，姑且用曾巩。"曾巩进上《太祖总论》，神宗不满意，于是亲自写信将苏轼调到汝州，其中有这样的话："苏轼贬谪居住黄州期间反思自己的过错，经过一年认识更加深刻，人才确实难得，不忍心一直弃之不用。"苏轼还没有到达汝州时，上书陈述自己饥寒贫穷，在常州有田地，希望能前往常州居住，早晨上奏，傍晚神宗就答复同意了。

路过金陵，见到王安石，苏轼说："兴大兵起大狱，是汉、唐灭亡的前奏。祖宗用仁厚治理天下，正是想革除它。现在西方打仗，连年不得消停，东南几次兴起大狱，您难道不能说句话来阻止它吗？"王安石回答说："这两件事都是吕惠卿挑起的，我在朝廷外面，怎么敢说话？"苏轼说："在朝廷内就说，在朝廷外就不说，这是侍奉皇帝的常礼。陛下所用来对待您的不按照常礼，您对待陛下，怎么可以用常礼呢？"王安石大声说："我王安石要说话的。"又说："话出自我王安石之口，进入你苏子瞻的耳朵。"又说："一个人要知道做一件不义的事，杀一个无辜的人，就算能得到天下也不去做，这才可以。"苏轼开玩笑说："现在的君子，争着要减去半年磨勘，就算去杀人也会干的。"王安石笑而不答。

到了常州，神宗死了，哲宗继位当皇帝，恢复苏轼为朝奉郎、知登州，召入朝廷担任礼部郎中。苏轼过去和司马光、章惇友好。当时司马光担任门下侍郎，章惇为知枢密院，两人意见不合，章惇常常开玩笑侮辱司马光，司马光对章惇的行为很苦恼。苏轼对章惇说："司马君实现在声望很高。从前许靖因为只有虚名而没有实际才能，被蜀汉先主鄙视，法正说：‘许靖虚假的名声，流传四海，假如对他不加礼遇，必然会被认为是轻视贤人而受到伤害。’先主采纳了法正的意见，就命许靖担任司徒。许靖尚且不可轻慢，何况司马君实呢？”章惇认为苏轼说得对，司马光借此获得了稍稍安宁。

升任起居舍人。苏轼起自忧患之中，不想立刻踏进要害部门，向宰相蔡确请求辞去这个职务。蔡确说：“你在仕途已经盘旋很久了，朝廷中没有人能胜过你。”苏轼说：“过去林希和我同在馆阁中，并且他比我年长。”蔡确说：“林希果真应该比你先提拔吗？”最终还是没有答应苏轼的请求。元祐元年，苏轼穿戴七品官服入延和殿侍奉哲宗，（哲宗）立即赐给苏轼用银装饰的红色六品官服，升任中书舍人。

当初，祖宗时，差役法推行的时间长了，产生弊病，服役的百姓却不熟习所服的差役，官府又残暴地使用他们，导致很多服役的百姓破产，地少人多的地区有些百姓终年得不到休息。王安石在神宗朝担任宰相时，将差役法改为免役法，依据百姓户等的高低让他们出钱雇人服役，执行免役法的官吏向百姓索取超过规定的钱财，因而成为百姓的苦难。司马光担任宰相，知道免役法的危害，却不知道它有利的一面，打算恢复差役法，选派官吏和设置机构，苏轼被选中了。苏轼说：“差役法、免役法，各有利弊，免役法的坏处在于聚敛民财，百姓十室九空，聚敛在上面而下层有饥荒之害。差役法的坏处，在于百姓经常为官府服役，不能集中力量务农，并且贪官污吏得以乘机敲诈勒索。这二者的危害，大致相等。”司马光问：“你看应当怎么办呢？”苏轼回答说：“法令制度连续相承，事情就容易成功，事情逐渐变化，百姓就不会惊慌。三代之法，兵农合一，到秦朝才一分为二，到唐朝中叶，把府兵改变为长征健儿。自从那时以后，百姓不懂得当兵，当兵的也不懂得务农，农民出粮食布帛养活军队，军队出性命保护农民，天下都感到方便。虽然圣人再次出现，也不能改变这种情况。现在实行的免役法，实际上大致和这一样。您想立刻废除免役法而再推行差役法，就好比废除长征健儿而恢复府兵，不容易吧。”司马光听了不以为然。苏轼又前往政事堂陈述自己的意见，司马光很不高兴。苏轼说：“过去韩魏公在陕西采取义勇兵制。您担任谏官，为此事争辩非常激烈，韩魏公不高兴，您也不管。我过去听您说得很详细，难道您今天做了宰相，就不许我讲完自己的意见？”司马光笑笑。不久苏轼升任翰林学士。

元祐二年，苏轼兼任侍读。每当给哲宗读书读到治乱兴衰、邪正得失的时候，总是反复开导哲宗，希望能对哲宗有所启发醒悟。哲宗虽然恭敬但沉默不语，只是经常点头肯定。苏轼曾经给哲宗读祖宗《宝训》，趁机讲到时事，苏轼依次说到：“现在赏罚不明，对善恶没有什么劝勉或阻止的措施；再有黄河大势是向正北流，然而强要使它向东流；西夏人进犯镇戎军，掠走杀死几万人，军队主帅不向陛下禀告，每件事都这样的话。恐怕会逐渐成为衰乱的开端。”

苏轼曾经被锁在皇宫中宿值，奉召在便殿入对，宣仁太后说：“你前年担任什么官职？”苏轼回答说：“我担任常州团练副使。”宣仁太后又问：“现在担任什么官职？”苏轼回答说：“我现在担任翰林学士。”宣仁太后问：“你为什么被迅速擢升到这个官职？”苏轼回答说：“我遇到了太皇太后、皇帝陛下。”宣仁太后说：“不是。”苏轼说：“难道是大臣们举荐的？”宣仁太后说：“也不是。”苏轼吃惊地说：“我虽然不肖，但也不敢从其他途径得到提拔。”宣仁太后说：“这是先帝的意思。先帝每次诵读你的文章，必然感叹说：‘奇才，奇才！’只是没有来得及提拔任用你罢了。”苏轼不觉放声痛哭，宣仁太后和哲宗也哭泣，左右侍从也都被感动得涕泗横流。过了一会让苏轼坐下吃茶，撤下哲宗御座前面的金莲烛送苏轼返回学士院。

元祐三年，权知礼部贡举。当时大雪纷飞，非常寒冷，参加贡举考试的士人坐在庭院中，打着寒噤冷得说不出话。苏轼放宽对他们的禁约，使他们得以展示自己的全部才能。巡铺内侍常常折辱应试的举人，并且拿意思暧昧的单词，诬陷成为罪状，苏轼上奏朝廷全部赶走了他们。

元祐四年，因长时间评论政事，苏轼被执政大臣恼恨。他担心不被执政大臣谅解，请求出任地方官，担任龙图阁学士、知杭州。还没出发，谏官说前任宰相蔡确知安州时，写诗借郝处俊事来嘲讽太皇太后。大臣们讨论将蔡确迁到岭南。苏轼秘密上疏说：“如果朝廷从轻处罚蔡确的罪行，那么对于皇帝以孝治国来说是不够的；如果从重处罚蔡确的罪行，那么对于太皇太后的仁政难免有些损害。我认为应该是皇帝降旨设置诏狱，逮捕蔡确治罪，太皇太后降下亲笔诏令赦免他，那么仁孝两个方面都能照顾到了。”宣仁太后内心赞同苏轼的建议却没有采纳。苏轼到京城郊外，哲宗沿用对待前任执政大臣的恩例，派内侍赐给苏轼龙茶、银合，慰劳十分优厚。

不久苏轼来到杭州，杭州大旱，饥馑瘟疫一同发生。苏轼请求朝廷减免了本路三分之一的上供米，又得到朝廷赐给的剃度和尚的度牒，换成大米用来救济饥饿的百姓。第二年春天，又减价出售常平仓的大米，做了很多厚粥和汤药，派人领着医生分街坊给百姓治病，救活的人很多。苏轼说："杭州，是水陆交会的地方，瘟疫死亡的人经常比其他地区多。"于是集中多余的公款，一共得到二千缗，苏轼又取出自己的五十两黄金，办起病坊，稍微积蓄一些钱粮用来收治生病的百姓。

杭州本来临近大海，地下的泉水又咸又苦，居民稀少。唐朝杭州刺史李泌首先引来西湖水修建六井，百姓饮用水充足了。白居易又疏浚西湖，将水引入运河，湖水从运河流入农田，所灌溉的农田多达千顷，百姓因此殷富。西湖中水草很多，自唐代到五代钱氏，每年都要疏浚治理，宋朝建立后，西湖荒废，水草淤积形成葑田，湖水几乎没有了。运河失去了西湖水的补给，就从钱塘江的潮水中引水，船航行在城市中，挟带着大量泥沙的潮水又淤塞运河，每隔三年就得疏浚一次，成为百姓的一大灾患，六井也几乎荒废了。苏轼看到茅山有一条河专门容纳钱塘江潮水，盐桥有一条河专门容纳西湖水，于是疏浚这两条河道用来通航。接着建造堤堰闸门，控制西湖水的蓄积和排泄，钱塘江潮水不再进入杭州城中。又用剩余的人力物力修复了六井，再将挖出来的淤泥堆积在湖中，南北长三十里，修筑成长堤来方便行人来往。吴地百姓种菱，春天就除草，寸草不留。苏轼雇人在西湖中种菱，水草不再生长。把种菱的收入用作以后修浚西湖的费用，拿出救济灾荒剩余的一万缗钱、万石粮食以及申请得到的一百张僧人度牒来雇佣民工。长堤筑成，堤上种植芙蓉、杨柳，望去好像图画，杭州百姓将长堤称为苏公堤。

杭州和尚净源，过去住在海边，和海船客商交往，海船航行来到高丽，客商交口称赞净源和尚。元丰末年，高丽王子义天来宋朝拜，趁机前往净源住处拜访他。到这时，净源死了，他的信徒偷偷拿着净源的画像，搭乘海船前往高丽报告。义天也派他的门徒前来祭奠净源，并且带来高丽国母的两座金塔，说是祝贺两宫太后寿辰。苏轼没有接受，上奏说："高丽很长时间没有来进贡了，失去了朝廷赐给他们的厚利，他们这样做，意图是想来朝进贡，却不了解我们对他们厚薄，因而借祭奠净源而行祝寿的礼节。倘若接受他们的礼物却不回报他们，高丽将会产生怨恨的思想；接受高丽的贺礼而后厚赐他们，又正好堕入他们的计策中。现在朝廷应当不参与这件事，让州郡自行以理拒绝接受他们的礼物。那些平庸的和尚、狡猾的商人，给国家滋生事端，这种风气不可渐长，应该痛加惩治。”朝廷全部采纳苏轼的意见。没过多久，来进贡的使臣果然到了，旧例使臣所到的吴越七个州郡，要花费二万四千缗钱。苏轼于是命令各个州郡依据情况裁减开支，百姓获得交易的好处，再也没有受到侵扰的危害。

浙江潮从海门东面而来，势如雷霆，而浮山屹立在江中，与渔浦各山犬牙交错，水流相激，漩涡回旋，每年损坏的公私船只数不胜数。苏轼建议在浙江上游名叫石门的地方，沿山向东，开凿漕河二十多里，引浙江和溪谷各水到达钱塘江。又沿着山修筑河岸，不出十里就能到达龙山大慈浦，从大慈浦北面转弯抵达小岭，开凿六十五丈山岭通到小岭东面的古河，疏浚几里长的古河直到龙山漕河，用来避开浮山之险，人们认为便利，奏章上报朝廷，一些不喜欢苏轼的大臣极力阻止这个计划，因此凿河工程没有完工。

苏轼又说：“三吴地区的水，蓄积形成太湖，太湖之水，溢出形成松江流入大海。大海每天两次潮汐，潮水混浊而江水清澈，潮水经常淤塞松江水道，然而江水清澈流速快，随即就把泥沙冲走，出海口经常是通畅的，因此吴中地区很少发生水灾。过去苏州以东地区，公私船只都用竹篙撑船航行，没有在陆地上背纤行船的。自从庆历年间以来，松江大面积修筑背纤的道路，修建长桥扼塞松江水道，因此现在三吴地区多发生水灾，我打算凿开背纤的道路、修筑千桥，以此加快江水的流速。”这个建议也没有被采纳，人们都觉得十分遗憾。苏轼二十年间再次来到杭州任官，对杭州百姓有恩德，百姓家中挂有苏轼画像，吃饭时一定对着画像祝福。又修建苏轼的生祠来报答他的恩德。

元祐六年，召苏轼担任吏部尚书，没有到任。因为弟弟苏辙担任尚书右丞，苏轼改任翰林承旨。苏辙推辞尚书右丞的职务。想和兄长苏轼一起担任侍从官，朝廷没有同意。苏轼在翰林院几个月，又因为遭到谗言攻击请求出任地方官，于是以龙图阁学士出知颍州。过去开封附近几个县多水灾，地方官吏不深究造成水灾的根源，挖开陂泽，把水引入惠民河，惠民河容纳不下，造成陈州也多水灾。又打算凿开邓艾沟，和颍河连通，并且开凿黄堆想将水引入淮河。苏轼一到颍州，就派遣吏员用水平尺测量地形高低，淮河涨水时水位比新沟几乎高出一丈，倘若凿开黄堆，淮河水就会倒灌颍州造成水灾。苏轼对朝廷陈述了自己的意见，朝廷采纳了。

颍州尹遇等人长期做盗贼，几次抢劫杀人，又杀死缉拿盗贼的官吏和士兵。朝廷点名搜捕他也没有擒获，被他杀死过人的家庭又担心他再次加害，躲避不敢揭发。苏轼召来汝阳尉李直方说："你若能擒获尹遇，我一定极力向朝廷举荐，请求从优奖赏；抓不到他，我就要以不称职的名义上奏朝廷罢除你的官职。"李直方家有年老的母亲，他和母亲诀别后就出发了。后来李直方侦察得知盗贼所在的地方，分别派人抓获尹遇的党羽，自己用手戟刺中尹遇，生擒了他。朝廷认为事情太小不符合奖赏的规定，赏赐时没有赏到李直方。苏轼请求以自己的年资劳绩，应当改官阶为朝散郎，将它作为给李直方的奖赏，朝廷没有同意。后来吏部提出苏轼应当升官，来符合苏轼的考绩，苏轼说已经许给了李直方了，又没有得到答复。

元祐七年，调任扬州。过去发运司掌管东南漕运，听任撑船的船夫私载货物，征收商税的部门不得为难他们，因此撑船的人总是很富裕。他们以官船为家，修补官船损坏的地方，并且周济船夫，所以运载货物到达目的地既迅速又没有损失。近年来禁止私载一切货物，因此船破损人穷困，船夫大多靠盗窃运载的官物来接济自己贫寒的生活，公私两方面都受害。苏轼请求恢复原有的制度，朝廷答应了。没过一年，朝廷以兵部尚书的职务召苏轼入京，兼任侍读学士。

这一年，哲宗亲自来到南郊祭祀，苏轼担任卤簿使，引导圣驾进入太庙。有十几辆打着红伞的牛车和十多辆打着青盖的牛车争抢道路，没有躲避皇帝的仪仗队。苏轼派御营巡检使询问他们，竟是皇后和大长公主的车队。当时御史中丞李之纯担任仪仗使，苏轼说："中丞的职责应该是严肃政纪，不可以不把这件事报告陛下。"李之纯不敢说，苏轼在车上把这件事报告了哲宗。哲宗派遣使臣捧着书信骑马禀告太皇太后，第二天，下诏整肃皇帝仪卫，从皇后以下都不得迎接谒见。苏轼不久升任礼部兼端明殿、翰林侍读二学士，担任礼部尚书。高丽派遣使臣请求朝廷赐给他们一些书籍，朝廷沿用旧例全部答应了他们的要求。苏轼说："汉朝东平王请求朝廷赐给他们诸子百家的著作和《太史公书》，朝廷尚且不肯给予。现在高丽所要求的书籍，远远超过了汉东平王的请求，难道可以给他们这些书籍吗？”朝廷没有采纳他的意见。

元祐八年，宣仁太后死了，哲宗亲自裁决朝政。苏轼请求出外担任地方官，以两学士的身份出知定州。当时国家大计方针将要发生变化，苏轼没有能够入宫向哲宗辞行。已经上路赴任时，苏轼上书说：“天下是治还是乱，在于下情上达的途径是畅通还是堵塞。天下大治时，普通百姓的意见都能自由通达朝廷；等到天下大乱时，即使是皇帝的近臣也不能将自己的意见进呈给皇帝。陛下治理天下九年了，除了执政大臣、台谏官，不曾和大臣们有什么接触。现在陛下刚刚开始亲自处理政务，就应该把了解下情、清除阻塞作为急需要办的事情。我每天侍奉在宫中，现在要去守卫边境，却不能见陛下一面就动身了，何况疏远的小官们要想把自己的意见禀告给陛下，那就更加困难了。然而我不敢因为不能和陛下答对，不报效自己的愚忠。古代的圣人将要有所作为的时候，必然先处在暗处而观察明处，处于静止而观察动态，那么万般事物的情形，全都会摆在面前。陛下的智慧超人，年富力强。我希望陛下虚心顺理，不要急着追求有所作为，暗自观察各种事物的利害以及大臣们的正邪。以三年为期限，等获得实际情形，然后顺应事物的实际情形采取行动。要使有了作为之后，天下没有怨恨，陛下也不会后悔。由此看来，陛下想有所作为，只担忧太早，不忧虑稍迟，这已是很明显的了。我担心急功好利的大臣们，要劝陛下轻率地有所改变，所以进呈了上述意见，冒昧地企望陛下留意，那就是国家宗庙的福份，天下的大幸运了。”

定州军政败坏松弛，士兵们骄纵不服教诲，军中小校们蚕食士兵的口粮和赏赐的财物，前任地方官谁也不敢过问。苏轼将贪污的军官发配到远恶州郡，又修缮营房，禁止士卒饮酒赌博，军队里士卒的衣服粮食稍微充足了一些，于是用战法部署约束士卒，士卒都畏惧服从他。然而军官们害怕，心中不安，有军中小吏拿着赃物控告自己的长官，苏轼说：“这种事情我可以自己处理，听任你告状，会在军中造成混乱。”立即把他判决流放，大家于是才安定下来。

正值春天大检阅军队，很长时间以来，将校官吏们废除了上下级名分，苏轼命令全按旧有的规章制度，主帅穿平常的服装来到帐中，将校官吏穿军装听命行事。副总管王光祖自认为是老将，感到这样做耻辱，假装生病没有来。苏轼叫来书吏，让他起草奏章，王光祖害怕，出来参加阅军，检阅结束，没有一个敢怠慢的人。定州百姓说：“自从韩琦走后，一直到今天没有见过这种阅兵典礼了。”与契丹和平了很长时间，守卫边境的军队已经不堪大用，只有边境一带的弓箭社和敌寇相邻，借助弓箭自卫，尚可号称精税。已故宰相庞籍防卫边境时，依照百姓的习俗立法。年代久远，法令松弛，又被保甲法阻挠。苏轼上奏朝廷免除保甲法和两税折变、摊派，没有得到朝廷的回复。

绍圣初年，御史弹劾苏轼掌管内外制命的时候，所起草的制词告命，诽谤指斥先朝。于是苏轼以本官知英州，不久降一级官阶，苏轼还没有到达英州，又被贬为宁远军节度副使，安置在惠州居住。苏轼在惠州住了三年，淡泊而没有什么怨恨不愉快的事情，人不分聪明和愚笨，都得到他的欢心。又被贬为琼州别驾，在昌化居住。昌化，旧时属儋耳郡地区，不是人能居住的地方，药物、调补品都没有。苏轼开始时想租赁官屋居住，官吏说不可以，苏轼于是买地建房，当地百姓帮助他运砖搬土。苏轼独自和小儿子苏过住在这里，以著书为乐，经常和当地的父老乡亲交往，好像要在这里终老一身。

徽宗继位成为皇帝，苏轼迁移到廉州，改任舒州团练副使，又迁徙到永州。经过三次大赦，于是苏轼提举玉局观，恢复了朝奉郎。自从元祐以来，苏轼不曾因为每年的考课而请求升官，因此他的官职停止在此。建中靖国元年，苏轼在常州去世，终年六十六岁。

苏轼和弟弟苏辙，以父亲苏洵为老师学习写文章，可是他们写文章的本领全得自天赋。苏轼自己曾经说：“写文章好比行云流水，开始时没有一定的形态，但是文章要常行在它所应该行的时候，止在它所不可不停止的地方。”即使是嬉笑怒骂的辞句，也都可以把这些句子写下来诵读。苏轼的文章深沉广大光芒四射，雄视百代，自有文章以来，也很少有像他那样的文章。苏洵晚年读《易经》，撰写《易传》没有完成，命苏轼继承他的遗志。苏轼撰写成《易传》，又撰写了《论语说》；后来在海南居住，撰写《书传》；苏轼又有《东坡集》四十卷、《东坡后集》二十卷、《奏议》十五卷、《内制》十卷、《外制》三卷、《和陶诗》四卷。同时代的文人如黄庭坚、晁补之、秦观、张耒、陈师道，还没有被社会了解时，苏轼对待他们好像朋友同辈，不曾以老师的资格自居。

苏轼自成为举子到出入宫廷担任皇帝侍从，始终把爱君作为自己的根本，忠规善言，正直大节，大臣们没有谁能够超过他。但是被小人妒忌排挤，他无法在朝廷上安心做官。

高宗即位当皇帝，追赠苏轼为资政殿学士，让他的孙子苏符担任礼部尚书。又把苏轼写的文章放在自己的身旁，整天读他的文章，忘记了疲倦，说苏轼的文章是文章之宗，亲自撰写东坡集赞，赐给苏轼的曾孙苏峤。于是尊赠苏轼为太师，谥号文忠。苏轼有三个儿子：苏迈、苏迨、苏过，都擅长写文章。苏迈，任驾部员外郎。苏迨，任承务郎。

宋史卷三百六十五

岳飞列传第一百二十四

岳飞字鹏举，相州汤阴人。世力农。父和，能节食以济饥者。有耕侵其地，割而与之；贳其财者不责偿。飞生时，有大禽若鹄，飞鸣室上，因以为名。未弥月，河决内黄，水暴至，母姚抱飞坐瓮中，冲涛及岸得免，人异之。

少负气节，沈厚寡言，家贫力学，尤好《左氏春秋》、孙吴兵法。生有神力，未冠，挽弓三百斤，弩八石，学射于周同，尽其术，能左右射。同死，朔望设祭于其冢。父义之，曰："汝为时用，其徇国死义乎。"

宣和四年，真定宣抚刘韐募敢战士，飞应募。相有剧贼陶俊、贾进和，飞请百骑灭之。遣卒伪为商入贼境，贼掠以充部伍。飞遣百人伏山下，自领数十骑逼贼垒。贼出战，飞阳北，贼来追之，伏兵起，先所遣卒擒俊及进和以归。

康王至相，飞因刘浩见，命招贼吉倩，倩以众三百八十人降。补承信郎。以铁骑三百往李固渡尝敌，败之。从浩解东京围，与敌相持于滑南，领百骑习兵河上。敌猝至，飞麾其徒曰："敌虽众，未知吾虚实，当及其未定击之。"乃独驰迎敌。有枭将舞刀而前，飞斩之，敌大败。迁秉义郎，隶留守宗泽。战开德、曹州皆有功，泽大奇之，曰："尔勇智才艺，古良将不能过，然好野战，非万全计。"因授以阵图。飞曰："阵而后战，兵法之常，运用之妙，存乎一心。"泽是其言。

康王即位，飞上书数千言，大略谓："陛下已登大宝，社稷有主，已足伐敌之谋，而勤王之师日集，彼方谓吾素弱，宜乘其怠击之。黄潜善、汪伯彦辈不能承圣意恢复，奉车驾日益南，恐不足系中原之望。臣愿陛下乘敌穴未固，亲率六军北渡，则将士作气，中原可复。"书闻，以越职夺官归。

诣河北招讨使张所，所待以国士，借补修武郎，充中军统领。所问曰："汝能敌几何？"飞曰："勇不足恃，用兵在先定谋，栾枝曳柴以败荆，莫敖采樵以致绞，皆谋定也。"所矍然曰："君殆非行伍中人。"飞因

说之曰："国家都汴，恃河北以为固。苟冯据要冲，峙列重镇，一城受围，则诸城或挠或救，金人不能窥河南，而京师根本之地固矣。招抚诚能提兵压境，飞唯命是从。"所大喜，借补武经郎。

命从王彦渡河，至新乡，金兵盛，彦不敢进。飞独引所部鏖战，夺其纛而舞，诸军争奋，遂拔新乡。翌日，战侯兆川，身被十余创，士皆死战，又败之。夜屯石门山下，或传金兵复至，一军皆惊，飞坚卧不动，金兵卒不来。食尽，走彦壁乞粮，彦不许。飞引兵益北，战于太行山，擒金将拓跋耶乌。居数日，复遇敌，飞单骑持丈八铁枪，刺杀黑风大王，敌众败走。飞自知与彦有隙，复归宗泽，为留守司统制。泽卒，杜充代之，飞居故职。

二年，战胙城，又战黑龙潭，皆大捷。从闾勍保护陵寝，大战汜水关，射殪金将，大破其众。驻军竹芦渡，与敌相持，选精锐三百伏前山下，令各以薪刍交缚两束，夜半，爇四端而举之。金人疑援兵至，惊溃。

三年，贼王善、曹成、孔彦舟等合众五十万，薄南薰门。飞所部仅八百，众惧不敌，飞曰："吾为诸君破之。"左挟弓，右运矛，横冲其阵，贼乱，大败之。又擒贼杜叔五、孙海于东明。借补英州刺史。王善围陈州，飞战于清河，擒其将孙胜、孙清，授真刺史。

杜充将还建康，飞曰："中原地尺寸不可弃，今一举足，此地非我有，他日欲复取之，非数十万众不可。"充不听，遂与俱归。师次铁路步，遇贼张用，至六合遇李成，与战，皆败之。成遣轻骑劫宪臣犒军银帛，飞进兵掩击之，成奔江西。时命充守建康，金人与成合寇乌江，充闭门不出。飞泣谏请视师，充竟不出。金人遂由马家渡渡江，充遣飞等迎战，王瓔先遁，诸将皆溃，独飞力战。

会充已降金，诸将多行剽掠，惟飞军秋毫无所犯。兀术趋杭州，飞要击至广德境中，六战皆捷，擒其将王权，俘签军首领四十余。察其可用者，结以恩遣还，令夜斫营纵火，飞乘乱纵击，大败之。驻军钟村，军无见粮，将士忍饥，不敢扰民。金所籍兵相谓曰："此岳爷爷军。"争来降附。

四年，兀术攻常州，宜兴令迎飞移屯焉。盗郭吉闻飞来，遁入湖，飞遣王贵、傅庆追破之，又遣辩士马皋、林聚尽降其众。有张威武者不从，飞单骑入其营，斩之。避地者赖以免，图飞像祠之。

金人再攻常州，飞四战皆捷；尾袭于镇江东，又捷；战于清水亭，又大捷，横尸十五里。兀术趋建康，飞设伏牛头山待之。夜，令百人黑衣混金营中扰之，金兵惊，自相攻击。兀术次龙湾，飞以骑三百、步兵二千驰至新城，大破之。兀术奔淮西，遂复建康。飞奏："建康为要害之地，宜选兵固守，仍益兵守淮，拱护腹心。"帝嘉纳。兀术归，飞邀击于静安，败之。

诏讨戚方，飞以三千人营于苦岭。方遁，俄益兵来，飞自领兵千人，战数十合，皆捷。会张俊兵至，方遂降。范宗尹言张俊自浙西来，盛称飞可用，迁通、泰镇抚使兼知泰州。飞辞，乞淮南东路一重难任使，收复本路州郡，乘机渐进，使山东、河北、河东、京畿等路次第而复。

会金攻楚急，诏张俊援之。俊辞，乃遣飞行，而命刘光世出兵援飞。飞屯三墪为楚援，寻抵承州，三战三捷，杀高太保，俘酋长七十余人。光世等皆不敢前，飞师孤力寡，楚遂陷。诏飞还守通、泰，有旨可守即守，如不可，但于沙洲保护百姓，伺便掩击。飞以泰无险可恃，退保柴墟，战于南霸桥，金大败。渡百姓于沙上，飞以精骑二百殿，金兵不敢近。飞以泰州失守待罪。

绍兴元年，张俊请飞同讨李成。时成将马进犯洪州，连营西山。飞曰："贼贪而不虑后，若以骑兵自上流绝生米渡，出其不意，破之必矣。"飞请自为先锋，俊大喜。飞重铠跃马，潜出贼右，突其阵，所部从之。进大败，走筠州。飞抵城东，贼出城，布阵十五里，飞设伏，以红罗为帜，上刺"岳"字，选骑二百随帜而前。贼易其少，薄之，伏发，贼败走。飞使人呼曰："不从贼者坐，吾不汝杀。"坐而降者八万余人。进以余卒奔成于南康。飞夜引兵至朱家山，又斩其将赵万。成闻进败，自引兵十余万来。飞与遇于楼子庄，大破成军，追斩进。成走蕲州，降伪齐。

张用寇江西，用亦相人，飞以书谕之曰："吾与汝同里，南薰门、铁路步之战，皆汝所悉。今吾在此，欲战则出，不战则降。"用得书曰："果吾父也。"遂降。

江、淮平，俊奏飞功第一，加神武右军副统制，留洪州，弹压盗贼，授亲卫大夫、建州观察使。建寇范汝为陷邵武，江西安抚李回檄飞分兵保建昌军及抚州，飞遣人以"岳"字帜植城门，贼望见，相戒勿犯。贼党姚达、饶青逼建昌，飞遣王万、徐庆讨擒之。升神武副军都统制。

二年，贼曹成拥众十余万，由江西历湖湘，据道、贺二州。命飞权知潭州，兼权荆湖东路安抚都总管，付金字牌、黄旗招成。成闻飞将至，惊曰："岳家军来矣。"即分道而遁。飞至茶陵，奉诏招之，成不从。飞奏："比年多命招安，故盗力强则肆暴，力屈则就招，苟不略加剿除，蜂起之众未可遽殄。"许之。

飞入贺州境，得成谍者，缚之帐下。飞出帐调兵食，吏曰："粮尽矣，奈何？"飞阳曰："姑反茶陵。"已而顾谍若失意状，顿足而入，阴令逸之。谍归告成，成大喜，期翌日来追。飞命士蓐食，潜趋绕岭，未明，已至太平场，破其砦。成据险拒飞，飞麾兵掩击，贼大溃。成走据北藏岭、上梧关，遣将迎战，飞不阵而鼓，士争奋，夺二隘据之。成又自桂岭置砦至北藏岭，连控隘道，亲以众十余万守蓬头岭。飞部才八千，一鼓登岭，破其众，成奔连州。飞谓张宪等曰："成党散去，追而杀之，则胁从者可悯，纵之则复聚为盗。今遣若等诛其酋而抚其众，慎勿妄杀，累主上保民之仁。"于是宪自贺、连，徐庆自邵、道，王贵自郴、桂，招降者二万，与飞会连州。进兵追成，成走宣抚司降。时以盛夏行师瘴地，抚循有方，士无一人死病者，岭表平。授武安军承宣使，屯江州。甫入境，安抚李回檄飞捕剧贼马友、郝通、刘忠、李通、李宗亮、张式，皆平之。

三年春，召赴行在。江西宣谕刘大中奏："飞兵有纪律，人恃以安，今赴行在，恐盗复起。"不果行。时虔、吉盗连兵寇掠循、梅、广、惠、英、韶、南雄、南安、建昌、汀、邵武诸郡，帝乃专命飞平之。飞至虔州，固石洞贼彭友悉众至雩都迎战，跃马驰突，飞麾兵即马上擒之，余酋退保固石洞。洞高峻环水，止一径可入。飞列骑山下，令皆持满，黎明，遣死士疾驰登山，贼众乱，弃山而下，骑兵围之。贼呼丐命，飞令勿杀，受其降。授徐庆等方略，捕诸郡余贼，皆破降之。初，以隆祐震惊之故，密旨令飞屠虔城。飞请诛首恶而赦胁从，不许；请至三四，帝乃曲赦。人感其德，绘像祠之。余寇高聚、张成犯袁州，飞遣王贵平之。

秋，入见，帝手书"精忠岳飞"字，制旗以赐之。授镇南军承宣使、江南西路沿江制置使，又改神武后军都统制，仍制置使，李山、吴全、吴锡、李横、牛皋皆隶焉。

伪齐遣李成挟金人入侵，破襄阳、唐、邓、随、郢诸州及信阳军，湖寇杨么亦与伪齐通，欲顺流而下，李成又欲自江西陆行，趋两浙与么会。帝命飞为之备。

四年，除兼荆南、鄂岳州制置使。飞奏："襄阳等六郡为恢复中原基本，今当先取六郡，以除心膂之病。李成远遁，然后加兵湖湘，以殄群盗。”帝以谕赵鼎，鼎曰：“知上流利害，无如飞者。”遂授黄复州、汉阳军、德安府制置使。飞渡江中流，顾幕属曰：“飞不擒贼，不涉此江。”抵郢州城下，伪将京超号“万人敌”，乘城拒飞。飞鼓众而登，超投崖死，复郢州，遣张宪、徐庆复随州。飞趣襄阳，李成迎战，左临襄江，飞笑曰：“步兵利险阻，骑兵利平旷。成左列骑江岸，右列步平地，虽众十万何能为。”举鞭指王贵曰：“尔以长枪步卒击其骑兵。”指牛皋曰：“尔以骑兵击其步卒。”合战，马应枪而毙，后骑皆拥入江，步卒死者无数，成夜遁，复襄阳。刘豫益成兵屯新野，飞与王万夹击之，连破其众。

飞奏：“金贼所爱惟子女金帛，志已骄惰；刘豫僭伪，人心终不忘宋。如以精兵二十万，直捣中原，恢复故疆，诚易为力。襄阳、随、郢地皆膏腴，苟行营田，其利为厚。臣候粮足，即过江北剿戮敌兵。”时方重深入之举，而营田之议自是兴矣。

进兵邓州，成与金将刘合孛堇列砦拒飞。飞遣王贵、张宪掩击，贼众大溃，刘合孛堇仅以身免。贼党高仲退保邓城，飞引兵一鼓拔之，擒高仲，复邓州。帝闻之，喜曰：“朕素闻岳飞行军有纪律，未知能破敌如此。”又复唐州、信阳军。

襄汉平，飞辞制置使，乞委重臣经画荆襄，不许。赵鼎奏：“湖北鄂、岳最为上流要害，乞令飞屯鄂、岳，不惟江西藉其声势，湖、广、江、浙亦获安妥。”乃以随、郢、唐、邓、信阳并为襄阳府路隶飞，飞移屯鄂，授清远军节度使、湖北路、荆、襄、潭州制置使，封武昌县开国子。

兀术、刘豫合兵围庐州，帝手札命飞解围，提兵趋庐，伪齐已驱甲骑五千逼城。飞张“岳”字旗与“精忠”旗，金兵一战而溃，庐州平。飞奏：“襄阳等六郡人户阙牛、粮，乞量给官钱，免官私逋负，州县官以招集流亡为殿最。”

五年，入觐，封母国夫人；授飞镇宁、崇信军节度使，湖北路、荆襄潭州制置使，进封武昌郡开国侯；又除荆湖南北、襄阳路制置使，神武后军都统制，命招捕杨么。飞所部皆西北人，不习水战，飞曰：“兵何常，顾用之何如耳。”先遣使招谕之。贼党黄佐曰：“岳节使号令如山，若与之敌，万无生理，不如往降。节使诚信，必善遇我。”遂降。飞表授佐武义大夫，单骑按其部，拊佐背曰：“子知逆顺者。果能立功，封侯岂足道？欲复遣子至湖中，视其可乘者擒之，可劝者招之，如何？”佐感泣，誓以死报。

时张浚以都督军事至潭，参政席益与浚语，疑飞玩寇，欲以闻。浚曰："岳侯，忠孝人也，兵有深机，胡可易言？"益惭而止。黄佐袭周伦砦，杀伦，擒其统制陈贵等。飞上其功，迁武功大夫。统制任士安不禀王瓔令，军以此无功。飞鞭士安使饵贼，曰："三日贼不平，斩汝。"士安宣言："岳太尉兵二十万至矣。"贼见止士安军，并力攻之。飞设伏，士安战急，伏四起击贼，贼走。

会召浚还防秋，飞袖小图示浚，浚欲俟来年议之。飞曰："已有定画，都督能少留，不八日可破贼。"浚曰："何言之易？"飞曰："王四厢以王师攻水寇则难，飞以水寇攻水寇则易。水战我短彼长，以所短攻所长，所以难。若因敌将用敌兵，夺其手足之助，离其腹心之托，使孤立，而后以王师乘之，八日之内，当俘诸酋。"浚许之。

飞遂如鼎州。黄佐招杨钦来降，飞喜曰："杨钦骁悍，既降，贼腹心溃矣。"表授钦武义大夫，礼遇甚厚，乃复遣归湖中。两日，钦说余端、刘诜等降，飞诡骂钦曰："贼不尽降，何来也？"杖之，复令入湖。是夜，掩贼营，降其众数万。么负固不服，方浮舟湖中，以轮激水，其行如飞，旁置撞竿，官舟迎之辄碎。飞伐君山木为巨筏，塞诸港汊，又以腐木乱草浮上流而下，择水浅处，遣善骂者挑之，且行且骂。贼怒来追，则草木壅积，舟轮碍不行。飞亟遣兵击之，贼奔港中，为筏所拒。官军乘筏，张牛革以蔽矢石，举巨木撞其舟，尽坏。么投水，牛皋擒斩之。飞入贼垒，余酋惊曰："何神也！"俱降。飞亲行诸砦慰抚之，纵老弱归田，籍少壮为军，果八日而贼平。浚叹曰："岳侯神算也。"初，贼恃其险曰："欲犯我者，除是飞来。"至是，人以其言为谶。获贼舟千余，鄂渚水军为沿江之冠。诏兼蕲、黄制置使，飞以目疾乞辞军事，不许，加检校少保，进封公。还军鄂州，除荆湖南北、襄阳路招讨使。

六年，太行山忠义社梁兴等百余人，慕飞义率众来归。飞入觐，面陈："襄阳自收复后，未置监司，州县无以按察。"帝从之，以李若虚为京西南路提举兼转运、提刑，又令湖北、襄阳府路自知州、通判以下贤否，许飞得自黜陟。

张浚至江上会诸大帅，独称飞与韩世忠可倚大事，命飞屯襄阳，以窥中原，曰："此君素志也。"飞移军京西，改武胜、定国军节度使，除宣抚副使，置司襄阳。命往武昌调军。居母忧，降制起复，飞扶榇还庐山，连表乞终丧，不许，累诏趣起，乃就军。又命宣抚河东，节制河北路。

首遣王贵等攻虢州，下之，获粮十五万石，降其众数万。张浚曰："飞措画甚大，令已至伊、洛，则太行一带山砦，必有应者。"飞遣杨再兴进兵至长水县，再战皆捷，中原响应。又遣人焚蔡州粮。

九月，刘豫遣子麟、侄猊分道寇淮西，刘光世欲舍庐州，张俊欲弃盱眙，同奏召飞以兵东下，欲使飞当其锋，而己得退保。张浚谓："岳飞一动，则襄汉何所制？"力沮其议。帝虑俊、光世不足任，命飞东下。飞自破曹成、平杨么，凡六年，皆盛夏行师，致目疾，至是，甚；闻诏即日启行，未至，麟败。飞奏至，帝语赵鼎曰："刘麟败北不足喜，诸将知尊朝廷为可喜。"遂赐札，言："敌兵已去淮，卿不须进发，其或襄、邓、陈、蔡有机可乘，从长措置。"飞乃还军。时伪齐屯兵窥唐州，飞遣王贵、董先等攻破之，焚其营。奏图蔡以取中原，不许。飞召贵等还。

七年，入见，帝从容问曰："卿得良马否？"飞曰："臣有二马，日啖刍豆数斗，饮泉一斛，然非精洁则不受。介而驰，初不甚疾，比行百里始奋迅，自午至酉，犹可二百里。褫鞍甲而不息不汗，若无事然。此其受大而不苟取，力裕而不求逞，致远之材也。不幸相继以死。今所乘者，日不过数升，而秣不择粟，饮不择泉，揽辔未安，踊踊疾驱，甫百里，力竭汗喘，殆欲毙然。此其寡取易盈，好逞易穷，驽钝之材也。"帝称善，曰："卿今议论极进。"拜太尉，继除宣抚使兼营田大使。从幸建康，以王德、郦琼兵隶飞，诏谕德等曰："听飞号令，如朕亲行。"

飞数见帝，论恢复之略。又手疏言："金人所以立刘豫于河南，盖欲荼毒中原，以中国攻中国，粘罕因得休兵观衅。臣欲陛下假臣月日，便则提兵趋京、洛，据河阳、陕府、潼关，以号召五路叛将。叛将既还，遣王师前进，彼必弃汴而走河北，京畿、陕右可以尽复。然后分兵浚、滑，经略两河，如此则刘豫成擒，金人可灭，社稷长久之计，实在此举。"帝答曰："有臣如此，顾复何忧，进止之机，朕不中制。"又召至寝阁命之曰："中兴之事，一以委卿。"命节制光州。

飞方图大举，会秦桧主和，遂不以德、琼兵隶飞。诏诣都督府与张浚议事，浚谓飞曰："王德淮西军所服，浚欲以为都统，而命吕祉以督府参谋领之，如何？"飞曰："德与琼素不相下，一旦握之在上，则必争。吕尚书不习军旅，恐不足服众。"浚曰："张宣抚如何？"飞曰："暴而寡谋，尤琼所不服。"浚曰："然则杨沂中尔？"飞曰："沂中视德等尔，岂能驭此军？"浚艴然曰："浚固知非太尉不可。"飞曰："都督以正问飞，不敢不尽其愚，岂以得兵为念耶？”即日上章乞解兵柄，终丧服，以张宪摄军事，步归，庐母墓侧。浚怒，奏以张宗元为宣抚判官，监其军。

帝累诏趣飞还职，飞力辞，诏幕属造庐以死请，凡六日，飞趋朝待罪，帝尉遣之。宗元还言：“将和士锐，人怀忠孝，皆飞训养所致。”帝大悦。飞奏：“比者寝阁之命，咸谓圣断已坚，何至今尚未决？臣愿提兵进讨，顺天道，固人心，以曲直为老壮，以逆顺为强弱，万全之效可必。”又奏：“钱塘僻在海隅，非用武地。愿陛下建都上游，用汉光武故事，亲率六军，往来督战。庶将士知圣意所向，人人用命。”未报而郦琼叛，浚始悔。飞复奏：“愿进屯淮甸，伺便击琼，期于破灭。”不许，诏驻师江州为淮、浙援。

飞知刘豫结粘罕，而兀术恶刘豫，可以间而动。会军中得兀术谍者，飞阳责之曰：“汝非吾军中人张斌耶？吾向遣汝至齐，约诱至四太子，汝往不复来。吾继遣人问，齐已许我，今冬以会合寇江为名，致四太子于清河。汝所持书竟不至，何背我耶？”谍冀缓死，即诡服。乃作蜡书，言与刘豫同谋诛兀术事，因谓谍曰：“吾今贷汝。”复遣至齐，问举兵期，封股纳书，戒勿泄。谍归，以书示兀术，兀术大惊，驰白其主，遂废豫。飞奏：“宜乘废豫之际，捣其不备，长驱以取中原。”不报。

八年，还军鄂州。王庶视师江、淮，飞与庶书：“今岁若不举兵，当纳节请闲。”庶甚壮之。秋，召赴行在，命诣资善堂见皇太子。飞退而喜曰：“社稷得人矣，中兴基业，其在是乎？”会金遣使将归河南地，飞言：“金人不可信，和好不可恃，相臣谋国不臧，恐贻后世讥。”桧衔之。

九年，以复河南，大赦。飞表谢，寓和议不便之意，有“唾手燕云，复仇报国”之语。授开府仪同三司，飞力辞，谓：“今日之事，可危而不可安；可忧而不可贺；可训兵饬士，谨备不虞，而不可论功行赏，取笑敌人。”三诏不受，帝温言奖谕，乃受。会遣士㒟谒诸陵，飞请以轻骑从洒埽，实欲观衅以伐谋。又奏：“金人无事请和，此必有肘腋之虞，名以地归我，实寄之也。”桧白帝止其行。

十年，金人攻拱、亳，刘锜告急，命飞驰援，飞遣张宪、姚政赴之。帝赐札曰：“设施之方，一以委卿，朕不遥度。”飞乃遣王贵、牛皋、董先、杨再兴、孟邦杰、李宝等，分布经略西京、汝、郑、颍昌、陈、曹、光、蔡诸郡；又命梁兴渡河，纠合忠义社，取河东、北州县。又遣兵东援刘锜，西援郭浩，自以其军长驱以阚中原。将发，密奏言：“先正国本以安人心，然后不常厥居，以示无忘复仇之意。"帝得奏，大褒其忠，授少保，河南府路、陕西、河东北路招讨使，寻改河南、北诸路招讨使。未几，所遣诸将相继奏捷。大军在颍昌，诸将分道出战，飞自以轻骑驻郾城，兵势甚锐。

兀术大惧，会龙虎大王议，以为诸帅易与，独飞不可当，欲诱致其师，并力一战。中外闻之，大惧，诏飞审处自固。飞曰："金人伎穷矣。"乃日出挑战，且骂之。兀术怒，合龙虎大王、盖天大王与韩常之兵逼郾城。飞遣子云领骑兵直贯其阵，戒之曰："不胜，先斩汝！"鏖战数十合，贼尸布野。

初，兀术有劲军，皆重铠，贯以韦索，三人为联，号"拐子马"，官军不能当。是役也，以万五千骑来，飞戒步卒以麻札刀入阵，勿仰视，第斫马足。拐子马相连，一马仆，二马不能行，官军奋击，遂大败之。兀术大恸曰："自海上起兵，皆以此胜，今已矣！"兀术益兵来，部将王刚以五十骑觇敌，遇之，奋斩其将。飞时出视战地，望见黄尘蔽天，自以四十骑突战，败之。

方郾城再捷，飞谓云曰："贼屡败，必还攻颍昌，汝宜速援王贵。"既而兀术果至，贵将游奕、云将背嵬战于城西。云以骑兵八百挺前决战，步军张左右翼继之，杀兀术婿夏金吾、副统军粘罕索孛堇，兀术遁去。

梁兴会太行忠义及两河豪杰等，累战皆捷，中原大震。飞奏："兴等过河，人心愿归朝廷。金兵累败，兀术等皆令老少北去，正中兴之机。"飞进军朱仙镇，距汴京四十五里，与兀术对垒而阵，遣骁将以背嵬骑五百奋击，大破之，兀术遁还汴京。飞檄陵台令行视诸陵，葺治之。

先是，绍兴五年，飞遣梁兴等布德意，招结两河豪杰，山砦韦铨、孙谋等敛兵固堡，以待王师，李通、胡清、李宝、李兴、张恩、孙琪等举众来归。金人动息，山川险要，一时皆得其实。尽磁、相、开德、泽、潞、晋、绛、汾、隰之境，皆期日兴兵，与官军会。其所揭旗以"岳"为号，父老百姓争挽车牵牛，载糗粮以馈义军，顶盆焚香迎候者，充满道路。自燕以南，金号令不行，兀术欲签军以抗飞，河北无一人从者。乃叹曰："自我起北方以来，未有如今日之挫衄。"金帅乌陵思谋素号桀黠，亦不能制其下，但谕之曰："毋轻动，俟岳家军来即降。"金统制王镇、统领崔庆、将官李觊崔虎华旺等皆率所部降，以至禁卫龙虎大王下忔查千户高勇之属，皆密受飞旗榜，自北方来降。金将军韩常欲以五万众内附。飞大喜，语其下曰："直抵黄龙府，与诸君痛饮尔！"

方指日渡河，而桧欲画淮以北弃之，风台臣请班师。飞奏："金人锐气沮丧，尽弃辎重，疾走渡河，豪杰向风，士卒用命，时不再来，机难轻失。"桧知飞志锐不可回，乃先请张俊、杨沂中等归，而后言飞孤军不可久留，乞令班师。一日奉十二金字牌，飞愤惋泣下，东向再拜曰："十年之力，废于一旦。"飞班师，民遮马恸哭，诉曰："我等戴香盆、运粮草以迎官军，金人悉知之。相公去，我辈无噍类矣。"飞亦悲泣，取诏示之曰："吾不得擅留。"哭声震野，飞留五日以待其徙，从而南者如市，亟奏以汉上六郡闲田处之。

方兀术弃汴去，有书生叩马曰："太子毋走，岳少保且退矣。"兀术曰："岳少保以五百骑破吾十万，京城日夜望其来，何谓可守？"生曰："自古未有权臣在内，而大将能立功于外者，岳少保且不免，况欲成功乎？"兀术悟，遂留。飞既归，所得州县，旋复失之。飞力请解兵柄，不许，自庐入觐，帝问之，飞拜谢而已。

十一年，谍报金分道渡淮，飞请合诸帅之兵破敌。兀术、韩常与龙虎大王疾驱至庐，帝趣飞应援，凡十七札。飞策金人举国南来，巢穴必虚，若长驱京、洛以捣之，彼必奔命，可坐而敝。时飞方苦寒嗽，力疾而行。又恐帝急于退敌，乃奏："臣如捣虚，势必得利，若以为敌方在近，未暇远图，欲乞亲至蕲、黄，以议攻却。"帝得奏大喜，赐札曰："卿苦寒疾，乃为朕行，国尔忘身，谁如卿者？"师至庐州，金兵望风而遁。飞还兵于舒以俟命，帝又赐札，以飞小心恭谨、不专进退为得体。兀术破濠州，张俊驻军黄连镇，不敢进；杨沂中遇伏而败，帝命飞救之。金人闻飞至，又遁。

时和议既决，桧患飞异己，乃密奏召三大将论功行赏。韩世忠、张俊已至，飞独后，桧又用参政王次翁计，俟之六七日。既至，授枢密副使，位参知政事上，飞固请还兵柄。五月，诏同俊往楚州措置边防，总韩世忠军还驻镇江。

初，飞在诸将中年最少，以列校拔起，累立显功，世忠、俊不能平，飞屈己下之，幕中轻锐教飞勿苦降意。金人攻淮西，俊分地也，俊始不敢行，师卒无功。飞闻命即行，遂解庐州围，帝授飞两镇节，俊益耻。杨么平，飞献俊、世忠楼船各一，兵械毕备，世忠大悦，俊反忌之。淮西之役，俊以前途粮乏訹飞，飞不为止，帝赐札褒谕，有曰："转饷艰阻，卿不复顾。"俊疑飞漏言，还朝，反倡言飞逗留不进，以乏饷为辞。至视世忠军，俊知世忠忤桧，欲与飞分其背嵬军，飞义不肯，俊大不悦。及同行楚州城，俊欲修城为备，飞曰："当戮力以图恢复，岂可为退保计？"俊变色。

会世忠军吏景著与总领胡纺言："二枢密若分世忠军，恐至生事。"纺上之朝，桧捕著下大理寺，将以扇摇诬世忠。飞驰书告以桧意，世忠见帝自明。俊于是大憾飞，遂倡言飞议弃山阳，且密以飞报世忠事告桧，桧大怒。

初，桧逐赵鼎，飞每对客叹息，又以恢复为己任，不肯附和议。读桧奏，至"德无常师，主善为师"之语，恶其欺罔，恚曰："君臣大伦，根于天性，大臣而忍面谩其主耶！"兀术遗桧书曰："汝朝夕以和请，而岳飞方为河北图，必杀飞，始可和。"桧亦以飞不死，终梗和议，己必及祸，故力谋杀之。以谏议大夫万俟卨与飞有怨，风卨劾飞，又风中丞何铸、侍御史罗汝楫交章弹论，大率谓："今春金人攻淮西，飞略至舒、蕲而不进，比与俊按兵淮上，又欲弃山阳而不守。"飞累章请罢枢柄，寻还两镇节，充万寿观使、奉朝请。桧志未伸也，又谕张俊令劫王贵、诱王俊诬告张宪谋还飞兵。

桧遣使捕飞父子证张宪事，使者至，飞笑曰："皇天后土，可表此心。"初命何铸鞠之，飞裂裳以背示铸，有"尽忠报国"四大字，深入肤理。既而阅实无左验，铸明其无辜。改命万俟卨。卨诬：飞与宪书，令虚申探报以动朝廷，云与宪书，令措置使飞还军；且言其书已焚。

飞坐系两月，无可证者。或教卨以台章所指淮西事为言，卨喜白桧，簿录飞家，取当时御札藏之以灭迹。又逼孙革等证飞受诏逗遛，命评事元龟年取行军时日杂定之，傅会其狱。岁暮，狱不成，桧手书小纸付狱，即报飞死，时年三十九。云弃市。籍家赀，徙家岭南。幕属于鹏等从坐者六人。

初，飞在狱，大理寺丞李若朴何彦猷、大理卿薛仁辅并言飞无罪，卨俱劾去。宗正卿士㒟请以百口保飞，卨亦劾之，窜死建州。布衣刘允升上书讼飞冤，下棘寺以死。凡傅成其狱者，皆迁转有差。

狱之将上也，韩世忠不平，诣桧诘其实，桧曰："飞子云与张宪书虽不明，其事体莫须有。"世忠曰："'莫须有'三字，何以服天下？"时洪皓在金国中，蜡书驰奏，以为金人所畏服者惟飞，至以父呼之，诸酋闻其死，酌酒相贺。

飞至孝，母留河北，遣人求访，迎归。母有痼疾，药饵必亲。母卒，水浆不入口者三日。家无姬侍。吴玠素服飞，愿与交欢，饰名姝遗之。飞曰："主上宵旰，岂大将安乐时？"却不受，玠益敬服。少豪饮，帝戒之曰："卿异时到河朔，乃可饮。"遂绝不饮。帝初为飞营第，飞辞曰："敌未灭，何以家为？"或问天下何时太平，飞曰："文臣不爱钱，武臣不惜死，天下太平矣。"

师每休舍，课将士注坡跳壕，皆重铠习之。子云尝习注坡，马踬，怒而鞭之。卒有取民麻一缕以束刍者，立斩以徇。卒夜宿，民开门愿纳，无敢入者。军号"冻死不拆屋，饿死不卤掠"。卒有疾，躬为调药；诸将远戍，遣妻问劳其家；死事者哭之而育其孤，或以子婚其女。凡有颁犒，均给军吏，秋毫不私。

善以少击众。欲有所举，尽召诸统制与谋，谋定而后战，故有胜无败。猝遇敌不动，故敌为之语曰："撼山易，撼岳家军难。"张俊尝问用兵之术，曰："仁、智、信、勇、严，阙一不可。"调军食，必蹙额曰："东南民力，耗敝极矣。"荆湖平，募民营田，又为屯田，岁省漕运之半。帝手书曹操、诸葛亮、羊祜三事赐之。飞跋其后，独指操为奸贼而鄙之，尤桧所恶也。

张所死，飞感旧恩，鞠其子宗本，奏以官。李宝自楚来归，韩世忠留之，宝痛哭愿归飞，世忠以书来谂，飞复曰："均为国家，何分彼此？"世忠叹服。襄阳之役，诏光世为援，六郡既复，光世始至，飞奏先赏光世军。好贤礼士，览经史，雅歌投壶，恂恂如书生。每辞官，必曰："将士效力，飞何功之有？"然忠愤激烈，议论持正，不挫于人，卒以此得祸。

桧死，议复飞官。万俟卨谓金方愿和，一旦录故将，疑天下心，不可。及绍兴末，金益猖獗，太学生程宏图上书讼飞冤，诏飞家自便。初，桧恶岳州同飞姓，改为纯州，至是仍旧。中丞汪澈宣抚荆、襄，故部曲合辞讼之，哭声雷震。孝宗诏复飞官，以礼改葬，赐钱百万，求其后悉官之。建庙于鄂，号忠烈。淳熙六年，谥武穆。嘉定四年，追封鄂王。

五子：云、雷、霖、震、霆。

【译文】

岳飞字鹏举，相州汤阴人。他的祖先世代务农。父亲岳和，能节省出自家的粮食以接济饥饿的人。有人耕田侵占了他家的土地，他就割让这块田地送给这人；有人赊欠他的钱财也不去索还。岳飞出生时，有一只像天鹅一样的大鸟，飞旋鸣叫于他家房顶之上，因而以此为他取名。没满月，黄河在内黄县决口，大水猛烈冲来，母亲姚氏抱着岳飞坐在瓮中，被浪涛冲到岸边得以幸免，人们对此十分惊异。

岳飞少年时代以气节自励，敦厚寡言，家中虽贫穷却发愤学习，尤其喜欢阅读《左氏春秋》和孙、吴兵法。天生有神力，不满二十岁，能拉三百斤的硬弓，八石的强弩。跟从周同学习射箭，掌握了他的全部方法，能左右开弓。周同去世，岳飞在每月的初一和十五都要到他的坟前祭奠。他的父亲岳和认为他此举很仗义，对他说："你为当今时代所用，不正是准备为国家殉身，为正义而死吗？"

宣和四年，真定宣抚使刘韐招募勇敢战士，岳飞应募。相州有巨贼陶俊、贾进和，岳飞请求率一百名骑兵消灭这股贼众。他派士兵装扮成商人进入贼人的活动地域，贼人掳掠了这些人以扩充自己的部队。岳飞派遣一百人埋伏在山下，自己率领几十名骑兵逼近贼人营垒，贼人出来交战，岳飞假装败退，贼人赶来追杀，伏兵杀出，先头派遣的士兵活捉了陶俊和贾进和两人归来。

康王来到相州，岳飞随刘浩参见，康王命令他去招安贼人吉倩，吉倩率三百八十人归降。岳飞补任承信郎。带领铁骑三百前往李固渡试探敌军的强弱，打败了敌军。跟从刘浩解东京之围，与敌军相持于滑州南面。岳飞率一百名骑兵在黄河岸边操练，敌军突然赶来，岳飞指挥他的部下说："敌兵虽然人多，但不知我们的虚实，应当趁他们立足未稳出击。"于是单枪匹马，飞驰迎敌。有一员敌军猛将挥舞大刀前来迎战，岳飞斩杀了他，敌军大败。升任秉义郎，隶属东京留守宗泽。转战开德、曹州都立有战功，宗泽对他大感惊奇，说："你的勇敢智谋和才能武艺，古代的良将也不能超过你，然而你喜欢野战，这不是万全之计。"因此传授给他阵图。岳飞说："布阵之后作战，是兵法的常规要求，然而把它运用得巧妙精熟，还在于自己的内心体会。"宗泽赞同他的话。

康王即位，岳飞呈上数千字的奏书，大意说："陛下已登皇位，社稷有了主人，已有足够的讨伐敌人的谋略，而且各地勤王之师日益聚集，敌人认为我国一向懦弱怯战，应该乘敌懈怠之时而攻击他们。黄潜善、汪伯彦这些人不能秉承圣上旨意恢复中原，却拥着皇上车驾一天天南移，这样恐怕不足以维系中原百姓的敬望。我希望陛下乘敌人巢穴尚未巩固，亲自率领六军北渡黄河，那么就会使将士们士气大振，中原可望收复。”奏书上报后，朝廷以岳飞越职上书罢免了他的官职，令他回家乡。

岳飞投奔河北招讨使张所，张所用国士的礼节接待他，借补为修武郎，担任中军统领。张所问道：“你能抵挡多少敌人？”岳飞说：“作战不能只凭恃勇猛，用兵的正确与否在于战前制定谋略，栾枝用拖树枝的计策打败楚国，莫敖用派兵打柴的计策战胜绞国，这都是因为谋略事先就制定了。”张所肃然起敬地说：“你大概不是行伍中的人。”岳飞进一步对他说：“国家在汴梁建都，依靠河北作为安全保障。如果凭据交通要冲之地，加强储备一系列重镇，一座城池被围困，其他各城或是阻击或是救援，金人就无法窥伺河南，而京师根本之地就可以巩固了。您如果能亲率大军逼近敌境，我绝对听从您的命令。”张所大喜，借补岳飞为武经郎。

命令岳飞跟随王彦渡过黄河，进至新乡，金兵众多，王彦不敢前进。岳飞独自率领本部人马与金军激战，夺下金军主帅的大旗挥舞，各部队奋勇争先，于是攻克了新乡。第二天，在侯兆川与金军交战，身负十余处伤，士兵们都拼力死战，又打败了金军。夜里驻屯在石门山下，有人传说金兵又来了，全军都十分惊慌，岳飞坚持躺着一动不动，金兵最后也没来。军中粮食吃尽，岳飞到王彦营中求借粮食，王彦不答应。岳飞率领部队进至更北的地方，战于太行山，生擒金将拓跋耶乌。过了几天，再次与敌遭遇，岳飞单骑手持丈八铁枪，刺死黑风大王，敌军溃败逃走。岳飞自知与王彦有了矛盾，又重归宗泽辖治，担任留守司统制。宗泽去世后，杜充代替宗泽的职务，岳飞仍任原职。

建炎二年，在胙城作战，又在黑龙潭作战，都大捷而返。跟从闾勍保卫皇帝陵墓，在汜水关大战，射杀金将，大败敌众。驻军在竹芦渡，与敌军相持，挑选三百名精锐士兵埋伏于前面山下，命令每个人各自用柴草捆扎成两束，半夜，点燃两束柴草的四端并高高举起，金人怀疑宋军的援兵赶到，惊散溃逃。

建炎三年，贼人王善、曹成、孔彦舟等聚合部众五十万，迫近南熏门。岳飞所部仅有八百人，众人畏惧打不过贼军，岳飞说：“我为诸位击败他们。”左手挟弓，右手使用长矛，横冲敌阵，贼军乱成一团，大败。又在东明活捉了贼人杜叔五、孙海。岳飞借补为英州刺史。王善包围陈州，岳飞在清河与敌交战，俘获贼将孙胜、孙清，被授予正式刺史。

杜充打算回军建康，岳飞说："中原地区一尺一寸都不可以放弃，今天一撤走，这块土地就不归我们所有了，他日想重新收复它，不动用数十万人马是不可能的。"杜充不听，于是同他一起南归。军抵铁路步，与贼人张用相遇，到六合时又遇到李成，岳飞与他们交战，全打败了他们。李成派遣轻骑兵劫持了御史犒军的银帛，岳飞进兵乘其不备袭击他们，李成逃奔到江西。当时命令杜充守卫建康，金人与李成联兵进犯乌江，杜充闭门不出。岳飞哭谏请他视察部队，杜充到最后也没出来。金人于是从马家渡渡过长江，杜充派岳飞等人迎战，王瓊首先逃跑，其他将领也都溃逃，只有岳飞拼死力战。

这时杜充已经向金国投降，众将领大多纵兵掳掠，唯独岳飞的部队秋毫无犯。兀术直趋杭州，岳飞在广德境内拦腰截击，六战全胜，俘获金将王权，活捉签军首领四十余人。岳飞考察出其中可以利用的人，施以恩惠后遣返回去，命令他们夜间在金营中砍杀放火，岳飞趁敌混乱，发兵进击，大败金军。部队进驻钟村，军中没有存粮，将士们忍饥挨饿，也不敢骚扰百姓。金军所强行征来的士兵互相说："这是岳爷爷的部队。"争先恐后地前来投降归附。

四年，兀术进攻常州，宜兴县令迎接岳飞移师屯驻宜兴。强盗郭吉得知岳飞来到，逃入太湖，岳飞派遣王贵、傅庆追击并打败了他，又派说客马皋、林聚劝说他们全部投降。有个叫张威武的人不肯从命，岳飞单骑闯入他的营寨，杀了他。避乱到此地居住的人赖此免受强盗之苦，画岳飞像供奉。

金军再次攻打常州，岳飞四战全胜；追袭击金兵于镇江东边，又取得胜利；在清水亭作战，又一次大胜，金兵的尸体横满了十五里。兀术直奔建康，岳飞在牛头山设下伏兵等待他们。夜里，命令一百人身穿黑衣混入金营中进行骚扰，金兵惊乱，自相攻击。兀术进驻龙湾，岳飞率骑兵三百名、步兵两千名火速赶到新城，大败金军。兀术逃往淮西，于是收复建康。岳飞上奏说："建康是要害之地，应挑选兵力固守，同时仍要增加兵力坚守两淮，以拱卫腹心之地。"皇帝赞许并采纳了这个意见。兀术回军，岳飞在静安阻截，打败了他。

皇帝诏令讨伐戚方，岳飞率三千人在苦岭安营。戚方逃走，不久带着援兵回来抵抗，岳飞亲自统领一千名士兵，激战数十回合，全都取胜。

正好张俊率军来到，戚方于是投降。范宗尹对皇帝说张俊刚从浙西来朝廷，盛赞岳飞将才难得，于是提升岳飞为通、泰镇抚使兼知泰州。岳飞推辞，请求担任淮南东路一个重要而困难的职位，收复本路州郡，乘机逐渐推进，使山东、河北、河东、京畿等路陆续得到收复。

正赶上金军进攻楚州，楚州告急，皇帝诏令张俊前去援救。张俊推辞，于是派岳飞前去，同时命令刘光世出兵增援岳飞。岳飞屯兵于三墪作为楚州的援军，不久进抵承州，三战三捷，杀死高太保，俘获敌军首领七十余人。刘光世等人都不敢靠前，岳飞孤军力弱，楚州于是陷落。朝廷下诏让岳飞退回去守通州、泰州，圣旨说能守住就守，如果守不住，只在沙洲保护百姓，寻机袭敌即可。岳飞因泰州无险可守，退保柴墟，与金兵激战于南霸桥，金兵大败。在沙上护送百姓渡江，岳飞率二百名精锐骑兵殿后，金兵不敢接近。岳飞以泰州失守等候处分。

绍兴元年，张俊请岳飞一同进讨李成。当时李成部将马进进犯洪州，在西山连营扎寨。岳飞说："贼军贪利却不考虑后路，假若派骑兵从上游横渡生米渡，出敌不意，一定能击败他。"岳飞请求自己担任先锋，张俊大喜。岳飞身穿重甲跳上战马，悄悄地绕到贼军右侧，突入他们的阵地，部下跟随他前进。马进大败，逃往筠州。岳飞进抵城东，贼军出城，布下战阵十五里，岳飞设下埋伏，用红罗做旗，上面绣着"岳"字，挑选二百名骑兵跟随旗帜前进。贼军轻视岳飞兵少，紧逼过来，伏兵突然杀出，贼军大败逃走。岳飞派人大声叫道："不愿从贼的人坐下，我不杀你们。"坐下投降的人共有八万余人。马进率残兵败将逃奔在南康的李成。岳飞夜里率领部队赶到朱家山，又杀了李成的部将赵万。李成得知马进失败，亲自率兵十余万前来，岳飞同他在楼子庄遭遇，大破李成部队，追杀了马进。李成逃往蕲州，投降了伪齐。

张用进犯江西，张用也是相州人，岳飞写信告谕他说："我与你同乡同里，南薰门、铁路步之役，都是你所知道的。现在我在此地，你要交战就出来，不想打就投降。"张用接到信说："果然是我的父辈啊。"于是投降。

江、淮平定，张俊奏报岳飞战功第一，皇帝加授岳飞为神武右军副统制，留守洪州，镇压盗贼，又任命他为亲卫大夫、建州观察使。建州强盗范汝为攻陷邵武，江西安抚使李回檄告岳飞分兵保卫建昌军及抚州。岳飞派人把"岳"字旗插在城门上，贼军望见，互相告诫不要去进犯。贼军同党姚达、饶青逼近建昌，岳飞派王万、徐庆讨伐并活捉了他们。岳飞升任神武副军都统制。

绍兴二年，贼寇曹成拥兵十余万，由江西经湖湘，占据道、贺二州。朝廷命令岳飞临时任知潭州，兼权荆湖东路安抚都总管，授予他金字牌、黄旗招讨曹成。曹成听说岳飞要到了，惊呼："岳家军来了。"立即分道而逃。岳飞进至茶陵，奉诏招安曹成，曹成不肯屈从。岳飞上奏说："近年来多次命令招安，因此盗贼势力强盛时就肆意暴虐，势力衰微时就接受招安，如果不略加剿除，蜂拥而起的盗贼就不能速速消灭。"皇帝同意了这个意见。

岳飞进入贺州境内，抓到了一个曹成的探子，捆绑在帐下。岳飞出帐调配军粮，军吏说："粮食已经吃完了，怎么办？"岳飞假装说："暂且返回茶陵。"一会儿回头看见探子，做出一副好像泄露了机密而十分懊悔的样子，跺着脚走入军帐，暗中下令放了他。探子回去告诉曹成，曹成大喜，计划第二天来追击岳飞部队。岳飞命令士兵早早起身吃饭，悄悄地绕山岭急行，天还没亮就已到太平场，攻克曹成的营寨。曹成占据险要地形抗击岳飞，岳飞指挥部队偷袭，曹成军队大败溃散。曹成逃到北藏岭、上梧关据守，派将领迎战，岳飞没等摆开战阵就擂鼓出击，士兵们争先奋勇，夺取了二处关隘据守。曹成又从桂岭设置营寨一直到北藏岭，接连不断地控制了险要通道，亲自率领十余万人马守蓬头岭。岳飞部下只有八千人，一鼓作气登上山岭，击败敌众，曹成逃往连州。岳飞对张宪等人说："曹成的贼党已经溃散，追击并杀了他们，那么胁从者却令人可怜，但放跑了他们，就会重新聚集起来成为盗贼。现在派遣你们去诛杀他们的头目而安抚他们的部众，千万不要妄加杀戮，以使皇帝保护人民的仁德受到损害。"于是张宪自贺州、连州，徐庆自邵州、道州，王贵自郴州、桂州，招降曹成部下二万人，与岳飞在连州会合。进军追击曹成，曹成到宣抚司投降。当时在盛夏季节行军于瘴气横行的地区，岳飞安抚部队有方，士兵无一人死于瘟疫，岭表地区平定。岳飞被授任武安军承宣使，屯驻江州。刚刚入境，安抚使李回急令岳飞围捕巨贼马友、郝通、刘忠、李通、李宗亮、张式，全都平定了他们。

绍兴三年春天，岳飞应召赶赴皇帝所在的地方。江西宣谕刘大中上奏说："岳飞的部队有纪律，百姓依靠他们才得以安定，现在召他前来，恐怕盗贼又会重新起来作乱。"岳飞没有起程。当时，虔州、吉州的盗贼联合兵力进攻抢掠循、梅、广、惠、英、韶、南雄、南安、建昌、汀、邵武等郡，皇帝授岳飞专征讨伐的权力平定这些盗贼。岳飞到达虔州，固石洞贼寇彭友率全体人马到雩都迎战，彭友跃马突击，岳飞指挥士兵在马上生擒了他，其余的贼军头目退保固石洞。固石洞地势高峻且有水环绕，只有一条小路可以进入。岳飞把骑兵列队于山下，命令他们弯弓搭箭，黎明，派敢死队员迅速奔驰登山，贼军大乱，弃守山头逃下来，岳飞的骑兵包围了他们。贼众哭喊饶命，岳飞下令不要杀戮，接受了他们的投降。岳飞又教给徐庆等人讨贼方略，让他们去围捕各郡的残余贼寇，全都击败并降伏了他们。当初，因为隆祐太后受震惊的缘故，高宗密令岳飞对虔州进行屠城。岳飞请求诛杀首恶而赦免胁从，皇帝不许；再三再四地请求，皇帝才特令赦免了虔州城。当地百姓感激岳飞的恩德，绘岳飞像供奉。残余的贼寇高聚、张成进犯袁州，岳飞派遣王贵平定了他们。

秋天，岳飞入朝拜见，皇帝手书“精忠岳飞”四个字，制成旗帜赐给岳飞。任命他为镇南军承宣使、江南西路沿江制置使，又改任神武后军都统制，仍然兼任制置使的职务，李山、吴全、吴锡、李横、牛皋都隶属他管理。

伪齐派遣李成依仗金兵入侵，攻克襄阳、唐、邓、随、郢等州及信阳军，洞庭湖的盗寇杨么也与伪齐通使，打算顺流而下。李成又谋划从江西陆路行军，直趋两浙与杨么会合。皇帝下令让岳飞做好准备。

绍兴四年，朝廷任命岳飞兼任荆南、鄂州、岳州制置使。岳飞上奏说：“襄阳等六郡是恢复中原的根本之地，目前应当先攻取这六郡，以解除心背之患。李成远逃之后，然后在湖湘增加兵力，以消灭群盗。”皇帝把岳飞的意见告诉赵鼎，赵鼎说：“深知长江上游的利害，没有人能像岳飞这样的。”于是任命岳飞为黄州、复州、汉阳军、德安府制置使。岳飞渡到长江中流，回头对僚属们说：“我不生擒贼寇，就不渡江回来。”进抵郢州城下，伪齐将领京超号称“万人敌”，凭城据守，抗拒岳飞。岳飞擂鼓催动士兵登城，京超投崖而死。收复了郢州，派遣张宪、徐庆收复随州。岳飞赶赴襄阳，李成迎战，左翼面向襄江，岳飞笑着说：“步兵适合在险阻地带作战，骑兵适宜在平旷地区作战。李成把骑兵列于左侧江岸，步兵列于右侧平地，虽拥兵十万又能有什么作为？”他举起马鞭指着王贵说：“你率领长枪的步兵进攻李成的骑兵。”指着牛皋说：“你率骑兵进攻他的步兵。”等到开战，李成军队的战马应枪倒毙，后面的骑兵都被挤入江中，步兵死亡的不计其数，李成连夜逃走，收复襄阳。刘豫给李成增派兵力屯驻新野，岳飞与王万两边夹击，连连击败他的部队。

岳飞上奏说：“金贼所喜欢的只有女人和金帛，斗志已经骄惰；刘豫僭越本分建立伪政权，人心终究不忘大宋朝。如果派精兵二十万，直捣中原，恢复原来的疆土，实是容易做到的事。襄阳、随州、郢州土地都十分肥沃，假如实行营田，其利很多。我等到粮秣充足时，立即到江北去剿杀敌兵。”当时正重视深入北上收复中原的各种计划，因而营田的议论从此多了起来。

岳飞进军邓州，李成与金将刘合孛堇列置营寨抗拒岳飞。岳飞派遣王贵、张宪突袭，贼众大败而溃，刘合孛堇仅以身免。李成的同党高仲退保邓城，岳飞率领部队一鼓作气拔除此城，活捉高仲，收复邓州。皇帝听到此讯，高兴地说：“我早就听说过岳飞行军时纪律严明，不知道他能攻城破敌到这种程度。”又收复了唐州、信阳军。

襄汉一带平定，岳飞辞去制置使的职务，请求朝廷委派重臣经营筹治荆襄地区，皇帝不同意。赵鼎上奏说：“湖北鄂州、岳州是长江上流的要害之地，请求命令岳飞屯驻鄂州、岳州，这样不仅江西可以借助他的声势，而且湖、广、江、浙也能获得安定。”于是朝廷将随州、郢州、唐州、邓州、信阳军合并为襄阳府路隶属岳飞，岳飞移驻鄂州，并授任他为清远军节度使、湖北路、荆、襄、潭州制置使，封为武昌县开国子。

兀术、刘豫合兵包围庐州，皇帝亲自写信命令岳飞去解围，岳飞率所部直趋庐州，伪齐已驱使重甲骑兵五千直逼城下。岳飞打起“岳”字旗与“精忠”旗，金兵一接战便溃败，庐州平定。岳飞上奏说：“襄阳等六郡的人家缺乏耕牛、粮种，请求朝廷酌量拨给官钱，免除他们的公私债务，州县官员以招集流散的百姓多少作为考核政绩的标准。”

绍兴五年，岳飞入朝觐见，皇帝封岳飞的母亲为国夫人；任命岳飞为镇宁、崇信军节度使，湖北路、荆襄潭州制置使，进封为武昌郡开国侯；又任命他为荆湖南北、襄阳路制置使，神武后军都统制，命令他招捕杨么。岳飞的部下全是西北人，不习惯水战，岳飞说：“兵家哪有常法，看运用得如何罢了。”他先派遣使者招谕杨么。贼军同党黄佐说：“岳节使号令如山，如果与他为敌，绝没有活着的希望，不如前去投降。岳节使是诚信之人，必定会优待我。”于是投降。岳飞表奏朝廷授予黄佐武义大夫，自己单骑巡视黄佐的部队，用手抚在黄佐的背上说：“你是知道逆顺大义的人。果真能立功，封侯还用说吗？我准备派你再次到洞庭湖中去，看杨么军中有机可乘者就擒获他，可以劝降的就招抚他，怎么样？”黄佐感动得流泪，发誓以死相报。

当时张浚以都督军事的身份来到潭州，参政席益对张浚说，怀疑岳飞对贼寇掉以轻心，打算把这种怀疑报告朝廷。张浚说：“岳侯，是一位忠孝双全的人，用兵自有其精深的道理，怎么可以随便议论呢？”席益深感惭愧就打消了原来的念头。黄佐袭击周伦营寨，杀死周伦，活捉了他的统制陈贵等人。岳飞上报黄佐的战功，升黄佐为武功大夫。统制任士安不服从王𤫉的命令，所部因而没有立功。岳飞鞭打任士安并命令他前去引诱贼军，说：“三天之内贼军没有被平定，杀你的头。”任士安到处宣扬：“岳太尉的二十万大军到了。”贼军看到只有任士安一支军队，集中兵力进攻他。岳飞设下埋伏，任士安作战危急之时，伏兵四起攻击贼军，贼军逃走。

正好皇帝召还张浚防备金人秋季进犯，岳飞从袖中取出一幅小图给张浚看，张浚打算等明年再与岳飞商量。岳飞说：“已经有了确定的计划，都督如果能稍留几天，不用八天就可以击败贼军。”张浚说：“怎么说得这样容易？”岳飞说：“王四厢率官军攻打水寇就困难，我用水寇进攻水寇就容易。水上作战是我军短处敌军长处，用我之短攻敌所长，所以困难。假若起用敌将使用敌兵，削夺其手足之助，离间其腹心之依托，使贼军首领孤立，而后用官军乘机进攻，八天之内，一定俘获贼军各位首领。”张浚答应了他。

岳飞于是到鼎州。黄佐招杨钦来投降，岳飞高兴地说：“杨钦骁勇强悍，他投降以后，贼军的腹心就崩溃了。”上表朝廷授予杨钦武义大夫，礼遇非常隆重，于是又派他回到湖中。两天后，杨钦劝服了余端、刘诜等人投降，岳飞假装骂杨钦道：“贼人没有全部投降，你为什么回来？”用军杖打了他一顿，命令他重新入湖中。这天晚上，岳飞部队偷袭贼营，降伏了贼众数万人。杨么依恃地势险固不肯屈服，正在湖中行船，他的船用轮子划水，行船如飞，船两旁还设有撞竿，官军的船迎上去就被撞碎。岳飞下令砍伐君山上的树木造成巨筏，堵塞在湖湾港汊，又在湖水上流投下朽木乱草顺流而下，选择水浅之处，派善于骂人的士兵挑逗贼兵，一边走一边骂。贼军大怒来追，因草木淤积，敌船的轮子受阻无法行进。岳飞急忙派兵出击，贼兵逃往港湾中，又被巨筏所拦拒。官军乘巨筏，张开牛皮革遮挡箭和石块，举着大木头撞击贼船，全部撞坏了敌船。杨么跳入湖水，被牛皋捉住并杀死。岳飞进入贼军营垒，剩下的贼军首领惊呼道："太神了！"于是就都投降了。岳飞亲自到各个营寨安抚劝慰已降的贼兵，释放年老体弱的人回乡种田，登记年轻力壮的人编入官军，果然八天之内平定了贼军。张浚叹服道："岳侯真是神机妙算啊。"起初，贼寇依恃其防地险要时说："要想攻打我的人，除非是从天上飞来"。到此时，人们都把这话当成是应验了岳飞来攻的谶语。缴获了一千余艘贼船，鄂渚水军成为沿江水军中最强大的。诏命岳飞兼任蕲、黄制置使，岳飞以眼睛有病请求辞去军职，皇帝没批准，加任岳飞为检校少保，进封为公。部队返回鄂州，岳飞被任命为荆湖南北、襄阳路招讨使。

绍兴六年，太行山忠义社梁兴等一百余人，敬慕岳飞的忠义率众前来归附。岳飞入朝觐见，面奏皇帝："襄阳自从被收复以后，未设监司，无法按察州县。"皇帝听取了这个意见，任命李若虚担任京西南路提举兼转运、提刑，又下令湖北、襄阳府路自知州、通判以下官员由岳飞自己任免。

张浚到长江边会见各位大帅，唯独称赞岳飞和韩世忠可以倚重成就大事，命令岳飞屯驻襄阳，以等待时机夺取中原，并说："这是你历来所抱有的志向啊。"岳飞把部队移往京西，改任武胜、定国军节度使，担任宣抚副使，在襄阳设置宣抚司。朝廷命令岳飞前往武昌调发军队。岳飞因母亲去世在家守丧，皇帝降诏要他守丧未满就应召复职，岳飞护送母亲的棺木回到庐山，连着上表请求守满丧期，皇帝不同意，几次下诏催促他复职，于是岳飞回到军中。又命令他宣抚河东，节制河北路。岳飞首先派遣王贵等人进攻虢州，攻下了它，缴获粮食十五万石，降伏敌众数万人。张浚说："岳飞的筹措计划非常庞大，他的命令已达伊水、洛水地区，这样一来，太行山一带的山寨，必然会有响应的人。"岳飞派遣杨再兴进兵至长水县，连战连捷，中原响应。又派人焚烧了蔡州的粮食。

九月，刘豫派遣儿子刘麟、侄子刘猊分道进犯淮西地区，刘光世打算放弃庐州，张俊打算弃守盱眙，一起上奏请求皇帝诏令岳飞率兵东下，想让他来抵挡敌军的兵锋，而自己能够退守自保。张浚说："岳飞的部队一开动，那么襄汉如何来控制？"极力阻止这个建议。皇帝担心张俊、刘光世不能担此重任，便下令岳飞东下。岳飞自从击败曹成、平定杨么，总共六年时间，都是在盛夏季节行军作战，导致眼睛生病，到此时更加严重。接到诏令便当天起程，没有到，刘麟战败。岳飞的奏书到达，皇帝对赵鼎说："刘麟败北不足以高兴，各位将领知道尊重朝廷是可喜的。"于是赐给岳飞书信，说："敌兵已经离开淮河地区，你不必继续前进，或许襄、邓、陈、蔡地区有机可乘，从长计划处置。"岳飞于是回军。当时伪齐屯集兵力窥视唐州，岳飞派遣王贵、董先等人攻破敌军，焚烧敌军营寨。上奏请求图取蔡州以攻取中原，皇帝没批准。岳飞召王贵等人回返。

绍兴七年，入朝觐见，皇帝安详地问他："你得到良马没有？"岳飞回答说："我原有两匹马，一天要吃数斗草料豆子，饮一斛泉水，然而不精细清洁的食物就不吃。披挂上鞍甲奔驰，开始跑得不是很快，等到跑了一百里才开始兴奋加速，自午时到酉时，还可以跑二百里。卸下鞍甲既不喘息也不流汗，仿佛无事一样。这是它吃得多却不胡乱凑和吃，力气充裕但不求逞于一时，这是能跑得远的良才。却不幸相继死亡。现在我所乘坐的马，一天吃得不过数升，而且吃草料时不管有无粮食，饮水时也不选择泉眼，缰绳还没拿稳，踊跃急驰，才跑了一百里，就力竭汗喘，像要死了似的。这是它吃得少却容易满足，好逞能却容易穷尽气力，这是低下蠢笨的庸才。"皇帝称赞说得好，说："你今天的议论很有可取之处。"授予他太尉之职，接着任命岳飞为宣抚使兼营田大使。跟随皇帝巡幸建康，把王德、郦琼的部队隶属岳飞部下，下诏通知王德等人说："听从岳飞的号令，如同我亲自行令。"

岳飞屡次进见皇帝，都谈论到恢复中原失地的方略。又写奏章说："金人之所以在河南立刘豫为帝，是想荼毒中原生灵，用中国人攻打中国人，粘罕因此可以休整部队以坐收渔人之利。我希望陛下给我时间，机会成熟时就带领部队直趋京、洛，占据河阳、陕府、潼关，以此来号召五路的叛将。叛将归降后，再派官军前进，敌人必然放弃汴京而逃向河北、京畿，陕右一带可以全部收复。然后分兵进攻浚州、滑州，经略两河地区，这样一来，一定可以活捉刘豫，金人就可以消灭，国家的长久大计，实在是在于这一行动。"皇帝回答说："有你这样的大臣，还有什么忧虑，你发兵进攻的时机，我不在朝中干预。"又把岳飞召到寝阁中命令他说："中兴大事，全都委托你了。"下令岳飞节制光州。

岳飞刚开始计划大举出征，适逢秦桧主张向金人求和，于是不把王德、郦琼的部队拨归岳飞。诏命岳飞到都督府与张浚议事，张浚对岳飞说："王德为淮西军所钦服，我想任命他为都统，而命令吕祉以都督府参谋的身份统领这支部队，怎么样？"岳飞说："王德与郦琼本来不相上下，一旦提拔王德，位于郦琼之上，那么两人必然会争执。吕尚书不熟悉军旅之事，恐怕不足以服众。"张浚说："张宣抚怎么样？"岳飞说："暴躁而缺乏智谋，尤其为郦琼所不服。"张浚说："那么杨沂中总算可以了吧？"岳飞说："杨沂中看来和王德差不多，怎么能驾御这支部队？"张浚恼怒地说："我就知道非太尉你不可。"岳飞说："都督以正事问我的意见，不敢不完全献出我的愚见，哪里有想得到兵权的念头呀？"当天岳飞上书请求解除兵权，回家服满守丧期，让张宪代理指挥军队，自己步行返家，在母亲墓旁搭建小屋居住。张浚十分生气，上奏皇帝任命张宗元为宣抚判官，监督岳飞的部队。

皇帝几次下诏催促岳飞还军复职，岳飞都极力推辞。皇帝又诏令岳飞的僚属们到岳飞守丧的小屋死力相请，有六天时间，岳飞赶奔入朝等待处分，皇帝安慰一番后把他派回部队。张宗元回来说："将领团结和睦，士兵锐气正足，人人心怀忠孝之心，这都是岳飞训练教育的结果。"皇帝十分高兴。岳飞上奏说："近来在寝阁下达的命令，都说陛下的决心已下，为何至今还未决定？我愿率领部队进讨，顺应天道，符合人心，我军师出有名则部队威武雄壮，敌军师出无名则部队萎靡沮丧，我军顺应天时则强大无比，敌军逆天行事则不堪一击，必然会收到万全的效果。"又上奏说："钱塘地处僻远的海角，不是用武之地。愿陛下在上游建都，效仿汉光武帝当年的做法，亲自统率六军，往来于各地督战。这样就能使将士们知道圣上的意图所向，人人拼死效力。"皇帝没有答复，而郦琼反叛，张浚这才感到后悔。岳飞又上奏："我愿进军屯驻在淮甸，等待有利时机进攻郦琼，按一定期限消灭叛军。"皇帝不同意，诏令岳飞部队进驻江州作为淮、浙地区的援军。

岳飞得知刘豫勾结粘罕，而兀术却厌恶刘豫，可以先施离间之计而后行动。正好军中捉到一个兀术的探子，岳飞佯装认错了人并责备他说："你不是我军中的张斌吗？我以前派你去齐国，约定引诱四太子兀术来，你却去后不再回来。我继续派人去通使，齐国已经答应我，今年冬天以联合进犯长江为名，把四太子诱至清河。你拿着我的书信竟然没有送到，为什么背叛我？”探子希望暂缓处死他，就假装服罪。岳飞又写了一封蜡丸书，写着与刘豫合谋诛杀兀术的事情，然后对探子说：“我今天饶恕你。”再次把他派回齐国，询问举兵起事的日期，割开探子的大腿把蜡丸书藏在里面，警告他万勿泄密。探子回去，把蜡书交给兀术，兀术大吃一惊，火速报告了金朝国主，于是废掉了刘豫。岳飞上奏说：“应该乘刘豫被废之际，捣其不备，长驱直入以攻取中原。”朝廷没有答复。

绍兴八年，岳飞率部队回到鄂州。王庶在江、淮地区巡视军队，岳飞写信给王庶说：“今年如果不举兵北伐，我就交还符节辞职赴闲。”王庶极其赞赏。秋天，奉诏去皇帝驻在的地方，命令他去资善堂参见皇太子。岳飞退下去后高兴地说：“国家终于得到主人啦，中兴基业，难道从此有了开端吗？”正好金国派遣使臣来将要归还河南地区，岳飞说：“金人不可信任，和好不可以依恃，宰相谋划国家大事不妥当，恐怕要被后世人讥笑了。”秦桧对此怀恨在心。

绍兴九年，因为河南回归，朝廷大赦天下。岳飞上表致谢，其中寓含了不应该与金国和议的意思，文中有“唾手收复燕云，复仇报答国家”之语。朝廷授予岳飞开府仪同三司，岳飞极力推辞，说：“现在的天下之事，应该感到危急而不可以感到安全；应该感到担忧而不可以庆贺；应该训练军队整饬士大夫，谨慎地防备不测事件的发生，而不可以论功行赏，让敌人取笑。”皇帝三次下诏他都不接受，皇帝好言嘉勉，岳飞才接受。正赶上朝廷派遣赵士㒟前往拜谒先皇诸陵，岳飞请求派轻骑兵随从使臣洒扫先皇陵寝，实际上是想观察敌军的虚实以制定讨伐的计划。又上奏说：“金人没事请求议和，此中必有肘腋之患，名义上是把土地归还给我们，实际上是寄放在我们这里罢了。”秦桧对皇帝说制止岳飞的行动。

绍兴十年，金军攻打拱州、亳州，刘锜向朝廷告急，皇帝命令岳飞火速增援，岳飞派遣张宪、姚政率兵前往。皇帝在赐给岳飞的亲笔信中说：“同金兵作战的措施及方略，一并委托给你，我不进行遥控。”于是岳飞遣王贵、牛皋、董先、杨再兴、孟邦杰、李宝等人，分别经营攻略西京、汝州、郑州、颍昌、陈州、曹州、光州、蔡州诸郡；又命令梁兴渡过黄河，联络集合忠义社，攻取河东、河北各州县。又派部队去东面援救刘锜，西面援救郭浩，自己率大军准备长驱直入以雄视中原。将要出发时，岳飞秘密上奏说："先立太子以安定人心，然后请皇上不要经常居住在一地，以此来表示没有忘记复仇的决心。"皇帝得到这个奏章，大力褒奖他的忠心，任命岳飞为少保，河南府路、陕西、河东北路招讨使，不久改任河南、北诸路招讨使。没过多久，岳飞所派遣的诸将相继传来捷报。大部队驻守颍昌，部下众将分路出兵作战，岳飞自己率领轻装骑兵驻扎郾城，兵锋锐气十足。

兀术大为恐惧，会见龙虎大王商议，认为宋军其他各位统帅容易对付，只有岳飞锐不可当，打算引诱岳飞的部队前来，集中兵力决一死战。朝廷内外听说此事，十分恐惧，皇帝诏令岳飞慎重行事保全自己。岳飞说："金人的伎俩已经穷尽了。"于是天天出兵挑战，并且大骂金军。兀术十分恼怒，联合龙虎大王、盖天大王与韩常的部队直逼郾城。岳飞派遣儿子岳云率领骑兵直冲入敌阵，告诫他说："打不赢，我先杀你的头！"激战数十个回合，杀得贼尸遍野。

当初，兀术训练了一支精锐部队，都穿着重甲，用牛皮绳贯串起来，三人为一组，号称"拐子马"，宋军无法抵挡。这次战役，兀术调动了一万五千名拐子马骑兵前来。岳飞下令步兵手持麻札刀冲入敌阵，不要抬头仰视，只管砍马蹄。拐子马都是连在一起的，只要一匹马倒地，其他两匹马就无法前进，宋军奋力攻击，于是大败金军。兀术大哭道："自从海上起兵以来，全都是靠它取胜，今天算完了！"兀术增加兵力又来，岳飞部将王刚率五十名骑兵侦察敌情时与敌军相遇，王刚奋力斩杀了敌军将领。岳飞当时正出来视察作战地形，望见黄尘铺天遮地，亲率四十名骑兵突入敌群战斗，打败了这股援军。

正当郾城再次取胜的时候，岳飞对岳云说："金兵屡战屡败，必然要回军进攻颍昌，你应该迅速去支援王贵。"不久兀术果然赶来，王贵率领游奕军，岳云率领背嵬军与金军大战于城西。岳云指挥八百名骑兵冲到阵前与金兵决战，步兵在左右两翼展开队形跟在骑兵后面前进，杀死兀术的女婿夏金吾、副统军粘罕索孛堇，兀术逃走。

梁兴会合太行山的忠义民兵及两河地区的豪杰之士等，屡次与金军交战都取得大捷，极大地震动了中原地区。岳飞上奏说："梁兴等人北渡黄河，人心都愿意回归朝廷。金兵屡败，兀术等人都下令军中老少返回北方，眼下正是中兴大宋的大好机会。"岳飞进军朱仙镇，距离汴京只有四十五里，与兀术对峙结阵，岳飞派骁将率背嵬骑兵五百人奋勇冲击，大破兀术军，兀术逃回汴京。岳飞通知陵台令巡行察看先帝诸陵，进行修葺整治。

在此之前，绍兴五年，岳飞派遣梁兴等人广布朝廷恩德，招抚结纳两河地区的豪杰，山寨寨主韦铨、孙谋等人收拢兵力固守堡垒，等待官军前来，李通、胡清、李宝、李兴、张恩、孙琪等人率部众归附。对于金人的动态，山川的险要，短时间为都掌握了确实情报。所有磁、相、开德、泽、潞、晋、绛、汾、隰等地区，都约定日期一同起兵，与官军相会合。他们所打的旗帜以"岳"字为号，父老百姓们争相拉着车牵着牛，载运着干粮送给义军，头上顶着烧香盆子来迎候的人，充满了道路。从燕京以南，金国的号令不能实行，兀术打算强行征兵来抵挡岳飞，河北之地没有一个人听从他。兀术叹息说："自我朝兴起于北方以来，还没有像今天这样的挫败。"金军大帅乌陵思谋一向号称凶狠狡诈，这时也无法控制他的部下，只能劝告说："不要轻举妄动，等岳家军来了就出降。"金军统制王镇、统领崔庆、将官李觊、崔虎、华旺等人都率所部投降，以至于禁卫龙虎大王的属下忔查千户高勇之流，都秘密地接受了岳飞的旗帜和文告，从北方前来归降。金国将军韩常打算率五万部众前来内地归附。岳飞大喜，对部下们说："一直进抵黄龙府，我和诸位开怀畅饮！"

正当渡河指日可待之时，秦桧却打算划淮河以北地区放弃，示意谏官奏请皇帝下令各部队班师。岳飞上奏说："金军的锐气已经沮丧，全部抛弃了辎重，急忙逃向黄河北渡，豪杰之士闻风响应，我军士兵正待为国效命，这样的时机不会再来，机会不应轻易失去。"秦桧知道岳飞的志向坚定不可使他改变，就先请求皇帝下令张俊、杨沂中等人撤回军队，然后说岳飞孤军深入不能久留，请求皇帝诏令岳飞班师。一天之内连续接到十二道金字牌，岳飞愤慨惋惜地流下眼泪，朝着东方拜了两拜说："十年的努力，废弃于一旦。"岳飞下令班师，百姓们拦住他的车马放声大哭，诉说道："我们头顶香盆，运送粮草来迎接官军，金人都知道。相公这一走，我们就没有一个人能活着了。"岳飞也悲哀地流下眼泪，取出皇帝的诏令给大家看并说："我不能擅自留下。"哭声震动了田野，岳飞留了五天以等待百姓们内迁，跟随他一起南迁的百姓如同赶集的人一样众多，岳飞立即奏请皇帝拨汉水上游六郡的空闲农田安置这些百姓。

正当兀术弃守汴京北撤时，有一个书生扣住他的马缰绳说："太子不要走，岳少保即将退兵了。"兀术说："岳少保用五百名骑兵打败我的十万人马，京城上下日夜盼望他到来，怎么能说守得住呢？"书生说："自古以来没有权臣在内，而大将能在外立功的事，岳少保自身难保，还想立功吗？"兀术醒悟，于是留驻汴京。岳飞率军撤回后，原来收复的各州县，马上又重新丧失了。岳飞极力请求解除自己的兵权，皇帝不同意，岳飞从庐山入朝觐见皇帝，皇帝慰问他，岳飞只是拜谢而已。

绍兴十一年，探子来报金兵分路渡过淮河，岳飞请求集中各位元帅的部队破敌。兀术、韩常与龙虎大王迅速赶到了庐州，皇帝催促岳飞策应增援，总共写了十七封信。岳飞策算金人倾全国兵力南下进犯，其巢穴必然空虚，如果长驱直入汴京、洛阳以捣毁敌人巢穴，金军一定是疲于奔命地赶回援救，可以坐待敌军疲惫。当时岳飞正苦于患风寒咳嗽，竭力支撑抱病而行。又担心皇帝急于打退敌人，于是上奏说："我如果领兵直捣敌军的空虚地区，势必能取得胜利，假如因为敌人正在近处而没有时间去考虑长远的计划，那就请求陛下亲自到蕲州、黄州，以商议攻守事宜。"皇帝接到此奏大喜，赐给岳飞书信说："你正苦于风寒之疾，却仍然为我领兵前行，为了国家而忘记了自身，谁能比得上你呢？"岳飞率军进至庐州，金兵望风而逃。岳飞把部队撤回舒州等待命令，皇帝又赐给岳飞书信，认为岳飞小心恭谨、不擅自进退是得体的。兀术攻破濠州，张俊所部驻扎在黄连镇，不敢前进；杨沂中所部中了埋伏而战败，皇帝命令岳飞救援他。金人听说岳飞到了，又逃走了。

当时和议之事已经决定，秦桧担心岳飞会反对自己，于是秘密上奏皇帝召还三位大将论功行赏。韩世忠、张俊已经赶到，岳飞一个人后到，秦桧又采用参政王次翁的计策，等待岳飞六七天。岳飞来到之后，被任命为枢密副使，位在参知政事之上，岳飞坚决请求交还兵权。五月，皇帝诏令岳飞同张俊前往楚州布置边防，会合韩世忠部队还军驻守镇江。

当初，岳飞在各位大将中年龄最小，从小校提拔起来，屡屡立下赫赫战功，韩世忠、张俊都不服气。岳飞就委屈自己，凡事均居于他们之下，幕僚中年轻气盛的人劝告岳飞不要过于谦卑退让。金兵进攻淮西，这是张俊分守的防地，张俊始终不敢有所行动，部队终于没有立功。岳飞接到命令立即行动，于是解了庐州之围，皇帝任命岳飞为两镇节度使，张俊越发感到耻辱。杨么被平定后，岳飞赠送给张俊、韩世忠每人一艘楼船，船上各种武器毕备，韩世忠非常高兴，张俊反倒忌恨岳飞。淮西之役，张俊以前方缺粮吓唬岳飞，岳飞并没有因此停止前进，皇帝赐书褒奖，其中有“转运粮饷遇到艰难险阻，你却义无返顾”这样的话，张俊怀疑岳飞对皇上泄露了自己的话，回到朝廷，反而说岳飞逗留不进，却以缺乏粮饷为借口。去视察韩世忠的部队时，张俊知道韩世忠触犯了秦桧，便打算与岳飞一起瓜分韩世忠的背嵬军，岳飞顾全大义不肯这样做，张俊大为不悦。等到和岳飞同行至楚州城，张俊想修缮城墙来做御敌准备，岳飞说：“应当努力地谋取收复失地，岂可做退保自守的打算？”张俊变了脸色。

正好韩世忠的军吏景著对总领胡纺说：“两位枢密使如果瓜分了韩世忠的部队，恐怕要发生事变。”胡纺把他的话上报了朝廷，秦桧逮捕景著投入大理寺，准备以此事煽动谣言诬陷韩世忠。岳飞急忙写信给韩世忠告以秦桧的用心所在，韩世忠面见皇帝自己讲明了事情的缘由。张俊从此对岳飞大为不满，于是造谣岳飞倡议放弃山阳，并且秘密地把岳飞报信给韩世忠这件事告诉了秦桧，秦桧大怒。

当初，秦桧排挤走了赵鼎，岳飞常常为此对宾客叹息，又把收复中原失地当作自己的责任，不肯附和议和的主张。阅读秦桧的奏章，读到“德行没有常师，主张为善就可以为师”的话时，厌恶他欺君罔上，愤愤地说：“君臣这个大伦常，根源在于天性，身为大臣能忍心当面欺骗他的皇帝吗？”兀术在给秦桧的信中说：“你早晚都在请求议和，然而岳飞却正在图谋进取河北，必须杀掉岳飞，才可以议和。”秦桧也认为如果岳飞不死，终究会阻碍议和，自己也必然受祸，所以极力谋划杀死岳飞。因为谏议大夫万俟禼与岳飞有怨仇，就指使万俟禼弹劾岳飞，又示意中丞何铸、侍御史罗汝楫接连上奏章弹劾岳飞，大概意思是说：“今年春天金人进攻淮西，岳飞进军至舒州、蕲州就不再前进，近来他与张俊驻守于淮河岸边，又打算放弃山阳而不去防守。”岳飞几次上奏章请求罢免自己的枢密副使的职务，不久交还两镇节度使的符节，充任万寿观使、奉朝请。秦桧的意图还未全部得逞，又指示张俊威逼王贵、诱使王俊诬告张宪策划把兵权还给岳飞。

秦桧派使者逮捕岳飞父子来证实张宪的事情，使者到时，岳飞笑着说：“皇天后土，可以证明我这颗心。”开始命令何铸审讯岳飞，岳飞撕开衣裳把后背给何铸看，上面有“尽忠报国”四个大字，深深地刺入皮肤的纹理之中。没多久查明实在没有佐证，何铸判岳飞无辜。秦桧改命万俟卨审理。万俟卨诬陷说：岳飞写信给张宪，命令张宪谎报军情以震动朝廷视听，而且岳云写信给张宪，要张宪采取措施使岳飞回到军中；并且说这些信已经焚毁。

岳飞被囚禁两个月，没有找到可以证明他有罪的证据。有人教万俟卨以御史台奏章所指责的淮西一事为证言，万俟卨高兴地告诉秦桧，查抄登记岳飞的家产，拿走了当时皇帝给岳飞的亲笔信藏起来消除不利于审讯的字迹。又逼迫孙革等人证明岳飞接受诏令后仍然逗留不前，命令评事元龟年将岳飞在淮西的行军日程混杂排定，以附会岳飞之案。年底，此案仍无法成立，秦桧亲手写了一张小纸条交给狱官，立即报告岳飞已经死了，这年他三十九岁。岳云在闹市被斩首示众。登记并没收岳飞的家产，迫令他全家迁往岭南。岳飞的幕僚于鹏等六人也被牵连定罪。

当初，岳飞关在狱中，大理寺丞李若朴、何彦猷、大理卿薛仁辅都说岳飞无罪，万俟卨全把他们弹劾赶走。宗正卿赵士㒟请求用全家一百口人的性命担保岳飞，也被万俟卨弹劾，被放逐到建州而死。平民刘允升上书朝廷申诉岳飞冤枉，被关进大理寺后死去。凡是附会参与并促成岳飞冤狱的人，都不同等级地升了官职。

岳飞一案将要上报了，韩世忠愤愤不平，他来到秦桧处质问有无真实凭据，秦桧说：“岳飞的儿子岳云写信给张宪这件事虽然还不太明确，但这件事或许有。”世忠说：“‘或许有’三个字，怎么能使天下人信服？”当时洪皓正在金国，派人把一封蜡丸信飞驰奏报皇帝，信中说金人所畏服者只有岳飞，甚至称呼他为岳爷爷，金国的各大首领听说岳飞的死讯，饮酒互相庆贺。

岳飞侍奉双亲非常孝顺，母亲留在河北，岳飞派人寻找访求，迎接老人家南归。他母亲有顽症，药物补品等事岳飞必定要亲手调理。母亲去世时，岳飞三天滴水未沾。家中没有姬妾服侍。吴玠一向佩服岳飞，愿意与他结为好友，打扮了一位有名的美女送给他。岳飞说：“皇上每天天不亮就起身处理公务，很晚才吃饭，现在哪里是大将享受安乐的时候？”推却不受，吴玠由此更加尊敬佩服他。岳飞年轻时喜欢喝酒，皇帝告诫他说：“你将来打到河朔地区，就可以喝了。”于是戒酒不再喝了。皇帝当初为岳飞建造府宅，岳飞辞谢说："敌寇没有消灭，要家干什么？"有人问天下何时能太平，岳飞说："文臣不爱钱，武将不怕死，天下就会太平了。"

岳飞率部队每次驻扎休整，都训练将士们从斜坡上骑马急驰而下跳跃壕沟，并且都穿着重甲练习这些课目。他的儿子岳云曾经练习从斜坡上骑马急驰而下，战马跌倒，岳飞十分生气而鞭打岳云。有一名士兵拿了老百姓的一缕麻用来捆扎喂牲口的草，岳飞立即将他斩首示众。士兵夜间宿营，老百姓打开房门愿意让他们进屋休息，但没有一个人敢进入房中的。岳飞的部队号称"冻死不拆屋，饿死不掳掠"。士兵有病，岳飞亲自为他调药；诸将远征，岳飞派自己的妻子慰劳他们的家眷；战死的将领，岳飞为之哭泣并养育他们的孤儿，或者让儿子娶阵亡将领的女儿为妻。凡是有朝廷颁发下的犒赏，全都平均分配给部下军吏，秋毫不据为私有。

岳飞作战善于以少击众，将要有所行动，把各位统制全部召来参与计划，谋略制定以后再出战，所以只有胜利没有失败。突然与敌军遭遇也镇定自若。因此敌军这样评价岳飞的部队："摇撼大山容易，撼动岳家军困难。"张俊曾经向岳飞询问用兵的方法，岳飞答道："仁义、智谋、信用、勇敢、严格，缺一不可。"每当征调军粮，必定皱着额头说："东南地区的民力，消耗凋敝到极点了。"荆湖一带平定后，岳飞招募百姓营田，又开始发动士兵屯田，每年节省了一半漕运之粮。皇帝亲笔书写了曹操、诸葛亮、羊祜三个人的事迹赐给岳飞。岳飞在皇帝书后写上跋语，特地指出曹操是奸贼而鄙视他，这件事尤其为秦桧所恼恨。

张所死后，岳飞感念其旧恩，于是抚养他的儿子张宗本，举奏为官。李宝从楚州来归附，韩世忠留下他，李宝痛哭流涕地说愿意归属到岳飞部下，韩世忠写信来告诉这件事，岳飞复信说："都是为了国家，何必要分彼此？"韩世忠为此叹服不已。襄阳战役时，皇帝诏令刘光世增援，六郡已经收复，刘光世才率军赶来，岳飞上奏请皇帝先犒赏刘光世的部队。岳飞喜好贤才，礼遇士大夫，遍览经史典籍，歌唱雅诗，投壶为乐，谦虚谨慎得如同一位书生。每次辞官，必然说："将士们为国效力，我有什么功劳？"然而天性忠愤激烈，议论人与事能坚持公道，不屈服于人，最终因此而蒙受灾祸。

秦桧死后，讨论恢复岳飞原来的官职。万俟卨说金国刚愿意讲和，一旦录用以前的将领，会使天下人疑惑不解，不可以这样做。到了绍兴末年，金国日益猖獗，太学生程宏图上书朝廷为岳飞申冤，皇帝下诏允许岳飞家属自行选择居住地。起初，秦桧讨厌岳州与岳飞的姓氏相同，把岳州改名为纯州，到这时又改回旧名，称为岳州。中丞汪澈宣抚荆、襄地区，岳飞过去的老部下联合上书向汪澈申诉岳飞的冤屈，哭声如同雷震一般。孝宗下诏恢复岳飞官职，用礼仪改葬，赐给岳飞家属钱一百万贯，寻求岳飞的后代全部授予官职。在鄂州建庙，号称忠烈庙。淳熙六年，朝廷为岳飞定谥号为武穆。嘉定四年，追封岳飞为鄂王。

岳飞有五个儿子：岳云、岳雷、岳霖、岳震、岳霆。

宋史卷四百十

辛弃疾列传第一百六十

辛弃疾字幼安，齐之历城人。少师蔡伯坚，与党怀英同学，号辛、党。始筮仕，决以蓍，怀英遇《坎》，因留事金，弃疾得《离》，遂决意南归。

金主亮死，中原豪杰并起。耿京聚兵山东，称天平节度使，节制山东、河北忠义军马，弃疾为掌书记，即劝京决策南向。僧义端者，喜谈兵，弃疾间与之游。及在京军中，义端亦聚众千余，说下之，使隶京。义端一夕窃印以逃，京大怒，欲杀弃疾。弃疾曰："丐我三日期，不获，就死未晚。"揣僧必以虚实奔告金帅，急追获之。义端曰："我识君真相，乃青兕也，力能杀人，幸勿杀我。"弃疾斩其首归报，京益壮之。

绍兴三十二年，京令弃疾奉表归宋，高宗劳师建康，召见，嘉纳之，授承务郎、天平节度掌书记，并以节使印告召京。会张安国、邵进已杀京降金，弃疾还至海州，与众谋曰："我缘主帅来归朝，不期事变，何以复命？"乃约统制王世隆及忠义人马全福等径趋金营，安国方与金将酣饮，即众中缚之以归，金将追之不及。献俘行在，斩安国于市。仍授前官，改差江阴佥判。弃疾时年二十三。

乾道四年，通判建康府。六年，孝宗召对延和殿。时虞允文当国，帝锐意恢复，弃疾因论南北形势及三国、晋、汉人才，持论劲直，不为迎合。作《九议》并《应问》三篇、《美芹十论》献于朝，言逆顺之理，消长之势，技之长短，地之要害，甚备。以讲和方定，议不行。迁司农寺主簿，出知滁州。州罹兵烬，井邑凋残，弃疾宽征薄赋，招流散，教民兵，议屯田，乃创奠枕楼、繁雄馆。辟江东安抚司参议官，留守叶衡雅重之，衡入相，力荐弃疾慷慨有大略。召见，迁仓部郎官、提点江西刑狱。平剧盗赖文政有功，加秘阁修撰。调京西转运判官，差知江陵府兼湖北安抚。

迁知隆兴府兼江西安抚，以大理少卿召，出为湖北转运副使，改湖南，寻知潭州兼湖南安抚。盗连起湖湘，弃疾悉讨平之。遂奏疏曰："今朝廷清明，比年李金、赖文政、陈子明、陈峒相继窃发，皆能一呼啸聚千百，杀掠吏民，死且不顾，至烦大兵翦灭。良由州以趣办财赋为急，吏有残民害物之政，而州不敢问，县以并缘科敛为急，吏有残民害物之状，而县不敢问。田野之民，郡以聚敛害之，县以科率害之，吏以乞取害之，豪民以兼并害之，盗贼以剽夺害之，民不为盗，去将安之？夫民为国本，而贪吏迫使为盗，今年剿除，明年椋荡，譬之木焉，日刻月削，不损则折。欲望陛下深思致盗之由，讲求弭盗之术，无徒恃平盗之兵。申饬州县，以惠养元元为意，有违法贪冒者，使诸司各扬其职，无徒按举小吏以应故事，自为文过之地。"诏奖谕之。

又以湖南控带二广，与溪峒蛮獠接连，草窃间作，岂惟风俗顽悍，抑武备空虚所致。乃复奏疏曰："军政之敝，统率不一，差出占破，略无已时。军人则利于优闲窠坐，奔走公门，苟图衣食，以故教阅废弛，逃亡者不追，冒名者不举。平居则奸民无所忌惮，缓急则卒伍不堪征行。至调大军，千里讨捕，胜负未决，伤威损重，为害非细。乞依广东摧锋、荆南神劲、福建左翼例，别创一军，以湖南飞虎为名，止拨属三牙、密院，专听帅臣节制调度，庶使夷獠知有军威，望风慑服。"

诏委以规画，乃度马殷营垒故基，起盖砦栅，招步军二千人，马军五百人，傔人在外，战马铁甲皆备。先以缗钱五万于广西买马五百匹，诏广西安抚司岁带买三十匹。时枢府有不乐之者，数沮挠之，弃疾行愈力，卒不能夺。经度费钜万计，弃疾善斡旋，事皆立办。议者以聚敛闻，降御前金字牌，俾日下住罢。弃疾受而藏之，出责监办者，期一月飞虎营栅成，违坐军制。如期落成，开陈本末，绘图缴进，上遂释然。时秋霖几月，所司言造瓦不易，问："须瓦几何？"曰："二十万。"弃疾曰："勿忧。"令厢官自官舍、神祠外，应居民家取沟匽瓦二，不二日皆具，僚属叹伏。军成，雄镇一方，为江上诸军之冠。

加右文殿修撰，差知隆兴府兼江西安抚。时江右大饥，诏任责荒政。始至，榜通衢曰："闭籴者配，强籴者斩。"次令尽出公家官钱、银器，召官吏、儒生、商贾、市民各举有干实者，量借钱物，逮其责领运籴，不取子钱，期终月至城下发粜，于是连樯而至，其直自减，民赖以济。时信守谢源明乞米救助，幕属不从，弃疾曰："均为赤子，皆王民也。"即以米舟十之三予信。帝嘉之，进一秩，以言者落职，久之，主管冲佑观。

绍熙二年，起福建提点刑狱。召见，迁大理少卿，加集英殿修撰、知福州兼福建安抚使。弃疾为宪时，尝摄帅，每叹曰："福州前枕大海，为贼之渊，上四郡民顽犷易乱，帅臣空竭，急缓奈何！"至是务为镇静，未期岁，积镪至五十万缗，榜曰"备安库"。谓闽中土狭民稠，岁俭则籴于广，今幸连稔，宗室及军人入仓请米，出即粜之，候秋贾贱，以备安钱籴二万石，则有备无患矣。又欲造万铠，招强壮补军额，严训练，则盗贼可以无虞。事未行，台臣王蔺劾其用钱如泥沙，杀人如草芥，旦夕望端坐"闽王殿"。遂丐祠归。

庆元元年落职，四年，复主管冲佑观。久之，起知绍兴府兼浙东安抚使。四年，宁宗召见，言盐法，加宝谟阁待制、提举佑神观，奉朝请。寻差知镇江府，赐金带。坐缪举，降朝散大夫、提举冲佑观，差知绍兴府、两浙东路安抚使，辞免。进宝文阁待制，又进龙图阁、知江陵府。令赴行在奏事，试兵部侍郎，辞免。进枢密都承旨，未受命而卒。赐对衣、金带，守龙图阁待制致仕，特赠四官。

弃疾豪爽尚气节，识拔英俊，所交多海内知名士。尝跋绍兴间诏书曰："使此诏出于绍兴之前，可以无事仇之大耻；使此诏行于隆兴之后，可以卒不世之大功。今此诏与仇敌俱存也，悲夫！"人服其警切。帅长沙时，士人或诉考试官滥取第十七名《春秋》卷，弃疾察之信然，索亚榜《春秋》卷两易之，启名则赵鼎也。弃疾怒曰："佐国元勋，忠简一人，胡为又一赵鼎！"掷之地。次阅《礼记》卷，弃疾曰："观其议论，必豪杰士也，此不可失。"启之，乃赵方也。尝谓："人生在勤，当以力田为先。北方之人，养生之具不求于人，是以无甚富甚贫之家。南方多末作以病农，而兼并之患兴，贫富斯不侔矣。"故以"稼"名轩。为大理卿时，同僚吴交如死，无棺敛，弃疾叹曰："身为列卿而贫若此，是廉介之士也！"既厚赙之，复言于执政，诏赐银绢。

弃疾尝同朱熹游武夷山，赋《九曲棹歌》，熹书"克己复礼""夙兴夜寐"，题其二斋室。熹殁，伪学禁方严，门生故旧至无送葬者。弃疾为文往哭之曰："所不朽者，垂万世名。孰谓公死，凛凛犹生！"弃疾雅善长短句，悲壮激烈，有《稼轩集》行世。绍定六年，赠光禄大夫。咸淳间，史馆校勘谢枋得过弃疾墓旁僧舍，有疾声大呼于堂上，若鸣其不平，自昏暮至三鼓不绝声。枋得秉烛作文，旦且祭之，文成而声始息。德祐初，枋得请于朝，加赠少师，谥忠敏。

【译文】

辛弃疾，字幼安，是齐地历城人。少年时从师蔡伯坚，和党怀英是同学，号称辛党。开始入仕时占卜吉凶，用蓍草占卜，党怀英遇上《坎》卦，因而留下来事奉金国，辛弃疾占得《离》卦，于是决定南归南宋。

金国君主完颜亮死后，中原地区的豪杰纷纷起来，(反抗金国)。耿京在山东聚积士卒，自称天平节度使，节制山东、河北忠义兵马，辛弃疾替他掌管书记，趁机劝说耿京作出南归的决策。僧义端这个人，喜好谈论兵事，辛弃疾曾经和他一起游历。等到辛弃疾在耿京军中做事，僧义端也聚积民众千余人，辛弃疾说服他，使他隶属于耿京。一天傍晚，僧义端盗窃印章逃跑，耿京大怒，想要杀死辛弃疾。辛弃疾说："给我三天时间，不抓获(僧义端)，再死不晚。"(辛弃疾)估计僧义端一定会把(义军的)虚实告诉金军统帅，赶紧追赶，擒获了他。僧义端说："我认识你的真身，是青兕变的，力大能杀人，希望不要杀我。"辛弃疾将他斩首，回去禀告，耿京更加勉励他。

绍兴三十二年，耿京命令辛弃疾携带公文(去商议)归附南宋，当时高宗在建康慰劳军队，召见了他，接纳嘉奖他，授予承务郎、天平节度掌书记职务，并且拿节度使的印绶征召耿京。(当他从建康返回义军中时)碰上张安国、邵进已经杀死耿京投降了金国，辛弃疾返回到海州，和大家谋划说："我因为主帅的命令前来归附朝廷，没有料到事情出现变化，拿什么来完成使命呢？"于是和统制王世隆以及忠义人马全福等相约，径直赶往金兵营寨，张安国正和金军将领饮酒尽兴，(辛弃疾等)在人群中将他捆绑带回，金兵将领追赶，没有追上。(辛弃疾)把俘虏送往临安，将张安国在闹市斩首。仍然授予辛弃疾以前的官职，改派他为江阴佥判。辛弃疾当时二十三岁。

乾道四年，担任建康府通判。六年，宋孝宗在延和殿召见他对策。当时虞允文掌理国政，孝宗锐意恢复国土，辛弃疾趁机论述南北形势以及三国、晋、汉时期的人才，所持论点强劲直率，不符合孝宗心意。写了《九议》和《应问》三篇文章以及《美芹十论》呈献给朝廷，谈论逆顺的道理，消长的形势，技艺的长短，地理的要害，非常完备。因为讲和的大计刚定下来，他的议论没有施行。晋升为司农寺主簿，出京担任滁州知府。滁州遭受兵火，井邑凋残，辛弃疾宽征薄赋，招抚流亡、散失的百姓，教导民众通晓兵事，商议屯田，创立奠枕楼、繁雄馆。被征辟为江东安抚司参议官，留守叶衡器重他。叶衡入京担任宰相，极力举荐辛弃疾，说他慷慨有大略。孝宗召见他，晋升为仓部郎官、提点江西刑狱。平定大盗赖文政有功，加授秘阁修撰。调任京西转运判官，任用为江陵府知府兼湖北安抚。

迁为隆兴府知府兼江西安抚，凭大理少卿的身份召回京师，出京担任湖北转运副使，改任湖湘转运副使，不久担任潭州知府兼湖南安抚。盗贼在湖湘接连出现，辛弃疾全部讨平他们。于是上书说："现在朝政清明，近年李金、赖文政、陈子明、陈峒相继造反，都能一呼聚众千百部众，杀掠吏民，不顾生死，以至烦扰大军翦灭。实在是因为州里催促赋税太急，官吏有残民害物的政策，而州府不敢过问，县官因为秉承上面意旨，科敛太急，官吏有残民害物的行为，而县官不敢过问。田野的老百姓，州郡因为聚敛坑害他们，府县因科征坑害他们，官吏因为攫取坑害他们，豪民因为兼并坑害他们，盗贼因为抢掠坑害他们，老百姓不作盗贼，能到哪里去呢？百姓是国家的根本，而贪婪的官吏逼迫他们成为盗贼，今年剿除，明年铲除、冲杀，好像树木，日刻月削，不损就断。希望陛下深思引起盗贼的原因，探求平息盗贼的办法，不要只依靠军队平定盗贼。告诫州县，以惠养百姓为目的，假如有违法贪冒的，要让各部门都发挥他们的职能，不要只抓捕小的官吏来应付发生的事，自己来掩饰错误。"下诏嘉奖他作为回报。

（辛弃疾）又认为湖南控制连接二广，和溪峒蛮獠接连，盗贼不时兴起，不只是风俗顽悍，也是武备空虚所致。于是又上书说："军队的弊病，是统率不一，派遣出去监视、攻伐，没有休息的时间。（这样一来），军人的利益就在于优闲窠坐，奔走公门，苟且贪图衣食，因此教习、检阅废驰，逃亡的人不去追捕，冒名的人不加检举。平时居住时，作奸的老百姓无所顾忌和害怕，危急之事时，兵士不能行军征战。以至调动大军，千里讨伐追捕，胜负没有决定，有伤威名，一旦伤亡惨重，祸害不小。请求依照广东摧锋、荆南神劲、福建左翼的惯例，另外创建一支军队，用湖南飞虎为名，只调拨归属三牙、密院，专门归属帅臣节制调度，也让夷獠知道军威，望风震慑服从。

下诏委任辛弃疾规划（他所提议事）的重任，于是度量马殷营的旧址，盖起砦栅，招募步兵二千人，骑兵五百人，副官还在外边，战马铁甲就都准备好了。先用五万钱前往广西买来五百匹马，让广西安抚司每年附带买三十匹马。当时枢密院有对此不高兴的人，多次阻扰，辛弃疾推行得更加卖力，（枢密院的人）终究不能改变他的决定。经营所需费用上万，辛弃疾善于周旋，每件事都立即办成。有人议论他聚敛财富，（朝廷）颁发皇帝的金字牌，勒令从（金字牌）下达的当天罢除一切。收到金字牌后，辛弃疾将它藏起来，责令监督承办的人，限定一月的时间建成飞虎营栅，违者按军法论处。果真按时建成飞虎营栅。然后向孝宗陈述事情的经过，并绘成图纸进献，孝宗开释了他。当时秋雨下了几个月，有司说造瓦不易，问道："需要多少瓦？"回答说："二十万。"辛弃疾说："不必担心。"命令厢官拆除官府房屋、神庙的屋瓦，再加上居民家落入屋檐下沟中的瓦，不到两天就齐备了，僚属们都感叹佩服。军营建成，雄踞镇守一方，成为长江上游各军之冠。

加官为右文殿修撰，调任隆兴府知府兼江西安抚。当时江右正闹饥荒，诏令他负责赈灾。刚开始到达，（辛弃疾）在要道上张榜说："停止买入谷物的人发配充军，强迫买入谷物的人斩首。"然后下令拿出官府全部的钱、银器。召集官吏、儒生、商人、市民各自举荐有才干的人，依据情况借给钱物，然后责令其负责买入运输谷物，不收取利息，以一个月为期，到城下发放卖出谷物，于是（装载谷物的）船只接连到来，粮价自然下降，老百姓赖以度过饥荒。当时信郡郡守谢源明请求借大米救助百姓，（辛弃疾手下的）幕僚们不答应，辛弃疾说："百姓都是上天的子民，都是君王的民众。"于是把装运的十分之三的大米给了信郡。孝宗称赞他，晋升他一级，因为有人弹劾而被免职，过了很久，主管冲佑观。

绍熙二年，起任为福建提点刑狱。宁宗召见他，升迁为大理少卿，加授集英殿修撰、福州知府，兼任福建安抚使。辛弃疾担任地方长官时，曾执掌军权，每次叹息说："福州前面面临大海，是盗贼的老巢，沿岸四郡的老百姓顽劣，容易发生叛乱，将帅臣子空缺，危急时怎么办！"到这时，他以镇静为当务之急，不到一年，积累金钱达到五十万贯，题榜叫"备安库"。认为闽中土狭民稠，年成不好时需向广东买入谷物，现在有幸连年丰收，宗室以及军人到官仓请求支取大米，取出后就会出卖，等到秋天价格低，拿出备安钱买入二万石，就有备无患了。又想制造一万副铠甲，招募强壮的人补充军额，严格训练，有盗贼也可以不必担心了。事情没有实行，台臣王蔺弹劾说他用钱好像用泥沙一样，杀人如草芥，早晚都希望坐在"闽王殿"（判人生死）。于是请求春祭返回京师。

庆元元年被免职，四年，又主持冲佑观。过了很长一段时间，起用为绍兴府知府兼浙东安抚使。(嘉定)四年，宋宁宗召见他，谈论盐法，加授宝谟阁待制、提举佑神观，奉朝请。不久出任镇江府知府，赏赐金带。因为错误地推荐人才而获罪，降职为朝散大夫、提举冲佑观，任用为绍兴府知府、两浙东路安抚使，推辞任命。晋升为宝文阁待制，又进为龙图阁、江陵府知府。命令他前往临安奏事，试任兵部侍郎，推辞任命。晋升为枢密院都承旨，没有接受任命(辛弃疾)就去逝了。赏赐对衣、金带，代理龙图阁待制退休，特地赠授四品官。

辛弃疾豪爽崇尚气节，识别提拔英俊之士，所结交的多是海内知名人士。曾经在绍兴年间的诏书后面写道："如果这个诏书出在绍兴以前，可以没有侍奉仇敌的大耻辱；如果这个诏书实行于隆兴以后，可以成就不朽的功业。现在这个诏书和仇敌一起存在，可悲呀！"人们佩服他的机警深沉。统帅长沙时，有一位士人诉说考试官员滥取第十七名《春秋》卷，辛弃疾考察以后，认为情况属实，就索回第二名《春秋》卷，两次变更名次，启开名字一看是赵鼎。辛弃疾愤怒地说："辅佐国家的元勋，只有忠简一人，怎么又来一个赵鼎！"把它丢在地上。然后又阅读《礼记》卷，辛弃疾说："看到卷子上的议论，必定是位杰出人士所作。这个人不能失去。"启开封，一看是赵方。辛弃疾曾经说："人生在于勤劳，应当以努力耕田为先。北方的人，养生的东西不向别人求助，所以没有特别富有和特别贫穷的人家。南方人大多经商而不好农业，因而兼并的祸患发生，贫富不等了。"所以用"稼"来命名小室。担任大理寺卿时，同僚吴交如死了，没有棺材安葬，辛弃疾叹息说："身为列卿却穷成这个样子，是一个廉洁之士呀！"赠送丰厚的财物帮助办理丧事，又禀告了执政的官员，下诏赏赐白银和绢。

辛弃疾曾经和朱熹一起进览武夷山，赋《九曲櫂歌》，朱熹写下"克己复礼""夙兴夜寐"，并将其挂在他的二间房子里。朱熹死后，禁止伪学正是严格的时候，甚至没有门生故吏前来送葬。辛弃疾写了文章，前往哭泣说："所以不朽，名垂万世。谁说公死，凛凛犹生！"辛弃疾擅长长短句，壮怀激烈，有《稼轩集》流传人间。绍定六年，赠予光禄大夫。咸淳年间，史馆校勘谢枋得途经辛弃疾墓旁僧人的住室，听到堂上有大声的呼喊声，好像为他鸣不平，从黄昏到三更声音不停。谢枋得点烛作文直到早晨，并且祭奠辛弃疾，文章写成，声音才平息。德祐初年，谢枋得向朝廷请求，加赠(辛弃疾)少师，谥号忠敏。

宋史卷四百一十八

文天祥列传第一百七十七

文天祥字宋瑞，又字履善，吉之吉水人也。体貌丰伟，美皙如玉，秀眉而长目，顾盼烨然。自为童子时，见学宫所祠乡先生欧阳修、杨邦义、胡铨像，皆谥“忠”，即欣然慕之。曰：“没不俎豆其间，非夫也。”年二十举进士，对策集英殿。时理宗在位久，政理浸怠，天祥以法天不息为对，其言万馀，不为稿，一挥而成。帝亲拔为第一。考官王应麟奏曰：“是卷古谊若龟鉴，忠肝如铁石，臣敢为得人贺。”寻丁父忧，归。

天庆初，大元兵伐宋，宦官董宋臣说上迁都，人莫敢议其非者。天祥时入为宁海军节度判官，上书“乞斩宋臣，以一人心”。不报，即自免归。后稍迁至刑部郎官。宋臣复入为都知，天祥又上书极言其罪，亦不报。出守瑞州，改江西提刑，迁尚书左司郎官，累为台臣谕罢。除军器监兼权直学士院。贾似道称病，乞致壮，以要君，有诏不允。天祥当制，语皆讽似道。时内制相承皆吴稿，天祥不呈稿，似道不乐，使台臣张志立劾罢之。天祥既数斥，援钱若水例致仕，时年三十七。

咸淳九年，起为湖南提刑，因见故相江万里。万里素奇天祥志节，语及国事，愀然曰：“吾老矣，观天时人事当有变，吾阅人多矣，世道之责，其在君乎？君其勉之。”十年，改知赣州。

德祐初，江上报急，诏天下勤王。天祥捧诏涕泣，使陈继周发郡中豪杰，并结溪峒蛮，使方兴召吉州兵，诸豪杰皆应，有众万人。事闻，以江西提刑安抚吏召入卫。其友止之，曰：“今大兵三道鼓行，破郊畿，薄内地，君以乌合万馀赴之，是何异驱群羊而搏猛虎。”天祥曰：“吾亦知其然也。第国家养育臣庶三百馀年，一旦有急，征天下兵，无一人一骑入关者，吾深恨於此。故不自量力，而以身徇之，庶天下忠臣义士将有闻风而起者。义胜者谋立，人众者功济，如此则社稷犹可保也。

天祥性豪华，平生自奉甚厚，声伎满前。至是，痛自贬损，尽以家赀为军费。每与宾佐语及时事，辄流涕，抚几言曰：“乐人之乐者忧人之忧，食人之食者死人之事。”八月，天祥提兵至临安，除知平江府。时以丞相宜中未还朝，不遣。十月，宜中至，始遣之。朝议方擢吕师孟为兵部尚书，封吕文德和义郡王，欲赖以求好。师孟益偃蹇自肆。

天祥陛辞，上疏言："朝廷姑息牵制之意多，奋发刚断之义少，乞斩师孟衅鼓，以作将士之气。"且言："宋惩五季之乱，削藩镇，建郡邑，一时虽足以矫尾大之弊，然国亦以寖弱。故敌至一州则破一州，至一县则破一县，中原陆沈，痛悔何及。今宜分天下为四镇，建都督统御於其中。以广西益湖南而建阃於长沙；以广东益江西而建阃於隆兴；以福建益江东而建阃於番阳；以淮西益淮东而建阃於扬州。责长沙取鄂，隆兴取蕲、黄，番阳取江东，扬州取两淮，使其地大力众，足以抗敌。约日齐奋，有进无退，日夜以图之，彼备多力分，疲於奔命，而吾民之豪杰者又伺间出於其中，如此则敌不难却也。"时议以天祥论阔远，书奏不报。

十月，天祥入平江，大元兵已发金陵入常州矣。天祥遣其将朱华、尹玉、麻士龙与张全援常，至虞桥，士龙战死，朱华以广军战五牧，败绩，玉军亦败，争渡水，挽全军舟，全军断其指，皆溺死，玉以残兵五百人夜战，比旦皆没。全不发一矢，走归。大元兵破常州，入独松关。宜中、梦炎召天祥，弃平江，守余杭。

明年正月，除知临安府。未几，宋降，宜中、世杰皆去。仍除天祥枢密使。寻除右丞相兼枢密使，使如军中请和，与大元丞相伯颜抗论皋亭山。丞相怒拘之，偕左丞相吴坚、右丞相贾余庆、知枢密院事谢堂、签书枢密院事家铉翁、同签书枢密院事刘岊，北至镇江。天祥与其客杜浒十二人，夜亡入真州。苗再成出迎，喜且泣曰："两淮兵足以兴复，特二阃小隙，不能合从耳。"天祥问："计将安出？"再成曰："今先约淮西兵趋建康，彼必悉力以捍吾西兵。指挥东诸将，以通、泰兵攻湾头，以高邮、宝应、淮安兵攻杨子桥，以扬兵攻瓜步，吾以舟师直捣镇江，同日大举。湾头、杨子桥皆沿江脆兵，且日夜望我师之至，攻之即下。合攻瓜步之三面，吾自江中一面薄之，虽有智者不能为之谋矣。瓜步既举，以东兵入京口，西兵入金陵，要浙归路，其大帅可坐致也。"天祥大称善，即以书遗二制置，遣使四出约结。

天祥未至时，扬有脱归兵言："密遣一丞相入真州说降矣。"庭芝信之，以为天祥来说降也。使再成亟杀之。再成不忍，绐天祥出相城垒，以制司文示之，闭之门外。久之，复遣二路分觇天祥，果说降者即杀之。二路分与天祥语，见其忠义，亦不忍杀，以兵二十人道之扬，四鼓抵城下，闻候门者谈，制置司下令备文丞相甚急，众相顾吐舌，乃东入海道，遇兵，伏环堵中得免。然亦饥莫能起，从樵者乞得馀糁羹。行入板桥，兵又至，众走伏丛篠中，兵入索之，执杜浒、金应而去。虞候张庆矢中目，身被二创，天祥偶不见获。浒、应解所怀金与卒，获免，募二樵者以蒉荷天祥至高邮，泛海至温州。

闻益王未立，乃上表劝进，以观文殿学士、侍读召至福，拜右丞相。寻与宜中等议不合。七月，乃以同都督出江西，遂行，收兵入汀州。十月，遣参谋赵时赏、谘议赵孟濴将一军取宁都，参赞吴浚将一军取雩都，刘洙、萧明哲、陈子敬皆自江西起兵来会。邹㵯以招谕副使聚兵宁都，大元兵攻之，㵯兵败，同起事者刘钦、鞠华叔、颜斯立、颜起岩皆死。武冈教授罗开礼，起兵复永丰县，已而兵败被执，死於狱。天祥闻开礼死，制服哭之哀。

至元十四年正月，大元兵入汀州，天祥遂移漳州，乞入卫。时赏、孟濴亦提兵归，独浚兵不至。未几，浚降，来说天祥。天祥缚浚，缢杀之。四月，入梅州，都统王福、钱汉英跋扈，斩以徇。五月，出江西，入会昌。六月，入兴国县。七月，遣参谋张汴、监军赵时赏、赵孟濴等盛兵薄赣城，邹㵯以赣诸县兵捣永丰，其副黎贵达以吉诸县兵攻泰和。吉八县复其半，惟赣不下。临洪诸郡，皆送款。潭赵璠、张虎、张唐、熊桂、刘斗元、吴希奭、陈子全、王梦应起兵邵、永间，复数县，抚州何时等皆起兵应天祥。分宁、武宁、建昌三县豪杰，皆遣人如军中受约束。

江西宣慰使李恒遣兵援赣州，而自将兵攻天祥于兴国。天祥不意恒兵猝至，乃引兵走，即邹㵯于永丰。㵯兵先溃，恒穷追天祥方石岭。巩信拒战，箭被体，死之。至空坑，军士皆溃，天祥妻妾子女皆见执。时赏坐肩舆，后兵问谓谁，时赏曰"我姓文"，众以为天祥，禽之而归，天祥以此得逸去。

孙㮚、彭震龙、张汴死於兵，缪朝宗自缢死。吴文炳、林栋、刘洙皆被执归隆兴。时赏奋骂不屈，有系累至者，辄麾去，云："小小签厅官耳，执此何为？"由是得脱者甚众。临刑，洙颇自辩，时赏叱曰："死耳，何必然？"於是栋、文柄、萧敬夫、萧焘夫皆不免。

天祥收残兵奔循州，驻南岭。黎贵达潜谋降，执而杀之。至元十五年三月，进屯丽江浦。六月，入船澳。益王殂，卫王继立。天祥上表白劾，乞入朝，不许。八月，加天祥少保、信国公。军中疫且起，兵士死者数百人。天祥惟一子，与其母皆死。十一月，进屯潮阳县。潮州盗陈懿、刘兴数叛附，为潮人害。天祥攻走懿，执兴诛之。十二月，趋南岭，邹㵯、刘子俊又自江西起兵来，再攻懿党，懿乃潜道元帅张弘范兵济潮阳。天祥方饭五坡岭，张弘範兵突至，众不及战，皆顿首伏草莽。天祥仓皇出走，千户王惟义前执之。天祥吞脑子，不死。邹㵯自颈，众扶入南岭死。官属士卒得脱空坑者，至是刘子俊、陈龙复、萧明哲、萧资皆死，杜浒被执，以忧死。惟赵孟溁遁，张唐、熊桂、吴希奭、陈子全兵败被获，俱死焉。唐，广汉张栻后也。

天祥至潮阳，见弘範，左右命之拜，不拜，弘範遂以客礼见之，与俱入厓山，使为书招张世杰。天祥曰："吾不能捍父母，乃教人叛父母，可乎？"索之固，乃书所过《零丁洋诗》与之。其末有云："人生自古谁无死，留取丹心照汗青。"弘範笑而置之。厓山破，军中置酒大会，弘範曰："国亡，丞相忠孝尽矣，能改心以事宋者事皇上，将不失为宰相也。"天祥泫然出涕，曰："国亡不能救，为人臣者死有馀罪，况敢逃其死而二其心乎。"弘範义之，遣使护送天祥至京师。

天祥在道，不食八日，不死，即复食。至燕，馆人供张甚盛，天祥不寝处，坐达旦。遂移兵马司，设卒以守之。时世祖皇帝多求才南官，王积翁言："南人无如天祥者。"遂遣积翁谕旨，天祥曰："国亡，吾分一死矣。傥缘宽假，得以黄冠归故乡，他日以方外备顾问，可也。若遽官之，非直亡国之大夫不可与图存，举其平生而尽弃之，将焉用我？积翁欲合宋官谢昌元等十人请释天祥为道士，留梦炎不可，曰："天祥出，复号召江南，置吾十人於何地！"事遂已。天祥在燕凡三年，上知天祥终不屈也，与宰相议释之，有以天祥起兵江西事为言者，不果释。

至元十九年，有闽僧言土星犯帝坐，疑有变。未几，中山有狂人自称"宋主"，有兵千人，欲取文丞相。京城亦有匿名书，言某日烧蓑城苇，率两翼兵为乱，丞相可无忧者。时盗新杀左丞相阿合马，命撤城苇，迁瀛国公及宋宗室开平，疑丞相者天祥也。召入谕之曰："汝何愿？"天祥对曰："天祥受宋恩，为宰相，安事二姓？愿赐之一死足矣。"然犹不忍，遽麾之退。言者力赞从天祥之请，从之。俄有诏使止之，天祥死矣。天祥临刑殊从容，谓吏卒曰："吾事毕矣。"南乡拜而死。数日，其妻欧阳氏收其尸，面如生，年四十七。其衣带中有赞曰："孔曰成仁，孟曰取义，惟其义尽，所以仁至。读圣贤书，所学何事，而今而后，庶几无愧。"

论曰：自古志士，欲信大义于天下者，不以成败利钝动其心，君子命之曰“仁”，以其合天理之正，即人心之安尔。商之衰，周有代德，盟津之师不期而会者八百国。伯夷、叔齐以两男子欲扣马而止之，三尺童子知其不可。他日，孔子贤之，则曰：“求仁而得仁。”宋至德祐亡矣，文天祥往来兵间，初欲以口舌存之，事既无成，奉两孱王崎岖岭海，以图兴复，兵败身执。我世祖皇帝以天地有容之量，既壮其节，又惜其才，留之数年，如虎兕在柙，百计驯之，终不可得。观其从容伏质，就死如归，是其所欲有甚於生者，可不谓之“仁”哉。宋三百余年，取士之科，莫盛於进士，进士莫盛於伦魁。自天祥死，世之好为高论者，谓科目不足以得伟人，岂其然乎！

【译文】

文天祥字宋瑞，又字履善，是吉州吉水县人。身材魁梧，英俊而皮肤如玉，眉毛清秀而眼睛修长，两眼凝视生辉。在他是儿童时，看到学宫中所祭祀的乡先生欧阳修、杨邦乂、胡铨的画像，都谥号为“忠”，就非常高兴，仰慕他们。说：“死后不用俎豆作为祭器，就不是大丈夫。”二十二岁时参加进士考试，在集英殿对策。当时宋理宗在位很久了，朝政懈怠，文天祥便拿效法天命应当不停息来回答，写了万余字，没有打草稿，一口气就完成。理宗亲自选拔他为第一名。考官王应麟上奏说：“这份考卷有古贤人之风义，可为后人榜样，其忠心像铁石一样坚定，我斗胆认为是得到了人才，深表祝贺。”不久因为父亲去逝，回家守丧。

天庆初年，大元的军队进攻宋朝，宦官董宋臣劝说理宗迁都，别人都不敢非议。文天祥当时被选为宁海军节度判官，上书说：请求斩杀董宋臣，来统一人心。”没有回音，随即自己离职回家。后来逐渐升迁为刑部郎官。董宋臣又被选纳为都知，文天祥再次上书极力指出他的罪行，同样没有回音。出京代理瑞州知州，改任江西提刑，升迁为尚书左司郎官，多次被台臣议论因而罢官。授任军器监兼权直学士院。贾似道称病，请求退休，以此来要挟皇帝，有诏令不允许。文天祥当时掌管制度，因此在诏令的言辞中讽刺贾似道。当时宫中制度规定文稿要呈送给宰相，文天祥没有呈送文稿，贾似道不高兴，唆使台臣张志立弹劾罢免他。文天祥已然多次被斥责，便援引钱若水的例子，请求退休，当时才三十七岁。

咸淳九年，起用为湖南提刑，因此见到了原来的宰相江万里。江万里一向对文天祥的志向和志气感到惊奇，谈到国家大事，显现出忧愁的样子说："我老了，看到天时人事将会有变化，我见过的人很多，国家的责任将落在你身上呀！希望你努力。"十年，改任赣州知州。

德祐初年，长江上游告急，下诏天下勤王。文天祥捧着诏书哭泣。派陈继周征调郡中豪杰，并连结溪峒蛮，派方兴召集吉州的军兵，各路豪杰全都响应，拥有部众万人。事情披露，凭江西提刑安抚使的身份被征召入朝护卫。他的朋友阻止他，说："现在元朝的大军分三路击鼓前进，攻陷了京师附近地区，你凭借万余人的乌合之众赴敌，这与驱赶一群羊和猛虎搏斗有什么区别。"文天祥说："我也知道会是这样。只是国家养育臣民三百余年，一旦国家有急，征召天下兵士，没有一人一骑驰援的。我对此很是痛恨。所以自不量力，以身徇节，也许天下的忠臣义士将会听到我的消息而响应。道义符合而谋求立国，人多功业就能够成就，像这样国家还可以保全。"

文天祥生性奢华，平时自己供给十分丰厚，歌舞的人充满跟前。到这时，自己痛恨，就贬逐减少，把全部家财充做军费。每当和宾客及辅佐自己的人谈论时局，就流眼泪，抚摸着几案说："把别人的快乐作为自己的快乐，把别人的忧愁作为自己的忧愁，食用人君俸禄的人，为人君的事业赴死。"八月，文天祥领兵来到临安，被任命为平江府知府。当时因为丞相陈宜中没有返朝，所以没有派他赴任。十月，陈宜中回来，才派遣他。朝廷刚提拔吕师孟担任兵部尚书，封吕文德为和义郡王，想依赖他们和元兵寻求和好。吕师孟更加傲慢恣肆。

文天祥辞别天子，上疏说："朝廷姑息苟且的意思很多，奋发果断的勇气很少，请求斩杀吕师孟，(以其血)涂抹战鼓，以便提振士气。"并且说："宋朝将五代的混乱的例子作为警戒，削平藩镇，建立郡县，一时间虽然改变了尾大不掉的弊端，可是国家却也一天天衰弱。所以敌人到一州就攻陷一州，到一县就攻陷一县，中原沦陷，痛恨后悔怎么来得及。现在应当分天下为四镇，设立都督统御它们。把广西加上湖南(作为一镇)，而在长沙建立国门；把广东加上江西(作为一镇)，在隆兴建立国门；把福建加上江东(作为一镇)，在鲁阳建立国门；把淮西加上淮东(作为一镇)，在扬州建立国门。责令长沙进攻鄂州，隆兴进攻蕲、黄，番阳进攻江东，扬州进攻两淮，使他们的土地扩大，人口增多，足以和敌人抗衡。约定时间一起举事，只有前进，没有后退，日夜谋划这件事，敌人无兵防备，力量分散，疲于奔命，而且我们百姓中的豪杰又间或隐藏在他们的军队中，像这样，敌人就不难击退了。”当时的意见认为文天祥的见解阔远，（不切实际），所以上书送达以后没有回音。

十月，文天祥领兵进入平江，大元的军队已经从金陵开到常州了。文天祥派遣他的将领朱华、尹玉、庞士龙和张全援救常州，到达虞桥，庞士龙作战身亡，朱华率领两广军队在五牧和元兵交战，失败，尹玉的军队也失利，军兵争着渡河，牵住张全军队的船，张全军队的兵士斩断他们的手指，（那些军兵）都溺死在水中，尹玉率领残兵五百人夜战，到天亮全部战死。张全不放一箭，逃了回来。大元的军队攻克常州，进入独松关。陈宜中、留梦炎征召文天祥，（文天祥）放弃平江，守卫余杭。

第二年正月，担任临安府知府。不久，宋朝投降，陈宜中，张世杰都离去。仍然任用文天祥为枢密使。随即任命他为右丞相兼枢密使，出使到元军中请求议和，和大元丞相伯颜在宰亭山争论是非。大元丞相发怒拘留他，带着左丞相吴坚、右丞相贾余庆、知枢密院事谢堂、签书枢密院事家铉翁、同签书枢密院事刘岊，北上来到镇江。文天祥和宾客杜浒等十二人，夜晚逃亡到真州。苗再成出城迎接，高兴得流泪说：“两淮的军队足够可以兴复，只是两位大将有微小隔阂，不能合作罢了。”文天祥问道：“有什么办法？”苗再成说：“现在先和淮西的军队相约逼近建康，元军一定会全力对抗我们的西路军。（在这种情况下）指挥东路军各位将领，命通州、泰州的军队进攻湾头，命高邮、宝应、淮安的军队进攻扬子桥，命扬州的军队进攻瓜步，我率领水军直捣镇江，同一天大举起兵。湾头、扬子桥都是江岸边兵力薄弱的地带，敌人白天晚上都在瞭望，防止我们的军队攻击，进攻它们一定可以攻克。合攻瓜步的三面，我从江中一面靠近它，即使有智谋的人也不能为它谋划了。瓜步一旦被攻下，率领东路兵攻入京口，西路兵攻入金陵，拦腰截断浙江方面的退路，可以坐等元军的统帅到来。”文天祥十分赞许，立刻用书信告诉二制置，派遣使者四处相约连结。

文天祥未到时，有逃回来的扬州兵士说：“已秘密派遣一位丞相到真州劝说投降了。”李庭芝相信这件事，认为文天祥是来劝降的。命苗再成赶紧杀了文天祥。苗再成不忍心，将文天祥骗出城外，把制司（要斩杀他）的文告给他看了，将他关在城门外。过了很久，又派遣两路人分别观察文天祥，说如果（文天祥）是劝说投降的人就杀了他。两路人分别和文天祥说话，看到他忠义，也不忍心杀害他，派兵士二十人送他前往扬州，四更时到达城下，听到守城门的人谈话，说制置司下令防备文天祥非常急迫，大家都互相望着，惊慌得吐出了舌头。于是向东来到海上，遇到元兵，躲在围墙中得以幸免。然而饥饿得无法站起来，从采柴薪的人那里讨得残汤剩饭。行走到板桥，元军又到了，大家都跑进竹丛里，元兵到竹丛中搜捕，抓住了杜浒、金应离开了。虞侯张庆被箭射中眼睛，身上受了两处伤，文天祥幸运地没被抓获。杜浒、金应取出所藏的金子给元军兵士，被释放，召募二个樵夫用草编的筐子背着文天祥来到高邮，航海前往温州。

听说益王还没有被拥立，于是上表劝进，凭观文殿学士、侍读的身份被召到福州，拜官为右丞相。不久和陈宜中等人的意见不合。七月，就以同都督的身份外出江西，于是离开福州，聚集兵士来到汀州。十月，派遣参谋赵时赏、谘议赵孟濙统帅一军攻取宁都，参赞吴浚统帅一军夺取雩都，刘洙、萧明哲、陈子敬都从江西起兵前来汇合。邹㵯凭招谕副使的身份在宁都聚集兵士，大元的军队攻打他，邹㵯的军队失利，一同起事的刘钦、鞠华叔、颜斯立、颜起岩全都战死。武冈教授罗开礼，起兵收复永丰县，不久兵败被俘，在监狱中死去。文天祥听说罗开礼死了，穿着丧服，哭得非常悲痛。

至元十四年正月，大元的军队进入汀州，于是文天祥移师漳州，请求入卫皇上。赵时赏、赵孟濙也领兵回来，唯独吴浚的军队没有抵达。不久，吴浚投降元朝，前来劝说文天祥投降。文天祥捆绑吴浚，绞杀了他。四月，来到梅州，都统王福、钱汉英骄横、残暴，文天祥将他们斩首示众。五月，从江西出发，抵达会昌。六月，到达兴国县。七月，文天祥派参谋张汴、监军赵时赏、赵孟濙等率领主力接近赣州城，邹㵯率领赣州各县的兵力直捣永丰，邹㵯的副手黎贵达率领吉州各县的军兵攻打泰和。吉州八县收复了一半，只有赣州城没有攻克。临洪各郡，都送来钱款。潭赵璠、张虎、张唐、熊桂、刘斗元、吴希奭、陈子全、王梦应在邵、永一带起兵，收复了几个县城，抚州何时等都起兵响应文天祥。分宁、武宁、建昌三县的豪杰，都派人来到文天祥军中接受调度。

江西宣慰使李恒派兵援救赣州，而自己统兵来到兴国攻打文天祥。文天祥没有料到李恒的军队突然来到，于是领兵退走，靠近屯驻在永丰的邹沨。邹沨的军队首先被击溃，李恒穷追文天祥直到方石岭。巩信抵御作战，箭射中身体，阵亡。到了空坑，兵士都溃散，文天祥的妻妾子女全都被俘。赵时赏坐在肩舆上，后面的兵士询问他是谁，赵时赏说："我姓文"，兵士们将他当作文天祥，擒住他回去了，文天祥因此得以逃脱。

孙㮚、彭震龙、张汴死在战乱中，缪朝宗自己上吊身亡。吴文炳、林栋、刘洙者被擒拿送到隆兴。赵时赏大骂不屈服，他看到有被捆绑而来的人，就挥手斥退，说："小小的签庭官罢了，捉拿他们有什么用呢？"因此得以解脱的人很多。临刑时，刘洙颇想为自己辩解，赵时赏斥责他说："死罢了，何必这样呢？"于是林陈、吴文炳、萧敬夫、萧焘夫都没有被赦免。

文天祥收聚残兵奔走到循州，驻扎在南岭。黎贵达暗中密谋投降，文天祥将他抓起来杀了。至元十五年三月，进兵屯驻在丽江浦。六月，来到船澳。益王去逝，卫王继位。文天祥上书指出自己的罪行，请求入朝，没有被许可。八月，加封文天祥少保、信国公。军队发生瘟疫，士兵死亡的有几百人。文天祥只有一个儿子，同他的母亲都死了。十一月，进兵屯驻在潮阳县。潮州的强盗陈懿、刘兴多次归附后又反叛，成为潮州人的祸害。文天祥进兵打跑了陈懿，擒住刘兴杀了。十二月，赶赴南岭，邹沨、刘子俊又从江西起兵前来，再次进攻陈懿余党，陈懿于是暗中派元帅张弘范的兵援救潮阳。文天祥正在五坡岭吃饭，张弘范的军队忽然来到，众人来不及交战，都叩头趴在草丛中。文天祥仓皇逃走，千户王惟义上前擒住了他。文天祥自杀未遂。邹沨自割脖子，众人扶他到南岭后死了。得以逃脱到空坑的官属士卒，到这时，刘子俊、陈龙复、萧明哲、萧资都战死了，杜浒被抓获，因为忧愤而死，只有赵孟溁逃走了，张唐、熊桂、吴希奭、陈子全兵败被俘，都死了。张唐，是广汉张栻的后代。

文天祥来到潮阳，见到张弘范，张弘范身边的人命令他下拜，文天祥不拜，于是张弘范以客人的礼节接见了他，同他一起来到厓山，让他写信招纳张世杰。文天祥说："我不能保全父母，却教人背叛父母，可以吗？"张弘范一定要索取他的信，于是写了《过零丁洋诗》送给他。这首诗最后说："人生自古谁无死，留取丹心照汗青。"张弘范笑着将诗放在一边。厓山被攻破，军中摆设酒席聚会，张弘范说："国家灭亡，丞相忠孝也尽到了，能够拿事奉宋朝的心来事奉我大元朝的皇上，将不会失去宰相的职位。”文天祥的眼泪像水一样往下滴，说：“国家灭亡无法拯救，做人臣的即使死也还有罪过，何况胆敢逃脱死亡而有别的心思呢？”张弘范被他的义气感动，派遣使者护送文天祥前往京师。

文天祥在路上，八天没有进食，没有饿死，就又吃东西。到了燕地，客馆的供应很丰盛，文天祥不就寝，坐待天亮。于是送他来到兵马司，派军兵监守他。当时元世祖多在南宋的官员中选拔人才，王积翁说：“南方人没有比得上文天祥的。”于是派王积翁（到关押文天祥的地方）传达元世祖的意思，（想让他出任元朝的官吏），文天祥说：“国家灭亡，我的本分是一死。假如得以宽释，当戴着黄帽返回故乡，以后因为边远地区的事担任顾问，可以。倘若现在立即就让作官，不只是亡国的士大夫不可以图存亡，就连生平事迹也全都废弃，怎么任用我呢？”王积翁想要联合宋朝的官员谢昌元等十人，请求释放文天祥，让他做道士，留梦炎认为不行，说：“文天祥出去，又会到江南号召起事，把我们十个人放在什么地方！”事情于是停止。文天祥在北京一共三年，元世祖知道文天祥终究不会屈服，和宰相商议释放他，有人将文天祥在江西起兵的事说了，因此没有被释放。

至元十九年，有一个福建的和尚说土星侵犯帝坐，怀疑将有变化。不久，中山有一个狂人自称是“宋王”，拥有兵士千人，想劫夺文丞相。京城也有匿名信，说某天焚烧蓑城苇，率领两边的军兵叛乱，请丞相不要忧虑。当时有强盗刚刚杀死左丞相阿合马，下令撤去城苇，迁徙瀛国公以及宋朝宗室前往开平，怀疑丞相就是文天祥。召他入宫，告诉他说：“你有什么愿望？”文天祥回答：“我蒙受宋朝恩惠，担任宰相，怎么能够事奉二主呢？希望赐一死就心满意足了。”然而（元世祖）还是不忍心，急忙挥退了他。劝说的人极力赞成听从文天祥的请求，元世祖听从了，不久有诏书下令停止（赐文天祥死），可文天祥已经死了。文天祥临刑时特别从容，对官吏和士兵说：“我的事情完了。”对着南面下拜而死。几天后，他的妻子欧阳氏收殓他的尸体，脸仍像活人一样，死时四十七岁。他上衣的带子里有赞词说：“孔子说成仁，孟子说取义，只有义尽，才会达到仁。读圣贤的书，所学到的是事奉什么，从今以后，也许没有惭愧的。”

评论说：自古以来的有志之士，想要在天下伸张大义的，不因成功和有利，或者受挫折而动摇自己的内心，君子把它叫做“仁”，因为它符合天理的正义，也就是人心的安定。商朝衰落，周朝接替它的德行，盟津会师没有约定，可是前来的有八百个诸侯国。伯夷、叔齐凭借两个男子想扣住马阻止他们，连三尺高的童子都知道是不可能的。后来，孔子夸赞他们，就说：“寻求仁而得到仁。”宋朝到德祐年间灭亡了，文天祥来往军中，起初想凭借口舌保存宋朝，事情最终没有成功，事奉两个软弱的国主在崎岖的山岭和海上辗转漂泊，来图谋兴复，因兵败被俘。我大元世祖皇帝凭借能容纳天地的气量，既认为他的气节雄壮，又爱惜他的才能，留下他数年，如同将老虎、犀牛关在笼子中，千方百计驯服它们，最终无法达到目的。看他从容就义，视死如归，他死的欲望比生的欲望更加强烈，能够不说是“仁”吗？宋朝三百余年，选拔人才的办法，没有比进士更兴盛的，进士没有比伦理更讲求的。自从文天祥死后，好发表高见议论的世人，说科举考试不一定能够得到伟人，难道真是这样吗？

宋史卷四百二十九

朱熹列传第一百八十八

朱熹，字元晦，一字仲晦，徽州婺源人。父松字乔年，中进士第。胡世将、谢克家荐之，除秘书省正字。赵鼎都督川陕、荆、襄军马，招松为属，辞。鼎再相，除校书郎，迁著作郎。以御史中丞常同荐，除度支员外郎，兼史馆校勘，历司勋、吏部郎。秦桧决策议和，松与同列上章，极言其不可。桧怒，风御史论松怀异自贤，出知饶州，未上，卒。

熹幼颖悟，甫能言，父指天示之曰："天也。"熹问曰："天之上何物?"松异之。就傅，授以《孝经》，一阅，题其上曰："不若是，非人也。"尝从群儿戏沙上，独端坐以指画沙，视之，八卦也。年十八贡于乡，中绍兴十八年进士第。主泉州同安簿，选邑秀民充弟子员，日与讲说圣贤修己治人之道，禁女归之为僧道者。罢归请祠，监潭州南岳庙。明年，以辅臣荐，与徐度、吕广问、韩元吉同召，以疾辞。

孝宗即位，诏求直言，熹上封事言："圣躬虽未有过失，而帝王之学不可以不熟讲。朝政虽未有阙遗，而修攘之计不可以不早定。利害休戚虽不可遍举，而本原之地不可以不加意。陛下毓德之初，亲御简策，不过风诵文辞，吟咏情性，又颇留意於老子、释氏之书。夫记诵词藻，非所以探渊源而出治道；虚无寂灭，非所以贯本末而立大中。帝王之学，必先格物致知，以极夫事物之变，使义理所存，纤悉毕照，则自然意诚心正，而可以应天下之务。次言："修攘之计不时定者，讲和之说误之也。夫金人於我有不共戴天之仇，则不可和也明矣。愿继以义理之公，闭关绝约，任贤使能，立纪纲，厉风欲。数年之后，国富兵强，视吾力之强弱，观彼衅之浅深，徐起而图之。"次言："四海利病，系斯民之休戚，斯民休戚，系守令之贤否。监司者守令之纲，朝廷者监司之本也。欲斯民之得其所，本原之地亦在朝廷而已。今之监司，奸赃狼籍、肆虐以病民者，莫非宰执、台谏之亲旧宾客。其已失势者，既按见其交私之状而斥去之；尚在势者，岂无其人，顾陛下无自而知之耳。"

隆兴元年，复召。入对，其一言："大学之道在乎格物以致其知。陛

下虽有生知之性，高世之行，而未尝随事以观理，即理以应事。是以举措之间动涉疑贰，听纳之际未免蔽欺，平治之效所以未著。”其二言：“君父之仇不与共戴天。今日所尝为者，非战无以复雠，非守无以制胜。”且陈古先圣王所以强本折冲、威制远人之道。时相汤思退方倡和议，除熹武学博士，待次。乾道元年，促就职，既至而洪适为相，复主和，论不合，归。

三年，陈俊卿、刘珙荐为枢密院编修官，待次。五年，丁内艰。六年，工部侍郎胡铨以诗人荐，与王庭珪同召，以未终丧辞。七年，既免丧，复召，以禄不及养辞。九年，梁克家相，申前命，又辞。克家奏熹屡召不起，宜蒙褒录，执政俱称之，上曰：“熹安贫守道，廉退可嘉。”特改合入官，主管台州崇道观。熹以求退得进，於义未安，再辞。淳熙元年，始拜命。二年，上欲奖用廉退，以励风俗，龚茂良行丞相事，以熹名进，除秘书郎，力辞，且以手书遗茂良，言一时权幸。群小乘间谗毁，乃因熹再辞，即后其请，主管武夷山冲佑观。

五年，史浩再相，除知南康军，降旨便道之官，熹再辞，不许。至郡，兴利除害，值岁不雨，讲求荒政，多所全活。讫事，奏乞依格推赏纳粟人。间诣郡学，引进士子与之讲论。访白鹿洞书院遗址，奏复其旧，为《学规》俾守之。明年夏，大旱，诏监司、郡守条其民间利病，遂上疏言：

天下之务莫大於恤民，而恤民之本，在人君正心术以立纪纲。盖天下之纪纲不能以自立，必人主之心术公平正大，无偏党反侧之私，然后有所系而立。君心不能以自正，必亲贤臣，远小人，讲明义理之归，闭塞私邪之路，然后乃可得而正。

今宰相、台省、师傅、宾友、谏诤之臣皆失其职，而陛下所与亲密谋议者，不过一二近习之臣。上以蛊惑陛下之心志，使陛下不信先王之大道，而说於功利之卑说，不乐庄士之谠言，而安于私亵之鄙态。下则招集天下士大夫之嗜利无耻者，文武汇分，各入其门。所喜则阴为引援，擢置清显。所恶则密行訾毁，公肆挤排。交通货赂，所盗者皆陛下之财。命卿置将，所窃者皆陛下之柄。陛下所谓宰相、师傅、宾友、谏诤之臣，或反出入其门墙，承望其风旨；其幸能自立者，亦不过龊龊自守，而未尝敢一言以斥之；其甚畏公论者，乃能略警逐其徒党之一二，既不能深有所伤，而终亦不敢正言以捣其囊橐窟穴之所在。势成威立，中外靡然向之，使陛下之号令黜陟不复出于朝廷，而出於一二人之间，名为陛下独断，而实此一二人者阴执其柄。

且云："莫大之祸，必至之忧，近在朝夕，而陛下独未之知。"上读之，大怒曰："是以我为亡也。"熹以疾请祠，不报。

陈俊卿以旧相守金陵，过阙入见，荐熹甚力。宰相赵雄言于上曰："士之好名，陛下疾之愈甚，则人之誉之愈众，无乃适所以高之。不若因其长而用之，彼渐当事任。能否自见矣。"上以为然，乃除熹提举江西常平茶盐公事。旋录救荒之劳，除直秘阁，以前所奏纳粟人未推赏，辞。

会浙东大饥，宰相王淮奏改熹提举浙东常平茶盐公事，即日单车就道，复以纳粟人未推赏，辞职名。纳粟赏行，遂受职名。入对，首陈灾异之由与修德任人之说，次言："陛下即政之初，盖尝选建英豪，任以政事，不幸其间不能尽得其人，是以不复广求贤哲，而姑取软熟易制之人以充其位。于是左右私亵使令之贱，始得以奉燕闲，备驱使，而宰相之权日轻。又虑其势有所偏，而因重以壅己也，则时听外廷之论，将以阴察此辈之负犯而操切之。陛下既未能循天理、公圣心，以正朝廷之大体，则固已失其本矣，而又欲兼听士大夫之言，以为驾驭之术，则士大夫之进见有时，而近习之从容无间。士大夫之礼貌既庄而难亲，其议论又苦而难入，近习便辟侧媚之态既足以蛊心志，其胥史狡狯之术又足以眩聪明。是以虽欲微抑此辈，而此辈之势日重，虽欲兼采公论，而士大夫之势日轻。重者即挟其重，以窃陛下之权，轻者又借力於所重，以为窃位固宠之计。日往月来，浸淫耗蚀，使陛下之德业日隳，纲纪日坏，邪佞充塞，货赂公行，兵愁民怨，盗贼间作，灾异数见，饥馑存臻。群小相挺，人人皆得满其所欲，惟有陛下了无所得，而顾乃独受其弊。"上为动容。所奏凡七事，其一二事手书以防宣泄。

熹始拜命，即移书他郡，募米商，蠲其征，及至，则客舟之米已辐凑。熹日钩访民隐，按行境内，单车屏徒从，所至人不及知。郡县官吏惮其风采，至自引去，所部肃然。凡丁钱、和买、役法、榷酤之政，有不便於民者，悉厘而革之。於救荒之馀，随事处画，必为经久之计。有短熹者，谓其疏於为政，上谓王淮曰："朱熹政事却有可观。"

熹以前后奏请多所见抑，幸而从者，率稽缓后时，蝗旱相仍，不胜忧愤，复奏言："为今之计，独有断自圣心，沛然发号，责躬求言，然后君臣相戒，痛自省改。其次惟有尽出内库之钱，以供大礼之费为收籴之本，诏户部免征旧负，诏漕臣依条检放租税，诏宰臣沙汰被灾路分州军监司、守臣之无状者，遴选贤能，责以荒政，庶几犹足下结人心，消其乘时作乱之意。不然，臣恐所忧者不止于饥殍，而将在于盗贼；蒙其害者不止于官吏，而上及于国家也。”

知台州唐仲友与王淮同里为姻家，吏部尚书郑丙、侍御史张大经交荐之，迁江西提刑，未行。熹行部至台，论仲友者纷然，按得其实，章三上，淮匿不以闻。熹论愈力，仲友亦自辩，淮乃以熹章进呈，上令宰属看详，都司陈庸等乞令浙西提刑委清强官究实，仍令熹速往旱伤州郡相视。熹时留台未行，既奉诏，益上章论，前后六上，淮不得已，夺仲友江西新命以授熹，辞不拜，遂归，且乞奉祠。

时郑丙上疏诋程氏之学以沮熹，淮又擢太府寺丞陈贾为监察御史。贾面对，首论近日搢绅有所谓“道学”者，大率假名以济伪，愿考察其人，摈弃勿用。盖指熹也。十年，诏以熹累乞奉祠，可差主管台州崇道观，既而连奉云台、鸿庆之祠者五年。十四年，周必大相，除熹提点江西刑狱公事，以疾辞，不许，遂行。

十五年，淮罢相，遂入奏，首言近年刑狱失当，狱官当择其人。次言经总制钱之病民，及江西诸州科罚之弊。而其末言：“陛下即位二十七年，因循荏苒，无尺寸之效可以仰酬圣志。当反覆思之，无乃燕闲蠖濩之中，虚明应物之地，天理有所未纯，人欲有所未尽，是以为善不能充其量，除恶不能去其根，一念之顷，公私邪正、是非得失之机，交战於其中。故体貌大臣非不厚，而便嬖侧媚得以深被腹心之寄；寤寐英豪非不切，而柔邪庸缪得以久窃廊庙之权。非不乐闻公议正论，而有时不容；非不堲谗说殄行，而未免误听；非不欲报复陵庙仇耻，而未免畏怯苟安；非不爱养生灵财力，而未免叹息愁怨。愿陛下自今以往，一念之顷必谨而察之：此为天理耶，人欲耶？果天理也，则敬以充之，而不使其少有壅阏；果人欲也，则敬以克之，而不使其少有凝滞。推而至于言语动作之间，用人处事之际，无不以是裁之，则圣心洞然，中外融澈，无一毫之私欲得以介乎其间，而天下之事将惟陛下所欲为，无不如志矣。”是行也，有要之於路，以为“正心诚意”之论上所厌闻，戒勿以为言。熹曰：“吾平生所学，惟此四字，岂可隐默以欺吾君乎？”及奏，上曰：“久不见卿，浙东之事，朕自知之，今当处卿清要，不复以州县为烦也。”

时曾觌已死，王抃亦逐，独内侍甘昪尚在，熹力以为言。上曰：“昪乃德寿所荐，谓其有才耳。”熹曰：“小人无才，安能动人主。”翌日，除兵部郎官，以足疾丐祠。本部侍郎林栗尝与熹论《易》《西铭》不合，劾熹：“本无学术，徒窃张载、程颐绪馀，谓之‘道学’。所至辄携门生数十人，妄希孔、孟历聘之风，邀索高价，不肯供职，其伪不可掩。”上曰：“林栗言似过。”周必大言熹上殿之日，足疾未瘳，勉强登对。上曰：“朕亦见其跛曳。”左补阙薛叔似亦奏援熹，乃令依旧职江西提刑。太常博士叶适上疏与栗辨，谓其言无一实者，“谓之道学”一语，无实尤甚，往日王淮表里台谏，阴废正人，盖用此术。诏：“熹昨入对，所论皆新任职事，朕谅其诚，复从所请，可疾速之任。”会胡晋臣除侍御史，首论栗执拗不通，喜同恶异，无事而指学者为党，乃黜栗知泉州。熹再辞免，除直宝文阁，主管西京嵩山崇福宫。未逾月再召，熹又辞。

始，熹尝以为口陈之说有所未尽，乞具封事以闻，至是投匦进封事曰：

今天下大势，如人有重病，内自心腹，外达四支，无一毛一发不受病者。且以天下之大本与今日之急务，为陛下言之：大本者，陛下之心；急务则辅翼太子，选任大臣，振举纲纪，变化风俗，爱养民力，修明军政，六者是也。

古先圣王兢兢业业，持守此心，是以建师保之官，列谏诤之职，凡饮食、酒浆、衣服、次舍、器用、财贿与夫宦官、宫妾之政，无一不领於冢宰。使其左右前后，一动一静，无不制以有司之法，而无纤芥之隙、瞬息之顷，得以隐其毫发之私。陛下所以精一克复而持守其心，果有如此之功乎？所以修身齐家而正其左右，果有如此之效乎？宫省事禁，臣固不得而知，然爵赏之滥，货赂之流，闾巷窃言，久已不胜其籍籍，则陛下所以修之家者，恐其未有以及古之圣王也。

至于左右便嬖之私，恩遇过当，往者渊、觌、说、抃之徒势焰熏灼，倾动一时，今已无可言矣。独有前日臣所面陈者，虽蒙圣慈委曲开譬，然臣之愚，窃以为此辈但当使之守门傅命，供扫除之役，不当假借崇长，使得逞邪媚、作淫巧於内，以荡上心，立门庭、招权势于外，以累圣政。臣闻之道路，自王抃既逐之后，诸将差除，多出此人之手。陛下竭生灵膏血以奉军旅，顾乃未尝得一温饱，是皆将帅巧为名色，夺取其粮，肆行货赂于近习，以图进用，出入禁闼腹心之臣，外交将帅，共为欺蔽，以至于此。而陛下不悟，反宠昵之，以是为我之私人，至使宰相不得议其制置之得失，给谏不得论其除授之是非，则陛下所以正其左右者，未能及古之圣王又明矣。

至于辅翼太子，则自王十朋、陈良翰之后，宫僚之选号为得人，而能称其职者，盖已鲜矣。而又时使邪佞儇薄、阘冗庸妄之辈，或得参错於其间，所谓讲读，亦姑以应文备数，而未闻其有箴规之效。至於从容朝夕、陪侍游燕者，又不过使臣宦者数辈而已。师傅、宾客既不复置，而詹事、庶子有名无实，其左右春坊遂直以使臣掌之，既无以发其隆师亲友、尊德乐义之心，又无以防其戏慢媟狎、奇邪杂进之害。宜讨论前典，置师傅、宾客之官，罢去春坊使臣，而使詹事、庶子各复其职。

至于选任大臣，则以陛下之聪明，岂不知天下之事，必得刚明公正之人而后可任哉？其所以常不得如此之人，而反容鄙夫之窃位者，直以一念之间，未能彻其私邪之蔽，而燕私之好，便嬖之流，不能尽由於法度，若用刚明公正之人以为辅相，则恐其有以妨吾之事，害吾之人，而不得肆。是以选择之际，常先排摈此等，而后取凡疲懦软熟、平日不敢直言正色之人而揣摩之，又於其中得其至庸极陋、决可保其不至於有所妨者，然后举而加之于位。是以除书未出，而物色先定，姓名未显，而中外已逆知其决非天下第一流矣。

至于振肃纪纲，变化风俗，则今日宫省之间，禁密之地，而天下不公之道，不正之人，顾乃得以窟穴盘据於其间。而陛下目见耳闻，无非不公不正之事，则其所以熏烝销铄，使陛下好善之心不著，疾恶之意不深，其害已有不可胜言者矣。及其作奸犯法，则陛下又未能深割私爱，而付诸外廷之议，论以有司之法，是以纪纲不正於上，风俗颓弊於下，其为患之日久矣。而浙中为尤甚。大率习为软美之态、依阿之言，以不分是非、不辨曲直为得计，甚者以金珠为脯醢，以契券为诗文，宰相可啖则啖宰相，近习可通则通近习，惟得之求，无复廉耻。一有刚毅正直、守道循理之士出乎其间，则群讥众排，指为“道学”，而加以矫激之罪。十数年来，以此二字禁锢天下之贤人君子，复如昔时所谓元祐学术者，排摈诋辱，必使无所容其身而后已，此岂治世之事哉？

至於爱养民力，修明军政，则自虞允文之为相也，尽取版曹岁入窠名之必可指拟者，号为岁终羡馀之数，而输之内帑。顾以其有名无实、积累挂欠、空载簿籍、不可催理者，拨还版曹，以为内帑之积，将以备他日用兵进取不时之须。然自是以来二十馀年，内帑岁入不知几何，而认为私贮，典以私人，宰相不得以式贡均节其出入，版曹不得以薄书勾考其在亡，日销月耗，以奉燕私之费者，盖不知其几何矣，而曷尝闻其能用此钱以易敌人之首，如太祖之言哉。徒使版曹经费阙乏日甚，督促日峻，以至废去祖宗以来破分良法，而必以十分登足为限；以为未足，则又造为比较监司、郡守殿最之法，以诱胁之。於是中外承风，竞为苛急，此民力之所以重困也。

诸将之求进也，必先掊克士卒，以殖私利，然後以此自结于陛下之私人，而蕲以姓名达於陛下之贵将。贵将得其姓名，即以付之军中，使自什伍以上节次保明，称其材武堪任将帅，然后具奏牍而言之陛下之前。陛下但见等级推先，案牍具备，则诚以为公荐而可以得人矣，而岂知其谐价输钱，已若晚唐之债帅哉？夫将者，三军之司命，而其选置之方乖刺如此，则彼智勇材略之人，孰肯抑心下首於宦官、宫妾之门，而陛下之所得以为将帅者，皆庸夫走卒，而犹望其修明军政，激劝士卒，以强国势，岂不误哉！

凡此六事，皆不可缓，而本在於陛下之一心。一心正则六事无不正，一有人心私欲以介乎其间，则虽欲惫精劳力，以求正夫六事者，亦将徒为文具，而天下之事愈至於不可为矣。

疏入，夜漏下七刻，上已就寝，亟起秉烛，读之终篇。明日，除主管太一宫，兼崇政殿说书。熹力辞，除秘阁修撰，奉外祠。

光宗即位，再辞职名，仍旧直宝文阁，降诏奖谕。居数月，除江东转运副使，以疾辞，改知漳州。奏除属县无名之赋七百万，减经总制钱四百万。以习俗未知礼，采古丧葬嫁娶之仪，揭以示之，命父老解说，以教子弟。土俗崇信释氏，男女聚僧庐为传经会，女不嫁者为庵舍以居，熹悉禁之。常病经界不行之害，会朝论欲行泉、汀、漳三州经界，熹乃访事宜，择人物及方量之法上之。而土居豪右侵渔贫弱者以为不便，沮之。宰相留正，泉人也，其里党亦多以为不可行。布衣吴禹圭上书讼其扰人，诏且需后，有旨先行漳州经界。明年，以子丧请祠。

时史浩入见，请收天下人望，乃除熹秘阁修撰，主管南京鸿庆宫。熹再辞，诏："论撰之职，以宠名儒。"乃拜命。除荆湖南路转运副使，辞。漳州经界竟报罢，以言不用自劾。除知静江府，辞，主管南京鸿庆宫，未几，差知潭州，力辞。黄裳为嘉王府翊善，自以学不及熹，乞召为宫僚，王府直讲彭龟年亦为大臣言之。留正曰："正非不知熹，但其性刚，恐到此不合，反为累耳。"熹方再辞，有旨："长沙臣屏，得贤为重。"遂拜命。会洞獠扰属郡，熹遣人谕以祸福，皆降之。申敕令，严武备，戢奸吏，抑豪民。所至兴学校，明教化，四方学者毕至。

宁宗即位，赵汝愚首荐熹及陈傅良，有旨赴行在奏事。熹行且辞，除焕章阁待制、侍讲，辞，不许。入对，首言："乃者，太皇太后躬定大策，陛下寅绍丕图，可谓处之以权，而庶几不失其正。自顷至今三月矣，或反不能无疑於逆顺名实之际，窃为陛下忧之。犹有可诿者，亦曰陛下之心，前日未尝有求位之计，今日未尝忘思亲之怀，此则所以行权而不失其正之根本也。充未尝求位之心，以尽负罪引慝之诚，充未尝忘亲之心，以致温清定省之礼，而大伦正，大本立矣。"复面辞待制、侍讲，上手札："卿经术渊源，正资劝讲，次对之职，勿复劳辞，以副朕崇儒重道之意。"遂拜命。

会赵彦逾按视孝宗山陵，以为土肉浅薄，下有水石。孙逢吉覆按，乞别求吉兆。有旨集议，台史惮之，议中辍。熹竟上议状言："寿皇圣德，衣冠之藏，当博访名山，不宜偏信台史，委之水泉沙砾之中。"不报。时论者以为上未还大内，则名体不正而疑议生；金使用来，或有窥伺。有旨修葺旧东宫。为屋三数百间，欲徙居之。熹奏疏言：

此必左右近习倡为此说以误陛下，而欲因以遂其奸心。臣恐不惟上帝震怒，灾异数出，正当恐惧修省之时，不当兴此大役，以咈谴告警动之意；亦恐畿甸百姓饥饿流离、阽於死亡之际，或能怨望忿切，以生他变。不惟无以感格太上皇帝之心，以致未有进见之期，亦恐寿皇在殡，因山未卜，几筵之奉不容少弛，太皇太后、皇太后皆以尊老之年，茕然在忧苦之中，晨昏之养尤不可阙。而四方之人，但见陛下亟欲大治宫室，速得成就，一旦翩然委而去之，以就安便，六军万民之心将有扼腕不平者矣。前鉴未远，甚可惧也。

又闻太上皇后惧忤太上皇帝圣意，不欲其闻太上之称，又不欲其闻内禅之说，此又虑之过者。殊不知若但如此，而不为宛转方便，则父子之间，上怨怒而下忧恐，将何时而已。父子大伦，三纲所系，久而不图，亦将有借其名以造谤生事者，此又臣之所大惧也。愿陛下明诏大臣，首罢修葺东宫之役，而以其工料回就慈福、重华之间，草创寝殿一二十间，使粗可居。若夫过宫之计，则臣又愿陛下下诏自责，减省舆卫，入宫之后，暂变服色，如唐肃宗之改服紫袍、执控马前者，以神负罪引慝之诚，则太上皇帝虽有贫怒之情，亦且霍然消散，而欢意浃洽矣。

至若朝廷之纪纲，则臣又愿陛下深诏左右，勿预朝政。其实有勋庸而所得褒赏未惬众论者，亦诏大臣公议其事，稽考令典，厚报其劳。而凡号令之弛张，人才之进退，则一委之二三大臣，使之反覆较量，勿循己见，酌取公论，奏而行之。有不当者，缴驳论难，择其善者称制临决，则不惟近习不得干预朝权，大臣不得专任己私，而陛下亦得以益明习天下之事，而无所疑於得失之算矣。

若夫山陵之卜，则愿黜台史之说，别求草泽，以营新宫，使寿皇之遗体得安於内，而宗社生灵皆蒙福於外矣。

疏入不报，然上亦未有怒熹意也。每以所讲编次成帙以进，上亦开怀容纳。

熹又奏勉上进德云："愿陛下日用之间，以求放心为之本，而於玩经观史，亲近儒学，益用力焉。数召大臣，切劘治道，群臣进对，亦赐温颜，反覆询访，以求政事之得失，民情之休戚，而又因以察其人才之邪正短长，庶於天下之事各得其理。熹奏："礼经敕令，子为父，嫡孙承重为祖父，皆斩衰三年；嫡子当为共父后，不能袭位执丧，则嫡孙继统而代之执丧。自汉文短丧，历代因之，天子遂无三年之丧。为父且然，则嫡孙承重可知。人纪废坏，三纲不明，千有馀年，莫能厘正。寿皇圣帝至性自天，易月之外，犹执通丧。朝衣朝冠皆用大布，所宜著在方册，为万世法程。间者，遗诰初颁，太上皇帝偶违康豫，不能躬就丧次。陛下以世嫡承大统，则承重之服著在礼律，所宜遵寿皇已行之法。一时仓卒，不及详议，遂用漆纱浅黄之服，不惟上违礼律，且使寿皇已行之礼举而复坠，臣窃痛之。然既往之失不及追改，唯有将来启殡发引，礼当复用初丧之服。"

会孝宗祔庙，议宗庙迭毁之制，孙逢吉、曾三复首请并祧僖、宣二祖，奉太祖居第一室，祫祭则正东向之位。有旨集议：僖、顺、翼、宣四祖祧主，宜有所归。自太祖皇帝首尊四祖之庙，治平间，议者以世数寖远，请迁僖祖於夹室。后王安石等奏，僖祖有庙，与稷、契无异，请复其旧。时相赵汝愚雅不以复祀僖祖为然，侍从多从其说。吏部尚书郑侨欲且祧宣祖而祔孝宗。熹以为藏之夹室，则是以祖宗之主下藏於子孙之夹室，神宗复奉以为始祖，已为得礼之正，而合於人心，所谓有举之而莫敢废者乎。又拟为《庙制》以辨，以为物岂有无本而生者。庙堂不以闻，即毁撤僖、宣庙室，更创别庙以奉四祖。

始，宁宗之立，韩侂胄自谓有定策功，居中用事。熹忧其害政，数以为言，且约吏部侍郎彭龟年共论之。会龟年出护使客，熹乃上疏斥言左右窃柄之失，在讲筵复申言之。御批云："悯卿耆艾，恐难立讲，已除卿宫观。"汝愚袖御笔还上，且谏且拜。内侍王德谦径以御笔付熹，台谏争留，不可。楼钥、陈传良旋封还录黄，修注官刘光祖、邓驲封章交上。熹行，被命除宝文阁待制，与州郡差遣，辞。寻除知江陵府，辞，仍乞追还新旧职名，诏依旧焕章阁待制，提举南京鸿庆宫。庆元元年初，赵汝愚既相，收召四方知名之士，中外引领望治，熹独惕然以侂胄用事为虑。既屡为上言，又数以手书启汝愚，当用厚赏酬其劳，勿使得预朝政，有"防微杜渐，谨不可忽"之语。汝愚方谓其易制，不以为意。及是，汝愚亦以诬逐，而朝廷大权悉归侂胄矣。

熹始以庙议自劾，不许，以疾再乞休致，诏："辞职谢事，非朕优贤之意，依旧秘阁修撰。"二年，沈继祖为监察御史，诬熹十罪，诏落职罢祠，门人蔡元定亦送道州编管。四年，熹以年近七十，申乞致仕，五年，依所请。明年卒，年七十一。疾且革，手书属其子在及门人范念德、黄榦，拳拳以勉学及修正遗书为言。翌日，正坐整衣冠，就枕而逝。

熹登第五十年，仕于外者仅九考，立朝才四十日。家故贫，少依父友刘子羽，寓建之崇安，后徙建阳之考亭，箪瓢屡空，晏如也。诸生之自远而至者，豆饭藜羹，率与之共。往往称货於人以给用，而非其道议则一介不取也。

自熹去国，侂胄势益张。何澹为中司，首论专门之学，文诈沽名，乞辨真伪。刘德秀仕长沙，不为张栻之徒所礼，及为谏官，首论留正引伪学之罪。"伪学"之称，盖自此始。太常少卿胡纮言："比年伪学猖獗，图为不轨，望宣谕大臣，权住进拟。"遂召陈贾为兵部侍郎。未几，熹有夺职之命。刘三杰以前御史论熹、汝愚、刘光祖、徐谊之徒，前日之伪党，至此又变而为逆党。即日除三杰右正言。右谏议大夫姚愈论道学权臣结为死党，窥伺神器。乃命直学士院高文虎草诏谕天下，於是攻伪日急，选人余嚞至上书乞斩熹。

方是时，士之绳趋尺步、稍以儒名者，无所容其身。从游之士，特立不顾者，屏伏丘壑；依阿巽懦者，更名他师，过门不入，甚至变易衣冠，狎游市肆，以自别其非党。而熹日与诸生讲学不休，或劝以谢遣生徒者，笑而不答。有籍田令陈景思者，故相康伯之孙也，与侂胄有姻连，劝侂胄勿为已甚，侂胄意亦渐悔。熹既没，将葬，言者谓：四方伪徒期会，送伪师之葬，会聚之间，非妄谈时人短长，则缪议时政得失，望令守臣约束。从之。

嘉泰初，学禁稍弛。二年，诏："朱熹已致仕，除华文阁待制，与致仕恩泽。"后侂胄死，诏赐熹遗表恩泽，谥曰文。寻赠中大夫，特赠宝谟阁直学士。理宗宝庆三年，赠太师，追封信国公，改徽国。

始，熹少时，慨然有求道之志。父松病亟，尝属熹曰："籍溪胡原仲、白水刘致中、屏山刘彦冲三人，学有渊源，吾所敬畏，吾即死，汝往事之，而惟其言之听。"三人，谓胡宪、刘勉之、刘子翚也。故熹之学既博求之经传，复遍交当世有识之士。延平李侗老矣，尝学于罗从彦，熹归自同安，不远数百里，徒步往从之。

其为学，大抵穷理以致其知，反躬以践其实，而以居敬为主。尝谓圣贤道统之傅散在方册，驿经之旨不明，而道统之傅始晦。於是竭其精力，以研穷圣贤之经训。所著书有：《易本义》《启蒙》《蓍卦考误》，《诗集传》，《大学》《中庸》《章句》《或问》，《论语》《孟子集注》，《太极图》《通书》《西铭解》，《楚辞集注》《辨证》，《韩文考异》；所编次有：《论孟集议》，《孟子指要》，《中庸辑略》，《孝经刊误》，《小学书》，《通鉴纲目》，《宋名臣言行录》，《家礼》，《近思录》，《河南程氏遗书》，《伊洛渊源录》，皆行于世。熹没，朝廷以其《大学》《语》《孟》《中庸》训说立於学官。又有《仪礼经传通解》未脱稿，亦在学官。平生为文凡一百卷，生徒问答凡八十卷，别录十卷。

理宗绍定末，秘书郎李心传乞以司马光、周敦颐、邵雍、张载、程颢、程颐、朱熹七人列于从祀，不报。淳祐元年正月，上视学，手诏以周、张、二程及熹从。祀孔子庙。

黄榦曰："道之正统待人而后传，自周以来，任传道之责者不过数人，而能使斯道章章较著者，一二人而止耳。由孔子而后，曾子、子思继其微，至孟子而始著。由孟子而后，周、程、张子继其绝，至熹而始著。"识者以为知言。

熹子在，绍定中为吏部侍郎。

【译文】

朱熹，字元晦，一字仲晦，是徽州婺源人。父亲朱松，字乔年，曾考中进士。胡世将、谢克家举荐他，朝廷任用他为秘书省正字。赵鼎都督川陕、荆襄军马时，召请朱松为幕僚，朱松推辞了。赵鼎再次担任宰相，任用朱松为校书郎，升迁为著作郎，因御史中丞常同的推荐，被任命为度支员外郎、兼任史馆校勘，历任司勋、吏部郎。秦桧决定与金国议和，朱松和同僚上奏章，极力主张不可以同金人议和。秦桧恼怒，示意御史弹劾朱松怀有异心，而自认为自己是贤才，最终朱松离朝去任饶州知州，还未上任，朱松便死了。

朱熹从小聪颖，理解力强，刚能讲话时，父亲指着天告诉他说："这是天。"朱熹问道："天的上面是什么？"父亲感到惊奇。跟随老师学习时，老师教他读《诗经》，读过一遍，朱熹在书上题写道："不能这样，不是人。"朱熹曾经与一群儿童在沙子上玩耍，他独自用手指在沙土上端端正正地画，看他画的图形，原来是一幅八卦图。十八岁时参加乡贡考试合格，高宗绍兴十八年中进士。担任泉州同安县主簿时，他拣选县里优秀的人才当自己的学生，每天给他们讲授古代圣贤讲求个人修养和治理百姓的学问，又禁止妇女出家做尼姑道士。朱熹罢官回乡，请求管理一个祠观，朝廷派遣他监潭州南岳庙。第二年，因为朝中大臣举荐，和徐度、吕广问、韩元吉一同被朝廷召见，朱熹以生病为借口推辞了。

孝宗即位，下诏要求百官直言朝政得失。朱熹上密奏说："陛下虽无过失，但帝王之学却不可以不熟习。朝政虽没有什么缺陷，但修明朝政、抵御强敌的大计却不可以不早日决定。国家的利害忧乐虽不可能全面列举，但事关根本之处却不可以不加倍留意。陛下在培养自己品德的初期，亲自披阅书籍文献，不过是诵读诗文章句，吟咏情性，又颇为留意道家、佛家的书籍。背诵诗文的辞藻，并不能探寻事物发展的源头，从而提出治国之道；道家的虚无和佛家的寂灭，并不能贯穿万物本末，从而建立无过无不及、恰如其分的中庸之道。帝王的学问，必须先穷究事物的本原而获得知识，以便透彻地了解事物的变化，使世间万物的道理都能存在于心中，对事物的纤细微末之处全都看得清楚透彻，就会自然意念真诚，心地端正，从而能够治理好天下的事情。其次说："修明朝政，抵御外敌的方针之所以不能及时制定，是被议和的说法耽误了。金人是大宋不共戴天的死敌，不可能和好是非常明显的了。我希望依据公正的道理果断地作出决定，关闭关隘，断绝和约。选用贤明能干的人才，建立国家法度，振奋士风民俗。几年之后，国家富庶，军队强大，依据我国力量的强弱，观察金人内部裂痕的深浅，慢慢采取行动，设法消灭他们。”接着说：“全国的利害，在于百姓的快乐与忧愁，百姓的忧乐，在于地方官员是否贤明。监司机构是监督地方官员的主要机关，而朝廷是任用监司机构官员的根本之地。要想让百姓安居乐业，各得其所，根源也在朝廷。现在监司机构的官员，贪赃枉法，声名狼藉。那些横行暴虐、残害百姓的官员，没有一个不是宰相、执政大臣、台谏官的亲朋好友和宾客。他们当中已经失去权势的人，已经查明他们勾结谋私的情形而罢免斥退了；现在还有权势的官员中，难道就没有那样的人？只不过陛下无从知晓罢了。”

隆兴元年，又召朱熹入朝，进宫回答孝宗的提问，其一说：“大学的道理在于穷究事物之理，来获取知识，虽然陛下有生而知之的天性，有高出世间一般人的德行，然而不曾依据事物来观察其中的规律，不曾根据这规律来处理事务。因此在举动和措施之间往往间杂猜忌和疑心，在听取和采纳群臣建议时难免受到蒙蔽和欺骗，治理国家也就没能取得显著效果。”其二说：“我们和金人有不同戴天的君父之仇。现在所应该做的事，不进行攻战就无法复仇，不加强防守就不能获取胜利。”并且陈述古代先圣先王增强国力抵御外侮，用声威制服远方之人的道理。当时宰相汤思退刚刚提倡和金人议和。任用朱熹为武学博士，依次补官。乾道元年，催促朱熹就职，朱熹到任时，洪适担任宰相，重新主张议和，意见不合，朱熹返乡回去了。

乾道三年，陈俊卿、刘珙举荐朱熹担任枢密院编修官，依次补官。乾道五年，母亲去世，朱熹回乡守丧。乾道六年，工部侍郎胡铨以朱熹是诗人向朝廷举荐，和王庭珪一同被召见，朱熹以服丧没有期满为由辞谢了。乾道七年，服丧期满，朝廷再次征召，朱熹以俸禄不能养家为由推辞了。乾道九年，梁克家担任宰相，重申前次召用的命令，朱熹又推辞了。梁克家上奏孝宗说朱熹多次推辞朝廷召见不肯出来做官，应当受到褒奖录用，执政大臣也都夸赞他，孝宗说：“朱熹安于贫困，坚守正道，守正不贪，辞官退让应当嘉奖。”特地改为相应的官职，任用朱熹主管台州崇道观。朱熹以辞官退让反而获得提拔，以在义理上不够妥善为理由，再次辞谢朝廷的任命。到淳熙元年，才拜官任职。淳熙二年，孝宗皇帝打算奖励重用守正不贪、辞官退让的人，来鼓励士风民俗，当时龚茂良行使丞相职权，将朱熹的名字上报给孝宗皇帝，任用朱熹为秘书郎，朱熹极力推辞，并且亲笔给龚茂良写信，说自己只是一时侥幸。一群奸邪小人趁机进行谗言毁谤，于是因朱熹再次推辞，就答应了他的请求，让他主管武夷山冲佑观。

淳熙五年，史浩再次担任宰相，朱熹被任命为知南康军，孝宗皇帝降旨让朱熹从便道上任就职，朱熹再次推辞，孝宗没有答应。朱熹到任后，兴利除害。正值那一年很久没有下雨，朱熹研求多种救荒措施，救活了许多百姓。事情结束后，朱熹请朝廷依据规定奖赏纳粮救灾的人，他一有时间就到郡学去，找一些学生，和他们谈论学问。他查访到白鹿洞书院遗址，奏请朝廷恢复书院的原有规模，制定《学规》让学生遵守。第二年夏天，大旱，孝宗诏令监司、州官条列当地民间的利弊，朱熹于是上疏说：

天下需要做的事情最大不过体恤百姓，而体恤百姓的根本，在于陛下端正思想方法以建立纲纪法度。天下的纲纪法度不能自行建立，必须陛下自己的思想方法公平正大，没有偏向亲党和反复无常的私心，然后有所统属才能立起纲纪。陛下的心思不能够自行正直，必须亲近贤臣，疏远小人，讲求和懂得义理的归属，堵塞私心邪术之路，然后才可以得到正理。

今天的宰相、御史和三省、师傅、宾友、谏官全都没有尽到自己的职责，而陛下所能够亲近，一起计议国家大事的人，不过是一二个亲信宦官。对上，他们蛊惑陛下的思想和志向，使陛下不相信先王大道，而喜欢贪图功利的低下学说，不喜欢庄严人士的正直言论，而安心于私下亲昵轻慢的丑态。对下，他们聚集天下士大夫中的嗜利无耻之徒，把文武官员加以汇总分类，各自收入他们门下。他们所喜欢的人就暗中加以攀援牵引，提拔安置在清要显贵的职位。他们所厌恶的人就秘密进行毁谤非议，或是公然打击排挤。他们互相贿赂，所盗窃的都是陛下的财产。他们任用官吏选拔将领，所盗窃的都是陛下的权柄。陛下所谓的宰相、师傅、宾友、谏臣，有的反而出入于他们的门下，承望他们的旨意；其中侥幸有能够自立的人，也不过是拘谨自守，而不敢讲一句责备他们的话；其中非常敬畏公论的人，也仅能略加警告或是驱逐他们的一两个党徒，既不能对他们进行深重的打击，而且最终也不敢用正直的言论直捣他们的藏身之所和巢穴所在。他们的势力已成，淫威已立，朝廷内外无不倒向他们，使陛下的号令、官员的罢黜升陟不再出自朝廷，而出自一两个人的门里，名义上还是陛下独自决定，可实际上是这么一两个人私下在执掌权柄。

并且说：“巨大的灾祸，必然到来的忧患，只在早晚之间，然而惟独陛下还不知道。”孝宗读了朱熹的奏章，悖然大怒说：“这是完全没有把我放在眼里。”朱熹以生病为由，请求一个宫观职务，没有得到回复。

陈俊卿凭曾任宰相的身份守金陵，入宫觐见孝宗，极力推荐朱熹。宰相赵雄对孝宗说：“士大夫喜好沽名钓誉，陛下厌恶他们愈是厉害，人们给他们的赞誉就愈多，这岂不是正好抬高了他们。不如依据他们的长处而加以任用，他们承担政事任务之后，能力的强弱也就渐渐看出来了。”孝宗认为赵雄的意见对，于是任用朱熹为提举江西常平茶盐公事。不久便记录上了朱熹救济灾荒的功劳，任命朱熹为直秘阁，朱熹因为以前奏请朝廷嘉奖纳粮救灾的人没有得到批准，所以辞谢了这次任命。

适遇浙东地区出现大饥荒，宰相王淮上奏改任朱熹为提举浙东常平茶盐公事，并命他当天独自快速上路，朱熹又以纳粮救灾之人没有获得奖赏为由，辞谢这一任命。等到朝廷落实了对纳粮人的奖赏之后，朱熹才接受了这一任命。他入宫对答孝宗提问，首先陈述灾异发生的原因和修成德行、任用人才的关系，其次又说：“陛下即位初期，曾选拔杰出的英豪之士，委以国家政事，不幸的是这中间不能全部得到合适的人选，因此不再广泛征求贤哲人士，而姑且任用了一些性情柔和不得罪人并且又容易控制的人来充任这些职位。于是陛下身边的人，私自轻慢地命令使唤他们从事低贱工作，侍奉宴会，供备驱使，因而宰相的权力日渐衰微。又担心他们的权势有所偏重，并且借用重大权力来蒙蔽自己，就时时听取外廷的议论，暗地察访这些人违纪犯法的事实，从严从速地查办他们。陛下既未能遵循天理、公正本心，用来端正朝廷纲纪，早已丢失治国根本，而且又想兼听士大夫们的不同意见，作为驾驭群臣的方法，那么士大夫进见陛下有一定的时候，可是陛下亲近的宦官则可以时刻从容地见到您。士大夫们端庄有礼而难以亲近，他们的议论苦涩难以入耳，亲近宦官的谄媚逢迎之态就足以蛊惑陛下的心志，那些小吏诡变狡诈的伎俩又足以迷惑陛下的视听。因此陛下虽然想稍微抑制这些小人之辈，然而这些小人的权势却一天天加重，陛下虽想广泛采纳公论，可是士大夫的势力却一天天减轻。手握重权的小人既可以凭借他所掌握的重要权力进一步窃取陛下的权柄，权轻之人又借助权重的小人，作为自己窃居官位，巩固宠幸的方法。这样日往月来，浸蚀损耗，使得陛下的德行一天天地堕落，国家的法度一天天毁坏，奸邪谄媚之人充塞朝廷，贿赂公行，士兵悲愁，百姓怨愤，盗贼不时发生，祸害怪异多次出现，饥馑灾荒重新又来。奸邪小人互相引长，人人都能够满足自已的私欲，唯有陛下一无所得，而独自承受这些弊端。”孝宗听后脸色都改变了。朱熹所奏的一共七件事，亲自书写其中的一两件事来防秘密泄露。

朱熹刚接受任命，就写信给其他州郡，招募米商，免除他们的商税，等朱熹到任时，外地船只运来的大米已经聚集在这里了。朱熹每天出外查访百姓的疾苦，走遍浙东全境，单人独车，不带随从，所到之处，人们都不知道他是谁。州县官吏害怕他的严峻作风，有些人甚至自行离职而去，他管辖的地区风纪肃然。凡是丁钱、和买、役法、榷酤这一类政事，有百姓不方便的地方，都加以改正和革除。在救济灾荒之余，他还根据实际情况规划处置，作长久的打算。有人攻击朱熹，说他处理政事不用心，孝宗对王淮说：“朱熹处理政务却有可观之处。”

朱熹因为前后几次奏请多被抑制，侥幸得到采用的，也都拖延迟缓耽误了很长时间，蝗旱灾害相互频繁出现，他不胜忧愤，又上奏说：“为现在打算，只有决断出自陛下自己意志，迅速发布诏令，责备自己并且征求直言，然后君臣相互告诫，痛下决心反省改正。其次，拿出内库全部钱财，将供给帝王大礼的费用改为收籴粮食的本钱，诏令户部免征百姓所欠旧债，诏令转运使依据条例检查放宽免除百姓租税，诏令宰相大臣淘汰受灾路的州军监司、地方官吏中没有政绩的人，审慎选用贤能人士，责成他们推行救济灾荒的政策，这样也许还能俘获民心，消除灾民趁灾荒之际叛乱的打算。不这样的话，我担心所忧虑的不只是饿死人，而将在于盗贼；蒙受其害的不仅仅是官吏，而且要危害国家了。”

台州知州唐仲友和王淮同乡并且结为亲家，吏部尚书郑丙、侍御史张大经先后推荐唐仲友，唐仲友升任江西提刑，还没有赴任。朱熹巡行视察来到台州，控告唐仲友的人很多，朱熹调查得到实据，三次上奏章弹劾唐仲友，王淮把朱熹的奏章隐藏起来不让孝宗知道。朱熹更加致力弹劾他，唐仲友也上奏章为自己辩解，王淮才把朱熹的奏章进呈给孝宗，孝宗命令宰相大臣们审定，都司陈庸等人请求下令浙西提刑委派清廉能干的官员前去追究核实，仍旧命令朱熹迅速赶往遭受旱灾伤害的州郡巡察。朱熹当时留在台州没有走，不久接到这道诏令，愈加上奏章弹劾唐仲友，前后上了六道奏章，王淮迫不得已，取消唐仲友的江西提刑的任命，转授给朱熹，朱熹拒绝不接受，于是回乡，并且请求一个宫观的闲职。

当时郑丙上疏诋毁程氏的学说用来败坏朱熹，王淮又提拔太府寺丞陈贾为监察御史。陈贾面见孝宗时，首先论说近日士大夫中有所谓“道学”之人，大多是借助道学的名义来宣传骗人的学说，希望朝廷访察这些人，清除他们不再任用。陈贾指的是朱熹。淳熙十年，下诏说因朱熹多次请求主持祠观，可以派他主管台州崇道观，不久接连主管云台观、鸿庆观达五年时间。淳熙十四年，周必大担任宰相，任命朱熹为提点江西刑狱公事，朱熹因病辞谢任命，朝廷没有答应，他于是赴任。

淳熙十五年，王淮罢相，于是朱熹进奏，首先说近年来刑罚处理不得当，狱官应当选用合适的人。接着说经制钱总制钱损害百姓以及江西各州郡摊派课罚的弊端，奏章最后说：“陛下即位已经二十七年，因循守旧而时光渐移，没有一尺一寸的功绩可以回报陛下自己的志向。我曾经反复考虑这件事，莫非陛下在深宫之中宴饮休息，没有照亮待人接物的心地，天理有些不纯，人欲有些不尽，因而善事不能做到底，除恶不能除其根，闪念之间，公私正邪、是非得失同时发作，混战于思想之中。因此陛下以礼相待大臣并非不厚，然而谄媚讨好阿谀逢迎的近臣小人也都能得到陛下寄托心腹的重任；陛下日夜征求英豪之士并非不迫切，然而平庸乖谬柔弱奸邪之辈也能够长久地窃掌朝廷大权。并非陛下不乐于听取正直公平的议论，然而有时不能包容这种议论的存在；并非陛下不憎恶谗言暴行，然而不免误听偏信；并非陛下不想为祖宗报复受到的羞辱和仇恨，然而不免畏惧怯懦而贪图一时安全；并非陛下不爱护和培养百姓的财力，然而百姓还是不免发出叹息产生愁怨。切望陛下从今以后，对于一闪之念必须仔细审察谨慎对待；这是天理呢，还是人欲呢？果真是天理，就慎重对它加以扩展，而不让它受到一点阻塞蒙蔽；倘若是人欲，就慎重地克制这个念头，不让它在自己的头脑中有片刻滞留。把它推广到一言一行之间，用人处事之际，全用这一标准加以衡量，那么陛下的圣心就能通达，朝廷内外融洽透澈，没有一丝一毫的私欲可以侧身两者之间，而天下的事情将只依据陛下所想的进行，没有什么事会不合乎陛下的心愿志向。”朱熹这次赴京，有人在路上拦住他，认为“正心诚意”这种论调孝宗很讨厌听到，告诫他不要说这种话。朱熹说：“我一生所学习的，只有这四个字，怎么可以隐瞒不说以欺骗陛下呢？”等到他上奏时，孝宗说：“很久没有见到你了，浙东的事情，我已经知道。现在应当安排你一个高尚而且重要的职务，不再用州县的琐事来麻烦你了。”

当时曾觌已经死了，王抃也被驱逐，惟独内侍甘昇还在位，朱熹极力弹劾他。孝宗说：“甘昇是德寿（高宗）推荐的，说他有才能。”朱熹说：“小人没有才能，怎么能够打动陛下。”第二天，任用朱熹为兵部郎官，朱熹以脚病为由请求祠观的职务，兵部侍郎林栗曾经和朱熹讨论《周易》《西铭》，两人意见不合，这时他弹劾朱熹说：“朱熹原本不学无术，只会窃取张载、程颐的残余东西，称之为‘道学’。朱熹所到之处都带着门人学生数十人，妄想仰慕孔子、孟子经历几次聘任的风尚，希求索要高价，不肯就任朝廷任命的职务，他的这种虚伪欲盖弥彰。”孝宗说：“林栗的话好像太过份了。”周必大说朱熹上殿的那天，脚病没有痊愈，勉强登殿答对。孝宗说：“我也看到他走路一跛一曳的。”左补阙薛叔似也上奏帮助朱熹，于是让他依旧担任原来的江西提刑之职。太常博士叶适上疏和林栗辩论，说林栗的话没有一句是事实，“称之为道学”这句话，尤其缺乏事实根据，过去王淮和台谏官内外呼应，阴谋废弃正直君子，正是采用的这种办法。孝宗下诏说：“朱熹昨天入宫答对，所谈的都是新任职务的事情，我相信他的诚意，再次听从他的请求，他可以迅速赴任就职。”正好胡晋臣担任侍御史，首先抨击林栗固执拗戾不通，亲近和自己意见相同的人，憎恨与自己意见不同的人，没有事实根据就指责学者结党营私，于是朝廷罢黜林栗，让他担任泉州知州。朱熹再次辞谢任命，孝宗任命朱熹为直宝文阁，主管西京嵩山崇福宫。没出一个月再次征召他赴任，朱熹又推辞了。

当初，朱熹曾认为口头陈述无法将自己的想法和意见全部说出来，请求密封奏事向孝宗禀告自己的想法和意见。到这时朱熹将自己密封的奏章报到朝廷设置的匭中，里面写道：

现在天下大势，好比人患有重病，内部从心腹开始，外面达到手脚四肢，没有一根头发一根汗毛不生病的。姑且以天下的根本和当今的急务，试为陛下陈说：根本，就是陛下之心；当务之急的六件事就是辅导培养太子，选拔任用大臣，振举政纲法纪，改变士风民俗，爱惜培养民力，整顿清明军政。

古代圣明帝王兢兢业业，为了保持和坚守这种心，所以设立师保之官，设置谏诤之职。凡是帝王的饮食、酒浆、衣服、宫室、器用、金玉丝帛以及宦官、宫妾等政事，没有一件不归宰相管理，使帝王的前后左右，一动一静，全都受到有关机构法规的制约，因而没有细微空间、瞬息时间，能够隐瞒他们的一丝一毫的私情。陛下所以精粹纯一克己复礼而坚守此心，能有这样的功效吗？陛下所以修养身心整治内宫而肃正自己左右，能有这样的效果吗？宫廷禁地的事情，我固然不得而知，可是赏赐爵位之滥，钱财贿赂之流，街头巷尾都在窃窃议论，这种纷乱的议论我早已听得太多了，那么陛下在整治内宫方面，恐怕还没有比得上古代的圣君明主。

至于陛下身边近习嬖幸之人的私情，恩宠待遇的不恰当，过去龙大渊、曾觌、张说、王抃这类人的权势气焰熏灼，一时能震撼危害朝廷，现在已经不用再多说什么。独有我前天对陛下陈述的意见，虽然经过陛下委婉开导劝说，然而我的愚见是，只能让这些人担任守卫宫门传递命令、供事打扫等劳役，不应该让他们假借陛下的威望，使他们得逞奸邪谄媚，在内庭之中制作过度奇巧之物，以此来动摇陛下的心志，不让他们自立门庭，在外朝招揽权势，以损害陛下的圣政。我在路上听说，自从王抃被驱逐之后，各位将领的任命派遣，大多出自此人之手。陛下竭尽百姓的民脂民膏来供养军队，士兵却不曾得到一顿温饱，这都是将帅巧立名目，巧取豪夺士兵口粮，肆行贿赂陛下亲近之人，以图提拔重用，能出入皇宫的心腹大臣，外面交结将帅，一同欺骗蒙蔽陛下，这才到了这种地步。然而陛下不能醒悟，反而亲近宠信这些奸邪小人，认为这是为我驱使的家臣，宰相不能议论他们措施举动的得失，给谏官员不能谈论他们任命官吏的是非，那么陛下在端正自己亲信大臣方面，没有能够赶上古代的圣君明主又是明显的了。

至于辅导太子，自王十朋、陈良翰之后，太子属官的选用号称得到合适人选，然而能够称职的人，已经很少了。而又时时让那些奸邪谄谀、轻佻薄幸、卑贱庸妄之徒得以掺杂在里面，所谓的讲读，也只是拿文章应付充数，而没有听说他们劝谏的功效。至于早晚和陛下从容在一起，陪侍陛下游玩宴乐的人，又不过是使臣、宦官几个人罢了。太子的师傅、宾客已经不再设置，而太子詹事、太子庶子这些官职也是有名无实，于是朝廷左右春坊就让使臣执掌，既没有启发太子尊重师长、亲近宾友、尊敬德行、喜好大义的用心，又没有防止太子轻侮怠慢、亲昵放荡、奇异邪恶夹杂而进的危害。应当讨论过去的典章制度，设置太子师傅、宾客的官职，废除春坊使臣，而使太子詹事、太子庶子各自恢复行使职权。

至于选拔任用大臣，就凭陛下的聪明，怎会不知道天下之事，必须得到刚直光明公正之人而后才可任用呢？之所以常常得不到这样的人才，反而收容鄙陋庸俗的人窃居这些职位，这只因一念之间，未能看透他们出自私邪的祸心，然而陛下宴乐时所喜好的人物，陛下亲昵宠爱的近习之流，不能全部根据法令制度办事，倘若任用刚直光明公正的人做辅佐陛下的宰相，就担心他会妨碍自己的私事，损害自己的人，而自己也不能任意放纵。所以在选用人才之时，经常先排斥摈弃刚直光明公正的人，而后细心揣摩选用拖沓无能懦弱绵软、平时不敢坦率直言态度端庄的人，又在这些人中间选择最慵懒最卑陋、定可确保他不至于妨碍自己的人，然后举荐他们并且授予高位。所以任命官员的诏令还没有颁布，而人选已经事先物色确定，这些官员的姓名还没有公布，而朝廷内外已经预知这些人决不是天下第一流的人才了。

至于振肃纲纪法度，改变士风民俗，取决于中书门下之内，宫廷之地，可是天下不公之道，不正之人，反而能够以此作为巢穴而盘据其中。因而陛下看到和听到的，无非是些不公正的事情，那么在这些事情的熏蒸渐染之下，陛下好善之心不能显著，痛恨罪恶之心不能深刻，这种危害已到了无法用语言表达的程度了。等到这些不公不正之人作奸犯法时，陛下又不能深深革除自己的私爱，而把他们交给朝廷讨论，依照有关法律处理，因此在上面纲纪法度不公正，在下面士风民俗颓废弊坏，他们为害的时间已经很久了。而且浙中地区尤为严重。（官员）大都习惯作出柔媚的姿态，说着附和顺从别人的话，以不分是非、不辨曲直为最佳准则，更过份的人将黄金珠宝当作佐酒的肉脯食品，把地契债券作为诗词文章，宰相可以引诱就引诱宰相，近习可以私通就私通近习，只求获得私利，再也没有廉耻。一旦有刚强坚毅正直不阿、遵循天理恪守正道的人在他们中间出现，就群起嘲讽、合伙排斥，指责为“道学”，并且加上强辞夺理、感情冲动的罪名。十几年来，用这二个字禁锢天下的贤人君子，又好像过去所谓的元祐学术一样，排斥摈弃，诋毁侮辱，一定要使正人君子没有容身之地方才算罢休，这难道是治平之世的事情吗?

至于爱惜培养民力，整顿清明军政，那么自虞允文担任宰相以来，把户部每年收入款项中一定可以得到的部分全部取走，号称是年终赋税盈余的数目，运入内库。而将收入中有名无实的、多年积累拖欠的、只是登录在账册上的、无法催讨处理的款项，拨还给户部，作为内库财产的积蓄，将它作为今后用兵攻取中原时随时需要使用的款项。然而从那时以来的二十多年间，每年内库收入不知有多少，而且被认为是陛下的私人贮存，主管者也是私人，宰相无法用计入赋税的办法来均衡节制这些款项的收支，户部无法用账册来勾定审查这些款项是在还是不在，天天销月月耗，用来支付宴请私亲的花费，真不知道有多少啊，可是何曾听说过能用这笔钱财来换取敌人的首级，如同太祖说的那样。空使户部经费短缺一天比一天严重，朝廷的督促一天比一天严峻，以至于废黜祖宗以来州县催征财赋达到九成以上就不再催理，户部也置之不问的好办法，而把征收赋税一定要足足十成作为限度；朝廷认为赋税征收不足，就又建立监司、州郡官员以征收赋税多少做为考课等差的条法，用来引诱威胁这些官员。于是朝廷内外秉承这种风气，竟相采用苛刻急迫的办法征收赋税，这是民力严重困弊的原因。

将领们追求晋升，必然先在士兵身上聚敛钱物，用来增加自己的财富，然后用这些钱物去结交陛下身边亲近的侍臣，并且祈求他们把自己的姓名通报给地位尊贵的将领。这些地位尊贵的将领拿到他们的名单，就把这些人的姓名交给军队，使他们从基层开始逐级得到保举，称赞这些人的才能武艺能够出任将帅，然后写成奏章在陛下面前夸赞这些人。陛下只看到逐级推举在前，文书档案齐备，就真的认为是大家一致推荐的，得到了合适的人选，然而哪里知晓这些人是议价交钱，已经如同晚唐的债帅了呢?将帅，是掌握三军命运的人，而选用将帅的方法背离常道到如此地步，那么那些具有智谋勇敢才艺胆略的人，谁肯委屈内心，低头站在宦官、宫姬的门下，而陛下得到的以为可以出任将帅的人，都是平庸之辈或者仅供奔走的小卒，可是陛下还希望他们整饬清明军政，劝勉激励士兵，以便增强国势，岂不是谬误吗!

这六件事，都不适宜缓慢处理，而根本仍在陛下之心，陛下的心正，那么这六件事没有不正的，陛下心中一有私欲介入，那么即使想疲劳精力，来求得这六件事端正，也将成为没有实际内容的一纸空文，而天下之事也会愈来愈不可收拾了。

朱熹这道奏疏送入宫中，是夜间铜壶滴漏的下七刻了，孝宗皇帝已经就寝，立刻起身拿着蜡烛，把奏章全部读完。第二天，任用朱熹主管太一宫，兼任崇政殿说书。朱熹极力推辞，被任命为秘阁修撰，管理外地的一个宫观。

光宗登基即位，朱熹再次推辞秘阁修撰的职务，仍旧担任直宝文阁，光宗下诏夸奖他。任职几个月后，任用他为江东转运副使，朱熹以生病为由辞谢，改任知漳州。他奏请朝廷免除了漳州属县无名杂税七百万贯，减免经、总制钱四百万贯。因当地的风俗习惯不符合礼仪，他选取古代丧葬嫁娶的礼仪之文，张贴出来告示大家，派当地父老进行解说，来教育他们的子弟。当地风俗崇信佛教，男男女女聚集在僧舍之中举办传经会，没有出嫁的妇女就建造庵房居住，朱熹下令禁止这些事。朱熹常常忧虑不能推行丈量土地会带来危害，正好朝廷议论要在泉、汀、漳三州推行丈量土地，于是朱熹查访有关事宜，挑选承办人员以及制定丈量土地的办法上报朝廷。可是侵夺贫弱百姓土地的当地豪绅认为对他们不利，极力加以阻止。宰相留正，是泉州人，他的乡里亲友也大都认为不可以推行。平民吴禹圭上书指责经界法骚扰百姓，光宗下诏暂缓进行，又降旨先在漳州施行。第二年，朱熹因为儿子去世又请求宫观职务。

当时史浩入宫面见光宗，请求收用天下有声望的人才，于是任用朱熹为秘阁修撰，主管南京鸿庆宫。朱熹一再推辞，光宗下诏说："这样的职位，是用来恩宠著名大儒的。"朱熹才接受任命。朝廷派他出任荆湖南路转运副使，朱熹推辞。漳州经界法最终宣告停止推行，朱熹因自己的意见没有得到采用而自认有罪，朝廷派他知静江府，他推辞了，主管南京鸿庆宫。没过多久，朝廷派他出任潭州知州，朱熹极力辞谢。黄裳担任嘉王府翊善，他认为自己的学问比不上朱熹，请求朝廷召请朱熹为太子宫中的僚佐，王府直讲彭龟年也向大臣们举荐朱熹。留正说："我不是不知道朱熹，只是他性格刚直，恐怕到太子宫中任职不合适，反而会成为累赘。"正好朱熹再次推辞朝廷任命，光宗降旨说："长沙是国家的巨大屏障，能得到贤人镇守最为重要。"朱熹于是接受任命。适逢洞獠骚扰潭州所属郡县，朱熹派人向他们晓谕祸福，洞獠都投降了。朱熹申明朝廷敕令，强化武备，制止奸吏的不法行为，抑制豪强。所到之处兴办学校，通明教化，四面八方的学者都来到这里求学。

宁宗即位，赵汝愚首先举荐朱熹和陈傅良，宁宗降旨要朱熹到临安来奏事。朱熹一面来杭州一面推辞，任用他为焕章阁待制、侍讲，朱熹推辞，宁宗没有同意。朱熹入对时，首先说："往日，太皇太后亲自裁决国家大策，陛下恭谨地继承国家大计，可以说是用暂时变通的办法来处置国事，几乎没有偏离过它。从那时到现在已经有三个月了，有些事情反而在逆与顺、名与实之间引发猜疑，我暗自为陛下担忧这些事情。如果说有可作托辞的话，也只能说陛下之心，以前不曾有过谋求皇位的计划，今天不曾忘记思念亲人的心怀，这就是所以实行变通的办法却没有偏离过正的根本所在。满怀不曾谋取皇位之心，竭尽引咎自责负罪的诚意，满怀不曾忘记亲人之心，以尽冬温夏凉早晚问安侍奉父母之礼，因而父子大伦正了，根本也就确立了。"再次当面向宁宗辞谢待制、侍讲的官职，宁宗亲自写信说："你研究经术有很深的造诣，正可用它给帝王讲经劝勉，待制、侍讲的职务，不要再苦苦推辞了，从而顺应我崇尚儒学尊重大道的心意。"于是朱熹接受了任命。

适逢赵彦逾巡视孝宗陵墓，认为那里土层浅薄，下面有水和石头。孙逢吉重新去巡察，请求另外寻找吉利的地方。宁宗降旨要大家讨论，御史台的官吏们害怕讨论这件事，讨论中途停止。朱熹却上奏章议论道："孝宗皇帝拥有至高无上的德行，埋藏孝宗衣冠的地方，应当在名山中广泛地寻访，不应该偏听御史台官吏的话，把孝宗埋葬在水泉沙砾之中。"没有得到答复。当时议论的人认为宁宗没有回到皇宫大内，因而名实不正，有疑议产生；况且金国的使臣要来，或许会有所窥察。宁宗降旨修缮原来的东宫，修造房屋三百多间，打算搬进去居住。朱熹上奏疏说：

> 这定是陛下身边的小人提倡这一说法来惑乱陛下，并且想通过这件事实现他们的奸邪用心。我担心这样做不但上天震怒，灾害怪异多有出现，而且正当恐惧反省修养自身的时候，不应该兴造这个大工程，以违悖上天谴责时所告诫的惊动众人之意；我也担心京城地区百姓饥饿交迫流离失所，处在临近死亡的边缘，或许有人会忿恨怨怒，因而发生其他变故。不仅无法感通太上皇帝的心意，甚至

耽误进见太上皇帝的日期，我也忧虑孝宗皇帝大殓后没有埋葬，因为孝宗陵墓的位置还没有选定，灵位前的供奉不允许少有松弛，太皇太后、皇太后都已到了高龄，孤独之身陷于困苦忧愁之中，早晚奉养尤其不可缺少。然而全国各地的百姓，只看到陛下急切地要大造宫室，迅速建成，一旦舒适自得地丢弃这里而去太子宫殿，迁入安适方便的地方，将士百姓心中将会产生愤愤不平之气。前车之鉴不远，这是应该感到特别害怕的。

我又听说太上皇后担心违逆太上皇帝的圣意，不愿让他听到太上皇的称呼，也不想让他听到关于内禅的说法，这又思虑过多了。难道不知道如果是这样，而不是婉转地随机行事，那么父子之间，上面怨恨愤怒而下面恐惧忧愁，到什么时候才能了结。父子之间伦常，是君臣、父子、夫妻这三纲所关系的大事，长久地拖延下去而不去解决它，也可能会有假借父子大伦来制造谣言横生事端的人，这又是我非常担心的原因。我希望陛下明确地诏示大臣，首先停止修缮东宫，并且把修缮东宫的人工材料运回到慈福宫、重华宫之间，简单地建造一二十间可供休息的殿房，使它粗粗可以居住就行了。至于搬到皇宫去的打算，我又希望陛下能够下诏书责备自己，减省出行时的车马卫队，入宫之后，暂时改变衣服颜色，如同唐肃宗一样改穿紫色的袍子，在前面拉着缰绳驾驭马匹，来表明引咎负罪的诚意，那么太上皇帝即使有忿怒的情绪，也会迅速消散，而且父子之间也就彻底和谐了。

至于像朝廷的纪纲法度，我又希望陛下下诏深切地告诫自己身边的宦官，不要干预朝政。其中确实有功劳而且所得到的褒奖赏赐未能满足公众议论的人，也下诏令大臣们共同讨论他们的功劳，依据赏功制度，重重地酬谢他们。而且凡是号令一弛一张，人才进用和罢免，可以全部把它委托给二三个大臣，要求他们反复衡量比较，不要固守己见，斟酌采纳公论，上奏陛下而后实行这些决定。有不妥当的地方，把它交给大家进行辩驳论难，选择其中好的意见由陛下您做最后的决定，那么不仅陛下左右近习不能干预朝政大权，大臣们也不能专门任用自己的亲信私党，而陛下也得以更加熟悉明白天下的政事，并且对得失的计算也没有什么疑问了。

再如孝宗陵墓的选择，我希望陛下废弃御史台官吏的意见，另外寻找野外地区，来营造新的陵墓，使孝宗皇帝的遗体在里面能够安居，而国家和百姓在外面都能蒙受福佑了。

朱熹这道奏章进入之后没有得到回复，然而宁宗也没有生朱熹气的意思。朱熹把每次给皇帝所讲的内容按次序编成册子进给宁宗，宁宗也以宽大的胸怀接纳了。

朱熹在上奏劝勉宁宗进一步提高德行时说："我希望陛下在使用日常费用的时候，把追求放心作为根本，而在研习经书观看史籍时，和儒学多多亲近，多花一些功夫。多召见大臣，切磋治理国家的方法，大臣们进殿奏对时，也和颜悦色地对待他们，反复询问探究，用来找到政事的得失，民情的忧乐，进而又依据这些问题来考察官吏的正直奸邪和长处短处，这样也许能使天下之事各自得到妥当的处理了。"朱熹又上奏说："礼经敕令规定，儿子为父亲，嫡孙为祖父承担丧祭重任，都要服最高的丧服三年；嫡子应该为自己父亲服丧，无法继承父位执绋服丧，就由嫡孙继承大统而接替父亲执绋服丧。自从汉文帝减少服丧的期限，历代因袭这一规矩，于是天子没有三年的丧期。作为父亲尚且如此，那么嫡孙承担丧祭重任时更是可想而知了。做人的立身处世之道废弃衰坏，三纲不明，一千多年来，没能加以匡正。孝宗皇帝孝亲之情来自上天，一个月之外，仍旧服执全部丧礼，上朝穿戴的衣服帽子都是用粗布缝制的，这种孝行应当显著地记录在典籍中，成为子孙万代的法则。近来，孝宗皇帝的遗诰刚刚颁布，太上皇帝偶然感觉身体不适，不能亲自参加丧礼。陛下以嫡孙继承大统，那么承担丧祭重任的嫡孙所应服的丧礼已经记载在礼律中，所以应当遵循孝宗皇帝已经实行的方法。一时仓促行事，来不及仔细讨论，于是使用了漆纱浅黄色的衣服，不仅仅对上违反礼仪规定，而且让孝宗皇帝已经实行的丧礼全都重新丧失，我暗暗为此感到痛心。然而已往的过失来不及追改了，只有将来孝宗皇帝灵柩启行时，丧礼应该重新沿用初丧时的服色。"

适逢奉孝宗神位入宗庙，商讨宗庙更迭毁弃的制度，孙逢吉、曾三复首先请求并祀僖、宣二祖、将太祖神位安置在太庙第一室，合祭祖先时就把太祖神位放在太庙正东向的位置。宁宗降旨让大家讨论：僖祖、顺祖、翼祖、宣祖四位祖先的神主牌位，应当有所归附。自从太祖皇帝首先尊崇这四位祖先的神位，治平年间，有人提议因为年代逐渐久远，请求把僖祖神主牌位迁移到夹室去。后来王安石等人上奏认为，僖祖已经有了神庙，和稷、契没有什么不一样，请求恢复它的原来位置。当时宰相赵汝愚对于恢复祭祀僖祖很是不以为然，宁宗的侍从大多支持赵汝愚的意见。吏部尚书郑侨想姑且远祀宣祖而将孝宗神位放入宗庙进行祭祀。朱熹认为把宣祖神位藏在夹室，就是将祖宗的神主牌位藏在子孙宗庙的夹室，神宗重新奉祀宣祖为始祖，是得到正礼，合乎人心的举措，这就是所谓有祭之后而不敢废弃不祭吧。朱熹又撰写《庙制》一文参加辩论，认为世间万物没有无本而可以生长的。朝廷没有传达给宁宗，马上就撤毁了禧祖、宣祖在太庙中的庙室，另外建庙来奉祀四位祖先。

当初，宁宗被立为皇帝，韩侂胄自认为有主谋尊立的功勋，在朝中当权。朱熹担心他会危害国政，几次上书说到这件事，并约吏部侍郎彭龟年一同上奏抨击韩侂胄。适逢彭龟年出朝护送外国使臣，朱熹就一人上疏指出皇帝亲信大臣窃取权柄的危害，在讲席上再次申明这个观点。宁宗御批写道："我怜惜你年岁已高，恐怕难以站着为我讲课，已经授给你宫观官的职务了。"赵汝愚从衣袖中拿出批复交还给宁宗，一面讲谏一面叩拜。内侍王德谦把宁宗的批文直接交给朱熹，台谏官争相请求留下朱熹，宁宗没有同意。楼钥、陈傅良随后将写在黄纸上的朱熹任命状密封还给宁宗，修注官刘光祖、邓驲密封的奉章交替上呈。朱熹离开朝廷时，被任用为宝文阁待制，并给他一个州郡职务，朱熹推辞了。不久朝廷任命他知江陵府，朱熹又推辞了，并且一再请求朝廷免除他的新旧职务，宁宗下诏命朱熹依旧担任焕章阁待制，提举南京鸿庆宫。庆元元年初，赵汝愚已经担任宰相，收罗招揽全国各地的知名人士，朝廷内外殷切盼望朝政得到治理，唯独朱熹因担心韩侂胄当权而忧虑。已经多次对宁宗说这件事，又几次写信给赵汝愚，认为应该用厚厚的赏赐来酬谢韩侂胄尊立宁宗的功劳，不要让他来参预朝政，信中有"防微杜渐，谨慎小心不可疏忽"的话。赵汝遇认为韩侂胄容易制服，对朱熹的话没有在意。到了这时，赵汝愚也因为遭到诬陷被驱逐，而朝廷大权归属韩侂胄了。

朱熹开始以议论宗庙制度失误而自请治罪，宁宗没有同意，朱熹以有病再次请求去职退休，宁宗下诏说："辞职谢事，违背我优待贤才的心意，你还是担任原先的秘阁修撰。"庆元二年，沈继祖担任监察御史，诬告朱熹十大罪状，宁宗下诏罢除朱熹秘阁修撰之职并罢免他提举南京鸿庆宫，朱熹的学生蔡元定也被送往道州监管居住。庆元四年，朱熹以自己快满七十岁为理由，申请退休，庆元五年，朝廷答应了他的请求。第二年朱熹去世，终年七十一岁。朱熹病情危急时，他亲笔写下遗言嘱托儿子朱在和门人范念德、黄干，恳切地劝勉他们努力学习并命他们修订自己的遗书。第二天，朱熹坐起来，把衣帽穿戴整齐，靠着枕头去世了。

朱熹考中进士以后的五十年中，在外面做官仅有九年，在朝中做官才四十天。他家中一向贫穷，少年时依附父亲的朋友刘子羽，寄住在建州的崇安，后来迁居建阳的考亭，虽然经常穷得吃不上饭，却泰然处之。有从远方来求学的学生，吃的是豆饭藜羹，朱熹都和他们共食。经常向别人借贷来维持家庭开支，然而不符合道义的钱一文也不取。

自从朱熹离开朝廷，韩侂胄的势力日益强盛。何澹担任御史中丞，首先抨击所谓精通某一门学术的学问，是用欺骗世人的文章来沽名钓誉，请求甄别这种学问的真伪。刘德秀在长沙任官，没有受到张栻学生的礼遇，等到他担任谏官，首先弹劾留正引进伪学的罪名。“伪学”这个名称，就是从这时开始的。太常少卿胡纮说：“近年来伪学非常猖獗，他们的企图和行为超出常规，希望陛下告诉大臣，劝他们暂且停止进拟告身。”于是宁宗召陈贾担任兵部侍郎。没过多久，朱熹被削去职务的命令就颁布了。刘三杰说从前御史所弹劾的朱熹、赵汝愚、刘光祖、徐谊之徒，前些日子是伪党，这时又变为逆党。当天就任用刘三杰为右正言。右谏议大夫姚愈又说道学和有权势的大臣结成死党，窥伺帝位。宁宗就命令直学士院高文虎起草诏书在全国公布，于是攻击伪学一天比一天厉害，选人余嚞甚至上书朝廷请求将朱熹斩首。

在那时，士大夫中循规蹈矩、在儒学上稍有名声的人，没有地方可以容身。他们的学生，有独立见解不随波逐流的人，被摒弃埋没在田野；曲意逢迎、恭顺懦弱的人，改投其他老师门下，经过原来老师家门也不进去，甚至改换衣帽穿着，在闹市街区店铺中随意游玩，以此来显示自己不是伪党。然而朱熹给学生们讲学一天也没有停止，有人劝朱熹讲明原因遣散学生，朱熹笑笑没有回答。有一位名叫陈景思的籍田令，是曾担任过宰相的陈康伯的孙子，和韩侂胄有姻亲关系，规劝韩侂胄不要做得太过份了，韩侂胄自己也渐渐后悔了。朱熹已经死了，将要下葬时，有人说：四面八方的伪学门生约定日期聚会，为伪学老师送葬，他们聚会的时候，不是越轨谈论当时人物的短长，就是错误地议论当时朝政的得失，希望命地方官吏对这些人加以约束。宁宗同意了这个意见。

嘉泰初年，禁止道学的法令稍微宽松了一些。嘉泰二年，宁宗下诏说：“朱熹已经退休，追授他为华文阁待制，给与他退休的恩泽待遇。”后来韩侂胄死了，宁宗下诏赐朱熹遗表恩惠，封谥号为文。不久追赠朱熹为中大夫，特赠为宝谟阁直学士。理宗宝庆三年，追赠朱熹为太师，追封朱熹为信国公，改封为徽国公。

当初，朱熹少年时，激昂慷慨有追求真理的志向。父亲朱松病危时，曾经叮嘱朱熹说：“籍溪胡原仲、白水刘致中、屏山刘彦冲这三个人，学识深厚，我一向敬畏他们，我就要死了，你去向他们学习，并且要完全听从他们的话。”这三个人，是指胡宪、刘勉之、刘子翚。因此朱熹的学问既来自于广泛地从儒家经典著作中求索，又得益于普遍结交当代的有识之士。延平李侗已经老了，曾经跟随罗从彦学习，朱熹自同安回来，不远数百里，徒步来到李侗住处求学。

朱熹做学问，大都是深入研究事物的“理”从而取得知识，不是亲身实践来取得知识，而是以收敛身心、加强修养为主。朱熹曾经说古代圣贤道统的传授散播在典籍之中，因为对圣贤经书的宗旨不清楚，所以道统的传授也开始隐晦不显。于是他竭尽全部精力，钻研查考圣贤经典的意旨和训导。他所著的书有：《易本义》《启蒙》《蓍卦考误》《诗集传》《大学中庸章句》《或问》《论语集注》《孟子集注》《太极图解》《通书解》《西铭解》《楚辞集注》《辨证》《韩文考异》；他所编写的书有：《论孟集议》,《孟子指要》,《中庸辑略》,《孝经刊误》,《小学书》,《通鉴纲目》,《宋名臣言行录》,《家礼》,《近思录》,《河南程氏遗书》,《伊洛渊源录》,这些书都流传于世。朱熹死后，朝廷将他注释的《大学》《论语》《孟子》《中庸》作为学校的课本。他还有一部没有脱稿的《仪礼经传通解》，也成为学校的课本。朱熹一生写的文章共一百卷，他和学生的问答有八十卷，还有别录十卷。

理宗绍定末年，秘书郎李心传请求将司马光、周敦颐、邵雍、张载、程颢、程颐、朱熹七人列为从祀，没有得到回复。淳祐元年正月，理宗视察太学，亲自撰写诏书以周敦颐、张载、程颢、程颐以及朱熹从祀孔子庙。

黄干说：“道的正统等待它的主人而后得传，自从周朝以来，担当传道责任的不过几个人，然而能使道发扬光大的，仅一两个人而已。自孔子而后，曾子、子思在道统衰微之际继承了它，到了孟子才开始显著，从孟子以后，周敦颐、程颢、程颐、张载在道统断绝的时候继承了它，到了朱熹时道统又开始显著了。”有见识的人认为这些话见识深远。

朱熹的儿子朱在，理宗绍定年间担任吏部侍郎。

宋史卷四百七十二

蔡京列传第二百三十一

蔡京字元长，兴化仙游人。登熙宁三年进士第，调钱塘尉、舒州推官，累迁起居郎。使辽还，拜中书舍人。时弟卞已为舍人，故事，入官以先后为序，卞乞班京下。兄弟同掌书命，朝廷荣之。改龙图阁待制，知开封府。

元丰末，大臣议所立，京附蔡确，将害王珪以贪定策之功，不克。司马光秉政，复差役法，为期五日，同列病太迫，京独如约，悉改畿县雇役，无一违者。诣政事堂白光，光喜曰："使人人奉法如君，何不可行之有！"已而台、谏言京挟邪坏法，出知成德军，改瀛州，徙成都。谏官范祖禹论京不可用，乃改江、淮、荆、浙发运使，又改知扬州。历郓、永兴军，迁龙图阁直学士，复知成都。

绍圣初，入权户部尚书。章惇复变役法，置司讲议，久不决。京谓惇曰："取熙宁成法施行之尔，何以讲为？"惇然之，雇役遂定。差雇两法，光、惇不同。十年间京再莅其事，成于反掌，两人相倚以济，识者有以见其奸。

卞拜右丞，以京为翰林学士兼侍读，修国史。文及甫狱起，命京穷治，京捕内侍张士良，令述陈衍事状，即以大逆不道论诛，并刘挚、梁焘劾之。衍死，二人亦贬死，皆锢其子孙。王岩叟、范祖禹、刘安世复远窜。京觊执政，曾布知枢密院，忌之，密言卞备位承辖，京不可以同升，但进承旨。

徽宗即位，罢为端明、龙图两学士，知太原，皇太后命帝留京毕史事。逾数月，谏官陈瓘论其交通近侍，瓘坐斥，京亦出知江宁，颇怏怏，迁延不之官。御史陈次升、龚夬、陈师锡交论其恶，夺职，提举洞霄宫，居杭州。

童贯以供奉官诣三吴访书画奇巧，留杭累月，京与游，不舍昼夜。凡所画屏幛、扇带之属，贯日以达禁中，且附语言论奏至帝所，由是帝属意京。又太学博士范致虚素与左街道录徐知常善，知常以符水出入元符后殿，致虚深结之，道其平日趣向，谓非相京不足以有为。已而宫妾、宦官合为一词誉京，遂擢致虚右正言，起京知定州。崇宁元年，徙大名府。韩忠彦与曾布交恶，谋引京自助，复用为学士承旨。徽宗有意修熙、丰政事，起居舍人邓洵武党京，撰《爱莫助之图》以献，徽宗遂决意用京。忠彦罢，拜尚书左丞，俄代曾布为右仆射。制下之日，赐坐延和殿，命之曰："神宗创法立制，先帝继之，两遭变更，国是未定。朕欲上述父兄之志，卿何以教之？"京顿首谢。愿尽死。二年正月，进左仆射。

京起于逐臣，一旦得志，天下拭目所为，而京阴托"绍述"之柄，箝制天子，用条例司故事，即都省置讲议司，自为提举，以其党吴居厚、王汉之十余人为僚属，取政事之大者，如宗室、冗官、国用、商旅、盐泽、赋调、尹牧，每一事以三人主之。凡所设施，皆由是出。用冯澥、钱遹之议，复废元祐皇后。罢科举法，令州县悉仿太学三舍考选，建辟雍外学于城南，以待四方之士。推方田于天下。榷江、淮七路茶，官自为市。尽更盐钞法，凡旧钞皆弗用，富商巨贾尝赍持数十万缗，一旦化为流丐，甚者至赴水及缢死。提点淮东刑狱章綡见而哀之，奏改法误民，京怒夺其官；因铸当十大钱，尽陷綡诸弟。御史沈畸等用治狱失意，羁削者六人。陈瓘子正彚以上书黥置海岛。

南开黔中，筑靖州。辰溪徭叛，杀溆浦令，京重为赏，募杀一首领者赐之绢三百，官以班行，且不令质究本末。荆南守马城言："有生徭，有省地徭，今未知叛者为何种族，若计级行赏，惧不能无枉滥。"蒋之奇知枢密院，恐忤京意，白言城不体国，京罢城，命舒亶代之，以剿绝群徭为期。西收湟川、鄯、廓，取牂牁、夜郎也。

擢童贯领节度使，其后杨戬、蓝从熙、谭稹、梁师成皆踵之。凡寄资一切转行，祖宗之法荡然无余矣。又欲兵柄士心皆归己，建澶、郑、曹、拱州为四辅，各屯兵二万，而用其姻昵宋乔年、胡师文为郡守。禁卒干掫月给钱五百，骤增十倍以固结之。威福在手，中外莫敢议。累转司空，封嘉国公。

京既贵而贪益甚，已受仆射奉，复创取司空寄禄钱，如粟、豆、柴薪与傔从粮赐如故，时皆折支，亦悉从真给，但入熟状奏行，帝不知也。

时元祐群臣贬窜死徙略尽，京犹未惬意，命等其罪状，首以司马光，目曰奸党，刻石文德殿门，又自书为大碑，遍班郡国。初，元符末以日食求言，言者多及熙宁、绍圣之政，则又籍范柔中以下为邪等。凡名在两籍者三百九人，皆锢其子孙，不得官京师及近甸。五年，进司空、开府仪同三司、安远军节度使，改封魏国。

时承平既久，帑庾盈溢，京倡为丰、亨、豫、大之说，视官爵财物如粪土，累朝所储扫地矣。帝尝大宴，出玉琖、玉卮示辅臣曰："欲用此，恐人以为太华。"京曰："臣昔使契丹，见玉盘琖，皆石晋时物，持以夸臣，谓南朝无此。今用之上寿，于礼无嫌。"帝曰："先帝作一小台财数尺，上封者甚众，朕甚畏其言。此器已就久矣，倘人言复兴，久当莫辨。"京曰："事苟当于理，多言不足畏也。陛下当享天下之奉，区区玉器，何足计哉！"

五年正月，彗出西方，其长竟天。帝以言者毁党碑，凡其所建置，一切罢之。京免为开府仪同三司、中太乙宫使。其党阴援于上，大观元年，复拜左仆射。以南丹纳土，躐拜太尉；受八宝，拜太师。

三年，台谏交论其恶，遂致仕。犹提举修《哲宗实录》，改封楚国，朝朔望。太学生陈朝老追疏京恶十四事，曰：渎上帝，罔君父，结奥援，轻爵禄，广费用，变法度，妄制作，喜导谀，箝台谏，炽亲党，长奔竞，崇释老，穷土木，矜远略。乞投畀远方，以御魑魅。其书出，士人争相传写，以为实录，四年五月，彗复出奎、娄间，御史张克公论京辅政八年，权震海内，轻锡予以蠹国用，托爵禄以市私恩，役将作以葺居第，用漕船以运花石。名为祝圣而修塔，以壮临平之山；托言灌田而决水，以符"兴化"之谶。法名退送，门号朝京。方田扰安业之民，圜土聚徙郡之恶。不轨不忠，凡数十事。先是，御史中丞石公弼、侍御史毛注数劾京，未允，至是，贬太子少保，出居杭。

政和二年，召还京师，复辅政，徙封鲁国，三日一至都堂治事。京之去也，中外学官颇有以时政为题策士者。提举淮西学士苏棫欲自售，献议请索五年间策问，校其所询，以观向背，于是坐停替者三十余人。

初，国制，凡诏令皆中书门下议，而后命学士为之。至熙宁间，有内降手诏不由中书门下共议，盖大臣有阴从中而为之者。至京则又患言者议已，故作御笔密进，而丐徽宗亲书以降，谓之御笔手诏，违者以违制坐之。事无巨细，皆托而行，至有不类帝札者，群下皆莫敢言。由是贵戚、近臣争相请求，至使中人杨球代书，号曰“书杨”，京复病之而亦不能止矣。

既又更定官名，以仆射为太、少宰，自称公相，总治三省。追封王安石、蔡确皆为王，省吏不复立额，至五品阶以百数，有身兼十余奉者。侍御史黄葆光论之，立窜昭州。拔故吏魏伯刍领榷货，造料次钱券百万缗进入，徽宗大喜，持以示左右曰：“此太师与我奉料也。”擢伯刍至徽猷阁待制。

京每为帝言，今泉币所积赢五千万，和足以广乐，富足以备礼，于是铸九鼎，建明堂，修方泽，立道观，作《大晟乐》，制定命宝。任孟昌龄为都水使者，凿大伾三山，创天成、圣功二桥，大兴工役，无虑四十万。两河之民，愁困不聊生，而京僩然自以为稷、契、周、召也。又欲广宫室求上宠媚，召童贯辈五人，风以禁中逼侧之状。贯俱听命，各视力所致，争以侈丽高广相夸尚，而延福宫、景龙江之役起，浸淫及于艮岳矣。

子攸、翛、鯈，攸子行，皆至大学士，视执政。鞗尚茂德帝姬。帝七幸其第，赉予无算。命坐传觞，略用家人礼。厮养居大官，媵妾封夫人，然公论益不与，帝亦厌薄之。

宣和二年，令致仕。六年，以朱勔为地，再起领三省。京至是四当国，目昏眊不能事事，悉决于季子絛。凡京所判，皆絛为之，且代京入奏。每造朝，侍从以下皆迎揖，呫嗫耳语，堂吏数十人，抱案后从，由是恣为奸利，窃弄威柄，骤引其妇兄韩梠为户部侍郎，媒蘖密谋，斥逐朝士，创宣和库式贡司，四方之金帛与府藏之所储，尽拘括以实之，为天子之私财。宰臣白时中、李邦彦惟奉行文书而已，既不能堪，兄攸亦发其事，上怒，欲窜之，京力丐免，特勒停侍养，而安置韩梠黄州。未几，褫絛侍读，毁赐出身敕，而京亦致仕。方时中等白罢絛以撼京，京殊无去意。帝呼童贯使诣京，令上章谢事，贯至，京泣曰：“上何不容京数年，当有相谗谮者。”贯曰：“不知也。”京不得已，以章授贯，帝命词臣代为作三表请去，乃降制从之。

钦宗即位，边遽日急，京尽室南下，为自全计。天下罪京为六贼之首，侍御史孙觌等始极疏其奸恶，乃以秘书监分司南京，连贬崇信、庆远军节度副使，衡州安置，又徙韶、儋二州。行至潭州死，年八十。

京天资凶谲，舞智御人，在人主前，颛狙伺为固位计，始终一说，谓当越拘挛之俗，竭四海九州之力以自奉。帝亦知其奸，屡罢屡起，且择与京不合者执政以枨之。京每闻将退免，辄入见祈哀，蒲伏扣头，无复廉耻。燕山之役，京送攸以诗，阳寓不可之意，冀事不成得以自解。见利忘义，至于兄弟为参、商，父子如秦、越。暮年即家为府，营进之徒，举集其门，输货僮隶得美官，弃纪纲法度为虚器。患失之心无所不至，根株结盘，牢不可脱。卒致宗社之祸，虽谴死道路，天下犹以不正典刑为恨。

子八人，儵先死，攸、翛伏诛，絛流白州死，鞗以尚帝姬免窜，余子及诸孙皆分徙远恶郡。

【译文】

蔡京字元长，是兴化仙游人。考中熙宁三年进士，调任钱塘县尉、舒州推官，多次升迁以后，担任起居郎。出使辽国回来，拜为中书舍人。当时他的弟弟蔡卞已经是舍人，依照惯例，入官以先后为顺序，蔡卞就请求位居蔡京之下。兄弟二人一同掌管诏书命令，朝廷以他们为荣。改任龙图阁待制，负责开封府事务。

元丰末年，大臣们商议拥立储君，蔡京附和蔡确的主张，准备构陷王珪，以便贪图决策之功，没有达到目的。司马光执政，恢复差役法，限期五天，同僚们认为（时间）太紧迫，蔡京独自在期限内恢复，全部改变京师附近各县的雇人服役，没有一个违抗的。来到政事堂告诉司马光，司马光高兴地说："假如每个人都像你一样执法，有什么不能实行的！"不久，御史台、谏院说蔡京挟邪坏法，因而被调出京师，负责成德军事务，后来改任瀛州知州，又徙往成都。谏官范祖禹评论蔡京不能承担重任，于是改任江、淮、荆、浙发运使，又改任扬州知州。在郓、永兴军任过职，晋升为龙图阁直学士，又担任成都府知府。

绍圣初年，入京代理户部尚书。章惇恢复变役法，设立机构讨论，很久不能决定。蔡京对章惇说："施行熙宁年间的办法就可以，为什么讨论它呢？"章惇认为他说得对，雇役法于是制定了。差役、雇役两法，司马光、章惇两人的意见相左。十年时间，蔡京两次处理这件事，成功易于反掌，（他与章惇）两人相互依靠，知道内情的人从此事看出了他的奸诈。

蔡卞拜为右丞，让蔡京担任翰林学士兼侍读，修撰国史。文及甫的案子发生后，命令蔡京严厉查办，蔡京抓捕内侍张士良，让他陈述陈衍事件的情形，随即认为是大逆不道，将陈衍杀头，并且弹劾刘挚、梁焘。陈衍死后，二人也被贬而死，都禁锢子孙，（永远不得荐举和提拔）。王岩叟、范祖禹、刘安石又被贬往远地。蔡京希图执政职位，曾布掌管枢密院，忌恨他，秘密地说蔡卞将要位居承辖，蔡京不能同时晋升，只能进位承旨。

徽宗即位，蔡京被罢官，担任端明、龙图两学士，太原郡郡守，皇太后命令徽宗将蔡京留下来完成修史之事。过了几个月，谏官陈瓘说蔡京拉拢近侍，陈瓘被斥责，蔡京也出京担任江宁知府，蔡京心里大为不快，拖延时间不去赴任。御史陈次升、龚夬、陈师锡交相评论他的坏行为，于是剥夺了蔡京的职务，让他担任洞霄宫提举，居住在杭州。

童贯凭供奉官的身份来到三吴访求书画和奇巧之物，滞留在杭州几个月，蔡京和他游玩，不分白天黑夜。凡是画的屏障、扇带一类的东西，童贯每天都送往宫中，并且附带送上一些奏章，因此徽宗对蔡京特别留意。太学博士范致虚一向和左街道录徐知常友好，徐知常因为会使用符水而得以出入元符后宫殿，范致虚和他交往密切，说出自己平日的意见，认为不任用蔡京作宰相，不可能有所作为。不久，宫中的宫女、宦官异口同声称颂蔡京，随即提升范致虚为右正言，起用蔡京为定州知州。崇仁元年，迁徙到大名府。韩忠彦和曾布结仇，阴谋拉拢蔡京帮助自己，便任用他为学士承旨。徽宗有意沿袭熙宁、咸丰年间的政事，起居舍人邓洵武是蔡京的死党，撰写《爱莫助之图》献给徽宗，徽宗于是决定重用蔡京。韩忠彦罢官，蔡京被任命为尚书左丞，不久接替曾布担任右仆射。制书下达的那一天，在延和殿赐坐，命令他说："神宗创法立制，先帝继承，两次遭遇变革，国家大政方针未定。我想继承父兄的志向，你用什么来指教我？"蔡京叩头谢恩，表示誓死效力。二年正月，他又被晋升为左仆射。

蔡京从被朝廷贬谪、放逐之臣起家，一旦得志，天下之人对他拭目以待，而蔡京却暗中借"绍述"名义，钳制徽宗，用条例司的惯例，即在都省设置讲义司，自己作提举，让他的党羽吴居厚、王汉之十余人担任僚属，将政事中那些重要的大事，如宗室、冗官、国家用度、商旅、盐泽、赋调、地方长官，每一件事分给三个人负责。凡是他所创设和所实施的，都由这里决定。他采纳冯澥、钱遹的建议，废掉元祐皇后。罢去科举法，命令州县全部仿效太学三舍考试的办法选拔人才，建议在城南设立雍外学，来接待四方之士。在天下推行方田法。在江、淮等七路推行茶叶专卖，官府自己交易。全部改变盐钞法，凡是旧钞都不得使用，曾经拥有数十万缗钱的富商大贾，(由于他的规定)一下子变成了流民乞丐，甚至有投水自尽和上吊身亡的。提点淮东刑狱章縡见此情形非常悲痛，上书说改法误民，蔡京大怒，削夺了他的官职，借冶铸以一当十的大钱，极力陷害章縡的几个弟弟。御史沈畸等被任用办案，没有符合蔡京的心意，被停职、削职的有六个人。陈瓘的儿子陈正瓘因为上书，被刺字发配到海岛。

在南方开拓黔中，修筑靖州。辰溪徭造反，杀死溆浦县县令，蔡京重赏招募勇士，规定杀死一个首领的人，赐给三百匹帛，并给予官职，并且不追究事情的经过。荆南郡守马瑊说："有生徭，有省地徭，现在不知道造反的是什么种族，倘若按首级行赏，恐怕无法避免滥杀无辜。"蒋之奇掌管枢密院，害怕违背蔡京的意思，说马瑊不能体谅国家，蔡京罢免马瑊，命令舒亶接替他(担任荆南郡守)，规定剿灭杀尽各种徭人的日期。向西收回湟川、鄯、廓，攻取了牂牁、夜郎等地方。

提拔童贯领节度使，后来杨戬、蓝从熙、谭稹、梁师成都跟随蔡京。凡是托人传送资财的，蔡京都替他们转行，(任命官职)，前代的法规荡然无存。又想要掌握兵权，让士人都归附于自己，便将澶、郑、曹、拱改建为四辅，各自屯兵二万，任用姻亲宋乔年、胡师文担任郡守。禁兵夜间巡捕，每月给五百钱，骤然增加了十倍，以便牢牢地掌控他们。利用手中权力作威作福，朝中内外没有人敢议论，多次升官为司空，被封为嘉国公。

蔡京富贵以后更加贪婪，已经接受仆射的俸禄，又拿支司空寄禄钱，像粟、豆、柴薪和随从的人的粮食赏赐，仍像原来一样，当时都折算支付，他却按食物发给，等到写到书面奏请中，却又按折算支付，徽宗不知道(其中的真情)。

这时，元祐时的群臣被贬、流放或者死亡已经没有几个人了，蔡京还不满意，命令按罪状分出等级，首先是司马光，被视为奸党，在文德殿门边的石上刻上他们的姓名，又亲自书写大碑，颁发到郡国。元符末年因日食请求进谏，进谏的人大多谈到熙宁、绍圣年间的朝政，因此又将范柔中以下的人定为邪等，名字在奸党、邪等两籍的一共三百零九人，都禁锢他们的子孙，不得在京师及其附近为官。五年，(蔡京)进位司空、开府仪同三司、安远军节度使，改封魏国。

当时天下承平已久，仓库充实，蔡京倡导“丰享豫大”之说，把官爵财物视若粪土，几代所积蓄的东西像扫地一样被浪费掉。徽宗曾经大宴，拿出玉戋、玉卮给辅臣看时，说：“想用它们，担心有人认为太华丽。”蔡京说：“我过去出使契丹，见到的玉盘戋，都是石勒、西晋时的东西，拿出来向我夸耀，说南方的朝廷没有这种物品。现在用它们祝寿，在礼节上讲没有嫌言。”徽宗说：“先帝造一小台，花费很少，上封奏的人却很多，我很害怕他们议论此事，这个器物已经准备很久了，假如人们的言论再一次出现，时间久了，就没法辩解。”蔡京说：“事情倘若符合礼义，很多人谈论也不可怕。陛下应当享受天下的奉献，小小的玉器，有什么值得计较！”

五年正月，彗星在西方出现，它的长度遮蔽了整个天空。徽宗因为言论毁坏朋党碑，凡是蔡京所建立、设置的，一概罢除。蔡京被免职，出任开府仪同三司、中太乙宫使。他的党羽暗中向徽宗求助，大观元年，又被拜为左仆射。因为南丹贡献土地，蔡京被越级提拔为太尉；接受八宝，拜为太师。

三年，台谏互相议论蔡京的坏行为，于是退休。但还负责编撰《哲宗实录》，改封楚国，朔望日上朝。太学生陈朝老上疏追述蔡京所做坏事。共十四事，说：轻慢上帝，欺骗君父，结交得力靠山，轻视爵位俸禄，扩大花费，变更法令制度，轻易制作，喜欢阿谀奉承，钳制台谏，提拔近亲、党羽，擅长奔走游说，崇尚佛教、道教，大兴土木，自夸有远大谋略。请求将他驱逐到边远地区，让他去抵御山林中害人的妖怪。他的上书一传出，士大夫们争着传抄，把他当作实录。四年五月，彗星又出现在奎、娄之间，御史张克公评论蔡京辅政八年，权势震惊海内，轻易赏赐，消耗国家用度，依靠出卖官爵来树立私恩，役使将作匠修缮自己居室，使用漕运的船只运输花木石头。名义上是为祝福圣上而修塔，(实际上是)用来使临平山壮观；借口灌溉田地放水，来应验“兴化”的谶语。(蔡京崇信佛、道二教)法名叫退送，门号叫朝京。方田法扰乱安居乐业的百姓，监狱集中了从郡国迁徙来的恶民。图谋不轨、不忠诚，总共有几十件事。从前御史中丞石公弼、侍御史毛注多次弹劾蔡京，没有回音，到这时，蔡京终于被贬为太子少保，出居杭州。

政和二年，蔡京被召回京师，再一次辅佐朝政，徙封鲁国，三天去一次都堂治事。蔡京被贬后，朝廷内外学官有很多以时政为题考察士人的。提举淮西学士苏棫想自己被任用为官，就进献言论，请求追索五年间的策问，核对他们所询问的，用来观察他们的向背，于是被滞留不升、获罪的有三十多人。

从前国家制度，凡是诏令都由中书、门下两省商讨，然后命令学士撰写。到了熙宁年间，在宫内下达的手诏不经过中书、门下会商，大概是大臣中有暗地里从中撰写的。到蔡京（当政）时，又担心谏官非议自己，所以假装皇帝的口气秘密进献，而后请求徽宗亲自书写下达，说是徽宗亲手下诏，违反的人依照违制叛罪。事情无论大小，都假托（徽宗的意思）施行，以至有不像徽宗书写的文札的，群臣下级不敢说。由此贵戚、近臣争相请托，以至命中人杨球代替书写，号称“书杨”，蔡京又认为不妥，然而已经无法制止了。

不久，改定官名，将仆射改为太、少宰，自称公相，总管治理三省。追封王安石、蔡确为王，减省官吏，不再确定名额，到五品都以百计数，有一个人身兼十余个官职。侍御史黄葆光议论这件事，当即被贬黜到昭州。提拔故吏魏伯刍管理专买物资，被告发违令而没收一百万缗钱券，徽宗十分高兴，把钱券拿给身边的人看，说：“这是太师给我进献的物品。”提拔魏伯刍担任徽猷阁待制。

蔡京每次都对徽宗说，现在所积累剩余的钱币有五千万，和顺足够广泛享乐，富裕足够完备礼仪，于是铸造九鼎，修造明堂，挖掘方泽，建立道观，作《大晟乐》，制定命宝。任用孟昌龄为都水使者，开凿大伍三山，修造天成、圣功二桥，大兴工役，至少用工四十万。两河的老百姓，愁眉不展，无法生存，而蔡京俨然自比为稷、契、周公、召公。又想扩建宫室来求得徽宗的宠爱和谄媚，召集童贯之流五人，唆使他们申述宫中狭窄的情况。童贯等都听从使命，各尽其力，竞相崇尚奢侈华丽，因而延福宫、景龙江的徭役就兴起来了。宫殿渐渐接近艮岳了。

蔡京的儿子蔡攸、蔡儵、蔡翛，蔡攸的儿子蔡行，都官至大学士，被视为执政。蔡鞗娶了茂德帝女儿。徽宗七次到他家中，赏赐的东西无数。命令坐传觞，简略地用家人的礼节，厮养的人做大官，媵妾被封为夫人，然而，公论更加不平，徽宗也因受到压抑而鄙薄他。

宣和二年，命令他退休，六年，因为朱勔的举荐，蔡京被再次起用，负责三省。蔡京到这时是四次掌理国家大事，两眼都发昏了，不能处理政务，全部由第三子蔡絛代为决断。凡是蔡京的决定，都是蔡絛作的，并且由蔡絛代替蔡京入宫上奏。每次上朝，侍从以下都迎接作揖，附耳轻语，堂吏数十人，抱着案卷在后面跟随，从此放肆为奸，窃取国家权柄，立刻举荐他妻子的哥哥韩梠为户部侍郎，密谋构陷、诬害、排斥、驱逐朝中士人，设置宣和库式贡司，四方的金帛和官府的储蓄，全部搜括来充实库式贡司，作为天子的私财。宰相白时中、李邦彦虽只奉行文书，但已经无法忍受蔡絛，他的兄长蔡攸也告发他的事，徽宗恼怒，想贬黜他，蔡京极力请求，总算侥幸豁免，特地勒令他停职侍养，安置韩梠前往黄州居住。不久，又解除蔡絛侍读，撕毁赐出身的敕令，而且命蔡京也退休。当时白时中等说罢免蔡絛来震撼蔡京，可是蔡京却全无退位之意。徽宗叫童贯到蔡京家，命令他上奏章谢绝事务，童贯到了，蔡京哭着说："陛下怎么不再容我几年，一定是有进谗言的人。"童贯说："不知道。"蔡京没有办法，把奏章交给童贯，徽宗命令词臣替他作三表，请求去职，然后颁布制书听从。

钦宗即位，边境一天天告急，蔡京全家南下，为保全自己做打算。天下判蔡京罪，认为他是"六贼"之首，侍御史孙觌等开始上书极力指责蔡京的奸邪险恶，于是让秘书监分机构到南京，接连贬黜蔡京为崇信、庆远军节度副使，在衡州安置，又迁徙到韶、儋二州。当他行走到潭州时，病死了，终年八十岁。

蔡京天资狡诈凶恶，玩弄权术，驾驭别人，在人主面前，擅长窥伺（皇帝的内心），为巩固自己的官位着想，始终奉行一说，认为应该超越拘束的习俗，竭尽四海九州的力量保护自己。徽宗也知道他奸诈，多次罢黜，多次提拔他，并且选拔和蔡京不合的人执政，来遏止他。蔡京每次听说将要退位、免职，就入宫见徽宗，祈求哀叹，跪在地上叩头，没有廉耻之心。燕山之役，蔡京送给蔡攸诗歌，暗中寓意不可的意思，希望事情不成功，能得以自我解脱。见利忘义，以至兄弟像参、商，父子像秦国、越国一样。晚年把家变为府，谋求进纳的人全都聚集在他家门口，输送钱货，僮隶也可得到美官，废弃纲纪法度，把它们视为虚器。担心失势无所不用其极。各种关系盘根错节，牢固得不能摆脱。终于招致宗社的灾祸，虽然死在贬谪的道路上，天下的人还以其未能明正典刑为恨。

儿子八人，蔡攸先死，蔡攸、蔡翛被杀，蔡絛流放白州而死，蔡鞗因为娶了皇帝女儿免遭贬黜，其余儿子及孙子都分别被迁徙到边远荒凉的郡县。

宋史卷四百七十三

秦桧列传第二百三十二

秦桧字会之，江宁人。登政和五年第，补密州教授。继中词学兼茂科，历太学学正。靖康元年，金兵攻汴京，遣使求三镇，桧上兵机四事：一言金人要请无厌，乞止许燕山一路；二言金人狙诈，守御不可缓；三乞集百官详议，择其当者载之誓书；四乞馆金使于外，不可令入门及引上殿。不报。除职方员外郎。寻属张邦昌为干当公事，桧言："是行专为割地，与臣初议矛盾，失臣本心。"三上章辞，许之。

时议割三镇以弭兵，命桧借礼部侍郎与程瑀为割地使，奉肃王以往。金师退，桧、瑀至燕而还。御史中丞李回、翰林承旨吴开共荐桧。拜殿中侍御史，迁左司谏。王云、李若水见金二酋归，言金坚欲得地，不然，进兵取汴京。十一月，集百官议于延和殿，范宗尹等七十人请与之，桧等三十六人持不可。未几，除御史中丞。

闰十一月，汴京失守，二帝幸金营。二年二月，莫俦、吴开自金营来，传金帅命推立异姓。留守王时雍等召百官军民共议立张邦昌，皆失色不敢答，监察御史马伸言于众曰："吾曹职为争臣，岂容坐视不吐一辞？当共入议状，乞存赵氏。"时桧为台长，闻伸言以为然，即进状曰：

> 桧荷国厚恩，甚愧无报。今金人拥重兵，临已拔之城，操生杀之柄，必欲易姓，桧尽死以辨，非特忠于主也，且明两国之利害尔。赵氏自祖宗以至嗣君，百七十馀载。顷缘奸臣败盟，结怨邻国，谋臣失计，误主丧师，遂致生灵被祸，京都失守，主上出郊，求和军前。两元帅既允其议，布闻中外矣，且空竭帑藏，追取服御所用，割两河地，恭为臣子，今乃变易前议，人臣安忍畏死不论哉？
>
> 宋于中国，号令一统，绵地万里，德泽加于百姓，前古未有。虽兴亡之命在天有数，焉可以一城决废立哉？昔西汉绝于新室，光武以兴；东汉绝于曹氏，刘备帝蜀；唐为朱温篡夺，李克用犹推其世序而继之。盖基广则难倾，根深则难拔。
>
> 张邦昌在上皇时，附会权幸，共为蠹国之政。社稷倾危，生民

涂炭，固非一人所致，亦邦昌为之也。天下方疾之如仇雠，若付以土地，使主人民，四方豪杰必共起而诛之，终不足为大金屏翰。必立邦昌，则京师之民可服，天下之民不可服；京师之宗子可灭，天下之宗子不可灭。桧不顾斧钺之诛，言两朝之利害，愿复嗣君位以安四方，非特大宋蒙福，亦大金万世利也。

金人寻取桧诣军前。三月，金人立邦昌为伪楚。邦昌遗金书请还孙傅、张叔夜及桧，不许。初，二帝北迁，桧与傅、叔夜、何㮚、司马朴从至燕山，又徙韩州。上皇闻康王即位，作书贻粘罕，与约和议，俾桧润色之。桧以厚赂达粘罕。会金主吴乞买以桧赐，其弟挞懒为任用，挞懒攻山阳，建炎四年十月甲辰，桧与妻王氏及婢仆一家，自军中取涟水军水砦航海归行在。丙午，桧入见。丁未，拜礼部尚书，赐以银帛。

桧之归也，自言杀金人监己者奔舟而来。朝士多谓桧与㮚、傅、朴同拘，而桧独归；又自燕至楚二千八百里，逾河越海，岂无讥诃之者，安得杀监而南？就令从军挞懒，金人纵之，必质妻属，安得与王氏偕？惟宰相范宗尹、同知枢密院李回与桧善，尽破群疑，力荐其忠。未对前一日，帝命先见宰执。桧首言"如欲天下无事，南自南，北自北"，及首奏所草与挞懒求和书。帝曰："桧朴忠过人，朕得之喜而不寐。盖闻二帝、母后消息，又得一佳士也。"宗尹欲处之经筵，帝曰："且与一事简尚书。"故有礼部之命。从行王安道、冯由义、水砦丁禩及参议官并改京秩，舟人孙靖亦补承信郎。始，朝廷虽数遣使，但且守且和，而专与金人解仇议和，实自桧始。盖桧在金庭首唱和议，故挞懒纵之使归也。

绍兴元年二月，除参知政事。七月，宗尹罢。先是，范宗尹建议讨论崇宁、大观以来滥赏，桧力赞其议，见帝意坚，反以此挤之。宗尹既去，相位久虚。桧扬言曰："我有二策，可耸动天下。"或问何以不言，桧曰："今无相，不可行也。"八月，拜右仆射、同中书门下平章事兼知枢密院事。九月，吕颐浩再相，桧同秉政，谋夺其柄，风其党建言："周宣王内修外攘，故能中兴，今二相宜分任内外。"颐浩遂建都督府于镇江。帝曰："颐浩专治军旅，桧专理庶务，如种、蠡之分职可也。"

二年，桧奏置修政局，自为提举，参知政事翟汝文同领之。未几，桧面劾汝文擅治堂吏，汝文求去；谏官方孟卿一再论之，汝文竟罢。监察御史刘一止，桧党也，言："宣王内修，修其所谓外攘之政而已。今簿书狱讼、官吏差除、土木营缮俱非所当急者。"屯田郎会统亦谓桧曰：

“宰相事无不统，何以局为？”桧皆不听。既而有议废局以摇桧者，一止及检讨官林待聘皆上疏言不可废。七月，一止出台，除起居郎，盖自叛其说，识者笑之。

颐浩自江上还，谋逐桧，有教以引朱胜非为助者。诏以胜非同都督。给事中胡安国言胜非不可用，胜非遂以醴泉观使兼侍读。安国求去，桧三上章留之，不报。颐浩寻以黄龟年为殿中侍御史，刘棐为右司谏，盖将逐桧。于是江跻、吴表臣、程瑀、张焘、胡世将、刘一止、林待聘、楼炤并落职予祠，台省一空，皆桧党也。桧初欲倾颐浩，引一时名贤如安国、焘、瑀辈布列清要。颐浩问去桧之术于席益，益曰：“目为党可也。今党魁胡安国在琐闼，宜先去之。”盖安国尝问人材于游酢，酢以桧为言，且比之荀文若。故安国力言桧贤于张浚诸人，桧亦力引安国。至是，安国等去，桧亦寻去。桧再相误国，安国已死矣。黄龟年始劾桧专主和议，沮止恢复，植党专权，渐不可长，至比桧为莽、卓。八月，桧罢，乃为观文殿学士，提举江州太平观。

前一日，上召直学士院綦崈礼入对，示以桧所陈二策，欲以河北人还金国，中原人还刘豫。帝曰：“桧言‘南人归南，北人归北’。朕北人，将安归？桧又言‘为相数月，可耸动天下’，今无闻。”崈礼即以上意载训辞，播告中外，人始知桧之奸。龟年等论桧不已，诏落职，榜朝堂，示不复用。三年，韩肖胄等使还，洎金使李永寿、王翊偕来，求尽还北俘，与桧前议吻合。识者益知桧与金人共谋，国家之辱未已也。

五年，金主既死，挞懒主议，卒成其和。二月，复资政殿学士，仍旧宫祠。六月，除观文殿学士、知温州。六年七月，改知绍兴府。寻除醴泉观使兼侍读，充行宫留守；孟庾同留守，并权赴尚书、枢密院参决庶事。时已降诏将行幸，桧乞扈从，不许。帝驻跸平江，召桧赴行在，用右相张浚荐也。十二月，桧以醴泉观兼侍读赴讲筵。七年正月，何藓使金还，得徽宗及宁德后讣，帝号恸发丧，即日授桧枢密使，恩数视宰臣。四月，命王伦使金国迎奉梓宫。

九月，浚求去，帝问：“谁可代卿？”浚不对。帝曰：“秦桧何如？”浚曰：“与之共事，始知其暗。”帝曰：“然则用赵鼎。”鼎于是复相。台谏交章论浚，安置岭表。鼎约同列救解，与张守面奏，各数千百言，桧独无一语。浚遂谪永州。始，浚、鼎相得甚，浚先达，力引鼎。尝共论人才，浚剧谈桧善，鼎曰：“此人得志，吾人无所措足矣！”浚不以为然，故引桧，共政方知其暗，不复再荐也。桧因此憾浚，反谓鼎曰："上欲召公，而张相迟留。"盖怒鼎使挤浚也。桧在枢府惟听鼎，鼎素恶桧，由是反深信之，卒为所倾。鼎与浚晚遇于闽，言及此，始知皆为桧所卖。

十一月，奉使朱弁以书报粘罕死，帝曰："金人暴虐，不亡何待？"桧曰："陛下但积德，中兴固有时。"帝曰："此固有时，然亦须有所施为，然后可以得志。"

八年三月，拜右仆射、同中书门下平章事兼枢密使。吏部侍郎晏敦复有忧色，曰："奸人相矣。"五月，金遣乌陵思谋等来议和，与王伦偕至。思谋即宣和始通好海上者。议以吏部侍郎魏矼馆伴，矼辞曰："顷任御史，尝言和议之非，今不可专对。"桧问矼所以不主和，矼备言敌情。桧曰："公以智料敌，桧以诚待敌。"矼曰："第恐敌不以诚待相公尔。"桧乃改命。六月，思谋等入见。帝愀然谓宰相曰："先帝梓宫，果有还期，虽待二三年尚庶几。惟是太后春秋高，朕旦夕思念，欲早相见，此所以不惮屈己，冀和议之速成也。"桧曰："屈己议和，此人主之孝也。见主卑屈，怀愤不平，此人臣之忠也。"帝曰："虽然，有备无患，使和议可成，边备亦不可弛。"

十月，宰执入见，桧独留身，言："臣僚畏首尾，多持两端，此不足与断大事。若陛下决欲讲和，乞颛与臣议，勿许群臣预。"帝曰："朕独委卿。"桧曰："臣亦恐未便，望陛下更思三日，容臣别奏。"又三日，桧复留身奏事，帝意欲和甚坚，桧犹以为未也，曰："臣恐别有未便，欲望陛下更思三日，容臣别奏。"帝曰："然。"又三日，桧复留身奏事如初，知上意确不移，乃出文字乞决和议，勿许群臣预。

鼎力求去位，以少傅出知绍兴府。初，帝无子。建炎末，范宗尹造膝有请，遂命宗室令廌择艺祖后，得伯琮、伯玖入宫，皆艺祖七世孙。伯琮改名瑗，伯玖改名璩。瑗先建节，封建国公。帝谕鼎专任其事。又请建资善堂，鼎罢，言者攻鼎，必以资善为口实。及鼎、桧再相，帝出御札，除璩节度使，封吴国公。执政聚议，枢密副使王庶见之，大呼曰："并后匹嫡，此不可行。"鼎以问桧，不答。桧更问鼎，鼎曰："自丙辰罢相，议者专以此藉口，今当避嫌。"约同奏面纳御笔，及至帝前，桧无一语。鼎曰："今建国在上，名虽未正，天下之人知陛下有子矣。今日礼数不得不异。"帝乃留御笔俟议。明日，桧留身奏事。后数日，参知政事刘大中参告，亦以此为言。故鼎与大中俱罢。明年，璩卒授保大军节度使，封崇国公。故鼎入辞，劝帝曰："臣去后，必有以孝弟之说胁制陛下者。"出见桧，一揖而去，桧亦憾之。

鼎既去，桧独专国，决意议和。中朝贤士，以议论不合，相继而去。于是，中书舍人吕本中、礼部侍郎张九成皆不附和议，桧谕之使优游委曲，九成曰："未有枉己而能正人者。"桧深憾之。殿中侍御史张戒上疏乞留赵鼎，又陈十三事论和议之非，忤桧。王庶与桧尤不合，自淮西入枢庭，始终言和议非是，疏凡七上，且谓桧曰："而忘东都欲存赵氏时，何遗此敌邪？"桧方挟金人自重，尤恨庶言，故出之。

枢密院编修官胡铨上疏，愿斩桧与王伦以谢天下。于是上下汹汹。桧谬为解救，卒械送铨贬昭州。陈刚中以启贺铨，桧大怒，送刚中吏部，差知赣州安远县。赣有十二邑，安远滨岭，地恶瘴深，谚曰："龙南、安远，一去不转。"言必死也。刚中果死。寻以铨事戒谕中外。既而校书郎许忻、枢密院编修官赵雍同日上疏，犹祖铨意，力排和议。雍又欲正南北兄弟之名，桧亦不能罪。曾开见桧，言今日当论存亡，不当论安危。桧骇愕，遂出之。司勋员外郎朱松、馆职胡珵、张扩、凌景夏、常明、范如圭同上一疏言："金人以和之一字得志于我者十有二年，以覆我王室，以驰我边备，以竭我国力，以懈缓我不共戴天之仇，以绝望我中国讴吟思汉之赤子，以诏谕江南为名，要陛下以稽首之礼。自公卿大夫至六军万姓，莫不扼腕愤怒，岂肯听陛下北面为仇敌之臣哉！天下将有仗大义，问相公之罪者。"后数日，权吏部尚书张焘，吏部侍郎晏敦复、魏矼，户部侍郎李弥逊、梁汝嘉，给事中楼炤，中书舍人苏符，工部侍郎萧振，起居舍人薛徽言同班入奏，极言屈己之礼非是。新除礼部侍郎尹焞独上疏，且移书切责桧，桧始大怒，焞于是固辞新命不拜。奉礼郎冯时行召对，言和议不可信，至引汉高祖分羹事为喻。帝曰："朕不忍闻。"颦蹙而起。桧乃谪时行知万州，寻亦抵罪。中书舍人勾龙如渊抗言于桧曰："邪说横起，胡不择台官击去之。"桧遂奏如渊为御史中丞，首劾铨。

金使张通古、萧哲以诏谕江南为名，桧犹恐物论咎己，与哲等议，改江南为宋，诏谕为国信。京、淮宣抚处置使韩世忠凡四上疏力谏，有"金以刘豫相待"之语，且言兵势重处，愿以身当之，不许。哲等既至泗州，要所过州县迎以臣礼，至临安日，欲帝待以客礼，世忠益愤，再疏言："金以诏谕为名，暗致陛下归顺之义，此主辱臣死之时，愿效死战以决胜败。若其不克，委曲从之未晚。"亦不许。哲等既入境，接伴使范同再拜问金主起居，军民见者，往往流涕。过平江，守臣向子諲不拜，乞致仕。哲等至淮安，言先归河南地，且册上为帝，徐议余事。

桧至是欲上行屈己之礼，帝曰："朕嗣守太祖、太宗基业，岂可受金人封册。"会三衙帅杨沂中、解潜、韩世良相率见桧曰："军民汹汹，若之何？"退，又白之台谏。于是勾龙如渊、李谊数见桧议国书事，如渊谓得其书纳之禁中，则礼不行而事定。给事中楼炤亦举"谅阴三年不言"事以告桧，于是定桧摄冢宰受书之议。帝亦切责王伦，伦谕金使，金使亦惧而从。帝命桧即馆中见哲等受其书。金使欲百官备礼，桧使省吏朝服导从，以书纳禁中。先一日，诏金使来，将尽割河南、陕西故地，又许还梓宫及母兄亲族，初无需索。以参知政事李光素有时望，俾押和议膀以镇浮言。又降御札赐三大将。

九年，金人归河南、陕西故地，以王伦签书枢密院事，充迎奉梓宫、奉还两宫、交割地界使，蓝公佐副之。判大宗正事士㒟、兵部侍郎张焘朝八陵。帝谓宰执曰："河南新复，宜命守臣专抚遗民，劝农桑，各因其地以食，因其人以守，不可移东南之财，虚内以事外。"帝虽听桧和而实疑金诈，未尝弛备也。

时张浚在永州，驰奏，力言以石晋、刘豫为戒，复遗书孙近，以"帝秦之祸，发迟而大"。徐俯守上饶，连南夫帅广东，岳飞宣抚淮西，皆因贺表寓讽。俯曰："祸福倚伏，情伪多端。"南夫曰："不信亦信，其然岂然？虽虞舜之十二州，皆归王化；然商于之六百里，当念尔欺！"飞曰："救暂急而解倒悬，犹之可也；欲长虑而尊中国，岂其然乎？"他如秘书省正字汪应辰樊光远、澧州推官韩紃、临安府司户参军毛叔庆，皆言金人叵测；迪功郎张行成献《询尧书》二十篇，大意言自古讲和，未有终不变者，条具者皆豫备之策。桧悉加黜责；紃贬循州。

七月，兀术杀其领三省事宗磐及左副元帅挞懒，拘王伦于中山府。盖兀术以归地为二人所主，将有他谋也。伦尝密奏于朝，桧不之备，但趣伦进。时韩世忠有乘懈掩击之请，桧言《春秋》不伐丧，与帝意合，遂已。

十年，金人果败盟，分四道入侵。兀术入东京，葛王褎取南京，李成取西京，撒离喝趋永兴军。河南诸郡相继陷没。帝始大怪，下诏罪状兀术。御史中丞王次翁奏曰："前日国是，初无主议。事有小变，则更用他相，后来者未必贤，而排黜异党，纷纷累月不能定，愿陛下以为至戒。”帝深然之。桧力排群言，始终以和议自任，而次翁谓无主议者，专为桧地也。于是桧位复安，据之凡十八年，公论不能撼摇矣。

六月，桧奏曰：“德无常师，主善为师。臣昨见挞懒有割地讲和之议，故赞陛下取河南故疆。今兀术戕其叔挞懒，蓝公佐归，和议已变，故赞陛下定吊伐之计。愿至江上谕诸帅同力招讨。”卒不行。闰六月，贬赵鼎兴化军，以王次翁受桧旨，言其规图复用也。言者不已，寻窜潮州。

时张浚克亳州，王胜克海州，岳飞克郾城，几获兀术。张浚战胜于长安，韩世忠胜于泇口镇，诸将所向皆奏捷，而桧力主班师。九月，诏飞还行在，沂中还镇江，光世还池州，锜还太平。飞军闻诏，旗靡辄乱，飞口呿不能合。于是淮宁、蔡、郑复为金人有。以明堂恩封桧莘国公。十一年，兀术再举，取寿春，入庐州，诸将邵隆、王德、关帅古等连战皆捷。杨沂中战拓皋，又破之。桧忽谕沂中及张浚遽班师。韩世忠闻之，止濠州不时；刘锜闻之，弃寿春而归。自是不复出兵。

四月，桧欲尽收诸将兵权，给事中范同献策，桧纳之。密奏召三大将论功行赏，韩世忠、张浚并为枢密使，岳飞为副使，以宣抚司军隶枢密院。六月，拜左仆射、同中书门下平章事兼枢密使，进封庆国公。《徽宗实录》成，迁少保，加封冀国公。先是，莫将、韩恕使金，拘于涿州。至是，兀术有求和意，纵之归。桧复奏遣刘光远、曹勋使金，又以魏良臣为通问使。未几，良臣偕金使萧毅等来，议以淮水为界，求割唐、邓二州。寻遣何铸报聘，许之。

十月，兴岳飞之狱。桧使谏官万俟卨论其罪，张俊又诬飞旧将张宪谋反，于是飞及子云俱送大理寺，命御史中丞何铸、大理卿周三畏鞫之。十一月，贬李光藤州，范同罢参知政事。同虽附和议，以自奏事，桧忌之也。十二月，杀岳飞。桧以飞屡言和议失计，且尝奏请定国本，俱与桧大异，必欲杀之。铸、三畏初鞫，久不伏；卨入台，狱遂上。诬飞尝自言“已兴太祖皆三十岁建节”为指斥乘舆，受诏不救淮西罪，赐死狱中。子云及张宪杀于都市。天下冤之，闻者流涕。飞之死，张浚有力焉，语在《飞传》。

十二年，胡铨再编管新州。八月，徽宗及显肃、懿节二梓宫至行在。太后还慈宁宫。九月，加太师，进封魏国公。十月，进封秦、魏两国公。桧以封两国与蔡京、童贯同，请改封母为秦、魏国夫人。子熺举进士，馆客何溥赴南省，皆为第一。嬉本王唤孽子，桧妻唤妹，无子，唤妻贵而妒，桧在金国，出熺为桧后。桧还，其家以熺见，桧喜甚。桧幸和议复成，益咎前日之异己者。先是，赵鼎贬潮州，王庶贬道州，胡铨再贬新州。至是，皆遇赦永不检举。曾开、李弥逊并落职。张俊本助和议，居位岁余无去意，桧讽江邈论罢之。

十三年，贺瑞雪，贺雪自桧始。贺日食不见，是后日食多书不见。彗星常见，选人康倬上书言彗星不足畏，桧大喜，特改京秩。楚州奏盐城县海清，桧请贺，帝不许。知虔州薛弼言木内有文曰"天下太平年"，诏付史馆。于是修饰弥文，以粉饰治具，如乡饮、耕籍之类节节备举，为苟安余杭之计，自此不复巡幸江上，而祥瑞之奏日闻矣。

洪皓归自金国，名节独著，以致金酋室撚语，直翰苑不一月逐去。室撚者，粘罕之左右也。初，粘罕行军至淮上，桧尝为之草檄，为室撚所见，故因皓归寄声。桧意士大夫莫有知者，闻皓语，深以为憾，遂令李文会论之。胡舜陟以非笑朝政下狱死，张九成以鼓唱浮言贬，累及僧宗杲编配，皆以语忤桧也。张邵亦坐与桧言金人有归钦宗及诸王后妃意，斥为外祠。十四年，贬黄龟年，以前尝论桧也。闽、浙大水，右武大夫白锷有"燮理乖谬"语，刺配万安军。太学生张伯麟尝题壁曰"夫差，尔忘越王杀而父乎"，杖脊刺配吉阳军。故将解潜罢官闲居，辛永宗总戎外郡，亦坐不附和议，潜窜南安死，永宗编置肇庆死。赵鼎、李光皆再窜过海。皓之罪由白锷延誉，光以在藤州唱和有讽刺及桧者，为守臣所告也。

先是，议建国公出阁，吏部尚书吴表臣、礼部尚书苏符等七人论礼与桧意异，于是表臣等以讨论不祥、怀奸附鼎皆罢。始，桧为上言：赵鼎欲立皇太子，是待陛下终无子也，宜俟亲子乃立。遂嗾御史中丞詹大方言鼎邪谋密计，深不可测，与范冲等咸怀异意，以徼无妄之福。冲尝为资善翊善，故大方诬之。其后监察御史王鐩言帝未有嗣，宜祠高谋，诏筑坛于圜丘东，皆桧意也。

台州曾惇献桧诗称"圣相"。凡投献者以皋、夔、稷、契为不足，必曰"元圣"。桧乞禁野史。又命子熺以秘书少监领国史，进建炎元年至绍兴十二年《日历》五百九十卷。熺因太后北还，自颂桧功德凡二千余言，使著作郎王扬英、周执羔上之，皆迁秩。自桧再相，凡前罢相以来诏书章疏稍及桧者，率更易焚弃，日历、时政亡失已多，是后记录皆熺笔，无复有公是非矣。冬十月，右正言何若指程颐、张载遗书为专门曲学，力加禁绝，人无敢以为非。

十五年，熺除翰林学士兼侍读。四月，赐桧甲第，命教坊乐导之入，赐缗钱金绵有差。六月，帝幸桧第，桧妻妇子孙皆加恩。桧先禁私史，七月，又对帝言私史害正道。时司马伋遂言《涑水记闻》非其曾祖光论著之书，其后李光家亦举光所藏书万卷焚之。十月，帝亲书"一德格天"扁其阁。十六年正月，桧立家庙。三月，赐祭器，将相赐祭器自桧始。

先是，帝以彗星见求言。张浚上疏，言今事势如养大疽於头目心腹之间，不决不止，愿谋为豫备。不然，异时以国与敌者，反归罪正议。桧久憾浚，至是大怒，即落浚节钺，贬连州，寻移永州。

十七年，改封桧益国公。五月，移贬洪皓于英州。八月，赵鼎死于吉阳军。是夏，先有赵鼎遇赦永不检举之旨，又令月申存亡，鼎知之，不食而卒。自鼎之谪，门人故吏皆被罗织，虽闻其死而叹息者亦加以罪。又窜吕颐浩子摭于藤州。十二月，进士施锷上《中兴颂》《行都赋》及《绍兴雅》十篇，永免文解。自此颂咏导谀愈多。赐百官喜雪御筵于桧第。

十八年，熺除知枢密院事，桧问胡宁曰："外议如何？"宁曰："以为公相必不袭蔡京之迹。"五月，李显忠上恢复策，落军职，与祠。六月，迪功郎王廷珪编管辰州，以作诗送胡铨也。闰八月，福州言民采竹实万斛以济饥。十一月，胡铨自新州移贬吉阳军，以作颂谤讪也。

十九年，帝命绘桧像，自为赞。是岁，湖、广、江西、建康府皆言甘露降，诸郡奏狱空。帝尝语桧曰："自今有奏狱空者，当令监司验实。果妄诞，即按治，仍命御史台察之。苟不惩戒，则奏甘露瑞芝之类，崇虚饰诞，无所不至。"帝虽眷桧，而不可蔽欺也如此。十二月，禁私作野史，许人告。

二十年正月，桧趋朝，殿司小校施全刺桧不中，磔于市。自是每出，列五十兵持长梃以自卫。是月，曹泳告李光子孟坚省记光所作私史，狱成，光窜已久，诏永不检举；孟坚编置峡州；朝士连坐者八人，皆落职贬秩；胡寅窜新州。泳由是骤用。五月，秘书少监汤思退奏以桧存赵氏本末付史馆。六月，嬉加少保。郑炜告其乡人福建安抚司机宜吴元美作《夏二子传》，指蚊、蝇也；家有潜光亭、商隐堂，以亭号潜光，有心于党李，堂名商隐，无意于事秦。故桧尤恶之。编管右迪功郎安诚、布衣

汪大圭，斩有荫人惠俊、进义副尉刘允中，黥径山僧清言，皆以讪谤也。时桧疾愈，朝参许肩舆，二孙扶掖，仍免拜。二十一年，朝散郎王扬英上书荐熺为相，桧奏扬英知泰州。

二十二年，又兴王庶二子之奇之荀、叶三省、杨炜、袁敏求四大狱，皆坐谤讪。炜又以尝登李光、萧振之门，言时事也。于是光永不检举，振贬池州。二十三年，桧请下台州于谢伋家取綦崈礼所受御笔缴进。桧初罢相，上有责桧语，欲泯其迹焉。是岁，进士黄友龙坐谤讪，黥配岭南；内侍裴咏坐指斥，编管琼州。二十四年二月，杨炬以弟炜旧累死宾州，炬编管邕州。何兑讼其师马伸发端上金人书乞存赵氏，为分桧功，兑编管英州。三月，桧孙敷文阁待制埙试进士举，省殿试皆为第一，桧从子焞，焴，姻党周夤、沈兴杰皆登上第，士论为之不平。考官则魏师逊、汤思退、郑仲熊、沈虚中、董德元也。师逊等初知贡举，即语人曰："吾曹可以富贵矣。"及廷试，桧又奏思退为编排，师逊为详定。埙与第二人曹冠策皆攻专门之学，张孝祥策则主一德元老且及存赵事。帝读埙策，皆桧、熺语，于是擢孝祥为第一，降埙第三。未几，埙修撰实录院，宰相子孙同领史职，前所无也。

六月，以王循友前知建康尝罪桧族党，循友安置藤州。八月，王趯为李光求内徙，趯编管辰州。郑玘、贾子展以会中有嘲谑讲和之语，玘窜容州，子展窜德庆府。方畴以与胡铨通书，编置永州。十二月，魏安行、洪兴祖以广传程瑀《论语解》，安行编置钦州，兴祖编置昭州。又窜程纬，以其慢上无礼也。

帝尝谕桧曰："近轮对者，多谒告避免。百官轮对，正欲闻所未闻，可令检举约束。"桧擅政以来，屏塞人言，蔽上耳目，凡一时献言者，非诵桧功德，则讦人语言以中伤善类。欲有言者恐触忌讳，畏言国事，仅论销金铺翠、乞禁鹿胎冠子之类，以塞责而已。故帝及之，盖亦防桧之壅蔽也。

衢州尝有盗起，桧遣殿前司将官辛立将千人捕之，不以闻。晋安郡王因入侍言之，帝大惊，问桧，桧曰："不足上烦圣虑，故不敢闻，盗平即奏矣。"退而求其故，知晋安言之，遂奏晋安居秀王丧不当给俸，月损二百缗，帝为出内帑给之。

二十五年二月，以沈长卿旧与李光启讥和议，又与芮烨共赋《牡丹诗》，有"宁令汉社稷，变作莽乾坤"之句，为邻人所告，长卿编置化州，烨武冈军。静江有驿名秦城，知府吕愿中率宾僚共赋《秦城王气诗》以媚桧，不赋者刘芮、李燮、罗博文三人而已。愿中由此得召。又张扶请桧乘金根车，又有乞置益国官属及议九锡者，桧闻之安然。十月，申禁专门之学。以太庙灵芝绘为华旗，凡郡国所奏瑞木、嘉禾、瑞瓜、双莲悉绘之。

赵令衿观桧《家庙记》，口诵"君子之泽，五世而斩"，为汪召锡所告。御史徐嘉又论赵鼎子汾与令衿饮别厚赆，必有奸谋，诏送大理，拘令衿南外宗正司。桧于一德格天阁书赵鼎、李光、胡铨姓名，必欲杀之而后已。鼎已死而憾之不置，遂欲孥戮汾。桧忌张浚尤甚，故令衿之狱，张宗元之罢，皆波及浚。浚在永州，桧又使其死党张柄知潭州，与郡丞汪召锡共伺察之。至是，使汾自诬与浚及李光、胡寅谋大逆，凡一时贤士五十三人皆与焉。狱成，而桧病不能书。

是月乙未，帝幸桧第问疾，桧无一语，惟流涕而已。熺奏请代居相位者，帝曰："此事卿不当与。"帝遂命权直学士院沈虚中草桧父子致仕制。熺犹遣其子埙与林一飞、郑柟夜见台谏徐嘉、张扶谋奏请己为相。丙申，诏桧加封建康郡王，熺进少师，皆致仕，埙、堪并提举江州太平兴国宫。是夜，桧卒，年六十六。后赠申王，谥忠献。

桧两据相位，凡十九年，劫制君父，包藏祸心，倡和误国，忘仇斁伦。一时忠臣良将，诛锄略尽。其顽钝无耻者，率为桧用，争以诬陷善类为功。其矫诬也，无罪可状，不过曰谤讪，曰指斥，曰怨望，曰立党沽名，甚则曰有无君心。凡论人章疏，皆桧自操以授言者，识之者曰："此老秦笔也。"察事之卒，布满京城，小涉讥议，即捕治，中以深文。又阴结内侍及医师王继先，伺上动静。郡国事惟申省，无一至上前者。桧死，帝方与人言之。

桧立久任之说，士淹滞失职，有十年不解者。附己者立与擢用。自其独相，至死之日，易执政二十八人，皆世无一誉。柔佞易制者，如孙近、韩肖胄、楼炤、王次翁、范同、万俟卨、程克俊、李文会、杨愿、李若谷、何若、段拂、汪勃、詹大方、余尧弼、巫伋、章夏、宋朴、史才、魏师逊、施钜、郑仲熊之徒，率拔之冗散，遽跻政地。既共政，则拱默而已。又多自言官听桧弹击，辄以政府报之，由中丞、谏议而升者凡十有二人，然甫入即出，或一阅月，或半年即罢去。惟王次翁阅四年，以金人败盟之初持不易相之论，桧德之深也。开门受赂，富敌于国，外国珍宝，死犹及门。人谓熺自桧秉政无日不锻酒具，治书画，特其细尔。

桧阴险如崖阱，深阻竟叵测。同列论事上前，未尝力辨，但以一二语倾挤之。李光尝与桧争论，言颇侵桧，桧不答。及光言毕，桧徐曰："李光无人臣礼。"帝始怒之。凡陷忠良，率用此术。晚年残忍尤甚，数兴大狱，而又喜谀佞，不避形迹。

然桧死熺废，其党祖述余说，力持和议，以窃据相位者尚数人，至孝宗始荡涤无余。开禧二年四月，追夺王爵，改谥谬丑。嘉定元年，史弥远奏复王爵、赠谥。

【译文】

秦桧，字会之，是江宁人。政和五年考中科举，被增补为密州教授。后又考中宏词科，做过太学学正。靖康元年，金兵进攻汴京，派来使者要求割让三镇，秦桧就用兵的机宜上书说了四事：一是说金人的要挟、请求，不会满足，请求只同意割让燕山一路；二是说金人狡猾奸诈，守备防御不可迟缓；三是请求百官详细商讨，选择适当的意见写到誓书上；四是请求把金国的使者安置在城外，不能让他们进城，进入皇宫。（他的这个上书）没有被答复。授予他为职方员外郎。不久成为张邦昌的部属，处理日常公事。（当时张邦昌准备派秦桧和金人议和割地）秦桧说："这次去专门是为了割地，和我最初的想法相矛盾，不是我的本来意思。"三次上书推辞，（朝廷）答应了（他的请求）。

当时商议割让三镇来平息战事，命令秦桧凭礼部侍郎的身份和程瑀一起成为割地使，陪同肃王一同前往金兵营中。金兵撤退，秦桧、程瑀到达燕地以后返回。御史中丞李固、翰林承旨吴开一起举荐秦桧，被拜官为殿中侍御史，晋升为左司谏。王云、李若水拜见金国的二个酋长回来，说金国坚决要求得到土地，否则，将会进兵攻取汴京。十一月，钦宗召集文武百官在延和殿商议，范宗尹等七十人请求给金国土地，秦桧等三十六人坚决不同意。不久，被任命为御史中丞。

闰十一月，汴京失守，两位皇帝被虏至金兵营中。二年二月，莫俦、吴开从金营回来，传达金兵统帅的命令，推举拥立异姓（为皇帝）。留守王时雍等召集百官军民商议拥立张邦昌，大家的脸色都变了，不敢回答，监察御史马伸对众人说："我们这些人的职责就是进谏，怎么能容忍坐着观望而不说一句话呢？应当共同商议，请求保存赵氏。"当时秦桧是台长，听了马伸的话，认为是对的，于是献上状子说：

秦桧承蒙国家厚恩，十分惭愧没有报效国家。现在金人拥有重兵，靠近已经攻下的城市，操纵着生杀大权，一定要改变国家的姓氏，我秦桧誓死争辩，不仅是忠于主上，而且还明白两国之间的利害关系。赵氏从祖宗到后代，一百七十余年。不久前因为奸臣破坏盟约，和邻国结怨，谋臣失策，贻害君主，丧失军队，终于让百姓蒙受祸害，京师失守，君主在郊外军前求和。两位元帅既然允许了他的提议，中外都知晓了，并且还用尽了财物，把皇帝用的东西也都取出来了，割让两河的地方，恭恭敬敬作臣子，现在却改变前面的协议，做臣子的怎么能畏惧生死而不辩论呢？

宋朝在中国，号令统一，国土绵延万里，对天下百姓有恩德，是前代所没有的。即使兴亡的命运取决于上天，怎么可以因一个城市的沦陷而决定废立的事呢？过去西汉被王莽篡夺，光武帝因此兴隆；东汉被曹氏灭绝，刘备在四川称帝；唐朝被朱温篡夺，李克用还推举其后代来承继君位。大约是基础宽广就难以倾覆，根深就难以拔出。

张邦昌在太上皇时，依附权臣，共同干危害国家的事，国家危亡，百姓蒙难，固然不是一个人所导致的，但也和张邦昌所为相关。天下的人正痛恨他像仇敌一样，假如交给他土地，让他统治百姓，四方的豪杰一定会共同起事诛杀他，终究不会成为大金国的屏障藩国。一定要拥立张邦昌，那么京师的老百姓可能服从，天下的老百姓却不会服从；京师的皇族子弟可以灭绝，但天下的皇族子弟无法消灭。我秦桧置斧钺之诛于不顾，陈述两国利害，希望恢复皇位继承人来安定四方，不只是大宋的福气，也是为大金国的万世利益。

金人不久将秦桧带到军中。三月，金人拥立张邦昌成立伪楚政权。张邦昌送给金国文书，请求遣还孙傅、张叔夜和秦桧，（金人）没有同意。最初，两位皇帝北迁，秦桧和孙傅、张叔夜、何㮚、司马朴跟随来到燕山，又迁徙到韩州。太上皇听闻康王即位，写信给粘罕，相约议和，让秦桧修改润色书信。秦桧用丰厚的贿赂结交粘罕。碰上金国君主吴乞买将秦桧赏赐给了他的弟弟挞懒，秦桧被挞懒委以重任，挞懒进攻山阳，是在建炎四年十月甲辰这一天，秦桧带着妻子王氏以及奴婢、仆人，从军中取道涟水，渡海回到临安。丙午这一天，秦桧入宫拜见高宗。丁未这一天，被拜官为礼部尚书，赏赐了银帛。

秦桧回来后，自己说是杀死金兵监守，夺船逃回来的。朝中人士大多说秦桧和何㮚、孙傅、司马朴一同被拘留，却只有秦桧回来；又从燕到楚二千八百里，过河渡海，怎会没有责难他的人，怎么能够杀死监守的人而南归呢？就算他跟随挞懒从军，金人纵容他，也一定会将他的妻子作为人质，怎么能够和王氏一起回来呢？只有宰相范宗尹、同知枢密院李回和秦桧友善，竭力排解各种疑问，全力举荐，说秦桧忠心耿耿。没有对策的前一天，高宗让他先见执政官员。秦桧首先说"假如想要使天下无事，南面是南面，北边是北边"，等到他第一个献上和挞懒求和文书的草稿时，高宗说："秦桧忠厚纯朴超过常人，我得到他高兴得睡不着觉。既听到两位皇帝、母后的消息，又得到了一个好士人。"范宗尹想把秦桧安置在为皇帝研读经史而特设的御前讲席位置上，高宗说："暂时让他在尚书省主管一事。"所以有了礼部的任命。跟随他一道的王安道、冯由义、水寨丁祀及参议官一起改为京秩，驾船人孙靖也被补为承信郎。刚开始时，朝廷虽然多次派出使者，但一边防守一边议和，然而专门和金人解仇议和，实际上是从秦桧开始。大概是秦桧在金国王庭首先提议讲和，因而挞懒放纵他，让他回来。

绍兴元年二月，(秦桧)被任命为参知政事。七月，范宗尹被罢官。早些时候，范宗尹建议讨论崇宁、大观以来随意赏赐的事，秦桧极力赞成这个意见，见高宗意志坚决，秦桧反而拿这个来排挤范宗尹。范宗尹已经离职，宰相的位置长久空缺。秦桧扬言说："我有两条策略，可以支撑振兴国家。"有人询问他是什么，他不说，只说："现在没有宰相，无法施行。"八月，秦桧被拜官为右仆射、同中书门下平章事，并主管枢密院的事。九月，吕颐浩再次担任宰相，秦桧和他一同执政，阴谋夺取他的权力，用微言暗示自己的党羽，(向高宗)进言说："周宣王时内修政治，外攘敌人，因而能够中兴国家，现在两位宰相应当分别负责内外事务。"吕颐浩于是在镇江设立都督府。高宗说："吕颐浩专门负责军事，秦桧专门负责政务，像文仲、范蠡那样各分其职。"

二年，秦桧上书设立修政局，自己担任提举，参知政事翟汝文一同领衔。不久秦桧当面弹劾翟汝文擅自处置官员，翟汝文请求辞去职务；谏官方孟卿一再为这件事辩白，翟汝文最终被罢职。监察御史刘一止，是秦桧的死党，说："宣王内修政治，修的是外攘敌人的政治。现在文书狱讼、官吏任命、土木建造都不是当务之急。”屯田郎曾统对秦桧说：“宰相没有什么事不能管，怎么可以被局限呢？”秦桧都不听从。不久有人提议废除修政局来动摇秦桧，刘一止和检讨官林待聘都上书说不能废除修政局。七月，刘一止离开御史台，授予起居郎，大约是自己背叛了自己的说法，知道实情的人都讥笑他。

吕颐浩从长江上游返朝，谋划驱逐秦桧，有人告诉他拉拢朱胜非作为帮助。于是下诏让朱胜非担任都督。给事中胡安国说朱胜非不能任用，朱胜非于是凭醴泉观使的身份兼任侍读。胡安国请求离职，秦桧三次上书挽留他，没有同意。吕颐浩不久任命黄龟年为殿中侍御史，刘棐为右司谏，大概准备要驱逐秦桧。于是江跻、吴表臣、程瑀、张焘、胡世将、刘一止、林待聘、楼炤全部被贬职到祠部，台省一下子空了，（这些人）全是秦桧的党羽。秦桧起初想倾覆吕颐浩，招引当时的名士像胡安国、张焘、程瑀等人，安置在要害部门。吕颐浩向席益询问除掉秦桧的办法。席益说：“看作朋党就可以了。现在朋党头目胡安国在宫门，应当首先除去他。”大概是胡安国曾经向游酢询问过哪些人是人才，游酢说到秦桧，并且把他比喻为（三国时魏国谋士）荀文若。因此胡安国竭力说秦桧比张浚等人要贤能一些，秦桧也尽力引荐胡安国。到这时，胡安国等人去职，秦桧不久也去职。秦桧再次担任宰相祸害国家时，胡安国已死了。黄龟年刚开始弹劾秦桧一心主张和议，阻挠恢复国土，培植党羽操纵权力，势力发展到不可想象的地步，以至把秦桧比作王莽、董卓。八月，秦桧被罢职，担任观文殿学士，提举江州太平观。

前一天，高宗召见直学士院綦崈入宫对策，将秦桧所陈述的两条策略给他看，想要把河北的人归还给金国，将中原的人归还给刘豫。高宗说：“秦桧说‘南方人回南方，北方人回北方’。我是北方人，回哪里？秦桧又说‘作宰相几个月，可以振兴国家’，现在没有听到振兴的消息。”綦崈立即把高宗的意思写在训辞中，颁发国内外，人们开始知道秦桧的奸诈。黄龟年等非议秦桧不止，于是诏令（将秦桧）贬职，（诏令）张贴在朝廷，表示不再任用他。三年，韩肖胄等出使金国回来，带着金国的使者李永寿、王翊一同前来，请求全部归还北边俘虏，和秦桧以前的意见一致。有见识的人更加知道秦桧和金人是同谋，国家的耻辱没有停止。

五年，金国国君死了，挞懒主政，终于和宋达成和议。二月，恢复秦桧的资政殿学士，仍然主持祠部。六月，拜官为观文殿学士、温州知州。六年七月，改任绍兴府知府。不久又任用为醴泉观使兼侍读，担任皇帝行宫的留守；孟庾同时也是留守，并且暂时到尚书、枢密院参与决策政事。当时已经下诏准备出巡，秦桧请求随侍，没有被允许。高宗驻留平江，召秦桧来到住所，这是因为右丞相张浚的举荐。十二月，秦桧凭醴泉观兼侍读的身份到讲席赴任。七年正月，何藓出使金国返回，得知宋徽宗以及宁德皇后死亡的消息，高宗放声大哭，为他们发丧，当天就授予秦桧枢密使，多次给他恩惠，将他当作重臣。四月，命令王伦出使金国，迎回皇帝的灵柩。

九月，张浚请求辞职，高宗问："谁可以接替你？"张浚不回答。高宗说："秦桧怎么样？"张浚说："和他一起共事，才知道他昏昧。"高宗说："那么任用赵鼎。"赵鼎于是再作宰相。御史台非议张浚的文书纷纷上呈，因此将他安置到岭表。赵鼎和同事相约解救，自己和张守当面向高宗陈述，每个人都说了数千言，只有秦桧没说一句话。张浚于是被贬到永州。过去张浚、赵鼎相处很好，张浚先显贵，竭力举荐赵鼎。两人曾经共同讨论人才，张浚特别谈论说秦桧好，赵鼎说："这个人一旦得志，我们没有安身立足之地！"张浚不这样认为，所以举荐秦桧，与他共事才知他昏昧，不再推举他。秦桧因此痛恨张浚，反而对赵鼎说："陛下要召回你，张宰相迟留阻拦。"是因为恼怒赵鼎，想让他陷害张浚。秦桧在枢密院只听从赵鼎，赵鼎一向憎恶秦桧，从这件事开始反而深深信任秦桧，终于被他陷害。赵鼎和张浚晚年在福建相遇，说到此事，才知道都被秦桧欺骗。

十一月，奉命出使金国的朱弁用书信回报说粘罕死了，高宗说："金人残暴肆虐，不灭亡还待什么时候？"秦桧说："陛下只管积累德行，中兴大业自然会到来。"高宗说："这个当然，然而也需要有所行动，然后才能达到目的。"

八年三月，被拜官为右仆射，同中书门下平章事兼枢密使。吏部侍郎晏敦为此显出忧愁的神色，说："奸臣作宰相了。"五月，金国派遣乌陵思谋等前来议和，与王伦一起来。乌陵思谋就是宣和年间在海上议和时的使者。商议命吏部侍郎魏矼陪同，魏矼推辞说："刚刚在御史台，说议和不可行，现在无法专门应付议和。"秦桧询问魏矼为什么不主张议和，魏矼详细地说了敌人的情形。秦桧说："你是用智谋判断敌人，我是用忠信来对待敌人。”魏矼说：“我担心敌人不会用诚意对待宰相。”秦桧于是改变了主意。六月，乌陵思谋等入宫见高宗。高宗神色变得严肃而且表现出不愉快的样子，对宰相说：“先帝的灵柩，果真有归还的日期，那么等二、三年也可以。只是太后年岁已高，我早晚思念，想早日团圆，这是我不怕委屈自己，希望和议迅速达成的原因。”秦桧说：“委屈自己议和，这是人主的孝心，看到主上卑躬屈从，愤愤不平，这是做臣子的忠心。”高宗说：“虽这样，有备无患，即使和议可以成功，边境的防备也不可松懈。”

十月，宰执们入宫晋见高宗，（返回时）秦桧单独留下来，说：“臣僚们畏首畏尾，大多数首鼠两端，这些人是不值得同他们商议大事的。倘若陛下决定讲和，恳请单独和我商议，不要允许其他人参预。”高宗说：“我只委托你。”秦桧说：“我也恐怕不妥，希望陛下再考虑三天，容许我另外上书。”又过了三天，秦桧又留下来说事，高宗想讲和的心意更迫切，秦桧还认为不妥，说：“我担心另外还有不便之处，希望陛下再考虑三天，容许我另外再上书。”高宗说：“好。”又过了三天，秦桧又像以前一样留下来说事，知道高宗的心意已确定不变，才出示写好的奏章决定议和，不允许其他人参预。

赵鼎竭力请求退位，凭少傅的身份出任绍兴府知府。高宗没有儿子。建炎末年，范宗尹探知高宗有请求，便命令宗室令懬选择艺祖的后代，得到赵伯琮、赵伯玖，让他们进宫，两人都是艺祖的七世孙。赵伯琮改名叫赵瑗，赵伯玖改名叫赵璩。赵瑗首先执持符节，封为建国公。高宗告诉赵鼎专门让他处理事务。赵鼎又请求设立资善堂，赵鼎罢职，攻击赵鼎的人，一定要把资善堂作为口实。等到赵鼎、秦桧再次担任宰相，高宗出示亲写的条子，任命赵璩为节度使，封他为吴国公。执政们聚会商讨，枢密副使王庶见此情形，大声疾呼说：“两个人一并作为嫡嗣，这不行。”赵鼎拿这个询问秦桧，秦桧不答。秦桧反过来问赵鼎，赵鼎说：“从丙辰年间罢去相位，议论的人专门用这个作借口，现在应当避嫌。”相约一同上奏，当面向高宗进谏，等到到了高宗面前，秦桧一句话不说。赵鼎说：“现在建国公在位上，名虽未正，但天下的人知道陛下有儿子了。现在对他的礼节不得不有所区别。”高宗于是留话说以后再商议。第二天，秦桧单独留下来说事。过了几天，参知政事刘大中进谏，说的和赵鼎一样，因此赵鼎和刘大中都被罢免。第二年，赵璩终于被授予保大军节度使，封为崇国公。所以赵鼎入宫辞谢，劝诫高宗说：“我走后，一定有人以孝悌的名义胁迫制约陛下。”出宫时遇见秦桧，作了一下揖就走了，秦桧也痛恨他了。

赵鼎已经辞职，秦桧就独自专权，决定讲和。朝中贤士，因为意见不合，一个接一个地辞去职务。在这个时候，中书舍人吕本中、礼部侍郎张九成都不赞同讲和，秦桧告诉他们置身事外，委曲赞成，张九成说：“没有冤枉自己而指正别人的人。”秦桧深深地痛恨他。殿中侍御史张戒上书请求挽留赵鼎，又陈述十三件事来申述讲和不对，触犯了秦桧。王庶尤其与秦桧不合，从淮西来到枢密院任职，始终说议和不行，上书达七次，并且对秦桧说：“纵使忘记东都想要保存赵氏的事情，怎么能忘了金国这个敌人呢？”秦桧正挟金人自重，尤其痛恨王庶，所以贬黜他。

枢密院编修官胡铨上书，希望杀掉秦桧和王伦来告慰天下百姓。于是上下骚乱。秦桧假装解救，终于用器械押送胡铨，将他贬往昭州。陈刚中写书信祝贺胡铨（幸免于死），秦桧大怒，捉拿陈刚中送到吏部，将他降职到赣州安远县担任知县。赣州有十二个县，安远县接近岭南，环境艰苦，瘴气很大，谚语说：“龙南、安远，一去不返。”意思说去了必死无疑。陈刚中果然死在那里。不久就以胡铨的事告诫中外。随即校书郎许忻、枢密院编修官赵雍同一天上书，仍秉承胡铨的意思，极力排斥议和。赵雍还想确定南方和北方兄弟之国的名份，因此秦桧没能治他的罪。曾开见到秦桧，说现在应当讨论生死存亡，不应该讨论安危。秦桧很惊愕，于是贬黜他。司勋员外郎朱松、馆职胡珵、张扩、凌景夏、常明、范如圭一同上疏说：“金人用‘和’字左右我们十二年，用它颠覆了我们的王室，用它使我们放松对边境的防备，用它消耗了我们的国力，用它缓和懈怠了我们对他们不共戴天的仇恨，用它绝望我国一心思念汉族子民的心愿，用它下诏晓谕江南，要挟陛下对他们俯首称臣。从公卿大夫到六军乃至万民百姓，没有不挥掌挽袖表示愤怒的，怎么会听任陛下作北面仇敌的臣子呢！天下将会有人行大义，责问宰相罪行。”过了几天，代理吏部尚书张焘，吏部侍郎晏敦复、魏矼，户部侍郎李弥逊，梁汝嘉，给事中楼炤，中书舍人苏符，工部侍郎萧振，起居舍人薛徽言一起入宫上奏，极力陈述委屈自己求和的礼节不对。新近作礼部侍郎的尹焞单独上书，并且送信严厉责问秦桧，秦桧恼怒，尹焞于是一再推辞任命，没有到职。奉礼郎冯时行被召对策，说和议不可以相信，甚至引用汉高祖分羹的事作为比喻。高宗说:“我不忍心听。”皱着眉毛站了起来。秦桧于是贬冯时行为万州知州,不久又治他罪。中书舍人勾龙如渊高声对秦桧说:“邪说横起,怎么不选用台官攻击、驱逐他们。”秦桧于是奏请让勾龙如渊担任御史中丞,(勾龙如渊上台后)第一个弹劾胡铨。

金国使者张通古、萧哲用以诏谕江南为名义,(来到南宋),秦桧害怕时论责难自己,便和萧哲等商议,改江南为宋,改诏谕为国书。京、淮宣抚处置使韩世忠总共四次上书。极力劝谏,其中有“金人将(大宋)看作刘豫对待”的话,并且说兵势危急的地方,愿意自己担当,没有被许可。萧哲等抵达泗州,要挟所经过的州县用臣下(迎接主上)的礼节迎候他们,到达临安的那一天,想要高宗对待他们像客人一样,韩世忠更加愤怒。再次上书说:“金国用诏谕的名义,暗地里想使陛下归顺他们,这是主上被辱,臣子为之去死的时候,愿意誓死一战来决定胜败。倘若不成功,委曲听从他们也不晚。”也没有被允许。萧哲等已经进入国境,接待陪同的使者范同两次跪拜,询问金主的起居,军民见到范同行为的,往往都流泪。经过平江,驻守的臣子向子諲没有下拜,请求退休。萧哲等来到淮安,说首先归还河南的土地,并且册封高宗作为皇帝,慢慢地商议其他事。

秦桧到这个时候想要高宗行委屈自己的礼节,高宗说:“我继承守住太祖、太宗建立的大业,怎么可以接受金人的封册。”适逢三衙帅杨沂中、解潜、韩世良一起去见秦桧说:“军民慌乱你将怎么办?”退下来后,又告诉台谏。于是勾龙如渊、李谊多次拜见秦桧,商议国书的事,勾龙如渊说拿到文书交给宫中,虽不符合礼节,事情却可定下来。给事中楼炤也拿“居丧三年不说话”的事提醒秦桧,于是确定秦桧行冢宰接受文书的方案。高宗也深深地责备王伦,王伦告诉金国使者,金国使者也因为害怕而听从了。高宗命令秦桧到宾馆中面见萧哲等,接受他们的册封文书。金国使者想让百官准备礼节,秦桧命省吏穿着朝服引导跟从,将文书交到宫中。先一天,诏令说金国使者前来,准备全部交还河南、陕西原来的地方,又答应归还徽宗灵柩及母亲、兄长和亲族,起初没有需要和索求。因为参知政事李光一向不负众望,便让他在和议的文书上签字,来压制非议。又把高宗的亲笔信赏赐给三大将。

九年,金人归还河南、陕西原来的地方,让王伦主管枢密院事,充任迎接灵柩、奉还两宫、交割地界的使者,蓝公佐担任副使。判大宗正事士褒、兵部侍郎张焘朝拜八座皇陵。高宗对宰执说：“河南新近收复，应当命令驻守大臣专心抚慰遗民，督导农桑，各地就地解决粮食，依靠当地的人自行防守，不能调拨东南的钱财，空虚内地来应付外地。”高宗虽然听从秦桧主和，可是实际上怀疑金人奸诈，从来没有放松防备。

当时张浚在永州，迅速赶回朝廷面奏，极力陈说应当以石晋、刘豫为戒，又写信给孙近，认为“秦国称帝的祸害，发生虽迟却很大。”徐俯守御上饶，连南夫统帅广东，岳飞宣抚淮西，都借庆贺的名义暗中讽谏。徐俯说：“祸福交替发生，情伪多端。”连南夫说：“不信也要相信，难道真是这样？即使虞舜时的十二州，都归附王化；然而商于地方的六百里，应该想到你被欺骗！”岳飞说：“挽救暂时的危急而解民倒悬，还可以；想要长期考虑而独尊中国，难道应该这样做吗？”其他像秘书省正字汪应辰、樊光远、澧州推官韩纲、临安府司户参军毛叔庆，都说金人不可捉摸；迪功郎张行成献《询荛书》二十篇，大意是说自古讲和，没有最终不破裂的，条文具有的都是预备的办法。秦桧全都加以贬黜责备，韩纲被贬到循州。

七月，兀术杀死领三省事宗磐及左副元帅挞懒，擒拿王伦到中山府。大概兀术认为归还土地是他们两人的主张，将会有其他阴谋。王伦曾经秘密通知朝廷，秦桧不加防备，只催促王伦赶快回去。当时韩世忠有趁机全面袭击金人的请求，秦桧说《春秋》上说过遇丧时不讨伐该国，和高宗的意思相符合，于是停止。

十年，金人果然破坏盟约，兵分四路入侵。兀术进兵攻取东京，葛王褎夺取南京，李成攻取西京，撒离喝攻打永兴军。河南各路相继沦陷。高宗开始很奇怪，下诏列举兀术罪状。御史中丞王次翁上奏说：“过去国家大政，起初并没有主持朝议的。事情有些小的变化，就更换任用别的人担任宰相，后来的人不一定贤能，而排斥贬黜不同意见的人，混乱局面几个月不能安定，希望陛下以此作为深刻教训。”高宗深感他说得对。秦桧力排众议，始终把和议当成自己的职责，而王次翁说没有主持朝议的，专门是为秦桧的地位进言。因此秦桧的相位又安定了，在位总共十八年，公论不能动摇他。

六月，秦桧上书说：“德行没有固定的老师，主张为善就是老师。我不久前听说挞懒有割地讲和的提议，所以赞同陛下收取河南原来的疆土。现在兀术杀死他的叔父挞懒，蓝公佐回国，和议已发生变化，因而赞成陛下制定凭悼讨伐大计。希望前往长江上游晓谕各路统帅，合力攻讨。”最终没有施行(这个打算)。闰六月，贬黜赵鼎到兴化军，因为王次翁秉承秦桧旨意，说他图谋再度担任宰相。弹劾的人接连上书，赵鼎不久逃到潮州。

当时张浚攻取亳州，王胜攻克海州，岳飞收复郾城，几乎俘虏兀术。张浚在长宁打了胜仗，韩世忠中在洳口镇获胜，各个将领所到之处全都告捷，秦桧却极力主张收兵。九月，诏令岳飞回师临安，杨沂中回师镇江，刘光世回师池州，刘锜回师太平。岳飞的军队听到诏书，旗帜车辙一下就乱了，岳飞惊得口张开不能合上。于是淮宁、蔡、郑又被金人占据。在明堂加恩，封秦桧为莘国公，十一年，兀术再次进攻，攻陷寿春，攻入庐州，将领邵隆、王德、关师古等连战获胜。杨沂中在拓皋作战，又击败金兵。秦桧突然晓谕杨沂中和张浚立即班师。韩世忠听说，停留在濠州不再前进；刘锜听说，放弃寿春返回。从此不再出兵。

四月，秦桧想要全部收回将领们的兵权，给事中范同献策，秦桧采纳了他的建议。秘密奏请召回三位大将论功行赏，韩世忠、张浚并列为枢密使，岳飞为枢密副使，让宣抚司军隶属枢密院。六月，秦桧官拜左仆射、同中书门下平章事兼枢密使，进封庆国公。《徽宗实录》修成，晋升为少保，加封冀国公。早些时候，莫将、韩恕出使金国，被拘禁在涿州。到这个时候，兀术有求和之意，放他们回来。秦桧又上奏请求派刘光远、曹勋出使金国，又任命魏良臣为通问使。不久，魏良臣带着金国的使者萧毅一起回来，商议以淮水为界，要求割让唐、邓二州。不久派遣何铸出使回访，同意了他们的要求。

十月，发起岳飞案。秦桧唆使谏官万俟禼申述岳飞的罪行，张浚又诬陷岳飞的旧将张宪谋反，于是岳飞以及儿子岳云都被押往大理寺，命令御史中丞何铸、大理卿周三畏审讯他们。十一月，贬黜李光到藤州，范同被罢去参知政事。范同虽然赞同讲和，因为自己单独上奏事情，秦桧忌恨他。十二月，杀害岳飞。秦桧因岳飞一再说和议失策，并且曾经上奏请求制定立国根本，都和秦桧的意见不同，一定要害死他。何铸、周三畏开始审讯，岳飞很长时间都不认罪，万俟禼来到御史台，案子就上报了。诬蔑岳飞曾自己说“自己和太祖都是三十岁执持符节”是指斥高宗接受诏书，不救援淮西等罪行，赐死在监狱中。儿子岳云以及张宪在都市杀头。天下的人都认为岳飞冤枉，听到的人没有不落泪的。岳飞的死，张浚在中间出了力，情况记载在《岳飞传》。

十二年，胡铨再次被安置到新州居住。八月，宋徽宗以及显宗、懿节皇后的灵柩抵达临安。太后回到慈宁宫。九月，加封秦桧为太师，进封为魏国公。十月，进封秦、魏两国公。秦桧因为被封两国，和蔡京、童贯相同，请求改封他的母亲为秦、魏国夫人。他的儿子秦熺参加进士考试，馆客何溥到南省，都被定为第一名。秦熺原本是王唤的庶子，秦桧的妻子是王映的妹妹，没有儿子，王唤的妻子矫贵而且妒嫉，秦桧在金国时，出继王熺作秦桧的后代。秦桧回来，家人让秦熺相见，秦桧非常高兴。秦桧主张和议再次成功，变本加厉地迫害以前不同意自己主张的人。早些时候，赵鼎被贬到潮州，王庶被贬到道州，胡铨再次被贬到新州。到这个时候，（秦桧下令他们）遇上赦免时也都永远不再推荐提拔。曾开、李弥逊一起被降职。张浚本来帮助和议，在职位上一年多没有离开的意思，秦桧暗示江邈检举他，将他罢免。

十三年，庆贺瑞雪。庆贺瑞雪的惯例从秦桧开始。庆贺日食不见，从此以后日食大多不再记载。彗星经常见到，候补官员康倬上书说彗星不值得害怕，秦桧十分高兴，特地把他改为京师官秩。楚州上报说盐城县海水清澈，秦桧请求庆贺，高宗没有答应。虔州知州薛弼说木中间有字说“天下太平年”，诏令交给史馆。从此修饰之词充斥文章，用来粉饰治国的措施，像乡饮酒礼、耕种籍田之类一个接一个施行，为了在余杭苟且偷生打算，从此不再出巡长江上游，祥瑞的消息却一天天听到。

洪皓从金国回来，名节只有他显著，他传达金国酋长室撚的话，（回来后）被安置在翰林院，不到一个月就被驱逐。室撚这个人，是粘罕的亲信。以前粘罕率兵到淮河，秦桧曾经为此草拟檄文，被室撚见到，因而派遣洪皓回国探听传递消息。秦桧料想士大夫没有人知道，听了洪皓的话，深感遗憾，于是命令李文会上书议论（洪皓被逐）一事。胡舜陟因非议、讥笑朝政被关进监狱而死，张九成因鼓动浮言被贬，牵连到僧宗杲，被迫到外地居住，（他们）都是因为言语触犯了秦桧。张邵也因为和秦桧说了金人有归还宋钦宗及各个亲王、后妃的意思，而犯法被判罪，被斥为外祠。十四年，贬黜黄龟年，因为他过去曾经指责过秦桧。福建、浙江发洪水，右武大夫白锷有“燮理乖谬”的话，被发配到永安军。太学生张伯麟曾经在墙壁上题字说：“夫差，你忘了越王杀你父亲吗”，被施以杖刑，发配到吉阳军。原来的将领解潜罢官闲居，辛永宗负责总领外郡军事，也因不赞同议和而获罪，解潜被流放到南安后死了，辛永宗被安置到肇庆死了。赵鼎、李光都再次被流放到海南岛。洪皓获罪因为受白锷牵连，李光因在藤州倡议讽刺秦桧，被驻守大臣告发。

早些时候，商议建国公出宫，吏部尚书吴表臣、礼部尚书苏符等七人陈述的礼仪和秦桧不合，因此吴表臣等因陈述不详细、心藏奸计以及依附赵鼎（的罪名）被罢免。刚开始。秦桧对高宗说："赵鼎想立皇太子，是认为陛下最终不会有儿子，应该等有亲儿子才拥立。"于是唆使御史中丞詹大方说赵鼎包藏祸心，深不可测，和范冲等人都怀有异意，贪图不可妄想的福气。范冲曾经做资善翊善官，因此詹大方诬陷他。后来监察御史王镃说高宗没有后代，应当祠奉媒神（以求有后代），于是下诏在圜丘的东面筑坛（祠奉媒神），都是秦桧的意思。

台州曾惇在献给秦桧的诗中称他为"圣相"。凡是投送进献给他诗文的人都用皋、夔、稷、契（来称颂他），他还不满足，一定要说"元圣"。秦桧请求禁止修撰野史。又任用儿子秦熺为秘书监负责国史，进献建炎元年到绍兴十二年的《日历》五百九十卷。秦熺因太后从北边返回，自己撰写歌颂秦桧功德的文章共二千余字，让著作郎王扬英、周执羔献给高宗，都被晋升（官职）。自从秦桧再次任相，凡是被罢相以后的诏书章疏中有稍微涉及秦桧的，全部被更改焚烧毁弃，日历、时政纪亡失已经很多，后来记录的都出自秦熺笔下，不再有公论是非了。冬天十月，右正言何若指斥程颐、张载留下来的书是偏颇狭隘的言论，极力主张加以禁绝，没有人敢说不对。

十五年，秦熺被任命为翰林学士兼任侍读。四月，赏赐秦桧府第，命令教坊乐为前导迎入，赏赐给秦桧钱帛不等。六月，高宗到秦桧家里，秦桧的妻子、子孙都得到恩惠。秦桧以前禁止私人修史，七月，又对高宗说私人修史有害正道。当时司马伋被迫说《涑水记闻》不是他的曾祖司马光著的书，后来李光家也将李光收藏的万卷书烧毁了。十月，高宗亲手写了"一德格天"的匾额挂在秦桧的楼阁。十六年正月，秦桧立家庙。三月，赏赐祭器，将相被赏赐祭器是从秦桧开始的。

以前，高宗因为彗星出现请求大臣进言。张浚上书，说现在事情的形势好像在头、目、心腹之间长着大疽，不切除不会停止，希望早作谋划准备。否则，过去把国家送给敌人的人，反而会将罪过归给持正确意见的人。秦桧早已痛恨张浚，到这时大怒，于是没收张浚的节钺，将他贬到连州，不久又迁到永州。

十七年，改封秦桧为益国公。五月，将洪皓的儿子贬到英州。八月，赵鼎死在吉阳军。这一年夏天，先有赵鼎遇到大赦永远不能荐举提拔的旨令，又命令每月重申一直有效，赵鼎知道了这些，不吃东西而死。自从赵鼎被贬，门生故吏都被罗织罪名，即使听说他的死讯而叹息的人也被加上罪名。又流放吕颐浩的儿子吕摭到藤州。十二月，进士施锷进献《中兴颂》《行都赋》及《绍兴雅》等十篇文章，宣布永远废止辩释疑惑、解剥纷难的文体。自此以后，歌讼阿谀的人越来越多。因降瑞雪，在秦桧府邸赏赐百官宴席。

十八年，秦熺被授权主管枢密院事务，秦桧问胡宁说："外边的议论如何？"胡宁说："认为您作宰相，一定不会承袭蔡京的故事。"五月，李显忠献上恢复的策略，被降军职，作祠奉属官。六月，迪功郎王廷珪因作诗送给胡铨被安置到辰州。闰八月，福州说老百姓采集竹子上结的果实一万斛，救济饥荒。十一月，胡铨因作颂指责（秦桧的）过失被从新州迁贬到吉阳军。

十九年，高宗命令画秦桧的像，自己作赞词。这一年，湖、广、江西、建康府都说降下甘露，各郡都上奏说监狱空虚，（罪犯很少）。高宗曾经对秦桧说："从今以后，上奏监狱空虚者，应该命令监察机关验明证实。如果妄说，当即治罪，仍旧命令御史台考察。倘若不惩戒，那么上报甘露瑞草之类，崇尚虚无荒诞的事情，无所不至。"高宗虽然器重秦桧，但像这样的事情也没有被他蒙蔽、欺骗。十二月，禁止私自编写野史，（如果有人私撰野史），准许别人告发。

二十年正月，秦桧上朝时，殿司小校施全行刺他，没有刺中，施全被在闹市斩首。从此秦桧每次外出，都带五十个兵士，拿着长梃自卫。这个月，曹泳揭发李光的儿子李孟坚简略地记录着李光有编写的私史，李光本已被贬很久，又下诏永远不得荐举、提拔；李孟坚被安置到峡州；朝廷中被牵连获罪的有八个人，都被降职贬秩；胡寅被流放到新州。曹泳因此突然被重用。五月，秘书少监汤思退上书把秦桧保存赵氏的经过交给史馆。六月，秦熺被加官为少保。郑炜告发他的同乡、福建安抚司机宜吴元关撰写《夏二子传》，指责为佞人变乱善恶；家里有潜光亭、商隐堂，因为亭叫潜光，是有心作李光的党羽，因为堂名商隐，没有事奉秦桧的意思。所以秦桧尤其厌恶他。拘禁管制右迪功郎安诚、布衣汪大圭，杀死荫人惠俊、进义副尉刘允中，在径山僧清言的脸上刺字，都是因为他们诽谤秦桧。当时秦桧病愈，朝拜参见允许他乘坐肩舆，二个孙子扶着，仍旧免除跪拜。二十一年，朝散议郎王扬英上书荐举秦熺担任宰相，秦桧奏请王扬英为泰州知州。

二十二年，又发生王庶的两个儿子王之奇和王之荀、叶三省、杨炜、袁敏求四大冤案，都因为诽谤获罪。杨炜还因为曾经登过李光、萧振的家门，谈论时事。于是李光被永远不得荐举、提拔，萧振被贬到池州。二十三年，秦桧请求前往台州的谢伋家中取回綦崈礼所保存的高宗的亲笔信，上缴进献。秦桧刚罢除相职，高宗有责怪秦桧的话，（秦桧此举是）想要毁掉高宗的笔迹。这一年，进士黄友龙因为诽谤获罪，脸上被刺字，发配到岭南；内侍裴咏因为指斥获罪，被安置到琼州。二十四年二月，杨炬因为受弟弟杨炜连累死在宾州，杨炬被安置在邕州。何兑宣讲他的老师马伸发动百姓向金人上书，请求保存赵氏，被认为是分秦桧的功劳，何兑被安置在英州。三月，秦桧的孙子敷文阁待制秦埙参加进士考试，省试、殿试全是第一名，秦桧的从子秦焞，秦焴，因婚姻结成死党的周夤、沈光杰也都考中，士大夫的言论愤愤不平。考官是魏师逊、汤思退、郑仲熊、沈虚中、董德元。魏师逊起初主管贡举，就对别人说："我们这些人可以富贵了。"等到廷试，秦桧又奏请让汤思退排定名次，魏师逊详细核定。秦埙和其他及第的两人中的曹冠对策时都是攻击专门之学，张孝祥的对策则是主张尊奉一个德行高尚的元老以保存赵氏的事。高宗读了秦埙的对策，都是秦桧、秦熺的话，于是提拔张孝祥为第一，降秦埙为第三。不久，秦埙修撰实录，宰相的子孙一同担任史职，这是前所未有的。

六月，因为王循友从前担任建康知府时曾经定秦桧宗族党羽的罪，把王循友安置到藤州。八月，王趯替李光请求内徙，王趯被安置到辰州。郑玘、贾子展因在聚会中有嘲笑讲和的话，郑玘被流放到容州，贾子展被流放到德庆府。方畴因为和胡铨通信，被安置到永州。十二月，魏安行、洪兴祖因广泛传播程瑀《论语解》，魏安行被安置到钦州，洪兴祖被安置到昭州。又流放程纬，因为他待慢上级，并且无礼。

高宗曾经告诉秦桧说："近来轮流对策的大臣，大多以请假逃避。百官轮流对策，正是寡人想要听没有听过的，可以使别人检点、约束。"秦桧擅权专政以来，堵塞言论，蒙蔽皇上的耳目，当时凡是进献言论的，不是歌颂秦桧的功德，就是揭发别人隐私来中伤好人。想要说话的人担心触犯忌讳，害怕谈论国家大事，仅仅是论述销金铺翠，请求禁止鹿胎冠子一类来搪塞罢了。所以高宗提及，大概也是防止被秦桧蒙蔽而视听不明。

衢州曾经发生盗贼，秦桧派殿前司将官辛立统兵千人去逮捕他们，没有禀告高宗。晋安郡王因为入宫侍奉高宗说到这件事，高宗大惊，询问秦桧，秦桧说："不值得麻烦、惊扰圣上，所以不敢告知，盗贼平定就上奏。"退出内廷以后寻找原因，知道是晋安郡王说的，于是上奏说晋安王赵守秀在守丧期间，不应当发给俸禄，每月减少二百缗，高宗拿宫内的钱给他。

二十五年二月，因为沈长卿原来和李光一起嘲讽和议，又与芮烨同赋《牡丹诗》，其中有"宁令汉社稷，变作莽乾坤"的句子，被同乡人告发，沈长卿被安置到化州，芮烨被安置到武冈军。静江有一个驿站名叫秦城，知府吕愿中带着宾客幕僚一同赋《秦城王气诗》来谄媚秦桧，没有赋诗的只有刘芮、李燮、罗博文三人罢了。吕愿中因此得以征召。还有张扶请求秦桧乘金根车，还有人请求设置益国官属以及议论加赐九锡的，秦桧听后都心安理得。十月，重申禁止专门之学。依照太庙灵芝的形状绘成华丽的旗子，凡是郡国所奏瑞木、嘉禾、瑞瓜、双莲全部绘上。

赵令衿读秦桧《家庙记》，口里朗诵"君子的恩泽，五代就断"，被汪召锡告发。御史徐嚞又说赵鼎的儿子赵汾和赵令衿饮酒后拿丰厚的财物馈赠行者，一定有奸诈阴谋，诏令押赴大理寺，拘捕赵令衿送往南外宗正司。秦桧在一德格天阁写上赵鼎、李光、胡铨的姓名，一定要杀死他们才肯罢休。赵鼎已死却恨意难消，转而想杀死赵汾。秦桧忌恨张浚更加厉害，所以赵令衿的案子和张宗元被罢免，都牵连到张浚。张浚在永州，秦桧又让他的死党张柄担任潭州知州，与郡丞汪召锡一同侦察张浚。到这时，让赵汾自己诬告和张浚以及李光、胡寅阴谋造反，当时的贤士五十三人全都参与。案子的材料被整理完成，可是秦桧却因病不能签字了。

这个月的乙未日，高宗到秦桧家中询问疾病，秦桧没有说一句话，只是流泪而已。秦熺上奏请求接替宰相职位，高宗说："这件事你不应该参与。"高宗于是命令代理直学士院沈虚中起草秦桧父子退休的文书。秦熺还派遣他的儿子秦埙和林一飞、郑柟在夜里拜见台谏徐嚞、张扶，暗中指使他们奏请自己作宰相。丙申这一天，下诏加封秦桧为建康郡王，秦熺晋升为少师，都退休，秦埙、秦堪一同担任江州太平兴国宫提举。这天晚上，秦桧死了，终年六十六岁。后来被封赠为申王，谥号忠献。

秦桧两次占据宰相职位，总共十九年，威逼君主，包藏祸心，倡和误国，忘记仇恨，败坏人伦。一时的忠臣良将，被他诛锄略尽。那些顽固鲁钝的无耻之徒，大都被秦桧任用，争先恐后地把诬陷好人当作功劳。他们矫称、诬蔑那些没有罪行的人，不过是说诽谤，说指斥，说抱怨，说结成朋党获取声名，甚至说心中没有君王。大凡商讨人事的上书，都是秦桧自己操纵告诉上书的人，知道的人说："这是老秦写的。"侦察事情的士卒，布满京城，甚至讥笑、议论，都被逮捕治罪，用严酷的法令对待。又暗中勾结内侍以及医师王继先，观察高宗的动静。郡国的事情只简单陈述，没有一件直接将文书送给高宗。秦桧死后，高宗才对别人说出实情。

秦桧确立官员长久任职的制度，士人长久担任官职，有十年不被解除职务的。依附自己的，当即给予提拔重任。自从他一个人担任宰相，到死的那一天，更换执政官二十八人，没有一个是当时有声誉的。优柔奸佞容易控制的，像孙近、韩肖胄、楼炤、王次翁、范同、万俟卨、程克俊、李文会、杨愿、李若谷、何若、段拂、汪勃、詹大方、余尧弼、巫伋、章夏、宋朴、史才、魏师逊、施钜、郑仲熊一类人，全部是从多余闲散的人中提拔，立即跻身政界。和秦桧一同执政后，就只有拱手默许罢了。又大都听从秦桧的指使弹劾、攻击别人，动辄以官府的名义上报，由中丞、谏议而晋升的一共有十三人，然而一到任就被罢黜，或者过一个月，或者半年就被免职。只有王次翁任职四年，因为金人破坏盟约的初期坚决主张不更换宰相的缘故，他是给予秦桧恩惠最深的。秦桧开门接受贿赂，富比国家，外国的珍宝，他死后还有送往他家的。人们说秦熺从秦桧执政开始，没有一天不锻造酒具。搜集字画，只是他细小的过错罢了。

秦桧阴险像悬崖陷井，幽深不可揣测。同事向皇上论事，他从来没有竭力辨别，只用一、二句话来陷害。李光曾经和秦桧争论，言语颇冲撞秦桧，秦桧没有反击。等到李光说完，他才慢慢说："李光没有人臣的礼节。"高宗由此开始恼怒李光。凡是陷害忠良，他大都用这个办法。

晚年残忍更甚，多次大兴冤狱，而且又喜欢阿谀奸佞，无所顾忌。

然而，秦桧死后，秦熺被废，他的党羽继承他的主张，极力主张议和，因此窃据相位的还有数人，直到孝宗时才被铲除殆尽。开禧二年四月，追夺秦桧王位爵号，改谥号为谬丑。嘉定元年，史弥远奏请恢复王爵、谥号。

辽史

正史

辽史卷二十七、二十八、二十九

天祚皇帝本纪

天祚皇帝，讳延禧，字延宁，小字阿果。道宗之孙，父顺宗大孝顺圣皇帝，母贞顺皇后萧氏。大康元年生。六岁封梁王，加守太尉，兼中书令。后三年，进封燕国王。大安七年，总北南院枢密使事，加尚书令，为天下兵马大元帅。

寿隆七年正月甲戌，道宗崩，奉遗诏即皇帝位于柩前。群臣上尊号曰天祚皇帝。

二月壬辰朔，改元乾统，大赦。诏为耶律乙辛所诬陷者，复其官爵，籍没者出之，流放者还之。乙未，遣使告哀于宋及西夏、高丽。乙巳，以北府宰相萧兀纳为辽兴军节度使，加守太傅。

三月丁卯，诏有司以张孝杰家属分赐群臣。甲戌，召僧法颐放戒于内庭。

夏四月，旱。

六月庚寅朔，如庆州。甲午，宋遣王潜等来吊祭。丙申，高丽、夏国各遣使慰奠。戊戌，以南府宰相斡特剌兼南院枢密使。庚子，追谥懿德皇后为宣懿皇后。壬寅，以宋魏国王和鲁斡为天下兵马大元帅。乙巳，以北平郡王淳进封郑王。丁未，北院枢密使耶律阿思加于越。辛亥，葬仁圣大孝文皇帝、宣懿皇后于庆陵。

秋七月癸亥，阻卜、铁骊来贡。

八月甲寅，谒庆陵。

九月壬申，谒怀陵。乙亥，驻跸藕丝淀。

冬十月壬辰，谒乾陵。甲辰，上皇考昭怀太子谥曰大孝顺圣皇帝，庙号顺宗，皇妣曰贞顺皇后。

十二月戊子，以枢密副使张琳知枢密院事，翰林学士张奉珪参知政事兼同知枢密院事。癸巳，宋遣黄实来贺即位。丁酉，高丽、夏国并遣使来贺。乙巳，诏先朝已行事，不得陈告。

初，以杨割为生女真部节度使，其俗呼为太师。是岁杨割死，传于兄之子乌雅束，束死，其弟阿骨打袭。

二年春正月，如鸭子河。

二月辛卯，如春州。

三月，大寒，冰复合。

夏四月辛亥，诏诛乙辛党，徙其子孙于边；发乙辛、得里特之墓，剖棺，戮尸；以其家属分赐被杀之家。

五月乙丑，斡特剌献耶睹刮等部捷。

六月壬辰，以雨罢猎，驻跸散水原。丙午，夏国王李乾顺复遣使请尚公主。丁未，南院大王陈家奴致仕。壬子，李乾顺为宋所攻，遣李造福、田若水求援。

闰月庚申，策贤良。壬申，降惠妃为庶人。

秋七月，猎黑岭，以霖雨，给猎人马。阻卜来侵，斡特剌等战败之。

冬十月乙卯，萧海里叛，劫乾州武库器甲。命北面林牙郝家奴捕之，萧海里亡入陪术水阿典部。丙寅，以南府宰相耶律斡特剌为北院枢密使，参知政事牛温舒知南院枢密使事。

十一月乙未，郝家奴以不获萧海里，免官。壬寅，以上京留守耶律慎思为北院枢密副使。有司请以帝生日为天兴节。

三年春正月辛巳朔，如混同江。女真函萧海里首，遣使来献。戊申，如春州。

二月庚午，以武清县大水，弛其陂泽之禁。

夏五月戊子，以猎人多亡，严立科禁。乙巳，清暑赤勒岭。丙午，谒庆陵。

六月辛酉，夏国王李乾顺复遣使请尚公主。

秋七月，中京雨雹，伤稼。

冬十月甲辰，如中京。己未，吐蕃遣使来贡。庚申，夏国复遣使求援。己巳，有事于观德殿。

十一月丙申，文武百官加上尊号曰惠文智武圣孝天祚皇帝，大赦，以宋魏国王和鲁斡为皇太叔，梁王挞鲁进封燕国王，郑王淳为东京留守，进封越国王，百官各进一阶。丁酉，以惕隐耶律何鲁扫古为南院大王。戊戌，以受尊号，告庙。乙巳，谒太祖庙，追尊太祖之高祖曰昭烈皇帝，庙号肃祖，妣曰昭烈皇后；曾祖曰庄敬皇帝，庙号懿祖，妣曰庄敬皇后。召监修国史耶律俨纂太祖诸帝《实录》。

十二月戊申，如藕丝淀。

是年，放进士马恭回等百三人。

四年春正月戊子，幸鱼儿泺。壬寅，猎木岭。癸卯，燕国王挞鲁薨。

二月丁丑，鼻骨德遣使来贡。

夏六月甲辰，驻跸旺国崖。甲寅，夏国遣李造福、田若水求援。癸亥，吐蕃遣使来贡。

秋七月，南京蝗。庚辰，猎南山。癸未，以西北路招讨使萧得里底、北院枢密副使耶律慎思并知北院枢密使事。辛卯，以同知南院枢密使事萧敌里为西北路招讨使。

冬十月己酉，凤凰见于漷阴。己未，幸南京。

十一月乙亥，御迎月楼，赐贫民钱。

十二月辛丑，以张琳为南府宰相。

五年春正月乙亥，夏国遣李造福等来求援，且乞伐宋。庚寅，以辽兴军节度使萧常哥为北府宰相。丁酉，遣枢密直学士高端礼等宋罢伐夏兵。

二月癸卯，微行，视民疾苦。丙午，幸鸳鸯泺。

三月壬申，以族女南仙封成安公主，下嫁夏国王李乾顺。

夏四月甲申，射虎炭山。

五月癸卯，清暑南崖。壬子，宋遣曾孝广、王戬报聘。

六月甲戌，夏国遣使来谢，及贡方物。己丑，幸候里吉。

秋七月，谒庆陵。

九月辛亥，驻跸藕丝淀。乙卯，谒乾陵。

冬十一月戊戌，禁商贾之家应进士举。丙辰，高丽三韩国公王颙薨，子俣遣使来告。

十二月己巳，夏国复遣李造福、田若水求援。癸酉，宋遣林洙来议与夏约和。

六年春正月辛丑，遣知北院枢密使事萧得里底、知南院枢密使事牛温舒使宋，讽归所侵夏地。

夏五月，清暑散水原。

六月辛巳，夏国遣李造福等来谢。

秋七月癸巳，阻卜来贡。甲午，如黑岭。庚子，猎鹿角山。

冬十月乙亥，宋与夏通好，遣刘正符、曹穆来告。庚辰，以皇太叔、南京留守和鲁斡兼惕隐，东京留守、越国王淳为南府宰相。

十一月乙未，以谢家奴为南院大王，马奴为奚六部大王。丙申，行柴册礼。戊戌，大赦。以和鲁斡为义和仁圣皇太叔，越国王淳进封魏国王，封皇子敖卢斡为晋王，习泥烈为饶乐郡王。己亥，谒太祖庙。甲辰，祠木叶山。

十二月己巳，封耶律俨为漆水郡王，馀官进爵有差。

七年春正月，钩鱼于鸭子河。

二月，驻跸大鱼泺。

夏六月，次散水原。

秋七月，如黑岭。

冬十月，谒乾陵，猎医巫闾山。

是年，放进士李石等百人。

八年春正月，如春州。

夏四月丙申，封高丽王俣为三韩国公，赠其父 23 为高丽国王。

五月，清暑散水原。

六月壬辰，西北路招讨使萧敌里率诸蕃来朝。丙申，射柳祈雨。壬寅，夏国王李乾顺以成安公主生子，遣使来告。丁未，如黑岭。

秋七月戊辰，以雨罢猎。

冬十二月己卯，高丽遣使来谢。

九年春正月丙午朔，如鸭子河。

二月，如春州。

三月戊午，夏国以宋不归地，遣使来告。

夏四月壬午，五国部来贡。

六月乙亥，清暑特礼岭。

秋七月，陨霜，伤稼。甲寅，猎于候里吉。

八月丁酉，雪，罢猎。

冬十月癸酉，望祠木叶山。丁丑，诏免今年租税。

十二月甲申，高丽遣使来贡。

是年，放进士刘桢等九十人。

十年春正月辛丑，预行立春礼。如鸭子河。

二月庚午朔，驻跸大鱼泺。

夏四月丙子，五国部长来贡。丙戌，预行再生礼。癸巳，猎于北山。

六月甲戌，清暑玉丘。癸未，夏国遣李造福等来贡。甲午，阻卜来贡。

秋七月辛丑，谒庆陵。

闰月辛亥，谒怀陵。己未，谒祖陵。壬戌，皇太叔和鲁斡薨。

九月甲戌，免重九节礼。

冬十月，驻跸藕丝淀。

十二月己酉，改明年元。

是岁，大饥。

天庆元年春正月，钩鱼于鸭子河。

二月，如春州。

三月乙亥，五国部长来贡。

夏五月，清暑散水原。

秋七月，猎。

冬十月，驻跸藕丝淀。

二年春正月己未朔，如鸭子河。丁丑，五国部长来贡。

二月丁酉，如春州，幸混同江钩鱼，界外生女真酋长在千里内者，以故事皆来朝。适遇“头鱼宴”，酒半酣，上临轩，命诸酋次第起舞；独阿骨打辞以不能。谕之再三，终不从。他日，上密谓枢密使萧奉先曰：“前日之燕，阿骨打意气雄豪，顾视不常，可托以边事诛之。否则，必贻后患。”奉先曰：“粗人不知礼仪，无大过而杀之，恐伤向化之心。假有异志，又何能为？”其弟吴乞买、粘罕、胡舍等尝从猎，能呼鹿，刺虎，搏熊。上喜，辄加官爵。

夏六月庚寅，清暑南崖。甲午，和州回鹘来贡。戊戌，成安公主来朝。甲辰，阻卜来贡。

秋七月乙丑，猎南山。

九月己未，射获熊，燕群臣，上亲御琵琶。初，阿骨打混同江宴归，疑上知其异志，遂称兵，先并旁近部族。女真赵三、阿鹘产拒之，阿骨打虏其家属。二人走诉咸州，详稳司送北枢密院。枢密使萧奉先作常事以闻上，仍送咸州诘责，欲使自新。后数召，阿骨打竟称疾不至。

冬十月辛亥，高丽三韩国公王俁之母死，来告，即遣使致祭，起复。是月，驻跸奉圣州。

十一月乙卯，幸南京。丁卯，谒太祖庙。

是年，放进士韩昉等七十七人。

三年春正月丙寅，赐南京贫民钱。丁卯，如大鱼泺。甲戌，禁僧尼破戒。丙子，猎狗牙山，大寒，猎人多死。

三月，籍诸道户，徙大牢古山围场地居民于别土。阿骨打一日率五百骑突至咸州，吏民大惊。翌日，赴详稳司，与赵三等面折庭下。阿骨打不屈，送所司问状。一夕遁去。遣人诉于上，谓详稳司欲见杀，故不敢留。自是召不复至。

夏闰四月，李弘以左道聚众为乱，支解，分示五京。

六月乙卯，斡朗改国遣使来贡良犬。丙辰，夏国遣使来贡。

秋七月，幸秋山。

九月，驻跸藕丝淀。

十一月甲午，以三司使虞融知南院枢密使事，西南面招讨使萧乐古为南府宰相。

十二月庚戌，高丽遣使来谢致祭。癸丑，回鹘遣使来贡。甲寅，以枢密直学士马人望参知政事。丙辰，知枢密院事耶律俨薨。癸亥，高丽遣使来谢起复。

四年春正月，如春州。初，女真起兵，以纥石烈部人阿疏不从，遣其部撒改讨之。阿疏弟狄故保来告，诏谕使勿讨，不听，阿疏来奔。至是女真遣使来索，不发。

夏五月，清暑散水原。

秋七月，女真复遣使取阿疏，不发，乃遣侍御阿息保问境上多建城堡之故。女真以慢语答曰："若还阿疏，朝贡如故；不然，城未能已。"遂发浑河北诸军，益东北路统军司。阿骨打乃与弟粘罕、胡舍等谋，以银术割、移烈、娄室、阇母等为帅，集女真诸部兵，擒辽障鹰官。及攻宁江州，东北路统军司以闻。时上在庆州射鹿，闻之略不介意，遣海州刺史高仙寿统渤海军应援。萧挞不也遇女真，战于宁江东，败绩。

冬十月壬寅朔，以守司空萧嗣先为东北路都统，静江军节度使萧挞不也为副，发契丹奚军三千人，中京禁兵及土豪二千人，别选诸路武勇二千馀人，以虞候崔公义为都押官，控鹤指挥邢颖为副，引军屯出河店。两军对垒，女真军潜渡混同江，掩击辽众。萧嗣先军溃，崔公义、邢颖、耶律佛留、萧葛十等死之，其获免者十有七人。萧奉先惧其弟嗣先获罪，辄奏东征溃军所至劫掠，若不肆赦，恐聚为患。上从之，嗣先但免官而已。诸军相谓曰："战则有死而无功，退则有生而无罪。"故士无斗志，望风奔溃。

十一月壬辰，都统萧敌里等营于斡邻泺东，又为女真所袭，士卒死者甚众。甲午，萧敌里亦坐免官。辛丑，以西北路招讨使耶律斡里朵为行军都统，副点检萧乙薛、同知南院枢密使事耶律章奴副之。

十二月，咸、宾、祥三州及铁骊、兀惹皆叛入女真。乙薛往援宾州，南军诸将实娄、特烈等往援咸州，并为女真所败。

五年春正月，下诏亲征，遣僧家奴持书约和，斥阿骨打名。阿骨打遣赛剌复书，若归叛人阿疏，迁黄龙府於别地，然后议之。都统耶律斡里朵等与女真兵战于达鲁古城，败绩。

二月，饶州渤海古欲等反，自称大王。

三月，以萧谢佛留等讨之。遣耶律张家奴等六人赍书使女真，斥其主名，冀以速降。

夏四月癸丑，萧谢佛留等为渤海古欲所败，以南面副部署萧陶苏斡为都统，赴之。

五月，陶苏斡及古欲战，败绩。张家奴等以阿骨打书来，复遣之往。

六月己亥朔，清暑特礼岭。壬子，张家奴等还，阿骨打复书，亦斥名谕之使降。癸丑，以亲征谕诸道。丙辰，陶苏斡招获古欲等。癸亥，以惕隐耶律末里为北院大王。是月，遣萧辞剌使女真，以书辞不屈见留。

秋七月辛未，宋遣使致助军银绢。丙子，猎于岭东。是月，都统斡里朵等与女真战于白马泺，败绩。

八月甲子，罢猎，趋军中。以斡里朵等军败，免官。丙寅，以围场使阿不为中军都统，耶律张家奴为都监，率番、汉兵十万；萧奉先充卫营都统，诸行营都部署耶律章奴为副，以精兵二万为先锋。馀分五部为正军，贵族子弟千人为硬军，扈从百司为护卫军，北出骆驼口；以都点检萧胡靓姑为都统，枢密直学士柴谊为副，将汉步骑三万，南出宁江州。自长春州分道而进，发数月粮，期必灭女真。

九月丁卯朔，女真军陷黄龙府。己巳，知北院枢密使萧得里底出为西南面招讨使。辞剌还，女真复遣赛剌以书来报：若归我叛人阿疏等，即当班师。上亲征。粘罕、兀术等以书来上，阳为卑哀之辞，实欲求战。书上，上怒，下诏有“女真作过，大军翦除”之语。女真主聚众，剺面仰天恸哭曰：“始与汝等起兵，盖苦契丹残忍，欲自立国。今主上亲征，奈何？非人死战，莫能当也。不若杀我一族，汝等迎降，转祸为福。”诸军皆曰：“事已至此，惟命是从。”乙巳，耶律章奴反，奔上京，谋迎立魏国王淳。上遣驸马萧昱领兵诣广平淀护后妃，行宫小底乙信持书驰报魏国王。时章奴先遣王妃亲弟萧谛里以所谋说魏国王。王曰：“此非细事，主上自有诸王当立，北、南面大臣不来，而汝言及此，何也？”密令左右拘之。有顷，乙信等赍御札至，备言章奴等欲废立事。魏国王立斩萧谛里等首以献，单骑间道诣广平淀待罪。上遇之如初。章奴知魏国王不听，率麾下掠庆、饶、怀、祖等州，结渤海群盗，众至数万，趋广平淀犯行宫。顺国女真阿鹘产以三百骑一战而胜，擒其贵族二百余人，并斩首以徇。其妻子配役绣院，或散诸近侍为婢，馀得脱者皆奔女真。章奴诈为使者，欲奔女真，为逻者所获，缚送行在，腰斩于市，剖其心以献祖庙，支解以徇五路。

冬十一月，遣驸马萧特末、林牙萧察剌等将骑兵五万、步卒四十万、亲军七十万至驼门。

十二月乙巳，耶律张家奴叛。戊申，亲战于护步答冈，败绩，尽亡其辎重。己未，锦州刺史耶律术者叛应张家奴。庚申，北面林牙耶律马哥讨张家奴。癸亥，以北院宣徽使萧韩家奴知北院枢密使事，南院宣徽使萧特末为汉人行宫都部署。

六年春正月丙寅朔，东京夜有恶少年十余人，乘酒执刃，逾垣入留守府，问留守萧保先所在：“今军变，请为备。”萧保先出，刺杀之。户部使大公鼎闻乱，即摄留守事，与副留守高清明集奚、汉兵千人，尽捕其众，斩之，抚定其民。东京故渤海地，太祖力战二十余年乃得之。而萧保先严酷，渤海苦之，故有是变。其裨将渤海高永昌僭号，称隆基元年。遣萧乙薛、高兴顺招之，不从。

闰月己亥，遣萧韩家奴、张琳讨之。戊午，贵德州守将耶律余睹以广州渤海叛附永昌，我师击败之。

二月戊辰，侍御司徒挞不也等讨张家奴，战于祖州，败绩。乙酉，遣汉人行宫都部署萧特末率诸将讨张家奴。戊子，张家奴诱饶州渤海及中京贼侯概等万馀人，攻陷高州。

三月，东面行军副统酬斡等擒侯概于川州。

夏四月戊辰，亲征张家奴。癸酉，败之。甲戌，诛叛党，饶州渤海平。丙子，赏平贼将士有差；而萧韩家奴、张琳等复为贼所败。

五月，清暑散水原。女真军攻下沈州，复陷东京，擒高永昌。东京州县族人痕孛、铎刺、吴十、挞不也、道刺、酬斡等十三人皆降女真。

六月乙丑，籍诸路兵，有杂畜十头以上者皆从军。庚辰，魏国王淳进封秦晋国王，为都元帅；上京留守萧挞不也为契丹行宫都部署兼副元帅。丁亥，知北院枢密使事萧韩家奴为上京留守。

秋七月，猎秋山。春州渤海二千余户叛，东北路统军使勒兵追及，尽俘以还。

八月，乌古部叛，遣中丞耶律挞不也等招之。

九月丙午，谒怀陵。

冬十月丁卯，以张琳军败，夺官。庚辰，乌古部来降。

十一月，东面行军副统马哥等攻曷苏馆，败绩。

十二月乙亥，封庶人萧氏为太皇太妃。辛巳，削副统耶律马哥官。

七年春正月甲寅，减厩马粟，分给诸局。是月，女真军攻春州，东北面诸军不战自溃，女古、皮室四部及渤海人皆降，复下泰州。

二月，涞水县贼董庞儿聚众万馀，西京留守萧乙薛、南京统军都监查剌与战于易水，破之。

三月，庞儿党复聚，乙薛复击破之于奉圣州。

夏五月庚寅，东北面行军诸将涅里、合鲁、涅哥、虚古等弃市。乙巳，诸围场隙地，纵百姓樵采。

六月辛巳，以同知枢密院事余里也为北院大王。

秋七月癸卯，猎秋山。

八月丙寅，猎偭斯那里山，命都元帅秦晋王赴沿边，会四路兵马防秋。

九月，上自燕至阴凉河，置怨军八营：募自宜州者曰前宜、后宜，自锦州者曰前锦、后锦，自乾自显者曰乾曰显，又有乾显大营、岩州营，凡二万八千余人，屯卫州蒺藜山。丁酉，猎辋子山。

冬十月乙卯朔，至中京。

十二月丙寅，都元帅秦晋国王淳遇女真军，战于蒺藜山，败绩。女真复拔显州旁近州郡。庚午，下诏自责。癸酉，遣夷离毕查剌与大公鼎诸路募兵。丁丑，以西京留守萧乙薛为北府宰相，东北路行军都统奚霞末知奚六部大王事。

是岁，女真阿骨打用铁州杨朴策，即皇帝位，建元天辅，国号金。杨朴又言，自古英雄开国或受禅，必先求大国封册，遂遣使议和，以求封册。

八年春正月，幸鸳鸯泺。丁亥，遣耶律奴哥等使金议和。庚寅，保安军节度使张崇以双州二百户降金。东路诸州盗贼蜂起，掠民自随以充食。

二月，耶律奴哥还自金，金主复书曰："能以兄事朕，岁贡方物，归我上、中京、兴中府三路州县；以亲王、公主、驸马、大臣子孙为质；还我行人及元给信符，并宋、夏、高丽往复书诏、表牒，则可以如约。"

三月甲午，复遣奴哥使金。

夏四月辛酉，以西南面招讨使萧得里底为北院枢密使。

五月壬午朔，奴哥以书来，约不逾此月见报。戊戌，复遣奴哥使金，要以酌中之议。是月，至纳葛泺。贼安生儿、张高儿聚众二十万，耶律马哥等斩生儿于龙化州，高儿亡入懿州，与霍六哥相合。金主遣胡突衮与奴哥持书，报如前约。

六月丁卯，遣奴哥等赍宋、夏、高丽书诏、表牒至金。霍六哥陷海北州，趣义州，军帅回离保等击败之。通、祺、双、辽四州之民八百馀户降于金。

秋七月，猎秋山。金复遣胡突衮来，免取质子及上京、兴中府所属州郡，裁减岁币之数，"如能以兄事朕，册用汉仪，可以如约"。

八月庚午，遣奴哥、突迭使金，议册礼。

九月，突迭见留，遣奴哥还，谓之曰："言如不从，勿复遣使。"

闰月丙寅，遣奴哥复使金，而萧宝、讹里等十五人各率户降于金。

冬十月，奴哥、突迭持金书来。龙化州张应古等四人率众降金。

十一月，副元帅萧挞不也薨。

十二月甲申，议定册礼，遣奴哥使金。宁昌军节度使刘宏以懿州户三千降金。时山前诸路大饥，乾、显、宜、锦、兴中等路，斗粟直数缣，民削榆皮食之，既而人相食。

是年，放进士王翚等百三人。

九年春正月，金遣乌林答赞谟持书来迎册。

二月，至鸳鸯泺。贼张撒八诱中京射粮军，僭号，南面军帅余睹擒撒八。

三月丁未朔，遣知右夷离毕事萧习泥烈等册金主为东怀国皇帝。己酉，乌林答赞谟、奴哥等先以书报。

夏五月，阻卜补疏只等叛，执招讨使耶律斡里朵，都监萧斜里得死之。

秋七月，猎南山。金复遣乌林答赞谟来，责册文无“兄事”之语，不言“大金”而云“东怀”，乃小邦怀其德之义；及册文有“渠材”二字，语涉轻侮；若“遥芬多戬”等语，皆非善意，殊乖体式。如依前书所定，然后可从。杨询卿、罗子韦率众降金。

八月，以赵王习泥烈为西京留守。

九月，至西京。复遣习泥烈、杨立忠先持册稿使金。

冬十月甲戌朔，耶律陈图奴等二十余人谋反，伏诛。是月，遣使送乌林答赞谟持书以还。

十年春二月，幸鸳鸯泺。金复遣乌林答赞谟持书及册文副本以来，仍责乞兵于高丽。

三月己酉，民有群马者，十取其一，给东路军。庚申，以金人所定“大圣”二字，与先世称号同，复遣习泥烈往议。金主怒，遂绝之。

夏四月，猎胡土白山，闻金师再举，耶律白斯不等选精兵三千以济辽师。

五月，金主亲攻上京，克外郛，留守挞不也率众出降。

六月乙酉，以北府宰相萧乙薛为上京留守、知盐铁内省两司、东北统军司事。

秋，猎沙岭。

冬，复至西京。

保大元年春正月丁酉朔，改元，肆赦。初，金人兴兵，郡县所失几半。上有四子：长赵王，母赵昭容；次晋王，母文妃；次秦王、许王，皆元妃生。国人知晋王之贤，深所属望。元妃之兄枢密使萧奉先恐秦王不得立，潜图之。文妃姊妹三人：长适耶律挞曷里，次文妃，次适余睹。一日，其姊若妹俱会军前，奉先讽人诬驸马萧昱及余睹等谋立晋王，事觉，昱、挞曷里等伏诛，文妃亦赐死；独晋王未忍加罪。余睹在军中，闻之大惧，即率千余骑叛入金。上遣知奚王府事萧遐买、北府宰相萧德恭、大常衮耶律谛里姑、归州观察使萧和尚奴、四军太师萧干将所部兵追之，及诸闾山县。诸将议曰“主上信萧奉先言，奉先视吾辈蔑如也。

余睹乃宗室豪俊，常不肯为奉先下。若擒余睹，他日吾党皆余睹也！不若纵之。”还，即绐曰：“追袭不及。”奉先既见余睹之亡，恐后日诸校亦叛，遂劝骤加爵赏，以结众心。以萧遐买为奚王，萧德恭试中书门下平章事兼判上京留守事，耶律谛里姑为龙虎卫上将军，萧和尚奴金吾卫上将军，萧干镇国大将军。

二月，幸鸳鸯泺。

夏五月，至曷里偭。

秋七月，猎炭山。

九月，至南京。

冬十一月癸亥，以西京留守赵王习泥烈为惕隐。

二年春正月乙亥，金克中京，进下泽州。上出居庸关，至鸳鸯泺。闻余睹引金人娄室孛堇奄至，萧奉先曰：“余睹乃王子班之苗裔，此来欲立甥晋王耳。若为社稷计，不惜一子，明其罪诛之，可不战而余睹自回矣。”上遂赐晋王死，素服三日，耶律撒八等皆伏诛。王素有人望，诸军闻其死，无不流涕，由是人心解体。余睹引金人逼行宫，上率卫兵五千余骑幸云中，遗传国玺于桑乾河。

二月庚寅朔，日有食之，既。甲午，知北院大王事耶律马哥、汉人行宫都部署萧特末并为都统，太和宫使耶律补得副之，将兵屯鸳鸯泺。己亥，金师败奚王霞末于北安州，遂降其城。

三月辛酉，上闻金师将出岭西，遂趋白水泺。乙丑，群牧使谟鲁斡降金。丙寅，上至女古底仓。闻金兵将近，计不知所出，乘轻骑入夹山，方悟奉先之不忠。怒曰：“汝父子误我至此，今欲诛汝，何益于事！恐军心忿怨，尔曹避敌苟安，祸必及我，其勿从行。”奉先下马，哭拜而去。行未数里，左右执其父子，缚送金兵。金人斩其长子昂，以奉先及其次子昱械送金主。道遇辽军，夺以归国，遂并赐死。逐枢密使萧得里底。召挞不也典禁卫。丁卯，以北院枢密副使萧僧孝奴知北院枢密使事，同知北院枢密使事萧查剌为左夷离毕。戊辰，同知殿前点检事耶律高八率卫士降金。己巳，侦人萧和尚、牌印郎君耶律哂斯为金师所获。癸酉，以诸局百工多亡，凡扈从不限吏民，皆官之。初，诏留宰相张琳、李处温与秦晋国王淳守燕，处温闻上入夹山，数日不通，即与弟处能、子奭，外假怨军，内结都统萧干，谋立淳。遂与诸大臣耶律大石、左企弓、虞仲文、曹勇义、康公弼集番汉百官、诸军及父老数万人诣淳府。处温邀张琳至，白其事。琳曰："摄政则可。"处温曰："天意人心已定，请立班耳。"处温等请淳受礼，淳方出，李奭持赭袍被之，令百官拜舞山呼。淳惊骇，再三辞，不获已而从之。以处温守太尉，左企弓守司徒，曹勇义知枢密院事，虞仲文参知政事，张琳守太师，李处能直枢密院，李奭为少府少监、提举翰林医官，李爽、陈秘十余人曾与大计，并赐进士及第，授官有差。萧干为北枢密使，驸马都尉萧旦知枢密院事。改怨军为常胜军。於是肆赦，自称天锡皇帝，改元建福，降封天祚为湘阴王。遂据有燕、云、平及上京、辽西六路。天祚所有，沙漠已北，西南面、西北路两都招讨府、诸蕃部族而已。

夏四月辛卯，西南面招讨使耶律佛顶降金，云内、宁边、东胜等州皆降。阿疏为金兵所擒。金已取西京，沙漠以南部族皆降。上遂遁於讹莎烈。时北部谟葛失贶马、驼、食羊。

五月甲戌，都统马哥收集散亡，会于沤里谨。丙子，以马哥知北院枢密使事，兼都统。

六月，淳寝疾，闻上传檄天德、云内、朔、武、应、蔚等州，合诸蕃精兵五万骑，约以八月入燕；并遣人问劳，索衣裘、茗药。淳甚惊，命南、北面大臣议。而李处温、萧干等有迎秦拒湘之说，集蕃汉百官议之。从其议者，东立；惟南面行营都部署耶律宁西立。处温等问故，宁曰："天祚果能以诸番兵大举夺燕，则是天数未尽，岂能拒之？否则，秦、湘，父子也，拒则皆拒。自古安有迎子而拒其父者？"处温等相顾微笑，以宁煽乱军心，欲杀之。淳欹枕长叹曰："彼忠臣也，焉可杀？天祚果来，吾有死耳，复何面目相见耶！"已而淳死，众乃议立其妻萧氏为皇太后，主军国事。奉遗命，迎立天祚次子秦王定为帝。太后遂称制，改元德兴。处温父子惧祸，南通童贯，欲挟萧太后纳土于宋，北通于金，欲为内应，外以援立大功自陈。萧太后骂曰："误秦晋国王者，皆汝父子！"悉数其过数十，赐死，脔其子奭而磔之；籍其家，得钱七万缗，金玉宝器称是，为宰相数月之间所取也。谟葛失以兵来援，为金人败于洪灰水，擒其子陀古及其属阿敌音。夏国援兵至，亦为金所败。

秋七月丁巳朔，敌烈部皮室叛，乌古部节度使耶律棠古讨平之，加太子太保。乙丑，上京毛八十率二千户降金。辛未，夏国遣曹价来问起居。

八月戊戌，亲遇金军，战于石辇驿，败绩，都统萧特末及其侄撒古被执。辛丑，会军于欢挞新查剌，金兵追之急，弃辎重以遁。

九月，敌烈部叛，都统马哥克之。

冬十月，金兵攻蔚州，降。

十一月乙丑，闻金兵至奉圣州，遂率卫兵屯于落昆髓。秦晋王淳妻萧德妃五表于金，求立秦王，不许，以劲兵守居庸。及金兵临关，崖石自崩，戍卒多压死，不战而溃。德妃出古北口，趋天德军。

十二月，知金主抚定南京，上遂由扫里关出居四部族详稳之家。

三年春正月丁巳，奚王回离保僭号，称天复元年，命都统马哥讨之。甲子，初，张珏为辽兴军节度副使，民推珏领州事。秦晋王淳既死，萧德妃遣时立爱知平州。珏知辽必亡，练兵畜马，籍丁壮为备。立爱至，珏弗纳。金帅粘罕入燕，首问平州事於故参知政事康公弼。公弼曰："珏狂妄寡谋，虽有乡兵，彼何能为？示之不疑，图之未晚。"金人招时立爱赴军前，加仓临海军节度使，仍知平州。既而又欲以精兵三千先下平州，擒张珏。公弼曰："若加兵，是趣之叛也。"公弼请自往觇之。珏谓公弼曰："辽之八路，七路已降；独平州未解甲者，防萧干耳。"厚赂公弼而还。公弼复粘罕曰："彼无足虑。"金人遂改平州为南京，加珏试中书门下平章事，判留守事。庚辰，宜、锦、乾、显、成、川、豪、懿等州相继皆降，上京卢彦伦叛，杀契丹人。

二月乙酉朔，兴中府降金。来州归德军节度使田颢、权隰州刺史杜师回、权迁州刺史高永昌、权润州刺史张成，皆籍所管户降金。丙戌，诛萧德妃，降淳为庶人，尽释其党。癸巳，兴中、宜州复城守。

三月，驻跸于云内州南。

夏四月甲申朔，以知北院枢密使事萧僧孝奴为诸道大都督。丙申，金兵至居庸关，擒耶律大石。戊戌，金兵围辎重于青塚，硬寨太保特母哥窃梁王雅里以遁，秦王、许王、诸妃、公主、从臣皆陷没。庚子，梁宋大长公主特里亡归。壬寅，金遣人来招。癸卯，答言请和。丙午，金兵送族属辎重东行，乃遣兵邀战于白水泺，赵王习泥烈、萧道宁皆被执。上遣牌印郎君谋卢瓦送兔纽金印伪降，遂西遁云内。驸马都尉乳奴诣金降。己酉，金复以书来招，答其书。壬子，金帅书来，不许请和。是月，特母哥挈雅里至，上怒不能尽救诸子，诘之。

五月乙卯，夏国王李乾顺遣使请临其国。庚申，军将耶律敌烈等夜劫梁王雅里奔西北部，立以为帝，改元神历。辛酉，渡河，止于金肃军北。回离保为众所杀。

六月，遣使册李乾顺为夏国皇帝。

秋九月，耶律大石自金来归。

冬十月，复渡河东还，居突吕不部。梁王雅里殁，耶律术烈继之。

十一月，术烈为众所杀。

四年春正月，上趋都统马哥军。金人来攻，弃营北遁，马哥被执。谟葛失来迎，赆马、驼、羊，又率部人防卫。时侍从乏粮数日，以衣易羊。至乌古敌烈部，以都点检萧乙薛知北院枢密使事，封谟葛失为神于越王。特母哥降金。

二月，耶律遥设等十人谋叛，伏诛。

夏五月，金人既克燕，驱燕之大家东徙，以燕空城及涿、易、檀、顺、景、蓟州与宋以塞盟。左企弓、康公弼、曹勇义、虞仲文皆东迁。燕民流离道路，不胜其苦，入平州，言於留守张珏曰："宰相左企弓不谋守燕，使吾民流离，无所安集。公今临巨镇，握强兵，尽忠於辽，必能使我复归乡土，人心亦惟公是望。"珏遂召诸将领议。皆曰："闻天祚兵势复振，出没漠南。公若仗义勤王，奉迎天祚，以图中兴，先责左企弓等叛降之罪而诛之，尽归燕民，使复其业，而以平州归宋，则宋无不接纳，平州遂为藩镇矣。即后日金人加兵，内用平山之军，外得宋为之援，又何惧焉！"珏曰："此大事也，不可草草。翰林学士李石智而多谋，可召与议。"石至，其言与之合。乃遣张谦率五百余骑，传留守令，召宰相左企弓、曹勇义、枢密使虞仲文、参知政事康公弼至滦河西岸，遣议事官赵秘校往数十罪，曰："天祚播迁夹山，不即奉迎，一也；劝皇叔秦晋王僭号，二也；诋讦君父，降封湘阴，三也；天祚遣知阁王有庆来议事而杀之，四也；檄书始至，有迎秦拒湘之议，五也；不谋守燕而降，六也；不顾大义，臣事于金，七也；根括燕财，取悦于金，八也；使燕人迁徙失业，九也；教金人发兵先下平州，十也。尔有十罪，所不容诛。"左企弓等无以对，皆缢杀之。仍称保大三年，画天祚像，朝夕谒，事必告而后行，称辽官秩。

六月，榜谕燕人复业，恒产为常胜军所占者，悉还之。燕民既得归，大悦。翰林学士李石更名安弼，偕故三司使高党往燕山，说宋王安中曰："平州带甲万余，珏有文武材，可用为屏翰；不然，将为肘腋之患。"安中深然之，令安弼与党诣宋。宋主诏帅臣王安中、詹度厚加安抚，与免三年常赋。珏闻之，自谓得计。

秋七月，金人屯来州，阇母闻平州附宋，以二千骑问罪，先入营州。珏以精兵万骑击败之。宋建平州为泰宁军，以珏为节度使，以安弼、党为徽猷阁待制，令宣抚司出银绢数万犒赏。珏喜，远迎。金人谍知，举兵来袭，珏不得归，奔燕。金人克三州，始来索珏，王安中讳之。索急，斩一人貌类者去。金人曰："非珏也，以兵来取。"安中不得已，杀珏，函其首送金。天祚既得林牙耶律大石兵归，又得阴山室韦谟葛失兵，自谓得天助，再谋出兵，复收燕、云。大石林牙力谏曰："自金人初陷长春、辽阳，则车驾不幸广平淀，而都中京；及陷上京，则都燕山；及陷中京，则幸云中；自云中而播迁夹山。向以全师不谋战备，使举国汉地皆为金有。国势至此，而方求战，非计也。当养兵待时而动，不可轻举。"不从。大石遂杀乙薛及坡里括，置北、南面官属，自立为王，率所部西去。上遂率诸军出夹山，下渔阳岭，取天德、东胜、宁边、云内等州。南下武州，遇金人，战于奄遏下水，复溃，直趋山阴。

八月，国舅详稳萧挞不也、笔砚祗候察剌降金。是月，金主阿骨打死。

九月，建州降金。

冬十月，纳突吕不部人讹哥之妻谙葛，以讹哥为本部节度使。昭古牙率众降金。金攻兴中府，降之。

十一月，从行者举兵乱，北护卫太保术者、舍利详稳牙不里等击败之。

十二月，置二总管府。

五年春正月辛巳，党项小斛禄遣人请临其地。戊子，趋天德，过沙漠，金兵忽至。上徒步出走，近侍进珠帽，却之，乘张仁贵马得脱，至天德。己丑，遇雪，无御寒具，术者以貂裘帽进；途次绝粮，术者进麨与枣；欲憩，术者即跪坐，倚之假寐。术者辈惟啮冰雪以济饥。过天德。至夜，将宿民家，绐曰侦骑，其家知之，乃叩马首，跪而大恸，潜宿其家。居数日，嘉其忠，遥授以节度使，遂趋党项。以小斛禄为西南面招讨使，总知军事，仍赐其子及诸校爵赏有差。

二月，至应州新城东六十里，为金人完颜娄室等所获。

八月癸卯，至金。丙午，降封海滨王。以疾终，年五十有四，在位二十四年。金皇统元年二月，改封豫王。五年，葬于广宁府闾阳县乾陵傍。

耶律淳者，世号为北辽。淳小字涅里，兴宗第四孙，南京留守、宋魏王和鲁斡之子。清宁初，太后鞠育之。既长，笃好文学。昭怀太子得罪，上欲以淳为嗣。上怒耶律白斯不，知与淳善，出淳为彰圣等军节度使。

天祚即位，进王郑。乾统二年，加越王。六年，拜南府宰相，首议制两府礼仪。上喜，徙王魏。其父和鲁斡薨，即以淳袭父守南京。冬夏入朝，宠冠诸王。

天庆五年，东征，都监章奴济鸭子河，与淳子阿撒等三百余人亡归，先遣敌里等以废立之谋报淳，淳斩敌里首以献，进封秦晋国王，拜都元帅，赐金券，免汉拜礼，不名。许自择将士，乃募燕、云精兵。东至锦州，队长武朝彦作乱，劫淳。淳匿而免，收朝彦诛之。会金兵至，聚兵战于阿里轸斗，败绩，收亡卒数千人拒之。淳入朝，释其罪，诏南京刻石纪功。

保大二年，天祚入夹山，奚王回离保、林牙耶律大石等引唐灵武故事，议欲立淳。淳不从，官属劝进曰："主上蒙尘，中原扰攘，若不立王，百姓何归？宜熟计之。"遂即位。百官上号天锡皇帝，改保大二年为建福元年，大赦。放进士李宝信等一十九人，遥降天祚为湘阴王。以燕、云、平、上京、中京、辽西六路，淳主之；沙漠以北、南北路两都招讨府、诸蕃部族等，仍隶天祚。自此辽国分矣。封其妻普贤女为德妃，以回离保知北院枢密使事，军旅之事悉委大石。又遣使报宋，免岁币，结好。宋人发兵问罪，击败之。寻遣使奉表于金，乞为附庸。事未决，淳病死，年六十。百官伪谥曰孝章皇帝，庙号宣宗，葬燕西香山永安陵。

遗命遥立秦王定以存社稷，德妃为皇太后，称制，改建福为德兴元年，放进士李球等百八人。时宋兵来攻，战败之，由是人心大悦，兵势日振。宰相李纯等潜纳宋兵，居民内应，抱关者被杀甚众。翌日，攻内东门，卫兵力战，宋军大溃，逾城而走，死者相藉。五表于金，求立秦王，不从。而金兵大至，德妃奔天德军，见天祚。天祚怒，诛德妃，降淳庶人，除其属籍。

耶律雅里者，天祚皇帝第二子也，字撒鸾。七岁，欲立为皇太子，别置禁卫，封梁王。

保大三年，金师围青塚寨，雅里在军中。太保特母哥挟之出走，间道行至阴山。闻天祚失利趋云内，雅里驰赴。时扈从者千余人，多於天祚。天祚虑特母哥生变，欲诛之。责以不能全救诸王，将讯之。仗剑召雅里问曰：“特母哥教汝何为？”雅里对曰：“无他言。”乃释之。

天祚渡河奔夏，队帅耶律敌列等劫雅里北走。至沙岭，见蛇横道而过，识者以为不祥。后三日，群僚共立雅里为主。雅里遂即位，改元神历，命士庶上便宜。

雅里性宽大，恶诛杀。获亡者，笞之而已。有自归者，即官之。因谓左右曰：“欲附来归；不附则去。何须威逼耶？”每取唐《贞观政要》及林牙资忠所作《治国诗》，令侍从读之。乌古部节度使纠哲、迭烈部统军挞不也、都监突里不等各率其众来附。自是诸部继至。而雅里日渐荒怠，好击鞠。特母哥切谏，乃不复出。以耶律敌列为枢密使，特母哥副之。敌列劾西北路招讨使萧纠里荧惑众心，志有不臣，与其子麻涅并诛之。以遥设为招讨使，与诸部战，数败，杖免官。

从行有疲困者，辄振给之。直长保德谏曰：“今国家空虚，赐赉若此，将何以相给耶？”雅里怒曰：“昔畋於福山，卿诬猎官，今复有此言。若无诸部，我将何取？”不纳。初，令群牧运盐泺仓粟，而民盗之，议籍以偿。雅里乃自为直：每粟一车，偿一羊；三车一牛；五车一马；八车一驼。左右曰：“今一羊易粟二斗且不可得，乃偿一车！”雅里曰：“民有则我有。若令尽偿，民何堪？”

后猎查剌山，一日而射黄羊四十，狼二十一，因致疾，卒，年三十。

耶律大石者，世号为西辽。大石字重德，太祖八代孙也。通辽、汉字，善骑射，登天庆五年进士第，擢翰林应奉，寻升承旨。辽以翰林为林牙，故称大石林牙。历泰、祥二州刺史，辽兴军节度使。

保大二年，金兵日逼，天祚播越，与诸大臣立秦晋王淳为帝。淳死，立其妻萧德妃为太后，以守燕。及金兵至，萧德妃归天祚。天祚怒诛德妃而责大石曰：“我在，汝何敢立淳？”对曰：“陛下以全国之势，不能一拒敌，弃国远遁，使黎民涂炭。即立十淳，皆太祖子孙，岂不胜乞命於他人耶？”上无以答，赐酒食，赦其罪。

大石不自安，遂杀萧乙薛、坡里括，自立为王，率铁骑二百宵遁。北行三日，过黑水，见白达达详稳床古儿。床古儿献马四百，驼二十，羊若干。西至可敦城，驻北庭都护府，会威武、崇德、会蕃、新、大林、紫河、驼等七州及大黄室韦、敌剌、王纪剌、茶赤剌、也喜、鼻古德、尼剌、达剌乖、达密里、密儿纪、合主、乌古里、阻卜、普速完、唐古、忽母思、奚的、纠而毕十八部王众，谕曰“我祖宗艰难创业，历世九主，历年二百。金以臣属，逼我国家，残我黎庶，屠翦我州邑，使我天祚皇帝蒙尘于外，日夜痛心疾首。我今仗义而西，欲借力诸蕃，翦我仇敌，复我疆宇。惟尔众亦有轸我国家，忧我社稷，思共救君父，济生民於难者乎？”遂得精兵万余，置官吏，立排甲，具器仗。

明年二月甲午，以青牛白马祭天地、祖宗，整旅而西。先遗书回鹘王毕勒哥曰：“昔我太祖皇帝北征，过卜古罕城，即遣使至甘州，诏尔祖乌母主曰：‘汝思故国耶，朕即为汝复之；汝不能返耶，朕则有之。在朕，犹在尔也。’尔祖即表谢，以为迁国于此，十有余世，军民皆安土重迁，不能复返矣。是与尔国非一日之好也。今我将西至大食，假道尔国，其勿致疑。”毕勒哥得书，即迎至邸，大宴三日。临行，献马六百，驼百，羊三千，愿质子孙为附庸，送至境外。所过，敌者胜之，降者安之。兵行万里，归者数国，获驼、马、牛、羊、财物，不可胜计。军势日盛，锐气日倍。

至寻思干，西域诸国举兵十万，号忽儿珊，来拒战。两军相望二里许。谕将士曰：“彼军虽多而无谋，攻之，则首尾不救，我师必胜。”遣六院司大王萧斡里剌、招讨副使耶律松山等将兵二千五百攻其右；枢密副使萧剌阿不、招讨使耶律术薛等将兵二千五百攻其左；自以众攻其中。三军俱进，忽儿珊大败，僵尸数十里。驻军寻思干凡九十日，回回国王来降，贡方物。

又西至起儿漫，文武百官册立大石为帝，以甲辰岁二月五日即位，年三十八，号葛儿罕。复上汉尊号曰天佑皇帝，改元延庆。追谥祖父为嗣元皇帝，祖母为宣义皇后，册元妃萧氏为昭德皇后。因谓百官曰：“朕与卿等行三万里，跋涉沙漠，夙夜艰勤。赖祖宗之福，卿等之力，冒登大位。尔祖尔父宜加恤典，共享尊荣。”自萧斡里剌等四十九人祖父，封爵有差。

延庆三年，班师东归，马行二十日，得善地，遂建都城，号虎思斡耳朵，改延庆为康国元年。三月，以六院司大王萧斡里剌为兵马都元帅，敌剌部前同知枢密院事萧查剌阿不副之，茶赤剌部秃鲁耶律燕山为都部署，护卫耶律铁哥为都监，率七万骑东征。以青牛白马祭天，树旗以誓于众曰：“我大辽自太祖、太宗艰难而成帝业，其后嗣君耽乐无厌，不恤国政，盗贼蜂起，天下土崩。朕率尔众，远至朔漠，期复大业，以光中兴。此非朕与尔世居之地。”申命元帅斡里剌曰：“今汝其往，信赏必罚，与士卒同甘苦，择善水草以立营，量敌而进，毋自取祸败也。”行万余里无所得，牛马多死，勒兵而还。大石曰：“皇天弗顺，数也！”康国十年殁，在位二十年，庙号德宗。

子夷列年幼，遗命皇后权国。后名塔不烟，号感天皇后，称制，改元咸清，在位七年。子夷列即位，改元绍兴。籍民十八岁以上，得八万四千五百户。在位十三年殁，庙号仁宗。

子幼，遗诏以妹普速完权国，称制，改元崇福，号承天太后。后与驸马萧朵鲁不弟朴古只沙里通，出驸马为东平王，罗织杀之。驸马父斡里剌以兵围其宫，射杀普速完及朴古只沙里。普速完在位十四年。

仁宗次子直鲁古即位，改元天禧，在位三十四年。时秋出猎，乃蛮王屈出律以伏兵八千擒之，而据其位。遂袭辽衣冠，尊直鲁古为太上皇，皇后为皇太后，朝夕问起居，以侍终焉。直鲁古死，辽绝。

耶律淳在天祚之世，历王大国，受赐金券，赞拜不名。一时恩遇，无与为比。当天祚播越，以都元帅留守南京，独不可奋大义以激燕民及诸大臣，兴勤王之师，东拒金而迎天祚乎？乃自取之，是篡也。况忍王天祚哉？

大石既帝淳而王天祚矣，复归天祚。天祚责以大义，乃自立为王而去之。幸藉祖宗余威遗智，建号万里之外。虽寡母弱子，更继迭承，几九十年，亦可谓难矣。

然淳与雅里、大石之立，皆在天祚之世。有君而复君之，其可乎哉？诸葛武侯为献帝发丧，而后立先主为帝者，不可同年语矣。故著以为戒云。

【译文】

天祚皇帝，名延禧，字延宁，小字阿果。他是道宗的孙子，父亲是顺宗大孝顺圣皇帝，母亲是贞顺皇后萧氏。（天祚皇帝）大康元年出生，他六岁时被封为梁王，加官守太尉，兼任中书令；三年后，进封为燕国王；大安七年，总管北南院枢密使事务，加官尚书令，任天下兵马大元帅。

寿隆七年正月甲戌日，道宗去世，延禧遵奉遗诏在道宗灵柩前即皇帝位。各大臣奉上尊号称(他为)天祚皇帝。

二月壬辰初一,天祚皇帝改年号为乾统,大赦天下;下令为被耶律乙辛诬陷的人恢复官职和爵位,将没收的财产发还,被流放的召回。乙未日,派遣使臣向南宋和西夏、高丽通报丧事。乙巳日,由北府宰相萧兀纳担任辽兴军节度使,加官守太傅。

三月丁卯日,命令有关部门将张孝杰的家产分赐给各大臣。甲戌日,召进法颐和尚在宫内放戒。

夏四月,天旱。

六月庚寅初一,天祚皇帝去庆州。甲午日,宋朝派遣王潜等人来吊祭。丙申日,高丽、夏国各派使者来祭奠慰哀。戊戌日,任命南府宰相斡特剌兼任南院枢密使一职;庚子日,追封懿德皇后谥号为宣懿皇后;壬寅日,任命宋魏国王和鲁斡担任天下兵马大元帅;乙巳日,将北平郡王耶律淳进封为郑王;丁未日,北院枢密使耶律阿思在越地被加官;辛亥日,将仁圣大孝文皇帝和宣懿皇后葬在庆陵。

秋七月癸亥日,阻卜、铁骊前来进贡。

八月甲寅日,皇上参拜庆陵。

九月壬申日,皇上参拜怀陵。乙亥日,驻扎在藕丝淀。

冬十月壬辰日,皇上参拜乾陵。甲辰日,尊奉皇父昭怀太子谥号为大孝顺圣皇帝,庙号为顺宗;母亲谥号为贞顺皇后。

十二月戊子日,由枢密副使张琳执掌枢密院事务,翰林学士张奉珪担任参知政事,兼任同知枢密院事。癸巳日,宋朝派遣黄实来祝贺皇帝即位。丁酉日,高丽、夏国一同派遣使者来朝贺。乙巳日,皇帝诏令凡是先朝已处理过的事,都循例办理不再禀告。

起初,由杨割任生女真部节度使,俗称为太师。当年杨割去世,将官位传给他哥哥的儿子乌雅束,乌雅束去世后,由他的弟弟阿骨打承袭的官位。

乾统二年春正月,皇帝去鸭子河。

二月辛卯日,皇帝去春州。

三月,天气非常冷,再次结冰。

夏四月辛亥日,下令处死乙辛党徒,将他们的子孙迁往边疆;挖开乙辛、得里特的坟墓,劈开棺材,杀尸断身;将他们的家产分给被他们杀害的人家。

五月乙丑日，斡特剌进献耶睹刮等部落的战利品和俘虏。

六月壬辰日，因下雨停止打猎，留住在散水原。丙午日，夏国王李乾顺又派遣使者来请求娶公主为妻。丁未日，南院大王陈家奴辞官回乡。壬子日，李乾顺遭宋朝攻打，派遣李造福、田若水来请求救援。

闰月庚申日，封赏贤良人士。壬申日，将惠妃降为平民。

秋七月，在黑岭打猎，因为天降喜雨，赐与猎人马匹。阻卜来进犯，斡特剌等人打败了他们。

冬十月乙卯日，萧海里反叛，掳走乾州武库中的兵器甲服。皇上命令北面林牙郝家奴捉拿他，萧海里逃入陪术水阿典部。丙寅日，皇上任命南府宰相耶律斡特剌担任北院枢密使，参知政事牛温舒掌管南院枢密使事务。

十一月乙未日，郝家奴因未能将萧海里捉获，被免去官职。壬寅日，皇上任命上京留守耶律慎思担任北院枢密副使。有关部门奏请将天祚帝生日的日子作为天兴节。

三年春正月辛巳初一，皇上去混同江。女真人将萧海里的首级装入盒内，派遣使臣将他的人头进献。戊申日，皇上去春州。

二月庚午日，由于武清县发大水，(朝廷)放宽对该地滩涂湖地的管理禁令。

夏五月戊子日，由于很多猎人逃亡，(朝廷)制定严格的管理法规。乙巳日，皇帝在赤勒岭避暑。丙午日，皇帝参拜庆陵。

六月辛酉日，夏国王李乾顺又派使者来求娶公主。

秋七月，中京降冰雹，庄稼受灾。

冬十月甲辰日，皇帝去中京。己未日，吐蕃派遣使者前来进贡。庚申日，夏国又派使者来请求救援。己巳日，在观德殿祭祀。

十一月丙申日，文武百官为皇上加尊号称惠文智武圣孝天祚皇帝。皇帝发布大赦令，尊宋魏国王和鲁斡为皇太叔，梁王挞鲁进封为燕国王，郑王耶律淳任东京留守，进封越国王，百官都晋升一等。丁酉日，由惕隐耶律何鲁扫古任南院大王。戊戌日，皇帝将所受尊号祭告祖庙。乙巳日，参拜太祖庙，追尊太祖的高祖为昭烈皇帝，庙号肃祖，高祖帝后为昭烈皇后；追奉曾祖为庄敬皇帝，庙号懿祖，曾祖帝后为庄敬皇后。命监修国史耶律俨编写太祖等诸皇帝的《实录》。

十二月戊申日，皇上去藕丝淀。

这一年，录取进士马恭回等一百零三人。

乾统四年春正月戊子日，皇上到鱼儿泺。壬寅日，在木岭打猎。癸卯日，燕国王挞鲁逝世。

二月丁丑日，鼻骨德派遣使者前来进贡。

夏六月甲辰日，皇帝在旺国崖驻留。甲寅日，夏国派遣李造福、田若水来请求救援。癸亥日，吐蕃派使者来进贡。

秋七月，南京发生蝗灾。庚辰日，皇上在南山打猎。癸未日，由西北路招讨使萧得里底、北院枢密副使耶律慎思共同执掌北院枢密使事务。辛卯日，皇帝任命同知南院枢密使事萧敌里担任西北路招讨使。

冬十月己酉日，在潞阴县出现凤凰。己未日，皇上到南京。

十一月乙亥日，皇上到迎月楼，给贫民分赐银两。

十二月辛丑日，皇上任命张琳担任南府宰相。

五年春正月乙亥日，夏国派李国福等人前来请求救援，并请求讨伐宋朝。庚寅日，任命辽兴军节度使萧常哥担任北府宰相。丁酉日，派遣枢密直学士高端礼等人去婉言劝说宋朝停止攻打夏国。

二月癸卯日，皇帝便装出访，体察民间疾苦。丙午日，皇上到鸳鸯泺。

三月壬申日，皇上将本族姑娘南仙封为成安公主，下嫁给夏国王李乾顺。

夏四月甲申日，皇上在炭山猎虎。

五月癸卯日，皇上在南崖避暑。壬子日，宋朝派曾孝广、王戬前来回访。

六月甲戌日，夏国派使者前来致谢，进贡地方物产。乙丑日，皇上到候里吉。

秋七月，皇上参拜庆陵。

九月辛亥日，皇上驻留藕丝淀。乙卯日，皇上参拜乾陵。

冬十一月戊戌日，（朝廷）禁止商人家属参加进士考试。丙辰日，高丽三韩国公王颙逝世，他儿子王俣派使者前来报丧。

十二月己巳日，夏国又派李造福、田若水来请求救援。癸酉日，宋朝派林洙来商谈与夏国议和的事务。

六年春正月辛丑日，皇帝派遣掌管北院枢密使事务的萧得里底、掌管南院枢密使事务的牛温舒出使宋国，婉言劝说宋国归还所侵占的夏国领土。

夏五月，皇上在散水原避暑。

六月辛巳日，夏国派李造福等人来致谢。

秋七月癸巳日，阻卜来进贡。甲午日，皇上去黑岭。庚子日，皇上在鹿角山打猎。

冬十月乙亥日，宋朝与夏国和好，派遣刘正符、曹穆前来通报。庚辰日，皇上任命皇太叔、南京留守和鲁斡兼任惕隐，东京留守、越国王耶律淳为南府宰相。

十一月乙未日，皇上任命谢家奴为南院大王，马奴为奚六部大王。丙申日，举行柴册礼。戊戌日，皇帝发布大赦令，称和鲁斡为义和仁圣皇太叔，进封越国王耶律淳为魏国王，封皇太子敖卢斡为晋王，习泥烈为饶乐郡王。己亥日，皇帝参拜太祖庙。甲辰日，皇帝在木叶山祭祀。

十二月己巳日，皇帝封耶律俨为漆水郡王，其余官员分等级晋升爵位。

七年春正月，皇帝在鸭子河钓鱼。

二月，皇上在大鱼泺驻留。

夏六月，皇帝在散水原停留。

秋七月，皇帝去黑岭。

冬十月，皇帝参拜乾陵，在医巫闾山打猎。

这一年，隶取进士李石等共一百人。

乾统八年春正月，皇帝去春州。

夏四月丙申日，封高丽王王俣为三韩国公，赠他父亲王颙为高丽国王。

五月，皇上在散水原避暑。

六月壬辰日，西北路招讨使萧敌里率领各蕃属来朝见皇上。丙申日，举行射柳仪式以祈求降雨。壬寅日，夏国王李乾顺派使者来报告：成安公主生子。丁未日，皇上去黑岭。

秋七月戊辰日，因下雨停止打猎。

冬十二月己卯日，高丽派使者前来致谢。

九年春正月丙午初一，皇帝去鸭子河。

二月，皇帝去春州。

三月戊午日，夏国派使者来通报有关宋朝不归还土地之事。

夏四月壬午日，五国部前来进贡。

六月乙亥日，皇上在特礼岭避暑。

秋七月，下霜，庄稼受损。甲寅日，皇上在候里吉打猎。

八月丁酉日，下雪，未打猎。

冬十月癸酉日，在木叶山祭祀。丁丑日，下令免征今年租税。

十二月甲申日，高丽派使者来进贡。

这一年，取进士刘桢等九十人。

乾统十年春正月辛丑日，参与举行立春礼。到鸭子河。

二月庚午初一，皇上在大鱼泺驻留。

夏四月丙子日，五国部各酋长来进贡。丙戌日，参与举行再生礼。癸巳日，皇上在北山打猎。

六月甲戌日，皇帝在玉丘避暑。癸未日，夏国派李造福等人来进贡。甲午日，阻卜人来进贡。

秋七月辛丑日，参拜庆陵。

闰月辛亥日，参拜怀陵。己未日，参拜祖陵。壬戌日，皇太叔和鲁斡逝世。

九月甲戌日，免除重九节礼仪。

冬十月，皇上在藕丝淀驻留。

十二月乙酉日，更改明年年号为天庆。

这年，发生了严重饥荒。

天庆元年春正月，皇上在鸭子河钓鱼。

二月，皇上去春州。

三月乙亥日，五国部各酋长前来进贡。

夏五月，皇上在散水原避暑。

秋七月，打猎。

冬十月，在藕丝淀驻留。

二年春正月己未初一，皇上去鸭子河。丁丑日，五国派酋长来进贡。

二月丁酉日，皇上去春州，在混同江钓鱼。边界外生女真族各酋长凡在千里以内的，按惯例都来朝见皇上。正赶上“头鱼宴”，饮酒半醉时，皇上来到大厅里，让各酋长依次表演舞蹈；唯有阿骨打推辞说不会，皇上再三命令他跳舞，但他始终未听从。过后，皇帝私下对枢密使萧奉先说：“在前些天的宴会上，阿骨打态度雄傲豪亢，眼神不同寻常，应借边事将他杀掉。如不然则必留后患。”奉先说：“他是粗人，不懂得礼节和情谊，没有多大过错而杀了他，恐怕会伤害人们归顺的心情。即使他有二心，又能有什么作为？”他弟弟吴乞买、粘罕、胡舍等人曾随从皇上打猎，会唤鹿、打虎、捉熊，皇上一高兴，便为他们加官进爵。

夏六月庚寅日，皇上在南崖避暑。甲午日，和州回鹘人前来进贡。戊戌日，成安公主前来朝见皇上。甲辰日，阻卜来进贡。

秋七月乙丑日，皇上在南山打猎。

九月己未日，皇上打猎时射中熊，设宴招待群臣，亲自弹奏琵琶。起初，阿骨打自从在混同江参加宴会回来，怀疑皇上知道了他的反叛企图，于是调集军队，先吞并了邻近部族。女真人赵三、阿鹘产反抗他，阿骨打便虏去他们的家属。两人跑到咸州告状，详稳司将他们送到北枢密院。枢密使萧奉先把这作为一般事项禀告皇上后，于是去咸州责问解决，想让阿骨打改过自新。后来几次召见阿骨打，他竟推说有病而不来。

冬十月辛亥，高丽三韩国国公王俣的母亲去世，前来报丧，朝廷派使者前往吊祭。王俣虽丧期不满，但仍起用担任原职。这个月皇上在奉圣州驻留。

十一月乙卯日，皇帝到南京。丁卯日，参拜太祖庙。

这一年，录取进士韩昉等七十七人。

三年春正月丙寅日，皇上赏赐南京贫民钱两。丁卯日，皇上去大鱼泺。甲戌日，严禁和尚、尼姑违反教规。丙子日，皇上在狗牙山打猎，天气十分寒冷，很多猎人被冻死。

三月，检查各地户口，将大牢古山猎场地区的住户迁往其他地方。某天，阿骨打率领五百骑兵突然来到咸州，官民十分惊慌。第二天，他到详隐司，与赵三等人当面对质，阿骨打不屈服，被送到主管部门盘查。一天晚上他私自逃走，并派人向皇上控告，说详隐司想要杀死他，所以他不敢留在这里。从此以后，召见他也从不再来。

夏闰四月，李弘用妖术惑众作乱，被分尸送往五京示众。

六月乙卯日，斡朗改国派使者来进献良犬。丙辰日，夏国派使者来进贡。

秋七月，皇上到秋山。

九月，皇上在藕丝淀驻留。

十一月甲午日，任命三司使虞融掌管南院枢密使事务，西南面招讨使萧乐古任南府宰相。

十二月庚戌日，高丽派使者来感谢辽国的吊丧。癸丑日，回鹘派使者来进贡。甲寅日，任命枢密直学士马人望担任参知政事。丙辰日，掌管枢密院事务的耶律俨逝世。癸亥日，高丽派使者来感谢王俁在丧期未满之时准其复职之事。

四年春正月，皇上去春州。开始，女真起兵时，因纥石烈部的阿疏不同意，女真派部下撒改的军队攻打他。阿疏的弟弟狄故保前来报告，皇帝命令女真不要攻打，但女真人不听，阿疏前来投奔。于是女真派使者来索要阿疏，朝廷未予交还。

夏五月，皇上在散水原避暑。

秋七月，女真又派使者来索要阿疏，朝廷仍旧没有（把阿疏）交出，甚至派侍御阿息保责问女真在边境上大量修建城堡的原因。女真以傲慢的口气回答说："如果交还阿疏，女真仍和从前一样朝见进贡。若不然，将不断地修建城堡。"随后辽国调集浑河以北各部军队，加强东北路统军司。阿骨打与他弟弟粘罕、胡舍等人一起谋划，由银术割、移烈、娄室、阇母等人为统帅，调集女真各部军队，先捉辽国的障鹰官。等到攻打宁江州时，东北路统军司前来禀报。当时皇上正在庆州打鹿，听到报告没太介意，只派海州刺史高仙寿率领渤海军去支援。萧挞不也与女真军遭遇，在宁江以东开战，辽军战败。

冬十月壬寅初一，任命守司空萧嗣先担任东北路都统，静江军节度使萧挞不也担任副都统，派契丹奚军三千人，中京禁卫兵及地方豪强的士卒两千人，另从各路军中挑选出英勇武士两千多人，由虞候崔公义担任都押官，控鹤指挥邢颖为副都押官，带兵到出河店驻扎。两军对峙，女真军队偷渡混同江，突袭辽兵。萧嗣先的军队被突破，崔公义、邢颖、耶律佛留、萧曷十等人战死，幸免于死的有十七人。萧奉先怕他弟弟萧嗣先被治罪，便禀奏说东征溃散的军队到处抢掠，如不宽赦，恐怕他们聚众酿成祸害。皇上同意了他的意见，萧嗣先只是被免去了官职。各部军队中的将士彼此议论说："打仗的战死并没有功劳，败退可以活命却不会获罪。"因而军队士兵毫无斗志，看到点儿风声动静就溃散逃命而逃。

十一月壬辰日，都统萧敌里等在斡邻泺以东的地方驻营，又被女真军袭击，死伤士卒很多。甲午日，萧敌里也被免职。辛丑日，任命西北路招讨使耶律斡韩里朵担任行军都统，副点检萧乙薛、同知南院枢密使事耶律章奴担任副都统。

十二月，咸州、宾州、祥州和铁骊、兀惹等地的官兵都反叛逃入女真。萧乙薛前去救援宾州，南军各部将领实娄、特烈等去援救咸州，都被女真人打败。

天庆五年春季正月，皇上发布亲征诏令，派遣僧奴携带书信去女真商定共同遵守的讲和盟约，并指名斥责阿骨打。阿骨打派赛剌送来复信，提出如果归还反叛人员阿疏，把黄龙府迁往其他地方，而后才可商谈议和。都统耶律斡里朵等与女真军队在达鲁古城交战，辽军战败。

二月，饶州渤海古欲等人反叛，自称大王。

三月，派萧谢佛留等人征讨反叛人员。派耶律家奴等六人携带书信前往女真，指名斥责他们的主子，希望他们赶快投降。

夏季四月癸丑日，萧谢佛留等被渤海古欲打败，任命南面副部署萧陶苏斡作为都统，前往参战。

五月，陶苏斡与古欲开战，结果陶苏斡大败。张家奴等人因为阿骨打写信来，又派他去见阿骨打。

六月己亥初一，皇上在特礼岭避暑。壬子日，张家奴等人回来，阿骨打回信，也指名斥责，命令他们使他们投降。癸丑日，通告各地皇上将要亲征。丙辰日，陶苏斡招降擒获古欲等人。癸亥日，任命惕隐耶律末里为北院大王。这月，派萧辞剌出使女真，因所带信件言辞强硬而被女真扣留。

秋季七月辛未日，宋朝派使臣送来支援军队的银两和布匹。丙子日，皇上在岭东打猎。这个月里，都统斡里朵等人与女真军在白马泺交战，都统斡里朵等人被打败。

八月甲子日，皇上停止打猎，赶赴军中。斡里朵等人因军队打败仗，被免除官职。丙寅日，任命围场使阿不任中军都统，耶律张家奴为都监，统领蕃军、汉军共十万人；由萧奉先任卫营都统，诸行营都部署耶律章奴担任副都统，用两万精锐士兵作为先遣军。其余兵力划为五部分作为正军，一千贵族子弟作为硬军，朝廷各部门随随从人员为护卫军，向北面的骆驼口进发。由都点检萧胡靓姑担任都统，枢密直学士柴谊担任副都统，率领三万汉族步兵骑兵，向南方宁江州进发。从长春州开始分路前进，发给几个月吃用的军粮，决心一定要消灭女真。

九月丁卯初一，女真军队攻陷了黄龙府。己巳日，知北院枢密使萧得里底出任西南面招讨使。辞剌被放回，女真又派赛剌携带书信来报：如果归还我方反叛人员阿疏等，女真军队立即后撤。皇上亲征。粘罕、兀术等写信给皇上，表面上言辞谦卑悲痛，实质上是要求打仗。将信呈送给皇上，皇上大怒，在写下的诏令中有"女真人太过分，发兵消灭他们"等言论。女真首领集合广大将士，用刀划脸抬头向着天空痛哭着说："起初我与你们共同起兵，是苦于契丹的祸害残忍，打算自己建立一个国家。现在皇上亲自率兵来征讨，怎么办？除非大家奋力战斗，否则是阻挡不了的。不如杀了我一家，你们投降，这样就可以转灾祸为福气。"各将士都说："事情已到了这般地步，我们听从你的决定。"乙巳日，耶律章奴反叛，逃往上京，策划迎立魏国王耶律淳为皇帝。皇上派驸马萧昱率兵到广平淀保护后妃，派行宫小底乙信携带书信急速去告知魏国王。当时章奴曾先派王妃的弟弟萧谛里按他的想法去劝说魏国王。魏国王说："这不是小事，各国王中应该立谁，皇上自有主张，北、南面大臣不来，而由你来谈这样的事，是什么道理？"私下命令左右随从扣留了他。不久，乙信等人携带皇上的亲笔信来到，详细叙述了章奴等人打算废除皇上另立新帝等事情。魏国王立即斩萧谛里等人的首级送献给皇上，并单人骑马抄近路往广平淀去等待皇上问罪。皇上对待他一如既往。章奴得知魏国王不接受他的谋划，便率领部下在庆州、饶州、怀州、祖州等地抢劫掠夺，联合渤海的盗匪，人数多达几万人，涌向广平淀，企图进犯行宫。顺国女真阿鹘产率三百名骑兵一举打败匪徒，擒获其中贵族二百多人，将他们斩首示众。他们的妻子儿女被分派到绣院做使役，有的被分给皇上的侍从人员做奴婢，其余逃脱了的都去投奔女真。章奴冒充使者，打算逃往女真，被巡逻人员捉住，捆绑押送到皇上的住地，并被当众腰斩，将他的心挖出祭献祖庙，将尸体肢解拿到各地示众。

冬季十一月，派遣驸马萧特末、林牙萧察剌等人率领五万骑兵、四十万步兵、七十万亲军，驻扎在驼门。

十二月乙巳日，耶律张家奴反叛。戊申日，皇上亲自指挥，在护步答冈与女真军队作战，战败，军械、粮草、被服等物资损失殆尽。己未日，锦州刺史耶律术者叛变加入张家奴一伙。庚申日，北面林牙耶律马哥征讨张家奴。癸亥日，由北院宣徽使萧韩家奴执掌北院枢密使事务，南院宣徽使萧特末担任汉人行宫都部署。

天庆六年春正月丙寅初一，在东京夜间有十几名无赖少年趁着酒醉，持刀跳墙进入留守府，询问留守萧保先在何处："现在军队已经变乱，你须做好准备。"萧保先走出来，便被刺杀。户部使大公鼎得知此次事变后，便代行留守职责，与副留守高清明召集了奚兵、汉兵共一千人，捕获了所有作乱人员，并把他们全部杀掉，安抚当地民众。东京原来是渤海的地域，是太祖经过了二十多年的征战才得到的地方。而萧保先在当地施政严厉苛刻，渤海人深受其害，才导致这次事件的发生。他的副将渤海高永昌自称帝号，定年号为隆基元年。皇上派萧乙薛、高兴顺前去招降，他不接受。

闰月正己亥日，派萧韩家奴、张琳去讨伐高永昌。戊午日，贵德州守将耶律余睹占据广州、渤海反叛归附高永昌，被我辽军打败。

二月戊辰日，御卫司徒挞不也等人讨伐张家奴，在祖州交战，结果失败。乙酉日，（朝廷）派汉人行宫都部署萧特末率领各将士攻打张家奴。戊子日，张家奴诱惑饶州渤海及中京寇贼侯概等一万多人，攻陷了高州。

三月，东面行军副统酬斡等人在川州擒获了侯概。

夏季四月戊辰日，皇帝亲自征讨张家奴。癸酉日，（皇帝率领的部队）打败了他。甲戌日，处死反叛党徒，平定了饶州渤海。丙子日，对参加征讨张家奴战斗的将士按等级给予奖赏；而萧韩家奴，张琳等人又被叛贼打败。

五月，皇上在散水原避暑。女真军攻克沈州，又攻陷东京，擒住了高永昌。东京各州县族人痕孛、铎剌、吴十、挞不也、道剌、酬斡等十三人都向女真投降。

六月乙丑日，登记各路军队士兵，凡有各种牲畜达十头以上的家户都要出人参加军队。庚辰日，魏国王耶律淳进封为秦晋国王，担任都元帅，上京留守萧挞不也担任契丹行宫都部署兼副元帅。丁亥日，掌管北院枢密使事务的萧韩家奴担任上京留守。

秋季七月，皇上在秋山打猎。春州渤海两千多户居民叛逃，东北路统军使率领军队追赶，把他们全部俘获迁回。

八月，乌古部反叛，派中丞耶律挞不也等人前去招抚。

九月丙午日，皇上参拜怀陵。

冬季十月丁卯日，张琳因作战失利，被撤消官职。庚辰日，乌古部前来投降。

十一月，东面行军副统马哥等人攻打曷苏馆，战败。

十二月乙亥日，皇帝封平民萧氏为太皇太妃。辛巳日，罢免耶律马哥副统的官职。

七年春季正月甲寅日，削减牲口棚中家畜的饲料粮食，(把减下来的粮食饲料)分给各局。这月内，女真军队攻打春州，东北方向各部军队未开始作战就自行溃散，女古、皮室等四部和渤海人都投降了，接着泰州又被攻克。

二月，涞水县寇贼董庞儿聚众一万多人。西京留守萧乙薛、南京统军都监查剌和他在易水交战，把他们击溃。

三月，董庞儿党徒再次聚集作乱，萧乙薛又在奉圣州将他们击溃。

夏季五月庚寅日，东北方向各行军的将领涅里、合鲁、涅哥、虚古等人被当众处死。乙巳日，各围场之间的地带，允许百姓砍柴。

六月辛巳日，任命同知枢密院事余里也为北院大王。

秋季七月癸卯日，皇上在秋山打猎。

八月丙寅日，皇上在偭斯那里山打猎，命令都元帅秦晋王前往边境沿线，与四路兵马会合，加强警戒，防止外部趁入秋时节进犯。

九月，皇上从燕到阴凉河，建立怨军八营：士兵从宜州招募来的营叫前宜营、后宜营，从锦州招来的叫前锦营、后锦营，从乾州、显州招来的叫乾营和显营，还有乾显大营、岩州营，共二万八千多人，驻扎在卫州蒺藜山。丁酉日，皇上在辋子山打猎。

冬季十月乙卯初一，皇上到中京。

十二月丙寅日，都元帅秦晋国王耶律淳与女真军相遇，在蒺藜山交战，战败。女真又攻陷了显州邻近的一些州郡。庚午日，皇上下诏令责备自己。癸酉日，派夷离毕查剌和大公鼎到各地去招募兵卒。丁丑日，由西京留守萧乙薛担任北府宰相，东北路行军都统奚霞末执掌奚六部大王事务。

这一年，女真阿骨打采纳铁州杨朴的计谋，即位为皇帝，定年号为天辅，国号金。杨朴又进言说，自古以来英雄开基立国或是受禅即位，都必须先求得大国封册承认。于是女真阿骨打派使者来辽国议和，以争取册封。

八年春正月，皇上到鸳鸯泺。丁亥日，派耶律奴哥等人出使金国议和。庚寅日，保安军节度使张崇带双州两百户人投降金国。东路各州盗贼蜂拥而起，掳掠百姓，以便为自己提供粮食。

二月，耶律奴哥从金国回来，金国国主回信说："如果能像对待兄长一样对待我，每年进献地方物产，归还上京、中京、兴中府三路州县；将亲王、公主、驸马、大臣子孙做为人质；放回我方使者和给回原来给的信符，以及宋、夏、高丽相互来往的书诏、表牒，那么就可以议和。"

三月甲午日，辽国又派奴哥为使者去金国。

夏季四月辛酉日，任命西南面招讨使萧得里底作为北枢密院使。

五月壬午初一，奴哥带着书信回来，与对方约定不超过这个月就会给予答复。戊戌日，又派奴哥出使金国，希望能订立参考几种意见，定出可行的办法的议案。这月，皇上到纳葛泺。寇贼安生儿、张高儿聚众二十万人，耶律马哥等人在龙化州杀死安生儿，张高儿逃入懿州境内，与霍六哥联合。金国君主派胡突衮和奴哥携带书信回来，答复内容与上次所说的相同。

六月丁卯日，辽国派奴哥等人携带宋、夏、高丽的书诏、表牒去金国。霍六哥攻占海北州，向义州进发，军帅回离保等人打败了他。通、祺、双、辽等四个州的八百多户民众向金国投降。

秋季七月，皇上在秋山打猎。金国又派胡突衮来，说明免除人质和上京、兴中府所属各州郡，减少每年进献物品的数量，"如果能像对待兄长一样对待我，按照汉制仪礼册封，可以讲和"。

八月庚午日，派奴哥、突迭出使金国，商谈册封仪式事宜。

九月，金国扣留了突迭，只打发奴哥回来，他们的说法是："如果不接受所提条件，就不必再派使者前来。"

闰九月丙寅日，派奴哥再次出使金国，并让萧宝、讹里等十五人各自带领当地群众向金国投降。

冬季十月，奴哥、突迭带着金国的信件来。龙化州张应古等四人率领民众向金国投降。

十一月，副元帅萧挞不也逝世。

十二月甲申日，商定了册封仪式，辽国派奴哥出使金国。宁昌军节度使刘宏带领懿州三千户民众投降金国。这时，山前各路发生严重饥荒，乾州、显州、宜州、锦州、兴中府等地，一斗谷值好几匹绢，百姓都剥榆树皮吃，后来还出现了人吃人的现象。

这一年，录取进士王翚等一百零三人。

九年春季正月，金国派遣乌林答赞谟携带书信来迎取封册。

二月，皇上到鸳鸯泺。寇贼张撒八诱骗中京射粮军，自立为王，南面军帅余睹擒获了张撒八。

三月丁未初一，皇上派遣知右夷离毕事萧习泥烈等人册封金国君主为东怀国皇帝。己酉日，乌林答赞谟、奴哥等人先带信回去报告。

夏季五月，阻卜补疏只等人反叛，逮捕了招讨使耶律斡里朵，都监萧斜里得被他们杀死。

秋季七月，皇上在南山打猎。金国又派乌林答赞谟前来，责怪封册文字中没有“像对待兄长一样对待”这句话；未称作“大金”而是叫“东怀”，这是指小国怀念辽的恩德的意思；还有册文中有“渠材”两个字，话里有轻篾的意思；像“遥芬多戬”等一些话，都不是善意的，文章格式也特别乖僻不当。要按上次信件所确定的内容修改后，才能同意。杨询卿、罗子韦率领部属投降金国。

八月，任命赵王习泥烈为西京留守。

九月，皇上到西京。又派习泥烈、杨立忠先带着册文的草稿出使金国。

冬季十月甲戌初一，耶律陈图奴等二十多人谋划反叛，被处以死刑。这月，派使者送乌林答赞谟带着书信返回金国。

十年春季二月，皇上到鸳鸯泺。金国又派乌林答赞谟携带信件和册文副本来，依然怪罪辽曾向高丽请求援兵。

三月己酉日，凡民众有马群的，每十匹征收一匹，分配给东路军。庚申日，因为册文中金人所提出的“大圣”二字，与对祖先的称呼相同，又派习泥烈去商谈。金国君主大怒，于是拒绝谈判。

夏季四月，皇上在胡土白山打猎，听说金国再次发兵，由耶律白斯不等人挑选三千精锐部队前去支援辽军。

五月，金国君主亲自率军攻打上京，攻破了外城，留守挞不也率领部下出城投降。

六月乙酉日，由北府宰相萧乙薛担任上京留守，掌管盐铁内省两司及东北统军司事务。

秋，皇上在沙岭打猎。

冬，皇上又去西京。

保大元年春正月丁酉初一，更改年号，大赦天下。起初，从金人起兵以来，所失守的郡县几乎占了一半。皇上有四个儿子：长子赵王，他母亲是赵昭容；二儿子晋王，他母亲是文妃；再以下是秦王、许王，都是元妃所生。全国上下都知道晋王贤良，极负重望。元妃的哥哥枢密使萧奉先担心秦王不能被立为皇太子，便暗地为他谋划。文妃姐妹共三人：长女嫁给耶律挞曷里，次女就是文妃，三女嫁给余睹。有一天，她们姐妹三人在军营前见面，奉先便暗示别人诬陷驸马萧昱和余睹等人图谋拥立晋王为帝，皇上发觉此事，处死了萧昱和挞曷里等人，文妃也被赐死，唯独对晋王没有忍心治罪。余睹在军队里听说后十分害怕，便带领一千多名骑兵反叛逃去金国。皇上派知奚王府事萧遐买、北府宰相萧德恭、大常兖耶律谛里姑、归州观察使萧和尚奴、四军太师萧干率领所属部队去追击，追到闾山县的时候，各将领商量说："皇上听信萧奉先的话，奉先把我们这些人全然不当一回事。余睹是皇族宗室里的豪爽俊杰人物，平常不肯屈居萧奉先下。如果我们捉住余睹，日后我们这些人就会得到和余睹同样的下场！不如放过他。"回来后，便谎报说："没有追上。"奉先眼看余睹得以逃走，唯恐日后其他人也叛逃，于是劝皇上大加晋爵封赏，以笼络人心。(因此)封萧遐买为奚王，萧德恭为中书门下平章事且兼判决上京留守事务，耶律谛里姑为龙虎卫上将军，萧和尚奴为金吾卫上将军，萧干为镇国大将军。

二月，皇上到鸳鸯泺。

夏五月，皇上到曷里偭。

秋七月，皇上在炭山打猎。

九月，皇上到南京。

冬十一月癸亥，皇上任命西京留守赵王习泥烈为惕隐。

二年春正月乙亥日，金兵攻占中京，接着又攻下泽州。皇上出居庸关，到鸳鸯泺。听说余睹带领金国人娄室孛堇突然来到，萧奉先说："余睹是王子班中的后裔，这次来不过是为了立他外甥晋王为帝。如果为祖宗大业着想，就不要舍不得一个儿子，指明他的罪行并处死他，可以不必打仗，余睹自己就会回去。"于是皇上赐死晋王，披戴素服三天，耶律撒八等人都被诛杀。晋王在军士中一向很有声望，各地军官听说他被处死，无不泪流满面，哭泣悲伤，由此人心涣散。余睹带领金兵逼近行宫，皇上率领五千多名卫队骑兵到云中，在桑干河丢失了传国玉玺。

二月庚寅初一，不久，发生日全食。甲午日，由知北院大王事耶律马哥、汉人行宫都部署萧特末共同担任都统，太和宫使耶律补得作为副都统，率领军队驻扎在鸳鸯泺。己亥日，金国军队在北安州打败奚王霞末，并让他驻扎的城市投降。

三月辛酉日，皇上得知金军将从岭西出发，于是移向白水泺。乙丑日，群牧使谟鲁斡向金国投降。丙寅日，皇上到女古底仓。听说金兵很快将要到来，不知如何是好，便轻装骑马进入夹山，这时才明白萧奉先的不忠。气恼地说："你们父子坑害我到这般地步，现在真想杀了你们，可是有什么用！（我现在）怕的是将士们心感愤懑怨恨，你们避敌苟且偷生，但大祸必然降临到我头上。你们不要再跟着我走了。"奉先下马，哭着叩拜而去。没走几里路，左右随从逮捕了萧奉先父子俩，捆绑着送交给金兵。金人杀了他的长子萧昂，将萧奉先和他的次子萧昱带上刑具，送往金国君主处。途中遇到辽军，将他们抢回并送回国，随即萧奉先和他的次子都被赐死。皇上赶走了枢密使萧得里底，召见挞不也担任典禁卫。丁卯日，由北院枢密副使萧僧孝奴掌管北院枢密使事务，同知北院枢密使事萧查剌任左夷离毕。戊辰日，同知殿前点检事耶律高八率领卫士向金国投降。己巳日，探子萧和尚、牌印郎君耶律哂斯被金国军队俘获。癸酉日，由于各局百工很多人逃亡，因而当时凡是随从护卫皇上的人，不论是官吏还是人民，都被封为官。起初，皇上曾命令宰相张琳、李处温和秦晋国王耶律淳防守燕地。李处温听说皇上进入了夹山，一连几天接不到命令，便和他弟弟处能、儿子李奭一起，向外借助怨军的力量，对内联合都统萧干，谋划拥立耶律淳为皇帝。于是他和耶律大石、左企弓、虞仲文、曹勇义、康公弼等各大臣召集蕃族、汉族百官、各部军队将士以及百姓几万人来到耶律淳的府邸。李处温邀请张琳来，说明了事情的原委。张琳说："临时执政便可以。"李处温说："现在天意人心都已经安定了，请按班位次序站立吧！"李处温等人请耶律淳受朝拜礼，邀请淳刚出来，李奭便拿着赭色皇袍给他披上，让百官叩拜欢呼。耶律淳十分惊异害怕，再三推辞，推不掉只好顺从。于是由李处温任太尉，左企弓任司徒，曹勇义掌管枢密院事务，虞仲文为参知政事，张琳任太师，李处能管理枢密院，李奭为少府少监、提举翰林医官，李爽、陈秘等十几个人曾经都参与商讨大计，赐给进士及第衔，分别授以官职。萧干任北枢密使，驸马都尉萧旦掌管枢密院事务。将怨军改称为常胜军。于是大赦天下，自称为天锡皇帝，改年号为建福，将天祚降封为湘阴王。于是占据的疆域有燕、云、平及上京、辽西六路。天祚皇帝所拥有的领土，只有沙漠以北，西南面、西北路两都招讨府及各番部族。

夏季四月辛卯日，西南面招讨使耶律佛顶金国投降，云内、宁边、东胜等州也都相继投降。原金国叛逃人员阿疏被金兵俘获。金国已占领西京，沙漠以南各部族都向金国投降。皇上随后逃往讹莎烈。这时北部的谟葛失送来马匹、骆驼和食羊。

五月甲戌日，都统马哥收编溃散的军队，在沤里谨集合。丙子日，任命马哥作为知北院枢密使事，兼任都统。

六月，耶律淳患病卧床不起，听说天祚皇帝向天德州、云内州、朔州、武州、应州、蔚州等地发出檄文，将集合各蕃族精锐部队五万骑兵，大概在八月进入燕国；并派人来慰劳，索要布衣皮衣、茶叶药品等。耶律淳很害怕，命令南、北面大臣商讨对策。李处温和萧干等人的意见是迎奉秦王耶律定而抵抗湘阴王天祚，于是召集蕃族及汉族的百官商量，同意这一意见的站在东面，只有南面行营都部署耶律宁站在西面。李处温等人问他原因，耶律宁说："天祚帝如果真能够带领各番族军队大举进攻夺取燕地，就是他作为皇帝的气数未尽，哪能拒绝他？若不然，秦王耶律定和湘阴王天祚也是父子关系，要拒绝就都拒绝，自古以来哪里有迎奉儿子而拒绝他父亲的事？"李处温等人相视微笑，以耶律宁煽动惑乱军心为由，打算杀了他。耶律淳倚在枕头上长叹说："他是忠臣啊，怎么能杀他？如果天祚皇帝真回来，我只有一死，哪里还有脸面与他相见呢！"此后不久耶律淳死去。于是大家商议拥立他妻子萧氏为皇太后，主持军国大事。遵照耶律淳的遗命，迎立天祚的次子秦王耶律定为皇帝。于是由太后行使皇帝的权力，改年号为德兴。李处温父子怕遭受灾祸，向南串通童贯，打算挟持萧太后归顺宋朝；北面与金国串通，打算作内应。对外，以援立秦王的大功自我表白。萧太后大骂他说："坑害秦晋国王的，都是你们父子！"历数他的几十宗罪过，赐死，将他儿子李奭碎尸；没收他的家产，抄到七万串钱，很多金制玉制宝器，都是在当宰相的这的这几个月内搜刮所得。谟葛失派兵来支援，被金兵在洪灰水打败，金兵还抓去了他的儿子陀古和属将阿敌音。夏国的援兵来到，也被金兵打败。

秋季七月丁巳初一，敌烈部皮室反叛，乌古部节度使耶律棠古征讨平定了他，朝廷为棠古加官为太子太保。乙丑日，上京毛八十率领两千户民众投降金国。辛未日，夏国派使者曹价前来问候平安。

八月戊戌日，天祚皇帝与金军遭遇，在石辇驿交战，被打败，都统萧特末及他侄子撒古被俘。辛丑日，军队在欢挞新查剌集中，金兵追得很紧，辽军扔掉了武器、军草、粮食等物资逃走。

九月，敌烈部反叛，都统马哥降伏了他们。

冬十月，金兵攻打蔚州，守兵投降。

十一月乙丑日，皇上听说金兵已到奉圣州，于是带领卫兵驻扎在落昆髓。秦晋王耶律淳的妻子萧德妃曾五次上书金国，请求立秦王为帝，金国都不同意，萧德妃便派强兵把守居庸关。待金兵来到关下时，山上崖石自行崩落，守关兵卒大多被压死，尚未开战就士兵自行溃散。德妃离开古北口，投奔天德军。

十二月，天祚皇帝得知金国君主已在南京稳定了局势，便经扫里关外出，住到四部族详稳的家里。

保大三年春季正月丁巳日，奚王回离保自立称帝，称天复元年。天祚帝命令都统马哥去讨伐他。甲子日，起初，张珏是辽兴军节度副使，民众推举他主持州事。秦晋王耶律淳死后，萧德妃派时立爱去掌管平州。张珏看出辽国必定灭亡，便操练士卒，储备马匹，登记壮丁作为后备军。时立爱来到后，张珏不接受他。金国统帅粘罕进入燕地后，首先向原来的参知政事康公弼征询对平州事务的意见。康公弼说："张珏狂妄自大、缺乏谋略，即使有地方武装，他又能做出什么大事？先表示对他没有怀疑，以后再处理他也不晚。"金人将时立爱召回军队，加封张珏为临海军节度使，仍旧主持平州事务。不久金人又想派三千名精兵去攻下平州，捉拿张珏。康公弼说："如果出兵攻打，就会促使他反叛。"公弼表示愿意亲自前往观察情况。张珏对公弼说："辽国八路地区，有七路已经投降，唯独平州没有放下武器，但只不过是为了防备萧干。"张钰给公弼大量的财物让他返回。公弼回复粘罕说："对他不必多加考虑。"于是金人改平州为南京，为张珏加官为试中书门下平章事，判留守事。庚辰日，宜、锦、乾、显、成、川、豪、懿等各州相继投降，上京卢彦伦反叛，杀害契丹人。

二月乙酉日初一，兴中府向金国投降。来州归德军节度使田颢、代隰州刺史的杜师回、兼任迁州刺史的高永昌、兼任润州刺史的张成，都携领所管辖居民户向金国投降。丙戌日，处死萧德妃，死去的耶律淳被贬降为普通百姓，他们的党羽也全部被遣散。癸巳日，收复了兴中府和宜州的城池。

三月，天祚帝驻留在云内州以南。

夏四月甲申初一，任命掌管北院枢密使事务的萧僧孝奴作为诸道大都督。丙申日，金兵到居庸关，擒获耶律大石。戊戌日，金兵将辽军武器给养等围截在青塚，硬寨太保特母哥偷带梁王雅里出逃，秦王、许王、各妃后、公主和随从大臣均落入敌人之手。庚子日，梁宋大长公主特里逃脱回来。壬寅日，金国派人来招降。癸卯日，答复对方的请求议和。丙午日，金兵将劫获的家族皇属和物资往东送去，并派兵在白水泺求战，赵王习泥烈、萧道宁全都被俘。皇上派牌印郎君谋卢瓦把带兔纽的金印送给金人假装投降，随后向西逃到云内。驸马都尉乳奴到金人那里去投降。己酉日，金国又来信招降，朝廷回了信。壬子日，金国统帅来信，不答应议和的请求。这月，特母哥带着雅里来到，皇上对于他没能把所有人都解救出来感到很生气，训斥了他。

五月乙卯日，夏国王李乾顺派使者来请皇上到他们国家去。庚申日，军队将领耶律敌烈等人夜间劫持梁王雅里向西北部逃去，拥立雅里为皇帝，改年号为神历。辛酉日，渡过黄河，在金萧军以北停留。回离保被他的属下官民杀死。

六月，皇上派使者册封李乾顺为夏国皇帝。

秋九月，耶律大石从金国回来。

冬十月，皇帝又渡过黄河回到东岸，住在突吕不部。梁王雅里逝世，耶律术烈继承帝位。

十一月，术烈被属下官兵杀死。

保大四年春季正月，天祚皇帝前往都统马哥军中。金人派兵攻打，皇上放弃军营向北逃去，马哥被敌人俘获。谟葛失前来迎驾，送来马匹、骆驼、羊，又率领所属军队随行保卫（皇帝安全）。当时侍从人员已经连续几天没有粮食，用衣服换羊吃。到了乌古敌烈部，任命都点检萧乙薛掌管北院枢密使事务，封谟葛失为神于越王。特母哥向金人投降了。

二月，耶律遥设等十人谋划反叛，被处死。

夏季五月，金人占领燕地以后，强逼燕京的豪门大家东迁，将燕京这一座空城和涿、易、檀、顺、景、蓟等州送给宋国来应付盟约。左企弓、康公弼、曹勇义、虞仲文都向东迁移。燕地民众沿途流离失所，痛苦不堪，进入平州后，便向留守的张珏说：“宰相左企弓不设法守住燕地，使我们百姓颠沛流离，无处安身。您如今占据着重要地域，拥有强兵，对辽国尽忠，一定能够让我们重新回到故乡本土去，大家都只有指望大人了。”于是张珏召集各将领商量。大家一致说：“听说天祚帝已重振军威，在漠南一带出没。大人应当执仗正义，为帝王效力，迎奉天祚皇帝，希望重新振兴国邦。首先谴责左企弓等人叛国投敌的罪行，并且处死他们；使燕地民众都返回故里，重新兴家立业；使平州归顺于宋国，宋绝不会不接受，这样平州就成了宋国的藩镇。即使日后金人派兵来攻，我们在内可以使用平山的军队，对外可以得到宋国的支援，还有什么可怕的呢！”张珏说：“这是大事，不能草率了事。翰林学士李石机智多谋，可找他来商量。”李石来到后，他的说法与大家的意见一致。于是派张谦率领五百多名骑兵，传达留守的命令；召集宰相左企弓和曹勇义、枢密使虞仲文、参知政事康公弼到滦河西岸，派议事官赵秘校前去列举他们的十项罪状，说：“第一，天祚皇帝流离迁徙到夹山，不立即前去奉迎；第二，鼓动皇叔秦晋王耶律淳擅立国号称帝；第三，诽谤揭发君王，并降封为湘阴王；第四，天祚皇帝派知阁王有庆来商量事情你却杀了他；第五，檄书刚到时有迎立秦王、拒绝湘阴王的商议；第六，不设法防守燕地而投降；第七，不顾大义气节而向金国称臣；第八，搜尽燕地资财去取悦金国；第九，使燕地民众迁徒失业；第十，教唆金人派兵先攻打平州。你们有十大罪行，罪不容诛。”左企弓等人无话可说，全被勒死。继续延用原年号保大三年；画天祚帝的画像，早晚参拜；凡事必定向皇帝画像禀告然后再施行；官职仍按辽国官制称呼。

六月，张贴皇帝的告示令燕地民众都恢复旧业，凡被常胜军所占据的固定产业，全部归还。燕地民众得以返回故乡，大家都兴高采烈。翰林学士李石改名为安弼，带领原来的三司使高党前往燕山，向宋国的王安中游说道：“平州军队有一万多人，张珏有文才武略，可用为镇守一方的长官；不这样的话，他将成为一个掣肘的祸患。”安中觉得很对，便让安弼和高党到宋国去。宋帝命令帅臣王安中、詹度给以优厚待遇安抚，准许他三年内免交一般赋税。张珏得知后，自以为计谋得逞。

秋七月，金兵驻扎在来州，阇母得知平州归附了宋国，便率领两千名骑兵来问罪，先进入了营州。张珏派一万精锐骑兵将他打败。宋国将平州建制为泰宁军，任命张珏为节度使，安弼和高党为徽猷阁待制，命令宣抚司拨出几万银两和绢匹进行犒赏。张珏十分高兴，远远出去迎接宋使。金人探知这一消息，便派兵前往袭击，张珏无法返回投奔燕地。金兵先攻占了三个州，才提出要张珏，王安中回避不予答复。金兵催要得急，便杀了一个面貌与张珏长得差不多的人送去。金人说："这不是张珏，要派兵来捉拿。"王安中不得已杀了张珏，把他的首级装入盒内送给金人。天祚皇帝有了林牙耶律大石带回的军队，又有了阴山室夷谟葛失的军队，自己说是得到了苍天的帮助，再一次谋划出兵，收复燕地和云州。大石林牙极力劝谏说："自从金人一开始攻陷长春、辽阳以后，皇上没有去过广平淀，而是退居中京；后来上京陷落，居住在燕山；中京陷落，到了云中；从云中又逃奔到夹山。一向为了保存人员而没有谋划准备打仗，以致全国汉族集居的地区全被金人占据。现在国势到了这般地步，才主动去求战，这不是办法。应该养兵蓄锐，等待时机再行动，不可轻举妄动。"天祚帝不采纳（他的劝谏）。耶律大石于是杀死萧乙薛和坡里括，设置北、南面官属，自立为王，率领所属人马向西进发。天祚皇帝于是率领各军离开夹山，攻下渔阳岭，占据了天德、东胜、宁边、云内等州。向南到武州，与金国军队相遇，在奄遏下水发生战斗，又被打败，一直奔向山阴。

八月，国舅详稳萧挞不也、笔砚袛候察剌向金人投降。这月，金国君主阿骨打去世。

九月，建州向金国投降。

冬季十月，皇上收纳突吕不部人讹哥的妻子谙葛，任命讹哥为本部节度使。昭古牙率领部下向金国投降。金兵攻打兴中府，兴中府投降。

十一月，随从皇帝出行的人员发生兵变，北护卫太保术者、舍利详稳牙不里等人打败叛乱人员。

十二月，设置两个总管府。

保大五年正月辛巳日，党项小斛禄派人来请天祚皇帝去他所在的地方。戊子日，皇上出发去天德，穿过沙漠，金兵忽然到来。皇上徒步逃出，近身侍从人员送上珠帽，皇上不要，骑上张仁贵的马才得以逃脱，到达天德。己丑日，遇上天下大雪，没有御寒的衣物，术者把貂皮衣帽送给皇上；途中没有了粮食，术者送上炒面和枣；皇上想休息，术者便跪坐着，让皇上倚在他身上小睡。术者一伙人只吃冰雪充饥。过了天德。到夜晚，皇上打算住进民家过夜，便谎称自己是侦察骑兵，当那家人知道了他是皇上，便对马首叩拜，跪着号啕大哭，皇上便藏在他家中。住了几天，皇上很赞赏他的忠心，授他为节度使，就随兵往党项去了。任命小斛禄为西南面招讨使，总管军中事务，并对他儿子和军官们按不同等第封赐爵位奖赏。

二月，到应州新城以东六十里处，皇上被金人完颜娄室等人俘获。

八月癸卯日，天祚到达金国。丙午日，降封他为海滨王。因病去世时，时年五十四岁，在皇帝位二十四年。金皇统元年二月，改封豫王。五年，葬在广宁府闾阳县辽景宗乾陵附近。

耶律淳，他所建立的国家被世人称为北辽。耶律淳小字叫涅里，是兴宗的第四个孙子，是南京留守、宋魏王和鲁斡的儿子。清宁初年，他由太后抚养。长大以后，爱好文学。昭怀太子获罪后，皇上本打算由耶律淳做继承人。但皇上对耶律白斯很不满，而且知道他与耶律淳要好，于是把耶律淳派出担任彰圣等军的节度使。

天祚即皇位后，进封耶律淳为郑国王。乾统二年，加封越王。六年，任命他为南府宰相。他第一次提出南北两府礼仪制式，皇帝很高兴，改封他为魏国王。他父亲和鲁斡死后，就由他承袭父位、留守南京。每年冬夏季回到朝廷，在各国王中他最受皇帝宠爱。

天庆五年，辽军东征，派都监耶律章奴去支援鸭子河，他与耶律淳的儿子阿撒等三百多人逃跑回来，并先派萧敌里等人把打算废除天祚帝、立淳王为帝的谋划报告给耶律淳，耶律淳当即杀了萧敌里，并将他的首级献给天祚帝，由此耶律淳被进封为秦晋国王，任命为都元帅，赏赐金券，见皇帝免行汉制拜礼，不必通报姓名。皇上允许他自己选择将士，于是他在燕地和云州招募精兵。向东行进至锦州，队长武朝彦叛乱，劫持耶律淳，耶律淳躲藏起来而未被劫走，后来擒获了朝彦并将他处死。恰逢金兵来到，于是集结军队在阿里轸斗交战，耶律淳被打败，集合收编几千名散兵继续抵抗。耶律淳回到朝廷，皇上赦免了他的战败之罪，并诏令在南京刻石立碑纪念这次功绩。

保大二年，天祚帝移入夹山，奚王回离保、林牙耶律大石等人引用唐代灵武的事例，商量拥立耶律淳为帝。淳不同意，部下官员劝进说：“现在国君流亡失位，中原局势混乱，如果国不立王，百姓该听从谁的呢？应该认真考虑一下这些。”于是耶律淳即皇帝位。百官奉其尊号为天锡皇帝，改保大二年为建福元年，大赦天下。隶取进士李宝信等一十九人，降封天祚帝为湘阴王。把燕、云、平、上京、中京、辽西等六路，作为耶律淳的疆土；沙漠以北、南北路两都招讨府、各蕃部族等，依然隶属于天祚帝。从此辽国分裂。耶律淳封他的妻子普贤女为德妃，任命回离保掌管北院枢密使事务，军队事务全部委托给耶律大石；又派遣使者通报宋国，免去每年交付的银两，愿友好相交。宋人发兵问罪，被耶律淳打败。不久派使者向金国上书，乞求作为它的附庸国。事情尚无结果，耶律淳就因病去世，享年六十岁。百官奉上谥号为孝章皇帝，庙号宣宗，葬在燕京以西的香山永安陵。

耶律淳遗诏立秦王耶律定继承皇统，立德妃为皇太后，代皇帝摄理国事，改建福年号为德兴元年，录取进士李球等一百零八人。这时宋国派兵来攻打，他们打败了宋兵，因此大家十分兴奋，兵势日渐兴盛。宰相李纯等人暗地里接纳宋兵，居民又在内部接应，守城门的许多士兵都被杀死。第二天，宋兵攻打内东门，防卫的士兵顽强作战，宋军大败，纷纷爬过城墙逃跑，死尸遍地。德妃曾五次上书金国，请求允许立秦王耶律定为帝，金国未同意。随后大批金兵来到，德妃投奔天德军，碰见天祚皇帝。天祚帝很生气，处死了德妃，将耶律淳降为普通百姓，从皇族中除名。

耶律雅里，是天祚皇帝的第二个儿子，字撒鸾。七岁时，皇帝打算立他为皇太子，单独安排护卫，封为梁王。

保大三年，金兵包围了青塚寨，当时雅里在军中。太保特母哥带他逃了出来，沿小路走到阴山。听说天祚帝打仗失败，正赶向云内，雅里也快马奔赴那里。那时他的随从护卫人员有一千多人，比天祚帝的随从护卫还多。天祚帝唯恐特母哥发生变故，打算处死他，责怪他为何不能救出皇族所有王臣，准备审讯他。皇上手持宝剑先招来雅里问话：“特母哥曾教你做什么？”雅里回答说：“他什么也没说。”于是放了他们。

天祚帝渡过黄河逃往夏国，队帅耶律敌列等人劫持雅里向北去。到沙岭，遇见蛇横道爬过，懂得事故的人认为这是不祥的征兆。三天后，僚属们共同拥立雅里为帝。于是雅里即皇帝位，改年号为神历，命令官民向皇上提出有利国家，合乎时宜的事。

雅里性情宽厚大度，讨厌打杀。捉住逃跑的人，打一顿了事。逃跑后自己回来的，便让他做官。因此，对随从的人说：“愿意来跟从我们的就来，不愿意来的就走，何必威逼强迫呢？他经常拿出唐代的《贞观政要》和林牙资忠所作的《治国诗》，让侍从人员读。乌古部节度使纠哲、迭烈部统军挞不也、都察突里不等人都率领各自的部下前来归附，从此许多部属相继前来（归附）。而雅里却越来越荒废政务，喜好以踢球为乐。特母哥恳切规劝，他仍然不再出来执掌政事。任命耶律敌列为枢密使，特母哥为副使。敌列弹劾西北路招讨使萧纠里迷惑人心，有背叛君主的图谋，把他和他的儿子麻涅一起处死。任命遥设为招讨使，与进犯的军队作战，多次被打败，杖责后被免去官职。

随从行军的人中有疲乏困倦的人，便发给钱物。直长保德劝谏说：“目前国家空虚，总是这样赏赐，以后用什么东西赏赐呢？”雅里生气地说：“过去我在福山打猎，你就诬告狩猎官，现在又说这样的话。如果没有这些部属，我的东西又从哪儿来呢？”没有接受直卡保德的劝说。起初，雅里命令群牧运来盐泺仓储备的粮食，被民众偷窃，商量要他们用东西赔偿。雅里于是亲自计算值多少钱：每一车粮食，赔偿一只羊；三车粮食赔一头牛；五车粮食赔一匹马；八车赔一匹骆驼。随从的人员说：“现在一只羊换二斗米都换不来，您竟用一只羊赔偿一车米！”雅里说：“百姓有了以后我才能有。如果命令他们全数赔偿，百姓怎么受得了？”

后来在查刺山打猎，一天打到黄羊四十只，狼二十一只，因此累得生了病，随即逝世，享年三十岁。

耶律大石，他所建立的国家被世人称为西辽。大石字重德，是太祖第八代孙。他精通辽、汉文字，擅长骑马射箭，考取天庆五年进士，被提升为翰林应奉，不久又升为承旨。辽称翰林为林牙，所以称他为大石林牙。他历任泰、祥二州刺史、辽兴军节度使。

保大二年，金兵日益逼近，天祚帝流亡他乡，大石与各位大臣拥立秦晋王耶律淳为帝。耶律淳死后，立他妻子萧德妃为太后，以防守燕地。到金兵来到时，萧德妃投奔天祚。天祚发怒处死德妃并责备大石说：“我还在，你怎敢拥立耶律淳为帝？”大石答道：“您以全国的力量，都不能抵抗敌人，放弃国家远逃，使黎民百姓遭受涂炭。即使立十个耶律淳，都是太祖的子孙，难道不比向别人乞求活命更好吗？”皇上无言以对，设酒食招待他，赦他无罪。

大石自觉不安，便杀死萧乙薛、坡里括，自立为王，夜里带领二百名精壮骑兵逃走。向北走了三天，渡过黑水，碰见白达达详隐床古儿。床古儿赠献马四百匹、骆驼二百头和一些羊。往西走到可敦城，驻留在北庭都护府，集合威武、崇德、会蕃、新、大林、紫河、驼等七州和大黄室韦、敌剌、王纪剌、茶赤剌、也喜、鼻古德、尼剌、达剌乖、达密里、密儿纪、合主、乌古里、阻卜、普速完、唐古、忽母思、奚的、纠而毕等十八部的首领，训示他们说："我的祖宗艰难创业，已经历九代皇帝，历时二百年。金国作为辽国的陪臣属国，竟威胁我的国家，残害我的黎民百姓，屠杀践踏我州地城池，使我天祚皇帝流离失所，日夜痛心疾首。现在我仰仗道义西来，想借助各蕃邦的力量，消灭我的仇敌，恢复我国疆域。你们众位之中，有为我的国家感到痛心、为我的祖宗社稷忧伤、愿意共同救助君主父王、拯救生民于危难之中的人吗？"于是得到一万多精兵，设置官吏，建立护卫兵甲，置备仪仗器物。

第二年二月甲午日，大石用青牛白马祭奠天地、祖宗，整饬军队向西进发。先派人送信给回鹘王毕勒哥说："从前我太祖皇帝北征，经过卜古罕城，当时就曾派使者到甘州，诏示你的祖上乌母主说：'你思念故国吗，我这就为你恢复它；你不能返回故国吗，可是我有它。在我手中，就等于在你手中。'于是你祖上上书表示感谢，说你们国家迁到这里，至今已有十几代，军民都已在此安居乐业，不愿再回去了。因此我们与你们国家之间并非一日之好。现在我要西去大食，从你们国家借道通过，请不必疑心。"毕勒哥接到信，便迎接大石到府邸，大宴三天。快要离开时，回鹘王毕勒哥赠献马六百匹，骆驼一百头，羊三千只；表示愿做附庸，以子孙做人质；并陪送到境外。西行所经地区，反抗的被打败，降伏的给予安抚。大军行进万里，好几个国家归附，得到的骆驼、马匹、牛、羊、财物，不计其数。军队的气势越来越盛，锐气连日倍增。

行军到寻思干，西域各国调集军队十万人，号称忽儿珊，前来阻击作战。双方军队相隔二里左右。大石训示将士们说："他们的军队虽多但无谋略，我们进攻，他们首尾不能相互救援，我军必胜。"于是派六院司大王萧斡里剌、招讨副使耶律松山等人率领两千五百名兵士攻敌人的右翼，枢密副使萧剌阿不、招讨使耶律术薛等人率领兵士两千五百人攻打左翼，大石本人率领大部分军队攻打中部。三军同时并进，忽儿珊大败，死尸遍布几十里。大石的军队在寻思干驻扎达九十天，回族国王来投降，进贡地方物产。

继续向西进军到起儿漫，文武百官册立大石为皇帝，在甲辰年二月五日即位(称帝)，当时大石三十八岁，尊号葛尔罕。接着又奉上按汉朝礼仪制定的尊号，称为天祐皇帝，改年号为延庆。追奉祖父谥号为嗣元皇帝，祖母为宣义皇后，册封元妃萧氏为昭德皇后。于是对百官说："我与你们各位行军三万里，穿越沙漠，昼夜艰辛努力。托祖宗的福泽、大家的力量，我贸然登上皇位。对你们的祖先父母也应给以抚恤典祭，共同享受荣华富贵。"对自萧斡里剌等四十九人的祖先按等级封赐爵位。

延庆三年，大石带领军队向东返回，骑马走了二十天，遇到一处条件好的地方，于是在那里建立都城，称作虎思斡耳朵，改年号延庆为康国元年。三月，任命六院司大王萧斡里剌为兵马都元帅，敌剌部原来的掌管知枢密院事萧查剌阿不作为副元帅，茶赤剌部秃鲁耶律燕山作为都部署，护卫耶律铁哥作为都监，率领七万骑兵东征。大石用青牛白马祭天，树旗向大家发誓说："我大辽自太祖、太宗历尽艰难而成就帝业，后来继业的君主贪图享乐无休无厌，不体察国家政事，以致盗贼蜂拥而起，天下土崩瓦解。我带领你们大家，远征到北方不毛之地，希望恢复祖宗大业，光耀中兴盛世。这里并非我和你们世代居住的地方。"严词命令元帅斡里剌说："这次派你去，赏罚要说到做到，要与士卒同甘共苦，选择水草条件好的地方扎营，根据敌人力量的强弱出兵，不要因自己而让军队遭遇战败的灾祸。"行军一万多里毫无所得，牛马死亡很多，只能收兵而回。大石说："皇天不依从我，这是天数啊！"康国十年大石逝世，在位二十年，庙号德宗。

大石的儿子夷列年幼，大石曾留下命令由皇后代理主国政事。皇后名叫塔不烟，号感天皇后。她行使皇帝权力期间，改年号为咸清，在位七年。儿子夷列即皇帝位后，改年号为绍兴。统计年满十八岁以上的民众，共八万四千五百户。夷列在位十三年后去世，庙号仁宗。

夷列的儿子年幼，根据遗书让夷列的妹妹普速完掌管国事，行使皇帝权力，普速完改年号为崇福，称号为承天皇后。后来她与驸马萧朵鲁不的弟弟朴古只沙里私通，派驸马出任东平王，并罗列罪名杀了他。驸马的父亲斡里剌派兵包围她住的宫室，用箭射死了普速完和朴古只沙里。普速完在位十四年。

仁宗夷列的次子直鲁古即皇帝位，改年号为天禧，在位三十四年。秋天时节直鲁古外出打猎，乃蛮王屈出律用早已埋伏好的八千名士兵逮捕了他，占据了他的皇位。于是乃蛮王屈出律承袭辽国的事业，尊奉直鲁古为太上皇，皇后为皇太后，早晚前去问安，一直侍奉到死。直鲁古去世后，辽国灭亡。

耶律淳在天祚当皇帝时，多次被封为大国国王，受赐金券，朝见皇帝不必通名。天祚帝当时对他的恩宠和优厚待遇，无与伦比。当天祚流亡时，让他担任都元帅留守南京。难道他就不能发扬大义的精神，以激励燕地的民众和各大臣，组织效忠皇帝的军队，东去抗拒金兵，迎回天祚皇帝吗？可是他却自己占据了皇位，这是篡位。更何况他还忍心降封天祚为国王啊！

大石既然曾拥立耶律淳为皇帝，并且参与降封天祚为王，后又归附天祚。天祚以大义之词责备他，他便自立为王而离去。有幸凭借祖宗的余威和流传下来他的知识，在万里之外建国立号。后来虽只剩下寡居的母妇和幼小的儿子，仍然承继更迭延续近九十年，也可以说是坚难啊！

然而耶律淳和雅里、大石的自立为帝，都是在天祚皇帝尚在位的时候。已有君主而再立君主，这可以吗？这与诸葛武侯先为汉献帝发丧，而后立先主为帝，真是不可同日而语。所以著史者认为应当引以为戒。

辽史卷七十一

太祖淳钦皇后述律氏传第一

太祖淳钦皇后述律氏，讳平，小字月理朵。其先回鹘人糯思，生魏宁舍利，魏宁生慎思梅里，慎思生婆姑梅里，婆姑娶匀德恝王女，生后于契丹右大部。婆姑名月椀，仕遥辇氏为阿扎割只。

后简重果断，有雄略。尝至辽、土二河之会，有女子乘青牛车，仓卒避路，忽不见。未几，童谣曰：青牛妪，曾避路。盖谚谓地祇为青牛妪云。

太祖即位，群臣上尊号曰地皇后。神册元年，大册，加号应天大明地皇后。行兵御众，后尝与谋。太祖尝渡碛击党项，黄头、臭泊二室韦乘虚袭之；后知，勒兵以待，奋击，大破之，名震诸夷。

时晋王李存勖欲结援，以叔母事后。幽州刘守光遣韩延徽求援，不拜，太祖怒，留之使牧马。后曰："守节不屈，贤者也。宜礼用之。"太祖乃召延徽与语，大悦，以为谋主。吴主李升献猛火油，以水沃之愈炽。太祖选三万骑以攻幽州。后曰："岂有试油而攻人国者？"指帐前树曰："无皮可以生乎？"太祖曰："不可。"后曰："幽州之有土有民，亦犹是耳。吾以三千骑掠其四野，不过数年，困而归我矣，何必为此？万一不胜，为中国笑，吾部落不亦解体乎！"其平渤海，后与有谋。

太祖崩，后称制，摄军国事。及葬，欲以身殉，亲戚百官力谏，因断右腕纳于柩。太宗即位，尊为皇太后。会同初，上尊号曰广德至仁昭烈崇简应天皇太后。

初，太祖尝谓太宗必兴我家，后欲令皇太子倍避之，太祖册倍为东丹王。太祖崩，太宗立，东丹王避之唐。太后常属意于少子李胡。太宗崩，世宗即位于镇阳，太后怒，遣李胡以兵逆击。李胡败，太后亲率师遇于潢河之横渡。赖耶律屋质谏，罢兵。迁太后于祖州。

应历三年崩，年七十五，祔祖陵，谥曰贞烈。重熙二十一年，更今谥。

【译文】

太祖淳钦皇后述律氏，名字叫平，小名月理朵。她的祖先是回鹘人糯思。糯思生有孩子舍利官魏宁，魏宁生的孩子叫梅里官慎思，慎思生的孩子叫梅里官婆姑。婆姑娶匀德恝王的女儿为妻，在契丹右大部生下了述律皇后。婆姑又有一个名字叫月椀，他在遥辇可汗时代做官，担任阿扎割只一职。

述律皇后性情宽简，稳重果断，有雄才大略。她曾经到辽、土两条河合流的地方，遇到一个乘青牛车的妇女。这个妇女一看见述律皇后就仓皇躲避，很快就不见了。过了不久，有童谣流传说："青牛婆婆，曾经让路。"当时的俗谚，把地神称为青牛婆婆。

太祖即位，群臣给述律皇后上尊号称她为地皇后。神册元年，举行大册礼，加封号应天大明地皇后。实行战略、管理士兵，述律皇后都曾参与谋划。一次太祖越过沙漠攻打党项，黄头、臭泊两部室韦乘军队空虚前来偷袭。述律皇后得知后，部署军队做好准备，突然出击，大败敌军。她的声名由此威震周边部族。

当时晋王李存勖打算与契丹交好作为声援，以对待叔母的礼节侍奉述律皇后。幽州的刘守光派韩延徽前来请求支援，韩延徽见了太祖不下拜。太祖非常生气，把韩延徽扣留起来，让他去放马。述律皇后说："这个人坚守臣节不屈服，是一位贤士。应当以礼相待并重用他。"太祖于是召见韩延徽，交谈之后，非常高兴，就用他充当自己的谋士。吴皇帝李升献上猛火油，用水去浇它，火烧得反而更猛烈。太祖于是挑选了三万名骑兵，打算带着猛火油进攻幽州。述律皇后说："哪有为了试验油而攻打别人国家的道理？"又指着帐篷前面的树说："它没有了树皮能活吗？"太祖说："不能。"述律皇后说："幽州有土地，有百姓，也和这棵树一样。我们只要派三千骑兵到他们的土地上抢掠，用不了几年，他们就会陷入困境，向我们投降，又何必大举进攻呢？万一没有获胜，被中原人所耻笑，我们的部落不是也会解体吗？"后来太祖征服渤海，述律皇后也参与了作战谋划。

太祖驾崩，述律皇后临朝代行皇帝职权，治理军国大事。太祖下葬的时候，述律皇后打算亲自殉葬，内外亲属以及百官都极力劝谏，于是述律皇后砍下右手放在棺材当中。太宗即位，尊奉她为皇太后。恰逢同初年，上尊号为广德至仁昭烈崇简应天皇太后。

起初，太祖曾经说太宗一定会振兴本家族，述律皇后就打算让皇太子耶律倍让位给太宗。太祖册封耶律倍为东丹王。太祖驾崩，太宗登基，东丹王躲避到后唐。此后述律皇太后十分希望幼子李胡能够继位。太宗驾崩，东丹王的儿子世宗在镇阳即位。太后发怒，派李胡率兵前去迎击。李胡兵败，太后亲自统领军队在黄河的横渡与世宗相遇。幸亏耶律屋质进谏，方才罢兵。世宗把太后迁徙到祖州。

穆宗应历三年，述律皇太后驾崩，终年七十五岁，成太祖合葬于祖陵，谥号为贞烈。兴宗重熙二十一年谥号改为现在的淳钦。

辽史卷七十四

二韩列传第四

韩延徽

韩延徽，字藏明，幽州安次人。父梦殷，累官蓟、儒、顺三州刺史。延徽少英，燕帅刘仁恭奇之，召为幽都府文学、平州录事参军，同冯道祗候院，授幽州观察度支使。

后守光为帅，延徽来聘，太祖怒其不屈，留之。述律后谏曰："彼秉节弗挠，贤者也，奈何困辱之？"太祖召与语，合上意，立命参军事。攻党项、室韦，服诸部落，延徽之筹居多。乃请树城郭，分市里，以居汉人之降者。又为定配偶，教垦艺，以生养之。以故逃亡者少。

居久之，慨然怀其乡里，赋诗见意，遂亡归唐。已而与他将王缄有隙，惧及难，乃省亲幽州，匿故人王德明舍。德明问所适，延徽曰："吾将复走契丹。"德明不以为然。延徽笑曰："彼失我，如失左右手，其见我必喜。"既至，太祖问故。延徽曰："忘亲非孝，弃君非忠。臣虽挺身逃，臣心在陛下。臣是以复来。"上大悦。赐名曰匣列。"匣列"，辽言复来也。即命为守政事令、崇文馆大学士，中外事悉令参决。

天赞四年，从征渤海，大諲撰乞降。既而复叛，与诸将破其城，以功拜左仆射。又与康默记攻长岭府，拔之。师还。太祖崩，哀动左右。

太宗朝，封鲁国公，仍为政事令。使晋还，改南京三司使。

世宗朝，迁南府宰相，建政事省，设张理具，称尽力吏。天禄五年六月，河东使请行册礼，帝诏延徽定其制，延徽奏一遵太宗册晋帝礼，从之。

应历中，致仕。子德枢镇东平，诏许每岁东归省。九年卒，年七十八。上闻震悼，赠尚书令，葬幽州之鲁郭，世为崇文令公。

初，延徽南奔，太祖梦白鹤自帐中出；比还，复入帐中。诘旦，谓侍臣曰："延徽至矣。"已而果然。

太祖初元，庶事草创，凡营都邑，建宫殿，正君臣，定名分，法度井井，延徽力也。为佐命功臣之一。子德枢。

【译文】

韩延徽字藏明，是幽州安次人。父亲是梦殷，相继为蓟州、儒州、顺州的刺史。延徽从小就超群出众，燕地的军帅刘仁恭为他的才能感到惊异，召他为幽都府文学及平州录事参军，同冯道一起在祗候院，被任命为幽州观察度支使。

后来刘守光为燕地的军帅，派延徽来访，太祖恼怒他的不屈服，扣留了他。述律皇后劝道："他作为使节而不屈服，真是有贤德的人啊，怎么能囚困羞辱他？"太祖召见韩延徽，与他交谈，皇上很满意他的言论，立刻任命他为参军事。在攻打党项、室韦，征服其他一些部落中，延徽出的筹谋居多。韩延徽请求建立城镇，划分市井乡里，让降服的汉人居住。又为降服的人指定配偶，教他们开荒种地的技术，让他们休养生息。因此很少有逃亡的。

居住的时间一长，韩延徽深切地怀念自己的家乡，赋诗以表达这种心情。于是他偷偷地逃回了唐。不久，他与将领王缄有矛盾，怕招来祸患，于是到幽州看望亲友，躲藏在老朋友王德明家。德明问他打算去哪里，延徽回答："我准备重新到契丹去。"王德明并不认为这样做很妥当。延徽笑着说："他们失去了我，就好像失去了左右手，所以他们见到我一定很高兴。"他回到契丹，太祖问他逃亡和回来的原因。延徽说："忘掉亲人这不是孝顺，抛弃君主这不是忠诚。臣下我虽然脱身逃跑了，但臣下的心忠于皇帝陛下，所以臣下又回来了。"太祖非常高兴，给他赐名叫匣列。"匣列"，用辽的语言来说就是"归来"的意思。随即任命他为守政事令、崇文馆大学士，宫廷内外的事全部让他参与决策。

天赞四年，延徽跟随太祖征讨渤海，渤海王大諲譔请求投降。不久王大諲又反叛，延徽与其他将领一起攻破他的城池，因为有功劳，被授予官职为左仆射。又和康默记一起攻打长岭府，占领了这座城镇。大军回国。太祖去世，延徽哀恸不已，使随从官员都为之感动。

太宗时，延徽被封为鲁国公，继续担任政事令。出使晋朝回国之后，改任为南京三司使。

世宗时，又改任南府宰相，建立政事省，从设立到具体的管理，可说是尽了最大的努力。天禄五年六月，河东刘崇派来使臣，请求为他举行册封的大礼，皇上命令延徽拟定礼节仪式。延徽上奏说全部遵照太宗册晋帝礼的仪式。皇上同意了他的意见。

应历中期，韩延徽退休。他的儿子德枢镇守东平，皇帝下令准许德枢每年东归探望父亲。应历九年，韩延徽去世，终年七十八岁。皇上听到这个消息非常悲痛，追封他为尚书令，把他埋葬在幽州的鲁郭，永世为崇文令公。

当初，延徽南归后唐，太祖梦见一只白鹤从帷帐中飞出去；等到他回来，又梦见白鹤飞回了帐中。早晨起来，他便对臣僚说："延徽回来了。"不久，延徽果然回来了。

太祖初立，许多事情都刚刚开始。营建都城，建造宫殿，理正君臣之别，制定各种名义和应守的本分，使法度井井有条，这都是韩延徽出的力啊。韩延徽是辅助天命的功臣之一。韩延徽的儿子叫德枢。

韩知古

韩知古，蓟州玉田人，善谋有识量。太祖平蓟时，知古六岁，为淳钦皇后兄欲稳所得。后来嫔，知古从焉，未得省见。久之，负其有，怏怏不得志，挺身逃庸保，以供资用。

其子匡嗣得亲近太祖，因间言。太祖召见与语，贤之，命参谋议。神册初，遥授彰武军节度使。久之，信任益笃，总知汉儿司事，兼主诸国礼仪。时仪法疏阔，知古援据故典，参酌国俗，与汉仪杂就之，使国人易知而行。

顷之，拜左仆射，与康默记将汉军征渤海有功，迁中书令。天显中卒，为佐命功臣之一。子匡嗣。

匡嗣以善医，直长乐宫，皇后视之犹子。应历十年，为太祖庙详稳。后宋王喜隐谋叛，辞引匡嗣，上置不问。

初，景宗在藩邸，善匡嗣。即位，拜上京留守。顷之，王燕，改南京留守。保宁末，以留守摄枢密使。

时耶律虎古使宋还，言宋人必取河东，合先事以为备。匡嗣诋之曰："宁有是！"已而宋人果取太原，乘胜逼燕。匡嗣与南府宰相沙、惕隐休哥侵宋，军于满城，方阵，宋人请降。匡嗣欲纳之，休哥曰："彼军气甚锐，疑诱我也。可整顿士卒以御。”匡嗣不听。俄而宋军鼓噪薄我，众蹙践，尘起涨天。匡嗣仓卒谕诸将，无当其锋。众既奔，遇伏兵扼要路，匡嗣弃旗鼓遁，其众走易州山，独休哥收所弃兵械，全军还。

帝怒匡嗣，数之曰：“尔违众谋，深入敌境，尔罪一也；号令不肃，行伍不整，尔罪二也；弃我师旅，挺身鼠窜，尔罪三也；侦候失机，守御弗备，尔罪四也；捐弃旗鼓，损威辱国，尔罪五也。”促令诛之。皇后引诸内戚徐为开解，上重违其请。良久，威稍霁，乃杖而免之。

既而遥授晋昌军节度使。乾亨三年，改西南面招讨使，卒。睿智皇后闻之，遣使临吊，赙赠甚厚，后追赠尚书令。五子：德源，德让——后赐名隆运，德威，德崇，德凝。德源、德凝附传，余各有传。

德源，性愚而贪，早侍景宗邸。及即位，列近侍。保宁间，官崇义、兴国二军节度使，加检校太师。以贿名，德让贻书谏之，终不悛。以故论者少之。后加同政事门下平章事，遥摄保宁军节度使。乾亨初卒。

德凝，谦逊廉谨。保宁中，迁护军司徒。开泰中，累迁护卫太保、都宫使、崇义军节度使。移镇广德，秩满，部民请留，从之。改西南面招讨使，党项隆益答叛，平之。迁大同军节度使，卒于官。

子郭三，终天德军节度使。孙高家奴，终南院宣徽使；高十，终辽兴军节度使。

【译文】

韩知古，蓟州玉田人。善于谋划，有见识和抱负。太祖平定蓟地时，知古六岁，被淳钦皇后的哥哥欲稳领养。皇后入选为嫔妃，知古跟从入宫，但一直不被皇上召见。日子长了，依仗自己有才能，不满自己不得志，挺身而逃，为人当仆役度日。

他的儿子匡嗣有机会亲近太祖，因此期间谈到知古。太祖召见知古并与他交谈，认为他有贤才，命他参与谋划商议。神册初年，挂衔彰武军节度使。日子长了，太祖对他的信任越来越深，让他总管汉儿司事务，兼掌管诸国礼仪。当时规定的礼仪草率粗疏，知古引用依据原来的制度，参考经过衡量决定取舍的国朝的风俗，与汉人的礼节综合而成，使国人容易了解和实行。

不久，知古被授任左仆射，因与康默记率领汉军征讨渤海国有功，又迁官为中书令。韩知古在天显中期去世，是辅助天命的功臣之一，他的儿子叫匡嗣。

匡嗣因为擅长医术，在长乐宫值勤，皇后像看待自己的儿子一亲看待他。应历十年，担任太祖庙的详稳。后来宋王喜隐谋反，供辞牵连匡嗣，皇上置之不问。

当初，景宗没有登皇帝位，和匡嗣交好。即位之后，任命匡嗣为上京留守；不久，封为燕王，改任南京留守。保宁末年，匡嗣以留守代管枢密使事务。

当时耶律虎古出使宋朝回来，说宋人一定要夺取河东，应该事先有所准备。匡嗣诋毁他说："岂有这个事！"不久宋人果然攻取太原，乘胜进逼燕地。匡嗣与南府宰相沙、惕隐休哥进攻宋，在满城列军，刚刚摆好阵势，宋人请求投降。匡嗣想接受，休哥说："对方军队士气甚为高涨，我疑心这是在引诱我们。可整顿士兵以便抵御。"匡嗣不听。不一会儿宋军大嚷大叫着进逼过来，大家局促不安，互相践踏，尘土飞扬，遮满天空。匡嗣慌忙告诉各将领，我军抵挡不了宋军的锋芒。大家在奔逃中，又遇到伏兵截断其重要通道，匡嗣丢掉了旗帜、战鼓逃跑，他的部众败走易州山。只有休哥收拾所丢弃的武器，全军退还。

皇帝大为震怒，数落匡嗣说："你违背大家的计策，深入敌国境内，这是你的第一条罪过；号令不严，队伍没有秩序，这是你的第二条罪过；丢弃我军师旅，拔身逃窜，这是你的第三条罪过；侦察瞭望失去时机，守卫抵御不做准备，这是你的第四条罪过；丢弃旗帜战鼓，损害威严，辱没国家，这是你的第五条罪过。"催促命令杀掉他。皇后带领各嫔妃家属慢慢地为匡嗣开脱解释，皇上断然拒绝了她们的请求。过了好一阵，怒气稍稍缓和，才对匡嗣改用杖刑，免他一死。

不久匡嗣挂衔晋昌军节度使。乾亨三年，改任西南面招讨使，在上任的途中死亡。睿智皇后听到这一消息，派遣使者前往吊唁，赠予特别丰厚的丧葬费用。后来又追封为尚书令。他五个儿子：德源、德让——后被赐名隆运、德威、德崇、德凝。德源、德凝附传记于此，其余的每个人都有自己的传。

德源生性愚笨且贪婪，早年在景宗王府奉职。景宗即位时，列位近侍之臣。保宁年间，官至崇义、兴国二军的节度使，加官检校太师。因为他有受贿赂的名声，德让写信规劝他，但他终究不能悔改。因此评定赏罚的人都看不起他。后来加官同政事门下平章事，挂衔保宁军节度使。乾亨初年去世。

德凝谦虚恭顺、廉洁谨慎。保宁中朝，迁官为护军司徒。开泰年间中期，积官至护卫太保、都宫使、崇义军节度使。迁移到镇守广德，任期届满，所管辖地区的百姓请求留任，朝廷同意了这一请求。后又改任西南面招讨使，党项隆益答反叛，被他平定。德凝迁官大同军节度使，死在任上。

德凝的儿子郭三，官位最高做到天德军节度使。孙子高家奴，官位最高做到南院宣徽使；高十，官位最高做到辽兴军节度使。

辽史卷七十七

耶律屋质安抟列传第七

耶律屋质

耶律屋质，字敌辇，系出孟父房。姿简静，有器识，重然诺。遇事造次，处之从容，人莫能测。博学，知天文。

会同间，为惕隐。太宗崩，诸大臣立世宗，太后闻之，怒甚，遣皇子李胡以兵逆击，遇安端、刘哥等于泰德泉，败归。李胡尽执世宗臣僚家属，谓守者曰："我战不克，先殪此曹！"人皆恟恟相谓曰："若果战，则是父子兄弟相夷矣！"军次潢河横渡，隔岸相拒。

时屋质从太后，世宗以屋质善筹，欲行间，乃设事奉书，以试太后。太后得书，以示屋质。屋质读竟，言曰："太后佐太祖定天下，故臣愿竭死力。若太后见疑，臣虽欲尽忠，得乎？为今之计，莫若以言和解，事必有成；否即宜速战，以决胜负。然人心一摇，国祸不浅，惟太后裁察。"太后曰："我若疑卿，安肯以书示汝？"屋质对曰："李胡、永康王皆太祖子孙，神器非移他族，何不可之有？太后宜思长策，与永康王和议。"太后曰："谁可遣者？"对曰："太后不疑臣，臣请往。万一永康王见听，庙社之福。"太后乃遣屋质授书於帝。

帝遣宣徽使耶律海思复书，辞多不逊。屋质谏曰："书意如此，国家之忧未艾也。能释怨以安社稷，则臣以为莫若和好。"帝曰："彼众乌合，安能敌我？"屋质曰："即不敌，奈骨肉何！况未知孰胜？借曰幸胜，诸臣之族执於李胡者无噍类矣。以此计之，惟知为善。"左右闻者失色。帝良久，问曰："若何而和？"屋质对曰："与太后相见，各纾忿恚，和之不难；不然，决战非晚。"帝然之，遂遣海思诣太后约和。往返数日，议乃定。

始相见，怨言交让，殊无和意。太后谓屋质曰："汝当为我画之。"屋质进曰："太后与大王若能释怨，臣乃敢进说。"太后曰："汝第言之。”屋质借谒者筹执之，谓太后曰：“昔人皇王在，何故立嗣圣？”太后曰：“立嗣圣者，太祖遗旨。”又曰：“大王何故擅立，不禀尊亲？”帝曰：“人皇王当立而不立，所以去之。”屋质正色曰：“人皇王舍父母之国而奔唐，子道当如是耶？大王见太后，不少逊谢，惟怨是寻。太后牵于偏爱，托先帝遗命，妄授神器。如此何敢望和，当速交战！”掷筹而退。太后泣曰：“向太祖遭诸弟乱，天下荼毒，疮痍未复，庸可再乎！”乃索筹一。帝曰：“父不为而子为，又谁咎也。”亦取筹而执。左右感激，大恸。

太后复谓屋质曰：“议既定，神器竟谁归？”屋质曰：“太后若授永康王，顺天合人，复何疑？”李胡厉声曰：“我在，兀欲安得立！”屋质曰：“礼有世嫡，不传诸弟。昔嗣圣之立，尚以为非，况公暴戾残忍，人多怨讟。万口一辞，愿立永康王，不可夺也。”太后顾李胡曰：“汝亦闻此言乎？汝实自为之！”乃许立永康。

帝谓屋质曰：“汝与朕属尤近，何反助太后？”屋质对曰：“臣以社稷至重，不可轻付，故如是耳。”上喜其忠。

天禄二年，耶律天德、萧翰谋反下狱，惕隐刘哥及其弟盆都结天德等为乱。耶律石刺潜告屋质，屋质遽引入见，白其事。刘哥等不服，事遂寝。未几，刘哥邀驾观樗蒲，捧觞上寿，袖刃而进。帝觉，命执之，亲诘其事。刘哥自誓，帝复不问。屋质奏曰：“当使刘哥与石刺对状，不可辄恕。”帝曰：“卿为朕鞫之。”屋质率剑士往讯之，天德等伏罪，诛天德，杖翰迁刘哥，以盆都使辖戛斯国。

三年，表列泰宁王察割阴谋事，上不听。五年，为右皮室详稳。秋，上祭让国皇帝于行宫，与群臣皆醉，察割弑帝。屋质闻有言“衣紫者不可失”，乃易衣而出，亟遣人召诸王，及喻禁卫长皮室等同力讨贼。时寿安王归帐，屋质遣弟冲迎之。王至，尚犹豫。屋质曰：“大王嗣圣子，贼若得之，必不容。群臣将谁事，社稷将谁赖？万一落贼手，悔将何及？”王始悟。诸将闻屋质出，相继而至。迟明整兵，出贼不意，围之，遂诛察割。

乱既平，穆宗即位，谓屋质曰：“朕之性命，实出卿手。”命知国事，以逆党财产尽赐之，屋质固辞。应历五年，为北院大王，总山西事。

保宁初，宋围太原，以屋质率兵往援，至白马岭，遣劲卒夜出间道，疾驰驻太原西，鸣鼓举火。宋兵以为大军至，惧而宵遁。以功加于越。

四年，汉刘继元遣使来贡，致币於屋质，屋质以闻，帝命受之。五年五月死，年五十七。帝痛悼，辍朝三日。后道宗诏上京立祠祭享，树碑以纪其功云。

【译文】

耶律屋质字敌辇，族系出自孟父房。他诚实稳重，有器量见识，重视诺言。遇到意外之事，都能从容对待、处理，别人无法预料。他学问广博，通晓天文。

会同年间，被任命为惕隐。太宗去世，众大臣拥立世宗为帝，太后听到后，非常生气，派遣皇子李胡率兵前去迎击，在泰德泉和安端、刘哥等人遭遇，大败而归。李胡拘捕了世宗全部臣僚的家属，告诉看守的人说："我打仗不取胜，先射死这些人！"大家都喧嚷不安地互相说："若真打仗，那就是父子兄弟相残啊！"大军驻扎在潢河横渡，隔岸对抗。

当时，屋质跟从太后，世宗因为屋质善于筹划，打算使用离间计，于是借故送了一封信，试试太后。太后得到书信，就给屋质看。屋质读完信，说："太后辅佐太祖平定天下，所以臣下愿意竭尽死力。倘若太后对我有怀疑，臣下虽想竭尽忠诚，可能吗？从当前的处境打算，不如谈判和解，事情一定能够成功。如果不这样就应当迅速交战，一决胜负。否则人心一旦有所动摇，就会给国家带来不浅的祸患，望太后审慎裁决。"太后说："我如果怀疑你，怎么肯拿这封信给你看？"屋质回答说："李胡、永康王都是太祖的子孙，帝位没有交给外人，有什么不可以的呢？太后应当从长远考虑，和永康王和议。"太后说："可以派遣谁呢？"屋质回答说："太后如果不怀疑臣下，臣下请求前往。万一永康王同意，就是国家的福气。"太后于是派遣屋质把书信给世宗。

世宗叫宣徽使耶律海思回信，辞句大都不谦恭。屋质劝阻说："信中有这样的意思，国家的忧患还没有终结啊。若想解除怨恨使国家安定，那么臣下认为不如和好。"世宗说："他的人是仓促集合，怎能敌得过我？"屋质说："就算敌不过，对亲骨肉又能怎么样！况且还不知道究竟谁能取胜？假定说侥幸胜了，被李胡扣留的各位大臣的亲属就不会有一个活着的了。从这点考虑，只有和解是最好的办法。"身边的臣僚听了大惊失色。世宗过了好长一段时间才问："怎么才能和解？"屋质回答说:“和太后相见，各自消解怒气和怨恨，和解是不难的。不同意，再决一死战也不晚。”世宗同意这一看法，于是派遣海思拜见太后商议和解。来回往返了好几天，协议才达成。

双方相见之初，相互埋怨指责，一点也没有和解的意向。太后对屋质说:“你应该为我筹划一下。”屋质进奏说:“太后和大王若能解除恩怨，臣下才敢陈说。”太后说:“你只管说!”屋质拿着拜见者的筹具，问太后说:“过去人皇王健在，立嗣圣皇帝是什么缘故?”太后说:“立嗣圣帝，是太祖生前留下的旨意。”又问世宗:“大王因为什么缘故擅自自立为皇帝，不禀告至亲的祖母大人?”世宗说:“人皇王应该被立而没有被立，所以我就不禀告了。”屋质变了脸色说:“人皇王舍弃父母之国投奔后唐，当儿子的道理难道是这样吗?大王见到太后，不稍稍谦恭感谢，只是埋怨寻找。太后出于偏爱，假托先皇帝生前留下的遗命，胡乱传授帝位。这个样子怎么还敢期望和解?理当迅速交战!”扔下筹具就退出去了。太后哭泣着说:“过去太祖遭遇兄弟内乱，天下百姓遭受残害，国家和人民遭受的苦难至今尚未恢复，难道要让悲剧再一次重演吗!”于是要了一支筹具。世宗说:“父亲没做的事儿子来做，又有谁会怪罪呢。”也取了一支筹具拿在手中。身边的臣僚为之感动，极度悲伤。

太后又告诉屋质说:“协议已经确定，帝位究竟给谁呢?”屋质说:“太后如果将帝位授给永康王，顺应天意、合乎人心，还有什么可迟疑的呢?”李胡大声说:“我在，兀欲怎么能够继位当皇帝!”屋质说:“礼法规定，有继承父业的正室所生之子，不把帝位传给弟弟。过去，嗣圣皇帝继承帝位，尚且认为不对，何况你急躁凶暴，残酷狠毒，人们对你多怀怨恨诽谤之心，众口一词，愿立永康王为皇帝，不可剥夺啊。”太后回头看着李胡说:“你也听到这些话了吧?是你自己把自己弄到了这个田地!”于是同意立永康王为皇帝。

世宗对屋质说:“你与我族人最亲近，为什么反而辅助太后?”屋质回答说:“臣下认为社稷最为重要，帝位不可轻率给人，所以这么做。”世宗喜欢他的忠诚。

天禄二年，耶律天德、萧翰谋反被逮捕下狱，惕隐刘哥和他的弟弟盆都勾结天德等人作乱。耶律石刺偷偷地告诉屋质，屋质马上带领他入见世宗，说明这件事。刘哥等人不承认，这件事暂且搁置不提。不久，刘哥邀请世宗观看博戏，捧着酒具为世宗祝寿，进献的时候袖子里藏着刀。世宗觉察，命令将他拿下，亲自审问。刘哥发誓没有谋害皇帝的意思，世宗不再追问。屋质上奏说："应该让刘哥与石剌对质，不能总是饶恕。"世宗说："你替我审问他们。"屋质率领擅长击剑的士兵前去审问，天德等承认罪名。最后斩杀天德，杖打萧翰、流放刘哥，让盆都出使辖戛斯国。

三年，屋质上表列举泰宁王察割私下谋划造反的事，世宗不相信。五年，调为右皮室详稳。秋季，世宗在行宫祭奠让国皇帝，和群臣都喝醉了，察割杀了世宗。屋质听人说"穿紫衣服的都不可放过"，于是换了衣服走出宫门，急忙派人召集诸王，并且通知禁卫长皮室等同力讨伐叛乱分子。当时，寿安王已返回行帐，屋质派弟弟耶律冲去迎接他。寿安王来到之后，对即位还犹豫不决。屋质说："大王，您是嗣圣皇帝的儿子，叛乱分子如果抓到您，一定不会宽容你。到那时，群臣将侍奉谁、社稷将仰仗谁？万一帝位落到贼人之手，后悔还有什么用？"寿安王才明白。各将领听说屋质出面，相继都跟着来了。黎明时分就调集军队，完全出乎叛乱分子的意料，迅速包围了他们，于是斩杀了察割。

叛乱平定之后，穆宗即位，告诉屋质说："我的性命，完全是您一手保下来的。"命令他主持国事，并将叛乱分子的财产全部赏赐给他，屋质坚决不接受。应历五年，调为北院大王，总管山西的事务。

保宁初年，宋军包围太原，让屋质率兵前往援救。行到白马岭，屋质派遣精兵乘夜抄小路奔袭，飞快进兵到太原以西的地方驻扎，并且鸣鼓举火，宋兵以为是大军开到，害怕得连夜逃跑了。屋质因功加号于越。四年，汉刘继元派使臣前来进贡，送礼物给屋质，屋质上报了这件事，穆宗命令他接受这些礼物。屋质保宁五年五月去世，享年五十七岁。穆宗沉痛悼念，停止朝事三天。后来道宗下令在上京为他立庙享受世人的祭祀，树碑记录他的功劳。

耶律安抟

耶律安抟，曾祖岩木，玄祖之长子；祖楚不鲁，为本部夷离堇。父迭里，幼多疾，时太祖为挞马狘沙里，常加抚育。神册六年，为惕隐，从太祖将龙军讨阻卜、党项有功。天赞三年，为南院夷离堇，征渤海，攻忽汗城，俘斩甚众。太祖崩，淳钦皇后称制，欲以大元帅嗣位。迭里建言，帝位宜先嫡长；今东丹王赴朝，当立。由是忤旨。以党附东丹王，诏下狱，讯鞫，加以炮烙。不伏，杀之，籍其家。

安抟自幼若成人，居父丧，哀毁过礼，见者伤之。太宗屡加慰谕，尝曰："此儿必为令器。"既长，寡言笑，重然诺，动遵绳矩，事母至孝。以父死非罪，未葬，不预宴乐。世宗在藩邸，尤加怜恤，安抟密自结纳。

太宗伐晋还，至栾城崩，诸将欲立世宗，以李胡及寿安王在朝，犹豫未决。时安抟直宿卫，世宗密召问计。安抟曰："大王聪安宽恕，人皇王之嫡长；先帝虽有寿安，天下属意多在大王。今若不断，后悔无及。"会有自京师来者，安抟诈以李胡死传报军中，皆以为信。於是安抟诣北、南二大王计之。北院大王洼闻而遽起曰："吾二人方议此事。先帝尝欲以永康王为储贰，今日之事有我辈在，孰敢不从！但恐不白太后而立，为国家启衅。"安抟对曰："大王既知先帝欲以永康王为储副，况永康王贤明，人心乐附。今天下甫定，稍缓则大事去矣。若白太后，必立李胡。且李胡残暴，行路共知，果嗣位，如社稷何？"南院大王吼曰："此言是也。吾计决矣！"乃整军，召诸将奉世宗即位于太宗柩前。

帝立，以安抟为腹心，总知宿卫。是岁，约和于潢河横渡。太后问安抟曰："吾与汝有何隙？"安抟以父死为对，太后默然。及置北院枢密使，上命安抟为之，赐奴婢百口，宠任无比，事皆取决焉。然性太宽，事循苟简，豪猾纵恣不能制。天禄末，察割兵犯御幄，又不能讨，由是中外短之。

穆宗即位，以立世宗之故，不复委用。应历三年，或诬安抟与齐王罨撒葛谋乱，系狱死。侄撒给，左皮室详稳。

【译文】

耶律安抟，曾祖岩木，是玄祖的长子；祖父楚不鲁，是本部的夷离堇。父亲迭里，从小多病，当时太祖担任挞马狘沙里，经常给予照顾。神册六年，迭里升任为惕隐，跟随太祖的大将龙军征讨阻卜、党项有功。天赞三年，担任南院夷离堇。迭里讨伐渤海国，攻打忽汗城，俘虏和斩杀的兵卒特别多。太祖去世，淳钦皇后代行皇帝职权，想让大元帅继承皇帝位。迭里建议说："帝位应当先由正室之长子继承，现在东丹王正奔赴朝廷，应当立为帝。"因此忤逆了皇后的旨意，因为袒护追随东丹王，淳钦皇后诏令将他关押入狱。审讯时，被施以炮烙之刑。拒不认罪，被杀，收其家人为奴隶。

耶律安抟从小就好像成年人（一样稳重懂事），为父亲守丧，哀伤过度，看见的人都很哀怜他。太宗多次对他加以抚慰开导，曾说："这个孩子一定能成大器。"长大以后，言谈微笑都很少，重信誉，行为举止遵循礼法，侍奉母亲极其孝顺。因为父亲死于强加之罪，一直没有安葬，所以不参加宴饮和娱乐之事。世宗在藩国时，特别哀怜同情耶律安抟。耶律安抟暗自与他结交。

太宗征讨晋国返回，行至栾城时去世，诸将官想拥立世宗为皇帝，因为李胡和寿安王都在朝中，世宗犹豫不决。当时，耶律安抟当班留宿警卫，世宗悄悄地召他询问计策。耶律安抟说："大王聪明本分，待人宽厚，又是人皇王的嫡长子；先帝虽有后嗣寿安王，但天下人大多偏向大王。现在如果不当机立断，后悔就来不及了。"恰好有从京城来的人，耶律安抟便谎称李胡已死传报军中，大家都信以为真。于是耶律安抟拜诣北、南二院大王商讨计策。北院大王耶律洼听说后立即站起来说："我们两人正商议这件事。先帝曾经想让永康王担任继承人，今天这件事有我们这辈人在，谁敢不服从！只是担心不启禀太后而自立皇帝，会给国家招来祸患。"耶律安抟回答说："大王既然已经知道先帝想让永康王当继承人，况且永康王有道德才能、明达事理，人心乐于归附。现在天下刚刚安定，稍微迟缓事情就无法挽回了。倘若禀告太后，太后肯定要立李胡为帝。况且李胡凶暴残忍，路人皆知，果真让他继位，国家将会怎么样？"南院大王耶律吼说："这话说得对啊，我们的计议决定了！"于是整集军队，召集各将领尊奉世宗为皇帝，在太宗的灵前即位。

世宗继位，将耶律安抟当作心腹，总管宿卫。这一年，与太后在潢河横渡相约和解。太后问耶律安抟说："我和你有什么芥蒂？"耶律安抟用父亲的死回答，太后不做声。等到设置北院枢密使，世宗命耶律安抟担任这一职位，赐给奴婢一百口，宠幸信任无与伦比，朝廷的事都让他决断。然而耶律安抟生性宽厚，处理事务因遵循草率宽松的法则，不能制止豪强猾吏的不法行为。天禄末年，察割兵进犯世宗住的大帐，又不能对察割进行讨伐，因此宫廷内外都责备他。

穆宗即位，因为耶律安抟拥立世宗的原因，不再任用他。应历三年，有人诬告耶律安抟与齐王罨撒葛谋划反叛，被关押在监狱中死去。侄子撒给，担任左皮室详稳。

辽史卷七十九

室昉列传第九

室昉，字梦奇，南京人。幼谨厚笃学，不出外户者二十年，虽里人莫识。其精如此。

会同初，登进士第，为卢龙巡捕官。太宗入汴受册礼，诏昉知制诰，总礼仪事。天禄中，为南京留守判官。应历间，累迁翰林学士，出入禁闼十余年。保宁间，兼政事舍人，数延问古今治乱得失，奏对称旨。上多昉有理剧才，改南京副留守，决讼平允，人皆便之。迁工部尚书，寻改枢密副使，参知政事。顷之，拜枢密使，兼北府宰相，加同政事门下平章事。乾亨初，监修国史。

统和元年，告老，不许。进《尚书》《无逸篇》以谏，太后闻而嘉奖。二年秋，诏修诸岭路，昉发民夫二十万，一日毕功。是时，昉与韩德让、耶律斜轸相友善，同心辅政，整析蠹弊，知无不言，务在息民薄赋，以故法度修明，朝无异议。

八年，复请致政。诏入朝免拜，赐几杖，太后遣阁门使李从训持诏劳问，令常居南京，封郑国公。初，晋国公主建佛寺于南京，上许赐额。昉奏曰："诏书悉罪无名寺院。今以主请赐额，不惟违前诏，恐此风愈炽。"上从之。表进所撰《实录》二十卷，手诏褒之，加政事令，赐帛六百匹。

九年，荐韩德让自代，不从。上以昉年老苦寒，赐貂皮衾褥，许乘辇入朝。病剧，遣翰林学士张幹就第授中京留守，加尚父。卒，年七十五。上嗟悼，辍朝二日，赠尚书令。遗言戒厚葬。恐人誉过情，自志其墓。

【译文】

室昉字梦奇，是南京人。从小谨慎厚重、专心学习，二十年足不出户，即使是同乡人都不认识，他学习就是这样精诚。

会同初年，考中进士，担任卢龙巡捕官。太宗去汴京接受册封仪

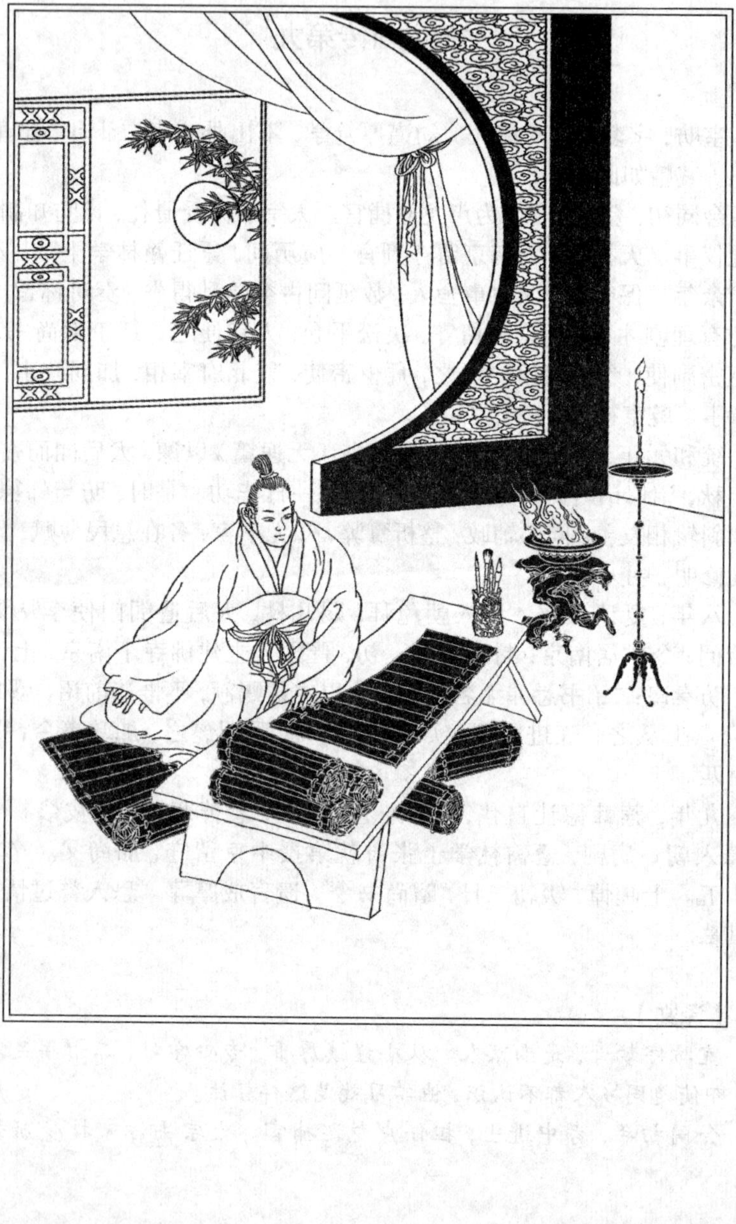

式，下令室昉担任知制诰，总掌礼仪的事。天禄中期，担任南京留守判官。应历年间，积官迁调为翰林学士，出入宫廷禁地十多年。保宁年间，兼任政事舍人，多次被请入宫中请教古今治乱得失的方法，景宗对他的奏章很满意。景宗称赞室昉有治理大事的才能，改任南京副留守。他判决官司持平公允，人人都感到安适。调迁为工部尚书，不久改任枢密副使、参知政事。不久，被任命为枢密使，兼北府宰相，加官同政事门下平章事。乾亨初年，监督修改国史。

统和元年，室昉请求辞去职务，圣宗没有答应。进献《尚书·无逸篇》劝谏，太后听到后给予嘉奖。二年秋天，圣宗下令修建各山的道路，室昉调集二十万民夫，一天便大功告成。这个时候，室昉和韩德让、耶律斜轸互相交往友善，共同辅佐政事，整顿条理，清除弊端，知无不言，致力于安定百姓、减轻赋税，因此法度清明，朝廷没有不同的议论。

八年，室昉再次请求退休。圣宗下令让室昉入朝可以不用跪拜，赐给他几案手杖，太后派阁门使李从训拿着诏书问安抚慰，让他住在南京，封为郑国公。当初，晋国公主在南京建立佛寺，太宗答应赐给匾额。室昉上奏说："诏书对无名的寺院全部加罪。现在因公主的请求而赐给匾额，不仅违逆了以前的诏令，恐怕这种风气会愈演愈烈。"太宗听从了这个意见。室昉上表进献所编撰的《实录》二十卷，皇帝亲自写诏书赞美他，加官政事令，赏赐六百匹帛。

九年，室昉推荐韩德让接替自己的职位，圣宗没有采纳。圣宗因为他年老被寒冷所苦，赐给他貂皮被褥，允许他乘坐小车入朝。（室昉）病情加重，圣宗派翰林学士张干前往他的宅第任命他为中京留守，加尚父。室昉去世时，享年七十五岁。圣宗嗟叹悼惜，停朝事两天，追赠官尚书令。室昉生前留下遗言不许厚葬；担心别人文过饰非，死前他就自己写好了墓志。

辽史卷八十

张俭马得臣列传第十

张　俭

张俭，宛平人，性端慤，不事外饰。

统和十四年，举进士第一，调雲州幕官。故事，车驾经行，长吏当有所献。圣宗猎云中，节度使进曰："臣境无他产，惟幕僚张俭，一代之宝，愿以为献。"先是，上梦四人侍侧，赐食人二口，至闻俭名，始悟。召见，容止朴野；访及世务，占奏三十余事。由此顾遇特异，践历清华，号称明干。

开泰中，累迁同知枢密院事。太平五年，出为武定军节度使，移镇大同。六年，入为南院枢密使。帝方眷倚，参知政事吴叔达与俭不相能，帝怒，出叔达为康州刺史，拜俭左丞相，封韩王。帝不豫，受遗诏辅立太子，是为兴宗，赐贞亮弘靖保义守节耆德功臣，拜太师、中书令，加尚父，徙王陈。

重熙五年，帝幸礼部贡院及亲试进士，皆俭发之。进见不名，赐诗褒美。俭衣唯紬帛，食不重味，月俸有余，赒给亲旧。方冬，奏事便殿，帝见衣袍弊恶，密令近侍以火夹穿孔记之，屡见不易。帝问其故，俭对曰："臣服此袍已三十年。"时尚奢靡，故以此微讽喻之。上怜其清贫，令恣取内府物，俭奉诏持布三端而出，益见奖重。俭弟五人，上欲俱赐进士第，固辞。有司获盗八人，既戮之，乃获正贼。家人诉冤，俭三乞申理。上勃然曰："卿欲朕偿命耶！"俭曰："八家老稚无告，少加存恤，使得收葬，足慰存没矣。"乃从之。俭在相位二十余年，裨益为多。

致政归第，会宋书辞不如礼，上将亲征。幸俭第，尚食先往具馔，却之；进葵羹干饭，帝食之美。徐问以策，俭极陈利害，且曰："第遣一使问之，何必远劳车驾？"上悦而止。复即其第赐宴，器玩悉与之。二十二年薨，年九十一，敕葬宛平县。

【译文】

张俭，是宛平人。生性诚实正直，不注重外表修饰。

统和十四年，张俭考进士，获得第一名，调任为雲州幕官。按照旧例，皇帝的车马经过之处，当地长官都应该有所进献。圣宗到云中打猎，节度使进奏说：“臣下境内没有其他出产，惟有幕僚张俭，一代之宝，希望能够将他进献。”在这之前，圣宗梦见四人侍奉在旁边，赏赐食物，每人两口，等听到张俭的名字，才明白梦的意思。于是召见张俭，见他容貌行止质朴无华，又询问当世之务，张俭当即口头奏说了三十多件事。从此，圣宗对他特别青睐，让他历任清高华贵之职，号称明达干练。

开泰中期，积官升至同知枢密院事。太平五年，调出京城担任武定军节度使，改移镇守大同。六年，入朝担任南院枢密使。这时，圣宗正宠爱倚重他。参知政事吴叔达和张俭不能和睦相处，圣宗发怒，贬吴叔达为康州刺史，升任张俭为左丞相，封为韩王。圣宗生病，张俭接受遗命辅佐太子即位，这就是兴宗。兴宗赐张俭号为贞亮弘靖保义守节耆德功臣，任命他为太师、中书令，加号尚父，改封陈王。

重熙五年，兴宗亲临礼部贡院并亲自主持进士考试，这都是受到张俭的启发。进宫朝见，兴宗不称其名，并且赐诗作加以表扬赞美。张俭只穿粗布衣服，每餐只吃一种饭菜，每月的俸禄有剩余的，就拿来周济亲朋老友。入冬，在便殿奏事，兴宗见他穿的袍子又破又难看，暗中命令近侍用火夹在他衣服上穿了个洞作为记号，结果每次看见他穿的都是这件袍子。兴宗问他原因，张俭回答说：“臣下穿这件袍子已经三十年了。”当时崇尚奢侈华贵，所以张俭用自己的这种行动加以暗示和讽喻。兴宗怜悯他清贫，让他随意拿取内府中的物品，张俭领命，只拿了三匹布就出来了，因此更加受到兴宗的嘉奖和器重。张俭有胞弟五人，兴宗打算全赐给他们进士的头衔，他坚决推辞。有关部门捕获了八名盗贼，杀掉后，才抓到了真正的罪犯。被错杀的人的家人上诉申冤，张俭多次请求重新审理，兴宗非常恼怒地说：“你想让我偿命吗！”张俭说：“八个家庭的老幼无所依靠，只要稍加抚恤，使他们能够收尸埋葬，就足以慰藉生者和死者了。”兴宗于是听从了他的意见。张俭担任宰相二十多年，对政事补益相当多。

张俭退休回家，适逢宋朝的国书用辞不守礼法，兴宗准备亲自讨伐。来到张俭的宅第，宫中的饭食已送到，兴宗不吃；对献上的葵菜汤和干饭，却吃得津津有味。兴宗轻松舒缓地询问张俭有什么良策，张俭很认真地陈说战争的好处和坏处，并且说："只需派遣一位使臣前去诘问，何必劳陛下亲自远征？"兴宗高兴地放弃了亲征。马上又在张俭的宅第赏赐宴席，用过的器具珍玩都送给了张俭。张俭二十二年去世，享年九十一岁，兴宗命令把他埋葬在宛平县。

马得臣

马得臣，南京人，好学博古，善属文，尤长于诗。

保宁间，累迁政事舍人、翰林学士，常预朝议，以正直称。乾亨初，宋师屡犯边，命为南京副留守，复拜翰林学士承旨。

圣宗即位，皇太后称制，兼侍读学士。上阅唐高祖、太宗、玄宗三《纪》，得臣乃录其行事可法者进之。及扈从伐宋，进言降不可杀，亡不可追，二三其德者别议。诏从之。俄兼谏议大夫，知宣徽院事。

时上击鞠无度，上书谏曰：

臣窃观房玄龄、杜如晦，隋季书生，向不遇太宗，安能为一代名相？臣虽不才，陛下在东宫，幸列侍从，今又得侍圣读，未有裨补圣明。陛下尝问臣以贞观、开元之事，臣请略陈之。

臣闻唐太宗侍太上皇宴罢，则挽辇至内殿；玄宗与兄弟欢饮，尽家人礼。陛下嗣祖考之祚，躬侍太后，可谓至孝。臣更望定省之余，睦六亲，加爱敬，则陛下亲亲之道，比隆二帝矣。

臣又闻二帝耽玩经史，数引公卿讲学，至于日昃。故当时天下翕然向风，以隆文治。今陛下游心典籍，分解章句，臣愿研究经理，深造而笃行之，二帝之治不难致矣。

臣又闻太宗射豕，唐俭谏之，玄宗臂鹰，韩休言之，二帝莫不乐从。今陛下以毬马为乐，愚臣思之，有不宜者三，故不避斧钺言之。窃以君臣同戏，不免分争，君得臣愧，彼负此喜，一不宜。跃马挥杖，纵横驰骛，不顾上下之分，争先取胜，失人臣礼，二不宜。轻万乘之尊，图一时之乐，万一有衔勒之失，其如社稷、太后何？三不宜。傥陛下不以臣言为迂，少赐省览，天下之福，群臣之愿也。

书奏，帝嘉叹良久。未几卒，赠太子太保，诏有司给葬。

【译文】

马得臣，是南京人，好学，博通古代之事；擅长写文章，尤其擅长写诗。

保宁年间，积官升为政事舍人、翰林学士，经常参与朝廷的议事，以公正、正直著称。乾亨初年，宋朝的军队多次入侵边界，任命马得臣为南京副留守，又授予翰林学士承旨的职位。

圣宗即位，皇太后代为行使皇帝职权，（马得臣）兼任侍读学士。圣宗阅读唐高祖、太宗、玄宗三位皇帝的本纪，马得臣于是抄录这三位帝王行为处事有可效法的地方记载进呈。等到护卫圣宗讨伐宋朝的时候，马得臣奏言："投降的不可杀，逃跑的不可追，反复无常的则另当别论。"兴宗下令遵从这些意见。不久马得臣又兼任谏议大夫、掌管宣徽院事务。

当时，兴宗打马球没有节制，马得臣上书规劝说：

> 臣私下认为，房玄龄、杜如晦和隋朝的书生，倘若没有遇见唐太宗，怎能成为一代有名的宰相？臣下没有才干，陛下在东宫时，有幸列为侍从，今天又得以侍奉陛下读书，却未能对陛下有所补益。陛下曾问臣下贞观、开元的事，臣请略加陈述。
>
> 臣下听说唐太宗侍奉太上皇宴饮后，就拉着太上皇所乘的车子送太上皇到内殿；玄宗和兄弟们欢饮，全用对待家人的礼节。陛下继承祖父的帝位，亲自侍奉太后，可说是极其孝顺。臣下更期望陛下按时省亲之余，和睦六亲，增进敬爱，那么陛下的敬爱亲人之道，就比得上唐太宗、唐玄宗二帝了。
>
> 臣下又听说唐太宗、唐玄宗二帝潜心研究经书和史书，多次召引公卿大臣讲学，一直讲到日落偏西。因此当时天下很快形成了读书的风气，文治兴盛。如今陛下醉心于典籍，研习章句之学，臣下希望陛下能探讨经书的义理，深刻钻研并且坚定地施行它，像唐太宗、唐玄宗二帝的政绩就不难达到了。
>
> 臣下又听说唐太宗射野猪，唐俭劝阻；唐玄宗架鹰，韩休劝说，二帝没有不乐于听从的。如今陛下以骑马打球为欢乐，依愚臣看来，有三点不相宜，所以不躲避斧钺加身的可能而陈说如下：臣下认为君主和臣下一同游戏，不免要有分争，君主得手那么臣下惭愧，对方输了此方高兴，这是第一点不相宜；驱动马匹挥动长杖，

纵横上下飞奔，不顾君上和臣下的分别，争先取胜，有失人臣之礼，这是第二点不相宜；轻易放弃万乘之主的尊贵，贪图一时的快乐，万一在马上有什么闪失，这种情况怎样对国家、太后交待呢？这是第三点不相宜。如果陛下不以臣的话为迂阔，稍加省览，这就是天下的福气，也是群臣的愿望啊。奏书呈上之后，兴宗嘉奖赞扬了很久，不久马得臣去世，赠官太子太保，命令有关衙署给予安葬。

辽史卷八十二

耶律隆运列传第十二

耶律隆运，本姓韩，名德让，西南面招讨使匡嗣之子也。统和十九年，赐名德昌；二十二年，赐姓耶律；二十八年，复赐名隆运。重厚有智略，明治体，喜建功立事。

侍景宗，以谨饬闻，加东头承奉官，补枢密院通事，转上京皇城使，遥授彰德军节度使，代其父匡嗣为上京留守，权知京事，甚有声。寻复代父守南京，时人荣之。宋兵取河东，侵燕，五院糺详稳奚底、统军萧讨古等败归，宋兵围城，招胁甚急，人怀二心。隆运登城，日夜守御。援军至，围解。及战高梁河，宋兵败走，隆运邀击，又破之。以功拜辽兴军节度使，征为南院枢密使。

景宗疾大渐，与耶律斜轸俱受顾命，立梁王为帝，皇后为皇太后，称制，隆运总宿卫事，太后益宠任之。统和元年，加开府仪同三司，兼政事令。四年，宋遣曹彬、米信将十万众来侵，隆运从太后出师败之，加守司空，封楚国公。师还，与北府宰相室昉共执国政。上言山西四州数被兵，加以岁饥，宜轻税赋以来流民，从之。六年，太后观击鞠，胡里室突隆运坠马，命立斩之。诏率师伐宋，围沙堆，敌乘夜来袭，隆运严军以待，败走之，封楚王。九年，复言燕人挟奸，苟免赋役，贵族因为囊橐，可遣北院宣徽使赵智戒谕，从之。

十一年，丁母忧，诏强起之。明年，室昉致政，以隆运代为北府宰相，仍领枢密使，监修国史，赐兴化功臣。十二年六月，奏三京诸鞫狱官吏，多因请托，曲加宽贷，或妄行搒掠，乞行禁止。上可其奏。又表请任贤去邪，太后喜曰："进贤辅政，真大臣之职。"优加赐赍，服阕，加守太保、兼政事令。会北院枢密使耶律斜轸薨，诏隆运兼之。久之，拜大丞相，进王齐，总二枢府事。以南京、平州岁不登，奏免百姓农器钱，及请平诸郡商贾价，并从之。

二十二年，从太后南征，及河，许宋成而还。徙王晋，赐姓，出宫籍，隶横帐季父房后，乃改赐今名，位亲王上，赐田宅及陪葬地。

从伐高丽还，得末疾，帝与后临视医药。薨，年七十一。赠尚书令，谥文忠，官给葬具，建庙乾陵侧。无子。清宁三年，以魏王贴不子耶鲁为嗣。天祚立，以皇子敖卢斡继之。弟德威，侄制心。

德威，性刚介，善驰射。保宁初，历上京皇城使，儒州防御使，改北院宣徽使。乾亨末，丁父丧，强起复职，权西南招讨使。统和初，党项寇边，一战却之。赐剑许便宜行事，领突吕不、迭剌二糺军。以讨平稍古葛功，真授招讨使。

夏州李继迁叛宋内附，德威请纳之。既得继迁，诸夷皆从，玺书褒奖。与惕隐耶律善补败宋将杨继业，加开府仪同三司、政事门下平章事。未几，以山西城邑多陷，夺兵柄。李继迁受赂，潜怀二心，奉诏率兵往谕，继迁托以西征不出，德威至灵州俘掠而还。

年五十五卒，赠兼侍中。子雱金，终彰国军节度使。二孙：谢十、涤鲁。谢十终惕隐。

涤鲁，字遵宁。幼养宫中，授小将军。

重熙初，历北院宣徽使、右林牙、副点检，拜惕隐，改西北路招讨使，封漆水郡王，请减军籍三千二百八十人。后以私取回鹘使者獭毛裘，及私取阻卜贡物，事觉，决大杖，削爵免官。俄起为北院宣徽使。十九年，改乌古敌烈部都详稳，寻为东北路详稳，封混同郡王。

清宁初，徙王邓，擢拜南府宰相。以年老乞骸骨，更王汉。大康中薨，年八十。

涤鲁神情秀彻，圣宗子视之，兴宗待以兄礼，虽贵愈谦。初为都点检，扈从猎黑岭，获熊。上因乐饮，谓涤鲁曰："汝有求乎？"对曰："臣富贵逾分，不敢他望。惟臣叔先朝优遇，身殁之后，不肖子坐罪籍没，四时之荐享，诸孙中得赦一人以主祭，臣愿毕矣。"诏免籍，复其产。子燕五，官至南京步军都指挥使。

制心，小字可汗奴。父德崇，善医，视人形色，辄决其病，累官至武定军节度使。

制心善调鹰隼。统和中，为归化州刺史。开泰中，拜上京留守，进汉人行宫都部署，封漆水郡王。以皇后外弟，恩遇日隆。枢密副使萧合卓用事，制心奏合卓寡识度，无行检，上默然。每内宴欢洽，辄避之。皇后不悦曰："汝不乐耶？"制心对曰："宠贵鲜能长保，以是为忧耳！"

太平中，历中京留守、惕隐、南京留守，徙王燕，迁南院大王。或劝制心奉佛，对曰：“吾不知佛法，惟心无私，则近之矣。”一日，沐浴更衣而卧，家人闻丝竹之声，怪而入视，则已逝矣。年五十三。赠政事令，追封陈王。

守上京时，酒禁方严，有捕获私酝者，一饮而尽，笑而不诘。卒之日，部民若哀父母。

论曰：德让在统和间，位兼将相，其克敌制胜，进贤辅国，功业茂矣。至赐姓名，王齐、晋，抑有宠于太后而致然欤？宗族如德威平党项，涤鲁完宗祀，制心不苟合，家声益振，岂无所自哉！

【译文】

耶律隆运本姓韩，名叫德让，是西南面招讨使韩匡嗣的儿子。统和十九年，被赐名为德昌；二十二年，被赐国姓耶律；二十八年，又被赐名隆运。（耶律隆运）庄重厚道有智谋才略，明白为政的根本，喜欢建功立业。

耶律隆运侍奉景宗，因为谨慎小心而闻名，被加封为东头承奉官，补为枢密院通事，转调为上京皇城使，挂衔彰德军节度使，接替他的父亲韩匡嗣担任上京留守，代理知京事，特别有名声。不久又接替父亲镇守南京，当时的人都把他（任自己所在地的地方官）当作荣耀。宋兵攻取河东、侵掠燕地，五院糺详稳奚底、统军萧讨古等战败而归，宋兵包围燕城，招诱和威胁特别紧急，因此人们怀有二心。耶律隆运登上城楼，（和士兵一起）日夜防守抵抗（宋兵），援军来到，解除了包围。等到双方在高梁河交战，宋军战败逃走，耶律隆运半路拦截迎击，又击败了他们。凭功劳被授任辽兴军节度使，征调为南院枢密使。

景宗病情加重之后，耶律隆运和耶律斜轸共同接受临终遗命，立梁王为皇帝，（景宗）皇后为皇太后，代为行使皇帝的职权，耶律隆运总掌宿卫事务，太后更加宠爱信任他。统和元年，加官开府仪同三司，兼任政事令。四年，宋朝派遣曹彬、米信率领十万大军前来进犯（我国），耶律隆运跟从太后出兵，击败了宋军，加官守司空，封为楚国公。军队回到京城，（耶律隆运）与北府宰相室昉共同执掌国家政权。（耶律隆运）上奏说：阴山西面四州屡次被战争（波及），再加上年岁歉收，应当减轻税赋，招来流亡的百姓。朝廷采纳了这一建议。六年，太后观看打马球，胡里室突然冲撞耶律隆运，使他掉下马来，太后立即下令将胡里室斩首。下诏令耶律隆运率领军队讨伐宋朝、包围沙堆，宋军乘夜前来袭击，耶律隆运早已严阵以待，打跑了他们，被封为楚王。九年，（耶律隆运）又上奏说：燕地的百姓怀奸藏诈，如果免掉他们的赋役，贵族就会趁这个时候中饱私囊，可派遣北院宣徽使赵智前往晓谕告诫。朝廷采纳了这一建议。

十一年，耶律隆运遭逢母丧，诏令他节哀任职。第二年，室昉退休，让隆运担任北府宰相，依然领衔枢密使、监督修编国史，赐为兴化功臣。十二年六月，（耶律隆运）上奏："三京地区不少负责审理案件的官吏，大多因为请托，或者歪曲事实加以从宽处理，或者（对犯人）胡乱施加拷打，请求对这种行为加以禁止。"皇帝认可他的奏疏。（耶律隆运）又上表，请求任用贤能拔除奸臣。太后高兴地说："进贤才辅佐朝政，正是大臣的职责。"给予丰厚的赏赐。服丧期满，加官守太保，兼任政事令。适逢北院枢密使耶律斜轸去世，命耶律隆运兼任其职。过了很久，被授任大丞相，进封齐王，总掌南北二枢密院、南北二宰相府事。因为南京、平州年岁歉收，（耶律隆运）上奏免除百姓的农器钱，并请求稳定各郡商人交易的价钱。他的建议都被朝廷采纳。

二十二年，（耶律隆运）跟随太后南征，到了黄河，同意和宋和解，然后回师。徙封晋王，赐姓耶律，解除他在宫卫的户籍，隶属于横帐季父房后，于是改赐现在的名字，地位在亲王之上，赏赐田宅和陪葬地给他。

耶律隆运跟随讨伐高丽回来，四肢得病，圣宗和皇后亲临看望。（隆运）去世时，享年七十一岁。赠官尚书令，谥号文忠，朝廷给予安葬用具，在乾陵旁边建庙。耶律隆运没有儿子。清宁三年，让魏王贴不的儿子耶鲁过继为他的嗣子。天祚皇帝当政以后，让皇子敖卢斡接继耶鲁为嗣。弟弟是耶律德威，侄子是耶律制心。

耶律德威生性刚毅耿介，擅长骑马射箭。保宁初年，历任上京皇城使、儒州防御使，改任北院宣徽使。乾亨末年，遭逢父丧，（朝廷）强迫他出来继续担任官职，代行西南招讨使的职权。统和初年，党项进犯边疆，（德威）一战便打退了他们。圣宗赏赐宝剑，并允许不事先禀告就可灵活处置公务，统领突吕不、迭剌二糺军。因为讨平稍古葛的功劳，被正式任命为招讨使。

夏州李继迁背叛宋朝向辽国臣服，耶律德威请求接纳他。辽国得到了李继迁之后，其他少数民族都表示服从。圣宗下诏赞扬和奖励了耶律德威。和惕隐耶律善补一起击败宋将杨继业，加官开府仪同三司、政事门下平章事。不久，因为阴山以西的城池多被敌人占领，耶律德威被罢免了兵权。李继迁接受贿赂，暗怀二心，耶律德威奉命率兵前往劝谕，李继迁借口西征而不出来相见，耶律德威到了灵州，俘获虏掠而后回来。

耶律德威五十五岁去世，赠官兼侍中；儿子叫耶律雱金，终官彰国年节度使；两个孙子：耶律谢十和耶律涤鲁，耶律谢十终官惕隐。

耶律涤鲁，字遵宁。幼年在宫中生活，被授为小将军。

重熙初年，涤鲁历任北院宣徽使、右林牙、副点检，被任命为惕隐，改任西北路招讨使，封为漆水郡王，请求免除三千二百八十人的军籍。后来因为私自拿取回鹘使者的水獭毛皮衣以及私自拿取阻卜所贡献的地方产物，事情败露，判受大杖之刑，削去爵位，免除官职。不久，起用为北院宣徽使。十九年，改任乌古敌烈部都详稳，不久又担任东北路详稳，封为混同郡王。

清宁初年，耶律涤鲁徙被封为邓王，升任南府宰相。因为年老请求还乡，改封汉王。大康年间去世，享年八十岁。

耶律涤鲁神情清秀为人通达，圣宗将他当作儿子一样看待，兴宗以对待兄长的礼仪对待他，即使地位高贵但十分谦恭。当初担任都点检，随从护卫兴宗在黑岭打猎，捕获一只熊，兴宗因此高兴地饮酒，询问耶律涤鲁说："你有什么要求吗？"（耶律涤鲁）回答说："臣下富贵已经超过了本分，不敢再有其他奢望。惟有臣下的叔父前朝曾给予优厚待遇，身死之后，不成器的儿子犯罪被没抄了家产，一年四季没人对先人行进献供奉之礼，陛下如果能在叔叔的各位孙子中赦免一人以便主持祭祀，臣下的心愿便满足了。"兴宗下令免其籍没，还其家产。涤鲁的儿子耶律燕五，做官做到南京步军都指挥使。

耶律制心小名可汗奴。他的父亲耶律德崇，善长医术，观察人的形容色泽，立刻就能断定他的病，积官至武定军节度使。

耶律制心善于调教鹰隼。统和年间，（制心）担任归化州刺史；开泰年间，被授任上京留守，晋升为汉人行宫都部署，封为漆水郡王。因为是皇后的外弟，恩惠和礼遇日益隆盛。枢密副使萧合卓当权，耶律制心奏称萧合卓缺少见识和气度、没有品行，圣宗沉默不语。每逢内廷宴席欢乐和洽，耶律制心总是回避。皇后不高兴地说："你不高兴吗？"耶律制心回答说："宠遇和富贵很少能够保持长久的，因此担忧罢了！"

太平年间，历任中京留守、惕隐、南京留守，徙封燕王，改迁为南院大王。有人劝耶律制心信佛，（制心）回答说："我不懂得佛法，只要心里无私欲，就接近佛心了。"一天，他洗澡换衣躺下，家人听见有音乐的声音，感到奇怪，就进屋去看，而耶律制心已经去世了，享年五十三岁。赠官政事令，被追封为陈王。

（耶律制心）镇守上京时，酒禁正严，有人捕获了私自酿酒的人，后者将酒一饮而尽，（耶律制心）笑了起来，没有加以责问。他死的那天，民众好像父亲去世一样哀悼他。

评论说：韩德让在统和年间，地位兼任将相；他战胜敌人夺取胜利，举荐贤能辅佐国家，功业显赫啊。至于被赐予国姓、在齐、晋被封王，难道是被太后宠幸才取得的吗？宗族如韩德威平定党项、韩涤鲁完善宗族的祭祀、韩制心不苟且合流，家声越发振作，难道没有来源吗？

辽史卷八十五

萧挞凛列传第十五

萧挞凛，字驼宁，思温之再从侄。父术鲁列，善相马，应历间为马群侍中。

挞凛幼敦厚，有才略，通天文。保宁初，为宿直官，累任麕剧。统和四年，宋杨继业率兵由代州来侵，攻陷城邑。挞凛以诸军副部署，从枢密使耶律斜轸败之，擒继业于朔州。六年秋，改南院都监，从驾南征，攻沙堆，力战被创，太后尝亲临视。明年，加右监门卫上将军、检校太师，遥授彰德军节度使。

十一年，与东京留守萧恒德伐高丽，破之。高丽称臣奉贡。十二年，夏人梗边，皇太妃受命总乌古及永兴宫分军讨之，挞凛为阻卜都详稳。凡军中号令，太妃并委挞凛。师还，以功加兼侍中，封兰陵郡王。十五年，敌烈部人杀详稳而叛，遁于西北荒，挞凛将轻骑逐之，因讨阻卜之未服者，诸蕃岁贡方物充于国，自后往来若一家焉。上赐诗嘉奖，仍命林牙耶律昭作赋，以述其功。挞凛以诸部叛服不常，上表乞建三城以绝边患，从之。俄召为南京统军使。

二十年，复伐宋，擒其将王先知，破其军于遂城，下祁州，上手诏奖谕。进至澶渊，宋主军于城隍间，未接战，挞凛按视地形，取宋之羊观、盐堆、凫雁，中伏弩卒。明日，辖车至，太后哭之恸，辍朝五日，子慥古，南京统军使。

论曰：辽在统和间，数举兵伐宋，诸将如耶律谐理、奴瓜、萧柳等俱有降城擒将之功。最后，以萧挞凛为统军，直抵澶渊。将与宋战，挞凛中弩，我兵失倚，和议始定。或者天厌其乱，使南北之民休息者耶！

【译文】

萧挞凛字驼宁，是萧思温的再从侄。父亲是术鲁列，擅长相马，应历年间担任马群侍中。

萧挞凛从小厚道，有才能谋略，精通天文。保宁初年，担任宿直官，

积官至麴剧。统和四年，宋朝杨继业领兵从代州来进犯，攻拔城镇。萧挞凛凭诸军副部署的官职，跟随枢密使耶律斜轸打败了他，在朔州抓获了杨继业。六年秋，萧挞凛改任南院都监，跟从圣宗南征，攻打沙堆，竭力奋战受伤。太后曾亲临探视。第二年，加官右监门卫上将军、检校太师，挂衔彰德军节度使。

十一年，萧挞凛和东京留守萧恒德讨伐高丽，击败了他们，高丽称臣纳贡。十二年，西夏人阻塞边界，皇太妃接受命令总掌乌古和永兴宫分兵进讨，萧挞凛担任阻卜都详稳。凡是军队中发出的号令，太妃全部委托给萧挞凛。回朝之后，凭功劳加官兼侍中，萧挞凛被封为兰陵郡王。十五年，敌烈部人杀死详稳造反，逃跑到西北边远的地方，萧挞凛率领轻骑追赶，趁机讨伐阻卜尚未顺从的诸蕃部，使其臣服。各蕃落每年进贡的地方产品充满京城的府库，从此以后辽国和各蕃部来来往往好像一家人一样。圣宗赐诗嘉奖他，并且命令林牙耶律昭作赋，表述他的功劳。萧挞凛因为各部叛乱、臣服反复无常，上表请求建立三座城池来杜绝边疆的祸患，圣宗听从他的意见。不久萧挞凛被召任为南京统军使。

二十年，（辽国）再次征讨宋朝，生擒他们的将领王先知，在遂城击败王先知的部队，攻克祁州，圣宗亲自写诏书奖励表彰萧挞凛。进军到澶渊，宋皇帝驻军在城壕中间。尚未交战，萧挞凛考察巡视地形，然后夺取宋的羊观、盐堆、凫雁，中伏箭而死。第二天，灵车到，太后哭得非常伤心，罢朝五天。他的儿子萧慥古，担任南京统军使。

评论说：辽国在统和年间，多次兴兵讨伐宋朝，各将领如耶律谐理、奴瓜、萧柳等都有降服城池捉住将领的功劳。最后，任命萧挞凛为统军，直接进逼澶渊。将要和宋开战（期间），萧挞凛中箭，辽军失去倚仗，和议才开始谈定。或许是上天厌倦了战乱，使南北的百姓休养生息吧！

辽史卷一百二

萧李张耶律列传第三十二

萧奉先

萧奉先，天祚元妃之兄也。外宽内忌。因元妃为上眷倚，累官枢密使，封兰陵郡王。

天庆二年，上幸混同江钩鱼。故事，生女直酋长在千里内者皆朝行在。适头鱼宴，上使诸酋次第歌舞为乐，至阿骨打，但端立直视，辞以不能。再三旨谕，不从。上密谓奉先曰："阿骨打跋扈若此！可托以边事诛之。"奉先曰："彼粗人，不知礼义，且无大过，杀之伤向化心。设有异志，蕞尔小国，亦何能为！"上乃止。

四年，阿骨打起兵犯宁江州，东北路统军使萧挞不也战失利。上命奉先弟嗣先为都统，将番、汉兵往讨，屯出河店。女真乃潜渡混同江，乘我师未备来袭。嗣先败绩，军将往往遁去。奉先惧弟被诛，乃奏"东征溃军逃罪，所至劫掠，若不肆赦，将啸聚为患"。从之。嗣先诣阙待罪，止免官而已。由是士无斗志，遇敌辄溃，郡县所失日多。

初，奉先诬耶律余睹结驸马萧昱谋立其甥晋王，事觉，杀昱。余覩在军中闻之惧，奔女直。保大二年，余覩为女直监军，引兵奄至，上忧甚。奉先曰："余覩乃王子班之苗裔，此来实无亡辽心，欲立晋王耳。若以社稷计，不惜一子，诛之，可不战而退。"遂赐晋王死。中外莫不流涕，人心益解体。

当女直之兵未至也，奉先逢迎天祚，言："女直虽能攻我上京，终不能远离巢穴。"而一旦越三千里直捣云中，计无所出，惟请播迁夹山。天祚方悟，顾谓奉先曰："汝父子误我至此，杀之何益！汝去，毋从我行。恐军心忿怒，祸必及我。"奉先父子恸哭而去，为左右执送女直兵。女直兵斩其长子昂，送奉先及次子昱于其国主。道遇我兵，夺归，天祚并赐死。

【译文】

萧奉先，是天祚皇帝元妃的哥哥。他外表宽和内心阴狠。因为元妃被天祚帝宠爱倚重，萧奉先积官至枢密使，被封为兰陵郡王。

天庆二年，天祚帝到混同江钓鱼。依照过去的惯例，生女真首领在一千里以内的都要来皇帝行宫朝拜。恰逢头鱼宴，天祚帝命各位酋长按次序唱歌跳舞取乐，轮到阿骨打时，他只是端正站立，眼睛直视前方，推辞说自己不会跳舞。天祚帝再三劝谕开导，他也不听从。天祚帝悄悄地对萧奉先说："阿骨打如此跋扈，可借口边疆的事除掉他。"萧奉先说："他是个粗俗之人，不懂礼仪，况且没有大的过错，杀了会有损各部仰慕归化的心。即使他真的有不轨的图谋，凭他那个小国，(他)能干什么！"天祚帝这才放弃了杀阿骨打的想法。

四年，阿骨打起兵进犯宁江州，东北路统军使萧挞不也作战失利，天祚帝任命萧奉先的弟弟萧嗣先为都统，率领蕃族和汉族的兵前往征讨，驻扎在出河店。女真军队悄悄地渡过混同江，乘我方军队未加戒备进行偷袭，萧嗣先被打败，军中将领大多数都逃走。萧奉先怕弟弟被杀，就上奏说："东征的败军为了逃避罪名，所到之处抢劫掠夺，如果不赦免他们，恐怕他们会聚集起来成为祸患"。天祚帝同意了这种意见。萧嗣先到朝廷等待治罪，最后仅仅被罢免官职罢了。从此士兵没有战斗的意志，遇到敌人就溃败，失陷的郡县日益增多。

当初，萧奉先诬告耶律余睹联合驸马萧昱谋划立他的外甥晋王为皇帝，事情被发觉，萧昱被杀。耶律余睹在军队中听到了这件事，十分害怕，投奔到女真。保大二年，耶律余睹担任女真监军，率兵突然到来，天祚帝特别忧虑。萧奉先说："耶律余睹是王子班的后代，这次来犯实际并没有灭亡辽国的心，他只是想立晋王为帝罢了。如果从国家的大局考虑，不应该舍不得一个儿子，杀了晋王，耶律余睹就可以不战而退了。"于是天祚帝赐死晋王。(晋王死后)宫廷内外没有不伤心落泪的，这样人心越发涣散了。

当女真的兵还没到来时，萧奉先就讨好天祚帝说："女真虽然能攻打我们的上京，但最终还是不能远离他们的老巢。"当女真一旦跨越三千里直接攻打云中时，萧奉先毫无对策，只是请求逃亡迁移到夹山。天祚帝这才开始醒悟，看着萧奉先说："你父子坑害我到这个地步，杀了你有什么益处！你离开我，不要跟我走，不然军心愤怒，祸害一定会牵连到我。”萧奉先父子恸哭着离开天祚帝，被左右兵将抓住送给了女真兵。女真兵杀了他的长子萧昂，将萧奉先和他的次子萧昱送往女真首领那儿，中途遇到我军，被夺了回来，天祚帝一并赐死他们父子。

李处温

李处温，析津人。伯父俨，大康初为将作少监，累官参知政事，封漆水郡王，雅与北枢密使萧奉先友旧。执政十余年，善逢迎取媚，天祚又宠任之。俨卒，奉先荐处温为相，处温因奉先有援已力，倾心阿附，以固权位，而贪污尤甚，凡所接引，类多小人。

保大初，金人陷中京，诸将莫能支。天祚惧，奔夹山，兵势日迫。处温与族弟处能、子奭，外假怨军声援，结都统萧干谋立魏国王淳，召番、汉官属诣魏王府劝进。魏国王将出，奭乃持赭袍衣之，令百官拜舞称贺。魏王固辞不得，遂称天锡皇帝。以处温守太尉，处能直枢密院，奭为少府少监，左企弓以下及亲旧与其事者，赐官有差。

会魏国王病，自知不起，密授处温番、汉马步军都元帅，意将属以后事。及病亟，萧幹等矫诏南面宰执入议，独处温称疾不至，阴聚勇士为备，给云奉密旨防他变。魏国王卒，萧干拥契丹兵，宣言当立王妃萧氏为太后，权主军国事，众无敢异者。幹以后命，召处温至，时方多难，未欲即诛，但追毁元帅札子。处能惧及祸，落发为僧。

寻有永清人傅遵说随郭药师入燕，被擒，具言处温尝遗易州富民赵履仁书达宋将童贯，欲挟萧后纳土归宋。后执处温问之，处温曰：“臣父子于宣宗有定策功，宜世蒙宥容，可使因谗获罪？”后曰：“向使魏国王如周公，则终享亲贤之名于后世。误王者皆汝父子，何功之有！”并数其前罪恶。处温无以对，乃赐死，奭亦伏诛。

【译文】

李处温，是析津人。他的伯父李俨（耶律俨），大康初年担任将作少监，积官至参知政事，被封为漆水郡王，平素和北院枢密使萧奉先有老交情。掌权十多年，善于逢迎谄媚，天祚皇帝又宠爱信任他。李俨去世，萧奉先推荐李处温担任宰相，李处温因为萧奉先有提拔自己的力量，一心一意阿谀依附他，来巩固（自己的）权位，且贪污尤其厉害，凡是他所接触、引荐的人，大多是小人。

保大初年，金人攻陷中京，诸将领不能抵挡。天祚帝害怕了，逃往夹山，兵势日益紧迫。李处温与族弟李处能、儿子李奭，向外借怨军为声援，联合都统萧干企图立魏国王耶律淳为帝，召集蕃、汉官属前往魏王府去劝说魏国王登皇帝位。魏国王想要出逃，李奭手持赭色袍子给他穿上，下令百官拜舞称贺。魏王坚决推辞，不得已，于是称天锡皇帝。任命李处温为守太尉，李处能为直枢密院，李奭为少府少监，左企弓以下和亲朋故友参与拥戴魏王的人，大小都封了官。

适逢魏国王有病，他自知自己不会好了，悄悄地授予李处温蕃汉马步军都元帅的职位，意思是将后事托付给他。等到魏王的病危急了，萧幹等人假传圣旨命南面宰执大臣入宫议会，只有李处温借口生病没有参加，(而是)暗中聚集了一批勇猛的士兵做好准备，欺骗他们说奉天锡皇帝密令以防有变。魏国王死后，萧幹拥有契丹兵权，宣称应该立王妃萧氏为太后，暂时主持军国大事，大家都不敢提出异议。萧幹以太后的命令，召李处温来，当时正是多难之时，不想立刻杀掉他，但追索、销毁了任命他为元帅的札子。李处能害怕卷入祸患，削发当了僧人。

不久，有永清人傅遵说跟随郭药师来到燕地，李处温被俘获，他完整地叙述了李处温曾给易州富人赵履仁一封信，这信最终转给宋将童贯，想要挟萧后上交国土归服宋朝一事。萧后拘捕李处温审问他，李处温说："我们父子对宣宗有定策拥立之功，应当世世代代受到宽容，怎么能因谗言而获罪？"萧后说："先前如果魏国王能像周公(辅助成王一样辅助宣宗)，就一定会在后世享有亲近贤能的名声。连累魏王的人就是你父子，你们有什么功劳可言！"并列举他以前的罪名恶行。李处温无言以对，被赐死，李奭也伏罪被杀。

张　琳

张琳，沈州人。幼有大志。寿隆末，为秘书中允。天祚即位，累迁户部使。顷之，擢南府宰相。

初，天祚之败于女直也，意谓萧奉先不知兵，乃召琳付以东征事。琳以旧制，凡军国大计，汉人不与，辞之。上不允，琳奏曰："前日之败，失于轻举。若用汉兵二十万分道进讨，无不克者。"上许其半，仍诏中京、上京、长春、辽西四路计户产出军。时有起至二百军者，生业荡散，民甚苦之。四路军甫集，寻复遁去。

及中京陷，天祚幸云中，留琳与李处温佐魏国王淳守南京。处温父子召琳，欲立淳为帝，琳曰："王虽帝胄，初无上命；摄政则可，即真则不可。"处温曰："今日之事，天人所与，岂可易也！"琳虽有难色，亦勉从之。

淳既称帝，诸将咸居权要，琳独守太师，十日一朝，平章军国大事。阳以元老尊之，实则不使与政。琳由是郁悒而卒。

【译文】

张琳，是沈州人，从小就有大志。寿隆末年，担任官秘书中允。天祚皇帝即位，积官至户部使。很快，被提升为南府宰相。

当初，天祚帝怀疑败给女真，是因为萧奉先不懂军事，于是召请张琳，把东征之事交给他。张琳根据旧的规定，即凡军国大事汉人不得参与的条文，推辞了。天祚帝不同意，张琳奏说："前日的失利，就输在轻举妄动。如果用二十万汉兵分道进攻讨伐，没有不取胜的。"天祚帝答应给他提出的一半兵力，还下令中京、上京、长春、辽西四路按照每户财产的多寡出人从军，当时有一户要出二百人从军的，谋生的产业散失败坏，老百姓苦不堪言，四路兵马刚刚集合起来，不久就又悄悄逃散了。

等到中京陷落，天祚帝到了云中，留下张琳和李处温辅佐魏王守护南京。李处温父子召来张琳，想立魏王耶律淳为帝。张琳说："魏国王虽然是皇帝的后代，但当初并没有天祚帝的命令；暂时代行国事还可以，要真的继位为帝则不行。"李处温说："今日之事，天意和人心都有了，怎么可以改变！"张琳虽然面有难色，还是勉强同意了。

耶律淳称帝后，各将领全都处于掌权的显要地位，张琳独守太师之职，十天上一次朝，担任平章军国大事。天锡皇帝表面上尊他为元老，实际上不让他参与政事。张琳因此忧愁苦闷而死。

耶律余睹

耶律余睹，一名余都姑，国族之近者也。慷慨尚气义。保大初，历官副都统。

其妻天祚文妃之妹；文妃生晋王，最贤，国人皆属望。时萧奉先之妹亦为天祚元妃，生秦王。奉先恐秦王不得立，深忌余覩，将潜图之。适耶律挞葛里之妻会余覩之妻于军中，奉先讽人诬余覩结驸马萧昱、挞葛里，谋立晋王，尊天祚为太上皇。事觉，杀昱及挞葛里妻，赐文妃死。余覩在军中闻之，惧不能自明被诛，即引兵千馀，并骨肉军帐叛归女直。

会大霖雨，道途留阻。天祚遣知奚王府萧遐买、北宰相萧德恭、大常衮耶律谛里姑、归州观察使萧和尚奴、四军太师萧幹追捕甚急。至闾山，及之。诸将议曰："萧奉先恃宠，蔑害官兵。余覩乃宗室雄才，素不肯为其下。若擒之，则他日吾辈皆余覩矣。不如纵之。"还，给云追袭不及。

余覩既入女直，为其国前锋，引娄室孛堇兵攻陷州郡，不测而至。天祚闻之大惊，知不能敌，率卫兵入夹山。

余覩在女直为监军，久不调，意不自安，乃假游猎，遁西夏。夏人问："汝来有兵几何？"余覩以二三百对，夏人不纳，卒。

论曰：辽之亡也，虽孽降自天，亦柄国之臣有以误之也。当天庆而后，政归后族。奉先沮天祚防微之计，陷晋王非罪之诛，夹山之祸已见于此矣。处温逼魏王以僭号，结宋将以卖国，迹其奸佞，如出一轨。呜呼！天祚之所倚毗者若此，国欲不亡，得乎？张琳娖娖守位，余覩反覆自困，则又何足议哉！

【译文】

耶律余覩，一名余都姑，皇族的近支族属。他慷慨激昂崇尚义气。保大初年，历官为副都统。

他的妻子是天祚皇帝文妃的妹妹。文妃生的晋王，最有贤德，国中百姓都对他寄予厚望。当时萧奉先的妹妹是天祚帝的元妃，生有儿子秦王。萧奉先担心秦王不能被立为皇帝，特别忌恨耶律余覩，准备暗中谋害他。适逢耶律挞葛里的妻子在军营中会见耶律余覩的妻子，萧奉便先暗示别人诬告耶律余覩联合驸马萧昱、挞葛里，谋划拥立晋王为帝，尊称天祚帝为太上皇，事情被发觉，天祚帝处斩了萧昱以及挞葛里的妻子，赐死文妃。耶律余覩在军队中听到消息之后，担心自己说不明白（原委）被杀，就率领一千多名士兵，连同骨肉军帐一起反叛，归顺女真。

恰好大雨久下不停，道路受阻难行。天祚帝派知奚王府萧遐买、北宰相萧德恭、大常衮耶律谛里姑、归州观察使萧和尚奴、四军太师萧幹追捕，十分紧急。追到闾山，才追上了耶律余覩。各将领商议说："萧奉先仰仗宠幸，蔑视残害官兵。耶律余覩本是皇家宗室有雄心才志的人，素来不肯在萧奉先之下。如果逮捕了他，说不定哪天我们也都成耶律余覩了。不如放了他。"萧遐买等人返回后，欺骗天祚帝说没有追上耶律余覩。

耶律余覩来到女真，担任女真国的前锋，引导娄室孛堇的兵攻陷州郡，突然进逼。天祚帝知道后大为吃惊，知道无法抵挡，就率领卫兵逃入了夹山。

耶律余覩在女真担任监军，很长时间不予升迁，心中不安，于是假托出游打猎，逃往西夏。西夏人问他："你带了多少兵来？"耶律余覩回答说有二三百人。西夏人不接纳他。后来耶律余覩就死了。

评论说：辽朝的灭亡，虽然灾祸是天降的，但也是掌权的大臣有所失误导致的。自天庆年间以后，朝政被掌握在皇后一族手中。萧奉先毁坏天祚帝防微杜渐的计谋，陷害晋王使其无辜被杀，夹山的祸患已经在这里显露出来了。李处温威逼魏王越位称帝，勾结宋将卖国，推究其奸，和萧奉先如出一辙。哎！天祚帝所倚靠辅佐的都是这样的人，想不亡国，能行吗？张琳拘谨于保住官位，耶律余覩反复自困，这些又有什么好议论的呢！

辽史卷一百三

萧李列传第三十三

萧韩家奴

萧韩家奴，字休坚，涅剌部人，中书令安抟之孙。少好学，弱冠入南山读书，博览经史，通辽、汉文字。统和十四年始仕。家有一牛，不任驱策，其奴得善价鬻之。韩家奴曰："利己误人，非吾所欲。"乃归直取牛。二十八年，为右通进，典南京栗园。

重熙初，同知三司使事。四年，迁天成军节度使，徙彰愍宫使。帝与语，才之，命为诗友。尝从容问曰："卿居外有异闻乎？"韩家奴对曰："臣惟知炒栗：小者熟，则大者必生；大者熟，则小者必焦。使大小均熟，始为尽美。不知其他。"盖尝掌栗园，故托栗以讽谏。帝大笑。诏作《四时逸乐赋》，帝称善。

时诏天下言治道之要，制问："徭役不加于旧，征伐亦不常有，年谷既登，帑廪既实，而民重困，岂为吏者慢、为民者惰欤？今之徭役何者最重？何者尤苦？何所蠲省则为便益？补役之法何可以复？盗贼之害何可以止？"韩家奴对曰：

臣伏见比年以来，高丽未宾，阻卜犹强，战守之备，诚不容已。乃者，选富民防边，自备粮糗。道路修阻，动淹岁月；比至屯所，费已过半；只牛单毂，鲜有还者。其无丁之家，倍直佣僦，人惮其劳，半途亡窜，故戍卒之食多不能给。求假于人，则十倍其息，至有鬻子割田，不能偿者。或逋役不归，在军物故，则复补以少壮。其鸭渌江之东，戍役大率如此。况渤海、女直、高丽合从连衡，不时征讨。富者从军，贫者侦候。加之水旱，菽粟不登，民以日困。盖势使之然也。

方今最重之役，无过西戍。如无西戍，虽遇凶年，困弊不至于此。若能徙西戍稍近，则往来不劳，民无深患。议者谓徙之非便：

一则损威名，二则召侵侮，三则弃耕牧之地。臣谓不然。阻卜诸部，自来有之。曩时北至胪朐河，南至边境，人多散居，无所统一，惟往来抄掠。及太祖西征，至于流沙，阻卜望风悉降，西域诸国皆愿入贡。因迁种落，内置三部，以益吾国，不营城邑，不置戍兵，阻卜累世不敢为寇。统和间，皇太妃出师西域，拓土既远，降附亦众。自后一部或叛，邻部讨之，使同力相制，正得驭远人之道。及城可敦，开境数千里，西北之民，徭役日增，生业日殚。警急既不能救，叛服亦复不恒。空有广地之名，而无得地之实。若贪土不已，渐至虚耗，其患有不胜言者。况边情不可深信，亦不可顿绝。得不为益，舍不为损。国家大敌，惟在南方。今虽连和，难保他日。若南方有变，屯戍辽邈，卒难赴援。我进则敌退，我还则敌来，不可不虑也。方今太平已久，正可恩结诸部，释罪而归地，内徙戍兵以增堡障，外明约束以正疆界。每部各置酋长，岁修职贡。叛则讨之，服则抚之。诸部既安，必不生衅。如是，则臣虽不能保其久而无变，知其必不深入侵掠也。或云，弃地则损威。殊不知殚费竭财，以贪无用之地，使彼小部抗衡大国，万一有败，损威岂浅？或又云，沃壤不可遽弃。臣以为土虽沃，民不能久居，一旦敌来，则不免内徙，岂可指为吾土而惜之？

夫帑廪虽随部而走，此特周急部民一偏之惠，不能均济天下。如欲均济天下，则当知民困之由，而窒其隙。节盘游，简驿传，薄赋敛，戒奢侈。期以数年，则困者可苏，贫者可富矣。盖民者国之本，兵者国之卫。兵不调则旷军役，调之则损国本。且诸部皆有补役之法。昔补役始行，居者、行者类皆富实，故累世从戍，易为更代。近岁边虞数起，民多匮乏，既不任役事，随补随缺。苟无上户，则中户当之。旷日弥年，其穷益甚，所以取代为艰也。非惟补役如此，在边戍兵亦然。譬如一杯之土，岂能填寻丈之壑！欲为长久之便，莫若使远戍疲兵还于故乡，薄其徭役，使人人给足，则补役之道可以复故也。

臣又闻，自昔有国家者，不能无盗。比年以来，群黎凋弊，利于剽窃，良民往往化为凶暴。甚者杀人无忌，至有亡命山泽，基乱首祸。所谓民以困穷，皆为盗贼者，诚如圣虑。今欲芟夷本根，愿陛下轻徭省役，使民务农。衣食既足，安习教化，而重犯法，则民趋礼义，刑罚罕用矣。臣闻唐太宗问群臣治盗之方，皆曰："严刑峻法。"太宗笑曰："寇盗所以滋者，由赋敛无度，民不聊生。今朕内省嗜欲，外罢游幸，使海内安静，则寇盗自止。"由此观之，寇盗多寡，皆由衣食丰俭，徭役重轻耳。

今宜徙可敦城于近地，与西南副都部署乌古敌烈、隗乌古等部声援相接。罢黑岭二军，并开、保州，皆隶东京；益东北戍军及南京总管兵。增修壁垒，候尉相望，缮完楼橹，浚治城隍，以为边防。此方今之急务也，愿陛下裁之。

擢翰林都林牙，兼修国史。仍诏谕之曰："文章之职，国之光华，非才不用。以卿文学，为时大儒，是用授卿以翰林之职。朕之起居，悉以实录。"自是日见亲信，每入侍，赐坐。遇胜日，帝与饮酒赋诗，以相酬酢，君臣相得无比。韩家奴知无不言，虽谐谑不忘规讽。

十三年春，上疏曰："臣闻先世遥辇可汗洼之后，国祚中绝；自夷离堇雅里立阻午，大位始定。然上世俗朴，未有尊称。臣以为三皇礼文未备，正与遥辇氏同。后世之君以礼乐治天下，而崇本追远之义兴焉。近者唐高祖创立先庙，尊四世为帝。昔我太祖代遥辇即位，乃制文字，修礼法，建天皇帝名号，制宫室以示威服，兴利除害，混一海内。厥后累圣相承，自夷离堇湖烈以下，大号未加，天皇帝之考夷离堇的鲁犹以名呼。臣以为宜依唐典，追崇四祖为皇帝，则陛下弘业有光，坠典复举矣。"疏奏，帝纳之，始行追册玄、德二祖之礼。

韩家奴每见帝猎，未尝不谏。会有司奏猎秋山，熊虎伤死数十人，韩家奴书于册。帝见，命去之。韩家奴既出，复书。他日，帝见之曰："史笔当如是。"帝问韩家奴："我国家创业以来，孰为贤主？"韩家奴以穆宗对。帝怪之曰："穆宗嗜酒，喜怒不常，视人犹草芥，卿何谓贤？"韩家奴对曰："穆宗虽暴虐，省徭轻赋，人乐其生。终穆之世，无罪被戮，未有过今日秋山伤死者。臣故以穆宗为贤。"帝默然。

诏与耶律庶成录遥辇可汗至重熙以来事迹，集为二十卷，进之。十五年，复诏曰："古之治天下者，明礼义，正法度。我朝之兴，世有明德，虽中外向化，然礼书未作，无以示后世。卿可与庶成酌古准今，制为礼典。事或有疑，与北、南院同议。"韩家奴既被诏，博考经籍，自天子达于庶人，情文制度可行于世，不缪于古者，撰成三卷，进之。又诏译诸书，韩家奴欲帝知古今成败，译《通历》《贞观政要》《五代史》。

时帝以其老，不任朝谒，拜归德军节度使。以善治闻。帝遣使问劳，韩家奴表谢。召修国史，卒，年七十二。有《六义集》十二卷行于世。

【译文】

萧韩家奴，字休坚，涅剌部人，是中书令萧安抟的孙子。他从小好学，成年后进入南山读书，博览经史，精通辽、汉文字，统和十四年开始担任官职。家中有一头牛，不听使唤，他的奴仆得到好价钱把牛卖了。韩家奴说："自己得利而坑害别人，我不能这样做。"于是把钱归还给人家，取回了牛。二十八年，担任右通进，主管南京的栗园。

重熙初年，他被升为同知三司使事；四年，改迁为天成军节度使。又改为彰愍宫使。兴宗与他交谈，认为他很有才华，让他做诗友。兴宗曾经从容地问他："你在外为官，有新奇见闻吗？"萧韩家奴回答说："臣下只知道炒栗子：小个的熟了，大的栗子一定还是生的；大个的熟了，小的栗子必定焦了。使大小栗子都熟，才是最完美的，别的就不知道了。"这是因为萧韩家奴曾经掌管栗园，故借炒栗子委婉地进行劝谏。兴宗听了大笑。奉命作《四时逸乐赋》，得到兴宗的称赞。

当时，兴宗下令全国讨论治理国家的要点。制书问道："徭役比过去没有增加，征战讨伐等军事行动也不经常发生，年谷丰收，钱币和粮食的库存都十分充实，但是老百姓却陷入了严重的困境，难道是因为官吏怠慢、老百姓懒惰吗？现今的徭役哪项最重？哪项特别苦？怎样裁减才算便当有益？用什么办法可以恢复补役之法？怎样才可禁止盗贼的祸害？"韩家奴回答说：

臣下个人认为近几年来，高丽尚未臣服，阻卜仍很强大，备战和防守的准备，的确不能停止。从前，选派富裕的人去戍守边疆，自己准备干粮，道路遥远难行，一动身便迁延很长时间；等到了驻扎的地方，费用已经耗去了大半，一头牛一辆车，都很少有返回的。那些没有壮丁的家庭，用多出一倍的钱来雇佣（工人代替自己去戍守边疆），人们害怕劳苦，不少人都半路就逃亡了，因此戍边士卒的粮食大都不能供给。求借于别人，则要付十倍的利息，以至有卖儿卖女、割让田地都还不能偿还的。有人逃避劳役不回来，或者在军队中死了，就再行补充青壮年。从鸭绿江往东，戍边的劳役大概就是这个样子，况且渤海、女真、高丽合从连衡，经常前来征讨。有钱的人去从军打仗，没钱的人去侦察军情。再加上水灾天旱，粮食歉收，老百姓日益贫困。这些都是外部形势迫使他们这样啊。

时下最重的劳役，莫过于戍守西部边界。假如没有戍守西部边界的劳役，即使遇到灾年，也不至于窘困成现在这个样子。倘若能把驻守西部边界的地方稍稍移近内地，那么往返就不再（那么）劳苦，老百姓也解除了最大的忧患。有人说迁移守边之地（对国家而言）没有好处：一是有损威名，二是容易招致欺凌侮辱，三是抛弃了耕种放牧的地方。臣下认为不是这样。阻卜诸部，自古就有。过去，北至胪朐河，南到边界，人多分散居住，没有办法统一，只是往来掠取财物。等到太祖西征的时候，到了流沙地区，阻卜从近到远全部归降，西域诸国也都愿意进献礼物。由此而迁徙其整个部族，在内地安置了三个部落，来增益我国。不营建城镇，不部署守兵，阻卜世世不敢叛乱。统和年间，皇太妃出兵西域，开拓的国土十分辽阔，降附的人也多。从此以后，某一部族偶或叛乱，便让相邻的一部去讨伐他，使他们互相牵制，正确地运用了驾驭远方边民的方法。等到建成可敦城，开疆拓土数千里，西北方老百姓的徭役日渐增多，谋生的行业日渐凋敝，警报紧急时已经不能互相援救，反叛和臣服也就反复无常。空有拓展疆土的虚名，却没有得到土地的实惠。如若贪图土地没完没了，不断消耗国力，所带来的祸患就不好说了。况且边境的情形不可以过分相信，也不能舍弃、断绝往来。得到它算不上得到好处，舍掉它算不上有什么损失。国家的最大敌人，是在南方。今天虽然和他们讲和，但难以保障他日还会永远如此。如果南方有变故，屯田戍边的军队太远，终究难以调来救援。我军进攻则敌军退后，我军退后而敌军又来进攻，不可不留心啊。当今天下太平已相当长时间了，正可（利用这个机会）用恩惠笼络各个部族，赦免他们的罪过，归还他们的土地，内迁守军，来增加堡垒屏障，对外明白缔结条约确定边界。每个部族都安排一个酋长，每年整治职务呈送贡品。叛乱就征讨，顺服就安抚。各个部族既已安定了，就一定不会滋生事端。如果这样做，臣下虽然不能保证他们长期不会变乱，但是可以知道他们一定不会深入国境侵犯和掠取财物了。有人说，放弃土地有损威严。殊不知费尽精力、耗尽钱物，用来贪恋没有用处的土地，使对方一个小部落就能和我们大国对抗，万一我们有所失败，对威名的损害难道还会小吗？又有人说，肥沃的土地不可以轻易放弃。臣下认为土地虽然肥沃，但是老百姓无法长久居住，一旦敌人来了，不免也要向内地迁徙，难道可指着说这是我们的土地就怜惜不舍吗？

钱币和粮食的府库虽然每个部族都有，但这仅仅是在小范围内救济部民的小恩惠，并不能普遍救济天下的百姓。倘若想普遍救济天下的百姓，就应该知道老百姓陷于困境的缘由，从而堵塞那些漏洞。节制娱乐游逸、简省驿传数目、减少赋税和其他摊派、杜绝奢侈，就可期望几年之后，困境能够得到缓解、贫穷的可以富裕起来。百姓是国家的根本，军队是国家的警卫。军队不征调壮丁就缺少兵员，征调就有损国之根本。况且各个部族都有补役的法规。过去补役的法规开始施行，留下的和出征的差不多都很富足，因而世世代代从军，很容易轮换。近几年边疆忧患屡起，老百姓大多贫乏，已经负担不起服役之事，所以随时补替上去，又随时空缺出来。如果没有上等户，就以中等户充任，累日积年，剩下的百姓穷困得越发厉害，所以轮换就不容易了。不仅仅补役是这样，边境守军的情况也是这样。这就好比用一捧土，怎能填满丈把深的大沟！想为长远着想，不如让远处戍边的疲兵回到故乡，减轻他们的徭役，使人人能够自给自足，那么补役的方法就可以恢复到同过去一样了。

臣下又听说，自古以来统治国家的人，都不可能做到（国内）没有盗贼。近年以来。大批百姓贫穷衰败，很容易走上偷窃和剽掠的道路，好的百姓往往变成凶暴之徒，较厉害的杀人无所顾忌，更厉害的甚至在山林川泽间聚众作乱，这都是动乱的根源、祸患的元凶。所谓老百姓因为穷困，大都成为盗贼，真是像皇帝陛下所担心的那样。现在想要消除祸乱的根源，希望陛下减轻劳役、节制差遣，使老百姓能够专心种田。穿的和吃的丰足以后，再让他们安下心来学习礼仪教化，从而不轻易犯法，这样老百姓就趋向讲求礼义，刑罚就会很少用了。臣下听说唐太宗询问群臣治理盗贼的方法，大家都说：“严刑峻法。”太宗笑着说：“盗贼之所以产生，就是因为赋税和其他征收没有节制，使老百姓无法生活下去。现在我在内省减嗜欲，在外取消游幸，使天下安详宁静，那么寇盗自然就没有了。”从这个角度看，寇盗的多少，完全是由衣食的丰俭和徭役的轻重决定的啊！

现在应该把可敦城迁移到稍近的地方，使它和西南副都部署的乌古敌烈、隗乌古等部能够声援、连接。撤销黑岭二军，合并开州、保州，使它们都隶属东京管辖；增加东北的守军以及南京总管的兵员。增加修建堡垒，使瞭望哨所和掌兵的处所比邻相望，修缮和完善望敌楼，疏通整治环城的壕沟，使其成为边界的防御工事。这些都是当今最应紧急事情，望皇帝陛下裁决。

兴宗提升萧韩家奴为翰林都林牙，兼修国史。仍下诏告诉他说：“文辞之职，是国家的荣耀，非有真才实学的人不能担任。依你的文学才能而论，是时下的大儒，所以授你翰林之职。我的日常生活、活动，都要如实记录。”从此以后像对待亲信一样对待萧韩家奴，每次入宫侍奉兴宗，都被特恩准给予座位。遇到值得庆贺的日子，兴宗与他饮酒赋诗，互相敬酒，君臣相处无比契合。萧韩家奴知无不言，就算开玩笑也不忘规劝君主。

十三年春，（萧韩家奴）上奏说：“臣下听闻先世遥辇可汗洼之后，国位中断；自从夷离堇雅里立阻午为帝，皇帝的大位才开始确定。然而先世风俗质朴，没有尊称。臣下认为三皇之时礼制尚未齐备，正与遥辇氏时期相同。后世的君主凭礼乐治理天下，从而崇尚本源、追述远祖的意义兴盛起来了。较近的有唐高祖创立先庙，尊崇其四世的祖先为皇帝。过去，我太祖取代遥辇氏登上皇帝的大位，于是创制文字、编定礼法、建立天皇帝的名号、规制宫室来显示威严和统治，兴利除害，统一天下。从此以后历代皇帝相承，自夷离堇湖烈以下，都没有加帝号，天皇帝的父亲夷离堇的鲁仍然以名相称。臣下认为应当仿效唐代的法典，追加四位先祖为皇帝，这样陛下恢宏治国大业不仅有光彩，而且被破坏的法典又能重新树立起来。”这篇奏疏上奏之后，被兴宗采纳了，开始举行追册玄、德二位先祖的仪式。

萧韩家奴每次看到兴宗游猎，没有不进行规劝的。恰好有关衙署上奏说兴宗在秋山打猎，熊和虎使数十人受伤或死亡，萧韩家奴将此事记了下来。兴宗看见以后，命他删去这条记载。萧韩家奴出宫以后，又重新记上了这件事。有一天，兴宗见到萧韩家奴说：“记载历史就应该这样。”兴宗问萧韩家奴：“自从我们国家创立以来，谁是最贤明的君主？”

萧韩家奴回答说是穆宗。兴宗对他的回答感到奇怪，说："穆宗贪恋美酒，喜怒无常，视人命如草芥，你怎么说他贤明呢？"萧韩家奴回答说："穆宗虽然凶暴、残酷，但能减轻徭役赋税，使百姓安居乐业。终穆宗之世，无罪被杀的还没有超过这次秋山狩猎的死伤人数。因此臣下认为穆宗最贤明。"兴宗无言以对。

兴宗命萧韩家奴和耶律庶成编撰遥辇可汗到重熙年间以来的事迹，合为二十卷，进呈。十五年，又命令萧韩家奴说："古代治理天下，明确礼义，制订法度。我朝兴国以来，每世都有明确的德行。虽中土内外都仰慕归化，然而由于礼书未曾修撰，没有办法传示后世，你可与耶律庶成参考古今(典籍)，斟酌取舍，编制礼典。事情或有不清楚的，可以和北、南枢密院共同商议。"萧韩家奴接受了命令，广泛地考察经史有关记载，从天子到一般老百姓，礼仪制度可流行于世，而又和古代的礼仪制度不相矛盾的，可编撰成三卷，进呈。兴宗又命他翻译图书，萧韩家奴想让兴宗懂得古今兴衰成败，翻译了《通历》《贞观政要》和《五代史》。

当时兴宗因为萧韩家奴年老，经不起朝见拜会的劳累，拜他为归德军节度使。萧韩家奴以善于治理而闻名。兴宗派遣使节慰劳。萧韩家奴上表表示感谢。召回朝廷修编国史，他去世时，享年七十二岁。有《六义集》十二卷流传于世。

李澣

李澣，初仕晋，为中书舍人。晋亡归辽，当太宗崩、世宗立，恟恟不定，澣与高勋等十馀人羁留南京。久之，从归上京，授翰林学士。

穆宗即位，累迁工部侍郎。时瀚兄涛在汴为翰林学士，密遣人召澣。澣得书，托求医南京，易服夜出，欲遁归汴。至涿，为徼巡者所得，送之南京，下吏。澣伺狱吏熟寝，以衣带自经，不死，防之愈严。械赴上京，自投潢河中流，为铁索牵掣，又不死。及抵上京，帝欲杀之。时高勋已为枢密使，救止之。屡言于上曰："澣本非负恩，以母年八十，急于省觐致罪。且澣富于文学，方今少有伦比，若留掌词命，可以增光国体。"帝怒稍解，仍令禁锢于奉国寺，凡六年，艰苦万状。

会上欲建《太宗功德碑》，高勋奏曰："非李澣无可秉笔者。"诏从之。文成以进，上悦，释囚。寻加礼部尚书，宣政殿学士，卒。

论曰：统和、重熙之间，务修文治，而韩家奴对策，落落累数百言，概可施诸行事，亦辽之晁、贾哉。李澣虽以词章见称，而其进退不足论矣。

【译文】

李澣，最初在后晋做官，担任中书舍人。晋灭亡以后归顺辽国，正值太宗去世而世宗即位，喧扰混乱，李澣与高勋等十几个人滞留在南京。过了很久，相从归上京，被授官翰林学士。

穆宗即位，屡迁至工部侍郎。当时李澣的哥哥李涛在汴京做翰林学士，偷偷地派人召李澣回汴京。李澣得到哥哥的书信，假托到南京求医，换了服装乘夜出走，想偷偷回到汴京。走到涿州，被巡察者查到，送到南京，关进监狱。李澣见狱吏已经睡熟，用衣带上吊自杀，没有死，狱吏于是对他防范越发严厉了。在囚送他去上京的路上，他投身到潢河中自尽，被铁索牵掣，又没有死。等到达上京之后，穆宗想杀掉他。这时高勋已经担任枢密使，为救他而劝止了穆宗。高勋多次对穆宗说："李澣本来并不想违背恩情，只是因为他母亲年已八十，他急于探视才犯罪的。况且李澣很有文学才能，当世还很少有能和他匹敌的，如若留下让他执掌写作之事，是可以为国增光的。"穆宗的怒气稍有缓解，但仍然命令将他囚禁在奉国寺，共六年，各种情况都十分艰难痛苦。

恰好穆宗要建立《太宗功德碑》，高勋上奏说："除了李澣没有可以执笔的人了。"穆宗听从了高勋的建议。李澣写好文章呈上，穆宗很喜欢，解除了他的囚禁。不久加官礼部尚书、宣政殿学士。后来李澣去世。

评史论说：统和、重熙年间，李澣一心致力于文治，萧韩家奴的对策，多达数百言，大都可具体施行，他是辽朝的晁错、贾谊啊！李澣虽以词章为人称道，但是在进退两可之间，就不值得评论了。

辽史卷一百四

王耶律刘列传第三十四

王 鼎

王鼎，字虚中，涿州人，幼好学，居太宁山数年，博通经史。时马唐俊有文名燕、蓟间，适上巳，与同志祓禊水滨，酌酒赋诗。鼎偶造席，唐俊见鼎朴野，置下坐。欲以诗困之，先出所作索赋，鼎援笔立成。唐俊惊其敏妙，因与定交。

清宁五年，擢进士第。调易州观察判官，改涞水县令，累迁翰林学士。当代典章多出其手。上书言治道十事，帝以鼎达政体，事多咨访。鼎正直不阿，人有过，必面诋之。

寿隆初，升观书殿学士。一日宴主第，醉与客忤，怨上不知己，坐是下吏。状闻，上大怒，杖黥夺官，流镇州。居数岁，有赦，鼎独不免。会守臣召鼎为贺表，因以诗贻使者，有"谁知天雨露，独不到孤寒"之句。上闻而怜之，即召还，复其职。乾统六年卒。

鼎宰县时，憩于庭，俄有暴风举卧榻空中。鼎无惧色，但觉枕榻俱高，乃曰："吾中朝端士，邪无干正，可徐置之。"须臾，榻复故处，风遂止。

【译文】

王鼎，字虚中，是涿州人。从小爱好学习，在太宁山居住好几年，广泛浏览通晓经史。当时，马唐俊在燕、蓟颇有文名，适逢三月上旬巳日，（马唐俊）与志同道合的朋友在水滨祭祀来除灾求福，喝酒赋诗。王鼎偶然出席酒宴，马唐俊见王鼎朴拙不拘礼法，将他安排在次要座位。马唐俊想用诗难为他，就先拿出自己所作的诗请王鼎赋诗，王鼎拿起笔来立刻就写成了。马唐俊为他敏捷新妙的文思感到惊异，因而和他建立了交情。

清宁五年，王鼎考中进士，被调任易州观察判官，改任涞水县令，连续调迁为翰林学士。当时的典章法规大都出自他的手笔。上书谈论治国大道十件事，道宗认为王鼎通晓治理国家的道理，有事多向他咨询访问。王鼎正直不曲，别人有过错，一定当面指责他。

寿隆初年，王鼎被提升为观书殿学士。一天，在公主宅第宴会，王鼎酒醉和客人发生了纠纷，埋怨道宗不了解自己，因此被交有关衙署询问。罪状奏上，道宗大怒。王鼎受了杖刑，刺了面孔，被罢免了官职，流放到镇州。过了好几年，有赦令，只有王鼎不被赦免。恰好当地守官召请王鼎写一个贺表，他借此机会将一首诗送给了使者，其中有“谁知天雨露，独不到孤寒”的诗句。道宗听了很怜惜他，立刻将他召回，恢复了他的官职。王鼎乾统六年去世。

王鼎担任县令时，有一天他在庭院中休息，忽然有暴风把卧榻吹到了空中，王鼎没有显出怕的样子，只觉得枕和榻一起升高，于是说：“我是朝中的端正之士，邪不得干正，可慢慢放下。”不一会儿，榻回到原来的地方，风也就停止了。

耶律昭

耶律昭，字述宁，博学，善属文。统和中，坐兄国留事，流西北部。

会萧挞凛为西北路招讨使，爱之，奏免其役，礼致门下，欲召用，以疾辞。挞凛问曰：“今军旅甫罢，三边宴然，惟阻卜伺隙而动。讨之，则路远难至；纵之，则远民被掠；增戍兵，则馈饷不给；欲苟一时之安，不能终保无变。计将安出？”昭以书答曰：

窃闻治得其要，则仇敌为一家；失其术，则部曲为行路。夫西北诸部，每当农时，一夫为侦候，一夫治公田，二夫给糺官之役，大率四丁无一室处。刍牧之事，仰给妻孥。一遭寇掠，贫穷立至。春夏赈恤，吏多杂以糠秕，重以掊克，不过数月，又复告困。且畜牧者，富国之本。有司防其隐没，聚之一所，不得各就水草便地。兼以逋亡戍卒，随时补调，不习风土，故日瘠月损，驯至耗竭。

为今之计，莫若振穷薄赋，给以牛种，使遂耕获。置游兵以防盗掠，颁俘获以助伏腊，散畜牧以就便地。期以数年，富强可望。然后练简精兵，以备行伍，何守之不固，何动而不克哉？然必去其难制者，则馀种自畏。若舍大而谋小，避强而攻弱，非徒虚费财力，亦不足以威服其心。此二者，利害之机，不可不察。

昭闻古之名将，安边立功，在德不在众。故谢玄以八千破苻坚百万，休哥以五队败曹彬十万。良由恩结士上心，得其死力也。阁下膺非常之遇，专方面之寄，宜远师古人，以就勋业。上观乾象，下尽人谋；察地形之险易，料敌势之虚实。虑无遗策，利施后世矣。挞凛然之。

开泰中，猎于拔里堵山，为羯羊所触，卒。

【译文】

耶律昭，字述宁，学识渊博，善长写文章。统和中，因哥哥耶律国留的事获罪，被流放到西北部。

恰好萧挞凛担任西北路招讨使，很喜欢他，上奏免除了他的劳役，恭敬地把他请到了自己门下。朝廷想起用他，耶律昭以身体有疾病为由推辞了。萧挞凛问他："现今军旅之事刚刚停歇，边界三面都安定无事，只有阻卜在寻找时机想要妄动。若征讨他，路途遥远难以到达；若听之任之，边界的老百姓就会遭到虏掠；增加守兵，军粮又不能供给；想苟且一时的安定，又不能保证始终没有变化。有什么对策拿出来？"耶律昭用书信答复说：

私下听说治理国家假如得其要领，那么仇敌就可以化为一家；不得其法，就是部下也会成陌生人。西北各部，每当耕种之时，一人侦察瞭望，一人整治公田，二人给糺官服役，大抵四个壮丁却没有一个在家的。喂养和放牧的事，全靠妻子和孩子。一旦遭到敌寇掠取财物，贫穷马上就出现。春夏救济的粮食，官吏多在里面混杂糠皮，再加上官员搜刮民财，不过几个月的工夫，百姓又重新陷入困境。况且畜牧这件事，是国家富强的根本。有关衙署为了防止牲畜隐匿，将它们集聚在一个地方，不可以各自到就近的水草之地放牧。加上逃亡和死去的守兵，随时补调，并且他们不习惯当地的风土，因此人员及物资每天都在减损，渐至耗尽。

从现在的处境来考虑，不如赈济贫困人家，少收租赋，给他们牛和种子，使其能顺利地耕种和收获。设置巡逻兵防止偷盗抢掠，分赐战利品来帮助伏日和腊日的祭祀，分散牲畜从而可以就方便的地方放牧。(这样)几年之后，富强便有希望了。然后选拔训练精兵，整饬军队，守卫什么不能牢固？有什么动乱不能战胜？然而一定要全部消灭那些难以制服的，那么剩下的种族部落便自知害怕了。如果舍弃大的而谋划小的，回避强的而攻打弱的，不但白费财力，也不足以用威力收服其心。这两点是利害的关键，不可不仔细考察。

我听说古代的名将安定边塞建立功勋(的关键)，在于德行操守而不在人多。所以谢玄能凭八千人打败苻坚百万人，休哥能凭五个队打败了曹彬十万人马。的确是因为他们用恩德联结士兵的心，得到他们死命的努力啊。阁下受到圣宗不一般的恩遇，承担独当一面的重托，应当远以古人为老师，来成就功勋大业。上观察天象，下竭尽人谋；考察地形之险易，推测敌人的虚实。考虑周密没有遗漏的策略，惠及后世啊。

萧挞凛同意这些看法。

开泰中，耶律昭在拔里堵山打猎，被羯羊顶撞，去世。

刘　辉

刘辉，好学善属文，疏简有远略。大康五年，第进士。

大安末，为太子洗马，上书言："西边诸番为患，士卒远戍，中国之民疲于飞挽，非长久之策。为今之务，莫若城于盐泺，实以汉户，使耕田聚粮，以为西北之费。"言虽不行，识者韪之。

寿隆二年，复上书曰："宋欧阳修编《五代史》，附我朝于四夷，妄加贬訾。且宋人赖我朝宽大，许通和好，得尽兄弟之礼。今反令臣下妄意作史，恬不经意。臣请以赵氏初起事迹，详附国史。"上嘉其言，迁礼部郎中。

诏以贤良对策，辉言多中时病。擢史馆修撰，卒。

【译文】

刘辉，爱好学习，擅长写文章，(性格)散漫洒脱，有远大谋略。大康五年，考中进士。

大安末年，担任太子洗马，上书说："西边各蕃落(已经)成为祸患，士兵远远地去守卫边疆，国中老百姓对频繁的运输粮草感到疲惫，这不是长久的策略。从当前的处境打算，不如在盐泺修建城池，让汉族百姓充实其中，让他们耕田，集聚粮食，以此作为西北边防的费用。”这一建议虽没有施行，但有识之士都认为是对的。

寿隆二年，刘辉又上书说：“宋欧阳修编的《五代史》，将我朝附在《四夷》中，胡乱加以贬斥和诋毁。况且宋人仰赖我朝对他们的宽大，同意互通往来和平友好，得以尽兄弟之间的礼节。现在反令其臣下任意编撰史事，安然处之毫不在意。臣下请求把赵氏初起时的事迹，详细地附载在我朝国史之后。”道宗赞赏他的言论，提升他为礼部郎中。

道宗下令选用贤良之士的对策，刘辉所言多切中时弊，被提升为史馆修撰，去世。

辽史卷一百五

大萧马耶律杨列传第三十五

大公鼎

大公鼎，渤海人，先世籍辽阳率宾县。统和间，徙辽东豪右以实中京，因家于大定。曾祖忠，礼宾使。父信，兴中主簿。

公鼎幼庄愿，长而好学。咸雍十年，登进士第，调瀋州观察判官。时辽东雨水伤稼，北枢密院大发濒河丁壮以完堤防。有司承令峻急，公鼎独曰："边障甫宁，大兴役事，非利国便农之道。"乃疏奏其事。朝廷从之，罢役，水亦不为灾。濒河千里，人莫不悦。改良乡令，省徭役，务农桑，建孔子庙学，部民服化。累迁兴国军节度副使。

时有隶鹰坊者，以罗毕为名，扰害田里。岁久，民不堪。公鼎言于上，即命禁戢。会公鼎造朝，大臣谕上嘉纳之意，公鼎曰："一郡获安，诚为大幸；他郡如此者众，愿均其赐于天下。"从之。徙长春州钱帛都提点。车驾如春水，贵主例为假贷，公鼎曰："岂可辍官用，徇人情？"拒之。颇闻怨詈语，曰："此吾职，不敢废也。"俄拜大理卿，多所平反。

天祚即位，历长宁军节度使、南京副留守，改东京户部使。时盗杀留守萧保先，始利其财，因而倡乱。民亦互生猜忌，家自为斗。公鼎单骑行郡，陈以祸福，众皆投兵而拜曰："是不欺我，敢弗听命。"安辑如故。拜中京留守，赐贞亮功臣，乘传赴官。时盗贼充斥，有遇公鼎于路者，即叩马乞自新。公鼎给以符约，俾还业，闻者接踵而至。不旬日，境内清肃。天祚闻之，加赐保节功臣。时人心反侧，公鼎虑生变，请布恩惠以安之，为之肆赦。

公鼎累表乞归，不许。会奴贼张撒八率无赖啸聚，公鼎欲击而势有不能。叹曰："吾欲谢事久矣。为世故所牵，不幸至此，岂命也夫！"因忧愤成疾。保大元年卒，年七十九。

子昌龄，左承制；昌嗣，洺州刺史；昌朝，镇宁军节度。

【译文】

大公鼎，是渤海人，祖籍是辽阳率宾县。统和年间，迁徙辽东豪富充实中京，全家迁入大定。他的曾祖父名叫太忠，当过礼宾使；父亲叫太信，当过兴中县主簿。

大公鼎幼小时庄重老实，长大后喜好读书。咸雍十年，他考中进士，调任瀋州观察判官。当时辽东雨水太多损害了庄稼，北枢密院征调临河居住的壮丁去修治堤防，有关部门接受命令后征发壮丁十分急迫，只有大公鼎反对说："边境刚刚安定，大规模地让百姓服劳役，不合乎国家方便农民的道理。"便上疏奏明其事。朝廷听取了他的意见，停止了工役，雨水也没有造成灾害。沿河两岸千里之地的百姓，都很高兴。大公鼎改任良乡县令，减轻当地的徭役，致力于农桑，修建孔子庙，让百姓学习，当地百姓都服从他的教化。多次被提升担任兴国军节度副使。

当时有在鹰房服役的人，以捉老鹰为名，骚扰乡里，时间长了，百姓无法忍受，大公鼎上书给道宗，道宗立即下令禁止。适逢大公鼎进朝，大臣们告诉他道宗曾嘉奖过他，大公鼎说："一个郡县得到安宁，的确是大好事，其他有类似情况的州郡还很多，希望天下百姓都能得到这种恩惠。"朝廷采纳了他的建议。他被调往长春州担任钱帛都提点时，道宗的车驾到了春水这个地方，尊贵的公主依照惯例从国库中借钱，大公鼎说："怎能断了官府用度去徇私做人情？"于是拒绝了公主的要求。他听到了很多怨恨咒骂的话，便说："拒绝借钱是我的职责，不能因为挨骂就玩忽职守。"不久，(大公鼎)担任大理卿，平反了很多冤狱。

天祚帝即位，让他历任长宁军节度使、南京副留守，改任东京户部使。那时强盗杀死了东京留守萧保先，起初(强盗)是贪图他的钱财，进而倡导作乱。老百姓之间也相互猜忌，发生争斗。大公鼎单人独骑前往郡内各地，论述争斗的危害，百姓都扔掉兵器拜谢说："你这话没有欺骗我们，怎敢不听呢！"和睦相处如同过去一样。(大公鼎)被任命为中京留守，且被赐予贞亮功臣的称号，乘坐官府给的车去上任。当时盗贼在境内(活动频繁)，有的盗贼在路上遇见大公鼎，便在他的马前叩头，请求悔过自新。大公鼎给他们立下文书凭证，让他们还乡复业，盗贼们听闻这个消息，接连不断地来找大公鼎，不到十天，境内的盗贼便肃清了。天祚帝听说后，给他加赐保节功臣的称号。当时人心反复，大公鼎担心会发生乱子，请求天祚帝降恩惠来安定人心，天祚帝为此赦免了一些人的罪。

大公鼎多次上表请求告老，不被批准。适逢寇贼张撒八带领着一批聚集起来的人马骚扰境内，大公鼎想消灭他，可是兵力不够，哀叹说："我打算辞官已经很久了，因为受到时局变化的牵累，不幸到了这个地步，这岂不是天命注定！"因忧愁、忿懑而生病，保大元年死去，享年七十九岁。

他的儿子大昌龄，担任左承制；大昌嗣，担任沼州刺史；大昌朝，担任镇宁军节度。

萧文

萧文，字国华，外戚之贤者也。父直善，安州防御使。

文笃志力学，喜愠不形。大康初，掌秦越国王中丞司事，以才干称。寻知北面贴黄。王邦彦子争荫，数岁不能定，有司以闻。上命文诘之，立决。车驾将还宫，承诏阅习仪卫，虽执事林林，指顾如一。迁同知奉国军节度使，历国舅都监。

寿隆末，知易州，兼西南面安抚使。高阳土沃民富，吏其邑者，每黩于货，民甚苦之。文始至，悉去旧弊，务农桑，崇礼教，民皆化之。时大旱，百姓忧甚，文祷之辄雨。属县又蝗，议捕除之，文曰："蝗，天灾，捕之何益！"但反躬自责，蝗尽飞去；遗者亦不食苗，散在草莽，为乌鹊所食。会霪雨不止，文复随祷而霁。是岁，大熟。朝廷以文可大用，迁唐古部节度使，高阳勒石颂之。后不知所终。

【译文】

萧文，字国华，是外戚中有才能的人。他的父亲是萧直善，担任安州防御使。

萧文立志努力读书，喜悦和愤怒都不表露在脸上。大康初年，萧文掌管秦越国王中丞司事务，因为才干卓越而闻名。不久，萧文主管北面贴黄。王邦彦的儿子争夺荫封，好几年都定不下来，有关部门上奏给天子，天子命萧文前往责问，问题马上就解决了。车驾将要返回宫中，萧文奉诏查看仪仗和卫士的情况，虽然供役使用的卫士很多，但萧文把他们指挥得看起来像一个人一样。升任同知奉国军节度使，历任国舅都监。

寿隆末年，（任命萧文）担任易州知州，兼任西南面安抚使。高阳土地肥沃，百姓殷富，在那里当官的人往往都贪财，百姓十分痛苦。萧文到任后，完全革除已往的弊端，致力于农业生产，提倡尊崇礼教，百姓的人心风俗都改变了。当时大旱不下雨，百姓都很忧愁，萧文祈祷了一番，大雨就降下来了；他辖区内的县发生蝗灾，官员们商量捕捉消灭它们，萧文说：“蝗虫是天灾，捕捉又有什么用处！”只是反省责问自己，蝗虫就都飞走了，剩下的也不啃食庄稼，分散在草丛树林之内，被乌鸦麻雀叼去当食物；还有一次大雨连续不止。萧文随即祈祷，天便放晴了。这一年，粮食大丰收。朝廷认为萧文可以重用，升他为唐古部节度使，高阳的老百姓立碑歌颂他。后来就不知他的下落了。

马人望

马人望，字俨叔，高祖胤卿，为石晋青州刺史，太宗兵至，坚守不降。城破被执，太宗义而释之，徙其族于医巫闾山，因家焉。曾祖廷煦，南京留守。祖渊，中京副留守。父诠，中京文思使。

人望颖悟。幼孤，长以才学称。咸雍中，第进士，为松山县令。岁运泽州官炭，独役松山，人望请于中京留守萧吐浑均役他邑。吐浑怒，下吏，系岁百日；复引诘之，人望不屈。萧喜曰：“君为民如此，后必大用。”以事闻于朝，悉从所请。

徙知涿州新城县。县与宋接境，驿道所从出。人望治不扰，吏民畏爱。近臣有聘宋还者，帝问以外事，多荐之，擢中京度支司盐铁判官。转南京三司度支判官，公私兼裕。迁警巡使。京城狱讼填委，人望处决，无一冤者。会检括户口，未两旬而毕。同知留守萧保先怪而问之，人望曰：“民产若括之无遗，他日必长厚敛之弊，大率十得六七足矣。”保先谢曰：“公虑远，吾不及也。”

先是，枢密使乙辛窃弄威柄，卒害太子。及天祚嗣位，将报父仇，选人望与萧报恩究其事。人望平心以处，所活甚众。改上京副留守。会剧贼赵钟哥犯阙，劫宫女、御物，人望率众捕之。右臂中矢，炷以艾，力疾驰逐，贼弃所掠而遁。人望令关津讥察行旅，悉获其盗。寻擢枢密都承旨。

宰相耶律俨恶人望与己异，迁南京诸宫提辖制置。岁中，为保静军

节度使。有二吏凶暴，民畏如虎。人望假以辞色，阴令发其事，黥配之。是岁诸处饥乏，惟人望所治粒食不阙，路不鸣桴。遥授彰义军节度使。迁中京度支使，始至，府廪皆空；视事半岁，积粟十五万斛，钱二十万繦。徙左散骑常侍，累迁枢密直学士。

未几，拜参知政事，判南京三司使事。时钱粟出纳之弊，惟燕为甚。人望以缣帛为通历，凡库物出入，皆使别籍，名曰“临库”。奸人黠吏莫得轩轾，乃以年老扬言道路。朝论不察，改南院宣徽使，以示优老。逾年，天祚手书“宣马宣徽”四字诏之。既至，谕曰：“以卿为老，误听也。”遂拜南院枢密使。人不敢干以私，用人必公议所当与者。如曹勇义、虞仲文尝为奸人所挤，人望推荐，皆为名臣。当时民所甚患者，驿递、马牛、旗鼓、乡正、厅隶、仓司之役，至破产不能给。人望使民出钱，官自募役，时以为便。久之请老，以守司徒、兼侍中致仕。卒，谥曰文献。

人望有操守，喜怒不形，未尝附丽求进。初除执政，家人贺之。人望愀然曰：“得勿喜，失勿忧。抗之甚高，挤之必酷。”其畏慎如此。

【译文】

马人望，字俨叔，高祖叫马胤卿，在石敬瑭建立的晋朝担任青州刺史，太宗领兵到来，他坚守城池不投降。城被攻陷后他被俘虏，太宗看他有骨气便释放了他，把他的家族迁到医巫闾山，于是他便在那里安家了。他的曾祖名叫马廷煦，担任南京留守；祖父名叫马渊，担任中京副留守；父亲叫马诠，担任中京文思使。

马人望很聪明且悟性高，年幼时便成了孤儿，长大后因为有才能学问受人赞扬。咸雍年间考中进士，担任松山县令。连年运输泽州官炭，都只让松山百姓去服劳役，马人望向中京留守萧吐浑请求把劳役平均到其他地方，萧吐浑很生气，把他下放到狱中，关押了几百天；又加以责问，马人望毫不屈服。萧吐浑高兴地说：“你肯这样为百姓操劳，日后必被朝廷重用。”把这件事报告给朝廷，（朝廷）全部答应了他的请求。

调到涿州新城县担任知县，涿州新城县与宋朝接壤，驿道都从这里出去。马人望治理地方（不骚扰百姓），官吏和老百姓对他又害怕又敬爱。有前往宋朝行聘礼回朝的朝中大臣，天子问他们地方官员的情况，很多人都举荐马人望有才能，（马人望）被提升为中京度支司盐铁判官，转为南京三司度支判官，国家和百姓都富裕了。升为警巡使，京城里打官司的案件堆积很多，马人望秉公处理，没有一个被冤枉的。正赶上检查登记户口，不到两月便完成了。同知留守萧保先十分惊讶地问他为什么登记得这么快，他说："如果百姓的财产都被搜求得干干净净，将来必然会助长凶狠盘剥百姓的弊端，大体上十分收走六七分就行了。"萧保先向他表示感谢说："还是你考虑得深远，我比不上你呀。"

起初，枢密使耶律乙辛仗着权势害死了太子耶律濬，等到（他的儿子）天祚帝即位后，为报父仇，派马人望和萧报恩处理这一案件，马人望秉公执法，活下来的人很多。改任上京副留守。适逢大盗贼赵钟哥领人进攻宫殿，抢劫宫女和天子使用的东西，马人望率领士兵前往抓捕，右臂中箭受伤，他用焚烧的艾叶敷在伤处，仍拼命追赶寇贼，寇贼扔下抢来的东西逃跑了。马人望命令各个关卡、渡口严格盘查来往旅客，将强盗全部缉拿归案。不久，被提升为枢密都承旨。

宰相耶律俨不喜欢马人望，因为他和自己意见不同，便把马人望调为南京诸宫提辖制置。一年时间便被升为保静军节度使。有两个官员残暴凶狠，老百姓害怕他们就像害怕老虎一样。马人望表面上对他二人和颜悦色，暗地里却命人收集他们的罪状，在他们脸上刺字后把他们发配到远方。这一年到处闹饥荒，只有马人望所辖地区没有少收获一颗粮食，地方上没有偷盗的事发生。朝廷封他为名义上的彰义军节度使，改为中京支使。他刚到任时，府库都是空的，管事仅半年，就积蓄粮食十五万斛、钱二十万贯。改任左散骑常侍，多次被提升，官至枢密直学士。

不久，（马人望）被任命为参知政事，兼任南京三司使事。当时各地钱币、粮食的出纳存在许多弊端，以燕京（即南京）最为严重。马人望把绢和布匹的前后出纳情况列成清单，凡仓库中出入的东西，都分别登记在册，取名叫"临库"。奸邪之人和狡猾的官吏从此不能再上下其手了，便到处传播说马人望年纪已老，不能再管事了。朝廷对此不加调查，便将他调任为南院宣徽使，用来表示优待老年人。隔了一年，天祚帝亲自书写"宣马宣徽"四个字诏他入朝。马人望入朝后，天祚帝对他说："他们都说你年纪大了，老了，我就错误地相信了。"于是任命他为南院枢密使。人们都不敢找他徇私枉法，他所用的人都是公众认为应该担任那个职务的人，像曹勇义、虞仲文曾经被坏人排挤，经过马人望推荐，后来都成为有名的大臣。当时老百姓最头疼的是驿递、马牛、旗鼓、乡正、厅隶、仓司等方面的劳役，（有时）甚至家破人亡也不能满足官府的要求，马人望让老百姓出钱，由官府招募夫役，当时人们都认为这样对百姓有利。（马人望）当官时间久了便请求告老，天子以署理司徒、兼任侍中的头衔让他告老还乡。他死后谥号文献。

马人望品行高尚，高兴或愤怒都不表现出来，从不靠巴结逢迎升官。他刚担任执政时，全家人都表示庆贺，马人望很动感情地说："得到官职不必高兴，丢失官职也不必烦忧。抬得很高，摔得必重。"他竟小心谨慎到了这种地步。

耶律铎鲁斡

耶律铎鲁斡，字乙辛隐，季父房之后。廉约重义。

重熙末，给事诰院。咸雍中，累迁同知南京留守事。被召，以部民恳留，乃赐诏褒奖。大康初，改西南面招讨使，为北面林牙，迁左夷离毕。大安五年，拜南府宰相。寿隆初，致仕，卒。

铎鲁斡所至有声，吏民畏爱。及退居乡里，子普古为乌古部节度使，遣人来迎。既至，见积委甚富。谓普古曰："辞亲入仕，当以裕国安民为事。枉道欺君，以苟货利，非吾志也。"命驾而归。普古后为盗所杀。

【译文】

耶律铎鲁斡，字乙辛隐，是季父房的后代。他廉洁节俭，很重信义。

重熙末年，他担任诰院给事。咸雍年间，多次被提升为同知南京留守事。被召入朝，因为当地百姓恳求他留任，天子便赏赐诏书褒奖他。大康初年，他改任西南面招讨使，调任北面林牙，升为左夷离毕。大安五年，他担任南府宰相。寿隆初年，告老还乡，死去。

耶律铎鲁斡所到之处都有很高的声望，官吏百姓对他既敬畏又爱戴。他退休返乡后，他的儿子耶律普古担任乌古部节度使，派人迎接他到任所去。耶律铎鲁斡到达后，看到屋子里堆积了很多财物，便对儿子耶律普古说："辞别亲人去当国家的官吏，就应该把富国安民当作头等大事；作不正当的事欺骗天子，用歪门邪道聚敛财富，这不符合我的心愿。"命人驾着马车回去了。后来耶律普古被强盗杀死。

杨遵勖

杨遵勖，字益诚，涿州范阳人。重熙十九年登进士第，调儒州军事判官，累迁枢密院副承旨。

咸雍三年，为宋国贺正使；还，迁都承旨。天下之事，丛于枢府，簿书填委。遵勖一目五行俱下，剖决如流，敷奏详敏。上嘉之。奏诏征户部逋钱，得四十余万缗，拜枢密直学士，改枢密副使。大康初，参知政事，徙知枢密院事，兼门下侍郎、平章事，拜南府宰相。耶律乙辛诬皇太子，诏遵勖与燕哥按其事，遵勖不敢正言，时议短之。寻拜北府宰相。

大安中暴卒，年五十六。赠守司空，谥康懿。子晦，终昭文馆直学士。

论曰：孟子谓“民为贵，社稷次之”，司牧者当如何以尽心。公鼎奏罢完堤役以息民，拒公主假贷以守法，单骑行郡，化盗为良，庶几召、杜之美。文知易州，雨旸应祷，蝗不为灾。人望为民不避囚系，判度支，公私兼裕，亦卓乎未易及已。铎鲁斡吏畏民爱，杨遵勖决事如流，真能吏哉。

【译文】

杨遵勖，字益诚，是涿州范阳人。重熙十九年考中进士，被调为儒州军事判官，后连续被提升为枢密院副承旨。

咸雍三年，他担任祝贺宋朝正旦（农历正月初一）的国信使，回朝后升任都承旨。国家需要处理的事务，都汇聚在枢密院，文书堆积如山，杨遵勖一目五行，分析判决像流水一样迅速，然后详细向天子陈述。天子下令褒奖他。杨尊勖奉天子命令追还各部门拖欠户部的钱，共收回四十余万缗，被任命为枢密直学士，改任枢密副使。大康初年，他担任参知政事，调任知枢密院事，兼门下侍郎、平章事，被封为南府宰相。耶律乙辛诬陷皇太子，天子下诏杨遵勖和燕哥查问此案，杨遵勖不敢坚持正义，当时的人对他这一行为评价不高。不久，他担任北府宰相一职。

大安年间得暴病身亡，享年五十六岁。天子追赠他为守司空，谥号康懿。他的儿子叫杨晦，最后任昭文馆直学士。

评论说：孟子说“老百姓最高贵，江山还在其次”，这就看当政的人怎样尽心管理百姓了。大公鼎上奏请求停止修堤的工役，使百姓得到休息；拒绝公主借国库的钱是奉公守法，单人独骑巡查所管辖地区，将强盗改造成良民，这差不多可以和西汉的召信臣、东汉的社诗媲美了。萧文掌管易州，是下雨还是出太阳，他的祷告都能应验，且蝗虫不再成为灾害。马人望为民请命不怕下牢狱；担任三司度支判官，国家和百姓都富裕了，真是出类拔萃，不易赶上呀。耶律铎鲁斡能够让官吏敬畏，百姓爱戴。杨遵勖判决案件事情像流水一样快，真是有能力的官员啊！

辽史卷一百七

列女传第三十七

男女居室，人之大伦。与其得烈女，不若得贤女。天下而有烈女之名，非幸也。《诗》赞卫共妻，《春秋》褒宋伯姬，盖不得已，所以重人伦之变也。辽据北方，风化视中土为疏。终辽之世，得贤女二，烈女三，以见人心之天理有不与世道存亡者。

邢简妻陈氏，营州人。父陉，五代昔时官司徒。

陈氏甫笄，涉通经义，凡览诗赋，辄能诵，尤好吟咏，时以女秀才名之。年二十，归于简。孝舅姑，闺门和睦，亲党推重。有六子，陈氏亲教以经。后二子抱朴、抱质皆以贤，位宰相。统和十二年卒。睿智皇后闻之，嗟悼，赠鲁国夫人，刻石以表其行。及迁祔，遣使以祭。论者谓贞静柔顺，妇道母仪始终无慊云。

耶律氏，太师适鲁之妹，小字常哥。幼爽秀，有成人风。及长，操行修洁，自誓不嫁。能诗文，不苟作。读《通历》，见前人得失，历能品藻。

咸雍间，作文以述时政。其略曰："君以民为体，民以君为心。人主当任忠贤，人臣当去比周；则政化平，阴阳顺。欲怀远，是崇恩尚德；欲强国，则轻徭薄赋。四端五典为治教之本，六府三事实生民之命。淫侈可以为戒，勤俭可以为师。错枉则人不敢诈，显忠则人不敢欺。勿泥空门，崇饰土木；勿事边鄙，妄费金帛。满当思溢，安必虑危。刑罚当罪，则民劝善。不宝远物，则贤者至。建万世磐石之业，制诸部强横之心。欲率下，则先正身；欲治远，则始朝廷。"上称善。

时枢密使耶律乙辛爱其才，屡求诗，常哥遗以回文。乙辛知其讽已，衔之。大康三年，皇太子坐事，乙辛诬以罪，按无迹，获免。会兄适鲁谪镇州，常哥与俱，常布衣疏食，人间曰："可自苦如此？"对曰："皇储无罪遭废，我辈岂可美食安寝。"及太子被害，不胜哀痛。年七十，卒于家。

耶律奴妻萧氏，小字意辛，国舅附马都尉陶苏斡之女。母胡独公主。

意辛美姿容，年二十，始适奴。事亲睦族，以孝谨闻。尝与娣姒会，争言厌魅以取夫宠；意辛曰："厌魅不若礼法。"众问其故，意辛曰："修己以洁，奉长以敬，事夫以柔，抚下以宽，毋使君子见其轻易，此之为礼法，自然取重于夫。以厌魅获宠，独不愧于心乎！"闻者大惭。

初，奴与枢密使乙辛有隙。及皇太子废，被诬夺爵，没入兴圣宫，流乌古部。上以意辛公主之女，欲使绝婚。意辛辞曰："陛下以妾葭莩之亲，使免流窜，实天地之恩。然夫妇之义，生死以之。妾自笄年从奴，一旦临难，顿尔乖离，背纲常之道，于禽兽何异？幸陛下哀怜，与奴俱行，妾即死无恨！"帝感其言，从之。

意辛久在贬所，亲执役事，虽劳无难免。事夫礼敬，有加于旧。寿隆中，上书乞子孙为著帐郎君。帝嘉其节，召举家还。

子国隐，乾统间始仕。保大中，意辛在临潢，谓诸子曰："吾度卢彦伦必叛，汝辈速避，我当死之。"贼至，遇害。

耶律术者妻萧氏，小字讹里本，国舅孛董之女。性端悫，有容色，自幼与他女异。年十八，归术者。谨裕贞婉，娣姒推尊之。

及居术者丧，极哀毁。既葬，谓所亲曰："夫妇之道，如阴阳表里。无阳则阴不能立，无表则里无所附。妾今不幸失所天，且生必有死，理之自然。术者早岁登朝，有才不寿。天祸妾身，罹此酷罚，复何依恃。倘死者可见，则从；不可见，则当与俱。"侍婢慰勉，竟无回意，自刃而卒。

耶律中妻萧氏，小字挼兰，韩国王惠之四世孙。聪慧谨愿。年二十归于中，事夫敬顺，亲戚咸誉其德。中尝谓曰："汝可粗知书，以前贞淑为鉴。"遂发心诵习，多涉古今。

天庆中，为贼所执，潜置刃于履，誓曰："人欲污我者，即死之。"至夜，贼遁而免。久之，帝召中为五院都监，中谓妻曰："吾本无宦情，今不能免。我当以死报国，汝能从我乎？"挼兰对曰："谨奉教。"及金兵徇地岭西，尽徙其民，中守节死。兰悲戚不形于外，人怪之。俄跃马突出，至中死所自杀。

论曰：陈氏以经教二子，并为贤相，耶律氏自洁不嫁，居闺阃之内而不忘忠其君，非贤而能之乎。三萧氏之节，虽烈丈夫有不能者矣。

【译文】

男女在一起生活，是人伦关系中很重要的一部分。与其有烈女，不如有贤女。天下有烈女这个名称，并不是什么好事。《诗经》赞颂卫共的妻子，《春秋》褒扬宋伯的姬妾，那都是出于不得已，只好通过这来强调人伦关系的变化。辽国占据了北方，风化教育上比起中原来就要差些。整个辽代，也有两位贤慧的女子，三位节烈的女子，从这里也可以看出人心的本性也有跟世道不一致的时候。

邢简的妻子陈氏，是营州人。她的父亲名陉，五代时做官做到司徒的职位。

陈氏刚刚到出嫁年龄时，已广泛浏览并精通经典意义，凡是她看过的诗赋，她都能背诵出来，她还尤其喜欢吟咏作诗，当时人称她为女秀才。她二十岁时，嫁给了邢简。她孝敬公婆，家里上下和睦，亲戚族人都很推崇看重她。她有六个儿子，亲自教导他们经籍。后来抱朴、抱质两个儿子，都因为贤能，做到宰相的位子。陈氏死于统和十二年。睿智皇后听说后，叹息痛悼，追赠她为鲁国夫人，并且刻石碑来表彰她的品行；到了迁殡附葬的时候，派了使者前去祭祀。人们评价她为贞静柔顺，妇道母仪始终没有可疑处等。

耶律氏，太师适鲁的妹妹，小名常哥。小时候爽快聪明，有成人的样子；等到长大，节操品行美好无暇，自己发誓不嫁人。她善于写诗作文，从不马虎。读《通历》，见到前人的领悟或错处，都能头头是道地做出评价。

咸、雍年间，她写文章评述当时的政治。大略说："国君把百姓当作肌体，百姓把君主当作心脏。君主应当任用忠良贤明的人，臣子应当摈弃结党；这样，政令教育就能平衡，阴阳就能和顺。想要让远处（的部族）归附，就应崇尚恩德；想要国家富强，就应减轻徭役赋税。四端五典是治国教育的根本，六府三事是百姓生存的命根。过度奢侈可以作为警诫，勤奋节俭可以作为师表。废弃弯曲人们不敢作假，扬显忠诚，人们就不敢欺骗。不要拘泥于空门，尊崇装饰那些土木（神像）；不要想着边疆（被侵掠）浪费金银财帛。满的时候应当想着会溢出来，安全的时候一定要考虑到会有危险存在。刑罚都符合罪行，百姓就会互相勉励着行善。不把远方的东西当作宝贝，贤能的人就会到来。创建传于万代、坚如磐石的事业，控制各部分强悍横逆的心思。想要做属下的表率，就要先端正自身；想要治理远方，就得从朝廷开始。"皇帝称赞了她的文章。

当时的枢密使耶律乙辛喜爱她的才华，多次向她求诗，常哥赠给他回文诗。乙辛知道她在讥讽自己，便怀恨在心。大康三年，皇太子犯罪，乙辛诬陷她罪名，调查后没有证据，她才得到赦免。正好她哥哥适鲁被贬谪到镇州，常哥跟他一起去，经常穿粗布衣服吃粗粝的饭食。有人偶尔问："为什么这样自己苦自己呢？"她回答说："皇储没有犯罪都被废弃，我们这些人怎么能吃美食睡安稳觉！"到太子被杀害时，她不胜哀痛；七十岁时，死在自己家中。

耶律奴的妻子萧氏，小名叫意辛，是国舅驸马都尉陶苏斡的女儿。母亲是胡独公主。

意辛姿色容貌美丽，二十岁时，才嫁给耶律奴。侍奉亲人和睦族里，以孝顺恭谨而闻名。曾经跟其他妯娌在一起时，大家争着说要用满足献媚来博取丈夫的宠爱；意辛说："满足献媚比不上礼仪法度。"大家问她原因，意辛说："用贞洁来修养自己，用孝敬来侍奉长辈，用温柔来侍奉丈夫，用宽厚来安抚下人，不要让君子看见她轻佻不敬的地方，这就是礼仪法度，自然会获得丈夫的重视。用满足献媚获得宠爱，难道不会心中有愧吗！"听到的人都感到很惭愧。

当初，耶律奴跟枢密使乙辛有矛盾。等到太子被废，（耶律奴）遭诬陷被剥夺了爵位，籍没进了兴圣宫，被放逐到乌古都。皇帝因为意辛是公主的女儿，想让她离婚。意辛拒绝说："陛下因为我是疏远的亲戚，让我免于流亡逃窜，这实在是天地那样博大的恩情。但是夫妻的情分，生死都寄托上了。我从出嫁时就跟从耶律奴，一旦面临灾难，就马上乖剌离异，违背纲常的道义，这跟禽兽有什么分别呢？希望陛下可怜我，让我跟耶律奴一起去，我即使马上死了也没有遗憾了！"皇帝被她的话感动了，同意了她的要求。

意辛久住贬谪的地方，亲自动手做下等人的活，即使劳苦她都面无难色。侍候丈夫时反而更加礼敬。寿隆年间，她上书请求让子孙做著帐郎君。皇帝赞许她的节操，召令她全家回京。

她的儿子国隐，乾统年间开始出仕。保大年间，意辛在临潢，对儿子们说："我揣度卢彦伦一定要叛乱，你们赶快躲起来，我会以死保全名节的。"叛贼到后，她被杀害。

耶律术者的妻子萧氏，小名叫讹里本，是国舅孛董的女儿。她性情端正敦厚，容貌姣好，从小就与别的女儿不同。十八岁时嫁给术者。她谨慎从容，贞静温婉，姐妹们都推重尊敬她。

等到为术者居丧时，她悲哀到了极点。下葬后，她对亲近的的人说："夫妇的道义，就好比阴与阳、表与里。没有阳，阴就不能存在；没有表面，里子就无处依附。我如今不幸死了丈夫，而且有生就有死，这也是必然规律。术者早年入朝做官，有才能但寿命不长。上天降祸给我，遭到这种残酷的惩罚，我还有什么能够依靠的。如果死去的人可以重现，就跟他在一起；如果不能重现，就应刻去陪他。"侍婢们劝慰勉励她，她都没有回心转意，（最后）拿刀自杀而死。

耶律中的妻子萧氏，小名叫挼兰，是韩国王惠的四世孙。她聪明贤慧、谨慎诚厚，二十岁时嫁给耶律中。她侍奉丈夫恭敬温顺，亲戚都赞誉她的品德。耶律中曾经对她说："你可以粗略地理解书义，以从前贞静贤淑的女人作为借鉴。"于是她用心诵读温习，博览古今。

天庆年中，被贼人拘执，她暗中把刀子放在鞋中，发誓说："有人想污辱我，我就自杀。"到了夜晚，贼人逃跑，她才免遭祸害。很久以后，皇帝征召耶律中为五院都监，他对妻子说："我本来没有做官的兴趣，现在避免不了。我应当以死报国，你能跟从我吗？"挼兰回答说："我诚心听从你的教诲。"等到金兵占领了岭西，把当地百姓都迁走了，耶律中为守节而死。挼兰悲哀忧虑却不表露出来，别人对此都感到奇怪。不久，她跃马冲出去，到耶律中死的地方自杀了。

评论：陈氏拿经书教育两个儿子，她两个儿子都做了贤明的宰相；耶律氏自己保持贞洁不嫁人，住在闺房之内却不忘记忠于她的君主。如果不是贤慧的人，能做得到吗？三萧氏的节烈，即使是男子汉大丈夫也有做不到的啊。

金史

金史

金史卷二

太祖本纪第二

太祖应乾兴运昭德定功仁明庄孝大圣武元皇帝，讳旻，本讳阿骨打，世祖第二子也。母曰翼简皇后拏懒氏。辽道宗时有五色云气屡出东方，大若二千斛囷仓之状，司天孔致和窃谓人曰："其下当生异人，建非常之事。天以象告，非人力所能为也。"咸雍四年戊申，七月一日，太祖生。幼时与群儿戏，力兼数辈，举止端重，世祖尤爱之。世祖与腊醅、麻产战于野鹊水，世祖被四创，疾困，坐太祖于膝，循其发而抚之，曰："此儿长大，吾复何忧？"十岁，好弓矢。甫成童，即善射。一日，辽使坐府中，顾见太祖手持弓矢，使射群鸟，连三发皆中。辽使矍然曰："奇男子也！"太祖尝宴纥石烈部活离罕家，散步门外，南望高阜，使众射之，皆不能至。太祖一发过之，度所至逾三百二十步。宗室谩都诃最善射远，其不及者犹百步也。天德三年，立射碑以识焉。

世祖伐卜灰，太祖因辞不失请从行，世祖不许而心异之。乌春既死，窝谋罕请和。既请和，复来攻，遂围其城。太祖年二十三，被短甲，免胄，不介马，行围号令诸军。城中望而识之。壮士太峪乘骏马持枪出城，驰刺太祖。太祖不及备，舅氏活腊胡驰出其间，击太峪，枪折，刺中其马，太峪仅得免。尝与沙忽带出营杀略，不令世祖知之。且还，敌以重兵追之。独行隘巷中，失道，追者益急。值高岸与人等，马一跃而过，追者乃还。

世祖寝疾。太祖以事如辽统军司。将行，世祖戒之曰："汝速了此事，五月未半而归，则我犹及见汝也。"太祖往见曷鲁骚古统军，既毕事，前世祖没一日还至家。世祖见太祖来，所请事皆如志，喜甚，执太祖手，抱其颈而抚之，谓穆宗曰："乌雅束柔善，惟此子足了契丹事。"穆宗亦雅重太祖，出入必俱。太祖远出而归，穆宗必亲迓之。

世祖已擒腊醅，麻产尚据直屋铠水。肃宗使太祖先取麻产家属，康宗至直屋铠水围之。太祖会军，亲获麻产，献馘于辽。辽命太祖为详稳，仍命穆宗、辞不失、欢都皆为详稳。久之，以偏师伐泥厖古部跋黑、播立开等，乃以达涂阿为向导，沿帅水夜行袭之，卤其妻子。

初，温都部跋忒杀唐括部跋葛，穆宗命太祖伐之。太祖入辞，谓穆宗曰："昨夕见赤祥，此行必克敌。"遂行。是岁大雪，寒甚。与乌古论部兵沿土温水过末邻乡，追及跋忒于阿斯温山北泺之间，杀之。军还，穆宗亲迓太祖于霭建村。

撒改以都统伐留可，谩都诃合石土门伐敌库德。撒改与将佐议，或欲先平边地部落城堡，或欲径攻留可城，议不能决，愿得太祖至军中。穆宗使太祖往，曰："事必有可疑。军之未发者止有甲士七十，尽以畀汝。"谩都诃在米里迷石罕城下，石土门未到，土人欲执谩都诃以与敌，使来告急，遇太祖于斜堆甸。太祖曰："国兵尽在此矣。使敌先得志于谩都诃，后虽种诛之，何益也。"乃分甲士四十与之。太祖以三十人诣撒改军。道遇人曰："敌已据盆搦岭南路矣。"众欲由沙偏岭往，太祖曰："汝等畏敌耶？"既度盆搦岭，不见敌，已而闻敌乃守沙偏岭以拒我。及至撒改军，夜急攻之，迟明破其众。是时，留可、坞塔皆在辽。既破留可，还攻坞塔城，城中人以城降。初，太祖过盆搦岭，经坞塔城下，从骑有后者，坞塔城人攻而夺之釜。太祖驻马呼谓之曰："毋取我炊食器。"其人谩言曰："公能来此，何忧不得食。"太祖以鞭指之曰："吾破留可，即于汝乎取之。"至是，其人持釜而前曰："奴辈谁敢毁详稳之器也。"遣蒲家奴招诈都，诈都乃降，释之。

穆宗将伐萧海里，募兵得千余人。女真兵未尝满千，至是，太祖勇气自倍，曰："有此甲兵，何事不可图也！"海里来战，与辽兵合，因止辽人，自为战。勃海留守以甲赠太祖，太祖亦不受。穆宗问何为不受。曰："被彼甲而战，战胜则是因彼成功也。"穆宗末年，令诸部不得擅置信牌驰驿讯事，号令自此始一，皆自太祖启之。

康宗七年，岁不登，民多流莩，强者转而为盗。欢都等欲重其法，为盗者皆杀之。太祖曰："以财杀人，不可！财者，人所致也。"遂减盗贼征偿法为征三倍。民间多逋负，卖妻子不能偿，康宗与官属会议，太祖在外庭以帛系杖端，麾其众，令曰："今贫者不能自活，卖妻子以偿债。骨肉之爱，人心所同。自今三年勿征，过三年徐图之。"众皆听令，闻者感泣，自是远近归心焉。

岁癸巳十月，康宗梦逐狼，屡发不能中，太祖前射中之。旦日，以所梦问僚佐，众皆曰："吉。兄不能得而弟得之之兆也。"是月，康宗即世，太祖袭位为都勃极烈。

辽使阿息保来，曰："何以不告丧？"太祖曰："有丧不能吊，而乃以为罪乎？"他日，阿息保复来，径骑至康宗殡所，阅赗马，欲取之。太祖怒，将杀之，宗雄谏而止。既而辽命久不至。辽主好畋猎、淫酗，怠于政事，四方奏事，往往不见省。纥石烈阿疏既奔辽，穆宗取其城及其部众。不能归，遂与族弟银术可、辞里罕阴结南江居人浑都仆速，欲与俱亡入高丽。事觉，太祖使夹古撒喝捕之，而银术可、辞里罕先为辽戍所获，浑都仆速已亡去，撒喝取其妻子而还。

二年甲午六月，太祖至江西，辽使使来致袭节度之命。初，辽每岁遣使市名鹰海东青于海上，道出境内，使者贪纵，征索无艺，公私厌苦之。康宗尝以不遣阿疏为言，稍拒其使者。太祖嗣节度，亦遣蒲家奴往索阿疏，故常以此二者为言，终至于灭辽然后已。至是，复遣宗室习古乃、完颜银术可往索阿疏。习古乃等还，具言辽主骄肆废弛之状。于是召官僚耆旧，以伐辽告之，使备冲要，建城堡，修戎器，以听后命。辽统军司闻之，使节度使捏哥来问状，曰："汝等有异志乎？修战具，饬守备，将以谁御？"太祖答之曰："设险自守，又何问哉。"辽复遣阿息保来诘之。太祖谓之曰："我小国也，事大国不敢废礼。大国德泽不施，而逋逃是主，以此字小，能无望乎？若以阿疏与我，请事朝贡。苟不获已，岂能束手受制也。"阿息保还，辽人始为备，命统军萧挞不野调诸军于宁江州。

太祖闻之，使仆聒剌复索阿疏，实观其形势。仆聒剌还言："辽兵多，不知其数。"太祖曰："彼初调兵，岂能遽集如此。"复遣胡沙保往，还言："惟四院统军司与宁江州军及渤海八百人耳。"太祖曰："果如吾言。"谓诸将佐曰："辽人知我将举兵，集诸路军备我，我必先发制之，无为人制。"众皆曰："善。"乃入见宣靖皇后，告以伐辽事。后曰："汝嗣父兄立邦家，见可则行。吾老矣，无贻我忧，汝必不至是也。"太祖感泣，奉觞为寿。即奉后率诸将出门，举觞东向，以辽人荒肆，不归阿疏，并已用兵之意，祷于皇天后土。酹毕，后命太祖正坐，与僚属会酒，号令诸部。使婆卢火征移懒路迪古乃兵，斡鲁古、阿鲁抚谕斡忽、急赛两路系辽籍女真，实不迭往完睹路执辽障鹰官达鲁古部副使辞列、宁江州渤海大家奴。于是达鲁古部实里馆来告曰："闻举兵伐辽，我部谁从？"太祖曰："吾兵虽少，旧国也，与汝邻境，固当从我。若畏辽人，自往就之。"

九月，太祖进军宁江州，次寥晦城。婆卢火征兵后期，杖之，复遣督军。诸路兵皆会于来流水，得二千五百人。致辽之罪，申告于天地曰："世事辽国，恪修职贡，定乌春、窝谋罕之乱，破萧海里之众，有功不省，而侵侮是加。罪人阿疏，屡请不遣。今将问罪于辽，天地其鉴佑之。"遂命诸将传梃而誓曰："汝等同心尽力，有功者，奴婢部曲为良，庶人官之，先有官者叙进，轻重视功。苟违誓言，身死梃下，家属无赦。"师次唐括带斡甲之地，诸军禳射，介而立，有光如烈火，起于人足及戈矛之上，人以为兵祥。明日，次扎只水，光见如初。

将至辽界，先使宗干督士卒夷堑。既度，遇渤海军攻我左翼七谋克，众少却，敌兵直犯中军。斜也出战，哲垤先驱。太祖曰："战不可易也。"遣宗干止之。宗干驰出斜也前，控止哲垤马，斜也遂与俱还。敌人从之，耶律谢十坠马，辽人前救。太祖射救者毙，并射谢十中之。有骑突前，又射之，彻扎洞胸。谢十拔箭走，追射之，中其背，饮矢之半，偾而死，获所乘马。宗干与数骑陷辽军中，太祖救之，免胄战。或自傍射之，矢拂于颡。太祖顾见射者，一矢而毙。谓将士曰："尽敌而止。"众从之，勇气自倍。敌大奔，相蹂践死者十七八。撒改在别路，不及会战，使人以战胜告之，而以谢十马赐之。撒改使其子宗翰、完颜希尹来贺，且称帝，因劝进。太祖曰："一战而胜，遂称大号，何示人浅也。"

进军宁江州，诸军填堑攻城。宁江人自东门出，温迪痕、阿徒罕邀击，尽殪之。十月朔，克其城，获防御使大药师奴，阴纵之，使招谕辽人。铁骊部来送款。次来流城，以俘获赐将士。召渤海梁福、斡答剌使之伪亡去，招谕其乡人曰："女真、渤海本同一家，我兴师伐罪，不滥及无辜也。"使完颜娄室招谕系辽籍女真。

师还，谒宣靖皇后，以所获颁宗室耆老，以实里馆赀产给将士。初命诸路以三百户为谋克，十谋克为猛安。酬斡等抚定谗谋水女真。鳖古酋长胡苏鲁以城降。

十一月，辽都统萧纠里、副都统挞不野将步骑十万会于鸭子河北。太祖自将击之。未至鸭子河，既夜，太祖方就枕，若有扶其首者三，寤而起，曰："神明警我也！"即鸣鼓举燧而行。黎时及河，辽兵方坏凌道，选壮士十辈击走之。大军继进，遂登岸。甲士三千七百，至者才三之一。俄与敌遇于出河店，会大风起，尘埃蔽天，乘风势击之，辽兵溃。逐至斡论泺，杀获首虏及车马甲兵珍玩不可胜计，遍赐官属将士，燕犒弥日。辽人尝言女真兵若满万则不可敌，至是始满万云。

斡鲁古败辽兵，斩其节度使挞不野。仆虺等攻宾州，拔之。兀惹雏鹘室来降。辽将赤狗兒战于宾州，仆虺、浑黜败之。铁骊王回离保以所部降。吾睹补、蒲察复败赤狗兒、萧乙薛军于祥州东。斡忽、急塞两路降。斡鲁古败辽军于咸州西，斩统军实娄于阵。完颜娄室克咸州。

是月，吴乞买、撒改、辞不失率官属诸将劝进，愿以新岁元日恭上尊号，太祖不许。阿离合懑、蒲家奴、宗翰等进曰："今大功已建，若不称号，无以系天下心。"太祖曰："吾将思之。"

收国元年正月壬申朔，群臣奉上尊号。是日，即皇帝位。上曰："辽以宾铁为号，取其坚也。宾铁虽坚，终亦变坏，惟金不变不坏。金之色白，完颜部色尚白。"于是国号大金，改元收国。

丙子，上自将攻黄龙府，进临益州。州人走保黄龙，取其余民以归。辽遣都统耶律讹里朵、左副统萧乙薛、右副统耶律张奴、都监萧谢佛留，骑二十万、步卒七万戍边。留娄室、银术可守黄龙，上率兵趋达鲁古城，次宁江州西。辽使僧家奴来议和，国书斥上名，且使为属国。庚子，进师，有火光正圆，自空而坠。上曰："此祥征，殆天助也！"酹白水而拜，将士莫不喜跃。进逼达鲁古城。上登高望辽兵若连云灌木状，顾谓左右曰："辽兵心贰而情怯，虽多不足畏。"遂趋高阜为阵。宗雄以右翼先驰辽左军，左军却。左翼出其阵后，辽右军皆力战。娄室、银术可冲其中坚。凡九陷阵，皆力战而出。宗翰请以中军助之。上使宗干往为疑兵。宗雄已得利，击辽右军，辽兵遂败。乘胜追蹑，至其营，会日已暮，围之。黎明，辽军溃围出，逐北至阿娄冈。辽步卒尽殪，得其耕具数千以给诸军。是役也，辽人本欲屯田，且战且守，故并其耕具获之。

二月，师还。三月辛未朔，猎于寥晦城。四月，辽耶律张奴以国书来。上以书辞慢侮，留其五人，独遣张奴回报，书亦如之。五月庚午朔，避暑于近郊。甲戌，拜天射柳。故事，五月五日、七月十五日、九月九日拜天射柳，岁以为常。

六月己亥朔，辽耶律张奴复以国书来，犹斥上名。上亦斥辽主名以复之，且谕之使降。七月戊辰，以弟吴乞买为谙班勃极烈，国相撒改为国论勃极烈。辞不失为阿买勃极烈，弟斜也为国论昊勃极烈。甲戌，辽使辞剌以书来，留之不遣。九百奚营来降。

八月戊戌，上亲征黄龙府。次混同江，无舟，上使一人道前，乘赭白马径涉，曰："视吾鞭所指而行。"诸军随之，水及马腹。后使舟人测其渡处，深不得其底。熙宗天眷二年，以黄龙府为济州，军曰利涉，盖以太祖涉济故也。

九月，克黄龙府，遣辞剌还，遂班师。至江，径渡如前。丁丑，至自黄龙府。己卯，黄龙见空中。癸巳，以国论勃极烈撒改为国论忽鲁勃极烈，阿离合懑为国论乙室勃极烈。

十一月，辽主闻取黄龙府，大惧，自将七十万至驼门。驸马萧特末、林牙萧查剌等将骑五万、步四十万至斡邻泺。上自将御之。

十二月己亥，行次爻剌，会诸将议。皆曰："辽兵号七十万，其锋未易当。吾军远来，人马疲乏，宜驻于此，深沟高垒以待。"上从之。遣迪古乃、银术可镇达鲁古。丁未，上以骑兵亲候辽军，获督饷者，知辽主以张奴叛，西还二日矣。是日，上还至熟结泺，有光见于矛端。戊申，诸将曰："今辽主既还，可乘怠追击之。"上曰："敌来不迎战，去而追之，欲以此为勇邪？"众皆悚愧，愿自效。上复曰："诚欲追敌，约赍以往，无事餫馈。若破敌，何求不得。"众皆奋跃，追及辽主于护步答冈。是役也，兵止二万。上曰："彼众我寡，兵不可分。视其中军最坚，辽主必在焉。败其中军，可以得志。"使右翼先战。兵数交，左翼合而攻之。辽兵大溃。我师驰之，横在其中。辽师败绩，死者相属百余里。获舆辇帟幄兵械军资，他宝物马牛不可胜计。是战，斜也援矛杀数十人，阿离本被围，温迪罕、迪忽迭以四谋克兵出之，完颜蒙刮身被数创，力战不已，功皆论最。萧特末等焚营遁去。遂班师。加谷撒喝取开州。婆卢火下特邻城，辞里罕降。

二年正月戊子，诏曰："自破辽兵，四方来降者众，宜加优恤。自今契丹、奚、汉、渤海、系辽籍女真、室韦、达鲁古、兀惹、铁骊诸部官民，已降或为军所俘获，逃遁而还者，勿以为罪，其酋长仍官之，且使从宜居处。"

闰月，高永昌据东京，使挞不野来求援。高丽遣使来贺捷，且求保州。诏许自取之。

二月己巳，诏曰："比以岁凶，庶民艰食，多依附豪族，因为奴隶，及有犯法，征偿莫办，折身为奴者，或私约立限，以人对赎，过期则为奴者，并听以两人赎一为良。若元约以一人赎者，即从元约。"

四月乙丑，以斡鲁统内外诸军，与蒲察、迪古乃会咸州路都统斡鲁古讨高永昌。胡沙补等被害。

五月，斡鲁等败永昌，挞不野擒永昌以献，戮之于军。东京州县及南路系辽女真皆降。诏除辽法，省税赋，置猛安谋克一如本朝之制。以斡鲁为南路都统。迭勃极烈阿徒罕破辽兵六万于照散城。

九月己亥，上猎近郊。乙巳，南路都统斡鲁来见于婆卢买水。始制金牌。

十二月庚申朔，谙班勃极烈吴乞买及群臣上尊号曰大圣皇帝，改明年为天辅元年。

天辅元年正月，开州叛，加古撒喝等讨平之。国论昊勃极烈斜也以兵一万取泰州。

四月，辽秦晋国王耶律捏里来伐，迪古乃、娄室、婆卢火将兵二万，会咸州路都统斡鲁古击之。

五月丁巳，诏自收宁江州已后同姓为婚者，杖而离之。

七月戊申，以完颜斡论知东京事。

八月癸亥，高丽遣使来请保州。

十二月甲子，斡鲁古等败耶律捏里兵于蒺藜山，拔显州，乾、懿、豪、徽、成、川、惠等州皆降。

是月，宋使登州防御使马政以国书来，其略曰："日出之分，实生圣人。窃闻征辽，屡破勍敌。若克辽之后，五代时陷入契丹汉地，愿畀下邑。"

二年正月庚寅，辽双州节度使张崇降。使散睹如宋报聘，书曰："所请之地，今当与宋夹攻，得者有之。"

二月癸丑朔，辽使耶律奴哥等来议和。辛酉，孛堇迪古乃、娄室来见。上以辽主近在中京，而敢辄来，皆杖之。勃里保、双古等言，咸州都统斡鲁古知辽主在中京而不进讨，刍粮丰足而不以实闻，攻显州时所获生口财畜多自取。

三月癸未朔，命阇哥代为都统而鞫治之，斡鲁古坐降谋克。壬辰，辽使耶律奴哥以国书来。庚子，以娄室言黄龙府地僻且远，宜重戍守，乃命合诸路谋克，以娄室为万户镇之。

四月辛巳，辽使以国书来。

五月丙申，命胡突衮如辽。

六月甲寅，诏有司禁民凌虐典雇良人，及倍取赎直者。甲戌，辽通、祺、双、辽等州八百余户来归，命分置诸部，择膏腴之地处之。

七月癸未，诏曰："匹里水路完颜术里古、渤海大家奴等六谋克贫乏之民，昔尝给以官粮，置之渔猎之地。今历日已久，不知登耗，可具其数以闻。"胡突衮还自辽。耶律奴哥复以国书来。丙申，胡突衮如辽。辽户二百来归，处之泰州。诏遣阿里骨、李家奴、特里底招谕未降者。仍诏达鲁古部勃堇辞列："凡降附新民，善为存抚。来者各令从便安居，给以官粮，毋辄动扰。"

八月，胡突衮还自辽。耶律奴哥、突迭复以国书来。

九月戊子，诏曰："国书诏令，宜选善属文者为之。其令所在访求博学雄才之士，敦遣赴阙。"

闰月庚戌朔，以降将霍石、韩庆和为千户。九百奚部萧宝、乙辛，北部讹里野，汉人王六兒、王伯龙，契丹特末、高从佑等，各率众来降。辽耶律奴哥以国书来。

十月癸未，以龙化州降者张应古、刘仲良为千户。乙未，咸州都统司言，汉人李孝功、渤海二哥率众来降。命各以所部为千户。

十二月甲辰，遣孛堇术孛以定辽地谕高丽。耶律奴哥以国书来。辽懿州节度使刘宏以户三千并执辽候人来降，以为千户。川州寇二万已降复叛，纥石烈照里击破之。

三年正月甲寅，东京人为质者永吉等五人结众叛。事觉，诛其首恶，余皆杖百，没入在行家属资产之半。诏知东京事斡论，继有犯者并如之。丙辰，诏鳖古孛堇酬斡曰："胡鲁古、迭八合二部来送款，若等先时不无交恶，自今毋相侵扰。"

三月，耶律奴哥以国书来。

四月丙子朔，日有食之。

五月壬戌，诏咸州路都统司曰："兵兴以前，曷苏馆、回怕里与系辽籍、不系辽籍女真户民，有犯罪流窜边境或亡入于辽者，本皆吾民，远在异境，朕甚悯之。今既议和，当行理索。可明谕诸路千户、谋克，遍与询访其官称、名氏、地里，具录以上。"

六月辛卯，辽遣太傅习泥烈等奉册玺来，上擿册文不合者数事复之。散睹还自宋。宋使马政及其子宏来聘。散睹受宋团练使，上怒，杖而夺之。宋使还，复遣孛堇辞列、曷鲁等如宋。

七月辛亥，辽人杨询卿、罗子韦各率众来降，命各以所部为谋克。

八月己丑，颁女真字。

九月，以辽册礼使失期，诏诸路军过江屯驻。

十一月，习泥烈等复以国书来。曷懒甸长城，高丽增筑三尺。诏胡剌古、习显慎固营垒。

四年二月，辞列、曷鲁还自宋。宋使赵良嗣、王晖来议燕京、西京地。

三月甲辰，上谓群臣曰："辽人屡败，遣使求成，惟饰虚辞，以为缓师之计，当议进讨。其令咸州路统军司治军旅、修器械，具数以闻。"辛酉，诏咸州路都统司曰："朕以辽国和议无成，将以四月二十五日进师。"令斜葛留兵一千镇守，阇母以余兵来会于浑河。辽习泥烈以国书来。

四月乙未，上自将伐辽。以辽使习泥烈、宋使赵良嗣等从行。

五月甲辰，次浑河西，使宗雄先趋上京，遣降者马乙持诏谕城中。壬子，至上京，诏官民曰："辽主失道，上下同怨。朕兴兵以来，所过城邑负固不服者即攻拔之，降者抚恤之，汝等必闻之矣。今尔国和好之事，反复见欺，朕不欲天下生灵久罹涂炭，遂决策进讨。比遣宗雄等相继招谕，尚不听从。今若攻之，则城破矣。重以吊伐之义，不欲残民，故开示明诏，谕以祸福，其审图之。"上京人恃御备储蓄为固守计。甲寅，亟命进攻。上谓习泥烈、赵良嗣等曰："汝可观吾用兵，以卜去就。"上亲临城，督将士诸军鼓噪而进。自旦及巳，阇母以麾下先登，克其外城，留守挞不野以城降。赵良嗣等奉觞为寿，皆称万岁。是日，赦上京官民。诏谕辽副统余睹。壬戌，次沃黑河。宗干率群臣谏曰："地远时暑，军马罢乏，若深入敌境，粮馈乏绝，恐有后艰。"上从之，乃班师，命分兵攻庆州。余睹袭阇母于辽河，完颜背答、乌塔等战却之，完颜特虎死焉。

七月癸卯，上至自伐辽。

九月，烛隈水部实里古达等杀孛堇酬斡、仆忽得以叛。

十月戊辰朔，日有食之。戊寅，命斡鲁分胡剌古、乌春之兵以讨实里古达。

十一月，东京留守司乞本京官民质子增数番代，上不许，曰："诸质子已各受田庐，若复番代，则往来动摇，可并仍旧。"

十二月，宋复使马政来请西京之地。

五年春正月，斡鲁败实里古达于合挞剌山，诛首恶四人，余悉抚定。

二月，遣昱及宗雄分诸路猛安谋克之民万户屯泰州，以婆卢火统之，赐耕牛五十。

四月乙丑朔，宗翰请伐辽。诏诸路预戒军事。

五月，辽都统耶律余睹等诣咸州降。

闰月辛巳，国论胡鲁勃极烈撒改薨。

六月癸巳，余睹与其将吏来见。丙申，千户胡离答坐擅署部人为蒲里衍，杖一百，罢之。庚子，诏谙版勃极烈吴乞买贰国政。以昊勃极烈斜也为忽鲁勃极烈，蒲家奴为昊勃极烈，宗翰为移赉勃极烈。

七月庚辰，诏咸州都统司曰："自余睹来，灼见辽国事宜，已决议亲征，其治军以俟师期。"寻以连雨罢亲征。命昊勃极烈昱为都统，移赉勃极烈宗翰副之，帅师而西。

十二月辛丑，以忽鲁勃极烈杲为内外诸军都统，以昱、宗翰、宗干、宗望、宗盘等副之。甲辰，诏曰："辽政不纲，人神共弃。今欲中外一统，故命汝率大军以行讨伐。尔其慎重兵事，择用善谋，赏罚必行，粮饷必继，勿扰降服，勿纵俘掠，见可而进，无淹师期。事有从权，毋须申禀。"戊申，诏曰："若克中京，所得礼乐仪仗图书文籍，并先次津发赴阙。"

六年正月癸酉，都统杲克高、恩、回纥三城。乙亥，取中京，遂下泽州。

二月庚寅朔，日有食之。己亥，宗翰等败辽奚王霞末于北安州，降。奚部西节度使讹里剌以本部降。壬寅，都统杲遣使来奏捷，并献所获货宝。诏曰："汝等提兵于外，克副所任，攻下城邑，抚安人民，朕甚嘉之。所言分遣将士招降山前诸部，计悉已抚定，续遣来报。山后若未可往，即营田牧马，俟及秋成，乃图大举。更当熟议，见可则行。如欲益兵，具数来上，不可恃一战之胜，辄有弛慢。新降附者当善抚存。宣谕将士，使知朕意。"宗翰驻北安，遣希尹等略地，获辽护卫耶律习泥烈，知辽主猎鸳鸯泺，以其子晋王贤而有人望，恶而杀之，众益离心。虽有西北、西南两路兵马，皆羸弱。遂遣耨碗温都等报都统杲进兵袭之。

三月，都统杲出青岭，宗翰出瓢岭，追辽主于鸳鸯泺。辽主奔西京。宗翰复追至白水泺，不及，获其货宝。己巳，至西京。壬申，西京降。希尹追辽主于乙室部，不及。乙亥，西京复叛。

是月，辽秦晋国王耶律捏里即位于燕。

四月辛卯，复取西京。壬辰，遣徒单吴甲、高庆裔如宋。戊戌，都统杲自西京趋白水泺，昊勃极烈昱袭毗室部于铁吕川，为敌所败。还会察剌兵，追至黄水北，大破之。耶律坦招徕西南诸部，西至夏，其招讨使耶律佛顶降。金肃、西平二郡汉军四千余人叛去，耶律坦等袭取之。阇母、娄室招降天德、云内、宁边、东胜等州，获阿疏而还。是时，山西城邑诸部虽降，人心未固，辽主保阴山，耶律捏里在燕京，都统杲遣宗望入奏，请上临军。

五月辛酉，宗望来奏捷，百官入贺，赐宴欢甚。先是，获辽枢密使得里底、节度使和尚、雅里斯、余里野等，都统杲使阿邻护送赴阙。得里底道亡，阿邻坐诛。耶律捏里遣使请罢兵。戊寅，使杨勉以书谕捏里，使之降。谋葛失遣其子菹泥刮失贡方物。

六月戊子朔，上亲征辽，发自上京。谙班勃极烈吴乞买监国。辛亥，诏谕上京官民曰："朕顺天吊伐，已定三京，但以辽主未获，兵不能已。今者亲征，欲由上京路进，恐抚定新民，惊疑失业，已出自笃密吕。其先降后叛逃入险阻者，诏后出首，悉免其罪。若犹拒命，孥戮无赦。"

是月，耶律捏里卒。斡鲁、娄室败夏人于野谷。

七月甲子，诏诸将无得远迎，以废军务。乙丑，上京汉人毛八十率二千余户降，因命领之。丙寅，以斡答剌招降者众，命领八千户，以忽薛副之。壬午，希尹以阿疏见，杖而释之。

八月己丑，次鸳鸯泺。都统杲率官属来见。癸巳，上追辽主于大鱼泺。昱、宗望追及辽主于石辇铎，与战，败之，辽主遁。己亥，次居延北。辛丑，中京将完颜浑黜败契丹、奚、汉六万于高州，孛堇麻吉死之。得里得满部降。昱、宗望追辽主于乌里质铎，不及。

九月庚申，次草泊。阇母平中京部族之先叛者，及招抚沿海郡县。节度使耶律慎思领诸部入内地。乙丑，诏六部奚曰："汝等既降复叛，扇诱众心，罪在不赦。尚以归附日浅，恐绥怀之道有所未孚，故复令招谕。若能速降，当释其罪，官皆仍旧。"归化州降。戊辰，次归化州。甲戌，宗雄薨。丁丑，奉圣州降。

十月丙戌朔，次奉圣州。诏曰："朕屡敕将臣，安辑怀附，无或侵扰。然愚民无知，尚多逃匿山林，即欲加兵，深所不忍。今其逃散人民，罪无轻重，咸与矜免。有能率众归附者，授之世官。或奴婢先其主降，并释为良。其布告之，使谕朕意。"蔚州降。庚寅，余睹等遣蔚州降臣翟昭彦、徐兴、田庆来见。命昭彦、庆皆为刺史，兴为团练使。诏曰："比以幽、蓟一方招之不服，今欲帅师以往，故先安抚山西诸部。汝等既已怀服，宜加抚存。官民未附已前，罪无轻重及系官逋负，皆与释免，诸官各迁叙之。”丁酉，蔚州翟昭彦、田庆杀知州事萧观宁等以叛。丙午，复降。

十一月，诏谕燕京官民，王师所至，降者赦其罪，官皆仍旧。

十二月，上伐燕京。宗望率兵七千先之，迪古乃出得胜口，银术哥出居庸关，娄室为左翼，婆卢火为右翼，取居庸关。丁亥，次妫州。戊子，次居庸关。庚寅，辽统军都监高六等来送款。上至燕京，入自南门，使银术哥、娄室阵于城上，乃次于城南。辽知枢密院左企弓、虞仲文，枢密使曹勇义，副使张彦忠，参知政事康公弼，佥书刘彦宗奉表降。辛卯，辽百官诣军门叩头请罪，诏一切释之。壬辰，上御德胜殿，群臣称贺。甲午，命左企弓等抚定燕京诸州县。诏西京官吏曰：“乃者师至燕都，已皆抚定。唯萧妃与官属数人遁去，已发兵追袭，或至彼路，可执以来。”黄龙府叛，宗辅讨平之。

七年正月丁巳，辽奚王回离保僭称帝。甲子，辽平州节度使时立爱降。诏曲赦平州。又诏谙班勃极烈曰：“比遣昂徙诸部民人于岭东，而昂悖戾，骚动烦扰，致多怨叛。其违命失众，当置重典。若或有疑，禁锢以待。”庚午，诏中京都统斡论曰：“闻卿抚定人民，各安其业，朕甚嘉之。回离保聚徒逆命，汝宜计画，无使滋蔓。”壬申，诏招谕回离保。癸酉，以时立爱言招抚诸部。己卯，宋使来议燕京、西京地。庚辰，宜、锦、乾、显、成、川、豪、懿等州皆降。甲申，诏曰：“诸州部族归附日浅，民心未宁。今农事将兴，可遣分谕典兵之官，无纵军士动扰人民，以废农业。”

二月乙酉朔，命撒八诏谕兴中府，降之。辽来州节度使田颢、隰州刺史杜师回、迁州刺史高永福、润州刺史张成皆降。壬辰，诏谙班勃极烈曰：“郡县今皆抚定，有逃散未降者，已释其罪，更宜招谕之。前后起迁户民，去乡未久，岂无怀土之心？可令所在有司，深加存恤，毋辄有骚动。衣食不足者，官赈贷之。”癸巳，诏曰：“顷因兵事未息，诸路关津绝其往来。今天下一家，若仍禁之，非所以便民也。自今显、咸、东京等路往来，听从其便。其间被虏及鬻身者，并许自赎为良。”仍令驰驿布告。兴中、宜州复叛。宋使赵良嗣来，请加岁币以代燕税，及议画疆与遣使贺正旦生辰、置榷场交易，并计议西京等事。癸卯，银术哥、铎剌如宋。乙巳，诏都统杲曰："新附之民有才能者，可录用之。"戊申，诏平州官与宋使同分割所与燕京六州之地。癸丑，大赦。

是月，改平州为南京，以张觉为留守。

三月甲寅朔，将诛昂，以习不失谏，杖之七十，仍拘泰州。戊午，都统杲等言耶律麻哲告余睹、吴十、铎剌等谋叛，宜早图之。上召余睹等，从容谓之曰："朕得天下，皆我君臣同心同德以成大功，固非汝等之力。今闻汝等谋叛，若诚然耶，必须鞍马甲胄器械之属，当悉付汝，朕不食言。若再为我擒，无望免死。欲留事朕，无怀异志，吾不汝疑。"余睹等皆战栗不能对。命杖铎剌七十，余并释之。宋使卢益、赵良嗣、马宏以国书来。

四月丁亥，遣斡鲁、宗望袭辽主于阴山。壬辰，复书于宋。师初入燕，辽兵复犯奉圣州，林牙大石壁龙门东二十五里。都统斡鲁闻之，遣照立、娄室、马和尚等率兵讨之，生获大石，悉降其众。癸巳，诏曰："自今军事若皆中覆，不无留滞。应此路事务申都统司，余皆取决枢密院。"契丹九斤聚党兴中府作乱，擒之，九斤自杀。命习古乃、婆卢火监护长胜军，及燕京豪族工匠，由松亭关徙之内地。己亥，次儒州。斡鲁、宗望等袭辽权六院司喝离质于白水泺，获之。其宗属秦王、许王等十五人降。闻辽主留辎重青冢，以兵万人往应州，遣照里、背答、宗望、娄室、银术哥等追袭之。宗望追及辽主，决战，大败之，获其子赵王习泥烈及传国玺。

五月甲寅，南京留守张觉据城叛。丙寅，次野狐岭。己巳，次落藜泺。斡鲁等以赵王习泥烈、林牙大石、驸马乳奴等来献，并上所获国玺。宗隽以所俘辽主子秦王、许王，女奥野等来见。奚路都统挞懒攻速古、啜里、铁尼所部十三岩，皆平之。又遣奚马和尚攻下达鲁古并五院司诸部，执其节度乙列。回离保为其下所杀。辛巳，诏谕南京官民。

六月壬午朔，次鸳鸯泺。是日，阇母败张觉于营州。丙申，上不豫，将还上京，命移赉勃极烈宗翰为都统，昊勃极烈昱、迭勃极烈斡鲁副之，驻兵云中，以备边。己酉，次斡独山驿，召谙班勃极烈吴乞买。

七月辛酉，次牛山。宗翰还军中。

八月辛巳朔，日有食之。乙未，次浑河北。谙班勃极烈吴乞买率宗室百官上谒。戊申，上崩于部堵泺西行宫，年五十六。

九月癸丑，梓宫至上京。乙卯，葬宫城西南，建宁神殿。丙辰，谙班勃极烈即皇帝位。

天会三年三月，上尊谥曰武元皇帝，庙号太祖，立原庙于西京。天会十三年二月辛酉，改葬和陵，立“开天启祚睿德神功之碑”于燕京城南尝所驻跸之地。皇统四年，改和陵曰睿陵。五年十月，增谥应乾兴运昭德定功睿神庄孝仁明大圣武元皇帝。贞元三年十一月，改葬于大房山，仍号睿陵。

赞曰：太祖英谟睿略，豁达大度，知人善任，人乐为用。世祖阴有取辽之志，是以兄弟相授，传及康宗，遂及太祖。临终以太祖属穆宗，其素志盖如是也。初定东京，即除去辽法，减省租税，用本国制度。辽主播越，宋纳岁币，以幽、蓟、武、朔等州与宋，而置南京于平州。宋人终不能守燕、代，卒之辽主见获，宋主被执。虽功成于天会间，而规摹运为实自此始。金有天下百十有九年，太祖数年之间算无遗策，兵无留行，底定大业，传之子孙。呜呼，雄哉。

【译文】

金太祖，号称应乾兴运昭德定功仁明庄孝大圣武元皇帝，他的名讳是完颜旻，本名叫阿骨打，是金世祖的第二个儿子。他的母亲是翼简皇后拏懒氏。辽国道宗时代曾经有五色云气在东方出现，形状像容量为两千斛的圆形大谷仓，司天孔致和私下对别人说：“这片五色云气下面应当有不同寻常的人出生，创建不寻常的事业。老天用气象告诉我们，这不是人力所能做到的。”咸雍四年戊申，七月初一日，太祖降生。年幼时和一群儿童游戏，力气相当于几个孩子的气力，再加上他行为举止端庄持重，世祖特别喜爱他。世祖与腊醅、麻产在野鹊水交战，身上四处受伤，伤势沉重，就让太祖坐在他的膝上，理着他的头发说：“这个孩子长大了，我还有什么可忧虑的啊。”十岁时，太祖便喜好弓箭。刚十五岁，就善于射箭。一天，辽国使节坐在府内，看见太祖手中拿着弓箭，让他射群鸟，连发三箭都射中了。辽国使节惊异地说：“真是奇异的男子啊！”阿骨打曾经在纥石烈部的活离罕家参加宴会，散步走到门外，向南望见一高坡，让众人射此高坡，都不能射到高坡。太祖一发弓就射过高坡，估量箭所到之处越过高坡不止三百二十步。完颜谩都诃最善于远射，他射出的还差一百步。天德三年，在太祖所射到的地方立射碑用以记住此事。

金世祖攻伐卜灰，太祖因为辞不失在军中而要求随从前往。世祖不允许但是心里奇怪这件事。乌春已经死了，窝谋罕请求议和。已经请和了，又来进攻，于是包围了窝谋罕的城池。太祖当年二十三岁，身披短甲，不戴头盔，不用马辅助，围着城跑向诸军发号施令。城中的将领瞭望城外认出太祖。壮士太峪骑骏马持枪冲出城，疾驰到太祖面前举枪即刺。太祖来不及防备，他舅父活腊胡疾驰到他们中间，攻击太峪，枪折断，只刺中太峪的马，太峪脱身。太祖曾经和沙忽带出军营杀伐劫掠，瞒着不让劾里钵知道此事。而回营时，敌方用重兵追逐他们。太祖单骑走到狭窄的街巷中，没有路了，后面的追兵越来越迫近了。正赶上一面与人一样高的高墙，太祖的坐骑一跃而过，追击的人只好作罢返回。

世祖卧病在床。太祖因事要到辽国统军司去。临行前，世祖告诫他说："你快点办完这件事，不到五月半就要回来，那样我还来得及见你。"太祖去见了曷鲁骚古统军，事情已经办完，在世祖逝世前一天回到家里。世祖见太祖回来了，所希望的事都如了愿，高兴极了，拉着太祖的手，抱着他的脖子爱抚他，对穆宗说："乌雅束柔弱善良，只有这个儿子可以成就契丹的大业。"穆宗也向来推崇太祖，出入一定同行。太祖出远门归来，穆宗一定亲自迎接他。

世祖已经擒获腊醅，可是麻产还占据着直屋铠水。肃宗颇刺淑（完颜阿骨打的四叔）派阿骨打先捉拿麻产的家属，康宗到直屋铠水围剿麻产。太祖与大军会合，亲自捉住了麻产，杀死他后并将他的首级上献于辽朝。辽朝任命阿骨打为详稳，同时还任命穆宗、辞不失、欢都为详稳。时间长了，阿骨打用偏师征伐泥厖古部的跋黑、播立开等，于是以达涂阿为向导，夜间沿着帅水偷袭他们，掠获了他们的妻子儿女。

当初，温都部的跋忒杀了唐括部的跋葛，穆宗命令阿骨打去讨伐温都部。入见向穆宗告辞说："昨天见的赤色是祥瑞，这次出征必定战胜敌人。"于是出发了。这一年下大雪，非常寒冷。阿骨打率军和乌古论部的军队沿着土温水越过末邻乡，在阿斯温山北泺之间追上跋忒，将他杀死。军队归来时，穆宗在霭建村亲自迎接阿骨打。

撒改以都统的身份攻伐留可，谩都诃和石土门合兵攻伐敌库德。撒改和将领们商议，有的想先扫平边地部落城堡，有的要直接攻打留可城，争议而不能决断，都愿意把太祖请到军中。穆宗让太祖到军中去，说："事情一定有可疑之处。军队没派出去的只剩下七十名甲士，全部交付给你。”谩都诃在米里迷石罕城下，石土门没有按时到那里，当地人要抓起谩都诃把他交给敌人，谩都诃派人来告急，在斜堆甸遇到太祖。太祖说：“国兵全部都在这里了。如果让敌人先在谩都诃身上得志，今后虽然照样杀了他们，又有什么好处呢？”于是分出四十名甲士给了告急的使者。太祖带领剩下的三十名甲士前往撒改的军营。途中遇到有人说：“敌人已经占据盆搦岭的南路了。”众人想取道沙偏岭前往，太祖说：“你们害怕敌人吗？”已经越过了盆搦岭，却没见到敌人，接着又听说敌人据守在沙偏岭来抗拒官军。到了撒改的军队那里，夜间急速进攻沙偏岭，到天明后打败了敌军。当时，留可、坞塔都在辽国。破了留可的军队以后，回头又攻打坞塔城，城中人献出城而投降了。当初，太祖翻过盆搦岭，经过坞塔城城下，随从的骑士有落在后面的，遭到坞塔城人的攻击而被夺去了炊事用具。太祖停住马向坞塔城人喊话说：“不要拿我的煮饭器具”那人傲慢地说：“您能来此地，还担心没有饭吃？”阿骨打用马鞭指着那人说：“我攻破留可城，就在你这儿取锅。”至此，那人拿着锅走到太祖面前说：“我们这些奴婢谁敢毁坏详稳您的器物呢？”派蒲家奴去招抚诈都，诈都就投降了，于是太祖释放了他。

穆宗将讨伐萧海里，征集士兵一千多人。女真的队伍未曾满过千人的，到这时候，太祖自然是勇气倍增，说：“有这些甲兵，什么事不能去图谋呢！”海里来交战，原与辽兵配合，现在劝止了辽人，自己去应战。渤海留守要把铠甲赠给太祖，太祖也不接受。穆宗问为什么不接受，太祖说：“披上他的铠甲去打仗，那么打胜了，是因为他的功劳了。”穆宗末年，下令诸部不得擅自设置信牌在驿站间奔驰通信，号令从这时开始统一，这都是由太祖开启的。

康宗在位第七年，年景不好，五谷不丰，民间多有流浪饿死的人，强者转而为盗贼。欢都等人想加重其刑法，凡是为盗贼者都杀掉。阿骨打说：“因为钱财而杀人，不可以！钱财，是人所创造的。”于是减盗贼征偿法为征收的三倍。民间大多拖欠税赋，出卖妻子儿女也无法偿还。乌雅束与属吏一起商议，阿骨打在外庭用丝帛系在杖端，指挥众人，下令说：“现在贫穷的人不能自己养活自己，出卖妻子儿女用以偿还债务。骨肉之间的爱心，是人心所共有的。从现在起三年不要征收税赋，过三年以后慢慢谋求征收税赋。”众人都听从他的命令，听到的人感动得哭了，从这时起，远近民心都归服他。

癸巳年十月，康宗梦见自己追杀一只狼，屡射都没有打中，太祖上前射中了。天明以后，把所做的梦告诉左右，众人都说："吉祥！这是兄长不能得而弟弟能得到王位的吉祥征兆啊！"就在这个月，康宗逝世了，太祖承袭了都勃极烈之位。

辽国使者阿息保来见太祖阿骨打，说："你的兄长死了，你为什么不报丧？"太祖说："有丧不能凭吊，你们也认为是罪过吗？"过了些天，阿息保又来，直接骑马到康宗殡仪的场所，看见送葬的马，想取走。太祖发怒了，要杀阿息保，宗雄劝谏止住了他。随之而来的是辽朝的任命令久久不到。辽天祚帝好打猎，荒淫、酗酒怠惰朝政，天下四方送来的奏折往往不予审阅批览。纥石烈阿疏已投奔辽朝，穆宗夺取了他的城池和他属下的兵民众人。他不能回归故地，就和族弟银术可、辞里罕暗地里勾结南江居人浑都仆速，想和他们一起都逃亡到高丽。事情被察觉，太祖派遣夹古撒喝去逮捕他们，然而银术可、辞里罕先被辽国卫戍部队所擒获，浑都仆速已经逃走了，夹古撒喝把他的妻子和儿子抓起来返回。

第二年(公元1114)甲午六月，太祖到江西，辽国派遣使者来传达要太祖承袭节度使的命令。起初，辽国每年派遣使者在海上购买叫"海东青"的名鹰，来往均要路经境内，使者贪婪放纵，征收索要没有限度，公署或个人对他们的刁难十分厌恶。康宗曾经以辽国不遣阿疏为理由，稍微抗拒了辽国使者。太祖继承了节度使之职，也派蒲家奴到辽国去索要阿疏，经常谈及这两件事，直至灭辽之后。至此，又派宗室习古乃、完颜银术可前往辽朝索要阿疏。习古乃等人回来，详细地述说了辽天祚帝骄奢放肆、荒疏朝政的情况。于是阿骨打召集官僚及年长的旧好，把将要讨伐辽朝的打算告诉他们，让他们守备军事、交通要道，修建城堡，整修兵器，等待听候命令。辽统军司知道了这个情况，派节度使捏哥来询问这件事，说："你们是有了反叛的意图吗？修缮作战的装备，整饬城堡营盘，做这些事是为了抵御谁？"阿骨打答复他说："设置险隘守护自己，又有什么可责问的。"辽朝又派阿息保来责问阿骨打。阿骨打对他说："我们是小国，侍奉大国不敢废除礼仪。大国不施行德政恩泽，而且容纳包庇叛逃的人，像这样的姑息豢养小人，能没有企图吗？如果把阿疏交给我们，我们仍然侍奉朝贡。假如擒获不了逃贼，难道能束手接受管制吗。"阿息保回去，辽人才开始准备，命令统军萧挞不野往宁江州调集各部军队。

太祖听说辽国备战的消息，派遣仆聒剌再去索要阿疏，实际任务是去观察辽国的形势。仆聒剌回来说：“辽国军队人多，不知道他们的具体数目。”太祖说：“他们刚开始调动军队，哪里能聚集这么多人。”又派遣胡沙保前往辽国打探。胡沙保回来说：“只有四院统军司和宁江州的军队以及渤海军共八百人而已。”太祖说：“果然像我所说的。”又对各位副将说：“辽人知道了我们将要举兵，调集诸路军队防备我们，我们必须先发制人，不要被人家先制。”众人都说：“好！”于是太祖入内堂拜见母亲，把将征伐辽朝的事告诉她。其母说：“你继承父兄的事业建立国家，认为可以做就去进行。我老了，不要带给我忧虑，你一定不至于这样。”太祖感动涕泣，举起酒杯祝她长寿。就侍奉母亲率领诸将出门，举起酒杯向东，用辽人荒淫放肆不归还阿疏，以及自己举兵的用意祈神求福于皇天后土。祭奠完毕，皇后命令太祖端正坐好，和部下干杯，向诸部首领发号施令。太祖派婆卢火去征集移懒路迪古乃的兵士，斡鲁古、阿鲁去安抚斡忽、急赛两路属于辽国籍的女真人，实不迭前往完睹路去逮捕辽国障鹰官达鲁古部的副使辞列、宁江州渤海的大家奴。于是达鲁古部实里馆来报告说：“听说要举兵伐辽，我们这部听从谁？”太祖说：“我的兵虽说少，但都是旧时国君的后代，和你们边境相邻，你们本来就应当跟随我。如果惧怕辽人，你们自己前去投奔他们。”

九月，太祖向宁江州进军，到了寥晦城。婆卢火征兵拖延了期限，被打了军棍，又被派遣为督军。各路人马会集在来流水，共有两千五百人。太祖罗列辽的罪行，向天地申明禀报：“世代侍奉辽国，谨慎、恭敬，按时进贡，平定乌春、窝谋罕的叛乱，打败萧海里纠结的乌合之众。有功劳不省察，反而侵犯侮辱不断增加。罪人阿疏逃到辽国，屡次请求交还却始终不遣送。今天，将向辽国问罪，望皇天后土明察并保佑我们。”继而命令诸将传递梃杖而宣誓说：“你们这些人同心尽力，有功的人，是奴婢、部曲的转为平民，是平民的授予官职，原来已有官职的按顺序晋级，晋级大小根据功劳大小而定。假如违背誓言，身死梃杖之下，家属不赦免。”军队到唐括带斡甲这个地方，各军队射箭来祈祷消灾，兵士们有间隔地站立着，突然从他们的脚上和戈矛上发出像烈火似的光，人们认为这是出兵吉祥的象征。第二天，军队行进到扎只水，出现烈火似的光和头一天一样。

快到辽国边界的时候，太祖先派宗干监督士卒平界沟。度过界沟后，遇到辽国渤海的军队攻击左翼部队七谋克，众人稍有退却，敌军直向中军进犯。斜也出战，哲垤却驱马先行。太祖说：“交战的时候不可以变换位置。”派遣宗干去阻止他们。宗干纵马驰在斜也前面，控制住哲垤的马，斜也于是和宗干、哲垤一起回来。敌人跟了上来，耶律谢十掉下马来，辽人上前救助他，太祖射死了去救耶律谢十的人，同时还射中了耶律谢十。辽军中有骑马冲在前面的，太祖又瞄准了射他，箭穿透了那个人的胸膛。谢十拔出箭逃跑，太祖又追射一箭，射中了谢十的后背，箭扎进一半，谢十仆倒在地而死，缴获了他所乘的战马。宗干和数名骑兵陷在辽军当中，太祖营救他们，摘去头盔作战。有时敌人的箭就从他旁边射来，箭头擦着他额头而过。太祖扭头看见射箭的人，一箭射去那人就中箭身亡。太祖对将士说：“杀尽敌人而停战！”众人跟随他，勇气倍增。敌人大量奔走逃命，自相践踏而死的十有七八。撒改处在其他路上，没有赶上会战，阿骨打派人把打胜仗的消息告诉他，并把耶律谢十的坐骑赏赐给他。撒改派他的儿子完颜宗翰、完颜希尹来祝贺阿骨打，并且称阿骨打为帝，因而劝说阿骨打即皇帝位。阿骨打说：“一次战斗胜利，就称大号，让人看到这是多么浅薄！”

阿骨打进军宁江州，诸军填平堑沟攻打城池。宁江城中人从东门出来，温迪痕、阿徒罕拦击了他们，全部置他们于死地。十月初，攻克了宁江州城，擒获了防御使大药师奴，暗中又把他放了，让他去招抚辽人。铁骊部来送款。大军到达来流城，把俘获的战利品赐给将士。召集渤海的梁福、斡答刺让他们假装逃走，招抚告谕他们同乡的人说：“女真和渤海本来同是一家人，我们兴兵只是讨伐罪人，不会滥杀无辜的百姓。”派完颜娄室去招抚原来是辽国国籍的女真族人。

大军回还，太祖拜见宣靖皇后，拿所缴获的战利品颁发给宗室老者，把实里馆的资产分给将士。起初命令诸路军队以三百户为一谋克，十谋克为一猛安。酬斡等人安抚平定诡谋水女真族。鳖古的酋长胡苏鲁献出城池投降。

十一月，辽国都统萧纠里、副都统挞不野指挥步兵和骑兵共十万人会集在鸭子河北岸。太祖亲自率领军队去攻击他们。还没到鸭子河，天就黑了，太祖刚要躺下睡觉，好像有三个人抚着他的头，太祖忽然领悟到了什么，赶忙起来，说：“神明在警告我啊！”就命令敲响战鼓、举起火把向前进军。黎明时大军到了鸭子河边，辽兵刚要毁坏冰凌道，太祖选十队壮士打跑了他们。大军继续前进，不久登岸。披甲的战士三千七百人，登上对岸的仅剩三分之一。不久与辽军在出河店相遇，正赶上大风骤起，卷起的尘埃遮蔽了天空，阿骨打的军队乘着风势攻击辽军，辽军大败溃散。追敌到斡论泺，杀死敌人、擒获俘虏以及缴获车马、甲胄、兵器、珍玩不计其数，太祖将这些战利品普遍赏赐下属官员将士，设宴犒劳大军整整一天。辽人曾经说女真兵如果达到一万人则不可抵挡，到现在女真军队开始达到一万人了。

斡鲁古打败辽军，将其节度使挞不野斩首。仆虺等人率军攻打宾州，占领宾州。兀惹的雏鹘室来投降。辽将赤狗兒攻打宾州，仆虺、浑黜打败他。铁骊王回离保率他的部属来投降。吾睹补、蒲察又在祥州东打败赤狗兒、萧乙薛的军队。斡忽、急塞两路军队投降。斡鲁古在咸州西打败了辽军，在阵前斩了辽国统军实娄，完颜娄室攻克咸州。

当月，吴乞买、撒改、辞不失率领官员及诸将领向太祖劝进，表示愿意在新岁元旦那天奉上尊号，阿骨打不准许。阿离合懑、蒲家奴、宗翰等人进言说："现在已建立了大功业，如果不称帝号，就不能维系天下人心。"阿骨打说："我将考虑这个问题。"

收国元年(公元1115)正月初一，群臣为太祖奉上皇上称号。当天，太祖即皇帝位。太祖皇帝说："辽国用宾铁为国号，取它坚实的意思。宾铁虽然坚固，最终也会变坏了，只有金子不会变坏。金的颜色是白的，完颜部族崇尚白色。"于是定国号大金，改开国年号为收国。

正月初五，太祖皇帝亲自率领大军攻打黄龙府，进军临近益州，州人跑去保卫黄龙府，大军俘获州内余下的人民而归。辽国派遣都统耶律讹里朵、左副统萧乙薛、右副统耶律张奴、都监萧谢佛留，骑兵二十万、步兵七万戍守边疆。把娄室、银术可留下据守黄龙府。皇上率领军队奔向达鲁古城，到达宁江州西面。辽朝派僧家奴来谈判媾和，所带国书直斥太祖名讳，而且要金列为辽的属国。初九日，金国进军，有火光呈正圆状，从天上坠下。太祖说："这是祥瑞的征兆，大概是上天的帮助。"以白水祭奠而拜祭，全军将士没有不欢欣雀跃的。金军前进直逼达鲁古城。太祖登上高处眺望辽营，见其呈连云灌木的形状，环顾左右的下属说："辽国军队有二心而且胆怯，虽然人多却没有什么可畏惧的。"于是急速在高坡摆兵布阵。宗雄作为右翼首先驰入辽军的左军，左军退却。左翼从其阵后冲出，辽右军全体都奋力迎战。娄室、银术可率军冲击辽军中坚。一共九次冲入辽军阵中，都能奋力战斗冲出辽阵。宗翰请求准许率中军援助娄室、银术可。太祖派宗干前去虚设以迷惑敌人的兵士。宗雄已获胜利，攻击辽国右军，辽军就溃败了。大军乘胜追蹑，到辽军大营，当时太阳已要落下去，大军包围了辽军营盘。黎明时分，辽军冲破包围逃出，大军追到北面的阿娄冈。辽军中的步兵都战死了，大军将缴获的几千把耕具分给了诸路军队。这场战役，辽人本来打算屯垦种田，边战边守，所以一并缴获了他们的耕具。

二月，大军还朝。三月初一，太祖在寥晦城打猎。四月，辽国使臣耶律张奴带着国书觐见太祖皇上。皇上因为辽国国书中语句轻慢侮弄，就留下同来的五个人，只让耶律张奴单独回去汇报，带回的国书也像带来的国书那样措辞。五月一日，太祖皇帝到近郊避暑。五日，拜天射柳。按照过去的习俗，五月五日、七月十五日、九月九日拜天射柳，年年这样做习以为常。

六月己亥初一日，辽使耶律张奴又持国书而来，还是直呼太祖名讳。太祖也直呼辽主天祚帝的名讳，以此回复辽朝，并且告谕他让他投降。七月一日，太祖皇帝命令他的弟弟吴乞买为谙班勃极烈，国相撒改为国论勃极烈，辞不失为阿买勃极烈，另一个弟弟斜也为国论昊勃极烈。七日，辽国使者辞剌带着国书来，被拘留下来不再遣送回去。九百奚营人前来投降。

八月一日，皇上亲自率领军队出征黄龙府。行军到混同江，没有船过河，皇上派一个人在前面开道，骑着赭白色的马涉水过河，皇上说："看我的鞭子所指的地方走。"诸军跟着太祖渡江，江水深及马的肚子。后来派舟兵测量太祖率军渡江的地方，水深得不见江底。金熙宗天眷二年，将黄龙府改为济州，军名为利涉，大概是因太祖在此渡江的缘故。

九月，太祖皇帝率军攻克黄龙府，派遣辞剌先回辽朝，然后班师还朝，到混同江，像来时一样直接涉水渡过去。丁丑十一日，至自黄龙府。己卯十五日，黄龙出现在空中。癸巳十九日，以国论勃极烈撒改为国论忽鲁勃极烈，阿离合懑为国论乙室勃极烈。

十一月，辽主听说太祖皇上取得了黄龙府，大为恐惧，亲自率领七十万军队到驼门。辽国驸马萧特末、林牙萧查剌等率骑兵五万、步兵四十万到斡邻泺。太祖皇上准备亲自抵御他们。

十二月己亥四日，太祖皇上率大军行进到爻剌，召见各位将领议事。大家都说："辽兵号称有七十万之多，其锋芒不容易抵挡。我军远道而来，人马疲乏，应该驻扎在这里，挖深战壕、垒高城墙来等待他们进攻。"皇上采纳了他们的意见。派遣迪古乃、银术可镇守达鲁古。丁未十二日，皇上带领骑兵亲自守候辽军，擒获了督运粮饷的人，知道辽主因为张奴叛变，已经向西还朝两天了。当天，皇上撤军回到熟结泺，他的矛尖上有光芒闪现。戊申十三日，诸位将领说："现在辽主既然回去了，可以趁辽军懈怠之机去追击他们。"皇上说："敌人来了不迎战，撤去了反而去追击，想用这来表现勇敢吗？"众将都很惶恐惭愧，愿意以身报效国家。皇上又说："真心想追击敌人，就轻装前往，不用运送粮食。如果打败敌人，要什么得不到。"众将都奋勇向前，他们在护步答冈追上了辽主。这场战斗，金兵只有二万。皇上说："敌众我寡，兵力不要分散。看辽军的中军最坚强，辽主一定就在其中。打败他的中军，就可以达到目的。"派右翼部队先去作战。交战几个回合后，左翼配合右翼发动进攻。辽兵大败。全国军队驰骋沙场，横在辽军中间。辽国军队大败，死的人相互连接长达一百多里。缴获的车辇、幄帐、兵器、军用物资，其他宝物、牛马等不可胜计。这一仗，斜也举着长矛杀死敌军数十人，阿离本被敌军包围，温迪罕、迪忽迭带四谋克兵把他救了出来，完颜蒙刮身上数处受伤，仍拼死力战斗不已，论评功劳大家都认为他功劳最大。辽国驸马萧特末等人焚烧了营盘逃跑了。于是太祖班师回朝。加谷撒喝攻取了开州。婆卢火攻下了特邻城，辞里罕投降。

收国二年正月戊子二十三日，太祖皇帝下诏说："自从大败辽兵以来，四面八方来投降的人很多，应当加以优抚。从现在开始，契丹、奚、汉、渤海、属辽籍的女真、室韦、达鲁古、兀惹、铁骊各部的官民，已归降或被军队所俘虏，逃跑而返回的，都不要因此定其有罪，他们的酋长仍然做官，并且让他们在适宜自己的地方居住。"

闰正月，高永昌据守东京，派挞不野来求援。高丽派遣使节来祝贺胜利，并且请求把保州给予高丽。皇上下诏准许他们自己去攻取。

二月五日，皇帝下诏说："近几年光景恶劣，百姓饥寒，因此多数人依附豪门贵族，去当奴隶，他们中有犯法的，不要对他们惩办；卖身为奴的，有的私自订立条约期限，到时拿人对等赎身，过了期限的，听凭用两个人赎出一人恢复为良民。如果开始约定用一个人赎的，就照原先的约定办。"

四月二日，任用斡鲁统领内外各路军队，和蒲察、迪古乃会合咸州路都统斡鲁古讨伐高永昌。胡沙补等人被杀害。

五月，斡鲁等人率军打败高永昌，挞不野擒获高永昌献来，在军中杀了他。东京州县以及南路属于辽国的女真都投降了金国。皇帝下诏令废除辽国法令，免去税赋，设置猛安谋克类似金朝的制度。任用斡鲁为南路都统。迭勃极烈阿徒罕在照散城打败六万辽军。

九月己亥初九日，太祖皇帝在近郊打猎。乙巳十五日，南路都统斡鲁在婆卢买水谒见太祖。开始制作金牌。

十二月庚申初一，谙班勃极烈吴乞买以及群臣为太祖加尊号为大圣皇帝，改第二年年号为天辅元年。

天辅元年正月，开州发生叛乱，加古撒喝等人讨伐平定了叛乱。国论昊勃极烈斜也率领一万人马攻取泰州。

四月，辽国秦晋国王耶律捏里来侵犯，迪古乃、娄室、婆卢火率兵二万人，会合咸州路都统斡鲁古还击辽军。

五月三十日，皇上下诏令自从收取宁江州以后同姓结婚的，用棍罚让他们分离。

七月二十二日，任命完颜斡论知东京事。

八月八日，高丽国派遣使者来请求分给保州。

十二月甲子十一日，斡鲁古等人在蒺藜山打败耶律捏里的辽军，占领显州，乾、懿、豪、徽、成、川、惠等州都投降了。

当月，宋国派登州防御使马政带着国书来朝，国书大意说：“日出的时候，实际是有圣人降生。私下听说贵国征讨辽国，屡次战胜劲敌。假如攻克辽国以后，五代时候陷入契丹的汉族领地，请求贵国把这些城邑交付下国。”

天辅二年正月庚寅初七日，辽国双州节度使张崇投降。皇帝派散睹到宋国传报，国书上说：“所请求交付的地方，今天应当与宋国夹攻，谁得到这些地方就归谁所有。”

二月癸丑初一日，辽国使臣耶律奴哥等人前来议和。辛酉初九日，孛堇迪古乃、娄室来见皇上。皇上因为辽主近在中京，而孛堇迪古乃、娄室竟敢前来，把他们都打了棍子。劾里保、双古等人说，咸州都统斡鲁古知道辽天祚帝在中京却不进攻讨伐，草料军粮丰富充足而不把真实情况报告朝廷知道，攻占显州时所俘虏的人口、缴获的财物牲畜大多私自取用。

三月癸未初一日，皇帝命令阇哥代理都统而鞫去查问惩治斡鲁古，斡鲁古因此降为谋克。壬辰初十日，辽国使者耶律奴哥带着国书来。庚子十九日，根据娄室说黄龙府地处偏僻而且遥远，应当以重兵戍守，于是命令合并诸路谋克，由娄室为万户镇守黄龙府。

四月辛巳二十九日，辽国使臣来递交国书。

五月丙申十五日，命令胡突衮到辽国去。

六月甲寅初三日，太祖下诏书命令官吏禁止百姓凌辱虐待抵押受雇的平民以及加倍收取赎身资金的人。甲戌二十三日，辽通、祺、双、辽等州的八百余户百姓前来归顺，下令将他们分别安置在各部，挑选肥沃的土地让他们居住。

七月癸未初三日，皇帝下诏说："匹里水路的完颜术里古、渤海大家奴等六谋克的人民贫乏，往昔曾经拿官粮分给他们，把他们安置在可以打渔打猎的地方。现在经过的日子久了，是丰收了还是减产了，可以把这些具体数目如实报来让我知道。"胡突衮从辽国回来。耶律奴哥又持国书而来。丙申十六日，胡突衮到辽国。辽国二百户百姓来归顺，被安置在泰州。皇帝下诏令派遣阿里骨、李家奴、特里底号召告谕没投降的人。太祖还下诏书命令达鲁古部勃堇辞列："凡新来投降归附的人民，要好好收留安抚。来的人分别让他们选择方便的地方安居，发给官粮，不要动不动就去打扰他们。"

八月，胡突衮从辽国归来。耶律奴哥、突迭又持国书而来。

九月戊子初九日，皇帝下诏说："国书、诏令，应当推选善于写文章的人来起草。要让各地寻访求得博学雄才的士人，督促遣送他们速来朝廷。"

闰月庚戌初一日，任用投降的将领霍石、韩庆和为千户。九百奚部的萧宝、乙辛，北部讹里野，汉人王六兒、王伯龙，契丹的特末、高从佑等人，各自率其部众前来投降。辽国耶律奴哥持国书来。

十月癸未初五日，任用龙化州投降的张应古、刘仲良为千户。乙未十七日，咸州都统司说，汉人李孝功、渤海的二哥率其部众来投降。他们分别被任命为所率部众的千户。

十二月甲辰二十七日，派遣孛堇术孛把平定了辽地的消息告诉高丽。辽国的耶律奴哥又来传递国书。辽国懿州节度使刘宏率三千人户并抓获辽在道路上迎接宾客的官吏前来投降，被任用为千户。川州敌寇二万人已经投降了又叛变，纥石烈照里击破了他们。

天辅三年正月甲寅初七日，五个当人质的东京人永吉等结伙叛变。事情被发觉以后，诛杀了他们中的首恶分子，其余的各打一百棍，没收他们在外的家属资产的一半。皇帝诏令主持东京行政事务的斡论，再有犯罪的照此办理。丙辰初九日，诏令鳖古孛堇酬斡说："胡鲁古、迭八合二部来表示归顺，你们这些人以前不是没有相互仇恨，从今以后不要相互侵犯骚扰。"

三月，耶律奴哥持国书来。

四月丙子初一日，有日食出现。

五月壬戌十七日，皇帝诏令咸州路都统司说："兴兵打仗以前，曷苏馆、回怕里和属于辽籍、不属于辽籍的女真族户民，有犯罪流窜到边境或者逃到辽国的，本来都是我国的臣民，他们远在异国，朕很怜悯他们。今天既然讲和，应当按照理数去索要这些人。可以明白地告诉诸路千户、谋克，要普遍去询问查访他们的官职称谓、姓氏名字、居住地址，详细记录送上来。"

六月辛卯十六日，辽国派遣太傅习泥烈等人来奉献表册和玉玺，皇上挑选出册文中不合实际的几件事又退了回去。散睹从宋国回来。宋朝派马政和他的儿子马宏回访金朝。散睹接受宋朝团练使之职，太祖发怒，杖责他并且夺去了他的官职。宋朝使者返回宋朝，太祖又派遣孛堇辞列、曷鲁等人到宋朝任使节。

七月辛亥初七日，辽国人杨询卿、罗子韦率领各自部下来投降，被任命为各自所率部众的谋克。

八月己丑十五日，颁行女真文字。

九月，因为辽国册礼使没有按约定期限到来，皇帝诏令各路军队过江屯扎驻守。

十一月，习泥烈等人又来递交国书。曷懒甸长城，高丽又加高修筑三尺。皇帝诏令胡剌古、习显谨慎固守营垒。

天辅四年二月，辞列、曷鲁从宋国回来。宋国使臣赵良嗣、王晖来商议燕京、西京两地的归属事宜。

三月甲辰初四日，皇上对群臣说："辽国军队屡次失败，派遣使者来求和，只用虚辞来掩饰自己，作为缓兵之计，应当讨论去进攻征伐他们。

命令咸州路统军司整顿军旅，修理兵器，把详细数字报告给我。”辛酉二十一日，诏令咸州路都统司说：“我因为与辽国求和没有成功，将于四月二十五日进军辽国。”命令斜葛留下一千兵卒镇守，阇母率领其余的兵卒到浑河会合。辽国习泥烈持国书前来。

四月乙未二十五日，太祖亲自率军讨伐辽国。让辽国使节习泥烈、宋国使节赵良嗣等人随行。

五月甲辰初五日，到达浑河西岸，派宗雄先行奔赴上京，遣派投降过来的马乙拿着皇帝诏书去告诉城中人。壬子十三日，到达上京，诏告官民说：“辽主失道，上下同怨。朕兴兵以来，所经过的城邑顽固不服输的，立刻攻打拔了它，对投降的，则安抚慰问它，你们一定听说这个情况了。今天同你们国家和好的事，反复受到欺骗，朕不想让天下生灵长时间蒙受黑暗和苦难，于是决定进行征讨。最近派遣宗雄等人相继招安晓谕，还是不听从诏告。如果今天发动进攻，那么，城早就破了。朕重申怜悯和攻打的用意，不想残害黎民，所以开示明诏，讲明白祸和福，这些大家考虑决定怎么办。”上京人仗着防御设施坚固、储备充分决定采用死守之计。甲寅十五日，太祖急速下令进攻上京城。太祖对习泥烈、赵良嗣等人说：“你们可以观察我用兵的情况，从而选择你们的去从。”太祖亲临上京城下，督促将士各军击鼓喊叫着向上京城逼进。从黎明到上午巳时（九时至十一时），阇母带领部下先登上上京城，攻占上京城外城，辽上京留守挞不野率领全城投降。赵良嗣等人举酒杯祝太祖长寿，都称太祖万岁。这一天，太祖赦免上京的官员百姓。下诏书告谕辽国副都统余睹。壬戌二十三日，军队驻扎在沃黑河。宗干率领群臣劝谏说：“走的远了，又逢暑天，军队和战马都很疲乏，如果继续深入敌人境内，粮食缺乏断绝，恐怕往后会更艰难。”皇上听从了他们的意见，于是班师还朝，命令分出部分兵力去攻打庆州。余睹在辽河袭击阇母，完颜背答、乌塔等人边战边退，完颜特虎在战斗中战死。

七月癸卯初五日，皇上伐辽归来。

九月，烛隈水部的实里古达等人杀死孛堇酬斡、仆忽得而叛变。

十月戊辰初一，出现日食。戊寅十一日，命令斡鲁分出胡剌古、乌春的军队用以征讨实里古达。

十一月，东京留守司乞求增加东京官员百姓人质轮番代替数，太祖不准，说：“这些人质已经分别接受了土地房屋，如果又轮番代替，就因往来而产生动摇，一切照旧。”

十二月，宋朝又派马政前来请求归还西京的土地。

天辅五年春天正月，斡鲁在合挞剌山打败了实里古达，杀了首恶分子四人，对其余人员全都给予安抚让他们安定。

二月，派完颜昱和宗雄从各路猛安谋克百姓中分出一万户在泰州屯田，由婆卢火统领他们，赐给他们五十头耕牛。

四月乙丑初一日，宗翰请求讨伐辽国。诏令各路预先装备战斗的事宜。

五月，辽国都统耶律余睹等人到咸州投降。

闰月辛巳十七日，国论胡鲁勃极烈撒改逝世。

六月癸巳，余睹和他的部将属员朝见皇帝。丙申初四日，千户胡离答因为擅自任命部下为蒲里衍，被打一百杖，并罢免了千户的职务。庚子初七日，诏令谙版勃极烈吴乞买辅佐国政。任用昊勃极烈斜也为忽鲁勃极烈，蒲家奴为昊勃极烈，宗翰为移赉勃极烈。

七月庚辰十八日，诏令咸州都统司说：“自从余睹来朝，明确了解辽国事宜以来，朕已经决定亲自去征讨，你们整治军队以等待出兵的时刻。”后来因为接连下雨而使亲征的事情作罢。任命昊勃极烈昱为都统，移赉勃极烈宗翰为副都统，统率军队向西进发。

十二月辛丑十一日，任命忽鲁勃极烈完颜杲为内外诸军都统，任命昱、宗翰、宗干、宗望、宗盘等为副都统。甲辰十四日，下诏书说：“辽国朝政不循纲常，人与神共同抛弃它。现在想将中央地方实现一统天下，所以命令你率领大军施行讨伐辽国之事。你对战事要持慎重的态度，采用好的谋略，赏罚一定要分明，粮饷一定要供应及时，不要侵扰已经降服的地方百姓，不要放纵部下俘虏劫掠，看到形势可以就进军，不要延误进攻时间。遇到事情有权自行处分，不必申诉禀报。”戊申十八日，又下诏令说：“如果攻克中京，所缴获的礼乐仪仗图书文籍，一并先送到渡口发送回朝廷。”

天辅六年正月癸酉十三日，都统完颜杲攻克高、恩、回纥三座城。乙亥十五日，攻取中京，接着又攻下泽州。

二月庚寅初一日，发生日食。己亥初十日，宗翰等在北安州打败辽奚王霞末，霞末投降。奚部西节度使讹里剌率领本部投降。壬寅十三日，都统完颜杲派使者回朝报捷，并献上所缴获的宝物和财货。皇帝下诏说:“你们率兵在外,克尽职守,攻下城邑,安抚人民,朕很赞赏这些。所说的分别派遣将士去山前诸部招降,预计都已经抚定,要陆续派人来汇报。山后如果不能前往,就实行屯田牧马,等到秋季收获时,就可图谋大事。更应当认真仔细议论,看到时机成熟就行动。如果想增加兵力,把所需数目都送来上报,不能凭借一次战争的胜利,就有所松弛怠慢。对新投降归附的人应当好好抚恤。宣布告谕将士,让他们明白我的意思。”宗翰驻扎在北安,派遣希尹等巡视领地,擒获辽国护卫耶律习泥烈,知道辽主在鸳鸯泺打猎,而且辽主的儿子晋王的贤德在人们中间有威望,辽主却厌恶他而把他杀了,众人越发和辽主离心了。辽虽然有西北、西南两路兵马护卫,却都很衰弱。于是希尹派耨碗温都等人报告都统完颜杲可以进军攻击天祚帝。

三月,都统完颜杲从青岭出兵,宗翰从瓢岭出兵,追击辽主天祚帝到鸳鸯泺。天祚帝奔往西京。宗翰又追天祚帝到白水泺,但未追到,缴获了他的财物珍宝。己巳初十日,金军到西京。壬申十三日,金军攻陷西京,西京守军投降。希尹追击辽主天祚帝到乙室部,但未追到。乙亥十六日,西京又叛变。

这个月,辽国秦晋国王耶律捏里在燕即皇帝位。

四月辛卯初三日,大军再次攻取西京。壬辰初四日,皇上派遣徒单吴甲、高庆裔到宋国。戊戌初十日,都统完颜杲从西京赶到白水泺,昊勃极烈昱在铁吕川袭击毗室部,被敌兵打败,回兵遇到察剌的军队,追到黄水北岸,把察剌的队伍打得大败。耶律坦在西南诸部招降,西边直到夏国边境,那里的招讨使耶律佛顶投降。金肃、西平二郡的汉族军队四千多人叛逃了,耶律坦等人前去追击他们。阇母、娄室在天德、云内、宁边、东胜等州招降,擒获了阿疏而还。当时,山西城邑诸部虽然投降了,但是人心不稳定,辽主在保卫阴山,耶律捏里坐阵燕京,于是都统完颜杲派遣宗望回朝禀奏,请皇上亲临前沿大军。

五月辛酉初四日,宗望回朝奏捷,百官入朝祝贺,皇上很是欢喜,赐宴款待。在此之前,擒获了辽国枢密使得里底、节度使和尚、雅里斯、余里野等,都统完颜杲派阿邻护送这些人赴朝廷。得里底在途中死亡,阿邻因此被杀。辽国新主耶律捏里派使者前来请求停止进攻。戊寅二十一日,派杨勉持书信前往燕京告谕耶律捏里,让他投降。谋葛失派他的儿子菹泥刮失前来贡献当地特产。

六月戊子初一日，皇上亲自率军征讨辽国，从上京出发。谙班勃极烈吴乞买代管国事。辛亥二十四日，皇上诏告上京官民说："朕顺应天意，讨伐出征，已经平定三京，但是因为还未擒获辽主，所以战斗不能停止。现在我亲征辽国，想从上京进军，恐怕新招抚安定的百姓惊惧疑虑而失业，已经从笃密吕出兵。那些先投降后又叛逃到艰险阻塞之地的人，收到诏令告谕之后出来自首的都免去所犯之罪。如果还抗拒命令，诛及子孙无一赦免。"

这个月，耶律捏里去世。斡鲁、娄室在野谷打败了夏人。

七月甲子初八日，皇帝诏令诸位将领不得远迎，以免荒废军务。乙丑初九日，上京汉人毛八十率领二千多户投降，所以命令接收下来。丙寅初十日，因为斡答剌招降的人多，任命他统领八千户，让忽薛给他当副将。壬午二十一日，希尹带阿疏来谒见皇帝，杖责阿疏而后释放了他。

八月己丑初三日，皇帝率兵到达鸳鸯泺。都统完颜杲率领官员来朝见。癸巳初七日，皇上追击辽主天祚皇帝到了大鱼泺。昱、宗望在石辇铎追上了辽主，与辽主的军队作战，打败了他们，辽主逃跑。己亥十三日，皇上到达居延以北。辛丑十五日，中京的将领完颜浑黜在高州打败契丹、奚、汉族军队六万人，孛堇麻吉在这场战斗中丧生。得里得满部投降。完颜昱、宗望追袭辽主天祚皇帝到乌里质铎，没有追上。

九月庚申初四日，到达草泊。阇母平定了中京部族中带头叛乱的人，并招抚沿海郡县。节度使耶律慎思带领诸部进入内地。乙丑初九日，诏令六部奚说："汝等已经投降却又叛变，煽动诱惑众人离心，罪不容赦。尚且因为归附的天数还少，恐怕我朝绥靖怀柔的政策还有人不太信服，所以还是命令对你们招安，把政策讲给你们知道。如果能速来投降，定当免除罪过，官职仍然照旧保留。"归化州投降。戊辰十二日，驻扎归化州。甲戌十八日，宗雄去世。丁丑二十一日，奉圣州投降。

十月丙戌初一日，皇帝到达奉圣州，诏令说："朕屡次向将领大臣发令，安抚怀柔归附者，不要有什么侵扰。然而愚民无知，还有许多人逃跑躲藏在山林里，就想使用兵力，又深深有所不忍心。现在那些逃跑散落各处的人民，罪不论轻重，都予以怜惜免除。有能率领众人归附的，就授给他官职。有奴婢比他主子先投降的，释放他让他从良当平民。把此诏公布，让大家知道朕的旨意。"蔚州投降。庚寅初五日，余睹等人派蔚州投降的臣子翟昭彦、徐兴、田庆谒见太祖。太祖任命翟昭彦、田庆都为刺史，徐兴为团练使。下诏书说：“近来因幽、蓟一带招抚他们而不归顺，现在想统率军队去征讨，所以先安抚山西诸部。你们既然已经归服，应当加心抚恤。官吏百姓在归附以前，罪责不分轻重以及拖欠的官府的税赋，都予以赦免，诸官吏各自调任、晋升其官职。”丁酉十二日，蔚州翟昭彦、田庆杀了执掌州事务的萧观宁等人而发动叛乱，丙午二十一日，又投降。

十一月，诏令告谕燕京的官员百姓，金军所到之处，投降的人赦免其罪责，官员的官职保持不变。

十二月，皇上率军攻伐燕京。宗望率七千军队作为先行，迪古乃从得胜口出发，银术哥从居庸关出发，娄室的军队作为左翼，婆卢火的军队充当右翼，取道居庸关。丁亥初二日，皇上到妫州。戊子初三日，到居庸关。庚寅初五日，辽国统军都监高六等人来送款。太祖到燕京，自南门入燕京，派银术哥、娄室在城上布阵，就驻扎在城南。辽国知枢密院左企弓、虞仲文，枢密使曹勇义，副使张彦忠，参知政事康公弼，佥书刘彦宗恭敬地举着降表来归顺。辛卯初六日，辽国百官到军门前叩头请罪。下诏令一切都予以赦免。壬辰初七日，皇上御临德胜殿，群臣称颂祝贺。甲午初九日，皇上命令左企弓等安抚平定燕京各州县。诏令西京的官员说：“现在王师到达燕都，已经全都安抚平定了。只有萧妃和官员数人逃遁了，已经发兵去追袭，或者到了别路躲藏，可以绑缚押来。”黄龙府发生叛乱，宗辅讨伐平定了叛乱。

天辅七年正月丁巳初三日，辽奚王回离保僭越称帝。甲子初十日，辽平州节度使时立爱投降。皇上诏令赦免平州，又诏令谙班勃极烈说：“最近派遣完颜昂迁徙各部人民到岭东，然而完颜昂违背朕的旨意，骚动烦扰百姓，招致许多人怨恨叛逃。他违抗命令失去民众，应当按典章加重处置。如果还有什么疑问，先囚禁起来待澄清再处置。”庚午十六日，诏令中京都统斡论说：“听说你招抚安定人民，使百姓各安其业，我非常满意你的做法。回离保聚众反叛，你应当认真谋划，不要使它被蔓延。”壬申十八日，诏令招抚告谕回离保。癸酉十九日，按时立爱所言招抚诸部。己卯二十五日，宋朝使节来商议燕京、西京土地的归属。庚辰二十六日，宜、锦、乾、显、成、川、豪、懿等州都投降了。甲申三十日，皇上下诏令：“诸州部族归附时间短，民心不安宁。现在农事将要繁忙，可以派人分别告诉典兵的官员，不要纵容兵士骚扰人民，以致荒废农业。”

二月乙酉初一日，皇上命令撒八去兴中府传达皇上的旨意，使兴中府投降。辽国来州节度使田颢、隰州刺史杜师回、迁州刺史高永福、润州刺史张成都投降了。壬辰初八日，皇上诏令诘班勃极烈说：“郡县现在全部抚定，有逃散没有投降的，已经开释了他们的罪过，更应该招抚告诉他们。前后迁移的户民，离开家乡不久，怎么能没有怀念故土的想法？可以让他们所在地的有司，深入地加以安慰和抚恤，不要动不动就发生骚乱，衣食不足的，官府要赈济借贷给他们。”癸巳初九日，皇帝下诏说：“近来因为战事没有停息，各路的关隘、渡口都断绝了往来。现在天下一家，如果仍然禁止通行，不能用来方便人民。从今天起，显、咸、东京等路之间往来，完全听从他们方便。他们中间被俘虏和卖身的，容许他们自己赎身，仍做平民。”还命令官员靠沿途驿站提供夫马粮食，日夜兼程前往外地布告官民。兴中、宜州又叛变。宋朝派赵良嗣入朝，请允许增加每年进贡的银两用以代替燕京的税收，以及议论划定疆界和派遣使者庆贺新年生日、设置征收专卖税的交易场所进行交易，并且计划商议有关西京等事宜。癸卯十九日，银术哥、铎剌到宋朝。乙巳二十一日，诏令都统完颜杲说：“新归附的百姓中有才能的人，可以录用他们。”戊申二十四日，诏令平州官员和宋朝使者共同分割燕京六州的土地。癸丑二十九日，大赦天下。

当月，把平州改为南京，任命张觉为留守。

三月甲寅初一日，打算诛杀完颜昂，因为习不失劝谏，打了完颜昂七十棍，仍然把他拘禁在泰州。戊午初五日，都统完颜杲等人禀报，说耶律麻哲报告余睹、吴十、铎剌等人阴谋叛变，应该早点研究对策。皇上召见余睹等人，从容地对他们说：“朕得到天下，都是因为我们君臣同心同德而建成大功，本来不是你们的力量。现在听说你们谋划造反，如果真的是这样，那么你们必需的鞍马、甲胄、器械之类的东西，朕当全部提供给你们，朕绝不食言。如果这样再让我抓到，没有希望免死。想留下为朕做事，不怀二心，我也不会怀疑你们。”余睹等人都吓得战栗不止，不能对答。命令杖责铎剌七十，其余的人都赦免。宋朝派卢益、赵良嗣、马宏持国书来。

四月丁亥初四日，派遣斡鲁、宗望到阴山袭击辽主。壬辰初九日，给宋国回复国书一封。王师刚进入燕地的时候，辽国军队又侵犯奉圣州，林牙大石在龙门东二十五里的地方修筑营垒。都统斡鲁听到消息，派遣照立、娄室、马和尚等人率领军队去征讨，活捉了大石，全部收降他的兵众。癸巳初十日，皇上下诏令说：“从现在开始战争中如果遭受埋伏，没有不停滞不前的。应当将此路的事务申报到都统司，其余的事务都取决于枢密院。”契丹的九斤聚集其党羽在兴中府搞叛乱，抓获九斤，九斤自杀身亡。皇上命令习古乃、婆卢火监护长胜军，以及燕京的豪族、工匠，从松亭关迁徙到内地。己亥十六日，皇上到儒州。斡鲁、宗望在白水泺袭击了辽国权六院司喝离质，并擒获了他。喝离质的宗室亲属秦王、许王等十五人投降。闻知辽主天祚帝的辎重留在青冢，发一万兵马前往应州，派照里、背答、宗望、娄室、银术哥等人追击天祚帝。宗望追到天祚帝，与之决战，大败天祚帝，擒获他的儿子赵王习泥烈以及传国玉玺。

五月甲寅初二日，南京留守张觉依据南京城起兵叛变。丙寅十四日，皇上到野狐岭。己巳十七日，到落藜泺。斡鲁等人带着赵王习泥烈、林牙大石、驸马乳奴等人来朝见皇上，献上这些俘虏，并献上了所缴获的辽国的传国玉玺。宗隽带着所俘获的辽主的儿子秦王、许王、女儿奥野等人来拜见皇上。奚路都统挞懒攻打速古、啜里、铁尼所统领的十三岩，把它们都平定了。又派奚部马和尚攻下达鲁古以及五院司各部，擒获它的节度使乙列。回离保被他的部下所杀。辛巳二十九日，皇上诏告南京官民。

六月壬午初一日，皇帝驾临鸳鸯泺。当天，阇母在营州打败张觉。丙申十五日，皇上觉得身体不安适，将要返回上京，命令移赉勃极烈宗翰当都统，昊勃极烈完颜昱、迭勃极烈斡鲁当他的副都统，把军队驻扎在云中，用来防备边事。己酉二十八日，皇上到达斡独山驿站，召见谙班勃极烈吴乞买。

七日辛酉初十日，太祖驻扎在牛次山。宗翰回到军中。

八月辛巳初一日，出现日食。乙未十五日，驻扎在浑河北。谙班勃极烈吴乞买率领宗室成员及百官向上谒见太祖。戊申二十八日，太祖在部堵泺西行宫逝世，享年五十六岁。

九月癸丑初三日，皇上的灵柩运到上京。乙卯初五日，将太祖葬在宫城西南，建造宁神殿。丙辰初六日，谙班勃极烈吴乞买即皇帝位。

天会三年三月，太宗皇帝尊谥太祖皇帝叫武元皇帝，定庙号为太祖，在西京另外又建立一座祭庙。天会十三年二月辛酉，又将太祖灵柩改葬在和陵，在燕京城南，太祖曾经停留暂住的地方立下一座石碑，上写“开天启祚睿德神功之碑”。皇统四年，把和陵改叫睿陵。五年十月，增谥为应乾兴运昭德定功睿神庄孝仁明大圣武元皇帝。贞元三年十一月，改葬太祖于大房山，仍称之为睿陵。

史臣赞说：太祖具有杰出的计谋，高明的韬略，豁达大度，知人善任，人人都乐于为他效用。劾里钵就暗中有夺取辽国的志向，所以以兄弟相继承，传给乌雅束，于是再传给太祖。劾里钵临终时把阿骨打托付给盈歌，他长时期以来的志向也就是这样的。阿骨打刚平定东京，就废除了辽国法令，减免租税，采用本国的制度。辽主天祚帝流亡，宋朝每年贡纳钱币，把幽、蓟、武、朔等州交与宋朝，而在平州设置南京。宋人最终不能守住燕、代之地，其结果是辽主天祚帝被擒获，宋主徽、钦二帝被拘押至北国。虽然成功于天会年间，然而其制度实际是从太祖开始运作的。金拥有天下一百一十九年，太祖数年之间计谋没有失算，军队没有在行进中受阻滞或停滞不前，终于成就大业，传给子孙。啊，真是英雄。

金史卷七十三

完颜希尹列传第十一

完颜希尹本名谷神，欢都之子也。自太祖举兵，常在行阵，或从太祖、或从撒改，或与诸将征伐，比有功。

金人初无文字，国势日强，与邻国交好，乃延用契丹字。太祖命希尹撰本国字，备制度。希尹乃依仿汉人楷字，因契丹字制度，合本国语，制女真字。天辅三年八月，字书成，太祖大悦，命颁行之。赐希尹马一匹、衣一袭。其后熙宗亦制女真字，与希尹所制字俱行用。希尹所撰谓之女真大字，熙宗所撰谓之小字。

辽人迪六、和尚、雅里斯弃中京走，希尹与迪古乃、娄室、余睹袭之。迪六等闻希尹兵，复走。遂降其旁近人民而还。奚人落虎来降，希尹使落虎招其父西节度使讹里剌。讹里剌以本部降。

宗翰驻军北安，使希尹经略近地，获辽护卫耶律习泥烈，知辽主猎于鸳鸯泺。宗翰遂请进兵。宗翰将会都统杲于奚王岭。辽兵屯古北口。使婆卢火将兵二百击之，浑黜亦将二百人为后援。浑黜闻辽兵众，请益兵。宗翰欲亲往，希尹、娄室曰："此小寇，请以千兵为公破之。"浑黜至古北口，遇辽游兵，逐之入谷中。辽步骑万余迫战，死者数人。浑黜据关口，希尹等至，大破辽兵，斩馘甚众，尽获甲胄辎重。复败其伏兵，杀千余人，获马百余匹。遂与宗翰至奚王岭，期会于羊城泺。

宗翰袭辽帝于五院司，希尹为前驱，所将才八骑，与辽主战，一日三败之。明日，希尹得降人麻哲，言辽主在漠，委辎重，将奔西京。几及辽主于白水泺南。辽主以轻骑遁去。尽获其内库宝物，遂至西京。西京降，使蒲察守之。希尹至乙室部，不及辽主而还。及宗翰入朝，希尹权西南、西北两路都统。

是时，夏人已受盟，辽主已获，耶律大石自立，而夏国与娄室书责诸帅弃盟，军入其境，多掠取者。希尹上其书，且奏曰："闻夏使人约大石取山西诸郡，以臣观之，夏盟不可信也。"上曰："夏事酌宜行之。军入其境，不知信与否也。大石合谋，不可不察，其严备之。"

及大举伐宋，希尹为元帅右监军。再伐宋，执二主以归。师还，赐希尹铁券，除常赦不原之罪，余释不问。宗翰伐康王，希尹追之于扬州，康王遁去。后与宗翰俱朝京师，请立熙宗为储嗣，太宗遂以熙宗为谙班勃极烈。

熙宗即位，希尹为尚书左丞相兼侍中，加开府仪同三司。希尹为相，有大政皆身先执咎。天眷元年，乞致仕，不许，罢为兴中尹。二年，复为左丞相兼侍中，俄封陈王。与宗干共诛宗磐、宗隽。三年，赐希尹诏曰："帅臣密奏，奸状已萌，心在无君，言宣不道。逮燕居而窃议，谓神器以何归，稔于听闻，遂致章败。"遂赐死，并杀右丞萧庆并希尹子同修国史把答、符宝郎漫带。是时，熙宗未有皇子，故嫉希尹者以此言谮之。

皇统三年，上知希尹实无他心，而死非其罪，赠希尹仪同三司、邢国公，改葬之，萧庆银青光禄大夫。天德三年，追封豫王。正隆二年，例降金源郡王。大定十五年，谥贞宪。孙守道、守贞、守能。守道自有传。

【译文】

完颜希尹本名叫谷神，他是欢都的儿子。自从太祖举兵，他常常在军队，或跟从太祖，或跟从撒改，或与其他将领一起征讨，都立有功劳。

金人最初没有文字，随着国势日益强盛，与邻国交往友好，就采用契丹文字。太祖命令希尹编撰本国文字，完备各项制度。希尹于是依仿着汉人的楷书字，因袭契丹字的规律，结合本国语的特点，制定女真字。天辅三年八月，字书撰成，太祖非常高兴，命令颁布推行。赏赐给希尹马一匹，衣服一袭。在这之后熙宗也制定女真字，与希尹所制的字一起通行使用。希尹所编撰的称为女真大字，熙宗所编撰的称为小字。

辽人迪六、和尚、雅里斯放弃中京逃走，希尹与迪古乃、娄室、余睹袭击他们。迪六等听到希尹军队追击的消息，又逃跑了。希尹于是降服了旁近的百姓就返回了。奚人落虎来投降，希尹使落虎招他的父亲西节度使讹里剌，讹里剌率本部投降。

宗翰把军队驻扎在北安州，派希尹经营宣谕附近各地，俘获辽护卫耶律习泥烈，知道辽帝在鸳鸯泺游猎。宗翰于是请求进兵。宗翰将与都统完颜杲在奚王岭会合。辽兵屯驻在古北口。宗翰派婆卢火派兵二百人袭击他们，浑黜也带领二百人作为后面的援军。浑黜听说辽兵众多，于是请求增加兵力。宗翰想亲自前往，希尹、娄室说："这是小盗贼，请用一千兵为您击败他。"浑黜到古北口，碰到辽的巡逻兵，就追赶他们，进入了山谷中。辽步兵和骑兵一万多急忙出战，死了好几个人。浑黜据守关口，希尹等赶到，大败辽兵，斩杀特别多，全部缴获了辽兵的甲胄和物资。接着又打败了辽的伏兵，杀了一千多人，获得马一百多匹。于是和宗翰到奚王岭，计划会合于羊城泺。

宗翰袭击辽帝于五院司，希尹为前驱，才率领八名骑兵，与辽帝交战，一天三次打败了他。第二天，希尹得到投降的人麻哲，说辽帝在沙漠抛弃军用物资，将要逃奔西京。希尹几乎在白水泺南追到辽帝，辽帝率轻装快速的骑兵逃走。希尹全部获得了他内廷仓库的宝物，于是赶到西京。西京投降，使蒲察守卫。希尹到乙室部，没有追上辽帝就回来了。宗翰入朝朝见天子的时候，希尹暂时代理西南、西北两路的都统。

这个时候，夏人已接受盟约，辽帝已经被俘获，耶律大石自己立国，而夏国给娄室文书谴责各将帅背弃盟约，军队进入了他的边界，多有抢掠夺取的。希尹呈上这件文书，并上奏说："听说夏派人相约大石夺取山西各郡，在臣下看来，夏国的盟誓不可信。"皇上说："夏国的事可斟酌情况适当地施行。军队进入他的边境，不知是可信还是不可信。与大石合谋，不可不仔细核查，这件事要严格防备。"

大规模讨伐宋朝的时候，希尹任元帅右监军。再一次讨伐宋朝，俘获两个皇帝归来。回师后，皇帝赐给希尹铁券，除了一般赦免不能宽恕的罪过外，其他都除免不予置问。宗翰讨伐康王，希尹追康王追到扬州，康王逃走。希尹后来与宗翰在京师一起朝见皇帝，请求立熙宗为皇位继承人，太宗于是以熙宗为谙班勃极烈。

熙宗即位，希尹为尚书左丞相兼侍中，加官开府仪同三司。希尹为丞相，有大的改正都是自身先行认错。天眷元年，希尹请求退休，皇帝不允许，罢朝职改任兴中尹。二年，重新为左丞相兼侍中，不久封陈王。与宗干共同诛杀宗磐、宗隽。三年，赐希尹诏令说："帅臣秘密上奏说，你奸恶的罪状已经萌生，你心中没有君主，言论宣扬非理。居住在家就偷偷议论，说帝位将归属何人，朕久已听到传闻，现在你终于败露了。"于是赐希尹死，并杀了右丞相萧庆和希尹的儿子同修国史把答、符宝郎漫带。这时，因为熙宗没有皇子，所以嫉妒希尹的人就用这种话来诬陷他。

皇统三年，皇上知道希尹实际没有别的用心，死得非罪，就追赠希尹官仪同三司、邢国公，并且改葬了他，追赠萧庆为银青光禄大夫。天德三年，追封希尹为豫王。正隆二年，按例降为金源郡王。大定十五年，谥希尹号贞宪。孙子名叫守道、守贞、守能。守道自己有传。

金史卷七十七

宗弼列传第十五

宗弼，本名斡啜，又作兀术，亦作斡出，或作晃斡出，太祖第四子也。

希尹获辽护卫习泥烈，问知辽帝猎鸳鸯泺。都统杲出青岭，宗望、宗弼率百骑与马和尚逐越卢孛古、野里斯等，驰击败之。宗弼矢尽，遂夺辽兵士枪，独杀八人，生获五人，遂审得辽主在鸳鸯泺畋猎，尚未去，可袭取者。

及宗望伐宋，宗弼从军，取汤阴县，降其卒三千人。至御河，宋人已焚桥，不得渡，合鲁索以七十骑涉之，杀宋焚桥军五百人。宗望遣吴孝民先入汴谕宋人，宗弼以三千骑薄汴城，宋上皇出奔，选百骑追之，弗及，获马三千而还。

宗望薨，宗辅为右副元帅，徇地淄、青。宗弼败宋郑宗孟数万众，遂克青州。复破贼将赵成于临朐，大破黄琼军，遂取临朐。宗辅军还，遇敌三万众于河上，宗弼击败之，杀万余人。

诏伐宋康王，宗辅发河北，宗弼攻开德府，粮乏，转攻濮州。前锋乌林答泰欲破王善二十万众，遂克濮州，降旁近五县。攻开德府，宗弼以其军先登，奋击破之。攻大名府，宗弼军复先登，破其城。河北平。

宋主自扬州奔于江南，宗弼等分道伐之。进兵归德，城中有自西门北门出者，当海复败之。乃绝隍筑道，列炮隍上，将攻之，城中人惧，遂降。先遣阿里、蒲卢浑至寿春，宗弼军继之。宋安抚使马世元率官属出降。进降庐州，再降巢县王善军。当海等破郦琼万余众于和州，遂自和州渡江。将至江宁西二十里，宋杜充率步骑六万来拒战，鹘卢补、当海、迪虎、大抃合击破之。宋陈邦光以江宁府降。留长安奴、斡里也守江宁。使阿鲁补、斡里也别将兵徇地，下太平州、濠州及句容、溧阳等县，溯江而西，屡败张永等兵，杜充遂降。

宗弼自江宁取广德军路，追袭宋主于越州。至湖州，取之。先使阿里、蒲卢浑趋杭州，具舟于钱塘江。宗弼至杭州，官守巨室皆逃去，遂攻杭州，取之。宋主闻杭州不守，遂自越奔明州。宗弼留杭州，使阿里、蒲卢浑以精兵四千袭之。讹鲁补、术列速降越州。大抃破宋周汪军，阿里、蒲卢浑破宋兵三千，遂渡曹娥江，去明州二十五里，大破宋兵，追至其城下。城中出兵，战失利，宋主走入于海。宗弼中分麾下兵，会攻明州，克之。阿里、蒲卢浑泛海至昌国县，执宋明州守赵伯谔，伯谔言“宋主奔温州，将自温州趋福州矣”。遂行海追三百余里，不及，阿里、蒲卢浑乃还。

宗弼还自杭州，遂取秀州。赤盏晖败宋军于平江，遂取平江。阿里率兵先趋镇江，宋韩世忠以舟师扼江口，宗弼舟小，契丹、汉军没者二百余人，遂自镇江溯流西上。世忠袭之，夺世忠大舟十艘，于是宗弼循南岸，世忠循北岸，且战且行。世忠艨艟大舰数倍宗弼军，出宗弼军前后数里，击柝之声，自夜达旦。世忠以轻舟来挑战，一日数接。将至黄天荡，宗弼乃因老鹳河故道开三十里通秦淮，一日一夜而成，宗弼乃得至江宁。挞懒使移剌古自天长趋江宁援宗弼，乌林答泰欲亦以兵来会，连败宋兵。

宗弼发江宁，将渡江而北。宗弼军渡自东，移剌古渡自西，与世忠战于江渡。世忠分舟师绝江流上下，将左右掩击之。世忠舟皆张五緉，宗弼选善射者，乘轻舟，以火箭射世忠舟上五緉，五緉著火箭，皆自焚，烟焰满江，世忠不能军，追北七十里，舟军歼焉，世忠仅能自免。

宗弼渡江北还，遂从宗辅定陕西。与张浚战于富平，宗弼陷重围中，韩常流矢中目，怒拔去其矢，血淋漓，以土塞创，跃马奋呼搏战，遂解围，与宗弼俱出。既败张浚军于富平，遂与阿卢补招降熙河、泾原两路。及攻吴玠于和尚原，抵险不可进，乃退军，伏兵起，且战且走，行三十里，将至平地，宋军阵于山口，宗弼大败，将士多战没。明年，复攻和尚原，克之。天会十五年，为右副元帅，封沈王。

天眷元年，挞懒、宗磐执议以河南之地割赐宋，诏遣张通古等奉使江南。明年，宋主遣端明殿学士韩肖胄奉表谢，遣王伦等乞归父丧及母韦氏兄弟。宗弼自军中入朝，进拜都元帅。宗弼察挞懒与宋人交通赂遗，遂以河南、陕西与宋，奏请诛挞懒，复旧疆。是时，宗磐已诛，挞懒在行台，复与鹘懒谋反。会置行台于燕京，诏宗弼为太保，领行台尚书省，都元帅如故，往燕京诛挞懒。挞懒自燕京南走，将亡入于宋，追至祁州，杀之。

诏“诸州郡军旅之事，决于帅府。民讼钱谷，行台尚书省治之”。宗弼兼总其事，遂议南伐。太师宗干以下皆曰："构蒙再造之恩，不思报德，妄自鸱张，祈求无厌，今若不取，后恐难图。"上曰："彼将谓我不能奄有河南之地。且都元帅久在方面，深究利害，宜即举兵讨之。"遂命元帅府复河南疆土，诏中外。

宗弼由黎阳趋汴，右监军撒离喝出河中趋陕西。宋岳飞、韩世忠分据河南州郡要害，复出兵涉河东，驻岚、石、保德之境，以相牵制。宗弼遣孔彦舟下汴、郑两州，王伯龙取陈州，李成取洛阳，自率众取亳州及顺昌府，嵩、汝等州相次皆下。时暑，宗弼还军于汴，岳飞等军皆退去，河南平，时天眷三年也。上使使劳问宗弼以下将士，凡有功军士三千，并加忠勇校尉。攻岚、石、保德皆克之。

宗弼入朝，是时，上幸燕京，宗弼见于行在所。居再旬，宗弼还军，上起立酌酒饮之，赐以甲胄弓矢及马二匹。宗弼已启行四日，召还。至日，希尹诛。越五日，宗弼还军，进伐淮南，克庐州。

上幸燕京。宗弼朝燕京，乞取江南，上从之。制诏都元帅宗弼比还军与宰臣同入奏事。俄为尚书左丞相兼侍中、太保、都元帅、领行台如故。诏以燕京路隶尚书省，西京及山后诸部族隶元帅府。乃还军，遂伐江南。既渡淮，以书责让宋人，宋人答书乞加宽宥。宗弼令宋主遣信臣来禀议，宋主乞"先敛兵，许敝邑拜表阙下"，宗弼以便宜约以画淮水为界。上遣护卫将军撒改往军中劳之。

皇统二年二月，宗弼朝京师，兼监修国史。宋主遣端明殿学士何铸等进誓表，其表曰："臣构言，今来画疆，合以淮水中流为界，西有唐、邓州割属上国。自邓州西四十里并南四十里为界，属邓州。其四十里外并西南尽属光化军，为敝邑。沿边州城，既蒙恩造，许备藩方，世世子孙，谨守臣节。每年皇帝生辰并正旦，遣使称贺不绝。岁贡银、绢二十五万两、匹，自壬戌年为首，每春季差人般送至泗州交纳。有渝此盟，明神是殛，坠命亡氏，踣其国家。臣今既进誓表，伏望上国蚤降誓诏，庶使敝邑永有凭焉。"

宗弼进拜太傅。乃遣左宣徽使刘筈使宋，以衮冕圭宝珮璲玉册册康王为宋帝。其册文曰："皇帝若曰：咨尔宋康王赵构。不吊，天降丧于尔邦，亟渎齐盟，自贻颠覆，俾尔越在江表。用勤我师旅，盖十有八年于兹。朕用震悼，斯民其何罪。今天其悔祸，诞诱尔衷，封奏狎至，愿身列于藩辅。今遣光禄大夫、左宣徽使刘筈等持节册命尔为帝，国号宋，世服臣职，永为屏翰。呜呼钦哉，其恭听朕命。”仍诏天下。赐宗弼人口牛马各千、驼百、羊万，仍每岁宋国进贡内给银、绢二千两、匹。

宗弼表乞致仕，不许，优诏答之，赐以金券。皇统七年，为太师，领三省事，都元帅、领行台尚书省事如故。皇统八年，薨。大定十五年，谥忠烈，十八年，配享太宗庙廷。子孛迭。

赞曰：宗弼蹙宋主于海岛，卒定画淮之约。熙宗举河南、陕西以与宋人，矫而正之者，宗弼也。宗翰死，宗磐、宗隽、挞懒湛溺富贵，人人有自为之心，宗干独立，不能如之何，时无宗弼，金之国势亦曰殆哉。世宗尝有言曰：“宗翰之后，惟宗弼一人。”非虚言也。

【译文】

宗弼，原名叫斡啜，又叫兀术，也叫斡出，或者叫晃斡出，是太祖的第四个儿子。

希尹俘获了辽的护卫习泥烈，审问得知辽帝在鸳鸯泺游猎。都统完颜杲出兵青岭，宗望、宗弼率领一百骑兵与马和尚追击越卢孛古、野里斯等，打败了他们。宗弼的箭用完了，就夺过辽兵士的枪，一个人杀死了八个人，生擒了五个人，于是审问得知辽主在鸳鸯泺畋猎还没有离开，可以乘机袭击并抓住他。

宗望讨伐宋朝的时候，宗弼跟随军队，夺取了汤阴县，降服宋兵三千多人。到了御河，宋人已焚烧桥梁，不能渡过，合鲁索带七十名骑兵涉水而过，斩杀宋烧桥的士兵五百多人。宗望派吴孝民先行进入汴京宣谕宋人，宗弼用三千骑兵逼近汴城。宋太上皇出逃，宗弼选一百名骑兵追他，没有追上，获得马三千匹而回。

宗望去世，宗辅为右副元帅，在淄、青二州攻占土地。宗弼打败了宋郑宗孟的军队好几万人，于是攻克了青州。又在临朐击溃贼将赵成，大破黄琼的军队，夺取了临朐。宗辅军队撤回，在黄河遇到敌军三万人，宗弼打败了他们，斩杀一万多人。

皇帝下令讨伐宋康王，宗辅从河北出发，宗弼攻打开德府，粮食缺乏，转攻濮州。前锋乌林答泰欲打败王善二十万军队，于是攻克濮州，降服旁近五个县。攻打开德府时，宗弼让自己的军队首先登上城墙，奋力打破开德城。攻打大名府时，宗弼的军队又先行登上了城墙，攻破了这座城池。河北平定了。

宋帝从扬州出奔江南，宗弼等分道讨伐他。进兵归德时，城中有从西门、北门出来的军队，当海又打败了他们。于是断绝无水的城壕修筑道路，在城壕上架起大炮，将要攻打的时候，城中的人害怕，就投降了。先遣阿里、蒲卢浑到了寿春，宗弼的军队接着开到。宋朝的安抚使马世元率领官属出来投降。接着宗弼降服了庐州，再一次降服了巢县王善的军队。当海等人在和州打败了郦琼一万多军队，于是从和州渡过长江。将要到江宁以西二十里的地方，宋朝杜充率领步兵和骑马的将士六万人来阻挡，鹘卢补、当海、迪虎、大抃联合击败了他。宋朝陈邦光以江宁府投降。留下长安奴、斡里也镇守江宁。派遣阿鲁补、斡里也另外率领军队夺取土地，拿下了太平州、濠州及句容、溧阳等县，沿着长江向西前进，屡次打败张永等人的军队，杜充于是投降。

宗弼从江宁夺取广德军路，在越州追击宋朝皇帝。到了湖州，夺取了这个地方。先派阿里、蒲卢浑奔赴杭州，在钱塘江上准备船只。宗弼到了杭州，官守和富户都逃跑了，就攻打杭州，夺取了这个地方。宋帝听说杭州失守，于是从越州逃奔明州。宗弼留在杭州，派遣阿里、蒲卢浑用精兵四千袭击明州。讹鲁补、术列速降服越州，大抃击溃宋周汪的军队，阿里、蒲卢浑打败了宋兵三千人，于是渡过曹娥江，离明州二十五里，大破宋兵，追到明州城下。城中出兵，交战失利，宋帝奔逃到海中。宗弼平分手下的士兵，协同攻打明州，打胜了。阿里、蒲卢浑由海上到达昌国县，拘捕了宋明州守官赵伯谔，伯谔说："宋帝奔逃温州，将从温州奔赴福州。"他们于是走海路追赶了三百多里，没有追上，阿里、蒲卢浑才回来。

宗弼从杭州撤回，夺取了秀州。赤盏晖在平江打败宋军，于是夺取了平江。阿里率兵先行奔赴镇江，宋韩世忠以船队扼守着长江口，宗弼的船小，契丹、汉军淹死了有二百多人，于是从镇江逆江水向西行。世忠攻打他们，被宗弼夺取了大船十艘，于是宗弼沿着南岸，世忠沿着北岸，一边战斗一边行进。世忠的战船大舰比宗弼的军队多好几倍，出没在宗弼军的前后数里，敲打木梆的声音从夜晚一直响到天亮。世忠用轻便的船来挑战，一天好几次相遭遇。将要到黄天荡的时候，宗弼沿着老鹳河的故道打通了三十里通秦淮河，一天一宿就完成了，他才得以到了江宁。挞懒派遣移剌古从天长奔赴江宁援助宗弼，乌林答泰欲也带兵前来会合，连连击败宋兵。

宗弼自江宁出发，要渡长江向北去。宗弼的军队从东渡，移剌古的军队从西渡，与世忠战于长江渡口。世忠分船队断绝了上下游，准备从左右乘虚攻打。世忠的每条船上都摆放有五双草鞋，宗弼挑选善于射箭的，乘着轻快的小船，用火箭射世忠船上的草鞋，草鞋被火箭击中，都自己燃烧起来，烟焰满江，世忠不能成军，败退七十里，舟师被消灭，韩世忠仅仅能够自免一死。

宗弼渡过长江北还，于是跟从宗辅平定陕西。与张浚在富平交战，宗弼陷于重重包围之中。韩常被乱飞的箭射中眼睛，他愤怒地拔去箭，鲜血淋漓，就用土堵塞伤口，飞马大喊着与敌人格斗，于是解除了包围，与宗弼一起撤出。在富平打败了张浚的军队之后，就与阿卢补招降熙河、泾原两路。在和尚原攻打吴玠的时候，遇到险阻不能前进，于是退军，谁知伏兵出现，只好边战边走，走了三十里，将要到平地的时候，遇宋军在山口列阵待机，宗弼大败，将官和士兵多战死。第二年，又攻打和尚原，取得了胜利。天会十五年，宗弼任右副元帅，封沈王。

天眷元年，挞懒、宗磐坚持把河南割赐给宋朝，皇帝派张通古等出使江南。第二年，宋帝派端明殿学士韩肖胄献表致谢，派遣王伦等请求归还父亲的殡丧及母亲韦氏兄弟。宗弼从军队中入朝，进拜为都元帅。宗弼了解到挞懒与宋人往来、互赠礼物、接受贿赂，把河南、陕西送给宋，就上奏请求斩杀挞懒，恢复原来的疆域。这个时候，宗磐已处斩，挞懒在行台，又与鹘懒谋划反叛。恰好在燕京设置行台，皇帝命宗弼为太保，统领行台尚书省，都元帅仍旧，前往燕京诛杀挞懒。挞懒从燕京南逃，将要逃入宋境的时候，宗弼追到祁州，杀了他。

皇帝下令："各州郡的军旅之事，决定于元帅府。民间诉讼及钱谷之事，由行台尚书省治理。"宗弼兼任总掌其事，于是商议南伐。太师宗干以下的官员都说："赵构承蒙再造的恩德，不想报德，妄自嚣张，祈求没有个满足，现在要是不获取他，以后恐怕就难以图谋了。"皇上说："他们将说我们不能占有河南这块地方。况且都元帅长久独当一面，深深推寻过利与害，应该马上举兵讨伐他们。"于是命令元帅府恢复河南的疆土，并将皇帝的命令宣示朝廷内外。

宗弼从黎阳奔赴汴京，右监军撤离喝从河中出兵奔陕西。宋朝岳飞、韩世忠分别据守着河南州郡的要害之处，又出兵经河东，驻扎在岚州、石州、保德的边境，以此互相牵制。宗弼派孔彦舟攻下汴、郑两州，王伯龙攻取陈州，李成攻取洛阳。自己率领军队攻取亳州及顺昌府，嵩、汝等州相继被攻下。当时正热，宗弼退还军队到汴京，岳飞等人的军队都已退走，河南平定，那时是天眷三年。皇上派使者慰劳抚问宗弼以下的将官和士兵，有功劳的军士三千人，全都加官忠勇校尉。攻打岚州、石州、保德州的军队全都取得了胜利。

宗弼入朝，当时，皇帝巡幸燕京，宗弼在行在拜见了皇帝。宗弼住了二十天，打算返回军队，皇上起立斟酒给他喝，赏赐给甲胄、弓箭和马两匹。宗弼已经启程走了四天，皇帝又把他召回。宗弼到的那天，希尹被杀。过了五天，宗弼回到军队，进军讨伐淮南，攻克庐州。

皇上巡幸燕京。宗弼到燕京朝见，请求攻取江南，皇上听从了这一主意。皇帝下令都元帅宗弼等到回军之后与宰辅大臣一同入朝奏事。不久宗弼为尚书左丞相兼侍中、太保、都元帅，统领行台职务仍旧。皇帝下令燕京路隶属尚书省，西京及山后各部族隶属元帅府。宗弼回到军队，随即讨伐江南。渡过淮河之后，宗弼发文书责难宋人，宋人回信请求予以宽恕。宗弼命令宋帝派遣可靠的大臣前来禀告商议，宋帝请求："先收兵，允许敝邑拜表阙下。"宗弼以不奏禀可自行处理的特权与宋人相约划淮水为边界。皇上派护卫将军撒改到军队中慰劳他们。

皇统二年二月，宗弼赴京师朝见，兼任监修国史。宋帝派遣端明殿学士何铸等进奏誓表，表文说："臣构禀奏：今来划分疆界，以淮水中流为界限比较合适，界西有唐州、邓州割属给贵国。从邓州以西四十里并向南四十里为界限，属于邓州。在这四十里以外和西南全部属于光化军，属于敝邑。沿边界的州城，既已承蒙恩造，请允许为一方藩属，世世子孙，谨慎地恪守为臣的操守。每年皇帝的生辰以及正月旦日，派遣使臣称贺不绝。每年贡献银、绢二十五万两、匹，从壬戌年开始，每年春季派人搬送到泗州交纳。有违背这个盟约的，明神即加诛戮，丢性命亡家族，颠覆他的国家。臣今天既已奏进誓表，俯首待望贵国早早降下誓诏，希望使敝邑永远有个凭据。"

宗弼晋升拜任为太傅。于是派左宣徽使刘筈出使宋朝，用衮冕、圭宝、珮璲、玉册册封康王为宋朝的皇帝。册文说："皇帝说：宋康王赵构听命。你没有善心，天给你的国家降下了死亡，你多次背弃两国的盟约，自己招致颠覆，使你流落在大江以南，让我的军队受辛劳，到现在大概十又八年了。使我震惊悲伤，这里的老百姓有什么罪？现今皇天不愿再有祸乱，宽大地诱导你的忠诚，才使你密缄的奏章常常送来，愿意自身列为藩辅之国。今派遣光禄大夫、左宣徽使刘筈等拿着符节册命你为皇帝，国号为宋，世世履行为臣的职守，永远为大国的屏藩。一定要谨慎啊，你要恭敬地听取我的命令。”皇帝把这件事诏告了天下。赏赐给宗弼人口、牛马各一千，骆驼一百，羊一万，还从每年宋国进贡的岁币之内给银、绢两千两、匹。

宗弼上表请求退休，皇帝不允许，对他特别优待，用诏书回答了他，赏赐给金券。皇统七年，宗弼任太师，领三省事，都元帅、领行台尚书省事仍旧。他在皇统八年去世。大定十五年，谥称忠烈，十八年，陪位太宗庙廷分享祭祀。儿子叫孛迭。

评论说：宗弼在海岛逼迫宋朝皇帝，终于定立了划淮为界的盟约。熙宗把河南、陕西送给宋人，纠正这一过错的人，就是宗弼。宗翰死后，宗磐、宗隽、挞懒等人深深沉溺于富贵，人人有为自己打算的私心，宗干只是不同流合污，不能对他们这些人怎么样，当时若没有宗弼，金朝的国势也可以说危险了。世宗曾有话说：“宗翰之后，只有宗弼一个人。”不是虚妄的话啊。

金史卷七十八

韩企先列传第十六

韩企先，燕京人。九世祖知古，仕辽为中书。徙居柳城，世贵显。

乾统中，企先中进士第，回翔不振。都统杲定中原，擢枢密副都承旨，稍迁转运使。宗翰为都统经略山西，表署西京留守。天会六年，刘彦宗死，企先代之，同中书门下平章事、知枢密院事。七年，迁尚书左仆射兼侍中，封楚国公。

初，太祖定燕京，始用汉官宰相赏左企弓等，置中书省，枢密院于广宁府，而朝廷宰相自用女真官号。太宗初年，无所改更。及张敦固伏诛，移置中书、枢密于平州，蔡靖以燕山降，移至燕京，凡汉地选授调发租税皆承制行之。故自时立爱、刘彦宗及企先辈，官为宰相，其职大体如此。斜也、宗幹当国，劝太宗改女真旧制，用汉官制度。天会四年，始定官制，立尚书省以下诸府寺。

十二年，以企先为尚书右丞相，召至上京。入见，太宗甚惊异曰："朕畴昔曾梦此人，今果见之。"于是，方议礼制度，损益旧章。企先博通经史，知前代故事，或因或革，咸取折衷。企先为相，每欲为官择人，专以培植奖励后进为己责任。推毂士类，甄别人物，一时台省多君子。弥缝缺漏，密谟显谏，必咨于王。宗翰、宗幹雅敬重之，世称贤相焉。

皇统元年，封濮王。六年死。年六十五。正隆二年，例降封齐国公。大定八年，配享太宗庙庭。

十年，司空李德固孙引庆求袭其祖猛安，世宗曰："德固无功，其猛安且缺之。汉人宰相惟韩企先最贤，他不及也。"十一年，将图功臣像于衍庆宫，上曰："丞相企先，本朝典章制度多出斯人之手，至于关决大政，与大臣谋议，不使外人知之，由是无人能知其功。前后汉人宰相无能及者，置功臣画像中，亦足以示劝后人。"十五年，谥"简懿"。

【译文】

韩企先，是燕京人。九世祖韩知古，在辽做官时，担任中书令，移居到柳城，世代富贵显赫。

乾统年间，韩企先考中进士，盘旋留滞，没有得到进用。都统完颜杲平定中京后，提拔韩企先为枢密副都承旨，后来逐渐升为转运使。完颜宗翰任都统经营治理山西时，上表让韩企先代理西京留守的职务。太宗天会六年，刘彦宗去世，韩企先代替他担任同中书门下平章事、知枢密院事。天会七年，升任尚书左仆射兼侍中，被封为楚国公。

起初，太祖平定燕京，开始用汉官号赏赐左企弓等人，在广宁府设中书省、枢密院，而朝廷的宰相则用女真的官号。太宗初年，官号任用没有什么改变。等到张敦固被处死，把中书省、枢密院移到平州，蔡靖献燕山地区投降，又移到燕京，凡是汉人地区选任官职、征调租税等事务，都由燕京中书省和枢密院依据朝廷命令进行管理。所以从时立爱、刘彦宗到韩企先等人担任宰相时，他们的职权大体上都是这样。斜也、宗幹主持国政时，建议太宗改革女真传统制度，采用汉人官制。天会四年，开始确定官制，设置尚书省以下各级官署机构。

天会十二年，朝廷任命韩企先为尚书右丞相，召他到上京。韩企先进宫拜见时，太宗十分惊异地说："我曾梦见此人，今天果然见到了。"这时，朝廷正讨论礼仪制度，准备改革以前的旧规章。韩企先学识广博、精通经史，了解前代旧制，有的需要继承，有的需要更改，都使之调和中正、没有偏颇。韩企先做宰相时，每次都选拔有才能的人出任官职，专门以培植和奖掖后生为自己的责任。由于韩企先大力推荐读书人，鉴别人才，一时间台省多由有德行的君子担任官职。韩企先力求弥补政事的缺漏与不足，在进行秘密策划和公开的劝谏时，必定会向诸王征求意见。完颜宗翰、宗幹都很敬重他，当时的人称赞他为贤明的宰相。

熙宗皇统元年，韩企先被封为濮王。六年，韩企先去世，终年六十五岁。海陵王正隆二年，韩企先被降封为齐国公。世宗大定八年，诏令韩企先配享太宗庙庭。

大定十年，司空李德固的孙子李引庆请求继承祖父的猛安爵号。世宗说："李德固没有什么功劳，他的猛安称号暂且空缺。汉人宰相只有韩企先最贤明，其他人都比不上他。"十一年，将要在衍庆宫画功臣像时，皇上说："丞相韩企先，本朝的典章制度多是由他制定的，在处理和决定国家大事时，都是他与大臣们谋划商议，不让外人知道，所以没人能知道他的功劳。前后汉人宰相中没人能比得上他，将他安置在功臣像里面，也足以昭示和勉励后人。"十五年，赐韩企先谥号"简懿"。

金史卷七十九

张中彦列传第十七

张中彦字才甫，中孚弟。少以父任仕宋，为泾原副将，知德顺军事。睿宗经略陕西，中彦降，除招抚使。从下熙、河、阶、成州，授彰武军承宣使，为本路兵马钤辖，迁都总管。

宋将关师古围巩州，与秦凤李彦琦会兵攻之。王师下饶风关，得金、洋诸州，以中彦领兴元尹，抚辑新附。师还，代彦琦为秦凤经略使。秦州当要冲而城不可守，中彦徙治北山，因险为垒，今秦州是也。筑腊家诸城，以扼蜀道。帅秦凡十年，改泾原路经略使，知平凉府。

朝廷以河南、陕西赐宋，中孚以官守随，例当留关中。熙河经略使慕洧谋入夏，将阙关、陕，中彦与环庆赵彬会两路兵讨之，洧败入于夏。中彦与兄中孚俱至临安，被留，以为龙神卫四厢都指挥使，清远军承宣使，提举佑神观，靖海军节度使。

皇统初，恢复河南，诏征中彦兄弟北归，为静难军节度使，历彰化军、凤翔尹，改尹庆阳，兼庆原路兵马都总管、宁州刺史。宗室宗渊殴死僚佐梁郁，郁，远人家贫无能赴告者。中彦力为正其罪，竟置于法。改彰德军节度使，增赋调法，奸豪无所蔽匿，人服其明。

正隆营汴京新宫，中彦采运关中材木。青峰山巨木最多，而高深阻绝，唐宋以来不能致。中彦使构崖驾壑，起长桥十数里，以车运木，若行平地，开六盘山水洛之路，遂通汴梁。明年，作河上浮梁，复领其役。舟之始制，匠者未得其法，中彦手制小舟才数寸许。不假胶漆而首尾自相钩带，谓之"鼓子卯"，诸匠无不骇服，其智巧如此。浮梁巨舰毕功，将发旁郡民曳之就水。中彦召役夫数十人，治地势顺下倾泻于河，取新秫秸密布於地，复以大木限其旁，凌晨督众乘霜滑曳之，殊不劳力而致诸水。

俄迁平阳。海陵将伐宋，驿召赴阙，授西蜀道行营副都统制，赐细铠，使先取散关俟后命。

世宗即位，赦书至凤翔，诸将惶惑不能决去就，中彦晓譬之，诸将感悟，受诏。上召中彦入朝，以军付统军合喜。及见，上赐以所御通犀带，封宗国公。寻为吏部尚书。上书曰："古者关市讥而不征，今使掌关市者征而不讥。苛留行旅，至披剔囊笥甚於剽掠，有伤国体，乞禁止。"从之。

逾年，除南京留守。时淮楚用兵，土民与戍兵杂居，讼牒纷纭，所司皆依违不决。中彦得戍兵为盗者，悉论如法，帅府怒其专决，劾奏之，朝廷置而不问。秩满，转真定尹兼河北西路兵马都总管。未几，致仕，西归京兆。明年，起为临洮尹兼熙秦路兵马都总管。巩州刘海构乱，既败，籍民之从乱者数千人，中彦惟论为首者戮之。西羌吹折、密臧、陇逋、庞拜四族恃险不服，使侍御史沙醇之就中彦论方略，中彦曰："此羌服叛不常，若非中彦自行，势必不可。"即至积石达南寺，酋长四人来，与之约降，事遂定，赏赐遣之。还奏，上大悦，遣张汝王驰驿劳之，赐以球文金带，用郊恩加仪同三司。以疾卒官，年七十五。百姓哀号辍市，立像祀之。

【译文】

张中彦，字才甫，是张中孚的弟弟。少年时因父亲的荫庇在宋朝为官，任泾原副将、知德顺军事。金睿宗进军陕西时，张中彦投降，授职招抚使。侍从睿宗攻下熙、河、阶、成等州，升任为彰武军承宣使，兼本路兵马钤辖，后来又升任为本路兵马都总管。

宋将关师古围攻巩州时，张中彦与在秦凤驻守的李彦琦部联合进攻。金兵攻破饶风关，获得金、洋等州。朝廷委派他为兴元尹，安抚刚归附的各州。后来金兵撤回北方，张中彦代李彦琦担任秦凤经略使。秦州地处交通要冲，易攻难守，张中彦将治所迁移到北山，就地势险要的地方建筑城堡，这就是现在的秦州。又建筑腊家等城来控制进入四川的通道。张中彦担任秦凤部队的统帅前后共十年，以后调任泾原路经略使、知平凉府事。

金邦将河南、陕西两地归还宋朝，张中孚照例应以当地地方官的身份留守关中。熙河经略使慕洧图谋叛归西夏，想要伺机侵犯关中、陕西，张中彦与环庆的赵彬会合两路兵马进行讨伐，洧兵战败后逃入西夏。张中彦与他的兄长中孚都来到临安，被宋朝慰留，并且张中彦被任命为龙神卫四厢都指挥使，清远军承宣使、佑神观提举、靖海军节度使。

皇统初年，金兵收复河南，金邦皇帝下诏书命张中彦兄弟北归，并任命张中彦为静难军节度使，后任彰化军节度使、凤翔尹，又调任庆阳尹，兼任庆原路兵马都总管、宁州刺史。当时金朝的宗室宗渊打死部属梁郁，梁郁是远方的穷苦人，没人为他上告。张中彦秉公力争，终于将宗渊定罪，依法予以惩处。后来调任彰德军节度使，在任上实施有利于平均赋调的征收制度，使土豪劣绅都无法逃避赋税，人们都非常佩服他的公正廉明。

正隆年间，金朝在汴京营建新宫，张中彦负责采运关中木材。巨大的木材以青峰山最多，但由于山高壑深，道路阻绝，唐、宋以来都无法进行采运，他命人在崖边凿道，壑上驾桥，建造十几里长的道路和桥梁，这样，用车运送木材，如同在平地运送一般。他又开辟六盘山航道，由水路通达到洛阳，于是西北山区的航运得以直达汴梁。第二年，张中彦领导在黄河上建设浮桥的工程。开始造船时，工匠没有掌握制造桥船的办法，中彦亲手制作船舶模型，只有几寸大，不用胶漆粘连，构件的头尾却能自相连接，这种结构方法被称为“鼓子卯”，工匠们看后无不惊骇叹服，他的聪明智巧就是这般高超。当架设浮桥用的大船建造完成时，承办人准备调用邻县的民工拖船下水。这时，中彦召来几十名壮工，顺着地势整修河岸，使其成为斜坡直达水面，然后用新秫稭密排在地面上，再用大木在旁边压住，督率众工匠趁凌晨霜滑，拖船滑行，没有费多大力气，船舶便顺利下水了。

不久，张中彦调任平阳。当时，海陵将要进攻宋朝，皇帝派使者乘驿马急驰召张中彦进京，授予他西蜀道行营副都统制官职，赐给细铠，令他先攻取散关，再等候命令决定进止。

金世宗完彦雍即位后，大赦天下的诏书送到凤翔，众将官都很惶惑，不能决定动向，张中彦多方晓喻譬解，诸将感动领悟，才决定接受诏书。皇上命他入朝，张中彦将军队交付给统军合喜。张中彦入见世宗时，世宗将自己佩戴的通犀带赐给他，并晋封他为宗国公。不久，就任命他为吏部尚书。张中彦上书道：“古时候关市只查察而不收税；如今却命令掌管关市的人征税而不查察。因而对过往的行旅客商都苛求留难，甚至打开行囊箱箧，任意搜刮财物，甚至比抢劫还要厉害，实在有伤国家大体和朝廷法度，祈请圣上明令予以禁止。”世宗批准所请。

一年后，朝廷派张中彦任南京（今开封）留守。当时正值淮楚地区有军事行动，土民和戍守的兵卒混杂居住，下面送来的诉讼状纸头绪纷繁，经管的官员都不知道如何处理这些状纸。张中彦查到戍兵有偷盗行为的，一概依法判处。当地的军队将领责怪他专断，上奏章弹劾他，朝廷留中不发，不加询问。张中彦任满后调任真定尹兼河北西路兵马都总管。不久后，张中彦退休，回到京兆府。过了一年，朝廷又重新起用张中彦为临洮尹兼熙秦路兵马都总管。当巩州刘海作乱失败后，从乱的民众被拘留的多达几千人，张中彦仅斩杀为首的人。西羌的吹折、密臧、陇逋、庞拜四族倚仗当地地势奇险，不服从金人管辖，朝廷命令侍御史沙醇之与张中彦讨论处置方略，张中彦道："这些羌人服叛无常，我须得亲自去，否则难以妥善处理。"他立即亲自到积石达南寺，到达后，四名酋长来求见，中彦立刻与他们约定招降的办法，事情就这样平定下来。中彦赏赐他们以后随即遣返。沙醇之回朝奏闻招降经过，皇帝大喜，派张汝王驰驿慰劳张中彦，赐给他球文金带，赏用郊迎礼，并加"仪同三司"称号。其后张中彦因病在任上逝世，享年七十五岁。张中彦逝世后，当地百姓罢市哀悼，并立像祭祀。

金史卷九十五

耶律履列传第三十三

移剌履字履道，辽东丹王突欲七世孙也。父聿鲁，早亡。聿鲁之族兄兴平军节度使德元无子，以履为后。方五岁，晚卧庑下，见微云往来天际，忽谓乳母曰："此所谓'卧看青天行白云者'耶？"德元闻之，惊曰："是子当以文学名世。"及长，博学多艺，善属文。初举进士，恶搜检烦琐，去之。荫补为承奉班祗候、国史院书写。

世宗方兴儒术，诏译经史，擢国史院编修官，兼笔砚直长。一日，世宗召问曰："朕比读《贞观政要》，见魏征嘉谋忠节，良可称叹。近世何故无如征者？"履曰："忠嘉之士，何代无之，但上之人用与不用耳。"世宗曰："卿不见刘仲诲、张汝霖耶，朕超用二人者，以尝居谏职，屡有忠言故也。安得谓之不用，第人材难得耳。"履曰："臣未闻其谏也。且海陵杜塞言路，天下缄口，习以成风。愿陛下惩艾前事，开谏诤之门，天下幸甚。"

初议以时务策设女真进士科，礼部以所学不同，未可概称进士，诏履定其事，乃上议曰："进士之科，起于隋大业中，始试以策。唐初因之，高宗时杂以箴铭赋诗，至文宗始专用赋。且进士之初，本专试策，今女真诸生以试策称进士，又何疑焉。"世宗大悦，事遂施行。十五年，授应奉翰林文字，兼前职，俄迁修撰。二十年，诏提控衍庆宫画功臣像，过期，降应奉。逾年，复为修撰，转尚书礼部员外郎。

章宗为金源郡王，喜读《春秋左氏传》，闻履博洽，召质所疑，履曰："左氏多权诈，驳而不纯。《尚书》《孟子》皆圣贤纯全之道，愿留意焉。"王嘉纳之。二十六年，进本部郎中，兼同修国史、翰林修撰，表进宋司马光《古文孝经指解》曰："臣窃观近世，皆以兵刑财赋为急，而光独以此进其君。有天下者，取其辞施诸宇内，则元元受赐。"俄以疾，乞补外，世宗曰："履多病，可与便州。"

遂授蓟州刺史。无几，召为翰林待制，同修国史。明年，擢尚书礼部侍郎，兼翰林直学士。

世宗崩，遗诏移梓宫寿安宫。章宗诏百官议，皆谓当如遗诏，履独曰："非礼也。天子七月而葬，同轨毕至。其可使万国之臣朝大行于离宫乎？"上曰："朕日夜思之，舍正殿而奠于别宫，情有所不忍，且于礼未安。"遂殡于大安殿。二十九年三月，进礼部尚书，兼翰林直学士，赐大定三年孟崇献榜下进士及第。七月，拜参知政事，提控刊修《辽史》。明昌元年，进尚书右丞。

初，河溢曹州，帝问曰："《春秋》二百四十二年，不言河决，何也？"履曰："《春秋》止是鲁史，所以鲜及他国事。"二年六月，薨。年六十一。是日，履所生也，谥曰文献。

履秀峙通悟，精历算书绘事。先是，旧《大明历》舛误，履上《乙未历》，以金受命于乙未也。世服其善。初，德元未有子，以履为后，既而生子震，德元殁，尽推家资与之。其自礼部兼直学士为执政，乃举前代光院故事，以钱五十万送学士院，学者荣之。

【译文】

耶律履（又作移剌履），字履道，是辽国东丹王耶律突欲的七世孙。他的父亲耶律聿鲁早年亡故。聿鲁的族兄兴平军节度使耶律德元没有儿子，把耶律履作为后人。五岁时，耶律履夜间睡在窗下，看见薄云在天空中飘荡，忽然对奶妈说："这就是所谓的'卧看青天行白云'吧？"耶律德元知道后很吃惊，说："这个孩子将来会以文学而著名于世。"长大后，耶律履博学多才，擅长文学。参加科举考试时，因为厌恶烦琐严密的搜检制度而罢考。因家中前人的官位才得以出任承奉班祗候、国史院书写。

当时，金世宗完颜雍提倡儒术，下令编译经史。耶律履被提拔为国史院编修官，兼任笔砚直长。一天，世宗问他："我经常读《贞观政要》，见魏征足智多谋，忠心耿耿，实在是值得称赞。如今为何没有像魏征这样的人？"耶律履说："忠诚能干的人，哪个朝代没有呢？只是看当权的人是否重用。"世宗说："您没看到刘仲诲、张汝霖吗？我重用这两个人，就是因为他们曾经担任谏官，多次向我提出忠言。怎能说当权者不用呢？实在是人才难得呀。"耶律履说："我没听说他们有忠言。况且海陵王当政时闭塞言路，天下人都闭口不敢言，习以为风。希望陛下您以那时的事为戒，广开言路，接受他人的意见，那可就是天下人的幸事了。"

当初有人提议以时务（按：治国方法）策论作为女真进士科目。礼部认为这与一般科举所学不同，不应同称为进士。皇上和耶律履商量，他说："进士科目，起于隋朝大业年间，开始时以策论为考试方法。唐初沿用这个制度，到唐高宗时才增加杂箴、铭、赋、诗等文体的考试，到唐文宗时才专门规定用赋来考试。进士考试，本来专门考试策论。如今女真诸生以策论考试称进士，又有什么可犹豫的呢？"世宗很高兴，于是这项措施得以施行。大定十五年（公元1175），耶律履任应奉翰林文字，兼任过去的职务。不久又任修撰。大定二十年（公元1180），他奉命负责衍庆宫画功臣像事。因为延误了日期，被降为应奉。过了一年，又复任修撰，转任尚书省礼部员外郎。

金章宗完颜璟在即位前是金源郡王，喜爱读《春秋左氏传》。听说耶律履非常博学，召他去解答疑问。耶律履说："《春秋左氏传》有很多权诈，杂而不纯。《尚书》《孟子》都是古代圣贤说的完美无缺的道理，希望您用心学习。"郡王很赞成。大定二十六年（公元1186），升为礼部郎中，兼任同修国史、翰林修撰。耶律履献给皇帝宋朝司马光的《古文孝经指解》说："我看近世，都以兵、刑、财、赋税为重，而司马光却写这本书献给国君。当政的人按照这本书中的精神统治国家，老百姓就非常幸运。"不久，他因病请求外任。世宗说："耶律履多病，可以派他去近便的地方。"

于是任命他为蓟州刺史。没多久又召回他，担任翰林待制，同修国史。第二年，耶律履升为尚书省礼部侍郎，兼翰林直学士。

世宗去世时，遗言将棺材移置在寿安宫。章宗召百官商议，大家都同意遵命，唯独耶律履说："这样不符合礼节。天子死后，经过七个月才能下葬，各国都要来吊唁。哪能让万国的使臣在行宫祭奠皇上呢？"章宗说："我日思夜想，舍弃正殿而在行宫祭奠先皇，在感情上不忍心，在礼节上也不合。"于是在大安殿停灵。大定二十九年（公元1189）三月，耶律履升任礼部尚书，兼翰林直学士，赐大定三年（公元1163）孟崇献榜下进士及第，七月任参知政事，负责编修《辽史》。明昌元年（公元1190）他升任尚书右丞。

当初黄河在曹州决口。皇帝问："《春秋》所述二百四十二年，都没有记载黄河决口，这是为什么？"耶律履说："《春秋》只是鲁国的历史，所以很少记述其他国家的事。"明昌二年（公元1191）六月，耶律履去世，时年六十一岁。这一天正是他的生日。死后赠谥号文献。

耶律履聪明广博，精通历法计算，擅长书法绘画。旧时使用的《大明历》错误很多，他编制《乙未历》献上，因金朝受命于乙未年而命名。《乙未历》受到时人的广泛赞扬。当初耶律德元没有儿子，过继耶律履，后来生儿子耶律震。德元死后，耶律履将家产全部给了耶律震。他从礼部尚书兼任翰林直学士执掌政事时，用前代光院故事为例，将五十万钱送给学士院，因此受到学界的称赞。

金史卷一百十

杨云翼赵秉文雷渊列传第四十八

杨云翼

杨云翼字之美，其先赞黄檀山人，六代祖忠客迁平定之乐平县，遂家焉。曾祖青、祖郁、考恒皆赠官于朝。云翼天资颖悟，初学语辄画地作字，日诵数千言。登明昌五年进士第一，词赋亦中乙科，特授承务郎、应奉翰林文字。承安四年，出为陕西东路兵马都总管判官。泰和元年，召为太学博士，迁太常寺丞，兼翰林修撰。七年，签上京、东京等路按察司事，因召见，章宗咨以当世之务，称旨。大安元年，翰林承旨张行简荐其材，且精术数，召授提点司天台，兼翰林修撰，俄兼礼部郎中。崇庆元年，以病归。贞祐二年，有司上官簿，宣宗阅之，记其姓名，起授前职，兼吏部郎中。三年，转礼部侍郎，兼提点司天台。四年，大元及西夏兵入鄜延，潼关失守，朝议以兵部尚书蒲察阿里不孙为副元帅以御之。云翼言其人言浮于实，必误大事。不听，后果败。

兴定元年六月，迁翰林侍讲学士，兼修国史，知集贤院事，兼前职，诏曰："官制入三品者例外除，以卿遇事敢言，议论忠谠，故特留之。"时右丞相高琪当国，人有请榷油者，高琪主之甚力，诏集百官议，户部尚书高夔等二十六人同声曰可。云翼独与赵秉文、时戬等数人以为不可，议遂格。高琪后以事谴之，云翼不衅也。二年，拜礼部尚书。兼职如故。三年，筑京师子城，役兵民数万，夏秋之交病者相籍，云翼提举医药，躬自调护，多所全济。四年，改吏部尚书。凡军兴以来，入粟补官及以战功迁授者，事定之后，有司苛为程式，或小有不合辄罢去。云翼奏曰："赏罚国之大信，此辈宜从宽录，以劝将来。"

是年九月，上召云翼及户部尚书夔、翰林学士秉文于内殿，皆赐坐，问以讲和之策，或以力战为言，上俯首不乐，云翼徐以《孟子》事大、事小之说解之，且曰："今日奚计哉，使生灵息肩，则社稷之福也。"

上色乃和。

十一月，改御史中丞。宗室承立权参知政事，行尚书省事于京兆，大臣言其不法，诏云翼就鞫之，狱成，廷奏曰："承立所坐皆细事，不足问。向大兵掠平凉以西，数州皆破，承立坐拥强兵瞻望不进。鄜延帅臣完颜合达以孤城当兵冲，屡立战绩。其功如此，而承立之罪如彼，愿陛下明其功罪以诛赏之，则天下知所劝惩矣。自余小失，仔足追咎。"承立由是免官，合达遂掌机务。

哀宗即位，首命云翼摄太常卿，寻拜翰林学士。正大二年二月，复为礼部尚书，兼侍读。诏集百官议省费，云翼曰："省费事小，户部司农足以办之。枢密专制军政，蔑视尚书。尚书出政之地，政无大小皆当总领。今军旅大事，社稷系焉，宰相乃不得预闻，欲使利病两不相蔽得乎？"上嘉纳之。

明年，设益政院，云翼为选首，每召见赐坐而不名。时讲《尚书》，云翼为言帝王之学不必如经生分章析句，但知为国大纲足矣。因举"任贤，去邪"、"与治同道"、"与乱同事"、"有言逆于汝心"、"有言逊于汝志"等数条，一皆本于正心诚意，敷绎详明。上听忘倦。寻进《龟鉴万年录》《圣学》《圣孝》之类凡二十篇。

当时朝士，廷议之际多不尽言，顾望依违，寝以成俗。一日，经筵毕，因言："人臣有事君之礼，有事君之义。礼，不敢齿君之路马，蹴其刍者有罚，入君门则趋，见君之几杖则起，君命召不俟驾而行，受命不宿于家，是皆事君之礼，人臣所当尽者也。然国家之利害，生民之休戚，一一陈之，则向所谓礼者特虚器耳。君曰可，而有否者献其否。君曰否，而有可者献其可。言有不从，虽引裾、折槛、断鞅、轫轮有不恤焉者。当是时也，姑徇事君之虚礼，则不知事君之大义，国家何赖焉。"上变色曰："非卿，朕不闻此言。"

云翼尝患风痹，至是稍愈，上亲问愈之之方，对曰："但治心耳。心和则邪气不干，治国亦然，人君先正其心，则朝廷百官莫不一于正矣。"上矍然，知其为医谏也。

夏人既通好，遣其徽猷阁学士李弁来议互市，往返不能决，朝廷以云翼往议乃定。五年卒，年五十有九，谥文献。

云翼天性雅重，自律甚严，其待人则宽，与人交分一定，死生祸福不少变。其于国家之事，知无不言。贞祐中，主兵者不能外御而欲取偿于宋，故频岁南伐。有言之者，不谓之与宋为地，则疑与之有谋。至于宰执，他事无不言者，独南代则一语不敢及。云翼乃建言曰："国家之虑，不在于未得淮南之前，而在于既得淮南之后，盖淮南平则江之北尽为战地，进而争利于舟楫之间，恐劲弓良马有不得骋者矣。彼若扼江为屯，潜师于淮以断馕道，或决水以瀦淮南之地，则我军何以善其后乎。"及时全倡议南伐，宣宗以问朝臣，云翼曰："朝臣率皆谀辞，天下有治有乱，国势有弱有强，今但言治而不言乱，言强而不言弱，言胜而不言负，此议论所以偏也。臣请两言之。夫将有事于宋者，非贪其土地也，第恐西北有警而南又缀之，则我三面受敌矣，故欲我师乘势先动，以阻其进。借使宋人失淮，且不敢来，此战胜之利也。就如所料，其利犹未可必然。彼江之南其地尚广，虽无淮南岂不能集数万之众，伺我有警而出师耶。战而胜且如此，如不胜害将若何。且我以骑当彼之步，理宜万全，臣犹恐其有不敢恃者。盖今之事势与泰和不同，泰和以冬征，今我以夏往，此天时之不同也。冬则水涸而陆多，夏则水潦而涂淖，此地利之不同也。泰和举天下全力，驱纠军以为前锋，今能之乎？此人事之不同也。议者徒见泰和之易，而不知今日之难。请以夏人观之，向日弓箭手之在西边者，一遏敌则搏而战、袒而射，彼已奔北之不暇。今乃陷吾城而虏守臣，败吾军而禽主将。曩则畏我如彼，今则侮我如此。夫以夏人既非前日，奈何以宋人独如前日哉。愿陛下思其胜之之利，又思败之之害，无悦甘言，无贻后悔。"章奏不报。时全果大败于淮上，一军全没。宣宗责诸将曰："当使我何面目见杨云翼耶。"

河朔民十有一人为游骑所迫，泅河而南，有司论罪当死。云翼曰："法所重私渡者，防奸伪也。今平民为兵所迫，奔入于河，为追死之计耳。今使不死于敌而死于法，后唯从敌而已。"宣宗悟，尽释之。哀宗以河南旱，诏遣官理冤狱，而不及陕西。云翼言："天地人通为一体，今人一支受病则四体为之不宁，岂可专治受病之处而置其余哉。"朝廷是之。

司天有以《太乙新历》上进者，尚书省檄云翼参订，摘其不合者二十余条，历家称焉。所著文集若干卷，校《大金礼仪》若干卷，《续通鉴》若干卷，《周礼辨》一篇，《左氏》《庄》《列赋》各一篇，《五星聚井辩》一篇，《悬象赋》一篇，《勾股机要》《象数杂说》等著藏于家。

【译文】

杨云翼，字之美，祖先是赞黄檀山人。他的六代祖先杨忠迁至平定州乐平县，从此在这里定居。曾祖父杨青、祖父杨郁、父亲杨恒都得到追赠的官职。杨云翼天资聪颖，刚学会说话就能在地上画字。每天能背诵几千字的文章。金章宗明昌五年（1194）考取进士第一名，词赋考试也得中乙科，特别被任命为承务郎、应奉翰林文字。承安四年（1199），杨云翼出任陕西东路兵马都总管判官。泰和元年（1201）他任太学博士，又任太常寺丞兼翰林修撰。泰和七年（1207），杨云翼任上京、东京等路按察司事，受到皇帝召见。章宗询问他治国的方法，对他的回答很满意。卫绍王大安元年（1209），翰林承旨张行简表荐他才能出众，精通历法计算，因而又被任命为提点司天台，兼翰林修撰，不久又兼任礼部郎中。崇庆元年（1212）杨云翼因病退休。宣宗贞祐二年（1214），相关部门进呈官员的名册，皇上阅读时想起他的名字，又重新授予他从前的职位，兼吏部郎中。贞祐三年（1215）转任礼部侍郎，兼任提点司天台。贞祐四年（1216），元朝和西夏兴兵入侵鄜延地区，潼关失守。朝廷计划派兵部尚书蒲察阿里不孙担任副元帅出征御敌。杨云翼反对说，此人言过于实，一定会误大事。他的意见没有被采纳，后来果然失败。

兴定元年（公元1217）六月，杨云翼升任翰林侍讲学士，兼修国史，知集贤院事，仍兼任前职。皇帝下诏说："官阶达到三品，按惯例应该派往外地任职。因为你遇事敢言，忠诚正直，所以特意将你留下。"当时右丞相高琪当权，有人请求由政府专卖油，高琪极力赞成，召集百官商议。户部尚书高夔等二十六人齐声表示赞成，唯独杨云翼和赵秉义、时戬等几个人认为不可行，事情因此搁置。高琪后来借故打击他，杨云翼并不害怕。兴定二年（公元1218），杨云翼任礼部尚书，兼任原有的官职。兴定三年（公元1219）兴建京城的子城，服役的军民多达数万人。夏秋之交时疾病流行，杨云翼负责医药，亲自进行治疗，治好许多人。兴定四年（公元1220）杨云翼改任吏部尚书。自从金朝建立以来，捐钱买官或因为战功升职的人，有关当局在考核时非常苛刻，稍有小毛病就罢他们的官。杨云翼向皇上建议道："赏罚关乎国家的信誉，对这些人应从宽处理，以此来鼓励后人。"

当年九月，皇上在内殿召见杨云翼和户部尚书高夔、翰林学士赵秉文，赐给他们座位，商议讲和的事。有人极力主战，皇上低头不悦。杨云翼慢慢地用《孟子》中“事大、事小”的道理来进行讲解，说：“如今只有想办法，能使人民得以解脱，才是国家的幸福。”于是皇上脸色渐渐缓和。

十一月，杨云翼改任御史中丞。皇亲完颜承立任参知政事，在京兆府路行尚书省，大臣揭发他的不法行为。杨云翼奉命进行审查，罪案成立，报告说：“完颜承立所犯的都是小事，不足以治罪。然而上次大兵入侵平凉以西地区，几个州都被攻破，完颜承立带领重兵，畏缩不前。鄜延统帅完颜合达以孤城承当强敌，多次立战功。完颜合达立这样的大功，而完颜承立犯那样的罪过，希望皇上判明他的功罪。赏罚分明，那么天下就都知道努力了。至于完颜承立的那些小罪过，不足以追咎他。”于是完颜承立被免官，完颜合达被重用。

哀宗完颜守绪即位，先命令杨云翼任太常卿，又任翰林学士。哀宗正大二年(1225)二月，又担任礼部尚书兼侍读。朝廷商议尚书省的费用。杨云翼说：“户部司农就可以办了。如今枢密院专管军事，蔑视尚书省。尚书省是总管国家大事的地方，不管什么政务都应由尚书省领导。军队里的大事，是国家命运所系。宰相却无法进行干预，怎能权衡利弊总管全局呢？”皇上采纳了他的意见。

第二年，朝廷设益政院，杨云翼首先入选，每次皇上召见他的时候都赐坐而且不唤他的名字。为皇帝讲解《尚书》时，杨云翼认为皇帝学习不必像一般学生那样逐章逐句地研读，只要能领会其中治国的基本精神就可以了。于是举出“任贤、去邪”，“与治同道”、“与乱同事”，“有言逆于汝心”、“有言逊于汝志”等几条，全都本着“正心诚意”的精神，进行详细地讲解发挥。皇上听得忘了自己的疲倦。然后又献上《龟鉴万年录》《圣学》《圣孝》等二十篇文章。

当时的朝臣，在朝议政时常常左顾右盼，说话吞吞吐吐，不能畅所欲言，以致于形成坏风气。一天，给皇帝上完课后，杨云翼说：“作为臣子，有侍奉君王的礼节，也有侍奉君王的道理。就礼节而言，不可以问皇上的马年龄有多大，践踏马吃的草要受罚，进皇上的门要疾行而过，见到皇上的几杖要起立致敬，皇上召唤时不等马备好就要赶快动身，做皇上托付的重要事情时不能回家过夜。这些都是侍奉君王的礼节，做大臣的应该遵守。然而，国家的利害，人民的疾苦，也应真实地向皇上报告。如此比较起来，上述的礼节就太虚了。皇上说可行的事时，有反对的理由也要提出来；皇上说不行的事时，认为可行的理由也应给出建议。正确的意见不被采纳时，应像前人引裾、折槛、断鞅、轫轮那样无所畏惧。像如今这样，虚演事君的礼节，却不顾事君的大义，国家还有什么可依靠呢？”皇上大受感动说：“如果不是您，我哪能听到这样的话呢！”

杨云翼曾患风痹症，刚刚治愈时，皇上亲自探问他，问他治愈疾病的方法。杨云翼说：“只要治心。心情和谐邪气就不能入侵身体。治国也是这样，做皇上的先正心，那么朝廷百官都会树立正气。”皇上豁然明白，这是以医来进行劝谏。

西夏与金通好后，派遣其徽猷阁学士李弁来商议互通贸易的事，但来回数次都不能达成协议。杨云翼奉命前往，办妥这件事。正大五年（1228）杨云翼去世，享年五十九岁，赠谥号“文献”。

杨云翼性格庄重，严于律己，宽于待人。与人交友时，名分一旦确定，生死祸福都不改变。对于国家大事，也是知无不言。贞祐年间（1213—1217），主管军事的人不能抵抗北方的侵略，却想以侵略宋朝来获得补偿，因而连年征伐南方的宋朝。有对此提出不同意见的人，不是说他们是为宋朝着想，就是诬蔑他们与宋朝有勾结。甚至是宰相，别的事都敢管，唯独不敢说道南征的事。杨云翼说：“国家目前所面临的最主要问题，不在于攻取淮南前，而在于得到淮南后。淮南被攻占以后，长江以北成为战场。我军如果继续进攻，就会进入水乡，劲弓良马无法驰骋，对方如果扼守住长江，偷袭淮河来断我军的粮道，或决开河堤水淹淮南，我军如何守住呢？”当时所有朝臣都倡议南征，宣宗征求朝臣的意见。杨云翼说：“朝臣们所说的都是阿谀奉承的言辞。天下有治有乱，国势有弱有强，如今只讲治不讲乱，只说强不说弱，只言胜不言败，这都是偏颇的说法。我想从两方面为您分析。我们要攻打宋朝，并非是贪求它的土地，主要是怕西北方的敌人入侵时南方会有牵制，那我们就会三面受敌了。因而我们打算先下手，来阻止它的进攻。假使宋人丢失淮南地区，而且不敢反攻，这仗就胜利了。即使这样，也未必对我有利。宋朝在长江以南还有广大的领域，即使失去淮南也不难聚集数万人马，等我国有事时伺机出击。战胜了尚且如此，战败了又该怎么办呢？况且我们用骑兵攻打宋朝的步兵，我看也并没有全部的优势。如今的情况与泰和年间不同。泰和时冬天出击，如今却在夏天去，这是天时的不同。冬天水干陆地多，夏天水多泥烂，这是地利不同。泰和时举全国的军力，以纠军（按：边地部落）为前锋，如今纠军已投降蒙古，这是人事的不同。主战的人只看到泰和时的容易，却不知道今日的困难。再请以西夏人为例。过去防守西边的弓箭手，一遇敌人就英勇作战，西夏人逃避到北方。如今攻陷我国的城池，俘虏我们的官员，战败我们的军队，生擒我军的主将。过去那样怕我，今天却如此欺侮我，只因西夏人已非前日那样。既然如此，怎知宋人就和过去一样呢？愿陛下您能想想胜利有哪些好处，战败有什么坏处，别光听好听的话，而做下后悔的事。”杨云翼的主张没有被采纳。随后，时全果然在淮上大败，全军覆没。宣宗责备诸将领说：“我有什么脸见杨云翼呢！”

河朔一带被骑兵胁迫，十分之一的人泅黄河向南逃亡。按法律应当治死罪。杨云翼说：“法律严惩私渡的人，是为了防止奸细。如今平民百姓被兵匪逼迫，逃奔过河，只是为了躲避死亡。如今不死在敌人手中却死在法律上，那以后就只好投靠敌人了。”宣宗顿时醒悟，下令将百姓全部释放。河南闹旱灾，哀宗派官员处理冤狱，却不管陕西。杨云翼说：“天、地、人是一样的道理。人的一条肢体生病那么四体也会随之不舒服，哪能专治生病的地方却不管其余的部位呢？”皇帝采纳了他的意见。

司天台有人进上《太乙新历》，尚书省交给杨云翼审阅。他找出其中二十多条错误。这让历法家都很信服他。杨云翼著文集若干卷，校勘《大金礼仪》若干卷，《续通鉴》若干卷，《周礼辨》一篇，《左氏》《庄子》《列赋》各一篇，《五星聚井辨》一篇，《悬象赋》一篇，《勾股机要》《象数杂说》等著作被收藏在家中。

赵秉文

赵秉文字周臣，磁州滏阳人也。幼颖悟，读书若夙习。登大定二十五年进士第，调安塞簿，以课最迁邯郸令，再迁唐山。丁父忧，用荐者起复南京路转运司都勾判官。

明昌六年，入为应奉翰林文字，同知制诰。上书论宰相胥持国当罢，宗室守贞可大用。章宗召问，言颇差异，于是命知大兴府事内族膏等鞫之。秉文初不肯言，诘其仆，历数交游者，秉文乃曰：“初欲上言，尝与修撰王庭筠、御史周昂、省令史潘豹、郑赞道、高坦等私议。”庭筠等皆下狱，决罚有差。有司论秉文上书狂妄，法当追解，上不欲以言罪人，遂特免焉。当时为之语曰："古有朱云，今有秉文，朱云攀槛，秉文攀人。"士大夫莫不耻之。坐是久废，后起为同知岢岚军州事，转北京路转运司支度判官。承安五年冬十月，阴晦连日。宰相张万公入对，上顾谓万公曰："卿言天日晦冥，亦犹人君用人邪正不分，极有理。若赵秉文曩以言事降授，闻其人有才藻、工书翰，又且敢言，朕非弃不用，以北边军事方兴，姑试之耳。"泰和二年，召为户部主事，迁翰林修撰。十月，出为宁边州刺史。三年，改平定州。前政苛于用刑，每闻赦将至，先掊贼死乃拜赦，而盗愈繁。秉文为政一从宽简，旬月盗悉屏迹。岁饥，出禄粟倡豪民以赈，全活者甚众。

大安初，北兵南向，召秉文与待制赵资道论备边策，秉文言："今我军聚于宣德，城小，列营其外，涉暑雨器械弛败，人且病，俟秋敌至，将不利矣。可遣临潢一军捣其虚，则山西之围可解，兵法所谓'出其不意、攻其必救'者也。"卫王不能用，其秋宣德果以败闻。寻为兵部郎中，兼翰林修撰，俄转翰林直学士。

贞祐初，建言时事可行者三：一迁都，二导河，三封建。朝廷略施行之。明年，上书愿为国家守残破一州，以宣布朝廷恤民之意，且曰："陛下勿谓书生不知兵，颜真卿、张巡、许远辈以身许国，亦书生也。"又曰："使臣死而有益于国，犹胜坐糜廪禄为无用之人。"上曰："秉文志固可尚，然方今翰苑尤难其人，卿宿儒当在左右。"不许。

四年，拜翰林侍讲学士，言："宝券滞塞，盖朝庭初议更张，市肆已妄传其不用，因之抑遏，渐至废绝。臣愚以为宜立回易务，令近上职官通市道者掌之，给以银钞粟麦缣帛之类，权其低昂而出纳。"诏有司议行之。

兴定元年，转侍读学士。拜礼部尚书，兼侍读学士，同修国史。知集贤院事。又明年，知贡举，坐取进士卢亚重用韵，削两阶，因请致仕。金自泰和、大安以来，科举之文其弊益甚。盖有司惟守格法，所取之文卑陋陈腐，苟合程度而已，稍涉奇峭，即遭绌落，于是文风大衰。贞祐初，秉文为省试，得李献能赋，虽格律稍疏而词藻颇丽，擢为第一。举人遂大喧噪，诉于台省，以为赵公大坏文格，且作诗谤之，久之方息。俄而献能复中宏词，入翰林，而秉文竟以是得罪。

五年，复为礼部尚书，入谢，上曰："卿春秋高，以文章故须复用卿。”秉文以身受厚恩，无以自效，愿开忠言、广圣虑，每进见从容为上言，人主当俭勤、慎兵刑，所以祈天永命者，上嘉纳焉。哀宗即位，再乞致仕，不许。改翰林学士，同修国史，兼益政院说书官。以上嗣德在初，当日亲经史以自裨益，进《无逸直解》《贞观政要》《申鉴》各一通。

正大九年正月，汴京戒严，上命秉文为赦文，以布宣悔哀痛之意。秉文指事陈义，辞情俱尽。及兵退，大臣欲称贺，且命为表，秉文曰：“《春秋》‘新宫火，三日哭’。今园陵如此，酌之以礼，当慰不当贺。”遂已。时年已老，日以时事为忧，虽食息顷不能忘。每闻一事可便民，一士可擢用，大则拜章，小则为当路者言，殷勤郑重，不能自已。三月，草《开兴改元诏》，闾巷间皆能传诵，洛阳人拜诏毕，举城痛哭，其感人如此。是年五月壬辰，卒，年七十四，积官至资善大夫、上护军、天水郡侯。

正大间，同杨云翼作《龟鉴万年录》上之。又因进讲，与云翼共集自古治术，号《君臣政要》为一编以进焉。秉文自幼至老未尝一日废书，著《易丛说》十卷，《中庸说》一卷，《扬子发微》一卷，《太玄笺赞》六卷，《文中子类说》一卷，《南华略释》一卷，《列子补注》一卷，删集《论语》《孟子解》各一十卷，《资暇录》一十五卷，所著文章号《滏水集》者三十卷。

秉文之文长于辨析，极所欲言而止，不以绳墨自拘。七言长诗笔势纵放不拘一律，律诗壮丽，小诗精绝多以近体为之，至五言古诗则沉郁顿挫。字画则草书尤遒劲。朝使至自河、湟者，多言夏人问秉文及王庭筠起居状，其为四方所重如此。

为人至诚乐易，与人交不立崖岸，未尝以大名自居。仕五朝，官六卿，自奉养如寒士。杨云翼尝与秉文代掌文柄，时人号杨赵。然晚年颇以禅语自污，人亦以为秉文之恨云。

【译文】

赵秉文，字周臣，是磁州滏阳县人。从小就非常聪明，开始读书时，就好像以前早就读过一样。大定二十五年他考中进士，调任安塞县主簿，因政绩优秀，升任为邯郸县令，又改任为唐山县令。父亲逝世后，他在家守孝，后因他人推荐，起用他为南京路转运司都勾判官。

明昌六年，赵秉文入京任应奉翰林文字，同知制诰。他上书认为宰相胥持国应该被罢免，宗室完颜守贞可担任这个要职。金章宗向他询问这件事，他的回答却与上书的内容很不一致，于是章宗命大兴府知府人完颜膏等人来审讯。赵秉文起初不肯招认，追问他的奴仆，才一一说出他交往的人，这时赵秉文才承认："当初想上书时，曾和修撰王庭筠、御史周昂、省令史潘豹、郑赞道、高坦等人私下商议过。"于是王庭筠等人都被逮捕入狱，分别轻重不一地被判刑和处罚。有的衙门论劾赵秉文上书内容虚妄，按照法律应当追究他的刑事责任，皇帝不想因为言论而怪罪别人，于是就特予宽免。当时人针对赵秉文的行为编了几句顺口溜："古有朱云，今有秉文；朱云进言，不惜一死，秉文进言，出卖友人。"士大夫认为赵秉文的行为是非常可耻的。因此，他很长时间都在家闲居，被废而不用。后来被起用为同知岢岚等州事，又转任北京路转运司支度判官。承安五年冬季十月，一连几天都出现阴晦的天气，白日昏暗，宰相张万公入宫应对，章宗注视张万公说："你说白日昏暗，就好像人君用人邪正不分一样，这话很有道理。就像赵秉文这个人，以前因上书遭贬降，听说他有文采，又擅长书法，而且敢于说话。对此，我并不想弃他不用，因为北部边境上刚起战事，姑且考验一下他罢了。"泰和二年，征召赵秉文为户部主事，又升任翰林修撰。这年十月，他又外任为宁边州刺史。泰和三年，改为平定州刺史。前任州刺史用刑十分苛毒，每当他听说大赦令将到，就先把抓获的盗贼打死，然后再拜受大赦文书，因而境内的盗贼越来越多。赵秉文行政一切从宽从简，不到一个月时间，盗贼就都销声匿迹了。遇上灾害之年，他拿出自己的禄米号召富民赈救灾民，救活很多人。

大安初年，北方蒙古兵南下，朝廷召见赵秉文和待制赵资道共同商议备边的策略。赵秉文说："现在我军聚集在宣德，宣德城很小，军队在城外扎营，到伏天，雨水就会把兵械淋坏，人也很容易生病，等到秋天敌人来攻打时，将是非常不利的。应派临潢的军队直捣敌人空虚的老窝，那么敌人对山西的包围就可以解除，兵法上说'出其不意，攻其必救'就是这个道理。"他的建议，卫王没有采纳。这年秋天，果然报来宣德失败的消息。不久，赵秉文被任命为兵部郎中，兼翰林修撰，不久转任为翰林直学士。

贞祐初年，赵秉文建议，有三项时政可以付诸实行：第一是迁都，第二是疏导黄河，第三是分封诸王。这三件事，朝廷大都实行了。第二年，他上书给朝廷，表示愿意为国家治理好一个残破的州城，以此来体现朝廷关心百姓疾苦，他说："陛下您不要认为文弱书生不懂军事，颜真卿、张巡、许远等人舍身为国，这些人也是书生啊！"他又说："如果我不惜一死而对国家有益处，总比白白消耗国家的俸禄却成为无用的人要好。"宣宗说："你的志向固然可敬，但是翰林院还是很难找到合适的人，你是博学大儒，应该留在我身边。"没有准许他的请求。

贞祐四年，皇帝任命赵秉文为翰林侍讲学士，他上书说："纸币宝券之所以流通困难，是因为朝廷刚议论要更改货币，市面上已经开始哄传宝券将要被废弃不用，因而一再贬值，渐渐被废弃。我认为应该成立回收兑换宝券的机构，让您身边懂得市场物价的官员主管，拨给该机构银钞、粟麦、缣帛等物品，权衡价值的高低进行兑换。"皇帝命有关部门计议施行。

兴定元年，赵秉文转任侍读学士，又任礼部尚书兼侍读学士，同修国史，知集贤院事。又明年，他主持科举取士，因录取进士卢亚偏重用韵而获罪，官职降低二级，赵秉文因此请求退休。金朝从泰和、大安后，科举文章的弊病就越来越严重。因为主持科举的官员只知道按死格式衡量，因此所取中的文章，内容十分简陋，观点都很陈腐，只是符合格式罢了，如果文章稍有新奇的观点或稍有些棱角，就会被扔到一边，于是文风大为衰败。贞祐初年，赵秉文主持省试，发现李献能所作的赋，虽然格律稍微有些疏失，但文词颇为典丽，于是选拔李献能为第一。举子们大肆喧哗，向上级告状，认为赵秉文严重地破坏试文的规矩，并且作诗进行诽谤，闹了很久才平息下来。不久后，李献能又考中宏词科，进入翰林院，但赵秉文却因此而获罪。

贞祐五年，赵秉文再次担任礼部尚书，在他进宫谢恩时，宣宗对他说："你岁数已大，因需要人主持考试，故而再次起用你。"赵秉文因受皇帝厚爱，无从报效，他希望朝廷广开言路，采纳忠言，以增益圣上心智，因而他每次朝见皇帝时都专门向皇帝陈述：人主应当节俭、勤政，用兵用刑要慎重，以此来祈求上天，永久保全国家的江山。皇上愉快地采纳了他的建议。哀宗即位时，赵秉文再次请求退休，皇帝没有答应。改任他为翰林学士，同修国史，兼益政院说书官。赵秉文鉴于哀宗即位不久，应该经常接触经史来加强自我修养，于是他进呈《无逸直解》《贞观政要》《申鉴》各一部。

正大九年正月，由于元兵进逼，汴京全城戒严，哀宗命令赵秉文起草大赦天下的文告，以宣示圣上悔悟、哀痛的心意。赵秉文据事说理，情感表现得淋漓尽致。元兵退走后，大臣们想向皇帝表示祝贺，让赵秉文起草贺表，赵秉文说：“《春秋》上记载：‘新宫发生火灾，鲁成公哭祭三天。’现在祖宗的陵墓闹成这个样子，按礼仪规定，应该表示慰问，不应该祝贺。”于是作罢。当时赵秉文年事已高，天天为国家大事忧虑，连吃饭时也不能忘怀。每当他听到某一件事可以便利百姓，某一士人可以被提拔任用，大事就上疏皇帝，小事就向当权的大臣面述，他态度诚恳，表情严肃，不能自已。三月，他起草的《开兴改元诏》，街头巷尾都能背诵，洛阳百姓按拜诏书后，满城一片痛哭的声音，他的文章就是如此感人肺腑。他于当年五月壬辰逝世，时年七十四岁，历官至资善大夫、上护军、天水郡侯。

正大年间，他和杨云翼撰述《龟鉴万年录》，进呈给皇帝。又因他向皇帝讲解经史，和杨云翼一起收集有关治世之道的文字，编成《君臣政要》一书进呈给皇帝。赵秉文从幼年到老年，没有一天不读书的，他著有《易丛记》十卷，《中庸说》一卷，《扬子发微》一卷，《太玄笺赞》六卷，《文中子类说》一卷，《南华略释》一卷，《列子补注》一卷，删集《论语》《孟子解》各十卷，《资暇录》十五卷，他所著的文章被集为《滏水集》三十卷。

赵秉文的文章，长于理论分析，把想要说的话说尽后，便戛然而止，不受文章格式等的束缚。他的七言长诗，气势纵放，不拘一格；律诗雄伟典丽；短诗非常精妙，大多是近体诗；至于他的五言古诗，诗意深沉蕴籍，声调抑扬顿挫。他的字画，草书尤其刚韧奔放。朝廷从河、湟地区回来的使臣，很多人都反映：西夏人问及赵秉文和王庭筠的生活情况，他就是这样受四方人士的敬重。

赵秉文为人非常诚恳，平易近人，与朋友交往，从不摆架子，从不以名人自居。他历事五朝，曾官至公卿，但饮食服饰和贫寒读书人没有什么区别。杨云翼曾和赵秉文先后成为文坛盟主，时人称为“杨赵”。但他在晚年时颇以佛语玷污自己，人们也因此替赵秉文感到遗憾。

雷 渊

雷渊字希颜，一字季默，应州浑源人。父思，名进士，仕至同知北京转运使，注《易》行于世。渊庶出，年最幼，诸兄不齿，父殁不能安于家，乃发愤入太学，衣弊履穿、坐榻无席，自以跣露，恒兀坐读书，不迎送宾客，人皆以为据，其友商衡每为辩之，且赒邺焉。后从李之纯游，遂知名。登至宁元年调赋进士甲科，调泾州录事，坐高庭玉狱几死。

后改东平，抚之，渊出入军中偃然不为屈。不数月，闾巷间多画渊像，虽大将不敢以新进书生遇之。寻迁东阿令，转徐州观察判官。

兴定末，召为英王府文学兼记室参军，转应奉翰林文学。拜监察御史，言五事称旨，又弹劾不避权贵，出巡郡邑所至有感誉，奸豪不法者立杀之。至蔡州，杖杀五百人，时号曰"雷半千"，坐此为人所讼，罢去。久之，用宰相侯挚荐，起为太学博士、南京转运司户籍判官，迁翰林修撰。一夕暴卒，年四十八。

正大庚寅倒回谷之役，渊尝上书破朝臣孤注之论，引援深切，灼然易见。主兵者沮之，策竟不行。

为人躯干雄伟，髯张口哆，颜渥丹，眼如望洋，遇不平则疾恶之气见于颜间，或嚼齿大骂不休，虽痛自惩创，然亦不能变也。为文章、诗喜新奇。善结交，凡当涂贵要与布衣名士无不往来。居京师，宾客踵门未尝去舍，家无馀赀，及待宾客甚丰腆。莅官喜立名，初登第摄遂平县事，年少气锐，击豪右，发奸伏，一邑大震，称为神明。尝擅笞州魁吏，州檄召之不应，罢去。后凡居一职辄震耀，亦坐此不达。

【译文】

雷渊字希颜，一字季默，是应州浑源人。他的父亲雷思，是著名的进士，官至同知北京转运使，他注释的《易经》流传于世。雷渊是偏房所生，年龄最小，兄长们都轻视他，父亲死后他无法在家中安居，于是发愤学习进入太学，衣破鞋烂，坐榻没有席子。因为光着双脚，经常一人端坐读书，不迎送宾客，别人都认为他傲慢无礼，他的朋友商衡非常了解他，就为他辩护，并且接济他。后与翰林李之纯交往，因为这样知名于世。金卫绍王至宁元年考中词赋进士甲科，调任泾州录事，因高庭玉一案获罪，几乎丧命。

后来改任职东平，黄河以北地区是重兵所在地，骄将悍卒凭着外敌而自重，从行台以下的官员都尽量抚慰他们，雷渊出入军中则安然没有被他们屈服。没几个月，里巷之间的平民大多悬挂雷渊的画像，即使是统兵大将也不敢以新进书生的礼节对待他。不久雷渊升任东阿县令，后转任徐州观察判官。

兴定末年，雷渊被召为英王府文学兼记室参军，转应奉翰林文学。后被授为监察御史，对五件事提出进谏都非常符合皇帝的心意，又检举官吏的过失，不避权贵要人，出去巡察郡邑时，所到之处都受到大家的称誉，对于奸豪不法之辈，就立刻将其杖杀。到蔡州时，杖杀五百人，当时人号称他“雷半千”，由此被人起诉，罢官离职。许久后，由于宰相侯挚的推荐，被起用为太学博士、南京转运司户籍判官，迁为翰林修撰。一天晚上突然死亡，时年四十八岁。

金哀宗正大七年倒回谷之战，雷渊曾上书反对朝臣所谓的孤注一掷的不当言论，征引根据深刻切实，明白易见。但掌管军事的大臣加以阻止，计策竟然没有得到施行。

雷渊为人躯干高大，胡须很硬，大口开张，脸色红润，眼光深邃，遇不平的事就外露出嫉恶如仇的气质，时而咬牙切齿大骂不休，虽然痛切自我惩戒，但也不能改变。创作文章、诗歌喜好新奇。善于结朋交友，凡是权贵与平民名士没有不往来的。居住在京城，宾客登门，未曾离舍，家里也没有多余的财产，招待客人却十分丰盛精美。到官任职喜欢立名，最初登第代理遂平县事，年少气盛，打击当地的豪强大族，揭发隐藏的奸人恶事，一邑之中大为震动，号称为神明。曾经擅自笞杖州吏头目，州里用公文召见他却不加理睬，于是罢官离职。以后凡任一职都威震荣耀，也正因此而得不到升迁。

金史卷一百二十

徒单恭列传第五十八

徒单恭，本名斜也。天眷二年为奉国上将军，以告吴十反事，超授龙虎卫上将军。为户部侍郎，出为济南尹，迁会宁牧，封谭国公，复出为太原尹。

斜也贪鄙，使工绘一佛像，自称尝见佛，其像如此，当以金铸之，遂赋属县金，而未尝铸佛，尽入其家，百姓号为“金总管”。秉德廉访官吏，斜也以赃免。

海陵篡立，海陵后徒单氏，斜也女，由是复用为会宁牧，封王。未几，拜平章政事。海陵猎于胡刺浑水，斜也编列围场，平日不相能者辄杖之。海陵谓宰相曰：“斜也为相，朕非私之；今闻军国大事凡斜也所言，卿等一无取，岂千虑无一得乎？”他宰相无以对，温都思忠举数事对曰：“某事本当如此，斜也辄以为如彼，皆妄生异议，不达事宜。臣逮事康宗，累朝宰相未尝有如斜也专恣者。”海陵默然。斜也于都堂脊杖令史冯仲尹，御史台劾之，海陵杖之二十。斜也猛安部人撒合出者，言斜也强率取部人财物，海陵命侍御史保鲁鞫之。保鲁鞫不以实，海陵杖保鲁，而以撒合出为符宝祗候，改隶合扎猛安。斜也兄定哥尚太祖长女兀鲁，定哥死无子，以季弟之子查剌为后。斜也谋取其兄家财，强纳兀鲁为室而不相能，兀鲁尝怨骂斜也。斜也妾忽挞与兀鲁不叶，乃谮兀鲁于海陵后徒单氏曰：“兀鲁怨上杀其兄宗敏，有怨望语。”会韩王亨改广宁尹，诸公主宗妇往贺其母，兀鲁以言慰亨母，忽挞亦以怨望指斥诬兀鲁，海陵使萧裕鞫之，忽挞得幸于徒单后，左验皆不敢言，遂杀兀鲁，斜也因而尽夺查剌家财，大定间皆追正之。海陵以兀鲁有怨望语，斜也不奏，遂杖斜也，免所居官。俄，复为司徒，进拜太保，领三省事，兼劝农使，再进太师，封梁、晋国王。

贞元二年九月，斜也从海陵猎于顺州。方猎，闻斜也死，即日罢猎，临其丧，亲为择葬地，遣使营治。及葬，赐兖咞车，上及后率百官祭之。赐谥曰忠。正隆间，改封赵国公。再进齐国公。其妻先斜也卒，海陵尝至其葬所致祭，起复其子率府率吾里补为谏议大夫。大定间，海陵降为庶人，徒单氏为庶人妻，斜也降特进巩国公。

【译文】

徒单恭，本名斜也。天眷二年担任奉国上将军，因为报告吴十谋反之事，被破格授予龙虎卫上将军。又被任命为户部侍郎，出任济南尹，后迁升为会宁府长官，被封为谭国公，后又出任太原尹。

斜也任官贪鄙，曾指使画工绘画一幅佛像，自称曾经见过佛祖，样子与画工所绘的一样，应当用黄金铸造佛身，因而向所属的各县索取黄金，却从没有铸佛，而是将所有黄金拿到自己家里，因此被百姓们称为"金总管"。完颜秉德督察官吏是否廉洁，斜也因贪赃被免去官职。

海陵王完颜亮篡夺皇位，他的皇后徒单氏是斜也的女儿，斜也因此又被任命为会宁府长官，并被封爵为王。不久便被任命为平章政事。海陵王到胡剌浑水出猎，斜也负责安排打猎的围场，凡是平日里与他不和的人，他都借机予以杖击。海陵王曾对宰相说："斜也担任宰相，并不是因为我有私情；我听说有关军国的大事，凡是斜也的意见，大臣们都不接受，难道他的千虑就没有一个有用的吗？"其他宰相都没有说话，只有温都恩忠列举很多事件为例回答说："某件事本应这样，斜也却说应该那样，毫无根据就提出不同意见，对当时的实际情况丝毫不了解。臣曾在康宗朝任官，几朝的宰相也没有像斜也那样专权自恣的。"海陵王用沉默表示同意。斜也在官府大堂杖击令史冯仲尹，遭到御史台弹劾，被海陵王杖击二十。斜也的猛安中有一个名叫撒合出的人，报告说斜也强取本部人的财物，海陵王命令侍御史保鲁立案调查。保鲁却不顾事实包庇斜也，海陵王将保鲁处以杖刑，并任命撒合出为符宝祗候，将其改隶为合扎猛安。斜也的哥哥定哥娶了太祖的长女兀鲁为妻，定哥死时没有儿子，便将幼弟的儿子查剌作为后代。斜也图谋哥哥的家财，强娶兀鲁为妻，两人关系却并不和睦，兀鲁曾经骂斜也。斜也的妾忽挞与兀鲁的关系也不好，于是在海陵的皇后徒单氏那里谗毁兀鲁说："兀鲁怨恨皇帝杀死她的哥哥宗敏，曾经口出怨言。"正赶上韩王完颜亨改任广宁府尹，各位公主和宗室妇女都前去向完颜亨的母亲道贺，兀鲁也赶去劝慰，忽挞又诬陷兀鲁对此有怨言。海陵王命萧裕立案讯问，忽挞受徒单后的宠幸，见证人都不敢说话，于是就把兀鲁处死，斜也因此把查剌的家财全部夺走，大定年间都予以追回改正。海陵王因为兀鲁对皇帝有怨言，斜也不上报，又把斜也处以杖刑，免去他所任官职。不久，又复官为司徒，进拜为太保，负责三省事务，兼任劝农使，又进拜为太师，封爵为梁、晋国王。

贞元二年九月，斜也在顺州随同海陵王打猎。海陵王正要打猎时，听说斜也去世，当天就停止打猎，亲临治丧，为斜也选择墓地，派使臣负责修筑墓室。及至下葬时，又赐给辒辌车，海陵王及皇后亲率百官祭奠，赐予他谥号为“忠”。正隆年间，改封为赵国公，又晋封为齐国公。斜也的妻子在斜也前去世，海陵王也曾到祭所祭奠，授予斜也的儿子率府率吾里补任为谏议大夫。金世宗大定年间，海陵王被降为庶民，徒单氏被降为海陵庶人妻，斜也也被降为特进巩国公。

金史卷一百二十五

党怀英列传第六十三

党怀英字世杰，故宋太尉进十一代孙，冯翊人。父纯睦，泰安军录事参军。卒官，妻子不能归，因家焉。应举不得意，遂脱略世务，放浪山水间。箪瓢屡空，晏如也。大定十年，中进士第，调莒州军事判官，累除汝阴县令、国史院编修官、应奉翰林文字、翰林待制、兼同修国史。

怀英能属文，工篆籀，当时称为第一，学者宗之。大定二十九年，与凤翔府治中郝俣充《辽史》刊修官，应奉翰林文字移剌益、赵沨等七人为编修官。凡民间辽时碑铭墓志及诸家文集，或记忆辽旧事，悉上送官。

是时章宗初即位，好尚文辞，旁求文学之士以备侍从，谓宰臣曰："翰林阙人如之何？"张汝霖奏曰："郝俣能属文，宦业亦佳。"上曰："近日制诏唯党怀英最善。"移剌履进曰："进士擢第后止习吏事，更不复读书，近日始知为学矣。"上曰："今时进士甚灭裂，《唐书》中事亦多不知，朕殊不喜。"上谓宰臣曰："郝俣赋诗颇佳，旧时刘迎能之，李晏不及也。"

明昌元年，怀英再迁国子祭酒。二年，迁侍讲学士。明年，议开边防濠堑，怀英等十六人请罢其役，诏从之。迁翰林学士。七年，有事于南郊，摄中书侍郎读祝册，上曰："读册至朕名，志微下，虽曰尊君，然在郊庙，礼非所宜，当平读之。"承安二年乞致仕，改泰宁军节度使。明年，召为翰林学士承旨。泰和元年，增修《辽史》编修官三员，诏分纪、志、列传刊修官，有改除者以书自随。久之，致仕。大安三年卒，年七十八，谥文献。怀英致仕后，章宗诏直学士陈大任继成《辽史》云。

【译文】

党怀英，字世杰，是已故的宋朝太尉党进的十一代孙，冯翊人。他的父亲党纯睦，曾经官至泰安军录事参军，死在官任上，妻子儿女无法回故乡，于是就在泰安落户。他应试不幸落榜，于是摆脱世俗，尽情游

山玩水。家无隔夜的粮食，他也安然处之。大定十年，党怀英考中进士，被任命为莒州军事判官，历升为汝阴县令、国史院编修官、应奉翰林文字、翰林待制、兼同修国史。

党怀英很擅长写文章，又擅长篆书和籀书，在当时被称为第一，学者们都很尊崇他。大定二十九年，他与凤翔府治中郝俣共同担任《辽史》刊修官，应奉翰林文字移剌益、赵沨等七人为编修官。凡是民间收藏的辽代碑铭墓志和各家的文集，或者记述辽代史事的文字，全部被送交到官府。

当时，金章宗刚即位，他崇尚文辞，广泛征求有文学才能的人才，充任文学侍从，章宗对宰相说："翰林缺人，怎么办呢？"张汝霖回奏说："郝俣非常擅长写文章，政绩也很好。"章宗说："近来起草诏书文字的人，只有党怀英最好。"移剌履奏说："进士们中试以后，只学习政务，便不再读书，近来才开始留心学问。"章宗说："现在的进士太粗疏了，连《唐书》中所载的史事也大多不知道，我特别不喜欢。"他又对宰相说："郝俣的诗写得很好，过去刘迎也能写诗，李晏比不上他们。"

明昌元年，党怀英又升为国子监祭酒。明昌二年，他升为侍讲学士。第二年，朝廷计划开挖边防濠沟，党怀英等十六人请求取消这项工程，皇帝听从了他们的意见。他又被升为翰林学士。明昌七年，行南郊祭天礼，党怀英代中书侍郎诵读祝文，章宗说："读祝文念到我的名字时，声音低沉些，虽是出于对君主的尊敬，但这是在祭祀，按照礼法是不应该的，应当平声诵读。"承安二年，党怀英请求退休，朝廷改任命他为泰宁军节度使。第二年，又征召他为翰林学士承旨。泰和元年，增加修《辽史》的编修官三名，皇帝下令，这三名官员分别担任纪、志、列传刊修官，有改任他职的，可带所修的史书赴任。很久之后，党怀英才退休。大安三年去世，终年七十八岁，赠他谥号为"文献"。党怀英退休后，章宗命直学士陈大任继续修成《辽史》。

金史卷一百二十六

王庭筠麻九畴元好问列传第六十四

王庭筠

王庭筠字子端，辽东人。生未期，视书识十七字。七岁学诗，十一岁赋全题。稍长，涿郡王修一见，期以国士。登大定十六年进士第。调恩州军事判官，临政即有声。郡民邹四者谋为不轨，事觉，逮捕千馀人，而邹四窜匿不能得。朝廷遣大理司直王仲轲治其狱，庭筠以计获邹四，分别诖误，坐预谋者十二人而已。再调馆陶主簿。

明昌元年三月，章宗谕旨学生院曰："王庭筠所试文，句太长，朕不喜此，亦恐四方效之。"又谓平章张汝霖曰："王庭筠文艺颇佳，然语句不健，其人才高，亦不难改也。"四月，召庭筠试馆职，中选。御史台言庭筠在馆陶尝犯赃罪，不当以馆阁处之，遂罢。乃卜居彰德，买田隆虑，读书黄华山寺，因以自号。是年十二月，上因语及学士，叹其乏材，参政守贞曰："王庭筠其人也。"三年，召为应奉翰林文字，命与秘书郎张汝方品第法书、名画，遂分入品者为五百五十卷。

五年八月，上顾谓宰执曰："应奉王庭筠，朕欲以诏诰委之，其人才亦岂易得？近党怀英作《长白山册文》，殊不工，闻文士多妒庭筠者，不论其文顾以行止为訾。大抵读书人多口颊，或相党。若东汉之士与宦官分朋，固无足怪。如唐牛僧孺、李德裕，宋司马光、王安石，均为儒者，而互相排毁何耶！"遂迁庭筠为翰林修撰。

承安元年正月，坐赵秉文上书事，削一官，杖六十，解职，语在《秉文传》。二年，降授郑州防御判官。四年，起为应奉翰林文字。泰和元年，复为翰林修撰，扈从秋山，应制赋诗三十馀首，上甚嘉之。明年，卒，年四十有七。上素知其贫，诏有司赙钱八十万以给丧事，求生平诗文藏之秘阁。又以御制诗赐其家，其引云："王遵古，朕之故人也。乃子庭筠，复以才选直禁林者首尾十年，今兹云亡，玉堂、东观无复斯人矣。”

庭筠仪观秀伟，善谈笑，外若简贵，人初不敢与接。既见，和气溢于颜间，殷勤慰藉如恐不及，少有可取，极口称道，他日虽百负不恨也。从游者如韩温甫、路元亨、张进御、李公度，其引荐者如赵秉文、冯璧、李纯甫，皆一时名士，世以知人许之。

为文能通所欲言，暮年诗律深严，七言长篇尤工险韵。有《聚辨》十卷，文集四十卷。书法学米元章，与赵沨、赵秉文俱以名家，庭筠尤善山水墨竹云。

【译文】

王庭筠，字子端，是辽东人。不到一周岁时，看书就认得十七个字。王庭筠七岁时学作诗，十一岁时就能写整首诗。稍微长大后，涿郡人王修只见了他一面，就认为他将来会成为国家栋梁之材。大定十六年他考中进士，被任命为恩州军事判官，他刚从政，就赢得好名声。恩州人邹四谋图造反，事情被发觉后，一千多人被逮捕，但邹四却躲藏起来没有被捕获。朝廷派大理司直王仲轲审理此案，王庭筠用计策捕获邹四，分辨出被牵连的人，判犯有预谋罪的只有十二个人。再调任他为馆陶县主簿。

明昌元年三月，金章宗在学士院传旨，说道：“王庭筠所作的试文，句子太长，我不喜欢，也担心四方的学子仿效他。”章宗又对平章张汝霖说：“王庭筠文采很好，但行文还不够老练，这个人才能高，改进也不难。”这一年四月，征召王庭筠试馆阁职务，被选中。御史台上奏，说王庭筠在馆陶任职期间曾犯贪污罪，不应被安排在馆阁中任职，于是作罢。王庭筠在彰德定居，在隆虑县购置田地，入黄华山寺读书，因此自号黄华山人。这年十二月，章宗在谈及翰林学士时，感叹天下人才缺乏，参知政事完颜守贞说：“王庭筠就是合适的人选。”明昌三年，朝廷征召王庭筠为应奉翰林文字，让他与秘书郎张汝方品评内府所收藏的书法、名画的等级，将入选的书法、名画分为五百五十卷。

明昌五年八月，章宗对宰相说：“应奉翰林文字王庭筠，我打算把起草诏诰的职责委任给他，这样的人才是非常难得的。近来党怀英作的《长白山册文》，非常不精美。听说文人们很妒忌王庭筠，不看他文章如何，只抓住他的品行诋毁。大致说来，读书人多半嘴多舌，或相互结党。

过去东汉时的儒生与宦官就分别结成党派，这本就不足为奇。又如唐朝的牛僧孺、李德裕，宋朝的司马光、王安石，他们都是读书人，却互相排斥诋毁，这也真是无聊！”于是提拔王庭筠为翰林修撰。

承安元年正月，王庭筠因受赵秉文上书一事的牵累，被削夺一级，杖打六十，被解除职务，这事被记载在《秉文传》中。承安二年，被贬降为郑州防御判官。四年，又被起用为应奉翰林文字。泰和元年，再次担任翰林修撰，侍从章宗去秋猎，奉命作三十余首诗，受到章宗的嘉奖。第二年逝世，终年四十七岁。章宗一向知道他生活贫穷，命有关部门赠八十万钱，供丧葬费用，又搜集他一生所作的诗文，收藏在秘阁。又把亲笔诗作赏赐给他的家属，诗的小序中说：“王遵古，是我的老朋友，他的儿子王庭筠，因有文才被选入宫中任职，前后十年，现在已去世，玉堂、东观再也找不到这样的人才了。”

王庭筠外表清秀伟岸，善于谈笑，从外表看，有一种高贵的气质，别人起初不敢接近他，和他见面后，他脸上气色温和，热情诚恳，非常体贴对方，唯恐有不周到的地方，别人稍有长处，他就满口称赞，过后即使他人有对不起自己的地方，也从不与人计较。和他交往的如韩温甫、路元亨、张进御、李公度等人，经他推荐的如赵秉文、冯璧、李纯甫等人，都成为一时的名人，因此世人称许他有知人之明。

王庭筠的文章能充分表达自己的思想，晚年的诗作格律十分严整，七言长诗上尤其擅长险韵。他著有《聚辨》十卷、文集四十卷。他的书法学米芾，与赵沨、赵秉文都是当时的书法名家，王庭筠尤其擅长画山水墨竹。

麻九畴

麻九畴字知几，易州人。三岁识字，七岁能草书，作大字有及数尺者，一时目为神童。章宗召见，问：“汝入宫殿中亦惧怯否？”对曰：“君臣，父子也。子宁惧父耶？”上大奇之。弱冠入太学，有文名。

南渡后，寓居郾、蔡间，入遂平西山，始以古学自力。博通《五经》，于《易》《春秋》为尤长。兴定末，试开封府，词赋第二，经义第一。再试南省，复然。声誉大振，虽妇人小儿皆知其名。及廷试，以误绌，士论惜之。已而，隐居不为科举计。正大初，门人王说、王采苓俱中第，上以其年幼，怪而问之，乃知尝师九畴。平章政事侯挚、翰林学士赵秉文连章荐之，特赐卢亚榜进士第。以病，未拜官告归。再授太常寺太祝，权博士，俄迁应奉翰林文字。

九畴性资野逸，高蹇自便，与人交，一语不相入则迳去不返顾。自度终不能与世合，顷之，复谢病去，居郾城，天兴元年，大元兵入河南，挈家走确山，为兵士所得，驱动广平，病死，年五十。

九畴初因经义学《易经》，后喜邵尧夫《皇极书》，因学算数，又喜卜筮、射复之术。晚更喜医，与名医张子和游，尽传其学，且为润色其所著书。为文精密奇健，诗尤工致。后以避谤忌，持戒不作。明昌以来，称神童者五人，太原常添寿四岁能作诗，刘滋、刘微、张汉臣后皆无称，独知几能自树立，耆旧如赵秉文，以征君目之而不名。

【译文】

麻九畴，字知几，是易州人。他三岁时就能识字，七岁时就能作草书，能写数尺见方的大字，当时人视他为神童。金章宗召见他，问道："你进入宫殿，是否感到害怕呢？"麻九畴回答道："君臣关系就像是父子关系，儿子难道还会惧怕自己的父亲吗？"章宗十分惊奇。二十岁左右进入太学，很有文名。

宋朝南渡后，他寓居在郾师、上蔡之间，后来去遂平西山读书，开始致力于研读古学。他博通《五经》，尤其精于《易经》《春秋》。宣宗兴定末年，麻九畴参加开封府的乡试，词赋第二，经义第一。又参加南京会试，仍然是词赋第二，经义第一。由此名声大振。即使是妇女孩童都知道他的名字。在殿试时，因有误笔而落第，士人们很为他感到惋惜。于是隐居不出，不再参加科举考试。正大初年，他的弟子王说、王采苓都考中进士，哀宗认为他们小小年纪能考中进士，对此感到很惊奇，便询问他们的学业，才知道他们曾拜麻九畴为师。平章政事侯挚、翰林学士赵秉文联名推荐麻九畴，哀宗特赐他为卢亚那一科进士。因他生病，没有担任官职，告假回家。后来任命他为太常寺太祝，代行太常博士，不久被升任为应奉翰林文字。

麻九畴生性放逸不羁，散漫随便，与别人交往，一句话不投机，就掉头而去，不再见面。他自料终究和世人合不来，不久后，就称病离职。他居住在郾城，天兴元年，元兵攻入河南，他带领全家老小逃往确山县，被元兵捕获，将他赶到广平，因生病而死，终年五十岁。

麻九畴起初因研究经学，曾经学习《易经》，后来爱读邵尧夫的《皇极书》，于是便开始研究术数，又喜爱占卜算卦。晚年喜好医学，与名医张子和交往，将他的医术都学到手，并帮张子和润色他的著作。麻九畴的文章文思精密，持论稳健，诗尤其好。后来因避免他人的妒忌和诽谤，决心不再作诗文。明昌年间以来，有神童之称的有五人，太原人常添寿，四岁能作诗，刘滋、刘微、张汉臣，后来都没有值得人们称道的地方，只有麻九畴能有所建树，像元老大臣赵秉文这样的人物，对麻九畴也以“征君”相称，不直呼其名。

元好问

好问字裕之。七岁能诗。年十有四，从陵川郝晋卿学，不事举业，淹贯经传百家，六年而业成。下太行，渡大河，为《箕山》《琴台》等诗，礼部赵秉文见之，以为近代无此作也。于是名震京师。

中兴定五年第，历内乡令。正大中，为南阳令。天兴初，擢尚书省掾，顷之，除左司都事，转行尚书省左司员外郎。金亡，不仕。

为文有绳尺，备众体。其诗奇崛而绝雕刿，巧缛而谢绮丽。五言高古沈。七言乐府不用古题，特出新意。歌谣慷慨挟幽、并之气。其长短句，揄扬新声，以写恩怨者又数百篇。兵后，故老皆尽，好问蔚为一代宗工，四方碑板铭志尽趋其门。其所著文章诗若干卷、《杜诗学》一卷、《东坡诗雅》三卷、《锦机》一卷、《诗文自警》十卷。

晚年尤以著作自任，以金源氏有天下，典章法度几及汉、唐，国亡史作，己所当任。时金国实录在顺天张万户家，乃言于张，愿为撰述，既而为乐夔所沮而止。好问曰：“不可令一代之迹泯而不传。”乃构亭于家，著述其上，因名曰“野史”。凡金源君臣遗言往行，采摭所闻，有所得辄以寸纸细字为记录，至百余万言。今所传有《中州集》及《壬辰杂编》若干卷。年六十八卒。纂修《金史》，多本其所云。

【译文】

元好问，字裕之。他七岁便能作诗。十四岁那年，跟随陵川（今属山西）郝晋卿学习，元好问不学如何参加科举求取功名，而是深入研究经传和诸子百家，刻苦学习六年，成为博洽而通达的饱学之士。接着，他下太行，过黄河，外出游学，他写有《箕山》《琴台》等诗，礼部赵秉文看到他的诗，认为在近代没有这样优秀的作品。于是元好问名动京师。

兴定五年（1221）元好问中进士，担任内乡（今属河南）县令。正大年间，担任南阳（今属河南）县令。天兴（1232—1234）初年，被升职为尚书省的属官，接着，又被授为左司都事，转行尚书省左司员外郎。金朝灭亡后，元好问就没有再做官。

元好问写文章有明确标准。各种体裁的文章他都写得很好。他的诗构思奇特，风格劲健而绝不刻意雕琢镂刻，巧缛新丽而去浮靡绮丽。五言诗高洁古雅，沉郁悲壮。七言乐府不用古题，非常有新意。歌谣慷慨悲凉，带着幽州、并州人的豪侠之气。他所作的词曲，发扬新声，大都针对国家多难，人民不幸，来抒发他的悲壮胸怀，共有几百篇。战乱后，一些故旧相继去世，元好问成为文坛一代领袖，各地的碑文、墓志铭之类的文字都来求他写作。他所作的文章、诗歌有若干卷、《杜诗学》一卷、《东坡诗雅》三卷、《锦机》一卷、《诗文自警》十卷。

到了晚年，元好问更把著作作为自己的任务，他认为金立国后，它的典章制度几乎可以和汉、唐相比，现在金国已灭亡，应该赶快将它的历史书写下来，而这项著史的任务，自己是当仁不让的。当时，金国的实录都在顺天（今北京）张万户家里，元好问就对张万户作说明，表示自己愿意撰写《金史》，后被乐夔阻止而中止。但是元好问说："不能让一个朝代的事迹泯灭而不流传下去。"因此就在家中建造一座亭子，自己就在里面撰写金代的历史，因为不是政府交给他的写作任务，所以他将自己写的东西称为《野史》。凡是金代君臣们留下来的言论、事迹，元好问都认真地进行采集，他将听到的一点一滴都用小的纸条、小的字体记录下来，一直到一百多万字。今天他所传下来的著作有《中州集》以及《壬辰杂编》若干卷。六十八岁那年去世。后来别人纂修的《金史》，大多都是参照元好问的著作编写的。

金史卷一百二十八

王政刘焕列传第六十六

王　政

王政，辰州熊岳人也。其先仕渤海及辽，皆有显者，政当辽季乱，浮沉州里。高永昌据辽东，知政材略，欲用之。政度其无成，辞谢不就。永昌败，渤海人争缚永昌以为功，政独逡巡引退。吴王阇母闻而异之，言于太祖，授卢州渤海军谋克，从破白刃，下燕云。及金兵伐宋，滑州降，留政为安抚使。前此，数州既降，复杀守将反为宋守。及是，人以为政忧，政曰："苟利国家，虽死何避。"宋王宗望壮之，曰："身没王事，利及子孙，汝言是也。"政从数骑入州，是时民多以饥为盗，坐系；政皆释之，发仓廪以赈贫乏，于是州民皆悦，不复叛。傍郡闻之，亦多降者。宋王召政至辕门，抚其背曰："吾以汝为死矣，乃复成功耶。"慰谕者久之。

天会四年，为燕京都麴院同监。未几，除同知金胜军节度使事，改权侍卫亲军都指挥使、兼掌军资。是时，军旅始定，管库纪纲未立，掌吏皆因缘为奸。政独明会计，严扃鐍，金帛山积，而出纳无锱铢之失。吴王阇母戏之曰："汝为官久矣，而贫不加富，何也？"对曰："臣以杨震四知自守，安得不贫。"吴王笑曰："前言戏之耳。"以黄金百两、银五百两及所乘马遗之。六年，授左监门将军，历安州刺史、檀州军州事、户吏房主事。天眷元年，迁保静军节度使。致仕，卒，年六十六。

政本名南撒里，尝使高丽，因改名政。

【译文】

王政，是辰州熊岳人。他的祖先曾在渤海及辽朝廷担任官职，都曾获得显赫的职位。王政生活的年代正值辽末动乱，只好在州里随政局动荡而浮沉。高永昌占据辽东地区时，知道王政有才智胆识，想要任用他。王政认为他不会成功，辞谢没有赴任。高永昌失败后，渤海人争着把高永昌捆起来为自己邀功，王政却悄悄独自退走。金吴王完颜阇母听说后非常惊异，向金太祖报告这件事，于是任命王政为卢州渤海军谋克，随从攻破白刁，攻下燕云地区。及至金兵征伐宋朝，滑州投降，留下王政为安抚使。先前，很多州投降后，州民又杀掉守将，挂上宋朝的旗帜。这时，人们都为王政感到担忧，王政说："如果有利于国家，即使因被杀而死，又怎能逃避呢？"宋王完颜宗望很佩服他的胆识，对他说："为国家而死，可以有利于子孙，你的话很对。"王政只率领数名骑兵到州中任官，当时很多百姓因为饥荒沦为盗贼，因而犯法被抓。王政都予以释放，并调出官粮赈济贫困的人，州中百姓都非常高兴，不再反叛。周围郡的人听说后，也有很多人归降。宋王完颜宗望把王政召到营中，拍着他的肩膀说："我以为你被杀死了，而你却成功了。"慰劳抚谕他。

金太宗天会四年，王政被任命为燕京都麴院同监。不久后，又被任命为同知金胜军节度使事，改任为权侍卫亲军都指挥使、兼掌军资库。当时，军事行动刚刚停止，仓库管理还没有制度，掌管仓库的官吏趁机作奸犯科。王政到任后，明确会计制度，严格管理物资进出，库中金、帛虽然堆积如山，但进出物品却没有丝毫差错。吴王完颜阇母曾和他开玩笑说："你任官已很久了，却仍然很贫困，没有富裕起来，这是为什么？"王政回答说："臣下以杨震所说的四知来约束自己，怎么会不贫穷呢？"吴王笑着说："刚才说的只是个玩笑。"把一百两黄金、五百两白银，以及自己所乘的马送给王政。天会六年，王政被授予左监门将军，历任安州刺史、知檀州军州事、户吏房主事。金太宗天眷元年，被升为保静军节度使。王政在任上退休，去世时，享年六十六岁。

王政本名为南撒里，曾经出使高丽，因而改名为政。

刘焕

刘焕，字德文，中山人。宋末兵起，城中久乏食，焕尚幼，煮糠覈而食之，自饮其清者，以浓厚者供其母，乡里异之。稍长就学，天寒拥粪火读书不怠。

登天德元年进士，调任丘尉。县令贪汙，焕每规正之，秩满，令持杯酒谢曰："尉廉慎，使我获考。"调中都市令。枢密使仆散忽土家有绦结工，牟利于市，不肯从市籍役，焕系之。忽土召焕，焕不往，暴工罪而笞之。焕初除市令，过谢乡人吏部侍郎石琚，琚不悦曰："京师浩浩穰，不与外郡同，弃简就烦，吾所不晓也。"至是，始重之。以廉升京兆推官，再迁北京警巡使。捕二恶少杖于庭中，戒之曰："孝悌敬慎，则为君子；暴戾隐贼，则为小人。自今以往，毋狃于故习，国有明罚，吾不得私也。"自是，众皆畏惮，毋敢犯者。召为监察御史，父老数百人或卧车下，或挽其靴镫，曰："我欲复留使君期年，不可得也。"

以本官摄户部员外郎。代州钱监杂青铜铸钱，钱色恶，类铁钱，民间盗铸，抵罪者众，朝廷患之，下尚书省议。焕奏曰："钱宝纯用黄铜精治之，中濡以锡，若青铜可铸，历代无缘不用。自代州取二分与四六分，青黄杂揉，务省铜而功易就。由是，民间盗铸，陷罪者众，非朝廷意也。必欲分天下利，宜纯用黄铜，得数少而利远。其新钱已流行者，宜验数输纳准换。"从之。再迁管州刺史，耆老数百人疏其著迹十一事，诣节镇请留焕，曰："刺史守职奉法，乞留之。"以廉升郑州防御史，迁官一阶，转同知北京留守事。

世宗幸上京，所过州郡大发民夫治桥梁驰道，以希恩赏；焕所部惟平治端好而已。上嘉其意，迁辽东路转运使，卒。

【译文】

刘焕，字德文，是中山人。北宋末年，金与宋开战，中山城内长时间没有粮食，刘焕年纪尚幼，只能煮些糠麸当作食物，他自己只喝清汤，把浓稠的留给母亲吃，同乡人都很惊异。年长之后，到塾中读书，天气寒冷，他便守着用干粪点成的火堆读书不倦。

海陵王天德元年，刘焕进士及第，被调任为任丘县尉。县令贪赃，刘焕经常规劝他，任官期满时，县令举杯向他道谢说："县尉清廉谨慎，使我的考课得以通过。"被调任为中都市令。枢密使仆散忽土家中有一个绦结工，在街市上牟取私利，又不肯承担有市籍者应服的差役，被刘焕捉住。仆散忽土召刘焕前去，刘焕不但没有前去，反而公开绦结工的罪行，并予以鞭笞。刘焕刚担任市令时，到同乡吏部侍郎石琚家中拜谢，石琚不高兴地说："京城中事务繁杂，与外郡不同，放弃重要的工作，却来做繁杂的事务，我不明白你为何这样做。"到现在，石琚开始推崇刘焕。因清廉被升职为京兆推官，再迁后担任北京警巡使。他逮捕两个城中恶少，亲手在庭中杖击他们，并告诫说："孝敬父母，友爱兄弟，便是君子；暴戾不法，残忍奸诈，则为小人。从今以后，不能够不改恶习，否则，国家自有处罚的法令，我自己也不能私自宽免你们。"从此以后，人们对他都非常敬畏忌惮，没有人敢冒犯他的威严。刘焕受朝廷征召担任监察御史，北京的数百父老拦住不让他走，有的人躺在他车下，有的人拉住他的靴镫说："我们想再留您任官一年，却不能做到。"

刘焕以自己的本官代行户部员外郎职权。当时代州的钱是夹着杂青铜铸造的，钱的成色很差，类似于铁钱，民间常常有人偷着铸钱，因此被治罪的人很多，朝廷非常担忧，下令尚书省讨论此事。刘焕进奏说："钱应该纯用黄铜精铸，中间搀些许锡，如果青铜可以铸钱，前代没有理由不用青铜。自从代州搀杂青铜二分或四六分铸钱，使青铜和黄铜杂在一起，目的在于省铜而且容易铸。从此以后，民间经常偷着铸钱，被因此治罪的人很多，这不是朝廷的本意。如果为天下的利益考虑，应该纯用黄铜，这样做得到的钱虽然少，但利益长远。已经流通的新钱，最好检验数量收上来，准予百姓兑换。"他的建议被采纳。再次迁升为管州刺史，数百名父老上疏汇报他的十一项显著政绩，到节度使那里请求让刘焕留任，说："刘刺史坚守职责，奉公守法，我们请求让他留任。"因任官廉洁而升任郑州防御使，迁升官位一级，转任为同知北京留守事。

金世宗到上京巡视时，所经过的地区的州郡都大规模征调民夫修建桥梁，筑驰道，以求得到皇帝的恩赏。而刘焕却只命令下属修理平整而已，世宗对他的作法表示赞赏，迁升他为辽东路转运使，刘焕在任上去世。

金史卷一百二十九

萧裕列传第六十七

萧裕，本名遥折，奚人。初以猛安居中京，海陵为中京留守，与裕相结，每与论天下事。裕揣海陵有觊觎心，密谓海陵曰：“留守先太师，太祖长子。德望如此，人心天意宜有所属，诚有志举大事，愿竭力以从。”海陵喜受之，遂与谋议。海陵竟成弑逆之谋者，裕启之也。

海陵为左丞，除裕兵部侍郎，改同知南京留守事，改北京。海陵领行台尚书省事，道过北京，谓裕曰：“我欲就河南兵建立位号，先定两河，举兵而北。君为我结诸猛安以应我。”定约而去。海陵虽自良乡召还，不能如约，遂弑熙宗篡立，以裕为秘书监。

海陵心忌太宗诸子，欲除之，与裕密谋。裕倾险巧诈，因构致太傅宗本、秉德等反状，海陵杀宗本，唐括辩遣使杀秉德、宗懿及太宗子孙七十馀人、秦王宗翰子孙三十馀人。宗本已死，裕乃求宗本门客萧玉，教以具款反状，令作主名上变。海陵既诏天下，天下冤之。海陵赏诛宗本功，以裕为尚书左丞，加仪同三司，授猛安，赐钱二千万、马四百匹、牛四百头、羊四千口。再阅月，为平章政事、监修国史。旧制，首相监修国史，海陵以命裕，谓裕曰：“太祖以神武受命，丰功茂烈光于四海，恐史官有遗逸，故以命卿。”久之，裕为右丞相、兼中书令。裕在相位，任职用事颇专恣，威福在己，势倾朝廷。海陵倚信之，他相仰成而已。

裕与高药师善，尝以海陵密语告药师，药师以其言奏海陵，且曰：“裕有怨望心。”海陵召裕戒谕之，而不以为罪也。或有言裕擅权者，海陵以为忌裕者众，不之信。又以为人见裕弟萧祚为左副点检，妹夫耶律辟离剌为左卫将军，势位相凭藉，遂生忌嫉，乃出祚为益都尹，辟离剌为宁昌军节度使，以绝众疑。

裕不知海陵意，遽见出其亲表补外，不令己知之，自是深念恐海陵疑己。海陵弟太师兖领三省事，共在相位，以裕多自用，颇防闲之，裕乃谓海陵使兖备之也。而海陵猜忍嗜杀，裕恐及祸，遂与前真定尹萧冯家奴、前御史中丞萧招折、博州同知遥设、裕女夫遏剌补谋立亡辽豫王延禧之孙。

裕使亲信萧屯纳往结西北路招讨使萧好胡。好胡即怀忠。怀忠依违未决，谓屯纳曰："此大事，汝归遣一重人来。"裕乃使招折往。招折前为中丞，以罪免，以此得诣怀忠。怀忠问招折与谋者复有何人，招折曰："五院节度使耶律朗亦是也。"怀忠旧与朗有隙，而招折尝上挞懒变事，怀忠疑招折反覆，因执招折，收朗系狱，遣使上变。

遥设亦与笔砚令史白荅书，使白荅助裕以取富贵，白荅奏其书。海陵信裕不疑，谓白荅构诬之，命杀白荅于市。执白荅出宣华门，点检徒单贞得萧怀忠上变事入奏，遇见白荅，问其故，因止之。徒单贞已奏变事，以白荅为请，海陵遽使释之。

海陵使宰相问裕，裕即款伏。海陵甚惊愕，犹未能尽信，引见裕，亲问之。裕曰："大丈夫所为，事至此又岂可讳。"海陵复问曰："汝何怨于朕而作此事？"裕曰："陛下凡事皆与臣议，及除祚等乃不令臣知之。领省国王每事谓臣专权，颇有堤防，恐是得陛下旨意。陛下与唐括辩及臣约同生死，辩以强忍果敢致之死地，臣皆知之，恐不得死所，以此谋反幸苟免耳。太宗子孙无罪皆死臣手，臣之死亦晚矣。"海陵复谓裕曰："朕为天子，若于汝有疑，虽汝弟辈在朝，岂不能施行？以此疑我，汝实错误。太宗诸子岂独在汝，朕为国家计也。"又谓之曰："自来与汝相好，虽有此罪，贷汝性命，惟不得作宰相，令汝终身守汝祖先坟垅。"裕曰："臣子既犯如此罪逆，何面目见天下人，但愿绞死，以戒其余不忠者。"海陵遂以刀刺左臂，取血涂裕面，谓之曰："汝死之后，当知朕本无疑汝心。"裕曰："久蒙陛下非常眷遇，仰恋徒切，自知错缪，虽悔何及！"海陵哭送裕出门，杀之，并诛遥设及冯家奴。冯家奴妻，豫王女也，与其子縠皆与反谋，并杀之。遣护卫庞葛往西北路招讨司诛朗及招折，而屯纳、遏剌补皆出走，捕得屯纳弃市，遏剌补自缢死。

屯纳出走，过河间少尹萧之详，之详初不知裕事，留之三日。屯纳往之详荼扎家，荼扎遣人诣之详告公引，得之，付屯纳遣之他所。荼扎家奴发其事，吏部侍郎窊产鞫之，之详曰："屯纳宿二日而去。"法家以之详隐其间，欺尚书省，罪当赎。海陵怒，命杀之，杖窊产及议法者。荼扎杖四百死。

庞葛杀招折等，并杀无罪四人，海陵不问，杖之五十而已。以裕等罪诏天下。赏上变功。怀忠迁枢密副使，以白荅为牌印云。高药师迁起居注，进阶显武将军。药师尝奏裕有怨望，至此赏之云。

【译文】

萧裕，本名遥折，是奚族人。最初以猛安的身份居住在中京，海陵王完颜亮任中京留守时，与萧裕相结交，经常与他评论天下事。萧裕揣测海陵王有希图篡位的心意，于是暗中对海陵王说："留守先太师，是太祖的长子，德行名望如此高，人心天意应该有所归属，如果你有志发动大事，我愿意竭力相随。"海陵王高兴地接受这一提议，于是同他谋划商议。海陵王最终能够完成弑君篡位的阴谋，就是萧裕诱导他的。

海陵王担任左丞时，任命萧裕为兵部侍郎，后改官同知南京留守事，又改官北京。海陵王统领行台尚书省事，途中路过北京，对萧裕说："我想借河南军队建立爵位名号，首先平定两河流域，然后发兵北上，您替我联络众多猛安来响应我。"互相约定后离去。海陵王从良乡被召回，不能如约行动，就杀掉熙宗夺权自立，任用萧裕为秘书监。

海陵王心中顾忌太宗的众位儿子，想要除掉他们，就与萧裕在暗中谋划。萧裕险诈狡猾，于是捏造太傅宗本、秉德等人造反的罪状，海陵王杀死宗本，唐括辩派人杀死秉德、宗懿以及太宗子孙七十多人、秦王宗翰的三十多子孙。宗本已死，萧裕就让宗本门下的食客萧玉，一一开列宗本谋反的罪状，命令他署名向朝廷揭发宗本。海陵王便把这件事诏告天下，天下以为冤枉。海陵王嘉赏诛杀宗本的功劳，任命萧裕为尚书左丞，加仪同三司，授猛安，赐二千万钱、四百匹马、四百头牛、四千口羊。经过一个月，又升他为平章政事、监修国史。按以前的制度，监修国史，海陵王把这个职位任命给萧裕，对他说："太祖以神明威武受命于天，丰功盛业光照四海，恐怕史官有遗漏逸失之处，故而把这件事委任给你。"许久以后，萧裕被任命为右丞相、兼中书令。萧裕身居相位，任职行事专断恣纵，作威作福，势力倾动朝廷。海陵王依靠信任他，其他丞相则是仰视其成而已。

萧裕和高药师十分友善，曾经把海陵王的私房话告诉药师，高药师把他的话上奏海陵王，而且说："萧裕怀有不满之心。"海陵王召萧裕告诫他，但并不因此而治他的罪。有人称萧裕擅权，海陵王却认为忌妒萧裕的人多，不肯相信这类话。又以为别人见到萧裕的兄弟萧祚任左副点检，妹夫耶律辟离剌任左卫将军，以权势地位互相依靠，于是产生忌恨，所以就外放萧祚担任益都尹，辟离剌为宁昌军节度使，以断绝众人的疑心。

萧裕不了解海陵王的意图，突然看见他将自己的内亲姻表委派外职，而又事先不让自己知道此事，从此深恐海陵王怀疑自己。海陵王的兄弟太师完颜兖领三省事，和萧裕一起处在宰相的位置上，由于萧裕常常自以为是，就颇为防备他，萧裕就认为这是海陵王让完颜兖在防备自己。而海陵王又残暴无情、杀人成性，萧裕恐怕自己遭祸，于是与前真定尹萧冯家奴、前御史中丞萧招折、博州同知遥设、自己的女婿遏剌补谋划另立已经逃到辽朝的豫王耶律延禧之孙为王。

萧裕派亲信萧屯纳前去联络西北路招讨使萧好胡。萧好胡就是萧怀忠。萧怀忠犹豫不决，对萧屯纳说："这是大事，你先回去，再派一个权要人物来。"萧裕于是派招折前往。招折以前曾经担任过中丞，因为犯罪而被免官，由此而能前往萧怀忠处。萧怀忠问招折参与谋划的还有什么人，招折说："五院节度使耶律朗。"萧怀忠曾经和耶律朗有矛盾，而招折曾经告发挞懒谋反，萧怀忠疑心招折反复无常，因而逮捕了招折，又逮捕耶律朗将他囚禁在牢狱，派人向朝廷揭发这件事。

遥设也给笔砚令史白荅写信，希望白荅协助萧裕以博取富贵，白荅向朝廷交出这封信。海陵王信任萧裕而毫不怀疑，认为白荅陷害萧裕，命令将白荅在市朝斩首。绑缚白荅出宣华门，点检徒单贞得到萧怀忠向朝廷告发一事而入奏，遇见白荅，问明缘故，就制止了行刑。徒单贞上奏萧裕谋反一事后，请求赦免白荅，海陵王马上命令释放他。

海陵王让宰相询问萧裕，萧裕立即服罪。海陵王十分惊愕，还不完全相信，召见萧裕，萧裕说："大丈夫的所作所为，事情到了如此地步又哪里能隐讳。"海陵王又问："你对朕有什么怨恨而要做出这样的事？"萧裕说："陛下凡事都要同臣商议，但对萧祚等人的任命却不让臣知道，领省国王常常认为臣专权，对我颇有防范，恐怕是得到陛下的旨意。陛下与唐括辩及臣相约同生死，唐括辩因为坚忍果敢而被置之死地，对此臣都知道，恐怕以后自己也会死无葬身之地，因此谋反，想以此侥幸免于一死罢了。太宗的子孙无罪都死在臣的手里，臣的一死也为时已晚了。"海陵王对萧裕说："朕作为天子，如果对你有怀疑，即使你兄弟们在朝中，难道不能采取行动吗？因此而怀疑我，你实在是错了。太宗的子孙们被杀，原因不独在你，朕是从国家利益打算的。"

又对他说:“朕从来与你彼此友好,虽有如此大的罪过,还是饶恕你的性命,只是不能再担任宰相,命你终身守护你祖先的坟茔。”萧裕说:“臣既犯下如此叛逆大罪,有何面目见天下人,但愿领罪被绞死,以警戒其余的不忠于陛下的人。”海陵王于是用刀刺破左臂,取血涂在萧裕脸上,对他说:“你死后,当会知道朕本无疑你之心。”萧裕说:“久蒙陛下给予我超过一般人的恩惠,只能敬仰眷恋,现在自己知道错了,虽然后悔,哪里还来得及!”海陵哭着将萧裕送出门外,杀掉他,并杀死遥设及冯家奴。冯家奴的妻子是豫王的女儿,和他的儿子都曾参与反叛的阴谋,海陵王一起杀掉他们。派遣护卫庞葛前往西北路招讨司杀死耶律朗和招折,而屯纳、遏剌补都出逃。后来捉到屯纳,在街头行刑示众,遏剌补则自缢身亡。

屯纳出逃时,拜访河间少尹萧之详,萧之详起初不知道萧裕的事,留他住三日。屯纳前往萧之详亲属荼扎家,荼扎派人到萧之详处求索通行的路条,得到后,交给屯纳,把他打发到其他地方。荼扎的家奴揭发这件事,吏部侍郎窊产讯问,萧之详说:“屯纳住两天就离开了。”执法者认为萧之详隐瞒其中的内情,欺骗尚书省,应当以财物赎罪。海陵王发怒,命令杀掉他,笞杖窊产和作出判处的人。荼扎被杖击四百而死。

庞葛杀死招折等人,并一起杀掉无罪的四人,海陵王没有追究,杖击他五十下而已。把萧裕等人的罪状诏告天下。赏赐向朝廷揭发反叛的功劳,萧怀忠被升为枢密副使,以白荅为牌印官。高药师升官职为起居注,被进升为显武将军。高药师曾上奏萧裕怀不满之心,这次升迁是对他的奖赏。

第十六册

二十四史

高山 主编

光明日报出版社

目录

元史

明史

元史

元史

元史卷一

太祖本纪第一

太祖法天启运圣武皇帝，讳铁木真，姓奇渥温氏，蒙古部人。

其十世祖孛端叉儿，母曰阿兰果火，嫁脱奔咩哩犍，生二子，长曰博寒葛答黑，次曰博合睹撒里直。既而夫亡，阿兰寡居，夜寝帐中，梦白光自天窗中入，化为金色神人，来趋卧榻。阿兰惊觉，遂有娠，产一子，即孛端叉儿也。孛端叉儿状貌奇异，沉默寡言，家人谓之痴。独阿兰语人曰："此儿非痴，后世子孙必有大贵者。"阿兰没，诸兄分家赀不及之。孛端叉儿曰："贫贱富贵，命也，赀财何足道。"独乘青白马，至八里屯阿懒之地居焉。食饮无所得，适有苍鹰搏野兽而食，孛端叉儿以缗设机取之，鹰即驯狎。乃臂鹰猎兔禽以为膳，或阙即继，似有天相之。居数月，有民数十家自统急里忽鲁之野逐水草来迁，孛端叉儿结茅与之居，出入相资，自此生理稍足。一日，仲兄忽思之，曰："孛端叉儿独出而无赍，近者得无冻馁乎？"即自来访，邀与俱归。孛端叉儿中路谓其兄曰："统急里忽鲁之民无所属附，若临之以兵，可服也。"兄以为然。至家，即选壮士，令孛端叉儿帅之前行，果尽降之。

孛端叉儿殁，子八林昔黑剌秃合必畜嗣，生子曰咩撚笃敦。咩撚笃敦妻曰莫挐伦，生七子而寡。莫挐伦性刚急。时押剌伊而部有群小儿掘田间草根以为食，莫挐伦乘车出，适见之，怒曰："此田乃我子驰马之所，群儿辄敢坏之邪。"驱车径出，辗伤诸儿，有至死者。押剌伊而忿怨，尽驱莫挐伦马群以去。莫挐伦诸子闻之，不及被甲，往追之。莫挐伦私忧曰："吾儿不甲以往，恐不能胜敌。"令子妇载甲赴之，已无及矣。既而果为所败，六子皆死。押剌伊而乘胜杀莫挐伦，灭其家。惟一长孙海都尚幼，乳母匿诸积木中，得免。先是，莫挐伦第七子纳真，于八剌忽民家为赘婿，故不及难。闻其家被祸，来视之，见病妪十数与海都尚在，其计无所出。幸驱马时，兄之黄马三次掣套竿逸归，纳真至是得乘之。乃伪为牧马者，诣押剌伊而。路逢父子二骑先后行，臂鹰而猎。纳真识其鹰，曰："此吾兄所擎者也。"趋前绐其少者曰："有赤马引群马而东，汝见之乎？”曰：“否。”少者乃问曰：“尔所经过有凫雁乎？”曰：“有。”曰：“汝可为吾前导乎？”曰：“可。”遂同行。转一河隈，度后骑相去稍远，刺杀之。絷马与鹰，趋迎后骑，绐之如初。后骑问曰：“前射凫雁者吾子也，何为久卧不起耶？”纳真以鼻衄对。骑者方怒，纳真乘隙刺杀之。复前行至一山下，有马数百，牧者唯童子数人，方击髀石为戏。纳真熟视之，亦兄家物也。绐问童子，亦如之。于是登山四顾，悄无来人，尽杀童子，驱马臂鹰而还，取海都并病妪，归八剌忽之地止焉。海都稍长，纳真率八剌忽怯谷诸民，共立为君。海都既立，以兵攻押剌伊而，臣属之，形势浸大。列营帐于八剌合黑河上，跨河为梁，以便往来。由是四傍部族归之者渐众。

海都殁，子拜姓忽儿嗣。拜姓忽儿殁，子敦必乃嗣。敦必乃殁，子葛不律寒嗣。葛不律寒殁，子八哩丹嗣。八哩丹殁，子也速该嗣，并吞诸部落，势愈盛大。也速该崩，至元三年十月，追谥烈祖神元皇帝。

初，烈祖征塔塔儿部，获其部长铁木真。宣懿太后月伦适生帝，手握凝血如赤石。烈祖异之，因以所获铁木真名之，志武功也。

族人泰赤乌部旧与烈祖相善，后因塔儿不台用事，遂生嫌隙，绝不与通。及烈祖崩，帝方幼冲，部众多归泰赤乌。近侍有脱端火儿真者亦将叛，帝自泣留之。脱端曰：“深池已乾矣，坚石已碎矣，留复何为！”竟帅众驰去。宣懿太后怒其弱已也，麾旗将兵，躬自追叛者，驱其太半而还。

时帝麾下搠只别居萨里河。札木合部人秃台察儿居玉律哥泉，时欲相侵凌，掠萨里河牧马以去。搠只麾左右匿群马中，射杀之。札木合以为怨，遂与泰赤乌诸部合谋，以众三万来战。帝时驻军答阑版朱思之野，闻变，大集诸部兵，分十有三翼以俟。已而札木合至，帝与大战，破走之。

当是时，诸部之中，唯泰赤乌地广民众，号为最强。其族照烈部，与帝所居相近。帝尝出猎，偶与照烈猎骑相属，帝谓之曰：“今夕可同宿乎？”照烈曰：“同宿固所愿，但从者四百，因糗粮不具，已遣半还矣，今将奈何？”帝固邀与宿，凡其留者，悉饮食之。明日再合围，帝使左右驱兽向照烈，照烈得多获以归。其众感之，私相语曰：“泰赤乌与我虽兄弟，常攘我车马，夺我饮食，无人君之度。有人君之度者，其惟铁木真太子乎？”照烈之长玉律，时为泰赤乌所虐，不能堪，遂与塔海答鲁领所部来归，将杀泰赤乌以自效。帝曰："我方熟寐，幸汝觉我，自今车辙人迹之途，当尽夺以与汝矣。"已而二人不能践其言，复叛去。塔海答鲁至中路，为泰赤乌部人所杀，照烈部遂亡。

时帝功德日盛，泰赤乌诸部多苦其主非法，见帝宽仁，时赐人以裘马，心悦之。若赤老温、若哲别、若失力哥也不干诸人，若朵郎吉、若札剌儿、若忙兀诸部，皆慕义来降。

帝会诸族薛彻、大丑（及薛彻别吉）等，各以旄车载湩酪，宴于斡难河上。帝与诸族及薛彻别吉之母忽儿真之前，共置马湩一革囊；薛彻别吉次母野别该之前，独置一革囊。忽儿真怒曰："今不尊我，而贵野别该乎？"疑帝之主膳者失丘儿所为，遂笞之。于是颇有隙。时皇弟别里古台掌帝乞列思事。播里掌薛彻别吉乞列思事。播里从者因盗去马靷，别里古台执之。播里怒斫别里古台，伤其背。左右欲斗，别里古台止之，曰："汝等欲即复雠乎？我伤幸未甚，姑待之。"不听，各持马乳橦疾斗，夺忽儿真、火里真二哈敦以归。薛彻别吉遣使请和，因令二哈敦还。会塔塔儿部长蔑兀真笑里徒背金约，金主遣丞相完颜襄帅兵逐之北走。帝闻之，发近兵自斡难河迎击，仍谕薛彻别吉帅部人来助。候六日不至，帝自与战，杀蔑兀真笑里徒，尽虏其辎重。

帝之麾下有为乃蛮部人所掠者，帝欲讨之，复遣六十人征兵于薛彻别吉。薛彻别吉以旧怨之故，杀其十人，去五十人衣而归之。帝怒曰："薛彻别吉曩笞我失丘儿，斫伤我别里古台，今又敢乘敌势以陵我耶！"因帅兵逾沙碛攻之，杀虏其部众，唯薛彻、大丑仅以妻孥免。越数月，帝复伐薛彻、大丑，追至帖烈徒之隘，灭之。

克烈部札阿绀孛来归。札阿绀孛者，部长汪罕之弟也。汪罕名脱里，受金封爵为王，番言音重，故称王为汪罕。

初，汪罕之父忽儿札胡思盃禄既卒，汪罕嗣位，多杀戮昆弟。其叔父菊儿〔罕〕帅兵与汪罕战，逼于哈剌温隘败之；仅以百余骑脱走，奔于烈祖。烈祖亲将兵逐菊儿〔罕〕走西夏，复夺部众归汪罕。汪罕德之，遂相与盟，称为按答。烈祖崩，汪罕之弟也力可哈剌，怨汪罕多杀之故，复叛归乃蛮部。乃蛮部长亦难赤为发兵伐汪罕，尽夺其部众与之。汪罕走河西、回鹘、回回三国，奔契丹。既而复叛归，中道粮绝，捋羊乳为饮，刺橐驼血为食，困乏之甚。帝以其与烈祖交好，遣近侍往招之。帝亲迎抚劳，安置军中振给之。遂会于土兀剌河上，尊汪罕为父。

未几，帝伐蔑里乞部，与其部长脱脱战于莫那察山，遂掠其资财、田禾，以遗汪罕。汪罕因此部众稍集。

居亡何，汪罕自以其势足以有为，不告于帝，独率兵复攻蔑里乞部。部人败走，脱脱奔八儿忽真之隘。汪罕大掠而还，于帝一无所遗，帝不以屑意。

会乃蛮部长不（鲁欲）〔欲鲁〕罕不服，帝复与汪罕征之，至黑辛八石之野，遇其前锋也的脱孛鲁者，领百骑来战，见军势渐逼，走据高山，其马鞍转坠，擒之。曾未几何，帝复与乃蛮骁将曲薛吾撒八剌二人遇，会日暮，各还营垒，约明日战。是夜，汪罕多燃火营中，示人不疑，潜移部众于别所。及旦，帝始知之，因颇疑其有异志，退师萨里河。既而汪罕亦还至土兀剌河，汪罕子亦剌合及札阿绀孛来会。曲薛吾等察知之，乘其不备，袭虏其部众于道。亦剌合奔告汪罕，汪罕命亦剌合与卜鲁忽䴏共追之，且遣使来曰："乃蛮不道，掠我人民，太子有四良将，能假我以雪耻乎？"帝顿释前憾，遂遣博尔术、木华黎、博罗浑、赤老温四人，帅师以往。师未至，亦剌合已追及曲薛吾，与之战，大败，卜鲁忽䴏成擒。流矢中亦剌合马胯，几为所获。须臾四将至，击乃蛮走，尽夺所掠归汪罕。已而与皇弟哈撒儿再伐乃蛮，拒斗于忽阑盏侧山，大败之，尽杀其诸将族众，积尸以为京观。乃蛮之势遂弱。

时泰赤乌犹强，帝会汪罕于萨里河，与泰赤乌部长沆忽等大战斡难河上，败走之，斩获无算。

哈答斤部、散只兀部、朵鲁班部、塔塔儿部、弘吉剌部闻乃蛮、泰赤乌败，皆畏威不自安，会于阿雷泉，斩白马为誓，欲袭帝及汪罕。弘吉剌部长迭夷恐事不成，潜遣人告变。帝与汪罕自虎图泽逆战于盃亦烈川，又大败之。

汪罕遂分兵，自由〔怯〕绿连河而行。札阿绀孛谋于按敦阿述、燕火脱儿等曰："我兄性行不常，既屠绝我昆弟，我辈又岂得独全乎？"按敦阿述泄其言，汪罕令执燕火脱儿等至帐下，解其缚，且谓燕火脱儿曰："吾辈由西夏而来，道路饥困，其相誓之语，遗忘之乎？"因唾其面。坐上之人皆起而唾之。汪罕又屡责札阿绀孛，至于不能堪。札阿绀孛与燕火脱儿等俱奔乃蛮。

帝驻军于彻彻儿山，起兵伐塔塔儿部。部长阿剌兀都儿等来逆战，大败之。

时弘吉剌部欲来附，哈撒儿不知其意，往掠之。于是弘吉剌归札木

合部，与朵鲁班、亦乞剌思、哈答斤、火鲁剌思、塔塔儿、散只兀诸部，会于犍河，共立札木合为局儿罕，盟于秃律别儿河岸，为誓曰："凡我同盟，有泄此谋者，如岸之摧，如林之伐。"誓毕，共举足蹋岸，挥刀斫林，驱士卒来侵。塔海哈时在众中，与帝麾下抄吾儿连姻，抄吾儿偶往视之，具知其谋，即还至帝所，悉以其谋告之。帝即起兵，逆战于海剌儿、帖尼火鲁罕之地，破之。札木合脱走，弘吉剌部来降。

岁壬戌，帝发兵于兀鲁回失连真河，伐按赤塔塔儿、察罕塔塔儿二部。先誓师曰："苟破敌逐北，见弃遗物，慎无获，俟军事毕散之。"既而果胜，族人按弹、火察儿、答力台三人背约，帝怒，尽夺其所获，分之军中。

初，脱脱败走八儿忽真隘，既而复出为患，帝帅兵讨走之。至是，又会乃蛮部不（鲁欲）〔欲鲁〕罕约朵鲁班、塔塔儿、哈答斤、散兄兀诸部来侵。帝遣骑乘高四望，知乃蛮兵渐至，帝与汪罕移军入塞。亦剌合自北边来据高山结营，乃蛮军冲之不动，遂还。亦剌合寻亦入塞。将战，帝迁辎重于他所，与汪罕倚阿兰塞为壁，大战于阙奕坛之野。乃蛮使神巫祭风雪，欲因其势进攻。既而反风，逆击其阵。乃蛮军不能战，欲引还。雪满沟涧，帝勒兵乘之，乃蛮大败。是时札木合部起兵援乃蛮，见其败，即还。道经诸部之立己者，大纵掠而去。

帝欲为长子术赤求昏于汪罕女抄儿伯姬，汪罕之（子）〔孙〕秃撒合亦欲尚帝女火阿真伯姬，俱不谐。自是颇有违言。初，帝与汪罕合军攻乃蛮，约明日战。札木合言于汪罕曰："我于君是白翎雀，他人是鸿雁耳。白翎雀寒暑常在北方，鸿雁遇寒则南飞就暖耳。"意谓帝心不可保也。汪罕闻之疑，遂移部众于别所。及议昏不成，札木合复乘隙谓亦剌合曰："太子虽言是汪罕之子，尝通信于乃蛮，将不利于君父子。君若能加兵，我当从傍助君也。"亦剌合信之。会答力台、火察儿、按弹等叛归亦剌合，亦说之曰："我等愿佐君讨宣懿太后诸子也。"亦剌合大喜，遣使言于汪罕。汪罕曰："札木合，巧言寡信人也，不足听。"亦剌合力言之，使者往返者数四。汪罕曰："吾身之存，实太子是赖。髭须已白，遗骸冀得安寝，汝乃喋喋不已耶？汝善自为之，毋贻吾忧可也。"札木合遂纵火焚帝牧地而去。

岁癸（丑）〔亥〕，汪罕父子谋欲害帝，乃遣使者来曰："向者所议姻事，今当相从，请来饮布浑察儿。"帝以为然，率十骑赴之。至中道，心有所疑，命一骑往谢，帝遂还。汪罕谋既不成，即议举兵来侵。圉人乞(力失)〔失力〕闻其事，密与弟把带告帝。帝即驰军阿兰塞，悉移辎重于他所，遣折里麦为前锋，俟汪罕至即整兵出战。先与朱力斤部遇，次与董哀部遇，又次与火力失烈门部遇，皆败之；最后与汪罕亲兵遇，又败之。亦剌合见势急，突来冲阵，射之中颊，即敛兵而退。怯里亦部人遂弃汪罕来降。

汪罕既败而归，帝亦将兵还至董哥泽驻军，遣阿里海致责于汪罕曰："君为叔父菊儿〔罕〕所逐，困迫来归，我父即攻菊儿〔罕〕败之于河西，其土地人民尽收与君。此大有功于君一也。君为乃蛮所攻，西奔日没处。君弟札阿绀孛在金境，我亟遣人召还。比至，又为蔑里乞部人所逼，我请我兄薛彻别吉及我弟大丑往杀之。此大有功于君二也。君困迫来归时，我过哈丁里，历掠诸部羊、马、资财，尽以奉君，不半月间，令君饥者饱，瘠者肥。此大有功于君三也。君不告我往掠蔑里乞部，大获而还，未尝以毫发分我，我不以为意。及君为乃蛮所倾覆，我遣四将夺还尔民人，重立尔国家。此大有功于君四也。我征朵鲁班、塔塔儿、哈答斤、散只兀、弘吉剌五部，如海东鸷禽之于鹅雁，见无不获，获则必致于君。此大有功于君五也。是五者皆有明验，君不报我则已，今乃易恩为仇，而遽加兵于我哉。"汪罕闻之，语亦剌合曰："我向者之言何如？吾儿宜识之。"亦剌合曰："事势至今日，必不可已，唯有竭力战斗。我胜则并彼，彼胜则并我耳。多言何为。"

时帝诸族按弹、火察儿皆在汪罕左右。帝因遣阿里海诮责汪罕，就令告之曰："昔者吾国无主，以薛彻、太丑二人实我伯祖八剌哈之裔，欲立之。二人既已固辞，乃以汝火察儿为伯父聂坤之子，又欲立之，汝又固辞。然事不可中辍，复以汝按弹为我祖忽都剌之子，又欲立之，汝又固辞。于是汝等推戴吾为之主，初岂我之本心哉，不自意相迫至于如此也。三河，祖宗肇基之地，毋为他人所有。汝善事汪罕，汪罕性无常，遇我尚如此，况汝辈乎。我今去矣，我今去矣。"按弹等无一言。

帝既遣使于汪罕，遂进兵虏弘吉(利)〔剌〕别部溺儿斤以行。至班朱尼河，河水方浑，帝饮之以誓众。有亦乞烈部人孛徒者，为火鲁剌部所败，因遇帝，与之同盟。哈撒儿别居哈剌浑山，妻子为汪罕所虏，挟幼子脱虎走，粮绝，探鸟卵为食，来会于河上。时汪罕形势盛强，帝微弱，胜败未可知，众颇危惧。凡与饮河水者，谓之饮浑水。言其曾同艰难也。汪罕兵至，帝与战于哈阑真沙陀之地，汪罕大败。其臣按弹、火察儿、札木合等谋弑汪罕，弗克，往奔乃蛮。答力台、把怜等部稽颡来降。

帝移军斡难河源，谋攻汪罕，复遣二使往汪罕，伪为哈撒儿之言曰："我兄太子今既不知所在，我之妻孥又在王所，纵我欲往，将安所之耶？王傥弃我前愆，念我旧好，即束手来归矣。"汪罕信之，因遣人随二使来，以皮囊盛血与之盟。及至，即以二使为向导，令军士衔枚夜趋折折运都山，出其不意，袭汪罕，败之。尽降克烈部众。汪罕与亦剌合挺身遁去。汪罕叹曰："我为吾儿所误，今日之祸悔将何及！"汪罕出走，路逢乃蛮部将，遂为其所杀。亦剌哈走西夏，日剽掠以自资。既而亦为西夏所攻走，至龟兹国，龟兹国主以兵讨杀之。

帝既灭汪罕，大猎于帖麦该川，宣布号令，振凯而归。时乃蛮部长太阳罕心忌帝能，遣使谋于白达达部主阿剌忽思曰："吾闻东方有称帝者。天无二日，民岂有二王邪？君能益吾右翼，吾将夺其弧矢也。"阿剌忽思即以是谋报帝，居无何，举部来归。

岁甲子，帝大会于帖麦该川，议伐乃蛮。群臣以方春马瘦，宜俟秋高为言。皇弟斡赤斤曰："事所当为，断之在早，何可以马瘦为辞。"别里古台亦曰："乃蛮欲夺我弧矢，是小我也，我辈义当同死。彼恃其国大而言夸，苟乘其不备而攻之，功当可成也。"帝悦，曰："以此众战，何忧不胜。"遂进兵伐乃蛮。驻兵于建忒该山，先遣虎必来、哲别二人为前锋。太阳罕至自按台，营于沆海山，与蔑里乞部长脱脱、克烈部长阿怜太石、猥剌部长忽都花别吉，暨秃鲁班、塔塔儿、哈答斤、散只兀诸部合，兵势颇盛。时我队中羸马有惊人乃蛮营中者，太阳罕见之，与众谋曰："蒙古之马瘦弱如此，今当诱其深入，然后战而擒之。"其将火力速八赤对曰："先王战伐，勇进不回，马尾人背，不使敌人见之。今为此迁延之计，得非心中有所惧乎？苟惧之，何不令后妃来统军也。"太阳罕怒，即跃马索战。帝以哈撒儿主中军。时札木合从太阳罕来，见帝军容整肃，谓左右曰："乃蛮初举兵，视蒙古军若羺羖羔儿，意谓蹄皮亦不留。今吾观其气势，殆非往时矣。"遂引所部兵遁去。是日，帝与乃蛮军大战至晡，禽杀太阳罕。诸部军一时皆溃，夜走绝险，坠崖死者不可胜计。明日，余众悉降。于是朵鲁班、塔塔儿、哈答斤、散只兀四部亦来降。

已而复征蔑里乞部。其长脱脱奔太阳罕之兄卜欲鲁罕；其属带儿兀孙献女迎降，俄复叛去。帝至泰寒寨，遣孛罗欢、沈白二人领右军往平之。

岁乙丑，帝征西夏，拔力吉里寨，经落思城，大掠人民及其橐驼而还。

元年丙寅，帝大会诸王群臣，建九游白旗，即皇帝位于斡难河之源。诸王群臣共上尊号曰成吉思皇帝。是岁实金泰和之六年也。

帝既即位，遂发兵复征乃蛮。时卜欲鲁罕猎于兀鲁塔山，擒之以归。太阳罕子屈出律罕与脱脱奔也儿的石河上。

帝始议伐金。初，金杀帝宗亲咸补海罕，帝欲复仇。会金降俘等具言金主璟肆行暴虐，帝乃定议致讨，然未敢轻动也。

二年丁卯秋，再征西夏，克斡罗孩城。

是岁，遣按弹、不兀剌二人使乞力吉思。既而野牒亦纳里部、阿里替也儿部，皆遣使来献名鹰。

三年戊辰春，帝至自西夏。

夏，避暑龙庭。

冬，再征脱脱及屈出律罕。时斡亦剌部等遇我前锋，不战而降，因用为向导。至也儿的石河，讨蔑里乞部，灭之。脱脱中流矢死。屈出律奔契丹。

四年己巳春，畏吾儿国来归。帝入河西。夏主李安全遣其世子率师来战，败之，获其副元帅高令公。克兀剌海城，俘其太傅西壁氏。进至克夷门，复败夏师，获其将嵬名令公。薄中兴府，引河水灌之。堤决，水外溃，遂撤围还。遣太傅讹答入中兴，招谕夏主，夏主纳女请和。

五年庚午春，金谋来伐，筑乌沙堡。帝命遮别袭杀其众，遂略地而东。

初，帝贡岁币于金，金主使卫王允济受贡于(静)〔净〕州。帝见允济不为礼。允济归，欲请兵攻之。会金主璟殂，允济嗣位，有诏至国，传言当拜受。帝问金使曰："新君为谁？"金使曰："卫王也。"帝遽南面唾曰："我谓中原皇帝是天上人做，此等庸懦亦为之耶，何以拜为！"即乘马北去。金使还言，允济益怒，欲俟帝再入贡，就进场害之。帝知之，遂与金绝，益严兵为备。

六年辛未春，帝居怯绿连河。西域哈剌鲁部主阿昔兰罕来降。畏吾儿国主亦都护来觐。

二月，帝自将南伐，败金将定薛于野狐岭，取大水泺、丰利等县。金复筑乌沙堡。

秋七月，命遮别攻乌沙堡及乌月营，拔之。

八月，帝及金师战于宣平之会河川，败之。

九月，拔德兴府，居庸关守将遁去。遮别遂入关，抵中都。

冬十月，袭金群牧监，驱其马而还。耶律阿海降，入见帝于行在所。皇子术赤、察合台、窝阔台分徇云内、东胜、武、朔等州，下之。

是冬，驻跸金之北境。刘伯林、夹谷长哥等来降。

七年壬申春正月，耶律留哥聚众于隆安，自为都元帅，遣使来附。帝破昌、桓、抚等州。金将纥石烈九斤等率兵三十万来援，帝与战于獾儿觜，大败之。

秋，围西京。金元帅左都监奥屯襄率师来援，帝遣兵诱至密谷口逆击之，尽殪。复攻西京，帝中流矢，遂撤围。

九月，察罕克奉圣州。

冬十二月甲申，遮别攻东京不拔，即引去，夜驰还，袭克之。

八年癸酉春，耶律留哥自立为辽王，改元元统。

秋七月，克宣德府，遂攻德兴府。皇子拖雷、驸马赤驹先登，拔之。帝进至怀来，及金行省完颜纲、元帅高琪战，败之，追至北口。金兵保居庸，诏可忒、薄刹守之。遂趋涿鹿。金西京留守忽沙虎遁去。帝出紫荆关，败金师于五回岭，拔涿、易二州。契丹讹鲁不儿等献北口，遮别遂取居庸，与可忒、薄刹会。

八月，金忽沙虎弑其主允济，迎丰王珣立之。

是秋，分兵三道：命皇子术赤、察合台、窝阔台为右军，循太行而南，取保、遂、安肃、安、定、邢、洺、磁、相、卫、辉、怀、孟，掠泽、潞、辽、沁、平阳、太原、吉、隰，拔汾、石、岚、忻、代、武等州而还；皇弟哈撒儿及斡陈那颜、拙赤鷴、薄刹为左军，遵海而东，取蓟州、平、滦、辽西诸郡而还；帝与皇子拖雷为中军，取雄、霸、莫、安、河间、沧、景、献、深、祁、蠡、冀、恩、濮、开、滑、博、济、泰安、济南、滨、棣、益都、淄、潍、登、莱、沂等郡。复命木华黎攻密州，屠之。史天倪、萧勃迭率众来降，木华黎承制并以为万户。帝至中都，三道兵还，合屯大口。

是岁，河北郡县尽拔，唯中都、通、顺、真定、清、沃、大名、东平、德、邳、海州十一城不下。

九年甲戌春三月，驻跸中都北郊。诸将请乘胜破燕，帝不从。乃遣使谕金主曰："汝山东、河北郡县悉为我有，汝所守惟燕京耳。天既弱汝，我复迫汝于险，天其谓我何。我今还军，汝不能犒师以弭我诸将之怒耶？"金主遂遣使求和，奉卫绍王女岐国公主及金帛、童男女五百、马三千以献，仍遣其丞相完颜福兴送帝出居庸。

夏五月，金主迁汴，以完颜福兴及参政抹撚尽忠辅其太子守忠，留守中都。

六月，金糺军斫答等杀其主帅，率众来降。诏三摸合、石抹明安与斫答等围中都。帝避暑鱼儿泺。

秋七月，金太子守忠走汴。

冬十月，木华黎征辽东，高州卢琮、金(扑)〔朴〕等降。锦州张鲸杀其节度使，自立为临海王，遣使来降。

十年乙亥春正月，金右副元帅蒲察七斤以通州降，以七斤为元帅。

二月，木华黎攻北京，金元帅寅答虎、乌古伦以城降，以寅答虎为留守，吾也而权兵马都元帅镇之。兴中府元帅石天应来降，以天应为兴中府尹。

三月，金御史中丞李英等率师援中都，战于霸州，败之。

夏四月，克清、顺二州。诏张鲸总北京十提控兵从南征。鲸谋叛伏诛。鲸弟致遂据锦州，僭号汉兴皇帝，改元兴龙。

五月庚申，金中都留守完颜福兴仰药死，抹撚尽忠弃城走，明安入守之。是月，避暑桓州凉泾。遣忽都忽等籍中都帑藏。

秋七月，红罗山寨主杜秀降，以秀为锦州节度使。遣乙职里往谕金主以河北、山东未下诸城来献，及去帝号为河南王，当为罢兵。不从。诏史天倪南征，授右副都元帅，赐金虎符。

八月，天倪取平州，金经略使乞住降。木华黎遣史进道等攻广宁府，降之。

是秋，取城邑凡八百六十有二。

冬十月，金宣抚蒲鲜万奴据辽东，僭称天王，国号大真，改元天泰。

十一月，耶律留哥来朝，以其子斜阇入侍。史天祥讨兴州，擒其节度使赵守玉。

十一年丙子春，还庐朐河行宫。张致陷兴中府，木华黎讨平之。

秋，撒里知兀䚟三摸合拔都鲁率师由西夏趋关中，遂越潼关，获金西安军节度使尼庞古蒲鲁虎，拔汝州等郡，抵汴京而还。

冬十月，蒲鲜万奴降，以其子帖哥入侍。既而复叛，僭称东夏。

十二年丁丑夏，盗祁和尚据武平，史天祥讨平之，遂擒金将巢元帅以献。察罕破金监军夹谷于霸州，金求和，察罕乃还。

秋八月，以木华黎为太师，封国王，将蒙古、乣、汉诸军南征，拔遂城、蠡州。

冬，克大名府，遂东定益都、淄、登、莱、潍、密等州。

是岁，秃满部民叛，命钵鲁完、朵鲁伯讨平之。

十三年戊寅秋八月，兵出紫荆口，获金行元帅事张柔，命还其旧职。木华黎自西京入河东，克太原、平阳及忻、代、泽、潞、汾、霍等州。金将武仙攻满城，张柔击败之。

是年，伐西夏，围其王城，夏主李遵顼出走西凉。契丹六哥据高丽江东城，命哈真、札剌率师平之；高丽王瞮遂降，请岁贡方物。

十四年己卯春，张柔败武仙，降祁阳、曲阳、中山等城。

夏六月，西域杀使者，帝率师亲征，取讹答剌城，擒其酋哈只儿只兰秃。

秋，木华黎克岢、岚、吉、隰等州，进攻绛州，拔其城，屠之。

十五年庚辰春三月，帝克蒲华城。

夏五月，克寻思干城，驻跸也儿的石河。

秋，攻斡脱罗儿城，克之。木华黎徇地至真定，武仙出降。以史天倪为河北西路兵马都元帅、行府事，仙副之。东平严实籍彰德、大名、磁、洺、恩、博、滑、浚等州户三十万来归，木华黎承制授实金紫光禄大夫、行尚书省事。

冬，金邢州节度使武贵降。木华黎攻东平不克，留严实守之，撤围趋洺州，分兵徇河北诸郡。

是岁，授董俊龙虎卫上将军、右副都元帅。

十六年辛巳春，帝攻卜哈儿、薛迷思干等城，皇子术赤攻养吉干、八儿真等城，并下之。

夏四月，驻跸铁门关，金主遣乌古孙仲端奉国书请和，称帝为兄。不允。金东平行省事忙古弃城遁，严实入守之。宋遣苟梦玉来请和。

夏六月，宋（连〔涟〕水忠义统辖石珪率众来降，以珪为济、兖、单三州总管。

秋，帝攻班勒纥等城，皇子术赤、察合台、窝阔台分攻玉龙杰赤等城，下之。

冬十月，皇子拖雷克马鲁察叶可、马鲁、昔剌思等城。木华黎出河西，克葭、绥德、保安、鄜、坊、丹等州，进攻延安，不下。

十一月，宋京东安抚使张琳以京东诸郡来降，以琳为沧、景、滨、棣等州行都元帅。

是岁，诏谕德顺州。

十七年壬午春，皇子拖雷克徒思、匿察兀儿等城。还经木剌夷国，大掠之。渡搠搠阑河，克也里等城。遂与帝会，合兵攻塔里寒寨，拔之。木华黎军克乾、泾、邠、原等州，攻凤翔不下。

夏，避暑塔里寒寨。西域主札阑丁出奔，与灭里可汗合，忽都忽与战不利。帝自将击之，擒灭里可汗；札阑丁遁去，遣八剌追之，不获。

秋，金复遣乌古孙仲端来请和，见帝于回鹘国。帝谓曰："我向欲汝主授我河朔地，令汝主为河南王，彼此罢兵，汝主不从。今木华黎已尽取之，乃始来请耶？"仲端乞哀，帝曰："念汝远来，河朔既为我有，关西数城未下者，其割付我。令汝主为河南王，勿复违也。"仲端乃归。金平阳公胡天作以青龙堡降。

冬十月，金河中府来附，以石天应为兵马都元帅守之。

十八年癸未春三月，太师国王木华黎薨。

夏，避暑八鲁弯川。皇子术赤、察合台、窝阔台及八剌之兵来会，遂定西域诸城，置达鲁花赤监治之。

冬十月，金主珣殂，子守绪立。

是岁，宋复遣苟梦玉来。

十九年甲申夏，宋大名总管彭义斌侵河北。史天倪与战于恩州，败之。

是岁，帝至东印度国，角端见，班师。

二十年乙酉春正月，还行宫。

二月，武仙以真定叛，杀史天倪。董俊判官李全亦以中山叛。

三月，史天泽击仙走之，复真定。

夏六月，彭义斌以兵应仙，天泽御于赞皇，擒斩之。

二十一年〔丙戌〕春正月，帝以西夏纳仇人亦腊喝翔昆及不遣质子，自将伐之。

二月，取黑水等城。

夏，避暑于浑垂山。取甘、肃等州。

秋，取西凉府搠罗、河罗等县，遂逾沙陀，至黄河九渡，取应里等县。

九月，李全执张琳，郡王带孙进兵围全于益都。

冬十一月庚申，帝攻灵州，夏遣嵬名令公来援。丙寅，帝渡河击夏师，败之。丁丑，五星聚见于西南。驻跸盐州川。

十二月，李全降。授张柔行军千户、保州等处都元帅。

是岁，皇子窝阔台及察罕之师围金南京。遣唐庆责岁币于金。

二十二年丁亥春，帝留兵攻夏王城，自率师渡河攻积石州。

二月，破临洮府。

三月，破洮、河、西宁二州。遣斡陈那颜攻信都府，拔之。

夏四月，帝次龙德，拔德顺等州，德顺节度使爱申、进士马肩龙死焉。

五月，遣唐庆等使金。

闰月，避暑六盘山。

六月，金遣完颜合周、奥屯阿虎来请和。帝谓群臣曰："朕自去冬五星聚时，已尝许不杀掠，遽忘下诏耶。今可布告中外，令彼行人亦知朕意。"是月，夏主李晛降。帝次清水县西江。

秋七月壬午，不豫。己丑，崩于萨里川哈老徒之行宫。临崩谓左右曰："金精兵在潼关，南据连山，北限大河，难以遽破。若假道于宋，宋、金世仇，必能许我，则下兵唐、邓，直捣大梁。金急，必征兵潼关。然以数万之众，千里赴援，人马疲弊，虽至弗能战，破之必矣。"言讫而崩，寿六十六。葬起辇谷。至元三年冬十月，追谥圣武皇帝。至大二年冬十一月庚辰，加谥法天启运圣武皇帝。庙号太祖。在位二十二年。

帝深沉有大略，用兵如神，故能灭国四十，遂平西夏。其奇勋伟迹甚众，惜乎当时史官不备，或多失于纪载云。

戊子年。是岁，皇子拖雷监国。

【译文】

太祖法天启运圣武皇帝，名铁木真，姓奇渥温氏，蒙古部人。

太祖的十世祖名叫孛端叉儿。他的母亲阿兰果火，嫁给脱奔咩哩犍，生有两个儿子，长子名博寒葛答黑，次子名博合睹撒里直。既而丈夫去世，阿兰成为寡妇独自居住，晚上在帐房中睡觉，梦见白光从帐房的天窗中进来，变成金色的神人，来到她躺着的床边。阿兰惊醒过来，便怀孕了，生下一个儿子，就是孛端叉儿。孛端叉儿的相貌很奇怪，沉默寡言，家中人都说他笨。只有阿兰跟其他人说：“这个孩子不笨，他的后代子孙中一定有大贵人。”阿兰去世，兄长们把财产分了，没有分给孛端叉儿。孛端叉儿说：“人的贫贱富贵，都是命里注定的，财产算得了什么。”独自骑着一匹青白马，到名叫八里屯阿懒的地方住了下来。得不到饮食，正好有鹰抓取野兽在吃，孛端叉儿便用绳子做成机关擒住了它，这头鹰很快便被驯服了。于是便臂上架鹰猎取兔子和鸟类作为食物，有时食物缺少立即又有所获，似乎天在保佑他。这样过了几个月，有数十家百姓从统急里忽鲁的旷野追随水草迁到当地，孛端叉儿盖了简陋的房屋给他们住，进出互相帮助，因此生活还算过得去。有一天，二哥忽然想起他，说：“孛端叉儿独自出去没有带什么东西，近来会不会挨冻受饥呢？”立即前来访问，要他一起回去。半路上孛端叉儿对他的哥哥说：“统急里忽鲁的百姓没有隶属于他人，如果用武力来加以威胁，是会屈服的。”哥哥以为有道理。回家以后，立即选派强壮的战士，命令孛端叉儿带领前去，果然全都投降了。

孛端叉儿死，其子八林昔黑剌秃合必畜继承家世，生下儿子名叫咩撚笃敦。咩撚笃敦的妻子叫莫拏伦，生下七个儿子后成为寡妇。莫拏伦的脾气刚强而急躁，当时押剌伊而部有一群孩子挖掘田间的草根作为食物，莫拏伦乘车出门，正好看见，发怒说：“这块土地是我儿子跑马的地方，这群孩子胆敢破坏吗？”赶车前去，将一群孩子辗伤，有的因此而死。押剌伊而人愤怒怨恨，将莫拏伦的马群全都赶走。莫拏伦的儿子们听到这一消息，来不及穿上铠甲，便追上去。莫拏伦私下感到忧虑说：“我的儿子不穿铠甲前去，恐怕不能战胜敌人。”便叫儿媳妇载着铠甲前去，已经来不及了。果然吃了败仗，六个儿子都战死。押剌伊而人乘胜杀死莫拏伦，把全家都杀光。只有长孙海都年纪还小，奶妈将他藏在一堆木头中，才得免于难。在此以前莫拏伦第七个儿子纳真在八剌忽的百姓家中当上门女婿，因此灾难发生时与他无关。他听说家中遭遇大祸，前来察看，只见十几位有病的老年妇女与海都还在，他不知怎么办才好。幸亏押剌伊而人驱赶马群时，纳真哥哥的黄马三次摆脱套竿逃了回来，纳真才得到马骑。于是便伪装成牧马人，前往押剌伊而人的住处。路上碰到父子二人先后骑马行驰，臂上架着鹰打猎。纳真看见鹰，心中说："这正是我哥哥常常托着的鹰。"赶上前去哄骗年少的儿子说："有一匹红马带领一群马往东去了，你看见了吗？"少年回答说："没有。"接着少年问："你经过的地方有水鸟吗？"纳真说："有。"少年说："你能当我们向导吗？"纳真说："可以。"于是便同行。转过一处河弯，纳真估计后面骑马人距离稍远，便将少年刺死。他将马匹与鹰用绳捆住，然后前去迎接后面的骑手，同样加以哄骗。后面的骑手问道："前面射水鸟的是我的儿子，为什么老躺着不起来呢？"纳真回答说因为鼻子出血。骑手正要发怒，纳真利用这一空子将他刺死。又向前去到一座山下，有几百匹马，放牧的只有几个孩子，正在拿动物的骨关节做游戏。纳真仔细看，也是哥哥家中的东西。用话向孩子们套问，也像先前一样。于是爬上山顶四面张望，到处静悄悄没有人影，他便将孩子们全都杀死，驱赶马群架着鹰回来，带上海都和有病的老年妇女，一起回到八剌忽地方住下。海都长大了，纳真率领八剌忽怯谷的百姓们拥立他为首领。海都当上首领后，攻打押剌伊而，使之成为自己的属民，势力逐渐壮大。他的营帐排列在八剌合黑河边，在河上造起了桥梁，便于往来。由此周围的部族前来归附的日益增多。

海都死，儿子拜姓忽儿继位。拜姓忽儿死，儿子敦必乃继位。敦必乃死，儿子葛不律寒继位。葛不律寒死，儿子八哩丹继位。八哩丹死，儿子也速该继位，吞并各部落，势力愈来愈大。也速该死，至元三年十月，追谥烈祖神元皇帝。

当初，也速该出征塔塔儿部，捉住了塔塔儿部的首领铁木真。这时正好宣懿太后月伦生下太祖，手中握着凝固的血块如同红色石头一般。也速该很奇怪，便以抓住的俘虏铁木真为之命名，用来纪念自己的军事胜利。

同族的泰赤乌部原来和也速该关系很好，后来因为塔塔儿不台管事，便产生了隔阂，互不往来。也速该死时，太祖年纪还小，部众大多归附泰赤乌部。侍从脱端火儿真也要叛变，太祖哭着挽留他。脱端说："深深的池水已经干涸了，坚硬的石头已经碎裂了，留下干什么！"竟然带着众人骑马离去。太后月伦对于他看不起自己感到愤怒，亲自打着旗带着兵追上前去，将大部分企图叛变的部众追了回来。

当时太祖部下的搠只另外居住在萨里河。札木合部的秃合察儿居住在玉律哥泉，时常想要加以欺侮，终于将萨里河放牧的马群抢走。搠只指挥身边的人藏在马群中，将秃合察儿射死。札木合因此产生怨恨，便和泰赤乌各部共同商议，发动三万人前来打仗。太祖这时屯驻在答阑版朱思草原上，听到消息后，大规模征集各部的军队，分成十三翼等待对方的到来。后来札木合的军队果然前来，太祖和他们激烈交锋，终于将对方打败。

在那个时候，各部之中只有泰赤乌的土地广大人口众多，号称最强大。泰赤乌部中的照烈部，住处与太祖相接近。太祖有一次出去打猎，偶然和照烈的打猎队伍相遇。太祖对照烈说："今天晚上可以在一起宿营吗？"照烈说："一起宿营当然是我的愿望，但是跟从出来打猎的有四百人，因为带的食物不够，已经让一半回去了，现在将怎么办才好？"太祖坚持邀请他们一同宿营，凡是留下的，一概供应饮食。第二天一起打猎，太祖让身边的人将野兽都赶到照烈一方，照烈得到许多猎物回去。他的部众都感激太祖，私下里相互说："泰赤乌和我们虽是兄弟，却常常抢我们的车马，夺我们的饮食，没有君主的度量。有君主度量的，看来只有铁木真太子了。"照烈的首领玉律这时正遭到泰赤乌部的虐待，难以忍受，便和塔海答鲁带领部众来归，愿意以杀泰赤乌人来表示自己的诚心。太祖说："我正在熟睡，幸亏你们使我醒过来了，自今以后凡是有车辙和人行痕迹的道路，我将全部夺过来给你们。"没有多久二人不能实践自己的诺言，又叛变离去。塔海答鲁行至中途被泰赤乌部众所杀，照烈部就此灭亡了。

这时太祖的功业与德行愈来愈盛，泰赤乌各部对于他们首领的暴虐行为深感痛苦，看到太祖待人宽厚仁爱，经常拿皮衣和马匹赏赐给别人，心中都很向往。像赤老温、哲别、失力哥也不干等人，以及朵郎吉、札剌儿、忙兀诸部，都仰慕太祖的恩义，前来投降。

太祖约会各族首领薛彻别吉、大丑等，各自用牛车载着马奶和奶酪，在斡难河边举行宴会。太祖和各族首领以及薛彻别吉的母亲忽儿真面前，共同放着一皮囊马奶，而薛彻别吉的次母野别该面前，却单独放着一个皮囊。忽儿真发怒说："现在不尊敬我，却要抬高野别该吗？"怀疑是太祖手下管理饮食的失丘儿干的事，就揍他，这样便产生了隔阂。这时太祖兄弟别里古台负责管理太祖的乞列思（乞列思，用汉语来说就是君主营帐外面系马的场所），播里管理薛彻别吉的乞列思。播里手下人偷盗马车用的革带，被别里古台抓住。播里发怒，用刀砍伤别里古台的背。手下人要打架，别里古台制止他们说："你们要报仇吗？我伤得不重，姑且等一等再说。"手下人不听，各自拿着撞马奶的木棒大打出手，将忽儿真、火里真两位夫人抢了回来。薛彻别吉派遣使者请求和好，太祖便让两位夫人回去。恰好塔塔儿部首领蔑兀真笑里徒违背与金朝之间的盟约，金朝皇帝派丞相完颜襄带领军队将他们驱赶到北方。太祖听说此事，便派遣近处的军队从斡难河迎头痛击塔塔儿部，又通知薛彻别吉带部众前来相助。等了六天不来，太祖独自与塔塔儿部作战，杀死蔑兀真笑里徒，将他们的全部辎重全都缴获了。

太祖的部下有人遭到乃蛮部人抢劫，太祖准备加以讨伐，又派六十人到薛彻别吉处去征兵。薛彻别吉因为过去的怨仇，将其中的十人杀死，剥去其余五十人的衣服让他们回来。太祖发怒说："薛彻别吉过去揍我的失丘儿，砍伤我的别里古台，现在又敢利用敌人的势力来欺侮我。"于是便统率军队越过沙漠发起进攻，杀死和俘虏了他的部众，只有薛彻别吉和大丑带着妻儿得免此难。过了几个月，太祖又发兵讨伐薛彻别吉和大丑，追到帖烈徒隘口，将他们歼灭。

克烈部的札阿绀孛前来归附。札阿绀孛是克烈部首领汪罕的弟弟。汪罕原名脱里，金朝封他为王，北方民族语音重，所以称王为汪罕。

起初，汪罕的父亲忽儿札胡思盃禄去世，汪罕嗣位，杀死不少自己的兄弟。他的叔父菊儿罕带着军队与他作战，追逼到哈剌温隘将他打败，汪罕只剩下一百多名骑兵逃脱，投奔烈祖也速该。也速该亲自带兵将菊儿罕赶走，菊儿罕逃往西夏，也速该夺回部众还给汪罕。汪罕感恩戴德，就与也速该结盟，称为按答（按答，汉语是交换物品的朋友）。也速该死，汪罕的弟弟也力可哈剌怨恨汪罕杀人太多，又叛离了他，投向乃蛮部。乃蛮部首领亦难赤为之发兵讨伐汪罕，将他的部众都夺过来给了也可力哈剌。汪罕经过河西、回鹘、回回三国，投奔契丹。接着又叛变逃回，途中粮食没有了，挤羊奶为饮料，拉出骆驼血来吃，困乏到了极点。太祖因为汪罕与烈祖也速该之间交情很好，派遣侍从去招他。太祖亲自迎接慰劳，安置于军中，给他资助。于是在土兀剌河边聚会，太祖遵汪罕为父。

没过多久，太祖讨伐蔑里乞部，与蔑里乞部的首领脱脱在莫那察山交战，夺得他们的资财、粮食，送给汪罕。汪罕因此逐步将部众收集起来。

又过了一些日子，汪罕以为自己势力壮大，足以有所作为，没有告诉太祖，独自领兵又去攻打蔑里乞部，对方败走，脱脱逃往八儿忽真的险要之地。汪罕大肆抢掠然后回来，没有给太祖一点东西，太祖根本不在意。

这时乃蛮部首领不欲鲁罕不服，太祖与汪罕又发兵讨伐。到黑辛八石的旷野，遇到乃蛮的前锋也的脱孛鲁带领一百骑兵前来作战，看到太祖的军队逐渐逼近，也的脱孛鲁退到高山上据守，途中因马鞍脱落而掉了下来，太祖抓住了他。没有多久，太祖又与乃蛮的猛将曲薛吾、撒八剌二人相遇，正好这一天时间已晚，于是约定明日交战，各回自己的营垒。当天晚上，汪罕在营垒中到处点火，使人不怀疑他有什么动作，实际上偷偷将部众转移到其他地方。等到天亮，太祖才发现，因而怀疑他打有别的主意，也带着军队退到萨里河。接着汪罕也回到土兀剌河，汪罕的儿子亦剌合和札阿绀孛都来会合。曲薛吾等侦察到这种情况，乘其不备，在半路上加以袭击，俘虏了不少人。亦剌合逃走告诉汪罕，汪罕命令亦剌合和卜鲁忽䚟一起追上前去，一面派人来说："乃蛮不讲信义，抢掠我的百姓，太子您有四名优秀将领，能借给我洗雪这番耻辱吗？"太祖立即消除了以前的不满，派遣博尔术、木华黎、博罗浑、赤老温四人带军队前去。军队还没有到，亦剌合已经追上曲薛吾，与他交锋，结果大败，卜鲁忽䚟也被俘。飞箭射中了亦剌合的马腿，差一点也成了俘虏。一会儿四将来到，打败乃蛮，将他们抢掠的百姓全部夺回还给汪罕。接着太祖与兄弟哈撒儿再次讨伐乃蛮，在忽阑盏侧山交战，大败对方，将对方的将领和部众全都杀光，将尸首堆积起来封土成为冢丘。乃蛮的势力因此削弱了。

这时泰赤乌还相当强大，太祖和汪罕在萨里河会合，一起与泰赤乌首领沆忽等在斡难河边大战，将对方击败，杀死的和俘获的不可计数。

哈答斤部、散只兀部、朵鲁班部、塔塔儿部、弘吉剌部听说乃蛮、泰赤乌已经战败，都感到不安，在阿雷泉相会，杀白马做祭牲立下誓言，要对太祖和汪罕发动突然袭击。弘吉剌部首领迭夷害怕此事难以成功，就偷偷派人前来告密，太祖和汪罕从虎图泽出发，迎战于盃亦烈川，又将对方打得大败。

汪罕于是分兵，自己沿怯绿连河行动。札阿绀孛和按敦阿述、燕火脱儿等商议说："我的哥哥性格做事都很古怪，他既能将我的兄弟都杀光，我们又怎么能单单活命呢？"按敦阿述将这些话泄露了，汪罕下令将燕火脱儿等人抓到自己的营帐前，将燕火脱儿解绑，对他说："我们从西夏回来，在道路上饥饿困乏，一起立有誓言，你难道忘记了吗？”便向他脸上吐唾沫。边上坐着的人也都起来向他吐唾沫。汪罕又多次责备札阿绀孛，到了无法忍受的地步。札阿绀孛与燕火脱儿等一起逃往乃蛮。

太祖在彻彻儿山驻军，发兵讨伐塔塔儿部。塔塔儿部首领阿剌兀都儿等前来迎战，将他们打得大败。

这时弘吉剌部想要前来归附，哈撒儿不知道他们的意图，前去抢劫了他们的东西。于是弘吉剌部归附了札木合，和朵鲁班、亦乞剌思、哈答斤、火鲁剌思、塔塔儿、散只兀诸部在犍河会合，共同推举札木合为局儿罕。众人在秃律别儿河岸盟誓，誓言是：“凡是我们同盟中人，如有泄露商议内容的，其下场如同河岸的崩塌，森林的砍伐。”说完誓言以后，大家一起举足蹬塌河岸，挥刀砍伐森林，驱赶士兵前来进攻。塔海哈当时在众人中间，他与太祖部下抄吾儿是亲家。抄吾儿偶然前去看他，了解到他们的密谋，赶紧回到太祖居住的地方，将这些情况报告了。太祖立即起兵，迎战于海剌儿、帖尼火鲁罕之地，打败了他们。札木合逃走，弘吉剌部前来投降。

壬戌年，太祖在兀鲁回失连真河发兵，讨伐按赤塔塔儿、察罕塔塔儿两部。出发以前誓师说：“如果打败敌人驱赶他们，见到他们丢下的东西，注意不要拾取，等战争结束后再分配。”后来果然取得胜利，太祖同族按弹、火察儿、答力台三人违背了誓师时的言语，太祖发怒，将他们俘获的东西都加以没收，在军中分配。

原来，脱脱逃往八儿忽真隘口之后，又出来骚扰，太祖带领军队将他赶走。到此时，他又与乃蛮部的不欲鲁罕会合，联合朵鲁班、塔塔儿、哈答斤、散只兀诸部一起来进攻。太祖派骑兵登高四望，知道乃蛮军队快要到了，便与汪罕一起将军队移入险要之处。汪罕的儿子亦剌合从北边过来占领高山立下阵势，乃蛮军前来冲击，阵势不动，退了回去。亦剌合接着也进入险要之处。将要交战以前，太祖将辎重转移到其他地方，和汪罕一起，背靠阿兰塞，与乃蛮军队在名叫阙奕坛的旷野上大战。乃蛮人让神巫祈祷风雪，想要利用风雪之势进攻，后来风向逆转，反过来刮向乃蛮人的兵阵。乃蛮人不能作战，想退兵。这时大雪塞满了沟涧，太祖指挥军队利用有利形势进攻，乃蛮大败。此时札木合起兵支援乃蛮，看见乃蛮已经失败，立即退还。路上遇见拥立自己的各部，大肆抢劫而去。

太祖求婚于汪罕，希望自己的长子术赤娶汪罕女儿抄儿伯姬，汪罕的孙子秃撒合想娶太祖女儿火阿真伯姬，都没有成功，从此以后颇有隔阂。起初，太祖与汪罕合兵攻乃蛮，约定明日作战。札木合对汪罕说："我对你就像白翎雀一样，别人则像鸿雁。白翎雀无论冷热都在北方，鸿雁每逢天气寒冷就飞到南方暖和的地方去了。"意思是说太祖的心是靠不住的。汪罕听了这番话果然生疑，就将部众迁移到其他地方。等到议婚不成，札木合又利用这一机会对亦剌合说："铁木真太子虽然自己说是汪罕的儿子，实际上曾和乃蛮有来往，这对您父子是不利的。您如果对铁木真采取军事行动的话，我一定在旁边帮助您。"亦剌合相信他的话。正好答力台、火察儿、按弹等都背叛了太祖前来归附，也对亦剌合说："我们愿意帮助您去攻打月伦的儿子们。"亦剌合非常高兴，派遣使者去告诉汪罕。汪罕说："札木合是一个嘴上说得好听但没有信用的人，他的话不能听。"亦剌合坚持自己的意见，使者来回了好几次。汪罕说："我之所以能生存下来，靠的是铁木真太子。我现在胡子已经白了，死后希望有一个安葬的地方。你怎么说个没有完呢？你好自为之，不要给我添麻烦就行了。"札木合于是焚烧了太祖的牧地扬长而去。

癸亥年，汪罕父子策划要谋害太祖，派遣使者来说："以前商量的婚事，现在愿意听从您的意见，请您前来喝布浑察儿。"(布浑察儿，汉语即订婚酒)太祖以为是真的，带着十名骑兵前去。在途中产生了怀疑，派一名骑兵前去表示谢意，自己回来。汪罕的阴谋不曾得逞，便商量发兵来攻。养马人乞失力听说这件事，偷偷和他的弟弟把带前来告诉太祖。太祖立即带着军队驰奔阿兰塞，将辎重全部转移到其他地方，派折里麦为前锋，等汪罕一到立即整好队伍出战。先遇到的是朱力斤部，接着是董哀部，后面是火力失烈门部，都击败了他们，最后与汪罕贴身亲兵交锋，也打败了他们。亦剌合看见形势危急，亲自前来冲阵，被箭射中脸颊，立即收兵退走。怯里亦部人离开汪罕前来投降。

汪罕战败回去，太祖也带着军队回到董哥泽屯驻。派遣阿里海前去责备汪罕说："您过去遭到您的叔父菊儿罕驱逐，困难交加前来投奔，我父亲立即发兵攻打菊儿罕，在河西将他打败，他的土地、百姓都拿了过来给您。这是有大功于您的第一件事。您遭到乃蛮人的攻击，逃往西边太阳降落的地方。您的兄弟札阿绀孛在金朝国境，我立即派人召他回来。

等他回来时，又遭到蔑里乞部的威胁，我请我的同族哥哥薛彻别吉和兄弟大丑去杀掉他们。这是有大功于您的第二件事。您为困难所迫前来投奔时，我经过哈丁里，将各部的羊、马和财产都夺了来给您，不到半月的时间，使您饥饿的部众吃得饱饱的，瘦子都长胖了。这是有大功于您的第三件事。您不告诉我就去抢劫蔑里乞部，收获很大，回来以后，没有分给我一点点，我都不计较。等到您被乃蛮人颠覆，我派四将夺回你的百姓，重立你的国家。这是有大功于您的第四件事。我征伐朵鲁班、塔塔儿、哈答斤、散只兀、弘吉剌五部，如同凶猛的海东青对付鹅雁一样，看见必有收获，有收获必定送给您。这是有大功于您的第五件事。这五件事都是有明白证据的，您对我不报恩也就罢了，现在怎么能变恩为仇，突然对我发动战争呢！”汪罕听到这些话，对亦剌合说：“我以前说的话怎么样？我的儿子你应该知道。”亦剌合说：“事情已经发展到今天这样，没有法子了结，只有尽力去战斗。我们打赢了就将他们并合过来。他们赢了就吞并我们，多说干什么。”

当时和太祖同族的按弹、火察儿都在汪罕身边。太祖派遣阿里海去挖苦责备汪罕时，命令阿里海告诉他们说：“过去我国没有君主，以为薛彻别吉、太丑二人是我伯祖八剌合的后代，准备立他们为主。因为二人坚决推辞，又以你火察儿是伯父聂坤之子，准备立为主，你又坚决推辞。但是此事不能这样中途而废，又以你按弹是我祖父忽都剌的儿子，想立为主，你又坚决推辞。于是你们推戴我为君主，这并非我的本来想法，是形势所逼造成的。三河是我们祖先创业的地方，不要被他人所据有。你们要好好为汪罕服务，汪罕的本性反复无常，待我尚且这样，何况是你们呢？我现在走了，我现在走了。”按弹等没有说一句话。

太祖既已派遣使者去汪罕那里，便进兵俘虏弘吉剌的别部溺儿斤，队伍行进到班朱尼河，河水正浑，太祖带着部众共饮河水立下誓言。亦乞烈部的孛徒被火鲁剌部打败，遇到太祖，双方建立同盟。太祖的兄弟哈撒儿另外居住在哈剌浑山，妻子被汪罕俘虏，自己带着小儿子脱虎逃走，粮食断绝，打寻鸟蛋充饥，前来河边相会。这时汪罕的势力强大，太祖微弱，胜败还不可知，部众颇为担心害怕。凡是一起饮过河水的，称为“饮浑水”。意思是曾经同患难。汪罕的军队前来，太祖在哈阑真沙陀与他们交战，汪罕大败。属臣按弹、火察儿、札木合等密谋杀害汪罕，没有成功，便逃往乃蛮。答力台、把怜等部前来叩头投降。

太祖将军队移到斡难河的源头，策划攻打汪罕，又派二名使者前往汪罕那里，假装传达哈撒儿的话，说："我的哥哥铁木真太子现在不知下落，我的妻子老小又在大王您那里，即使我想走，能走到哪里去呢！大王如果能够宽恕我以前的错误，想念我过去的好处，我立即就来投奔您。"汪罕相信这番话，就派人跟着两名使者前来。用皮囊盛血准备与哈撒儿订立盟约。到了以后，太祖立即以两名使者为向导，下令兵士衔枚禁止说话，连夜赶往折折运都山，出其不意，袭击汪罕，将他打得大败。克烈部百姓都投降了。汪罕和亦剌合脱身逃走。汪罕叹气说："我被儿子害了，今天的祸事后悔也来不及了。"汪罕逃走的路上，遇到乃蛮部的将领，被杀。亦剌合逃到西夏，靠抢劫维持生活，很快便为西夏打败逃到龟兹国，龟兹国君主动发兵讨伐，将他杀死。

太祖消灭汪罕以后，在帖麦该川举行盛大的狩猎活动，发布各种命令，凯旋而归。这时乃蛮部君主太阳罕心里妒忌太祖的才能，派人去和白达达部首领阿剌忽思商量说："我听说东方有称帝的人。天上没有两个太阳，百姓难道能有两个君主吗？您能增加我右翼的力量，我将夺过敢于称帝者的弓箭。"阿剌忽思立即将这个情况报告太祖，没有多久，他带着全部百姓前来归附。

甲子年，太祖在帖麦该川举行大聚会，商议讨伐乃蛮。许多人都认为现在是春天马正瘦，应该等待秋高气爽马长膘再出兵。皇弟斡赤斤说："应该做的事，要早下决心，怎么能用马瘦做理由呢！"别里古台也说："乃蛮要夺我们的弓箭，是看不起我们，我等理当共生死。他倚仗国大而吹牛，如果乘其不备发起攻势，可以成功。"太祖很高兴，说："以这样的人去作战，还愁打不赢吗！"便出动军队讨伐乃蛮，驻军于建忒该山，先派虎必来、哲别二人为前锋。太阳罕从按台来，驻军于沆海山，和蔑里乞部首领脱脱、克烈部首领阿怜太石、猥剌部首领忽都花别吉，以及秃鲁班、塔塔儿、哈答斤、散只兀等部会合，兵势相当盛大。这时我方队伍中的瘦马因受惊跑到乃蛮营中，太阳罕看见，与大家商议说："蒙古的马如此瘦弱，现在应该引诱他们深入，然后和他们交战将他们俘虏。"将领火力速八赤对他说："去世了的国王作战，一往直前，不让敌人看见自己的背和马的尾巴。现在您提出这样拖延的方针，是不是心中害怕呢？如果害怕，为什么不让后妃来统领军队！"太阳罕很生气，立即拍马往前要与太祖交战。太祖让哈撒儿负责中军。这时札木合跟随太阳罕前来，看见太祖的军队整齐肃静，对身边的人说：“乃蛮刚出兵时，看待蒙古军如同羊羔，意思是说连蹄皮也留不下。现在我观察他们的气势，恐怕已不同于过去了。”就带领自己部下的军队逃走了。这一天，太祖与乃蛮大战一直到日落，擒杀太阳罕。各部军一时都溃散，夜间在非常危险的地方奔走，从山崖掉下去死掉的不可计数。第二天，剩余下来的都投降了。于是朵鲁班、塔塔儿、哈答斤、散只兀四部也都前来投降。

接着又出征蔑里乞部，该部首领脱脱逃往太阳罕的哥哥卜欲鲁罕那里，他的部下带儿兀孙献上自己的女儿求降，很快又叛变了。太祖到泰寒寨，派孛罗欢、沈白二人带着右军前去将带儿兀孙平定了。

乙丑年，太祖出征西夏，攻克力吉里寨，经过落思城，掠取了大量百姓和骆驼回来。

元年丙寅，太祖大会诸王和群臣，树起九游的白旗，在斡难河头登上了皇帝的位置。诸王、群臣一起尊称为成吉思皇帝。这一年正是金朝泰和六年。

太祖即帝位后，就发兵再去打乃蛮。这时卜欲鲁罕正在兀鲁塔山打猎，将他捉住带了回来。太阳罕的儿子屈出律罕和脱脱一起逃到也儿的石河边。

太祖开始谈论讨伐金朝之事。以前金朝杀害太祖同族咸补海罕，太祖想报仇。恰巧金朝投降的俘虏陈述金朝皇帝完颜璟任意施行暴虐的统治，太祖于是决定加以讨伐，但是没有敢轻举妄动。

二年丁卯的秋天，太祖再征西夏，攻克斡罗孩城。

这一年，派遣按弹、不兀剌二人出使乞力吉思。不久野牒亦纳里部、阿里替也儿部都派遣使者来贡献名贵的鹰。

三年戊辰的春天，太祖从西夏回来。

夏天，在龙庭避暑。

冬天，再次讨伐脱脱和屈出律罕。斡亦剌部等和我军前锋遭遇，没有交战就投降了，便以他们做向导。到也儿的石河，讨伐蔑里乞部，将它消灭了。脱脱被飞箭射死。屈出律罕逃往契丹。

四年己巳的春天，畏吾儿国前来归附。太祖进军河西。西夏国王李安全派长子率领军队前来作战，被我军击败，副元帅高令公成了俘虏。攻克兀剌海城，俘虏西夏的太傅西壁氏。进至克夷门，又击败西夏军队，俘获其将领嵬名令公。包围中兴府，引黄河水来冲灌这座城池。但是水堤决口，水往外流，只好撤围还师。太祖派遣太傅讹答进入中兴府，向西夏国王招降，西夏国王献女儿请求和好。

五年庚午的春天，金朝打算来进攻，建造乌沙堡。太祖命遮别进行突然袭击，杀死筑堡的人，接着向东掠取土地。

原来，太祖向金朝进献每年固定的贡品，金朝皇帝派卫王允济到净州接受。太祖见到允济，不行礼。允济回去，准备请求发兵讨伐。正好金朝皇帝完颜璟死了，允济嗣位，即位的诏书送到蒙古，派人传话要太祖跪拜接受。太祖问金朝使节说："新皇帝是谁？"金使说："是卫王。"太祖立即向南方吐了一口唾沫，说："我以为中原的皇帝是天上的神才能做的，这等无用胆小之人也能做吗！拜他干什么！"便骑马往北走了。金使回来报告，允济更加恼怒，想趁太祖下一次进贡时，在边境贸易的场所加以杀害。太祖知道了这一情况，便与金朝断绝关系，进一步整顿军队做好准备。

六年辛未的春天，太祖居住在怯绿连河。西域哈剌鲁部首领阿昔兰罕来投降。畏吾儿国君主亦都护前来相见。

二月，太祖亲自带兵南征，在野狐岭打败金朝将领定薛，攻取大水泺、丰利等县。金朝又建造乌沙堡。

秋七月，太祖命遮别攻乌沙堡和乌月营，占领了二地。

八月，太祖和金军在宣平的会河川交战，取得胜利。

九月，攻占德兴府，居庸关的守将逃跑。遮别接着入关，直抵中都。

冬十月，我军袭击金朝的群牧监，将群牧监管理的马匹都赶了回来。耶律阿海投降，到太祖临时屯驻的地方来谒见。皇子术赤、察合台、窝阔台分别夺取云内、东胜、武、朔等州，都占领了。

这一年冬天，太祖屯驻在金朝的北部边境。刘伯林、夹谷长哥等前来投降。

七年壬申，春正月，耶律留哥在隆安聚合众人，自称都元帅，派遣使者前来归附。太祖攻破昌、桓、抚等州。金朝将领纥石烈九斤等带领三十万军队前来援救，太祖与他们在貛儿觜交战，金兵大败。

秋天，包围西京。金朝元帅左都监奥屯襄率领军队前来援救，太祖派兵把金军引诱到密谷口，在那里迎击他们，全部加以消灭。再攻西京，太祖为飞箭所伤，便撤围而去。

九月，察罕攻克奉圣州。

冬十二月甲申，遮别攻东京，不下，立即退去。夜间驰还，突然袭击，占领了东京。

八年癸酉的春天，耶律留哥自封为辽王，改元元统。

秋七月，攻占宣德府，接着攻打德兴府，皇子拖雷、驸马赤驹先登城，攻克了它。太祖前进到怀来，和金朝行省完颜纲、元帅高琪交战，金军败，追到居庸关北口。金兵占据居庸关自保，太祖命可忒、薄刹守在北口前，自己前往涿鹿。金朝西京留守忽沙虎逃走。太祖出紫荆关，在五回岭击败金军，攻占涿、易二州。契丹讹鲁不儿献北口，遮别于是占领居庸关，与可忒、薄刹会师。

八月，金朝忽沙虎杀害他的君主完颜允济，迎接丰王珣立为皇帝。

这一年秋天，太祖分兵三路。命皇子术赤、察合台、窝阔台为右军，沿着太行山往南，攻取保、遂、安肃、安、定、邢、洺、磁、相、卫、辉、怀、孟，抢掠了泽、潞、辽、沁、平阳、太原、吉、隰，占领汾、石、岚、忻、代、武等地，然后回军。皇弟哈撒儿和斡陈那颜、拙赤鹕、薄刹为左军，沿海向东去，攻取蓟州、平、滦、辽西等地然后回军。太祖与皇子拖雷为中军，攻取雄、霸、莫、安、河间、沧、景、献、深、祁、蠡、冀、恩、濮、开、滑、博、济、泰安、济南、滨、棣、益都、淄、潍、登、莱、沂等地。又命木华黎攻密州，城下后进行大屠杀，史天倪、萧勃迭率领队伍来降，木华黎以皇帝的名义授他们以万户之职。太祖到中都，三路军都回来会合在一起，屯驻在大口。

这一年，河北郡县都被蒙古军攻克，坚守不下的只有中都、通、顺、真定、清、沃、大名、东平、德、邳、海州等十一城。

九年甲戌，春三月，太祖屯驻在中都的北郊。将领们请求乘胜攻破燕京，太祖没有同意。于是派遣使节告知金朝皇帝说："你的山东、河北郡县都已被我占有，你剩下的只有燕京城。天既然已使你衰弱，我又逼迫你走上绝路，天将说我什么！我的军队现在要回去，你难道不能来犒劳我的军队，借此消除我手下将领的愤怒吗？"金帝于是遣使求和，献上卫绍王的女儿岐国公主，以及金帛、五百名童男女、三千匹马，还派丞相完颜福兴送太祖出居庸关。

夏五月，金帝迁都于汴，命完颜福兴和参政抹撚尽忠辅助太子守忠，留守中都。

六月，金朝乣军的斫答等人杀死统帅，率领队伍前来投降。太祖命三摸合、石抹明安和斫答等包围中都。太祖自己在鱼儿泺避暑。

秋七月，金朝太子守忠逃往汴京。

冬十月，木华黎征辽东，高州卢琮、金朴等人投降。锦州张鲸杀死节度使，自号临海王，派遣使者前来投降。

十年乙亥春正月，守通州的金右副元帅蒲察七斤投降，授七斤以元帅之职。

二月，木华黎攻北京，金军元帅寅答虎、乌古伦开城投降。便以寅答虎为留守，吾也而代理兵马都元帅，镇守该地。兴中府元帅石天应来降，以天应为兴中府尹。

三月，金朝御史中丞李英等率领军队前来援救中都，在霸州发生战斗，金军失败。

夏四月，攻克清、顺二州。太祖命张鲸统帅北京十提控的军队跟随南征，张鲸谋反处死。他的兄弟张致便占据锦州，自称汉兴皇帝，改元兴龙。

五月庚申，金朝中都留守完颜福兴服毒自杀，抹撚尽忠丢下中都城逃走，石抹明安便进入中都镇守。这年一月，太祖在桓州凉泾避暑，派忽都忽等前往中都查收金朝国库的收藏物品。

秋七月，红罗山寨主杜秀投降，授杜秀以锦州节度使之职。太祖派遣使者前去通知金朝皇帝，要他献出河北、山东没有被攻下的各城，去掉帝号改称河南王，这样的话可以停战。金帝不同意。太祖下令命史天倪向南进军，授以右副都元帅之职，赐给他金虎符。

八月，史天倪攻取平州，金朝经略使乞住投降。木华黎派遣史进道等攻打广宁府，守城者投降。

这一年秋天，攻取的城市共八百六十二处。

冬十月，金朝宣抚蒲鲜万奴占据辽东自称天王，国号大真，改元天泰。

十一月，耶律留哥前来朝觐，留下他的儿子斜阇充当太祖的侍从。史天祥讨伐兴州，俘获兴州节度使赵守玉。

十一年丙子的春天，太祖回到庐朐河边的行宫。张致攻陷兴中府，木华黎将他消灭。

秋天，撒里知兀鹘、三摸合拔都鲁带领军队由西夏前往关中，越过潼关，俘获金朝西安军节度使尼庞古蒲鲁虎，攻克汝州等地，抵达汴京然后还师。

冬十月，蒲鲜万奴投降，送他的儿子帖哥入朝充当侍从。不久又叛变，自称东夏。

十二年丁丑的夏天，强盗祁和尚占据武平，史天祥平定了这起叛乱，并擒获金朝将领巢元帅献给太祖。察罕在霸州击败金朝监军夹谷，金方求和，察罕才回军。

秋八月，太祖授木华黎以太师之职，封他为国王，统领蒙古、纠、汉各路军马南征。木华黎攻克遂城、蠡州。

冬天，攻克大名府，接着向东攻取了益都、淄、登、莱、潍、密等州。

这一年，秃满部百姓叛乱，派钵鲁完、朵鲁伯前去平定。

十三年戊寅，秋八月，军队出紫荆口，俘获金朝行元帅事张柔，命他继续保持原来的职务。木华黎从西京进入河东，攻克太原、平阳以及忻、代、泽、潞、汾、霍等州。金朝将领武仙向满城进攻，张柔将他打败。

这一年，讨伐西夏，包围西夏的王城。西夏国王李遵顼逃往西凉。契丹人六哥占据高丽江东城，太祖命哈真、札剌带军队将他消灭，高丽王瞰于是投降，请求每年进贡本地特产。

十四年己卯的春天，张柔击败武仙，祁阳、曲阳、中山等城投降。

夏六月，西域杀害使者，太祖带领军队亲自出征，攻克讹答剌城，活捉城中首脑哈只儿只兰秃。

秋天，木华黎攻克岢、岚、吉、隰等州，又向绛州进攻，占领以后将城中百姓全部屠杀。

十五年庚辰，春三月，太祖攻克蒲华城。

夏五月，攻克寻思干城，太祖的营帐屯驻在也儿的石河。

秋天，攻克斡脱罗儿城。木华黎攻取土地，来到真定，武仙投降。木华黎便以史天倪为河北西路兵马都元帅，管理真定府的事务，以武仙做他的副手。东平严实带着彰德、大名、磁、洺、恩、博、滑、浚等三十万户前来投降，木华黎以太祖的名义授予严实金紫光禄大夫、行尚书省事。

冬天。金朝邢州节度使武贵投降。木华黎攻打东平城，未能攻下，便留下严实看守，撤出围城军队前往洺州，分兵攻取河北诸郡。

这一年，授与董俊龙虎卫上将军、右副都元帅之职。

十六年辛巳，春天，太祖进攻卜哈儿、薛迷思干等城，皇子术赤进攻养吉干、八儿真等城，都占领了。

夏季四月，太祖屯驻在铁门关，金朝皇帝派遣乌古孙仲端带着国书来请求和好，称太祖为兄，不许。金东平行省事忙古丢掉城池逃跑，严实入城镇守。宋朝派遣苟梦玉前来请求和好。

夏季六月，宋朝涟水忠义统辖石珪率领部众投降，以石珪为济、兖、单三州总管。

秋天，太祖进攻班勒纥等城，皇子术赤、察合台、窝阔台分兵攻打玉龙杰赤等城，都占领了。

冬季十月，皇子拖雷攻克马鲁察叶可、马鲁、昔剌思等城。木华黎出河西，攻克葭、绥德、保安、鄜、坊、丹等州，进攻延安，未能占领。

十一月，宋朝京东安抚使张琳以京东诸郡前来投降，授与张琳沧、景、滨、棣等州行都元帅之职。

这一年，太祖下诏告谕德顺州。

十七年壬午，春天，皇子拖雷攻克徒思、匿察兀儿等城。还军途中经过木剌夷国，进行大规模虏掠。渡过搠搠阑河，攻克也里等城。随即与太祖相会，合兵攻打塔里寒寨，攻下了。木华黎的军队连克乾、泾、邠、原等州，进攻凤翔，但没有成功。

夏天，太祖在塔里寒寨避暑。西域君主札阑丁出逃，与灭里可汗会合，忽都忽与他们交战，失败。太祖自己带兵进攻，捉住了灭里可汗，札阑丁逃走。太祖派八剌追捕，没有抓住。

秋天，金朝又派乌古孙仲端前来请和，在回鹘国觐见太祖。太祖对他说："我过去要你的君主将河朔地区都给我，让你的君主当河南王，彼此罢兵停战，你的君主不肯。现在木华黎已经夺取了全部河朔地区，你这时才来请求不是太晚了吗？"仲端苦苦哀求，太祖说："念你远来不易，河朔既然都已为我所有，关西还有几座没有攻下的城，都割付给我，这样可以让你的君主当河南王。不要再违背我的意思。"仲端于是回去。金朝平阳公胡天作以青龙堡来降。

冬季十月，金朝河中府归附，授石天应为兵马都元帅镇守该地。

十八年癸未，春三月，太师国王木华黎去世。

夏天，在八鲁弯川避暑。皇子术赤、察合台、窝阔台和八剌的军队都来会合，遂即平定西域各处城市，设置达鲁花赤进行监督治理。

冬季十月，金朝皇帝完颜珣死，其子完颜守绪继位。

这一年，宋朝又派苟梦玉前来。

十九年甲申的夏天，宋朝大名总管彭义斌侵犯河北，史天倪与他在恩州交战，打败了他。

这一年，太祖到东印度国，角端出现，于是班师。

二十年乙酉，春季正月，回到行宫。

二月，武仙在真定叛变，杀死史天倪。董俊手下的判官李全也在中山叛变。

三月，史天泽向武仙发起攻击，武仙逃走，收复真定。

夏季六月，彭义斌以军队响应武仙，史天泽在赞皇防御，将他捉住杀死。

二十一年丙戌，春正月，太祖因为西夏收留仇人亦腊喝翔昆以及不遣质子，亲自带领军队去讨伐。

二月，攻取黑水等城。

夏天，在浑垂山避暑。攻取甘、肃等州。

秋天，攻取西凉府搠罗、河罗等县，于是越过沙漠，到黄河九渡，攻取应里等县。

九月，李全捉住张琳，带孙郡王指挥军队将李全围困于益都。

冬季十一月庚申，太祖攻打灵州，西夏派嵬名令公前来援救。丙寅，太祖渡过黄河攻击西夏军，取得胜利。丁丑，五星相聚，出现在西南，太祖屯驻在盐州川。

十二月，李全投降。授予张柔行军千户、保州等处都元帅之职。

这一年，皇子窝阔台和察罕的军队包围金南京，派遣唐庆前往金朝责问为什么不交纳每年的钱币。

二十二年丁亥，春天，太祖留下一部分部队攻打西夏王城，自己带领军队渡过黄河攻打积石州。

二月，破临洮府。

三月，破洮、河、西宁三州。派遣斡陈那颜攻打信都府，占领了那里。

夏季四月，太祖到龙德，攻取德顺等州，德顺节度使爱申、进士马肩龙战死。

五月，派唐庆等出使金朝。

闰五月，太祖在六盘山避暑。

六月，金朝派遣完颜合周、奥屯阿虎前来请求和好。太祖对群臣说：“我在去年冬天五星聚会时，已经许愿不再杀掠，急促中忘记下诏书了。现在可以向中外发布告示，让他们的使者也了解我的意思。”这个月，夏国王李晛投降。太祖到清水县西江。

秋季七月壬午，太祖身体不适。己丑，在萨里川哈老徒的行宫去世。临死前对身边的人说：“金朝精锐部队都在潼关，南边有连绵的山脉可以据守，北边有广阔的黄河为界，很难迅速攻破。如果向宋朝借路，宋金是世代的仇敌，一定能答应我们的要求，于是我军攻占唐、邓，直捣金朝都城汴梁。金朝着急，必然从潼关征调军队。然而他们数万军队，从千里外前来援救，人马疲乏，即使到了也不能打仗，我们一定能取得胜利。”说完就死了，年六十六岁。葬于起辇谷。至元三年冬十月，追谥为圣武皇帝。至大二年冬十一月庚辰，加谥法天启运圣武皇帝。庙号太祖，在位二十二年。

太祖为人深沉，有伟大的志向，用兵如神，所以能灭四十国，并且平定西夏。他的奇勋伟迹很多，可惜的是当时没有设置史官，可能不少事迹都没有记载下来。

戊子年。这一年，由皇子拖雷监理国事。

元史卷一百四十六

耶律楚材列传第三十三

耶律楚材，字晋卿，辽东丹王突欲八世孙。父履，以学行事金世宗，特见亲任，终尚书右丞。

楚材生三岁而孤，母杨氏教之学。及长，博极群书，旁通天文、地理、律历、术数及释老、医卜之说，下笔为文，若宿构者。金制，宰相子例试补省掾。楚材欲试进士科，章宗诏如旧制。问以疑狱数事，时同试者十七人，楚材所对独优，遂辟为掾。后仕为开州同知。

贞祐二年，宣宗迁汴，完颜福兴行尚书事，留守燕，辟为左右司员外郎。太祖定燕，闻其名，召见之。楚材身长八尺，美髯宏声。帝伟之，曰："辽、金世仇，朕为汝雪之。"对曰："臣父祖尝委质事之，既为之臣，敢仇君耶！"帝重其言，处之左右，遂呼楚材曰"吾图撒合里"而不名，"吾图撒合里"，盖国语长髯人也。

己卯夏六月，帝西讨回回国。祃旗之日，雨雪三尺，帝疑之，楚材曰："玄冥之气，见于盛夏，克敌之征也。"庚辰冬，大雷，复问之，对曰："回回国主当死于野。"后皆验。夏人常八斤，以善造弓，见知于帝，因每自矜曰："国家方用武，耶律儒者何用？"楚材曰："治弓尚须用弓匠，为天下者岂可不用治天下匠耶？"帝闻之甚喜，日见亲用。西域历人奏五月望夜月当蚀。楚材曰："否。"卒不蚀。明年十月，楚材言月当蚀，西域人曰不蚀，至期果蚀八分。壬午八月，长星见西方，楚材曰："女真将易主矣。"明年，金宣宗果死。帝每征讨，必命楚材卜，帝亦自灼羊胛，以相符应。指楚材谓太宗曰："此人，天赐我家。尔后军国庶政，当悉委之。"甲申，帝至东印度，驻铁门关，有一角兽，形如鹿而马尾，其色绿，作人言，谓侍卫者曰："汝主宜早还。"帝以问楚材，对曰："此瑞兽也，其名'角端'，能言四方语，好生恶杀，此天降符以告陛下。陛下天之元子，天下之人，皆陛下之子，愿承天心，以全民命。"帝即日班师。

丙戌冬，从下灵武，诸将争取子女金帛，楚材独收遗书及大黄药材。既而士卒病疫，得大黄辄愈。帝自经营西土，未暇定制，州郡长吏，生

杀任情，至孥人妻女，取货财，兼土田。燕蓟留后长官石抹咸得卜尤贪暴，杀人盈市。楚材闻之泣下，即入奏，请禁州郡，非奉玺书，不得擅征发，囚当大辟者必待报，违者罪死，于是贪暴之风稍戢。燕多剧贼，未夕，辄曳牛车指富豪，取其财物，不与则杀之。时睿宗以皇子监国，事闻，遣中使偕楚材往穷治之。楚材询察得其姓名，皆留后亲属及势家子，尽捕下狱。其家赂中使，将缓之，楚材示以祸福，中使惧，从其言，狱具，戮十六人于市，燕民始安。

己丑秋，太宗将即位，宗亲咸会，议犹未决。时睿宗为太宗亲弟，故楚材言于睿宗曰："此宗社大计，宜早定。"睿宗曰："事犹未集，别择日可乎？"楚材曰："过是无吉日矣。"遂定策，立仪制，乃告亲王察合台曰："王虽兄，位则臣也，礼当拜。王拜，则莫敢不拜。"王深然之。及即位，王率皇族及臣僚拜帐下，既退，王抚楚材曰："真社稷臣也。"国朝尊属有拜礼自此始。时朝集后期应死者众，楚材奏曰："陛下新即位，宜宥之。"太宗从之。

中原甫定，民多误触禁纲，而国法无赦令。楚材议请肆宥，众以之迂，楚材独从容为帝言。诏自庚寅正月朔日前事勿治。且条便宜一十八事颁天下，其略言："郡宜置长吏牧民，设万户总军，使势均力敌，以遏骄横。中原之地，财用所出，宜存恤其民，州县非奉上命，敢擅行科差者罪之。贸易借贷官物者罪之。蒙古、回鹘、河西诸人，种地不纳税者死。监主自盗官物者死。应犯死罪者，具由申奏待报，然后行刑。贡献礼物，为害非轻，深宜禁断。"帝悉从之，唯贡献一事不允，曰："彼自愿馈献者，宜听之。"楚材曰："蠹害之端，必由于此。"帝曰："凡卿所奏，无不从者，卿不能从朕一事耶？"

太祖之世，岁有事西域，未暇经理中原，官吏多聚敛自私，资至巨万，而官无储偫。近臣别迭等言："汉人无补于国，可悉空其人以为牧地。"楚材曰："陛下将南伐，军需宜有所资，诚均定中原地税、商税、盐、酒、铁冶、山泽之利，岁可得银五十万两、帛八万匹、粟四十余万石，足以供给，何谓无补哉？"帝曰："卿试为朕行之。"乃奏立燕京等十路征收课税使，凡长贰悉用士人，如陈时可、赵昉等，皆宽厚长者，极天下之选，参佐皆用省部旧人。辛卯秋，帝至云中，十路咸进廪籍及金帛陈于庭中，帝笑谓楚材曰："汝不去朕左右，而能使国用充足，南国之臣，复有如卿者乎？"对曰："在彼者皆贤于臣，臣不才，故留燕，为陛下用。”帝嘉其谦，赐之酒。即日拜中书令，事无巨细，皆先白之。

楚材奏：“凡州郡宜令长吏专理民事，万户总军政，凡所掌课税，权贵不得侵之。”又举镇海、粘合，均与之同事，权贵不能平。咸得卜以旧怨，尤嫉之，谮于宗王曰：“耶律中书令率用亲旧，必有二心，宜奏杀之。”宗王遣使以闻，帝察其诬，责使者，罢遣之。属有讼咸得卜不法者，帝命楚材鞫之，奏曰：“此人倨傲，故易招谤。今将有事南方，他日治之未晚也。”帝私谓侍臣曰：“楚材不较私仇，真宽厚长者，汝曹当效之。”中贵可思不花奏采金银役夫及种田西域与栽蒲萄户，帝令于西京宣德徙万余户充之。楚材曰：“先帝遗诏，山后民质朴，无异国人，缓急可用，不宜轻动。今将征河南，请无残民以给此役。”帝可其奏。

壬辰春，帝南征，将涉河，诏逃难之民，来降者免死。或曰：“此辈急则降，缓则走，徒以资敌，不可宥。”楚材请制旗数百，以给降民，使归田里，全活甚众。旧制，凡攻城邑，敌以矢石相加者，即为拒命，既克，必杀之。汴梁将下，大将速不台遣使来言：“金人抗拒持久，师多死伤，城下之日，宜屠之。”楚材驰入奏曰：“将士暴露数十年，所欲者土地人民耳。得地无民，将焉用之？”帝犹豫未决，楚材曰：“奇巧之工，厚藏之家，皆萃于此，若尽杀之，将无所获。”帝然之，诏罪止完颜氏，余皆勿问。时避兵居汴者得百四十七万人。

楚材又请遣人入城，求孔子后，得五十一代孙元措，奏袭封衍圣公，付以林庙地。命收太常礼乐生，及召名儒梁陟、王万庆、赵著等，使直释九经，进讲东宫。又率大臣子孙，执经解义，俾知圣人之道。置编修所于燕京、经籍所于平阳，由是文治兴焉。

时河南初破，俘获甚众，军还，逃者十七八。有旨：居停逃民及资给者，灭其家，乡社亦连坐。由是逃者莫敢舍，多殍死道路。楚材从容进曰：“河南既平，民皆陛下赤子，走复何之！奈何因一俘囚，连死数十百人乎？”帝悟，命除其禁。金之亡也，唯秦、巩二十余州久未下，楚材奏曰：“往年吾民逃罪，或萃于此，故以死拒战。若许以不杀，将不攻自下矣。”诏下，诸城皆降。

甲午，议籍中原民，大臣忽都虎等议，以丁为户。楚材曰：“不可。丁逃，则赋无所出，当以户定之。”争之再三，卒以户定。时将相大臣有所驱获，往往寄留诸郡，楚材因括户口，并令为民，匿占者死。

乙未，朝议将四征不廷，若遣回回人征江南，汉人征西域，深得制御之术，楚材曰："不可。中原、西域，相去辽远，未至敌境，人马疲乏，兼水土异宜，疾疫将生，宜各从其便。"从之。

丙申春，诸王大集，帝亲执觞赐楚材曰："朕之所以推诚任卿者，先帝之命也。非卿，则中原无今日。朕所以得安枕者，卿之力也。"西域诸国及宋、高丽使者来朝，语多不实，帝指楚材示之曰："汝国有如此人乎？"皆谢曰："无有。殆神人也！"帝曰："汝等唯此言不妄，朕亦度必无此人。"有于元者，奏行交钞，楚材曰："金章宗时初行交钞，与钱通行，有司以出钞为利，收钞为讳，谓之'老钞'，至以万贯唯易一饼。民力困竭，国用匮乏，当为鉴戒。今印造交钞，宜不过万锭。"从之。

秋七月，忽都虎以民籍至，帝议裂州县赐亲王功臣。楚材曰："裂土分民，易生嫌隙。不如多以金帛与之。"帝曰："已许奈何？"楚材曰："若朝廷置吏，收其贡赋，岁终颁之，使毋擅科征，可也。"帝然其计，遂定天下赋税，每二户出丝一斤，以给国用；五户出丝一斤，以给诸王功臣汤沐之资。地税，中田每亩二升又半，上田三升，下田二升，水田每亩五升；商税，三十分而一；盐价，银一两四十斤。既定常赋，朝议以为太轻，楚材曰："作法于凉，其弊犹贪，后将有以利进者，则今已重矣。"

时工匠制造，糜费官物，十私八九，楚材请皆考核之，以为定制。时侍臣脱欢奏简天下室女，诏下，楚材泥之不行，帝怒。楚材进曰："向择美女二十有八人，足备使令。今复选拔，臣恐扰民，欲覆奏耳。"帝良久曰："可罢之。"又欲收民牝马，楚材曰："田蚕之地，非马所产，今若行之，后必为人害。"又从之。

丁酉，楚材奏曰："制器者必用良工，守成者必用儒臣。儒臣之事业，非积数十年，殆未易成也。"帝曰："果尔，可官其人。"楚材曰："请校试之。"乃命宣德州宣课使刘中随郡考试，以经义、词赋、论分为三科，儒人被俘为奴者，亦令就试，其主匿弗遣者死。得士凡四千三十人，免为奴者四之一。

先是，州郡长吏，多借贾人银以偿官，息累数倍，曰"羊羔儿利"，至奴其妻子，犹不足偿。楚材奏令本利相侔而止，永为定制，民间所负者，官为代偿之。至一衡量，给符印，立钞法，定均输，布递传，明驿券，庶政略备，民稍苏息焉。

有二道士争长，互立党与，其一诬其仇之党二人为逃军，结中贵及通事杨惟忠，执而虐杀之。楚材按收惟忠。中贵复诉楚材违制，帝怒，系楚材；既而自悔，命释之。楚材不肯解缚，进曰："臣备位公辅，国政所属。陛下初令系臣，以有罪也，当明示百官，罪在不赦。今释臣，是无罪也，岂宜轻易反覆，如戏小兒？国有大事，何以行焉！"众皆失色。帝曰："朕虽为帝，宁无过举耶？"乃温言以慰之。楚材因陈时务十策，曰："信赏罚，正名分，给俸禄，官功臣，考殿最，均科差，选工匠，务农桑，定土贡，制漕运。皆切于时务，悉施行之。

太原路转运使吕振、副使刘子振，以赃抵罪。帝责楚材曰："卿言孔子之教可行，儒者为好人，何故乃有此辈？"对曰："君父教臣子，亦不欲令陷不义。三纲五常，圣人之名教，有国家者莫不由之，如天之有日月也。岂得缘一夫之失，使万世常行之道独见废于我朝乎！"帝意乃解。

富人刘忽笃马、涉猎发丁、刘廷玉等以银一百四十万两扑买天下课税，楚材曰："此贪利之徒，罔上虐下，为害甚大。"奏罢之。常曰："兴一利不如除一害，生一事不如省一事。任尚以班超之言为平平耳，千古之下，自有定论。后之负谴者，方知吾言之不妄也。"帝素嗜酒，日与大臣酣饮，楚材屡谏，不听，乃持酒槽铁口进曰："麴蘖能腐物，铁尚如此，况五脏乎！"帝悟，语近臣曰："汝曹爱君忧国之心，岂有如吾图撒合里者耶？"赏以金帛，敕近臣日进酒三钟而止。

自庚寅定课税格，至甲午平河南，岁有增羡，至戊戌课银增至一百一十万两。译史安天合者，谄事镇海，首引奥都剌合蛮扑买课税，又增至二百二十万两。楚材极力辩谏，至声色俱厉，言与涕俱。帝曰："尔欲搏斗耶？"又曰："尔欲为百姓哭耶？姑令试行之。"楚材力不能止，乃叹息曰："民之困穷，将自此始矣！"

楚材尝与诸王宴，醉卧车中，帝临平野见之，直幸其营，登车手撼之。楚材熟睡未醒，方怒其扰己，忽开目视，始知帝至，惊起谢，帝曰："有酒独醉，不与朕同乐耶？"笑而去。楚材不及冠带，驰诣行宫，帝为置酒，极欢而罢。

楚材当国日久，得禄分其亲族，未尝私以官。行省刘敏从容言之，楚材曰："睦亲之义，但当资以金帛。若使从政而违法，吾不能徇私恩也。"

岁辛丑二月三日，帝疾笃，医言脉已绝。皇后不知所为，召楚材问之，对曰："今任使非人，卖官鬻狱，囚系非辜者多。古人一言而善，荧惑退舍，请赦天下囚徒。"后即欲行之，楚材曰："非君命不可。"俄顷，帝少苏，因入奏，请肆赦，帝已不能言，首肯之。是夜，医者候脉复生，适宜读赦书时也，翌日而瘳。冬十一月四日，帝将出猎，楚材以太乙数推之，亟言其不可，左右皆曰："不骑射，无以为乐。"猎五日，帝崩于行在所。皇后乃马真氏称制，崇信奸回，庶政多紊。奥鲁剌合蛮以货得政柄，廷中悉畏附之。楚材面折廷争，言人所难言，人皆危之。

癸卯五月，荧惑犯房，楚材奏曰："当有惊扰，然讫无事。"居无何，朝廷用兵，事起仓卒，后遂令授甲选腹心，至欲西迁以避之。楚材进曰："朝廷天下根本，根本一摇，天下将乱。臣观天道，必无患也。"后数日乃定。后以御宝空纸，付奥都剌合蛮，使自书填行之。楚材曰："天下者，先帝之天下。朝廷自有宪章，今欲紊之，臣不敢奉诏。"事遂止。又有旨："凡奥都剌合蛮所建白，令史不为书者，断其手。"楚材曰："国之典故，先帝悉委老臣，令史何与焉？事若合理，自当奉行，如不可行，死且不避，况截手乎！"后不悦。楚材辩论不已，因大声曰："老臣事太祖、太宗三十余年，无负于国，皇后亦岂能无罪杀臣也。"后虽憾之，亦以先朝旧勋，深敬惮焉。

甲辰夏五月，薨于位，年五十五。皇后哀悼，赙赠甚厚。后有谮楚材者，言其在相位日久，天下贡赋，半入其家。后命近臣麻里扎覆视之，唯琴阮十余，及古今书画、金石、遗文数千卷。至顺元年，赠经国议制寅亮佐运功臣、太师、上柱国，追封广宁王，谥"文正"。子铉、铸。

【译文】

耶律楚材，字晋卿，辽朝东丹王耶律突欲的八世孙。父亲耶律履，因学问品行出众得以奉事金世宗，特别受到亲近和信任，去世时官至尚书右丞。

楚材三岁时父亲去世，母亲杨氏教他读书。长大后，博览群书，兼通天文、地理、律历、术数以及佛、道、医、卜等学问，下笔写文章，好像早就做好了似的。金朝制度，宰相之子可以按惯例通过考试担任尚书省属官。耶律楚材想参加进士科考试，章宗诏令按原有的制度办。考官用几个疑难案件进行提问，当时一起参加考试的有十七个人，唯独楚材的回答特别好，于是被征召为尚书省属官。此后又担任过开州同知。

贞祐二年，金宣宗迁都汴梁，完颜福兴为行尚书省事，留守燕京，征召耶律楚材为左右司员外郎。太祖成吉思汗攻取燕京，听说楚材的名字，于是召见他。耶律楚材身高八尺，胡须漂亮，声音洪亮，太祖很看重他，说:“辽和金是世代的仇敌,我为你报仇雪恨。”楚材回答说:“我的父亲和祖父都曾委身奉事金朝,既然做了金朝的臣民,怎敢仇恨自己的君主呢?”太祖很敬重他这番话,把他安排在自己身边,于是称呼楚材为“吾图撒合里”而不叫他的名字,“吾图撒合里”在蒙语中的意思是胡须很长的人。

己卯年夏六月,太祖向西讨伐回回国。祭旗的那一天,雪下了有三尺厚,太祖心中疑惑,耶律楚材说:“盛夏季节出现水汽,这是战胜敌人的预兆。”庚辰年冬天,雷声很大,太祖又问他,他回答说:“回回国王将死在野外。”后来这些话都应验了。西夏人常八斤,因为善于制造弓箭,得到太祖的赏识,所以经常自夸道:“国家正在兴兵打仗,耶律楚材这个书生有什么用!”楚材说:“造弓尚且要用弓匠,取天下的人怎能不用治理天下的工匠呢?”太祖听到后十分高兴,越来越信任和重用他。西域懂得历法的人上奏说五月十五日晚将出现月蚀。楚材说:“不对。”果然没有出现月蚀。第二年十月,耶律楚材说将有月蚀,西域人说没有,到时间果然月蚀八分。壬午年八月,彗星出现在西方,楚材说:“女真将改换皇帝了。”第二年,金宣宗果然去世。太祖每次出师征讨,必定要让耶律楚材占卜吉凶,太祖自己也炙烧羊胛骨,判断天意和人事是否相符。指着楚材对太宗说:“这个人是上天赐给我家的。以后军国大事都要交给他处理。”甲申年,太祖到达东印度,驻扎在铁门关,有一只头上长角的野兽,形状像鹿却长着马的尾巴,绿颜色,会讲人话,对侍卫说:“你的主人应早点回去。”太祖向耶律楚材询问这件事,楚材回答说:“这是吉祥的动物,名叫角端,能说各个地方的语言,喜欢生灵而厌恶杀戮,这是上天降下符瑞以告诫陛下。陛下是上天的大儿子,天下的人都是陛下的子女,希望陛下顺应上天的心意,保全百姓的生命。”太祖当天就班师回去了。

丙戌年冬天,跟随太祖攻克灵武,将领们都争着掠取子女金帛,唯独耶律楚材专门收集失落的书籍和大黄等药材。不久士兵们染上疫病,用大黄一治就好了。太祖亲自经营西方的疆土,来不及制定有关制度。州郡长官,任意生杀,甚至把老百姓的妻子强迫变为奴隶,掠夺财物,兼并土地。燕蓟留后长官石抹咸得卜尤其贪婪暴虐,杀人满市。楚材听说后流下眼泪,随即向太祖上奏,请求向各州郡发布禁令,如果没有皇帝的圣旨,不得随便向百姓征税调役,囚犯应处死刑的必须上报,违反者处以死罪，于是贪暴的风气有所收敛。燕京一带有许多厉害的盗贼，光天化日之下就拉着牛车到富人家索取财物，不给就杀人。当时睿宗拖雷以皇子的身份监理国事，听说这些情况，便派遣宫中使臣和耶律楚材一起前去严厉查办。楚材查问到盗贼的姓名，都是留后长官的亲属和有权势人家的子弟，将他们全部逮捕入狱。盗贼的家里贿赂宫中使臣，使臣企图拖延处理，楚材向他讲明这样做将带来的后果，使臣惧怕，听从了耶律楚材的意见，定案后，在集市上处死十六人，燕京的百姓才得以安定下来。

己丑年秋天，太宗将要即位，宗室皇亲都聚集在一起，讨论还没有做出决定。当时睿宗拖雷是太宗窝阔台的亲弟弟，所以耶律楚材对睿宗说："这是宗庙社稷的大事，应该尽早确定。"睿宗说："事情还没有完结，另外选个日子怎么样？"楚材说："过了今天就没有吉日了。"于是确定下来，耶律楚材建立礼仪制度，进而对亲王察合台说："亲王虽然是兄长，但地位则是臣子，按礼节应当跪拜皇帝。您跪拜了，那么就没人敢不拜了。"察合台很赞同他的意见。等到太宗即位，察合台率领全体皇族成员和大臣们在宫帐下跪拜。礼毕退下，察合台手抚着耶律楚材说："您真是安邦定国的大臣啊！"蒙古国君臣间有跪拜之礼从这时候开始。当时朝会迟到应处死刑的人很多，楚材上奏道："陛下刚刚即位，应该赦免他们。"太宗听从了他的意见。

中原刚刚平定，老百姓误犯法律的人很多，而国家法令中没有赦免的说法。耶律楚材请求对他们宽大处理，众人都认为这不切实际，唯独楚材严肃地向皇帝建议。皇帝发布诏令，凡是庚寅年正月初一以前犯的事情都不予追究。他还拟订了十八项应办的事情，建议颁行天下。大致是说："州郡要设置长官以管理百姓，设置万户以统率军队，使文、武双方势均力敌，以防止骄横的作风。中原地区，是国家财富的来源，应该保存和照顾这里的百姓，州县如果没有上司的命令，胆敢擅自科征赋税的要判罪。借贷官府财物做买卖的，也要判罪。蒙古、回鹘、河西等地的人，种地不交税的处以死刑。负责管理的官员自己盗窃官府财物的也要处死。凡是犯死罪的，要将理由上奏朝廷等待批复，然后行刑。各地上贡和进献礼物，为害不小，必须严禁。"太宗全部同意，只有禁止贡献礼物这件事不答应，说："那些自愿贡献的，应该允许。"楚材说："腐败的祸端，必然从这里开始。"太宗说："凡是你奏请的事情，我没有一件不答应，你难道不能顺从我一件事吗？”

太祖在世的时候，每年都要用兵西域，没有时间来经营治理中原，很多官吏都聚敛财物为自己打算，家中财物多得不得了，而官府却没有什么储备。近臣别迭等人说：“汉人对国家没什么用处，可以把他们的土地全部空出来做牧场。”耶律楚材说：“陛下即将向南征伐，军需物资要有来源，如果能均衡地确定中原地区的田税、商税以及盐、酒、铁冶和山林河湖等业的赋税，每年可以得到五十万两白银、八万匹绢帛和四十多万石粟子，足以供给军队需要，怎么能说没什么用处呢？”太宗说：“你为我试着办。”于是奏请设立燕京等十路征收课税使，凡正、副长官都任用读书人，如陈时可、赵昉等都是宽厚的长者、天下第一流的人物，属官都用金朝尚书省六部的原班人员。辛卯年秋天，太宗来到云中，十路都送来储存粮食的簿册和黄金、绢帛，陈列在庭院中，太宗笑着对楚材说：“你没有离开过我的身边，却能使国家经费充裕，南方金国还有像你这样的大臣吗？”楚材回答说：“在那里的人都比我贤明能干，我没什么本事，所以才留在燕京，为陛下所用。”太宗赞赏他的谦虚，赐酒给他。当即任命他为中书令，事无大小，都要先跟他通报商议。

耶律楚材上奏：“凡是地方州郡应该让行政长官专门管理民事，万户统管军政，凡是地方所掌管的征收赋税的事务，权贵不能干预。”又推荐镇海、粘合二人，与他共同工作，权贵们都不服气。咸得卜因为过去跟耶律楚材有仇，尤其忌恨他，在宗王面前诬陷道：“耶律中书令专门任用自己的亲信故旧，必定怀有叛逆之心，应该奏请皇帝杀掉他。”宗王派人告诉了皇帝，太宗觉察到这是诬陷，就斥责了来人，把他打发回去。接着有人控告咸得卜有犯法行为，太宗命楚材审理此事，耶律楚材上奏说：“此人骄傲自大，因而容易招来别人的攻击。现在正要对南方用兵，以后再做处理也不晚。”太宗私下对侍臣说：“楚材不计较私仇，真是宽厚长者，你们应当效法他。”宫中显贵可思不花奏请招募采金银的役夫以及到西域种田、栽葡萄的人户，太宗下令在西京宣德迁移一万多户来充当。楚材说：“先帝遗诏中说，山后的百姓质朴，和蒙古人没有区别，遇到危难时可以利用，不应轻易迁移他们。如今即将征讨河南，请不要分散山后百姓，以便在这次军事行动中使用他们。”太宗同意了他的请求。

壬辰年春天，太宗南下征讨，将要渡黄河，诏令逃难的百姓，前来投降的可以免死。有人说:“这些人危急的时候就投降,没事的时候就逃走,只对敌人有好处,不能宽大处理。”耶律楚材请求制作几百面旗子,发给投降的难民,让他们返回乡里,很多人因此得以保全性命。按照蒙古传统的制度,凡是攻打城池,敌人用弓箭和石块袭击的,就是违抗命令,攻克之后,必定将城中的军民全部杀死。汴梁将要攻下,大将速不台派人来说:“金人抗拒了很长时间,我军死伤很多,汴梁攻克之日,应该屠城。”耶律楚材急忙进去上奏道:“将士们辛苦了几十年,想要得到的不过是土地和人民。得到了土地而失去了人民,又有什么用呢?”太宗犹豫不决,楚材又说:“能工巧匠,富裕人家,都集中在这里,如果将他们全部杀死,将会一无所获。”太宗接受了他的意见,下诏只处罚完颜氏一族,其余都不追究。当时躲避打仗而住在汴梁的有一百四十七万人。

耶律楚材又请求派人进城,寻求孔子的后代,找到孔子的五十一代孙孔元措,奏请由他继承“衍圣公”的封号,将孔林、孔庙的土地交付给他,命令他收集金朝的太常礼乐生。又征召著名的儒生梁陟、王万庆、赵著等人,让他们将《九经》译成口语,讲给太子听。又率领大臣们的子孙,拿着经书讲解其中的含义,使他们知道圣人的学说。在燕京设置编修所,在平阳设置经籍所,从此文明教化开始兴盛。

当时河南地区刚刚攻下,俘虏很多,蒙军返回,俘虏逃跑的有十分之七八。皇帝下令:凡是收留和资助逃亡者的,处死全家,同村邻里也要连坐。因此,没有人敢收留逃亡者,大多饿死在路上。耶律楚材平心静气地对太宗说:“河南已经平定,这里的百姓都是陛下的儿女,还会走到哪里去呢!何必因为一个俘虏,而使几十个甚至上百个人牵连受死呢?”太宗醒悟,下诏解除了这条禁令。金朝灭亡后,只有秦、巩等二十多个州很久没有投降,楚材上奏道:“过去我们的百姓逃避罪罚,有的集中在这些地方,所以拼死抵抗,如果答应不杀他们,将不攻自破。”赦免死罪的诏令一下,这些城池都投降了。

甲午年,讨论将中原百姓登记编户,大臣忽都虎等人建议以成年男子为征税对象。耶律楚材说:“不行。成年男子逃走,那么赋税就征收不到了,应当以户为征收对象。”争论多次,终于确定以户为征收对象。当时将相大臣获得的俘虏,往往寄存在地方州郡,楚材利用登记户口的机会,下令将俘虏全部登记为平民,凡是隐藏私占的均处以死刑。

乙未年，朝廷讨论将四处征伐没有归附的地方，假如派遣回回人征讨江南，汉人征讨西域，那么就能有效地控制他们，耶律楚材说："不行。中原和西域相距遥远，还没有到达敌人的边境，就已经人马疲乏了，加上水土不服，容易生传染病，应该各从其便。"皇帝接受了他的意见。

丙申年春天，宗王们大聚会，太宗亲自拿起酒杯赐给耶律楚材说："我之所以推心置腹地任用你，是因为先帝的命令。没有你，中原地区就没有今天。我之所以能够高枕无忧，都是因为你的努力。"西域各国以及宋朝、高丽的使者前来朝见，说的话大多不可信，太宗指着耶律楚材对他们说："你们国家有这样的人才吗？"使者们都老实地说道："没有。他简直是神人啊！"太宗说："你们只有这句话不假，我也觉得你们国中一定没有这样的人才。"有个叫于元的人奏请发行纸币，耶律楚材说："金章宗时开始推行纸币，与铜钱同时使用，官府以发行纸币来谋利，不愿意回收，称为'老钞'，甚至一万贯纸币只能买一张饼。百姓穷困，国家经费短缺，应该引以为戒。现在印制纸币，不能超过一万锭。"朝廷接受了他的意见。

秋七月，忽都虎送来了户口簿，太宗打算分割州县赏赐给亲王、功臣。耶律楚材说："分割土地和人民，容易发生冲突和纠纷。不如多赐给他们金帛财物。"太宗说："已经答应了，怎么办呢？"楚材说："如果朝廷设置官吏，征收上交给诸王功臣的赋税，到年底分给他们，不让他们自行征收，这样就可以了。"太宗同意他的想法，于是确定全国的赋税，每两户出丝一斤，以供国家使用；五户合出丝一斤，作为诸王和功臣封地的收入。地税，中等田每亩交二升半，上等田交三升，下等田交二升，水田每亩交五升；商税征收三十分之一；盐价，白银一两可买四十斤。正常的赋税额确定后，朝廷讨论认为太轻，楚材说："赋税从轻，仍会产生贪污的弊端，以后将会有人以增加国家收入为升官的途径，那样的话现在的赋税额就已经够重的了。"

当时的工匠制造物品，随意浪费官府的物资，十之八九被他们私自占有，耶律楚材请求全部加以考核，建立起固定的制度。当时侍臣脱欢奏请在天下没有出嫁的女子中挑选美女，诏令已经颁发，耶律楚材拦住不执行，太宗发怒。楚材进谏道："以前挑选了二十八个美女，已经足够用来使唤。现在又要挑选，我担心骚扰百姓，正想再向陛下汇报。"太宗过了好一会儿才说："可以取消这件事。"又打算征收民间的母马，楚材说:“耕种养蚕的地方,不出产马,现在如果推行收马之法,以后必定成为百姓的祸害。”太宗又接受了他的意见。

丁酉年,耶律楚材上奏说:“制造器具必须用好的工匠,要保持国家已取得的成就必须任用儒臣。儒臣的事业,不进行几十年的积累,是难以成功的。”太宗说:“果真是这样的话,可以让这些人做官。”楚材说:“请加以考试选拔。”于是命令宣德州宣课使刘中到各郡去主持考试,分为经义、词赋、论三个科目,被俘为奴的读书人,也让他们参加考试,主人隐藏不让他们应试的就处以死刑。共选拔了四千三百名读书人,免去奴隶身份的占四分之一。

以前,州郡官吏中有很多人借商人的银钱来偿还欠官府的债务,利息累计为本钱的好几倍,称为“羊羔儿利”,甚至妻子儿女都被变卖为奴隶,还是还不清。耶律楚材上奏,下令利息与本钱相等后不许再增加,永远成为固定的制度,民间所欠的债务,由官府代为偿还。直至统一度量衡、颁发符印、建立钞法、制定统一的贸易法规、设置邮政系统、明确驿站的使用凭证,各种政务大致齐备,百姓稍微能够休养生息。

有两个道士争当道长,彼此都聚集了一批党羽,其中一个道士诬陷对手党羽中的两个人是逃兵,勾结宫中侍从和通事杨惟忠,将那两人抓起来残酷杀害。耶律楚材将杨惟忠拘留审问,宫中侍从却说楚材违反朝廷制度,太宗发怒,逮捕楚材。随即又很后悔,下令释放他。楚材不肯松绑,对太宗说:“我身为宰相,关系到国家大政。陛下开始时下令逮捕我,是因为我有罪,应当在百官面前公开宣布我的罪行不可饶恕。现在释放我,是因为我无罪,怎么能这样随便翻来覆去像戏弄小孩一样呢?如果国家有大事,也能这样干吗?”众人吓得脸色都变了。太宗说:“我虽然是皇帝,难道就没有错误的举动吗?”于是好言安慰了他一番。楚材乘机陈述了十条处理当今时务的措施,这十条措施是:信赏罚,正名分,给俸禄,官功臣,考殿最,均科差,选工匠,务农桑,定土贡,制漕运。都切合当今时务,太宗全部同意施行。

太原路转运使吕振、副使刘子振,因为贪污而获罪。太宗责备耶律楚材说:“你讲过孔子的教导可行,读书人是好人,为什么还有这种人?”楚材答道:“君主、父亲教导臣属、子女,也不想让他们去做不讲道义的事情。三纲五常是圣人的教导,管理国家的人没有不遵循的,好比是天上有太阳和月亮一样。怎么能因为一个人的过失,而使得万世经常奉行的学说单单在我们这个朝代被废止呢？”太宗的恼怒这才缓解。

富人刘忽笃马、涉猎发丁和刘廷玉等人用银一百四十万两承包天下赋税，楚材说：“这些都是贪图财利的家伙，欺骗朝廷坑害百姓，为害很大。”奏请皇帝取消这种做法。他经常说：“兴一利不如除一弊，多一事不如少一事。任尚以为班超的话平淡无奇，但是千年之后，自有定论。以后遭到谴责的人，才知道我这话不假。”太宗素来喜欢喝酒，每天与大臣们开怀畅饮，楚材多次劝阻，太宗不听，于是就拿着酒槽的铁口对太宗说：“酒能够使东西腐烂，铁尚且如此，何况是人的五脏呢？”太宗醒悟，对近臣说道：“你们这些人爱护君王、为国忧虑的心意，难道能比得上吾图撒合里吗？”于是赐给他金帛财物，下令侍从们每天进酒以三钟为限。

自从庚寅年确定征税规则，到甲午年平定河南，税额每年都有增加，到戊戌年征收的白银达一百一十万两。有个翻译名叫安天合，讨好镇海，率先招引奥都剌合蛮包买赋税，又增加到二百二十万两白银。耶律楚材极力争辩劝阻，甚至于声色俱厉，一边说一边哭。太宗说：“你想打架呀？”又说：“你想为百姓哭泣吗？姑且让他们试着做做再说。”楚材无法阻止，于是叹息道：“百姓困穷，将从此开始了！”

耶律楚材曾与宗王一起吃饭，喝醉后躺在车中，太宗在原野上看见了，直接来到他的营盘里，登上车用手推他。楚材睡得正香，正为别人打扰自己而恼怒，忽然睁开眼睛一看，才知道是皇帝来了，慌忙起身谢罪，太宗说：“有酒一个人喝醉，不想跟我一起快活快活吗？”笑着走了。楚材来不及穿戴好衣冠，赶紧骑马前往皇帝的行宫，太宗为他摆开酒席，尽兴而罢。

耶律楚材主持政务很长时间，把得到的俸禄全部分给自己的亲族，从来没有徇私情让他们做官。行省刘敏严肃认真地向他提起此事，楚材说：“使亲族和睦的道理，只应用财物资助他们。我不能为了照顾私人感情而让他们去做官违法。”

辛丑年二月三日，太宗病危，医生说脉搏已经不动了。皇后不知所措，把耶律楚材召来询问，楚材回答说：“现在任用的官员不合适，出卖官职，打官司要贿赂，囚禁无辜的人很多。古人一句好话就可以使火星退到原来的位置，我请求赦免天下的囚徒。”皇后想立即去做，楚材说：“没有皇帝的命令可不行。”过了一会儿，太宗稍微苏醒过来，于是上奏请求赦免囚犯，太宗已不能说话，点头表示同意。当天夜里，太医测到脉搏重新跳动，正好是宣读赦免令的时候，第二天病就好了。冬十一月四日，太宗将要出去打猎，楚材用太乙数来推算，赶紧说不能打猎，左右侍从们都说：“不骑马射箭，就谈不上快乐。”打猎五天，太宗在行营中去世。皇后乃马真氏行使皇帝权力，重用和信任奸邪之人，政务都被搞乱。奥都剌合蛮因为包买赋税而执掌大权，朝廷里的人都害怕他、依附他。楚材当面斥责，在朝廷中争辩，说别人不敢说的话，人们都为他担心。

癸卯年五月，火星侵犯房星的区域，耶律楚材上奏说：“将有惊扰发生，但最后会没事的。”没过多久，朝廷用兵，事情仓促发生，群情纷扰，皇后于是下令将靠得住的人武装起来，甚至想向西迁移以躲避面临的危机。楚材说：“朝廷是天下的根本，根本一旦动摇，天下将会动乱。我观察天象，肯定没有灾难。”过了几天就安定下来。皇后将盖有皇帝大印的空白纸张交给奥都剌合蛮，让他自行填写办事。楚材说：“天下是先皇帝的天下。朝廷自有法律规章，现在要搅乱，我不敢遵从命令。”这件事因此而中止。又有旨令说：“凡是奥都剌合蛮提出的建议，令史如果不记录下来，就砍断他的手。”楚材说：“国家的典章制度，先帝都托付给老臣我来维护，跟令史有什么关系呢？事情如果合理，自然应当奉命执行，如果不能照办的，死都不怕，何况是断手呢！”皇后很不高兴。楚材仍然争辩不已，并大声说：“老臣我奉事太祖、太宗三十多年，没有辜负国家，皇后又怎么能没有罪名而处死我呢！”皇后虽然恨他，也因为他是先朝的有功旧臣，对他既尊敬又畏惧。

甲辰年夏五月，耶律楚材死在官位上，终年五十五岁。皇后哀悼，赠赐非常丰厚。后来有人诬陷楚材，说他当宰相时间很长，天下进贡的赋税有一半都落到他的家中。皇后命令侍从大臣麻里扎前去查看，只有十几张琴、阮以及几千卷古今书画、金石和遗文。至顺元年，赠官号为经国，议制寅亮佐运功臣、太师、上柱国，追封为广宁王，谥号“文正”。有儿子铉、铸。

元史卷一百五十七

刘秉忠列传第四十四

刘秉忠字仲晦，初名侃，因从释氏，又名子聪，拜官后始更今名。其先瑞州人也，世仕辽，为官族。曾大父仕金，为邢州节度副使，因家焉，故自大父泽而下，遂为邢人。庚辰岁，木华黎取邢州，立都元帅府，以其父润为都统。事定，改署州录事，历钜鹿、内丘两县提领，所至皆有惠爱。

秉忠生而风骨秀异，志气英爽不羁。八岁入学，日诵数百言。年十三，为质子于帅府。十七，为邢台节度使府令史，以养其亲。居常郁郁不乐，一日投笔叹曰："吾家累世衣冠，乃汩没为刀笔吏乎！丈夫不过于世，当隐居以求志耳。"即弃去，隐武安山中。久之，天宁虚照禅师遣徒招致为僧，以其能文词，使掌书记。后游云中，留居南堂寺。

世祖在潜邸，海云禅师被召，过云中，闻其博学多材艺，邀与俱行。既入见，应对称旨，屡承顾问。秉忠于书无所不读，尤邃于易及邵氏经世书，至于天文、地理、律历、三式六壬遁甲之属，无不精通。论天下事如指诸掌。世祖大爱之，海云南还，秉忠遂留藩邸。后数岁，奔父丧，赐金百两为葬具，仍遣使送至邢州。服除，复被召，奉旨还和林。上书数千百言，其略曰：

> 典章、礼乐、法度、三纲五常之教，备于尧、舜，三王因之，五霸败之。汉兴以来，至于五代，一千三百余年，由此道者，汉文、景、光武，唐太宗、玄宗五君，而玄宗不无疵也。然治乱之道，系乎天而由乎人。天生成吉思皇帝，起一旅，降诸国，不数年而取天下。勤劳忧苦，遗大宝于子孙，庶传万祀，永保无疆之福。
>
> 愚闻之曰"以马上取天下，不可以马上治"。昔武王，兄也；周公，弟也。周公思天下善事，夜以继日，每得一事，坐以待旦，以匡周室，以保周天下八百余年，周公之力也。君上，兄也；大王，弟也。思周公之故事而行之，在乎今日。千载一时，不可失也。
>
> 君之所任，在内莫大乎相，相以领百官，化万民；在外莫大乎

将，将以统三军，安四域。内外相济，国之急务，必先之也。然天下之大，非一人之可及；万事之细，非一心之可察。当择开国功臣之子孙，分为京府州郡监守，督责旧官，以遵王法；仍差按察官守，治者升，否者黜。天下不劳力而定也。

天下户过百万，自忽都那演断事之后，差徭甚大，加以军马调发，使臣烦扰，官吏乞取，民不能当，是以逃窜。宜比旧减半，或三分去一，就是在之民以定差税，招逃者复业，再行定夺。官无定次，清洁者无以迁，污滥者无以降。可比附古例，定百官爵禄仪仗，使家足身贵。有犯于民，设条定罪。威福者君之权，奉命者臣之职。今百官自行威福，进退生杀惟意之从，宜从禁治。

天下之民未闻教化，见在囚人宜从赦免，明施教令，使之知畏，则犯者自少也。教令既设，则不宜繁，因大朝旧例，增益民间所宜设者十数条足矣。教令既施，罪不至死者皆提察然后决，犯死刑者覆奏然后听断，不致刑及无辜。

天子以天下为家，兆民为子，国不足，取于民，民不足，取于国，相须如鱼水。有国家者，置府库，设仓廪，亦为助民；民有身者，营产业，辟田野，亦为资国用也。今宜打算官民所欠债负，若实为应当差发所借，宜依合罕皇帝圣旨，一本一利，官司归还。凡陪偿无名，虚契所负，及还过元本者，并行赦免。

纳粮就远仓，有一废十者，宜从近仓以输为便。当驿路州城，饮食祗待偏重，宜计所费以准差发。关市津梁正税十五分取一，宜从旧制。禁横取，减税法，以利百姓。仓库加耗甚重，宜令权量度均为一法，使锱铢圭撮尺寸皆平，以存信去诈。珍贝金银之所出，淘沙炼石，实不易为。一旦以缠丝缕，饰皮革，涂木石，妆器仗，取一时之华丽，废为尘而无济，甚可惜也。宜从禁治。除帝胄功臣大官以下章服有制外，无职之人不得僭越。今地广民微，赋敛繁重，民不聊生，何力耕耨以厚产业？宜差劝农官一员，率天下百姓务农桑，营产业，实国之大益。

古者庠序学校未尝废，今郡县虽有学，并非官置。宜从旧制，修建三学，设教授，开选择才，以经义为上，词赋论策次之，兼科举之设，已奉合罕皇帝圣旨，因而言之，易行也。开设学校，宜择开国功臣子孙受教，选达才任用之。

天下莫大于朝省，亲民莫近于县宰。虽朝省有法，县宰宜择，县宰正，民自安矣。关西、河南地广土沃，以军马之所出入，治而未丰。宜设官招抚，不数年民归土辟，以资军马之用，实国之大事。移剌中丞拘榷监铁诸产、商贾酒醋货殖诸事，以定宣课，虽使从实恢办，不足亦取于民，拖兑不办，已不为轻。奥鲁合蛮奏请于旧额加倍榷之，往往科取民间。科榷并行，民无所措手足。宜从旧例办榷，更或减轻，罢繁碎，止科征，无从献利之徒削民害国。鳏寡孤独废疾者，宜设孤老院，给衣粮以为养。使臣到州郡，宜设馆，不得于官衙民家安下。

孔子为百王师，立万世法，今庙堂虽废，存者尚多，宜令州郡祭祀，释奠如旧仪。近代礼乐器具靡散，宜令刷会，征太常旧人教引后学，使器备人存，渐以修之，实太平之基，王道之本。今天下广远，虽成吉思皇帝威福之致，亦天地神明阴所祐也。宜访名儒，循旧礼，尊祭上下神旨，和天地之气，顺时序之行，使神享民依，德极于幽明，天下赖一人之庆。

见行辽历，日月交食颇差，闻司天台改成新历，未见施行。宜因新君即位，颁历改元。令京府州郡置更漏，使民知时。国灭史存，古之常道，宜撰修金史，令一代君臣事业不坠于后世，甚有励也。

国家广大如天，万中取一，以养天下名士宿儒之无营运产业者，使不致困穷。或有营运产业者，会前圣旨，种养应输差税，其余大小杂泛并行蠲免，使自给养，实国家养才励人之大也。明君用人，如大匠用材，随其巨细长短，以施规矩绳墨。孔子曰："君子不可小知而可大受，小人不可大受而可小知。"盖君子所存者大，不能尽小人之事，或有一短；小人所拘者狭，不能同君子之量，或有一长。尽其才而用之，成功之道也。

君子不以言废人，不以人废言，大开言路，所以成天下、安兆民也。天地之大，日月之明，而或有所蔽。且蔽天之明者，云雾也；蔽人之明者，私欲佞说也。常人有之，蔽一心也；人君有之，蔽天下也。常选左右谏臣，使讽谕于未形，忖画于至密也。君子之心，一于理义，怀于忠良；小人之心，一于利欲，怀于谗佞。君子得位，有容于小人；小人得势，必排于君子。明君在上，不可不辨也。孔子曰："远佞人"，又曰"恶利口之覆邦家者"，此之谓也。

今言利者众，非图以利国害民，实欲残民而自利也。宜将国中人民必用场冶，付各路课税所，以定榷办，其余言利者并行罢去。古者明王不宝远物，所宝惟贤，如使贤者在位，能者在职，此皆一人之睿知，贤王之辅成也。古者治世均民产业，自废井田为阡陌，后世因之不能复。今穷乏者益损，富盛者增加。宜禁行利之人勿恃官势，居官在位者勿侵民利，商贾与民和好交易，不生擅夺欺罔之害，真国家之利也。

笞棰之制，宜会古酌今，均为一法，使无敢过越。禁私置牢狱，淫民无辜，鞭背之刑宜禁治，以彰爱生之德。立朝省以统百官，分有司以御众事，以至京府州郡亲民之职无不备，纪纲正于上，法度行于下，是故天下不劳而治也。今新君即位之后，可立朝省，以为政本。其余百官，不在员多，惟在得人焉耳。

世祖嘉纳焉。又言："邢州旧万余户，兵兴以来不满数百，凋坏日甚，得良牧守如真定张耕、洺水刘肃者治之，犹可完复。"朝廷即以耕为邢州安抚使，肃为副使。由是流民复业，升邢为顺德府。

癸丑，从世祖征大理。明年，征云南。每赞以天地之好生，王者之神武不杀，故克城之日，不妄戮一人。己未，从伐宋，复以云南所言力赞于上，所至全活不可胜计。

中统元年，世祖即位，问以治天下之大经、养民之良法，秉忠采祖宗旧典，参以古制之宜于今者，条列以闻。于是下诏建元纪岁，立中书省、宣抚司。朝廷旧臣、山林遗逸之士，咸见录用，文物粲然一新。

秉忠虽居左右，而犹不改旧服，时人称之为聪书记。至元元年，翰林学士承旨王鹗奏言："秉忠久侍藩邸，积有岁年，参帷幄之密谋，定社稷之大计，忠勤劳绩，宜被褒崇。圣明御极，万物惟新，而秉忠犹仍其野服散号，深所未安，宜正其衣冠，崇以显秩。"帝览奏，即日拜光禄大夫，位太保，参领中书省事。诏以翰林侍读学士窦默之女妻之，赐第奉先坊，且以少府宫籍监户给之。秉忠既受命，以天下为己任，事无巨细，凡有关于国家大体者，知无不言，言无不听，帝宠任愈隆。燕闲顾问，辄推荐人物可备器使者，凡所甄拔，后悉为名臣。

初，帝命秉忠相地于桓州东滦水北，建城郭于龙冈，三年而毕，名曰开平。继升为上都，而以燕为中都。四年，又命秉忠筑中都城，始建宗庙宫室。八年，奏建国号曰大元，而以中都为大都。他如颁章服，举朝仪，给俸禄，定官制，皆自秉忠发之，为一代成宪。

十一年，扈从至上都，其地有南屏山，尝筑精舍居之。秋八月，秉忠无疾端坐而卒，年五十九。帝闻惊悼，谓群臣曰："秉忠事朕三十余年，小心慎密，不避艰险，言无隐情，其阴阳术数之精，占事知来，若合符契，惟朕知之，他人莫得闻也。"出内府钱具棺敛，遣礼部侍郎赵秉温护其丧还葬大都。十二年，赠太傅，封赵国公，谥文贞。成宗时，赠太师，谥文正。仁宗时，又进封常山王。

秉忠自幼好学，至老不衰，虽位极人臣，而斋居蔬食，终日澹然，不异平昔。自号藏春散人。每以吟咏自适，其诗萧散闲淡，类其为人。有文集十卷。无子，以弟秉恕子兰璋后。

【译文】

刘秉忠，字仲晦，原名刘侃，因为信奉佛教，又改名叫子聪，当官后才改成现在的名字。他的祖上是瑞州人，世代在辽代当官，是官族。曾祖父在金当官，担任邢州节度副使，因而住在邢州。所以从祖父刘泽往下，就成了邢州人。庚辰那一年，木华黎夺取邢州，建立都元帅府，任命他的父亲刘润担任都统。战事安定后，改称州录事，又当过钜鹿、内丘两县的提领，所到之处对百姓都有益处。

刘秉忠天生风骨隽秀，不同于一般人，志气英发飒爽，不受羁绊。八岁上学时，每天念读几百个字。十三岁时，在帅府作为人质。十七岁，担任邢台节度使府的令史，以此来赡养父母。平时经常抑郁不高兴，有一天扔下笔叹息道："我家几代都是做官的，现在却堕落成耍笔杆子的人吗？大丈夫不逢盛世，应该隐居来求得志向罢了。"便辞掉职务，隐居到武安山中。时间长了，天宁虚照禅师派自己的弟子把他招来当了僧人，因为他能够写文章，就让他当书记。后来刘秉忠游历云中，留住在南堂寺。

元世祖即位前，海云禅师被召到住地，经过云中时，听说刘秉忠博学多艺，就邀请他同行。晋见到元世祖后，回答问题时，很符合元世祖的旨意，多次被世祖询问。秉忠没有什么书不读，尤其精通《周易》和邵氏的《经世书》，至于天文、地理、律历、三式六壬遁甲之类，没有不精通的。谈论天下的事就像谈论手掌中的事一样。元世祖很喜欢他，海云禅师南还以后，他就留在那里。几年后，刘秉忠回去奔父亲的丧事，元世祖赐给他百两黄金作为葬费，并派人送他到邢州。守丧完后，刘秉忠又被召回，遵旨回到和林，上书几千言，大略是：

典章、礼乐、法度以及三纲五常的教条，从尧、舜起开始齐备，三王承袭这些教条，五霸毁坏了它们。自汉代兴起以来，到了五代，一千三百多年间，遵循这些的有汉文帝、景帝、光武帝、唐太宗、玄宗五个皇帝，而唐玄宗不是没有缺点。然而天下大治和大乱的规律，关键在于天，却由人来操纵。天生成吉思皇帝，带领一支军队，打败许多国家。没用几年就夺取了天下。勤劳辛苦，把皇位留给子孙，可以留传一万代，永远保持没有尽头的幸福。

我听说"在马上打下天下，不能在马上治天下"。古时的周武王是哥哥，周公是弟弟。周公考虑天下的善事，夜以继日，每想到一件事，就性急地坐等到天亮赶快去做，因此帮助周王朝，保持周王朝八百坐拥天下，这都是周公的功劳啊。皇帝，是哥哥，大王，是弟弟。想一想周公的往事而照着去做，这就是今天应该做的事。千载难逢的时机，不可以失去。

君王所任命的人，从朝廷内部来说最大的莫过于宰相。宰相统领百官，教育万民；从朝廷外部来说最大的莫过于将军，将军统帅三军，安定四方。内外相助，国家的当务之急，必须先去做。然而天下之大，不是一个人可以照顾得完的。万种琐细的事，不是一条心就可以鉴察的。应选择开国功臣的子孙，让他们分担京府、州郡的监守职责，来督促领导以前的官吏，遵循皇上的法令。并让他们检察官吏，有政绩的人就提升他，没有政绩的就贬职。这样天下不用费劲就可以安定了。

社会的人口多到百万人以上，自从忽都那演施政之后，劳役十分繁重，加上军马调拔，使臣傣烦扰，官吏搜刮，老百姓难以承受，因而逃窜。百姓人数应该比原来减少一半，或者是三分之一，按照现在的人口规定差税，招募逃走的人回来定居、生产，再作决定，官职没有法度，清廉的官员不提拔，贪污的官员不贬职，可以按照古代的办法，规定各种官吏的职位、俸禄和待遇，使他们家庭丰足，地位显贵。如果有侵犯百姓的，就设置法律定罪。享受威福是君王的权利，遵奉命令是臣下的职责。现在百官可以各自享受威福，按照自己的意愿提升或贬斥他人，您应该加以禁止和严惩。

天下的百姓没有得到教化，现在被关押的人也应该被放掉，应该明确地发布教令，使他们知道害怕，这样违法的人自然会减少。教令既然设立，就不应该太繁琐。根据朝廷以往的惯例，增加社会上应该设置的十几条就够了。教令施行后，犯罪不够判死刑的人都要先审查然后再判处，犯了死罪的人要经过多次审定后决断，这样就不致于殃及没有罪的人。

天子将天下当成家，将百姓当成自己的子女。国家财力不够，就取之于百姓，百姓财力不够，取之于国家，相互帮助就像鱼同水一样。统治国家的人，设置国库，建造仓库，也是为了帮助百姓。百姓作为个人来说，经营产业，开田种地，也是为给国家提供财富。现在应当计算官吏和百姓所欠的债务，如果确实是应当归还的债务，可以根据合罕皇帝的圣旨，一本一利，加以归还。如果没有理由偿还的债务，虚的契约负担的，或已归还的已经超过原来借债的数量了，都应该加以赦免。

从远处的粮仓进粮，进一成就会浪费十成，应该从近处的粮仓进粮。沿路的花费，吃喝招待很过分，应该根据需要进行调配。关卡渡口正常的关税是十五分取一分，应该遵从以前的制度。禁止滥收税，减免税法，以利于老百姓。仓库损耗非常大，应命令统一度量标准，使度量尺寸变得公平，以取信于人，拒绝欺诈。珍宝贝壳金银等，都是从淘沙炼石当中获得，非常不容易。一旦用来缠在丝线上，装饰在皮革上，涂在木头、石头上，镶嵌在器物上，只图一时的华丽，就把这些东西都浪费了，而且无补于事，非常可惜。应该对他们严加惩治。除了皇帝皇族功臣达官以下的衣服有制度外，没有官职的人不得越份。现在土地广阔，人口稀少，赋税繁重，百姓没有办法生活，有什么力量来耕种，从而增加产业呢？应该派一个劝农官，率领天下的百姓从事农业和养蚕，经营产业，这实在是对国家大有好处的。

古时候学校不曾被废弃，现在郡县虽然也有学校，但并不是政府建置的。应该依照原来的制度，修建学校，设立教师，选拔人才，以经义为第一，词赋论策为第二，兼设科举，遵循合罕皇帝的圣旨，从而发表意见，这样就容易推行了。开设学校，应该选择开国功臣的子孙来让他们接受教育，选择有才的人加以任用。

天下没有大于朝省的，亲近百姓没有近于县官的，虽朝省有法规，县官应该经过选择，县官正直，百姓自然就安定了。关西、河南土地广阔肥沃，但是因为军马在那里活动频繁，治理却没有富饶。应该在那些地方设置官职加以抚养，用不了几年百姓就可以归回家园，开垦土地，提供军费开支，这实在是国家的大事。移剌中丞监督盐铁等产业、买卖酒醋等货物，确定课税，从实照办，不足也取之于民，拖欠不办的已经为数不少。奥鲁合蛮奏请加倍征收赋税，往往导致苛取民间，制定赋税，不应该太重，使百姓手足无措。应根据老办法减轻赋税，罢免繁琐的手续，制止课税，不跟随谋取私利的人剥削百姓，妨害国家。鳏寡孤独和残废之人，应该设立孤老院，供给他们衣服、粮食来养护他们。因公出差的官吏到州郡后，应该开办旅店，不应该在官府或百姓家居住。

孔子是所有皇帝的老师，他确立了万代都要遵循的政策。现在庙堂虽然被废弃，但存留的还有很多，应该让州郡像同旧的仪式一般进行祭祀纪念。近代礼乐器物都已经散失，应该命令人重新设置起来，征集太常旧人教导后来的年轻人，使器件具备，人才存在，逐渐学习。这实在是天下太平的基础，是王道的根本。如今天下广大，虽然是成吉思皇帝的威福带来的结果，也是天地神明暗中保佑的结果。应该访问有名的儒士，遵循传统的礼仪，尊奉、祭祀上下的神灵，调和天地之气，顺从时节之行，使神灵得到供享，百姓有所依靠，德行惠及神灵，天下的百姓都依靠皇帝您一人的福分。

现在通行的辽代历书，日月运行差得比较远。听说司天台想要改成新历，但没有见到实行。应该趁新帝即位的时候，颁布新历，改换纪元。令京府、州郡设置更漏，使老百姓知道时间。国家虽然灭亡，但历史要保存下来，这是古代的常理。因此应该撰写《金史》，让一代君臣的事业在后世不被废弃，这是非常有帮助的。

国家就像天般广大，从一万份中取一份，来养护天下守卫名士、老儒中没有经营产业的人，使他们不致于穷困。或者有经营产业的人，根据以前皇上的圣旨，交纳该交的赋税，其余大小杂碎的赋税全都免去，使他们可以自己赡养自己，这实在是国家培养人才、鼓励人民的重大问题。圣明的君主用人，就像技术高超的木匠使用木材，根据粗细长短的不同，进行不同的处理。孔子说：“君子不拘小节而能注意大的方面。小人不注意大的方面而可以解决小问题。”这大概是说君子心中注意的是大问题，因而不能全部顾及到小人能做到的事，这样就可能有一短处；小人的眼光狭隘，不能等同于君子的气量，也可能有一长处。使他们各自都能发挥出他们全部的才能而加以任用，这就是通向成功的道路。

君子不因别人说不妥当的话就否定他那个人，不因不喜欢那个人就不采纳他的建议。广开言路，就能够夺取天下，安定百姓。天地广大，日月光明，也会有所蒙蔽。而蒙蔽天的光明的是云雾，蒙蔽人的聪明的则是私心和谄言。一般人被蒙蔽，只是蒙蔽一个人；如果君王被蒙蔽，就是蒙蔽了天下。应该经常选择左右的进谏之臣，使他们在错误没形成前就加以劝阻，周密地加以策划。君子的心思，统一在理义，胸怀着忠良；小人的心思，统一在利欲，胸怀着谄媚。君子当官，可以容纳小人；小人得势，必然要排挤君子，明君在上，不可以不加以辨察。孔子说：“远远地避开谄媚的小人。”又说：“最讨厌花言巧语把国家弄得灭亡的人。”都是说的是这一点。

如今谈利的人很多，不是企图对国家和百姓有利，而是想残害百姓而使自己获利。应该将人们必须要用的东西，付给各路课税所，来决定赋税标准，其他谈利的全部免去。古时候圣明的君王不看重远方的财物，他们所看重的只是贤人。如果使贤良的人有职务，有才能的人有职务，这都是一个人的聪明才智，贤明的君王辅助而成。古代天下大治时百姓的产业都是均等的，自从废除井田制改成阡陌后，后代因袭不能恢复。如今穷困的人愈加被剥夺，富裕的人更加富裕。应该禁止追求私利的人依仗官的势力，当官有职位的人不要侵犯百姓的利益，商人与老百姓和好地做买卖，不产生欺骗抢夺的念头，这才是对国家有益的事。

刑罚制度，应该参照古代和今天的做法，合成统一的刑法，让人们不敢违反。禁止私自设置监牢，滥捕无罪之人，用鞭抽打后背的刑法应该禁止，以表现爱护生命的品德。建立朝省来统治百官，分设机构来办理众事，乃至京府、州郡爱护百姓的职能全都具备，纲纪正于上，法度行于下，因此天下可以不用辛劳而获得治理。如今新君王即位后，可以建立朝省，作为从政的根本。其余众官，不在人多，只在找到合适的人罢了。

元世祖夸奖他，并采纳他的建议。刘秉忠又说："邢州以前有一万多户人口，战争兴起后不满几百年，人口凋零一天甚过一天，如果得到一个像真定的张耕、洺水刘肃这样的好官员来统治，还可以恢复。"朝廷便以张耕为邢州安抚使，刘肃为副使。从此流亡的百姓又得以恢复生产，被提升邢州为顺德府。

癸丑年，刘秉忠跟随元世祖征讨大理。第二年，征服云南。常常称赞天地是好生的，做皇帝的人不应该杀人，所以攻克城池的时候，不要杀一个人。己未年，刘秉忠跟随皇帝讨伐宋，又用在云南说的话劝说皇上，所到之处保全的生命数也数不清。

中统元年，元世祖即位，询问他治理天下的关键、养育百姓的好办法，刘秉忠采纳祖宗旧典，参照古代制度中适合于今天的内容，一条条列出来上报给皇帝听。于是皇帝下诏重设纪元纪录年岁，建立中书省、宣抚司。朝廷的旧臣以及山林的隐逸之士，都被录用，朝中人才济济，粲然一新。

刘秉忠虽然经常在皇帝左右，却仍不敢换下旧日的服装。当时人称他为聪书记。至元元年，翰林学士承旨王鹗上奏说："刘秉忠长期侍奉在皇上身边，已经有很多年，参与国家机密，制定国家大方针，忠心勤恳，应该加以奖励。皇上圣明，掌权之后，万物气象一新，而秉忠还仍穿着朴素的散装，我感到非常不安。应该端正他的衣帽，加给他显赫的官职。"皇帝看了他的奏书后，当天就任命刘秉忠为光禄大夫，位居太保，参预领中书省事。下诏让翰林侍读学士窦默的女儿嫁给他，赐给他奉先坊居住，并且将少府宫籍监户送给他。刘秉忠接受命令后，以天下为己任，事情无论大小，凡是关于国家大事的，知道的就没有不说的，说的就没有不被听从的，皇帝对他越来越信任。刘秉忠空闲时帮着皇上参谋，推荐可以供使用的人才。凡是他所提拔的，后来都成了名臣。

当初，皇帝命刘秉忠前去考察桓州东滦水北的土地，在龙冈建设城市，三年完工，名叫做开平。随即升为上都，而以燕为中都。至元四年，皇帝又命令刘秉忠建筑中都城，开始建宗庙宫室。至元八年，上奏建国号叫大元，而且以中都为大都。其他像颁布章服，举行朝廷仪式，供给俸禄，制定官制，都是听从秉忠的建议，从而成为一代固定的宪章。

至元十一年，刘秉忠跟从皇上到上都，那里有南屏山，曾经建精舍居住在那里。秋天八月时，刘秉忠没有生病端直地坐着就去世了，时年五十九。皇帝听后惊叹哀悼，对群臣说：“秉忠服务我三十多年，小心谨慎，不避艰险，发表意见毫不隐饰，他精通阴阳术数，占卜事情预知未来，非常灵验。只有我知道这些，其他人不可能听说啊。”拿出国库的钱具办了棺敛，派礼部侍郎赵秉温护送他的灵柩到大都安葬。至元十二年，赠刘秉忠太傅，封为赵国公，谥号文贞。元成宗时，赠他太师，谥号文正。元仁宗时，又进封常山王。

刘秉忠自幼好学，到老时也不松懈，虽然地位达到臣子最高的地步，却仍然斋戒居住，粗茶淡饭，整天淡然，与平时没有不同，自号藏春散人，常常咏诵诗词自娱，他的诗歌萧散闲淡，正像他的为人。有十卷文集。没有子女，把弟弟刘秉恕的儿子刘兰璋当作自己的儿子。

元史卷一百六十四

郭守敬列传第五十一

郭守敬字若思，顺德邢台人。生有异操，不为嬉戏事。大父荣，通五经，精于算数、水利。时刘秉忠、张文谦、张易、王恂，同学于州西紫金山，荣使守敬从秉忠学。

中统三年，文谦荐守敬习水得，巧思绝人。世祖召见，面陈水利六事：其一，中都旧漕河，东至通州，引玉泉水以通舟，岁可省雇车钱六万缗。通州以南，于蔺榆河口径直开引，由蒙村跳梁务至杨村还河，以避浮鸡淘盘浅风浪远转之患。其二，顺德达泉引入城中，分为三渠，灌城东地。其三，顺德沣河东至古任城，失其故道，没民田千三百余顷。此水开修成河，其田即可耕种，自小王村经滹沱，合入御河，通行舟栰。其四，磁州东北滏、漳二水合流处，引水由滏阳、邯郸、洺州、永年下经鸡泽，合入澧河，可灌田三千余顷。其五，怀、孟沁河，虽浇灌，犹有漏堰余水，东与丹河余水相合。引东流，至虢陟县北，合入御河，可灌田二千余顷。其六，黄河自孟州西开引，少分一渠，经由新、旧孟州中间，顺河古岸下，至温县南复入大河，其间亦可灌田二千余顷。每奏一事，世祖欢曰："任事者如此，人不为素餐矣。"授提举诸路河渠。四年，加授银符、副河渠使。

至元元年，从张文谦行省西夏。先是，古渠在中兴者，一名唐来，其长四百里，一名汉延，长二百五十里，它州正渠十，皆长二百里，支渠大小六十八，灌田九万余顷。兵乱以来，废坏淤浅。守敬更立插堰，皆复其旧。

二年，授都水少监。守敬言："舟自中兴沿河四昼夜至东胜，可通漕运，及见查泊、兀郎海古渠甚多，宜加修理。"又言："金时，自燕京之西麻峪村，分引庐沟一支东流，穿西山而出，是谓金口。其水自金口以东，燕京以北，灌田若干顷，其利不可腾计。兵兴以来，典守者惧有所失，因以大石塞之。今若按视故积，使水得通流，上可以致西山之利，下可以广京畿之漕。"又言："当于金口西预开减水口，西南还大河，令其深广，以防涨水突入之患。"帝善之。十二年，丞相伯颜南征，议立水站，

命守敬行视河北、山东可通舟者，为图奏之。

初，秉忠以《大明历》自辽、金承用二百余年，浸以后天，议欲修正而卒。十三年，江左既平，帝思用其言。遂以守敬与王恂，率南北日官，分掌测验推步于下，而命文谦与枢密张易为之主领裁奏于上，左丞许衡参预其事。守敬首言："历之本在于测验，而测验之器莫先仪表。今司天浑仪，宋皇祐中汴京所造，不与此处天度相符，比量南北二极，约差四度；表石年深，亦复欹侧。"守敬乃尽考其失而移置之。既又别图高爽地，以木为重棚，创作简仪、高表，用相比覆。又以为天枢附极而动，昔人尝展管望之，未得其的，作候极仪。极辰既位，天体斯正，作浑天象。象虽形似，莫适所用，作玲珑仪。以表之矩方，测天之正圆，莫若以圜求圜，作仰仪。古有经纬，结而不动，守敬易之，作立运仪。日有中道，月有九行，守敬一之，作证理仪。表高景虚，罔象非真，作景符。月虽有明，察景则难，作窥几。历法之验，在于交会，作日月食仪。天有赤道，轮以当之，两极低昂，标以指之，作星晷定时仪。又作正方案、丸表、悬正仪、座正仪，为四方行测者所用。又作《仰规覆矩图》、《异方浑盖图》、《日出入永短图》，与上诸仪互相参考。

十六年，改局为太史院，以恂为太史令，守敬为同知太史院事，给印章，立官府。及奏进仪表式，守敬当帝前指陈理致，至于日晏，帝不为倦。守敬因奏："唐一行开元间令南宫说天下测景，书中见者凡十三处。今疆宇比唐尤大，若不远方测验，日月交食分数时刻不同，昼夜长短不同，日月星辰去天高下不同，即目测验人少，可先南北立表，取直测景。"帝可其奏。遂设监候官一十四员，分道而出，东至高丽，西极滇池，南逾朱崖，北尽铁勒，四海测验，凡二十七所。

十七年，新历告成，守敬与诸臣同上奏曰：

臣等窃闻帝王之事，莫重于历。自黄帝迎日推策，帝尧以闰月定四时成岁，舜在璇玑玉衡以齐七政。爰及三代，历无定法，周、秦之间，闰余乖次。西汉造《三统历》，百三十年而后是非始定。东汉造《四分历》，七十余年而仪式方备。又百八十年，姜岌造《三纪甲子历》，始悟以月食动检日宿度所在。又五十七年，何承天造《元嘉历》，始悟以朔望及弦皆定大小余。又六十五年，祖冲之造《大明历》，始悟太阳有岁差之数，极星去不动处一度余。又五十二年，张子信始悟日月交道有表里，五星有迟疾留逆。又三十三年，刘焯造《皇极历》，始悟日行有盈缩。又三十五年，傅仁均造《戊寅元历》，颇采旧仪，始用定朔。又四十六年，李淳风造《麟德历》，以古历章蔀元首分度不齐，始为总法，用进朔以避晦晨月见。又六十三年，一行造《大衍历》始以朔有四大三小，定九服交食之异。又九十四年，徐昂造《宣明历》，始悟日食有气、刻、时三差。又二百三十六年，姚舜辅造《纪元历》，始悟食甚泛余差数。以上计千一百八十二年，历经七十改，其创法者十有三家。

自是又百七十四年，圣朝专命臣等改治新历，臣等用创造简仪、高表，冯其测实数，所考正者凡七事：

一曰冬至。自丙子年立冬后，依每日测到晷景，逐日取对，冬至前后日差同者为准。得丁丑年冬至在戊戌日夜半后八刻半，又定丁丑夏至在庚子日夜半后七十刻；又定戊寅冬至在癸卯日夜半后三十三刻；己卯冬至在戊申日夜半后五十七刻；庚辰冬至在癸丑日夜半后八十一刻。各减《大明历》十八刻，远近相符，前后应准。

二曰岁余。自《大明历》以来，凡测景、验气，得冬至时刻真数者有六，用以相距，各得其时合用岁余。今考验四年，相符不差，仍自宋大明壬寅年距至今日八百一十年，每岁合得三百六十五日二十四刻二十五分，其二十五分为今历岁余合用之数。

三曰日躔。用至元丁丑四月癸酉望月食既，推求日躔，得冬至日躔赤道箕宿十度，黄道箕九度有奇。仍冯每日测到太阳躔，或凭星测月，或凭月测日，或径凭星度测日，立术推算，起自丁丑正月至己卯十二月，凡三年，共得一百三十四事，皆躔于箕，与月食相符。

四曰月离。自丁丑以来至今，冯每日测到逐时太阴行度推算，变从黄道求入转极迟、疾并平行处，前后凡十三抟，计五十一事。内除去不真的外，有三十事，得《大明历》入抟后天。又因考验交食，加《大明历》三十刻，与天道合。

五曰入交。自丁丑五月以来，凭凭借每日测到太阴去极度数，比按黄道去极度，得月道交于黄道，共得八事。仍依日食法度推求，皆有食分，得入交时刻，与《大明历》所差不多。

六曰二十八宿距度。自汉《太初历》以来，距度不同，互有损益。《大明历》则于度下余分，附以太半少，皆私意牵就，未尝实测其数。今新仪皆细刻天度分，每度为三十六分，以距线代管窥，宿度余分并依实测，不以私意牵就。

七曰日出入昼夜刻。《大明历》日出入昼夜刻，皆据汴京为准，其刻数与大都不同。今更以本方北极出地高下，黄道出入内外度，立术推求每日日出入昼夜刻，得夏至极长，日出寅正二刻，日入戌初二刻，昼六十二刻，夜三十八刻。冬至极短，日出辰初二刻，日入申正二刻，昼三十八刻，夜六十二刻。永为定式。

所创法凡五事：一曰太阳盈缩。用四正定气立为升降限，依立招差求得每日行分初末极差积度，比古为密。二曰月行迟疾。古历皆用二十八限，今以万分日之八百二十分之一限，凡析为三百三十六限，依垛叠招差求得转分进退，其迟疾度数逐时不同，盖前所未有。三曰黄赤道差。旧法以一百一度相减相乘，今依算术句股弧矢方圜斜直所容，求到度率积差，差率与天道实吻合。四曰黄赤道内外度。据累年实测，内外极度二十三度九十分，以圆容方直矢接句股为法，求每日去极，与所测相符。五曰白道交周。旧法黄道变推白道以斜求斜，今用立浑比量，得月与赤道正交，距春秋二正黄赤道正交一十四度六十六分，按以为法。推逐月每交二十八宿度分，于理为尽。

十九年，恂卒。时历虽颁，然其推步之式，与夫立成之数，尚皆未有定稿。守敬于是比次篇类，正齐分秒，裁为《推步》七卷，《立成》二卷，《历议按葶》三卷，《转神选择》二卷，《上中下三历注式》十二卷。二十三年，迹为太史令，遂上表奏进。又有《时候笺注》二卷，《修改源流》一卷。其测验书，有《仪象法式》二卷，《二至晷景考》二十卷，《五星细行考》五十卷，《古今交食考》一卷，《新测无名诸星》一卷，《月离考》一卷，并藏之官。

二十八年，有言滦河自永平挽舟逾山而上，可至开平；有言泸沟自麻峪可至寻麻林。朝廷遣守敬相视，滦河既不可行，泸沟舟亦不通，守敬因陈水利十有一事。其一，大都运粮河，不用一亩泉旧源，别引北山白浮泉水，西折而南，经瓮山泊，自西水门入城，环区于积水潭，复东折而南，出南水门，合入旧运粮河。每十里置一亩，比至通州，凡为牌七，距牌里许，上重置斗门，互炎提淤，以过舟止水。帝览奏，喜曰："当速行之。"于是复置都水监，俾守敬领之。帝命丞相以下皆亲操畚锸倡工，待守敬指授而后行事。

先是，通州至大都，陆运官粮，岁若干万石，方秋霖雨，驴畜死者不可腾计，至是皆罢之。三十年，帝还自上都，过积水潭，见舳舫敝水，大悦，名曰通惠河，赐守敬钞万二千五百贯，仍以旧职兼提调通惠河漕运事。守敬又言：于澄清牌稍东，引水与北坝河接，且立牌的正门西，令舟楫得环城往来。志不就而罢。三十一年，拜昭文馆大学士、知太史院事。

大德二年，召守敬至上都，议开铁幡竿渠。守敬奏："山水频年暴下，非大为渠堰，广五七十步不可。"执政吝于工费，以其言为过，缩其广三之一。明年大雨，山水注下，渠不能容，漂没人畜庐帐，几犯行殿。成宗谓宰臣曰："郭太史神人也，惜其言不用耳。"七年，诏内外官年及七十，并听致仕，独守敬不许其请。自是翰林太史司天官不致仕，定著为令。延祐三年卒，年八十六。

【译文】

郭守敬，字若思，是顺德路邢台人。他的志趣从小就跟别人不同，不喜欢耍玩游戏。他祖父郭荣熟悉五经，精通数学与水利。当时正好有刘秉忠、张文谦、张易与王恂等人，一起在滋州西部紫金山学习，郭荣就让郭守敬去跟刘秉忠学习。

中统三年时，张文谦向朝廷推荐郭守敬，郭守敬是位擅长水利工程的人才，并且思想灵巧，胜过常人。元世祖忽必烈命他进见时，他当面陈述了应该兴办的六项水利事业如下：第一，金代中都原有的水运河道，东面可到通州。如果引西郊玉泉山的水流入，使舟船能通行，每年可节省雇车的运输费六万缗。通州南面，在蔺榆河口直向开引河道，从蒙村跳梁务至杨村回到原有河道，可以避开浮鸡淘一段河浅湾多路长有风浪的害处。第二，将顺德府达活泉的水引进到城里，分为三支，可用以灌溉城东的土地。第三，顺德府的沣河，本来向东通往古任城。现在原有河道已被淤没，水流漂淹百姓土地一千三百余顷。如果将它开通，这些田就可以耕种。从小王村经滹沱河会合入御河，还可通行船舶。第四，从磁州东北滏河与漳河会合处，引水由滏阳、邯郸、洺州、永年，往下经鸡泽而流入澧河，可以灌溉土地三千余顷。第五，怀、孟路的沁河，虽然灌溉了农田，但还有穿过土堰的余水，向东与丹河的余水相会合。如果引此水向东流送至琥陟县北，合流入御河，可以灌溉土地两千余顷。第六，从孟州西部开渠引黄河的水，穿过新旧孟州之间，再沿黄河的古岸边东下到温县南面重新进入典河，这一段亦可灌溉良田两千余顷。每奏报一项，皇帝总是赞赏道：“像这样去办事的人，方才不是白吃饭的。”于是派他担任提举诸路河渠的官职。中统四年，升任佩银符副河渠使。

至元元年，郭守敬随从张文谦去到已改为行省的前代西夏国地方去任职。那里的中兴州本来有两处古代的河渠。一条名唐来渠，长四百里；另一条名汉延渠，长二百五十里。其他各州还有正渠十条，都长二百里；大大小小的支渠有六十八条，一共灌溉着九万余顷的土地。发生战乱以来，渠道废坏，河也淤积了。郭守敬修复了水坝水闸，整治了河身，恢复了原状。

至元二年，郭守敬升任都水少监。他上奏说：“从中兴州乘船沿黄河而行，四昼夜可抵达东胜。这一段能够开辟水运，应该加以修治。”又说：“金朝时，从燕京西面的麻峪村，引泸沟河一条支流穿过西山向西，叫作金口河。它灌溉着金口以东、燕京以北的一大片土地，利益是极大的。自从进军燕京以来，守卫人员惧怕发生失误，用大石块将它填塞了。现在如查原有河道，仍使水道畅流，上游段可把西山的货物运出来，下游段可以沟通燕京的水运。”他又道：“还应该在金口西面预先开挖一条分水渠，从西南方回归到主流道，要深一些、宽一些，以防涨水时洪水冲入京师。”皇帝认为这些都是很好的意见。至元十二年，伯颜丞相进军南宋，需要设立水路驿站，派郭守敬去视察河北、山东一带可以行船的河道，绘图上报。

早年，刘秉忠鉴于从辽、金两代沿用到元初的《大明历》，已经二百多年了，历法上的天象渐渐地落后于实际上的天象，曾计议修改历法。随即他去世了。至元十三年时，江东的南宋已攻灭，皇帝想到了刘秉忠的改历意见。于是就委派郭守敬与王恂，率领原有的以及来自亡宋的天文官员，进行具体的天文测量并做计算；又委派张文谦和枢密张易为主管，裁夺奏报，左丞许衡共同参与工作。郭守敬首先指出：“治历的根本在于做测量，做测量的工具首先在于仪器。现在司天台上的浑仪，是故宋皇祐年间制作于汴京开封府，跟这里的天文度数并不相合。测量天球上南北二极，相差约四度多。圭表的基石，因年久亦已倾斜。”郭守敬于是考察缺点，重新做了安顿。接着，又另外选找高爽的地段，搭设并列的木棚，创制简仪和高表，用以测量校比。他又认为，天枢星在北极旁边转动，以前有人用窥管观测，未能测定北极位置，于是制作了候极仪。北极的位置测定了，其余天体的位置就能正确标定，又制作了浑天象。

浑天象形状虽然很像，但还不太适用，再制作玲珑仪。圭表像矩尺，是方的，要测圆形的天，不如以圆求圆，他又创制了仰仪。古代有经纬制度，结合成固定的网格形，不能转动，郭守敬变更一下，制作了立运仪。太阳和月亮的运行，分别有黄道和九行道，他合起来做了证理仪。高表虽然高，但所得表影端部模糊不够真切，他制作了景符。月虽然明亮，观测它照射出的影子时则较困难，他做了窥几。检验历法的正确性在于日月食观测，又做了日月食仪。天球上的赤道，可用圆轮置于相当的位置来表示，南北极方向的高低可用标杆指明，按此而制作了星晷定时仪。另又做正方案、丸表、悬正仪和座正仪，都是为到外地去做测量时使用的。此外还制作了《仰规覆矩图》、《异方浑盖图》和《日出入永短图》，可以同以上各种仪器测量互相参照使用。

至元十六年，太史局改为正式机构太史院，发给公章，设立官署。王恂当太史令，郭守敬任副职为知太史院事。在上呈并汇报各种仪器式样时，郭守敬在皇帝面前解释使用方法及其原理，一直到傍晚，皇帝并不厌倦。郭守敬随而奏报：“唐代一行在开元年间命南宫说到各地去测量日影，书上记载有十三处地方。现在疆土比唐代还要广大，如果不到远方去做测量，怎知日月食时刻与食分的不同、昼夜长短的不同以及日月星辰在天上位置高低的不同？现今做测量的人员较少，可以先在南北若干地方立标杆，测定准确的日影长度。”皇帝同意他的意见，设置了十四个监候官，分路到各地去。东方去到高丽，西方直至滇池，南方超越朱崖，北方达到铁勒，做四海测验场的总共有二十七个地方。

至元十七年，新历完成了。郭守敬同其他负责人一起上奏说：

我们知道帝王最重要的事情要算治历。自从黄帝观测太阳，记录并做推算，帝尧设立闰月定四季作为一年，帝舜用仪器窥管测量日月五星以来，到夏、商、周三代，治历还没有固定的方法。周、秦之间，以闰月调整一年长度，仍有差错。西汉制定《三统历》，三十年之后方才是非分明，确认其正确。东汉作《四分历》，经七十多年方才比较完整。又过了一百八十年，姜岌作《三纪甲子历》，方懂得以月食时对冲的星宿来推定太阳的位置。又过五十七年，何承天作《元嘉历》，方知晓朔日、望日及上、下弦的月亮位置，时间上还有余分。六十五年后，祖冲之作《大明历》，才发现太阳运动中冬至点有岁差，北极星离天球北极还有一度多。又隔五十二年，张子信方了解日月食同它们在黄道与白道交点附近的位置有关，五个行星的速度有快慢变化，并有留和逆行现象。又三十三年，刘焯作《皇极历》，方明了太阳的运动也有快慢。又三十五年，傅仁钧作《戊寅元历》，较多采用旧的仪制，方才采用定朔。又过四十六年，李淳风作《麟德历》，鉴于古历中的章、蔀和元起首日期取数不同，改用总法一个数据，用进朔法避开月末晦日早晨出现月亮。又六十三年，一行作《大衍历》，应用定朔，得连续四个大月和三个小月，定出不同地区日月食时刻和食分的差别。又九十四年，徐昂作《宣明历》，方知道日食有气差、刻差和时差这三种差数。又二百三十六年，姚舜辅作《纪元历》，方知道日食的食甚时刻，食分大小，起讫时刻。以上共计一千一百八十二年，历法改了七十次，有创造的计十三家。

此后又一百七十四年，本朝命我们专门改制新历。我们用新创制的简仪和高表实测所得的数据，考证了七项内容：

一为冬至。自丙子年冬至日之后，每天测得的太阳表得的太阳表影长度，依冬至前后日子相差数前后相同者，每日取以对比。得丁丑年冬至时刻在戊戌日夜半后八刻半，定夏至在庚子日夜半后七十刻；又定戊寅年冬至在癸卯日夜半后三十三刻，己卯年冬至在戊申日夜半后五十七刻半；庚辰年冬至在癸丑日夜半后八十一刻半。都比《大明历》减少十八刻，远近相合，前后应该是准确的。

二为岁余。自《大明历》以来，经测表影和验节气，得到冬至时刻确数的共有六次。按照它们的时间差数，分别可得到那时合用的一年长度所余的尾数。现经过四年校验，其数值是符合的。从刘宋大明壬寅年到今八百一十年，每年得三百六十五日二十四刻二十五分。这二十五分是现今新历法内通称为岁余的数值。

三为日躔。应用至元丁丑年四月癸酉日望月食食既时的位置，推求太阳的位置；得到冬至日太阳位置依赤道宿度计算是箕宿十度，按黄道宿度计算为箕宿九度余。再按凭星测月，凭月测日或直接凭星度测日等方式，每日测量太阳位置，依法做了计算。从丁丑年正月到己卯年十二月，三年内共得一百三十四项数据，都跟按月食所得结果一样，冬至日太阳位于箕宿。

四为月离。自丁丑年以来至今日，从每天所测得的月亮连续的经行度数，计算出月亮运行中速度最快、最慢位置以及相对于恒星的月平行度，前后共十三个周期，五十一项。除去其中不太真切的以外，共有三十项，得知《大明历》落后于天象。又据考验日月交食所得，对《大明历》数据加上三十刻，就与天象相合。

五为入交。从丁丑年五月以来，依每日所测月亮距北极的度数，比照黄道上的去极度数，求得了白道与黄道的相交点，共得八项数据。依日食法式推算，可算得食分，并可算得月亮过白道与黄道交点的时刻。这同按《大明历》所算相差不多。

六为二十八宿距度。自从汉代《太初历》以来，二十八宿的二十八距度，曾有所增减，并不完全相同。《大明历》在度的单位以下附有尾数，分为太、半、少三种。但这并非经过实测而得，是以个人意见牵强附合的。现在的新仪器都详细地刻有全天度、分的刻度。每度分为三十六分；采用结线做瞄准来代替原有的窥管。宿度下的分数都是实测结果，不是牵强地配合上去的。

七为日出入昼夜时刻。《大明历》按太阳出没时刻而定的昼夜时间，都根据汴京开封府地理位置所定，它的刻数跟大都不相同。现另依本地北极出现高度，黄道距赤道内外的度数，计算出每天太阳出没及昼夜时间长短的刻数。得知夏至日最长，日出于寅正二刻，日入于戌初二刻，昼长六十二刻，夜长三十八刻。冬至日最短，日出于辰初二刻，日没于申正二刻，昼长三十八刻，夜长六十二刻。这是永远可取以为依据的。

所创制的方法有五项内容：

一是太阳盈缩。按定气的冬、夏至和春、秋这四正日期。立出加速和减速的区段，依招差术方法求得太阳在黄道上运行时，每天的快慢情况及经行距离，比古代要精确。

二是月行迟疾。古历以“限”作为时间区分单位，都采用二十八个限。现在改以一日的一万分之八百二十作为一限，一个月分为三百三十六限。依垛叠招差法求得月亮运行速度的变化，得到逐时不同的快慢速度，这是以前所没有的。

三是黄赤道差。以前是以一百零一度相减相乘而得。现在依勾股弧矢方圆斜直关系的方法计算，求出黄道与增道上两种度数的差数和积差，它的差额跟天上的实际情况都相符合。

四是黄赤道内外度。根据数年实际测量，黄道内外距赤道二十三度九十分。用以圆容方直矢接勾股的计算方法，求得太阳每日的去极度，跟实测所得均相符合。

五是白道交周。旧法从黄道推求白道位置的方法是以斜求斜；现在用立浑法计算，得月亮白道与赤道的交点，距黄、赤两道交点即春分点和秋分点为十四度六十六分，作为定法。再按月推算月亮距二十八宿的度分，在理论上这是正确的。

至元十九年，王恂去世了。这时，新历虽然已经颁发，可是计算的方式方法以及有关的数据表，都还没有正式的定稿。于是，郭守敬就整理各种数据和资料，分门别类，加以编纂。共编成《推步》七卷，《立成》二卷，《历议拟亭》三卷，《转神选择》二卷，《上中下三历注式》十二卷。至元二十三年，他正式继任太史令，于是上表章呈进历法资料。上述以外，又有《时候笺注》二卷，《修改源流》一卷。测验用书有《仪象法式》二卷，《二至晷景考》二十卷，《五星细行考》五十卷，《古今交食考》一卷，《新测无名诸星》一卷，《月离考》一卷，都收藏在官府中。

至元二十八年，有人向朝廷上报说，滦河河道上，如从永平行船，拉牵越山而上可抵开平。另有人说，泸沟河如经麻峪村通船，可至寻麻林。朝廷派郭守敬去视察。他回来汇报道，滦河不能通行，泸沟河亦不能通舟。他就此陈报关于水利的十一项工作。其中之一为大都城的运粮河，可不再采用一亩泉原有的水源，另外开引北山白浮泉的水，先向西行，再折而向南，通过瓮山泊，从西水门流入城内，汇集于积水潭。然后再往东，转向南面出南水门，使它流入原有的运粮河。每隔一里设置一道水闸，通往通州共设水闸七道。离闸一里余，再加设斗门，配合作开闭，以便调整河水而通船。皇帝看了奏章，高兴地说，应该赶快就办。就此又重新设立了都水监机构，使郭守敬为主管。皇帝命令，开工时自丞相以下百官，都亲自拿起畚插等工具，等待郭守敬安排，带头参加劳作。

原先，运河只到通州，通州到大都是改从陆路运送官粮的。每年运来几万石，正值秋天霖雨时节，拉车的驴子等牲畜不知要累死多少。这时都可免除了。至元三十年，皇帝从上都回朝，路过积水潭，只见船头接连船尾，把水面都遮没了。他大为高兴，把它起名为通惠河，赐给郭守敬钱钞一万二千五百贯，仍任太史令，兼任提调通惠河漕运事。郭守敬又上言，在通惠河澄清闸稍东处，引水跟北坝河相接，在丽正门西边设立闸门，则舟船可环绕大都城护城河通行。这件事并没有实现。至元三十一年，他被任命为昭文馆大学士，知太史院事。

大德二年，朝廷召郭守敬到上都，商议开展有关铁幡竿渠的工作。郭守敬汇报道：“山洪常年暴发，渠道一定要宽广，并加设土坝，宽度非五十步到七十步不可。”办事人员不愿多花工资费用，认为郭守敬所说太过头了，缩小了三分之一。第二年大雨，山水暴发，渠不能容，淹没了人畜及庐帐差点危及行宫。元成宗对负责官员说：“郭太史真是个神奇的人物！可惜没有听从他的话。”大德七年，朝廷下诏书，内外官员年纪到了七十岁的，都可以退休，唯独没有同意郭守敬的请求。从此以后，翰林、太史、司天官员都不退休，成为一项规定。延祐三年，郭守敬八十六岁时去世了。

元史卷一百七十二

赵孟頫列传第五十九

赵孟頫字子昂，宋太祖子秦王德芳之后也。五世祖秀安僖王子偁，四世祖崇宪靖王伯圭。高宗无子，立子偁之子，是为孝宗，伯圭，其兄也，赐第于湖州，故孟頫为湖州人。曾祖师垂，祖希永，父与訔，仕宋，皆至大官；入国朝，以孟頫贵，累赠师垂集贤侍读学士，希永太常礼仪院使，并封吴兴郡公，与訔集贤大学士，封魏国公。

孟頫幼聪敏，读书过目辄成诵，为文操笔立就。年十四，用父荫补官，试中吏部铨法，调真州司户参军。宋亡，家居，益自力于学。

至元二十三年，行台侍御史程巨夫，奉诏搜访遗逸于江南，得孟頫，以之入见。孟頫才气英迈，神采焕发，如神仙中人，世祖顾之喜，使坐右丞叶李上，或言孟頫宋宗室子，不宜使近左右，帝不听。时与立尚书省，命孟頫草诏颁天下，帝览之，喜曰："得朕心之所欲言者矣。"诏集百官于刑部议法，众欲计至元钞二百贯赃满者死，孟頫曰："始造钞时，以银为本，虚实相权，今二十余年间，轻重相去至数十倍，故改中统为至元，又二十年后，至元必复如中统，使民计钞抵法，疑于太重。古者，以米、绢民生所须，谓之二实，银、钱与二物相权，谓之二虚。四者为直，虽升降有时，终不大相远也，以绢计赃，最为适中。况钞，乃宋时所创，施于边郡，金人袭而用之，皆出于不得已。乃欲以此断人死命，似不足深取也。"或以孟頫年少，初自南方来，讥国法不便，意颇不平，责孟頫曰："今朝廷行至元钞，故犯法者以是计赃论罪，汝以为非，岂欲沮格至元钞耶？"孟頫曰："法者，人命所系，议有轻重，则人不得其死矣。孟頫奉诏与议，不敢不言。今中统钞虚，故改至元钞，谓至元钞终无虚时，岂有是理！公不揆于理，欲以势相陵，可乎？"其人有愧色。帝初欲大用孟頫，议者难之。

二十四年六月，授兵部郎中，兵部总天下诸驿。时使客饮食之费，几十倍于前，吏无以供给，强取于民，不胜其扰，遂请于中书，增钞给之。至元钞法滞涩不能行，诏遣尚书刘宣与孟頫驰驿至江南，问行省丞相慢令之罪，凡左右司官及诸路官，则径笞之。孟頫受命而行，比还，不笞一人，丞相桑哥大以为谴。

时有王虎臣者，言平江路总管赵全不法，即命虎臣往按之，叶李执奏不宜遣虎臣，帝不听，孟頫进曰："赵全固当问，然虎臣前守此郡，多强买人田，纵宾客为奸利，全数与争，虎臣怨之。虎臣往，必将陷全，事纵得实，人亦不能无疑。"帝悟，乃遣他使。桑哥钟初鸣时即坐省中，六曹官后至者，则笞之，孟頫偶后至，断事官遽引孟頫受笞，孟頫入诉于都堂，右丞叶李曰："古者，刑不上大夫，所以养其廉耻，教之节义，且辱士大夫，是辱朝廷也。"桑哥亟慰孟頫使出，自是所笞，唯曹史以下。他日，行东御墙外，道险，孟頫马跌堕于河。桑哥闻之，言于帝，移筑御墙稍西二丈许。帝闻孟頫素贫，赐钞五十锭。

二十七年，迁集贤直学士。是岁地震，北京尤甚，地陷，黑沙水涌出，人死伤数十万，帝深忧之。时驻跸龙虎台，遣阿剌浑撒里驰还，召集贤、翰林两院官，询致灾之由。议者畏忌桑哥，但泛引《经》《传》，及五行灾异之言，以修人事、应天变为对，莫敢语及时政。先是，桑哥遣忻都及王济等理算天下钱粮，已征入数百万，未征者尚数千万，害民特甚，民不聊生，自杀者相属，进山林者，则发兵捕之，皆莫敢沮其事。孟頫与阿剌浑撒里甚善，劝令奏帝赦天下，尽与蠲除，庶几天变可弭。阿剌浑撒里入奏，如孟頫所言，帝从之，诏草已具，桑哥怒谓必非帝意。孟頫曰："凡钱粮未征者，其人死亡已尽，何所从取？非及是时除免之，他日言事者，倘以失陷钱粮数千万归咎尚书省，岂不为丞相深累耶！"桑哥悟，民始获苏。

帝尝问叶李、留梦炎优劣，孟頫对曰："梦炎，臣之父执，其人重厚，笃于自信，好谋而能断，有大臣器；叶李所读之书，臣皆读之，其所知所能，臣皆知之能之。"帝曰："汝以梦炎贤于李耶？梦炎在宋为状元，位至丞相，当贾似道误国罔上，梦炎依阿取容；李布衣，乃伏阙上书，是贤于梦炎也。汝以梦炎父友，不敢斥言其非，可赋诗讥之。"孟頫所赋诗，有"往事已非那可说，且将忠直报皇元"之语，帝叹赏焉。

孟頫退谓奉御彻里曰："帝论贾似道误国，责留梦炎不言，桑哥罪甚于似道，而我等不言，他日何以辞其责？然我疏远之臣，言必不听，侍臣中读书知义理、慷慨有大节、又为上所亲信，无逾公者。夫捐一旦之命，为百姓除残贼，仁者之事也。公必勉之！"既而彻里至帝前，数桑哥罪恶，帝怒，命卫士批其颊，血涌口鼻。委顿地上。少间，复呼而问之，对如初。时大臣亦有继言者，帝遂按诛桑哥，罢尚书省，大臣多以罪去。

帝欲使孟頫与闻中书政事，孟頫固辞，有旨令出入宫门无禁。每见，必从容语及治道，多所裨益。帝问："汝赵太祖孙耶？太宗孙耶？"对曰："臣太祖十一世孙。"帝曰："太祖行事，汝知之乎？"孟頫谢不知，帝曰："太祖行事，多可取者，朕皆知之。"孟頫自念，久在上侧，必为人所忌，力请补外。二十九年，出同知济南路总管府事。时总管阙，孟頫独署府事，官事清简。有元掀儿者，役于盐场，不胜艰苦，因逃去。其父求得他人尸，遂诬告同役者杀掀儿，既诬服。孟頫疑其冤，留弗决，逾月，掀儿自归，郡中称为神明。佥廉访司事哈剌哈孙，素苛虐，以孟頫不能承顺其意，以事中之，会修《世祖实录》，召孟頫还京师，乃解。久之，迁知汾州，未上，有旨书金字《藏经》，既成，除集贤直学士、江浙等处儒学提举，迁泰州尹，未上。

至大三年，召至京师，以翰林侍读学士，与他学士撰定祀南郊祝文，及拟进殿名，议不合，谒告去。仁宗在东宫，素知其名，及即位，召除集贤侍讲学士、中奉大夫。延祐元年，改翰林侍讲学士，迁集贤侍讲学士、资德大夫。三年，拜翰林学士承旨、荣禄大夫。又尝称孟頫操履纯正，博学多闻，书画绝伦，旁通佛、老之旨，皆人所不及。有不悦者间之，帝初若不闻者。又有上书言国史所载，不宜使孟頫与闻者，帝乃曰："赵子昂。世祖皇帝所简拔，朕特优以礼貌，置于馆阁，典司述作，传之后世，此属呶呶何也！"俄赐钞五百锭，谓侍臣曰："中书每称国用不足，必持而不与，其以普庆寺别贮钞给之。"孟頫尝累月不至宫中，帝以问左右，皆谓其年老畏寒，敕御府赐貂鼠裘。

初，孟頫以程巨夫荐，起家为郎，及巨夫为翰林学士承旨，求致仕去，孟頫代之，先往拜其门，而后入院，时人以为衣冠盛事。六年，得请南归。帝遣使赐衣币，趣之还朝，以疾，不果行。至治元年，英宗遣使即其家，俾书《孝经》。二年，赐上尊及衣二袭。是岁六月卒，年六十九。追封魏国公，谥文敏。

孟頫所著，有《尚书注》，有《琴原》《乐原》，得律吕不传之妙；诗文清邃奇逸，读之，使人有飘飘出尘之想。篆、籀、分、隶、真、行、草书，无不冠绝古今，遂以书名天下。天竺有僧，数万里来求其书归，国中宝之。其画山水、木石、花竹、人马，尤精致。前史官杨载称孟读之才颇为书画所掩，知其书画者，不知其文章，知其文章者，不知其经世之学。人以为知言云。

子雍、奕，并以书画知名。

【译文】

赵孟頫，字子昂，是宋太祖儿子秦王赵德芳的后代。他的五世祖是秀安僖王赵子偁，四世祖是崇宪靖王赵伯圭。宋高宗没有儿子，立赵子偁的儿子为太子，这就是宋孝宗，赵伯圭是孝宗的哥哥，皇帝赐给伯圭的宅第在湖州，因而赵孟頫就成为湖州人。他的曾祖父赵师垂、祖父赵希永、父亲赵与訔，都在宋朝当过高官。到元朝时，因赵孟頫为贵官，多次追赠赵师垂为集贤侍读学士，赵希永为太常礼仪院使，二人都被追封为吴兴郡公，赵与訔被追赠为集贤大学士，被追封为魏国公。

赵孟頫自幼就非常聪明，看过的书就能背诵，写文章拿起笔来就能完成。十四岁时，因父亲的恩荫，才得以补官，经吏部考试合格后，调任为真州司户参军。宋朝灭亡后，在家闲住，更加致力于学问。

至元二十三年，行台御史程钜夫奉皇帝的命令去江南搜访隐居的人才，找到赵孟頫，带他去晋见皇帝。赵孟頫才华横溢，神采焕发，像神仙一样，元世祖看到他很高兴，让他坐在右丞叶李的上位。有人说赵孟頫是宋朝皇族的子弟，不应该把他放在皇帝身边，世祖没有听从。当时刚设立尚书省，世祖命令赵孟頫起草诏书，颁布天下。世祖看他起草的诏书后，非常满意，说道："把我想说的话都写出来了。"世祖命令群臣在刑部议定法律条款，很多人主张赃款达到二百贯中统钞的人就应该被处死，赵孟頫说："起初制造纸币时，是以白银的价值为标准的，纸币是虚的，白银是实的，虚实价值相等，现在已经过去二十多年，纸币和白银的价值，轻重相差达数十倍之多，因此才改中统钞为至元钞，如果若再过二十年，至元钞又会像中统钞一样贬值，如果让百姓按赃钞的面值抵罪，恐怕会太重。古代因米和绢是民生所必需的物品，被称为'二实'，白银、铜钱和米绢等值，被称为'二虚'。这四者的价值虽然因为时间有升有降，但终究不会差太远，用绢来核算受赃数额，最为合适。再说，纸币从宋代开始使用，只在边地郡县流通，金朝沿用纸币，是不得已而为之。如果想用这种办法来判人死罪，似乎是不足取的。"有人认为赵孟頫年纪轻，又刚从南方来，却敢于非难国法不便于民，心中忿忿不平，责备赵孟頫："现在朝廷发行至元纸币，犯法的人以至元钞计赃论罪，你认为不合适，难道你想要破坏至元钞的发行吗？"赵孟頫回答说："法律关系到人们的身家性命，判决倚轻倚重，就会出现死不当罪的情况。我奉皇帝的命令参加讨论，不敢不说。现在中统钞贬值，因而改为至元钞，如果认为至元钞永远不会贬值，哪有这样的道理！您不考虑事理的必然，却想以势压人，这样可行吗？"那人面有愧色。世祖本想重用赵孟頫，但参加讨论的人却提出非难。

二十四年六月，任命他担任兵部郎中，兵部统管天下的驿站。当时供应来往使臣的饮食花销，比以前多出几十倍，驿站官吏没有办法供应，便用强制手段向百姓索取，百姓不胜其扰，于是赵孟頫向中书省提出申请，增加各驿站的饮食用钞。至元纸钞的发行遇到困难时，皇帝派尚书刘宣和赵孟頫乘驿马到江南，责问行省丞相怠慢政令的罪行，但凡是左右司官员以及各路官员，可以自行拷打。赵孟頫从接受命令前去，到回京时，他没有拷打过一个人，丞相桑哥为此对赵孟頫大加谴责。

当时有一个叫王虎臣的人，他上书检举平江路总管赵全的不法行为，朝廷立即派王虎臣前去调查，叶李上书，认为不应派王虎臣，皇帝没有听，赵孟頫进言说："赵全的问题当然应该调查审问，但王虎臣以前曾经担任该地的长官，他强行买下别人很多田地，又怂恿他的门客获取不法利益，赵全多次和他争论，王虎臣因此怀恨在心。如果王虎臣前去，必然陷害赵全，即使赵全的不法行为得到证实，人们也不会没有疑问。"皇帝恍然大悟，于是派遣其他人前去。桑哥在晨钟初鸣时就坐在尚书省大堂上，六曹官员迟到后，就对他们加以鞭打。有一次赵孟頫偶然迟到，断事官立刻拉孟頫去受刑，赵孟頫进入大堂申诉，右丞叶李说："古时对士大夫不用刑罚，这是为了培养他们的廉耻观念，教育他们重视节义，再说侮辱士大夫，等于是侮辱朝廷。"桑哥马上多方安慰赵孟頫，让他先回去。从此以后，所鞭打的人只是曹史以下的吏员。有一天，赵孟頫行经东御墙外时，因道路险狭，他的坐骑跌入河中。桑哥听说后，报告给皇帝，于是将御墙西移二丈多。皇帝听说赵孟頫一向清贫，便赏给他五十锭钞币。

二十七年，赵孟頫升任集贤殿学士。这一年发生地震，北京尤其严重，地面下陷，黑沙水喷涌，数十万百姓死伤，皇帝非常忧虑。当时皇帝在龙虎台，派阿剌浑撒里快马回京，合集贤、翰林两院的官员，询问发生灾害的原因。与会的人出于对桑哥的畏惧，只不过泛泛地引证经典以及五行灾异等言论，笼统地提出应该修人事、应天复来回答，没人敢联系现实政治。在此之前，桑哥派忻都和王济等人统计天下钱粮，已经征收数百万，没征收的还有几千万，严重损害了百姓，导致民不聊生，自杀事件不断发生，逃到荒山野林的人，朝廷发兵追捕，谁也不敢阻止这件事。赵孟頫和阿剌浑撒里的关系本来很好，劝他奏明皇帝，赦免天下百姓，免除全部所征的钱粮，这样或许能消除天灾。阿剌浑撒里上奏，与赵孟頫所说一致，皇帝听从了。诏书的草稿拟出后，桑哥却十分恼火，认为这不是皇帝的本意。赵孟頫说："凡是钱粮还没征收的民户，家里的人非死即逃，空无一人，向谁征收？如不趁此时免除，日后提意见的人如果把亏欠的数千万钱粮归罪于尚书省，这对于丞相您来说不是个沉重的包袱吗？"桑哥恍然大悟，百姓因此才得以喘息。

皇帝曾问及叶李和留梦炎相比谁优谁劣，赵孟頫回答说："留梦炎是我父亲的朋友，他为人忠厚重信义，而且非常自信，擅长谋略而且能决断，有大臣器度；叶李读过的书，我都读过，他的知识能力，我都具备。"皇帝说："那你认为留梦炎比叶李好吗？留梦炎是宋朝状元，曾经官至丞相，当贾似道欺骗君主贻误国事时，留梦炎却曲意逢迎讨好；叶李是个平民百姓，却能冒死进宫向皇帝上书，这样看起来叶李比留梦炎强。你因为留梦炎是你父亲的朋友，不敢直斥他的错误，但可以写诗进行讥讽。"赵孟頫所写的诗中，有"往事已非那可说，且将忠直报皇元"的句子，因此受到皇帝的赞赏。

赵孟頫出殿后对奉御彻里说："皇帝评论贾似道贻误国事时，也责备留梦炎默不作声，现在桑哥的罪过比贾似道还严重，而我们这些人如果不说话，日后如何能推卸责任！但我是个被疏远的臣子，我说的话皇帝必然不会听从，在皇帝身边的大臣中，读书知理、慷慨有大节而又得到皇帝信任的，没人能超过您。不顾身家性命，替百姓除去残国害民的贼臣，这是仁人君子义不容辞的任务。您一定要勉力去做！"然后奉御彻里来到皇帝面前，历数桑哥的种种罪恶，皇帝大发雷霆，命卫士打彻里耳光，彻里被打得口鼻流血，瘫倒在地上。过一会儿，皇帝又把他叫到跟前询问，彻里的回答与原先一样。当时大臣中也有继彻里之后揭发桑哥罪恶的，于是皇帝下令将桑哥论罪处死，撤销尚书省，许多大臣因罪被罢免官职。

皇帝曾想让赵孟頫参与中书省政务，赵孟頫坚决推辞，皇帝下令，赵孟頫出入宫门不要阻拦。他每次进见，总是不厌其详地与皇帝谈论治国之道，他的意见对处理国家政事非常有帮助。皇帝问他：“你是宋太祖的后代，还是宋太宗的后代呢？”赵孟頫回答：“我是太祖的十一代孙。”皇帝说：“太祖的所作所为，你都了解吗？”赵孟頫回答说不了解，皇帝说：“太祖的所作所为，有很多可取之处，我都了解。”赵孟頫心想，自己如果在皇帝身边太久，一定会遭到猜忌，就坚决请求外任。二十九年，他被外派担任同知济南路总管府事。当时总管缺员，他独自主持总管府的政事，政务也比较清简。有个叫元掀儿的人，曾在盐场服劳役，因为不堪忍受盐场的艰苦生活，趁机逃走。他的父亲找到他人的一具尸体，竟然诬告一起服役的人杀害元掀儿，被诬告的人屈打成招。赵孟頫怀疑这是冤案，压下没有判决，一个月后，元掀儿回来了，当地人都称赞赵孟頫断案如神。廉访司佥事韦哈剌哈孙为人苛毒暴虐，只因赵孟頫不肯顺从他的意志，就借机陷害，正逢朝廷撰修《世祖实录》，召赵孟頫回京城，他才得以解脱。过了很久，被迁知汾州，他没有赴任，皇帝传旨要他书写金字《藏经》，写完后，升任赵孟頫为集贤院直学士、江浙等处儒学提举，又迁任泰州尹，但赵孟頫没有赴任。

至大三年，赵孟頫被召进京，他以翰林学士的身份，与其他学士撰写南郊祭天的祝文，以及拟进宫殿的名称，因与他人意见不同，就请假回家。仁宗在东宫做太子时，就知道赵孟頫的名字，仁宗即位后，升任他为集贤侍讲学士、中奉大夫，延祐元年，改任为翰林侍讲学士，迁任集贤侍讲学士、资政大夫。延祐三年，赵孟頫被升为翰林学士承旨、荣禄大夫。皇帝对他非常爱重，称他的字号，而不直呼其名。皇帝曾和身边的大臣评论文学侍臣，认为赵孟頫可以与唐朝的李白、宋朝的苏轼相比。又曾称赞赵孟頫品行端正、博学多闻，书法和绘画都超过当时的人，并旁通佛、道二教的学说，别人都是不可企及的。有不喜欢他的人在皇帝面前说长道短，皇帝假装听不见。又有人上书说，国史所记载的内容，不应该让赵孟頫这样的人了解和参与，皇帝说：“赵子昂这个人，是世祖皇帝亲自选拔的，我特别尊重优待他，将他安排在馆阁中任职，主管著述，修史以流传后代，这些人喋喋不休，是干什么呢！”接着赏给赵孟頫五百锭钞，对身边大臣说：“中书省常说国家经费不足，必定不肯给他，就从普庆寺另藏的钱钞支付给他。”赵孟頫曾几个月不到宫中，皇帝询问身边的人，得知他年岁大了又怕寒冷，皇帝下令，让内府赐给他貂鼠皮衣。

当初，赵孟𫖯因为程钜夫的推荐，刚入仕途，被任为兵部郎中，后来程钜夫官至翰林学士承旨，请求退休，赵孟𫖯代替他的职务，先去程钜夫家拜望他，然后才进入翰林院，当时人认为此举是士大夫中的一段佳话。延祐六年，赵孟𫖯请假回南方。皇帝派使者赏赐给他衣料，催他回京，因生病，没能成行。至治元年，英宗派使者去他家，让他书写《孝经》。二年，皇帝赐给他上等美酒和两套衣服。这年六月去世，终年六十九岁。追封他为魏国公，赠谥为“文敏”。

赵孟𫖯的著作，有《尚书注》，还有《琴原》《乐原》，这两篇著作道出了乐律的奥妙；他的诗文清新、含义深远，表现出一种超世的风致，读后使人产生飘飘欲仙的感觉。他的篆书、籀书、八分书、隶书、楷书、行书、草书，任何一种书体都是古今之冠，因而以书法名闻天下。天竺曾有一位僧人，远涉数万里来求赵孟𫖯的书法作品，带回去后，被天竺国视为宝物。他画的山水、木石、花竹、人物、骏马，非常特别精妙。以前曾担任史官的杨载认为，赵孟𫖯的才能在很大程度上被书画之名所掩盖，了解他书画方面成就的人，不了解他在文章上的成就，了解他文章方面成就的人，不了解他经世致用的学问。人们认为杨载的说法是非常中肯的。

他的儿子赵雍、赵奕，都因为擅长书画而知名。

元史卷一百七十五

张养浩列传第六十二

张养浩字希孟，济南人。幼有行义，尝出，遇人有遗楮币于途者，其人已去，追而还之。年方十岁，读书不辍，父母忧其过勤而止之，养浩昼则默诵，夜则闭户，张灯窃读。山东按察使焦遂闻之，荐为东平学正。游京师，献书于平章不忽木，大奇之，辟为礼部令史，仍荐入御史台。一日病，不忽木亲至其家问疾，四顾壁立，叹曰："此真台掾也。"及为丞相掾，选授堂邑县尹。人言官舍不利，居无免者，竟居之。首毁淫祠三十余所，罢旧盗之朔望参者，曰："彼皆良民，饥寒所迫，不得已而为盗耳；既加之以刑，犹以盗目之，是绝其自新之路也。"众盗感泣，互相戒曰："毋负张公。"有李虎者，尝杀人，其党暴戾为害，民不堪命，旧尹莫敢诘问。养浩至，尽置诸法，民甚快之。去官十年，犹为立碑颂德。

仁宗在东宫，召为司经，未至，改文学，拜监察御史。初，议立尚书省，养浩言其不便；既立，又言变法乱政，将祸天下。台臣抑而不闻，乃扬言曰："昔桑哥用事，台臣不言，后几不免。今御史既言，又不以闻，台将安用！"时武宗将亲祀南郊，不豫，遣大臣代祀，风忽大起，人多冻死。养浩于祀所扬言曰："代祀非人，故天示之变。"大违时相意。

时省臣奏用台臣，养浩叹曰："尉专捕盗，纵不称职，使盗自选可乎？"遂疏时政万余言：一曰赏赐太侈，二曰刑禁太疏，三曰名爵太轻，四曰台纲太弱，五曰土木太盛，六曰号令太浮，七曰幸门太多，八曰风俗太靡，九曰异端太横，十曰取相之术太宽。言皆切直，当国者不能容。遂除翰林待制，复构以罪罢之，戒省台勿复用。养浩恐及祸，乃变姓名遁去。

尚书省罢，始召为右司都事。在堂邑时，其县达鲁花赤尝与之有隙，时方求选，养浩为白宰相，授以美职。迁翰林直学士，改秘书少监。延祐初，设进士科，遂以礼部侍郎知贡举，进士诣谒，皆不纳，但使人戒之曰："诸君子但思报效，奚劳谢为！"擢陕西行台治书侍御史，改右司郎中，拜礼部尚书。

英宗即位，命参议中书省事，会元夕，帝欲于内庭张灯为鳌山，即上疏于左丞相拜住。拜住袖其疏入谏，其略曰："世祖临御三十余年，每值元夕，闾阎之间，灯火亦禁；况阙庭之严，宫掖之邃，尤当戒慎。今灯山之构，臣以为所玩者小，所系者大；所乐者浅，所患者深。伏愿以崇俭虑远为法，以喜奢乐近为戒。"帝大怒，既览而喜曰："非张希孟不敢言。"即罢之，仍赐尚服金织币一、帛一，以旌其直。后以父老，弃官归养，召为吏部尚书，不拜。丁父忧，未终丧，复以吏部尚书召，力辞不起。泰定元年，以太子詹事丞兼经筵说书召，又辞；改淮东廉访使，进翰林学士，皆不赴。

天历二年，关中大旱，饥民相食，特拜陕西行台中丞。既闻命，即散其家之所有与乡里贫乏者，登车就道，遇饿者则赈之，死者则葬之。道经华山，祷雨于岳祠，泣拜不能起，天忽阴翳，一雨二日。及到官，复祷于社坛，大雨如注，水三尺乃止，禾黍自生，秦人大喜。时斗米直十三缗，民持钞出籴，稍昏即不用，诣库换易，则豪猾党蔽，易十与五，累日不可得，民大困。乃检库中未毁昏钞文可验者，得一千八十五万五千余缗，悉以印记其背，又刻十贯、伍贯为券，给散贫乏，命米商视印记出粜，诣库验数以易之，于是吏弊不敢行。又率富民出粟，因上章请行纳粟补官之令。闻民间有杀子以奉母者，为之大恸，出私钱以济之。

到官四月，未尝家居，止宿公署，夜则祷于天，昼则出赈饥民，终日无少怠。每一念至，即抚膺痛哭，遂得疾不起，卒年六十。关中之人，哀之如失父母。至顺二年，赠摅诚宣惠功臣、荣禄大夫、陕西等处行中书省平章政事、柱国，追封滨国公，谥文忠。

【译文】

张养浩，字希孟，是济南（今属山东）人。年幼时就有侠义行为。有一次他出门，碰到一个人不小心将钞票遗失在路上，张养浩发现时，那个丢失钞票的人已经走远，张养浩就追上去把钞票送还给他。十岁时，他就一天到晚不停地读书，父母担心他过于用功而制止他，于是他白天就默默背诵书卷上的诗文，到了夜晚，就把门户紧闭，点上灯，偷偷读书。山东按察使焦遂听说这个情况，就推荐张养浩做东平（今属山东）地方的学正。后来，张养浩游学到京师，将自己写的文章献给宰相不忽木，不忽木大为称奇，因此征招张养浩担任礼部令史，并且还推荐他进入御史台。一天，张养浩忽然生病，不忽木亲自到他家中探问，当他看到张养浩家中四壁空空，什么也没有时，慨叹说："张养浩这种人才是真正的监察御史的好材料啊！"及至担任宰相属官，就被选授为堂邑（今属山东）县尹。人们都传说堂邑县县官住的房子不吉利，住进去没有一个人能得到幸免的，但是张养浩还是住进去。张养浩带头捣毁滥设的三十多所神祠，免除有强盗前科的人每月初一、十五例行到官府接受审讯检查的规定，张养浩说："他们都是善良的百姓，因生活困难，饥寒所迫，不得已而去做强盗；既然已经处分过了，现在仍旧将他们看成强盗，这是断绝他们走自新之路的做法啊！"强盗们感动得流下眼泪，相互劝诫说："不能辜负张公。"有一个叫李虎的人，曾经杀过人，他的同党也都暴虐残忍，为害百姓，百姓们不堪忍受，从前有县尹不敢过问这件事情。张养浩到这里后，按照国法严厉地惩处他们，百姓们十分高兴。张养浩离开堂邑十年，百姓们仍旧为他立碑，歌颂他的功德。

仁宗还在东宫做太子时，就召张养浩担任为司经，还没有上任，又改任为文学，授予监察御史的官职。当初，刚开始讨论成立尚书省时，张养浩认为成立尚书省不妥当；尚书省成立后，张养浩又说这是改变成法扰乱国政，将会给天下带来灾难。御史台的大臣将张养浩的意见压制下来没有报上去，因此张养浩就把这件事张扬出去，他说："从前桑哥掌权，御史台的官员不敢说话，后来几乎都不能改变，现在御史可以说话了，却又不报上去，这样的御史台有什么用呢！"当时武宗打算亲自去南郊祭祀，但后来没有亲自参加，而是委派大臣代他祭祀，在祭祀时，忽然狂风大作，参加祭祀活动的许多人被冻死了。张养浩在祭祀的地方扬言说："代替仁宗参加祭祀的人选得不得当，所以上天用灾变来表示不满。"张养浩的这些议论大大违背了当时宰相的心意。

当时尚书省的大臣向皇帝启奏起用御史台大臣的人选，对于这件事情，张养浩非常不满，他慨叹道："尉官的职责是专管捕捉盗贼，即使不称职，难道可以让盗贼自己选择谁去担任尉官吗？"于是给仁宗皇帝上了一道一万多字长的议论当时政治的奏疏：第一件事是议论当时的赏赐太过分；第二件事是议论当时的刑禁漏洞太多；第三件事议论功名爵位太轻；第四件事议论朝廷的纲纪太弱；第五件事情议论朝廷兴建的工程太多；第六件事议论国家各个部分所发的号令太滥；第七件事议论宠幸太多；第八件事议论社会风俗太奢侈；第九件事议论社会上异端思想太厉害；第十件事议论挑选宰相的标准太宽。他的议论非常直率，切中时弊，但是当权者却不能容忍。于是，给张养浩一个翰林待制的官职，不久又捏造一套罪名把他罢免，并且警告尚书省、御史台不能再任用张养浩。张养浩担心给自己招来祸殃，因此改变姓名逃走了。

后来尚书省的机构被罢除，张养浩才被召回担任右司都事。张养浩在做堂邑县尹时，县里的达鲁花赤和张养浩感情上曾有裂痕，当时达鲁花赤正在要求选拔官职，张养浩为此向宰相推荐他，结果给达鲁花赤一个好官职。不久，张养浩被升任为翰林学士，改秘书少监。延祐（1314—1320）初年，朝廷开进士科考试，张养浩以礼部侍郎的身份主持这次考试，当进士们去拜见主考大人时，张养浩一概不接见，只派人去告诫那些新进士们说："各位应该认真考虑的是如何报效国家，何劳诸位来谢我呢！"不久，张养浩被提升为陕西行台治书侍御史，后来又改为右司郎中，拜礼部尚书。

英宗即位，命令张养浩参议中书省事，恰逢元宵佳节，皇帝想在宫中搭一座鳌山灯，张养浩立即上疏给左丞相拜住，拜住将张养浩的奏疏放在袖管中就入宫进谏，张养浩奏疏的大意是说："元世祖在位三十多年，每到元宵佳节，连里巷之间都禁止点灯；何况宫廷本是禁地，而宫中旁舍是那么深远，尤其应该谨慎地警戒。现在却要搭造灯山，臣以为供观赏玩乐本是小事，但是它所关及的事体却极大；灯山给人带来的欢乐很短，但给朝廷带来的祸患却很大。伏望圣上以崇尚节俭和考虑朝廷的长远利益为目标，以喜欢奢侈和只图眼前短暂的欢乐为警戒。"英宗听奏后非常恼怒，但当他读了奏疏后，忽然又高兴起来，说："不是张养浩不敢说这些话。"立即停止建造鳌山灯，而且赏赐给张养浩一匹宫廷中服用的金线织造的帛，一匹丝帛，以表彰他的忠直。后来因为父亲年老，张养浩便不做官，回家赡养老父，朝廷召他为吏部尚书，没有接受。父亲去世后，张养浩为父服丧，丧期还没满，朝廷又召张养浩担任吏部尚书，张养浩坚辞不出。泰定六年（1324），朝廷又召命张养浩担任太子詹事丞兼经筵说书的官职，张养浩又坚辞；后被改授淮东廉访使，进翰林学士，他都没有赴任。

天历二年（1329），关中（今陕西）大旱，饥民相食，朝廷特任命张养浩为陕西行台中丞。张养浩接到命令后，立即将自己家里的所有资财都分送给周围邻里中的困难户，便登上车子向陕西进发，碰到饥饿的灾民就赈济他们，看到饿死的灾民就埋葬他们。路过华山时，就到西岳庙去求雨，哭拜在地上爬不起来，天空忽然阴云密布，一连下了两天雨。及至到官府，又到社坛去求雨，结果又是大雨如注，下了三尺才停止，庄稼因此得到生长，秦地的百姓十分高兴。当时一斗米的价钱要价十三缗，百姓拿着钞票去买米，钞票稍有模糊或破损就不能用，拿到府库去调换，奸刁之徒营私舞弊，百姓来调换十只给五，而且往往排队等一整天还是换不到，百姓因此陷入非常困难的处境。于是张养浩发检府库中还没被损毁而且图纹还可以看得清的钞票，得到一千八百五十万多缗，全部在它的背面盖上印记，又刻十贯和五贯的新券，散发给贫民百姓，命令米商看钞票上的印记将米卖给他们，凡是百姓拿钞票到府库调换，完全按数目进行交换，于是那些奸刁之徒再也不敢营私舞弊。张养浩又率领富裕人家卖粮食，为此又向朝廷上奏章请求实行纳粮补官的法令。张养浩听到民间有人杀死自己的儿子以奉养母亲的事，为此大哭一场，并拿出自己的钱救济这户人家。

张养浩在陕西做官四个月，从没有回到过自己家里居住，一直住在官府，夜里就向上天祈祷，白天就到外面救济灾民，一天到晚不敢有丝毫懈怠。每想到一件难受的事，就拍着胸脯大哭，因此得病不起，去世时才六十岁。关中百姓，听到张养浩去世的消息，纷纷悲哀痛哭像失去自己的父母。至顺二年（1331）追赠张养浩摅诚宣惠功臣、荣禄大夫、陕西等处行中书省平章政事、柱国，追封滨国公，谥号“文忠”。

元史卷一百七十九

杨朵儿只列传第六十六

杨朵儿只，河西宁夏人。少孤，与其兄皆幼，即知自立，语言仪度如成人。事仁宗于藩邸，甚见倚重。大德丁未，从迁怀孟。仁宗闻朝廷有变，将北还，命朵儿只与李孟先之京师，与右丞相哈剌哈孙定议，迎武宗于北藩。仁宗还京师，朵儿只讥察禁卫，密致警备，仁宗嘉赖焉，亲解所服带以赐。既佐定内难，仁宗居东宫，论功以为太中大夫、家令丞。日夕侍侧，虽休沐，不至家，众敬惮之。会兄卒，涕泣不胜哀，仁宗怜之，存问优厚。事寡嫂有礼，待兄子不异己子，家人化之。进正奉大夫、延庆使。武宗闻其贤，召见之。仁宗曰："此人诚可任大事，然刚直寡合。"武宗顾视之，曰："然。"

仁宗始总大政，执误国者，将尽按诛之。朵儿只曰："为政而尚杀，非帝王治也。"帝感其言，特诛其尤者，民大悦服。帝他日与中书平章李孟论元从人材，孟以朵儿只为第一，帝然之，拜礼部尚书。初，尚书省改作至大银钞，视中统一当其二十五，又铸铜为至大钱，至是议罢之。朵儿只曰："法有便否，不当视立法之人为废置。银钞固当废，铜钱与楮币相权而用之，昔之道也。国无弃宝，民无失利，钱未可遽废也。"言虽不尽用，时论是之。迁宣徽副使，御史请迁为台官，帝以宣徽膳用，素不会计，特以委之，未之许也。

有言近臣受贿者，帝怒其非所当言，将诛之，时张珪为御史中丞，叩头谏，不听。朵儿只言于帝曰："诛告者，失刑；违谏者，失谊。世无诤臣久矣，张珪，真中丞也！"帝喜，竟用珪言，拜朵儿只为侍御史。帝宴闲时，群臣侍坐者，或言笑逾度，帝见其正色，为之改容。有犯法者，虽贵幸无所容贷。怨者因共谮之，帝知之深，谮不得行。拜资德大夫、御史中丞。中书平章政事张闾以妻病，谒告归江南，夺民河渡地。朵儿只以失大体，劾罢之。江东、西奉使斡来不称职，权臣匿其奸，冀不问。朵儿只劾而杖之，斡来愧死。

御史纳璘言事忤旨，帝怒叵测，朵儿只救之，一日至八九奏，曰：

“臣非爱纳璘，诚不愿陛下有杀御史之名。”帝曰：“为卿，宥之，可左迁为昌平令。”昌平，畿内剧县，欲以是困纳璘。朵儿只又言曰：“以御史宰京邑，无不可者。但以言事而得左迁，恐后之来者，用是为戒，不肯复言矣。”帝不充。后数日，帝读贞观政要，朵儿只待侧，帝顾谓曰：“魏征古之遣直也，朕安得用之？”对曰：“直由太宗，太宗不听，征虽直，将焉用之！”帝笑曰：“卿意在纳璘耶？当赦之，以成尔直名也。”

有上书论朝政阙失，面触宰相，宰相怒，将取旨杀之。朵儿只曰：“诏书云：言虽不当，无罪。今若此，何以示信天下！果诛之，臣亦负其职矣。”帝悟，释之。于是特加昭文馆大学士、荣禄大夫，以奖其直言。时位一品者，多乘间邀王爵、赠先世。或谓朵儿只：“眷倚方重，苟言之，当可得也。”朵儿只曰：“家世寒微，幸际遇至此，已惧弗称，尚敢求多乎！且我为之，何以风厉侥幸者！”迁中政院使。未几，复为中丞，迁集贤大学士，为权臣铁木迭儿所害而死，年四十二。

初，武宗崩，皇太后在兴圣宫，铁木迭儿为丞相，逾月，仁宗即位，因遂相之。居两岁，得罪斥罢，更自结徽政近臣，复再入相，恃势贪虐，凶秽愈甚，中外切齿，群臣不知所为。御史中丞箫拜住拜中书右丞，又拜平章政事，稍牵制之。

朵儿只自侍御史拜御史中丞，慨然以纠正其罪为己任。上都富民张弼杀人系狱，铁木迭儿使大奴胁留守贺伯颜出之，及强以他奸利事，不能得。一日，坐都堂，盛怒，以官事召留守，将罪之，留守昌言：“大奴所干非法，不敢从，他实无罪。”铁木迭儿语诎，得解去。朵儿只廉得其所受弼赃钜万万，大奴犹数千，使御史徐元素按得实，入奏。而御史亦挚真，又发共私罪二十余事。帝震怒，有诏逮问。铁木迭儿逃匿，帝为不御酒数日，以待决狱。尽诛其大奴同恶数人，铁木迭儿终不能得。朵儿只持之急，徽政近臣以太后旨，召朵儿只至宫门，责以违旨意者，对曰：“待罪御史，奉行祖宗法，必得罪人，非敢违太后旨也。”帝仁孝，恐诚出太后意，不忍重伤佛之，但罢其相位，而迁朵儿只为集贤学士。帝犹数以台事问之，对曰：“非臣职事，臣不敢与闻。所念者，铁木迭儿虽去君侧，反得为东宫师傅，在太子左右，恐售其奸，则祸有不可胜言者。”

仁宗崩，英宗犹在东宫，铁木迭儿复相，乃宣太后旨，召萧拜住、朵儿只至徽政院，与徽政使失里门、御史大夫秃忒哈杂问之，责以前违太后旨之罪。朵儿只曰：“中丞之职，恨不即斩汝，以谢天下。果违太后旨，汝岂有今日耳！”铁木迭儿又引同时为御史者二人，证成其狱。朵儿只顾二人唾之曰：“汝等尝得备风宪，乃为是犬彘事耶！”坐者皆惭俯首，即起入奏。未几，称旨执朵儿只载诸国门之外，与萧拜住俱见杀。是日，风沙晦冥，都人汹惧，道路相视以目。

英宗即位，诏书遂加以诬罔大臣之罪，铁木迭儿权势既成，毫发之怨，无不报者，太后惊悔，而帝亦觉其所谮毁者皆先帝旧臣，未及论治，而铁木迭儿以病死。会有天灾，求直言，会议廷中。集贤大学士张珪、中书参议回回，皆称萧、杨等死甚冤，是致不雨。闻者失色，言终不得达。及珪拜平章，即告丞相拜住曰：“赏罚不当，枉抑不伸，不可以为治。若萧、杨等冤，何可不亟昭雪也！”丞相善之，遂请于帝，诏昭雪其冤，特赠思顺佐理功臣、金紫光禄大夫、司徒、上柱国、夏国公，谥襄愍。朵儿只死时，权臣欲夺其妻刘氏与人，刘氏剪发毁容以自誓，乃免。子不花。

【译文】

杨朵儿只，是河西宁夏人。他少年时丧父，与兄长都在年幼时就知道自立，语言举止如同成人。他在藩邸奉事仁宗，非常受倚重（当时元成宗在位，仁宗为成宗之侄）。元成宗大德丁未，杨朵儿只随从仁宗迁徙到怀州（按丁未为大德十一年，据《元史·仁宗本纪》，仁宗至怀州为十年事）。仁宗闻知朝廷发生局势变化（十一年成宗死，皇后与左丞相阿忽台图谋立安西王阿难答为帝），准备向北回到大都，命令杨朵儿只与李孟先到大都，与右丞相哈剌哈孙定议，到北部边境迎回武宗（武宗海山为仁宗兄长，当时为怀宁王）。仁宗回到京城后，杨朵儿只督察禁卫，严密警戒，仁宗极为赞赏和依赖他，亲自解下所佩的衣带赏赐给他。他辅助平定内乱后，仁宗为皇太子，论功劳任命他为太中大夫、家令丞。他早晚侍奉在皇太子身边，就连休假的日子也不肯回家，众人敬而惮之。正值他的兄长去世，他涕泣不胜悲哀，皇太子很怜悯他，很是优厚。他服侍寡嫂很有礼，对待侄子与自己儿子无异，家中人都被感化。进职为正奉大夫、延庆使。元武宗听说他有贤能，予以召见。仁宗说：“这人诚笃，可任担以大事，但是他刚直寡合。”武宗看着他说：“是的。”

仁宗开始总理朝政（此时武宗刚死，仁宗尚未即位）时，逮捕误国之臣，准备将他们全部依法诛杀。杨朵儿只说："为政而崇尚杀戮，这不是帝王之治。"仁宗接受他的意见，只诛杀罪恶尤其大的任，百姓大为悦服。有一天，仁宗与中书平章李孟谈论起早年随从自己臣子中的人才，李孟认为杨朵儿只为第一，仁宗觉得不错，拜任他为礼部尚书。开初，尚书省改制至大银钞，与中统钞相比一对二十五，又铸至大铜钱，到这时全部罢用。杨朵儿只说："法令有便有不便，不应当以立法之人为废置。银钞当然应该罢废，但铜钱与纸币相权衡而参用，这是古昔之道。国家不废弃铜币，百姓不丧失利益，铜钱不能突然被废除。"他的建议虽然没有被全部采用，但当时的舆论很以为然。被迁为宣徽副使，御史要求将他任命为御史台官，仁宗认为宣徽院的膳食用度没有计划，所以特意委任他为宣徽副使，没有答应御史的请求。

有人上言揭发近臣接受贿赂，仁宗恼怒这不是他应该说的，打算诛杀这个人。当时张珪为御史中丞，叩头谏劝，仁宗不肯听。杨朵儿只对仁宗说："诛杀上告的人，这是刑法不当；不听谏劝，这是不合礼仪的。世上很久没有谏诤之臣了，像张珪，这才是真中丞呢！"仁宗听后很高兴，终于采纳张珪的建议，而拜杨朵儿只为侍御史。仁宗宴罢休息时，有的臣子侍坐，谈笑超越限度，仁宗见杨朵儿只满脸庄重之色，也为之改容。有忤犯法律的人，就是贵幸之臣，他也不肯宽容。怨恨他的人就一起谮毁他，但仁宗非常了解他，所以谮言没能得逞。官拜资德大夫、御史中丞。中书平章政事张闾，因妻子有病，请假回到江南，夺取百姓的河渡地。杨朵儿只认为他有失大体，弹劾罢免他。出使江东、江西的斡来，不能称职，但权臣隐匿他的奸事，希冀不再追问。杨朵儿只罢免他并施以杖刑，斡来羞愧而死。

御史纳璘上言忤犯仁宗，仁宗的恼怒难以预测，杨朵儿只为救护纳璘，一天之内八九次上奏，说："我不是喜爱纳璘，我确实不愿意陛下您落下杀死御史的名声。"仁宗说："我看你的面子，就饶恕他，可把他降为昌平县令。"昌平，是京畿的繁剧之县，仁宗想以此使纳璘难堪。杨朵儿只又上言说："用御史为京畿县令，没有什么不可以。但由于上言而降职，恐怕后面的人要以此为戒，不肯再进言了。"仁宗没有答应。过了几天，仁宗阅读《贞观政要》，杨朵儿只在旁侍奉。仁宗回头对杨朵儿只说："魏徵是古代少有的直臣呀，朕怎样才能用上这样的人呢？"杨朵儿只答道："魏徵的直，是由于唐太宗，太宗如果不听，魏徵虽然直，又有什么用！”仁宗笑道：“你的意思是在纳璘吧？我一定赦免他，来成就你的直名。”

有人上书评论朝政缺失，当面触犯宰相，宰相非常恼怒，准备建议皇上杀死那人。杨朵儿只说：“诏书说：上言虽有不当之处，也没有罪。如今要是这样，如何取信于天下！果真要杀死他，我也辜负自己的职责了。”仁宗省悟，就释放那人。于是特别加官杨朵儿只为昭文馆大学士、荣禄大夫，以奖励他的直言。当时官居一品的官员，大多趁机请求封王爵，追赠先人。有人对杨朵儿只说：“你正受皇帝宠信，如果提出请求，一定会得到。”杨朵儿只说：“我的家世寒微，有幸际遇，才得至于此，已经担心不能相称，哪里还敢有更多的要求！况且我要是做了这事，还怎么指责那些希图侥幸的人！”被迁升为中政院使。没过多久，又担任御史中丞，迁集贤院大学士，被权臣铁木迭儿陷害而死，终年四十二岁。

开初，武宗去世，皇太后在兴圣宫，铁木迭儿担任丞相，一月以后，仁宗即位，仍然以他为丞相。过两年，铁木迭儿得罪被罢斥，但他极力勾结徽政院近臣，得以再次入朝为相。他仗势贪贿暴虐，凶残赃秽更胜于往年，中外切齿痛恨，但群臣不知如何是好。御史中丞萧拜住，拜为御史右丞，又拜为平章政事，才稍稍对他有所牵制。

杨朵儿只由侍御史拜任为御史中丞，慨然以纠察处置铁木迭儿的罪行为己任。上都富民张弼因杀人被捕入狱，铁木迭儿派亲信奴才胁迫大都留守贺伯颜将张弼释放，并强制他替自己干其他奸妄谋利之事，没能得逞。有一天，铁木迭儿坐在都堂，怒气冲冲，以公事召贺伯颜，准备将他治罪。贺伯颜声言：“那奴才所干预的事是犯法的，我不敢相从，其他的罪我是没有的。”铁木迭儿理屈词穷，贺伯颜才得以释免。杨朵儿只查明铁木迭儿接受张弼的贿赂多达百万，奴才所得尚有数千人，派御史徐元素按察落实，入奏仁宗。而御史亦辇真又揭发铁木迭儿二十余件私罪。仁宗震怒，降诏逮捕审问他。铁木迭儿逃匿起来，仁宗为此数日不饮酒，等待结案。但只是将几个助纣为虐的亲信奴才处死，铁木迭儿还是没能逮捕归案。杨朵儿只追查得很急，徽政院近臣用太后旨意，召杨朵儿只到宫门，指责他违背太后旨意。杨朵儿只答道：“我任职御史，奉行祖宗法制，一定要逮捕罪人，这不是我敢于违背太后旨意。”仁宗仁孝，担心这确实是太后的意思，不忍心重惩铁木迭儿而惹得太后不快，就仅罢免他的相位，而迁杨朵儿只为集贤院学士。仁宗还屡次就御史台的事询问杨朵儿只，他答道："这不是我职责以内的事，不敢参与。我所担心的，是铁木迭儿虽然离开君侧，却又担任东宫师傅，在太子左右，恐怕要行使他的奸谋，就要产生不可胜言的祸患。"

仁宗去世后，英宗还在东宫，铁木迭儿就又被任命为宰相。于是他宣布太后的旨意，召萧拜住、杨朵儿只到徽政院，亲自与徽政使失里门、御史大夫秃忒哈一起审讯，指责他们过去违背太后旨意的罪名。杨朵儿只说："我身为御史中丞，恨不能斩你来谢天下。如果真的违背太后旨意，你岂能有今日呢！"铁木迭儿又拉拢当时和杨朵儿只一起担任御史的两个人，诬证他的罪名。杨朵儿只对两人唾道："你等也曾备位风宪之职，竟然做出此等猪狗之事！"在座的人都惭愧地低下头，于是起身入奏。没有多久，假借旨意押杨朵儿只到都门之外，与萧拜住一起被杀害。这一天，风沙昏暗，都城的人都汹惧不安，路上行人相视以目。

英宗即位后，诏书便加给杨朵儿只诬罔大臣的罪名。铁木迭儿的权势已经巩固，毫发之怨，无不相报。太后终于悔悟，而英宗也觉得他所谮毁的都是先帝旧臣。还没有来得及论治其罪，铁木迭儿就因病死去。正值天灾，朝廷征求直言，在殿廷之中商议。集贤院大学士张珪、中书参议回回，都说萧拜住、杨朵儿只等人死得太冤，导致天旱不雨。听见这话的人都吓得面容失色，于是这些话始终没有上达英宗。及至张珪被拜为平章政事，便对丞相拜住说："赏罚不当，冤屈不伸，不可以为治。像萧、杨等人的冤枉，为什么不赶快昭雪呢！"丞相很赞成，就请示英宗，降诏书昭雪其冤，特追赠杨朵儿只为思顺佐理功臣、金紫光禄大夫、司徒、上柱国、夏国公，谥为襄愍。杨朵儿只死的时候，权臣想抢夺他妻子刘氏送给别人，刘氏剪去头发，毁坏自己的容貌，以表示决心，这才得以免祸。他的儿子叫不花。

元史卷一百八十一

揭傒斯列传第六十八

揭傒斯字曼硕，龙兴富州人。父来成，宋乡贡进士。傒斯幼贫，读书尤刻苦，昼夜不少懈，父子自为师友，由是贯通百氏，早有文名。大德间，稍出游湘、汉。湖南帅赵琪，雅号知人，见之惊曰："他日翰苑名流也。"程巨夫、卢挚，先后为湖南宪长，成器重之，巨夫因妻以从妹。

延祐初，巨夫、挚列荐于朝，特授翰林国史院编修官。时平章李孟监修国史，读其所撰《功臣列传》，叹曰："是方可名史笔，若他人，直眷吏牍尔。"升应奉翰林文字，仍兼编修，迁国子助教，复留为应奉。南归省母，旋复召还。傒斯凡三入翰林，朝廷之事、台阁之仪，靡不闲习。集贤学士王约谓："与傒斯谈治通，大起人意，授之以政，当无施不可。"

天历初，开奎章阁，首擢为授经郎，以教勋戚大臣子孙。文宗时幸阁中，有所咨访，奏对称旨，恒以字呼之而不名。每中书奏用儒臣，必问曰："其材何如揭曼硕？"间出所上《太平政要策》以示台臣，曰："此朕授经郎揭曼硕所进也。"其见亲重如此。

富州地不产金，官府惑于奸民之言，为募淘金户三百，而以其人总之，散往他郡，采金以献，岁课自四两累增至四十九两。其人既死，而三百户所存无十一，又贫不聊生。有司遂责民之受役于官者代输，民多以是破产。中书因傒斯言，遂蠲其征，民赖以苏，富州人至今德之。

与修《经世大典》，文宗取其所撰《宪典》读之，顾谓近臣曰："此岂非《唐律》乎！"特授艺文监丞，参检校书籍事，且屡称其纪实，欲进用之，会文宗崩而止。元统初，诏对便殿，慰谕良久，命赐以诸王所服表里各一，躬身辩识以授之，迁翰林待制，升集贤学士，阶中顺大夫。先是，儒学官赴吏部铨者，必移集贤，考校其所业，集贤下国子监，监子博士，吏文淹稽，动逾累月。傒斯请更其法，以事付本院属官，人甚便之。

奉旨祠北岳、济渎、南镇，便道西还。时秦王伯颜当国，屡促其还，傒斯引疾固辞。既而天子亲擢为奎章阁供奉学士，乃即日就道，未至，改翰林直学士，及开经筵，再升侍讲学士、同知经筵事，以对品进阶中奉大夫。时新格超升不越二等，独傒斯进四等，转九阶，盖异数也。经筵无专官，曰领曰知，多宰执大臣，故微辞奥义，必属傒斯订定而后进，其言往往寓献替之诚，务以裨益治道。天子嘉其忠恳，数出金织文段以赐。

至正三年，年七十，致其事而去，诏遣使追及于漷南。寻复奉上尊谕旨，还撰《明宗神御殿碑》，文成，赐楮币万缗、白金五十两，中宫赐白金亦如之。求去，不许，命丞相脱脱及执政大臣面谕毋行。傒斯曰："使揭傒斯有一得之献，诸公用其言而天下蒙其利，虽死于此，何恨！不然，何益之有！"丞相因问："方今政治何先？"傒斯曰："储材为先，养之于位望未隆之时，而用之于周密庶务之后，则无失材废事之患矣。"一日，集议朝堂，傒斯抗言："当兼行新旧铜钱，以救钞法之弊。"执政言不可，傒斯持之益力，丞相虽称其不阿，而竟莫行其言也。

诏修辽、金、宋三史，傒斯与为总裁官。丞相问："修史以何为本？"曰："用人为本，有学问文章而不知史事者，不可与；有学问文章知史事而心术不正者，不可与。用人之道。又当以心术为本也。"且与僚属言："欲求作史之法，须求作史之意。古人作史，虽小善必录，小恶必记。不然，何以示惩劝！"由是毅然以笔削自任，凡政事得失，人材贤否，一律以是非之公；至于物论之不齐，必反复辨论，以求归于至当而后止。四年，《辽史》成，有旨奖谕，仍督早成金、宋二史。傒斯留宿史馆，朝夕不敢休，因得寒疾，七日卒。时方有使者至自上京，锡宴史局，以傒斯故，改宴日，使者以闻，帝为嗟悼，赐楮币万缗，仍给驿舟，护送其丧归江南。六年，制赠护军，追封豫章郡公，谥曰文安。有勋爵而无官阶者，有司之失也。

傒斯少处穷约，事亲菽水粗具而必得其欢心，既有禄入，衣食稍逾于前，辄愀然曰："吾亲未尝享是也。"故平生清俭，至老不谕。友于兄弟，终始无间言。立朝虽居散地，而急于荐士，扬人之善惟恐不及，而闻吏之贪墨病民者，则尤不曲为之掩复也。为文章，叙事严整，语简而当；诗尤清婉丽密；善楷书、行、草。朝廷大典册，及元勋茂德当得铭辞者，必以命焉。殊方绝域，咸慕其名，得其文者，莫不以为荣云。

【译文】

揭傒斯，字曼硕，是龙兴路富州人。他的父亲揭来成，是宋朝时的乡贡进士。揭傒斯幼年时家里很穷，读书非常刻苦，白日黑夜，从不懈怠，父子互为师友，因此他博通百家之说，很早就有文名。大德年间，揭傒斯曾到湖南、湖北一带游学，湖南经略安抚使赵淇一向有知人之明，他见到揭傒斯，惊喜地说："这人将来会成为文学上的名流。"程巨夫、卢挚先后任湖南廉访使，都对他非常器重。程巨夫把堂妹嫁给他。

延祐初年，程巨夫、卢挚向朝廷荐举揭傒斯，特任命他为翰林国史院编修官。当时平章政事李孟为国史监修官，他谈到揭傒斯撰写的《功臣列传》，感叹地说："这样的文章才能称为史家笔法，不像其他人，只不过誊录官方文书的抄手罢了。"升任他为应奉翰林文字，仍兼任编修，后迁任国子助教，又留任应奉翰林文字。他回南方探望母亲时，很快又被召回京。揭傒斯前后三次任职翰林，对朝廷事务、台阁制度，没有不熟悉的。集贤学士王约说："和揭傒斯谈论治国之道，能使人深受启发，如果让他办理政事，任何事都一定能办得好。"

天历初年，朝廷开设奎章阁，首先提拔揭傒斯担任授经郎，让他教功勋大臣以及皇亲国戚的子孙读书。文宗经常驾临阁中，询问他各种问题，揭傒斯的回答皇帝都很满意，常叫他的字号，而不直呼其名。每当中书省上奏起用儒臣时，文宗一定会问："那人的才能比揭曼硕怎样？"有时拿出揭傒斯进呈的《太平政要策》给阁臣传看，并说："这是我的授经郎揭曼硕所进呈的。"他就是这样受到皇帝的器重。

富州地方原本不出产黄金，官府受奸民花言巧语的诱惑，招募三百淘金户，而让奸民率领他们，散往外地，采金来献给本地官府，每年征收四两，后来又逐年加码，最终增至四十九两。奸民死后，三百淘金户留存下来的金子不到十分之一，贫穷甚至无法生活，主管的官员责令为官家服劳役的百姓代为交纳，很多民户都因此破产。中书省采用揭傒斯的建议，免去这项征调，百姓因此才得以休养生息，富州人至今仍对揭傒斯感恩戴德。

揭傒斯参与《经世大典》的修撰，文宗取他撰写的《宪典》，读过后，对身边的大臣说："这难道不是像《唐律》一样高水平的法典吗！"特任命他为艺文监丞，参与校勘书籍的事务，文宗经常称赞他纯朴忠实，想要提拔他，但因为文宗逝世而作罢。元统初年，皇帝在便殿召见他，长时间和他谈话，多方安慰，下令赏赐给他诸王才能享用的衣料表里各一件，并且亲自鉴别后才交给揭傒斯。迁任他为翰林待制，又升任为集贤学士，官阶为中顺大夫。在此之前，儒学官到吏部考核的人，必须移交给集贤院，来考核他们的学业，集贤院再下交给国子监，国子监下交给国子博士，因手续烦琐而耽误时间，动辄需要几个月的时间。揭傒斯奏请朝廷，应该改变这种做法，把此事直接交集贤院的官员办理，这样人人都会感到很方便。

揭傒斯奉皇命，去祭祀北岳、济水、南镇，顺路向西去回家探望。当时秦王伯颜当权，多次催促他回京，揭傒斯称病坚决推辞。不久后，皇帝亲自提拔他担任奎章阁供奉学士，于是当天就启程回京，他还未到京城，又改任他为翰林直学士。及开始经筵讲书，又升任他为侍讲学士、同知经筵事，因官品升高相应官阶晋升为中奉大夫。按照当时的新例，破格提升不得超越二等，只有揭傒斯进升四等，迁九级，享受到特殊的礼遇。经筵不设专职官员，称为领经筵、知经筵，多由内阁大臣兼任，因此凡是涉及经史中的深文奥义的阐释，必定会由揭傒斯审定后才向皇帝进讲。他对经史的阐释，字里行间往往寓有规谏之意，以有助于政事为出发点。皇帝非常赞赏他的忠心诚恳，多次赏赐给他金织纹缎。

至正三年，他已经七十岁，退休离京回到原籍，皇帝派使者从郭县之南将他追回。不久后，又奉皇帝命令撰写《明宗神御殿碑》，文章写成后，赏给他纸币一万缗、五十两白金，中宫皇后也赏给五十两白金。他请求离京回乡，朝廷不批准，皇帝派丞相脱脱和执政大臣当面劝他不要离开。揭傒斯说："如果我揭傒斯的建议有一点可取之处的话，诸位大人采纳我的建议而使天下百姓受益，即使我死在这里，又有什么遗憾呢！如果不这样，我留下来有什么益处呢！"丞相趁机问他："现在的政事应以什么为当务之急呢？"揭傒斯回答说："以储备人才为当务之急，在他地位和声望还不高时加以培养，在他对各种政务熟悉洞达之后再加以任用，这样才不会有埋没人才、荒废政事的忧虑。"有一天，大臣们聚集在朝堂议论政事，揭傒斯高声说道："应让使新旧铜钱同时流通，来补救现行钞法的弊端。"执政大臣认为不可行，揭傒斯坚持自己的主张，丞相虽然口头上称赞他刚正不阿，但并没有把他的建议付诸实行。

皇帝下令纂修辽、金、宋三朝的史书，揭傒斯参与这件事并被任命为总裁官。丞相问他："修史工作，什么最重要？"揭傒斯说："用人最重要，有学问又很会写文章但不熟悉史事的人，不可以参与；有学问很会写文章而且又熟悉史事但心术不正的人，也不可以参与。用人的标准，应以心术为最重要。”并且对他手下官员说：“想要求得修史的方法，就必须弄清修史的出发点，古人著史书，虽然是小善行，必加记载，虽是小的恶行，也必加记载。否则，怎能达到劝善惩恶的目的呢！”因此他毅然担起增删修改的责任，凡政事的得失，人物的贤明与否，是是非非，一律以公论为准；对于有些人和事，人们意见并不一致时，一定要通过反复辩论，直到得出最恰当的结论为止。至正四年，《辽史》修成，皇帝下旨对他进行嘉奖，并督促他及早修成金、宋二史。于是揭傒斯夜晚就留宿在史馆内，昼夜不停，不敢稍事休息，因此而受凉生病，病后七天就去世了。当时皇帝派使者从上京来，奉命在史馆宴请修史官员，因揭傒斯去世，宴会改期。使者向皇帝回奏揭傒斯逝世，皇帝为之叹惜悲悼，赏赐一万缗纸币，派驿船护送他的灵柩回江南。至正六年，皇帝下令，追赠他为护军，追封为豫章郡公，赠谥号为“文安”。他之所以得到勋位爵号却没有得到官阶封赠，是主管官员的疏失造成的。

揭傒斯少年时非常贫穷，侍奉双亲，即使粗茶淡饭也要使老人高高兴兴。到他有了薪俸收入时，吃穿比以前稍微好一些，就悲恸地说：“我的父母没有享受到这样的生活啊！”因此他一生清廉节俭，到年老时仍不改变。他看重兄弟手足之情，兄弟相处时，始终没有产生任何隔阂。他在朝廷，虽然是没有实权的散官，却不遗余力地举荐人才，对他人的长处大力表彰，唯恐别人不知道，但听到有官吏贪污糟害百姓，对这样的人，他决不想办法替他掩盖。他写的文章，叙事严密，语言简练，持论稳妥；他的诗尤其清新婉转，格律严整；他还擅长楷书、行书、草书。朝廷的重要文书，以及功勋卓著、德高望重的大臣逝世后，应得到的朝廷所赐的碑铭，必请揭傒斯撰写。远方外域的人，都仰慕他的名声，以能得到他的文章为荣耀。

元史卷一百八十二

欧阳玄列传第六十九

欧阳玄字原功，其先家庐陵，与文忠公修同所自出。至曾大父新，始迁居浏阳，故玄为浏阳人。幼岐嶷，母李氏，亲授《孝经》《论语》、小学诸书，八岁能成诵，始从乡先生张贯之学，日记数千言，即知属文。十岁，有黄冠师注目视玄，谓贯之曰："是儿神气凝远，目光射人，异日当以文章冠世，廊庙之器也。"言讫而去，亟追与语，已失所之。部使者行县，玄以诸生见，命赋梅花诗，立成十首，晚归，增至百首，见者骇异之。年十四，益从宋故老习为词章，下笔辄成章，每试庠序，辄占高等。弱冠，下帷数年，人莫见其面，经史百家，靡不研究，伊、洛诸儒源委，尤为淹贯。

延祐元年，诏设科取士，玄以《尚书》与贡。明年，赐进士出身，授岳州路平江州同知。调太平路芜湖县尹。县多疑狱，久不决，玄察其情，皆为平翻。豪右不法，虐其驱奴，玄断之从良。贡赋征发及时，民乐趋事，教化大行，飞蝗独不入境。改武冈县尹。县控制溪洞，蛮獠杂居，抚字稍乖，辄弄兵犯顺。玄至逾月，赤水、太清两洞聚众相攻杀，官曹相顾失色，计无从出。玄即日单骑从二人，径抵其地谕之。至则死伤满道，战斗未已。獠人熟玄名，弃兵仗，罗拜马首曰："我曹非不畏法，缘诉某事于县，县官不为直，反以徭役横敛掊克之，情有弗堪，乃发愤就死耳。不意烦我清廉官自来。"玄喻以祸福，归为理其讼，獠人遂安。

召为国子博士，升国子监丞。致和元年，迁翰林待制，兼国史院编修官。时当兵兴，玄领印摄院事，日直内廷，参决机务，凡远近调发，制诏书檄。既而改元天历，郊庙、建后、立储、肆赦之文，皆经撰述。复条时政数十事，实封以闻，多推行之。明年，初置奎章阁学士院，又置艺文监隶焉，皆选清望官居之。文宗亲署玄为艺文少监，奉诏纂修《经世大典》，升太监、检校书籍事。

元统元年，改佥太常礼仪院事，拜翰林直学士，编修四朝实录，俄兼国子祭酒，召赴中都议事，升侍讲学士，复兼国子祭酒。重纪至元五

年，足患风痹，乞南归以便医药，帝不允。拜翰林学士，未几，恳辞去位，帝复不允，免其行朝贺礼。至正改元，更张朝政，事有不便者，集议廷中，玄极言无隐，科目之复，沮者尤众，玄尤力争之。未几南归，复起为翰林学士，以疾未行。

诏修辽、金、宋三史，召为总裁官，发凡举例，俾论撰者有所据依；史官中有悻悻露才、论议不公者，玄不以口舌争，俟其呈稿，援笔窜定之，统系自正。至于论、赞、表、奏，皆玄属笔。五年，帝以玄历仕累朝，且有修三史功，谕旨丞相，超授爵秩，遂拟拜翰林学士承旨。及入奏，上称快者再三。已而乞致仕，帝复不允。御史台奏除福建廉访使，行次浙西，疾复作，乃上休致之请，作南山隐居，优游山水之间，有终焉之志。复拜翰林学士承旨，玄屡力辞，不获命。奉敕定国律，寻乞致仕，陈情恳切，乃特授湖广行中书省右丞致仕，赐白玉束带，给俸赐以终其身。将行，帝复降旨不允，仍前翰林学士承旨，进阶光禄大夫。

十四年，汝颍盗起，蔓延南北，州县几无完城。玄献招捕之策千余言，凿凿可行，当时不能用。十七年春，乞致仕，以中原道梗，欲由蜀还乡，帝复不允。时将大赦天下，宣赴内府。玄久病，不能步履，丞相传旨，肩舆至延春阁下，实异数也。是岁十二月戊戌，卒于崇教里之寓舍，年八十五。中书以闻，帝赐赙甚厚，赠崇仁昭德推忠守正功臣、大司徒、柱国，追封楚国公，谥曰文。

玄性度雍容，含弘缜密，处已俭约，为政廉平，因官四十余年，在朝之日，殆四之三。三任成均，而两为祭酒，六入翰林，而三拜承旨。修实录、《大典》、三史，皆大制作。屡主文衡，两知贡举及读卷官，凡宗庙朝廷雄文大册、播告万方制诰，多出玄手。金缯上尊之赐，几无虚岁。海内名山大川，释、老之宫，王公贵人墓隧之碑，得玄文辞以为荣。片言只字，流传人间，咸知宝重。文章道德，卓然名世。羽仪斯文，赞卫治具，与有功焉。玄无子，以从子达老后，卒，复先玄卒。有《圭斋文集》若干卷传于世。

【译文】

欧阳玄，字原功，他的祖先居住在庐陵，与文忠公欧阳修出于同一宗族。到他的曾祖父欧阳新时才迁居到浏阳，所以一般说他是浏阳人。欧阳玄幼年时非常聪慧，他的母亲李氏亲自教授他《孝经》《论语》《小学》各书。欧阳玄八岁时就能背诵，起初跟随乡学先生张贯之学习，一天能记忆几千字，而且知道如何写文章。十岁时，有一道士凝视欧阳玄后，告诉张贯之说："这个孩子神气凝远，目光逼人，以后会因为文章成为天下之冠，有担负朝廷重任的才能。"说完就离开了，张贯之急忙追出去与他讲话，已不知他的去向。朝廷派遣使者巡查各县，欧阳玄以学生的身份拜见使者，使者命其作梅花诗，欧阳玄立刻作成十首诗，晚上回来时增加到上百首。看见的人对此十分惊讶。十四岁时，进一步跟随宋朝遗老学习作词章。下笔成章，每次参加乡学考试总是位居高等。成年后，闭门几年读书，人们见不到他的面，经史百家，他没有不研究的，对伊、洛学派的本末，尤其淹博贯通。

延祐元年，仁宗下诏设科举取士，欧阳玄以《尚书》参加贡试。第二年，天子赐予他进士出身，授予岳州路平江州同知的官职。调任为太平路芜湖县尹。县中有很多疑难官司，长期没办法判决，欧阳玄考察这些情况，都公正地进行判决或平反。有的豪门大族不遵守法律，虐待汉族奴隶，欧阳玄判决这些奴隶恢复自由。因为赋税征调及时，百姓乐意去做自己的工作，政教风化也非常盛行，蝗虫唯独不进入此县界。欧阳玄后来改任武冈县尹。武冈县控制溪洞，此处蛮獠杂居，对他们的抚育爱护如果稍有不协调，他们就拿起武器造反。欧阳玄到任一个月后，赤水、太清两洞聚集众人相互攻杀，官吏们互相对视，大惊失色，没有解决的计谋。第二天，欧阳玄单人匹马带两个人到达獠人争斗的地方告谕他们。到达的时候死伤者充斥满了道路，战斗还没停止。獠人熟知欧阳玄的名望，就扔掉兵器，排队拜倒在他的马前，说："我们不是不惧怕法律，因为我们向县衙投诉某事，县官判决不公正，反而用徭役横征暴敛来搜刮我们，我们在感情上无法忍受，就发愤去死。没想到麻烦您这样清廉的长官亲自前来。"欧阳玄告知他们此事的祸福，回去为他们审理官司，獠人于是被安抚下来。

天子召欧阳玄担任国子博士，后来升任为国子监丞。致和元年，欧阳玄改任翰林待制，兼任国史院编修官。当时正值战乱，欧阳玄领印代理国史院事务，每天在内廷值班，参与决策机要的事务，包括远近调拨发运，掌管制诏，撰写文书。不久改年号为天历，祭天地祖宗，册皇后、立太子、大赦等文书，都经他撰写。又列举当时几十件政务，密封起来直奏朝廷，大多数都被推行。第二年，朝廷开始设置奎章阁学士院，又在院内设置艺文监隶属于它，都选择清廉、有名望的官吏任职。文宗亲自任命欧阳玄为艺文少监，奉旨编撰《经世大典》，升任太监、检校书籍事。

元统元年，欧阳玄改任佥太常礼仪院事，官拜翰林直学士，编修四朝实录。不久后，他兼任国子祭酒，被朝廷召入中都参议国事，升任侍讲学士，又兼国子祭酒。后至元五年，脚部患风痹，请求回到南方以方便治病、用药，顺帝没有答应。授予他翰林学士，没过多久，恳求辞去官职，顺帝又不答应，免去他行朝贺的礼节。改年号为至正，改革朝政，凡是不利的事情都在朝廷进行集中商议，欧阳玄尽言没有隐讳。科目复设，阻挠的人非常多。他仍然竭力争取。不久后，欧阳玄回到南方，又被提拔为翰林学士，但因病没有赴任。

顺帝下诏修辽、金、宋三史，召任欧阳玄为总裁官，发凡举例，使撰述者有所依据；史官中有愤怒地表露才华、议论不公正的人，欧阳玄不与他们进行口舌争论，待他们交上稿件，用笔进行修改审定，都算作他们自己改正的。至于论、赞、表、奏，都是由欧阳玄执笔。五年，顺帝因为欧阳玄在几朝做官，并有编修三史的功劳，命令丞相破格授予他爵位和俸禄，于是准备拜任他为翰林学士承旨。等到奏请顺帝时，顺帝再三称赞他。不久，欧阳玄请求退休，顺帝没有同意。御史台上奏拜他为福建廉访使，欧阳玄走到浙西时，疾病再次发作。于是奏上退休的请求，作南山隐居，在山水之间悠闲自得，有在此了却余生的愿望。又被任命为翰林学士承旨，他多次坚决地辞谢，不被批准。奉顺帝下诏制定国家法规，不久又请求退休，陈述情况恳切，于是天子特别授予他以湖广行中书省右丞的职位退休，赐给他白玉束带，给他俸赐养老。将要走时，顺帝又下诏不让他走，仍担任以前的翰林学士承旨，进升为光禄大夫。

十四年，汝颍强盗兴起，向南北蔓延，州县中几乎没有完整的城池。欧阳玄呈献千余字招捕的措施，确实非常可行，当时不能采用。十七年春，欧阳玄请求退休，由于中原道路阻塞，打算经由四川回乡，顺帝又不答应。当时将要大赦天下，宣他到内府。欧阳玄长期卧病，没有办法行走，丞相传旨，准许他乘坐轿子到延春阁下，实际是顺帝给大臣的特殊优待。这年十二月戊戌日（二十九日），在崇教里的寓内去世，时年八十五岁。中书通知顺帝，顺帝赏赐办理丧事的财物非常丰厚，赠他崇仁昭德推忠守正功臣、大司徒、柱国的称号，追封他为楚国公，赠谥号为文。

欧阳玄生性仪度大方，内含弘大缜密，自己节俭不奢华，为政清廉公正，做官四十多年，在朝的时间，将近四分之三。三次做成均，两次做祭酒，六次进入翰林，三次任承旨。编撰实录、《经世大典》、三史，都是大著作。多次做主考官，两次主持贡举和读卷官，凡宗庙朝廷的重要文书册文，传达全国各地的制诏，大多都出于欧阳玄之手。赏赐的金帛、丝绸、好酒，几乎每年都有。海内名山大川、寺院、道观，王公贵人墓道的碑铭、都以得到欧阳玄的文辞为荣耀。只言片语，流传到民间，大家都知道它的珍贵。欧阳玄的文章和道德，以高超而扬名于天下。在表率斯文，辅卫治国方面，也都有功劳。欧阳玄没有儿子，以侄子达老为嗣，又先于欧阳玄去世。欧阳玄著有《圭斋文集》若干卷流传于世。

元史卷一百九十二

杨景行观音奴列传第七十九

杨景行

杨景行，字贤可，吉安太和州人。登延祐二年进士第，授赣州路会昌州判官。会昌民素不知井饮，汲于河流，故多疾病；不知陶瓦，以茅覆屋，故多火灾。景行教民穿井以饮，陶瓦以代茅茨，民始免于疾病火灾。豪民十人，号“十虎”，干政害民，悉捕置之法。乃创学舍，礼师儒，劝民斥腴田以赡士，弦诵之声遂盛。调永新州判官，奉郡府命，核民田租，除划宿弊，奸欺不容，细民赖焉。改任江西行省照磨，转抚州路宜黄县尹，理白冤狱之不决者数十事。

升抚州路总管府推官，发擿奸伏，郡无冤狱。金溪县民陶甲，厚积而凶险，尝屡诬陷其县长吏罢去之，由是官吏畏其人，不敢诘治，陶遂暴横于一郡。景行至，以法痛绳之，徙五百里外。金溪豪僧云住，发人家墓取财物，事觉，官吏受贿，缓其狱。景行急按之，僧以贿动之，不听，乃赂当道者，以危语撼之，一不顾，卒治之如法。由是豪猾屏迹，良民获安。转湖州路归安县尹，奉行省命，理荒田租，民无欺弊。

景行所历州县，皆有惠政，所去，民皆立石颂之。以翰林待制、朝列大夫致仕，年七十四卒。

【译文】

杨景行，字贤可，是吉安太和州人。延祐二年进士及第，授官职为赣州路会昌州判官。会昌百姓历来都不知道可以凿井饮水，平时都汲河水食用，所以很多都患有疾病；也不知道使用陶瓦，而是用茅草盖屋顶，因而很容易发生火灾。杨景行教当地百姓凿井饮水，用陶瓦来代替茅草建屋，民众才免受疾病、大灾之害。当地有十个豪民，号称“十虎”，干扰政事，危害百姓，杨景行将他们全部拘捕，绳之以法。于是在当地

创办学舍，礼敬儒生并以他们为师，劝导百姓开拓肥沃的田地来缮养士人，管弦诵诗之声由此盛行。后来调任为永新州判官，奉郡府之命，核实百姓的田地数量，铲除多年的积弊，奸邪欺瞒之事都在他面前无地自容，贫穷孤弱的百姓得以仰赖。改任为江西行省照磨，转任抚州路宜黄县尹，解决了长久得不到解决的数十件冤狱。

杨景行升任为抚州路总管府推官，揭发惩治了许多奸邪之事，郡中因此没有冤狱。金溪县刁民陶甲，财大而凶恶奸险，曾经多次诬陷本县长官，迫使他们被罢官，从此官吏们都畏惧他，不敢将他治罪，陶甲因而在一郡横行不法。杨景行到任后，依法严惩陶甲，将他流徙到五百里之外。金溪县豪猾僧侣云住，挖掘民家的墓冢来窃取财物，事情被发觉后，官员收受他的贿赂，放宽不治。杨景行严格审理，云住也想用贿赂来打动杨景行，杨景行却不为所动，云住又贿赂主持政务的官员，以强横的言辞相威胁，杨景行仍然置之不理，终于将他绳之以法。从此豪强之民都收敛劣迹，善良的百姓才得以安宁。转任为湖州路归安县尹，奉行省的命令，整顿荒田田租，百姓中没有人敢对官府有所欺瞒。

杨景行所经的州县，都有良好的政绩，离去时，百姓立碑刻石颂扬他。在任翰林待制、朝列大夫时退休，七十四岁时去世。

观音奴

观音奴，字志能，唐兀氏人。登泰定四年进士第，由户部主事，再转而知归德府。廉明刚断，发擿如神。民有衔冤不直者，虽数十年事，皆千里奔走来诉，观音奴立为剖决，旬日悉清。

彰德官商任甲，抵睢阳，驴死，令郄乙剖之，任以怒殴郄，经宿而死。郄有妻王氏、妾孙氏，孙诉于官，官吏纳任贿，谓郄非伤死，反抵孙罪，置之狱。王来诉冤，观音奴立破械出孙于狱，呼府胥语之曰：“吾为文具香币，若为吾以郄事祷诸城隍神，令神显于吾。”有睢阳小吏，亦预郄事，畏观音奴严明，且惧神显其事，乃以任所赂钞陈首曰：“郄实伤死，任赂上下匿其实，吾亦得赂，敢以首。”于是罪任商而释孙妾。

宁陵豪民杨甲，夙嗜王乙田三顷，不能得。值王以饥携其妻就食淮南，而王得疾死，其妻还，则田为杨据矣。王妻诉之官，杨行贿，伪作文凭，曰：“王在时已售我。”观音奴令王妻挽杨，同就崔府君神祠质之，杨惧神之灵，先期以羊酒浼巫嘱神勿泄其事，及王与杨诣祠质之果无所显明。观音奴疑之，召巫诘问，巫吐其实曰："杨以羊酒光浼我嘱神曰：'我实据王田，幸神勿泄也。'"观音奴因讯得其实，坐杨罪，归其田王氏，责神而撤其祠。

亳州有蝗食民木。观音奴以事至亳，民以蝗诉，立取蝗向天祝之，以水研碎而饮，是岁蝗不为灾。后升为都水监官。

【译文】

观音奴，字志能，是唐兀氏人。泰定四年进士及第，由户部主事经两次迁转担任归德府知府。廉洁、清明、刚正，善断冤狱，断案如神。百姓有冤屈无处申诉的，虽然积压数十年，都从千里之外赶来投诉，观音奴当场进行分析判决，十天之内便可以处理清楚。

彰德县官商任甲，前往睢阳，驴子死了，命令郄乙解剖，任甲又发怒殴打郄乙，将其折磨一夜导致他死去。郄乙的妻子是王氏，有一妾姓孙。孙氏向官府诉冤，官吏收受了任甲贿赂，说郄乙不是因伤而死，反诬孙氏有罪，将其拘押入狱。王氏又来观音奴处诉冤，观音奴立即打开枷索，放孙氏出狱，叫来府中属吏说："我准备好文具和香火、供物，你替我将郄乙的事报告给城隍神，让神告诉我真相。"有一个睢阳的小吏，曾参与谋害郄乙的事，害怕观音奴明断，又惧怕神仙暴露其事，于是把受贿得的钱拿给观音奴自首说："郄乙确实是因伤致死，任甲向上下官员行贿，来隐瞒事实，我也得到了贿赂，现在前来自首。"于是将任甲治罪，把郄乙的妾孙氏无罪释放。

宁陵豪民杨甲，很早看上王乙家的三顷田地，却无法得到。正巧赶上王乙因饥荒带着妻子到淮南去讨饭，王乙病死后，只有他妻子回到家中，可田地却已经被杨甲霸占。王乙的妻子向官府告状，杨甲向官员们行贿，假作买卖文契，说："王乙活着时已经把土地卖给我。"观音奴令王乙妻子拉着杨甲，一起到崔府君神祠对质，杨甲害怕神灵，提前送给巫师羊和酒，让巫师请求神不要泄露他做的事情，王妻和杨甲到神祠前对质，果然没有显明其事。观音奴对此很怀疑，把巫师召来诘问，巫师只好说出实情："杨甲先送来羊和酒，要我请求神祇说：'确实据有王乙的田地，请神祇不要泄露。'"观音奴因此审讯出实情，将杨甲治罪，把田地归还给王家，并责备神祇，将神祠拆毁。

亳州闹蝗灾时，蝗虫吃百姓的树木。观音奴到亳州办事，百姓向他诉说蝗灾之苦，观音奴当即取来蝗虫向上天祈祷，并用水把蝗虫研碎喝了下去，这一年因而没有闹蝗灾。后来，他被升任为都水监官。

元史卷一百九十九

杜瑛张特立列传第八十六

杜　瑛

杜瑛字文玉，其先霸州信安人。父时升，《金史》有传。瑛长七尺，美须髯，气貌魁伟。金将亡，士犹以文辞规进取，瑛独避地河南缑氏山中，时兵后，文物凋丧，瑛搜访诸书，尽读之，读辄不忘，而究其指趣，古今得失如指诸掌。间关转徙。教授汾、晋间。中书粘合珪开府于相，瑛赴其聘，遂家焉。与良田千亩，辞不受。术者言其所居下有藏金，家人欲发现，辄止之。后来后者果得黄金百金，其不苟取如此。

岁己未，世祖南伐至相，召见问计，瑛从容对曰："汉、唐以还，人君所恃以为国者，法与兵、食三事而已。国无法不立，人无食不生，乱无兵不守。今守皆蔑之，殆将亡矣，兴之在圣主。若探襄樊之师，委戈下流，以捣其背，大业可定矣。"帝悦，曰："儒者中乃有此人乎！"瑛复劝帝数事，以谓事不如此，后当可彼。帝纳之，心贤瑛，谓可大用，命从行，以疾弗果。

中统初，诏征瑛。时王文统方用事，辞不就。左丞张文谦宣抚河北，奏为怀孟、彰德、大名等路提举学祥官，又辞，遗执政书，其略曰："先王之道不明，异端雅说害之也，横流奔放，天理不绝如线。今天子神圣，俊乂辐凑，言纳计用，先王之礼乐教化，兴明修复，维其时矣。基夫簿书期会，文法末节，汉、唐犹不屑也。执事者因陋就简，此焉是务，良可惜哉！夫善如者未必善终，今不能溯流求源，明法正俗，育才兴化，以拯数百千年之祸，仆恐后日之弊，将有不可胜言者矣。"人若勉之仕，则曰："后世去古虽远，而先王之所设施，本末先后，犹可考见，故为政者莫先于复古。苟因习旧弊，以求合乎先王之意，不变难乎！吾又不能随时俛仰以赴机会，将焉用仕！"于是杜门著书。一不以穷通得丧动其志，优游道艺，以终其身。年七十，遗命其子处立、处愿曰："吾即死，当表于墓曰缑山杜处士”。天历中，赠资德大夫、翰林学士、上护军，追封魏郡公，谥文献。

所著书曰《春秋地理原委》十卷、《语孟旁通》八卷、《皇极引用》八卷、《皇极疑事》四卷、《极学》十卷、《律吕律历礼乐杂志》三十卷，文集十卷。其中律，则究其始，研其义，长短清浊，周经积实，各以类分，取经史之说以实之，而折衷其是非，其于历，则谓造历者皆从十一月甲子朔夜半冬至为历元，独邵子以为天开于子，取日甲月子、星甲辰子，为元会运世之数。无朔虚，无闰余，率以三百六十为岁，而天地之盈虚，百物之消长，不能出乎其中矣。论闭物开闭，则曰开于己，闭于戊；王，天之中也；六，地之中也；戊己，月之中星也。又分赴配之纪年，金之大定庚寅，交小过之初六；国朝之甲寅三月二十三日寅时，交小过之九四。多先儒所未发，掇其要著于篇云。

【译文】

杜瑛，字文玉，祖先是霸州信安人。父亲是杜时升，在《金史》中有传。杜瑛身高七尺，胡须美，相貌魁伟。金朝要灭亡时，读书人还在按科举旧例来求取功名，杜瑛独自躲到河南缑氏山中。大动乱后，书籍散失。杜瑛尽力寻遍各种书籍，尽力阅读，过目不忘，深入研究。对从古至今的历史都了如指掌。他到处流浪，在汾、晋一带以教书为生。中书粘合珪在相州建立衙署，自选僚属。杜瑛去应聘，并在那里安家。给他千亩良田，他推辞不要。算命的人说他所住的房下藏有财宝，家里人想要挖，被他制止。后来住的人果然挖得黄金百斤。杜瑛就是这样不取非份之物的。

己未年(1259年)，元世祖忽必烈南征时经过相州，向杜瑛请教。杜瑛说：“汉唐以来，君王立国所依赖的支柱是法律、军队和粮食这三样。国家无法不立，百姓无食不生，乱无兵不守。如今宋朝对这三样都十分轻视，当然该灭亡。国家的兴旺全靠您。若进军襄樊，沿江而下，从背后猛击，大业就可以建立了。”皇帝很高兴，说：“书生中也有您这样的人！”杜瑛又劝皇帝若干事，说如果不这样做，后果会如何。皇帝都接受，心里佩服杜瑛，准备重用他，让他随行，但杜瑛因病没能成行。

中统初年，朝廷征召杜瑛。当时王文统正当权。杜瑛推辞不去。左丞张文谦宣抚河北，推荐他担任怀孟、彰德、大名等路提举学校官，他又推辞。杜瑛写信给丞相，大意是："古代贤明行先王的治国之道之所以不能推行，是因为异端邪说。尽管邪恶横行，但天理不绝如线。如今皇上英明，贤良辈出，言听计从，正是恢复光大先王的礼乐教化的好时机。至于登记簿籍、定期开会，及文法末节，汉唐君臣尚且不屑之。而当今当政者，只知注意这些事情，真是可惜！善始者未必能善终，如今虽然建了政权，或不逆流求源，建立法制，端正风俗，教育人才，广施教化，从而拯救数百数千年来的灾祸，我恐怕将来的恶果，是一言难尽的。"有人劝他去做官，他说："如今距古代虽然久远，但先王的所作所为，还可以考察出来。当政者最重要的就是复古。如果因袭旧弊不求改革，如何符合先王的道理呢？我又不会察颜观色投机取巧，做官有什么用！"于是闭门谢客，专心著书，从不以贫富得失而动摇自己的信念。悠闲自得，终其一生。七十岁时，他对儿子杜处立、杜处愿立下遗言："我快要死了。死后在我的墓碑上写上缑山杜处士。"天历年间，被追赠为资德大夫、翰林学士、上护军，被追封魏郡公，谥号文献。

杜瑛著的书有《春秋地理原委》十卷、《语孟旁通》八卷、《皇极引用》八卷、《皇极疑事》四卷、《极学》十卷、《律吕律历礼乐杂志》三十卷、文集十卷。在律学方面，杜瑛研究其本质，探讨其含义。声音的长短清浊，律管的周经容积，都一一进行分类，引经据典加以说明，并且加入自己的评论。在历学方面，杜瑛认为过去造历者都寻找十一月甲子朔夜半冬至作为历元，只有邵雍认为天地起始于子，取日月为甲子，星辰为甲子，发明"元会运世"的方法，既没有月的日余数，也没有年的日余数，直接取三百六十天为一年。因而，每年每月的日数等天象的长短变化，一年中自然界百物的生灭循环，都被包括在其中。论及"闭物开物"（百物生灭循环），则义为开始于己（月），结束于戊（月）。五是天的中数，六是地的中数。戊月、己月，十个月的中间。又分配用八卦来纪年。金朝大定庚寅年，是小过初六卦；本朝甲寅年三月二十三日寅时，是小过九四卦。这些观点，都是前代学者所没有提过的。在杜瑛的书中记载了其主要论点。

张特立

张特立字文举，东明人。初名录，避金术绍王讳，易今名。中泰和进士，为偃师主簿。改宣德州司候。州多金国戚，号难治，特立至官，俱往谒之。有五将军率家奴动民郡羊，特立命大索闾里，遂过将军家，温言诱之曰："将军宅宁有盗羊者邪，聊视之以杜众口。"潜使人索其后庭，得羊数十。遂缚其奴击狱，其子匿他舍，捕得之，以近族得减死谕。豪贵由是遵法，民赖以全正大初，迁洛阳令。时军旅数起，郡县窘迫，东帅纥石烈牙兀扉又侮慢儒士，会移镇陕右，道经洛阳，见特立淳古，不礼之，遽责令治粮具，其三日足，后期如军法。县民素贤特立，争输于庭，帅大奇之。既而拜监察御史，首言世宗诸孙不宜幽囚；尚书右丞颜盏石鲁与细民争田，参知政事徒单兀典谄事近习，当罢黜。执政者忌之。会平章政事白撒犒军陕西，特立又劾其掾不法。白撒诉于世宗，言特立所言事失实，世宗宥之，遂归田里。

特立通程氏易，晚教授诸生，东平严实每加礼焉。岁丙午，世宗在潜邸受王印首传旨谕特立曰："前监察御史张特立，养素兵围，易代如一，今年几七十，研究圣经，宜锡嘉名，以光潜德，可特赐号曰中庸先生。"又谕曰："先生年老目病，不有就道，入令赵宝臣谕意，且名其读书之堂曰丽泽。"壬子岁，复降玺书谕特立曰："白首穷经，诲人不倦，无过不及，学者宗之，昔已赐嘉名，今复谕意。"癸丑，特立卒，年七十五。中统二年，诏曰："中庸先生学有渊源，行无瑕玷，虽经丧乱，不改故常，未遂丘围之贲，俄兴窀穸之悲。可复赐前号，以彰宠数。"特立所著书有《易集说》《历年系事记》。

【译文】

张特立，字文举，是东明人。起初名叫张永，因避讳金朝中绍王的名讳，后改成张特立。泰和年间考中科举，出任偃师县主簿。后来又改任宣德州司侯。宣德州内金朝皇帝国戚很多，号称难治之州。张特立到任后，都逐一进行了拜访。其中有一国戚名叫五将军，带着家奴掠抢百姓一群羊，张特立下令在村里进行大规模搜查，搜查路过将军家时，他心平和气地诱哄说："将军家里难道还会出盗羊贼吗？不过是随便看看，免得别人说闲话罢了。”暗地里，却叫人搜查将军后院，查获几十只羊。于是，将将军的家奴捆绑起来投放到监狱。将军的儿子躲藏在别人家里，张特立也派人将他抓获，以亲族连坐罪将其处死。这样一来，豪贵之家都变得守法起来。百姓也有安全感。

正大初年，张特立改任洛阳令，当时战事非常频繁，军队来往很多，地方郡县都穷于应付。东帅纥石烈牙兀扉又对读书人非常不尊敬。刚好这支部队移防到陕右地区，途经洛阳时，看见张特立一副读书人的儒雅模样，便起了侮慢之意，不以礼待之。于是，责令他准备军粮器械。并且限令在三天之内备足，逾期就依军法处置。洛阳全县百姓一向称道张特立贤明，纷纷抢着将军需物品运送到县府。这样的场面使得东帅万分惊奇，不得不对张特立刮目相待。等到后来晋升为监察御史时，第一个提出金世宗的诸孙不应该被关押；尚书右丞颜盏石鲁和百姓争夺田产，参知政事徒单兀典阿谀奉承，办事不公，都应当被罢免。张特立的正直，被当权者不容。平章政事白撒在陕西慰劳部队时，张特立又揭露白撒部属违法乱纪。白撒在金世宗那里告状，说张特立所说与事实不符。金世宗宽恕他，他也因此解官回到家乡。

张特立十分精通程氏易学，晚年时教授学生，东平、严实时常对他以礼相待。丙午年间，元世祖在王府接受王印，首先传旨给张特立说：“前监察御史张特立，隐居田园，朝代变换也始终如一，现已年近七十，仍然研究探索古代圣典，应当赏赐他美名，以弘扬其潜在品德，可以特别赐号为‘中唐先生’。又下诏说：“先生年事已高而且有眼病，不能出任官职，所以叫赵宝臣转达我的意思，并且将他读书之地称为丽泽堂。”壬子年间，又再次下诏书说：“钻研经典一生，诲人不倦，无人能达到他这种地步，学习的人都应该景仰他。以前又赏赐了美名，今日再表达这个意思。”癸丑年间，张特立去世，享年七十五岁。中统二年，下诏称“中庸先生学有渊源，品行端正，一生曾经历了动乱变化的多个时代，仍没有改变志向，没能满足隐逸田园的愿望，却很快就有走向天国的悲伤。可以再次赏赐以前的称号，以表达对他的授戴。”张特立所著的书籍，有《易集说》《历年系事记》。

元史卷二百三

李杲阿尼哥刘元列传第九十

李杲

李杲，字明之，镇人也。世以赀雄乡里。杲幼岁好医药，时易人张元素以医名燕赵间，杲捐千金从之学，不数年，尽传其业。家既富厚，无事于技，操有余以自重，人不敢以医名之。大夫士或病其资性高謇，少所降屈，非危急之疾，不敢谒也。其学于伤寒、痈疽、眼目病为尤长。

北京人王善甫，为京兆酒官，病小便不利，目睛凸出，腹胀如鼓，膝以上坚硬欲裂，饮食且不下，甘淡渗泄之药皆不效。杲谓众医曰："疾深矣。《内经》有之，膀胱者，津液之府，必气化乃出焉。今用渗泄之剂而病益甚者，是气不化也。启玄子云'无阳者阴无以生，无阴者阳无以化'，甘淡渗泄皆阳药，独阳无阴，其欲化得乎？'明日，以群阴之剂投，不再服而愈。

西台掾萧君瑞，二月中病伤寒发热，医以白虎汤投之，病者面黑如墨，本证不复见，脉沉细，小便不禁。杲初不知用何药，及诊之，曰。"此立夏前误用白虎汤之过。白虎汤大寒，非行经之药，止能寒腑藏，不善用之，则伤寒本病隐曲于经络之间。或更以大热之药救之，以苦阴邪，则他证必起，非所以救白虎也。有温药之升阳行经者，吾用之。"有难者曰："白虎大寒，非大热何以救，君之治奈何？"杲曰："病隐于经络间。阳不升则经不行，经行而本证见矣。本证又何难焉。"果如其言而愈。

魏邦彦之妻，目翳暴生，从下而上，其色绿，肿痛不可忍。杲云："翳从下而上。病从阳明来也。绿非五色之正，殆肺与肾合而为病邪。"乃泻肺肾之邪，而以入阳明之药为之使。既效矣，而他日病复作者三，其所从来之经，与翳色各异。乃曰："诸脉皆属于目，脉病则目从之。此必经络不调，经不调，则目病未已也。"问之果然，因如所论而治之，疾遂不作。

冯叔献之侄栎，年十五六，病伤寒，目赤而顿渴，脉七八至，医欲以承气汤下之，已煮药，而杲适从外来，冯告之故。杲切脉，大骇曰："几杀此儿。《内经》有言'在脉，诸数为热，诸迟为寒'。今脉八九至，是热极也。而《会要大论》云'病有脉从而病反者何也？脉至而从，按之不鼓，诸阳皆然'。此传而为阴证矣。令持姜、附来，吾当以热因寒用法处之。"药未就，而病者爪甲变，顿服者八两，汗寻出而愈。

陕帅郭巨济病偏枯，二指着足底不能伸，杲以长针刺骨骱中，深至骨而不知痛，出血一二升，其色如墨，又且谬刺之。如此者六七，服药三月，病良已。

裴择之妻病寒热，月事不至者数年，已喘嗽矣。医者率以蛤蚧、桂、附之药投之，杲曰："不然，夫病阴为阳所搏，温剂太过，故无益而反害。投以寒血之药，则经行矣。"已而果然。

杲之设施多类此。当时之人，皆以神医目之。所著书，今多传于世云。

【译文】

李杲，字明之，是真定人。世代都凭借资产富厚雄居乡里。李杲幼年时爱好医药，当时易州人张元素的医术名闻燕赵一带，李杲捐千金巨款跟随他学习，没几年，就学得张元素的全部医术。李杲家资富厚，没有意愿专事医业，只是为了持有一技来提高自已的价值，人们也不把他当作专职的医生。有的为官的人担心他生性高傲耿直，难以降志接诊，所以不是危急病症，都不敢拜求他。李杲的医术，尤长于伤寒、痈疽、眼目病的诊治。

北京人王善甫，担任京城酒官，患有小便不利，眼珠突出，腹胀如鼓，膝以上非常坚硬，疼痛欲裂，而且饮食不进，曾经用甘淡渗泄的药物治疗，都没有效果。李杲对那些医生说："病情加重了。《内经》中有这样的话，膀胱乃津液之腑，必定依赖气化，才能排出尿液。现在使用的渗泄之剂却令疾病加重，这是由于气化不利。启玄子王冰曾经说过：'无阳则阴无以生，无阴则阳无以化。'甘淡渗泄都是阳药，有阳无阴它怎么能化得呢？"第二天，用了许多阴药投服，一剂而愈。

西台掾萧君瑞，在二月中旬患伤寒发热，原来的医生配给白虎汤，病人服后面色漆黑如墨，原来的热证不再出现，但脉沉细，小便不禁。李杲开始不知用了何药，等诊病后说："这是立夏前误用白虎汤的过失。白虎汤药性大寒，不是用来行经通化的药物，只能使脏腑变寒，不善用它，则伤寒本病就会被冰伏隐曲于经络之间。如果用大热药去解救，来治阴邪，则其它变证必然会产生，不是解救误用白虎汤的良法。只有升阳行经的温药，我可以使用。”有人发难说：“白虎汤是大寒的药剂，不用大热药用什么来救治？您的疗救又有什么作用呢？”李杲说：“病邪隐伏在经络之间，阳气不升就会经气不行，而经气运行则伤寒本病诸症就会表现出来。本证治疗又有什么难的呢？”果然像李杲所说的那样，服温药而痊愈。

魏邦彦的妻子，眼睛突然生翳，由下而上，呈绿色，肿痛难忍。李杲诊断认为：“目翳从下而上，这是病邪由阳明而来。绿不是五色（青、赤、白、黑、黄）中的正色，大概是肺（白）与肾（黑）两脏合邪而引起的疾病。”于是开的处方，以泻肺肾的邪药为主，配引诸药入阳明经的药味为使，治疗果然有效。后来，病又复发三次，根据传来病邪的经脉，与第一次“肾翳”的颜色都各不相同。李杲便说：“诸脉都归属于目，脉有病就会影响目。这一定是经络不调造成的，经络不调则眼病不愈。”询问其病情，果真如此。按照上述论述而处方施治，眼病痊愈，才不再发作。

冯叔献的侄儿冯栎，十五六岁时，患伤寒，目赤，突然口渴，呼吸一次，脉搏就跳七八次，医生想用大承气汤峻下，已经煎好药。这时，李杲正好从外面进来，冯叔献把病孩的情况告诉李杲。李杲切脉后，非常惊骇，说：“这孩子差一点被药物杀死。《内经》有言：‘脉象，跳得快的多为热病，跳得慢的多为寒病。’现在脉搏一呼吸间跳九次，这是热盛的表现。但《会要大论》说：‘病证有脉与证看起来似乎是相吻合而实质上却恰恰相反，这是为什么？阳病，见洪大浮滑的阳脉是脉证相从，但按之不鼓而且无力，就不是真正的阳脉，各种阳证阳脉都是这样的。’这病孩病邪转变已成阴证。叫拿干姜、附子等热药来，我要根据寒证用热药法来治疗他。”药还没配好，病人指甲变色，令病人一次服姜附剂八两，立即出汗而痊愈。

陕西军帅郭巨济患半身不遂，用二指触他的足底，没有知觉，足不能伸。李杲用长针刺他委中穴，深至而病人仍然不知道痛，放出一二升瘀血，血色如墨，又用缪刺法，针刺对侧穴位。如此针刺六七次，服药三个月，偏瘫病果然痊愈。

裴择的妻子患恶寒发热病，月经不来已经有数年，后来又气喘咳嗽。医生大多使用蛤蚧、肉桂、附子之类的药物。李杲说：“不对。患阴病又为阳邪所犯，温剂太过，不仅没有帮助，反而会有害。而如果用凉血药则月经畅行。”后来，果然如此。

李杲治病设法施疗大多像上述所讲的。当时人们都把他看成神医。他撰著的医书，现在大部分仍然流传于世。

阿尼哥

阿尼哥，尼波罗国人也，其国人称之曰八鲁布。幼敏悟异凡儿，稍长，诵习佛书，期年能晓其义。同学有为绘画妆塑业者，读《尺寸经》，阿尼一闻，即能记。长善画塑，及铸金为像。

中统元年，命帝师八合斯巴建黄金塔于吐蕃，尼波罗国选匠百人往成之，得八十人，求部送之人未得。阿尼哥年十七，请行，众以其幼，难之。对曰：“年幼心不幼也。”乃遣之。帝师一见奇之，命监其役。明年，塔成，请归，帝师勉以入朝，乃祝发受具的弟子，从帝师入见。帝视久之，问曰：“汝来大国，得无惧乎？”对曰：“圣人子育万方，子至父前，何惧之有。”又问：“汝来何为？”对曰：“臣家西域，奉命造塔吐蕃，二载而成。见彼土兵难，民不堪命，愿陛下安辑之，不远万里，为生灵向来耳。”又问：“汝何所能？”对曰：“臣以心为师，颇知画塑铸金之艺。”帝命取明堂针灸铜像示之曰：“此宣抚王檝使宋时所进，岁久阙坏，无能修完之者，汝能新之乎？”对曰：“臣虽未尝为此，请试之。”至元二年，新像成，关鬲脉络皆备，金工叹其天巧，莫不愧服。凡两京寺观之像，多出其手，为七宝镔铁法轮，车驾行幸，用以前导。原庙列圣御容，织锦为之，图画弗及也。

至元十年，始授人匠总管，银章虎符。十五年，有诏返初服，授光禄大夫、大司徒，领将作院事，宠遇赏赐，无与为比。卒，赠太师、开府仪同三司、凉国公、上柱国，谥敏慧。

子六人，曰阿僧哥，大司徒；阿述腊，诸色人匠总管府达鲁花赤。

【译文】

阿尼哥，是尼波罗国人，尼波罗国的人称他为八鲁布。阿尼哥自幼聪明敏捷，悟性很高，与一般的小孩不同，稍稍长大以后，即诵读佛经，读一年后，就能掌握佛经的内容。和他一起学习的人中，有从事绘画雕塑的人正读《尺寸经》，阿尼哥听后就能背诵。长大后，阿尼哥擅长绘画雕塑和铸造金属像。

中统元年，元世祖忽必烈命令帝师八合斯巴在吐蕃建造黄金塔时，尼波罗国要选一百个工匠去参与建造，但只找到十个人，并且也没有找到可以护送匠人的人选。阿尼哥当时只有十七岁，他请求由他率领众工匠去吐蕃，众人看他年岁太小，都劝他不要去，他回答说："我年幼但心不幼。"于是就派他前去。帝师八合斯巴一见到他，就认为他是个奇才，任命他当工程监造。第二年，黄金塔建成后，他请求回国，帝师鼓励他进京朝见元世祖，于是他剃发受戒成为帝师的徒弟，跟随帝师进京。世祖注视了他好大会儿，问道："你来到我们大国，难道不害怕吗？"他回答说："圣明的君主，您对待四邻小国就像父亲养育儿子一样，现在儿子来到父亲面前，有什么可怕的呢？"世祖又问："你来这里做什么？"他回答说："我家乡在西域，奉皇帝的命令，去吐蕃建造佛塔，二年就完工了。我见到那里正发生战乱，百姓活不下去，希望陛下您能下令安定百姓，因此我不远万里，来为百姓请命。"世祖又问："你有什么技能？"他回答说："我以心为师，掌握绘画、雕塑和铸造金属像的技艺。"世祖命令左右的人拿来明堂针灸铜像给他看，并说："这是宣抚使王檝出使宋朝时带回来的，时间久了，有些缺坏，没有人能将它修复完整，你能将它修复一新吗？"阿尼哥回答说："我虽然没铸造过这样的铜像，就让我来试试吧。"至元二年，新像铸成，铜像人体上各个关节、膈膜、脉络都完备无缺，铸造行家也赞叹他技巧高超，没人不自叹不如而心悦诚服。凡是两京寺观的铜像，大都出自他的手。他曾造一架七宝镔铁法轮，皇帝外出巡行时，就用它作先导。宗庙里列祖列宗的造像，都是由锦缎织成，绘画远不如它生动传神。

至元十年，天子任命他为人匠总管，授予他银质印章和虎符。至元十五年，皇帝传旨让他还俗，任命他为光禄大夫、大司传，主管将作院事务，皇帝对他宠幸之深、赏赐之多，没人能比得上。他逝世后，赠衔太师、开府仪同三司、凉国公、上柱国，谥号为"敏慧"。

他有六个儿子，其中阿僧哥官至大司徒，阿述腊官至诸色人匠总管府达鲁花赤。

刘　元

有刘元者，尝从阿尼哥学西天梵相，亦称绝艺。元字秉元，蓟之宝坻人。始为黄冠，师事青州把道灵，传其艺非一。至元中，凡两都名刹，

塑土、范金抟换为佛像，出元手者，神思妙合，天下称之。其上都三皇尤古粹，识者以为造意得三圣人之微者。由是两赐宫女为妻，命以官长其属，行幸必从。

仁宗尝敕元非有旨不许为人造他神像。后大都南城作东岳庙，元为造仁圣帝像，巍巍然朋帝王之度，其侍臣像，乃若忧深思远者。始元欲作侍臣像，久之未措手，适阅秘书图画，见唐魏征像，瞿然曰：“得之奚，非若此，莫称为相臣者。”遽走庙中为之，即日成，士大夫观者，咸叹异焉。其所为西番佛像多秘，人罕得见者。

元官为昭文馆大学士、正奉大夫、秘书卿，以寿终。抟换者，漫帛土偶上而髹之，已而去其土，髹帛俨然成像云。

【译文】

有一个叫刘元的人，曾经向阿尼哥学习铸造佛像的技术，被当时的人称为绝艺。刘元，字秉元，是蓟州宝坻县人。他起初做道士，拜青州把道灵为师，学会多种技艺。至元年间，两京著名寺庙里的佛像，不论是泥塑或是金属铸造的，或抟换而成的，凡出自刘元之手的，都神色栩栩如生，非常符合人们心目中佛祖的神态，因此得到天下人的称赞。其中上都的三皇像尤其古色古香，行家认为，刘元的塑艺将三位圣人的神态表现得细致入微。因此，皇帝曾两次把宫女赏给他为妻，让他统领各种工匠，皇帝出外，必定令他随从。

仁宗曾命令刘元，没有圣旨准许，不许替别人造神像。后来大都的南城建造东岳庙时，刘元为该庙创作仁圣帝塑像，塑像气宇轩昂，很有帝王的气度，旁边侍候他的臣子塑像，则表现出深思熟虑的神情。起初刘元想塑侍臣像，但却长时间没有动手，他在翻阅内府的藏画时，看到唐朝魏徵的画像，眼睛为之一亮说道：“有办法了，若不似魏徵这样的神情，就与宰相的身份不相称。”马上就去庙里动手制作，当天就完成了，看到塑像的官员和读书人，都赞叹不已。他创作的西番佛像，大都秘不示人，很少有人能见到。

刘元曾官至昭文馆大学士、正拳大夫、秘书卿，长寿而死。而所谓“抟换”这种工艺，就是在泥塑像上遍缠绢帛，每用漆涂，然后将泥塑像挖去，漆过的绢帛，就形成栩栩如生的塑像。

元史卷二百五

桑哥铁木迭儿列传第九十二

桑　哥

桑哥，胆巴国师之弟子也，能通诸国语，故尝为西蕃译史。为人狡黠豪横，好言财利事，世祖喜之。及后贵幸，乃讳言师事胆巴而背之。至元中，擢为总制院使。总制院者，掌浮屠氏之教，兼治吐蕃之事。御史台尝欲以章闾为按察使，世祖曰："此人，桑哥尝言之。"及卢世荣见用，亦由桑哥之荐。中书省尝令李留判者市油，桑哥自请得其钱市之，司徒和礼霍孙谓非汝所宜为，桑哥不服，至与相殴，且谓之曰："与其使汉人侵盗，曷若与僧寺及官府营利息乎？"乃以油万斤与之。桑哥后以所营息钱进，和礼霍孙曰："我初不悟此也。"一日，桑哥在世祖前论和雇和买事，因语及此，世祖益喜，始有大任之意；尝有旨令桑哥俱省臣姓名以进，廷中有所建置，人才进退，桑哥咸与闻焉。

二十四年，闰二月，复置尚书省，遂以桑哥及铁木儿为平章政事，诏告天天。改行中书省为行尚书省，六部为尚书六部。三月，更定钞法，颁行至元宝钞于天下，中统钞通行如故。桑哥尝奉旨检核中书省事，凡校出亏欠钞四千七百七十锭、昏钞一千三百四十五锭，平章麦术丁即自伏，参政杨居宽微自辩，以为实掌铨选，钱谷非所专，桑哥令左右拳其面，因问曰："既典选事，果无黜陟失当者乎？"寻亦引服。参议伯降以下，凡钩考违惰耗失等事，及参议王巨济尝言新钞不便忏旨，款伏。遣参政忻都奏闻，世祖令丞相安童与桑哥共议，且谕："毋令麦术丁等他日得以胁问诬做为辞，此辈固狡狯人也。"数日，桑哥又奏："鞫中书参政郭佑，多所逋负，尸位不言，以疾为何不告之蒙古大臣，故殴辱之，今已款服。"世祖命穷诘之。佑与居宽后皆弃市，人咸冤焉。台吏王良弼，尝与人议尚书省政事，又言："尚书钩校中书，不遗余力，他日我曹得发尚书奸利，其诛籍无难。"桑哥闻之，捕良弼至，与中书台院札鲁忽赤鞫问，款服。谓此曹诽谤，不诛无以惩后，遂诛良弼，籍其家。有吴德者，尝为江宁县达鲁花赤，求仕不遂，私与人非议时政，又言："尚书今日核正中书之弊，他日复为中书所核，汝独不死也耶。"或以告桑哥，亟捕德按问，杀之，没其妻子入官。

桑哥尝奏以少不丁遥授江淮行省左丞，乌马儿为参政，依前领泉府、市舶两司，拜降福建行省平章；既得旨，乃言于世祖曰："臣前言，凡任省臣与行省官，并与丞相安童共议。今奏用沙不丁、乌马儿等，适丞相还大都，不及通议，臣恐有以前奏为言者。"世祖曰："安童不在，朕，若主也；朕已允行，有言者，其令朕前言之。"时江南行台与行省，并无文移，事无巨细，必咨内台呈省奏闻。桑哥以其往复稽留误事，宜如内台例，分呈行省。又言："按察司文案，宜从各路民官检核，递相纠举。且自太祖时有旨，凡临事官者互相觉察，此故事也。"从之。

十月，乙酉，世祖遣谕旨翰林诸臣："以丞相领尚书省，汉、唐有此制否？"成对曰："有之。"翌日，左丞叶李以翰林、集贤诸臣所对奏之，且言："前省官不能行者，平章桑哥能之，宜为右丞相。"制曰："可。"遂以桑哥为尚书右丞相，兼总制院使，领功德使司事，进阶金紫光禄大夫。于是桑哥奏以平章铁木儿代其位，右丞阿剌浑撒里升平章政事，叶李迁右丞，参政马绍升左丞。

十一月，桑哥言："臣前以诸道宣慰司及路府州县官吏，稽缓误事，奉旨遣人遍笞责之。今真定宣慰使速哥、南京宣慰使答失蛮，皆勋贤旧臣之子，宜取圣裁。"敕罢其任。明年，正月，以甘肃行尚书省参政铁木哥无心任事，又不与协力，奏乞牙带代之。未几，又以江西行尚书省平章政事忽都铁不儿不职，奏而罢之。兵部尚书忽都答儿不勤其职，桑哥殴罢之而后奏，世祖曰："若此等不罢，汝事何由得行也。"万亿库有旧牌条七千余条，桑哥言岁久则腐，宜析而他用。赐诸王出伯银两万五千两、帑帛万匹，载以官驴，至则并以为赐。桑哥言，不若以驴载玉而回，世祖甚然之，其欲以小利结知如此。

漕运司达鲁花赤怯来，未尝巡查沿河诸仓，致盗诈腐败者多，桑哥议以兵部侍郎塔察儿代之。自立尚书省，凡仓库诸司，无不钩考，先摘委六部官，复以为不专，乃置征理司，以治财谷之当追者。时桑哥以理算为事，毫分缕析，入仓库者无不破产，及当更代，人皆弃家而避之。十月，桑哥奏："湖广行省钱谷，已责平章要束木自首偿矣。外省欺盗必多，乞以参政忻都、户部尚书王巨济、参议尚书省事阿散、山东西道提刑按察使何荣祖、札鲁花赤秃忽鲁、泉府司卿李佑、奉御吉丁、监察御史戒益、佥枢密院事崔彧、尚书省断事官燕真、刑部尚书安祐、监察御史伯颜等二十人，理算江淮、江西、福建、四川、甘肃、安西六省，每省各二人，特给印章与之。省部官既去，事不可废，拟选人为代，听食元俸。理算之间，宜给兵以备使令，且以为卫。”世祖皆从之。当时天下骚然，江淮尤甚，而谀佞之徒，方且讽都民史吉等为桑哥立石颂德，世祖闻之曰：“民欲立则立之，仍以告桑哥，使其喜也。”于是翰林制文，题曰《王公辅政之碑》。桑哥又以统制院所统西蕃诸宣慰司军民财谷，事体甚重，宜有以崇异之，奏改为宣政院，秩从一品，用三台银印。世祖问所用何人，对曰：“臣与脱因。”于是命桑哥以开府仪同三司，尚书右丞相，兼宣政使，领功德使司事，脱因同为使。

世祖尝召桑哥谓曰：“朕以叶李言，更至元钞，所用者法，所贵者信，汝无以楮视之，其本不可失，汝宜识之。”二十六年，桑哥请钩考甘肃行尚书省，及益都淄莱淘金总管府，佥省赵仁荣，总管明里等，皆以罪罢。世祖幸上都，桑哥言：“去岁陛下幸上都，臣日视内帑诸库，今岁欲乘小舆以行，人必窃议。”世祖曰：“听人议之，汝乘之可也。”桑哥又奏：“近委省臣检责左、右司文簿，凡经监察御史稽照者，遗逸尚多。自今当令监察御史即省部稽照，书姓名于卷末，苟有遗逸，易于归罪。仍命侍御史竖童视之，失则连坐。”世祖从之。乃笞监察御史四人，是后监察御史赴省部者，掾令史与之抗礼，但遣小吏持文簿置案而去，监察御史遍阅之，而台纲废矣。

参政忻都既去，寻召赴阙，以户部尚书王巨济专任理算，江淮省左丞相忙兀带总之。闰十月，《桑哥辅政碑》成，树于省前，楼覆其上而丹雘之。桑哥言：“国家经费既广，岁入恒不偿所出，以往岁计之，不足者余百万锭。自尚书省钩考天下财谷，赖陛下福，以所征补之，未尝敛及百姓，臣恐自今难用此法矣。何则？仓库所征者少，而盗者亦鲜矣，臣忧之。臣愚以为盐课每引直中统钞三十贯，宜增为一锭；茶每引今直五贯，宜增为十贯；酒醋税课，江南宜增额十万锭，内地一万锭。协济户十八万，自入籍至今十三年，止输半赋，闻其力已完，宜增为赋。如此，则国用庶可支，臣等免于罪矣。”世祖曰：“如所议行之”。

桑哥既专政，凡铨调内外官，皆由于已，而其宣敕尚由中书，桑哥以为言，世祖乃命自今宣敕并付尚书省。由是以刑爵为货而贩之，咸走其门，入贵价以买所欲。贵价入，则当刑者脱，求爵者得，纲纪大坏，人心骇愕。二十八年春，世祖畋于漷北，也里审班及也先帖木儿、彻里等，劾桑哥专权黩货。时不忽木出使，三遣人趣召之至，觐于行殿，世祖以问，不忽木对曰："桑哥壅蔽聪明，紊乱政事，有言者既诬以他罪而杀之。今百姓失业，盗贼蜂起，召乱在旦夕，非亟诛之，恐为陛下忧？"留守贺伯颜亦尝为世祖陈其奸欺。久而言者益众，世祖始决意诛之。

二月，世祖谕大夫月儿鲁曰："屡闻桑哥沮抑台纲，杜言者之口；又尝垂挞御史，其所罪者何事，当与办之。"桑哥等持御史李渠等已刷文卷至，令侍御史杜思敬等勘验辨论，往复数四，桑哥等辞屈。明日，帝驻跸大口，复召御史台暨中书、尚书两官辨论。尚书省执卷奏曰："前浙西按察使只必，因监烧钞受赃至千铠，尝檄台征之，二年不报。"思敬曰："文之次策，尽在卷中，今尚书省拆卷持对，其弊可见。"速古儿赤阇里抱卷至前奏曰："用朱印以封纸缝者，防欺弊也。若辈为宰相，乃拆卷破印与人辨，是教吏为奸，当治其罪。"世祖是之，责御史台曰："桑哥为恶，始终四年，其奸赃暴著非一，汝台臣难云不知。"中丞赵国辅对曰："知之。"世祖曰："知而不劾，自当何罪？"思敬等对曰："夺官追俸，惟上所裁。"数日不决。大夫月儿鲁奏："台臣久任者当斥罢，新者存之。"乃仆《桑哥辅政碑》，下狱究问。至七月，乃伏诛。平章要束木者，桑哥之妻党，在湖广时，正月朔日，百官会行省，朝服以俟；要束木召至其家，受贺毕，方诣省望阙，贺如常仪；又阴召卜者有不轨言。至是，中书列其罪以闻，世祖命械致湖广，即其省戮之。

【译文】

桑哥，是胆巴国师的弟子，能通晓多国语言，所以曾经担任西部蕃的译使。他为人狡狯强横，喜欢谈论财利之事，很受元世祖喜爱。在贵显后，便讳言曾拜胆巴为师，并背叛老师。至元年间，桑哥被擢升为总制院使。总制院主管佛教之事，兼管吐蕃事务，御史台曾准备任命章闾为按察使，世祖说："桑哥曾向我推荐过此人。"卢世荣受到重用，也是因为桑哥的举荐。中书省曾命令一个名叫李留判的人购买油料，桑哥自己请求得到买油的钱去买，司徒和李霍孙说，此事你不应该做，桑哥不服气，与和李霍孙厮打起来，并说："与其让汉人侵占偷盗，不如让僧寺及官府得利息。”于是给和李霍孙一万斤油。桑哥后来将这笔钱所得的利息进献给官府，和李霍孙说：“我当初不懂得这个道理。”一天，桑哥在世祖面前论说和雇和买的事情，因而谈到这件事，世祖更加喜欢他，开始有委以重任的心思；曾经下诏旨令桑哥列具中书省臣的名字报上，朝廷上有新的建置，人才的任用、贬退，桑哥都被允参与讨论。

至元二十四年，闰二月，朝廷再次恢复尚书省，于是任命桑哥以及铁木儿为平章政事，下诏书布告全国。改行中书省为行尚书省，改六部为尚书六部。三月，再改确定钞法，向全国发行至元宝钞，中统宝钞仍然流通。桑哥曾奉圣旨检核行中书省的事务，共查出亏欠的钱钞四千七百七十锭、磨损破烂的钱钞共一千三百四十五锭，平章麦术丁当即自己认罪，参知政事杨居宽自我辩解说自己实际上他只负责铨选，钱谷之事非由他专管，桑哥令手下用拳头打他的脸说：“你既然负责铨选，难道就没有提拔、贬退失当的过错吗？”不久他也伏罪了。参议伯降以下的官员，凡是检核有违反规定，损耗丢失等事情，以及参议王巨济经说新钞不便而违背圣旨，都各自伏罪。委派参政忻都奏报世祖，世祖命令丞相安童与桑哥共同商议，并且诏谕：“不要让麦术丁等人以后把因胁迫逼问而自诬作为口实，这些人原本就是狡狯之辈。”几天后，桑哥又奏报：“审问中书省参政郭佑，中书省欠员很多，他却失职不言，还以疾病作为理由，臣对他说：‘中书省的政务，如此败坏，你既然力不能及，为何不告诉蒙古大臣。’所以殴打屈辱他一顿，如今他已经伏罪。”世祖令他对此事严加追查。后来，郭佑与杨居宽被处以弃市之刑，人们都认为他们是冤屈的。御史台官王良弼，曾和人谈论尚书省的政务，又说：“尚书省查核中书省，不遗余力，以后我们如果有机会揭发尚书省的奸邪、谋私利之事，诛杀籍没他们也没有困难。”桑哥听说后，把王良弼抓起来，与中书台院札鲁忽赤一起审问，王良弼伏罪。桑哥说这些人诽谤朝政，不处以死罪就无法惩戒后人，于是处死王良弼，籍没其家财。有个名叫吴德的人，曾任江宁县达鲁花赤，请求升官没有成功，私下与他人非议朝政，又说：“尚书省如今纠正中书省的弊端，以后再被中书省纠核，唯独你们这些人不死！”有人把这些话告诉了桑哥，他立即命人把吴德拘捕来审问，处以死刑，将其妻子孩子没入官府。

桑哥曾上奏由沙不丁遥领任江淮行省左丞，乌马儿为参政，依照前例负责泉府、市舶两司之事，拜降为福建行省平章。桑哥得到圣旨后，又对世祖说："臣下的先辈曾说过，凡是任用中书、尚书两省臣属改为行省官员，都要与丞相安童共同商议。这次上奏请任用沙不丁、乌马儿等人，正值丞相回到大都，来不及商议，臣恐怕有人会以臣先前的上奏言语作口实来议论此事。"世祖说："安童不在，我是你的主人；朕已推批实行，如果有人议论，就让他到我面前来说。"当时江南行御史台和行省，二者并没有文件往来，事无巨细，必须征求朝廷御史台的意见呈报中书省上奏。桑哥认为上呈文件稽留误事，应按照朝廷御史台的惯例，文件分别呈送到行省。又进言说："按察司的案子，应该允许各路民官检查，互相纠核检举。况且自从太祖时便有圣旨，凡是事务性的官员都要互相审察，这是先代的惯例。"他的意见也被采纳。

十月，乙酉，世祖给翰林院诸臣发布谕旨："让丞相负责尚书省政务，汉、唐两代有没有这种体制？"大臣们都回答说："有过。"次日，左丞叶李把翰林、集贤院诸臣的回答上奏，并且说："先前的中书省官员不能推行的事，平章桑哥能够做到，应拜他为右丞相。"世祖发布制书说："可以。"于是任命桑哥为尚书省右丞相，兼任总制院使，领功德使司事，进升官阶为金紫光禄大夫。桑哥又上奏，请求让平章铁木儿代替自己先前的位置，右丞阿剌浑撒里升任为平章政事，叶李迁升为右丞，参知政事马绍迁升为左丞。

十一月，桑哥进言："臣先前因为各道宣慰司以及路、府、州、县官吏，行动迟缓误事，奉行圣旨派人遍加鞭笞斥责；现在有真定宣慰使速哥、南京宣慰使答失蛮，二人都是有功勋的元老旧臣的儿子，应听凭圣上裁决。"敕令罢免二人的职务。次年正月，因甘肃行尚书省参知政事铁木哥无心处理政务，又不与桑哥同心，桑哥奏报由乞牙带代替他。不久，又以江西行尚书省平章政事忽都铁木儿不称职为由，上奏请求罢免他。兵部尚书忽都答儿不勤勉任职，桑哥令人殴打他之后上奏，世祖说："这些人不被罢免，你的事如何能推行。"万亿库中保存旧牌条七千余条，桑哥进言说，放年代长了会腐坏，应破开它使用。曾赐给诸王出伯两万五千两白银、一万匹绢帛，用官驴驮着送去，送到后把驴子也赐给了出伯。桑哥进言说：不如用驴子把玉石运回来，世祖深表同意，桑哥在小利方面就是这样讨好世祖的。

漕运司达鲁花赤怯来，没有巡查沿河的各处仓库，导致粮谷被盗、腐烂的很多，桑哥建议以兵部侍郎塔察儿取代他。自从设立尚书省，所有的仓库诸司，无一不检查考核，先是委派六部负责，后来又认为职责不专，于是设立征理司，以惩治应被追回财物、粮谷的人。当时桑哥以清理核算粮谷、钱财为主要任务，条分缕析，管理仓库的人没有不破产的；及至职位应该更换替代时，人们抛弃家小四处逃避。十月，桑哥上奏："湖广行省的钱谷，已经责成平章要束木自己偿还，外省的欺骗盗取之事一定也很多，请求您派参知政事忻都、户部尚书王巨济、参议尚书省事阿散、山东西道提刑按察使何荣祖、札鲁花赤秃忽鲁、泉府司卿李佑、奉御吉丁、监察御史戎益、佥枢密院事崔彧、尚书省断事官燕真、刑部尚书安祐、监察御史伯颜等二十人，清算江淮、江西、福建、四川、甘肃、安西六省，每个省各二人，特别给予印章。尚书省及六部官员派下去后，政事不能荒废，拟请选派人员代替他们的职掌，听凭他们领取原来的俸禄。在清理核算的时候，应该派兵给他们，以便于他们行使权力，而且可以护卫他们的安全。"世祖全都予以采纳。当时全国都骚动起来，江淮地区尤为严重，而一些阿谀谄佞之徒，却暗中安排京城百姓史吉等人为桑哥立碑来歌功颂德，世祖知道后说："百姓要立碑，就让他们立吧，可以告诉桑哥，让他也高兴高兴。"于是由翰林书写碑文，题名为《王公辅政之碑》。桑哥又说统制院所属的西蕃各宣慰司军民、财物、粮谷，事务非常繁重，应该有所尊崇，上奏将其改为宣政院，官秩为从一品，使用三台银印。世祖问应该任用谁负责，桑哥回答说："臣下和脱因。"于是命令桑哥以开府仪同三司、尚书右丞相，兼任宣政使，领功德使司，脱因也一同为宣政使。

世祖曾召见桑哥说："朕由于叶李的进言，更改至元的钞法，运用的是法令，所宝贵的是信誉，你不要将它看作是废纸，事情的根本不可以失掉，你应认识到这一点。"二十六年，桑哥请求考核甘肃行尚书省，以及益都淄莱陶金总管府，佥省赵仁荣、总管明里等，都因为有罪罢职。世祖到上都，桑哥说："去年陛下临幸上都，臣每天巡视内帑的各库，今年想乘坐小轿巡查，人们一定会私下议论纷纷。"世祖说："听凭人们议论，你可以乘坐。"桑哥又上奏说："近来委派尚书省官员检查左、右司的文书、簿籍，但所有经过监察御史查核过的文书、簿籍，遗漏的还有很多。从今以后应当下令，监察御史到尚书省查核时，要求把名字写在卷末，如有遗漏，也好追究责任。仍命令侍御史坚童巡视，有失误则要连坐。"世祖予以采纳。于是，鞭笞四名监察御史，此后凡是监察御史到尚书省各部查核，各部的掾史都可以同他们分庭抗礼，只是派低级的官吏将文簿放到案上离去，监察御史就要全部审阅，而御史台的纪纲也因此废弛了。

参知政事忻都被派下去之后，不久又被召回京师，命令户部尚书王巨济专门负责清查核算，江淮行省左丞相忙兀带总领这件事。闰十月，《桑哥辅政碑》建成，立在尚书省前，碑外建楼覆盖，涂以油漆。桑哥进言："国家经费支出广泛，每年都入不敷出，按照往年的支出情况计算，不足的部分还有一百余万锭钱钞。自从尚书省考核全国的钱财、粮谷，仰赖陛下洪福，只以所征收上来的财物来进行补充，而没有赋敛百姓，臣恐怕从今后很难用这种办法了。为什么呢？从仓库中所能清理的东西变少了，而侵占盗取的人并不多，臣下为此十分忧虑。我认为盐税每一引中现在只收中统钞三十贯，应该增加至一锭；茶每引只收税五贯，应该增至十贯；酒醋的税课，江南地区应增至十万锭，内地应该为五万锭。十八万协济户，从入籍到现在已有十三年，只交纳半赋，听说力役已经完了，应该增加为全赋。这样，国家的费用才可支撑，臣下也可免罪。"世祖说："依照你们的建议施行。"

桑哥专断权力后，凡是调派朝廷内外的官员，都由他自己决定，而任命官员的文书仍由中书省发布，桑哥为此向世祖进言，世祖下令，从今后，任命文书都由尚书省发布。此后，他便将刑罚和爵位作为货物贩卖，求取官位的人都在他的门下奔走，以昂贵的价格来实现他们的欲望。价格高，则原本应受刑罚的人可以免罪，求取爵位的人便可得到爵位，从而使政纲法纪极端腐败，人们十分惊愕。二十八年春，世祖在漷北打猎，也里审班以及也先帖木儿、彻里等人，劾奏桑哥专断权力，滥用权力，求取贿赂。当时不忽木出使，世祖三次派人把他召来，在行殿上接见他，世祖向他询问桑哥的事情，不忽木回答说："桑哥阻塞聪明的人，紊乱朝政，谁反对他，他便用其他罪名诬陷处死谁。如今百姓失业，盗贼蜂拥而起，所招来的动乱旦夕将至，不立刻将其治罪，我们恐怕要为您担忧了。"留守贺伯颜也曾向世祖陈奏桑哥的奸恶欺瞒之事。时间久了，劾奏桑哥的人愈来愈多，世祖才开始下决心将其治罪。

二月，世祖诏谕大夫月儿鲁说："多次听说桑哥破坏朝廷纲纪，堵塞进言者之口；还曾殴打御史，他如果有什么罪状，应该坚决审查处理他。"桑哥等人手拿御史李渠等人已经审查的文卷前来，世祖命令侍御史杜思敬等人查验并与桑哥进行辩论，先后往返四次，桑哥等人理屈辞穷。次日，世祖驻扎在大口，又召集御史台和中书省、尚书省的官员进行辩论。尚书省官员拿着文书上前进奏说："前任浙西按察使只必，因在监督焚烧钱钞时接受一千锭赃钱，曾发送檄文给御史台征召他，却两年没有得到结果。"杜思敬说："发送文书的次序，都在卷宗里，现今尚书省却拆开卷宗应对，可见其中有舞弊的行为。"速古儿赤暗里抱着卷宗上前进奏说："用红色印章封在纸缝，是为了防止欺瞒之弊的发生，这些人身为宰相，却拆开卷宗破坏封印与人辩论，这是在教唆属吏作奸犯科，应当将他治罪。"世祖表示同意，又责备御史台说："桑哥作恶历时四年，暴露出来的奸邪贪赃之事绝不止一件，你们御史台之臣很难说不知道。"中丞赵国辅回答："我知道。"世祖说："知道却不加弹劾，该当何罪？"杜思敬等人应对说："夺去他的官位，追还他的俸禄，唯靠圣上裁决。"辩论多日没有结果。大夫月儿鲁上奏说："御史台的臣属任职长久的，应当斥责罢免他们，新任官者留下。"于是把《桑哥辅政碑》拉倒捣毁，将桑哥下狱审问。七月，被处以死刑。平章要束木，是桑哥的妻族。他在湖广任官时，曾在一年的正月初一，本应该让百官聚集在行省衙门，身穿朝服等待他；要束木却将他们召到家里，受百官祝贺完毕，才到行省门前按常规礼仪拜贺；又曾暗中召见占卜的人，有不轨之言。现在，中书省将其罪状一一列出上奏，世祖下令给他戴上刑具，将他送到湖广行省，在当地处死。

铁木迭儿

铁木迭儿者，木儿火赤之子也。尝逮事世祖。成宗大德间，同知宣徽院事，兼通政院使。武宗即位，为宣徽使。至大元年，由江西行省平章政事，拜云南行省左丞相。居二载，擅离职赴阙，尚书省奏，奉旨诘问，寻以皇太后旨，得贷罪还职。明年正月，武宗崩，仁宗在东宫，以丞相三宝奴等变乱旧章，诛之。用完泽及李孟为中书平章政事，锐欲更张庶务。而皇太后在兴圣宫，已有旨，召铁木迭儿为中书右丞相。逾月，仁宗即位，因遂相之。及幸上都，命铁木迭儿留守大都，平章完泽等奏："故事，丞相留治京师者，出入得张盖。今右丞相铁木迭儿大都居守，时方盛暑，请得张盖如故事。"许之。是年冬，制赠铁木迭儿曾祖唆海翊运宣力保大功臣、太尉，谥武烈；祖不怜吉带推诚保德定远功臣、太尉，谥忠武；父木儿火赤推忠佐理同德功臣、太师，谥忠贤；并开府仪同三司、上柱国。追封归德王。

皇庆元年三月，铁木迭儿奏："臣误蒙圣恩，擢任中书，年衰且病，虽未能深达政体，思竭忠力，以图报效。事有创行，敢不自勉，前省弊政，方与更新。钦惟列圣相承，混一区宇，日有万几，若非整饬，恐致解弛。继今朝夕视事，左右司六部官有不尽心者，当论决，再不悛者，黜勿叙；其有托故侥幸他职者，亦不叙。"仁宗是其言。既而以病去职。

延祐改元，丞相哈散奏："臣非世勋族姓，幸逢陛下为宰相。如丞相铁木迭儿，练达政体，且尝监修国史，乞授其印，俾领翰林国史院，军国重务，悉令议之。"仁宗曰："然。卿其启诸皇太后。与之印，大事必使预闻。"遂拜开府仪同三司、监修国史、录军国重事。居数月，复拜中书右丞相，哈散为左丞相。铁木迭儿奏："蒙陛下怜臣，复擢为首相，依阿不言，诚负圣眷。此闻内侍隔越奏旨者众，倘非禁止，致治实难。请敕诸司，自今中书政务，毋辄干预。又往时富民，往诸蕃商贩，率获厚利，商者益众，中国物轻，蕃货反重。今请以江浙右丞曹立领其事，发舟十纲，给牒以往，归则征税如制；私往者，没其货。又，经用不给，苟不预为规画，必至愆误。臣等集诸老议，皆谓动钞本，则钞法愈虚；加赋税，则毒流黎庶；增课额，则比国初已倍五十矣。惟预买山东、河间运使来岁盐引，及各冶铁货，庶可以足今岁之用。又，江南田粮，往岁虽尝经理，多未核实。可始自江浙，以及江东、西，宜先事严限格、信罪赏令田主手实顷亩状入官，诸王、驸马、学校、寺观亦令如之；仍禁私匿民田，贵戚势家，毋得沮挠。请敕台臣协力以成，则国用足矣。"仁宗皆从之。寻遣使者分行各省，括田增税，苛急烦扰江右为甚，致赣民蔡五九作乱宁都，南方骚动，远近惊惧，乃罢其事。

明年，铁木迭儿奏："天下庶务，虽统于中书，而旧制，省臣亦分领之。请以钱帛、钞法、刑名，委平章李孟、左丞阿卜海牙、参政赵世延等领之。其粮储、选法、造作、驿传，委平章张驴、右丞萧拜住、参政曹从革等领之。"得旨如所请。七月，诏谕中外，命右丞相铁木迭儿总宣政院事。十月，进立太师。十一月，大宗正府奏："累朝旧制，凡议重刑，必决于蒙古大臣，今宜听于太师右丞相。"从之。

铁木迭儿既再入中书，居首相，怙势贪虐，凶秽滋甚。于是萧拜住自御史中丞为中书右丞，寻拜平章政事，稍牵制之。而杨朵儿只自侍御史拜中丞，慨然以纠正其罪为己任。上都富人张弼杀人系狱，铁木迭儿使家奴胁留守贺伯颜，使出之，伯颜持正不可挠。而朵儿只已廉得丞相所受张弼赂有显徵，乃与拜住及伯颜奏之："内外监察御史凡四十余人，共劾铁木迭儿桀黠奸贪，阴贼险狠，蒙上罔下，蠹政害民，布置爪牙，威詟朝野，凡可以诬陷善人、要功利己者，靡所不至。取晋王田千余亩、兴教寺后壖园地三十亩、卫兵牧地二十余亩。窃食郊庙供祀马。受诸王合儿班答使人钞十四万贯，宝珠玉带氍毹币帛又计钞十馀万贯。受杭州永兴寺僧章自福赂金一百五十两。取杀人囚张弼五万贯。且既已位极人臣，又领宣政院事，以其子八里吉思为之使。诸子无功于国，尽居贵显。纵家奴陵虐官府，为害百端。以致阴阳不和，山移地震，灾异数见，百姓流亡，己乃恬然略无省悔。私家之富，又在阿合马、桑哥之上。四海疾怨已久，咸愿车裂斩首，以快其心。如蒙早加显戮，以示天下，庶使后之为臣者，知所警戒。"奏既上，仁宗震怒，有诏逮问。铁木迭儿匿兴圣近侍家，有司不得捕。仁宗不乐者数日，又恐诚出皇太后意，不忍重伤咈之，乃仅罢其相位而已。

铁木迭儿家居未逾年，又起为太子太师，中外闻之，莫不惊骇。参政赵世延为御史中丞，率诸御史论其不法数十事，而内外御史论其不可辅导东宫者，又四十余人。然以皇太后故，终不能明正其罪。

明年正月辛丑，仁宗崩。越四日，铁木迭儿以皇太后旨，复入中书为右丞相。又逾月，英宗犹在东宫，铁木迭儿宣太后旨，召萧拜住与朵儿只至徽政院，与徽政院使失里门、御史大夫秃忒哈杂问之，责以前违太后旨，令伏罪。即起入奏，遽称旨，执二人弃市。是日，白昼晦冥，都人汹惧。

英宗将行即位礼，铁木迭儿恒病足，中书省启："祖宗以来，皇帝登极，中书率百官称贺，班首惟上所命。"英宗曰："其以铁木迭儿为之。"既即位，铁木迭儿即奏委平章王毅、右丞高昉等征理在京仓库所贮粮，亏七十八万石，责偿于仓官及监临出内者。所贡币帛纰缪者，责偿于本处官吏之董其事者。仍立程严督，违者杖之。五月，英宗在上都，铁木迭儿嫉留守贺伯颜素不附己，乃奏其以便服迎诏为不敬，下五府杂治，竟杀之。都民为之流涕。

赵世延时为四川行省平章政事，铁木迭儿怒其昔尝论己，方入相时，即从东宫启英宗遣人逮捕之。世延未至，铁木迭儿使讽世延，啖以美官，令告引同时异己者，世延不肯从。至是，坐以违诏不敬，令法司穷治，请置极刑。英宗曰：“彼罪在赦前，所宜释免。”铁木迭儿对曰：“昔世延与省台诸人谋害老臣，请究其姓名。”英宗曰：“事皆在赦前矣，又焉用问。”后数日，又奏世延当处死罪，又不允。有司承望风旨，锻炼欲使自裁，世延终无所屈，赖英宗素闻其忠良，得免于死。

铁木迭儿恃其权宠，乘间肆毒，睚眦之私，无有不报。英宗觉其所谮毁者，皆先帝旧人，滋不悦其所为，乃任拜住为左丞相，委以心腹。铁木迭儿渐见疏外，以疾死于家。御史盖继元、宋翼，言其上负国恩，下失民望，生逃显戮，死有余辜。乃命毁所立碑，追夺其官爵及封赠制书，籍没其家。

【译文】

铁木迭儿，是木儿火赤的儿子。他曾经赶上服侍元世祖忽必烈。到元成宗大德年间，担任同知宣徽院事，兼通政院使。元武宗即位后，担任宣徽使。至大元年，他由江西行省平章政事，官拜云南行省左丞相。居位二年，擅自离职去都下，尚书省劾奏，奉旨查问，不久因为皇太后的旨意，才得以免罪官复原职。明年正月，武宗去世，仁宗仍在东宫，因丞相三宝奴变乱旧的章法，被诛杀。起用完泽和李孟为中书平章政事，锐意改革政务。而皇太后在兴圣宫，已降下旨意，召铁木迭儿为右丞相。过一个月，仁宗即位，于是就任用他为相。及至临幸上都，命令铁木迭儿留守大都，平章完泽上奏道：“按照旧例，丞相留守京师时，出入可以张伞盖。如今右丞相铁木迭儿留守大都，正当盛暑，建议依据旧例允许他张用伞盖。”被应允。这年冬天，有圣旨追赠铁木迭儿的曾祖父唆海为翊运宣力保大功臣、太尉，谥号武烈；祖父不怜吉带为推诚保德定远功臣、太尉，谥号忠武；父亲木儿火赤为推忠佐理同德功臣、太师，谥号忠贤；都为他们开府仪同三司、上柱国，追封为归德王。

皇庆元年三月，铁木迭儿上奏：“臣错蒙受圣恩，擢升任中书，我年老而且有病，虽然不能深明政体，但总想着尽心竭力，以图报效您。政事有所创行，敢不自勉力；中书省原有的弊病，正在实行革新的措施。皇上以列圣相承，统一全国，日理万机，如果不加整顿，恐怕会导致懈弛。从今以后朝夕办公，左右司、六部官有不尽力的人，应当论以决杖，再不悔改的人，就黜免不再续用；其有假托缘由而侥幸于其他职务的人，也不再任用。”仁宗同意了他的建议。接着，铁木迭儿就因病离职了。

改元延祐，丞相哈散奏道：“臣不是世代勋臣以及名门望族，有幸被陛下委任为宰相。如丞相铁木迭儿，练达政事，并且曾经监修国史，请授予他印信，让他领翰林国史院，军国重事，都请他来一起商议。”仁宗说：“说得对。你去启禀皇太后。送给他官印，朝廷大事一定让他参加议论。”于是拜铁木迭儿为开府仪同三司、监修国史、录军国重事。几个月后，又拜为中书右丞相，哈散为左丞相。铁木迭儿上奏道：“蒙陛下怜悯，又擢升臣为首相，如果依违阿顺而不言，实在有负圣上的恩德。近来听说内侍隔越有司上奏的人很多，如果不加禁止，实在难达到治理的目的。请您敕命有司，从今中书的政务，不准辄加干预。又，原来的富人，前往诸蕃国进行贸易，都能获得重利，经商的人越来越多，中国的货物价贱，蕃国的货物反而价贵。今建议以江浙右丞曹立管领这件事，发船十队，给以公文前往，回来则按制度征税；私自前往者，没收他们的货物。又，财用不足，如果不预先规划，一定会导致国事愆误。臣等召集众位老臣商议，都说如果挪用钱钞的本金，则钞法会越加空虚；如果增加赋税，则会流毒于百姓；增加课额，那么现在的课额已经是建国初的五十倍了。只有提前卖出山东、河间运使明年的盐引还有各个冶场的铁货，大约可以满足今年的用项。又，江南的田粮，往年虽然曾经整顿，但大多都没有核实。可由江浙开始，以及于江东、江西，应首先严立限额，赏罚必须有信用，让田主亲手写明他所有的田亩数目报告官府，诸王、驸马、学校、寺观也让他们照此办理；仍然严禁私自隐匿民田，贵戚势族，也不能阻挠。请敕令御史台协力实行，这样国家的财用就充足了。”仁宗全都应允。不久就派遣使者分行到各行省，清查田亩，增加田税，苛急烦扰，以江西最为严苛，导致江西百姓蔡五九在宁都作乱，南方骚动，远近都十分惊惧，只好停止这件事。

第二年，铁木迭儿上奏说：“天下政务虽然都统属于中书，但依照旧制，省臣也分领一部分。建议将钱帛、钞法、刑名等事，委交给平章李孟、左丞阿卜海牙、参政赵世延等人管领。其粮储、选法、制造、驿传，委交给平章张驴、右丞萧拜住、参政曹从革等人管领。”仁宗按照他的请求颁下诏旨。七月，天子诏告中外，命令丞相铁木迭儿总理宣政院事。十月，晋升他为太师。十一月，大宗正府上奏：“历朝的旧制，凡是议论重刑，一定会取决于蒙古大臣，现在应该听太师右丞相的意见。”仁宗同意了。

铁木迭儿既然已经再次进入中书，而且位居首相，就仗势贪虐，愈加凶残恶毒。于是萧拜住由御史中丞变为中书右丞，很快又担任平章政事，对他略加牵制。而杨朵儿只从侍御史拜御史中丞，慨然以纠查他的罪过为己任。上都富人张弼因杀人被捕，铁木迭儿派他的家奴胁迫上都留守贺伯颜，让他释放张弼，伯颜持正不敢。而杨朵儿只已查访到铁木迭儿接受张弼贿赂的确切证据，便与萧拜住、贺伯颜上奏道：“内外监察御史共四十多人，共同劾奏铁木迭儿狡黠奸贪，阴贼险狠，欺上罔下，蠹政害民，布置自己的爪牙，威慑朝野，凡是可以诬陷好人、邀功利己的事，无所不为。他夺取晋王一千余亩田地，兴教寺后蠕园地三十亩，卫兵牧地二十余亩。他偷偷食用郊庙供祭祀所用的马。他接受诸王合儿班答的差人的十四万贯钱，合计十余万贯钞票的宝珠玉带毛毯币帛。他接受杭州永兴寺和尚章自福贿赂的一百五十两黄金。收取杀人犯张弼五万贯钱钞。既已位极人臣，又管领宣政院事，铁木迭儿把他的儿子八里吉思安排担任宣政院使。他的儿子们对国家没有丝毫功劳，却全都位居贵显。他纵容家奴凌虐官府，为害百端。导致阴阳不和，山移地震，灾难异象屡见，百姓流亡，而他自己却恬然处之，毫无省过改悔之意。他私家的财富，甚至在前朝奸相阿合马、桑哥之上。四海的怨愤已久，都希望将他车裂斩首，以大快人心。如果蒙恩把他早加显戮，昭示天下，大约可以使后来为人臣者，知所警戒。”奏章既上，仁宗十分震怒，降诏将其逮捕问罪。铁木迭儿隐藏在兴圣宫（太后所居）的内侍家中，有司不敢前去逮捕。仁宗几天都怏怏不乐，又担心这是出于皇太后的意旨，不忍心过分让她伤心，仅罢免铁木迭儿的相位而已。

铁木迭儿在家居住不到一年，又被起用为太子太师，中外闻讯后，无不感到惊骇。参政赵世延担任御丞中丞，率领诸御史劾论其数十件不法事，而内外御史劾论其不可以辅导太子的，又有四十余人。但是因皇太后的缘故，始终不能明正他的罪行。

第二年正月辛丑，仁宗去世。仅过四天，铁木迭儿就因皇太后的旨意，又进入中书为右丞相。又过一个月，英宗还在东宫，铁木迭儿宣布太后诏旨，召命萧拜住和杨朵儿只到徽政院，与徽政院使失里门、御史大夫秃忒哈间杂拷问二人，责备他们过去违背太后的旨意，命他们伏罪。当即起身入奏，随即称旨，捉捕二人斩首弃市。这一天，白天仍然天色晦冥，都城的人一片汹惧。

英宗准备行即位的大礼，铁木迭儿却总是称腿有病，中书省启奏说："祖宗以来，皇帝登基，都由中书省率领百官进行朝贺，班首由皇帝亲自安排。"英宗说："班首让铁木迭儿担任。"英宗即位后，铁木迭儿就上奏请求委派平章王毅、右丞高昉等人清理京城仓库存贮的粮食，共计亏损七十八万石，要求仓官以及监临出纳的人赔偿损失。所贡币制有错误的，责成该处负责的官吏赔偿。还立下时限进行严厉督责，对违期者加以杖罚。五月，英宗在上都，铁木迭儿嫉恨留守贺伯颜向来不依附自己，就劾奏他穿便服接诏是不敬，下到五府杂治，竟然趁机杀死他。都城百姓为之流泪。

赵世延当时担任四川行省平章政事，铁木迭儿忌恨他曾经劾论过自己，刚担任宰相，就在东宫启奏英宗派人前去逮捕他。赵世延还没有到，铁木迭儿就派人拉拢赵世延，用高官引诱，让他告发当时反对自己的人，赵世延没有答应。到此时，便判处他违诏不敬之罪，命法司穷究，要求将他处以极刑。英宗说："他的罪都是大赦之前的事，理应赦免他。"铁木迭儿答道："过去赵世延与中书省、御史台的诸人谋害老臣，请您追究他们的姓名。"英宗说："这都是赦免前的事了，何必再问。"又过几天，他又奏赵世延应被处以死罪，英宗还是没有答应。有司迎合铁木迭儿的意旨，想锻炼成狱，迫使赵世延自杀，但他始终不屈招，仰赖英宗一向听说赵世延忠良，他才得免一死。

铁木迭儿仗恃权宠，趁机肆其虐毒，睚眦之怨，没有不报复的。英宗觉察到他所谗毁的都是先帝旧臣，更加不满意他的所作所为，就任命拜住担任左丞相，委以心腹大事。铁木迭儿渐渐被疏远，因病死在家中。御史盖继元、宋翼，上疏说他上负国恩，下失民望，生时逃脱显戮，死有余辜。便命令人毁掉所立的石碑，追夺铁木迭儿的官爵以及封赠的诏书，抄没他的全部家产。

明史

明史卷一、二、三

明太祖本纪

太祖开天行道肇纪立极大圣至神仁文义武俊德成功高皇帝，讳元璋，字国瑞，姓朱氏。先世家沛，徙句容，再徙泗州。父世珍，始徙濠州之钟离。生四子，太祖其季也。母陈氏，方娠，梦神授药一丸，置掌中有光，吞之寤，口余香气。及产，红光满室。自是，夜数有光起。邻里望见，惊以为火，辄奔救，至则无有。比长，姿貌雄杰，奇骨贯顶。志意廓然，人莫能测。

至正四年，旱蝗，大饥疫。太祖时年十七，父母兄相继殁，贫不克葬。里人刘继祖与之地，乃克葬，即凤阳陵也。

太祖孤无所依，乃入皇觉寺为僧。逾月，游食合肥。道病，二紫衣人与俱，护视甚至。病已，失所在。凡历光、固、汝、颍诸州三年，复还寺。当是时，元政不纲，盗贼四起。刘福通奉韩山童假宋后起颍，徐寿辉僭帝号起蕲，李二、彭大、赵均用起徐，众各数万，并置将帅，杀吏，侵略郡县，而方国珍已先起海上。他盗拥兵据地，寇掠甚众。天下大乱。

十二年春二月，定远人郭子兴与其党孙德崖等起兵濠州。元将彻里不花惮不敢攻，而日俘良民以邀赏。太祖时年二十五，谋避兵，卜于神，去留皆不吉。乃曰："得毋当举大事乎？"卜之吉，大喜，遂以闰三月甲戌朔入濠见子兴。子兴奇其状貌，留为亲兵。战辄胜。遂妻以所抚马公女，即高皇后也。子兴与德崖龃龉，太祖屡调护之。

秋九月，元兵复徐州，李二走死，彭大、赵均用奔濠，德崖等纳之。子兴礼大而易均用，均用怨之。德崖遂与谋，伺子兴出，执而械诸孙氏，将杀之。太祖方在淮北，闻难驰至，诉于彭大。大怒，呼兵以行，太祖亦甲而拥盾，发屋出子兴，破械，使人负以归，遂免。是冬，元将贾鲁围濠。太祖与子兴力拒之。

十三年春，贾鲁死，围解。太祖收里中兵得七百人。子兴喜，署为镇抚。时彭、赵所部暴横，子兴弱，太祖度无足与共事，乃以兵属他将，独与徐达、汤和、费聚等南略定远。计降驴牌寨民兵三千，与俱东。夜袭元将张知院于横涧山，收其卒二万。道遇定远人李善长，与语大悦，遂与俱攻滁州，下之。

是年，张士诚据高邮，自称诚王。

十四年冬十月，元丞相脱脱大败士诚于高邮，分兵围六合。太祖曰："六合破，滁且不免。"与耿再成军瓦梁垒，救之。力战，卫老弱还滁。元兵寻大至，攻滁，太祖设伏诱败之。然度元兵势盛且再至，乃还所获马，遣父老具牛酒谢元将曰："守城备他盗耳，奈何舍巨寇戮良民？"元兵引去，城赖以完。脱脱既破士诚，军声大振，会中谗，遽解兵柄，江、淮乱益炽。

十五年春正月，子兴用太祖计，遣张天祐等拔和州，檄太祖总其军。太祖虑诸将不相下，秘其檄，期旦日会厅事。时席尚右，诸将先入，皆踞右，太祖故后至就左。比视事，剖决如流，众瞠目不能发一语，始稍稍屈。议分工甓城，期三日。太祖工竣，诸将皆后。于是始出檄，南面坐曰："奉命总诸公兵，今甓城皆后期，如军法何？"诸将皆惶恐谢。乃搜军中所掠妇女纵还家，民大悦。元兵十万攻和，拒守三月，食且尽，而太子秃坚、枢密副使绊住马、民兵元帅陈野先分屯新塘、高望、鸡笼山以绝饷道。太祖率众破之，元兵皆走渡江。三月，郭子兴卒。时刘福通迎立韩山童子林儿于亳，国号宋，建元龙凤。檄子兴子天叙为都元帅，张天祐、太祖为左右副元帅。太祖慨然曰："大丈夫宁能受制于人耶。"遂不受。然念林儿势盛可倚藉，乃用其年号以令军中。

夏四月，常遇春来归。五月，太祖谋渡江，无舟。会巢湖帅廖永安、俞通海以水军千艘来附，太祖大喜，往抚其众。而元中丞蛮子海牙扼铜城闸、马场河诸隘，巢湖舟师不得出。忽大雨，太祖喜曰："天助我也！"遂乘水涨从小港纵舟还，因击海牙于峪溪口，大败之，遂定计渡江。诸将请直趋集庆。太祖曰："取集庆必自采石始。采石重镇，守必固，牛渚前临大江，彼难为备，可必克也。"六月乙卯，乘风引帆，直达牛渚。常遇春先登，拔之。采石兵亦溃。缘江诸垒悉附。

诸将以和州饥，争取资粮谋归。太祖谓徐达曰："渡江幸捷，若舍而归，江东非吾有也。"乃悉断舟缆，放急流中，谓诸将曰："太平甚近，当与公等取之。"遂乘胜拔太平，执万户纳哈出。总管靳义赴水死，太祖曰："义士也。"礼葬之。揭榜禁剽掠。有卒违令，斩以徇，军中肃然。

改路曰府。置太平兴国翼元帅府，自领元帅事，召陶安参幕府事，李习为知府。时太平四面皆元兵。右丞阿鲁灰、中丞蛮子海牙等严师截姑孰口，陈野先水军帅康茂才以数万众攻城。太祖遣徐达、邓愈、汤和逆战，别将潜出其后，夹击之，擒野先并降其众，阿鲁灰等引去。

秋九月，郭天叙、张天祐攻集庆，野先叛，二人皆战死，于是子兴部将尽归太祖矣。野先寻为民兵所杀，从子兆先收其众，屯方山，与海牙掎角以窥太平。

冬十二月壬子，释纳哈出北归。

十六年春二月丙子，大破海牙于采石。三月癸未，进攻集庆，擒兆先，降其众三万六千人，皆疑惧不自保。太祖择骁健者五百人入卫，解甲酣寝达旦，众心始安。庚寅，再败元兵于蒋山。元御史大夫福寿力战死之，蛮子海牙遁归张士诚，康茂才降。太祖入城，悉召官吏父老谕之曰："元政渎扰，干戈蜂起，我来为民除乱耳，其各安堵如故。贤士吾礼用之，旧政不便者除之，吏毋贪暴殃吾民。"民乃大喜过望。改集庆路为应天府，辟夏煜、孙炎、杨宪等十余人，葬御史大夫福寿以旌其忠。

当是时，元将定定扼镇江，别不华、杨仲英屯宁国，青衣军张明鉴据扬州，八思尔不花驻徽州，石抹宜孙守处州，其弟厚孙守婺州，宋伯颜不花守衢州，而池州已为徐寿辉将所据，张士诚自淮东陷平江，转掠浙西。太祖既定集庆，虑士诚、寿辉强，江左、浙右诸郡为所并，于是遣徐达攻镇江，拔之，定定战死。

夏六月，邓愈克广德。

秋七月己卯，诸将奉太祖为吴国公。置江南行中书省，自总省事，置僚佐。贻书张士诚，士诚不报，引兵攻镇江。徐达败之，进围常州，不下。九月戊寅，如镇江，谒孔子庙。遣儒士告谕父老，劝农桑，寻还应天。

十七年春二月，耿炳文克长兴。三月，徐达克常州。

夏四月丁卯，自将攻宁国，取之，别不华降。五月，上元、宁国、句容献瑞麦。六月，赵继祖克江阴。秋七月，徐达克常熟。胡大海克徽州，八思尔不花遁。

冬十月，常遇春克池州，缪大亨克扬州，张明鉴降。十二月己丑，释囚。

是年，徐寿辉将明玉珍据重庆路。

十八年春二月乙亥，以康茂才为营田使。三月己酉，录囚。邓愈克建德路。

夏四月，徐寿辉将陈友谅遣赵普胜陷池州。是月，友谅据龙兴路。五月，刘福通破汴梁，迎韩林儿都之。初，福通遣将分道四出，破山东，寇秦、晋，掠幽、蓟，中原大乱，太祖故得次第略定江表。所过不杀，收召才隽，由是人心日附。

冬十二月，胡大海攻婺州，久不下，太祖自将往击之。石抹宜孙遣将率车师由松溪来援，太祖曰："道狭，车战适取败耳。"命胡德济迎战于梅花门，大破之，婺州降，执厚孙。先一日，城中人望见城西五色云如车盖，以为异，及是乃知为太祖驻兵地。入城，发粟振贫民，改州为宁越府。辟范祖干、叶仪、许元等十三人，分直讲经史。戊子，遣使招谕方国珍。

十九年春正月乙巳，太祖谋取浙东未下诸路。戒诸将曰："克城以武，戡乱以仁。吾比入集庆，秋毫无犯，故一举而定。每闻诸将得一城不妄杀，辄喜不自胜。夫师行如火，不戢将燎原。为将能以不杀为武，岂惟国家之利，子孙实受其福。"庚申，胡大海克诸暨。是月，命宁越知府王宗显立郡学。三月甲午，赦大逆以下。丁巳，方国珍以温、台、庆元来献，遣其子关为质，不受。

夏四月，俞通海等复池州。时耿炳文守长兴，吴良守江阴，汤和守常州，皆数败士诚兵。太祖以故久留宁越，徇浙东。六月壬戌，还应天。

秋八月，元察罕帖木儿复汴梁，福通以林儿退保安丰。九月，常遇春克衢州，擒宋伯颜不花。

冬十月，遣夏煜授方国珍行省平章，国珍以疾辞。十一月壬寅，胡大海克处州，石抹宜孙遁。时元守兵单弱，且闻中原乱，人心离散，以故江左、浙右诸郡，兵至皆下，遂西与友谅邻。

二十年春二月，元福建行省参政袁天禄以福宁降。三月戊子，征刘基、宋濂、章溢、叶琛至。

夏五月，徐达、常遇春败陈友谅于池州。闰月丙辰，友谅陷太平，守将朱文逊，院判花云、王鼎，知府许瑗死之。未几，友谅弑其主徐寿辉，自称皇帝，国号汉，尽有江西、湖广地。约士诚合攻应天，应天大震。诸将议先复太平以牵之，太祖曰："不可。彼居上游，舟师十倍于我，猝难复也。"或请自将迎击，太祖曰："不可。彼以偏师缀我，而全军趋金陵，顺流半日可达，吾步骑急难引还，百里趋战，兵法所忌，非策也。”乃驰谕胡大海捣信州牵其后，而令康茂才以书绐友谅，令速来。友谅果引兵东。于是常遇春伏石灰山，徐达阵南门外，杨璟屯大胜港，张德胜等以舟师出龙江关，太祖亲督军卢龙山。乙丑，友谅至龙湾，众欲战，太祖曰：“天且雨，趣食，乘雨击之。”须臾，果大雨，士卒竞奋，雨止合战，水陆夹击，大破之，友谅乘别舸走。遂复太平，下安庆，而大海亦克信州。

初，太祖令茂才绐友谅，李善长以为疑。太祖曰：“二寇合，吾首尾受敌，惟速其来而先破之，则士诚胆落矣。”已而士诚兵竟不出。丁卯，置儒学提举司，以宋濂为提举，遣子标受经学。六月，耿再成败石抹宜孙于庆元，宜孙战死，遣使祭之。

秋九月，徐寿辉旧将欧普祥以袁州降。

冬十二月，复遣夏煜以书谕国珍。

二十一年春二月甲申，立盐茶课。己亥，置宝源局。三月丁丑，改枢密院为大都督府。元将薛显以泗州降。戊寅，国珍遣使来谢，饰金玉马鞍以献。却之曰：“今有事四方，所需者人材，所用者粟帛，宝玩非所好也。”

秋七月，友谅将张定边陷安庆。八月，遣使于元平章察罕帖木儿。时察罕平山东，降田丰，军声大振，故太祖与通好。会察罕方攻益都未下，太祖乃自将舟师征陈友谅。戊戌，克安庆，友谅将丁普郎、傅友德迎降。壬寅，次湖口，追败友谅于江州，克其城，友谅奔武昌。分徇南康、建昌、饶、蕲、黄、广济，皆下。

冬十一月己未，克抚州。

二十二年春正月，友谅江西行省丞相胡廷瑞以龙兴降。乙卯，如龙兴，改为洪都府。谒孔子庙。告谕父老，除陈氏苛政，罢诸军需，存恤贫无告者，民大悦。袁、瑞、临江、吉安相继下。二月，还应天。邓愈留守洪都。癸未，降人蒋英杀金华守将胡大海，郎中王恺死之，英叛降张士诚。处州降人李祐之闻变，亦杀行枢密院判耿再成反，都事孙炎、知府王道同、元帅朱文刚死之。三月癸亥，降人祝宗、康泰反，陷洪都，邓愈走应天，知府叶琛、都事万思诚死之。是月，明玉珍称帝于重庆，国号夏。

夏四月己卯，邵荣复处州。甲午，徐达复洪都。五月丙午，朱文正、赵德胜、邓愈镇洪都。六月戊寅，察罕以书来报，留我使人不遣。察罕寻为田丰所杀。

秋七月丙辰，平章邵荣、参政赵继祖谋逆，伏诛。

冬十二月，元遣尚书张昶航海至庆元，授太祖江西行省平章政事，不受。察罕子扩廓帖木儿致书归使者。

二十三年春正月丙寅，遣汪河报之。二月壬申，命将士屯田积谷。是月，友谅将张定边陷饶州。士诚将吕珍破安丰，杀刘福通。三月辛丑，太祖自将救安丰，珍败走，以韩林儿归滁州，乃还应天。

夏四月壬戌，友谅大举兵围洪都。乙丑，诸全守将谢再兴叛，附于士诚。五月，筑礼贤馆。友谅分兵陷吉安，参政刘齐、知府朱叔华死之。陷临江，同知赵天麟死之。陷无为州，知州董会死之。

秋七月癸酉，太祖自将救洪都。癸未，次湖口，先伏兵泾江口及南湖觜，遏友谅归路，檄信州兵守武阳渡。友谅闻太祖至，解围，逆战于鄱阳湖。友谅兵号六十万，联巨舟为阵，楼橹高十余丈，绵亘数十里，旌旗戈盾，望之如山。丁亥，遇于康郎山，太祖分军十一队以御之。戊子，合战，徐达击其前锋，俞通海以火炮焚其舟数十，杀伤略相当。友谅骁将张定边直犯太祖舟，舟肢于沙，不得退，危甚。常遇春从旁射中定边，通海复来援，舟骤进水涌，太祖舟乃得脱。己丑，友谅悉巨舰出战，诸将舟小，仰攻不利，有怖色。太祖亲麾之，不前，斩退缩者十余人，人皆殊死战。会日晡，大风起东北，乃命敢死士操七舟，实火药芦苇中，纵火焚友谅舟。风烈火炽，烟焰涨天，湖水尽赤。友谅兵大乱，诸将鼓噪乘之，斩首二千余级，焚溺死者无算，友谅气夺。辛卯，复战，友谅复大败。于是敛舟自守，不敢更战。壬辰，太祖移军扼左蠡，友谅亦退保渚矶。相持三日，其左、右二金吾将军皆降。友谅势益蹙，忿甚，尽杀所获将士。而太祖则悉还所俘，伤者傅以善药，且祭其亲戚诸将阵亡者。八月壬戌，友谅食尽，趋南湖觜，为南湖军所遏，遂突湖口。太祖邀之，顺流搏战，及于泾江。泾江军复遮击之，友谅中流矢死。张定边以其子理奔武昌。

九月，还应天，论功行赏。先是，太祖救安丰，刘基谏不听。至是谓基曰："我不当有安丰之行，使友谅乘虚直捣应天，大事去矣。乃顿兵南昌，不亡何待。友谅亡，天下不难定也。"壬午，自将征陈理。是月，张士诚自称吴王。

冬十月壬寅，围武昌，分徇湖北诸路，皆下。十二月丙申，还应天，常遇春留督诸军。

二十四年春正月丙寅朔，李善长等率群臣劝进，不允。固请，乃即吴王位。建百官。以善长为右相国，徐达为左相国，常遇春、俞通海为平章政事，谕之曰："立国之初，当先正纪纲。元氏暗弱，威福下移，驯至于乱，今宜鉴之。"立子标为世子。二月乙未，复自将征武昌，陈理降，汉、沔、荆、岳皆下。三月乙丑，还应天。丁卯，置起居注。庚午，罢诸翼元帅府，置十七卫亲军指挥使司，命中书省辟文武人材。

夏四月，建祠，祀死事丁普郎等于康郎山，赵德胜等于南昌。

秋七月丁丑，徐达克庐州。戊寅，常遇春徇江西。八月戊戌，复吉安，遂围赣州。达徇荆、湘诸路。九月甲申，下江陵，夷陵、潭、归皆降。

冬十二月庚寅，达克辰州，遣别将下衡州。

二十五年春正月己巳，徐达下宝庆，湖湘平。常遇春克赣州，熊天瑞降。遂趋南安，招谕岭南诸路，下韶州、南雄。甲申，如南昌，执大都督朱文正以归，数其罪，安置桐城。二月己丑，福建行省平章陈友定侵处州，参军胡深击败之，遂下浦城。丙午，士诚将李伯升攻诸全之新城，李文忠大败之。

夏四月庚寅，常遇春徇襄、汉诸路。五月乙亥，克安陆。己卯，下襄阳。六月壬子，朱亮祖、胡深攻建宁，战于城下，深被执，死之。

秋七月，令从渡江士卒被创废疾者养之，死者赡其妻子。九月丙辰，建国子学。

冬十月戊戌，下令讨张士诚。是时，士诚所据，南至绍兴，北有通、泰、高邮、淮安、濠、泗，又北至于济宁。乃命徐达、常遇春等先规取淮东。闰月，围泰州，克之。十一月，张士诚寇宜兴，徐达击败之，遂自宜兴还攻高邮。

二十六年春正月癸未，士诚窥江阴，太祖自将救之，士诚遁，康茂才追败之于浮子门。太祖还应天。二月，明玉珍死，子升自立。三月丙申，令中书严选举。徐达克高邮。

夏四月乙卯，袭破士诚将徐义水军于淮安，义遁，梅思祖以城降。濠、徐、宿三州相继下，淮东平。甲子，如濠州省墓，置守冢二十家，赐故人汪文、刘英粟帛。置酒召父老饮极欢，曰："吾去乡十有余年，艰难百战，乃得归省坟墓，与父老子弟复相见。今苦不得久留欢聚为乐。父老幸教子弟孝弟力田，毋远贾，滨淮郡县尚苦寇掠，父老善自爱。"令有司除租赋，皆顿首谢。辛未，徐达克安丰，分兵败扩廓于徐州。夏五月壬午，至自濠。庚寅，求遗书。

秋八月庚戌，改筑应天城，作新宫钟山之阳。辛亥，命徐达为大将军，常遇春为副将军，帅师二十万讨张士诚。御戟门誓师曰：“城下之日，毋杀掠，毋毁庐舍，毋发丘垄。士诚母葬平江城外，毋侵毁。”既而召问达、遇春，用兵当何先。遇春欲直捣平江。太祖曰：“湖州张天骐、杭州潘原明为士诚臂指，平江穷蹙，两人悉力赴援，难以取胜。不若先攻湖州，使疲于奔命，羽翼既披，平江势孤，立破矣。”甲戌，败张天骐于湖州，士诚亲率兵来援，复败之于皂林。九月乙未，李文忠攻杭州。

冬十月壬子，遇春败士诚兵于乌镇。十一月甲申，张天骐降。辛卯，李文忠下余杭，潘原明降，旁郡悉下。癸卯，围平江。十二月，韩林儿卒。以明年为吴元年，建庙社宫室，祭告山川。所司进宫殿图，命去雕琢奇丽者。

是岁，元扩廓帖木儿与李思齐、张良弼构怨，屡相攻击，朝命不行，中原民益困。

二十七年春正月戊戌，谕中书省曰：“东南久罹兵革，民生凋敝，吾甚悯之。且太平、应天诸郡，吾渡江开创地，供亿烦劳久矣。今比户空虚，有司急催科，重困吾民，将何以堪。其赐太平田租二年，应天、镇江、宁国、广德各一年。”二月丁未，傅友德败扩廓将李二于徐州，执之。三月丁丑，始设文武科取士。

夏四月，方国珍阴遣人通扩廓及陈友定，移书责之。五月己亥，初置翰林院。是月，以旱减膳素食，复徐、宿、濠、泗、寿、邳、东海、安东、襄阳、安陆及新附地田租三年。六月戊辰，大雨，群臣请复膳。太祖曰：“虽雨，伤禾已多，其赐民今年田租。”癸酉，命朝贺罢女乐。

秋七月丙子，给府州县官之任费，赐绮帛及其父母妻长子有差，著为令。己丑，雷震宫门兽吻，赦罪囚。庚寅，遣使责方国珍贡粮。八月癸丑，圜丘、方丘、社稷坛成。九月甲戌，太庙成。朱亮祖帅师讨国珍。戊寅，诏曰：“先王之政，罪不及孥。自今除大逆不道，毋连坐。”辛巳，徐达克平江，执士诚，吴地平。戊戌，遣使致书于元主，送其宗室神保大王等北还。辛丑，论平吴功，封李善长宣国公，徐达信国公，常遇春鄂国公，将士赐赉有差。朱亮祖克台州。癸卯，新宫成。

冬十月甲辰，遣起居注吴琳、魏观以币求遗贤于四方。丙午，令百官礼仪尚左。改李善长左相国，徐达右相国。辛亥，祀元臣余阙于安庆，李黼于江州。壬子，置御史台。癸丑，汤和为征南将军，吴祯副之，讨国珍。甲寅，定律令。戊午，正郊社、太庙雅乐。

庚申，召诸将议北征。太祖曰："山东则王宣反侧，河南则扩廓跋扈，关、陇则李思齐、张思道枭张猜忌，元祚将亡，中原涂炭。今将北伐，拯生民于水火，何以决胜？"遇春对曰："以我百战之师，敌彼久逸之卒，直捣元都，破竹之势也。"太祖曰："元建国百年，守备必固，悬军深入，馈饷不前，援兵四集，危道也。吾欲先取山东，撤彼屏蔽，移兵两河，破其籓篱，拔潼关而守之，扼其户槛。天下形胜入我掌握，然后进兵，元都势孤援绝，不战自克。鼓行而西，云中、九原、关、陇可席卷也。"诸将皆曰善。

甲子，徐达为征虏大将军，常遇春为副将军，帅师二十五万，由淮入河，北取中原。胡廷瑞为征南将军，何文辉为副将军，取福建。湖广行省平章杨璟、左丞周德兴、参政张彬取广西。己巳，朱亮祖克温州。十一月辛巳，汤和克庆元，方国珍遁入海。壬午，徐达克沂州，斩王宣。己丑，廖永忠为征南副将军，自海道会和讨国珍。乙未，颁《大统历》。辛丑，徐达克益都。十二月甲辰，颁律令。丁未，方国珍降，浙东平。张兴祖下东平，兖东州县相继降。己酉，徐达下济南。胡廷瑞下邵武。癸丑，李善长帅百官劝进，表三上，乃许。甲子，告于上帝。庚午，汤和、廖永忠由海道克福州。

洪武元年春正月乙亥，祀天地于南郊，即皇帝位。定有天下之号曰明，建元洪武。追尊高祖考曰玄皇帝，庙号德祖；曾祖考曰恒皇帝，庙号懿祖；祖考曰裕皇帝，庙号熙祖；皇考曰淳皇帝，庙号仁祖；妣皆皇后。立妃马氏为皇后，世子标为皇太子。以李善长、徐达为左、右丞相，诸功臣进爵有差。丙子，颁即位诏于天下。追封皇伯考以下皆为王。辛巳，李善长、徐达等兼东宫官。甲申，遣使核浙西田赋。壬辰，胡廷瑞克建宁。庚子，邓愈为征戍将军，略南阳以北州郡。汤和克延平，执元平章陈友定，福建平。是月，天下府州县官来朝。谕曰："天下始定，民财力俱困，要在休养安息，惟廉者能约己而利人，勉之。"二月壬寅，定郊社宗庙礼，岁必亲祀以为常。癸卯，汤和提督海运。廖永忠为征南将军，朱亮祖副之，由海道取广东。丁未，以太牢祀先师孔子于国学。戊申，祀社稷。壬子，诏衣冠如唐制。癸丑，常遇春克东昌，山东平。甲寅，杨璟克宝庆。三月辛未，诏儒臣修女诫，戒后妃毋预政。壬申，周德兴克全州。丁酉，邓愈克南阳。己亥，徐达徇汴梁，左君弼降。

夏四月辛丑，蕲州进竹簟，却之，命四方毋妄献。廖永忠师至广州，元守臣何真降，广东平。丁未，祫享太庙。戊申，徐达、常遇春大破元兵于洛水北，遂围河南。梁王阿鲁温降，河南平。丁巳，杨璟克永州。甲子，幸汴梁。丙寅，冯胜克潼关，李思齐、张思道遁。五月己卯，廖永忠下梧州，浔、贵、容、郁林诸州皆降。辛卯，改汴梁路为开封府。六月庚子，徐达朝行在。甲辰，海南、海北诸道降。壬戌，杨璟、朱亮祖克靖江。

秋七月戊子，廖永忠下象州，广西平。庚寅，振恤中原贫民。辛卯，将还应天，谕达等曰："中原之民，久为群雄所苦，流离相望，故命将北征，拯民水火。元祖宗功德在人，其子孙罔恤民隐，天厌弃之。君则有罪，民复何辜。前代革命之际，肆行屠戮，违天虐民，朕实不忍。诸将克城，毋肆焚掠妄杀人，元之宗戚，咸俾保全。庶几上答天心，下慰人望，以副朕伐罪安民之意。不恭命者罚无赦。"丙申，命冯胜留守开封。闰月丁未，至自开封。己酉，徐达会诸将兵于临清。壬子，常遇春克德州。丙寅，克通州，元帝趋上都。是月，征天下贤才为守令。免吴江、庆德、太平、宁国、滁、和被灾田租。

八月己巳，以应天为南京，开封为北京。庚午，徐达入元都，封府库图籍，守宫门，禁士卒侵暴，遣将巡古北口诸隘。壬申，以京师火，四方水旱，诏中书省集议便民事。丁丑，定六部官制。御史中丞刘基致仕。己卯，赦殊死以下。将士从征者恤其家，逋逃许自首。新克州郡毋妄杀。输赋道远者，官为转运，灾荒以实闻。免镇江租税。避乱民复业者，听垦荒地，复三年。衍圣公袭封及授曲阜知县，并如前代制。有司以礼聘致贤士，学校毋事虚文。平刑，毋非时决囚。除书籍田器税，民间逋负免征。蒙古、色目人有才能者，许擢用。鳏寡孤独废疾者，存恤之。民年七十以上，一子复。他利害当兴革不在诏内者，有司具以闻。壬午，幸北京。改大都路曰北平府。征元故臣。癸未，诏徐达、常遇春取山西。甲午，放元宫人。九月癸亥，诏曰："天下之治，天下之贤共理之。今贤士多隐岩穴，岂有司失于敦劝欤，朝廷疏于礼待欤，抑朕寡昧不足致贤，将在位者壅蔽使不上达欤。不然，贤士大夫，幼学壮行，岂甘没世而已哉。天下甫定，朕愿与诸儒讲明治道。有能辅朕济民者，有司礼遣。”乙丑，常遇春下保定，遂下真定。

冬十月庚午，冯胜、汤和下怀庆，泽、潞相继下。丁丑，至自北京。戊寅，以元都平，诏天下。十一月己亥，遣使分行天下，访求贤才。庚子，始祀上帝于圜丘。癸亥，诏刘基还。十二月丁卯，徐达克太原，扩廓帖木儿走甘肃，山西平。己巳，置登闻鼓。壬辰，以书谕明升。

二年春正月乙巳，立功臣庙于鸡笼山。丁未，享太庙。庚戌，诏曰："朕淮右布衣，因天下乱，率众渡江，保民图治，今十有五年。荷天眷祐，悉皆戡定。用是命将北征，齐、鲁之民馈粮给军，不惮千里。朕轸厥劳，已免元年田租。遭旱民未苏，其更赐一年。顷者，大军平燕都，下晋、冀，民被兵燹，困征敛，北平、燕南、河东、山西今年田租亦与蠲免。河南诸郡归附，久欲惠之，西北未平，师过其地，是以未遑。今晋、冀平矣，西抵潼关，北界大河，南至唐、邓、光、息，今年税粮悉除之。"又诏曰："应天、太平、镇江、宣城、广德供亿浩穰。去岁蠲租，遇旱惠不及下。其再免诸郡及无为州今年租税。"庚申，常遇春取大同。是月，倭寇山东滨海郡县。二月丙寅朔，诏修元史。壬午，耕耤田。三月庚子，徐达至奉元，张思道遁。振陕西饥，户米三石。丙午，常遇春至凤翔，李思齐奔临洮。

夏四月丙寅，遇春还师北平。己巳，诸王子受经于博士孔克仁。令功臣子弟入学。乙亥，编《祖训录》，定封建诸王之制。徐达下巩昌。丙子，赐秦、陇新附州县税粮。丁丑，冯胜至临洮，李思齐降。乙酉，徐达袭破元豫王于西宁。五月甲午朔，日有食之。丁酉，徐达下平凉、延安。张良臣以庆阳降，寻叛。癸卯，始祀地于方丘。六月己卯，常遇春克开平，元帝北走。壬午，封陈日煃为安南国王。

秋七月己亥，鄂国公常遇春卒于军，诏李文忠领其众。辛亥，扩廓帖木儿遣将破原州、泾州。辛酉，冯胜击走之。丙辰，明升遣使来。八月丙寅，元兵攻大同，李文忠击败之。己巳，定内侍官制。谕吏部曰："内臣但备使令，毋多人。古来若辈擅权，可为鉴戒。驭之之道，当使之畏法，勿令有功，有功则骄恣矣。"癸酉，《元史》成。丙子，封王颛为高丽国王。癸未，徐达克庆阳，斩张良臣，陕西平。是月，命儒臣纂礼书。九月辛丑，召徐达、汤和还，冯胜留总军事。癸卯，以临濠为中都。戊午，征南师还。

冬十月壬戌，遣杨璟谕明升。甲戌，甘露降于钟山，群臣请告庙，不许。辛卯，诏天下郡县立学。是月，遣使贻元帝书。十一月乙巳，祀上帝于圜丘，以仁祖配。十二月甲戌，封阿答阿者为占城国王。甲申，振西安诸府饥，户米二石。己丑，大赉平定中原及征南将士。庚寅，扩廓帖木儿攻兰州，指挥于光死之。

是年，占城、安南、高丽入贡。

三年春正月癸巳，徐达为征虏大将军，李文忠、冯胜、邓愈、汤和副之，分道北征。二月癸未，追封郭子兴滁阳王。戊子，诏求贤才可任六部者。是月，李文忠下兴和，进兵察罕脑儿，执元平章竹贞。三月庚寅，免南畿，河南，山东，北平，浙东，江西广信，饶州今年田租。

夏四月乙丑，封皇子樉为秦王，棡晋王，棣燕王，橚吴王，桢楚王，榑齐王，梓潭王，杞赵王，檀鲁王，从孙守谦靖江王。徐达大破扩廓帖木儿于沈儿峪，尽降其众，扩廓走和林。丙戌，元帝崩于应昌，子爱猷识理达腊嗣。是月，慈利土官覃垕作乱。五月己丑，徐达取兴元。分遣邓愈招谕吐蕃。丁酉，诏守令举学识笃行之士。己亥，设科取士。甲辰，李文忠克应昌。元嗣君北走，获其子买的里八剌，降五万余人，穷追至北庆州，不及而还。丁未，诏行大射礼。戊申，祀地于方丘，以仁祖配。辛亥，徐达下兴元。邓愈克河州。丁巳，诏开国时将帅无嗣者禄其家。是月旱，斋戒，后妃亲执爨，皇太子诸王馈于斋所。六月戊午朔，素服草屦，步祷山川坛，露宿凡三日，还斋于西庑。辛酉，赉将士，省狱囚，命有司访求通经术明治道者。壬戌，大雨。壬申，李文忠捷奏至，命仕元者勿贺。谥元主曰顺帝。癸酉，买的里八剌至京师，群臣请献俘。帝曰："武王伐殷用之乎？"省臣以唐太宗尝行之对。帝曰："太宗是待王世充耳。若遇隋之子孙，恐不尔也。"遂不许。又以捷奏多侈辞，谓宰相曰："元主中国百年，朕与卿等父母皆赖其生养，奈何为此浮薄之言，亟改之。"乙亥，封买的里八剌为崇礼侯。丙子，告捷于南郊。丁丑，告太庙，诏示天下。辛巳，徙苏州、松江、嘉兴、湖州、杭州民无业者田临濠，给资粮牛种，复三年。是月，倭寇山东、浙江、福建滨海州县。

秋七月丙辰，明升将吴友仁寇汉中，参政傅友德击却之。中书左丞杨宪有罪诛。八月乙酉，遣使瘗中原遗骸。

冬十月丙辰，诏儒士更直午门，为武臣讲经史。癸亥，周德兴为征南将军，讨覃垕，垕遁。辛巳，贻元嗣君书。十一月壬辰，北征师还。

甲午，告武成于郊庙。丙申，大封功臣。进李善长韩国公，徐达魏国公，封李文忠曹国公，冯胜宋国公，邓愈卫国公，常遇春子茂郑国公，汤和等侯者二十八人。己亥，设坛亲祭战没将士。庚戌，有事于圜丘。辛亥，诏户部置户籍、户帖，岁计登耗以闻，著为令。乙卯，封中书右丞汪广洋忠勤伯，御史中丞刘基诚意伯。十二月癸亥，复贻元嗣君书，并谕和林诸部。甲子，建奉先殿。庚午，遣使祭历代帝王陵寝，并加修葺。己卯，赐勋臣田。壬午，以正月至是月，日中屡有黑子，诏廷臣言得失。

是年，占城、爪哇、西洋入贡。

四年春正月丙戌，李善长罢，汪广洋为右丞相。丁亥，中山侯汤和为征西将军，江夏侯周德兴、德庆侯廖永忠副之，率舟师由瞿塘，颍川侯傅友德为征虏前将军，济宁侯顾时副之，率步骑由秦、陇伐蜀。魏国公徐达练兵北平。戊子，卫国公邓愈督饷给征蜀军。庚寅，建郊庙于中都。丁未，诏设科取士连举三年，嗣后三年一举。戊申，免山西旱灾田租。二月甲戌，幸中都。壬午，至自中都。元平章刘益以辽东降。是月，蠲太平、镇江、宁国田租。三月乙酉朔，始策试天下贡士，赐吴伯宗等进士及第、出身有差。乙巳，徙山后民万七千户屯北平。丁未，诚意伯刘基致仕。

夏四月丙戌，傅友德克阶州，文、隆、绵三州相继下。五月，免江西、浙江秋粮。六月壬午，傅友德克汉州。辛卯，廖永忠克夔州。戊戌，明升将丁世贞破文州，守将朱显忠死之。癸卯，汤和至重庆，明升降。戊申，倭寇胶州。是月，徙山后民三万五千户于内地，又徙沙漠遗民三万二千户屯田北平。

秋七月辛亥，徐达练兵山西。辛酉，傅友德下成都，四川平。乙丑，明升至京师，封归义侯。八月甲午，免中都、淮、扬及泰、滁、无为田租。己酉，振陕西饥。是月，高州海寇乱，通判王名善死之。九月庚戌朔，日有食之。

冬十月丙申，征蜀师还。十一月丙辰，有事于圜丘。庚申，命官吏犯赃者罪勿贷。是月，免陕西、河南被灾田租。十二月，徐达还。

是年，安南、浡泥、高丽、三佛齐、暹罗、日本、真腊入贡。

五年春正月癸丑，待制王祎使云南，诏谕元梁王把匝剌瓦尔密。祎至，不屈死。乙丑，徙陈理、明升于高丽。甲戌，魏国公徐达为征虏大将军，出雁门，趋和林，曹国公李文忠为左副将军，出应昌，宋国公冯胜为征西将军，取甘肃，征扩廓帖木儿。靖海侯吴祯督海运，饷辽东。卫国公邓愈为征南将军，江夏侯周德兴、江阴侯吴良副之，分道讨湖南、广西洞蛮。二月丙戌，安南陈叔明弑其主日熞自立，遣使入贡，却之。三月丁卯，都督佥事蓝玉败扩廓于土剌河。

夏四月己卯，振济南、莱州饥。戊戌，始行乡饮酒礼。庚子，邓愈平散毛诸洞蛮。五月壬子，徐达及元兵战于岭北，败绩。是月，诏曰："天下大定，礼仪风俗不可不正。诸遭乱为人奴隶者复为民。冻馁者里中富室假贷之，孤寡残疾者官养之，毋失所。乡党论齿，相见揖拜，毋违礼。婚姻毋论财。丧事称家有无，毋惑阴阳拘忌，停柩暴露。流民复业者各就丁力耕种，毋以旧田为限。僧道斋醮杂男女，恣饮食，有司严治之。闽、粤豪家毋阉人子为火者，犯者抵罪。"六月丙子，定宦官禁令。丁丑，定宫官女职之制。戊寅，冯胜克甘肃，追败元兵于瓜、沙州。癸巳，定六部职掌及岁终考绩法。壬寅，吴良平靖州蛮。甲辰，李文忠败元兵于阿鲁浑河，宣宁侯曹良臣战没。乙巳，作铁榜诫功臣。是月，振山东饥，免被灾郡县田租。

秋七月丙辰，汤和及元兵战于断头山，败绩。八月丙申，吴良平五开、古州诸蛮。甲辰，元兵犯云内，同知黄里死之。九月戊午，周德兴平婪凤、安田诸蛮。

冬十月丁酉，冯胜师还。是月，免应天、太平、镇江、宁国、广德田租。十一月辛酉，有事于圜丘。甲子，征南师还。壬申，纳哈出犯辽东。是月，召徐达、李文忠还。十二月甲戌，诏以农桑学校课有司。辛巳，命百官奏事启皇太子。庚子，邓愈为征西将军，征吐蕃。壬寅，贻元嗣君书。

是年，琐里、占城、高丽、琉球、乌斯藏入贡。高丽贡使再至，谕自后三年一贡。

六年春正月甲寅，谪汪广洋为广东参政。二月乙未，谕暂罢科举，察举贤才。壬寅，命御史及按察使考察有司。三月癸卯朔，日有食之。颁《昭鉴录》，训诫诸王。戊申，太阅。壬子，徐达为征虏大将军，李文忠、冯胜、邓愈、汤和副之，备边山西、北平。甲子，指挥使于显为总兵官，备倭。

夏四月己丑，令有司上山川险易图。六月壬午，盱眙献瑞麦，荐宗庙。壬辰，扩廓帖木儿遣兵攻雁门，指挥吴均击却之。是月，免北平、河间、河南、开封、延安、汾州被灾田租。

秋七月壬寅，命户部稽渡江以来各省水旱灾伤分数，优恤之。壬子，胡惟庸为右丞相。八月乙亥，诏祀三皇及历代帝王。

冬十月辛巳，召徐达、冯胜还。十一月壬子，扩廓帖木儿犯大同，徐达遣将击败之，达仍留镇。甲子，遣兵部尚书刘仁振真定饥。丙寅，冬至，帝不豫，改卜郊。闰月乙亥，录故功臣子孙未嗣者二百九人。壬午，有事于圜丘。庚寅，颁定《大明律》。

是年，暹罗、高丽、占城、真腊、三佛齐入贡。命安南陈叔明权知国事。

秋八月，命天下学校师生，日给廪膳。九月辛卯，景川侯曹震、营阳侯杨璟、永城侯薛显屯田北平。乙巳，天寿节，始受群臣朝贺，赐宴于谨身殿，后以为常。丙午，置四辅官，告于太庙。以儒士王本、杜佑、龚敩、杜敩、赵民望、吴源为春、夏官。是月，诏陕西卫军以三分之二屯田。安置翰林学士承旨宋濂于茂州，道卒。

冬十一月乙未，徐达还。丙午，元平章完者不花、乃儿不花犯永平，指挥刘广战没，千户王辂击败之，擒完者不花。十二月，天下府州县所举士至者八百六十余人，授官有差。南雄侯赵庸镇广东，讨阳春蛮。

是年，琉球、日本、安南、占城、真腊、爪哇入贡，日本以无表却之。

十四年春正月戊子，徐达为征虏大将军，汤和、傅友德为左、右副将军，帅师讨乃儿不花。命新授官者各举所知。乙未，大祀天地于南郊。壬子，罢天下岁造兵器。癸丑，命公侯子弟入国学。丙辰，诏求隐逸。二月庚辰，核天下官田。三月丙戌，大赦。辛丑，颁《五经》《四书》于北方学校。

夏四月庚午，徐达率诸将出塞，至北黄河，击破元兵，获全宁四部以归。五月，五溪蛮叛，江夏侯周德兴讨平之。

秋八月丙子，诏求明经老成之士，有司礼送京师。庚辰，河决原武、祥符、中牟。辛巳，徐达还。九月壬午朔，傅友德为征南将军，蓝玉、沐英为左、右副将军，帅师征云南。徐达镇北平。丙午，周德兴移师讨施州蛮，平之。

冬十月壬子朔，日有食之。癸丑，命法司录囚，会翰林院给事中及春坊官会议平允以闻。甲寅，免应天、太平、应德、镇江、宁国田租。癸亥，分遣御史录囚。己卯，延安侯唐胜宗帅师讨浙东山寇，平之。十一月壬午，吉安侯陆仲亨镇成都。庚戌，赵庸讨广州海寇，大破之。十二月丁巳，命翰林春坊官考驳诸司章奏。戊辰，傅友德大败元兵于白石江，遂下曲靖。壬申，元梁王把匝剌瓦尔密走普宁自杀。

是年，暹罗、安南、爪哇、朵甘、乌斯藏入贡。以安南寇思明，不纳。

十五年春正月辛巳，宴群臣于谨身殿，始用九奏乐。景川侯曹震、定远侯王弼下威楚路。壬午，元曲靖宣慰司及中庆、澄江、武定诸路俱降，云南平。己丑，减大辟囚。乙未，大祀天地于南郊。庚戌，命天下朝觐官各举所知一人。二月壬子，河决河南，命驸马都尉李祺振之。甲寅，以云南平，诏天下。闰月癸卯，蓝玉、沐英克大理，分兵徇鹤庆、丽江、金齿，俱下。三月庚午，河决朝邑。

夏四月甲申，迁元梁王把匝剌瓦儿密及威顺王子伯伯等家属于耽罗。丙戌，诏天下通祀孔子。壬辰，免畿内、浙江、江西、河南、山东税粮。五月乙丑，太学成，释奠于先师孔子。丙子，广平府吏王允道请开磁州铁冶。帝曰："朕闻王者使天下无遗贤，不闻无遗利。今军器不乏，而民业已定，无益于国，且重扰民。"杖之，流岭南。丁丑，遣行人访经明行修之士。

秋七月乙卯，河决荥泽、阳武。辛酉，罢四辅官。乙亥，傅友德、沐英击乌撒蛮，大败之。八月丁丑，复设科取士，三年一行，为定制。丙戌，皇后崩。己丑，延安侯唐胜宗、长兴侯耿炳文屯田陕西。丁酉，擢秀才曾泰为户部尚书。辛丑，命征至秀才分六科试用。九月己酉，吏部以经明行修之士郑韬等三千七百余人入见，令举所知，复遣使征之。赐韬等钞，寻各授布政使、参政等官有差。庚午，葬孝慈皇后于孝陵。

冬十月丙子，置都察院。丙申，录囚。甲辰，徐达还。是月，广东群盗平，诏赵庸班师。十一月戊午，置殿阁大学士，以邵质、吴伯宗、宋讷、吴沉为之。十二月辛卯，振北平被灾屯田士卒。乙亥，永城侯薛显理山西军务。

是年，爪哇、琉球、乌斯藏、占城入贡。

十六年春正月乙卯，大祀天地于南郊。戊午，徐达镇北平。二月丙申，初命天下学校岁贡士于京师。三月甲辰，召征南师还，沐英留镇云南。丙寅，复凤阳、临淮二县民徭赋，世世无所与。

夏五月庚申，免畿内各府田租。六月辛卯，免畿内十二州县养马户田租一年，滁州免二年。

秋七月，分遣御史录囚。八月壬申朔，日有食之。九月癸亥，申国公邓镇为征南将军，讨龙泉山寇，平之。

冬十月丁丑，召徐达等还。十二月甲午，刑部尚书开济有罪诛。

是年，琉球、占城、西番、打箭炉、暹罗、须文达那入贡。

十七年春正月丁未，太祀天地於南郊。戊申，徐达镇北平。壬戌，汤和巡视沿海诸城防倭。三月戊戌朔，颁科举取士式。曹国公李文忠卒。甲子，大赦天下。

夏四月壬午，论平云南功，进封傅友德颍国公，陈桓等侯者四人，大赉将士。庚寅，收阵亡遗骸。增筑国子学舍。五月丙寅，凉州指挥宋晟讨西番于亦集乃，败之。

秋七月戊戌，禁内官预外事，敕诸司毋通内官监文移。癸丑，诏百官迎养父母者，官给舟车。丁巳，免畿内今年田租之半。庚申，录囚。壬戌，盱眙人献天书，斩之。八月丙寅，河决开封。壬申，决杞县，遣官塞之。己丑，蠲河南诸省逋赋。

冬十月丙子，河南、北平大水，分遣驸马都尉李祺等振之。闰月癸丑，诏天下罪囚，刑部、都察院详议，大理寺覆谳后奏决。是月，召徐达还。十二月壬子，蠲云南逋赋。

是年，琉球、暹罗、安南、占城入贡。

十八年春正月辛未，大祀天地于南郊。癸酉，朝觐官分五等考绩，黜陟有差。二月甲辰，以久阴雨雷雹，诏臣民极言得失。己未，魏国公徐达卒。三月壬戌，赐丁显等进士及第、出身有差。诏中外官父母殁任所者，有司给舟车归其丧，著为令。乙亥，免畿内今年田租。命天下郡县瘗暴骨。丙子，初选进士为翰林院、承敕监、六科庶吉士。己丑，户部侍郎郭桓坐盗官粮诛。

夏四月丁酉，吏部尚书余炨以罪诛。丙辰，思州蛮叛，汤和为征虏将军，周德兴为副将军，帅师从楚王桢讨之。六月戊申，定外官三年一朝，著为令。

秋七月甲戌，封王偶为高丽国王。庚辰，五开蛮叛。八月庚戌，冯胜、傅友德、蓝玉备边北平。是月，振河南水灾。

冬十月己丑，颁《大诰》于天下。癸卯，召冯胜还。甲辰，诏曰："孟子传道，有功名教。历年既久，子孙甚微。近有以罪输作者，岂礼先贤之意哉。其加意询访，凡圣贤后裔输作者，皆免之。"是月，楚王桢、信国公汤和讨平五开蛮。十一月乙亥，蠲河南、山东、北平田租。十二月丙午，诏有司举孝廉。癸丑，麓川平缅宣慰使思伦发反，都督冯诚败绩，千户王升死之。

是年，高丽、琉球、安南、暹罗入贡。

十九年春正月辛酉，振大名及江浦水灾。甲子，大祀天地于南郊。是月，征蛮师还。二月丙申，耕耤田，癸丑，振河南饥。

夏四月甲辰，诏赎河南饥民所鬻子女。六月甲辰，诏有司存问高年。贫民年八十以上，月给米五斗，酒三斗，肉五斤；九十以上，岁加帛一匹，絮一斤；有田产者罢给米。应天、凤阳富民年八十以上赐爵社士，九十以上乡士；天下富民八十以上里士，九十以上社士。皆与县官均礼，复其家。鳏寡孤独不能自存者，岁给米六石。士卒战伤除其籍，赐复三年。将校阵亡，其子世袭加一秩。岩穴之士，以礼聘遣。丁未，振青州及郑州饥。

秋七月癸未，诏举经明行修练达时务之士。年六十以上者，置翰林备顾问；六十以下，于六部、布按二司用之。八月甲辰，命皇太子修泗州盱眙祖陵，葬德祖以下帝后冕服。九月庚申，屯田云南。

冬十月，命官军已亡子女幼或父母老者皆给全俸，著为令。十二月癸未朔，日有食之。是月，命宋国公冯胜分兵防边。发北平、山东、山西、河南民运粮于大宁。

是年，高丽、琉球、暹罗、占城、安南入贡。

二十年春正月癸丑，冯胜为征虏大将军，傅友德、蓝玉副之，率师征纳哈出。焚锦衣卫刑具，以系囚付刑部。甲子，大祀天地于南郊。礼成，天气清明。侍臣进曰："此陛下敬天之诚所致。"帝曰："所谓敬天者，不独严而有礼，当有其实。天以子民之任付于君，为君者欲求事天，必先恤民。恤民者，事天之实也。即如国家命人任守令之事，若不能福民，则是弃君之命，不敬孰大焉。"又曰："为人君者，父天母地子民，皆职分之所当尽，祀天地，非祈福于己，实为天下苍生也。"二月壬午，阅武。乙未，耕耤田。三月辛亥，冯胜率师出松亭关，城大宁、宽河、会州、富峪。

夏四月戊子，江夏侯周德兴筑福建濒海城，练兵防倭。六月庚子，临江侯陈镛从征失道，战没。癸卯，冯胜兵逾金山。丁未，纳哈出降。闰月庚申，师还次金山，都督濮英殿军遇伏，死之。

秋八月癸酉，收冯胜将军印，召还，蓝玉摄军事。景川侯曹震屯田云南品甸。九月戊寅，封纳哈出海西侯。癸未，置大宁都指挥使司。丁酉，安置郑国公常茂于龙州。丁未，蓝玉为征虏大将军，延安侯唐胜宗、武定侯郭英副之，北征沙漠。是月，城西宁。

冬十月戊申，封朱寿为舳舻侯，张赫为航海侯，是月，冯胜罢归凤阳，奉朝请。十一月壬午，普定侯陈桓、靖宁侯叶升屯田定边、姚安、毕节诸卫。己丑，汤和还，凡筑宁海、临山等五十九城。十二月，振登、莱饥。

是年，琉球、安南、高丽、占城、真腊、朵甘、乌斯藏入贡。

二十一年春正月辛巳，麓川蛮思伦发入寇马龙他郎甸，都督宁正击败之。辛卯，大祀天地于南郊。甲午，振青州饥，逮治有司匿不以闻者。三月乙亥，赐任亨泰等进士及第、出身有差。丙戌，振东昌饥。甲辰，沐英讨思伦发败之。

夏四月丙辰，蓝玉袭破元嗣君于捕鱼儿海，获其次子地保奴及妃主王公以下数万人而还。五月甲戌朔，日有食之。六月甲辰，信国公汤和归凤阳。甲子，傅友德为征南将军，沐英、陈桓为左、右副将军，帅师讨东川叛蛮。

秋七月戊寅，安置地保奴于琉球。八月癸丑，徙泽、潞民无业者垦河南、北田，赐钞备农具，复三年。丁卯，蓝玉师还，大赉北征将士。戊辰，封孙恪为全宁侯。是月，御制八谕饬武臣。九月丙戌，秦、晋、燕、周、楚、齐、湘、鲁、潭九王来朝。癸巳，越州蛮阿资叛，沐英会傅友德讨之。

冬十月丁未，东川蛮平。十二月壬戌，进封蓝玉凉国公。

是年，高丽、古城、琉球、暹罗、真腊、撒马儿罕、安南入贡。诏安南三岁一朝，象犀之属毋献。安南黎季犛弑其主炜。

二十二年春正月丙戌，改大宗正院曰宗人府，以秦王樉为宗人令，晋王棡、燕王棣为左、右宗正，周王橚、楚王桢为左、右宗人。丁亥，大祀天地于南郊。乙未，傅友德破阿资于普安。二月己未，蓝玉练兵四川。壬戌，禁武臣预民事。癸亥，湖广千户夏得忠结九溪蛮作乱，靖宁侯叶升讨平之，得忠伏诛。是月，阿资降。三月庚午，傅友德帅诸将分屯四川、湖广，防西南蛮。

夏四月己亥，徙江南民田淮南，赐钞备农具，复三年。癸丑，魏国公徐允恭、开国公常升等练兵湖广。甲寅，徙元降王于眈罗。是月，遣御史按山东官匿灾不奏者。五月辛卯，置泰宁、朵颜、福余三卫于兀良哈。

秋七月，傅友德等还。八月乙卯，诏天下举高年有德识时务者。是月，更定《大明律》。九月丙寅朔，日有食之。

冬十一月丙寅，宣德侯金镇等练兵湖广。己卯，思伦发入贡谢罪，麓川平。十二月甲辰，周王橚有罪，迁云南，寻罢徙，留居京师。定远侯王弼等练兵山西、河南、陕西。

是年，高丽、安南、占城、暹罗、真腊入贡。元也速迭儿弑其主脱古思帖木儿而立坤帖木儿。高丽废其主禑，又废其主昌。安南黎季犛复弑其主日焜。

二十三年春正月丁卯，晋王㭎、燕王棣帅师征元丞相咬住、太尉乃儿不花，征虏前将军颍国公傅友德等皆听节制。己卯，大祀天地于南郊。庚辰，贵州蛮叛，延安侯唐胜宗讨平之。乙酉，齐王榑帅师从燕王棣北征。赣州贼为乱，东川侯胡海充总兵官，普定侯陈桓、靖宁侯叶升为副将，讨平之。唐胜宗督贵州各卫屯田。二月戊申，蓝玉讨平西番叛蛮。丙辰，耕耤田。癸亥，河决归德，发诸军民塞之。三月癸巳，燕王棣师次迤都，咬住等降。

夏四月，吉安侯陆仲亨等坐胡惟庸党下狱。丙申，潭王梓自焚死。闰月丙子，蓝玉平施南、忠建叛蛮。五月甲午，遣诸公侯还里，赐金币有差。乙卯，赐太师韩国公李善长死，陆仲亨等皆坐诛。作《昭示奸党录》，布告天下。六月乙丑，蓝玉遣凤翔侯张龙平都匀、散毛诸蛮。庚寅，授耆民有才德知典故者官。

秋七月壬辰，河决开封，振之。癸巳，崇明、海门风雨海溢，遣官振之，发民二十五万筑堤。八月壬申，诏毋以吏卒充选举。蓝玉还。是月，振河南、北平、山东水灾。九月庚寅朔，日有食之。

冬十月己卯，振湖广饥。十一月癸丑，免山东被灾田租。十二月癸亥，令殊死以下囚输粟北边自赎。壬申，罢天下岁织文绮。

是年，墨剌、哈梅里、高丽、占城、真腊、琉球、暹罗入贡。

二十四年春正月癸卯，大祀天地于南郊。戊申，颍国公傅友德为征虏将军，定远侯王弼、武定侯郭英副之，备北平边。丁巳，免山东田租。二月壬申，耕耤田。三月戊子朔，日有食之。魏国公徐辉祖、曹国公李景隆、凉国公蓝玉等备边陕西。乙未，靖宁侯叶升练兵甘肃。丁酉，赐许观等进士及第、出身有差。

夏四月辛未，封皇子旃为庆王，权宁王，楩岷王，橞谷王，松韩王，模沈王，楹安王，桱唐王，栋郢王，㰘伊王。癸未，燕王棣督傅友德诸将出塞，败敌而还。五月戊戌，汉、卫、谷、庆、宁、岷六王练兵临清。六月己未，诏廷臣参考历代礼制，更定冠服、居室、器用制度。甲子，久旱录囚。

秋七月庚子，徙富民实京师。辛丑，免畿内官田租之半。八月乙卯，秦王樉有罪，召还京师。乙丑，皇太子巡抚陕西。乙亥，都督佥事刘真、宋晟讨哈梅里，败之。九月乙酉，遣使谕西域。是月，倭寇雷州，百户李玉、镇抚陶鼎战死。

冬十月丁巳，免北平、河间被水田租。十一月甲午，五开蛮叛，都督佥事茅鼎讨平之。庚戌，皇太子还京师，晋王㭎来朝。辛亥，振河南水灾。十二月庚午，周王橚复国。辛巳，阿资复叛，都督佥事何福讨降之。

是年，天下郡县赋役黄册成，计户千六十八万四千四百三十五，丁五千六百七十七万四千五百六十一。琉球、暹罗、别失八里、撒马儿罕入贡。以占城有篡逆事，却之。

二十五年春正月戊子，周王橚来朝，庚寅，河决阳武，发军民塞之，免被水田租。乙未，大祀天地于南郊。何福讨都匀、毕节诸蛮，平之。辛丑，令死囚输粟塞下。壬寅，晋王㭎、燕王棣、楚王桢、湘王柏来朝。二月戊午，召曹国公李景隆等还京师。靖宁侯叶升等练兵于河南及临、巩、甘、凉、延庆。都督茅鼎等平五开蛮。丙寅，耕耤田。庚辰，诏天下卫所军以十之七屯田。三月癸未，冯胜等十四人分理陕西、山西、河南诸卫军务。庚寅，改封豫王桂为代王，汉王楧为肃王，卫王植为辽王。

夏四月壬子，凉国公蓝玉征罕东。癸丑，建昌卫指挥月鲁帖木儿叛，指挥鲁毅败之。丙子，皇太子标薨。戊寅，都督聂纬、徐司马、瞿能讨月鲁帖木儿，俟蓝玉还，并听节制。五月辛巳，蓝玉至罕东，寇遁，遂趋建昌。己丑，振陈州原武水灾。六月丁卯，西平侯沐英卒于云南。

秋七月庚辰，秦王樉复国。癸未，指挥瞿能败月鲁帖木儿于双狼寨。八月己未，江夏侯周德兴坐事诛。丁卯，冯胜、傅友德帅开国公常升等分行山西，籍民为军，屯田于大同、东胜，立十六卫。甲戌，给公侯岁禄，归赐田于官。丙子，靖宁侯叶升坐胡惟庸党诛。九月庚寅，立皇孙允炆为皇太孙。高丽李成桂幽其主瑶而自立，以国人表来请命，诏听之，更其国号曰朝鲜。

冬十月乙亥，沐春袭封西平侯，镇云南。十一月甲午，蓝玉擒月鲁帖木儿，诛之，召玉还。十二月甲戌，宋国公冯胜、颍国公傅友德等兼东宫师保官。闰月戊戌，冯胜为总兵官，傅友德副之，练兵山西、河南，兼领屯卫。

是年，琉球中山、山南、高丽，哈梅里入贡。

二十六年春正月戊申，免天下耆民来朝。辛酉，大祀天地于南郊。二月丁丑，晋王㭎统山西、河南军出塞，召冯胜、傅友德、常升、王弼等还。乙酉，蜀王椿来朝。凉国公蓝玉以谋反，并鹤庆侯张翼、普定侯陈桓、景川侯曹震、舳舻侯朱寿、东莞伯何荣、吏部尚书詹徽等皆坐诛。己丑，颁《逆臣录》于天下。庚寅，耕耤田。三月辛亥，代王桂率护卫兵出塞，听晋王节制。长兴侯耿炳文练兵陕西。丙辰，冯胜、傅友德备边山西、北平，其属卫将校悉听晋王、燕王节制。庚申，诏二王军务大者始以闻。壬戌，会宁侯张温坐蓝玉党诛。

夏四月乙亥，孝感饥，遣使乘传发仓贷之。诏自今遇岁饥，先贷后闻，著为令。戊子，周王来朝。庚寅，旱，诏群臣直言得失，省狱囚。丙申，以安南擅废立，绝其朝贡。

秋七月甲辰朔，日有食之。戊申，选秀才张宗浚等随詹事府官分直文华殿，侍皇太孙。八月，秦、晋、燕、周、齐五王来朝。九月癸丑，代、肃、辽、庆、宁五王来朝。赦胡惟庸、蓝玉余党。

冬十月丙申，擢国子监生六十四人为布政使等官。十二月，颁《永鉴录》于诸王。

是年，琉球、爪哇、暹罗入贡。

二十七年春正月乙卯，大祀天地于南郊。辛酉，李景隆为平羌将军，镇甘肃。发天下仓谷贷贫民。三月庚子，赐张信等进士及第、出身有差。辛丑，魏国公徐辉祖、安陆侯吴杰备倭浙江。庚戌，课民树桑枣木棉。甲子，以四方底平，收藏甲兵，示不复用。

秋八月甲戌，吴杰及永定侯张铨率致仕武臣，备倭广东。乙亥，遣国子监生分行天下，督吏民修水利。丙戌，阶、文军乱，都督宁正为平羌将军讨之。九月，徐辉祖节制陕西沿边诸军。

冬十一月乙丑，颍国公傅友德坐事诛。阿资复叛，西平侯沐春击败之。十二月乙亥，定远侯王弼坐事诛。

是年，乌斯藏、琉球、缅、朵甘、爪哇、撒马儿罕、朝鲜入贡。安南来贡，却之。

二十八年春正月丙午，阶、文寇平，宁正以兵从秦王樉征洮州叛番。丁未，大祀天地于南郊。甲子，西平侯沐春擒斩阿资，越州平。是月，周王橚、晋王棡率河南、山西诸卫军出塞，筑城屯田。燕王棣帅总兵官周兴出辽东塞。二月丁卯，宋国公冯胜坐事诛。己丑，谕户部编民百户为里。婚姻死丧疾病患难，里中富者助财，贫者助力。春秋耕获，通力合作，以教民睦。

夏六月壬申，诏诸土司皆立儒学。辛巳，周兴等自开原追敌至甫答迷城，不及而还。己丑，御奉天门，谕群臣曰："朕起兵至今四十余年，灼见情伪，惩创奸顽，或法外用刑，本非常典。后嗣止循《律》与《大诰》，不许用黥刺、剕、劓、阉割之刑。臣下敢以请者，置重典。"又曰："朕罢丞相，设府、部、都察院分理庶政，事权归于朝廷。嗣君不许复立丞相。臣下敢以请者置重典。皇亲惟谋逆不赦。余罪，宗亲会议取上裁。法司只许举奏，毋得擅逮。勒诸典章，永为遵守。"

秋八月丁卯，都督杨文为征南将军，指挥韩观、都督佥事宋晟副之，讨龙州土官赵宗寿。戊辰，信国公汤和卒。辛巳，赵宗寿伏罪来朝，杨文移兵讨奉议、南丹叛蛮。九月丁酉，免畿内、山东秋粮。庚戌，颁《皇明祖训条章》于中外，"后世有言更祖制者，以奸臣论"。十一月乙亥，奉议、南丹蛮悉平。十二月壬辰，诏河南、山东桑枣及二十七年后新垦田，毋征税。

是年，朝鲜、琉球、暹罗入贡。

二十九年春正月壬申，大祀天地于南郊。二月癸卯，征虏前将军胡冕讨郴、桂蛮，平之。辛亥，燕王棣帅师巡大宁，周世子有炖帅师巡北平关隘。三月辛酉，楚王桢、湘王柏来朝。甲子，燕王败敌于彻彻儿山，又追败之于兀良哈秃城而还。

秋八月丁未，免应天、太平五府田租。九月乙亥，召致仕武臣二千五百余人入朝，大赉之，各进秩一级。

是年，琉球、安南、朝鲜、乌斯藏入贡。

三十年春正月丙辰，耿炳文为征西将军，郭英副之，巡西北边。丙寅，大祀天地于南郊。丁卯，置行太仆寺于山西、北平、陕西、甘肃、辽东，掌马政。己巳，左都督杨文屯田辽东。是月，沔县盗起，诏耿炳文讨之。二月庚寅，水西蛮叛，都督佥事顾成为征南将军，讨平之。三月癸丑，赐陈䢿等进士及第、出身有差。庚辰，古州蛮叛，龙里千户吴得、镇抚井孚战死。

夏四月己亥，都指挥齐让为平羌将军，讨之。壬寅，水西蛮平。五月壬子朔，日有食之。乙卯，楚王桢、湘王柏帅师讨古州蛮。六月辛巳，赐礼部覆试贡士韩克忠等进士及第、出身有差。己酉，驸马都尉欧阳伦有罪赐死。

秋八月丁亥，河决开封。甲午，李景隆为征虏大将军，练兵河南。九月庚戌，汉、沔寇平。戊辰，麓川平缅土酋刀干孟逐其宣慰使思伦发以叛。乙亥，都督杨文为征虏将军，代齐让。

冬十月戊子，停辽东海运。辛卯，耿炳文练兵陕西。乙未，重建国子监先师庙成。十一月癸酉，沐春为征虏前将军，都督何福等副之，讨刀干孟。

是年，琉球、占城、朝鲜、暹罗、乌斯藏、泥八剌入贡。

三十一年春正月壬戌，大祀天地于南郊。乙丑，遣使之山东、河南课耕。二月乙酉，倭寇宁海，指挥陶铎击败之。辛丑，古州蛮平，召杨文还。甲辰，都督佥事徐凯讨平么些蛮。

夏四月庚辰，廷臣以朝鲜屡生衅隙请讨，不许 。五月丁未，沐春击刀干孟，大败之。甲寅，帝不豫。戊午，都督杨文从燕王棣，武定侯郭英从辽王植，备御开平，俱听燕王节制。

闰月癸未，帝疾大渐。乙酉，崩于西宫，年七十有一。遗诏曰："朕膺天命三十有一年，忧危积心，日勤不怠，务有益于民。奈起自寒微，无古人之博知，好善恶恶，不及远矣。今得万物自然之理，其奚哀念之有。皇太孙允炆仁明孝友，天下归心，宜登大位。内外文武臣僚同心辅政，以安吾民。丧祭仪物，毋用金玉。孝陵山川因其故，毋改作。天下臣民，哭临三日，皆释服，毋妨嫁娶。诸王临国中，毋至京师。诸不在令中者，推此令从事。"辛卯，葬孝陵。谥曰高皇帝，庙号太祖。永乐元年，谥圣神文武钦明启运俊德成功统天大孝高皇帝。嘉靖十七年，增谥开天行道肇纪立极大圣至神仁文义武俊德成功高皇帝。

帝天授智勇，统一方夏，纬武经文，为汉、唐、宋诸君所未及。当其肇造之初，能沉几观变，次第经略，绰有成算。尝与诸臣论取天下之略，曰："朕遭时丧乱，初起乡土，本图自全。及渡江以来，观群雄所为，徒为生民之患，而张士诚、陈友谅尤为巨蠹。士诚恃富，友谅恃强，朕独无所恃。惟不嗜杀人，布信义，行节俭，与卿等同心共济。初与二寇相持，士诚尤逼近，或谓宜先击之。朕以友谅志骄，士诚器小，志骄则好生事，器小则无远图，故先攻友谅。鄱阳之役，士诚卒不能出姑苏一步以为之援。向使先攻士诚，浙西负固坚守，友谅必空国而来，吾腹背受敌矣。二寇既除，北定中原，所以先山东、次河洛，止潼关之兵不遽取秦、陇者，盖扩廓帖木儿、李思齐、张思道皆百战之余，未肯遽下，急之则并力一隅，猝未易定，故出其不意，反旆而北。燕都既举，然后西征。张、李望绝势穷，不战而克，然扩廓犹力抗不屈。向令未下燕都，骤与角力，胜负未可知也。”帝之雄才大略，料敌制胜，率类此。故能戡定祸乱，以有天下。语云“天道后起者胜”，岂偶然哉。

【译文】

太祖开天行道肇纪立极大圣至神仁文义武俊德成功高皇帝，名元璋，字国瑞，姓朱。先世家在沛地，后迁到句容，再迁到泗州。父亲朱世珍，开始迁居濠州的钟离。生了四个儿子，太祖是他第四子。母亲陈氏。她刚刚怀太祖的时候，梦见神仙送给她一丸药，放在手中闪闪发光，吞服以后睡醒，口中仍有香气。及生太祖时，红光满屋。从此，每夜多次有火光升起。邻里望见，害怕是发生火灾，总是奔往相救，到太祖家一看则见不到有火光。到他长大以后，姿容相貌，一副英雄豪杰的气派，有块奇特的骨头贯穿到头顶。志意广大，人不能推测。

至正四年，旱灾蝗灾并发，大饥大疫同生。太祖时年十七，父母兄长相继死亡，家贫不能治葬。同村的刘继祖送给他一块坟地，才得以安葬，后来的凤阳皇陵即在此。

太祖因为孤苦伶仃无依无靠，于是入皇觉寺为僧。过了一个月，游食到了合肥。在路上患病，有两位穿紫色衣服的人与他在一起，对他照护得甚为周到。病愈后，见此二人已不在那里。于是游历光、固、汝、颍各州共三年，再回到皇觉寺。当是时，元朝政治腐败，盗贼四起。刘福通崇奉韩山童假称宋朝的后代在颍州起兵，徐寿辉冒用帝号在蕲州起兵，李二、彭大、赵均用在徐州起兵，他们各自拥有部众数万人，并且设将帅，杀污吏，攻打郡县，而方国珍已先在海上起事了。其他的盗贼也都拥有武装占据地盘，参与抢掠的人多得很，天下大乱。

至正十二年春二月，定远人郭子兴与其党羽孙德崖等人在濠州起兵。元将彻里不花因害怕不敢去攻打，天天抓良民为俘虏用以邀功请赏。太祖当年二十五，谋求逃避兵火，在神像前求签问卜，出去和留下都不吉利。于是说："莫非当举大事不成？"问卜得吉利，大为欢喜，于是在闰三月初一日到濠州见郭子兴。子兴见他相貌非凡，当即留为亲兵。太祖每战必胜。郭子兴于是将他所抚养的马公的女儿嫁给太祖为妻，她就是后来的高皇后。每当子兴与德崖发生矛盾的时候，太祖总是一再从中调停并保护郭子兴。

秋九月，元兵收复徐州，李二兵败窜走身死，彭大、赵均用奔往濠州，孙德崖等人招纳了他们。子兴礼待彭大而轻视赵均用，均用因此而怨恨他。德崖于是与赵均用合谋，乘子兴外出之机，把他抓起来并且上了刑具押到了孙德崖那里，准备要杀死他。当时太祖正在淮北，得知郭子兴有难立即跃马扬鞭赶到，告知彭大。彭大一听怒不可遏，马上调兵出发，太祖也披甲持盾，撞开屋门救出了郭子兴，解开刑具，叫人把他背回家，于是使郭子兴幸免于死。这一年冬天，元将贾鲁围困濠州。太祖与子兴力战拒敌。

至正十三年春，贾鲁死，濠州解围。太祖回到村里募兵得七百人。子兴很高兴，命他做镇抚。当时彭大、赵均用所属的部众恣暴横行，子兴软弱无能，太祖已估计到不能和他共事，于是将所募的士兵委托他人带领，自己与徐达、汤和、费聚等人南攻定远。用计降伏了驴牌寨的民兵三千人，和他们一起东去。在横涧山夜袭元将张知院，接收了他的士兵二万人。在路上遇到定远人李善长，与他谈话甚投机，非常高兴，于是和他一起攻打滁州，获得胜利。

这一年，张士诚占据高邮，自称诚王。

至正十四年冬十月，元朝丞相脱脱在高邮大败张士诚，分兵包围六合。太祖说："一旦六合城被攻破，滁州也不能幸免。"即与耿再成进驻瓦梁垒，以救六合之危。经过一番奋战之后，将年老体弱的护送回滁州。元兵不久蜂拥而至，进攻滁州，太祖埋设伏兵诱使他们失败。然而也清醒地估计到元兵势力强盛必会再来，于是送还所缴获的马匹，并派遣父老带着牛和酒前去酬谢元将说："我们守护城是为了防备其他的盗贼，你们为何放去大盗而杀戮良民。"元兵于是解围他去，滁州得以完好无损。脱脱自从打败张士诚以后，军威大振，不料元顺帝中谗言，突然解除了他的兵权，江、淮地区的混乱局面更为加剧。

至正十五年春正月，郭子兴采用太祖的计谋，派遣张天祐等人夺取和州，发文书令太祖总领他的军队。太祖考虑到各位将领会不服从，将文书秘而不宣，约定第二天到厅堂开会议事。当时座次以右面为上，第二天开会时各位将领先到会，都坐在右面，太祖故意晚到坐在左面。到办事时，太祖对各种问题的分析决断如同流水一般透彻清晰，而各位将领却瞠目结舌，哑口无言，这时他们才开始稍稍屈从太祖。又决定用砖修筑城墙，期限三日。太祖如期完工，各位将领都不能按时完成。至此太祖才开始拿出郭子兴发给他的文书，面向南而坐说："我奉命总领各位的部队，而今筑城皆超过期限，当按军法治罪如何？"各位将领无不惶恐认错。于是下令把军队中所掠夺的妇女搜查出来，释放回家，百姓大为高兴。此时元兵十万人围攻和州，城内将士坚守三个月，粮食已尽，而元朝太子秃坚、枢密副使绊住马、民兵元帅陈野先分别驻守在新塘、高望、鸡笼山，因此断绝了运粮饷入和州的道路。太祖率兵打败了他们，元兵皆逃走渡过长江。三月，郭子兴去世。是时刘福通在亳州迎立韩山童的儿子韩林儿为帝，国号宋，年号龙凤。发文书令郭子兴的儿子郭天叙为都元帅，张天祐、太祖分别为左右副元帅。太祖很有感慨地说："大丈夫怎么能够受别人的控制呢。"于是不接受任命。然而又想到韩林儿势力强盛可以作为倚仗，于是使用他的龙凤年号，用以号令军队。

夏季四月，常遇春前来加入太祖的队伍。五月，太祖计划渡长江，没有船。恰巧遇到巢湖统帅廖永安、俞通海带领水军千艘前来归附，太祖大喜，立即去安抚慰问他们的部众。由于元朝中丞蛮子海牙控制着铜城闸、马场河各个险要关口，使巢湖水军不能出来。忽然降下大雨，太祖一见喜上心头说："老天助我呀。"于是乘水涨之机从小港纵身而过把船只驶出来，因而得以在峪溪口痛击蛮子海牙，大败其众，于是定计渡长江。各位将领请直接进军集庆。太祖说："攻取集庆必须从采石开始。采石是一个军事重镇，防守必然坚固，牛渚前面靠大江，敌人难以守备，攻其可以必胜的。"六月乙卯，渡江大军乘风扬帆，直达牛渚。常遇春捷足先登，夺取牛渚。在采石的元兵也纷纷溃败，长江沿岸的各个堡垒全部归附。

各位将领因和州无粮可食，争着筹集钱粮，计划回和州。太祖对徐达说："渡江幸而得胜，若舍此而回兵和州，江东就不是我们所能占有的了。"于是把系船的缆绳全部砍断，放入急流之中，对各位将领说："太平离这里很近，我当与各位一起去夺取它。"于是乘胜夺取太平，俘获元朝万户纳哈出。总管靳义投水而死，太祖说："他是一位义士呀。"命以礼安葬他。同时公开张贴榜文严禁抢掠。有一个士兵违反了命令，当众斩死以示警告，军中秩序井然。太祖还改路为府。设置太平兴国翼元帅府，自己负责总领元帅府的事务，召陶安参幕府事，李习为太平知府。当时太平四面都是元兵。元朝右丞阿鲁灰、中丞蛮子海牙等人严令其军堵截姑孰口，陈野先水军率领康茂才用数万人围攻太平城。太祖派徐达、邓愈、汤和督兵迎战，另外遣将暗中出其后，前后夹攻他们，活捉陈野先并降伏其部众，阿鲁灰等人见势不利收兵他去。

秋九月，郭天叙、张天祐进攻集庆，陈野先叛变，郭、张二人皆战死，于是郭子兴的部将全都归了太祖。陈野先不久为民兵所杀，其从子陈兆先收其部众，驻守方山，与蛮子海牙互为犄角之势伺机夺回太平。

冬十二月壬子，释放纳哈出回到北方。

至正十六年春二月丙子，在采石大败蛮子海牙。三月癸未，进攻集庆，活捉陈兆先，降其众三万六千人，投降者皆疑虑重重，害怕不能保全自己。为此太祖专门选择骁勇健壮的五百人令入宿卫，他自己解除武器在此通宵达旦酣睡，那些人的心情才开始安定下来。庚寅，在蒋山再次挫败元兵。元朝御史大夫福寿力战身死，蛮子海牙逃归张士诚，康茂才投降。太祖进入集庆城，召集所有的官吏与父老告谕他们说："元朝政治败坏，所在纷扰，各处兵火蜂起，我来不过是为百姓消除战乱而已，你们当和以往一样安居稳定。贤能的人士我将以礼聘使用他们，旧政不方便百姓的一概予以废除，官吏不得贪暴残害我的百姓。"百姓于是大为高兴，喜出望外。改集庆路为应天府，召见夏煜、孙炎、杨宪等十余人，各授以官职，又令埋葬元朝御史大夫福寿以表彰他的忠义。

当是时，元将定定扼守镇江，别不华、杨仲英驻守宁国，青衣军张明鉴占据扬州，八思尔不花驻扎徽州，石抹宜孙守卫处州，石抹宜孙的弟弟石抹厚孙守卫婺州，宋伯颜不花守卫衢州，而池州已经为徐寿辉的部将所占据，张士诚从淮东攻陷平江，转而掠夺浙西。太祖既已平定集庆，考虑到士诚、寿辉势力强大，江左、浙右各郡为其所吞并，于是派徐达进攻镇江，大获全胜，定定战死。

夏六月，邓愈攻克广德。

秋七月己卯，各位将领尊奉太祖为吴国公。设置江南行中书省，自己总理行省事务，又设置官属辅佐政务。送信给张士诚，士诚拒不回报，统兵进攻镇江。徐达将其打败，并进而围攻常州，未能攻下。九月戊寅，到镇江，拜谒孔子庙。派儒士告谕父老，劝他们重视农作，种植桑麻，随后回到应天。

至正十七年春二月，耿炳文攻克长兴。三月，徐达攻克常州。

夏四月丁卯，太祖亲自带兵攻打宁国，旗开得胜，别不华投降。五月，上元、宁国、句容进献象征丰收的麦穗。六月，赵继祖攻陷江阴。

秋七月，徐达攻克常熟。胡大海攻克徽州，八思尔不花逃走。

冬十月，常遇春攻克池州，缪大亨攻克扬州，张明鉴投降。十二月己丑，释放囚犯。

这一年，徐寿辉的部将明玉珍占据重庆路。

至正十八年春二月乙亥，任用康茂才为营田使。三月己酉，审核记录囚徒的罪状。邓愈攻克建德路。

夏四月，徐寿辉的部将陈友谅派赵普胜攻陷池州。这一月，陈友谅占据龙兴路。五月，刘福通攻下汴梁，迎韩林儿在此建都。起初，刘福通派遣将领分兵四出，攻入山东，骚扰秦、晋，掠夺幽、蓟，中原大乱，太祖因此得以先后平定江表。所过不杀人，招纳俊才，因此人心日益归附。

冬十二月，胡大海攻打婺州，久久不能攻下。太祖亲自统兵前去攻击。石抹宜孙遣将率领车战部队由松溪入援。太祖说："道路狭窄，使用车战正是自取灭亡。"命令胡德济在梅花门迎战，大败敌人，婺州投降，活捉石抹宜孙。开战前一天，城中有人望见城西出现如同五色云彩那样的车盖，觉得很奇怪，至此才知道那是太祖驻兵的营地。入城以后，发放粮谷赈济贫民，改婺州为宁越府。召用范祖干、叶仪、许元等十三人，分别轮流讲解经史。戊子，派遣使者招谕方国珍。

至正十九年春正月乙巳，太祖计划夺取浙东尚未攻下的各路。告诫各位将领说："攻城用武力，治乱用仁义。我军入集庆，秋毫无犯，所以能一举平定。每次听到各位将领攻得一城不妄行杀戮，总是喜不自胜。部队行军迅速如火，若不能稍加约束，势必如火燎原。身为将领能以不杀人为勇猛，不仅是国家的利益，子孙后代也会深受其福。"庚申，胡大海攻克诸暨。同月，命令宁越知府王宗显建立府学。三月甲午，赦免犯大逆以下的罪犯。丁巳，方国珍将温、台、庆元进献给太祖，并派其子方关作为人质，不予接受。

夏四月，俞通海等人收复池州。当时耿炳文守卫长兴，吴良守卫江阴，汤和守卫常州，皆多次打败张士诚的部队。太祖因此久留宁越，攻打浙东。六月壬戌，回到应天。

秋八月，元朝察罕帖木儿收复汴梁，刘福通与韩林儿退保安丰。九月，常遇春攻克衢州，活捉宋伯颜不花。

冬十月，派遣夏煜任命方国珍为行省平章，国珍以病为由加以推辞。十一月壬寅，胡大海攻克处州，石抹宜孙逃走。是时元朝守卫各地的兵力单弱，而且闻知中原一片混乱，人心离散，因此江左、浙右诸郡，兵力所到之处战无不胜，于是西面与陈友谅相毗邻。

至正二十年春二月，元朝福建行省参政袁天禄在福宁投降。三月戊子，召用刘基、宋濂、章溢、叶琛到应天。

夏五月，徐达、常遇春在池州打败陈友谅。闰五月丙辰，陈友谅攻陷太平，守将朱文逊，院判花云、王鼎，知府许瑗被害。不久，友谅杀其主子徐寿辉，自称皇帝，国号汉，江西、湖广的地盘尽归其所有。同时相约张士诚联合攻打应天，应天为此大受震动。各位将领商议首先收复太平用以牵制他们，太祖说："不可以。陈友谅居长江上游，水军比我们多出十倍，一下子难以收复太平。"有人请太祖亲自率兵迎击，太祖说："不可以。陈友谅以非主力部队牵制我军，而全军直攻金陵，顺流而下半日即可到达，我军的步兵和骑兵难以紧急返回，百里催战，此乃兵法所忌，不是良策呀。"于是迅速派人命胡大海直捣信州以牵制陈友谅的后方，同时命康茂才去信哄骗友谅，令其速来。友谅果然受骗引兵东下。于是常遇春设伏兵于石灰山，徐达布阵于南门外，杨璟驻守大胜港，张德胜等人率水军出龙江关，太祖亲自在卢龙山坐镇指挥。乙丑，陈友谅到龙湾时，众军欲开战，太祖说："天快下雨了，赶快吃饭，乘雨攻击他。"不一会儿，果然大雨倾盆，士卒竞相奋勇争先，雨停止之后合力作战，水陆夹击，大败陈友谅。友谅乘坐别的大船逃走。于是收复太平，攻下安庆，过后胡大海也攻克信州。

起初，太祖令康茂才哄骗陈友谅，李善长对此表示疑惑不解。太祖说："陈、张二敌联合，我首尾受敌，只有令其速来而先打败他，张士诚必将丧胆落魄了。”后来张士诚的军队终究不敢出来。丁卯，设置儒学提举司，用宋濂为提举，派长子朱标学习经学。六月，耿再成在庆元打败石抹宜孙，宜孙战死，遣使祭奠他。

秋九月，原来徐寿辉的部将欧普祥在袁州投降。

冬十二月，再次派夏煜送信招谕方国珍。

至正二十一年春二月甲申，建立食盐课税法和茶叶课税法。己亥，置立宝源局。三月丁丑，改枢密院为大都督府。元将薛显在泗州投降。戊寅，方国珍遣使前来谢罪，进献用金玉装饰的马鞍，拒绝接受，说：“今日四方多事，所需要的是人才，所急用的是粮食和布匹，珍宝玩物不是我所爱好的。”

秋七月，陈友谅的部将张定边攻陷安庆。八月，派遣使者到元朝平章察罕帖木儿那里。当时察罕出兵平定山东，招降田丰，军威大振，所以太祖要与他通好。刚好遇到察罕正在进攻益都而未能攻下，太祖于是亲自领水军出征陈友谅。戊戌，攻克安庆，陈友谅的部将丁普郎、傅友德出城迎降。壬寅，到达湖口，在江州追击陈友谅并将其打败，攻克江州城，陈友谅逃奔武昌。于是分兵攻打南康、建昌、饶、蕲、黄、广济，所向皆捷。

冬十一月己未，攻克抚州。

至正二十二年春季正月，陈友谅的江西行省丞相胡廷瑞在龙兴投降。乙卯，到龙兴，改其为洪都府。拜谒孔子庙。指示父老，废除陈友谅的苛政，罢免各种军需供应，慰问抚恤贫苦百姓和鳏寡孤独者，百姓大为高兴。袁、瑞、临江、吉安相继攻下。二月，回到应天。令邓愈留守洪都。癸未，降人蒋英杀死金华守将胡大海，郎中王恺遇难，蒋英叛降张士诚。处州降人李祐之听到蒋英叛变的消息，也起来造反，杀死行枢密院判耿再成。都事孙炎、知府王道同、元帅朱文刚遇难。三月癸亥，降人祝宗、康泰起兵反叛，攻陷洪都，邓愈急走应天，洪都知府叶琛、都事万思诚遇难。这年一月，明玉珍在重庆称帝，国号夏。

夏四月己卯，邵荣收复处州。甲午，徐达收复洪都。五月丙午，命朱文正、赵德胜、邓愈镇守洪都。六月戊寅，察罕帖木儿命人送信来报，扣留太祖派去的使者不予遣还。不久察罕被田丰杀死。

秋七月丙辰，平章邵荣、参政赵继祖阴谋反对太祖，被杀死。

冬十二月，元朝派尚书张昶从海上到达庆元，任命太祖为江西行省平章政事，不接受。察罕帖木儿的儿子扩廓帖木儿致信将使者送回。

至正二十三年春正月丙寅，派汪河前去回报扩廓帖木儿。二月壬申，命将士屯田积谷。同月，陈友谅的部将张定边攻陷饶州。张士诚的部将吕珍攻破安丰，杀死刘福通。三月辛丑，太祖亲自督兵救安丰，吕珍兵败逃走。太祖与韩林儿一起回到滁州，然后自己才回到应天。

夏四月壬戌，陈友谅调大军围攻洪都。乙丑，诸全守将谢再兴叛变，归附于张士诚。五月，建筑礼贤馆。陈友谅分兵攻陷吉安，参政刘齐、知府朱叔华被害，又攻陷临江，同知赵天麟被害。再陷无为州，知州董会被害。

秋七月癸酉，太祖亲自统兵救洪都。癸未，到湖口，首先在泾江口以及南湖嘴埋设伏兵，阻断陈友谅的归路，发文书命令信州的军队守住武阳渡。陈友谅得知太祖到洪都，撤兵解围，在鄱阳湖迎战太祖。陈友谅的军队号称六十万人，连接大船为战斗陈列，船楼高十余丈，长达数十里，各种旗帜和成堆的兵器，远远望去犹如一座山。丁亥，双方在康郎山遭遇，太祖把他的军队分为十一队以抗御陈友谅。戊子，太祖的军队合力作战，徐达出击陈友谅的前锋，俞通海用火炮焚毁陈友谅的战船数十艘，双方死伤大略相当。陈友谅的猛将张定边直接进攻太祖所在的战船，使该战船搁浅在沙滩上，不能退却，处境非常危险。幸亏常遇春从旁边射中张定边，俞通海又统兵来援，由于船只骤然驶进使湖水随着涌过来，太祖的战船才得以脱离险境。己丑，陈友谅用所有的大船出战，太祖的各位将领船小，仰攻不利，脸有惧色。太祖亲自指挥，仍畏缩不前，当众斩死十余个畏敌退缩的人，这时才人人拼死力战。到了午后，东北忽起大风，于是命令敢死的勇士驾驶七只战船，在芦苇中堆满火药，放火焚烧陈友谅的战船。风烈火猛，烟焰满天，把湖水照得一片赤红。陈友谅的军队一时大乱，各位将领摇旗呐喊乘胜前进，斩杀陈友谅军士两千多人，烧死淹死的不计其数。陈友谅的气焰由此丧失。辛卯，双方再次交战，陈友谅再次大败。于是收船自守，不敢再战。壬辰，太祖转移部队控制左蠡，陈友谅也退保渚矶。相持三天，陈友谅的左、右二金吾将军都投降了。陈友谅的势力日益穷蹙，愤怒异常，竟把所俘获的将士全部杀死。而太祖则将所有的俘虏释放遣还，受伤的用良药给予医治，并且祭奠他们阵亡的亲戚和将领。八月壬戌，陈友谅由于粮食已尽，转移到南湖嘴，被南湖的驻军阻挡，于是突入湖口。太祖进行阻击，顺流搏战，到达泾江。泾江的守军再拦击他，陈友谅中流箭身亡。张定边与其子陈理逃奔武昌。

九月，回到应天，论功行赏。当初，太祖亲自统兵救安丰，刘基进谏不听。至此他对刘基说："我不应当有安丰之行，假使陈友谅乘虚直捣应天，建功立业的大事就会丧失殆尽了。但他却把自己的军队困顿在南昌，除了坐等灭亡之外还能得到什么。陈友谅灭亡，天下就不难平定了。"壬午，亲自领兵征讨陈理。同月，张士诚自称吴王。

冬十月壬寅，包围武昌，分兵攻打湖北各路，皆取得胜利。十二月丙申，回到应天，留常遇春总督各路兵马。

至正二十四年春正月丙寅初一，李善长等人率领群臣劝太祖即皇帝位，没有同意。一再恳请，于是就吴王位。立文武百官。用李善长为右相国，徐达为左相国，常遇春、俞通海为平章政事，指示他们说："立国之初，应当先正法度。元朝昏暗，权力下移，致使天下大乱，今日宜引以为鉴。"立长子朱标为嫡长子。二月乙未，再次亲自带兵出征武昌，陈理投降，汉、沔、荆、岳皆攻下。三月乙丑，回到应天。丁卯，设立起居注。庚午，罢去各翼元帅府，置立十七卫亲军指挥使司，命中书省召用文武人才。

夏四月，修建忠臣祠，在康郎山祭祀遇难的丁普郎等人，在南昌祭祀赵德胜等人。

秋七月丁丑，徐达攻克庐州。戊寅，常遇春攻克江西。八月戊戌，收复吉安，于是进围赣州。徐达攻打荆、湘各路。九月甲申，攻下江陵，夷陵、潭、归都投降。

冬十二月庚寅，徐达攻克辰州，并派别的将领攻下衡州。

至正二十五年春正月己巳，徐达攻下宝庆，湖湘平定。常遇春攻克赣州，熊天瑞投降。于是进军南安，招谕岭南各路，攻下韶州、南雄。甲申，到南昌，逮捕大都督朱文正回到应天，列其罪状，安置于桐城。二月己丑，福建行省平章陈友定侵扰处州，参军胡深击败他，于是攻下浦城。丙午，张士诚的部将李伯升进攻诸全的新城，李文忠将他打得大败。

夏四月庚寅，常遇春攻打襄、汉各路。五月乙亥，攻克安陆。己卯，攻下襄阳。六月壬子，朱亮祖、胡深攻打建宁，在城下激战，胡深被俘，遇害。

秋七月，命令抚养随从他渡江受伤残疾的士兵，死亡的赡养其妻子儿女。九月丙辰，建立国子学。

冬十月戊戌，下令讨伐张士诚。这时，张士诚所占据的地盘，南至绍兴，北拥有通、泰、高邮、淮安、濠、泗，再往北到达济宁。于是命徐达、常遇春等人首先谋取淮东。闰十月，进围泰州，攻下。十一月，张士诚侵扰宜兴，徐达击败他，于是自宜兴回师进攻高邮。

至正二十六年春正月癸未，张士诚伺机攻占江阴，太祖亲自统兵前往救援，张士诚逃走，康茂才在浮子门追击打败他。太祖回到应天。二月，明玉珍死，子明升自立为帝。三月丙申，令中书省严格选举人才。徐达攻克高邮。

夏四月乙卯，在淮安用计攻破张士诚部将徐义的水军，徐义逃走，梅思祖在城中投降。濠、徐、宿三州相继攻下，淮东平定。甲子，到濠州拜祭祖墓，设置守坟户二十家，赐给旧友汪文、刘英粮食和布匹。办酒席召乡亲父老开怀畅饮，说："我离开乡里十多年，经过艰难百战，才得以回乡祭坟墓，与父老子弟再次相见。今日苦于不得久留与各位欢聚同乐。希望父老好好教育子弟，孝顺父母、尊敬兄长、努力种田，不要远出经商，临淮郡县尚在遭受劫掠之苦，望各位父老珍重自爱。"令有关部门免除租赋，众皆叩头谢恩。辛未，徐达攻克安丰，在徐州分兵打败扩廓帖木儿。夏五月壬午，自濠州回到应天。庚寅，命访求古今各种书籍。

秋八月庚戌，改建应天城，在钟山的南面建造新的宫殿。辛亥，命徐达为大将军，常遇春为副将军，统兵二十万讨伐张士诚。在宫门誓师说："攻下平江城之日，不要杀人抢掠，不要毁坏房舍，不要破坏田地。张士诚的母亲埋葬在平江城外，不要侵毁。"过后召问徐达、常遇春，此行用兵当先从何处入手。常遇春想直捣平江。太祖说："湖州张天骐、杭州潘原明为张士诚的手臂手指，一旦平江受到困逼，两人必会全力入援，我军就难以取胜。不如先攻湖州，使敌疲于奔命，一旦将张士诚的羽翼分开，平江的形势就必然是孤立无援，立即可以攻破。"甲戌，在湖州打败张天骐，张士诚亲自率兵赴援，又在皂林被打败。九月乙未，李文忠攻打杭州。

冬十月壬子，常遇春在乌镇挫败张士诚的部队。十一月甲申，张天骐投降。辛卯，李文忠攻下余杭，潘原明投降，余杭周边各地也都攻下了。癸卯，合围平江。十二月，韩林儿去世。以明年为吴元年，建筑庙社宫殿，祭告山川诸神。有关部门进献宫殿图式，命令删去雕琢华丽的部分。

该年，元朝扩廓帖木儿与李思齐、张良弼构恶交怨，一再互相攻击，朝廷的命令得不到执行，中原地区的百姓日益困苦。

至正二十七年春正月戊戌，指示中书省说："东南地区长久以来遭受战争，民生凋敝不堪，我非常怜悯他们。而且太平、应天各府，是我渡江开创功业的地方，供应劳累已经很久了。如今户户空虚，官府又急于催征赋税，使我的百姓更加困难，他们将如何能够忍受。当赐免太平的田租二年，应天、镇江、宁国、广德各免一年。"二月丁未，傅友德在徐州打败扩廓帖木儿的部将李二，活捉了他。三月丁丑，开始设立文武科举取士的制度。

夏四月，方国珍暗中派人交通扩廓帖木儿和陈友定，太祖致信谴责他。五月己亥，开始设立翰林院。同月，因旱情严重减少膳费，只吃素食，免除徐、宿、濠、泗、寿、邳、东海、安东、襄阳、安陆以及新近归附地区的田租三年。六月戊辰，天下大雨，旱象解除，群臣请求恢复膳食。太祖说："虽然下了雨，但庄稼已多受伤，当赐免百姓今年的田租。"癸酉，命令朝贺时撤去女乐。秋七月丙子，赐给府州县官赴任时的道里费，并赐给他们及其父母、妻子与长子不同等额的丝棉织品，从此立为一项法令。己丑，雷火震击宫门上的兽吻，赦免罪犯。庚寅，遣使责令方国珍进贡粮食。八月癸丑，建成圜丘、方丘、社稷坛。九月甲戌，太庙落成。朱亮祖统兵讨伐方国珍。戊寅，下诏说："先王为政，治罪不连累妻子和儿女。自今开始除犯大逆不道的罪行之外，绝对不要连坐。"辛巳，徐达攻克平江，活捉张士诚，吴地平定。戊戌，遣使送信给元朝的君主，送元朝宗室神保大王等人回到北方。辛丑，论平定张士诚吴地的战功，封李善长为宣国公，徐达为信国公，常遇春为鄂国公，将士赏赐各有差别。朱亮祖攻克台州。癸卯，新宫殿落成。

冬十月甲辰，派遣起居注吴琳、魏观带着钱币到全国各地访求遗留在社会上的贤能人士。丙午，令文武百官的礼仪以左为上。于是改李善长为左相国，徐达为右相国。辛亥，分别在安庆和江州祭祀元朝大臣余阙、李黼。壬子，置立御史台。癸丑，命汤和为征南将军，吴祯为副将军，兴师讨伐方国珍。甲寅，制定法令。戊午，端正郊社、太庙雅乐。

庚申，召集各位将领商议北伐。太祖说："在山东王宣反叛，在河南扩廓帖木儿专横跋扈，在关、陇李思齐、张思道强横而猜忌，元朝的统治行将灭亡，中原生灵涂炭。今日我军即将北伐中原，拯救百姓于水深火热之中，如何才能决战决胜？”常遇春回答说：“用我们百战百胜的军队，去对付敌人长期闲逸的士兵，直捣元大都，必是势如破竹的形势。”太祖说：“元朝建国百年，守备必然坚固，若孤军深入，粮饷不能运到前方，而敌人则可援兵四集，那就是一条极为危险的道路。我想先取山东，撤其屏障，移师两河，破其藩篱，进而夺取潼关而坚守，控制敌人的门户。这样天下的山川地理就全都掌握在我们的手里，然后进兵，元朝大都势孤援绝，就可以不战而胜。再大张声势地向西进军，云中、九原、关、陇便可席卷而下了。”各位将领都称“善策”。

甲子，命徐达为征虏大将军，常遇春为副将军，统兵二十五万人，由淮河进入黄河，向北挺进夺取中原。命胡廷瑞为征南将军，何文辉为副将军，攻夺福建。命湖广行省平章杨璟、左丞周德兴、参政张彬挥师攻取广西。己巳，朱亮祖攻克温州。十一月辛巳，汤和攻克庆元，方国珍逃窜入海。壬午，徐达攻克沂州，斩杀王宣。己丑，命廖永忠为征南副将军，从海路会合汤和进讨方国珍。乙未，颁行《大统历》。辛丑，徐达攻克益都。十二月甲辰，颁布法令。丁未，方国珍投降，浙东平定。张兴祖攻下东平，兖州以东州县相继投降。己酉，徐达攻下济南。胡廷瑞攻下邵武。癸丑，李善长率领文武百官请登皇帝位，三次上劝进表，才同意。甲子，祈告上帝。庚午，廖永忠由海路攻克福州。

洪武元年春正月乙亥，在南郊祭祀天地，即皇帝位。定国号为明，年号洪武。追尊高祖父为玄皇帝，庙号德祖；曾祖父为恒皇帝，庙号懿祖；祖父为裕皇帝，庙号熙祖；皇父为淳皇帝，庙号仁祖；母均为皇后。册立妃子马氏为皇后，长子朱标为皇太子。任命李善长、徐达分别为左、右丞相，各位功臣各按等级晋升爵位。丙子，在全国颁布即皇帝位的诏书。追封皇伯父以下的皆为王。辛巳，命李善长、徐达等人兼任东宫官。甲申，遣使核定浙西田赋。壬辰，胡廷瑞攻克建宁。庚子，命邓愈为征戍将军，攻取南阳以北各州郡。汤和攻克延平，活捉元朝平章陈友定，福建平定。同月，全国府州县官到京师朝见。指示他们说：“全国刚刚平定，民力财力都甚为困难，重要的在于与民休养安息，只有廉明的人才能约制自己而有利于别人，希望各位以此自勉。”二月壬寅，制定祭祀天地和宗庙的礼仪，每年必亲自祭祀以成为制度。癸卯，命汤和提督海运。廖永忠为征南将军，朱亮祖为副将军，由海路夺取广东。丁未，在国子学用牛、羊、猪三牲祭祀先师孔子。戊甲，祭祀社稷。壬子，诏令衣冠按照唐代的制度。癸未，常遇春攻克东昌，山东平定。甲寅，杨璟攻克宝庆。三月辛未，命儒臣编写有关于妇女的戒律，告诫皇后和嫔妃不要干预朝政。壬申，周德兴攻克全州。丁酉，邓愈攻克南阳。己亥，徐达攻取汴梁，左君弼投降。

夏四月辛丑，蕲州进献竹席，予以拒绝，命各地不要随意妄献。廖永忠的部队到达广州，元朝守臣何真投降，广东平定。丁未，在太庙合祭祖宗。戊申，徐达、常遇春在洛水以北大败元兵，于是进围河南。梁王阿鲁温投降，河南平定。丁巳，杨璟攻克永州。甲子，巡幸汴梁。丙寅，冯胜攻克潼关，李思齐、张思道逃走。五月己卯，廖永忠攻下梧州，浔、贵、容、郁林各州皆投降。辛卯，下令改汴梁路为开封府。六月庚子，徐达在汴梁行在朝见。甲辰，海南、海北名道投降。壬戌，杨璟、朱亮祖攻克靖江。

秋七月戊子，廖永忠攻下象州，广西平定。庚寅，赈济抚恤中原贫民。辛卯，即将回应天，指示徐达等人说："中原百姓，长久以来为群雄所害，流离失所、死亡相枕，所以朕命将北征，以拯救百姓于水深火热之中。元朝祖宗的功德在于人心，他的子孙不顾百姓的困苦，因此引起上天的厌烦抛弃他们。元朝的君主是有罪的，而百姓却是无辜的。以往改朝换代的时候，肆行屠戮，违背天意，虐害百姓，朕实在不忍心。各位将领攻克城池，绝不要恣行烧、抢和乱杀人，元朝的宗室皇亲，要全部予以保全。这样才能实现对上报答天心、对下安慰人民的愿望，以符合朕讨伐罪人、安抚百姓的心意。不遵命的必罚无赦。"丙申，命冯胜留守开封。闰七月丁未，自开封回到应天。己酉，徐达在临清会合各位将帅的部队。壬子，常遇春攻克德州。丙寅，攻克通州，元顺帝急走上都。同月，集全国的贤德之人为府州县官。免去吴江、广德、太平、宁国、滁、和受灾地方的田租。

八月己巳，以应天为南京、开封为北京。庚午，徐达进入元大都，查封库府图册书籍，守卫宫门，禁止士兵侵害百姓，派将领巡视古北口的各个险要的关口。壬申，因为京师发生火灾、四方水旱，诏令中书省集议便民事宜。丁丑，制定吏、户、礼、兵、刑、工六部的官制。御史中丞刘基退休。己卯，赦免判处斩首以下的罪犯。将士入伍从征的抚恤其家人，因拖欠赋税而逃亡的准许自首。对新攻克的州县不要非法杀戮。运送田赋路途遥远的，由官军中途转运，灾荒要如实奏报。免去镇江租税。避乱的百姓回家复业的，准许开垦荒地，三年内免纳租税。衍圣公袭封以及任命曲阜知县，一律按照前代的旧制。有关部门应当以礼聘请贤能之人，学校不要从事毫无意义的礼节。刑罚要平恕宽大，不要在法定以外的时间处决囚犯，废除书籍和农具的税收。免去民间旧欠的赋税。蒙古人、色目人凡有才能的，准许提拔任用。鳏寡孤独残疾的，慰问救济他们。百姓年七十岁以上的，一个儿子免除徭役。其他的利与害当兴当除而没有写在即位诏书之内的，有关部门要如实具文禀报。壬午，巡幸北京。下令改大都路为北平府。召集元朝的旧臣为新政府效劳。癸未，命徐达、常遇春攻取山西。甲午，释放元朝的宫女。九月癸亥，下诏说："天下的长治久安，由天下的贤人共同治理。现今贤士多隐居于山林岩穴，究竟是有关部门失职没有诚恳聘请，还是朝廷礼待不周，抑或是朕寡闻愚昧不能招贤，将在位的壅蔽起来致使他们的情况不能为上面所了解。不然的话，贤士大夫，自幼勤学，年壮力行，岂甘心埋没于世而后已？天下刚刚平定，朕愿与各位儒臣共同讲求为政清明的统治方法。凡是能够帮助朕为百姓谋利益的，有关部门一定要用礼调遣送来。"乙丑，常遇春攻下保定，于是进军真定。

冬十月庚午，冯胜、汤和攻下怀庆，泽、潞相继攻下。丁丑，自北京回到京师。戊寅，因元大都平定，下诏告知全国。十一月己亥，遣使分赴全国各地，访求贤才。庚子，开始在天坛圜丘祭祀上帝。癸亥，命令刘基返回京师。十二月丁卯，徐达攻克太原，扩廓帖木儿逃走甘肃，山西平定。己巳，设置登闻鼓。壬辰，致信劝谕明升。

洪武二年春正月乙巳，在鸡笼山建立功臣庙。丁未，到太庙祭祀祖宗。庚戌，下诏说："朕本为淮右的普通百姓，因为天下大乱，率众渡长江，保民图治，至今已十五年。承蒙上天眷顾保佑，均已平定。因此命将北征，齐、鲁的百姓不远千里送粮饷军。朕时刻惦念着他们的功劳，已免去他们洪武元年的田租。又因为遭受旱灾，百姓的困苦仍未解除，当再赐免他们的田租一年。不久以前，大军平定燕都，进攻晋、冀，百姓遭受兵火，苦于征敛，北平、燕南、河东、山西今年的田租也准予免除。河南各地归附，早就想施恩惠于他们，因为西北尚未平定，军队要经过该地，所以没有空闲。现今晋、冀俱已平定，西抵达潼关，北以大河为界，南至唐、邓、光、息，今年的税粮全部予以免除。”又下诏说：“应天、太平、镇江、宣城、广德供应了大量的粮食。去年免租，由于遇到干旱，所以下面的百姓并没有得到实惠。应当再免以上各府州以及无为州今年的田租。”庚申，常遇春攻取大同。同月，倭寇侵扰山东沿海郡县。二月丙寅初一，下令纂修《元史》。壬午，耕耘耤田。三月庚子，徐达到达奉元，张思道逃走。救济陕西饥民，每户给米两石。丙午，常遇春到凤翔，李思齐逃奔临洮。

夏四月丙寅，常遇春回师北平。己巳，各位王子跟从博士孔克仁读经史。令功臣子弟入学。乙亥，编辑《祖训录》，确定分封诸王的制度。徐达攻下巩昌。丙子，赐免秦、陇新近归附州县的税粮。丁丑，冯胜到临洮，李思齐投降。乙酉，徐达在西安用计攻破元朝的豫王。五月甲午初一，出现日食。丁酉，徐达攻下平凉、延安。张良臣在庆阳投降，不久叛变。癸卯，在方丘祭祀地神。六月己卯，常遇春攻克开平，元顺帝向北出走。壬午，封陈日煃为安南国王。

秋季七月己亥，鄂国公常遇春死于军队里，命李文忠统领他的部队。辛亥，扩廓帖木儿遣将攻破原州、泾州。辛酉，冯胜把他打败赶走。丙辰，明升遣使到京师。八月丙寅，元兵进攻大同，李文忠将其击败。己巳，制定内侍官职制度。指示吏部说：“内臣只用于备用使唤，人不要多，自古以来他们擅权，可引以为鉴戒。驾驭他们的方法，当使其害怕法律，不要让其有功劳，有功劳就会骄横恣肆。”癸酉，《元史》修成。丙子，封王颛为高丽国王。癸未，徐达攻克庆阳，斩死张良臣，陕西平定。同月，命儒臣编纂礼书。九月辛丑，召徐达、汤和回京师，冯胜留下总督军事。癸卯，将临濠定为中都。戊午，征南部队班师回朝。

冬十月壬戌，派遣杨璟对明升进行警告劝诫。甲戌，钟山降甘露，群臣请祭告太庙，没有准允。辛卯，命令全国府州县建立学校。同月，遣使送信给元顺帝。十一月乙巳，在圜丘祭祀上帝，以仁祖为配祭。十二月甲戌，封阿答阿者为占城国王。甲申，救济西安各府的饥民，每户发给米二石。己丑，大赏平定中原以及南征的将士。庚寅，扩廓帖木儿攻打兰州，指挥官于光遇难。

这一年，占城、安南、高丽到京师朝贡。

洪武三年春正月癸巳，命徐达为征虏大将军，李文忠、冯胜、邓愈、汤和为副将军，分道北征。二月癸未，追封郭子兴为滁阳王。戊子，下诏访求堪任六部官员的贤能才士。同月，李文忠攻下兴和，进军察罕脑儿，俘获元朝平章竹贞。三月庚寅，免征南畿，河南，山东，北平，浙东，江西广信、饶州今年的田租。

夏四月乙丑，封皇子朱樉为秦王，朱㭎为晋王，朱棣为燕王，朱橚为吴王，朱桢为楚王，朱榑为齐王，朱梓为潭王，朱杞为赵王，朱檀为鲁王，从孙朱守谦为靖江王。徐达在沈儿峪大败扩廓帖木儿，尽降其众，扩廓逃走和林。丙戌，元顺帝死于应昌，其子爱猷识理达腊嗣位。同月，慈利土官覃垕叛乱。五月己丑，徐达攻取兴元。分派邓愈招谕吐蕃。丁酉，命令府州县官推举学识渊博，德行良好，意志坚定的贤人。己亥，开设科举取士。甲辰，李文忠攻克应昌。元朝嗣君向北出走，俘获其子买的里八剌，降其众五万余人，穷追元朝嗣君到北庆州，不及而还。丁未，下诏实行大射礼。戊申，在方丘祭祀土地神，以仁祖为配祭。辛亥，徐达攻下兴元。邓愈攻克河州。丁巳，诏令开国时的将帅凡无子继嗣的俸禄由家人享受。同月天旱，斋戒，皇后和嫔妃亲自烧火做饭，皇太子和各王由斋所馈送。六月戊午初一，穿素服草鞋，步行祈祷山川诸神，露宿了三天，回来在西庑吃素。辛酉，赏赐将士，减少狱囚，命有关部门访求精通经术明识治国之道的人士。壬戌，下大雨。壬申，李文忠进呈的捷报到达京师，命令过去曾在元朝政府做过官的不要参加庆贺。谥元王为元顺帝。癸酉，买的里八剌到京师，群臣请举行献俘礼。太祖高皇帝说:“周武王讨伐殷商时曾用过这种方式吗?”中书省的官员以唐太宗曾经举行过这种典礼回答太祖高皇帝。太祖高皇帝说:“唐太宗只是对待王世充而已。假如遇到隋朝的子孙，恐怕就不会这样了。”于是不允许。又因李文忠的捷报浮侈之词过多，对宰相说:“元朝统治中国百年，朕与你等人的父母都依赖其生存，为何使用如此轻浮刻薄的语言，赶快改正它。”乙亥，封买的里八剌为崇礼侯。丙子，在南郊举行告捷典礼。丁丑，禀告太庙，下诏通告全国。辛巳，迁移苏州、松江、嘉兴、湖州、杭州无业的居民到临濠种田，官府供给粮食、耕牛和种子，并免收三年的赋税。同月，倭寇侵犯山东、浙江、福建沿海州、县。

秋七月丙辰，明升的部将吴友仁进犯汉中，参政傅友德将其击退。中书省左丞杨宪犯罪被杀。八月乙酉，派遣使臣收埋中原地区的尸骨。冬季十月丙辰，命儒士轮流在午门值班，为武臣讲解经史。癸亥，命周德兴为征南将军，讨伐覃垕，覃垕逃走。辛巳，送信给元朝的嗣君。十一月壬辰，北征的部队班师回朝。甲午，在南郊和太庙宣告武事成功。丙申，大封功臣。晋升李善长为韩国公，徐达为魏国公，封李文忠为曹国公，冯胜为宋国公，邓愈为卫国公，常遇春的儿子常茂为郑国公，汤和等二十八人为侯。己亥，设坛亲自祭奠在战场上牺牲的将士。庚戌，在圜丘祭祀上帝。辛亥，令户部置立户籍、户帖，每年统计户口增减之数报告皇帝，从此成为一项法令。乙卯，封中书省右丞汪广洋为忠勤伯，御史中丞刘基为诚意伯。十二月癸亥，再次送信给元朝的嗣君，并招谕和林各部。甲子，修建奉先殿。庚午，遣使祭祀历代帝王的陵墓，并加以整修。己卯，赐给勋臣田土。壬午，由正月至本月，太阳屡次出现黑子，下诏求廷臣直言时政得失。

同年，占城、爪哇、西洋入京师朝贡。

洪武四年正月丙戌，李善长罢官，命汪广洋为右丞相。丁亥，令中山侯汤和为征西将军，江夏侯周德兴、德庆侯廖永忠为副将军，统率水军由瞿塘出发，颍川侯傅友德为征虏前将军，济宁侯顾时为副将军，率领步兵和骑兵由秦、陇启程共同讨伐蜀。魏国公徐达在北平练兵。戊子，命卫国公邓愈督运粮饷供应征蜀的部队。庚寅，在中都修建祭祀天地之坛和太庙。丁未，下诏开设科举取士，连续举行三年，今后每三年举行一次。戊申，免征山西遭受旱灾地区的田租。二月甲戌，巡幸中都。壬午，自中都回到京师。元朝平章刘益在辽东投降。同月，免除太平、镇江、宁国的田租。三月乙酉初一，开始亲自考试全国的贡士，分别赐吴伯宗等人为进士及第、进士出身。乙巳，迁山后居民一万七千户到北平屯田。丁未，诚意伯刘基退休。

夏四月丙戌，傅友德攻克阶州，文、隆、绵三州相继攻下。五月，免去江西、浙江的秋粮。六月壬午，傅友德攻克汉州。辛卯，廖永忠攻克夔州。戊戌，明升的部将丁世贞攻破文州，守将朱显忠被害。癸卯，汤和到重庆，明升投降。戊申，倭寇侵犯胶州。同月，迁山后居民三万五千户入内地，又迁移沙漠遗民三万二千户到北平屯田。

秋七月辛亥，徐达在山西练兵。辛酉，傅友德攻下成都，四川平定。乙丑，明升到京师，封为归义侯。八月甲午，免去中都、淮、扬以及泰、滁、无为的田租。己酉，救济陕西饥民。同月，高州的海寇作乱，通判王名善遇难。九月庚戌初一，日食。

冬十月丙申，征蜀大军凯旋归来。十一月丙辰，在圜丘祭祀上帝。

庚申，下令犯贪污赃私罪的官吏绝不轻贷。这一月，赐免陕西、河南受灾地区的田租。十二月，召徐达回京师。

该年，安南、浡泥、高丽、三佛齐、暹罗、日本、真腊入京师朝贡。

洪武五年春正月癸丑，待制王祎奉命出使云南，诏谕元朝梁王把匝剌瓦尔密。王祎到云南后，不屈而死。乙丑，将陈理、明升迁居高丽。甲戌，命魏国公徐达为征虏将军，出雁门关，进军和林；曹国公李文忠为左副将军，出应昌；宋国公冯胜为征西将军，攻取甘肃，征讨扩廓帖木儿。命靖海侯吴祯总督海运，供应辽东军饷。令卫国公邓愈为征南将军，江夏侯周德兴、江阴侯吴良为副将军，分道讨伐湖南、广西洞蛮。二月丙戌，安南陈叔明杀其国王陈日熞而自立为王，遣使来京师朝贡，予以拒绝。三月丁卯，都督佥事蓝玉在土剌河打败扩廓帖木儿。

夏四月己卯，赈济济南、莱州的饥民。戊戌，开始实行乡饮酒礼。庚子，邓愈讨平散毛各洞蛮。五月壬子，徐达在岭北遇到元兵，双方交战，失利。这一月，下诏说："天下已经平定，礼仪风俗不可不正。凡遭遇战乱而沦为他人奴隶的一律恢复为平民。饥寒交迫的由村里的富户借贷给他们，孤寡残疾的由官府予以抚养，不要使他们流离失所。乡里关系讲究年龄，相见时行揖拜礼，不要违背礼节。婚姻不要讲究钱财。办理丧事要根据自家有无能力，不要迷信和拘束于阴阳风水的忌讳，将棺材停放在外而不埋葬。流民复业为农的各依丁力多寡耕种田地，不要受到原有田土的限制。僧道打斋建醮做法事时男女混杂，恣行饮食的，有关部门要严加惩治。闽、粤势豪大户不得阉割他人的儿子为火者，犯者抵罪。"六月丙子，制定宦官禁令。丁丑，制定宫廷女职官的制度。戊寅，冯胜攻克甘肃，在瓜、沙州追击打败元兵。癸巳，制定六部的职权以及年终考核政绩的办法。壬寅，吴良平息靖州蛮。甲辰，李文忠在阿鲁浑河打败元兵，宣宁侯曹良臣战死。乙巳，制作铁榜告诫功臣。这一月，赈济山东饥民，免除受灾郡县的田租。

秋七月丙辰，汤和在断头山遇到元兵，双方交战，失利。八月丙申，吴良讨平五开、古州各蛮。甲辰，元兵进犯云内，同知黄理被害。九月戊午，周德兴平息婪凤、安田各蛮。

冬十月丁酉，冯胜班师回朝。同月，免去应天、太平、镇江、宁国、广德的田租。十一月辛酉，在圜丘祭祀上帝。甲子，征南大军凯旋归来。壬申，纳哈出进犯辽东。这一月，召徐达、李文忠回京师。十二月甲戌，命令用重视农桑和学校考核有关部门的政绩。辛巳，命令文武官员奏事要先报告皇太子。庚子，命邓愈为征西将军，统兵征讨吐蕃。壬寅，送信给元朝嗣君。

这一年，琐里、占城、高丽、琉球、乌斯藏到京师朝贡。高丽贡使再来，令自此之后每三年朝贡一次。

洪武六年春正月甲寅，贬谪汪广洋为广东参政。二月乙未，下令暂时停止科举考试，访察举荐贤能才士。壬寅，命御史及按察使考察有关部门的官员。三月癸卯初一，出现日食。颁布《昭鉴录》，训诫各位亲王。戊申，举行大规模的阅兵典礼。壬子，命徐达为征虏大将军，李文忠、冯胜、邓愈、汤和为副将军，整顿山西、北平边备。甲子，命指挥使于显为总兵官，防备倭寇。

夏四月己丑，命令有关部门进呈有关山、河险易的形势图。六月壬午，盱眙进献象征祥和的麦穗，上供太庙。壬辰，扩廓帖木儿派兵攻打雁门关，指挥吴均将其击退。同月，免去北平、河间、河南、开封、延安、汾州受灾地区的田租。

秋七月壬寅，命令户部稽查自从渡江以来各省水旱灾害的情况，给予优免和抚恤。壬子，命胡惟庸为右丞相。八月乙亥，下令祭祀三皇和历代帝王。

冬十月辛巳，召徐达、冯胜回京师。十一月壬子，扩廓帖木儿进犯大同，徐达命将打败他，徐达仍然留下镇守那里。甲子，派遣兵部尚书刘仁救济真定的饥民。丙寅，冬至，太祖高皇帝身体不安适，更改卜郊的日期。闰十一月乙亥，录用已故功臣的子孙尚未嗣爵的计二百零九人。壬午，在圜丘祭祀上帝。庚寅，颁定《大明律》。

该年，暹罗、高丽、占城、真腊、三佛齐入京师朝贡。命令安南陈叔明暂时治理国事。

秋八月，命令全国各地学校的师生，每日由国家供给膳食。九月辛卯，令景川侯曹震、营阳侯杨璟、永城侯薛显北平屯田。乙巳，天寿节，开始接受群臣朝贺，并在谨身殿设宴招待他们，自此成为制度。丙午，设置四辅官，禀告太庙。以儒士王本、杜佑、龚敩、杜敩、赵民望、吴源分别为春、夏官。同月，命令在陕西的卫所军队以三分之二屯田。翰林院学士承旨宋濂被安置到茂州，在途中逝世。

冬十一月乙未，徐达回到京师。丙午，元朝平章完者不花、乃儿不花进犯永平，指挥刘广战死，千户王辂把他们击败，擒获完者不花。十二月，全国府州县所推举的士人到达京师的计八百六十余人，各授以不同级别的官职。南雄侯赵庸镇守广东，进讨阳春蛮。

这一年，琉球、日本、安南、占城、真腊、爪哇到京师朝贡。其中日本因没有进贡表而被拒绝。

洪武十四年春正月戊子，命徐达为征虏大将军，汤和、傅友德分别为左、右副将军，统兵进讨乃儿不花。令新任命的官员各自举荐自己所了解的品学兼优的人士。乙未，在南郊隆重地祭祀天地。壬子，命令全国停止制造兵器。癸丑，命令公、侯的子弟入国子学读书。丙辰，下诏访求隐居山林的贤人。二月庚辰，查核全国各地的官田。三月丙戌，大赦囚犯。辛丑，向北方地区的学校颁行《五经》《四书》。

夏四月庚午，命徐达统率各位将领出塞外，至北黄河，击败元兵，俘获全宁四部回到北平。五月，五溪蛮叛乱，江夏侯周德兴出兵讨伐，平息了他们。

秋八月丙子，下诏访求精通经术而又老成的人士，由有关部门礼送京师。庚辰，黄河在原武、祥符、中牟一带决口。辛巳，徐达回京师。九月壬午初一，命傅友德为征南将军，蓝玉、沐英分别为左、右副将军，统兵出征云南。徐达镇守北平。丙午，令周德兴转移部队讨伐施州蛮，一举平息。

冬十月壬子初一，日食。癸丑，命令司法部门审核记录囚犯的罪状，并会同翰林院、给事中以及春坊官共同商议公正合理的处理意见然后奏闻。甲寅，免去应天、太平、广德、镇江、宁国的田租。癸亥，分别派遣御史到全国各地检查记录囚犯的罪状。己卯，延安侯唐胜宗举兵讨伐浙东的山寇，平息其乱。十一月壬午，吉安侯陆仲亨镇守成都。庚戌，赵庸讨伐广州海寇，大败其众。十二月丁巳，命令翰林院和春坊官考核驳正各衙门的章奏。戊辰，傅友德在白石江大败元兵，于是进军曲靖。壬申，元朝梁王把匝剌瓦尔密逃到普宁自杀。

这一年，暹罗、安南、爪哇、朵甘、乌斯藏入京师朝贡。因安南侵犯思明，不予接纳。

洪武十五年春正月辛巳，在谨身殿宴请群臣，开始使用九奏乐。景川侯曹震、定远侯王弼攻下楚威路。壬午，元朝曲靖宣慰司以及中庆、澄江、武定各路皆投降，云南平定。己丑，令减少已被判为死刑的囚徒。

乙未，在南郊隆重祭祀天地。庚戌，命令全国到京师朝见的官员各举荐一名自己所熟悉的贤能之士。二月壬子，黄河在河南决堤，命驸马都尉李祺前往救济。甲寅，云南平定，下诏告知全国。闰二月癸卯，蓝玉、沐英攻克大理，分兵攻打鹤庆、丽江、金齿，均取得胜利。三月庚午，黄河在朝邑决堤。

夏四月甲申，把元朝梁王把匝剌瓦尔密以及威顺王的儿子伯伯等人的家属迁移到耽罗。丙戌，下诏令全国各地一律祭祀孔子。壬辰，免征畿内、浙江、江西、河南、山东的税粮。五月乙丑，国子学落成，陈设酒食祭奠先师孔子。丙子，广平府吏王允道上书请求开炼磁州铁矿。太祖高皇帝说："朕听说过做帝王的人必须使全国没有被遗弃的贤人，从未听说要没有遗留下来的财利。现今兵器并不缺乏，而且百姓的本业已经稳定，开矿不但对国家毫无益处，而且会重新扰乱百姓。"为此杖打王允道，并把他流放到岭南。丁丑，派遣行人访求精通经术、德行良好的才士。

秋七月乙卯，黄河在荥泽、阳武一带决堤。辛酉，罢免四辅官。乙亥，傅友德、沐英出击乌撒蛮，大败其众。八月丁丑，再次设科举取士，令每三年举行一次，由此成为制度。丙戌，高皇后马氏逝世。己丑，命延安侯唐胜宗、长兴侯耿炳文在陕西屯田。丁酉，提拔秀才曾泰为户部尚书。辛丑，命令召到京师的秀才分别到吏、户、礼、兵、刑、工六科试用。九月己酉，吏部将精通经术、德行良好的才士郑韬等三千七百余人召入京师拜见，太祖令其举荐自己所了解的贤人，然后派遣使者征召他们。赐给郑韬等人钞，过后各授以布政使、参政等不同级别的官职。庚午，安葬孝慈皇后于孝陵。

冬十月丙子，设置都察院。丙申，检察记录囚犯的罪状。甲辰，徐达回到京师。同月，广东群盗平定，命赵庸班师回朝。十一月戊午，设置殿阁大学士，由邵质、吴伯宗、宋纳、吴沉四人担任。十二月辛卯，救济北平受灾地区的屯田士兵。己亥，命永城侯薛显督理山西的军务。

该年，爪哇、琉球、乌斯藏、占城入京师朝贡。

洪武十六年春正月乙卯，在南郊隆重地祭祀天地。戊午，令徐达镇守北平。二月丙申，首次命令全国各地学校的岁贡士到京师。三月甲辰，召征南部队回京师，沐英留下镇守云南。丙寅，下令免除凤阳、临淮二县百姓的徭役和赋税，世世代代永不负担。

夏五月庚申，免征畿内各府的田租。六月辛卯，免征畿内十二个州县养马户的田租一年，其中滁州免征二年。

秋七月，分别派遣御史到各地检察记录囚犯的罪状。八月壬申初一，出现日食。九月癸亥，命申国公邓镇为征南将军，讨伐龙泉山的寇盗，荡平其众。

冬十月丁丑，召徐达等人回京师。十二月甲午，刑部尚书开济犯罪被杀。

这一年，琉球、占城、西番、打箭炉、暹罗、须文达那入京师朝贡。

洪武十七年春正月丁未，在南郊隆重地祭祀天地。戊申，命徐达镇守北平。壬戌，汤和巡视沿海各城防备倭寇。三月戊戌初一，颁行科举取士的规则。曹国公李文忠逝世。甲子，大赦全国各地的囚犯。

夏四月壬午，论平定云南的战功，进封傅友德为颍国公、陈桓等四人为侯，大赏将士。庚寅，收埋阵亡将士的尸骨。增建国子监的学舍。五月丙寅，凉州指挥宋晟在亦集乃征讨西番，打败他们。

秋七月戊戌，严禁内官干预外廷的事务，敕令外廷各衙门不得和内官监互相往来公文。癸丑，下诏令文武百官回家迎接父母奉养于任所的，由官府供给船、车。丁巳，免征畿内今年田租的一半。庚申，检察记录囚犯的罪状。壬戌，盱眙县有人进献天书，下令斩死他。八月丙寅，黄河在开封决口。壬申，黄河在杞县决口，派官员去堵塞它。己丑，下令免去河南等省旧欠的赋税。

冬十月丙子，河南、北平发生大水，分别派遣驸马都尉李祺等人前去救济。闰十月癸丑，诏令全国各地的罪囚，先由刑部、都察院审议，再由大理寺复审定罪，然后报请皇帝裁决。同月，召徐达回京师。十二月壬子，免去云南旧欠的赋税。

这年，琉球、暹罗、安南、占城入京师朝贡。

洪武十八年春正月辛未，在南郊隆重地祭祀天地。癸酉，令入京师朝见的官员分五等考核政绩，罢降进升各有差别。二月甲辰，因长久以来出现阴雨雷电，下诏求官民尽言时政得失。己未，魏国公徐达逝世。三月壬戌，分别赐丁显等人为进士及第、进士出身。下诏令在朝中和外地官员的父母凡死于住所的，由有关部门供给船、车送其回家安葬，从此成为一项法令。乙亥，免征畿内今年的田租。命令全国各府县掩埋暴露在外的尸骨。丙子，首次选用进士为翰林院、承敕监、六科庶吉士。

己丑，户部侍郎郭桓因犯侵盗官粮罪被杀。

夏四月丁酉，吏部尚书余炊因罪被杀。丙辰，思州蛮叛乱，命汤和为征虏将军，周德兴为副将军，统兵随从楚王朱桢前去进讨。六月戊申，规定在外地的官员每三年到京师朝见一次，由此定为法令。

秋七月甲戌，封王禑为高丽国王。庚辰，五开蛮发动叛乱。八月庚戌，命令冯胜、傅友德、蓝玉在北平守备边境。同月，赈济河南水灾。

冬十月己丑，向全国各地颁发《大诰》。癸卯，召冯胜回京师。甲辰，下诏说："孟子传播道义，有功于正名分的礼教。历年已久，子孙甚少。近来其子孙有因罪而被罚从事劳作的，这哪里是礼待先贤的意愿呀。应当尽心询访，凡是圣贤的后代被罚劳作的，一概予以免除。"同月，楚王朱桢、信国公汤和讨平五开蛮。十一月乙亥，免去河南、山东、北平的田租。十二月丙午，命有关部门推举孝廉之人。癸丑，麓川平缅宣慰使思伦揭发反叛，都督冯诚出征失败，千户王升遇难。

该年，高丽、琉球、安南、暹罗到京师朝贡。

洪武十九年春正月辛酉，救济大名及江浦水灾。甲子，在南郊隆重地祭祀天地。同月，征蛮的部队回到京师。二月丙申，耕耘耤田。癸丑，赈济河南饥民。

夏四月甲辰，下诏令赎还河南饥民所卖的子女。六月甲辰，命有关部门慰问老年人。凡贫民年八十岁以上的，每月给米五斗，酒三斗，肉五斤；九十岁以上的，每年加布帛一匹，棉絮一斤；有田产的不给米。应天、凤阳富民年八十以上的赐爵社士，九十岁以上的赐乡士；全国其他地方的富民年八十以上的赐里士，九十岁以上的赐社士。皆与县官享有同等的礼遇，并免去其家的赋役。鳏寡孤独不能自存的，每年给米六石。士兵在战场上受伤的废除其军籍，赐免三年的赋役。将校阵亡的，其子孙世袭爵位增加一级俸禄。隐居山林岩穴的才士，以礼聘请送来京师。丁未，救济青州及郑州的饥民。

秋七月癸未，命令推举明识经学、德行良好、练达时务之士。年六十以上的，安置于翰林院备顾问；六十岁以下的，由六部和布按二司安排使用。八月甲辰，命皇太子修建泗州盱眙祖陵，准备安葬德祖以下皇帝、皇后的礼帽和礼服。九月庚申，在云南实行屯田。

冬十月，命官军已经死亡而其子女幼小或者父母年老的，皆照旧给予全部俸禄，由此定为法令。十二月癸未初一，出现日食。同月，命宋国公冯胜分兵防守边境。征发北平、山东、山西、河南的民夫运粮到大宁。

这一年，高丽、琉球、暹罗、占城、安南入京师朝贡。

洪武二十年春正月癸丑，以冯胜为征虏大将军，傅友德、蓝玉为副将军，率师出征纳哈出。下令焚毁锦衣卫的刑具，原来由锦衣卫监狱关押的囚犯移交给刑部的监狱。甲子，在南郊隆重地祭祀天地。典礼完毕时，天气清明。侍臣进言说："这是陛下敬天诚心的结果。"太祖说："所谓敬天，不单要在形式上庄严而有礼，更应当有其实在的内容。上天将百姓当作儿子的重任托付给做君主的，做君主的想侍奉天，就必须首先体恤百姓。体恤百姓，就是侍奉天的实在内容。就像国家任命人担任府州县官的事一样，假若他们不能造福于百姓，就是背弃了君主的命令，哪有比这更大为不敬的呀。"又说："做人君的，敬天为父，敬地为母，视百姓如儿子，都是职分所应当尽力而为的，祭祀天地，不是为自己祈祷幸福，实在是为了天下的百姓。"二月壬午，检阅军队。乙未，耕耘耤田。三月辛亥，冯胜率兵出松亭关，建筑大宁、宽河、会州、富峪四城。

夏四月戊子，江夏侯周德兴在福建沿海筑城，练兵防倭。六月庚子，临江侯陈镛从征走错道路，遇敌战死。癸卯，冯胜的部队越过金山。丁未，纳哈出投降。闰六月庚申，冯胜班师驻扎金山，都督濮英统率的部队走在最后面遇到敌人的伏兵，濮英遇难身死。

秋八月癸酉，下令收回冯胜的将军印，召回京师，由蓝玉管理军事。景川侯曹震在云南品甸屯田。九月戊寅，封纳哈出为海西侯。癸未，设置大宁都指挥使司。丁酉，郑国公常茂被安置到龙州。丁未，以蓝玉为征虏大将军，延安侯唐胜宗、武定侯郭英为副将军，北征沙漠。同月，筑西宁城。冬十月戊申，封朱寿为舳舻侯，张赫为航海侯。同月，冯胜罢官回到凤阳，可按时入京朝见。十一月壬午，命普定侯陈桓、靖宁侯叶升在定边、姚安、毕节各卫屯田。己丑，汤和回京师，总计修筑宁海、临山等五十九座城。十二月，救济登、莱饥民。

该年，琉球、安南、高丽、占城、真腊、朵甘、乌斯藏入京师朝贡。

洪武二十一年春正月辛巳，麓川蛮思伦发入侵马龙他郎甸，都督宁正击败他。辛卯，在南郊隆重祭祀天地。甲午，救济青州饥民，惩治隐匿灾情不报的有关部门的官员。三月乙亥，分别赐任亨泰等人为进士及第、进士出身。丙戌，赈济东昌饥民。甲辰，沐英进讨思伦发，一举打败他。

夏四月丙辰，蓝玉在捕鱼儿海用计打败元朝嗣君，俘获其次子地保奴以及嫔妃、公主、王公以下数万人回来。五月甲戌初一，出现日食。六月甲辰，信国公汤和回到凤阳。甲子，以傅友德为征南将军，沐英、陈桓分别为左、右副将军，统兵讨伐东川叛蛮。

秋七月戊寅，地保奴被安置到琉球。八月癸丑，迁移泽、潞无业的居民到黄河南、北开垦田地，赐给钞购置农具，免其三年租税。丁卯，蓝玉班师回朝，大赏北征将士。戊辰，封孙恪为全宁侯。同月，御制八条指示训令武臣遵行。九月丙戌，秦、晋、燕、周、楚、齐、湘、鲁、潭九位藩王进京朝见。癸巳，越州蛮阿资发动叛乱，沐英会同傅友德讨伐他。

冬十月丁未，东川蛮平息。十二月壬戌，封蓝玉为凉国公。

这一年，高丽、占城、琉球、暹罗、真腊、撒马儿罕、安南入京师朝贡。命令安南自今以后每三年朝贡一次，不要进献象、犀一类的东西。安南黎季犛杀其国王陈炜。

洪武二十二年春正月，改大宗正院为宗人府，以秦王朱樉为宗人令，晋王朱㭎、燕王朱棣分别为左、右宗正，周王朱橚、楚王朱桢分别为左、右宗人。丁亥，在南郊隆重祭祀天地。乙未，傅友德在普安打败阿资。二月己未，蓝玉在四川练兵。壬戌，禁止武臣干预民事。癸亥，湖广千户夏得忠勾结九溪蛮发动叛乱，靖宁侯叶升讨平他，得忠被处死。同月，阿资投降。三月庚午，傅友德率各位将领分别屯守四川、湖广，以防御西南蛮。

夏四月己亥，移江南的居民到淮南屯田，赐给钞购置农具，免征三年租税。癸丑，令魏国公徐允恭、开国公常升等人在湖广练兵。甲寅，迁元朝降王到眈罗。同月，遣御史审察山东匿灾不报的官员。五月辛卯，在兀良哈设置泰宁、朵颜、福余三卫。

秋七月，召傅友德等人回京师。八月乙卯，下诏令全国推举年高德望明识时务之人。同月，重新修定《大明律》。九月丙寅初一，出现日食。

冬十一月丙寅，宣德侯金镇等人在湖广练兵。己卯，思伦发入京进贡认罪，麓川平定。十二月甲辰，周王朱橚有罪，令迁往云南，不久罢迁，留居京师。命定远侯王弼等人在山西、河南、陕西练兵。

这一年，高丽、安南、占城、暹罗、真腊到京师朝贡。元朝也速迭儿杀其君脱古思帖木儿而立坤帖木儿。高丽废其国王王禑，又废国王王昌。安南黎季犛再杀其国王陈日焜。

洪武二十三年春正月丁卯，晋王朱㭎、燕王朱棣统兵征元朝丞相咬住、太尉乃儿不花，征虏前将军颍国公傅友德等皆听从晋、燕二王的指挥。己卯，在南郊隆重祭祀天地。庚辰，贵州蛮发动叛乱，延安侯唐胜宗兴师讨平。乙酉，齐王朱榑统兵从燕王朱棣北征。赣州贼作乱，令东川侯胡海为总兵官，普定侯陈桓、靖宁侯叶升为副将，发兵予以平息。命唐胜宗督责贵州各卫屯田。二月戊申，蓝玉讨平西番叛蛮。丙辰，耕耘耤田。癸亥，黄河在归德决堤，征发各军和民夫堵塞它。三月癸巳，燕王朱棣的部队进驻迤都，咬住等人投降。

夏四月，吉安侯陆仲亨等因为被定为胡惟庸的同党而被关入监狱。丙申，潭王朱梓自焚身亡。闰四月丙子，蓝玉平息施南、忠建叛蛮。五月甲午，遣送各位公、侯回归故里，各赐给不同数量的金币。乙卯，赐太师韩国公李善长自尽，陆仲亨等皆被杀死。作《昭示奸党录》，布告全国。六月乙丑，蓝玉派遣凤翔侯张龙平息都匀、散毛各蛮。庚寅，任命德才兼备而又熟悉典故、年六十以上的老人为官。

秋七月壬辰，黄河在开封决口，下令予以赈济。癸巳，崇明、海门暴风骤雨海水溢入田舍，遣官进行救济，并征发民夫二十五万修筑堤岸。八月壬申，下令不要用吏卒担任选举。蓝玉回京师。同月，救济河南、北平、山东水灾。九月庚寅初一，出现日食。

冬十月巳卯，救济湖广饥民。十一月癸丑，免征山东受灾地区的田租。十二月癸亥，命令被判为死刑以下的囚犯运粮到北方边境以弥补自己的罪过。壬申，令停止全国各地每年织造丝织品。

这一年，墨剌、哈梅里、高丽、占城、真腊、琉球、暹罗入京朝贡。

洪武二十四年春正月癸卯，在南郊隆重地祭祀天地。戊申，命颍国公傅友德为征虏将军，定远侯王弼、武定侯郭英为副将军，整治北平边防。丁巳，免征山东田租。二月壬申，耕耘耤田。三月戊子初一，出现日食。命魏国公徐辉祖、曹国公李景隆、凉国公蓝玉等人在陕西守备边境。乙未，靖宁侯叶升在甘肃练兵。丁酉，分别赐许观等人为进士及第、进士出身。

夏四月辛未，封皇子朱㮵为庆王，朱权为宁王，朱楩为岷王，朱橞为谷王，朱松为韩王，朱模为沈王，朱楹为安王，朱桱为唐王，朱栋为郢王，朱㰘为伊王。癸未，燕王朱棣督领傅友德各将帅出塞外，打败敌人凯旋归来。五月戊戌，命汉、卫、谷、庆、宁、岷六位亲王到临清练兵。六月己未，命令廷臣参考历代礼仪制度，重新制定衣帽、居室、用具的制度。甲子，因久旱无雨，下令重新审察记录囚徒的罪状。

秋七月庚子，迁移富民充实京师。辛丑，免征畿内官田的租税一半。八月乙卯，秦王朱樉有罪，被召回京师。乙丑，皇太子巡抚陕西。乙亥，都督佥事刘真、宋晟进讨哈梅里，打败他们。九月乙酉，遣使告谕西域。同月，倭寇侵犯雷州，百户李玉、镇抚陶鼎力战身死。

冬十月丁巳，免去北平、河间受灾地区的田租。十一月甲午，五开蛮叛乱，都督佥事茅鼎兴兵讨伐，平息他们。庚戌，皇太子回京师，晋王朱棡进京朝见。辛亥，赈济河南水灾。十二月庚午，周王朱橚恢复封国。辛巳，阿资再次反叛，都督佥事何福出兵讨伐降伏了他。

这年，全国各郡县赋役黄册造成，总计有一千六十八万四千四百三十五户，五千六百七十七万四千五百六十一丁。琉球、暹罗、别失八里、撒马儿罕入京师朝贡。因占城发生篡位叛逆的严重事件，拒绝其朝贡。

洪武二十五年春正月戊子，周王朱橚入京朝见。庚寅，黄河在阳武决口，征发军民加以堵塞，并免去受水灾地区的田租。乙未，在南郊隆重祭祀天地。命何福进讨都匀、毕节各蛮，平定了他们。辛丑，命令被判为死罪的囚犯运粮到边塞。壬寅，晋王朱棡、燕王朱棣、楚王朱桢、湘王朱柏进京朝见。二月戊午，召曹国公李景隆等回京师。靖宁侯叶升等人在河南以及临、巩、甘、凉、延庆各地练兵。都督茅鼎等平息五开蛮。丙寅，耕耘耤田。庚辰，命令全国各卫所的军队用十分之七屯田。三月癸未，命冯胜等十四人分别督理陕西、山西、河南各卫的军务。庚寅，改封豫王朱桂为代王，汉王朱楧为肃王、卫王朱植为辽王。

夏四月壬子，命凉国公蓝玉征讨罕东。癸丑，建昌卫指挥月鲁帖木儿叛变，指挥鲁毅出兵打败他。丙子，皇太子朱标逝世。戊寅，命都督聂纬、徐司马、瞿能进讨月鲁帖木儿，等蓝玉回来以后，均听从他的指挥。五月辛巳，蓝玉到罕东，贼寇逃走，于是进军建昌。己丑，救济陈州原武水灾。六月丁卯，西平侯沐英死于云南。

秋七月庚辰，秦王朱樉恢复封国。癸未，指挥瞿能在双狼寨打败月鲁帖木儿。八月己未，江夏侯周德兴因事被杀。丁卯，冯胜、傅友德率领开国公常升等分赴山西，征民为军，到大同、东胜屯田，建立十六个卫。甲戌，每年赐给公、侯俸禄，原来所赐给的田土归还官府。丙子，靖宁侯叶升因定为胡惟庸的党羽被杀。九月庚寅，立皇孙朱允炆为皇太孙。高丽李成桂囚禁其国王王瑶而自立为王，并拿着国人的劝进表来京师请求批准，下诏予以接受，更改其国号为朝鲜。

冬十月乙亥，沐英继承爵位封西平侯，镇守云南。十一月甲午，蓝玉擒获月鲁帖木儿，杀死他，召蓝玉回京师。十二月甲戌，宋国公冯胜、颍国公傅友德等兼任东宫师、保官。闰十二月戊戌，命冯胜为总兵官，傅友傅为副总兵，在山西、河南练兵，兼领屯卫的事务。

这一年，琉球的中山与山南，高丽、哈梅里入京师朝贡。

洪武二十六年春季正月戊申，下令免全国六十岁以上的老年人来京师朝见。辛酉，在南郊隆重地祭祀天地。二月丁丑，晋王朱㭎统领山西、河南的军队出塞外，召冯胜、傅友德、常升、王弼等人回京师。乙酉，蜀王朱椿进京朝见。凉国公蓝玉因谋反，与并受其株连的鹤庆侯张翼、普定侯陈桓、景川侯曹震、舳舻侯朱寿、东莞伯何荣、吏部尚书詹徽等人皆因此被杀。己丑，向全国颁布《逆臣录》。庚寅，耕耘耤田。三月辛亥，代王朱桂率领护卫兵出塞，听从晋王的调遣。长兴侯耿炳文在陕西练兵。丙辰，命冯胜、傅友德整饬山西、北平边备，其所辖的卫所将校一律听从晋王、燕王的指挥。庚申，诏令晋、燕二王遇有重大的军务才奏报。壬戌，会宁侯张温因定为蓝玉的党羽被处死。

夏四月乙亥，孝感发生饥荒，派遣使者乘坐驿站的车马迅速前去发放仓粮借给饥民。命令自今开始凡遇到饥荒年，先贷粮给饥民然后再奏闻，立为法令。戊子，周王朱橚进京朝见。庚寅，发生旱灾，诏群臣上书直言朝政得失，减少狱囚。丙申，因安南擅自废君自立，拒绝其朝贡。

秋七月甲辰初一，出现日食。戊申，选秀才张宗浚等随从詹事府的官员在文华殿轮流值班，侍候皇太孙。八月，秦、晋、燕、周、齐五位藩王进京朝见。九月癸丑，代、肃、辽、庆、宁五位藩王进京朝见。下令赦免胡惟庸、蓝玉的余党。

冬十月丙申，提拔国子监生六十四人为布政使等官。十二月，向各位藩王颁布《永鉴录》。

这一年，琉球、爪哇、暹罗入京朝贡。

洪武二十七年春正月乙卯，在南郊隆重地祭祀天地。辛酉，命李景隆为平羌将军，镇守甘肃。发放全国的仓谷贷给贫民。三月庚子，分别赐张信等人为进士及第、进士出身。辛丑，魏国公徐辉祖、安陆侯吴杰在浙江防备倭寇。庚戌，下令督促百姓种植桑枣、木棉。甲子，因为全国四方已经彻底平定，将兵器收藏起来，表示永不再用。

秋八月甲戌，吴杰及永定侯张铨率领退休的武臣，到广东防备倭寇。乙亥，遣国子监生分赴全国各地，督促官吏和百姓兴修水利。丙戌，在阶、文的军队发动叛乱，令都督宁正为平羌将军兴师讨伐。九月，令徐辉祖指挥陕西沿边各部队。

冬十一月乙丑，颍国公傅友德因事被处死。阿资再次叛变，西平侯沐春出兵击败他。十二月乙亥，定远侯王弼因事被杀。

这一年，乌斯藏、琉球、缅、朵甘、爪哇、撒马儿罕、朝鲜入京朝贡。安南来贡，拒绝他朝贡。

洪武二十八年春正月丙午，阶、文的寇乱被平息，宁正率所部随从秦王朱樉征讨洮州叛番。丁未，在南郊隆重祭祀天地。甲子，西平侯沐春擒获并斩死阿资，越州平定。同月，命周王朱橚、晋王朱㭎率领河南、山西各卫的军队出塞外，筑城、屯田。燕王朱棣带领总兵官周兴出辽东边塞。二月丁卯，宋国公冯胜因事被杀。己丑，命令户部编居民每一百户为一里。遇有婚姻、死丧、疾病各种患难，其中富的资助钱财，贫的资助劳力。春秋耕种收获，通力合作，这些都是为了使百姓和睦相处。

夏六月壬申，命令各土司都建立儒学。辛巳，周兴等人自开原追击敌人至甫答迷城，不及而还。己丑，到奉天门，指示群臣说："朕起兵至今四十年，十分了解事情的真假是非，为了惩治奸顽，有时法外用刑，这本不是常法。今后的嗣君只许遵循《律》和《大诰》，不许使用黥刺、剕、劓、阉割等各种刑罚。臣下有敢用这些奏请的，处以重刑。"又说："朕罢丞相，设五军都督府、六部、都察院分理各种繁多的政务，事权归于朝廷。今后的嗣君不许再立丞相，臣下有敢用这些奏请的处以重刑。皇亲只有犯谋逆的大罪才不能赦免。犯其他罪行的，由宗亲会议报请皇上裁决。司法部门只许检举奏报，不得擅自逮捕。这些都要刻于典章之上，永为遵守。"

秋八月丁卯，命都督杨文为征南将军，指挥韩观、都督佥事宋晟为副将军，进讨龙州土官赵宗寿。戊辰，信国公汤和逝世。辛巳，赵宗寿认罪来京师朝见，杨文转而移兵讨伐奉议、南丹的叛蛮。九月丁酉，免征畿内、山东的秋粮。庚戌，向朝廷内外颁布《皇明祖训条章》，规定"后世有议论更改祖宗制度的，按奸臣论处"。十一月乙亥，奉议、南丹的叛蛮皆被平息。十二月壬辰，命令河南、山东种植桑、枣以及洪武二十七年以后新开垦的田地，不要进行征税。

这一年，朝鲜、琉球、暹罗入京师朝贡。

洪武二十九年春正月壬申，在南郊隆重地祭祀天地。二月癸卯，征虏前将军胡冕督兵讨伐郴、桂蛮乱，平定了他们。辛亥，燕王朱棣率军队巡视大宁，周世子朱有炖率军队巡视北平关口。三月辛酉，楚王朱桢、湘王朱柏进京朝见。甲子，燕王在彻彻儿山击败敌军，又追击敌军到兀良哈秃城并在那里将其打败，然后胜利归来。

秋八月丁未，免征应天、太平五府的田租。九月乙亥，召退休的武臣两千五百余人到京师朝见，大赏他们，各进升俸禄一级。

这一年，琉球、安南、朝鲜、乌斯藏入京师朝贡。

洪武三十年春正月丙辰，命耿炳文为征西将军，郭英为副将军，巡视西北边防。丙寅，在南郊隆重祭祀天地。丁卯，分别在山西、北平、陕西、甘肃、辽东设置行太仆寺，掌管马政。己巳，左都督杨文在辽东屯田。同月，沔县盗寇暴动，令耿炳文兴兵讨伐它。二月庚寅，水西蛮叛乱，命都督佥事顾成为征南将军，讨平他们。三月癸丑，分别赐陈䢿等人为进士及第、进士出身。庚辰，古州蛮叛乱，龙里千户吴得、镇抚井孚战死。

夏四月己亥，命都指挥齐让为平羌将军，讨伐古州蛮。壬寅，水西蛮平定。五月壬子初一，出现日食。乙卯，楚王朱桢、湘王朱柏率兵进讨古州蛮。六月辛巳，分别赐礼部复试贡士韩克忠等人为进士及第、进士出身。己酉，驸马都尉欧阳伦有罪，令其自尽。

秋八月丁亥，黄河在开封决堤。甲午，命李景隆为征虏大将军，在河南练兵。九月庚戌，汉、沔贼寇平息。戊辰，麓川平缅土司酋长刀干孟赶走其宣慰使思伦发，由此发动叛乱。乙亥，命都督杨文为征虏将军，代替齐让。

冬十月戊子，停止辽东海运。辛卯，耿炳文在陕西练兵。乙未，重新修建的国子监先师庙落成。十一月癸酉，命沐春为征虏前将军，都督何福等人为副将军，进讨刀干孟。

这一年，琉球、占城、朝鲜、暹罗、乌斯藏、泥八剌入京师朝贡。

洪武三十一年春正月壬戌，在南郊隆重祭祀天地。乙丑，派遣使者到山东、河南督促百姓耕种田地。二月乙酉，倭寇侵犯宁海，指挥陶铎击败他们。辛丑，古州蛮平息，召杨文回京师。甲辰，都督佥事徐凯讨平么些蛮。

夏四月庚辰，廷臣因朝鲜一再生事挑衅，请求出兵讨伐，不准。五月丁未，沐春攻击刀干孟，将他打得人仰马翻。甲寅，太祖高皇帝身体不安适。戊午，都督杨文随从燕王朱棣，武定侯郭英随从辽王朱植，到开平备边御敌，皆听从燕王指挥。

闰五月癸未，太祖高皇帝的疾病大为加重。乙酉，死于西宫，享年七十一岁。遗诏说："朕承天命三十一年，心里总是忧虑着国家和百姓的安危，日日勤劳，不敢倦怠，致力于为百姓谋利益。无奈出身寒微，没有像古人那样博学多闻，好善疾恶，远不如他们。今日懂得了万物本身的客观规律，何有哀念之情。皇太孙允炆仁义明达，孝顺友爱，天下归心，最适合于登皇帝位。内外文武百官要同心辅佐政事，以安定我的百姓。治丧祭奠仪式的物品，不要使用金玉。孝陵的山川仍照旧，不要改动。天下官民，哀悼仪式举行三日之后，皆免穿素服，不要妨碍嫁女娶亲。各位藩王只在封国哀悼，不要到京师。凡不在这个诏令之中的，根据这个诏令行事。"辛卯，葬于孝陵。谥号高皇帝，庙号太祖。永乐元年，再谥为圣神文武钦明启运俊德成功统天大孝高皇帝。嘉靖十七年，增谥为开天行道肇纪立极大圣至神仁文义武俊德成功高皇帝。

太祖高皇帝由上天授给他智慧和能力，统一了全中国，武功文治，为汉、唐、宋各位君主所未能及。当其开创功业之初，能够沉着镇定地审时度势，循次经营，很有计划。经常与各位大臣议论夺取天下的策略，说："朕时逢死亡和战乱，当初起兵乡里，本为保全自己。等到渡过长江以后，看到各处群雄的所作所为，只是祸害百姓，而张士诚、陈友谅尤其是大蛀虫。士诚倚仗富有，友谅倚仗兵强，独朕无所倚仗。只有不爱好杀人，布施信义，实行节俭，和你们同心共济。起初与张士诚、陈友谅二位敌人相对峙，士诚尤为逼近，有说应该先击败他。朕依据友谅志气骄傲，士诚器量狭小，志气骄傲必好生事端，器量狭小必没有远大的规划，所以首先攻打友谅。鄱阳湖之战，士诚终于不能走出姑苏一步去支援陈友谅。假使首先攻打士诚，他在浙西负固坚守，友谅必会倾国而来，我就会腹背受敌了。士诚、友谅两个敌人既消灭，北定中原，所以先取山东，次及河洛，而制止潼关的军队不必急于夺取秦、陇，是因为扩廓帖木儿、李思齐、张思道都是身经百战之后，未必肯于匆忙甘拜下风，急于进攻，他们势必会联合在一起，一下子不容易平定，所以出其不意，将战旗转向北方。燕都既已攻克，然后西征。张、李望绝势穷，不战而胜，然而扩廓仍在极力抗拒不肯屈服。假使那时未攻下燕都，骤然和他们斗力，谁胜谁负就未可知了。"太祖高皇帝的雄才大略，料敌如神，克敌制胜，都与此相类似。所以能够平定祸乱，直到得有天下。古语说"天道后起者胜"，这绝不是偶然的。

明史卷一百二十五

徐达常遇春列传第十三

徐达

徐达，字天德，濠人，世业农。达少有大志，长身高颧，刚毅武勇。太祖之为郭子兴部帅也，达时年二十二，往从之，一见语合。及太祖南略定远，帅二十四人往，达首与焉。寻从破元兵于滁州涧，从取和州，子兴授达镇抚。子兴执孙德崖，德崖军亦执太祖，达挺身诣德崖军请代，太祖乃得归，达亦获免。从渡江，拔采石，取太平，与常遇春皆为军锋冠。从破擒元将陈野先，别将兵取溧阳、溧水，从下集庆。太祖身居守，而命达为大将，帅诸军东攻镇江，拔之。号令明肃，城中宴然。授淮兴翼统军元帅。

时张士诚已据常州，挟江东叛将陈保二以舟师攻镇江。达败之于龙潭，遂请益兵以围常州。士诚遣将来援。达以敌狡而锐，未易力取，乃离城设二伏以待，别遣将王均用为奇兵，而自督军战。敌退走遇伏，大败之，获其张、汤二将，进围常州。明年克之。进佥枢密院事。继克宁国，徇宜兴，使前锋赵德胜下常熟，擒士诚弟士德。明年复攻宜兴，克之。太祖自将攻婺州，命达留守应天，别遣兵袭破天完将赵普胜，复池州。迁奉国上将军、同知枢密院事。进攻安庆，自无为陆行，夜掩浮山寨，破普胜部将于青山，遂克潜山。还镇池州，与遇春设伏，败陈友谅军于九华山下，斩首万人，生擒三千人。遇春曰："此劲旅也，不杀为后患。"达不可，乃以状闻。而遇春先以夜坑其人过半，太祖不怿，悉纵遣余众。于是始命达尽护诸将。陈友谅犯龙江，达军南门外，与诸将力战破之，追及之慈湖，焚其舟。

明年，从伐汉，取江州。友谅走武昌，达追之。友谅出战舰沔阳，达营汉阳沌口以遏之。进中书右丞。明年，太祖定南昌，降将祝宗、康泰叛。达以沌口军讨平之。从援安丰，破吴将吕珍，遂围庐州。会汉人

寇南昌，太祖召达自庐州来会师，遇于鄱阳湖。友谅军甚盛，达身先诸将力战，败其前锋，杀千五百人，获一巨舟。太祖知敌可破，而虑士诚内犯，即夜遣达还守应天，自帅诸将鏖战，竟毙友谅。

明年，太祖称吴王，以达为左相国。复引兵围庐州，克其城。略下江陵、辰州、衡州、宝庆诸路，湖、湘平。召还，帅遇春等徇淮东，克泰州。吴人陷宜兴，达还救复之。复引兵渡江，克高邮，俘吴将士千余人。会遇春攻淮安，破吴军于马骡港，守将梅思祖以城降。进破安丰，获元将忻都，走左君弼，尽得其运艘。元兵侵徐州，迎击，大破之，俘斩万计。淮南、北悉平。

师还，太祖议征吴。右相国李善长请缓之。达曰："张氏汰而苛，大将李伯昇辈徒拥子女玉帛，易与耳。用事者，黄、蔡、叶三参军，书生不知大计。臣奉主上威德，以大军蹙之，三吴可计日定。"太祖大悦，拜达大将军，平章遇春为副将军，帅舟师二十万人薄湖州。敌三道出战，达亦分三军应之，别遣兵扼其归路。敌战败返走，不得入城。还战，大破之，擒将吏二百人，围其城。士诚遣吕珍等以兵六万赴救，屯旧馆，筑五寨自固。达使遇春等为十垒以遮之。士诚自以精兵来援，大破之于皂林。士诚走，遂拔升山水陆寨。五太子、朱暹、吕珍等皆降，以徇于城下，湖州降。遂下吴江州，从太湖进围平江。达军葑门，遇春军虎丘，郭子兴军娄门，华云龙军胥门，汤和军阊门，王弼军盘门，张温军西门，康茂才军北门，耿炳文军城东北，仇成军城西南，何文辉军城西北，筑长围困之。架木塔与城中浮屠等。别筑台三成，瞰城中，置弓弩火筒。台上又置巨炮，所击辄糜碎。城中大震。达遣使请事，太祖敕劳之曰："将军谋勇绝伦，故能遏乱略，削群雄。今事必禀命，此将军之忠，吾甚嘉之。然将在外，君不御。军中缓急，将军其便宜行之，吾不中制。"既而平江破，执士诚，传送应天，得胜兵二十五万人。城之将破也，达与遇春约曰："师入，我营其左，公营其右。"又令将士曰："掠民财者死，毁民居者死，离营二十里者死。"既入，吴人安堵如故。师还，封信国公。

寻拜征虏大将军，以遇春为副，帅步骑二十五万人，北取中原，太祖亲祃于龙江。是时称名将，必推达、遇春。两人才勇相类，皆太祖所倚重。遇春剽疾敢深入，而达尤长于谋略。遇春下城邑不能无诛僇，达所至不扰，即获壮士与谍，结以恩义，俾为己用。由此，多乐附大将军者。至是，太祖谕诸将御军持重有纪律，战胜攻取得为将之体者，莫如大将军达。又谓达，进取方略，宜自山东始。师行，克沂州，降守将王宣。进克峄州，王宣复叛，击斩之。莒、密、海诸州悉下。乃使韩政分兵扼河，张兴祖取东平、济宁，而自帅大军拔益都，徇下潍、胶诸州县。济南降，分兵取登、莱。齐地悉定。

洪武元年，太祖即帝位，以达为右丞相。册立皇太子，以达兼太子少傅。副将军遇春克东昌，会师济南，击斩乐安反者。还军济宁，引舟师溯河，趋汴梁，守将李克彝走，左君弼、竹贞等降。遂自虎牢关入洛阳，与元将脱因帖木儿大战洛水北，破走之。梁王阿鲁温以河南降，略定嵩、陕、陈、汝诸州，遂捣潼关。李思齐奔凤翔，张思道奔鄜城，遂入关，西至华州。

捷闻，太祖幸汴梁，召达诣行在所，置酒劳之，且谋北伐。达曰："大军平齐鲁，扫河洛，王保保逡巡观望；潼关既克，思齐辈狼狈西奔。元声援已绝，今乘势直捣元都，可不战有也。"帝曰："善。"达复进曰："元都克，而其主北走，将穷追之乎？"帝曰："元运衰矣，行自澌灭，不烦穷兵。出塞之后，固守封疆，防其侵轶可也。"达顿首受命。遂与副将军会师河阴，遣裨将分道徇河北地，连下卫辉、彰德、广平。师次临清，使傅友德开陆道通步骑，顾时浚河通舟师，遂引而北。遇春已克德州，合兵取长芦，扼直沽，作浮桥以济师。水陆并进，大败元军于河西务，进克通州。顺帝帅后妃太子北去。逾日，达陈兵齐化门，填壕登城。监国淮王帖木儿不花，左丞相庆童，平章迭儿必失、朴赛因不花，右丞张康伯，御史中丞满川等不降，斩之，其余不戮一人。封府库，籍图书宝物，令指挥张胜以兵千人守宫殿门，使宦者护视诸宫人、妃、主，禁士卒毋所侵暴。吏民安居，市不易肆。

捷闻，诏以元都为北平府，置六卫，留孙兴祖等守之，而命达与遇春进取山西。遇春先下保定、中山、真定，冯胜、汤和下怀庆，度太行，取泽、潞，达以大军继之。时扩廓帖木儿方引兵出雁门，将由居庸以攻北平。达闻之，与诸将谋曰："扩廓远出，太原必虚。北平有孙都督在，足以御之。今乘敌不备，直捣太原，使进不得战，退无所守，所谓批亢捣虚者也。彼若西还自救，此成擒耳。"诸将皆曰："善。"乃引兵趋太原。扩廓至保安，果还救。达选精兵夜袭其营。扩廓以十八骑遁去。尽降其众，遂克太原。乘势收大同，分兵徇未下州县。山西悉平。

二年引兵西渡河。至鹿台，张思道遁，遂克奉元。时遇春下凤翔，李思齐走临洮，达会诸将议所向。皆曰："张思道之才不如李思齐，而庆阳易于临洮，请先庆阳。"达曰："不然，庆阳城险而兵精，猝未易拔也。临洮北界河、湟，西控羌、戎，得之，其人足备战斗，物产足佐军储。蹙以大兵，思齐不走，则束手缚矣。临洮既克，于旁郡何有。"遂渡陇，克秦州，下伏羌、宁远，入巩昌，遣右副将军冯胜逼临洮，思齐果不战降。分兵克兰州，袭走豫王，尽收其部落辎重。还出萧关，下平凉。思道走宁夏，为扩廓所执，其弟良臣以庆阳降。达遣薛显受之。良臣复叛，夜出兵袭伤显。达督军围之。扩廓遣将来援，逆击败去，遂拔庆阳。良臣父子投于井，引出斩之。尽定陕西地。诏达班师，赐白金文绮甚厚。

将论功大封，会扩廓攻兰州，杀指挥使，副将军遇春已卒，三年春帝复以达为大将军，平章李文忠为副将军，分道出兵。达自潼关出西道，捣定西，取扩廓。文忠自居庸出东道，绝大漠，追元嗣主。达至定西，扩廓退屯沈儿峪，进军薄之。隔沟而垒，日数交。扩廓遣精兵从间道劫东南垒，左丞胡德济仓卒失措，军惊扰，达帅兵击却之。德济，大海子也，达以其功臣子，械送之京师，而斩其下指挥等数人以徇。明日，整兵夺沟，殊死战，大破扩廓兵。擒郯王、文济王及国公、平章以下文武僚属千八百六十余人，将士八万四千五百余人，马驼杂畜以巨万计。扩廓仅挟妻子数人奔和林。德济至京，帝释之，而以书谕达："将军效卫青不斩苏建耳，独不见穰苴之待庄贾乎？将军诛之，则已。今下廷议，吾且念其信州、诸暨功，不忍加诛。继自今，将军毋事姑息。"

达既破扩廓，即帅师自徽州南一百八渡至略阳，克沔州，入连云栈，攻兴元，取之。而副将军文忠亦克应昌，获元嫡孙妃主将相。先后露布闻，诏振旅还京师。帝迎劳于龙江。乃下诏大封功臣，授达开国辅运推诚宣力武臣，特进光禄大夫、左柱国、太傅、中书右丞相参军国事，改封魏国公，岁禄五千石，予世券。明年帅盛熙等赴北平练军马，修城池，徙山后军民实诸卫府，置二百五十四屯，垦田一千三百余顷。其冬，召还。

五年复大发兵征扩廓。达以征虏大将军出中道，左副将军李文忠出东道，征西将军冯胜出西道，各将五万骑出塞。达遣都督蓝玉击败扩廓于土剌河。扩廓与贺宗哲合兵力拒，达战不利，死者数万人。帝以达功大，弗问也。时文忠军亦不利，引还。独胜至西凉获全胜，坐匿驼马，赏不行，事具《文忠》《胜传》。明年，达复帅诸将行边，破敌于答剌海，还军北平，留三年而归。十四年，复帅汤和等讨乃儿不花。已，复还镇。

每岁春出，冬暮召还，以为常。还辄上将印，赐休沐，宴见欢饮，有布衣兄弟称，而达愈恭慎。帝尝从容言："徐兄功大，未有宁居，可赐以旧邸。"旧邸者，太祖为吴王时所居也。达固辞。一日，帝与达之邸，强饮之醉，而蒙之被，舁卧正寝。达醒，惊趋下阶，俯伏呼死罪。帝觇之，大悦。乃命有司即旧邸前治甲第，表其坊曰"大功"。胡惟庸为丞相，欲结好于达，达薄其人，不答，则赂达阍者福寿使图达。福寿发之，达亦不问；惟时时为帝言惟庸不任相。后果败，帝益重达。十七年，太阴犯上将，帝心恶之。达在北平病背疽，稍愈，帝遣达长子辉祖赍敕往劳，寻召还。明年二月，病笃，遂卒，年五十四。帝为辍朝，临丧悲恸不已。追封中山王，谥武宁，赠三世皆王爵。赐葬钟山之阴，御制神道碑文。配享太庙，肖像功臣庙，位皆第一。

达言简虑精。在军，令出不二。诸将奉持凛凛，而帝前恭谨如不能言。善拊循，与下同甘苦，士无不感恩效死，以故所向克捷。尤严戢部伍，所平大都二，省会三，郡邑百数，闾井宴然，民不苦兵。归朝之日，单车就舍，延礼儒生，谈议终日，雍雍如也。帝尝称之曰："受命而出，成功而旋，不矜不伐，妇女无所爱，财宝无所取，中正无疵，昭明乎日月，大将军一人而已。"

子四：辉祖、添福、膺绪、增寿。长女为文皇帝后，次代王妃，次安王妃。

【译文】

徐达，字天德，是濠州人，世代务农。徐达从小就有远大的志向，身材颀长，颧骨较高，一副刚毅勇武的气概。太祖在郭子兴部下当元帅时，徐达二十二岁，前去投奔他，一见面便谈得十分投机。太祖向南攻取定远时，带了二十四个人前去，第一个选中的就是徐达。接着又跟从太祖在滁州涧击败了元兵，夺取了和州，郭子兴任用徐达为镇抚。郭子兴抓了孙德崖，孙德崖部队也抓了太祖，徐达挺身前往孙德崖的部队，请求替换太祖，太祖于是能够回去，徐达也得到释放。跟随太祖渡长江，攻占采石，攻取太平，他和常遇春都是军中冲在最前面的人。跟随太祖击败了元将陈野先，生擒了他。另外领兵攻取了溧阳、溧水，跟从太祖攻克集庆。太祖坐镇，令徐达为大将，率领各部队向东攻取镇江，攻克了。部队号令严明，城里十分平静。任命为淮兴翼统军元帅。

当时张士诚已经占据了常州，挟持着江东叛变的将领陈保二率领水军攻打镇江。徐达在龙潭将他打败，于是请求增兵包围常州。张士诚派军队前来援救。徐达认为敌军狡猾而且精锐，不容易用武力夺取，于是在城外设了两处伏军等候，另外把将领王均用做出奇制胜的奇兵，而自己督率军队作战。敌军退走时遇到埋伏，被打得大败，（徐达）俘虏了敌军张、汤两位将领，进而包围常州。第二年攻下了它。徐达升为枢密院事。接着攻陷宁国，攻打宜兴，派前锋赵德胜攻下了常熟，抓获了张士诚的弟弟张士德。第二年再攻宜兴，攻克了。太祖自己领兵进攻婺州，命徐达留守应天，另派兵袭击击败了天完将领赵普胜，收复池州。调为奉国上将军、同知枢密院事。攻打安庆，从无为陆路进军，夜袭浮山寨，在青山击败了赵普胜部将，于是攻占潜山。回去镇守池州，和常遇春一起设伏兵，在九华山下大败陈友谅的部队，斩首万人，生俘三千。常遇春说："这是非常有实力的部队，不杀死他们将会留下后患。"徐达不同意，于是向太祖禀告。可是常遇春已经先在晚上把一半以上的人都活埋了，太祖不满，将其余的人全都放走了。这才开始命令徐达统领各将领。陈友谅进犯龙江，在南门外，徐达和各将领率军奋力把他打败，追到慈湖把他赶上，烧毁了他的船。

第二年，跟随太祖伐汉，攻取江州。陈友谅跑到武昌，徐达紧追。陈友谅在沔阳乘战舰出逃，徐达在汉阳沌口宿营来阻遏他。升任中书右丞。第二年，太祖平定了南昌，降将祝宗、康泰叛变。徐达率领驻沌口的部队讨伐他们，把他们讨平了。跟随太祖救援安丰，击败了吴将吕珍，于是包围了庐州。恰好汉兵侵犯南昌，太祖召徐达从庐州来会师，在鄱阳湖和汉兵遭遇。陈友谅军队士气甚骄，徐达身先士卒，奋力作战，击败了他的前锋，斩杀一千五百人，俘获一只大船。太祖知道可以打败敌军，但担心张士诚进攻自己的后方，连夜派徐达回去防守应天，自己统帅众将苦战，最终把陈友谅打死了。

第二年，太祖称吴王，用徐达担任左相国。再引兵包围庐州，攻克了这座城。攻占了江陵、辰州、衡州、宝庆等路，湖、湘平定。太祖将徐达召回，让他统率常遇春等攻取淮东，攻克泰州。吴人攻陷宜兴，徐达回去援救，收复了它。再引兵渡过长江，攻下高邮，俘获吴军将士千余人。恰好常遇春进攻淮安，在马骡港击败了吴军，守将梅思祖举城归降。接着攻破安丰，生擒了元将忻都，左君弼逃跑了，全都缴获了他的运输船只。元兵进犯徐州，徐达给予迎头痛击，把他们打得大败，俘虏、打死的元兵数以万计。淮南、淮北全部平定。

班师回去，太祖又商议讨伐吴。右丞相李善长建议暂缓进行。徐达说："张士诚奢侈并且苛刻，大将李伯升之流只顾占有女子和财富，很容易解决。真正管事的是黄、蔡、叶三个参军，他们这些书生没有远大的眼光和计划。我遵奉主上的威德，率领大军逼迫他，三吴的平定指日可待。"太祖十分高兴，拜徐达为大将军，平章常遇春为副将军，率领水军二十万逼近湖州。敌军兵分三路出战，徐达也分兵三路迎敌，另派部队截断他们的归路。敌军战败往回逃跑。无法进城。回兵再战，徐达把他们打得大败，俘获将吏二百人，包围了敌军的城池。张士诚派吕珍等带了六万兵来救援，驻扎在旧馆，修筑了五个营寨自守。徐达让常遇春等建造了十个堡垒来阻挡他们。张士诚自己带领精兵前来援救，徐达在皂林将他打得大败。张士诚逃跑，于是攻占了升山水陆寨。五太子、朱暹、吕珍等全都投降，徐达命他们攻城，湖州投降。于是攻取了吴的江州，从太湖进围平江。徐达驻扎在葑门，常遇春驻扎在虎丘，郭子兴驻扎在娄门，华云龙驻扎在胥门，汤和驻扎在阊门，王弼驻扎在盘门，张温驻扎在西门，康茂才驻扎在北门，耿炳文驻扎在城东北，仇成驻扎在城西南，何文辉驻扎在城西北，大军筑起了很长的壁垒围困敌军。又架起和城中佛塔一样高的木塔。另外又修筑了三个台，台建成后可以俯瞰城中动静，台上安放了弓弩火筒，还装上大炮，炮击中的地方都被炸得粉碎。城里大为震动。徐达派使者向太祖请示，太祖写敕慰劳他说："将军智谋勇敢无与伦比，因此能够制止叛乱的阴谋，削弱群雄势力。现在有事都一定请示报告，这是将军忠心的体现，我十分赞赏。然而将在外，君主不加以节制。部队中各种事情，将军可以斟酌情况自行处置，我不从中干涉。"不久攻克平江，生擒了张士诚，传送到应天，得到了张士诚的军队二十五万人。城将要攻破时，徐达和常遇春相约说："部队进城以后，我驻扎在左面，你驻扎在右面。"又命令将士说："抢夺老百姓财物的处死，拆毁老百姓住房的处死，离开驻地二十里的处死。"进城以后，吴的百姓和平常一样安居。班师回来，封徐达为信国公。

不久，拜为征虏大将军，让常遇春担任副将军，率领步兵骑兵二十五万人，向北攻取中原。部队出发后，太祖亲自在龙江祭神。当时一讲到名将，一定首推徐达、常遇春。两个人的才能和勇敢都相类似，都被太祖倚靠重用。常遇春敏捷剽悍，敢于深入敌阵，而徐达尤其擅长出谋划策。常遇春攻下了城邑常常杀人，徐达攻占的地方都不受惊扰，即使抓到了敌将和间谍，也都用恩义和他们相处，使他为自己所用。因此，多数人都乐于听命大将军徐达。到了这时，太祖晓谕各将领，带兵稳重纪律严格，在战争得胜和攻取城池时最有大将风范的，大将军徐达当排第一。又告诉徐达，下一步进军夺取的计划，应当从山东开始。于是进军山东，攻下沂州，降服了守将王宣。进而攻占峄州，王宣再反叛，将他打败，斩杀了。相继攻克莒、密、海各个州。于是派韩政分兵扼守黄河，张兴祖攻取东平、济宁，而自己带领大部队进攻益都，攻下了潍、胶各个州县。济南投降，分兵攻取登、莱。齐地区全部平定。

洪武元年，太祖登皇帝位，任命徐达为右丞相。册立皇太子，任用徐达兼任太子少傅。副将军常遇春攻下东昌，在济南会师，打败并斩了在乐安反叛的人。部队回到济宁，率领水军溯黄河而上，进军汴梁，守将李克彝逃跑，左君弼、竹贞等归降。于是从虎牢关进入洛阳，和元将脱因帖木儿在洛水以北大战，打得他大败而逃。梁王阿鲁温献出河南投降。攻克并稳定了嵩、陕、陈、汝各个州，这才进攻潼关。李思齐跑到凤翔，张思道跑到鄜城，于是大军入关，向西进至华州。

得到捷报后，太祖来到汴梁，召徐达前往，设酒宴慰劳他，而且商议北伐。徐达说："大军扫平了齐鲁，攻占了河洛，王保保正在徘徊观望，潼关已经攻克，李思齐等人狼狈向西逃跑。元朝的声援已经断绝，现在趁势直接进攻元朝的首都，可以不用打什么大仗就能占领。"太祖说："好。"徐达又说："攻克了元朝首都，而元主向北逃跑，这时要穷追他吗？"太祖说："元朝的运气已经衰败，将会像水的干涸一样慢慢消失，不必竭尽兵力去追赶。他出塞之后，只要加强边境的守卫，防止他侵扰便可以了。"徐达叩头接受命令。于是和副将军会师河阴，派副将分路夺取河北各个地方，接连攻克了卫辉、彰德、广平。部队驻扎在临清，命傅友德修筑道路，以便步兵骑兵通过，命顾时疏通河道以便水师通行，之后领兵北上。常遇春已经攻占德州，双方合兵攻取长芦，控制直沽，大量修造浮桥让部队渡过。水陆同时进发，在河西务大败元军，进而攻占通州。元顺帝带着太子后妃向北逃跑。过了一天，徐达列兵齐化门，填平城濠登上城墙。监国的淮王帖木儿不花，左丞相庆童，平章迭儿必失、朴赛因不花，右丞张康伯，御史中丞满川等不投降，将他们斩了，其余的人一个不杀。封了仓库，造册登记珍宝图书文物，命令指挥张胜带领一千兵守卫宫殿门，让宦官保护看视各宫人、妃嫔、公主，禁止士卒无礼侵犯。官吏百姓个个安居，市内的店铺作坊都照常营业。

太祖收到捷报后，下诏将元朝的京师改为北平府，设置六个卫，留下孙兴祖等守卫，而令徐达和常遇春夺取山西。常遇春先攻克保定、中山、真定，冯胜、汤和攻克怀庆，越过太行山，攻占了泽、潞，徐达率领大军跟着开到。当时扩廓帖木儿正领兵出雁门关，准备由居庸关进攻北平。徐达知道后，和各将领商量说："扩廓帖木儿远出，太原一定空虚。北平有孙都督在，足以抵御他。现在我们可以出敌不意，直捣太原，使他进不能攻，退无处守，正所谓抓住要害趁虚而入。如果他领兵向西回来自救，正好把他逮住。"各将领都说："好。"于是领兵攻打太原。扩廓帖木儿刚到保安，果然回兵自救。徐达挑选精兵夜袭他的营地，扩廓帖木儿带着十八骑逃跑了。徐达把他的部众全部收降，于是攻下了太原。乘势攻克了大同，分兵攻取还未占领的州县。山西全部平定。

洪武二年引兵向西渡过黄河。到达鹿台，张思道逃跑，于是攻下奉元。当时常遇春攻克凤翔，李思齐跑到临洮。徐达召集各将领商议进军目标，都说："张思道的能力比不上李思齐，而且庆阳比临洮容易攻打，请先攻庆阳。"徐达说："不行。庆阳城险要而且部队精锐，一下子不容易拿下来。临洮北面和河、湟相连接，西面控制羌、戎，夺取它，那里的人足可以补充战斗的兵源，那里的物产也足可以补充军队的物资储备。大军进逼，李思齐不逃走，就只能束手就擒。临洮被攻克，附近的郡县还有什么关系。"于是渡过陇水，攻占秦州，攻克伏羌、宁远，进入巩昌，派右副将军冯胜进逼临洮，李思齐果然不战而降。分兵攻占兰州，豫王受到袭击，逃跑了，把他部落的器械粮草等全部没收。回兵出萧关，攻克平凉。张思道跑到宁夏，被扩廓帖木儿捉住，他的弟弟张良臣献出庆阳城投降。徐达派薛显受降。张良臣再叛变，晚上出兵袭击打伤了薛显。徐达指挥军队将他包围，扩廓帖木儿派将领前来援救，徐达反击，敌军失败逃走了，于是攻克了庆阳。张良臣父子投井，拉出来斩了。陕西全部平定。（太祖）诏令徐达班师，赐给他大量的白金和华丽的丝织品。

正当准备论功封赏的时候，扩廓帖木儿攻打兰州，杀了指挥使。副将军常遇春已死。洪武三年春，太祖再任命徐达为大将军，平章李文忠担任副将军，分路出兵。徐达从潼关走西路出击，捣定西，直取扩廓帖木儿老巢。李文忠从居庸关走东路出击，穿越沙漠，追赶继位的元主。徐达到了定西，扩廓帖木儿退到沈儿峪驻扎，徐达进军逼近他。隔着濠沟堆砌起堡垒，一日几次交锋。扩廓帖木儿派精兵从偏僻的小路强夺在东南的堡垒，左丞胡德济仓皇失措，部队惊恐骚动，徐达领兵将敌军打退。胡德济是胡大海的儿子，徐达因他是功臣的儿子，把他带上刑具送往京师，但斩了他属下的指挥等几个人来示众。第二天，整顿军队抢夺濠沟，拼死大战，大败扩廓帖木儿的部队。生擒了郯王、文济王及国公、平章以下文武僚属一千八百六十余人，将士八万四千五百余人，马骆驼和其它牲口数以万万计。扩廓帖木儿仅仅带着妻子几个人逃往和林。胡德济来到京师，太祖放了他，并且写信晓谕徐达说："将军效法卫青不斩苏建罢了，只是不见穰苴是怎样对待庄贾的吗？将军杀了他便算了。现在放下廷议，我姑且念他在信州、诸暨的功劳，不忍心杀了他。从今以后，将军不要姑息。"

徐达打败扩廓帖木儿以后，就统帅部队从徽州南一百八渡到略阳，攻占沔州，进入连云栈，进攻兴元，夺取了它。副将军李文忠也攻下应昌，生擒元嫡孙妃公主将相。捷报先后上闻，下诏休整军队班师回朝。太祖到龙江迎接慰劳。于是下诏大封功臣，授予徐达开国辅运推诚宣力武臣，特进光禄大夫、左柱国、太傅、中书右丞相参军国事，改封魏国公，年俸禄五千石，颁发世袭铁券。第二年徐达带领盛熙等到北平操练兵马，修缮城池，迁徙山后军民充实各卫府，设立了二百五十四屯，开垦荒地一千三百余顷。这年冬天，召回京师。

洪武五年，再次大举征伐扩廓帖木儿，徐达凭征虏大将军的身份从中路出兵，左副将军李文忠从东路出兵，征西将军冯胜从西路出兵，各自带领五万骑兵出塞。徐达派遣都督蓝玉在土剌河击败扩廓帖木儿。扩廓帖木儿与贺宗哲合兵全力抗拒，徐达部队打得不顺利，战死了几万人。太祖因为徐达功劳大，没有问罪。当时李文忠部也不顺利，引兵退回。只有冯胜进兵西凉获得全胜，但被告发私藏骆驼马匹，所以不给赏赐，这些事被记载在《李文忠传》《冯胜传》。第二年，徐达再次率领各将领前往边境，在答剌海击败了敌人，回师北平，在那里守候了三年，然后返回京师。洪武十四年，再次率领汤和等讨伐乃儿不花。随后再返回镇守。

每年春天出去，冬末召回京师，习以为常。回来总是交回将军的印，太祖赐给假期，设宴接见痛饮，有布衣兄弟之称，可是徐达越发谦恭谨慎。太祖曾经从容地说："徐兄功劳大，没有合适的住宅，可以把我从前住的旧邸赏给他。"所谓旧邸，就是太祖当吴王时居住的地方。徐达坚决地推辞了。有一天，太祖和徐达来到这座旧邸，他把徐达灌醉了，用被裹着他，将他抬到正中的寝室里睡。徐达醒过来，吓得赶快跑下台阶，俯伏在地高呼自己死罪。太祖偷看到了，非常高兴。这才让有关部门在这旧邸前面起盖封侯的第宅送给他。旌表他的牌坊叫："大功"。胡惟庸当丞相，想和徐达拉关系，徐达鄙薄他，不予理睬，胡惟庸就贿赂徐达的守门人福寿，让他设法加害徐达。福寿揭发了胡惟庸，徐达也不追问；只是常常对太祖说胡惟庸不能胜任丞相。后来胡惟庸的阴谋果然败露，太祖更加看重徐达。洪武十七年，月球侵犯上将星座，太祖心里很忌讳它。徐达在北平生病，背上长疽，稍好一点，太祖派他的长子徐辉祖带着敕书前往慰劳，不久召回。第二年二月，(徐达)病重，接着去世，享年五十四岁。太祖因此停止出朝，参加葬礼时悲伤哀恸不止。追封为中山王，谥号武宁，赠予三代都封王爵。赐葬在钟山北面，御制神道碑文。牌位供在太庙附祭，肖像供在功臣庙，排列都在第一位。

徐达言语不多，但考虑得很周到。在军中，发布了命令就不再更改。各将领敬畏地听从他的领导，而在太祖面前他谦恭谨慎得好像不能说话。善于安抚慰问，和部下同甘共苦，兵士没有不感谢他的恩德愿意效死力的，因而每次出征都能攻克告捷。尤其严格约束部队，他所平定的大都两个，省会三个，郡邑上百个，都是里巷平静，百姓没有遭受士兵的骚扰。下朝的时候，只坐一辆车回家，礼貌地接待儒生，整天和他们交谈议论，十分和谐。太祖曾经称赞他说："受命就行动，成功就归来，不居功，不自傲，不好女色，不取财宝，不偏不倚，没有过失，像日月一样光明，只有大将军徐达一人罢了。"

徐达有儿子四人：徐辉祖、徐添福、徐膺绪、徐增寿。长女是文皇帝的皇后，次女中有代王妃、安王妃。

常遇春

常遇春，字伯仁，怀远人。貌奇伟，勇力绝人，猿臂善射。初从刘聚为盗，察聚终无成，归太祖于和阳。未至，困卧田间，梦神人被甲拥盾呼曰："起起，主君来。"惊寤，而太祖适至，即迎拜。时至正五十五年四月也。无何，自请为前锋。太祖曰："汝特饥来就食耳，吾安得汝留也。"遇春固请。太祖曰："俟渡江，事我未晚也。"及兵薄牛渚矶，元兵陈矶上，舟距岸且三丈余，莫能登。遇春飞舸至，太祖麾之前。遇春应声，奋戈直前。敌接其戈，乘势跃而上，大呼跳荡，元军披靡。诸将乘之，遂拔采石，进取太平。授总管府先锋，进总管都督。

时将士妻子辎重皆在和州，元中丞蛮子海牙复以舟师袭据采石，道中梗。太祖自将攻之，遣遇春多张疑兵分敌势。战既合，遇春操轻舸，冲海牙舟为二。左右纵击，大败之，尽得其舟。江路复通。寻命守溧阳，从攻集庆，功最。从元帅徐达取镇江，进取常州。吴兵围达于牛塘，遇春往援，破解之，擒其将，进统军大元帅。克常州，迁中翼大元帅。从达攻宁国，中流矢，裹创斗，克之。别取马驼沙，以舟师攻池州，下之，进行省都督马步水军大元帅。从取婺州，转同佥枢密院事，守婺。移兵围衢州，以奇兵突入南门瓮城，毁其战具，急攻之，遂下，得甲士万人，进佥枢密院事。攻杭州，失利，召还应天。从达拔赵普胜之水寨，从守池州，大破汉兵于九华山下，语具《达传》。

友谅薄龙湾，遇春以五翼军设伏，大破之，遂复太平，功最。太祖追友谅于江州，命遇春留守，用法严，军民肃然无敢犯，进行省参知政事。从取安庆。汉军出江游徼，遇春击之，皆反走，乘胜取江州。还守龙湾，援长兴，俘杀吴兵五千余人，其将李伯昇解围遁。命甓安庆城。

先是，太祖所任将帅最著者，平章邵荣、右丞徐达与遇春为三。而荣尤宿将善战，至是骄蹇有异志，与参政赵继祖谋伏兵为变。事觉，太祖欲宥荣死，遇春直前曰："人臣以反名，尚何可宥，臣义不与共生。"太祖乃饮荣酒，流涕而戮之，以是益爱重遇春。

池州帅罗友贤据神山寨，通张士诚，遇春破斩之。从援安丰。比至，吕珍已陷其城，杀刘福通，闻大军至，盛兵拒守。太祖左右军皆败，遇春横击其阵，三战三破之，俘获士马无算。遂从达围庐州。城将下，陈友谅围洪都，召还。会师伐汉，遇于彭蠡之康郎山。汉军舟大，乘上流，锋锐甚。遇春偕诸将大战，呼声动天地，无不一当百。友谅骁将张定边直犯太祖舟，舟胶于浅，几殆。遇春射中定边，太祖舟得脱，而遇春舟复胶于浅。有败舟顺流下，触遇春舟乃脱。转战三日，纵火焚汉舟，湖水皆赤，友谅不敢复战。诸将以汉军尚强，欲纵之去，遇春独无言。比出湖口，诸将欲放舟东下，太祖命扼上流。遇春乃溯江而上，诸将从之。友谅穷蹙，以百艘突围。诸将邀击之，汉军遂大溃，友谅死。师还，第功最，赉金帛土田甚厚。从围武昌，太祖还应天，留遇春督军困之。

明年，太祖即吴王位，进遇春平章政事。太祖复视师武昌。汉丞相张必先自岳来援。遇春乘其未集，急击擒之。城中由是气夺，陈理遂降，尽取荆、湖地。从左相国达取庐州，别将兵略定临江之沙坑、麻岭、牛陂诸寨，擒伪知州邓克明，遂下吉安。围赣州，熊天瑞固守不下。太祖使使谕遇春："克城无多杀。苟得地，无民何益？"于是遇春浚壕立栅以困之。顿兵六月，天瑞力尽乃降，遇春果不杀。太祖大喜，赐书褒勉。遇春遂因兵威谕降南雄、韶州，还定安陆、襄阳。复从徐达克泰州，败士诚援兵，督水军壁海安壩以遏之。

其秋拜副将军，伐吴。败吴军于太湖，于毗山，于三里桥，遂薄湖州。士诚遣兵来援，屯于旧馆，出大军后。遇春将奇兵由大全港营东阡，更出其后。敌出精卒搏战，奋击破之。袭其右丞徐义于平望，尽燔其赤龙船，复败之于乌镇，逐北至昇山，破其水陆寨，悉俘旧馆兵，湖州遂下。进围平江，军虎丘。士诚潜师趋遇春，遇春与战北濠，破之，几获士诚。久之，诸将破葑门，遇春亦破阊门以入，吴平。进中书平章军国重事，封鄂国公。

复拜副将军，与大将军达帅兵北征。帝亲谕曰："当百万众，摧锋陷坚，莫如副将军。不虑不能战，虑轻战耳。身为大将，顾好与小校角，甚非所望也。"遇春拜谢。既行，以遇春兼太子少保，从下山东诸郡，取汴梁，进攻河南。元兵五万陈洛水北。遇春单骑突其阵，敌二十余骑攒槊刺之。遇春一矢殪其前锋，大呼驰入，麾下壮士从之。敌大溃，追奔五十余里。降梁王阿鲁温，河南郡邑以次下。谒帝于汴梁，遂与大将军下河北诸郡。先驱取德州，将舟师并河而进，破元兵于河西务，克通州，遂入元都。别下保定、河间、真定。

与大将军攻太原，扩廓帖木儿来援。遇春言于达曰：“我骑兵虽集，步卒未至，骤与战必多杀伤，夜劫之可得志。”达曰：“善。”会扩廓部将豁鼻马来约降，且请为内应，乃选精骑夜衔枚往袭。扩廓方燃烛治军书，仓卒不知所出，跣一足，乘孱马，以十八骑走大同。豁鼻马降，得甲士四万，遂克太原。遇春追扩廓至忻州而还。诏改遇春左副将军，居右副将军冯胜上。北取大同，转徇河东，下奉元路，与胜军合，西拔凤翔。

会元将也速攻通州，诏遇春还备，以平章李文忠副之，帅步骑九万，发北平，径会州，败敌将江文清于锦州，败也速于全宁。进攻大兴州，分千骑为八伏。守将夜遁，尽擒之，遂拔开平。元帝北走，追奔数百里。获其宗王庆生及平章鼎住等将士万人，车万辆，马三千匹，牛五万头，子女宝货称是。师还，次柳河川，暴疾卒，年仅四十。太祖闻这，大震悼。丧至龙江，亲出奠，命礼官议天子为大臣发哀礼。议上，用宋太宗丧韩王赵普故事。制曰“可”。赐葬钟山原，给明器九十事纳墓中。赠翊运推诚宣德靖远功臣、开府仪同三司、上柱国、太保、中书右丞相，追封开平王，谥忠武。配享太庙，肖像功臣庙，位皆第二。

遇春沉鸷果敢，善抚士卒，摧锋陷阵，未尝败北。虽不习书史，用兵辄与古合。长于大将军达二岁，数从征伐，听约束惟谨，一时名将称徐、常。遇春尝自言能将十万众，横行天下，军中又称“常十万”云。

遇春从弟荣，积功为指挥同知，从李文忠出塞，战死胪朐河。遇春二子，茂、昇。

【译文】

常遇春，字伯仁，是怀远县人。相貌雄伟，勇猛过人，臂长力大，擅长射箭。早年跟随刘聚做盗贼，察觉到刘聚难成大业，决心自找出路，在和阳投靠了朱元璋。投奔途中，因困倦睡卧在田间，梦见一个穿盔甲、手持盾牌的神人，对自己大呼：“快起快起，主君来了。”常遇春顿时惊醒，朱元璋恰好路过此处，他便立即上前迎拜。此时为正十五年四月。不多久，常遇春自荐担任前锋。朱元璋说道：“你因为饥饿特意前来寻求生计，我因此将你留下。”常遇春仍坚决请命。朱元璋又道：“等渡江时再为我效力也不晚。”当军队抵达牛渚矶时，元朝军队陈兵矶上，舟船距岸边有三丈多远，无法登陆。常遇春驾船飞速赶到，朱元璋命令他向前冲。常遇春应声而动，奋力挥戈向前。敌兵抓其戈，常遇春乘势一跃而上，大声呼喊跳跃杀敌，元军胆怯，纷纷逃跑。众将士趁势跟上，击溃元军，占领采石，又乘胜攻克太平府。战后，授常遇春总管府先锋，晋升总管都督。

当时，将士们的妻子以及军队辎重都在和州，元朝中丞蛮子海牙率领水军再次袭击并占领采石，截断了和州和太平府之间的通道。朱元璋亲自率领军队进攻采石，派常遇春广布疑兵迷惑元军，以分其势。战斗打响，常遇春和朱元璋会合，驾驶轻型战船，将元将海牙水军分割成两半。左冲右击，大败元军，将其舟船全部缴获。和州到太平府间的长江水路重新被打通。接着奉命驻守溧阳，跟随朱元璋军进攻集庆，功勋卓著。跟随元帅徐达夺取镇江，又攻克常州。吴军将徐达围困在牛塘，常遇春前往救援，击破吴军，包围解除，并俘获吴将，任命常遇春为统军大元帅。攻占常州后，迁升为中翼大元帅。跟随徐达进攻宁国，中箭负伤，包扎伤口后继续作战，遂攻下宁国。此外，还夺取马驼沙，并率领水军攻克池州，晋升为江南行省都督马步水军大元帅。跟随朱元璋攻取婺州后，转任同佥枢密院事，驻守婺州。后移师围攻衢州，率领奇兵出其不意攻入南门瓮城，毁坏元军武器装备，乘势迅急进攻，攻克衢州，俘获甲士万人。晋升为佥枢密院事。他在进攻杭州战役中失利，被朱元璋召回应天。后随徐达攻破赵普胜水军营寨，一同驻守池州，并在九华山大败汉王陈友谅军队。详细内容见《徐达传》。

陈友谅军队进抵龙湾，常遇春设下五面伏兵，大败汉军，收复太平，功勋卓著。朱元璋率领军队追击陈友谅，抵达江州，命常遇春留守江州。常遇春执法严明，因此军民都遵纪守法，无敢犯者。晋升为江南行省参知政事。跟随朱元璋攻取安庆。陈友谅汉军出江进攻，常遇春迎击，汉军败退，乘胜攻占江州。此后回师固守龙湾，又率军援助长兴，俘杀张士诚吴军五千余人，吴将李伯升突围逃走。常遇春受命修建安庆城。

早先，朱元璋所任将帅中最著名者，有平章邵荣、右丞徐达和常遇春三人。邵荣特别骁勇善战，只是骄横跋扈，并且心怀异志，和参政赵继祖密谋设伏兵发动政变。事情败露，邵荣被捕，但太祖意欲免除邵荣死罪。常遇春挺身而出，上前谏阻："臣下因为谋反定罪，有什么可宽恕之处？作为忠义之臣，我将不与此人共生共存。"朱元璋因此赐邵荣美酒，而后挥泪下令处死邵荣。经过此事，太祖更加器重常遇春。

池州将帅罗友贤占据神山寨，和张士诚互相勾结。常遇春攻破山寨，斩杀罗友贤。跟随朱元璋率军救援安丰，及至，吕珍已经攻陷该城，杀害了刘福通。听说朱元璋已到，遂率重兵拒守。朱元璋左右军攻城不顺，均告失败，常遇春从横面攻击敌阵，三战三胜，俘获士卒、战马无数。接着跟随徐达包围庐州，城池即将攻下之时，陈友谅率军围攻洪都，常遇春因而被召回师，和朱元璋在彭蠡的康郎山会师，共同讨伐汉军。汉军所乘舟船高大，占据上流，锐气旺盛。常遇春与诸位将领偕同大战，呼喊之声惊天动地，无不以一当百。陈友谅手下猛将张定边驾船直逼朱元璋所乘之舟，朱元璋舟船不巧搁浅，险些被俘。常遇春抽箭射中张定边，太祖所乘之船才得以解脱，但常遇春之舟却反而陷入浅滩。恰巧有败退船只顺流而下，撞上常遇春的船，遂得以解脱。此役转战三日，朱元璋军队纵火焚烧汉军舟船，鄱阳湖水都变成赤色，陈友谅不敢再战。朱元璋手下将领认为汉军目前仍十分强盛，一时难以全歼，纷纷主张暂且放他逃走，只有常遇春一言不发。待出鄱阳湖口，众将领想放舟顺流东下，朱元璋却下令扼守上流。常遇春就驾船溯江而上，众将领则尾随其后。至此，陈友谅计穷，无路可走，无奈组织战船百艘进行突围。众将领迎头痛击，汉军大败，陈友谅也被打死。战斗结束，军队回师，常遇春功劳最著，奖赏了大量金银绢帛和良田沃土。后跟随朱元璋围攻武昌，不久朱元璋返回应天。留下常遇春督军，继续围城。

第二年，朱元璋称吴王，晋升常遇春为平章政事。朱元璋再次前往武昌，巡视围城部队。汉政权丞相张必先从岳阳领兵前来救援武昌守军。常遇春乘其立足未稳、尚未集结完毕之际，迅急攻击，生擒张必先。城中守军见此，士气大落，陈理遂开城归降，朱元璋尽得荆襄、湖广之地。此后常遇春跟随左相国徐达攻克庐州，另外又率军扫平临江所属的沙坑、麻岭、朱陂等堡寨，生擒伪知州邓克明，攻占吉安。朱元璋率军围攻赣州，熊天瑞顽强固守，久攻不下。朱元璋派使臣告谕常遇春："攻克城池后不要滥杀无辜，否则，就算得到此地，却没有百姓，又有什么益处？"于是常遇春在城下疏浚壕沟，设立栅栏，前后屯兵六个月，进行围困。熊天瑞无力继续坚守，就开城投降，常遇春果然遵守朱元璋令谕，没有滥杀。朱元璋闻讯非常高兴，特赐书予以赞扬勉励。常遇春又告谕据守南雄、韶州的敌军，使其慑于兵威而归降。接着回师平定安陆、襄阳。又跟随徐达攻占泰州，击败张士诚援兵，监督水军修筑海安坝来遏制张士诚军。

同年秋天，常遇春被任命为副将军，征讨东吴。先后在太湖、毗山、三里桥接连击败吴军，兵锋直指湖州。张士诚调遣军队前来救援，屯兵在旧馆一带，出现在朱元璋军队身后。常遇春率奇兵从大全港出发，在东阡扎营，又出现在张士诚军队背后。敌军派出精兵和常遇春决战，常遇春率军奋力攻击，大破敌军。在平望袭击张士诚右丞徐义的军队，全部焚毁他们的赤龙船。再次在乌镇击败徐义，将其向北赶到昇山，攻破他们的水陆军寨，全部俘获旧馆的敌兵，湖州遂被攻下。进而围攻平江，屯军虎丘。张士诚暗中率领军队袭击常遇春，常遇春和他们在北濠交战，大败张士诚的军队，几乎抓获张士诚。经过长久围攻，众将率军攻破葑门，常遇春也攻破阊门入城，东吴平定。晋升为中书平章军国重事，受封鄂国公。

复拜常遇春为副将军，和大将军徐达率兵北伐。太祖朱元璋亲自告谕他说："统领百万之众，冲锋陷阵、无坚不摧者，莫如副将军常遇春。不怕你不能战，只担心你麻痹轻敌。身为大将，却喜欢和军校角斗，是我特别不希望看到的。"常遇春表示改过。出征前夕，任命常遇春兼太子少保。此后跟随徐达攻下山东各州郡，占领汴梁，攻打河南府。元军在洛水以北陈兵五万抵抗，常遇春只身单骑冲入敌阵，敌骑兵三十余名各持武器向常遇春刺来。常遇春一箭射死敌前锋，大声呼喊冲入敌群，身后壮士紧随其后。敌兵大败，一直追杀五十余里。生擒元朝梁王阿鲁温，河南府所属郡邑依次攻下。返回汴梁谒见太祖，又和大将军徐达攻取河北各处州郡。先领兵攻取德州，和水军沿黄河齐头并进，在河西务击败元军，攻占通州，占领元朝国都——大都。另又攻克保定、河间、真定等府。

与大将军徐达进攻太原，元将扩廓帖木儿领兵前来救援。常遇春对徐达道："我军骑兵虽然已经集结，但步兵尚未到达，骤然与元军作战，必会造成重大伤亡。如果夜袭，就可轻易取胜。"徐达道："好计！"适逢此时扩廓帖木儿的部将豁鼻马前来约降，并主动表示愿作内应。于是选拔精税骑兵，各个口中衔枚，乘夜悄然突袭元营。此时扩廓帖木儿正在营帐中点燃蜡烛观看军书，仓卒间不知所措，扭伤一脚，乘着一匹劣马，带领十八名骑兵向大同逃跑。豁鼻马投降，明军俘获甲士四万，接着攻下太原。常遇春追赶扩廓帖木儿直到忻州，而后回师。太祖下诏，改命常遇春担任左副将军，地位在右副将军冯胜之上。向北攻占大同，转而环绕河东之地，夺取奉元路，与冯胜军会合，向西攻克凤翔。

恰值此时，元军将领进攻通州，太祖下诏，调常遇春还师准备，并让平章李文忠担任副统帅，统领步兵、骑兵九万人，从北平出发，直抵会州。在锦州一带打败敌将江文清部，再次在全宁击败也速的军队。进攻大兴州，将千余名骑兵分分八面设伏。大兴州守军乘夜逃跑，结果全部被擒，乘胜攻占开平。元顺帝向北逃跑，常遇春率军追奔数百里，生擒元朝宗王庆生、平章鼎住以及将士万余人，缴获一万辆车、三千匹马、五万头牛，另有大量妇女和金银宝物等。在回师途中，到柳河川时得暴病而亡，年仅四十岁。太祖闻听这一消息，震惊万分，哀痛异常。发丧至龙江，亲自祭奠送葬，并命礼官议定天子为大臣发哀礼仪。礼官提议，采用宋太宗为韩王赵普发丧的旧例。太祖命令道："可以。"特赐埋葬在钟山之原，并给冥器九十种随葬墓中。赠翊运推诚宣德靖远功臣、开府仪同三司、上柱国、太保、中书右丞相等官爵，追封为开平王，谥号忠武。附祀于太庙，肖像供在功臣庙，位置均排列第二。

常遇春沉着勇猛果敢，平时善于抚慰士兵，战斗中冲锋陷阵，未曾打过败仗。他虽然不读书识字、精通文史，但用兵中却常和古代兵法相吻合。他虽比大将军徐达年长两岁，多次随征出战，均能谨慎行事，听从调遣，时有徐、常并为名将之称。常遇春曾自言能够统兵十万，因此军中又称之为"常十万"。

常遇春的堂弟常荣，因战功官至指挥同知，跟随李文忠出塞，在胪朐河战死。常遇春有二子，即常茂、常升。

明史卷一百二十七

李善长列传第十五

李善长，字百室，定远人。少读书有智计，习法家言，策事多中。太祖略地滁阳，善长迎谒。知其为里中长者，礼之，留掌书记。尝从容问曰：“四方战斗，何时定乎？”对曰：“秦乱，汉高起布衣，豁达大度，知人善任，不嗜杀人，五载成帝业。今元纲既紊，天下土崩瓦解。公濠产，距沛不远。山川王气，公当受之。法其所为，天下不足定也。”太祖称善。从下滁州，为参谋，预机画，主馈饷，甚见亲信。太祖威名日盛，诸将来归者，善长察其材，言之太祖。复为太祖布款诚，使皆得自安。有以事力相龃龉者，委曲为调护。郭子兴中流言，疑太祖，稍夺其兵柄。又欲夺善长自辅，善长固谢弗往。太祖深倚之。太祖军和阳，自将击鸡笼山寨，少留兵佐善长居守。元将谍知来袭，设伏败之，太祖以为能。

太祖得巢湖水师，善长力赞渡江。既拔采石，趋太平，善长预书榜禁戢士卒。城下，即揭之通衢，肃然无敢犯者。太祖为太平兴国翼大元帅，以为帅府都事。从克集庆。将取镇江，太祖虑诸将不戢下，乃佯怒欲置诸法，善长力救得解。镇江下，民不知有兵。太祖为江南行中书省平章，以为参议。时宋思颜、李梦庚、郭景祥等俱为省僚，而军机进退，赏罚章程，多决于善长。改枢密院为大都督府，命兼领府司马，进行省参知政事。

太祖为吴王，拜右相国。善长明习故事，裁决如流，又娴于辞命。太祖有所招纳，辄令为书。前后自将征讨，皆命居守，将吏帖服，居民安堵，转调兵饷无乏。尝请榷两淮盐，立茶法，皆斟酌元制，去其弊政。即复制钱法，开铁冶，定鱼税，国用益饶，而民不困。吴元年九月论平吴功，封善长宣国公。改官制，尚左，以为左相国。太祖初渡江，颇用重典，一日，谓善长：“法有连坐三条，不已甚乎？”善长因请自大逆而外皆除之，遂命与中丞刘基等裁定律令，颁示中外。

太祖即帝位，追帝祖考及册立后妃太子诸王，皆以善长充大礼使。置东宫官属，以善长兼太子少师，授银青荣禄大夫、上柱国，录军国重事，余如故。已，帅礼官定郊社宗庙礼。帝幸汴梁，善长留守，一切听便宜行事。寻奏定六部官制，议官民丧服及朝贺东宫仪。奉命监修《元史》，编《祖训录》《大明集礼》诸书。定天下岳渎神祇封号，封建诸王，爵赏功臣，事无臣细，悉委善长与诸儒臣谋议行之。

洪武三年大封功臣。帝谓："善长虽无汗马劳，然事朕久，给军食，功甚大，宜进封大国。"乃授开国辅运推诚守正文臣、特进光禄大夫、左柱国、太师、中书左丞相，封韩国公，岁禄四千石，子孙世袭。予铁券，免二死，子免一死。时封公者，徐达、常遇春子茂、李文忠、冯胜、邓愈及善长六人。而善长位第一，制词比之萧何，褒称甚至。

善长外宽和，内多忮刻。参议李饮冰、杨希圣，稍侵善长权，即按其罪奏黜之。与中丞刘基争法而诟。基不自安，请告归。太祖所任张昶、杨宪、汪广洋、胡惟庸皆获罪，善长事寄如故。贵富极，意稍骄，帝始微厌之。四年以疾致仕，赐临濠地若干顷，置守塚户百五十，给佃户千五百家，仪仗士二十家。逾年，病愈，命董建临濠宫殿。徙江南富民十四万田濠州，以善长经理之，留濠者数年。七年擢善长弟存义为太仆丞，存义子伸、佑皆为群牧所官。九年以临安公主归其子祺，拜驸马都尉。初定婚礼，公主修妇道甚肃。光宠赫奕，时人艳之。祺尚主后一月，御史大夫汪广洋、陈宁疏言："善长狎宠自恣，陛下病不视朝几及旬，不问候。驸马都尉祺六日不朝，宣至殿前，又不引罪，大不敬。"坐削岁禄千八百石。寻命与曹国公李文忠总中书省大都督府御史台，同议军国大事，督圜丘工。

丞相胡惟庸初为宁国知县，以善长荐，擢太常少卿，后为丞相，因相往来。而善长弟存义子佑，惟庸从女婿也。十三年，惟庸谋反伏诛，坐党死者甚众，善长如故。御史台缺中丞，以善长理台事，数有所建白。十八年，有人告存义父子实惟庸党者，诏免死，安置崇明。善长不谢，帝衔之。又五年，善长年已七十有七，耄不检下。尝欲营第，从信国公汤和假卫卒三百人，和密以闻。四月，京民坐罪应徙边者，善长数请免其私亲丁斌等。帝怒按斌，斌故给事惟庸家，因言存义等往时交通惟庸状。命逮存义父子鞫之，词连善长，云："惟庸有反谋，使存义阴说善长。善长惊叱曰：'尔言何为者！审尔，九族皆灭。'已，又使善长故人杨文裕说之云：'事成当以淮西地封为王。'善长惊不许，然颇心动。惟庸乃自往说善长，犹不许。居久之，惟庸复遣存义进说，善长叹曰：'吾老矣。吾死，汝等自为之。’”或又告善长云：“将军蓝玉出塞，至捕鱼儿海，获惟庸通沙漠使者封绩，善长匿不以闻。”于是御史交章劾善长。而善长奴卢仲谦等，亦告善长与惟庸通赂遗，交私语。狱具，谓善长元勋国戚，知逆谋不发举，狐疑观望怀两端，大逆不道。会有言星变，其占当移大臣。遂并其妻女弟侄家口七十余人诛之。而吉安侯陆仲亨、延安侯唐胜宗、平凉侯费聚、南雄侯赵庸、荥阳侯郑遇春、宜春侯黄彬、河南侯陆聚等，皆同时坐惟庸党死，而已故营阳侯杨璟、济宁侯顾时等追坐者又若干人。帝手诏条列其罪，傅著狱辞，为《昭示奸党三录》，布告天下。善长子祺与主徙江浦，久之卒。祺子芳、茂，以公主恩得不坐。芳为留守中卫指挥，茂为旗手卫镇抚，罢世袭。

善长死之明年，虞部郎中王国用上言：“善长与陛下同心，出万死以取天下，勋臣第一，生封公，死封王，男尚公主，亲戚拜官，人臣之分极矣。藉令欲自图不轨，尚未可知，而今谓其欲佐胡惟庸者，则大谬不然。人情爱其子，必甚于兄弟之子，安享万全之富贵者，必不侥幸万一之富贵。善长与惟庸，犹子之亲耳，于陛下则亲子女也。使善长佐惟庸成，不过勋臣第一而已矣，太师国公封王而已矣，尚主纳妃而已矣，宁复有加于今日？且善长岂不知天下之不可幸取。当元之季，欲为此者何限，莫不身为齑粉，覆宗绝祀，能保首领者几何人哉？善长胡乃身见之，而以衰倦之年身蹈之也。凡为此者，必有深仇激变，大不得已，父子之间或至相挟以求脱祸。今善长之子祺备陛下骨肉亲，无纤芥嫌，何若而忽为此。若谓天象告变，大臣当灾，杀之以应天象，则尤不可。臣恐天下闻之，谓功如善长且如此，四方因之解体也。今善长已死，言之无益，所愿陛下作戒将来耳。”太祖得书，竟亦不罪也。

【译文】

李善长，字百室，是定远县人。少年时读书，很有智谋，学习法家思想，预测事情多很准确。朱元璋军队到达滁阳，李善长前往迎接拜见。朱元璋得知李善长是当地知名长者，遂以礼相待，留在军中掌管文书。朱元璋曾从容地问李善长：“四方战事，什么时候能够平定呢？”答道：“秦末大乱，汉高祖凭借平民的身份起事，豁达大度，知人善任，不滥杀无辜，因此五年时间就建立政权，成就事业。今日元朝纲纪已乱，天下土崩瓦解。主公兴起于濠州，此地距离沛郡不远，山川王气，主公应当承受。效法汉高祖的做法，天下是不难平定的。”朱元璋称此为善策。跟随朱元璋攻克滁州，作为参谋人员参与制定规划策略，并负责粮饷，更加得到朱元璋的亲近信赖。朱元璋的威名远扬，日盛一日，各地将领前来归顺者，李善长考察其才能，告诉朱元璋。又替朱元璋表达真诚的心意，使各位将领都能安心效力。各位将领间因故产生矛盾、互相争斗者，李善长总能从中委婉调解。郭子兴听信谣言，怀疑朱元璋，稍稍削夺他的统兵之权，又企图将李善长调到自己身边来辅佐自己，李善长坚决辞谢，不愿前往。朱元璋更加信赖、依靠李善长。朱元璋军队驻扎和阳，亲自率领军队攻打鸡笼山山寨，只安排少量军队协助李善长留守和阳。元朝将领探得这一消息，领兵前来偷袭，李善长设埋伏击败元军，朱元璋更加认识了李善长的才能。

朱元璋得到巢湖水师后，李善长极力主张渡过长江。此后遂占领采石，其势直指太平府。李善长预先写好约束士兵的榜文，攻克城池后，马上将榜文张贴在沿街大道上，因而将士都认真遵守，无人敢违抗命令。朱元璋担任太平府的兴国翼大元帅，让李善长担任帅府都事。跟随朱元璋攻占集庆。即将攻取镇江时，朱元璋担心各位将领不能约束部下，因此假装发怒，表示要用严法来惩处诸将，李善长从中竭力解救，使各位将领得以解脱。攻克镇江后，城中居民竟不知有军队入城。朱元璋担任江南行中书省平章，让李善长担任参议之职。当时宋思颜、李梦庚、郭景祥等均任江南行省幕僚，但军国大计的决策、赏罚章程的制定，多由李善长决定。后改枢密院为大都督府，命李善长兼任府司马之职，并晋升为行省参知政事。

朱元璋即位吴王，任命李善长担任右相国。李善长通晓文史，谙熟典章法制，裁决事物得心应手，又很擅长文辞和起草命令。凡朱元璋招收、接纳归附的将领，常令其起草文书。每当朱元璋亲率军队进行征讨时，都命李善长担任留守，下属文武将吏都乐于听命，服从指挥，百姓则安居乐业，转调各处兵饷均能保证供给。曾向朱元璋建议征榷两淮盐税，设立茶法，这些都能参考元朝制度，并革除其中的弊政。此后又制定钱法，开炼铁冶，确定鱼税，国家财政充裕，但百姓不因此而困乏。吴元年九月讨论平吴功劳，封李善长为宣国公。改定官制，以左为上，因此被任命为左相国。朱元璋渡江初期，常采用严刑峻法。一天，朱元璋对李善长说：“刑法有连坐三条，已经太过分了吧？”李善长因此建议，除大逆之罪外，各种酷刑都废除。朱元璋遂命李善长和中丞刘基等人负责裁定律令，颁行各地。

朱元璋登基即皇帝位，在追封其祖父帝位尊号、册立皇后妃嫔以及太子诸王时，均让李善长充当大礼使，主持册封仪式。在设立太子东宫官属时，让李善长兼任太子少师，授以银青荣禄大夫、上柱国之职，参与国家大事，其他职责如前。随后，召集礼仪之官确定四郊祭祀社稷宗庙礼仪。太祖前往汴梁巡视，李善长留守南京，一切事务可自行处理。不久，向朝廷上奏确定六部官制，议准官民丧服规格以及朝贺太子东宫的礼仪。奉太祖之命监督修撰《元史》，编辑《祖训录》《大明集礼》等书。定立天下山川神祇封号，分封各位王子，赏赐功臣爵位等，事无巨细，全都委托李善长与各位儒士文臣谋划，议定推行。

洪武三年大封功臣，太祖朱元璋说："李善长虽然没有汗马功劳，但跟随我已经很久，供给军饷食粮，功劳非常大，应该受封大国爵位。"因此授予开国辅运推诚守正文臣、特进光禄大夫、左柱国、太师、中书左丞相等职，封为韩国公，年俸禄米四千石，子孙可以世袭爵位。赐予铁券，本人因罪可以免死两次，子可以免死一次。当时封为公爵的人，有徐达、常遇春的儿子常茂、李文忠、冯胜、邓愈及李善长等六人，其中李善长位居第一。太祖所下命令的词语中，将他比作汉代的萧何，褒奖赞扬之言非常突出。

李善长外表宽厚和蔼，内心却好嫉妒，为人刻薄。参议李饮冰、杨希圣，稍微冒犯了李善长的权威，随即加以罪名，上奏朝廷将他们罢黜。又因与中丞刘基争论礼法而出言漫骂，刘基不能自安，向太祖请求告老还乡。太祖任用的张昶、杨宪、汪广洋、胡惟庸等都犯下大罪，李善长却仍像往常一样，和他们密切联系。他官高位尊，达到极盛，渐渐有些骄纵起来，太祖开始对他有所反感。洪武四年因疾病退休，赏赐临濠一带若干顷土地，配置看守墓地者一百五十户，并赐给佃户一千五百家，仪仗士卒二十家。第二年，病好之后，命李善长监督营建临濠宫殿。迁徙江南地区十四万富民前往濠州垦田，由李善长负责管理。他在濠州留任数年之久。洪武七年，擢升李善长的弟弟李存义为太仆丞，李存义的儿子李伸、李佑都担任群牧所官员。洪武九年，将临安公主嫁给李善长的儿子李祺，拜任驸马都尉。举行婚礼的时候，公主谨修妇道，庄重有礼。李祺由此广得恩宠，地位显赫，当时人大多羡慕他。李祺与公主结婚一个月后，御史大夫汪广洋、陈宁上疏朝廷，说道："李善长恃宠狂妄自傲，陛下因生病不能上朝理政将近十天，李善长竟不问候。驸马都尉李祺有六天私自不上朝，将他召至殿前，他竟不主动认罪，实属大不敬。"李善长因为这个过错而被削减年俸禄米一千八百石。不久，太祖命李善长与曹国公李文忠总理中书省、大都督府和御史台，共同商议军事大事，并负责监督圜丘工程。

丞相胡惟庸早年担任宁国县知县，由于李善长的推荐，擢升为太常少卿，以后又任用为丞相，因而互相往来密切。而且李善长弟弟李存义的儿子李佑，是胡惟庸的二女婿。洪武十三年，胡惟庸以谋反罪被杀，因同党罪名被处死的人很多，李善长却依然如故。御史台缺中丞官职，任命李善长主掌其务，数次陈述治国意见。洪武十八年，有人告发李存义父子实际是胡惟庸党羽，太祖下诏免除他们死罪，安置在崇明地区。李善长却不认错，朱元璋因此怀恨在心。又过了五年，李善长已经七十七岁，昏庸而且不检点。曾想营建府第，从信国公汤和那里借用卫士三百人，汤和秘密禀告了太祖。四月，在京师官民因犯罪而将要发配边远地区的人中，有李善长的亲属丁斌等人。李善长几次向朝廷请求赦免丁斌等。太祖大怒，审讯了丁斌。丁斌过去曾在胡惟庸家效力，因此谈了李存义等人过去勾通胡惟庸的情况。太祖下令逮捕了李存义父子，审讯中供词牵连李善长，说道："胡惟庸有造反阴谋，指使李存义暗地里告诉李善长。李善长很震惊，说：'你们所讲的是要干什么！如果事发受审，将灭九族。'以后，胡惟庸又指使李善长的老朋友杨文裕劝说李善长：'事成之后将把淮西地区封给你称王。'李善长仍震惊，没有同意，但心中已为之所动。于是胡惟庸亲自前往劝说李善长，李善长仍没有同意。过了一段时间，胡惟庸再派李存义进见劝说，李善长叹息道：'我老了。我死之后，你们自便去做吧。'"又有人告发李善长道："将军蓝玉领兵出塞外，到达捕鱼儿海时，捕获了胡惟庸派去勾结蒙古的使者封绩，李善长隐瞒消息没有报告朝廷。"于是御史们纷纷上奏章弹劾李善长。而李善长家的奴仆卢仲谦等人也告发李善长与胡惟庸勾通贿赂、私下结交的情况。罪行确立，认为李善长身为元勋国戚，明知有叛逆之事却不告发举报，徘徊犹豫，心存两端，实属大逆不道。恰逢此时，有人占卜天象，说星象有变，应该诛杀大臣来免灾。因此将李善长以及妻子儿女亲侄家口一共七十余人诛杀掉。而吉安侯陆仲亨、延安侯唐胜宗、平凉侯费聚、南雄侯赵庸、荥阳侯郑遇春、宜春侯黄彬、河南侯陆聚等，都同时因胡惟庸党羽的罪名被处死，已经去世的营阳侯杨璟、济宁侯顾时等又追加罪名若干。太祖亲自写下诏书列举他的罪状，附上审讯中的口供记录，印成《昭示奸党三录》，颁布诏告天下。李善长的儿子李祺和公主被迁徙到江浦，很久之后去世。李祺的儿子李芳、李茂，因母亲是公主，受恩而没有获罪。李芳担任留守中卫指挥，李茂担任旗手卫镇抚，但世袭爵位的荣誉被罢废。

李善长死后第二年，虞部郎中王国用向朝廷上言："李善长与陛下同心同德，万死不辞辅佐陛下夺取天下，勋臣中位居第一，生前封公爵，死后可追封为王，其子又和公主婚配，亲戚中纷纷担任国家要职，已达到了做人臣的极点。如果说他想自图不轨，妄想造反，尚不可知。现在却说他想辅佐胡惟庸，实在是谬误之论，不可信。就人情而论，爱自己的孩子，一定超过爱兄弟的孩子；能够安稳地享受已经得到的万全富贵者，必然不会再抱侥幸心理去乞求万分之一的富贵。李善长与胡惟庸的亲戚关系，是侄子之亲，而和陛下却是亲生子女婚姻之亲。即使李善长辅佐胡惟庸谋反成功，也不过列为第一勋臣罢了，官爵为太师、国公、封王罢了，儿子尚公主、女纳为妃罢了。难道还会比今日的荣耀更高吗？况且李善长怎么能不知道天下是不可侥幸夺取这一道理！在元朝末年，多少人都想这样做，结果没有人不粉身碎骨，毁家灭族，有几个人能够得免不死呢？李善长怎么能以身见之却又凭衰弱苍老之身躯，身蹈覆辙呢！凡做出此种事者，一定有深仇大恨而激发事变；或实在不得已，父子之间相互倚仗来求解脱祸患。而今李善长的儿子李祺与陛下亲生骨肉结为夫妻，没有任何猜嫌和矛盾，何苦突然做出此种事来。假如说天象显示将发生事变，大臣应该承受灾祸，要杀戮大臣来应和天象，那么尤其不可这样做。臣担心天下之人听闻这一情况，会说像李善长这样功勋卓著者尚且如此，（别人又会怎么样呢？）国家定会众叛亲离、四散瓦解的。现在李善长已死，说这些也没有什么作用了，只希望陛下能以此为戒，将来不再发生类似事件。"太祖得到这份奏疏，竟然也没有将他治罪。

明史卷一百二十八

刘基列传第十六

刘基，字伯温，青田人。曾祖濠，仕宋为翰林掌书。宋亡，邑子林融倡义旅。事败，元遣使簿录其党，多连染。使道宿濠家，濠醉使者而焚其庐，籍悉毁。使者计无所出，乃为更其籍，连染者皆得免。基幼颖异，其师郑复初谓其父爚曰："君祖德厚，此子必大君之门矣。"元至顺间，举进士，除高安丞，有廉直声。行省辟之，谢去。起为江浙儒学副提举，论御史失职，为台臣所阻，再投劾归。基博通经史，于书无不窥，尤精象纬之学。西蜀赵天泽论江左人物，首称基，以为诸葛孔明俦也。

方国珍起海上，掠郡县，有司不能制。行省复辟基为元帅府都事。基议筑庆元诸城以逼贼，国珍气沮。及左丞帖里帖木儿招谕国珍，基言方氏兄弟首乱，不诛无以惩后。国珍惧，厚赂基。基不受。国珍乃使人浮海至京，贿用事者。遂诏抚国珍，授以官，而责基擅威福，羁管绍兴，方氏遂愈横。亡何，山寇蜂起，行省复辟基剿捕，与行院判石抹宜孙守处州。经略使李国凤上其功，执政以方氏故抑之，授总管府判，不与兵事。基遂弃官还青田，著《郁离子》以见志。时避方氏者争依基，基稍为部署，寇不敢犯。

及太祖下金华，定括苍，闻基及宋濂等名，以币聘。基未应，总制孙炎再致书固邀之，基始出。既至，陈时务十八策。太祖大喜，筑礼贤馆以处基等，宠礼甚至。初，太祖以韩林儿称宋后，遥奉之。岁首，中书省设御座行礼，基独不拜，曰："牧竖耳，奉之何为？"因见太祖，陈天命所在。太祖问征取计，基曰："士诚自守虏，不足虑。友谅劫主胁下，名号不正，地据上流，其心无日忘我，宜先图之。陈氏灭，张氏势孤，一举可定。然后北向中原，王业可成也。"太祖大悦曰："先生有至计，勿惜尽言。"会陈友谅陷太平，谋东下，势张甚，诸将或议降，或议奔据钟山，基张目不言。太祖召入内，基奋曰："主降及奔者，可斩也。"太祖曰："先生计安出？"基曰："贼骄矣，待其深入，伏兵邀取之，易耳。天道后举者胜，取威制敌以成王业，在此举矣。"太祖用其策，诱友谅至，大破之，以克敌赏赏基，基辞。友谅兵复陷安庆，太祖欲自将讨之，以问基。基力赞，遂出师攻安庆。自旦及暮不下，基请迳趋江州，捣友谅巢穴，遂悉军西上。友谅出不意，帅妻子奔武昌，江州降。其龙兴守将胡美遣子通款，请勿散其部曲。太祖有难色。基从从蹋胡床。太祖悟，许之。美降，江西诸郡皆下。

基丧母，值兵事未敢言，至是请还葬。会苗军反，杀金、处守将胡大海、耿再成等，浙东摇动。基至衢，为守将夏毅谕安诸属邑，复与平章邵荣等谋复处州，乱遂定。国珍素畏基，致书唁。基答书，宣示太祖威德，国珍遂入贡。太祖数以书即家访军国事，基条答悉中机宜。寻赴京，太祖方亲援安丰。基曰："汉、吴伺隙，未可动也。"不听。友谅闻之，乘间围洪都。太祖曰："不听君言，几失计。"遂自将救洪都，与友谅大战鄱阳湖，一日数十接。太祖坐胡床督战，基侍侧，忽跃起大呼，趣太祖更舟。太祖仓卒徙别舸，坐未定，飞炮击旧所御舟立碎。友谅乘高见之，大喜。而太祖舟更进，汉军皆失色。时湖中相持，三日未决，基请移军湖口扼之，以金木相犯日决胜，友谅走死。其后太祖取士诚，北伐中原，遂成帝业，略如基谋。

吴元年以基为太史令，上《戊申大统历》。荧惑守心，请下诏罪己。大旱，请决滞狱。即命基平反，雨随注。因请立法定制，以止滥杀。太祖方欲刑人，基请其故，太祖语之以梦。基曰："此得土得众之象，宜停刑以待。"后三日，海宁降。太祖喜，悉以囚付基纵之。寻拜御史中丞兼太史令。

太祖即皇帝位，基奏立军卫法。初定处州税粮，视宋制亩加五合，惟青田命毋加，曰："令伯温乡里世世为美谈也。"帝幸汴梁，基与左丞相善长居守。基谓宋、元宽纵失天下，今宜肃纪纲。令御史纠劾无所避，宿卫宦侍有过者，皆启皇太子置之法，人惮其严。中书省都事李彬坐贪纵抵罪，善长素昵之，请缓其狱。基不听，驰奏。报可。方祈雨，即斩之。由是与善长忤。帝归，诉基僇人坛壝下，不敬。诸怨基者亦交谮之。会以旱求言，基奏："士卒物故者，其妻悉处别营，凡数万人，阴气郁结。工匠死，胔骸暴露，吴将吏降者皆编军户，足干和气。"帝纳其言，旬日仍不雨，帝怒。会基有妻丧，遂请告归。时帝方营中都，又锐意灭扩廓。基濒行，奏曰："凤阳虽帝乡，非建都地。王保保未可轻也。"已而定西失利，扩廓竟走沙漠，迄为边患。其冬，帝手诏叙基勋伐，召赴京，赐赉甚厚，追赠基祖、父皆永嘉郡公。累欲进基爵，基固辞不受。

初，太祖以事责丞相李善长，基言："善长勋旧，能调和诸将。"太祖曰："是数欲害君，君乃为之地耶？吾行相君矣。"基顿首曰："是如易柱，须得大木。若束小木为之，且立覆。"及善长罢，帝欲相杨宪，宪素善基，基力言不可，曰："宪有相才无相器。夫宰相者，持心如水，以义理为权衡，而己无与者也，宪则不然。"帝问汪广洋，曰："此褊浅殆甚于宪。"又问胡惟庸，曰："譬之驾，惧其偾辕也。"帝曰："吾之相，诚无逾先生。"基曰："臣疾恶太甚，又不耐繁剧，为之且孤上恩。天下何患无才，惟明主悉心求之，目前诸人诚未见其可也。"后宪、广洋、惟庸皆败。三年授弘文馆学士。十一月大封功臣，授基开国翊运守正文臣、资善大夫、上护军，封诚意伯，禄二百四十石。明年赐归老于乡。

帝尝手书问天象。基条答甚悉而焚其草。大要言霜雪之后，必有阳春，今国威已立，宜少济以宽大。基佐定天下，料事如神。性刚嫉恶，与物多忤。至是还隐山中，惟饮酒弈棋，口不言功。邑令求见不得，微服为野人谒基。基方濯足，令从子引入茆舍，炊黍饭令。令告曰："某青田知县也。"基惊起称民，谢去，终不复见。其韬迹如此，然究为惟庸所中。

初，基言瓯、括间有隙地曰谈洋，南抵闽界，为盐盗薮，方氏所由乱，请设巡检司守之。奸民弗便也。会茗洋逃军反，吏匿不以闻，基令长子琏奏其事，不先白中书省。胡惟庸方以左丞掌省事，挟前憾，使吏讦基，谓谈洋地有王气，基图为墓，民弗与，则请立巡检逐民。帝虽不罪基。然颇为所动。遂夺基禄。基惧入谢，乃留京，不敢归，未几，惟庸相，基大戚曰："使吾言不验，苍生福也。"尤愤疾作。八年三月，帝亲制文赐之，遣使护归。抵家，疾笃，以《天文书》授子琏曰："亟上之，毋令后人习也。"又谓次子璟曰："夫为政，宽猛如循环。当今之务在修德省刑，祈天永命。诸形胜要害之地，宜与京师声势连络。我欲为遗表，惟庸在，无益也。惟庸败后，上必思我，有所问，以是密奏之。"居一月而卒，年六十五。基在京病时，惟庸以医来，饮其药，有物积腹中如拳石。其后中丞涂节首惟庸逆谋，并谓其毒基致死云。

基虬髯，貌修伟，慷慨有大节，论天下安危，义形于色。帝察其至诚，任以心膂。每召基，辄屏人密语移时。基亦自谓不世遇，知无不言。遇急难，勇气奋发，计画立定，人莫能测。暇则敷陈王道。帝每恭

己以听，常呼为老先生而不名，曰：“吾子房也。”又曰：“数以孔子之言导予。”顾帷幄语秘莫能详，而世所传为神奇，多阴阳风角之说，非其至也。所为文章，气昌而奇，与宋濂并为一代之宗。所著有《覆瓿集》，《犁眉公集》传于世。子琏、璟。

【译文】

刘基，字伯温，是青田人。曾祖父刘濠，在宋朝担任翰林掌书。宋朝灭亡，同县人林融倡仪组织起义队伍。事情败露，元政府派使者登记了他的同党，很多人受到株连。使者途中住在刘濠家里，刘濠将他灌醉，烧了他住的房子，登记册全都烧毁了。使者没有办法，只好再另外造册，株连的人这才得以幸免。刘基小时候很聪明，他的老师郑复初对他的父亲刘爚说：“你家祖宗积德深厚，这个小孩必定能够光大你家的门户。”元朝至顺年间，刘基考中了进士，被任命为高安丞，有清廉正直的名声。行省征召他，刘基推辞并且离职而去。后来被起用为江浙儒学副提举，评论御史失职，被台臣阻止，再次投书弹劾，辞职返乡。刘基博学精通经史，什么书都看，尤其擅长天文历数。西蜀赵天泽评论江左地区的人物，首先称赞刘基，认为他是诸葛孔明一类的人。

方国珍在海上起兵，在郡县抢掠，地方官无法制止。行省再次征召刘基担任元帅府都事。刘基建议修筑庆元等城来逼迫盗贼，方国珍甚为丧气。及至左丞帖里帖木儿招抚晓谕方国珍，刘基说方氏兄弟首先起来叛乱，不杀了他们无法惩戒后来的人。方国珍很害怕，送厚礼贿赂刘基，刘基拒不接受。方国珍便派人从海路来到京师，贿赂当权者。于是元朝皇帝下诏招抚方国珍，授予官职，而责备刘基自作主张，让他客居管理绍兴，方国珍因此更加横行不法。不久，山寇蜂拥而起，行省再次征召刘基剿捕盗贼，和行院判石抹宜孙守处州。经略使李国凤上奏他的功劳，当权者因方国珍的原故，有意压抑他，任命他为总管府判，不参与军事。刘基于是弃官回到青田，写了《郁离子》这本书表明自己的志向。当时躲避方国珍的都争相投靠刘基，刘基稍微作了些安排，贼寇便不敢前来侵犯。

及至太祖攻克金华，平定苍括，听说刘基和宋濂等人的名字，送去玉帛等聘请他们。刘基没有答应，总制孙炎再次写信坚决邀请他，刘基这才出来。到了太祖那里，刘基讲述了对当前形势的十八点看法。太祖非常高兴，修筑礼贤馆来安置刘基等，关心爱护，礼节非常周到。起初，太祖因韩林儿自称为宋的后裔，所以相距虽远也供奉着他。正月，中书省设皇帝的座位朝拜，只有刘基一个人不拜，说："一个牧人罢了，尊奉他干什么？"于是去见太祖，讲述天命所在。太祖问他征服群雄、取得天下的计策，刘基说："张士诚是保守鬼，没什么可顾虑的。陈友谅挟持着他的首领徐寿辉来驱使部下，名号不正，他的地盘占据着上游，日日夜夜想要吞并我们，应当先干掉他。消灭了陈友谅，张士诚势力孤单，一战就可以将他平定。然后挥师北向中原，帝王的事业就可以成功了。"太祖十分高兴，说："先生有好的计策，希望能够尽量提出。"恰好陈友谅攻陷太平府，准备东下，气焰十分嚣张，各将领有建议投降的，有建议赶快逃走去占领钟山的，刘基看着一声不吭。太祖将他请到里面，刘基激动地说："主张投降和逃跑的，该杀。"太祖说："先生有什么计策？"刘基说："敌兵很骄纵，等他深入，伏兵截击他，是非常容易的。天下的事往往是后起的得胜，取得声威、制服敌人来完成帝王的事业，在此一举了。"太祖采纳了他的计策，引诱陈友谅，把他打了个落花流水。用攻克敌人的功劳来赏赐刘基，刘基推辞了。陈友谅兵再次攻陷安庆，太祖想自己领兵讨伐他，征求刘基意见。刘基极力赞成，于是出师攻打安庆。从早到晚久攻不下，刘基提出直接进兵江州，捣毁陈友谅的巢穴。于是挥军西上。陈友谅猝不及防，带着妻子逃往武昌，江州投降。陈友谅的龙兴守将胡美派儿子前来谈判，请求不要解散他的部属，太祖面有难色。刘基从后面踢太祖坐的胡床，太祖领悟，答应了他。胡美投降，于是江西各个郡都拿下了。

刘基母亲去世，当时正有战事，没敢说，这时请求回家归葬。正好苗军反叛，杀了金州、处州守将胡大海、耿再成等人，浙东不稳。刘基来到衢州，帮助守将夏毅说服稳定了下属各个城邑，又和平章邵荣等计划收复处州，动乱于是平定了。方国珍一向害怕刘基，写信吊唁。刘基回信，宣扬太祖威德，方国珍便入贡。太祖几次写信到刘基家中询问军政大事，刘基条条回答得都非常恰当。不久，返回南京，太祖正要亲自救援安丰。刘基说："陈友谅、张士诚正在窥伺我们的空隙，不能轻举妄动呀。"朱元璋不听。陈友谅得到讯息，趁机包围了洪都。太祖说："不听君言，几乎失策。"于是自己领兵救洪都，和陈友谅在鄱阳湖大战，一日交火几十次。太祖坐在胡床督战，刘基在旁侍候，突然跳起大叫，催促太祖赶快换船。太祖仓促挪到另一只船，还没有坐定，陈友谅的炮火已经打中了太祖原来坐的船，全船当即破碎。陈友谅站在高处看见了，十分高兴。而太祖的船继续前进，汉军全都大惊失色。当时在湖中对峙，三天还未能决定胜负，刘基提出将部队转移到湖口扼制敌军，在金木相克这天决一胜负，陈友谅败走，死了。以后太祖击败了张士诚，北伐中原，于是完成了帝王大业，大略像刘基所计划的那样。

吴元年，任命刘基为史令，（刘基）呈上了《戊申大统历》。火星居中，建议太祖下诏令责备自己。大旱，请求处理积压狱中的案件。太祖当即命刘基平反，跟着便下了大雨。刘基因此建议制定法律和规章制度，来制止随意杀人。太祖正想杀人，刘基问他为什么，太祖将自己做的梦告诉他。刘基说："这是得到土地得到百姓的象征，应当停止杀人来耐心等候。"三天以后，海宁投降。太祖高兴，将全部囚犯都交给刘基释放了。接着拜刘基为御史中丞兼太史令。

太祖即皇帝位，刘基奏请建立军卫法。开始规定处州的税粮，依照宋朝的制度每亩加五合，只有青田一州命令不要增加，说："让刘伯温在乡里世世传为美谈吧。"太祖去汴梁，刘基与左丞相李善长留守。刘基认为宋朝元朝法令松弛，因而丢失了天下，现在应当整肃纲纪。命令御史纠察弹劾不要有什么顾忌，宫中警卫宦官有犯错误的，都禀告皇太子依法惩处，人们都害怕他的严厉。中书省都事李彬被告发贪污卖放，应当抵罪，李善长一向和他关系亲密，请求将这件案子拖了下来。刘基不听，驰马奏报太祖。得到批准。正好祈祷降雨，立即斩了他。从此和李善长有矛盾。太祖回来，李善长控告刘基在祭坛下杀人，不恭敬。那些怨恨刘基的人也纷纷诬陷他。刚好因为天旱太祖征求意见，刘基上奏："已故士兵的妻子都住在另设的营中，一共有几万人，阴气郁结。工匠死了，尸体暴露。投降的吴军将吏都被编为军户，这些都有伤祥和之气。"太祖接受了他的意见，十来天还没有下雨，太祖生气了。恰好刘基妻子去世，于是请假回去。当时太祖正营建中都，又一心要消灭扩廓。刘基临行，上奏说："凤阳虽然是陛下故乡，但不是适合建立首都的地方。王保保不可轻敌。"不久定西战事失利，竟被扩廓跑去了沙漠，一直成为边疆的祸患。这年冬天，太宗手诏叙述刘基的功勋门第，召到京师，赏赐十分丰厚，追赠刘基祖父、父亲都是永嘉郡公。几次要加封刘基的爵位，刘基坚决推辞不肯接受。

当初，太祖因为一些事情责罚丞相李善长，刘基说："李善长是元勋旧臣，能够协调各位将领。"太祖说："他几次想要害你，你还为他讲情吗？我将要拜你为丞相了。"刘基叩头说："就好像换柱子，需要得到大木，假如把小木捆在一起来充当，马上就会倒塌了。"及至李善长被免职，太祖想封杨宪为丞相，杨宪和刘基关系素来很好，刘基极力反对，说："杨宪有丞相的才能，没有宰相的气度。做丞相的心地要像水一样平，用公正的道理来权衡一切，而自己不参与其中，杨宪做不到。"太祖问汪广洋怎么样，说："他气量狭窄浅薄比杨宪更加严重。"又问胡惟庸怎么样，说："譬如驾车的马，担心他弄坏了车辕呀。"太祖说："我的丞相，实在没有能超过先生的。"刘基说："我对不好的事情过于憎恶，又不耐烦那些琐碎繁难的事，当了丞相会辜负陛下的恩典。只要贤明的君主尽心去探求，天下还怕没有人才吗？目前这些人确实没见谁是合适的人选。"后来杨宪、汪广洋、胡惟庸都失败了。洪武三年，授予（刘基）弘文馆学士。十一月大封功臣，授予刘基开国翊运守正文臣、资善大夫、上护军，封诚意伯，俸禄二百四十石。第二年赐年老回乡。

太祖曾经亲手写信询问天象。刘基逐条回答得很仔细并且烧了草稿。大意是说霜雪之后，必定有阳光明媚的春天，现在国家威信已经确立，应当在一定程度上给予宽大。刘基辅佐太祖平定天下，料事如神。但性情刚烈，疾恶如仇，因此和众人有很多矛盾。到了这时回去隐居山中，只饮酒下棋，绝口不谈自己的功勋。县令求见他不成，化装成农民去拜见刘基。刘基正在洗脚，让从子领他进入茅舍里，煮黍给他吃。县令告诉说："我是青田知县呀。"刘基吓得赶快起来说自己是老百姓，县令道歉后走了，终于不再相见。他隐藏自己的踪迹到了这样的程度，然而终究还是被胡惟庸所害。

当初，刘基谈到瓯、括之间有块空隙的地方，叫做谈洋，南面连接福建边界，是盐盗聚集的地方，方国珍就是从那里开始作乱的，建议设立巡检司守卫它。奸徒感到很不方便。刚好茗洋开小差的军士造反，当地的官吏隐瞒不报。刘基命长子刘琏上奏了这件事，却没有先向中书省打招呼。胡惟庸当时正凭左丞身份掌管中书省的政务，他带着以前的不满，唆使那个官吏揭发刘基，说谈洋这个地方有王气，刘基想要用来做基地，老百姓不给，就建议设立巡检来驱赶百姓。太祖虽然不加罪刘基，但被说得有些心动了，于是停发刘基的俸禄。刘基害怕，进京谢罪，并留在京师，不敢返乡。不久，胡惟庸当了宰相，刘基特别忧伤地说："如果我的话不应验，是天下百姓的福气。"忧愤使他病发。洪武八年三月，太祖亲自题字赐给他，派使者护送他回去。到家后，病危，将《天文书》交给儿子刘琏说："赶快呈上去，不要让后人学了。"又对次子刘璟说："执政宽严就像循环一样，现在重要的任务在于加强道德修养、减轻刑罚，祈祷上天永远保佑。凡是形势险要的地方，应当和京师声势连络。我想写遗表，胡惟庸在，没有用的。胡惟庸倒台后陛下一定想我，有什么要问，就将这个密奏呈上去。"一个月后，刘基去世，享年六十五岁。刘基在京师生病时，胡惟庸领了医生去看望他，喝了他的药，有东西积在肚里，就像拳头般大小的石头。后来中丞涂节首先告发胡惟庸要造反，并说是他下了毒药导致刘基死去。

刘基颊上的胡须弯曲，身材高大，慷慨有气节。谈论天下形势时义形于色。太祖考察他的确很忠诚，作为心腹脊梁一样重用。每次召见刘基，都把人遣走单独和他密谈很长时间。刘基也自认为受到极其难得的礼遇，知无不言。遇到紧急困难的时候，勇气奋发，计划马上制订出来，别人很难想像。有空闲的时候就娓娓讲述王道。太祖总是虚心地听着，常常称他是老先生而不叫他的名字，说："我的子房呀。"又说："经常用孔子的话来开导我。"只是帷幄里面的话很秘密，别人无法详细知道，而世上所流传的都很神奇，很多是关于阴阳风水的说法，其实这些对他来说并不是主要的。刘基所写的文章，气魄宏大而且出众，和宋濂都是一代众望所归的人，他所著作的书有《覆瓿集》《犁眉公集》流传于世。儿子叫刘琏、刘璟。

明史卷一百四十一

方孝孺列传第二十九

方孝孺，字希直，一字希古，宁海人。父克勤，洪武中循吏，自有传。孝孺幼警敏，双眸炯炯，读书日盈寸，乡人目为“小韩子”。长从宋濂学，濂门下知名士皆出其下。先辈胡翰、苏伯衡亦自谓弗如。孝孺顾末视文艺，恒以明王道、致太平为己任。尝卧病，绝粮。家人以告，笑曰：“古人三旬九食，贫岂独我哉。”父克勤坐“空印”事诛，扶丧归葬，哀动行路。既免丧，复从濂卒业。

洪武十五年，以吴沉、揭枢荐，召见。太祖喜其举止端整，谓皇太子曰：“此庄士，当老其才。”礼遣还。后为仇家所连，逮至京，太祖见其名，释之。二十五年，又以荐召至。太祖曰：“今非用孝孺时。”除汉中教授，日与诸生讲学不倦。蜀献王闻其贤，聘为世子师。每见，陈说道德。王尊以殊礼，名其读书之庐曰“正学”。

及惠帝即位，召为翰林侍讲，明年迁侍讲学士，国家大政事辄咨之。帝好读书，每有疑即召使讲解。临朝奏事，臣僚面议可否，或命孝孺就扆前批答。时修《太祖实录》及《类要》诸书，孝孺皆为总裁。更定官制，孝孺改文学博士。燕兵起，廷议讨之，诏檄皆出其手。

建文三年，燕兵掠大名。王闻齐、黄已窜，上书请罢盛庸、吴傑、平安兵。孝孺建议曰：“燕兵久顿大名，天暑雨，当不战自疲。急令辽东诸将入山海关攻永平，真定诸将渡卢沟捣北平，彼必归救。我以大兵蹑其后，可成擒也。今其奏事适至，宜且与报书，往返逾月，使其将士心懈。我谋定势合，进而蹴之，不难矣。”帝以为然。命孝孺草诏，遣大理寺少卿薛嵓驰报燕，尽赦燕罪，使罢兵归藩。又为宣谕数千言授嵓，持至燕军中，密散诸将士。比至，嵓匿宣谕不敢出，燕王亦不奉诏。

五月，吴傑、平安、盛庸发兵扰燕饷道。燕王复遣指挥武胜上书伸前请。帝将许之。孝孺曰：“兵罢，不可复聚，愿毋为所惑。”帝乃诛胜以绝燕。未几，燕兵掠沛县，烧粮艘。时河北师老无功，而德州又馈饷道绝，孝孺深以为忧。以燕世子仁厚，其弟高煦狡谲，有宠于燕王，尝欲夺嫡，谋以计间之，使内乱。乃建议白帝，遣锦衣卫千户张安赍玺书往北平赐世子，世子得书不启封，并安送燕军前，间不得行。

明年五月，燕兵至江北，帝下诏征四方兵。孝孺曰："事急矣。遣人许以割地，稽延数日，东南募兵渐集，北军不长舟楫，决战江上，胜负未可知也。"帝遣庆成郡主往燕军，陈其说。燕王不听。帝命诸将集舟师江上，而陈瑄以战舰降燕，燕兵遂渡江，时六月乙卯也。帝忧惧，或劝帝他幸，图兴复。孝孺力请守京城以待援兵，即事不济，当死社稷。乙丑，金川门启，燕兵入，帝自焚。是日，孝孺被执下狱。

先是，成祖发北平，姚广孝以孝孺为托，曰："城下之日，彼必不降，幸勿杀之。杀孝孺，天下读书种子绝矣。"成祖颔之。至是欲使草诏。召至，悲恸声彻殿陛。成祖降榻劳曰："先生毋自苦，予欲法周公辅成王耳。"孝孺曰："成王安在？"成祖曰："彼自焚死。"孝孺曰："何不立成王之子？"成祖曰："国赖长君。"孝孺曰："何不立成王之弟？"成祖曰："此朕家事。"顾左右授笔札，曰："诏天下，非先生草不可。"孝孺投笔于地，且哭且骂曰："死即死耳，诏不可草。"成祖怒，命磔诸市。孝孺慨然就死，作绝命词曰："天降乱离兮孰知其由，奸臣得计兮谋国用犹。忠臣发愤兮血泪交流，以此殉君兮抑又何求。呜呼哀哉兮庶不我尤。"时年四十有六。其门人德庆侯廖永忠之孙镛与其弟铭检遗骸瘗聚宝门外山上。

孝孺有兄孝闻，力学笃行，先孝孺死。弟孝友与孝孺同就戮，亦赋诗一章而死。妻郑及二子中宪、中愈先自经死，二女投秦淮河死。

孝孺工文章，醇深雄迈。每一篇出，海内争相传诵。永乐中，藏孝孺文者罪至死。门人王稌潜录为《侯城集》，故后得行于世。

仁宗即位，谕礼部："建文诸臣，已蒙显戮，家属籍在官者，悉宥为民，还其田土。其外亲戍边者，留一人戍所，馀放还。"万历十三年三月释坐孝孺谪戍者后裔，浙江、江西、福建、四川、广东凡千三百馀人。而孝孺绝无后，惟克勤弟克家有子曰孝复。洪武二十五年尝上书阙下，请减信国公汤和所加宁海赋，谪戍庆远卫，以军籍获免。孝复子琬，后亦得释为民。世宗时，松江人俞斌自称孝孺后，一时士大夫信之，为纂《归宗录》。既而方氏察其伪，言于官，乃已。神宗初，有诏褒录建文忠臣，建表忠祠于南京，首徐辉祖，次孝孺云。

【译文】

方孝儒，字希直，又字希古，是宁海人。父亲方克勤，是洪武年间奉公守法的官吏，在《明史》中另有传。方孝孺从小就敏捷机警，双眼炯炯有神，每天所读的书厚达一寸，乡人把他看作“小韩子”。长大跟从宋濂学习，宋濂门下知名的读书人都比不上他。先辈胡翰、苏伯衡也自认不如他。方孝孺看不起文艺，经常把阐明王道、使天下太平作为自己的责任。曾经生病卧床，没有粮食。家人告诉他，方孝孺笑说：“古人三十天吃九顿饭，难道只有我才穷吗。”父亲方克勤牵连入“空印”案被杀，方孝孺护送棺木回乡安葬，他的悲哀震动了路人。丧事结束以后，再跟从宋濂完成未竟的学业。

洪武十五年，由于吴沉、揭枢的举荐，太祖召见他。太祖喜欢他的举止端庄整齐，对皇太子说：“这位庄重的士子，应该让他更老成一些。”以礼送回。后来被仇家连累，逮捕到京师，太祖见到他的名字，释放了他。洪武二十五年，又由于推荐被太祖召至京师。太祖说：“现在不是用方孝儒的时候。”授予汉中教授的职务，每天和学生讲学不知疲倦。蜀献王听说他的贤德，聘为世子的老师。每次见面，方孝孺都讲论道德。蜀献王尊敬他，待以特殊的礼节，将他读书的小屋命名为“正学”。

及至惠帝即位，召为翰林侍讲。第二年升侍讲学士，国家大事常常向他咨询。惠帝好读书，每有疑难之处立即召方孝孺前来给他讲解。临朝奏事，文武官员当面议论可行或不可行，命方孝孺就在殿上门窗之间的屏风前批答。当时修纂《太祖实录》及《类要》等书，方孝孺都是总裁。更改制定新的官制，方孝孺改任文学博士。燕王起兵，廷议要征讨他，诏书檄文都出自方孝孺的手笔。

建文三年，燕兵攻克大名。燕王听闻齐泰、黄子澄已经被放逐，上书请求罢免盛庸、吴杰、平安的兵权。方孝孺建议说：“燕兵长期屯驻大名，天热下雨，就是不打仗也疲惫了。赶快令辽东各将领进入山海关攻打永平，真定各将领渡过卢沟进攻北平，他一定回师救援。我们派大军紧跟在他后面，可以将他擒获。现在他奏事刚到，应当姑且给他回信，往返一个月，使他的将士心里松懈。我们计划好形成合围之势，在合力进攻他，就不难取胜了。”惠帝认为有道理，命方孝孺起草诏书，派大理寺少卿薛岩飞马报给燕王，完全赦免了燕王的罪，让他罢兵返回封地。又写了几千言的宣谕交给薛岩，让他带到燕军中，秘密散发给各位将士。薛岩抵达北平后，却藏了宣谕不敢拿出来，燕王也不奉诏。

五月，吴杰、平安、盛庸发兵骚扰燕军运输粮食的道路。燕王再派指挥武胜上书重申以前的请求。惠帝将要答应。方孝孺说："兵士解散以后难以再重新聚集，希望不要被他迷惑。"惠帝于是杀了武胜回绝燕王。不久，燕兵攻占沛县，烧了运粮船。当时河北部队疲怠没有功劳，而德州运兵饷的路又被截断了，方孝孺非常忧虑。认为燕世子仁爱宽厚，他的弟弟高煦狡猾诡诈，得到燕王的宠爱，曾经想夺取嫡子的地位，于是考虑设计离间他们，使他们发生内乱。他把这意见告诉了惠帝，派遣锦衣卫千户张安捧玺书前往北平赐给世子，世子得到玺书并不拆封，连同张安一起送给在军中的燕王，离间之计失败了。

第二年五月，燕兵到了江北，惠帝下诏征集各处兵马。方孝孺说："事情紧急了。派人去答应割地给他，来拖延几天，等在东南招募的军兵逐渐聚集，北军不善于行船，在长江上决战，谁胜谁负还不一定呢。"惠帝派庆成郡主前往燕军，陈述了方孝孺的意思。燕王不听。惠帝又命令各将军聚集水军在长江上，可是陈瑄率领战舰投降了燕王，燕兵便渡过了长江，当时是六月乙卯。惠帝担忧害怕，有人劝惠帝去其他地方，图谋复兴。方孝孺极力请求惠帝守住京城等待援兵，就是事情不成功，也应当为国捐躯。乙丑，金川门打开了，燕兵进入，惠帝自焚。这天，方孝孺被捕入狱。

起初，成祖领兵从北平出发时，姚广孝将方孝孺嘱托给他，说："城攻下的时候，方孝孺一定不投降，请不要杀了他。杀了方孝孺，天下读书种子就断绝了。"成祖点头答应。到了这时想命他起草诏书。召来，方孝孺悲恸的声音响彻宫殿内外。成祖下榻慰问说："先生不要苦了自己，我只是想效法周公辅佐成王罢了。"方孝孺说："成王在哪里？"成祖说："他自己自焚而死。"方孝孺说："为什么不立成王的儿子？"成祖说："老百姓信赖年长的君主。"方孝孺说："为什么不立成王的弟弟？"成祖说："这是朕的家事。"命左右的人把纸和笔给方孝孺，说："诏告天下，非先生起草的诏书不可。"方孝孺把笔扔在地下，一边哭一边骂着说："死就死吧，不能起草诏书。"成祖大怒，下令将他拉到闹市车裂。方孝孺慷慨就死，作了首绝命词说："天降乱离呀谁知道它的根源，奸臣得计呀用阴谋夺了国家。忠臣发愤呀血泪交流，用这个殉君呀复有何求。呜呼哀哉呀这多不是我的罪尤。"死时仅四十六岁。他的门人德庆侯廖永忠的孙子廖镛和他的弟弟廖铭收殓了遗体，埋葬在聚宝门外的山上。

方孝孺有个兄长叫方孝闻，勤学忠厚，在方孝孺死之前就去世了。弟弟方孝友和方孝孺一同被杀，也赋诗一章才死。妻郑氏、两个儿子方中宪及方中愈先后自杀，两个女儿投秦淮河自尽。

方孝孺擅长写文章，清纯深邃，雄伟豪迈。每写一篇文章出来，海内争相传抄背诵。永乐中，收藏方孝孺文章的人甚至被判死罪。门人王稌暗中把他的文章收集编写成《侯城集》，故得以流传后世。

仁宗即位，谕礼部："建文时期的各位大臣，已经被当众处死、家属籍没在官的，全部从宽释放为民，归还他们的田地。他们的外亲有充军戍边的，留一个人在卫所戍守，其余的放回。"万历十三年三月，释放因被方孝孺案牵连而被流放充军的人的后代，浙江、江西、福建、四川、广东共计一千三百余人。可是方孝孺已经没有后代，只有方克勤的弟弟方克家有个儿子叫方孝复。洪武二十五年曾到宫门外上书，请求减轻信国公汤和所加给宁海县的赋税，被流放充军庆远卫，由于是军籍得以避免牵连。方孝复的儿子方琬，后来也被释放为平民。世宗时，松江人俞斌自称是方孝孺后代，一时士大夫都相信了他，给他纂写《归宗录》。后来方氏发现他是假冒的，告诉了官府，这才算了。神宗初年，有诏褒奖记录建文时期的忠臣，在南京建了表忠祠，为首是徐辉祖，第二个就是方孝孺。

明史卷一百七十

于谦列传第五十八

于谦，字廷益，钱塘人。生七岁，有僧奇之曰："他日救时宰相也。"举永乐十九年进士。

宣德初，授御史。奏对，音吐鸿畅，帝为倾听。顾佐为都御史，待寮属甚严，独下谦，以为才胜己也。扈跸乐安，高煦出降，帝命谦口数其罪。谦正词崭崭，声色震厉。高煦伏地战慄，称万死。帝大悦。师还，赏赉与诸大臣等。

出按江西，雪冤囚数百。疏奏陕西诸处官校为民害，诏遣御史捕之。帝知谦可大任，会增设各部右侍郎为直省巡抚，乃手书谦名授吏部，超迁兵部右侍郎，巡抚河南、山西。谦至官，轻骑遍历所部，延访父老，察时事所宜兴革，即具疏言之。一岁凡数上，小有水旱，辄上闻。

正统六年疏言："今河南、山西积谷各数百万。请以每岁三月，令府州县报缺食下户，随分支给。先菽秫，次黍麦，次稻。俟秋成偿官，而免其老疾及贫不能偿者。州县吏秩满当迁，预备粮有未足，不听离任。仍令风宪官以时稽察。"诏行之。河南近河处，时有冲决。谦令厚筑堤障，计里置亭，亭有长，责以督率修缮。并令种树凿井，榆柳夹路，道无渴者。大同孤悬塞外，按山西者不及至，奏别设御史治之。尽夺镇将私垦田为官屯，以资边用。威惠流行，太行伏盗皆避匿。在官九年，迁左侍郎，食二品俸。

初，三杨在政府，雅重谦。谦所奏，朝上夕报可，皆三杨主持。而谦每议事京师，空橐以入，诸权贵人不能无望。及是，三杨已前卒，太监王振方用事，适有御史姓名类谦者，尝忤振。谦入朝，荐参政王来、孙原贞自代。通政使李锡阿振指，劾谦以久不迁怨望，擅举人自代。下法司论死，系狱三月。已而振知其误，得释，左迁大理寺少卿。山西、河南吏民伏阙上书，请留谦者以千数，周、晋诸王亦言之，乃复命谦巡抚。时山东、陕西流民就食河南者二十余万，谦请发河南、怀庆二府积粟以振。又奏令布政使年富安集其众，授田给牛种，使里老司察之。前后在任十九年，丁内外艰，皆令归治丧，旋起复。

十三年以兵部左侍郎召。明年秋，也先大入寇，王振挟帝亲征。谦与尚书邝埜极谏，不听。埜从治兵，留谦理部事。及驾陷土木，京师大震，众莫知所为。郕王监国，命群臣议战守。侍讲徐珵言星象有变，当南迁。谦厉声曰："言南迁者，可斩也。京师天下根本，一动则大事去矣，独不见宋南渡事乎！"王是其言，守议乃定。时京师劲甲精骑皆陷没，所余疲卒不及十万，人心震恐，上下无固志。谦请王檄取两京、河南备操军，山东及南京沿海备倭军，江北及北京诸府运粮军，亟赴京师，以次经画部署，人心稍安。即迁本部尚书。

郕王方摄朝，廷臣请族诛王振。而振党马顺者，辄叱言官。于是给事中王竑廷击顺，众随之。朝班大乱，卫卒声汹汹。王惧欲起，谦排众直前掖王止，且启王宣谕曰："顺等罪当死，勿论。"众乃定。谦袍袖为之尽裂。退出左掖门，吏部尚书王直执谦手叹曰："国家正赖公耳。今日虽百王直何能为！"当是时，上下皆倚重谦，谦亦毅然以社稷安危为己任。

初，大臣忧国无主，太子方幼，寇且至，请皇太后立郕王。王惊谢至再。谦扬言曰："臣等诚忧国家，非为私计。"王乃受命。九月，景帝立，谦入对，慷慨泣奏曰："寇得志，要留大驾，势必轻中国，长驱而南。请饬诸边守臣协力防遏。京营兵械且尽，宜亟分道募民兵，令工部缮器甲。遣都督孙镗、卫颖、张軏、张仪、雷通分兵守九门要地，列营郭外。都御史杨善、给事中王竑参之，徙附郭居民入城。通州积粮，令官军自诣关支，以赢米为之直，毋弃以资敌。文臣如轩輗者，宜用为巡抚。武臣如石亨、杨洪、柳溥者，宜用为将帅。至军旅之事，臣身当之，不效则治臣罪。"帝深纳之。

十月敕谦提督各营军马。而也先挟上皇破紫荆关直入，窥京师。石亨议敛兵坚壁老之。谦不可，曰："奈何示弱，使敌益轻我。"亟分遣诸将，率师二十二万，列阵九门外：都督陶瑾安定门，广宁伯刘安东直门，武进伯朱瑛朝阳门，都督刘聚西直门，镇远侯顾兴祖阜成门，都指挥李端正阳门，都督刘得新崇文门，都指挥汤节宣武门，而谦自与石亨率副总兵范广、武兴陈德胜门外，当也先。以部事付侍郎吴宁，悉闭诸城门，身自督战。下令，临阵将不顾军先退者，斩其将。军不顾将先退者，后队斩前队。于是将士知必死，皆用命。副总兵高礼、毛福寿却敌彰义门北，擒其长一人。帝喜，令谦选精兵屯教场以便调用，复命太监兴安、李永昌同谦理军务。

初，也先深入，视京城可旦夕下，及见官军严阵待，意稍沮。叛阉喜宁嗾使邀大臣迎驾，索金帛以万万计，复邀谦及王直、胡濙等出议。帝不许，也先气益沮。庚申，寇窥德胜门。谦令亨设伏空舍，遣数骑诱敌。敌以万骑来薄，副总兵范广发火器，伏起齐击之。也先弟孛罗、平章卯那孩中炮死。寇转至西直门，都督孙镗御之，亨亦分兵至，寇引退。副总兵武兴击寇彰义门，与都督王敬挫其前锋。寇且却，而内官数百骑欲争功，跃马竞前。阵乱，兴被流矢死。寇逐至土城，居民升屋，号呼投砖石击寇，哗声动天。王竑及福寿援至，寇乃却。相持五日，也先邀请既不应，战又不种，知终弗可得志，又闻勤王师且至，恐断其归路，遂拥上皇由良乡西去。谦调诸将追击，至关而还。论功，加谦少保，总督军务。谦曰："四郊多垒，卿大夫之耻也，敢邀功赏哉！"固辞，不允。乃益兵守真、保、涿、易诸府州，请以大臣镇山西，防寇南侵。

景泰元年三月，总兵朱谦奏敌二万攻围万全，敕范广充总兵官御之。已而寇退，谦请即驻兵居庸，寇来则出关剿杀，退则就粮京师。大同参将许贵奏，迤北有三人至镇，欲朝廷遣使讲和。谦曰："前遣指挥季铎、岳谦往，而也先随入寇。继遣通政王复、少卿赵荣，不见上皇而还。和不足恃，明矣。况我与彼不共戴天，理固不可和。万一和而彼肆无厌之求，从之则坐敝，不从则生变，势亦不得和。贵为介胄臣，而恇怯如此，何以敌忾，法当诛。"移檄切责。自是边将人人主战守，无敢言讲和者。

初，也先多所要挟，皆以喜宁为谋主。谦密令大同镇将擒宁，戮之。又计授王伟诱诛间者小田儿。且因谍用间，请特释忠勇伯把台家，许以封爵，使阴图之。也先始有归上皇意，遣使通款，京师稍解严。谦上言："南京重地，抚辑须人。中原多流民，设遇岁荒，啸聚可虞。乞敕内外守备及各巡抚加意整饬，防患未然，召还所遣召募文武官及镇守中官在内地者。"

于时八月，上皇北狩且一年矣。也先见中国无衅，滋欲乞和，使者频至，请归上皇。大臣王直等议遣使奉迎，帝不悦曰："朕本不欲登大位，当时见推，实出卿等。"谦从容曰："天位已定，宁复有他，顾理当速奉迎耳。万一彼果怀诈，我有辞矣。"帝顾而改容曰："从汝，从汝。"先后遣李实、杨善往，卒奉上皇以归，谦力也。

上皇既归，瓦剌复请朝贡。先是，贡使不过百人，正统十三年至三千余，赏赉不餍，遂入寇。及是又遣使三千来朝，谦请列兵居庸关备不虞，京师盛陈兵，宴之。因言和议难恃，条上安边三策。请敕大同、宣府、永平、山海、辽东各路总兵官增修备御。京兵分隶五军、神机、三千诸营，虽各有总兵，不相统一，请择精锐十五万，分十营团操。团营之制自此始。具《兵志》中。瓦剌入贡，每携故所掠人口至。谦必奏酬其使，前后赎还累数百人。

初，永乐中，降人安置近畿者甚众。也先入寇，多为内应。谦谋散遣之。因西南用兵，每有征行，辄选其精骑，厚资以往，已更遣其妻子，内患以息。杨洪自独石入卫，八城悉以委寇。谦使都督孙安以轻骑出龙门关据之，募民屯田，且战且守，八城遂复。贵州苗未平，何文渊议罢二司，专设都司，以大将镇之。谦曰："不设二司，是弃之也。"议乃寝。谦以上皇虽还，国耻未雪，会也先与脱脱不花构，请乘间大发兵，身往讨之，以复前仇，除边患。帝不许。

谦之为兵部也，也先势方张，而福建邓茂七、浙江叶宗留、广东黄萧养各拥众僭号，湖广、贵州、广西、瑶、僮、苗、僚所至蜂起。前后征调，皆谦独运。当军马倥偬，变在俄顷，谦目视指屈，口具章奏，悉合机宜。僚吏受成，相顾骇服。号令明审，虽勋臣宿将小不中律，即请旨切责。片纸行万里外，靡不惕息。其才略开敏，精神周至，一时无与比。至性过人，忧国忘身。上皇虽归，口不言功。东宫既易，命兼宫僚者支二俸。诸臣皆辞，谦独辞至再。自奉俭约，所居仅蔽风雨。帝赐第西华门，辞曰："国家多难，臣子何敢自安。"固辞，不允。乃取前后所赐玺书、袍、锭之属，悉加封识，岁时一省视而已。

帝知谦深，所论奏无不从者。尝遣使往真定、河间采野菜，直沽造干鱼，谦一言即止。用一人，必密访谦。谦具实对，无所隐，不避嫌怨。由是诸不任职者皆怨，而用弗如谦者，亦往往嫉之。比寇初退，都御史罗通即劾谦上功簿不实。御史顾曦言谦太专，请六部大事同内阁奏行。谦据祖制折之，户部尚书金濂亦疏争，而言者捃摭不已。诸御史以深文弹劾者屡矣，赖景帝破众议用之，得以尽所设施。

谦性故刚，遇事有不如意，辄拊膺叹曰："此一腔热血，竟洒何地！"视诸选冥大臣、勋旧贵戚，意颇轻之，愤者益众。又始终不主和议，虽上皇实以是得还，不快也。徐理以议南迁，为谦所斥。至是改名有贞，稍稍进用，尝切齿谦。石亨本以失律削职，谦请宥而用之，总兵十营，畏谦不得逞，亦不乐谦。德胜之捷，亨功不加谦而得世侯，内愧，乃疏荐谦子冕。诏赴京师，辞，不允。谦言："国家多事，臣子义不得顾私恩。且亨位大将，不闻举一幽隐，拔一行伍微贱，以裨军国，而独荐臣子，于公议得乎？臣于军功，力杜侥幸，决不敢以子滥功。"亨复大恚。都督张軏以征苗失律，为谦所劾，与内侍曹吉祥等皆素憾谦。

景泰八年正月壬午，亨与吉祥、有贞等既迎上皇复位，宣谕朝臣毕，即执谦与大学士王文下狱。诬谦等与黄玹构邪议，更立东宫，又与太监王诚、舒良、张永、王勤等谋迎立襄王子。亨等主其议，嗾言官上之。都御史萧惟祯定谳，坐以谋逆，处极刑。文不胜诬，辩之疾，谦笑曰："亨等意耳，辩何益？"奏上，英宗尚犹豫曰："于谦实有功。"有贞进曰："不杀于谦，此举为无名。"。帝意遂决。丙戌改元天顺，丁亥弃谦市，籍其家，家戍边。遂溪教谕吾豫言谦罪当族，谦所荐举诸文武大臣并应诛。部议持之而止。千户白琦又请榜其罪，镂板示天下。一时希旨取宠者，率以谦为口实。

谦自值也先之变，誓不与贼俱生。尝留宿直庐，不还私第。素病痰，疾作，景帝遣兴安、舒良更番往视。闻其服用过薄，诏令上方制赐，至醯菜毕备。又亲幸万岁山，伐竹取沥以赐。或言宠谦太过，兴安等曰："彼日夜分国忧，不问家产，即彼去，令朝廷何处更得此人？"及籍没，家无余赀，独正室镝钥甚固。启视，则上赐蟒衣、剑器也。死之日，阴霾四合，天下冤之。指挥朵儿者，本出曹吉祥部下，以酒酹谦死所，恸哭。吉祥怒，逾之。明日复酹奠如故。都督同知陈逵感谦忠义，收遗骸殡之。逾年，归葬杭州。逵，六合人。故举将才，出李时勉门下者也。皇太后初不知谦死，比闻，嗟悼累日。英宗亦悔之。

谦既死，而亨党陈汝言代为兵部尚书。未一年败，赃累巨万。帝召大臣入视，愀然曰："于谦被遇景泰朝，死无余赀，汝言抑何多也。"亨俯首不能对。俄有边警，帝忧形于色。恭顺侯吴瑾侍，进曰："使于谦在，当不令寇至此。"帝为默然。是年，有贞为亨所中，戍金齿。又数年，亨亦下狱死，吉祥谋反族诛，谦事白。

成化初，冕赦归，上疏讼冤，得复官赐祭。诰曰："当国家之多难，保社稷以无虞，惟公道之独持，为权奸所并嫉。在先帝已知其枉，而朕心实怜其忠。"天下传诵焉。弘治二年用给事中孙需言，赠特进光禄大夫、柱国、太傅，谥肃愍，赐祠于其墓曰旌功，有司岁时致祭。万历中，改谥忠肃。杭州、河南、山西皆世奉祀不绝。

旌功

【译文】

于谦，字廷益，是钱塘人。七岁的时候，有个和尚对他的相貌感到惊奇，说："这是将来救世的宰相呀。"永乐十九年考中进士。

宣德初年，任命为御史。奏对的时候，声音洪亮，言语流畅，使宣宗用心倾听。顾佐担任都御史时，对下属非常严厉，只有对于谦十分客气，认为他的才能胜过自己。在乐安护从宣宗车驾时，高煦出来投降，宣宗命令于谦数说他的罪行。于谦义正词严，声色俱厉。高煦伏在地上战栗，自称罪该万死。宣宗十分高兴。班师回朝，给予于谦的赏赐和各位大臣一样。

于谦外出巡按江西，昭雪了被冤枉的几百名囚犯。他上疏奏报陕西各处官校骚扰百姓，诏令派御史逮捕他们。宣宗知道于谦能够挑起重任，刚好增设各部右侍郎作为直接派驻省的巡抚，于是亲手写了于谦的名字交给吏部，破格提升他为兵部右侍郎，巡抚河南、山西。于谦到任后，轻装骑马走遍了所管辖的地区，访问父老，考察当时各项应当兴办或者革除的事，立即上疏提出。一年上疏几次，稍有水旱灾害，立刻上报。

正统六年他上疏说："现在河南、山西各自存储了数百万石谷物。请在每年三月，令府、县报告缺粮的贫困户，分配发给。先给菽秫，再给黍麦，再次给稻。等秋收后还给官府，而年老有病和贫穷无力偿还的就免予归还。州县吏员任满应当提升时，储存预备粮数额不足的，不得离任。并命令监察方面的官员经常稽查视察。"下诏令依照执行。河南靠近黄河的地方，常有河水冲决堤岸。于谦下令加厚防护堤，计算里数设置亭，亭有亭长，负责督促修缮河堤。并命令种树打井，结果榆柳夹道，路上没有干渴的人。大同单独远在边塞之外，巡按山西的人不能到达，奏请另设御史管理。把镇守将领私自开垦的田地全部收为官屯，用来补助边防经费。他威望恩惠遍及各处，在太行山的盗贼全都逃避躲藏起来。任官九年，升为左侍郎，领二品官的俸禄。

当初，杨士奇、杨荣、杨溥主持朝政，都很重视于谦。于谦所奏请的事情，早上上奏章，晚上便被批复，都是"三杨"主办的。但于谦每次来到京师商议国事时，都是空着口袋进去，那些有权势的人不能不感到失望。后来，"三杨"已经死了，太监王振专权，刚好有一个姓名和于谦相似的御史，曾经顶撞王振。于谦入朝，举荐参政王来、孙原贞接替自己。通政使李锡逢迎王振的旨意，弹劾于谦因长期未被晋升而怨恨，擅自推举人接替自己。于谦被送到司法部门判处死刑，关在监狱中三个月。后来王振知道弄错了，（于谦）得以释放，降职为大理寺少卿。山西、河南的吏员百姓俯伏在宫门前上书，请求挽留于谦的人数以千计，周王、晋王等藩王也出来说情，于是再次任命于谦为巡抚。当时山东、陕西流民来到河南求食的人有二十余万，于谦请求发放河南、怀庆两府积储的粟来救济灾民。又上奏让布政使年富安抚召集这些人，给他们田和牛、种子，由里老监督管理。前后在任一共十九年，父母去世，令他回去办理丧事，不久就又被起用，官复原职。

正统十三年于谦被召回担任兵部左侍郎。第二年秋天，也先大举进攻，王振挟持英宗亲征。于谦和尚书邝埜极力劝谏，英宗不听。邝埜跟从统领军队，留下于谦料理兵部的事务。及至英宗在土木堡被俘，京师大为震动，大家都不知道该怎么办。郕王监国，命令群臣讨论作战和防守的策略。侍讲徐珵说星体的明暗、位置等天象有变动，应当南迁。于谦厉声说："说南迁的，该杀。京师是天下的根本，一摇动那么国家大计就完了，难道没看见宋朝南渡的情况吗！"郕王肯定了他的说法，防守的决策就这样定了下来。当时京师最有战斗力的部队、精锐的骑兵都已经失陷，剩下的疲惫的士卒不到十万，人心震动恐慌，上层和百姓都没有坚守的信心，于谦请郕王征调南北两京、河南的备操军，山东和南京沿海的备倭军，江北和北京所属各府的运粮军，立即开赴京师，依次策划部署，人心稍为安定。于谦立即被升为本部尚书。

郕王暂代皇帝出朝，廷臣请求将王振的亲属全部杀了。王振的党羽有一个叫马顺的，总是斥责言官。于是给事中王竑在朝廷上打马顺，大家都跟着打他。朝上秩序大乱，卫卒声势汹汹。郕王害怕，想起来走开，于谦推开众人走上前去扶住郕王不让他起来，而且告诉郕王宣谕说："马顺等有罪应该死，（其他大臣）不予追究。"大家才安定下来。于谦的袍袖因此全部撕裂。退出左掖门，吏部尚书王直握着于谦的手叹道："国家正在依赖你呢，今天就算有一百个王直又有什么用！"在那时，上下的人都倚靠重视于谦，于谦也毅然把国家的安危视为自己的责任。

当初，大臣忧虑国家没有君主，太子年幼，寇兵即将来到，请皇太后立郕王为皇帝。郕王一再害怕地推辞。于谦大声道："我们完全是为国家考虑，不是为个人打算。"郕王于是接受承命。九月，郕王即帝位为景帝，于谦进去回答问话，情绪激动地哭着说："敌寇得意，扣押了英宗，必然轻视中原，长驱南下。请命令各边境的守臣协力防守遏制。京营士兵器械快要用尽了，需要立即分道招募民兵，令工部制造兵器盔甲。派遣都督孙镗、卫颖、张轨、张仪、雷通分别率军据守九门重要的地方，军队驻扎在外城外面。都御史杨善，给事中王竑也参与这件事，迁徙外城附近居民进入城内。囤积在通州的粮食，令官军自己前去支领，用来充抵官员的俸禄，不要留下来供给敌人。文臣像轩輗这样的人，应该任用为巡抚，武臣像石亨、杨洪、柳溥这样的，应当任用为将帅。至于军队里面的事情，我自己承担，没有效果就判我的罪。”景宗全都认真地接纳了。

十月敕令于谦提督各营军马。而也先挟持着上皇（英宗）攻破紫荆关直入中原，进窥京师。石亨建议收兵固守使敌兵劳累疲惫。于谦不同意，说：“为什么向敌人示弱，使他们更加轻视我们？”立即分别调遣诸将，率领二十二万兵士，在九门外摆开阵势：都督陶瑾在安定门，广宁伯刘安在东直门，武进伯朱瑛在朝阳门，都督刘聚在西直门，镇远侯顾兴祖在阜成门，都指挥李端在正阳门，都督刘得新在崇文门，都指挥汤芦在宣武门，而于谦自己和石亨率领副总兵范广、武兴在德胜门外列阵，抵御也先。（于谦）把兵部的事交给了侍郎吴宁，把各城门全部关闭，自己亲自督战。下令，临阵将领不顾军队先行退却的，斩将领。军士不顾将领先行退却的，后队斩前队。于是将士知道必定要死战，都听从命令。副总兵高礼、毛福寿在彰义门北面抵挡敌人，生擒了一个头目。景宗高兴，令于谦选拔精兵聚集在教场以便调动，再命太监兴安、李永昌同于谦一起管理军务。

当初，也先部队深入，以为很快就可以攻下京城，及至见到明朝政府军队严阵以待，很是丧气。反叛了的太监喜宁教唆也先召请明朝大臣出城迎接上皇英宗，索取黄金和丝织品数量以万万计，又邀请于谦及王直、胡濙等出城谈判。景宗都不准许，也先的气焰更加沮丧。庚申，也先部队窥伺德胜门。于谦令石亨在空屋里设下埋伏，只派几个骑兵引诱敌人。敌人派出一万骑兵迫近，副总兵范广发射火药武器，伏兵一齐出来迎击。也先的弟弟孛罗，平章卯那孩被炮击中，战死。也先部队转移到西直门，都督孙镗抵御他，石亨也分了部分军队赶来支援，敌寇撤退。副总兵武兴在彰义门进攻敌军，和都督王敬一起挫败了也先的前锋。敌军正要退兵，可是几百个骑着马的宦官想争功，拍马争着向前。阵脚乱了，武兴被乱发的箭射死。敌军赶到土城，居民爬上屋顶，大叫着用砖石投掷敌人，喧声震天。王竑和福寿的援兵赶到，敌军便撤退。相持了五天，也先的邀请没人理会，作战又失利，知道不可能达到目的，又听闻各地勤王的部队马上要开到，担心截断了他回去的路，于是带着上皇由良乡向西撤退。于谦调集各将领追击，到居庸关才回来。评功，加封于谦为少保，总督军务。于谦说："四郊多堡垒，是卿大夫的耻辱，怎么敢求取赏赐呢！"坚决推辞，景宗不准。于是增兵守卫真定、保定、涿州、易州各府州，请求选用大臣镇守山西，防止敌寇南侵。

景泰元年三月，总兵朱谦奏称敌兵两万围攻万全，敕令范广担任总兵官抵御敌兵。不久敌寇退，于谦请求立即驻兵居庸关，敌寇来就出关剿杀，敌寇退就回京师驻守。大同参将许贵上奏，北面有三人来到镇上，想明廷派出使者讲和。于谦说："从前派指挥季铎、岳谦前往讲和，而也先跟着入寇。接着派遣通政王复、少卿赵荣，没有见到上皇就回来了。不能依靠和谈，这是很明显的。况且我们和他们的仇不共戴天，从道理上来说也绝不可以讲和。万一讲和而他请求满足无穷无尽的要求，答应了会给我们造成极大的困难，不答应又会发生变乱，这形势也不能讲和。许贵是武臣，却这样恐惧畏缩，怎能一心一意地抱着对敌人的仇恨和愤怒作战，依法应当处死。"发出文书严厉地谴责他。从此边境的将领人人都主张坚守作战，没有再敢说讲和的。

当初，也先的诸多要挟，都是由喜宁策划的。于谦秘密下令大同的镇守将领抓捕了喜宁，把他杀了。又给王伟想办法让他引诱杀死了间谍田小儿。并且利用间谍实行离间，请求特别释放了忠勇伯把台家，答应封给爵位，让他从中想办法。也先开始有了放回上皇的意思，派遣使者前来联系，京师的戒备才稍微放松一点。于谦上言："南京重地，需要有人加以安抚稳定。中原有许多流民，倘若遇上荒年，互相联络聚集成群，这是很值得留意的。请敕令内外守备和各地巡抚用心整顿，防患于未然，召回派往内地召募民兵的文武官员和镇守中官。"

到了八月，上皇被留在北方已经一年了。也先见中原没有什么事端，更想讲和，使者接连来到，提出将上皇送回。大臣王直等商议派遣使者前往迎接，景宗不高兴地说："我本来不想即帝位，当时是被你们推上来的。"于谦从容地说："帝位已经确定了，不会再有更改，只是从情理上应当赶快把他接回来罢了。万一他真有什么阴谋，我就有话说了。"景宗看看他便改变了脸色说："听你的，听你的。"先后派李实、杨善前往，终于将上皇接了回来，这是于谦的功劳。

上皇已经回来，瓦剌再次请求朝贡。先前贡使不过一百人，正统十三年增加到三千多人，赏赐总不满足，便入侵。到现在又派三千人前来朝贡，于谦请求列兵居庸关以备不测，京师隆重地列兵，宴请他们。因此说到和议很难依靠，逐条呈上安定边境的三个策略。请求敕令大同、宣府、永平、山海、辽东各路总兵官增修城墙加强防御。京军分别隶属于五军营、神机营、三千营，虽然各自设有总兵，但不相统一，请求挑选精锐十五万人，分成十营团操。团营的制度从此开始。记载在《兵志》中。瓦剌入贡，常常携带过去所虏掠的人口前来。于谦一定奏请酬劳使者，前后赎回了几百人。

当初，永乐年间，投降过来的人被安置在京畿附近的很多。也先入侵的时候，很多都成了内应。于谦想分散遣送他们。因为西南有战事，每次出征，都选拔他们中精锐的骑手，从厚资助他们前往，然后再遣送他们的妻子，内患得以平定。杨洪从独石入关保卫京师，八个城都给了敌人。于谦派都督孙安率领轻骑兵出龙门关占据了它，招募百姓屯田，边战边守，八个城得以收复。贵州苗没有平定，何文渊建议撤去布政司、按察司，只设置都指挥使司，选用大将镇守。于谦说：“不设这两个司，是放弃了这个地方。”建议遂作罢。于谦认为上皇虽然回来了，但国耻仍未洗雪，正值也先和脱脱不花结怨，请求趁机派自己率领大军前往征讨他，以报仇雪恨，清除边患。景宗不准。

于谦主持兵部工作时，也先的势力正在扩张，而且福建邓茂七、浙江叶宗留、广东黄萧养各自拥有部众和自封的封号，湖广、贵州、广西、瑶、僮、苗、僚四处蜂起作乱。前后军队的征集调遣，都是于谦独自安排。当战事紧迫匆忙，瞬息万变的时候，于谦眼睛看着手指数着，随口讲述奏章，全部都能依照时机采取正确的方针方法。同事和下属接受命令，彼此看着都感到惊骇佩服。号令严明，即使勋臣老将稍有不守法度，立即请圣旨切实责备。一张小纸条送到万里外，没有不小心谨慎执行的。他才思的畅通敏捷，考虑的仔细周到，一时无人能比得上。性情淳朴忠厚，忘身忧国。上皇虽然回来了，一点也不说是自己的功劳。东宫改换以后，命兼职宫官的都支领两份俸禄。各大臣都未推辞，只有于谦一再推辞。自己的生活很简单节省，所居住的房子仅仅能够遮挡风雨。景宗赐给他在西华门的府第，他推辞说：“国家多难，臣子怎敢自己安居。”坚决推辞，景宗不准。于是把景宗前后赏赐的玺书、袍服、银锭之类，全部封好写上说明放到那里，每年去看一看罢了。

景宗很了解于谦，所论奏的事没有不听从的。景宗曾经派使者到真定、河间采摘野菜，去直沽制造鱼干，于谦一说便立即停止。任用一个人，一定先悄悄询问于谦。于谦实事求是地回答，没有隐瞒，也不躲避嫌疑怨恨。因此那些不称职的人全都怨恨他，而被皇帝信用不如于谦的，也往往嫉妒他。当敌寇刚刚撤退时，都御史罗通立即弹劾于谦登记的功劳簿不真实。御史顾曦说于谦太过专横，干预六部的大事如同内阁一样上奏执行。于谦依据祖宗朝的制度反驳，户部尚书金濂也上疏争辩，但说于谦坏话的人仍然不断收集他的材料。各御史多次用苛刻的文词弹劾他，全赖景帝力排众议任用他，使他能够尽量推行自己的设想。

于谦秉性刚烈，遇到不如意的事情，常常用手拍胸感叹地说：“这一腔热血，将会洒在何处！”看不起那些懦怯软弱的大臣、勋旧贵戚，因此愤恨他的人更多。又始终不赞成议和。上皇虽然因此得以回来，但不满意于谦。徐珵因为建议南迁，被于谦斥责。现在改名叫徐有贞，得以稍稍提拔任用，经常咬牙切齿地痛恨于谦。石亨本来因违反了法令被革职，于谦请求宽恕了他并加以任用，让他总兵十营，因为害怕于谦不敢肆行，也不喜欢于谦。德胜门一仗的胜利，石亨的功劳不比于谦大却得了世袭侯爵，内心羞愧，于是上疏推荐于谦的儿子于冕。下诏让他来到京师，（于谦）推辞，景宗不准。于谦说：“国家多难的时候，臣子不应顾及私人的恩德。况且石亨位居大将，没听说他举荐一个隐士，提拔一个行伍兵卒，来补益军队国家，却单独举荐我的儿子，能得到公论吗？我对于军功，尽力杜绝侥幸，绝对不敢用儿子来滥领功劳。”石亨更是大为愤怒。都督张軏因征苗不守律令，被于谦弹劾，和内侍曹吉祥等都一向痛恨于谦。

景泰八年正月壬午，石亨和曹吉祥、徐有贞等迎接上皇恢复了帝位，宣谕朝臣完毕，立即抓捕了于谦和大学士王文投入监狱。诬陷于谦等和黄竑制造不轨的言论，另立东宫，又和太监王诚、舒良、张永、王勤等策划迎立襄王的儿子。石亨等把持着这种说法，唆使言官上奏。都御史萧惟祯审判定罪，坐以谋反，判处死刑。王文忍受不了这种诬陷，急着争辩，于谦笑说：“石亨他们的意思罢了，争辩有什么用？”上奏后，英宗还犹豫地说：“于谦确实是有功的。”徐有贞进谏说：“不杀于谦，夺门恢复帝位这件事就成了出师无名。”英宗意思便坚定了。丙戌改年号为天顺，丁亥在闹市处死于谦并将尸体暴露在街头，抄没了他的家，家人充军边疆。遂溪教谕吾豫说于谦的罪应该灭族，于谦所荐举的文武大臣也该杀。刑部维持原判这些才停止了。千户白琦又请求书写于谦的罪行，刻板印刷在全国公布。一时讨好英宗争取宠幸的，都把于谦作为一个话柄。

自从遇到也先的变乱，于谦发誓不和敌人共生存。经常住在当值的地方，不回家里。一向有痰疾，病发时，景帝派兴安、舒良轮流前往探视。听说他的衣服用具等过于简单，诏令上方制造了赏给他，直至醋菜都准备齐全。又亲自到万岁山，砍竹取汁赐给他。有人说宠幸于谦太过分，兴安等说："他日夜为国分忧，不问家产，倘若他去了，让朝廷哪里再找到这样的人？"等到抄家的时候，家里没有多余的资产，只有正屋关锁得特别坚固。打开来看，里面是皇帝赐的蟒袍、剑器。于谦死的那天，阴云密布，天下的人都认为他冤枉。有个叫朵儿的指挥，原本出自曹吉祥的部下，把酒洒在于谦死的地方表示祭奠，痛哭。曹吉祥大怒，鞭打他。第二天他还是那样洒酒祭奠。都督同知陈逵被于谦的忠义感动，收了尸体埋葬。过了一年，送回去葬在杭州。陈逵，是六合人。过去被推举为有将领之才，是出自李时勉门下的人。皇太后开始不知道于谦死讯，听到以后，叹息哀悼了几天。英宗也后悔了。

于谦已死，石亨的党羽陈汝言代任兵部尚书。不到一年被发现干坏事，贪赃累计巨万。英宗召大臣进去看，变了脸色说："于谦在景泰朝受到重用，死时没有剩余财产，陈汝言为什么这样多？"石亨低着头不能回答。不久边境有警报，英宗满面忧虑。恭顺侯吴瑾在旁侍奉，进谏说："倘若于谦在，一定不会让敌人这样。"英宗无言可对。这一年，徐有贞被石亨中伤，充军金齿。又过了几年，石亨也被关到监狱并死在那里，曹吉祥谋反全族被处死，于谦的事情得以大白于天下。

成化初年，于谦儿子于冕被赦免归来，上疏申诉冤屈，于谦的官职得以恢复并赐祭。诰文说："当国家多难之时，保卫社稷使国家没有危险，独自坚持公道，被权臣奸臣一同嫉妒。先帝在时已经知道他的冤枉，而我心里实在怜悯他的忠诚。"这篇诰文被到处传诵。弘治二年，采用了给事中孙需的意见，赠给（于谦）特进光禄大夫、柱国、太傅，依据他生前的事迹给他立号肃愍，赐在墓设祠堂，题为"旌功"，令地方官年节祭拜。万历中，又给他改号为忠肃。杭州、河南、山西均历代奉拜祭祀不止。

明史卷一百九十五

王守仁列传第八十三

王守仁，字伯安，余姚人。

父华，字德辉，成化十七年进士第一。授修撰。弘治中，累官学士、少詹事。华有器度，在讲幄最久，孝宗甚眷之。李广贵幸，华讲《大学衍义》，至唐李辅国与张后表里用事，指陈甚切。帝命中官赐食劳焉。正德初，进礼部左侍郎。以守仁忤刘瑾，出为南京吏部尚书，坐事罢。旋以《会典》小误，降右侍郎。瑾败，乃复故，无何卒。华性孝，母岑年逾百岁卒。华已年七十余，犹寝苫蔬食，士论多之。

守仁娠十四月而生。祖母梦神人自云中送儿下，因名云。五岁不能言，异人拊之，更名守仁，乃言。年十五，访客居庸、山海关。时阑出塞，纵观山川形胜。弱冠举乡试，学大进。顾益好言兵，且善射。登弘治十二年进士。使治前威宁伯王越葬，还而朝议方急西北边，守仁条八事上之。寻授刑部主事。决囚江北，引疾归。起补兵部主事。

正德元年冬，刘瑾逮南京给事中御史戴铣等二十余人。守仁抗章救，瑾怒，廷杖四十，谪贵州龙场驿丞。龙场万山丛薄，苗、僚杂居。守仁因俗化导，夷人喜，相率伐木为屋，以栖守仁。瑾诛，量移庐陵知县。入觐，迁南京刑部主事，吏部尚书杨一清改之验封。屡迁考功郎中，擢南京太仆少卿，就迁鸿胪卿。

兵部尚书王琼素奇守仁才。十一年八月擢右佥都御史，巡抚南、赣。当是时，南中盗贼蜂起。谢志山据横水、左溪、桶冈，池仲容据浰头，皆称王，与大庾陈曰能、乐昌高快马、郴州龚福全等攻剽府县。而福建大帽山贼詹师富等又起。前巡抚文森托疾避去。志山合乐昌贼掠大庾，攻南康、赣州，赣县主簿吴玭战死。守仁至，知左右多贼耳目，乃呼老黠隶诘之。隶战栗不敢隐，因贳其罪，令调贼，贼动静无勿知。于是檄福建、广东会兵，先讨大帽山贼。

明年正月，督副使杨璋等破贼长富村，逼之象湖山，指挥覃桓、县丞纪镛战死。守仁亲率锐卒屯上杭。佯退师，出不意捣之，连破四十余寨，俘斩七千有奇，指挥王铠等擒师富。疏言权轻，无以令将士，请给旗牌，提督军务，得便宜从事。尚书王琼奏从其请。乃更兵制：二十五人为伍，伍有小甲；二伍为队，队有总甲；四队为哨，哨有长，协哨二佐之；二哨为营，营有官，参谋二佐之；三营为阵，阵有偏将；二阵为军，军有副将。皆临事委，不命于朝；副将以下，得递相罚治。

其年七月进兵大庾。志山乘间急攻南安，知府季敩击败之。副使杨璋等亦生禽曰能以归。遂议讨横水、左溪。十月，都指挥许清、赣州知府邢珣、宁都知县王天与各一军会横水，敩及守备郏文、汀州知府唐淳、县丞舒富各一军会左溪，吉安知府伍文定、程乡知县张戬遏其奔轶。守仁自驻南康，去横水三十里，先遣四百人伏贼巢左右，进军逼之。贼方迎战，两山举帜。贼大惊，谓官军已尽犁其巢，遂溃。乘胜克横水，志山及其党萧贵模等皆走桶冈。左溪亦破。守仁以桶冈险固，移营近地，谕以祸福。贼首蓝廷凤等方震恐，见使至大喜，期仲冬朔降，而珣、文定已冒雨夺险入。贼阻水阵，珣直前搏战，文定与戬自右出，贼仓卒败走，遇淳兵又败。诸军破桶冈，志山、贵模、廷凤面缚降。凡破巢八十有四，俘斩六千有奇。时湖广巡抚秦金亦破福全。其党千人突至，诸将擒斩之。乃设崇义县于横水，控诸瑶。还至赣州，议讨浰头贼。

初，守仁之平师富也，龙川贼卢珂、郑志高、陈英咸请降。及征横水，浰头贼将黄金巢亦以五百人降，独仲容未下。横水破，仲容始遣弟仲安来归，而严为战守备。诡言珂、志高，仇也，将袭我，故为备。守仁佯杖系珂等，而阴使珂弟集兵待，遂下令散兵。岁首大张灯乐，仲容信且疑。守仁赐以节物，诱入谢。仲容率九十三人营教场，而自以数人入谒。守仁呵之曰："若皆吾民，屯于外，疑我乎？"悉引入祥符宫，厚饮食之。贼大喜过望，益自安。守仁留仲容观灯乐。正月三日大享，伏甲士于门，诸贼入，以次悉擒戮之。自将抵贼巢，连破上、中、下三浰，斩馘二千有奇。余贼奔九连山。山横亘数百里，陡绝不可攻。乃简壮士七百人衣贼衣，奔崖下，贼招之上。官军进攻，内外合击，擒斩无遗。乃于下浰立和平县，置戍而归。自是境内大定。

初，朝议贼势强，发广东、湖广兵合剿。守仁上疏止之，不及。桶冈既灭，湖广兵始至。及平浰头，广东尚未承檄。守仁所将皆文吏及偏裨小校，平数十年巨寇，远近惊为神。进右副都御史，予世袭锦衣卫百户，再进副千户。

十四年六月命勘福建叛军。行至丰城而宁王宸濠反，知县顾佖以告。守仁急趋吉安，与伍文定征调兵食，治器械舟楫，传檄暴宸濠罪，俾守令各率吏士勤王。都御史王懋中，编修邹守益，副使罗循、罗钦德，郎中曾直，御史张鳌山、周鲁，评事罗侨，同知郭祥鹏，进士郭持平，降谪驿丞王思、李中，咸赴守仁军。御史谢源、伍希儒自广东还，守仁留之纪功。因集众议曰："贼若出长江顺流东下，则南都不可保。吾欲以计挠之，少迟旬日无患矣。"乃多遣间谍，檄府县言："都督许泰、郤永将边兵，都督刘晖、桂勇将京兵，各四万，水陆并进。南赣王守仁、湖广秦金、两广杨旦各率所部合十六万，直捣南昌，所至有司缺供者，以军法论。"又为蜡书遗伪相李士实、刘养正，叙其归国之诚，令从臾早发兵东下，而纵谍泄之。宸濠果疑。与士实、养正谋，则皆劝之疾趋南京即大位，宸濠益大疑。十余日詗知中外兵不至，乃悟守仁绐之。七月壬辰朔留宜春王拱樤居守，而劫其众六万人，袭下九江、南康，出大江，薄安庆。

守仁闻南昌兵少则大喜，趋樟树镇。知府临江戴德孺、袁州徐琏、赣州邢珣，都指挥余恩，通判瑞州胡尧元童琦、抚州邹琥、安吉谈储，推官王暐、徐文英，知县新淦李美、泰和李楫、万安王冕、宁都王天与，各以兵来会，合八万人，号三十万。或请救安庆，守仁曰："不然。今九江、南康已为贼守，我越南昌与相持江上，二郡兵绝我后，是腹背受敌也。不如直捣南昌。贼精锐悉出，守备虚。我军新集气锐，攻必破。贼闻南昌破，必解围自救。逆击之湖中，蔑不胜矣。"众曰"善"。己酉次丰城，以文定为前锋，先遣奉新知县刘守绪袭其伏兵。庚戌夜半，文定兵抵广润门，守兵骇散。辛亥黎明，诸军梯緪登，缚拱樤等，宫人多焚死。军士颇杀掠，守仁戮犯令者十余人，宥胁从，安士民，慰谕宗室，人心乃悦。

居二日，遣文定、珣、琏、德孺各将精兵分道进，而使尧元等设伏。宸濠果自安庆还兵。乙卯遇于黄家渡。文定当其前锋，贼趋利。珣绕出贼背贯其中，文定、恩乘之，琏、德孺张两翼分贼势，尧元等伏发，贼大溃，退保八字脑。宸濠惧，尽发南康、九江兵。守仁遣知府抚州陈槐、饶州林城取九江，建昌曾玙、广信周朝佐取南康。丙辰复战，官军却，守仁斩先却者。诸军殊死战，贼复大败，退保樵舍，联舟为方阵，尽出金宝犒士。明日，宸濠方晨朝其群臣，官军奄至。以小舟载薪，乘风纵火，焚其副舟，妃娄氏以下皆投水死。宸濠舟胶浅，仓卒易舟遁，王冕所部兵追执之。士实、养正及降贼按察使杨璋等皆就擒。南康、九江亦下。凡三十五日而贼平。京师闻变，诸大臣震惧。王琼大言曰："王伯安居南昌上游，必擒贼。"至是，果奏捷。

帝时已亲征，自称威武大将军，率京边骁卒数万南下。命安边伯许泰为副将军，偕提督军务太监张忠、平贼将军左都督刘晖将京军数千，溯江而上，抵南昌。诸嬖幸故与宸濠通，守仁初上宸濠反书，因言："觊觎者非特一宁王，请黜奸谀以回天下豪杰心。"诸嬖幸皆恨。宸濠既平，则相与媢功。且惧守仁见天子发其罪，竞为蜚语，谓守仁先与通谋，虑事不成，乃起兵。又欲令纵宸濠湖中，待帝自擒。

守仁乘忠、泰未至，先俘宸濠，发南昌。忠、泰以威武大将军檄邀之广信。守仁不与，间道趋玉山，上书请献俘，止帝南征。帝不许。至钱唐遇太监张永。永提督赞画机密军务，在忠、泰辈上，而故与杨一清善，除刘瑾，天下称之。守仁夜见永，颂其贤，因极言江西困敝，不堪六师扰。永深然之，曰："永此来，为调护圣躬，非邀功也。公大勋，永知之，但事不可直情耳。"守仁乃以宸濠付永，而身至京口，欲朝行在。闻巡抚江西命，乃还南昌。忠、泰已先至，恨失宸濠。故纵京军犯守仁，或呼名嫚骂。守仁不为动，抚之愈厚。病予药，死予棺，遭丧于道，必停车慰问良久始去。京军谓王都堂爱我，无复犯者。忠、泰言："宁府富厚甲天下，今所蓄安在？"守仁曰："宸濠异时尽以输京师要人，约内应，籍可按也。"忠、泰故尝纳宸濠贿者，气慑不敢复言。已，轻守仁文士，强之射。徐起，三发三中。京军皆欢呼，忠、泰益沮。会冬至，守仁命居民巷祭，已，上冢哭。时新丧乱，悲号震野。京军离家久，闻之无不泣下思归者。忠、泰不得已班师。比见帝，与纪功给事中祝续、御史章纶谗毁百端，独永时时左右之。忠扬言帝前曰："守仁必反，试召之，必不至。"忠、泰屡矫旨召守仁。守仁得永密信，不赴。及是知出帝意，立驰至。忠、泰计沮，不令见帝。守仁乃入九华山，日晏坐僧寺。帝觇知之，曰："王守仁学道人，闻召即至，何谓反？"乃遣还镇，令更上捷音。守仁乃易前奏，言奉威武大将军方略讨平叛乱，而尽入诸嬖幸名，江彬等乃无言。

当是时，谗邪搆煽，祸变叵测，微守仁，东南事几殆。世宗深知之。甫即位，趣召入朝受封。而大学士杨廷和与王琼不相能。守仁前后平贼，率归功琼，廷和不喜，大臣亦多忌其功。会有言国哀未毕，不宜举宴行赏者，因拜守仁南京兵部尚书。守仁不赴，请归省。已，论功封特进光禄大夫、柱国、新建伯，世袭，岁禄一千石。然不予铁券，岁禄亦不给。诸同事有功者，惟吉安守伍文定至大官，当上赏。其他皆名示迁，而阴绌之，废斥无存者。守仁愤甚。时已丁父忧，屡疏辞爵，乞录诸臣功，咸报寝。免丧，亦不召。久之，所善席书及门人方献夫、黄绾以议礼得幸，言于张璁、桂萼，将召用，而费宏故衔守仁，复沮之。屡推兵部尚书，三边总督，提督团营，皆弗果用。

嘉靖六年，思恩、田州土酋卢苏、王受反。总督姚镆不能定，乃诏守仁以原官兼左都御史，总督两广兼巡抚。绾因上书讼守仁功，请赐铁券岁禄，并叙讨贼诸臣，帝咸报可。守仁在道，疏陈用兵之非，且言："思恩未设流官，土酋岁出兵三千，听官征调。既设流官，我反岁遣兵数千防戍。是流官之设，无益可知。且田州邻交阯，深山绝谷，悉瑶、僮盘据，必仍设土官，斯可藉其兵力为屏蔽。若改土为流，则边鄙之患，我自当之，后必有悔。"章下兵部，尚书王时中条其不合者五，帝令守仁更议。十二月，守仁抵浔州，会巡按御史石金定计招抚。悉散遣诸军，留永顺、保靖土兵数千，解甲休息。苏、受初求抚不得，闻守仁至益惧，至是则大喜。守仁赴南宁，二人遣使乞降，守仁令诣军门。二人窃议曰："王公素多诈，恐绐我。"陈兵入见。守仁数二人罪，杖而释之。亲入营，抚其众七万。奏闻于朝，陈用兵十害，招抚十善。因请复设流官，量割田州地，别立一州，以岑猛次子邦相为吏目，署州事，俟有功擢知州。而于田州置十九巡检司，以苏、受等任之，并受约束于流官知府。帝皆从之。

断藤峡瑶贼，上连八寨，下通仙台、花相诸洞蛮，盘亘三百余里，郡邑罹害者数十年。守仁欲讨之，故留南宁。罢湖广兵，示不再用。伺贼不备，进破牛肠、六寺等十余寨，峡贼悉平。遂循横石江而下，攻克仙台、花相、白竹、古陶、罗凤诸贼。令布政使林富率苏、受兵直抵八寨，破石门，副将沈希仪邀斩轶贼，尽平八寨。

始，帝以苏、受之抚，遣行人奉玺书奖谕。及奏断藤峡捷，则以手诏问阁臣杨一清等，谓守仁自夸大，且及其生平学术。一清等不知所对。守仁之起由璁、萼荐，萼故不善守仁，以璁强之。后萼长吏部，璁入内阁，积不相下。萼暴贵喜功名，风守仁取交阯，守仁辞不应。一清雅知守仁，而黄绾尝上疏欲令守仁入辅，毁一清，一清亦不能无移憾。萼遂显诋守仁征抚交失，赏格不行。献夫及霍韬不平，上疏争之，言："诸瑶为患积年，初尝用兵数十万，仅得一田州，旋复召寇。守仁片言驰谕，思、田稽首。至八寨、断藤峡贼，阻深岩绝冈，国初以来未有轻议剿者，今一举荡平，若拉枯朽。议者乃言守仁受命征思、田，不受命征八寨。夫大夫出疆，有可以安国家，利社稷，专之可也。况守仁固承诏得便宜从事者乎？守仁讨平叛藩，忌者诬以初同贼谋，又诬其辇载金帛。当时大臣杨廷和、乔宇饰成其事，至今未白。夫忠如守仁，有功如守仁，一屈于江西，再屈于两广。臣恐劳臣灰心，将士解体，后此疆圉有事，谁复为陛下任之！"帝报闻而已。

守仁已病甚，疏乞骸骨，举郧阳巡抚林富自代，不俟命竟归。行至南安卒，年五十七。丧过江西，军民无不缟素哭送者。

守仁天姿异敏。年十七谒上饶娄谅，与论朱子格物大指。还家，日端坐，讲读《五经》，不苟言笑。游九华归，筑室阳明洞中。泛滥二氏学，数年无所得。谪龙场，穷荒无书，日绎旧闻。忽悟格物致知，当自求诸心，不当求诸事物，喟然曰："道在是矣。"遂笃信不疑。其为教，专以致良知为主。谓宋周、程二子后，惟象山陆氏简易直捷，有以接孟氏之传。而朱子《集注》《或问》之类，乃中年未定之说。学者翕然从之，世遂有"阳明学"云。

守仁既卒，桂萼奏其擅离职守。帝大怒，下廷臣议。萼等言："守仁事不师古，言不称师。欲立异以为高，则非朱熹格物致知之论；知众论之不予，则为朱熹晚年定论之书。号召门徒，互相倡和。才美者乐其任意，庸鄙者借其虚声。传习转讹，背谬弥甚。但讨捕畲贼，擒获叛藩，功有足录，宜免追夺伯爵以章大信，禁邪说以正人心。"帝乃下诏停世袭，恤典俱不行。隆庆初，廷臣多颂其功。诏赠新建侯，谥文成。二年予世袭伯爵。既又有请以守仁与薛瑄、陈献章同从祀文庙者。帝独允礼臣议，以瑄配。及万历十二年，御史詹事讲申前请。大学士申时行等言："守仁言致知出《大学》，良知出《孟子》。陈献章主静，沿宋儒周敦颐、程颢。且孝友出处如献章，气节文章功业如守仁，不可谓禅，诚宜崇祀。"且言胡居仁纯心笃行，众论所归，亦宜并祀。帝皆从之。终明之世，从祀者止守仁等四人。

【译文】

王守仁，字伯安，是余姚人。父亲名叫王华，字德辉，成化十七年考中进士第一名。授职修撰。弘治中叶，累官学士、少詹事。王华有才能器量，在宫中讲课时间最长，孝宗特别依恋他。李广被宠幸，王华讲《大学衍义》一书，讲到唐朝李辅国和张后里外勾结擅权时，批叛陈述十分恳切。孝宗命宦官赐饮食慰劳他。正德初年，升任礼部左侍部。因为王守仁触犯了刘瑾，调出为南京吏部尚书，犯了事罢官。旋即因为《会典》中小有错误，降为右侍郎。刘瑾垮台后，才恢复原来官职，不久去世。王华十分孝顺，母亲岑氏一百多岁时死去，王华已经七十多岁了，还素食睡草荐，士人的舆论都很称赞他。

王守仁是妊娠十四个月才出生的。他的祖母梦见有神仙从云中将孩子送下来，因此起名叫王云。五岁还不能讲话，有个怀有特殊本领的人抚摩他，把名字改为王守仁，这才会说话。十五岁时，到山海关、居庸关访客。常常独自跑出塞外，广泛地观察山川形势。二十岁在乡试中了举，学问大有长进。更加喜欢谈论军事，而且擅长射箭。弘治十二年考中了进士。让他治理前任威宁伯王越的丧事，回来时朝中正为西北边疆的问题焦急，王守仁写了八条意见上奏。不久授职刑部主事。前往江北处决囚犯，自称有病回家。起用补为兵部主事。

正德元年冬天，刘瑾逮捕了南京给事中御史戴铣等二十余人。王守仁极力上奏章援救，刘瑾生气了，把他廷杖四十下，降职流放到贵州龙场驿当驿丞。龙场处在群山密林中，苗人、僚人杂居。王守仁依据当地的风俗加以开导，夷人高兴，共同伐木盖了房子，给王守仁居住。刘瑾被处死，因赦酌情移到较近的庐陵担任知县。进京师朝觐，升任南京刑部主事，吏部尚书杨一清把他调到吏部验封清吏司，屡次升到考功郎中，提升为南京太仆少卿，随即升任鸿胪寺卿。

兵部尚书王琼一向惊奇王守仁的才能。正德十一年八月提升为右佥都御史，巡抚南、赣。那时，南中盗贼蜂拥而起。谢志山占据了横水、左溪、桶冈，池仲容占据了浰头，全都称王，和大庾的陈曰能、乐昌高快马、郴州龚福全等进攻抢掠府县。而后福建大帽山贼詹师富等又兴起。前任巡抚文森借口有病躲开了。谢志山联合乐山的盗匪抢掠大庾，进攻南康、赣州，赣县的主簿吴玭战死。王守仁来到，知道身边的人很多都是盗贼的耳目，便将那些干得时间比较长的狡猾的役隶叫来查问。役隶战战兢兢不敢隐瞒，于是赦免了他们的罪，让他们侦察盗贼，盗贼的动静没有不知道的。于是移文福建、广东调集部队，首先攻打大帽山的盗匪。

第二年正月，指挥副使杨璋等在长富村击败了敌人，把他们逼到象湖山，指挥覃桓、县丞纪镛战死。王守仁亲自带领精锐的兵卒驻守上杭。（王守仁）假装撤退，出其不意攻击敌人，接连攻破四十余寨，俘虏斩首七千多人，指挥王铠等生擒了詹师富。王守仁上疏说自己权轻，难以统率将士，请求发给上面写有令字的蓝旗和圆牌，以便提督军务时，有便宜从事的权力，能够斟酌情况自行处理。尚书王琼上奏，武宗同意了，于是更改兵制：二十五人为伍，伍有小甲；二伍为队，队有总甲；四队为哨，哨有哨长，由协哨两人协助；二哨为一营，营有官，由两个参谋协助；三营为一阵，阵有偏将；二阵为一军，军有副将。都是临时委派，不由朝廷任命；副将以下，可以逐级惩罚治理。

这年七月进军大庾。谢志山趁机急忙偷袭南安，知府季敩把他打败了。副使杨璋等也生擒了陈曰能押回来。于是商议讨伐横水、左溪。十月，都指挥许清、赣州知府邢珣、宁都知县王天与各自率领一军在横水会合，季敩和守备郏文、汀州知府唐淳、县丞舒富各自率领一军左溪会合，吉安知府伍文定、程乡知县张戬负责阻止盗贼逃跑偷袭。王守仁自己驻扎在南康，距离横水三十里，先派四百人埋伏在贼巢左右两面，进军逼他们。盗贼刚刚迎战，两山举满了百官的旗帜。盗贼大惊，以为官军已经荡平了他们的老巢，于是溃散。官军乘胜攻下横水，谢志山和他的党羽贵模等都逃到桶冈。左溪也被攻克了。王守仁因桶冈险要坚固，移兵驻在靠近的地方，用祸福晓谕他们。匪首蓝廷凤等正在极度恐慌中，看到使者到来，十分高兴，约定十一月初一日投降，可是邢珣、伍文定已经冒雨夺取了险要地形进入。盗贼隔水布阵，邢珣一直向前拼搏奋战，伍文定和张戬从右边杀出，盗贼仓卒败走，碰上唐淳的部队又再次战败。各军攻占了桶冈，谢志山、萧贵模、蓝廷凤反绑了自己的两手投降。一共攻破了贼巢八十四个，俘虏斩首六千多人。当时湖广巡抚秦金也打败了龚福全。他的党徒一千人突然来到，各将领将他们抓来斩了。于是在横水设置了崇义县，控制各瑶。回到赣州，商议讨伐浰头盗贼。

起初，王守仁平定詹师富时，龙川盗贼卢珂、郑志高、陈英都请求归降。及至征讨横水，浰头贼将黄金巢也带五百人投降，只有池仲容占据的浰头没有攻克。攻克横水，池仲容才派弟弟池仲安来归降，而且严密地作好战斗和防守的准备。诡称卢珂、郑志高是仇人，将要袭击自己，所以要作准备。王守仁假意杖打囚禁卢珂，却秘密派卢珂的弟弟召集军兵等待，(池仲容)便下令解散兵士。年初，大张灯乐，池仲容将信将疑。王守仁赏赐给他过节的物品，引诱他进来道谢。池仲容带了九十三个人在校场聚集，而自己带着几个人入内拜谒。王守仁呵斥他说："你们都是我的子民，驻扎在外面，是怀疑我吗？"将他们全部引入祥符宫，给予很好的饮食。盗贼喜出望外，更加感到安心。王守仁留池仲容观看灯乐。正月三日大规模地用饮食款待他们，让穿盔甲的武士埋伏在门内，各盗贼入内，依照先后全部把他们抓住杀了。自己领兵抵达贼巢，连续攻破上、中、下三浰，斩下所杀死的敌人的左耳两千多。其余的盗贼逃到九连山。山连绵数百里，极其陡峭，无法进攻。于是挑选了七百个壮士穿上盗贼的衣服，跑到山岩下面，盗贼招他们上去。官军进攻，内外夹击，盗贼全被俘虏斩首。于是在下浰设置了和平县，安排好戍守后返回。从此辖区内特别安定。

起初，朝廷议论认为盗贼势力强大，应调动广东、湖广的部队联合进剿。王守仁上疏阻止，来不及。桶冈盗贼已经消灭，湖广部队才赶到。等到浰头平定，广东还没有收到征召的文书。王守仁所率领的都是文吏和偏裨小校，却剿平了几十年的大盗，远近的人都惊奇得把他当作神。升任右副都御史，给予世袭锦衣卫百户，再升副千户。

正德十四年六月，命(王守仁)审问福建的叛军。走到封城而宁王朱宸濠已经起来叛乱，知县顾佖告诉了他。王守仁急忙赶到吉安，和伍文定调动军队、征集粮食，准备器械船只，发文书揭露朱宸濠的罪行，使地方官各自带领吏士勤王。都御史王懋中，编修邹守益，副使罗循、罗钦德，郎中曾直，御史张鳌山、周鲁，评事罗侨，同知郭祥鹏，进士郭持平，降职流放当驿丞的王思、李中，都来到王守仁的军队。御史谢源、伍希儒从广东回来，王守仁留他们记功。因而召集大家商议说："假如反贼出长江顺流东下，那么南京留都就保不住了。我想用计策阻挠他，过十来天便没关系了。"于是大量派出间谍，行文到府县说："都督许泰、郤永率领边兵，都督刘晖、桂勇率领京兵，各四万人，水陆并进。南赣王守仁、湖广秦金、两广杨旦各自率领自己所统辖的部队一共十六万人，直捣南昌，部队所到之处的地方官府缺乏供给的，依照军法论处。"

又写了信放在蜡丸里送给朱宸濠的伪丞相李士实、刘养正，叙述他们反正的诚恳，命令他们怂恿朱宸濠快点发兵顺江东下，并且放间谍把这件事泄露出去。朱宸濠果然起了疑心。和李士实、刘养正商议，又都是劝他赶快去南京称帝，朱宸濠更加怀疑。十多天后侦察知道中外兵都没有来，才明白王守仁是在欺骗他。七月壬辰天亮的时候，(朱宸濠)留下宜春王朱拱樤驻守南昌，并且强夺了他的部众六万人，袭击攻克了九江、南康，出大江，进逼安庆。

听说南昌兵少，王守仁很高兴，进军樟树镇。临江知府戴德孺、袁州知府徐琏、赣州知府邢珣，都指挥余恩，瑞州通判胡尧元和童琦、抚州通判邹琥、安吉通判谈储，推官王暐、徐文英，新淦知县李美、泰和知县李楫、万安知县王冕、宁都知县王天与，各自领兵前来会合，一共有八万人，号称三十万。有人建议援救安庆，王守仁说："不成。现在九江、南康已经被盗贼占据，我越过南昌和他在长江上相持，这两郡兵马断绝我的后路，就会腹背受敌。不如直捣南昌。盗贼精锐大部分已经外出，守备空虚。我军刚刚集结，士气锐利，一定能把南昌攻破。盗贼听说南昌城破，一定解除安庆的包围自救。我们在鄱阳湖中反击他，没有不胜的。"大家都说："好。"己酉驻扎在丰城，让伍文定担任前锋，先派奉新知县刘守绪袭击叛军的伏兵。庚戌半夜，伍文定的部队开到广润门，守门的军兵害怕逃散。辛亥黎明，各兵士用梯和粗索登上城墙，缚了朱拱樤等，宫人很多被烧死。军士有些杀人抢掠，王守仁杀了违犯军令的十来个人，饶恕了被胁从的，安抚士民，安慰告谕宗室，人心这才喜悦了。

住了两天，派遣伍文定、邢珣、徐琏、戴德孺各自率领精兵分道前进，并且派胡尧元等人设下埋伏。朱宸濠果然从安庆回师。乙卯双方在黄家渡遭遇。伍文定挡着他的前锋，盗贼跑得很快。邢珣从盗贼的背后绕出来冲入其中，伍文定、余恩追逐盗贼，徐琏、戴德孺张开两翼分散盗贼的势头，胡尧元等伏兵齐发，盗贼迅速溃败，退守八字脑。朱宸濠害怕了，将南康、九江的兵全部调了来。王守仁派抚州知府陈槐、饶州知府林城攻打九江，建昌知府曾玙、广信知府周朝佐攻打南康。丙辰再战，官军退却，王守仁斩杀了先退的人。各军拼死作战，盗贼再次大败，退保樵舍，把船联结成方阵，将金宝全部拿出来犒赏士兵。第二天早晨，朱宸濠正在朝见他的群臣时，官军忽然来到，用小艇装上柴草，乘风纵火，烧了跟从朱宸濠的船，妃娄氏以下的人全都投水死了。朱宸濠的船搁浅，仓促换了一只船逃跑，王冕带领的兵士追上去俘虏了他。李士实、刘养正和投降了盗贼的按察使杨璋等都被生擒了。南康、九江也被攻下了。一共三十五天就把盗贼平定。京师听说朱宸濠造反，各大臣震惊恐惧。王琼大声说："王伯安在南昌上游，一定能擒拿盗贼。"到了这时，果然上奏捷报。

武宗当时已经亲征，自称威武大将军，带领京军边军勇健的兵卒几万人南下。命令安边伯许泰担任副将军，和提督军务太监张忠、平贼将军左都督刘晖率领京军几千人，逆长江而上，抵达南昌。武宗所宠爱狎昵的人都是过去和朱宸濠有勾结的，王守仁初次送上朱宸濠谋反书时，跟着说："有非份之想的并非只有一个宁王，请贬斥那些奸邪谄媚的人来收回天下豪杰的心。"所以他们都很憎恨他。朱宸濠的反叛被平定以后，就都嫉妒他的功劳。而且害怕王守仁见到武宗时揭发他们的罪行，于是争相制造流言蜚语，说王守仁先是和朱宸濠一同商议谋反的，后来考虑事情不能成功，于是起兵。又说王守仁想把朱宸濠放入鄱阳湖中，等武宗自己去擒拿。

王守仁趁张忠、许泰未到，先俘虏了朱宸濠，押送到南昌。张忠、许泰用威武大将军的名义发文在广信阻截他。王守仁不给，从小道急走到玉山，上书请求献俘，建议武宗停止南征。武宗不许。至钱唐遇到太监张永。张永提督计划机密的军务，资力在张忠、许泰之上，而且过去和杨一清关系很好，清除了刘瑾，得到天下人的称颂。王守仁连夜去见张永，称赞他的贤能，接着极力陈述江西的穷困落后，不堪部队的骚扰。张永非常赞同他的看法，说："张永这次来，是为了协调各部保护陛下，不是为了邀功劳。你有很大的功劳，我知道，但事情不可能公正处置罢了。"王守仁于是将朱宸濠交给张永，而自己来到京口，想朝见武宗。听到让他巡抚江西的命令，于是返回南昌。张忠、许泰已经先到，为失去朱宸濠而忌恨王守仁，故意纵容京军侵犯他，或者呼名谩骂。王守仁一点都不动摇，更好地抚慰他们。病了的给药，死了的给棺木，路上遇到有死了的，一定停车下来慰问很久才走。京军都说王都堂爱护士卒，没有再冒犯他的。张忠、许泰说："宁府是天下最富有的，现在他所积蓄的东西在哪里？"王守仁说："朱宸濠那时把钱财全部运到京师送给有权势的人，约他们做内应，有登记的册籍可以查对。"张忠、许泰过去都曾经接受朱宸濠的贿赂，这时非常害怕不敢再作声。后来又轻视王守仁是文人，强迫他射箭。王守仁慢慢地站起来，三发三中。京军全都欢呼，张忠、许泰更加沮丧。刚好冬至，王守仁下令居民巷祭，然后上坟哭祭。当时新遭丧乱，悲哀呼号的声音震动旷野。京军离家的时间长了，听到这声音没有不掉泪想回家的。张忠、许泰没有办法只好班师。及至见到武宗，和记功给事中祝续、御史章纶一起百般污蔑中伤王守仁，只有张永常常袒护他。张忠在武宗面前故意说："王守仁一定会造反，试召他来，一定不来。"张忠、许泰几次假传圣旨召请王守仁。王守仁得到张永的密信，不去。及至知道是武宗的意思，立即飞马赶到。张忠、许泰阴谋阻止他，不让他见武宗。王守仁便进入九华山，天天悠闲地坐在和尚寺。武宗察看知道了，说："王守仁学道人，听说召他马上就到了，怎能说是造反？"于是派他回去镇守，让他改上捷报。王守仁于是改变了从前的奏章，说接受了威武大将军的策略讨平了叛乱，并且把武宗所宠爱狎昵的那些人的名字全都写了上去，江彬等这才不说话了。

那时，讲坏话的邪恶的人相互勾结煽动，祸变难测，不是王守仁，东南的情况几乎危险了。世宗很清楚这一情况。刚即帝位，马上召王守仁入朝受封。而大学士杨廷和与王琼关系不好。王守仁前后讨平盗贼，都归功于王琼，杨廷和不高兴，大臣也大多都嫉忌他的功劳。恰好有人说国丧没有结束，不适宜举行宴会奖赏，于是拜王守仁为南京兵部尚书。王守仁不赴任，请求回家省亲。后来，评论功劳封为特进光禄大夫、柱国、新建伯，世袭，年俸禄一千石。但是没有给予铁券，也不发给年俸禄。各个有功劳的同事，只有吉安知府伍文定做了大官，受上赏。其他的都是名义上给予升迁，却暗地里贬斥，罢免斥逐没有被留下来的。王守仁十分愤怒。当时已经遭受父丧，多次上疏辞去官爵，请求记录那些人的功劳，这些奏疏都被扣住不能上达。守制期满，也不召他复官。时间长了以后，和他关系较好的席书和门下的方献夫、黄绾都因在大礼仪中支持了世宗得到宠幸，他们向张璁、桂萼说了情，将要召用（王守仁），可是费宏过去是忌恨王守仁的，这时再次出来阻挠。王守仁屡次被推荐为兵部尚书，三边总督，提督团营，结果全都没被任用。

嘉靖六年，思恩、田州的土酋卢苏、王受造反。总督姚镆不能平定，于是诏王守仁以原官职兼任左都御史，总督两广兼任巡抚。黄绾趁机上书陈述王守仁的功劳，请求赐给铁券和年俸禄，并排列讨伐朱宸濠的官员的功劳等别以进官秩，世宗全部都同意了。王守仁在路上，上疏陈述这时用兵不合适，并且说："思恩没有设置流官的时候，土酋每年出兵三千，听从官府征调。设了流官以后，政府反而要每年派几千兵前去驻守。可见流官的设置没有什么好处。而且田州和交阯相邻，深山绝谷，都是瑶、僮盘据的地方，一定要继续设置土官，才可以借他的兵力守卫边境。假如改土官为流官，那么边远地方的忧患，我们自己要承当，将来一定会后悔。"奏章发下兵部，尚书王时中指出了五条不合适的地方，世宗令王守仁改变看法。十二月，王守仁到达浔州，会同巡按御史石金商定招抚的计策。全部遣散各部队，留下永顺、保靖士兵几千人，解除武装休息。卢苏、王受起初请求招抚不成，听说王守仁到来更加害怕，现在却非常高兴。王守仁去南宁，两人派出使者前往乞请投降，王守仁令他们来到军营门口。两人悄悄议论说："王公一向多计谋，恐怕会欺骗我们。"将军队排列开，然后入见。王守仁数落两个人的罪行，杖打他们，然后释放了。亲自进入军营，安抚了他们的七万部下。向朝廷奏报，陈述用兵的十个害处，招降的十个好处。因而请求再设流官，酌量分割田州的土地，另立一州，同岑猛的次子邦相担任吏目，暂时代理州的事务，等待有功提升知州。而在田州设置十九个巡检司，由卢苏、王受等人担任，并受流官知府的约束。世宗都听从了。

断藤峡的瑶族盗贼，上面连接八寨，下面通向仙台、花相各个洞蛮，互相连结达三百余里，郡邑遭受祸害已经几十年。王守仁想讨伐他们，故意留在南宁。解散湖广的兵，表示不再用。乘盗贼不防备，进兵攻破了牛肠，六寺等十余个寨，断藤峡的盗贼全都平定了。于是沿着横石江而下，扫平了仙台、花相、白竹、古陶、罗凤等盗贼。令布政使林富带领卢苏、王受的部队一直抵达八寨，攻克石门，副将沈希仪拦截斩杀了前来偷袭的盗贼，把八寨完全平了。

开始，世宗因为卢苏、王受被招抚，派行人奉玺书奖励的诏令给王守仁。及至奏报断藤峡的胜利，则以手诏询问阁臣杨一清等，说王守仁自己夸大，并且牵连到他生平的学术。杨一清不知该怎么回答。王守仁的起用是因为张璁、桂萼的推荐，桂萼一向和王守仁关系不好，只是张璁硬要他那样做。后来桂萼当了吏部尚书，张璁进入内阁，一直互争高下。桂萼骤然富贵喜欢功名，婉言规劝王守仁攻取交阯，王守仁推辞没有答应。杨一清素来了解王守仁，但黄绾曾经上疏建议皇帝命令王守仁入阁当辅臣，诋毁杨一清，杨一清也不能不因此对王守仁有些意见。桂萼于是明显诋毁王守仁征讨、招抚两样都失策，悬赏的数目没有实现。方献夫和霍韬抱不平，上疏争辩，说："各瑶为患多年，起初曾经用兵数十万，仅得到了一个田州，不久又再被贼寇占据。王守仁只去晓谕了他们几句话，思恩、田州便叩首投降。至于八寨、断藤峡的盗贼，因为有深山峭壁的阻隔，开国以来没有敢轻易说去征剿的，现在一举荡平，像摧枯拉朽一样。议论的人于是说王守仁受命征讨思恩、田州，没有受命讨伐八寨。其实大夫出了疆界，有可以安定国家，有利社稷的事情，可以自作主张去做。况且王守仁是已经得到诏令准许他根据时机变化自行处理事情的呢？王守仁征讨平定了反叛的藩王，嫉忌他的人诬陷他起初同盗贼合谋，又诬陷他用车运载黄金和丝织品。当时大臣杨廷和、乔宇歪曲了这件事的事实，直至现在还没有给他搞清楚。像王守仁这样忠心，像王守仁这样有功劳，在江西受一次委屈，在两广又再一次受委屈。我们担心勤劳的臣子会灰心，将士人心离散，以后边境有事，谁再为陛下承担呢！"世宗只回报知道了。

王守仁已经病得很厉害，上疏请求退职，推举郧阳巡抚林富接替自己，不等得到命令便回去。走到南安去世。享年五十七岁。棺柩路过江西，军民没有不穿素服哭着相送的。

王守仁天资非常聪明。十七岁时拜谒上饶的娄谅，和他研讨朱子格物的大意。回家，整天端坐，讲读《五经》，不苟言笑。到九华旅游回来，在阳明洞中盖了个房子。广泛接触程朱学说，几年没有什么收获。贬谪到龙场，穷困荒僻的地方没有书，只得每天推究过去的知识。忽然醒悟到格物致知，应该自己从内心去探求，不应当从事物中去探求，叹息说："道在这里了。"于是坚信不移。他的教育，专以致良知为主。说宋代周、程两人之后，只有陆象山的学说简易直捷，可以承继孟子的学说，而朱熹的《集注》《或问》之类，是他中年看法还没有很肯定时的学说。学者一致跟从他，世上便有了"阳明学"。

王守仁已经去世，桂萼上奏说他擅离职守。世宗大怒，把奏章发下廷臣议论。桂萼等说："王守仁做事不遵循古人的教训，讲什么都不称道先师。想标新立异来表现自己高明，于是非议朱熹格物致知的论点；知道众人的议论不会赞同，于是又写了《朱子晚年定论》这本书。号召门徒，相互提倡唱和。有才的人喜欢他任意，庸俗粗鄙的人借助他的虚名。传授学习以讹传讹，背离错误的地方越来越多。但是他征讨逮捕奉贼，擒获反叛的藩王，功劳有足以录取的地方，应当免予追夺伯爵来彰明信义，禁止邪说来端正人心。”世宗于是下诏停止世袭，按制度应有的抚恤全都取消了。隆庆初年，很多廷臣颂扬王守仁的功劳。下诏赠予新建侯，谥号文成。隆庆二年给予世袭伯爵。后来又有人请求将王守仁和薛瑄、陈献章一同附祭于孔庙。穆宗只准许了礼臣的意见，以薛瑄附祭。及至万历十二年，御史詹事讲又再次提出以前的请求。大学士申时行等说：“王守仁说致知出于《大学》，良知出于《孟子》。陈献章主张静，沿袭宋朝儒家周敦颐、程颢的学说。而且孝友进退像陈献章那样，气节文章功业像王守仁那样，不可以将它说成是谈禅，确实应当崇奉祭祀。”而且说胡居仁心地善良忠实，众望所归，也应该一同附祭。神宗都听从了。有明一代，附祭的只有王守仁等四个人。

明史卷二百一十二

戚继光列传第一百

戚继光，字元敬，世登州卫指挥佥事。父景通，历官都指挥，署大宁都司，入为神机坐营，有操行。继光幼倜傥负奇气。家贫，好读书，通经史大义。嘉靖中嗣职，用荐擢署都指挥佥事，备倭山东。改佥浙江都司，充参将，分部宁、绍、台三郡。

三十六年，倭犯乐清、瑞安、临海，继光援不及，以道阻不罪。寻会俞大猷兵，围汪直余党于岑港。久不克，坐免官，戴罪办贼。已而倭遁，他倭复焚掠台州。给事中罗嘉宾等劾继光无功，且通番。方按问，旋以平汪直功复官，改守台、金、严三郡。

继光至浙时，见卫所军不习战，而金华、义乌俗称慓悍，请招募三千人，教以击刺法，长短兵迭用，由是继光一军特精。又以南方多薮泽，不利驰逐，乃因地形制阵法，审步伐便利，一切战舰、火器、兵械精求而更置之。“戚家军”名闻天下。

四十年，倭大掠桃渚、圻头。继光急趋宁海，扼桃渚，败之龙山，追至雁门岭。贼遁去，乘虚袭台州。继光手歼其魁，蹙余贼瓜陵江尽死。而圻头倭复趋台州，继光邀击之仙居，道无脱者。先后九战皆捷，俘馘一千有奇，焚溺死者无算。总兵官卢镗、参将牛天锡又破贼宁波、温州。浙东平，继光进秩三等。闽、广贼流入江西。总督胡宗宪檄继光援。击破之上坊巢，贼奔建宁。继光还浙江。

明年，倭大举犯福建。自温州来者，合福宁、连江诸倭攻陷寿宁、政和、宁德。自广东南澳来者，合福清、长乐诸倭攻陷玄钟所，延及龙岩、松溪、大田、古田、莆田。是时宁德已屡陷。距城十里有横屿，四面皆水路险隘，贼结大营其中。官军不敢击，相守逾年。其新至者营牛田，而酋长营兴化，东南互为声援。闽中连告急，宗宪复檄继光剿之。先击横屿贼。人持草一束，填壕进。大破其巢，斩首二千六百。乘胜至福清，捣败牛田贼，覆其巢，余贼走兴化。急追之，夜四鼓抵贼栅。连克六十营，斩首千数百级。平明入城，兴化人始知，牛酒劳不绝。继光

乃旋师。抵福清，遇倭自东营澳登陆，击斩二百人。而刘显亦屡破贼。闽宿寇几尽。于是继光至福州饮至，勒石平远台。

及继光还浙后，新倭至者日益众，围兴化城匝月。会显遣卒八人赍书城中，衣刺“天兵”二字。贼杀而衣其衣，给守将得入，夜斩关延贼。副使翁时器、参将毕高走免，通判奚世亮摄府事，遇害，焚掠一空。留两月，破平海卫，据之。初，兴化告急，时帝已命俞大猷为福建总兵官，继光副之。及城陷，刘显军少，壁城下不敢击。大猷亦不欲攻，需大军合以困之。四十二年四月，继光将浙兵至。于是巡抚谭纶令将中军，显左，大猷右，合攻贼于平海。继光先登，左右军继之，斩级二千二百，还被掠者三千人。纶上功，继光首，显、大猷次之。帝为告谢郊庙，大行叙赉。继光先以横屿功，进署都督佥事，及是进都督同知，世荫千户，遂代大猷为总兵官。

明年二月，倭余党复纠新倭万余，围仙游三日。继光击败之城下，又追败之王仓坪，斩首数百级，余多坠崖谷死，存者数千奔据漳浦蔡丕岭。继光分五哨，身持短兵缘崖上，俘斩数百人，余贼遂掠渔舟出海去。久之，倭自浙犯福宁，继光督参将李超等击败之。乘胜追永宁贼，斩馘三百有奇。寻与大猷击走吴平于南澳，遂击平余孽之未下者。

继光为将号令严，赏罚信，士无敢不用命。与大猷均为名将。操行不如，而果毅过之。大猷老将务持重，继光则飚发电举，屡摧大寇，名更出大猷上。

隆庆初，给事中吴时来以蓟门多警，请召大猷、继光专训边卒。部议独用继光，乃召为神机营副将。会谭纶督师辽、蓟，乃集步兵三万，征浙兵三千，请专属继光训练。帝可之。二年五月命以都督同知总理蓟州、昌平、保定三镇练兵事，总兵官以下悉受节制。至镇，上疏言：

蓟门之兵，虽多亦少。其原有七。营军不习戎事，而好末技，壮者役将门，老弱仅充伍，一也。边塞逶迤，绝鲜邮置，使客络绎，日事将迎，参游为驿使，营垒皆传舍，二也。寇至，则调遣无法，远道赴期，卒毙马僵，三也。守塞之卒约束不明，行伍不整，四也。临阵马军不用马，而反用步，五也。家丁盛而军心离，六也。乘障卒不择冲缓，备多力分，七也。七害不除，边备曷修。

而又有士卒不练之失六，虽练无益之弊四。何谓不练？夫边所借惟兵，兵所借惟将；今恩威号令不足服其心，分数形名不足齐其力，缓急难使，一也。有火器不能用，二也。弃土著不练，三也。诸镇入卫之兵，嫌非统属，漫无纪律，四也。班军民兵数盈四万，人各一心，五也。练兵之要在先练将。今注意武科，多方保举似矣，但此选将之事，非练将之道，六也。何谓虽练无益？今一营之卒，为炮手者常十也。不知兵法五兵迭用，当长以卫短，短以救长，一也。三军之士各专其艺，金鼓旗帜，何所不蓄，今皆置不用，二也。弓矢之力不强于寇，而欲借以制胜，三也。教练之法，自有正门。美观则不实用，实用则不美观，而今悉无其实，四也。

臣又闻兵形象水，水因地而制流，兵因地而制胜。蓟之地有三。平原广陌，内地百里以南之形也。半险半易，近边之形也。山谷仄隘，林薄蓊翳，边外之形也。寇入平原，利车战。在近边，利马战。在边外，利步战。三者迭用，乃可制胜。今边兵惟习马耳，未娴山战、林战、谷战之道也，惟浙兵能之。愿更予臣浙东杀手、炮手各三千，再募西北壮士，足马军五支，步军十支，专听臣训练，军中所需，随宜取给，臣不胜至愿。

又言："臣官为创设，诸将视为缀疣，臣安从展布。"

章下兵部，言蓟镇既有总兵，又设总理，事权分，诸将多观望，宜召还总兵郭琥，专任继光。乃命继光为总兵官，镇守蓟州、永平、山海诸处，而浙兵止弗调。录破吴平功，进右都督。寇入青山口，拒却之。

自嘉靖以来，边墙虽修，墩台未建。继光巡行塞上，议建敌台。略言："蓟镇边垣，延袤二千里，一瑕则百坚皆瑕。比来岁修岁圮，徒费无益。请跨墙为台，睥睨四达。台高五丈，虚中为三层，台宿百人，铠仗糗粮具备。令戍卒画地受工，先建千二百座。然边卒木强，律以军法将不堪，请募浙人为一军，用倡勇敢。"督抚上其议，许之。浙兵三千至，陈郊外。天大雨，自朝至日昃，直立不动。边军大骇，自是始知军令。五年秋，台功成。精坚雄壮，二千里声势联接。诏予世荫，赉银币。

继光乃议立车营。车一辆用四人推挽，战则结方阵，而马步军处其中。又制拒马器，体轻便利，遏寇骑冲突。寇至，火器先发，稍近则步军持拒马器排列而前，间以长枪、筤筅。寇奔，则骑军逐北。又置辎重营随其后，而以南兵为选锋，入卫兵主策应，本镇兵专戍守。节制精明，器械犀利，蓟门军容遂为诸边冠。

当是时，俺答已通贡，宣、大以西，烽火寂然。独小王子后土蛮徙居插汉地，控弦十余万，常为蓟门忧。而朵颜董狐狸及其兄子长昂交通土蛮，时叛时服。万历元年春，二寇谋入犯。驰喜峰口，索赏不得，则肆杀掠，猎傍塞，以诱官军。继光掩击，几获狐狸。其夏，复犯桃林，不得志去。长昂亦犯界岭。官军斩获多，边吏讽之降，狐狸乃款关请贡。廷议给以岁赏。明年春，长昂复窥诸口不得入，则与狐狸共逼长秃令入寇。继光逐得之以归。长秃者，狐狸之弟，长昂叔父也。于是二寇率部长亲族三百人，叩关请死罪，狐狸服素衣叩头乞赦长秃。继光及总督刘应节等议，遣副将史宸、罗端诣喜峰口受其降。皆罗拜，献还所掠边人，攒刀设誓。乃释长秃，许通贡如故。终继光在镇，二寇不敢犯蓟门。

寻以守边劳，进左都督。已，增建敌台，分所部十二区为三协，协置副将一人，分练士马。炒蛮入犯，汤克宽战死，继光被劾，不罪。久之，炒蛮偕妻大嬖只袭掠边卒，官军追破之。土蛮犯辽东，继光急赴，偕辽东军拒退之。继光已加太子太保，录功加少保。

自顺义受封，朝廷以八事课边臣：曰积钱谷、修险隘、练兵马、整器械、开屯田、理盐法、收塞马、散叛党。三岁则遣大臣阅视，而殿最之。继光用是频荫赉。南北名将马芳、俞大猷前卒，独继光与辽东李成梁在。然蓟门守甚固，敌无由入，尽转而之辽，故成梁擅战功。

自嘉靖庚戌俺答犯京师，边防独重蓟。增兵益饷，骚动天下。复置昌平镇，设大将，与蓟相唇齿。犹时躏内地，总督王忬、杨选并坐失律诛。十七年间，易大将十人，率以罪去。继光在镇十六年，边备修饬，蓟门宴然。继之者，踵其成法，数十年得无事。亦赖当国大臣徐阶、高拱、张居正先后倚任之。居正尤事与商榷，欲为继光难者，辄徙之去。诸督抚大臣如谭纶、刘应节、梁梦龙辈咸与善，动无掣肘，故继光益发舒。

居正殁半岁，给事中张鼎思言继光不宜于北，当国者遽改之广东。继光悒悒不得志，强一赴，踰年即谢病。给事中张希皋等复劾之，竟罢归。居三年，御史傅光宅疏荐，反夺俸。继光亦遂卒。

继光更历南北，并著声。在南方战功特盛，北则专主守。所著《纪效新书》《练兵纪实》，谈兵者遵用焉。

弟继美，亦为贵州总兵官。

【译文】

戚继光，字元敬，家中历代担任登州卫指挥佥事。父亲名景通，曾任都指挥使，代理大宁都指挥使司的事，召入京师神机营任坐营，有品行。戚继光少年时便很洒脱，气度不凡。家穷，喜好读书，通晓经史主要的意思。嘉靖中继承职务，由于推荐被提升为代理都指挥佥事，在山东防御倭寇。改佥浙江都司，充任参将，分别统辖宁、绍、台三郡。

嘉靖三十六年，倭寇侵犯乐清、瑞安、临海，戚继光来不及援救，因为是道路阻隔，不予加罪。接着会合俞大猷的部队，把汪直余党围困在岑港。很久都没有攻克，被免官，戴罪惩办贼寇。不久倭寇逃跑，其他倭寇再到台州焚烧抢掠。给事中罗嘉宾等弹劾戚继光没有功劳，而且私通外国。正在调查审问，接着因为平定汪直的功劳恢复官职，改为防守台、金、严三郡。

戚继光初到浙江的时候，见卫所军队不习惯作战，而金华、义乌人却以彪悍著称，便请准招募了三千人，教他们剑术和戈盾相攻等方法，长短兵器更换使用，从此戚继光这支部队特别精锐。又因为南方有很多少水多草的泽地，不便骑马追击，于是按照地形制成阵法，考虑步行作战的方便。一切战舰、火药武器、兵械都精心寻求，然后加以置换。“戚家军”驰名天下。

嘉靖四十年，倭寇大肆侵略桃渚、圻头。戚继光急忙赶到宁海，据守桃渚，在龙山把他们打败，一直追到雁门岭。贼寇逃脱后，趁机袭击台州。戚继光亲手消灭了他们的魁首，把其余的匪徒逼迫到瓜陵江，全都溺死。而圻头的倭寇再赶到台州，戚继光在仙居拦击他，路上没有能逃脱的。先后九仗均大捷，俘虏斩首一千多人，焚溺死的无数。总兵官卢镗、参将牛天锡又在宁波、温州打败了敌人。浙东平定，戚继光提升三级俸禄。福建、广东匪徒流入江西。总督胡宗宪发文征召戚继光援助。戚继光捣毁了上坊的贼巢，匪徒跑到建宁。戚继光回浙江。

第二年，倭寇大规模地侵犯福建。从温州来的，汇合了福宁、连江各倭寇攻陷寿宁、政和、宁德。从广东南澳来的，汇合福清、长乐各倭寇攻陷玄钟所，蔓延到龙岩、松溪、大田、古田、莆田。这时宁德已经屡次失陷。离城十里有个地方叫横屿，四面都是狭窄险要的水路，盗贼的大本营就驻扎在里面。明朝军队不敢攻打它，对峙一年多。那些新来的倭寇驻扎在牛田，而酋长驻扎在兴化，东南互相声援。福建接连告急，胡宗宪再发文征召戚继光前去征讨。戚继光先进攻横屿的匪徒。令兵士每人拿一捆草，填沟前进。大破贼巢，斩首两千六百级。乘胜进到福清，打败了牛田的匪徒，捣毁了贼巢，其余匪徒跑到兴化。戚继光急忙追赶，晚上四鼓时分抵达匪徒的栏栅。接连攻克了六十个营，斩首千数百级。天亮进城，兴化人才知道，送牛和酒，前往慰劳的人络绎不绝。戚继光于是班师回朝。到了福清，遇上倭寇从东营澳登陆，戚继光迎击斩杀了二百人。而刘显亦多次打败敌人。以前在福建的倭寇已基本被消灭。于是戚继光到福州大宴庆功，刻石于平远台。

当戚继光回到浙江后，新到的倭寇越来越多，包围了兴化城整整一个月。刚好刘显派了八个士兵带信入城，衣服上刺着“天兵”两个字。匪徒杀了他们并穿了他们的衣服，瞒过守城将领进了城，晚上斩开城门门闩接应匪徒进城。副使翁时器、参将毕高逃跑，得免于难，通判奚世亮当时兼理府的政务，遇害，城被焚烧抢掠一空。停留了两个月，攻破平海卫，占领了它。当初，兴化告急，当时皇帝已经命令俞大猷为福建总兵官，戚继光为副。及至兴化城陷落，刘显军队少，建营垒在城下不敢攻打。俞大猷亦不想攻打，等待大部队联合围困他。嘉靖四十二年四月，戚继光率领浙江兵到。于是巡抚谭纶令戚继光统率中军，刘显在左，俞大猷在右，合力在平海攻打敌人。戚继光率先入城，左右军接着赶到，斩首两千两百级，夺回被抢掠去的三千人。谭纶上报功绩，首功戚继光，刘显、俞大猷其次。皇帝因为这次胜利禀告致谢天地祖宗，大规模地评功赏赐。戚继光先是因为在横屿的功劳，升代理都督佥事，现在升都督同知，世袭荫千户，于是替代俞大猷为总兵官。

明年二月，倭寇的残余势力又纠集新的倭寇一万多人，包围了仙游三天。戚继光在城下把他打败，又追到王仓坪把他打败，斩首数百级，其余的很多都坠落崖谷跌死，剩下的几千人跑去占据了漳浦的蔡丕岭。戚继光分设五个哨，亲自带领带短兵器刀剑等的兵士攀着山崖上去，俘虏斩杀几百人，其余的匪徒便抢掠了渔船逃到了海上去。时间长了，倭寇又从浙江来侵犯福宁，戚继光督参将李超等把他打败。乘胜追击永宁的匪徒，斩首三百多。接着又和俞大猷在南澳打跑了吴平，于是攻打那些没有投降的吴平残众。

戚继光为将军号令严明，赏罚公平，兵士没有敢不服从命令的。戚继光和俞大猷都是名将，品行不如俞大猷，但果敢刚毅却超过他。俞大猷是老将，办事慎重，戚继光却习惯风驰电掣般进军，屡次摧毁大量倭寇，名声更在俞大猷之上。

隆庆初年，给事中吴时来因为蓟门常有警报，建议召俞大猷、戚继光专门训练边境的兵士。兵部意见只用戚继光，于是召入京师任神机营副将。刚好谭纶督师辽、蓟，于是集中三万步兵，征集三千浙江兵，请求专门归戚继光训练。皇帝批准了。隆庆二年五月，命令以都督同知总理蓟州、昌平、保定三镇练兵的事，总兵官以下全部受他节制。戚继光到蓟镇后，上疏说：

蓟门的兵，虽然多但也很少。其原因有七。营军不熟悉不练习兵事，而喜好那些不重要的事，壮健的在将官家里服役，老弱的才在队伍，这是第一。边关要塞位置弯弯曲曲延续不断，驿站很少，使者客人来往不绝，每天忙于送往迎来，参游做了传递公文的人，兵营堡垒都是旅舍，这是第二。敌寇来时，则调遣不得其法，远道赶路，兵士倒毙马僵死，这是第三。守卫要塞的兵士纪律不严明，队伍不整齐，这是第四。临阵时马军不用马，反而用步行，这是第五。家丁兴盛而军心离散，这是第六。布置防守堡垒的士卒不管地形是否重要，到处安排力量分散，这是第七。这七害不除掉，边境的守备怎能治理？

而又有不训练士卒的失误六项，虽然练了也没有用处的弊病四项。什么是不练？边防所依靠的是兵，兵所依靠的是将。现在恩威号令不能服他们的心，言行不一就不能集中他们的力量，当情况紧张时就难以使用。这是第一。有火药武器而不能使用，这是第二。撇开本地人不加训练，这是第三。各镇入卫的兵，讨厌不是自己的统属，漫无纪律，这是第四。班军民兵数目超过四万，人各一心，这是第五。练兵的要领在于首先训练将领，现在注意武科，好像是多方保举了，但这是挑选将领的做法，而不是培养将领的方法，这是第六。什么是虽然练了但没有用呢？现在一个营的兵士，当炮手的常有十个。不知道兵法是五个兵轮番使用，应当以配备戈矛弓箭之类长武器的兵士掩护那些配备刀剑等短武器的兵士，用配备短武器的兵士救援那些配备长武器的兵士，这是第一。三军的兵士各有技艺，钟鼓旗帜，什么没有，现在都放置不用，这是第二。我方弓箭的力量不比敌人强，却想依靠它取得胜利，这是第三。培养训练的方法，自有正当的门径，只图好看便难得实用，实用的便难得好看，现在完全不讲究实用，这是第四。

我又听说军队的情况就像流水，水因为地势而决定流向，军队因为地势而制定取胜的战略。蓟镇的地形可以分为三类。广陌的平原，是内地百里以南的地形。一半险要一半平地，是靠近边界处的地形。山谷狭窄，林木茂密，难以入内，这是边塞外的地形。敌寇进入平原，适宜车战。进入靠近边界地方，适宜用马战。在边塞以外，适宜用步战。三种方式交替使用，这才可以取得胜利。现在边兵只练习马上作战，不熟悉山地作战、林中作战、峡谷作战的方法，只有浙江兵可以这样做。希望再给我浙东的杀手、炮手各三千人，再招募西北的壮士，足够马军五支，步军十支，专听我的训练，军队中所需要的东西，随时适当领取，我祈望恳切。

又说："我现任的官职是首次设置，各个将领看作是赘疣，我怎能开展工作。"

奏章发下兵部，认为蓟镇既有总兵，又设总理，权力分散，各将领很多都在观望，应该召回总兵郭琥，专职委任戚继光。于是命戚继光为总兵官，镇守蓟州、永平、山海各处，而浙江兵不予调动。确认攻破吴平的功劳，升右都督。敌寇进入青山口，戚继光击退了他。

自嘉靖以来，边界的城墙虽然有修筑，墩台却没有建起。戚继光在塞上巡视，提出建筑敌台。大致说："蓟镇边境的城墙，周围延续两千里，一处出了问题则其他地方再坚固也都要出问题。近来每年修筑每年倒塌，徒然耗费资财并无好处。请跨墙建台，四处都可以斜着眼察看敌人。台高五丈，中空为三层，台可以住一百人，盔甲、武器、炒熟的米麦和粮食全都齐备。令戍守的兵士定点施工，先建一千两百座。但是边界的兵士性格直爽刚强，不能忍受军法的约束，请招募浙江人独立为一军，用以提倡勇敢。"督抚把他的意见上奏，皇帝允许了。浙兵三千人来到，排列在郊外。天下大雨，从早上到太阳西斜，直立不动。边界的军士非常惊骇，从此才知道什么是军令。隆庆五年秋天，建敌台的工程完成。精细坚固，雄伟壮观，两千里声势相连接。下诏给予世袭荫职，赐给银币。

戚继光这才建议成立车营。每辆车用四个人推拉，作战时结集成方阵，而骑兵、步兵在其中。又制造拒马器，形体轻便，阻挡敌骑兵的冲突。敌寇到，先发火药武器，比较近则步兵拿着拒马器列队向前，中间杂有用长枪、筤筅的。敌寇逃跑，则骑兵追击。又设置辎重营跟随在后面，而用南兵为先锋，入卫兵负责接应，本镇兵专职防守。管理制度周到严明，器械锋利，蓟门的军容便居各边塞之首位。

在那时，俺答已经来朝贡，宣府、大同以西，全无战事。只有小王子的后人土蛮迁居到插汉的地方，拥有十余万军士，经常使蓟门担忧。而朵颜董狐狸和他兄长的儿子长昂勾结土蛮，时叛时服。万历元年春天，这两股敌人计划入侵。骑兵到了喜峰口，勒索赏赐没有得到，便大肆烧杀抢掠，在关塞附近打猎，以引诱明政府的军队。戚继光趁其不备出击，几乎抓获狐狸。这年夏天，再侵犯桃林，达不到目的走了。长昂亦侵犯界岭。明军斩首俘虏很多，边关的官员劝他投降，狐狸这才老老实实地到关请求朝贡。廷议每年给予赏赐。第二年春天，长昂再窥伺各个关口不能入，便与狐狸共同逼长秃令他进犯明朝。戚继光驱逐他们，抓了长秃回来。长秃，狐狸的弟弟，长昂的叔父。于是这两个敌寇率领部长亲族三百人，入国求见请死罪，狐狸穿白色冠服乞求赦免长秃。戚继光和总督刘应节等商议，派遣副将史宸、罗端前往喜峰口接受他们的投降。都围绕着拜，献还所抢掠去的边界的百姓，把刀聚在一起发誓。这才释放了长秃，准他像过去一样来朝贡。戚继光在蓟镇期间，这两个敌寇再也不敢侵犯蓟门。

不久以守卫边疆的功劳，升左都督。随后，增建敌台，分所统属的十二区为三协，协置副将一人，分别操练兵马。炒蛮入侵，汤克宽战死，戚继光被弹劾，不惩罚他。时间长了以后，炒蛮和他的妻子大嬖只袭击虏掠边境士卒，明军追击打败了他。土蛮侵犯辽东，戚继光急忙赶往，和辽东军一起阻击打退了他。戚继光已经加了太子太保，记录功劳加少保。

自从顺义受封以后，朝廷从八个方面考核边关大臣，这就是：钱粮储备、修葺险要关隘、操练兵马、整治器械、开垦屯田、清理盐法、收牧塞马、分散叛党。每三年派大臣视察，而分别等第，戚继光因此频频得到荫职赏赐。南方北方的名将马芳、俞大猷在之前已经去世，只有戚继光与辽东李成梁还健在。然而蓟门防守非常坚固，敌人无法入侵，全部转到了辽东，故此李成梁得以独擅战功。

自从嘉靖庚戌年俺答侵犯京师，边防最重视蓟镇。增兵加饷，以致天下骚动。再设置了昌平镇，设大将，与蓟镇互相关联。俺答部队还常常蹂躏关内土地，总督王忬、杨选都被以行军不守纪律罪判处死刑。

十七年间，换了大将十人，都因为获罪免职。戚继光在蓟镇十六年，边防的守备井井有条，蓟门太平安定。后继的人，遵照他制定的法则，几十年亦得以无事。亦倚赖当时朝中执政大臣徐阶、高拱、张居正先后依靠任用他。张居正尤其是事事和他商议，想刁难戚继光的人，常常被调走。各督抚大臣如谭纶、刘应节、梁梦龙等都和他友好，行动没有掣肘，故此戚继光更加得以舒展自己的抱负。

张居正死后半年，给事中张鼎思说戚继光不适合在北方，执政者马上把他调到广东。戚继光郁郁不得志，勉强前往，年余即称病。给事中张希皋等再弹劾他，竟被罢官回老家。过了三年，御史傅光宅上疏推荐他，反而被剥夺了俸粮。戚继光也就去世。

戚继光任职南方北方，都有好名声。在南方战功尤其显赫，在北方则专一主张防守。所撰写的《纪效新书》《练兵纪实》，研究军事的人都遵从采用。

弟继美，也担任贵州总兵官。

明史卷二百一十三

张居正列传第一百一十

张居正，字叔大，江陵人。少颖敏绝伦，十五为诸生。巡抚顾璘奇其文，曰："国器也。"未几，居正举于乡，璘解犀带以赠，且曰："君异日当腰玉，犀不足溷子。"嘉靖二十六年，居正成进士，改庶吉士。日讨求国家典故，徐阶辈皆器重之。授编修，请急归，亡何还职。

居正为人，颀面秀眉目，须发至腹。勇敢任事，豪杰自许。然沉深有城府，莫能测也。严嵩为首辅，忌阶，善阶者皆避匿。居正自如，嵩亦器居正。迁右中允，领国子司业事。与祭酒高拱善，相期以相业。寻还理坊事。迁侍裕邸讲读，王甚贤之，邸中中官亦无不善居正者。而李芳数从问书义，颇及天下事，寻迁右谕德兼侍读，进侍讲学士，领院事。

阶代嵩首辅，倾心委居正。世宗崩，阶草遗诏，引与共谋。寻迁礼部右侍郎兼翰林院学士。月余，与裕邸故讲官陈以勤俱入阁，而居正为吏部左侍郎兼东阁大学士。寻充《世宗实录》总裁，进礼部尚书兼武英殿大学士，加少保兼太子太保，去学士五品仅岁余。时徐阶以宿老居首辅，与李春芳皆折节礼士。居正最后入，独引相体，倨见九卿，无所延纳。间出一语辄中肯，人以是严惮之，重于他相。

高拱以很躁被论去，徐阶亦去，春芳为辅。亡何赵贞吉入，易视居正。居正与故所善掌司礼者李芳谋，召用拱，俾领吏部，以扼贞吉，而夺春芳政。拱至，益与居正善。春芳寻引去，以勤亦自引，而贞吉、殷士儋皆为所构罢，独居正与拱在，两人益相密。拱主封俺答，居正亦赞之，授王崇古等以方略。加柱国、太子太傅。六年满，加少傅、吏部尚书、建极殿大学士。以辽东战功，加太子太师。和市成，加少师，余如故。

初，徐阶既去，令三子事居正谨。而拱衔阶甚，嗾言路追论不已，阶诸子多坐罪。居正从容为拱言，拱稍心动。而拱客构居正纳阶子三万金，拱以诮居正。居正色变，指天誓，辞甚苦。拱谢不审，两人交遂离。拱又与居正所善中人冯保郄。穆宗不豫，居正与保密处分后事，引保为内助，而拱欲去保。神宗即位，保以两宫诏旨逐拱，居正遂代拱为首辅。帝御平台，召居正奖谕之，赐金币及绣蟒斗牛服。自是赐赉无虚日。

帝虚己委居正，居正亦慨然以天下为己任，中外想望丰采。居正劝帝遵守祖宗旧制，不必纷更，至讲学、亲贤、爱民、节用皆急务。帝称善。大计廷臣，斥诸不职及附丽拱者。复具诏召群臣廷饬之，百僚皆惕息。帝当尊崇两宫。故事，皇后与天子生母并称皇太后，而徽号有别。保欲媚帝生母李贵妃，风居正以并尊。居正不敢违，改尊皇后曰仁圣皇太后，贵妃曰慈圣皇太后，两宫遂无别。慈圣徙乾清宫，抚视帝，内任保，而大柄悉以委居正。

居正为政，以尊主权、课吏职、信赏罚、一号令为主。虽万里外，朝下而夕奉行。黔国公沐朝弼数犯法，当逮，朝议难之。居用擢用其子，驰使缚之，不敢动。既至，请贷其死，锢之南京。漕河通，居正以岁赋逾春，发水横溢，非决则涸，乃采漕臣议，督艘卒以孟冬月兑运，及岁初毕发，少罹水患。行之久，太仓粟充盈，可支十年。互市饶马，乃减太仆种马，而令民以价纳，太仆金亦积四百余万。又为考成法，以责吏治。初，部院覆奏行抚按勘者，尝稽不报。居正令以大小缓急为限，误者抵罪。自是，一切不敢饰非，政体为肃。南京小奄醉辱给事中，言者请究治。居正谪其尤激者赵参鲁于外以悦保，而徐说保裁抑其党，毋与六部事。其奉使者，时令缇骑阴诇之。其党以是怨居正，而心不附保。

居正以御史在外，往往凌抚臣，痛欲折之。一事小不合，诟责随下。又敕其长加考察。给事中余懋学请行宽大之政。居正以为风己，削其职。御史傅应祯继言之，尤切。下诏狱，杖戍。给事中徐贞明等群拥入狱，视具橐饱饘，亦逮谪外。御史刘台按辽东，误奏捷。居正方引故事绳督之，台抗章论居正专恣不法，居正怒甚。帝为下台诏狱，命杖百，远戍。居正阳具疏之，仅夺其职。已，卒戍台。由是诸给事御史益畏居正，而心不平。

当是时，太后以帝冲年，尊礼居正甚至，同列吕调阳莫敢异同。及吏部左侍郎张四维入，恂恂若属吏，不敢以僚自处。

居正喜建竖，能以智数驭下，人多乐为之尽。俺答款塞，久不为害。独小王子部众十余万，东北直辽左，以不获通互市，数入寇。居正用李成梁镇辽，戚继光镇蓟门。成梁力战却敌，功多至封伯，而继光守备甚设。居正皆右之，边境晏然。两广督抚殷正茂、凌云翼等亦数破贼有功。浙江兵民再作乱，用张佳胤往抚即定，故世称居正知人。然持法严。核驿递，省冗官，清庠序，多所澄汰。公卿群吏不得乘传，与商旅无别。郎署以缺少，需次者辄不得补。大邑士子额隘，艰于进取。亦多怨之者。

时承平久，群盗蝟起，至入城市劫府库。有司恒讳之，居正严其禁。匿弗举者，虽循吏必黜。得盗即斩决，有司未敢饰情。盗边海钱米盈数，例皆斩，然往往长系或瘐死。居正独亟斩之，而追捕其家属，盗贼为衰止。而奉行不便者，相率为怨言，居正不恤也。

慈圣太后将还慈宁宫，谕居正谓："我不能视皇帝朝夕，恐不若前者之向学、勤政，有累先帝付托。先生有师保之责，与诸臣异。其为我朝夕纳诲，以辅台德，用终先帝凭几之谊。"因赐坐蟒、白金、彩币。未几，丁父忧。帝遣司礼中官慰问，视粥药，止哭，络绎道路，三宫赙赠甚厚。

户部侍郎李幼孜欲媚居正，倡夺情议，居正惑之。冯保亦固留居正。诸翰林王锡爵、张位、赵志皋、吴中行、赵用贤、习礼教、沈懋学辈皆以为不可，弗听。吏部尚书张瀚以持慰留旨，被逐去。御史曾士楚、给事中陈三谟等遂交章请留。中行、用贤及员外郎艾穆、主事沈思孝、进士邹元标相继争之。皆坐廷杖，谪斥有差。时彗星从东南方起，长互天。人情汹汹，指目居正，至悬谤书通衢。帝诏谕群臣，再及者诛无赦，谤乃已。于是使居正子编修嗣修与司礼太监魏朝驰传往代司丧，礼部主事曹诰治祭，工部主事徐应聘治丧。居正请无造朝，以青衣、素服、角带入阁治政，侍经筵讲读，又请辞岁俸。帝许之。及帝举大婚礼，居正吉服从事，给事中李涞言其非礼，居正怒，出为佥事。时帝顾居正益重，常赐居正札，称"元辅张少师先生"，待以师礼。

居正乞归葬父，帝使尚宝少卿郑钦、锦衣指挥史继书护归，期三月，葬毕即上道。仍命抚按诸臣先期驰赐玺书敦谕。范"帝赉忠良"银印以赐之，如杨士奇、张孚敬例，得密封言事。戒次辅吕调阳等"有大事毋得专决，驰驿之江陵，听张先生处分。"居正请广内阁员，诏即令居正推。居正因推礼部尚书马自强、吏部右侍郎申时行入阁。自强素迕居正，不自意得之，颇德居正，而时行与四维皆自昵于居正，居正乃安意去。帝及两宫赐赉慰谕有加礼，遣司礼太监张宏供张饯郊外，百僚班送。所过地，有司饬厨传，治道路。辽东奏大捷，帝复归功居正。使使驰谕，俾定爵赏。居正为条列以闻，调阳益为惭，坚卧，累疏乞休不出。

居正言母老不能冒炎暑，请俟清凉上道。于是内阁、两都院寺卿、给事、御史俱上章，请趣居正亟还朝。帝遣锦衣指挥翟汝敬驰传往迎，计日以俟；而令中官护太夫人以秋日由水道行。居正所过，守臣率长跪，抚、按大吏越界迎送，身为前驱。道经襄阳，襄王出候，要居正宴。故事，虽公侯谒王执臣礼，居正具宾主而出。过南阳，唐王亦如之。抵郊外，诏遣司礼太监何进宴劳，两宫亦各遣大珰李琦、李用宣谕，赐八宝钉川扇、御膳、饼果、醪醴，百僚复班迎。入朝，帝慰劳恳笃，予假十日而后入阁，仍赐白金、彩币、宝钞、羊酒，因引见两宫。及秋，魏朝奉居正母行，仪从煊赫，观者如堵。比至，帝与两宫复赐赉加等，慰谕居正母子，几用家人礼。

时帝渐备六宫，太仓银钱多所宣进。居正乃因户部进御览数目陈之，谓每岁入额不敌所出，请帝置坐隅时省览，量入为出，罢节浮费。疏上，留中。帝复令工部铸钱给用，居正以利不胜费止之。言官请停苏、松织造，不听。居正为面请，得损大半。复请停修武英殿工，及裁外戚迁官恩数，帝多曲从之。帝御文华殿，居正侍讲读毕，以给事中所上灾伤疏闻，因请振。复言："上爱民如子，而在外诸司营私背公，剥民罔上，宜痛钳以法。而皇上加意撙节，于宫中一切用度、服御、赏赉、布施，裁省禁止。"帝首肯之，有所蠲贷。居正以江南贵豪怙势及诸奸猾吏民善逋赋，选大吏精悍者严行督责。赋以时输，国藏日益充，而豪猾率怨居正。

居正服将除，帝召吏部问期日，敕赐白玉带、大红坐蟒、盘蟒。御平台召对，慰谕久之。使中官张宏引见慈庆、慈宁两宫，皆有恩赉，而慈圣皇太后加赐御膳九品，使宏侍宴。

帝初即位，冯保朝夕视起居，拥护提抱有力，小扞格，即以闻慈圣。慈圣训帝严，每切责之，且曰："使张先生闻，奈何！"于是帝甚惮居正。及帝渐长，心厌之。乾清小珰孙海、客用等导上游戏，皆爱幸。慈圣使保捕海、用，杖而逐之。居正复条其党罪恶，请斥逐。而令司礼及诸内侍自陈，上裁去留。因劝帝戒游宴，以重起居；专精神，以广圣嗣；节赏赉，以省浮费；却珍玩，以端好尚；亲万几，以明庶政；勤讲学，以资治理。帝迫于太后，不得已，皆报可，而心颇嗛保、居正矣。

帝初政，居正尝纂古治乱事百余条，绘图，以俗语解之，使帝易晓。至是，复属儒臣纪太祖列圣《宝训》《实录》分类成书，凡四十：曰创业艰难，曰励精图治，曰勤学，曰敬天，曰法祖，曰保民，曰谨祭祀，曰崇孝敬，曰端好尚，曰慎起居，曰戒游佚，曰正宫闱，曰教储贰，曰睦宗藩，曰亲贤臣，曰去奸邪，曰纳谏，曰理财，曰守法，曰儆戒，曰务实，曰正纪纲，曰审官，曰久任，曰重守令，曰驭近习，曰待外戚，曰重农桑，曰兴教化，曰明赏罚，曰信诏令，曰谨名分，曰裁贡献，曰慎赏赉，曰敦节俭，曰慎刑狱，曰褒功德，曰屏异端，曰饬武备，曰御戎狄。其辞多警切，请以经筵之暇进讲。又请立起居注，纪帝言动与朝内外事，日用翰林官四员入直，应制诗文及备顾问。帝皆优诏报许。

居正自夺情后，益偏恣。其所黜陟，多由爱憎。左右用事之人，多通贿赂。冯保客徐爵擢用至锦衣卫指挥同知、署南镇抚。居正三子皆登上第。苍头游七入赀为官，勋戚文武之臣多与往还，通姻好。七具衣冠报谒，列于士大夫。世以此益恶之。

亡何，居正病。帝频颁敕谕问疾，大出金帛为医药资。四阅月不愈，百官并斋醮为祈祷。南都、秦、晋、楚、豫诸大吏，亡不建醮。帝令四维等理阁中细务，大事即家令居正平章。居正始自力，后惫甚不能遍阅，然尚不使四维等参之。及病革，乞归。上复优诏慰留，称"太师张太岳先生"。居正度不起，荐前礼部尚书潘晟及尚书梁梦龙，侍郎余有丁、许国、陈经邦。已，复荐尚书徐学谟、曾省吾、张学颜，侍郎王篆等可大用。帝为粘御屏。晟，冯保所受书者也，张居正荐之。时居正已昏甚，不能自主矣。及卒，帝为辍朝，谕祭九坛，视国公兼师傅者。居正先以六载满，加特进中极殿大学士；以九载满，加赐坐蟒衣，进左柱国，荫一子尚宝丞；以大婚，加岁禄百石，录子锦衣千户为指挥佥事；以十二载满，加太傅；以辽东大捷，进太师，益岁禄二百石，子由指挥佥事进同知。至是，赠上柱国，谥文忠，命四品京卿、锦衣堂上官、司礼太监护丧归葬。于是四维始为政，而与居正所荐引王篆、曾省吾等交恶。

初，帝所幸中官张诚见恶冯保斥于外，帝使密诇保及居正。至是，诚复入，悉以两人交结恣横状闻，且谓其宝藏逾天府。帝心动。左右亦浸言保过恶，而四维门人御史李植极论徐爵与保挟诈通奸诸罪。帝执保禁中，逮爵诏狱。谪保奉御居南京，尽籍其家金银珠宝钜万计。帝疑居正多蓄，益心艳之。言官劾篆、省吾并劾居正，篆、省吾俱得罪。新进者益务攻居正。诏夺上柱国、太师，再夺谥。居正诸所引用者，斥削殆尽。召还中行、用贤等，迁官有差。刘台赠官，还其产。御史羊可立复追论居正罪，指居正构辽庶人宪㸅狱。庶人㸅妃因上疏辩冤，且曰："庶人金宝万计，悉入居正。"帝命司礼张诚及侍郎丘橓偕锦衣指挥、给事中籍居正家。诚等将至，荆州守令先期录人口，锢其门，子女多遁避空室中。比门启，饿死者十余辈。诚等尽发其诸子、兄弟藏，得黄金万两，白金十万余两。其长子礼部主事敬修不胜刑，自诬服寄三十万金于省吾、篆及傅作舟等，寻自缢死。事闻，时行等与六卿大臣合疏，请少缓之；刑部尚书潘季驯疏尤激楚。诏留空宅一所、田十顷，赡其母。而御史丁此吕复追论科场事，谓高启愚以舜、禹命题，为居正策禅受。尚书杨巍等与相驳。此吕出外，启愚削籍。后言者复攻居正不已。诏尽削居正官秩，夺前所赐玺书、四代诰命，以罪状示天下，谓当剖棺戮尸而姑免之。其弟都指挥居易，子编修嗣修，俱发戍烟瘴地。

终万历世，无敢白居正者。熹宗时，廷臣稍稍追述之。而邹元标为都御史，亦称居正。诏复故官，予葬祭。崇祯三年，礼部侍郎罗喻义等讼居正冤。帝令部议，复二荫及诰命。十三年，敬修孙同敞请复武荫，并复敬修官。帝授同敞中书舍人，而下部议敬修事。尚书李日宣等言："故辅居正，受遗辅政，事皇祖者十年。肩劳任怨，举废饬弛，弼成万历初年之治。其时中外乂安，海内殷阜，纪纲法度莫不修明。功在社稷，日久论定，人益追思。"帝可其奏，复敬修官。

【译文】

张居正，字叔大，江陵人。从小聪敏过人，十五岁成为诸生。湖广巡抚顾璘认为他的文章非同一般，说："这是可以主持国家大事的人才。"不久，张居正参加乡试中举人，顾璘解自己的犀带送给他，并且说："你日后当腰佩玉带，这犀带不配玷辱你。"嘉靖二十六年，张居正成为进士，改选庶吉士。每天采求国家的典章制度和各种掌故。徐阶等人都很器重他。任他为编修，因急事请假回家，不久回到职上。

张居正这个人，长脸形，眉目清秀，胡须长至腹部。勇于任事，素以豪杰自许。然而性格深沉，胸有城府，人莫能测。严嵩为内阁首辅时，妒忌徐阶，和徐阶友好的人都躲开徐阶不相往来。张居正却行为自如，严嵩也器重他。升任右中允，掌管国子监司业的事务。与祭酒高拱关系很好，互相勉励将来能够担当宰相的大业。不久又回去管理春坊。升任裕王府讲读，裕王很善待他。王府中的太监也无不和张居正友好，而李芳更是经常向他请教书中的义理，广泛地联系到国家的大事。不久升任右谕德兼侍读，进侍讲学士，负责翰林院的事务。

徐阶代替严嵩成为内阁首辅以后，全心信任张居正。世宗去世，徐阶草拟遗诏，拉张居正和他共同谋划。不久升为礼部右侍郎兼翰林院学士。一个多月以后，与裕王府原来的讲官陈以勤一齐进入内阁，张居正任吏部左侍郎兼东阁大学士。不久充任《世宗实录》总裁，进升为礼部尚书兼武英殿大学士，加少保兼太子太保，这时距离他担任学士五品官仅仅一年多。当时徐阶以前朝老臣任内阁首辅，和李春芳都能屈己礼贤下士。张居正最后入阁，唯独他以宰相的身分自居，见到九卿傲慢得很，没有延请接纳过什么人。间或说出一句话总是很中肯，所以人们特别害怕他，尊重也超过其他的宰相。

高拱因凶狠暴躁被弹劾去官，徐阶也离职去官，李春芳成为内阁首辅。没过多久赵贞吉进入内阁，轻视张居正。张居正与故旧友好掌管司礼监太监李芳合谋，召用高拱，使他负责吏部，以扼制赵贞吉，而夺李春芳权力。高拱到任后，更加与张居正友好。李春芳不久引退，陈以勤也自行引退，而赵贞吉、殷士儋都被诬陷而罢了官，只有张居正与高拱在内阁，两人的关系更为密切。高拱主张封贡俺答，张居正也赞成，并将治边的策略教给王崇古等人。封张居正为柱国、太子太傅。六年考满，加少傅、吏部尚书、建极殿大学士。因辽东战功，加太子太师。边境互市成功，再加少师，其余官衔如故。

当初，徐阶既已去位，命令三个儿子恭恭谨谨地跟随张居正。但是高拱很怀恨徐阶，唆使言官不断追究弹劾，徐阶的几个儿子多被治罪。张居正从旁向高拱为徐阶说情，高拱有些动心。而高拱的门客诬陷张居正接受徐阶儿子三万贿金，高拱为此责备张居正。张居正一听脸色大变，指天为誓，话说得非常沉痛。高拱当即表示道歉，说自己不了解情况，两人的交情于是疏远。高拱又与同张居正友好的太监冯保有矛盾。穆宗皇帝患病时，张居正与冯保密商处理后事，拉拢冯保充当他在内廷的助手，而高拱却想除掉冯保。神宗皇帝即位，冯保用两宫皇太后的诏旨驱逐高拱。张居正于是代替高拱成为内阁首辅。神宗皇帝在平台召见张居正，对他加以奖赏勉励，赐给金币及绣蟒斗牛服。从此赐赏不断。

神宗皇帝虚心重用居正，居正也慷慨地以天下为己任，朝廷内外都想望他的风采。居正劝说神宗皇帝遵守祖宗制定的制度，不必多做更改，至于讲学、亲贤、爱民、节用都是当务之急。神宗皇帝说这些意见很好。考核廷臣时，罢免不称职的以及依附高拱的人，再用诏旨在朝廷召集群臣严加整饬，文武百官都胆战心惊，不敢出声。皇帝应当尊敬崇奉两宫皇太后。按照过去的制度，皇后与皇帝的生母并称为皇太后，而徽号则有所区别。冯保想讨好神宗皇帝的生母李贵妃，暗示张居正将两宫太后并加尊崇。张居正不敢违背，议定尊崇皇后为仁圣皇太后，皇贵妃为慈圣皇太后，两宫的徽号于是就没有差别了。慈圣迁居乾清宫，抚养照顾神宗皇帝，宫内的事务委任冯保，而把国家大权全部交给张居正。

张居正执掌朝政，以尊崇皇权、考核官吏、明信赏罚、统一号令为主。虽然在万里之外，早晨下令，到了傍晚即可得到施行。黔国公沐朝弼多次犯法，应当逮捕，朝臣商议以为难办。张居正提拔重用沐朝弼的儿子，迅速遣使去抓他，沐朝弼不敢反抗。沐朝弼到京师以后，张居正请免其死罪，禁锢于南京。运漕粮的运河修通以后，张居正根据每年赋税都是过了春天以后才起运，河流发水横溢，不是决堤便是干涸，于是采纳漕臣的意见，督令漕船的运军在冬十月兑运，到明年初全部发完，减少了水患的祸害。经过长期实行这种办法，太仓库的粮食储备充足，可以使用十年。通过边境互市增添了马匹，于是减少太仆寺的种马，而令百姓用银按价折纳，太仆寺也由此积蓄了四百余万两的银子。又用考成法督责吏治。起初，部、院复奏行令巡抚、巡按查勘的公事，经常拖延不报。张居正命令按照大小缓急为期限，违误者都要抵罪。从此，一切都不敢文过饰非，政体肃然。南京小宦官酒醉侮辱给事中，言官请追究治罪。张居正把其中尤为激烈的赵参鲁降调到外地以讨好冯保，而后慢慢劝说冯保制裁抑止他的党羽，不要干预六部的事务。对奉命出使的太监，时常令缇骑暗中监视他们。冯保的党羽因此怨恨张居正，并且在心里不依附冯保。

张居正因为御史在外面，往往欺凌巡抚，因而决心想惩治他们。遇事稍有处理不妥，责骂之声随之而下，又令他们的长官加紧考察他们。给事中余懋学请实行宽大的政策，张居正认为是讽刺自己，夺了他的官职。御史傅应祯继而提出这个问题，而且说得更为中肯迫切。张居正把他关入诏狱，杖打充军戍边。给事中徐贞明等人成群拥入监狱，带着衣物、饭食看望傅应祯，也被逮捕贬到外地。御史刘台巡按辽东，误奏捷报。张居正准备根据以往的典章制度制裁和督责他，刘台却抗命上奏批评张居正专横恣肆不守法度，张居正十分愤怒。神宗皇帝为此把刘台关入诏狱，命令杖打一百，流放到边远地区充军戍边。张居正在表面上假意上疏申救他，仅夺了他的官职。过了不久，还是把他流放充军。由此，各位给事中和御史更加害怕张居正，因而心里一直愤愤不平。

当时，皇太后因为神宗皇帝年幼，对张居正非常尊敬有礼，与张居正一起在内阁共事的吕调阳不敢发表任何不同意见。到吏部左侍郎张四维进入内阁时，更是恭恭敬敬地像他的下属一样，不敢以同僚自居。

张居正喜欢建功立业，能够运用智谋和权术驾驭他的下属，人们多愿意为他尽力效劳。俺答和明朝政府在边境互市成功以后，很久没有入犯扰害。唯独小王子的部众十余万人，从东北直至辽东，因没有获得通贡互市，数次入边劫掠。张居正用李成梁镇守辽东，戚继光镇守蓟门。李成梁奋力作战打退了敌人的进攻，积累了很多战功以至被封为伯，而戚继光的守备设施也甚为周全。张居正都很支持他们，边境安然无事。两广督抚殷正茂、凌云翼等人也多次打败贼寇立有战功。浙江的士兵和民众再次叛乱时，张居正用张佳胤前去安抚，立即平定，所以世人都说张居正知人善任。然而他执法非常严格。查核驿递，裁减冗官，清理学校，淘汰了很多人。公卿和众吏不得乘坐驿站的车马，与外出经商的商人没有区别。因为衙门官员减少，需要依次提升的人总是得不到补缺。大县的学生因名额太少，很难进取。也有很多人埋怨张居正。

当时天下太平已经很久了，各地的盗贼像刺猬的毛那样繁多，纷纷起来闹事，甚至进入城市抢劫仓库。有关部门往往不敢禀报这类的事情，张居正严厉禁止这种做法。隐瞒不报的，即使是勤政廉洁的官吏也必须革职开除。抓到盗贼立即斩死，使有关部门不敢掩饰实情。盗窃边防、海防地区的银钱和粮食数额巨大的，按例都要斩首，然而以往常常是长期关押或者病死在狱中。只有张居正极力主张马上处斩，而且要追究逮捕他们的家属。盗贼为此衰败平息。但是执行这些命令而感到不方便的人，相继为此发出怨言，张居正从不怜悯他们。

慈圣太后即将回到慈宁宫，告谕张居正说："我不能早晚照护皇帝，恐怕他不会像从前那样向学、勤政，有负于先帝的付托。先生负有师、保的责任，与各位大臣不同。请你代替我朝夕教诲他，以辅助他有更好的品德，如此才能始终不辜负先帝临终时托付的情谊。”为此赐给坐蟒、白金、彩币。不久，张居正为父亲去世丁忧。神宗皇帝派遣司礼监的太监前去慰问张居正，劝他吃饭服药，不要过分哀伤痛哭，前往看望的使臣络绎不绝，三宫送给他帮助办理丧事的礼物甚为丰厚。

户部侍郎李幼孜想讨好张居正，建议他不要离开职位回家守丧，张居正被此议说动。冯保也坚持留下张居正。各位翰林官王锡爵、张位、赵志皋、吴中行、赵用贤、习礼教、沈懋学等人都以为不可这样，张居正不听。吏部尚书张瀚因为抵制皇帝慰留张居正的诏旨，被张居正斥逐去职。御史曾士楚、给事中陈三谟等于是纷纷上疏请求留下张居正。吴中行、赵用贤以及员外郎艾穆、主事沈思孝、进士邹元标相继为此抗争，结果他们都受到廷杖，分别被罢斥和发配充军。此时彗星从东南方出现，长长地横贯在天空中。群情动荡不安，手指目视责备张居正，以至于在通衢大道上张贴诽谤他的文章。神宗皇帝诏令群臣，再提及这事的一律杀死，绝不赦免，诽谤的事才得到制止。于是指派张居正的儿子，编修张嗣修和司礼监太监魏朝为专使乘坐驿站的车马前去代表张居正主持丧礼，礼部主事曹诰负责祭祀，工部主事徐应聘负责办丧事。张居正请求不到朝堂，以穿青衣、素服、角带到内阁处理政务，侍候经筵讲读，又请求辞去年俸。神宗皇帝准许了他的请求。到神宗皇帝举行大婚典礼时，张居正穿吉服办事。给事中李涞说他这样做不符合礼法，张居正发怒，把他调到外地当佥事。当时神宗皇帝更加眷顾和尊重张居正，常常赐给张居正御札，称“元辅张少师先生”，用对待老师的礼节对待他。

张居正请求回家葬父，神宗皇帝令尚实少卿郑钦、锦衣指挥史继书护送回去，期限三个月，安葬完毕立即上路回朝。还命令巡抚、巡按等大臣先期驰往赐给玺书敦促。又铸“帝赉忠良”的银印赐给他，依照杨士奇、张孚敬的例子，可以密封言事。同时告诫内阁次辅吕调阳等人：“遇有大事不可专断，把公文由驿站驰送到江陵，听凭张先生处理。”张居正请求增加内阁成员，神宗立即下诏令张居正自己推举。张居正因此推举礼部尚书马自强、吏部右侍郎申时行入内阁。马自强历来不顺从张居正，自己没有想到会得到他的推举，对张居正颇为感恩戴德，而申时行与张四维都是主动和张居正亲近，张居正才安心地回去。神宗皇帝以及两宫皇太后赏赐和慰谕都大大超过常礼的规定，派遣司礼监太监张宏在郊外陈设帷帐饯行，文武百官班列相送。张居正所要经过的地方，有关部门都命令备好食宿车马，整治道路。辽东打仗奏报大捷，神宗皇帝再归功于张居正。派使者驰送诏旨，让他评定爵赏。张居正拟出方案上报，吕调阳更加感到内心惭愧，坚持卧病不起，一再上疏恳乞退休不出来办事。

张居正说他母亲年老不能忍受炎热酷暑，请求等到气候清快凉爽以后再动身上路来京。于是内阁、南北两都部院寺卿、给事中、御史都上奏章，请求敦促张居正赶快回朝。神宗皇帝派锦衣指挥翟汝敬乘驿传前去迎接，计日以待；而令宦官护送张母太夫人在秋天由水路行走。张居正一路所经过的地方，府州县官都要长久地跪在道旁，巡抚、巡按这些大吏要越过自己的辖区去迎接和送行，亲自在前面开道。张居正路经襄阳时，襄王出城恭候，邀请张居正赴宴。按照以往的制度，虽然是公、侯谒见藩王也要执行为臣的礼节，张居正只用了宾主相见的礼节便出来了。经过南阳时，唐王也是如此。抵达京都郊外时，下诏令派司礼监太监何进设宴慰劳，两宫皇太后也各派太监李琦、李用宣读谕旨，赐给八宝金钉扇、御膳、饼果、好酒，文武百官再次排班迎接。进入朝廷时，神宗皇帝对他的慰劳更是诚恳亲切，给他休假十日后才入内阁办事，还赐给白金、彩币、宝钞、羊酒，于是引见两宫皇太后。到了秋天，魏朝侍候张居正的母亲起行，仪仗随从浩浩荡荡，观看热闹的人像城墙一样。及到京师，神宗皇帝与两宫皇太后再加倍赏赐，慰问张居正母子，几乎用了对待家人的礼节。

当时神宗皇帝的六宫后妃渐趋完备，太仓库的银钱多次被命令调进宫中支用。张居正于是根据户部进呈皇帝阅览的数目加以陈述，说每年收入的数额不及所出，请皇帝把它放在座位的旁边时时翻看，量入为出，罢去和节省不必要的费用。奏疏呈上，神宗皇帝把它留在宫中不发。神宗皇帝再命令工部铸钱供给使用，张居正因为铸钱所得的利益不能胜过铸钱的花费而制止。言官请旨停止苏州、松江地区的织造，神宗皇帝不听。张居正为此当面去请求，才得以减去一大半。再请求停止修建武英殿的工程以及裁减优待外戚升官的数额，神宗皇帝大都勉强准从其请。神宗皇帝到文华殿，张居正侍候讲读完毕，将给事中所呈上的灾害的奏书告诉皇帝，于是请求救济。又说："皇上爱民如子，而在外各衙门营私背公剥民欺上，应当依法严治。皇上也应尽心节省，宫中的一切用度、服御、赏赐、布施等，宜于裁减禁止。"神宗皇帝点头答应他，有所减少。张居正因为江南权贵豪强依仗权势及各种奸猾吏民都善于采取各种手段拖欠赋税，选派精明能干的大吏严加督责。赋税因此按时输纳，国家的库藏日益充足，所以豪强和奸猾之徒都埋怨张居正。

张居正即将脱去孝服时，神宗皇帝召见吏部的官员问明日期，敕赐给白玉带、大红坐蟒、盘蟒。神宗皇帝在平台召对他，进行长时间的安慰和劝谕。派宦官张宏引见慈庆、慈宁两宫皇太后，都有恩赐，并且慈圣皇太后还加赐御膳九品，令张宏侍候宴请。

神宗皇帝刚登帝位的时候，冯保日夜护起居，竭力保护，神宗皇帝稍有违反常规，立即奏报慈圣皇太后。慈圣皇太后教育皇帝非常严格，往往痛责，并且说："假使让张先生知道了，如何是好！"因此神宗皇帝很害怕张居正。到神宗皇帝渐渐长大以后，从心里厌恶他。乾清宫的小太监孙海、客用等人诱导皇上游玩嬉戏，都得到皇上的喜欢宠信。慈圣皇太后令冯保逮捕孙海、客用，进行杖打并且赶走他们。张居正再开列他们同伙的罪恶，请求罢斥驱逐他们，并且令司礼监及各内侍自己陈述所作所为，由皇上裁夺去职或留用。张居正于是劝神宗皇帝戒除游戏、夜宴以慎重起居，专注精神以广储圣嗣，节省赏赐以减少浪费，拒绝珍珠宝玩以端正好尚，亲自日理万机，清明政治，勤于讲学以帮助治理国家。神宗皇帝为皇太后所迫，不得已，都同意了，但是心里却很是怀恨冯保、张居正。

神宗皇帝执政之初，张居正曾经编纂古代治乱得失的事例一百余条，画成图，用通俗的语言解释它，使神宗皇帝明白易懂。至此，再嘱咐儒臣记录太祖等几位皇帝的《宝训》《实录》分类成书，共计四十种：分别为创业艰难、励精图治、勤学、敬天、法祖、保民、谨祭祀、崇孝敬、端好尚、慎起居、戒游佚、正宫闱、教储贰、睦宗藩、亲贤臣、去奸邪、纳谏、理财、守法、警诫、务实、正纪纲、审官、久任、重守令、驭近习、待外戚、重农桑、兴教化、明赏罚、信诏令、谨名分、裁贡献、慎赏赉、敦节俭、慎刑狱、褒功德、屏异端、饬武备、御戎狄。里面所说的话很多都是非常发人深省的，请在经筵之暇进讲。又请建立起居注，记录皇帝的言论行动和朝廷内外的事情，每日用翰林院的官员四人入内阁轮流值班，按照皇帝的要求撰写诗文以及担任皇帝的顾问。神宗皇帝都很满意地同意。

张居正自从父死而不离职守丧以后，更加偏激恣横。他所罢免和提升的官员，多数是由个人的爱憎出发。在他左右办事的人也多接受贿赂。冯保的门客徐爵被提拔重用为锦衣卫指挥同知，代理南镇抚司。张居正的三个儿子都举进士及第。家奴游七用钱捐官，勋臣国戚和文武官员多与他互相往来，通婚结为亲好。游七穿戴官服官帽拜见应酬，置身于士大夫之中。世人因此更加憎恶他。

不久，张居正患病。神宗皇帝频频颁发敕文询问病情，拿出大量的金钱布帛作为医药费。过了四个月病还没有治愈，文武百官一起设斋建醮为张居正祈祷。南京、陕西、山西、湖广、河南各地的大吏，无不建醮祈祷。神宗皇帝命令张四维等人处理内阁中的琐细事务，大事责令送到张居正家里由他决断处理。张居正起初还能亲自办理，后来因过于疲乏不能一一审阅，然而还是不让张四维等人参与。到病危时，乞求回乡。皇上再次下诏好言挽留，称他为“太师张太岳先生”。张居正估计到自己病重不能再起，推荐前礼部尚书潘晟以及尚书梁梦龙，侍郎余有丁、许国、陈经邦，在这之后，又推荐尚书徐学谟、曾省吾、张学颜，侍郎王篆等人可以重用。神宗皇帝把他们的名字粘贴在御屏上。潘晟，教过冯保读书，冯保强迫张居正推荐他。当时张居正已经严重昏迷，不能控制自己了。到他死的时候，神宗皇帝为之停止视朝，令祭九坛，视他为国公兼师傅。张居正因六年考满，加特进中极殿大学士；因九年考满，加赐坐蟒衣，进左柱国，荫一子为尚宝丞；因神宗皇帝大婚，每年增加俸禄一百石，封其子锦衣千户为指挥佥事；因十二年考满，加太傅；因辽东大捷，进为太师，每年再增加俸禄二百石，其子由锦衣指挥佥事进升为同知。至此时，赠上柱国，谥文忠，命令四品京卿、锦衣堂上官、司礼监太监护送棺柩回乡安葬。于是张四维才开始在内阁主持政务，而与张居正所推荐的王篆、曾省吾等人关系很坏。

当初，神宗皇帝所庞信的宦官张诚为冯保所厌恶排斥于宫外，神宗皇帝令他在暗中刺探冯保以及张居正的动静。至此，张诚再次进入宫内，将冯保和张居正两人互相交结恣横不法的情形全部报告给神宗皇帝，并且说他们所积蓄的珍宝财物超过皇家的仓库。神宗皇帝于是为之动心。在皇上左右的人也连续不断地诉说冯保的过错和罪恶，其后张四维的学生御史李植更加激烈攻击徐爵和冯保挟制诈骗、狼狈为奸的各种罪行。神宗皇帝将冯保抓起来关押在宫中，逮捕徐爵，关入诏狱。后来把冯保贬为奉御安置于南京，将他家里总计巨万的金银珠宝全部没收。神宗皇帝怀疑张居正的积蓄更多，心里尤其羡慕。言官弹劾王篆、曾省吾并弹劾张居正，王篆、曾省吾都被认定有罪。新升官的人更加致力于攻击张居正。下诏令削夺张居正的上柱国、太师，再除夺谥号。张居正所推荐任用的官员，几乎全部被罢斥和革职。召还吴中行、赵用贤等人，分别予以提升。刘台给予赠官，退还所没收的财产。御史羊可立再追究张居正的罪行，指责张居正制造了辽王府庶人宪炜的冤案。庶人宪炜的妃子于是上疏申冤，并且说："庶人金银财宝数以万计，都落入了张居正的手里。"神宗皇帝司礼太监张诚以及侍郎丘橓同锦衣卫指挥、给事中查抄张居正的家产。张诚等人即将到张居正的老家江陵时，荆州知府已事先登记了张居正家的人口，封锁门窗，他的子女多数逃避到空房里，到开门时，已有十余人饿死。张诚等人将张居正几个儿子、兄弟的家产全部抄没。共得黄金一万两，白银十余万两。张居正的长子、礼部主事张敬修忍受不了严刑拷打，自己伪供有三十万两金银寄存在曾省吾、王篆以及傅作舟等人那里，不久上吊身亡。此事上报以后，申时行等人与六部尚书联名上疏，请求稍加宽大他们；刑部尚书潘季驯的奏疏说得尤其愤激苦楚。诏令留空房一所、田十顷，以供赡养张居正的母亲。而后御史丁此吕又追究科举考试中的问题，说高启愚用舜、禹命题，是为张居正策划接受禅让。尚书杨巍等人对他进行反驳。结果丁此吕被调外任，高启愚革职为民。后来言官又不断攻击张居正。诏令革除张居正所有的官职和俸禄的等级，追夺以前所赐给的玺书、四代的诰命，将他的罪状公布于全国，说本来应当开棺戮尸，今姑且宽免。张居正的弟弟都指挥张居易、儿子编修张嗣修，都被发配到西南边远地方充军。

直到万历朝结束，没有人敢为张居正伸冤昭雪。明熹宗时，廷臣才渐渐追述他的事迹。而邹元标已成为都御史，也称赞张居正。明熹宗下诏恢复张居正原来的官职，按照仪礼给予安葬祭祀。崇祯三年，礼部侍郎罗喻义等人申诉张居正遭受冤枉。崇祯皇帝命令吏部商议，恢复两个荫职和诰命。崇祯十三年，张敬修的孙子张同敞请求恢复所荫的武职，并恢复张敬修的官职。崇祯皇帝任命张同敞为中书舍人，并且将他的奏疏交给吏部，命商议恢复张敬修官职问题。尚书李日宣等人说："前内阁首辅张居正，接受穆宗皇帝的遗诏辅佐政事，侍奉皇祖神宗皇帝十年。任劳任怨，举废振衰，辅助成万历初年的太平治世。当时内外安定，国家殷实富裕，纪纲法度无不清明。张居正功在国家，时间一久自有定论，人们越来越追忆和思念他。"崇祯皇帝同意他的上奏，下令恢复张敬修的官职。

明史卷二百五十一

徐光启列传第一百三十九

徐光启，字子先，上海人。万历二十五年举乡试第一，又七年成进士。由庶吉士历赞善。从西洋人利玛窦学天文、历算、火器，尽其术。遂遍习兵机、屯田、盐策、水利诸书。

杨镐四路丧师，京师大震。累疏请练兵自效。神宗壮之，超擢少詹事兼河南道御史。练兵通州，列上十议。时辽事方急，不能如所请。光启疏争，乃稍给以民兵戎械。

未几，熹宗即位。光启志不得展，请裁去，不听。既而以疾归。辽阳破，召起之。还朝，力请多铸西洋大炮，以资城守。帝善其言。方议用，而光启与兵部尚书崔景荣议不合，御史丘兆麟劾之，复移疾归。天启三年起故官，旋擢礼部右侍郎。五年，魏忠贤党智铤劾之，落职闲住。

崇祯元年召还，复申练兵之说。未几，以左侍郎理部事。帝忧国用不足，敕廷臣献屯盐善策。光启言屯政在乎垦荒，盐政在严禁私贩。帝褒纳之，擢本部尚书。时帝以日食失验，欲罪台官。光启言："台官测候本郭守敬法。元时尝当食不食，守敬且尔，无怪台官之失占。臣闻历久必差，宜及时修正。"帝从其言，诏西洋人龙华民、邓玉函、罗雅谷等推算历法，光启为监督。

四年春正月，光启进《日躔历指》一卷、《测天约说》二卷、《大测》二卷、《日躔表》二卷、《割圜八线表》六卷、《黄道升度》七卷、《黄赤距度表》一卷、《通率表》一卷。是冬十月辛丑朔，日食，复上测候四说。其辩时差里差之法，最为详密。

五年五月以本官兼东阁大学士，入参机务，与郑以伟并命。寻加太子太保，进文渊阁。光启雅负经济才，有志用世。及柄用，年已老，值周延儒、温体仁专政，不能有所建白。明年十月卒。赠少保。

郑以伟，字子器，上饶人。万历二十九年进士。改庶吉士，授检讨，累迁少詹事。泰昌元年官礼部右侍郎。天启元年，光宗祔庙，当祧宪宗，太常少卿洪文衡以睿宗不当入庙，请祧奉玉芝宫，以伟不可而止，

论者卒是文衡。寻以左侍郎协理詹事府。四年，以伟直讲筵，与珰忤，上疏告归。崇祯二年召拜礼部尚书。久之，与光启并相。再辞，不允。以伟修洁白好，书过目不忘。文章奥博，而票拟非其所长。尝曰："吾富于万卷，窘于数行，乃为后进所藐。"章疏中有"何况"二字，误以为人名也，拟旨提问，帝驳改始悟。自是词臣为帝轻，遂有馆员须历推知之谕，而阁臣不专用翰林矣。以伟累乞休，不允。明年六月，卒官。赠太子太保。御史言光启、以伟相继没，盖棺之日，囊无余赀，请优卹以愧贪墨者。帝纳之，乃谥光启文定，以伟文恪。

其后二年，同安林钎为大学士，未半岁而卒。亦有言其清者，得谥文穆。钎，字实甫，万历四十四年殿试第三人，授编修。天启时，任国子司业。监生陆万龄请建魏忠贤祠于太学旁，具簿醵金，强钎为倡。钎援笔涂抹，即夕挂冠棂星门径归。忠贤矫旨削其籍。崇祯改元，起少詹事。九年由礼部侍郎入阁，有谨愿诚恪之称。

久之，帝念光启博学强识，索其家遗书。子骥入谢，进《农政全书》六十卷。诏令有司刊布，加赠太保，录其孙为中书舍人。

【译文】

徐光启，字子先，是上海人。万历二十五年参加乡试，得第一名，七年后又考中进士。由庶吉士转任赞善。他跟随意大利人利玛窦学习天文、历法、数学、研制火药武器，都很精通。于是广泛阅读有关兵机、屯田、盐策、水利的各种书籍。

杨镐四路出兵全都失利，这消息震动了整个北京城。徐光启多次上疏，请求自己练兵报效。明神宗大为赞赏，将他越级提升为少詹事兼河南道御史。徐光启在通州操练军队，并提出了十点建议。当时辽东形势危急，政府无法满足他的请求。徐光启上疏力争，才给了他一些民兵和军械。

不久，熹宗即位。徐光启不能施展自己的才能，请求把他撤职，熹宗置之不理。不久，因病回家。辽阳失陷，下令起用他。回朝后，极力请求多铸造西洋大炮，来增强城防力量。熹宗认为他的意见很好，正准备采用，可是徐光启与兵部尚书崔景荣的意见不合，御史丘兆麟弹劾了徐光启，于是再次称病回家。天启三年起用，官复原职，接着提升为礼部右侍郎。天启五年，魏忠贤的党羽智铤弹劾了他，导致丢了官闲居。

崇祯元年召回，他再次申述练兵的意见。不久，凭左侍郎的身份负责部里的工作。崇祯帝担心国家经费不足，令朝臣进献有关屯垦和盐政的好办法。徐光启说屯政关键在于垦荒，盐政关键在于严禁私贩。崇祯帝给予褒奖，并采纳了他的建议，把他提升为本部尚书。当时崇祯帝因为日蚀测算得不准，准备惩罚天文台的官员。徐光启说："天文台的官员测验气候是依据郭守敬的历法。元朝的时候，曾经有说该有日蚀，但届时并没有日蚀。郭守敬尚且这样，难怪天文台官测算有错。我听说历法使用时间长，一定会有差错，应当及时修正。"崇祯帝听从了他的意见，命令耶稣会士龙华民、邓玉函、罗雅谷等推算历法，由徐光启负责监督。

崇祯四年春正月，徐光启进呈《日躔历指》一卷、《测天约说》二卷、《大测》二卷、《日躔表》二卷、《割圜八线表》六卷、《黄道升度》七卷、《黄赤距度表》一卷、《通率表》一卷。这年冬十月辛丑朔，日蚀，再次呈上测候四说。其分辨时差里差的方法，最为周密详细。

崇祯五年五月，凭尚书身份兼任东阁大学士，入阁参与讨论最机密的军国大事，和郑以伟一同被任命。不久加封为太子太保，进文渊阁。徐光启一向有经世的才干，也有大干一番事业的抱负。但当他受到重用时，年纪已老，又正当周延儒、温体仁掌权的时候，不可能有什么建树。第二年十月去世，追赠为少保。

郑以伟，字子器，上饶人。考中万历二十九年进士。改为庶吉士，授职检讨，累迁至少詹事。泰昌元年担任礼部右侍郎。天启元年，光宗附祭于太庙，应该迁宪宗的神位，太常寺太卿洪文衡认为睿宗不应该供入太庙，请求把他的神位移到玉芝宫供奉，郑以伟认为不可以而止住了，议论的人都说洪文衡对。不久凭左侍郎协助管理詹事府事。天启四年，郑以伟当值经筵讲解，和太监有矛盾，上疏告假回乡。崇祯二年召回拜为礼部尚书。过了一段时间后，和徐光启一同入阁。再次推辞，不准。郑以伟喜欢修饰得整整齐齐，读书过目不忘。文章广博精深，但票拟不是他的特长。曾说道："我能写万卷书，但对票拟的几行字感到为难，于是被后进所藐视。"他看的奏章中有"何况"两个字，误以为人名，拟旨提问，崇祯帝给他改正了才醒悟过来。从此文学侍从之臣便被皇帝轻视，这才有在翰林院詹事府任职的人都要先经历推知的圣谕，而且阁臣从此不再专用翰林了。郑以伟几次上疏请求退休，不准。明年六月，死在任上。追赠太子太保。御史说徐光启、郑以伟相继去世，埋葬的时候，口袋里没有多余的钱，请从优给予抚恤，使那些贪污的官吏羞愧。崇祯帝采纳了这个意见，于是给徐光启谥号文定，郑以传谥号文恪。

过了两年，同安人林钎担任大学士，不到半年便去世。也有说他清廉的，得到谥号文穆。林钎，字实甫，万历四十四年殿试第三名，授职编修。天启时，担任国子司业。临生陆万龄请求在太学旁边修建魏忠贤生祠，准备好一个捐款的本子，强迫林钎带头。林钎拿起笔将本子涂抹了，当晚便把帽子挂在棂星门辞官而去。魏忠贤假传圣旨把他的官职罢除了。崇祯帝即位，起用他为少詹事。崇祯九年由礼部侍郎入内阁，有谨慎老实的名声。

过了一段时间，崇祯帝想念起徐光启博学强识，向他的家人索取遗书。徐光启的儿子徐骥入朝谢恩，呈进《农政全书》六十卷。崇祯帝诏令有关部门刊印传布，加赠徐光启太保，录用他的孙子为中书舍人。

明史卷二百五十九

袁崇焕列传第一百四十七

袁崇焕，字元素，东莞人。万历四十七年进士。授邵武知县。为人慷慨负胆略，好谈兵。遇老校退卒，辄与论塞上事，晓其厄塞情形，以边才自许。

天启二年正月朝觐在都，御史侯恂请破格用之，遂擢兵部职方主事。无何，广宁师溃，廷议扼山海关，崇焕即单骑出阅关内外。部中失袁主事，讶之，家人亦莫知所往。已，还朝，具言关上形势。曰："予我军马钱谷，我一人足守此。"廷臣益称其才，遂超擢佥事，监关外军，发帑金二十万，俾招募。时关外地悉为哈剌慎诸部所据，崇焕乃驻守关内。未几，诸部受款，经略王在晋令崇焕移驻中前所，监参将周守廉、游击左辅军，经理前屯卫事。寻令赴前屯安置辽人之失业者。崇焕即夜行荆棘虎豹中，以四鼓入城，将士莫不壮其胆。在晋深倚重之，题为宁前兵备佥事。然崇焕薄在晋无远略，不尽遵其令。及在晋议筑重城八里铺，崇焕以为非策。争不得，奏记首辅叶向高。

十三山难民十余万，久困不能出。大学士孙承宗行边，崇焕请："将五千人驻宁远，以壮十三山势，别遣骁将救之。宁远去山二百里，便则进据锦州，否则退守宁远，奈何委十万人置度外。"承宗谋于总督王象乾。象乾以关上军方丧气，议发插部护关者三千人往。承宗以为然，告在晋。在晋竟不能救，众遂没，脱归者仅六千人而已。及承宗驳重城议，集将吏谋所守。阎鸣泰主觉华，崇焕主宁远，在晋及张应吾、邢慎言持不可，承宗竟主崇焕议。已，承宗镇关门，益倚崇焕。崇焕内拊军民，外饬边备，劳绩大著。崇焕尝核虚伍，立斩一校。承宗怒曰："监军可专杀耶？"崇焕顿首谢，其果于用法类此。

三年九月，承宗决守宁远。佥事万有孚、刘诏力阻，不听，命满桂偕崇焕往。初，承宗令祖大寿筑宁远城，大寿度中朝不能远守。筑仅十一，且疏薄不中程。崇焕乃定规制：高三丈二尺，雉高六尺，址广三丈，上二丈四尺。大寿与参将高见、贺谦分督之。明年迄工，遂为关外重镇。桂、良将，而崇焕勤职，誓与城存亡；又善抚，将士乐为尽力。由是商旅辐辏，流移骈集，远近望为乐土。遭父忧，夺情视事。四年九月偕大将马世龙、王世钦率水陆马步军万二千，东巡广宁，谒北镇祠，历十三山，抵右屯，遂由水道泛三岔河而还。寻以五防叙劳，进兵备副使，再进右参政。

崇焕之东巡也，请即复锦州，右屯诸城，承宗以为时未可，乃止。至五年夏，承宗与崇焕计，遣将分据锦州、松山、杏山、右屯及大、小凌河，缮城郭居之。自是宁远且为内地，开疆复二百里。十月，承宗罢，高第来代，谓关外必不可守，令尽撤锦、右诸城守具，移其将士于关内。督屯通判金启倧上书崇焕曰："锦、右、大凌三城皆前锋要地。倘收兵退，既安之民庶复播迁，已得之封疆再沦没，关内外堪几次退守耶！"崇焕亦力争不可，言："兵法有进无退。三城已复，安可轻撤。锦、右动摇，则宁、前震惊，关门亦失保障。今但择良将守之，必无他虑。"第意坚，且欲并撤宁、前二城。崇焕曰："我宁前道也，官此，当死此，我必不去。"第无以难，乃撤锦州、右屯、大、小凌河及松山、杏山、塔山守具，尽驱屯兵入关，委弃米粟十余万。而死亡载途，哭声震野，民怨而军益不振。崇焕遂乞终制，不许。十二月进按察使，视事如故。

我大清知经略易与，六年正月举大军西渡辽河。二十三日抵宁远。崇焕闻，即偕大将桂，副将左辅、朱梅，参将大寿，守备何可刚等集将士誓死守。崇焕更刺血为书，激以忠义，为之下拜，将士咸请效死。乃尽焚城外民居，携守具入城，清野以待。令同知程维楧诘奸，通判启倧具守卒食，辟道上行人。檄前屯守将赵率教、山海守将杨麒，将士逃至者悉斩，人心始定，明日，大军进攻，戴楯穴城，矢石不能退。崇焕令闽卒罗立，发西洋巨炮，伤城外军。明日，再攻，复被却，围遂解，而启倧亦以然炮死。

启倧起小吏，官经历，主赏功事，勤敏有志介。承宗重之，用为通判，核兵马钱粮，督城工，理军民词讼，大得众心。死，赠光禄少卿，世荫锦衣试百户。

初，中朝闻警，兵部尚书王永光大集廷臣议战守，无善策。经略第、总兵麒并拥兵关上，不救。中外谓宁远必不守。及崇焕以书闻，举朝大喜，立擢崇焕右佥都御史，玺书奖励，桂等进秩有差。

我大清初解围，分兵数万略觉华岛，杀参将金冠等及军民数万。崇焕方完城，力竭不能救也。高第镇关门，大反承宗政务，折辱诸将，诸将咸解体。遇麒若偏裨，麒至，见侮其卒。至是坐失援，第、麒并褫官去，而以王之臣代第，赵率教代麒。

我大清举兵，所向无不摧破，诸将罔敢议战守。议战守，自崇焕始。三月复设辽东巡抚，以崇焕为之。魏忠贤遣其党刘应坤、纪用等出镇。崇焕抗疏谏，不纳。叙功，加兵部右侍郎，赉银币，世荫锦衣千户。

崇焕既解围，志渐骄，与桂不协，请移之他镇，乃召桂还。崇焕以之臣奏留桂，又与不协。中朝虑偾事，命之臣专督关内，以关外属崇焕画关守。崇焕虞廷臣忌己，上言："陛下以关内外分责二臣，用辽人守辽土，且守且战，且筑且屯。屯种所入，可渐减海运。大要坚壁清野以为体，乘间击瑕以为用。战虽不足，守则有余；守既有余，战无不足。顾勇猛图敌，敌必仇；奋迅立功，众必忌。任劳则必召怨，蒙罪始可有功。怨不深则劳不著，罪不大则功不成。谤书盈箧，毁言日至，从古已然，惟圣明与廷臣始终之。"帝优旨褒答。

其冬，崇焕偕应坤、用、率教巡历锦州、大、小凌河，议大兴屯田，渐复第所弃旧土。忠贤与应坤等并因是荫锦衣，崇焕进所荫为指挥佥事。崇焕遂言："辽左之坏，虽人心不固，亦缘失有形之险，无以固人心。兵不利野战，只有凭坚城用大炮一策。今山海四城既新，当更修松山诸城，班军四万人，缺一不可。"帝报从之。

先是，八月中，我太祖高皇帝晏驾，崇焕遣使吊，且以觇虚实。我太宗文皇帝遣使报之，崇焕欲议和，以书附使者还报。我大清兵将讨朝鲜，欲因此阻其兵，得一意南下。七年正月再遣使答之，遂大兴兵渡鸭绿江南讨。朝议以崇焕、之臣不相能，召之臣还，罢经略不设，以关内外尽属崇焕，与镇守中官应坤、用并便宜从事。崇焕锐意恢复，乃乘大军之出，遣将缮锦州、中左、大凌三城，而再使使持书议和。会朝鲜及毛文龙同告急，朝命崇焕发兵援。崇焕以水师援文龙，又遣左辅、赵率教、朱梅等九将将精卒九千先后逼三岔河，为牵制之势，而朝鲜已为大清所服，诸将乃还。

崇焕初议和，中朝不知。及奏报，优旨许之，后以为非计，频旨戒谕。崇焕欲藉是修故疆，持愈力。而朝鲜及文龙被兵，言官因谓和议所致。四月，崇焕上言："关外四城虽延袤二百里，北负山，南阻海，广四十里尔。今屯兵六万，商民数十万，地隘人稠，安所得食？锦州、中左、大凌三城，修筑必不可已。业移商民，广开屯种。倘城不完而敌至，势必撤还，是弃垂成功也。故乘敌有事江东，姑以和之说缓之。敌知，则三城已完，战守又在关门四百里外，金汤益固矣。”帝优旨报闻。

时率教驻锦州，护版筑。朝命尤世禄来代，又以辅为前锋总兵官，驻大凌河。世禄未至，辅未入大凌，五月十一日大清兵直抵锦州，四面合围。率教偕中官用婴城守，而遣使议和，欲缓师以待救。使三返不决，围益急。崇焕以宁远兵不可动，选精骑四千，令世禄、大寿将，绕出大军后决战。别遣水师东出，相牵制。且请发蓟镇、宣、大兵，东护关门。朝廷已命山海满桂移前屯，三屯孙祖寿移山海，宣府黑云龙移一片石，蓟辽总督阎鸣泰移关城；又发昌平、天津、保定兵驰赴上关；檄山西、河南、山东守臣整兵听调。世禄等将行，大清已于二十八日分兵趋宁远，崇焕与中官应坤、副使毕自肃督将士登陴守，列营壕内，用炮距击。而桂、世禄、大寿大战城外，士多死，桂身被数矢。大军亦旋引去，益兵攻锦州。以溽暑不能克，士卒多损伤，六月五日亦引还，因毁大、小凌河二城。时称宁、锦大捷，桂，率教功为多。忠贤因使其党论崇焕不救锦州为暮气，崇焕遂乞休。中外方争颂忠贤，崇焕不得已，亦请建祠，终不为所喜。七月遂允其归，而以王之臣代为督师兼辽东巡抚，驻宁远，及叙功，文武增秩赐荫者数百人，忠贤孙亦封伯，而崇焕止增一秩。尚书霍维华不平，疏乞让荫，忠贤亦不许。

未几，熹宗崩。庄烈帝即位，忠贤伏诛，削诸冒功者。廷臣争请召崇焕，其年十一月擢右都御史，视兵部添注左侍郎事。崇祯元年四月命以兵部尚书兼右副都御史，督师蓟辽、兼督登莱、天津军务，所司敦促上道。七月，崇焕入都，先奏陈兵事。帝召见平台，慰劳甚至，咨以方略。对曰：“方略已具疏中。臣受陛下特眷，愿假以便宜，计五年，全辽可复。”帝曰：“复辽，朕不吝封侯赏。卿努力解天下倒悬，卿子孙亦受其福。”崇焕顿首谢。帝退少憩，给事中许誉卿叩以五年之略。崇焕言：“圣心焦劳，聊以是相慰耳。”誉卿曰：“上英明，安可漫对。异日按期责效，奈何？”崇焕怃然自失。顷之，帝出，即奏言：“东事本不易竣。陛下既委臣，臣安敢辞难。但五年内，户部转军饷，工部给器械，吏部用人，兵部调兵选将，须中外事事相应，方克有济。”帝为饬四部臣，如其言。

崇焕又言：“以臣之力，制全辽有余，调众口不足。一出国门，便成万里。忌能妒功，夫岂无人。即不以权力掣臣肘，亦能以意见乱臣谋。”帝起立倾听，谕之曰：“卿无疑虑，朕自有主持。”大学士刘鸿训等请收还之臣、桂尚方剑，以赐崇焕，假之便宜。帝悉从之，赐崇焕酒馔而出。崇焕以前此熊廷弼、孙承宗皆为人排构，不得竟其志，上言：“恢复之计，不外臣昔年以辽人守辽土，以辽土养辽人，守为正著，战为奇著，和为旁著之说。法在渐不在骤，在实不在虚。此臣与诸边臣所能为。至用人之人，与为人用之人，皆至尊司其钥。何以任而勿贰，信而勿疑？盖驭边臣与廷臣异，军中可惊可疑者殊多，但当论成败之大局，不必摘一言一行之微瑕。事任既重，为怨实多。诸有利于封疆者，皆不利于此身者也。况图敌之急，敌亦从而间之，是以为边臣甚难。陛下爱臣知臣，臣何必过疑惧，但中有所危，不敢不告。”帝优诏答之，赐蟒玉、银币，疏辞蟒玉不受。

是月，川、湖兵戍宁远者，以缺饷四月大噪，余十三营起应之，缚系巡抚毕自肃、总兵官朱梅、通判张世荣、推官苏涵淳于谯楼上。自肃伤重，兵备副使郭广初至，躬翼自肃，括抚赏及朋桩二万金以散，不厌，贷商民足五万，乃解。自肃疏引罪，走中左所，自经死。崇焕以八月初抵关，闻变驰与广密谋，宥首恶杨正朝、张思顺，令捕十五人戮之市；斩知谋中军吴国琦，责参将彭簪古，黜都司左良玉等四人。发正朝、思顺前锋立功，世荣、涵淳以贪虐致变，亦斥之。独都司程大乐一营不从变，特为奖励。一方乃靖。

关外大将四五人，事多掣肘。后定设二人，以梅镇宁远，大寿仍驻锦州。至是梅将解任，崇焕请合宁、锦为一镇，大寿仍驻锦州，加中军副将何可刚都督佥事，代梅驻宁远，而移蓟镇率教于关门，关内外止设二大将。因极称三人之才，谓“臣自期五年，专藉此三人，当与臣相终始。届期不效，臣手戮三人，而身归死于司败”。帝可之，崇焕遂留镇宁远。自萧既死，崇焕请停巡抚。及登莱巡抚孙国桢免，崇焕又请罢不设。帝亦报可。哈剌慎三十六家向受抚赏，后为插汉所迫，且岁饥，有叛志。崇焕召至于边，亲抚慰，皆听命。二年闰四月叙春秋两防功，加太子太保，赐蟒衣、银币，荫锦衣千户。

崇焕始受事，即欲诛毛文龙。文龙者，仁和人。以都司援朝鲜，逗留辽东。辽东失，自海道遁回，乘虚袭杀大清镇江守将，报巡抚王化贞，而不及经略熊廷弼，两人隙始开。用事者方主化贞，遂授文龙总兵，累加至左都督，挂将军印，赐尚方剑，设军镇皮岛如内地。皮岛亦谓之东江，在登、莱大海中，绵亘八十里，不生草木，远南岸，近北岸，北岸海面八十里即抵大清界，其东北海则朝鲜也。岛上兵本河东民，自天启元年河东失，民多逃岛中。文龙笼络其民为兵，分布哨船，联接登州，以为掎角计。中朝是之，岛事由此起。

四年五月，文龙遣将沿鸭绿江越长白山，侵大清国东偏，为守将击败，众尽歼。八月遣兵从义州城西渡江，入岛中屯田。大清守将觉，潜师袭击，斩五百余级，岛中粮悉被焚。五年六月遣兵袭耀州之官屯寨，败归。六年五月遣兵袭鞍山驿，丧其卒千余。越数日又遣兵袭撒尔河，攻城南，为大清守将所却。七年正月，大清兵征朝鲜，并规剿文龙。三月，大清兵克义州，分兵夜捣文龙于铁山。文龙败，遁归岛中。时大清恶文龙蹑后，故致讨朝鲜，以其助文龙为兵端。

顾文龙所居东江，形势虽足牵制，其人本无大略，往辄败衄，而岁糜饷无算；且惟务广招商贾，贩易禁物，名济朝鲜，实阑出塞，无事则鬻参贩布为业，有事亦罕得其用。工科给事中潘士闻劾文龙糜饷杀降，尚宝卿董茂忠请撤文龙，治兵关、宁。兵部议不可，而崇焕心弗善也，尝疏请遣部臣理饷。文龙恶文臣监制，抗疏驳之，崇焕不悦。及文龙来谒，接以宾礼，文龙又不让，崇焕谋益决。

至是，遂以阅兵为名，泛海抵双岛，文龙来会。崇焕与相燕饮，每至夜分，文龙不觉也。崇焕议更营制，设监司，文龙怫然。崇焕以归乡动之，文龙曰："向有此意，但惟我知东事，东事毕，朝鲜衰弱，可袭而有也。"崇焕益不悦。以六月五日邀文龙观将士射，先设幄山上，令参将谢尚政等伏甲士幄外。文龙至，其部卒不得入。崇焕曰："予诘朝行，公当海外重寄，受予一拜。"交拜毕，登山。崇焕问从官姓名，多毛姓。文龙曰："此皆予孙。"崇焕笑，因曰："尔等积劳海外，月米止一斛，言之痛心，亦受予一拜，为国家尽力。"从皆顿首谢。

崇焕因诘文龙违令数事，文龙抗辩。崇焕厉色叱之，命去冠带絷缚，文龙犹倔强。崇焕曰："尔有十二斩罪，知之乎？祖制，大将在外，必命文臣监。尔专制一方，军马钱粮不受核，一当斩。人臣之罪莫大欺君，尔奏报尽欺罔，杀降人难民冒功，二当斩。人臣无将，将则必诛。尔奏有牧马登州取南京如反掌语，大逆不道，三当斩。每岁饷银数十万，不以给兵，月止散米三斗有半，侵盗军粮，四当斩。擅开马市于皮岛，私通外番，五当斩。部将数千人悉冒己姓，副将以下滥给札付千，走卒、舆夫尽金绯，六当斩。自宁远还，剽掠商船，自为盗贼，七当斩。强取民间子女，不知纪极，部下效尤，人不安室，八当斩。驱难民远窃人参，不从则饿死，岛上白骨如莽，九当斩。辇金京师，拜魏忠贤为父，塑冕旒像于岛中，十当斩。铁山之败，丧军无算，掩败为功，十一当斩。开镇八年，不能复寸土，观望养敌，十二当斩。”数毕，文龙丧魂魄不能言，但叩头乞免。崇焕召谕其部将曰：“文龙罪状当斩否？”皆惶怖唯唯。中有称文龙数年劳苦者，崇焕叱之曰：“文龙一布衣尔，官极品，满门封荫，足酬劳，何悖逆如是！”乃顿首请旨曰：“臣今诛文龙以肃军。诸将中有若文龙者，悉诛。臣不能成功，皇上亦以诛文龙者诛臣。”遂取尚方剑斩之帐前。乃出谕其将士曰：“诛止文龙，余无罪。”

当是时，文龙麾下健校悍卒数万，惮崇焕威，无一敢动者，于是命棺敛文龙。明日，具牲醴拜奠曰：“昨斩尔，朝廷大法；今祭尔，僚友私情。”为下泪。乃分其卒二万八千为四协，以文龙子承祚、副将陈继盛，参将徐敷奏、游击刘兴祚主之。收文龙敕印、尚方剑，令继盛代掌。犒军士，檄抚诸岛，尽除文龙虐政。还镇，以其状上闻，末言：“文龙大将，非臣得擅诛，谨席稿待罪。”时崇祯二年五月也。帝骤闻，意殊骇，念既死，且方倚崇焕，乃优旨褒答。俄传谕暴文龙罪，以安崇焕心；其爪牙伏京师者，令所司捕。崇焕上言：“文龙一匹夫，不法至此，以海外易为乱也。其众合老稚四万七千，妄称十万，且民多，兵不能二万，妄设将领千。今不宜更置帅，即以继盛摄之，于计便。”帝报可。

崇焕虽诛文龙，虑其部下为变，增饷银至十八万。然岛弁失主帅，心渐携，益不可用，其后致有叛去者。崇焕言：“东江一镇，牵制所必资。今定两协，马军十营，步军五，岁饷银四十二万，米十三万六千。”帝颇以兵减饷增为疑，以崇焕故，特如其请。

崇焕在辽，与率教、大寿、可刚定兵制，渐及登莱、天津，及定东江兵制，合四镇兵十五万三千有奇，马八万一千有奇，岁费度支四百八十余万，减旧一百二十余万。帝嘉奖之。

文龙既死，甫逾三月，我大清兵数十万分道入龙井关、大安口。崇焕闻，即督大寿、可刚等入卫。以十一月十日抵蓟州，所历抚宁、永平、迁安、丰润、玉田诸城，皆留兵守。帝闻其至，甚喜，温旨褒勉，发帑金犒将士，令尽统诸道援军。俄闻率教战殁，遵化、三屯营皆破，巡抚王元雅、总兵朱国彦自尽，大清兵越蓟州而西。崇焕惧，急引兵入护京师，营广渠门外。帝立召见，深加慰劳，咨以战守策，赐御馔及貂裘。崇焕以士马疲敝，请入休城中，不许。出与大军鏖战，互有杀伤。

时所入隘口乃蓟辽总理刘策所辖，而崇焕甫闻变即千里赴救，自谓有功无罪。然都人骤遭兵，怨谤纷起，谓崇焕纵敌拥兵。朝士因前通和议，诬其引敌胁和，将为城下之盟。帝颇闻之，不能无惑。会我大清设间，谓崇焕密有成约，令所获宦官知之，阴纵使去。其人奔告于帝，帝信之不疑。十二月朔再召对，遂缚下诏狱。大寿在旁，战栗失措，出即拥兵叛归。大寿尝有罪，孙承宗欲杀之，爱其才，密令崇焕救解。大寿以故德崇焕，惧并诛，遂叛。帝取崇焕狱中手书，往召大寿，乃归命。

方崇焕在朝，尝与大学士钱龙锡语，微及欲杀毛文龙状。及崇焕欲成和议，龙锡尝移书止之。龙锡故主定逆案，魏忠贤遗党王永光、高捷、袁弘勋、史堃辈谋兴大狱，为逆党报仇，见崇焕下吏，遂以擅主和议，专戮大帅二事为两人罪。捷首疏力攻，堃、弘勋继之，必欲并诛龙锡，法司坐崇焕谋叛，龙锡亦论死。三年八月遂磔崇焕于市。兄弟妻子流三千里，籍其家。崇焕无子，家亦无余赀，天下冤之。

崇焕既缚，大寿溃而去。武经略满桂以趣战急，与大清兵战，竟死，去缚崇焕时甫半月。初，崇焕妄杀文龙，至是帝误杀崇焕。自崇焕死，边事益无人，明亡征决矣。

【译文】

袁崇焕，字元素，是东莞人。万历四十七年中进士。授任邵武知县。为人慷慨，有胆识韬略，喜好谈论军事。遇到年老的军官、退役的士兵，就和他们谈论边塞的事情，了解守卫边塞的情形，认为自己是治理边关的人才。

天启二年正月在京都朝觐，御史侯恂请求朝廷破格任用他，于是提升为兵部职方主事。不久，广宁的军队溃败，朝廷商议扼守山海关，袁崇焕马上单人匹马前往关内外察看。兵部里不见了袁主事，觉得奇怪，家里的人也不知他去了哪里。察看之后，他返回朝廷，详细说明了关上的情势。说："给我兵马钱粮，我一个人领兵就足以守住那里。"大臣们更加称赞他的才能，于是越级提升他为佥事，监关外军，拨国库银两二十万，给他招募军队。当时关外地方都被哈剌慎等部族占据了，袁崇焕就驻守在关内。不多久，各部属归附，经略王在晋命令袁崇焕移驻中前所，监管参将周守廉、游击将军左辅的部队，管理前屯卫的事务。不久命令袁崇焕去前屯安置失业的辽人。袁崇焕立即动身，在荆棘虎豹中连夜赶路，在四更时到达城中，将士们没有不佩服他的胆量的。王在晋特别倚重他，提升他为宁前兵备佥事。但袁崇焕看不起王在晋没有深谋远虑，不完全遵从他的命令。当王在晋建议在八里铺修重城时，袁崇焕认为不是办法。争论没有结果，便将情况奏报给首辅叶向高。

十三山的十多万难民，被围困了很久都不能逃出。大学士孙承宗巡视边关，袁崇焕提出："率领五千人驻守宁远，用来壮大十三山的声势，另派勇猛的将士救援他们。宁远离十三山二百里，有机会就进占锦州，没有机会就退守宁远，怎么可以把十多万人置之度外呢？"孙承宗和总督王象乾商议。王象乾因为关上的军队士气正低落，建议派插汉部属的护关军队三千人前往。孙承宗赞成，告诉了王在晋，王在晋竟然没有能力去救，十三山的民众就陷落了，逃回来的仅有六千人。等到后来孙承宗批驳建重城的提议，召集文武官员商量驻守的地方。闫鸣泰主张觉华，袁崇焕主张宁远，王在晋和张应吾、邢慎言认为不行，孙承宗最后同意了袁崇焕的建议。后来，孙承宗坐镇山海关，更加倚重袁崇焕。袁崇焕对内安抚军民，对外整治边塞防务，成绩十分显著。袁崇焕曾经核查出虚报军卒名册的情况，当即杀了一名校官。孙承宗发怒说："监军可以擅自杀人吗？"袁崇焕叩头认错，他执法的果敢决断都跟这事相类似。

天启三年九月，孙承宗决定驻守宁远。佥事万有孚、刘诏极力劝阻，孙承宗不听，命令满桂和袁崇焕前去。当初，孙承宗命令祖大寿修筑宁远城，祖大寿估计朝廷没有能力驻守这么远，只建成了十分之一，而且城墙疏薄不合规制。袁崇焕就定下规格：城墙高三丈二尺，雉堞高六尺，地基宽三丈，墙头宽二丈四尺。祖大寿和参将高见、贺谦分别督工修建。第二年完工，便成了关外的重镇。满桂，是良将，袁崇焕又勤于职守，发誓和城池共存亡；又善于安抚，将士们都乐意为他们尽力。于是商旅从四面八方前来，流民移民聚集，远近都视宁远为乐土。袁崇焕的父亲死了，朝廷命他不必去职回家守制，素服办公，继续处理政事。天启四年九月和大将马世龙、王世钦带领水陆马步兵一万二千，向东巡视广宁，拜谒北镇祠，经十三山，抵达右屯，之后由水路经三岔河回来。

不久凭着五防的功劳，升为兵备副使，再升为右参政。

袁崇焕东巡的时候，请求马上收复锦州、右屯等城，孙承宗认为时机未成熟，才没有进行。至天启五年春天，孙承宗和袁崇焕商议，派部属分别占据锦州、松山、杏山、右屯的大、小凌河，修缮城廓进驻。从这时起宁远也成为内地，恢复了二百里国土。十月，孙承宗被罢免，高第来接替，认为关外一定守不住，命令全部撤回锦州、右屯等城的守备，将那里的将士移入关内。督屯通判金启倧写信给袁崇焕说："锦州、右屯、大凌河三城都是前锋要塞。如果撤兵，已经安定的民众又再搬迁，已经取得的疆土又将沦丧，关内关外经得起几次退守呢！"袁崇焕也力争不能退兵，说："用兵应当有进无退，三座城池已经收复，怎可以轻易撤出？锦州、右屯不稳固，宁远、前屯就会震动恐慌，山海关也失去保障。如今只要选派良将驻守那里，一定不会有什么可担心的。"高第的意见很坚决，并且想一并撤掉宁远、前屯两城。袁崇焕说："我是宁前道，在这里做官，应当死在这里，我一定不撤走。"高第无法责难他，就撤走了锦州、右屯、大、小凌河和松山、杏山、塔山的守备，将屯兵都赶入关内，丢弃米、粟十多万石。兵、民沿途死去、逃亡的不少，哭喊声震动旷野，民众怨恨而军队的士气更加不振。袁崇焕就请求免职，未被批准。十二月升任按察使，和以前一样管理政事。

大清得知经略易于对付。天启六年正月派大军向西渡过辽河。二十三日抵达宁远。袁崇焕得知，马上和大将满桂，副将左辅、朱梅，参将祖大寿，守备何可刚等召集将士发誓死守宁远。袁崇焕更刺出血来写血书，用忠义来激励士气，向他们下拜，将士们也都请求不惜性命以死报效国家。于是烧光了城外的民居，带着守城器械入城，扫清田野等待清军。命令同知程维楧盘查奸细，通判金启倧准备守军的粮食，清除路上的行人。晓谕前屯的守将赵率教、山海关守将杨麒，凡逃跑的将士一律斩首，这样人心才开始安定。第二天，清兵大军进攻，戴着盾牌挖城，用弓箭、擂石不能击退。袁崇焕命令福建兵罗立，发射西洋大炮，杀伤城外的敌军。第二天，清军再次进攻，又被击退。宁远的包围便解除了，但金启倧也因为放炮而死了。

金启倧开始是个小官，任经历官职，负责奖赏功劳的事务，聪敏勤奋有志气。孙承宗赏识他，任命他为通判，核对兵马钱粮，监督城池营建，审理军民的诉讼，很得人心。死后追赠为光禄少卿，世代荫袭锦衣试百户。

起初，朝廷知道边关警报，兵部尚书王永光广泛召集大臣们商议攻防，没有好的办法。经略高第、总兵杨麒都拥兵在山海关，不去救援。朝廷内外认为宁远一定守不住。当袁崇焕上书报告战果，朝廷上下十分欢喜，马上提升袁崇焕为右佥都御史，下诏褒奖鼓励，满桂等都分别有晋级。

大清开始解围时，分兵数万夺取觉华岛，杀了参将金冠等以及军民数万人。袁崇焕正在修复城池，没有兵力去救援。高第镇守山海关，完全颠倒了孙承宗的管理，侮辱各将军，各将官都涣散了。对待杨麒就像对偏裨将校一样，杨麒来到，被高第手下的兵士侮辱。到这时因为失援，高第、杨麒一齐被削去官职，并派王之臣接替高第，赵率教接替杨麒。

大清用兵，所到之处没有不被攻破的，明朝各将军都不敢议论攻防的事。议论攻防，从袁崇焕开始。三月重新设置了辽东巡抚。由袁崇焕担任。魏忠贤派他的党羽刘应坤、纪用等人去坐镇。袁崇焕上疏反对，没有被采纳。评议攻劳，加任兵部右侍郎职务，赏赐银币，世袭荫锦衣千户。

袁崇焕解了围，心志开始骄傲，和满桂合不来，请求调满桂到别处镇守，于是朝廷召回了满桂。袁崇焕因为王之臣上奏挽留满桂，又和他合不来。朝廷担心会坏事，命令王之臣专管关内，把关外事务委托给袁崇焕负责。袁崇焕恐怕朝廷大臣猜忌自己，上书说："陛下把关内外分由两位大臣管辖，用辽人驻守辽地，边防守边进攻，边筑城边屯田，屯种的收入，可以稍为减少海运军粮。主要以坚壁清野为根本，有机会就攻打敌人薄弱的地方，虽然兵力不足以进攻，但防守就有余；防守的兵力有余了，进攻的力量就不会不够。但是勇猛地进攻敌人，敌人一定痛恨，迅速地立功，众人一定妒忌。任劳就一定招怨，带罪才可以立功。被怨得不深，功劳就不显著，带的罪不够大就立不了功。诽谤的奏章装满了箱子，诋毁的言词每日都传来，从古以来都是这样，希望圣上和大臣们对我能有始有终。"皇上用好言下旨夸奖作为回答。

那年冬天，袁崇焕和刘应坤、纪用、赵率教巡视锦州，大、小凌河，商议大兴屯田，逐渐收复高第放弃的土地。魏忠贤和刘应坤等人都因此荫锦衣，袁崇焕的荫袭升为指挥佥事。袁崇焕就说："辽左的衰败，虽然因为人心不安定，但也因为没有险要的地形，没有办法安定人心。军队野战不利，只有凭借坚固的城堡使用大炮一个办法。现在山海关外四座城已经葺新，应当再修葺松山等城，调去四万班军守御，缺一都不行。”皇上回复依从他。

早一点时候，八月中，大清太祖高皇帝驾崩，袁崇焕派使者吊丧，并且试探虚实。太宗文皇帝派使者回复他，袁崇焕想议和，将书信托使者带回。大清军队准备讨伐朝鲜，想借议和阻挡袁崇焕的军队，可以一心一意南下。天启七年正月再派使者回复袁崇焕，就大举兴兵渡过鸭绿江向南征讨。朝廷商议因袁崇焕、王之臣互相不合作，召回王之臣，撤去经略的设置，把关内外都由袁崇焕管辖，和镇守中官刘应坤、纪用一起便宜行事。袁崇焕锐意恢复国土，就乘清大军出征，派将官修缮锦州、中左、大凌三座城，并再次派使者带书信去议和。当时朝鲜和毛文龙同时告急，朝廷命令袁崇焕派兵救援。袁崇焕派出水师援救毛文龙，又派左辅、赵率教、朱梅等九名将官带领精兵九千人先后进逼三岔河，形成牵制的形势，但朝鲜已被大清征服了，各将于是撤回。

袁崇焕开始议和时，朝廷不知道。及至奏报，下旨批准了。后来认为不合适，频频下旨禁止。袁崇焕想利用议和收复以前的疆土，坚持得更加厉害。但朝鲜和毛文龙遭到攻打，言官因此说是议和引起的。四月，崇焕上书：“关外四城虽然南北绵延二百里，北靠着山，南到达海，东西才阔四十里。现在屯兵六万，商户平民数十万，地方狭窄，人口稠密，哪里去寻找口粮？锦州、中左、大凌三城，修筑一定不能停止。已经迁来的商户民众，广泛开展的屯种，倘若城池没有完工而敌人攻到，势必要撤回，这样就功败垂成了。所以趁敌人在江东有战事，姑且用议和的办法拖延他们。等敌人知道，那三座城已经完工，战与守又在山海关四百里外，城池更加稳固了。”皇上好言下旨回复。

当时赵率教驻守锦州，保护修建城墙。朝廷命令尤世禄来接替，又任命左辅为前锋总兵官，驻守大凌河。尤世禄未到，左辅还未进入大陵，五月十一日大清军队直抵锦州，四面合围。赵率教和中官纪用环城守备，并派出使者议和，希望拖延敌军等待救援。使者三次往返未能决定，围攻得更急。袁崇焕认为宁远的部队不能动用，选出精骑四千人，命令尤世禄、祖大寿率领，绕到清军背后决战。再派水师向东出发，相互牵制。并请求派蓟镇、宣府、大凌的军队，从东面守护关门。朝廷已经下令山海关满桂移驻前屯，三屯孙祖寿移驻山海，宣府黑云龙移驻一片石，蓟辽总督阎鸣泰移驻关城；又派昌平、天津、保定的军队迅速赶往上关；晓谕山西、河南、山东的守将整兵听调。尤世禄等准备出发，大清已经在二十八日分兵赶到宁远。袁崇焕和中官刘应坤、副使毕自肃督促将士登上女墙守卫，在壕沟内扎营，用炮反击。而满桂、尤世禄、祖大寿在城外大战，士兵大多战死，满桂身中数箭。清大军不久也撤走，增兵进攻锦州。因天气潮湿闷热不能攻克，士兵损伤较多，六月五日也撤退，毁坏了大、小凌河两座城。当时称为宁、锦大捷，满桂、赵率教的功劳较大，魏忠贤因此指使他的党羽指责袁崇焕不救锦州是作风疲沓，袁崇焕于是请求免职。当时朝廷内外正在争相称颂魏忠贤，袁崇焕没有办法，也请求为魏忠贤建生祠，但他始终不被魏忠贤喜欢。七月就准许他归田，而派王之臣代任督师兼任辽东巡抚，驻守宁远。及至评定功劳，文武官员升级赐荫的数百人，魏忠贤的孙子也封伯爵，但袁崇焕只升了一级。尚书霍维华抱不平，上疏请求把荫赠让给袁崇焕，魏忠贤也不答应。

不久，熹宗驾崩。庄烈帝即位，魏忠贤伏法，剥夺了那些冒功的人。大臣们争相请求召用袁崇焕，当年十一月升任右都御史，就职兵部添注左侍郎。崇祯元年四月被任命为兵部尚书兼右副都御史，督师蓟、辽、兼督登、莱、天津军务，主管部门敦促他起程。七月，袁崇焕入京都，首先上奏陈述军务。皇上在平台召见，十分的抚慰，向他咨询用兵的方略。答道："方略已经写在奏疏里面。臣受陛下特别的眷顾，希望借这机遇，预计五年，辽地可以全部收复。"皇上说："收复辽地，朕不会吝惜封侯的赏赐。卿家努力解救天下的危难，卿的子孙也会因此得到福泽。"袁崇焕叩首谢恩。皇帝退朝稍事休息，给事中许誉卿问起五年收复辽地的方略。袁崇焕说："圣上心情焦急，姑且用这话去安慰罢了。"许誉卿说："圣上英明，怎么可以随便应对。他日按日期责问成效，怎么办？"袁崇焕泄气地自觉失言。一会儿，皇上出来，马上奏道："辽东的事情本来不容易完成。陛下既然委托给我，我怎么敢因困难而推辞呢？但在五年之内，户部转解军饷，工部供给器械，吏部任用人才，兵部调兵选将，朝廷内外必须事事加以支持，方能成功。"皇上为此命令四部大臣，服从袁崇焕的指派。

袁崇焕又说："凭我的能力，管理全辽有余，却不足以管制大家的言论。一出国门，就是万里之遥。猜忌贤能，嫉妒功劳，难道没有人吗？

即使不用权力去掣肘，也会用意见扰乱我的谋划。”皇帝站起来听，晓谕他说：“卿家不要疑虑，朕自有主见。”大学士刘鸿训等人请求收回王之臣、满桂的尚方剑，来赐给袁崇焕，给他方便。皇上都听从了，赐酒菜给袁崇焕出朝。袁崇焕因为以前熊廷弼、孙承宗都被人排挤构陷，不能完成他们的志向，上书说：“恢复的计策，不外乎我早些年用辽人守辽地，用辽地养辽人，守为正着，战为奇着，和为旁着的讲法，方法在于渐进而不在急躁，在于务实而不在虚妄。这是我和各边在大臣所能做的。至于用人的人，和被人用的人，都由陛下掌握。凭什么能信任他不背叛，相信他不去猜疑？因为管理边关大臣和朝臣不同，军队里可惊可疑的事特别多，因此只应该计较大局的成败，不必要指责一言一行的微小过失。因为责任重大，招致的怨恨一定很多。各种对保卫疆土有利的，都是对自身不利的。况且加紧算计敌人，敌人也一样会来离间，因此做边关大臣很艰难。陛下爱护我，了解我，我何必过于疑虑恐惧，不过其中存在的危险，不敢不说明。”皇上好言下诏答复，赐给蟒玉、银币，袁崇焕上疏推辞，没有接受蟒玉。

这个月，戍守宁远的四川、湖广籍的兵卒，因为缺了四个月军饷大声鼓噪，另外十三营兵卒起来响应，将巡抚毕自肃、总兵官朱梅、通判张世荣、推官苏涵淳绑在更楼上打。毕自肃受了重伤。兵备副使郭广刚到，亲自协助毕自肃，收集了抚赏和朋辈二万两银来散发，不满足，再借了商家民众整五万两，鼓噪的士兵方才散去。毕自肃上疏承担罪责，跑到中左所，上吊自杀了。袁崇焕八月初到关，听闻变乱赶去和郭广密谋，饶恕了首犯杨正朝、张思顺，命令抓了十五个人在市中心杀头；杀了知情的中军吴国琦，斥责参将彭簪古，罢免都司左良玉等四人。发配杨正朝、张思顺到前线部队戴罪立功，张世荣、苏涵淳因贪婪暴虐引起变乱，也训斥了他们。只有都司程大乐的一营兵没有参与变乱，特别给予了奖励。地方上于是得以平定。

关外有四五名大将，许多事情掣肘。后来固定设置两名，派朱梅镇守宁远，祖大寿仍旧驻守锦州。到这时朱梅即将卸任，袁崇焕请求合并宁远、锦州成为一镇，祖大寿仍驻扎锦州，中军副将何可刚加任都督佥事，接替朱梅驻守宁远，并把蓟镇的赵率教移到山海关，关内外只设置两名大将。接着极力夸赞这三人的才干，说：“我自己预计五年，是专靠这三人，他们应当和我有始有终。到期没有成效，我亲手杀了这三人，自己回来受死。”皇上同意了，袁崇焕于是留在宁远坐镇。毕自肃已经死了，袁崇焕请求停止设置巡抚。及至登莱巡抚孙国桢免职，袁崇焕又请求不再设置。皇上也同意了。哈剌慎三十六家部族一向受朝廷的安抚赏赐，后来被插汉逼迫，当年又发生饥荒，有叛乱的意图。袁崇焕召集他们到边关，亲自加以抚慰，他们都服从了号令。崇祯二年闰四月评议春秋两防功劳，加太子太保荣衔，赐给蟒衣、银币，荫袭锦衣千户。

袁崇焕开始任职，就想杀了毛文龙。毛文龙，是仁和人。凭都司的职位去援救朝鲜，逗留在辽东。辽东失陷，从海路逃了回来，乘虚袭击杀了大清镇江的守将，禀告了巡抚王化贞，但没有报告经略熊廷弼，两人之间开始产生嫌隙。执政者当时正支持王化贞，就授予毛文龙总兵的职位，累加至左都督，挂将军印，赐尚方剑，像内地一样设置军队镇守皮岛。皮岛又叫作东江，在登州、莱州的大海中间，绵延八十里，草木不生，离南岸远，离北岸近。北面海岸八十里海路到达大清的地界，岛的东北面大海就是朝鲜。岛上的兵原本是河东的居民，自从天启元年河东失守，居民多数逃到岛上。毛文龙拉拢那些人当兵，布下放哨的船只，联接登州，形成犄角。朝廷同意这种做法，岛上的事务便是这样产生的。

天启四年五月，毛文龙派将军沿鸭绿江越过长白山，侵袭大清国东面，被守军击败，部队全数被歼。八月派兵从义州城西面渡江，进入岛中屯田。大清守将发觉，埋伏部队袭击，杀了五百多人，岛上的粮食全都被焚毁。天启五年六月派兵袭击耀州的官屯寨，失利撤回。天启六年五月派兵袭击鞍山驿，损失了一千多名士兵。过了几天又派兵袭击撤尔河，进攻城南，被大清守军击退。天启七年正月，大清出兵讨伐朝鲜，并计划清剿毛文龙。三月，大清军队攻占义州，分兵连夜在铁山进攻毛文龙。毛文龙战败，逃回岛上。当时大清憎恶毛文龙骚扰后方，所以导致讨伐朝鲜，因为朝鲜帮助毛文龙进行挑衅。

回顾毛文龙所在的东江，地形虽然足以牵制敌军，但他这人原本就没有远见，动不动就打败仗，而且每年浪费无数军饷；又只专门广招客商，买卖违禁物品，名义上是帮助朝鲜，实际上全部卖往塞外，无事就从事卖参买布的行当，有事时也难得见到他的作用。工科给事中潘士闻弹劾毛文龙浪费军饷、杀害降卒，尚宝卿董茂忠请求撤去毛文龙，在山海关、宁远整顿部队。兵部认为不行，袁崇焕心中不乐意，曾经上疏请求派大臣去管理饷款。毛文龙讨厌被文臣监制，极力上疏反驳，袁崇焕不高兴。及至毛文龙前来拜访，袁崇焕用迎宾的礼节接待，毛文龙并不推让，袁崇焕的主意更加坚定。

到这时，崇焕就以阅兵为名，渡海到达双岛，毛文龙前来会见。袁崇焕和他饮宴，往往到深夜，毛文龙都不在意。袁崇焕建议更改军队编制，设置监司，毛文龙十分不高兴。袁崇焕用回乡的提议去打动他，毛文龙说："一向有这个心愿，但只有我了解辽东的情况，辽东的事完了之后，朝鲜衰弱，可以侵袭拥有它。"袁崇焕更加不高兴。在六月五日邀请毛文龙观看将士们射箭，先在山上布置了帐幕，命令参将谢尚政等带领披坚执锐的士卒埋伏在帐外。毛文龙到，他部下的兵卒不能入内。袁崇焕说："我问朝中的同事，说你承担起海外的重任，当受我一拜。"互相拜了之后，开始登山。袁崇焕问随从官员的姓名，多数姓毛。毛文龙说："这些都是我的孙子。"袁崇焕笑，说："你们在海外长期劳累，每月薪俸只有一斛米，说起来痛心，也受我一拜，以为国家尽力。"大家都叩头致谢。

袁崇焕接着问毛文龙违抗命令的几件事，毛文龙跟他抗争分辨。袁崇焕严厉地责骂他，命令剥去冠带捆起来，毛文龙还不肯屈服。袁崇焕说："你有十二项杀头的罪名，知道吗？祖宗的制度，大将在外，一定派文臣监察。你专制一方，军马钱粮不接受查核，第一条该杀。做臣子的罪名没有比欺君更大的了，你的奏报全部欺君罔上，杀降兵难民去冒功，第二条该杀。做臣下不能威胁主上，威胁就一定杀头。你奏章有驻扎登州夺取南京易如反掌的话，大逆不道，第三条该杀。每年饷银几十万，不发给士兵，每月只发三斗半米，侵吞军粮，第四条该杀。擅自在皮岛开设马匹市场，私通外番，第五条该杀。部将数千人都冒充自己的姓氏，副将以下随意写个字条就授予千夫长，门下走卒、轿夫都穿着金、紫色的衣服，第六条该杀。从宁远回来，抢掠商船，成为盗贼，第七条该杀。强娶民间女子，不顾法纪，部下仿效，个个都不守本分，第八条该杀。驱赶难民到远处偷人参，不听从的就饿死，岛上白骨像草丛一样，第九条该杀。运钱去京都，拜魏忠贤作父亲，为他在岛上塑造戴天子冠饰的塑像，第十条该杀。铁山战败，损失军队无数，掩盖败绩报功，第十一条该杀。设军开镇守皮岛八年，没有收复一寸土地，观望战况纵容敌人，第十二条该杀。"列举完，毛文龙失魄落魂，不能出声，只是叩头乞求免死。袁崇焕召集他的部将晓谕道："毛文龙的罪状应不应该杀？"都惊恐地赶快说该杀。其中有人讲述毛文龙数年来的功劳辛苦，袁崇焕大声骂他说：毛文龙一个平民罢了，官居极品，满门封荫，足以全部酬答他的劳绩，为什么竟这样叛逆！”于是叩头请旨：“臣今日杀毛文龙来整肃部队。各将官里面有像毛文龙的，一律杀头，臣不能成功，陛下也是用杀毛文龙的剑杀臣。”于是拿尚方剑在帐幕前斩杀了毛文龙。然后出去晓谕他的将士说：“只杀毛文龙，其他的人无罪。”

在这个时候，毛文龙麾下勇猛的校尉、兵士数万人，但害怕袁崇焕的威势，没有一个敢反抗的，于是下令用棺木收敛毛文龙。第二天，备下酒肉拜祭说：“昨天杀你，是朝廷的法度；今日祭你，是同僚朋友的私人情谊。”为他流下泪来。就把他的二万八千兵分为四协，任命毛文龙的儿子毛承祚、副将陈继盛、参将余敷奏、游击刘兴祚统领他们。收回毛文龙的官印、尚方剑，命令陈继盛代为执掌。犒赏军士，晓谕安抚各岛，全部废止毛文龙的暴政。返回宁远，将这些情况上奏，最后说：“毛文龙是大将，不是我能够擅自诛杀的，现在我郑重地坐在草堆上等待发落。”皇上突然听说，心里十分震惊，考虑到毛文龙已经死了，又正倚重袁崇焕，于是好言下诏褒奖。不久传谕公开毛文龙的罪行，来安定袁崇焕的心；命令有关部门捉拿毛文龙那些潜伏在京都的爪牙。袁崇焕上书说：“毛文龙一个常人，不法到这种地步，是因为在海外容易作乱。他的部下连老幼一共四万七千人，狂妄地说有十万，而且多数是平民，兵没有两万，不合理地设了将官千名。现在不适宜再设大将，就派陈继盛代理，可便于管理。”皇上答复同意。

袁崇焕虽然杀了毛文龙，顾虑他的部下发生变乱，将饷银增加到十八万两。两岛上兵卒失去了主帅，心里开始背叛，更加不能使用，从那以后甚至有背叛逃走的。袁崇焕说：“东江一镇，牵制敌人所必需。现在设定两协，马兵十营，步兵五营，每年饷银四十二万，米十三万六千。”皇上有些怀疑为什么兵减了饷反而增加，但因为袁崇焕的缘故，特地满足了他们的要求。

袁崇焕在辽，和赵率教、祖大寿、何可刚制定军队的编制，逐渐到登州、莱州、天津，及至制定东江的编制，合四镇兵一共十五万三千有余，马匹八万一千有余，每年军费开支四百八十多万，比原来减少一百二十多万。皇上嘉奖了他们。

毛文龙已经死了，才过了三个月，大清军队数十万分道进入龙井关、大安口。袁崇焕得知，马上督促祖大寿、何可刚等入京护卫。在十一月十日抵达蓟州，所经过的抚宁、永平、迁安、丰润、玉田等城，都留兵驻守。皇上得知他们到来，十分高兴，亲切地下旨褒奖鼓励，拨国库的银两犒赏将士，命令他们全部统率各路援军。不久得知赵率教战死，遵化、三屯营全都失守，巡抚王元雅、总兵朱国彦自尽，大清军队绕过蓟州向西进发。袁崇焕害怕，急忙带兵入关护卫京城，驻扎在广渠门外。皇上马上召见，十分的慰劳，询问他攻防的策略，赏赐御用饭食和貂裘。袁崇焕因为军兵马匹疲乏，请求入城休息，没有被批准。出城和清大军苦战，互有伤亡。

当时清军入关的关口是蓟辽总理刘策所管辖的，而袁崇焕一得知情况就千里赶来救援，自认为是有功无罪。但京都百姓突然遭到兵灾，纷纷说出许多怨恨诽谤的话，说袁崇焕拥有军队纵容敌军。朝廷大臣因为他以前曾经传递过和议，诬陷他勾结敌军迫和，准备签城下之盟。皇上听到了很多议论，没办法不怀疑。碰上大清设计离间，说和袁崇焕秘密达成了协议，故意让被捉的宦官知道了，暗地里将他放走。那人跑回来向皇上报告，皇上相信了不再怀疑。十二月初一再次召见，就下诏缚了袁崇焕入狱。祖大寿在旁边，全身发抖，惊慌失措，出城马上领兵叛逃回去。祖大寿曾经犯了罪，孙承宗想杀他，但爱惜他的才干，悄悄地叫袁崇焕去解救。祖大寿因此感激袁崇焕，害怕一齐被杀，就叛逃了。皇上拿到袁崇焕在狱中写的亲笔信，去召回祖大寿，才回来听从调遣。

当袁崇焕在朝廷时，曾和大学士钱龙锡谈论，稍稍提及过想杀毛文龙的意思。及至袁崇焕想达成和议，钱龙锡曾经去信制止他。钱龙锡原来是主持审理魏忠贤等叛逆案的，魏忠贤剩下的党羽王永光、高捷、袁弘勋、史范等策划发起一个大案，为逆党报仇，看见袁崇焕撤了职，就用擅主和议、擅杀大帅两件事当作袁崇焕、钱龙锡两人的罪名。高捷首先上疏极力诋毁，史范、袁弘勋跟着他，一心想一起杀了钱龙锡。司法部门判定袁崇焕谋反，钱龙锡也被判死罪。三年八月，就在市中心肢裂了袁崇焕。他的兄弟妻子流放三千里，抄了他的家。袁崇焕没有儿子，家里也没有剩下资产，天下人都认为他冤枉。

袁崇焕被捉了，祖大寿也溃退了。武经略满桂因为被紧急催着战斗，和大清军队作战，战死了，离捉拿袁崇焕的时间刚好半个月。当初，袁崇焕不恰当地杀了毛文龙，到这时皇上错杀了袁崇焕。自从袁崇焕死了以后，边关的事务更加没有人才，明朝灭亡的征兆已经决定了。

明史卷二百八十七

文征明王世贞列传第一百七十五

文征明

文征明，长洲人，初名璧，以字行，更字徵仲，别号衡山。父林，温州知府。叔父森，右佥都御史。林卒，吏民醵千金为赙。征明年十六，悉却之。吏民修故却金亭，以配前守何文渊，而记其事。

征明幼不慧，稍长，颖异挺发。学文于吴宽，学书于李应祯，学画于沈周，皆父友也。又与祝允明、唐寅、徐祯卿辈相切劘，名日益著。其为人和而介。巡抚俞谏欲遗之金，指所衣蓝衫，谓曰："敝至此邪？"征明佯不喻，曰："遭雨敝耳。"谏竟不敢言遗金事。宁王宸濠慕其名，贻书币聘之，辞病不赴。

正德末，巡抚李充嗣荐之，会征明亦以岁贡生诣吏部试，奏授翰林院待诏。世宗立，预修《武宗实录》，侍经筵，岁时颁赐，与诸词臣齿。而是时专尚科目，征明意不自得，连岁乞归。

先是，林知温州，识张璁诸生中。璁既得势，讽征明附之，辞不就。杨一清召入辅政，征明见独后。一清亟谓曰："子不知乃翁与我友邪？"征明正色曰："先君弃不肖三十馀年，苟以一字及者，弗敢忘，实不知相公与先君友也。"一清有惭色，寻与璁谋，欲徙征明官。征明乞归益力，乃获致仕。四方乞诗文书画者，接踵于道，而富贵人不易得片楮，尤不肯与王府及中人，曰："此法所禁也。"周、徽诸王以宝玩为赠，不启封而还之。外国使者道吴门，望里肃拜，以不获见为恨。文笔遍天下，门下士赝作者颇多，征明亦不禁。嘉靖三十八年卒，年九十矣。

长子彭，字寿承，国子博士。次子嘉，字休承，和州学正。并能诗，工书画篆刻，世其家。彭孙震孟，自有传。

吴中自吴宽、王鏊以文章领袖馆阁，一时名士沈周、祝允明辈与并驰骋，文风极盛。征明及蔡羽、黄省曾、袁袠、皇甫冲兄弟稍后出。而

征明主风雅数十年，与之游者王宠、陆师道、陈道复、王穀祥、彭年、周天球、钱穀之属，亦皆以词翰名于世。

【译文】

文征明，是长洲人，最初名璧，通常都用字来称呼他，改字为征仲，别号衡山。父亲文林，是温州知府。叔父文森，是右佥都御史。文林去世，吏胥百姓凑了千金帮助办理丧事。这时文征明十六岁，全部拒绝了。吏胥百姓维修了过去盖的却金亭，以文林附祭前太守何文渊，并且记上了这件事。

文征明小时候不聪明，大一点以后，智力迅速增长。跟随吴宽学习文学，跟随李应祯学习书法，跟随沈周学习画画，这些人都是他父亲的朋友。又和祝允明、唐寅、徐祯卿等人相互切磋，名声日大。文征明为人随和而又有节操。巡抚俞谏想送钱给他，指着他所穿的蓝衫，说："破旧到这样吗？"文征明假装不理解，说："给雨打旧罢了。"俞谏最终没有敢谈到送钱的事。宁王朱宸濠仰慕他的大名，送信和玉帛等聘请他，文征明推辞说身体不好，不去。

正德末年，巡抚李充嗣举荐他，正好文征明也凭岁贡生的身份前往吏部考试，奏准任命他为翰林院待诏。世宗即位，文征明参加撰修《武宗实录》，当大学士等为世宗讲解经传史鉴时，他也在旁边侍候，每逢年节发给的赏赐，也和各文学侍从的官员一样。但当时只看重科举出身的官员，文征明自觉不得意，连年请求辞职回去。

以前，文林担任温州知府时，在许多生员中看中了张璁。张璁得势以后，暗示文征明依附他，文征明推辞不肯。杨一清奉召入内阁协同执政，文征明最后才见他。杨一清急忙说："你不知道你父亲和我是朋友吗？"文征明认真地说："先父抛开我这不肖的儿子已三十余年，假如曾经有一个字说到的，不敢忘记，实在不知道您和先父是朋友呀。"杨一清面有惭色，接着和张璁商议，准备调转文征明的官职。文征明更加坚决请求辞官归去，于是得以退休。四方求索诗文书画的人，一个接一个的前来，可是富贵的人不容易得到片纸，尤其不肯给王府和宦官，说："这是法令所禁止的。"周王、徽王等亲王用珍宝、玩物相送，文征明连包装都不拆就退还了。外国使者路过吴门，望着他居住的地方肃立礼拜，因为没有见到他而感觉遗憾。文笔传遍天下，门生伪作的画相当多，文征明也不禁止。嘉靖三十八年去世，享年九十岁。

长子文彭，字寿承，国子博士。次子文嘉，字休承，和州学正。（两人）都能赋诗，擅长书画篆刻，世代相传。文彭的孙子文震孟，自己有传。

吴中自从吴宽、王鏊凭文章担任翰林院领袖后，一时名家沈周、祝允明等人也相与并驾齐驱。文风极盛。文征明及蔡羽、黄省曾、袁衮、皇甫冲兄弟稍为后起。可是文征明主持风雅几十年，和他来往的王宠、陆师道、陈道复、王谷祥、彭年、周天球、钱谷等，也都以词章闻名于世。

王世贞

王世贞，字元美，太仓人，右都御史忬子也。生有异禀，书过目，终身不忘。年十九，举嘉靖二十六年进士。授刑部主事。世贞好为诗古文，官京师，入王宗沐、李先芳、吴维岳等诗社，又与李攀龙、宗臣、梁有誉、徐中行、吴国伦辈相倡和，绍述何、李，名日益盛。屡迁员外郎、郎中。

奸人阎姓者犯法，匿锦衣都督陆炳家，世贞搜得之。炳介严嵩以请，不许。杨继盛下吏，时进汤药。其妻讼夫冤，为代草。既死，复棺殓之。嵩大恨。吏部两拟提学皆不用，用为青州兵备副使。父忬以滦河失事，嵩构之，论死系狱。世贞解官奔赴，与弟世懋日蒲伏嵩门，涕泣求贷。嵩阴持忬狱，而时为谩语以宽之。两人又日囚服跽道旁，遮诸贵人舆，搏颡乞救。诸贵人畏嵩不敢言，忬竟死西市。兄弟哀号欲绝，持丧归，蔬食三年，不入内寝。既除服，犹却冠带，苴履葛巾，不赴宴会。

隆庆元年八月，兄弟伏阙讼父冤，言为嵩所害，大学士徐阶左右之，复忬官。世贞意不欲出，会诏求直言，疏陈法祖宗、正殿名、广恩义、宽禁例、修典章、推德意、昭爵赏、练兵实八事，以应诏。无何，吏部用言官荐，令以副使莅大名。迁浙江右参政，山西按察使。母忧归，服除，补湖广，旋改广西右布政使，入为太仆卿。

万历二年九月以右副都御史抚治郧阳，数条奏屯田、戍守、兵食事宜，咸切大计。有奸僧伪称乐平王次子，奉高皇帝御容、金牒，行游天下。世贞曰："宗藩不得出城，而诪张如此，必伪也。"捕讯之，服辜。

张居正枋国，以世贞同年生，有意引之，世贞不甚亲附。所部荆州地震，引京房占，谓臣道太盛，坤维不宁，用以讽居正。居正妇弟辱江陵令，世贞论奏不少贷。居正积不能堪，会迁南京大理卿，为给事中杨节所劾，即取旨罢之。后起应天府尹，复被劾罢。居正殁，起南京刑部右侍郎，辞疾不赴。久之，所善王锡爵秉政，起南京兵部右侍郎。先是，世贞为副都御史及大理卿、应天尹与侍郎，品皆正三。世贞通理前俸，得考满荫子。比擢南京刑部尚书，御史黄仁荣言世贞先被劾，不当计俸，据故事力争。世贞乃三疏移疾归。二十一年卒于家。

世贞始与李攀龙狎主文盟，攀龙殁，独操柄二十年。才最高，地望最显，声华意气笼盖海内。一时士大夫及山人、词客、衲子、羽流，莫不奔走门下。片言褒赏，声价骤起。其持论，文必西汉，诗必盛唐，大历以后书勿读，而藻饰太甚。晚年，攻者渐起，世贞顾渐造平淡。病亟时，刘凤往视，见其手苏子瞻集，讽玩不置也。

世贞自号凤洲，又号弇州山人。其所与游者，大抵见其集中，各为标目。曰前五子者，攀龙、中行、有誉、国伦、臣也。后五子则南昌余曰德、蒲圻魏裳、歙汪道昆、铜梁张佳胤、新蔡张九一也。广五子则昆山俞允文、濬卢柟、濮州李先芳、孝丰吴维岳、顺德欧大任也。续五子则阳曲王道行、东明石星、从化黎民表、南昌朱多煃、常熟赵用贤也。末五子则京山李维桢、鄞屠隆、南乐魏允中、兰溪胡应麟，而用贤复与焉。其所去取，颇以好恶为高下。

【译文】

王世贞，字元美，是太仓人，右都御史王忬的儿子。天资优异，看过的书终生不忘。十九岁便考中了嘉靖二十六年进士。被任命为刑部主事。王世贞喜欢写诗和古文，在京师做官时，加入了王宗沐、李先芳、吴维岳等人的诗社。又和李攀龙、宗臣、梁有誉、徐中行、吴国伦等人互相唱和，继承李攀龙、何景明，名声日大。屡次调任员外郎、郎中。

有个姓阎的奸徒犯法，藏在锦衣都督陆炳家里，王世贞搜捕了他。陆炳托严嵩求情，王世贞没有答应。杨继盛被交给司法部门审问治罪，王世贞经常给他送去汤药。杨继盛的妻子上诉丈夫的冤屈，王世贞帮助她起草。杨继盛死了，王世贞又用棺材把他收殓。严嵩特别恨他。吏部两次准备把他任命为提学道，严嵩都不用，让他担任青州兵备副使。父亲王忬因为滦河失事，严嵩罗织罪名陷害他，判死刑关在狱中。王世贞辞了官职跑去和弟弟王世懋天天匍匐在严嵩门口，哭着请求宽恕。严嵩暗中把持着王忬的案子，却经常用轻率空洞的话来宽慰他们。两人又天天穿着囚服跪在路边，拦截那些达官贵人的轿子，叩头请求救助。那些显贵的人全都害怕严嵩，不敢说，王忬竟被在西市处死。兄弟嚎啕大哭，悲痛欲绝，护送灵柩返乡，素食三年，不进自己屋里睡觉。即使脱了丧服后，也不肯戴帽束带子，穿麻鞋，用葛布裹头，不参加宴会。

隆庆元年八月，兄弟伏在宫门外上诉父亲的冤屈，说是被严嵩陷害，大学士徐阶帮助他，恢复了王忬的官职。王世贞不想出来做官，恰好穆宗下诏求直言，于是上疏陈述效法祖宗，改正殿的名字、推广恩义、放松禁止的条例、修订典章制度、推广道德、赏罚分明、操练军队充实装备等八件事，来响应诏令。不久，吏部根据言官的举荐，令王世贞凭副使的身份去大名。后调任浙江右参政，山西按察使。母亲去世回去守孝，出服后，补湖广的缺，不久改为广西右布政使，入京师担任太仆寺卿。

万历二年九月，凭右副都御史的身份巡抚治理郧阳，几次上奏逐条论述屯田、部队驻防、兵饷等事，都能切中要害。有个奸僧冒充乐平王的次子，捧着高皇帝的肖像、金属的书版到处周游。王世贞说："宗藩不准出城，而这样嚣张，一定是假的。"逮捕审讯他，服罪。

张居正当政，因为王世贞是和自己同一年考中进士的，有意笼络他，但王世贞却不大和他来往。所管辖的荆州发生地震，又引用京房的占卜，说臣道太昌盛，地的角不安宁，借以讽刺张居正。张居正的妻弟侮辱了江陵令，王世贞议论参奏一点也不姑息。张居正终于无法忍受，刚好王世贞调任南京大理寺卿，被给事中杨节弹劾，张居正当即请圣旨把他罢了官。后来起用为应天府尹，再被弹劾罢官。张居正死后，起用为南京刑部右侍郎，称病没有赴任。后来，和他关系较好的王锡爵掌权，起用为南京兵部右侍郎。以前，王世贞担任副都御史和大理卿、应天尹和侍郎，都是正三品。王世贞通计以前的俸禄，通过考满得到恩荫儿子。及至提升为南京刑部尚书时，御史黄仁荣说王世贞从前曾被弹劾，不应该计那段俸禄，并依据过去的事例力争。王世贞于是三次上疏称病辞职回家。万历二十一年在家里去世。

王世贞开始时和李攀龙交替主持文盟，李攀龙死，独自掌管文盟二十年。才学最高，在地方威望最为显赫，声誉气概遍布全国。一时士大夫、隐士、词客、和尚、道士，无不争着出入他的门下。谁要是得到他一句褒奖的话，立刻身价百倍。他的论点，认为文章必定西汉的好，诗一定盛唐的好，唐朝大历年间以后的书就不要看了，而且他的作品修饰得太厉害。晚年，攻击他的人慢慢多起来了，王世贞的文风反而逐渐趋于平淡。病重时，刘凤去探望他，看见他手捧着苏子瞻文集，背诵欣赏不已。

王世贞自号凤洲，又号弇州山人。和他往来的人，大抵都可见于他的文集中，各有目录标出来。称前五子的是李攀龙、徐中行、梁有誉、吴国伦、宗臣。后五子则是南昌余曰德、蒲圻魏裳、歙县汪道昆、铜梁张佳胤、新蔡张九一。广五子则是昆山俞允文、濬县卢柟、濮州李先芳、孝丰吴维岳、顺德欧大任。续五子则是阳曲王道行、东明石星、从化黎民表、南昌朱多煃、常熟赵用贤。末五子则是京山李维桢、鄞县屠隆、南乐魏允中，兰溪胡应麟，而常熟赵用贤也在其中。他的取舍，多数凭自己的爱好和憎恶来分高下。

明史卷二百八十八

董其昌列传第一百七十六

董其昌，字玄宰，松江华亭人。举万历十七年进士，改庶吉士。礼部侍郎田一儁以教习卒官，其昌请假，走数千里，护其丧归葬。还授编修。皇长子出閤，充讲官，因事启沃，皇长子每目属之。坐失执政意，出为湖广副使，移疾归。起故官，督湖广学政，不徇请嘱，为势家所怨，嗾生儒数百人鼓噪，毁其公署。其昌即拜疏求去，帝不许，而令所司按治，其昌卒谢事归。起山东副使、登莱兵备、河南参政，并不赴。

光宗立，问："旧讲官董先生安在？"乃召为太常少卿，掌国子司业事。天启二年擢本寺卿，兼侍读学士。时修《神宗实录》，命往南方采辑先朝章疏及遗事，其昌广搜博征，录成三百本。又采留中之疏切于国本、藩封、人才、风俗、河渠、食货、吏治、边防者，别为四十卷。仿史赞之例，每篇系以笔断。书成表进，有诏褒美，宣付史馆。明年秋，擢礼部右侍郎，协理詹事府事，寻转左侍郎。五年正月拜南京礼部尚书。时政在奄竖，党祸酷烈。其昌深自引远，逾年请告归。崇祯四年起故官，掌詹事府事。居三年，屡疏乞休，诏加太子太保致仕。又二年卒，年八十有三。赠太子太傅。福王时，谥文敏。

其昌天才俊逸，少负重名。初，华亭自沈度、沈粲以后，南安知府张弼、詹事陆深、布政莫如忠及子是龙皆以善书称。其昌后出，超越诸家，始以宋米芾为宗。后自成一家，名闻外国。其画集宋、元诸家之长，行以己意，潇洒生动，非人力所及也。四方金石之刻，得其制作手书，以为二绝。造请无虚日，尺素短札，流布人间，争购宝之。精于品题，收藏家得片语只字以为重。性和易，通禅理，萧闲吐纳，终日无俗语。人儗之米芾、赵孟頫云。同时以善书名者，临邑邢侗、顺天米万钟、晋江张瑞图，时人谓邢、张、米、董，又曰南董、北米。然三人者，不逮其昌远甚。

【译文】

董其昌，字玄宰，是松江华亭人。考中万历十七年进士，改为庶吉士。礼部侍郎田一，当教习时死在任上，董其昌请假，走了几千里，护送他的棺柩回去归葬。回来被任命为编修。皇长子长大出阁，董其昌担任日讲官，根据事情诚恳的忠告以治国之道，皇长子常常用心听着。因为得不到当政者的理解，调出为湖广副使，上书称病辞官回家。后被起用，官复原职，提督湖广学政，不接受请托嘱咐，被有权势的人怨恨，唆使了几百名儒生闹事，捣毁了他的公署。董其昌当即上疏请求辞官，神宗不准许，反而令所在地方官审查治理，董其昌终于辞官回家。起用为山东副使、登莱兵备、河南参政，他都没有去上任。

光宗即位，问："从前的讲官董先生在哪里?"于是召请他担任太常少卿，掌管国子监的事。天启二年，提升为太常寺卿，兼任侍读学士。当时正修纂《神宗实录》，命令他到南方采访辑录前朝的奏章奏疏和遗留的事情，董其昌广泛地搜罗征集，录成三百本。又采用留中奏疏中有关国本、藩封、人才、风俗、河渠、食货、吏治、边防的，另集为四十卷。仿照史籍中附有赞语的体例，每篇都在后面附上自己写的断语。书写成后呈表上进，光宗下诏褒奖赞美，宣布交给史馆。第二年秋天，提升为礼部右侍郎，协助管理詹事府，不久转为左侍郎。天启五年正月，拜为南京礼部尚书。当时宦官擅权，对东林党的镇压特别残酷。董其昌很注意远远避开，第二年请求告老还乡。崇祯四年再次按照原官职起用，掌管詹事府的事。当了三年，多次上疏请求退休，终于被诏加太子太保退休。两年后去世，享年八十三岁。赠给太子太傅。福王当政时，谥号文敏。

董其昌才华横溢，从小就很出名。当初，华亭自从沈度、沈粲以后，南安知府张弼、詹事陆深、布政使莫如忠和儿子莫是龙都因擅长书法出名。董其昌后起，超越各家。开始将宋米芾当作模式，后来自成一家，名声传到了国外。他的画集中了宋、元各家的长处，根据自己的意思灵活运用技法，潇洒生动，不是人力所能达到的。四处金石篆刻，得到他写的字，认为是一绝。每天都有人来求他的书画，一尺大的画、一封很短的信，流传散布在社会上的，人们争相购买珍藏。又擅长评论人物高下，收藏家得到他的片言只语都很重视。性情随和平易近人，懂佛学，有空闲时就呼吸吐纳（我国古代一种养生术），整天不说一句庸俗的话。人们把他比作米芾、赵孟頫。同时因擅长书法闻名的，临邑邢侗、顺天米万钟、晋江张瑞图，当时的人称之为邢、张、米、董，或者说南董、北米。其实那三个人远远比不上董其昌。

明史卷二百九十九

李时珍列传第一百八十七

李时珍，字东璧，蕲州人，好读医书，医家《本草》，自神农所傳止三百六十五种，梁陶弘景所增亦如之，唐苏恭增一百一十四种，宋刘翰又增一百二十种，至掌禹锡、唐慎微辈，先后增补合一千五百五十八种，时称大备。然品类既烦，名称多杂，或一物而析为二三，或二物而混为一品，时珍病之。乃穷搜博采，芟烦补阙，历三十年，阅书八百馀家，藁三易而成书，曰《本草纲目》。增药三百七十四种，厘为一十六部，合成五十二卷。首标正名为纲，馀各附释为目，次以集解详其出产、形色，又次以气味、主治附方。书成，将上之朝，时珍遽卒。未几，神宗诏修国史，购四方书籍。其子建元以父遗表及是书来献，天子嘉之，命刑行天下，自是士大夫家有其书。时珍官楚王府奉祠正，子建中，四川蓬溪知县。

【译文】

李时珍，字东璧，是蕲州人。好读医书，医家《本草》，自神农所传下来的只有三百六十五种，梁朝陶弘景所增加的也差不多，唐朝苏恭增加一百一十四种，宋朝刘翰又增加一百二十种，至掌禹锡、唐慎微等人时，先后增补共计一千五百五十八种，当时已经认为是最齐备了。但是品种类别既繁多，名称又很复杂，或者一种分析为二三种，或者两种不同的混为一类，李时珍很不满意。于是尽力搜寻，广泛采集，削除繁复杂乱，补入缺漏，经过了三十年，浏览医书八百多家，三易其稿而写成一本书，称《本草纲目》。增加药三百七十四种，整理改定为一十六部，合成五十二卷。首先标出正名作为纲，其余各附解释为目，其次用集解的形式详细注明其产地、形状颜色，再次是气味、主治的病并附药方。书写完，将要送上朝，李时珍突然死了。不久，神宗下诏修纂国史，购买各地的书籍。李时珍的儿子李建元把父亲的遗表和这本书拿来献上，神宗嘉奖他，下令刊印发行全国，从此士大夫家里有了这本书。李时珍的官职是楚王府奉祠正。儿子李建中，是四川蓬溪知县。

明史卷三百四

郑和李广蒋琮张永谷大用
魏彬列传第一百九十二

郑 和

郑和，云南人，世所谓三保太监也。初事燕王于藩邸，从起兵有功，累擢太监。

成祖疑惠帝亡海外，欲踪迹之，且欲耀兵异域，示中国富强。永乐三年六月，命和及其侪王景弘等通使西洋。将士卒二万七千百余人，多赍金币，造大舶修四十丈、广十八丈者六十二。自苏州刘家河泛海至福建，复自福建五虎门扬帆，首达占城，以次遍历诸番国，宣天子诏，因给赐群长，不服，则以武慑之。

五年九月，和等还，诸国使者随和朝见。和献所俘旧港酋长，帝大悦，爵赏有差。旧港者，故三佛齐国也。其酋陈祖义剽掠商旅，和使使招谕，祖义诈降，而潜谋邀劫。和大败其众，擒祖义。献俘，戮于都市。

六年九月，再往锡兰山，国王晋烈古柰儿诱和至国中，索金币，发兵劫和舟。和觇贼大众既出，国内虚，率所统二千余人，出不意，攻破其城，生擒亚烈苦柰儿及其妻子、官属。劫和舟者闻之还自救，官军复大破之。九年六月，献俘于朝，帝赦不诛，释归国。是时，交趾已破灭，郡县其地，诸邦益震慑，来者日多。

十年十一月，复命和等往使。至苏门答剌，其前伪王子苏干剌者，方谋弑主自立，怒和赐不及己，率兵邀击官军。和力战，追擒之喃渤利，并俘其妻子。以十三年七月还朝，帝大喜，赉诸将士有差。

十四年冬，满剌加、古里等十九国咸遣使朝贡。辞还，复命和等偕往，赐其君长，十七年七月还。十九年春复往，明年八月还。二十二正月，旧港酋长施济孙请袭宣慰使职，和赍敕印往赐之。比还，而成祖已晏驾。

洪熙元年二月，仁宗命和以下诸番军守备南京。南京设守备，自和始也。

宣德五年六月，帝以践阼岁久，而诸番国远者尤未朝贡，于是和、景弘复奉命历忽鲁谟斯等十七国而还。

和经事三朝，先后七奉使，所历占城、瓜哇、真腊、旧港、暹罗、古里、满剌加、渤泥、苏门答剌、阿鲁、柯枝、大葛兰、小葛兰、西洋琐里、琐里、加异勒、阿拨把丹、南巫里、甘把里、锡兰山、喃渤利、彭亨、急兰丹、忽鲁谟斯、比剌、溜山、孙剌、木骨都束、麻林、剌撒、祖法儿、沙里湾泥、竹步、榜葛剌、天方、黎伐、那孤儿，凡三十余国。所取无名宝物不可胜计，而中国耗费亦不赀。自宣德以还，远方时有至者，要不如永乐时，而和亦老且死。

自和后，凡将命海表者，莫不盛称和以夸外番，故俗传三保太监下西洋，为明初盛事云。

【译文】

郑和，是云南人，也就是世人所说的三宝太监。起初他在王府侍奉燕王，后因追随燕王起兵靖难有功，几经升迁，当了太监。

成祖怀疑惠帝逃亡到海外，想要查找他的踪迹，同时也想向外国炫耀朝廷武力，彰显中国的富强。永乐三年六月，明成祖命令郑和以及太监王景弘等人出使西洋。他们率领二万七千八百多名士卒，带了许多金银等礼物，并专门为此制造了六十二艘大船，各船长四十四丈，宽八丈。郑和等人从苏州刘家河出发，经由海路来到福建，再由福建五虎门扬帆出海，首先抵达占城，然后逐一走访各国，宣布天子诏命，赏赐当地君长，如果有不服从的人，就采用武力威慑。

永乐五年九月，郑和等人回到国内，各国的使者跟随郑和一起进京朝见成祖。郑和进献俘获的旧港酋长，成祖大悦，赏赐他们高低不等的爵位。旧港就是原来的三佛齐国，当地酋长陈祖义抢劫客商，郑和派使者前去招抚晓谕，陈祖义诈降，却在暗中策划拦截抢劫。郑和大败旧港的部众，捉住了陈祖义。至此，郑和献上俘虏，在京城的街市将他处死。

永乐六年九月，郑和再次前往锡兰山，国王亚烈苦柰儿把郑和骗至国中，勒索金银财物，出兵抢劫郑和的船只。郑和察知敌人的大部分兵力都已经出动，国内十分空虚，便率领二千多名部下，出其不意，攻破锡兰山城后，活捉亚烈苦柰儿及他的妻子、儿女和官属。抢劫郑和船只的人闻讯撤回士兵自救，明军队又将他们打得大败。永乐九年六月，郑和向朝廷进献俘虏，成祖赦免他们的罪名不杀他们，释放亚烈苦柰儿回国。这时，交趾国已经覆灭，当地变成明朝的郡县，各国更加震恐慑服，前来朝见的国家日渐增多。

永乐十年十一月，成祖再次命郑和等人出使他国。来到苏门答剌时，原来的伪王子苏干剌正在谋划杀主自立为王。他憎恨郑和没有赏赐自己财物，就率兵截击明军。郑和率众人奋力作战，追到喃渤利时将苏干剌捉获，同时俘虏他的妻子儿女。永乐十三年七月，郑和回到朝中，成祖大喜，赏赐诸将士多少不等。

永乐十四年冬，满喇加、古里等十九个国家都派遣使者进京朝贡。使者告辞回国时，成祖又命郑和等人一同前往，赏赐该国君长，到永乐十七年七月回朝。永乐十九年春天郑和再度前往，次年八月回朝。永乐二十二年正月，旧港酋长施济的孙子请求朝廷允许自己承袭宣慰使的职务，郑和携带敕书和印信前去颁赐。等到郑和回朝时，成祖已经去世。

洪熙元年二月，仁宗命令郑和率领出使西洋各国的军队担任南京守备。南京设守备一职，就是由郑和开始。

宣德五年六月，宣宗登基已经很久，但远离中国的各国仍然没有朝贡，于是郑和、王景弘二人再次奉命率领船队出使忽鲁谟斯等十七国，然后归朝。

郑和历经三朝，曾经先后七次奉命出使海外，先后到过占城、爪哇、真腊、旧港、暹罗、古里、满剌加、渤泥、苏门答剌、阿鲁、柯枝、大葛兰、小葛兰、西洋琐里、琐里、加异勒、阿拨把丹、南巫里、甘把里、锡兰山、喃渤利、彭亨、急兰丹、忽鲁谟斯、比剌、溜山、孙剌、木骨都束、麻林、剌撒、祖法儿、沙里湾泥、竹步、榜葛剌、天方、黎伐、那孤儿，共三十多个国家。得到不知名的宝物不计其数，而朝廷耗费财物也数额巨大。从宣德年间开始，远方各国不时也有来中国的，但再也不能与永乐时期相比，而郑和也快老死了。

自郑和以后，凡是奉命出使海外的人，无不极力称赞郑和，向外国夸耀，所以世俗把三宝太监下西洋传说为明朝初年的盛事。

李 广

李广，孝宗时太监也。以符祐祷祀蛊帝，因为奸弊，矫旨授传奉官，如成化间故事。四方争纳贿赂。又擅夺畿内民田，专盐利钜万。起大第，引玉朱山水，前后浇之。给事叶绅、御史张缙等文章论劾，帝不问。

十一年，广劝帝建毓秀亭于万岁山。亭成，幼公主殇，未几，清亭宫灾。日者言广建亭犯岁忌，太皇太后恚曰："今日李广，明日李广，果然祸及矣。"广惧，自杀。

帝疑广有异书，使使即其家索之，得赂籍以进，多文武大臣名，馈黄白米各千百石。帝惊曰："广食几何？乃受米如许！"左右曰："隐语耳，黄者金，白者银也。"帝怒，下法司究治。诸交结广者，走寿宁侯张鹤龄求解，乃寝勿治。广初死时，司设监太监为请祠额奠祭，及是，以大学士刘健等言，罢给祠额，犹赐祭。

【译文】

李广，是明孝宗时的太监。因为他能作符录、法术和祈祷祭祀来蛊惑孝宗，才得以做奸弊的事，按成化年间旧例，李广假借诏旨授予自己传奉官的官职。各地的人都争着向他交送贿赂。李广又擅自强夺京畿以内的民田，垄断贩盐获得以万万计的利钱。他建造巨大的府邸，引玉泉山水，围绕在府邸前后。给事中叶绅、御史张缙等人都先后上奏章弹劾他，孝宗却置之不理。

弘治十一年，李广劝说孝宗在万岁山上建毓秀亭。亭子建成后，小公主夭折。不久后，清宁宫发生火灾。占卜的人说李广建毓秀亭犯岁忌，太皇太后恼怒地说："今天是李广如何如何，明天也是李广如何如何，果然招来了祸事。"李广因此惧罪自杀。

孝宗怀疑李广藏有异书，派使臣到他家中去翻找，得到一本记录官员行贿的簿子献给皇帝。簿子上有许多文武大臣的名字，写着馈送李广黄白米各有千百石的数字。孝宗惊异道："李广能吃多少东西？竟然接受这么多米。"左右侍从说："这不过是隐语罢了。黄米指黄金，白米指白银。"孝宗大怒，命令司法部门追究李广治罪。那些曾经交结李广的官员，到寿宁侯张鹤龄处请求他帮他们解脱，事情才被压住。李广死时，司设监太监替李广请求赐祠堂额匾和送葬祭奠的用品，到这时，大学士刘健等人上言，不再赐给他祠额，但仍然赐给他祭品。

蒋 琮

蒋琮，大兴人。孝宗时，守备南京。

沿江芦场，旧隶三厂。成化初，江浦县田多沉于江，而濒江生沙洲六，民请耕之，以补沉江田额。洲与芦场近，又瓦屑坝废地及石城门外湖地故不隶三厂。太监黄赐为守备时，受奸民献，俱指为芦场，尽收其利。民已失业，而岁额租课，仍责偿之民。孝宗立，县民相率诉于朝，下南京御史姜绾等覆按。

弘治二年，绾等劾琮与民争利，且用揭帖抗诏旨。琮条辨绾疏，而泛及御史刘恺、方岳等及南京诸司违法事。给事中韩重因星变请斥琮及太监郭镛等，以弭天怒，未报。而太监陈祖生复奏户部主事卢锦、给事中方向私种南京后湖田事。后湖者，洪武时置黄册库其中，令主事、给事中各一人守之，百司不得至。岁久湖塞，锦、向于湖滩种蔬伐苇，给公用，故为祖生所奏。事下南京法司。适郭镛奉使两广，道南京，往观焉。御史孙愓等因劾镛擅游禁地。镛怒，归诉于帝，言府尹杨守随勘锦、向失出，御史不劾奏，独绳内臣。帝乃遣太监何穆、大理寺少卿杨谧再勘后湖田，并覆绾、琮讦奏事。

明年，奏上，褫锦职，谪守随、向以下官有差。又勘琮不当受献地，私嘱勘官，所讦事皆诬，绾等劾琮亦多不实，并宜逮治。诏逮绾等，御史伊宏、给事中陈宏等皆言不宜以一内臣而置御史十人于狱，不听。绾等镌级调外，而宥琮不问。时刘吉窃柄，素恶南京御史劾己，故兴此狱。尚书王恕、李敏、给事中赵竑、御史张宾先后言琮、绾同罪异罚失平，亦不纳，琮由是益无忌。久之，广洋卫指挥石文通奏琮僭侈杀人，掘聚宝山伤皇陵气，及殴杀商人诸罪。琮竟免死，充孝陵净军。

【译文】

蒋琮，是大兴人。孝宗时担任南京守备。

长江沿岸的芦场，原来隶属三厂。成化初年，江浦县许多田地都沉入长江，而长江边上生出六个沙洲，百姓请求在沙洲上耕种，来弥补沉入长江田地的数额。沙洲距离芦场很近，瓦屑坝荒废的土地以及石城门外的湖地原来并不隶属三厂。太监黄赐担任守备时，他接受奸民进献，把这些土地都指定为芦场所有，尽收其利。百姓失业后，仍然责成百姓交纳每年租税的定额。孝宗即位后，县氏聚集在一起向朝廷申诉，朝廷委派南京御史姜绾等人进行复核。

弘治二年，姜绾等人弹劾蒋琮与民争利，并用公文揭帖来抗拒诏书旨意。蒋琮对姜绾的奏疏逐条进行争辩，广泛涉及到御史刘恺、方岳等人以及南京各衙门的违法事情。给事中韩重以星象异常为借口要求斥逐蒋琮和太监郭镛等人，以消弭天怒，孝宗没有答复。同时，太监陈祖生又奏告户部主事卢锦、给事中方向二人私自种植南京后湖田地的事。后湖在洪武年间绘入赋役黄册，存放在黄册库中，让主事、给事中各安排一人守护此库，百官不得进入。年头长了，湖面淤塞，卢锦、方向在湖滩地上种了些蔬菜，割些苇子，供公家使用，所以被陈祖生奏告。其事下达南京司法部门处理，恰逢郭镛受命出使两广地区，途经南京，前去观光。御史孙愒等人据此弹劾郭镛擅自游览皇家园囿。郭镛大怒，回京向孝宗陈诉，说府尹杨守随查出卢锦、方向判案有误，御史没有弹劾上奏，只纠举宦官过失。于是孝宗派太监何穆、大理寺少卿杨谧重新核定后湖的田地，并且审查姜绾与蒋琮互相揭发奏告的事。

第二年，何穆、杨谧呈上奏疏，孝宗命令解除卢锦的职务，将杨守随以下的官员贬官各有差等。他们还核定蒋琮不应该接受进献土地之事，私下嘱咐核定事实的官员，说所揭发的事均属诬陷，姜绾等人弹劾蒋琮也很多都不属实，都应该逮捕法办。孝宗下诏逮捕姜绾等人，御史伊宏、给事中陈宏等人都说不应因一个宦官就将十位御史下狱，孝宗没有听，将姜绾等人降级调出朝廷，却宽恕了蒋琮，没有追究。当时，刘吉窃居权柄，早就忌恨南京御史曾经弹劾自己，所以挑选这个讼案。尚书王恕、李敏、给事中赵竑、御史张宾都进言说蒋琮与姜绾同罪不同罚，有失公正，孝宗也没有接受意见，从此蒋琮愈发无所顾忌。很久以后，广洋卫指挥石文通奏告蒋琮超越本分，非常奢侈，任意杀人，发掘聚宝山，损伤皇陵地脉以及打死商人等各种罪行。蒋琮最终被免除一死，被编排在由宦官组成的驻守孝陵的军队里。

张 永

张永，保定新城人。正德初，总神机营，与瑾为党，已而恶其所为。瑾亦觉其不附己也，言于帝，将黜之南京。永知之，直趋帝前，诉瑾陷己。帝召瑾与质，方争辩，永辄奋拳殴瑾。帝令谷大用等置酒为解，由是二人益不合。

及置𫔎反，命永及右都御史杨一清往讨。帝戎服送之东华门，赐关防、金瓜、钢斧以行，宠遇甚盛。瑾亦忌之，而帝方向永，不能间也。师出，置𫔎已擒，永遂率五百骑抚定余党。还次灵州，与一清言，欲奏瑾不法事。一清曰"彼在上左右，公言能必入乎！不如以计诛之。"因为永画策，永大喜，语详《一清传》。

是时，瑾兄都督同知景祥死，京师籍籍谓瑾将以八月十五日俟百官送葬，因作乱。适永捷疏至，将以是日献俘，瑾使缓其期，欲俟事成并擒永。或以告永，永先期入献俘，是夜遂奏诛瑾。

于是英国公张懋、兵部尚书王敞等奏永辑宁中外，两建奇勋，遂封永兄富为泰安伯，弟容为安定伯。涿州男子王豸尝刺龙形及"人王"字于足，永以为妖人，擒之。兵部尚书何鉴乞加永封，下廷臣议。永欲身自封侯，引刘永诚、郑和故事风廷臣，内阁以非制格之。永意沮，乃辞免恩泽。吏部尚书杨一清言宜听永让，以成其贤，事竟已。久之，坐库官盗库银事，闲住。九年，北边有警，命永督宣府、大同、延绥等军御之，寇退乃还。

宁王宸濠反，帝南征，永率边兵二千先行。时王守仁已擒宸濠，槛车北上。永以帝意遮守仁，欲纵宸濠于鄱阳湖，俟帝至与战。守仁不可，于杭州诣永，永拒不见。守仁叱门者径入，大呼曰："我王守仁也，来与公议国家事，何拒我！"永为气慑。守仁因言江西荼毒已极，王师至，乱将不测。永大悟，乃曰："群小在侧，永来，欲保护圣躬耳，非欲攘功也。"因指江上槛车曰："此宜归我。"守仁曰："我何用此！"即付永，而与永偕还江西。时太监张忠等已从大江至南昌，方穷治逆党，见永至，大沮。永留数旬，促忠同归，江西赖以安。忠等屡谗守仁，亦赖永营解获免。

武宗崩，永督九门防变。世宗立，御史萧淮奏谷大用、丘聚辈蛊惑先帝，党恶为奸，并及永，诏永闲住。已而淮复劾永在江西不法事，再降永奉御，司香孝陵。然永在江西，实非有不法也。嘉靖八年，大学士杨一清言，永功大，不可泯，乃起永掌御用监，提督团营，未几卒。

【译文】

张永，是保定新城人。正德初年，他总领神机营，与刘瑾是同伙，但后来开始憎恶刘瑾的作为。刘瑾也察觉他不再依附于自己，就向武宗进言，准备将他贬到南京。张永得知消息后，直接到武宗面前陈诉刘瑾陷害自己。武宗叫刘瑾来跟他对质，二人正争辩时，张永奋身举拳，去打刘瑾。武宗命令谷大用等人设宴为他们和解，从此二人更加不合。

及至朱真镭反叛，武宗令命张永及右都御史杨一清前去讨伐。武宗身着军装，到东华门送行，赐给关防、金瓜、钢斧，让他带着上路，对他非常宠信优待。刘瑾也十分嫉妒，但武宗这时看重张永，没有办法离间。军队出发后，朱寘镭已经被捉获，张永便率领五百人骑马去安抚平定朱寘镭的余党。回军驻扎灵州时，他告诉杨一清，打算奏报刘瑾的不法行为。杨一清说："他在皇上身边，您的话准能传到内宫去吗？不如用计杀死他。"便替张永出谋划策，张永大喜，这件事详细请看《杨一清传》。

这时，刘瑾的哥哥都督同知道刘景祥已死，京城纷纷传言刘瑾准备等百官在八月十五日送葬时，趁机作乱。适值张永报捷的奏疏传来，也将在这一天进献俘虏，刘瑾让其事延期进行，打算事成之后连张永一齐捉获。有人告知张永，张永提前进京进献俘虏，在当天夜里就奏准处死刘瑾。

于是英国公张懋、兵部尚书王敞等人奏称张永使朝廷内外获得安宁，建立两项奇功，于是封张永的哥哥张富为泰安伯，弟弟张容为安定伯。涿州男子王豸曾在脚上刺了龙形和"人王"二字，张永认为他是妖邪之人，将他捉获。兵部尚书何鉴请求为张永加封官爵，武宗交给朝臣计议。张永想让自己封侯，援引刘永诚和郑和的旧例来暗示朝臣，内阁以不属定制为理由加以抵制。张永知道无望，这才说不必降恩封侯。吏部尚书杨一清建议张永表示推让，来成就他的美名，但最终没能实行。久后，张永因库官盗窃库银的事获罪，诏命他闲住。正德九年，北部边疆告急，朝廷命令张永督率宣府、大同、延绥的军队前去抵御，敌人撤退后，张永才撤军回朝。

宁王朱宸濠反叛，武宗率军南征，张永率领两千边疆军队先行。当时，王守仁已经捉获朱宸濠，押将人在囚车里北上。张永遵照武宗的意思阻拦王守仁，想要在鄱阳湖一带放掉朱宸濠，等武宗到达后再与他作战。王守仁认为不妥，到杭州见张永，张永拒不相见。王守仁将守门人呵斥一番，径直走进去，大声道："我是王守仁，来与您商议国家事情，怎能不让我进来！"张永在气势上被震慑。于是王守仁说江西已经受尽残害，官军一到，很难说不发生骚乱。张永恍然大悟，就说："都是一群小人在皇上身边出主意。我来到这里，就是要保护皇上，不想跟您抢功。"便指着江边的囚车说："这应该归我。"王守仁说："我要这东西有什么用！"便交给张永，与张永一同返回江西。当时，太监张忠等人已经从长江来到南昌，正在追究逆党，见张永来了，非常沮丧。张永停留了几十天，催促张忠一同返回，江西才得以安宁。张忠等人多次说王守仁坏话，也幸亏张永营救开脱，才得以免死。

武宗去世后，张永监督九门，以防事变。世宗即位后，御史萧淮奏陈谷大用、丘聚一流人蛊惑先帝，勾结恶人，狼狈为奸，并且牵涉到张永，世宗下诏命令张永闲住。不久后，萧淮又弹劾张永在江西做违法的事，世宗又贬张永为奉御，前往孝陵主持香火。然而，张永在江西并没有干违法的事情。嘉靖八年，大学士杨一清等人认为，张永功劳很大，不可埋没，世宗这才起用张永掌管御用监，提督团营。没过多久，张永死去。

谷大用、魏彬

谷大用者，瑾掌司礼监时提督西厂，分遣官校远出侦事。江西南康民吴登显等，五月五日为竞渡，诬以擅造龙舟，籍其实，天下皆重足屏息。建鹰房草场于安州，夺民田无数。瑾诛，大用辞西厂。未几，帝复欲用之，大学士李东阳力谏乃止。

六年，刘六、刘七反，命大用总督军务，偕伏羌伯毛锐、兵部侍郎陆完讨之。大用驻兵临清，召边将许泰、郤永、江彬、刘晖等入内地，听调遣，久之无功。会贼过镇江狼山，遇飓风，舟覆，陆完兵至歼之，遂封大用弟大亮为永清伯。而先是平置镭时，其兄大宽已封高平伯矣，义子冒升赏者不可胜记。

世宗立，以迎立功赐金币。给事中阎闳极论之，寻降奉御，居南京。已，召守康陵。嘉靖十年，籍其实。

魏彬，当瑾时，总三千营。瑾诛，代掌司礼监。其年，叙宁夏功，封弟英镇安伯，马永成兄山亦封平凉伯。

世宗立，彬不自安，为英辞伯爵。诏改都督同知，世袭锦衣指挥使。给事中杨秉义、徐景嵩、吴严皆言彬附和逆瑾，结姻江彬，宜置极典，帝寡不问。已而御史复论之，始令闲住。

张忠，霸州人，正德时御马太监。与司礼张雄、东厂张锐并侍豹房，用事，时号“三张”，性皆凶悖。

忠利大盗张茂财，结为弟，引入豹房，侍帝蹴鞠。而雄至怨其父不爱已，至自宫，拒不见。同侪劝之，乃垂帘杖其父，然后相抱泣，其元人理如此。锐以捕妖言功，加禄至一百二十石。每缉事，先令逻卒诱人为奸，乃捕之，得贿则释，往往以危法中人。”

三人并交通宸濠，受臧贤、钱宁筹贿，以助成其叛。宁王反，忠劝帝亲征。其遮王守仁捷，谷纵宸濠鄱阳，待帝自战，皆忠之谋也。

是时，又有吴经者，尤亲昵。帝南征，经先至扬州。尝夜半燃炬通衢，遍入寡妇，处女家，掠以出，号哭震远近。许以金赎，贫者多自经。

先是，又有刘允者，以正德十年奉敕往迎乌斯藏僧，所赉金宝以百余地。廷臣交章谏，不听。

允至成都，治装岁余，费又数十万，公私匮竭。既至，为番人所袭，允走免，将士死者数百人，尽之亡其资。

及归，武宗已崩。世宗用御史王钧等言，张忠、天经发孝陵卫充军，张雄、张锐下都察院鞠治，允亦得罪。

世宗习见正德时宦侍之祸，即位后御近侍甚严，有罪，挞之至死，或陈尸示戒。张佐、鲍忠、麦福、黄锦辈，虽由兴邸旧人掌司礼监，督东厂，然皆谨饬，不敢大肆。帝又尽撤天下镇守内臣及典京营仓场者，终四十余年不复设，故内臣之势，惟嘉靖朝少杀云。

【译文】

谷大用，在刘瑾执掌司礼监时提督西厂，分派官吏将校远行到各地侦察事情。江西南康百姓吴登显等人在五月五日进行龙舟比赛，谷大用却诬陷吴登显等人擅自制造龙舟，没收他们的家产充公，天下人为之恐惧，都迭足而立，不敢大声喘气。谷大用在安州设鹰房草场，侵夺民田，不可胜数。刘瑾被杀后，谷大用辞去西厂职务。没过多久，武宗又打算任用他，由于大学士李东阳的竭力劝谏，才算罢休。

正德六年，刘六、刘七造反，武宗命令谷大用总督军务，与伏羌伯毛锐、兵总侍郎陆完一起去讨伐叛军。谷大用驻扎在临清，把边防将领许泰、郤永、江彬、刘晖等人召到内地，听候他的调遣，历时很久，却毫无建树。恰逢叛军经过镇江狼山时遇到飓风，船只翻了，陆完率军赶到，将其歼灭，于是武宗封谷大用的弟弟谷大亮为永清伯，而在此之前，平定朱置鐇时，谷大用的哥哥谷大宽已被封为高平伯。他的义子冒领功劳受到提升奖赏，多得无法计算。

世宗即位时，谷大用因迎立新君有功得赐金币。给事中阎闳极力论辩这件事，谷大用不久被贬为奉御，在南京居住，事后又叫他去守康陵，嘉靖十年，他的家产全部被没收充公。

魏彬在刘瑾当朝时总领三千营，刘瑾被杀后，代他掌管司礼监。当时，按等级封赏参与平定宁夏之战的人的功劳，其弟魏英被封为镇安伯，马永成哥哥马山也被封为平凉伯。

世宗即位时，魏彬心中不安，替魏英要求辞去镇安伯的爵位。世宗下诏改任魏英为都督同知，世袭锦衣卫指挥使。给事中杨秉义、徐景嵩、吴严都谏言说魏彬附和逆阉刘瑾，与江彬结亲，应该被处以极刑，世宗予以宽恕，没有追问。不久，御史又纠举他的罪责，世宗这才让他闲住。

张忠，是霸州人，正德时担任御马监太监，与司礼太监张雄、东厂太监张锐一起在豹房侍候武宗，才得以当权。当时被号称“三张”，三个人都性格凶残乖戾。

张忠贪图大盗张茂的钱财，认他做弟弟，推荐他进入豹房，侍候武宗蹴鞠。张雄甚至怨恨父亲不疼爱自己，以致他自阉，因而与父亲拒不见面。宦官劝他，他就放下帘幕，杖打自己的父亲，然后抱在一起哭泣，他就是如此不通人理。张锐因逮捕制造妖言者有功，增加的俸禄多至一百二十石。每当实行缉宗时，他先让巡逻士卒引诱人去做奸邪事，然后再予以逮捕，得到贿赂后就再把人释放，也往往用这种办法危害犯法之人。

这三人都与朱宸濠交往，接受了臧贤、钱宁等人的贿赂，因而助朱宸濠反叛，宁王朱宸濠造反后，张忠劝武宗亲征。还拦截王守仁的捷报，想把朱宸濠带回鄱阳，等武宗亲自与朱宸濠作战，都是张忠的主意。

这时，还有一个名叫吴经的人，与武宗尤为亲昵。武宗南征时，吴经先来到扬州。有一次，他半夜里在大道上点燃火把，到所有寡妇处女的家时，就将她们抢出来，号哭声响震远近。吴经提出可以用钱赎人，穷人家的则大多自杀。

在此之前，还有一个名叫刘允的人，在正德十年接受敕命，前去迎接乌斯藏的僧人。携带计有一百余万的金宝。朝臣接连上进呈奏章劝谏，武宗没有听取。

刘允来到成都时，用一年多时间打点行装，其费用又高达数十万，公私极为匮乏。抵达乌斯藏后，又遭到番人的袭击，刘允逃跑，才得以保住性命，将士死伤数百人，携带的物品也全部丧失。

及至刘元回朝，武宗已经去世。世宗采用御史王钧等人的意见，将张忠、吴经发配到孝陵卫充军。张雄、张锐被押到都察院审讯治罪，刘允也受到惩处。

世宗见正德年间宦官之祸太多，即位后约束近侍的宦官非常严格。宦官犯罪，有笞打至死的，有时甚至陈尸示众，以示警戒。张佐、鲍忠、麦福、黄锦一流，虽然是兴王府的旧人掌管司礼监，提督东厂，但都谨慎小心，不敢太过放肆。世宗又在全国范围内全部撤销担任镇守以及掌管京营仓库的宦官，在四十余间，朝廷始终不再设置这些职务，所以只有在嘉靖一朝，宦官的势力才稍有收敛。

明史卷三百五

李芳冯保陈增高淮列传第一百九十三

李 芳

李芳，穆宗朝内官监太监也。帝初立，芳以能持正见信任。

初，世宗时，近役徐杲以营造躐官工部尚书，修卢沟桥，所侵盗万计。其属冒太仆少卿，苑马卿以下职衔者以百数。隆庆元年二月，芳劾之。时杲已削官，乃下狱遣戍，尽认具所冒冗员。又奏革上林苑监增设皂隶，减光禄岁增米盐及工部物料，以是大为同类所嫉。而是时，司礼诸阉滕祥、孟冲、陈洪方有宠，急饰奇技谣巧以悦帝意，作鳌山灯，导帝为长夜饮。芳切谏，帝不悦。祥等复媒孽之，帝遂怒，勒芳闲住。二年十一月复杖芳八址，下刑部监禁待决。尚书毛恺等言："芳罪状未明，臣等莫如所坐。"帝曰"芳事朕无礼，其锢之。"

芳锢，祥等益横。前司礼太监黄锦人已革珰，祥辄复予之。工部尚书雷礼劾祥；"传造采办器物及修补坛庙乐器，多自加征，糜费巨万。工厂存留大木，斩截任意。臣礼力不能争，乞早赐罢。"帝不罪祥，而令礼致仕，冲传旨下海户王户于镇抚司，论戍，法司不预闻。纳肃藩辅国将军缙熿贿，越制得嗣封肃王。洪尤贪肆，内阁大臣亦有因之以进者，三人所糜国帑无算。帝享太庙，三人皆冠进贤冠，服祭服以从，爵赏辞谢与六卿埒，廷臣论劾者，太常少卿周怡以外补去，给事中石星、李已、陈吾德、御史詹仰庇、尚宝承郑履淳，皆廷杖削籍。三人各珰锦衣官至二十人，而芳独系狱。四年四月，刑科都给事舒化等以势审届期，请宥芳，乃得释，充南京净军。

【译文】

李芳，是穆宗朝内官监的太监。穆宗刚刚即位时，李芳因能够坚持正直的意见而受信任。

起初，世宗在位时，服役的工匠徐杲因为善于营造而越级升任工部尚书的官职，修卢沟桥时侵吞盗窃数以万计的财物。徐杲的下属得到太仆少卿、苑马卿以下职衔的有百数人之多。隆庆元年二月，梁芳弹劾他。当时，徐杲已经被削官，同时翻数裁汰冒滥的冗员。李芳又上奏请求革除上林苑监增设的皂隶，减少光禄每年增加的米、盐以及工部的物料，因此非常受宦官的嫉妒。而这时司礼监诸宦官滕祥、孟冲、陈洪在得宠，争相通过新奇的技艺和物品来取悦穆宗，制造了鳌山灯来引导穆宗彻夜长饮。李芳直言劝谏，穆宗非常不高兴，加上滕祥等人在中间罗织陷害，于是穆宗大怒，命李芳居家中闲住。隆庆二年十一月，李芳又被杖责八十，送交刑部监禁，听候裁决。尚书毛恺等人说："李芳的罪状尚不明确，臣等不知道他犯了何罪。"穆宗说："李芳事奉朕不讲礼法，就将他禁锢了吧。"

李芳被禁锢后，滕祥等人愈加蛮横。前司礼太监黄锦庇言的待遇已经被撤销，滕祥却又给他恢复。工部尚书雷礼弹劾滕祥说："他传达旨意制造采办器物和修补祭坛宗庙的乐器，很多都是自行增加处收物品的数额，浪费数以万计的东西，工厂留下来存放的大木材被任意截断。臣雷礼没有力量据理以争，请陛下及早赐旨加以制止。"神宗没有处置滕祥，反而让雷礼辞官归居。孟冲传有将海户王印押进镇抚司，以戍边罪论处，司法部门无法参与过问。他接受肃藩辅国将军朱缙熿的贿赂，使朱缙熿得以越制被封为肃王。陈洪尤其贪婪妄为，内阁大臣也有通过他得到加官任用的。滕、孟、陈三人浪费国库的银两不可胜数。神宗到太庙去行祭礼，三人都戴着进贤冠，穿着祭服，跟随一同前往，对他们的封爵赏赐以及他们表示辞让致谢的礼节都与六卿相等同。弹劾他们的朝臣，太常少卿周怡调集京城，被外放补官，给事中石星、李已、陈吾德、御史詹仰庇、尚宝丞郑履淳曾在朝堂上被仗打，被削除名籍。滕、孟、陈三人各荫锦衣官达二十人。只有李芳长期被押在监狱里。隆庆四年，刑科给事中舒化等认为小满至立秋间的热审即将到期，请求宽恕李芳，李芳这才被释放出狱，又被发配到南京由宦官组成的军队里。

冯　保

冯保，深州人。嘉靖中为司礼秉笔太监，隆庆元年提督东厂，兼掌御马监事。

时司礼掌印缺，保以次当得之。适不悦于穆宗，大学士高拱荐御用监陈洪代。保由是疾拱。及洪罢，拱复荐用孟冲。冲，故掌尚膳监者，例不当掌司礼。保疾拱弥甚，乃与张居正深相结，谋去之。会居正亦欲去拱专权，两人交益固。穆宗得疾，保密属居正预草遗诏，为拱所见，面责居正曰："我当国，奈何独与中人具遗诏！"居正面赤，谢过。拱益恶保，思逐之。

穆宗甫崩，保言于后妃，斥孟冲而夺其位，又矫遗诏与阁臣同受顾命。及帝登极，保升立宝座旁不下，举朝大骇。保既掌司礼，又督东厂，兼总内外，势益张。拱讽六科给事中程文、十三道御史刘良弼等交章数其奸，而给事中雒遵、陆树德又特疏论列。拱意疏下即拟旨逐保，而保匿其疏，亟与居正定谋，遂逐拱去。初，穆宗崩，拱于阁中大恸曰："十岁天子，如何治天下！"保谮于后妃曰："拱斥太子为十岁孩子，如何作人主。"后妃大惊，太子闻之亦色变。迨拱去，保憾犹未释。

万历元年正月，有王大臣者，伪为内侍服，入乾清宫，被获，下东厂。保欲缘此族拱，与居正谋，令家人辛儒饮食之，纳刃其袖中，俾言拱怨望，遣刺帝，大臣许之。逾日，锦衣都督朱希孝等会鞫，大臣疾呼曰："许我富贵，乃掠治我耶！且我何处识高阁老？"希孝惧，不敢鞫而罢。会廷臣杨博、葛守礼等保持之，居正亦迫众议微讽保。保意稍解，乃以生漆酒喑大臣，移送法司坐斩，拱获免。由是举朝皆恶保，而不肖者多因之以进。

慈圣太后遇帝严，保倚太后势数挟持帝，帝甚畏之。时与小内竖戏，见保入，辄正襟危坐曰："大伴来矣。"所昵孙海、客用为乾清宫管事牌子，屡诱帝夜游别宫，小衣窄袖，走马持刀，又数进奇巧之物，帝深宠幸。保白太后，召帝切责，帝长跪受教，惶惧甚。保属居正草帝罪已手诏，令颁示阁臣，词过挹损。帝年已十八，览之内惭，然迫于太后，不得不下。居正乃上疏切谏，又缘保意劾去司礼秉笔孙德秀、温太及掌兵仗局周海，而令诸内侍俱自陈。由是，保所不悦者斥退殆尽，时八年十一月也。

保善琴能书。帝屡赐牙章，曰"光明正大"，曰"尔惟盐梅"，曰"汝作舟楫"，曰"鱼水相逢"，曰"风云际会"，所以待之甚隆。后保益横肆，即帝有所赏罚，非出保口，无敢行者。帝积不能堪，而保内倚太后，外倚居正，帝不能去也。然保亦时引大体：内阁产白莲，翰林院有双白燕，居正以进，保使使谓居正曰："主上冲年，不可以异物启玩好。"又能约束其子弟，不敢肆恶，都人亦以是称之。

居正固有才，其所以得委任专国柄者，由保为之左右也。然保性贪，其私人锦衣指挥徐爵、内官张大受为保、居正交关语言，且数用计使两人相疑，旋复相好，两人皆在爵术中。事与筹画，因恃势招权利，大臣亦多与通。爵夜至禁门，守卫者不敢诘，其横如此。居正之夺情及杖吴中行，保有力焉。

已而居正死，其党益结保自固。居正以遗疏荐其座主潘晟入阁，保即遣官召之。御史雷士桢、王国、给事中王继先相继言其不可用，晟中途疏辞。内阁张四维度申时行不肯为晟下，拟旨允之，帝即报可，保时病起诟曰："我小恙，遽无我耶！"皇太子生，保欲封伯爵，四维以无故事难之，拟荫弟侄一人都督佥事，保怒曰："尔由谁得今日，而负我！"御史郭惟贤请召用吴中行等，保责其党护，谪之。吏部尚书王国光罢，保辄用其乡人梁梦龙代，爵、大受等窃权如故。

然是时太后久归政，保失所倚，帝又积怒保。东宫旧阉张鲸、张诚乘间陈其过恶，请令闲住。帝犹畏之，曰："若大伴上殿来，朕奈何？"鲸曰："既有旨，安敢复入！"乃从之。会御史李植、江东之弹章入，遂谪保奉御，南京安置，久之乃死。其弟佑、从子邦宁并官都督，削职下狱，瘐死。大受及其党周海、何忠等八人，贬小火者，司香孝陵，爵与大受子烟瘴永戍。尽籍其家，保金银百余万，珠宝瑰异称是。

保之发南京也，太后问故。帝曰："老奴为张居正所惑，无他过，行且召还。"时潞王将婚，所需珠宝未备，太后间以为言，帝曰："年来无耻臣僚，尽以献张、冯二家，其价骤贵。"太后曰："已籍矣，必可得。"帝曰："奴黠猾，先窃而逃，未能尽得也。"而其时，锦衣都督刘守有与僚属张昭、庞清、冯昕等，皆以籍罪人家多所隐没，得罪。

【译文】

冯保，是深州人，嘉靖年间曾担任司礼秉笔太监，隆庆元年，他担任提督东厂兼掌御马监事。

当时，司礼监掌印缺员，按资望的顺序冯保应该担当此职。但他不得穆宗喜欢，大学士高拱推荐任用御用监陈洪取代冯保，冯保因此非常痛恨高拱。及至陈洪被免职，高拱又推荐任用孟冲。孟冲原先掌管尚膳监。按例不应该掌管司礼监。冯保愈加痛恨高拱，就与张居正深相结纳，策划将高拱除去。正好张居正也正想除去高拱，由自己专权，两人的交情越发牢靠。穆宗得病后，冯保秘密嘱咐张居正起草遗诏，被高拱见到，高拱当面责备张居正："由我主持国政，你怎么能单独与宦官准备遗诏！"张居正面色通红，不得不承认错误。高拱因此更加憎恶冯保，想要贬斥他。

穆宗刚刚去世，冯保向后妃进言，斥去孟冲，夺得他的位置，还假托遗诏的名义让自己与内阁大臣共同接受临终顾命。及至神宗即位，冯保升到帝座旁站立不下，整个朝廷为之惊骇。冯保掌管司礼监后，又督率东厂，兼统内外，势力愈发强大。高拱暗示六科给事中程文和十三道御史刘良弼等人，轮流上疏斥责冯保的奸邪，给事中雒遵、陆树德还特意上疏论定其人。高拱本想奏疏批下后就起草诏书，斥逐冯保。但是，冯保隐藏这些奏疏，急忙与张居正确定计划，于是共同排斥高拱离位。

起初，穆宗去世，高拱在内阁放声痛哭道："十岁的天子，如何治理天下！"冯保向后妃诋毁他说："高拱把太子斥责为十岁的孩子，怎么当得了君主。"后妃大惊，太子听后也变了脸色。等高拱离位，冯保恨意仍然未消。

万历元年正月，有一个人名叫王大臣，伪造内侍服装，进入乾清宫后被捉获，被押入东厂。冯保打算借此杀死高拱，经过与张居正商量，吩咐家人辛儒给王大臣吃喝，把刀子放进他的袖子里，让他说高拱的怨恨不满，派自己去刺杀神宗，王大臣答应。过了一天，锦衣都督朱希孝举行会审，王大臣大喊道："你答应让我富贵，还要拷问我吗？而且我哪里认识高阁老？"朱希孝不敢再审讯，草草收场。适逢朝臣杨博、葛守礼保护这个人，张居正也迫于大家的议论纷纷，对冯保稍加暗示。冯保态度稍微缓和，便用生漆酒将王大臣药成哑巴，移交司法部门判罪问斩，高拱才得以免难。从此，整个朝廷的人都憎恶冯保，但不正派的官员却多半通过冯保得到升迁。

慈圣太后待神宗很严厉，冯保依仗太后的势力，屡次挟持神宗，神宗非常惧怕他。有时神宗与小宦官玩耍，看见冯保进宫，就正襟危坐，说："大伴来啦。"所亲近的人孙海、客用做成乾清宫的管事牌子，多次引诱神宗在夜间到别的宫游玩，穿窄袖短衣，骑马持刀而去，还进献奇巧的物件，深受神宗宠爱。冯保禀告给太后，太后叫来神宗，痛加斥责，神宗直身跪在地上，接受教诲，心中非常惶恐。冯保嘱托张居正起草神宗的罪己手诏，吩咐颁发给内阁大臣看，手诏的词句对神宗过于贬抑。神宗已经十八岁，看后感到惭愧，但迫于太后的压力，不得不批示发下，于是张居正上疏直言切谏。又因为冯保想把司礼秉笔孙德秀、温太和掌兵仗局周海都弹劾下去，因而让诸内侍都陈述自己的态度。由此冯保不喜欢的人几乎都被排斥一空，当时是万历八年十一月。

冯保擅长弹琴，懂得书法，神宗多次赐给他象牙的印章，印文有“光明正大”、“尔惟盐梅”、“汝作舟揖”、“鱼水相逢”、“风云际会”，待他的礼数非常隆重。后来冯保更加横蛮放肆，即使神宗决定的赏罚，只要冯保不开口，就没人敢实行。日子久了，神宗无法忍受，但冯保在内宫倚靠太后，在外朝倚靠张居正，神宗无法将他除掉。然而，冯保有时也做些识大体的事情：内阁生出白莲，翰林院有一对白燕，张居正进献给神宗，冯保让人对张居正说：“主上年轻，不能用奇异之物引他喜爱。”还能约束自家子弟，使他们不敢肆意作恶，京城人也因此称赞他。

张居正本来有才，但之所以能受到任用，独揽国政，却是因为冯保对他的帮助。然而，冯保生性贪婪，他私人的锦衣指挥徐爵、内官张大受，为冯保与张居正的往来传话，几次用计，令两人互相猜疑，不久又重归于好，两人都落入徐爵的圈套。徐爵遇事参与策划，借机仗势揽权牟利，大臣也多与他勾结。徐爵夜间来到宫门前，守卫人员不敢盘问，他的豪横就是如此。张居正服丧期间受命出仕以及杖打吴中行等人，能安然无恙都是得力于冯保。

不久，张居正去世，他的党羽越发结纳冯保，以希图巩固自己的地位。张居正留下的遗疏中，推荐自己的主考官潘晟进入内阁，冯保立即派官员召用潘晟。御史雷士桢、王国、给事中王继光相继说潘晟不可任用，潘晟也中途上疏推辞。内阁张四维估计申时行一定不肯居于潘晟之下，便起草圣旨应允，神宗立即批复同意。当时冯保在病中，起身怒骂道：“我有点小病，就以为我不在了吗？”皇太子降生时，冯保希望被封为伯爵，张四维用没有先例论难，准备允许恩荫弟侄一人为都督佥事，冯保恼怒地说：“你靠着谁才有今天，竟敢辜负我！”御史郭惟贤请求召用吴中行等人，冯保指责他袒护同党，将他贬黜。吏部尚书王国光被免职，冯保就起用同乡的梁梦龙接替他。徐爵和张大受等人仍窃用权柄。

然而，此时太后归政已久，冯保失去依靠，神宗又忌恨冯保。原东宫宦官张鲸、张诚趁机陈述冯保的罪过，请求命冯保闲住。神宗仍惧怕冯保，便说："如果大伴到大殿上来，朕该怎么办？"张鲸说："颁发圣旨后，他怎敢再进入大殿？"神宗这才照办。适逢御史李植、江东之弹劾冯保的奏章被送进内宫，神宗便贬冯保为奉御，在南京安置，过了许久，冯保才死。冯保的弟弟冯佑、侄子冯邦宁都担任都督，被削职下狱，囚死狱中。张大受及他的同党周海、何忠等八人被贬为小宦官，为孝陵管理香火，徐爵和张大受的儿子被终生流配烟瘴之地。冯保的家产也被全部没收充公，有百余万金银，珠宝奇异之物与此相称。

冯保启程前往南京时，太后询问其中原由，神宗说："老奴受到张居正的迷惑，没有别的过失，不久就会将他召回。"当时，潞王准备结婚，需要的珠宝没有齐备，太后私下提到此事，神宗说："近年来无耻的臣僚都将财物献给张居正、冯保两家人，导致珠宝的价钱腾涨。"太后说："已经没收两家的财产，一定可以得到。"神宗说："奴才狡猾，事先偷偷转移财产，因此没能全部得到。"当时，锦衣都督刘守有与属官张昭、庞清、冯昕等人，都趁没收罪人家产的机会，私吞许多财物，因此受到罚处。

陈增、高淮

陈增，神宗朝矿税太监也。

万历十二年，房山县民史锦奏请开矿，下抚按查勘，不果行。十六年，中使祠五台山还，言紫荆关外广昌、灵丘有矿砂，可作银冶，帝闻之喜，以大学士申时行等言而止。十八年，易州民周言、张世才复言阜平、房山各产矿砂，请遣官开矿，时行等仍执不可。

至二十年，宁夏用兵，费帑金二百余万。其冬，朝鲜用兵，首尾八年，费帑金七百余万。二十七年，播州用兵，又费帑金二三百万。三大征。接，国用大匮。而二十四年乾清、坤宁两宫灾，二十五年皇极、建极、中极三殿灾，营建乏资，计臣束手，矿税由此大兴矣。

其遣官自二十四年始。其后言矿者争走阙下，帝即命中官与其人偕往，天下在在有之。真、保、蓟、永则王亮，昌黎、迁安则田进，昌平、横岭、涞水、珠宝窝山则王忠，真定复益以王虎，并采山西平定、稷山，浙江则曹金，后代以刘忠，陕西则赵钦，山西则张忠，河南则鲁坤，广东则李凤、李敬，云南则杨荣，辽东则高淮，江西则潘相，福建则高寀，湖广则陈奉，而增奉敕开采山东。通都大邑皆有税监，两淮则有盐监，广东则有珠监，或专遣，或兼摄。大珰小监纵横绎骚，吸髓饮血，以供进奉。大率入公帑者不及什一，而天下萧然，生灵涂炭矣。其最横者，增及陈奉、高淮。

二十四年，增始至山东，即劾福山知县韦国贤，帝为逮问削职。益都知县吴宗尧抗增，被陷，几死诏狱。巡抚尹应元奏增二十大罪，亦罚俸。

已，复命增兼征山东店税，与临清税监马堂相争，帝为和解，使堂税临清，增税东昌。增益肆无忌，其党内阁中书程守训、中军官仝治等，自江南北至浙江，大作奸弊，称奉密旨搜金宝，募人告密，诬大商巨室藏违禁物，所破灭什伯家，杀人莫敢问。御史刘曰梧具以状闻，盐务少监鲁保亦奏守训等阻塞盐课，帝俱弗省。

久之，凤阳巡抚李三才劾守训奸赃，增惧，因搜得守训违禁珍宝及赇银四十余万闻于朝，命械入京鞫治，乃论死，而增肆恶山东者十年，至三十三年始死。

【译文】

陈增，是神宗朝的矿税太监。

万历十二年，房山县民史锦上奏请求开矿，神宗责令巡抚、巡按考查核实情况，没能实施。万历十六年，中使祭祠五台山回来说，紫荆关外的广昌、灵丘有矿砂，可以用来炼银，神宗听说后大喜，但因大学士申时行等人进言而搁置没有办理。万历十八年，易州百姓周言、张世才，又说阜平、房山两地也都出产矿砂，请朝廷派官员开矿，申时行等人仍然坚持反对。

及至万历二十年，朝廷派兵讨伐宁夏叛军，消耗二百余万两库银。当年冬天，用兵讨伐朝鲜，前后八年，消耗七百余万两库银。万历二十七年，派兵讨伐播州叛军，又消耗二三百万两库银。三次大征讨前后相接，国家用度十分匮乏。其间，万历二十四年乾清、坤宁两宫发生火灾，万历二十五年皇极、建极、中极三殿也发生火灾，由于缺乏营建资金，主管财物的官员束手无策，从此矿税开始大兴。

从万历二十四年开始，朝廷派官员进行监税。此后，建议开矿的人争先恐后地赶往京城，神宗便命令宦官与那些人一同前往，全国比比皆是。真、保、蓟、永各地有王亮，昌黎、迁安有田进，昌平、横岭、涞水、珠宝窝山有王忠，又在真定加派王虎，同时在山西平定、稷山进行采矿，浙江有曹金，后来换成刘忠，陕西有赵钦，山西有张忠，河南有鲁坤，广东有李凤、李敬，云南有杨荣，辽东有高淮，江西有潘相，福建有高寀，湖广有陈奉，而陈增奉敕命在山东开矿。交通便利的城镇全都有税监，两淮地区有盐监，广东有珠监，有专派的，有兼任的。大小宦官到处骚扰百姓，吸血榨髓，以供进献到朝廷。大致说，进入官库的税金不到其中的十分之一，但全国萧条，生灵涂炭。其中最为强横的矿监税使是陈增和陈奉、高淮。

万历二十四年，陈增刚到山东时，就弹劾福山知县韦国贤，神宗为此下令将韦国贤逮捕查办，削去官职。益都知县吴宗尧抵制陈增，因此遭到陷害，几乎死在皇帝指定关押的监狱里。巡抚尹应元上奏陈增的二十条大罪，也因此被罚俸禄。

事后，神宗又命令陈增兼管山东店税的征收。陈增与临清税监马堂发生争执，神宗从中调解，任命马堂在临清征税，陈增在东昌征税。陈增更加肆无忌惮，他的同党内阁中书程守训、中军官仝治等人，从长江南北以至浙江地区，猖狂作恶、徇私舞弊，声称奉皇上密旨搜罗财宝，找人告密，诬蔑富商巨室窝藏违禁的物品，因此被毁灭的人家成十上百，即使就是杀人，也没人敢过问。御史刘曰梧罗列他们的罪状上报，盐务少监鲁保也奏陈程守训等人妨碍盐税的征收，神宗都不加省查。

过了很久之后，凤阳巡抚李三才弹劾程守训贪赃。陈增心中恐惧，便搜查出程守训的违禁财宝以及四十多万赃银，上报给朝廷。神宗吩咐用刑具将程守训押解到京城审讯惩处，于是程守训被判处死刑。而陈增在山东肆意作恶长达十年，到万历三十三年才死去。

明史卷三百七

纪纲门达钱宁列传第一百九十五

纪 纲

纪纲，临邑人，为诸生。燕王起兵过其县，纲叩马请自效。王与语，说之。纲善骑射，便辟诡黠，善钩人意向。王大爱幸，授忠义卫千户。既即帝位，擢锦衣卫指挥使，令典亲军，司诏狱。

都御史陈瑛灭建文朝忠臣数十族，亲属被戮者数万人。纲觇帝旨，广布校尉，日摘臣民阴事。帝悉下纲治，深文诬诋。帝以为忠，亲之若肺腑。擢都指挥佥事，仍掌锦衣。纲用指挥庄敬、袁江，千户王谦、李春等为羽翼，诬逮浙江按察使周新，致之死。帝所怒内侍及武臣下纲论死，辄将至家，洗沐好饮食之，阳为言："见上必请赦若罪。"诱取金帛且尽，忽刑于市。

数使家人伪为诏，下诸方盐场，勒盐四百余万。还复称诏，夺官船二十、牛车四百辆，载入私第，弗予直。构陷大贾数十百家，罄其资乃已。诈取交址使珍奇。夺吏民田宅。籍故晋王、吴王，乾没金宝无算。得王冠服服之，高坐置酒，命优童奏乐奉觞，呼万岁，器物僭乘舆。欲买一女道士为妾，都督薛禄先得之，遇禄大内，挝其首，脑裂几死。恚都指挥哑失帖木不避道，诬以冒赏事，捶杀之。腐良家子数百人，充左右。诏选妃嫔，试可，令暂出待年，纲私纳其尤者。吴中故大豪沈万三，洪武时籍设，所漏赀尚富。其子文度蒲伏见纲，进黄金及龙角、龙文被、奇宝异锦，愿得为门下，岁时供奉。纲乃令文度求索吴中好女。文度因挟纲势，什五而中分之。

纲又多蓄亡命，造刀甲弓弩万计。端午，帝射柳，纲属镇抚庞瑛曰："我故射不中，若折柳鼓噪，以觇众意。"瑛如其言，无敢纠者。纲喜曰："是无能难我矣。"遂谋不轨。十四年七月，内侍仇纲者发其罪，命给事、御史廷劾，下都察院按治，具有状。即日磔纲于市，家属无少长皆戍边，列罪状颁示天下。其党敬、江、谦、春、瑛等，诛谴有差。

【译文】

纪纲，是临邑人，本来是个秀才。燕王（成祖）起兵时路过临邑，纪纲在他马前叩头请求为燕王效力。燕王和他谈话，很欣赏他。纪纲善长骑马射箭，性好阿谀，多诡计而且狡猾，善于揣摩别人的意图。燕王对他十分宠信，授他官职忠义卫千户。燕王登帝位后，又提拔他担任锦衣卫指挥使，命令他掌握亲军，处理皇帝下令审办的案件。

都御史陈瑛杀死建文朝的忠臣几十族，亲属被杀的多达几万人。纪纲窥测明成祖的想法，分派许多校尉，每天告发臣民的阴私。成祖帝都让纪纲去处理，他深文周纳，加以诬陷和指责。成祖却认为他忠心，亲信得像心腹之人一样。他把纪纲升职为都指挥佥事，仍然掌管锦衣卫。纪纲任用指挥庄敬、袁江，千户王谦、李春等人作为党羽，诬陷逮捕浙江按察使周新，将他置于死地。凡成祖讨厌的宦官或武将都被交付纪纲处死，纪纲总是把他们领到家里，让他洗澡并给他吃好酒好饭，表面说，"见到皇帝我一定请求赦免你的罪"，骗取光他们的金帛后，就突然押赴他们去市上行刑。

纪纲几次叫家人伪称诏书，下到各处盐场，勒索四百余万斤盐。回来时又假称诏书，夺取二十艘官船，四百辆牛车，运进自己的私宅，却不给报酬。他还诬陷大商人几十、几百家，搜括完他们的财产才算作罢。他还诈取交阯国使者的珍宝，夺取官吏和百姓的田宅。他查抄前晋王、吴王的财产时，私自吞没无数金银财宝。得到藩王的冠服后他将其穿在身上，摆设酒宴高高坐在上边，命令伶人奏乐敬酒，口呼万岁，所用器物竟然与帝王没有差别。纪纲想买一个女道士做妾，却被都督薛禄先带走了，纪纲在宫中见到薛禄，就打他的头，薛禄头被打破，几乎死去。纪纲因为都指挥哑失帖木不给他让路，就诬害他冒领奖赏，将他打死。纪纲还阉割几百个平民家子弟，充当他的佣仆。成祖下诏选妃嫔，被选中的人，叫她们暂时出宫等年龄合格后再入选，纪纲私自把其中最漂亮的女子纳为妾。吴地原来的大富豪沈万三，洪武时被抄家，所漏抄的财产还有很多。沈万三的儿子沈文度暗中见纪纲，送给他黄金和龙角、绣龙的被子及珍奇宝物和别致的锦，自愿投靠到纪纲门下，年年逢节进献财物。纪纲于是叫沈文度物色吴地的美女。沈文度倚仗纪纲的权势，掠取财物美女，二人对半分配。

纪纲还养着许多亡命之徒，私造以万计数的甲弓弩。逢端午节，成祖射柳，纪纲嘱咐镇抚庞瑛说："我故意不射中，你折断柳枝喧哗击鼓，假称我射中，用来窥测众人的心思。"庞瑛照他的话做后，却没有人敢出来纠正。纪纲高兴地说："他们没有人能为难我了。"于是就想谋图造反。永乐十四年七月，宦官中与纪纲有仇的人揭露他的罪状，成祖命令给事中、御史在朝廷劾奏，下交都察院进行审问，都是事实。当天就将纪纲在市上诛杀分尸，家属不论老小都被发配充军到边地，列举他的罪状向天下人公布。他的党羽庄敬、袁江、王谦、李春、庞瑛等都按照不同情况有的被杀，有的定罪。

门　达

门达，丰润人。袭父职为锦衣卫百户。性机警沉鸷。正统末，进千户，理镇抚司刑。久之，迁指挥佥事，坐累解职。景泰七年复故官，佐理卫事兼镇抚理刑。天顺改元，与"夺门"功，进指挥同知。旋进指挥使，专任理刑。千户谢通者，浙江人也，佐达理司事，用法仁恕，达倚信之。重狱多平反，有罪者以下禁狱为幸，朝士翕然称达贤。然是时英宗虑廷臣党比，欲知外事，倚锦衣官校为耳目，由是逯杲得大幸，达反为之用。

逯杲者，安平人也，以锦衣卫校尉为达及刘敬腹心，从"夺门"。帝大治奸党，杲缚锦衣百户杨瑛，指为张永亲属，又执千户刘勤于朝，奏其讪上，两人并坐诛。用杨善荐，授本卫百户；以捕妖贼功，进副千户。又用曹吉祥荐，擢指挥佥事。帝以杲强鸷，委任之，杲乃摭群臣细故以称帝旨。英国公张懋、太平侯张瑾、外戚会昌侯孙继宗兄弟并侵官田，杲劾奏，还其田于官。懋等皆服罪，乃已。石亨恃宠不法，帝渐恶之，杲即伺其阴事。亨从子彪有罪下狱，命杲赴大同械其党都指挥朱谅等七十六人。杲因发彪弟庆他罪，连及者皆坐，杲进指挥同知。明年复奏亨怨望，怀不轨，亨下狱死。有诏尽革"夺门"功，达、杲言臣等俱特恩，非以亨故。帝优诏留任，以杲发亨奸，益加倚重。

杲益发舒，势出达上。白遣校尉侦视四方文武大吏、富家高门多进伎乐货贿以祈免，亲藩郡王亦然。无贿者辄执送达，锻炼成狱。天下朝觐官大半被谴，逮一人，数大家立破。四方奸民诈称校尉，乘传纵横，无所忌。彭城伯张瑾以葬妻称疾不朝，而与诸公侯饮私第。杲劾奏，几得重罪。杲所遣校尉诬宁府弋阳王奠壏母子乱，帝遣官往勘，事已白，靖王奠培等亦言无左验。帝怒责果，杲执如初，帝竟赐奠壏母子死。方升尸出，大雷雨，平地水数尺，人咸以为冤。指挥使李斌尝构杀弘农卫千户陈安，为安家所诉。下巡按御史邢宥覆谳，石亨嘱宥薄斌罪。至是，校尉言："斌素藏妖书，谓其弟健当有大位，欲阴结外番为石亨报仇。"杲以闻。下锦衣狱，达坐斌谋反。帝两命廷臣会讯，畏杲不敢平反。斌兄弟置极刑，坐死者二十八人。

杲本由石亨、曹吉祥进，讦亨致死，复奏吉祥及其子钦阴事，吉祥，钦大恨。五年七月，钦反，入杲第斩之，取其首以去。事平，赠杲指挥使，给其子指挥佥事俸。

时达已掌卫事，仍兼理刑。杲被杀，达以守卫功，进都指挥佥事。初，杲给事达左右，及得志恣甚。达怒，力逐之。杲旋复官，欲倾达，达惴惴不敢纵。杲死，达势遂张。欲踵杲所为，盖布旗校于四方。告讦者日盛，中外重足立，帝益以为能。

外戚都指挥孙绍宗及军士六十七人冒讨曹钦功，达发其事。绍宗被责让，余悉下狱。盗窃户部山西司库金，巡城御史徐茂劾郎中赵昌、主事王珪、徐源疏纵。达治其事，皆下狱谪官。达以囚多，狱舍少，不能容，请城西武邑库隙地增置之，报可。御史樊英、主事郑瑛犯赃罪，给事中赵忠等报不以实。达劾其徇私，亦下狱谪官。给事中程万里等五人直登闻鼓，有军士妻诉冤，赊斋戒不为奏。达劾诸人蒙蔽，诏下达治。已，劾南京户部侍郎马谅，左都御史石璞，掌前府忻城伯赵荣，都督同知范雄、张斌老瞶，皆罢去。裕州民奏知州秦永昌衣黄衣阅兵。帝怒，命达遣官覆，籍其赀，戮永昌，榜示天下，并逮布政使侯臣，按察使吴中以下及先后巡按御史吴琬等四人下狱，臣等停俸，琬等谪县丞。御史李蕃按宣府，或告蕃擅挞军职，用军容迎送。御史杨琎按辽东，韩琪按山西，校尉言其妄作威福，皆下达治。蕃、琪并荷校死。陕西督储参政娄良，湖广参议李孟芳，陕西按察使钱博，福建佥事包瑛，陕西佥事李观，四川巡按田斌，云南巡按张祚，清军御史程万钟及刑部郎中冯维、孙琼，员外郎贝钿，给事中黄甄，皆为校尉所发下狱。瑛守官无玷，不胜愤，自缢死，其它多遣戍。湖广诸生马云罪黜，诈称锦衣镇抚，奉命葬亲，布政使孙毓等八人咸赙祭。事觉，法司请逮问，卒不罪云。达欲行督责之术，其同列吕贵曰："武臣不易犯，曹钦可鉴也。独文吏易裁耳。"达以为然，故文吏祸尤酷。

都指挥袁彬恃帝旧恩，不为达下。达深衔之，廉知彬妾父千户王钦诓人财，奏请下彬狱，论赎徒还职。有赵安者，初为锦衣力士役于彬，后谪戍铁岭卫，赦还，改府军前卫，有罪，下诏狱。达坐安改补府军由彬请托故，乃复捕彬，榜掠，诬彬受石亨、曹钦贿，用官木为私第，索内官督工者砖瓦，夺人子女为妾请罪名。军匠杨埙不平，击登闻鼓为彬讼冤，语侵达，诏并下达治。当是时，达害大学士李贤宠，又数规己，尝赞于帝，言贤受陆瑜金，酬以尚书。帝疑之，不下诏者半载。至是，拷掠埙，教以引贤，埙即谬曰："此李学士导我也。"达大喜，立奏闻，请法司会鞫埙午门外。帝遣中官裴当监视。达欲执贤并讯，当曰："大臣不可辱。"乃止。及讯，埙曰："吾小人，何由见李学士，此门锦衣教我。"达色沮不能言，彬亦历数达纳贿状，法司畏达不敢闻，坐彬绞输赎，埙斩。帝命彬赎毕调南京锦衣，而禁锢埙。

明年，帝疾笃，达知东宫局丞王纶当柄用，预为结纳。无何，宪宗嗣位，纶败，达坐调贵州都匀卫带俸差操。甫行，言官交章论其罪。命逮治，论斩系狱，没其赀巨万。指挥张山同谋杀人，罪如之。子序班升、从子千户清、婿指挥杨观及其党都指挥牛循等九人，谪戍、降调有差。后当审录，命贷达，发广西南丹卫充军，死。

【译文】

门达，是丰润人，承袭父职担任锦衣卫百户，他生性机警，阴险狠毒。英宗正统末年，门达进升为锦衣卫千户，掌管镇抚司刑。经过较久的时间后，又升任为指挥佥事，后因事被连累免职。景帝景泰七年，门达恢复原来的官职，助理锦衣卫事兼镇抚理刑。英宗天顺改元，门达因参与"夺门之变"有功，升官职为指挥同知。不久又被升为指挥使，专任理刑之职。当时有个锦衣卫千户叫谢通，是浙江人，协助门达管理理刑事务，他执法宽大，门达非常倚重他。因此重案很多都得到平反，有罪的人被关进宫禁监狱视为幸运，朝廷百官都一致称赞门达的贤明。但这时英宗害怕朝廷中群臣结党，想要了解朝廷以外的事，靠锦衣卫的官校做耳目，因此逯杲得到宠幸，门达反而被逯杲利用。

逯杲是安平人。因为担任锦衣卫校尉成为门达和指挥刘敬的心腹，并参与“夺门之变”。英宗大举惩办所谓的奸党，逯杲就捆绑了锦衣百户杨瑛，诬陷他是张永的亲属，又在朝廷抓住千户刘勤，上奏说他诽谤皇上，两人都因此被杀。逯杲也因为被杨善荐举，被授任为锦衣卫百户；又因捕捉妖贼有功，进升为副千户。后又凭借曹吉祥的荐举，升为指挥佥事。英宗认为逯杲强悍，十分信任他，逯杲就搜集群臣的小事上奏来得皇帝称心。英国公张懋、太平侯张瑾、外戚会昌侯孙继宗的兄弟都侵吞官田，逯杲就劾奏他们，要求他们把田还给国家。张懋等人都服罪，事情才算了结。石亨依仗皇帝宠幸行为不法，英宗逐渐讨厌他，逯杲就伺机窥探他的隐私。石亨的侄子石彪因有罪入狱，英宗命令逯杲到大同将他的同党都指挥朱谅等七十六个人戴上刑具。逯杲就此揭发石彪的弟弟石庆的其他罪状，被连累的人都跟着受罚，逯杲也因此升任指挥同知。第二年，他又劾奏石亨怨恨朝廷，心谋造反，石亨因此入狱死去。有诏书命令全部革去“夺门之变”的功劳，但门达、逯杲说他们得到特别恩典，并不是因为石亨之故受。英宗下优厚的诏书将他们留任，因为逯杲拨发石亨的奸情，就更加倚重他。

逯杲更加得意，权势远在门达之上。他建议派校尉到四方侦查事件，文武大官、富家豪门多数进献乐伎及财物以求可以免祸，亲王、郡王们也这样做。没有送贿赂的人被捕送到门达处，罗织罪名来定案。天下有朝见皇帝资格的官员大半都受到他的指控，逮捕一人，有几大家就会立即破产。各地的坏人都假称自己是校尉，坐着公家的驿车纵横奔走，丝毫没有顾忌。彭城伯张瑾因为妻子下葬称病没有去朝见，却和各个公侯在私宅中饮酒。被逯杲劾奏，差点被判处大罪。逯杲所派遣的校尉诬陷称宁府弋阳王朱奠壏母子淫乱，英宗派官员前往查勘，事情已经弄清，靖王朱奠培也说这事没证据。英宗非常生气地责备逯杲，杲仍固执己见，英宗下令竟赐朱奠壏母子自杀。朱奠壏死后，人们刚把尸首抬出，天就下大雷雨，平地上积几尺深的水，人们都认为他是冤枉的。指挥使李斌曾经构陷杀害弘农卫千户陈安，被陈安家控诉，朝廷下令巡按御史邢宥覆查案卷，石亨曾嘱托邢宥帮李斌减轻罪名。这时，逯杲派出的校尉说：“李斌一直藏有妖书，说弟弟李健应当皇帝，想暗中勾结番邦为石亨报仇。”逯杲将此事上奏，案件被发往锦衣卫监狱，门达判定李斌谋反。英宗两次命令朝臣们集合审讯，朝臣都惧怕逯杲而不敢为李斌平反。李斌兄弟都被处以极刑，连坐而死的有二十八人。

逯杲本由石亨、曹吉祥引荐，却告发石亨致其死亡，他又上奏说曹吉祥和他侄儿曹钦的隐私之事，曹吉祥、曹钦大为痛恨。天顺五年七月，曹钦谋反，进入逯杲宅第将他杀死，取他的脑袋离开。事情平定后，朝廷追赠逯杲为指挥使，给他儿子指挥佥事的俸禄。

当时门达已经掌管锦衣卫事务，仍然兼任理刑。逯杲被杀时，门达因为守卫宫禁有功劳，被升任为都督指挥佥事。当初，逯杲在门达身边做事，等他得志后，非常放肆。门达很生气，竭力驱逐他。逯杲不久就又恢复官职，并想倾挤门达，门达很惶恐，不敢放纵。逯杲死后，门达的权势就嚣张起来。门达想继续逯杲的所作所为，更增设旗校派向四方。从此控告的人日益增多，朝廷内外都人人自危，英宗却更认为门达有才能。

外戚都指挥孙绍宗和六十七个兵士冒称有讨平曹钦的功劳，门达揭发此事。孙绍宗受到斥责，其余人都被关进监狱。这时，有人偷窃户部山西司库的藏金，巡城御史徐茂劾奏郎中赵昌、主事王珪、徐源疏失纵容。门达处理此事，赵昌等人都被下狱贬官。门达因为囚犯太多，监狱房子少，容不下，就请求在城西武邑库的空地上增设监狱，皇帝批示许可。御史樊英、主事郑英犯贪赃罪，给事中赵忠奏报不合实情。门达劾奏赵忠徇私，也使他下狱贬官。给事中程万里等五个人值班管理登闻鼓，有个士兵的妻子击鼓诉冤，正好赶上斋戒之时，就没有奏闻皇帝。门达就劾奏程万里等人掩盖情况，英宗下诏命门达处理。处理完毕后，门达又劾奏南京户部侍郎马谅、左都御史石璞、掌前府忻城伯赵荣、都督同知范雄、张斌年老糊涂，几人都被罢官。裕州百姓上奏说知州秦永昌身着黄色衣服阅兵。英宗发怒，命令门达派官员查核，抄没秦永昌家产，把秦永昌杀害，并出榜公示天下，还逮捕布政使侯臣、按察使吴中以下和先后的巡按御史吴琬等四人入狱，侯臣被罚停俸，吴琬被贬为县丞。御史李蕃查察宣府，有人告发李蕃擅自杖责军人，并且来往用军队仪仗迎送。御史杨琎按察辽东，韩琪按察山西，校尉说他们妄自作威作福，这些案件都被交给门达处理。李蕃、韩琪都戴枷致死。陕西督储参政娄良，湖广参议李孟芳，陕西按察使钱博，福建佥事包瑛，陕西佥事李观，四川巡按田斌，云南巡按张祚，清军御史程万钟以及刑部郎中冯维、孙琼，员外郎贝钿，给事中黄甄等人都被校尉指控下狱。包瑛做官清白无瑕，不胜怨愤，自缢而死，其他的人都被流放。湖广地方的秀才马云因罪被贬黜，却冒充锦衣镇抚，奉命安葬父母，布政使孙毓等八人都赠礼祭奠。事情被揭露后，执法官吏要求逮捕马云审问，但最终没有将马云治罪。门达起初想实行对官吏的督察，他的同列吕贵说：“武官不好冒犯，曹钦的事可引以为鉴戒。只有文官好制裁。”门达相信他的话，所以文官招到的祸殃尤其残酷。

都指挥袁彬倚仗英宗对他有旧恩，不屈从门达，门达十分记恨他。察访到袁彬小妾的父亲千户王钦敲诈他人财物，奏请把袁彬下狱，判处徒刑赎免，恢复旧职。这时，有个叫赵安的人，起初当锦衣力士为袁彬服役，后被充军到铁岭卫，遇赦回来后，改任为府军前卫，因有罪，被下诏命决定的监狱。门达判定赵安改补任府军是由于袁彬为他请托的缘故，于是又逮捕袁彬，严刑加以拷打，诬称袁彬收受石亨、曹钦的贿赂，用公家的木材盖私人住宅，又向督工的宦官索要砖瓦，抢夺良家女子做妾等罪名。军匠杨埙对此感到非常不平，敲击登闻鼓为袁彬诉冤，说话中涉及门达，英宗下诏将他一起交给门达办理。这时，门达忌妒大学士李贤受皇帝宠幸，又因李贤多次规劝自己，门达曾在英宗面前说李贤坏话，讲李贤收受陆瑜的贿赂，因此授以他尚书官职。英宗对此十分怀疑，有半年没有对此事下诏表态。这时，覆查杨埙，叫他供引李贤，杨埙就胡说：“这是李学士教我干的。”门达大喜，立即上奏英宗，请求执法官员在午门外会审杨埙。英宗派太监裴当监视。门达要逮捕李贤一起进行审讯，裴当说：“大臣不可以受到侮辱。”因此作罢。及至审问时，杨埙说：“我是个小人，哪能见到李学士，这都是门锦衣教我干的。”门达脸色沮丧，不再说话，袁彬也历数门达纳贿的罪状，执法官们怕门达，不敢上奏给皇帝，却判处袁彬绞刑，允许输金赎免，判杨埙斩刑。英宗让袁彬交纳赎金后调南京锦衣卫，而监禁杨埙。

第二年，英宗病重，门达知道东宫局丞王纶一定会大受任用，就预先和他结交。不久，宪宗继位，王纶的犯罪行为败露，门达因此被调任为贵州都匀卫，带俸办事。他刚走，御史等官员纷纷上章议论门达的罪行。宪宗命令将门达逮捕处置，被判绞刑，囚禁狱中，没收他的众多财产。指挥张山和他同谋杀人，定的罪名也相同。门达的儿子序班门升、侄子千户门清，女婿指挥杨观及门达的党羽都指挥牛循等九个人，按照罪行轻重有的被流放，有的被降级。后来覆核时，宪宗命令宽赦门达，将他发配广西南丹卫充军，后来死去。

钱宁传

钱宁，不知所出，或云镇安人。幼鬻太监钱能家为奴，能鬻之，冒钱姓。能死，推恩家人，得为锦衣百户。

正德初，曲事刘瑾，得幸于帝。性猾狡，善射，拓左右弓。帝喜，赐国姓，为义子，传升锦衣千户。瑾败，以计免，历指挥使，掌南镇抚司。累迁左都督，掌锦衣卫事，典诏狱，言无不听，其名刺自称皇庶子。引乐工臧贤、回回人于永及诸番僧，以秘戏进。请于禁内建豹房、新寺，姿声伎为乐，复诱帝微行。帝在豹房，常醉枕宁卧。百官候朝，至晡莫得帝起居，密伺宁，宁来，则知驾将出矣。

太监张锐领东厂缉事，横甚，而宁典诏狱，势最炽，中外称曰“厂、卫”。司务林华、评事沈光大皆以杖系校尉，为宁所奏，逮下锦衣狱，黜光大，贬华一级。锦衣千户王注与宁昵，挞人至死，员外郎刘秉鉴持其狱急。宁匿注于家，而属东厂发刑部他事。尚书张子麟亟造谢宁，立释注，乃已。厂卫校卒至部院白事，称尚书子麟辈曰老尊长。太仆少卿赵经初以工部郎督乾清宫工，乾没帑金数十万。经死，宁佯遣校尉治丧，迫经妻扶榇出，姬妾、帑藏悉据有之。中官廖堂镇河南，其弟锦衣指挥鹏肆恶，为巡抚邓庠所劾，诏降级安置。鹏惧，使其嬖妾私事宁，得留任。

宁子永安，六岁为都督。养子钱杰、钱靖等，俱冒国姓，授锦衣卫官。念富贵已极，帝无子，思结强藩自全。为宁王宸濠营复护卫，又遣人往宸濠所，有异谋。又令宸濠数进金银玩好于帝。谋召其世子司香太庙，为入嗣地。又以玉带、彩纻附其典宝万锐归，诈称上赐。凡宸濠所遣私人行贿京师，皆主伶人臧贤家，由宁以达帝左右。

宸濠反，帝心疑宁。宁惧，白帝收宸濠所遣卢孔章，而归罪贤，谪戍边，使校尉杀之途以灭口，又致孔章瘐死，冀得自全。然卒中江彬计，使董皇店役。彬在道，尽白其通逆状。帝曰：“黠奴，我固疑之。”乃羁之临清，驰收其妻子家属。帝还京，裸缚宁，籍其家，得玉带二千五百束、黄金十余万两、白金三千箱、胡椒数千石。世宗即位，磔宁于市。养子杰等十一人皆斩，子永安幼，免死，妻妾发功臣家为奴。

【译文】

钱宁，出身不详，据说他是镇安人。小时被卖给太监钱能家做奴仆，钱能非常宠信他，因此假姓钱。钱能死后，朝廷施恩于他的家人，钱宁才得以担任锦衣卫百户。

正德初年，钱宁卑躬屈节地侍奉刘瑾，因此得到武宗的宠信。钱宁性情狡猾，善于射箭，能左右两边同时开弓。武宗非常高兴，赏赐他姓朱，并收为义子，传旨担任锦衣卫千户。刘瑾劣迹败露后，钱宁用计使自己免受追究，曾历任指挥使，掌握南镇抚司。钱宁又逐渐升任到左都督，掌管锦衣卫事务，主管皇帝特定的狱案，他说的话，武宗没有不听从的，他甚至在名帖上自称是皇帝庶子。钱宁引荐乐工臧贤、回回人于永和一些番族僧人，进献房中术。他请求在宫禁里建造豹房、新寺，引诱武宗纵情声色，还引诱武宗身着便服出宫游玩。武宗在豹房时，常常喝醉酒后枕着钱宁睡卧。朝廷众官等候上朝，到下午还不知武宗是否起身，就暗中观察钱宁，钱宁一到，就知道皇帝将要出来。

太监张锐掌管东厂通缉人的事务，非常专横，而钱宁掌管皇帝指令的狱案，气焰最为嚣张，朝廷内外称作"厂、卫"。司务林华、评事沈光大都被杖责后囚禁在校尉那里，被钱宁所劾奏，二人被逮捕并送进锦衣卫监狱，结果将沈光大罢黜，将林华贬官一级。锦衣卫千户王注和钱宁很亲密，王注打人致死，员外郎刘秉鉴追究这件事很急。钱宁就把王注藏在家里，反而吩咐东厂告发刑部的其他问题。刑部尚书张子麟马上向钱宁道歉，并且立刻免去王注的罪名，事情才了结。东厂、锦衣卫的小吏和士兵到刑部和都察院通报事情，称呼尚书张子麟等人为"老尊长"。太仆少卿赵经当初任工部郎督办乾清宫修缮的工事，侵吞国库数十万金。赵经死后，钱宁假称派校尉给他办丧事，却迫使赵经妻儿扶灵柩出宅院，赵经的姬妾、库藏都被钱宁占有。宦官廖堂出镇到河南，他的弟弟锦衣指挥廖鹏作恶事，被巡抚邓庠劾奏，武宗下诏降级处理。廖鹏十分害怕，让他宠幸的小妾去私底下伺候钱宁，竟然得以留任。

钱宁的儿子钱永安，六岁就当都督。钱宁的养子钱杰、钱靖等人，都冒用国姓（朱），被授锦衣卫的官职。钱宁自以为富贵已极，想到武帝没有儿子，就勾结强有势力的藩王来巩固自己的地位。他为宁王宸濠谋取护卫的权力，又派人到宸濠那里，商议造反的阴谋。他又叫宸濠多次进献金银及珍奇的玩物给武宗。他想徵召宸濠的世子在太庙中司香，作为宸濠继承皇位的台阶。他又把宸濠的玉带、彩色夏布托宸濠的典宝万锐带回，假称是皇帝赏赐的。凡是宸濠所派的私人到京城行贿，都住在伶人臧贤的家中，通过钱宁分送给武宗的左右。

宸濠反叛后，武宗心里怀疑钱宁。钱宁害怕，奏请武宗逮捕宸濠所派来的卢孔章，而归罪于臧贤，把臧贤发配到边境充军，又派校尉在路上杀臧贤灭口，又设法使卢孔章死在狱中，希望得以保全自己。然而他最终还是中了江彬的计谋，派江彬去督管皇店的事。江彬在途中，上奏揭发了钱宁通逆的全部罪状。武宗说："狡猾的奴才，我本来就怀疑他。"于是把他拘留在临清，派人逮捕钱宁的妻儿家属。武宗回到京城，把钱宁赤身捆绑，抄没他的家产，得到二千五百束玉带、十余万两黄金、三千箱银子、几千石胡椒。世宗即位后，把钱宁在市上分尸处死。钱宁的养子钱杰等十一人都被斩首，儿子钱永安因为年幼，免死，妻妾都被发配到功臣家中当奴隶。

明史卷三百八

陈瑛严嵩鄢懋卿列传第一百九十六

陈　瑛

陈瑛，滁人。洪武中，以人才贡入太学。擢御史，出为山东按察使。建文元年调北平佥事。汤宗告瑛受燕王金钱，通密谋，逮谪广西。燕王称帝，召为都察院左副都御史，署院事。

瑛天性残忍，受帝宠任，益务深刻，专以搏系为能。甫莅事，即言："陛下应天顺人，万姓率服，而廷臣有不顺命、效死建文者，如侍郎黄观，少卿廖升，修撰王叔英、纪善周是修、按察使王良、知县颜伯玮等，其心与叛逆无异，请追戮之。"帝曰："朕诛奸臣，不过齐、黄数辈，后二十九人中如张惕、王钝、郑赐、黄福、尹昌隆，皆宥而用之。况汝所言，有不与此数者，勿问。"后瑛阅方孝孺等狱词，遂簿观、叔英等家，给配其妻女，疏族外亲莫不连染。胡闰之狱，所籍数百家，号冤声彻天。两列御史皆掩泣，瑛亦色惨，谓人曰："不以叛逆处此辈，则我等为无名。"于是诸忠臣无遗种矣。

永乐元年，擢左都御史，益以讦发为能。八月劾历城侯盛庸怨诽，当诛，庸自杀。二年，劾曹公李景隆谋不轨，又劾景隆弟增枝知景隆不臣不谏，多置庄产，蓄田仆，意叵测。俱收系。又劾长兴候耿炳文僭，炳文自杀。劾驸马都尉梅殷邪谋，殷遇害。三年，行部尚书雒佥言事忤帝意，瑛劾佥贪暴，佥坐诛死。又劾驸马都尉观尉胡观强取民间女子，取娼为妾，预景隆逆谋，以亲见宥不改。帝命勿活，罢观朝请。已又劾其怨望，逮下狱。八年，劾隆平侯张信占练湖及江阴官田，命三法司杂治之。

瑛为都御史数年，所论劾勋戚，大臣十余人，皆阴希帝指。其他所劾顺昌伯王佐，都督陈俊，指挥王恕、都督曹远，指挥房昭，佥都御史俞士吉，大理少卿袁复，御史车舒，都督王瑞，指挥林泉、牛谅，通政司参议贺银等，先后又数十人，俱得罪。帝以为能发奸，宠任之，然并知其残刻，所奏谳不尽从。中书舍人芮善弟夫妇为盗所杀，心疑其所亲，讼于官。刑部验非盗，纵之。善白帝刑部放出盗，帝命御史鞫访，果非盗。瑛因劾善妄奏，当下狱。帝曰："兄弟同气，得贼惟恐逸之，善何罪，其勿问。"车里宣慰使刀暹答侵威远州地，执其知州刀算党以归。帝遣使谕之，刀暹答惧，归地及所执知州，遣弟刀腊等贡方物谢罪。瑛请先下刀腊法司，且逮治刀暹答。帝曰："蛮僚之性稍不相得则相仇，改则已。今服罪而复治之，何以处不服者。"遂赦弗问。知嘉兴县李鉴廷见谢罪，帝问故。瑛言"鉴籍奸党姚瑄，瑄弟亨当连坐，而鉴释亨不籍，宜罪。"鉴言："都察院文止籍瑄，未有亨名。"帝曰："院文无名而不籍。不失为慎重。"鉴得免。户部人材高文雅言时政，因及建文事，辞意率直，帝命议行之。瑛劾文雅狂妄，请置之法。帝："草野之人，何知忌讳，其言有可采，奈何以直而废之。瑛刻薄，非助朕为善者。"以文雅付吏部，量材授官。海运粮漂没，瑛请治官军罪，责之偿。帝曰："海涛险恶，官军免溺死，幸矣。"悉释不问。瑛之奸险附会，一意苛刻，皆此类也。

帝北巡，皇太子监国。瑛言兵部主事李贞受皂隶叶转等四人金，请下贞狱。无何，贞妻系登闻鼓诉冤。皇太子命六部大臣廷鞫之，自辰至午，贞等不至，唯叶转至。讯之，云贞不承，不胜拷掠死，三皂隶皆笞死三日矣，贞实未尝受金。先是，袁纲、覃珩两御史俱至兵部索皂隶，贞猝无以应，两御史衔之，兴此狱。于是刑科给事中耿通等言瑛及纲、珩朋奸蒙蔽，擅杀无辜，请罪瑛。皇太子曰："瑛大臣，盖为下所欺，不能觉察耳。"置勿问。械系纲、珩，以其罪状奏行在。又有学官坐事谪充太学膳夫者，皇太子令法司与改役，瑛格不行，中允刘子春等复劾瑛方命自恣。皇太子谓瑛曰："卿用心刻薄，不明政体，殊非大臣之道。"时太子深恶瑛，以帝方宠任，无如何。久之，帝亦寖疏瑛。九年春，瑛得罪下狱死，天下快之。

帝以篡得天下，御下多用重典。瑛首承风旨，倾诬排陷者无算。一时臣工多效其所为，如纪纲、马麟、丁珏、秦政学、赵伟、李芳，皆以倾险闻。

【译文】

陈瑛，是滁州人。洪武年间他被认为是人才而被贡入太学。升任为御史，被派出任山东按察使。建文元年调任为北平佥事。汤宗告发陈瑛收受燕王金钱，通信密谋，因而被逮捕贬官到广西。燕王称帝后，陈瑛被召任为都察院左副都御史，代理都察院事务。

陈瑛天性残忍，但深受成祖的宠信，做事更是力求严刻，专以打击别人为能事。刚上任时，就说："皇上您应天顺人，百姓都归附您，而朝廷中臣子却有不顺从您的命令、为建文帝卖命的，像侍郎黄观、少卿廖升、修撰王叔英、纪善周是修、按察使王良、知县颜伯玮等人都是那样，他们的心迹跟叛逆没什么不同，请求您杀了他们。"成祖说："朕诛杀的奸臣，不过是齐泰、黄子澄等几个人。后面的二十九人中像张紞、王钝、郑赐、黄福、尹昌隆，都予以赦免任用。何况你所说的人，有些还不在这些名单之中，不必追究。"后来陈瑛审阅方孝孺案的供词时，就抄黄观、王叔英的家，将他们的妻女发配，连他们疏远的宗族和亲戚都受到了连累。胡闰一案，所查抄的有几百家，喊冤之声响彻天空。两列陪审的御史都哭起来，陈瑛神情也很悲哀，对别人说："不用叛罪处理这些人，那我们的行动就是没有道理了。"于是各个忠臣从此没有后代了。

永乐元年，陈瑛被升任为左都御史，更加以告发别人为能事。这一年八月，他劾奏历城侯盛庸埋怨诽谤，应当诛杀，盛庸自杀。永乐二年，陈瑛又劾奏曹国公李景隆密谋反叛，又劾奏李景隆的弟弟李增枝明知李景隆不守臣道却不加谏劝，又说李增枝购买多处田产，养着许多佃户和奴仆，心意不可测度。李景隆、李增枝一并被逮捕囚禁。陈瑛又劾奏长兴侯耿炳文僭用不符合身分的器物，耿炳文因此自杀。他又劾奏驸马都尉梅殷有邪恶阴谋，梅殷因此遇害。永乐三年，行部尚书雒佥上奏的事情触犯成祖的意旨，陈瑛就劾奏雒佥贪污暴虐，雒佥因此被诛杀。陈瑛又劾奏驸马都尉胡观强娶民间的女子，娶妓女当妾。参与李景隆叛逆的阴谋，因是皇家亲戚被宽恕却又不肯改恶。成祖命令不要处理胡观，只不准胡观参加朝会。此后，陈瑛又劾奏胡观埋怨朝廷，因而将胡观逮捕下狱。永乐八年，陈瑛劾奏隆平侯张信私占练湖以及江险的官田，朝廷命令三大执法部门一起审问张信。

陈瑛当了几年都御史，他所劾奏的功臣、外戚及大臣有十多个人，都是在暗中迎合成祖的意志。他劾奏的其他人如顺昌伯王佐，都督陈俊，指挥王恕，都督曹远，指挥房昭，佥都御史俞士吉，大理少卿袁复，御史车舒、都督王瑞，指挥林泉、牛谅，通政司参议贺银等，先后又有几十人，都因有罪被惩处。成祖认为陈瑛能揭发奸情，所以非常宠信他，但也知道他残忍刻薄，因此对他所奏罪状的处理意见没有全部听从。中书舍人芮善的弟弟夫妇二人被人杀害，芮善怀疑凶手是他亲近的人，向官府告发。刑部查到这不是小偷所为，将小偷释放。芮善向成祖说刑部故意放走小偷。成祖下令御史们审问，的确不是小偷所为。陈瑛就劾奏芮善胡乱奏闻，应当让他进监狱。成祖说："兄弟是同胞，抓到嫌疑犯，只怕他逃走，芮善有什么罪过，不必追究他。"车里宣慰使刀暹答率兵侵犯威远州地界，抓了知州刀算党回去。成祖派使者去晓谕刀暹答，刀暹答十分害怕，送回侵占的土地以及抓去的知州，派他的弟弟刀腊等人进贡方物谢罪。陈瑛请求先把刀腊送去执法部门，而且捕捉刀暹答治罪。成祖说："蛮人性情稍有不合就互相为仇。能改就好。现在已经服罪了而还要治罪，将来要怎样对待不服的人呢？"就赦免没有追究。嘉兴知县到朝廷见成祖谢罪，成祖问及原因。陈瑛说："李鉴抄办奸党姚瑄的家，他的弟弟姚亨应当一起治罪，而李鉴放下姚亨家不抄，应当治罪。"李鉴说："都察院的公文写叫抄姚瑄的家，公文上没有姚亨的名字。"成祖说："因为都察院公文没有名字而不予抄家，不失为慎重。"因此李鉴得以免罪。户部所进的人材高文雅谈论当时的政事，因而谈到建文帝的事，说话非常直率，成祖命令采用高文雅的建议。陈瑛劾奏高文雅狂妄，请求将他治罪。成祖说："民间的人哪懂得什么忌讳，他说的话有可以采用的，怎能因为直率而废弃不用？陈瑛生性刻薄，不是帮助朕为善的人。"把高文雅分发到吏部，根据他的才能授官。朝廷海道运南方粮食进京，陈瑛请求把运粮官军治罪，责使他们赔偿。成祖说："海浪险恶，官军没有淹死，就算是大幸了。"全部不予以追究。陈瑛的奸险和善于附会罪状，一味苛刻，都类似这样。

成祖巡视北方边境时，皇太子监国。陈瑛说兵部主事李贞收受衙役叶转等四人的金钱，请求把李贞下狱。不久，李贞的妻子击登闻鼓诉冤。皇太子命令六部大臣在朝廷审问，从辰时到午时，李贞等没有到，只有叶转到了。讯问他，他说："李贞不承认，被拷打致死，三个衙役都被打死三天了，李贞实在是没有接受金钱。此前，袁纲、覃珩两个御史都到兵部索要衙役，李贞猝然间没有办法满足其要求，两个御史怨恨他，所以兴起这狱案。”于是刑科给事中耿通等人上奏认为陈瑛和袁纲、覃珩相互结伙欺瞒事实，随意杀害无辜，要求把陈瑛治罪。皇太子说："陈瑛是大臣，因为被下级所欺瞒，他没有觉察罢了。”置之不问。把袁纲、覃珩上了枷锁，将他们的罪状奏送到成祖那里。又有一个学官因事被贬为太学里的伙夫，皇太子命令执法机关改派他做其他事务，陈瑛搁置没有执行。中允刘子春等人又劾奏陈瑛不执行命令自行专断。皇太子对陈瑛说："你用心太刻薄，不懂得为政的大体，很不像大臣之道。”当时太子非常讨厌陈瑛，只因成祖刚宠信他，没有什么办法。后来，成祖也逐渐疏远陈瑛。永乐九年春天，陈瑛因罪下狱死去。天下人称快。

成祖用篡位的手段得天下，对待臣下也常用重法。陈瑛首先附会成祖的意志，被他倾陷诬害排挤的人无数。一时朝廷中的臣子大多模仿他的行为，像纪纲、马麟、丁珏、秦政学、赵伟、李芳，都因倾诈险毒而闻名。

严　嵩

严嵩，字惟中，分宜人。长身戍削，疏眉目，大音声。举弘治十八年进士，改庶吉士，授编修。移疾归，读书钤山十年，为诗古文辞，颇著清誉。还朝，久之进侍讲，署南京翰林院事。召为国子祭酒。

嘉靖七御历礼部右侍郎，奉世宗命祭告显陵，还言："臣恭上宝册及奉安神床，皆应时雨霁。又石产枣阳，群鹤集绕，碑入汉江，河流骤涨。请命辅臣撰文刻石，以纪天眷。”帝大悦，从之。迁吏部左侍郎，进南京礼部尚书，改吏部。

居南京五年，以贺万寿节至京师。会廷议更修《宋史》，辅臣请留嵩以礼部尚书兼翰林学士董其事。及夏言入内阁，命嵩还掌部事。帝将祀献皇帝明堂，以配上帝。已，又欲称宗入太庙。嵩与群臣议沮之，帝不悦，著《明堂或问》示廷臣。嵩惶恐，尽改前说，条书礼仪甚备。礼成，赐金币。自是，益务为佞悦。帝上皇天上帝尊号、宝册，寻加上高皇帝尊谥圣号以配，嵩乃奏庆云见，请受群臣朝贺。又为《庆云赋》《大礼告成颂》奏之，帝悦，命付史馆。寻加太子太保，从幸承天，赏赐与辅臣埒。

嵩归日骄。诸宗藩请邺乞封，挟取贿赂。子世蕃又数关说诸曹。南北给事、御史交章论贪污大臣，皆首嵩。嵩每被论，亟归诚于帝，事辄已。帝或以事谘嵩，所条对平无奇，帝必故称赏，欲以讽止言者。嵩科第先夏言，而位下之。始倚言，事之谨，尝置酒邀言，躬诣其第，言辞不见。嵩布席，展所具启，跽读。言谓嵩实下己，不疑也。帝以奉道尝御香叶冠，因刻沈水香冠五，赐言等。言不奉诏，帝怒甚。嵩因召对冠之，笼以轻纱。帝见，益内亲嵩。嵩遂倾言，斥之。言去，醮祀青词，非嵩无当帝意者。

二十一年八月拜武英殿大学士，入直文渊阁，仍掌礼部事。时嵩年六十余矣，精爽溢发，不异少壮。朝夕直西苑板房，未曾一归洗沐，帝益谓嵩勤。久之，请解部事，遂专直西苑。帝尝赐嵩银记，文曰“忠勤敏达”。寻加太子太傅。翟銮资序在嵩上，帝待之不如嵩。嵩讽言官论之，銮得罪去。吏部尚书许讚、礼部尚书张璧同入阁，皆不预闻票拟事，政事一归嵩。讚尝叹曰：“何夺我吏部，使我旁睨人。”嵩欲示厚同列，且塞言者意，因以显夏言短，乃请凡有宣召，乞与成国公朱希忠、京山侯崔元及讚、璧偕入，如祖宗朝蹇、夏、三杨故事。帝不听，然心益喜嵩，累进吏部尚书、谨身殿大学士、少傅兼太子太师。

久之，帝微觉嵩横。时讚老病罢，璧死，乃复用夏言，帝为加嵩少师以慰之。言至，复盛气陵嵩，颇斥逐其党，嵩不能救。子世蕃方官尚宝少卿，横行公卿间。言欲发其罪，嵩父子大惧，长跪榻下泣谢，乃已。知陆炳与言恶，遂与比而倾言。世蕃迁太常少卿，嵩犹畏言，疏遣归省墓。嵩寻加特进，再加华盖殿大学士。窥言失帝眷，用河套事构言及曾铣，俱弃市。已而南京吏部尚书张治、国子祭酒李本以疏远擢入阁，益不敢预可否。嵩既倾杀言，益伪恭谨。言尝加上柱国，帝亦欲加嵩，嵩乃辞曰：“尊无二上，上非人臣所宜称。国初虽设此官，左相国达，功臣第一，亦止为左柱国。乞陛下免臣此官，著为令典。以昭臣节。”帝大喜，允其辞，而以世蕃为太常卿。

嵩无他才略，惟一意媚上，窃权罔利。帝英察自信，果刑戮，颇护己短，嵩以故得因事激帝怒，戕害人以成其私。张经、李天宠、王忬之死，嵩皆有力焉。前后劾嵩、世蕃者，谢瑜、叶经、童汉臣、赵锦、王宗茂、何维柏、王晔、陈垲、厉汝进、沈鍊、徐学诗、杨继盛、周鈇、吴时来、张翀、董传策皆被谴。经、鍊用他过置之死，继盛附张经疏尾杀之。他所不悦，假迁除考察以斥者甚众，皆未曾有迹也。

俺答薄都城，慢书求贡。帝召嵩与李本及礼部尚书徐阶入对西苑。嵩无所规画，委之礼部。帝悉用阶言，稍轻嵩。嵩复以间激帝怒，杖司业赵贞吉而谪之。兵部尚书丁汝夔受嵩指，不敢趣诸将战。寇退，帝欲杀汝夔。嵩惧其引己，谓汝夔曰："我在，毋虑也。"汝夔临死始知为嵩绐。

大将军仇鸾，始为曾铣所劾，倚嵩倾铣，遂约为父子。已而鸾挟寇得帝重，嵩犹儿子蓄之，寖相恶。嵩密疏毁鸾，帝不听，而颇纳鸾所陈嵩父子过，少疏之。嵩当入直，不召者数矣。嵩见徐阶、李本入西内，即与俱入。至西华门，门者以非诏旨格之。嵩还第，父子对泣。时陆炳掌锦衣，与鸾争宠，嵩乃结炳共图鸾。会鸾病死，炳讦鸾阴事，帝追戮之。于是益信任嵩，遣所乘龙舟过海子召嵩，载直西内如故。世蕃寻迁工部左侍郎。倭寇江南，用赵文华督察军情，大纳贿赂以遗嵩，致寇乱益甚。及胡宗宪诱降汪直、徐海，文华乃言："臣与宗宪策，臣师嵩所授也。"遂命嵩兼支尚书俸无谢，自是褒赐皆不谢。

帝尝以嵩直庐隘，撤小殿材为营室，植花木其中，朝夕赐御膳、法酒。嵩年八十，听以肩舆入禁苑。帝自十八年葬章圣太后后，即不亲朝，自二十年宫婢之变，即移居西苑万寿宫，不入大内，大臣希得谒见，惟嵩独承顾问，御札一日或数下，虽同列不获闻，以故嵩得逞志。然帝虽甚亲礼嵩，亦不尽信其言，间一取独断，或故示异同，欲以杀离其势。嵩父子独得帝窾要，欲有所救解，嵩必顺帝意痛诋之，而婉曲解释以中帝所不忍。即欲排陷者，必先称其菴，而以微言中之，或触帝所耻与讳。以是移帝喜怒，往往不失。士大夫辐辏附嵩，时称文选郎中万采、职方郎中方祥等为嵩文武管家。尚书吴鹏、欧阳必进、高燿、许论辈，皆惴惴事嵩。

嵩握权久，遍引私人居要地。帝亦浉厌之，而渐亲徐阶。会阶所厚吴时来、张翀、董传策各疏论嵩，嵩因密请究主使者，下诏狱，穷治无所引。帝乃不问，而慰留嵩，然心不能无动，阶因得间倾嵩。吏部尚书缺，嵩力援欧阳必进为之，甫三月即斥去。赵文华忤旨获谴，嵩亦不能救。有诏二王就婚邸第，嵩力请留内。帝不悦，嵩亦不能力持。嵩虽警敏，能先意揣帝指，然帝所下手诏，语多不可晓，惟世蕃一览了然，答语无不中。及嵩妻欧阳氏死，世蕃当护丧归，嵩请留侍京邸。帝许之，然自是不得入直所代嵩票拟，而日纵淫乐于家。嵩受诏多不能答，遣使持问世蕃。值其方耽女乐，不以时答。中使相继促嵩，嵩不得已自为之，往往失旨。所进青词，又多假手他人不能工，以此积失帝欢。会万寿宫火，嵩请暂徙南城离宫，南城，英宗为太上皇时所居也，帝不悦。而徐阶营万寿宫甚称旨，帝益亲阶，顾问多不及嵩，即及嵩，祠祀而已。嵩惧，置酒要阶，使家人罗拜，举觞属曰："嵩旦夕且死，此曹惟公乳哺之。"阶谢不敢。

未几，帝入方士蓝道行言，有意去嵩。御史邹应龙避雨内侍家，知其事，抗疏极论嵩父子不法，曰："臣言不实，乞斩臣首以谢嵩、世蕃。"帝降旨慰嵩，而以嵩溺爱世蕃，负眷倚，令致仕，驰驿归，有司岁给米百石，下世蕃于理。嵩为世蕃请罪，且求解，帝不听。法司奏论世蕃及其子锦衣鹄、鸿，客罗龙文，戍边远。诏从之，特宥鸿为民，使侍嵩，而锢其奴严年于狱，擢应龙通政司参议。时四十一年五月也。龙文官中书，交关为奸利，而年最黠恶，士大夫竞称萼山先生者也。

嵩既去，帝追念其赞元功，意忽忽不乐，谕阶欲遂传位，退居西内，专祈长生。阶极陈不可，帝曰："卿等不欲，必皆奉君命，同辅玄修乃可。严嵩既退，其子世蕃已伏法，敢更言者，并应龙俱斩。"嵩知帝念己，乃赂帝左右，发道行阴事，系刑部，俾引阶。道行不承，坐论死，得释。嵩初归至南昌，值万寿节，使道士蓝田玉建醮铁柱宫。田玉善召鹤，嵩因取其符箓，并己祈鹤文上之，帝优诏褒答。嵩因言："臣年八十有四，惟一子世蕃及孙鹄皆远戍，乞移便地就养，终臣余年。"不许。

其明年，南京御史林润奏："江洋巨盗多入逃军罗龙文、严世蕃家。龙文居深山，乘轩衣蟒，有负险不臣之志。世蕃得罪后，与龙文日诽谤时政。其治第役众四千，道路皆言两人通倭，变且不测。"诏下润逮捕，下法司论斩，皆伏诛，黜嵩及诸孙皆为民。嵩窃政二十年，溺信恶子，流毒天下，人咸指目为奸臣。其坐世蕃大逆，则徐阶意也。又二年，嵩老病，寄食墓舍以死。

【译文】

严嵩，字惟中，是分宜人。身材高大而瘦削，眉目间隔很大，嗓音十分洪亮。中弘治十八年进士，后改官为庶吉士，被授为翰林院编修。因病告归后，严嵩在钤山读书十年，写作诗古文辞，很有清高的声誉。还朝一段时间后，进位翰林院侍讲，署理南京翰林院事。后被召为国子祭酒。

嘉靖七年，担任礼部右侍郎，奉世宗皇帝的命令祭告显陵，归来后上书道："臣恭上宝册及奉安神床，全都雨晴适时。又有石产自枣阳，群鹤聚集环绕，碑入于汉江，河流骤涨之祥瑞。请您命令辅臣撰文刻石，来表记上天的眷佑。"世宗听后非常高兴，表示同意。严嵩迁任吏部左侍郎，升南京礼部尚书，改吏部尚书。

在南京居住五年，因贺万寿节而来到京师。正赶上朝廷商议改修《宋史》的事，辅臣要求留下严嵩以礼部尚书兼翰林学士的身份管理其事。等到夏言进入内阁，便命令严嵩回到礼部掌管事务。世宗准备祭祀献皇帝（即明世宗的生父兴献王，世宗即位后，追尊其为"皇帝"）的明堂，以配享上帝。事毕，又想称献皇帝为"宗"而入太庙。严嵩与群臣论议表示不赞成，世宗很不高兴，写了篇《明堂或问》展示给廷臣。严嵩惶恐不安，完全改变自己原有的主张，按照条例规划有关的礼仪非常完备。大礼举行完毕，世宗赏赐给严嵩黄金币帛。从此以后，严嵩就专做以谄佞来取悦皇帝的事了。世宗给皇天上帝加尊号和宝册，不久又给太祖高皇帝加尊号、谥号和圣号以配享皇天上帝，严嵩就上奏说出现祥云，请皇帝接受群臣朝贺。他又撰写《庆云赋》《大礼告成赋》奏上，世宗非常高兴，吩咐将它们送到史馆去。不久，又加封严嵩为太子太保，随从皇帝游幸承天府（今湖北钟祥，为世宗皇帝生父兴献王的封地），对他的赏赐与辅臣相等。

严嵩归来后，更加骄横。诸宗室藩王来到礼部请求抚恤和封地，严嵩就要挟他们收受送贿赂。他的儿子严世藩又屡次到礼部诸曹去疏通关节。南京、北京的给事中、御史交章论劾贪污的大臣，都以严嵩为首。严嵩每次被论劾，都极力向世宗表白自己的忠心，事情就这样过去了。世宗有时向严嵩询问一些问题，他所答的都是平淡无奇的言语，而世宗竟然故意称赞他，想以此来暗示其他言官不要批评他。严嵩考中进士比夏言早，但官位却比他低。开始时他倚靠夏言，奉事小心谨慎，有一次他设宴邀请夏言，亲自到夏言府邸，夏言推辞不见他。严嵩就在地上铺好席子，打开自己写的文启，跪下朗读。夏言以为严嵩确实是对自己甘心低下，就不再疑心。世宗因为信奉道教，曾经戴香叶冠，于是就用沉香木雕刻五顶冠，送给夏言等人。夏言不肯接受，世宗非常愤怒。严嵩趁皇帝召问时戴上这顶冠，还用轻纱罩上以示珍重。世宗见后，心里更加亲信严嵩。于是严嵩就倾陷夏言，排斥他出外。夏言走后，醮祀鬼神时用的青词，除了严嵩所写的，没有能合世宗心意的。

嘉靖二十一年八月，严嵩官拜武英殿大学士，入值文渊阁，仍然掌管礼部事务。当时严嵩已经六十多岁，仍然精神健旺，与少壮时没有什么不同。每日早晚在西苑板房值班，不曾回家休息一天，世宗更加认为严嵩勤勉。过了不久，严嵩请求世宗解除自己的礼部事务，于是专门入值西苑。世宗曾经赏赐严嵩一块银牌，上面有“忠勤敏达”几个字。不久严嵩加官为太子少傅。翟銮的资格和位序都在严嵩之上，但世宗待他却不如严嵩。严嵩暗示言官弹劾他，翟銮获罪而去。吏部尚书许讚、礼部尚书张璧与严嵩同时进入内阁，都不参与票拟（明代的重要文书，须先内阁拟意见，书写在票上，送交给皇帝批准，称票拟）之事，政事全部归于严嵩。许讚叹道：“为什么严嵩夺去我的吏部，使我在旁边看着别人。”严嵩想显示自己厚待同列，堵住别人的闲话，还想显露夏言独断专行的缺点，于是就提议凡是皇帝宣召，请与成国公朱希忠、京山侯崔元以及许讚、张璧一起入殿，如同祖宗朝蹇义、夏原吉和三杨（杨士奇、杨荣、杨溥）的旧例。世宗没有同意，但心里却愈发看重喜欢严嵩，累进他的官职为吏部尚书、谨身殿大学士、少傅兼太子少师。

时间一长，世宗稍微察觉出严嵩的专横。当时，许讚因年老疾病罢去了相位，张璧已死，于是又重新起用夏言，但为严嵩加官为少师当作安慰。夏言来到朝廷，依然对严嵩盛气凌人，对他的党羽也非常斥逐，严嵩无力挽救。他的儿子严世蕃正担任尚宝少卿，在公卿之间横行。夏言想要揭发严世蕃的罪恶。严嵩父子非常恐惧，长跪在夏言的床下哭着谢罪，夏言才算罢休。严嵩知道陆炳与夏言关系很差，就与陆炳联手倾陷夏言。严世蕃迁官担任太常少卿，严嵩依然惧怕夏言，上疏请求让儿子回家省视祖坟。不久严嵩加官特进，再加官为华盖殿大学士。他看出夏言已经失去皇帝的宠眷，就用河套的事陷害夏言和曾铣（曾铣曾建议收复被鞑靼人侵占的河套地区，夏言表示支持），二者都被弃市。后来南京吏部尚书张治、国子祭酒李本，由疏远之人选拔入阁，更加不敢直言参与政事。严嵩既然已经倾杀夏言，就越发装成恭谨的样子。夏言曾经加官为上柱国，世宗也想加上柱国给严嵩，严嵩推辞道：“至尊没有两个上，上不是人臣应该用作称呼的。国家初立时虽然设置此官，但左相国徐达为功臣第一，也只不过为左柱国。乞请陛下您免臣此官，载入法典，用来昭示臣的节操。”世宗大喜，批准他的辞谢，任命严世蕃为太常卿。

严嵩没有其他才能，一心取媚皇上，窃权牟利。世宗苛察自信，使用刑戮非常武断，非常袒护自己的短处，所以严嵩能借用事端来激起世宗的恼怒，让他杀害别人来达到自己的目的。张经、李天宠、王忬的死，都是严嵩从中作梗。前后弹劾严嵩、严世蕃的大臣，有谢瑜、叶经、童汉臣、赵锦、王宗茂、何维柏、王晔、陈垲、厉汝进、沈錬、徐学诗、杨继盛、周铁、吴时来、张翀、董传策，都因此受到罪谴。叶经、沈錬被用别的罪名置于死地，杨继盛因附名字在张经所上疏的文尾而被杀害。其他他不喜欢的人，有很多也都借着改官、考察的机会而被斥逐，都没有留下什么痕迹。

鞑靼首领俺答率军逼近都城，用倨傲的口吻来信索取贡品。世宗召严嵩、李本以及礼部尚书徐阶到西苑应对俺答。严嵩没有任何对策，就都推诿给礼部。世宗全都采用徐阶的建议，对严嵩有些轻视。严嵩又借机激起世宗的恼怒，廷杖国子监司业赵贞吉并贬谪他。兵部尚书丁汝夔受到严嵩的指使，不敢督促诸将与鞑靼交战，敌人退去后，世宗想要处死丁汝夔。严嵩害怕牵扯出自己，就对丁汝夔说："有我在，你不必忧虑。"丁汝夔到死才明白受了严嵩的欺骗。

大将军仇鸾，开始曾被曾铣所弹劾，因此依赖严嵩来倾陷曾铣，于是就相约认为父子。不久仇鸾仗着鞑靼入侵得到皇帝倚重，严嵩将他当成儿子对待，但渐渐二人关系恶化。严嵩上密疏诋毁仇鸾，世宗没有听信，而对仇鸾所说的严氏父子的过恶倒很听得进去，于是对严氏父子有些疏远。轮到严嵩入阁值班时，世宗很多次不召见他。严嵩见徐阶、李本进入西内，就与他们一同进去。到西华门时，守门的人以没有诏旨为由将他拦在门外。严嵩回到家中，父子相对哭泣。当时陆炳正掌管锦衣卫，与仇鸾争宠，严嵩便勾结陆炳共同谋害仇鸾。正赶上仇鸾病死，陆炳攻讦仇鸾一些见不得人的事，世宗追戮他的尸首。于是世宗更加信任严嵩，派遣自己所乘坐的龙舟过海子召见严嵩，载他人值西内如故。严世蕃不久迁官为工部左侍郎。倭寇侵掠江南地区，用赵文华督察军情，他大收贿赂送给严嵩，导致寇乱越发严重。及至胡宗宪诱降汪直、徐海，赵文华竟然说："臣与胡宗宪的计策，都是臣师严嵩所教授的。"于是就命令严嵩兼领尚书的薪俸而不必辞谢，从此以后的一切褒奖赏赐都不须辞谢。

世宗曾认为严嵩入值时所居住的庐屋太过狭隘，就撤下小殿的木材为他营造大的屋室，在里面种上花木，早晚还赐给他御膳、法酒。严嵩年已八十，世宗允许他乘坐轿子进入禁苑。世宗自从嘉靖十八年下葬章圣太后以后，就不再上朝，自从二十年发生宫婢之变（应是二十一年，宫婢杨金英曾经谋杀世宗，未遂，被处死）后，就移居西苑万寿宫，不再入大内，大臣都很难得谒见他。独独只有严嵩能承蒙世宗召见，皇上的信札有时一日数下，虽然是同列的人也不知道信札的内容，因此严嵩的阴谋才能得逞。然而世宗虽然对严嵩非常亲密和礼敬，但对他的话却也不完全相信，偶尔由自己独断，或者故意表示异同，想以此稍微遏制他的势力。严嵩父子独独知道世宗的弱点，想要救解什么人时，严嵩必然顺着世宗的意见狠狠诋毁他，然后婉转解释，以使世宗不忍心惩处。如果想要排挤陷害什么人，必先称道他的优点，然后用含蓄的语言来攻击他，或者讲他触犯世宗的忌讳和感到耻辱的事。所以他操纵转移世宗的喜怒，往往没有失误。士大夫辐辏依附于严嵩。当时人们称文选郎中万采、职方郎中方祥为严嵩的文武管家。尚书吴鹏、欧阳必进、高耀、许论等人，都小心惴惴地侍奉严嵩。

严嵩握权时间很久，到处任用自己的人占据重要的位置。世宗也渐渐厌烦他，转而逐渐亲信徐阶。正赶上徐阶厚待的吴时来、张翀、董传策各自上疏论劾严嵩，于是严嵩秘密向世宗请求追查他们背后的主使者，将他们入狱，用尽办法审讯他们，也无所牵引。世宗就不再追问，而安慰严嵩留任，但他心中也不能毫无所动，徐阶因此得以趁机倾倒严嵩。吏部尚书有空缺，严嵩极力推荐欧阳必进充任，但只过三个月便被罢斥。赵文华违抗圣旨获罪，严嵩也不能赦免。有诏命让两个王子就婚在王府，严嵩竭力请求留在宫内。世宗听后不高兴，严嵩也无法极力坚持。严嵩虽然机敏，能事先揣度世宗的意旨，但世宗所下的手诏中的语言他却大多弄不明白意思，只有严世蕃一览就了然，所答没有不中世宗心意的。及至严嵩的妻子欧阳氏去世，严世蕃应当护丧归返家乡，严嵩请求将儿子留侍于京城中的官邸。世宗答应了，但从此不能进入严嵩值班的地方代替严嵩起草票拟，只每日在家放纵淫乐。严嵩接受世宗手诏，大多都不能回答，便派遣使者拿着手诏去问严世蕃。有时赶上他沉迷女乐，不能及时回答。宫中使者相继催促严嵩，严嵩迫不得已，只好自己来写，结果往往不符合皇上旨意。所呈进的青词，又有很多是别人代笔的，不精美，因此渐渐不得世宗欢心。正赶上万寿宫失火，严嵩请世宗暂且迁往南城离宫。南城，是英宗当太上皇时居住的地方，世宗很不愉快。而徐阶营建的万寿宫让世宗非常满意，世宗就更加亲近徐阶，召见问对很多时候都不找严嵩，即使召见严嵩，也不过是谈论祠祀鬼神方面的事。严嵩畏惧了，就设酒宴邀请徐阶，让家中人围着他下拜，举杯嘱托道："严嵩旦夕间就会死掉，这些人全靠您养育了。"徐阶辞谢说不敢当。

不久，世宗听纳方士蓝道行的话，有意要除去严嵩。御史邹应龙到太监家避雨，知道了这件事，抗疏极力弹劾严嵩父子无视法纪，道："臣说的如若不实，请斩下臣的头以谢严嵩、世蕃。"世宗降旨安慰严嵩，而因为严嵩溺爱世蕃，辜负圣上信任，令其致仕，乘驿车归里，由官府每年给他百石米，而严世蕃入大理寺监狱。严嵩为世蕃请罪，并请求缓解。世宗不听。法官奏论严世蕃及其儿子锦衣严鹄、严鸿，门客罗龙文，被流放戍守边疆。诏旨表示同意，但特别宽宥严鸿为民，让他多侍奉严嵩，而将他的家奴严年监禁在牢狱，擢升邹应龙为通政司参议。这是嘉靖四十一年五月的事。罗龙文为官中书，交通关节，以为奸利，而严年最为狡黠恶毒，也就是士大夫争着叫"萼山先生"的那个人。

严嵩既已离开朝廷，世宗追念他的赞助祠祀的功劳，心中忽忽不乐，告诉徐阶想要传位给太子，自己退居西内，专心祈求长生。徐阶极力陈述此事不可。世宗道："卿等如果不同意让我退位，就必须遵奉我的旨意，一起助我修炼长生之道。严嵩已经退职，他的儿子严世蕃已经伏法，如果敢有再提起这事的，就连同邹应龙一起处斩！"严嵩知道世宗想念自己，就贿赂世宗的左右近侍，揭发蓝道行的阴私之事，系刑部狱，指望他能牵引出徐阶来。但蓝道行不承认，因此被判死罪，但后来得到释放。严嵩刚回到南昌，正值万寿节，让道士蓝田玉在铁柱宫作法事。蓝田玉善于召鹤，严嵩便取符祐，和自己写的《祈鹤文》一起奏上。世宗降诏褒奖。严嵩借机上言："臣年八十有四，只有一个儿子世蕃，和孙儿严鹄都被流戍到远方，乞请将他们移至近便之地方便赡养我，让臣终老天年。"世宗没有答应。

第二年，南京御史林润上奏："有很多江洋大盗逃配军罗龙文、严世蕃的家中。罗龙文居于深山之中，乘坐轩车，穿着蟒袍，有凭仗险阻、割据不臣的心。严世蕃获罪后，与罗龙文每天诽谤时政。他们修建府第时，役使四千民众，道路上的人都说他两人勾通倭寇，即将变生不测。"

皇帝诏下林润负责逮捕，下法司判斩，二人俱都伏诛，贬黜严嵩及诸孙为民。严嵩窃据政权二十年，溺信恶子，流毒天下，人们都指斥他为奸臣。而判刑严世蕃大逆不道之罪，则是徐阶的意思。又过二年，严嵩老病，在守墓的屋舍寄食死去。

鄢懋卿

鄢懋卿，丰城人。由行人擢御史，屡迁大理寺少卿。三十五年，转左佥都御史，寻进左副都御史。懋卿以才自负，见严嵩柄政，深附之，为嵩父子所昵。会户部以两浙、两淮、长芦、河东盐政不举，请遣大臣一人总理，嵩逆用懋卿。旧制，大臣理盐政，无总四运司者。至是懋卿尽握天下利柄，倚严氏父子，所至嗜权纳贿，监司郡邑吏膝行蒲伏。

懋卿性奢侈，至以文锦被厕装。白金饰溺器。岁时馈遗严氏及诸权贵，不可胜纪。其按部，常与妻偕行，制五朵舆，令十二女子舁之，道路倾骇。淳安知县海瑞、慈溪知县霍与瑕，以抗忤罢去。御史林润尝劾懋卿要索属吏，饭遗钜万，滥受民讼，勒富人贿，置酒高会，日费千金，虐杀不辜，怨咨载路，苛斂淮商，几至激变，五大罪。帝置不问。四十年召为刑部右侍郎。两淮余盐，岁征银六十万两，及懋卿增至一百万。懋卿去，巡盐御史徐旷极言其害，乃复六十万之旧。

嵩败，御史郑洛劾懋即及大理寺卿万采朋奸黩货，两人皆落职。既而采匿严氏银八万两，懋卿给得其二万，事皆露，两人先后戍边。

【译文】

鄢懋卿，是丰城人，原先担任官行人，后升任御史，逐渐升迁为大理寺少卿。嘉靖三十五年，改任左佥都御史，不久后升任左副都御史。鄢懋卿因为自己有才能而感到非常自负，看到严嵩当权，就全身心依附他，从而得到了严嵩父子的亲近。当时正值户部因为两浙、两淮、长芦、河东的盐政发生困难，请求朝廷派遣一名大臣前去总理盐政，严嵩于是就任用鄢懋卿。明朝旧制规定，大臣办理盐政，没有总理四盐运司的安排，这样一来，鄢懋卿便掌握了全国的财入货利的大权，倚仗严氏父子撑腰，所到之处鬻权纳贿，监司郡邑的官吏见到他时都是跪行匍匐于地。

鄢懋卿生性奢侈，甚至曾用彩被装饰厕所，用白银装饰便溺的器皿。每年他按时节送给严氏以及诸位权贵的财物，不可计数。他外出视察时，经常带妻子同行，专门制成五彩舆，让十二个女子抬着，道路上的人们看到无不感到惊骇。淳安的知县海瑞，慈溪的知县霍与瑕，都因为对抗他被罢官。御史林润曾经弹劾鄢懋卿索要属吏，行贿送礼以钜万计，滥受民间诉讼，勒索富人贿赂，设置酒宴聚会，每年花费高达千金，虐待杀戮无辜的人，导致百姓怨声载道，苛敛淮商财物，几乎导至百姓激变，共五大罪状。世宗仍然置之不问。嘉靖四十年召授鄢懋卿为刑部右侍郎。两淮的余盐，原来每年征收六十万两白银，到鄢懋卿掌盐政时增加到一百万两。鄢懋卿离任后，巡盐御史徐旷竭力上书陈述这样做的害处，于是又恢复了征收六十万两的旧制。

严嵩倒台后，御史郑洛弹劾鄢懋卿与大理寺卿万采朋党为奸，贪财黩货，两人都被免职务。既而万采私藏严氏的八万两白银，鄢懋卿骗来其中的二万两，事情都败露后，两人被先后贬去戍边。

明史卷三百九十

李自成列传第一百九十七

李自成，米脂人，世居怀远堡李继迁寨。父守忠，无子，祷于华山，梦神告曰："以破军星为若子。"已，生自成。幼牧羊于邑大姓艾氏，及长，充银川驿卒。善骑射，斗很无赖，数犯法。知县晏子宾捕之，将置诸死，脱去为屠。天启末，魏忠贤党乔应甲为陕西巡抚，朱童蒙为延绥巡抚，贪黩不诘盗，盗由是始。

崇祯元年，陕西大饥，延绥缺饷，固原兵劫州库。白水贼王二，府谷贼王嘉胤，宜川贼王左挂、飞山虎、大红狼等，一时并起。有安塞马贼高迎祥者，自成舅也，与饥民王大梁聚众应之。迎祥自称闯王，大梁自称大梁王。二年春，诏以杨鹤为三边总督，捕之。参政刘应遇击斩王二、王大梁，参政洪承畴击破王左挂，贼稍稍惧。会京师戒严，山西巡抚耿如杞勤王兵哗而西，延绥总兵吴自勉、甘肃巡抚梅之焕勤王兵亦溃，与群盗合。延绥巡抚张梦鲸恚死，承畴代之，召故总兵杜文焕督延绥、固原兵，便宜剿贼。

三年，王左挂、王子顺、苗美等战屡败，乞降。而王嘉胤掠延安、庆阳间，杨鹤抚之，不听，从神木渡河犯山西。是时，秦地所征曰新饷，曰均输，曰间架，其目日增，吏因缘为奸，民大困。以给事中刘懋议，裁驿站，山、陕游民仰驿糈者，无所得食，俱从贼，贼转盛。兵部郎中李继贞奏曰："延民饥，将尽为盗，请以帑金十万振之。"帝不听。而嘉胤已袭破黄甫川、清水、木瓜三堡，陷府谷、河曲。又有神一元、不沾泥、可天飞、郝临菴、红军友、点灯子、李老柴、混天猴、独行狼诸贼，所在蜂起，或掠秦，或东入晋，屠陷城堡。官兵东西奔击，贼或降或死，旋灭旋炽。延安贼张献忠亦聚众据十八寨，称八大王。

四年，孤山副将曹文诏破贼河曲，王嘉胤遁去。已，复自岳阳突犯泽、潞，为左右所杀，其党共推王自用号紫金梁者为魁。自用结群贼老回回、曹操、八金刚、扫地王、射塌天、阎正虎、满天星、破甲锥、邢红狼、上天龙、蝎子块、过天星、混世王等及迎祥、献忠共三十六营，众二十余万，聚山西。自成乃与兄子过往从迎祥，与献忠等合，号闯将，未有名。杨鹤抚贼不效被逮，洪承畴代鹤，张福臻代承畴，督诸将曹文诏、杨嘉谟剿贼，所向克捷，陕地略定。而山西贼大盛，剽掠宁乡、石楼、稷山、闻喜、河津间。

五年，贼分道四出，连陷大宁、隰州、泽州、寿阳诸州县，全晋震动。乃罢巡抚宋统殷，以许鼎臣代之，与宣大总督张宗衡分督诸将。宗衡督虎大威、贺人龙、左良玉等兵八千人，驻平阳，责以平阳、泽、潞四十一州县。鼎臣督张应昌、颇希牧、艾万年兵七千人，驻汾州，责以汾、太、沁、辽三十八州县。贼亦转入磨盘山，分众为三：阎正虎据交城、文水，窥太原；邢红狼、上天龙据吴城，窥汾州；自用、献忠突沁州、武乡，陷辽州。

六年春，官兵共进力击。自用惧，乞降于故锦衣佥事张道濬。约未定，阳和兵袭之。贼怒，败约去。会总兵官曹文诏率陕西兵至，偕诸将猛如虎、虎大威、颇希牧、艾万年、张应昌等合剿，屡战皆大克，前后杀混世王、满天星、姬关锁、翻山动、掌世王、显道神等，破自用、献忠、老回回、蝎子块、扫地王诸贼。其后，自用又为川将邓玘射杀之。山西三大盗俱败。

初，贼之破泽州也，分其众，南逾太行，掠济源、清化、修武，围怀庆。官军击之，贼遁走。别贼复阑入西山，大掠顺德、真定间。大名道卢象升力战却贼。贼自邢台摩天岭西下，抵武安，败总兵左良玉，河北三府焚劫殆遍。潞王上疏告急，兼请卫凤、泗陵寝。诏特遣总兵倪宠、王朴率京营兵六千人，与诸将并进。贼闻之，欲从河内走太行。文诏邀击之，不敢进。

贼之败于山西者，亦奔河北合营，迎祥、自成、献忠、曹操、老回回等俱至。京兵蹙其后，左良玉、汤九州等扼其前，连战于青店、石冈、石坡、牛尾、柳泉、猛虎村，屡败之。贼欲逸，阻于河，大困。贼素畏文诏、道濬，道濬先坐事遣戍，文诏转战秦、晋、河北，遇贼辄大克，御史复劾其骄倨，调大同总兵去。贼遂诡辞乞降，监军太监杨进朝信之，为入奏。会天寒河冰合，贼突从毛家寨策马径渡。河南诸军无扼河者，贼遂连陷渑池、伊阳、卢氏三县。河南巡抚玄默率诸将盛兵待之，贼窜入卢氏山中，由间道直走内乡，掠郧阳，又分掠南阳、汝宁，入枣阳、当阳，逼湖广。巡抚唐晖敛兵守境。犯归、巴、夷陵等处，破夔州，攻广元，逼四川，所在告急。

七年春，特设山、陕、河南、湖广、四川总督，专办贼，以延绥巡抚陈奇瑜为之，以卢象升抚治郧阳，为奇瑜破贼延水关有威名，而象升历战阵知兵也。于是奇瑜自均州入，与象升并进，师次乌林关，斩贼数千级。贼走汉南，奇瑜以湖广不足忧，引兵西击。

始，贼自渑池渡河，高迎祥最强，自成属焉。及入河南，自成与兄子过结李牟、俞彬、白广恩、李双喜、顾君恩、高杰等自为一军。过、杰善战，君恩善谋。及奇瑜兵至，献忠等奔商、雒，自成等陷于兴安之车箱峡。会大雨两月，马乏刍多死，弓矢皆脱，自成用君恩计，贿奇瑜左右，诈降。奇瑜意轻贼，许之，檄诸将按兵毋杀，所过州县为具糗传送。贼甫渡栈，即大噪，尽屠所过七州县。而略阳贼数万亦来会，贼势愈张。奇瑜坐削籍，而自成名始著矣。

已，洪承畴代奇瑜，李乔巡抚陕西，吴甡巡抚山西。大学士温体仁谓甡曰："流贼癣疥疾，勿忧也。"未几，西宁兵变，承畴甫受命而东，闻变遽返。迎祥、自成遂入巩昌、平凉、临洮、凤翔诸府数十州县。败贺人龙、张天礼军，杀固原道陆梦龙。围陇州四十余日，承畴檄总兵左光先与人龙合击，大破之。会朝廷亦命豫、楚、晋、蜀兵四道入陕，迎祥、自成遂窜入终南山。已而东出，陷陈州、灵宝、汜水、荥阳。闻左良玉将至，移壁梅山、溱水间。部贼拔上蔡，烧汝宁郛。乃命承畴出关追贼，与山东巡抚朱大典并力击，贼侦知之。

八年正月大会于荥阳。老回回、曹操、革裹眼、左金王、改世王、射塌天、横天王、混十万、过天星、九条龙、顺天王及迎祥、献忠共十三家七十二营，议拒敌，未决。自成进曰："一夫犹奋，况十万众乎！官兵无能为也。宜分兵定所向，利钝听之天。"皆曰："善。"乃议革里眼、左金王当川、湖兵，横天王、混十万当陕兵，曹操、过天星扼河上，迎祥、献忠及自成等略东方，老回回、九条龙往来策应。陕兵锐，益以射塌天、改世王。所破城邑，子女玉帛惟均。众如自成言。

先是，南京兵部尚书吕维祺惧贼南犯，请加防凤阳陵寝，不报。及迎祥、献忠东下，江北兵单，固始、霍丘俱失守。贼燔寿州，陷颍州，知州尹梦鳌、州判赵士宽战死，杀故尚书张鹤鸣。乘胜陷凤阳，焚皇陵，留守署正朱国相等皆战死。事闻，帝素服哭，遣官告庙。逮漕运都御史杨一鹏弃市，以朱大典代之，大征兵讨贼。贼乃大书帜曰古元真龙皇帝，合乐大饮。自成从献忠求皇陵监小阉善鼓吹者，献忠不与。自成怒，偕迎祥西趋归德，与曹操、过天星合，复入陕西。献忠独东下卢州。

承畴方驰至汝州，命诸将左良玉、汤九州、尤世威、徐来朝、陈永福、邓玘、张应昌分扼湖广、河南、郧阳诸关隘，召曹文诏为中军。文诏未至，玘以兵乱死。迎祥、自成从终南山出，大掠富平、宁州。老回回、献忠、曹操、蝎子块、过天星诸贼，闻承畴出关，先后皆走陕西，焚掠西安、平凉、凤翔诸郡。承畴亟还救，分遣诸将击老回回等，令副总兵刘成功、艾万年击迎祥、自成于宁州。万年中伏战死，文诏怒，复击之，亦中伏战死。群贼乘胜掠地，火照西安城中。承畴力御之泾阳、三原间，决死战，贼不得过。献忠、老回回等由他道转突朱阳关，守关将徐来臣军溃死，尤世威中箭遁。于是群贼皆出关，分十三营东犯，而迎祥、自成独留陕西。

时卢象升已改湖广巡抚，总理直隶、河南、山东、四川、湖广诸军务。诏承畴督关中，象升督关外。贼亦分兵，迎祥略武功、抚风以西，自成略富平、固州以东。承畴遣将追自成，小捷，至醴泉。贼将高杰通于自成妻邢氏，惧诛，挟之来降。承畴身追自成，大战渭南、临潼，自成大败东走。迎祥亦屡败，东逾华阴南原，绝岭，偕自成出朱阳关，与献忠合。冬十一月，群贼薄阌乡，左良玉、祖宽御之不克，遂陷陕州，进攻雒阳。河南巡抚陈必谦督良玉、宽援雒阳，献忠走嵩、汝。迎祥、自成走偃师、巩县，略鲁山、叶县，陷光州，象升击败之确山。

九年春，迎祥、自成攻卢州，不拔。陷含山、和州，杀知州黎弘业及在籍御史马如蛟等。又攻滁州，知州刘大巩、太仆卿李觉斯坚守不下。象升亲督祖宽、罗岱、杨世恩等来援，战于朱龙桥，贼大败，尸咽水不流。北攻寿州，故御史方震孺坚守。折而西，入归德，边将祖大乐破之。走密、登封，故总兵汤九州战死。分道犯南阳、裕州，必谦援南阳，象升援裕，令大乐等击贼，杀迎祥、自成精锐几尽。贼复分兵再入陕，迎祥由郧、襄趋兴安、汉中，自成由南山逾商、雒，走延绥，犯巩昌北境。诸将左光先、曹变蛟破之，自成走环县。未几，官军败于罗家山，尽亡士马器仗，总兵官俞冲霄被执。自成势复振，进围绥德，欲东渡河，山西兵遏之。复西掠米脂，呼知县边大绶，曰："此吾故乡也，勿虐我父老。"遗之金，令修文庙。将袭榆林，河水骤长，贼淹死甚众，乃改道，从韩城而西。

时象升及大乐、宽等皆入援京师。孙传庭新除陕西巡抚，锐意灭贼。秋七月，擒迎祥于盩厔，献俘阙下，磔死。于是贼党乃共推自成为闯王矣。是月，犯阶、徽。未几，出汧、陇，犯凤翔，渡渭河。

十年犯泾阳、三原。蝎子块、过天星俱来会。传庭督变蛟连战七日，皆克，蝎子块降。自成与过天星奔秦州。入蜀，陷宁羌，破七盘关，陷广元，总兵官侯良柱战死，遂连陷昭化、剑州、梓潼、江油、黎雅、青川等州县。剑州知州徐尚卿、吏目李英俊、昭化知县王时化、郫县主簿张应奇、金堂典史潘梦科皆死。进攻成都，七日不克，巡抚王维章坐避贼征。

十一年春，官军败贼梓潼，自成奔白水，食尽。承畴、传庭合击于潼关原，大破之。自成尽亡其卒，独与刘宗敏、田见秀等十八骑溃围，窜伏商、洛山中。其年，献忠降，自成势益衰。承畴改蓟辽总督，传庭改保定总督。传庭以疾辞，逮下狱。二人去，自成稍得安。总理熊文灿方主抚，谍者或报自成死，益宽之。

十二年夏，献忠反穀城。自成大喜，出收众，众复大集。陕西总督郑崇俭发兵围之，令曰“围师必缺”。自成乃由缺走，突武关，往依献忠。献忠欲图之，觉，遁去。杨嗣昌督师夷陵，檄令降，自成出谩语。官军围自成于巴西、鱼复诸山中，自成大困，欲自经，养子双喜劝而止。贼将多出降。刘宗敏者，蓝田锻工也，最骁勇，亦欲降。自成与步入丛祠，顾而叹曰：“人言我当为天子，盍卜之，不吉，断我头以降。”宗敏诺，三卜三吉。宗敏还，杀其两妻，谓自成曰：“吾死从君矣。”军中壮士闻之，亦多杀妻子愿从者。自成乃尽焚辎重，轻骑由郧、均走河南。河南大旱，斛谷万钱，饥民从自成者数万。遂自南阳出，攻宜阳，杀知县唐启泰。攻永宁，杀知县武大烈，戕万安王采𨮁。攻偃师，知县徐日泰骂贼死。时十三年十二月也。

自成为人高颧深頞，鸱目曷鼻，声如豺。性猜忍，日杀人劓足剖心为戏。所过，民皆保坞堡不下。杞县举人李信者，逆案中尚书李精白子也，尝出粟振饥民，民德之曰：“李公子活我。”会绳伎红娘子反，掳信，强委身焉。信逃归，官以为贼，囚狱中。红娘子来救，饥民应之，共出信。卢氏举人牛金星磨勘被斥，私入自成军为主谋，潜归，事泄坐斩，已，得末减。二人皆往投自成，自成大喜，改信名曰岩。金星又荐卜者宋献策，长三尺余，上谶记云：“十八子，主神器。”自成大悦。岩因说曰："取天下以人心为本，请勿杀人，收天下心。"自成从之，屠戮为减。又散所掠财物振饥民，民受饷者，不辨岩、自成也，杂呼曰："李公子活我。"岩复造谣词曰："迎闯王，不纳粮。"使儿童歌以相煽，从自成者日众。

十四年正月攻河南，有营卒勾贼，城遂陷，福王常洵遇害。自成兵汋王血，杂鹿醢尝之，名"福禄酒"。王世子由崧裸而逃。自成发王邸金振饥民，遂移攻开封。时张献忠亦陷襄阳，戕襄王翊铭。王开封者周王恭枵，闻贼至，急发库金募死士，与巡抚都御史高名衡等固守。自成攻七昼夜，解去，屠密县。贼魁罗汝才、土寇袁时中皆归自成。时中众二十万，号小袁营。汝才即曹操，与献忠同降复叛去者也。

自成初为迎祥裨将，至是势大盛。帝以故尚书傅宗龙为陕西总督，使专办自成，别敕保定总督杨文岳会师。宗龙驰入关，与巡抚汪乔年调兵，兵已发尽，乃檄河南大将李国奇、贺人龙兵隶部下，亟出关。文岳率虎大威军俱至新蔡，与自成遇。人龙卒先奔，国奇、大威继之，宗龙、文岳以亲军筑垒自固。夜，文岳兵溃奔陈州，宗龙与贼持数日，食尽，突围走，被执死。自成陷叶县，杀副将刘国能，遂围左良玉于郾城。乔年代宗龙总督，出关，次襄城，自成尽锐攻之，乔年与副将李万庆皆死。自成劓刖诸生百九十人。遂乘胜陷南阳、邓州十四城，再围开封。巡抚名衡、总兵陈永福力拒之，射中自成目，炮殪上天龙等，自成益怒。

自成每攻城，不用古梯冲法，专取瓴甋，得一砖即归营卧，后者必斩。取砖已，即穿穴穴城。初仅容一人，渐至百十，次第傅土以出。过三五步，留一土柱，系以巨絙。穿毕，万人曳絙一呼，而柱折城崩矣。名衡于城上凿横道，听其下有声，用毒秽灌之，多死。贼乃即城坏处用火攻法，实药瓮中，火燃药发，当者辄糜碎，名曰放迸。

十五年正月，城半圮，贼用放迸法攻之，铁骑数千驰噪，伺城颓即拥入城。城故宋汴都，金人所重筑也。厚数丈，土坚，火外击，贼骑多歼，自成骇而去。南陷西华，寻屠陈州，副使关永杰、知州侯君擢皆骂贼死。归德、睢州、宁陵、太康数十郡县，悉残毁。商丘知县梁以樟创死复苏，全家歼焉。

已，复攻开封，筑长围为持久计。诏起孙传庭为总督，释故尚书侯恂命督师，召左良玉援开封。良玉至朱仙镇，大败，奔襄阳。诸军皆屯河北，不敢进。开封食尽。山东总兵刘泽清亦奉诏至。传庭知开封急，大会诸将西安，亟出关来救。未至，名衡等议决朱家寨口河灌贼，贼亦决马家口河欲灌城。秋九月癸未，天大雨，二口并决，声如雷，溃北门入，穿东南门出，注涡水。城中百万户皆没，得脱者惟周王、妃、世子及抚按以下不及二万人。贼亦漂没万余，乃拔营西南去。

先是，有马守应称老回回、贺一龙称革裹眼、贺锦称左金王、刘希尧称争世王、蔺养成称乱世王者，皆附自成，时号"革左五营"。自成乃西迎传庭兵，遇于南阳，传庭军溃走，豫人所谓柿园之败也。是时大清兵南侵，京师方告急，朝廷不暇复讨贼。自成乃收群贼，连营五百馀里，再屠南阳，进攻汝宁。总兵虎大威中炮死，杨文岳被杀。自成乃胁崇王由樻使从军，遂由确山、信阳、泌阳向襄阳。左良玉望风南走，自成入襄阳。分徇属城及德安诸州县，皆下，再破夷陵、荆门州。自成自攻荆州，湘阴王俨钾遇害，烧献陵木城，穿毁宫殿。

十六年春陷承天。将癸献陵，有声震山谷，惧而止。旁掠潜山、京山、云梦、黄陂、孝感等州县，皆下。先驱逼汉阳，良玉走九江。攻郧阳，抚治都御史徐起元及王光恩力守不下。光恩，贼反正者也。

自成自号奉天倡义大元帅，号罗汝才，代天抚民威德大将军。分其众，曰标营，领兵百队；曰先、后、左、右营，各领兵三十馀队。标营白帜黑纛，自成独白鬃大纛银浮屠；左营帜白，右绯，前黑，后黄，纛随其色。五营以序直昼夜，次第休息，巡徼严密。逃者谓之落草，磔之。收男子十五以上、四十以下者为兵。精兵一人，主刍、掌械、执爨者十人。军令不得藏白金，过城邑不得室处，妻子外不得携他妇人。寝兴悉用单布幕。绵甲厚百层，矢炮不能入。一兵倅马三四匹，冬则以茵褥籍其蹄。剖人腹为马槽以饲马，马见人，辄锯牙思噬若虎豹。军止，即出较骑射，曰站队。夜四鼓，蓐食以听令。所过崇冈峻坂，腾马直上。水惟惮黄河，若淮、泗、泾、渭，则万众翘足马背，或抱鬣缘尾，呼风而渡，马蹄所蹙阏，水为不流。临阵，列马三万，名三堵墙。前者返顾，后者杀之。战久不胜，马兵佯败诱官兵，步卒长枪三万，击刺如飞，马兵回击，无不大胜。攻城，迎降者不杀，守一日杀十之三，二日杀十之七，三日屠之。凡杀人，束尸为燎，谓之打亮。城将陷，步兵万人环堞下，马兵巡徼，无一人得免。献忠虽至残忍。不逮也。诸营较所获，马骡者上赏，弓矢铅铳者次之，币帛又次之，珠玉为下。

自成不好酒色，脱粟粗粝，与其下共甘苦。汝才妻妾数十，被服纨绮，帐下女乐数部，厚自奉养，自成尝嗤鄙之。汝才众数十万，用山西举人吉珪为谋主。自成善攻，汝才善战两人相须若左右手。自成下宛、叶，克梁、宋，兵强士附，有专制心，顾独忌汝才。乃召汝才所善贺一龙宴，缚之，晨以二十骑斩汝才于帐中，悉兼其众。

自成在中州，所略城辄焚毁之。及渡汉江，谋以荆、襄为根本，改襄阳曰襄京，修襄王宫殿居之。改禹州曰均平府，承天府曰扬武州，他府县多所更易。

牛金星教以创官爵名号，大行署置。自成无子，兄子过及妻弟高一功，迭居左右，亲信用事。田见秀、刘宗敏为权将军，李岩、贺锦、刘希尧等为制将军，张鼐、党守素等为威武将军，谷可成、任维荣等为果毅将军，凡五营二十二将。又置上相、左辅、右弼、六政府侍郎、郎中、从事等官。要地设防御使，府曰尹，州曰牧，县曰令。封崇王由樻襄阳伯、邵陵王在城枣阳伯、保宁王绍圮宣城伯、肃宁王术桵顺义伯。以张国绅为上相，牛金星为左辅，来仪为右弼。国绅，安定人，尝官参政。既降，献文翔凤妻邓氏以媚自成。自成恶其伤同类，杀之，而归邓氏于其家。六政府侍郎则石首喻上猷、江陵萧应坤、招远杨永裕、米脂李振声、江陵邓岩忠、西安姚锡胤，寻以宣城丘之陶代振声为兵政府侍郎。其余受伪职者甚众，不具载。

使高一功、冯雄守襄阳，任继光守荆州，蔺养成、牛万才守夷陵，王文曜守沣州，白旺守安陆，萧云林守荆门，谢应龙守汉川，周凤梧守禹州。于是河南、湖广、江北诸贼莫不听命。自成既杀汝才、一龙，又袭杀养成，夺守应兵，击杀袁时中于杞县。献忠方据武昌，自成遣使贺，且胁之曰："老回回已降，曹操辈诛死，行及汝矣。"献忠大惧，南入长沙。

当是时，十三家七十二营诸大贼，降死殆尽，惟自成、献忠存，而自成独劲，遂自称曰新顺王。集牛金星等议兵所向。金星请先取河北，直走京师。杨永裕请下金陵，断燕都粮道。从事顾君恩曰："金陵居下流，事虽济，失之缓。直走京师，不胜，退安所归，失之急。关中，大王桑梓邦也，百二山河，得天下三分之二，宜先取之，建立基业。然后旁略三边，资其兵力，攻取山西，后向京师，庶几进战退守，万全无失。"自成从之。

传庭之败于柿园而归陕也，大治兵，制火车二万辆，募壮士，使白广恩、高杰将，欲俟贼饥而击之。朝议日督战，不得已出关。以牛成虎、卢光祖为前锋，由灵宝入洛。高杰为中军，檄广恩从新安来会。河南将陈永福守新滩，四川将秦翼明出商、洛，为犄角。前锋败贼渑池，至宝丰，再拔其城。次郏，自成率万骑还战，复大败，几被擒。会天大雨，道泞，粮车不进。自成遣轻骑出汝州，要截粮道。传庭乃分军三，令广恩从大道，令高杰亲随从间道，迎粮，令永福守营。传庭既行，永福兵亦争发，不可禁，遂为贼所蹑。至南阳，传庭还战，贼阵五重，官军克其三。已而稍却，火车奔，骑兵亦大奔。贼纵铁骑践之，传庭大败。自成空壁追，一日夜逾四百里，官军死者四万余人，失兵器辎重数十万。传庭奔河北，转趋潼关，气败沮不复振。

冬十月，自成陷潼关，传庭死，遂连破华阴、渭南、华、商、临潼。进攻西安，守将王根子开东门纳贼。自成执秦王存枢以为权将军，永寿王谊㴋为制将军。巡抚冯师孔以下死者十余人，布政使陆之祺等俱降。自成大掠三日，下令禁止。改西安曰长安，称西京。赐顾君恩女乐一部，赏入关策也。大发民，修长安城，开驰道。自成每三日亲赴教场校射，百姓望见黄龙纛，咸伏地呼万岁。诸将白广恩、高汝利、左光先、梁甫先后皆降。陈永福以先射中自成目，保山巅不敢下，自成折箭为誓，招之，亦降。惟高杰以窃自成妻走延安，为李过所追，折而东，渡宜川，绝蒲津以守。

自成兵所至风靡，乃诣米脂祭墓。向为官军所发，焚弃遗骴，筑土封之。求其宗人，赠金封爵以去。改延安府曰天保府，米脂曰天保县，清涧曰天波府。凤翔不下，屠之。始，自成入陕西，自谓故乡，毋有侵暴，未一月抄掠如故，又以士大夫必不附己，悉索诸荐绅，搒掠征其金，死者瘗一穴。榆林故死守，李过等不能克，自成大发兵攻陷之。副使都任，总兵王世国、尤世威等，俱不屈死。乘胜取宁夏，屠庆阳，执韩王亶𡒄。移攻兰州，甘肃巡抚林日瑞等亦死。进陷西宁，于是肃州、山丹、永昌、镇番、庄浪皆降，陕西地悉归自成。又遣贼渡河，陷平阳，杀宗室三百余人。高杰奔泽州。诏以余应桂总督三边，收边兵剿贼，然全陕已没，应桂不能进。

十七年正月庚寅朔，自成称王于西安，僭国号曰大顺，改元永昌，改名自晟。追尊其曾祖以下，加谥号，以李继迁为太祖。设天佑殿大学士，以牛金星为之。增置六政府尚书，设弘文馆、文谕院、谏议、直指

闖

使、从政、统会、尚契司、验马寺、知政使、书写房等官。以乾州宋企郊为吏政尚书、平湖陆之祺为户政尚书、真宁巩焴为礼政尚书、归安张嶙然为兵政尚书。复五等爵，大封功臣，侯刘宗敏以下九人，伯刘体纯以下七十二人，子三十人，男五十五人。定军制。有一马傀行列者斩之，马腾入田苗者斩之。籍步兵四十万、马兵六十万。兵政侍郎杨王休为都肄，出横门，至渭桥，金鼓动地。令弘文馆学士李化鳞等草檄驰谕远近，指斥乘舆。是日，大风霾，黄雾四塞。事闻，帝大惊，召廷臣议。大学士李建泰请督师，帝许之。

时山西自平阳陷，河津、稷山、荥河皆陷，他府县多望风送款。二月，自成渡河，破汾州，徇河曲、静乐，攻太原，执晋王求桂，巡抚蔡懋德死之。北徇忻、代，宁武总兵周遇吉战死。自成先遣游兵入故关，掠大名、真定而北。身率众贼并边东犯，陷大同，巡抚卫景瑗、总兵朱三乐死。自成杀代王传㸌，代藩宗室殆尽。犯宣府，总兵姜瓖迎降，巡抚朱之冯死。遂犯阳和，由柳沟逼居庸，总兵官唐通、太监杜之秩迎降。

三月十三日焚昌平，总兵官李守锑死。始，贼欲侦京师虚实，往往阴道人辇重货，贾贩都市，又令充部院诸掾吏，探刺机密。朝廷有谋议，数千里立驰报。及抵昌平，兵部发骑探贼，贼辄勾之降，无一还者。贼游骑至平则门，京师犹不知也。十七日，帝召问群臣，莫对，有泣者。俄顷贼环攻九门，门外先设三大营，悉降贼。京师久乏饷，乘陴者少，益以内侍。内侍专守城事，百司不敢问。

十八日，贼攻益急，自成驻彰义门外，遣降贼太监杜勋缒入见帝，求禅位。帝怒，叱之下，诏亲征。日暝，太监曹化淳启彰义门，贼尽入。帝出宫，登煤山，望烽火彻天，叹息曰："苦我民耳。"徘徊久之，归乾清宫，令送太子及永王、定王于戚臣周奎、田弘遇第，剑击长公主，趣皇后自尽。十九日丁未，天未明，皇城不守，鸣钟集百官，无至者。乃复登煤山，书衣襟为遗诏，以帛自缢于山亭，帝遂崩。太监王承恩缢于侧。

自成毡笠缥衣，乘乌驳马，入承天门，伪丞相牛金星，尚书宋企郊、喻上猷，侍郎黎志陞、张嶙然等骑而从。登皇极殿，据御座，下令大索帝后，期百官三日朝见。文臣自范景文、勋戚自刘文炳以下，殉节者四十余人。宫女魏氏投河，从者二百余人。象房象皆哀吼流泪。太子投周奎家，不得入，二王亦不能匿，先后拥至，皆不屈，自成羁之宫中。长公主绝而复苏，舁至，令贼刘宗敏疗治。

已，乃知帝后崩，自成命以宫扉载出，盛柳棺，置东华门外，百姓过者皆掩泣。越三日己酉，昧爽，成国公朱纯臣、大学士魏藻德率文武百官入贺，皆素服坐殿前。自成不出，群贼争戏侮，为椎背、脱帽，或举足加颈，相笑乐，百官慑伏不敢动。太监王德化叱诸臣曰："国亡君丧，若曹不思殡先帝，乃在此耶！"因哭，内侍数十人皆哭，藻德等亦哭。顾君恩以告自成，改殓帝后，用衮冕袆翟，加苇厂云。大学士陈演劝进，不许。封太子为宋王。放刑部、锦衣卫系囚。

自成自居西安，建置官吏，至是益尽改官制。六部曰六政府，司官曰从事，六科曰谏议，十三道曰直指使，翰林院曰弘文馆，太仆寺曰验马寺，巡抚曰节度使，兵备曰防御使，知府州县曰尹、曰牧、曰令。召见朝官，自成南响坐，金星、宗敏、企郊等左右杂坐，以次呼名，分三等授职。自四品以下少詹事梁绍阳、杨观光等无不污伪命，三品以上独用故侍郎侯恂。其余勋戚、文武诸臣奎、纯臣、演、藻德等共八百余人，送宗敏等营中，拷掠责赇赂，至灼肉折胫，备诸惨毒。藻德遇马世奇家人，泣曰："吾不能为若主，今求死不得。"贼又编排甲，令五家养一贼，大纵淫掠，民不胜毒，缢死相望。征诸勋戚大臣金，金足辄杀之。焚太庙神主，迁太祖主于帝王庙。

时贼党已陷保定，李建泰降，畿内府县悉附。山东、河南遍设官吏，所至无违者。及淮，巡抚路振飞发兵拒之，乃去。自成谓真得天命，金星率贼众三表劝进，乃从之，令撰登极仪，诹吉日。及自成升御座，忽见白衣人长数丈，手剑怒视，座下龙爪鬣俱动，自成恐，亟下。铸金玺及永昌钱，皆不就。闻山海关总兵吴三桂兵起，乃谋归陕西。

初，三桂奉诏入援，至山海关，京师陷，犹豫不进。自成劫其父襄，作书招之，三桂欲降。至滦州，闻爱姬陈沅被刘宗敏掠去，愤甚，疾归山海，袭破贼将。自成怒，亲部贼十余万，执吴襄于军，东攻山海关，以别将从一片石越关外。三桂惧，乞降于我大清。四月二十二日，自成兵二十万，阵于关内，自北山亘海。我兵对贼置阵，三桂居右翼末，悉锐卒搏战，杀贼数千人，贼亦力斗，围开复合。战良久，我兵从三桂阵右突出，冲贼中坚，万马奔跃，飞矢雨堕，天大风，沙石飞走，击贼如雹。自成方挟太子登高冈观战，知为我兵，急策马下冈走。我兵追奔四十里，贼众大溃，自相践踏死者无算，僵尸遍野，沟水尽赤。自成奔永平，我兵逐之。三桂先驱至永平，自成杀吴襄，奔还京师。

时牛金星居守，诸降人往谒，执门生礼甚恭。金星曰："讹言方起，诸君宜简出。"由是降者始惧，多窜伏矣。自成至，悉镕所拷索金及宫中帑藏、器皿，铸为饼，每饼千金，约数万饼，骡车载归西安。二十九日丙戌僭帝号于武英殿，追尊七代皆为帝后，立妻高氏为皇后。自成被冠冕，列仗受朝。金星代行郊天礼。是夕焚宫殿及九门城楼。诘旦，挟太子、二王西走，而使伪将军左光先、谷可成殿。

五月二日，我大清兵入京师，下令安辑百姓，为帝后发丧，议谥号，遣将偕三桂追自成。时福王已监国南京，大学士史可法督师讨贼。自成至定州，我兵追之，与战，斩谷可成，左光先伤足，贼负而逃。自成西走真定，益发众来攻，我兵复击之。自成中流矢创甚，西逾故关，入山西。会我兵东返，自成乃鸠合溃散，走平阳。

李岩者，故劝自成以不杀收人心者也。及陷京师，保护懿安皇后令自尽。又独于士大夫无所拷掠，金星等大忌之。定州之败，河南州县多反正，自成召诸将议，岩请率兵往。金星阴告自成曰："岩雄武有大略，非能久下人者。河南，岩故乡，假以大兵，必不可制。十八子之谶，得非岩乎？"因谮其欲反。自成令金星与岩饮，杀之，贼众俱解体。

自成归西安，复遣贼陷汉中，降总兵赵光远，进略保宁。时献忠以兵拒之，乃还。八月建祖祢庙成，将往祀，忽寒栗不能就礼。自成始以岩言，谬为仁义，及岩死，又屡败，复强很自用，伪尚书张第元、耿始然皆以小忤死。制铜镧，官吏坐赇，即镧斩。民盗一鸡者死。西人大惧。

顺治二年二月，我兵攻潼关，伪伯马世耀以六十万众迎战，败死。潼关破，自成遂弃西安，由龙驹寨走武冈，入襄阳，复走武昌。我兵两道追蹑，连蹙之邓州、承天、德安、武昌，穷追至贼老营，大破之者八。当是时，左良玉东下，武昌虚无人。自成屯五十余日，贼众尚五十余万，改江夏曰瑞符县。寻为我兵所迫，部众多降，或逃散。自成走咸宁、蒲圻，至通城，窜于九宫山。秋九月，自成留李过守寨，自率二十骑略食山中，为村民所困，不能脱，遂缢死。或曰村民方筑堡，见贼少，争前击之，人马俱陷泥淖中，自成脑中钽死。剥其衣，得龙衣金印，眇一目，村民乃大惊，谓为自成也。时我兵遣识自成者验其尸，朽莫辨。获自成两从父伪赵侯、伪襄南侯及自成妻妾二人，金印一。又获伪汝侯刘宗敏、伪总兵左光先、伪军师宋献策。于是斩自成从父及宗敏于军。牛金星、宋企郊等皆遁亡。

自成兄子过改名锦，偕诸贼帅奉高氏降于总督何腾蛟。时唐王立于闽，赐锦名赤心，封高氏忠义夫人，号其军曰忠贞营，隶腾蛟麾下。永明王时，赤心封兴国侯，寻死。

【译文】

李自成，是米脂人，世代居住在怀远堡李继迁寨。他的父亲李守忠，没有儿子，前往华山祈祷，梦见神灵告诉说："让破军星做你的儿子。"后来，生了李自成。小时候在乡里艾姓的大户人家牧羊，长大了，当银川驿站的驿卒。擅长骑马射箭，打斗凶狠，不讲道理，几次犯了法。知县晏子宾抓捕他，准备把他杀掉，他逃走当了屠夫。天启末年，魏忠贤的党羽乔应甲做陕西巡抚，朱童蒙做延绥巡抚，贪得无厌不追查强盗，因而盗贼也就起来了。

崇祯元年，陕西大饥荒，延绥缺乏粮饷，固原的兵卒抢劫了州府的库房。白水的盗贼王二、府谷的盗贼王嘉胤、宜川的盗贼王左挂、飞山虎、大红狼等，一时间一齐起事。有个叫高迎祥的安塞马贼，是李自成的舅舅，和饥民王大梁聚众响应他们。高迎祥自称闯王，王大梁自称大梁王。崇祯二年春天，下诏派杨鹤担任三边总督，搜捕他们。参政刘应遇出击杀了王二、王大梁，参政洪承畴打垮了王左挂，盗贼开始感到恐惧。恰好京都戒严，山西巡抚耿如杞的勤王部队向西哗变，延绥总兵吴自勉、甘肃巡抚梅之焕的勤王部队也溃散了，和众强盗会合在一起。延绥巡抚张梦鲸气死了，洪承畴接替了他，召用前任总兵杜文焕节制延绥、固原的部队，有机会就剿灭盗贼。

三年，王左挂、王子顺、苗美等贼多次战败，乞求投降。王嘉胤却在延安、庆阳之间抢掠，杨鹤招抚他，不接受，从神木渡过黄河进犯山西。这时秦地征收的税赋叫新饷、均输、间架，名目日益增多，官吏借此巧立名目，百姓特别困苦。因为给事中刘懋的提议，撤了驿站，山西、陕西仰仗驿站糊口的游民，没有地方能找到吃的，都投奔了盗贼，流贼开始壮大。兵部郎中李继贞上奏说："延安的百姓饥荒，就快要全部做贼了，请求从国库取出十万两银子赈济他们。"崇祯帝没有听从。王嘉胤已经攻克了黄甫川、清水、木瓜三座城堡，攻陷了府谷、河曲。还有神一元、不沾泥、可天飞、郝临菴、红军友、点灯子、李老柴、混天猴、独行狼等盗贼，在各自存身的地方一窝蜂地起事，有的劫掠秦地，有的向东进入山西，屠戮攻陷城堡。官军东征西讨，流贼有的投降，有的死了。一下子消亡了，一下子又兴起。延安的盗贼张献忠也聚众占据了十八个营寨，号称八大王。

崇祯四年，孤山副将曹文诏在河曲击败了盗贼，王嘉胤跑掉了。后来，（王嘉胤）又从岳阳突然进犯泽州、潞州，被左右随从杀了，他的党羽一齐推举外号叫紫金梁的王自用当首领。王自用联合群贼老回回、曹操、八金刚、扫地王、射塌天、阎正虎、满天星、破甲锥、邢红狼、上天龙、蝎子块、过天星、混世王等人以及高迎祥、张献忠一共三十六营，二十多万人，在山西聚集。李自成和侄儿李过前去追随高迎祥，和张献忠等贼会合，号称闯将，没有什么名气。杨鹤招抚流贼没有成功，被逮捕了，洪承畴接替杨鹤，张福臻接替了洪承畴，指挥曹文诏、杨嘉谟等将官清剿流贼，所到之处战无不胜，陕西稍为安定了。但是山西盗贼十分盛行。在宁乡、石楼、稷山、闻喜、河津之间抢掠。

崇祯五年，流贼分头四处出击，接连攻占了大宁、隰州、泽州、寿阳等州县，整个山西都震动了。于是撤了巡抚宋统殷，派许鼎臣接替他，和宣大总督张宗衡分别指挥各将军。张宗衡指挥虎大威、贺人龙、左良玉等部队八千人，驻守在平阳，负责平阳、泽州、潞州四十一个州县。许鼎臣指挥张应昌、颇希牧、艾万年部队七千人，驻防汾州，负责汾州、太原、沁州、辽州三十八个州县。流贼也转移到了磨盘山，把部队分成三路：阎正虎占据交城、文水，窥伺太原；邢红狼、上天龙占据吴城，窥伺汾州；王自用，张献忠突击沁州、武乡，攻陷辽州。

崇祯六年春天，官军一齐出兵合力进攻。王自用害怕，向前任锦衣佥事张道濬乞降。还没有谈判好，阳和的官军袭击了他。贼人发怒，毁约跑了。恰好总兵官曹文诏带领陕西的部队来到，和猛如虎、虎大威、颇希牧、艾万年、张应昌等将官一起进剿，屡次交锋都打了大胜仗。先后杀了混世王、满天星、姬关锁、翻山动、掌世王、显道神等贼寇，打败了王自用、张献忠、老回回、蝎子块、扫地王等贼寇。自那以后，王自用又被四川将官邓玘射死了。山西的三大股强盗都被打败了。

当初，流贼攻破泽州的时候，分出了一部分人，向南越过了太行山，劫掠了济源、清化、修武，围困怀庆。官军进攻他们，他们就跑掉了，其他流贼又进入了西山，大肆在顺德、真定之间劫掠。大名道卢象升奋力作战击退了流贼。贼人从邢台摩天岭向西去，到达武安，击败了总兵左良玉，河北三府几乎全被焚烧抢掠了。潞王上疏告急，并请求保卫凤阳、泗州的陵寝。圣诏特别派总兵倪宠、王朴带领驻京部队六千人，和众将官一齐进剿。贼人得知这一消息，想从河内逃往太行山。曹文诏截击他们，他们不敢进发了。

在山西打了败仗的盗贼，也跑到了黄河北岸一带驻扎，高迎祥、李自成、张献忠、曹操、老回回等都到了。北京的官军在后面紧逼，左良玉、汤九州等扼守在前面，接连在青店、石冈、石坡、牛尾、柳泉、猛虎村开战，多次打败了盗贼。贼人想逃跑，被黄河挡住了，十分危急。贼人一向畏惧曹文诏、张道濬，张道濬先因犯事被发遣戍边，曹文诏转战秦、晋、河北，遇到盗贼就打大胜仗，御史弹劾他骄傲自大，调到了大同当总兵。贼人于是假称要投降，监军太监杨进朝相信了，替他们上奏。碰上天气寒冷，黄河河面冻合了，贼人突然从毛家寨策马一直过了黄河。河南各部队都没有扼守黄河，于是盗贼一连攻占了渑池、伊阳、卢氏三个县。河南巡抚玄默和各将官率领大部队讨伐他们，贼人逃窜到了卢氏山里，从小路一直到了内乡，劫掠郧阳，又分头抢掠南阳、汝宁，攻入枣阳、当阳，逼近湖广。巡抚唐晖召集部队守卫辖区。流贼进犯归、巴、夷陵等地，攻占夔州，进攻广元，进逼四川，所到之处都告急。

崇祯七年春天，特别设立了山西、陕西、河南、湖南、四川总督，专门对付流贼，任命延绥巡抚陈奇瑜担任，派卢象升安抚管治郧阳，因为陈奇瑜在延水关击败流贼有威名，而卢象升历经战阵，懂得用兵。于是陈奇瑜从均州入境，和卢象升一起进兵，部队停驻乌林关，杀了盗贼数千人。流贼跑到了汉南，陈奇瑜认为湖广不用担心，领兵向西进击。

当初，流贼从渑池渡过黄河时，高迎祥实力最为强大，李自成是他的部属。等到进入了河南，李自成和侄子李过联合李牟、俞彬、白广恩、李双喜、顾君恩、高杰等人自己建立一支部队。李过、高杰善于作战，顾君恩善于谋划。陈奇瑜的部队到来时，张献忠等跑到了商、雒，李自成等被围困在兴安的车箱峡，碰巧下了两个月大雨，马匹缺乏草料大都死了，弓和箭都脱了胶，李自成采用顾君恩的计谋，贿赂陈奇瑜身边的随从，假装要投降。陈奇瑜心里轻视贼人，答应了，晓瑜各位将领约束部队不要追杀，降兵经过的州县为他们准备粮食接送。贼人刚过了栈道，立即大声鼓噪，杀遍了路过的七个州县，并且略阳的几万贼人也来会合，贼人的气势更加壮大。陈奇瑜因此被革职，而李自成开始名声卓著了。

以后，洪承畴接替了陈奇瑜，李乔巡抚陕西，吴甡巡抚山西。大学士温体仁对吴甡说："流贼是癣疥一样的小毛病，不用担心。"不多久，西宁的部队叛乱，洪承畴刚接受命令向东去，得知变故立即折返。高迎祥、李自成就进入巩昌、平凉、临洮、凤翔各府的几十个州县，击败了贺人龙、张天礼的部队，杀了固原道陆梦龙。围困了陇州四十多天，洪承畴征调总兵左光先和贺人龙联合进攻，打垮了流贼。恰好朝廷也命令豫、楚、晋、蜀的军队分四路进入陕西，于是高迎祥、李自成就逃进了终南山。之后向东出击，攻占了陈州、灵宝、汜水、荥阳。得知左良玉就要到了，（高迎祥、李自成）把部队移往梅山、溱水之间驻扎。一部分贼人攻陷了上蔡，烧了汝宁外围的城墙。朝廷就命令洪承畴出关追击流贼，和山东巡抚朱大典合力进攻，贼人侦察知道了这一情况。

崇祯八年正月（贼寇）在荥阳大聚会。老回回、曹操、革裹眼、左金王、改世王、射塌天、横天王、混十万、过天星、九条龙、顺天王和高迎祥、张献忠一共十三家七十二营，商议抵御官军，没有结果。李自成献计说："一个人尚且要奋发，何况是十万人呢，官军是不会有什么作为的。应当分兵各自确定方向，成败都听任上天安排。"都说："好"。于是议定革裹眼、左金王抵御四川、湖广的官军，横天王、混十万抵御陕西的官军，曹操、过天星扼守黄河河面，高迎祥、张献忠和李自成等防御东面，老回回、九条龙往来接应。陕西的官军精锐，加派射塌天、改世王协助。所攻破的城池，男女玉帛大家均分。大家按照李自成说的去做。

先前，南京兵部尚书吕维祺担心流贼向南进犯，请求增加兵力防卫凤阳的陵寝。这一请求没有得到上报。等到高迎祥、张献忠向东进发，江北的兵力薄弱，固始、霍丘都失陷了，贼人烧了寿州，攻克了颍州，知州尹梦鳌、州判赵士宽战死了，前任尚书张鹤鸣被杀。（贼人）乘胜攻占了凤阳，烧了皇陵，留守署正朱国相等人全都战死了。听到消息，崇祯帝穿着丧服哭泣，派官员去禀告太庙。将漕运都御使杨一鹏抓起来杀了，派朱大典接替他，大举调派军队讨伐盗贼。贼人在旗帜上用大字写着古元真龙皇帝，伴着歌乐痛饮。李自成向张献忠索要善于奏乐的守皇陵的小太监，张献忠不给。李自成发怒，和高迎祥向西去了归德，和曹操、过天星会合，重新进入陕西。张献忠独自向东去了庐州。

洪承畴正赶到汝州，命令左良玉、汤九州、尤世威、徐来朝、陈永福、邓玘、张应昌各将分别扼守湖广、河南、郧阳各处关隘，召用曹文诏担任中军官。曹文诏还没有到任，邓玘因为部队叛乱战死了。高迎详、李自成从终南山出来，大肆劫掠富平、宁州。老回回、张献忠、曹操、蝎子块、过天星等盗贼，听说洪承畴出关，先后都逃往陕西，抢掠焚烧西安、平凉、凤翔各郡县。洪承畴立即赶回救援，分别派各将进攻老回回等贼，命令副总兵刘成功、艾万年在宁州进攻高迎祥、李自成。艾万年中了埋伏战死了。曹文诏发怒，再次进攻，也中埋伏战死了。成群盗贼乘胜劫掠地方，火光照到了西安城里。洪承畴在泾阳、三原之间极力抵御贼人，决心死战，贼人不能通过。张献忠、老回回等贼人从其他道路调头突击朱阳关，守关将领徐来臣的部队溃败，（徐来臣战）死，尤世威中箭逃走了。于是群贼都出了关，分为十三营向东进犯，只有高迎祥、李自成留在陕西。

当时卢象升已经改任湖广巡抚，总理直隶、河南、山东、四川、湖广等地军务。圣诏命令洪承畴督管关中，卢象升督管关外，盗贼也分了兵，高迎祥攻取武功、扶风以西，李自成攻取富平、固州以东。洪承畴派军队追击李自成，打了小胜仗，到了醴泉。有个和李自成妻子刑氏私通的贼将高杰，害怕被杀，挟持邢氏前来投降。洪承畴亲自追击李自成，在渭南、临潼大战，李自成大败向东逃跑。高迎祥也多次打败仗，向东越过华阴南面的原野，翻过山岭，和李自成一起出了朱阳关，和张献忠会合。冬十一月，群贼逼近阌乡，左良玉、祖宽抵挡不住，于是（群贼）攻下了陕州，进军攻打雒阳。河南巡抚陈必谦指挥左良玉、祖宽救援雒阳。张献忠跑到了嵩州、汝州，高迎祥、李自成跑到了偃师、巩县，攻占了鲁山、叶县，攻克了光州，卢象升在确山击败了他们。

崇祯九年春天，高迎祥、李自成进攻庐州，没有攻克。攻下了含山、和州，杀了知州黎弘业及在籍的御史马如蛟等人。又进攻滁州，知州刘大巩、太仆卿李觉斯坚守，滁州没有失陷。卢象升亲自指挥祖宽、罗岱、杨世恩等前来增援，在朱龙桥开战，贼人大败，尸体堵塞河道，河水也流不过。贼人向北进攻寿州，前任御史方震孺坚守。（贼人）调头向西，进入归德，边关将领祖大乐击败了他们，（贼人）逃往密县、登封，前任总兵汤九州战死了。（贼人）分头进攻南阳、裕州，陈必谦增援南阳，卢象升增援裕州，命令祖大乐等进攻贼人，将高迎祥、李自成的精锐几乎全杀光了。贼人重新分兵，再次进入陕西，高迎祥从郧、襄逃往兴安、汉中，李自成从南山越过商、雒逃往延绥，进犯巩昌北面的地方。左光先、曹变蛟各将击败了他们，李自成逃到了环县。不多久，官军在罗家山失利，人、马、器械全都损失了，总兵官俞冲霄被俘虏。李自成的气势重新振作，围困了绥德，想向东渡过黄河，山西的官军挡住了他。（李自成）再向西夺取了米脂，对知县边大绶说："这里是我的故乡，不要虐待我的父老乡亲。"留下钱财给他，命他修整文庙。（李自成）准备袭击榆林，黄河突然涨水，贼人淹死了很多，于是改道，从韩城向西去。

当时卢象升和祖大乐、祖宽等都入京救援。孙传庭新任陕西巡抚，决心要剿灭流贼。秋七月，在盩厔抓获了高迎祥，到宫门前献俘，将其肢裂处死了。于是贼人就一起推举李自成做了闯王。这个月，（李自成）进犯了阶州、徽州。不多久，从汧州、陇州出发，进犯凤翔，渡过了渭河。

崇祯十年（李自成）进犯泾阳、三原。蝎子块、过天星都来会合。孙传庭指挥曹变蛟一连作战了七天，都打胜了，蝎子块投了降。李自成和过天星逃往秦州。进入四川，攻占了宁羌，攻破了七盘关，攻陷了广元，总兵官侯良柱战死了，于是接连攻克了昭化、剑州、梓潼、江油、黎雅、青川等州县。剑州知州徐尚卿、吏目李英俊、昭化知县王时化、郫县主簿张应奇、金堂典史潘梦科都战死了。（李自成）攻打成都，七天都未能攻下，巡抚王维章因为躲避盗贼被追究。

崇祯十一年春天，官军在梓潼击败了流贼，李自成逃往白水，粮食耗尽了。洪承畴、孙传庭在潼关原野一起出击，打垮了李自成。李自成的部队全部被打散了，只和刘宗敏、田见秀等十八人骑马突围，逃到商、洛山里躲了起来。这一年，张献忠投降了，李自成的气势更加衰微。洪承畴改任蓟辽总督，孙传庭改任保定总督。孙传庭托病推辞，被逮捕关入了监牢。这两人走了，李自成稍稍得到安定。总理熊文灿正主张招抚，有侦察的人报告说李自成死了，就更加松懈了。

崇祯十二年夏天，张献忠在谷城造反。李自成十分高兴，出山收拢部众，部众重新大批聚集。陕西总督郑崇俭派兵包围他们，下令说："包围敌军一定要留缺口"。李自成就从缺口处逃走了，突破武关，去投奔张献忠。张献忠想算计他，李自成发觉后逃走了。杨嗣昌在夷陵指挥部队，晓谕李自成，要他投降，李自成讲出些轻慢的话来。官军把李自成围困在巴西、鱼复等山里，李自成十分窘迫，想上吊自杀，被养子李双喜劝阻了，贼将大多都出山投降了。刘宗敏，是蓝田的锻工，最为骁勇，也想投降。李自成和他走入一处祠堂，望着他叹气说："有人说我应该做皇帝的，为什么不占卜一下，不吉，杀了我，拿着我的头去投降吧。”刘宗敏答应了，卜了三次都是吉。刘宗敏回去，杀了自己的两个妻子，对李自成说：“我死也要追随你。”军队里的壮士得知，也有许多杀了妻子愿意追随的。李自成于是将辎重全烧光了，轻骑从郧、均赶往河南。河南大旱，一斛谷值一万钱，饥民追随李自成的有几万人。于是从南阳出发，进攻宜阳，杀了知县唐启泰。进攻永宁，杀了知县武大烈，杀了万安王朱采𨩻。进攻偃师，知县徐日泰骂着贼人殉难。当时是崇祯十三年十二月。

李自成颧骨高耸，面颊凹陷，眼像鹰，鼻像鸮鸟，声音像豺狗。生性猜疑残忍，每天以杀人斩脚挖心来取乐。经过的地方，百姓都守着坞堡不敢出来。杞县有个叫李信的举人，是逆案中尚书李精白的儿子，曾经拿出粮食救济饥民，饥民感激他说：“李公子救活了我。”碰巧绳伎红娘子造反，掳走了李信，强行嫁给他。李信逃了回来，官府将他当贼，囚禁在狱中。红娘子前来救人，饥民们响应她，一齐救出了李信。卢氏举人牛金星因为磨勘被斥责，私下加入李自成的部队做内应，偷偷地回来了，事情败露被判斩首，后来，获得了减刑。这两个人都去投奔李自成，李自成非常高兴，改了李信的名字叫李岩。牛金星又引荐一个叫宋献策的占卜人。身高三尺多，呈上谶语说：“十八子，主神器。”李自成非常高兴。李岩就说道：“夺取天下要以民心为基础，请不要杀人，收取天下的民心。”李自成听从了他，减少了杀戮。又散发抢来的财物赈济饥民，拿到粮食的饥民，分不出李岩、李自成，混在一起喊：“李公子救活了我。”李岩又编歌谣说：“迎闯王，不纳粮。”让儿童唱着加以煽动，追随李自成的人日益增多。

崇祯十四年正月（李自成）进攻河南，有驻军勾结贼人，城就陷落了。福王朱常洵遇害。李自成用兵器沟福王的血，混在鹿肉酱里吃，命名为“福禄酒”。福王的世子朱由崧光着身子跑掉了。李自成散发了王府的钱财赈济饥民，就移师攻打开封。当时张献忠也攻占了襄阳，杀了襄王朱翊铭。在开封当王的周王朱恭枵，得知盗贼来了，急忙调用库房的钱财招募敢死队，和巡抚都御史高名衡等人坚守。李自成攻打了七天七夜，解围走了，屠戮了密县。强盗头领罗汝才、土匪袁时中都投靠了李自成。袁时中部众二十万，号称小袁营。罗汝才就是“曹操”，是和张献忠一起投降又反叛的。

李自成当初是高迎祥的裨将，到这时声势十分浩大。崇祯帝任用前任尚书傅宗龙担任陕西总督，让他专门对付李自成，另外命令保定总督杨文岳前去会师。傅宗龙赶入关，向巡抚汪乔年调兵，兵已经派光了，于是征调河南大将李国奇，贺人龙的部队当作部属，立即出关。杨文岳率领虎大威的部队也到了新蔡，和李自成遭遇。贺人龙的部队先跑了，李国奇、虎大威的也相继逃走了，傅宗龙、杨文岳让亲兵筑起工事固守。晚上，杨文岳的部队溃败跑到了陈州，傅宗龙和贼人相持了几天，粮食吃光了，突围逃跑，被抓住杀了。李自成攻占了叶县，杀了副将刘国能，又将左良玉围在了郾城。汪乔年接替傅宗龙担任总督，出关，驻在襄城，李自成派出所有的精锐进攻他，汪乔年和副将李万庆都战死了。被李自成割鼻砍脚的读书人有一百九十人。于是乘胜攻占了南阳、邓州十四座城池，再次围攻开封。巡抚高名衡、总兵陈永福极力抵御他们，放箭射中了李自成的眼睛，发炮炸死了上天龙等贼人，李自成更加愤怒了。

李自成每次攻城，不用古人用云梯冲击的办法，专取砖，拿到一块砖的就可以回营休息，落后的一定杀头。拿了砖以后，就在城墙挖洞。洞开始仅能容纳一个人，渐渐地可以容纳一百几十人，一个接一个地将土背出来。每隔三五步，留下一条土柱，用粗绳绑着。挖完了，许多人扯着绳子一声喊，土柱折断，城墙也就崩塌了。高名衡在城上横向凿出通道，听到下面有声音，就用毒药和污物灌下去，贼人多数死了。贼人就到城墙挖烂的地方用火攻的办法，把火药填满瓮中，点燃后火药爆炸，碰到的东西都炸得粉碎，起名叫放迸。

崇祯十五年正月，城墙塌了一半，贼人用放迸法攻城，数千名铁甲骑兵奔驰鼓噪，专等城墙炸毁就涌入城里。城是以前宋朝的都城汴梁，金人重新修筑的。城墙厚数丈，土质坚实，火药向外爆炸，贼人的骑兵多数死了，李自成惊骇地撤走了。向南攻陷西华，不久屠戮了陈州，副使关永杰、知州侯君擢都骂着贼人殉难了。归德、睢州、宁陵、太康数十个郡县，都被摧残焚毁了，商丘知县梁以璋受伤晕倒醒过来时，全家已被杀光了。

之后，重新进攻开封，筑起长长的工事作持久战的打算。圣诏起用孙传庭担任总督，释放了前任尚书侯恂，命令他指挥军队，征召左良玉救援开封。左良玉来到朱仙镇，打了大败仗，逃往襄阳。各部队都驻扎在黄河北岸，不敢前进。开封没有粮食了。山东总兵刘泽清也奉诏来到。孙传庭知道开封危急，在西安大举召集各将官，急忙出关来援救。还没有到，高名衡等人商议在朱家寨口挖开黄河堤岸，用水淹没贼人，贼人也在马家口挖河堤准备引水淹城。秋九月癸未，天下起大雨，两处一起决堤，声音好像打雷一样，洪水冲破城北门进城，从东南门穿出去，流入涡水。城里百万户人家都淹没了，能够逃脱的只有周王、王妃、王世子以及抚按以下不足两万人。贼人也淹死了一万多，就向西南方转移了。

先前，有叫老回回的马守应、叫革裹眼的贺一龙、叫左金王的贺锦、叫争世王的刘希尧、叫乱世王的蔺养成，都投靠了李自成，当时叫作“革左五营”。李自成就向西去迎击孙传庭的兵马，在南阳遭遇，孙传庭的部队溃散逃走，这就是河南人所说的柿园之败。这时大清军队向南侵袭，京城正在告急，朝廷没有工夫再去征剿流贼。李自成于是聚集贼众，连营五百多里，再次屠戮了南阳，攻打汝宁。总兵虎大威中炮死了。杨文岳被杀。李自成就胁迫崇王朱由樻随军，从确山、信阳、泌阳进兵襄阳。左良玉向南望风而逃，李自成进入了襄阳。分头命襄阳属下的城池和德安各州县归顺，都占领了，再攻克了夷陵、荆门州。李自成亲自进攻荆州，湘阴王朱俨铲被杀，烧了献陵的木城，烧毁了宫殿。

崇祯十六年春天（向西南方）攻陷承天，准备掘开献陵，山谷里有声音震响，感到害怕就放弃了。向附近攻取潜山、京山、云梦、黄陂、孝感等州县，都攻克了。先头部队逼近汉阳，左良玉跑到了九江。攻打郧阳，抚治都御史徐起元和王光恩奋力守卫，（郧阳）没有失陷。王光恩，是归降反正的贼人。

李自成自己号称奉天倡义大元帅，给罗汝才起名号为代天抚民威德大将军。分派他的部下，叫标营，领兵百队；叫前、后、左、右营，各自领兵三十多队。标营是白色旗黑色大旗，李自成独自一支白色长穗银枪头的大旗；左营的旗白色，右营的旗红色，前营的旗黑色，后营的旗黄色，大旗和各自的颜色相随。五个营按顺序轮值一昼夜，依次序休息，巡查严密。逃跑的叫落草，肢裂处死。招募十五岁以上、四十岁以下的男人当兵，每精兵一个，有喂马、掌管器械、炊事的人十个。军令不许私藏金银，经过城镇不许入屋居住，除了妻子以外不许带其他妇女。睡觉都用单布帐幕。绵甲近百层厚，弓箭火炮都打不进。一个兵士饲养三四匹马，冬天就用被单包裹马蹄。把人的肚子剖开作马槽来喂马，马看到人，就像虎豹一样磨牙想咬人。部队没有行动时，就出去较量骑射，叫做站队。晚上四更，人马都吃饱了来听候命令。经过崇冈峻岭，策马直上。河流只是害怕黄河，像淮、泗、泾、渭等河流，就成万人把足翘到马背上，或者抱着马颈拉着马尾，呼啸着渡河，马蹄引起的淤塞，河水也流不过。等到作战，排出三万骑兵，叫作三堵墙。前面的想后退，后面的就杀了他。久战不胜，骑兵就诈败引诱官军，三万持长枪的步兵，飞快地出击猛刺，骑兵再回过头来进攻，没有不大获全胜的。攻打城池，投降的不杀，守一天杀十分之三，守两天杀十分之七，三天就全部屠戮。凡杀了人，将尸首扎起来点燃，叫作打亮。城池将要攻陷，步兵近万人围在城墙下，骑兵巡查，没有一个能够幸免的。张献忠虽然非常残忍，也比不上。各营比较战利品，缴获马骡的得到上赏，缴获弓箭铅弹火枪的低一等，钱帛的又再低一等，珠玉的最下等。

李自成不喜好酒色，饮食粗糙，和部下同甘共苦。罗汝才有妻妾数十人，衣服华美，帐下有几班女乐，自己奉养优厚，李自成曾经嗤笑看不起他。罗汝才部众数十万，任用山西举人吉珪为参谋。李自成善于攻城，罗汝才善于作战，两人相互配合好像左右手。李自成打下了宛、叶，攻占了梁、宋，兵力强大，人才归附，产生专制的念头，只是避忌罗汝才。于是召请和罗汝才要好的贺一龙饮宴，绑了起来，早晨派二十名骑兵到营帐里杀了罗汝才，将他的部众全兼并了。

李自成在中州时，所占领的城池全都烧掉。及至渡过汉江，计划将荆、襄当作根据地，改襄阳叫襄京，修整襄王的宫殿住进去。改禹州叫均平府，承天府叫扬武州，其他府县大多有改名的。

牛金星教他创制官爵名号，大举设置各种机构。李自成没有儿子，侄子李过和妻弟高一功，轮流在身边陪侍，担任亲信。田见秀、刘宗敏为权将军，李岩、贺锦、刘希尧等人为制将军，张鼐、党守素等人为威武将军，谷可成、任维荣等人为果毅将军，一共五营二十二位将官。又设置上相、左辅、右弼、六政府侍郎、郎中、从事等官职。军事要地设置防御使，府的长官叫尹，州的长官叫牧，县的长官叫令。封崇王朱由樻为襄阳伯、邵陵王朱在城为枣阳伯、保宁王朱绍圯为宣城伯、肃宁王朱术授为顺义伯。任命张国绅为上相，牛金星为左辅；来仪为右弼。张国绅，是安定人，曾官至参政。降顺以后，献文翔凤的妻子邓氏去讨好李自成。李自成厌恶他伤害同类，杀了他，让邓氏回到文家。六政府侍郎是石首的喻上猷、江陵的萧应坤、招远的杨永裕、米脂的李振声，江陵的邓岩忠、西安的姚锡胤，不久让宣城的丘之陶接替李振声担任兵政府侍郎。其他接受伪职的很多，不详细记载了。

（李自成）派高一功、冯雄守襄阳，任继光守荆州，蔺养成、牛万才守夷陵，王文曜守沣州，白旺守安陆，萧云林守荆门，谢应龙守汉川，周凤梧守禹州。于是河南、湖广、江北各股贼人没有不听从号令的。李自成已经杀了罗汝才、贺一龙，又袭击杀了蔺养成，夺了马守应的兵权，在杞县攻击杀了袁时中。张献忠正占据武昌，李自成派使者道贺，又威胁他说："老回回已经投降，曹操等人杀掉了，就要到你了。"张献忠十分害怕。向南进入了长沙。

到这时，十三家七十二营各大贼，几乎都死了或投降了，只剩下李自成、张献忠，李自成特别强劲，于是自称作新顺王。召集牛金星等人商讨用兵的方向。牛金星建议先攻取河北，一直打到京都。杨永裕建议进攻金陵，截断京都的粮食来源。从事顾君恩说："金陵在长江下游，攻占了虽然好，只是太缓慢了。直接进攻京都，如果打不赢，退到哪里？过于急躁了。关中，是大王的故乡，百二山河，占了天下三分之二，应当先攻取那里，建立基业。然后向旁占领三边，充实军力，夺取山西，之后再攻向京都，这样进战退守，万全无失。"李自成听从了他。

孙传庭在柿园战败后退回陕西，大力整治军队，制造火车两万辆，招募勇士，让白广恩、高杰率领，想等贼人缺粮时才出击。朝廷天天催促出战，不得已出了关。让牛成虎、卢光祖当前锋，由灵宝进入洛地。高杰担任中军，征调白广恩从新安前来会合。河南将官陈永福驻守新滩，四川将领秦翼明出兵商、洛，形成犄角之势。前锋部队在渑池击败了贼人，到了宝丰，再攻克了贼人的城寨。到了郏，李自成带领一万骑兵回头作战，再次大败，几乎被抓住。碰上天下大雨，道路泥泞，粮车走不过。李自成派轻骑从汝州出去，拦截粮道。孙传庭就把部队分为三部，命令白广恩从大路，自己带着高杰从小路，去迎接粮车，命令陈永福守护军营。孙传庭出发了，陈永福部也争着要出发，不能制止，就被贼人追上了。到了南阳，孙传庭回头作战，贼人布了五重阵，官军攻破了三重。之后稍稍退却，火车跑了，骑兵也大举逃跑。贼人放纵铁骑践踏官军，孙传庭大败。李自成派出所有兵力追击，一日一夜追了四百多里，官军死了四万多人，失落兵器辎重数十万。孙传庭逃到河北，调头逃往潼关，意志沮丧，不再振作。

冬十月，李自成攻占潼关，孙传庭死了，于是接连攻克了华阴、渭南、华、商、临潼。进攻西安，守将王根子打开了东门迎纳贼人。李自成抓住秦王朱存枢，将其任命为权将军，永寿王朱谊沉被任命为制将军。巡抚冯师孔以下战死了十多人，布政使陆之祺等都投降了。李自成大肆抢掠三天后，下令禁止。改西安叫长安，称为西京。赏赐顾君恩女乐一部，奖赏他入关的计策。大量征调民夫，修整长安城池，开辟马路。李自成每三天就亲自到教场较核射箭，老百姓望见黄龙大旗，都趴到地上喊万岁。白广恩、高汝利、左光先、梁甫各将先后都投降了。陈永福因为先前射箭伤了李自成的眼，守着山顶不敢下来，李自成折箭发誓，招抚他，也投降了。只有高杰因为勾引李自成的妻子逃到了延安，被李过追击，转而向东，渡过宜川，挡在蒲津驻守。

李自成军队所到之处望风披靡，于是前往米脂拜祭祖墓。祖墓先前被官军挖开，遗骨被焚毁抛弃。李自成用土把墓封起来。找到同宗族的人，赠予金钱并封给爵位才离去。改延安府叫天保府，米脂叫天保县，清涧叫天波府。凤翔不投降，杀光了它。起先，李自成进入陕西，自己说是故乡，不会侵扰，没过一个月照样像从前一样抢掠。又认为士大夫一定不会归附自己，将各乡绅都抓起来拷打，收缴他们的钱财，死的埋在一堆。榆林一直死守，李过等人攻打不下，李自成大举发兵攻陷它。副使都任，总兵王世国、尤世威等，都不屈服被杀了。乘胜夺取了宁夏，屠戮了庆阳，抓了韩王朱亶塉，移师进攻兰州，甘肃巡抚林日瑞等人也战死了。进军攻克了西宁，于是肃州、山丹、永昌、镇番、庄浪都归降了，陕西的地方都归附了李自成，又派贼人渡过黄河，攻占平阳，杀了明朝宗室三百多人。高杰逃到了泽州。圣诏派余应桂总督三边，召集守边的部队剿灭贼人，但是整个陕西都沦陷了，余应桂没法出发。

崇祯十七年正月庚寅朔，李自成在西安称王，超越本份地称国号叫大顺，改元永昌，改名自晟。追封曾祖以下各代，加谥号，尊奉李继迁为太祖。设置天佑殿大学士，由牛金星担任。增设六政府尚书，设立弘文馆、文谕院、谏议、直指使、从政、统会、尚契司、验马寺、知政使、写书房等官职。任用乾州宋企郊为吏政尚书、平湖陆之祺为户政尚书，真宁巩焴为礼政尚书，归安张嶙然为兵政尚书。又设五等爵位，大封功臣，封刘宗敏以下九人为侯，刘体纯以下七十二人为伯，子爵三十人，男爵五十五人。制订军队纪律。有一骑扰乱队列的斩首，马跑入禾田的斩首。在册步兵四十万人，骑兵六十万人。兵政侍郎杨王休担任都肄。从横门出发，到渭桥，金鼓声震地。命令弘文馆学士李化璘起草檄文飞马晓谕远近，指责崇祯帝。这天，大风阴霾，四周充满黄雾。得知情形，崇祯帝十分惊愕，召集大臣们商议。大学士李建泰请求指挥军队，崇祯帝答应了。

当时山西自从平阳失陷以后，河津、稷山、荥河都陷落了，其他的府县多数望风投降。二月，李自成渡过黄河，攻克汾州，顺着河曲、静乐，进攻太原，抓住了晋王朱求桂，巡抚蔡懋德战死了。向北征服忻州、代州，宁武总兵周遇吉战死了。李自成先派小股部队进入故关，攻取大名、真定以北。亲自率领部众沿着边疆向东进犯，攻占大同，巡抚卫景瑗、总兵朱三乐战死。李自成杀了代王朱传火齐，代藩的宗室几乎灭亡了。（李自成）进犯宣府，总兵姜瓖投降，巡抚朱之冯战死了。再进犯阳和，由柳沟进逼居庸，总兵官唐通、太监杜之秩迎降。

三月十三日（李自成）焚毁了昌平，总兵官李守锳战死了。起先，贼人想侦察京都的虚实，往往秘密派人用车拉着沉重的货物，到京都贩卖，又命令人假扮各部院的属吏，刺探机密。朝廷有什么决议，马上千里飞马回报。及至贼人抵达昌平，兵部派骑兵探听贼情，贼人就引诱他们投降，没有一个回报的。贼人的小股部队到达平则门，京都还不知道。十七日，崇祯帝召问大臣们，没有人回答，有的人哭泣，不久贼人围攻九门，城门外原来设置的三大营，都投降了贼人。京师缺乏粮饷很久了，守护女墙的人不够，用内侍去补充。内侍专门负责守城防务，各部门都不敢过问。

十八日，贼人进攻得更急，李自成驻扎在彰义门外，将投降的太监杜勋吊入城中见崇祯帝，请求禅让帝位，崇祯帝发怒，斥骂赶他走，下诏亲征。黄昏，太监曹化淳打开彰义门，贼人入了城。崇祯帝走出皇宫，登上煤山，看见烽火连天，叹息说："苦了我的百姓啊。"徘徊了很久，返回乾清宫，下令护送太子和永王、定王前往戚臣周奎、田弘遇的府第，用剑砍伤长公主，催促皇后自尽。十九日丁未，天还没亮，皇城失守，敲钟召集百官，没有来到的。于是再次登上煤山，在衣襟上写下遗诏，在山亭用丝带上吊，崇祯帝就驾崩了。太监王承恩在旁边上吊死了。

李自成头戴毡笠，身穿青衣，骑着黑花马，进入承天门。伪丞相牛金星，尚书宋企郊、喻上猷，侍郎黎志陞、张嶙然等骑马跟随。李自成登上皇极殿，占据御座，下令大举搜索崇祯帝以及皇后，限百官三日后朝见。

文臣自范景文、勋戚自刘文炳以下，殉节的有四十多人。宫女魏氏投河自尽，跟从的有二百多人。象房里的象都哀吼流泪。太子投奔周奎家，不让进，两位王子也没办法藏匿，先后被抓获了，都不屈服，李自成把他们关在宫里。长公主晕倒后又苏醒了，抬了出来，命令贼人刘宗敏治疗。

后来，才知道崇祯帝及皇后驾崩了，李自成命令拿一扇宫门抬了出去，用柳木棺材盛殓，放在东华门外，路过的百姓都掩面痛哭。过了三天己酉，天没亮，成国公朱纯臣、大学士魏藻德带领文武百官入朝恭贺，都穿着素服坐在殿前。李自成不出来，众贼人争相嬉戏侮辱各位大臣，捶背、脱帽，有的把脚放到脖子上，开心取乐，百官吓得趴在地上不敢动。太监王德化呵斥各大臣道："国亡君丧，你们这些人不想法殡葬先帝，却在这里！"接着哭了，内侍几十人都哭了，魏藻德等人也哭了。顾君恩将这些报告给李自成，于是改殓了帝后，用了天子的衣冠美丽的雉鸡尾毛，加盖了苇蓬等。大学士陈演劝即帝位，没答应。封了太子为宋王。放了刑部、锦衣卫关押的囚犯。

李自成自从在西安时起就设立了官吏制度，到这时更把朝廷的官制全改了。六部改叫六政府，司官叫从事，六科叫谏议，十三道叫直指使，翰林院叫弘文馆，太仆寺叫验马寺，巡抚叫节度使，兵备叫防御使，知府州县分别叫尹、牧、令。召见朝廷官员，李自成向南面坐下，牛金星、刘宗敏、宋企郊等人一起坐在李自成左右，按着品级叫名，分开三等授职。自四品以下少詹事梁绍阳、杨观光等人都接受了伪职，三品以上的只任用了前任侍郎侯恂。其余的勋戚，各文武大臣周奎、朱纯臣、陈演、魏藻德等一共八百多人，都送到刘宗敏等人的军营里面，拷打追讨贿赂，到了用火烫肉打断脚的程度，各种惨毒都有。魏藻德碰到马世奇的家人，哭着说："我没办法替你们作主，现在就是想死也不成。"贼人又按户籍编甲，命令五家供养一个贼人，大肆淫掠，老百姓受不了毒害，上吊的到处可以看见。追缴各个勋戚和大臣的钱财，收够了钱就杀死他们。烧了太庙的神主牌，将明太祖的神主牌迁到了帝王庙。

当时贼人已经攻占了保定，李建泰投降了，京畿内的府县都归附了。在山东、河南遍设官吏，所到之处没有反抗的。到了淮地，巡抚路振飞派兵抵挡他们，贼人才撤走了。李自成说是真得天命，牛金星带领贼众三次上表劝进，就接纳了，下令编撰登极的仪式，商订吉日。当李自成坐上御座，忽然看到有个白衣人高数丈，手拿着剑怒视着，御座下面的龙爪和龙颈的长毛都动起来，李自成害怕，马上跑下来。铸造金玺和永昌钱，都没有成功。得知山海关总兵吴三桂起兵，就准备返回陕西。

当初，吴三桂奉诏入关救援，到了山海关，京师就沦陷了，吴三桂犹豫不进。李自成胁持他的父亲吴襄，写信招抚他，吴三桂想投降。到了滦州，得知爱姬陈沅被刘宗敏抢走了，十分气愤，迅速回到山海关，打败了贼将。李自成发怒，亲自带领十多万贼人，把吴襄抓在军中，向东攻打山海关，另外派将官从一片石越到关外。吴三桂害怕了，向我大清乞降。四月二十二日，李自成的部队二十万，在关内布阵，从北山连绵到海边。我大清军队对着贼人设下阵势，吴三桂在右翼边缘，派出全部精锐部队作战，杀了数千贼人，贼人也奋力作战，包围圈开了重新又合上。战斗了很久，我军队从吴三桂阵地右侧突然出击，冲击贼人的中坚，万马奔腾，箭像雨点一样射去，天上刮起大风，飞沙走石，像冰雹一样打向贼人。李自成正扶持太子登上高冈观战，发现是我大清的军队，急忙策马下冈逃走。我军追击四十里，贼众大溃败，自相践踏死伤无数，整个原野都倒卧着尸体，沟水全都变红了。李自成跑到了永平，我军追赶他。吴三桂的先头部队到了永平，李自成就杀了吴襄，逃回京都。

当时牛金星留守，投降的人前去拜谒，十分恭敬地行门生的礼节。牛金星说："现在开始有谣言，各位应当深居简出。"于是投降的人开始惊惧，大都潜逃躲了起来。李自成到了京城，将拷打追索到的金银和皇宫中的藏金、器皿都熔了，铸成饼，每饼一千两，约有数万饼，用骡车运回西安。二十九日丙戌在武英殿僭冒皇帝的称号，追尊祖先七代为皇帝皇后，立妻子高氏为皇后。李自成戴着皇冠，摆设仪仗接受百官朝拜。牛金星代表李自成到南郊举行祭天的仪式。当晚烧了宫殿和九座城门的城楼。第二天早上，挟持太子、两位王子向西逃走，留伪将军左光先、谷可成殿后。

五月二日，我大清军队进入京都，下令安抚收编百姓，替崇祯帝及皇后发丧，议定谥号，派将军和吴三桂一起追击李自成。当时福王已在南京监国，大学士史可法指挥部队讨伐贼人。李自成到了定州，我军追上了，和他作战，杀了谷可成，左光先脚部受伤，由贼人背着逃跑了。李自成向西跑到真定，调动更多部队前来作战，我军再次进击。李自成被流箭射中伤势严重，向西越过故关，进入山西。正好我军向东返回，李自成就聚集溃散的部众，跑到平阳。

李岩，以前劝李自成不要杀戮以便收拢民心。攻陷京都后，保护着懿安皇后让她自尽。又单单对士大夫不进行拷打搜掠，牛金星等人十分忌恨他。定州打了败仗，河南的州县大都反正了，李自成召集各将官商议，李岩请求领兵前往。牛金星偷偷告诉李自成说："李岩英勇神武，谋略远大，是不会久居人下的。河南，是李岩的故乡，如果给他大量部队，一定无法控制。十八子的谶语，难道不会是李岩吗？"接着诬陷他想造反。李自成邀请牛金星和李岩宴饮，杀了他，众贼人的心都离散了。

李自成回到西安，又派贼人攻占了汉中，招降了总兵赵光远，进占保宁。这时张献忠派兵抵御，就撤回了。八月建成了祖先的宗庙，李自成准备去祭祀，忽然寒战不能行礼。李自成当初因为听从李岩的建议，假装仁义，等到李岩死了，又屡次战败，重新凶狠刚愎自用，伪尚书张第元、耿始然都因为稍有触犯被杀了。制成铜镢，官吏被判定受贿，就用它杀死。百姓偷一只鸡的也处死。陕西的百姓十分害怕。

顺治二年二月，我军攻打潼关，伪伯马世耀率领六十万部众迎战，战败死了。潼关失守，李自成就放弃了西安，由龙驹寨逃到武冈，进入襄阳，再逃到武昌。我军分两路追击，接连在邓州、承天、德安、武昌交锋，穷追不舍，直抵贼人的老营，打垮了贼人八次。在这时，左良玉向东去了，武昌空虚无人。李自成屯驻了五十多天，贼众尚有五十多万人，改江夏叫瑞符县。不久被我军追逼，部众大都投降，有的逃走溃散了，李自成跑到延宁、蒲圻，逃往通城，逃进了九宫山。秋九月，李自成留下李过守寨，自己带领二十名骑兵到山里抢夺粮食。被村民围困，无法逃脱，就上吊死了。也有人说村民正在修筑堡垒，发现贼人不多，争相上前攻打，贼人和马都陷入了泥潭，李自成头部中了一锄死了。剥下他的衣服，发现龙袍金印，瞎了一只眼，村民这才大为惊异，认为他是李自成。当时我军派认识李自成的人前去验看尸体，尸体朽烂无法辨认。抓到李自成的两个叔父伪赵侯、伪襄南侯以及李自成的两个妻妾，金印一个。又生擒伪汝侯刘宗敏、伪总兵左光先、伪军师宋献策。于是在军中杀了李自成的叔父和刘宗敏。牛金星、宋企郊等人都逃掉了。

李自成的侄子李过改名为李锦，和各贼将奉立高氏向总督何腾蛟投降。当时唐王在福建立国，赐李锦名为李赤心，封高氏为忠义夫人，将他们的军队命名叫忠贞营，隶属何腾蛟麾下。永明王的时候，李赤心被封为兴国侯，不久便死了。